DEUTSCHLAND

2003

■ *Auswahl an Hotels und Restaurants*
Sélection d'hôtels et de restaurants ■
■ *Selection of hotels and restaurants*
Selezione di alberghi e ristoranti ■

MICHELIN

Deutschland

3	*Einführung* **Deutsch**
17	*Introduction* **Français**
31	*Introduction* **English**
45	*Introduzione* **Italiano**

*Die 40. Ausgabe des Roten Michelin-Führers
Deutschland empfiehlt Ihnen
eine aktualisierte Auswahl
an Hotels und Restaurants.
Sie wurde von unseren Inspektoren erstellt.
Dies sind unabhängige, sachkundige Fachleute,
die die Betriebe anonym besuchen und testen.*

*In diesem Jahr haben wir zur Vervollständigung
unserer umfangreichen Informationen Texte
mit einer sachlichen Kurzbeschreibung
der empfohlenen Hotels und Restaurants
neu hinzugefügt.
Diese bieten Ihnen die Möglichkeit,
einen genaueren Eindruck vom Rahmen
und vom Ambiente der Betriebe zu bekommen.*

*Außerdem neu: ein Angebot an Hotels,
die mit Bib Hotel ausgezeichnet sind.
Dies sind praktische, gastfreundliche Hotels,
die gute Übernachtungsmöglichkeiten mit
einem fairen Preis-Leistungs-Verhältnis anbieten.
Das ebenso neue Symbol ♀
weist Sie auf Restaurants hin, in denen man
Qualitätsweine glasweise ausschenkt.*

*Eine gute Empfehlung ist auch
der "Bib Gourmand".
Er führt Sie zu Restaurants,
die Ihnen eine sorgfältige Küchenleistung
zu günstigen Preisen bieten.*

*Die Auswahl des Roten Michelin-Führers
Deutschland finden Sie auch im Internet unter
www.ViaMichelin.de. Ihre Kommentare sind
uns stets willkommen, Sie erreichen
den Roten Michelin-Führer auch
unter seiner E-Mail-Adresse:
derrotemichelin@de.michelin.com*

Inhaltsverzeichnis

S. 5	*Zum Gebrauch dieses Führers*
S. 14	*Umgebungskarten*
S. 59	*Die Sterne-Restaurants*
S. 62	*Die* "**Bib Gourmand**"
S. 67	*Die* "**Bib Hotel**"
S. 70	*Karte: Stern-Restaurants,* "**Bib Gourmand**"*,* "**Bib Hotel**" *angenehme, sehr ruhige, abgelegene Hotels*
S. 82	*Biere und Weine*
S. 93	*Hotels, Restaurants, Stadtpläne, Sehenswürdigkeiten*
S. 1603	*Ferientermine*
S. 1604	*Entfernungen*
S. 1607	*Atlas: Hauptverkehrsstraßen, Hotels an der Autobahn Freizeitparks und Städte mit Umgebungskarten*
S. 1612	*Auszug aus dem Messe- und Veranstaltungskalender*
S. 1614	*Internationale Telefon-Vorwahlnummern*

Wahl eines Hotels, eines Restaurants

Die Auswahl der in diesem Führer aufgeführten Hotels und Restaurants ist für Reisende gedacht. In jeder Kategorie drückt die Reihenfolge der Betriebe (sie sind nach ihrem Komfort klassifiziert) eine weitere Rangordnung aus.

Kategorien

🏨🏨🏨🏨	XXXXX	Großer Luxus und Tradition
🏨🏨🏨	XXXX	Großer Komfort
🏨🏨	XXX	Sehr komfortabel
🏨	XX	Mit gutem Komfort
🏨	X	Mit Standard-Komfort
🏛		Bürgerlich
M		Hotel mit moderner Einrichtung
garni		Hotel ohne Restaurant
	mit Zim	Restaurant vermietet auch Zimmer

Annehmlichkeiten

Manche Häuser sind im Führer durch rote Symbole gekennzeichnet (s. unten.) Der Aufenthalt in diesen ist wegen der schönen, ruhigen Lage, der nicht alltäglichen Einrichtung und Atmosphäre sowie dem gebotenen Service besonders angenehm und erholsam.

🏨🏨🏨🏨 bis 🏛	Angenehme Hotels
XXXXX bis X	Angenehme Restaurants
« Park »	Besondere Annehmlichkeit
🕊🕊	Sehr ruhiges, oder abgelegenes und ruhiges Hotel
🕊	Ruhiges Hotel
≤ Rhein	Reizvolle Aussicht
≤	Interessante oder weite Sicht

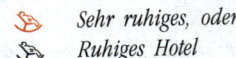

Die Übersichtskarten S. 70 – S. 81, auf denen die Orte mit besonders angenehmen oder sehr ruhigen Häusern eingezeichnet sind, helfen Ihnen bei der Reisevorbereitung. Teilen Sie uns bitte nach der Reise Ihre Erfahrungen und Meinungen mit. Sie helfen uns damit, den Führer weiter zu verbessern.

Einrichtung

Die meisten der empfohlenen Hotels verfügen über Zimmer, die alle oder doch zum größten Teil mit Telefon, Bad oder Dusche ausgestattet sind.
In den Häusern der Kategorien 🏠 und 🍴 können diese jedoch in einigen Zimmern fehlen.

30 Z	Anzahl der Zimmer
🛗	Fahrstuhl
▤	Klimaanlage
TV	Fernsehen im Zimmer
⇌	Haus teilweise reserviert für Nichtraucher
✆	Modem-, Faxanschluß im Zimmer
⚿	Für Körperbehinderte leicht zugänglich
🚼	Spezielle Einrichtungen/Angebote für Kinder
🌳	Garten-, Terrassenrestaurant
⊠ ⊠	Freibad, Hallenbad oder Thermalhallenbad
⚕	Badeabteilung, Thermalkur
🚴 🏃 ≘s	Fitnessraum – Kneippabteilung – Sauna – Dampfbad
⛱ 🌿	Strandbad – Liegewiese, Garten
✄	Hoteleigener Tennisplatz
⛳18 🐎	Golfplatz und Lochzahl – Reitpferde
🏛 150	Konferenzräume mit Höchstkapazität
🚗	Hotelgarage, überdachter Parkplatz (wird gewöhnlich berechnet)
P	Parkplatz reserviert für Gäste
🐕⃠	Hunde sind unerwünscht (im ganzen Haus bzw. in den Zimmern oder im Restaurant)
Fax	Telefonische Dokumentenübermittlung
Mai-Okt.	Öffnungszeit (Saisonhotel), vom Hotelier mitgeteilt
nur Saison	Unbestimmte Öffnungszeit eines Saisonhotels.

Häuser ohne Angabe von Schließungszeiten sind ganzjährig geöffnet.

Küche

Die Sterne
*Einige Häuser verdienen wegen ihrer
überdurchschnittlich guten Küche Ihre besondere
Beachtung. Auf diese Häuser weisen die Sterne hin.
Bei den mit « Stern » ausgezeichneten Betrieben
nennen wir maximal drei kulinarische Spezialitäten,
die Sie probieren sollten.*

❀❀❀ **Eine der besten Küchen : eine Reise wert**
*Man ißt hier immer sehr gut, öfters auch
exzellent. Große Weine, tadelloser Service,
elegante Atmosphäre... entsprechende Preise.*

❀❀ **Eine hervorragende Küche : verdient einen Umweg**
Ausgesuchte Menus und Weine... angemessene Preise.

❀ **Eine sehr gute Küche : verdient Ihre besondere Beachtung**
*Der Stern bedeutet eine angenehme Unterbrechung
Ihrer Reise.
Vergleichen Sie aber bitte nicht den Stern
eines sehr teuren Luxusrestaurants mit dem Stern
eines kleineren oder mittleren Hauses, wo man Ihnen
zu einem annehmbaren Preis eine ebenfalls
vorzügliche Mahlzeit reicht.*

Der "Bib Gourmand"

Sorgfältig zubereitete, preiswerte Mahlzeiten

Für Sie wird es interessant sein, auch solche Häuser kennenzulernen, die eine sehr gute, vorzugsweise regionale Küche zu einem besonders günstigen Preis/Leistungs-Verhältnis bieten.
Im Text sind die betreffenden Restaurants durch das rote Symbol 🍴 "Bib Gourmand" und Menu *kenntlich gemacht z. B* Menu *30/45.*

Siehe Karte der Sterne ✿✿✿, ✿✿, ✿
und "Bib Gourmand" 🍴 S. 70 bis S. 81.
Siehe auch ⊛ nächste Seite.

Biere und Weine : siehe S. 82, 84, 85, 86

Übernachtung

Der "Bib Hotel"

Hier übernachten Sie gut und preiswert

Suchen Sie ein gastfreundliches Hotel mit zeitgemäßem Komfort, das Ihnen Zimmer zu einem guten Preis-Leistungsverhältnis bietet ? In diesen Hotels bietet man Ihnen Zimmer für zwei Personen mit Frühstück für weniger als 90 € an.
Diese Häuser werden durch den **"Bib Hotel"** *und* Zim *gekennzeichnet.*

Alle **"Bib Hotel"** *finden Sie auf der Liste S. 67 bis S. 69 und auf den Übersichtskarten S. 70 bis S. 81.*

Preise

Die in diesem Führer genannten Preise wurden uns im Sommer 2002 angegeben. Die Preise sind in Euro angegeben und beziehen sich auf die **Hochsaison.** *Sie können sich mit den Preisen von Waren und Dienstleistungen ändern.*
Sie enthalten Bedienung und MWSt.
Es sind Inklusivpreise, die sich nur noch durch die evtl. zu zahlende Kurtaxe erhöhen können.

Erfahrungsgemäß werden bei größeren Veranstaltungen, Messen und Ausstellungen (siehe Seiten am Ende des Führers) in vielen Städten und deren Umgebung erhöhte Preise verlangt.

Die Namen der Hotels und Restaurants, die ihre Preise genannt haben, sind fettgedruckt. Gleichzeitig haben sich diese Häuser verpflichtet, die von den Hoteliers selbst angegebenen Preise den Benutzern des Michelin-Führers zu berechnen.

Halten Sie beim Betreten des Hotels den Führer in der Hand. Sie zeigen damit, daß Sie aufgrund dieser Empfehlung gekommen sind.

Mahlzeiten

∞	**Mahlzeiten** *(3-gängig)* **unter** 14 Euro (€)
	Feste Menupreise :
Menu 20/42	*Mindestpreis* 20 €, *Höchstpreis* 42 €
	Mahlzeiten « à la carte »
Menu à la carte 30/41	*Der erste Preis entspricht einer einfachen Mahlzeit und umfaßt Suppe, Hauptgericht, Dessert. Der zweite Preis entspricht einer reichlicheren Mahlzeit (mit Spezialität) bestehend aus: Vorspeise, Hauptgericht, Käse oder Dessert.*
♀	*Wein wird glasweise ausgeschenkt*

Zimmer

31 Zim	*Anzahl der Zimmer.*
🛏 90/150	*Mindest- und Höchstpreis für Einzelzimmer –*
170/210	*Mindest- und Höchstpreis für Doppelzimmer inkl. Frühstück.*
🛏 20	*Preis des Frühstücks.*
Suiten und Junior Suiten	*Preise auf Anfrage*

Halbpension

1/2 P 20/40

Aufschlag zum Zimmerpreis für Halbpension pro Person und Tag während der Hauptsaison. Es ist ratsam, sich beim Hotelier vor der Anreise nach den genauen Bedingungen zu erkundigen.

Anzahlung

Einige Hoteliers verlangen eine Anzahlung. Diese ist als Garantie sowohl für den Hotelier als auch für den Gast anzusehen. Es ist ratsam, sich beim Hotelier nach den genauen Bedingungen und Preisen zu erkundigen.

Kreditkarten

AE ⓓ ⓒⓒ VISA JCB

Akzeptierte Kreditkarten:

American Express, Diner's Club, Mastercard (Eurocard), Visa, Japan Credit Bureau

Städte

In alphabetischer Reihenfolge
(ä = ae, ö = oe, ü = ue, ß = ss)

✉ 78267 Aach	Postleitzahl und Name des Verteilerpostamtes
L	Landeshauptstadt
413 R 20	Nummer der Michelin-Karte mit Koordinaten bzw.
987 ③	Faltseite
24 000 Ew.	Einwohnerzahl
Höhe 175 m	Höhe
Heilbad	
Kneippkurort	
Heilklimatischer	
Kurort-Luftkurort	Art des Ortes
Seebad	
Erholungsort	
Wintersport	
800/1 000 m	Höhe des Wintersportgeländes und Maximal-Höhe, die mit Kabinenbahn oder Lift erreicht werden kann
🚠 2	Anzahl der Kabinenbahnen
🚡 4	Anzahl der Schlepp- oder Sessellifts
🎿	Langlaufloipen
AX A	Markierung auf dem Stadtplan
※ ≤	Rundblick, Aussichtspunkt
⛳18	Golfplatz mit Lochzahl
✈	Flughafen
🚗	Ladestelle für Autoreisezüge – Nähere Auskünfte bei allen Fahrkartenausgaben
⛴ ⛵	Autofähre, Personenfähre
🛈	Informationsstelle
ADAC	Allgemeiner Deutscher Automobilclub

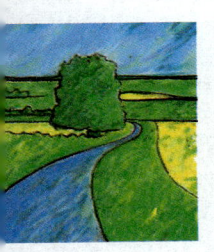

Sehenswürdigkeiten

Bewertung

★★★ *Eine Reise wert*
★★ *Verdient einen Umweg*
★ *Sehenswert*

Lage

Sehenswert — *In der Stadt*
Ausflugsziel — *In der Umgebung der Stadt*
N, S, O, W — *Im Norden, Süden, Osten, Westen der Stadt.*
über ①, ④ — *Zu erreichen über die Ausfallstraße ① bzw. ④, die auf dem Stadtplan und der Michelin-Karte identisch gekennzeichnet sind*
6 km — *Entfernung in Kilometern*

Reiseinformationen

Deutsche Zentrale für Tourismus (DZT)
Beethovenstr. 69, 60325 Frankfurt, ℘ *(069) 97 46 40, Fax 751903.*

ADAC : *Adressen im jeweiligen Ortstext*
℘ *(01805) 10 11 12*
(Servicenummer, bundeseinheitlich)
℘ *(01802) 22 22 22*
(Notrufnummer, bundeseinheitlich).

AvD : *Lyoner Str. 16, 60528 Frankfurt – Niederrad,*
℘ *(069) 6 60 60, Fax 6606789, Notruf (gebührenfrei)* ℘ *(0800) 990 99 09.*

ACE : *Schmidener Str. 233, 70374 Stuttgart,*
℘ *(01802) 33 66 77, Fax (01802) 33 66 78, Notruf :*
℘ *(01802) 34 35 36.*

Umgebungskarten

Denken Sie daran, sie zu benutzen

Die Umgebungskarte erleichtert Ihnen die Suche nach einem Hotel oder Restaurant in der Nähe einer größeren Stadt.

Wenn Sie zum Beispiel eine gute Adresse in der Nähe von München suchen, gibt Ihnen die Umgebungskarte schnell einen Überblick über alle Orte, die in diesem Führer erwähnt sind.

Innerhalb der in Kontrastfarbe gedruckten Grenze liegen die Orte, die in einem Zeitraum von 30 Minuten mit dem Auto zu erreichen sind...

Anmerkung :

Alle Orte, die auf einer Umgebungskarte verzeichnet sind, haben im Ortsblock einen Hinweis. Der entsprechende Ortsname ist in diesem Falle in den Entfernungsangaben in „BLAU" gedruckt.

Beispiel :

FREISING Bayern **419** **420** *U 19, 46500 Ew – Höhe 448 m*
Sehenswert : *Domberg★ – Dom★ (Chorgestühl★, Benediktuskapelle★)*
🛈 *Touristinformation, Marienplatz 7,* ✉ *85354,* ☎ *(08161) 5 41 22, touristinfo@freising.de, Fax (08161) 54231*
Berlin 564 – München *34 – Ingolstadt 56 – Landshut 36 – Nürnberg 144*

Sie finden FREISING auf der Umgebungskarte von München

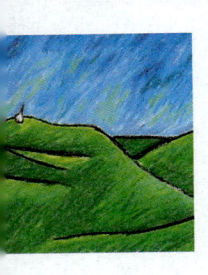

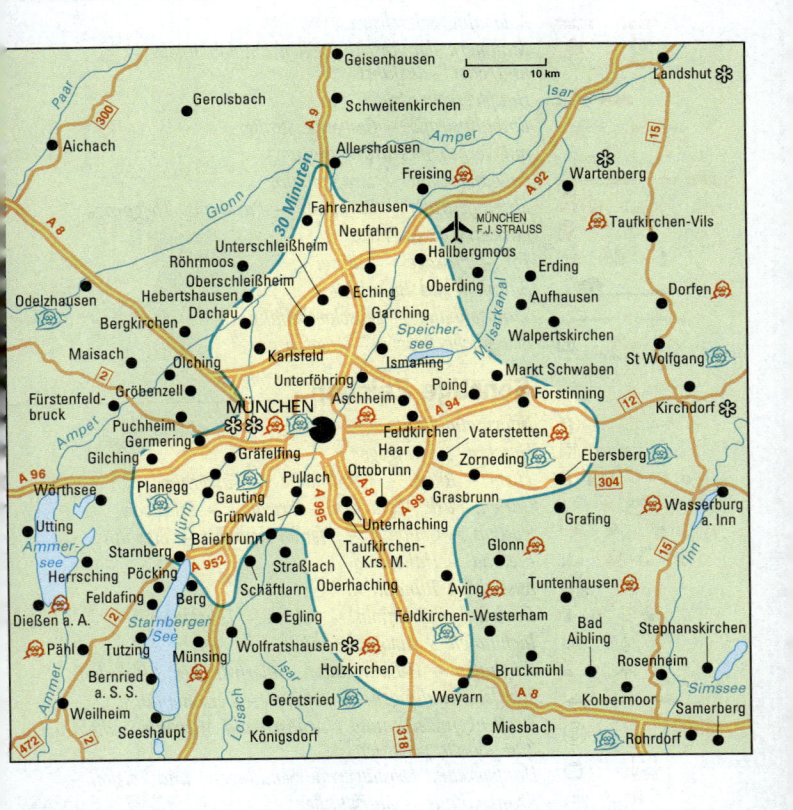

*Die Umgebungs-
karten finden
Sie auf der
Themenkarte
S. 70 bis S. 81.*

Stadtpläne

□ ● *Hotels*
■ ● *Restaurants*

Sehenswürdigkeiten

Sehenswertes Gebäude
Sehenswerter Sakralbau

Straßen

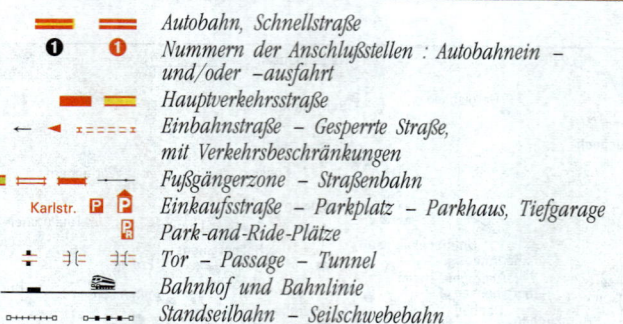

Autobahn, Schnellstraße
❶ ❶ *Nummern der Anschlußstellen : Autobahnein – und/oder –ausfahrt*
Hauptverkehrsstraße
← ◀ *Einbahnstraße – Gesperrte Straße, mit Verkehrsbeschränkungen*
Fußgängerzone – Straßenbahn
Karlstr. 🅿 🅿 *Einkaufsstraße – Parkplatz – Parkhaus, Tiefgarage*
🅿 *Park-and-Ride-Plätze*
Tor – Passage – Tunnel
Bahnhof und Bahnlinie
Standseilbahn – Seilschwebebahn
⚠ F *Bewegliche Brücke – Autofähre*

Sonstige Zeichen

🅸 *Informationsstelle*
☾ ✡ *Moschee – Synagoge*
● ● ∴ ✱ 🏛 *Turm – Ruine – Windmühle – Wasserturm*
✝ 🕆 *Garten, Park, Wäldchen – Friedhof – Bildstock*
○ 🏟 🏇 ⛸ *Stadion – Golfplatz – Pferderennbahn – Eisbahn*
Freibad – Hallenbad
Aussicht – Rundblick
■ ● ✿ 🗼 *Denkmal – Brunnen – Fabrik – Leuchtturm*
⚓ 🚌 *Jachthafen – Autobusbahnhof*
✈ *Flughafen – U-Bahnstation, unterirdischer S-Bahnhof*
Schiffsverbindungen : Autofähre – Personenfähre
③ *Straßenkennzeichnung (identisch auf Michelin-Stadtplänen und -Abschnittskarten)*
✉ *Hauptpostamt (postlagernde Sendungen) und Telefon*
✚ *Krankenhaus – Markthalle*
Öffentliches Gebäude, durch einen Buchstaben gekennzeichnet :
L R *- Sitz der Landesregierung – Rathaus*
J *- Gerichtsgebäude*
M T U *- Museum – Theater – Universität, Hochschule*
POL *- Polizei (in größeren Städten Polizeipräsidium)*
ADAC *Automobilclub*

16

*Cette 40ᵉ édition du Guide Rouge
Deutschland propose
une sélection d'hôtels et restaurants
entièrement actualisée. Elle a été réalisée
en toute indépendance par nos inspecteurs,
des professionnels passionnés
qui visitent et testent dans un total anonymat.*

*Cette année, l'introduction d'un texte descriptif,
clair et concis, complète nos informations
sur chaque établissement et permet au lecteur
de le situer dans son cadre,
d'en sentir l'ambiance
et de le choisir en toute confiance.*

*Par ailleurs, le « Bib Hôtel » fait
son apparition.
Il vous signalera des hôtels pratiques
et accueillants, offrant des prestations
de qualité à prix raisonnables.
Le symbole ♀ vous indique désormais
des adresses où sont servis des vins
de qualité au verre.*

*Et un bon conseil, suivez
le « Bib Gourmand » :
il vous conduira à des restaurants
proposant des repas soignés à prix modérés.*

*Vous pouvez retrouver toute la sélection
du Guide Rouge Deutschland sur
www.ViaMichelin.de
et nous faire part de vos commentaires à
derrotemichelin@de.michelin.com*

Sommaire

19	Comment se servir du guide
28	Les cartes de voisinage
59	Les établissements à étoiles
62	Le "Bib Gourmand"
67	Le "Bib Hôtel"
70	Carte des bonnes tables à étoiles, "Bib Gourmand", "Bib Hôtel", hôtels agréables, isolés, très tranquilles
82	La bière et les vins
93	Hôtels, restaurants, plans de ville, curiosités...
1603	Vacances scolaires
1604	Distances
1607	Atlas : principales routes, hôtels d'autoroutes, parcs de récréation et localisations des cartes de voisinage
1612	Calendrier des foires
1614	Indicatifs téléphoniques internationaux

Le choix d'un hôtel, d'un restaurant

Ce guide vous propose une sélection d'hôtels et restaurants établie à l'usage de l'automobiliste de passage. Les établissements, classés selon leur confort, sont cités par ordre de préférence dans chaque catégorie.

Catégories

🏨🏨🏨	XXXXX	*Grand luxe et tradition*
🏨🏨	XXXX	*Grand confort*
🏨	XXX	*Très confortable*
🏨	XX	*De bon confort*
🏨	X	*Assez confortable*
🏨		*Simple mais convenable*
M		*Dans sa catégorie, hôtel d'équipement moderne*
garni		*L'hôtel n'a pas de restaurant*
	mit Zim	*Le restaurant possède des chambres*

Agrément et tranquillité

Certains établissements se distinguent dans le guide par les symboles rouges indiqués ci-après.
Le séjour dans ces hôtels se révèle particulièrement agréable ou reposant. Cela peut tenir d'une part au caractère de l'édifice, au décor original, au site, à l'accueil et aux services qui sont proposés, d'autre part à la tranquillité des lieux.

🏨🏨🏨 à 🏨	*Hôtels agréables*
XXXXX à X	*Restaurants agréables*
« Park »	*Élément particulièrement agréable*
🖐	*Hôtel très tranquille ou isolé et tranquille*
🖐	*Hôtel tranquille*
≤ Rhein	*Vue exceptionnelle*
≤	*Vue intéressante ou étendue.*

Les localités possédant des établissements agréables ou très tranquilles sont repérées sur les cartes pages 70 à 81.

Consultez-les pour la préparation de vos voyages et donnez-nous vos appréciations à votre retour, vous faciliterez ainsi nos enquêtes.

L'installation

Les chambres des hôtels que nous recommandons possèdent, en général, le téléphone et des installations sanitaires complètes. Il est toutefois possible que dans les catégories 🏠 et 🏚, certaines chambres en soient dépourvues.

30 Z	Nombre de chambres
🛗	Ascenseur
▭	Air conditionné
TV	Télévision dans la chambre
🚭	Établissement en partie réservé aux non-fumeurs
☏	Prise Modem – Fax dans la chambre
♿	Accessible aux handicapés physiques
🧒	Equipements d'accueil pour les enfants
🌳	Repas servis au jardin ou en terrasse
≋ ▣	Piscine : de plein air ou couverte
⚕	Balnéothérapie, Cure thermale
🏋 🚶 ≘s	Salle de remise en forme – Cure Kneipp – Sauna
🏖 🌿	Plage aménagée – Jardin de repos
🎾	Tennis à l'hôtel
⛳18 🐴	Golf et nombre de trous – Chevaux de selle
👥 150	Salles de conférences : capacité maximum
🚗	Garage dans l'hôtel (généralement payant)
P	Parking réservé à la clientèle
🚫🐕	Accès interdit aux chiens (dans tout ou partie de l'établissement)
Fax	Transmission de documents par télécopie
Mai-Okt.	Période d'ouverture, communiquée par l'hôtelier
nur Saison	Ouverture probable en saison mais dates non précisées. En l'absence de mention, l'établissement est ouvert toute l'année.

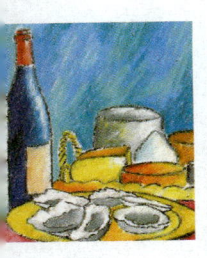

La table

Les étoiles

*Certains établissements méritent d'être signalés
à votre attention pour la qualité de leur cuisine.
Nous les distinguons par
les étoiles de bonne table.*

*Nous indiquons, pour ces établissements,
trois spécialités culinaires qui pourront orienter
votre choix.*

ꙮꙮꙮ **Une des meilleures tables, vaut le voyage**
*On y mange toujours très bien, parfois merveilleusement.
Grands vins, service impeccable, cadre élégant...
Prix en conséquence.*

ꙮꙮ **Table excellente, mérite un détour**
*Spécialités et vins de choix...
Attendez-vous à une dépense en rapport.*

ꙮ **Une très bonne table dans sa catégorie**
*L'étoile marque une bonne étape sur votre itinéraire.
Mais ne comparez pas l'étoile d'un établissement
de luxe à prix élevés avec celle d'une petite maison
où, à prix raisonnables, on sert également une cuisine
de qualité.*

Le "Bib Gourmand"

Repas soignés à prix modérés

Vous souhaitez parfois trouver des tables plus simples, à prix modérés ; c'est pourquoi nous avons sélectionné des restaurants proposant, pour un rapport qualité-prix particulièrement favorable, un repas soigné, souvent de type régional. Ces restaurants sont signalés par 🍴 *le* "Bib Gourmand" *et* Menu *en rouge.*
Ex. Menu 30/45.

Consultez les cartes des étoiles de bonne table ✿✿✿, *✿✿, ✿ et des "Bib Gourmand"* 🍴 Menu, *pages 70 à 81. Voir aussi* 🍴 *page suivante.*

La bière et les vins : voir p. 82, 83, 87 et 88

L'hébergement

Le Bib Hôtel

Bonnes nuits à petits prix

*Vous cherchez un hôtel accueillant
et au confort actuel vous proposant des chambres
d'un bon rapport qualité-prix ?
Ces hôtels affichent des prix de chambre
pour deux personnes, petits déjeuners compris,
à moins de 90 €.
Ils vous sont signalés par le "Bib Hôtel" et Zim*

*Consultez la liste des Bib Hôtels pages 67 à 69 et repérez
les sur les cartes pages 70 à 81.*

Les prix

*Les prix indiqués dans ce guide, établis en été 2002, sont donnés en euros (€).
Ils s'appliquent à la **haute saison** et sont susceptibles de modifications, notamment en cas de variations des prix des biens et des services. Ils s'entendent taxes et services compris. Aucune majoration ne doit figurer sur votre note, sauf éventuellement la taxe de séjour.*

A l'occasion de certaines manifestations commerciales ou touristiques (voir les dernières pages), les prix demandés par les hôteliers risquent d'être sensiblement majorés dans certaines villes jusqu'à leurs lointains environs.

Les hôtels et restaurants figurent en gros caractères lorsque les hôteliers nous ont donné tous leurs prix et se sont engagés, sous leur propre responsabilité, à les appliquer aux touristes de passage porteurs de notre guide.

Entrez à l'hôtel le Guide à la main, vous montrerez ainsi qu'il vous conduit là en confiance.

Repas

ↂ	*Établissement proposant un repas simple à **moins de** 14 Euro (€)*

Menus à prix fixe :
minimum 20 € *maximum* 42 €

Menu 20/42	

Repas à la carte
*Le premier prix correspond à un repas normal comprenant : potage, plat garni et dessert.
Le 2ᵉ prix concerne un repas plus complet (avec spécialité) comprenant : entrée, plat garni, fromage ou dessert.*

Menu à la carte 30/41	
♀	*Vin servi au verre.*

Chambres

31 Zim — Nombre de chambre
⌑ 90/150-170/210 — Prix d'une chambre pour une personne minimum/maximum – Prix d'une chambre pour deux personnes minimum/maximum petit déjeuner compris
⌑ 20 — Prix du petit déjeuner
Suites et junior suites — Se renseigner auprès de l'hôtelier

Demi-pension

1/2 P 20/40 — Supplément pour la demi-pension par personne et par jour, en saison.
Il est indispensable de s'entendre par avance avec l'hôtelier pour conclure un arrangement définitif.

Les arrhes

Certains hôteliers demandent le versement d'arrhes.
Il s'agit d'un dépôt-garantie qui engage l'hôtelier comme le client. Bien faire préciser les dispositions de cette garantie.

Cartes de crédit

AE ⓞ ⓜⓒ VISA JCB — Cartes de crédit acceptées par l'établissement
American Express, Diner's Club, Mastercard (Eurocard), Visa, Japan Crédit Bureau

Les villes

*Classées par ordre alphabétique
(mais ä = ae, ö = oe, ü = ue, ß = ss)*

✉ 78267 Aach	Numéro de code postal et nom du bureau distributeur du courrier
L	Capitale de « Land »
413 R 20	Numéro de la Carte Michelin et carroyage
987 ③	ou numéro du pli
24 000 Ew	Population
Höhe 175 m	Altitude de la localité
Heilbad	Station thermale
Kneippkurort	Station de cures Kneipp
Heilklimatischer Kurort-Luftkurort	Station climatique / Station climatique
Seebad	Station balnéaire
Erholungsort	Station de villégiature
Wintersport	Sports d'hiver
800/1 000 m	Altitude de la station et altitude maximum atteinte par les remontées mécaniques
✆ 2	Nombre de téléphériques ou télécabines
✆ 4	Nombre de remonte-pentes et télésièges
⛷	Ski de fond
AX A	Lettres repérant un emplacement sur le plan
✳ ≤	Panorama, vue
⛳ 18	Golf et nombre de trous
✈	Aéroport
🚗	Localité desservie par train-auto. Renseignements aux guichets
⛴ ⇔	Transports maritimes : passagers et voitures, passagers seulement
🛈	Information touristique
ADAC	Automobile Club d'Allemagne

Les curiosités

Intérêt

★★★	*Vaut le voyage*
★★	*Mérite un détour*
★	*Intéressant*

Situation

Sehenswert	*Dans la ville*
Ausflugsziel	*Aux environs de la ville*
N, S, O, W	*La curiosité est située : au Nord, au Sud, à l'Est, ou à l'Ouest*
über ①, ④	*On s'y rend par la sortie ① ou ④ repérée par le même signe sur le plan du Guide et sur la carte*
6 km	*Distance en kilomètres*

Les cartes de voisinage

Avez-vous pensé à les consulter ?

Vous souhaitez trouver une bonne adresse, par exemple aux environs de München ? Consultez la carte qui accompagne le plan de la ville.

La "carte de voisinage" (ci-contre) attire votre attention sur toutes les localités citées au Guide autour de la ville choisie, et particulièrement celles qui sont accessibles en automobile en moins de 30 minutes (limite en couleur).

Les "cartes de voisinage" vous permettent ainsi le repérage rapide de toutes les ressources proposées par le Guide autour des métropoles régionales.

Nota :

Lorsqu'une localité est présente sur une "carte de voisinage", sa métropole de rattachement est imprimée en BLEU *sur la ligne des distances de ville à ville.*

Exemple :

Vous trouverez FREISING sur la carte de voisinage de München

FREISING Bayern 419 420 U 19, 46500 Ew – Höhe 448 m

Sehenswert : Domberg★ – Dom★ (Chorgestühl★, Benediktuskapelle★)

🛈 Touristinformation, Marienplatz 7, ✉ 85354, ✆ (08161) 5 41 22, touristinfo@freising.de, Fax (08161) 54231

Berlin 564 – München 34 – Ingolstadt 56 – Landshut 36 – Nürnberg 144

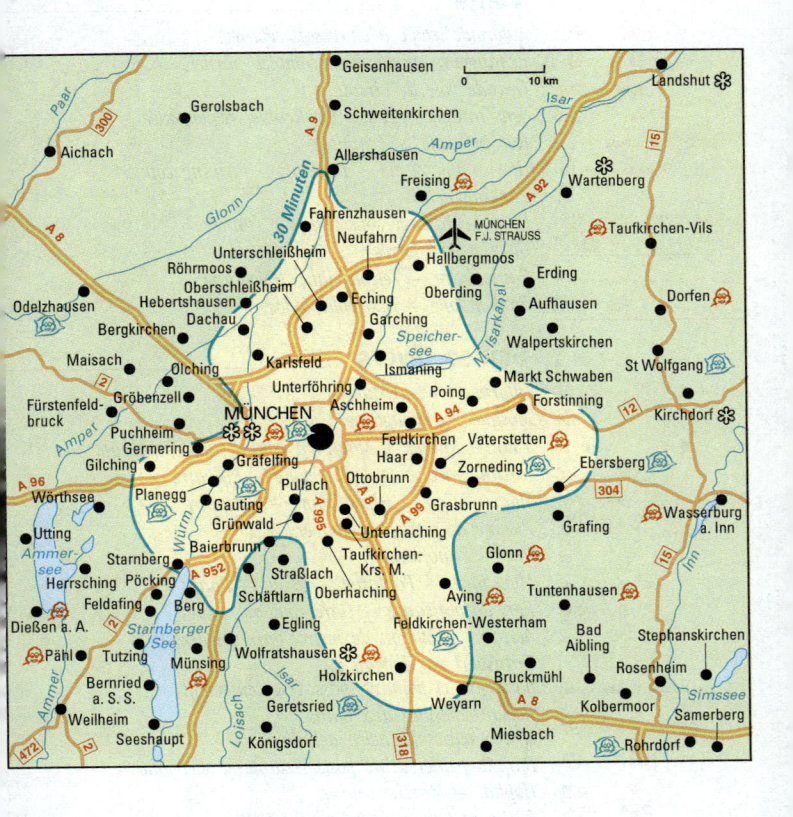

Toutes les « cartes de voisinage » sont localisées sur la carte thématique pages 70 à 81.

Les plans

□ ● Hôtels
■ ● Restaurants

Curiosités

Bâtiment intéressant
Édifice religieux intéressant

Voirie

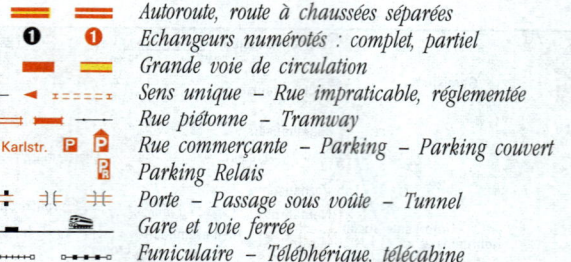

Autoroute, route à chaussées séparées
Echangeurs numérotés : complet, partiel
Grande voie de circulation
Sens unique – Rue impraticable, réglementée
Rue piétonne – Tramway
Karlstr. Rue commerçante – Parking – Parking couvert
Parking Relais
Porte – Passage sous voûte – Tunnel
Gare et voie ferrée
Funiculaire – Téléphérique, télécabine
Pont mobile – Bac pour autos

Signes divers

Information touristique
Mosquée – Synagogue
Tour – Ruines – Moulin à vent – Château d'eau
Jardin, parc, bois – Cimetière – Calvaire
Stade – Golf – Hippodrome – Patinoire
Piscine de plein air, couverte
Vue – Panorama
Monument – Fontaine – Usine – Phare
Port de plaisance – Gare routière
Aéroport – Station de métro, gare souterraine
Transport par bateau :
passagers et voitures, passagers seulement
(3) Repère commun aux plans
et aux cartes Michelin détaillées
Bureau principal de poste restante et téléphone
Hôpital – Marché couvert
Bâtiment public repéré par une lettre :
L R - Conseil provincial – Hôtel de ville
J - Palais de justice
M T U - Musée – Théâtre – Université, grande école
POL - Police (commissariat central)
ADAC Automobile Club

*The 40th edition of the Red Guide Deutschland
offers you a comprehensively revised
selection of hotels and restaurants.
Every year our dedicated team
of professional inspectors seeks out
and tests the full range of establishments,
visiting anonymously and making
their own impartial decisions.*

*For the first time we have included
a short descriptive text for each establishment,
complementing the familiar Michelin symbols
and offering an insight into the character
and surroundings so that our readers
can be sure of making the right choice.*

*Also new this year are « the Bib Hotel »,
a sure sign of a warm welcome
and good standards of comfort
and service at a modest price,
and the ♀ symbol,
which highlights establishments offering
a good selection of quality wines by the glass.*

*On your travels look out for the many restaurants
awarded the "Bib Gourmand",
which indicates moderately priced menus
and good value for money.*

*The Red Guide is written for you
and influenced by you.
Please send us your comments
and recommendations by post or by e-mail to
derrotemichelin@de.michelin.com.*

*You can consult the complete listings
of The Red Guide Deutschland at
www.ViaMichelin.de*

Contents

- 33 How to use this guide
- 42 Local maps
- 59 Starred establishments
- 62 The "Bib Gourmand"
- 67 The "Bib Hotel"
- 70 Map of star-rated restaurants; the "Bib Gourmand", "Bib Hotel", pleasant, secluded and very quiet hotels
- 83 Beer and wine
- 93 Hotels, restaurants, town plans, sights
- 1603 School holidays
- 1604 Distances
- 1607 Atlas: main roads, motorway hotels, leisure centres and location of local maps
- 1612 Calendar of fairs and other events
- 1614 International dialling codes

Choosing a hotel or restaurant

This guide offers a selection of hotels and restaurants to help the motorist on his travels. In each category establishments are listed in order of preference according to the degree of comfort they offer.

Categories

🏨🏨🏨	XXXXX	Luxury in the traditional style
🏨🏨	XXXX	Top class comfort
🏨🏨	XXX	Very comfortable
🏨	XX	Comfortable
🏠	X	Quite comfortable
⛺		Simple comfort
M		In its category, hotel with modern amenities
garni		The hotel has no restaurant
	mit Zim	The restaurant also offers accommodation

Peaceful atmosphere and setting

Certain establishments are distinguished in the guide by the red symbols shown below.
Your stay in such hotels will be particularly pleasant or restful, owing to the character of the building, its decor, the setting, the welcome and services offered, or simply the peace and quiet to be enjoyed there.

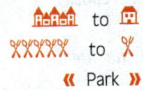

🏨🏨🏨 to 🏠		Pleasant hotels
XXXXX to X		Pleasant restaurants
« Park »		Particularly attractive feature
🛌		Very quiet or quiet, secluded hotel
🛌		Quiet hotel
≤ Rhein		Exceptional view
≤		Interesting or extensive view

The maps on pages 70 to 81 indicate places with such peaceful, pleasant hotels and restaurants. By consulting them before setting out and sending us your comments on your return you can help us with our enquiries.

Hotel facilities

In general the hotels we recommend have direct dial phone, full bathroom and toilet facilities in each room. This may not be the case, however, for certain rooms in categories 🏠 and 🏡.

30 Zim	Number of rooms
⬍	Lift (elevator)
▭	Air conditioning
TV	Television in room
⌦	Hotel partly reserved for non-smokers
☏	Modem – Fax point in the bedrooms
♿	Accessible to disabled people
👪	Special facilities for children
⛱	Meals served in garden or on terrace
⌇ ▣	Outdoor or indoor swimming pool
♨	Hydrotherapy
🏋 🚶 ≡s	Exercise room – Kneipp cure service – Sauna
⛱ 🌳	Beach with bathing facilities – Garden
🎾	Hotel tennis court
⛳18 🐎	Golf course and number of holes – Horse riding
🏛 150	Equipped conference hall (maximum capacity)
🚗	Hotel garage (additional charge in most cases)
P	Car park for customers only
🐕⃠	Dogs are excluded from all or part of the hotel
Fax	Telephone document transmission
Mai-Okt.	Dates when open, as indicated by the hotelier
nur Saison	Probably open for the season – precise dates not available.

Where no date or season is shown, establishments are open all year round.

Cuisine

Stars

Certain establishments deserve to be brought to your attention for the particularly fine quality of their cooking. **Michelin stars** *are awarded for the standard of meals served.*
For such restaurants we list three culinary specialities to assist you in your choice.

❀❀❀ **Exceptional cuisine, worth a special journey**
One always eats here extremely well, sometimes superbly. Fine wines, faultless service, elegant surroundings. One will pay accordingly!

❀❀ **Excellent cooking, worth a detour**
Specialities and wines of first class quality. This will be reflected in the price.

❀ **A very good restaurant in its category**
The star indicates a good place to stop on your journey. But beware of comparing the star given to an expensive « de luxe » establishment to that of a simple restaurant where you can appreciate fine cuisine at a reasonable price.

The "Bib Gourmand"

Good food at moderate prices

You may also like to know of other restaurants with less elaborate, moderately priced menus that offer good value for money and serve carefully prepared meals, often of regional cooking. In the guide such establishments are marked 🙂 the "Bib Gourmand" and Menu *in red just before the price of the menu, for example* Menu *30/45.*

Please refer to the map of star-rated restaurants ✤✤✤, ✤✤, ✤ and the "Bib Gourmand" 🙂 (pp 70 to 81). See also ∞ following pages.

Beer and wine : see pages 83, 84, 89 and 90

Accommodation

The "Bib Hotel"

Good accommodation at moderate prices

For a warm welcome and good standards of comfort and service, all at a moderate price, look for the "Bib Hotel" and Zim in the text of the guide.
Hotels distinguished by the Bib Hotel symbol offer a double or twin room and breakfast for less than 90 €.

All "Bib Hotels" appear on the list on page 67 to 69 and are shown on the thematic maps on page 70 to 81.

Prices

*Prices quoted in euros are valid for summer 2002. They apply to **high season** and changes may arise particularly if goods and service costs are revised. The rates include tax and service and no extra charge should appear on your bill, with the possible exception of visitors' tax.*

In the case of certain trade exhibitions or tourist events (see end of guide), prices demanded by hoteliers are liable to reasonable increases in certain cities and for some distance in the area around them.

Hotels and restaurants in bold type have supplied details of all their rates and have assumed responsibility for maintaining them for all travellers in possession of this guide.

Your recommendation is selfevident if you always walk into a hotel, Guide in hand.

Meals

⊜	*Establishment serving a simple meal* **for less than** 14 Euro (€)
	Set meals
Menu 20/42	*Lowest 20 € and highest 42 € prices for set meals*
	« A la carte » meals
Menu à la carte 30/41	*The first figure is for a plain meal and includes soup, main dish of the day with vegetables and dessert. The second figure is for a fuller meal (with « spécialité ») and includes hors d'œuvre or soup, main dish with vegetables, cheese or dessert.*
♀	*Wine served by the glass*

Rooms

31 Zim — Number of rooms
⌂ 90/150 — Lowest/highest price for single rooms –
170/210 — lowest/highest price for double rooms breakfast included
⌂ 20 — Price for breakfast
Suites and Junior suites — Check with the hotelier for prices

Half board

1/2 P 20/40 — This supplement per person per day should be added to the cost of the room in order to obtain the half-board price. It is advisable to agree on terms with the hotelier before arriving.

Deposits

Some hotels will require a deposit, which confirms the commitment of customer and hotelier alike. Make sure the terms of the agreement are clear.

Credit cards

AE ⓘ MC VISA JCB — Credit cards accepted by the establishment
American Express, Diner's Club, Mastercard (Eurocard), Visa, Japan Credit Bureau

Towns

*in alphabetical order
(but ä = ae, ö = oe, ü = ue, ß = ss)*

✉ 78267 Aach	Postal number and Post Office serving the town
L	Capital of « Land »
413 R 20	Michelin map number, co-ordinates
987 ③	or fold
24 000 Ew	Population
Höhe 175 m	Altitude (in metres)
Heilbad	Spa
Kneippkurort	Health resort (Kneipp)
Heilklimatischer Kurort-Luftkurort	Health resort
Seebad	Seaside resort
Erholungsort	Holiday resort
Wintersport	Winter sports
800/1 000 m	Altitude (in metres) of resort and highest point reached by lifts
🚠 2	Number of cable-cars
🎿 4	Number of ski and chairlifts
🎿	Cross-country skiing
AX A	Letters giving the location of a place on the town plan
※ ≤	Panoramic view, view
⛳18	Golf course and number of holes
✈	Airport
🚗	Place with a motorail connection, further information from ticket office
🚢 ⛴	Shipping line : passengers and cars, passengers only
🛈	Tourist Information Centre
ADAC	German Automobile Club

40

Sights

Star-rating

★★★	Worth a journey
★★	Worth a detour
★	Interesting

Location

Sehenswert	Sights in town
Ausflugsziel	On the outskirts
N, S, O, W	The sight lies north, south, east or west of the town
über ①, ④	Sign on town plan and on the Michelin road map indicating the road leading to a place of interest
6 km	Distance in kilometres

Local maps

May we suggest that you consult them

*Should you be looking for a hotel or a restaurant
not too far from München for example,
you can consult the map along with the town plan.
The local map (opposite) draws your attention
to all places arround the town or city selected,
provided they are mentioned in the Guide.
Places located within a thirty minute drive
are clearly identified by the use
of a different coloured background.
The various facilities recommended
near the different regional capitals can be located
quickly and easily.*

Note :

*Entries in the Guide provide Information
on distances to nearby towns. Whenever a place
appears on one of the local maps, the name
of the town or city to witch it is attached
is printed "BLUE".*

Example :

FREISING *Bayern* 419 420 *U 19, 46500 Ew – Höhe 448 m*

Sehenswert : *Domberg*★ *– Dom*★ *(Chorgestühl*★*, Benediktuskapelle*★*)*

🛈 *Touristinformation, Marienplatz 7,* ✉ *85354,* ☏ *(08161) 5 41 22, touristinfo@freising.de, Fax (08161) 54231*

Berlin 564 – Münchén *34 – Ingolstadt 56 – Landshut 36 – Nürnberg 144*

FREISING is to be found on the local map München.

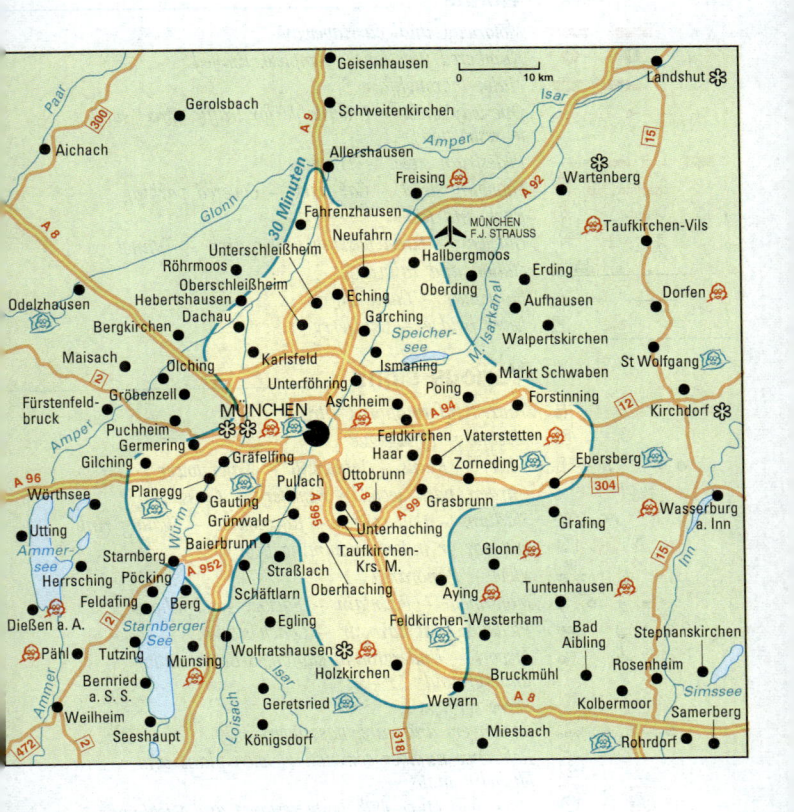

All the local maps are indicated on the thematic map on pages 70 to 81.

Town plans

□ ●   *Hotels*
■ ●   *Restaurants*

Sights

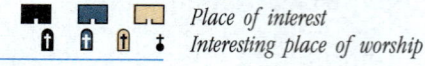

Place of interest
Interesting place of worship

Roads

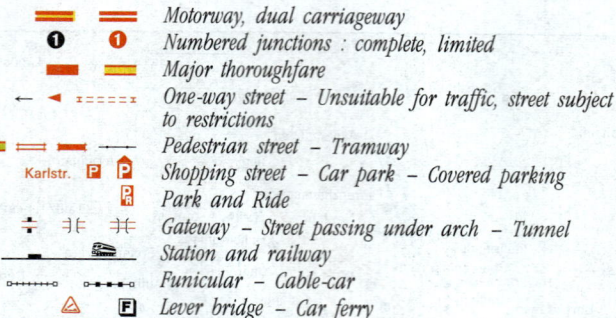

Motorway, dual carriageway
Numbered junctions : complete, limited
Major thoroughfare
One-way street – Unsuitable for traffic, street subject to restrictions
Pedestrian street – Tramway
Karlstr.   *Shopping street – Car park – Covered parking*
Park and Ride
Gateway – Street passing under arch – Tunnel
Station and railway
Funicular – Cable-car
Lever bridge – Car ferry

Various signs

Tourist Information Centre
Mosque – Synagogue
Tower – Ruins – Windmill – Water tower
Garden, park, wood – Cemetery – Cross
Stadium – Golf course – Racecourse – Skating rink
Outdoor or indoor swimming pool
View – Panorama
Monument – Fountain – Factory – Lighthouse
Pleasure boat harbour – Coach station
Airport – Underground station, S-Bahn station underground
Ferry services :
passengers and cars, passengers only
Reference number common to town plans and Michelin maps
Main post office with poste restante and telephone
Hospital – Covered market
Public buildings located by letter :
L   R   *- Provincial Government Office – Town Hall*
J   *- Law Courts*
M   T   U   *- Museum – Theatre – University, College*
POL   *- Police (in large towns police headquarters)*
ADAC   *Automobile Club*

*Questa 40° edizione della Guida Rossa
Deutschland si presenta ai suoi lettori
con una selezione di alberghi e ristoranti
completamente rinnovata,
realizzata con assoluta indipendenza
di giudizio dai nostri ispettori,
che con professionalità e passione vistano
ogni locale nel più totale anonimato.*

*Quest'anno, l'introduzione di un breve testo
descrittivo, chiaro e conciso, completa
le informazioni già fornite dai simboli
e permette al lettore di scegliere un locale
anche in base all'ambiente, alla posizione,
alle caratteristiche della struttura.*

*Ulteriore novità dell'edizione 2003,
il "Bib Hotel", che fa il suo ingresso
fra i simboli della Guida per segnalarvi
gli alberghi confortevoli e accoglienti
che offrono un servizio di qualità
a prezzi ragionevoli .*

*Il simbolo ♀ vi suggerisce invece
gli indirizzi dove sono proposti vini di qualità
anche al bicchiere.*

*E per un buon consiglio su una tavola,
seguite il «Bib Gourmand» :
vi farà scoprire i ristoranti che propongono
dei pasti accurati a prezzi contenuti.*

*Potrete anche consultare la selezione
della Guida Rossa Deutschland sul sito*
www.ViaMichelin.de
*o inviarci le vostre critiche
o i vostri suggerimenti all'indirizzo internet :*
derrotemichelin@de.michelin.com

Sommario

47 *Come servirsi della Guida*

56 *Le carte dei dintorni*

59 *Gli esercizi con stelle*

62 *Il* "Bib Gourmand"

67 *Il* "Bib Hotel"

70 *Carta dei ristoranti con stelle,* "Bib Gourmand"*,* "Bib Hotel"*, degli alberghi ameni, isolati, molto tranquilli*

83 *La birra, i vini*

93 *Alberghi, ristoranti, piante di città, « curiosità »...*

1603 *Vacanze scolastiche*

1604 *Distanze*

1607 *Carta della Germania : principali strade, alberghi sulle autostrade, parchi di divertimenti e localizzazione delle carte dei dintorni*

1612 *Calendario delle fiere*

1614 *Indicativi telefonici internazionali*

La scelta di un albergo, di un ristorante

Questa guida propone una selezione di alberghi e ristoranti per orientare la scelta dell'automobilista. Gli esercizi, classificati in base al confort che offrono, vengono citati in ordine di preferenza per ogni categoria.

Categorie

🏨🏨🏨	XXXXX	*Gran lusso e tradizione*
🏨🏨	XXXX	*Gran confort*
🏨🏨	XXX	*Molto confortevole*
🏨	XX	*Di buon confort*
🏨	X	*Abbastanza confortevole*
🏨		*Semplice, ma conveniente*
M		*Nella sua categoria, albergo con installazioni moderne*
garni		*L'albergo non ha ristorante*
	mit Zim	*Il ristorante dispone di camere*

Amenità e tranquillità

Alcuni esercizi sono evidenziati nella guida dai simboli rossi indicati qui di seguito. Il soggiorno in questi alberghi si rivela particolarmente ameno o riposante. Ciò può dipendere sia dalle caratteristiche dell'edificio, dalle decorazioni non comuni, dalla sua posizione e dal servizio offerto, sia dalla tranquillità dei luoghi.

🏨🏨🏨 ... 🏨	*Alberghi ameni*
XXXXX ... X	*Ristoranti ameni*
« Park »	*Un particolare piacevole*
🐾	*Albergo molto tranquillo o isolato e tranquillo*
🐾	*Albergo tranquillo*
≤ Rhein	*Vista eccezionale*
≤	*Vista interessante o estesa*

Le località che possiedono degli esercizi ameni o molto tranquilli sono riportate sulle carte da pagina 70 a 81.

Consultatele per la preparazione dei vostri viaggi e, al ritorno, inviateci i vostri pareri; in tal modo agevolerete le nostre inchieste.

Installazioni

Le camere degli alberghi che raccomandiamo possiedono, generalmente, telefono e delle installazioni sanitarie complete.
È possibile tuttavia che nelle categorie 🏠 e 🏡 alcune camere ne siano sprovviste.

30 Zim	Numero di camere
💲	Ascensore
▭	Aria condizionata
TV	Televisione in camera
⊱✕	Esercizio riservato in parte ai non fumatori
📞	Presa Modem – Fax in camera
♿	Agevole accesso per i portatori di handicap
👨‍👦	Attrezzatura per accoglienza e ricreazione dei bambini
🍽️	Pasti serviti in giardino o in terrazza
🏊 🏊	Piscina : all'aperto, coperta
♨	Idroterapia, Cura termale
🏋 ⚓ ≋s	Palestra – Cura Kneipp – Sauna
🏖 🌿	Spiaggia attrezzata – Giardino
🎾	Tennis appartenente all'albergo
⛳18 🐴	Golf e numero di buche – Cavalli da sella
🏛 150	Sale per conferenze : capienza massima
🚗	Garage nell'albergo (generalmente a pagamento)
[P]	Parcheggio riservato alla clientela
🐕‍🦺	Accesso vietato ai cani (in tutto o in parte dell'esercizio)
Fax	Trasmissione telefonica di documenti
Mai-Okt.	Periodo di apertura, comunicato dall'albergatore
nur Saison	Probabile apertura in stagione, ma periodo non precisato. Gli esercizi senza tali menzioni sono aperti tutto l'anno.

La tavola

Le stelle

*Alcuni esercizi meritano di essere segnalati alla vostra attenzione per la qualità particolare della loro cucina ; li abbiamo evidenziati con le « **stelle di ottima tavola** ».*

Per ognuno di questi ristoranti indichiamo tre specialità culinarie che potranno aiutarvi nella scelta.

❀❀❀ **Una delle migliori tavole, vale il viaggio**
Vi si mangia sempre molto bene, a volte meravigliosamente, grandi vini, servizio impeccabile, ambientazione accurata... Prezzi conformi.

❀❀ **Tavola eccellente, merita una deviazione**
Specialità e vini scelti... Aspettatevi una spesa in proporzione.

❀ **Un'ottima tavola nella sua categoria**
La stella indica una tappa gastronomica sul vostro itinerario.
Non mettete però a confronto la stella di un esercizio di lusso, dai prezzi elevati, con quella di un piccolo esercizio dove, a prezzi ragionevoli, viene offerta una cucina di qualità.

🙂 Il "Bib Gourmand"

Pasti accurati a prezzi contenuti

Talvolta desiderate trovare delle tavole più semplici a prezzi contenuti. Per questo motivo abbiamo selezionato dei ristoranti che, per un rapporto qualità-prezzo particolarmente favorevole, offrono un pasto accurato spesso a carattere tipicamente regionale.
Questi ristoranti sono evidenziati nel testo con il "Bib Gourmand" 🙂 *e* Menu. *Es.* Menu 30/45.

Consultate le carte con stelle ✿✿✿, ✿✿, ✿
e con "Bib Gourmand" 🙂 *(pagine 70 a 81).*
Vedere anche 🍴 *a pagina seguente.*

La birra e i vini : vedere p. 83, 84, 91 e 92

L'alloggio

Il "Bib Hotel"

Buona sistemazione a prezzo contenuto

Cercate un hotel accogliente e confortevole, che offra un buon rapporto qualità/prezzo ?
Gli esercizi selezionati, che dispongono di camere doppie a meno di € 90 colazione compresa, sono contrassegnati dai simboli "Bib Hotel" *e* Zim.

Consultate la lista dei "Bib Hotel"
da pag. 67 a pag. 69 a localizzateli
sulla carta tematica, da pag. 70 a pag. 81.

I prezzi

*I prezzi indicati in questa guida, stabiliti nell'estate 2002, sono espressi in euro. Si riferiscono all'***alta stagione** *e possono subire variazioni legate all'aumento dei pressi dei beni e dei servizi. Essi s'intendono comprensivi di tasse e servizio. Nessuna maggiorazione deve figurare sul vostro conto, salvo eventualmente la tassa di soggiorno. In occasione di alcune manifestazioni commerciali o turistiche (vedere le ultime pagine), i prezzi richiesti dagli albergatori potrebbero subire un sensibile aumento nelle località interessate e nei loro dintorni.*

Gli alberghi e ristoranti vengono menzionati in carattere grassetto quando gli albergatori ci hanno comunicato tutti i loro prezzi e si sono impegnati, sotto la propria responsabilità, ad applicarli ai turisti di passaggio, in possesso della nostra guida.

Entrate nell'albergo con la Guida alla mano, dimostrando in tal modo la fiducia in chi vi ha indirizzato.

Pasti

Esercizio che offre un pasto semplice **per meno di** 14 Euro (€)

Menu a prezzo fisso :
Menu 20/42 — *minimo* 20 € *massimo* 42 €.

Pasto alla carta
Menu à la carte 30/41 — *Il primo prezzo corrisponde ad un pasto semplice comprendente : minestra, piatto con contorno e dessert. Il secondo prezzo corrisponde ad un pasto più completo (con specialità) comprendente : antipasto, piatto con contorno, formaggio o dessert.*

Vino servito al bicchiere

Camere

31 Zim	Numero di camere.
⌑ 90/150 170/210	Prezzo minimo/massimo per una camera singola – prezzo minimo/massimo per una camera per due persone, compresa la prima colazione
⌑ 20	Prezzo della prima colazione
Suite e Junior suite	Informarsi presso l'albergatore

Mezza pensione

1/2 P 20/40 — Questo supplemento per persona al giorno va aggiunto al prezo della camera per ottenere quello della mezza pensione.
È indispensabile contattare precedentemente l'albergatore per raggiungere un accordo definitivo.

La caparra

Alcuni albergatori chiedono il versamento di una caparra. Si tratta di un deposito-garanzia che impegna tanto l'albergatore che il cliente.
Vi consigliamo di farvi precisare le norme riguardanti la reciproca garanzia di tale caparra.

Carte di credito

AE ⓘ Ⓜⓒ VISA JCB

Carte di credito accettate dall'esercizio
American Express, Diner's Club, Mastercard (Eurocard), Visa, Japan Credit Bureau

Le città

Elencate in ordine alfabetico
(ma ä = ae, ö = oe, ü = ue, ß = ss)

✉ 78267 Aach	Numero di codice e sede dell'Ufficio postale
L	Capoluogo di « Land »
413 R 20	Numero della carta Michelin e del riquadro
987 ③	o numero della piega
24 000 Ew	Popolazione
Höhe 175 m	Altitudine
Heilbad	Stazione termale
Kneippkurort	Stazione di cure Kneipp
Heilklimatischer	Stazione climatica
Kurort-Luftkurort	Stazione climatica
Seebad	Stazione balneare
Erholungsort	Stazione di villeggiatura
Wintersport	Sport invernali
800/1 000 m	Altitudine della località ed altitudine massima raggiungibile con gli impianti di risalita
🚠 2	Numero di funivie o cabinovie
🚡 4	Numero di sciovie e seggiovie
🎿	Sci di fondo
AX B	Lettere indicanti l'ubicazione sulla pianta
❋ ≤	Panorama, vista
⛳18	Golf e numero di buche
✈	Aeroporto
🚂	Località con servizio auto su treno. Informarsi agli sportelli
⛴ ⛵	Trasporti marittimi : passeggeri ed autovetture, solo passeggeri
🛈	Ufficio informazioni turistiche
ADAC	Automobile Club Tedesco

Luoghi d'interesse

Grado di interesse

★★★	*Vale il viaggio*
★★	*Merita una deviazione*
★	*Interessante*

Ubicazione

Sehenswert	*Nella città*
Ausflugsziel	*Nei dintorni della città*
N, S, O, W	*Il luogo si trova : a Nord, a Sud, a Est, a Ovest*
über ①, ④	*Ci si va dall'uscita ① o ④ indicata con lo stesso segno sulla pianta*
6 km	*Distanza chilometrica*

Le carte dei dintorni

Sapete come usarle ?

*Se desiderate, per esempio, trovare un buon
indirizzo nei dintorni di München,
la carta dei dintorni (qui accanto) richiama
la vostra attenzione su tutte le località citate
nella guida che si trovino nei dintorni della città
prescelta, e in particolare su quelle raggiungibli n
automobile in meno di 30 minuti (limite
di colore).*

*In tal modo, le carte dei dintorni permettono
la localizzazione rapida di tutte le risorse proposte
dalla Guida nei dintorni delle metropoli regionali.*

Nota :

*Quando una località è presente su una carta
dei dintorni la città a cui ci si riferisce è scritta
in "BLU" nella linea delle distanze da città a città.*

Esempio :

FREISING *Bayern* **419** **420** *U 19, 46500 Ew – Höhe
448 m*
Sehenswert *: Domberg★ – Dom★ (Chorgestühl★
Benediktuskapelle★)*
᭿ *Touristinformation, Marienplatz 7, ⊠ 85354
℘ (08161) 5 41 22, touristinfo@freising.de,
Fax (08161) 54231*
*Berlin 564 – München 34 – Ingolstadt 56 – Landshut 36
– Nürnberg 144*

*Troverete FREISING
sulla carta
dei dintorni
di München*

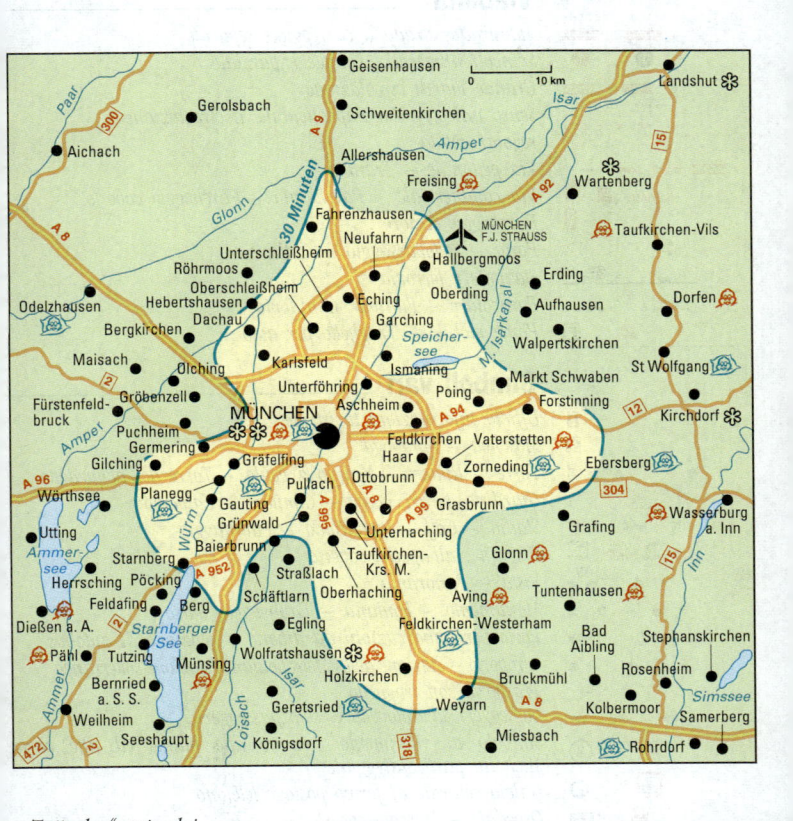

Tutte le "carte dei dintorni" sono localizzate sulla carta tematica a pagine 70 a 81.

Le piante

☐ ● *Alberghi*
■ ● *Ristoranti*

Curiosità

Edificio interessante
Costruzione religiosa interessante

Viabilità

Autostrada, strada a carreggiate separate
Svincoli numerati : completo, parziale
Grande via di circolazione
Senso unico – Via impraticabile, a circolazione regolamentata
Via pedonale – Tranvia
Via commerciale – Parcheggio – Parcheggio coperto
Parcheggio Ristoro
Porta – Sottopassaggio – Galleria
Stazione e ferrovia
Funicolare – Funivia, Cabinovia
Ponte mobile – Traghetto per auto

Simboli vari

Ufficio informazioni turistiche
Moschea – Sinagoga
Torre – Ruderi – Mulino a vento – Torre dell'acquedotto
Giardino, parco, bosco – Cimitero – Calvario
Stadio – Golf – Ippodromo – Pattinaggio
Piscina : all'aperto, coperta
Vista – Panorama
Monumento – Fontana – Fabbrica – Faro
Porto per imbarcazioni da diporto – Stazione di autobus
Aeroporto – Stazione della Metropolitana, stazione sotterranea
Trasporto con traghetto :
passeggeri ed autovetture, solo passeggeri
Simbolo di riferimento comune alle piante ed alle carte Michelin particolareggiate
Ufficio centrale di fermo posta e telefono
Ospedale – Mercato coperto
Edificio pubblico indicato con lettera :
- Sede del Governo della Provincia – Municipio
- Palazzo di Giustizia
- Museo – Teatro – Università
- Polizia (Questura, nelle grandi città)
Automobile Club

Die Sterne-Restaurants
Les établissements à étoiles
Starred establishments
Gli esercizi con stelle

✿✿✿

Aschau	Restaurant Heinz Winkler	Düsseldorf	Im Schiffchen
Baiersbronn	Schwarzwaldstube	Wittlich/Dreis	Waldhotel Sonnora
Bergisch-Gladbach	Restaurant Dieter Müller		

✿✿

Aschaffenburg/Sailauf	Carême	München	Tantris
Baiersbronn	Restaurant Bareiss	Neuenahr-Ahrweiler, Bad	Steinheuers Rest. Zur Alten Post
Bergisch-Gladbach	Vendôme	Perl	Gourmetrestaurant Schloss Berg
Dortmund	La Table	Salzburg/Werfen	Karl-Rudolf Obauer
Düsseldorf	Hummerstübchen	Stuttgart	Speisemeisterei
Essen	Residence	Sulzburg	Hirschen
Grevenbroich	Zur Traube	Wernberg-Köblitz	Kastell

✿

Aachen	La Bécasse	Deidesheim	Schwarzer Hahn
Aachen	St. Benedikt	Dietmannsried	Landhaus Henze
Altenstadt	Landhotel Schlosswirtschaft	Dorsten	Goldener Anker
Amorbach	Der Schafhof	Dortmund	Art Manger
Baden-Baden	Le Jardin de France	Dresden	Bülow-Residenz
Baden-Baden	Zum Alde Gott	Düren	Hefter's
Baiersbronn	Schlossberg	Efringen-Kirchen	Traube
Balduinstein	Zum Bären	Ehningen	Landhaus Feckl
Bargum	Andresen's Gasthof	Eltville am Rhein	Marcobrunn
Bellheim	Steverding's Isenhof	Erftstadt	Husarenquartier
Berlin	Facil	Eutin	L'Etoile
Berlin	First Floor	Fiefbergen	Sommerhof
Berlin	Hugenotte	Frankfurt	Brick Fine Dining
Berlin	Margaux	Frankfurt	Erno's Bistro
Berlin	Die Quadriga	Frankfurt	Osteria Enoteca
Berlin	VAU	Frankfurt	Tiger-Restaurant
Bonn	Halbedel's Gasthaus	Freiburg im Breisgau	Colombi-Hotel
Braunschweig	Dannenfelds	Freiburg im Breisgau	Eichhalde
Bremen	L'orchidée	Freiburg im Breisgau	Zur Traube
Brilon	Haus Waldsee	Freinsheim	Luther
Bühl	Imperial	Giessen	Tandreas
Burgwedel	Merlin	Hamburg	Haerlin
Celle	Endtenfang	Hamburg	Landhaus Scherrer
Cuxhaven	Sterneck	Hamburg	Le Canard
Daun	Schloss-H.Kurfürstliches Amtshaus	Hamburg	Tafelhaus
Deidesheim	Gasthaus zur Kanne - Grand Cru	Hamburg	Piment
		Hamburg	Poletto

Hamburg	Wollenberg	Nenndorf, Bad	La Forg
Hamburg	Louis C. Jacob	Nettetal	La Mairie im Haus Be
Häusern	Adler	Neuenburg	Blauel's Restauran
Heinsberg	Burgstuben-Residenz	Neunkirchen/Saar	Hostellerie Bache
Herford	Tönsings Kohlenkrug	Niederkassel	Wagner's Restauran
Herleshausen	Hohenhaus	Nümbrecht	Oliver's Gasthau
Hermeskeil	Le Temple du Gourmet	Nürnberg	Essigbrätlei
Herxheim	Krone	Nürtingen	Ulrichshöh
Kaiserslautern	Uwe's Tomate	Öhringen	Wald-u.Schloßhote
Kerpen	Schloss Loersfeld		Friedrichsruh
Kirchdorf Kreis Mühldorf	Christian's Rest. - Gasthof Grainer	Osnabrück	La Vi
		Paderborn	Balthasa
Kissingen, Bad	Laudensacks Parkhotel	Peterstal-Griesbach, Bad	Le Pavillor
Klingenberg	Zum alten Rentamt	Pfaffenweiler	Zehner-Stub
Köln	Börsen-Restaurant Maître	Pfinztal	Villa Hammerschmied
Köln	Capricorn i Aries	Prien am Chiemsee	Mühlberge
Köln	Da Bruno	Pulheim	Gut Lärchenho
Köln	Le Moissonnier	Ravensburg	Romantik H. Waldhorr
Köln	Zur Tant	Regensburg	Rosenpalai
Konstanz	Seehotel Siber	Remscheid	Concordi
Kordel/Zemmer	Landhaus Mühlenberg	Rendsburg/Alt Duvenstedt	Seehote
Krakow am See	Ich weiß ein Haus am See		Töpferhaus
		Rietberg	Domschenke
Kreuznach, Bad/Hackenheim	Metzlers Gasthof	Rosenberg	Landgasthof Adler
		Rothenburg ob der Tauber	Louvre
Krozingen, Bad	Zum Storchen	Saarbrücken	Gästehaus
Kuppenheim	Raub's Restaurant	Salach	Burgrestaurant Staufeneck
Laasphe, Bad	Ars Vivendi	Salzburg	Brandstätter
Lahr (Schwarzwald)	Adler	Salzburg/Golling	Döllerer's Goldener Stern
Landshut	Romantik-Hotel Fürstenhof	Salzburg/Hallwang	Pfefferschif
Langenargen	Adler	Sasbachwalden	Talmühle
Leipzig	Stadtpfeiffer	Schriesheim	Strahlenberger Hoj
Lembruch	Landhaus Götker	Schwäbisch-Hall	Eisenbahn - Hotel Wol
Lengerich	Hinterding	Singen (Hohentwiel)	Flohr's
Lindau im Bodensee	Villino	Sonnenbühl	Hirsch
Lübeck	Wullenwever	St. Peter	Zur Sonne
Lüneburg	Zum Heidkrug	St. Wendel	Kunz
Maintal	Hessler	Stolpe	Gutshaus Stolpe
Mannheim	Da Gianni	Stromberg	Le Val d'or
Mannheim	Dobler's Rest. L'Epi d'or	Stuttgart	Délice
Marburg	Belle Etage	Stuttgart	Zirbelstube
Melsungen	Frank Schicker- Alte Apotheke	Stuttgart	Weber's Gourmet im Turm
		Stuttgart/Fellbach	Zum Hirschen
Memmingen/Hawangen	D'Rescht	Stuttgart	top air
Mergentheim, Bad	Zirbelstube	Sylt-Ost	Bodendorf's
Monschau	Remise	Sylt-Ost	Restaurant Fährhaus
Mulfingen	Altes Amtshaus	Sylt-Rantum	Dorint Sölring Hof
München	Am Marstall	Sylt-Wenningstedt	Veneto
München	Gasthaus Glockenbach	Sylt-Westerland	Jörg Müller
München	Königshof	Tegernsee	Bischoff am See
München	Acquarello	Tholey	Hôtellerie Hubertus
München	Vinaiolo	Timmendorfer Strand	Orangerie

Trier	*Weinhaus Becker*	Weil am Rhein	*Adler*
Trittenheim/Naurath	*Landhaus St. Urban*	Weissenstadt	*Egertal*
Tübingen	*Waldhorn*	Wiesbaden	*Ente*
Verden (Aller)	*Pade's Restaurant*	Wofratshausen	*Patrizierhof*
Viersen	*Alte Villa Ling*	Wolfsburg	*Aqua*
Vogtsburg	*Schwarzer Adler*	Wolfsburg	*La Fontaine - Ludwig*
Vöhrenbach	*Zum Engel*		*im Park*
Wadersloh	*Bomke*	Xanten	*Landhaus Köpp*
Wartenberg Kreis Erding	*Bründlhof*	Zweibrücken	*Tschifflik*
Wartenberg-Rohrbach	*Wartenberger Mühle*	Zwischenahn, Bad	*Apicius*

61

"Bib Gourmand"

Sorgfältig zubereitete, preiswerte Mahlzeiten
Repas soignés à prix modérés
Good food at moderate prices
Pasti accurati a prezzi contenuti

Aachen	Schloß Schönau
Aalen	Landgasthof Lamm
Abbach, Bad	Gut Deutenhof
Abentheuer	La Cachette
Abstatt	Sperber
Adelsdorf	Landgasthof Niebler
Alfeld (Leine)	Grüner Wald
Amberg	Drathammer Schlößl
Andernach	Fischer
Arnsberg	Menge
Aschaffenburg / Johannesberg	Rückersbacher Schlucht
Asperg	Adler
Auggen	Zur Krone
Augsburg	Die Ecke
Augsburg	Romantik Hotel Augsburger Hof
Aying	Brauereigasthof Aying
Babenhausen	Post
Backnang	Lamm
Baden-Baden	Auerhahn
Baden-Baden	Traube
Baden-Baden	Waldhorn
Baiersbronn	Dorfstuben
Bellheim	Bellheimer Braustübl
Bellingen, Bad	Berghofstüble
Bempflingen	Krone
Bernau am Chiemsee	Jägerhof
Berneck im Fichtelgebirge, Bad	Merkel
Bielefeld	Gasthaus Buschkamp
Billerbeck	Domschenke
Birkenau	Drei Birken
Bisingen	Gasthof Adler
Blieskastel	Hämmerle's Restaurant
Bogen / Niederwinkling	Landgasthof Buchner
Bonndorf	Sommerau
Boppard	Gasthaus Hirsch
Boppard	Tannenheim
Bredstedt	Friesenhalle
Bregenz/Lochau	Mangold
Bremen	à point
Bretten	Guy Graessel im Grünen Hof
Buchen (Odenwald)	Zum Engel
Buchenberg	Schwarzer Bock
Bühl	Badischer Hof
Bühl	Gude Stub
Bühl	Pospisil's Gasthof Krone
Bühlertal	Bergfriedel
Bürgstadt	Weinhaus Stern
Burgrieden	Ebbinghaus
Burgwedel	Gasthaus Lege
Celle	Allerkrug
Cham	Bräu-Pfandl
Coburg	Romantik Hotel Goldene Traube - Meer & mehr
Crailsheim	Post-Faber
Cuxhaven	Spanger Buernstuv'
Deidesheim	St. Urban
Dernbach (Krs. Südl. Weinstraße)	Schneider
Dessau	Pächterhaus
Detmold	Speisekeller im Rosental
Diessen am Ammersee	Seehaus
Dillingen a.d. Donau	Storchennest
Dorfen	Mairot-Werkstätte der Lebensfreude
Dresden	Alte Meister
Dresden	Landhaus Lockwitzgrund

Dresden	Romantik Hotel Pattis - Vitalis
Düsseldorf / Meerbusch	Lindenhof
Duisburg	Gasthof Brendel
Eberbach am Neckar	Krone-Post
Eggenfelden	Bachmeier
Eichwalde	Carmens Restaurant
Eisenberg	Burghotel Bären
Endingen	Dutters Stube
Erfurt	Alboth's Restaurant im Kaisersaal
Erlangen	Altmann's Stube
Erlangen	Gasthaus Polster - Polster-Stube
Eschwege	Dölle's Nr. 1
Essen	Hannappel
Essen	Püree
Ettlingen	Erbprinz - Weinstube Sibylla
Feldberg im Schwarzwald	Haus Sommerberg
Feuchtwangen	Landgasthof Zum Ross
Feuchtwangen	Romantik Hotel Greifen-Post
Flensburg / Harrislee	Wassersleben
Föhr (Insel) / Wyk	Duus-Hotel
Frammersbach	Schwarzkopf
Frasdorf	Alpenhof
Freiamt	Zur Krone
Freiburg im Breisgau	Hirschen
Freising	Gasthaus Landbrecht
Freudenstadt	Warteck
Freyung	Landgasthaus Schuster
Frickingen	Löwen
Friedewald	Zum Löwen
Friesenheim	Mühlenhof
Fürth	Brasserie Baumann
Füssing, Bad	Kurhotel Holzapfel
Fulda	Dachsbau
Fulda	Zum Stiftskämmerer-Gewölbekeller
Garmisch-Partenkirchen	Reindl's Partenkirchner Hof
Gengenbach / Berghaupten	Hirsch
Glonn	Wirtshaus zum Schweinsbräu
Glottertal	Zum Adler
Gössweinstein	Schönblick
Gössweinstein	Zur Post
Göttingen	Gauß am Theater
Grafenau	Säumerhof
Grenzach-Wyhlen	Eckert
Grenzach-Wyhlen	Waldhorn
Grossheubach	Zur Krone
Gschwend	Herrengass
Gütersloh	Gasthaus Bockskrug
Guldental	Der Kaiserhof
Hamburg	Allegria
Hamburg	Jena Paradies
Hamburg	Josef Viehhauser
Hamburg	Landhaus Flottbeck
Hamburg	Le Plat du Jour
Hamburg	Lutz und König
Hamburg	Rive Bistro
Hamburg	Stocker
Hann. Münden	Letzter Heller
Hannover	Le Monde
Hausach	Landhaus Hechtsberg
Heidelberg	Backmulde
Heidenheim	Weinstube zum Pfauen
Heilbronn	Rebstock
Heilbronn / Flein	Reiners Rosine
Heiligenberg	Baader
Heiligenberg	Restaurant de Weiss im Hohenstein
Heiligenberg	Hack
Heimbach	Landhaus Weber
Heroldstatt	Landhotel Wiesenhof
Herrenalb, Bad	Lamm
Herrieden	Gasthaus Limbacher
Hersbruck / Engelthal	Grüner Baum
Herxheim	Zur Krone-Pfälzer Stube
Herzogenaurach	Wein und Fein am Turm
Hinterzarten	Esche
Höchst im Odenwald	Zur Krone - Gaststube
Hövelhof	Gasthof Brink
Hüfingen	Landgasthof Hirschen
Ihringen	Winzerstube
Illertissen	Dornweiler Hof
Illertissen	Gasthof Krone
Illschwang	Weißes Roß
Immenstaad	Seehof
Immenstaad	Strandcafé Heinzler
Iphofen	Romantik Hotel Zehntkeller
Kaisersbach	Schassbergers Kur- und Sporthotel - Flößerstube
Kalkar	Ratskeller
Kallmünz	Zum Goldenen Löwen
Kappelrodeck	Zum Rebstock
Karben	Neidharts Küche
Kaub	Zum Turm
Kehl	Grieshaber's Rebstock
Kehl	Hirsch
Kehl	Milchkutsch

Kenzingen	Scheidels Rest. zum Kranz
Kernen im Remstal	Malathounis
Kiel	Lüneburg-Haus - Die Wirtschaft
Kiel / Molfsee	Bärenkrug
Kirchzarten	Zum Rössle
Kirchzarten	Schlegelhof
Kleinwalsertal / Riezlern	Almhof Rupp
Kleinwalsertal / Riezlern	Alpenhof Jäger
Kleinwalsertal / Riezlern	Scharnagl's Alpenhof
Klettgau	Landgasthof Mange
Koblenz	Zum Schwarzen Bären
Köngen	Schwanen
Königsbronn	Landgasthof Löwen
Kreuznach, Bad	Weinwelt im Dienheimer Hof
Kreuznach, Bad / Hackenheim	Metzlers Gasthof - Weinstube
Kronach	Bauer
Kronach / Stockheim	Landgasthof Detsch
Krozingen, Bad	Krone
Kueps	Werners Restaurant
Kufstein	Alpenrose
Kuppenheim	Raub's Restaurant - Kreuz-Stübl
Ladbergen	Zur Post
Landau	Beat Lutz
Lauda-Königshofen	Ratskeller
Laudenbach	Goldner Engel
Lauffen am Neckar	Elefanten
Leer	Zur Waage und Börse
Lemförde	Tiemann's Hotel
Lenggries	Schweizer Wirt
Lennestadt	Haus Buckmann
Lindau im Bodensee	Schachener Hof
Lingen	Hutmachers Deele
Lippetal	Gasthof Willenbrink
Lippstadt	Drei Kronen
Lörrach	Zum Kranz
Löwenstein	Lamm
Lütjenburg / Panker	Forsthaus Hessenstein
Mainz	Stein s Traube
Mannheim	Martin
Marienheide	Landhaus Wirth
Marktbreit	Alter Esel
Massweiler	Borst
Mayen	Zum Alten Fritz
Meiningen	Romantik Hotel Sächsischer Hof - Posthalterei
Mengen	Rebstoc
Mengkofen Krs. Dingolfing	Zur Pos
Michelstadt	Gaiersmühl
Mitwitz	Waldhotel Bächlei
Mönchengladbach	Lindenho
Mosbach	Landgasthof zum Ochsen
München	Bistro Terrin
München	Dukat
München	Il Sorris
München	Freisinger Ho
München	Zur Goldenen Gan
München / Aschheim	Schreiberho
Münsing	Gasthaus Limn
Münsingen	Herrmann
Nastätten	Oranien
Nenndorf, Bad	Die Vill
Nenndorf, Bad	Schmiedegasthaus Gehrk
Neuburg an der Donau	Zum Klosterbräu
Neuenahr, Bad	Steinheuers Rest - Landgasthof Poststuben
Neuenkirchen Krs. Steinfurt	Kleines Restaurant Thies
Neumarkt in der Oberpfalz	Meh
Neunburg vorm Wald	Landhotel Birkenho
Neupotz	Zum Lamm
Neustadt in Holstein	Seehotel Eichenhain
Neu-Ulm	Stephans-Stuben
Niedernhall	Rössle
Niederstetten	Krone
Nördlingen	Meyer's Keller - Bierstüble
Nonnweiler	Landgasthof Paulus
Nürnberg	Domus Austria
Nürnberg	Zirbelstube
Oberboihingen	Zur Linde
Oberkirch	Haus am Berg
Oberried	Die Halde
Oberstdorf	Königliches Jagdhaus
Ochtendung	Gutshof Arosa
Ötisheim	Sternenschanz
Offenbach	Dino
Offenburg	Blume
Offenburg	Gasthaus Sonne
Ostrach	Landhotel zum Hirsch
Passau	Passauer Wolf
Passau	Wilder Mann
Pfalzgrafenweiler	Waldsägmühle
Pfronten	Berghotel Schloßanger-Alp
Pfungstadt	Restaurant VM

Piding	*Lohmayr Stub'n*
Pleinfeld	*Landgasthof Siebenkäs*
Plochingen	*Stumpenhof*
Prerow / Wieck a.d. Darss	*Haferland*
Radolfzell / Moos	*Gottfried*
Ratshausen	*Adler*
Rauhenebrach	*Gasthaus Hofmann*
Ravensburg	*Weinstube Rebleutehaus*
Rees	*Op de Poort*
Regensburg / Donaustauf	*Forsters Gasthof Zur Post*
Regensburg / Neutraubling	*Am See*
Reit im Winkl	*Klauser's Weinstube*
Remshalden	*Lamm*
Rennerod	*Röttger*
Rheda-Wiedenbrück	*Reuter*
Rheine	*Beesten*
Rheinfelden	*I Fratelli*
Rostock	*Il Ristorante*
Rot am See	*Landhaus Hohenlohe - Cafénädle*
Rothenburg o.d.Tauber	*Mittermeier*
Rothenburg o.d.T. / Windelsbach	*Landhaus Lebert*
Rottenburg am Neckar	*Convita*
Rückersdorf	*Roter Ochse*
Salem	*Reck*
Salem	*Salmannsweiler Hof*
Salzburg	*Alt Salzburg*
Salzburg	*Auerhahn*
Salzburg	*Bei Bruno im Ratsherrnkeller*
Salzburg	*Gasthof Schloß Aigen*
Salzhausen	*Romantik Hotel Josthof*
Salzuflen, Bad	*Alexandra*
Sankt Ingbert	*Die Alte Brauerei*
Sankt Peter-Ording	*Gambrinus*
Sasbachwalden	*Engel*
Sassendorf, Bad	*Hof Hueck*
Schalkham	*Sebastianihof*
Scharbeutz	*Maris - Muschel*
Scheeßel	*Rauchfang*
Schkeuditz	*Schillerstuben*
Schmallenberg	*Gasthof Schütte*
Schneverdingen	*Ramster*
Schönau im Schwarzwald / Tunau	*Zur Tanne*
Schöppingen	*Haus Tegeler*
Schopfheim	*Alte Stadtmühle*
Schopfheim	*Mühle zu Gersbach*
Schorndorf / Plüderhausen	*Altes Rathaus*
Schramberg	*Hirsch*
Schriesheim	*Zum goldenen Hirsch*
Schwäbisch Gmünd	*Fuggerei*
Schwäbisch Gmünd / Waldstetten	*Sonnenhof*
Schwäbisch Hall	*Landgasthof Pflug*
Schwalmstadt	*Zum Südbahnhof*
Schwendi	*Oberschwäbischer Hof*
Schwerin	*Niederländischer Hof*
Schwerte	*Gutshof Wellenbad*
Schwetzingen / Ketsch	*Lacher am See*
Siebeldingen	*Sonnenhof*
Simbach am Inn / Stubenberg	*Zur Post*
Simonswald	*Hugenhof*
Singen (Hohentwiel) / Rielasingen	*Salzburger Stub'n*
Sittensen / Groß Meckelsen	*Zur Kloster-Mühle*
Sobernheim / Meddersheim	*Landgasthof zur Traube*
Spalt	*Gasthof Blumenthal*
Speyer / Römerberg	*Morgenstern*
Spiegelau	*Hapetite*
Sprockhövel	*Eggers*
Staufen	*Kreuz-Post*
Storkau	*Schloß Storkau*
Stühlingen	*Gasthaus Schwanen*
Stuttgart	*Das Fässle*
Stuttgart	*La Scala*
Stuttgart	*Zur Linde*
Stuttgart / Fellbach	*Aldinger's Weinstube Germania*
Sylt (Insel) / Ost	*Karsten Wulff*
Sylt (Insel) / Westerland	*Webchristel*
Taufkirchen	*Landgasthof Forster*
Tettnang	*Lamm im Kau*
Tiefenbronn	*Ochsen-Post*
Tiefenbronn / Würmtal	*Häckermühle*
Tölz, Bad	*Jägerwirt*
Trier	*Schloss Monaise*
Tröstau	*Bauer*
Tuntenhausen	*Landhaus Kalteis*
Tuntenhausen	*Schloßwirtschaft Maxlrain*
Überlingen	*Landgasthof zum Adler*
Überlingen	*Romantik Hotel Johanniter-Kreuz*
Übersee	*Alpenhof*
Ürzig	*Moselschild*
Uhldingen / Mühlhofen	*Seehalde*

Ulm	*Pflugmerzler*
Vallendar	*Die Traube*
Vaterstetten	*Stangl*
Velbert	*Haus Stemberg*
Verden	*Pades Restaurant - Bistro*
Versmold	*Alte Schenke*
Villingen-Schwenningen	*Rindenmühle*
Villingendorf	*Linde*
Vöhringen	*Burgthalschenke*
Vogtsburg	*Steinbuck*
Waiblingen / Korb	*Zum Lamm*
Waldmichelbach	*Vettershof*
Wangen im Allgäu	*Landgasthaus Neue Welt*
Warstein / Rüthen	*Romantik Hotel Knippschild*
Wasserburg am Inn	*Weisses Rössl*
Wegberg	*Tüschenbroicher Mühle*
Weikersheim	*Laurentius - Brasserie*
Weil am Rhein	*Rebstoc...*
Weilheim / Pähl	*Zum silbernen Flo... - Zur alten Pos...*
Weissenhorn	*Zum Löwen*
Wernberg-Köblitz	*Landgasthof Burkhar...*
Wertheim	*Bestenheider Stuben*
Wesel	*A...*
Wiessee, Bad	*Freihaus Brenne...*
Wilthen	*Landhotel Erbgericht*
Wintrich	*Altes Kelterhau...*
Wörishofen, Bad	*Sonnenbüch...*
Wolfratshausen	*Patrizierhof - Andreas-Stub...*
Worbis / Wintzingerode	*Landhotel Gerde...*
Worpswede	*Kaffee Worpswed...*
Wünnenberg	*Parkhote...*
Würzburg	*Schiffbäuerin*
Wurzach, Bad	*Adle...*
Zerbst	*Park-Rest. Vogelherd...*

"Bib Hotel"

Hier übernachten Sie gut und preiswert
Bonnes nuits à petits prix
Good accomodation at moderate prices
Buona sistemazione a prezzo contenuto

Aalen	*City Hotel Antik*
Aalen	*Adler*
Achern	*Schwarzwälder Hof*
Adelsdorf	*Zum Löwenbräu*
Ahaus	*Haus im Flör*
Albstadt	*In der Breite*
Aidersbach	*Mayerhofer*
Alf	*Bömer's*
Alfeld (Leine)	*Grüner Wald*
Amelinghausen	*Schenck's Gasthaus*
Ampfing	*Fohlenhof*
Ansbach	*Landgasthof Käßer*
Arnsberg	*Menge*
Aschaffenburg	*Classico*
Aschau im Chiemgau	*Zum Baumbach*
Auggen	*Gästehaus Zur Krone*
Baden-Baden	*Auerhahn*
Baden-Baden	*Rebenhof*
Baden-Baden	*Zum Weinberg*
Baiersbronn	*Rosengarten*
Bartholomä	*Landhotel Wental*
Beckum	*Alt Vellern*
Beilngries	*Die Gams*
Beilngries	*Fuchs-Bräu*
Berne	*Weserblick*
Biberach an der Riss	*Landhotel zur Pfanne*
Billerbeck	*Domschenke*
Birnbach, Bad	*Theresienhof*
Bitburg	*Eifelbräu*
Bodenteich, Bad	*Landhaus Bodenteich*
Boll	*Rosa Zeiten*
Bopfingen	*Gasthof Zum Lamm*
Brannenburg	*Schloßwirt*
Bretten	*Eulenspiegel*
Bruchhausen-Vilsen	*Forsthaus Heiligenberg*
Buchholz in der Nordheide	*Gästehaus Ulmenhof*
Buchholz in der Nordheide	*Heitmann*
Bühl	*Jägersteig*
Burgthann	*Burghotel*
Buxtehude	*An der Linah*
Celle	*Schaper*
Chiemsee	*Zur Linde*
Cornberg	*Kloster Cornberg*
Crailsheim	*Zum Hirsch*
Daun	*Kucher's Landhotel*
Dettingen an der Erms	*Rößle*
Ebersberg	*Hölzerbräu*
Ehekirchen	*Strixner Hof*
Ehingen	*Ehinger Hof*
Eichstätt	*Sonne*
Eisenach	*Villa Anna*
Ellwangen	*Seegasthof*
Erfurt	*Weisser Schwan*
Erlensee	*Bei den Tongruben*
Eschede	*Deutsches Haus*
Eschwege	*Dölle's Nr. 1*
Eutin	*Voss-Haus*
Eutin	*Landhaus Holsteinische Schweiz*
Feilnbach, Bad	*Gundelsberg*
Feldkirchen-Westerham	*Berghotel Aschbach*
Frauenau	*St. Florian*
Gaienhofen	*Kellhof*
Gauting	*Gästehaus Bauer*
Gengenbach	*Hirsch*
Geretsried	*Neu Wirt*

67

Giengen an der Brenz	Salzburger Hof	Lüchow	Alte Post
Gommern	Robinien-Hof	Maintal	Irmchen
Gräfelfing	Planegg	Markdorf	Wirthshof
Grassau	Sperrer	Marquartstein	Weßnerhof
Hagnau	Alpina	Meckenheim	ZweiLinden
Hamburg	Ökotel	Meersburg	Seehotel Off
Hameln	Bellevue	Meiningen	Ernestiner Hof
Hannover	Engel	Memmingen	Weisses Ross
Heilbrunn, Bad	Haus Kilian	Mergentheim, Bad	Bundschu
Heitersheim	Landhotel Krone	Mergentheim, Bad	Gästehaus Birgit
Heroldstatt	Landhotel Wiesenhof	Mönchberg	Schmitt
Herrenalb, Bad	Lamm	Mörnsheim	Lindenhof
Hersfeld, Bad	Vitalis	Morbach/Hunsrück	Landhaus am Kirschbaum
Hilpoltstein	Zum schwarzen Roß	München	Lutter
Hövelhof	Gasthaus Spieker	Munster	Residenzia Hotel Grenadier
Hohentengen am Hochrhein	Wasserstelz	Neubrandenburg	Zur Burg
Hohnstein	LuK-Das Kleine Landhotel	Neuburg an der Donau	Zum Klosterbräu
Hosenfeld	Sieberzmühle	Neuenburg	Krone
Husum	Arlau-Schleuse	Neuendettelsau	Sonne
Ibbenbüren	Hubertushof	Neumarkt i. d. Oberpfalz	Mehl
Idar-Oberstein	Berghotel Kristall	Neunkirchen/Saar	Hostellerie Bacher
Ihringen	Winzerstube	Neustadt an der Aisch	Allee-Hotel
Illertissen	Dornweiler Hof	Neustrelitz	Schlossgarten
Ilmenau	Lindenhof	Niedernhall	Rössle
Ingolstadt	Ebner	Niedernhausen	Garni
Iphofen	Huhn das kleine Hotel	Niederstetten	Krone
Jena	Zur Weintraube	Nordhorn	Am Stadtring
Jesteburg	Niedersachsen	Nürnberg	Park-Hotel
Jesteburg	Zum grünen Jäger	Oberahr	Villa Moritz
Kandern	Zur Weserei	Oberharmersbach	Zur Stube
Kappelrodeck	Zum Rebstock	Oberkochen	Am Rathaus
Karlsruhe	Elite	Odelzhausen	Staffler
Kipfenberg	Zur Linde	Oelde	Engbert
Kirchheim	Hattenberg	Oestrich-Winkel	F.B. Schönleber
Krummhörn	Landhaus Zum Deichgraf	Oldenburg	Etzhorner Krug
Kühlungsborn	Rosenhof	Osterburken	Märchenwald
Landsberg am Lech	Landhotel Endhart	Ostrach	Landhotel zum Hirsch
Langenargen	Im Winkel	Otterndorf	Am Medemufer
Lauf an der Pegnitz	Zur Post	Pasewalk	Villa Knobelsdorff
Laufenburg (Baden)	Alte Post	Perl	Zur Traube
Leipzig	Hiemann	Petershagen-Eggersdorf	Landgasthof zum Mühlenteich
Lemförde	Tiemann's Hotel	Pirmasens	Kunz
Lichtenau	Zum Rössel	Plau am See	Landhotel Rosenhof
Linkenheim-Hochstetten	Waldfrieden	Pottenstein	Bruckmayers Gästehaus
Lörrach	Villa Elben	Preetz	Neeth
Lörrach	Krone	Prien am Chiemsee	Neuer am See
Lüchow	Katerberg		

Ort	Hotel
Ramsau	Nutzkaser
Randersacker	Bären
Regensburg	Forsters Gasthof Zur Post
Reichenhall, Bad	Erika
Rhede	Zur alten Post
Rheinfelden	Storchen
Riethnordhausen	Landvogt
Rimsting	Der Weingarten
Rippoldsau Schapbach, Bad	Landhotel Rosengarten
Rohrdorf	Christl
Rosengarten	Rosenhof
Rosshaupten	Haflinger Hof
Rostock	Atrium Hotel Krüger
Rotenburg (Wümme)	Prüser's Gasthof
Rothenburg o.d. Tauber	Landwehrbräu
Rottweil	Johanniterbad
Rudolstadt	Adler
Rügen/Baabe	Villa Granitz
Rügen/Wiek	Alt Wittower Krug
Ruhpolding	Rosenhof-Feriendomizil
Ruhstorf	Mathäser
Salem	Landgasthof Apfelblüte
St. Wolfgang	St. Georg
Sasbachwalden	Engel
Schmölln	Bellevue
Schönau am Königssee	Georgenhof
Schonach	Bergfriede
Schopfheim	Mühle zu Gersbach
Schopfheim	Krone-Landhaus Brunhilde
Schwäbisch Hall	Kronprinz
Schwäbisch Hall	Landgasthof Pflug
Schwerin	De Schün
Schwerin	Dobler
Segeberg, Bad	Strengliner Mühle
Sehnde	Landhaus Bolzum
Sendenhorst	Waldmutter
Sigmaringen	Donaublick
Sittensen	Stemmer Landkrug
Soden-Salmünster, Bad	Berghotel Berlin
Spalt	Zum Schnapsbrenner
Staufen	Die Krone
Steinbach-Hallenberg	Holland-Moritz
Steisslingen	Sättele
Stolberg (Harz)	Zum Bürgergarten
Stralsund	An den Bleichen
Suhlendorf	Brunnenhof
Todtmoos	Rößle
Tölz, Bad	Lindenhof
Trier	Aulmann
Trier	Weis
Überherrn	Felsberger Hof
Überlingen	Bürgerbräu
Überlingen	Landgasthof zum Adler
Verl	Papenbreer
Waldbronn	La Cigogne-Zum Storch
Waldsee, Bad	Altes Tor
Waren (Müritz)	Stadt Waren
Waren (Müritz)	Gutshaus Federow
Wehr	Landgasthof Sonne
Weingarten	Bären
Weissenfels	Parkhotel Güldene Berge
Wernigerode	Johannishof
Wertheim	Herrnwiesen
Westerstede	Altes Stadthaus
Weyhe	Koch
Wiessee, Bad	Landhaus Midas
Wingerode	Keppler's Ecke
Wingst	Peter
Wipperfürth	Landhotel Napoleon
Wittenberg (Lutherstadt)	Brauhaus
Wittenberg (Lutherstadt)	Grüne Tanne
Witzhave	Pünjer
Wörlitz	Parkhotel
Wolfach	Adler
Wolframs Eschenbach	Alte Vogtei
Worpswede	Buchenhof
Wurzach, Bad	Adler
Zeven	Niedersachsen-Hof
Zorneding	Neuwirt
Zwiesel	Glas Hotel Bergfeld
Zwischenahn, Bad	HisjeHof

✿✿✿	*Die Sterne* _____
✿✿	*Les étoiles* _____
✿	*The stars* _____
	Le stelle _____

🅱 "Bib Gourmand"

Menu 30/45 *Sorgfältig zubereitete preiswerte Mahlzeiten* _____
Repas soignés à prix modérés _____
Good food at moderate prices _____
Pasti accurati a prezzi contenuti _____

🅱 "Bib Hotel"

26 Zim 38/90 *Hier übernachten Sie gut und preiswert* _____
Bonnes nuits à petits prix _____
Good accomodation at moderate prices _____
Buona sistemazione a prezzo contenuto _____

🏰🏰🏰 …. 🏠
✗✗✗✗✗ … ✗

Annehmlichkeit _____
L'agrément _____
Peaceful atmosphere and setting _____
Amenità e tranquillità _____

● *Stadt mit Umgebungskarte* _____
Carte de voisinage : voir à la ville choisie _____
Town with a local map _____
Città con carta dei dintorni _____

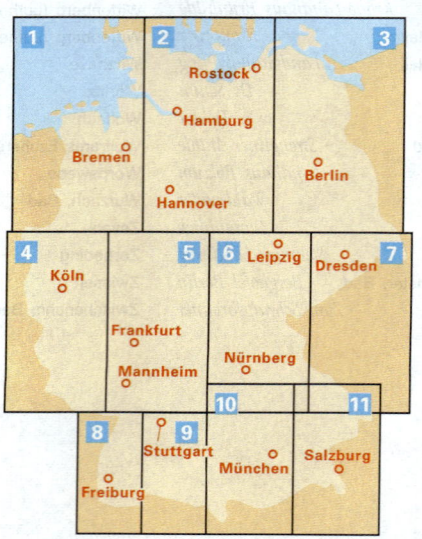

1	2 Rostock° °Hamburg Bremen° °Hannover	3 °Berlin
4 Köln°	5 Frankfurt° Mannheim°	6 Leipzig° Nürnberg°	7 Dresden°
	10	11
8 Freiburg°	9 Stuttgart° München°	Salzburg°

70

Map: Northwestern Germany / Netherlands border region

DANMARK

SYLT
- Wenningstedt
- Kampen
- Westerland
- Sylt-Ost
- Rantum
- Harrislee
- *Flensburg*

FÖHR
- Wyk
- Bargum
- Bredstedt
- Hattstedter Marsch
- Pellworm
- Husum
- Simonsberger Koog
- St. Peter-Ording

- Cuxhaven
- Otterndorf
- Wingst
- Norderney
- *Wilhelmshaven*
- Nordenham
- *Bremerhaven*
- Zeven
- Krummhörn
- Wiesmoor
- *Emden*
- Westerstede
- Rasteede
- Worpswede
- Leer
- Bad Zwischenahn
- Berne
- *Bremen*
- Hellwege
- Oldenburg
- *Groningen*
- Weyhe
- Bruchhansen-Vilsen
- **NEDERLAND**
- Haselünne
- Dinklage
- Lembruch
- Herzlake
- Lemförde
- Lingen
- Stemwede
- Zwolle
- Uelsen
- Nordhorn
- *Minden*
- Hörstel
- Ibbenbüren
- Osnabrück
- Bad Bentheim
- Rheine
- *Enschede*
- Gronau
- Neuenkirchen
- Lengerich
- Herford
- Emsdetten
- Ladbergen
- Bad Salzuflen
- Schöppingen
- Versmold
- Lage
- Ahaus
- Warendorf
- Bielefeld
- Detmold
- Billerbeck
- Münster i. W
- Telgte
- Gütersloh
- Verl
- Isselburg
- Rhede
- Rheda-Wiedenbrück
- Hövelhof
- Rees
- Raesfeld
- Sendenhorst
- Oelde
- Rietberg
- Beckum
- Wadersloh
- Paderborn

Map 2 — Northern Germany

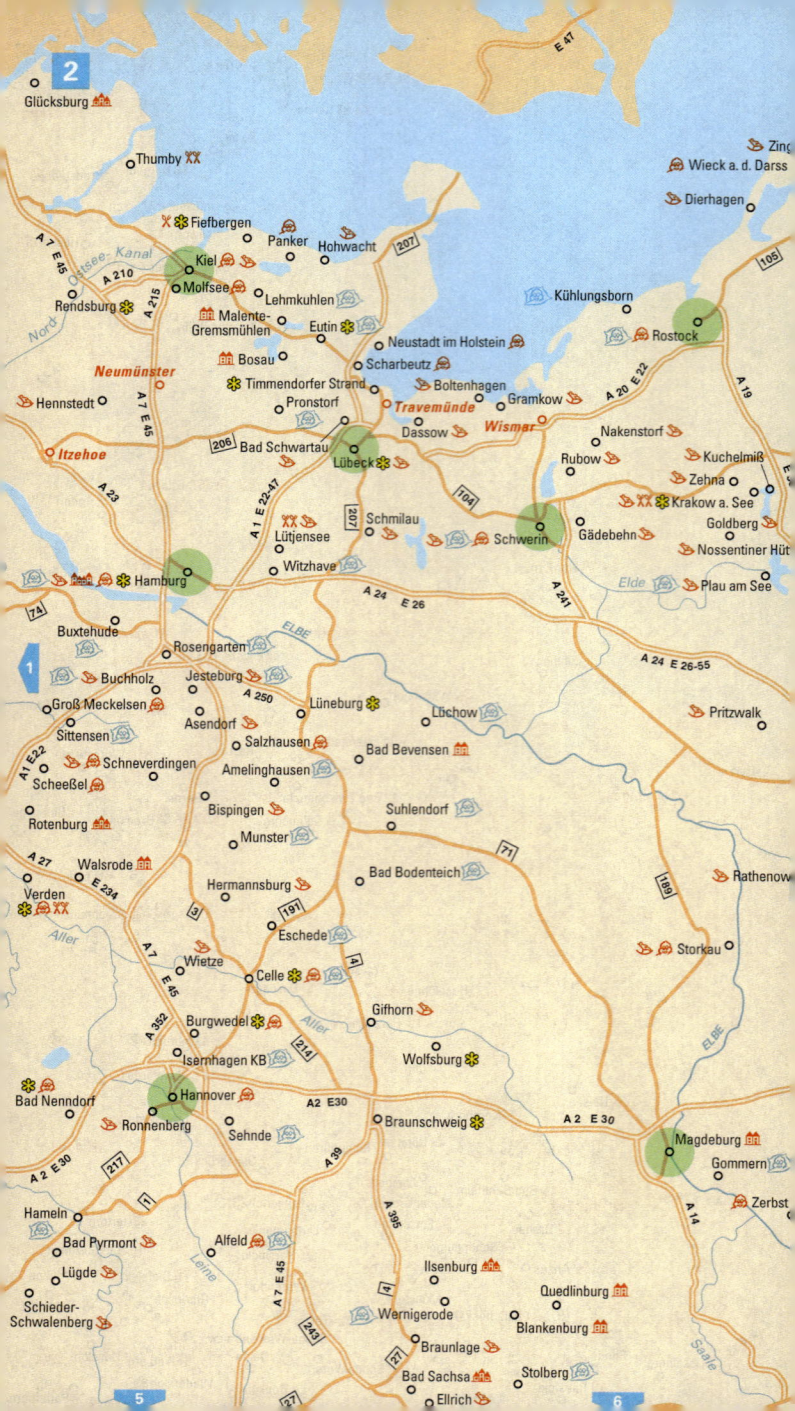

Baltic Coast & Schleswig-Holstein
- Glücksburg
- Thumby
- Fiefbergen
- Kiel
- Molfsee
- Panker
- Hohwacht
- Rendsburg
- Lehmkuhlen
- Malente-Gremsmühlen
- Eutin
- Neustadt im Holstein
- Kühlungsborn
- Rostock
- Wieck a. d. Darss
- Zing[...]
- Dierhagen
- Bosau
- Scharbeutz
- Timmendorfer Strand
- Boltenhagen
- Gramkow
- Hennstedt
- Pronstorf
- Travemünde
- Wismar
- Nakenstorf
- Kuchelmiß
- Itzehoe
- Bad Schwartau
- Dassow
- Rubow
- Zehna
- Lübeck
- Krakow a. See
- Goldberg
- Schmilau
- Schwerin
- Gädebehn
- Nossentiner Hüt[...]
- Lütjensee
- Hamburg
- Witzhave
- Plau am See
- Buxtehude
- Rosengarten
- Buchholz
- Jesteburg
- Groß Meckelsen
- Asendorf
- Lüneburg
- Lüchow
- Pritzwalk
- Sittensen
- Salzhausen
- Bad Bevensen
- Scheeßel
- Schneverdingen
- Amelinghausen
- Rotenburg
- Bispingen
- Suhlendorf
- Munster
- Walsrode
- Bad Bodenteich
- Verden
- Hermannsburg
- Rathenow
- Eschede
- Wietze
- Storkau
- Celle
- Gifhorn
- Burgwedel
- Wolfsburg
- Isernhagen KB
- Bad Nenndorf
- Hannover
- Ronnenberg
- Sehnde
- Braunschweig
- Magdeburg
- Gommern
- Hameln
- Bad Pyrmont
- Alfeld
- Zerbst
- Lügde
- Schieder-Schwalenberg
- Ilsenburg
- Quedlinburg
- Wernigerode
- Blankenburg
- Braunlage
- Bad Sachsa
- Stolberg
- Ellrich

Roads: A 7 E 45, A 210, A 215, A 23, A 1 E 22/47, 206, 207, 104, A 20 E 22, A 19, 105, A 24 E 26, A 241, A 24 E 26-55, 189, A 250, A 27 E 234, A 352, 214, 3, 197, 4, A 39, A 2 E 30, 217, 1, A 395, A 14, 243, 27, 71, 74

Map of northeastern Germany and western Poland showing the following locations:

Insel Rügen area: Wiek, Hiddensee, Glowe, Saßnitz, Schaprode, Trent, Sellin, Bergen, Baabe, Putbus, Stralsund

Northern coast / Insel Usedom: Mesekenhagen, Zinnowitz, Neppermin, Rubkow, Heringsdorf, Stolpe

Central north: Meesiger, Hohen Demzin, Lupendorf, Neubrandenburg, Waren, Burg Stargard, Federow, Groß Nemerow, Röbel, Neustrelitz, Wesenberg, Kleinzerlang, Lychen, Dorf Zechlin, Pasewalk, Szczecin

Berlin area: Petershagen-Eggersdorf, Berlin, Falkenhagen, Potsdam, Eichwalde, Frankfurt (Oder), A 115, Bad Saarow-Pieskow, Lehnin, Storkow, Groß-Briesen, Belzig, Atterwasch, Wittenberg (Lutherstadt), Wörlitz, Dessau, Kemberg, Burg, Cottbus, Belgern

Roads visible: 96, E 251, A 20, 104, 106, 198, A 11 E 26, A 24 E 26-55, 5, A 10 E 55, A 10 E 30, A 12 E 30, A 2 E 30, A 9 E 51, A 13 E 36-55, 87, A 15 E 36, E 28, 6

Rivers: Havel, Spree, Elbe, Oder, Odra, Warta

Country label: POLSKA

3

7

4

Map region: Western Germany, Belgium border, Luxembourg

Cities and locations (north to south):

- Kalkar, Wesel, Datteln, Lippe, Bad Sassenberg
- Xanten, Dorsten, A 2, E 34, Dortmund, E 331
- A 57, E 31, Duisburg, Essen, Schwerte, Ruhr, Arnsberg
- Hattingen, Velbert, Sprockhövel, A 46
- A 67, E 34, A 40, Meerbusch, Wuppertal, A 45, Herscheid
- Nettetal, Viersen, DÜSSELDORF, Remscheid, Attendorn
- Brüggen, A 61, A 52, Mönchengladbach, Wermelskirchen, Marienheide, Lennestadt
- Wegberg, A 57, A 59, A 3, Wipperfürth, Olpe
- Heinsberg, Grevenbroich, A 1, Bergneustadt, Wenden, E 41
- Pulheim, BERGISCH GLADBACH
- A 44, Köln, A 4, Nümbrecht, Siege
- Kerpen, A 61, Niederkassel, Siegburg, Sieg
- A 76, E 40, Düren, Erftstadt
- Aachen, A 1, Bonn, Königswinter, Bad Marienberg
- E 31, Horhausen, Westerburg
- A 3, E 40, Heimbach, Meckenheim, A 3, Isenburg, Oberahr
- Monschau, Bad Neuenahr-Ahrweiler
- BELGIË / BELGIQUE, E 421
- Adenau, Andernach, Vallendar, Koblenz, Balduinstein
- Gerolstein, Ochtendung, Lahnstein, Bad Ems
- E 29, Mayen, A 48, Boppard, A 31, E 51, Nastätten
- Darscheid, Oberwesel, Kaub, Geisenheim
- Daun, E 44, Bacharach
- Rüdesheim
- A 60, Alf, Mosel, Stromberg
- Bitburg, DREIS, Ürzig, Bad Kreuznach, Guldental
- Zemmer, Wintrich, Kirn, Hackenh...
- Bollendorf, 257, Naurath, Morbach, Meddersheim
- E 29, Mertesdorf, Obermoschel
- LUXEMBOURG, E 42, Trier, Abentheuer, Idar-Oberstein
- Neuhütten
- A 1, Nonnweiler, Föckelberg, Wartenberg-Rohrbach
- Luxembourg, N 2, Tholey, St. Wendel, A 62, Kaiserslautern
- Perl, A 6, E 50, Landstuhl
- E 25, Mosel, Neunkirchen, Homburg, Massweiler
- Wallerfangen, Saarlouis, St. Ingbert, Zweibrücken, Pirmasens
- Saarbrücken, Blieskastel, 10
- A 31, Überherrn, A 620, Rumbach
- A 4, A 32, 8

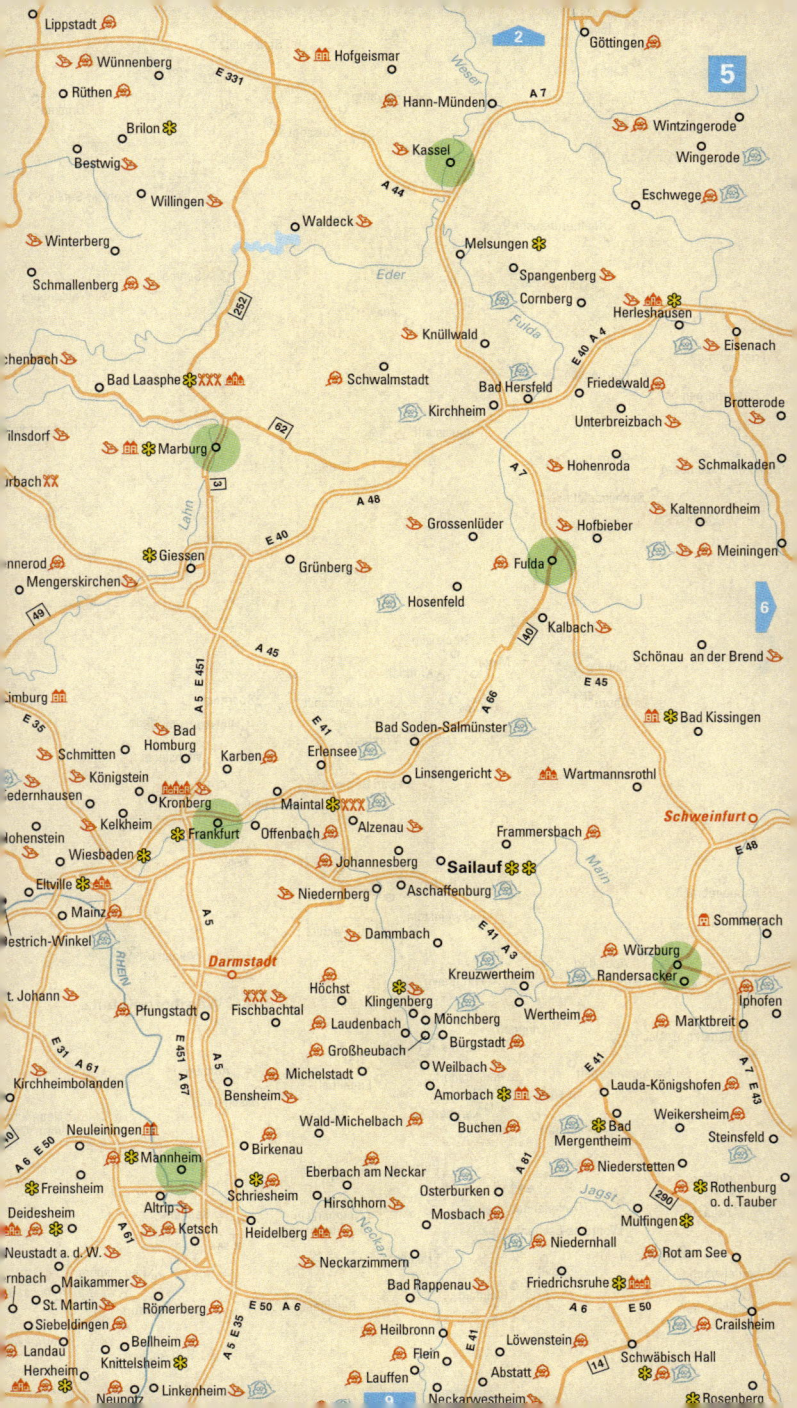

Lippstadt
Wünnenberg
Rüthen
Brilon
Bestwig
Willingen
Winterberg
Schmallenberg
chenbach
Bad Laasphe
ilnsdorf
Marburg
urbach
nnerod
Giessen
Mengerskirchen
Limburg
Schmitten
Bad Homburg
iedernhausen
Königstein
Kronberg
Kelkheim
Wiesbaden
ohenstein
Eltville
Mainz
estrich-Winkel
t. Johann
Pfungstadt
Darmstadt
Fischbachtal
Kirchheimbolanden
Neuleiningen
Freinsheim
Deidesheim
Mannheim
Altrip
Ketsch
Neustadt a. d. W.
rnbach
Maikammer
St. Martin
Siebeldingen
Landau
Herxheim
Römerberg
Bellheim
Knittelsheim
Linkenheim
Neupotz
Hofgeismar
Göttingen
Hann-Münden
Kassel
Wintzingerode
Wingerode
Waldeck
Eschwege
Melsungen
Spangenberg
Cornberg
Knüllwald
Herleshausen
Schwalmstadt
Bad Hersfeld
Friedewald
Eisenach
Kirchheim
Unterbreizbach
Brotterode
Hohenroda
Schmalkaden
Kaltennordheim
Grossenlüder
Hofbieber
Meiningen
Grünberg
Fulda
Hosenfeld
Kalbach
Schönau an der Brend
Bad Soden-Salmünster
Bad Kissingen
Karben
Erlensee
Linsengericht
Wartmannsrothl
Maintal
Alzenau
Frammersbach
Schweinfurt
Frankfurt
Offenbach
Sailauf
Johannesberg
Niedernberg
Aschaffenburg
Sommerach
Dammbach
Höchst
Kreuzwertheim
Würzburg
Klingenberg
Randersacker
Laudenbach
Mönchberg
Wertheim
Iphofen
Großheubach
Bürgstadt
Marktbreit
Michelstadt
Weilbach
Bensheim
Amorbach
Lauda-Königshofen
Wald-Michelbach
Buchen
Weikersheim
Bad Mergentheim
Steinsfeld
Birkenau
Niederstetten
Rothenburg o. d. Tauber
Eberbach am Neckar
Schriesheim
Hirschhorn
Osterburken
Mulfingen
Heidelberg
Mosbach
Niedernhall
Rot am See
Neckarzimmern
Bad Rappenau
Friedrichsruhe
Crailsheim
Heilbronn
Löwenstein
Schwäbisch Hall
Flein
Lauffen
Abstatt
Rosenberg
Neckarwestheim

Map

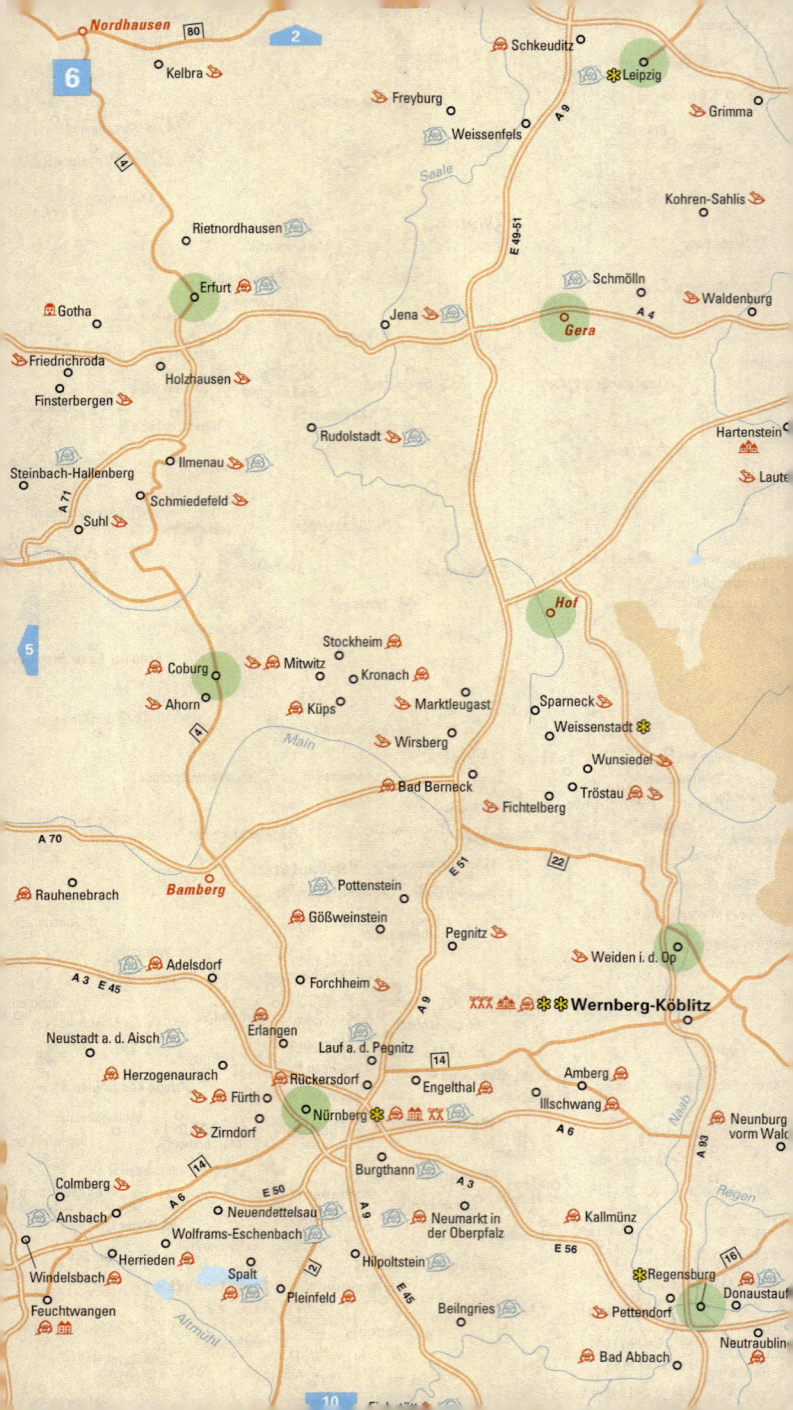

6

- Nordhausen
- Kelbra
- Schkeuditz
- Leipzig
- Freyburg
- Grimma
- Weissenfels
- Kohren-Sahlis
- Rietnordhausen
- Schmölln
- Waldenburg
- Gotha
- Erfurt
- Jena
- Gera
- Friedrichroda
- Holzhausen
- Finsterbergen
- Rudolstadt
- Hartenstein
- Steinbach-Hallenberg
- Ilmenau
- Laute
- Suhl
- Schmiedefeld
- Hof
- Stockheim
- Coburg
- Mitwitz
- Kronach
- Sparneck
- Ahorn
- Küps
- Marktleugast
- Weissenstadt
- Wirsberg
- Wunsiedel
- Bad Berneck
- Tröstau
- Fichtelberg
- Rauhenebrach
- Bamberg
- Pottenstein
- Gößweinstein
- Pegnitz
- Weiden i. d. Op
- Adelsdorf
- Wernberg-Köblitz
- Forchheim
- Neustadt a. d. Aisch
- Erlangen
- Lauf a. d. Pegnitz
- Herzogenaurach
- Fürth
- Rückersdorf
- Engelthal
- Amberg
- Zirndorf
- Nürnberg
- Illschwang
- Neunburg vorm Wald
- Colmberg
- Burgthann
- Ansbach
- Neuendettelsau
- Neumarkt in der Oberpfalz
- Kallmünz
- Wolframs-Eschenbach
- Herrieden
- Hilpoltstein
- Windelsbach
- Spalt
- Regensburg
- Feuchtwangen
- Pleinfeld
- Beilngries
- Pettendorf
- Donaustauf
- Bad Abbach
- Neutraublin

ČESKÁ
REPUBLICA

Görlitz
Löbau
Wilthen
Dresden
Hohnstein
Bad Gottleuba
ttweida
Chemnitz
nnenberg
Annaberg-Buchholz
Schwarzenberg
Ohře
Labe
E 55
Praha
E 50
Plzeň
E 50
26
20
4
Cham
20
Lam
Lohberg
Kötzting
Drachselsried
Lindberg
St. Englmar
Zwiesel
Frauenau
Spiegelau
Bogen
Grafenau
Haidmühle
Niederwinkling
Freyung
Straubing

A 14
ELBE
A 4
3
7
11

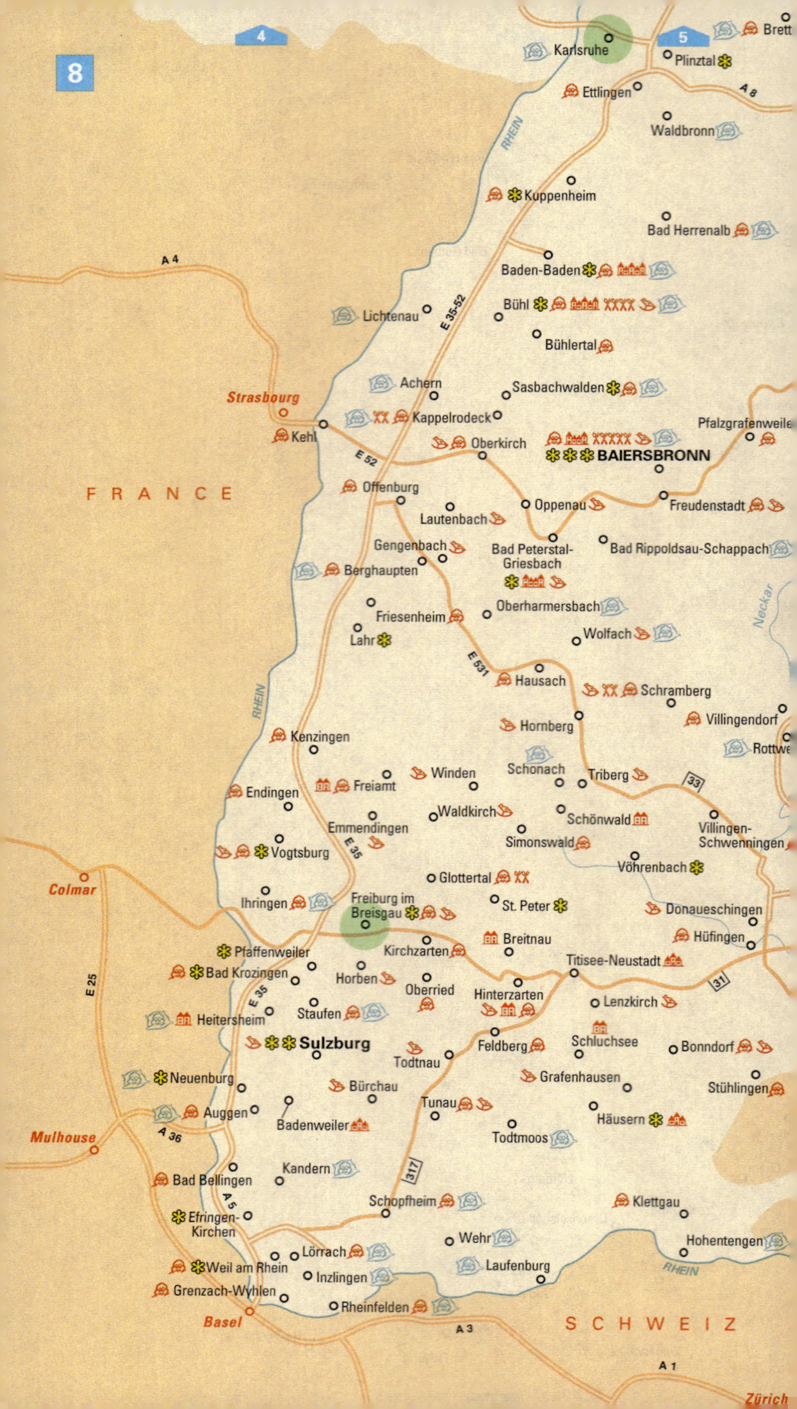

Map 8 — Schwarzwald / Black Forest region

Countries/Regions labeled: FRANCE, SCHWEIZ

Cities (reference points): Strasbourg, Kehl, Colmar, Mulhouse, Basel, Zürich

Roads: A 4, A 5, A 8, A 36, A 3, A 1, E 35, E 52, E 35-52, E 25, E 531, B 33, B 31, B 317

Rivers: Rhein, Neckar

Locations

- Karlsruhe
- Brett
- Plinztal
- Ettlingen
- Waldbronn
- Kuppenheim
- Bad Herrenalb
- Baden-Baden
- Lichtenau
- Bühl
- Bühlertal
- Achern
- Sasbachwalden
- Kappelrodeck
- Oberkirch
- Pfalzgrafenweiler
- Baiersbronn
- Offenburg
- Oppenau
- Freudenstadt
- Lautenbach
- Gengenbach
- Bad Peterstal-Griesbach
- Bad Rippoldsau-Schappach
- Berghaupten
- Oberharmersbach
- Friesenheim
- Wolfach
- Lahr
- Hausach
- Schramberg
- Villingendorf
- Kenzingen
- Hornberg
- Rottweil
- Endingen
- Freiamt
- Winden
- Schonach
- Triberg
- Waldkirch
- Schönwald
- Villingen-Schwenningen
- Emmendingen
- Simonswald
- Vogtsburg
- Glottertal
- Vöhrenbach
- Ihringen
- Freiburg im Breisgau
- St. Peter
- Donaueschingen
- Pfaffenweiler
- Kirchzarten
- Breitnau
- Hüfingen
- Bad Krozingen
- Horben
- Titisee-Neustadt
- Heitersheim
- Staufen
- Oberried
- Hinterzarten
- Lenzkirch
- Sulzburg
- Todtnau
- Feldberg
- Schluchsee
- Bonndorf
- Neuenburg
- Bürchau
- Grafenhausen
- Stühlingen
- Auggen
- Badenweiler
- Tunau
- Häusern
- Todtmoos
- Bad Bellingen
- Kandern
- Schopfheim
- Wehr
- Klettgau
- Efringen-Kirchen
- Laufenburg
- Hohentengen
- Weil am Rhein
- Lörrach
- Inzlingen
- Grenzach-Wyhlen
- Rheinfelden

5
9
10
Backnang
Kaisersbach
Gschwend
Ellwangen
Ötisheim
Asperg
Aalen
Korb
Remshalden
Schwäbisch Gmünd
Oberkochen
Fellbach
Waldstetten
Bartholomä
efenbronn
Kernen
Plüderhausen
Königsbronn
E 52
Stuttgart
Heidenheim
Plochingen
Salach
Köngen
Ohmden
Ehningen
Boll
Nürtingen
Oberboihingen
Bempflingen
28
Langenau
E 52
Dettingen a. d. Erms
Tübingen
Heroldstatt
28
Ulm
Reutlingen
Neu-Ulm
A 81
E 41
Münsingen
Haigerloch
Sonnenbühl
Ehingen
311
Vöhringen
Bisingen
312
Burgrieden
Schwendi
Albstadt
Biberach a. d. Riß
Ratshausen
Riedlingen
Sigmaringen
Donau
Hausen ob Verena
Mengen
Bad Wurzach
311
Ostrach
32
Bad Waldsee
A 81
Heiligenberg
E 41
Weingarten
31
Frickingen
Ravensburg
Steißlingen
Überlingen
Salem
Singen
Uhldingen-Mühlhofen
Radolfzell
Wangen
Moos
Markdorf
Tettnang
Rielasingen-Worblingen
Meersburg
A 96-E 43
I. Reichenau
Hagnau
Konstanz
Immenstaad
Schafhausen
Gaienhofen
Bodensee
Langenargen
Lochau
Lindau
Bregenz
S C H W E I Z
A 1
E 60

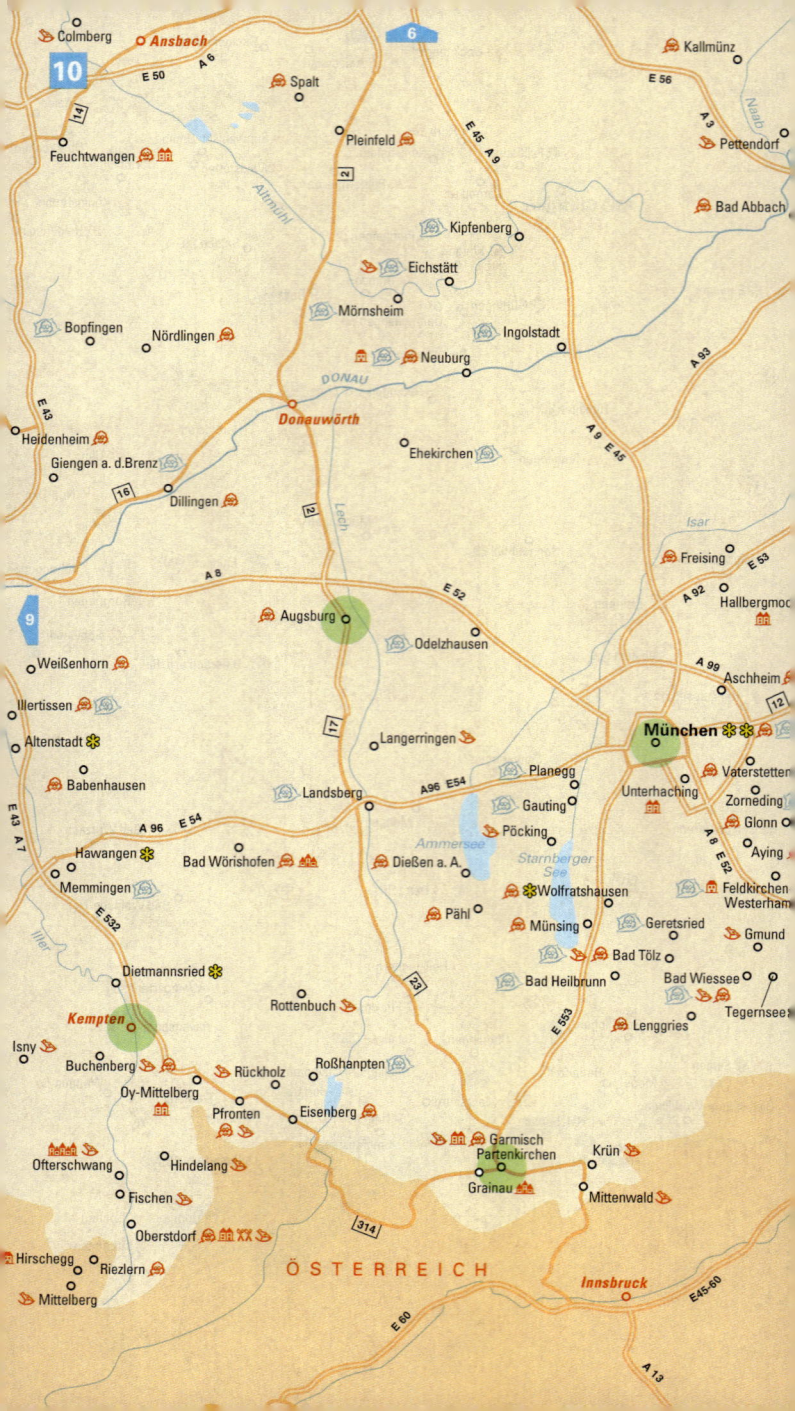

Map of southern Germany and surrounding area showing cities including:

- Colmberg, Ansbach, Kallmünz
- Feuchtwangen, Spalt, Pettendorf
- Pleinfeld, Bad Abbach
- Kipfenberg
- Bopfingen, Nördlingen, Eichstätt, Mörnsheim, Ingolstadt
- Heidenheim, Neuburg
- Giengen a. d. Brenz, Donauwörth, Ehekirchen
- Dillingen
- Freising, Hallbergmoos
- Augsburg, Odelzhausen, Aschheim
- Weißenhorn, München, Vaterstetten
- Illertissen, Langerringen, Planegg, Unterhaching, Zorneding
- Altenstadt, Landsberg, Gauting, Glonn
- Babenhausen, Pöcking, Aying
- Hawangen, Bad Wörishofen, Dießen a. A., Wolfratshausen, Feldkirchen Westerham
- Memmingen, Pähl, Münsing, Geretsried, Gmund
- Bad Tölz, Bad Wiessee
- Dietmannsried, Bad Heilbrunn, Tegernsee
- Rottenbuch, Lenggries
- Kempten, Roßhanpten
- Isny, Buchenberg, Rückholz
- Oy-Mittelberg, Pfronten, Eisenberg
- Ofterschwang, Hindelang, Garmisch-Partenkirchen, Krün
- Fischen, Grainau, Mittenwald
- Oberstdorf
- Hirschegg, Riezlern
- Mittelberg, Innsbruck

ÖSTERREICH

Rivers: Altmühl, Donau, Lech, Isar, Iller
Lakes: Ammersee, Starnberger See

Road numbers visible: 10, 14, 6, E 50, A 6, E 56, A 3, 2, E 45, A 9, A 93, 16, E 43, A 8, E 52, A 92, E 53, A 99, 17, A 96, E 54, 12, E 532, A 7, 23, E 553, 314, E 60, A 13, E 45-60, 9

11
7
Kötzting
Lohberg
Drachselsried
Regen
Lindberg
St. Englmar
Zwiesel
Frauenau
Regensburg
Donaustauf
Spiegelau
Bogen
Grafenau
Haidmühle
Neutraubling
Niederwinkling
Freyung
Straubing
12
E 53
Plattling
E 56
Tittling
Thyrnau
Mengkofen
DONAU
Aldersbach
Passau
15
Isar
Fürstenzell
20
Bad Birnbach
Ruhstorf
Landshut
12
11
Schalkham
Bad Füssing
Inn
E 56
Wartenberg
Eggenfelden
Stubenberg
Taufkirchen
E 552
141
Dorfen
Ampfing
St. Wolfgang
15
E 552
Kirchdorf
Inn
Salzach
Ebersberg
Wasserburg
E 55-60
Waging a. See
A 1
ntenhausen
Rimsting
Chiemsee
Salzburg
A 8
E 52-60
Rosenheim
Prien
Piding
Übersee
Frasdorf
Bernau
Ruhpolding
E 55
Rohrdorf
Bad Reichenhall
Samerberg
Grassau
Bad
ilnbach
ASCHAU
Marquartstein
Bayerisch Gmain
Berchtesgaden
Brannenburg
Reit im Winkl
Kössen
Ramsau
Schönau am Königssee
Oberaudorf
312
A 10
Kufstein
A 12
ÖSTERREICH

Biere

Die Bierherstellung, deren Anfänge bis ins 9. Jh. zurückreichen, unterliegt in Deutschland seit 1516 dem Reinheitsgebot, welches vorschreibt, daß zum Bierbrauen nur Hopfen, Gerstenmalz, Hefe und Wasser verwendet werden dürfen.

Etwa 1 400 Brauereien stellen heute in Deutschland ca. 4 000 verschiedene Biere her, deren geschmackliche Vielfalt auf den hauseigenen Braurezepten beruht.

Beim Brauen prägt die aus Malz und dem aromagebenden Hopfen gewonnene Würze zusammen mit dem Brauwasser, der Gärungsart (obergärig, untergärig) und der für das Gären verwendeten Hefe entscheidend Qualität, Geschmack, Farbe und Alkoholgehalt des Bieres.

Die alkoholfreien Biere und Leichtbiere enthalten 0,5 % bis 3 % Alkohol und einen Stammwürzgehalt (= vor der Gärung gemessener Malzextraktgehalt der Würze) von 1,5 % bis 9 %.

Die Vollbiere (Alt, Export, Kölsch, Märzen, Pils, Weizenbier) haben einen Alkoholgehalt von 3,7 % bis 5,5 % und einen Stammwürzegehalt von 11 % bis 15 %.

Die Starkbiere (Bock- und Doppelbockbiere) liegen im Alkoholgehalt über 5,3 % und im Stammwürzegehalt ab 16 %.

Durch den höheren Malzanteil wirken vor allem die dunklen Biere (Rauchbier, Bockbier, Malzbier) süßlich.

Die verschiedenen Biersorten sind je nach der Region unterschiedlich im Geschmack.

La bière

La fabrication de la bière en Allemagne remonte au début du 9e siècle. En 1516 une « ordonnance d'intégrité » (Reinheitsgebot) précise que seuls le houblon, le malt, la levure et l'eau peuvent être utilisés pour le brassage de la bière. Il en est toujours ainsi et le procédé utilisé est le suivant :

Le malt de brasserie – grains d'orge trempés, germés et grillés – est mis à tremper et à cuire en présence de houblon qui apporte au moût, ainsi élaboré, ses éléments aromatiques. Grâce à une levure, ce moût entre en fermentation.

Aujourd'hui environ 1 400 brasseries produisent en Allemagne 4 000 sortes de bières diverses par leur goût, leur couleur et également leur teneur en alcool.

Au restaurant ou à la taverne, la bière se consomme généralement à la pression « vom Fass ».

Les bières courantes ou Vollbiere (Kölsch, Alt, Export, Pils, Märzen, bière de froment) sont les plus légères et titrent 3 à 4° d'alcool.

Les bières fortes ou Starkbiere (Bockbier, Doppelbock) atteignent 5 à 6° et sont plus riches en malt.

Elles sont légères dans le Sud (Munich, Stuttgart), un peu plus fermentées et amères en Rhénanie (Dortmund, Cologne), douceâtres à Berlin.

Les bières brunes (malt torréfié) peuvent paraître sucrées (Rauchbier, Bockbier, Malzbier).

Beer

Beer has been brewed in Germany since the beginning of 9C. In 1516 a decree on quality (Reinheitsgebot) was passed which stated that only hops, malt, yeast and water should be used for brewing.
This still applies and the following method is used :
Brewer's malt – obtained from barley after soaking, germination and roasting – is mixed with water and hops which flavour the must, and boiled. Yeast is added and the must is left to ferment.
Today about 1400 breweries in Germany produce 4000 kinds of beer which vary in taste, colour and alcohol content.
In restaurants and bars, beer is generally on draught "vom Fass".
Popular beers or Vollbiere (Kölsch, Alt, Export, Pils, Märzen and beer from wheatgerm) are light and 3-4 % proof.
Strong beers or Starkbiere (Bockbier, Doppelbock) are rich in malt and 5-6 % proof.
These are light in the South (Munich, Stuttgart), stronger and more bitter in Rhineland (Dortmund, Cologne) and sweeter in Berlin.
Dark beers (roasted malt) may seem rather sugary (Rauchbier, Bockbier, Malzbier).

La birra

La fabbricazione della birra in Germania risale all'inizio del nono secolo. Nel 1516, un « ordinanza d'integrità » (Reinheitsgebot) precisa che, per la produzione della birra, possono essere solamente adoperati il luppolo, il malto, il lievito e l'acqua. Ciò è rimasto immutato e il processo impiegato è il seguente :
Il malto – derivato da semi d'orzo macerati, germinati e tostati – viene macerato e tostato unitamente al luppolo che aggiunge al mosto, elaborato in tal modo, le sue componenti aromatiche. Grazie all'apporto di un lievito, questo mosto entra in fermentazione.
Oggigiorno, circa 1400 birrerie producono in Germania 4000 tipi di birra diversi per il loro gusto, colore e la loro gradazione alcolica.
Nei ristoranti o nelle taverne, la birra viene consumata alla spina « vom Fass ».
Le birre comuni o Vollbiere (Kölsch, Alt, Export, Pils, Märzen, birra di frumento) sono le più leggere e raggiungono una gradazione alcolica di 3 o 4º.
Le birre forti o Starkbiere (Bockbier, Doppelbock) raggiungono una gradazione alcolica di 5 o 6º e sono le più ricche di malto.
Esse sono leggere nel Sud (Monaco, Stuttgart), leggermente più fermentate e amare in Renania (Dortmund, Colonia), dolciastre a Berlino.
Le birre scure (malto torrefatto) possono sembrare dolcificate (Rauchbier, Bockbier, Malzbier).

Weinbaugebiete
Carte du vignoble
Map of the vineyards
Carta dei vigneti

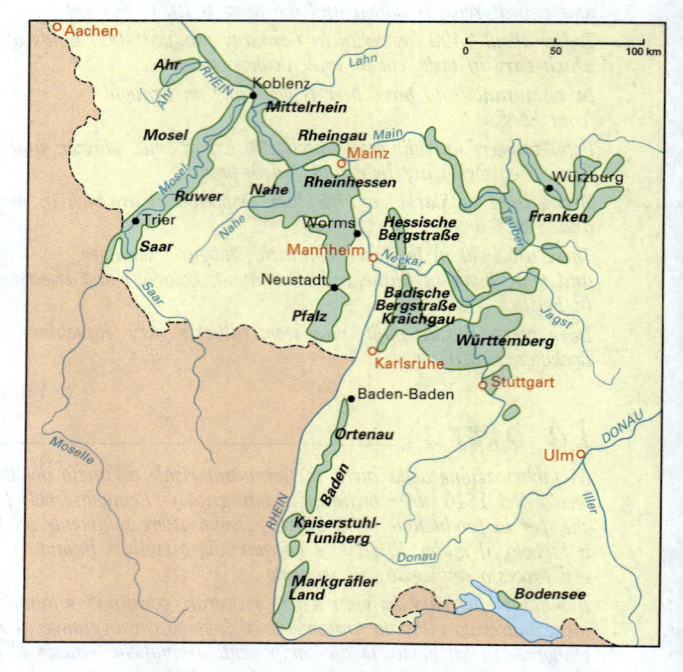

Neben den Spitzengewächsen gibt es in vielen Regionen gebietstypische Weine, die – am Ort verkostet – für manche Überraschung gut sind.

En dehors des grands crus, il existe en maintes régions des vins locaux qui, bus sur place, vous réserveront d'heureuses surprises.

In addition to the fine wines there are many wines, best drunk in their region of origin and which you will find extremely pleasant.

Al di fuori dei grandi vini, esistono in molte regioni dei vini locali che, bevuti sul posto, Vi riserveranno piacevoli sorprese.

Weine

Auf einer Gesamtanbaufläche von ca. 104 000 ha gedeiht in dreizehn bestimmten Anbaugebieten (Ahr, Mittelrhein, Mosel-Saar-Ruwer, Nahe, Rheingau, Rheinhessen, Hessische Bergstraße, Franken, Pfalz, Württemberg, Baden, Saale-Unstrut, Elbtal) eine Vielfalt von Weinen unterschiedlichsten Charakters, geprägt von der Verschiedenartigkeit der Böden, vom Klima und von der Rebsorte.

Die Wichtigsten Weine

Hauptanbaugebiet	Rebsorten und Charakteristik
	Weißwein
Baden	**Gutedel** *leicht, aromatisch*
Württemberg	**Kerner** *rieslingähnlich, rassig*
Franken, Rheinhessen, Baden, Nahe, Elbtal, Saale-Unstrut Pfalz	**Müller-Thurgau** *würzig-süffig, feine Säure*
Mittelrhein, Mosel-Saar-Ruwer, Rheingau Pfalz	**Riesling** *rassig, spritzig, elegant, feine Fruchtsäure*
Baden	**Ruländer (Grauburgunder)** *kräftig, füllig, gehaltvoll*
Franken, Rheinhessen, Nahe, Pfalz	**Silvaner** *fruchtig, blumig, kräftig*
Baden, Elbtal	**(Gewürz-) Traminer** *würzig, harmonisch*
Baden, Elbtal, Saale-Unstrut	**Weißburgunder** *blumig, fruchtig, elegant*
	Rotwein
Württemberg	**Lemberger** *kernig, kräftig, wuchtig*
Ahr, Pfalz	**Portugieser** *leicht, süffig, mundig frisch*
Württemberg	**Schwarzriesling** *zart, fruchtig*
Ahr, Baden	**(blauer) Spätburgunder** *rubinfarben, samtig, körperreich*
Württemberg	**Trollinger** *leicht, frisch, fruchtig*

Rebsorten und Charakteristik

Rotlinge

Badisch Rotgold *Mischung aus Grauburgunder und blauem Spätburgunder, meist im Verhältnis 3 : 1.*

Schillerwein *Aus roten und weißen Trauben, die gemeinsam gekeltert wurden.*

Weißherbst *Aus roten Trauben, die nach der Weißwein-Methode (nach dem Mahlen kommen die Trauben sofort auf die Presse) gekeltert wurden*

Das Weingesetz von 1971 und 1982 teilt die deutschen Weine in 4 Güteklassen ein :

deutscher Tafelwein *muß aus einer der 4 Tafelweinregionen stammen (Tafelwein, ohne den Zusatz « deutscher » kann mit Weinen aus EG-Ländern verschnitten sein).*

Landwein *trägt eine allgemeine Herkunftsbezeichnung (z. B. Pfälzer Landwein), darf nur aus amtlich zugelassenen Rebsorten gewonnen werden, muß mindestens 55 Öchslegrade haben und darf nur trocken oder halbtrocken sein.*

Qualitätswein bestimmter Anbaugebiete *muß aus einem der deutschen Anbaugebiete stammen und auf dem Etikett eine Prüfnummer haben.*

Qualitätswein mit Prädikat *darf nur aus einem einzigen Bereich innerhalb der deutschen Anbaugebiete stammen, muß auf dem Etikett eine Prüfnummer haben und eines der 6 Prädikate besitzen : Kabinett, Spätlese, Auslese, Beerenauslese, Trockenbeerenauslese, Eiswein.*
Eiswein wird aus Trauben gewonnen, die nach Frost von mindestens – 7 °C gelesen wurden.

Les vins

En Allemagne le vignoble s'étend sur plus de 104 000 ha. Les vins les plus connus proviennent principalement des 13 régions suivantes : Ahr, Mittelrhein (Rhin moyen), Mosel-Saar-Ruwer, Nahe, Rheingau, Rheinhessen (Hesse rhénane), Hessische Bergstraße (Montagne de Hesse), Franken (Franconie), Pfalz (Palatinat), Württemberg (Wurtemberg), Baden (Pays de Bade), Vallée de l'Elbe (entre Dresde et Meissen), Saale et l'Unstrut (entre Naumburg et Feyburg).

Principaux vins

Principales régions	Cépages et caractéristiques
	Vins blancs
Pays de Bade	**Gutedel** *léger, bouqueté*
Wurtemberg	**Kerner** *proche du Riesling*
Franconie, Hesse rhénane, Pays de Bade, Nahe, vallée de l'Elbe, région de Saale-Unstrut, Palatinat	**Müller-Thurgau** *vigoureux, nerveux*
Rhin moyen Moselle-Sarre-Ruwer, Rheingau, Palatinat	**Riesling** *racé, élégant, au fruité légèrement acidulé*
Pays de Bade	**Ruländer** *puissant, rond, riche*
Franconie, Hesse rhénane, Nahe, Palatinat	**Silvaner** *fruité, bouqueté, puissant*
Pays de Bade, vallée de l'Elbe	**Traminer, Gewürztraminer** *épicé, harmonieux*
Pays de Bade, vallée de l'Elbe, région de Saale-Unstrut	**Weißburgunder** *bouqueté, fruité, élégant*
	Vins rouges
Wurtemberg	**Lemberger** *charnu, puissant*
Ahr	**Portugieser** *léger, gouleyant, frais*
Wurtemberg	**Schwarzriesling** *tendre, fruité*
Ahr, Pays de Bade	**(blauer) Spätburgunder** *de couleur rubis, velouté*
Wurtemberg	**Trollinger** *léger, frais, fruité*

Cépages et caractéristiques

Vins rosés

Badisch Rotgold *Assemblage de Grauburgunder (pinot gris) et de Spätburgunder (pinot noir) dans la plupart des cas dans la proportion 3 : 1.*

Schillerwein *Raisins noirs et blancs pressurés ensembles.*

Weißherbst *Raisins noirs pressurés immédiatement, puis fermentation du moût sans la râfle.*

La législation de 1971 et de 1982 classe les vins allemands en 4 catégories :

Tafelwein ou deutscher Tafelwein, *vins de table, sans provenance précise, pouvant être des coupages, soit de vins de la C.E.E., soit de vins exclusivement allemands.*

Landwein *porte une appellation d'origine générale (ex. Pfälzer Landwein), et ne peut provenir que de cépages officiellement reconnus ; il doit avoir au minimum 55° Öchsle et ne peut être que sec ou demi sec.*

Qualitätswein bestimmter Anbaugebiete, *vins de qualité supérieure, ils portent un numéro de contrôle officiel et ont pour origine une des régions (Ex. : Baden) déterminées.*

Qualitätswein mit Prädikat, *vins strictement contrôlés, ils représentent l'aristocratie du vignoble, ils proviennent d'un seul vignoble d'appellation et portent en général un numéro de contrôle et l'une des dénominations suivantes : Kabinett (réserve spéciale), Spätlese (récolte tardive), Auslese (récolte tardive, raisins sélectionnés), Beerenauslese, Trockenbeerenauslese (vins liquoreux), Eiswein. Les « Eiswein » (vins des glaces) sont obtenus à partir de raisins récoltés après une gelée d'au moins −7 °C.*

Wines

The vineyards of Germany extend over 104 000 ha – 257 000 acres and 13 regions : Ahr, Mittelrhein, Mosel-Saar-Ruwer, Nahe, Rheingau, Rheinhessen, Hessische Bergstraße, Franken (Franconia), Pfalz (Palatinate), Württemberg, Baden, Elbe Valley (Dresden-Meissen), Saale and Unstrut (Naumburg-Feyburg).

Principal wines

Main regions	Grape stock and characteristics
	White wines
Baden	**Gutedel** *light, fragrant*
Württemberg	**Kerner** *similar to Riesling*
Franconia, Rheinhessen, Baden, Nahe, valley of the Elbe, Saale-Unstrut region, Palatinate	**Müller-Thurgau** *potent, lively*
Mittelrhein, Mosel-Saar-Ruwer, Rheingau, Palatinate	**Riesling** *noble, elegant, slightly acidic and fruity*
Baden	**Ruländer** *potent, smooth, robust*
Franconia, Rheinhessen, Nahe, Palatinate	**Silvaner** *fruity, good bouquet, potent*
Baden, valley of the Elbe	**Traminer, Gewürztraminer** *spicy, smooth*
Baden, valley of the Elbe, Saale-Unstrut region	**Weißburgunder** *delicate bouquet, fruity, elegant*
	Red wines
Baden	**Badisch Rotgold** *noble, robust, elegant*
Württemberg	**Lemberger** *full bodied, potent*
Ahr	**Portugieser** *light, smooth, fresh*
Württemberg	**Schwarzriesling** *delicate, fruity*
Ahr, Baden	**(blauer) Spätburgunder** *ruby colour, velvety*
Württemberg	**Trollinger** *light, fresh, fruity*

Grape stock and characteristics

Rosé wines

Badisch Rotgold *Blend of Grauburgunder and Spätburgunder, mostly 3 parts to 1.*

Schillerwein *Red and green grapes pressed together.*

Weißherbst *Red grapes are pressed immediately then the must is left to ferment after extraction of the stems.*

Following legislation in 1971 and 1982, German wines fall into 4 categories:

Tafelwein or deutscher Tafelwein *are table wines with no clearly defined region of origin, and which in effect may be a blending of other Common Market wines or of purely German ones.*

Landwein *are medium quality wines between the table wines and the Qualitätswein b. A. which carry a general appellation of origin (i.e. Pfälzer Landwein) and can only be made from officially approved grapes, must have 55° "Öchslegrade" minimum and must be dry or medium dry.*

Qualitätswein bestimmter Anbaugebiete, *are wines of superior quality which carry an official control number and originate from one of the clearly defined regions (Gebiet) e.g. Moselle, Baden, Rhine.*

Qualitätswein mit Prädikat, *are strictly controlled wines of prime quality. These wines are grown and made in a clearly defined and limited area or vineyard and generally carry an official control number and one of the following special descriptions: Kabinett (a perfect reserve wine), Spätlese (wine from late harvest grapes), Auslese (wine from specially selected grapes), Beerenauslese, Trockenbeerenauslese (sweet wines), Eiswein.*
Eiswein (ice wines) are produced from grapes harvested after a minimum −7 °C frost.

I vini

Il vigneto della Germania si estende su più di 104.000 ettari. Esso comporta 13 regioni : Ahr, Mittelrhein (Reno medio), Mosel-Saar-Ruwer, Nahe, Rheingau, Rheinhessen (Hesse renano), Hessische Bergstraße (montagna di Hesse), Franken (Franconia), Pfalz (Palatinato), Württemberg, Baden, Valle dell Elba (Dresda e Meissen), Saale e Unstrut (Naumburg e Friburgo).

Vini principali

Principali regioni	Vitigni e caratteristiche
	Vini bianchi
Baden	**Gutedel** *leggero, aromatico*
Württemberg	**Kerner** *molto simile al Riesling*
Franconia, Hesse renano, Baden, Nahe, Valle di Elbe, regione Saale-Unstrut, Palatinato	**Müller-Thurgau** *vigoroso*
Reno medio, Mosella-Sarre-Ruwer, Rheingau, Palatinato	**Riesling** *aristocratico, elegante, fruttato leggermente acidulo*
Baden	**Ruländer** *forte, corposo, robusto*
Franconia, Hesse renano, Nahe, Palatinato	**Silvaner** *fruttato, aromatico, forte*
Baden, valle di Elbe	**Traminer (Gewürz-)** *corposo, armonico*
Baden, valle di Elbe, regione Saale-Unstrut	**Weißburgunder** *aromatico, fruttato, elegante*
	Vini rossi
Baden	**Badisch Rotgold** *aristocratico, robusto, elegante*
Württemberg	**Lemberger** *corposo, forte*
Ahr	**Portugieser** *leggero, fresco*
Württemberg	**Schwarzriesling** *morbido, fruttato*
Ahr, Baden	**(blauer) Spätburgunder** *colore rubino, vellutato, pieno, corposo*
Württemberg	**Trollinger** *leggero, fresco, fruttato*

Vitigni e caratteristiche

Vini rosé

Badisch Rotgold *miscela di Grauburgunder (pinot grigio)
e Spatburgunder (pinot nero), nella maggior parte
dei casi in proporzione 3 : 1.*

Schillerwein *miscuglio di uve nere e bianche pigiate insieme*

Weissherbst *pigiatura immediata di uve nere,
seguita da fermentazione del mosto, senza graspi.*

*La legislazione del 1971 e del 1982 classifica i vini tedeschi
in 4 categorie :*

Tafelwein o deutscher Tafelwein : *vini da tavola, senza
provenienza precisa, possono essere di taglio, sia per i vini della C.E.E.
che per vini esclusivamente tedeschi.*

Landwein : *in termini di qualità è una via di mezzo
fra il vino da tavola e il Qualitätswein b.A., è contrassegnato
da denominazione di origine generale (es. : Pfälzer Landwein)
e proviene esclusivamente da uve ufficialmente riconosciute ;
deve raggiungere minimo 55° Öchsle
e può essere solo secco o semi secco.*

Qualitätswein bestimmter Anbaugebiete : *vini di qualità
superiore, sono contrassegnati da un numero di controllo ufficiale
e provengono da una delle regioni (Gebiet) determinate
(Mosel, Baden, Rhein...)*

Qualitätswein mit Prädikat : *vini rigorosamente controllati,
rappresentano l'aristocrazia del vigneto, provengono da un unico
vigneto di denominazione e sono generalmente contrassegnati
da un numero di controllo ufficiale e una delle seguenti
denominazioni : Kabinett (riserva speciale), Spätlese (raccolta tardiva),
Auslese (raccolta tardiva, uve selezionate), Beerenauslese,
Trockenbeerenauslese (vini liquorosi), Eiswein.
Gli « Eiswein » (vini dei ghiacci) si ottengono a partire
da una raccolta dopo una gelata di almeno −7°C.*

Städte
in alphabetischer Reihenfolge
(ä = ae, ö = oe, ü = ue)

Villes
classées par ordre alphabétique
(mais ä = ae, ö = oe, ü = ue)

Towns
in alphabetical order
(but ä = ae, ö = oe, ü = ue)

Città
in ordine alfabetico
(se non che ä = ae, ö = oe, ü = ue)

BREGENZ, KÖSSEN, KUFSTEIN, SALZBURG (Österreich) sind in der alphabetischen Reihenfolge.

AACHEN Nordrhein-Westfalen **417** N 2 – 245 000 Ew – Höhe 174 m – Heilbad.
  Sehenswert : Dom★★ (Domschatzkammer★★★, Ambo Heinrichs II★★★, Pala d'Oro★★ Karlsschrein★★★, Marmorthron★ Karls des Großen) **BZ** – Couven-Museum★ **BY** M1 Suermondt-Ludwig-Museum★ **CZ** M2.
  Ausflugsziel : Kornelimünster (Abteikirche★) ④ : 10 km.
  ⤴ Aachen-Seffent, Schurzelter Str. 300 (West : 4 km über ⑧), ℘ (0241) 1 25 01.
  Kongreßzentrum Eurogress **CY**, ℘ (0241) 15 10 11.
  🛈 Informationsbüro am Elisenbrunnen, Friedrich-Wilhelm-Platz, ✉ 52062, ℘ (0241) 1 80 29 60, info@aachen-tourist.de, Fax (0241) 1802931.
  ADAC, Strangenhäuschen 16.
  Berlin 637 ③ – Düsseldorf 81 ③ – Antwerpen 140 ⑨ – Bonn 91 ③ – Bruxelles 142 ⑨ – Köln 69 ③ – Liège 54 ⑥ – Luxemburg 182 ⑥

Stadtpläne siehe nächste Seiten

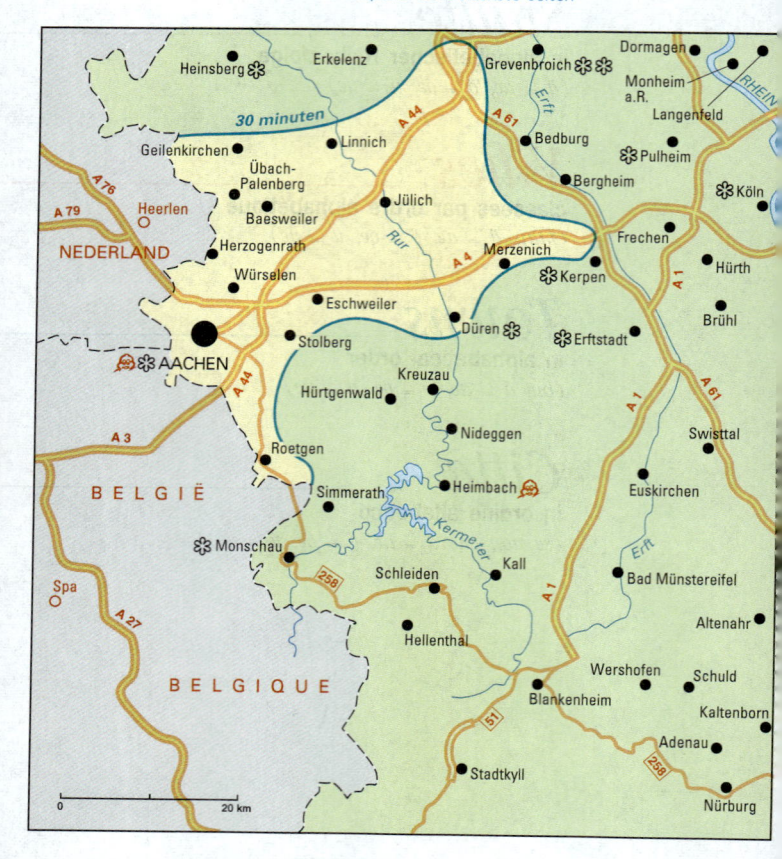

🏨 **Dorint Quellenhof,** Monheimsallee 52, ✉ 52062, ℘ (0241) 9 13 20, info.aahque@dorint.com, Fax (0241) 9132100, ≼, ≋, 🏋, Massage, ⌂ – 📶, 🕼 Zim, 📺 📞 🖨 🚗 🅿 – 🔒 360. AE ① MO VISA JCB. ※ Rest **CY** a
Lakmé (euro-asiatische Küche) (geschl. 15. Juli - 31. Aug., Sonntag - Montag) (nur Abendessen) **Menu** 60 und à la carte – **La Brasserie :** Menu à la carte 28,50/46 – 🖾 19 – **185 Zim** 115/265 – 140/265, 3 Suiten.
  ◆ Traditionsreiches Hotel bietet nach Totalrenovierung modernsten Komfort, elegantluxuriöse Zimmer, einen repräsentativen öffentlichen Bereich und eine schöne Terrasse. Modernes Ambiente und euro-asiatische Küche im Lakmé.

AACHEN

Holiday Inn M, Krefelder Str. 221 (B 57), ⊠ 52070, ℘ (0241) 1 80 30, *reservation. hiaachen@queensgruppe.de*, Fax (0241) 1803444, Biergarten – |‡|, ⟵⟶ Zim, TV 📞 & 🅿 – 🔺 30. AE ① ©® VISA über ①
Menu à la carte 24,50/35,50 – ⊇ 13 – **99 Zim** 109/139.
♦ Verkehrsgünstig gelegenes Hotel mit freundlichem Service. Die Zimmer sind gut und funktionell eingerichtet. Am Morgen erwartet die Gäste ein großes Frühstücksbuffet.

Regence M, Peterstr. 71, ⊠ 52062, ℘ (0241) 4 78 70, *info@regence.bestwestern.de*, Fax (0241) 39055, ≘s – |‡|, ⟵⟶ Zim, ■ TV 📞 ⇔ – 🔺 30. AE ① ©® VISA. ※ Rest
Edo (japanische Küche) *(geschl. Sonntag)* **Menu** 36/76,50 und à la carte – ⊇ 13 – **60 Zim** 112/122 – 148. CY r
♦ Harmonie für die Seele : Nach der Feng Shui-Lehre eingerichtetes und geführtes Hotel in der Innenstadt. Die Zimmer sind komfortabel und mit Designermöbeln modern gestaltet. Japanische Kulinarik im Edo : hier werden die Speisen vor Ihren Augen zubereitet.

Novotel, Joseph-von-Görres-Straße (Am Europaplatz), ⊠ 52068, ℘ (0241) 1 68 70, *h0482@accor-hotels.com*, Fax (0241) 163911, 🌳, 🏊, 🐾 – |‡|, ⟵⟶ Zim, ■ TV 📞 🅿 – 🔺 150. AE ① ©® VISA JCB DY X
geschl. 22. Dez. - 4. Jan. – **Menu** à la carte 22/34 – ⊇ 13 – **118 Zim** 95/119 – 105/129.
♦ Praktisch am Zugang zur Stadt gelegenes Haus der bekannten Kette, gut geführt, freundlicher Service. Die Zimmer sind geräumig, modern und funktionell eingerichtet.

Mercure garni, Jülicher Str. 10, ⊠ 52070, ℘ (0241) 5 10 60, *h1703@accor-hotels.com*, Fax (0241) 501180 – |‡| ⟵⟶ ■ TV 📞 ⇔. AE ① ©® VISA JCB CY s
103 Zim ⊇ 75/105 – 85/120.
♦ Innenstadt-Hotel, seit kurzem unter neuem Namen : Die Zimmer sind einheitlich und praktisch ausgestattet, alle mit Schreibtischen und Kofferablagen.

Royal M garni, Jülicher Str. 1, ⊠ 52070, ℘ (0241) 18 22 80, *info@royal.bestwestern.de*, Fax (0241) 18228699 – |‡| ⟵⟶ ■ TV 📞 🅿. AE ① ©® VISA CY z
⊇ 10 – **35 Zim** 105/115 – 128/153.
♦ Engagiert und freundlich geführtes Stadthotel. Die kürzlich renovierten Zimmer sind modern und technisch gut ausgestattet, Allergikerzimmer vorhanden.

Aquis-Grana-Hotel, Büchel 32, ⊠ 52062, ℘ (0241) 44 30, *aquishotel@aol.com*, Fax (0241) 443137 – |‡| TV & ⇔ – 🔺 40. AE ① ©® VISA JCB BY a
geschl. 23. - 28. Dez. – **Menu** *(geschl. Samstag - Sonntag) (nur Abendessen)* (Restaurant nur für Hausgäste) à la carte 22/33,50 – **96 Zim** ⊇ 105/132 – 130/145, 3 Suiten.
♦ Solide mit dunklen Holzmöbeln eingerichtete Zimmer und ein reichhaltiges Frühstücksbuffet erwarten die Gäste in diesem Stadthotel.

Brülls am Dom garni, Rommelsgasse 2 (Hühnermarkt), ⊠ 52062, ℘ (0241) 3 17 04, Fax (0241) 404326 – TV 📞. ※ BY c
geschl. 21. Dez. - 6. Jan. – **9 Zim** ⊇ 68/79 – 102/107.
♦ Engagiert und sympathisch geführtes kleines Hotel in einem Altstadthaus mit gut eingerichteten und hübsch dekorierten Zimmern. Wohnliches Ambiente.

Benelux garni, Franzstr. 21, ⊠ 52064, ℘ (0241) 40 00 30, *hotel.benelux@t-online.de*, Fax (0241) 40003500, 𝑓₆ – |‡| TV 📞 ⇔. AE ① ©® VISA BZ f
geschl. 23. Dez. - 3. Jan. – **33 Zim** ⊇ 82/97 – 97/133.
♦ Dieses in der Nähe der Aachener Sehenswürdigkeiten gelegene Stadthotel bietet gepflegte und behagliche Zimmer in freundlicher Atmosphäre.

Am Marschiertor garni, Wallstr. 1, ⊠ 52064, ℘ (0241) 3 19 41, *hotel.marschiertor @t-online.de*, Fax (0241) 31944 – |‡| ⟵⟶ TV 📞 – 🔺 30. AE ① ©® VISA JCB BZ n
geschl. Weihnachten - Neujahr – **50 Zim** ⊇ 70/88 – 94/110.
♦ Stadthotel mit zuverlässigem Service : Die Zimmer sind ordentlich und wohnlich eingerichtet. Ein reichhaltiges Frühstücksbuffet erleichtert den Start in den Tag.

Lousberg garni, Saarstr. 108, ⊠ 52062, ℘ (0241) 2 03 31, *hotel-lousberg@t-online.de*, Fax (0241) 22047 – |‡| TV 📞. AE ① ©® VISA. ※ BY t
geschl. Ende Dez. - Anfang Jan. – **30 Zim** ⊇ 62/86 – 93/98.
♦ Freundlich geführtes Innenstadthotel in verkehrsgünstiger Lage, nach vorne Lärmstopfenster. Die Zimmer sind praktisch und gepflegt. Frühstücksbuffet !

Marx garni, Hubertusstr. 33, ⊠ 52064, ℘ (0241) 3 75 41, *info@hotel-marx.de*, Fax (0241) 26705 – |‡| ⟵⟶ TV 🅿. ©® VISA. ※ AZ m
32 Zim ⊇ 35/65 – 58/85.
♦ Freundliches Familienhotel mit ordentlichen und sauberen Zimmern. Eine zum Haus gehörende Grünanlage mit kleinem Weiher lädt zum Träumen ein. Reichhaltiges Frühstücksbuffet !

XX **La Bécasse** (Lang), Hanbrucher Str. 1, ⊠ 52064, ℘ (0241) 7 44 44, *labecasse@t-on line.de* – ■. ©® VISA AZ s
ξ₃ *geschl. Samstagmittag, Sonntag - Montagmittag* – **Menu** (französische Küche) (abends Tischbestellung ratsam) 31,50 (mittags) à la carte 49/63,50.
♦ Im farbenfrohen Bistro klassischen französischen Stils präsentiert Küchenchef Christoph Lang interessante französische Küche mit mediterranen und provenzialischen Aromen.
Spez. Hummersalat mit Gänseleber. Steinbutt mit Linsen und Trüffel. Ente aus dem Ofen.

95

AACHEN

Adalbertstraße	CYZ	
Alexanderstraße	CY	2
Bergdriesch	BY	3
Blondelstraße	CY	4
Buchkremerstraße	BZ	5
Büchel	BY	6
Burtscheider Straße	BZ	7
Driescher Gäßchen	BY	8
Friedrich-Ebert-Allee	CZ	9
Friedrich-Wilhelm-Pl	BZ	10
Großkölnstraße	BY	
Hansemannplatz	CY	12
Hartmannstraße	BZ	13
Kaiserplatz	CZ	
Kapuzinergraben	BZ	17
Karmeliterstraße	BZ	19
Katschhof	BY	20
Kleinkölnstraße	BY	22
Kleinmarschierstr	BZ	23
Kockerellstraße	BY	24
Königstraße	AZ	27
Komphausbadstr	BY	28
Krugenofen	BZ	29
Kurhausstraße	CY	32
Lagerhausstraße	BCZ	34
Markt	BY	35
Peterstraße	CY	
Ursulinerstraße	BZ	36

※※ **Kohlibri**, Sonnenscheinstr. 80/Ecke Neuenhofstraße, ✉ 52078, ℘ (0241) 5 68 85 00, Fax (0241) 5688560, ≤, 佘 – 🛗 ≡ ↻ 🅿 – 🔥 30. ⌶ ⓘ ⓜ ⓥⓘⓢⓐ
geschl. Montag, Samstagmittag, Sonntagabend – **Menu** à la carte 32,50/47.
♦ Das Restaurant liegt im fünften Stock eines Autohauses und bietet in diesem ungewöhnlichen Ambiente moderne internationale Küche mit französischen Elementen.
über Adalbertsteinweg **DZ**

※※ **Da Salvatore**, Bahnhofplatz 5, ✉ 52064, ℘ (0241) 3 13 77, info@restorante-da-salvatore.de, Fax (0241) 29992 – ⌶ ⓘ ⓜ ⓥⓘⓢⓐ ⓙⓒⓑ **CZ** w
geschl. Mittwoch – **Menu** (italienische Küche) à la carte 20/36.
♦ Hell und klassisch eingerichtetes Restaurant in zentraler Lage mit einem breitgefächerten Angebot an italienischen und internationalen Speisen.

※※ **Gallo Nero**, Kaiserplatz 6, ✉ 52062, ☏ (0241) 4 01 49 30 – AE ⓘ ⓂⓄ VISA CZ a
geschl. Montag – **Menu** (italienische Küche) à la carte 18/35.
♦ Auf zwei Ebenen mit Galerie, Stuckdecken, verzierten Eisensäulen und schönen Bildern wird dem Gast an elegant gedeckten Tischen eine interessante italienische Karte gereicht.

※※ **Adams**, Bendelstr. 35, ✉ 52062, ☏ (0241) 4 01 07 45, Fax (0241) 4010759, 🍽 – ⓂⓄ VISA AZ a
geschl. Ende Aug. - Anfang Sept., Montag, Samstagmittag, Sonntagmittag – **Menu** à la carte 25,50/39 ♉.
♦ Stilsicher eingerichtet mit Teakholzbestuhlung, Grünpflanzen und warmen Farbtönen ist das Lokal ein beliebter Treffpunkt im Herzen der Stadt.

AACHEN

Tradition, Burtscheider Str. 11, ✉ 52064, ☏ (0241) 4 48 42, Fax (0241) 408108 –
① ⓒⓑ 𝖵𝖨𝖲𝖠
BZ
geschl. über Karneval, Dienstag - Mittwochmittag – **Menu** (abends Tischbestellung ratsam) à la carte 18,50/41.
♦ In diesem rustikal eingerichteten Restaurant erwartet den Gast ein vielfältiges Angebot an Gerichten der gutbürgerlichen Küche.

In Aachen-Burtscheid über ⑤ : 4 km :

Art Hotel 🅼, Adenauerallee 209, ✉ 52066, ☏ (0241) 60 83 60, info@art-hotel-aachen. de, Fax (0241) 60836555, 😀, 🛌, 🕿, 🖥 – 🏨, 🔁 Zim, 📺 ⇔ 🅿 – 🛎 20. 🆎 ① ⓒⓑ 𝖵𝖨𝖲𝖠
Menu (geschl. Sonntagabend) (wochentags nur Abendessen) à la carte 19/28 – **33 Zim** ⊊ 60/80 – 80/120.
über ⑤
♦ Ein neues Wohnhaus mit Hotel in einem Vorort. Die Zimmer sind mit neuzeitlichen Möbeln praktisch eingerichtet. Wechselnde Kunstausstellungen. In wintergartenähnlichem Stil zeigt sich das Restaurant.

In Aachen-Eilendorf über ④ und Madrider Ring : 2 km :

Charlemagne, von-Coels-Str. 199, ✉ 52080, ☏ (0241) 9 51 94 44, Fax (0241) 9519446, 😀 – ⓒⓑ 𝖵𝖨𝖲𝖠
geschl. über Karneval 2 Wochen, Sept. 2 Wochen, Montag - Dienstag – **Menu** (nur Abendessen) 44 à la carte 42,50/50,50.
♦ Traditionsreiches, mit Liebe zum Detail eingerichtetes Haus aus dem 17. Jh. mit schöner Einrichtung und französischer Küche. Einladend ist auch die lauschige Gartenterrasse.

In Aachen-Kornelimünster über ④ : 10 km :

Zur Abtei, Napoleonsberg 132 (B 258), ✉ 52076, ☏ (02408) 92 55 00, hotel-zur-abtei@t-online.de, Fax (02408) 4151, 😀 – 📺 ⇔ – 🛎 20. 🆎 ① ⓒⓑ 𝖵𝖨𝖲𝖠 𝖩𝖢𝖡. 🍴 Rest
Menu (geschl. Donnerstag) 23 à la carte 27/48,50 – **12 Zim** ⊊ 50/75 – 75/160.
♦ Kein Alltagshotel : Im denkmalgeschützten Haus erwarten den Gast individuell mit Designermöbeln und Bildern moderner Künstler eingerichtete, sehr gepflegte Zimmer. Klassisch-elegant eingerichtetes Restaurant mit französisch inspirierter Küche.

St. Benedikt (Kreus), Benediktusplatz 12, ✉ 52076, ☏ (02408) 28 88, st-benedikt@t-online.de, Fax (02408) 2877
geschl. Mitte - Ende April, Aug. - Sept. 2 Wochen, Mitte - Ende Okt., Dez. - Jan. 2 Wochen, Sonntag - Montag – **Menu** (nur Abendessen) (Tischbestellung erforderlich) à la carte 38/49.
♦ Küchenchefin Gisela Kreus verwöhnt Sie in dem kleinen, intimen Restaurant, das idyllisch in einem historischen Stadthaus gelegen ist, mit edlen Weinen und französischer Küche.
Spez. Seeteufel und Hummerkrabben mit provenzalischen Gemüsen. Kaninchen mit Monschauer-Senfsahne. Dessertteller "St. Benedikt".

In Aachen-Richterich über ⑨ : 5 km :

Schloß Schönau, Schönauer Allee 20, ✉ 52072, ☏ (0241) 17 35 77, help@schloss-schoenau.de, Fax (0241) 173577, 😀 – 🆎 ① ⓒⓑ 𝖵𝖨𝖲𝖠 𝖩𝖢𝖡
geschl. Feb. 1 Woche, Juli - Aug. 3 Wochen, Montag - Dienstag – **Menu** (wochentags nur Abendessen) (Tischbestellung ratsam) à la carte 34/55 – **Schänke** (wochentags nur Abendessen) **Menu** à la carte 21,50/28,50.
♦ Speisen im Schloß : Im elegant eingerichteten Restaurant mit Stuckdecke und alten Meistern genießt der Gast eine engagierte internationale Küche. Für Freunde eines rustikaleren Ambientes bietet sich die Schänke an.

In Aachen-Walheim über ④ : 12 km :

Brunnenhof mit Zim, Schleidener Str. 132 (B 258), ✉ 52076, ☏ (02408) 5 88 50, info@brunnenhof-aachen.de, Fax (02408) 588588, 😀 – 📺 🅿 – 🛎 15. 🆎 ① ⓒⓑ 𝖵𝖨𝖲𝖠
Menu à la carte 31,50/47 – **10 Zim** ⊊ 46/59 – 69/85.
♦ In dem gemütlich-rustikal eingerichteten Landhaus mit schöner Terrasse erwartet Sie eine reichhaltige und variable Speisekarte mit Spezialitäten der internationalen Küche.

An der B 258 Richtung Monschau über ⑤ : 12 km :

Gut Kalkhäuschen, Schleidener Str. 400 (B 258), ✉ 52076 Aachen-Walheim, ☏ (02408) 5 83 10 – 🅿. 🍴
geschl. Montag – **Menu** (nur Abendessen) (Tischbestellung ratsam) (italienische Küche) à la carte 38/45.
♦ Ein Restaurant auf einem ehemaligen Bauernhof : Lassen Sie sich vom Küchenchef Salvatore Bazzu mit italienischen Spezialitäten und hausgemachtem Ziegenkäse verwöhnen.

An der Straße Verlautenheide-Stolberg über ③ : 9 km :

Gut Schwarzenbruch, Schwarzenbruch 1, ✉ 52222 Stolberg, ☏ (02402) 2 22 75, info@schwarzenbruch.de, Fax (02402) 4432, 😀 – 🅿. 🆎 ⓒⓑ
Menu à la carte 38/48.
♦ In dem ehemaligen Gutshof genießen Sie umgeben von Antiquitäten internationale Küche in einer stilvoll-gediegenen Atmosphäre, im Sommer verlockt die Terrasse zum Verweilen.

AALEN Baden-Württemberg **419 420** T 14 – 67 000 Ew – Höhe 433 m – Wintersport : 450/520 m ≰1 ⚹.

₺ Touristik-Service, Marktplatz 2, ✉ 73430, ℘ (07361) 52 23 58, touristik-service@aalen.de, Fax (07361) 521907.

ADAC, Südlicher Stadtgraben 11.

Berlin 560 – Stuttgart 78 – Augsburg 119 – Heilbronn 131 – Nürnberg 132 – Ulm (Donau) 67 – Würzburg 135.

🏨🏨 Ramada Treff Hotel Limes-Thermen Ⓜ ⚹, Osterbucher Platz 1, ✉ 73431, ℘ (07361) 94 40, aalen@ramada-treff.de, Fax (07361) 944550, ≤, 🌳, direkter Zugang zu den Limes-Thermen – 📶, ⇔ Zim, 📺 🕿 🅿 – 🍴 110. 🅰🅴 ⓞ ⓜⓞ 🆅🅸🆂🅰 🅹🅲🅱, 🍽 Rest **Menu** à la carte 29/35 – **145 Zim** ⚏ 111 – 139.

♦ Römische Badekultur : Eine Glasarkade verbindet das Hotel mit den Limes-Thermen. Die geräumigen Zimmer sind hell und mit Kirschbaummöbeln modern und funktional eingerichtet.

🏨🏨 City Hotel Antik, Stuttgarter Str. 45, ✉ 73430, ℘ (07361) 5 71 60 (Hotel) 57 16 20 (Rest.), antik@hotel-antik.de, Fax (07361) 571625, 🌳 – ⇔ Zim, 📺 🕿 ⇔ 🅿 – 🍴 30. 🅰🅴 ⓞ ⓜⓞ 🆅🅸🆂🅰

Menu (geschl. Samstagmittag, Sonntagmittag, Montagmittag) (italienische Küche) à la carte 19/32,50 – **54 Zim** ⚏ 54/69 – 70/95.

♦ Das Hotel bietet nach Renovierung wohnliche Zimmer mit teils antiker, teils moderner Möblierung. Der Service ist freundlich, am Morgen verwöhnt ein großes Frühstücksbuffet. Klassisch-elegante Einrichtung und italienische Küche erwarten Sie im Restaurant.

🏨 Ratshotel garni, Friedrichstr. 7, ✉ 73430, ℘ (07361) 9 58 40, g.schiehlen@aalener-ratshotel.de, Fax (07361) 958470 – 📶, ⇔ Zim, 📺 🕿 ⇔ 🅿. 🅰🅴 ⓞ ⓜⓞ 🆅🅸🆂🅰 **42 Zim** ⚏ 50/62 – 76/80.

♦ Engagiert geführtes und zentral gelegenes Stadthotel. Die gepflegten und geräumigen Zimmer sind praktisch und zeitgemäß eingerichtet.

🏨 Graulesbof, Ziegelstr. 155, ✉ 73431, ℘ (07361) 3 24 69, Fax (07361) 36218, Biergarten – 📺 ⇔ 🅿. ⓜⓞ 🆅🅸🆂🅰. 🍽

Menu (geschl. Fasching 1 Woche, Ende Aug. 1 Woche, Montag, Samstagmittag) à la carte 16/27 – **9 Zim** ⚏ 40/44 – 68/72.

♦ In diesem von der Familie gut geführten und gepflegten Hotel-Gasthof erwarten den Gast moderne und praktische Zimmer. Der Service ist freundlich. Bürgerliches Restaurant mit schattigem Biergarten.

🍴 Eichenhof mit Zim, Stadionweg 1, ✉ 73430, ℘ (07361) 4 10 20, eichenhof-aalen@t-online.de, Fax (07361) 46688, 🌳 – 📺 ⇔ 🅿 – 🍴 30. 🅰🅴 ⓞ ⓜⓞ 🆅🅸🆂🅰. 🍽 Zim geschl. 30. Mai - 16. Juni – **Menu** (geschl. Montag) à la carte 15,50/30 – **9 Zim** ⚏ 40/50 – 75/85.

♦ Das Richtige für Freunde gutbürgerlicher und internationaler Küche : guter Service und ein rustikales Ambiente. Gepflegte Zimmer laden zum Bleiben ein.

In Aalen-Ebnat Süd-Ost : 8 km - über B 19, in Unterkochen Richtung Neresheim :

🍴 Landgasthof Lamm mit Zim, Unterkochener Str. 16, ✉ 73432, ℘ (07367) 24 12, info@lamm-ebnat.de, Fax (07367) 4912, Biergarten – 📺 ⇔ 🅿 – 🍴 50. 🅰🅴 ⓜⓞ 🆅🅸🆂🅰. 🍽 geschl. Feb. 2 Wochen, Anfang Aug. 2 Wochen – **Menu** (geschl. Montagabend, Dienstag) à la carte 19/38 – **8 Zim** ⚏ 40 – 60.

♦ Ländlicher Gasthof mit freundlichem Service : Das hochwertige Speiseangebot ist gut bürgerlich ausgelegt. Einige einfache Zimmer sind vorhanden.

In Aalen-Röthardt Nord-Ost : 4 km Richtung Ellwangen :

🏨 Vogthof ⚹, Bergbaustr. 28, ✉ 73433, ℘ (07361) 7 36 88, Fax (07361) 77882, 🌳 – 📺 ⇔ 🅿. 🅰🅴 ⓞ ⓜⓞ 🆅🅸🆂🅰. 🍽 geschl. Aug. 2 Wochen – **Menu** (geschl. Feb. 1 Woche, Juni 2 Wochen, Freitag, letzter Sonntagabend im Monat) à la carte 16/32 – **14 Zim** ⚏ 39 – 64.

♦ Ruhiger und gemütlicher Landgasthof mit geräumigen, solide eingerichteten Zimmern. Der kleine Familienbetrieb empfängt seine Gäste mit natürlicher Gastfreundschaft.

In Aalen-Unterkochen Süd-Ost : 4 km über B 19, Richtung Heidenheim :

🏨🏨 Das Goldene Lamm (mit Gästehaus), Kocherstr. 8, ✉ 73432, ℘ (07361) 9 86 80, rezeption@das-goldene-lamm.de, Fax (07361) 986898, 🌳 – 📶, ⇔ Zim, 📺 🕿 🅿 – 🍴 60. 🅰🅴 ⓞ ⓜⓞ 🆅🅸🆂🅰

Menu à la carte 26/44 – **K 8** (geschl. Sonntag) **Menu** à la carte 23/38 – **50 Zim** ⚏ 51/83 – 119.

♦ Hotel mit individuell gestalteten Zimmern. Ein geschmackvolles Ambiente und freundlicher Service garantieren einen angenehmen Aufenthalt. Gut ausgestattete Tagungsräume. Restaurant im Landhausstil mit nettem Kaminzimmer. Bistro K8 mit moderner Crossover-Küche.

AALEN

Scholz M, Aalener Str. 80, ✉ 73432, ℰ (07361) 56 70(Hotel) 88 08 40(Rest.), hot
@ hotel-scholz.de, Fax (07361) 567200, Biergarten – 🛗, ⇄ Zim, 📺 📞 🚗 🅿 – 🛎 7
AE ① ⓜ VISA
geschl. 23. Dez. - 5. Jan. – **Menu** (nur Abendessen) à la carte 17/32 – **51 Zim** ⇌ 52/7
– 85/92.
• In diesem Haus erwarten Sie gepflegte und wohnliche neu renovierte Zimmer mit behag
licher Atmosphäre und eine ständige Bilderausstellung. Ein schöner Garten lädt ein. Kla
sisch eingerichtetes, neuzeitliches Hotel-Restaurant.

Läuterhäusle, Waldhäuser Str. 109, ✉ 73432, ℰ (07361) 9 88 90, laeuterhaeusle@
-online.de, Fax (07361) 988949, 🌳 – 📺 🚗 🅿 ⓜ VISA
Menu (geschl. Montag) (wochentags nur Abendessen) à la carte 17/28 – **11 Zim** ⇌ 45/5
– 70/75.
• Hotel-Gasthof im Landhausstil : Praktisch mit Naturholzmöbeln eingerichtete Zimme
erwarten den Gast. Ein idyllischer Garten gehört zum Anwesen. Rustikales Restaurant m
schöner Terrasse.

In Aalen-Waldhausen Ost : 9,5 km über Ziegelstr. :

Adler, Deutschordenstr. 8, ✉ 73432, ℰ (07367) 95 00, adler-aalen@t-online.de
Fax (07367) 950400, 🌳, ≋, 🔲, 🌿 – 🛗, ⇄ Zim, 📺 📞 ⚒ 🚗 🅿 – 🛎 50. AE ⓜ
VISA, 🎔 Rest
Menu à la carte 17,50/40,50 – **32 Zim** ⇌ 60/70 – 85/99.
• Freundlich geführtes und gepflegtes Hotel : Die Gäste wohnen in geräumigen, m
Naturholzmöbeln eingerichteten Zimmern. Zur Entspannung gibt es ein Schwimmba
und ein Dampfbad. Ansprechend gestaltetes Restaurant mit elegant-rustikalen
Ambiente.

Alte Linde, Albstr. 121, ✉ 73432, ℰ (07367) 20 01, info@hotel-altelinde.de
Fax (07367) 2003 – 📺 🚗 🅿 – 🛎 30. ⓜ VISA
Menu (geschl. Anfang Nov. 2 Wochen, Montagmittag, Mittwochmittag) à la carte 13/2
– **18 Zim** ⇌ 37/40 – 60.
• Gepflegter und gut geführter Landgasthof mit praktischen, sauberen Zimmern, die
mit hellen elegant-rustikalen Möbeln wohnlich ausgestattet sind. Restaurant mit ländlichen
Ambiente und preiswerten Mahlzeiten.

ABBACH, BAD Bayern ⁴²⁰ T 20 – 9 000 Ew – Höhe 374 m – Heilbad.

🏌 🏌 Gut Deutenhof (Süd-West : 5 km, über Bad Abbach-Lengfeld), ℰ (09405) 9 53 2C
🛈 Kurverwaltung, Kaiser-Karl V.-Allee 5, ✉ 93077, ℰ (09405) 9 59 90, Fax (09405
959920.
Berlin 496 – München 109 – Regensburg 15 – Ingolstadt 62 – Landshut 63 – Nürnberg
112 – Straubing 56.

Elisabeth 🌳 garni, Ratsdienerweg 8, ✉ 93077, ℰ (09405) 9 50 90, post@hotel
elisabeth.net, Fax (09405) 950977, ≋, 🌿 – ⇄ 📺 🚗 🅿 ① ⓜ VISA
45 Zim ⇌ 42/69 – 83/98.
• Sehr gepflegte und engagiert geführte Pension in ruhiger Ortslage. Die Zimmer sind gut
ausgestattet, am Morgen erwartet die Gäste ein reichhaltiges Frühstücksbuffet.

In Bad Abbach-Lengfeld Süd-West : 5 km über die B 16 :

Gut Deutenhof 🌳 mit Zim, Deutenhof 2 (beim Golfplatz), ✉ 93077, ℰ (09405)
95 32 30, info@gut-deutenhof.de, Fax (09405) 953239, 🌳 – ⇄ Zim, 📺 📞 🅿 – 🛎 60.
AE ① ⓜ VISA, 🎔 Zim
geschl. Mitte Jan. - Mitte Feb. – **Menu** (geschl. Montag) (Nov. - März Dienstag - Freitag nur
Abendessen) à la carte 29/41,50 – **13 Zim** ⇌ 65/95 – 95/130.
• Speisen und Wohnen mit Stil : Der Neubau im Gutshausstil bietet regionale und inter-
nationale kulinarische Genüsse. Auf der Terrasse dinieren Sie mit Blick auf den Golfplatz.

ABENSBERG Bayern ⁴²⁰ T 19 – 12 500 Ew – Höhe 371 m.

🛈 Tourist-Information, Babostr. 21, ✉ 93326, ℰ (09443) 9 18 41 17, fremdenver-
kehr@abensberg.de, Fax (09443) 9184118.
Berlin 521 – München 89 – Regensburg 39 – Ingolstadt 39 – Landshut 46.

Altstadt Hotel M garni, Stadtplatz 5 / Eingang Osterriedergasse, ✉ 93326,
ℰ (09443) 9 15 40, info@hotel-kneitinger.de, Fax (09443) 915455, ≋ – 🛗 📺 📞 🅿
ⓜ VISA
23 Zim ⇌ 42/50 – 68/80.
• Gepflegte Gastfreundschaft : Hier erwartet Sie ein modernes Hotel mit wohnlich und
funktionell eingerichteten Zimmern. Ein Frühstücksbuffet erleichtert den Start in den
Tag.

ABENSBERG

- **Jungbräu,** Weinbergerstr. 6, ✉ 93326, ✆ (09443) 9 10 70, *info@hotel-jungbraeu.de*, *Fax (09443) 910733*, Biergarten – 📺
  geschl. 27. Dez. - 1. Jan. – **Menu** *(geschl. Montag)* à la carte 15,50/36 – **17 Zim** ⛁ 35/40 – 75/85.
  • In diesem historischen Gasthof aus dem 17. Jh. finden Sie gepflegte und ordentlich eingerichtete Zimmer und einen freundlichen Service. Antoniusstube und Zirbelstube mit gutbürgerlicher Küche.

In Siegenburg *Süd : 6 km über B 301, Richtung Freising :*

- **Bräustüberl,** Hopfenstr. 3, ✉ 93354, ✆ (09444) 4 53, *mail@spaetzlewirt.de*, *Fax (09444) 8614*, 🍽 – 🅿. 🆎 ⓪ ⓜ ᴠɪꜱᴀ
  geschl. Ende Sept. - Anfang Okt., Montag – **Menu** à la carte 11/25.
  • Die rustikale Brauereigaststätte bietet ihren Besuchern Gutbürgerliches aus Küche und Keller der Region. Im Sommer kann man es sich unter freiem Himmel gut gehen lassen.

ABENTHEUER Rheinland-Pfalz **417** R 5 – 500 Ew – Höhe 420 m – Erholungsort.
Berlin 705 – Mainz 116 – *Trier* 66 – Idar-Oberstein 22.

- **La Cachette,** Böckingstr. 11, ✉ 55767, ✆ (06782) 57 22, *lacachette@web.de*, *Fax (06782) 9440*, 🍽, Biergarten – 🅿.
  geschl. Mitte Jan. - Mitte Feb., Sonntagabend - Montag – **Menu** *(wochentags nur Abendessen)* à la carte 23/38.
  • In dem ehemaligen Jagdschloß mit rustikal-elegantem Ambiente werden die Gäste sowohl mit Gerichten der internationalen als auch der regionalen Küche bewirtet.

ABSTATT Baden-Württemberg **419** S 11 – 4 000 Ew – Höhe 264 m.
Berlin 602 – *Stuttgart* 40 – Heilbronn 11 – Schwäbisch Hall 40.

- **Sperber** Ⓜ, Heilbronner Str. 16, ✉ 74232, ✆ (07062) 97 80, *info@hotel-sperber.de*, *Fax (07062) 978178*, 🍽, 🛁 – 🛗, 🖥 Rest, 📺 🍷 ♿ 🚗 🅿. – 🏛 100. 🆎 ⓪ ⓜ ᴠɪꜱᴀ ᴊᴄʙ
  Sperbers Restaurant *(geschl. Sonntag - Montag) (Mittwoch - Freitag nur Abendessen)* **Menu** 52/82 und à la carte – **Wirtsstube** : **Menu** à la carte 20/36 – **32 Zim** ⛁ 75/89 – 108/130.
  • Wenn Sie klare Linien und schlichte Eleganz bevorzugen, dann ist dieses neugebaute und durchdacht konzipierte, geschmackvoll eingerichtete Hotel das richtige Domizil für Sie. Sperbers Restaurant ist modern und von schlichter Eleganz geprägt.

ABTSWIND Bayern **419 420** Q 15 – 700 Ew – Höhe 265 m.
Berlin 469 – München 249 – *Würzburg* 38 – Nürnberg 79.

- **Zur Schwane** (mit Gästehaus), Hauptstr. 10, ✉ 97355, ✆ (09383) 60 51, *info@gasthof-schwane.de*, *Fax (09383) 6052* – 📺 🚗 🅿. – 🏛 20. ⓜ ᴠɪꜱᴀ
  Menu *(geschl. Montag)* à la carte 12,50/26 – **9 Zim** ⛁ 44/48 – 67/78.
  • Wohnliche und zeitgemäß-funktional gestaltete Zimmer im Nebengebäude eines ehemaligen Bürgerhauses. Das Ambiente ist ländlich-rustikal. Deftige fränkische Gerichte gibt es in der gemütlichen Gaststube.

- **Weingut Behringer,** Rehweilerstr. 7 (Ost : 2 km), ✉ 97355, ✆ (09383) 9 73 70, *info@weingut-behringer.de*, *Fax (09383) 973724*, 🍽 – 🅿.
  geschl. Mitte Dez. - Mitte Feb., Montag - Dienstag – **Menu** à la carte 11/25.
  • In deftig-rustikaler Umgebung können Sie hier fränkische Spezialitäten und Weine aus dem eigenen Keller zu sich nehmen. Abenteuerspielplatz für Kinder - samstags abends Tanz.

ACHERN Baden-Württemberg **419** U 8 – 23 000 Ew – Höhe 143 m.
🛈 Achern-Schwarzwald-Information, Hauptstr. 13, ✉ 77855, ✆ (07841) 2 92 99, *info@achern-tourist.de*, *Fax (07841) 25552*.
Berlin 725 – *Stuttgart* 127 – *Karlsruhe* 54 – Offenburg 26 – Strasbourg 36.

- **Schwarzwälder Hof,** Kirchstr. 38, ✉ 77855, ✆ (07841) 6 96 80, *info@hotel-sha.de*, *Fax (07841) 29526*, 🍽, 📺 🍷 🚗 🅿. – 🏛 15. 🆎 ⓜ ᴠɪꜱᴀ
  geschl. 27. Dez. - 7. Jan. – **Menu** *(geschl. 27. Juli - 17. Aug., Sonntagabend - Montag)* à la carte 20/34,50 – **20 Zim** ⛁ 46/57 – 71/96.
  • Wohnlich und geschmackvoll eingerichtete Zimmer und ein engagiert-freundlicher Service machen den Aufenthalt in diesem Hotel im Landhausstil zu einem Vergnügen. Gepflegtes Restaurant mit südländischem Ambiente auf der Terrasse.

ACHERN

In Achern-Oberachern *Süd-Ost : 1,5 km über Illenauer Allee :*

× **Kiningers Hirsch** mit Zim, Oberacherner Str. 26, ✉ 77855, ℘ (07841) 2 15 79, *info*
@kiningers-hirsch.de, Fax (07841) 29268, 🍴 – TV P ① ⦿ VISA
geschl. nach Fastnacht, Okt. - Nov. 2 Wochen – **Menu** *(geschl. Montag - Dienstagmittag*
à la carte 20/39 – **5 Zim** ⚏ 43/46 – 80.
♦ Für die Freunde einer frischen, marktorientierten Küche bietet der liebevoll dekorierte Gasthof internationale Speisen. Gepflegte Zimmer laden zum Übernachten ein.

In Achern-Önsbach *Süd-West : 4 km über B 3, Richtung Offenburg :*

×× **Adler,** Rathausstr. 5, ✉ 77855, ℘ (07841) 41 04, Fax (07841) 270857, 🍴, (restauriertes Fachwerkhaus a.d.J. 1724) – P
geschl. über Fastnacht 1 Woche, Aug. 3 Wochen, Donnerstag – **Menu** *(wochentags nur Abendessen)* à la carte 24/38,50.
♦ Hier erwartet den Gast gutbürgerliche badische Küche mit einem Akzent auf saisonalen Produkten. Das Ambiente ist ländlich-gepflegt.

ACHIM Niedersachsen **415** G 11 – 31 000 Ew – Höhe 20 m.

🏌 🏌 *Achim-Badenermoor, Roedenbeckstr. 55 (Nord-Ost : 5 km), ℘ (04202) 9 74 00.*
Berlin 371 – Hannover 102 – Bremen 24 – Verden an der Aller 21.

🏨 **Gieschen's Hotel,** Obernstr. 12, ✉ 28832, ℘ (04202) 8 84 80, *info@gieschens-hotel.de, Fax (04202) 8848100,* 🍴 – 📺 ✆ P – 🛎 80. AE ① ⦿ VISA
Menu à la carte 21/39 – **53 Zim** ⚏ 58 – 78.
♦ Geräumige, hell und sachlich eingerichtete Zimmer mit Komfort und ein engagierter Service machen den Aufenthalt in diesem Haus angenehm - 6 variable Veranstaltungsräume.

In Achim-Uphusen *Nord-West : 5,5 km :*

🏨 **Novotel Bremer Kreuz,** zum Klümoor (Nahe BAB-Ausfahrt Bremen-Mahndorf),
✉ 28832, ℘ (04202) 52 80, *h0488@accor-hotels.com, Fax (04202) 84457,* 🍴,
🏊 (geheizt), 🎾 – 📶, 🛌 Zim, 📺 ✆ & P – 🛎 220. AE ① ⦿ VISA
Menu à la carte 20/30 – ⚏ 13 – **115 Zim** 78/88.
♦ Helle und zweckmäßige Zimmer, die den Novotel-bekannten Standard bieten. Der Service ist freundlich und kompetent. Gut für Tagungen geeignet.

ACHTERWEHR *Schleswig-Holstein siehe Kiel.*

ADELSDORF Bayern **419 420** Q 16 – 6 500 Ew – Höhe 260 m.

Berlin 426 – München 210 – Nürnberg 41 – Bamberg 34 – Würzburg 80.

🏨 **Drei Kronen,** Hauptstr. 6, ✉ 91325, ℘ (09195) 92 00, *info@3kronen.de,*
Fax (09195) 920480, 🍴, Biergarten, 🛋, 🏊 – 📶, 🛌 Zim, 📺 ✆ P – 🛎 70
Menu à la carte 14/27 – **45 Zim** ⚏ 47/73 – 66/103.
♦ Fränkische Gastlichkeit : gut geführtes Haus mit teils rustikal, teils im Landhausstil eingerichteten Zimmern. Für die Fitness sorgt der gepflegte Schwimmbad- und Saunabereich. Nette Gaststuben im Landhausstil.

In Adelsdorf-Neuhaus *Süd-Ost : 4 km :*

🏠 **Zum Löwenbräu** 🏷, Neuhauser Hauptstr. 3, ✉ 91325, ℘ (09195) 72 21, *info@
zum-loewenbraeu.de, Fax (09195) 8746,* 🍴 – 🛌 Zim, 📺 P ⦿ VISA. 🛌 Zim
Menu *(geschl. 24. Feb.- 12. März, 28. Juli - 13. Aug., Montag - Dienstag)* à la carte 13/30
– **14 Zim** ⚏ 55/77 – 78/90.
♦ 250 Jahre Familientradition : Das gemütliche ländliche Hotel überzeugt mit wohnlich ausgestatteten Zimmern und ansprechendem Service. Fränkische Gaststube mit eigener Hausbrauerei.

× **Landgasthof Niebler** mit Zim, Neuhauser Hauptstr. 30, ✉ 91325, ℘ (09195) 86 82,
Fax (09195) 4468, 🍴 – 🛌 Zim, P
geschl. nach Pfingsten 2 Wochen – **Menu** *(geschl. Montagmittag, Mittwoch)* à la carte
14/30 – **12 Zim** ⚏ 28/31 – 46/52.
♦ Ländlicher Gasthof, in dem Frank Niebler seine Gäste mit aus frischen Produkten zubereiteten regionalen und internationalen Spezialitäten überrascht.

Ihre Meinung über die von uns empfohlenen Restaurants,
deren Spezialitäten sowie die angebotenen regionalen Weine,
interessiert uns sehr

ADENAU Rheinland-Pfalz 417 O 4 – 2 900 Ew – Höhe 300 m.
🛈 Tourist Information, Kirchstr. 15, ✉ 53518, ℘ (02691) 3 05 16, Fax (02691) 30518.
Berlin 644 – Mainz 163 – Aachen 125 – Bonn 48 – Koblenz 72 – Trier 95.

🏨 **Landhaus Sonnenhof** ⌁, Auf dem Hirzenstein 1, ✉ 53518, ℘ (02691) 70 34, info@sonnenhof-adenau.de, Fax (02691) 8664, 🌴, Massage, ≘s, 🏊, – 📶, 🚭 Zim, 📺 🚗
🅿 – 🔔 50. 🄰🄴 ⓞ ⓜⓞ 𝗩𝗜𝗦𝗔
Menu à la carte 23/45,50 – **38 Zim** ⇌ 57/85 – 85/155.
 • Sehr gepflegtes, idyllisch gelegenes Hotel mit großzügigen, individuell im Landhausstil eingerichteten Zimmern. Die Kinder freuen sich über den großen Spielplatz. Behagliches Restaurant mit viel Holz und Ofenbank, schöne Gartenterrasse.

🏨 **Zum Wilden Schwein**, Hauptstr. 117, ✉ 53518, ℘ (02691) 91 09 20, Fax (02691) 9109292, 🌴 – 📺 🚗 🅿. 🄰🄴 ⓞ ⓜⓞ 𝗩𝗜𝗦𝗔
geschl. 6. Jan. - 2. Feb. – **Menu** à la carte 23/32 – **22 Zim** ⇌ 64/77 – 103.
 • Hier erwartet Sie Eifeler Gastlichkeit : Wohnlich und gediegen eingerichtete Zimmer mit modernem Komfort und freundlichem Service lassen Sie den Aufenthalt genießen. Im altdeutschen Stil eingerichtetes Restaurant.

✕✕ **Historisches Haus-Blaue Ecke** mit Zim, Markt 4, ✉ 53518, ℘ (02691) 20 05, blaueecke@t-online.de, Fax (02691) 3805, 🌴 – 📺 🚗 🅿. 🄰🄴 ⓞ ⓜⓞ 𝗩𝗜𝗦𝗔
geschl. 3. - 21. Feb. – **Menu** (geschl. Nov. - April Montag - Dienstagmittag) à la carte 23/49 – **8 Zim** ⇌ 45/66 – 66/90.
 • Seit 5 Generationen in Familienbesitz, 1578 erbaut : Genießen Sie saisonale Eifeler Spezialitäten in einer mit Antiquitäten dekorierten traditionsreichen Fachwerk-Gaststube.

In Kaltenborn-Jammelshofen Ost : 10 km, nahe der B 412 :

🏨 **Waldhotel** ⌁, Bergstr. 18, ✉ 53520, ℘ (02691) 20 31, wald-hotel@gmx.de, Fax (02691) 7630, ≤, 🌴, 🏊 – 📺 🅿. 🄰🄴 𝗩𝗜𝗦𝗔
Menu à la carte 13,50/29,50 – **23 Zim** ⇌ 39/62 – 62/75.
 • Ein guter Ausgangspunkt für Ausflüge in die Eifel : Das Hotel bietet rustikal eingerichtete, gepflegte Zimmer. Der Service ist freundlich, das Frühstücksbuffet reichhaltig. Altdeutsches Restaurant mit offenem Kamin.

AERZEN Niedersachsen siehe Hameln.

AHAUS Nordrhein-Westfalen 417 J 5 – 37 000 Ew – Höhe 50 m.
🏌 Ahaus-Alstätte, Schmäinghook 36 (Nord-West ; 10 km), ℘ (02567) 4 05.
🛈 Verkehrsverein, Schloßstr. 16a, ✉ 48683, ℘ (02561) 44 44 44, Fax (02561) 444445.
Berlin 522 – Düsseldorf 116 – Nordhorn 51 – Bocholt 49 – Enschede 26 – Münster (Westfalen) 55.

🏨 **Ratshotel Rudolph**, Coesfelder Str. 21, ✉ 48683, ℘ (02561) 91 10, info@ratshotel-rudolph.com, Fax (02561) 911300, 🌴, Biergarten, ≘s, 🎱 – 📶, 🚭 Zim, 📺 🛎 🅿 – 🔔 80. 🄰🄴 ⓞ ⓜⓞ 𝗩𝗜𝗦𝗔
Menu (geschl. Montagmittag) à la carte 22/33,50 – **39 Zim** ⇌ 60/75 – 90/98, 3 Suiten.
 • Stadthotel mit praktisch mit Mahagonimöbeln eingerichteten, technisch gut ausgestatteten Zimmern. Ein reichhaltiges Frühstücksbuffet erleichtert den Start in den Tag.

🏨 **Schlosshotel**, Oldenkottplatz 3, ✉ 48683, ℘ (02561) 91 00, schlosshotel-ahaus@t-online.de, Fax (02561) 91099, 🌴 – 📶 📺 – 🔔 40. 🄰🄴 ⓜⓞ 𝗩𝗜𝗦𝗔
Speisekammer : **Menu** à la carte 18/30 – **20 Zim** ⇌ 59/70 – 80.
 • Traditionsreiches Altstadthotel, das seinen Gästen hell und modern gestaltete Zimmer bietet, die auch technisch gut ausgestattet sind. Urige Gaststuben im Münsterländer Stil mit bürgerlicher Küche.

In Ahaus-Alstätte Nord-West : 9,5 km :

🏨 **Golfhotel Ahaus** M ⌁, Schmäinghook 36, ✉ 48683, ℘ (02567) 3 80, golfhotel.ahaus@t-online.de, Fax (02567) 38200, 🌴, ≘s, 🎱 – 📶 📺 🛎 🅿 – 🔔 40. 🄰🄴 ⓞ ⓜⓞ 𝗩𝗜𝗦𝗔. 🚭 Rest
Ambiente (nur Abendessen) **Menu** à la carte 29/36 – **Bistro** : **Menu** à la carte 16/22 – **49 Zim** ⇌ 95/108 – 118/165.
 • Hier fühlen sich nicht nur Golfer wohl. Gut ausgestattete, im eleganten Landhausstil gehaltene Zimmer und eine niveauvolle Atmosphäre machen den Aufenthalt zu einem Vergnügen. Freundliches, lichtdurchflutetes Restaurant mit Blick auf den Golfplatz.

In Ahaus-Graes Nord : 6 km über B 474, Richtung Gronau :

🏨 **Landhotel Elkemann** (mit Gästehaus), Eper Str. 2, ✉ 48683, ℘ (02561) 9 34 10, info@landhotel-elkemann.de, Fax (02561) 934188 – 📺 🅿 – 🔔 40. 🄰🄴 ⓞ ⓜⓞ 𝗩𝗜𝗦𝗔
Menu (geschl. Sonntagabend) (wochentags nur Abendessen) à la carte 16/29 – **36 Zim** ⇌ 33/55 – 60/80 – ½ P 10.
 • Genießen Sie westfälische Gastlichkeit in dem gut geführten Hotel. Die Zimmer sind teils rustikal mit Eichenmöbeln, teils moderner mit Kirschbaummöbeln eingerichtet.

AHAUS

In Ahaus-Ottenstein West : 7 km :

Haus im Flör 🦢, Hörsteloe 49 (Nord : 2 km Richtung Alstätte), ✉ 48683, ℘ (02567) 93 99 90, *Fax (02567) 9399946*, 🍽, 🌳 – 📺 ⇔ 🅿 AE ⓘ ⓜ VISA ✂
Menu *(geschl. Feb. 2 Wochen, Aug. 2 Wochen, Montag, Samstagmittag)* à la carte 24/4 – **19 Zim** ⇌ 46/51 – 75/82.
• Behagliche Zimmer mit stilvollem Ambiente lassen Sie den Aufenthalt genießen. In de schönen, romantischen Gartenanlage mit Teich kann man die Seele baumeln lassen. Gemüt lich-elegantes Restaurant im englischen Landhausstil.

In Ahaus-Wüllen Süd-West : 3 km über B 70, Richtung Stadtlohn :

Hof zum Ahaus, Argentréstr. 10, ✉ 48683, ℘ (02561) 9 80 50, *hofzumahaus@t online.de, Fax (02561) 980523* – 📺 🅿 AE ⓜ VISA
geschl. 22. Dez. - 3. Jan. – **Menu** *(geschl. Mittwoch) (nur Abendessen)* à la carte 13/19,5 – **20 Zim** ⇌ 38 – 68.
• Ein Haus mit langer Familientradition : Geräumige und solide eingerichtete Zimmer erwar ten Sie in diesem gepflegten Landgasthof.

AHLBECK *Mecklenburg-Vorpommern siehe Usedom (Insel).*

AHLEN *Nordrhein-Westfalen* **417** *K 7 – 51 200 Ew – Höhe 83 m.*
Berlin 447 – Düsseldorf 124 – Bielefeld 69 – Hamm in Westfalen 13 – Münster (West falen) 34.

In Ahlen-Vorhelm Nord-Ost : 7 km :

Witte, Hauptstr. 32, ✉ 59227, ℘ (02528) 88 86, *Fax (02528) 3110*, 🍽 – 📺 🅿 – 🛎 60 AE ⓜ VISA
Menu *(geschl. Juli - Aug. 2 Wochen)* à la carte 19/33,50 – **27 Zim** ⇌ 47/62 – 77/87.
• Traditionsreiches, engagiert geführtes Haus mit modernem Ambiente : Geschmackvol ausgestattete, gepflegte Zimmer sorgen für einen netten Aufenthalt. Gediegen-ländliches Ambiente erwartet Sie im Restaurant.

AHORN *Bayern siehe Coburg.*

AHRENSBURG *Schleswig-Holstein* **415 416** *E 14 – 27 000 Ew – Höhe 25 m.*
⛳ *Ahrensburg, Am Haidschlag 39, ℘ (04102) 5 13 09 ;* ⛳ *Ammersbek, Schevenbarg (West 3 km), ℘ (040) 6 05 13 37.*
Berlin 276 – Kiel 79 – Hamburg 36 – Lübeck 47.

Park Hotel M, Lübecker Str. 10a, ✉ 22926, ℘ (04102) 23 00, *rezeption@parkhotel- ahrensburg.de, Fax (04102) 230100*, 🍽, 🏋, ⇌ – 🛗, ⇆ Zim, ▦ Rest, 📺 📞 ⇔ 🅿 – 🛎 160. AE ⓘ ⓜ VISA JCB
Le Marron : **Menu** à la carte 26/37 – ⇌ 11 – **109 Zim** 88/98 – 97/107.
• Ihre Erwartungen werden nicht enttäuscht : Komfortable und gepflegte Zimmer mit moderner Einrichtung und guter technischer Ausrüstung machen den Aufenthalt zum Vergnügen. Das Restaurant Marron präsentiert sich im neuen Outfit mit Wintergarten und Showküche.

Am Schloss, Am Alten Markt 17, ✉ 22926, ℘ (04102) 80 55, *hotel_am_schloss@t-on line.de, Fax (04102) 1801*, 🍽, ⇌ – 🛗, ⇆ Zim, 📺 📞 ⇔ 🅿 – 🛎 60. AE ⓘ ⓜ VISA
Menu à la carte 16/31,50 – **79 Zim** ⇌ 75/80 – 95/100.
• Hier findet der Gast praktische, vorwiegend mit hellem Holz eingerichtete Zimmer in idyllischer Lage beim Renaissance-Wasserschloß. Neuzeitliches Restaurant mit Kamin.

Ringhotel Ahrensburg garni, Ahrensfelder Weg 48, ✉ 22926, ℘ (04102) 5 15 60, *ahrensburg@ringhotels.de, Fax (04102) 515656* – ⇆ 📺 📞 🅿 – 🛎 15. AE ⓘ ⓜ VISA
24 Zim ⇌ 76/82 – 95/106.
• Komfort mit persönlicher Note : Gepflegte Zimmer mit individueller Einrichtung. Der Hallenbereich und der kleine Garten laden zum Verweilen ein.

AHRENSHOOP *Mecklenburg-Vorpommern* **416** *C 21 – 860 Ew – Seebad.*
🛈 *Kurverwaltung, Kirchnersgang 2, ✉ 18347, ℘ (038220) 2 34, Fax (038220) 300.*
Berlin 259 – Schwerin 130 – Rostock 46 – Stralsund 65.

Romantik Hotel Namenlos (mit Gästehäusern Fischerwiege und Bergfalke), Am Schifferberg 2, ✉ 18347, ℘ (038220) 60 60, *info@hotel-namenlos.de, Fax (038220) 606301*, 🍽, Massage, ⇌, 🏊, 🌳 – ⇆ Zim, 📺 🅿 – 🛎 40. AE ⓜ VISA
Menu à la carte 26/39 – **38 Zim** ⇌ 50/110 – 80/160, 17 Suiten – ½ P 20.
• Auf den Spuren der Künstlerkolonie Ahrenshoop in malerischer Ostseelandschaft : Wohnen Sie komfortabel und idyllisch in einem der drei Gästehäuser im Landhausstil. Traditionsreiches Restaurant mit schönem Kachelofen.

AHRENSHOOP

Haus Antje garni, Althäger Str. 2, ⊠ 18347, ℘ (038220) 69 80, *hausantje@t-online.de*, Fax (038220) 69850, ⇌ – ⎸⎹ 📺 ✆ 🅿 ⦿ VISA
geschl. 7. - 25. Dez. – **22 Zim** ⊇ 60/80 – 100, 4 Suiten.
• Zwischen Meer und Bodden liegt dieses moderne Landhaus. Die stilvolle Einrichtung mit hellen Naturholzmöbeln schafft ein behagliches Ambiente.

Der Fischländer, Dorfstr. 47e, ⊠ 18347, ℘ (038220) 69 50, *hotelderfischlaender@t-online.de*, Fax (038220) 69555, ≤, 🍴, ⇌ – ⎸⎹, ⤬ Zim, 📺 ✆ ⇌ 🅿.
⦿ VISA
Menu *(geschl. Jan 2 Wochen) (im Winter Montag - Donnerstag nur Abendessen)* à la carte 22/35 – **32 Zim** ⊇ 95 – 105/125 – ½ P 20.
• Das moderne Hotel im Landhausstil bietet seinen Gästen wohnlich und gut ausgestattete Zimmer, teilweise mit Balkon und Ostseeblick. Café-Restaurant mit Blick auf die Ostsee und maritim-ländlichen Ambiente.

XX **Elisabeth von Eicken** mit Zim, Dorfstr. 39, ⊠ 18347, ℘ (038220) 69 90, *mail@elisabethvoneicken.de*, Fax (038220) 69924 – 📺 🅿, AE ⦿ VISA
Menu *(geschl. Nov. - März Dienstag) (Nov. - März Montag - Freitag nur Abendessen)* à la carte 31/43 – **6 Zim** ⊇ 65 – 85/125 – ½ P 25.
• Kunst und Kulinarik gehen in der Villa aus der Jahrhundertwende eine charmante Verbindung ein. Internationale Küche mit mediterranen Akzenten, Galerie und Skulpturengarten.

In Ahrenshoop-Niehagen *Süd : 2,5 km :*

Landhaus Morgensünn Ⓜ garni (mit Gästehaus Susewind), Bauernreihe 4d, ⊠ 18347, ℘ (038220) 64 10, *landhaus.morgensuenn@t-online.de*, Fax (038220) 64126, 💆, ⇌, 🏊, 🌳 – ⤬ 📺 🅿 ⦿ VISA
29 Zim ⊇ 85 – 100/130.
• Stimmungsvolles Ambiente : 2 Reetdachhäuser - Morgensünn und Susewind - mit Zimmern und Appartements im Landhausstil versprechen einen harmonischen Aufenthalt.

AIBLING, BAD
Bayern ⁴²⁰ W 20 – 17 000 Ew – Höhe 501 m – Moorheilbad.

☞ ⛳ *Schloß Maxlrain (Nord : 4 km)*, ℘ (08061) 14 03.
🛈 Kurverwaltung, W.-Leibl-Platz 3, ⊠ 83043, ℘ (08061) 9 08 00, *info@aib-kur.de*, Fax (08061) 37156.
Berlin 636 – München 61 – Garmisch-Partenkirchen 98 – Salzburg 92 – Rosenheim 12.

Romantik Hotel Lindner (mit Gästehaus ⌂), Marienplatz 5, ⊠ 83043, ℘ (08061) 9 06 30, *lindner@romantikhotels.com*, Fax (08061) 30535, 🍴, 🌳 – ⤬ Zim, 📺 ⇌ 🅿
– 🎓 20. AE ⓘ ⦿ VISA
Menu à la carte 23/41 – **26 Zim** ⊇ 75/120 – 100/160 – ½ P 25.
• Eine stilvolle Verbindung von Tradition und modernem Komfort bieten die Zimmer in diesem ehemaligen Schlößchen. Das niveauvolle Hotel wird individuell und engagiert geführt. Gemütliche, teils mit Antiquitäten eingerichtete Gaststuben.

St. Georg ⌂, Ghersburgstr. 18, ⊠ 83043, ℘ (08061) 49 70, *reservation@sankt georg.com*, Fax (08061) 497105, 🍴, ⇌, Massage, ⚕, 💆, ⇌, 🏊, 🌳, ✻ – ⎸⎹, ⤬ Zim, 📺 ♿ ⇌ 🅿 – 🎓 170. AE ⓘ ⦿ VISA JCB
Menu à la carte 17/26 – **210 Zim** ⊇ 73/107 – 122, 9 Suiten – ½ P 15.
• Praktisches Tagungs- und Familienhotel, Zimmer sind im Vorraum mit einer Küchenzeile ausgestattet. Ein großer Wellnessbereich und Aktionen für Kinder ergänzen das Angebot. Restaurant und rustikale Bauernstube.

Schmelmer Hof, Schwimmbadstr. 15/Ecke Äußere Kolbermoorer Straße, ⊠ 83043, ℘ (08061) 49 20, *info@schmelmer-hof.de*, Fax (08061) 492551, 🍴, Massage, ⚕, ⇌, 🏊, 🌳 – ⎸⎹ 📺 ✆ ⇌ 🅿 – 🎓 60. AE ⦿ VISA ✻ Rest
Menu à la carte 17/30,60 – **Da Bacco** (italienische Küche) *(nur Abendessen)* **Menu** à la carte 17/30,60 – **112 Zim** ⊇ 87/102 – 112/123 – ½ P 19.
• Hotel mit Kurbetrieb und gut ausgestatteten Tagungsräumen : Praktische Zimmer und Appartements erwarten die Gäste. Die Badeabteilung bietet Anwendungen direkt im Haus. Rustikales Restaurant mit internationalem Angebot. Da Bacco mit italienischer Küche.

Bihler ⌂ (mit Gästehaus), Katharinenstr. 8, ⊠ 83043, ℘ (08061) 9 07 50, *hotel-bihler@aol.com*, Fax (08061) 9075150, 🍴, ⇌, 🌳 – 📺 ⇌ 🅿 ✻
geschl. Mitte Jan. - Mitte Feb. – **Menu** *(geschl. Donnerstag)* à la carte 16/34 – **23 Zim** ⊇ 44/65 – 80/85 – ½ P 15.
• Egal ob Sie im Haupthaus, einer restaurierten Villa, oder im Gästehaus wohnen : In der behaglichen Atmosphäre in Kurparknähe finden Sie Ruhe und Erholung. Schöne Gartenterrasse.

AICHACH
Bayern **419 420** U 17 – 15 500 Ew – Höhe 445 m.

Berlin 565 – München 68 – Augsburg 24 – Ingolstadt 53 – Ulm (Donau) 98.

Bauerntanz, Stadtplatz 18, ⊠ 86551, ℘ (08251) 8 95 50, Fax (08251) 52804 – 🛗 TV
P. AE ⓪ ⊙⊙ VISA
Menu *(geschl. Anfang - Mitte Aug., Sonntagabend - Montag)* à la carte 15/27 – **16 Zim**
⊇ 42 – 62.
♦ Solide ausgestattete und gepflegte Zimmer in einem historischen Gebäude : Der Festsaal
gab dem in Familientradition geführten Hotel in einer ehemaligen Postmeisterei der
Namen. Rustikale Gaststube mit Kachelofen.

Gasthof Specht (mit 🏠 Anbau), Stadtplatz 43, ⊠ 86551, ℘ (08251) 8 75 20
rezeption@hotel-specht.de, Fax (08251) 875252, 😀 – ⇌ Zim, TV P. ⊙⊙ VISA
geschl. 24. Dez. - 2. Jan. – **Menu** *(geschl. Anfang Juni 2 Wochen, Ende Aug. 1 Woche
Samstag, Sonntagabend)* à la carte 13/19 – **37 Zim** ⊇ 44/46 – 67/70.
♦ Das seit 1898 von der Familie Specht geführte Hotel hält für seine Gäste gepflegte, zum
Teil im Landhausstil eingerichtete Zimmer bereit. Rustikale, ländliche Gaststuben.

In Aichach-Sulzbach Süd-West : 5 km :

Zum Tavernwirt, Tränkstr. 6, ⊠ 86551, ℘ (08251) 71 54, martin.wastl@tavern
wirt.de, Fax (08251) 53410, Biergarten – P.
geschl. Montag - Dienstag – **Menu** *(wochentags nur Abendessen)* à la carte 19/35.
♦ Ein gemütlicher Gasthof : Alte Tische und Bänke verbreiten eine gemütliche Atmosphäre,
der Küchenchef bietet Internationales - die Produkte stammen vorwiegend aus der Region.

In Aichach-Untergriesbach Ost : 1,5 km :

Gasthof Wagner ⊛, Harthofstr. 38, ⊠ 86551, ℘ (08251) 8 97 70, kasper.wagner
@t-online.de, Fax (08251) 897750, 😀 – TV P. – 🔒 25. AE VISA
geschl. Aug. – **Menu** *(geschl. Dienstag)* à la carte 10,50/22 – **31 Zim** ⊇ 35/38 – 50/53.
♦ Für die Freunde eines ländlichen Ambientes : Gepflegte, mit bemalten Bauernmöbeln oder
Eichenmöbeln eingerichtete Zimmer und ein familiärer Service erwarten Sie. Rustikale
Gaststuben.

AICHELBERG
Baden-Württemberg **419** U 12 – 850 Ew – Höhe 400 m.

Ausflugsziel : Holzmaden : Museum Hauff★, West : 3 km.

Berlin 614 – Stuttgart 48 – Göppingen 12 – Kirchheim unter Teck 11 – Ulm (Donau) 51.

Landgasthof Adler mit Zim, Zeller Str. 2, ⊠ 73101, ℘ (07164) 90 28 29, info@
lausers-adler.de, Fax (07164) 902830, 😀 – TV P. ⊙⊙ VISA
geschl. Mitte Feb. 2 Wochen, Sept. 2 Wochen – **Menu** *(geschl. Dienstag)* à la carte
21,50/45,50 – **9 Zim** ⊇ 57 – 77.
♦ Vor wenigen Jahren hat der Wirt den Gasthof von seinen Eltern übernommen und ihn
mit Fleiß und Engagement umgebaut. Jetzt erfreuen sich die Gäste an dem gemütlichen
Lokal.

AICHTAL
Baden-Württemberg **419** U 11 – 8 400 Ew – Höhe 385 m.

Berlin 637 – Stuttgart 27 – Reutlingen 19 – Ulm (Donau) 74.

In Aichtal-Grötzingen :

Aichtaler Hof M, Raiffeisenstr. 5, ⊠ 72631, ℘ (07127) 95 90, info-ai@aichtaler
hof.de, Fax (07127) 959959, 😀, 🏊 – 🛗, ⇌ Zim, TV 📞 🚗 P. – 🔒 100. AE ⓪
⊙⊙ VISA
Menu à la carte 16,50/32,50 – **58 Zim** ⊇ 50/77 – 90/110.
♦ Hell möblierte Zimmer mit guter Ausstattung und einige Appartements erwarten Sie in
diesem modernen Hotel. Ein Wellnessbereich mit Schönheitsfarm ist vorhanden.

AITERN
Baden-Württemberg siehe Schönau im Schwarzwald.

ALBERSDORF
Schleswig-Holstein **415** D 11 – 3 500 Ew – Höhe 6 m – Luftkurort.

Berlin 376 – Kiel 72 – Cuxhaven 119 – Itzehoe 37 – Neumünster 59 – Rendsburg 36.

Ramundt, Friedrichstr. 1, ⊠ 25767, ℘ (04835) 2 21, Fax (04835) 222 – TV 🚗 P. VISA
Menu *(geschl. Sonntag) (nur Abendessen)* à la carte 15/26,50 – **11 Zim** ⊇ 40/52 – 55/82
– ½ P 12.
♦ Suchen Sie ländliche Gastlichkeit? Hier ist ein Hotel mit gut gepflegten und wohnlichen,
mit hellen Holzmöbeln eingerichteten Fremdenzimmern. Eine gemütliche Gaststube und ein
freundlich eingerichtetes Restaurant bieten bürgerliche Küche.

ALBERSWEILER Rheinland-Pfalz **417 419** S 8 – 2 000 Ew – Höhe 200 m.
   Berlin 668 – Mainz 110 – Mannheim 51 – Karlsruhe 48 – Landau in der Pfalz 8 – Pirmasens 37.

🏨 **Traube** ⚜ garni, Trifelsring 11, ✉ 76857, ✆ (06345) 95 95 10, hrita@t-online.de, Fax (06345) 9595280, ⌇ (geheizt) – ⇌ 📺 ✆ 🅿. ✻
   12 Zim ⇌ 42 – 59/65.
   • Logieren an der Deutschen Weinstraße : am Ortsrand in Hanglage. Das engagiert geführte Hotel mit zeitgemäßenfunktionellen Zimmern verspricht einen erholsamen Aufenthalt.

ALBSTADT Baden-Württemberg **419** V 11 – 50 000 Ew – Höhe 730 m – Wintersport : 600/975 m ≰6 ≴.
   Ausflugsziel : Raichberg★, ≤★, N : 11 km.
   🛈 Tourist-Information, Albstadt-Ebingen, Marktstr. 35, ✉ 72458, ✆ (07431) 1 60 12 04, stadtverwaltung@albstadt.de, Fax (07431) 1601227.
   Berlin 721 – Stuttgart 98 – Konstanz 99 – Freiburg im Breisgau 132 – Ulm (Donau) 97.

In Albstadt-Ebingen Süd Ost : 1 km :

🏨 **In der Breite**, Flandernstr. 97, ✉ 72458, ✆ (07431) 9 00 70, hotel-breite@t-online.de, Fax (07431) 900777, 🍴 – ⇌ Zim, 📺 🚘 🅿. 🆗 VISA. ✻ Rest
   geschl. Ende Juli - Mitte Aug. – **Menu** (geschl. Samstagmittag, Montag) à la carte 15/29 – **12 Zim** ⇌ 44/54 – 80/85.
   • Hier erwartet Sie schwäbische Gastlichkeit : Man kümmert sich nett um seine Gäste und besonders die Zimmer im Anbau sind ganz modern und sehr wohnlich gestaltet.

ALDERSBACH Bayern **420** U 23 – 3 500 Ew – Höhe 324 m.
   Berlin 594 – München 158 – Passau 32 – Regensburg 111 – Salzburg 122.

🏨 **Mayerhofer**, Ritter-Tuschl-Str. 2, ✉ 94501, ✆ (08543) 9 63 90, hotel@mayerhofer.org, Fax (08543) 963939, Biergarten, 🍴 – ⇌ Zim, 📺 🚘 🅿. 🆗 VISA 💳
   geschl. über Fasching 1 Woche – **Menu** (geschl. Anfang - Mitte Nov., Montag, Freitag) à la carte 12/26 – **32 Zim** ⇌ 36/47 – 53/78.
   • Modernes Hotel mit Landhausflair : Gut ausgestattete, wohnliche Zimmer machen den Aufenthalt in diesem gepflegten Haus zu einem Vergnügen. Niederbayerische Wirtshaustradition erwartet Sie im Restaurant mit romantisch-rustikalem Gewölbe.

ALEXANDERSBAD, BAD Bayern **420** P 20 – 1 300 Ew – Höhe 590 m – Heilbad.
   🛈 Gemeinde- und Kurverwaltung, Markgrafenstr. 28 (Altes Kurhaus), ✉ 95680, ✆ (09232) 99 25 20, badalexandersbad@i-mo.de, Fax (09232) 992525.
   Berlin 356 – München 262 – Weiden in der Oberpfalz 53 – Bayreuth 46 – Hof 58.

🏨 **Alexandersbad** ⚜, Markgrafenstr. 24, ✉ 95680, ✆ (09232) 88 90, info@hotel-alexandersbad.de, Fax (09232) 889461, 🍴, Massage, ♨, ♒, ≘s, 🛆 , ✻(Halle) Squash – 📶, ⇌ Zim, 📺 🚘 🅿. ⚑ 70. 🆎 ⓞ 🆗 VISA 💳
   Menu à la carte 19/35 – **150 Zim** ⇌ 55/62 – 94/100 – ½ P 16.
   • Inmitten des Fichtelgebirges erwarten Sie geräumige Zimmer und Appartements mit Komfort. Besonders für Kurgäste interessant ist die hauseigene Badeabteilung. In hellem, freundlichem Ambiente serviert man Internationales.

ALEXISBAD Sachsen-Anhalt siehe Harzgerode.

ALF Rheinland-Pfalz **417** P 5 – 1 200 Ew – Höhe 95 m.
   Ausflugsziele : Marienburg : Lage★★ (≤★★) Süd : 2 km.
   Berlin 671 – Mainz 108 – Trier 61 – Koblenz 84.

🏨 **Bömer's**, Ferdinand-Remy-Str. 27, ✉ 56859, ✆ (06542) 23 10, info@boemershotel.de, Fax (06542) 1275, 🍴, 🍴 – 📶, ⇌ Zim, 📺 🅿. ⓞ 🆗
   geschl. Anfang. Mitte Nov. - 21. Dez. – **Menu** (nur Abendessen) à la carte 14/24 – **33 Zim** ⇌ 46/51 – 70/80.
   • Moselländische Gastlichkeit erwartet Sie in diesem Haus. Die Zimmer im Landhausstil sind gut ausgestattet. Beste Voraussetzungen für einen netten Aufenthalt. Gediegenes Restaurant mit behaglicher Atmosphäre.

Die im Michelin-Führer
verwendeten Zeichen und Symbole haben-
dünn oder **fett** *gedruckt,* rot *oder* schwarz -
jeweils eine andere Bedeutung.
Lesen Sie daher die Erklärungen aufmerksam durch.

ALFDORF Baden-Württemberg **419** T 13 – 5 700 Ew – Höhe 500 m.
  ﬁ Alfdorf-Haghof, Haghof 6 (West : 5 km), ℘ (07182) 9 27 60.
  Berlin 594 – *Stuttgart* 54 – Schwäbisch Gmünd 12 – Schwäbisch Hall 40.

In Alfdorf-Haghof West : 5 km :

🏨 **Golf- und Landhotel Haghof** ⊗, Haghof 3, ✉ 73553, ℘ (07182) 9 28 00, land hotelhaghof@t-online.de, Fax (07182) 928088, 🏛, 🕭, 🔲, 🐎 – 🛗, ✶ Zim, 📺 🕻 🚗
  🅿 – 🔔 40. 🆎 🞋 **VISA**
  Menu à la carte 22/35 – **43 Zim** ⊇ 66/82 – 87/100.
  ♦ Land-, Golf- und Tagungshotel mit Tradition : Aus dem ehemaligen Bauernhof entwickelte sich ein komfortables Hotel, das Sie mit schwäbischer Gastfreundschaft empfängt. Das Restaurant zeigt sich leicht rustikal.

ALFELD (LEINE) Niedersachsen **417 418** K 13 – 21 600 Ew – Höhe 93 m.
  ﬁ Rheden-Gronau, Schloßstr. 1 (Nord : 9 km), ℘ (05182) 5 23 36.
  🅱 Informationszentrum, Marktplatz 12, ✉ 31061, ℘ (05181) 70 31 11, buerger-amt@stadt-alfeld.de, Fax (05181) 703222.
  Berlin 312 – *Hannover* 46 – Göttingen 66 – Hildesheim 26 – Kassel 108.

🏠 **Am Schlehberg** ⊗, Heinrich-Rinne-Str. 37, ✉ 31061, ℘ (05181) 8 53 10, amschleh berg@t-online.de, Fax (05181) 853158, ≤, 🏛 – ✶ 📺 🅿. 🆎 🞋 **VISA**. ✶ Zim
  Menu (geschl. Jan., Freitag, Sonntagabend) (wochentags nur Abendessen) à la carte 17/31 – **28 Zim** ⊇ 55/95 – 75/105.
  ♦ Erfreuen Sie sich an dem Panoramablick auf die Stadt Alfeld und das Leinetal. Das Hotel in einem großen Fachwerkhaus erwartet Sie mit gepflegten und komfortablen Zimmern. Sie speisen im ländlichen Restaurant oder auf der Terrasse.

In Alfeld-Hörsum Süd-Ost : 3,5 km :

🏠 **Haus Rosemarie** garni, Horststr. 52, ✉ 31061, ℘ (05181) 34 33, Fax (05181) 27365, 🐎 – 📺 🚗 🅿. 🆎 ① 🞋 **VISA** JCB
  12 Zim ⊇ 36 – 62.
  ♦ Gut geführte Privatpension mit wohnlichen, gut ausgestatteten Zimmern. Ein reichhaltiges Frühstücksbuffet macht Sie fit für den Tag.

In Alfeld-Warzen West : 2,5 km Richtung Grünenplan :

🏠 **Grüner Wald** ⊗ (mit Gästehaus), Am Knick 7, ✉ 31061, ℘ (05181) 2 42 48, info @hotel-gasthof-gruener-wald.de, Fax (05181) 280248, 🏛, 🐎 – ✶ Zim, 📺 🕻 🅿.
  🔔 20. 🞋 **VISA**. ✶
  geschl. 1. - 10. Jan., Mitte Juli - Mitte Aug. 2 Wochen – **Menu** (geschl. Montagmittag, Samstagmittag) à la carte 16,50/26 – **17 Zim** ⊇ 51/58 – 79/89.
  ♦ Ob Stube oder Kachelofenzimmer, in den behaglichen Gasträumen werden Sie von einem aufmerksamen Service umsorgt - Übernachtungsmöglichkeit im neuen Gästehaus.

ALFTER Nordrhein-Westfalen **417** N 5 – 20 000 Ew – Höhe 173 m.
  Berlin 602 – Düsseldorf 74 – *Bonn* 13 – Aachen 89 – Köln 24.

🕯🕯🕯 **Herrenhaus Buchholz**, Buchholzweg 1 (Nord-West : 2 km), ✉ 53347, ℘ (02222) 6 00 05, Fax (02222) 61469, 🏛 – 🅿. – 🔔 40. 🆎 ① 🞋 **VISA**
  geschl. Montag – **Menu** (Tischbestellung ratsam) à la carte 34/49.
  ♦ Der gepflegte Rahmen eines schönen Landhauses im Zusammenspiel mit einer klassischen Küche machet den Besuch zu einem Vergnügen. Schöne Gartenterrasse.

ALKEN Rheinland-Pfalz **417** P 6 – 700 Ew – Höhe 85 m.
  Berlin 622 – Mainz 93 – *Koblenz* 21 – *Trier* 116 – Cochem 28.

🏠 **Landhaus Müller** (mit Gästehaus), Moselstr. 6, ✉ 56332, ℘ (02605) 95 25 12, Fax (02605) 8126, ≤, 🏛 – 📺. 🞋
  geschl. Mitte Jan. - Mitte Feb. – **Menu** (geschl. Nov. - April Dienstag) à la carte 15/28 – **24 Zim** ⊇ 34/44 – 51/72 – ½ P 12.
  ♦ Guter Ausgangspunkt für Ihre Moselausflüge ist dieses familiengeführte Hotel mit gediegen im Landhausstil gestalteten Zimmern - fragen Sie nach einem Zimmer zur Mosel. Sie speisen im gemütlichen Restaurant oder im Freien mit Blick auf den Fluß.

🍴🍴 **Burg Thurant** mit Zim, Moselstr. 15, ✉ 56332, ℘ (02605) 35 81, Fax (02605) 2152, – 🞋
  geschl. Feb. – **Menu** (geschl. Montag, Dienstagmittag) à la carte 22/37 – **3 Zim** ⊇ 38 – 60.
  ♦ Das traditionsreiche Gasthaus, idyllisch in einer alten Burganlage gelegen, verwöhnt seine Gäste mit internationaler Küche und einer umfangreichen Weinkarte.

ALLENBACH Rheinland-Pfalz siehe Idar-Oberstein.

ALLERSBERG Bayern 419 420 S 17 – 8400 Ew – Höhe 384 m.
🛈 Verkehrsamt, Kirchstr. 1, ✉ 90584, ℘ (09176) 5 09 60, verkehrsamt@allersberg.de, Fax (09176) 50961.
Berlin 450 – München 139 – Nürnberg 33 – Ingolstadt 65 – Regensburg 94.

🏨 **Café Kattenbeck** garni, Marktplatz 12, ✉ 90584, ℘ (09176) 9 83 00, Fax (09176) 1702 – 📺 ⇌ 🅿 ⓘ ◎ VISA
21 Zim ⇌ 38/48 – 56/65.
♦ Gepflegtes kleines Hotel, die Zimmer sind teils einfach ländlich, teils moderner eingerichtet und bieten insgesamt einen guten Standard.

ALLERSHAUSEN Bayern 419 420 U 18 – 4600 Ew – Höhe 442 m.
Berlin 550 – München 36 – Regensburg 91 – Freising 13 – Ingolstadt 43.

🏨 **Zum Gock'l** garni, Breimannweg 19, ✉ 85391, ℘ (08166) 81 78, info@hotelpension-zum-gockl.de, Fax (08166) 3614 ⤬ 📺 ⇌ 🅿 ◎ VISA JCB
17 Zim ⇌ 45/65 – 65/85.
♦ Gut geführte und gepflegte Hotelpension, die ihren Gästen eine nette Atmosphäre, modern und bequem ausgestattete Zimmer und ein reichhaltiges Frühstücksbuffet bietet.

ALPIRSBACH Baden-Württemberg 419 U 9 – 7000 Ew – Höhe 441 m – Luftkurort – Wintersport: 628/749 m ⛷2 ⛸.
Sehenswert : Ehemaliges Kloster★.
🏌 Alpirsbach-Peterzell, Fluorner Str. 7 (West : 5 km), ℘ (07444) 46 65.
🛈 Tourist Information, Hauptstr. 20 (B 294), ✉ 72275, ℘ (07444) 9 51 62 81, Fax (07444) 9516283.
Berlin 726 – Stuttgart 99 – Freiburg im Breisgau 78 – Schramberg 19 – Villingen-Schwenningen 51.

🏨 **Rössle**, Aischbachstr. 5, ✉ 72275, ℘ (07444) 95 60 40, info@roessle-alpirsbach.de, Fax (07444) 2368 – 🛗 ⇌ 🅿 ◎ VISA
geschl. Mitte - Ende März, Mitte Nov. - Mitte Dez. – **Menu** (geschl. Mittwoch) à la carte 16/30 – **26 Zim** ⇌ 40/42 – 62/64 – ½ P 11.
♦ Ein persönlicher Service und behagliche, mit rustikaler Eiche eingerichtete Zimmer machen den Aufenthalt in diesem familiär geführten Schwarzwald-Gasthof angenehm. Nett : das Restaurant mit Gaststuben-Charakter.

In Alpirsbach-Aischfeld Ost : 5 km :

🏨 **Sonne**, Im Aischfeld 2, ✉ 72275, ℘ (07444) 23 30, sonne.alpirsbach@t-online.de, Fax (07444) 2353, 😊, 🐴 – 📺 🅿 ⓘ ◎ VISA
geschl. 10. - 20 Jan. – **Menu** (geschl. Dienstag) à la carte 14/26 – **22 Zim** ⇌ 29/40 – 47/56 – ½ P 9.
♦ Verbringen Sie erholsame Ferientage im Schwarzwald : Hier finden Sie wohnliche Zimmer und einen freundlichen Service. Die Kinder freuen sich über einen Spielplatz am Haus. Im Restaurant : regionstypische Gastlichkeit in familiärer, rustikaler Atmosphäre.

ALSFELD Hessen 417 N 11 – 18000 Ew – Höhe 264 m.
Sehenswert : Marktplatz★ – Rathaus★ – Rittergasse (Fachwerkhäuser★).
🛈 Tourist Center Alsfeld, Markt 13, ✉ 36304, ℘ (06631) 9 11 02 43, Fax (06631) 9110244.
Berlin 442 – Wiesbaden 128 – Fulda 43 – Frankfurt am Main 107 – Kassel 93.

🏨 **Klingelhöffer** (mit Gästehäusern), Hersfelder Str. 47, ✉ 36304, ℘ (06631) 91 18 40, hotel.klingelhoeffer@t-online.de, Fax (06631) 9118413 – 📺 🅿 – 🛎 45. ◎ ⓘ ◎ VISA
Menu (geschl. Sonntagabend) à la carte 14/27 – **40 Zim** ⇌ 40/45 – 64/74.
♦ Übernachten Sie in einem Gasthof mit Tradition : Dieses Haus in Familienbesitz entwickelte sich von einer Poststation zu einem Hotel mit zeitgemäßem Anspruch. Gediegen mit rustikalem Touch zeigt sich der gastronomische Bereich.

In Alsfeld-Eudorf Nord-Ost : 3 km über B 254, Richtung Schwalmstadt :

🏨 **Zur Schmiede** (mit Gästehaus), Ziegenhainer Str. 26 (B 254), ✉ 36304, ℘ (06631) 79 38 30, zur.schmiede@t-online.de, Fax (06631) 7938360, Biergarten, 😊, 🐾 – 🛗, ⤬ Zim, 📺 ✆ ⇌ 🅿 – 🛎 250. ◎ ⓘ ◎ VISA
Menu à la carte 14/27 – **54 Zim** ⇌ 45 – 70.
♦ Wohnen Sie im traditionellen Fachwerkhaus oder im moderneren Gästehaus, eingerichtet mit Bauernmöbeln. Dieser gepflegte Gasthof bietet Ihnen urige ländliche Gastlichkeit.

ALSFELD

Zum Schäferhof, Ziegenhainer Str. 30 (B 254), ✉ 36304, ☎ (06631) 9 66 00, info@hotel-zum-schaeferhof.de, Fax (06631) 966060, 🌳, 🍽 – 📶, ⇒ Zim, 📺 📞 🅿 – 🅰 120. 🆎 ① ⓪ VISA
Menu *(geschl. Jan. 2 Wochen, Juli 2 Wochen)* à la carte 14/27 – **23 Zim** ⊇ 50/60 – 80/90.

• Familiengeführter Gasthof mit einem Hotelneubau. Die Zimmer sind modern eingerichtet und bequem, das abwechslungsreiche Frühstücksbuffet macht Sie fit für den Tag. Ländlich-rustikales Restaurant mit bürgerlicher Küche.

In Romrod *Süd-West : 6 km über B 49 :*

Landhotel Vogelsberg 🌿, Kneippstr. 1 (Süd : 1 km), ✉ 36329, ☎ (06636) 8 90, landhotel@mail.vogelsberg-online.de, Fax (06636) 89427, 🌳, 🎳, ≋, ▣, 🍽, ❋(Halle) – 📶, ⇒ Zim, 📺 📞 🅿 – 🅰 100. 🆎 ⓪ VISA JCB. ❋ Rest
Menu à la carte 21/35 – **100 Zim** ⊇ 62/82 – 100/99.

• Ein modernes und engagiert geführtes Hotel mit Komfort : Die Zimmer sind behaglich mit Kirschbaummöbeln eingerichtet und technisch gut ausgestattet - ideales Tagungshotel ! Eine Alternative zum klassischen Restaurant ist die Bierstube Hessentreff.

ALTBACH *Baden-Württemberg siehe Plochingen.*

ALTDORF *Bayern* **419 420** *R 18 – 13 000 Ew – Höhe 446 m.*
Berlin 436 – München 176 – Nürnberg 29 – Regensburg 80.

Alte Nagelschmiede, Oberer Markt 13, ✉ 90518, ☎ (09187) 9 52 70, willkommen@alte-nagelschmiede.de, Fax (09187) 952727, 🌳 – 📺 🅿. ⓪
Menu *(geschl. Aug. 3 Wochen, Sonntag)* à la carte 18/32 – **23 Zim** ⊇ 45/65 – 70/85.

• In diesem traditionsreichen Haus erwartet Sie fränkische Gastlichkeit : Die Zimmer sind überwiegend mit hellen Naturholzmöbeln eingerichtet, der Service ist freundlich. Verschiedene ländliche Gaststuben bilden das Restaurant. Eigene Hausschlachterei.

Rotes Ross, Oberer Markt 5, ✉ 90518, ☎ (09187) 52 72, Fax (09187) 804854 – ⓪ VISA
geschl. Mitte Aug. - Mitte Sept., 24. Dez. - 5. Jan., Montag, Donnerstagabend – **Menu** (Tischbestellung ratsam) à la carte 14/29.

• Der gemütliche Gasthof verwöhnt Sie mit schmackhafter, deftig-ländlicher Küche : Das Angebot ist teils fränkisch, teils international, auch saisonale Speisen haben ihren Platz.

ALTEFÄHR *Mecklenburg-Vorpommern siehe Rügen (Insel).*

ALTENA *Nordrhein-Westfalen* **417** *M 7 – 24 000 Ew – Höhe 159 m.*
Berlin 514 – Düsseldorf 86 – Hagen 25 – Iserlohn 16 – Lüdenscheid 14.

In Altena-Großendrescheid *Süd-West : 10 km - Richtung Lüdenscheid, in Altroggenrahmede rechts ab :*

Gasthof Spelsberg 🌿 (mit Gästehaus) Großendrescheid 17, ✉ 58762, ☎ (02352) 9 58 00, gasthof-spelsberg@t-online.de, Fax (02352) 958088, ≤, 🌳, 🍽 – 📺 🅿 – 🅰 30. ⓪ VISA
Menu *(geschl. Juli - Aug. 4 Wochen, Ende Dez. - Anfang Jan., Dienstag)* à la carte 16/33 – **14 Zim** ⊇ 55 – 80.

• Ein guter Ausgangspunkt für die Erkundung des Sauerlands : Sehr gut gepflegtes Haus mit solide eingerichteten Zimmern, auch einige Ferienwohnungen sind vorhanden. Im Landhausstil zeigt sich das Restaurant, traditionell die Gaststube.

ALTENAHR *Rheinland-Pfalz* **417** *O 4 – 1 900 Ew – Höhe 169 m.*
🛈 *Tourist-Information, Haus des Gastes, Altenburger Str. 1a, ✉ 53505, ☎ (02643) 84 48, info@altenahr-ahr.de, Fax (02643) 3516.*
Berlin 624 – Mainz 163 – Bonn 31 – Aachen 105 – Euskirchen 29 – Koblenz 62 – Trier 113.

Wein-Gasthaus Schäferkarre, Brückenstr. 29, ✉ 53505, ☎ (02643) 71 28, Fax (02643) 1247 – 🆎 ① ⓪ VISA
geschl. 20. Dez. - Ende Jan., Montag – **Menu** à la carte 15/34.

• Zwischen alten Mauern speisen Sie in einem Winzerhaus von 1716. Die Küche des Chefs ist stark regional und saisonal bestimmt und wird von Weinen aus eigenem Anbau ergänzt.

ALTENBERG Sachsen 418 N 25 – 6 100 Ew – Höhe 754 m – Wintersport : 760/827 m ⛷2 ⛷.
🛈 Tourist-Info, Rathaus, Platz des Bergmanns 2, ✉ 01773, ℘ (035056) 3 33 41, info altenberg@t-online.de, Fax (035056) 33366.
Berlin 233 – Dresden 42 – Chemnitz 74 – Leipzig 154.

In Altenberg-Bärenfels Nord-West : 8 km über B 170, Richtung Bad Schmiedeberg :

Felsenburg ⌂, Böhmische Str. 20, ✉ 01773, ℘ (035052) 2 04 50, info@hotel-felsenburg.de, Fax (035052) 20340, 🍽, 🌳 – 📺 📠 – 🔑 20. 🏧
geschl. 6. - 17. Jan. – **Menu** (geschl. Montagmittag, Dienstagmittag) à la carte 14/24 – **14 Zim** ≅ 38/44 – 49 – ½ P 11.
♦ 1900 erbaut und Anfang der 90er Jahre modernisiert. Der Inhaber hat die Zimmer mit zeitgemäßen Holzmöbeln in verschiedenen Farben und gemütlichen kleinen Sitzecken bestückt. Bewirtet werden Sie in bürgerlichem Ambiente.

In Altenberg-Hirschsprung Nord : 4 km :

Ladenmühle ⌂ (mit Gästehaus), Bielatalstr. 8, ✉ 01773, ℘ (035056) 34 50, hotel@ladenmuehle.de, Fax (035056) 345291, 🍽, 🛁, 🌳 – 📺 📠 – 🔑 30. 🏧 🟣 💳
Menu à la carte 14/24 – **46 Zim** ≅ 44/50 – 57 – ½ P 12.
♦ Für Ausflüge ins Osterzgebirge bietet sich dieses Hotel mit den zeitgemäß eingerichteten Zimmern an. Ein reichhaltiges Frühstücksbuffet erleichtert den Start in den Tag. Das Restaurant präsentiert sich in gediegen-rustikalem Stil.

In Altenberg-Oberbärenburg Nord-West : 6 km - über B 170 Richtung Bad Schmiedeberg, nach 4 km rechts ab :

Zum Bären ⌂, Talblick 6, ✉ 01773, ℘ (035052) 6 10, hotel@zum-baeren.de, Fax (035052) 61222, 🍽, 🛁, 🏊, 🌳 – 🛗, ⚡ Zim, 📺 📶 📠 – 🔑 80. 🏧 🟣 💳
Menu à la carte 13/26,50 – **38 Zim** ≅ 57/64 – 77/80 – ½ P 14.
♦ Genießen Sie den Blick über das Osterzgebirge und das Dresdner Elbbecken : Komfortable, technisch gut ausgestattete Zimmer machen den Aufenthalt in diesem neuen Hotel erholsam. Eine Terrasse ergänzt das neuzeitlich gestaltete Restaurant.

Berghotel Friedrichshöhe, Ahornallee 1, ✉ 01776, ℘ (035052) 2 80, berghotel-friedrichshoehe@t-online.de, Fax (035052) 28150, 🛁, 🏊 – 🛗, ⚡ Zim, 📺 📠 – 🔑 25. 🟣 💳
Menu à la carte 13/18 – **38 Zim** ≅ 60 – 75/80 – ½ P 13.
♦ Das 1910 im traditionellen Landhausstil erbaute und kürzlich erneuerte Hotel empfängt seine Gäste mit modernen und komfortablen Zimmern. Viel Holz gibt dem Restaurant einen ländlichen Charakter.

ALTENBERGE Nordrhein-Westfalen 417 J 6 – 8 000 Ew – Höhe 104 m.
Berlin 486 – Düsseldorf 138 – Nordhorn 70 – Enschede 49 – Münster (Westfalen) 15.

Stüer (mit Gästehäusern), Laerstr. 6, ✉ 48341, ℘ (02505) 9 33 10, info@hotel-stueer.de, Fax (02505) 933193, 🍽, 🛁, 🌳 – 📺 🍴 ♿ 📠 – 🔑 60. 🏧 ⓪ 🟣 💳
Menu à la carte 18/33 – **54 Zim** ≅ 51 – 74.
♦ Gasthof im Herzen des Münsterlandes mit gut gepflegten, neuzeitlich eingerichteten Zimmern. Eine solide Adresse für Vereins- und Betriebsausflüge. Hübsch dekorierte Gasträume erwarten Sie mit einer gutbürgerlichen Küche.

ALTENBURG Thüringen 418 N 21 – 40 000 Ew – Höhe 227 m.
Sehenswert : Rathaus und Markt★ – Schloß (Schloßkirche★) – Lindenau-Museum★ (Sammlung frühitalienischer Malerei★★).
🛈 Fremdenverkehrsamt, Moritzstr. 21 (Eingang Kornmarkt), ✉ 04600, ℘ (03447) 59 41 74, touristik@stadt-altenburg.de, Fax (03447) 594179.
Berlin 229 – Erfurt 115 – Gera 39 – Zwickau 33 – Leipzig 49.

Parkhotel 🅼, August-Bebel-Str. 16, ✉ 04600, ℘ (03447) 58 30, empfang@parkhotel-altenburg.de, Fax (03447) 583444, 🍽 – 🛗, ⚡ Zim, 📺 📠 – 🔑 80. 🏧 ⓪ 🟣 💳
Menu (geschl. Samstag - Sonntag) (nur Abendessen) à la carte 14/31 – **65 Zim** ≅ 54/67 – 77/87.
♦ Das Flair eines historischen Gebäudes in Verbindung mit dem Komfort eines modernen Hotels bietet dieses mit viel Marmor eingerichtete Haus im Herzen Altenburgs. Sie speisen in einem klassisch eingerichteten Hotelrestaurant.

Astor 🅼, Bahnhofstr. 4, ✉ 04600, ℘ (03447) 58 70, info@astor-altenburg.de, Fax (03447) 587444 – 🛗, ⚡ Zim, 📺 ♿ 📠 – 🔑 40. 🏧 ⓪ 🟣 💳 🟨
Menu à la carte 15,50/26 – **89 Zim** ≅ 51/59 – 61/79.
♦ Freundliches Stadthotel mit hellen, wohnlich eingerichteten Zimmern. Lage und Ausstattung machen es besonders für Tagungen interessant. Das neuzeitliche Hotelrestaurant bietet Internationales.

ALTENBURG

Treppengasse ⊗ garni, Treppengasse 5, ⌨ 04600, ℘ (03447) 31 35 49, Fax (03447) 313549, ⇔ – TV P. ⊕ VISA. ⊗
geschl. 24. Dez. - 2. Jan. – **12 Zim** ⌧ 40/45 – 49/56.
♦ Freundliche und engagiert geführte Hotelpension mit wohnlicher Atmosphäre. Die Zimmer sind gepflegt und einheitlich mit hellen Holzmöbeln ausgestattet.

Ratskeller, Markt 1, ⌨ 04600, ℘ (03447) 31 12 26, Fax (03447) 506918, 佘 – AE ⊕ ⊕ VISA
geschl. Sonntagabend – **Menu** à la carte 14/25.
♦ Genießen Sie das traditionsreiche Ambiente des Gewölberestaurants, den geschulten Service und eine gutbürgerliche Küche, die regionale und saisonale Anregungen aufnimmt.

ALTENHOLZ Schleswig-Holstein siehe Kiel.

ALTENKIRCHEN IM WESTERWALD Rheinland-Pfalz 417 N 6 – 6 000 Ew – Höhe 245 m.
Berlin 582 – Mainz 110 – Bonn 52 – Koblenz 56 – Köln 65 – Limburg an der Lahn 50.

Glockenspitze, Zum Sportzentrum 2, ⌨ 57610, ℘ (02681) 8 00 50, info@glockenspitze.de, Fax (02681) 800599, 佘, Massage, ⇔, ※(Halle) Zugang zum öffentlichen ⌧ – ⫯ TV P. – 🛁 70. AE ⊕ ⊕ VISA JCB
Menu (geschl. Samstagmittag, Sonntagabend) à la carte 22,50/40 – **46 Zim** ⌧ 67/87 – 87/102.
♦ Gepflegtes Kirschbaummobiliar dominiert die Einrichtung der komfortablen Zimmer in diesem zeitgemäßen Hotel mit professionellem Tagungsbereich. Zur Halle hin offen ist das moderne Restaurant angelegt.

ALTENKUNSTADT Bayern siehe Burgkunstadt.

ALTENMARKT AN DER ALZ Bayern 420 V 21 – 3 300 Ew – Höhe 490 m.
Berlin 657 – München 82 – Bad Reichenhall 52 – Rosenheim 44 – Salzburg 60.

Im Trauntal, Grassacher Str. 2 (B 304), ⌨ 83352, ℘ (08621) 40 05, Fax (08621) 4009, 佘 – ⇔ Zim, TV ⇔ P. – 🛁 15. AE ⊕ VISA ⊗ Rest
Menu (geschl. Samstagmittag) à la carte 15/30 – **18 Zim** ⌧ 49/59 – 80.
♦ Familiengeführtes Hotel mit praktisch und komfortabel eingerichteten Zimmern. Der Service ist engagiert, die Atmosphäre behaglich. Klassisches Restaurant und gemütliche Bauernstube bilden den gastronomischen Bereich.

ALTENMEDINGEN Niedersachsen siehe Bevensen, Bad.

ALTENSTADT Bayern 419 420 V 14 – 4 500 Ew – Höhe 530 m.
Berlin 638 – München 165 – Augsburg 78 – Bregenz 93 – Kempten (Allgäu) 58 – Ulm (Donau) 36.

In Altenstadt-Illereichen :

Landhotel Schloßwirtschaft (Aspacher) ⊗ (mit Zim. und Gästehaus), Kirchplatz 2, ⌨ 89281, ℘ (08337) 7 41 00, aspacher@t-online.de, Fax (08337) 741020, 佘, 🐎 – ⇔ Rest, TV ⇔ P. ⊕ VISA JCB
Menu (geschl. Montag) (abends Tischbestellung ratsam) à la carte 46/69,50 ♀ – **10 Zim** ⌧ 61/80 – 85/115.
♦ In dem Restaurant mit rustikal-elegantem Ambiente verwöhnt Sie der Küchenchef mit vollendeten Speisen einer klassisch-kreativen Küche - einige nette Zimmer im Landhausstil.
Spez. Himmel und Erde von der Gänsestopfleber. Jakobsmuscheln mit Ingwer sautiert auf Reisgalette und Sojaschaum. In Olivenkräutern gschmortes Milchzicklein.

ALTENSTADT (WETTERAUKREIS) Hessen 417 P 10 – 12 000 Ew – Höhe 124 m.
Berlin 519 – Wiesbaden 67 – Frankfurt am Main 30 – Gießen 49.

Zum schwarzen Adler, Vogelsbergstr. 2, ⌨ 63674, ℘ (06047) 9 64 70, info@zum-schwarzen-adler-altenstadt.de, Fax (06047) 964727, Biergarten – ⫯ TV. ⊕ ⊕ VISA
Menu (geschl. Montagmittag, Samstagmittag) à la carte 14/24 – **15 Zim** ⌧ 60/80 – 80/120.
♦ Gastfreundschaft am Fuße des Vogelsbergs : Hier erwartet Sie ein traditionsreiches, modernisiertes Fachwerkhaus von 1662 mit hübschen Zimmern im Landhausstil. Ein angenehm helles Ambiente empfängt Sie im neo-rustikalen Restaurant.

ALTENSTEIG Baden-Württemberg 419 U 9 – 10 700 Ew – Höhe 504 m – Luftkurort – Wintersport : 561/584 m ≰1 ≰.
  Sehenswert : Lage★.
  🛈 Verkehrsamt, Rosenstr. 28 (ev. Gemeindehaus), ✉ 72213, ℘ (07453) 66 33, Fax (07453) 3249.
  Berlin 689 – Stuttgart 68 – Karlsruhe 79 – Tübingen 48 – Freudenstadt 25.

🏨 **Seeger's Hotel Traube,** Rosenstr. 6, ✉ 72213, ℘ (07453) 9 47 30, info@seegers-hotel-traube.de, Fax (07453) 947355 – 📞 ⟲ 🅿 AE ◑ ⓜ VISA
  geschl. 25. Okt. - 20. Nov. - **Menu** (geschl. Montag) à la carte 15/29 – **24 Zim** ⬜ 33/39 – 58/64 – ½ P 11.
  ♦ Gastlichkeit mit Tradition : Seit 5 Generationen ist der ländliche Gasthof in Familienbesitz. Die meisten Zimmer sind kürzlich renoviert worden und komfortabel ausgestattet. Einfache, bürgerlich-rustikale Gaststube.

In Altensteig-Überberg Nord-West : 2 km :

🏨 **Hirsch** (mit Gästehaus), Simmersfelder Str. 24, ✉ 72213, ℘ (07453) 82 90, info@hirsch-altensteig.de, Fax (07453) 50989, ⇌, 🍽, – 📺 ⟲ 🅿 ⓜ VISA
  Menu 16 à la carte 17/38 – **18 Zim** ⬜ 25/40 – 80 – ½ P 15.
  ♦ Etwas für die Liebhaber des ländlichen Ambientes : Ein kompetent geführter Gasthof mit zeitgemäß eingerichteten, wohnlichen Zimmern und einer anheimelnden Atmosphäre. In der Gaststube verbreiten Kachelöfen eine gemütliche Stimmung.

In Altensteig-Wart Nord-Ost : 7 km über B 28, Richtung Calw :

🏨 **Sonnenbühl** 🅼 ⊰, Wildbader Str. 44, ✉ 72213, ℘ (07458) 77 10, info@hotel-sonnenbuehl.de, Fax (07458) 771111, 🍽, Massage, ✤, 🔁, ⇌, 🌊, – 🍽, ⚿ – 🛗, ⇔ Zim, 📺 📞 ⟲ 🅿 – 🔒 300. AE ◑ ⓜ VISA ⚿ Rest
  Menu à la carte 22/35 – **134 Zim** ⬜ 67/77 – 104/149 – ½ P 18.
  ♦ Ein Tagungshotel, das für Sie elegante, mit vielen Annehmlichkeiten ausgestattete Zimmer bereithält. Eine behagliche Atmosphäre sorgt dafür, daß Sie sich wohlfühlen. Ländlich-rustikale Einrichtung und ein passendes Dekor prägen die Schwarzwaldstube.

ALTENTREPTOW Mecklenburg-Vorpommern 416 E 23 – 7 500 Ew – Höhe 15 m.
  Berlin 158 – Schwerin 140 – Neubrandenburg 17 – Greifswald 51 – Stralsund 84.

🏨 **Am Markt,** Marktplatz 1, ✉ 17087, ℘ (03961) 2 58 20, hotelammarkt@t-online.de, Fax (03961) 258299, Biergarten – 🛗, ⇔ Zim, 📺 📞 🕭 🅿 ⓜ VISA JCB
  Menu à la carte 13/23 – **29 Zim** ⬜ 58 – 80/85.
  ♦ Idealer Standort für Ausflüge in die Mecklenburger Seenplatte ist dies moderne Hotel mit Zimmern im Landhauslook. Der freundliche Service sorgt dafür, daß Sie sich wohlfühlen. Restaurant im Bistrostil - mit viel Holz gemütlich gestaltet.

ALTÖTTING Bayern 420 V 22 – 12 700 Ew – Höhe 403 m – Wallfahrtsort.
  Sehenswert : Schatzkammer der Pfarrkirche (Goldenes Rössl★).
  🛈 Wallfahrts- und Verkehrsbüro, Kapellplatz 2a, ✉ 84503, ℘ (08671) 50 62 19, info@altoetting-touristinfo.de, Fax (08671) 85858.
  Berlin 625 – München 93 – Bad Reichenhall 75 – Passau 83 – Salzburg 66.

🏨 **Zur Post,** Kapellplatz 2, ✉ 84503, ℘ (08671) 50 40, info@zurpostaltoetting.de, Fax (08671) 6214, 🍽, ⇌, 🌊, – 🛗, – 🔒 140. AE ◑ ⓜ VISA
  Menu à la carte 17,50/32,50 – **Postkeller** (italienische Küche) (geschl. Montag) (nur Abendessen) **Menu** à la carte 19/32 – **93 Zim** ⬜ 77/85 – 108/135 – ½ P 19.
  ♦ Stilvolles, historisches Hotel mit einem zuvorkommenden Service und geschmackvoll ausgestatteten Zimmern, die viel Komfort bieten. Ein Haus zum Tagen und für den Urlaub. Sechs unterschiedlich eingerichtete Räume bilden das Restaurant.

In Teising West : 5 km über B 12, Richtung Mühldorf :

🍽 **Gasthof Hutter,** Hauptstr. 17 (B 12), ✉ 84576, ℘ (08633) 2 07, Fax (08633) 207, 🍽
  geschl. Nov. 3 Wochen, Dienstagabend - Mittwoch – **Menu** à la carte 12/23.
  ♦ Hier finden Sie einen urigen bayerischen Gasthof mit Kachelöfen und holzgetäfelten Wänden, in dem Sie die typische Küche der Region probieren können.

In Tüßling-Bräu im Moos Süd-West : 9,5 km über Tüßling, vor Mörmoosen links ab :

🍽 **Bräu im Moos,** Bräu im Moos 1, ✉ 84577, ℘ (08633) 10 41, braeuimmoos@t-online.de, Fax (08633) 7941, Biergarten, Brauerei-Museum, Hirschgehege – 🕭 🅿
  geschl. Jan. - Ende Feb., Montag, Nov. - März Montag - Dienstag – **Menu** à la carte 15/28.
  ♦ Mitten in einem Landschaftsschutzgebiet liegt die traditionsreiche Brauerei mit originellem, rustikalem Gasthof, der seine Gäste mit deftigen bayerischen Speisen bewirtet.

ALTÖTTING

In Tüßling-Kiefering Süd-West : 6 km über B 299, Richtung Garching :

- **Bauernsepp**, Kiefering 42, ⊠ 84577, ℰ (08633) 89 40, bauernsepp@t-online.de, Fax (08633) 894200, 🍽, 💥 – 📺 🅿 – 🛁 50. 🆎 ⓜ 🆅🆂🅰
Menu à la carte 16/28 – **42 Zim** ⊇ 49/65 – 65/72 – ½ P 13.
  - Familiengeführtes Hotel mit einer wohltuenden Atmosphäre. Die Zimmer sind gepflegt, wohnlich und gut ausgestattet, der Service engagiert. Ein schönes Kreuzgewölbe bestimmt den Charakter des Restaurants mit Innenhofterrasse.

ALTRIP Rheinland-Pfalz siehe Ludwigshafen am Rhein.

*Die in diesem Führer angegebenen Preise folgen
der Entwicklung der allgemeinen Lebenshaltungskosten.
Lassen Sie sich bei der Zimmerreservierung den endgültigen
Preis vom Hotelier mitteilen.*

ALZENAU Bayern 𝟰𝟭𝟳 P 11 – 19 000 Ew – Höhe 114 m.

- Freigericht, Hofgut Trages (Nord-Ost : 6 km), ℰ (06055) 9 13 80.
- Verkehrsamt, Rathaus, Hanauer Str. 1, ⊠ 63755, ℰ (06023) 50 21 12, verkehrsamt@alzenau.de, Fax (06023) 30497.

Berlin 527 – München 378 – Frankfurt am Main 41 – Aschaffenburg 19.

In Alzenau-Hörstein Süd : 4 km :

- **Käfernberg**, Mömbriser Str. 9, ⊠ 63755, ℰ (06023) 94 10, kaefernberg-hotel@t-online.de, Fax (06023) 941115, ≤, 🍽, 🛋 – 📺 🅿 – 🛁 20. 🆎 ⓜ 🆅🆂🅰
Menu (geschl. Aug. 1 Woche, Samstagmittag, Sonntag) à la carte 25/39 – **28 Zim** ⊇ 48/82 – 74/108.
  - Schön zwischen Weinbergen und Spessart gelegenes Hotel mit unterschiedlichen Zimmern - fragen Sie nach denen im Gästehaus. Engagiert geführtes Haus mit freundlichem Service. Holztäfelung und Kachelofen im alpenländischen Restaurant.

In Alzenau-Wasserlos Süd : 2 km :

- **Schloßberg**, Schloßberg 2, ⊠ 63755, ℰ (06023) 9 48 80, schlossberg@reising-hotels.de, Fax (06023) 948813, ≤ Maintal, 🍽 – 📺 🅿 – 🛁 25. 🆎 ⓜ 🆅🆂🅰
Menu (geschl. Ende Jan. - Mitte Feb., Montag) à la carte 39/54 – **20 Zim** ⊇ 82/96 – 96/108.
  - Schöne, wohnlich eingerichtete Zimmer inmitten der Weinberge bietet Ihnen dieses gepflegte Hotel. Genießen Sie das stilvolle Ambiente und den guten Service. Das klassisch-elegante Restaurant bietet eine reizvolle Aussicht.

- **Krone am Park** garni, Hellersweg 1, ⊠ 63755, ℰ (06023) 60 52, parkhotel@reising-hotels.de, Fax (06023) 8724, ≤, 🛋, 🍽, 💥 – 📺 🅿 – 🛁 20. 🆎 ⓜ 🆅🆂🅰 🅹🅲🅱
geschl. Weihnachten - Anfang Jan. – **28 Zim** ⊇ 71/81 – 96/143.
  - Komfortabel Wohnen am Rande des Spessarts : Behagliche, mit hellen Naturholzmöbeln eingerichtete Zimmer zeichnen dieses Hotel im fränkischen Landhausstil aus.

- **Krone**, Hahnenkammstr. 37, ⊠ 63755, ℰ (06023) 60 25, krone@reising-hotels.de, Fax (06023) 31660 – 📺 🅿 – 🛁 30. 🆎 ⓜ 🆅🆂🅰 🅹🅲🅱
geschl. Ende Juli - Mitte Aug., Weihnachten - Anfang Jan. – **Menu** (geschl. Sonntagabend - Montagmittag) à la carte 22/36 – **22 Zim** ⊇ 45/71 – 96.
  - Hier wohnen Sie in einem in Familientradition geführten Hotel-Gasthof mit ansprechenden und praktischen Zimmern sowie einer gepflegten Atmosphäre. Ländlich-gediegenes Restaurant mit gutem Service.

ALZEY Rheinland-Pfalz 𝟰𝟭𝟳 Q 8 – 18 800 Ew – Höhe 173 m.

- Stadtverwaltung Alzey - Kulturamt, Ernst-Ludwig-Str. 42, ⊠ 55232, ℰ (06731) 49 53 06, information@alzey.de, Fax (06731) 495555.

Berlin 600 – Mainz 34 – Bad Kreuznach 34 – Mannheim 52 – Darmstadt 48 – Kaiserslautern 48 – Worms 28.

- **Am Schloss**, Amtgasse 39, ⊠ 55232, ℰ (06731) 9 42 24, ebert@hotelamschloss.com, Fax (06731) 942255, 🍽 – 📺 ♿ 🅿 – 🛁 50. 🆎 ⓜ 🆅🆂🅰
Menu (geschl. Sonntagabend) à la carte 35/58 – **25 Zim** ⊇ 61/66 – 78/83.
  - Rheinhessische Gastlichkeit zwischen alten Mauern : In diesem Hotel mit persönlicher Atmosphäre wohnen Sie in komfortablen, gut ausgestatteten Zimmern. Das Restaurant ist hell und freundlich im Landhausstil eingerichtet.

ALZEY

Ramada-Treff, Industriestr. 13 (Ost : 1 km, nahe der Autobahn), ✉ 55232, ℰ (06731) 40 30, *alzey@ramada-treff.de*, Fax (06731) 403106, 🍴, 🛌, (Halle) Squash – 🛗, ⚡ Zim, 📺 ⚙ 🅿 – 🅰 220. AE ⓘ ⓜ VISA JCB
Menu à la carte 18,50/35 – **142 Zim** ⚏ 72 – 98.
♦ Hier erwartet Sie ein praktisches Tagungshotel mit funktionell eingerichteten und technisch gut ausgerüsteten Zimmern und professionellem Service. Sie speisen in gediegenem Ambiente.

L'échalote, Bahnhofstr. 29, ✉ 55232, ℰ (06731) 5 52 83, *info@lechalote.de*, Fax (06731) 943664, 🍴
geschl. Montag, Samstagmittag – **Menu** à la carte 30/52.
♦ Für die Freunde einer abwechslungsreichen Küche : Hier werden Sie vom Küchenchef mit frisch zubereiteten französischen und ausgewählten internationalen Spezialitäten bewirtet.

In Lonsheim *Nord-West : 5 km :*

Landhotel Ellernhof 🍴 garni, Ellerngasse 5, ✉ 55237, ℰ (06734) 2 60, Fax (06734) 8442 – 📺 🅿 ⚙ VISA
13 Zim ⚏ 45 – 65/70.
♦ Genießen Sie die Atmosphäre eines alten rheinhessischen Weingutes : In dem gut gepflegten Hotel mit den praktischen Zimmern läßt es sich ruhig übernachten.

AMBERG Bayern 420 R 19 – 43 000 Ew – Höhe 374 m.

Sehenswert : *Deutsche Schulkirche*★ **AZ A** – *Wallfahrtskirche Maria-Hilf (Fresken*★*)* **BY B**.
🏌 Lauterhofen, Ruppertslohe 18 (über ⑤ : 26 km), ℰ (09186) 15 74.
🛈 Tourist-Information, Zeughausstr. 1a, ✉ 92224, ℰ (09621) 1 02 39, *tourismus@amberg.de*, Fax (09621) 10863.
ADAC, Kaiser-Wilhelm-Ring 29a.
Berlin 434 ⑤ – München 204 ⑤ – *Weiden in der Oberpfalz* 53 ② – Bayreuth 79 ⑥ – Nürnberg 61 ⑤ – Regensburg 64 ③

AMBERG

Äußere Raigeringer Straße	**BY**	2
Barbarastraße	**BY**	4
Berliner Straße	**BY**	5
Bruno-Hofer-Straße	**BY**	6
Dr.-Filchner-Straße	**BY**	7
Drahthammerstraße	**BY**	9
Fleurystraße	**AY**	12
Hallstätterstraße	**BY**	15
Kastler Straße	**AY**	18
Katharinenfriedhofstr.	**AY**	19
Kleinraigering	**BY**	21
Kochkellerstraße	**AY**	23
Kümmersbrucker Str.	**BY**	26
Langangerweg	**AY**	28
Merianstraße	**BY**	31
Nürnberger Straße	**AY**	34
Pfistermeisterstraße	**BY**	37
Raigeringer Straße	**BY**	39
Schießstätteweg	**AY**	47
Schlachthausstraße	**AY**	48
Sebastianstraße	**AY**	53
Sechserstraße	**AY**	55
Werner-von-Siemens-Str.	**AY**	63
Wingershofer Straße	**AY**	64

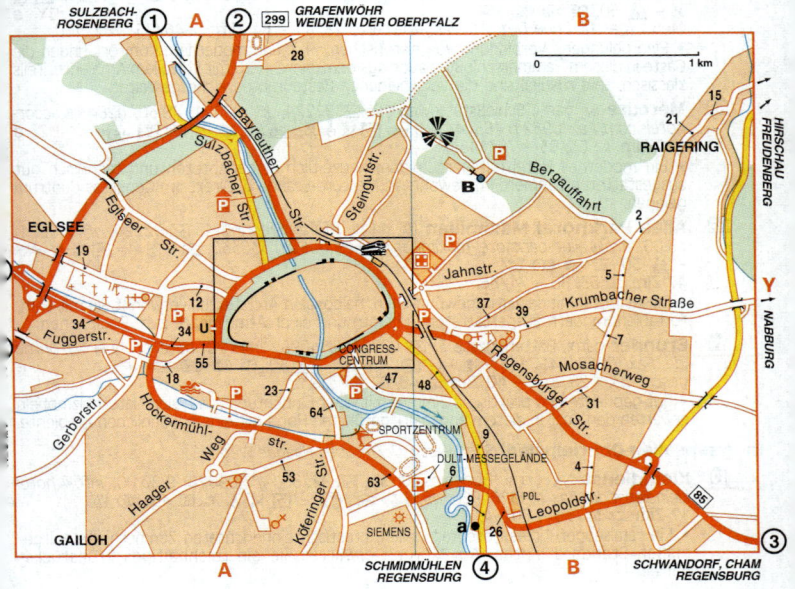

AMBERG

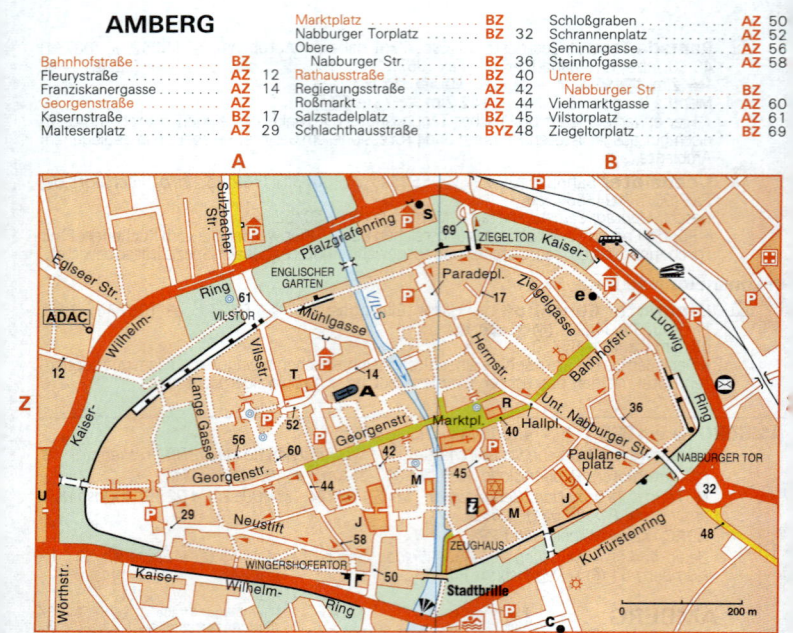

Bahnhofstraße	**BZ**	Marktplatz	**BZ**	Schloßgraben	**AZ** 50
Fleurystraße	**AZ** 12	Nabburger Torplatz	**BZ** 32	Schrannenplatz	**AZ** 52
Franziskanergasse	**AZ** 14	Obere Nabburger Str.	**BZ** 36	Seminargasse	**AZ** 56
Georgenstraße	**AZ**	Rathausstraße	**BZ** 40	Steinhofgasse	**AZ** 58
Kasernstraße	**BZ** 17	Regierungsstraße	**AZ** 42	Untere Nabburger Str	**BZ**
Malteserplatz	**AZ** 29	Roßmarkt	**AZ** 44	Viehmarktgasse	**AZ** 60
		Salzstadelplatz	**BZ** 45	Vilstorplatz	**AZ** 61
		Schlachthausstraße	**BYZ** 48	Ziegeltorplatz	**BZ** 69

[Stadtplan von Amberg]

🏨 **Drahthammer Schlößl**, Drahthammer Str. 30, ✉ 92224, ☎ (09621) 70 30, *reservierung@hotel-drahthammer-schloessl.com, Fax (09621) 88424*, 🍽, ⇌ – ✄ Zim, 📺 ♿ 🅿 – 🔔 50. AE ◐ ◑ VISA
BY **a**
Menu *(geschl. Ende Dez. - 6. Jan.) à la carte 28/41* – **44 Zim** ⇌ 46/75 – 82/100.
♦ Eine gelungene Verbindung von historischem Flair und modernem Komfort finden die Gäste in diesem Hammerschloßgebäude aus dem Jahre 1820 mit stilvollem Ambiente. Teils klassisch, teils rustikal sind die verschiedenen Restaurantbereiche gestaltet.

🏨 **Mercure** M garni, Schießstätteweg 10, ✉ 92224, ☎ (09621) 48 30, *h2843@accorhotels.com, Fax (09621) 483444* – 📶 ✄ 📺 ♿ 🅿 – 🔔 20. AE ◐ ◑ VISA JCB
BZ **c**
110 Zim ⇌ 63/93 – 76/115.
♦ Ein modernes Hotel mit geräumigen, neuzeitlich eingerichteten und technisch gut ausgestatteten Zimmern im gewohnten Mercure-Standard. Direkt am Congress Centrum gelegen.

🏨 **Allee Parkhotel Maximilian** M garni, Pfalzgrafenring 1, ✉ 92224, ☎ (09621) 33 00, *info@allee-parkhotel-maximilian.de, Fax (09621) 330330*, ⇌ – 📶 ✄ 📺 ♿ 🅿 🚗 – 🔔 30. AE ◐ ◑ VISA
AZ **s**
47 Zim ⇌ 53/68 – 71/86.
♦ Dieses Hotel mit seiner ungewöhnlichen, halbovalen Architektur verwöhnt Sie mit komfortablen, modern ausgestatteten Zimmern und einer Atmosphäre zum Entspannen.

🏨 **Brunner** garni, Batteriegasse 3, ✉ 92224, ☎ (09621) 49 70, *hotel-brunner@t-online.de, Fax (09621) 497155* – 📶 ✄ 📺 🚗 🅿 – 🔔 30. AE ◐ ◑ VISA JCB
BZ **e**
geschl. 23. - 28. Dez. – **40 Zim** ⇌ 48/62 – 73/93.
♦ Gut gepflegte und praktische Zimmer mit einer Einrichtung aus hellen Naturholzmöbeln erwarten den Gast in diesem engagiert geführten Hotel mit einem wohnlichen Ambiente.

In Ursensollen-Oberleinsiedl *Süd-West : 7 km über Haager Weg* A :

🏨 **Kleindienst** 🌿 garni, Oberleinsiedl 3b, ✉ 92289, ☎ (09628) 9 20 00, *info@hotel-kleindienst.de, Fax (09628) 920049*, 🏋, ⇌, 🏊 – 📺 ♿ 🅿 AE ◐ ◑ VISA
17 Zim ⇌ 34/36 – 50/54.
♦ Ein familiengeführtes Hotel mit hellen, praktisch eingerichteten Zimmern, die zeitgemäßen Standard bieten. Am Morgen erwartet Sie ein reichhaltiges Frühstücksbuffet.

AMELINGHAUSEN
Niedersachsen **415 416** G 14 – 3 800 Ew – Höhe 65 m – Erholungsort.

🛈 Tourist-Information, Lüneburger Str. 55, ✉ 21385, ✆ (04132) 93 05 50, tourist-info@amelinghausen.de, Fax (04132) 930551.
Berlin 294 – Hannover 104 – Hamburg 67 – Lüneburg 26.

Schenck's Gasthaus (mit Gästehaus), Lüneburger Str. 48 (B 209), ✉ 21385, ✆ (04132) 31 40, schencks-gasthaus@t-online.de, Fax (04132) 31498, 🌳, 🍴, 🛋 –
✳ Zim, 📺 ⇔ 🅿 – 🔒 80. 🅾 🆗 VISA
Menu (geschl. Ende Okt. - Anfang Nov., Nov. - April Dienstagmittag) à la carte 17/28 – **36 Zim** ⚏ 47/65 – 75/100 – ½ P 15.
◆ Ein traditionelles Gasthaus, das sich seit 300 Jahren in Familienbesitz befindet : Solide eingerichtete Zimmer und ein freundlicher Service sorgen für einen guten Aufenthalt. Rustikal die Gaststube, gemütlich das Kaminzimmer.

AMERANG
Bayern 420 V 20 – 3 400 Ew – Höhe 561 m.
Berlin 642 – München 65 – Reichenhall, Bad 74 – Innsbruck 129 – Salzburg 82.

Glockenwirt zu Amerang, Bahnhofstr. 23, ✉ 83123, ✆ (08075) 82 63, info@glockenwirt.de, Fax (08075) 9799, 🌳 – 🅿. 🅰🅴 🆗 VISA
geschl. nach Pfingsten 1 Woche, Montag – **Menu** à la carte 18/37,50.
◆ Ein Neubau im Stil eines gestandenen bayerischen Landgasthauses : Aufmachung und Einrichtung sind rustikal mit blanken Holztischen und Gewölbe. Man kocht vorwiegend regional.

AMERDINGEN
Bayern **419 420** T 15 – 750 Ew – Höhe 530 m.
Berlin 535 – München 132 – Augsburg 63 – Nördlingen 17 – Ulm (Donau) 67.

Landhotel Kesseltaler Hof, Graf-Stauffenberg-Str. 21, ✉ 86735, ✆ (09089) 6 16, Fax (09089) 1412, 🌳, 🍴, 🌳 – 📺 🅿 – 🔒 20
Menu (geschl. Mitte - Ende Jan., Montag - Dienstag) à la carte 15,50/32 – **14 Zim** ⚏ 36 – 52.
◆ Gastlichkeit auf der Schwäbischen Alb : Ein sehr gepflegtes und gut geführtes ehemaliges Bauernhaus mit praktischen Zimmern, die zeitgemäßen Komfort bieten, erwartet Sie. Im Restaurant sorgen Kachelofen und Landhausstil für Gemütlichkeit.

AMMERBUCH
Baden-Württemberg **419** U 10 – 10 000 Ew – Höhe 365 m.
Berlin 668 – Stuttgart 40 – Freudenstadt 51 – Pforzheim 67 – Reutlingen 25.

In Ammerbuch-Entringen :

Im Gärtle, Bebenhauser Str. 44, ✉ 72119, ✆ (07073) 64 35, restaurant@imgaertle.de, Fax (07073) 913100, 🌳 – 🅿. 🅰🅴 🅾 🆗 VISA
geschl. Sonntagabend - Montag – **Menu** à la carte 25/34.
◆ Stilvolles, mit vielen Bildern dekoriertes Restaurant im Landhausstil mit einem schönen Wintergarten und einer hübschen Gartenterrasse.

In Ammerbuch-Pfäffingen
Süd : 4 km über B 28, Richtung Tübingen :

Lamm, Dorfstr. 42, ✉ 72119, ✆ (07073) 30 50, lammhotel@t-online.de, Fax (07073) 30513, 🌳 – ✳ Zim, 📺 📞 🅿 – 🔒 25. 🅰🅴 🅾 🆗 VISA
geschl. Mitte Aug. 1 Woche – **Menu** (geschl. Samstagmittag, Montagmittag) à la carte 22/45,50 – **19 Zim** ⚏ 52/65 – 78/85.
◆ Dieser familiengeführte Gasthof bietet gepflegte, solide eingerichtete Zimmer in einer ländlichen Atmosphäre. Ein reichhaltiges Frühstücksbuffet macht Sie fit für den Tag. Bürgerliches Restaurant und hauseigene Schnapsbrennerei.

AMÖNEBURG
Hessen **417** N 10 – 5 500 Ew – Höhe 362 m – Erholungsort.
Berlin 464 – Wiesbaden 125 – Marburg 22 – Kassel 81 – Bad Hersfeld 71 – Giessen 34.

Dombäcker mit Zim, Am Markt 18, ✉ 35287, ✆ (06422) 9 40 90, Fax (06422) 94097, 🌳 – ✳ Zim, 📞 – 🔒 15
geschl. Anfang Jan. 1 Woche, Juli - Aug. 2 Wochen – **Menu** (geschl. Montag) 26 (mittags)/55 à la carte 24/43 – **7 Zim** ⚏ 60 – 105.
◆ In dem alten Fachwerkhaus erfreuen Sie sich in einer elegant-rustikalen Atmosphäre an den Angeboten einer gehobenen internationalen Küche. Mit schönen Zimmern zum Übernachten.

Bei verspäteter Anreise, nach 18 Uhr, ist es sicherer,
Ihre Zimmerreservierung zu bestätigen.

AMORBACH Bayern 417 419 R 11 – 5 000 Ew – Höhe 166 m – Luftkurort.
  Sehenswert : Abteikirche★ (Chorgitter★, Bibliothek★, Grüner Saal★).
  ⓘ₈ ⓘ₉ Amorbach-Sansenhof (West : 11 km), ℰ (09373) 21 80.
  🛈 Verkehrsamt, Altes Rathaus, Marktplatz 1, ✉ 63916, ℰ (09373) 2 09 40, Fax (09373) 20933.
  Berlin 569 – München 353 – Würzburg 73 – Aschaffenburg 47 – Darmstadt 69 – Heidelberg 67.

  🏨 **Badischer Hof**, Am Stadttor 4, ✉ 63916, ℰ (09373) 95 05, Fax (09373) 950300, 🍽
  – ⇌ Zim, 📺 ⇐ 🅿 – 🔔 20. 🅰🅴 ⓞ 🆇 🆅🅸🆂🅰
  Menu (geschl. Feb. 2 Wochen, Nov. - März Dienstag) à la carte 15,50/29,50 – **27 Zim** ⊇ 50
  – 70/90 – ½ P 15.
  ♦ Behaglich Wohnen im Odenwald : Hier erwartet Sie ein gut geführtes Hotel mit klassisch eingerichteten und gut ausgestatteten Zimmern. Mit einem reichhaltigen Frühstücksbuffet. Das gemütliche Restaurant offeriert Wein aus eigenem Anbau.

  🏨 **Post** (mit Gästehaus), Schmiedgasse 2, ✉ 63916, ℰ (09373) 14 10, service@hotel-post-amorbach.de, Fax (09373) 1456, 🍽, 🌂, 🎿 – 🔔 📺 ☎ 🅿. 🅰🅴 ⓞ 🆇 ⚞ Rest
  geschl. Jan. – **Menu** (geschl. Montag) à la carte 19,50/36 – **18 Zim** ⊇ 38/48 – 58/82 – ½ P 15.
  ♦ Gemütliche, zum Teil im Biedermeierstil eingerichtete Zimmer bietet dieses traditionsreiche Haus, das sich schon seit Generationen im Familienbesitz befindet. Eine schöne Holztäfelung ziert das altdeutsch-klassisch eingerichtete Restaurant.

Im Otterbachtal West : 3 km über Amorsbrunner Straße :

  🏨 **Der Schafhof** ≫, ✉ 63916 Amorbach, ℰ (09373) 9 73 30, rezeption@schafhof.de,
  ✿ Fax (09373) 4120, ≼, 🍽, (ehem. Klostergut), 🅴🅴, 🌂, ⚞ – 🔔 📺 ☎ 🅿 – 🔔 40. 🅰🅴 ⓞ
  🆇 🆅🅸🆂🅰
  Abtstube (bemerkenswerte Weinkarte) (geschl. Jan. 3 Wochen, Montag - Dienstag) **Menu**
  à la carte 42/55 ♀ – **Benediktinerstube** (geschl. Feb. 3 Wochen, Mittwoch - Donnerstag)
  Menu à la carte 24,50/35 – **24 Zim** ⊇ 105/130 – 130/175, 3 Suiten – ½ P 40.
  ♦ Erholung pur : Genießen Sie das Flair vergangener Zeiten und modernen Komfort in individuellen, im Landhausstil eingerichteten Zimmern. Feines serviert man hinter den roten Sandsteinwänden der eleganten Abtstube. Rustikal : die Benediktinerstube.
  Spez. Mousse von Nantaiser Ente und Gänseleber mit Apfelcoulis. Lammrücken mit gegrillten Zucchini und Knoblauch-Rosmarinjus. Tonkabohnenflan mit Rahmeis und marinierten Beeren.

In Amorbach-Boxbrunn Nord-West : 10 km über B 47, Richtung Michelstadt :

  🏨 **Bayerischer Hof**, Hauptstr. 8 (B 47), ✉ 63916, ℰ (09373) 14 35, bayerhofboxbrunn@aol.com, Fax (09373) 3208 – ☎ 🅿. 🆇 🆅🅸🆂🅰
  geschl. Jan. 3 Wochen, Juni 2 Wochen – **Menu** (geschl. Donnerstag - Freitag) à la carte 14/34 – **15 Zim** ⊇ 25/37 – 55/68 – ½ P 12.
  ♦ Hier wohnen Sie in einem solide geführten, ländlichen Gasthof mit Gästehaus. Die Zimmer sind nett ausgestattet. Familienfreundlich. Das Restaurant ist eine traditionsreiche Odenwälder Gaststube.

AMPFING Bayern 420 V 21 – 5 100 Ew – Höhe 415 m.
  Berlin 644 – München 74 – Regensburg 110 – Landshut 60 – Salzburg 89.

  🏨 **Fohlenhof**, Zangberger Str. 23, ✉ 84539, ℰ (08636) 98 50, hotel-fohlenhof@t-online.de, Fax (08636) 985100, 🍽 – 📺 ☎ 🅿 – 🔔 40. 🆇 🆅🅸🆂🅰 🅿 Zim
  Menu (geschl. Anfang Jan. 1 Woche, Aug., Freitag - Samstag, Sonntagabend) (wochentags nur Abendessen) à la carte 21/39 – **35 Zim** ⊇ 55/70 – 90/100.
  ♦ Gepflegtes und gut geführtes Hotel mit einer Halle im Landhausstil, in der ein Kachelofen eine gemütliche Atmosphäre verbreitet. Die Zimmer sind wohnlich. Ländlich-rustikal dekoriert präsentiert sich das Restaurant.

AMRUM (Insel) Schleswig-Holstein 415 C 8 – Seeheilbad – Insel der Nordfriesischen Inselgruppe.
  Ausflugsziele : Die Halligen★ (per Schiff).
  🚢 von Dagebüll (ca. 2 Std.). Für PKW Voranmeldung bei Wyker Dampfschiffs-Reederei GmbH in Wyk auf Föhr, ℰ (01805) 08 01 40, Fax (04681) 80116.
  ab Hafen Dagebüll : Berlin 469 – Kiel 131 – Sylt (Westerland) 22 – Flensburg 62 – Niebüll 20.

Nebel – 1 050 Ew.
  🛈 Amrum Touristik, Nebel, Hööwjaat 1a, ✉ 25946, ℰ (04682) 9 43 00, info@amrum.de, Fax (04682) 943030.

  🏨 **Ekke Nekkepenn** ≫ garni, Waasterstigh 19, ✉ 25946, ℰ (04682) 9 45 60, ekkenekkepenn@t-online.de, Fax (04682) 945630 – 📺 ☎ 🅿
  9 Zim ⊇ 52 – 82, 4 Suiten.
  ♦ Ein Friesenhaus, das den Namen des friesischen Meeresgottes trägt : Mit schönen Naturholzmöbeln eingerichtete und gut ausgestattete Zimmer lassen Sie Ihren Urlaub genießen.

AMRUM (Insel)

Norddorf – 600 Ew.
🛈 Amrum Touristik, ✉ 25946, ✆ (04682) 9 47 00, norddorf@amrum.de, Fax (04682) 947094.

🏨 **Romantik Hotel Hüttmann** 🌿 (mit Gästehäusern), Ual Saarepswai 2, ✉ 25946, ✆ (04682) 92 20, info@hotel-huettmann.com, Fax (04682) 922113, ≤, 斉, ℔, ≘s, 㯮 – ✱ 🖻 P – 🕿 20
Menu à la carte 22/39 – **57 Zim** ☑ 65/82 – 115/155, 9 Suiten – ½ P 26.
• Lassen Sie sich von friesischer Gastlichkeit überzeugen : Schöne und komfortable Zimmer und eine entspannte Atmosphäre garantieren einen erholsamen Aufenthalt. Hell, freundlich und modern hat man den gastronomischen Bereich gestaltet.

🏨 **Seeblick** 🌿 (mit Gästehäusern), Strunwai 13, ✉ 25946, ✆ (04682) 92 10, seeblick-amrum@t-online.de, Fax (04682) 2574, 斉, Massage, ♨, ≘s, 🏊, 㯮 – 🛗 ✱, 🍴 Rest, 🖻 💳 🆁 VISA
Menu à la carte 20/34 – **48 Zim** ☑ 85 – 148/159, 7 Suiten – ½ P 20.
• In dem Ferienhotel kommen Fitneß- und Badefans auf ihre Kosten : Eine vielfältige Badeabteilung bietet ein breites Spektrum an Aktivitäten. Auch Ferienwohnungen sind vorhanden. Ein nettes ländliches Dekor ziert die Gaststube.

🏨 **Ual Öömrang Wiartshüs** 🌿, Brääтlun 4, ✉ 25946, ✆ (04682) 8 36, Fax (04682) 1432, 斉, ≘s, 㯮 – 🖻 P
geschl. 10. Jan. - 21. Feb. - **Menu** (geschl. Nov. - März Mittwoch - Donnerstagmittag) à la carte 27/44 – **12 Zim** ☑ 51 – 102 – ½ P 16.
• Diese schöne alte Friesenkate erwartet Sie mit wohnlichen, mit hellen Kiefernmöbeln eingerichteten Zimmern und freundlichem Service. Gemütliche Seemannsstube im regionalen Stil.

🏨 **Graf Luckner** 🌿, Madelwai 4, ✉ 25946, ✆ (04682) 9 45 00, graf.luckner@t-online.de, Fax (04682) 945037, 斉, 㯮 – ✱ Rest, 🖻 P
Menu (geschl. Mittwoch) (nur Abendessen) à la carte 17/32 – **18 Zim** ☑ 41/80 – 86/104 – ½ P 16.
• Wenn Sie eine Unterkunft suchen, die zentral und doch ruhig gelegen ist, sind Sie in diesem Hotel mit seinen solide eingerichteten Zimmern richtig. Gepflegtes, rustikales Restaurant mit bürgerlicher Küche.

Wittdün – 700 Ew.
🛈 Amrum Touristik, Am Fähranleger, ✉ 25946, ✆ (04682) 9 40 30, info@amrum.de, Fax (04682) 940320b.

🏨 **Weiße Düne,** Achtern Strand 6, ✉ 25946, ✆ (04682) 94 00 00, seesemann@weisse-duene.de, Fax (04682) 940094, ℔, ≘s, 🏊, 㯮 – 🖻 P. 🆁 VISA
Menu à la carte 18,50/38,50 – **12 Zim** ☑ 95 – 119/150 – ½ P 18.
• Ein Inselhotel mit einer Atmosphäre zum Urlauben : Hier warten klassisch eingerichtete, geräumige Zimmer und ein kompetenter Service auf Sie. Rustikales, im traditionellen Stil ausgestattetes Restaurant.

ANDERNACH Rheinland-Pfalz **417** O 6 – 30 000 Ew – Höhe 65 m.
🛈 Tourist Information, Läufstr. 4, ✉ 56626, ✆ (02632) 29 84 20, info@andernach.net, Fax (02632) 298440.
Berlin 608 – Mainz 120 – Koblenz 19 – Bonn 43 – Mayen 23.

🏨 **Parkhotel Am Schänzchen,** Konrad-Adenauer-Allee 1, ✉ 56626, ✆ (02632) 92 05 00, parkhotel-andernach@t-online.de, Fax (02632) 920600, ≤, 斉 – 🛗, ✱ Zim, 🖻 🍴 ⊜ P – 🕿 30. 🆎 ① 🆁 VISA JCB
Menu à la carte 21/33 – **28 Zim** ☑ 58 – 95.
• Dieses kürzlich renovierte Haus direkt am Rhein bietet seinen Besuchern behagliche, mit heilem Naturholz modern eingerichtete und auch technisch gut ausgestattete Zimmer. Klassisch eingerichtetes Restaurant mit schöner Rheinterrasse.

🏨 **Fischer,** Am Helmwartsturm 4, ✉ 56626, ✆ (02632) 9 63 60, info@hotel-fischer.net, Fax (02632) 963640, 斉 – 🛗 🖻 🆎 ① 🆁 VISA
geschl. Juli - Aug. 2 Wochen - **Menu** (geschl. Sonntag) 25 à la carte 29/44 – **20 Zim** ☑ 65/82 – 80/115.
• Ein stilvoller Rahmen verschönert den Aufenthalt in diesem komfortablen Hotel. Den Gast erwarten wohnliche, individuell eingerichtete Zimmer und ein kompetenter Service. Ratsstuben mit schönem Kreuzgewölbe und internationaler Küche.

🏨 **Villa am Rhein,** Konrad-Adenauer-Allee 3, ✉ 56626, ✆ (02632) 9 27 40, villa-am-rhein@t-online.de, Fax (02632) 927450, ≤, 斉 – ✱ Zim, 🖻 🍴 P – 🕿 20. 🆎 ① 🆁 VISA. ❀ Rest
Menu (geschl. Samstag) à la carte 19/32 – **25 Zim** ☑ 57 – 87.
• Ein engagiert geführtes Haus in einem neuzeitlichen Hotelgebäude direkt an der Rheinpromenade mit praktisch eingerichteten Zimmern. Restaurant mit Panoramablick auf den Rhein.

ANDERNACH

Alte Kanzlei, Steinweg 30, ✉ 56626, ℘ (02632) 9 66 60, info@alte-kanzlei.de, Fax (02632) 966633, 斉, ≦s – ⊡ 茴 ① ⓜ ⁵⁻ VISA
Menu (geschl. Jan. 2 Wochen, Aug. 2 Wochen, Sonntag) (nur Abendessen) à la carte 27/43 – **10 Zim** ⊇ 54/64 – 82/92.
• Eine Verbindung von Tradition und modernem Komfort findet der Gast in diesem ehemaligen Schultheißenhaus aus dem Jahre 1677 mit liebevoll gestalteten Zimmern. Gemütliches Gewölberestaurant im alpenländischen Stil.

Meder garni, Konrad-Adenauer-Allee 36, ✉ 56626, ℘ (02632) 4 26 32, info@hotel-meder.de, Fax (02632) 30111, ≤ – ⊡ 📞 茴 ① ⓜ VISA. ⁵⁻
10 Zim ⊇ 54/62 – 77/87.
• Das an der Rheinpromenade gelegene Haus aus der Jahrhundertwende empfängt seine Gäste mit gepflegten, individuell mit Bauernmöbeln eingerichteten, wohnlichen Zimmern.

Am Martinsberg ⑤, garni, Frankenstr. 6, ✉ 56626, ℘ (02632) 98 77 80, Fax (02632) 9877899 – ↤ ⊡ ⇔ 🅿 ⓜ VISA. ⁵⁻
28 Zim ⊇ 44/57 – 67.
• Hier erwartet den Gast ein gut geführtes Haus mit Pensionscharakter. Die solide ausgestatteten Zimmer sind bequem und gut gepflegt.

ANGELBACHTAL Baden-Württemberg 417 419 S 10 – 4 600 Ew – Höhe 154 m.
Berlin 625 – Stuttgart 91 – Karlsruhe 55 – Heilbronn 40 – Mannheim 44.

In Angelbachtal-Michelfeld :

Schloß Michelfeld, Friedrichstr. 2, ✉ 74918, ℘ (07265) 70 41, info@schlosshotel-michelfeld.de, Fax (07265) 279, 斉 – ⌁ ⊡ 🅿 🎄 30. 茴 ① ⓜ VISA
Menu (geschl. Montag) à la carte 33/44 – **21 Zim** ⊇ 55/68 – 80/110.
• Wenn Sie hier übernachten, sind Sie Schloßherren auf Zeit. Das familiengeführte Hotel bietet stilvoll ausgestattete Zimmer in einem historischen Gebäude. Elegantes Restaurant mit Blick auf den Schloßpark.

ANGER Bayern 420 W 22 – 4 400 Ew – Höhe 500 m – Luftkurort.
🛈 Verkehrsamt, Dorfplatz 4, ✉ 83454, ℘ (08656) 98 89 22, Fax (08656) 988921.
Berlin 716 – München 122 – Bad Reichenhall 13 – Rosenheim 75 – Salzburg 19.

In Anger-Aufham Süd : 3 km :

Hölbinger Alm ⑤, Kirchenstr. 53, ✉ 83454, ℘ (08656) 5 78, schoendorfer@hoelbinger-alm.de, Fax (08656) 1732, ≤, 斉, 🐎 – ⊡ ⇔ 🅿
geschl. Nov. – **Menu** (geschl. Montag - Dienstagmittag, Jan. - April Montag - Dienstag) à la carte 10/19 – **18 Zim** ⊇ 33/40 – 56/64 – ½ P 10.
• Urlaub am Fuß des Hochstaufen : Ein sauberer und gepflegter Gasthof mit praktisch eingerichteten Zimmern empfängt Sie mit einer familiären Atmosphäre. Ländliche Gaststuben mit Vesperkarte und bürgerlicher Küche.

ANGERMÜNDE Brandenburg 416 G 26 – 11 000 Ew – Höhe 45 m.
Berlin 77 – Potsdam 114 – Neubrandenburg 99 – Prenzlau 41 – Frankfurt (Oder) 106.

Weiss, Puschkinallee 11, ✉ 16278, ℘ (03331) 2 18 54, Fax (03331) 23366, 斉 – ⌁ ⊡ ⇓ 🅿 🎄 35. ⓜ VISA
Menu à la carte 14/27 – **17 Zim** ⊇ 49/66 – 72/92.
• Hier in der Uckermark finden Sie ein modernes, gut geführtes Hotel mit geräumigen, einheitlich eingerichteten und sehr gut ausgestatteten Zimmern. Restaurant mit Wintergarten.

ANIF Österreich siehe Salzburg.

ANKLAM Mecklenburg-Vorpommern 416 E 25 – 15 500 Ew – Höhe 6 m.
🛈 Anklam-Information, Markt 3 (Rathaus), ✉ 17389, ℘ (03971) 83 51 54, stadtinformationanklam@t-online.de, Fax (03971) 835155.
Berlin 179 – Schwerin 182 – Neubrandenburg 49 – Rügen (Bergen) 94 – Stralsund 77.

Vorpommern, Friedländer Landstr. 20c (B 197), ✉ 17389, ℘ (03971) 2 91 80, hotel-vorpommern@t-online.de, Fax (03971) 291818, 斉 – ↤ Zim, ⊡ 📞 🅿 茴 ⓜ VISA. ⁵⁻
Menu (geschl. Okt. - April Freitag - Sonntag) (nur Abendessen) à la carte 13/18 – **29 Zim** ⊇ 54 – 79.
• Am Ortsrand finden Sie das neugebaute, gepflegte Hotel mit freundlicher Atmosphäre und funktionell eingerichteten Zimmern. Auch 2 Appartements sind vorhanden.

ANKLAM

In Auerose Süd-Ost : 6 km über B 109, Richtung Pasewalk :

🏠 **Aueroser Hof,** Dorfstr. 3a (Nahe der B 109), ✉ 17398, ✆ (039726) 2 03 13, Fax (039726) 20365, 🍽, 🌳 – 📺 ⇔ 🅿. AE ⓜ VISA. ✂
Menu (Restaurant nur für Hausgäste) – **16 Zim** 🛏 45/50 – 60/65.
• Gepflegtes, familiengeführtes Hotel mit hellen und geräumigen Zimmern. Morgens erwartet die Gäste ein reichhaltiges Frühstücksbuffet.

In Rubkow-Bömitz Nord : 12 km :

🏨 **Landhotel Bömitz** 🌿, Dorfstr. 14, ✉ 17390, ✆ (039724) 2 25 40, info@landhotel-boemitz.de, Fax (039724) 22541, 🍽, 🌳 – 📺 🅿. AE ⓜ VISA
von Hertell (Tischbestellung erforderlich) (geschl. Feb.) (nur Abendessen) **Menu** à la carte 21/32 – **Jägerstube : Menu** à la carte 15/23 – **18 Zim** 🛏 53 – 72/77.
• Inmitten einer romantischen Parkanlage liegt der modernisierte klassizistische Gutshof mit gelber Fassade. Die Zimmer sind individuell im Landhausstil eingerichtet. von Hertell : kleines, intimes Restaurant. Jägerstube ländlich-rustikal, bürgerliche Küche.

ANNABERG-BUCHHOLZ Sachsen 418 420 O 23 – 24 000 Ew – Höhe 832 m.

Sehenswert : St. Annen-Kirche★★, Schöne Pforte★★, Kanzel★, Bergaltar★.

🛈 Tourist-Information, Markt 1, ✉ 09456, ✆ (03733) 1 94 33, tourist-info@annaberg-buchholz.de, Fax (03733) 179154.
Berlin 295 – Dresden 94 – *Chemnitz* 31 – Leipzig 108.

🏨 **Wilder Mann,** Markt 13, ✉ 09456, ✆ (03733) 14 40, info@hotel-wildermann.de, Fax (03733) 144100, 🍽 – 📶, ✂ Zim, 📺 ✆ ⇔ 🅿 – 🔔 40. AE ① ⓜ VISA
Silberbaum : Menu à la carte 17/27 – **62 Zim** 🛏 86 – 107.
• Traditionsreich wohnen im Erzgebirge : Das engagiert geführte Hotel in dem modernisierten Bürgerhaus mit den komfortablen Zimmern strahlt ein stilvolles Ambiente aus. Historisches Restaurant mit spätgotischer Holzbalkendecke.

🏠 **Goldene Sonne,** Adam-Ries-Str. 11, ✉ 09456, ✆ (03733) 2 21 83, contact@goldene-sonne.de, Fax (03733) 24987, 🍽 – 📶 📺 🅿. ⓜ VISA
Menu à la carte 15,50/23 – **26 Zim** 🛏 46/56 – 67/72.
• Ein guter Ausgangspunkt für Ausflüge ins Erzgebirge ist dieses familiengeführte Hotel mit seinen solide eingerichteten Zimmern und der entspannten Atmosphäre.

🏠 **Parkhotel Waldschlößchen,** Waldschlößchenpark 1, ✉ 09456, ✆ (03733) 6 77 40, info@parkhotel-waldschloesschen.de, Fax (03733) 677444, 🍽 – 📶 📺 🅿 – 🔔 20. AE ① ⓜ VISA
Menu à la carte 14/27 – **27 Zim** 🛏 54/64 – 79.
• Die traditionsreiche, modernisierte Ausflugsgaststätte am Rande einer idyllischen Parkanlage empfängt Sie mit bequemen Zimmern und einem freundlichen Service.

🏠 **Berghotel Pöhlberg** 🌿, Ernst-Roch-Str. (auf dem Pöhlberg, Ost : 1,5 km), ✉ 09456, ✆ (03733) 1 83 20, berghotel-poehlberg@t-online.de, Fax (03733) 183229, ← Erzgebirge, Biergarten, Aussichtsturm – 📺 🅿. ⓜ
Menu à la carte 13,50/23,50 – **13 Zim** 🛏 46/60 – 68/82.
• Hier wohnen Sie in einer Ausflugsgaststätte mit einem schönen Ausblick auf Annaberg und die erzgebirgische Landschaft. Die Zimmer sind wohnlich mit Kiefernmöbeln eingerichtet.

ANRÖCHTE Nordrhein-Westfalen 417 L 8 – 9 300 Ew – Höhe 200 m.
Berlin 449 – Düsseldorf 134 – *Arnsberg* 43 – Lippstadt 13 – Meschede 30 – Soest 21.

🍴 **Buddeus,** Hauptstr. 128, ✉ 59609, ✆ (02947) 39 95, Fax (02947) 4876 – 📺 ⇔ 🅿. ⓜ VISA
Menu (geschl. 22. Dez. - 10. Jan., Freitag) à la carte 15/32 – **24 Zim** 🛏 20/35 – 60.
• Familiengeführter ländlicher Gasthof mit einfachen und gepflegten Zimmern, die mit hellen Schleiflackmöbeln ausgestattet sind. Der Service ist freundlich.

XX **Zwiebel's l'échalote,** Hauptstr. 11, ✉ 59609, ✆ (02947) 56 83 95, info@zwiebelwirt.de, Fax (02947) 4214 – 🅿. AE ① ⓜ VISA
geschl. Samstagmittag, Montag – **Menu** à la carte 17,50/38.
• Das elegant gestaltete Restaurant ist sicher eine Bereicherung für diese Gegend. Gelbe Farbtöne, schön eingedeckte Tische und frische Blumen tragen ihren Teil dazu bei.

ANSBACH
Bayern 419 420 S 15 – 40 000 Ew – Höhe 409 m.

Sehenswert: *Residenz★ (Fayencenzimmer★★, Spiegelkabinett★).*

Colmberg, Rothenburger Str. 35 (Nord-West : 17 km), ℰ (09803) 6 00 ; Lichtenau, Weickershof 1 (Ost : 9 km), ℰ (09827) 9 20 40.

🛈 Amt für Kultur und Touristik, Johann-Sebastian-Bach-Platz 1, ✉ 91522, ℰ (0981) 5 12 43, akut@ansbach.de, Fax (0981) 51365.

ADAC, Residenzstr. 2.

Berlin 481 – München 202 – *Nürnberg 61* – Stuttgart 162 – Würzburg 78.

Am Drechselsgarten
Am Drechselsgarten 1, ✉ 91522, ℰ (0981) 8 90 20, info@drechselgarten.bestwestern.de, Fax (0981) 8902605, ≤, 🌳, ≘s – ⚑, ↯ Zim, 📺 📞 🅿 – 🔔 50, 🅰🅴 ⓞ 🆗 🆅🆂🅰
geschl. Anfang Jan. 1 Woche – **Menu** à la carte 28/39 – **51 Zim** ⌧ 88/103 – 118/128.
* Oberhalb der Stadt gelegenes, engagiert geführtes Hotel mit einem repräsentativen Hallenbereich. Die Zimmer sind kürzlich neu gestaltet worden und sehr gut ausgestattet.

Bürger-Palais
Neustadt 48, ✉ 91522, ℰ (0981) 9 51 31, info@hotel-buerger-palais.com, Fax (0981) 95600, 🌳 – 📺, 🅰🅴 ⓞ 🆗 🆅🆂🅰
Menu à la carte 17/28 – **12 Zim** ⌧ 74/82 – 104/114.
* Modernisiertes Barockhaus mit stilvollem Ambiente : Elegante, mit hellen Stilmöbeln gestaltete Zimmer bieten modernen Komfort, im Sommer lädt der Rosengarten zum Verweilen ein. Restaurant mit holzvertäfelten Decken und Wänden im alpenländischen Stil.

Schwarzer Bock
Pfarrstr. 31, ✉ 91522, ℰ (0981) 42 12 40, schwarzer_bock@t-online.de, Fax (0981) 4212424, 🌳 – 📺 🅿 🅰🅴 ⓞ 🆗 🆅🆂🅰 🅹🅲🅱
Menu *(geschl. Sonntagabend)* à la carte 19,50/32 – **16 Zim** ⌧ 40/59 – 77/99.
* Erholsam wohnen in historischer Atmosphäre : Das familiengeführte, traditionsreiche Hotel in einem Rokokohaus empfängt seine Gäste mit modernen, praktischen Zimmern. Gepflegte ländliche Gaststube.

Windmühle
Rummelsberger Str. 1 (B 14), ✉ 91522, ℰ (0981) 1 50 88, info@hotel-windmuehle.de, Fax (0981) 17980, 🌳 – ⚑ 📺 📞 🅿 – 🔔 40. 🅰🅴 ⓞ 🆗 🆅🆂🅰 🅹🅲🅱
geschl. Anfang Jan. 2 Wochen – **Menu** à la carte 13/28,50 – **35 Zim** ⌧ 49/60 – 77/90.
* Traditionsreicher fränkischer Landgasthof, von der Familie engagiert geführt. Zeitgemäße freundliche Zimmer mit neuzeitlichem Standard - fragen Sie nach dem renovierten ! Gemütliches ländliches Restaurant mit bürgerlich regionaler Küche.

Gasthaus Kronacher
Kronacherstr. 1, ✉ 91522, ℰ (0981) 9 77 78 90, Fax (0981) 9777891, 🌳 – 🆗 🆅🆂🅰
geschl. Feb. 2 Wochen, Aug. 1 Woche, Dienstag – **Menu** à la carte 15/26.
* Fränkische Gastlichkeit erlebt man in dem schlicht und leicht nostalgisch eingerichteten Restaurant mit regionaler Küche, saisonalen Gerichten und Aktionswochen.

In Ansbach-Brodswinden *Süd-Ost : 7 km über die B 13 :*

Landgasthof Kaeßer
(mit Gästehaus), Brodswinden 23, ✉ 91522, ℰ (0981) 97 01 80, info@landgasthof-kaesser.de, Fax (0981) 9701850, 🌳, 🐎 – ↯ Zim, 📺 🚗 🅿 🅰🅴 🆗 🆅🆂🅰
Menu *(geschl. 29. Dez. - 6 Jan., Samstag)* à la carte 12/28 – **19 Zim** ⌧ 49/50 – 75/80.
* In diesem Landgasthof mit seinen wohnlichen Zimmern und der freundlichen Atmosphäre sind auch Kinder willkommen. Ein reichhaltiges Frühstücksbuffet macht Sie fit für den Tag. Fränkische Speisen, selbstgebackenes Brot, eigene Hausschlachtung.

In Ansbach-Schalkhausen *West : 2 km über Schalkhäuser Landstr., Richtung Leutershausen :*

Grünwald
Am Bocksberg 80, ✉ 91522, ℰ (0981) 46 08 90, info@hotel-gruenwald.com, Fax (0981) 4608958, 🌳 – ↯ Zim, 📺 ♿ 🅿 – 🔔 40. 🆗 🆅🆂🅰
geschl. 1. - 6. Jan. – **Menu** *(geschl. 1. - 13. Jan., Montag) (wochentags nur Abendessen)* à la carte 25/45 – **19 Zim** ⌧ 42/55 – 75/85.
* Bei der Ausstattung des ansprechenden Hauses wurde Wert auf Ökologie und Wohlbefinden gelegt. Von einer Bühnenbildnerin gestaltete Wände geben den Räumen individuelle Noten. Pastellfarben und Naturholzmobiliar im Restaurant.

ANTRIFTTAL
Hessen 417 N 11 – 2 300 Ew – Höhe 265 m.
Berlin 451 – Wiesbaden 131 – *Fulda 48* – Kassel 98 – Alsfeld 6.

In Antrifttal-Seibelsdorf :

Stausee
Am Stausee 1, ✉ 36326, ℰ (06631) 96 85 40, info@stausee-restaurant.de, Fax (06631) 9685449, ≤, 🌳 – 📺 ♿ 🅿 – 🔔 80. 🆗 🆅🆂🅰
Menu à la carte 16,50/38,50 – **12 Zim** ⌧ 43/55 – 69/75.
* Wie der Name schon sagt, liegt das etwas außerhalb angesiedelte Haus direkt an einem Stausee. Alle Zimmer sind mit praktischem Holzmobiliar ausgestattet. Das Restaurant bietet Ausflüglern beste Erholung nach dem Spaziergang.

APFELSTÄDT Thüringen siehe Erfurt.

APOLDA Thüringen 418 M 18 – 25 000 Ew – Höhe 182 m.
Ausflugsziel: Naumburg: Dom St. Peter und Paul★★ (Stifterfiguren★★★, Lettner★) – St. Wenzel-Kirche★ Nord-Ost: 27 km.
🛈 Tourist-Information, Markt 1, ⌧ 99510, ☎ (03644) 56 26 42, apolda-information@t-online.de, Fax (03644) 562642.
Berlin 255 – Erfurt 46 – Jena 17 – Weimar 17 – Leipzig 96.

🏨 **Am Schloss** M, Jenaer Str. 2, ⌧ 99510, ☎ (03644) 58 00, reservierung@hotel-apolda.de, Fax (03644) 580100, 🍽, 🏊 – 🛗, ⚿ Zim, 🖥 Rest, 📺 ☎ ♿ 🚗 🅿 – 🛎 100. 🅰 ⓘ ⓜ VISA
Menu à la carte 18/33 – **112 Zim** ⌚ 75/80 – 95/100.
♦ In der "Toskana des Ostens" befindet sich dieses moderne Tagungshotel mit komfortabel eingerichteten Zimmern. Entspannen Sie sich in der schönen Gartenanlage mit Teich. In warmen Gelbtönen gehaltenes Restaurant mit modernen Stilleben.

🏨 **2 Länder**, Erfurter Str. 31, ⌧ 99510, ☎ (03644) 5 02 20, hotel-2-laender@t-online.de, Fax (03644) 502240 – ⚿ Zim, 📺 ☎ ♿ 🅿 🅰 ⓜ VISA
Menu (geschl. Freitag - Sonntag) (nur Abendessen) (Restaurant nur für Hausgäste) à la carte 15/22 – **35 Zim** ⌚ 49 – 70.
♦ Zwei gut gepflegte Gästehäuser, Haus Bayern und Haus Thüringen, erwarten hier die Gäste. Beide sind mit Landhausmobiliar ausgestattet, alle Zimmer haben Terrasse oder Balkon.

APPEL Niedersachsen 415 416 F 13 – 1 650 Ew – Höhe 25 m.
Berlin 319 – Hannover 134 – Hamburg 46.

An der Strasse von Appel-Grauen zur B 3 Nord-Ost: 3,5 km:

🏨 **Ferien auf der Heid**, Karlsteinweg 45, ⌧ 21279 Appel-Eversen, ☎ (04165) 9 72 30, ferien-auf-der-heid@t-online.de, Fax (04165) 972349, 🍽, 🌳 – ⚿ 📺 🎿 🅿 – 🛎 15. 🅰 ⓘ ⓜ VISA
Menu (geschl. Juli - Aug. 4 Wochen, Montag) à la carte 14/38,50 – **20 Zim** ⌚ 41/55 – 66/79.
♦ Familiengeführter Gasthof mit roter Klinkerfassade. Unterschiedlich eingerichtete, solide Zimmer und eine schöne Liegewiese zum Wald hin erwarten die Gäste. Rustikale Gaststuben und Wintergarten mit Rattanmöblierung.

APPENWEIER Baden-Württemberg 419 U 7 – 9 500 Ew – Höhe 137 m.
Berlin 737 – Stuttgart 143 – Karlsruhe 67 – Freudenstadt 50 – Strasbourg 22 – Baden-Baden 47.

🏨 **Hanauer Hof**, Ortenauer Str. 50 (B 3), ⌧ 77767, ☎ (07805) 9 56 60, info@hanauer-hof.de, Fax (07805) 5365, 🍽 – 🛗, ⚿ Zim, 📺 🅿 – 🛎 25. ⓘ ⓜ VISA
Menu (geschl. Samstagmittag) à la carte 16,50/42 – **25 Zim** ⌚ 45/48 – 71/74.
♦ Ein guter Ausgangspunkt für Ausflüge ins Elsaß oder in den Schwarzwald ist dieser familiengeführte badische Landgasthof mit kürzlich renovierten Zimmern, teils mit Balkon. Gemütliches Restaurant im Landhausstil.

ARENDSEE Sachsen-Anhalt 416 H 18 – 3 000 Ew – Höhe 26 m – Luftkurort.
🛈 Fremdenverkehrsinformation, Töbelmannstr. 1, Haus des Gastes, ⌧ 39619, ☎ (039384) 2 71 64, Fax (039384) 27480.
Berlin 162 – Magdeburg 116 – Schwerin 119.

🏨 **Deutsches Haus**, Friedensstr. 91, ⌧ 39619, ☎ (039384) 25 00, deutsches.haus.bannier@t-online.de, Fax (039384) 21771, 🍽, 🏊 – ⚿ Zim, 📺 ☎ 🅿 – 🛎 20. 🅰 ⓘ ⓜ VISA
Menu à la carte 14/29 – **15 Zim** ⌚ 52/55 – 76/96.
♦ Erholen Sie sich am idyllischen Arendsee: Das engagiert geführte Hotel in dem traditionellen Fachwerkhaus empfängt seine Gäste mit gepflegten, zeitlos eingerichteten Zimmern.

🏨 **Stadt Arendsee**, Friedensstr. 113, ⌧ 39619, ☎ (039384) 22 34, hotel-stadt.arendsee@gmx.de, Fax (039384) 27290 – 📺 🅿 – 🛎 80. 🅰 ⓜ VISA. ⚿ Zim
Menu (geschl. Sonntagabend - Montagmittag) à la carte 16/30 – **10 Zim** ⌚ 44 – 63.
♦ Der familiengeführte Landgasthof in einem alten Fachwerkhaus bietet Ihnen wohnliche Zimmer. Ein reichhaltiges Frühstücksbuffet macht Sie fit für einen Tag am See.

ARNSBERG Nordrhein-Westfalen **417** L 8 – 80 000 Ew – Höhe 230 m.

🛧 Arnsberg, Neheim-Hüsten (Nord-West : 9 km), ℘ (02932) 3 15 46.
🛈 Verkehrsverein, Neumarkt 6, ✉ 59821, ℘ (02931) 40 55, Fax (02931) 12331.
ADAC, Graf-Gottfried-Str. 20 (Neheim-Hüsten).
Berlin 482 – Düsseldorf 129 – Dortmund 62 – Hamm in Westfalen 42 – Meschede 22.

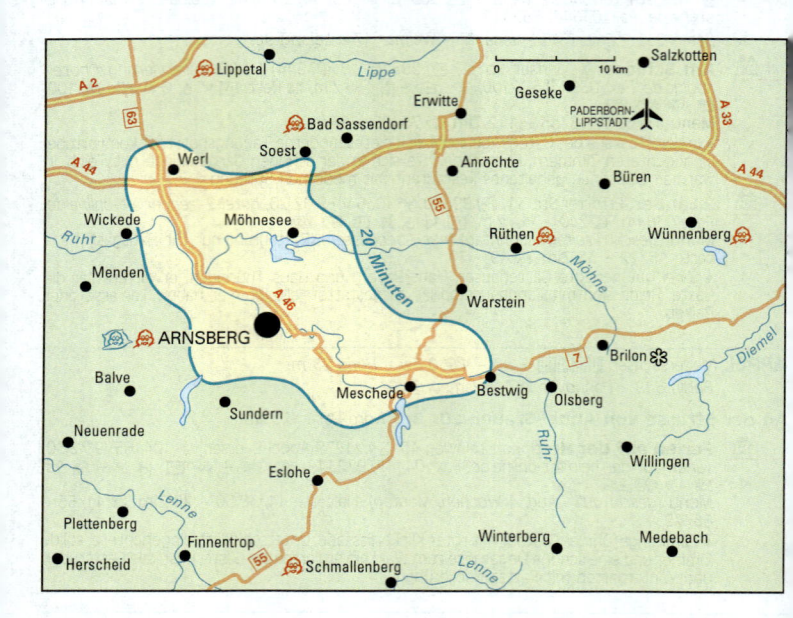

Menge, Ruhrstr. 60, ✉ 59821, ℘ (02931) 5 25 20, info@hotel-menge.de, Fax (02931) 525250, 🍴, 🍽 – ✻ Zim, 📺 ⇔ 🅿 🖭 ⓞ ⓜ VISA
Menu (geschl. Aug. 3 Wochen, Sonntag - Montag) (nur Abendessen) à la carte 24/40,50 – **18 Zim** ⇌ 50/60 – 72/95.
♦ Ein traditionsreiches Hotel mit modernem Komfort und einer gediegenen Atmosphäre erwartet Sie. Entspannen Sie sich in der hoteleigenen Parkanlage im Schatten alter Bäume. Klassisch-rustikal eingerichtetes Restaurant mit schmackhafter regionaler Küche.

Altes Backhaus, Alter Markt 27, ✉ 59821, ℘ (02931) 5 22 00, mail@altesbackhaus.com, Fax (02931) 522020, 🍴 – 📺 ✻ 🖭 ⓜ VISA
Menu (Montag - Freitag nur Abendessen) à la carte 17/30 – **7 Zim** ⇌ 48/50 – 80.
♦ In einem restaurierten Fachwerkhaus, das mit viel Liebe zum Detail ausgestattet wurde, befinden sich individuell-gemütlich eingerichtete Zimmer. Restaurant mit behaglicher Atmosphäre in der ehemaligen Backstube.

Goldener Stern, Alter Markt 6, ✉ 59821, ℘ (02931) 53 00 20, info@goldener-stern.com, Fax (02931) 5300221 – 📺 ✻ 🖭 ⓜ VISA
Menu à la carte 17/27 – **13 Zim** ⇌ 48/50 – 80.
♦ Individuell ausgestattete und liebevoll dekorierte Zimmer sowie eine sympathische Atmosphäre finden die Gäste in diesem kürzlich renovierten, traditionellen Haus.

In Arnsberg-Neheim Nord-West : 9 km :

Dorint, Zu den Drei Bänken, ✉ 59757, ℘ (02932) 20 01, info.zcaarn@dorint.com, Fax (02932) 200228, ≤, 🍴, Massage, 🎿, 🏊, 🏓 – 📶, ✻ Zim, 📺 ✻ 🅿 – 🏛 150. 🖭 ⓞ ⓜ VISA. ✻ Rest
Menu à la carte 25/36 – **163 Zim** ⇌ 96/105 – 142/152, 11 Suiten.
♦ Mitten im Naturpark Arnsberger Wald gelegenes modernes Hotel. Die Zimmer sind einheitlich eingerichtet und haben alle einen Balkon. Ansprechend ist der große Wellness-Bereich. Helles, modernes Restaurant mit großem Buffet.

ARNSBERG

🏨 **Waldhaus-Rodelhaus,** Zu den Drei Bänken 1, ✉ 59757, ℘ (02932) 9 70 40, info@rodelhaus.de, Fax (02932) 22437, ≤, 🍽, ≋ – 📺 🅿 – 🛁 40. 🆎 ① ◉ VISA
Menu (geschl. Jan. 2 Wochen, Juli - Aug. 3 Wochen, Dienstag) à la carte 16/26 – **21 Zim** 🛏 44/46 – 77/80.
• Das familiengeführte Hotel am Waldrand erwartet seine Gäste mit geräumigen, in heller Eiche ausgestatteten Zimmern. Am Morgen steht ein reichhaltiges Frühstücksbuffet bereit. Mit gemütlich und rustikal eingerichtetem Restaurant.

ARNSTADT Thüringen **418** N 16 – 27 000 Ew – Höhe 285 m.
Sehenswert : Neues Palais (Puppen-Sammlung★).
🅱 Arnstadt-Information, Rankestr. 11, ✉ 99310, ℘ (03628) 60 20 49, information@arnstadt.de, Fax (03628) 660167.
Berlin 311 – Erfurt 20 – Coburg 89 – Eisenach 63 – Gera 85.

🏨 **Krone,** Am Bahnhof 8, ✉ 99310, ℘ (03628) 7 70 60, krone-2000@t-online.de, Fax (03628) 602484, 🍽, – ⥂ Zim, 📺 ♣ & 🅿 – 🛁 50. 🆎 ① ◉ VISA
Menu à la carte 15,50/28,50 – **40 Zim** 🛏 50/55 – 65/75.
• Hier wohnen Sie in einem renovierten Jugendstilhaus mit soliden, gut ausgestatteten Zimmern. Das Hotel ist sehr gepflegt, der Service ist freundlich. Gutbürgerliches Restaurant mit klassischem Ambiente und Jugendstil-Elementen.

🏨 **Anders,** Gehrener Str. 22, ✉ 99310, ℘ (03628) 74 53, hotel-anders@t-online.de, Fax (03628) 745444, 🍽, ≋ – 📻 📺 ♣ 🅿 – 🛁 20. 🆎 ① ◉ VISA
geschl. 2. - 12. Jan. – **Menu** à la carte 13/22,50 – **37 Zim** 🛏 51 – 72/80.
• Die Gäste erwartet ein modernes, familiengeführtes Hotel in Stadtrandlage. Die komfortablen Zimmer sind mit dunklen Holzmöbeln wohnlich gestaltet. Restaurant mit Blick auf die Stadt.

In Eischleben Nord : 7 km über B 4, Richtung Erfurt :

🏨 **Krone,** Erfurter Landstr. 22 (B 4), ✉ 99334, ℘ (03628) 7 58 77, info@krone-thueringen.de, Fax (03628) 640375, Biergarten – ⥂ Zim, 📺 🅿 🆎 ① ◉ VISA
Menu à la carte 13,50/23,50 – **11 Zim** 🛏 44 – 67.
• Ein gut geführter, traditioneller Landgasthof, der Ihnen praktische, mit Kirschholzmobiliar eingerichtete und auch sanitär gut ausgestattete Zimmer bietet. Rustikales Restaurant mit bodenständiger Kost.

In Holzhausen Nord-West : 5 km :

🏨 **Hotel Romantik Drei Burgen,** Schulstr. 37, ✉ 99310, ℘ (03628) 72 31 61, Fax (03628) 723163, 🍽 – 📻 📺 🅿 🆎 ◉ VISA
Menu (geschl. Montag) à la carte 12/17 – **9 Zim** 🛏 30/36 – 45/55.
• In dem Ort zu Füßen der "Drei Gleichen" lädt dieses Fachwerkhaus mit soliden, mit hellen Naturholzmöbeln eingerichteten Zimmern zum Verweilen ein. Ansprechendes Restaurant mit zeitlos-modernem Mobiliar.

✕✕ **Veste Wachsenburg** 🛏 mit Zim, Veste Wachsenburg 91, ✉ 99310, ℘ (03628) 7 42 40, wagner_wachsenburg@t-online.de, Fax (03628) 742461, ≤ Thüringer Wald-Vorland, 🍽, (Burganlage a.d. 10.Jh.) – 📺 🅿 ◉ VISA JCB
Menu (geschl. Sonntagabend, Okt. - April Sonntagabend - Montag) à la carte 19/35 – **9 Zim** 🛏 55/80 – 80/110.
• Diese Veste ist eine der Burgen der sagenumwobenen "Drei Gleichen". Das Innere gefällt mit stilvoller Einrichtung, draußen lockt die romantische Innenhofterrasse.

AROLSEN, BAD Hessen **417** L 11 – 18 000 Ew – Höhe 290 m – Heilbad.
🏌 Bad Arolsen, Zum Wiggenberg, ℘ (05691) 9 79 50.
🅱 Gäste- und Gesundheitszentrum, Landauer Str. 1, ✉ 34454, ℘ (05691) 8 94 40, Fax (05691) 5121.
Berlin 428 – Wiesbaden 205 – Kassel 45 – Marburg 85 – Paderborn 55.

🏨 **Brauhaus-Hotel,** Kaulbachstr. 33, ✉ 34454, ℘ (05691) 8 98 60, info@brauhaus-hotel.de, Fax (05691) 6942 – 📶, ⥂ Zim, 📺 🅿 ① ◉ VISA. ✄ Zim
geschl. Anfang Jan. - Anfang Feb. – **Menu** (geschl. Montagmittag) à la carte 17/30,50 – **13 Zim** 🛏 47/51 – 69/80 – ½ P 13.
• Modernes Wohnen in einem historischen Rahmen bietet dieses Hotel, das in dem alten Sandsteingebäude einer Brauerei auf seine Gäste wartet. Die Gaststätte wird bereits in vierter Generation von den Besitzerfamilie betrieben.

✕✕ **Schäfer's Restaurant,** Schloßstr. 15, ✉ 34454, ℘ (05691) 76 52, schaeferscheers@t-online.de, Fax (05691) 7652 – 🆎 ① ◉ VISA
geschl. Dienstag - Mittwochmittag – **Menu** à la carte 27,50/38.
• Die helle, freundliche Ausstattung und die schön gedeckten Tische im Zusammenspiel mit der internationalen und gutbürgerlichen Küche machen den Besuch zu einem Erlebnis.

AROLSEN, BAD

In Bad Arolsen-Mengeringhausen *Süd : 4,5 km – Erholungsort :*

🏠 **Luisen-Mühle** 🥂, Luisenmühler Weg 1, ⊠ 34454, ℘ (05691) 30 21, *hotel.luisen muehle@t-online.de, Fax (05691) 2578*, 🍽, ☎, 🔲, 🌿 – ½ Zim, 📺 📞 ⇔ 🅿 – 🛋 25 🆗 VISA ⚡ Rest
Menu *(geschl. Freitag)* à la carte 16/27 – **25 Zim** ⊇ 37/50 – 72/80 – ½ P 13.
• Machen Sie Urlaub im Waldecker Land : In der ländlichen Atmosphäre der ehemaligen Getreidemühle mit dem großen Garten und der Liegewiese läßt es sich gut entspannen

---

ASBACHERHÜTTE *Rheinland-Pfalz siehe Kempfeld.*

ASCHAFFENBURG *Bayern* 📙 *Q 11 – 67 000 Ew – Höhe 130 m.*

Sehenswert : *Schloß Johannisburg★ Z.*

🛬 Hösbach-Feldkahl, Am Heigenberg 30 (Nord-Ost : 8 km über ①), ℘ (06024) 8 01 87
🅱 *Tourist-Information, Schloßplatz 1*, ⊠ 63739, ℘ (06021) 39 58 00, Fax (06021) 395802.
ADAC, *Wermbachstr. 10.*
Berlin 552 ④ – München 354 ① – Frankfurt am Main 45 ④ – Darmstadt 40 ③ – Würzburg 78 ①

Stadtplan siehe gegenüberliegende Seite

🏨 **Post,** Goldbacher Str. 19, ⊠ 63739, ℘ (06021) 33 40, *info@post-ab.de Fax (06021) 13483*, ☎, 🔲 – 🛗, 🌿 Zim, 🍽 Zim, 📺 📞 ⇔ 🅿 – 🛋 35. 🆎 ⓞ 🆗 VISA
geschl. 20. Dez. - 5. Jan. – **Menu** à la carte 17/33 – **Bistro Oscar :** Menu à la carte 14/26,50 – **69 Zim** ⊇ 68/105 – 105/128. Y f
• Viele Stammgäste finden immer wieder den Weg hierher : Wählen Sie zwischen drei komfortablen Zimmerkategorien. Auch für Tagungen und Familienfeiern gut geeignet. Klassisch-rustikales Ambiente im Restaurant. Im Oscar serviert man eine leichte Bistro-Küche.

🏨 **Aschaffenburger Hof,** Frohsinnstr. 11 (Einfahrt Weißenburger Str. 22), ⊠ 63739 ℘ (06021) 38 68 10, *info@aschaffenburger-hof.de, Fax (06021) 27298*, 🍽 – 🛗 📺 ⇔ 🅿 – 🛋 25. 🆎 ⓞ 🆗 VISA Y a
Menu *(geschl. Freitag - Samstag, Sonntagabend) (wochentags nur Abendessen)* à la carte 19/35 – **62 Zim** ⊇ 61/76 – 76/116.
• Hier erwartet die Gäste ein gut geführtes und zentral gelegenes Hotel mit praktisch eingerichteten und gepflegten Zimmern. In klassischem Stil zeigt sich das Hotelrestaurant.

🏨 **Wilder Mann,** Löherstr. 51, ⊠ 63739, ℘ (06021) 30 20, *info@hotelwilder-mann.de, Fax (06021) 302234*, ☎ – 🛗 📺 📞 ⇔ 🅿 – 🛋 50. 🆎 🆗 VISA Z e
geschl. 22. Dez. - 7. Jan. – **Menu** à la carte 22/43 – **75 Zim** ⊇ 67/80 – 95/105.
• Dieser Gasthof kann auf eine 450-jährige Geschichte zurückblicken und begrüßt seine Gäste mit einer gelungenen Mischung aus Tradition und modernem Komfort. Im Restaurant herrscht eine leicht rustikal angehauchte Atmosphäre.

🏨 **City Hotel** garni, Frohsinnstr. 23, ⊠ 63739, ℘ (06021) 2 15 15, *info@city-hotel-ab.de, Fax (06021) 21514* – 🛗 📺 🆎 ⓞ 🆗 VISA Y e
⊇ 8 – **40 Zim** 60/70 – 90/110.
• Wenn Sie ein gediegenes, gepflegtes Ambiente bevorzugen, sind Sie hier richtig : Die gut ausgestatteten Zimmer sind mit wohnlichem Mahagonimobiliar eingerichtet.

🏠 **Dalberg** 🥂, Pfaffengasse 12, ⊠ 63739, ℘ (06021) 35 60, *hotel-dalberg@t-online.de, Fax (06021) 219894*, 🍽 – 🛗, 🌿 Zim, 📺 📞 ⇔ 🅿 🆎 ⓞ 🆗 VISA Z c
Menu *(geschl. Sonn- und Feiertage) (Montag - Freitag nur Abendessen)* à la carte 14/31 – **26 Zim** ⊇ 70/85 – 90/105.
• Das Haus mit dem Namen des letzten Mainzer Erzbischofs verfügt über solide Zimmer, die mit hellem, klassischem Mobiliar versehen sind. Entdecken Sie von hier aus die Altstadt. Das Restaurant ist eine Weinstube im fränkischen Stil.

🏠 **Zum Goldenen Ochsen,** Karlstr. 16, ⊠ 63739, ℘ (06021) 2 31 32, *Fax (06021) 25785* – 📺 📞 🅿 – 🛋 25. 🆎 ⓞ 🆗 VISA Y b
Menu *(geschl. Aug. 3 Wochen, Montagmittag)* à la carte 18/27 – **38 Zim** ⊇ 52/56 – 76/85.
• Hinter der denkmalgeschützten Fassade des schönen alten Gasthofs erwarten die Gäste gepflegte Zimmer mit modernem Inventar : Ein gut geführtes Haus. Sie speisen in der ländlich dekorierten Gaststube.

🍴 **Schlossweinstuben,** im Schloss Johannisburg, ⊠ 63739, ℘ (06021) 1 24 40, *info @schlossweinstuben.de, Fax (06021) 23131*, 🍽 Z
geschl. 27. Dez. - 1. Jan., Montag – **Menu** à la carte 13,50/26.
• Fränkische Gastlichkeit an der Pforte zum Spessart erleben Sie in dieser tradionsreichen Weinstube mit Blick auf die Stadt. Das Speiseangebot ist bürgerlich und ortstypisch.

Bodelschwingh-		Glattbacher Überfahrt .... **Y** 8	Schloßberg .... **YZ** 18
straße .... **Y** 2		Heinsestraße .... **Y** 9	Schloßgasse .... **Z** 20
Dalbergstraße .... **Z** 3		Herstallstraße .... **Z** 10	Schloßplatz .... **Z** 21
Darmstädter Straße .... **Z** 4		Karlstraße .... **Y** 12	Südbahnhofstraße .... **Z** 24
Erthalstraße .... **Y** 5		Kolpingstraße .... **Y** 13	Weißenburger
Frohsinnstraße .... **Y** 6		Luitpoldstraße .... **Z** 15	Straße .... **Y** 25
Glattbacher Straße ..... **Y** 7		Roßmarkt .... **Z**	Willigisbrücke .... **Z** 26

In Aschaffenburg-Nilkheim über ③ : 4 km :

🏨 **Classico** M 🕭 garni, Geschwister-Scholl-Platz 10, ✉ 63741, ✆ (06021) 8 49 00, *info
@hotel-classico.de, Fax (06021) 849040* – 📶 TV ☏ 🚗 P. AE ⓞ ⓜ ⓔ VISA
geschl. 20. Dez. - 6. Jan. – **24 Zim** ⊐ 51/62 – 77/92.
    ♦ In dem neugebauten Hotel mit netter Atmosphäre finden Sie geräumige und
    klassisch gestaltete Zimmer mit guter Ausstattung. Das Preis-Leistungsverhältnis
    überzeugt !

In Haibach über ② : 4,5 km :

🏨 **Spessartstuben,** Jahnstr. 7, ✉ 63808, ✆ (06021) 6 36 60, *reservierung@hotel-
spessartstuben.de, Fax (06021) 636666,* 🏦, 🞌 – TV P. AE ⓜ ⓔ VISA
Menu *(geschl. Feb. 2 Wochen, Aug. 3 Wochen, Samstag)* à la carte 23/39 – **28 Zim**
⊐ 51/55 – 76.
    ♦ Mit Liebe zum Detail eingerichtete, kürzlich renovierte Zimmer erwarten die Gäste
    in diesem engagiert geführten Hotel, in dem persönliche Betreuung groß
    geschrieben wird. Ein schöner Kachelofen und gemütliche Eckbänke prägen das
    Restaurant.

ASCHAFFENBURG

Zur Post garni, Industriestraße Ost 19 (B 8), ✉ 63808, ℘ (06021) 6 30 40
Fax (06021) 630413 – 🕸 📺 P. AE ① ◉◉ VISA JCB. ✼
18 Zim ☛ 50 – 72.
♦ In diesem modernen Hotel wurde viel Wert auf eine individuelle Ausstattung gelegt: Die Zimmereinrichtungen wurden für die einzelnen Räume passend entworfen und angefertigt.

Edel garni, Zum Stadion 17, ✉ 63808, ℘ (06021) 6 30 30, info@hotel-edel.de
Fax (06021) 66070 – 🕸 📺 P. AE ◉◉ VISA. ✼
10 Zim ☛ 37/50 – 55/70.
♦ Wenn Sie Wert auf eine persönliche Atmosphäre legen, sind Sie in dieser Pension mit privatem Charakter richtig. Die Zimmer sind wohnlich eingerichtet und sehr gepflegt.

In Sailauf über ① : 8 km :

Schlosshotel Weyberhöfe, ✉ 63877, ℘ (06093) 94 00, info@weyberhoefe.de
Fax (06093) 940100, 🍽, ≦s, 🏊 – 📺 ℭ P. – 🛋 250. AE ① ◉◉ VISA
Menu siehe Rest. **Carême** separat erwähnt ♀ – **Schlossrestaurant :** Menu 35/53 und à la carte – ☛ 18 – **40 Zim** 147/212 – 194/344, 3 Suiten.
♦ Ein Leckerbissen für Liebhaber stilvollen Wohnens : Im Schloß von 1265 finden Sie liebevoll restaurierte Zimmer, der große Wellness-Bereich ist eine Oase der Erholung. Sandstein- wände und Holzbalken machen das Schloßrestaurant elegant-rustikal.

XXX **Carême** - Schlosshotel Weyberhöfe, ✉ 63877, ℘ (06093) 94 01 86, info@weyber-
✿✿ hoefe.de, Fax (06093) 940100, 🍽 – P. AE ① ◉◉ VISA. ✼ Rest
geschl. 1. - 10. Jan., Aug. 3 Wochen, Montag - Dienstag – **Menu** (nur Abendessen) (Tisch- bestellung ratsam) 80/110 und à la carte ♀.
♦ In dem stilvollen Restaurant mit neubarockem Deckengemälde werden Sie vom aufmerksa- men Service mit einer kreativen, aromatischen Küche auf klassischer Basis verwöhnt.
Spez. Karamelisierte Gänseleber mit Pfeffer und Schweinebäckchen. Pauillac Lamm mit Artischocken und Anchovis. Delice von Valrhona Schokolade mit Süßholz und Birne (Sept - Dez.).

In Hösbach-Bahnhof über ① : 8 km :

Gerber, Aschaffenburger Str. 12, ✉ 63768, ℘ (06021) 59 40, info@hotel-gerber.de,
Fax (06021) 594100, 🍽 – 📳, 🕸 Zim, 📺 ℭ ⇔ P. – 🛋 35. AE ◉◉ VISA. ✼ Zim
Menu à la carte 14/26 – **50 Zim** ☛ 72 – 98.
♦ Freundliches Tagungshotel am Rande des Spessarts mit komfortablen, gut ausgestat- teten Zimmern, die mit zeitgemäßen Naturholzmöbeln eingerichtet sind. Bruchsteinwände und ländliches Dekor zieren die rustikale Scheunenwirtschaft.

In Hösbach-Winzenhohl über ② : 6,5 km, in Haibach-Ortsmitte links ab :

Zur Sonne, Haibacher Str. 108, ✉ 63768, ℘ (06021) 6 99 72, jahreis@gasthofzursonne.de, Fax (06021) 60201, 🍽 – 📺 P. ◉◉ VISA
Menu (geschl. Sonntagabend, Dienstag) à la carte 14/38 – **11 Zim** ☛ 42/46 – 66/72.
♦ Dieser familiengeführte, ländliche Gasthof überzeugt mit seinen gepflegten und praktischen Zimmern, die alle gut ausgestattet sind. Passend zum Stil des Hauses : das rustikal eingerichtete Restaurant.

In Johannesberg über Müllerstraße Y : 8 km :

XX **Sonne - Meier's Restaurant** mit Zim, Hauptstr. 2, ✉ 63867, ℘ (06021) 47 00 77,
Fax (06021) 413964, 🍽, 🍽 – 🕸 Rest, 📺 ⇔ P. AE ① ◉◉ VISA
Menu (geschl. Ende Aug. - Mitte Sept., Montagmittag) (Tischbestellung ratsam) à la carte 35/54 – **7 Zim** ☛ 41/46 – 64.
♦ Der nette Landgasthof mit Gartenterrasse bietet den gepflegten Rahmen für eine klas- sische Küche mit kreativem Einschlag. Hübsche Zimmer laden zum Übernachten ein.

In Johannesberg-Rückersbach über Müllerstraße Y : 8 km :

Rückersbacher Schlucht 🌲, Hörsteiner Str. 33, ✉ 63867, ℘ (06029) 9 98 80,
info@rueckersbacher-schlucht.de, Fax (06029) 998877, 🍽, Biergarten – 📺 P. ◉◉ VISA
geschl. über Pfingsten 2 Wochen, Anfang - Mitte Aug. – **Menu** (geschl. Montag - Diens- tagmittag) à la carte 16/30,50 – **14 Zim** ☛ 28/40 – 57/66.
♦ Wohnliche, teils mit Antiquitäten eingerichtete Zimmer finden Sie in diesem Hotel, das ein guter Ausgangspunkt für Wanderungen und Radtouren in die idyllische Umgebung ist. In ländlichem Ambiente genießen Sie eine schmackhaft und sorgfältig zubereitete Küche.

In Johannesberg-Steinbach über Müllerstraße Y : 8 km :

Berghof 🌲, Heppenberg 7, ✉ 63867, ℘ (06021) 42 38 31, Fax (06021) 412050, ≤,
🍽 – 📺 ⇔ P.
Menu (geschl. Mitte Juni 1 Woche, Ende Aug. 2 Wochen, Freitag) (wochentags nur Abend- essen) à la carte 15/25 – **16 Zim** ☛ 36 – 48/62.
♦ Idyllisch am Eingang des Spessarts liegt dieses Hotel mit funktionellen, teils mit bemalten, teils mit dunklen Eichenmöbeln eingerichteten gepflegten Zimmern. Eine ländlich-rustikale Gestaltung bestimmt den Charakter des Restaurants.

ASCHAU IM CHIEMGAU Bayern 420 W 20 – 5 200 Ew – Höhe 615 m – Luftkurort – Wintersport : 700/1 550 m ⛷1 ⛷15 ⛷.

🛈 Tourist Info, Kampenwandstr. 38, ⌂ 83229, ℘ (08052) 90 49 37, Fax (08052) 904945.
Berlin 671 – München 82 – Bad Reichenhall 60 – Salzburg 64 – Rosenheim 23.

Residenz Heinz Winkler ⓢ, Kirchplatz 1, ⌂ 83229, ℘ (08052) 1 79 90, info@residenz-heinz-winkler.de, Fax (08052) 179966, ≼ Kampenwand, Massage, ≘s, ☞ – ╎ 🐦
🖳 ✆ ⇔ 🅿 🖭 ⓘ 🚳 VISA JCB 🟰
Menu siehe *Restaurant Heinz Winkler* separat erwähnt – ☞ 20 – **32 Zim** 140 – 160/250, 13 Suiten.

• Luxuriös Wohnen in einer Bilderbuchlandschaft : Ein barockes Juwel ist diese liebevoll restaurierte historische Hotelanlage mit edlen, individuell ausgestatteten Zimmern.

Burghotel, Kampenwandstr. 94, ⌂ 83229, ℘ (08052) 90 80, info@burghotel-ascha u.de, Fax (08052) 908200, ㇱ, Biergarten, ≘s – ╎, 🐦 Zim, 🖳 ⇔ 🅿 – 🔑 130. 🖭
ⓘ 🚳 VISA
Menu à la carte 22/32,50 – **80 Zim** ☞ 56/64 – 89/105 – ½ P 19.

• Das traditionsreiche Hotel stammt aus dem 19. Jahrhundert. Die komfortablen, hell eingerichteten Zimmer befinden sich in einem modernen Anbau. Gut für Tagungen geeignet. Das Restaurant unterteilt sich in gemütliche Stüberln - mit Wintergarten.

Zum Baumbach, Kampenwandstr. 75, ⌂ 83229, ℘ (08052) 14 81, zum-baumbach @t-online.de, Fax (08052)909769, ㇱ – 🖳 🅿 ⋇
Menu (geschl. Montag) à la carte 16/33 – **9 Zim** ☞ 45/48 – 70/76 – ½ P 10.

• Am Fuße der Kampenwand, umgeben von saftigen Wiesen, finden Sie in diesem stattlichen Gasthof wohnliche und zeitgemäße Zimmer vor. Alpenländische Gemütlichkeit ist nach wie vor Trumpf in den netten Gasträumen.

Edeltraud garni, Narzissenweg 15, ⌂ 83229, ℘ (08052) 9 06 70, hotel.edeltraud@t-online.de, Fax (08052) 5170, ≼, ☞ – 🖳 ⇔ 🅿 ⋇
geschl. Ende Okt. - 25. Dez. – **16 Zim** ☞ 38/50 – 66.

• Genießen Sie den Blick auf die Kampenwand in dem kleinen, persönlich geführten Hotel. Die wohnlichen Zimmer sorgen für einen erholsamen Aufenthalt in entspannter Atmosphäre.

Alpengasthof Brucker ⓢ, Schloßbergstr. 12, ⌂ 83229, ℘ (08052) 49 87, gasth ofbrucker@aol.com, Fax (08052) 1564, Biergarten, ☞ – 🅿 ⋇ Zim
geschl. 23. Okt. - 8. Nov. – **Menu** (geschl. Mittwochabend - Donnerstag, Jan. - März Mittwoch - Donnerstag) à la carte 12,50/23 – **11 Zim** ☞ 26/30 – 50/60.

• Sommers wie winters eine gute Adresse für einen Urlaub im Chiemgau ist dieser einfache bayerische Landgasthof mit den ordentlichen und gepflegten Zimmern und Ferienwohnungen. Gäste bewirtet man in gemütlichem, rustikalem Umfeld.

Restaurant Heinz Winkler - Residenz Heinz Winkler, Kirchplatz 1, ⌂ 83229, ℘ (08052) 1 79 91 52, info@residenz-heinz-winkler.de, Fax (08052) 179966, ㇱ – 🅿 🖭
ⓘ 🚳 VISA JCB ⋇
geschl. Montagmittag – **Menu** à la carte 63/89 ♌.

• Ein Fest nicht nur für den Gaumen ist der Besuch in dem edlen Restaurant, in dem Sie mit einer kreativen Saisonküche, die eine ganz persönliche Note hat, verwöhnt werden.

Spez. Variation von der Gänseleber. Carpaccio von Hummer mit Zitronengrassauce. Reh im Brotteig.

Bistro Pinot, Kampenwandstr. 20, ⌂ 83229, ℘ (08052) 44 54, ㇱ – 🅿 🚳 VISA
geschl. 7. - 23. Juni, Montag – **Menu** (nur Abendessen) à la carte 16/28 ♌.

• Schon seit über zehn Jahren ist das im Bistro-Charakter gehaltene Lokal eine beliebte Adresse. Dafür spricht auch, daß der Besitzer selbst am Herd steht.

ASCHEBERG Nordrhein-Westfalen 417 K 6 – 15 000 Ew – Höhe 65 m.

🏌 Ascheberg-Herbern, Wasserschloß Westerwinkel (Süd : 7 km), ℘ (02599) 9 22 22 ;
🏌 Nordkirchen-Piekenbrock (Süd-West : 11 km), ℘ (02596) 91 90.
🛈 Verkehrsverein, Katharinenplatz 1, ⌂ 59387, ℘ (02593) 63 24, Fax (02593) 7525.
Berlin 470 – Düsseldorf 115 – Dortmund 50 – Hamm in Westfalen 24 – Münster (Westfalen) 24.

Goldener Stern, Appelhofstr. 5, ⌂ 59387, ℘ (02593) 9 57 60, goldenerstern@on linehome.de, Fax (02593) 957628 – 🐦 Zim, 🖳 ⇔ 🅿 – 🔑 20. 🚳 VISA ⋇ Zim
Menu (geschl. Sonntag) (nur Abendessen) à la carte 16/25 – **18 Zim** ☞ 40/42 – 65/68.

• Solide und wohnliche Zimmer erwarten die Gäste in diesem Hotel im Münsterland. Die Umgebung bietet Ihnen vielfältige Möglichkeiten zur Entspannung und Erholung. Das Restaurant hat man mit hellen Holzmöbeln eingerichtet und mit kräftigen Farben dekoriert.

ASCHEBERG

In Ascheberg-Davensberg Nord-West : 2 km :

Clemens-August (mit Gästehaus), Burgstr. 54, ✉ 59387, ℰ (02593) 60 40, c.stat
mann@aol.com, Fax (02593) 604178, 😀, 🍽 – 📶, 📺, 🅿 – 🅰 80. 🆗 VISA
Menu (geschl. Sonntagabend - Montag) à la carte 14/27 – **86 Zim** ⌆ 39 – 69.
• Ein traditionsreicher, im Laufe der Jahre gewachsener Landgasthof mit praktischen Zimmern, der gut geeignet ist für Tagungen und Gruppenausflüge. Das Restaurant präsentiert sich teils rustikal, teils moderner.

ASCHEBERG (HOLSTEIN) Schleswig-Holstein **415 416** D 15 – 2 500 Ew – Höhe 22 m – Erholungsort.

Berlin 331 – Kiel 28 – Lübeck 62 – Neumünster 32.

Seehotel Dreiklang M, Plöner Chaussee 21 (B 430), ✉ 24326, ℰ (04526) 3 39 00
info@seehoteldreiklang.de, Fax (04526) 3390299, ≤, 😀, 🍽, 🏊, 🔹, 🎾 – 📶, ▤ Rest
📺 ☎ 🅿 🆎 🆗 VISA
Menu à la carte 22/43 – **56 Zim** ⌆ 77/103 – 103/161 – ½ P 22.
• Direkt an einem See steht dieses neu erbaute Hotel, das in drei Gebäude aufgeteilt ist. Die großzügig geschnittenen Zimmer verfügen teilweise über eine komplette Küche. Das elegant gestaltete Restaurant befindet sich im ersten Stock des Haupthauses.

ASCHERSLEBEN Sachsen-Anhalt **418** K 18 – 27 700 Ew – Höhe 112 m.

🏇 Meisdorf, Petersberger Trifft 33 (Süd-West : 12 km), ℰ (034743) 9 84 50.
🛈 Verkehrsverein, Taubenstr. 6, ✉ 06449, ℰ (03473) 42 46, Fax (03473) 812897.
Berlin 201 – Magdeburg 50 – Halberstadt 36 – Halle 53 – Nordhausen 77.

Ascania M, Jüdendorf 1, ✉ 06449, ℰ (03473) 95 20, mail@ascaniahotel.de,
Fax (03473) 952150, 😀, 🍽 – 📶, ⚲ Zim, 📺 ☎ ♿ ⇔ 🅿 – 🅰 60. 🆎 ⓘ 🆗 VISA
Menu (geschl. Sonntagabend) à la carte 14/31 – **44 Zim** ⌆ 67 – 90.
• Hier wohnen Sie in einem modernen Hotel in der Altstadt, integriert in ein Einkaufszentrum, mit freundlichem Ambiente. Die Zimmer sind hell und komfortabel. Sie speisen in einem stilvoll eingerichteten Hotelrestaurant.

ASCHHEIM Bayern siehe München.

ASENDORF Niedersachsen siehe Jesteburg.

ASPACH Baden-Württemberg siehe Backnang.

ASPERG Baden-Württemberg **419** T 11 – 12 000 Ew – Höhe 270 m.

Berlin 617 – Stuttgart 21 – Heilbronn 38 – Ludwigsburg 5 – Pforzheim 54.

Adler, Stuttgarter Str. 2, ✉ 71679, ℰ (07141) 2 66 00, info@adler-asperg.de,
Fax (07141) 266060, 😀, 🍽, 🏊 – 📶, ⚲ Zim, ▤ Rest, 📺 ☎ ⇔ 🅿 – 🅰 120. 🆎 ⓘ
🆗 VISA JCB
Schwabenstube (Tischbestellung ratsam) (geschl. Sonntagabend - Montagmittag) **Menu**
34/68 à la carte 33/50 – **Brasserie Adlerstube** (geschl. Aug., Samstag - Sonntag) **Menu**
à la carte 19/30 – **70 Zim** ⌆ 100/110 – 128.
• Die Anlage des Hotels teilt sich in den traditionsreichen Fachwerkbau und den neuzeitlichen Hotelanbau mit individuell eingerichteten, teils klimatisierten Zimmern. Elegant zeigt sich die Schwabenstube. Ungezwungen : die Brasserie Adlerstube.

Bären, Königstr. 8, ✉ 71679, ℰ (07141) 2 65 60, baeren-asperg@t-online.de,
Fax (07141) 65478, 😀 – 📺 🅿 🆎 ⓘ 🆗 VISA JCB
geschl. über Fasching, Aug.- Sept. 3 Wochen – **Menu** (geschl. Montag) à la carte 17/30 –
16 Zim ⌆ 50 – 80.
• Solide Zimmer und einen freundlichen Service bietet Ihnen dieser ländliche Gasthof, der auf eine 300-jährige Tradition zurückblicken kann. Typisch für die Gegend : das bürgerlich-rustikale Restaurant.

In Tamm Nord-West : 2,5 km :

Historischer Gasthof Ochsen, Hauptstr. 40, ✉ 71732, ℰ (07141) 2 99 95 55, info
@ochsen-tamm.de, Fax (07141) 2999556, 😀 – ⚲ Zim, 📺 ☎ 🆎 🆗 VISA
Menu à la carte 26/36 – **17 Zim** ⌆ 69/99 – 89/109.
• Der schöne Fachwerkgasthof aus dem 18. Jh. mit weiß-grauer Fassade erwartet Sie mit gepflegten Zimmern, die mit hellen Naturholzmöbeln wohnlich eingerichtet sind. Gemütliches Restaurant mit hübschen, holzgetäfelten Gaststuben.

ATERITZ Sachsen-Anhalt siehe Kemberg.

ATTENDORN Nordrhein-Westfalen **417** M 7 – 24 000 Ew – Höhe 255 m.
  Sehenswert : Attahöhle★.
  Attendorn-Niederhelden, Repetalstr. 219 (Ost : 7 km), ℘ (02721) 13 10.
  🛈 Tourist Information, Rathauspassage, ⊠ 57439, ℘ (02722) 6 42 29, Fax (02722) 4775.
  Berlin 539 – Düsseldorf 131 – Siegen 41 – Lüdenscheid 37.

  Rauch garni, Wasserstr. 6, ⊠ 57439, ℘ (02722) 9 24 20, info@hotel-rauch.de, Fax (02722) 924233 – ⥮ 🖻 📞 🅿. 🆎 ⓞ ⓜ 🆅🆂🅰
  13 Zim ⊇ 55/73 – 93/106.
  ♦ Das historische Stadthaus beherbergt ein nettes Hotel mit moderner Ausstattung, in dem Sie wohnliche, individuell eingerichtete und sehr gepflegte Zimmer erwarten.

An der Straße nach Helden Ost : 3,5 km :

  Burghotel Schnellenberg 🏰, ⊠ 57439 Attendorn, ℘ (02722) 69 40, info@burg-schnellenberg.de, Fax (02722) 694169, ≤, 🍴, 🐎, ❋ – 📺 📞 ⇌ 🅿 – 🛎 80. 🆎 ⓞ ⓜ 🆅🆂🅰
  geschl. 1. – 17. Jan. – **Menu** à la carte 27,50/45 – **42 Zim** ⊇ 85/103 – 120/190.
  ♦ Egal, ob Sie hier nur übernachten oder in der Burgkapelle Ihre Hochzeit feiern : Auf dieser Burg im Sauerland verbindet sich historisches Ambiente mit zeitgemäßem Komfort. Das Restaurant befindet sich im Saal mit Kreuzgewölbe und Säulen.

In Attendorn-Niederhelden Ost : 8 km :

  Romantik Hotel Haus Platte, Repetalstr. 219, ⊠ 57439, ℘ (02721) 13 10, haus-platte@romantik.com, Fax (02721) 131415, 🍴, ≦s, 🖼, 🐎, 🚴 (Halle) – ⥮ Zim, 📺 📞 ⇌ 🅿 – 🛎 50. 🆎 ⓜ 🆅🆂🅰 ❋ Rest
  Menu (geschl. 20. – 25. Dez.) à la carte 23,50/38 – **50 Zim** ⊇ 70/87 – 110/155.
  ♦ Das Haus, das seit sechs Generationen in Familienbesitz ist, hat sich vom ehemaligen Gasthof zu einem elegant-komfortablen Hotel mit schönem Wellnessbereich entwickelt. Landhausstil prägt die Einrichtung des Restaurants.

  Landhotel Struck (mit Gästehaus), Repetalstr. 245, ⊠ 57439, ℘ (02721) 1 39 40, info@landhotel-struck.de, Fax (02721) 20161, 🍴, ≦s, 🖼, 🐎, – ⥮ Zim, 📺 📞 🅿 – 🛎 70. 🆎 ⓜ 🆅🆂🅰
  Menu (geschl. 22. – 25. Dez.) à la carte 20/37 – **49 Zim** ⊇ 59/85 – 92/148.
  ♦ Hier, mitten im Sauerland, erwartet Sie ein gewachsener, familiengeführter Landgasthof mit gediegenen Zimmern ; in der Halle sorgt ein offener Kamin für Atmosphäre. Gemütliches Restaurant mit Kirschholztäfelung und schweren Polsterbänken.

ATTERWASCH Brandenburg siehe Guben.

AUE Sachsen **418 420** O 22 – 19 000 Ew – Höhe 343 m.
  🛈 Stadtinformation, Goethestr. 5, ⊠ 08280, ℘ (03771) 28 11 25, Fax (03771) 281234.
  Berlin 295 – Dresden 122 – Chemnitz 35 – Zwickau 23.

  Blauer Engel, Altmarkt 1, ⊠ 08280, ℘ (03771) 59 20, blauer-engel-aue@t-online.de, Fax (03771) 23173, ≦s – 🛗, ⥮ Zim, 📺 📞 🅿 – 🛎 20. 🆎 ⓜ 🆅🆂🅰 🅹🅲🅱
  Menu à la carte 16/31,50 – **49 Zim** ⊇ 57/66 – 82.
  ♦ Ein traditionsreiches, vollständig renoviertes Haus mit wohnlichen Zimmern und einer grottenartig angelegten Saunalandschaft, in der Sie sich entspannen können. Viel Holz sorgt in den Gaststuben für Gemütlichkeit. Eigene Hausbrauerei.

AUENWALD Baden-Württemberg **419** T 12 – 6 Ew – Höhe 283 m.
  Berlin 582 – Stuttgart 41 – Backnang 11 – Aalen 64.

In Auenwald-Däfern

  ❋❋ **Landgasthof Waldhorn**, Hohnweiler Str. 10, ⊠ 71549, ℘ (07191) 31 23 12, Fax (07191) 312313, 🍴 – ⥮ 🅿. ⓜ 🆅🆂🅰
  geschl. Aug. 2 Wochen, Nov. 1 Woche, Montag – Dienstag – **Menu** à la carte 22,50/37.
  ♦ Aus einer einfachen Ausflugsgaststätte entstand dieses elegant-rustikale und mehrfach unterteilte Lokal, das gemütliches Landhaus-Flair versprüht.

Schreiben Sie uns...
Ihre Meinung, sei es Lob oder Kritik, ist stets willkommen.
Jeder Ihrer Hinweise wird durch unsere Inspektoren sorgfältigst
in den betroffen Hotels und Restaurants überprüft. Dank
Ihrer Mithilfe wird Der Rote Michelin-Führer
immer aktueller und vollständiger.
Vielen Dank im voraus !

AUERBACH (VOGTLAND) Sachsen 418 420 O 21 – 21 000 Ew – Höhe 480 m.

☐ *Fremdenverkehrsamt, Schloßstr. 10, ✉ 08209, ℘ (03744) 8 14 50, Fax (03744) 8143?*
Berlin 305 – Dresden 147 – Gera 58 – Plauen 24.

In Auerbach-Schnarrtanne *Ost : 6 km Richtung Schönheide :*

XX **Renoir**, Schönheider Str. 235, ✉ 08209, ℘ (03744) 21 51 19, Fax (03744) 215119 – ℙ
☯ VISA
geschl. Anfang Jan. 1 Woche, Juli 2 Wochen, Montag - Dienstagmittag – **Menu** à la carte
17/29.
   ◆ Hier finden Sie ein hübsches kleines Restaurant mit stilvollem Dekor und kleiner Galerie
Der Küchenchef verwöhnt Sie mit französischer und internationaler Küche.

AUERBACH IN DER OBERPFALZ Bayern 420 Q 18 – 9 800 Ew – Höhe 435 m.

Berlin 395 – München 212 – Nürnberg 67 – Bayreuth 42 – Regensburg 102 – Weiden in
der Oberpfalz 49.

🏛 **Goldner Löwe**, Unterer Markt 9, ✉ 91275, ℘ (09643) 17 65, rh-goldner-loewe
auerbach-opf@t-online.de, Fax (09643) 4670 – 🛗, ⇔ Zim, ☰ Rest, 📺 ✆ ⇔ ℙ – 🔒 80
AE ⓓ ☯ VISA JCB. ❦ Rest
Menu (geschl. 5. - 21. Jan.) à la carte 17,50/45 – **27 Zim** ⇌ 50/80 – 87/128.
   ◆ Dieses Hotel, das auf eine Geschichte bis ins Mittelalter zurückblicken kann, wurde nach
einem Brand im 19. Jh. neu aufgebaut und bietet heute bequeme und wohnliche Zimmer.
Rustikale Gaststuben mit hauseigener Metzgerei.

AUEROSE Mecklenburg-Vorpommern siehe Anklam.

AUETAL Niedersachsen 417 J 11 – 6 200 Ew – Höhe 160 m.

Berlin 327 – Hannover 50 – Bückeburg 19 – Hameln 21 – Obernkirchen 19.

In Auetal-Rehren :

🏛 **Waldhotel Mühlenhof**, Zur Obersburg 7, ✉ 31749, ℘ (05752) 92 88 80, info@
waldhotelmuehlenhof.de, Fax (05752) 9288877, ⇔, 🖳, 🐎 – 🛗 📺 ⇔ ℙ – 🔒 20. **☯**
VISA. ❦ Rest
geschl. Nov. - 20. Dez. – **Menu** (Restaurant nur für Hausgäste) – **52 Zim** ⇌ 38
– 71.
   ◆ Am Rande des Wesergebirges liegt dieses familiengeführte Hotel mit wohnlicher
Zimmern. Die Umgebung bietet Möglichkeiten für diverse Freizeitaktivitäten und
Ausflüge.

AUFHAUSEN Bayern siehe Erding.

AUFSESS Bayern 420 Q 17 – 1 400 Ew – Höhe 426 m.

Berlin 388 – München 231 – Coburg 75 – Bayreuth 31 – Nürnberg 61 – Bamberg 29.

⚓ **Brauereigasthof Rothenbach**, Im Tal 70, ✉ 91347, ℘ (09198) 9 29 20, wirt@
brauereigasthof-rothenbach.de, Fax (09198) 9292290, 🍴, 🏊 (geheizt), 🐎 – 📺 ℙ –
🔒 40. **☯ VISA**
geschl. Jan. 2 Wochen, Nov. - Dez. 2 Wochen – **Menu** (geschl. Dienstag) à la carte 12/22
– **18 Zim** ⇌ 33/39 – 52/58.
   ◆ Der Gasthof im Herzen der Fränkischen Schweiz lädt zum Übernachten in
schlichten, funktionalen Zimmern. Die familiäre Atmosphäre garantiert Entspannung
für die ganze Familie. Typische Brauereigaststätte mit bodenständiger Hausmannskost.

AUGGEN Baden-Württemberg 419 W 6 – 2 000 Ew – Höhe 266 m.

Berlin 833 – Stuttgart 240 – Freiburg im Breisgau 35 – Basel 31 – Mulhouse 28.

🏛 **Gästehaus Zur Krone** garni, Hauptstr. 6, ✉ 79424, ℘ (07631) 17 84 50, hotel
krone-auggen@t-online.de, Fax (07631) 16913, ⇔, 🖳, 🐎 – 🛗 📺 ✆ ℙ. **AE**
☯ VISA
32 Zim ⇌ 57/72 – 81/124.
   ◆ Liebevoll eingerichtete Zimmer erwarten die Besucher in den Gästehäusern dieses
Hotels im Landhausstil und machen Ihren Aufenthalt im Markgräflerland erholsam. Schöner
Garten.

AUGGEN

Zur Krone, Hauptstr. 12, ⌂ 79424, ℰ (07631) 1 61 82, gasthauskrone-auggen@t-online.de, Fax (07631) 1749701 – **P**
geschl. Dienstag - Mittwoch – **Menu** 25 à la carte 24/36 ⚑.
• Die gemütliche, holzgetäfelte Gaststube mit Kachelofen und der freundliche Service bilden den harmonischen Rahmen für den Genuß saisonaler und badischer Spezialitäten.

Bären mit Zim, Bahnhofstr. 1 (B 3), ⌂ 79424, ℰ (07631) 23 06, Fax (07631) 704990, ⌂ – ⌂ **P**
geschl. 28. Dez. - 15. Jan. – **Menu** (geschl. Donnerstag) (Montag - Freitag nur Abendessen) à la carte 16/30 – **7 Zim** ⌂ 42/45 – 62/65.
• Hier essen Sie in einem typischen badischen Gasthof mit einer Speisekarte, die ein reichhaltiges Angebot an regionaler und internationaler Küche bietet.

AUGSBURG Bayern 419 420 U 16 – 270 000 Ew – Höhe 496 m.

Sehenswert : Fuggerei★ Y – Maximilianstraße★ Z – St. Ulrich- und Afra-Kirche★ (Simpertuskapelle : Baldachin mit Statuen★) Z – Hoher Dom (Südportal★★ des Chores, Türflügel★, Prophetenfenster★, Gemälde★ von Holbein dem Älteren) Y – Städtische Kunstsammlungen (Festsaal★★) Z M1 – St. Anna-Kirche (Fuggerkapelle★) Y B – Staatsgalerie in der Kunsthalle★ X M4.

🏌 Bobingen-Burgwalden (über ④ : 17 km), ℰ (08234) 56 21 ; 🏌 Leitershofen (3 km über Augsburger Straße X), ℰ (0821) 43 72 42 ; 🏌 Gessertshausen (Süd-West : 15 km über ⑤), ℰ (08238) 78 44 ; 🏌 Lindauer Str. 56 (Süd : 4 km über ④) ℰ (0821) 90 65 00.

🛈 Tourist-Information, Bahnhofstr. 7, ⌂ 86150, ℰ (0821) 50 20 70, tourismus@regio-augsburg.de, Fax (0821) 5020745.

🛈 Tourist-Information, Rathausplatz, ⌂ 86150, ℰ (0821) 5 02 07 24.

ADAC, Fuggerstr. 11.

Berlin 560 ① – München 68 ① – Ulm (Donau) 80 ⑥

Stadtpläne siehe nächste Seiten

Steigenberger Drei Mohren, Maximilianstr. 40, ⌂ 86150, ℰ (0821) 5 03 60, augsburg@steigenberger.de, Fax (0821) 157864, ⌂ – ⌂, ⌂ Zim, ⌂ Rest, ⌂ ⌂ **P** – ⌂ 250. ⌂ ⑩ ⓪ ⌂ ⌂
Z a
Maximilians (geschl. Sonn- und Feiertage abends) **Menu** à la carte 25/38,50 – **Bistro 3M** : **Menu** à la carte 17/32 – ⌂ 15 – **106 Zim** 100/138 – 135/165, 5 Suiten.
• Das traditionsreiche Haus verwöhnt seine Gäste mit zeitgemäßer Wohnkultur und Komfort. Man legt Wert auf kultivierte Gastlichkeit. Schöne Gartenterrasse. Im eleganten Maximilians empfängt man Sie in stilvoll-klassischem Rahmen.

Dorint 🅼, Imhofstr. 12, ⌂ 86159, ℰ (0821) 5 97 40, info.agbaog@dorint.com, Fax (0821) 5974100, ⌂, ⌂ – ⌂, ⌂ Zim, ⌂ ⌂ ⌂ ⌂ – ⌂ 100. ⌂ ⑩ ⓪ ⌂ ⌂ ⌂ ⌂ Rest
X c
Menu à la carte 23,50/33 – ⌂ 16 – **184 Zim** 111/156 – 131/176.
• Der prägnante, runde Turmbau des Hotels erinnert an einen Maiskolben : Innen finden Sie moderne, frisch renovierte und technisch gut ausgestattete Räume im Stil der 70er Jahre. Bistro-Restaurant mit Buffet und großer Fensterfront.

Romantik Hotel Augsburger Hof, Auf dem Kreuz 2, ⌂ 86152, ℰ (0821) 34 30 50, info@augsburger-hof.de, Fax (0821) 3430555, ⌂, ⌂ – ⌂, ⌂ Zim, ⌂ ⌂ ⌂. ⌂ ⑩ ⓪ ⌂ ⌂
X v
Menu (geschl. 1. - 19. Jan.) à la carte 23/41 – **36 Zim** ⌂ 65/105 – 75/130.
• Eine Unterkunft mit Charme : Eines der ältesten Gasthäuser Augsburgs heißt Sie mit zeitgemäßem Komfort und individuellen, geschmackvoll dekorierten Zimmern willkommen. Umgeben von ländlicher Eleganz serviert man im Restaurant schwäbische Spezialitäten.

Augusta, Ludwigstr. 2, ⌂ 86152, ℰ (0821) 5 01 40, reception@hotelaugusta.de, Fax (0821) 5014605, ⌂ – ⌂, ⌂ Zim, ⌂ ⌂ ⌂ – ⌂ 70. ⌂ ⑩ ⓪ ⌂ ⌂ Y v
geschl. 24. - 30. Dez., 1. - 4. April – **Zirbel Stuben** (geschl. Samstag) **Menu** à la carte 20/34 – **107 Zim** ⌂ 98/105 – 124/149.
• Die günstige Lage und gute, technisch gut ausgestattete Zimmer machen dieses Hotel zu einer guten Adresse für Tagungen, aber auch für Städteurlauber. Die gepflegten, gemütlichen Zirbel-Stuben bieten ihren Gästen eine Auswahl internationaler Gerichte.

Riegele, Viktoriastr. 4, ⌂ 86150, ℰ (0821) 50 90 00, mail@hotel-riegele.de, Fax (0821) 517746, ⌂ – ⌂ ⌂ ⌂ **P** ⌂ ⌂ – ⌂ 80. ⌂ ⑩ ⓪ ⌂
X r
geschl. 15. - 31. Aug. – **Menu** (geschl. Sonntagabend) à la carte 21,50/36,50 – **28 Zim** ⌂ 65/90 – 90/113.
• Hier übernachten Sie in einem sehr gepflegten und gut geführten Hotel mit modern eingerichteten Zimmern und einer persönlichen Ausstrahlung - nahe dem Hauptbahnhof gelegen. Ein eleganter Landhausstil prägt die Atmosphäre im Restaurant.

AUGSBURG

InterCityHotel M, Halderstr. 29, ✉ 86150, ℰ (0821) 5 03 90, *augsburg@intercityhotel.de*, Fax (0821) 5039999 – 🛗, ⚞ Zim, 📺 📞 ♿ 🚗 – 🏛 25. AE ⓞ ⓜⓔ VISA JCB. ※ Rest   X a
Menu *(geschl. Samstag - Sonntag) (nur Abendessen)* à la carte 16/27 – **120 Zim** 128/138 – 156/166.
♦ Ein zeitgemäßes und praktisches Business Class-Hotel, das seinen Gästen den gewohnten guten Service der Steigenberger Gruppe bietet. Modernes Restaurant in der 1. Etage.

Altstadthotel Ulrich garni, Kapuzinergasse 6, ✉ 86150, ℰ (0821) 3 46 10, *altstadthotel.ulrich@t-online.de*, Fax (0821) 3461346 – 🛗 ⚞ 📺 📞 🚗 – 🏛 15. AE ⓞ ⓜⓔ VISA   Z e
geschl. 1. - 6. Jan. - **32 Zim** ⚏ 72/82 – 100/115.
♦ Historisches Flair und moderner Komfort umgeben Sie in den individuell gestalteten Zimmern dieses Hauses, das in einem Patrizierpalais aus dem 16. Jh. eingerichtet wurde.

Dom-Hotel garni, Frauentorstr. 8, ✉ 86152, ℰ (0821) 34 39 30, *info@domhotel-augsburg.de*, Fax (0821) 34393200, ⚞, 🔲 – 🛗 ⚞ 📺 📞 🚗 🅿 – 🏛 15. AE ⓞ ⓜⓔ VISA JCB   Y c
52 Zim ⚏ 63/99 – 73/129, 5 Suiten.
♦ Direkt am Dom übernachten Sie hier in gepflegten Zimmern. Die Besitzerfamilie, die das Hotel in vierter Generation engagiert führt, sorgt für einen sympathischen Rahmen.

Ost am Kö garni, Fuggerstr. 4, ✉ 86150, ℰ (0821) 50 20 40, *ulrich@ostamkoe.de*, Fax (0821) 5020444, ⚞ – 🛗 ⚞ 📺 📞 AE ⓞ ⓜⓔ VISA   Y z
55 Zim ⚏ 75/95 – 90/120.
♦ Gepflegtes Stadthotel mit freundlichem Service. Die mahagonifarben eingerichteten Zimmer sind praktisch und gut ausgestattet.

Die Ecke, Elias-Holl-Platz 2, ✉ 86150, ℰ (0821) 51 06 00, *restaurant.dieecke@t-online.de*, Fax (0821) 311992, ⚞ – AE ⓞ ⓜⓔ VISA   Y n
Menu à la carte 27,50/46.
♦ Die Einrichtung mischt Rustikales und Modernes, die Küche serviert internationale Spezialitäten, der Service ist geschult in diesem Restaurant, das schon Bert Brecht besuchte.

Bohème, Vorderer Lech 3, ✉ 86150, ℰ (0821) 15 91 27, *info@restaurant-boheme.de*, Fax (0821) 3199704, ⚞ – ⓞ ⓜⓔ VISA   Y a
geschl. Sonntagabend - Montag - **Menu** 25/79 à la carte 24/38.
♦ In einem etwas versteckt liegenden renovierten Altstadthaus hat man dieses kleine Lokal eingerichtet - im Inneren hell, mit leicht elegantem Touch gestaltet. Nette Terrasse.

AUGSBURG

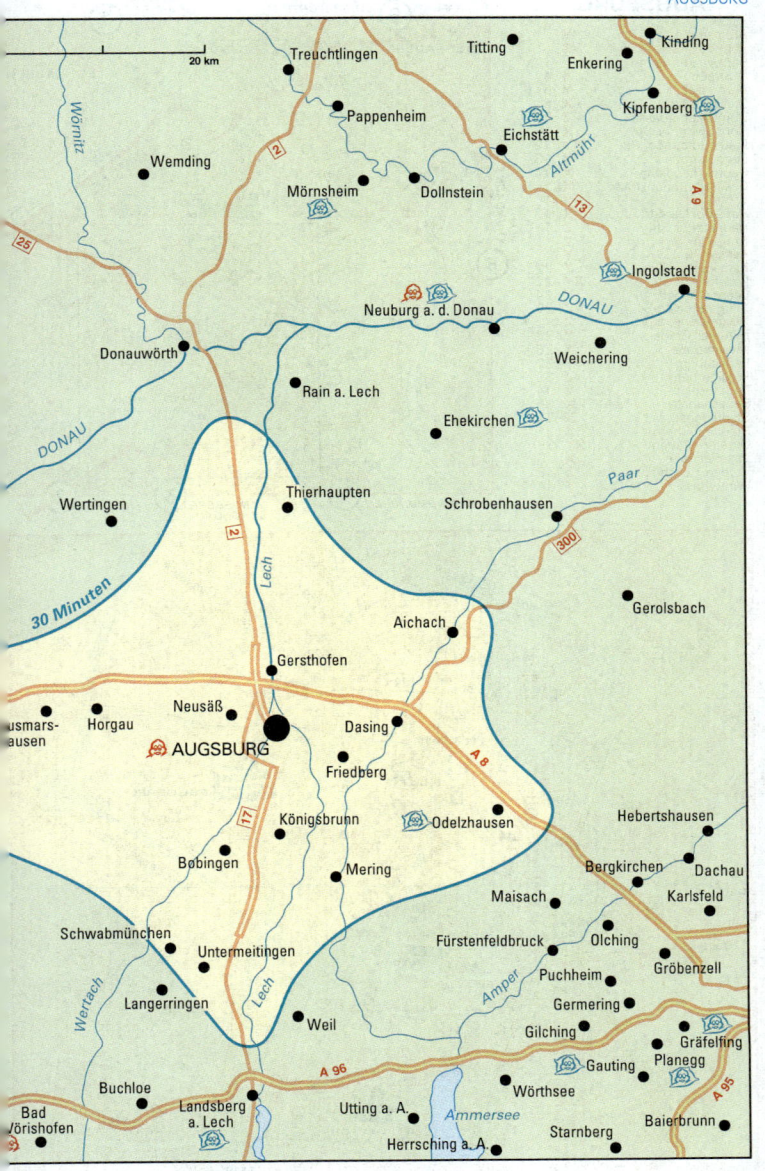

✕ **Fuggerei-Stube,** Jakoberstr. 26, ✉ 86152, ✆ (0821) 3 08 70, *fuggereistube@t-on line.de*, Fax (0821) 159023 – AE MO VISA JCB Y s
geschl. Ende Okt. 1 Woche, Sonn- und Feiertage abends, Montag – **Menu** (Tischbestellung ratsam) à la carte 15/37.
  ♦ Restaurant in einem Teil der ältesten Sozialsiedlung der Welt. Gutbürgerliche Küche und schwäbisch-regionale Spezialitäten werden Ihnen in dieser rustikalen Gaststube geboten.

135

AUGSBURG

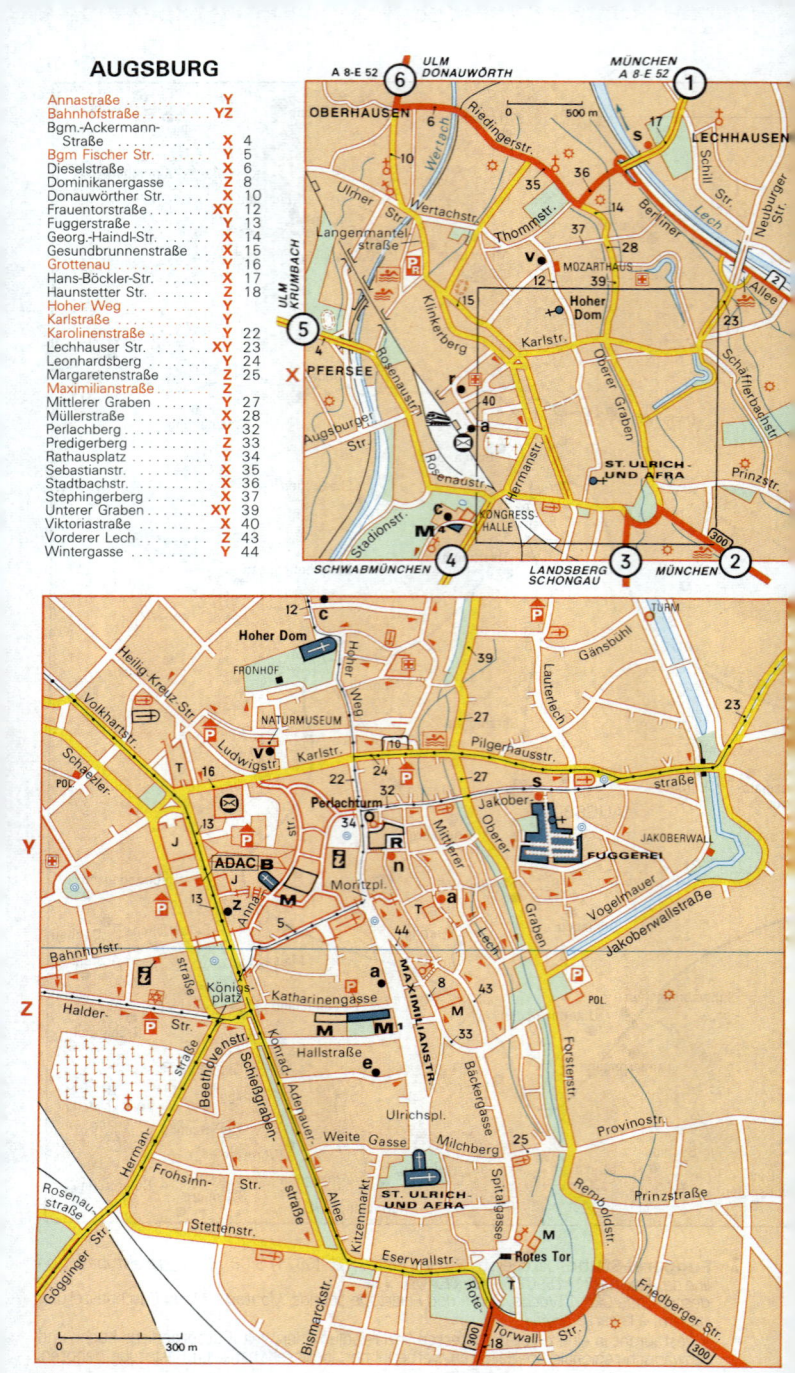

Annastraße	Y
Bahnhofstraße	YZ
Bgm.-Ackermann-Straße	X	4
Bgm Fischer Str.	Y	5
Dieselstraße	X	6
Dominikanergasse	Z	8
Donauwörther Str.	Y	10
Frauentorstraße	XY	12
Fuggerstraße	Y	13
Georg.-Haindl-Str.	X	14
Gesundbrunnenstraße	X	15
Grottenau	Y	16
Hans-Böckler-Str.	X	17
Haunstetter Str.	X	18
Hoher Weg	Y
Karlstraße	Y
Karolinenstraße	Y	22
Lechhauser Str.	XY	23
Leonhardsberg	Y	24
Margaretenstraße	Z	25
Maximilianstraße	Z
Mittlerer Graben	Y	27
Müllerstraße	Y	28
Perlachberg	Y	32
Predigerberg	Y	33
Rathausplatz	Y	34
Sebastianstr.	X	35
Stadtbachstr.	X	36
Stephingerberg	X	37
Unterer Graben	XY	39
Viktoriastraße	Y	40
Vorderer Lech	Z	43
Wintergasse	Y	44

AUGSBURG

In Augsburg-Göggingen über ④ : 4 km :

🏨 **Terratel** garni, Nanette-Streicher-Str. 4, ✉ 86199, ℘ (0821) 90 60 40, hotel.terratel
@t-online.de, Fax (0821) 9060450, Massage, 🛁, ≋, 🔲 – 🛗 ⤻ 📺 📞 ⇔, 🆎 ① ⓜ⓪
VISA JCB. ✻
geschl. Weihnachten - 6. Jan. - **22 Zim** ⊇ 58/70 – 78/84.
• Individuell gestaltete Zimmer, ein reichhaltiges Frühstücksbuffet und ein ansprechender
Wellnessbereich machen den Aufenthalt in dem gut geführten Hotel erholsam.

In Augsburg-Lechhausen :

🍴 **Wirtshaus am Lech,** Leipziger Str. 50, ✉ 86169, ℘ (0821) 70 70 74,
Fax (0821) 707084, 🌳, Biergarten – 🅿. ⓜ⓪ VISA   X s
geschl. Donnerstag - **Menu** à la carte 14/33,50.
• Die Freunde einer saisonalen schwäbischen Küche werden sich in diesem typisch baye-
risch, mit viel Holz eingerichteten Gasthof wohlfühlen.

In Augsburg-Oberhausen über ⑥ : 2,5 : km :

🏨 **Alpenhof** (mit Gästehaus), Donauwörther Str. 233, ✉ 86154, ℘ (0821) 4 20 40, info
@alpenhof-hotel.de, Fax (0821) 4204200, 🌳, ≋, 🔲 – 🛗, ⤻ Zim, 📺 📞 ⇔ 🅿 –
🔸 200. 🆎 ① ⓜ⓪ VISA
Menu à la carte 19,50/47 – **130 Zim** ⊇ 70/107 – 97/159.
• Ob Tagung, Urlaub, Familienfeier oder Reisegruppe : Dieses Hotel bietet solide ausge-
stattete Zimmer verschiedener Kategorien, die sich auf drei Gebäudekomplexe verteilen.
Im Restaurant hält man eine Speisekarte mit internationalen Gerichten bereit.

AUGUSTUSBURG Sachsen **418** N 23 – 2 500 Ew – Höhe 470 m.
Sehenswert : Schloß Augustusburg (Jagdtier- und Vogelkundemuseum★,
Motorradmuseum★★).
🅱 Fremdenverkehrsamt, Marienberger Str. 24 (Rathaus), ✉ 09573, ℘ (037291) 3 95 50,
augustusburg@t-online.de, Fax (037291) 39555.
Berlin 260 – Dresden 96 – Chemnitz 21 – Zwickau 52.

🏨 **Cafe Friedrich** 🍃, Hans-Planer-Str. 1, ✉ 09573, ℘ (037291) 66 66, hotel@cafe-
friedrich.de, Fax (037291) 60052, 🌳 – 📺 ⇔ 🅿. 🆎 ① ⓜ⓪ VISA JCB
Menu à la carte 9/25 – **11 Zim** ⊇ 39/44 – 52/70.
• Das villenartige Hotel mit gemütlichen, gepflegten Zimmern liegt in einem ruhigen, um
die Jahrhundertwende entstandenen Waldvillenviertel. Ein gut geführter Familienbetrieb.
In dem netten, preiswerten Restaurant erwartet Sie eine bodenständige Küche.

🏨 **Morgensonne**, Morgensternstr. 2, ✉ 09573, ℘ (037291) 2 05 08, service@hotel-
morgensonne.de, Fax (037291) 6582, 🌼 – 📺 ⇔ 🅿. ⓜ⓪ VISA
Menu (nur Abendessen) (Restaurant nur für Hausgäste) – **12 Zim** ⊇ 40/44 – 47/62.
• Im Herzen Sachsens finden Sie dieses saubere und gepflegte Hotel mit privatem
Charakter. Die Zimmer sind mit Kirschmobiliar wohnlich eingerichtet.

AUMÜHLE Schleswig-Holstein **415 416** F 14 – 3 500 Ew – Höhe 35 m.
Berlin 266 – Kiel 104 – Hamburg 33 – Lübeck 57.

🏨 **Waldesruh am See**, Am Mühlenteich 2, ✉ 21521, ℘ (04104) 30 46,
Fax (04104) 2073, ≤, 🌳 – 🛗 📺 🅿. 🆎 ① ⓜ⓪ VISA
Menu (geschl. Dienstag) 28,50 à la carte 21/34 – **15 Z** ⊇ 58/72 – 87/115.
• Das ehemalige Jagdschloss aus dem 18. Jh. ist an einem kleinen See plaziert. Gut unter-
haltene, hübsch eingerichtete Zimmer mit guter technischer Ausstattung stehen bereit.
Verschiedene Räume von klassisch bis altdeutsch bilden das Restaurant.

🍴🍴 **Fürst Bismarck Mühle** mit Zim, Mühlenweg 3, ✉ 21521, ℘ (04104) 20 28,
Fax (04104) 1200, 🌳 – 📺 🅿. ⓜ⓪ VISA
Menu (geschl. Mittwoch) à la carte 29/41 – **7 Zim** ⊇ 62 – 98.
• Wenn Sie stilvoll in traditionsbewußter Atmosphäre und schöner Umgebung speisen wol-
len, besuchen Sie die ehemalige Mühle mit ihrer hübschen Gartenterrasse.

AURICH (OSTFRIESLAND) Niedersachsen **415** F 6 – 41 200 Ew – Höhe 8 m.
🅱 Verkehrsverein, Norderstr. 32, ✉ 26603, ℘ (04941) 44 64, vvaurich@t-online.de,
Fax (04941) 10655.
ADAC, Esenser Str. 122a.
Berlin 506 – Hannover 241 – Emden 26 – Oldenburg 70 – Wilhelmshaven 51.

🏨 **Piqueurhof**, Burgstraße, ✉ 26603, ℘ (04941) 9 55 20, info@piqueurhof.de,
Fax (04941) 955268, Biergarten, ≋, 🔲 – 🛗 📺 🅿 – 🔸 250. 🆎 ① ⓜ⓪ VISA
Menu à la carte 18/32 – **40 Z** ⊇ 51/95 – 89/115.
• Das Hotel mit der schönen, denkmalgeschützten Jugendstilfassade beherbergt wohn-
liche Zimmer in neuzeitlichem Stil, die alle nach einer Stadt benannt sind. Klassisches Restau-
rant mit hoher Decke und großer Fensterfront.

AURICH (OSTFRIESLAND)

Brems Garten, Kirchdorfer Str. 7, ⊠ 26603, ℘ (04941) 92 00, brems-garten@nwn.de
Fax (04941) 920920, ☆ – TV P – 🛋 300. AE ⓘ ⓜⓞ VISA JCB
Menu à la carte 17/33,50 – **29 Zim** ⊇ 45/55 – 70/85 – ½ P 13.
• Das familiengeführte Hotel liegt direkt an der Stadthalle. Geräumige und gut ausgestattete Zimmer erwarten Sie mit ostfriesischer Gastlichkeit. Unterschiedlich gestaltete Restauranträume, zum Teil maritim dekoriert.

Twardokus (mit Gästehaus), Kirchstr. 6, ⊠ 26603, ℘ (04941) 9 90 90, info@twardokus.de, Fax (04941) 990929, ☆ – 🚫 Zim, TV 📞 ⓜⓞ VISA. 🚫 Zim
Menu à la carte 21/30 – **17 Zim** ⊇ 49/75 – 70/85.
• Gepflegte Gästezimmer - mit solidem Mobiliar eingerichtet - finden Sie in diesem Domizil. Gleich um die Ecke beginnt die Fußgängerzone. Bistroartiges Restaurant mit Theke.

In Aurich-Wallinghausen Ost : 3 km :

Köhlers Forsthaus ⑤, Hoheberger Weg 192, ⊠ 26605, ℘ (04941) 1 79 20, hotel@koehlers-forsthaus.de, Fax (04941) 179217, ☆, ⓢ, 🔲 – 🚫 Zim, TV 🛁 P
🛋 80. ⓘ ⓜⓞ VISA JCB
Menu à la carte 15/32 – **50 Zim** ⊇ 47/73 – 84/130.
• Individuell gestaltete Zimmer, phantasievolle Bäder und der hübsche Garten zeichnen dieses gewachsene, familiengeführte Hotel im für die Region typischen Baustil aus. Von den gediegenen Gasträumen aus haben Sie einen herrlichen Blick ins Grüne.

In Aurich-Wiesens Süd-Ost : Richtung Friedeburg 6 km :

Waldhof ⑤ mit Zim, Zum alten Moor 10, ⊠ 26605, ℘ (04941) 6 04 09 90, held.ft lservice.catering.@t-online.de, Fax (04941) 66579, 🟰, ⇌ P
Menu (geschl. Montag - Dienstag) (wochentags nur Abendessen) à la carte 23/34 – **8 Zim** ⊇ 50/60 – 85.
• Genießen Sie in parkartiger Umgebung die Spezialitäten des Küchenchefs und den versierten Service. Freundliche Zimmer laden zum Übernachten ein.

Lesen Sie die Einleitung, sie ist der Schlüssel zu diesem Führer.

AYING Bayern 420 W 19 – 3 000 Ew – Höhe 611 m – Wintersport : ⛷.

🏌 🏌 Schloß Egmating (Nord : 6km), ℘ (08095) 9 08 60.
Berlin 613 – München 29 – Rosenheim 34.

Brauereigasthof Aying, Zornedinger Str. 2, ⊠ 85653, ℘ (08095) 9 06 50, brauereigasthof@ayinger-bier.de, Fax (08095) 906566, Biergarten, 🛋, ⓢ – 📶 TV 🛁 P
– 🛋 180. AE ⓘ ⓜⓞ VISA
Menu à la carte 18,50/42,50 – **34 Zim** ⊇ 95/145 – 135/180.
• Die Zimmer in diesem Hotel mit typisch bayerischem Flair überzeugen mit individuell gestaltetem Landhaus-Ambiente - liebevoll dekoriert vom Kachelofen bis zum Himmelbett. Lieben Sie bayerische Schmankerlküche? Dann sollten Sie hier Station machen.

AYL Rheinland-Pfalz 417 R 3 – 1 200 Ew – Höhe 160 m.

Berlin 739 – Mainz 178 – Trier 21 – Merzig 28 – Saarburg 3,5.

Weinhaus Ayler Kupp ⑤, Trierer Str. 49, ⊠ 54441, ℘ (06581) 30 31, aylerkupp@t-online.de, Fax (06581) 2344, ☆, 🚗 – TV P ⓜⓞ VISA
geschl. Weihnachten - Ende Jan. – **Menu** (geschl. Sonntag - Montag) (nur Abendessen) à la carte 19/34 – **10 Zim** ⊇ 44 – 62.
• In einer von Weinbergen geprägten Landschaft finden Sie dieses Weingut mit Hotel. Die bequemen Zimmer und die schöne Gartenterrasse sorgen für Ruhe und Erholung. Weinregale schmücken das gediegene Restaurant.

BAABE Mecklenburg-Vorpommern siehe Rügen (Insel).

BABENHAUSEN Bayern 419 420 V 14 – 5 000 Ew – Höhe 563 m – Erholungsort.

Berlin 612 – München 112 – Augsburg 66 – Memmingen 22 – Ulm (Donau) 39.

Post, Stadtgasse 1, ⊠ 87727, ℘ (08333) 13 03, info@post-babenhausen.de – P AE ⓘ
ⓜⓞ VISA
geschl. Mitte - Ende Aug., Montag - Dienstag – **Menu** 23 à la carte 20,50/32,50.
• In dem rustikalen Restaurant steht der Chef Michael Scheppach mit großem Eifer am Herd. Und er versteht sein Handwerk : er präsentiert eine schmackhafte regionale Saisonküche.

ABENHAUSEN Hessen 417 Q 10 – 16 000 Ew – Höhe 126 m.
Berlin 559 – Wiesbaden 63 – Frankfurt am Main 48 – Darmstadt 26 – Aschaffenburg 14.

Ziegelruh garni, Ziegelruh 1, ⊠ 64832, ℘ (06073) 7 26 70, ziegelruh@aol.com, Fax (06073) 726767 – ⁂ 🆃🆅 📞 🅿. 🅰🅴 ⓘ ⓜ🅾 VISA
– **27 Zim** ⇆ 45/65 – 60/90.
◆ Geräumige Zimmer mit Ankleideraum und einfacher Einrichtung - teils auch mit Balkon - finden Sie in diesem ruhig am Waldrand gelegenen Hotel.

In Babenhausen-Langstadt : Süd : 4 km :

Zur Bretzel, Bürgermeistergasse 2, ⊠ 64832, ℘ (06073) 8 77 42, Fax (06073) 9749 – ⁂ Zim, 🆃🆅 🅿. 🅰🅴 ⓜ🅾 VISA. ⁂ Zim
geschl. Anfang Jan. 1 Woche, Juni - Juli 3 Wochen – **Menu** (geschl. Freitagmittag, Samstag) à la carte 12,50/22,50 – **17 Zim** ⇆ 35/45 – 55/70.
◆ Der traditionsreiche Gasthof ist seit über 130 Jahren in Familienbesitz. Die geräumigen und praktischen Zimmer sind mit Buchenholzmöbeln eingerichtet. Restaurant im Stil einer mit Holz verkleideten Gaststube.

BACHARACH Rheinland-Pfalz 417 P 7 – 2 250 Ew – Höhe 80 m.
Sehenswert : Markt★ – Posthof★ – Burg Stahleck (Aussichtsturm ≤★★).
🅱 Rhein-Nahe Touristik, Oberstr. 45, ⊠ 55422, ℘ (06743) 91 93 03, info@rhein-nahe touristik.de, Fax (06743) 919304.
Berlin 615 – Mainz 50 – Bad Kreuznach 35 – Koblenz 50.

Park-Hotel, Marktstr. 8, ⊠ 55422, ℘ (06743) 14 22, park-hotel-bacharach@t-online .de, Fax (06743) 1541, ⇔, ☒ – 📶 🆃🆅 ⇌ 🅿. ⓜ🅾 VISA
Mitte März - Mitte Nov. – **Menu** (geschl. Mittwoch) à la carte 20/35 – **25 Zim** ⇆ 65/95 – 75/135 – ½ P 13.
◆ Ein persönlich und individuell geführter Familienbetrieb mit behaglichen Zimmern. Von manchen hat man einen wunderschönen Blick auf den Rhein. In der Pfalzgrafenstube geht es bei regionalen Gerichten bürgerlich zu.

Altkölnischer Hof, Blücherstr. 2, ⊠ 55422, ℘ (06743) 13 39, altkoelnischer-hof@t -online.de, Fax (06743) 2793, ⇔ – 📶 🆃🆅 ⇌. ⓜ🅾 VISA
April - Okt. – **Menu** à la carte 21/35 – **20 Zim** ⇆ 48/80 – 64/98 – ½ P 16.
◆ Das Hotel ist ein restauriertes historisches Fachwerkhaus. Sie übernachten in hübschen, mit neuen Naturholz-Möbeln gestalteten Zimmern. Ob im holzvertäfelten Gastraum oder in der altdeutschen Weinstube - serviert wird Rheinisches.

In Bacharach-Henschhausen Nord-West : 4 km :

Landhaus Delle ⅏, Gutenfelsstr. 16, ⊠ 55422, ℘ (06743) 17 65, info@landhaus -delle-hotel.com, Fax (06743) 1011, ⇐ – ⁂ 🆃🆅 🅿. 🅰🅴 ⓜ🅾 VISA. ⁂
Mai - Mitte Okt. – **Menu** (geschl. Sonntag - Montag) (nur Abendessen) (Restaurant nur für Hausgäste) 45/60 – **8 Zim** ⇆ 125 – 150/195.
◆ Hoch über dem Rhein thront das Hotel mit sehr privatem Charakter. Großzügige und individuell eingerichtete Zimmer. Hausgästen offeriert die engagierte Küche feine Menüs.

BACKNANG Baden-Württemberg 419 T 12 – 35 000 Ew – Höhe 271 m.
🅱 Stadtinformation, Am Rathaus 1, ⊠ 71522, ℘ (07191) 89 42 56, stadtinfo@back nang.de, Fax (07191) 894100.
Berlin 589 – Stuttgart 36 – Heilbronn 36 – Schwäbisch Gmünd 42 – Schwäbisch Hall 37.

Gerberhof 🅼 garni, Wilhelmstr. 16, ⊠ 71522, ℘ (07191) 97 70, gerberhof-backnan g@t-online.de, Fax (07191) 977377 – 📶 ⁂ 🆃🆅 📞 ⇌. 🅰🅴 ⓘ ⓜ🅾 VISA
42 Zim ⇆ 67/77 – 87.
◆ Der rosafarbene Bau steht in einem ruhigen Wohngebiet, nur etwa 500 Meter von der Innenstadt entfernt. Dort verbergen sich geschmackvolle Zimmer mit Kirschbaummöbeln.

Am Südtor garni, Stuttgarter Str. 139, ⊠ 71522, ℘ (07191) 14 40, reservierung@ hotelsuedtor.de, Fax (07191) 144144 – 📶 ⁂ 🆃🆅 📞 ⇌ 🅿 – 🔬 45. 🅰🅴 ⓘ ⓜ🅾 VISA
geschl. 20. Dez. - 10. Jan. – **60 Zim** ⇆ 65 – 83.
◆ Besonders Geschäftsreisende schätzen dieses praktische Hotel, das gut zu erreichen in einem Gewerbegebiet liegt. Dabei wohnen Sie in praktischen, neuzeitlichen Zimmern.

Bitzer garni, Eugen-Adolff-Str. 29, ⊠ 71522, ℘ (07191) 9 63 35, hotel-bitzer@web.de, Fax (07191) 87636 – ⁂ 🆃🆅 📞 ⇌. 🅿. ⓜ🅾 VISA
geschl. 22. Dez. - 10. Jan. – **32 Zim** ⇆ 51/54 – 76/81.
◆ Ein familiär geführtes Hotel mit sauberen und ordentlich eingerichteten Zimmern. Sämtliche Fenster zur Straßenseite sind gut isoliert.

Holzwarth garni, Eduard-Breuninger-Str. 2, ⊠ 71522, ℘ (07191) 3 25 50, Fax (07191) 325520 – 🆃🆅. 🅰🅴 ⓘ ⓜ🅾 VISA
14 Zim ⇆ 45 – 69.
◆ Hinter der Fassade des älteren Flachdachbaus finden Sie Zimmer, die mit soliden braunen Holzmöbeln bestückt sind. Morgens wird ein liebevolles Frühstück serviert.

BACKNANG

XX Tafelhaus, Schillerstr. 6, ✉ 71522, ℰ (07191) 90 27 77, info@tafelhaus-backnang.c
Fax (07191) 902788, 😀 – 🆎 VISA JCB
geschl. Jan. 2 Wochen, Montag – **Menu** 28 à la carte 33,50/48.
• Das reizvolle Fachwerkhaus stammt aus dem 18. Jh. und bittet seine Gäste im Gewö
bekeller aus Naturstein zu Tisch. Interessant : Moderne Bilder zieren die Wände.

XX Backnanger Stuben, Bahnhofstr. 7 (Bürgerhaus), ✉ 71522, ℰ (07191) 3 25 60, in
@backnanger-stuben.de, Fax (07191) 325626 – 🛋 250. 🆎 ⓞ 🆎 VISA
geschl. Ende Aug. - Anfang Sep., Dienstag – **Menu** à la carte 18/28.
• In dem einladenden, leicht rustikalen Restaurant versteht man es, gut bürgerlich z
kochen. Der Gast spürt sofort die engagierte und freundliche Führung.

In Aspach-Großaspach Nord-West : 4 km :

XX Lamm, Hauptstr. 23, ✉ 71546, ℰ (07191) 2 02 71, Fax (07191) 23131 – 🅿. 🆎 VIS
geschl. Aug. 2 Wochen, Sonntagabend - Montag – **Menu** à la carte 23/40.
• Die Geschichte des Gasthofs führt bis in das Jahr 1710 zurück. Heute wird in der rustikale
Gaststube eine Karte mit regionalen und französischen Gerichten gereicht.

BAD...

siehe unter dem Eigennamen des Ortes (z. B. Bad Orb siehe Orb, Bad).

voir au nom propre de la localité (ex. : Bad Orb voir Orb, Bad).

see under second part of town name (e.g. for Bad Orb see under Orb, Bad).

vedere nome proprio della località (es. : Bad Orb vedere Orb, Bad).

BADEN-BADEN Baden-Württemberg 419 T 8 – 52 000 Ew – Höhe 181 m – Heilbad.

Sehenswert : Lichtentaler Allee★★ BZ – Kurhaus (Spielsäle★) BZ – Stadtmuseum ir
Baldreit★ BY – Gönneranlage★ – Stiftskirche (Sandsteinkruzifix★) CY.

Ausflugsziele : Ruine Yburg ⚜★★ über Fremersbergstr. AX – Merkur ≤★ AX
Autobahnkirche★, über ① : 8 km – Schwarzwaldhochstraße (Höhenstraße★★ von Bader
Baden bis Freudenstadt) – Badische Weinstraße (Rebland★) – Gernsbach (Altes Rathaus★
über Beuerner Str. AX.

🏌 Baden-Baden, Fremersbergstr. 127 AX, ℰ (07221) 2 35 79.

🛈 Tourist-Information, Kaiserallee 3, (Trinkhalle), ✉ 76530, ℰ (07221) 27 52 0€
info@baden-baden.com, Fax (07221) 275202.

🛈 Tourist-Information, Schwarzwaldstr. 52 (Autobahnzubringer über ①), ✉ 76530
ℰ (07221) 27 52 00, Fax (07221) 275202.

ADAC, Lange Str. 57.

Berlin 709 ① – Stuttgart 112 ① – Karlsruhe 38 ① – Freiburg 112 ① – Stras
bourg 61 ①

Stadtplan siehe gegenüberliegende Seite

🏨🏨🏨 Brenner's Park-Hotel ⚜, Schillerstr. 4, ✉ 76530, ℰ (07221) 90 00, info@
brenners.com, Fax (07221) 38772, ≤, 😀, Massage, ♨, 🎿 (Brenner's Spa), ≘s, 🏊, ⚭
– 📶 📺 📱 ☎ ⇔ – 🛋 120. 🆎 ⓞ 🆎 VISA. 🕸 Rest
BZ
Park-Restaurant : (nur Abendessen) **Menu** 70 à la carte 61/79 – **Wintergarten :** Men
à la carte 46/59 – ⊇ 20 – **100 Zim** 190/440 – 270/570, 12 Suiten.
• Eines der letzten echten Grandhotels in Deutschland. Genießen Sie den exklusiven, opu
lenten Komfort, den Sie von einem mondänen Luxus-Hotel erwarten können. Aufwendigs
renoviert, erstrahlt das Park-Restaurant in außergwöhnlicher Pracht und Eleganz.

🏨🏨🏨 Steigenberger Europäischer Hof, Kaiserallee 2, ✉ 76530, ℰ (07221) 93 30
europaeischer-hof@steigenberger.de, Fax (07221) 28831, ≤, Massage, ≘s – 📶, ⚞ Zim
📶 Rest, 📺 📱 – 🛋 60. 🆎 ⓞ 🆎 VISA JCB. 🕸 Rest
BY b
Menu à la carte 34/52 – **127 Zim** ⊇ 134/174 – 174/244, 4 Suiten – ½ P 32.
• Schon Kaiser Wilhelm, russische Fürsten und viele Staatsoberhäupter residierten in dem
eleganten Hotel. Imposantes Interieur gepaart mit gutem Service. Vom stilvollen Speise
saal haben Sie einen großartigen Blick auf das Kurhaus und die Trinkhalle.

🏨🏨🏨 Dorint Maison Messmer, Werderstr. 1, ✉ 76530, ℰ (07221) 3 01 20, info.zccbac
@dorint.com, Fax (07221) 3012100, 🎿, Massage, ≘s, 🏊, ⚞ Zim, 📶 📺 ☎ 🔒 ⇔
– 🛋 160. 🆎 ⓞ 🆎 VISA. 🕸 Rest
BZ h
J.B. Messmer (geschl. Sonntag - Montag)(nur Abendessen) **Menu** à la carte 48/60 ♀ –
Brasserie (nur Mittagessen) **Menu** à la carte 29/40 – **Theaterkeller** (nur Abendessen
Menu à la carte 28,50/40 – ⊇ 19 – **161 Zim** 175/290 – 205/300, 10 Suiten – ½ P 38.
• Die zwei historischen Seitenflügel der früheren Sommerresidenz Kaiser Wilhelms I. mit
dem Malersaal wurden durch einen Neubau ergänzt und mit elegantem Interieur einge
richtet. Nobler! Stil im J.B. Messmer in der ersten Etage.

BADEN-BADEN

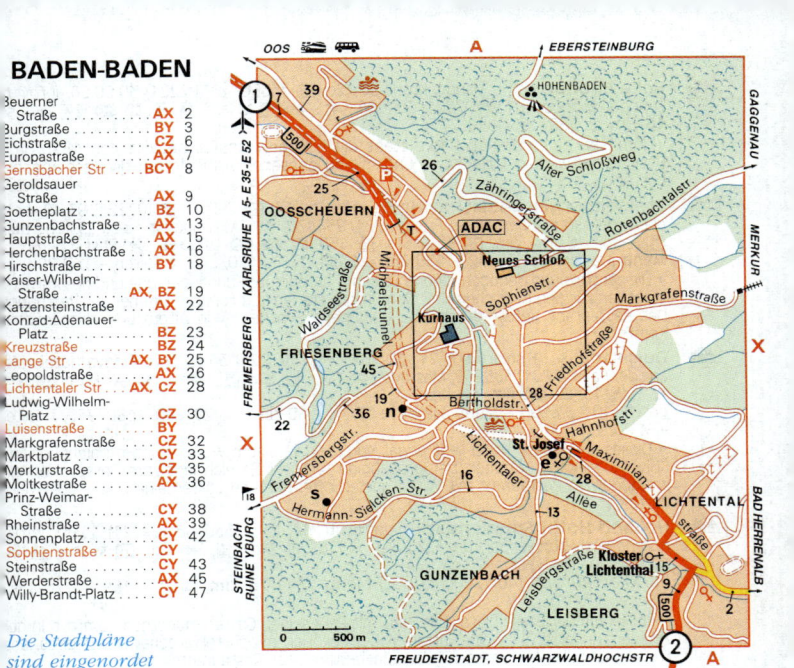

Beuerner Straße	AX	2
Burgstraße	BY	3
Eichstraße	CZ	6
Europastraße	AX	7
Gernsbacher Str	BCY	8
Geroldsauer Straße	AX	9
Goetheplatz	BZ	10
Gunzenbachstraße	AX	13
Hauptstraße	AX	15
Herchenbachstraße	AX	16
Hirschstraße	BY	18
Kaiser-Wilhelm-Straße	AX, BZ	19
Katzensteinstraße	AX	22
Konrad-Adenauer-Platz	BZ	23
Kreuzstraße	BZ	24
Lange Str	AX, BY	25
Leopoldstraße	AX	26
Lichtentaler Str	AX, CZ	28
Ludwig-Wilhelm-Platz	CZ	30
Luisenstraße	BY	
Markgrafenstraße	CZ	32
Marktplatz	CY	33
Merkurstraße	CY	35
Moltkestraße	AX	36
Prinz-Weimar-Straße	AX	38
Rheinstraße	AX	39
Sonnenplatz	CY	42
Sophienstraße	CY	
Steinstraße	CY	43
Werderstraße	AX	45
Willy-Brandt-Platz	CY	47

Die Stadtpläne sind eingenordet (Norden = oben)

BADEN-BADEN

Belle Epoque garni, Maria-Viktoria-Str. 2c, ✉ 76530, ℘ (07221) 30 06 60, info@hotel-belle-epoque.de, Fax (07221) 300666, 🌺 – 📺 📞 🅿 – 🛎 30. 🆎 ⓜ VISA JCB. ⚜
16 Zim ☑ 150/195 – 195/275.
 • Inmitten eines kleinen Parks steht die hochherrschaftliche Villa von 1870. Vom Besitzer aufwendigst renoviert und mit auserlesenen Antiquitäten diverser Epochen bestückt.
  CZ

Steigenberger Badischer Hof, Lange Str. 47, ✉ 76530, ℘ (07221) 93 40, badischer-hof@steigenberger.de, Fax (07221) 934470, 🌿, Massage, ♣, ☎, 🌊 (Thermal) 🏊, 🌺 – 📶, ⚜ Zim, 📺 📞 ⇔ – 🛎 150. 🆎 ⓞ ⓜ VISA JCB. ⚜ Rest
Menu à la carte 26,50/42 – **139 Zim** ☑ 111/170 – 170/242, 4 Suiten – ½ P 29. BY
 • Die zentrale und dennoch schöne Lage am Anfang der Fußgängerzone und des Kurparks sprechen für den Badischen Hof. Den Gästen stehen komfortable Zimmer zur Verfügung. Das Restaurant gefällt durch eine gelungene Synthese von Altem und zeitgemäßem Komfort.

Quisisana ♨, Bismarckstr. 21, ✉ 76530, ℘ (07221) 36 90, info@privathotel-quisisana.de, Fax (07221) 369269, Massage, ♣, 🧖, 🧴, ☎, 🌊, 🌺 – 📶, ⚜ Rest, 📺 ⇔ 🅿 – 🛎 15. 🆎 ⓜ VISA ⚜ Rest AX
geschl. 10. - 31. Jan. – **Menu** à la carte 27/41 – **60 Zim** ☑ 120/200 – 180/250, 7 Suiten – ½ P 29.
 • Dieses charmante Hotel liegt etwas versteckt in einem Wohngebiet in Halbhöhenlage. Stilvolle, elegante Zimmer. Der großzügige Wellness-Bereich lädt zum Entspannen ein. Im modernen Restaurant mit Wintergarten offeriert man Gästen eine kleine, aber feine Karte.

Holland Hotel Sophienpark, Sophienstr. 14, ✉ 76530, ℘ (07221) 35 60, info@holland-hotel-sophienpark.de, Fax (07221) 356121, 🌿 – 📶, ⚜ Zim, 📺 📞 🅿 – 🛎 60. 🆎 ⓜ VISA ⚜ Rest CY
Parkrestaurant (nur Lunchbuffet) **Menu** 23 – **73 Zim** ☑ 115/159 – 170/260, 3 Suiten.
 • Im Herzen der Stadt bietet das Haus mit Park seinen Gästen modernen Komfort. In den Zimmern erwarten Sie weiße Rattan-Möbel, dekoriert mit pastellfarbenen Accessoires. Idee für ein schnelles Mittagessen : das Lunch-Buffet des Restaurants.

Queens ♨, Falkenstr. 2, ✉ 76530, ℘ (07221) 21 90, reservation.qbaden-baden@queensgruppe.de, Fax (07221) 219519, 🌿, Massage, ☎, 🌊, 🌺 – 📶, ⚜ Zim, 📺 📞 ♿ ⇔ 🅿 – 🛎 80. 🆎 ⓞ ⓜ VISA JCB. ⚜ Rest AX
Menu à la carte 20,50/37 – **121 Zim** ☑ 116/146 – 147/157 – ½ P 20.
 • Beliebtes Hotel für Tagungsgäste und Geschäftsreisende. Die Zimmer sind behaglich eingerichtet und mit zeitgemäßem Komfort ausgestattet. Schönheitsfarm im Untergeschoß ! In der Reblaus sorgt ein grüner Kachelofen für eine warme, rustikale Atmosphäre.

Romantik Hotel Der kleine Prinz, Lichtentaler Str. 36, ✉ 76530, ℘ (07221) 34 66 00, info@derkleineprinz.de, Fax (07221) 3466059 – 📶 📺 📞 🅿 – 🛎 15. 🆎 ⓜ VISA JCB. ⚜ Rest CZ u
Menu (geschl. Mitte Jan. - Anfang Feb., Montag - Dienstagmittag) à la carte 43/53 – **40 Zim** ☑ 99/195 – 160/250, 6 Suiten – ½ P 35.
 • Kein Zimmer gleicht hier dem anderen : Von modern über rustikal bis hin zu klassischer Stilarten - Sie haben die Wahl. Das Frühstück wird in elegantem Salon eingenommen. Kleines, elegantes Restaurant mit verspieltem Interieur und wohnzimmerähnlicher Atmosphäre.

Bad-Hotel Zum Hirsch ♨, Hirschstr. 1, ✉ 76530, ℘ (07221) 93 90, zum-hirsch@steigenberger.de, Fax (07221) 38148, Massage, ♣ – 📶, ⚜ Zim, 📺 🅿 – 🛎 100. 🆎 ⓞ ⓜ VISA ⚜ Rest BY g
Menu (nur Abendessen) (Restaurant nur für Hausgäste) – **58 Zim** ☑ 85/105 – 138/150 – ½ P 26.
 • In der Fußgängerzone liegt das mit vielen Blumen geschmückte Hotel. Im Inneren finden Sie Zimmer, die mit graziös geschwungenen Stilmöbeln eingerichtet sind. Schöner Ballsaal.

Atlantic ♨, Sophienstr. 2a, ✉ 76530, ℘ (07221) 36 10, info@atlantic-baden-baden.de, Fax (07221) 26260, 🌿 – 📶, ⚜ Zim, 📺. ⓜ VISA ⚜ Rest BZ r
Menu à la carte 19/30 – **51 Zim** ☑ 65/117 – 120/170.
 • Mit einer über 150-jährigen Tradition ein Klassiker in der Baden-Badener Hotellerie. Das Haus bietet einen guten Komfort, wohnliche Zimmer und eine nette Atmosphäre. Nehmen Sie Platz im Restaurant und genießen Sie die Aussicht auf die Lichtentaler Allee.

Tannenhof ♨, Hans-Bredow-Str. 20, ✉ 76530, ℘ (07221) 30 09 90, Fax (07221) 3009951, ≤, 🌿, ☎, 🌺 – 📶 📺 🅿 – 🛎 40. 🆎 ⓜ VISA AX s
Piemonte (italienische Küche) (geschl. 24. Juli - 13. Aug., Samstagmittag, Sonn- und Feiertage) **Menu** à la carte 22,50/42,50 – **27 Zim** ☑ 67/94 – 88/130 – ½ P 17.
 • Ruhig inmitten des Rundfunkgeländes gelegenes, gut geführtes Hotel. Sicher werden Sie sich in den zeitlos eingerichteten Zimmern wohlfühlen. Wie sein Name schon sagt, lehnt sich das Restaurant Piemonte stark an die Küche des italienischen Nordens an.

BADEN-BADEN

Merkur, Merkurstr. 8, ⊠ 76530, ℰ (07221) 30 30, *info@hotel-merkur.com*, Fax (07221) 303333 – 🛗 📺 ✆ 🚗 – 🛎 20. 🅰🅴 ⓞ 🆚 JCB. ✵ CZ e
Sterntaler : **Menu** à la carte 20/35 – **37 Zim** ⊇ 72/98 – 89/113 – ½ P 18.
• Moderne und in hellen Farben eingerichtete Zimmer finden Sie in dem netten kleinen Hotel. Zentral gelegen, können Sie von hier aus sofort zu Ihren Unternehmungen starten. Mit vielen Gelb- und Apricot-Tönen präsentiert sich das Restaurant Sterntaler.

Etol garni, Merkurstr. 7, ⊠ 76530, ℰ (07221) 3 60 40, *info@hoteletol.de*, Fax (07221) 360444 – 📺 🚗 🅿 🅰🅴 ⓞ 🆚 JCB. ✵ CZ r
19 Zim ⊇ 72/98 – 87/119.
• Die ruhige Seitenstraße vom Augustaplatz ist nur einen Steinwurf vom Kongreßhaus entfernt. Man hat die Zimmer teils mit Nussbaum-, teils mit Eichenmöbeln gestaltet.

Am Markt, Marktplatz 18, ⊠ 76530, ℰ (07221) 2 70 40, *hotel-am-markt.bad@t-online.de*, Fax (07221) 270444 – 🛗. 🅰🅴 ⓞ 🆚. ✵ Rest CY u
Menu *(geschl. Mittwoch, Sonntag) (nur Abendessen)* (nur für Hausgäste) – **25 Zim** ⊇ 32/60 – 60/80.
• Direkt bei den Thermen gelegen, überzeugt das von zwei Schwestern geführte kleine Hotel durch Freundlichkeit, Sauberkeit und Pflege. Nette, wohnliche Zimmer.

Römerhof garni, Sophienstr. 25, ⊠ 76530, ℰ (07221) 2 34 15, Fax (07221) 391707 – 🛗. 🅰🅴 ⓞ 🆚 JCB CY e
geschl. Mitte Dez. - Mitte Feb. – **24 Zim** ⊇ 45 – 90.
• Die Zimmer des in Familienbesitz befindlichen Hauses sind neuzeitlich möbliert. Sie sind mit wohnlichem hellem oder dunklem Holzinventar eingerichtet.

XXX **Le Jardin de France** (Bernhard), Lichtenstr. 13, ⊠ 76530, ℰ (07221) 3 00 78 60, ✿ *jardin.france@t-online.de*, Fax (07221) 3007870, 🍴 – 🖥. 🅰🅴 ⓞ 🆚 JCB. BZ c
geschl. Anfang - Mitte Aug., 30. Dez. - 8. Jan., Montag - Dienstagmittag – **Menu** (abends Tischbestellung ratsam) 43/74 à la carte 39/60 ♀.
• Exquisite Küche in neuem Domizil: Helle Hussenstühle kontrastieren mit dem dunklen Rot der Wände, große moderne Gemälde schaffen elegantes Ambiente. Schöne Innenhofterrasse.
Spez. Radieschensalat mit Zucchini und Gurken an Meerrettich-Dressing. Gebratene Entenleber mit Früchten der Saison und Balsamicojus. Wilder Steinbutt mit Erbsen-Pfifferlingveloulté (Saison).

XX **Medici**, Augustaplatz 8, ⊠ 76530, ℰ (07221) 20 06, *info@medici.de*, Fax (07221) 2007, 🍴 – 🅰🅴 ⓞ 🆚 JCB. ✵ BZ e
geschl. Montag **Menu** *(nur Abendessen)* (Tischbestellung ratsam) à la carte 31/48.
• Hier speisten unter anderem schon Bill Clinton und Nelson Mandela. Genießen Sie das opulente und moderne Ambiente in dem sehenswerten Fin de siècle-Gebäude.

XX **Klosterschänke**, an der Straße nach Steinbach, ⊠ 76530, ℰ (07221) 2 58 54, Fax (07221) 25870, ≤, 🍴 – 🅿. 🆚 über Fremersbergstraße AX
geschl. Anfang - Mitte Aug., 20. Dez. - Mitte Jan., Montag - Dienstagmittag – **Menu** à la carte 20/32.
• Bei klarer Sicht sehen Sie von hier aus das Straßburger Münster. Bekocht werden Sie in dem rustikalen Restaurant von der Chefin. Ihr Stil : regional mit italienischem Touch.

In Baden-Baden-Geroldsau über ② : 5 km :

Auerhahn, Geroldsauer Str. 160 (B 500), ⊠ 76534, ℰ (07221) 74 35, *gasthaus-auerhahn@t-online.de*, Fax (07221) 7432, 🍴 – 📺 🚗 🅿 – 🛎 15. 🅰🅴 🆚 JCB
Menu à la carte 20/35 – **28 Zim** ⊇ 50/65 – 65/88 – ½ P 17.
• Am Fuße der Schwarzwaldhochstraße gelegener Landgasthof. Übernachten Sie in hübschen, teils mit Voglauer-, teils mit bemalten Holzmöbeln eingerichteten Zimmern. Die Küche sorgt in den rustikalen Stuben mit regionalen Speisen für Ihr leibliches Wohl.

In Baden-Baden-Neuweier Süd-West : 10 km über Fremersbergstraße AX :

Rebenhof 🌿, Weinstr. 58, ⊠ 76534, ℰ (07223) 9 63 10, *www@hotel-rebenhof.de*, Fax (07223) 963131, ≤ Weinberge und Rheinebene, 🍴, 🌿 – 🛗 📺 ✆ 🚗 🅿 – 🛎 15. 🅰🅴 🆚
Menu *(geschl. Sonntag - Montagmittag)* à la carte 20/33,50 – **18 Zim** ⊇ 54/80 – 84/108 – ½ P 19.
• Der gut geführte Familienbetrieb liegt inmitten der Weinberge. Man bietet Ihnen behagliche Zimmer, die mit hellen Holzmöbeln oder dunkler Eiche ausgestattet sind. Essen mit Aussicht auf die Rheinebene bietet das Restaurant - reservieren Sie am Fenster !

Heiligenstein 🌿, Heiligensteinstr. 19a, ⊠ 76534, ℰ (07223) 9 61 40, *hotel-heiligenstein@t-online.de*, Fax (07223) 961450, ≤, 🍴, ≘s, 🌿 – 🛗, ✵ Zim, 📺 ✆ 🅿 – 🛎 25. 🆚
geschl. Jan. - März – **Menu** à la carte 19,50/38,50 – **30 Zim** ⊇ 57/72 – 93/115 – ½ P 25.
• In diesem Landgasthof, der etwas erhöht am Hang gebaut ist, finden Sie hübsche und unterschiedlich eingerichtete Zimmer. Blumige Stoffe schaffen ein freundliches Flair.

BADEN-BADEN

Roederhof garni, Im Nußgärtel 2, ✉ 76534, ☎ (07223) 8 08 37 90, *hotelroederhof@aol.com*, Fax (07223) 80837931, — TV P ◉ VISA
15 Zim ≈ 34/43 – 58/75.
* Die ruhige Pension von Familie Schmalz hat sich vor allem bei Stammgästen einen Namen gemacht. Grund : behagliche, geräumige Zimmer und die freundliche, persönliche Atmosphäre.

Altenberg (mit Gästehaus), Schartenbergstr. 6, ✉ 76534, ☎ (07223) 5 72 36, *ven-baden-baden@t-online.de*, Fax (07223) 60460, ☎, ⇌, ⊡, — TV P ◉ VISA JCB
Menu *(geschl. 5. - 20. Jan., Donnerstag)* à la carte 16/33 – **20 Zim** ≈ 37/55 – 57/80 – ½ P 14.
* Ein ländlicher Gasthof in einer Seitenstraße des Ortes. Praktische, saubere Einrichtung. Besonders hübsch sind die größeren, renovierten Zimmer im Gästehaus. In die gemütliche Wirtsstube kehrt man nach einer Wanderung durch die Weinberge gerne ein.

XX Zum Alde Gott (Serr), Weinstr. 10, ✉ 76534, ☎ (07223) 55 13, *restaurant-alde-gott-baden@t-online.de*, Fax (07223) 60624, ≤, ☎, — P AE ⓞ ◉ VISA JCB
geschl. Donnerstag - Freitagmittag – **Menu** *(mittags)*/82 à la carte 42/79.
* Die Karte von Wilfried Serr mit Feinem von Jagd und Fischfang folgt dem Rhythmus der Jahreszeiten. Lassen Sie sich von regionalen und internationalen Kreationen überraschen.
Spez. Hausgemachte Gänseleberterrine mit Artischocken in Ochsenschwanzgelee. Brennesselsuppe mit geröstetem Knoblauchbrot und geräucherter Entenleber. Rehmedaillons mit Wacholdersauce und Selleriepüree.

XX Traube (mit Zim. und Gästehaus), Mauerbergstr. 107, ✉ 76534, ☎ (07223) 9 68 20, *traube-neuweier@t-online.de*, Fax (07223) 968282, ☎, ⇌, — TV ⇌ P – 🅰 15.
◉ VISA
Menu *(geschl. Mittwoch)* 20/45 à la carte 25/47 – **18 Zim** ≈ 52/80 – 86/154 – ½ P 20.
* Bei dem mit vielen Blumen geschmückten Gasthof haben Sie die Wahl zwischen der farbenfrohen oder der blauen Stube. Serviert wird Regionales mit internationalem Touch.

X Rebstock mit Zim, Schloßbackerweg 3, ✉ 76534, ☎ (07223) 5 72 40, Fax (07223) 959634, ☎, — TV P
geschl. Jan. 2 Wochen – **Menu** *(geschl. Montag - Dienstag)* à la carte 19/35 – **4 Zim** ≈ 40 – 68 – ½ P 13.
* In der dritten Generation betreiben die Geschwister Gusthurst und Pfeifer ihr gutbürgerliches Lokal mit Weinstuben-Charakter. Schwerpunkt der Küche : bodenständig und badisch.

In Baden-Baden - Oberbeuern Süd-Ost : 3 km über Beuerner Straße AX :

XX Waldhorn mit Zim, Beuerner Str. 54, ✉ 76534, ☎ (07221) 7 22 88, Fax (07221) 73488, ☎ – TV P ◉ VISA
geschl. Feb. 2 Wochen, Aug. 2 Wochen – **Menu** *(geschl. Sonntag - Montag)* (Tischbestellung ratsam) 25 à la carte 27/46 – **12 Zim** ≈ 48/52 – 85.
* Der kochende Patron bringt in seine Kreationen des regionalen Küchen-Repertoires immer wieder neue Impulse. Viel Holz verleiht dem Restaurant Gemütlichkeit. Gartenterrasse.

In Baden-Baden - Umweg Süd-West : 8,5 km über Fremersbergstraße AX :

Zum Weinberg (mit Gästehaus), Umweger Str. 68, ✉ 76534, ☎ (07223) 9 69 70, Fax (07223) 969730, ☎, ⇌, — TV P ⓞ ◉ VISA
Menu *(geschl. Dienstag - Mittwochmittag)* à la carte 21/36 – **11 Zim** ≈ 52 – 70/85 – ½ P 16.
* Das nette kleine Hotel ist seit über 150 Jahren in Familienbesitz. Anfang der 90er Jahre wurden die Gästezimmer renoviert und mit wohnlichen Holzmöbeln liebevoll ausgestattet. Heimelig wirkt der Kachelofen in der gemütlichen Gaststube.

XX Bocksbeutel mit Zim, Umweger Str. 103, ✉ 76534, ☎ (07223) 94 08 00, *hotel-bocksbeutel@t-online.de*, Fax (07223) 9408029, ≤ Rheinebene, ☎, ⇌ – TV P AE ◉ VISA
Menu *(geschl. Sonntagabend - Montag)* à la carte 21,50/40 – **10 Zim** ≈ 54/62 – 73/97 – ½ P 20.
* Marko Kuster steht seit 1999 am Herd in diesem Landgasthof mit elegantem Charme. Die Küche ist vorwiegend an Frankreich orientiert und sorgt dabei für ein gehobenes Angebot.

An der Autobahn A 5 über ① :

Rasthaus Baden-Baden, Am Rasthof 4, ✉ 76532, ☎ (07221) 6 50 43, *info@rasthaus-badenbaden.bestwestern.de*, Fax (07221) 17661, ☎ – 🛗 ⇌ TV ♿ ⇌ P – 🅰 50. AE ◉ VISA
Menu *(auch Self-Service)* à la carte 18/29 – **39 Zim** ≈ 75/90 – 100/105.
* Ideal für Geschäftsleute oder Urlauber, die Richtung Süden unterwegs sind. Hier finden Sie gepflegte Zimmer vor, die kürzlich renoviert worden sind. Ihren Hunger können Sie im Bistro oder im Selbstbedienungsrestaurant stillen.

An der Schwarzwaldhochstraße : *Hotel Bühlerhöhe siehe unter Bühl*

BADENWEILER

Baden-Württemberg **419** W 7 – 3 800 Ew – Höhe 426 m – Heilbad.
Sehenswert : Kurpark★★ – Burgruine ≤★.
Ausflugsziele : Blauen : Aussichtsturm ※ ★★, Süd-Ost : 8 km – Schloß Bürgeln★, Süd : 8 km.
🛈 Tourist-Information, Ernst-Eisenlohr-Str. 4, ✉ 79410, ℰ (07632) 79 93 00, Fax (07632) 799399.
Berlin 834 – Stuttgart 242 – *Freiburg im Breisgau* 36 – Basel 45 – Mulhouse 30.

Römerbad ⑤, Schloßplatz 1, ✉ 79410, ℰ (07632) 7 00, info@hotel-roemerbad.de, Fax (07632) 70200, Massage, ≘s, ≋ (Thermal), ⊠, 🐎, ℅ – ⓘ ☎ TV 🛁 ⬅ P – 🏛 80. AE ⓘ ⑯ VISA. ℅ Rest
Menu 40/48 und à la carte ♀ – **82 Zim** ⊇ 140/155 – 195/225, 9 Suiten – ½ P 35.
◆ Klassische Gediegenheit erwartet Sie in diesem traditionsreichen Kur-Grandhotel mit Park. Seit 1875 befindet sich das schöne Haus im Besitz der Familie Lauer. Den Gästen präsentiert man im Restaurant eine Karte mit internationalen Speisen.

Schwarzmatt ⑤, Schwarzmattstr. 6a, ✉ 79410, ℰ (07632) 8 20 10, info@schwarzmatt.de, Fax (07632) 820120, ☕, ⊠, – ⓘ TV ⬅ P – 🏛 40. ℅ Rest
Menu (Tischbestellung ratsam) à la carte 38/55 ♀ – **41 Zim** ⊇ 140/150 – 190/310, 5 Suiten – ½ P 15.
◆ Man spürt sofort, die Besitzerfamilie hat ihr Hotel mit viel Liebe eingerichtet : Gemütlicher Landhausstil verbunden mit verspielten Accessoires zieht sich durchs ganze Haus. Sanfte Pastelltöne bestimmen das Ambiente der rustikalen Restaurationsräume.

Parkhotel Weißes Haus ⑤, Wilhelmstr. 6, ✉ 79410, ℰ (07632) 8 23 70, parkhotel_weisses_haus@t.online.de, Fax (07632) 5045, ≤, ☕, Massage, ≘s, 🐎, ℅ – ⓘ, ✮ Zim, ⓦ ⬅ P – 🏛 25. AE ⓘ ⑯ VISA ℅ Zim
geschl. 12. Dez. - 7. Feb. - **Menu** à la carte 27,10/46 – **34 Zim** ⊇ 52/82 – 100/135 – ½ P 20.
◆ Oberhalb der Stadt am Waldrand liegt das Hotel inmitten eines riesigen Parks. Hier finden Sie in den Zimmern mit Mahagoni- oder Kirschbaummöbeln bestimmt erholsamen Schlaf. Das behagliche Restaurant wird im Sinne sympathischer Gastlichkeit geführt.

Ritter, Friedrichstr. 2, ✉ 79410, ℰ (07632) 83 10, info@hotelritter.de, Fax (07632) 831299, ☕, Massage, ♣, ≘s, ⊠, 🐎 – ⓘ, ✮ Zim, TV P – 🏛 30. AE ⓘ ⑯ VISA. ℅ Rest
Menu à la carte 22,50/36 – **75 Zim** ⊇ 72/150 – 142/210, 3 Suiten – ½ P 10.
◆ Unterhalb der Burgruine befindet sich das kleine Kurhotel mit dem schönen Garten. Die Zimmer im Neubau sind mit hübschen Kirsch- oder Stilmöbeln eingerichtet. Die Küche offeriert ihren Gästen eine internationale Karte.

Anna ⑤, Oberer Kirchweg 2, ✉ 79410, ℰ (07632) 79 70, infox@hotel-anna.de, Fax (07632) 797150, ☕, ≘s, ⊠ (Thermal), – ⓘ TV P ℅ Rest
geschl. Mitte Nov.- Mitte Feb. - **Menu** (Restaurant nur für Hausgäste) 13 (mittags)/18 – **37 Zim** ⊇ 58/73 – 106/136 – ½ P 14.
◆ Freundlichkeit und persönliche Führung prägen den Charakter des Hauses. Die Zimmer sind hübsch mit eleganten Kirsch-Landhausmöbeln eingerichtet und haben fast alle Balkone.

Romantik Hotel Zur Sonne ⑤, Moltkestr. 4, ✉ 79410, ℰ (07632) 7 50 80, hotel@zur-sonne.de, Fax (07632) 750865, ☕, 🐎 – TV ⬅ P AE ⓘ ⑯ VISA
Menu à la carte 26,50/46 – **34 Zim** ⊇ 52/72 – 105/133 – ½ P 16.
◆ Das unübersehbare, schmucke Fachwerkhaus steht in ruhiger Lage mitten in der Stadt. Es bietet seinen Gästen sehr gemütliche, schön gestaltete Zimmer, teils mit Balkon. Historische Rustikalität macht das Restaurant besonders gemütlich.

Eckerlin ⑤, Römerstr. 2, ✉ 79410, ℰ (07632) 83 20, info@hotel-eckerlin.de, Fax (07632) 832299, ≤, ☕, ≘s, ⊠, – ⓘ TV ⬅ P – 🏛 40. AE ⓘ VISA ℅ Rest
Menu à la carte 22,50/38 – **52 Zim** ⊇ 63/74 – 124/140 – ½ P 18.
◆ Die stilvolle Villa befindet sich direkt gegenüber der Therme. Man bietet Ihnen wohnliche Zimmer, die entweder mit Kirsch-, Eichen- oder Schleiflackmöbeln ausgestattet sind. Freundliches und geräumiges Restaurant mit Terrasse.

Post ⑤, Sofienstr. 1, ✉ 79410, ℰ (07632) 50 51, info@privathotel-post.de, Fax (07632) 5123, ☕, Massage, ≘s, ⊠, – ⓘ TV ⬅ P – 🏛 25. ⓘ ⑯ VISA JCB
geschl. Jan. – **Menu** à la carte 16,50/40 – **50 Zim** ⊇ 51/71 – 92/132 – ½ P 16.
◆ Sehr zentral oberhalb der Therme gelegenes Hotel. Sie haben die Wahl zwischen Zimmern mit rustikalen Holz- oder weißen Schleiflackmöbeln. Schwarzwälder Gastlichkeit ist in den rustikalen Restauranträumen zu Hause.

Rebekka und Brühl ⑤ garni, Glasbachweg 19, ✉ 79410, ℰ (07632) 8 20 20, elke.sommer@haus-rebekka.de, Fax (07632) 820299, 🐎 – ✮ TV P
18 Zim ⊇ 51/102 – 100/130.
◆ Imposant der gläserne Eingangsbereich, der die zwei Gebäudetrakte verbindet. Im einen Teil sind die hübschen großzügigen Appartements, im anderen wohnliche Gästezimmer.

BADENWEILER

Schnepple ⌂, Hebelweg 15, ✉ 79410, ✆ (07632) 8 28 30, hotel.schnepple@t-o
ne.de, Fax (07632) 828320, Massage, 🌳 – 📶 📺 ⇔ 🅿 🆎 ✱ 💳 ✱
Menu (nur Abendessen) (Restaurant nur für Hausgäste) – **18 Zim** ⇆ 39/66 – 70/84
½ P 14.
  • Das Schnepple ist eine freundliche Familienpension mit gepflegter Gastlichkeit, ausg
  zeichnet durch eine behagliche Atmosphäre, in der sich der Gast wohlfühlen kann.

In Badenweiler-Lipburg Süd-West : 3 km :

Landgasthof Schwanen ⌂, Ernst-Scheffelt-Str. 5, ✉ 79410, ✆ (07632) 8 20 9
info@gasthof-schwanen.de, Fax (07632) 820944, 🍴, 🌳 – ⥃ Zim, 📺 🅿 ✱ 💳
geschl. 7. Jan. - 15. Feb. – **Menu** (geschl. Donnerstag, Nov. - März Mittwoch - Donnersta
à la carte 18/32 – **17 Zim** ⇆ 30/44 – 70/100 – ½ P 14.
  • Zwischen Wald und Weinbergen steht dieser gepflegte Landgasthof mit eigenem Wein
  anbau. Familie Rüdlin hat ihre behaglichen Gästezimmer mit hellen Eichenmöbeln einge
  richtet. Bodenständig badisch geht's in der Schwarzwälder Gaststube zu.

In Badenweiler-Sehringen Süd : 3 km Richtung Kandern :

Gasthof zum grünen Baum ⌂, Sehringer Str. 19, ✉ 79410, ✆ (07632) 74 1
Fax (07632) 1580, ≤, 🍴 – ⇔ 🅿 ✱
geschl. 15. Dez. - 1. Feb. – **Menu** (geschl. Montag) à la carte 16/32 – **15 Zim** ⇆ 34/4
– 62/72 – ½ P 17.
  • Sämtliche Zimmer dieses idyllisch gelegenen, familiär und sorgfältig geführten Gasthof
  sind mit einfachen, hellen und praktischen Furniermöbeln ausgestattet. Vespern Sie zusam
  men mit Einheimischen in der gemütlichen Gaststube oder im Garten.

BAESWEILER Nordrhein-Westfalen **417** N 2 – 26 300 Ew – Höhe 112 m.
Berlin 626 – Düsseldorf 69 – Aachen 23.

Blumenhof, Übacher Weg 8, ✉ 52499, ✆ (02401) 9 15 30, Fax (02401) 915330, Bie
garten – 📺 🅿 🆎 ✱ 💳 ✱
Menu à la carte 14,50/28 – **17 Zim** ⇆ 45/60 – 75/105.
  • Am Ortsrand auf dem Weg Richtung Übach steht dieser gepflegte Klinkerbau. Im Innere
  erwarten Sie Zimmer mit funktionellen Kirschbaummöbeln. Das rustikale Restaurant wirk
  durch rötliche Backsteinunterteilungen aufgelockert.

*Die Erläuterungen in der Einleitung helfen Ihnen,
Ihren Roten Michelin-Führer effektiver zu nutzen.*

BAHLINGEN Baden-Württemberg **419** V 7 – 3 600 Ew – Höhe 248 m.
Berlin 789 – Stuttgart 190 – Freiburg im Breisgau 23 – Offenburg 48.

Zum Lamm, Hauptstr. 49, ✉ 79353, ✆ (07663) 9 38 70, info@lamm-bahlingen.de
Fax (07663) 938777, 🍴, 🏨 – ⇔ 🅿 – 🔔 80. 🆎 ✱ 💳
Menu à la carte 16,50/30,50 – **28 Zim** ⇆ 39/54 – 69/89 – ½ P 13.
  • Seit Generationen schon ist Familie Boos in ihrem Landgasthof um das Wohlergehen de
  Gäste bemüht. Es erwarten Sie Zimmer mit rustikalen Eichen- oder zeitgemäßen Holz
  möbeln. Der rustikale Gastraum lädt mit seinen regionalen Spezialitäten zum Verweilen ein

BAIERBRUNN Bayern **419 420** V 18 – 2 400 Ew – Höhe 638 m.
Berlin 601 – München 17 – Augsburg 77 – Garmisch-Partenkirchen 72.

Strobl garni, Wolfratshauser Str. 54a, ✉ 82065, ✆ (089) 7 44 20 70, info@hotel
strobl.de, Fax (089) 7931173 – ⥃ 📺 ♿ 🅿 🆎 ⓞ ✱ 💳 ⱼ
20 Zim ⇆ 50/65 – 75/90.
  • Gleich am Ortseingang finden Sie in dem vormaligen Bauernhof moderne, mit hellen Möbel
  eingerichtete Zimmer. Alle verfügen über einen eingebauten Kleiderschrank mit Koffer
  bock.

In Baierbrunn-Buchenhain Nord-Ost : 1 km über B 11, Richtung München :

Waldgasthof Buchenhain, Am Klettergarten 7, ✉ 82065, ✆ (089) 7 93 01 24
hotelbuchenhain@t-online.de, Fax (089) 7938701, 🍴 – 📶 📺 🅿 ✱ 💳
geschl. 20. Dez. - 11. Jan. – **Menu** (geschl. Freitag) à la carte 15,50/33 – **40 Zim** ⇆ 55/68
– 78/87.
  • Am Waldrand und ganz in der Nähe der S-Bahnstation steht dieser stattliche Gasthof
  Fragen Sie nach den renovierten, mit hellen Naturholzmöbeln hübsch eingerichteten
  Zimmern. Die gemütlichen und mit Kachelöfen eingerichteten Gaststuben regen den
  Appetit an.

BAIERSBRONN Baden-Württemberg **419** U 9 – 16 500 Ew – Höhe 550 m – Luftkurort – Wintersport : 584/1065 m ⚊11 ⚊.

🛈 Baiersbronn Touristik, Rosenplatz 3, ✉ 72270, ✆ (07442) 8 41 40, info@baiersbronn.de, Fax (07442) 841448.

Berlin 720 ② – Stuttgart 100 ② – Karlsruhe 70 ③ – Freudenstadt 7 ② – Baden-Baden 50 ③

Stadtplan siehe vorhergehende Seite

🏨 **Rose,** Bildstöckleweg 2, ✉ 72270, ✆ (07442) 8 49 40, info@hotelrose.de, Fax (07442) 849494, ≘s, ◻, ☞ – ⌷ TV ⟺ P. ⚫ ⚫ VISA AX h
geschl. 5. - 28. Nov. – **Menu** (geschl. Dienstag) à la carte 16/36 – **35 Zim** ⚌ 48/68 – 72/108 – ½ P 14.

• Die Chronik der Rose geht zurück bis anno 1858. Der Familienbetrieb liegt mitten im Ort und die wohnlichen Gästezimmer sind mit hellen Holzmöbeln eingerichtet. Ein ansprechender, rustikaler Stil prägt die Einrichtung des Restaurants.

🏨 **Falken,** Oberdorfstr. 95, ✉ 72270, ✆ (07442) 8 40 70, info@hotel-falken.de, Fax (07442) 50525, 🍽, ≘s, ☞ – ⌷, ⟻ Rest, TV P. AE ⚫ VISA AY s
Menu (geschl. 4. Nov.- 1. Dez., Dienstag) à la carte 16/30 – **20 Zim** ⚌ 44/45 – 74/82 – ½ P 14.

• Am Ortsrand liegt das Ferienhotel leicht erhöht am Hang. Hinter der schmucken Fassade verbergen sich geräumige Gastzimmer mit dunklen Eichenmöbeln. Nach einer Renovierung zeigt sich das Restaurant in neuem Glanz.

🏨 **Rosengarten** ⚊, Bildstöckleweg 35, ✉ 72270, ✆ (07442) 8 43 40, info@rosengarten-baiersbronn.de, Fax (07442) 843434, 🍽, ≘s, ◻ – TV ⚫ **Zim** AX
geschl. Anfang Nov. - Mitte Dez. – **Menu** (geschl. Mittwoch, Donnerstagabend) à la carte 16/35 – **27 Zim** ⚌ 46 – 72/100 – ½ P 10.

• Ein freundlich geführtes Hotel ! Die Zimmer im Anbau sind neu renoviert und mit geschmackvollen Kirschbaummöbeln eingerichtet. Komplett renovierter Sauna- und Badebereich. Das Restaurant ist unterteilt in den Hausgäste-Bereich und die Gaststube.

🏨 **Krone,** Freudenstädter Str. 32, ✉ 72270, ✆ (07442) 8 41 10, schwarzwaldhotel-krone@t-online.de, Fax (07442) 4408, ≘s, ◻ – ⌷, ⟻ Zim, TV ⟺ P. AE ⚫ AY r
geschl. 10.- 30. Jan., 10. Nov. - 15. Dez. – **Menu** (geschl. Montag, Freitagmittag) à la carte 18/35 – **39 Zim** ⚌ 35/48 – 64/82 – ½ P 10.

• Seit 1912 ist der traditionsreiche Hotel-Gasthof in Besitz der Familie Günther, die sich stets bemüht, das Haus einem zeitgemäßen Komfort anzupassen. Mit Altrosatönen wurde ein Teil des Restaurants gestaltet, wobei der andere durch Rustikalität besticht.

🏨 **Haus Petra** garni, Oberdorfstr. 142, ✉ 72270, ✆ (07442) 27 53, haus-petra-baiersbronn@t-online.de, Fax (07442) 3825, ☞ – TV ⟺ P AY a
19 Zim ⚌ 37 – 58.

• Angenehm ruhig in einem Wohngebiet finden Sie hier in diesem freundlichen Haus gemütlich eingerichtete Zimmer, von denen die meisten einen Balkon haben.

In Baiersbronn-Tonbach Nord : 2 km :

🏨🏨 **Traube Tonbach** ⚊, Tonbachstr. 237, ✉ 72270, ✆ (07442) 49 20, info@traube-tonbach.de, Fax (07442) 492692, ≤, Massage, ⚜, Fó, ⚊, ≘s, ⚊ (geheizt), ◻, ☞, 🎾 (Halle) – ⌷, ⟻ Rest, TV ⚸⚸ ⟺ P – ⚊ 40. 🕭 BZ n
Menu (Restaurant nur für Hausgäste) - siehe auch Rest. **Schwarzwaldstube** und **Köhlerstube** separat erwähnt – **175 Zim** ⚌ 114/281 – 210/308, 12 Suiten – ½ P 16.

• Am Ende des romantischen Tonbachtals stoßen Sie automatisch auf das luxuriöse Ferienresort. Exklusive Zimmer, herrliche Gartenterrasse und schöne Badelandschaft erwarten Sie.

🏨 **Sonnenhalde** ⚊, Obere Sonnenhalde 63, ✉ 72270, ✆ (07442) 8 45 40, info@sonnenhalde.de, Fax (07442) 8454110, ≤, 🍽, ≘s, ◻, ☞ – ⌷ TV ⟺ P. 🕭 Rest BZ t
geschl. 11. Nov. - 16. Dez. – **Menu** (geschl. Mittwoch) à la carte 19/33 – **33 Zim** ⚌ 68/85 – 96/148 – ½ P 15.

• Etwas erhaben am Hang steht das Ferienhotel mit seinen roten Markisen. Dahinter verbergen sich nette Zimmer - in manchen stehen Himmelbetten mit vielen Rüschen. Behaglich im Landhausstil ist das geräumige Hotelrestaurant eingerichtet.

🏨 **Tanne** ⚊, Tonbachstr. 243, ✉ 72270, ✆ (07442) 83 30, urlaub@hotel-tanne.de, Fax (07442) 833100, ≤, 🍽, ≘s, ☞ – ⌷, ⟻ Rest, TV ⟺ P – ⚊ 25 BZ v
geschl. Mitte Nov. - Mitte Dez. – **Menu** (geschl. Montag) à la carte 22/44 – **53 Zim** ⚌ 52/70 – 82/114 – ½ P 5.

• Seit 1868 wird die Tanne liebevoll von Familie Möhrle geführt. Fast alle Zimmer sind renoviert und sehr hübsch gestaltet. Die neue Saunalandschaft lädt zum Entspannen ein. Originell : In der Kohlwälder Grillstube grillen Sie Ihr Fleisch direkt am Tisch.

BAIERSBRONN

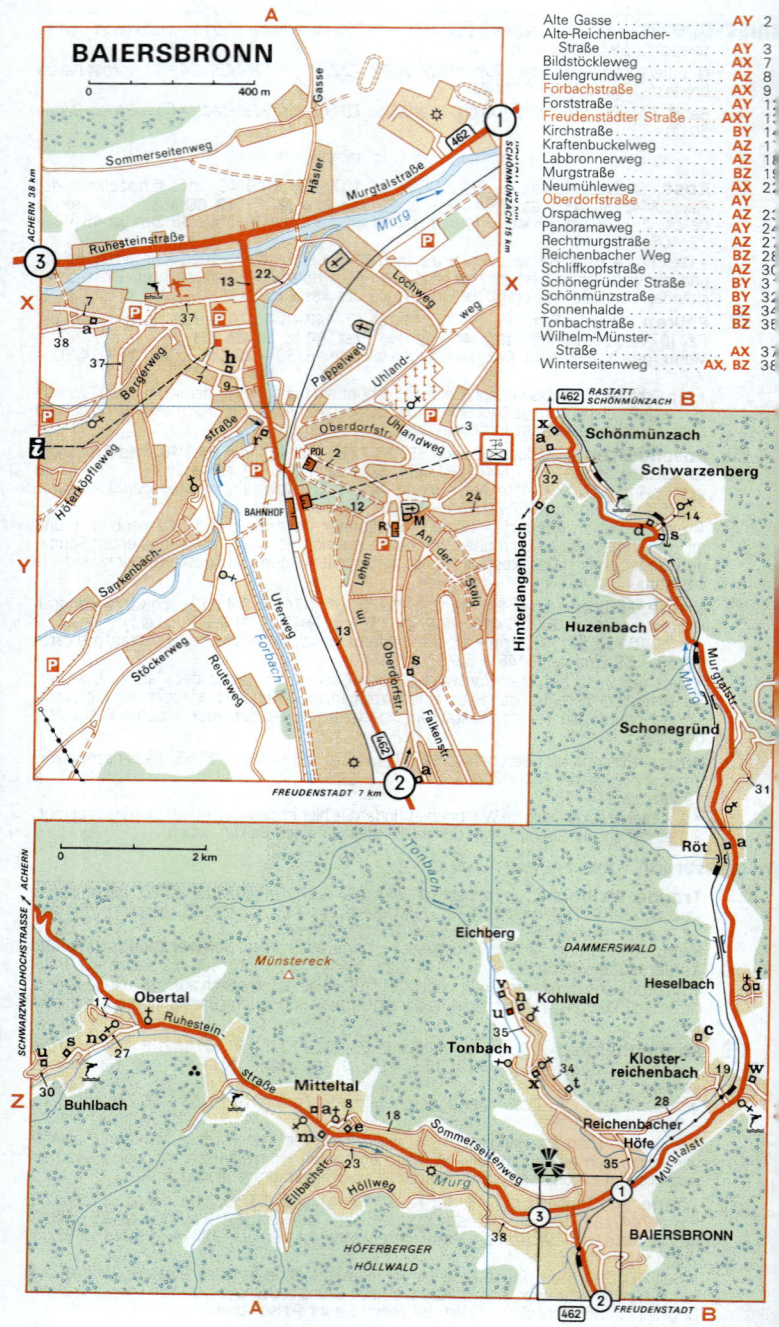

Alte Gasse	**AY** 2
Alte-Reichenbacher-Straße	**AY** 3
Bildstöckleweg	**AX** 7
Eulengrundweg	**AZ** 8
Forbachstraße	**AX** 9
Forststraße	**AY** 1
Freudenstädter Straße	**AXY**
Kirchstraße	**BY** 14
Kraftenbuckelweg	**AZ**
Labbronnerweg	**AZ** 18
Murgstraße	**BZ** 19
Neumühleweg	**AX** 2
Oberdorfstraße	**AY**
Orspachweg	**AZ** 2
Panoramaweg	**AY** 2
Rechtmurgstraße	**AZ** 2
Reichenbacher Weg	**BZ** 28
Schliffkopfstraße	**AZ** 30
Schönegründer Straße	**BY** 3
Schönmünzstraße	**BY** 32
Sonnenhalde	**BZ**
Tonbachstraße	**BZ** 35
Wilhelm-Münster-Straße	**AX**
Winterseitenweg	**AX, BZ** 38

BAIERSBRONN

Waldlust ⓢ (mit Gästehaus), Tonbachstr. 174, ✉ 72270, ℰ (07442) 83 50, *hotel @waldlust-tonbach.de, Fax (07442) 2127*, Massage, ≦s, ⬜, 🐴 – ≣ 📺 🚗 ℙ. ✳ Zim
BZ x
geschl. 9. Nov. - 17. Dez. – **Menu** *(geschl. Dienstag)* à la carte 16/35 – **42 Zim** ⌑ 42/52 – 77/103 – ½ P 10.

◆ Unten an der Straße befindet sich das Stammhaus, ein Stück oberhalb das Gästehaus. In beiden Gebäuden bietet man Zimmer mit dunklen Eichenmöbeln. Neuer Wellnessbereich! Legere Gemütlichkeit ist das Markenzeichen im Lokal Waldlust.

XXXXX **Schwarzwaldstube** - Hotel Traube Tonbach, Tonbachstr. 237, ✉ 72270, ℰ (07442)
✿✿✿ 49 26 65, *info@traube-tonbach.de, Fax (07442) 492692*, ≤ – ≣ ℙ. 🅰🅴 ⓞ ⓜⓞ 🆅🅸🆂🅰. ✳
BZ u
geschl. 7. - 31. Jan., 28. Juli - 26. Aug., Montag - Dienstag – **Menu** (Tischbestellung erforderlich, bemerkenswerte Weinkarte) 98/120 à la carte 68/97 ₴.

◆ Hier bei Harald Wohlfahrt können Sie höchste Kochkunst in all ihrer Feinheit kennenlernen. Dazu exklusives Interieur : schweres rustikales Holz gepaart mit edlen Stoffen.

Spez. Salat von Flusskrebsen mit Gemüsevinaigrette. Seezungenfilets im Tempurateig gebacken mit Thaispargel und Koriandersauce. Rehmedaillons mit Ananas-Mangochutney und Pfeffersauce.

XXX **Köhlerstube** - Hotel Traube Tonbach, Tonbachstr. 237, ✉ 72270, ℰ (07442) **49 20**, *info@traube-tonbach.de, Fax (07442) 492692*, ≤, 🍽 – ℙ. 🅰🅴 ⓞ ⓜⓞ 🆅🅸🆂🅰. ✳
BZ u
Menu (Tischbestellung ratsam) 40/78 à la carte 35/49 ₴ – **Bauernstube : Menu** à la carte 34/39.

◆ Die rustikale Köhlerstube im Stammhaus ist unterteilt in behagliche kleine Nischen. Genießen Sie neben köstlichen Saison-Spezialitäten einen berauschenden Blick ins Tal. Urig und gemütlich geht's in der Bauernstube zu.

Im Murgtal, Richtung Schwarzwaldhochstraße :

In Baiersbronn-Mitteltal *West : 4 km :*

🏨 **Bareiss** ⓢ, Gärtenbühlweg 14, ✉ 72270, ℰ (07442) 4 70, *info@bareiss.com, Fax (07442) 47320*, ≤, 🍽, Massage, ⚕, 🅵🆂, ♨, ≦s, ⌐ (geheizt), ⬜, 🐴, ✳ – ≣, ≪ Zim, ≣ Rest, 📶 🚗 ℙ. ✳ Rest
AZ e
Menu siehe Rest. **Bareiss** und **Dorfstuben** separat erwähnt**Kaminstube :** Menu à la carte 35/47,50 – **120 Zim** (nur ½ P) 218/238 – 366/542, 12 Suiten.

◆ Aus dem ehemals kleinen Gasthaus entstand eines der exquisitesten Ferienhotels Deutschlands. Sie logieren in wunderschönen Zimmern, draußen lockt eine hübsche Gartenterrasse. Allen Ansprüchen gewachsen zeigt sich die raffinierte Küche der Kaminstube.

🏨 **Lamm,** Ellbachstr. 4, ✉ 72270, ℰ (07442) 49 80, *info@lamm-mitteltal.de, Fax (07442) 49878,* 🍽, ≦s, ⬜, 🐴 ≺ – ≣, ≪ Zim, 📺 📞 🚗 ℙ. 🅰🅴 ⓞ ⓜⓞ 🆅🅸🆂🅰
AZ m
Menu 15 à la carte 20/33,50 – **46 Zim** ⌑ 36/72 – 98/142 – ½ P 16.

◆ Mitten im Ort findet man das im imposanten Schwarzwald-Stil gebaute Hotel. Gediegender Landhaus-Komfort und familiäre Atmosphäre werden hier miteinander verbunden. Einladend wirkt die wohlige, gemütliche Stimmung des Restaurants.

🏨 **Ödenhof**, Ödenhofweg 9, ✉ 72270, ℰ (07442) 8 40 90, *hotelinfo@oedenhof.de, Fax (07442) 840919,* 🅵🆂, ≦s, ⬜, 🐴 – ≣ ℙ. ✳ Rest
AZ a
geschl. 8. - 31. Jan. – **Menu** *(geschl. Dienstag) (nur Abendessen)* (Restaurant nur für Hausgäste) à la carte 15/32 – **33 Zim** ⌑ 36/41 – 66/108 – ½ P 8.

◆ Bei Feriengästen eine beliebte Adresse : Geprägt von ländlicher Behaglichkeit, fühlt man sich besonders in den renovierten Zimmern schnell zu Hause. Auch kulinarisch versucht man, den vielfältigen Gästewünschen gerecht zu werden.

XXXXX **Restaurant Bareiss** - Hotel Bareiss, Gärtenbühlweg 14, ✉ 72270, ℰ (07442) 4 70,
✿✿ *info@bareiss.com, Fax (07442) 47320*, ≤, 🍽 – ≣ ℙ. 🅰🅴 ⓞ ⓜⓞ 🆅🅸🆂🅰. ✳
AZ e
geschl. 6. Jan. - 7. Feb., 13. Juli - 15. Aug., Montag - Dienstag – **Menu** (Tischbestellung erforderlich, bemerkenswerte Weinkarte) 95/110 à la carte 64/91 ₴.

◆ Wer das Besondere sucht, kommt hier auf seine Kosten : So gehen die Kreationen von Maître Claus-Peter Lumpp und das elegante Ambiente eine äußerst geschmackvolle Allianz ein.

Spez. Terrine von gebratener Gänsestopfleber mit Portwein. Bretonischer Steinbutt im Olivensud braisiert. Topfensoufflé mit Tahiti-Vanille.

X **Dorfstuben** - Hotel Bareiss, Gärtenbühlweg 14, ✉ 72270, ℰ (07442) 4 70, *info@bareiss.com, Fax (07442) 47320* - ℙ. 🅰🅴 ⓞ ⓜⓞ 🆅🅸🆂🅰. ✳
AZ e
Menu à la carte 27/41,50.

◆ Bezaubernde Dekorationen und knarrendes Holz machen die Dorfstuben zu einem schnuckeligen Refugium. Passend dazu kredenzt die Küche Schwarzwälder Schmankerln.

BAIERSBRONN

In Baiersbronn-Obertal Nord-West : 7 km :

Engel Obertal ⊛, Rechtmurgstr. 28, ⊠ 72270, ℰ (07449) 8 50, hotel-enge
obertal@t-online.de, Fax (07449) 85200, 🍴, Massage, 🎿, ⩽, 🏊, ✈, ✗ – 🛗
⇔ Rest, ≡ Rest, 📺 ✆ ⇔ 🅿 – 🔒 20. ✗ Rest AZ
Menu à la carte 23/44 (auch vegetarisches Menu) – **77 Zim** 🛏 78/113 – 146/270, 4 Sui
ten – ½ P 17.
• Ideal für Gäste, die das stadtferne Fluidum und modernen Landhauskomfort suchen. Ein
Hotel mit den geschmackvollen Zimmern liegt ruhig am Ende des Tals. Wellnesslandschaft
Charmant gestaltetes Restaurant mit Holz und Deckenmalerei.

Sigwart ⊛, Am Hänger 24 (Buhlbach), ⊠ 72270, ℰ (07449) 9 26 20, info@hotel
sigwart.de, Fax (07449) 926241, ⩽, ✈ – ⇔ Rest, 📺 🅿 🆅🅸🆂🅰
geschl. 15. Nov. - 15. Dez., 15. - 25. März – **Menu** (geschl. Donnerstag) (nur Abendessen
(Restaurant nur für Hausgäste) – **18 Zim** 🛏 33/47 – 65/76 – ½ P 11.
• Umgeben von Wäldern und Wiesen ist der sympathische Familienbetrieb eine beliebte
Urlaubsadresse. Sie wohnen in freundlichen, hellen Zimmern mit Eichenmöbeln und
Balkonen.

Blume ⊛, Rechtmurgstr. 108 (Buhlbach), ⊠ 72270, ℰ (07449) 80 77, info@blume-
bertal.de, Fax (07449) 8009, Biergarten, ✈ – ⇔ Zim, 📺 ⇔ 🅿 🆄🅾 🆅🅸🆂🅰 AZ s
geschl. Mitte Nov. - Mitte Dez. – **Menu** (geschl. Mittwoch) à la carte 14/27,50 – **18 Zim**
🛏 31/42 – 58/76 – ½ P 13.
• Über 125 Jahre ist die Blume, ein Schwarzwald-Gasthof mit Schindelfassade, in
Familienbesitz. Fragen Sie bei der Reservierung nach den frisch renovierten Zimmern. Die
Gaststube hat über all die Jahre ihren einfachen ländlichen Charme bewahrt.

An der Schwarzwaldhochstraße Nord-West : 18 km, Richtung Achern, ab B 500 Richtung Freudenstadt :

Schliffkopf-Hotel Ⓜ – Höhe 1025 m, ⊠ 72270 Baiersbronn, ℰ (07449) 92 00, info
@schliffkopf.de, Fax (07449) 920199, ⩽ Schwarzwald, 🍴, Massage, 🎿, ⩽, 🏊 – 🛗
⇔ Zim, 📺 ✆ ⇔ 🅿 – 🔒 30
Menu à la carte 25/43 – **67 Zim** 🛏 91/96 – 120/196 – ½ P 26.
• Hoch oben an der Schwarzwaldhochstraße thront dieses Ferien-Wellness Hotel. Die
modernen, mit Kiefernmöbeln bestückten Zimmer wirken gemütlich. Die Restaurants mit
Landhaus-Charakter bieten teils eine beeindruckende Aussicht.

Im Murgtal, Richtung Forbach :

In Baiersbronn-Klosterreichenbach Nord-Ost : 3 km :

Ailwaldhof ⊛, (mit Gästehaus), Ailwald 1, ⊠ 72270, ℰ (07442) 83 60, dorothe
ahaist@ailwaldhof.de, Fax (07442) 836200, ⩽, 🍴, ⩽, 🏊, ✈ – 🛗, ⇔ Zim, 📺 ✆ ⇔
🅿 🆄🅾 🆅🅸🆂🅰 ✗ Rest BZ c
Jakob-Friedrich : (geschl. Mitte Nov.- Mitte Dez.) **Menu** à la carte 25/44 – **24 Zim**
🛏 70/100 – 120/220, 5 Suiten – ½ P 15.
• Traumhafte Lage inmitten von Wiesen und Wäldern. Einheimische Hölzer, arrangiert mit
bunten Stoffen, sorgen in den mit viel Stilgefühl gestalteten Zimmern für Behaglichkeit.
Im Erdgeschoss bittet das Restaurant Jakob-Friedrich zu Tisch.

Heselbacher Hof ⊛, Heselbacher Weg 72, ⊠ 72270, ℰ (07442) 83 80, info@
heselbacher-hof.de, Fax (07442) 838100, ⩽, 🍴, ⩽, 🏊, ✈ – 🛗 📺 ⇔ 🅿 – 🔒 20. ✗
geschl. Anfang Nov. - Mitte Dez. – **Menu** (geschl. Montag) à la carte 22/34 – **41 Zim**
🛏 48/78 – 82/136 – ½ P 10.
• Drei Generationen begrüßen die Gäste. Das Traditionshaus liegt etwas oberhalb des Ortes,
verfügt über individuell, mit warmen und hellen Farben eingerichtete Zimmer. Mit viel
Liebe hat man erst kürzlich das ländliche Restaurant renoviert. BZ f

Ochsen, Musbacher Str. 5, ⊠ 72270, ℰ (07442) 22 22, gasthaus.ochsen@t-online.de,
Fax (07442) 2217, 🍴, ✈ – 📺 ⇔ 🅿 🅾 🆄🅾 🆅🅸🆂🅰 ✗ Zim BZ w
geschl. April 3 Wochen, Ende Nov. - Mitte Dez. – **Menu** (geschl. Dienstag) à la carte 13,50/34
– **16 Zim** 🛏 28/30 – 48/58 – ½ P 9.
• Hinter der Schindelfassade des gut geführten Schwarzwald-Gasthofs mit den bunten
Blumenkästen verbergen sich ordentliche Zimmer. Die freundliche Wirtsfamilie umsorgt Sie.
Schnell bekommt man hier bei regional-bürgerlicher Küche Kontakt zu Einheimischen.

In Baiersbronn-Röt Nord-Ost : 7 km :

Sonne, Murgtalstr. 323 (B 462), ⊠ 72270, ℰ (07442) 18 01 50, info@sonne.roet.de,
Fax (07442) 1801599, 🍴, ⩽, 🏊, ✈ – 🛗 📺 🅿 BZ a
geschl. Mitte Nov. - Mitte Dez. – **Menu** à la carte 16/31 – **30 Zim** 🛏 47/60 – 90/126 –
½ P 10.
• Sämtliche Zimmer im Haus sind mit hübschen Accessoires bestückt. So wurde mit unter-
schiedlichen Naturhölzern und schönen Stoffen ein gemütliches Ambiente geschaffen.
Hausherr Hansjörg Frey schwingt hier persönlich den Kochlöffel.

BAIERSBRONN

In Baiersbronn-Schwarzenberg Nord : 13 km :

Romantik Hotel Sackmann, Murgtalstr. 602 (B 462), ✉ 72270, ✆ (07447) 28 90, info-hotel-sackmann@t-online.de, Fax (07447) 289400, 🍴, Massage, ♨, Ⅰ♿, ♠, ≋s, 🏊, 🌳 – 📶, ❄ Zim, 📺 📞 ⇌ 🅿 – 🔒 40. AE ⓘ ⓜ VISA JCB. ❄ BY s
Menu siehe Rest. **Schloßberg** separat erwähnt – **Anita Stube :** Menu à la carte 23/39 – **65 Zim** ⇌ 72/86 – 96/202 – ½ P 14.

◆ Das Ferienhotel Sackmann können Sie bei der Anreise nicht verfehlen. Mächtig liegt es mitten im Murgtal. Alle Zimmer wurden renoviert und farblich angenehm abgestimmt. In der nach der Senior-Chefin Anita Sackmann benannten Stube, ist es besonders nett.

Müllers Löwen, Murgtalstr. 604 (B 462), ✉ 72270, ✆ (07447) 93 20, info@loewen-schwarzenberg.de, Fax (07447) 1049, 🍴 – 📶 📺 🅿. ⓜ VISA. ❄ Rest BY d
Menu à la carte 21/38 – **28 Zim** ⇌ 56/100 – 120/196 – ½ P 13.

◆ Familienhotel im Murgtal als idealer Ausgangspunkt für Ihre Schwarzwald-Wanderungen. Hier wurden alle Zimmer renoviert und in schönen Farben wohnlich gestaltet. Im Löwen-Restaurant präsentiert man Gerichte wie sie für die Region typisch sind.

Schloßberg – Romantik Hotel Sackmann, Murgtalstr. 602 (B 462), ✉ 72270, ✆ (07447) 28 90, info@hotel-sackmann.de, Fax (07447) 289400 – 🅿. AE ⓘ ⓜ VISA JCB. ❄ geschl. 15. - 26. Jan., 23. Juli - 10. Aug., Montag - Dienstag – **Menu** (nur Abendessen) 65/85 à la carte 48/81 ♣.

◆ Nehmen Sie Platz auf den mit smaragdgrünem Stoff bezogenen Holzsesseln. Lassen Sie sich von Cuisinier Jörg Sackmann mit seinen eigenen oder französischen Kreationen verwöhnen.
Spez. Zwiebelbouillon mit Gänseleber und Trüffel. Souffliertes Seezungenfilet mit Jakobsmuscheln und Erdnussjus. Sûpreme von der Taubenbrust mit Kalbsbries und Thymian-Schokoladenjus.

In Baiersbronn-Schönmünzach Nord : 14,5 km :

Holzschuh's Schwarzwaldhotel, Murgtalstr. 655 (B 462), ✉ 72270, ✆ (07447) 9 46 30, holzschuh@schwarzwaldhotel.de, Fax (07447) 946349, 🍴, Ⅰ♿, Massage, ♨, ♠, ≋s, 🏊, 🌳 – 📶, ❄ Zim, 📺 ⇌ 🅿 – 🔒 20. ❄ Rest BY x
Menu (geschl. Dienstagmittag) à la carte 18,50/33 – **30 Zim** ⇌ 50/82 – 94/146 – ½ P 14.

◆ Ein Ferienhotel, das besonders bei Familien mit Kindern beliebt ist : Auf Wunsch kann man neben wohnlichen Gästezimmern auch Appartements mit separaten Kinderzimmern buchen. Auf der Terrasse klappert die Mühle, im Restaurant knistert der Kamin.

Sonnenhof ⚜, Schifferstr. 36, ✉ 72270, ✆ (07447) 93 00, info@hotel-sonnenhof.de, Fax (07447) 930333, 🍴, ≋s, 🏊, – 📶, ❄ Zim, 📺 🅿. ⓜ VISA. ❄ Rest BY a
geschl. Mitte Nov. - Mitte Dez. – **Menu** à la carte 16/33 – **42 Zim** ⇌ 44/60 – 76/104 – ½ P 13.

◆ Malerisch in einem schmalen Seitental an einem plätschernden Schwarzwaldbach gelegen, wartet das freundliche Haus mit seinen geräumigen Zimmern auf anreisende Gäste. Im Toni-Stüble wie auch im Restaurant geht man gerne auf die Wünsche der Besucher ein.

Elisabeth ⚜, Schönmünzstr. 63, ✉ 72270, ✆ (07447) 93 10, info@hotel-elisabeth.de, Fax (07447) 931100, 🍴, ≋s, 🏊, – 📶 BY c
geschl. 10. Nov. - 10. Dez. – **Menu** (geschl. Montag) à la carte 17/34 – **24 Zim** ⇌ 46/65 – 89/125 – ½ P 12.

◆ Ruhe findet der Gast in diesem gepflegten, mit roten Korbmarkisen und Blumen geschmückten Haus ganz sicher. Es liegt idyllisch umgeben von Tannen und bietet nette Zimmer. Neuer Restaurant-Anbau mit lichtdurchflutetem Wintergarten !

In Baiersbronn-Hinterlangenbach West : 10,5 km ab Schönmünzach BY :

Forsthaus Auerhahn ⚜ (mit Gästehaus), ✉ 72270, ✆ (07447) 93 40, hotel@forsthaus-auerhahn.de, Fax (07447) 934199, 🍴, Wildgehege, ≋s, 🏊, 🌳, ❄ – 📶, ❄ Rest, 📺 ⇌ 🅿
geschl. Mitte Nov. - Mitte Dez. – **Menu** (geschl. Dienstag, Mai - Okt. Dienstagabend) à la carte 16,50/33 – **30 Zim** ⇌ 44/80 – 97, 7 Suiten – ½ P 13.

◆ Aus einem alten Forsthaus entstand hier in diesem einsamen Tal im Lauf der Jahre dieser rustikale Gasthof, persönlich geführt von Familie Zepf. Schöner Wellnessbereich. Im Restaurant und in der urgemütlichen alten Stube bekommen Sie einheimische Spezialitäten.

Die im Michelin-Führer
verwendeten Zeichen und Symbole haben-
*dünn oder **fett** gedruckt, rot oder **schwarz** -*
jeweils eine andere Bedeutung.
Lesen Sie daher die Erklärungen aufmerksam durch.

BALDUINSTEIN Rheinland-Pfalz ◘◘◘ O 7 – 600 Ew – Höhe 105 m.
Berlin 557 – Mainz 69 – Koblenz 54 – Limburg an der Lahn 10.

Landhotel Zum Bären (Buggle) mit Zim, Bahnhofstr. 24, ✉ 65558, ℘ (06432) 80 07 80, info@landhotel-zum-baeren.de, Fax (06432) 8007820, Biergarten – 📺 🅿 🚗 25. ᴁ ◉ ◐ 𝗩𝗜𝗦𝗔. ✗ Rest
geschl. 3. - 28. März – **Menu** (geschl. Dienstag) (Tischbestellung ratsam) (bemerkenswerte Weinkarte) à la carte 44/52 ♀ – **Weinstube** (geschl. Dienstag) **Menu** à la carte 24/38 – **10 Zim** ⇌ 51/82 – 97/156.
• Schöne Holzvertäfelung, liebliche Altrosatöne und eine feine Küche setzen im Kachelofen-Restaurant und in der eleganten Bibliothek die Akzente. Die einfachere Variante der Bären genießen Sie in der rustikalen und urigen Weinstube.
Spez. Steinbutt mit Sommertrüffel. St. Pierre mit geschmortem Kalbsbries. Lammrücke mit Olivenkruste.

BALINGEN Baden-Württemberg ◘◘◘ V 10 – 34 000 Ew – Höhe 517 m.
Ausflugsziel : Lochenstein ⇐✱ vom Gipfelkreuz, Süd : 8 km.
ADAC, Wilhelm-Kraut-Str. 18.
Berlin 711 – Stuttgart 82 – Konstanz 109 – Freiburg im Breisgau 116 – Tübingen 36 – Ulm (Donau) 134.

Hamann, Neue Str. 11, ✉ 72336, ℘ (07433) 95 00, Fax (07433) 5123, 🍽 – 📶, ✎ Zim 📺 📞 🚗. ᴁ ◉ ◐ 𝗩𝗜𝗦𝗔
Menu (geschl. Sonntag) à la carte 17/39 – **50 Zim** ⇌ 57/80 – 93/110.
• In diesem gepflegten Stadthotel finden Reisende in behaglichen Zimmern, die entweder mit rustikalen Eichenmöbeln oder modernen Einbauten ausgestattet sind, Unterkunft. Holzschnitzereien und rustikale Details geben dem Restaurant eine persönliche Note.

Thum, Klausenweg 20, ✉ 72336, ℘ (07433) 9 69 00, info@hotel-thum.de, Fax (07433) 969044, 🍽 – 📶, ✎ Zim, 📺 📞 🚗 🅿 – 🚗 30. ◉ ◐ 𝗩𝗜𝗦𝗔
Menu (geschl. Anfang Jan. 1 Woche, Samstag) à la carte 14/33 – **24 Zim** ⇌ 52/65 – 80/105.
• Ob ein Einzelzimmer für Geschäftsleute oder ein geräumiges Studio mit Wohn- und Schlafbereich - Sie haben die Wahl. Die ansprechende Einrichtung bietet Ihnen modernen Komfort. Probieren Sie in der Gaststube die Maultaschen nach überlieferter Rezepten.

Unsere Hotel-, Reiseführer und Straßenkarten ergänzen sich.
Benutzen Sie sie zusammen.

BALJE Niedersachsen ◘◘◘ E 11 – 1 100 Ew – Höhe 2 m.
Berlin 393 – Hannover 218 – Cuxhaven 41 – Bremerhaven 74 – Hamburg 114.

In Balje-Hörne Süd-West : 5 km :

Zwei Linden, Itzwördener Str. 4, ✉ 21730, ℘ (04753) 8 43 00, Fax (04753) 843030, 🍽, 🚗 – 📺 🚗 🅿
Menu (geschl. Montagmittag) à la carte 12,80/23 – **14 Zim** ⇌ 36/43 – 54/66.
• Aus der kleinen Dorfgaststätte hat sich ein gepflegter Landgasthof mit netten Gästezimmern entwickelt. Sie sind alle renoviert und mit zeitlosen Kirschholzmöbeln eingerichtet. Das Restaurant wird von der Besitzerfamilie Beneke persönlich geführt.

BALLENSTEDT Sachsen-Anhalt ◘◘◘ K 17 – 7 600 Ew – Höhe 225 m.
🐎 Meisdorf, Petersberger Trift 33 (Süd-Ost : 6 km), ℘ (034743) 9 84 50.
🛈 Tourist-Information, Allee 37, ✉ 06493, ℘ (039483) 2 63, Fax (039483) 263.
Berlin 220 – Magdeburg 66 – Halle 71 – Nordhausen 58 – Quedlinburg 14.

Schlosshotel Großer Gasthof, Schlossplatz 1, ✉ 06493, ℘ (039483) 5 10, harzhotels@vandervalk.de, Fax (039483) 51222, 🍽, Massage, ⇌, 🏊 – 📶, ✎ Zim, 📺 📞 🅿 – 🚗 70. ᴁ ◉ ◐ 𝗩𝗜𝗦𝗔. ✗ Rest
Menu à la carte 21/35 – **50 Zim** ⇌ 89/99 – 129/139.
• Unterhalb des Schlosses gelegen, ist das Haus eine attraktive Adresse für private und geschäftliche Aufenthalte. Alle Zimmer sowie die Suite sind sehr ansprechend gestaltet. Mit viel Geschmack wurde im Restaurant ein "fürstlich-elegantes" Ambiente geschaffen.

BALLSTEDT Thüringen siehe Weimar.

BALTRUM (Insel) Niedersachsen 415 E 6 – 500 Ew – Seeheilbad – Insel der Ostfriesischen Inselgruppe, Autos nicht zugelassen.

⛴ von Neßmersiel (ca. 30 min.), ℘ (04939) 9 13 00.
🛈 Pavillon am Anleger, ✉ 26579, ℘ (04939) 91 40 03, Fax (04939) 914005.
ab Fährhafen Neßmersiel : Berlin 536 – Hannover 269 – Emden 50 – Aurich (Ostfriesland) 28 – Norden 17 – Wilhelmshaven 70.

Strandhof ⚑ (mit Appartmenthaus), Nr. 123, ✉ 26579, ℘ (04939) 8 90, strandhof-baltrum@t-online.de, Fax (04939) 8913, 🍴, 🛌, 🏖 – 📺
Mitte März - Okt. – **Menu** (geschl. ausser Saison Mittwoch) à la carte 17,50/33,50 – **44 Zim** ⛌ 50 – 94 – ½ P 10.
◆ Inmitten von Dünen, nur einen Steinwurf vom Strand entfernt, erwartet Sie das nette Hotel. Sie wohnen in gepflegten, kürzlich renovierten Zimmern. Im gediegenen Hotelrestaurant mit großer Fensterfront serviert man gutbürgerliche Gerichte.

Dünenschlößchen ⚑, Ostdorf 48, ✉ 26579, ℘ (04939) 9 12 30, duenenschloesschen@t-online.de, Fax (04939) 912313, ≤, 🏖 – 📶, 🍴 Rest. 🚭
Mitte März - Mitte Okt. – **Menu** (geschl. Montag) à la carte 19/38,50 – **42 Zim** ⛌ 40/60 – 80/95 – ½ P 9.
◆ Mit Blick auf den Nationalpark Niedersächsisches Wattenmeer bietet Ihnen der Familienbetrieb eine nette Atmosphäre in allen Bereichen. Küchenchef Erich Cordes kocht seit 1958 für die Gäste der rustikalen Fischerstube.

Witthus ⚑ (mit Gästehaus), Nr. 137, ✉ 26579, ℘ (04939) 99 00 00, witthus.baltrum@t-online.de, Fax (04939) 990001, ≤, 🍴 – 📺, 💳 VISA, 🚭 Zim
geschl. Anfang Jan. - Mitte März, Nov. - 26. Dez. – **Menu** (geschl. ausser Saison Dienstag) à la carte 20/38 – **11 Zim** ⛌ 44/67 – 98/102.
◆ Etwa 200 Meter vom Hafen entfernt, hat Familie Klün ihr Gasthaus. Sie haben die Zimmer im Gästehaus mit Voglauer-, im Haupthaus mit Naturholzmöbeln eingerichtet. Rustikales Restaurant mit offenem Kamin.

BALVE Nordrhein-Westfalen 417 M 7 – 12 000 Ew – Höhe 250 m.
Berlin 510 – Düsseldorf 101 – Arnsberg 20 – Hagen 38 – Plettenberg 16.

In Balve-Binolen Nord : 5 km Richtung Menden :

Haus Recke, an der B 515, ✉ 58802, ℘ (02379) 2 09, haus-recke@t-online.de, Fax (02379) 293, 🍴, 🏖 – 🚭 Zim, 📺 ⛌ 🅿 – 🛋 30. 🅰🅴 💳 VISA JCB
geschl. 1. - 15. Jan., 1. - 15. Nov. – **Menu** (geschl. Montag) à la carte 19/37,50 – **9 Zim** ⛌ 47/50 – 80/85.
◆ Vis-à-vis der Reckenhöhle an einem Bach verbergen sich hinter der Natursteinfassade teils rustikal mit lackierten Pinienholzmöbeln, teils sachlich-modern ausgestattete Zimmer. Wählen Sie zwischen der einfacheren Gaststube und dem lichtdurchfluteten Restaurant.

In Balve-Eisborn Nord : 9 km - Richtung Menden, hinter Binolen rechts ab :

Antoniushütte ⚑ (mit Gästehaus), Eisborner Dorfstr. 10, ✉ 58802, ℘ (02379) 91 50, info@hotel-antoniushütte.de, Fax (02379) 644, 🍴 – 🚭 Zim, 📺 ♿ 🅿 – 🛋 80. 💳 VISA
Menu à la carte 19/36,50 – **74 Zim** ⛌ 52/77 – 82/118 – ½ P 17.
◆ Üppiger Blumenschmuck ziert die Fachwerkfassade des im Laufe der Jahre gewachsenen Gasthofs. Sehr schön wohnen Sie hier in den renovierten Zimmern im Pfarr- oder Schulhaus. Ob im Restaurant oder der rustikalen Stube : überall sitzt es sich sehr gemütlich.

Zur Post ⚑ (mit Gästehaus), Eisborner Dorfstr. 3, ✉ 58802, ℘ (02379) 91 60, pony@hotel-zur-post-eisborn.de, Fax (02379) 916200, 🍴, 🛌, ⛳ – 📶 📺 ⛌ 🅿 – 🛋 60. 🅰🅴 ① 💳 VISA
geschl. Aug. 3 Wochen – **Menu** à la carte 18/39 – **50 Zim** ⛌ 52 – 82/96.
◆ Seit 1895 kümmert man sich in diesem Familienunternehmen um das Wohlergehen seiner Gäste. Fragen Sie bei Ihrer Reservierung nach den renovierten Zimmern im Gästehaus. Viel Holz, ein offener Kamin und blumige Leinenstoffe schmücken das ländliche Restaurant.

BAMBERG Bayern 419 420 Q 16 – 70 000 Ew – Höhe 260 m.
Sehenswert : Dom★★ (Bamberger Reiter★★★, St.-Heinrichs-Grab★★★) BZ – Altes Rathaus★ BCZ – Diözesanmuseum★ BZ M – Alte Hofhaltung (Innenhof★★) BZ – Neue Residenz : Rosengarten ≤★ BZ.
🏌 Breitengüßbach, Gut Leimershof (Nord-Ost : 16 km über ⑤), ℘ (09547) 71 09 ; 🏌 Bamberg, Äußere Zollnerstraße, ℘ (0951) 9 68 43 31.
🛈 Tourismus u. Kongreß Service, Geyerswörthstr. 3, ✉ 96047, ℘ (0951) 87 11 61, touristinfo@bamberg.de, Fax (0951) 871960.
ADAC, Schützenstr. 4a (Parkhaus).
Berlin 406 ① – München 232 ② – Coburg 53 ① – Nürnberg 61 ② – Würzburg 96 ② – Erfurt 154 ⑤

BAMBERG

Äußere		
Löwenstraße	CY	2
Am Kranen	BZ	3
Bischofsmühlbrücke	BCZ	5
Buger Str.	AX	7
Dominikanerstraße	BZ	8
Domstraße	BZ	9
Geyerswörthstraße	CZ	12
Grüner Markt	CZ	13
Hauptwachstraße	CY	15
Heiliggrabstraße	AX	17
Herrenstraße	BZ	18
Judenstraße	BZ	20
Karolinenstraße	BZ	23
Lange Str.	CZ	
Ludwigstraße	AX	24
Luitpoldbrücke	CY	26
Luitpoldstraße	CY	
Magazinstraße	AX	27
Marienstraße	AX	29
Maximiliansplatz	CY	
Mittlerer Kaulberg	BZ	30
Nonnenbrücke	CZ	32
Obere Karolinenstraße	BZ	33
Obere Königstraße	CY	34
Oberer Kaulberg	AX	35
Obere Sandstraße	BZ	36
Regensburger Ring	AX	38
Residenzstraße	BZ	40
Rhein-Main-Donau-Damm	AX	42
Richard-Wagner-Straße	CZ	44
St-Getreu-Str.	BZ	45
Schillerplatz	CZ	47
Schönleinsplatz	CZ	48
Sodenstraße	AX	50
Untere Brücke	BZ	52
Untere Königstraße	CY	54
Unterer Kaulberg	BZ	55

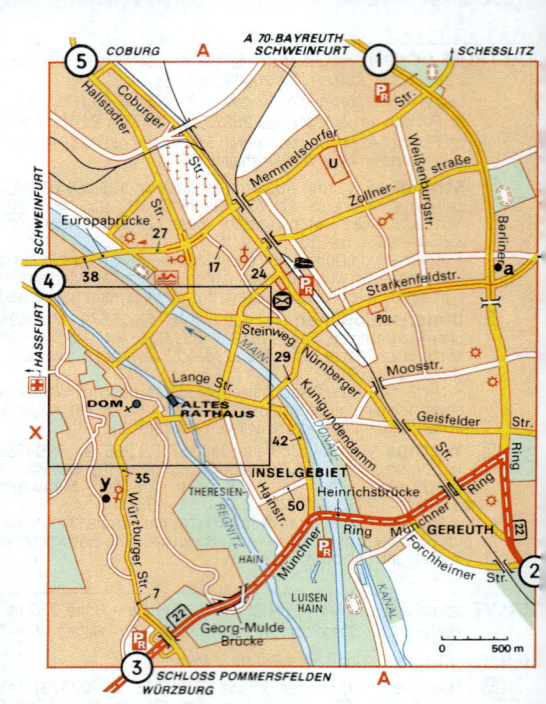

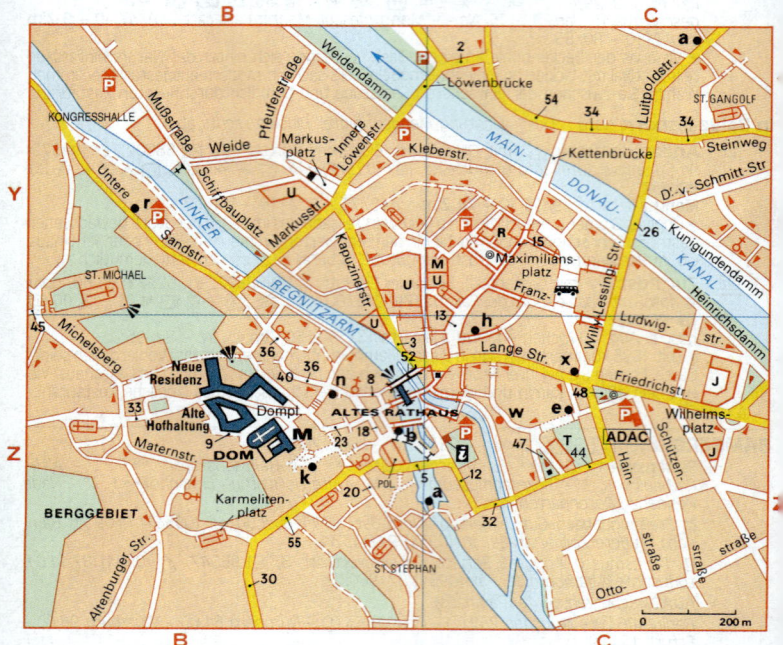

154

BAMBERG

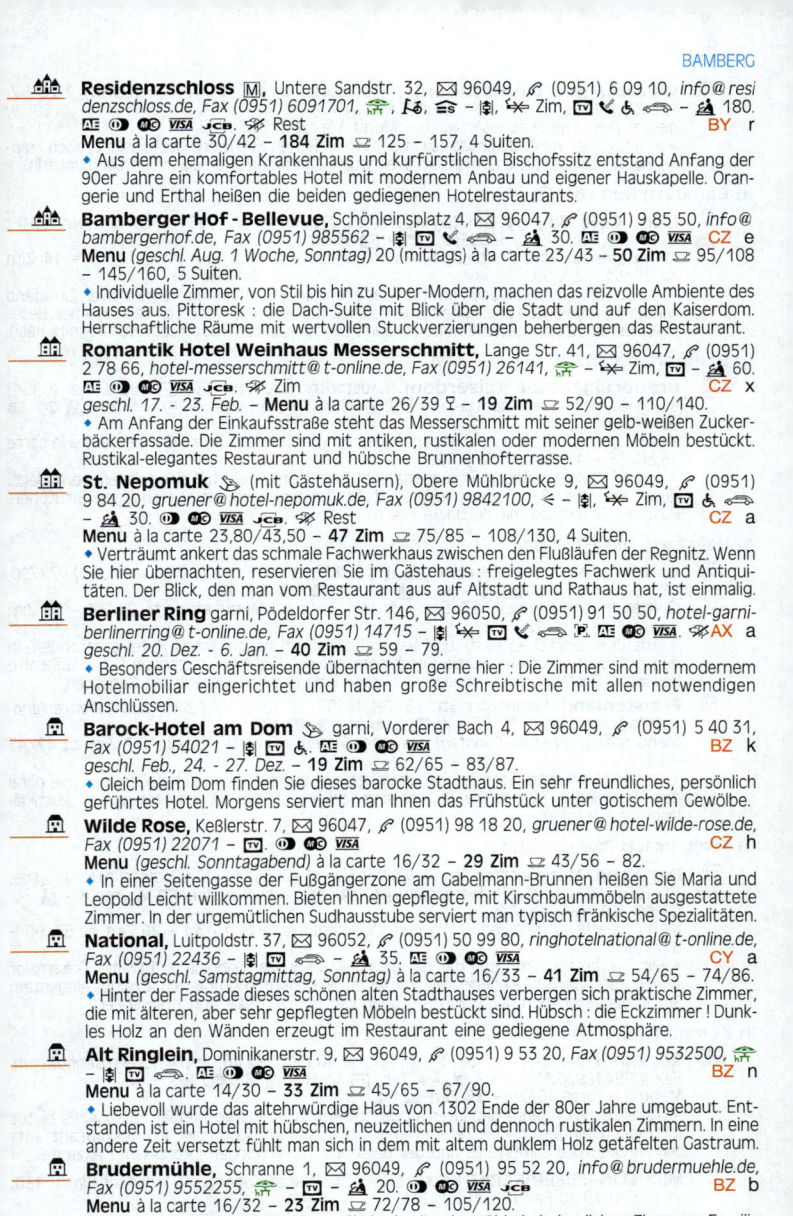

Residenzschloss M, Untere Sandstr. 32, ✉ 96049, ℰ (0951) 6 09 10, *info@residenzschloss.de*, Fax (0951) 6091701, 🌳, 🛏, 🅢, – 📶, ⇌ Zim, 📺 📞 ♿ 🚗 – 🔑 180. 🆎 ① 🆗 𝗩𝗜𝗦𝗔 JCB. ✂ Rest   BY r
Menu à la carte 30/42 – **184 Zim** ⇌ 125 – 157, 4 Suiten.
 ♦ Aus dem ehemaligen Krankenhaus und kurfürstlichen Bischofssitz entstand Anfang der 90er Jahre ein komfortables Hotel mit modernem Anbau und eigener Hauskapelle. Orangerie und Erthal heißen die beiden gediegenen Hotelrestaurants.

Bamberger Hof - Bellevue, Schönleinsplatz 4, ✉ 96047, ℰ (0951) 9 85 50, *info@bambergerhof.de*, Fax (0951) 985562 – 📶 📺 📞 🚗 – 🔑 30. 🆎 ① 🆗 𝗩𝗜𝗦𝗔   CZ e
Menu *(geschl. Aug. 1 Woche, Sonntag)* 20 (mittags) à la carte 23/43 – **50 Zim** ⇌ 95/108 – 145/160, 5 Suiten.
 ♦ Individuelle Zimmer, von Stil bis hin zu Super-Modern, machen das reizvolle Ambiente des Hauses aus. Pittoresk : die Dach-Suite mit Blick über die Stadt und auf den Kaiserdom. Herrschaftliche Räume mit wertvollen Stuckverzierungen beherbergen das Restaurant.

Romantik Hotel Weinhaus Messerschmitt, Lange Str. 41, ✉ 96047, ℰ (0951) 2 78 66, *hotel-messerschmitt@t-online.de*, Fax (0951) 26141, 🌳 – ⇌ Zim, 📺 – 🔑 60. 🆎 ① 🆗 𝗩𝗜𝗦𝗔 JCB. ✂ Zim   CZ x
geschl. 17. - 23. Feb. – **Menu** à la carte 26/39 ♀ – **19 Zim** ⇌ 52/90 – 110/140.
 ♦ Am Anfang der Einkaufsstraße steht das Messerschmitt mit seiner gelb-weißen Zuckerbäckerfassade. Die Zimmer sind mit antiken, rustikalen oder modernen Möbeln bestückt. Rustikal-elegantes Restaurant und hübsche Brunnenhofterrasse.

St. Nepomuk (mit Gästehäusern), Obere Mühlbrücke 9, ✉ 96049, ℰ (0951) 9 84 20, *gruener@hotel-nepomuk.de*, Fax (0951) 9842100, ≤ – 📶, ⇌ Zim, 📺 ♿ 🚗 – 🔑 30. ① 🆗 𝗩𝗜𝗦𝗔 JCB. ✂ Rest   CZ a
Menu à la carte 23,80/43,50 – **47 Zim** ⇌ 75/85 – 108/130, 4 Suiten.
 ♦ Verträumt ankert das schmale Fachwerkhaus zwischen den Flußläufen der Regnitz. Wenn Sie hier übernachten, reservieren Sie im Gästehaus : freigelegtes Fachwerk und Antiquitäten. Der Blick, den man vom Restaurant aus auf Altstadt und Rathaus hat, ist einmalig.

Berliner Ring garni, Pödeldorfer Str. 146, ✉ 96050, ℰ (0951) 91 50 50, *hotel-garni-berlinerring@t-online.de*, Fax (0951) 14715 – 📶 ⇌ 📺 📞 🚗 🅿. 🆎 🆗 𝗩𝗜𝗦𝗔. ✂AX a
geschl. 20. Dez. - 6. Jan. – **40 Zim** ⇌ 59 – 79.
 ♦ Besonders Geschäftsreisende übernachten gerne hier : Die Zimmer sind mit modernem Hotelmobiliar eingerichtet und haben große Schreibtische mit allen notwendigen Anschlüssen.

Barock-Hotel am Dom 🍃 garni, Vorderer Bach 4, ✉ 96049, ℰ (0951) 5 40 31, Fax (0951) 54021 – 📶 📺 ♿. 🆎 ① 🆗 𝗩𝗜𝗦𝗔   BZ k
geschl. Feb., 24. - 27. Dez. – **19 Zim** ⇌ 62/65 – 83/87.
 ♦ Gleich beim Dom finden Sie dieses barocke Stadthaus. Ein sehr freundliches, persönlich geführtes Hotel. Morgens serviert man Ihnen das Frühstück unter gotischem Gewölbe.

Wilde Rose, Keßlerstr. 7, ✉ 96047, ℰ (0951) 98 18 20, *gruener@hotel-wilde-rose.de*, Fax (0951) 22071 – 📺 ① 🆗 𝗩𝗜𝗦𝗔   CZ h
Menu *(geschl. Sonntagabend)* à la carte 16/32 – **29 Zim** ⇌ 43/56 – 82.
 ♦ In einer Seitengasse der Fußgängerzone am Gabelmann-Brunnen heißen Sie Maria und Leopold Leicht willkommen. Bieten Ihnen gepflegte, mit Kirschbaummöbeln ausgestattete Zimmer. In der urgemütlichen Sudhausstube serviert man typisch fränkische Spezialitäten.

National, Luitpoldstr. 37, ✉ 96052, ℰ (0951) 50 99 80, *ringhotelnational@t-online.de*, Fax (0951) 22436 – 📶 🚗 – 🔑 35. 🆎 ① 🆗 𝗩𝗜𝗦𝗔   CY a
Menu *(geschl. Samstagmittag, Sonntag)* à la carte 16/33 – **41 Zim** ⇌ 54/65 – 74/86.
 ♦ Hinter der Fassade dieses schönen alten Stadthauses verbergen sich praktische Zimmer, die mit älteren, aber sehr gepflegten Möbeln bestückt sind. Hübsch : die Eckzimmer ! Dunkles Holz an den Wänden erzeugt im Restaurant eine gediegene Atmosphäre.

Alt Ringlein, Dominikanerstr. 9, ✉ 96049, ℰ (0951) 9 53 20, Fax (0951) 9532500, 🌳 – 📶 📺 🚗. 🆎 ① 𝗩𝗜𝗦𝗔   BZ n
Menu à la carte 14/30 – **33 Zim** ⇌ 45/65 – 67/90.
 ♦ Liebevoll wurde das altehrwürdige Haus von 1302 Ende der 80er Jahre umgebaut. Entstanden ist ein Hotel mit hübschen, neuzeitlichen und dennoch rustikalen Zimmern. In eine andere Zeit versetzt fühlt man sich in dem mit altem dunklem Holz getäfelten Gastraum.

Brudermühle, Schranne 1, ✉ 96049, ℰ (0951) 95 52 20, *info@brudermuehle.de*, Fax (0951) 9552255, 🌳 – 📺 – 🔑 20. ① 🆗 𝗩𝗜𝗦𝗔 JCB   BZ b
Menu à la carte 16/32 – **23 Zim** ⇌ 72/78 – 105/120.
 ♦ Im Herzen der Altstadt wohnen Sie in der Brudermühle in behaglichen Zimmern. Familie Vogler hat sie meist mit Holzmöbeln aus solider Eiche eingerichtet. Angenehm sitzt es sich in der rustikalen Gaststube, die auf zwei Ebenen verteilt ist.

Altenburgblick 🍃 garni, Panzerleite 59, ✉ 96049, ℰ (0951) 9 53 10, *hotel@altenburgblick.de*, Fax (0951) 9531444, ≤ – 📶 ⇌ 📺 🅿 – 🔑 20. 🆎 🆗 𝗩𝗜𝗦𝗔   AX y
42 Zim ⇌ 47/60 – 72/84.
 ♦ In dem gut geführten Haus haben Sie von vielen Zimmern einen freien Blick auf die Altenburg. Einige verfügen über Balkone und sind teils mit Kirschbaummöbeln ausgestattet.

BAMBERG

Würzburger Weinstuben, Zinkenwörth 6, ✉ 96047, ℘ (0951) 2 26 67, Fax (0951) 22656, 🍴 – AE ① ◎ VISA JCB CZ w
geschl. Dienstagabend – Mittwoch – **Menu** à la carte 20,50/35.
  • Inmitten der Altstadt finden Sie in dem historischen Fachwerkhaus dieses typisch fränkische Wirtshaus mit charmantem Weinstubencharakter und regionalen Schmankerln.

In Bamberg-Bug über ③ : 4 km :

Lieb - Café Bug 🏞, Am Regnitzufer 23, ✉ 96049, ℘ (0951) 5 60 78, hotel.lieb@t-online.de, Fax (0951) 5009502, 🍴 – TV P. ※ Zim
Menu (geschl. Nov., Freitag, Sonn- und Feiertage abends) à la carte 12/23 – **14 Zim** ⊆ 23/54 – 38/58.
  • Idyllisch umgeben von Bäumen steht das ehemalige Forsthaus am Regnitz-Ufer. Einladend wirken die gepflegten und zumeist mit Voglauermöbeln eingerichteten Gästezimmer. Besuchen Sie die nette Gaststube und schauen Sie den bunten Booten auf der Regnitz nach.

In Bamberg-Gaustadt über ④ : 4 km :

Brauereigasthof Kaiserdom, Gaustadter Hauptstr. 26, ✉ 96049, ℘ (0951) 96 51 40, info@kaiserdom.de, Fax (0951) 9651444, Biergarten – TV ⇔ P. – 🛡 20. ① ◎ VISA. ※ Rest
Menu (geschl. Mitte Jan. 2 Wochen, Sonntag - Montag) (nur Abendessen) à la carte 15,50/38 – **17 Zim** ⊆ 59 – 72.
  • Seit 1718 wird in diesem Brauereigasthof Bier gebraut. Viel hat sich seitdem verändert : Heute erwarten Sie modern ausgestattete Zimmer, dekoriert mit knalligen Blautönen. Rustikale Braustube mit deftigem Essen.

In Hallstadt über ⑤ : 4 km :

Country Inn, Lichtenfelser Str. 35, ✉ 96103, ℘ (0951) 9 72 70, Fax (0951) 972790, 🍴, ≘ – ※ Zim, TV ℘ ⇔ – 🛡 40. AE ① ◎ VISA
Goldener Adler (geschl. 23. Dez. – 3. Jan., Sonntag) **Menu** à la carte 21/33 – **56 Zim** ⊆ 60/80 – 81/112.
  • Aus dem einfachen Gast- und Bauernhof ist ein neuzeitliches Hotel entstanden. In den hübschen Zimmern wurde Geschmack bei der Wahl der reizenden Landhausstoffe bewiesen. Restaurant mit behaglicher Umgebung und gutbürgerlichen Gerichten.

Frankenland, Bamberger Str. 76, ✉ 96103, ℘ (0951) 7 12 21, info@frankenland-hotel.de, Fax (0951) 73685 – 📶 TV ⇔ P. ① ◎ VISA
Menu (geschl. Freitag, Sonntag) (nur Abendessen) à la carte 15/28 – **37 Zim** ⊆ 42/45 – 62/66.
  • Der 1975 erbaute Flachdachbau zeichnet sich durch eine verkehrsgünstige Lage nahe der Autobahn A 70 aus. Die Zimmer sind schlicht, aber praktisch eingerichtet. Rustikal-ländliche Gasträume.

In Stegaurach über ③ : 5 km :

Der Krug, Mühlendorfer Str. 4, ✉ 96135, ℘ (0951) 99 49 90, hotel@der-krug.de, Fax (0951) 9949910, 🍴, Biergarten, 🎮, ≘, 🏊 , 🐎 – ※ Zim, TV ℘ ⇔ P. – 🛡 60. AE ◎ VISA JCB. ※ Zim
Menu (geschl. Anfang Jan. 2 Wochen, Dienstag) à la carte 13/33 – **26 Zim** ⊆ 57/69 – 87/108.
  • Mit Geschmack und Liebe hat das engagierte Ehepaar Gabriele und Walter Gaissmaier seinen Hotel-Gasthof eingerichtet. Man wohnt in hübschen Zimmern mit zeitlos elegantem Stil. In verschiedenen gemütlichen Stuben werden regionale Gerichte serviert.

In Kemmern über ⑤ : 5 km :

Rosenhof M, Hauptstr. 68, ✉ 96164, ℘ (09544) 92 40, info@hotel-rosenhof.com, Fax (09544) 924240, 🍴 – 📶, ※ Zim, TV ℘ P. – 🛡 80. ◎ VISA
Menu à la carte 16/25 – **36 Zim** ⊆ 54 – 81.
  • Mitte der 90er Jahre gebautes modernes Hotel mit ansprechender Fassade. Es bietet freundlich eingerichtete Zimmer mit zeitgemäßem Komfort. Im Restaurant setzen himbeerrote Samtstühle und der passende Teppichboden interessante Akzente.

MICHELIN-REIFENWERKE KGaA. ✉ 96103 Hallstadt (über ⑤ : 5 km), Michelinstr. 130, ℘ (0951) 79 10 Fax (0951) 791231.

BANNESDORF Schleswig-Holstein siehe Fehmarn (Insel).

BANSIN Mecklenburg-Vorpommern siehe Usedom (Insel).

BANTIKOW Brandenburg siehe Kyritz.

BARGTEHEIDE Schleswig-Holstein 415 416 E 14 – 11 000 Ew – Höhe 48 m.
   🐎 Jersbek, Oberteicher Weg (West : 3 km), ℘ (04532) 2 09 50.
   Berlin 279 – Kiel 73 – Hamburg 29 – Lübeck 38 – Bad Oldesloe 14.

🏠 **Papendoor**, Lindenstr. 1, ✉ 22941, ℘ (04532) 20 39 00, kontakt@hotelpapendoor.de, Fax (04532) 203901, 🍽 – 📺 🚗 🅿 AE ① ⓂⓈ VISA
   Menu (geschl. Sonn- und Feiertage) à la carte 14/29 – **25 Zim** ☑ 60/77 – 85/90.
   ◆ In dem Flachdachbau mit Klinkerfassade finden Sie gelungen eingerichtete Standardzimmer. Toller Service für Extrem-Frühaufsteher und Nachtschwärmer : Frühstück rund um die Uhr ! Hell gestaltetes Bistro-Restaurant.

BARGUM Schleswig-Holstein 415 B 10 – 800 Ew – Höhe 3 m.
   Berlin 451 – Kiel 111 – Sylt (Westerland) 41 – Flensburg 37 – Schleswig 63.

XXX **Andresen's Gasthof** mit Zim, Dörpstraat 55 (B 5), ✉ 25842, ℘ (04672) 10 98,
🎋 andresensgasthof@gmx.de, Fax (04672) 1099, 🍽, 🌳 – 📺 🅿 ⓂⓈ
   geschl. Mitte Jan. - Mitte Feb., Mitte - Ende Sept. – **Menu** (geschl. Montag - Dienstag) (Mittwoch - Donnerstag nur Abendessen) (Tischbestellung erforderlich) à la carte 39/59
   ♀ – **5 Zim** ☑ 70 – 100.
   ◆ Als klassisch mit Produkten der Region kann man die Gaumenfreuden bezeichnen, die der Küchenchef Ihnen hier bereitet. Passend dazu : der elegante friesische Stil des Hauses.
   Spez. Kalbskopfsalat mit Zitronen-Knoblauch-Ragout. Lammrücken mit Kartoffel-Oliven-Lasagne und Sauce Barigoule. Ziegenquarksoufflé mit Tomatenchutney und Pinienkern-Krokanteis.

BARLEBEN Sachsen-Anhalt siehe Magdeburg.

BARNSTORF Niedersachsen 415 H 9 – 5 300 Ew – Höhe 30 m.
   Berlin 395 – Hannover 105 – Bremen 59 – Osnabrück 67.

🏨 **Roshop**, Am Markt 6, ✉ 49406, ℘ (05442) 98 00, info@hotel-roshop.de, Fax (05442) 980444, 🍽, 🆘, 🏊, 🌳, ❉ Zim, 🍴 Rest, 📺 ✆ ♿ 🚗 🅿 – 🔔 80.
   AE ⓂⓈ VISA
   Menu à la carte 19/38 – **63 Zim** ☑ 52/70 – 80/99.
   ◆ Besonders Tagungsgäste schätzen das gut geführte Haus. Achten Sie bei Ihrer Buchung darauf, daß man Ihnen ein Zimmer im Neubau oder eine der schönen Suiten reserviert. Rustikale Restaurant-Stuben mit offenem Kamin.

BARSINGHAUSEN Niedersachsen 417 418 J 12 – 36 000 Ew – Höhe 100 m.
   🛈 Tourist-Office, Deisterplatz 2, ✉ 30890, ℘ (05105) 77 42 63, info@barsinghausen-info.de, Fax (05105) 774360.
   Berlin 315 – Hannover 25 – Bielefeld 87 – Hameln 42 – Osnabrück 117.

🏨 **Gilde Sporthotel Fuchsbachtal** 🌿, Bergstr. 54, ✉ 30890, ℘ (05105) 77 60,
   sporthotel@t-online.de, Fax (05105) 776333, 🍽, 𝟙↩, 🆘, 🏊, ❉ – 🛗, ❉ Zim, 📺 ✆
   ♿ 🅿 – 🔔 130. AE ⓂⓈ VISA
   Menu à la carte 19/37,50 – **74 Zim** ☑ 72/113 – 98/128.
   ◆ Etwas außerhalb am Waldrand gelegenes Hotel. Fragen Sie nach den großzügigen Zimmern im vorderen Teil des Hauses. Attraktives Freizeitangebot.

XX **Marmite**, Egestorfer Str. 36a, ✉ 30890, ℘ (05105) 6 18 18, restaurantmarmite@t
   -online.de, Fax (05105) 515709, 🍽 – 🅿 AE ① ⓂⓈ VISA
   geschl. Aug. 2 Wochen, Dienstag – **Menu** (wochentags nur Abendessen) à la carte 28/32,50.
   ◆ Für ein mediterranes Flair sorgen sonnengelbe Wände, luftige Korbbestuhlung, Parkettboden und viele bunte Bilder. Das Service-Team bemüht sich geschult um seine Gäste.

An der B 65, nahe der A 2, Abfahrt Bad Nenndorf Nord-Ost : 5 km :

🏨 **Echo Hotel** 🅼, Kronskamp 2, ✉ 30890 Barsinghausen-Bantorf, ℘ (05105) 52 70, info
   @echo.de, Fax (05105) 527199 – ❉ Zim, 🍴 Zim, 📺 ✆ 🅿 – 🔔 30. AE ①
   ⓂⓈ VISA
   Menu (nur Abendessen) à la carte 15/26 – **64 Zim** ☑ 66/85 – 82/127.
   ◆ Jugendlich-frisch ist der Stil des Hauses, in dem kräftige Blautöne dominieren. Die Zimmer, mit blauem Teppichboden und hellen Wänden, sind großzügig und gepflegt. Amerika und der Wilde Westen werden in Michael's Diner - American Restaurant lebendig.

BARTH
Mecklenburg-Vorpommern 416 C 22 – 10 000 Ew – Höhe 5 m.

ᛒ Barth-Information, Lange Str. 16, ⊠ 18356, ℘ (038231) 24 64, info@stadt-barth.de, Fax (038231) 2464.

Berlin 272 – Schwerin 155 – Rostock 59 – Stralsund 33.

Speicher Barth M, Am Osthafen 2, ⊠ 18356, ℘ (038231) 6 33 00, speicher-barth@t-online.de, Fax (038231) 63400, ≤ Barther Bodden, 😀, 🚱 – 🛏, ⚥ Zim, 📺 ☎ 📞 – 🚗 70. ᴀᴇ ⬤⬤
Menu à la carte 19,50/38 – **43 Zim** ⊇ 65/80 – 110, 13 Suiten.
- Der 100 Jahre alte Getreidespeicher wurde Ende der 90er Jahre zu einem außergewöhnlichen Hotel umgebaut. Klare Desigerlinien hat man im ursprünglichen Elementen verbunden. Neo-rustikales Restaurant mit offener Dachbalkenkonstruktion.

Pommernhotel, Divitzer Weg 2, ⊠ 18356, ℘ (038231) 8 20 00, webmaster@pommernhotel.de, Fax (038231) 82006, 😀 – ⚥ Zim, 📺 📞 – 🚗 25. ᴀᴇ ⬤⬤ ᴠɪꜱᴀ. ≪
Menu à la carte 15/27 – **31 Zim** ⊇ 56/62 – 80/86 – ½ P 13.
- Am Ortsrand in einem Wohngebiet liegt das Hotel der Familie Splettstößer. Die gepflegten und praktischen Zimmer sind durchweg mit zeitlosen Kirschbaummöbeln ausstaffiert.

BARTHOLOMÄ
Baden-Württemberg 419 420 T 13 – 1800 Ew – Höhe 642 m – Wintersport : 🎿.

Berlin 573 – Stuttgart 75 – Aalen 16 – Heidenheim an der Brenz 18 – Schwäbisch Gmünd 21.

An der Straße nach Steinheim Süd-Ost : 3 km :

Landhotel Wental, ⊠ 73566 Bartholomä, ℘ (07173) 97 81 90, info@wental.de, Fax (07173) 9781940, 😀, 🚱, 🎠 – ⚥ 📺 🍽 📞 – 🚗 25. ᴀᴇ ⬤ ⬤⬤ ᴠɪꜱᴀ ᴊᴄʙ
Menu à la carte 15/26 – **35 Zim** ⊇ 40/60 – 65/85 – ½ P 12.
- Ein gestandener Gasthof auf der Schwäbischen Alb, wie er typischer nicht sein kann. Kürzlich wurde er um einen schönen, neuen Freizeitbereich ergänzt. Rustikales Restaurant mit Kamin und Kachelofen.

BASDORF
Brandenburg 416 H 24 – 4 500 Ew – Höhe 55 m.

Berlin 26 – Potsdam 55 – Neubrandenburg 121 – Frankfurt (Oder) 119.

Barnimer Hof M, Am Markt 9, ⊠ 16352, ℘ (033397) 78 70, info@barnimer-hof.de, Fax (033397) 78777, 😀 – 🛏 📺 📞 📞 – 🚗 40. ᴀᴇ ⬤ ⬤⬤ ᴠɪꜱᴀ
Menu à la carte 19/33 – **22 Zim** ⊇ 70 – 85.
- Ende der 90er Jahre wurde das behagliche Hotel eröffnet. Und man bewies Geschmack : Zu rot-gelb karierten Stoffen wählte man in den freundlichen Zimmern gelbe Wandanstriche. Elegantes Restaurant und rustikale Schänke mit Showküche.

BATTENBERG AN DER EDER
Hessen 417 M 9 – 5 400 Ew – Höhe 349 m.

Berlin 464 – Wiesbaden 151 – Marburg 34 – Kassel 85 – Siegen 71.

Rohde ≫, Hauptstr. 53, ⊠ 35088, ℘ (06452) 9 33 30, Fax (06452) 933350, 😀, 🎠 – 📺 🍽 📞 ᴀᴇ ⬤⬤ ᴊᴄʙ
Menu (geschl. Samstagmittag) à la carte 14,50/28 – **12 Zim** ⊇ 35/40 – 70/80.
- Das schieferverkleidete Haus in der Altstadt vermittelt schon von außen eine heimelige Atmosphäre, die sich auch innen fortsetzt : mit praktischen und sehr sauberen Zimmern. Einfaches Restaurant mit bürgerlicher Küche.

BAUNATAL
Hessen 417 M 12 – 25 400 Ew – Höhe 180 m.

Berlin 398 – Wiesbaden 218 – Kassel 14 – Göttingen 57 – Marburg 82.

In Baunatal-Altenbauna :

Ambassador, Friedrich-Ebert-Allee 1, ⊠ 34225, ℘ (0561) 4 99 30, info@ambassador-baunatal.bestwestern.de, Fax (0561) 4993500, 😀, 🚱 – 🛏, ⚥ Zim, 📺 📞 🍽 📞 – 🚗 120. ᴀᴇ ⬤ ⬤⬤ ᴠɪꜱᴀ ᴊᴄʙ
Menu à la carte 15,50/31,50 – **120 Zim** ⊇ 71/81 – 109/133.
- Zeitgemäß renoviert sind die Zimmer im Ambassador. Einzelne poppige Möbelelemente setzen Akzente. Jedes Zimmer verfügt über einen eigenen kleinen Kaffeeautomaten. Rustikales Restaurant.

BAUTZEN
Sachsen 418 M 27 – 44 000 Ew – Höhe 219 m.

Sehenswert : Dom St. Peter★ – Stadtbefestigung★ – Alte Wasserkunst★.

Ausflugsziele : Löbau : König-Friedrich-August-Turm★ – Obercunnersdorf★.

🛈 Tourist-Information, Hauptmarkt 1, ✉ 02625, ℰ (03591) 4 20 16, Fax (03591) 534309.

ADAC, Steinstr. 26.

Berlin 200 – Dresden 65 – Görlitz 47 – Cottbus 75.

Holiday Inn M, Wendischer Graben 20, ✉ 02625, ℰ (03591) 49 20, holiday-inn@gmx.de, Fax (03591) 492100, ⇔ – 🛗, ⤢ Zim, 🍽 Rest, 📺 📞 📶 🅿, 🛄 90. 🆎 ⓞ ⓜ ⓥ🆂🅰 🅹🅲🅱
Menu à la carte 16/39,50 – ⇆ 11 – **157 Zim** 81/96 – 96, 6 Suiten.
◆ Gegenüber der Altstadt wurde Ende der 90er Jahre dieses zeitgemäße Hotel eröffnet. Die Zimmer mit Kirschbaummöbeln hat man mit gelb-blauen Accessoires aufgefrischt.

Goldener Adler, Hauptmarkt 4, ✉ 02625, ℰ (03591) 4 86 60, kontakt@goldener adler.de, Fax (03591) 486620 – 🛗 📺 📞 🅿, 🛄 20. 🆎 ⓞ ⓜ 🆅🅸🆂🅰
Menu à la carte 15,50/29 – **30 Zim** ⇆ 87 – 108.
◆ Hinter der historischen Fassade des Hauses verbergen sich Zimmer, in denen alte freigelegte Balken zu sehen sind. Zur Ausstattung gehören Schreibtische plus Anschlüsse. Gemütliche Einkehrmöglichkeit im Schankhaus von 1540.

Residence, Wilthener Str. 32 (Gewerbepark), ✉ 02625, ℰ (03591) 35 57 00, hotel. residence@t-online.de, Fax (03591) 355705, 🌳 – ⤢ Zim, 📺 📞 📶 🅿, 🛄 100. 🆎 ⓞ ⓜ 🆅🅸🆂🅰
Menu (geschl. Sonntag) à la carte 13,50/24,50 – **20 Zim** ⇆ 57/62 – 72/77.
◆ Das im Sommer 1997 erbaute Hotel liegt am Fuße der Altstadt. Das Haus bietet seinen Gästen großzügig geschnittene Zimmer mit zeitgemäßen Kirschbaummöbeln. Helles Restaurant mit lindgrüner Bestuhlung und beigem Steinboden.

Dom Eck garni, Breitengasse 2, ✉ 02625, ℰ (03591) 50 13 30, Fax (03591) 501334 – 🛗 📺 📞 ⇔, 🆎 ⓜ 🆅🅸🆂🅰
12 Zim ⇆ 51/56 – 66/72.
◆ Hinter dem Dom findet man diese nette Logis-Adresse. Nach umfangreichem Umbau präsentiert sich das Haus in neuem Kleid und wartet morgens mit einem einladenden Frühstück.

Schloss-Schänke ⌘ mit Zim, Burgplatz 5, ✉ 02625, ℰ (03591) 30 49 90, david_roesner@web.de, Fax (03591) 490198, 🌳 – 📺 🅿, 🆎 ⓜ 🆅🅸🆂🅰
Menu (Jan. - Feb. wochentags nur Abendessen) à la carte 23,50/33 – **6 Zim** ⇆ 46/62 – 62/97.
◆ Urgemütlich und stilvoll sind die Stuben in der 600 Jahre alten Schänke. Unverputztes Mauerwerk sowie Holzbalken- und Gewölbedecken geben ihnen ein historisches Flair.

In Bautzen-Burk Nord-Ost : 3 km über B 156 :

Spree Hotel ⌘, An den Steinbrüchen, ✉ 02625, ℰ (03591) 2 13 00, spreehotel@t-online.de, Fax (03591) 213010, ⇔ – 🛗, ⤢ Zim, 🍽 Rest, 📺 📞 📶 🅿, 🛄 70. 🆎 ⓜ 🆅🅸🆂🅰
geschl. 22. - 28. Dez. – Menu à la carte 15,50/27 – **81 Zim** ⇆ 64/77 – 82.
◆ Vor den Toren der Stadt am Stausee gelegenes Haus mit moderner Architektur. In den praktisch gehaltenen Räumen schläft man in komfortablen Betten mit verstellbaren Matratzen. Internationales Angebot im Restaurant Atrium.

BAYERISCH EISENSTEIN
Bayern 420 S 23 – 1500 Ew – Höhe 724 m – Luftkurort – Wintersport : 724/1456 m ⬆1 ⬇7 🎿.

Ausflugsziel : Hindenburg-Kanzel ≤★, Nord-West : 9 km.

🛈 Verkehrsamt, Schulbergstr. 1, ✉ 94252, ℰ (09925) 3 27, info@bayerisch eisenstein.de, Fax (09925) 478.

Berlin 463 – München 193 – Passau 75 – Straubing 85.

Aparthotel Arberresidenz Vierjahreszeiten ⌘ garni, Anton-Pech-Weg 12, ✉ 94252, ℰ (09925) 94 07 40, arberresidenz@t-online.de, Fax (09925) 940750, ⇔, 🌿 – ⤢ 📺 ⇔ 🅿
– **28 Zim** ⇆ 40 – 60/70.
◆ Von außen ein moderner Bau, der in seinem Inneren gut geschnittene und wohnliche 1 - 2 Zimmer- Appartements birgt. Alle Appartements verfügen über eine Küchenzeile.

Waldspitze, Hauptstr. 4, ✉ 94252, ℰ (09925) 9 41 00, waldwinkel-hotels@t-online.de, Fax (09925) 9410199, 🌳, ⇔, 🛋 – 🛗 📺 🅿
geschl. Nov. - Mitte Dez. – Menu à la carte 12,50/28 – **55 Zim** ⇆ 40/45 – 68 – ½ P 10.
◆ An der Dorfstraße gelegener erweiterter Gasthof. Das Haus wird persönlich von den Wirtsleuten geführt, die ihre Gäste in Zimmern mit hellen Naturholzmöbeln unterbringen. Im ersten Stock befindet sich die Gaststube mit einfacher, ländlicher Küche.

BAYERISCH GMAIN Bayern siehe Reichenhall, Bad.

BAYERSOIEN, BAD Bayern 419 420 W 17 – 1 100 Ew – Höhe 812 m – Luftkurort und Moorheilbad.
Ausflugsziel: Echelsbacher Brücke★ Nord : 3 km.
🔲 Kur- und Touristikinformation, Dorfstr. 45, ✉ 82435, ℘ (08845) 7 03 06 20, bayersoien@gaponline.de, Fax (08845) 7030629.
Berlin 642 – München 102 – Garmisch-Partenkirchen 35 – Kempten (Allgäu) 73 – Weilheim 38.

Parkhotel ⌘, Am Kurpark 1, ✉ 82435, ℘ (08845) 1 20, parkhotel.bayersoien@t-online.de, Fax (08845) 8398, ≤, 斎, Massage, ♣, ℔, ♨, ⇔s, 🔲, ☞ – 🛗, ↯ Rest, 📺 ⌘ 👌 ⇔ 🅿 – 🛎 30
Menu à la carte 27/39,50 (auch Diät) – **66 Zim** ⇌ 78/112 – 110/144, 4 Suiten – ½ P 22.
• Etwas abseits thront mit herrlichem Alpenblick das 1990 erbaute Kurhotel im charmanten Landhausstil. Dazu passend sind die Zimmer mit bayerischen Naturholzmöbeln eingerichtet. Rustikal-elegantes Restaurant.

Zum Metzgerwirt, Dorfstr. 39, ✉ 82435, ℘ (08845) 7 40 80, metzgerwirt@t-online.de, Fax (08845) 740833 – 📺 🅿 AE ⓘ ⓒⓞ VISA
geschl. 15. Nov. - 15. Dez. – **Menu** à la carte 13/25,50 – **10 Zim** ⇌ 42/45 – 64/67 – ½ P 12.
• Mitten im Ort liegt dieser so typisch bayerische Gasthof mit eigener Metzgerei. Während Ihres Aufenthalts sorgen ordentliche, saubere Zimmer für Wohlbefinden. Alpenländische Schmankerln oder Deftiges aus eigener Schlachtung - die Einkehr lohnt sich.

Haus am Kapellenberg ⌘, Eckweg 8, ✉ 82435, ℘ (08845) 5 22, Fax (08845) 7203, ≤, 斎, ☞ – 🅿
Menu (geschl. Mitte Nov. - Mitte Dez., Dienstag) à la carte 13/29 – **14 Zim** ⇌ 22/29 – 52 – ½ P 9.
• Ruhig, in sonniger Südhanglage liegt das gut geführte Haus inmitten eines großen Privat-Grundstücks. Die behaglichen Zimmer verfügen auf der Süd-/Westseite alle über Balkone. Die Küche der ländlichen Gaststube bietet hauptsächlich bayerische Hausmannskost.

BAYREUTH Bayern 420 Q 18 – 75 000 Ew – Höhe 340 m.
Sehenswert: Markgräfliches Opernhaus★ Y – Richard-Wagner-Museum★ Z M1 – Neues Schloß (Innenausstattung★) Z.
Ausflugsziel: Schloß Eremitage★ : Schloßpark★ 4 km über ②.
🛫 Bayreuth, Rodersberg 43 (über ①), ℘ (0921) 97 07 04.
Festspiel-Preise : siehe Seite 10
Prix pendant le festival : voir p. 24
Prices during tourist events : see p. 38
Prezzi duranti i festival : vedere p. 52.
🏁 Bindlacher Berg, über ① : 7 km, ℘ (09208) 85 22.
🔲 Kongress- und Tourismuszentrale, Luitpoldplatz 9, ✉ 95444, ℘ (0921) 8 85 88, info@bayreuth-tourismus.de, Fax (0921) 88555.
ADAC, Hohenzollernring 64.
Berlin 358 ① – München 231 ③ – Coburg 67 ⑤ – Nürnberg 80 ③ – Regensburg 159 ③ – Bamberg 65 ⑤

Stadtplan siehe gegenüberliegende Seite

Ramada-Treff Hotel Residenzschloss, Erlanger Str. 37, ✉ 95444, ℘ (0921) 7 58 50, resi.bayreuth@ramada-treff.de, Fax (0921) 7585601, 斎, ⇔s – 🛗, ↯ Zim, 📺 👌 ⇔ – 🛎 70. AE ⓘ ⓒⓞ VISA. ↯ Rest
Menu à la carte 26/36 – **104 Zim** ⇌ 115 – 145, 3 Suiten. Z a
• Das ehemalige Sudhaus einer Brauerei mit neuem Anbau steht inmitten der Wagnerstadt. Ambiente und Komfort des Hauses und insbesondere der Zimmer entsprechen den Ansprüchen. Großzügiges Restaurant mit Galeriebereich und rötlich schimmerndem Granitboden.

Arvena Kongreß Hotel M, Eduard-Bayerlein-Str. 5a, ✉ 95445, ℘ (0921) 72 70, info@arvenakongress.de, Fax (0921) 727115, 斎, ℔, ⇔s – 🛗, ↯ Zim, 📺 ⌘ 👌 ⇔ 🅿 – 🛎 380. AE ⓘ ⓒⓞ VISA Y b
Menu à la carte 28,50/36 – **196 Zim** ⇌ 100/126 – 105/145.
• Etwas außerhalb der City finden Sie den blaugestrichenen modernen, im Jahre 1993 errichteten Hotelbau. Er wird von den Gästen wegen der komfortablen, hellen Zimmer geschätzt.

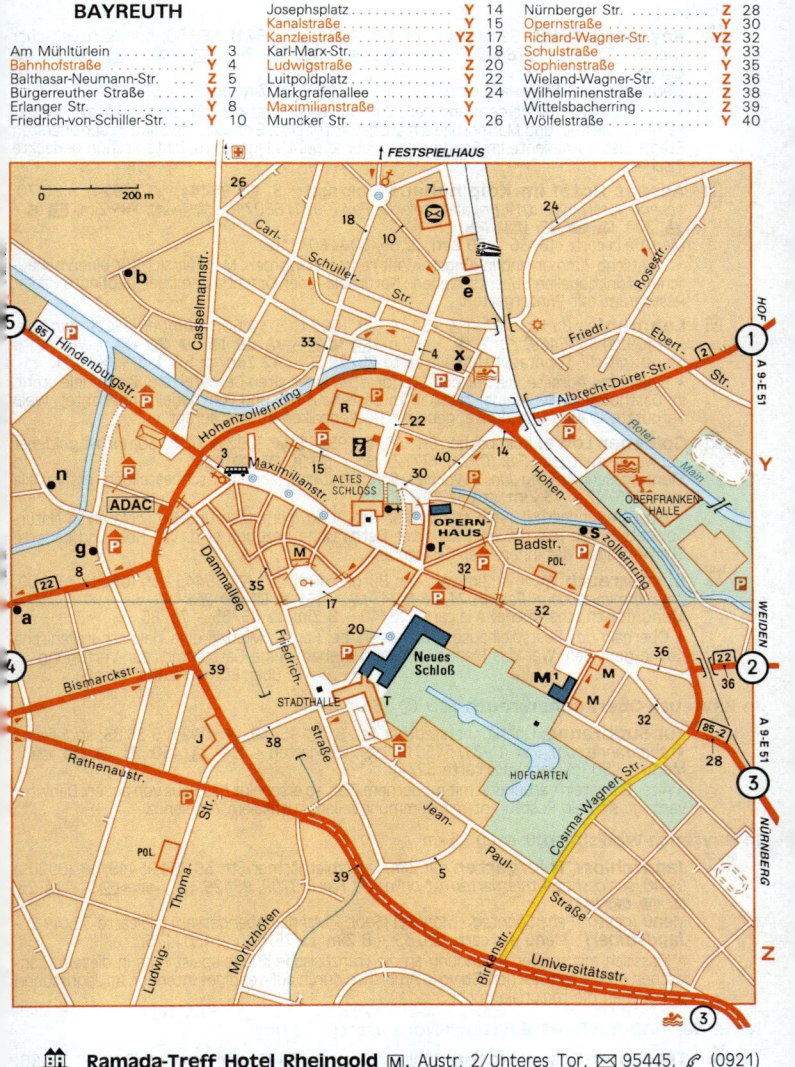

BAYREUTH

Am Mühltürlein .... Y 3	Josephsplatz .... Y 14	Nürnberger Str. .... Z 28
Bahnhofstraße .... Y 4	Kanalstraße .... Y 15	Opernstraße .... Y 30
Balthasar-Neumann-Str. ... Z 5	Kanzleistraße .... YZ 17	Richard-Wagner-Str. ... YZ 32
Bürgerreuther Straße ... Y 7	Karl-Marx-Str. .... Y 18	Schulstraße .... Y 33
Erlanger Str. .... Y 8	Ludwigstraße .... Y 20	Sophienstraße .... Y 35
Friedrich-von-Schiller-Str. ... Y 10	Luitpoldplatz .... Y 22	Wieland-Wagner-Str. ... Y 36
	Markgrafenallee .... Y 24	Wilhelminenstraße ... Z 38
	Maximilianstraße .... Y	Wittelsbacherring ... Z 39
	Muncker Str. .... Y 26	Wölfelstraße .... Y 40

Ramada-Treff Hotel Rheingold M, Austr. 2/Unteres Tor, ✉ 95445, ℘ (0921) 7 56 50, bayreuth@treff-hotels.de, Fax (0921) 7565801, 😊, ⇌, 🖼 – 🛗, ⇐ Zim, 📺 📞 ⚟ 🅿 – 🎗 160. AE ⓞ ⓜⓞ 𝗩𝗜𝗦𝗔. ⚒ Rest Y g
Menu à la carte 26/37 – **146 Zim** ⇌ 101 – 121.
♦ Besonders Geschäftsreisende schätzen die geräumigen Zimmer dieses gepflegten Stadthotels. Sie sind alle mit hellen Naturholzmöbeln und praktischen Schreibtischen ausgestattet. Zur Halle hin geöffnetes Restaurant mit internationaler Küche.

Goldener Anker, Opernstr. 6, ✉ 95444, ℘ (0921) 6 50 51, info@anker-bayreuth.de, Fax (0921) 65500 – 📺 ⇐. AE ⓞ ⓜⓞ 𝗩𝗜𝗦𝗔. ⚒ Rest Y r
geschl. Weihnachten - Mitte Jan. – **Menu** (geschl. April 2 Wochen, Sept. 2 Wochen, Montag - Dienstag) (nur Abendessen) 30/60 und à la carte – **35 Zim** ⇌ 65/130 – 95/180.
♦ Jedes Zimmer in diesem Traditionshotel besticht durch seine persönliche Note. Sie sind sehr groß und teils mit Stilmöbeln und Antiquitäten oder modern-wohnlich eingerichtet. Restaurant mit klassischer Küche in historischen Mauern.

BAYREUTH

Bayerischer Hof, Bahnhofstr. 14, ⌧ 95444, ℘ (0921) 7 86 00, hotel@bayerischer
-hof.de, Fax (0921) 7860560, ⇔, 🔲, 🎇 – 📶, ⇆ Zim, 📺 🚗 – 🏛 30. AE ⓞ ⓜ ⓥ VISA
Y e
Gendarmerie : Menu à la carte 20/32 – ⌺ 10 – **50 Zim** 56/81 – 89/119.
 ♦ Kein Zimmer gleicht dem anderen. Zu empfehlen sind die modernen, die mit creme-
farbenen Möbeln und Marmorbädern ausgestattet sind. Exquisit : die Suite in der obersten
Etage. Bistro-Ambiente im Gendarmerie : vorne geht's legerer zu, hinten schön gedeckte
Tische.

Accent Hotel im Kolpinghaus, Kolpingstr. 5, ⌧ 95444, ℘ (0921) 8 80 70,
accent-hotel.bayreuth@privat-hotels.de, Fax (0921) 880715, 🎇 – 📶, ⇆ Zim, 📺 🖃 –
🏛 200. AE ⓞ ⓜ ⓥ VISA JCB
Y x
Menu à la carte 16/36 – **50 Zim** ⌺ 65/80 – 80/110.
 ♦ Sämtliche Zimmer sind in jüngster Zeit renoviert worden. Man hat sich für einen behag-
lichen, funktionellen Stil entschieden : Naturholz- oder Kirschbaummöbel, gepflegte Bäder.
Restaurant mit Wintergarten.

Lohmühle, Badstr. 37, ⌧ 95444, ℘ (0921) 5 30 60, lohmuehle@t-online.de,
Fax (0921) 5306469, 🎇 – 📶, ⇆ Zim, 📺 📞 🖃 – 🏛 20. AE ⓞ ⓜ ⓥ VISA
Y s
Menu (geschl. Sonntagabend) à la carte 20/29,50 – **42 Zim** ⌺ 57/113 – 90/151.
 ♦ Eine nette Adresse, die auf den Grundfesten einer alten Gerberei und Sägemühle steht.
Im Gasthof sind die Zimmer rustikal, im Gästehaus hell und funktionell eingerichtet. Weiß
verputzte Wände und dunkel gebeizte Deckenbalken im Restaurant.

Goldener Löwe, Kulmbacher Str. 30, ⌧ 95445, ℘ (0921) 74 60 60, info@goldener
-loewe-bayreuth.de, Fax (0921) 47777, 🎇 – 📺 🖃. AE ⓜ ⓥ VISA
Y n
Menu (geschl. Anfang Juni 2 Wochen, Sonntagabend) (abends Tischbestellung ratsam) à la
carte 15/27 – **13 Zim** ⌺ 65/70 – 95.
 ♦ Ein Familiengasthof nach fränkischer Art : Urig, gemütlich und Sie schlafen in Natur-
holzbetten, die mit rot-weiß karierter Bettwäsche bezogen sind. Viel Holz und karierte
Stoffe prägen das Innere der Gaststube.

XX **Bürgerreuth** ⋄ mit Zim, An der Bürgerreuth 20, ⌧ 95445, ℘ (0921) 7 84 00,
email@minuzzi.com, Fax (0921) 784024, 🎇 – 📺 🖃. AE ⓜ ⓥ VISA JCB
Menu (italienische Küche) à la carte 20/40 – **8 Zim** ⌺ 45/65 – 70/85.
 ♦ Oberhalb des Festspielhauses können Sie bei Familie Minuzzi eine klassisch-italienische
Küche genießen. War das Mahl zu opulent, stehen einige Gastzimmer zur Verfügung.
über Bürgerreuther Straße Y

In Bayreuth-Oberkonnersreuth über ③ : 3 km :

XX **Zur Sudpfanne,** Oberkonnersreuther Str. 6, ⌧ 95448, ℘ (0921) 5 28 83, sudpfanne
@sudpfanne.com, Fax (0921) 515011, 🎇, Biergarten – 🖃. 🏛 150. AE ⓞ ⓜ ⓥ VISA
Menu 17,50 (mittags) à la carte 32/44.
 ♦ Alter Backstein verbunden mit modernem Glas, so erscheint das Haus von außen. Dahinter
verbirgt sich ein Restaurant mit stimmungsvollem rustikalem Ambiente.

In Bayreuth-Wolfsbach über ③ : 6 km :

XXX **Jagdschloss Thiergarten** mit Zim, Oberthiergärtner Str. 36, ⌧ 95448, ℘ (09209)
98 40, schlosshotel-thiergarten@t-online.de, Fax (09209) 98429, 🎇, 🎇 – 📺 🖃 – 🏛 25.
AE ⓞ ⓜ ⓥ VISA
Menu (geschl. Feb., Sonntag - Montag) (Sept. - Mai nur Abendessen) à la carte 32/49 ⓨ –
Jagdstüberl : Menu à la carte 25/33 – **8 Zim** ⌺ 75/120 – 130/175.
 ♦ Klassisch mit starker Anlehnung an die französische Küche speist man in diesem frän-
kischen Barockschlösschen. Stilvolle Ambiance durch aufwendiges Interieur. Im Jagdstüberl
pflegt man die regionale Küche.

Nahe der BAB-Ausfahrt Bayreuth-Nord über ① : 2 km :

Transmar-Travel-Hotel, Bühlstr. 12, ⌧ 95463 Bindlach, ℘ (09208) 68 60,
Fax (09208) 686100, 🎇, ⇔ – 📶, ⇆ Zim, 📺 📞 🖃 – 🏛 400. AE ⓞ ⓜ ⓥ VISA
Menu (Restaurant nur für Hausgäste) à la carte 23/34 – **140 Zim** ⌺ 72/112 –
94/132.
 ♦ Eine Adresse, die besonders von Tagungsgästen geschätzt wird. Imposante Halle mit
Pianolounge, darüber befinden sich praktische Zimmer mit bunten Vorhängen und weißen
Bädern.

In Bindlach-Obergräfenthal über ⑤ : 10 km, in Heinersreuth rechts ab :

X **Landhaus Gräfenthal,** Obergräfenthal 7, ⌧ 95463, ℘ (09208) 2 89,
Fax (09208) 57174, 🎇 – 🖃. ⓜ ⓥ VISA
geschl. Dienstag – **Menu** à la carte 20/36.
 ♦ Das Lokal gliedert sich in gemütliche Stuben und einen modernen, mit bunten Bildern
dekorierten Glasanbau, der auch für Veranstaltungen genutzt werden kann.

BAYRISCHZELL
Bayern 420 W 20 – 1 500 Ew – Höhe 802 m – Heilklimatischer Kurort – Wintersport : 800/1800 m ⟜ 1 ⟜ 20 ⟜.

Ausflugsziele : Wendelstein ⟜ ** (⟜ ab Bayrischzell-Osterhofen) – Ursprungpaß-Straße★ (von Bayrischzell nach Kufstein).

🛈 Tourist-Info, Kirchplatz 2, ⊠ 83735, ℘ (08023) 6 48, tourist-info@bayrischzell.de, Fax (08023) 1034.

Berlin 664 – München 77 – Garmisch-Partenkirchen 96 – Rosenheim 37 – Miesbach 23.

Gasthof zur Post, Schulstr. 3, ⊠ 83735, ℘ (08023) 81 97 10, gasthof.zur.post. bayrischzell@t-online.de, Fax (08023) 8197181, 🍴, 🌳 – 📺 ⟜ 🅿. ⟜
🅜🅞 VISA
geschl. Anfang Nov. - Mitte Dez. – **Menu** (geschl. ausser Saison Dienstag) à la carte 14/33 – **43 Zim** ⟜ 35/37 – 67/98 – ½ P 13.
◆ Seit Jahren ist die Post ein bodenständig und familär geführter Gasthof. Typisch bayerisch und behaglich sind die Zimmer : Manche Möbel sind sogar mit Bauernmalerei verziert. Holzvertäfelte Gaststuben laden zum Verweilen ein.

Haus Effland ⟜ garni, Tannermühlstr. 14, ⊠ 83735, ℘ (08023) 2 63, hotel-effland @t-online.de, Fax (08023) 1413, ⟜, 🔳, 🌳 – 📺 🅿
geschl. April 2 Wochen, Nov. - Mitte Dez. – **13 Zim** ⟜ 40 – 70/90.
◆ Am Ortsrand in ruhiger Waldrandlage steht das hübsche alpenländische Landhaus von Familie Effland. Ihre Gastgeber richten für Sie die netten Zimmer heimelig und sauber her.

Wendelstein, Ursprungstr. 1, ⊠ 83735, ℘ (08023) 8 08 90, hotel.wendelstein@t-online.de, Fax (08023) 808969, Biergarten, 🌳 – ⟜ Rest, 📺 🅿. 🅜🅞 VISA
geschl. nach Ostern 2 Wochen, 5. Nov. - 20. Dez. – **Menu** (geschl. Montag) à la carte 13/30 – **18 Zim** ⟜ 25/36 – 50/82 – ½ P 13.
◆ Die schöne Umgebung, die teilweise mit bemalten Bauernmöbeln eingerichteten Zimmer und die bayerische Gastlichkeit sorgen für einen erholsamen Aufenthalt. Ländlich dekorierte Gaststuben.

In Bayrischzell-Geitau Nord-West : 5 km über B 307, Richtung Miesbach :

Postgasthof Rote Wand ⟜, ⊠ 83735, ℘ (08023) 90 50, info@gasthofrote wand.de, Fax (08023) 656, ⟜, 🍴, 🌳 – ⟜ Rest, ⟜ 🅿. 🅐🅔 🅜🅞 VISA
geschl. April 2 Wochen, 10. Nov. - 15. Dez. – **Menu** (geschl. Dienstag) à la carte 13,50/28 – **30 Zim** ⟜ 31/35 – 62/70 – ½ P 14.
◆ Rings um den Gasthof grünt und blüht es im Sommer, im Winter verwandelt sich alles in eine zauberhafte Schneelandschaft. Hier finden Sie saubere, teils renovierte Zimmer vor. Ländlich-rustikales Restaurant mit Gartenterrasse.

In Bayrischzell-Osterhofen Nord-West : 3 km über 307, Richtung Miesbach :

Alpenhof, Osterhofen 1, ⊠ 83735, ℘ (08023) 9 06 50, info@hotel-alpenhof-bayrischzell.de, Fax (08023) 906520, ⟜, 🍴, 🛁, ⟜, 🔳, 🌳 – 🛗, ⟜ Zim, 📺 ⟜ 🅿 – 🛆 25. 🅐🅔 🅜🅞 VISA
Menu (geschl. Montag) à la carte 14,50/37 – **42 Zim** ⟜ 59/63 – 96/121 – ½ P 19.
◆ Das mit Blumen geschmückte Haus befindet sich in exponierter Lage am Ortsrand. Den Gästen bietet man gemütliche und ansprechende Zimmer. Auch spezialisiert auf Tagungen. Zünftiges, aber stilvolles Ambiente im Restaurant.

BEBRA
Hessen 417 418 N 13 – 16 500 Ew – Höhe 205 m.

Berlin 395 – Wiesbaden 182 – Kassel 60 – Bad Hersfeld 15 – Erfurt 120.

Röse, Hersfelder Str. 1, ⊠ 36179, ℘ (06622) 93 90, info@hotel-roese.de, Fax (06622) 939393, Biergarten, 🛁, ⟜ – ⟜ Zim, 📺 ⟜ 🅿 – 🛆 100. ⟜
🅜🅞 VISA
Menu (geschl. Sonntagabend) à la carte 18/32 – **45 Zim** ⟜ 52/66 – 75/99.
◆ Das in Waldnähe gelegene, gewachsene Familienhotel mit Tradition verfügt über einen Badegarten mit Saunalandschaft. Außerdem befindet sich ein Kino im Haus.

Hessischer Hof, Kasseler Str. 4, ⊠ 36179, ℘ (06622) 93 60, hotel@bebras-hessischer-hof.de, Fax (06622) 936123 – ⟜ Zim, 📺 ⟜ 🅿 – 🛆 150. 🅐🅔 ⟜
🅜🅞 VISA
Menu (geschl. 27. Dez.- 10. Jan. Samstagmittag) à la carte 15,50/29 – **27 Zim** ⟜ 47/64 – 69/98.
◆ In ruhiger Lage befindet sich diese gastliche Adresse - bestehend aus Alt- und Neubau. Reisende finden hier teils neuzeitlich gestaltete, wohnliche Gästezimmer. Das Restaurant ist im altdeutschen Stil gehalten.

BECKUM Nordrhein-Westfalen ⁴¹⁷ K 8 – 38500 Ew – Höhe 110 m.

ᵣ₁₈ Lippetal-Lippborg, Ebbeckeweg 3 (Süd : 7 km über die B 475), ℘ (02527) 8191.
Berlin 438 – Düsseldorf 130 – Bielefeld 58 – Hamm in Westfalen 20 – Lippstadt 25 – Münster (Westfalen) 41.

Am Höxberg Süd : 1,5 km :

🏨 **Höxberg** 🌿, Soestwarte 1, ✉ 59269, ℘ (02521) 8 30 40, hotelhoexberg@t-online.de, Fax (02521) 830470, 🍴, 🛌 – 🚭 Zim, 📺 📞 ♿ ⇌ 🅿 – 🔒 40. 🅰🅴 ⓘ
🆗 𝘝𝘐𝘚𝘈
Menu (geschl. Aug. - Mitte Sept. Montag) à la carte 23/35 – **41 Zim** ⊒ 69/75 – 89/99.
  ♦ Von Garten und Wald umgebenes Landhotel mit wohnlichen Zimmern, ansprechend möbliert. Ein geschmackvolles Kaminzimmer lädt zum Verweilen ein. Hier ist Ihnen Erholung sicher. Hübsch gestaltetes, zum Garten hin gelegenes Restaurant.

🍽 **Zur Windmühle** mit Zim, Unterberg II/33, ✉ 59269, ℘ (02521) 8 60 30, info@ nettebrock.de, Fax (02521) 860313, 🍴 – 📺 🅿 🅰🅴 🆗 𝘝𝘐𝘚𝘈. 🚫
geschl. Aug. 3 Wochen – **Menu** (geschl. Montag) (wochentags nur Abendessen) (bemerkenswerte Weinkarte) à la carte 26/42,50 – **9 Zim** ⊒ 41 – 72.
  ♦ Hier erleben Sie Gastlichkeit mit Stil. Das historische Ambiente verleiht dem denkmalgeschützten Haus einen besonderen Charakter. Die Küche verwöhnt Augen und Gaumen.

In Beckum-Vellern Nord-Ost : 4 km :

🏨 **Alt Vellern** (mit Gästehaus), Dorfstr. 21, ✉ 59269, ℘ (02521) 8 71 70, info@hotel-alt-vellern.de, Fax (02521) 871758, 🍴 – 🛗 📺 📞 ⇌ 🅿 – 🔒 15. 🅰🅴 ⓘ 🆗 𝘝𝘐𝘚𝘈 𝘑𝘊𝘉.
🚫 Zim
geschl. 22. Dez.- 3. Jan. – **Menu** (geschl. Sonntagmittag, Freitagabend - Samstagmittag) à la carte 20/37 – **33 Zim** ⊒ 58/85 – 88/150.
  ♦ Traditionelles Haus im Stil des Münsterlandes. Die Zimmer befinden sich zum Teil im neuen Anbau. Sie sind mit hellem und modernem Inventar sehr wohnlich hergerichtet. Gemütliche Restaurantstuben im westfälischen Stil.

BEDBURG Nordrhein-Westfalen ⁴¹⁷ N 3 – 20000 Ew – Höhe 70 m.
Berlin 602 – Düsseldorf 50 – Aachen 56 – Köln 36 – Mönchengladbach 29.

In Bedburg-Kaster Nord-West : 2,5 km :

🏨 **Landhaus Danielshof**, Hauptstr. 3, ✉ 50181, ℘ (02272) 98 00, info@danielshof.de, Fax (02272) 980200, 🍴 – 🛗, 🚭 Zim, 📺 📞 🅿 – 🔒 60. 🅰🅴 ⓘ 🆗 𝘝𝘐𝘚𝘈
geschl. 27. Dez. - 4. Jan. – **Menu** à la carte 20,50/31,50 – **39 Zim** ⊒ 55/83 – 104/115.
  ♦ Der ehemalige Gutshof liegt mitten im Ortskern und bietet ländliche Idylle zum Erholen. Die Zimmer sind liebevoll eingerichtet. In dieser Anlage wird jedes Fest zum Erfolg. Neo-rustikal ausgestattetes Restaurant.

BEDERKESA, BAD Niedersachsen ⁴¹⁵ F 10 – 5700 Ew – Höhe 10 m – Moorheilbad.

ᵣ₁₈ Ringstedt, Gut Hainmühlen (Süd-Ost : 6 km), ℘ (04708) 92 00 36.
🇮 Tourist-Information, Amtsstr. 8, ✉ 27624, ℘ (04745) 9 43 30, bad.bederkesa.info@t-online.de, Fax (04745) 943322.
Berlin 400 – Hannover 198 – Cuxhaven 42 – Bremerhaven 25 – Hamburg 108.

🏨 **Romantik Hotel Waldschlößchen Bösehof** 🌿, Hauptmann-Böse-Str. 19, ✉ 27624, ℘ (04745) 94 80, boesehof@t-online.de, Fax (04745) 948200, ≼, 🍴, 🛌, 🏊
– 🛗, 🚭 Zim, 📺 📞 ♿ ⇌ 🅿 – 🔒 40. 🅰🅴 ⓘ 🆗 𝘝𝘐𝘚𝘈 𝘑𝘊𝘉
Menu à la carte 25/41 – **50 Zim** ⊒ 45/73 – 102/130, 10 Suiten – ½ P 21.
  ♦ Das traditionsreiche Haus im Fachwerkstil bietet Ihnen Natur mit Blick auf den See. Freuen Sie sich auf Herzlichkeit und Komfort - ob im Neubau oder im Stammhaus. Elegant-rustikales Ambiente im Restaurant.

BEELEN Nordrhein-Westfalen ⁴¹⁷ K 8 – 5000 Ew – Höhe 52 m.
Berlin 433 – Düsseldorf 148 – Bielefeld 39 – Münster (Westfalen) 37.

🍽 **Hemfelder Hof** mit Zim, Clarholzer Str. 21 (Süd-Ost : 3 km, an der B 64, Richtung Paderborn), ✉ 48361, ℘ (02586) 2 15, Fax (02586) 8624, 🍴 – 📺 ⇌ 🅿 🆗
Menu (geschl. Freitag - Samstagmittag) à la carte 24/40,50 – **11 Zim** ⊒ 38 – 66.
  ♦ Der familiäre Service wird Ihnen gefallen, ebenso wie die gehobene Küche nach regionaler Art. Dekorationen in altdeutschem Stil tragen zum gemütlich-rustikalen Ambiente bei.

BEERFELDEN Hessen 417 419 R 10 – 7 100 Ew – Höhe 427 m – Erholungsort – Wintersport : 450/550 m, ⛷1, ⛸.

🏌 *Beerfelden-Hetzbach, Ritterstr. 8 (Nord : 5 km), ℘ (06068) 91 20 50.*

🛈 *Verkehrsbüro Beerfelder Land, Metzkeil 1, ⌧ 64743, ℘ (06068) 93 03 20, Fax (06068) 3529.*

Berlin 605 – Wiesbaden 106 – Mannheim 62 – Darmstadt 61 – Heidelberg 44.

In Beerfelden-Gammelsbach *Süd : 7 km über B 45, Richtung Eberbach :*

🏠 **Landgasthof Grüner Baum**, Neckartalstr. 65, ⌧ 64743, ℘ (06068) 21 56, info @hotelgruenerbaum.de, Fax (06068) 47265, 🍽, ⇌, – 📺 P. 🆎 ① ⓜⓔ 𝗩𝗜𝗦𝗔
geschl. Mitte Jan. - Mitte Feb. - **Menu** *(geschl. Dienstag)* à la carte 14/32 – **10 Zim** ⌂ 29/39 – 49/65.
♦ Eine familiäre, ländliche Adresse, die neben soliden Zimmern - rustikal oder modern möbliert - einen reizvollen Blick auf die waldreiche Landschaft bietet. Mit unterteiltem, ländlichem Restaurant.

Auf dem Krähberg *Nord-Ost : 10 km :*

🏠 **Reussenkreuz** ⚘ (mit Gästehaus), ⌧ 64759 Sensbachtal, ℘ (06068) 22 63, info@ reussenkreuz.de, Fax (06068) 4651, ≤, 🍽, ⇌, 🌳 – 📺 🚗 P. – ⚿ 15. ① ⓜⓔ 𝗩𝗜𝗦𝗔
Menu à la carte 14,50/30,50 – **20 Zim** ⌂ 36/41 – 72/82.
♦ Der Landhausstil paßt sich optimal in die waldreiche Gegend ein. Geräumige, wohnliche Zimmer und die rustikale Jägerstube machen dieses Haus zu einer empfehlenswerten Adresse. Der offene Kamin gibt dem Restaurant ein besonderes Flair.

BEILNGRIES Bayern 419 420 S 18 – 8 900 Ew – Höhe 372 m – Erholungsort.

🛈 *Touristik-Verband, Hauptstr. 14 (Haus des Gastes), ⌧ 92339, ℘ (08461) 84 35, Fax (08461) 9661.*

Berlin 482 – München 108 – Nürnberg 76 – Ingolstadt 35 – Regensburg 51.

🏨 **Die Gams** (mit Gästehaus), Hauptstr. 16, ⌧ 92339, ℘ (08461) 61 00, info@hotel-gams.de, Fax (08461) 610100, 🍽, ⇌ – 🛗, ⚘ Zim, 📺 📞 🚗 P. – ⚿ 80. 🆎 ① ⓜⓔ 𝗩𝗜𝗦𝗔
Menu à la carte 14/34 – **62 Zim** ⌂ 59/82 – 77/128 – ½ P 17.
♦ Verbringen Sie hier eine ruhige, erholsame Zeit mit Komfort ; auch für Tagungen bestens geeignet. Daneben bietet das Altmühltal verschiedene Rad- und Wanderwege. Gemütliche Gaststuben mit rustikalem Ambiente.

🏨 **Gallus**, Neumarkter Str. 25, ⌧ 92339, ℘ (08461) 2 47, hotelgallus@t-online.de, Fax (08461) 7680, 🍽, ⇌, – 🛗, ⚘ Zim, 📺 📞 P. – ⚿ 120. 🆎 ① ⓜⓔ 𝗩𝗜𝗦𝗔
Menu à la carte 17/35 – **59 Zim** ⌂ 54/92 – 76/136 – ½ P 19.
♦ Im Haus erwartet den Gast engagierter Service, direkt vor der Tür eine reizvolle Landschaft. Nahe einer Schiffsanlegestelle. Für Tagungen bieten sich hier beste Bedingungen. Rustikaler Restaurantbereich mit gemütlicher Ofenstube.

🏨 **Fuchs-Bräu**, Hauptstr. 23, ⌧ 92339, ℘ (08461) 65 20, fuchsbraeu.hotel@t-online.de, Fax (08461) 8357, Biergarten, ⇌, 🌳 – 🛗 ⚘ 📺 ♿ P. – ⚿ 70. 🆎 ① ⓜⓔ 𝗩𝗜𝗦𝗔
Menu 12 (mittags) à la carte 15,50/33 – **67 Zim** ⌂ 47/56 – 67/75 – ½ P 14.
♦ Nach der Entwicklung von der Brauerei zum behaglich-komfortablen Gasthaus besticht das liebevoll ausgestattete Quartier mit dem Charme Bayerns. Fahrräder stehen zur Verfügung. Im Restaurant rustikales Holzinventar im Bauernstil.

🏠 **Zur Krone**, Hauptstr. 20, ⌧ 92339, ℘ (08461) 65 30, hotel-zur-krone-beilngries@t -online.de, Fax (08461) 653190, Biergarten, ⇌, 🌳 – 🛗 📞 P. – ⚿ 30. ① ⓜⓔ 𝗩𝗜𝗦𝗔
Menu à la carte 11/22,50 – **52 Zim** ⌂ 38/46 – 56/68 – ½ P 13.
♦ Das Haus steht für Gastlichkeit mit Tradition. Trotz der Lage im Zentrum der Altstadt versprechen die teils modern, teils im historischen Stil gestalteten Zimmer Ruhe. Verweilen Sie in den ländlichen Stuben bei einer Brotzeit oder anderen Schmankerln.

🏠 **Goldener Hahn**, Hauptstr. 44, ⌧ 92339, ℘ (08461) 6 41 30, hotel.goldener-hahn@t -online.de, Fax (08461) 641389, (Brauerei-Gasthof), Biergarten, ⇌ – 🛗 📺 📞 ♿ P. – ⚿ 30
Menu à la carte 12,50/25,50 – **46 Zim** ⌂ 42/47 – 62/70 – ½ P 15.
♦ Die Zimmer des Hauses sind auf die Wodansburg und das Alte Bräuhaus verteilt - immer zeitlos und freundlich ausgestattet. Betten gibt es auch in besonders langer Version. Für's leibliche Wohl sorgt man in der ländlichen Brauereigaststätte.

In Beilngries-Hirschberg *West : 3 km :*

🏠 **Zum Hirschen** ⚘, Hirschberg 25, ⌧ 92339, ℘ (08461) 5 20, zum.hirschen@t-on line.de, Fax (08461) 9676, Biergarten, ⇌, ⚘ Zim, 📺 P. – ⚿ 20. ⓜⓔ 𝗩𝗜𝗦𝗔 ⚘
geschl. 1. - 15. Nov. - **Menu** *(geschl. Montagmittag)* à la carte 10,50/23,50 – **34 Zim** ⌂ 36 – 56 – ½ P 9.
♦ Herzlichkeit hat hier Tradition und verspricht einen netten Aufenthalt in liebevoll eingerichteten Räumen. Ein Extra des Hauses : Abholservice für erschöpfte Radfahrer. Ländlicher Brauereigasthof mit Biergarten.

BEILSTEIN Rheinland-Pfalz 417 P 5 – 150 Ew – Höhe 86 m.
  Sehenswert : Burg Metternich ≤★.
  Berlin 655 – Mainz 111 – Koblenz 48 – Trier 102 – Bernkastel-Kues 68 – Cochem 11.

  Haus Burgfrieden (mit Gästehaus), Im Mühlental 17, ⊠ 56814, ℰ (02673) 9 36 39, f.von.metternich@t-online.de, Fax (02673) 936388, 佘, ≘s, – 🛗 📺 🅿.
  Mai - Okt. – **Menu** à la carte 15/35 – **39 Zim** ☑ 38/58 – 68/88.
  ♦ In direkter Nähe zur Burg verwöhnt Sie Ihr Quartier mit einem herrlichen Blick ins Grüne. Das gepflegte Ambiente und der herzliche Service sorgen für Ihre Zufriedenheit. Restaurant auf verschiedenen Ebenen mit rustikaler Ausstattung.

  Am Klosterberg ⸎, garni, Auf dem Teich 8, ⊠ 56814, ℰ (02673) 18 50, lipmann@t-online.de, Fax (02673) 1287 – 📺 🅿.
  Mitte März - Mitte Nov. – **24 Zim** ☑ 40/45 – 60/75.
  ♦ Wählen Sie zwischen älteren Zimmern in bäuerlichem Stil oder neueren mit hellem Holz - beide bieten Ihnen eine behagliche Umgebung. Sie frühstücken in rustikalen Räumen.

  Villa Beilstein, Fürst-Metternich-Str. 6, ⊠ 56814, ℰ (02673) 18 87, villabeilstein@aol.com, Fax (02673) 1378, 佘, – ⥽ Zim, 📺 📞 🅿. 🅰🅴 ⓞ ⓜⓞ 🆅🅸🆂🅰 🅹🅲🅱
  Mitte März - Mitte Nov. – **Menu** à la carte 18,50/46,50 – **11 Zim** ☑ 57/67 – 77/97.
  ♦ Hinter der hübschen Fassade an der Moselpromenade - passend zu dem idyllischen Ort - finden sich Zimmer in moderner und wohnlicher Gestaltung. Eine gepflegte Adresse. Nettes Restaurant im Bistro-Stil.

  ✕ **Haus Lipmann** mit Zim, Marktplatz 3, ⊠ 56814, ℰ (02673) 15 73, hotel.haus.lipmann@t-online.de, Fax (02673) 1521, ≤, 佘 – 📺
  April - Okt. – **Menu** à la carte 16,50/30 – **5 Zim** ☑ 75 – 85.
  ♦ Speisen Sie in malerischer Lage an der Mosel und verweilen Sie in einer gemütlichen Stube oder im Rittersaal. Zu empfehlen ist auch der historische Weinkeller im Zehnthaus.

BELGERN Sachsen 418 L 23 – 4 800 Ew – Höhe 95 m.
  Berlin 143 – Dresden 77 – Leipzig 66 – Wittenberg 61.

  Alte Post, Markt 13, ⊠ 04874, ℰ (034224) 44 40, altepostbelgern@t-online.de, Fax (034224) 44434, 佘 – 📺 📞 🅿. – 🅰 25. 🅰🅴
  geschl. 1. - 21. Jan., Nov. 2 Wochen – **Menu** (geschl. Montag) (wochentags nur Abendessen) à la carte 21,50/37,50 – **10 Zim** ☑ 55 – 65/80.
  ♦ Das Haus liegt zentral am historischen Marktplatz des Ortes. Moderne Zimmer mit gelungener Einrichtung aus solidem Holz verschönern Ihnen Ihren erholsamen Aufenthalt. Restaurant mit stilvollem Ambiente.

In Belgern-Neußen Süd : 5 km :

  Forsthaus Dröschkau ⸎, ⊠ 04874, ℰ (034224) 4 51 80, hotel@forsthaus-droeschkau.de, Fax (034224) 45199, 佘, ≘s, 🐎 – ⥽ Zim, 📺 🅿 – 🅰 300. 🅰🅴 ⓜⓞ 🆅🅸🆂🅰
  Menu à la carte 23/39,50 – **36 Zim** ☑ 45/55 – 67/72.
  ♦ Lang ist die Tradition des ehemaligen Rittergutes Dröschkau. An seiner Stelle steht heute ein neuzeitliches Hotel, das auch von Tagungsgästen gerne aufgesucht wird.

BELLHEIM Rheinland-Pfalz 417 419 S 8 – 7 000 Ew – Höhe 110 m.
  Berlin 659 – Mainz 126 – Karlsruhe 33 – Landau in der Pfalz 13 – Speyer 22.

  Lindner's, Postgrabenstr. 54, ⊠ 76756, ℰ (07272) 97 20 60, lindner-hotel@t-online.de, Fax (07272) 9720630, 佘 – 📺 📞 🅿. ⓜⓞ 🆅🅸🆂🅰
  Menu (geschl. Jan. 2 Wochen, Juli 2 Wochen, Montag)(wochentags nur Abendessen) (Tischbestellung ratsam) à la carte 19,50/35 – **15 Zim** ☑ 46 – 67.
  ♦ Sie bevorzugen eine familiäre Unterkunft mit modernem Ambiente? Es erwarten Sie behagliche Zimmer mit Wurzelholz-Mobiliar. Die dörfliche Umgebung bietet sich für Radtouren an. Nette Dekorationen schmücken das Restaurant.

  ✕✕ **Bellheimer Braustübl** mit Zim, Hauptstr. 78, ⊠ 76756, ℰ (07272) 7 55 00, braustueblbellh.@aol.com, Fax (07272) 74013, 佘 – 📺 🚗 🅿 – 🅰 40. ⓜⓞ 🆅🅸🆂🅰
  geschl. 30. Dez. - 14. Jan., Juli - Aug. 2 Wochen – **Menu** (geschl. Montag - Dienstag) (Tischbestellung ratsam) 23/49 à la carte 20,50/42 – **7 Zim** ☑ 45 – 70.
  ♦ Die Küche bereitet Speisen der Saison, die Sie in gemütlich-rustikalen Räumen oder auf der Innenhofterrasse zu sich nehmen. Der kleine Hotelteil ist sehr gepflegt.

BELLHEIM

In Knittelsheim West : 2 km Richtung Landau :

Steverding's Isenhof, Hauptstr. 15a, ⌧ 76879, ℘ (06348) 57 00, Fax (06348) 5917, 😤 – 🖭 ✿
geschl. 2. - 12. Jan., Ende Juli - Mitte Aug., Sonntag - Montag – **Menu** (Dienstag - Freitag nur Abendessen) (Tischbestellung ratsam) 65/82 und à la carte.

♦ Hinter der Fachwerkfassade des Bauernhauses aus dem 14. Jh. geht es rustikal zu. Der aufmerksame Service bewirtet Sie in äußerst gemütlichem Umfeld.
Spez. Galantine von Hummer und Kaninchen mit gebratenem Fenchel. Charlotte von Taube und Gänseleber mit Aprikosensalat. Gegrilltes Sandwich von Mango und Baumtomaten mit Zitronengraseis.

In Zeiskam Nord-West : 4,5 km :

Zeiskamer Mühle 🍲, Hauptstr. 87 (Süd : 1,5 km), ⌧ 67378, ℘ (06347) 9 74 00, Fax (06347) 974066, 😤 – 🛗 📺 🅿. 🆎 ⓪ ⓦ VISA
Menu (geschl. Jan. 2 Wochen, Montagmittag, Donnerstag) à la carte 17/36 – **17 Zim** ⌇ 46 – 66.

♦ Zimmer im wohnlichen Stil und eine friedliche Umgebung außerhalb des Dorfes versprechen Ruhe und Erholung. Der Charakter der ehemaligen Mühle paßt zum gediegenen Ambiente. Solide eingerichtetes Restaurant.

BELLINGEN, BAD Baden-Württemberg **419** W 6 – 3 800 Ew – Höhe 256 m – Heilbad.
🛐 Bad Bellingen, Belchenstraße (Süd : 3 km), ℘ (07635) 82 38 88.
🗓 Tourist-Information, Badstr. 14, ⌧ 79415, ℘ (07635) 82 11 00, info@bad-bellingen.de, Fax (07635) 808290.
Berlin 841 – Stuttgart 247 – Freiburg im Breisgau 44 – Müllheim 12 – Basel 27.

Landgasthof Schwanen (mit Gästehaus Rheintalblick), Rheinstr. 50, ⌧ 79415, ℘ (07635) 13 14, hotel@schwanen-bad-bellingen.de, Fax (07635) 2331, 😤, 🛋 – ⇤ Rest, 📺 & 🅿. ⓦ VISA
geschl. 6. - 30. Jan. – **Menu** (geschl. Dienstag - Mittwochmittag) à la carte 23,50/41 – **24 Zim** ⌇ 50/52 – 78/83 – ½ P 15.

♦ Besuchen Sie den ältesten Gasthof des Ortes - liebevoll für Sie renoviert. Die wohnliche Unterbringung unterstreicht die familiäre Atmosphäre dieses Traditionshauses. Ländlich geprägte Gaststube und Restaurant im eleganten Stil.

Paracelsus, Akazienweg 1, ⌧ 79415, ℘ (07635) 8 10 40, hotel.paracelsus@t-online. de, Fax (07635) 3354, Massage, 🛋 – 📺 🅿. ⓦ VISA. ✿
geschl. Dez. - Jan. – **Menu** (geschl. Donnerstag) (nur Abendessen) (Restaurant nur für Hausgäste) – **24 Zim** ⌇ 55/70 – 89/112 – ½ P 15.

♦ Das im Kurgebiet gelegene Hotel ist im Wohnhausstil gebaut. Der Gast wird hier in gediegenem, zeitlosem Ambiente empfangen. Die Küche bietet leichte, badische Gerichte.

Markushof-Quellenhof, Badstr. 6, ⌧ 79415, ℘ (07635) 3 10 80, info@kurhotel-markushof.de, Fax (07635) 310888, 😤, Massage, 🛁, 🛋 – 📺 ⟺ 🅿. ⓦ VISA. ✿ Zim
geschl. 7. Jan. - 6. Feb. – **Menu** (geschl. Mittwoch) à la carte 19/36 – **53 Zim** ⌇ 55/60 – 85/95 – ½ P 15.

♦ Die Lage der beiden Häuser direkt am Kurpark spricht für Entspannung und Aktivität. Sie können gerne die saisonalen Pauschalangebote nutzen. Gediegener Speisesaal und rustikale Bauernstube.

Kaiserhof (mit Gästehaus Therme), Rheinstr. 68, ⌧ 79415, ℘ (07635) 6 00, hotel@der-kaiserhof.de, Fax (07635) 824804, 😤, 🛋 – 📺 🅿. 🆎 ⓦ VISA. ✿ Zim
geschl. Mitte Dez. - Mitte Jan. – **Menu** (geschl. Donnerstag) à la carte 16/32 – **34 Zim** ⌇ 41/42 – 76/80 – ½ P 15.

♦ Der familiäre Charakter des Hauses wird durch die behagliche Atmosphäre der Räumlichkeiten unterstrichen. Die Nähe zu verschiedenen Kureinrichtungen ist angenehm.

Birkenhof, Rheinstr. 76, ⌧ 79415, ℘ (07635) 6 23, birkenhof79415@t-online.de, Fax (07635) 2546, 🛋 – ⇤ Zim, 📺 & 🅿. ⓦ VISA. ✿
geschl. Dez. – **Menu** (geschl. Sonntag) (Restaurant nur für Hausgäste) – **15 Zim** ⌇ 40/47 – 72/80 – ½ P 10.

♦ Die liebevolle Beherbergung verschafft Ihnen eine erholsame Zeit. Einheitlich eingerichtete helle Zimmer, ausreichend geräumig, alle mit Balkon, sehr gepflegt.

Berghofstüble, über Markus-Ruf-Straße (Nord-Ost : 1,5 km), ⌧ 79415, ℘ (07635) 12 93, Fax (07635) 3772, ≼, 😤 – 🅿. ⓦ VISA
geschl. Ende Feb. 1 Woche, Aug. 2 Wochen, Montag - Dienstag – **Menu** 30/37 à la carte 25/42.

♦ Im rustikalen Bauernhof-Ambiente, im eleganten Wintergarten oder auf der Terrasse wird der Gast zuvorkommend mit frischen Spezialitäten der Region und guten Weinen bewirtet.

BELLINGEN, BAD

In Bad Bellingen-Hertingen *Süd-Ost : 3 km Richtung Kandern :*

🏠 **Hebelhof-Römerbrunnen**, Bellinger Str. 5, ⌧ 79415, ✆ (07635) 81 90 50, *hebelhof-hertingen@t-online.de*, Fax (07635) 8190518, 🌿, Massage, ≘, 🏊, 🐎 – 📺 🚗 🅿 ⓜ VISA
Menu *(geschl. Donnerstag - Freitagmittag)* à la carte 23/42 – **18 Zim** ⌑ 50/65 – 90/105 – ½ P 19.

• Das Landhaus versprüht Behaglichkeit : wohnlich-rustikales Flair vom Eingangsbereich bis in die Zimmer. Zur Erholung trägt die Idylle des Markgräfler Landes bei. Gediegene, teils mit Jagdtrophäen geschmückte Gaststuben.

BELM *Niedersachsen siehe Osnabrück.*

BELZIG *Brandenburg* 416 418 *J 21 – 8 000 Ew – Höhe 80 m.*

🛈 Tourist-Information, Straße der Einheit 5, ⌧ 14806, ✆ (033841) 3 87 99 10, *info@belzig.com*, Fax (033841) 3879999.
Berlin 87 – Potsdam 57 – Brandenburg 35 – Cottbus 150 – Dessau 57 – Magdeburg 72.

🏠 **Burghotel**, Wittenberger Str. 14, ⌧ 14806, ✆ (033841) 3 12 96, *burghotel-belzig@t-online.de*, Fax (033841) 31297, ≤, Biergarten, ≘ – 📺 🅿 – 🛎 40. ⓜ VISA
Menu à la carte 14/28 – **34 Zim** ⌑ 42/45 – 70.

• Sie wollten schon immer im Ritterstil residieren? Hier erwartet Sie rustikales Flair : in Holz gehalten - teilweise mit Dachbalken - strahlen die Räume Gemütlichkeit aus. Die urige Einrichtung des Restaurants betont das Ambiente der Burganlage.

🏠 **Springbach-Mühle** ⚘ (mit Gästehäusern), Mühlenweg 2 (Nord : 2 km nahe der B 102), ⌧ 14806, ✆ (033841) 62 10, *info@springbachmuehle.de*, Fax (033841) 62111, 🌿, Biergarten – 📺 🅿 – 🛎 60. ⓜ VISA
Menu à la carte 13/27,50 – **20 Zim** ⌑ 49/66 – 77.

• Das historische Mühlengebäude wurde 1997 mitsamt seiner Außenanlagen liebevoll restauriert. Sie schlafen in hellen Kiefernholz-Zimmern, teils mit Blick auf den Mühlenteich. Schön renovierte Räume warten auf hungrige Gäste.

In Lüsse *Ost : 6 km über B 246 :*

🏠 **Landhaus Sternberg**, Dorfstr. 31, ⌧ 14806, ✆ (033841) 3 35 18, Fax (033841) 34075, Biergarten, 🌿 – 📺 🅿 ⓜ VISA
Menu à la carte 9/18,50 – **9 Zim** ⌑ 43/45 – 50/65.

• Das Wohnhaus mit Klinkeranbau empfängt den Gast mit einer gelungenen und freundlichen Ausstattung in ruhiger Lage. Die Nähe zum Grünen bietet sich für Ausflüge bestens an.

Außerhalb *Nord : 7 km über die B 102 :*

🏠 **Fläminghof Wernicke** ⚘, Wenddoche 2, ⌧ 14806, ✆ (033846) 4 00 40, *flaeminghof@gmx.de*, Fax (033846) 40039, 🌿, Biergarten, 🐎, 🏇 (Halle) – ⇔ Zim, 📺 🅿 ⓜ
Menu *(Montag - Freitag nur Abendessen)* à la carte 10,50/23 – **13 Zim** ⌑ 36/45 – 58/68.

• Als Reiterhof erhält dieses Hotel seinen Reiz durch seine ruhige Lage - ideal für Spaziergänge und Ausritte. Sie wohnen in gepflegten Zimmern mit heller Möblierung. Restaurant in der oberen Etage.

BEMPFLINGEN *Baden-Württemberg* 419 *U 11 – 3 100 Ew – Höhe 336 m.*
Berlin 667 – Stuttgart 30 – Reutlingen 13 – Tübingen 21 – Ulm (Donau) 71.

XXX **Krone**, Brunnenweg 40, ⌧ 72658, ✆ (07123) 3 10 83, Fax (07123) 35985 – 🅿
geschl. 24. Dez. - 6. Jan., über Fasching 1 Woche, über Pfingsten 1 Woche, Juli - Aug. 3 Wochen, Sonntag - Montag, Feiertage, Mittwochmittag - **Menu** (abends Tischbestellung ratsam) à la carte 27/52.

• Der gepflegte Familienbetrieb verfügt über mehrere Räume im neo-rustikalen Stil - mit dunklem Holz und offenem Kamin. Die Angebote der Küche reichen von einfach bis gehoben.

BENDESTORF *Niedersachsen* 415 416 *F 13 – 2 000 Ew – Höhe 50 m – Luftkurort.*
Berlin 306 – Hannover 130 – Hamburg 39 – Lüneburg 40.

🏠 **Landhaus Meinsbur** ⚘, Gartenstr. 2, ⌧ 21227, ✆ (04183) 7 79 90, *information@meinsbur.de*, Fax (04183) 6087, 🌿 – 📺 📞 🅿 – 🛎 15. 🅰 ⓞ ⓜ VISA
Menu à la carte 29,50/49,50 – **16 Zim** ⌑ 65/90 – 105/155.

• Man ist stolz auf den gediegenen Stil dieses Hotels in einem typischen niedersächsischen Bauernhaus mit Reetdach. Die Zimmer sind mit Stilmöbeln geschmackvoll eingerichtet. Sehenswerte, rustikal gestaltete Gaststuben mit offenem Kamin.

BENDORF Rheinland-Pfalz 417 O 6 – 16 000 Ew – Höhe 67 m.
Berlin 593 – Mainz 101 – Koblenz 12 – Bonn 63 – Limburg an der Lahn 42.

Berghotel Rheinblick, Remystr. 79, ✉ 56170, ℘ (02622) 12 71 27, berghotel
@rheinblick.de, Fax (02622) 14323, ≤ Rheintal, 🌳, 🐟, ✵ – 📶 📺 📞 ⇔ 🅿 – 🔺 30.
🅰🅴 ⓞ 🅾🅾 🆅🅸🆂🅰
geschl. 22. Dez. - 6. Jan. – **Menu** (geschl. Freitag) à la carte 19/36 – **34 Zim** ⇌ 62/78 – 84/105.
◆ Auf einer Anhöhe gelegen, bietet das familiär geführte Haus eine moderne und wohnliche Ausstattung mit Komfort. Entspannen Sie in angenehm gemütlicher Atmosphäre. Restaurant mit Blick auf das Rheintal.

Weinhaus Syré, Engersport 12, ✉ 56170, ℘ (02622) 25 81, Fax (02622) 2502, 🌳 – 🅿, 🅾🅾
geschl. Anfang Jan. 1 Woche, Juli - Aug. 3 Wochen, Montag - Dienstag – **Menu** (wochentags nur Abendessen) à la carte 25,50/39 (auch vegetarische Gerichte).
◆ Das Restaurant mit klassischem Charakter ist in zwei Räume aufgeteilt. Die Küche bewirtet den Gast mit einer Mischung aus traditionellen und modernen Gerichten.

In Bendorf-Sayn Nord-West : 1,5 km :

Villa Sayn, Koblenz-Olper-Str. 111, ✉ 56170, ℘ (02622) 9 44 90, villasayn@t-online.de, Fax (02622) 944944, 🌳 – 📶 📺 🅿 – 🔺 15. 🅰🅴 ⓞ 🅾🅾 🆅🅸🆂🅰
Toscana (nur Abendessen) **Menu** à la carte 32/42 – **Bistro** : **Menu** à la carte 19,50/35 – **17 Zim** ⇌ 70/80 – 105.
◆ Wo früher illustre Gäste kurten, wurde 1998 gründlich renoviert, so daß aus einer alten Villa ein Hotel entstehen konnte, das toskanisches Flair und guten Komfort bietet. Leicht elegantes Restaurant im ersten Stock des historischen Gebäudeteils.

BENEDIKTBEUERN Bayern 419 420 W 18 – 3 200 Ew – Höhe 615 m – Erholungsort.
Sehenswert : Ehemalige Klosterkirche (Anastasia-Kapelle★).
🅱 Verkehrsamt, Prälatenstr. 3, ✉ 83671, ℘ (08857) 2 48, Fax (08857) 9470.
Berlin 650 – München 61 – Garmisch-Partenkirchen 41 – Bad Tölz 15.

Klosterbräustüberl, Zeiler Weg 2, ✉ 83671, ℘ (08857) 94 07, info@klosterwirt.de, Fax (08857) 9408, Biergarten – 🅿. 🅰🅴 ⓞ 🅾🅾 🆅🅸🆂🅰
geschl. 6. - 26. Jan., Nov. - Jan. Montag - Dienstag – **Menu** à la carte 12/25.
◆ Hier finden Sie Gastlichkeit in einem Haus mit Geschichte. Die Klosterküche verköstigt den Gast mit bayerischen Schmankerln : deftige Spezialitäten oder eine typische Brotzeit.

BENNECKENSTEIN Sachsen-Anhalt 418 K 16 – 3 000 Ew – Höhe 560 m – Wintersport : ⛷.
🅱 Kurverwaltung, Haus des Gastes, Straße der Einheit 5, ✉ 38877, ℘ (039457) 26 12, Fax (039457) 2613.
Berlin 250 – Magdeburg 99 – Erfurt 98 – Nordhausen 24 – Wernigerode 29 – Halberstadt 45.

Harzhaus, Heringsbrunnen 1, ✉ 38877, ℘ (039457) 9 40, hotelharzhaus@t-online.de, Fax (039457) 94499, 🌳, ≘s, 🌳, ✵ (Halle) – 📶 ♿ 🅿 – 🔺 30. 🅰🅴 ⓞ 🅾🅾 🆅🅸🆂🅰. ✵
Menu à la carte 12,50/28 – **36 Zim** ⇌ 39/47 – 62/67 – ½ P 12.
◆ Der ländliche, harztypische Stil - teils mit Holzfassade - gibt dem Haus einen optischen Reiz. Eine helle, zeitlose Möblierung macht die Zimmer wohnlich. Restaurant mit Wintergartenvorbau.

BENNINGEN Baden-Württemberg siehe Marbach am Neckar.

BENSHEIM AN DER BERGSTRASSE Hessen 417 419 Q 9 – 40 000 Ew – Höhe 115 m.
Ausflugsziel : Staatspark Fürstenlager★★ Nord : 3 km.
🅱 Bensheim, Außerhalb 56 (Süd : 1 km), ℘ (06251) 6 77 32.
🅱 Tourist-Information, Hauptstr. 39, ✉ 64625, ℘ (06251) 5 82 63 14, touristinfo@bensheim.de, Fax (06251) 5826331.
ADAC, Bahnhofstr. 9.
Berlin 593 – Wiesbaden 66 – Mannheim 37 – Darmstadt 26 – Heidelberg 35 – Mainz 59 – Worms 20.

Alleehotel Europa - Residenz Ⓜ, Europa-Allee 45, ✉ 64625, ℘ (06251) 10 50, alleehotel@alleehotel.de, Fax (06251) 105100, 🌳, ≘s – 📶, ✵ Zim, 📺 📞 ⇔ 🅿 – 🔺 140. 🅰🅴 ⓞ 🅾🅾 🆅🅸🆂🅰
Sankt Georg : **Menu** à la carte 22,50/38 – **Vinothek** : **Menu** à la carte 16,50/24,50 – **155 Zim** ⇌ 88/108 – 98/118.
◆ Hier finden Sie ein behagliches Quartier mit modernem Ambiente außerhalb des Zentrums. Die Zimmer sind geräumig und solide gestaltet, mit hellem oder dunklem Holzmobiliar. Restaurant Sankt Georg mit Bergstraßenpanorama. Urig-rustikales Flair in der Vinothek.

169

BENSHEIM AN DER BERGSTRASSE

🏨 **Felix** M, Dammstr. 46, ⌧ 64625, ℰ (06251) 8 00 60, office@hotelfelix.de, Fax (06251) 800660, 🍴, 16, ⇌ – 🛗, ⚲ Zim, TV ⚭ ⚿ 🅿 – 🛂 60. AE ⓞ ⓒ VISA
Menu à la carte 16/32 – **33 Zim** ⊇ 75/95 – 92/120.
 • Diese moderne Adresse in zentraler Lage schafft mit wohnlicher Ausstattung eine Atmosphäre zum Entspannen. Es stehen auch Zimmer für Allergiker zur Verfügung. Neo-rustikales Restaurant mit Wintergarten.

🏨 **Bacchus**, Rodensteinstr. 30, ⌧ 64625, ℰ (06251) 3 90 91(Hotel) 6 59 72(Rest.), bacchus.hotel@t-online.de, Fax (06251) 67608, 🍴 – 🛗 TV ⚭ ⚿ 🅿 – 🛂 40. AE ⓞ ⓒ VISA
Bacchus Keller (geschl. Mitte Juli - Anfang Aug., Dienstag)(nur Abendessen) **Menu** à la carte 26/35,50 – **Unikum** (geschl. Jan. 1 Woche, Mittwoch)(nur Abendessen) **Menu** à la carte 25/42,50 – **64 Zim** ⊇ 57/70 – 79/92.
 • Im Herzen von Bensheim finden Sie Ruhe und Erholung in modernem Stil : freundliche und solide Zimmer verschaffen Ihnen eine ruhige Nacht. Reservieren Sie im Gästehaus ! Gemütliches Ambiente im Bacchus Gewölbekeller. Afrikanische Fleischsorten im Unikum.

In Bensheim-Auerbach Nord : 1 km – Luftkurort :

🏨 **Poststuben** ❀ (mit Gästehaus), Schloßstr. 28, ⌧ 64625, ℰ (06251) 5 96 20, Fax (06251) 74743, 🍴 – TV ⇌ 🅿 AE ⓒ VISA
Menu (geschl. Aug. 2 Wochen, Montag) à la carte 23/38 – **20 Zim** ⊇ 50/65 – 75/90.
 • Der Gasthof bietet Ihnen eine wohnliche Unterkunft mit familiärer Gastlichkeit. Die Zimmer sind liebevoll eingerichtet - eine Adresse, die zufriedenstellt. Warmes Holz und hübsche Dekorationen schaffen Behaglichkeit im Restaurant.

✕✕ **Parkhotel Herrenhaus** ❀ mit Zim, Im Staatspark Fürstenlager (Ost : 1 km), ⌧ 64625, ℰ (06251) 7 09 00, parkhotel-herrenhaus@t-online.de, Fax (06251) 78473, 🍴, ⇌ – ⚲ Rest, TV ⇌ 🅿 ⓒ VISA JCB
Menu (abends Tischbestellung erforderlich) à la carte 21,50/39 – **9 Zim** ⊇ 75/90 – 120/160.
 • Im kleinen, klassisch-elegant gestalteten Restaurant bereitet das Küchenteam internationale Gerichte für Sie zu. Der Weinkeller sorgt für einen passenden Tropfen.

BENTHEIM, BAD Niedersachsen 415 J 5 – 14 500 Ew – Höhe 96 m – Heilbad.
 ⛳ Bad Bentheim-Sieringhoek, Am Hauptdiek 8 (Süd : 3 km), ℰ (05922) 9 94 97 32.
 🛈 Verkehrsamt, Schloßstr. 18, ⌧ 48455, ℰ (05922) 9 83 30, Fax (05922) 983320.
Berlin 491 – Hannover 207 – Nordhorn 19 – Enschede 29 – Münster (Westfalen) 56 – Osnabrück 75.

🏨 **Großfeld** ❀ (mit Gästehäusern), Schloßstr. 6, ⌧ 48455, ℰ (05922) 8 28, info@grossfeld.de, Fax (05922) 4349, 🍴, ⇌, 🏊, 🌳 – 🛗, ⚲ Zim, TV ⚿ 🅿 – 🛂 35. AE ⓞ ⓒ VISA. ✕ Rest
Menu (Restaurant nur für Hausgäste) – **140 Zim** ⊇ 55/65 – 95/105, 13 Suiten – ½ P 18.
 • Zentral am Markt gelegenes Hotel, dessen Zimmer sich auf mehrere Gebäude verteilen. Eine solide und stilvolle Möblierung schafft ein wohnliches Umfeld mit Qualität.

🏨 **Am Berghang** ❀, Am Kathagen 69, ⌧ 48455, ℰ (05922) 9 84 80, info@hotel-am-berghang.de, Fax (05922) 984848, 🍴, ⇌, 🏊, 🌳 – ⚲ Zim, TV 🅿 ✕
Menu (geschl. 7. - 25 Jan.) à la carte 16/29,50 – **29 Zim** ⊇ 45/60 – 90/110 – ½ P 12.
 • Mit Gastlichkeit empfängt Sie diese gepflegte Adresse. Hell und neuzeitlich sorgen die Zimmer für Ihren Komfort - ob Sie nun den "Klassik"- oder den "Romantik"-Typ wählen. Gemütlich-rustikal geprägtes Restaurant.

🏨 **Bentheimer Hof**, Am Bahndamm 1, ⌧ 48455, ℰ (05922) 9 83 80, info@bentheimer-hof.de, Fax (05922) 983814, 🍴 – 🛗, ⚲ Zim, TV ⚭ 🅿 – 🛂 20. AE ⓞ ⓒ VISA. ✕ Rest
Menu (geschl. Montag) (nur Abendessen) à la carte 34/45 – **Bistro** : **Menu** à la carte 24,50/29 – **9 Zim** 56/61 – 82/87.
 • Die geschmackvolle Ausstattung mit Teakholz-Möbeln verbreitet einen Hauch Nostalgie in dem ehemaligen Bahnhofsgebäude und läßt Sie Ihren Besuch in schöner Erinnerung behalten. Elegantes Ambiente im Restaurant. Bistro mit Modelleisenbahn.

🏨 **Diana**, Bahnhofstr. 16, ⌧ 48455, ℰ (05922) 9 89 20, info@kurhaus-hotel-diana.de, Fax (05922) 989231, ⇌, 🌳 – TV ⚭ 🅿 AE ⓞ ⓒ VISA
Menu (geschl. Jan. 2 Wochen) à la carte 17,50/31,50 – **20 Zim** ⊇ 49/54 – 83/93 – ½ P 8.
 • Liebevoll eingerichtete Zimmer mit mahagonifarbenem Holzmobiliar lassen Sie die Gastlichkeit spüren. Auf Wunsch erhalten Sie hier Fahrräder für eine Erkundungstour ins Grüne. Der kleine Wintergarten-Anbau unterstreicht den Café-Charakter des Restaurants.

🏨 **Kurhaus** ❀, Am Bade 1 (Kurzentrum), ⌧ 48455, ℰ (05922) 9 83 10, info@kurhaus-hotel-diana.de, Fax (05922) 983114, Biergarten – 🛗 TV 🅿 – 🛂 150. AE ⓞ ⓒ VISA JCB. ✕
Menu à la carte 17,50/30 – **20 Zim** ⊇ 54/59 – 82/92 – ½ P 14.
 • Die umgebende Parklandschaft hebt den Villenstil des Hauses hervor und sorgt außerdem für eine angenehm ruhige Lage. Erholen Sie sich in stilvollen Räumlichkeiten.

BENTHEIM, BAD

In Bad Bentheim-Gildehaus West : 4 km – Erholungsort :

- **Niedersächsischer Hof**, Am Mühlenberg 5, ⊠ 48455, ℘ (05924) 7 86 60, team
 @hotel-niedersaechsischer-hof.de, Fax (05924) 786633, 斧, ≘s, ⊠, ⌨ – ⥄ Zim, TV
 ✆ P – 🔒 25. ⦿ VISA
 Menu à la carte 21/43 – **25 Zim** ⊇ 45/52 – 80/100 – ½ P 15.
 • Idyllisch gelegen bietet das Hotel im Fachwerkstil seinen Besuchern ein solides Quartier für einen erholsamen Aufenthalt. Die schöne Landschaft lädt zu Spaziergängen ein. Gedie-gen-rustikales Restaurant mit offenem Kamin.

- **Waldseiter Hof**, An der Waldseite 7 (Nord : 2,5 km), ⊠ 48455, ℘ (05924) 7 85 50,
 team@hotel-waldseiter-hof.de, Fax (05924) 785510, 斧, ≘s, ⌨ – ⥄ Zim, TV ✆ P –
 🔒 50. ⦿ VISA
 geschl. 3. - 19. Jan. – **Menu** à la carte 20/29,50 – **17 Zim** ⊇ 55/64 – 92/115 –
 ½ P 16.
 • In einem Wald- und Flurgebiet nördlich von Gildehaus finden Sie diesen Gutshof in einem Park. Geschmackvolle Landhauszimmer mit Kiefernmöbeln erfreuen das Auge. Schöne Holz-möbel hauchen neues Leben in die alten Gemäuer der Gaststube.

BERCHING Bayern ⦿⦿⦿ S 18 – 9 100 Ew – Höhe 390 m – Erholungsort.
 ℹ Tourismusbüro, Pettenkoferplatz 12 (Rathaus), ⊠ 92334, ℘ (08462) 2 05 13, touris mus@berching.de, Fax (08462) 20544.
 Berlin 474 – München 114 – Nürnberg 60 – Ingolstadt 41 – Regensburg 45.

- **Gewürzmühle** (mit Gästehaus), Gredinger Str. 2, ⊠ 92334, ℘ (08462) 9 40 10,
 gewuerzmuehle@t-online.de, Fax (08462) 940155, 斧, Massage, ≘s, ⌨ – TV ✆ P –
 🔒 60. ⦿ ⦿ ⦿ VISA
 Menu à la carte 15,50/23,50 – **34 Zim** ⊇ 45/54 – 65.
 • Hier wird kreatives Arbeiten leicht gemacht : vollständige Tagungstechnik und Bibliothek tragen dazu bei. Auch private Gäste schätzen die moderne Atmosphäre des Landhotels. Neuzeitliches Restaurant, teilweise im Bistro-Stil.

- **Altstadthotel Winkler** M (mit 🍺 Brauerei-Gasthof), Reichenauplatz 22, ⊠ 92334,
 ℘ (08462) 13 27, info@brauereigasthof-winkler.de, Fax (08462) 27128, 斧, ≘s – ⍮,
 ⥄ Zim, TV P – 🔒 30. ⦿ ⦿ VISA. ⦿ Rest
 Menu (geschl. Sonntagabend) à la carte 13/26,50 – **21 Zim** ⊇ 38 – 53.
 • Der moderne Anbau mit komfortablen Zimmern fügt sich harmonisch in die ländliche Struktur des Ortes ein. Ein begrünter Hofgarten dient als friedliches Plätzchen zum Ausruhen. Im ländlichen Ambiente der Gaststube wird der Gast mit Bayerischem verköstigt.

- **Stampfermühle**, Schwimmbadweg 4, ⊠ 92334, ℘ (08462) 20 00 10, stampfermu
 ehle@t-online.de, Fax (08462) 2000120, Biergarten – TV ✆ P. ⦿ VISA.
 ⦿ Zim
 Menu (geschl. Montag) à la carte 14/30,50 – **7 Zim** ⊇ 42 – 70.
 • Aus einer alten Mühle entstand nach umfangreicher Renovierung eine nette Herberge, in deren wohnlichen, mit hellen Holzmöbeln eingerichteten Zimmern man sich wohlfühlen kann. In den Stuben sorgt die urige Einrichtung für etwas Besonderes.

- **Blaue Traube**, Pettenkoferplatz 3, ⊠ 92334, ℘ (08462) 12 50, info@hotel-blauetr
 aube.de, Fax (08462) 27329, 斧 – TV ✆ P. ⦿ ⦿ VISA
 Menu (geschl. Anfang Nov. 1 Woche, Okt. - April Mittwoch) à la carte 11,50/23,50 – **27 Zim** ⊇ 33/42 – 49.
 • Das modernisierte Bürgerhaus aus dem Spätmittelalter kombiniert historischen Charme mit moderner Unterbringung. Helle Landhausmöbel sorgen für eine wohnliche Atmosphäre. Der regionale Charakter der Küche paßt zur ländlichen Ausstattung der Gaststube.

BERCHTESGADEN Bayern ⦿⦿⦿ X 22 – 8 200 Ew – Höhe 540 m – Heilklimatischer Kurort –
 Wintersport : 530/1 800 m ⥄2 ⥄ 29.
 Sehenswert : Schloßplatz★ – Schloß (Dormitorium★) – Salzbergwerk★.
 Ausflugsziele : Deutsche Alpenstraße★★★ (von Berchtesgaden bis Lindau) – Kehlsteinstraße★★★ – Kehlstein ⥄★★ (nur mit RVO - Bus ab Obersalzberg : Ost : 4 km) – Roßfeld-Ringstraße ⥄★★ (Ost : 7 km über die B 425).
 ✈ Berchtesgaden, Obersalzberg (Ost : 3 km), ℘ (08652) 21 00.
 ℹ Berchtesgaden Tourismus, Königsseer Str. 2, ⊠ 83471, ℘ (08652) 96 70, m.stangas singer@berchtesgaden.de, Fax (08652) 967400.
 Berlin 744 ① – München 154 ① – Bad Reichenhall 20 ② – Kitzbühel 77 ② – Salz-burg 23 ①

171

BERCHTESGADEN

Angergasse	2
Bahnhofstraße	3
Bergwerkstraße	5
Franziskanerplatz	6
Griesstätterstraße	7
Hasensprung	8
von-Hindenburg-Allee	9
Kälbersteinstraße	10
Koch-Sternfeld-Straße	12
Königsseer Straße	13
Locksteinstraße	14
Ludwig-Ganghofer-Straße	15
Marktplatz	16
Maximilianstraße	17
Metzgerstraße	18
Ramsauer Straße	19
Salzburger Straße	20
Weihnachtsschützenplatz	21

Benutzen Sie
auf Ihren Reisen
in Europa
die Michelin-
Länderkarten
1:400 000 bis 1:1 000 000.

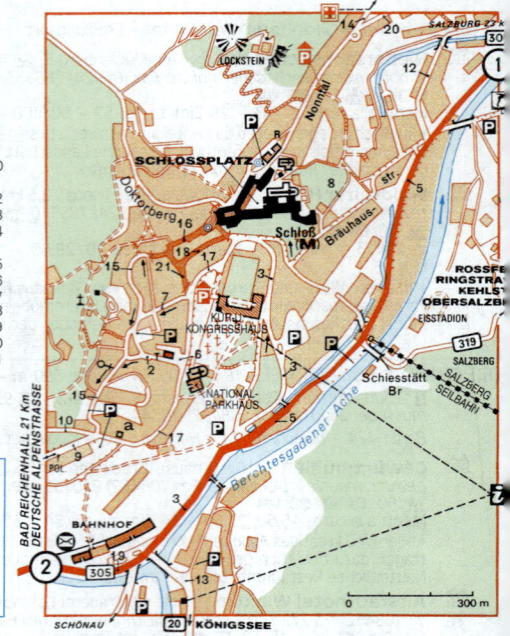

Vier Jahreszeiten, Maximilianstr. 20, ✉ 83471, ℘ (08652) 95 20, *millers-hotel@t-on line.de*, Fax (08652) 5029, ≤, ≦s, ▭, – ⧖ TV ⇔ P. – ⚿ 25. AE ⓘ ⓞ VISA   a
Menu à la carte 13/39 – **59 Zim** ⊇ 50/72 – 77/138 – ½ P 17.
• Die geschmackvolle Holzausstattung - teils dunkel, teils hell - verleiht den Zimmern ein wohnliches Ambiente. Nach Süden genießen Sie einen herrlichen Blick auf die Berge. Holzbalken und Dekorationen im Jägerstil zieren das Restaurant.

Alpenhotel Kronprinz ⚘, Am Brandholz, ✉ 83471, ℘ (08652) 60 70, *kronprinz. treff@t-online.de*, Fax (08652) 607120, ≤, ≋, ≦s, ⊛ – ⧖ TV ⇔ P. – ⚿ 20. AE ⓘ ⓞ VISA. ❊ Rest   über Kälbersteinstraße
Menu à la carte 16,50/29,50 – **66 Zim** ⊇ 63/93 – 96/156 – ½ P 17.
• Je nach Himmelsrichtung und Ausstattung wohnen Sie hier in originell benannten Zimmern - funktionell mit dunklem Holz bestückt. Achten Sie auf besondere Programme des Hotels. Neo-rustikales Rundbaurestaurant, teils mit Blick ins Tal.

Rosenbichl ⚘, Rosenhofweg 24, ✉ 83471, ℘ (08652) 9 44 00, *hotel.rosenbichl@t -online.de*, Fax (08652) 944040, ≤, Massage, ≦s, ⊛ – ⥂ TV ⇔ P. ⓞ ❊
geschl. 15. Nov. - 15. Dez. – **Menu** (nur Abendessen) (Restaurant nur für Hausgäste) – **17 Zim** ⊇ 55/59 – 90/106 – ½ P 14.
• Diese freundliche Adresse hält eine gehobene Unterkunft im modernen Stil für Sie bereit. Nutzen Sie die vorhandene eigene Ski- und Bergschule für Ihre Unternehmungen.

Krone ⚘, Am Rad 5, ✉ 83471, ℘ (08652) 9 46 00, *grafe@hotel-krone-berchtes gaden.de*, Fax (08652) 946010, ≤, ≦s, ⊛ – ⧖ ⥂ TV P. ⓞ VISA. ❊
geschl. Ende Okt. - 20. Dez. – **Menu** (geschl. Montag)(nur Abendessen) (Restaurant nur für Hausgäste) – **20 Zim** ⊇ 36/48 – 68/86 – ½ P 10.   über Locksteinstraße
• Hinter der alpenländischen Fassade des Hauses verbergen sich Zimmer mit Atmosphäre - in Holz gehaltene Quartiere im Bauernstil schaffen ein nettes Umfeld.

Alpenhotel Weiherbach ⚘, Weiherbachweg 6, ✉ 83471, ℘ (08652) 97 88 80, *info@weiherbach.de*, Fax (08652) 9788888, ≤, ≦s, ▭, ⊛ – ⧖ TV P. ❊
geschl. 8. Nov. - 19. Dez. – **Menu** (geschl. Sonntagabend) (nur Abendessen) (Restaurant nur für Hausgäste) – **22 Zim** ⊇ 47/81 – 72/107.
• Der Pensionscharakter des Gasthofs versprüht familiären Charme. Für Ihre Entspannung stehen Ihnen wohnliche Zimmer - teilweise im hellen Landhausstil - zur Verfügung.

BERCHTESGADEN

An der Roßfeld-Ringstraße Ost : 7 km :

🏨 **Neuhäusl** ⌘, Wildmoos 45 – Höhe 850 m, ⌂ 83471 Berchtesgaden, ℰ (08652) 94 00, neuhaeusl@berchtesgaden.com, Fax (08652) 64637, < Untersberg, Kehlstein, 🍴, ♨,
≘s, ✷ – ⌷ 📺 ⇔ 🅿. ⓜ⓪ VISA
geschl. 20. April - 1. Mai, 15. Nov. - 15. Dez. – **Menu** (geschl. Dienstag) à la carte 15/23,50
– **26 Zim** ⌆ 46/53 – 84, 3 Suiten – ½ P 12.
♦ Diese ländliche Adresse beherbergt sie in gepflegtem Ambiente. Erliegen Sie am Tag dem Reiz der Landschaft und kommen Sie in Ihrem gediegenen Schlafquartier zur Ruhe. Gemütliche Restaurantstuben mit alpenländischem Flair.

🏨 **Alpenhotel Denninglehen** ⌘, Am Priesterstein 7 – Höhe 900 m, ⌂ 83471 Berchtesgaden, ℰ (08652) 9 78 90, info@denninglehen.de, Fax (08652) 64710, < Berchtesgadener Berge, 🍴, Massage, ≘s, ☐, ✷ – ⌷, ⇄ Rest,
📺 🅿. ⓜ⓪ VISA. ⚘ Rest
geschl. 1. - 18. Dez., 15. - 30. Jan. – **Menu** (nur Abendessen) à la carte 18/32 – **24 Zim**
⌆ 68/74 – 96/126 – ½ P 19.
♦ Die einsame Lage am Hang zeichnet dieses Hotel aus. Die Gäste werden in ländlichem Stil beherbergt, die Räume sind teilweise mit bemalten Bauernmöbeln bestückt. Dunkles Holz gibt dem Restaurant ein rustikales Ambiente.

BERG Bayern ⓐⓘⓨ ⓐⓩⓞ W 18 – 7 000 Ew – Höhe 630 m.
Berlin 616 – München 30 – Garmisch-Partenkirchen 69 – Starnberg 6.

🏨 **Schloss Berg** ⌘, Seestr. 17, ⌂ 82335, ℰ (08151) 96 30, info@hotelschlossberg.de, Fax (08151) 96352, < Starnberger See, 🍴, Biergarten, ≘s, ⚒, ✷ – ⌷ 📺 ☏ 🅿 –
⚿ 35. ⒶⒺ ⓜ⓪ VISA
Menu à la carte 17,50/38 – **60 Zim** ⌆ 73/145 – 89/195 – ½ P 17.
♦ Ob Sie im oberen Haus in eleganter Stileinrichtung wohnen oder in der Villa am See elegant-rustikal - Sie werden immer eine wohnliche Atmosphäre vorfinden. Gemütliches Restaurant mit Kamin und Seeterrasse.

BERG Bayern ⓐⓘⓧ ⓐⓩⓞ O 19 – 2 800 Ew – Höhe 614 m.
Berlin 302 – München 286 – Hof 19 – Bayreuth 57 – Nürnberg 130.

In Berg-Rudolphstein Nord : 7 km :

🏨 **Saalehotel**, Panoramastr. 2, ⌂ 95180, ℰ (09293) 94 10, saalehotel@t-online.de, Fax (09293) 941666, 🍴, ≘s, ☐, ✷ – ⌷, ⇄ Zim, 📺 🅿 – ⚿ 50. ⒶⒺ ⓞ ⓜ⓪ VISA
Menu à la carte 20/29 – **34 Zim** ⌆ 65 – 95 – ½ P 16.
♦ Wählen Sie eines der komfortablen Zimmer im neueren Hotelteil, die durch die rustikale Weichholzmöblierung einen wohnlichen Charakter erhalten. Mit schönem Freizeitbereich. Behagliches Restaurant mit hellem Naturholzinventar.

BERG BEI NEUMARKT (OBERPFALZ) Bayern ⓐⓘⓨ ⓐⓩⓞ R 18 – 6 000 Ew – Höhe 406 m.
Berlin 445 – München 145 – Nürnberg 38 – Amberg 50 – Regensburg 71.

🏨 **Lindenhof**, Rosenbergstr. 13, ⌂ 92348, ℰ (09189) 41 00, Fax (09189) 410410, 🍴
⊖ – ⌷ 📺 ☏ 🅿 – ⚿ 25. ⓜ⓪ VISA. ⚘ Zim
geschl. Weihnachten - Anfang Jan. – **Menu** (geschl. Montagmittag) à la carte 11,50/17,50
– **48 Zim** ⌆ 38/40 – 55/60.
♦ Gastlichkeit empfängt sie und begleitet Sie während ihres gesamten Aufenthalts. Zum Erholen stehen Ihnen geräumige Zimmer mit moderner Möblierung zur Verfügung. Das unterteilte Restaurant ist im Stil eines ländlichen Gasthofs gehalten.

BERGEN Bayern ⓐⓩⓞ W 21 – 4 500 Ew – Höhe 554 m – Luftkurort – Wintersport : 550/1 670 m
≰1 ≰5 ⚞.
🛈 Tourist-Information, Raiffeisenplatz 4, ⌂ 83346, ℰ (08662) 83 21, Fax (08662) 5855.
Berlin 700 – München 105 – Bad Reichenhall 37 – Salzburg 42 – Traunstein 10 –
Rosenheim 46.

🏨 **Säulner Hof** ⌘ garni, Hochplattenstr. 1, ⌂ 83346, ℰ (08662) 86 55, saeulnerhof
@web.de, Fax (08662) 5957, ✷ – 📺 🅿. ⓜ⓪
geschl. Nov. - 20. Dez. – **14 Zim** ⌆ 34 – 54.
♦ In hellem Holz eingerichtete Zimmer sorgen für Wohnlichkeit in einem gepflegten Domizil. Erkunden Sie wandernd oder radelnd die Gegend - Fahrräder gibt's im Haus.

BERGEN Mecklenburg-Vorpommern siehe Rügen (Insel).

173

BERGEN Niedersachsen siehe Celle.

BERGEN (Vogtland) Sachsen 418 420 O 20 – 1 150 Ew – Höhe 450 m.
Berlin 303 – Dresden 145 – Gera 60 – Hof 45 – Plauen 20.

Landhaus Marienstein ⌂, Thomas-Müntzer-Str. 9, ✉ 08239, ℘ (037463) 85 10, landhaus-marienstein@t-online.de, Fax (037463) 851109, 佘, ≋, 🐢 – ⌇ TV ⌘ & P – 🎾 20. AE ⦿ VISA
Menu à la carte 19/34 – **16 Zim** ⌑ 65 – 95 – ½ P 13.
♦ In beschaulicher Lage am Waldrand findet der Gast hinter der Fassade aus Fachwerk und Naturstein ein helles, freundliches Zuhause für einen geruhsamen Aufenthalt. Hübsch gestaltetes Restaurant mit schöner Terrasse.

BERGGIESSHÜBEL Sachsen 418 N 25 – 1 800 Ew – Höhe 350 m – Kneippkurort.
Berlin 224 – Dresden 31 – Chemnitz 106.

In Bad Gottleuba-Augustusberg Süd : 4,5 km :

Augustusberg ⌂, Augustusberg 15, ✉ 01816, ℘ (035023) 6 24 80, augustusberg@t-online.de, Fax (035023) 62597, ≤ Bad Gottleuba, 佘, ≋, 🐢 – TV ⌘ P – 🎾 40. AE ⦿ VISA
Menu à la carte 13/24 – **24 Zim** ⌑ 39/49 – 51/75 – ½ P 11.
♦ Kennzeichnend für dieses Haus ist die exponierte Berglage. Stammgäste schätzen die wohnliche Atmosphäre, die sie in friedlicher Abgelegenheit erfahren dürfen. Ländliche Gaststube und neuzeitliches Restaurant.

BERGHAUPTEN Baden-Württemberg siehe Gengenbach.

BERGHAUSEN Rheinland-Pfalz siehe Katzenelnbogen.

BERGHEIM Österreich siehe Salzburg.

BERGHEIM Nordrhein-Westfalen 417 N 3 – 60 000 Ew – Höhe 69 m.
Berlin 590 – Düsseldorf 56 – Aachen 58 – Bonn 53 – Mönchengladbach 38 – Köln 26.

Meyer garni, Beisselstr. 3, ✉ 50126, ℘ (02271) 80 60, Fax (02271) 41722, ≋ – TV P. ⦿ VISA
geschl. Weihnachten - Neujahr – **20 Zim** ⌑ 55 – 94.
♦ Sie finden das kleine Stadthaus am Rand der Fußgängerzone. Die gediegene Beherbergung beschert Ihnen geräumige Wohnlichkeit in Eiche oder Mahagoni - zu vernünftigen Preisen.

Parkhotel, Kirchstr. 12, ✉ 50126, ℘ (02271) 4 70 80, Fax (02271) 470840, 佘 – TV. AE ⓞ ⦿ VISA. ⌘
Menu à la carte 14,50/31,50 – **25 Zim** ⌑ 47/70 – 83/115.
♦ Das Stadthotel - im Zentrum gelegen - begrüßt Sie mit freundlichem Personal. Die solide Möblierung der Zimmer ist teils in Kirsche, teils in Eiche gehalten. Rustikales Restaurant mit Balkan-Küche.

BERGHÜLEN Baden-Württemberg siehe Merklingen.

BERGISCH GLADBACH Nordrhein-Westfalen 417 N 5 – 104 000 Ew – Höhe 86 m.
🏌 Bergisch Gladbach-Refrath, ℘ (02204) 9 27 60 ; 🏌 Overath-Steinenbrück, Bücheler Str. 2 (Süd-Ost : 8 km bei Untereschbach), ℘ (02204) 9 76 00.
ADAC, Bensberger Str. 99.
Berlin 571 – Düsseldorf 46 – Bonn 40 – Köln 17.

Schlosshotel Lerbach ⌂, Lerbacher Weg, ✉ 51465, ℘ (02202) 20 40, info@schlosshotel-lerbach.com, Fax (02202) 204940, 佘, Massage, ≋, ⌼, 🐢, ⚒ – ⌇, ⌘ Zim, ⊟ Rest, TV ⌘ ⇔ P – 🎾 65. AE ⓞ ⦿ VISA. ⌘ Rest
Menu siehe **Restaurant Dieter Müller** separat erwähnt – **Schlossrestaurant** : **Menu** à la carte 33,50/43,50 – **54 Zim** ⌑ 195/275 – 220/300, 6 Suiten.
♦ Das romantische Ambiente des Hotels in der Parkanlage ist in den eleganten Räumen zu spüren. Die Zimmer sind teils mit Stilmöbeln versehen, die Bäder teils mit Marmor. Restaurant im historischen Kellergewölbe mit neuem, verglastem Anbau.

BERGISCH GLADBACH

Privathotel Bremer garni, Dombach-Sander-Str. 72, ⌂ 51465, ℘ (02202) 9 35 00, bremer@privathotel.de, Fax (02202) 935050 – 🛏 📺 📞 🅿 – 🔒 25. AE ⓘ ⓜ VISA. ❊
geschl. 15. Dez. - 5. Jan. – **22 Zim** ⊇ 75/100 – 135.
* Die moderne Ausstattung erfüllt Ihre Ansprüche an Entspannung. Auch nächtliche Ankömmlinge werden empfangen - per "Hotelomat". Zudem können Sie den Shuttle-Service nutzen.

Gronauer Tannenhof, Robert-Schuman-Str. 2, ⌂ 51469, ℘ (02202) 9 41 40, service@gronauer-tannenhof.de, Fax (02202) 941444, 🍴 – 📺 📞 🅿 – 🔒 50. AE ⓘ ⓜ VISA. ❊
Menu à la carte 20,50/31,50 – **32 Zim** ⊇ 85/130 – 115/160.
* Die gepflegten, ansprechend bestückten Zimmer gewähren dem Gast ein schönes Wohnerlebnis. Wander- und Jogging-Möglichkeiten bieten sich Ihnen durch die Lage am Waldrand. Alpenländisches Restaurant mit durch Holzbalken getrennten Nischen.

Restaurant Dieter Müller - Schlosshotel Lerbach, Lerbacher Weg, ⌂ 51465, ℘ (02202) 20 40, info@schlosshotel-lerbach.com, Fax (02202) 204940 – 🅿 AE ⓘ ⓜ VISA. ❊
geschl. 1. - 17. Jan., Aug. 3 Wochen, Sonntag - Montag – **Menu** (Tischbestellung ratsam) 58 (mittags)/125 à la carte 73/107 ♀.
* Der abgestufte Raum versprüht vornehme Gemütlichkeit. Bei stilvollem Couvert und zuvorkommendem Service schlemmen Sie Delikatessen der klassischen Karte in elegantem Ambiente.
Spez. Trilogie von der Gänsestopfleber mit Feigen-Rosmarin-Brioche. Cassoulet von Champagner-Kalbskutteln und Pulpo mit Blattsalatsauce. Crépinette von der Etouffé Taube mit Portweinsauce und Geflügel-Blutwurst.

In Bergisch Gladbach-Bensberg :

Grandhotel Schloss Bensberg ❊, Kadettenstraße, ⌂ 51429, ℘ (02204) 4 20, info@schlossbensberg.com, Fax (02204) 42888, ≤, Massage, 🏊, ≦s, 🔲 – 🛗, 🛏 Zim, 🍽 📺 ♿ 📞 ⇔ 🅿 – 🔒 180. AE ⓘ ⓜ VISA. ❊ Rest
Menu siehe auch Rest. **Vendôme** separat erwähnt – **Jan Wellem** (geschl. Sonntag - Montag) (nur Abendessen) **Menu** à la carte 34/55 – **Trattoria Enoteca** (italienische Küche) **Menu** à la carte 20/37 – ⊇ 20 – **120 Zim** 204/288 – 246/314, 27 Suiten.
* Die prachtvolle Anlage aus dem 17. Jh. erinnert an Versailles. Erleben Sie Luxus pur : klassische Eleganz in allen Räumen, Bäder in Marmor, imposante Kronleuchter. Prunkvolles Mobiliar im Jan Wellem. Enoteca mit italienischem Flair.

Romantik Waldhotel Mangold ❊ (mit Gästehaus), Am Milchbornbach 39, ⌂ 51429, ℘ (02204) 9 55 50, mangold@waldhotel.de, Fax (02204) 955560, 🍴, 🐎 – 🛏 Zim, 📺 📞 🅿 – 🔒 40. AE ⓘ ⓜ VISA. ❊
Waldstuben (geschl. 27. Dez.- 10. Jan., Sonntagabend - Montag) **Menu** à la carte 36/48,50 – **22 Zim** ⊇ 110/128 – 141/155.
* Das ansprechende Design schenkt den Räumlichkeiten einen eleganten Touch gepaart mit Behaglichkeit. Das Konzept des Landhotels ist ganz auf das Wohl des Gastes ausgelegt. Restaurant mit ländlichem Ambiente und großer Glasfront.

Malerwinkel garni, Fischbachstr. 3 (am Rathaus), ⌂ 51429, ℘ (02204) 9 50 40, info@malerwinkel-hotel.de, Fax (02204) 9504100, Massage, ≦s – 🛏 📺 📞 – 🔒 40. AE ⓘ ⓜ VISA JCB
geschl. 23. Dez. - 2. Jan. – **31 Zim** ⊇ 93/102 – 143/168.
* Ein Glasbau verbindet die historischen Fachwerkhäuser mit Tradition und individuellem Komfort. Freigelegte Balken und gemauerte Wände geben dem Hotel eine rustikale Note.

Vendôme - Grandhotel Schloss Bensberg, Kadettenstraße, ⌂ 51429, ℘ (02204) 42 19 41, vendome@schlossbensberg.com, Fax (02204) 42981, 🍴 – 🅿 AE ⓘ ⓜ VISA. ❊ Rest
geschl. Feb. 2 Wochen, Aug. 3 Wochen, Montag - Dienstag – **Menu** (bemerkenswerte Weinkarte) 51 (mittags)/120 à la carte 75/98 ♀.
* Das Gourmetrestaurant im Kavaliershäuschen überzeugt mit aufmerksamem Service und exklusiver Tischkultur. Man serviert ausgesuchte Köstlichkeiten der klassischen Küche.
Spez. Feuilleté von roh marinierter Gänseleber mit Artischocken und Bohnensugo. Kalbskopfravioli und Pfifferlinge mit Petersiliennage. Ganzer Loup de mer mit Fenchelkraut gebraten und Sauce Bourride.

Das Fachwerkhaus, Burggraben 37, ⌂ 51429, ℘ (02204) 5 49 11, info@dasfachwerkhaus.de, Fax (02204) 57641, 🍴 – ⓘ ⓜ VISA
geschl. über Karneval 3 Wochen, Juli - Aug. 2 Wochen, Montag - Dienstag – **Menu** (Tischbestellung ratsam) à la carte 33/46.
* In rustikalem Ambiente stellt Ihnen das freundliche Team die sorgfältigen Zubereitungen frischer Produkte vor - schmackhaft regional oder mit italienischer Note.

BERGKIRCHEN *Bayern siehe Dachau.*

BERGLEN *Baden-Württemberg siehe Winnenden.*

BERGNEUSTADT *Nordrhein-Westfalen* 417 *M 6 – 21 000 Ew – Höhe 254 m.*
Berlin 558 – Düsseldorf 89 – Köln 57 – Olpe 20 – Siegen 47.

Feste Neustadt, Hauptstr. 19 (Altstadt), ⊠ 51702, ℘ (02261) 4 17 95, Fax (02261) 48021, 🍴 – 📺 P. ☎ VISA
geschl. 22. Dez. - 6. Jan., Juli 3 Wochen – **Menu** *(geschl. Sonntagabend - Montag)* à la carte 16/31 – **15 Zim** ⊇ 44 – 80.
 • Die typische Schieferschindelfassade des Landhotels kündigt eine warme, gemütliche Atmosphäre an. Sie werden ein heimeliges Quartier vorfinden - ganz nach Familientradition. Vornehm-rustikal gehaltenes Restaurant oder Stüberl im ländlichen Dekor.

In Bergneustadt-Niederrengse *Nord-Ost : 7 km - über B 55, in Pernze links ab :*

Rengser Mühle 🍴 mit Zim, ⊠ 51702, ℘ (02763) 9 14 50, *info@rengser-muehle.de,* Fax (02763) 914520, 🍴 – ⇔ Zim, 📺 P. ☎ VISA. ✵
Menu *(geschl. Montag - Dienstag)* à la carte 20/39 – **4 Zim** ⊇ 65 – 85.
 • Holz, ein Kachelofen und die Liebe zum Detail bestimmen den gemütlichen Charakter der Stuben. Kosten Sie Bergische Spezialitäten : Eierkuchen und Waffeln am Nachmittag.

BERGRHEINFELD *Bayern siehe Schweinfurt.*

BERGZABERN, BAD *Rheinland-Pfalz* 419 *S 8 – 8 300 Ew – Höhe 200 m – Heilklimatischer Kurort – Kneippheilbad.*
Sehenswert : *Gasthaus zum Engel★.*
Ausflugsziel : *Gleiszellen (Winzergasse★).*
🛈 Büro für Tourismus, Kurtalstr. 25 (im Thermalhallenbad), ⊠ 76887, ℘ (06343) 9 34 00, Fax (06343) 934022.
Berlin 683 – Mainz 127 – Karlsruhe 39 – Landau in der Pfalz 15 – Pirmasens 42 – Wissembourg 10.

Petronella, Kurtalstr. 47 (B 427), ⊠ 76887, ℘ (06343) 7 00 10, *hotel-petronella@web.de,* Fax (06343) 700111, 🍴, Massage, ⚕, ⇔ – 📺 P. – 🏛 30. ☎ ⦿ VISA JCB
Menu *(geschl. Jan. - Feb. 3 Wochen)* à la carte 16/36 – **48 Zim** ⊇ 48/63 – 76/109 – ½ P 13.
 • Familiäre Atmosphäre und Behaglichkeit machen das Kurhotel zur einer erholsamen Adresse. Der Gast wird solide und wohnlich beherbergt - von klassisch bis elegant. Das Restaurant ist teils bürgerlich-rustikal, teils modern gestaltet, mit Gartenterrasse.

Pfälzer Wald, Kurtalstr. 77 (B 427), ⊠ 76887, ℘ (06343) 98 91 90, *hotel@hotel-pfaelzer-wald.de,* Fax (06343) 9891977, 🍴, ⚕ – 📺 P. ☎ ⦿ VISA. ✵
Menu *(geschl. 20. Dez. - 1. März) (nur Abendessen)* à la carte 15/37 – **25 Zim** ⊇ 45 – 75/89 – ½ P 13.
 • Das Hotel-Team betreibt Gastlichkeit mit vollem Engagement. Nehmen auch Sie diesen beschaulichen Ort als Ausgangspunkt für die Erkundung der reizvollen Landschaft wahr.

Weinstube Weinschlössel, Kurtalstr. 10 (B 427), ⊠ 76887, ℘ (06343) 38 60, 🍴 – ⦿ VISA
geschl. Mittwochmittag, Samstag – **Menu** *(Nov. - März nur Abendessen)* à la carte 12/29.
 • Als Teil eines ehemaligen Weingutes ist das ursprüngliche Flair erhalten geblieben und verbreitet Gemütlichkeit im Raum. Der Chef selbst verköstigt Sie nach Pfälzer Art.

In Pleisweiler-Oberhofen *Nord : 2 km Richtung Klingenmünster :*

Landhaus Wilker, Hauptstr. 31 (Oberhofen), ⊠ 76889, ℘ (06343) 70 07 00, *landhaus@wilker.de,* Fax (06343) 700707, 🍴 – 📺 P. – 🏛 30. ☎ ⓪ ⦿ VISA. ✵ Rest
Menu *(geschl. Jan. 1 Woche, Juli 3 Wochen, Nov. 2 Wochen, Mittwoch - Donnerstag) (Montag - Freitag nur Abendessen) (nur Eigenbauweine)* à la carte 18/26,50 – **10 Zim** ⊇ 48 – 79.
 • Gegenüber dem traditionsreichen Weingut der Familie Wilker wurde dieses kleine, sympathische Haus angekauft und zum Hotel ausgebaut. Nette, sehr solide möblierte Zimmer ! Alter Wilhelm heißt das Restaurant im Stil einer Weinstube.

BERGZABERN, BAD

In Gleiszellen-Gleishorbach Nord : 4,5 km Richtung Klingenmünster :

🏨 **Südpfalz-Terrassen** ⚘ (mit Gästehäusern), Winzergasse 42 (Gleiszellen), ✉ 76889, ℘ (06343) 7 00 00, info@suedpfalz-terrassen.de, Fax (06343) 5952, ≤, 🍴, ≘s, 🏊, 🌳 – 📶 📺 📞 & 🅿 – 🛎 40. ⚿ ● ⓜ 𝒱𝐼𝒮𝒜
geschl. 3. Jan. - 3. Feb., Juli 2 Wochen, 18. - 25. Dez. – **Menu** (geschl. Montag) à la carte 16/33 – **93 Zim** ⇌ 50/65 – 80/110 – ½ P 13.
 ♦ Beziehen Sie dieses Quartier im Weindörfchen. Man erwartet Sie mit gepflegtem Wohnkomfort - zur Entspannung oder zur körperlichen Betätigung, ganz nach Ihrem Wunsch. Saalartiges Restaurant.

🏨 **Zum Lam** ⚘, Winzergasse 37 (Gleiszellen), ✉ 76889, ℘ (06343) 93 92 12, info@zum-lam.de, Fax (06343) 939213, 🍴, Biergarten, 🌳 – 📺 🅿. 𝒱𝐼𝒮𝒜
geschl. 2. - 23. Jan. – **Menu** (geschl. Mittwoch) (Nov. - April Montag - Freitag nur Abendessen) à la carte 22/36 – **11 Zim** ⇌ 55 – 70/85.
 ♦ Der Charme der Winzergemeinde ist in den alten Gemäuern zu spüren. Moderne Einrichtung vereint sich mit Fachwerk aus dem 18. Jh. - teils auch in den Zimmern. Rustikales Restaurant mit freiliegenden Holzbalken und Mauerwerk.

BERKA, BAD Thüringen 𝟰𝟭𝟴 N 17 – 7 400 Ew – Höhe 275 m – Heilbad.
 🛈 Kurverwaltung, Goetheallee 3, ✉ 99438, ℘ (036458) 57 90, Fax (036458) 57999.
 Berlin 286 – Erfurt 31 – Jena 30 – Suhl 66 – Weimar 13.

🏨 **Hubertushof**, Tannrodaer Str. 3, ✉ 99438, ℘ (036458) 3 50, hotel-hubertushof@t-online.de, Fax (036458) 35150, 🍴, ≘s, ↔ Zim, 🍽 Rest, 📺 📞 🅿 – 🛎 20. ⚿ ⓜ 𝒱𝐼𝒮𝒜
Menu à la carte 18/34 – **30 Zim** ⇌ 70/90 – 80/95 – ½ P 13.
 ♦ Erleben Sie Moderne im Landhausstil. Als privater Besucher wohnen Sie in freundlichem Ambiente, geschäftlich Reisende erfahren zudem, was es heißt, entspannt zu tagen. Mit gut ausgestattetem Restaurant.

🏨 **Am Goethebrunnen** ⚘, Goetheallee 2, ✉ 99438, ℘ (036458) 57 10, Fax (036458) 57112, 🍴 – ↔ Zim, 📺 🅿 – 🛎 20. ⚿ ● ⓜ 𝒱𝐼𝒮𝒜 𝒥𝒞𝐵
Menu à la carte 14,50/25 – **11 Zim** ⇌ 50/60 – 70/80 – ½ P 13.
 ♦ Das ehemals als Kurhaus genutzte Domizil hält eine klassische Unterkunft für Sie bereit. Die Nähe des Kurparks beschert Ihnen die zur Erholung notwendige Ruhe. Stilvolles Restaurant mit einem Hauch Eleganz.

BERKHEIM Baden-Württemberg 𝟰𝟭𝟵 𝟰𝟮𝟬 V 14 – 2 000 Ew – Höhe 580 m.
 Berlin 657 – Stuttgart 138 – Kempten 53 – Augsburg 103 – Memmingen 11 – Ravensburg 65 – Ulm (Donau) 46.

🏨 **Ochsen**, Alte Steige 1, ✉ 88450, ℘ (08395) 9 29 29, ochsenberkheim@aol.de, Fax (08395) 92955, 🍴 – ↔ Zim, 📺 🅿. ⓜ 𝒱𝐼𝒮𝒜. 🌿
Menu (geschl. Sonntag) à la carte 9,50/31 (auch vegetarische Gerichte) – **24 Zim** ⇌ 32/35 – 58/68.
 ♦ Ländlich gelegen - abseits vom Verkehr - werden Sie in diesem funktionellen Quartier in ansprechendem Ambiente beherbergt. Gratis erfahren Sie familiäre Gastlichkeit. Wirtschaft mit hauseigener Metzgerei.

BERLEBURG, BAD Nordrhein-Westfalen 𝟰𝟭𝟳 M 9 – 21 700 Ew – Höhe 450 m – Kneippheilbad – Wintersport : 500/750 m ⸘2 ⸙.
 🛈 Tourist-Information, Poststr. 44 (B 480), ✉ 57319, ℘ (02751) 9 36 33, tourist.bad berleburg@t-online.de, Fax (02751) 936343.
 Berlin 494 – Düsseldorf 174 – Siegen 42 – Frankenberg an der Eder 46 – Meschede 56.

🏨 **Westfälischer Hof**, Astenbergstr. 6 (B 480), ✉ 57319, ℘ (02751) 9 24 90, info@westfaelischer-hof-berleburg.de, Fax (02751) 924959, 🍴 – ↔ Zim, 📺 📞 ⇔ 🅿 – 🛎 25. ⚿ ● ⓜ 𝒱𝐼𝒮𝒜. 🌿 Rest
Menu à la carte 18,50/35 – **38 Zim** ⇌ 35/51 – 75/93 – ½ P 15.
 ♦ Die gepflegte Adresse ist ganz dem Wohlbefinden des Gastes gewidmet. Sie finden hier sinnvoll gestaltete Räumlichkeiten in zeitlosem Zuschnitt. Leicht rustikal gehaltenes Restaurant.

An der Straße nach Hallenberg Nord-Ost : 6 km :

🏨 **Erholung**, ✉ 57319 Bad Berleburg-Laibach, ℘ (02751) 72 18, hotel-erholung-laibach@t-online.de, Fax (02751) 2866, ≤, 🍴, 🌳 – ↔ Zim, ⇔ 🅿.
geschl. 2. - 30. Nov. – **Menu** (geschl. Montag) à la carte 14/29 – **11 Zim** ⇌ 39/42 – 70/76 – ½ P 13.
 ♦ Das Haus - idyllisch von Wäldern umgeben - macht seinem Namen alle Ehre. Die Zimmer sind ländlich geprägt, teilweise mit bemalten Bauernmöbeln versehen. Es stehen die rustikale Gaststube und ein Restaurant mit Café-Charakter zur Auswahl.

BERLEBURG, BAD

In Bad Berleburg-Raumland Süd : 4 km über B 480 :

Raumland, Hinterstöppel 7, ⊠ 57319, ℘ (02751) 5 18 60, hotelraumland@aol.com, Fax (02751) 53254, 🍴 – 📺 🅿 AE ① ⓒ VISA. ✄ Zim
Menu *(geschl. Sonntagabend)* à la carte 17,50/28 – **8 Zim** ⊇ 35 – 70 – ½ P 11.
• Die familiäre Adresse erfüllt mit sympathischer Atmosphäre den Wunsch der Besucher nach einer einfachen Unterbringung mit viel Behaglichkeit. Das Restaurant empfängt Sie mit Gemütlichkeit im klassischen Stil.

In Bad Berleburg-Wingeshausen West : 14 km :

Weber 🅢 mit Zim, Inselweg 5, ⊠ 57319, ℘ (02759) 4 12, Fax (02759) 540, 🍴, 🚗 – 🅿 ⓒ. ✄ Zim
geschl. Aug. 2 Wochen, Anfang Jan. 1 Woche – **Menu** *(geschl. Montag - Dienstag)* à la carte 19/37 – **5 Zim** ⊇ 29/38 – 58/76 – ½ P 9.
• Der Tradition des Gasthofs entsprechend ist das Haus mit der urtümlichen Schieferfassade ländlich gehalten. Westfälische Spezialitäten und Saisonales bereichern die Karte.

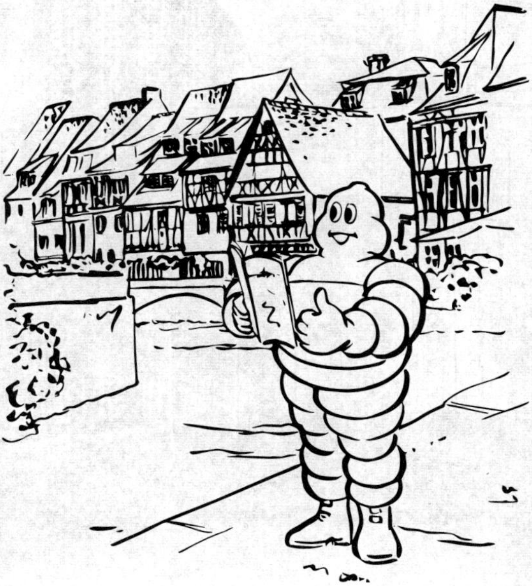

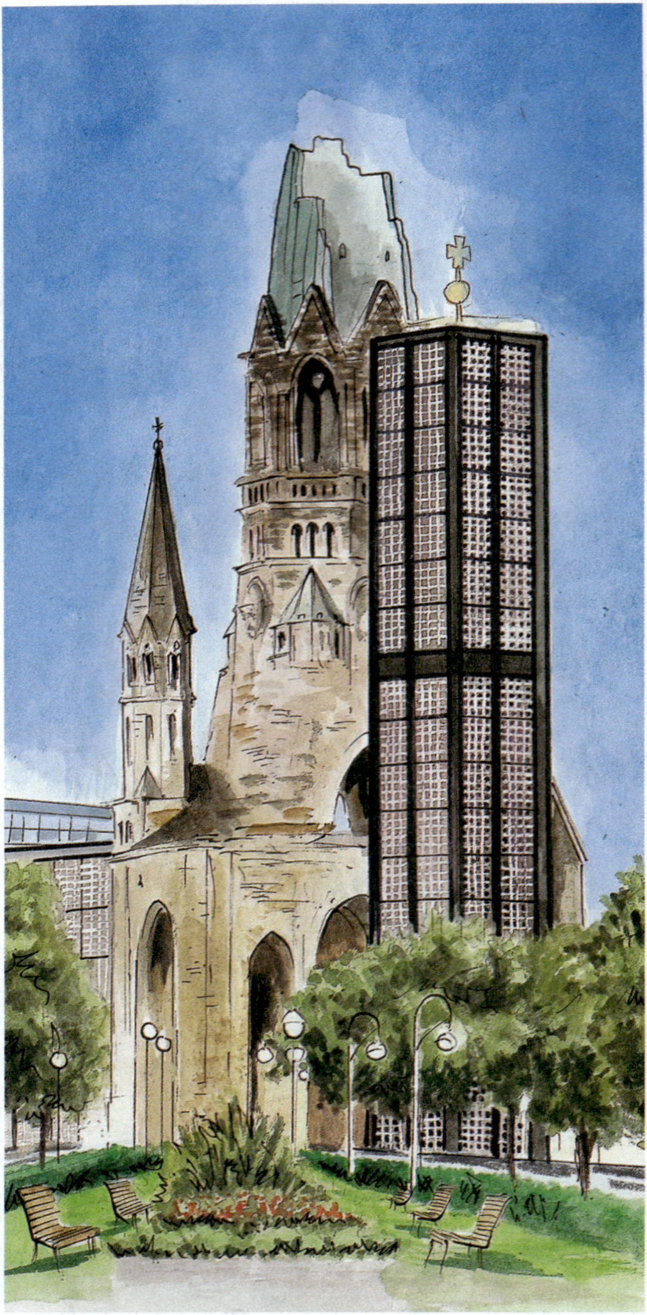

BERLIN

L Berlin 416 418 ㉓, ㉔ – Bundeshauptstadt – 3 400 000 Ew – Höhe 40 m

Frankfurt/Oder 105 ① – Hamburg 289 ⑧ – Hannover 288 ⑤ – Leipzig 183 ⑤ – Rostock 222 ⑧.

Hauptsehenswürdigkeiten	S. 2
Umgebungskarte	S. 3
Stadtplan Berlin :	
Berlin und Umgebung	S. 4 und 5
Zentrum	S. 6 und 7
Innenstadt West (Kurfürstendamm und Zoo)	S. 8 und 9
Innenstadt Ost (Unter den Linden)	S. 10 und 11
Straßenverzeichnis	S. 12 und 13
Alphabetisches Verzeichnis der Hotels und Restaurants	S. 14 und 15
Hotels und Restaurants	S. 16 bis 31

PRAKTISCHE HINWEISE

🛈 Berlin Tourismus Marketing – Information im Europa-Center (Budapester Straße) ✉ 10787, ☎ (030) 25 00 25, presse.pn@btm.de, Information im Brandenburger Tor (Seitenflügel)

ADAC, Berlin-Wilmersdorf, Bundesallee 29

🏌 🏌 Berlin-Wannsee, Golfweg 22 AV, ☎ (030) 8 06 70 60

🏌 🏌 Berlin-Gatow, Kladower Damm 182 AU, ☎ (030) 3 65 77 25

🏌 🏌 Gross Kienitz (Süd : 25 km über B96), ☎ (033708) 53 70

🏌 🏌 Börnicke, Am Kallin 1, (Nord-West : 32 km über ⑧), ☎ (033230) 89 40

🏌 Mahlow, Kiefernweg (Süd : 20 km über B96), ☎ (033379) 37 05 95

🏌 Großbeeren, Am Golfplatz 1 (Süd : 22 km über B1 und Teltow), ☎ (033701) 3 28 90

🏌 🏌 Wildenbach Großer Seddiner See (Süd-West : 37 km), ☎ (033205) 73 20

🏌 Stolpe, Am Golfplatz 1 (Nord-West : 20 km über ⑧), ☎ (03303) 54 92 14

✈ Berlin-Tegel EX, ☎ (0180) 5 00 01 86

✈ Berlin-Schönefeld (Süd : 25 km) ☎ (0180) 5 00 01 86

✈ Berlin-Tempelhof GZ, ☎ (0180) 5 00 01 86

Deutsche Lufthansa City Center, Kurfürstendamm 220, ☎ (030) 88 75 33 75

🚗 Berlin-Wannsee, Reichsbahnstraße

Messegelände am Funkturm BU ☎ (030) 3 03 80, Fax (030) 30382325

HAUPTSEHENSWÜRDIGKEITEN

Museen, Galerien, Sammlungen : *Museumsinsel*★★★ PY : *Alte Nationalgalerie*★★★ M¹ *(Werke von Caspar David Friedrich*★★★, *Werke von Adolph Menzel*★★★), *Pergamonmuseum*★★★ *(Antikensammlung*★★★ : *Pergamonaltar*★★★ ; *Vorderasiatisches Museum*★★ ; *Museum für Islamische Kunst*★★), *Altes Museum*★★ M³ *(Antikensammlung*★★ : *Hildesheimer Silberfund*★★★) – *Kulturforum*★★★ NZ : *Philharmonie* (T¹) *und Kammermusiksaal*★★★, *Musikinstrumenten-Museum*★ T¹, *Kunstgewerbemuseum*★★ M⁴ *(Welfenschatz*★★★, *Lüneburger Ratssilber*★★★), *Gemäldegalerie*★★★ M⁴⁰ *(Altäre von Rogier van der Weyden*★★★), *Kupferstichkabinett - Sammlung der Zeichnungen und Druckgraphik*★ M⁴⁰, *Neue Nationalgalerie*★★ M⁵, *Staatsbibliothek Preußischer Kulturbesitz*★ – *Museen Dahlem - Kunst und Kulturen der Welt* BV : *Ethnologisches Museum*★★★ *(Abteilung Amerikanische Archäologie*★★★ : *Steinplastiken von Bilbao*★★★, *Goldkammer*★★★), *Museum für Indische Kunst*★★, *Museum für Ostasiatische Kunst*★, *Museum Europäischer Kulturen*★ – *Schloss Charlottenburg*★★ EY : *Altes Schloss*★★, *Neuer Flügel*★★ *(Ladenschild des Kunsthändlers Gersaint*★★★, *Einschiffung nach Kythera*★★★), *Museum für Vor- und Frühgeschichte*★, *Schloßgarten*★★ *(Neuer Pavillon*★, *Belvedere*★, *Mausoleum*★) – *Ägyptisches Museum und Papyrussammlung*★★★ EY M⁶ *(Nofretete*★★★, *Amarna-Funde*★★★) – *Sammlung Berggruen-Picasso und seine Zeit*★★ EY M¹³ – *Hamburger Bahnhof-Museum für Gegenwart*★★ NX – *Deutsches Technikmuseum Berlin*★★ GZ M⁸ – *Jüdisches Museum*★★ GZ M – *Museum für Naturkunde*★★ NX – *Märkisches Museum/Stadtmuseum Berlin*★ RZ – *Bröhan-Museum*★ EY M¹³ – *Museum für Kommunikation Berlin*★ PZ M⁷ – *Friedrichswerdersche Kirche*★ PZ – *Käthe-Kollwitz-Museum*★ LY M⁹ – *Brücke-Museum*★ BV M³⁶ – *Bauhaus-Archiv-Museum für Gestaltung*★ MX – *Filmmuseum (im Sony Center)*★ NZ – *Botanisches Museum*★ BV

Parks, Gärten, Seen : *Zoologischer Garten*★★★ MX – *Tiergarten*★★ MX : *Siegessäule*★ *(Aussicht*★★) – *Grunewald*★★ AUV : *Jagdschloß Grunewald*★ M²⁸ – *Pfaueninsel*★★ AV : *Park*★★, *Lustschloß*★ – *Wannsee*★★ AV – *Großer Müggelsee*★★ östlich DV – *Botanischer Garten*★★ BV B¹ – *Viktoria-Park*★ GZ

Gebäude, Straßen, Plätze : *Potsdamer Platz*★★ NZ : *Quartier DaimlerChrysler*★, *Sony Center*★★ *(Dachkonstruktion*★★★) – *Martin-Gropius-Bau*★★ NZ – *Band des Bundes*★★ NY : *Bundeskanzleramt*★★ – *Reichstag*★★ NY *(Panorama-Plattform*★★) – *Brandenburger Tor*★★ NZ – *Gendarmenmarkt*★★ PZ : *Schauspielhaus*★★, *Französischer Dom*★ *(Ausblick*★★), *Deutscher Dom*★ – *Unter den Linden*★★ NPZ : *Hauptverwaltung der DZ-Bank*★★, *Staatsbibliothek-Preußischer Kulturbesitz*★, *Reiterdenkmal Friedrichs II.*★, *Forum Fridericianum*★★ *(Staatsoper Unter den Linden*★, *Alte Bibliothek*★, *Sankt-Hedwigs-Kathedrale*★), *Neue Wache*★, *Zeughaus*★★, *Kronprinzenpalais*★ – *Schloßbrücke*★ PYZ – *Berliner Dom*★ PY – *Alexanderplatz*★ RY – *Fernsehturm*★ *(Aussicht*★★★), *Rotes Rathaus*★ – *Nikolaiviertel*★ RYZ : *Nikolaikirche*★, *Knoblauchhaus*★, *Ephraim-Palais*★ – *Kurfürstendamm*★★ LXY : *Kaiser-Wilhelm-Gedächtniskirche*★★ – *KaDeWe*★ MY – *Funkturm*★ *(Aussicht*★★★) EY – *Olympiastadion*★ AU – *Zitadelle Spandau*★ AU – *St.-Nikolai-Kirche Spandau*★ AU

BERLIN S. 3

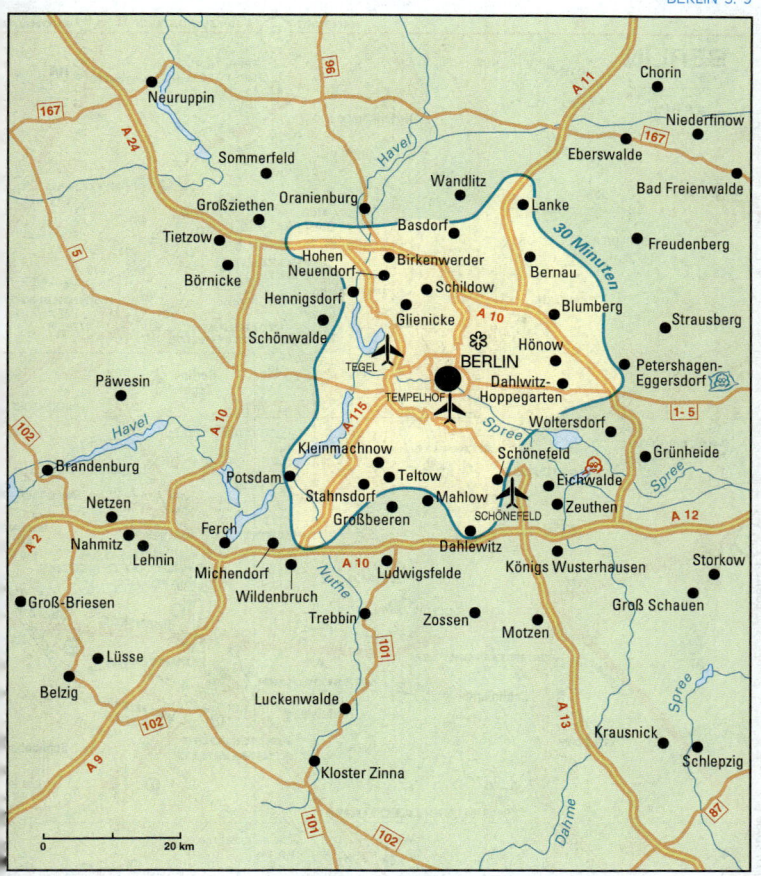

Besonders angenehme Hotels oder Restaurants
sind im Führer rot gekennzeichnet.
Sie können uns helfen, wenn Sie uns die Häuser angeben,
in denen Sie sich besonders wohl gefühlt haben.
Jährlich erscheint eine komplett überarbeitete Ausgabe
aller Roten Michelin-Führer.

BERLIN
0
2 km
S-Bahn
A
B
T
U
V
HAMBURG
A 10-E55: ROSTOCK
FROHNAU
HAMBURG LÜBECK
POTSDAM
SACROW
POTSDAM
HALLE
LEIPZIG
DRESDEN
NIEDER-NEUENDORF
SIEDLUNG SCHÖNWALDE
BERLINER
FORST
SPANDAU
Schönwalder
Allee
Alt-Heiligensee
Heiligensee-straße
HAVEL
Sandhauser Str.
Ruppiner Chaussee
Dorfstr.
KONRADSHÖHE
Villa Borsig
436
TEGELER SEE
TEGELORT
BERLINER FORST TEGEL
HERMSDORF
Oranienburger
Waidmannsluster Damm
WITTENAU
446
431
Holzhauser Str.
430
REINICKENDORF
467
477
Seidelstr.
Straße
WOLKSPARK JUNGFERNHEIDE
Müller
Berlin-Tegel
AB. KR. REINICKENDORF
Schönwalder Str.
Niederneuendorfer Allee
488
Bernauer
Falkenseer Chaussee
410
GARTENSTADT STAAKEN
497
SPANDAU
ZITADELLE
Gartenfelder Str.
464
S1
WESTHAFEN
A 100
409
Spree
425
WERNERWERK
Brunsbütteler Damm
455
Heerstr.
Wilhelm-str.
OLYMPIA-STADION
Spandauer Damm
SCHLOSS CHARLOTTENBURG
MOABIT
Bismarckstr.
Straße
487
WEINMEISTERHORN
412
MESSEGELÄNDE
FUNKTURM
Schildhorn
120
Teufelsberg
AVUS
KURFÜRSTENDAMM
Chaussee
Potsdamer
Gatower
GATOW
Havel-chaussee
BERLINER
FORST
WILMERSDORF
GRUNEWALD
Schöneberg
Hohenzollerndamm
A 100
GRUNEWALDTURM
GRUNEWALD
Ritterfelddamm
Kladower Damm
Lindwerder
Koenigsallee
Grunewaldsee
469
482
479
Onkel-Tom-Str.
Hüttenweg
448
481
Bergstr.
DAHLEM
Krumme Lanke
A 115 - E 51
Havelchaussee
KLADOW
SCHWANEN-WERDER
HAVEL
Argentinische Allee
490
421
STEGLITZ
PFAUEN-INSEL
Schlachtensee
ONKEL-TOMS-HÜTTE
Clayallee
440
427
Drakestr.
Berliner Str.
451
473
MEXIKOPL.
NIKOLASSEE
Zehlendorf
LICHTERFELDE
Kaiser-Wilhelm
407
Großer Wannsee
WANNSEE
BERLINER
103
Chaussee
452
454
Teltower Damm
Dahlemer Weg
Goerzallee
Ostpreußendamm
439
Königstraße
Potsdamer
478
Osdorfer Str.
Lilienthalpark
FORST
DÜPPEL
KLEINMACHNOW
TELTOW
A115-E51

BERLIN S. 5

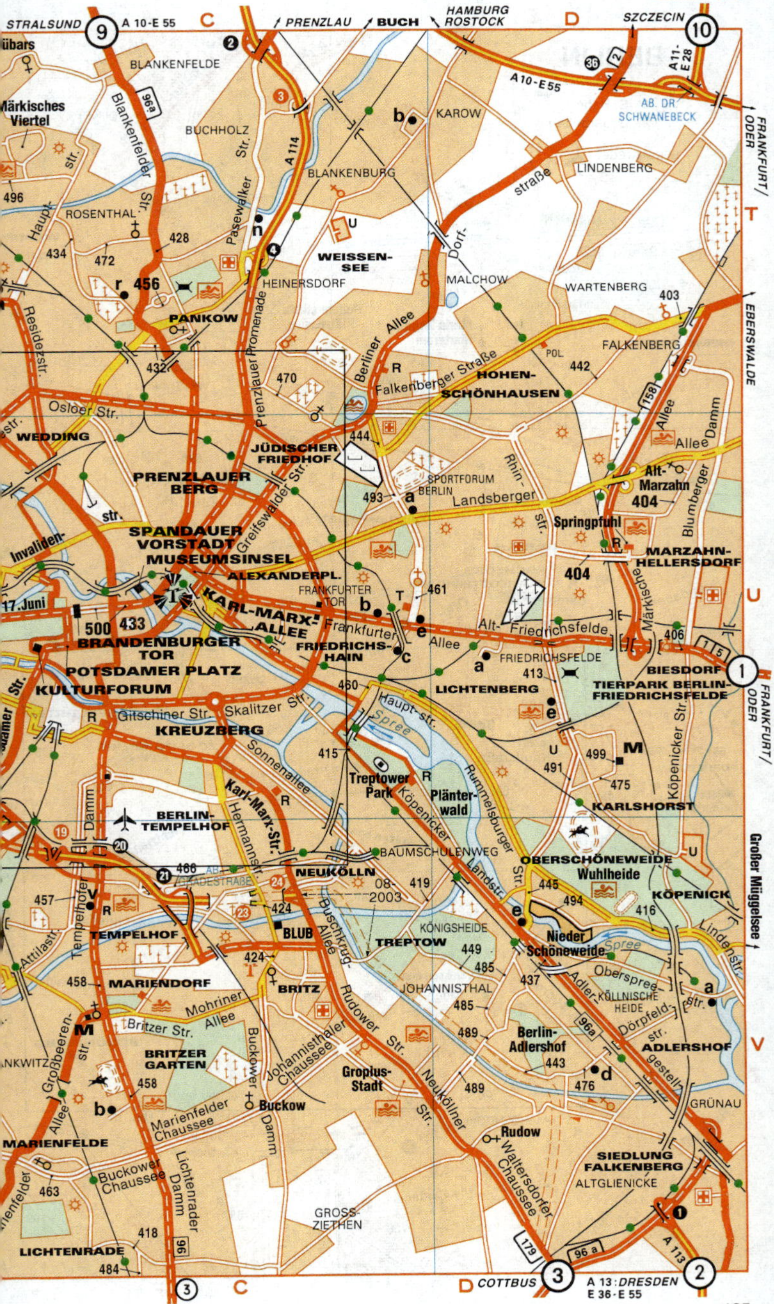
STRALSUND
9
A 10-E 55
C
PRENZLAU
BUCH
HAMBURG
ROSTOCK
D
SZCZECIN
10
A11-E 28
Lübars
BLANKENFELDE
Märkisches Viertel
A 10-E 55
AB. DR. SCHWANEBECK
KAROW
BUCHHOLZ
A 114
BLANKENBURG
LINDENBERG
FRANKFURT/ODER
Blankenfelder Str.
Pasewalker Str.
ROSENTHAL
Haupt-str.
WEISSEN-SEE
Dorf-straße
MALCHOW
WARTENBERG
HEINERSDORF
PANKOW
Residenzstr.
Prenzlauer Promenade
Berliner Allee
FALKENBERG
EBERSWALDE
Falkenberger Straße
HOHEN-SCHÖNHAUSEN
Osloer Str.
WEDDING
JÜDISCHER FRIEDHOF
Alt-Marzahn
Allee
Blumberger Damm
PRENZLAUER BERG
SPORTFORUM BERLIN
Landsberger
Rhin-str.
Springpfuhl
Invaliden-str.
SPANDAUER VORSTADT
MUSEUMSINSEL
Greifswalder Str.
ALEXANDERPL.
MARZAHN-HELLERSDORF
17.Juni
KARL-MARX-ALLEE
FRANKFURTER TOR
Frankfurter Allee
Alt-Friedrichsfelde
Märkische
BRANDENBURGER TOR
FRIEDRICHS-HAIN
FRIEDRICHSFELDE
BIESDORF
POTSDAMER PLATZ
LICHTENBERG
TIERPARK BERLIN-FRIEDRICHSFELDE
KULTURFORUM
Gitschiner Str.
Skalitzer Str.
Haupt-str.
KREUZBERG
Spree
Sonnenallee
Treptower Park
Plänterwald
Rummelsburger Landstr.
Köpenicker Str.
Karl-Marx-Str.
Hermannstr.
BERLIN-TEMPELHOF
Damm
KARLSHORST
Großer Müggelsee
BAUMSCHULENWEG
OBERSCHÖNEWEIDE
Wuhlheide
NEUKÖLLN
AB. GRADESTRASSE
08-2003
KÖPENICK
Tempelhofer
TEMPELHOF
BLUB
Buschkrug-Allee
KÖNIGSHEIDE
TREPTOW
Nieder Schöneweide
Lindenstr.
MARIENDORF
BRITZ
JOHANNISTHAL
Oberspree-str.
KÖLLNISCHE HEIDE
Mohriner Allee
Britzer Str.
Rudower Str.
Adler-gestell
Dörpfeld-str.
BRITZER GARTEN
Johannisthaler Chaussee
Berlin-Adlershof
ADLERSHOF
Großbeeren-str.
Buckower Damm
Gropius-Stadt
Neuköllner Str.
Buckow
GRÜNAU
Marienfelder Chaussee
MARIENFELDE
Rudow
Waltersdorfer Chaussee
SIEDLUNG FALKENBERG
Buckower Chaussee
Lichtenrader Damm
ALTGLIENICKE
GROSS-ZIETHEN
LICHTENRADE
3
C
D
COTTBUS
3
A 13: DRESDEN
E 36-E 55
2
A 113
1
T
U
V

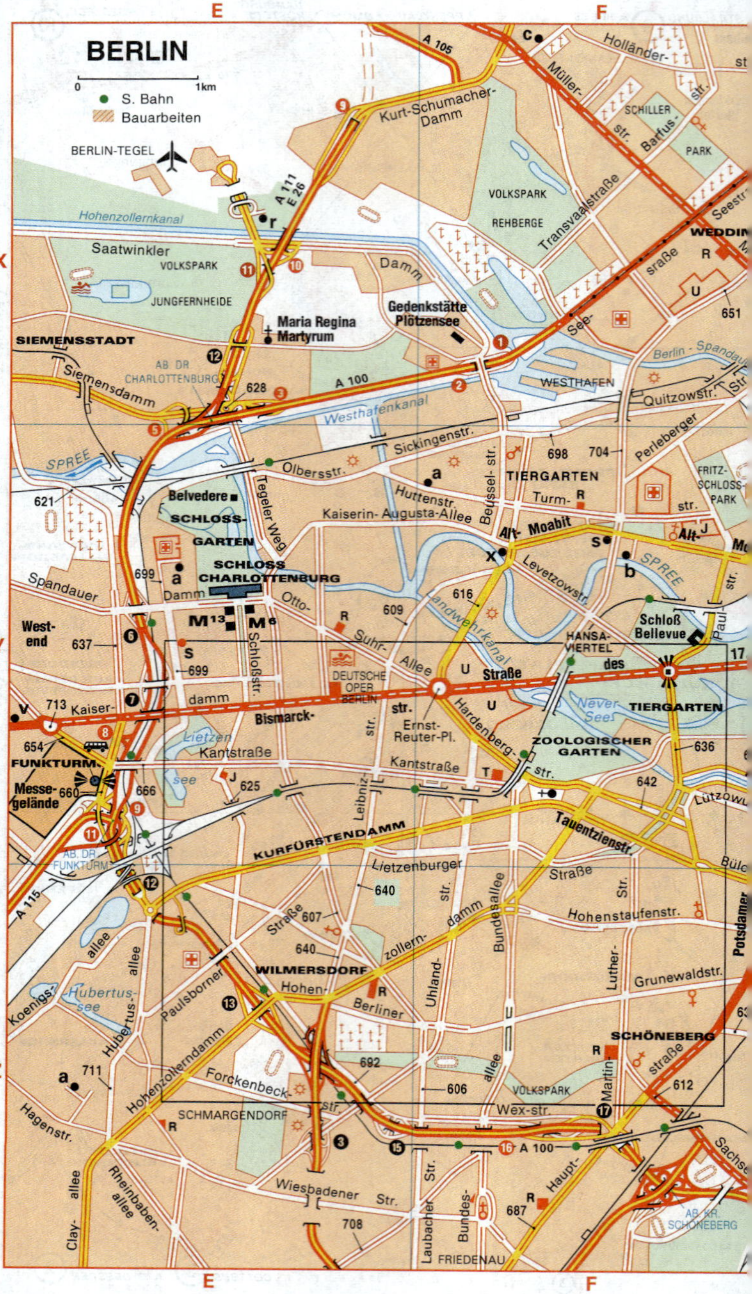
BERLIN
0 1km
S. Bahn
Bauarbeiten
BERLIN-TEGEL
E
F
X
Y
Z
Hohenzollernkanal
Saatwinkler
VOLKSPARK
JUNGFERNHEIDE
SIEMENSSTADT
Siemensdamm
AB. DR. CHARLOTTENBURG
A 105
A 111 E 26
A 100
A 115
Kurt-Schumacher-Damm
Müller-
Holländer-
SCHILLER PARK
Barfus-
VOLKSPARK
REHBERGE
Transvaalstraße
WEDDING
Seestr.
Gedenkstätte Plötzensee
Maria Regina Martyrum
WESTHAFEN
Westhafenkanal
Berlin - Spandau
Quitzowstr.
Perleberger
FRITZ-SCHLOSS-PARK
SPREE
Olbersstr.
Sickingenstr.
Huttenstr.
Kaiserin-Augusta-Allee
Beussel-str.
TIERGARTEN
Turm-str.
Alt-Moabit
Levetzowstr.
Belvedere
SCHLOSS-GARTEN
SCHLOSS CHARLOTTENBURG
Tegeler Weg
Spandauer Damm
Otto-Suhr-Allee
Westend
Schloßstr.
Kaiserdamm
Bismarck-str.
DEUTSCHE OPER BERLIN
Ernst-Reuter-Pl.
Straße des
HANSA-VIERTEL
Schloß Bellevue
TIERGARTEN
Neuer See
Landwehrkanal
Hardenberg-str.
ZOOLOGISCHER GARTEN
FUNKTURM
Messe-gelände
Lietzensee
Kantstraße
Leibniz-str.
KURFÜRSTENDAMM
AB. DR. FUNKTURM
Tauentzienstr.
Lützowpl.
Lietzenburger Straße
Hohenstaufenstr.
Hohenzollerndamm
WILMERSDORF
Uhland-str.
Bundesallee
Berliner
Luther-Str.
Grunewaldstr.
Potsdamer
Koenigsallee
Hubertussee
Hubertusallee
Paulsborner
SCHÖNEBERG
Martin-Luther-Str.
VOLKSPARK
Wex-str.
Forckenbeck-str.
SCHMARGENDORF
Hagenstr.
Rheinbabenallee
Clayallee
Wiesbadener Str.
Laubacher Str.
Bundesallee
FRIEDENAU
Haupt-str.
AB. KR. SCHÖNEBERG
Sachsendamm

BERLIN S. 7

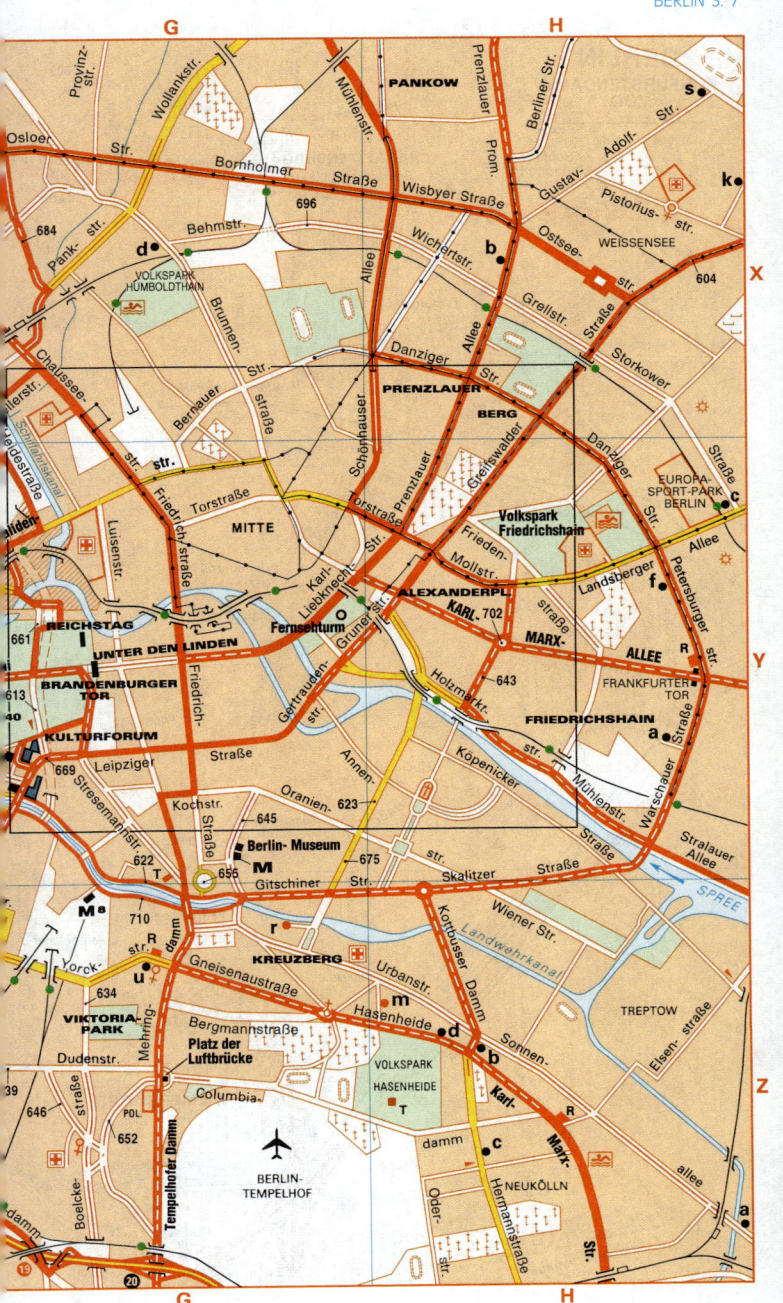

BERLIN
KURFÜRSTENDAMM
ZOO
0
400 m
S.Bahn
J
K
X
Y
Z
Zillestraße
Kaiser-
R.-Wagner-
Zillestraße
Otto-
Fraunhofer
609
Suhr-
Leibnizstr.
CHARLOTTENBURG
DEUTSCHE OPER BERLIN
Deutsche Oper
Bismarckstraße
Bismarckstr.
Sophie-Charlotte-Pl.
Schloßstr.
Kaiserdamm
POL.
Sophie-Ch.-Pl.
Bismarck-
SCHILLER-THEATER
Schillerstr.
Schillerstr.
Friedrich-
Wilmersdorfer
Straße
Wundt-
LIETZENSEE PARK
Lietzen
see
Suarezstr.
Windscheidstraße
Pestalozzistr.
Pestalozzistr.
Krumme
Schlüterstr.
Neue
Kantstraße
Kantstraße
Kantstraße
Amtsgerichts-platz
Leonhardtstr.
705
Straße
Wilmersdorfer Str
SAVIGNYPL.
625
Suarezstr.
Rönne-
straße
CHARLOTTENBURG
Mommsenstr.
Mommsen-
Bleibtreu-
Holtzendorff-platz
Gervinusstr.
Dahlmannstr.
Lewishamstr.
Droysenstr.
Damaschke-
Heilbronner Str.
Adenauerpl.
Adenauerpl.
Lietzenburger
Xantener Str.
Straß
Georg-Wilhelm-Straße
KURFÜRSTENDAMM
Brandenburgische
Pariser Str.
Straße
600
667
POL
HALENSEE
Westfälische
Friedrich-
Nestorstraße
Düsseldorfer
Hochmeister-platz
Joachim-
Paulsborner
Eisenzahnstraße
Konstanzer Str.
PREUSSEN PARK
Württembergische
Sächsische
Emser
BAB
Grieser Pl.
Stadtring
Seesener Straße
Fehrbelliner Platz
Fehrbelliner Pl.
Hohenzollerndamm
Konstanzer
Brandenburgische Str.
Sigmaringer
HOHENZOLLERNDAMM
damm
Hohenzollerndamm
Paulsborner
Cunostr.
Hohenzollern-
Rudolstädter
BAB Abzweig
Berliner Straße
Bar-
Blissestr.
Viktoria-
POL
WILMERSDORF
A 100
EISSTADION
STADION
AB. KR. WILMERSDORF
VOLKSPARK
Auguste-
Cunostraße
Heidelbgr. Pl.
Mecklenburgische Straße
Forckenbeckstraße
Steglitz
HEIDELBERGER PL.

L
M
X
Y
Z
TIERGARTEN
ZOOLOGISCHER
GARTEN
TIERGARTEN
Siegessäule
17. Juni
Großer Stern
Altonaer Straße
Spreeweg
Straße des 17. Juni
Hofjägerallee
Landwehrkanal
TECHNISCHE UNIVERSITÄT
CHARLOTTENBURGER TOR
Einsteinufer
Marchstr.
Bach-str.
Hardenberg-straße
Fasanenstr.
Stein-pl.
Zoolog. Gtn.
THEATER DES WESTENS
Kantstraße
Kaiser-Wilhelm-Gedächtniskirche
Europa Center
Aquarium
Budapester Str.
Tiergarten-str.
Stülerstr.
Klingelhöferstr.
BAUHAUS ARCHIV
Lützowplatz
Kurfürsten-damm
KURFÜRSTENDAMM
Kurfürstenstr.
Uhlandstr.
Grolman-str.
Joachimstaler Str.
Augsburger Str.
Nürnberger Str.
Passauer Str.
Wittenbergpl.
Lietzenburger Str.
Kleiststraße
Einemstraße
Nollendorfpl.
Fugger-str.
Schaper-str.
BUNDESHAUS
Spichernstraße
Meierottostr.
Pariser Str.
Fasanen-str.
Spichernstr.
Ansbacher Str.
Welserstr.
Motzstraße
Geisbergstraße
Viktoria-Luise-Pl.
Maaßenstr.
Winterfeldt-platz
Nachodstr.
Motzstr.
Hohenzollernpl.
Bundesallee
Bamberger Str.
Landshuter Str.
Münchener Str.
Hohenstaufenstr.
Aschaffenburger Str.
Barbarossa-straße
Eisenacher Str.
Goltzstraße
Güntzelstr.
Güntzelstraße
ADAC
Nassauische Str.
Prinzregentenstraße
Bayerischer Platz
Bayerischer Pl.
Grunewaldstraße
Luther-str.
Salzburger Str.
SCHÖNEBERG
Akazienstr.
Berliner Straße
Berliner Str.
Badensche Straße
Innsbrucker Straße
Kufsteiner Str.
Meraner Str.
Belziger Straße
Hauptstraße
Albertstr.
VOLKSPARK
Am Volkspark
WILMERSDORF
Freiherr-vom-Stein-Str.
Fritz-Elsas-Str.
Rathaus Schöneberg
Martin-Luther-Str.
Dominicusstr.
Eberstraße
Heylstr.
Ludwigkirch-platz
Lützowpl.
707
630
657
676
648
717
673
633
603
693
POL

BERLIN
UNTER DEN LINDEN

0 — 500 m

- S-bahn
- Bauarbeiten

WEDDING

Bernauer Str.

Schwartzkopffstr.

MUSEUM FÜR NATURKUNDE

HAMBURGER BAHNHOF

NORDBAHNHOF

Zinnowitzer str.

Invalidenstr.

MITTE

Torstraße

CHARITÉ

KAMMERSPIELE

DEUTSCHES THEATER

Oranienburger Tor

ORANIENBURGER STR.

ORANIENBURGER

MONBIJOU-PARK

LEHRTER STADTBAHNHOF

Otto-von-Bismarck-Allee

BERLINER ENSEMBLE

PERGAMON-MUSEUM

BUNDES-KANZLER AMT

PAUL-LÖBE-HAUS

M-E LÜDERS HAUS

BM UMWELT

SPREE

Friedrichstr.

Haus der Kulturen der Welt

Platz der Republik

JAKOB-KAISER-HAUS

Neue Wache

DOM

REICHSTAG

Pariser Pl.

ZEUGHAUS

Straße des 17. Juni

BRANDENBURGER TOR

UNTER DEN LINDEN

STAATSOPER

St. Hedwig

Friedr.-Werdersch

TIERGARTEN

Französ. Str.

GENDARMEN-MARKT

Wilhelmstr.

Hausvogteipl.

Stadtmitte

Mohrenstr.

Lennéstr.

KAMMERMUSIKSAAL

Potsdamer Platz

Leipziger Platz

SONY

INFOBOX

Leipziger Straße

POTSDAMER PLATZ

ABGEORDNETENHAUS

Stresemannstr.

Spielbank Berlin

Musical Theater

MARTIN-GROPIUS-BAU

Kochstr.

STAATSBIBLIOTHEK PREUSSISCHER KULTURBESITZ

Askanischer Platz

ANHALTER BAHNHOF

KREUZBERG

BERLIN S. 11

ERNST-THALMANN-PARK
PRENZLAUER BERG
Danziger Str.
Greifswalder Str.
Schwedter Allee
Kastanien Allee
Schönhauser Allee
Senefelderpl.
627
Torstraße
Rosenthaler Pl.
Chorinner Straße
R.-Luxemburg-Pl.
Weinmeisterstr.
690
689
718
664
658
Torstraße
Prenzlauer Allee
Greifswalder Straße
Am Friedrichshain
MÄRCHENBRUNNEN
Volkspark Friedrichshain
Mollstraße
Otto-Braun-Str.
Landsberger Allee
S-BAHN
ALEXANDER-PLATZ
Pl. der Vereinten Nationen
Marienkirche
Karl-
Fernsehturm
KONGRESS HALLE
Schillingstr.
Marx-
Spandauer Str.
Gruner Str.
Alexanderstr.
Strausberger Platz
Lichtenberger Str.
Allee
678
NIKOLAI-VIERTEL
Klosterstr.
Jannowitzbrücke
Stralauer Str.
FRIEDRICHS-HAIN
663
STADTBIBLIOTHEK
JANNOWITZBRÜCKE
Andreas-str.
MÄRKISCHES MUSEUM
615
Brückenstr.
Märk. Mus.
SPREE
Holzmarkt-
OSTBAHNHOF
Spittelmarkt
H.-Heine-Straße
Michaelkirchstr.
Köpenicker Str.
Annen-str.
Heine-
WALDECK-PARK
Oranienstr.
Engeldamm
Heinrich-
Moritzplatz

191

BERLIN S. 12 — STRASSENVERZEICHN[IS]

Straße	Seite	Feld
Ackerstraße	S. 10	PX
Adenauerplatz	S. 8	JY
Adlergestell	S. 5	DV
Ahrensfelder Ch.	S. 5	DT 403
Akazienstraße	S. 9	MZ
Albertstraße	S. 9	MZ
Albrecht-Achilles-Straße	S. 8	JY 600
Alexanderplatz	S. 11	RY
Alexanderstraße	S. 11	SY
Allee der Kosmonauten	S. 5	DU 404
Alt-Biesdorf	S. 5	DU 406
Alt-Friedrichsfelde	S. 5	DU
Alt-Moabit	S. 6	FY
Altonaer Straße	S. 9	MX
Am Friedrichshain	S. 11	SX
Am Großen Wannsee	S. 4	AV 407
Am Juliusturm	S. 4	AV 409
Am Kiestech	S. 4	AU 410
Am Rupenhorn	S. 4	AU 412
Am Tierpark	S. 5	DU 413
Am Treptower Park	S. 5	CU 415
Am Volkspark	S. 9	LZ
Amtsgerichtsplatz	S. 8	JX
An der Urania	S. 9	MY 603
An der Wuhlheide	S. 5	DV 416
Andreasstraße	S. 11	SZ
Annenstraße	S. 11	RZ
Ansbacher Straße	S. 9	MY
Argentinische Allee	S. 4	AV
Aroser Allee	S. 5	CT
Aschaffenburger Straße	S. 9	MZ
Askanischer Platz	S. 10	NZ
Attilastraße	S. 5	CV
Augsburger Straße	S. 9	LY
Auguste-Viktoria-Str.	S. 8	JZ
Bachstraße	S. 9	MX
Badensche Straße	S. 9	LZ
Bamberger Straße	S. 9	MY
Barbarossastraße	S. 9	MZ
Barfusstraße	S. 6	FX
Barnetstraße	S. 5	CV 418
Barstraße	S. 8	KZ
Baumschlulenstraße	S. 5	CV 419
Bayerischer Platz	S. 9	MZ
Behmstraße	S. 7	GX
Belziger Straße	S. 9	MZ
Bergmannstraße	S. 7	GZ
Bergstraße	S. 4	BV
Berliner Allee	S. 7	HX 604
Berliner Straße	S. 9	LZ
Berliner Straße (PANKOW)	S. 7	HX
Berliner Straße (ZEHLENDORF)	S. 4	BV
Bernauer Str. (TEGEL)	S. 4	BT
Bernauer Straße (WEDDING)	S. 10	PX
Beusselstraße	S. 6	FX
Birkbuschstraße	S. 4	BV 421
Bismarckstraße	S. 8	JX
Blankenfelder Straße	S. 5	CT
Bleibtreustraße	S. 8	KX
Blissestraße	S. 9	FZ 606
Blumberger Damm	S. 5	DU
Boelckestraße	S. 7	GZ
Bornholmer Straße	S. 7	GX
Brandenburgische Straße	S. 6	EZ 607
Breite Straße	S. 11	RZ
Britzer Damm	S. 5	CV 424
Britzer Straße	S. 5	CV
Brückenstraße	S. 11	RZ
Brunnenstraße	S. 10	PX
Brunsbütteler Damm	S. 4	AU
Buckower Chaussee	S. 5	CV
Buckower Damm	S. 5	CV
Budapester Straße	S. 9	MX
Bülowstraße	S. 6	FZ
Bundesallee	S. 9	LY
Buschkrugallee	S. 5	CV
Cauerstraße	S. 8	KX 609
Charlottenburger Ch.	S. 4	AU 425
Charlottenstraße	S. 10	PZ 610
Chausseestraße	S. 10	NX
Choriner Str.	S. 11	RX
Clayallee	S. 6	EZ
Columbiadamm	S. 7	GZ
Cunostraße	S. 8	JZ
Curtiusstraße	S. 4	BV 427
Dahlemer Weg	S. 4	BV
Dahlmannstraße	S. 8	JY
Damaschkestraße	S. 8	JY
Danziger Str.	S. 11	RSX
Dietzgenstraße	S. 5	CT 428
Dominicusstraße	S. 6	FZ 612
Dorfstraße (NIEDER NEUENDORF)	S. 4	AT
Dorfstraße (MALCHOW)	S. 5	DT
Dörpfeldstraße	S. 5	DV
Drakestraße	S. 4	BV
Droysenstraße	S. 8	JY
Dudenstraße	S. 7	GZ
Düsseldorfer Straße	S. 8	KY
Eichborndamm	S. 4	BT 430
Einemstraße	S. 9	MY
Einsteinufer	S. 9	LX
Eisenacher Straße	S. 9	MZ
Eisenhutweg	S. 5	DV 443
Eisenzahnstraße	S. 8	JY
Elsenstraße	S. 7	HZ
Emser Platz	S. 8	KZ
Emser Straße	S. 8	KY
Engeldamm	S. 11	SZ
Entlastungsstraße	S. 7	GY 613
Ernst-Reuter-Platz	S. 9	LX
Falkenberger Straße	S. 5	CT
Falkenseer Ch.	S. 4	AT
Fasanenstraße	S. 9	LX
Fehrbelliner Platz	S. 8	KZ
Fehrbelliner Straße	S. 11	RX
Fischerinsel	S. 11	RZ 615
Florastraße	S. 5	CT 433
Forckenbeckstraße	S. 8	JZ
Frankfurter Allee	S. 5	CU
Franklinstraße	S. 6	FY 616
Französische Straße	S. 10	PZ 610
Fraunhoferstraße	S. 8	KX
Freiherr-vom-Stein-Straße	S. 9	MZ
Friedenstr.	S. 11	SY
Friedrichstraße	S. 10	PY
Fritz-Elsas-Straße	S. 9	MZ
Fürstenbrunner Weg	S. 6	EY 621
Fuggerstraße	S. 9	MY
Gartenfelder Straße	S. 4	AU
Gartenstr.	S. 10	NX
Gatower Straße	S. 4	AU
Geisbergstraße	S. 9	MY
Gendarmenmarkt	S. 10	PZ
Georg-Wilhelm-Str.	S. 8	JY
Germanenstraße	S. 5	CT 434
Gertraudenstraße	S. 11	RZ
Gervinusstraße	S. 8	JX
Gitschiner Straße	S. 7	GZ
Gneisenaustraße	S. 7	GZ
Goerzallee	S. 4	BV
Goltzstraße	S. 9	MZ
Greenwich promenade	S. 4	BT 436
Greifswalder Straße	S. 11	SX
Grellstraße	S. 7	HX
Grieser Platz	S. 8	JZ
Grolmanstraße	S. 9	LX
Großbeerenstraße	S. 5	CV
Großer Stern	S. 9	MX
Grünauer Straße	S. 5	DV 437
Grunerstraße	S. 11	RY
Grunewaldstraße	S. 9	MZ
Güntzelstraße	S. 9	LZ
Gustav-Adolf-Straße	S. 7	HX
Hallesches Ufer	S. 7	GY 622
Hagenstraße	S. 6	EZ 609
Hardenbergstraße	S. 9	LX 42[?]
Hasenheide	S. 7	HZ 6[?]
Hauptstraße (LICHTENBERG)	S. 5	CU
Hauptstraße (ROSENTHAL)	S. 5	CT
Hauptstraße (SCHÖNEBERG)	S. 9	MZ
Havelchaussee	S. 4	AU
Heerstraße	S. 4	AU
Heidestraße	S. 10	NX
Heilbronner Straße	S. 8	JY
Heiligenseestraße	S. 4	AT
Heinrich-Heine-Str.	S. 7	HY 62[?]
Herbert-von-Karajan-Straße	S. 10	NZ 62[?]
Hermannstraße	S. 7	HZ
Hildburghauser Str.	S. 4	BV 43[?]
Hindenburgdamm	S. 4	BV 44[?]
Hochmeisterplatz	S. 8	JY
Hofjagerallee	S. 9	MX
Hohenschönhauser Straße	S. 5	DT 44[?]
Hohenstaufenstraße	S. 9	MY
Hohenzollerndamm	S. 8	KZ
Holtzendorffplatz	S. 8	JY
Holtzendorffstraße	S. 6	EY 62[?]
Holzhauser Straße	S. 4	BT
Holzmarktstraße	S. 11	SZ
Hubertusallee	S. 6	EZ
Huttenstraße	S. 6	FY
Hüttenweg	S. 4	BV
Immanuelkirchstraße	S. 11	SX 62[?]
Indira Gandhi Str.	S. 5	CU 44[?]
Innsbrucker Straße	S. 9	MZ
Invalidenstraße	S. 10	NY
Jacob-Kaiser-Platz	S. 6	EX 62[?]
Joachim-Friedrich-Str.	S. 8	JY
Joachimstaler Platz	S. 9	LX 63[?]
Joachimstaler Str.	S. 9	LY
Johannisthaler Ch.	S. 5	CV
John-F.-Kennedy-Platz	S. 9	MZ 63[?]
Kaiserdamm	S. 8	JX
Kaiser-Friedrich-Straße	S. 8	JX
Kaiserin-Augusta-Allee	S. 6	EY
Kaiser-Wilhelm-Straße	S. 4	BV
Kantstraße	S. 8	JX
Karl-Liebknecht-Str.	S. 11	RY
Karl-Marx-Allee	S. 11	RY
Karl-Marx-Straße	S. 7	HZ
Karlshorster Straße	S. 5	DV 44[?]
Karolinenstraße	S. 4	BT 44[?]
Kastanienallee	S. 11	RX
Katzbachstraße	S. 7	GZ 63[?]
Kladower Damm	S. 4	AV
Kleiststraße	S. 9	MY
Klingelhöferstraße	S. 6	FY 63[?]
Knaackstraße	S. 11	RX
Knesebeckstraße	S. 9	LX
Kochstraße	S. 10	PZ
Königin-Elisabeth-Straße	S. 6	EY 63[?]
Königin-Luise-Straße	S. 4	BV 44[?]
Koenigsallee	S. 6	EZ
Königsheideweg	S. 5	DV 44[?]
Königstraße	S. 4	AV
Köpenicker Landstr.	S. 5	CU
Köpenicker Straße (BIESDORF)	S. 5	DU
Köpenicker Straße (MITTE)	S. 11	SZ
Kolonnenstraße	S. 6	FZ 639
Konstanzer Str.	S. 6	EZ 640
Kottbusser Damm	S. 8	HZ
Kronprinzessinnenweg	S. 4	AV 451
Krumme Straße	S. 8	JX
Kufsteiner Straße	S. 9	MZ
Kurfürstendamm	S. 8	JY
Kurfürstenstraße	S. 6	FY 642
Kurt-Schumacher-Damm	S. 6	FX
Landsberger Allee	S. 11	SY
Landshuter Straße	S. 9	MY

TRASSENVERZEICHNIS

BERLIN S. 13

Straße	Seite	Feld	Nr.
aubacher Straße	S. 6	FZ	
eibnizstraße	S. 8	KX	
eipziger Pl. und Str.	S. 10	NZ	
ennestr.	S. 10	NZ	
eonhardtstraße	S. 8	JX	
evetzowstraße	S. 6	FY	
ewishamstraße	S. 8	JX	
ichtenberger Straße	S. 7	HY	643
ichtenrader Damm	S. 5	CV	
ietzenburger Straße	S. 9	LY	
indenstraße (KÖPENICK)	S. 5	DV	
indenstraße (KREUZBERG)	S. 7	GY	645
oewenhardtdamm	S. 7	GZ	646
udwigkirchplatz	S. 9	LY	
udwigkirchstraße	S. 9	LY	648
udwigsfelder Straße	S. 4	AU	452
uisenstraße	S. 10	NY	
ustgarten	S. 10	PZ	649
ützowplatz	S. 9	MX	
ützowufer	S. 6	FY	
uxemburger Straße	S. 6	EY	651
Maaßenstraße	S. 9	MY	
Machnower Straße	S. 4	BV	454
Magistratsweg	S. 4	AU	455
Majakowskiring	S. 5	CT	457
Manfred-von Richthofen-Straße	S. 7	GZ	652
Manteuffelstraße	S. 5	CV	
Marchstraße	S. 9	LX	
Marienfelder Damm	S. 5	CV	458
Marienfelder Allee	S. 5	CV	
Marienfelder Ch.	S. 5	CV	
Märkische Allee	S. 5	DU	
Markgrafendamm	S. 5	CU	654
Markstraße	S. 7	GX	
Martin-Luther-Straße	S. 9	MZ	
Masurenallee	S. 6	EY	654
Mecklenburgische Straße	S. 8	KZ	
Mehringdamm	S. 7	GZ	
Mehringplatz	S. 7	GY	655
Meierottostraße	S. 9	LY	
Meinekestraße	S. 9	LY	657
Memhardtstraße	S. 11	RY	658
Messedamm	S. 6	EY	660
Michaelkirchstraße	S. 11	RY	
Möllendorffstr.	S. 5	DU	461
Mohriner Allee	S. 5	CV	
Mollstraße	S. 11	RY	
Moltkestraße	S. 7	GY	661
Mommsenstraße	S. 8	JX	
Motzstraße	S. 9	LY	
Mühlendamm	S. 11	RZ	663
Mühlenstraße (FRIEDRICHSHAIN)	S. 7	HY	
Mühlenstraße (PANKOW)	S. 7	GX	
Müllerstraße	S. 6	FX	
Münchener Straße	S. 9	MY	
Münzstraße	S. 11	RY	664
Nachodstr	S. 9	LY	
Nahmitzer Damm	S. 5	CV	463
Nassauische Straße	S. 9	LZ	
Nestorstraße	S. 8	JY	
Neue Kantstraße	S. 6	EY	666
Neuköllner Straße	S. 5	DV	
Niederneuendorfer Allee	S. 4	AT	
Nonnendammallee	S. 4	AU	464
Nürnberger Str.	S. 9	MY	
Oberlandstraße	S. 5	CV	466
Oberspreestraße	S. 5	DV	
Olbersstraße	S. 6	EY	
Ollenhauerstraße	S. 4	BT	467
Onkel-Tom-Straße	S. 4	AV	
Oranienburger Straße (MITTE)	S. 10	PY	
Oranienburger Straße (WITTENAU)	S. 4	BT	
Oranienstraße	S. 11	RZ	
Osdorfer Straße	S. 5	BV	
Osloer Straße	S. 7	GX	
Ostseestraße	S. 7	HX	
Ostpreußendamm	S. 4	BV	
Otto-Braun-Str.	S. 11	RY	
Otto-Suhr-Allee	S. 8	KX	
Pacelliallee	S. 4	BV	469
Paderborner Straße	S. 8	JY	667
Pankstraße	S. 7	GX	
Pariser Platz	S. 10	NZ	
Pariser Straße	S. 8	KY	
Pasewalker Straße	S. 5	CT	
Passauer Straße	S. 9	MY	
Paulsborner Straße	S. 8	JZ	
Paulstraße	S. 6	FY	
Perleberger Straße	S. 6	FY	
Pestalozzistraße	S. 8	JX	
Petersburger Str.	S. 7	HY	
Pistoriusstraße	S. 5	CT	470
Platanenstraße	S. 5	CT	472
Platz der Republik	S. 10	NY	
Platz der Vereinten Nationen	S. 11	SY	
Potsdamer Chaussee (GATOW)	S. 4	AU	
Potsdamer Chaussee (ZEHLENDORF)	S. 4	AV	
Potsdamer Platz	S. 7	GY	669
Potsdamer Straße (SCHÖNEBERG)	S. 10	NZ	672
Potsdamer Straße (ZEHLENDORF)	S. 4	AV	473
Prager Platz	S. 9	LY	673
Prenzlauer Allee	S. 11	RX	
Prenzlauer Prom	S. 7	HX	
Prinzenstraße	S. 7	GY	675
Prinzregentenstraße	S. 9	LZ	
Quitzowstraße	S. 6	FX	
Rankestraße	S. 9	LY	676
Rathausstraße	S. 11	RY	678
Rauchstraße	S. 9	MX	
Reichpietschufer	S. 6	FY	679
Reinhardtstraße	S. 10	NY	683
Reinickendorfer Str.	S. 7	GX	684
Residenzstraße	S. 5	CT	
Rheinbabenallee	S. 6	EZ	
Rheinsteinstraße	S. 5	DU	475
Rheinstraße	S. 6	FZ	687
Rhinstraße	S. 5	DU	
Richard-Wagner-Str.	S. 8	JX	
Ritterfelddamm	S. 4	AV	
Roedernallee	S. 4	BT	
Rönnestraße	S. 8	JX	
Rosa-Luxemburg- Straße	S. 11	RY	689
Rosenthaler Straße	S. 11	RY	690
Rudolstädter Straße	S. 6	EZ	692
Rudower Chaussee	S. 5	DV	476
Rudower Straße	S. 5	CV	
Rummelsburger Str.	S. 5	DV	
Ruppiner Chaussee	S. 4	AT	
Saatwinkler Damm	S. 6	EX	
Sachsenallee	S. 6	FZ	
Sächsische Straße	S. 8	KY	
Salzburger Straße	S. 9	MZ	
Savignyplatz	S. 9	LX	
Schaperstraße	S. 9	LY	
Scharnhorststr.	S. 10	NX	
Scharnweberstraße	S. 4	BT	477
Scheelestraße	S. 4	BV	478
Schildhornstraße	S. 4	BV	479
Schillerstraße	S. 8	JX	
Schillstraße	S. 9	MX	693
Schivelbeiner Str.	S. 7	GX	696
Schloßstraße (CHARL.)	S. 8	JX	
Schloßstraße (STEGLITZ)	S. 4	BV	481
Schlüterstraße	S. 8	KX	
Schönhauser Allee	S. 11	RX	
Schönwalder Straße	S. 4	AT	
Schorlemerallee	S. 4	BV	482
Schwedter Str.	S. 11	RX	
Seesener Straße	S. 8	JY	
Seestraße	S. 6	FX	
Seidelstraße	S. 4	BT	
Sellerstraße	S. 7	GX	
Sickingenstraße	S. 6	FY	
Siemensdamm	S. 6	EX	
Siemensstraße	S. 6	FY	698
Sigmaringer Straße	S. 8	KZ	
Skalitzer Straße	S. 7	HY	
Sonnenallee	S. 7	HZ	
Sophie-Charlotten-Pl.	S. 8	JX	
Sophie-Charlotten-Straße	S. 6	EY	699
Spandauer Damm	S. 6	EY	
Spandauer Str.	S. 11	RY	
Spichernstraße	S. 9	LY	
Spreeweg	S. 9	MX	
Steinplatz	S. 9	LX	
Steinstraße	S. 5	CV	484
Sterndamm	S. 5	DV	485
Stößenseebrücke	S. 4	AU	487
Storkower Straße	S. 7	HX	
Stralauer Allee	S. 7	HY	
Stralauer Straße	S. 11	RZ	
Straße des 17.Juni	S. 9	MX	
Strausberger Platz	S. 7	HY	702
Streitstraße	S. 4	AT	488
Stresemannstraße	S. 10	NZ	
Stromstraße	S. 6	FY	704
Stubenrauchstraße	S. 5	DV	489
Stülerstraße	S. 9	MX	
Stuttgarter Platz	S. 8	JX	705
Suarezstr	S. 8	JX	
Südwestkorso	S. 6	EZ	708
Tauentzienstraße	S. 9	MX	707
Tegeler Weg	S. 6	EY	
Teltower Damm	S. 4	BV	
Tempelhofer Damm	S. 7	GZ	473
Tempelhofer Ufer	S. 7	GZ	710
Teplitzer Straße	S. 6	EZ	711
Theodor-Heuss-Platz	S. 6	EY	713
Thielallee	S. 4	BV	490
Torstraße	S. 10	PX	
Transvallstraße	S. 6	FX	
Treskowallee	S. 5	DU	491
Turmstraße	S. 6	FY	
Uhlandstraße	S. 9	LZ	
Unter den Linden	S. 10	NZ	
Urbanstraße	S. 7	GZ	
Veteranenstraße	S. 10	PX	715
Viktoria-Luise-Platz	S. 9	MY	717
Waidmannsluster Damm	S. 4	BT	
Waltersdorfer Ch.	S. 5	DV	
Warschauer Straße	S. 7	HY	
Weinmeisterstraße	S. 11	RY	718
Weißenseer Weg	S. 5	CU	493
Welserstraße	S. 9	MY	
Werderstraße	S. 10	PZ	720
Westfälische Str.	S. 8	JY	
Wexstraße	S. 6	FZ	
Wichertstraße	S. 7	HX	
Wiener Straße	S. 7	HZ	
Wiesbadener Straße	S. 6	EZ	
Wilhelminenhofstraße	S. 5	DV	494
Wilhelmsruher Damm	S. 5	CT	496
Wilhelmstraße (MITTE)	S. 10	NZ	
Wilhelmstr. (SPANDAU)	S. 4	AU	
Wilmersdorfer Str.	S. 8	JX	
Windscheidstraße	S. 8	JX	
Winterfeldplatz	S. 9	MY	
Wisbyer Straße	S. 7	HX	
Wittenbergplatz	S. 9	MY	
Wollankstraße	S. 7	GX	
Württembergische Straße	S. 8	KY	
Xantener Straße	S. 8	JY	
Yorckstraße	S. 7	GZ	
Zeppelinstraße	S. 4	AU	497
Zillestraße	S. 8	JX	
Zwieseler Straße	S. 5	DU	499

Alphabetisches Verzeichnis der Hotels und Restaurants
Liste alphabétique des hôtels et restaurants

A

- S. 27 Abacus Tierpark Hotel
- S. 29 Achat
- S. 16 Adlon
- S. 20 Adrema
- S. 21 Albrechtshof
- S. 18 Alexander Plaza
- S. 22 Alfa-Hotel
- S. 22 Allegra
- S. 19 Alsterhof
- S. 23 Alt Luxemburg
- S. 30 Alt-Tempelhof
- S. 27 Altes Zollhaus
- S. 30 Am Borsigturm
- S. 30 Am Forum Steglitz
- S. 30 Am Tegeler See
- S. 23 Ana e Bruno
- S. 19 Art'otel
- S. 19 Art'otel Berlin (City Center West)
- S. 22 Astoria
- S. 25 Astron (Friedrichshain)
- S. 30 Astron (Treptow)
- S. 18 Astron (Zentrum)
- S. 22 Atrium-Hotel
- S. 21 Avalon

B

- S. 24 Bacco
- S. 24 Bamberger Reiter
- S. 26 Bel Air
- S. 17 Berlin
- S. 20 Bleibtreu-Hotel
- S. 31 Blockhaus Nikolskoe
- S. 24 Bocca di Bacco
- S. 25 Borchardt
- S. 21 Boulevard
- S. 17 Brandenburger Hof
- S. 25 Businesshotel

C

- S. 21 California
- S. 29 Carat
- S. 27 City Consul
- S. 31 Comfort Hotel Weissensee
- S. 20 Concept Hotel
- S. 26 Courtyard by Marriott
- S. 31 Cristallo
- S. 18 Crowne Plaza

D

- S. 22 Delta
- S. 23 Die Quadriga
- S. 20 Die Zwölf Apostel
- S. 19 Domicil
- S. 25 Dorint
- S. 28 Dorint Airport Hotel
- S. 17 Dorint Am Gendarmenmarkt
- S. 31 Dorint Am Müggelsee
- S. 17 Dorint Schweizerhof

E

- S. 30 Edogawa
- S. 24 Engelbrecht
- S. 28 Estrel
- S. 28 Euro-Hotel

F

- S. 23 Facil
- S. 23 First Floor
- S. 22 Fjord Hotel
- S. 21 Forum Hotel
- S. 16 Four Seasons

G

- S. 21 Gates
- S. 16 Grand Hotel Esplanade
- S. 16 Grand Hyatt
- S. 18 Grosser Kurfürst
- S. 24 Guy

H

- S. 20 Hackescher Markt
- S. 19 Hamburg
- S. 23 Harlekin
- S. 20 Hecker's Hotel
- S. 17 Hilton

S. 29 Holiday Inn Berlin-Esplanade
S. 31 Holiday Inn Berlin-Humbold Park
S. 28 Holiday Inn City Center East
S. 21 Holiday Inn Garden Court
S. 19 Hollywood Media Hotel
S. 23 Hugenotte

I – J

S. 28 Ibis (Prenzlauer Berg)
S. 29 Ibis (Reinickendorf)
S. 29 Ibis (Spandau)
S. 26 Ibis Ostbahnhof
S. 24 Il Sorriso
S. 22 Imperial
S. 25 Inn Side Residence-Hotel
S. 17 Inter-Continental
S. 28 Jurine

K

S. 24 Kaiserstuben
S. 20 Kanthotel
S. 22 Kastanienhof
S. 16 Kempinski Hotel Bristol
S. 31 Königin Luise
S. 29 Kolk
S. 20 Kronprinz
S. 22 Kubrat
S. 22 Kurfürstendamm
      am Adenauerplatz

L – M

S. 27 Landhaus Alpinia
S. 20 La Vie Hotel Joachinshof
S. 27 Le Cochon Bourgeois
S. 25 Lindenlife
S. 29 Lindenufer
S. 22 Lorenz Adlon
S. 27 Ludwig van Beethoven
S. 19 Luisenhof
S. 25 Lutter und Wegner
S. 18 Madison
S. 25 Maothai
S. 23 Margaux
S. 17 Maritim proArte
S. 25 Marjellchen
S. 25 Maxwell
S. 19 Mercure am Checkpoint Charlie
S. 28 Mercure
S. 26 Mercure City Ost
S. 18 Mondial

N

S. 29 Neotel Senator
S. 26 New Berlin
S. 27 Nova
S. 29 Novotel
S. 30 Novotel Berlin Airport

P

S. 16 Palace
S. 24 Paris-Moskau
S. 21 Park Consul
S. 28 Park Plaza
S. 24 Ponte Vecchio
S. 24 Portalis
S. 19 President

Q – R

S. 26 Quality Hotel Wilhelmsberg
S. 21 Queens Hotel
S. 27 Relexa Hotel
      Stuttgarter Hof
S. 18 Residenz Hotel Henriette
S. 29 Rheinsberg am See
S. 24 Rutz

S

S. 18 Savoy
S. 22 Scandotel Castor
S. 31 Schloss Glienicke Remise
S. 21 Schlosspark-Hotel
S. 19 Seehof
S. 28 Solitaire
S. 20 Sorat Art'otel
S. 30 Sorat Hotel Humboldt-Mühle
S. 18 Sorat Hotel Spree-Bogen
S. 30 Steglitz International
S. 17 Steigenberger
S. 16 Swissôtel
S. 18 Sylter Hof

T – U – V – W – Z

S. 26 The Regen Schlosshotel
S. 16 The Westin Grand
S. 26 Tulip Inn
S. 26 Upstalsboom Hotel Friedrichshain
S. 23 VAU
S. 21 Villa Kastania
S. 31 Villa Medici
S. 27 Villa Toscana
S. 25 Weinstein
S. 28 Zander

BERLIN S. 16

Im Zentrum :

In Charlottenburg, Mitte, Schöneberg, Tiergarten und Wilmersdorf Stadtpla
Berlin : Seite 4 - 11 :

🏨🏨🏨🏨 **Adlon,** Unter den Linden 77, ✉ 10117, ℰ (030) 2 26 10, adlon@kempinski.com
Fax (030) 22612222, 🍽, Massage, 🏋, ≦s, 🔲 - 🛗, ✳ Zim, 🖵 📺 ✆ & ⇔ - 🛎 400
AE ① ⓒ VISA JCB. ✳ Rest   NZ
Menu siehe Rest. **Lorenz Adlon** separat erwähnt ♀ - **Adlon Restaurant :** Menu à la cart
51/79 - **Adlon Stube** (geschl. Jan. 2 Wochen, Juli - Aug. 4 Wochen, Montag - Dienstag
Menu à la carte 20/42 - ⛾ 29 - **336 Zim** 300/365 - 350/415, 30 Suiten.
♦ Eine Legende ist seit 1997 wieder lebendig : Der Inbegriff des Grandhotel am Bran
denburger Tor läßt kaum einen Wunsch offen. Im Stil des Hotels prächtige Restaura
teils im Biedermeier-, teils im Landhausstil. Die Adlon Stube mit englischer Clubatmosphär

🏨🏨🏨🏨 **Four Seasons,** Charlottenstr. 49, ✉ 10117, ℰ (030) 2 03 38, ber.reservation@fou
seasons.com, Fax (030) 20336166, 🍽, Massage, 🏋, ≦s, - 🛗, ✳ Zim, 🖵 📺 ✆ &
- 🛎 75. AE ① ⓒ VISA JCB. ✳ Rest   PZ
Seasons : Menu à la carte 44/57 - ⛾ 25 - **204 Zim** 265/325 - 300/360, 42 Suiten
♦ Erleben Sie Luxus pur ! Man empfängt Sie mit einer stilvollen Halle und opulent ausgestatte
ten Zimmern, mind. 38qm groß, wahlweise mit Blick auf Gendarmenmarkt oder Innenhof. In
Restaurant mit Kamin und Stuck harmonisches Ambiente und klassische Eleganz.

🏨🏨🏨🏨 **Grand Hyatt,** Marlene-Dietrich-Platz 2, ✉ 10785, ℰ (030) 25 53 12 34, berlin@
hyatt.de, Fax (030) 25531235, 🍽, Massage, 🏋, ≦s, 🔲 - 🛗, ✳ Zim, 🖵 📺 ✆ & ⇔
- 🛎 320. AE ① ⓒ VISA JCB. ✳
NZ
Vox : (geschl. Sonntagmittag) Menu à la carte 36/76 ♀ - ⛾ 22 - **342 Zim** 205/325 -
230/350, 16 Suiten.
♦ Bau in Trapezform am Potsdamer Platz. Die moderne Architektur setzt sich im Innere
fort : Zimmer mit puristischer Designer-Einrichtung wissen zu überzeugen. Im Vox asiatisc
anmutendes Interieur.

🏨🏨🏨🏨 **Kempinski Hotel Bristol,** Kurfürstendamm 27, ✉ 10719, ℰ (030) 88 43 40
reservations.bristol@kempinski.com, Fax (030) 8836075, 🍽, Massage, 🏋, ≦s, 🔲 - 🛗
✳ Zim, 📺 ✆ & ⇔ - 🛎 280. AE ① ⓒ VISA JCB. ✳ Rest   LX
Kempinski Grill : Menu à la carte 52/71 ♀ - **Kempinski-Eck** : Menu à la carte 26/37,5
- ⛾ 21 - **301 Zim** 248/305 - 284/341, 29 Suiten.
♦ Ein roter Teppich führt vom berühmten Ku'damm direkt in das elegant-luxuriöse Hote
aus den 50ern. Hier logierten honore Gäste wie u.a. John F. Kennedy oder Sophia Loren
Legendärer Kempinski Grill mit erlesener Einrichtung. Kempinski-Eck im Brasserie-Stil.

🏨🏨🏨🏨 **Grand Hotel Esplanade,** Lützowufer 15, ✉ 10785, ℰ (030) 25 47 80, info@
esplanade.de, Fax (030) 254788222, Tagungsschiff mit eigenem Anleger, Massage, 🏋
≦s, 🔲 - 🛗, 🖵 📺 ✆ & ⇔ - 🛎 260. AE ① ⓒ VISA JCB. ✳ Rest   MX
Menu siehe Rest. **Harlekin** separat erwähnt - **Eckkneipe :** Menu à la carte 17,50/35,5
- ⛾ 20 - **386 Zim** 225/281 - 250/306, 23 Suiten.
♦ Die Kulturstätten der Umgebung haben hier abgefärbt : Fast wie eine Ausstellung für
modernes Design mutet dieses Grand Hotel an ! Gemäldesammlung der "Berliner Wilden".
In der rustikalen Eckkneipe serviert man an Holztischen handfeste Berliner Küche.

🏨🏨🏨 **Palace,** Budapester Str. 45, ✉ 10787, ℰ (030) 2 50 20, hotel@palace.de,
Fax (030) 25021161 - 🛗, ✳ Zim, 📺 ✆ & ⇔ - 🛎 420. AE ① ⓒ VISA
✳ Rest   MX k
Menu siehe Rest. **First Floor** separat erwähnt - **Alt Nürnberg :** Menu à la carte 14/28,50
- ⛾ 20 - **282 Zim** 200/300 - 225/325, 24 Suiten -(Wellness-Landschaft "Palace Spa" ab
Jan. 2003).
♦ Individueller Luxus am Ku'damm ! Sie haben die Wahl : Kaum ein Zimmer gleicht dem
anderen, teilweise mit Blick zum Zoo oder auf die Gedächtniskirche. Im rustikal-gemütlichen
Alt-Nürnberg vorwiegend fränkische Küche.

🏨🏨🏨 **Swissôtel** M, Augsburger Str. 44, ✉ 10789, ℰ (030) 22 01 00, emailus.berlin@
swissotel.com, Fax (030) 220102222, ≦s, - 🛗, ✳ Zim, 📺 ✆ ⇔ - 🛎 200. AE ① ⓒ
VISA JCB   LX k
Mosimann's : Menu à la carte 39/50 - **Grande Galerie** : Menu à la carte 34/42 -
⛾ 19 - **316 Zim** 270.
♦ Weltoffen und international wie sich Berlin seinen Gästen präsentiert - so sieht sich das
postmoderne, neu errichtete und luxuriös ausgelegte Hotel im Herzen der Metropole.
Puristische Eleganz im Mosimann's. Grande Galerie als Mix aus Café, Restaurant und Bar.

🏨🏨🏨 **The Westin Grand,** Friedrichstr. 158, ✉ 10117, ℰ (030) 2 02 70, info@westin-
grand.com, Fax (030) 20273362, Massage, 🏋, ≦s, 🔲 - 🛗, ✳ Zim, 📺 ✆ & - 🛎 90.
AE ① ⓒ VISA JCB. ✳ Rest   PZ a
Friedrichs : Menu à la carte 23,50/43,50 - **Stammhaus** : Menu à la carte 23,50/33,50
- ⛾ 21 - **358 Zim** 222/360 - 247/385, 20 Suiten.
♦ Im Herzen der historischen Stadtmitte beeindruckt die Hotelhalle mit ihrem 30 Meter hohen
Glasdach. Die Residenz strahlt gediegene Eleganz aus. Dachgarten mit Sonnenterrasse.
Elegantes Ambiente im Friedrichs. Im Stammhaus regionale Berliner Spezialitäten.

BERLIN S. 17

Inter-Continental, Budapester Str. 2, ✉ 10787, ✆ (030) 2 60 20, berlin@interconti.com, Fax (030) 26022600, 😀, Massage, 𝄞𝄢, ≋, 🅿 – 📶, 🕪 Zim, 📺 📞 ♿ 🚗
– 🅰 860. 🅰🅴 ① ◉◉ 🆅🅸🆂🅰   MX a
Menu siehe Rest. **Hugenotte** separat erwähnt – **L.A. Cafe : Menu** à la carte 25/43 –
⊑ 20 – **584 Zim** 250/340 – 275/365, 50 Suiten -(Vitality Club ab Dez. 2002).

♦ Durch die eindrucksvolle Halle mit Bars und Geschäften betreten Sie Ihre Residenz. Nach der Renovierung des sogenannten Ostflügels finden Sie hier die besten Zimmer des Hauses. L.A. Café im amerikanischen Stil unter einer hübschen Glaskuppel.

Hilton, Mohrenstr. 30, ✉ 10117, ✆ (030) 2 02 30, info.berlin@hilton.com, Fax (030) 20234269, 😀, Massage, 𝄞𝄢, ≋, 🅿 – 📶, 🕪 Zim, 📺 📞 ♿ 🚗 – 🅰 300.
🅰🅴 ① ◉◉ 🆅🅸🆂🅰 🅹🅲🅱. ✻ Rest   PZ r
Fellini (italienische Küche) (geschl. 29. Juli - 25. Aug.)(nur Abendessen) **Menu** à la carte 34/47 – **Mark Brandenburg** (auch vegetarische Gerichte) **Menu** à la carte 30/42 – ⊑ 20 – **589 Zim** 179/305 – 199/325, 14 Suiten.

♦ Im geschichtsträchtigen Berlin ist das noble Hotel ideal, um die Stadt zu erkunden. Alle Zimmer zur Straßenseite erlauben einen herrlichen Blick auf den Gendarmenmarkt ! Fellini mit italienischer Küche. Mark Brandenburg mit landestypischer Dekoration.

Dorint Schweizerhof Ⓜ, Budapester Str. 25, ✉ 10787, ✆ (030) 2 69 60, info.bersch@dorint.com, Fax (030) 26961000, Massage, 𝄞𝄢, ≋, 🅿 – 📶, 🕪 Zim, 📺 📞 ♿
🚗 – 🅰 460. 🅰🅴 ① ◉◉ 🆅🅸🆂🅰   MX w
Menu à la carte 25/36 – ⊑ 19 – **384 Zim** 195/235 – 220/260, 10 Suiten.

♦ Hinter verglaster Fensterfront kann sich die moderne Halle sehen lassen. Perfekte Technik für den Geschäftsmann. Regenerieren Sie sich im Wellnessbereich mit 25 m Pool ! Warme Farben und große Gemälde schmücken das Bistro-Restaurant.

Steigenberger, Los-Angeles-Platz 1, ✉ 10789, ✆ (030) 2 12 70, berlin@steigenberger.de, Fax (030) 2127117, 😀, Massage, ≋, 🅿 – 📶, 🕪 Zim, 📺 📞 ♿ 🚗 – 🅰 300.
🅰🅴 ① ◉◉ 🆅🅸🆂🅰 🅹🅲🅱. ✻ Rest   MY d
Louis (geschl. Sonntag - Montag) (nur Abendessen) **Menu** à la carte 39/52 – **Berliner Stube : Menu** à la carte 22,50/37,50 – ⊑ 20 – **397 Zim** 195/325 – 220/350, 11 Suiten.

♦ Geschmackvolle Wohnlichkeit erwartet Sie in den vier Wänden auf Zeit. Ganz oben gewährt die Club Lounge nicht nur Privatsphäre, sondern auch eine herrliche Aussicht. Im Louis : exklusives Interieur und kreative Küche. Berliner Stube mit rustikalem Flair.

Brandenburger Hof Ⓜ, Eislebener Str. 14, ✉ 10789, ✆ (030) 21 40 50, info@brandenburger-hof.com, Fax (030) 21405100, 😀, Massage – 📶, 🕪 Zim, 📺 📞 🚗 –
🅰 30. 🅰🅴 ① ◉◉ 🆅🅸🆂🅰 ✻ Rest   LY n
Menu siehe Rest. **Die Quadriga** separat erwähnt ⊊ – **Der Wintergarten : Menu** à la carte 31/43 – **82 Zim** ⊑ 165/245 – 240/450.

♦ Die klassizistische Fassade vermählt sich spannungsreich und doch konsequent mit dem Interieur des edlen Domizils. Das Inventar im Bauhauslook setzt Akzente. Das lichtdurchflutete Wintergarten-Restaurant umschließt einen japanischen Innenhof.

Dorint Am Gendarmenmarkt Ⓜ, Charlottenstr. 50, ✉ 10117, ✆ (030) 20 37 50, info.bergen@dorint.com, Fax (030) 20375100, 😀, 𝄞𝄢, ≋ – 📶, 🕪 Zim, 📺 📞 ♿
– 🅰 80. 🅰🅴 ① ◉◉ 🆅🅸🆂🅰   PZ s
Aigner : Menu à la carte 29/39 ⊊ – ⊑ 23 – **92 Zim** 215/300 – 245/310.

♦ Direkt gegenüber dem französischen Dom am Gendarmenmarkt. Renovierter Plattenbau, dem man seine Vergangenheit nicht anmerkt. In unkompliziertem Designer-Stil eingerichtet. Mit Originalteilen eines Wiener Kaffeehauses wurde das Aigner gestaltet.

Berlin, Lützowplatz 17, ✉ 10785, ✆ (030) 2 60 50, info@hotel-berlin.de, Fax (030) 26052716, 😀, Massage, 𝄞𝄢, ≋ – 📶, 🕪 Zim, 📺 Rest, 📞 ♿ 🅿 – 🅰 440.
🅰🅴 ① ◉◉ 🆅🅸🆂🅰 🅹🅲🅱. ✻ Rest   MX b
Menu à la carte 29,50/42,50 – **701 Zim** ⊑ 150/230 – 180/245, 7 Suiten.

♦ Im neuen Regierungsviertel unweit des Landwehrkanals am Lützowplatz. Atriumbau mit Innenhof und Steingarten. Renommiertes Tagungshotel mit praktischer Einrichtung. Im Sommer lockt das Patio-Restaurant, eine kleine grüne Oase im Steingarten.

Maritim proArte Ⓜ, Friedrichstr. 151, ✉ 10117, ✆ (030) 2 03 35, info.bpa@maritim.de, Fax (030) 20334209, ≋, 🅿 – 📶, 🕪 Zim, 📺 📞 ♿ 🚗 – 🅰 700.
🅰🅴 ① ◉◉ 🆅🅸🆂🅰 🅹🅲🅱.   PY e
Atelier (geschl. Juli - Aug. 2 Wochen) (nur Abendessen) **Menu** à la carte 36/46 – **Bistro media : Menu** à la carte 22/30 – ⊑ 18 – **403 Zim** 149/225 – 168/238, 29 Suiten.

♦ Nur wenige Schritte vom Prachtboulevard Unter den Linden entfernt. Versteht sich als avantgardistisches Designer-Hotel mit ausdrucksstarker Kunst und extravagantem Stil. Im Atelier Designermöbel und moderne Kunst. Bistro Media mit Möbeln von Starck.

BERLIN S. 18

Crowne Plaza M, Nürnberger Str. 65, ✉ 10787, ℘ (030) 21 00 70, info@cp-berli
.com, Fax (030) 2132009, Massage, ≦s, 🖼 – 🛗, ⋘ Zim, 🖳 📺 📞 ♿ ⚡️, – 🅿️ 350
AE ① ⓂOO JCB ✖️ Rest
MX
Menu (geschl. Sonntagabend) (Juli - Mitte Aug. nur Abendessen) à la carte 30/37 – ⌘ 1
– **423 Zim** 170/355 – 205/390, 10 Suiten.
 ♦ Guter Ausgangspunkt für einen Bummel über den Ku'damm oder zum KaDeWe. Prak
tische, aparte Möblierung. Technisch vollständiger Konferenzbereich mit neuem Tagungs
center. Internationales Repertoire im einfachen Restaurant.

Madison M, Potsdamer Str. 3, ✉ 10785, ℘ (030) 5 90 05 00 00, welcome@
madison-berlin.de, Fax (030) 590050500, 🌿, Massage, ≦s – 🛗, ⋘ Zim, 📺 📞 ⚡️,
🅿️ 20. AE ① ⓂOO VISA ✖️
NZ
Menu siehe Rest. **Facil** separat erwähnt – ⌘ 18 – **169 Zim** 130/205 – 175/270, 17 Suiter
 ♦ Im Medien- und Kommunikationsviertel unweit von Sony, Kino und Shoppingmall. Da
Appartementhotel vereinigt Hotel und Boarding House : Zimmer mit Küche und Einkaufs
service.

Sorat Hotel Spree-Bogen M 🐾, Alt-Moabit 99, ✉ 10559, ℘ (030) 39 92 00
spree-bogen@sorat-hotels.com, Fax (030) 39920999, 🌿, ≦s – 🛗, ⋘ Zim, 🖳 📺 📞 ♿
⚡️ – 🅿️ 200. AE ① ⓂOO VISA JCB ✖️ Rest
FY
Menu à la carte 20,60/33,50 – **221 Zim** ⌘ 131/190 – 167/235.
 ♦ An der Spree die Ruhe selbst : In den denkmalgeschützten Mauern einer ehemalige
Meierei überraschen die geradlinigen Räumlichkeiten. Hauseigener Schiffsanleger vor de
Tür. Im Restaurant eine Kombination von Backsteinmauern und jungem Design.

Savoy, Fasanenstr. 9, ✉ 10623, ℘ (030) 31 10 30, info@hotel-savoy.com
Fax (030) 31103333, 🌿, 💪, ≦s – 🛗, ⋘ Zim, 📺 📞 – 🅿️ 40. AE ①
ⓂOO VISA
LX s
Menu (geschl. Sonntag) à la carte 24/34,50 – ⌘ 15 – **125 Zim** 157/197 – 182/222
18 Suiten.
 ♦ Charmantes Stadthotel mit 70-jähriger Erfahrung, das schon Thomas Mann schriftlich
würdigte, und wo sich bis heute Prominente die Klinke in die Hand geben. Cigar-Lounge
Klassisches Interieur mit blauen Polstersesseln im Restaurant.

Mondial, Kurfürstendamm 47, ✉ 10707, ℘ (030) 88 41 10, hotel-mondial@t-online.de
Fax (030) 88411150, 🌿, ≦s, 🖼 – 🛗, ⋘ Zim, 📺 📞 ⚡️ – 🅿️ 50. AE ① ⓂOO VISA
JCB
KY e
Menu à la carte 18,50/33 – **75 Zim** ⌘ 110/195 – 140/245.
 ♦ Direkt am Ku'damm : Bestens, um in das rege Treiben der Geschäftsmeile einzutauchen
Nach diesem Abenteuer gewährleisten schallisolierte, gepflegte Zimmer Erholung. Klas
sisch-zeitlos eingerichtetes Restaurant mit großem Buffetbereich.

Alexander Plaza M, Rosenstr. 1, ✉ 10178, ℘ (030) 24 00 10, info@alexander-
plaza.com, Fax (030) 24001777, 🌿, 💪, ≦s – 🛗, ⋘ Zim, 📺 ⚡️ – 🅿️ 70. AE ①
ⓂOO VISA JCB
RY a
Menu (geschl. Sonntag) à la carte 22/36 – ⌘ 15 – **92 Zim** 145/230 – 155/240.
 ♦ Hier wohnen Sie unweit der Trendadresse Hackesche Höfe ! Das Haus wurde um 1897
von einem Pelzhändler errichtet. Im Eingang ist der schöne Mosaikfußboden nicht zu über-
sehen. Schwarze Ledersessel und rot bezogene Holzstühle setzen im Restaurant klare
Akzente.

Großer Kurfürst M, Neue Roßstr. 11, ✉ 10179, ℘ (030) 24 60 00, grosserkur
fuerst@deraghotels.de, Fax (030) 24600300, 💪, ≦s – 🛗, ⋘ Zim, 📺 📞 ♿ – 🅿️ 20
AE ① ⓂOO VISA
RZ e
Menu (italienische Küche) à la carte 24,50/36,50 – **144 Zim** ⌘ 150/228 – 175/240,
7 Suiten.
 ♦ An einem Spreearm liegt das Hotel mit dem Glasturm und der imposanten Halle. Die
Zimmer sind sehr gepflegt, modern und wohnlich ausgestattet. Elegant-mediterran das
Restaurant.

Astron M, Leipziger Str. 106, ✉ 10117, ℘ (030) 20 37 60, berlin-mitte@astron-hot
els.de, Fax (030) 20376600, ≦s – 🛗, ⋘ Zim, 🖳 📺 📞 ♿ ⚡️ – 🅿️ 150. AE ① ⓂOO VISA
JCB
PZ k
Menu à la carte 23/37 – **Grissini** (italienische Küche) **Menu** à la carte 19,50/30,50 –
⌘ 15 – **392 Zim** 127/242 – 147/262.
 ♦ Das neuere Domizil mit großzügiger Halle und funktionellen Zimmern, die mit modernen
Naturholzmöbeln gestaltet sind, liegt günstig im Zentrum von Berlin. Offen zur Halle das
Restaurant im Bistrostil. Grissini mit Barcharakter und italienischem Flair.

Residenzhotel Henriette, Neue Roßstr.13, ✉ 10179, ℘ (030) 24 60 09 00,
henriette@deraghotels.de, Fax (030) 24600940 – 🛗, ⋘ Zim, 📺 📞 ♿. AE ①
ⓂOO VISA
RZ u
Menu à la carte 20/35 – **53 Zim** ⌘ 135/200 – 165/215.
 ♦ Um einen vierstöckigen Lichthof gruppieren sich Zimmer und Appartements, die
mit hochwertigen Materialien sehr gediegen und behaglich eingerichtet sind. Die italienische
Karte des La mer wird von Fisch dominiert - im Sommer auch im Spreegarten.

BERLIN S. 19

Seehof M, Lietzensee-Ufer 11, ✉ 14057, ℰ (030) 32 00 20, info@hotel-seehof-ber
lin.de, Fax (030) 32002251, ≤, 🍴 – 🛗, ⊁ Zim, 📺 ⇔ – 🔒 25. 🆎 🆗 VISA. ❊ Rest
Menu à la carte 21/35 – **75 Zim** ⊇ 135/210 – 176/276. JX r
* Am grünen Ufer des Lietzensees finden Sie dieses Hotel mit toller Seeterrasse. Gedie-
gen-elegante Zimmer, teils mit Mahagonimobiliar, teils mit Stilmöbeln bestückt. Klassisches
Ambiente im Restaurant Au Lac.

Alsterhof, Augsburger Str. 5, ✉ 10789, ℰ (030) 21 24 20, info@alsterhof.com,
Fax (030) 2183949, Biergarten, Massage, 🛁, ≋s – 🛗, ⊁ Zim, 📺 ⇌ ⇔ – 🔒 40. 🆎
① 🆗 VISA JCB MY r
Alsters (geschl. Sonntagabend) **Menu** à la carte 20/32 – **Zum Lit-Fass** (nur Abendessen)
Menu à la carte 15,50/27,50 – ⊇ 15 – **200 Zim** 100/230.
* Eckhaus mit verglastem Dachpavillon, der als Veranstaltungsraum dient. Die Eingangshalle
ist mit einer Bar verbunden. Unterschiedlich eingerichtete Zimmer, gute Technik. Alsters
im Untergeschoß mit Wintergarten. Zum Lit-Fass mit begrüntem Biergarten.

President, An der Urania 16, ✉ 10787, ℰ (030) 21 90 30, info@president.best
western.de, Fax (030) 2186120, 🛁, ≋s – 🛗, ⊁ Zim, 📺 🖥 ⇌ ⇔ 🅿 – 🔒 75. 🆎 ①
🆗 VISA MY t
Menu à la carte 23/32 – **181 Zim** ⊇ 134/165 – 164/205.
* Fragen Sie nach einem Zimmer im Presidential Club : Schreibtische mit PC und Ledersessel
lassen die Arbeit zum Vergnügen werden. Frühstück auf der Dachterrasse. Korbstühle und
Bilder prägen das Restaurant.

Art'otel M, Wallstr. 70, ✉ 10179, ℰ (030) 24 06 20, berlin@artotel.de,
Fax (030) 24062222, 🍴 – 🛗, ⊁ Zim, 📺 Zim, 📺 ⇌ ৬ ⇔ – 🔒 35. 🆎 ①
🆗 VISA RZ c
Menu à la carte 16,50/28,50 – **109 Zim** ⊇ 130/210 – 160/280.
* Das denkmalgeschützte Patrizierhaus am Märkischen Ufer ist mit der modernen Archi-
tektur des Art'otel eine spannende Verbindung eingegangen. Exklusiv designtes Interieur.

Hollywood Media Hotel M garni, Kurfürstendamm 202, ✉ 10719, ℰ (030)
88 91 00, info@filmhotel.de, Fax (030) 88910280 – 🛗 ⊁ 📺 ⇌ ৬ ⇔ – 🔒 90. 🆎 ①
🆗 VISA JCB LY r
185 Zim ⊇ 132/214 – 154/224, 12 Suiten.
* Hollywood in Berlin : Das Film-Hotel macht jeden Gast zum Star. Die Zimmer sind der
Filmwelt gewidmet. Hauseigenes Kinotheater ! Übrigens : Der Besitzer heißt Artur Brauner.

Luisenhof, Köpenicker Str. 92, ✉ 10179, ℰ (030) 2 41 59 06, info@luisenhof.de,
Fax (030) 2792983 – 🛗 📺 ⇌ – 🔒 30. 🆎 ① 🆗 VISA JCB. ❊ Rest RZ a
Menu à la carte 15/42 – **27 Zim** ⊇ 120/180 – 150/250.
* Das restaurierte Stadthaus wurde 1822 erbaut und erlebte eine wechselvolle Geschichte,
u.a. diente es um die Jahrhundertwende als Pferdebahndepot. Elegant mit Stilmöbeln.
Restaurant mit Wintergarten und rustikalem Kellergewölbe.

Domicil M, Kantstr. 111a, ✉ 10627, ℰ (030) 32 90 30, info@hotel-domicil-berlin.de,
Fax (030) 32903299, – 🛗, ⊁ Zim, 📺 ⇌ ৬ – 🔒 50. 🆎 ① 🆗 VISA JX v
Menu à la carte 19/28 – **70 Zim** ⊇ 118/143 – 154/184, 6 Suiten.
* Das Eckhaus fällt auf durch die runde Glasfassade. Edles Pinienmobiliar verleiht den Zim-
mern sonnig-italienisches Flair. Hell gefließte Bäder mit grünem Mosaikwaschtisch. Roof-
Top-Restaurant mit Dachgarten.

Mercure am Checkpoint Charlie M garni, Schützenstr. 11, ✉ 10117, ℰ (030)
20 63 20, H3120@accor-hotels.com, Fax (030) 20632111, 🛁, ≋s – 🛗 ⊁ ≋ 📺 ⇌
⇔, 🆎 ① 🆗 VISA JCB PZ v
⊇ 15 – **115 Zim** 145/199 – 160/214, 28 Suiten.
* Neues Hotel am Checkpoint Charlie : Klassisches Sandsteingebäude mit modernem grü-
nem Aufbau. Großzügige Zimmer, modern und freundlich gestaltet, die zum Innenhof mit
Balkonen.

Art'otel Berlin City Center West M, Lietzenburger Str. 85, ✉ 10719, ℰ (030)
8 87 77 70, aobwinfo@artotels.de, Fax (030) 887777777, 🍴 – 🛗, ⊁ Zim, 📺 ⇌ ৬
⇔ – 🔒 25. 🆎 ① 🆗 VISA JCB LY b
Menu à la carte 24/38 – **91 Zim** ⊇ 128/180 – 158/238.
* Modernes neues Hotel. Die Pop-art Andy Warhols wird ergänzt durch die farbenfrohe
Innengestaltung : die Zimmer in Lindgrün und Violett, Rottöne zieren den öffentlichen
Bereich. Restaurant mit großer Glasfront.

Hamburg, Landgrafenstr. 4, ✉ 10787, ℰ (030) 26 47 70, hoham@t-online.de,
Fax (030) 2629394, 🍴 – 🛗 ⊁ 📺 ⇌ ৬ ⇔ 🅿 – 🔒 50. 🆎 ① 🆗 VISA JCB.
❊ Rest MX s
Menu à la carte 24/37 – **191 Zim** ⊇ 115/145 – 146/200.
* Zum Tiergarten ist es nur ein kurzer Fußweg. Großzügige Halle mit offenem Kamin. Kom-
fortable und zweckvolle Ausstattung. Hamburger in Berlin finden Trost in der Hanse-Bar.
Restaurant mit Wintergartenvorbau.

BERLIN S. 20

🏨 **Die Zwölf Apostel**, Hohenzollerndamm 33, ✉ 10713, ℘ (030) 86 88 90, info@12 apostel.de, Fax (030) 86889103, 🌳 – 🛗, ↔ Zim, 📺 ✆
KZ b
Menu (italienische Küche) à la carte 19,50/39 – **36 Zim** ⊇ 93/99 – 117/130.

• Ein feurig roter Anstrich und liebliche Stuckmalereien zieren die Fassade des Hotels Dahinter verschaffen mit italienischen Stilmöbeln dekorierte Zimmer eine ruhige Nacht Restaurant im Stil einer gediegenen Trattoria ; dazu noch eine Sushi-Bar.

🏨 **Bleibtreu-Hotel**, Bleibtreustr. 31, ✉ 10707, ℘ (030) 88 47 40, info@bleibtreu com, Fax (030) 88474444, 🌳, Massage, ⚐ – 🛗, ↔ Zim, 📺 ✆ 🛌 🅰 ① ⓜ 🆅🆂🅰 🄹🄲🄱
Menu à la carte 25/36 – ⊇ 15 – **60 Zim** 142/192 – 192/242.
KY s

• Restauriertes Stadthaus aus der Gründerzeit. Vom Bett bis zum Bad : italienische und deutsche Manufakturen haben die modernen Möbel speziell für das Hotel angefertigt. Zu Halle hin offenes Restaurant im schicken Bistrostil.

🏨 **Hecker's Hotel**, Grolmanstr. 35, ✉ 10623, ℘ (030) 8 89 00, info@heckers-hotel.com Fax (030) 8890260 – 🛗, ↔ Zim, 📺 ✆ 🛌 🚗 🄿 – 🄰 25. 🅰 ① ⓜ 🆅🆂🅰 🄹🄲🄱
LX e
Cassambalis (geschl. Sonntag) **Menu** à la carte 31/39 – ⊇ 15 – **69 Zim** 125/200 – 150/210, 3 Suiten.

• Zwischen Ku'damm und Savignyplatz legt dieses teils wohnlich-funktionell, teils im modernen Designerstil eingerichtete Haus Wert auf Individualität und Service. Charmante Bar Mediterranes Flair und Angebot im Cassambalis.

🏨 **Hackescher Markt** garni, Große Präsidentenstr. 8, ✉ 10178, ℘ (030) 28 00 30, info @hackescher-markt.com, Fax (030) 28003111 – 🛗 ↔ 📺 ✆ 🚗. 🅰 ① ⓜ 🆅🆂🅰 🄹🄲🄱
PY c
⊇ 15 – **31 Zim** 120/175 – 145/175.

• Neu erbautes Haus mit historisch anmutender Fassade im neuen Szeneviertel von Berlin Zimmer mit hellem Naturholz und ausreichendem Platzangebot. Kleine Innenhof-Terrasse

🏨 **Kanthotel** garni, Kantstr. 111, ✉ 10627, ℘ (030) 32 30 20, info@kanthotel.com Fax (030) 3240552 – 🛗 ↔ 📺 ✆ 🛌 🚗 – 🄰 25. 🅰 ① ⓜ 🆅🆂🅰 🄹🄲🄱
JX e
70 Zim ⊇ 135/150 – 150/185.

• Teils neu gebaute, teils renovierte in zeitlosem Stil gehaltene Zimmer. Von hier führt ein kleiner Spaziergang durch den Stadtteil Charlottenburg direkt zum Schloß.

🏨 **Sorat Art'otel** M garni, Joachimstaler Str. 29, ✉ 10719, ℘ (030) 88 44 70, art-ote @sorat-hotels.com, Fax (030) 88447700 – 🛗 ↔ ≡ 📺 ✆ 🛌 🚗 – 🄰 25. 🅰 ① ⓜ
🆅🆂🅰 🄹🄲🄱
LY e
133 Zim ⊇ 124/207 – 147/237.

• Zentral im westlichen Stadtteil der Metropole. Das Haus ist vom Foyer bis zur Dachspitze von Wolf Vostell avantgardistisch designt. Bilder mit zeitgenössischer Kunst.

🏨 **Adrema** M garni, Gotzkowskystr. 20, ✉ 10555, ℘ (030) 20 21 34 00, info@hewa-hotels.de, Fax (030) 20213444 – 🛗 ↔ 📺 ✆. 🅰 ① ⓜ 🆅🆂🅰 🄹🄲🄱
FY x
53 Zim ⊇ 105/165 – 115/175.

• In den komfortablen Designerzimmern dieses Hotels erwarten Sie klare Linien und Funktionalität. Beim Frühstück in der Loft-Etage genießen Sie den Ausblick auf die Spree.

🏨 **Kronprinz** garni, Kronprinzendamm 1, ✉ 10711, ℘ (030) 89 60 30, reception@kronprinz-hotel.de, Fax (030) 8931215 – 🛗 ↔ 📺 ✆ 🛌 – 🄰 25. 🅰 ① ⓜ 🆅🆂🅰
JY d
77 Zim ⊇ 115/165 – 145/180.

• Gründerzeitgebäude, das westliche Gastronomiegeschichte schrieb. Am westlichen Stadtrand gelegen, sind ICC/Messe zu Fuß erreichbar. Biergarten unter ehrwürdigen Kastanien.

🏨 **Sylter Hof** garni, Kurfürstenstr. 114, ✉ 10787, ℘ (030) 2 12 00, info@sylterhof-berlin.de, Fax (030) 2142826 – 🛗 ↔ 📺 ✆ 🄿 – 🄰 90. 🅰 ① ⓜ 🆅🆂🅰
MX d
166 Zim ⊇ 92/125 – 130/140, 18 Suiten.

• Unweit der Flaniermeile Ku'damm mit großer Empfangshalle. Die komfortablen Zimmer sind funktionell möbliert und ab der 13. Etage liegt Ihnen die Stadt zu Füßen.

🏨 **La Vie Hotel Joachimshof** M, Invalidenstr. 98, ✉ 10115, ℘ (030) 2 03 95 61 00, info@la-vie-hotels.de, Fax (030) 203956199, ⚐ – 🛗, ↔ Zim, 📺 ✆ 🚗 – 🄰 15. 🅰 ① ⓜ 🆅🆂🅰
NX a
Menu à la carte 24/38 – ⊇ 13 – **39 Zim** 110/145 – 135/235.

• In exponierter Lage zu Ministerien, Universität und zu vielen Museen erwartet Sie ein gepflegtes Domizil, das mit stilvoll eingerichteten Zimmern seine Gäste erfreut. Gediegenes kleines Restaurant.

🏨 **Concept Hotel**, Grolmanstr. 41, ✉ 10623, ℘ (030) 88 42 60, info@concept-hotel.com, Fax (030) 88426820, 🌳, Massage, ⚐ – 🛗, ↔ Zim, 📺 🛌 🚗 – 🄰 85. 🅰 ①
ⓜ 🆅🆂🅰 🄹🄲🄱
LX m
Menu à la carte 17/33 – **153 Zim** ⊇ 115/145 – 145/180, 5 Suiten.

• Freundliches Hotel in Ku'damm-Nähe : besonders empfehlenswert sind die modernen Zimmer im Anbau. Zur Entspannung lädt die Sonnenterrasse mit anschließendem Freizeitbereich ein.

Holiday Inn Garden Court garni, Bleibtreustr. 25, ✉ 10707, ☎ (030) 88 09 30, *info@hi-berlin.de*, Fax (030) 88093939 – 📶 ✱ 🖥 📺 📞 🅿 – 🔧 15. 🆎 ⓘ ⓜ ⓥ VISA JCB
KY g
☐ 13 – **73 Zim** 240 – 290.
♦ Zentrale Lage im Westen der Stadt. Praktische Adresse mit einheitlich gestalteten, geräumigen Zimmern, die alle mit Kirschbaummobiliar ausgestattet sind.

Albrechtshof, Albrechtstr. 8, ✉ 10117, ☎ (030) 30 88 60, *albrechtshof-hotel@t-online.de*, Fax (030) 30886100, 🍴 – 📶 ✱ Zim, 📺 📞 ♿ 🚗 – 🔧 50. 🆎 ⓘ ⓜ ⓥ VISA JCB
NY a
Menu à la carte 20/34 – **100 Zim** ☐ 118/169 – 148/199.
♦ Das Haus ist dem Verband Christlicher Hotels angeschlossen. Wohnliches Domizil mit kleiner Kapelle, die für Hochzeiten, Taufen oder stille Andachten genutzt werden kann.

Park Consul garni, Alt-Moabit 86a, ✉ 10555, ☎ (030) 39 07 80, *pcberlin@consul-hotels.com*, Fax (030) 39078900 – 📶 ✱ 📺 📞 🚗. 🆎 ⓘ ⓜ ⓥ VISA
FY s
52 Zim ☐ 155 – 180.
♦ Geschäftsreisende finden hier zeitgemäßes und funktionstüchtiges Inventar. Geheimtip : Auf dem hoteleigenen Golfübungsplatz können alle Freunde des Rasensports trainieren.

Forum Hotel, Alexanderplatz, ✉ 10178, ☎ (030) 2 38 90, *forumberlin@interconti.com*, Fax (030) 23894305, 🍽 – 📶 ✱ Zim, 📺 📞 ♿ 🚗 – 🔧 260. 🆎 ⓘ ⓜ ⓥ
RY c
Menu à la carte 17/29 – ☐ 16 – **1006 Zim** 126/165 – 152/222.
♦ Direkt am legendären Alexanderplatz : Das Haus zählt zu den höchsten Gebäuden Berlins. Zimmer teilweise mit Blick über die Stadt. Versuchen Sie doch Ihr Glück im Casino ! Gastronomie in der berlinerischen Zille-Stube und im Buffetrestaurant Humboldt's.

Avalon Ⓜ garni, Emserstr. 6, ✉ 10719, ☎ (030) 86 09 70, *berlin@avalon-hotel.com*, Fax (030) 86097444 – 📶 ✱ 📺 📞 ♿ 🚗 – 🔧 40. 🆎 ⓘ ⓜ ⓥ VISA
KY f
☐ 12 – **94 Zim** 133/156 – 146/169.
♦ In einer Seitenstraße, wenige Gehminuten vom Ku'damm entfernt, ist das Hotel ein guter Anlaufpunkt für den Berlin-Aufenthalt. Mit hellen Möbeln eingerichtete moderne Räume.

Queens Hotel garni, Güntzelstr. 14, ✉ 10717, ☎ (030) 86 88 60, Fax (030) 8619326 – 📶 ✱ 📺 📞 🚗 🅿 – 🔧 60. 🆎 ⓘ ⓜ ⓥ VISA
LZ t
108 Zim ☐ 89 – 105.
♦ Das bekannte Ketten-Hotel ist idealer Ausgangsort für Ihre Unternehmungen. Praktisch eingerichtete Zimmer sowie kostenlose Parkplätze gehören zu den weiteren Vorzügen.

Villa Kastania, Kastanienallee 20, ✉ 14052, ☎ (030) 3 00 00 20, *info@villakastania.com*, Fax (030) 30000210, 🍴, 🍽, 🏊 – 📶 ✱ Zim, 📺 📞 🅿 – 🔧 20. 🆎 ⓘ ⓜ ⓥ VISA JCB
EY v
Menu à la carte 21/35 – ☐ 11 – **43 Zim** 90/145 – 105/175.
♦ Gepflegtes Hotel mit gediegener Atmosphäre unweit der Messe/ICC. Zur Auswahl : Zimmer in Mahagoni, mit luxuriösen Naturholzmöbeln oder italienischen Stilmöbeln. Restaurant Marron mit großer Fensterfront und Terrasse.

Schlosspark-Hotel 🌿, Heubnerweg 2a, ✉ 14059, ☎ (030) 3 26 90 30, *schlossparkhotel@t-online.de*, Fax (030) 326903600, 🏊, 🍴 – 📶 ✱ Zim, 📺 📞 🅿 – 🔧 40. ⓘ ⓜ ⓥ VISA
EY
Menu à la carte 20/27,50 – **40 Zim** ☐ 108/118 – 128/138.
♦ Prima Ausgangspunkt, um das Schloß und die umliegenden Museen zu besichtigen. Zudem lädt der Schloßgarten zum Spaziergang ein. Reservieren Sie ein Zimmer mit Park-Blick ! Restaurant-Café mit rustikalem Interieur und Wintergarten.

California garni, Kurfürstendamm 35, ✉ 10719, ☎ (030) 88 01 20, *info@hotel-california.de*, Fax (030) 88012111, 🍽 – 📶 ✱ 📺 📞 🚗. 🆎 ⓘ ⓜ ⓥ VISA JCB ✂
LY a
50 Zim ☐ 94/130 – 114/145.
♦ Historisches Gebäude der Jahrhundertwende. Die renovierten Räume sind großzügig geschnitten und zum Innenhof ruhig gelegen. Das hoteleigene Solarium erfrischt den Teint.

Gates Ⓜ garni, Knesebeckstr. 8, ✉ 10623, ☎ (030) 31 10 60, *management@hotel-gates.com*, Fax (030) 31106666 – 📶 ✱ Zim, 📺 📞 🚗. 🆎 ⓘ ⓜ ⓥ VISA JCB
LX f
72 Zim ☐ 95/150 – 110/180.
♦ Hier ist man ganz auf moderne Geschäftsleute eingestellt : jedes Zimmer bietet einen Arbeitsplatz mit Computer und freiem Internetzugang. Nett : das restaurierte Treppenhaus.

Boulevard garni, Kurfürstendamm 12, ✉ 10719, ☎ (030) 88 42 50, *info@hotel-boulevard.com*, Fax (030) 88425450 – 📶 ✱ 📺 📞 – 🔧 15. 🆎 ⓘ ⓜ ⓥ VISA JCB
LX c
57 Zim ☐ 95/130 – 118/164.
♦ Der Hotel-Name ist eine Anspielung auf den Weltstadtboulevard, der vor der Haustür verläuft. Dachterrasse mit Café und gutem Überblick über den Berliner Hochbetrieb.

BERLIN S. 22

🏨 **Kurfürstendamm am Adenauerplatz** garni, Kurfürstendamm 68, ⊠ 10707, ℘ (030) 88 46 30, info@hotel-kurfuerstendamm.de, Fax (030) 8825528 – 🛗 📺 📞 📠 - 🏛 30. AE ① ⓒⓑ VISA JCB   JY n
34 Zim 😊 94 – 140, 4 Suiten.
• Einheitliche, mit Kirschholzmobiliar eingerichtete Zimmer. Im Haus befindet sich auch das Ausbildungszentrum für den gastronomischen Nachwuchs. Kleiner Mittagstisch.

🏨 **Scandotel Castor** garni, Fuggerstr. 8, ⊠ 10777, ℘ (030) 21 30 30, scandotel@t-online.de, Fax (030) 21303160 – 🛗 ≒ 📺 📞. AE ① ⓒⓑ VISA JCB   MY s
78 Zim 😊 120/128 – 148/163.
• Ob Ku'damm oder KaDeWe, Kino oder Kneipe : Das neuzeitliche Hotel mit den funktionell eingerichteten Zimmern und der guten technischen Ausstattung liegt in unmittelbarer Nähe !

🏨 **Fjord Hotel** garni, Bissingzeile 13, ⊠ 10785, ℘ (030) 25 47 20, fjordhotelberlin@t-online.de, Fax (030) 25472111 – 🛗 ≒ 📺 ⇌ 📠. AE ⓒⓑ VISA. ⚜   NZ c
57 Zim 😊 85 – 100.
• Familiär geführtes Hotel nur einen Steinwurf entfernt vom Potsdamer Platz. Neuzeitliches Interieur. Bei gutem Wetter wird auf der Dachterrasse das Frühstück serviert !

🏨 **Delta** garni, Pohlstr. 58, ⊠ 10785, ℘ (030) 26 00 20, delta@cityconact-hotels.de, Fax (030) 26002111 – 🛗 ≒ 📺 📞 ⇌. AE ① ⓒⓑ VISA JCB   FY c
50 Zim 😊 77/82 – 99/107.
• Sympathische, praktische Adresse unweit des bekannten Varietés Wintergarten. Das Hotel übernimmt gerne die Reservierung von Theaterkarten für einen unterhaltsamen Abend.

🏨 **Alfa-Hotel** garni, Ufnaustr. 1, ⊠ 10553, ℘ (030) 20 21 35 00, info@hewa-hotels.de, Fax (030) 20213555 – 🛗 ≒ 📺 📞 ⇌ – 🏛 35. AE ① ⓒⓑ VISA JCB   FY a
33 Zim 😊 109/129 – 129/149.
• Wohngebiet im Bezirk Tiergarten. Das Hotel hält gepflegte, mit hellgrauem Einbaumobiliar eingerichtete, geräumige Zimmer für seine Gäste bereit.

🏨 **Astoria** garni, Fasanenstr. 2, ⊠ 10623, ℘ (030) 3 12 40 67, astoriahotel@t-online.de, Fax (030) 3125027 – 🛗 📺 📞. AE ① ⓒⓑ VISA JCB   LX x
32 Zim 😊 86/108 – 94/138.
• Kleines Stadthotel mit funktioneller Ausstattung. Zum besonderen Service des Hauses gehört ein Segelboot, auf dem Sie die Gewässer der Havel erkunden können !

🏨 **Imperial**, Lietzenburger Str. 79, ⊠ 10719, ℘ (030) 88 00 50, imperial-berlin@t-online.de, Fax (030) 8824579, ⚜, ≋s, 🏊, – 🛗 ≒ Zim, 📺 ⇌ – 🏛 40. AE ① ⓒⓑ VISA JCB   LY t
Menu (geschl. Sonntag - Montag) (Okt. - April nur Abendessen) à la carte 18/27,50 – **81 Zim** 😊 90/136 – 115/146.
• Berliner Nächte sind lang ! Um sie sich zu vertreiben, findet man gleich in der Nähe vielfältige Möglichkeiten. Wer lieber entspannen möchte, ist in der Sauna willkommen. Restaurant mit großem Buffetbereich.

🏨 **Allegra** garni, Albrechtstr. 17, ⊠ 10117, ℘ (030) 30 88 60, allegra-hotel@t-online.de, Fax (030) 30886100 – 🛗 ≒ 📺 📞 ♿ ⇌. AE ① ⓒⓑ VISA JCB   NY e
79 Zim 😊 97/148 – 130/182.
• Die klassizistische Schinkelfassade fällt ins Auge ! In einem der ältesten Berliner Viertel erwartet der sanierte Altbau den Gast mit zeitgemäß eingerichteten Räumlichkeiten.

🏨 **Atrium-Hotel** garni, Motzstr. 87, ⊠ 10779, ℘ (030) 21 49 10, atrium-hotel@proximedia.de, Fax (030) 2117563 – 🛗 📺. ⓒⓑ VISA   MY e
22 Zim 😊 55/72 – 89.
• Gepflegter Hotelbetrieb, von dem Sie bequem zu Fuß den Ku'damm erreichen ! Hier wohnt der Gast in braunem Vogelaugenahornmobiliar. Zimmer zum Hof teilweise mit Balkon.

🏨 **Kubrat** garni, Leipziger Str. 21, ⊠ 10117, ℘ (030) 2 01 20 54, hotel-kubrat@t-online.de, Fax (030) 2012057 – 🛗 📺 📠. AE ⓒⓑ VISA JCB. ⚜   PZ d
36 Zim 😊 89/128 – 104/144.
• Unweit des berühmt-berüchtigten Checkpoint-Charlie gelegen, ist dieses Hotel ein guter Ausgangspunkt für Berlinbesuche. Helle Zimmer, teilweise mit Business-Ausstattung.

🏨 **Kastanienhof** garni, Kastanienallee 65, ⊠ 10119, ℘ (030) 44 30 50, info@hotel-kastanienhof-berlin.de, Fax (030) 44305111 – 🛗 ≒ 📺 – 🏛 15. ⓒⓑ VISA JCB. ⚜   RX c
36 Zim 😊 78/88 – 98/128.
• In einem Wohnhaus am Rand von Berlin-Mitte. Hier beginnt der Prenzlauer Berg, das neue Trend- und Künstlerviertel. Gute Übernachtungsadresse. Straßenbahnlinie vor der Tür.

XXXXX **Lorenz Adlon** - Hotel Adlon, Unter den Linden 77, ⊠ 10117, ℘ (030) 22 61 19 60, Fax (030) 22612222 – 🍽. AE ① ⓒⓑ VISA JCB. ⚜   NZ s
geschl. Jan. 2 Wochen, Juli - Aug. 4 Wochen, Sonntag - Montag – **Menu** (nur Abendessen) 90/140 und à la carte ⚜.
• Als Bibliothek dekoriert, im ersten Stock : Elegantes Interieur mit schöner Deckenmalerei und aufwendiger klassischer Küche. Tische mit Blick auf das Brandenburger Tor.

Hugenotte - Hotel Inter-Continental, Budapester Str. 2, ✉ 10787, ℰ (030) 26 02 12 63, berlin@interconti.com, Fax (030) 26021239 – 🗐 🚗. AE ① ⓂⓈ VISA JCB. ※
MX a
geschl. Jan. 2 Wochen, Juli - Aug. 4 Wochen, Sonntag – **Menu** (nur Abendessen) (bemerkenswerte Weinkarte) 74/100 à la carte 63/79 ♀ - Umzug : Frühjahr 2003 in die 13. Etage.
♦ Man nehme : englische Antiquitäten, feinste Tafelkultur und Thomas Kammeier. Sein Stil, gewürzt mit größter Sorgfalt und bestem Geschmack, ergibt einen kulinarischen Genuß.
Spez. Mein Fischeintopf mit Safran-Knoblauchmayonnaise. Glasierte Gänsestopfleber mit Mango. Loup de mer "mediterrane Art".

First Floor - Hotel Palace, Budapester Str. 45, ✉ 10787, ℰ (030) 25 02 10 20, fb@palace.de, Fax (030) 25021197 – AE ① ⓂⓈ VISA ※
MX k
geschl. 13. Juli - 10. Aug., Samstagmittag – **Menu** 40 (mittags) à la carte 57/76 ♀.
♦ First Class auf dem First Floor : In elegantem Ambiente wird mit Silber eingedeckt. Küchenchef Matthias Buchholz brilliert am Herd mit französischer Küche je nach Saison.
Spez. Lauwarmer Salat von bretonischem Hummer mit braisierten Artischocken. Pauillac Lamm mit Aromaten einfachen und Bohnenmelange. Variation von der Holunderblüte.

Margaux, Unter den Linden 78 (Eingang Wilhelmstrasse), ✉ 10117, ℰ (030) 22 65 26 11, hoffmann@margaux-berlin.de, Fax (030) 22652612, 💺 – 🗐. AE ① ⓂⓈ VISA. ※
NZ b
geschl. Sonntag – **Menu** (bemerkenswerte Weinkarte) 35 (mittags) à la carte 53/79 ♀.
♦ Cuisine von avantgarde bis classique, serviert zwischen honigfarbenen Onyxwänden zu schwarzem Marmor, Rosenahorn und Samtpolstern, bestrahlt von Blattgoldfeldern.
Spez. Variation von marinierter Entenstopfleber. Bretonischer Hummer mit gebratenem Salat. Taube in Meersalz gegart mit schwarzer Trüffelsauce.

Harlekin - Grand Hotel Esplanade, Lützowufer 15, ✉ 10785, ℰ (030) 2 54 78 86 30, info@esplanade.de, Fax (030) 254788617, 💺 – 🗐. AE ① ⓂⓈ VISA JCB. ※
MX e
geschl. 1. - 6. Jan., Aug., Sonntag - Montag – **Menu** (nur Abendessen) 45/65 und à la carte ♀.
♦ Den Saal beherrscht keck der Harlekin von Markus Lüpertz. Im Restaurant läßt sich das Küchenteam in die Töpfe schauen : Zu sehen und zu schmecken gibt es dort kreative Küche.

Facil - Hotel Madison, Potsdamer Str. 3 (5. Etage), ✉ 10785, ℰ (030) 5 90 05 12 34, Fax (030) 590050500 – 🗐 🚗. AE ① ⓂⓈ VISA ※
NZ v
geschl. 2. - 26. Jan., 26. Juli - 10. Aug., Samstag - Sonntag – **Menu** à la carte 52/77.
♦ Ein gläserner Lift an der Fassade bringt Sie in das komplett verglaste Restaurant in der 5. Etage. Eleganz in klaren Linien und die grüne Umgebung zeichnen diese Adresse aus.
Spez. Kotelett vom Steinbutt mit Passe Pierre. Geschmorte Kalbsbacke mit rotem Chicorée und Trüffel. Gebrannte Passionsfruchtcreme mit Joghurteis.

Die Quadriga - Hotel Brandenburger Hof, Eislebener Str. 14, ✉ 10789, ℰ (030) 21 40 56 50, info@brandenburger-hof.com, Fax (030) 21405100 – AE ① ⓂⓈ JCB.
LY n
geschl. 1. - 12. Jan., 14. Juli - 16. Aug., Samstag - Sonntag – **Menu** (nur Abendessen) à la carte 46/73 ♀.
♦ Man sitzt in Lloyd-Wright-Stühlen aus Kirschholz, lauscht den Pianoklängen und speist von Porzellan der Königlichen Manufaktur Berlin : Kreative Köstlichkeiten.
Spez. Getrüffelte Gänseleberterrine mit Apfel-Ingwerkompott und Pfefferkaramel. Törtchen vom Steinbuttfilet und Kaisergranat mit Pfirsich im Pilzsud. Gebackene Schokoladenganache mit Gewürzorangen und Spätburgunderschaumeis.

VAU, Jägerstr. 54, ✉ 10117, ℰ (030) 2 02 97 30, restaurant@vau-berlin.de, Fax (030) 20297311, 💺 – AE ① ⓂⓈ VISA. ※
PZ u
geschl. Sonntag – **Menu** 36 (mittags)/100 à la carte 61/89 ♀.
♦ Das Auge ißt mit ! Architektur, Design und Kochkünste dieses edlen Restaurants im Bistro-Stil gehen eine äußerst appetitanregende Verbindung ein.
Spez. Soufflierter Kartoffelschmarrn mit Imperial-Kaviar. Steinbutt im Brunnenkressefond mit Piemonteser Haselnüssen. Geschmorte Kalbsbäckle mit Erbsenpüree und Morcheln.

Ana e Bruno, Sophie-Charlotten-Str. 101, ✉ 14059, ℰ (030) 3 25 71 10, alexandra @ana-e-bruno.de, Fax (030) 3226895 – AE ⓂⓈ
EY s
geschl. Juli - Aug. 2 Wochen, Sonntag - Montag – **Menu** (nur Abendessen) (italienische Küche, bemerkenswertes Angebot ital. Weine) à la carte 58/73 ♀.
♦ Küchenchef und Hausherr Bruno Pellegrini erklärt seinen Gästen fachkundig die Zusammenstellung der Menüfolge und empfiehlt den passenden Wein. Modern-elegante Einrichtung.

Alt Luxemburg, Windscheidstr. 31, ✉ 10627, ℰ (030) 3 23 87 30, info@alt luxemburg.de, Fax (030) 3274003 – 🗐. AE ① ⓂⓈ VISA
JX s
geschl. Sonntag – **Menu** (nur Abendessen) (Tischbestellung ratsam) 67/77 à la carte 46/76.
♦ Gründerzeit-Ambiente und Stoffentwürfe von Josef Hoffmann, dem Initiator der Wiener Werkstätten. Individuelle, kulinarische Adresse mit klassischer Küche.

BERLIN S. 24

XX **Bocca di Bacco,** Friedrichstr. 167, ✉ 10117, ✆ (030) 20 67 28 28, info@boccadibacco.de, Fax (030) 20672929 – AE ⓂⓄ VISA. ✄
PZ x
geschl. Sonntagmittag – **Menu** (italienische Küche) 19,50 (mittags) à la carte 32/45.
♦ Willkommen im "Mund des Bacchus" : Freuen Sie sich auf freundlichen Service und gute italienische Küche im stilvoll-modernen Restaurant mit opulenten Bildern und schicker Bar.

XX **Bamberger Reiter,** Regensburger Str. 7, ✉ 10777, ✆ (030) 2 18 42 82, Fax (030) 21474799, 🍽 – VISA
MY b
geschl. Sonntag - Montag – **Menu** (nur Abendessen) (Tischbestellung ratsam) à la carte 28/48.
♦ Österreichische Schmankerln in Berlin : Die Freunde der Küche Austrias kommen in diesem gemütlichen Restaurant mit Holztäfelung und rustikal-elegantem Touch auf ihre Kosten.

XX **Kaiserstuben,** Am Festungsgraben 1, ✉ 10117, ✆ (030) 20 61 05 48, info@kaiserstuben.de, Fax (030) 20610550 – AE ⓞ ⓂⓄ VISA JCB. ✄
PY n
geschl. Juli - Aug. 3 Wochen, Sonntag - Montag – **Menu** (nur Abendessen) (Tischbestellung ratsam) à la carte 46/57 – **Die Möve** (geschl. Sonntag) **Menu** à la carte 27/41.
♦ Die Kaiserstuben haben ein neues Domizil : In der ersten Etage des herrschaftlichen Palais findet man das kleine Restaurant mit gediegener Aufmachung und klassischer Karte. In der Möve : weiß gedeckte Tische und moderneres Ambiente mit internationalen Gerichten.

XX **Il Sorriso,** Kurfürstenstr. 76, ✉ 10787, ✆ (030) 2 62 13 13, ilsorriso@t-online.de, Fax (030) 2650277, 🍽 – 🅿 AE ⓞ ⓂⓄ VISA. ✄
MX r
geschl. 22. Dez. - 5. Jan., Sonntag – **Menu** (abends Tischbestellung ratsam, italienische Küche) à la carte 31/47.
♦ Auffallend : Im Wintergarten wachsen Kastanienbäume durch das Dach. Anheimelnd : das Lichtmilieu der Restaurant-Räume in elegant-italienischem Stil. Zum Anbeißen : die Küche.

XX **Guy,** Jägerstr. 59 (Innenhof), ✉ 10117, ✆ (030) 20 94 26 00, info@guy-restaurant.de, Fax (030) 20942610, 🍽 – AE ⓂⓄ VISA. ✄
PZ d
geschl. Samstagmittag, Sonntag – **Menu** 20 (mittags) à la carte 43/48.
♦ Stilvollen Charme versprüht das Guy mit seinen vier terrassenförmig angeordneten Ebenen, wo Restaurant, imposanter Hof, Weinkeller, Bar und Bankettsalon untergebracht sind.

XX **Paris-Moskau,** Alt-Moabit 141, ✉ 10557, ✆ (030) 3 94 20 81, Fax (030) 3942602, 🍽
GY s
geschl. Aug. 2 Wochen – **Menu** (nur Abendessen) (Tischbestellung ratsam) à la carte 34,50/49,50.
♦ Unweit des Lehrter Stadtbahnhofes steht das alte Fachwerkhaus auf ehemaligem Grenzgebiet. Zeitlose, geschmackvolle Einrichtung. Einfallsreiche Küche je nach Saison.

XX **Ponte Vecchio,** Spielhagenstr. 3, ✉ 10585, ✆ (030) 3 42 19 99, Fax (030) 3421999, 🍽 – ⓞ
JX a
geschl. Juli - Aug. 4 Wochen, Dienstag – **Menu** (nur Abendessen) (Tischbestellung erforderlich) (italienische Küche) à la carte 31/48.
♦ Wozu in die Ferne schweifen? talienisches Flair gibt es auch in Berlin. Die Karte mit vielen toskanischen Genüssen tröstet über den ausgefallenen Italien-Urlaub hinweg.

XX **Bacco,** Marburger Str. 5, ✉ 10789, ✆ (030) 2 11 86 87, info@bacco.de, Fax (030) 2115230 – AE ⓂⓄ VISA. ✄
MX u
geschl. Sonntag – **Menu** (Juli - Aug. nur Abendessen) (italienische Küche) à la carte 28,50/44.
♦ Familiär geführtes Lokal am Europacenter. Der Patron selbst empfiehlt die Tagesspezialitäten. Den passenden Tropfen finden Sie auf einer Karte mit 250 italienischen Weinen.

XX **Engelbrecht,** Schiffbauerdamm 6, ✉ 10117, ✆ (030) 28 59 85 85, engelbrecht-berlin@t-online.de, Fax (030) 28598587 – AE ⓂⓄ VISA
NY c
geschl. Sonntag – **Menu** 16,50 (mittags) à la carte 30,50/44,50.
♦ Brechts Bühne ist um die Ecke, die Spree vor der Tür und die Kuppel des Reichstags liegt im Blickfeld. Moderne Einrichtung und international zusammengestelltes Speiseangebot.

X **Rutz,** Chausseestr. 8, ✉ 10115, ✆ (030) 24 62 87 60, info@rutz-weinbar.de, Fax (030) 24628761, 🍽 – ⓞ ⓂⓄ VISA
PY r
geschl. Sonntag – **Menu** (nur Abendessen) (bemerkenswerte Weinkarte) à la carte 38,50/46.
♦ Die moderne Szenerie der zweigeschossigen gastronomischen Einrichtung setzt auf puristische Eleganz. Eines der Highlights : Die Weinkarte mit 1001 verschiedenen Positionen.

X **Portalis,** Kronenstr. 55, ✉ 10117, ✆ (030) 20 45 54 96, portalis@t-online.de, Fax (030) 20455498 – AE ⓂⓄ VISA
PZ b
geschl. 1. - 6. Jan., Juli - Aug. 3 Wochen, Sonntag - Montag – **Menu** 27 (mittags) à la carte 45/60.
♦ In dem trendigen Restaurant im Bistrostil mit moderner Einrichtung und dunklen Wänden bewirtet der freundliche Service die Gäste mit einer klassisch geprägten Küche.

BERLIN S. 25

- **Borchardt,** Französische Str. 47, ⌂ 10117, ℰ (030) 20 38 71 10, veranstaltung@gastart.de, Fax (030) 20387150, 🍴 – AE ⓜ VISA PZ c
  Menu à la carte 30,50/52.
  • Säulen mit vergoldeten Kapitellen und Stuckdecken beeindrucken hier den Gast. Kein Wunder bei dieser edlen In-Adresse. Hier gilt: "Sehen und gesehen werden"! Innenhofterrasse.

- **Maxwell,** Bergstr. 22 (Eingang im Hof), ⌂ 10115, ℰ (030) 2 80 71 21, maxwell.berlin@t-online.de, Fax (030) 28599848, 🍴 – AE ⓞ ⓜ VISA PX e
  Menu (nur Abendessen) (Tischbestellung ratsam) à la carte 34/48.
  • Im Hinterhof einer ehemaligen Brauerei von ca. 1900 zu finden. Das Gebäude mit schöner neogotischer Fassade ist durchaus einen Abstecher wert. Schöne Innenhofterrasse.

- **Weinstein,** Mittelstr. 1, ⌂ 10117, ℰ (030) 20 64 96 69, Fax (030) 20649699, 🍴 – ⓞ ⓜ VISA PY f
  geschl. Samstagmittag, Sonn- und Feiertage – **Menu** à la carte 33/37,50.
  • Das Interieur beschwört das Fluidum exklusiver Pariser Bistros mit einem Hauch ansprechenden Art décos herauf. Die ambitionierte Küche hat einen starken mediterranen Touch.

- **Lindenlife,** Unter den Linden 44, ⌂ 10117, ℰ (030) 2 06 29 03 33, info@lindenlife.de, Fax (030) 206290335, 🍴 – AE ⓜ VISA NZ u
  Menu à la carte 26/40 – **Weinlife : Menu** à la carte 19,50/29.
  • Speisen im Lindenlife des Bundesabgeordnetenhauses : Die puristische Restauration macht's möglich - vielleicht sitzt am Nebentisch ein bekannter Politiker. Modernes Ambiente im Weinlife mit geradliniger Ausstattung und Weinklimaschränken an den Wänden.

- **Maothai,** Meierottostr. 1, ⌂ 10719, ℰ (030) 8 83 28 23, maothai@snafu.de, Fax (030) 88675658, 🍴 – AE ⓞ VISA LY m
  Menu (Montag - Freitag nur Abendessen) (thailändische Küche) à la carte 22/40,50.
  • Das klassische Haus mit eleganter Fassade steht beim Fasanenplatz gleich um die Ecke. Die umfassende Speisekarte führt mas sich hier bei thailändischer Musik zu Gemüte.

- **Lutter und Wegner,** Charlottenstr. 56, ⌂ 10117, ℰ (030) 2 02 95 40, Fax (030) 20295425, 🍴 – ⓜ VISA PZ e
  Menu 17 (mittags) à la carte 29/44,50.
  • E.T.A. Hoffmann wohnte gleich um die Ecke. Drei große, von zeitgenössischen Künstlern bemalte Säulen geben das Motto vor : Wein, Weib und Gesang. Gemütliche Weinstube.

- **Marjellchen,** Mommsenstr. 9, ⌂ 10629, ℰ (030) 8 83 26 76, Fax (030) 88729890, 🍴 – AE ⓞ ⓜ VISA JCB KX a
  geschl. Sonntag – **Menu** (nur Abendessen) à la carte 19,50/39.
  • Typische und gemütliche Berliner Adresse, wo deftige ostpreußische und schlesische Gerichte aufgetischt werden. Die Rezepte erbte das Marjellchen von seiner Großmutter.

In den Bezirken :

In Berlin-Adlershof Stadtplan Berlin : S. 5 :

- **Dorint** M, Rudower Chaussee 15, ⌂ 12489, ℰ (030) 67 82 20, info.beradl@dorint.com, Fax (030) 678221000, 🍴 – 📶, ⥂ Zim, 📺 📞 ♿ ⥽ 🅿 – 🛋 120. AE ⓞ ⓜ VISA JCB DV d
  Menu à la carte 24/29,50 – ⌷ 12 – **120 Zim** 90/99 – 98/107.
  • Neues Businesshotel am Rande eines Industriegebiets mit moderner Sandsteinfassade. Einheitlich gestaltete Zimmer mit hellem Einbaumobiliar und guter technischer Ausstattung.

In Berlin-Buchholz Stadtplan Berlin : S. 5 :

- **Businesshotel** garni, Pasewalker Str. 97, ⌂ 13127, ℰ (030) 47 69 80, info@businesshotel.de, Fax (030) 47698453 – 📶 ⥂ 📺 📞 ♿ ⥽ 🅿 AE ⓜ VISA JCB CT n
  97 Zim ⌷ 65/75 – 85/100.
  • Business as usual? In diesem Hotel kein Problem : Praktisch und funktionell eingerichtete Zimmer sowie ein kleiner Tagungsraum stehen hier für den geschäftigen Gast bereit.

In Berlin-Friedrichshain Stadtplan Berlin : S. 5 u. 7 u. 11 :

- **Inn Side Residence-Hotel** M, Lange Str. 31, ⌂ 10243, ℰ (030) 29 30 30, berlin@innside.de, Fax (030) 29303199, 🍴, ⥿ – 📶, ⥂ Zim, 📺 📞 ⥽ – 🛋 35. AE ⓞ ⓜ VISA JCB SZ r
  Menu à la carte 25/40 – ⌷ 14 – **133 Zim** 160/230 – 180/250.
  • Das phantasievolle Zusammenspiel von Farben und Formen prägt die Optik der großräumigen Zimmer. Lassen Sie sich über sechs Etagen von zahlreichen Kunstobjekten inspirieren ! Im Untergeschoss das Restaurant mit Wintergarten und Blick zum Innenhof.

- **Astron** M, Landsberger Allee 26, ⌂ 10249, ℰ (030) 4 22 61 30, berlin-alexanderplatz@astron-hotels.com, Fax (030) 422613300, 🍴, ⥿ – 📶, ⥂ Zim, 📺 📞 ♿ ⥽ – 🛋 160. AE ⓞ ⓜ VISA JCB SY e
  Menu à la carte 23/36 – ⌷ 13 – **225 Zim** 85/100 – 102/120.
  • Großzügiger Empfangsbereich. Einheitlich mit hellen, modernen Naturholzmöbeln ausgestattete Zimmer, die den Bedürfnissen von Geschäftsleuten entsprechen. Gepflegtes Restaurant im Bistrostil.

BERLIN S. 26

Mercure City Ost M garni, Frankfurter Allee 73a/Ecke Voigtstraße, ✉ 10247, ℰ (030) 42 83 10, h2821@accor-hotels.com, Fax (030) 42831831 – 📳 ⚡ 🔲 📺 – 🔒 20. AE ① ⓜ VISA
CU b
☐ 13 – **120 Zim** 92/130 – 113/151, 4 Suiten.
♦ Hinter der Glas-Betonfassade verbirgt sich ein großes Einkaufs- und Bürocenter, in dem auch das Hotel etabliert ist. Gute und schallisolierte Zimmer für Geschäftsleute.

Upstalsboom Hotel Friedrichshain, Gubener Str. 42, ✉ 10243, ℰ (030) 29 37 50, info@upstalsboom-berlin.de, Fax (030) 29375777, 🏋, ☎ – 📳, ⚡ Zim, 📺 📞 ⇔ – 🔒 50. AE ① ⓜ VISA
HY a
Menu à la carte 22/27,50 – **169 Zim** ☐ 85/155 – 100/170.
♦ Im Osten Berlins erwarten Sie wohnlich gestaltete Zimmer in zwei Kategorien. Das Haus befindet sich in einer Seitenstraße in relativ ruhiger Wohnlage. Gartenterrasse und Bar. Im Restaurant friesische und internationale Gerichte.

New Berlin, Petersburger Str. 24, ✉ 10249, ℰ (030) 4 20 25 60, service@hotel-new-berlin.de, Fax (030) 42025699, ☎ – 📳 📺 📞. AE ① ⓜ VISA
HY f
Menu à la carte 24/38 – **66 Zim** ☐ 107/123 – 123/172.
♦ Die Zimmer dieses neuen Hotels mit moderner, ockerfarbener Fassade sind im Stil einheitlich mit solidem Mobiliar eingerichtet und auch technisch gut ausgestattet. Das Restaurant ziert Wandmalereien nach italienischen Motiven.

Tulip Inn M, Gürtelstr. 41, ✉ 10247, ℰ (030) 29 38 30, tulip-inn-bln-frh@debitel.net, Fax (030) 29383222, ☎ – 📳, ⚡ Zim, 🔲 📺 🖺 ⇔. AE ① ⓜ VISA JCB. ⚡ Rest
CU c
Menu (geschl. Sonntag) (nur Abendessen) à la carte 16/25 – **60 Zim** ☐ 87/117 – 100/142.
♦ Direkt an der S- und U-Bahn-Station Frankfurter Allee gelegen. Stilmöbel und viel Liebe zum Detail schmücken das Interieur. Geschäfte und Kneipen in Fußentfernung. Im Restaurant verspieltes Dekor und einfache Küche im Bistrostil.

Ibis Ostbahnhof M garni, An der Schillingbrücke 2, ✉ 10243, ℰ (030) 25 76 00, h3108@accor-hotels.com, Fax (030) 25760333 – 📳 ⚡ 🔲 📺 📞 🖺 ⇔. AE ① ⓜ VISA JCB
SZ b
☐ 9 – **135 Zim** 72/99 – 84/111.
♦ Die Zimmerausstattung dieses neuzeitlichen Hotels entspricht den Ansprüchen, die Reisende an eine funktionelle Unterkunft stellen.

In Berlin-Grunewald Stadtplan Berlin : S. 4 u. 6 :

The Regent Schlosshotel, Brahmsstr. 10, ✉ 14193, ℰ (030) 89 58 40, schlosshotel@regenthotels.com, Fax (030) 89584802, ☎, Massage, 🏋, ☎, 🔲 – 📳, ⚡ Zim, 🔲 📺 📞 ⇔ 🅿 – 🔒 40. AE ① ⓜ VISA JCB. ⚡ Rest
EZ a
Vivaldi (geschl. Sonntag - Montag) (nur Abendessen) **Menu** à la carte 46/64 – **Le Jardin** : **Menu** à la carte 42/50 – ☐ 20 – **54 Zim** 320/400 – 350/430, 12 Suiten.
♦ Kein Traum : In dem ehemaligen Palais ist alles vom Feinsten ! Karl Lagerfeld hat hier das Innenleben bestimmt. Es fehlen die Worte : Man komme und staune !! Im Vivaldi speisen Sie in der barocken Pracht von Kristallüstern, Stuck und Goldornamenten.

In Berlin-Hohenschönhausen Stadtplan Berlin : S. 5 :

Quality Hotel Wilhelmsberg M, Landsberger Allee 203, ✉ 13055, ℰ (030) 97 80 80, wilhelmsberg@quality-hotel-berlin.de, Fax (030) 97808450, ☎ – 📳, ⚡ Zim, 📺 🅿 – 🔒 120. AE ① ⓜ VISA JCB
CU a
Menu à la carte 15,50/25,50 – **312 Zim** ☐ 100/130 – 120/160, 5 Suiten.
♦ Riesiger Hotelkomplex mit standardisierter Ausstattung und vielen Lokalitäten : Irisches Pub mit traditioneller Live-Musik und Biergarten sowie ein Billard-Café.

In Berlin-Karow Stadtplan Berlin : S. 5 :

Bel Air, Hagenstr. 1a, ✉ 13125, ℰ (030) 9 42 00 90, hotel-belair@t-online.de, Fax (030) 9420091 – 📳, ⚡ Zim, 📺 📞. AE ⓜ VISA
CT b
Menu (nur Abendessen) (Restaurant nur für Hausgäste) – **17 Zim** ☐ 67/77 – 82/98.
♦ Neuzeitliche Pension mit modernem Glasanbau und wohnlichen Zimmern mit solidem, hellem Einbaumobiliar. Für Hausgäste serviert man abends auf Wunsch kleine Mahlzeiten.

In Berlin-Köpenick Stadtplan Berlin S. 5 :

Courtyard by Marriott M, Grünauer Str. 1, ✉ 12557, ℰ (030) 65 47 90, cy.bercy.dos@marriott.com, Fax (030) 65479555, ☎, 🏋, ☎ – 📳, ⚡ Zim, 🔲 📺 📞 🖺 ⇔ – 🔒 270. AE ① ⓜ VISA JCB
DV v
Menu à la carte 21/34 – ☐ 14 – **190 Zim** 98/108.
♦ Direkt an den Ufern der Dahme gelegen, verfügt das Hotel über eigene Bootsanlegeplätze. Buchen Sie ein Zimmer mit Blick auf Fluß und Köpenicker Schloß ! Großer Fitnessbereich. Restaurant mit Showküche.

BERLIN S. 27

In Berlin-Kreuzberg *Stadtplan Berlin : S. 7 u. 10 :*

relexa Hotel Stuttgarter Hof, Anhalter Str. 8, ⌧ 10963, ℘ (030) 26 48 30, berlin@relexa-hotel.de, Fax (030) 26483900, ⇔ – ⌷, ⇖ Zim, ⎔ ✆ ⇌ – 🅰 160. ⬚ ⓘ ⓜⓢ 𝐕𝐈𝐒𝐀
NZ e
Menu à la carte 19,50/28 – **207 Zim** ⌧ 135/175 – 165/205.
♦ Schon im kaiserlichen Berlin war der Stuttgarter Hof eine beliebte Adresse für ein internationales Publikum. Jetzt mit fast verdoppelter Zimmerzahl und neuen Konferenzräumen !

Ludwig van Beethoven garni, Hasenheide 14, ⌧ 10967, ℘ (030) 6 95 70 00, info@hotel-ludwig-van-beethoven.de, Fax (030) 695700150 – ⌷ ⇖ ⎔ ℗ – 🅰 15. ⬚ ⓘ ⓜⓢ 𝐕𝐈𝐒𝐀
HZ d
68 Zim ⌧ 86/95 – 110/115.
♦ Das Hotel beginnt in der 2. Etage des Geschäftshauses, helle freundliche Zimmer erwarten Sie. Im großen wintergartenähnlichen Frühstücksraum wird auch der müdeste Gast wach.

Altes Zollhaus, Carl-Herz-Ufer 30, ⌧ 10961, ℘ (030) 6 92 33 00, Fax (030) 6923566 – ⬚ ⓘ ⓜⓢ 𝐕𝐈𝐒𝐀
GZ r
geschl. Montag – Dienstag – **Menu** (nur Abendessen) 38/50 und à la carte.
♦ Das Fachwerk- und ehemalige Zollhaus liegt am Landwehrkanal und ist auch mit dem Schiff über den hauseigenen Bootsanleger erreichbar. Internationales Repertoire.

Le Cochon Bourgeois, Fichtestr. 24, ⌧ 10967, ℘ (030) 6 93 01 01, Fax (030) 6943480, ⇞
HZ m
geschl. 1. - 7. Jan., Sonntag - Montag – **Menu** (nur Abendessen) à la carte 30/39.
♦ Eine Lokalität mit ganz eigenem Charakter : Sichtbar geprägt durch die derb-rustikale Einrichtung, die dennoch im Einklang mit der französischen Küche des Hauses steht.

In Berlin-Lichtenberg *Stadtplan Berlin : S. 5 :*

Abacus Tierpark Hotel 🅼, Franz-Mett-Str. 3, ⌧ 10319, ℘ (030) 5 16 20, info@abacus-hotel.de, Fax (030) 5162400, ⇞, ⇔ – ⌷, ⇖ Zim, ⎔ ✆ ⇓ ℗ – 🅰 250. ⬚ ⓘ ⓜⓢ 𝐕𝐈𝐒𝐀
DU e
Menu 15 (mittags)/17,50 (Buffet) und à la carte – **278 Zim** ⌧ 99/119 – 125/145.
♦ Tierfreunde wohnen hier richtig : Europas größter Freilandgehege-Tierpark ist nur einen Katzensprung entfernt. Die Zimmer sind mit hellem Naturholz funktionell eingerichtet. Restaurant mit lockerer Bistro-Cafeteria-Atmosphäre.

City Consul 🅼, Rathausstr. 2, ⌧ 10367, ℘ (030) 55 75 70, ccberlin@consul-hotels.com, Fax (030) 55757272, ⇔ – ⌷, ⇖ Zim, ⎔ ✆ ⇓ ⇌ – 🅰 25. ⬚ ⓘ ⓜⓢ 𝐕𝐈𝐒𝐀 ⱼ𝐂𝐁
CU e
Menu à la carte 16/32 – **100 Zim** ⌧ 98/126 – 119/147.
♦ Im Osten der Hauptstadt. Dieses Haus legt Wert auf die mit moderner Konferenztechnik ausgestatteten Veranstaltungsräume. Zwei Etagen sind für Nichtraucher reserviert.

Nova garni, Weitlingstr. 15, ⌧ 10317, ℘ (030) 5 25 24 66, info@hotel-nova.de, Fax (030) 5252432 – ⌷ ⎔ ⬚ ⓘ ⓜⓢ 𝐕𝐈𝐒𝐀 ⱼ𝐂𝐁
DU a
41 Zim ⌧ 75/105 – 95/115.
♦ Mit seiner der Gründerzeit nachempfundenen Fassade stellt das Hotel einen markanten Punkt am Bahnhof Lichtenberg dar. Auch ein Solarium steht bereit.

In Berlin-Lichterfelde *Stadtplan Berlin : S. 4 :*

Villa Toscana garni, Bahnhofstr. 19, ⌧ 12207, ℘ (030) 7 68 92 70, hotel@villa-toscana.de, Fax (030) 7734488, ⇞ – ⌷ ⎔. ⬚ ⓘ ⓜⓢ 𝐕𝐈𝐒𝐀 ⱼ𝐂𝐁. ⇞
BV b
16 Zim ⌧ 80/105 – 100/120.
♦ Villa aus der Jahrhundertwende mit original italienischem Ambiente, Schleiflackmöbeln und Garten nach toskanischem Vorbild. Im Gartenteich ziehen Koi-Karpfen ihre Bahnen.

In Berlin-Mariendorf *Stadtplan Berlin : S. 5 :*

Landhaus Alpinia, Säntisstr. 32, ⌧ 12107, ℘ (030) 76 17 70 (Hotel) 7 41 99 98 (Rest.), info@alpinia-berlin.de, Fax (030) 7419835, ⇞, ⇔ – ⌷, ⇖ Zim, ⎔ ✆ ⇌ – 🅰 20. ⬚ ⓜⓢ 𝐕𝐈𝐒𝐀
CV b
Villa Rossini (italienische Küche) *(nur Abendessen)* **Menu** à la carte 18,50/36 – **58 Zim** ⌧ 93/135 – 115/160.
♦ Wenn Sie der hektischen City entfliehen und dennoch in ihrer Nähe sein möchten, könnten Ihnen das feudal-rustikale Interieur und der kleine Park dieses Hotels gefallen ! Helles Pinienholz und eine elegant-rustikale Einrichtung prägen das Ristorante.

BERLIN S. 28

In Berlin-Neukölln : *Stadtplan Berlin : S. 7 :*

🏨 Estrel M, Sonnenallee 225, ✉ 12057, ℰ (030) 6 83 10, *hotel@estrel.com*, Fax (030) 68312345, Biergarten, Massage, ₺, ☎ – 🛗, 🛏 Zim, 🖥 📺 📞 ♿ ✈ ⇔ – 🅿 2700. 🆎 ⓘ 🆗 VISA JCB
HZ a
Sans Souci (nur Abendessen) **Menu** à la carte 22/34 – *Portofino* (italienische Küche) **Menu** à la carte 23/33 – *Estrel-Stube (nur Abendessen)* **Menu** à la carte 17/25 – ⊇ 15 – **1125 Zim** 123/225 – 134/236, 60 Suiten.
• Eine kleine Welt für sich und ein Superlativ : Deutschlands größtes Hotel mit glasüberdachter Piazza, integriertem Convention- und Festivalcenter, Bahnhof und Bootsanleger. Das Sans Souci bietet internationale Küche. Pizza und Pasta im Portofino.

🏨 Mercure, Hermannstr. 214, ✉ 12049, ℰ (030) 62 78 00, *h1894@accor-hotels.com*, Fax (030) 62780111, ₺, ☎ – 🛗, 🛏 Zim, 🖥 📺 📞 ⇔ – 🅿 250. 🆎 ⓘ 🆗 VISA JCB
HZ c
Menu à la carte 23/32 – ⊇ 13 – **216 Zim** 106 – 121.
• Für Flugreisende des Airports Tempelhof eine naheliegende Adresse : Das Hotel bietet unter einem Dach Kino, Friseur- und Kosmetikstudio, Laden-Passage und Büro-Komplexe.

🏨 Euro-Hotel garni, Sonnenallee 6, ✉ 12047, ℰ (030) 61 38 20, *info@euro-hotel.net*, Fax (030) 61382222 – 🛗 🛏 📺 📞 – 🅿 50. 🆎 ⓘ 🆗 VISA JCB
HZ b
70 Zim ⊇ 95/136 – 102/151.
• Zentral am Hermannplatz, mit guter Anbindung an die öffentlichen Verkehrsmittel. Ein kostenpflichtiges Parkhaus liegt gegenüber. Einheitliche Zimmer mit Schreibtischen.

In Berlin-Pankow *Stadtplan Berlin : S. 5 :*

🏨 Solitaire M, Hermann-Hesse-Str. 64, ✉ 13156, ℰ (030) 91 60 10, *info@solitaire.de*, Fax (030) 91601100, Massage, ☎ – 🛗, 🛏 Zim, 📺 ♿ 🅿 – 🅿 30
CT r
Zur fröhlichen Pfalz (Weinstube) *(geschl. Dienstag) (nur Abendessen)* **Menu** à la carte 15,50/31 – **52 Zim** ⊇ 72/87 – 92/99.
• Der begrünte Innenhof mutet provençalisch an. Von der Bildergalerie erreicht man die Zimmer, die mit handgeschnitzten Massivholzmöbeln aus Mexiko eingerichtet sind. In der Weinstube bewirtet man Sie mit Pfälzer Gerichten.

In Berlin-Prenzlauer Berg *Stadtplan Berlin : S. 7 u. 11 :*

🏨 Park Plaza M, Storkower Str. 160, ✉ 10407, ℰ (030) 42 18 10, *ppberlin@park plazawww.com*, Fax (030) 42181111 – 🛗, 🛏 Zim, 🖥 📺 📞 ♿ – 🅿 50. 🆎 ⓘ 🆗 VISA JCB
❌ Rest
HY c
Menu à la carte 23/35 – **155 Zim** ⊇ 108 – 124.
• Der Büro-Hotel-Komplex präsentiert sich direkt gegenüber dem Europa-Sport-Park und ist nicht nur eine gute Adresse, um von hier das 6-Tage-Rennen im Velodrom zu verfolgen.

🏨 Holiday Inn City Center East M garni, Prenzlauer Allee 169, ✉ 10409, ℰ (030) 44 66 10, *info@hi-berlin.com*, Fax (030) 44661661 – 🛗 🛏 📺 📞 ♿ ⇔ – 🅿 40. 🆎 ⓘ 🆗 VISA JCB
HX b
⊇ 14 – **122 Zim** 89/149 – 109/169.
• Schon bei der Ankunft fallen die bunten Motive und Malereien ins Auge : Die Kunstwerke des Spaniers Gustavo ziehen sich als roter Faden durch das gepflegte, moderne Hotel.

🏨 Ibis garni, Prenzlauer Allee 4, ✉ 10405, ℰ (030) 44 33 30, *h0353@accor-hotels.com*, Fax (030) 44333111 – 🛗, 🛏 Zim, 🖥 📺 📞 ♿ ⇔ – 🅿 30. 🆎 ⓘ 🆗 VISA
RX e
198 Zim ⊇ 81 – 102.
• Standardgemäß mit neuzeitlich-hellem Mobiliar ausgestattet, empfiehlt sich dieses Hotel mit seinem guten Preis-Leistungs-Verhältnis als funktionelle Übernachtungsadresse.

🏨 Jurine garni, Schwedter Str. 15, ✉ 10119, ℰ (030) 4 43 29 90, *mail@hotel-jurine.de*, Fax (030) 44329999 – 🛗 🛏 📺 📞 ♿ ⇔. 🆎 ⓘ 🆗 VISA
RX s
⊇ 12 – **53 Zim** 75/125 – 90/135.
• Familiär geführtes Haus am Fuße des Prenzlauer Bergs : guter Ausgangspunkt, um Kunst, Kiez und Kneipen zu besuchen. Hoteleigener Garten mit hübscher Sommerterrasse.

✕ Zander, Kollwitzstr. 50, ✉ 10405, ℰ (030) 44 05 76 79, *rolalbrecht@aol.com*, Fax (030) 44057632, ☕ – 🆗 VISA
RX a
Menu 27 à la carte 26/40.
• Einfach eingerichtetes Restaurant auf zwei Ebenen mit Bistrobestuhlung, das eine frische internationale Küche und ein wöchentlich wechselndes Angebot präsentiert.

In Berlin-Reinickendorf *Stadtplan Berlin : S. 4, 5 u. 6 :*

🏨 Dorint Airport Hotel, Gotthardstr. 96, ✉ 13403, ℰ (030) 49 88 40, *info.berteg@dorint.com*, Fax (030) 49884555 – 🛗, 🛏 Zim, 📺 ♿ ⇔ 🅿 – 🅿 70. 🆎 ⓘ 🆗 VISA JCB
❌ Rest
FX c
Menu à la carte 21/30 – ⊇ 12 – **303 Zim** 93/129 – 105/141.
• Vor der Tür hält der Bus zum Flughafen Tegel. Darüber hinaus bestehen gute Anbindungen an das weitläufige Verkehrsnetz. Italienischer Stil prägt das Interieur des Hauses.

BERLIN S. 29

Rheinsberg am See, Finsterwalder Str. 64, ✉ 13435, ℘ (030) 4 02 10 02, info@hotel-rheinsberg.com, Fax (030) 4035057, 🍴, Massage, 🎱, ⇌, ☄, 🖥, 🛏 – 📶, ⇌ Zim, 📺 📞 📠 – 🅿 30. ⓜⓢ 💳   CT e
Menu à la carte 25,50/38 – **81 Zim** ⇌ 106/121 – 122/137.
  ♦ Im Norden der Stadt liegt dieses Domizil in attraktiver Lage am See. Eine ehemalige Scheune verspricht einen individuellen Rahmen für Ihre Konferenz ! Großer Fitnessbereich. Offenes Restaurant mit Gartenterrasse.

Carat, Ollenhauerstr. 111, ✉ 13403, ℘ (030) 41 09 70, reservierung@carat-hotel-berlin.de, Fax (030) 41097444, 🍴 – 📶, ⇌ Zim, 📺 📞 📠 – 🅿 40. 💳 ⓜⓢ 💳   BT n
Philios : Menu à la carte 17,50/36 – **44 Zim** ⇌ 72/113 – 93/113.
  ♦ Ob kurze Zwischenlandung oder ausgiebiger Berlin-Besuch : Die Nähe zu Flughafen und öffentlichen Verkehrsmitteln ermöglicht beides. Wohnlich, in italienischem Stil. Das Philios ist ein helles, modernes Bistro.

Ibis, Alt Reinickendorf 4, ✉ 13407, ℘ (030) 49 88 30, h1573@accor-hotels.com, Fax (030) 49883444, 🍴 – 📶, ⇌ Zim, 📺 📞 ♿ ⇌ – 🅿 50. 💳 ⓜⓢ 💳 🃏   CT a
Menu (nur Abendessen) à la carte 15,40/20 – ⇌ 8 – **116 Zim** 61/85 – 72/85.
  ♦ Einmal mehr heißt Sie ein Ibis-Hotel in Berlin willkommen ! Hier erwarten den Gast funktionelle und gepflegte Räumlichkeiten. Empfehlenswerte Unterkunft in Reinickendorf.

In Berlin-Siemensstadt Stadtplan Berlin : S. 4 :

Holiday Inn Berlin-Esplanade M, Rohrdamm 80, ✉ 13629, ℘ (030) 38 38 90, info@hiberlin-esplanade.de, Fax (030) 38389900, 🍴, ⇌, ☄ – 📶, ⇌ Zim, 🍽 📺 📞 ♿ ⇌ – 🅿 170. 💳 ⓜⓢ 💳 🃏 ✂ Rest   BU b
Il Faggio (geschl. Sonntagabend) **Menu** à la carte 22,50/33,50 – ⇌ 16 – **336 Zim** 133/199 – 158/224, 4 Suiten.
  ♦ Nach der Enge von Flugzeug, Bahn oder Auto läßt Sie die großzügige Lobby des modern gestalteten Hotels tief durchatmen ! Das Haus ist konsequent im Bauhausstil eingerichtet. Im Il Fiaggio internationale Küche.

Novotel, Ohmstr. 4, ✉ 13629, ℘ (030) 3 80 30, h0483@accor-hotels.com, Fax (030) 3819403, ⇌ – 📶, ⇌ Zim, 📺 📞 ♿ – 🅿 200. 💳 ⓜⓢ 💳   BU u
Menu à la carte 20/29,50 – ⇌ 13 – **119 Zim** 111/136 – 126/152.
  ♦ Das tadellos geführte Novotel ist gleich neben Siemens angesiedelt. Die Zimmer verfügen über große Schreibtischablagen. Der Garten mit Pool animiert zur Entspannung !

In Berlin-Spandau Stadtplan Berlin : S. 4 :

Achat M garni, Heidereuterstr. 37, ✉ 13597, ℘ (030) 33 07 20, hotel.achat.berlin@t-online.de, Fax (030) 33072455, ⇌ – 📶 ⇌ 📺 📞 ♿ 📠 – 🅿 60. 💳 ⓜⓢ 💳 🃏   AU a
69 Zim ⇌ 90/100 – 108/128.
  ♦ Zum Abspannen und Aufbauen können Sie sich in eines der 69 Zimmer oder ins Solarium zurückziehen. Das Frühstück erwartet Sie dann im Wintergarten oder auf der Terrasse.

Neotel Senator, Freiheit 5, ✉ 13597, ℘ (030) 33 09 80, reservierung@hotelsenator.de, Fax (030) 33098980 – 📶, ⇌ Zim, 🍽 📺 ♿ ⇌ – 🅿 90. 💳 ⓜⓢ 💳   AU e
Menu à la carte 21/34 – **115 Zim** ⇌ 100/144 – 144/179.
  ♦ Hinter der modernen verglasten Fassade eines Hochhauses findet man neuzeitlich gestaltete Zimmer, die geräumig und technisch gut ausgestattet sind. Restaurant im 16. Stock mit schönem Blick über die Stadt.

Ibis garni, Klosterstr. 4 (Spandau-Arcaden), ✉ 13581, ℘ (030) 33 50 20, h3321@accorhotel.com, Fax (030)33502100 – 📶 ⇌ 📺 📞 ♿. 💳 ⓜⓢ 💳   AU c
⇌ 8 – **132 Zim** 63 – 74.
  ♦ Hier erwartet die Besucher ein neues Hotel mit dem gewohnten Ibis-Standard : zeitlos-modern eingerichtete, saubere Zimmer zu einem fairen Preis.

Lindenufer garni, Breite Str. 36, ✉ 13597, ℘ (030) 3 53 77 00, mail@hotel-lindenufer-berlin.de, Fax (030) 35377055 – 📺 📞. 💳 ⓜⓢ 💳 🃏   AU v
35 Zim ⇌ 75 – 105.
  ♦ Das Hotel ist am Anfang der Fußgängerzone von Berlin-Spandau zu finden. Berlins Zentrum erreichen Sie stressfrei mit der U-Bahn. Zeitgemäße, funktionelle Zimmer.

Kolk, Hoher Steinweg 7, ✉ 13597, ℘ (030) 3 33 88 79, kolk-richter@t-online.de, Fax (030) 3338879, 🍴 – ✂   AU d
geschl. Montag – **Menu** à la carte 19/33,50.
  ♦ Nach dem Besuch der Zitadelle empfiehlt sich die Einkehr in die alte Feuerwache : In rustikalem Interieur oder auf der Terrasse am Kolk wird eine umfangreiche Karte geführt.

BERLIN S. 30

In Berlin-Steglitz *Stadtplan Berlin : S. 4 :*

Steglitz International, Albrechtstr. 2 (Ecke Schloßstraße), ⊠ 12165, ℘ (030) 79 00 50, info@steglitz.bestwestern.de, Fax (030) 79005550 – 📶, ⇔ Zim, 🍽 Rest, 📺 ♿ – 🔔 280. ⚿ ⓘ ⓒⓑ 🆅🅸🆂🅰. ✵ Rest
Menu à la carte 21/32 – 🚻 12 – **200 Zim** 106/131 – 131/156, 3 Suiten. BV a
 • Großstadtflair einerseits, kultivierte Natur im Botanischen Garten andererseits : beides liegt direkt um die Ecke. Räumlichkeiten für Meetings und festliche Ereignisse.

Am Forum Steglitz, Büsingstr. 1, ⊠ 12161, ℘ (030) 8 50 80 40, hotel_am_fs@t-online.de, Fax (030) 8592298, 🌿 – 📶 📺 ⇔. ⚿ ⓘ ⓒⓑ 🆅🅸🆂🅰 🅹🅲🅱 BV r
Menu (geschl. 23. Dez. - 2. Jan.) (nur Abendessen) à la carte 18/33 – **32 Zim** 🚻 90 – 105.
 • Schmucke renovierte Fassade ! In diesem Stadthaus aus der Gründerzeit laden heute helle, neuzeitlich ausgestattete Gästezimmer zur Logis. Teilweise mit Balkon. Gemütliches Bistro mit roten Lederpolstern.

Edogawa, Lepsiusstr. 36, ⊠ 12163, ℘ (030) 79 70 62 40, sino.com@t-online.de, Fax (030) 79706240, 🌿 – ⚿ ⓘ ⓒⓑ 🆅🅸🆂🅰. ✵ BV n
geschl. Montag – **Menu** (japanische Küche) à la carte 29/59,50.
 • Das Ambiente verkörpert die Schlichtheit des japanischen Minimalismus. In dieser Atmosphäre servieren Ihnen Ihre Gastgeber Spezialitäten aus dem Land der aufgehenden Sonne.

In Berlin-Tegel *Stadtplan Berlin : S. 4 u. 6 :*

Sorat Hotel Humboldt-Mühle 🅼 🌿, An der Mühle 5, ⊠ 13507, ℘ (030) 43 90 40, humboldt-muehle@sorat-hotels.com, Fax (030) 43904444, 🌿, 🎣, 🐚 – 📶, ⇔ Zim, 📺 ♿ ♿ ⇔ – 🔔 50. ⚿ ⓘ ⓒⓑ 🆅🅸🆂🅰 🅹🅲🅱 BT c
Menu (geschl. Sonntag) à la carte 23,50/39 – **120 Zim** 🚻 107/178 – 132/203.
 • Heute klappert die Mühle nicht mehr, aber ihre Geschichte reicht bis ins 13. Jh. zurück. Zimmer teils mit Blick auf Tegeler Fließ und Hafen. Hauseigene Motoryacht ! Über eine schmale Brücke des Tegelersee-Seitenkanals gelangt der Gast zum Restaurant.

Novotel Berlin Airport, Kurt-Schumacher-Damm 202 (über Flughafen-Zufahrt), ⊠ 13405, ℘ (030) 4 10 60, h0791@accor-hotels.com, Fax (030) 4106700, 🌿, 🐚, 🏊 – 📶, ⇔ Zim, 📺 ♿ ♿ – 🔔 150. ⚿ ⓘ ⓒⓑ 🆅🅸🆂🅰 🅹🅲🅱 EX r
Menu à la carte 20/34 – 🚻 13 – **184 Zim** 111 – 126.
 • Flügellahme nimmt das Novotel gern unter seine Fittiche : Eine Runde im Pool bringt die Energie zurück oder regenerieren Sie ganz einfach Ihre ermattete Seele in der Sauna !

Am Borsigturm 🅼 garni, Am Borsigturm 1, ⊠ 13507, ℘ (030) 43 03 60 00, info@borsigturm.bestwestern.de, Fax (030) 43036001 – 📶 ⇔ 📺 ♿ ♿ – 🔔 70. ⚿ ⓘ ⓒⓑ 🆅🅸🆂🅰
105 Zim 🚻 120/137 – 147/164. BT e
 • 1894 begannen die Borsigwerke hier mit der Produktion von Lokomotiven. Jetzt umgeben Shopping- und Freizeitcenter sowie ein Büropark die moderne Architektur des Hotels.

Am Tegeler See 🌿 (mit Gästehaus), Wilkestr. 2, ⊠ 13507, ℘ (030) 4 38 40 (Hotel), 4 38 43 33 (Rest.), hotelamtegelersee@nikocity.de, Fax (030) 4384150, Biergarten – 📶 📺 ⇔ 🅿 ⚿ ⓘ ⓒⓑ 🆅🅸🆂🅰 🅹🅲🅱 BT a
***Tillners am See* : Menu** à la carte 14/27 – **50 Zim** 🚻 75/85 – 90/99.
 • Die Ruhe selbst : In Tegel verspürt man noch dörfliches Flair. Das Panorama mit blauem Wasser und grünen Ufern gehört allen, die sich ein Zimmer mit See-Blick reservieren. Zur Sommerzeit locken auf der Restaurant-Terrasse am See Kaffee und Kuchen.

In Berlin-Tempelhof *Stadtplan Berlin : S. 5 :*

Alt-Tempelhof 🅼 garni, Luise-Henriette-Str. 4, ⊠ 12103, ℘ (030) 75 68 50, info@alt-tempelhof.com, Fax (030) 75685100 – 📶 ⇔ 🍽 📺 ♿ ♿ ⇔ – 🔔 20. ⚿ ⓘ ⓒⓑ 🆅🅸🆂🅰
🚻 10 – **73 Zim** 90/130 – 100/140. CV v
 • Verkehrsgünstiger Standort. Das Hotel ist in ein Geschäftshaus integriert und einheitlich mit grauen Einbaumöbeln praktisch eingerichtet. Eine Parkanlage liegt um die Ecke.

In Berlin-Treptow *Stadtplan Berlin : S. 5 :*

Astron 🅼, Spreestr. 14, ⊠ 12439, ℘ (030) 63 90 30, berlin-treptow@astron-hotels.de, Fax (030) 63903300, 🌿, 🐚 – 📶, ⇔ Zim, 📺 ♿ ♿ 🅿 – 🔔 75. ⚿ ⓘ ⓒⓑ 🆅🅸🆂🅰 DV e
Menu à la carte 19,50/34,50 – 🚻 13 – **126 Zim** 107/164 – 112/169.
 • Der Bezirk Treptow gilt als traditionsreicher Gewerbestandort mit hohem Freizeitwert : Spree und Grünflächen sind hier zum Greifen nah. Die S-Bahn ist nicht weit entfernt.

In Berlin-Wannsee *Stadtplan Berlin : S. 4 :*

XX **Schloss Glienicke Remise,** Königstr. 36, ✉ 14109, ☎ (030) 8 05 40 00, *Fax (030) 8059901*, 🌿 VISA über Königstraße **AV**
geschl. Feb., Montag - Dienstag – **Menu** (abends Tischbestellung erforderlich) 34/55 à la carte 26/40.
• Das Restaurant versteckt sich hinter dem Schloß in einem herrlichen von Lenné und Schinkel gestalteten Park an der Havel. Sehr schöne Terrasse.

X **Blockhaus Nikolskoe,** Nikolskoer Weg 15, ✉ 14109 Berlin, ☎ (030) 8 05 29 14, *blockhaus-nikolskoe@gmx.de, Fax (030) 8052029*, 🌿 – 🅿 über Königstraße **AV**
geschl. Donnerstag, Nov. - April bis 19 Uhr geöffnet – **Menu** à la carte 16/32,50.
• König Wilhelm III. hatte in St. Petersburg sein Herz an ein Blockhaus verloren, das er hier 1819 originalgetreu nachbauen ließ. Ein beliebtes Ausflugsziel am Wannsee.

In Berlin-Weißensee *Stadtplan Berlin : S. 7 :*

🏨 **Königin Luise** M, Parkstr. 87, ✉ 13086, ☎ (030) 96 24 70, *koeniginluise@derag hotels.de, Fax (030) 96247160*, 🌿, Biergarten, 🛋, ≘s – 📶, 🕃 Zim, 📺 🕿 🖾 – 🏛 100. AE ⓞ ⓜ VISA **HX k**
Menu *(geschl. Sonntag - Montag)* à la carte 27,50/30 – **84 Zim** ⋻ 115/150 – 140/180, 4 Suiten.
• Eingebunden in eine schöne Grünanlage bietet das Haus Geschäftsreisenden und Erholungsuchenden ein gepflegtes und komfortables Logis auch auf längere Zeit. Vom modern gestalteten Restaurant aus schauen Sie ins Grüne.

🏨 **Comfort Hotel Weißensee,** Rennbahnstr. 87, ✉ 13086, ☎ (030) 47 88 40, *comfort_hotel_weissensee@t-online.de, Fax (030) 47884100* – 📶, 🕃 Zim, 📺 🕿 🖾 🅿
– 🏛 30. AE ⓞ ⓜ VISA **HX s**
Menu à la carte 15/26,50 – **67 Zim** ⋻ 75/100 – 90/115.
• Zum Komfort gehören u.a. modernste Tagungstechnik, Shuttleservice, kostenlose Parkplätze sowie diverse Sport- und Kulturangebote, die für den Gast gerne organisiert werden.

In Berlin-Wedding *Stadtplan Berlin : S. 7 :*

🏨 **Holiday Inn Berlin-Humboldt Park** M, Hochstr. 2, ✉ 13357, ☎ (030) 46 00 30, *info@hiberlin.de, Fax (030) 46003444*, ≘s – 📶, 🕃 Zim, 📺 🕿 🖾 🅿 – 🏛 140. AE ⓞ ⓜ VISA JCB. 🦃 Rest **GX d**
Menu à la carte 17,50/25 – **220 Zim** ⋻ 125/175 – 147/197, 6 Suiten.
• Kulturbeutel vergessen? Kein Problem : das Hotel bietet den "Etwas vergessen?" – Service für's Bad. Der nahegelegene Volkspark Humboldthain verführt zum Bummel im Grünen. Restaurant Movie mit Filmplakaten und Requisiten aus der deutschen Filmgeschichte.

In Berlin-Zehlendorf *Stadtplan Berlin : S. 4 :*

XX **Cristallo,** Teltower Damm 52, ✉ 14167, ☎ (030) 8 15 66 09, *Fax (030) 8153299*, 🌿
– AE VISA **BV s**
Menu (italienische Küche) à la carte 24,50/46.
• 20 Jahre im herrschaftlichen Zehlendorf : das gemütlich-elegante Restaurant ist eine kleine Institution. Bei Sonnenschein ist es sich auch auf der Terrasse wohl sein.

XX **Villa Medici,** Spanische Allee 1, ✉ 14129, ☎ (030) 8 02 89 21, *mario.veglia.di.aquino .@t-online.de, Fax (030) 8018313*, 🌿 – 🅿 AE ⓞ ⓜ VISA JCB **AV a**
geschl. Montag – **Menu** (italienische Küche) 14,50 (mittags) à la carte 23,50/39.
• Pizza, Pasta und auch hochwertigere Gerichte werden in diesem gemütlichen im Landhausstil eingerichteten Ristorante geboten ; auch preiswerte Mittagsgerichte.

Am Großen Müggelsee *Süd-Ost : 24 km über Adlergestell* **DV** :

🏨 **Dorint am Müggelsee** 🦃, Am Großen Müggelsee (südliches Ufer), ✉ 12559 Berlin, ☎ (030) 65 88 20, *hotel@dorint-berlin.de, Fax (030) 65882263*, 🌿, ≘s, 🦃 – 📶, 🕃 Zim, 📺 🕿 🖾 🅿 – 🏛 200. AE ⓞ ⓜ VISA JCB. 🦃 Rest
Menu à la carte 22,50/36,50 – ⋻ 15 – **176 Zim** 129/259 – 139/355, 4 Suiten.
• Wo Berlin am grünsten ist, friedlich zwischen See und Wald, befindet sich das Dorint in exzellenter Lage. Der ehemalige Plattenbau wandelte sich zu einem komfortablen Hotel. Im Restaurant speist man mit Blick auf den Müggelsee.

BERNAU *Brandenburg* 416 418 H 24 – 25 000 Ew – Höhe 79 m.
🏌 🏌 *Prenden, Waldweg 3 (Nord : 13 km)*, ☎ (033396) 77 90.
🛈 *Fremdenverkehrsamt, Bürgermeisterstr. 4*, ✉ 16321, ☎ (03338) 76 19 19, *Fax (03338) 761970*.
Berlin 23 – Potsdam 59 – Neubrandenburg 144 – Frankfurt (Oder) 95.

🏨 **Comfort Hotel** garni, Zepernicker Chaussee 39, ✉ 16321, ☎ (03338) 7 02 00, *Fax (03338) 702070*, ≘s – 🕃 📺 🖾 🅿 AE ⓞ ⓜ VISA
geschl. 2. - 30. Jan. – **48 Zim** ⋻ 50/55 – 62/72.
• Hier entsteht durch praktischen Komfort und die Frische des modernen Hotels ein ansprechendes Ambiente, in dem der Gast gerne eine Zeit lang zu Hause ist.

BERNAU

In Lanke Nord : 9 km :

- **Seeschloss**, Am Obersee 6, ⊠ 16359, ℘ (03337) 20 43, hotel-seeschloss@t-online.de, Fax (03337) 3412, 🍽, ⇌ – ⚿ Zim, TV 🅿 – 🏋 30. AE ⓂⒸ VISA
  Menu à la carte 15/25 – **28 Zim** ⌑ 51 – 72/124.
  • Diese Herberge bietet Ihnen die geographischen Vorzüge von natürlicher Idylle und Großstadtnähe - elegant-neuzeitliche Zimmer, fast alle mit herrlichem Seeblick. Mit gemütlicher, rustikaler Gaststube.

BERNAU AM CHIEMSEE Bayern 420 W 21 – 6 200 Ew – Höhe 555 m – Luftkurort.

🛈 Kur- u. Verkehrsamt, Aschauer Str. 10, ⊠ 83233, ℘ (08051) 9 86 80, Fax (08051) 986850.
Berlin 673 – München 84 – Bad Reichenhall 54 – Salzburg 59 – Traunstein 30 – Rosenheim 25.

- **Alter Wirt - Bonnschlößl**, Kirchplatz 9, ⊠ 83233, ℘ (08051) 8 90 11, info@alter-wirt-bernau.de, Fax (08051) 89103, Biergarten, ⇌ – 🛗, ⚿ Zim, 🚗 🅿 ⓂⒸ VISA
  Menu (geschl. 1. - 16. April, 27. Okt. - 24. Nov., Montag) à la carte 12/27,50 – **41 Zim** ⌑ 40/72 – 69/97 – ½ P 13.
  • Das denkmalgeschützte Haus bietet einfache Zimmer mit bemalten Bauernmöbeln oder mit weißen Schleiflackmöbeln gestaltete Räume im ehemaligen Landschlößchen. Mit Park. Typische bayerische Metzgerei-Gaststätte.

- **Jägerhof**, Rottauer Str. 15, ⊠ 83233, ℘ (08051) 73 77, info@jaegerhof-bernau.de, Fax (08051) 7829, 🍽 – ⚿ Zim, TV 🅿 ⓂⒸ VISA
  geschl. nach Ostern 1 Woche, Nov. 2 Wochen – **Menu** (geschl. Montag - Dienstagmittag) à la carte 20/39,50 – **11 Zim** ⌑ 39/50 – 68/80 – ½ P 18.
  • Das dörfliche Ambiente des im alpenländischen Stil gehaltenen Gasthofs wird Sie freundlich empfangen und Ihnen eine wohnliche Behausung bieten. Mit netter ländlicher Gaststube und engagierter regionaler und internationaler Küche.

In Bernau-Reit Süd-West : 3 km, Richtung Aschau – Höhe 700 m :

- **Seiseralm und Hof** 🌿, Reit 4, ⊠ 83233, ℘ (08051) 98 90, seiserhof-bernau@t-online.de, Fax (08051) 89646, ≤ Chiemgau und Chiemsee, 🍽, 🛋, ⇌, 🚗 – 🛗 TV 🚗 🅿 ⓂⒸ VISA
  geschl. 23. - 29. Nov. – **Menu** à la carte 12,50/24,50 – **40 Zim** ⌑ 38/45 – 58/71 – ½ P 13.
  • Der ehemalige Bauernhof verbreitet eine urtümliche Atmosphäre, in der sich Gäste schon seit Generationen wohlfühlen - betont durch die Behaglichkeit des ländlichen Stils. Große rustikale Restaurants mit bayerischer Küche.

BERNAU IM SCHWARZWALD Baden-Württemberg 419 W 8 – 2 000 Ew – Höhe 930 m – Luftkurort – Wintersport : 930/1 415 m ⚡ 6 🎿.

🛈 Tourist-Information, Rathausstr.18, ⊠ 79872, ℘ (07675) 16 00 30, Fax (07675) 160090.
Berlin 818 – Stuttgart 198 – Freiburg im Breisgau 56 – Basel 59 – Waldshut-Tiengen 35.

In Bernau-Dorf :

- **Bergblick**, Hasenbuckweg 1, ⊠ 79872, ℘ (07675) 2 73, info@bergblick-bernau.de, Fax (07675) 1466, ≤, 🍽, ⇌ – ⚿ Rest, TV 🚗 🅿 ⓞ ⓂⒸ VISA. 🌿
  geschl. 8. April, 25. Nov. - 13. Dez. – **Menu** (geschl. Dienstag) à la carte 19/39 – **12 Zim** ⌑ 28/42 – 56/66 – ½ P 14.
  • Wohnen im Schwarzwälder Stil : das ländlich-zeitlose Ambiente der Zimmer unterstreicht den Reiz der naturbelassenen Landschaft. Unternehmen Sie Ihre eigene Erlebnistour. Holzgetäfelte Gaststube mit gemütlichem Kachelofen.

In Bernau-Innerlehen :

- **Schwarzwaldhaus**, Am Kurpark 26, ⊠ 79872, ℘ (07675) 3 65, schwarzwaldhaus@freenet.de, Fax (07675) 1371, 🍽 – 🚗 🅿 ⓞ ⓂⒸ VISA
  geschl. Mitte Nov. - Mitte Dez. – **Menu** (geschl. Donnerstag) à la carte 13/32 – **15 Zim** ⌑ 32/45 – 58/78 – ½ P 11.
  • Schwarzwaldtypisch : Das mit Holzschindeln verkleidete Bauernhaus ist gepflegt und wird engagiert geführt. Die Zimmer sind teils im Bauern-, teils im Landhausstil gestaltet. Rustikales Restaurant im ehemaligen Stall mit regionaler Küche.

In Bernau-Oberlehen :

- **Schwanen**, Todtmooser Str. 17, ⊠ 79872, ℘ (07675) 3 48, info@schwanen-bernau.de, Fax (07675) 1758, 🍽, 🚗 – 🚗 🅿 ⓞ ⓂⒸ VISA
  geschl. Mitte Nov. - Mitte Dez. – **Menu** à la carte 13/37,50 – **22 Zim** ⌑ 35/45 – 60/70 – ½ P 14.
  • Ihr traditionsreiches Schwarzwälder Zuhause hält familiäre Wohnlichkeit in allen Zimmern für Sie bereit - mit Holz teils hell, teils dunkel gestaltet. Solides Restaurant mit regionaler Küche.

BERNBURG Sachsen-Anhalt 418 K 19 – 34 000 Ew – Höhe 85 m.

🛈 Stadtinformation, Lindenplatz 9, ✉ 06406, ℘ (03471) 62 60 96, Fax (03471) 626098.
Berlin 161 – Magdeburg 45 – Leipzig 80.

🏨 **Askania**, Breite Str. 2, ✉ 06406, ℘ (03471) 35 40, askania-hotel@t-online.de, Fax (03471) 354135, ⇄ – ⚡ Zim, 📺 📞 🅿 – 🏛 30. AE ⓪ ⓜ VISA
Menu à la carte 13/22,50 – **47 Zim** ⌗ 50/64 – 62/72.
• An der historischen Handelsstraße der Stadt gelegen, verbirgt sich hinter einer klassizistischen Fassade ein gepflegtes Hotel mit Komfort.

🏨 **Fürsteneck**, Große Einsiedelsgasse 2, ✉ 06406, ℘ (03471) 3 46 70, hotel-fuerstene ck@t-online.de, Fax (03471) 346730, Biergarten, ⇄ – 🛗 📺 🅿 – 🏛 50. AE ⓪ ⓜ VISA. ⚋ Rest
Menu (geschl. Sonntag)(wochentags nur Abendessen) à la carte 16/30 – **19 Zim** ⌗ 60 – 75/100.
• Zentral liegt das hübsch renovierte Stadthaus mit dem Eckturmchen in der reizvollen Kleinstadt. Das Hotel hat nette Zimmer und wird engagiert und freundlich geführt. Restaurant im ersten Stock mit offener Show-Küche.

BERNE Niedersachsen 411 I 7 – 6 900 Ew – Höhe 2 m.

Berlin 425 – Hannover 140 – Bremen 39 – Bremerhaven 47 – Oldenburg 25 – Wilhelmshaven 72.

🏨 **Weserblick** M, Juliusplate 6 (Nord-Ost : 2 km, an der Fähre nach Farge), ✉ 27804, ℘ (04406) 9 28 20, kundenservice@hotel-weserblick.de, Fax (04406) 928250, ≤, 🌳 – 📺 📞 🅿 – 🏛 50. AE ⓪ ⓜ VISA
geschl. 6. - 17. Jan. – **Menu** (geschl. Montag) à la carte 25/39 – **12 Zim** ⌗ 65/80 – 85/100.
• Das moderne Hotel liegt direkt an einem natürlichen Weserstrand mit Fährverbindung. Sie werden hier in neuzeitlich-elegant eingerichteten Zimmern beherbergt. Schöner Flußblick vom Restaurant im Landhausstil und der Terrasse.

BERNECK IM FICHTELGEBIRGE, BAD Bayern 420 P 19 – 5 000 Ew – Höhe 377 m – Kneippheilbad – Luftkurort.

🛈 Kurverwaltung und Tourismus GmbH, Bahnhofstr. 77, ✉ 95460, ℘ (09273) 57 43 74, Fax (09273) 574376.
Berlin 343 – München 244 – Weiden in der Oberpfalz 85 – Bayreuth 15 – Hof 45.

🏨 **Merkel**, Marktplatz 13, ✉ 95460, ℘ (09273) 99 30, gemerkel@merkelhotel.de, Fax (09273) 8612, ⇄ – 📺 📞 ⇐ ⓜ VISA
geschl. Mitte Jan. - Mitte Feb. – **Menu** (geschl. Montag) à la carte 13/32 – **21 Zim** ⌗ 45/51 – 71/75 – ½ P 9.
• Es erwartet Sie die Gastlichkeit eines familiären Traditionshauses. Die gepflegte Adresse ist zentral gelegen, stellt aber dennoch ein ruhiges Plätzchen dar. Rustikale Gaststube und modernes Restaurant mit preiswertem Angebot.

🏨 **Haus am Kurpark** ⚋ garni, Heinersreuther Weg 1, ✉ 95460, ℘ (09273) 76 18, hotel-am-kurpark@gmx.de, Fax (09273) 1800 – 📺 🅿 ⓜ VISA. ⚋
geschl. 15. Nov. - 15. Jan. – **12 Zim** ⌗ 35/45 – 50/60.
• Sie werden die Einfachheit dieses soliden Quartiers schätzen. Die großzügig gestalteten, mit Holzmobiliar bestückten Zimmer verbreiten Behaglichkeit.

🍴 **Marktplatzstüberl**, Marktplatz 34, ✉ 95460, ℘ (09273) 82 82, info@huebners-marktplatzstueberl.de, Fax (09273) 8087, 🌳 – AE ⓪ ⓜ VISA
geschl. 10. - 20. Jan., Donnerstag – **Menu** à la carte 16,50/31.
• In den kleinen, interessant dekorierten Stuben werden Sie in einer gemütlichen Atmosphäre mit bürgerlichen sowie internationalen Gerichten einer vielseitigen Karte verköstigt.

In Bad Berneck-Goldmühl Süd-Ost : 3 km über B 303 :

🏨 **Schwarzes Roß** (mit Gästehäusern), Goldmühler Str. 11, ✉ 95460, ℘ (09273) 3 64, jens.wolfrum@gmx.de, Fax (09273) 5234, Biergarten, 🌳 – 📺 ⇐ 🅿 – 🏛 30
Menu (geschl. Sonntagabend - Montagmittag) à la carte 12/25 – **23 Zim** ⌗ 22/42 – 40/70 – ½ P 9.
• Dieses Haus empfängt seine Gäste mit individuell eingerichteten Räumlichkeiten - von rustikaler Eiche bis zu hellem Naturholz in modernem Design - auch einige Ferienwohnungen. Ländliche Gaststuben mit Produkten der hauseigenen Metzgerei.

In Goldkronach Süd-Ost : 5 km - über B 303, in Frankenhammer rechts ab : – Erholungsort :

🏨 **Meister Bär Hotel** (mit Gästehaus), Bad Bernecker Str. 4, ✉ 95497, ℘ (09273) 97 90, bt@mb-hotel.de, Fax (09273) 979888, 🌳, ⇄, 🏊 – 🛗 📺 ⇐ 🅿 – 🏛 80. AE ⓪ ⓜ VISA JCB
Menu à la carte 14/32 – **50 Zim** ⌗ 59/79 – 79/109 – ½ P 12.
• Sie sind im Herzen des Goldgräberstädtchens zweckmäßig im Landhaus-Stil untergebracht. Mit dem Naturpark Fichtelgebirge direkt vor der Tür starten Sie Ihre Erkundungstour.

BERNKASTEL-KUES Rheinland-Pfalz 417 Q 5 – 8 200 Ew – Höhe 115 m – Erholungsort.
  Sehenswert : *Markt★*.
  Ausflugsziel : *Burg Landshut ≤★★, Süd : 3 km*.
  ᠅ *Tourist-Information, Gestade 6, ⊠ 54470, ℘ (06531) 40 23, Fax (06531) 7953*.
  Berlin 675 – Mainz 113 – Trier 50 – Koblenz 103 – Wittlich 16.

Im Ortsteil Bernkastel :

Zur Post, Gestade 17, ⊠ 54470, ℘ (06531) 9 67 00, info@hotel-zur-post-bernkastel.de, Fax (06531) 967050, ⇔ – ⫴, ⇔ Zim, 📺 ① ⚙ 𝕍𝕀𝕊𝔸
geschl. Jan. – **Menu** à la carte 20,50/35 – **43 Zim** ⊇ 62 – 92/143.
  ♦ Hier - unweit des mittelalterlichen Stadtkerns gelegen - ist die Gastlichkeit zu Hause. Die Zimmer verbinden Funktionalität und zeitgemäßen Komfort. Im Restaurant umgibt Sie mosselländisches Flair, die Poststube besticht durch besonderen Charme.

Bären (mit Gästehaus), Schanzstr. 9, ⊠ 54470, ℘ (06531) 95 04 40, info@hotel-baeren.de, Fax (06531) 9504446 – ⫴ ⇔ 📺 ⇔ – 🏠 15. ⚙ 𝕍𝕀𝕊𝔸
Menu *(geschl. Jan. - Feb., Mittwoch)(Nov. - März Montag - Dienstag nur Abendessen)* à la carte 16,50/24 – **33 Zim** ⊇ 49/88 – 92/110 – ½ P 18.
  ♦ Liebevoll und individuell gestaltete Zimmer mit zeitgemäßem Komfort findet man in dem Traditionsgasthof mit Gästehaus und freundlichem Bistro. Unweit vom Hotel liegt das Restaurant Altes Brauhaus mit rustikaler Note und schöner Terrasse.

Moselblümchen, Schwanenstr. 10, ⊠ 54470, ℘ (06531) 23 35, reservierung@hotel-moselbluemchen.de, Fax (06531) 7633, ⇔ – 📺, ⚙ 𝕍𝕀𝕊𝔸
geschl. 5. Jan. - 15. März – **Menu** *(geschl. Nov. - März Dienstag)* à la carte 17/27,50 – **21 Zim** ⊇ 48/58 – 66/92 – ½ P 18.
  ♦ Die engen Gassen der Altstadt bieten ein malerisches Umfeld für Ihr zentral gelegenes Quartier. Die Zimmer verfügen über eine funktionelle Einrichtung im klassischen Stil. Mit einfachem Restaurant.

Binz, Markt 1, ⊠ 54470, ℘ (06531) 22 25, info@hotel-binz.com, Fax (06531) 7103 – 📺, ⚙ 𝕍𝕀𝕊𝔸
geschl. 15. Dez. - Anfang März – **Menu** *(geschl. Mittwochabend)* à la carte 14/28 – **8 Zim** ⊇ 50 – 75/85 – ½ P 15/20.
  ♦ Direkt am Marktplatz liegt dieses freundliche Haus, das mit Einfachheit besticht und zum Entspannen einlädt. Auf der Sommerterrasse erleben sie das Treiben der Fußgängerzone.

XX Rotisserie Royale (mit Gästehaus), Burgstr. 19, ⊠ 54470, ℘ (06531) 65 72, info@rotisserie-royale.de, Fax (06531) 971129
geschl. Jan. 2 Wochen – **Menu** *(geschl. Mittwoch)(Dez. - März nur Abendessen)* (Tischbestellung ratsam) à la carte 23/30 – **4 Zim** ⊇ 37 – 42/65.
  ♦ Das kleine Restaurant in dem alten Fachwerkhaus bleibt mit viel Holz seinem rustikalen Charakter treu. Liebevolle Dekorationen geben dem Raum Gemütlichkeit.

Im Ortsteil Kues :

Moselpark ⅍, Im Kurpark, ⊠ 54470, ℘ (06531) 50 80, info@moselpark.de, Fax (06531) 508612, ⛲, Massage, 🅵ₛ, ⇔, ⊠, ⚞, ※ (Halle) – ⫴, ⇔ Zim, 📺 ⚞ &
🄿 – 🏠 240. 𝔸𝔼 ⚙ 𝕍𝕀𝕊𝔸
Menu à la carte 21/30 – **143 Zim** ⊇ 84/115 – 118/188 – ½ P 21.
  ♦ Neuzeitliche, ruhig am Rande des Ortes gelegene Hotelanlage, bietet beste Voraussetzung für Tagungen und Ferien - nutzen Sie die vielfältigen Freizeitmöglichkeiten des Hauses.

Panorama ⅍ garni, Rebschulweg 48, ⊠ 54470, ℘ (06531) 30 61, Fax (06531) 94214, ≤, ⇔, ⚞ – 📺 🄿 ① ⚙
geschl. Jan. - Feb. – **15 Zim** ⊇ 35/42 – 58/78.
  ♦ Im freundlichen Umfeld eines Wohngebiets findet man das familiäre Hotel. Das ländliche Flair sorgt für Behaglichkeit in den Zimmern sowie am offenen Kamin im Aufenthaltsraum.

Kölchens (mit Gästehaus), Meisenweg 1, ⊠ 54470, ℘ (06531) 30 31, info@hotel-koelchens.de, Fax (06531) 4926, ⛲ – 📺 ⇔ 🄿 𝔸𝔼 𝕍𝕀𝕊𝔸 ⋇ Zim
geschl. 18. Dez. - 4. Jan. – **Menu** à la carte 17/30 – **22 Zim** ⊇ 39/44 – 70/75 – ½ P 15.
  ♦ Als Ausgangspunkt für Wanderungen findet der Gast hier neben einem gepflegten Schlafquartier zum Wohlfühlen auch die Nähe der Natur. Zimmer größtenteils mit Balkon. Restaurant mit freundlichem Café-Charakter.

St. Maximilian, Saarallee 12, ⊠ 54470, ℘ (06531) 9 65 00, Fax (06531) 965030, ⛲ – 📺 🄿
geschl. Jan. 3 Wochen – **Menu** *(geschl. Anfang Nov. 1 Woche) (Dez. - Feb. nur Abendessen)* à la carte 17,50/35 ♇ – **12 Zim** ⊇ 35/43 – 54/70.
  ♦ Hinter der Jugendstil-Fassade steht moderner Wohnkomfort für Sie bereit. Gediegene Zimmer unterstreichen das historische Flair. Bestaunen Sie die alten Gewölbe-Weinkeller. Neue Weinstube im traditionellen Stil der Region.

BERNKASTEL-KUES

Im Ortsteil Wehlen Nord-West : 4 km :

🏨 **Mosel-Hotel** garni, Uferallee 3, ✉ 54470, ℘ (06531) 9 71 70, service@mosel hotel.de, Fax (06531) 9717200, ≤ – TV 📞 AE ① ⓜ VISA. ❀
April - Okt. - **14 Zim** ⊏ 50/55 - 60/90.
◆ Vertrauen Sie sich dem persönlichen Service des Hauses an. Die rustikale Gemütlichkeit der neuzeitlichen Zimmer ist zum Wohlfühlen - fast alle mit Aussicht auf die Mosel.

BERNRIED AM STARNBERGER SEE Bayern 419 420 W 17 - 2 000 Ew – Höhe 633 m – Erholungsort.

Sehenswert : *Sammlung Buchheim*★.
🛈 Verkehrsbüro, Bahnhofstr. 4, ✉ 82347, ℘ (08158) 80 45, Fax (08158) 8047.
Berlin 632 – München 45 – Garmisch-Partenkirchen 52 – Weilheim 18 – Starnberg 20.

🏨 **Marina** , Am Yachthafen 1, ✉ 82347, ℘ (08158) 93 20, info@hotelmarina.de, Fax (08158) 7117, ≤, 🍴, ≘s, ⬜, ⛵, 🛥 Yachthafen – TV 📞 📺 – 🔒 80. AE ①
ⓜ VISA
geschl. 20. Dez. - 6. Jan. - **Menu** à la carte 22/44 – **85 Zim** ⊏ 95/145 – 110/155.
◆ Die Zimmer des Hotels sind auf fünf einzelne Häuser verteilt. Sie wohnen in ländlich-elegantem Stil mit Seeblick - für Tagungen stehen gut ausgestattete Räume zur Verfügung. Verschiedene gemütliche Gaststuben direkt am See.

🏨 **Seeblick**, Tutzinger Str. 9, ✉ 82347, ℘ (08158) 25 40, info@hotel-seeblick-bernried .de, Fax (08158) 3056, Biergarten, ≘s, ⬜, ⛵, – 📶, ❀ Zim, TV 🛁 ⇔ 📺 – 🔒 140.
AE ① ⓜ VISA JCB
Menu à la carte 14/31,50 – **103 Zim** ⊏ 77/80 – 128/144 – ½ P 16.
◆ Der alpenländische Stil des Hauses bietet eine gemütliche Atmosphäre - helles Holz und freundliche Ausstattung verbreiten Wohnlichkeit in den Räumen. Restaurant mit neo-rustikaler Einrichtung.

BERNRIED KREIS DEGGENDORF Bayern 420 T 22 - 5 000 Ew – Höhe 500 m – Wintersport : 750/1 100 m ≰3 ⚐.

🛈 Touristinformation, Engerlgasse 25a, ✉ 94505, ℘ (09905) 2 17, Fax (09905) 8138.
Berlin 554 – München 160 – Passau 57 – Regensburg 65 – Straubing 33.

🏨 **Posthotel**, Bayerwaldstr. 13, ✉ 94505, ℘ (09905) 7 40 20, info@posthotelbernried
⇔ .de, Fax (09905) 740233, Biergarten, ≘s, ⬜ (geheizt), ⛵, – ❀ Zim, TV ⇔ 📺 AE ①
ⓜ VISA
Menu à la carte 12,50/24 – **14 Zim** ⊏ 36/40 – 64/79.
◆ Mitten im Dorf verwöhnt Sie diese gepflegte Adresse mit großzügigen Zimmern - teils modern, teils im Landhausstil, in der oberen Etage teils mit freigelegtem Fachwerk. Farbenfrohes Restaurant mit angrenzendem Wintergarten.

🏨 **Bernrieder Hof** , Bogener Str. 9, ✉ 94505, ℘ (09905) 7 40 90, info@bernrieder-
⇔ hof.de, Fax (09905) 8400, 🍴, ƒ6, ≘s, ⬜, ⛵, ❀ – TV ⇔ 📺 – 🔒 60. ❀ Rest
geschl. 6. - 20. Jan. - **Menu** à la carte 12/33 – **45 Zim** ⊏ 49/55 – 68/76 – ½ P 11.
◆ Ende der 90er Jahre wurde dieser Landgasthof mit seiner hübschen Balkonfassade einem kompletten "Lifting" unterzogen und die Zimmer mit zeitgemäßem Mobiliar ausgestattet. Legere Atmosphäre erwartet Sie in den ländlichen Gasträumen.

In Bernried-Rebling Nord-Ost : 8 km :

🏨 **Reblinger Hof** , ✉ 94505, ℘ (09905) 5 55, willkommen@reblingerhof.de, Fax (09905) 1839, ≤, 🍴, Damwildgehege, ≘s, ⬜, ⛵, ❀ – TV ⇔ 📺 – 🔒 30. ⓜ
VISA. ❀ Rest
Menu à la carte 21,50/36 – **27 Zim** ⊏ 47 – 70/132 – ½ P 14.
◆ Der verwinkelte Landgasthof bietet seinen Gästen Wohnkomfort in natürlicher Idylle. Die Zimmer verfügen meist über rustikale Bauernmöbel - zum Teil auch mit Himmelbetten. Ländlich-gemütliche Gasträume mit dunklen Holzbalken und offenem Kamin.

BERTRICH, BAD Rheinland-Pfalz 417 P 5 - 1 200 Ew – Höhe 165 m – Heilbad.

🛈 Tourist Information, Kurfürstenstr. 32, ✉ 56864, ℘ (02674) 93 22 22, bad-bertrich@t-online.de, Fax (02674) 932220.
Berlin 659 – Mainz 118 – Trier 60 – Koblenz 93.

🏨 **Fürstenhof** , Kurfürstenstr. 36, ✉ 56864, ℘ (02674) 93 40, kurhotel-fuersten hof@t-online.de, Fax (02674) 737, 🍴, direkter Zugang zum Kurmittelhaus, ≘s, ⬜, – 📶, ❀ Zim, TV 📞 ⇔ 📺 – 🔒 20. ⓜ VISA. ❀ Rest
Menu à la carte 27/54 – **65 Zim** ⊏ 82/107 – 145, 5 Suiten.
◆ Klassische Eleganz heißt Sie bereits bei Ihrer Ankunft willkommen und begleitet Sie durch das ganze Haus. Es erwartet Sie Erholung mit Komfort - direkt am Kurpark. Restaurant-räume mit stilvoller Atmosphäre.

BERTRICH, BAD

Alte Mühle ⌂, Bäderstr. 46, ✉ 56864, ✆ (02674) 18 80, info@hotel-altemuehle.de, Fax (02674) 188404, 🍽, 🏨 – 📶 📺 🅿 – 🍴 25
Menu à la carte 17/29 – **36 Zim** ⛌ 39/64 – 78/101 – ½ P 10.
  • Lassen Sie sich von Behaglichkeit umgeben : wohnliche Räumlichkeiten mit familiärem Flair und der Naturpark Römerkessel schaffen die Basis für Ihr Wohlbefinden. Gepflegtes Restaurant mit schöner Terrasse.

Bertricher Hof ⌂, Am Schwanenteich 7, ✉ 56864, ✆ (02674) 9 36 20, Fax (02674) 936262, 🍽 – ✗ Zim, 📺 🅿. 🆎, 🔸
geschl. 6. Dez. - 22. Jan. - **Menu** à la carte 19/28 (auch vegetarische Gerichte) – **16 Zim** ⛌ 38/43 – 75/83 – ½ P 12.
  • Ob Sie Ihr Zimmer im Haupthaus oder im neueren Anbau beziehen, Sie werden stets ein ansprechendes Ambiente vorfinden, mit freundlicher Möblierung - sehr gepflegt. Helles Restaurant mit schönem Blick auf den Schwanenteich und den dahinterliegenden Wald.

*Ihre Meinung über die von uns empfohlenen Restaurants,
deren Spezialitäten sowie die angebotenen regionalen Weine,
interessiert uns sehr*

BERTSDORF-HÖRNITZ Sachsen siehe Zittau.

BESCHEID Rheinland-Pfalz siehe Trittenheim.

BESIGHEIM Baden-Württemberg **419** T 11 – 10 300 Ew – Höhe 185 m.
Berlin 610 – Stuttgart 29 – Heilbronn 20 – Ludwigsburg 14 – Pforzheim 60.

Am Markt garni, Kirchstr. 43, ✉ 74354, ✆ (07143) 80 30 60, info@besigheim-hotel.de, Fax (07143) 8030620 – 📺 📞 🆎 ⓞ 🆎 💳
geschl. 22. - 30. Dez. - **16 Zim** ⛌ 60/75 – 70/95.
  • Das Fachwerkhaus von 1615 - beschaulich in einer Altstadtgasse angesiedelt - besticht durch sein ländliches Flair. Freigelegtes Fachwerk in den Zimmern bringt Gemütlichkeit.

BESTWIG Nordrhein-Westfalen **417** L 9 – 12 500 Ew – Höhe 350 m – Wintersport : 500/750 m ≤3 ☆.
🛈 Verkehrsamt, Rathausplatz 1, ✉ 59909, ✆ (02904) 98 71 66, touristinfo.bestwig@t-online.de, Fax (02904) 987274.
Berlin 481 – Düsseldorf 156 – Arnsberg 29 – Brilon 14 – Meschede 8.

In Bestwig-Föckinghausen *Nord : 3,5 km :*

Waldhaus ⌂, ✉ 59909, ✆ (02904) 9 77 60, info@hotel-waldhaus.com, Fax (02904) 977676, 🍽, 🍴 – 📺 🅿 – 🍴 40. 🆎 💳
geschl. 16. Nov. - 5. Dez. - **Menu** (geschl. Montag) à la carte 17/32,50 – **17 Zim** ⛌ 41/50 – 72 – ½ P 14.
  • Das ehemalige Bauernhaus führt die gastliche Tradition vieler Generationen fort. Besonders Wanderer nehmen die behagliche Natürlichkeit gerne in Anspruch. Ländliche Gaststuben mit netter Dekoration.

BETZDORF Rheinland-Pfalz **417** N 7 – 10 700 Ew – Höhe 185 m.
Berlin 576 – Mainz 120 – Siegen 18 – Köln 99 – Limburg an der Lahn 65.

Breidenbacher Hof, Klosterhof 7, ✉ 57518, ✆ (02741) 9 77 90, info@hotel-breidenbacher-hof.de, Fax (02741) 9779777, 🍽, Biergarten – 📺 🅿 – 🍴 25. 🆎 ⓞ 🆎 💳
geschl. Ende Dez. - Anfang Jan. - **Menu** (geschl. Samstagmittag, Sonntag, Feiertage mittags) à la carte 29/39,50 – **19 Zim** ⛌ 60/74 – 105/113.
  • Das über 100 Jahre bestehende Stadthaus im Zentrum des Ortes verfügt über angenehm gestaltete Zimmer - teils mit Stilmöbeln, teils zeitlos bestückt. Gediegenes Restaurant und urige Stuben mit Landhauskamin.

In Kirchen-Katzenbach *Nord-Ost : 5 km :*

Zum weißen Stein ⌂, Dorfstr. 50, ✉ 57548, ✆ (02741) 9 59 50, hotel@zum-weissen-stein.de, Fax (02741) 62581, ≤, Biergarten, 🍴 – 📺 📞 🚗 🅿 – 🍴 40. 🆎 ⓞ 🆎 💳
Menu à la carte 19,50/36,50 – **40 Zim** ⛌ 55/72 – 83/113.
  • Die zwei miteinander verbundenen Häuser stecken voller Ländlichkeit. Im Wohnbereich finden sich moderne Räumlichkeiten - mit Komfort ansprechend gestaltet. Restaurant mit verschiedenen im Landhaus-Stil gehaltenen Stuben.

BETZENSTEIN *Bayern* 420 *Q 18 – 2 300 Ew – Höhe 511 m – Erholungsort – Wintersport : 600/650 m ≤1 ✶.*
Berlin 397 – München 211 – Nürnberg 53 – Bayreuth 41 – Regensburg 125 – Weiden in der Oberpfalz 65.

In Betzenstein-Spies *Süd-West : 7 km :*

Eibtaler Hof ⌘, ✉ 91282, ℘ (09244) 3 63, *eibtalerhof@t-online.de*, Fax (09244) 1641, 🍴, ⇌, 🏊 – 📺 🅿 – 🏊 100
Menu *(geschl. Montag)* à la carte 9,50/35 – **20 Zim** ☑ 22/28 – 36/45 – ½ P 8.
♦ Sie wohnen hier nach dem Motto "Ferien auf dem Bauernhof". Ländlich wie die Umgebung zeigen sich auch die Zimmer – schlicht in hellem Holz gehalten. Helle Gaststube im 1. Stock.

In Betzenstein-Schermshöhe *Süd-West : 10 km :*

Schermshöhe (mit Gästehaus ⌘), ✉ 91282 Betzenstein, ℘ (09244) 4 66, *gasthof@schermshoehe.de*, Fax (09244) 1644, 🍴, ⇌, 🏊, 🏊 – 🛏 Zim, ⇌ 🅿 – 🏊 50. 🆎 ⓜ 🆅🅸🆂🅰
geschl. Nov. – **Menu** à la carte 10,50/30 – **42 Zim** ☑ 32/50 – 54/80 – ½ P 11.
♦ Das seit langem in Familienbesitz befindliche Haus – Grundstein des heutigen Fremdenverkehrsortes – stellt eine preiswerte, gut geführte Adresse dieser Ferienregion dar.

BEUREN *Baden-Württemberg* 419 *U 12 – 3 300 Ew – Höhe 434 m – Erholungsort.*
Berlin 632 – Stuttgart 50 – Reutlingen 21 – Ulm (Donau) 66.

Beurener Hof ⌘ mit Zim, Hohenneuffenstr. 16, ✉ 72660, ℘ (07025) 91 01 10, *info@beurener-hof.de*, Fax (07025) 9101133, 🍴, – 📺 ⇌ 🅿 🛏 Zim
geschl. über Fastnacht 1 Woche – **Menu** *(geschl. Dienstag – Mittwochmittag)* à la carte 22,50/39 – **10 Zim** ☑ 40/52 – 75/90 – ½ P 16.
♦ Das Haus verbreitet ein gemütliches Flair – massive Holzbalken und Polsterbänke tun ihr übriges. Die Karte stellt Gutbürgerliches, einheimisch geprägt, zur Wahl.

BEVENSEN, BAD *Niedersachsen* 415 416 *G 15 – 9 800 Ew – Höhe 39 m – Heilbad und Kneipp-Kurort.*
⛳ Bad Bevensen-Secklendorf (Nord : 4 km), ℘ (05821) 9 82 50.
🛈 Kurverwaltung, Dahlenburger Str. 1, ✉ 29549, ℘ (05821) 5 70, *kurverwaltung@bad-bevensen.de*, Fax (05821) 5766.
Berlin 264 – Hannover 113 – Hamburg 86 – Celle 70 – Lüneburg 24 – Braunschweig 100.

Fährhaus ⌘, Alter Mühlenweg 1, ✉ 29549, ℘ (05821) 50 00, *faehrhaus.bad bevensen@t-online.de*, Fax (05821) 50089, 🍴, Massage, ♨, ⇌, 🏊, 🌳 – 🛗, 🛏 Rest, 📺 🛁 ⇌ 🅿 – 🏊 30. 🆎 ① ⓜ 🆅🅸🆂🅰
Menu à la carte 20,50/38,50 – **55 Zim** ☑ 61/92 – 94/112, 7 Suiten – ½ P 22.
♦ Suchen Sie Behaglichkeit mit Niveau? In eleganten Quartieren mit rustikalem Touch erleben Sie eine Kombination aus wohnlichem Komfort und herzlichem Service. Großes Restaurant mit Wintergartenanbau.

Kieferneck ⌘, Lercherweg 1, ✉ 29549, ℘ (05821) 5 60, *info@kieferneck.de*, Fax (05821) 5688, 🍴, Massage, ♨, ♨, ⇌, 🏊 – 🛗 📺 ✆ 🅿 – 🏊 30. ⓜ 🆅🅸🆂🅰
Menu à la carte 25/37 – **51 Zim** ☑ 60/85 – 116/134 – ½ P 16.
♦ Hier empfängt Sie Gemütlichkeit in liebenswertem Stil – umgeben von Kiefernwäldern. Lassen Sie beim Auskosten des vielfältigen Freizeitangebots die Seele baumeln. Helles Restaurant mit farbenfrohen Polstern.

Grünings Chalet M ⌘, Haberkamp 2, ✉ 29549, ℘ (05821) 9 84 00, *info@hotel-gruening.de*, Fax (05821) 984041, 🍴, Massage, ♨, ⇌, 🏊, 🌳 – 🛗 📺 ✆ 🅿 🛏
geschl. 6. – 24. Jan., 5. – 18. Dez. – **Menu** *(geschl. Montag – Dienstag)* (Tischbestellung ratsam) à la carte 30,50/34 – **24 Zim** ☑ 67/75 – 108/140 – ½ P 14.
♦ Die in warmen Tönen gehaltenen Zimmer versprühen einen besonderen Charme – harmonische Landhaus-Atmosphäre. Abwechslung bringt auch ein Buch aus der hauseigenen Bibliothek. Hübsches Restaurant im Landhausstil und nette Gartenterrasse.

Kur- und Golfhotel Zur Amtsheide ⌘, Zur Amtsheide 5, ✉ 29549, ℘ (05821) 8 51, *amtsheide@t-online.de*, Fax (05821) 85338, Massage, ♨, ♨, ⇌, 🏊, 🌳, ⛳ – 🛗 📺 ⇌ 🅿 – 🏊 40. 🆎 ⓜ 🆅🅸🆂🅰 🛏 Rest
geschl. 26. Nov. – 14. Dez. – **Menu** (Restaurant nur für Hausgäste) – **91 Zim** ☑ 58/97 – 102/110, 10 Suiten – ½ P 15.
♦ Gediegenes Hotel mit verschiedenen Bereichen : im Haupthaus mahagonifarben eingerichtete Zimmer, in den Gästehäusern teils Landhausstil, teils einfachere Ausstattung.

Ilmenautal ⌘, Am Klaubusch 11, ✉ 29549, ℘ (05821) 54 00, *hotel.ilmenautal@t-online.de*, Fax (05821) 42432, 🍴 – 🛗, 🛏 Zim, 📺 ⇌ 🅿 – 🏊 15. 🆎 ⓜ 🆅🅸🆂🅰 🛏 Zim
Menu à la carte 21/35 – **38 Zim** ☑ 37/59 – 70/92 – ½ P 13.
♦ Hier sind neuzeitliche Funktionalität und attraktive Wohnlichkeit gelungen kombiniert. Diesen Komfort erfahren Sie in bevorzugter Lage direkt am Kurpark.

BEVENSEN, BAD

Sonnenhügel, Zur Amtsheide 9, ⊠ 29549, ℘ (05821) 54 10, info@kurhotel-sonnenhuegel.de, Fax (05821) 54112, Massage, ♣, ↔, ≋, ⇌s – ⊟, ⇌ Zim, ⊡ ℙ. ⊡ ⊛ ⅥⅥ. ⅍
geschl. 15. Dez. - 20. Jan. – **Menu** (Restaurant nur für Hausgäste) – **36 Zim** ⊇ 41/52 – 78/102 – ½ P 12.
♦ Suchen Sie ein beschauliches Zuhause auf Zeit? Sie wohnen in gepflegten Räumen voller Behaglichkeit. Die ruhige Lage im Kurviertel trägt entscheidend zu Ihrer Erholung bei.

In Bad Bevensen-Medingen Nord-West : 1,5 km :

Vier Linden, Bevenser Str. 3, ⊠ 29549, ℘ (05821) 54 40, hotel-vier-linden@t-online.de, Fax (05821) 1584, ⌂, Massage, ♣, ⇌s, ⊡, ⇌ – ⇌ Zim, ⊡ ⇌ ℙ – ⚲ 60. ⌶ ⊛ ⅥⅥ. ⅍ Rest
Ganymed (Montag - Freitag nur Abendessen) **Menu** à la carte 28,50/35 – **Lindenstube** : **Menu** à la carte 21/29 – **37 Zim** ⊇ 50/60 – 80/90 – ½ P 18.
♦ Betreten Sie das Haus durch die geschmackvolle Halle - und wählen Sie in Ihrem Domizil eines der unterschiedlich eingerichteten, soliden Gästezimmer. Gemütlich-elegantes Ambiente im Ganymed. Bürgerliche Lindenstuben im Fachwerkgasthof.

In Altenmedingen Nord : 6 km :

Hof Rose, Niendorfer Weg 12, ⊠ 29575, ℘ (05807) 9 89 60, info@hofrose.de, Fax (05807) 1291, ⇌s, ⊡, ⇌, ⅍ – ⇌ Rest, ⇌ ℙ – ⚲ 20. ⅍
geschl. 3. Jan. - 28. Feb., Mitte Nov. - 25. Dez. – **Menu** (nur Abendessen) (Restaurant nur für Hausgäste) – **15 Zim** ⊇ 51/70 – 74/84 – ½ P 14.
♦ Eingebettet in einen kleinen Park, findet sich hier ein friedvolles Ambiente - ganz nach Art des ehemaligen Gutshofs. Diese Adresse besticht mit Stil und natürlichem Charme.

BEVERUNGEN Nordrhein-Westfalen 𝟜𝟙𝟟 L 12 – 16 000 Ew – Höhe 96 m.

ℹ Tourist Information, Weserstr. 10 (Cordt-Holstein-Haus), ⊠ 37688, ℘ (05273) 39 22 21, verkehrsamt.sander@beverungen.de, Fax (05273) 392120.
Berlin 376 – Düsseldorf 226 – Kassel 60 – Hannover 115 – Göttingen 63.

Stadt Bremen, Lange Str. 13, ⊠ 37688, ℘ (05273) 90 30, fricke-beverungen@t-online.de, Fax (05273) 21575, Biergarten, ⇌s, ⊡, ⊟, ⇌ Zim, ⊡ ⌚ ℙ – ⚲ 45. ⌶ ⊛ ⅥⅥ
Menu à la carte 16/30,50 – **50 Zim** ⊇ 50/68 – 75/84.
♦ Der Charakter der Fachwerkfassade setzt sich im Inneren des Hauses fort. Erfahren Sie den persönlichen Stil dieses Familienbetriebs mit all seinen Annehmlichkeiten. Origineller Biergarten mit ausrangierter Straßenbahn.

Bevertal garni, Jahnweg 1a, ⊠ 37688, ℘ (05273) 3 61 90, hotel@bevertal.de, Fax (05273) 361919 – ⊡ ℙ
13 Zim ⊇ 32/40 – 56/60.
♦ Helle, praktische Zimmer - überwiegend mit neuzeitlichem Mobiliar ausgestattet - finden Sie in dem gepflegten Familienbetrieb mit schönem Garten. Auch für Radtouristen.

In Beverungen-Würgassen Süd-Ost : 7 km über B 83 :

Forsthof, Alter Postweg 1, ⊠ 37688, ℘ (05273) 3 89 70, info@waldhotel-forsthof.de, Fax (05273) 389710, ⌂, ⇌s – ⇌ Zim, ⊡ ⌚ ℙ – ⚲ 20. ⊛ ⅥⅥ
Menu (geschl. Okt. - Mai Donnerstag) à la carte 17/31,50 – **21 Zim** ⊇ 36/51 – 56/82.
♦ Das ehemalige Forstamt beherbergt nun mit Vorliebe erholungsuchende Reisende. Zu diesem Zweck stehen solide Räumlichkeiten zur Verfügung, die mit Behaglichkeit überzeugen. Dunkle Holzmöbel und Bruchsteinwände geben dem Restaurant ein rustikales Flair.

BEXBACH Saarland 𝟜𝟙𝟟 R 5 – 19 500 Ew – Höhe 249 m.

Berlin 683 – Saarbrücken 35 – Homburg/Saar 7 – Neunkirchen/Saar 7.

Hochwiesmühle (mit Gästehäusern), Hochwiesmühle 50 (Nord : 1,5 km), ⊠ 66450, ℘ (06826) 81 90, hochwiesmuehle@t-online.de, Fax (06826) 819147, Biergarten, ⇌s, ⊡, ⇌ – ⊟, ⇌ Zim, ⊡ ⌚ ℙ – ⚲ 120. ⊛ ⅥⅥ
Menu à la carte 21/38 – **105 Zim** ⊇ 62/76 – 85/95.
♦ Tagende und Touristen finden in dem neuzeitlichen Haus eine Kombination von modernem Komfort und den Vorzügen der Waldrandlage. Praktische Zimmer mit zeitgemäßer Ausstattung. Gediegenes Restaurant mit weißem Kachelofen.

Klein garni, Rathausstr. 35, ⊠ 66450, ℘ (06826) 9 21 60, Fax (06826) 2280 – ⊡ ⊛ ⅥⅥ
19 Zim ⊇ 39 – 52/62.
♦ Im Zentrum des Ortes hält man ein einfaches Quartier für Sie bereit, das durch gepflegte Wohnlichkeit Ihren Gefallen finden wird. Herzliche Gastfreundschaft tut ihr übriges.

BEXBACH

Haus Krone, Rathausstr. 6, ✉ 66450, ℘ (06826) 9 21 40, Fax (06826) 51124, 🌳 –
💈 TV 🚗 P. AE ⓪ ⓜⓞ VISA
Menu (geschl. Sonntagabend) à la carte 22/42,50 – **28 Zim** ⌾ 41/51 – 62/85.
♦ Wenn Sie keinen großen Komfort benötigen, sind Sie in diesem Haus richtig untergebracht. Sämtliche Zimmer sind mit Eichenmobiliar ausgestattet. Zum Gasthof gehört eine Konditorei.

*Es ist immer sicherer, eine Zimmerreservierung schriftlich
oder per Fax zu bestätigen.*

BIBERACH AN DER RISS Baden-Württemberg 419 V 13 – 31 000 Ew – Höhe 532 m.

🛈 Tourist-Information, Theaterstr. 6, ✉ 88400, ℘ (07351) 5 14 83, Fax (07351) 51511.
ADAC, Rollinstr. 15.
Berlin 653 – Stuttgart 134 – Konstanz 119 – Ulm (Donau) 42 – Ravensburg 47.

Eberbacher Hof, Schulstr. 11, ✉ 88400, ℘ (07351) 1 59 70, eberbacher-hof@haberbosch.de, Fax (07351) 159797, 🌳 – 💈, ✤ Zim, TV P. – 🔒 20. AE ⓜⓞ VISA
Menu (geschl. Montagmittag, Sonn- und Feiertage) à la carte 22,50/38,50 – **28 Zim**
⌾ 55/77 – 92/105.
♦ Das 1519 als Pfarrpflegehaus erbaute Gebäude gehört zu den ältesten Häusern der Stadt. In ländlich-gediegenen Räumen genießt man gepflegte Gastlichkeit. Restaurant mit behaglich-rustikalem Ambiente.

Kapuzinerhof M, Kapuzinerstr. 17, ✉ 88400, ℘ (07351) 50 60, info@kapuzinerhof.bestwestern.de, Fax (07351) 506100, 🌳, 🎫 – 💈, ✤ Zim, TV ✆ 🚗 P. – 🔒 35.
AE ⓪ ⓜⓞ VISA. ✂
geschl. 1. - 6. Jan., 21. - 31. Dez. – **Menu** (geschl. Samstag, Sonn- und Feiertage) à la carte
19/31 – **75 Zim** ⌾ 78/88 – 106/116.
♦ Dieses Hotel am Rande der Innenstadt verfügt über praktische Zimmer mit Kirschholzmobiliar. An ausreichend große Schreibtische für Geschäftsreisende wurde gedacht.

Erlenhof garni, Erlenweg 18, ✉ 88400, ℘ (07351) 3 47 50, Fax (07351) 347533 – ✤
TV ✆ 🚗 P. – 🔒 30. AE ⓜⓞ VISA. ✂ Rest
geschl. Mitte - Ende Dez. – **16 Zim** ⌾ 55/70 – 75/90.
♦ Die zeitlos ausgestatteten Zimmer des Hauses laden nicht nur zum Schlafen (auf Wunsch mit Wasserbett), sondern auch zum Arbeiten ein (Fax- und Modemanschluss). Gartenanlage !

In Biberach-Rindenmoos Süd : 3,5 km :

Landhotel zur Pfanne M 🌿 (mit Gaststätte zur Pfanne), Auwiesenstr. 24, ✉ 88400,
℘ (07351) 3 40 30, hotel@landhotel-pfanne.de, Fax (07351) 340380, 🌳, 🎾, 🎫 – 💈
TV ✆ P. – 🔒 15. AE ⓜⓞ VISA
Menu à la carte 13,50/27 – **20 Zim** ⌾ 49/54 – 72/77.
♦ Hier können Reisende in Ruhe ausschlafen oder auch zu Fuß die nähere Umgebung erkunden : Wanderungen beginnen direkt vor der Tür. Familienbetrieb mit gediegenen Zimmern. Hübsch gestaltetes Restaurant mit Landhausmobiliar.

In Maselheim Nord-Ost : 9 km :

Landhotel Maselheimer Hof, Kronenstr. 1, ✉ 88437, ℘ (07351) 1 50 50,
mahom@t-online.de, Fax (07351) 150559, 🌳, 🎫 – 💈, ✤ Zim, TV ✆ 🚗 P. – 🔒 25.
AE ⓪ ⓜⓞ VISA JCB
Menu (geschl. Sonntagabend - Montagmittag) à la carte 16/32 – **24 Zim** ⌾ 59/69 –
69/99.
♦ Das familiär geführte Hotel bürgt dafür, daß Sie sich in diesem Hause wohlfühlen ! In der Ortsmitte wohnen Gäste hier in zeitlos bis ländlich eingerichteten Zimmern. Neo-rustikales Restaurant mit bürgerlicher Küche.

BIBERACH IM KINZIGTAL Baden-Württemberg 419 U 8 – 3300 Ew – Höhe 195 m – Erholungsort.

🛈 Touristinfo, Hauptstr. 27, ✉ 77781, ℘ (07835) 63 65 11, Fax (07835) 636520.
Berlin 766 – Stuttgart 164 – Karlsruhe 96 – Freudenstadt 47 – Offenburg 18 – Freiburg im Breisgau 55.

Landgasthof Kinzigstrand, Reiherwald 1 (Süd-West : 2 km), ✉ 77781, ℘ (07835)
6 39 90, kinzigstrand@t-online.de, Fax (07835) 639920, 🌳, 🎾 – TV P. VISA
Menu (geschl. 20. Okt. - 6. Nov., Dienstag) à la carte 13,50/30,50 – **10 Zim** ⌾ 32 – 50/61
– ½ P 9.
♦ Im schönen Kinzigtal führt der traditionsreiche Schwarzwald-Gasthof mit Landwirtschaft freundliche Zimmer mit hellen Eichenmöbeln, die teilweise auch Balkone haben. Gaststube mit Wintergarten und schöner Gartenterrasse.

219

BIBERACH IM KINZIGTAL

In Biberach-Prinzbach *Süd-West : 4 km :*

🏨 **Badischer Hof** (mit 2 Gästehäusern), Dörfle 20, ✉ 77781, ℘ (07835) 63 60, info@badischer-hof.de, Fax (07835) 636299, 😊, 𝟙₆, ≋s, ⛱ (geheizt), 🎾 – 📶, 💤 Zim, 📺 &, 🅿, – 🍴 30. ⓐ ⓜⓞ 💳 ❌ Zim
geschl. 10. - 26. Feb., 2. - 21. Nov. – **Menu** *(geschl. Nov. - März Mittwoch)* 12,50 (mittags) à la carte 14,50/38 – **50 Zim** ⚏ 38/52 – 76/96, 3 Suiten – ½ P 16.
• Der familiäre Betrieb empfiehlt sich als Familien- und Erlebnishotel. Warme Holztöne und ländliches Flair geben ein Gefühl heimeliger Geborgenheit. Kinderspielplatz ! Mit rustikal gediegenem Restaurant.

Die in diesem Führer angegebenen Preise folgen
der Entwicklung der allgemeinen Lebenshaltungskosten.
Lassen Sie sich bei der Zimmerreservierung den endgültigen
Preis vom Hotelier mitteilen.

BIBRA, BAD *Sachsen-Anhalt* 🗺 *M 18 – 2 500 Ew – Höhe 210 m – Erholungsort.*
Berlin 232 – Magdeburg 127 – Erfurt 54 – Jena 39 – Naumburg 20.

🏨 **Bibermühle**, Lauchaer Str. 36, ✉ 06647, ℘ (034465) 60 30, info@alte-bibermuehle.de, Fax (034465) 60311, 😊 – 📺 📞 🅿, 🆎 ⓐ ⓜⓞ 💳
Menu à la carte 14/24 – **29 Zim** ⚏ 35/45 – 49/63 – ½ P 13.
• Reisende beziehen im Hotelanbau des einstigen Mühlengebäudes ihr Quartier. Geräumige Zimmer mit Schreibgelegenheit. Die alte Kornkammer verleiht Tagungen einen schönen Rahmen. Ein Stück Mühlengeschichte : Mahlwerke und Mühlsteine dekorieren das Restaurant.

BIEBELRIED *Bayern siehe Würzburg.*

BIEBEREHREN *Baden-Württemberg siehe Creglingen.*

BIEDENKOPF *Hessen* 🗺 *N 9 – 14 900 Ew – Höhe 271 m – Luftkurort – Wintersport : 500/674 m* ≤2 🎿.
🛈 *Tourist-Information, Hainstr. 63, ✉ 35216, ℘ (06461) 9 50 10, touristinfo@biederkopf.de, Fax (06461) 950128.*
Berlin 482 – Wiesbaden 152 – Marburg 23 – Kassel 101 – Siegen 55.

🏨 **Park-Hotel** ⚙, Auf dem Radeköppel 2, ✉ 35216, ℘ (06461) 78 80, info@park-hotel.de, Fax (06461) 788333, ≤, 😊, ≋s, ⛱ – 💤 Zim, 📺 🅿 – 🍴 180. 🆎 ⓐ ⓜⓞ 💳
Menu à la carte 16,50/39,50 – **40 Zim** ⚏ 54/62 – 90/107.
• Hoch über dem Städtchen können Sie hier ein Zimmer mit Balkon sowie Blick auf Biedenkopf und das Schloß reservieren. Frühstücksbuffet mit Bioecke. Hoteleigene Kegelbahn ! Restaurant mit großer Fensterfront.

BIEDERBACH *Baden-Württemberg* 🗺 *V 8 – 1 800 Ew – Höhe 400 m.*
Berlin 771 – Stuttgart 141 – Freiburg 34 – Freudenstadt 99.

In Biederbach-Dorf :

🏨 **Hirschen-Dorfmühle**, Dorfstr. 19, ✉ 79215, ℘ (07682) 3 27, dorfmuehle@t-online.de, Fax (07682) 6037, 😊, 😊 – 🍽 🅿 ⓜⓞ 💳
geschl. Jan. - Feb. 2 Wochen, Nov. 2 Wochen – **Menu** *(geschl. Dienstag)* à la carte 13/26,50 – **12 Zim** ⚏ 23/25 – 45/50 – ½ P 11.
• Die Zimmer dieses Dorfgasthauses sind mit hellen Holzmöbeln, etwas unterschiedlich im Stil, recht wohnlich ausgestattet und bieten einfachen Komfort.

BIELEFELD *Nordrhein-Westfalen* 🗺 *J 9 – 323 000 Ew – Höhe 118 m.*
🛫 *Bielefeld, Dornberger Str. 377 AT, ℘ (0521) 10 51 03.*
🛈 *Tourist-Information, Am Bahnhof 6, ✉ 33602, ℘ (0521) 51 69 99, touristinfo@bielefeld.de, Fax (0521) 178811.*
🛈 *Tourist-Information, Neues Rathaus, Niederwall 23, ✉ 33602, ℘ (0521) 51 69 98, Fax (0521) 178811.*
ADAC, *Stapenhorststr. 131.*
Berlin 394 ② – Düsseldorf 182 ⑤ – Dortmund 114 ⑤ – Hannover 108 ②

BIELEFELD

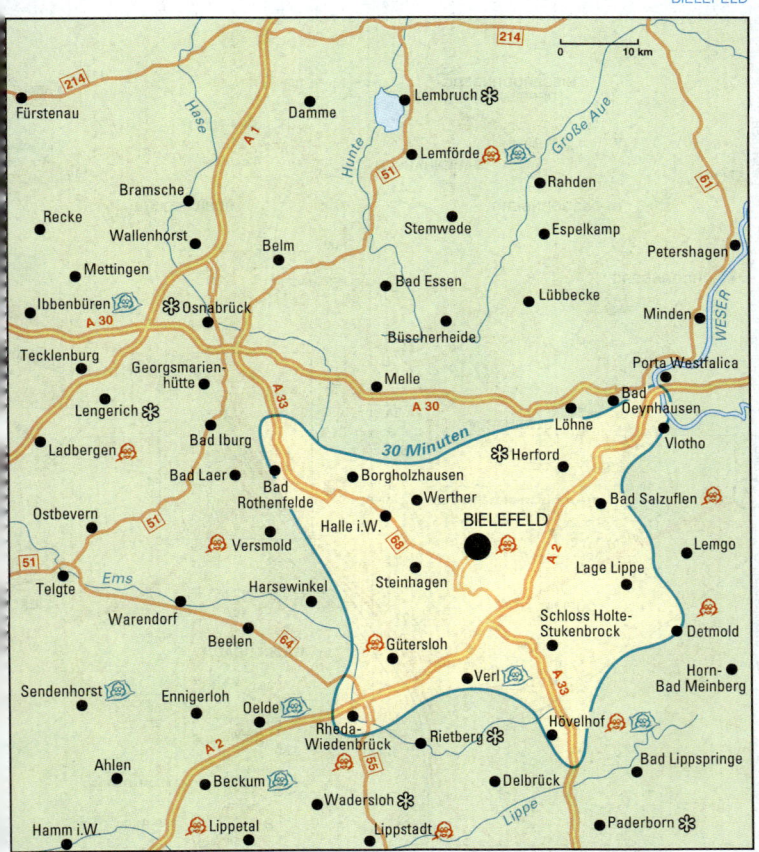

🏨 **Mövenpick-Hotel** M, Am Bahnhof 3, ✉ 33602, ℘ (0521) 5 28 20, *hotel.bielefeld@moevenpick.com, Fax (0521) 5282100,* 😊 – 📶, 🛏 Zim, 📺 📞 ♿ 🚗 – 🏛 50. AE ① ⓜ VISA JCB EY n
Menu à la carte 20/37 – 🍽 14 – **162 Zim** 120/132 – 145/157, 5 Suiten.
♦ Unweit des Bahnhofs stellt man Sie vor die Wahl : Entscheiden Sie sich zwischen Zimmern im nostalgischen Trakt mit Erkern und Räumlichkeiten im modernen Neubau. Wohnlich ! Das Restaurant hat man im Stil eines Zugabteils gestaltet.

🏨 **Ravensberger Hof** M 🍽, Güsenstr. 4, ✉ 33602, ℘ (0521) 9 62 11, *ravensbergerhof@t-online.de, Fax (0521) 9621300,* 😊 – 📶, 🛏 Zim, 📺 📞 🚗 – 🏛 80. AE ⓜ VISA EZ c
Menu *(geschl. Juli - Aug. 3 Wochen, Sonn- und Feiertage) (nur Abendessen)* à la carte 25/44 – **51 Zim** 🍽 89/119 – 133/149.
♦ Im Zentrum bietet sich das renovierte Altstadthotel als individuelles Domizil an. Die elegante Halle mit farbharmonischem Design gibt einen Vorgeschmack auf die Gästezimmer. Das Restaurant in der ersten Etage ist im Bistrostil eingerichtet.

🏨 **Mercure**, Waldhof 15, ✉ 33602, ℘ (0521) 5 28 00, *h0897@accor-hotels.com, Fax (0521) 5280113,* 😊 – 📶, 🛏 Zim, 📺 📞 – 🏛 210. AE ① ⓜ VISA EZ a
Menu à la carte 19,50/37,50 – **123 Zim** 🍽 103/113 – 131/141.
♦ Im Herzen der Altstadt - nur wenige Minuten vom Bahnhof entfernt - schätzen Geschäftsleute die funktionell-praktischen Zimmer der Hotelkette.

Bielefeld area map

Locations shown:

- NIEDERDORNBERG-DEPPENDORF
- BABENHAUSEN
- GROSSDORNBERG
- KIRCHDORNBERG
- SCHILDESCHE
- GELLERSHAGEN
- HOBERGE-UERENTRUP
- TEUTOBURGER WALD (FERNSEHTURM)
- TIERPARK
- BIELEFELD-OST
- QUELLE
- ANSTALT BETHEL
- GADDERBAUM
- SIEKER
- TEUTOBURGER WALD
- BRACKWEDE
- BUSCHKAMP
- UMMELN
- SÜDWESTFELD
- SENNE
- WINDFLÖTE
- BIELEFELDER KREUZ
- FRIEDRICHSDORF
- ECKARDTSHEIM

Roads / directions:
- WERTHER
- OSNABRÜCK / HALLE
- STEINHAGEN
- MÜNSTER / GÜTERSLOH
- DORTMUND / KÖLN
- A 2 · E 34
- A 33
- B 68
- B 61

Streets: Bielefelder Str., Babenhäuser Str., Westerfeldstr., Engersche Str., Talbrücken, Voltmannstr., Jöllenbecker, Apfelstr., Herforder, Eckendorfer, Wertherstr., Dornberger Str., Bergstr., Osnabrücker Str., Severing Str., Carl-Severing-Str., Artur-Ladebeck-Str., Detmolder Str., Otto-Brenner-Str., Oshingstr., Brockhagener Str., Gütersloher Str., Queller Str., Hauptstr., Bodelschwinghstr., Senner Str., Windelsbleicher Str., Brackweder Str., Friedrichsdorfer Str., Buschkampstr., Buschkampstr., Paderborner Str., Krackser Str., Wilhelmsdorfer Str.

Scale: 0 — 1 km

BIELEFELD

Street	Grid	No.
Am Brodhagen	BT	14
Am Preßwerk	AU	18
Am Stadtholz	BT	23
Amtmann-Bullrich-Straße	CT	24
Am Waldbad	BV	26
Am Wellbach	CT	
Apfelstraße	BT	
Arthur-Ladebeck-Straße	ABU	
Babenhauser Straße	AT	
Beckhausstraße	BT	27
Bergstraße	AU	
Berliner Straße	ABU	31
Bielefelder Straße	AT	
Bielefelder Straße	AU	32
Bodelschwinghstraße	BU	
Brackwedder Straße	AV	
Brackweder Straße	BUV	34
Braker Straße	CT	
Brinkstraße	BV	36
Brockhagener Straße	AUV	
Buschkampstraße	ABV	
Buschkampstraße	BV	
Cheruskerstraße	AU	39
Deppendorfer Straße	AT	41
Detmolder Straße	BCU	
Dornberger Straße	ATU	
Dornberger Straße	AU	
Eckendorfer Straße	BCT	
Eggweg	BU	46
Elbeallee	CV	
Engersche Straße	BCT	
Friedrichsdorfer Straße	ABV	
Gütersloher Straße	AUV	
Hallerweg	AU	62
Hauptstraße	BU	
Heeper Straße	BCTU	
Herforder Straße	BCT	
Hillegosserstraße	CU	
Johannistal	BU	70
Jöllenbecker	BT	
Kirchdornbreger Straße	AT	74
Krackser Straße	BV	
Kusenweg	CT	
Lämershagener Straße	CV	81
Magdalenen Straße	AU	84
Oelmühlenstraße	BU	96
Oerlinghauser Straße	CUV	97
Oldentruper straße	BCU	99
Osnabrücker Straße	AU	
Osningstraße	BUV	
Ostraße	BU	101
Ostwestfalendamm	ABU	104
Otto-Brenner-Straße	BU	
Paderborner Straße	BCV	
Postdammer Straße	CTU	
Prießallee	BU	106
Quellenhofweg	BU	107
Queller Straße	AU	
Regerstraße	BU	110
Salzufler straße	CTU	
Schelpsheide	BT	115
Schildescher Straße	BT	116
Schlingen Straße	AU	117
Selhausenstraße	CU	
Senner Hellweg	CV	
Senner Straße	AV	
Senner Straße	BUV	
Sennestadtring	CV	121
Severing Straße	AU	
Stadtring	ABU	124
Stapenhorststraße	BT	125
Steinhagener Straße	AV	126
Stieghorster Straße	CU	131
Südring	ABUV	134
Talbrücken Straße	BCT	
Theesener Straße	BT	136
Tieplatz	CT	137
Twellbachtal	AT	139
Ummelner Straße	AV	
Verler Straße	BCV	
Vilsendorfer Straße	BT	141
Vogteistraße	CT	143
Voltmannstraße	ABT	
WertherStraße	AT	
Westerfeldstraße	BT	
Windelsbleicher Straße	BV	
Ziegelstraße	BCT	148

223

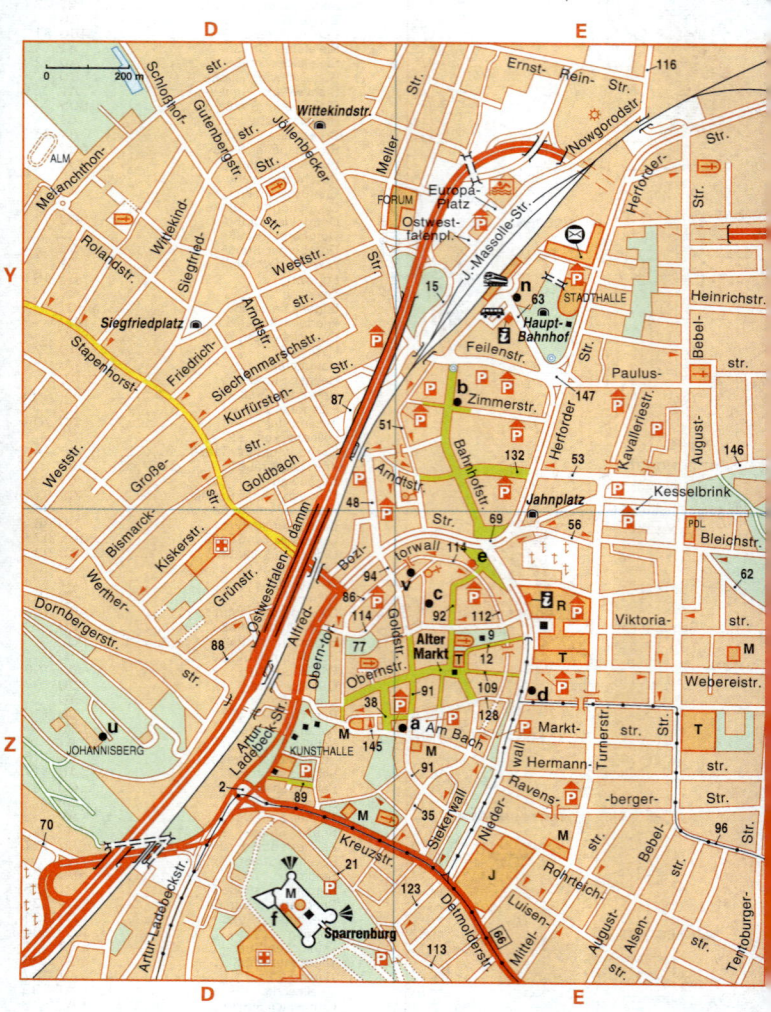

BIELEFELD

Adenauerplatz . . . . **DZ** 2	Friedenstraße . . . . **EY** 51	Neustädter Sraße . . . . . . **EZ** 91
Altstädter Kirchplatz . . . . . **EZ** 9	Friedrich-Ebert-Straße . . . . . **EY** 53	Niederstraße . . . . **EZ** 92
Altstädter Kirchstraße . . . . **EZ** 12	Friedrich-Verleger-Straße . . **EY** 56	Notpfortenstraße . . . . **EZ** 94
Am Güterbahnhof . . . . . . **EY** 15	Gehrenberg . . . . **EZ**	Obernstraße . . . . **DEZ**
Am Sparrenberg . . . . **DZ** 21	Heeper-Straße . . . . **EZ** 62	Rathausstraße . . . . **EZ** 109
Bahnhofstraße . . . . **EY**	Herbert-Hinnendahl-	Rich-Wagner-Straße . . . . **EZ** 113
Breite Straße . . . . **EZ**	Straße . . . . **EY** 63	Ritterstraße . . . . **DEZ** 114
Bunnemannplatz . . . . **DZ** 38	Jahnplatz . . . . **EZ** 69	Spiegelstraße . . . . **EZ** 123
Elsa-Brändström-Straße . . **DYZ** 48	Klosterplatz . . . . **DZ** 77	Steinstraße . . . . **EZ** 128
Feilenstraße . . . . **EY**	Mauerstraße . . . . **DZ** 86	Stresemannstraße . . . . . . **EY** 132
	Mindener Straße . . . . **DY** 87	Waldhof . . . . **DZ** 145
	MoltkeStraße . . . . **DZ** 88	Werner-Bock-Straße . . . . **EY** 146
	Nebelswall . . . . **DZ** 89	Willy-Brandt-Pl . . . . **EY** 147

Mercure am Niederwall M garni, Niederwall 31, ⊠ 33602, ℘ (0521) 5 25 30, h2822@accor-hotels.com, Fax (0521) 5253444 – 🛗 ✻ TV 📞 ♿ 🚗 – 🔒 60. AE ⓘ
MC VISA
150 Zim ⊇ 102/128 – 156.
♦ Nur einen Katzensprung vom Stadttheater beherbergt das Hotel für Geschäftsreisende sinnvoll ausgestattete Zimmer : Fax- sowie Modemanschluss und ein großer Schreibtisch

BIELEFELD

🏨 **Novotel** M ⌘, Am Johannisberg 5, ⊠ 33615, ℘ (0521) 9 61 80, h0484@accor-hotels.com, Fax (0521) 9618333, 🌿, ⚊ (geheizt), 🌿 – 🛗, ≒ Zim, 📺 ✆ & 🅿 – 🛎 220. 🆎 ⓘ ⓜⓞ 𝗩𝗜𝗦𝗔 JCB
DZ u
Menu à la carte 18,50/32,50 – ⌒ 13 – **118 Zim** 79 – 102.
♦ Auf einer bewaldeten Anhöhe über der Stadt, in einem rund 20 ha großen Park (mit Joggingpfaden) bietet dieses Novotel alles, was das Leben und Arbeiten auf Reisen erleichtert.

🏨 **Brenner Hotel Diekmann,** Otto-Brenner-Str. 133, ⊠ 33607, ℘ (0521) 2 99 90, reception@brenner-hotel.de, Fax (0521) 2999220, 🌿 – 🛗, ≒ Zim, 📺 ✆ 🅿 – 🛎 60. 🆎 ⓘ ⓜⓞ 𝗩𝗜𝗦𝗔 JCB
BU y
Menu à la carte 15,50/34 – **65 Zim** ⌒ 70/90 – 90/100.
♦ In verkehrsgünstiger Lage steht das familiär geführte Domizil. Die Zimmer sind mit rustikalen Eichenmöbeln und Schreibtischen eingerichtet. Auf Wunsch Modemanschluss. Altdeutscher Stil dominiert im Restaurant.

🏨 **Comfort Garni Stadt Bremen** garni, Bahnhofstr. 32, ⊠ 33602, ℘ (0521) 52 19 80, hotel@comfort-garni.de, Fax (0521) 52198113 – 🛗 ≒ 📺 ✆ 🚗. ⓜⓞ 𝗩𝗜𝗦𝗔 ⌘
EY b
geschl. 23. Dez. - 2. Jan. – **46 Zim** ⌒ 72/82 – 92/99.
♦ Vollständig renoviert zeigt sich dieses praktische, inmitten der Fußgängerzone gelegene Stadthotel. Ihr Zimmer ist mit hellen, zeitgemäßen Möbeln eingerichtet.

🏨 **Altstadt-Hotel** garni, Ritterstr. 15, ⊠ 33602, ℘ (0521) 9 67 25 23, altstadt-hotel-bielefeld@t-online.de, Fax (0521) 9672522, ☎ – 🛗 📺 – 🛎 40. 🆎 ⓜⓞ 𝗩𝗜𝗦𝗔 EZ v
21 Zim ⌒ 59/69 – 79.
♦ Zentral in der Innenstadt, unweit des Bahnhofs, kümmert sich das gepflegte Hotel gerne um seine Gäste. Ihr PKW findet im direkt vor der Tür liegenden Parkhaus ein Quartier.

🍴 **Klötzer's Kleines Restaurant,** Ritterstr. 33, ⊠ 33602, ℘ (0521) 9 67 75 20, kloetzer-delikatessen@t-online.de, Fax (0521) 9677510 – 🆎 ⓜⓞ
EZ e
bis 21 Uhr geöffnet, geschl. Samstagabend - Montag, Feiertage – **Menu** à la carte 27/39.
♦ In der Fußgängerzone verlockt das kleine Restaurant mit Feinkostladen zur Einkehr. Die Karte ist saisonal ausgerichtet. Fragen Sie nach den Kaviarspezialitäten!

🍴 **Im Bültmannshof,** Kurt-Schumacher-Str. 17a, ⊠ 33615, ℘ (0521) 10 08 41, Fax (0521) 161390, 🌿, (restaurierter Fachwerkbau a.d.J. 1802) – 🅿. ⓘ ⓜⓞ 𝗩𝗜𝗦𝗔
ABT s
geschl. 1. - 7. Jan., 27. Juli - 11. Aug., Montag – **Menu** à la carte 24,50/45.
♦ Das ehemalige Bauernhaus ist eine urgemütliche, sehenswerte Adresse! In authentischem Fachwerk-Ambiente läßt man sich regionale Gerichte schmecken. Karte mit großer Auswahl!

🍴 **Sparrenburg,** Am Sparrenberg 38a, ⊠ 33602, ℘ (0521) 6 59 39, restaurant-sparrenburg@t-online.de, Fax (0521) 65999, 🌿 – 🅿. 🆎 ⓜⓞ 𝗩𝗜𝗦𝗔
DZ f
geschl. Anfang - Mitte Aug., Dienstag – **Menu** à la carte 21/43.
♦ Rustikale Gemütlichkeit erwartet die Besucher des Restaurants in der Burganlage aus dem 13. Jh. Ausflügler schätzen die Terrasse mit Stadtblick!

In Bielefeld-Brackwede :

🏨 **Brackweder Hof,** Gütersloher Str. 236, ⊠ 33649, ℘ (0521) 94 26 60, brackweder-hof@t-online.de, Fax (0521) 9426610, 🌿 – 🛗, ≒ Zim, 📺 ✆ 🅿 – 🛎 60. 🆎 ⓘ ⓜⓞ
AU u
Menu à la carte 23/43 – **40 Zim** ⌒ 70 – 90.
♦ Gleich mehrere Vorzüge vereinen sich in diesem Neubau : Moderne, gemütliche und doch funktionale Zimmer - mit eigenen PC- und Kommunikationsanschlüssen - erwarten den Gast. Eleganz und rustikale Gediegenheit im Restaurant.

🍴🍴 **Méditerranée,** Brackwerder Str. 66, ⊠ 33647, ℘ (0521) 41 00 77, info@mediterranee-jivino.de, Fax (0521) 410078, 🌿 – 🅿. 🆎 ⓘ ⓜⓞ 𝗩𝗜𝗦𝗔
BU e
Menu (geschl. Sonntag - Montag) (nur Abendessen) à la carte 34,50/42,50 – **Jivino** (nur Abendessen) **Menu** à la carte 25/31,50.
♦ Das stimmungsvolle Restaurant gilt als Institution mit südfranzösischem Flair. An weiß eingedeckten, runden Tischen läßt sich bei mediterranen Genüssen Fernweh lindern. Das Jivino lädt an blanken Holztischen zu italienischem Vino und mediterraner Küche.

In Bielefeld-Großdornberg :

🍴🍴 **Kreuzkrug,** Werthestr. 462, ⊠ 33619, ℘ (0521) 10 22 64, kreuzkrug@t-online.de, Fax (0521) 161197, Biergarten – 🅿. 🆎 ⓜⓞ 𝗩𝗜𝗦𝗔
AT e
geschl. Montag – **Menu** à la carte 20/35.
♦ Der Gasthof am Rande des Teutoburger Waldes war einst Posthalterei und ist seit 1827 in Familienbesitz. Interieur im altdeutschen Stil mit rustikalem Zierat.

BIELEFELD

In Bielefeld-Heepen :

🏨 **Petter**, Alter Postweg 68, ✉ 33719, ✆ (0521) 93 41 40, hotel-petter@t-online.de, Fax (0521) 9341425 – ⇔ Zim, 📺 🚗 🅿 🆎 𝕍𝕀𝕊𝔸
CT h
geschl. 22. Dez. - 1. Jan. – **Menu** (geschl. Freitag - Sonntag) (nur Abendessen) à la carte 15,50/27,50 – **16 Zim** ⊇ 60 – 81.

• In dem gut geführten Familienbetrieb finden Reisende östlich von Bielefeld einen vorübergehenden Wohnsitz. Gediegene Zimmereinrichtung mit Mahagonimobiliar.

In Bielefeld-Hillegossen :

🏨 **Stiller Friede** ⚘, Selhausenstr. 12, ✉ 33699, ✆ (0521) 2 39 97 44, haus-stiller-friede@t-online.de, Fax (0521) 2399745, 🍽, ⇌s, 🏊 – 📺 ✆ 🅿 – 🆎 25. 🆎 ⓞ
🆎 𝕍𝕀𝕊𝔸
CU g
Menu (geschl. 1. - 15. Jan) à la carte 20,50/37 – **22 Zim** ⊇ 50/65 – 70/80.

• Ruhig am Wald steht das gepflegte gastliche Haus mit der interessanten Fachwerkfassade und dem Bruchsteinsockel. Drei Zimmertypen : Kirschbaum, Fichte und rustikal in Eiche. Sattes Grün vor den Fenstern des Restaurants erfreut das Auge der einkehrenden Gäste.

In Bielefeld-Kirchdornberg :

🍴 **Tomatissimo**, Am Tie 15, ✉ 33619, ✆ (0521) 16 33 33, Fax (0521) 163326, 🍽 – 🅿
🆎 🆎
AT a
geschl. Dienstag – **Menu** (wochentags nur Abendessen) 38 à la carte 29/40,50.

• Keine Angst, hier hat man sich nicht der Tomaten-Diät verschrieben ! Vielmehr führt man Sie mit französisch-mediterraner Küche in Versuchung. Italienisches Flair !

In Bielefeld-Milse :

🏨 **Parkhotel Milser Krug** Ⓜ, Herforder Str. 534, ✉ 33729, ✆ (0521) 13 63 30, info@milserkrug.de, Fax (0521) 1363302, 🍽, ⇌s, 🏊 – ⇔ Zim, 📺 ✆ 🅿 – 🆎 50.
🆎 𝕍𝕀𝕊𝔸
CT a
geschl. 4. - 15. Aug. – **Menu** (geschl. Samstagmittag) à la carte 20/32 – **24 Z** ⊇ 80/90 – 100.

• Ein Glasgang verbindet den Gasthof mit einem neuen Hoteltrakt. Neben netten Zimmern mit mediterranem Touch können Gäste auch den hübschen Garten nutzen. Ein kleiner Wintergarten mit Korbstühlen ergänzt das Restaurant.

In Bielefeld-Oldentrup :

🏰 **Oldentruper Hof**, Niedernholz 2, ✉ 33699, ✆ (0521) 2 09 00, info@oldentruper-bielefeld.bestwestern.de, Fax (0521) 2090100, 🍽, ⇌s, 🅆 – 🛗, ⇔ Zim, 📺 ✆ & 🅿 – 🆎 210. 🆎 ⓞ 🆎 𝕍𝕀𝕊𝔸
CU z
Menu à la carte 22,50/35 – **133 Zim** ⊇ 99/103 – 121/125.

• Die hellen, freundlichen Zimmer sind funktionell ausgestattet. Geschäftsreisende bestellen hier eines der Businesszimmer mit modernen Kommunikationsmöglichkeiten. Nettes, gemütliches Restaurant, das mehrfach unterteilt ist.

In Bielefeld-Quelle :

🏨 **Büscher**, Carl-Severing-Str. 136, ✉ 33649, ✆ (0521) 94 61 40, hotel-buescher@t-online.de, Fax (0521) 452796, 🍽, ⇌s, 🅆 – 📺 ✆ 🅿 – 🆎 80. 🆎 ⓞ
🆎 𝕍𝕀𝕊𝔸
AU k
geschl. 22. Dez. - 2. Jan. – **Menu** (geschl. Sonntagabend - Montagmittag) à la carte 17,50/27 – **32 Zim** ⊇ 47/62 – 87.

• Das gepflegte Hotel mit seiner über 115-jährigen Familientradition bürgt für persönlichen Service. Für die Fitness gibt es ein Hallenbad und eine Sauna. Mit bürgerlicher Gaststube und großem Saal für Extras.

🍴 **Schlichte Hof** mit Zim, Osnabrücker Str. 100, ✉ 33649, ✆ (0521) 4 55 88, info@schlichte-hof.de, Fax (0521) 452888, (Restauriertes Fachwerkhaus a.d. 15. Jh.) – 📺 🚗
🅿 – 🆎 30. 🆎 🆎 𝕍𝕀𝕊𝔸
AU r
Menu à la carte 22/37 – ⊇ 8 – **11 Zim** 54 – 66.

• Nach wechselvoller Geschichte wurde das Fachwerkhaus 1990 restauriert. Heute genießt man die Großzügigkeit der alten Deele, die gemütliche Galerie und natürlich Kulinarisches !

In Bielefeld-Schildesche :

🍴 **Bonne Auberge**, An der Stiftskirche 10, ✉ 33611, ✆ (0521) 8 16 68, bonne-auberge@t-online.de, 🍽, (restauriertes Fachwerkhaus a.d.J. 1775) – 🅿 🆎 🆎 𝕍𝕀𝕊𝔸 BT q
geschl. Jan., Montag – **Menu** (wochentags nur Abendessen) à la carte 25/34.

• Am Kirchplatz steht das historische Bauernhaus. Dunkle Holzbalken und weiß getünchte Wände unterstreichen das rustikale Ambiente. Internationale Karte mit großer Auswahl.

BIELEFELD

n Bielefeld-Senne :

XXX **Auberge le Concarneau,** Buschkampstr. 75, ⊠ 33659, ℘ (0521) 49 37 17, museumshof-senne@t-online.de, Fax (0521) 493388 – 🅿 🝿 𝗩𝗜𝗦𝗔   BV b
geschl. April, Aug., Okt. jeweils 2 Wochen, Sonntag - Dienstag, Feiertage – **Menu** (nur Abendessen) 69/95 und à la carte.
  • Speisen wie in den ländlichen Regionen Frankreichs! In edel-rustikalem Ambiente kümmert man sich individuell um den Gast : die Bestellung wird vom Chef persönlich aufgenommen!

XX **Gasthaus Buschkamp,** Buschkampstr. 75, ⊠ 33659, ℘ (0521) 49 28 00, museumshof-senne@t-online.de, Fax (0521) 493388 – 🅿 🝿 𝗩𝗜𝗦𝗔   BV b
Menu à la carte 21/38.
  • Im idyllischen Museumshof Senne verkörpert das romantische Fachwerkhaus 150-jährige Gastronomietradition, in der "Mutters Küche" wieder zur Delikatesse wird.

X **Waterbör,** Waterboerstr. 77, ⊠ 33659, ℘ (0521) 2 41 41, waterboer@aol.com, Fax (0521) 24346, 🌳 – 🅿 🝿 𝗩𝗜𝗦𝗔   BU q
geschl. Samstagmittag, Montag – **Menu** à la carte 19/35.
  • Versteckt im Teutoburger Wald ist das Fachwerkhaus im Ravensberger Bauernstil zu finden. Ausflügler schätzen das Innenleben mit rustikalem Flair und die idyllische Terrasse.

n Bielefeld-Sennestadt :

🏨 **Quality Hotel** Ⓜ, Alte Verler Str. 2, ⊠ 33689, ℘ (05205) 93 60 (Hotel) 2 20 06 (Rest.), info@quality-hotel-bielefeld.de, Fax (05205) 936500, Biergarten – 🛗, ✲ Zim, 📺 ✆ 🕭 🅿 – 🔔 60. 🆎 ⓞ 🝿 𝗩𝗜𝗦𝗔   CV a
geschl. 20. Dez. - 1. Jan. – *Eickelmann's* (geschl. 23. Dez. - 5. Jan.) **Menu** à la carte 27/38 – **85 Zim** ⊇ 74 – 97.
  • Der moderne Rahmen dieser Residenz verschafft die Annehmlichkeiten, die Geschäftsleute und Tagungsgäste sich auf Reisen wünschen : Schreibtisch und Faxanschluß sind vorhanden! Gläserne Decke mit Jugendstil-Elementen im Eickelmann's.

🏠 **Wintersmühle,** Sender Str. 6, ⊠ 33689, ℘ (05205) 9 82 50, hotel@wintersmuehle.de, Fax (05205) 982533, ⋐s, 🌳 – 📺 ✆ 🕭 🅿 🆎 ⓞ 🝿 𝗩𝗜𝗦𝗔 ✲ Rest   BV r
Menu (geschl. 20. Dez. - 12. Jan., Freitag - Sonntag) (nur Abendessen) (Restaurant nur für Hausgäste) – **15 Zim** ⊇ 51/55 – 65/80.
  • Die ehemalige Wassermühle wurde vor Jahren zu einer Hotel-Pension umgebaut. Individuell eingerichtete Zimmer - teilweise im Landhausstil - mit Modem- und Faxanschluß.

BIETIGHEIM-BISSINGEN *Baden-Württemberg* 𝟰𝟭𝟵 T 11 – 40 600 Ew – Höhe 220 m.
  🛈 Stadtinformation, Marktplatz 10, ⊠ 74321, ℘ (07142) 7 42 27, stadt@bietigheim-bissingen.de, Fax (07142) 74229.
  Berlin 611 – *Stuttgart* 25 – Heilbronn 25 – Ludwigsburg 9 – Pforzheim 55.

Im Stadtteil Bietigheim :

🏨 **Parkhotel,** Freiberger Str. 71, ⊠ 74321, ℘ (07142) 7 70 60, parkhotel-bietigheim@t-online.de, Fax (07142) 54099, 🌳 – 🛗 📺 ✆ 🕭 🅿 – 🔔 45. 🆎 ⓞ 🝿 𝗩𝗜𝗦𝗔
Menu (geschl. Samstagmittag, Sonn- und Feiertage abends) à la carte 22/31 – **58 Zim** ⊇ 56/65 – 82.
  • Die Zimmer dieses Domizils sind praktisch mit unterschiedlichen Holzmöbeln ausgestattet. Seine Funktionalität macht es auch für Geschäftsreisende zur attraktiven Bleibe.

🏠 **Rose,** Kronenbergstr. 14, ⊠ 74321, ℘ (07142) 4 20 04, hotel.rose@t-online.de, Fax (07142) 45928 – 📺 ✆ 🕭 – 🔔 40. 🆎 🝿 𝗩𝗜𝗦𝗔 𝖩𝖢𝖡
geschl. 1. - 7. Jan. – **Menu** (geschl. Aug. 2 Wochen, Juli - Aug. Freitag - Samstagmittag) à la carte 27/44 – **24 Zim** ⊇ 60/80 – 90/100.
  • In der Altstadt bietet dieser Gasthof unterschiedliche Zimmer : teils solide mit Kirschbaummöbeln eingerichtet, teils mit älterem, einfacherem Mobiliar, aber immer gepflegt. Im Restaurant sorgen holzgetäfelte Wände für eine behagliche Atmosphäre.

XX **Friedrich von Schiller** (mit Gästehaus), Marktplatz 5, ⊠ 74321, ℘ (07142) 9 02 00, schiller.bietigheim.enz@t-online.de, Fax (07142) 902090, 🌳 – 🛗 📺 🅿 – 🔔 20. 🆎 ⓞ 🝿 𝗩𝗜𝗦𝗔 𝖩𝖢𝖡
Menu (geschl. 1. - 6. Jan., 29. Mai - 5. Juni, Sonn- und Feiertage, Montagmittag) (bemerkenswerte Weinkarte) 40/80 à la carte 38/51 ⚲ – **22 Zim** ⊇ 59/71 – 82/100.
  • Im vorderen Bereich ist dieses Restaurant rustikal gehalten und mit Kachelöfen bestückt. Im hinteren Bereich ist es eleganter, hier werden die Tische schön eingedeckt.

BIETIGHEIM-BISSINGEN

Im Stadtteil Bissingen :

🏨 **Otterbach** (mit Gästehäusern), Bahnhofstr. 153, ⊠ 74321, ℘ (07142) 58 40, hotel-otterbach@t-online.de, Fax (07142) 64142 – 📳, ⇔ Zim, 📺 📞 👟 🄿 – 🔏 60. 🆎 ⓄⒸ 🆅🆂🅰 🅹🅲🅱. ⋇
Menu *(geschl. 27. Dez. - 5. Jan., Samstagmittag)* à la carte 25/44 – **64 Zim** ⊇ 52/94 – 76/134.
♦ Moderner Familienbetrieb gegenüber dem Bahnhof. In einem imposanten Glasanbau hat man großzügige Zimmer, Konferenzräume und einen lichtdurchfluteten Wintergarten geschaffen. Restaurant mit schöner Holztäfelung und regionaler Küche.

BILLERBECK *Nordrhein-Westfalen* 🄫🄸🄻 K 5 – 11 500 Ew – Höhe 138 m – Erholungsort.
🄱 *Tourist-Information, Markt 1,* ⊠ *48727,* ℘ *(02543) 73 73, stadt@billerbeck.de Fax (02543) 7350.*
Berlin 510 – Düsseldorf 110 – Nordhorn 69 – Enschede 56 – Münster (Westfalen) 32.

🏨 **Weissenburg,** Gantweg 18 (Nord : 2 km), ⊠ 48727, ℘ (02543) 7 50, Fax (02543) 75275, ≤, 😀, 🈴, 🈳, 🈵, – 📳, ⇔ Zim, 📺 🄿 – 🔏 100. 🆎 Ⓞ ⒸⓄ 🆅🅸🆂🅰 ⋇ Zim
Menu 18/40 – **78 Zim** ⊇ 55/70 – 100/140.
♦ Auf einer Anhöhe mit Blick auf Billerbeck und Münsterland residieren Sie hier in funktionell-wohnlichen Zimmern. Das nahegelegene Wildgehege und der Park laden zum Besuch ein ! Münsterländer Stil beherrscht die Restauranträume.

🏨 **Domschenke,** Markt 6, ⊠ 48727, ℘ (02543) 9 32 00, domschenke@t-online.de, Fax (02543) 932030, 😀 – 📺 📞 👟 – 🔏 30. 🆎 Ⓞ ⒸⓄ 🆅🅸🆂🅰
Menu *(geschl. Okt. 2 Wochen)* à la carte 23/38 – **30 Zim** ⊇ 48/70 – 75/100.
♦ Im Zentrum steht das nette Klinker-Fachwerkhaus direkt am Dom. Wohnliche, großzügige Zimmer : einige elegant, einige rustikal im Münsterländer Stil. Restauranträume teils gediegen-ländlich, teils mit südlichem Flair im Landhausstil.

BINDLACH *Bayern siehe Bayreuth.*

BINGEN *Rheinland-Pfalz* 🄫🄸🄻 Q 7 – 25 000 Ew – Höhe 82 m.
Sehenswert : *Burg Klopp* ≤⋆.
Ausflugsziele : *Burg Rheinstein* ≤⋆⋆ ⑤ : 6 km – *Rheintal*⋆⋆⋆ *(von Bingen bis Koblenz).*
🄱 *Tourist-Information, Rheinkai 21,* ⊠ *55411,* ℘ *(06721) 18 42 05, Fax (06721) 16275.*
Berlin 600 ① – Mainz 31 ① – Bad Kreuznach 20 ② – Koblenz 66 ④ – Wiesbaden 35 ①

Stadtplan siehe gegenüberliegende Seite

🏨 **Astron** 🄼, Am Rhein-Nahe-Eck, ⊠ 55411, ℘ (06721) 79 60, bingen@astron-hotels.com, Fax (06721) 796500, ≤, 😀, 🈴 – 📳, ⇔ Zim, 📺 📞 👟 🄿 – 🔏 400. 🆎 Ⓞ ⒸⓄ 🆅🅸🆂🅰 🅹🅲🅱
Y b
Menu à la carte 19,50/35,50 – **135 Zim** ⊇ 84/112 – 96/124 – ½ P 15.
♦ Am Rheinufer gelegen, verspricht dieses Domizil eigenwillige, extravagante Zimmer, teils mit Rheinblick. Das Inventar kombiniert auf außergewöhnliche Art Form und Farbe. Restaurant mit schönem Blick auf den Fluß und die Weinberge.

🏨 **Weinhotel Michel** garni, Mainzer Str. 74, ⊠ 55411, ℘ (06721) 9 15 10, hotel@weinhotel-michel.de, Fax (06721) 915152, 🈴 – 📳 ⇔ 📺 📞 👟 🄿 🆎 ⒸⓄ 🆅🅸🆂🅰. ⋇
30 Zim ⊇ 75/85 – 115.
♦ Keine Angst, hier besteht kein Weinzwang ! Das gut geführte Hotel ist mit seinen komfortablen Zimmern eine ideales Heim für Geschäftsreisende.
über ①

🏨 **Martinskeller** 🌿 garni, Martinstr. 1, ⊠ 55411, ℘ (06721) 1 34 75, martinskeller@rheinhotel.com, Fax (06721) 2508 – 📺 👟. 🆎 Ⓞ ⒸⓄ 🆅🅸🆂🅰
Y f
geschl. 22. - 30. Dez. – **15 Zim** ⊇ 64/68 – 82/103.
♦ 1884 diente das Haus als Weinhandlungshof der Firma Augstein und 100 Jahre später wurde es zum Hotel ausgebaut. Fragen Sie nach einem der gemütlichen Zimmer mit Fachwerk !

🏨 **Krone,** Rheinkai 19, ⊠ 55411, ℘ (06721) 1 70 16, hotelkronebingen@t-online.de, Fax (06721) 17210, 😀 – 📺. 🆎 Ⓞ ⒸⓄ 🆅🅸🆂🅰
Y n
geschl. 23. Dez. - 10. Jan. – **Menu** *(geschl. Sonntagabend - Montag) (wochentags nur Abendessen)* à la carte 14/26,50 – **25 Zim** ⊇ 40/50 – 64/70.
♦ Zwischen Fußgängerzone und Rheinufer liegt dieses Hotel. Buchen Sie ein Zimmer mit Blick auf den Fluß ! Bürgerliche Gästezimmer mit schallisolierten Fenstern.

🏨 **Rheinhotel Starkenburger Hof** garni, Rheinkai 1, ⊠ 55411, ℘ (06721) 1 43 41, Fax (06721) 13350 – 📺 👟. 🆎 Ⓞ ⒸⓄ 🆅🅸🆂🅰. ⋇
Y a
geschl. Jan. - Feb. – **30 Zim** ⊇ 46/50 – 70/75.
♦ Nur wenige Minuten von Bahnhof und Schiffsanlegestelle entfernt, ist dieses standardgemäße Hotel ein guter Ausgangspunkt für geschäftliche und touristische Unternehmungen.

BINGEN

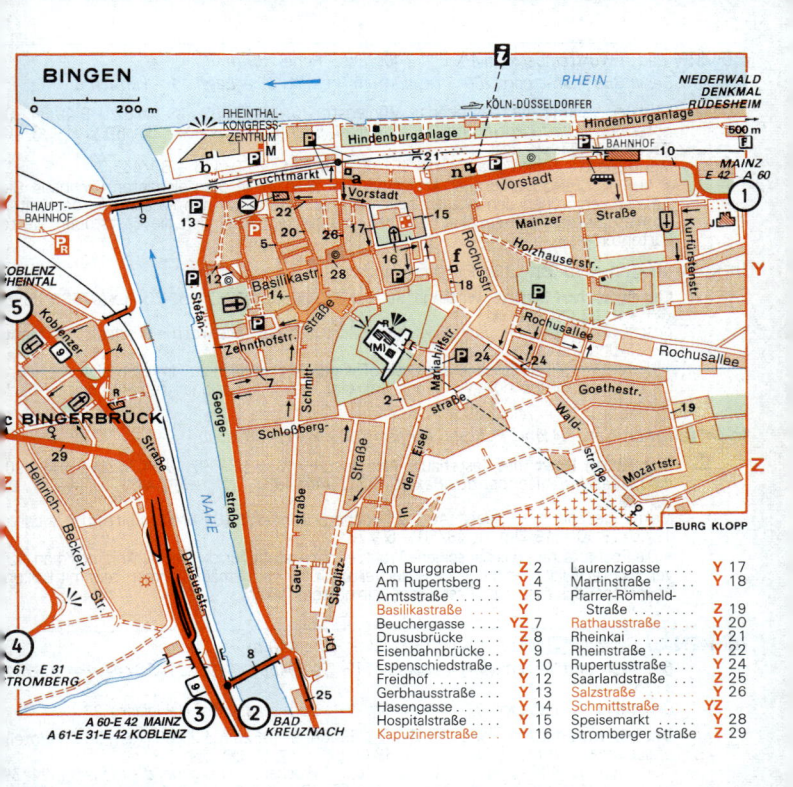

Am Burggraben	Z 2	Laurenzigasse	Y 17
Am Rupertsberg	Y 4	Martinstraße	Y 18
Amtsstraße	Y 5	Pfarrer-Römheld-	
Basilikastraße	Y	Straße	Y 19
Beuchergasse	YZ 7	Rathausstraße	Y 20
Drususbrücke	Z 8	Rheinkai	Y 21
Eisenbahnbrücke	Y 9	Rheinstraße	Y 22
Espenschiedstraße	Y 10	Rupertusstraße	Y 24
Freidhof	Y 12	Saarlandstraße	Z 25
Gerbhausstraße	Y 13	Salzstraße	Y 26
Hasengasse	Y 14	Schmittstraße	YZ
Hospitalstraße	Y 15	Speisemarkt	Y 28
Kapuzinerstraße	Y 16	Stromberger Straße	Z 29

In Bingen-Bingerbrück :

※ **Schlößchen am Mäuseturm,** Stromberger Str. 28, ✉ 55411, ☎ (06721) 3 66 99, *steininger.weinstube@t-online.de, Fax (06721) 36699,* 🌳, *(Weinstube)* – 🅿. 🆎 Z c
geschl. Sonntag – **Menu** *(nur Abendessen)* à la carte 16/30.
♦ In diesem Stadthaus frönt man den edlen Tropfen der Reben und regionalen Leckereien. Die aparte Weinstube ist ansprechend dekoriert. Frischluftverliebte schätzen die Terrasse.

In Münster-Sarmsheim über ② : 4 km :

※ **Weinstube Kruger-Rumpf,** Rheinstr. 47, ✉ 55424, ☎ (06721) 4 50 50, *krugerrumpf@t-online.de, Fax (06721) 41882,* 🌳 – 🅿. 🆎
geschl. 22. Dez. - 15. Jan., Montag – **Menu** *(nur Abendessen)* à la carte 23/29.
♦ Das Weingut - 1790 gegründet - steht heute unter Denkmalschutz. In der charmanten Weinstube mit idyllischer Terrasse lebt man von Rebensaft und Winzerschmaus !

In Laubenheim über ② : 6 km :

🍷 **Traube,** Naheweinstr. 66, ✉ 55452, ☎ (06704) 12 28, *Fax (06704) 1076* – 📺 🅿. ⓞ 🆎 VISA
Menu *(nur Abendessen)* (Restaurant nur für Hausgäste) – **14 Zim** ⇌ 32 – 60.
♦ Das Haus ist verbunden mit der Tradition des Weinbaus ! Weiß, rot oder rosé - man kann hier alle Weinarten verkosten. Den weinseligen Schlaf hält man in bürgerlichen Zimmern.

BINZ *Mecklenburg-Vorpommern siehe Rügen (Insel).*

Der Rote MICHELIN-Hotelführer : EUROPE
für Geschäftsreisende und Touristen.

BINZEN Baden-Württemberg 419 X 6 – 2 400 Ew – Höhe 285 m.

Berlin 858 – Stuttgart 260 – Freiburg im Breisgau 65 – Basel 11 – Lörrach 6.

Mühle (mit Gästehaus), Mühlenstr. 26, ⊠ 79589, ℘ (07621) 9 40 84 90, hotel.muehle.binzen@t-online.de, Fax (07621) 65808, 😊, 🌳 – 🛌 Zim, 📺 ✆ 🅿 – 🔒 40. AE ① ⓒ VISA. ⸙ Rest
Menu (geschl. Sonntag) à la carte 35/58 – **20 Zim** ⌇ 60/115 – 80/135.
  • Auf die "feine Markgräfler Art" empfängt man Sie in dem eleganten Landhaus. Die Zimmer versprühen den unaufdringlichen Charme von warmen Farben und geblümter Stoffen. Holzgetäfelt-rustikal oder hell und stilvoll geben sich die Gaststuben. Nette Gartenterrasse.

In Rümmingen Nord-Ost : 2 km Richtung Kandern :

Landgasthof Sonne, Wittlinger Str. 3, ⊠ 79595, ℘ (07621) 32 70, Fax (07621) 2853, 😊 – 🅿 AE ⓒ VISA. ⸙
geschl. Jan. 2 Wochen, Juni 2 Wochen, Okt. 2 Wochen, Mittwoch - Donnerstag - **Menu** 22/35 und à la carte.
  • Hinter der gelben Fassade des Gasthofes geht's gemütlich zu : Im rustikalen Ambiente ißt man sich gerne durch's Menü ! Das gibt sich international, regional und je nach Saison !

In Schallbach Nord : 4 km - Richtung Kander, in Rümmingen links ab :

Zur Alten Post (mit Gästehaus), Alte Poststr. 16, ⊠ 79597, ℘ (07621) 9 40 94 90, info@gasthof-altepost.de, Fax (07621) 94094933, 😊 – 📺 ✆ 🅿 – 🔒 25. AE ⓒ VISA
Menu (geschl. 1. - 6. Jan., Aug. 2 Wochen, Donnerstag - Freitagmittag) à la carte 19,50/28,50 – **19 Zim** ⌇ 48/50 – 67/76.
  • Die Postkutsche - das hauseigene Wahrzeichen - steht für die Herzlichkeit, der man sich verpflichtet fühlt. Das moderne Hotel verfügt über zeitgemäße Zimmer, teils mit Balkon. Ansprechendes rustikales Restaurant mit nettem Dekor.

BIRKENAU Hessen 417 419 R 10 – 10 500 Ew – Höhe 110 m – Luftkurort.

🛈 Kultur- und Verkehrsamt, Hauptstr. 119, ⊠ 69488, ℘ (06201) 3 97 47, Fax (06201) 39755.
Berlin 611 – Wiesbaden 97 – Mannheim 30 – Darmstadt 44 – Heidelberg 27.

Drei Birken mit Zim, Hauptstr. 170, ⊠ 69488, ℘ (06201) 3 23 68 (Rest) 30 32 (Hotel), dreibirken@t-online.de, Fax (06201) 3849, 😊 – 📺 🅿 AE ⓒ VISA
Menu (geschl. Anfang Feb. 2 Wochen, Aug. 3 Wochen, Montagabend - Dienstag) 21/39 à la carte 21,50/39,50 – **18 Zim** ⌇ 46 – 67/72 – ½ P 22.
  • Hier freuen sich Gaumen und Geldbeutel ! Die Speisen werden saisongemäß nach regionalen Rezepten zubereitet. Internationale Küche erweitert das Angebot.

BIRKENFELD Baden-Württemberg siehe Pforzheim.

BIRKENFELD (MAIN-SPESSART-KREIS) Bayern 417 419 Q 13 – 1 800 Ew – Höhe 211 m.

Berlin 517 – München 312 – Würzburg 29 – Frankfurt am Main 100.

In Birkenfeld-Billingshausen Nord-Ost : 2 km :

Goldenes Lamm, Untertorstr. 13, ⊠ 97834, ℘ (09398) 3 52, goldenes-lamm@t-online.de, Fax (09398) 514, (Steinhaus a.d.J. 1883) – 🅿
geschl. Dienstag - Mittwoch - **Menu** à la carte 16/31.
  • In dem sympathischen Steinhaus dreht es sich weniger ums Lamm als Sie denken. Reh, Ente, Wachtel und natürlich Fisch, Rind sowie Schwein sind die kulinarischen Kandidaten.

BIRKENFELD Rheinland-Pfalz 417 R 5 – 7 800 Ew – Höhe 396 m.

🛈 Touristik- und Informationsbüro, Am Bahnhof 6, ⊠ 55765, ℘ (06782) 9 93 40, tourist.info.birkenfeld@t-online.de, Fax (06782) 993449.
Berlin 679 – Mainz 107 – Trier 64 – Idar-Oberstein 16 – Neunkirchen/Saar 46 – St. Wendel 26.

Oldenburger Hof, Achtstr. 7, ⊠ 55765, ℘ (06782) 8 25, info@oldenburgerhof.de, Fax (06782) 9659, 😊, Biergarten – 📺 🅿 – 🔒 25. AE ⓒ VISA JCB
Menu à la carte 17/27 – **12 Zim** ⌇ 41 – 57.
  • Das Eckhaus in der Stadtmitte von Birkenfeld empfiehlt sich als familiäres, gemütliches Quartier. Die sachlich eingerichteten Zimmer entsprechen solidem Standard.

BIRKENWERDER Brandenburg 416 418 H 23 – 5 700 Ew – Höhe 60 m.
Berlin 32 – Potsdam 45.

Andersen M (mit Gästehaus), Clara-Zetkin-Str. 11, ⊠ 16547, ℘ (03303) 2 94 60, birkenwerder@andersen.de, Fax (03303) 2946155, 🍴 – 📶, ↻ Zim, 📺 ☏ ⇌ 🅿 – 🔒 40.
AE ⓘ ⓜ VISA
Menu (geschl. Sonntag) (nur Abendessen) à la carte 15,50/26,50 – **40 Zim** ⊇ 48/78 – 63/90.

♦ Von hier erreichen Sie mit der S-Bahn in dreißig Minuten die Berliner City. Geschäftsleute schätzen die neuzeitlichen Zimmer mit Schreibtischen sowie Fax- und Modemanschluß.

BIRNBACH, BAD Bayern 420 U 23 – 5 900 Ew – Höhe 450 m – Heilbad.
🛈 Kurverwaltung, Neuer Marktplatz 1, ⊠ 84364, ℘ (08563) 96 30 40, kurverwaltung@badbirnbach.de, Fax (08563) 963066.
Berlin 618 – München 147 – Passau 41 – Landshut 82.

Sonnengut M ⸺, Am Aunhamer Berg 2, ⊠ 84364, ℘ (08563) 30 50, info@sonnengut.de, Fax (08563) 305100, 🍴, Massage, ⚕, ℔, ⇌, 🅿 (Thermal), 🌴 – 📶, ↻ Zim, 📺 ☏ ⇌ 🅿 – 🔒 40. ※ Rest
Menu à la carte 17/33 – **88 Zim** ⊇ 82/83 – 150/158, 4 Suiten – ½ P 13.

♦ Wo höchstens das Krähen eines Gockels die Ruhe stört, schlafen Kurgäste hier in liebenswerten, im Landhausstil eingerichteten Zimmern. Attraktive, großzügige Wellness-Oase! Gaststuben teils gemütlich-rustikal, teils stilvoll-gediegen.

Vitalhotel ⸺, Brunnaderstr. 27, ⊠ 84364, ℘ (08563) 30 80, vitalhotel.bad.birnbach@t-online.de, Fax (08563) 308111, Massage, ⚕, ℔, ⇌, 🅿 (Thermal), 🌴 – 📶, ↻ Zim, 📺 & ⇌ 🅿 – 🔒 25. ※ Rest
Menu (nur Abendessen) (Restaurant nur für Hausgäste) – **108 Zim** ⊇ 59 – 92/146 – ½ P 15.

♦ Frisch und munter erwachen Sie in mediterranem Ambiente! Das Haus ist geprägt durch leichte zeitgemäße Architektur. Wohlbefinden für Körper und Geist: der Wellnessbereich.

Kurhotel Hofmark ⸺, Professor-Drexel-Str. 16, ⊠ 84364, ℘ (08563) 29 60, hotel.hofmark@t-online.de, Fax (08563) 296299, 🍴, Massage, ⚕, ℔, direkter Zugang zur Therme, 🌴 – 📶 ↻ 📺 ☏ & ⇌ 🅿 ※ Rest
Menu à la carte 17/25 – **85 Zim** ⊇ 62/75 – 104/120, 6 Suiten – ½ P 17.

♦ Sie haben die Auswahl: Zimmer mit Blick auf den Ort, zur Rottal-Therme oder zum Kurpark. Vom Bett zum Schwimmbad gelangen Sie im Bademantel direkt durch den beheizten Gang! Im gediegenen Restaurant wählt man zwischen bürgerlichen und bayerischen Gerichten.

Sammareier Gutshof, Pfarrkirchner Str. 22, ⊠ 84364, ℘ (08563) 29 70, hotel.sammareiergutshof@t-online.de, Fax (08563) 29713, 🍴, Massage, ⚕, ℔, ⇌, 🅿 – 📶 📺 ⇌
Menu à la carte 19/37 – **33 Zim** ⊇ 55 – 90/122, 5 Suiten – ½ P 17.

♦ Alte Landhausmöbel gehören zur Einrichtung des ehemaligen Gutshofes. Alle Zimmer mit kleiner Küche und teilweise mit Balkon oder Terrasse. Wohnlich! Gemütlich rustikal geben sich die Restaurant-Stuben. Kuchen und Pralinen im hauseigenen Café.

Kurhotel Quellenhof ⸺, Brunnaderstr. 11, ⊠ 84364, ℘ (08563) 30 70, kurhotel_quellenhof@t-online.de, Fax (08563) 307200, 🍴, Massage, ⚕, ⇌, 🅿, 🌴 – 📶 ↻ 📺 ⇌ 🅿
geschl. 1. Dez. - 27. Jan. – **Menu** (geschl. Donnerstag) à la carte 15/29 – **39 Zim** ⊇ 54/64 – 88/108 – ½ P 13.

♦ Am Kurpark steht dieses Domizil in Form eines Dreiseithofes. Stilvolle Eingangshalle mit Kaminofen! Zimmer mit neuzeitlicher oder rustikaler Einrichtung, Balkon oder Terrasse.

Alte Post, Hofmark 23, ⊠ 84364, ℘ (08563) 29 20, alte-post.badbirnbach@t-online.de, Fax (08563) 29299, 🍴, Massage, ⚕, ⇌, 🅿, 🌴 – 📺 🅿 ⓜ
geschl. 9. - 25. Dez. (Hotel) – **Menu** à la carte 12,50/25,50 – **35 Zim** ⊇ 38/58 – 70/84 – ½ P 11.

♦ Das Haus ist schon im 13. Jh. als Hofwirtstaverne erwähnt und war Umspanne zur Poststation des Fürsten Thurn und Taxis. Heute hält es ländliche bis gehobene Zimmer bereit. Ob in der Post- oder Hofwirtsstube: bei deftiger Hausmannskost geht's hier zünftig zu.

Theresienhof garni, Breindoblweg 5, ⊠ 84364, ℘ (08563) 9 63 20, info@landhotel-theresienhof.de, Fax (08563) 963244, Massage, ⇌, 🅿 (geheizt), 🌴 – 📺 🅿
※
21 Zim ⊇ 26/29 – 50/54.

♦ Reservieren Sie in diesem netten Familienbetrieb in rustikaler Aufmachung eines der freundlichen Zimmer mit wunderschönem Blick ins stille Rottal. Pavillon mit Grillplatz.

BISCHOFSGRÜN Bayern 420 P 19 – 2 200 Ew – Höhe 679 m – Heilklimatischer Kurort – Wintersport : 653/1 024 m ≰4 ≴ (Skizirkus Ochsenkopf) – Sommerrodelbahn.

🛈 Kur- und Verkehrsamt, Hauptstr. 27, ⊠ 95493, ℘ (09276) 12 92, Fax (09276) 505
Berlin 354 – München 259 – *Weiden in der Oberpfalz* 74 – Bayreuth 27 – Hof 57.

Sport-Hotel Kaiseralm ⊛, Fröbershammer 31, ⊠ 95493, ℘ (09276) 8 00, info
@kaiseralm.de, Fax (09276) 8145, ≤ Bischofsgrün und Fichtelgebirge, 😊, ≘s, ▢, 🖈
※(Halle) – 🛗, ⇌ Zim, ▥ ⇘ ⇒ ℙ – 🔓 120. 🕮 ⓪ ⓸ 💳 ⁂ Rest
Menu à la carte 26/36 – **101 Zim** ⇌ 63/95 – 125, 3 Suiten – ½ P 15.
♦ Dieses schmucke Haus am Rande des Luftkurorts läßt seinen Gästen die Wahl zwischen Standardzimmern und Zimmern im Landhausstil. Auch moderne Tagungsräume sind vorhanden. Restaurantbereich in rustikaler Ausstattung.

Kurhotel Puchtler - Deutscher Adler, Kirchenring 4, ⊠ 95493, ℘ (09276)
92 60 60, puchtler@kurhotel-puchtler.de, Fax (09276) 92606155, Massage, ✚, ≦, ≘s,
🖈 ≴ – 🛗, ⇌ Zim, ▥ ⇘ ⇒ ℙ – 🔓 40. ⓸ 💳
geschl. Mitte Nov. - Mitte Dez. – **Menu** à la carte 14/29 – **41 Zim** ⇌ 35/48 – 66/84 -
½ P 12.
♦ Angegliedert an das alteingesessene Kurhotel mit dem fränkisch-rustikalen Ambiente sind eine medizinische Bäderabteilung und der hauseigene Skilift. Derb-ländliche Gaststuben mit einfachem Angebot.

Hirschmann ⊛ garni, Fröbershammer 9, ⊠ 95493, ℘ (09276) 4 37
Fax (09276) 1349, ≘s, 🖈 – ⇒ ℙ
– **16 Zim** ⇌ 26/40 – 46.
♦ Das familiär geführte Haus ist im typisch fränkischen Stil erbaut und mit viel Liebe ein gerichtet worden. Am schönsten sind die Gästezimmer mit Terrasse oder Balkon !

Siebenstern ⊛ garni, Kirchbühl 15, ⊠ 95493, ℘ (09276) 3 07, info@hotel-sieben
stern.de, Fax (09276) 8407, ≤, 🎣, ≘s, 🖈 – ℙ.
geschl. Nov. - 8. Dez. – **26 Zim** ⇌ 29/32 – 46/58.
♦ Neubau in schöner Südlage - innen ganz im bayerischen Stil dekoriert. Romantische bemalte Bauernmöbel gehören zur Ausstattung der geräumigen Zimmer.

Jägerhof, Hauptstr. 12, ⊠ 95493, ℘ (09276) 2 57, jaegerhof.bischofsgruen@t-or
line.de, Fax (09276) 8396, Biergarten, ≘s – ▥ ⇒ ℙ. ⓪ ⓸ 💳
geschl. Mitte Nov. - Mitte Dez. – **Menu** (geschl. Donnerstagabend) à la carte 11/35 – **16 Zim**
⇌ 27/34 – 48/64 – ½ P 10.
♦ Ganz mit hellen Naturhölzern möbliert, verströmt hier jeder Raum behagliche Atmosphäre. Die Preise sind günstig und man kümmert sich liebenswürdig um die Gäste

BISCHOFSHEIM A. D. RHÖN Bayern 418 420 O 14 – 6 000 Ew – Höhe 447 m – Erholungsort
– Wintersport : 450/930 m ≰10 ≴.

Ausflugsziel : Kreuzberg (Kreuzigungsgruppe ≤*) Süd-West : 7 km.

🛈 Touristinfo, Altes Amtsgericht, Kirchplatz 5, ⊠ 97653, ℘ (09772) 14 52, Fax (09772)
1054.

Berlin 421 – München 364 – *Fulda* 40 – Bad Neustadt an der Saale 20 – Würzburg 96

Rhönhäuschen, Rhönhaus 1 (B 278, Nord-West : 5 km), ⊠ 97653, ℘ (09772) 3 22
info@rhoenhaeuschen.de, Fax (09772) 912033, 😊 – ▥ ℙ – 🔓 20. 🕮 ⓸
💳 ⁂
Menu à la carte 23/38 – **18 Zim** ⇌ 52/56 – 75/87.
♦ Das ehemalige Straßenwärter- und Zollhaus fungiert heute als nettes Landhotel
Verlangen Sie eines der renovierten Zimmer, die mit Weichholzmöbeln gemütlich eingerichtet sind. Schöne Holzvertäfelung und liebevolle Dekorationen prägen den Stil des Restaurants.

Adler (mit Gästehaus), Ludwigstr. 28, ⊠ 97653, ℘ (09772) 3 20, Fax (09772) 8898, ≘s
🖈 – ▥ ⇒ ℙ
geschl. Mitte Nov. - Mitte Dez. – **Menu** (nur Abendessen) à la carte 14/28 – **18 Zim**
⇌ 30/36 – 50/54 – ½ P 12.
♦ Der harmonische Einklang zwischen dem Erscheinungsbild des Hauses und der Landschaft der Rhön ist der Betreiberfamilie schon immer ein besonderes Anliegen gewesen. Helles Holz an den Wänden und rustikales Mobiliar geben der Gaststube den ländlichen Charakter.

In Bischofsheim-Haselbach : Süd-West : 1 km :

Luisenhof ⊛, Haselbachstr. 93, ⊠ 97653, ℘ (09772) 18 80, hotel-luisenhof@t-or
line.de, Fax (09772) 8654, 😊, ≘s, 🖈 – ▥ ℙ – 🔓 30. 🕮 ⓸ 💳
geschl. Mitte März - Anfang April – **Menu** (geschl. Mittwoch - Donnerstagmittag) à la carte
13,70/20,70 – **14 Zim** ⇌ 30/33 – 49/55 – ½ P 10.
♦ Ruhig am Dorfrand liegt diese einfache Pension im Fachwerkstil. In den praktischen und gemütlichen Zimmern können Sie ungestörte Urlaubstage verbringen.

BISCHOFSHEIM A. D. RHÖN

In Bischofsheim-Oberweißenbrunn West : 5 km über B 279 :

Zum Lamm, Geigensteinstr. 26 (B 279), ⊠ 97653, ℘ (09772) 9 30 30, info@gasthof-zum-lamm.de, Fax (09772) 930370, 😊, 🌳 – 📺 🅿 AE ⓜ VISA
geschl. 15. Nov. - 22. Dez. – **Menu** à la carte 13/26 – **23 Zim** ⊇ 25/34 – 47/58 – ½ P 12.
  ◆ Rustikales Eichenholz verströmt fränkische Gemütlichkeit. Seit 200 Jahren schon kümmert man sich hier zuvorkommend um Urlauber und Durchreisende. Ländliche Gaststuben mit einfachem Angebot.

BISCHOFSMAIS Bayern 420 T 23 – 3 400 Ew – Höhe 685 m – Erholungsort – Wintersport : 700/1 097 m ⭐6 ⭐.

🛈 Touristikinformation, Hauptstr. 34, ⊠ 94253, ℘ (09920) 94 04 44, touristikinformation@bischofsmais.de, Fax (09920) 940440.
Berlin 536 – München 159 – Passau 68 – Deggendorf 18 – Regen 10.

Alte Post, Dorfstr. 2, ⊠ 94253, ℘ (09920) 9 40 20, info@alte-post.com, Fax (09920) 940244, 😊 – 📶, ⚜ Zim, 🅿 ⓜ
geschl. 6. Nov. - 15. Dez. – **Menu** à la carte 11/25 – **33 Zim** ⊇ 29 – 47 – ½ P 7.
  ◆ Lang ist die Chronik dieses alten Gasthofes, in dem von jeher die Poststation des Ortes untergebracht war. Sie wohnen in soliden Zimmern. Aus der eigenen Metzgerei kommt Deftiges frisch auf den Tisch der gemütlichen Gaststube.

In Bischofsmais-Habischried Nord-West : 4,5 km :

Schäfflerstubn, Ortsstr. 2, ⊠ 94253, ℘ (09920) 13 75, schaeffler@bischofsmais.com, Fax (09920) 8318, 😊, 😊, 🌳 – 📺 🅿
geschl. 1. Nov. - 20. Dez. – **Menu** (geschl. Montag) (Dienstag - Freitag nur Abendessen) à la carte 12/23 – **12 Zim** ⊇ 23/25 – 42/46 – ½ P 9.
  ◆ Hier dreht sich alles um die Umwelt. Und natürlich um die Gäste ! Solaranlage, Blockheizkraftwerk und Wasserspar-Armaturen sind beispielhaft in den Betrieb integriert worden. Altbayerisch-zünftig eingerichtetes Speiselokal.

BISCHOFSWERDA Sachsen 418 M 26 – 14 600 Ew – Höhe 290 m.

🛇 Rammenau, Oberammenauer Str. 27 (Nord-West : 5 km), ℘ (03594) 70 58 10.
Berlin 213 – Dresden 32 – Cottbus 91 – Görlitz 62.

In Bischofswerda-Belmsdorf Süd-Ost : 2 km :

Gutshof ⬩, Alte Belmsdorfer Str. 33, ⊠ 01877, ℘ (03594) 70 52 00, gutshofhotel@t-online.de, Fax (03594) 705201, 😊 – 📺 🅿
Menu (Montag - Freitag nur Abendessen) à la carte 14/29 – **10 Zim** ⊇ 36/40 – 62.
  ◆ Der Gutshof fügt sich harmonisch in die ihn umgebende dörfliche Landschaft ein. Er ist ein Haus für alle, die Ruhe und gepflegte, ländliche Gemütlichkeit lieben. Urige Dekoration mit alten Gebrauchsgegenständen und Musikinstrumenten im Gewölbe-Restaurant.

BISCHOFSWIESEN Bayern 420 X 22 – 7 500 Ew – Höhe 600 m – Heilklimatischer Kurort – Wintersport : 600/1 390 m ⭐5 ⭐.

🛈 Tourist-Information, Hauptstr. 40 (B 20), ⊠ 83483, ℘ (08652) 97 72 20, info@bischofswiesen.de, Fax (08652) 9772222.
Berlin 736 – München 148 – Bad Reichenhall 13 – Berchtesgaden 5 – Salzburg 28.

Reissenlehen (mit ⬩ Gästehaus), Reissenpoint 11, ⊠ 83483, ℘ (08652) 97 72 00, info@reissenlehen.de, Fax (08652) 97720220, ≤ Kehlstein, Hoher Göll und Brett, Massage, ⚜, 😊, 🌳 – 📶 📺 🅿 ⓓ ⓜ
geschl. Anfang Nov. - Mitte Dez. – **Menu** (geschl. Sonntag) (nur Abendessen) (Restaurant nur für Hausgäste) – **18 Zim** ⊇ 75 – 108 – ½ P 13.
  ◆ Umgeben von weiten Wiesen finden Sie das 2001 neu eröffnete, familiengeführte Haus. Wählen Sie ein Zimmer im Haupthaus, dort ist alles ganz modern und wohnlich gestaltet.

XX Gran Sasso, Hauptstr. 30 (B 20), ⊠ 83483, ℘ (08652) 82 50, Fax (08652) 8250, 🌳 – 🅿 AE ⓞ ⓜ VISA
geschl. Montag, über Pfingsten – **Menu** (Dienstag - Freitag nur Abendessen) (italienische Küche) à la carte 27,50/40,50.
  ◆ Träumen Sie vom sonnigen Süden und genießen Sie dabei die Spezialitäten aus dem Land "wo die Zitronen blühen" ! Landhausstil, helle Farbe, gute Polsterstühle - einfach typisch.

233

BISINGEN Baden-Württemberg **419** V 10 – 9 000 Ew – Höhe 510 m.
Berlin 710 – Stuttgart 71 – Konstanz 120 – Reutlingen 35 – Rottweil 30.

In Bisingen-Zimmern Nord-Ost :

XX **Gasthof Adler,** Schloss-Str. 1, ⊠ 72406, ℘ (07471) 1 69 75, hartwin.loeffler@t-c
line.de, Fax (07471) 621560, 常 – 囗
geschl. Aug. 3 Wochen, Dienstagabend - Mittwoch – **Menu** à la carte 22/35.
♦ Neuzeitlich-ländlicher Stil kombiniert mit geschmackvollen Dekorationen zieht sich durch
ganze Restaurant - man spürt sofort : hier ist Gemütlichkeit zu Hause.

BISPINGEN Niedersachsen **415 416** G 13 – 6 100 Ew – Höhe 70 m – Luftkurort.
ℹ Tourist-Information, Borsteler Str. 6, ⊠ 29646, ℘ (05194) 3 98 50, Fax (05194) 3985.
Berlin 335 – Hannover 94 – Hamburg 71 – Lüneburg 45.

König-Stuben, Luheweg 25, ⊠ 29646, ℘ (05194) 9 81 00, info@koenig-stuben.de
Fax (05194) 981019, 亭, 囗 – 回 ⇐ 囗 AE ① ⓜ VISA
geschl. 10. Jan. - 15. Feb. – **Menu** (geschl. Mitte Okt. - Juni Mittwoch) à la carte 14,50/3
– **25 Zim** ⊇ 40/58 – 58/80.
♦ Gediegen ist das Ambiente in diesem ruhigen und dennoch zentral gelegenen Haus an
Rand der Lüneburger Heide. Auf der Kegelbahn schiebt man hier gern eine "ruhige Kugel
Rustikales Kaminrestaurant.

Das kleine Hotel am Park ⑤ garni, Am Park 2c (Borstel, Nord-West 1,5 km
⊠ 29646, ℘ (05194) 68 44, info@daskleinehotel.de, Fax (05194) 6845, 亭, 舟 – 回
① ⓜ VISA JCB
9 Zim ⊇ 44 – 72.
♦ Eine kleine nette Adresse. Schnörkellos und doch behaglich gibt sich das Design de
Frühstücksraumes, die Zimmer sind einheitlich mit blaugrauem Mobiliar ausgestattet.

Rieckmanns Gasthof, Kirchweg 1, ⊠ 29646, ℘ (05194) 95 10, info@rieckmann
gasthof.de, Fax (05194) 95134, 亭, 舟 – 回 ⇐ 囗 AE ① ⓜ VISA
geschl. Mitte Dez. - Mitte Jan. – **Menu** (geschl. Nov. - April Montag) (Nov. - April Diensta
- Freitag nur Abendessen) à la carte 16,50/28 – **19 Zim** ⊇ 39/45 – 59/79.
♦ Ein gepflegter Gasthof mit familiärem Charakter. Stammgäste schätzen hier die ind
viduelle Betreuung und die soliden, gepflegten Zimmer. Restaurant mit einfacher Einrich
tung und hübscher Cafégarten.

In Bispingen-Hützel Nord-Ost : 2,5 km :

♈ **Ehlbeck's Gasthaus,** Bispinger Str. 8, ⊠ 29646, ℘ (05194) 23 19, ehlbecks
gasthaus@t-online.de, Fax (05194) 2319, 亭, 舟 – 回 ⇐ 囗 ⓜ VISA
geschl. Mitte Feb. - Mitte März – **Menu** (geschl. Nov. - Juli Montag) à la carte 14/31,50 –
13 Zim ⊇ 40/50 – 70/80 – ½ P 14.
♦ Das Heidedorf Hützel liegt in der unberührten Natur. Folgen Sie auf romantischen Wegen
den Spuren des Dichters Hermann Löns. Ländlicher Gasthof mit roter Klinkerfassade
Bürgerlich-einfache Gaststuben.

In Bispingen-Niederhaverbeck Nord-West : 10 km :

Gasthof Menke ⑤, ⊠ 29646, ℘ (05198) 3 30, Fax (05198) 1275, 亭, 常, 舟
氺 Zim, 回 ⇐ 囗 – 益 25. ⓜ VISA
geschl. Anfang Jan.- Feb. – **Menu** (geschl. Nov. - Juli Donnerstag) à la carte 18/36 – **16 Zin**
⊇ 45 – 70/90.
♦ Erholungsuchende schätzen den typischen, idyllisch gelegenen Heidegasthof als Oase de
Ruhe. Wie wär's mit einer Kutschfahrt durch Heide und Wald, fernab von Lärm und Verkehr
Das eigene Backhaus mit Holzofen liefert Brot und Kuchen.

♈ **Landhaus Haverbeckhof** ⑤, (mit Gästehäusern), ⊠ 29646, ℘ (05198) 9 89 80
info@haverbeckhof.de, Fax (05198) 989818, 亭, 舟 – 氺 Rest, 囗 AE ⓜ VISA
Menu à la carte 17/30 (auch vegetarische Gerichte) – **26 Zim** ⊇ 25/48 – 60/66 – ½ P 13
♦ Das Hauptaus ist ein typisch niedersächsischer Fachwerkbau. Sie können auch in der
reetgedeckten Nebenhäusern Heidekate, Eichenhof und Schäferhaus Quartier beziehen
Restauranträume im bäuerlichen Stil.

BISTENSEE Schleswig-Holstein siehe Rendsburg.

BITBURG Rheinland-Pfalz **417** Q 3 – 14 000 Ew – Höhe 339 m.
🅱 Wissmannsdorf-Hermesdorf, Zur Weilersheck 1 (Nord-West : 8 km), ℘ (06527) 9 27 20,
🅱 Baustert, Auf Kinscheid (West : 12 km), ℘ (06527) 81 21 ; 🅱 Burbach, Lietzenhof (Nord-
20 km Richtung Neustraßburg), ℘ (06563) 200 7.
ℹ Tourist-Information Bitburger Land, Im Graben 2, ⊠ 54634, ℘ (06561) 9 43 40,
Fax (06561) 943420.
Berlin 705 – Mainz 165 – Trier 23 – Wittlich 36.

BITBURG

Eifelbräu, Römermauer 36, ✉ 54634, ℰ (06561) 91 00, *eifelbraeubitburg@t-online.de*, Fax (06561) 910100 – 📺 🚗 🅿 – 🎿 100. ⓘ 🐵 VISA
Menu (geschl. Montagmittag) à la carte 16,50/30 – **28 Zim** ⊆ 50/55 – 82/85.
 • Einheitliche, geschmackvoll farbig gestaltete Zimmer laden ein ! Von hier aus läßt sich das Städtchen in der typischen Landschaft der Südeifel prima erkunden. Nett dekoriert und hübsch eingedeckt zeigt sich das altdeutsch gestaltete Restaurant.

Leander, Am Markt 2, ✉ 54634, ℰ (06561) 34 22, *info@hotel-leander.de*, Fax (06561) 940118, 😊 – 🍴 Zim, 📺 🅿 🐵 VISA
Menu (geschl. Anfang Jan. 2 Wochen, Anfang Nov. 2 Wochen, Montag, Samstagmittag) 22/35 à la carte 25/37,50 – **17 Zim** ⊆ 41/46 – 65/75.
 • Das kleine, sympathische Hotel in der Bitburger Innenstadt (gleich neben der bekannten Brauerei) überzeugt durch seinen freundlichen und engagierten Service. Im Restaurant : schmackhafte Bistroküche und Internationales.

✕ **Zum Simonbräu** mit Zim, Am Markt 7, ✉ 54634, ℰ (06561) 33 33, *simonbraeu@t-online.de*, Fax (06561) 3373, Biergarten – 🛗 📺 🅿 – 🎿 20. 🐵 VISA
Menu à la carte 17/33 – **5 Zim** ⊆ 51 – 72.
 • Im unkomplizierten Ambiente der Braustube oder im gediegenen Restaurant genießt man die ländliche Küche, die auch wechselnde Saisongerichte bietet. Alle Zimmer mit großem Bad !

In **Rittersdorf** Nord-West : 4 km :

Am Wisselbach, Bitburger Str. 2, ✉ 54636, ℰ (06561) 9 59 70, *info@hotel-wisselbach.de*, Fax (06561) 9597150, 😊, 🎾, ≦s, 🚗 – 🍴 Zim, 📺 ✆ 🅿 AE ⓘ 🐵 VISA. ❀ Rest
Menu (geschl. 8. - 31. Jan., Dienstagmittag, Mittwochmittag) à la carte 15/33 – **24 Zim** ⊆ 42/70 – 75/144.
 • Möchten Sie gerne im Wasserbett übernachten oder im Bauernzimmer auf Stroh? Kein Problem, die neu eingerichteten "Erlebniszimmer" machen's möglich ! Freundliches Restaurant mit großem Buffetbereich.

✕✕ **Burg Rittersdorf**, in der Burg, ✉ 54636, ℰ (06561) 9 65 70, 😊 – 🍴 🅿 AE ⓘ 🐵 VISA
geschl. Jan., Montag - Dienstag – **Menu** à la carte 30/39.
 • Schlemmen in mittelalterlichem Rahmen in einer Wasserburg aus dem 13. Jh.: Holzbalken, unverputztes Mauerwerk und ein gutes Couvert schaffen ein ländlich-elegantes Ambiente.

In **Dudeldorf** Ost : 11 km über die B 50, Richtung Wittlich :

Romantik Hotel Zum alten Brauhaus, Herrengasse 2, ✉ 54647, ℰ (06565) 9 27 50, *rhdudel@t-online.de*, Fax (06565) 927555, 😊, 🚗 – 📺 🅿 AE ⓘ 🐵 VISA ❀ Rest
geschl. Jan., Ende Juli - Ende Aug. – **Menu** (geschl. Mittwoch) (nur Abendessen) à la carte 27/40 – **16 Zim** ⊆ 62/82 – 82/113.
 • Stilmöbel, Antiquitäten und elegante Rustikalität prägen das Erscheinungsbild des ländlichen Hauses, einer ehemaligen Brauerei aus dem 18. Jh. Gepflegte, wohnliche Zimmer. Leicht elegantes Restaurant, gemütliche Gaststube und hübsche Gartenterrasse.

Am Stausee Bitburg Nord-West : 12 km über Biersdorf :

Dorint Sporthotel ♨, ✉ 54636 Biersdorf, ℰ (06569) 9 90, *info.bbjbie@dorint.com*, Fax (06569) 7909, ≤, 😊, Massage, 🎾, ≦s, 🛀, 🚗, ✕ (Halle) Squash – 🛗, 🍴 Zim, 📺 ✆ 🏃 🅿 – 🎿 250. AE ⓘ 🐵 VISA
Menu 22 (Lunchbuffet) à la carte 26/41 – **100 Zim** ⊆ 95/118 – 154/177, 4 Suiten.
 • Komfortabel logieren Sie in diesem Domizil, das großzügige Zimmer und Appartements mit Wald- oder Seeblick anzubieten hat. Sehr schöner Hallenbad- und Wellnessbereich !

Waldhaus Seeblick ♨, Ferienstr. 2, ✉ 54636 Biersdorf, ℰ (06569) 9 69 90, *info@waldhaus-seeblick.de*, Fax (06569) 969950, ≤ Stausee, 😊, 🚗 – 📺 🅿 🐵 VISA
Menu (geschl. 10. - 24. Jan.) à la carte 17,50/29 – **23 Zim** ⊆ 42/52 – 63/69.
 • Herzliche Gastlichkeit empfängt den Gast hier, hoch oben über dem See. Auf der Kegelbahn und in der rustikalen Grillhütte erlebt man Geselligkeit und feiert gern fröhliche Feste. Restaurant und Terrasse mit Blick auf den Stausee.

BITTERFELD Sachsen-Anhalt 418 L 20 – 25 000 Ew – Höhe 80 m.
Berlin 151 – Magdeburg 96 – *Leipzig 40*.

Mercure M, Zörbiger Str. 47, ✉ 06749, ℰ (03493) 2 13 40, *h5192@accor-hotels.com*, Fax (03493) 21346, 😊 – 🍴 Zim, 📺 🅿 – 🎿 50. AE ⓘ 🐵 VISA JCB
Schweizer Stuben (geschl. Samstag, Sonntagabend) **Menu** à la carte 22/31 – ⊆ 13 – **68 Zim** 75/115 – 87/135.
 • Großzügig und modern ist der Zuschnitt der Zimmer, stilvoll in Schwarz das Mobiliar. Auch die Veranstaltungs- und Tagungsräume wirken einladend durch ihr apartes Interieur. Schweizer Stuben mit Chalet-Atmosphäre in einem pavillonartigen Anbau.

BLAICHACH Bayern siehe Sonthofen.

BLANKENBACH Bayern 417 P 11 – 1 300 Ew – Höhe 175 m.
Berlin 538 – München 356 – Würzburg 81 – Aschaffenburg 15 – Frankfurt am Main 4

XX **Landgasthof Behl**, Krombacher Str. 2, ⌧ 63825, ℘ (06024) 47 66, info@behl.d
Fax (06024) 5766 – **P**. AE ⓞ ⓜⓢ VISA
geschl. Mitte Aug. 2 Wochen, Montag, Dienstagmittag, Mittwochmittag – **Menu** à la cart
20,50/38.
  * Ländlich-rustikales Restaurant mit eleganter Note und gehoben-bürgerlichem un
  internationalem Angebot. Für Veranstaltungen ist die Destille mit integrierter Brenner
  ideal !

BLANKENBURG Sachsen-Anhalt 418 K 16 – 17 600 Ew – Höhe 225 m.
🛈 Kurverwaltung und Tourist-Information, Lange Str. 17, ⌧ 38889, ℘ (03944) 28 9
Fax (03944) 63102.
Berlin 222 – Magdeburg 71 – Göttingen 124 – Halle 88 – Nordhausen 42.

Viktoria Luise ⌾, Hasselfelder Str. 8, ⌧ 38889, ℘ (03944) 9 11 70, info@viktor
-luise.de, Fax (03944) 911717, ≼, 🌳, ≘s, 🐎 – ⇥ Zim, TV ⌕ & **P**. AE ⓞ ⓜⓢ VIS
% Rest
Menu (nur Abendessen) à la carte 21/29 – **15 Zim** ⇌ 56/90 – 112/133.
  * Die liebevoll restaurierte Jugendstilvilla von 1893 garantiert neben der Sicht auf Schlo
  und Wald geschmackvolles Ambiente mit italienischen Stilmöbeln und sehr gute Techni
  Stilvolle, kleine Restauranträume und gemütlicher Weinkeller.

Kurhotel Fürstenhof, Mauerstr. 9, ⌧ 38889, ℘ (03944) 9 04 40, kufue@lycos.de
Fax (03944) 9044299, 🌳 – 📶, ⇥ Zim, TV & ⇔ **P**. – 🔔 100. AE ⓞ ⓜⓢ VISA
Menu (wochentags nur Abendessen) à la carte 16/22 – **27 Zim** ⇌ 50/67 – 72/87.
  * Die Zimmer, einige mit unterteiltem Wohn- und Schlafbereich, präsentieren sic
  mit elegant-rustikaler Atmosphäre und sind mit Pinien-Vollholz-Möbeln eingerichtet
  Das in Pastelltönen gehaltene Restaurant umgibt den Gast mit mediterraner
  Flair.

BLANKENBURG, BAD Thüringen 418 N 17 – 7 600 Ew – Höhe 220 m.
🛈 Tourist-Information, Magdeburger Gasse 1, ⌧ 07422, ℘ (036741) 26 67, info@
bad-blankenburg.de, Fax (036741) 42442.
Berlin 293 – Erfurt 57 – Bayreuth 126 – Coburg 82 – Gera 77.

Zum Steinhof, Wirbacher Str. 6, ⌧ 07422, ℘ (036741) 34 70, Fax (036741) 41035
🌳, ≘s – TV ⌕ **P**. – 🔔 45. AE ⓞ ⓜⓢ VISA JCB
Menu à la carte 15/20,50 – **28 Zim** ⇌ 46 – 66.
  * Fühlen Sie sich wohl in geräumigen Zimmern, die mit hellen Holzmöbeln eingerichte
  wurden, oder besuchen Sie Sauna, Dampfbad und Whirlpool im Untergeschoß. Bürgerlich
  eingerichteter Gastraum mit Wintergarten-Anbau.

BLANKENHEIM Nordrhein-Westfalen 417 O 3 – 9 000 Ew – Höhe 497 m – Erholungsort.
🛈 Bürger- und Verkehrsbüro, Rathausplatz 16, ⌧ 53945, ℘ (02449) 8 72 22, verkehrs
büro@blankenheim-ahr.de, Fax (02449) 87303.
Berlin 638 – Düsseldorf 110 – Aachen 70 – Köln 74 – Trier 99.

Kölner Hof, Ahrstr. 22, ⌧ 53945, ℘ (02449) 14 05, blankenheim@hotel-koelner
hof.de, Fax (02449) 1061, 🌳, ≘s – ⇥ Zim, TV ⇔ **P**. – 🔔 15. AE ⓞ ⓜⓢ VISA
geschl. Nov. – **Menu** (geschl. Mittwoch) à la carte 18/38 – **21 Zim** ⇌ 50/60 – 72 –
½ P 18.
  * Reizvolles Fachwerkhaus, das im Inneren mit Liebe zum Detail im rustikal-ländlichen, alt
  deutschen Stil gestaltet wurde. Wählen Sie zwischen massiven Eichen- oder Stilmöbeln. Das
  Restaurant besticht mit seinem liebevoll-aufwendigen Dekor.

XX **Culinari**, Kölner Str. 5 (B 258), ⌧ 53945, ℘ (02449) 91 15 90, culinari@t-online.de
Fax (02449) 911592, 🌳 – ⓜⓢ VISA
geschl. Anfang Jan. 1 Woche, Aug. 2 Wochen, Montag - Dienstag – **Menu** (nur Abendessen
29 à la carte 28/39.
  * Ansprechend wie die Küche ist auch das Interieur : In den netten Räumen mit heller
  Wänden, Holzboden, einem offenen Kamin und Antiquitäten herrscht immer freundliche
  Stimmung.

BLAUBACH Rheinland-Pfalz siehe Kusel.

LAUBEUREN — Baden-Württemberg 419 U 13 – 11 500 Ew – Höhe 519 m.
Sehenswert : Ehemalige Klosterkirche (Hochaltar★★, Chorgestühl★).
Berlin 633 – Stuttgart 81 – Reutlingen 57 – Ulm (Donau) 18.

Ochsen, Marktstr. 4, ⌂ 89143, ℘ (07344) 96 98 90, ochsen.blaubeuren@t-online.de, Fax (07344) 8430 – 📺 ⛌ 📺 🍴 🚗 P – 🛎 15. AE ⓘ ⓜⓢ VISA
geschl. Anfang Jan. 1 Woche – **Menu** (geschl. Sonntagabend) à la carte 17,50/32,50 – **33 Zim** ⌂ 52/66 – 81/90.
◆ Bereits seit dem 16. Jh. existiert diese Herberge. Hinter der schönen Fachwerkfassade von 1740 verbergen sich modern-solide Zimmer, die angenehmen Schlaf versprechen. Gaststuben mit ländlich-gediegener Aufmachung.

In Blaubeuren-Weiler West : 2 km über B 492 :

Forellen-Fischer, Aachtalstr. 6, ⌂ 89143, ℘ (07344) 65 45, Fax (07344) 922631, 🌳 – P. ⓘ ⓜⓢ VISA
geschl. Anfang Jan. 3 Wochen, Ende Aug. 1 Woche, Sonntagabend - Montag – **Menu** à la carte 23/40.
◆ Fischer's Fritz fischt frische Forellen. Aber auch andere Fisch- und Fleischsorten gibt es auf der Speisekarte. Genießen Sie in idyllischer Umgebung und rustikalem Ambiente.

BLAUFELDEN — Baden-Württemberg 419 420 S 13 – 4 500 Ew – Höhe 460 m.
Berlin 539 – Stuttgart 123 – Würzburg 71 – Nürnberg 122 – Heilbronn 80.

Zum Hirschen mit Zim, Hauptstr. 15, ⌂ 74572, ℘ (07953) 10 41, info@hirschen-blaufelden.de, Fax (07953) 1043, 🌳 – 📺 🚗 P – 🛎 20. ⓜⓢ JCB
geschl. 1. - 7. Jan., Aug. 3 Wochen – **Menu** (geschl. Sonntagabend - Montag)(Dienstag- Freitag nur Abendessen) (Tischbestellung ratsam) (bemerkenswerte Weinkarte) 26/64 à la carte 35/58 ♀ – ⌂ 12 – **12 Zim** 50/60 – 65/90.
◆ Historischer Gasthof gegenüber der Kirche : Die Kreationen der klassischen und regionalen Küche verspeisen Sie wahlweise in ländlich-rustikalem oder modern-elegantem Ambiente.

BLECKEDE — Niedersachsen 415 416 G 16 – 8 000 Ew – Höhe 10 m.
Berlin 268 – Hannover 148 – Schwerin 94 – Lüneburg 24 – Hamburg 66.

Landhaus an der Elbe 🍃, Elbstr. 5, ⌂ 21354, ℘ (05852) 12 30, Fax (05852) 3022, 🌳, 🌲 – 📺 P.
Menu (geschl. Nov. - März Freitag) à la carte 16/25,50 – **15 Zim** ⌂ 40/50 – 65/80.
◆ Einzigartige grüne Idylle mitten im Nationalpark Elbtalaue ! Geschmackvolle Gästezimmer mit Massivholzmöbeln und pastellfarbenen Stoffen runden Ihren Aufenthalt an der Elbe ab. Wohnliches Restaurant im altdeutschen Stil.

BLEICHERODE — Thüringen 418 L 15 – 7 100 Ew – Höhe 405 m.
ℹ Tourist- und Stadtinformation, Hauptstr. 55, ⌂ 99752, ℘ (036338) 4 35 35, Fax (036338) 43536.
Berlin 279 – Erfurt 80 – Göttingen 62 – Nordhausen 19.

Berliner Hof, Hauptstr. 62, ⌂ 99752, ℘ (036338) 4 24 54, Fax (036338) 60924 – 🛎 50. AE ⓜⓢ VISA
Menu à la carte 11,50/20 – **17 Zim** ⌂ 33/44 – 62/67.
◆ Nettes Fachwerkhaus im Zentrum, nahe dem Marktplatz : In zeitgemäß eingerichteten Zimmern mit hellen, honigfarbenen Massivholzmöbeln dürfen Sie sich entspannen.

BLIESKASTEL — Saarland 417 S 5 – 24 500 Ew – Höhe 211 m – Kneippkurort.
ℹ Verkehrsamt, Kardinal-Wendel-Str. 56, ⌂ 66440, ℘ (06842) 5 20 75, info@blieskastel touristinfo.de, Fax (06842) 52076.
Berlin 693 – Saarbrücken 30 – Neunkirchen/Saar 16 – Sarreguemines 24 – Zweibrücken 12.

Hämmerle's Restaurant, Bliestalstr. 110 a, ⌂ 66440, ℘ (06842) 5 21 42, Fax (06842) 507492, 🌳 – P.
geschl. Jan. 2 Wochen, Juli 2 Wochen, Montag, Samstagmittag, Sonntagabend – **Menu** à la carte 18/31.
◆ Ein hübsches rustikales Landgasthaus, das von seinen Gästen sehr geschätzt wird. Blanke Tische und hübsche Dekorationen sorgen für ein gemütliches Flair.

In Blieskastel-Niederwürzbach Nord-West : 5 km :

Hubertushof 🍃 mit Zim, Kirschendell 32, ⌂ 66440, ℘ (06842) 65 44, Fax (06842) 7866, 🌳, Damwildgehege – ⛌ Rest, 📺 P. ⓜⓢ 🏇
geschl. Jan. 2 Wochen, Juli 2 Wochen – **Menu** (geschl. Dienstag) à la carte 18,50/41 – **6 Zim** ⌂ 44 – 67.
◆ Am Waldrand finden Sie das ländliche Gasthaus mit eigenem Wildgehege und rustikalen Zimmern. Die bürgerliche Küche wird in nett dekorierten Stuben serviert.

BLOMBERG
Nordrhein-Westfalen **417** K 11 – 18 000 Ew – Höhe 200 m.
- Blomberg-Cappel, Huxoll 11 (Nord-West : 7 km), ℘ (05236) 4 59.
- **ᵢ** Städt. Verkehrsbüro, Hindenburgplatz 1, ✉ 32825, ℘ (05235) 50 40, Fax (0523) 504450.
- Berlin 357 – Düsseldorf 208 – Hannover 75 – Detmold 21 – Paderborn 38.

Burghotel Blomberg ♨, Am Brink 1, ✉ 32825, ℘ (05235) 5 00 10, info@bu hotel-blomberg.de, Fax (05235) 500145, 🍽, 🛋, 🏊 – 📺, 🔑 Zim, 📺 📞 🅿 – 🛗 11
AE ⓜⓞ VISA JCB
Menu à la carte 28,50/51 – **53 Zim** ⛔ 99 – 130, 3 Suiten – ½ P 25.
* Romantik in mittelalterlichen Mauern : Die Betten in den teils eleganten, stilmöblierte teils modernen Zimmern sind so gebaut, daß auch Große keinen Anstoß nehmen. Ländlich elegantes Restaurant im mit Rüstungen dekorierten Rittersaal.

BLUMBERG
Baden-Württemberg **419** W 9 – 11 000 Ew – Höhe 703 m.
Ausflugsziel : Wutachtalbahn★ (von Blumberg bis Weizen).
- **ᵢ** Touristinfo, Hauptstr. 52, ✉ 78176, ℘ (07702) 5 12 03, Fax (07702) 51222.
- Berlin 760 – Stuttgart 143 – Freiburg im Breisgau 70 – Schaffhausen 26 – Waldshu Tiengen 44 – Donaueschingen 17.

In Blumberg-Epfenhofen Süd-Ost : 3 km :

Löwen, Kommentalstr. 2, ✉ 78176, ℘ (07702) 21 19, Fax (07702) 3903, 🍽 – 📺 🚗 🅿 ⓜⓞ VISA ⓢ
geschl. Mitte Jan. - Mitte Feb., Nov. 2 Wochen - **Menu** à la carte 14/25 – **25 Zim** ⛔ 3 – 52 – ½ P 8.
* Das ländliche Hotel in der Ortsmitte unterhalb der Kirche hat praktischerweise die Busha testelle direkt vor dem Haus. Geräumige, in Eiche möblierte Zimmer, teils mit Balkon !

BLUMBERG KREIS BARNIM
Brandenburg **416 418** I 24 – 1 700 Ew – Höhe 75 m.
Berlin 22 – Potsdam 53 – Bad Freienwalde 37 – Frankfurt an der Oder 94.

Am Rehhahn, Ehrig-Hahn-Str. 3 (Gewerbegebiet), ✉ 16356, ℘ (033394) 51 40 service@hotel-amrehhahn.de, Fax (033394) 51497, 🍽, 🛋 – 📺, 🔑 Zim, 📺 📞 🅿 🛗 40. AE ⓜⓞ VISA
Menu (nur Abendessen) à la carte 16,50/29 – **69 Zim** ⛔ 51/64 – 85/90.
* Die geräumigen Zimmer mit ansprechendem Kirschbaummobiliar erwarten Sie nicht nu für eine Nacht : Auch als Langzeitgast sind Sie in den modernen Räumen willkommen.

Am Lenné Park, Kietz 2a (B 158), ✉ 16356, ℘ (033394) 5 00, hotel-lennepark@ -online.de, Fax (033394) 50251, 🍽 – 🔑 Zim, 📺 📞 ♿ 🅿 – 🛗 30. AE ⓜⓞ VISA
Menu à la carte 14/25 – **37 Zim** ⛔ 59/88 – 85/125.
* Verbringen Sie die Nacht in wohnlich-geschmackvollen Zimmern, mit moderner Techni und Ausstattung. Stoffe in kräftigen Farben sorgen für aufmunternde, lebendige Akzente Gaststätte im ländlichen Stil.

BLUNK
Schleswig-Holstein siehe Segeberg, Bad.

BOBINGEN
Bayern **419 420** V 16 – 15 100 Ew – Höhe 526 m.
Berlin 576 – München 78 – Augsburg 18.

Schempp, Hochstr. 74, ✉ 86399, ℘ (08234) 99 90, mail@clever-schlafen.de Fax (08234) 999299, 🛋 – 📺, 🔑 Zim, 📺 📞 🚗 🅿 – 🛗 30. AE ⓓ ⓜⓞ VISA JCB
Menu (geschl. Sonntagabend) à la carte 18/34 – **48 Zim** ⛔ 67/90 – 105/125.
* Ein am Waldrand gelegenes altes Gutshaus, in dem sich ländlich-rustikaler Charme und dörflicher Charakter mit moderner Tagungstechnik verbinden. Einfache Gaststätte.

BOCHOLT
Nordrhein-Westfalen **417** K 3 – 73 000 Ew – Höhe 26 m.
- **ᵢ** Stadtinformation, Kreuzstr. 27, ✉ 46395, ℘ (02871) 50 44, Fax (02871) 185927.
- Berlin 575 – Düsseldorf 81 – Arnhem 57 – Enschede 58 – Münster (Westfalen) 82.

Residenz M, Kaiser-Wilhelm-Str. 32, ✉ 46395, ℘ (02871) 9 97 50, info@hotelresic enz.de, Fax (02871) 9975599, 🍽, 🧖, 🛋 – 📺, 🔑 Zim, 🍴 Rest, 📺 📞 🅿 – 🛗 20. AE ⓜⓞ VISA
Le plat d'or (geschl. Aug. 3 Wochen, Sonntag - Montag) (nur Abendessen) **Menu** à la carte 28,50/47 – **41 Zim** ⛔ 83/98 – 113/126.
* Besonders auf die Bedürfnisse von Geschäftsreisenden zugeschnitten ist dieses moderne Domizil mit großzügigem Rahmen und eleganten, mit Pinienholz möblierten Zimmern. Le plat d'or mit zeitlos-eleganter Einrichtung.

BOCHOLT

Am Erzengel, Münsterstr. 250 (B 67), ⊠ 46397, ℘ (02871) 24 77 00, info@am-erzengel.de, Fax (02871) 24770247, 🍽, **I₆**, 🈸 – 📶, ⥅ Zim, 📺 ✆ ♿ ⇔ 🅿 – 🔑 150. ㏂ ㏘ 💳 🈁
Menu (geschl. Ende Aug. - Mitte Sept., Montagmittag) à la carte 15,50/38,50 – **35 Zim** ⊇ 77 – 104.
♦ "Wohlfühlen" wird hier groß geschrieben! Großzügige Räumlichkeiten mit kultiviertem Interieur geben diesem Haus die besondere Note. Das Restaurant in dem flachen Anbau mit großer Glasfront ist mit mahagonifarbenen Möbeln eingerichtet.

Bacco, Bismarckstr. 7, ⊠ 46397, ℘ (02871) 18 31 41, Fax (02871) 16901, 🍽 – ㏂ ㏘ 💳 🈁
geschl. Montag, Samstagmittag – **Menu** (italienische Küche) (Tischbestellung ratsam) à la carte 25/39.
♦ Liebhaber der italienischen Küche kommen hier auf ihre Kosten. Das freundlich helle Interieur erinnert an die Toskana, die angebotenen Speisen versetzen in Urlaubsstimmung.

BOCHUM Nordrhein-Westfalen **417** L 5 – 396 000 Ew – Höhe 83 m.
Sehenswert : Bergbaumuseum★★ Y – Eisenbahnmuseum★ X.
🛉 Bochum-Stiepel, Im Mailand 127 (Süd-Ost : 6 km über ③), ℘ (0234) 79 98 32.
ℹ Tourist-Information, Am Hauptbahnhof, ⊠ 44787, ℘ (0234) 96 30 20, touristinfo@bochum-marketing.de, Fax (0234) 9630255.
ℹ Informationszentrum Ruhr-Bochum, Rathaus, Rathausplatz, ⊠ 44787, ℘ (0234) 9 10 39 75.
ADAC, Ferdinandstr. 12.
Berlin 518 ① – Düsseldorf 47 ⑤ – Dortmund 21 ① – Essen 17 ⑤

Stadtplan siehe nächste Seite

Holiday Inn 🅜, Massenbergstr. 19, ⊠ 44787, ℘ (0234) 96 90, bochum@eventhotels.com, Fax (0234) 9692222, 🈸 – 📶, ⥅ Zim, 🗔 📺 ✆ ♿ ⇔ – 🔑 120. ㏂ ㏘ 💳 🈁
Menu à la carte 26,50/39 – **162 Zim** ⊇ 135 – 163.   Z c
♦ In einem Wahrzeichen der Stadt, dem "Twin Tower", befindet sich diese ganz im sachlichen Design gehaltene Unterkunft. Für Geschäfts- und Privataufenthalt bestens geeignet. Modern eingerichtetes Restaurant mit internationaler Küche.

Excelsior, Max-Greve-Str. 32, ⊠ 44791, ℘ (0234) 9 55 50 (Hotel), 9 50 75 67 (Rest.), hotel.excelsior@t-online.de, Fax (0234) 9555555 – 📺 ✆ ⇔ 🅿 – 🔑 25. ㏂ ㏘ 💳 🈁
Raffaello (italienische Küche) **Menu** à la carte 24/44 – **32 Zim** ⊇ 66/74 – 85/96.
♦ Zentrumsnah und trotzdem ruhig gelegen, ist dieses neuzeitliche Hotel ein idealer Standort, um das vielfältige kulturelle Angebot der Stadt zu erkunden. Im Raffaello italienische Küche und elegantes, mediterranes Ambiente.   Y n

Novotel, Stadionring 22, ⊠ 44791, ℘ (0234) 5 06 40, h0486@accor-hotels.com, Fax (0234) 5064444, 🍽, 🈸, 🏊 (geheizt) – 📶, ⥅ Zim, 🗔 📺 ✆ ♿ 🅿 – 🔑 150. ㏂ ㏘ 💳 🈁
Menu à la carte 18/31 – ⊇ 13 – **119 Zim** 87 – 101.   X n
♦ Am Rand des Stadtzentrums befindet sich dieses funktionale und solide Quartier, in dessen Fitnessbereich und Schwimmbad Sie aktiv relaxen können. Im Restaurant helle Einrichtung im Bistrostil.

Oekey, Auf dem Alten Kamp 10, ⊠ 44803, ℘ (0234) 38 81 30, info@oekey.de, Fax (0234) 3881388, 🍽 – 📺 ⇔ 🅿 – 🔑 20. ㏂ ㏘ 💳 🈁   X c
Menu (geschl. Samstagmittag, Sonntag - Montag) à la carte 24/37,50 – **17 Zim** ⊇ 58 – 79.
♦ Ein familiär geführtes Haus, das für seine praktischen Zimmer bekannt ist. Der Schöne Biergarten und die ruhige Lage versprechen einen erholsamen Aufenthalt. Nett gestaltetes Restaurant mit elegant-rustikalem Touch.

Schmidt-Mönnikes, Drusenbergstr. 164, ⊠ 44789, ℘ (0234) 33 39 60 (Hotel) 31 24 69 (Rest.), Fax (0234) 3339666 – 📺 ⇔ 🅿 ㏂ ㏘ 💳 🈁   X r
geschl. 22. Dez. - 5. Jan. – **Vitrine** (geschl. 27. Dez. - 11. Jan., Donnerstag, Samstagmittag, Sonntagabend) **Menu** à la carte 22/37 – **32 Zim** ⊇ 59/87 – 87/115.
♦ Bereits in dritter Generation führt die Familie das Hotel in der südlichen Vorstadt Bochums. Der Stil ist dezent und man legt viel Wert auf eine persönliche Atmosphäre. Gemütliches Restaurant mit rustikalen Holzdecken und Polstermobiliar.

Gastronomie im Stadtpark, Klinikstr. 41, ⊠ 44791, ℘ (0234) 50 70 90, gastronomie_im_stadtpark@t-online.de, Fax (0234) 5070999, 🍽 – ♿ 🅿 – 🔑 350. ㏂ ㏘ 💳
                                                                        Y u
geschl. 27. Dez. - 6. Jan., Aug. 2 Wochen, Montag, Okt.- März Sonntag - Montag – **Menu** 27/55 und à la carte.
♦ Edel und klassisch-elegant ist die Optik dieses Palais. Doch nicht nur die Augen, auch der Gaumen kommt hier auf seine Kosten! Versuchen Sie die Patisserie!

239

BOCHUM

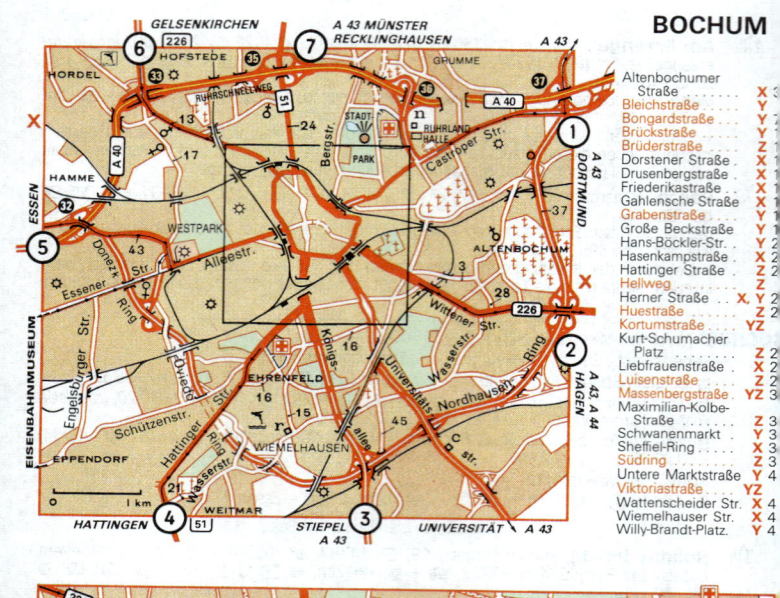

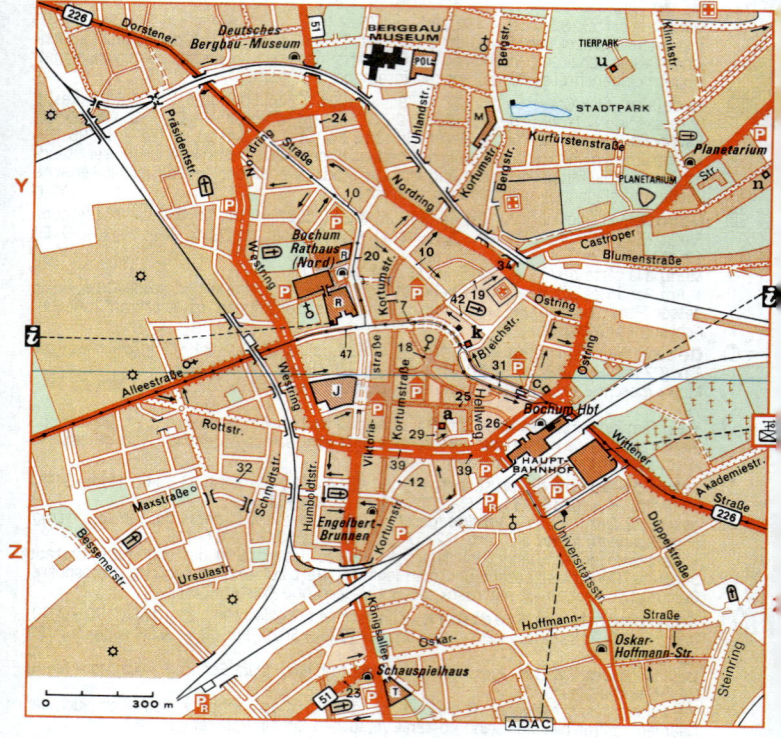

Street	Grid	
Altenbochumer Straße	X	3
Bleichstraße	Y	
Bongardstraße	Y	
Brückstraße	Y	
Brüderstraße	Z	
Dorstener Straße	X	
Drusenbergstraße	X	
Friederikastraße	X	
Gahlensche Straße	X	
Grabenstraße	Y	
Große Beckstraße	Y	
Hans-Böckler-Str.	Y	2
Hasenkampstraße	X	2
Hattinger Straße	Z	
Hellweg	Z	
Herner Straße	X, Y	2
Huestraße	Z	2
Kortumstraße	YZ	
Kurt-Schumacher Platz		
Liebfrauenstraße	X	2
Luisenstraße	Y	
Massenbergstraße	YZ	3
Maximilian-Kolbe-Straße	Z	3
Schwanenmarkt	Y	
Sheffiel-Ring	X	3
Südring	Z	
Untere Marktstraße	Y	4
Viktoriastraße	YZ	
Wattenscheider Str.	X	4
Wiemelhauser Str.	X	4
Willy-Brandt-Platz.	Y	4

BOCHUM

XX **Livingroom,** Luisenstr. 9, ✉ 44787, ℘ (0234) 9 53 56 85, info@livingroom-bochum.
de, Fax (0234) 9535688 – AE ⓘ ⓜ VISA   Z a
geschl. Sonn- und Feiertage abends – **Menu** à la carte 29/42.
* Modern durchgesetzt mit dunklem Holz, neuzeitlichen Bildern und Fotografien. Sie sitzen an schön eingedeckten Tischen, die Dekorationen - dem Stil entsprechend - schlicht.

X **Mutter Wittig,** Bongardstr. 35, ✉ 44787, ℘ (0234) 1 21 41, Fax (0234) 683301, 🌿
– AE ⓘ ⓜ VISA   Y k
Menu à la carte 17/30.
* Mutter Wittig ist eine Institution. Die Räumlichkeiten sind liebevoll mit rustikal-nostalgischem Inventar bestückt und die Küche ist bürgerlich mit regionalem Einschlag.

eim Ruhrpark-Einkaufszentrum über die A 40 X :

🏨 **Avalon** M, Kohlleppelsweg 45, ✉ 44791, ℘ (0234) 9 25 90, bochum@avalon-hotels
.com, Fax (0234) 9259625, 🌿, ≦s – 🛗, ⚡ Zim, TV ☎ & 🅿 – 🔑 80. AE ⓘ ⓜ VISA
Menu à la carte 25,50/33 – **108 Zim** ⊇ 122/127 – 162/167.
* Modern-elegantes Gebäude mit einer imposanten Eingangshalle im Atriumstil. In verkehrsgünstiger Lage wird den Reisenden alle Bequemlichkeit geboten. Zeitgemäßes Restaurant mit großem Buffetbereich.

n Bochum-Harpen über ① : 5 km :

XX **Brinkhoff's Stammhaus,** Harpener Hellweg 157, ✉ 44805, ℘ (0234) 23 35 49, 🌿
– 🅿
geschl. Aug. 2 Wochen, Dienstag – **Menu** (nur Abendessen) à la carte 34/42.
* Ein nicht alltägliches Restaurant mit schönem Jugendstilinterieur. Die Wirtin steht selbst am Herd und verwöhnt die Gäste mit einer handwerklich soliden internationalen Küche.

n Bochum-Sundern über ④ : 5 km :

XXX **Haus Waldesruh-Borgböhmer,** Papenloh 8 (nahe der Sternwarte), ✉ 44797,
℘ (0234) 47 16 76, info@borgboehmer.de, Fax (0234) 461815, ≤, 🌿, Biergarten – 🅿
– 🔑 100. AE ⓜ
geschl. Feb., Montag – **Menu** à la carte 28/41.
* Weitab vom Alltagsstreß liegt dieser im altdeutschen Charakter eingerichtete Landgasthof. Lassen Sie sich entführen auf eine kulinarische Reise durch aller Herren Länder!

n Bochum-Wattenscheid über ⑤ : 9 km :

🏨 **Tryp,** Josef-Haumann-Str. 1, ✉ 44866, ℘ (02327) 99 00, tryp.bochum@solmelia.com,
Fax (02327) 990444, 🌿, ≦s – 🛗, ⚡ Zim, TV ☎ & 🅿 – 🔑 50. AE ⓘ ⓜ VISA
Menu (geschl. Sonntag) (spanische Küche) à la carte 22/41,50 – **94 Zim** ⊇ 98/115 – 107/122.
* Geschäftsreisende und Touristen sind hier gleichermaßen willkommen. Im Herzen des Ruhrgebiets findet man in dem modernen Hotel den Komfort, der hilft, sich vom Tag zu erholen. Restaurant mit heller, zeitgemäßer Atmosphäre.

🏠 **Beckmannshof,** Berliner Str. 39, ✉ 44866, ℘ (02327) 3 03 70, info@hotel-beck
mannshof.de, Fax (02327) 303720, 🌿 – TV 🅿 – 🔑 40. AE ⓘ ⓜ VISA JCB
geschl. 1. - 15. Jan. – **Menu** (geschl. Montag, Samstagmittag) à la carte 26/44 – **21 Zim**
⊇ 51/67 – 82/88.
* Günstig gelegen zwischen Essen und Dortmund und nur 200 m von der Autobahnausfahrt entfernt, finden Sie das gepflegte Hotel, das kürzlich teilweise renoviert wurde. Das neu gestaltete Restaurant wirkt dank eines durchdachten Einrichtungsprinzips ansprechend.

n Bochum-Weitmar über ④ : 4 km :

🏠 **Zum Neuling,** Neulingstr. 42, ✉ 44795, ℘ (0234) 94 69 80, hotel@zumneuling.de,
Fax (0234) 9469845, ≦s, 🔲 – TV 🅿 AE ⓘ ⓜ VISA
Menu (geschl. Mittwoch) (wochentags nur Abendessen) à la carte 24/40 – **17 Zim** ⊇ 65 – 80/85.
* Besonders herzlich kümmert sich die Familie des Patrons um die Besucher ihres gastlichen Hauses. Niveauvolles Wohnen in rustikalem Ambiente ist Ihnen sicher. Ländliche Gaststuben warten auf Ihren Besuch.

BOCKLET, BAD Bayern 418 420 P 14 – 4 900 Ew – Höhe 230 m – Heilbad.
Ausflugsziel : Schloß Aschach : Graf-Luxburg-Museum★, Süd-West : 1 km (Mai - Okt. Fahrten mit hist. Postkutsche).
🛈 Kurverwaltung, Kurhausstr. 2, ✉ 97708, ℘ (09708) 70 70 30, info@bad-bocklet.de, Fax (09708) 707039.
Berlin 425 – München 339 – Fulda 58 – Bad Kissingen 10.

BOCKLET, BAD

Kurhotel Kunzmann ⑤, An der Promenade 6, ⊠ 97708, ℰ (09708) 7 8(
kunzmann.hotel@t-online.de, Fax (09708) 78100, 佘, Massage, ♣, ♨, ≘s, ◻, 龠 – ⁞
⇆ Zim, ≡ Rest, ⇆ ₱ – ♣ 80
Menu *(geschl. 7. Jan. - 1. Feb.)* à la carte 14/29 – **79 Zim** ⊆ 49/66 – 97/116 – ½ P 1(
 • Seit 1926 wird in diesem Sanatorium die wohltuend gastfreundliche Atmos
phäre hochgehalten. Am offenen Kamin, dem Anziehungspunkt des Hauses, genießen S
die Gesellschaft. Neorustikaler Stil im Restaurant.

BODELSHAUSEN *Baden-Württemberg siehe Hechingen.*

BODENHEIM *Rheinland-Pfalz siehe Mainz.*

BODENMAIS *Bayern* 420 *S 23 – 3 600 Ew – Höhe 689 m – Heilklimatischer Kurort – Wintersport*
700/1 456 m ✯1 ✯1 ✯, am Arber ✯1 ✯6 ✯.

Ausflugsziele : *Großer Arber* ≤★★ *Nord-Ost : 11 km und Sessellift – Großer Arbersee*
Nord-Ost : 8 km.

🅱 *Kurverwaltung, Bahnhofstr. 56,* ⊠ *94249,* ℰ *(09924) 77 81 35, Fax (09924) 77815(*
Berlin 521 – München 178 – Passau *72 – Cham 51 – Deggendorf 35.*

Riederin ⑤, Riederin 1, ⊠ 94249, ℰ (09924) 77 60, *info@riederin.de*
Fax (09924) 7337, ≤ Bodenmais, Massage, ♣, ≘s, ⊼ (geheizt), ◻, 龠, ✵(Halle) – ⁞
⇆ ₮₶ ⇆ ₱ ⊱ Rest
Menu à la carte 18/28 – **60 Zim** (nur ½ P) 68/80 – 142/160.
 • Das am Berg gelegene Sporthotel offeriert die verschiedensten Freizeitaktivitäten. Ei₁
unterirdischer Gang verbindet das Haus mit der Sauna und dem Erlebnisbad. Ein leich
eleganter Speisesaal und gemütliche Stüberln laden zum Essen.

Neue Post, Kötztinger Str. 25, ⊠ 94249, ℰ (09924) 95 80, *info@hotel-neue-post.de*
Fax (09924) 958100, 佘, Massage, ≘s, ◻, 龠, ✵ – ⁞ ₮₶ ₱ ⊱ Rest
geschl. 12. Nov. - 15. Dez. – **Menu** à la carte 19/36 – **62 Zim** ⊆ 46/56 – 76/128 – ½ P 14
 • Mit neuem, großzügigem Empfangsbereich präsentiert sich die Neue Post. Bei dem
gewohnt umfangreichen Wellnessprogramm ist alles beim alten geblieben. Nette, gemüt
liche Gaststuben im rustikal-gediegenen Stil.

Hofbräuhaus, Marktplatz 5, ⊠ 94245, ℰ (09924) 77 70, *info@hotel-hofbraeuhaus*
de, Fax (09924) 777200, ≤, 佘, Massage, ♣, ♨, ≘s, ⊼ (geheizt), ◻, 龠 – ⁞, ⇆ Zim
₮₶ ⇆ ₱
geschl. Anfang Nov. - Mitte Dez. – **Menu** à la carte 16/30 – **76 Zim** ⊆ 49/65 – 88/11(
– ½ P 13.
 • Dieses traditionsreiche Haus war früher ein Gasthof und eine Brauerei im Besitz de₃
Bayrischen Königs. Heute tut man hier alles, damit der Gast sich fühlt wie ein König! Restau
ranträume mit praktisch-rustikaler Ausstattung.

Ferien-Hotel zum Arber ⑤, Rechenstr. 32, ⊠ 94249, ℰ (09924) 95 23 00, *info*
@zumaber.de, Fax (09924) 952400, ≤, Massage, ≘s – ⇆ Zim, ₮₶ ₵ ⇆ ₱ ⊱ Rest
geschl. Nov. – **Menu** *(nur Abendessen)* (Restaurant nur für Hausgäste) – **54 Zim** ⊆ 32 –
56 – ½ P 10.
 • Warme Töne überwiegen bei der Einrichtung dieses Feriendomizils. Ländlich ausgestattet,
läßt es dennoch keinen technischen Komfort vermissen.

In Bodenmais-Böhmhof *Süd-Ost : 1 km Richtung Zwiesel :*

Feriengut Böhmhof, Böhmhof 1, ⊠ 94249, ℰ (09924) 9 43 00, *geiger@feriengut-*
boehmhof.de, Fax (09924) 943013, 佘, ≘s, ⊼ (geheizt), ◻, 龠 – ⁞ ₮₶ ⇆ ₱
⊱ Rest
geschl. Mitte Nov. - Mitte Dez. – **Menu** 9,50 (mittags) à la carte 14,50/26 – **36 Zim**
⊆ 52/65 – 96/136, 4 Suiten – ½ P 5.
 • Idyllisch am Waldrand gelegen, bietet der traditionsreiche, alte Gutshof im Landhausstil
Erholung in bäuerlicher Umgebung. Sechs verschiedene Zimmertypen stehen zur Auswahl.
Restaurant im Stil einer Bauernstube.

In Bodenmais-Kothinghammer *Süd-West : 2,5 km Richtung Deggendorf :*

Hammerhof, Kothinghammer 1, ⊠ 94249, ℰ (09924) 95 70, *hotel@hammerhof.de*,
Fax (09924) 95777, 佘, Massage, ≘s, 龠, ✵ – ⁞ ⇆ ₮₶ ₱ Zim
geschl. 24. Nov. - 20. Dez. – **Menu** à la carte 14/32,50 – **43 Zim** ⊆ 49/54 – 94/104,
18 Suiten – ½ P 10.
 • Der gemütliche Landgasthof in privilegierter Alleinlage bietet dem Urlauber durch Dop-
pelzimmer mit separatem Wohn- und Schlafteil eine behagliche Atmosphäre. Lichte gemüt-
liche Gasträume mit viel Holz - auch rauchfrei können Sie sitzen.

BODENMAIS

In Bodenmais-Mooshof Nord-West : 1 km Richtung Drachselsried :

Mooshof, Mooshof 7, ⊠ 94249, ℘ (09924) 77 50, info@hotel-mooshof.de, Fax (09924) 7238, ≤, 🍽, Massage, ♨, ≦s, 🏊, 🐎, ✂ – 🛗, ⇌ Zim, 📺 📞 🅿 – 🎪 20. ⓶ⓞ 𝒱𝐼𝒮𝒜, ⚡ Rest
geschl. 20. Nov. - 15. Dez. – **Menu** à la carte 16,50/32 – **55 Zim** ⊇ 55/65 – 86/114, 6 Suiten – ½ P 15.
◆ Großes, komfortables Hotel mit vielfältigem Angebot auf dem Sport- und Freizeitsektor. Die Räumlichkeiten sind im eleganten Landhausstil möbliert, die Suiten exklusiv. Helles Holz verleiht den Gaststuben einen gediegen-rustikalen Charakter.

BODENSEE Baden-Württemberg und Bayern 419 X 12, 987 ③⑧ ③⑨ – Höhe 395 m.
Sehenswert : See★★ mit den Inseln Mainau★★ und Reichenau★ (Details siehe unter den erwähnten Ufer-Orten).

BODENTEICH, BAD Niedersachsen 415 416 H 16 – 3 900 Ew – Höhe 55 m – Kneipp- und Luftkurort.
🅱 Kurverwaltung, Burgstr. 8, ⊠ 29389, ℘ (05824) 35 39, service@bad-bodenteich.de, Fax (05824) 3308.
Berlin 226 – Hannover 107 – Schwerin 135 – Lüneburg 50 – Wolfsburg 54 – Braunschweig 76.

Landhaus Bodenteich garni, Neustädter Str. 100, ⊠ 29389, ℘ (05824) 9 64 60, landhaus-bodenteich@t-online.de, Fax (05824) 964630, ♨, ≦s, 🐎 – 📺 📞 🅿. ⚡
19 Zim ⊇ 39/50 – 66/72.
◆ Eine kleine, empfehlenswerte Adresse mit hübscher Gartenanlage. Stilmöbel aus Eiche geben der persönlichen, behaglichen Atmosphäre eine besondere Note.

BODENWERDER Niedersachsen 417 418 K 12 – 6 500 Ew – Höhe 75 m – Luftkurort.
🅱 Touristinformation, Weserstr. 3, ⊠ 37619, ℘ (05533) 4 05 41, Fax (05533) 6152.
Berlin 336 – Hannover 67 – Detmold 59 – Hameln 23 – Kassel 103.

Goldener Anker, Brückenstr. 5a, ⊠ 37619, ℘ (05533) 40 07 30, info@goldener anker.com, Fax (05533) 400733, 🍽, ✂ – 📺 📞 🅿 – 🎪 120. ⓶ⓞ 𝒱𝐼𝒮𝒜
Menu (Nov. - März Montag - Donnerstag nur Abendessen) à la carte 14/30,50 – **12 Zim** ⊇ 40/50 – 65/85.
◆ Wenn Wände reden könnten, dann hätten diese viel zu erzählen, denn die Grundmauern des Gasthofs stehen schon über 1000 Jahre. Übernachtet wird in renovierten Zimmern. Der Rahmen der Gaststube ist bürgerlich-schlicht.

BODENWÖHR Bayern 420 S 20 – 3 600 Ew – Höhe 378 m.
Berlin 466 – München 168 – Regensburg 55 – Cham 34 – Nürnberg 99.

Brauereigasthof Jacob, Ludwigsheide 2, ⊠ 92439, ℘ (09434) 9 41 00, brauerei-jacob@t-online.de, Fax (09434) 941066, ≤, 🍽, 🐕, 🐎 – ⇌ Zim, 📺 ⇌ 🅿 – 🎪 150
Menu à la carte 12,50/23,50 – **20 Zim** ⊇ 40/50 – 60/75.
◆ Ein Bayrischer Landgasthof wie er im Buche steht! Die Zimmer sind sehr solide mit rustikalem Holzmobiliar ausgestattet, viele mit Balkon oder Blick auf den See. Selbstgebrautes Bier und Wurst aus der Hausmetzgerei serviert man in der Gaststube.

BODMAN-LUDWIGSHAFEN Baden-Württemberg 419 W 11 – 4 800 Ew – Höhe 408 m – Erholungsort.
🅱 Tourist-Information (Ludwigshafen), Hafenstr. 5, ⊠ 78351, ℘ (07773) 93 00 40, tourist-info@bodman-ludwigshafen.de, Fax (07773) 930043.
Berlin 741 – Stuttgart 165 – Konstanz 31 – Bregenz 74 – Singen (Hohentwiel) 26.

Im Ortsteil Ludwigshafen :

Seehotel Adler ⌂, Hafenstr. 4, ⊠ 78351, ℘ (07773) 9 33 90, seehotel.adler@t-online.de, Fax (07773) 933939, ≤, 🍽, ≦s, 🐎 – ⇌ Zim, 📺 🅿 – 🎪 20. ⒶⒺ ①
ⓒⓞ 𝒱𝐼𝒮𝒜
Menu (geschl. Jan. - Feb. Montag) à la carte 22,50/31,50 – **31 Zim** ⊇ 50/95 – 90/135 – ½ P 17.
◆ Direkt am Bodensee gelegen, verfügt dieses Haus über individuell gestaltete, schön mit Naturholz eingerichtete Zimmer, von denen fast alle mit Seeblick aufwarten können. Gaststube mit hübscher Seeterrasse.

BODMAN-LUDWIGSHAFEN

🏠 **Krone**, Hauptstr. 25 (B 31), ✉ 78351, ✆ (07773) 9 31 30, info@bodenseehotelkron .de, Fax (07773) 931340, 🍽 – 📺 🅿 AE ① ◎◎ VISA
geschl. Nov. – **Menu** (geschl. Mittwochmittag, Donnerstagmittag, im Winter Mittwoch - Donnerstagmittag) à la carte 14,50/24 – **21 Zim** ☐ 40/48 – 65/83 ½ P 14.
♦ Seit 125 Jahren im Familienbesitz ist dieses gepflegte und liebenswert geführte Domiz Die nette Atmosphäre verleiht dem Haus eine besonders persönliche Note. Ländliche Gaststube mit Kachelofen und rustikalem Thekenbereich.

BÖBINGEN Baden-Württemberg siehe Schwäbisch Gmünd.

BÖBLINGEN Baden-Württemberg 419 T 11 – 47 000 Ew – Höhe 464 m.
🛈 Stadtinformation, Ida-Ehre-Platz 1, ✉ 71032, ✆ (07031) 66 11 00, Fax (07031 661110.
Berlin 647 – Stuttgart 21 – Karlsruhe 80 – Reutlingen 36 ① – Ulm (Donau) 97.

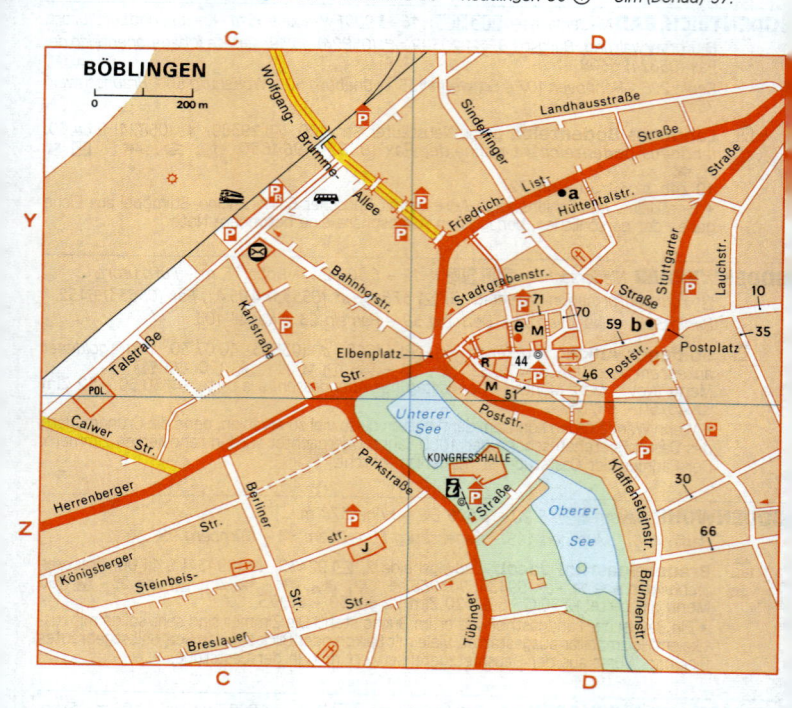

Am Käppele . . . . **DY** 10	Marktstraße . . . . **DY** 46	Sindelfinger Straße . . . . . . **DY**
Bahnhofstraße . . . . **CY**	Pfarrgasse . . . . **DY** 51	Spielbergstraße . . . . **DZ** 66
Herrschaftsgartenstr. . . . . . . **DZ** 30	Postplatz . . . . **DY**	Turmstraße . . . . **DY** 70
Lange Straße . . . . **DY** 35	Poststraße . . . . **DYZ**	Untere Gasse . . . . **DY** 71
Marktplatz . . . . **DY** 44	Schloßberg . . . . **DY** 59	Wolfgang-Brumme-Allee . . . **CDY**

🏨 **Zum Reussenstein**, Kalkofenstr. 20, ✉ 71032, ✆ (07031) 6 60 00, info@hotel-reussenstein.de, Fax (07031) 660055, 🍽 – 🛗, ✳ Zim, 📺 ✆ ⟺ 🅿 – 🔒 30. AE ①
◎◎ VISA
BT h
Menu (geschl. Aug., Sonntagabend - Montag) (Mahlzeiten im Gasthof Reussenstein) à la carte 13/33 – **42 Zim** ☐ 60/90 – 90/105.
♦ Bequemes Stadthotel, in dem sich zwei Generationen der Familie Böckle um das Wohl der Gäste kümmern. Die Zimmer sind groß und praktisch mit modernen Elementen ausgestattet. Im einfachen Gasthof gegenüber dem Hotel kocht der Juniorchef.

BÖBLINGEN
SINDELFINGEN

Street	Ref
chalmstraße	BTU 8
rthur-Gruber-Straße	BS 9
enzstraße	AT 12
erliner Straße	AS 14
öblinger Straße	BT 17
orniestraße	AT 20
resdener Straße	BT 21
Eschenbrünnlestraße	BST 22
Freiburger Allee	BU 24
Friedrich-Gerstlacher-Str.	BT 25
Fronäckerstraße	AS 26
Hanns-Klemm-Straße	ATU 28
Hohenzollernstraße	BS 31
Käsbrünnlestraße	AT 33
Kremser Straße	AU 34
Leibnizstraße	BT 39
Leipziger Straße	BT 39
Mahdentalstraße	BS 43
Maurener Weg	ABU 48
Neckarstraße	BS 49
Obere Vorstadt	AS 50
Pontoiser Straße	ABU 53
Rudolf-Diesel-Straße	BT 57
Schickardstraße	ATU 58
Schönbuchstraße	BU 60
Schwabstraße	BT 62
Silberweg	BT 63
Sindelfinger Straße	AS, BT 64
Talstraße	AS 68
Wilhelm-Haspel-Straße	BS 74

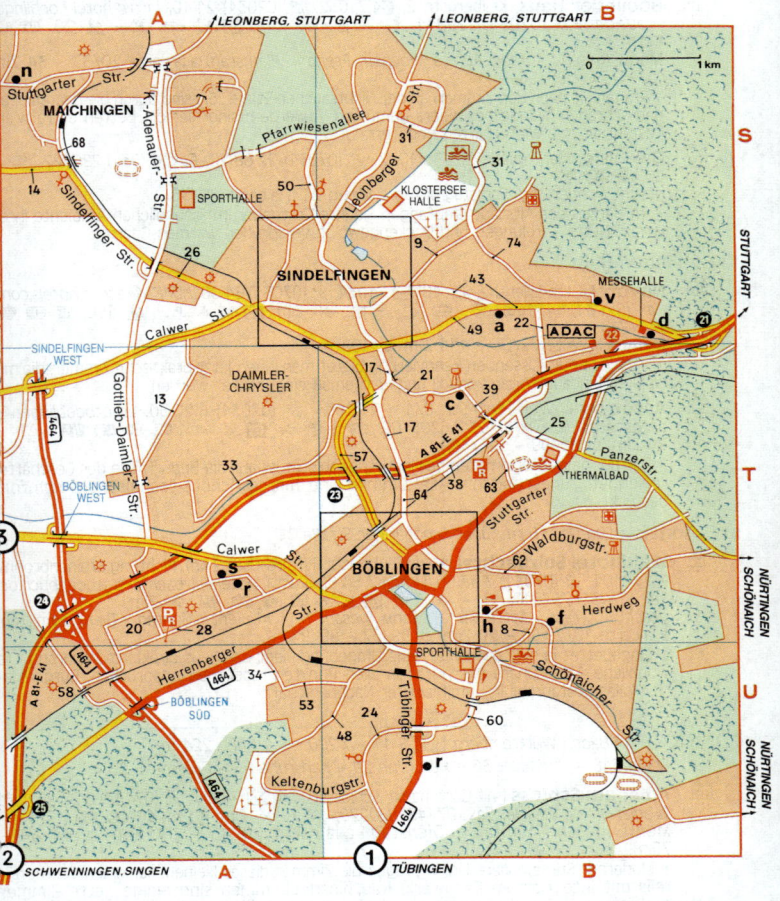

🏨 **List** garni, Friedrich-List-Str. 57, ✉ 71032, ☎ (07031) 2 18 40, Fax (07031) 218484 – 🛗 ⚡ 📺 📞 🚗 AE ① ⓜ VISA
geschl. 21. Dez. - 6. Jan. – **32 Zim** ⚏ 70/80 - 87/93.
DY a
♦ "Kleines Haus mit großem Service" - so sieht man sich hier selbst. Wäsche waschen und bügeln oder Geschäftskorrespondenz erledigen - auf Wunsch nimmt man es Ihnen ab!

🏨 **Rieth** (mit Gästehaus), Tübinger Str. 157 (B 464), ✉ 71032, ☎ (07031) 72 30, info@hotel-rieth.de, Fax (07031) 723160, ☕, – ⚡ Zim, 📺 📞 ⇔ 🅿 AE ① ⓜ VISA. ❀ – geschl. 21. Dez. - 7. Jan. – **Menu** (geschl. Freitag - Sonntag) (nur Abendessen) à la carte 17,50/38 – **50 Zim** ⚏ 67/74 - 92/100.
BU r
♦ Ganz auf die Belange des Geschäftsreisenden abgestimmt, präsentiert sich das moderne Hotel am grünen Rand der Stadt. Sauna und Garten laden zum Relaxen nach Feierabend ein. Helles Restaurant mit großer Fensterfront.

BÖBLINGEN

Böhler, Postplatz 17, ✉ 71032, ℰ (07031) 4 60 40, *post@hotel-boehler.de* Fax (07031) 226168, 🍴, 🔲 – 🛗, ⚡ Zim, 🍳 Zim, 📺 📞 🚗 🅿 – 🏋 20. 🅰🅴 ①
🐵 VISA
Menu *(geschl. Aug. 3 Wochen, Freitag - Samstag)* à la carte 26/47 – **42 Zim** ⊇ 85/10 – 104/118.
DY
◆ Ein zeitgemäßes Etagenhotel im Stadtzentrum mit praktischen Zimmern in Naturholzmöblierung, einfachem Komfort und gepflegtem Fitness- und Saunaber eich.

Böblinger Haus, Keilbergstr. 2, ✉ 71032, ℰ (07031) 21 10, *info@hotel-boeblinge -haus.de*, Fax (07031) 229811, 🍴 – 🛗, ⚡ Zim, 📺 📞 🚗 🅿 – 🏋 20. 🅰🅴 ①
🐵 VISA
Menu *(geschl. Anfang Aug. 3 Wochen, Freitag - Samstag)* à la carte 20/33 – **34 Zir** ⊇ 64/77 – 95/98.
BT
◆ Fragen Sie nach den Zimmern in der Nichtraucher-Etage ! Sie sind durch die Dachgaube und schrägen Wände besonders gemütlich. Außerdem sind hier die Betten extra brei Restaurant mit Wintergarten und Terrasse.

Bei Essig, Marktgässle 2, ✉ 71032, ℰ (07031) 22 88 22, Fax (07031) 228822, 🍴
🅰🅴 ① 🐵 VISA
geschl. Donnerstag, Samstagmittag – **Menu** 21 à la carte 20/36.
DY
◆ Im Herzen der Altstadt empfangen Sie Ihre Gastgeber im freundlichen Ambiente ihre Lokals. Nette Täfelungen und Deckengewölbe versprühen warmen Charme.

In Böblingen-Hulb :

Novotel, Otto-Lilienthal-Str. 18, ✉ 71034, ℰ (07031) 64 50, *h0485@accor-hotels.com* Fax (07031) 645166, 🍴, 🍴, 🏊 – 🛗, ⚡ Zim, 📺 📞 👍 🅿 – 🏋 150. 🅰🅴 ① 🐵
VISA JCB
Menu à la carte 22/35 – **111 Zim** ⊇ 108 – 131.
AT
◆ Nach einer umfassenden Renovierung bietet man Ihnen jetzt praktische Zimmer, die mi weißem Einbaumobiliar sinnvoll und zeitgemäß eingerichtet wurden.

Ascot garni, Wolf-Hirth-Str. 8/1, ✉ 71034, ℰ (07031) 6 20 30, *ascotboeblingen@ ascothotels.de*, Fax (07031) 6203100, 🍴 – 🛗 ⚡ 📺 📞 🚗. 🅰🅴 ① 🐵 VISA   AT
74 Zim ⊇ 89/99 – 116/129.
◆ Das Businesshotel inmitten des Industriegebietes ist auf die Bedürfnisse des Geschäfts reisenden zugeschnitten. Alle Zimmer sind mit jeglichem technischem Komfor bestückt.

In Schönaich *Süd-Ost : 6 km, über Schönaicher Straße* BU :

Waldhotel Sulzbachtal 🍴, im Sulzbachtal (Nord-Ost : 2 km, Richtung Steinenbronn), ✉ 71101, ℰ (07031) 7 57 80 (Hotel) 7 54 80 (Rest.), *hotel-sulzbachtal@schoenbuch.de* Fax (07031) 757810, 🍴 – ⚡ Zim, 📺 📞 🅿. 🅰🅴 ① 🐵 VISA. ⚡ Zim
geschl. 27. Dez. - Mitte Jan. – **Menu** *(geschl. 8. - 14. Sept., Montag - Dienstagmittag,* à la carte 19/29,50 – **20 Zim** ⊇ 59/67 – 89/97.
◆ Eingebettet in eine naturbelassene Umgebung, liegt das Haus direkt am Waldrand. Die wohnliche Atmosphäre entspricht in allen Punkten modernen Ansprüchen. Bürgerlich- rustikales Restaurant in unmittelbarer Nachbarschaft.

BÖNNIGHEIM *Baden-Württemberg* 419 S 11 – 7 200 Ew – Höhe 221 m.
Berlin 616 – Stuttgart 36 – Heilbronn 20 – Karlsruhe 65 – Pforzheim 35.

Adler am Schloss (mit Gästehaus), Schlossstr. 34, ✉ 74357, ℰ (07143) 8 20 20, *info @adler-am-schloss.de*, Fax (07143) 820229, 🍴 – ⚡ Zim, 📺 📞 🅰🅴 ① 🐵 VISA
Menu *(geschl. Montag - Dienstag)* à la carte 28/45 – **17 Zim** ⊇ 54/64 – 70/82.
◆ Moderner Stil und klare Linien prägen die Zimmer dieses kleinen, sanierten Gasthofs teils mit integriertem Fachwerk. Neu hinzugekommen sind einige nette Zimmer im Gästehaus. Das Restaurant bietet eine breitgefächerte Auswahl von regional bis cross-over.

BÖRNICKE *Brandenburg* 416 418 H 22 – 760 Ew – Höhe 40 m.
Berlin 46 – Brandenburg 56 – Neuruppin 37 – Potsdam 42.

Landhaus Börnicke 🍴, Grünfelder Str. 15, ✉ 14641, ℰ (033230) 5 13 06, Fax (033230) 51408, Biergarten – ⚡ Rest, 📺 🅿
Menu *(geschl. Jan. - Feb. Montag)* à la carte 18/31 – **10 Zim** ⊇ 64/69 – 79/89.
◆ Im idyllischen Havelland ist diese Oase der Ruhe beheimatet. Eingebettet in den haus- eigenen Wald und den Streichelzoo, finden gerade Familien hier Ruhe und Erholung. Gepflegter, wohnlicher Restaurantbereich mit Wintergarten.

BÖSDORF Schleswig-Holstein 415 416 D 15 – 1 500 Ew – Höhe 25 m.
Berlin 308 – Kiel 36 – Lübeck 46 – Eutin 8 – Oldenburg in Holstein 48.

In Bösdorf-Niederkleveez Nord : 3 km :

Fährhaus Niederkleveez ⑤, Am Dieksee 6, ⌧ 24306, ✆ (04523) 99 59 29, hotel@faerhaus-niederkleveez.de, Fax (04523) 995955, ≤, 佘, 矗, 굠 – 艸 Zim, ☎ 🅿 – 🛆 20
Menu à la carte 17/28 – **17 Zim** ⌂ 45/50 – 65/95.
♦ Die reizvolle Lage direkt am Fähranleger macht die Besonderheit dieser Adresse aus. Wählen Sie, ob Sie lieber ein Segel-oder Tretboot leihen möchten, um den See zu erkunden! Restaurant mit Sonnenterrasse und wunderschönem Seepanorama.

BÖTZINGEN Baden-Württemberg 419 V 7 – 4 800 Ew – Höhe 186 m.
Berlin 795 – Stuttgart 224 – Freiburg im Breisgau 24 – Colmar 36.

Zur Krone, Gottenheimer Str. 1, ⌧ 79268, ✆ (07663) 9 44 60, fischer@krone-boetzingen.de, Fax (07663) 944699, 佘 – 艸 Zim, ☎ 🅿 ⓒ ⒱⒮⒜
Menu (geschl. Donnerstag - Freitagmittag) à la carte 16,50/31 – **43 Zim** ⌂ 42/50 – 63/73 – ½ P 13.
♦ Am Kaiserstuhl befindet sich dieses gastliche Haus. Das freundliche Personal und vor allem die Zimmer im Neubau vermitteln den Gästen das Gefühl, zu Hause zu sein. Im Restaurant gibt die gutbürgerliche Küche den Ton an.

BOGEN Bayern 420 T 22 – 9 900 Ew – Höhe 332 m.
Berlin 541 – München 134 – Regensburg 51 – Straubing 12.

In Bogen-Bogenberg Süd-Ost : 3,5 km :

Schöne Aussicht ⑤, ⌧ 94327, ✆ (09422) 15 39, Fax (09422) 809162, ≤ Donauebene, Biergarten – ⇌ 🅿
geschl. 10. Jan. - 23. Feb. - **Menu** (geschl. Freitag) (Nov. - Feb. nur Mittagessen) à la carte 15/25,50 – **7 Zim** ⌂ 35 – 55.
♦ Nomen est Omen : Hoch über der Donau geht hier der Blick in weite Ferne. Einfache, aber praktisch eingerichtete Räumlichkeiten machen den Aufenthalt erholsam. Durch und durch bayerisch gibt sich das Angebot des Restaurants.

In Niederwinkling-Welchenberg Süd-Ost : 8 km :

Landgasthof Buchner, Freymannstr. 15, ⌧ 94559, ✆ (09962) 7 30, Fax (09962) 2430, Biergarten – 🅿 ⓒ
geschl. Anfang Sept. 2 Wochen, Anfang Nov. 2 Wochen, Montag - Dienstag – **Menu** à la carte 22,50/35,50.
♦ In einem kleinen Dorf liegt der restaurierte Gasthof aus dem Jahre 1658. Eine Mischung aus gehobenen regionalen Rezepten und internationalen Gerichten überzeugt den Gast.

BOKEL Schleswig-Holstein 415 416 E 13 – 650 Ew – Höhe 5 m.
Berlin 343 – Kiel 73 – Hamburg 55 – Itzehoe 29 – Lübeck 78.

Bokel-Mühle ⑤, Neel-Greve-Str.2, ⌧ 25364, ✆ (04127) 9 42 00, bokelmuehle@ringhotels.de, Fax (04127) 9420150, ≤, 佘, 옯, ⌷, 矗, 굠 – 🛗, 艸 Zim, ☎ ✆ ⇌ 🅿 – 🛆 160. ⚛ ⓐ ⓒ ⒱⒮⒜ ⒿⒸⒷ
Menu à la carte 19,50/41,50 – **24 Zim** ⌂ 50/72 – 66/92.
♦ Die im 18. Jh. erbaute ehemalige Wassermühle hat eine lange Tradition als Gasthaus. Neben der Mühle existieren heute zusätzlich dem Hoteltrakt und der Seepavillon. Das Restaurant gibt sich ländlich-klassisch mit gemütlichem Kamin. Schöne Terrasse am See.

BOLL Baden-Württemberg 419 U 12 – 5 500 Ew – Höhe 425 m.
🛈 Bad Boll Info, Hauptstr. 81, ⌧ 73087, ✆ (07164) 8 08 28, Fax (07164) 902309.
Berlin 613 – Stuttgart 52 – Göppingen 9 – Ulm (Donau) 49.

Badhotel Stauferland ⑤, Gruibinger Str. 32, ⌧ 73087, ✆ (07164) 20 77, info@badhotel-stauferland.de, Fax (07164) 4146, 佘, 옯, ⌷, 굠 – 🛗, 艸 Zim, ☎ ✆ ⇌ 🅿 – 🛆 30. ⚛ ⓐ ⓒ ⒱⒮⒜ ⁒ Rest
geschl. 1. - 14. Jan. - **Menu** (geschl. Sonntagabend) à la carte 25/43 – **42 Zim** ⌂ 75/85 – 105/115.
♦ Modern und zeitlos elegant sind Lobby und Zimmer des Hotels mit starkem Tagungsgeschäft. Ansprechend auch der Freizeitbereich und die Terrasse mit schöner Aussicht. Im stilvollen Restaurant serviert man internationale und schwäbische Speisen.

BOLL

Löwen, Hauptstr. 46, ✉ 73087, ℘ (07164) 9 40 90, info@loewen-badboll.d
Fax (07164) 940944, 🍴, 🍽, – 📺 P – 🛁 60. AE ⓘ ⓒ VISA
Menu (geschl. 23. Dez. - 15. Jan., 28. Juli - 20. Aug., Montag) à la carte 15/33 – **31 Zi**
🛏 42 – 70.
• Urigen Charme verbreitet das mit viel Holz dekorierte Innenleben des rustikalen Gasthof
Die gepflegten Außenanlagen können sich ebenfalls sehen lassen.

Rosa Zeiten garni, Bahnhofsallee 7, ✉ 73087, ℘ (07164) 20 22, Fax (7164) 2221 – ↔
📺 📞 P. VISA
9 Zim 🛏 45/49 – 75.
• Was einst dem Reisenden als ländlicher Bahnhof empfing, stellt sich heute a
idyllisches Gästehaus in romantischer Kulisse dar. Ein sympathisches Zuhause au
Zeit!

In Boll-Bad Boll :

Seminaris M 🌿, Michael-Hörauf-Weg 2, ✉ 73087, ℘ (07164) 80 50, badboll@
seminaris.de, Fax (07164) 12886, 🍴, 🍽, 🏊 – 🛗, ↔ Zim, 📺 📞 🛁, 🚗 P – 🛁 160
AE ⓘ ⓒ VISA
Menu à la carte 22/30 – **161 Zim** 🛏 94/102 – 124.
• Das großzügig und einfallsreich gestaltete Wellness-Areal Jurabädle macht das moder
eingerichtete Tagungshotel auch für Urlauber interessant. Rustikale à la carte-Gaststub
und Tagungsrestaurant mit Free-flow-Buffet.

Bei verspäteter Anreise, nach 18 Uhr, ist es sicherer,
Ihre Zimmerreservierung zu bestätigen.

BOLLENDORF Rheinland-Pfalz 417 Q 3 – 1 700 Ew – Höhe 215 m – Luftkurort.

🛈 Tourist - Information, An der Brücke, ✉ 54669, ℘ (06526) 9 30 33, Fax (06526) 9303!
Berlin 733 – Mainz 193 – Trier 48 – Bitburg 28 – Luxembourg 43.

Burg Bollendorf 🌿, ✉ 54669, ℘ (06526) 6 90, info@burg-bollendorf.de
Fax (06526) 6938, 🍴, 🍽 – 🛗, ↔ Zim, 📺 P – 🛁 40. AE ⓘ ⓒ VISA, 🚫
geschl. 5. Jan. - 15. Feb. – **Menu** (geschl. Feb. - März, Nov. - 20. Dez.) (wochentags nu
Abendessen) à la carte 19,50/32 – **40 Zim** 🛏 59 – 98/120 – ½ P 16.
• Auf dem ehemaligen Burggelände befindet sich das imposante, in den 70er Jahren zum
Hotel umgebaute Anwesen. Jeder Winkel atmet das historisch gewachsene Ambiente
Genießen Sie die Tafelfreuden im klassisch-rustikal möblierten Restaurant.

Waldhotel Sonnenberg 🌿, Sonnenbergallee 1 (Nord-West : 1,5 km), ✉ 54669
℘ (06526) 9 28 00, info@waldhotel.com, Fax (06526) 928079, < Sauertal, 🍴, 🍽, 🏊
🍴 – 🛗, ↔ Zim, 📺 P. AE ⓘ ⓒ VISA, 🚫 Rest
geschl. 10. Jan. - 10. Feb. – **Menu** (geschl. 15. Nov. - 15. Dez.) à la carte 18/41 – **25 Zim**
🛏 63/81 – 100/146 – ½ P 17.
• Für Reisende, die auf die absolute Ruhe suchen, ist dieses Haus in Alleinlage zu
empfehlen. Die größtenteils rustikalen Gästezimmer bieten zeitgemäßen Komfort
Im Restaurant Bellevue fühlt man sich der gutbürgerlichen sowie der Eifeler Küche
verpflichtet.

Hauer, Sauerstaden 20, ✉ 54669, ℘ (06526) 92 05 00, info@hotel-hauer.de
Fax (06526) 9205050, 🍴 – 🛗 📺. AE ⓒ VISA, 🚫 Rest
geschl. 6. Jan. - 11. Feb., 17. - 29. Nov. – **Menu** (Montag - Freitag nur Abendessen) à la carte
16,50/37,50 – **21 Zim** 🛏 44/46 – 78/82 – ½ P 12.
• Mit Blick auf den deutsch-luxemburgischen Grenzfluß offeriert dieser Familienbetrieb
einfache, freundliche Zimmer, vielfach mit Balkon.

BOLSTERLANG Bayern siehe Fischen im Allgäu.

BOLTENHAGEN Mecklenburg-Vorpommern 416 E 17 – 2 800 Ew – Höhe 5 m – Seebad.

🛈 Kurverwaltung, Ostseeallee 4, ✉ 23946, ℘ (038825) 36 00, ostseebad-boltenha
gen@t-online.de, Fax (038825) 36030.
Berlin 250 – Schwerin 47 – Lübeck 41 – Wismar 26.

Seehotel Grossherzog v. Mecklenburg M, Ostseeallee 1, ✉ 23946, ℘ (038825)
5 00, info@seehotel-boltenhagen.de, Fax (038825) 50500, 🍴, Massage, 🍽, 🏊 – 🛗
↔ Zim, 📺 📞 P – 🛁 130. AE ⓒ VISA, 🚫 Rest
Menu à la carte 19/34 – **149 Zim** 🛏 113 – 145/203 – ½ P 23.
• Eine traditionsreiche Adresse, die im neuen Gewand erstrahlt. Die großzügigen Zimmer
sind in hellen Pastelltönen gehalten, die eine behagliche Atmosphäre verbreiten. Das
Restaurant befindet sich in einem lichtdurchfluteten Pavillon.

BOLTENHAGEN

in Boltenhagen-Redewisch *West : 2 km :*

🏠 **Gutshaus Redewisch** ॐ, Dorfstr. 46, ✉ 23946, ✆ (038825) 37 60, info@gutshaus-redwisch.de, Fax (038825) 37637, 🍴, ☕, 🌳 – 🛗 📺 & 🅿 – 🚗 40. ⓂⓄ 𝘝𝘐𝘚𝘈
geschl. Mitte Jan. - Ende Feb. – **Menu** *(geschl. ausser Saison Montag - Dienstag)* à la carte 15/21 – **21 Zim** ⌂ 65/85 – 100/110.
◆ Das renovierte ehemalige Gutshaus liegt einsam außerhalb des Ortes - fernab vom Straßenlärm. Hier beziehen Sie solide möblierte Zimmer mit gutem Platzangebot. Eine hohe Decke und eine dunkle Einrichtung prägen das Restaurant. Hübsche Terrasse.

BONN *Nordrhein-Westfalen* **417** *N 5 – 308 000 Ew – Höhe 64 m.*
Sehenswert : In Bonn : Schwarz-Rheindorf-Kirche★ **AV** – Alter Zoll ≤★ **CZ** – Rheinisches Landesmuseum★ *(Römische Abteilung★)* **BZ M1** – Münster★ *(Kreuzgang★)* **BCZ** – Haus der Geschichte der Bundesrepublik Deutschland ★ – Kunstmuseum Bonn ★ **AX M2** – Beethovenhaus ★ **CY M** – **In Bonn-Bad Godesberg :** Godesburg ⚜★.
⛳ Bornheim, Römerburg (Nord-West : 14 km), ✆ (02222) 93 19 40 ; ⛳ St. Augustin, Konrad-Adenauer-Str. 100 (Nord-Ost : 8 km über ②), ✆ (02241) 3 98 80.
✈ Köln-Bonn in Wahn (über ① : 27 km), ✆ (02203) 4 00.
🛈 Bonn Information, Windeckstr. 1, ✉ 53103, ✆ (0228) 77 50 00, Fax (0228) 775077.
ADAC, Godesberger Allee 127 (Bad Godesberg).
Berlin 593 ① – Düsseldorf 73 ⑥ – Aachen 91 ⑥ – Köln 28 ⑥ – Luxembourg 190 ④

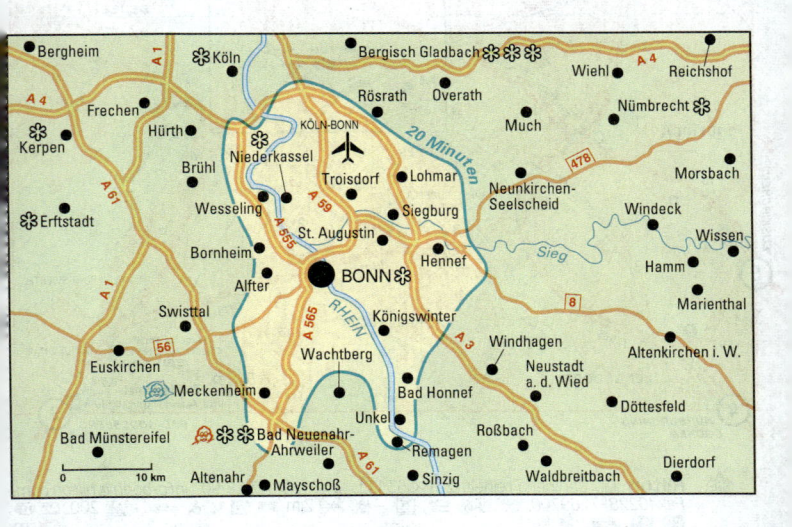

🏨 **Günnewig Hotel Bristol** ॐ, Prinz-Albert-Str. 2, ✉ 53113, ✆ (0228) 2 69 80, bristol.bonn@guennewig.de, Fax (0228) 2698222, 🍴, ☕, 🏊 – 🛗, 🚭 Zim, 📺 📞 & 🚗 – 🚗 220. 🅰🅴 ⓄⒹ ⓂⓄ 𝘝𝘐𝘚𝘈 **CZ v**
Majestic (geschl. 31. Juli - 13. Sept., Samstag - Sonntag) **Menu** à la carte 35/50 – **Kupferklause** *(geschl. Sonntag)(nur Abendessen)* **Menu** à la carte 17,50/32 – **114 Zim** ⌂ 155/190 – 180/215.
◆ Zwischen Poppelsdorfer Schloß und ehemaliger Kurfürstenresidenz liegt das exklusive Haus, dessen eleganter Rahmen sich schon in der wirkungsvollen Halle zeigt. Mahagonimobiliar prägt das klassisch-elegante Majestic. Im Untergeschoß die rustikale Kupferklause.

🏨 **Königshof** Ⓜ, Adenauerallee 9, ✉ 53111, ✆ (0228) 2 60 10, hotel@koenigshof-bonn.de, Fax (0228) 2601529, ≤ Rhein, 🍴 – 🛗, 🚭 Zim, 📺 📞 & 🚗 – 🚗 180. 🅰🅴 ⓄⒹ ⓂⓄ 𝘝𝘐𝘚𝘈. ※ **CZ a**
Menu à la carte 29/48,50 – **128 Zim** ⌂ 110/180 – 145/320.
◆ Ein Logenplatz : Mitten in der City und doch im Grünen, aber vor allem am Rhein : Das schönste Panorama hat man von der Terrasse. Stilvolle Räumlichkeiten für Festivitäten. Gediegenes Ambiente empfängt Sie im Restaurant La Belle Epoque.

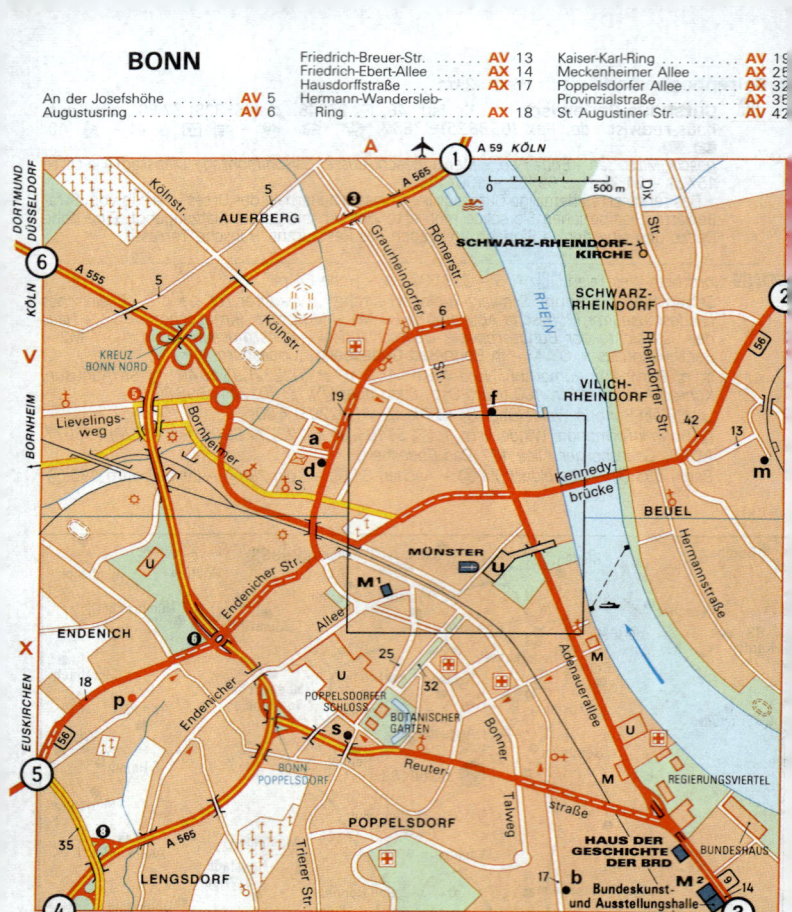

BONN

An der Josefshöhe .... **AV** 5	
Augustusring .... **AV** 6	
Friedrich-Breuer-Str. .... **AV** 13	
Friedrich-Ebert-Allee .... **AX** 14	
Hausdorffstraße .... **AX** 17	
Hermann-Wandersleb-Ring .... **AX** 18	
Kaiser-Karl-Ring .... **AV** 19
Meckenheimer Allee .... **AX** 25
Poppelsdorfer Allee .... **AX** 32
Provinzialstraße .... **AX** 35
St. Augustiner Str. .... **AV** 42

Hilton M, Berliner Freiheit 2, ✉ 53111, ℘ (0228) 7 26 90, info-bonn@hilton.com, Fax (0228) 7269700, 🌴, 🎾, ≋s, 🔲 – 🛗, 🈯 Zim, 📺 📞 ♿ 🚗 – 🏛 200. 🆎 ⓘ ⓜⓞ 𝘝𝘐𝘚𝘈 ⓙⓒⓑ. ✂ Rest
                                                                                                                           CY m
Menu 25 (Buffet) à la carte 23/38 – ☷ 16 – **252 Zim** 135/150, 4 Suiten.
♦ Unweit von Bonner Oper und Vater Rhein ist dieses Zuhause auf Zeit mit modernen Möbeln ausgestattet. Geschäftlich Reisende finden hier praktisch eingerichtete Zimmer.

Günnewig Hotel Residence M, Kaiserplatz 11, ✉ 53113, ℘ (0228) 2 69 70, hotel.residence@guennewig.de, Fax (0228) 2697777, Biergarten, ≋s, 🔲 – 🛗, 🈯 Zim, 📺 📞 🚗 – 🏛 120. 🆎 ⓘ ⓜⓞ 𝘝𝘐𝘚𝘈 ⓙⓒⓑ
                                                                                                                           CZ f
Kaisergarten : Menu à la carte 20/36 – **144 Zim** ☷ 131/173 – 153/203, 5 Suiten.
♦ Direkt am Kaiserplatz liegt dieses moderne Hotel mit funktionell gestalteten Zimmern. Machen Sie Urlaub vom Alltag im Swimming Pool mit südländischer Illusionsmalerei. Im Kaisergarten strahlen die mit Zirbelholz getäfelten Wände Gemütlichkeit aus.

Domicil M garni, Thomas-Mann-Str. 24, ✉ 53111, ℘ (0228) 72 90 90, info@domicil-bonn.bestwestern.de, Fax (0228) 691207, ≋s, 🔲 – 🛗 📺 📞 🚗 – 🏛 30. 🆎 ⓘ ⓜⓞ 𝘝𝘐𝘚𝘈
geschl. 22. Dez. - 3. Jan. – **44 Zim** ☷ 132/195 – 187/222.   **BZ** f
♦ Mit architektonischer Raffinesse sind hier sieben einzelne Häuser diverser Epochen zu einem Hotel mit Persönlichkeit und individuellen Zimmern verbunden worden.

250

BONN

Am Alten Friedhof	**BZ** 2	Fritz-Schroeder-Ufer	**CY** 15	Poststraße	**BZ** 34
Am Hof	**CZ**	Gerhard-von-Are-Straße	**BZ** 16	Rathausgasse	**CZ** 36
Am Neutor	**CZ** 3	Kasernenstraße	**BY** 20	Remigiusplatz	**CZ** 38
Belderberg	**CY** 7	Markt	**CZ** 23	Remigiusstraße	**CZ** 40
Bertha-von- Suttner-Platz	**CY** 9	Martinsplatz	**CZ** 24	Sternstraße	**BCZ** 43
Bottlerplatz	**BZ** 10	Mülheimer Platz	**BZ** 27	Sterntorbrücke	**BY** 45
Brüdergasse	**CY** 12	Münsterplatz	**BZ** 28	Thomas-Mann-Str.	**BYZ** 46
Budapester Str.	**BYZ** 14	Münsterstraße	**BZ** 29	Welschnonnenstraße	**CY** 48
		Oxfordstraße	**BY** 31	Wenzelgasse	**CY** 49
		Poppelsdorfer Allee	**BZ** 32	Wilhelmstraße	**BY** 50

🏨	**Consul** garni, Oxfordstr. 12, ✉ 53111, ℘ (0228) 7 29 20, hotel@consul-bonn.de, Fax (0228) 7292250 – 📱 ⇌ 📺 ✆ ⚐ ⇌ 🅿 – 🔒 25. 🆎 ⓞ ⓜⓔ 🆅🅸🆂🅰 **BY** t geschl. 23. Dez. - 2. Jan. – **92 Zim** ⊇ 82/125 – 135/160.

◆ Den Bedürfnissen von Geschäftsleuten wird hier Rechnung getragen : Zeitgemäß möblierte Zimmer mit Schreibtischen sind auf den beruflichen Bedarf zugeschnitten.

🏨	**Amber,** Clemens-August-Str. 32, ✉ 53115, ℘ (0228) 7 25 00, bonn@amber-hotels.de, Fax (0228) 725072, 🍴 – 📱 ⇌ Zim, 📺 ✆ ⇌ – 🔒 50. 🆎 ⓞ ⓜⓔ 🆅🅸🆂🅰 🅹🅲🅱 **AX** s Menu (geschl. Sonntagabend) à la carte 16/26 – **98 Zim** ⊇ 95/165 – 110/185.

◆ Wenige Gehminuten vom Poppelsdorfer Schloß : gute Räumlichkeiten für Tagungen, zeitgemäßer Komfort in den Zimmern. Treffpunkt sind Bar sowie Salon mit Literatur und Spielen. Restaurant mit Wintergarten und Innenhofterrasse.

🏨	**Villa Esplanade** garni, Colmanstr. 47, ✉ 53115, ℘ (0228) 98 38 00, mail@hotel-villa-esplanade.de, Fax (0228) 9838011 – 📺 ✆. ⓜⓔ 🆅🅸🆂🅰 **BZ** a **17 Zim** ⊇ 82/92 – 112/132.

◆ Die Villa aus dem 19. Jh. hat ihren historischen Charakter behalten : der große, hohe Frühstücksraum mit Stuckdecke hat nichts von seiner Pracht verloren.

🏨	**Sternhotel** garni, Markt 8, ✉ 53111, ℘ (0228) 7 26 70, info@sternhotel-bonn.de, Fax (0228) 7267125 – 📱 ⇌ 📺 ✆ – 🔒 15. ⓞ ⓜⓔ 🆅🅸🆂🅰 **CZ** e geschl. 24. Dez. - Anfang Jan. – **80 Zim** ⊇ 100/125 – 135/165.

◆ Neben dem alten Rathaus gelegen, ist das Hotel mit der schönen Fassade ein Teil der Bonner Geschichte. Zentral und ruhig, komfortable Zimmer mit allen Annehmlichkeiten.

BONN-
BAD GODESBERG

Alte Bahnhofstraße	Z 2
Am Kurpark	Z 3
Am Michaelhof	Z 4
Brunnenallee	Z 5
Friedrichallee	Z 6
Koblenzer Str.	Z
Kurfürstenallee	Z 7
Löbestraße	Z 9
Marienforster Str.	Z 10
Marktplatz	Z 12
Moltkeplatz	Z 13
Moltkestraße	Z 15
Nikolaus-Becker-Str.	Z 16
Rheinstraße	Z 21
Schwertberger Straße	Z 22
Theaterplatz	Z 23
Von-Groote-Platz	Z 24

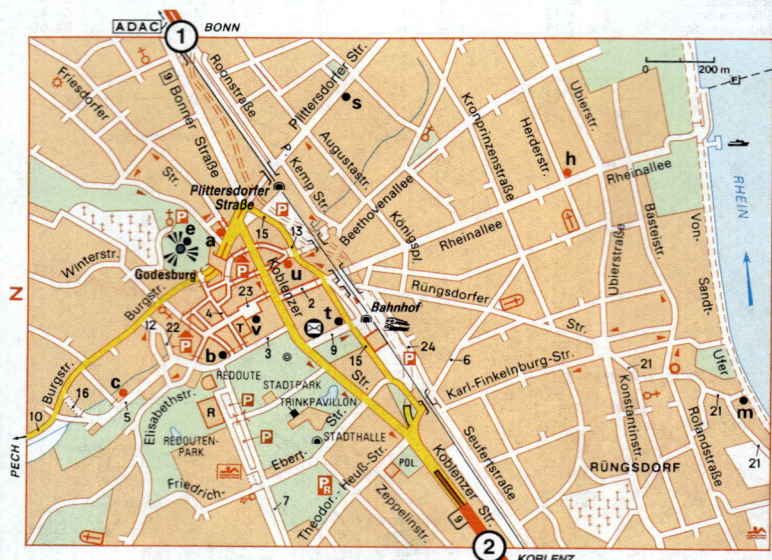

🏨 **Astoria** garni, Hausdorffstr. 105, ✉ 53129, ℘ (0228) 23 95 07, astoria@t-online.de, Fax (0228) 230378, 🍴 – 📶 📺 🅿. AE ⓘ ⓜ VISA
geschl. 23. Dez. - 1. Jan. – **46 Zim** ⊑ 70 – 98.   **AX b**
• Gute Straßenbahnanbindung zur Innenstadt. Standardgemäß ausgestattete und praktische Zimmer. Von hier führt ein kleiner Spaziergang zur namhaften "Bonner Museumsmeile".

🏨 **Ibis** M garni, Vorgebirgsstr. 33, ✉ 53119, ℘ (0228) 7 26 60, h1441@accor-hotels.com, Fax (0228) 7266405 – 📶 ⚡ 📺 ♿, 🚗 🅿 – 🔔 80. AE ⓘ ⓜ VISA   **AV d**
⊑ 9 – **147 Zim** 59.
• Unweit vom berühmten Alten Friedhof und dem August-Macke-Haus. Das bekannte Ketten-Hotel verfügt über renovierte Räumlichkeiten mit hellem Mobiliar.

🏨 **Mozart** garni, Mozartstr. 1, ✉ 53115, ℘ (0228) 65 90 71, hotel-mozart@web.de, Fax (0228) 659075 – 📶 ⚡ 📺 🚗. AE ⓘ ⓜ VISA   **BZ d**
geschl. 22. Dez. - 4. Jan. – **39 Zim** ⊑ 41/77 – 60/95.
• Das Eckhaus - eine kleine Villa aus der Jahrhundertwende - befindet sich im Viertel mit den musikalischen Straßennamen. Solide Zimmer versprechen eine erholsame Nacht.

🏨 **Römerhof** garni, Römerstr. 20, ✉ 53111, ℘ (0228) 60 41 80, kontakt@hotel-roemerhof-bonn.de, Fax (0228) 633838 – ⚡ 📺 🅿. ⓜ VISA. ✂   **AV f**
26 Zim ⊑ 63/78 – 84/99.
• Nur ein Katzensprung bis zur legendären Beethovenhalle. Familiär geführter Gasthof mit dezent-rustikaler Einrichtung. Abends lockt ein Bummel über die Rheinpromenade.

🍴🍴 **Zur Lese**, Adenauerallee 37, ✉ 53113, ℘ (0228) 22 33 22, zur-lese@web.de, Fax (0228) 222060, ≤ Rhein, 🍴 – 📶 🚗. AE ⓘ ⓜ VISA. ✂ Rest   **CZ t**
geschl. Montag – **Menu** 21 (mittags) à la carte 25/52.
• Weinrestaurant, dessen Name sich nicht auf die Traubenernte, sondern auf die Lese- und Erholungs-Gesellschaft bezieht, die - 1787 gegründet - aufklärerische Ziele verfolgte.

🍴🍴 **Grand'Italia**, Bischofsplatz 1, ✉ 53111, ℘ (0228) 63 83 33 – AE ⓘ ⓜ VISA
✂   **CZ c**
Menu (italienische Küche) à la carte 20/44.
• Das gemütlich-charmante Ristorante ist über 30 Jahre alt und in Bonn eine Institution. Kellner in schwarzem Anzug kredenzen Vino, Pasta und Pizza - und das nicht zu knapp.

BONN

XX Bistro Kaiser Karl, Vorgebirgstr. 50, ✉ 53119, ℘ (0228) 69 69 67, Fax (0228) 9855777, 🍽, – ❹ 𝒱𝒾𝓈𝒶 **AV a**
geschl. über Karneval 1 Woche, Aug. 2 Wochen, Samstagmittag, Sonntag – **Menu** à la carte 27,50/43.
♦ Glänzende Lüster und Ornamente an den Decken, verspiegelte Wände und hübsche Brasseriefenster zur Terrasse sind nur einige Einrichtungselemente des aparten Jugendstil-Bistros.

X Im Bären, Acherstr. 1, ✉ 53111, ℘ (0228) 63 32 00, Fax (0228) 639245, 🍽,
(Brauereigaststätte) **CZ r**
Menu à la carte 16,50/36.
♦ Echt "bönnsch" und so "jemötlich": Die historische Brauereigaststätte wurde zum ersten Mal 1385 erwähnt. Vor allem das Kölsch rinnt hier durch die durstigen Kehlen.

Auf dem Venusberg Süd-West : 4 km über Trierer Straße **AX** und Im Wingert :

🏨 Dorint Venusberg 🅼 ♨, An der Casselsruhe 1, ✉ 53127 Bonn, ℘ (0228) 28 80, info@dorint.com, Fax (0228) 288288, 🍽, Massage, ⇔, – 🛗, ⇔ Zim, 🍽 Zim, 📺 ✆ 🚗 🄿 – 🚑 70. 🆀🄴 ⓪ ⓒ❹ 𝒱𝒾𝓈𝒶 ᴊᴄʙ ❀ Rest
L'Orquivit (geschl. Aug. 3 Wochen, Sonntag - Montag) **Menu** à la carte 48/59 –
La Brasserie : Menu à la carte 25/39 – ⇌ 18 – **85 Zim** 160/210 – 204/254, 3 Suiten.
♦ Hoch über'm Rhein, von einem waldreichen Naturschutzpark umgeben, ruht das Landhaus mit elegantem Interieur und schöner Aussicht. Ein Health Club verwöhnt Körper und Geist. Dunkles Parkett, Designermobiliar, helle Farben und Säulen prägen das L'Orquivit.

In Bonn-Beuel :

🏨 Schloßhotel Kommende Ramersdorf, Oberkasseler Str. 10 (Ramersdorf), ✉ 53227, ℘ (0228) 44 07 34, Fax (0228) 444400, ≤, 🍽, – 📺 ✆ 🄿 – 🚑 25. 🆀🄴 ⓪ ⓒ❹ 𝒱𝒾𝓈𝒶 über ③ und die B 42
geschl. 27. Juli - 24. Aug. – **Menu** (geschl. Dienstag) (wochentags nur Abendessen) (italienische Küche) à la carte 26,50/37 – **18 Zim** ⇌ 60/80 – 90/110.
♦ Eine Einrichtung mit Stilmöbeln und Antiquitäten erwartet Sie in dem ehemaligen Ritterordens-Schloß. Außergewöhnliche, aber wohnliche Unterkunft. Bankett- und Tagungsräume. Im Restaurant serviert man Tafelfreuden der italienischen Art.

🏨 Willkens garni, Goetheallee 1, ✉ 53225, ℘ (0228) 47 16 40, boettcher-bonn@t-online.de, Fax (0228) 462293 – 🛗 📺 ✆. 🆀🄴 ⓪ ⓒ❹ 𝒱𝒾𝓈𝒶. ❀ **AV m**
geschl. 22. - 31. Dez. – **34 Zim** ⇌ 65 – 90.
♦ Eckhaus aus der Jahrhundertwende in der Beueler Ortsmitte unweit des Bahnhofs. Das familiär geführte Quartier ist funktionell mit Kirschbaummöbeln eingerichtet.

In Bonn-Endenich :

XX Altes Treppchen (mit Gästehaus), Endenicher Str. 308, ✉ 53121, ℘ (0228) 62 50 04, info@treppchen.de, Fax (0228) 621264, 🍽, – 📺 🚗 🄿. 🆀🄴 ⓪ ⓒ❹ 𝒱𝒾𝓈𝒶 **AX p**
geschl. 23. Dez. - 3. Jan. – **Menu** (geschl. Samstag - Sonntag) à la carte 22/36 – **12 Zim** ⇌ 69 – 100.
♦ Keine steile Treppe, nur drei Stufen sind es bis zur Gastlichkeit : Dann haben Sie das urig-gemütliche Ambiente des aus dem 16. Jh. stammenden Familienbetriebs erklommen.

In Bonn-Bad Godesberg :

🏨 Maritim 🅼, Godesberger Allee, ✉ 53175, ℘ (0228) 8 10 80, info.bon@maritim.de, Fax (0228) 8108811, Massage, ⇔, 🅢, – 🛗, ⇔ Zim, 🍽 📺 ✆ ⚐ 🚗 – 🚑 1800. 🆀🄴 ⓪ ⓒ❹ 𝒱𝒾𝓈𝒶 über Bonner Str. und ①
La Marée (geschl. Samstag, Sonn- u. Feiertage) (nur Abendessen) **Menu** à la carte 37/43 – **Rôtisserie : Menu** (nur Buffet) 28/32 – ⇌ 13 – **410 Zim** 139/266 – 166/288, 41 Suiten.
♦ Wohnen und Tagen nah der Rheinaue im ehemaligen Regierungsviertel. Gläserne Aufzüge bringen Sie in die eleganten Zimmer. Die Rooftop-Driving-Range ist ein Paradies für Golfer. Im La Marée elegante Einrichtung und eine offene Showküche.

🏨 Rheinhotel Dreesen ♨, Rheinstr. 45, ✉ 53179, ℘ (0228) 8 20 20, service@rheinhoteldreesen.de, Fax (0228) 8202153, ≤ Rhein und Siebengebirge, 🍽, ⚐ – 🛗, ⇔ Zim, 📺 ✆ 🚗 – 🚑 100. 🆀🄴 ⓪ ⓒ❹ 𝒱𝒾𝓈𝒶 **Z m**
geschl. 7. - 14. Feb., 23. - 28. Dez. – **Menu** 25 à la carte 27/38 – **72 Zim** ⇌ 120/165 – 170/215.
♦ Näher am Rhein kann man fast nicht sein ! Das Hotel mit Park hat seinen 100. Geburtstag hinter sich und ist in bester Form. Klassisch-eleganter Rahmen. Behagliches Restaurant und Terrasse mit Blick auf den Fluß.

🏨 Kaiserhof garni, Moltkestr. 64, ✉ 53173, ℘ (0228) 95 70 50, info@kaiserhof.bestwestern.de, Fax (0228) 95705100 – 🛗 ⇔ 📺 ✆. 🆀🄴 ⓪ ⓒ❹ 𝒱𝒾𝓈𝒶 **Z t**
22. Dez. - 2. Jan. – **50 Zim** ⇌ 93/102 – 105/128.
♦ Gegenüber dem Bahnhof befindet sich das restaurierte, denkmalgeschützte Gebäude aus der Jahrhundertwende. Reservieren Sie ein Zimmer mit Blick auf den Drachenfels !

BONN

🏨 Insel Hotel, Theaterplatz 5, ✉ 53177, ℰ (0228) 3 50 00, inselhotel@aol.com
Fax (0228) 3500333, 🍽 – 🛗, ⇔ Zim, 📺 ✆ 🅿 – 🛋 25. AE ① ⓒ VISA   Z v
Menu (nur Mittagessen) à la carte 17/25 – **64 Zim** ⇌ 80/88 – 99/115.

♦ Nicht auf einem Eiland im Rhein, sondern im Stadtzentrum liegt das Insel-Hotel. Praktische und zeitgemäße Zimmer, teils mit Blick auf die Godesburg. Restaurant mit eigener Konditorei.

🏨 Am Hohenzollernplatz garni, Plittersdorfer Str. 56, ✉ 53173, ℰ (0228) 95 75 90
akzenthotel@bn-online.net, Fax (0228) 9575929, 🐎 – 📺, AE ① ⓒ VISA
JCB   Z s
geschl. 20. Dez. - 3. Jan. – **20 Zim** ⇌ 77/98 – 80/160.

♦ Im Villenviertel hat man zwei Jugendstilhäuser miteinander verbunden. Teestube mit Waffeleisensammlung - die Inhaberin ist Friesin. Individuell-gemütliche Zimmer!

🏨 Sebastianushof 🐾, Waldburgstr. 34, ✉ 53177, ℰ (0228) 9 51 14 00, hote
sebastianushof@t-online.de, Fax (0228) 9511450, 🍽 – ⇔ Zim, 📺 ✆ ⇐ – 🛋 20. AE
① ⓒ VISA   über Winterstraße Z
Menu (geschl. Samstag) (nur Abendessen) à la carte 16/24 – **17 Zim** ⇌ 70/72 – 80/90.

♦ Oberhalb der Stadt in einem ruhigen Wohngebiet hat sich dieser Familienbetrieb mit rustikalem Flair etabliert. Guter Ausgangspunkt für Ausflüge im "Rheinischen". Mit Liebe zum Detail ausgestattetes, gemütliches Restaurant.

🏨 Eden garni, Am Kurpark 5a, ✉ 53177, ℰ (0228) 95 72 70, rezeption@eden-godes
berg.de, Fax (0228) 362494 – 🛗 ⇔ 📺 🅿. AE ① ⓒ VISA   Z b
42 Zim ⇌ 70/90 – 85/115.

♦ Gegenüber dem Stadtpark gelegenes, neuzeitliches Hotel. Unterschiedlich ausgestattete, praktische Zimmer, teils mit Blick auf die Godesburg oder mit sonnigem Südbalkon.

XXX Halbedel's Gasthaus, Rheinallee 47, ✉ 53173, ℰ (0228) 35 42 53, info@halbedels
🕸 -gasthaus.de, Fax (0228) 352534, 🍽 – AE ⓒ VISA   Z h
geschl. Mitte Juli - Mitte Aug., Montag – **Menu** (nur Abendessen) (Tischbestellung ratsam, bemerkenswerte Weinkarte) à la carte 39/57 ♀.

♦ Halbedel ist zu tief gegriffen : Richtig edel - doch stets persönlich - geht es unter den aufmerksamen Augen des Gastgeberehepaars zu. Bonns kulinarisches Aushängeschild.
Spez. Gebratene Gänsestopfleber mit Balsamico-Kirschen. Steinbutt mit Kartoffelkruste und Kaviarsauce. Ochsenfilet mit Pinienschalotten.

XX Zur Lindenwirtin Aennchen, Aennchenplatz 2, ✉ 53173, ℰ (0228) 31 20 51, mail
@aennchen.de, Fax (0228) 312061, 🍽 – AE ① ⓒ VISA JCB   Z a
geschl. Samstagmittag, Sonntag – **Menu** à la carte 29/43.

♦ Aennchen Schumacher, meistbesungene Gastwirtin Europas, verzauberte einst mit ihren schwarzen Augen und ihrer Kochkunst die Studenten : nostalgisch-originelles Lokal.

XX St. Michael, Brunnenallee 26, ✉ 53173, ℰ (0228) 36 47 65, info@restaurant-st-
michael.de, Fax (0228) 361243, 🍽 – 🅿. ⓒ VISA   Z c
geschl. 1. - 19. Jan., Mittwoch – **Menu** (wochentags nur Abendessen) à la carte 33,50/43.

♦ Sehenswerte Stilmöbel beherrschen die rustikal-eleganten Räumlichkeiten der Jugendstilvilla am Rande des Stadtzentrums. Die Küche bietet ein internationales Repertoire.

X Gasthaus K. u. K. mit Zim, Bürgerstr. 4, ✉ 53173, ℰ (0228) 3 23 00 20, kagererk
@aol.com, Fax (0228) 32300231, 🍽 – 📺 AE ① ⓒ VISA JCB. ⚙   Z u
Menu (geschl. Montag) à la carte 21/33 – **8 Zim** ⇌ 65/85 – 85/105.

♦ Kaiserlich und königlich erhaben darf sich der Gast in der Gründerzeitvilla mit restaurierten Stuckdecken fühlen. Österreichische Schmankerln in rustikalem Rahmen.

In Bonn-Bad Godesberg-Lannesdorf über ② und Drachenburg Str. Z :

XX Korkeiche, Lyngsbergstr. 104, ✉ 53177, ℰ (0228) 34 78 97, rest.korkeiche-kaever
@t-online.de, Fax (0228) 856844, 🍽 – ① ⓒ VISA
geschl. 14. - 26. April, Anfang Aug. 1 Woche, 20. - 31. Okt., Sonntag – **Menu** (nur Abendessen) à la carte 29/36.

♦ Blumen und Wein begrünen den malerischen Innenhof des alten Fachwerkhauses. Romantiker schätzen das behagliche Holzbalken-Interieur im Kerzenlicht bei knisterndem Kamin.

In Bonn-Hardtberg über ⑤ : 5 km :

🏨 Novotel, Max-Habermann-Str. 2, ✉ 53123, ℰ (0228) 2 59 90, h0676@accor-hotels.
com, Fax (0228) 250893, 🍽, 🌊 (geheizt) – 🛗, ⇔ Zim, 📺 ✆ ♿ 🅿 – 🛋 180. AE ①
ⓒ VISA
Menu à la carte 23/32 – ⇌ 13 – **142 Zim** 81 – 104.

♦ Nahe der Hardthöhe mit guter Verkehrsanbindung an die Autobahn am westlichen Stadtrand von Bonn gelegen. Funktionelle Zimmer erfüllen die Anforderungen von Geschäftsleuten.

In Bonn-Kessenich :

Ristorante Sassella, Karthäuserplatz 21, ✉ 53129, ✆ (0228) 53 08 15, info@ristorante-sassella.de, Fax (0228) 239971, 🍴 – 🅿 AE ⓘ ⓜ VISA
geschl. Samstagmittag, Sonntagabend - Montag – **Menu** à la carte 25/36.
• Im Kerzenschein erstrahlt das reizvolle Restaurant im italienischen Landhausstil : Rustikale Naturstein-Mauern passen gut zu den Spezialitäten aus der lombardischen Region.   über Hausdorffstraße, Pützstraße rechts ab AX

In Bonn-Lengsdorf :

Raphael's Restaurant, Provinzialstr. 35, ✉ 53127, ✆ (0228) 9 25 17 00, rest.raphael@freenet.de, Fax (0228) 9251701, 🍴 – 🅿 ⓜ VISA   über Provinzialstraße AX
geschl. Jan., über Ostern 2 Wochen, Samstagmittag, Montag – **Menu** à la carte 28/35.
• Ziegelsteinmauerwerk, Fliesenboden, Holzbalkendecke und offener Kamin : das Restaurant besitzt rustikalen Charme. Probieren Sie die Küche der Nationen.

BONNDORF Baden-Württemberg **419** W 9 – 6 700 Ew – Höhe 847 m – Luftkurort – Wintersport : 847/898 m ⛷.

Ausflugsziel : Wutachschlucht★, Nord : 4 km.

🛈 Tourist-Information, Schloßstr. 1, ✉ 79848, ✆ (07703) 76 07, touristinfo@bonndorf.de, Fax (07703) 7507.

Berlin 773 – Stuttgart 151 – Freiburg im Breisgau 55 – Donaueschingen 25 – Schaffhausen 35.

Schwarzwald-Hotel, Rothausstr. 7, ✉ 79848, ✆ (07703) 9 32 10, schwarzwaldhotel@t-online.de, Fax (07703) 9321999, 🍴, Massage, ≘s, 🏊, 🐎 – 🛗 📺 🅿 – 🛎 100. AE ⓘ ⓜ VISA
Menu à la carte 21/31 – **79 Zim** ⊑ 47/60 – 84/110 – ½ P 15.
• Ruhig und doch zentral wohnen Sie in dem imposanten Bau mit den verspielten Türmchen und Erkern. Die Einrichtung ist hell und im zeitlos-praktischen Stil. Teils neuzeitlich, teils bürgerlich gestaltetes Restaurant mit Buffetbereich.

Sommerau ⌂, Im Steinatal (West : 9 km ; Richtung Grafenhausen), ✉ 79848, ✆ (07703) 6 70, gasthofsommerau@t-online.de, Fax (07703) 1541, 🍴, ≘s, 🐎, ⛷ – 🛗 🅿 – 🛎 20. ⓜ VISA
geschl. nach Fastnacht 1 Woche, 10. Nov. - Anfang Dez. – **Menu** (geschl. Montag - Dienstag) à la carte 20/40 – **12 Zim** ⊑ 45 - 58/70 – ½ P 20.
• Bei der Errichtung des typischen Schwarzwaldhauses hat man sehr auf ökologische Bauweise geachtet. In einem ruhigen Seitental gelegen, fügt es sich malerisch in die Natur ein. Ein grüner Kachelofen verbreitet Behaglichkeit in den bäuerlichen Gaststuben.

Sonne, Martinstr. 7, ✉ 79848, ✆ (07703) 9 39 30, gasthaussonne@t-online.de, Fax (07703) 939320 – 🅿
geschl. 8. Nov. - 3. Dez. – **Menu** (geschl. Mittwoch) à la carte 13/30 – **31 Zim** ⊑ 30 – 56/59 – ½ P 9.
• Ein netter Gasthof mit dörflichem Gepräge. Die Räumlichkeiten sind mit viel Holz im Stil der "guten Stube" dekoriert. Kachelöfen verbreiten Wärme und Gemütlichkeit. Das Restaurant offeriert eine große Auswahl an bürgerlichen und lokalen Gerichten.

BOPFINGEN Baden-Württemberg **419 420** T 15 – 12 000 Ew – Höhe 470 m.
Berlin 526 – Stuttgart 102 – Augsburg 84 – Nürnberg 104 – Ulm (Donau) 77.

Zum Sonnenwirt, Hauptstr. 20 (am Markt), ✉ 73441, ✆ (07362) 9 60 60, info@zum-sonnenwirt.de, Fax (07362) 960640, 🍴 – ⇌ Zim, 📺 🅿 – 🛎 120. ⓘ ⓜ VISA
Menu à la carte 23/35 – **Wirtshaus** : à la carte 16/30 – **19 Zim** ⊑ 49/60 – 72.
• Gefällig eingerichtete Zimmer und flexible Veranstaltungsräume, die sich im Handumdrehen in einen festlichen Saal verwandeln lassen, prägen den Stil des Hotels. Das Restaurant ist wohnlich und dezent dekoriert. Uriger geht es im Wirtshaus zu.

In Bopfingen-Trochtelfingen Süd-Ost : 4 km :

Gasthof Zum Lamm, Ostalbstr. 115, ✉ 73441, ✆ (07362) 40 01, Fax (07362) 22102, 🍴 – 📺 🅿 ⓜ VISA
Menu (geschl. Montag) à la carte 14/22 – **10 Zim** ⊑ 36 – 52.
• Einladend ist bereits die historische Fassade dieser ehemaligen Brauerei aus dem Jahre 1814. Solide präsentieren sich auch die rustikalen, gemütlichen Zimmer im Inneren. Heimelige Gaststuben, die mit viel Liebe dekoriert sind.

BOPPARD Rheinland-Pfalz 417 P 6 – 16 500 Ew – Höhe 70 m.

Sehenswert: *Gedeonseck* ≤★.

🏌18 Bopppard, Jakobsberg (Nord : 10 km über die B9), ℘ (06742) 80 84 91.

🛈 *Tourist Information, Marktplatz (Altes Rathaus)*, ✉ 56140, ℘ (06742) 38 88, tourist@boppard.de, Fax (06742) 81402.

Berlin 612 – Mainz 89 – Koblenz 21 – Bingen 42.

Bellevue, Rheinallee 41, ✉ 56154, ℘ (06742) 10 20, *info@bellevue-boppard.de*, Fax (06742) 102602, ≤, ☼, Massage, 🎿, ☎, ☒, – 🛗, ✳ Zim, ■ Rest, 📺 ✆ ⇌ – 🔒 110. ⚋ ⓞ ⓒ 𝕍𝕀𝕊𝔸 𝕁𝕔𝕓. ⚖ Rest
Le Chopin (geschl. Montag) (wochentags nur Abendessen) **Menu** à la carte 30/39,50 – **Bristol :** Menu 15 (Lunchbuffet) à la carte 19/30 – ⌑ 10 – **93 Zim** 76/93 – 100/134 – ½ P 18.
• Über der Uferpromenade des Rheins thront das Jugendstil-Hotel von 1887. Das Interieur ist stilvoll und gediegen. In der Suite hat schon der Japanische Kaiser Akihito geweilt ! Im *Le Chopin* elegantes Ambiente und ein Piano im Eingangsbereich.

Günther garni, Rheinallee 40, ✉ 56154, ℘ (06742) 8 90 90, *info@hotelguenther.de*, Fax (06742) 890950, ≤, – 🛗 📺 ⚋ ⓞ ⓒ 𝕍𝕀𝕊𝔸 𝕁𝕔𝕓. ⚖
geschl. Mitte Dez. - Mitte Jan. – **19 Zim** ⌑ 68 – 62/88.
• Modern und hell von außen und innen präsentiert sich die nette und zeitgemäß ausgestattete Unterkunft im Herzen des Loreley-Städtchens. Viele Zimmer mit Sicht auf der Rhein.

In Boppard-Buchholz West : 6,5 km – Höhe 406 m

Tannenheim, Bahnhof Buchholz 3 (B 327), ✉ 56154, ℘ (06742) 22 81, *hotel-tannenheim@aol.com*, Fax (06742) 2432, ☼, ☀ – 📺 ⇌ 🅿 ⚋ ⓒ 𝕍𝕀𝕊𝔸
Menu (geschl. 1. - 18. Jan., Samstagmittag, Donnerstag, Sonn- und Feiertage abends) à la carte 21/35 – **12 Zim** ⌑ 40/55 – 65/85 – ½ P 12.
• Bereits in der vierten Generation wird dieses nette Quartier von der Familie Fuchs geführt. Neuzeitliche Zimmer und eine schöne Gartenterrasse warten auf Sie. Gemütlich ist das Jagdstübchen - die Küche bietet wechselnde, der Jahreszeit angepaßte Gerichte.

In Boppard-Hirzenach Süd : 8 km über B 9, Richtung St. Goar :

✕✕ **Gasthaus Hirsch** mit Zim, Rheinstr. 17, ✉ 56154, ℘ (06741) 26 01, Fax (06741) 1328, ☼ – ⚋ ⓞ ⓒ 𝕍𝕀𝕊𝔸 ⚖
geschl. nach Ostern 2 Wochen, 15. - 25. Nov. – **Menu** (geschl. Montag, Nov. - Mai Montag - Dienstag) (wochentags nur Abendessen) (Tischbestellung ratsam) 22,50 à la carte 26/39 – **5 Zim** ⌑ 45 – 63/70.
• Feinschmecker kommen im liebenswert eingerichteten Gasthaus auf ihre Kosten. Die Küche versteht es, aus marktfrischen Produkten schmackhafte Gerichte und Menüs zu zaubern.

In Boppard-Bad Salzig Süd : 3 km über B 9, Richtung St. Goar – Mineralheilbad :

Park-Hotel ☀, Römerstr. 38 (am Kurpark), ✉ 56154, ℘ (06742) 9 39 30, *info@park-hotel-online.de*, Fax (06742) 939393, ☼, ☎ – ✳ Zim, 📺 🅿 – 🔒 40. ⓒ 𝕍𝕀𝕊𝔸
geschl. Weihnachten - Mitte Jan. – **Menu** (wochentags nur Abendessen) à la carte 22/34 – **26 Zim** ⌑ 70/77 – 95/115 – ½ P 19.
• In der kleinen, liebevoll renovierten Villa aus der Jahrhundertwende wohnen Sie in individuell und farbenfroh gestalteten Zimmern, einige davon mit Messing- oder Himmelbetten. Restaurant mit ausgewähltem internationalem Angebot in der Pergola.

Berghotel Rheinpracht ☀, Am Kurpark, ✉ 56154, ℘ (06742) 62 79, *hotelrheinpark@aol.com*, Fax (06742) 6279, ☼, ☀ – 🅿 – ☀
Mitte März - Mitte Okt. – **Menu** (geschl. Dienstag) à la carte 13,50/21 – **11 Zim** ⌑ 21/33 – 42/54 – ½ P 7.
• Inmitten der Kurzone, nahe dem Kurpark befindet sich dieses gastliche Haus. Einfach und funktionell ausgerüstete Zimmer mit schönem Ausblick warten auf Sie !

Außerhalb Nord : 12 km über die B 9 bis Spay, dann links, Auffahrt Jakobsberg :

Jakobsberg ☀, Im Tal der Loreley – Höhe 248 m, ✉ 56154 Boppard, ℘ (06742) 80 80, *info@jakobsberg.de*, Fax (06742) 3069, ≤, Massage, ♨, 🎿, ☎, ☒, ☀, ⚖ (Halle), 🏌 – 🛗, ✳ Zim, 📺 ✆ 🅿 – 🔒 120. ⚋ ⓞ ⓒ 𝕍𝕀𝕊𝔸 𝕁𝕔𝕓. ⚖ Rest
Menu (Tischbestellung ratsam) à la carte 31/44 – **107 Zim** ⌑ 100/105 – 145/155, 6 Suiten – ½ P 26.
• Altehrwürdige Klostermauern und Kunstwerke des italienischen Bildhauers Benetton - Tradition und Moderne gehen hier eine überaus harmonische Verbindung ein. In der ersten Etage liegt das Restaurant, das hübsche Ausblicke auf Rheintal und Loreley gewährt.

BORCHEN Nordrhein-Westfalen siehe Paderborn.

BORDESHOLM Schleswig-Holstein **415 416** D 14 – 8 500 Ew – Höhe 25 m.
Berlin 344 – Kiel 23 – Hamburg 80 – Neumünster 14.

Amadeus, Heintzestr. 37, ⌧ 24582, ℘ (04322) 52 72, service@restaurant-amadeus
.de, Fax (04322) 5272, 🍽 – 🅿 – 🚗 20
geschl. Mitte - Ende Jan., Samstagmittag, Montag – **Menu** à la carte 21/33.
♦ In einer Seitenstraße finden Sie dieses nette Restaurant, untergebracht in einem Rotklinkerbau. Das Interieur gefällt mit Kachelboden und gemütlichen Nischen.

BORGHOLZHAUSEN Nordrhein-Westfalen **417** J 8 – 8 000 Ew – Höhe 133 m.
Berlin 402 – Düsseldorf 185 – Bielefeld 25 – Münster (Westfalen) 57 – Osnabrück 35.

In Borgholzhausen-Winkelshütten Nord : 3 km Richtung Melle :

Landhaus Uffmann, Meller Str. 27, ⌧ 33829, ℘ (05425) 9 48 90, landhaus
uffmann@t-online.de, Fax (05425) 255, 🍽, 😀, 🍴 – 🛏 Zim, 📺 🅿 – 🚗 80. 🆎 ⓞ 🆔 VISA
Menu (geschl. Montagmittag) à la carte 19/34,50 – **34 Zim** ⊇ 54/74 – 81.
♦ Am nördlichen Rand des Teutoburger Waldes, umgeben von Wäldern und Wiesen, ist dieses Landhotel beheimatet. Es ist mit solider Tagungstechnik und eigenem Tennisplatz bestückt. Das Restaurant mit den Gemälden und dem warmen Dekor erinnert an Großmutters Zeiten.

BORKEN Nordrhein-Westfalen **417** K 4 – 40 000 Ew – Höhe 46 m.
🛈 Tourist-Info, Bahnhofstr. 22 (im Bahnhof), ⌧ 46325, ℘ (02861) 93 92 52, tourist-
info@borken.de, Fax (02861) 66792.
Berlin 537 – Düsseldorf 83 – Bocholt 18 – Enschede 57 – Münster (Westfalen) 64.

Lindenhof, Raesfelder Str. 2, ⌧ 46325, ℘ (02861) 92 50, lindenhof-borken@t-on
line.de, Fax (02861) 63430 – 🛗, 🛏 Zim, 📺 📞 🅿 – 🚗 100. 🆎 ⓞ VISA
Menu (geschl. 23. - 27. Dez.) à la carte 28/39 – **57 Zim** ⊇ 58/75 – 85/108.
♦ Ein Stadthotel, das für den geschäftlichen wie privaten Aufenthalt gleichermaßen geeignet ist. Mit hauseigenen Fahrrädern erkunden Sie das schöne Münsterland. Hell und licht ist die Stimmung des Restaurants im Wintergarten.

In Borken-Gemen Nord : 1 km :

Demming, Neustr. 15, ⌧ 46325, ℘ (02861) 6 20 99, info@hotel-demming.de,
Fax (02861) 66242, Biergarten – 🛏 Zim, 📺 🅿 – 🚗 80. ⓞ VISA JCB
Menu (wochentags nur Abendessen) à la carte 18/29 – **17 Zim** ⊇ 41 – 72.
♦ Im Schatten der "Jugendburg", eines westfälischen Wasserschlosses, findet man hier eine praktische Behausung auf Zeit. Solide ausgestattete Räume sprechen für sich.

In Borken-Rhedebrügge West : 6 km - über die B 67 Richtung Bocholt, in Rhedebrügge links ab :

Landhaus Grüneklee mit Zim, Rhedebrügger Str. 16, ⌧ 46325, ℘ (02872) 18 18,
grueneklee landh@aol.com, Fax (02872) 2716, 🍽 – 📺 ⟺ 🅿 🆎 VISA
geschl. 1. - 15. Jan., Mitte - Ende Okt. 2 Wochen – **Menu** (geschl. Montag - Dienstag)
(wochentags nur Abendessen) à la carte 25/35 – **5 Zim** ⊇ 35 – 60/65.
♦ International und regional ist das Angebot des hübschen Landhauses mit der Einrichtung im westfälischen Bauernstil. Im Sommer ißt man auf der romantischen Gartenterrasse.

In Borken-Weseke Nord : 6 km, über die B 70 Richtung Stadtlohn :

Landhaus Lindenbusch mit Zim, Hauptstr. 29, ⌧ 46325, ℘ (02862) 91 20,
landhauslindenbusch@t-online.de, Fax (02862) 41155, 🍽 – 📺 🅿 ⓞ VISA JCB
Menu (geschl. Mittwoch) (wochentags nur Abendessen) à la carte 16,50/32,50 – **9 Zim**
⊇ 33/35 – 52/57.
♦ Ein ruhiges, stimmungsvolles Haus mit abwechslungsreicher Küche. Ob als Übernachtungsgast oder nur zum Essen - man wird dafür sorgen, daß Sie sich wohlfühlen !

BORKUM (Insel) Niedersachsen **415** F 4 – 6 000 Ew – Seeheilbad – Größte Insel der Ostfriesischen Inselgruppe.
🚢 von Emden-Außenhafen (ca. 2h 30min) - Voranmeldung erforderlich,
℘ (01805) 18 01 82, Fax (04921) 8907405.
🛈 Tourist-Information, Am Georg-Schütte-Platz 5, ⌧ 26757, ℘ (04922) 93 30,
Fax (04922) 933104.
ab Fährhafen Emden : Berlin 523 – Hannover 253 – Emden 50.

Inselhotel Vierjahreszeiten 🅼 😀, Georg-Schütte-Platz 4, ⌧ 26757, ℘ (04922)
92 00, info@inselhotel.de, Fax (04922) 920420, 🍽, Massage, 😀, 🏊 (geheizt), 🚴 – 🛗,
🛏 Zim, 📺 🅿 ⓞ VISA 🍴 Rest
Menu à la carte 24/33 – **65 Zim** ⊇ 78/105 – 160 – ½ P 20.
♦ Gleich neben dem Leuchtturm liegt das schön verklinkerte Gebäude. Die Zimmer sind wohnlich und in frischen Farben dekoriert. Fragen Sie nach einer Suite mit Kaminofen !
Restaurant im Bistrostil.

BORKUM (Insel)

Strandhotel Ostfriesenhof ⑤, Jann-Berghaus-Str. 23, ✉ 26757, ✆ (04922) 70 70, Fax (04922) 3133, ≤ – ↔ Zim, TV, ⊛ VISA
Menu (nur Abendessen) à la carte 15/29 – **34 Zim** ⚏ 110 – 115/156, 3 Suiten.
• Direkt an der Strandpromenade ist dieses Hotel plaziert, das wohnliche Gästezimmer mit Mahagonimobiliar für Sie bereithält. Fragen Sie nach den schönen Zimmern zur Seeseite. Restaurant mit klassischem Ambiente und großer Fensterfront zum Meer.

Nautic-Hotel Upstalsboom ⑤, Goethestr. 18, ✉ 26757, ✆ (04922) 30 40, nautic-hotel@upstalsboom.de, Fax (04922) 304911, Massage, ♨, ⇆ – ⊜, ↔ Zim, TV, ⚙ P. AE ⓘ ⊛ VISA. ※
geschl. 20. Nov. - 25. Dez. – **Menu** (geschl. 7. Jan. - 10. Feb.) à la carte 14,50/27 – **73 Zim** ⚏ 88/118 – 85/156, 13 Suiten – ½ P 18.
• Friesische Gastlichkeit wird hier groß geschrieben. Die luftige Halle wirkt frisch und einladend, genau wie die Gastzimmer, die farbig gestrichen und modern möbliert sind. Hübsches Restaurant mit großer Fensterfront und frischem Interieur.

Seehotel Upstalsboom ⑤, Viktoriastr. 2, ✉ 26757, ✆ (04922) 91 50, seehotel @upstalsboom.de, Fax (04922) 7173 – ⊜ ↔ TV ✆. AE ⓘ ⊛ VISA. ※ Rest
geschl. Mitte Nov. - Mitte Feb. – **Menu** (Restaurant nur für Hausgäste) – **39 Zim** ⚏ 77/88 – 126/154 – ½ P 17.
• Hinter der klassischen Fassade verbirgt sich eine stilvolle, moderne Inneneinrichtung. Bereits zu Kaisers Zeiten konnte man in diesem aparten Haus logieren.

BORNA Sachsen 418 M 21 – 20 000 Ew – Höhe 150 m.
Berlin 213 – Dresden 105 – Leipzig 29 – Chemnitz 52.

Drei Rosen, Bahnhofstr. 67, ✉ 04552, ✆ (03433) 20 44 96, Fax (03433) 204498, Biergarten, ⇆ – TV P. ⚙ 15. AE ⊛ VISA
Menu (geschl. Sonntagabend) à la carte 13,50/25 – **19 Zim** ⚏ 51/55 – 67.
• Der schmuckvolle Gründerzeitbau befindet sich in zentrumsnaher, aber ruhiger Lage der sächsischen Kleinstadt. Praktisch und einladend sind die Zimmer. Im Restaurant erwartet man Sie mit gutbürgerlicher Küche.

BORNHEIM Nordrhein-Westfalen 417 N 4 – 35 000 Ew – Höhe 55 m.
☞ ☞ Bornheim, Römerhof (Süd : 2 km), ✆ (02222) 93 19 40.
Berlin 601 – Düsseldorf 71 – Bonn 11 – Aachen 86 – Köln 21.

Bonnem Inn garni, Kalkstr. 4, ✉ 53332, ✆ (02222) 9 40 50, info@bonnem-inn.de, Fax (02222) 940529 – TV ✆ P. ⊛ VISA
17 Zim ⚏ 55/60 – 75.
• Die kleine, nette Pension liegt in einem Wohngebiet. Sie ist funktionell gestaltet und gefällig eingerichtet. Der Reisende findet hier eine freundliche Behausung auf Zeit.

In Bornheim-Waldorf West : 2 km :

Zum Dorfbrunnen, Schmiedegasse 36, ✉ 53332, ✆ (02227) 8 80, hotel@zum-dorfbrunnen.de, Fax (02227) 88222, ☞ – ⊜ TV P. ⚙ 50. AE ⊛ VISA
Menu à la carte 18/38 – **32 Zim** ⚏ 48/59 – 52/75.
• Rustikal und im bürgerlichen Stil eingerichtet, ist dieser Gasthof in dörflicher Umgebung angesiedelt. Die Zimmer sind geräumig und genügen neuzeitlichem Standard. Aus der Küche kommen gutbürgerliche Gerichte.

BORNHEIM Rheinland-Pfalz siehe Landau in der Pfalz.

BOSAU Schleswig-Holstein 415 416 D 15 – 3 500 Ew – Höhe 25 m – Luftkurort.
☞ Thürk, Bergstr. 3 (Ost : 5 km), ✆ (04527) 18 42 ; ☞ Bösdorf, Gut Waldshagen (Nord-Ost : 5 km), ✆ (04522) 76 67 66.
🛈 Touristik-Information, Bischof-Vicelin-Damm 11, ✉ 23715, ✆ (04527) 9 70 44, info@luftkurort-bosau.de, Fax (04527) 97045.
Berlin 315 – Kiel 45 – Lübeck 37 – Eutin 16.

Strauers Hotel am See ⑤, Gerolddamm 2, ✉ 23715, ✆ (04527) 99 40, hotel@strauer.de, Fax (04527) 994111, ≤, ☞, Massage, ♨, ⇆, ☒, ⚓, 🚤 Bootssteg – ↔ Zim, TV ✆ P.
geschl. 5. Jan. - Feb. – **Menu** (geschl. Montagabend) à la carte 26,50/36 – **30 Zim** ⚏ 70/90 – 110/132, 7 Suiten – ½ P 15.
• Ob in der Halle am Kamin oder in den stilsicher dekorierten Zimmern : Charme und Behaglichkeit finden Sie im ganzen Hotel und in den Suiten im Gästehaus. Schöne Lage am See. Klassisch und neuzeitlich gestaltetes Restaurant - Terrasse mit Blick zum Wasser.

BOSAU

🏠 **Zum Frohsinn** ⓢ, (mit Gästehaus), Bischof-Vicelin-Damm 18, ✉ 23715, ℘ (04527) 2 69, info@zum-frohsinn.de, Fax (04527) 1703, 🚤 Bootssteg – 📺 🚗 🅿.
geschl. Mitte Nov. - Feb. – **Menu** (geschl. Dienstag) à la carte 14/28 – **30 Zim** ⇌ 36/39 – 60/65 – ½ P 9.

♦ Im Mittelpunkt des Dorfes liegt das Landgasthaus mit der wechselvollen Geschichte, über die man Ihnen manche Anekdote erzählen wird. Das Gästehaus hat einen eigenen Bootssteg. Die Backstube (der Gasthof war früher eine Bäckerei) sorgt für frisches Brot.

BOTHEL Niedersachsen siehe Rotenburg (Wümme).

BOTTROP Nordrhein-Westfalen 417 L 4 – 121 300 Ew – Höhe 30 m.
Sehenswert : Museum für Ur- und Ortsgeschichte (Eiszeithalle★).
Ausflugsziel : Warner Brothers Movie World★ (Museum für deutsche Filmgeschichte★) Bottrop-Kirchhellen Nord-West : 9 km.
🏌 Bottrop-Kirchhellen, Gahlener Str. 44 (Nord : 14 km Richtung Gahlen), ℘ (02045) 8 24 88.
🛈 Stadtinfobüro, Osterfelder Str. 13, ✉ 46236, ℘ (02041) 26 54 64, Fax (02041) 265467.
ADAC, Schützenstr. 3.
Berlin 530 – *Düsseldorf* 44 – Essen 11 – Oberhausen 8,5.

🏨 **Courtyard by Marriott**, Paßstr. 6, ✉ 46236, ℘ (02041) 16 80, cy.zcjbt.sales.mgr @courtyard.com, Fax (02041) 262699, 🌳, 🍴 – 📶, 🙌 Zim, 🗔 📺 📞 🚗 🅿 – 🅰 100. 🅰🅴 ⓞ 🆘 🆅🅸🆂🅰. ✂ Rest
Menu à la carte 26/44 – ⇌ 13 – **102 Zim** 85/100.

♦ Bequem und mit allem technischen Komfort ausgerüstet sind die Zimmer. Individuell regulierbare Klimaanlage und Pay-TV sind überall vorhanden. In der Show-Küche läßt man sich in die Töpfe gucken !

🏠 **Brauhaus** garni, Gladbecker Str. 78, ✉ 46236, ℘ (02041) 2 48 90, info@brauhaus-bottrop.de, Fax (02041) 24893 – 📺 🅿. 🅰🅴 🆘 🆅🅸🆂🅰
25 Zim ⇌ 75/80 – 75/90.

♦ Das Brauhaus ist in einer alten Villa untergebracht. Das Haus verbindet die Annehmlichkeiten eines modernen Hotels mit der gemütlichen Art eines Familienbetriebs.

In Bottrop-Kirchhellen Nord-West : 9 km über die B 223, Richtung Dorsten :

🍽 **Petit marché**, Hauptstr. 16, ✉ 46244, ℘ (02045) 32 31, Fax (02045) 3231 – 🆘 🆅🅸🆂🅰
geschl. Samstagmittag, Sonntag – **Menu** à la carte 29/41.

♦ Frankophil, wie der Name, gibt sich auch das Repertoire der Küche. Frisches und Leichtes, appetitanregend zubereitet, offeriert man in freundlichem Bistro-Ambiente.

In Bottrop-Kirchhellen-Feldhausen Nord : 14 km über die B 223, Richtung Dorsten :

🍽 **Gasthof Berger** mit Zim, Schloßgasse 35, ✉ 46244, ℘ (02045) 26 68, 🌳 – 📺 🅿. ⓞ 🆘 🆅🅸🆂🅰 🙌 Zim
geschl. Juli - Aug. 4 Wochen – **Menu** (geschl. Montag) à la carte 13/41 – **5 Zim** ⇌ 36 – 68.

♦ Ländlich-rustikaler Gasthof mit eigener Konditorei. Die gutbürgerliche Küche mit regionalem Akzent erfreut sich in der Umgebung großer Beliebtheit.

BRACKENHEIM Baden-Württemberg 419 S 11 – 14 000 Ew – Höhe 192 m
Tourist-Information, Heilbronner Str. 36, ✉ 74336, ℘ (07135) 93 35 25, info@ zabergaeu-tourismus.de, Fax (07135) 933526.
Berlin 604 – *Stuttgart* 41 – Heilbronn 15 – Karlsruhe 58.

In Brackenheim-Botenheim Süd : 1,5 km :

🏨 **Adler**, Hindenburgstr. 4, ✉ 74336, ℘ (07135) 9 81 10, adlerbotenheim@t-online.de, Fax (07135) 981120, 🌳 – 🙌 Zim, 📺 📞 🅿 – 🅰 15. 🆘 🆅🅸🆂🅰
geschl. 8. - 26. Aug. – **Menu** (geschl. Dienstag) 38 à la carte 27/40 – **15 Zim** ⇌ 50/55 – 75/85.

♦ Ein engagiert geführter Familienbetrieb : Die Zimmer des Landgasthofs in der Ortsmitte sind mit hellen, zeitgemäßen Möbeln solide eingerichtet und bieten guten Komfort. Die nette, holzgetäfelte Gaststube ist in ihrer ursprünglichen Art erhalten geblieben.

BRÄUNLINGEN *Baden-Württemberg* 419 W 9 – 6 100 Ew – Höhe 693 m – *Erholungsort*.
🛈 *Tourist-Information, Kirchstr. 10,* ⌧ *78199,* ℰ *(0771) 6 19 00, touristinfo@braeunlingen.de, Fax (0771) 603169.*
Berlin 754 – Stuttgart 132 – Freiburg im Breisgau *62 – Donaueschingen 6,5 – Schaffhausen 41.*

🏠 **Lindenhof** (mit Gästehaus), Zähringer Str. 24, ⌧ 78199, ℰ (0771) 92 90 50, info@hotel-restaurant-lindenhof.de, Fax (0771) 6723, 🍴 – 🛗, ↤ Zim, 📺 ⇔ 🅿 – 🔔 80. 🅰🆔
🆘 VISA
Menu *(geschl. Freitag)* à la carte 13,50/35 – **46 Zim** ⇌ 40 – 66.
• Elegantes Parkett und uralte Eichendielen finden sich im ganzen Haus. Auch sonst steht hier alles im Zeichen bäuerlicher, rustikaler Gemütlichkeit. Südbadisch geprägt sind Speise- und Weinkarte.

BRÄUNSDORF *Sachsen siehe Freiberg.*

BRAKE *Niedersachsen* 415 F 9 – 16 100 Ew – Höhe 4 m.
Berlin 445 – Hannover 178 – Bremen *9 – Oldenburg 31.*

🏠 **Wilkens-Hotel Haus Linne**, Mitteldeichstr. 51, ⌧ 26919, ℰ (04401) 53 57, Fax (04401) 4828, ≤, 🍴 – 📺 🅿 🆘 VISA
Menu *(geschl. Samstagmittag)* à la carte 26/35 – **11 Zim** ⇌ 48/50 – 69/74.
• Aufgrund der Lage direkt am Fluß kann man hier von fast allen Räumlichkeiten aus der einmaligen Blick auf die Weser mit ihrem regen Schiffsverkehr genießen. Gediegen gestaltetes Restaurant mit ansprechendem Dekor.

🏠 **Landhaus**, Am Stadion 4 (Zufahrt Weserstraße), ⌧ 26919, ℰ (04401) 50 11, Fax (04401) 5011, 🍴 – 📺 🅿 🅰🅴 🅾 🆘 VISA
Menu *(geschl. Sonntagabend - Dienstagmittag)* à la carte 15/33 – **12 Zim** ⇌ 44 – 63/72.
• Wie der Name schon sagt, ist das Hotel im Landhausstil eingerichtet. Die Zimmer sind zweckmäßig und weiß möbliert. Kinder und Haustiere sind besonders gern gesehene Gäste. Rustikale Atmosphäre und freundlicher Service im Restaurant.

BRAKEL *Nordrhein-Westfalen* 417 K 11 – 18 700 Ew – Höhe 141 m – *Luftkurort*.
🛈 *Tourist Information, Am Markt 5,* ⌧ *33034,* ℰ *(05272) 36 02 69, tourist-info@brakel.de, Fax (05272) 3901941.*
Berlin 382 – Düsseldorf 206 – Hannover *107 – Kassel 76 – Paderborn 36 – Detmold 43.*

🏛 **Am Kaiserbrunnen** 🌳, Brunnenallee 79, ⌧ 33034, ℰ (05272) 60 50, info@kaiserbrunnen.de, Fax (05272) 605111, 🍴, ⇌ – 🛗, ↤ Zim, 📺 ✆ 🅿 – 🔔 100. 🅰🅴 🅾
🆘 VISA
Menu à la carte 23,50/28 – **66 Zim** ⇌ 62 – 95.
• "Wohlfühlen" ist die Philosophie dieses Hauses. Die bis ins Detail sorgfältig ausgestatteten Gästezimmer und die Saunalandschaft tragen dazu bei, daß dem nichts im Weg steht. Rustikales Ambiente prägt die Einrichtung des Restaurants.

BRAMSCHE *Niedersachsen* 415 I 7 – 28 500 Ew – Höhe 46 m.
Berlin 440 – Hannover 167 – Bielefeld *81 –* Nordhorn *90 – Lingen 56 – Osnabrück 16.*

🏛 **Idingshof** 🌳, Bührener Esch 1 (Ecke Malgartener Strasse), ⌧ 49565, ℰ (05461) 88 90, info@idingshof.de, Fax (05461) 88964, 🍴, ⇌, 🏊, 🎾(Halle) – 🛗, ↤ Zim, 📺 ✆ 🅿 – 🔔 100. 🅰🅴 🅾 🆘 VISA
Menu à la carte 19/36 – **73 Zim** ⇌ 65 – 99.
• Der alte Gutshof mit seinen modernen Anbauten fügt sich harmonisch in die norddeutsche Landschaft ein. Sport und Erholung werden hier ganz groß geschrieben. Im rustikalen Restaurant offeriert man bürgerliche Küche.

In Bramsche-Hesepe *Nord : 2,5 km :*

🏛 **Haus Surendorff**, Dinglingsweg 1 (an der Kreisstrasse nach Hesepe), ⌧ 49565, ℰ (05461) 9 30 20, hotel.haus.surendorff@t-online.de, Fax (05461) 930228, 🍴, ⇌, 🏊, 🍴 – ↤ Zim, 📺 ✆ ⇔ 🅿 – 🔔 40. 🅰🅴 🅾 🆘 VISA. 🚫 Zim
Menu à la carte 18/34 – **30 Zim** ⇌ 65/77 – 85/95.
• Hell und freundlich eingerichtete Zimmer versprechen einen erholsamen Aufenthalt. Übrigens : der Ort ist geschichtsträchtig ! In der Nähe fand die antike Varusschlacht statt. Ein offener Kamin ziert das mit hellen Holzmöbeln gestaltete Restaurant.

In Bramsche-Malgarten *Nord-Ost : 6 km :*

❌❌ **Landhaus Hellmich** mit Zim, Sögelner Allee 47, ⌧ 49565, ℰ (05461) 38 41, Fax (05461) 64025, 🍴 – 📺 🅿 🆘 VISA
Menu *(geschl. Montag - Dienstagmittag)* à la carte 29/45 – **8 Zim** ⇌ 40/42 – 55/75.
• Schlemmen in gemütlicher Wohnzimmeratmosphäre ! Aus einer großen Auswahl delikat zubereiteter Gerichte können Sie sich ein Menü nach Ihrem Geschmack zusammenstellen.

BRAMSTEDT, BAD Schleswig-Holstein 405 406 E 13 – 12500 Ew – Höhe 10 m – Heilbad.

🚉 Bad Bramstedt, Hamburger Str. 61, ℰ (04192) 89 75 15 ; 🚉 Bad Bramstedt, Gut Bissenmoor (Süd-West : 5 km), ℰ (04192) 81 95 91.
🛈 Tourismusbüro, Rathaus, Bleeck 17, ✉ 24576, ℰ (04192) 5 06 27, touristinfo@badbramstedt.de, Fax (04192) 50680.
Berlin 329 – Kiel 58 – Hamburg 49 – Itzehoe 27 – Lübeck 60.

Gutsmann ⌂, Birkenweg 14, ✉ 24576, ℰ (04192) 50 80, info@gutsmann.de, Fax (04192) 508159, 😀, 🛁, 🚭, 🔲 – 🛗, ⥂ Zim, 📺 📞 ♿ 🅿 – 🛎 200. 🆎 ⓞ ⓜ🆅 VISA
Menu à la carte 22/34 – **141 Zim** 🛏 105/125 – 125/145, 4 Suiten – ½ P 18.
 • Der moderne Zweckbau bietet für den geschäftlichen und den privaten Aufenthalt den passenden Komfort. An manchen Abenden können Sie bei Live-Musik das Tanzbein schwingen ! Restaurant mit leicht eleganter Ausstattung und Gartenterrasse.

Zur Post, Bleeck 29, ✉ 24576, ℰ (04192) 5 00 60, Fax (04192) 500680, 😀 – 🛗, ⥂ Zim, 📺 ⥫ 🅿 – 🛎 80. 🆎 ⓞ ⓜ🆅 VISA
Menu à la carte 23,50/31,50 – **33 Zim** 🛏 60/75 – 85/100 – ½ P 16.
 • Wo einst Postkutschen und Pferdegespanne versorgt wurden, erwartet Sie nun ein komfortables Zuhause auf Zeit. Der gepflegte Garten ist besonders hübsch und einen Besuch wert !

Bramstedter Wappen, Bleeck 9, ✉ 24576, ℰ (04192) 33 54, Fax (04192) 3354, 😀 – 🅿
geschl. Anfang Juni 1 Woche, Anfang Sept. 1 Woche, Donnerstagabend - Freitag – **Menu** à la carte 17/28.
 • Behagliches Restaurant, im bürgerlichen Stil eingerichtet. Bei gutbürgerlichen Speisen können Sie es sich hier gut gehen lassen. Preiswertes Mittagsmenü !

BRAND-ERBISDORF Sachsen 408 N 23 – 10000 Ew – Höhe 390 m.
Berlin 234 – Dresden 55 – Chemnitz 40 – Freiberg 6.

Strupix, Großhartmannsdorfer Str. 6 (B 101), ✉ 09618, ℰ (037322) 87 00, diana.strupix@t-online.de, Fax (037322) 87020 – 🛗, ⥂ Zim, 📺 📞 ♿ 🅿. 🆎 ⓜ🆅 VISA. ✲ Rest
Menu (nur Abendessen) (Restaurant nur für Hausgäste) 12/35 und à la carte – **16 Zim** 🛏 40/55 – 60/75.
 • Mit sehr viel Liebe und Sorgfalt wurden die Stoffe, die Tapeten und die Kirschbaummöbel für die Gästezimmer ausgesucht. Ein wohnliches Flair ist dadurch entstanden.

Brander Hof, Am Markt 4 (B 101), ✉ 09618, ℰ (037322) 5 50, kontakt@hotel-brander-hof.de, Fax (037322) 55100, 😀 – 🛗, ⥂ Zim, 🍽 📺 📞 ♿ 🅿 – 🛎 50. 🆎 ⓞ ⓜ🆅 VISA
Menu à la carte 13/24 – **37 Zim** 🛏 44/54 – 72/77.
 • An Sachsens traditioneller Silberstraße liegt dieser gewachsene Gasthof. Die sympathische Inneneinrichtung trägt viel zum besonderen Charme des Hauses bei. Im urigen Ritterkeller kann man feiern wie im Mittelalter.

BRANDENBURG Brandenburg 406 408 I 21 – 90000 Ew – Höhe 35 m.
Sehenswert : Dom ★ – St. Katharinenkirche★.
Ausflugsziel : Klosterkirche Lehnin ★ (Süd-Ost : 20 km).
🛈 Brandenburg-Information, Hauptstr. 51, ✉ 14770, ℰ (03381) 1 94 33, Fax (03381) 223743.
ADAC, Ritterstr. 102.
Berlin 84 – Cottbus 178 – Dessau 82 – Magdeburg 83.

Axxon 🅼, Magdeburger Landstr. 228, ✉ 14770, ℰ (03381) 32 10, info@axxon-hotel.de, Fax (03381) 321111, 😀, 🚭 – 🛗, ⥂ Zim, 📺 📞 ♿ 🅿 – 🛎 100. 🆎 ⓞ ⓜ🆅 VISA
Menu (italienische Küche) à la carte 17/31 – **84 Zim** 🛏 70 – 85.
 • Aus einem alten Plattenbau ist ein modernes Hotel entstanden, das einiges an Bequemlichkeit zu bieten hat. Die Bäder sind sehr großzügig und mit Marmor und Granit bestückt. Italienisch ist die Aufmachung im Ristorante Rossini.

Sorat 🅼, Altstädtischer Markt 1, ✉ 14770, ℰ (03381) 59 70, brandenburg@sorat-hotels.com, Fax (03381) 597444, 😀, 🚭 – 🛗, ⥂ Zim, 📺 📞 ♿ ♿ – 🛎 40. 🆎 ⓞ ⓜ🆅 VISA JCB
Menu à la carte 17/26 – **88 Zim** 🛏 94/104 – 110/120.
 • Warme Farben, dunkles Holz und Ledersessel stehen für geschmackvolle Wohnkultur. Die Zimmer sind ebenfalls behaglich eingerichtet und blicken zum Teil auf den Innengarten. Im Restaurant verbreiten Bücher, Bilder und die stilvolle Bestuhlung britische Eleganz.

Am St.Gotthardt, Mühlentorstr. 56, ✉ 14770, ℰ (03381) 5 29 00, Fax (03381) 529030, 😀 – ⥂ Zim, 📺. ✲
Menu 15/23 – **11 Zim** 🛏 45/60 – 72/79.
 • Im Zentrum der idyllischen Altstadt liegt dieses kleine, praktische Hotel. Es handelt sich um ein umgebautes Wohnhaus, das mit viel Einsatz der Betreiberfamilie geführt wird. Die Chefin steht hier noch selbst am Herd.

BRANDENBURG

Bismarck Terrassen, Bergstr. 20, ✉ 14770, ℘ (03381) 30 09 39, Fax (03381) 300950, 🍽 – AE ⓸ ⓸ VISA
Menu à la carte 13,50/28.
• Typische Gerichte aus dem Havelland bestimmen die Gestaltung der Speisekarte. Auf Wunsch können Individualisten und Gruppen auch in historischen Uniformen bedient werden!

Am Beetzsee Nord : 5 km :

Park Hotel Seehof ⚑, ✉ 14778 Brielow, ℘ (03381) 75 00, parkhotel-seehof@t-online.de, Fax (03381) 702910, 🍽, Biergarten, ≘s, 🏊, 🐎 – 🛗, ⁂ Zim, 📺 🗲 ♿ 🅿 – 🔔 90. AE ⓸ ⓸ VISA
Menu à la carte 15,50/33 – **82 Zim** ⚌ 68/106 – 83/115 – ½ P 18.
• Der alte Baumbestand und die Lage direkt am Beetzsee machen das Park Hotel zu einer romantischen Bleibe. Die ruhigen und dezent gestalteten Zimmer garantieren schöne Träume! Der Dichter Theodor Fontane gab dem Restaurant seinen Namen.

In Netzen Süd-Ost : 14 km über B 102 und A 2 Richtung Berlin :

Seehof ⚑, Am See 7, ✉ 14797, ℘ (03382) 76 70, Fax (03382) 842, 🍽, ≘s, 🐎 – ⁂ Zim, 📺 🗲 🅿 – 🔔 40. ⓸ VISA
Menu à la carte 20,50/35 – **32 Zim** ⚌ 44/67 – 67/87.
• Harmonisch fügt sich das Haus in die unberührte Natur am Seeufer ein. Das hoteleigene Fahrgastschiff kann von Hausgästen für Entdeckungsfahrten auf dem See genutzt werden. Das Restaurant, die Terrasse oder die Kaminstube laden zum gemütlichen Verweilen ein.

BRANNENBURG Bayern ❙❘❙❙ W 20 – 5 400 Ew – Höhe 509 m – Luftkurort – Wintersport: ⚞ 1 🎿.
Ausflugsziel : Wendelsteingipfel ⁂⁂ (mit Zahnradbahn, 25 Min.).
🅱 Verkehrsamt, Rosenheimer Str. 5, ✉ 83098, ℘ (08034) 45 15, info@brannenburg.de, Fax (08034) 9581.
Berlin 660 – München 72 – Bad Reichenhall 83 – Rosenheim 17 – Miesbach 72.

Schloßwirt, Kirchplatz 1, ✉ 83098, ℘ (08034) 23 65, post@schlosswirt.de, Fax (08034) 7187, 🍽, Biergarten – ⁂ Rest, 📺 ⇔ 🅿. ⓸ ⓸ VISA. ⚑ Rest
geschl. 31. März – 11. April, 17. Nov. – 5. Dez. – **Menu** (geschl. Dienstag, Okt. – Mitte Mai Montag – Dienstag) à la carte 13/27 – **16 Zim** ⚌ 34/50 – 58/67 – ½ P 11.
• 1452 erstmals urkundlich erwähnt, blickt die ehemalige Schloßtaverne auf eine lange Geschichte zurück. Heute genießt der Gast hier die gewachsene urbayrische Gemütlichkeit. Die Fleisch- und Wurstwaren kommen frisch von der eigenen Metzgerei auf den Tisch.

Posthotel, Sudelfeldstr. 20, ✉ 83098, ℘ (08034) 9 06 70, Fax (08034) 1864, 🍽, ≘s, 🐎 – 📺 ⇔ 🅿 – 🔔 40. ⓸
Menu (geschl. 10. Jan. – 5. Feb., Mittwoch, Sonntag) (nur Abendessen) à la carte 17/25 – **35 Zim** ⚌ 31/44 – 60/70 – ½ P 13.
• Rustikale Holzdecken und -böden verbreiten eine behagliche Stimmung im Haus. Ein Tip : manchmal läßt der Chef sich zu einer Kutschfahrt mit dem eigenen Gespann überreden ! Mit gemütlichen, ländlichen Gaststuben.

BRAUBACH Rheinland-Pfalz ❙❘❙❙ P 6 – 3 600 Ew – Höhe 71 m.
Ausflugsziel : Lage⁂⁂ der Marksburg⁂ Süd : 2 km.
🅱 Tourist-Information, Rathausstr. 8, ✉ 56338, ℘ (02627) 97 60 01, Fax (02627) 976005.
Berlin 600 – Mainz 87 – Koblenz 13.

Zum weißen Schwanen (mit Gästehaus), Brunnenstr. 4, ✉ 56338, ℘ (02627) 98 20, zum-weissen-schwanen@rz-online.de, Fax (02627) 8802, 🍽, 🐎 – ⁂ Zim, 📺 🅿 – 🔔 30. ⓸ VISA
Menu (geschl. Mittwoch) (wochentags nur Abendessen) (Tischbestellung ratsam) à la carte 23,50/59 – **17 Zim** ⚌ 55/65 – 75/90.
• Viele sehenswerte Ecken hat das aus drei restaurierten Gebäuden bestehende Hotel : die Mühle von 1341, die Schwarzküche, den Bauerngarten. Hier wird Geschichte lebendig ! Uriges Weinhaus, in dem man schon seit 1693 Grafen und Landsknechte bewirtete.

BRAUNEBERG Rheinland-Pfalz ❙❘❙❙ Q 4 – 1 200 Ew – Höhe 111 m.
Berlin 683 – Mainz 123 – Trier 47 – Bernkastel-Kues 10 – Wittlich 18.

Brauneberger Hof, Moselweinstr. 136, ✉ 54472, ℘ (06534) 14 00, brauneberger-hof@t-online.de, Fax (06534) 1401, 🍽, 🐎 – 🅿. ⓸ ⓸ VISA
geschl. Mitte Jan. – Mitte Feb. – **Menu** (geschl. Donnerstag) (wochentags nur Abendessen) à la carte 18,50/35,50 – **16 Zim** ⚌ 49/64 – 69/90.
• Bei der Zimmerwahl haben Sie hier zwei Möglichkeiten : den nostalgischen Fachwerkbau von 1750 oder dem Neubau mit komfortablen Räumen, alle mit Balkon oder Terrasse. Kleines Restaurant mit gemütlicher Atmosphäre.

BRAUNFELS

Hessen 417 O 9 – 11 400 Ew – Höhe 236 m – Luftkurort.

Braunfels, Homburger Hof (West : 1 km), ℘ (06442) 45 30.

ℹ Kur-GmbH, Fürst-Ferdinand-Str. 4 (Haus des Gastes), ⊠ 35619, ℘ (06442) 9 34 40, Fax (06442) 934422.

Berlin 518 – Wiesbaden 84 – Frankfurt am Main 77 – Gießen 28.

Altes Amtsgericht
M, Gerichtsstr. 2, ⊠ 35619, ℘ (06442) 9 34 80, hotel@altes amtsgericht.de, Fax (06442) 934811, 😊, ≘s – 📶, ⇔ Zim, 📺 📞 🅿 – 🛦 60. 🆎 🌕 VISA
Menu (geschl. Jan., Sonntag - Montag, ausser Feiertage) (nur Abendessen) à la carte 30/44 ♀ – **22 Zim** ⊆ 75/82 – 113/130 – ½ P 18.

• Stilvoll restauriert präsentiert sich das alte Gerichtsgebäude. Eingangsbereich und Zimmer sind geschmackvoll farbig gestaltet und mit moderner Eleganz eingerichtet. Die warmen Farben des Restaurants harmonieren mit der mediterran angehauchten Küche.

Schloß Hotel
Hubertusstr. 2, ⊠ 35619, ℘ (06442) 30 50, info@schloss-hotel-braunfels.de, Fax (06442) 305222, 😊 – 📺 🅿 – 🛦 30. 🆎 🌕 VISA
geschl. Weihnachten - Mitte Jan. – **Menu** (nur Abendessen) (Restaurant nur für Hausgäste) à la carte 22/40 – **35 Zim** ⊆ 58/72 – 86/110 – ½ P 20.

• Mitten im historischen Kern des Städtchens befindet sich das schloßähnliche Gemäuer in märchenhafter Lage. Fragen Sie nach den besonders attraktiven Turmzimmern !

XX Geranio
Am Kurpark 2, ⊠ 35619, ℘ (06442) 93 19 90 info@ristorante-geranio.de, Fax (06442) 931992, 😊 🌕 VISA
geschl. Mitte Juli - Mitte Aug., Dienstag – **Menu** (italienische Küche) à la carte 26/45.

• Unterhalb der Burg finden Sie dieses renovierte Fachwerkhaus, das hell und freundlich eingerichtet ist und wo Sie freundliches Personal mit italienischen Gerichten bewirtet.

BRAUNLAGE

Niedersachsen 418 K 15 – 5 500 Ew – Höhe 565 m – Heilklimatischer Kurort – Wintersport : 560/965 m ≰1 ≰4 ≵.

ℹ Kurverwaltung Braunlage, Elbingeroder Str. 17, ⊠ 38700, ℘ (05520) 9 30 70, tourist info@braunlage.de, Fax (05520) 930720.

ℹ Kurverwaltung Hohegeiss, Kirchstr. 15 a, ⊠ 38700, ℘ (05583) 2 41, tourist info@hohegeiss.de, Fax (05583) 1235.

Berlin 252 – Hannover 119 – Braunschweig 69 – Göttingen 67 – Goslar 33.

Maritim Berghotel
≫, Pfaffenstieg, ⊠ 38700, ℘ (05520) 80 50, info.brl@maritim.de, Fax (05520) 805380, ≤, 😊, Massage, ♠, 🛌, ≘s, 🏊, 🏊, 🌲, 🖇 – 📶, ⇔ Zim, 📺 📞 ⋆⋆ ⇔ 🅿 – 🛦 420. 🆎 ⓞ 🌕 VISA 🞊 ℛ Rest
Menu à la carte 24,50/36,50 – **309 Zim** ⊆ 80/130 – 115/150, 8 Suiten – ½ P 23.

• Umgeben von Wald auf einer Anhöhe liegt dieser weitläufige Hotelkomplex. Fragen Sie nach Zimmern der Komfort- oder Superior-Kategorie oder nach einem Eckzimmer ! Vom Dachgarten-Café hat man einen umwerfenden Blick auf die Wälder.

Residenz Hohenzollern
≫, Dr.-Barner-Str. 11, ⊠ 38700, ℘ (05520) 9 32 10, info @residenz-hohenzollern.de, Fax (05520) 932193, ≤, 😊, 🛌, Massage, ≘s, 🏊 – 📶 📺 📞 ⇔ 🅿 🆎 ⓞ 🌕 VISA
geschl. 11. - 26. Juni – **Victoria-Luise** (geschl. 11. - 26. Juni, Nov. 2 Wochen, Dienstag) **Menu** à la carte 27/44 – **17 Zim** ⊆ 115 – 130/140, 14 Suiten – ½ P 25.

• Schöne Lage oberhalb des Ortes, behagliche Atmosphäre, elegant mit exklusiven Landhausmöbeln eingerichtete Zimmer mit großzügigen Bädern sind die Trümpfe des renovierten Hauses. Im Kerzenschein kommt das elegante Ambiente des Restaurants glanzvoll zur Geltung.

Relexa Hotel Harz-Wald
M ≫, Karl-Röhrig-Str. 5a, ⊠ 38700, ℘ (05520) 80 70, braunlage@relexa-hotel.de, Fax (05520) 807444, 😊, 🛌, ≘s, 🏊, 🌲, 🖇 – 📶, ⇔ Zim, 📺 📞 ♿ ⋆⋆ ⇔ – 🛦 200. 🆎 ⓞ 🌕 VISA ℛ Rest
Menu à la carte 18/44 – **120 Zim** ⊆ 85/105 – 165 – ½ P 16.

• In einer ehemaligen Privatklinik ist ein großzügiges Ferien- und Tagungshotel entstanden. Familien mit Kindern schätzen das Spielzimmer mit Playstation und die Bibliothek.

Romantik Hotel Zur Tanne
Herzog-Wilhelm-Str. 8, ⊠ 38700, ℘ (05520) 9 31 20, zur-tanne@romantikhotels.com, Fax (05520) 3992, 😊, ≘s – ⇔ Zim, 📺 ⇔ 🅿 – 🛦 20. 🌕 VISA
Menu (Montag - Freitag nur Abendessen) (Tischbestellung ratsam) à la carte 24/44 – **Brunos Marktwirtschaft** : Menu à la carte 15/23 – **22 Zim** ⊆ 49/98 – 77/199, 3 Suiten – ½ P 20.

• Mit viel Liebe zum Detail hat man hier ein geschmackvolles Refugium geschaffen. Die Zimmer im neu gebauten Bachhaus bieten viel Komfort und wohnliche Behaglichkeit. Restaurant mit stilvollem Ambiente. Brunos Marktwirtschaft : modern-rustikal mit Galerie.

BRAUNLAGE

Landhaus Foresta ॐ, Am Jermerstein 1, ⊠ 38700, ℰ (05520) 9 32 20, landhaus-foresta@t-online.de, Fax (05520) 932213, 🌫, 🍴, 🚗 – 📺 🅿.
Menu (geschl. Mittwoch) (nur Abendessen) (Restaurant nur für Hausgäste) à la carte 17,50/26 – **21 Zim** ⌛ 41/46 – 77/82 – ½ P 13.
 • Das Haus ist im Harzer Stil mit Holzfassade gebaut. In den Zimmern verbreiten Naturholz und liebevolle Dekorationen rustikale Gemütlichkeit. Kaminhalle im Landhausstil. Behaglich-rustikales Restaurant mit freundlichem Service.

Hasselhof ॐ garni, Schützenstr. 6, ⊠ 38700, ℰ (05520) 30 41, hotel-hasselhof@web.de, Fax (05520) 1442, 🛁, 🍴, 🚗 – ⇌ 📺 🅿. 🅰🅴 ⓞ 🆇 𝕍𝕀𝕊𝔸
20 Zim ⌛ 45 – 78.
 • Fast wie ein Wohnhaus wirkt dieses familiär geführte Hotel. Auch das Interieur verbreitet eine anheimelnd private Atmosphäre. Hier sind Sie gut aufgehoben!

Harzhotel Regina, Bahnhofstr. 12, ⊠ 38700, ℰ (05520) 9 30 40, info@harzhotel-regina.de, Fax (05520) 1345, 🌫, 🍴, – ⇌ Zim, 📺 ⇌ 🅿 – 🛗 20. 🅰🅴 ⓞ 🆇 𝕍𝕀𝕊𝔸
🍴 Rest – geschl. 25. Nov. - 24. Dez. – **Menu** (Restaurant nur für Hausgäste) – **24 Zim** ⌛ 49/62 – 74/98 – ½ P 11.
 • Im Herzen des Ortes gelegen, ist dieses praktische Haus ein idealer Ausgangspunkt für Ausflüge in den Harz. Möchten Sie den Hexentanz auf dem Brocken erleben? Kein Problem!

Rosenhof ॐ garni, Herzog-Johann-Albrecht-Str. 41, ⊠ 38700, ℰ (05520) 9 32 90, baldioli@t-online.de, Fax (05520) 932993, 🍴, 🚗 – ⇌ 📺 🅿
geschl. 15. Nov. - 15. Dez. – **15 Zim** ⌛ 41/51 – 62/82.
 • Gepflegte Gastzimmer und freundliche Stimmung versprechen einen erholsamen Urlaub. Zum geselligen Beisammensein lädt die bequeme Sitzgruppe im Salon ein.

In Braunlage-Hohegeiss Süd-Ost : 12 km über B 4 Richtung Nordhausen – Höhe 642 m – Heilklimatischer Kurort – Wintersport : 600/700 m ⟨ 4 ⚑ :

Vitalhotel Sonneneck ॐ, Hindenburgstr. 24, ⊠ 38700, ℰ (05583) 9 48 00, hotel.sonneneck@t-online.de, Fax (05583) 939033, ≤, 🌫, Massage, ⇌, – ⇌ 📺 ⇌ 🅿 – **Menu** (geschl. Nov.) (nur Abendessen) (Restaurant nur für Hausgäste) à la carte 14,50/28,50 – **28 Zim** ⌛ 47/69 – 77/99 – ½ P 9.
 • In schöner Höhenlage warten hier geräumige, mit Naturholzmöbeln bestückte Zimmer. Vom neuerbauten Panorama-Hallenbad hat man einen traumhaften Ausblick auf den Brocken.

Rust ॐ (mit Gästehaus), Am Brande 5, ⊠ 38700, ℰ (05583) 8 31, hotel.rust@t-online.de, Fax (05583) 364, ≤, 🌫, ⇌, – ⇌ 📺 ⇌ 🅿 – 🛗 15. 🅰🅴 ⓞ 🆇 𝕍𝕀𝕊𝔸. 🍴 Zim
Menu (geschl. 15. Nov. - 15. Dez.) (nur Abendessen) à la carte 17,50/31,50 – **21 Zim** ⌛ 40/59 – 70/98 – ½ P 9.
 • Das beliebte Hotel befindet sich in schöner Südhanglage. Viele der großzügig geschnittenen Gästezimmer verfügen über einen Balkon mit beeindruckender Fernsicht.

Landhaus Bei Wolfgang, Hindenburgstr. 6, ⊠ 38700, ℰ (05583) 8 88, wolfgang.stolze.landhaus@t-online.de, Fax (05583) 1354 – 🅰🅴 ⓞ 🆇 𝕍𝕀𝕊𝔸
geschl. Montag, Donnerstag, Nov. - Mitte Dez. Montag - Freitag – **Menu** à la carte 18,50/44.
 • Samstags singt der Koch, wenn alle Gäste satt sind! Der Küchenstil ist französisch angehaucht, das Ambiente im Restaurant ist rustikal und von uriger Gemütlichkeit.

BRAUNSBACH
Baden-Württemberg **419** S 13 – 2 600 Ew – Höhe 235 m.
Berlin 563 – Stuttgart 99 – Heilbronn 53 – Schwäbisch Hall 13.

In Braunsbach-Döttingen Nord-West : 3 km :

Schloß Döttingen ॐ (mit Gästehäusern), ⊠ 74542, ℰ (07906) 10 10, info@schloss-doettingen.de, Fax (07906) 10110, 🌫, ⇌, 🅿 (geheizt), 🚗 – ⇌ Zim, 📺 📞 🅿 – 🛗 70. 🍴 Rest
geschl. 20. Dez. - 5. Jan. – **Menu** (geschl. Anfang Aug. 2 Wochen) à la carte 19/36 – **80 Zim** ⌛ 45/90 – 80/120.
 • Mit einem romantischen Innenhof präsentiert sich die ehemalige Wasserburg mit ihren drei schmucken Gästehäusern, in denen sich auch die geräumigsten Zimmer befinden. Saalartiges Restaurant mit Parkettboden und Kronleuchtern.

BRAUNSCHWEIG
Niedersachsen **416 418** J 15 – 250 000 Ew – Höhe 72 m.
Sehenswert : Dom★ (Imerward-Kruzifix★★, Bronzeleuchter★) BY – Herzog-Anton-Ulrich-Museum (Mittelalter-Abteilung★) BY M1.
🛫 Braunschweig, Schwartzkopfstr. 10 (über Salzdahlumer Str. BZ), ℰ (0531) 26 42 40.
✈ Lilienthalplatz, über ② : 9 km, ℰ (0531) 35 00 05.
🛈 Tourist-Information, Vor der Burg 1, ⊠ 38100, ℰ (0531) 27 35 50, Fax (0531) 2735529 – **ADAC**, Lange Str. 63.
Berlin 228 ② – Hannover 66 ⑦ – Magdeburg 92 ②

Stadtpläne siehe nächste Seiten

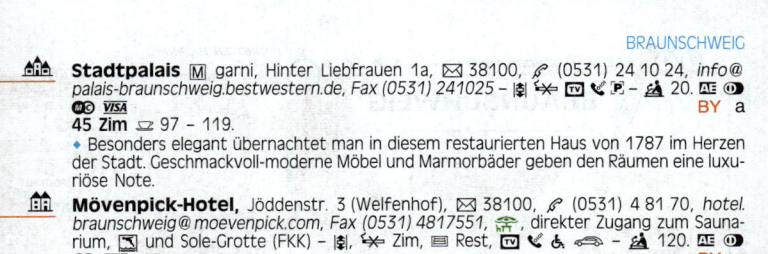

BRAUNSCHWEIG

Stadtpalais M garni, Hinter Liebfrauen 1a, ⊠ 38100, ℰ (0531) 24 10 24, *info@palais-braunschweig.bestwestern.de*, Fax (0531) 241025 – |₴| ⇌ TV ℰ P – 🛣 20. AE ⓘ ⓒ VISA
45 Zim ⊊ 97 – 119.
BY a
 • Besonders elegant übernachtet man in diesem restaurierten Haus von 1787 im Herzen der Stadt. Geschmackvoll-moderne Möbel und Marmorbäder geben den Räumen eine luxuriöse Note.

Mövenpick-Hotel, Jöddenstr. 3 (Welfenhof), ⊠ 38100, ℰ (0531) 4 81 70, *hotel.braunschweig@moevenpick.com*, Fax (0531) 4817551, ☆, direkter Zugang zum Saunarium, ⊠ und Sole-Grotte (FKK) – |₴|, ⇌ Zim, ☰ Rest, TV ℰ ⅙ ⇌ – 🛣 120. AE ⓘ ⓒ VISA JCB
Menu à la carte 19,50/44,50 – ⊊ 13 – **147 Zim** 107/147 – 127/147, 4 Suiten.
BY z
 • Fragen Sie nach den renovierten Zimmern ! Diese sind in unaufdringlichen Farben hell und freundlich gestaltet worden. Neue Stoffe und Materialien wurden harmonisch kombiniert. Modernes Restaurant mit dem bewährten Mövenpick-Repertoire.

Courtyard by Marriott M, Auguststr. 6, ⊠ 38100, ℰ (0531) 4 81 40, *cy.bwecy.res.mgr@courtyard.com*, Fax (0531) 4814100, ⇌ – |₴|, ⇌ Zim, TV ℰ ⅙ ⇌ P – 🛣 60. AE ⓘ ⓒ VISA JCB
BY w
Menu *(geschl. Freitag - Samstag, Sonntagabend)* à la carte 25/42 – ⊊ 13 – **140 Zim** 91.
 • Als gelungene Synthese alter und neuer Architektur versteht sich dieses Haus, das aufgrund seiner soliden technischen Ausrüstung bei Tagungsgästen sehr beliebt ist. Nettes Ambiente und moderne Bilder im Restaurant, das im alten Gebäudeteil untergebracht ist.

Haus zur Hanse, Güldenstr. 7, ⊠ 38100, ℰ (0531) 24 39 00, *info@haus-zur-hanse.de*, Fax (0531) 2439090 – |₴| TV ℰ – 🛣 20. ⓒ VISA
AY s
Menu *(nur Abendessen)* à la carte 29/37 – **Bistro Boom** (italienische Küche) *(auch Mittagessen)* **Menu** à la carte 24,50/31 – **16 Zim** ⊊ 77/85 – 92/125.
 • Hinter der wunderschönen Fachwerkfassade des Hansehauses aus dem 16. Jh. verbergen sich elegant zugeschnittene Zimmer, teils mit freiliegenden Balken. Exquisite Festsäle ! Ein rustikal-modernes Ambiente prägt das Restaurant. Legere Atmosphäre im Bistro Boom.

Mercure Atrium M, Berliner Platz 3, ⊠ 38102, ℰ (0531) 7 00 80, *h0871@accor-hotels.com*, Fax (0531) 7008125, ☆ – |₴|, ⇌ Zim, ☰ Zim, TV ℰ ⇌ – 🛣 240. AE ⓘ ⓒ VISA JCB
BZ a
Menu *(geschl. Samstag - Sonntag)* à la carte 17,50/31 – ⊊ 13 – **130 Zim** 72/167 – 87/197.
 • Die verkehrsgünstige Lage macht dieses Hotel zu einer attraktiven Adresse für Geschäftsreisende. Doch auch Privatgäste finden in dem praktischen Quartier Ruhe.

Deutsches Haus, Ruhfäutchenplatz 1, ⊠ 38100, ℰ (0531) 1 20 00, *resi@ringhotel-braunschweig.de*, Fax (0531) 1200444, ☆ – |₴|, ⇌ Zim, TV ℰ P – 🛣 100. AE ⓘ ⓒ VISA JCB
BY u
Menu à la carte 21/32,50 – **85 Zim** ⊊ 85/90 – 119/129.
 • Zentral in den historischen Schwerpunkt des Stadtkerns eingebettet befindet sich das traditionsreiche Haus. Für gepflegtes Wohnen und erfolgreiches Tagen ist hier gesorgt. Klassisches Restaurant mit hoher Decke und schönen, verzierten Holzbalken.

Advance Hotel M garni, Mittelweg 7 (im Panther Business Center), ⊠ 38106, ℰ (0531) 39 07 70, *info@advance-hotel.de*, Fax (0531) 39077399 – |₴| ⇌ TV ℰ P. AE ⓘ ⓒ VISA
über Mittelweg BX
47 Zim ⊊ 83/93 – 106/116.
 • Am Rande des Stadtzentrums finden Übernachtungsgäste dieses moderne Logis - bestehend aus geräumigen Zimmern, praktischen Schreibflächen und guter Technik.

Play Off, Salzdahlumer Str. 137, ⊠ 38126, ℰ (0531) 2 63 10, *info@playoff-hotel.de*, Fax (0531) 67119, Massage, ₭, ⇌, ℀(Halle) Squash, Badminton – |₴|, ⇌ Zim, TV ℰ P – 🛣 185. AE ⓘ ⓒ VISA
über Salzdahlumer Str. BZ
Menu *(geschl. Sonntag)* à la carte 19,50/28 – **174 Zim** ⊊ 90 – 102.
 • Der Name ist Programm ! Sportliche Gäste können sich freuen : Tennis-, Squash- und Badminton Courts stehen zur Verfügung. Abends geht's in die Disco, wenn Sie noch können ! Das Herz des Restaurants ist ein lichtdurchflutetes Atrium.

An der Stadthalle garni, Leonhardstr. 21, ⊠ 38102, ℰ (0531) 7 30 68, *info@hotel-an-der-stadthalle.de*, Fax (0531) 75148 – |₴| TV P. AE ⓘ ⓒ VISA
BY c
geschl. Weihnachten - Neujahr – **24 Zim** ⊊ 54/70 – 77/87.
 • Praktisch und doch elegant sind die Zimmer dieses ehemaligen Wohnhauses. Angenehm sitzt man in der lichtdurchfluteten Frühstücksveranda, die im Stil einer Rotunde gebaut ist.

Wartburg garni, Rennelbergstr. 12, ⊠ 38114, ℰ (0531) 50 00 11, *info@hotelwartburg.de*, Fax (0531) 507629 – |₴| TV ℰ. AE ⓒ VISA JCB
AX z
20 Zim ⊊ 65/75 – 85/105.
 • 21 sinnvoll eingerichtete Gästezimmer warten in diesem gepflegten Stadthaus auf den Reisenden. Das Haus wird familiär geführt, man bemüht sich freundlich um den Gast.

265

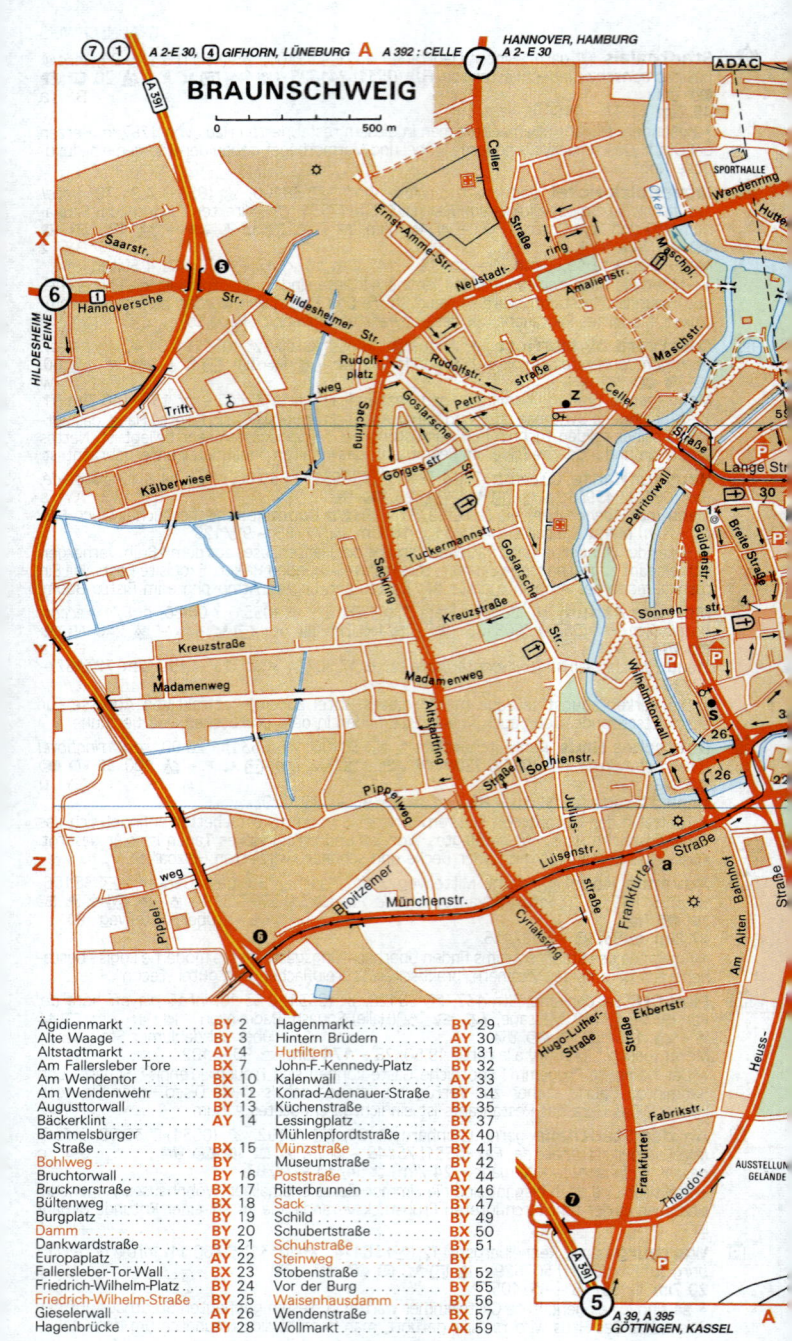

BRAUNSCHWEIG

Street	Ref
Ägidienmarkt	BY 2
Alte Waage	BY 3
Altstadtmarkt	AY 4
Am Fallersleber Tore	BX 7
Am Wendentor	BX 10
Am Wendenwehr	BX 12
Augusttorwall	BY 13
Bäckerklint	AY 14
Bammelsburger Straße	BX 15
Bohlweg	BY
Bruchtorwall	BY 16
Brucknerstraße	BX 17
Bültenweg	BX 18
Burgplatz	BY 19
Damm	BY 20
Dankwardstraße	BY 21
Europaplatz	AY 22
Fallersleber-Tor-Wall	BX 23
Friedrich-Wilhelm-Platz	BY 24
Friedrich-Wilhelm-Straße	BY 25
Gieselerwall	AY 26
Hagenbrücke	BY 28
Hagenmarkt	BY 29
Hintern Brüdern	AY 30
Hutfiltern	BY 31
John-F.-Kennedy-Platz	BY 32
Kalenwall	AY 33
Konrad-Adenauer-Straße	BY 34
Küchenstraße	BY 35
Lessingplatz	BY 37
Mühlenpfordtstraße	BX 40
Münzstraße	BY 41
Museumstraße	BY 42
Poststraße	AY 44
Ritterbrunnen	BY 46
Sack	BY 47
Schild	BY 49
Schubertstraße	BX 50
Schuhstraße	BY 51
Steinweg	BY
Stobenstraße	BY 52
Vor der Burg	BY 55
Waisenhausdamm	BY 56
Wendenstraße	BX 57
Wollmarkt	AX 59

267

BRAUNSCHWEIG

Dannenfelds, Frankfurter Str. 4 (im ARTmax), ✉ 38122, ✆ (0531) 2 81 98 10, dannenfelds@gmx.de, Fax (0531) 2819828, 😊 – **P** – 🚗 35. AE ⓞ ⓢ VISA AZ a
geschl. Jan. 1 Woche, Juli - Aug. 2 Wochen, Sonntag - Montag – **Menu** *(Tischbestellung ratsam)* à la carte 32/50 ♀ – **Brasserie** *(geschl. Jan. 1 Woche, Sonntag)* **Menu** à la carte 19/36.

• Moderne Elemente und klare Linien geben beim Interieur den Ton an. Die Küche ist kreativ und nimmt neben ihrer regionalen Orientierung gerne neue Trends auf. Guter Appetit! In der Brasserie serviert man an blanken Tischen leckere Snacks und leichte Menüs.

Spez. Rucola-Spargelroulade mit Walnussvinaigrette (Saison). Gebratene Gänseleber mit Szechuan-Pfeffer-Äpfeln. Heidschnucke im schwarzen Olivensud mit Kartoffel-Bohnenpüree.

Im Gewerbegebiet Hansestraße *über Hamburger Str.* ① *: 8 km :*

nord, Robert-Bosch-Str. 7 (Nähe BAB Kreuz BS-Nord), ✉ 38112, ✆ (0531) 31 08 60, Fax (0531) 3108686 – 🛗 TV 📞 🚗 **P** – 🚗 60. ❄ Rest
Menu *(geschl. Sonntag)* à la carte 14/24,50 – **31 Zim** ⚲ 51/81 – 66/99.

• Die gute Autobahnanbindung macht das Haus speziell für Geschäftsreisende interessant. Einige der Zimmer sind mit einer praktischen Kochgelegenheit ausgerüstet.

In Braunschweig-Riddagshausen *über Kastanienallee* BY *:*

Landhaus Seela, Messeweg 41, ✉ 38104, ✆ (0531) 37 00 11 62, info@hotel-landhaus-seela.de, Fax (0531) 37001193, 😊 – 🛗, ✻ Zim, TV 🚗 **P** – 🚗 110. AE ⓞ ⓢ VISA
Menu à la carte 23/44 – **57 Zim** ⚲ 73/88 – 112/154.

• Vor den Toren der Stadt findet man hier Ruhe und Abgeschiedenheit bei bester Verkehrsanbindung. Das ganze Haus ist mit elegantem Landhausmobiliar ausgestattet. Gediegenes Restaurant mit aufwendigem Holzdekor.

In Braunschweig-Rüningen *über* ⑤ *: 5 km :*

Zum Starenkasten (mit Gästehaus), Thiedestr. 25 (B 248), ✉ 38122, ✆ (0531) 28 92 40, zum_starenkasten@t-online.de, Fax (0531) 874126, 😊, 🏊 – 🛗, ✻ Zim, TV **P** – 🚗 100. AE ⓞ ⓢ VISA
Menu à la carte 13,50/37 – **57 Zim** ⚲ 65/85 – 95/120.

• Ob Geschäftsreise, Urlaub oder Kurzvisite, der engagierte Familienbetrieb hält für jeden Zweck die passenden Räumlichkeiten bereit. Mit hellem, freundlichem Restaurant.

BREDSTEDT Schleswig-Holstein 415 C 10 – *4 900 Ew – Höhe 5 m – Luftkurort.*
🛈 *Fremdenverkehrsverein, Rathaus, Markt 31,* ✉ *25821,* ✆ *(04671) 58 57, touristinfo@bredstedt.de, Fax (04671) 6975.*
Berlin 440 – Kiel 101 – Sylt (Westerland) *51 – Flensburg 38 – Husum 17 – Niebüll 25.*

Friesenhalle mit Zim, Hohle Gasse 2, ✉ 25821, ✆ (04671) 15 21, die-friesenhalle@t-online.de, Fax (04671) 2875 – ✻ Zim, TV 🚗 **P** AE ⓞ ⓢ VISA. ❄
geschl. Ende Okt. - Mitte Nov. – **Menu** *(geschl. Sonntagabend - Montagmittag)* à la carte 21,50/41 – **6 Zim** ⚲ 36/42 – 72/105.

• Die Karte widmet sich den norddeutschen und insbesondere den friesischen Spezialitäten. Wechselnde Menüs und eine preiswerte Mittagskarte komplettieren das Angebot.

BREEGE Mecklenburg-Vorpommern *siehe Rügen (Insel).*

BREGENZ ⓛ Österreich 419 X 13 – *27 000 Ew – Höhe 396 m – Wintersport : 414/1 020 m ≰1 ≰.*

Sehenswert : ≤★ *(vom Hafendamm)* BY – **Vorarlberger Landesmuseum**★ BY – **Martinsturm** ≤★ BY.

Ausflugsziele : Pfänder★★ : ≤★★, Alpenwildpark *(auch mit* ≰ *)* BY.

Festspiel-Preise : siehe Seite 10
Prix pendant le festival : voir p. 24
Prices during tourist events : see p. 38
Prezzi duranti il festival : vedere p. 52.

🛈 *Bregenz-Tourismus, Bahnhofstr. 14,* ✉ *A-6900,* ✆ *(05574) 4 95 90, tourismus@ bregenz.at, Fax 495959.*
Wien 627 ① *– Innsbruck 199* ② *–* Konstanz *62* ① *– Zürich 119* ③ *– München 196* ①

BREGENZ

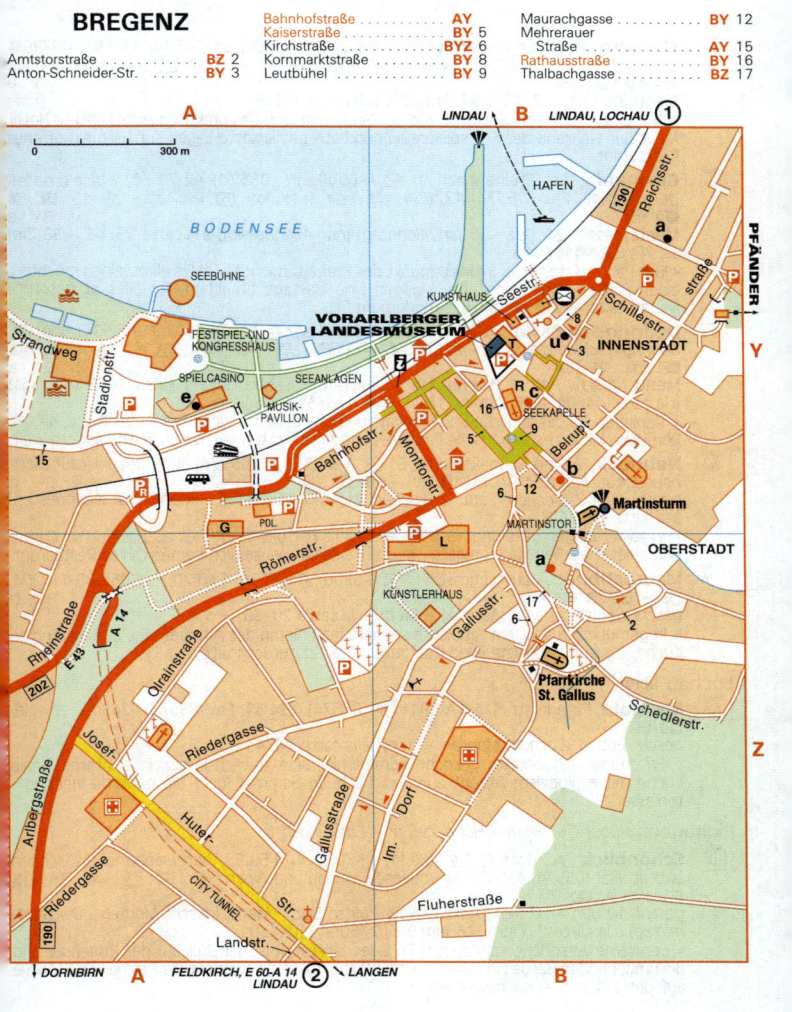

	Bahnhofstraße .... **AY**	Maurachgasse .... **BY** 12
	Kaiserstraße .... **BY** 5	Mehrerauer
Amtstorstraße .... **BZ** 2	Kirchstraße .... **BYZ** 6	Straße .... **AY** 15
Anton-Schneider-Str. ..... **BY** 3	Kornmarktstraße .... **BY** 8	Rathausstraße .... **BY** 16
	Leutbühel .... **BY** 9	Thalbachgasse .... **BZ** 17

🏨 **Schwärzler,** Landstr. 9, ✉ A-6900, ✆ (05574) 4 99 00, *schwaerzler@schwaerzler-hotels.com, Fax (05574) 47575*, 🍴, Massage, ≘s, 🔲, 🌳, – 📶, ⚡ Zim, 📺 📞 🚗 🅿
– 🛋 40. AE ⓘ ⓜⓞ VISA JCB. 🍽 Rest über Landstr. **AZ**
Menu à la carte 23,50/45,50 **83 Zim** ⚏ 105/138 – 168/240.
◆ Elegantes Haus mit neuzeitlich-gediegenem Rahmen. Charme und Individualität machen den Betrieb zum beliebten Treffpunkt der internationalen Prominenz. Formvollendet tafelt man bei Kerzenlicht und Pianoklängen im schönen Restaurant.

🏨 **Messmer Hotel am Kornmarkt,** Kornmarktstr. 16, ✉ A-6900, ✆ (05574) 4 23 56, *hotel.messmer@bregenznet.at, Fax (05574) 423566*, 🍴, ≘s – 📶, ⚡ Zim, 📺 📞 🚗
– 🛋 60. AE ⓘ ⓜⓞ VISA. 🍽 Rest **BY** u
Menu à la carte 21/31 – **84 Zim** ⚏ 76/98 – 118/176.
◆ Mit moderner Konferenztechnik ausgestattet, erwartet man hier insbesondere Tagungsgäste. Doch auch für Urlauber ist dies ein preiswerter Ausgangspunkt für Ausflüge aller Art. Unterteiltes Restaurant in modernem und rustikalem Stil.

BREGENZ

Mercure, Platz der Wiener Symphoniker 2, ⊠ A-6900, ℘ (05574) 4 61 00, h0799@accor-hotel.com, Fax (05574) 47412, 㐂 – 阝, 洬 Zim, ☰ Rest, 📺 ♿ 🅿 – 🚗 100. 🆎 ① 🆎 VISA JCB
Menu à la carte 19/35 – **94 Zim** ≤ 83/95 – 111/136.   AY e
• Nur einen Steinwurf entfernt von der Seebühne liegt das praktisch eingerichtete Hotel. Nicht nur während der Festspiele eine durchaus privilegierte Lage ! Zur Halle hin offenes Restaurant.

Germania, Am Steinenbach 9, ⊠ A-6900, ℘ (05574) 42 76 60, office@hotel-germania.at, Fax (05574) 427664, 㐂, 洬 – 阝 洬 📺 ⇔ 🅿 – 🚗 15. 🆎 ① 🆎 VISA
Menu (geschl. 24. Dez. - 7. Jan., Sonntag) (nur Abendessen) à la carte 25/43 – **38 Zim** ≤ 70/88 – 110/140.   BY a
• Das Fahrrad steht hier im Mittelpunkt des Freizeitangebots. Ob Sie eines leihen möchten, einen Platten haben oder Ihre Muskeln eine Massage brauchen, für alles ist gesorgt ! Neugestaltetes Restaurant mit modernem Flair.

Deuring-Schlössle 🦢 mit Zim, Ehre-Guta-Platz 4, ⊠ A-6900, ℘ (05574) 4 78 00, deuring@schloessle.vol.at, Fax (05574) 4780080, 㐂 – 洬 Rest, 📺 🅿 – 🚗 40. 🆎 ① 🆎 VISA. ⚜ Rest   BZ a
Menu (geschl. Feb. 1 Woche, Montagmittag) (Tischbestellung ratsam) 32 (mittags) à la carte 44/64 – **15 Zim** ≤ 136/150 – 176/310, 4 Suiten.
• Genießen Sie die sinnliche und innovative Küche in dem kleinen Stadtschloß a. d. 17. Jh. Römische Mauerreste, gotische Fassaden und Antiquitäten entführen in eine andere Welt.

Neubeck, Anton-Schneider-Str. 5, ⊠ A-6900, ℘ (05574) 4 36 09, restaurant@neubeck.at, Fax (05574) 43710, 㐂 – ① 🆎 VISA   BY c
geschl. Juni 2 Wochen, Sept. 2 Wochen, Montag - Dienstag – **Menu** (nur Abendessen) à la carte 31/46 ♧.
• In seiner langen gastronomischen Geschichte hat das Stadthaus als Gaststätte, Casino und zuletzt als Tanzbar fungiert - heute ist es ein neuzeitlich-komfortables Restaurant.

Maurachbund, Maurachgasse 11, ⊠ A-6900, ℘ (05574) 4 40 20, Fax (05574) 440204, 㐂 – 🆎 ① 🆎 VISA   BY b
geschl. Sonntagabend - Montag – **Menu** à la carte 20/30.
• In gemütlich-rustikalem Ambiente serviert man hier in der Altstadt eine bodenständige Küche, die auf heimische Produkte guter Qualität zurückgreift.

In Lochau über ① : 3 km :

Mangold, Pfänderstr. 3, ⊠ A-6911, ℘ (05574) 4 24 31, Fax (05574) 424319, 㐂 – 🅿 🆎 VISA
geschl. Feb. 3 Wochen, Montag – **Menu** à la carte 24/43 ♧.
• Frisch und schnörkellos gekocht, kommt hier eine abwechslungsreiche internationale Küche mit regionalem Akzent auf den Tisch. Im Sommer lockt die hübsche Innenhofterrasse.

In Eichenberg über ① : 8 km – Höhe 796 m – Erholungsort :

Schönblick 🦢, Dorf 6, ⊠ A-6911, ℘ (05574) 4 59 65, hotel.schoenblick@schoenblick.at, Fax (05574) 459657, ≤ Bodensee, Lindau und Alpen, 㐂, 洬, ☐, 洬, ⚜ – 阝 📺 ⇔ 🅿. 🆎 VISA
geschl. 10. Jan. - 10. Feb., Anfang Nov. - Mitte Dez. – **Menu** (geschl. Montag - Dienstagmittag) à la carte 24/45 – **26 Zim** ≤ 52/60 – 110/130.
• Der Name verspricht nicht zuviel ! Zu jeder Jahreszeit ist der Blick auf den Bodensee und die umgebenden Berge ein Erlebnis. Ordentliche, rustikal eingerichtete Zimmer. Speisen Sie auf der schönen Aussichtsterrasse !

BREHNA Sachsen-Anhalt 👁️ L 20 – 2 500 Ew – Höhe 90 m.
Berlin 154 – Magdeburg 94 – Leipzig 38.

Country Park-Hotel, Thiemendorfer Mark 2 (Gewerbepark), ⊠ 06796, ℘ (034954) 6 50, info@countryparkhotel.de, Fax (034954) 65556, 㐂, 🏋, 洬 – 阝, 洬 Zim, 📺 ⚜ 🅿 – 🚗 150. 🆎 ① 🆎 VISA JCB. ⚜
geschl. 24. Dez. - 1. Jan. – **Menu** à la carte 20/31 – **175 Zim** ≤ 80/90 – 100/110.
• Imposant wirkt der riesige Eingangsbereich, der von turmhohen Säulen getragen wird. Dennoch gibt es auch gemütliche Nischen wie die Kaminecke mit ihren weichen Sesseln. In der Mitte der Empfangshalle und im Wintergarten-Anbau befindet sich das Restaurant.

Bavaria M, Otto-Lilienthal-Str. 6 (Gewerbepark), ⊠ 06796, ℘ (034954) 6 16 00, info@bavaria-hotel.com, Fax (034954) 61500 – 阝, 洬 Zim, 📺 ⚜ ♿ 🅿. 🆎 ① 🆎 VISA JCB
Menu à la carte 16/31 – ≤ 8 – **152 Zim** 57/70 – 64/77.
• Am Empfang und im Restaurantbereich herrschen dunkle Hölzer vor. Die Gästezimmer sind einheitlich in hellem Holz möbliert und bieten jeglichen technischen Komfort.

BREISACH Baden-Württemberg 419 V 6 – 13 000 Ew – Höhe 191 m.

Sehenswert: Münster★ (Hochaltar★★, Innendekoration★, Lage★), Münsterberg ≤★.
Ausflugsziel: Niederrottweil: Schnitzaltar★ der Kirche St. Michael, Nord: 11 km.

☐ *Breisach-Touristik, Marktplatz 16, ⊠ 79206, ℘ (07667) 94 01 55, breisachtouristik@breisach.de, Fax (07667) 940158.*

Berlin 808 – Stuttgart 209 – Freiburg im Breisgau 30 – Colmar 24.

Am Münster ⑳, Münsterbergstr. 23, ⊠ 79206, ℘ (07667) 83 80, *hotel-ammuenster@t-online.de, Fax (07667) 838100*, ≤ Rheinebene und Vogesen, 🍴, 😐, ☐ - 🛗, ⇔ Zim, ⇌ 🅿 - 🛎 150. 🅰🅴 ⓞ ⓜⓞ 🆅🅸🆂🅰 JCB
geschl. 2. - 22. Jan. – **Menu** à la carte 24/39 – **70 Zim** ⇌ 64/88 – 102/140.
♦ Schön liegt das Haus auf der Sonnenseite des Münsterbergs. Fragen Sie auch nach den Zimmern in der Dependance Bellevue, die elegant eingerichtet und geräumiger sind. Restaurant mit Panoramablick.

Kaiserstühler Hof, Richard-Müller-Str. 2, ⊠ 79206, ℘ (07667) 8 30 60, *kaiserstuehler-hof@t-online.de, Fax (07667) 830666* – 🛗 📺 ⇌, 🅰🅴 ⓞ ⓜⓞ 🆅🅸🆂🅰
Menu (geschl. über Fastnacht 1 Woche) à la carte 21/45 – **20 Zim** ⇌ 55/80 – 80/130.
♦ Ganz mit Efeu bewachsen ist die einladende Fassade dieses sympathischen Familienbetriebs. Die Zimmer überzeugen mit solidem Holzmobiliar und bequemen Korbstühlen. Gehobene Speisenfolgen im heimeligen Restaurant oder deftige badische Vesper in der Metzgerstube.

Kapuzinergarten ⑳, Kapuzinergasse 26, ⊠ 79206, ℘ (07667) 9 30 00, *mail@kapuzinergarten.de, Fax (07667) 930093*, ≤ Kaiserstuhl und Schwarzwald, 🍴, 🌴 – 🛗, ⇔ Zim, ♿ 🅿 🅰🅴 🆅🅸🆂🅰
geschl. über Fastnacht 2 Wochen – **Menu** à la carte 25/46 – **43 Zim** ⇌ 53/92 – 63/130.
♦ Wohnen kann man hier im schlichten "Klosterzimmer" oder in der komfortablen Maisonette. Alle Zimmer haben einen tollen Ausblick auf den Kaiserstuhl oder den Schwarzwald. Im Sommer speist man auf der Dachgartenterrasse, im Winter in der Gaststube mit Kamin.

In Breisach-Hochstetten Süd-Ost : 2,5 km :

Landgasthof Adler (mit Gästehaus), Hochstetter Str. 11, ⊠ 79206, ℘ (07667) 9 39 30, *adler-hochstetten@t-online.de, Fax (07667) 939393*, 🍴, 🅿 – 📺 🅿 ⓜⓞ 🆅🅸🆂🅰
geschl. Mitte Feb. - Anfang März – **Menu** (geschl. Donnerstag, Nov. - April Donnerstag, Samstagmittag) à la carte 17/32 – **23 Zim** ⇌ 45/48 – 64/72.
♦ Ungekünstelte dörfliche Gastlichkeit erlebt man hier am Fuß des Kaiserstuhls und des Tunibergs. Die rustikale Einrichtung verbreitet ländlichen Charme und Behaglichkeit. Gediegenes Restaurant mit holzvertäfelten Decken und Wänden.

Lesen Sie die Einleitung, sie ist der Schlüssel zu diesem Führer.

BREISIG, BAD Rheinland-Pfalz 417 O 5 – 9 000 Ew – Höhe 62 m – Heilbad.

Ausflugsziel: Burg Rheineck: ≤★ Süd: 2 km.

☐ *Tourist-Information, Koblenzer Str. 59 (B 9), ⊠ 53498, ℘ (02633) 4 56 30, tourist info@bad-breisig.de, Fax (02633) 456350.*

Berlin 618 – Mainz 133 – Koblenz 30 – Bonn 33.

Rheinhotel Vier Jahreszeiten ⑳, Rheinstr. 11, ⊠ 53498, ℘ (02633) 60 70, *rheinhotel@breisig.de, Fax (02633) 9220*, ≤ Rhein, 🍴, 😐, ☐ – 🛗 📺 ⇌ 🅿 - 🛎 220. 🅰🅴 ⓞ ⓜⓞ 🆅🅸🆂🅰 JCB
Menu à la carte 20,50/36,50 – **181 Zim** ⇌ 64/72 – 101/116 – ½ P 16.
♦ Weil es am Rhein so schön ist, wird das Business-Hotel nicht nur von Tagungen gern besucht. Fragen Sie nach den Zimmern mit Blick auf den Fluß, diese haben meist auch Balkon ! Zeitlos möbliertes Restaurant.

Zur Mühle ⑳, Am Rheinufer, ⊠ 53498, ℘ (02633) 2 00 60, *info@zurmuehlebreisig.de, Fax (02633) 200660*, ≤, 🍴, ☐, 🌴 – 🛗 📺 🅿 – 🛎 15. 🅰🅴 ⓞ ⓜⓞ 🆅🅸🆂🅰
geschl. 5. Jan. - 28. Feb. – **Menu** à la carte 15/29 – **33 Zim** ⇌ 45/58 – 75/92 – ½ P 11.
♦ Bereits in der vierten Generation wird das Hotel als Familienbetrieb geführt. Praktische Zimmer mit zeitgemäßer Ausstattung. Kostenloser Fahrradverleih !

Niederée, Schmittgasse 2, ⊠ 53498, ℘ (02633) 4 57 00, *info@hotel-niederee.de, Fax (02633) 96766*, 😐 – 🛗 📺 🅿 🅰🅴 ⓞ ⓜⓞ 🆅🅸🆂🅰 ⇜ Zim
Menu (geschl. Feb. 2 Wochen, Nov. 2 Wochen, Mittwoch) à la carte 12/24 – **29 Zim** ⇌ 36/42 – 67/72 – ½ P 12.
♦ In zentraler Lage finden Sie dieses Hotel. Die Gästezimmer sind mit soliden Eichenmöbeln ausgestattet und auf zwei Gebäude verteilt. Das Restaurant ist im altdeutschen Stil eingerichtet.

BREISIG, BAD

Quellenhof, Albert-Mertes-Str. 23, ✉ 53498, ☎ (02633) 4 55 10 (Hotel) 47 00 10 (Rest.), info@quellenhof-badbreisig.de, Fax (02633) 455150, 🍴 – 📺 🅿 ⓒ VISA, ※ Zim
geschl. Nov. 3 Wochen – **Menu** à la carte 15,50/31,50 – **18 Zim** ⌕ 33/50 – 66/86 – ½ P 12.
• Die Gäste sollen sich hier wohlfühlen. Dieser Maxime begegnet man überall im Haus. Die Römer-Thermen mit ihrem heilsamen Wasser sind keine zwei Gehminuten entfernt. Ebenerdiges Restaurant mit freundlicher Ambiente.

Mathilde ※ garni, Waldstr. 5, ✉ 53498, ☎ (02633) 4 55 40, Fax (02633) 455446 – 📺 🅿 🅐🅔 ⓒ VISA
geschl. Nov. - Mitte Dez, Jan. - Feb. – **18 Zim** ⌕ 32/46 – 56/75.
• Gepflegte Gastlichkeit mit persönlicher Note erwartet Sie in diesem Hotel. Ruhige Lage, das Haus ist von einem Garten umgeben. Schöne Spazierwege in unmittelbarer Nähe.

Historisches Weinhaus Templerhof, Koblenzer Str.45 (B 9), ✉ 53498, ☎ (02633) 94 35, Fax (02633) 7394, 🍴, (Haus a.d.J 1657) – 🅿 🅐🅔 ⓞ ⓒ VISA
geschl. über Fasching, Mittwoch - Donnerstagmittag – **Menu** à la carte 24/54.
• In der alten Komturei des Templerordens pflegt man heutzutage eine internationale Küche, die frankophil geprägt ist. Rustikale, gemütliche Einrichtung, freundlicher Service.

Wirtshaus zum Weißen Roß, Zehner Str. 19 (B 9), ✉ 53498, ☎ (02633) 91 35, Fax (02633) 95755, 🍴 – 🅿 🅐🅔 ⓞ ⓒ VISA
geschl. Montag – **Menu** à la carte 18/25.
• Knarrende Holzdielen und der Kachelofen verbreiten eine urgemütliche Stimmung in dem Gasthaus von 1628. Auf den Tisch kommt eine bodenständige, schmackhafte Kost.

BREITENGÜSSBACH Bayern 🔢 Q 16 – 3600 Ew – Höhe 245 m.
Breitengüßbach, Gut Leimershof (Ost : 6 km), ☎ (09547) 71 09.
Berlin 406 – München 239 – Coburg 37 – Bayreuth 64 – Bamberg 9 – Schweinfurt 63.

Vierjahreszeiten ※, Am Sportplatz 6, ✉ 96149, ☎ (09544) 92 90, info@vierjahreszeiten.de, Fax (09544) 929292, 🍴, ≘s, 🔲, 🐴 – ※ Zim, 📺 🅿 – 🕍 40. ※
Menu (geschl. Jan., Nov., Freitag, Sonntagabend, Juli - Sept. Freitag, Sonntag) (wochentags nur Abendessen) à la carte 13,50/26,50 – **38 Zim** ⌕ 45/60 – 65/100.
• Ländliche Atmosphäre erwartet Sie in Oberfranken ! Bereits im behaglich mit Polstergruppen und Kachelofen ausgestatteten Foyer werden Sie auf einen schönen Urlaub eingestimmt. Inge, die "singende Wirtin", veranstaltet musikalische Abende.

BREITNAU Baden-Württemberg 🔢 W 8 – 1900 Ew – Höhe 1018 m – Luftkurort – Wintersport: 1000/1200 m ≤2 ⛷.
🅑 Kurverwaltung, Dorfstr. 11, ✉ 79874, ☎ (07652) 12 06 60, Fax (07652) 120669.
Berlin 788 – Stuttgart 167 – Freiburg im Breisgau 28 – Donaueschingen 42.

Kaisers Tanne, Am Wirbstein 27 (B 500, Süd-Ost : 2 km), ✉ 79874, ☎ (07652) 1 20 10, info@kaisers-tanne.de, Fax (07652) 1507, 🍴, ≘s, 🔲, 🐴 – 🛗 📺 🚗 🅿
Menu à la carte 28/41 – **30 Zim** ⌕ 63/110 – 120/190 – ½ P 14.
• Ein schöner, typischer Schwarzwaldgasthof mit verschiedenen Zimmertypen und engagiertem Service : die Schwarzwaldstuben bieten einen tollen Fernblick und luxuriöse Ausstattung. In den Gaststuben : rustikal-gemütliches Wohlfühl-Ambiente. Hübsche Gartenterrasse.

Faller, Im Ödenbach 5 (B 500, Süd-Ost : 2 km), ✉ 79874, ☎ (07652) 10 01, info@hotel-faller.de, Fax (07652) 311, 🍴, 🐴 – 🛗, ※ Rest, 📺 🚗 🅿
geschl. Ende Nov. - Anfang Dez. – **Menu** (geschl. Mittwochabend, Donnerstagabend) à la carte 16/41 – **26 Zim** ⌕ 68 – 96/136 – ½ P 15.
• In unberührter Natur liegt dieser Schwarzwald-Landgasthof. Fragen Sie nach den geräumigen Zimmern unterm Dach, von dort oder von der Terrasse hat man einen schönen Ausblick ! Rustikal-gemütliche Restauranträume mit regional geprägtem Angebot.

Löwen, an der B 500 (Ost : 1 km), ✉ 79874, ☎ (07652) 3 59, feriengasthof.loewen@t-online.de, Fax (07652) 5512, ≤, 🍴, ≘s, 🐴, ※ – 📺 🅿
geschl. 15. Nov. - 22. Dez. – **Menu** (geschl. Dienstag) à la carte 15/27 – **14 Zim** ⌕ 37/46 – 66/72.
• Das gut geführte Hotel liegt unterhalb des Dorfes, umgeben von Wäldern und Wiesen. Schöne Spielmöglichkeiten und einige Haustiere lassen die Kinderherzen höher schlagen. Behagliche Gaststube mit Kachelofen.

In Breitnau-Höllsteig Süd-West : 9 km über die B 31 :

Hofgut Sternen, am Eingang der Ravennaschlucht, ✉ 79874, ☎ (07652) 90 10, info@hofgut-sternen.bestwestern.de, Fax (07652) 1031, 🍴 – 🛗, ※ Zim, 📺 ♿ 🅿 – 🕍 60. 🅐🅔 ⓞ ⓒ VISA JCB
Menu à la carte 20/35 – **57 Zim** ⌕ 57/75 – 92/112 – ½ P 20.
• Marie-Antoinette, Goethe, Trollope - viele Berühmtheiten sind hier eingekehrt. Auch heute bietet das Haus am Eingang zur Ravennaschlucht eine funktionelle Unterkunft.

BREITSCHEID Hessen siehe Herborn.

BREITUNGEN Thüringen 418 N 14 – 6 000 Ew – Höhe 290 m.
Berlin 373 – Erfurt 82 – Eisenach 29 – Bad Hersfeld 56 – Meiningen 24 – Suhl 41.

Skaras Landhaushotel, Wirtsgasse 13, ✉ 98597, ℘ (036848) 88 00, info@skaras-landhaushotel.de, Fax (036848) 880122, ☆ – TV ✆ P – 🛏 15. ⊕ VISA
Menu à la carte 13,50/26,50 – **15 Zim** ☐ 36/41 – 50/72.
♦ Eingebettet zwischen Thüringer Wald und der vorderen Rhön befindet sich dieses Haus. Aus einer kleinen historischen Schankwirtschaft entstand das gediegene Landhaushotel.

BREMEN 🏛 Stadtstaat Bremen 415 G 10 – 550 000 Ew – Höhe 10 m.
Sehenswert : Marktplatz★★ Z – Focke-Museum★★ Y M3 – Rathaus★ (Treppe★★) Z R – Dom St. Petri★ (Taufbecken★ Madonna★) Z – Wallanlagen★ YZ – Böttcherstraße★ Z : Roseliushaus (Nr.6) und Paula-Modersohn-Becker-Haus★ (Nr.8) Z E – Schnoor-Viertel★ Z – Kunsthalle★ Z.

🏌 Bremen-Vahr, Bgm.-Spitta-Allee 34 V, ℘ (0421) 23 00 41 ; 🏌 Garlstedt, Am Golfplatz 10 (Nord : 11 km über die ④ und B 6), ℘ (04795) 4 17 ; 🏌 Bremen-Oberneuland, Heinrich-Baden-Weg 25 (West : 4 km über ①), ℘ (0421) 25 92 21 ; 🏌 Bremen-Burg, Lesumbroker Landstr. 70 (Nord-West : 11 km über ④), ℘ (0421) 6 94 93 40.

✈ Bremen-Neustadt (Süd : 6 km) X, ℘ (0421) 5 59 50.

🚂 Hauptbahnhof.

Ausstellungsgelände a. d. Stadthalle CX, ℘ (0421) 3 50 50.

🛈 Touristinformation am Bahnhofsplatz, ✉ 28195, ℘ (0421) 30 80 00, btz@bremen-tourism.de, Fax (0421) 3080030.

ADAC, Bennigsenstr. 2.

Berlin 390 ① – Hamburg 120 ① – Hannover 123 ①

Stadtpläne siehe nächste Seiten

Park Hotel ⚶, Im Bürgerpark, ✉ 28209, ℘ (0421) 3 40 80, relax@park-hotel-bremen.de, Fax (0421) 3408602, ≤, ☆, Massage, ℔, ≘s, ⊠ (geheizt) – 📶, ↦ Zim, TV ✆ 📺 P – 🛏 350. ⊕ ① ⊕ VISA JCB V f
Park Restaurant (bemerkenswerte Weinkarte) **Menu** à la carte 44/68 ♀ – **150 Zim** ☐ 155/220 – 205/320, 6 Suiten.
♦ Schon in der edlen Kuppelhalle des früheren Landsitzes erahnen Sie Luxus und Exklusivität, die Sie erwarten. Mit individuellen Zimmern und großzügiger Wellnesslandschaft. Elegantes Park-Restaurant mit aufwendigem Couvert und aufmerksamem Service.

Maritim M, Hollerallee 99, ✉ 28215, ℘ (0421) 3 78 90, info.bre@maritim.de, Fax (0421) 3789600, ≘s, ⊠ – 📶, ↦ Zim, ■ TV ✆ 📺 – 🛏 960. ⊕ ① ⊕ VISA JCB. ⚶ Rest V n
L'Echalote (geschl. Juli - Aug.) (nur Abendessen) **Menu** à la carte 26/48 ♀ – **Brasserie** (nur Mittagessen) **Menu** 23,50(Buffet) – ☐ 14 – **261 Zim** 163/183 – 186/206, 5 Suiten.
♦ Mit seinen großzügigen Dimensionen ist das moderne Hotel ein guter Standort für Tagungen aller Art. Aber auch für den Privataufenthalt bietet man jeden erdenklichen Komfort. Abends speist man im stilvollen L'Echalote mit Blick auf den Bürgerpark.

Hilton M, Böttcherstr. 2 (Eingang Wachtstraße), ✉ 28195, ℘ (0421) 3 69 60, info_bremen@hilton.de, Fax (0421) 3696960, ≘s, ⊠ – 📶, ↦ Zim, ■ TV ✆ ℔ 📺 – 🛏 250. ⊕ ① ⊕ VISA JCB Z x
Menu (nur Abendessen) à la carte 30/35 ♀ – ☐ 17 – **235 Zim** 180/210 – 210.
♦ Sachlich, aber bequem und mit allem technischen Komfort ausgerüstet sind die Zimmer. Vor allem für Geschäftsreisende ist das Hotel eine attraktive, gut zu erreichende Adresse. Restaurant im mediterranen Stil.

Zur Post, Bahnhofsplatz 11, ✉ 28195, ℘ (0421) 3 05 90, info@zurpost.bestwestern.de, Fax (0421) 3059591, ≘s, ⊠ – 📶, ↦ Zim, TV ✆ 📺 – 🛏 110. ⊕ ① ⊕ VISA. ⚶ Rest Y x
La dolce vita (italienische Küche) **Menu** à la carte 21/37 – **183 Zim** ☐ 109/137 – 137/173, 4 Suiten.
♦ Ein engagiert geführtes, zentral gelegenes neuzeitliches Stadthotel mit bemalter Fassade, das solide eingerichtete Zimmer mit gutem Komfort bietet. Im La dolce vita : gepflegtes Ambiente im Trattoria-Stil.

Marriott M, Hillmannplatz 20, ✉ 28195, ℘ (0421) 1 76 70, bremen.marriott@marriott.com, Fax (0421) 1767203 – 📶, ↦ Zim, ■ TV ✆ – 🛏 400. ⊕ ① ⊕ VISA Y n
Menu (nur Abendessen) à la carte 28/39 – **Hillmann's Garden** (nur Mittagessen) **Menu** à la carte 20/34 – ☐ 7 – **228 Zim** 134, 4 Suiten.
♦ Als modernes Tagungs- und Urlaubshotel am Puls der Zeit sieht sich dieses Haus. Die integrierte Geschäftsarkade mit Glaskuppel und schicken Boutiquen ist einen Besuch wert ! Gediegenes Restaurant mit gepflegtem Dekor. Heiteres Bistro-Flair in Hillmann's Garden.

BREMEN

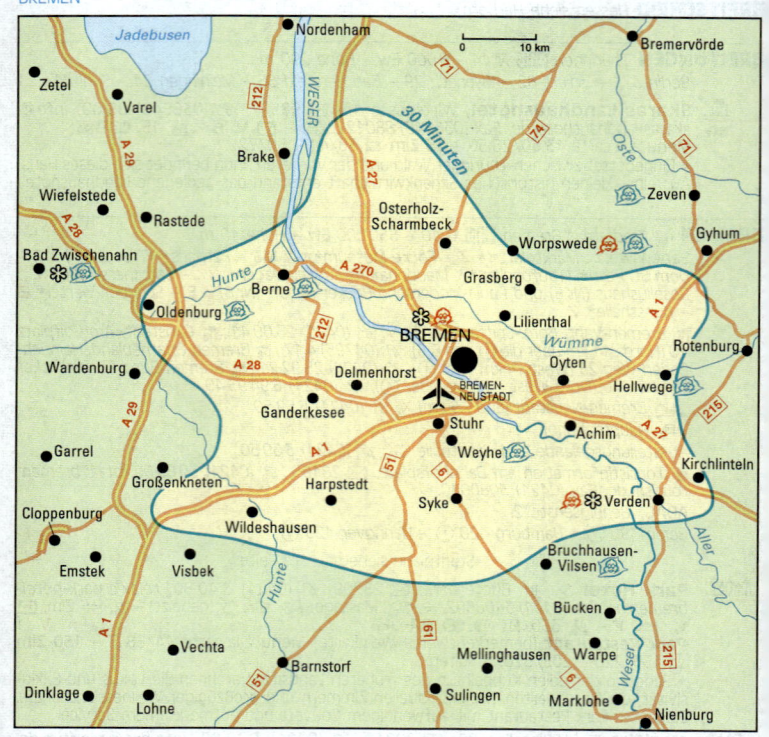

🏛️ **Atlantic Hotel Universum** M, Wiener Str. 4, ✉ 28359, ☎ (0421) 2 46 70, universum@atlantic-hotels.de, Fax (0421) 2467500, 🍽, ⇔ – 🛗, 🚭 Zim, 📺 📞 ♿ 🚗 🅿 – 🛎 260. AE ① ◎ VISA JCB   V t
Menu à la carte 23,50/36 – **150 Zim** ⊇ 99/109 – 129/139.
♦ Glasbetonte, lichte Architektur beeindruckt bereits im Foyer des Hotels am Rand des Technologie- und Universitätsparks. In den Zimmern : geradliniges, modernes Design. Halbrund gebautes Restaurant mit geschwungener Lobby-Bar.

🏛️ **Munte am Stadtwald**, Parkallee 299, ✉ 28213, ☎ (0421) 2 20 20, info@hotel-munte.de, Fax (0421) 2202609, ⇔, ☒ – 🛗, 🚭 Zim, 📺 📞 🚗 🅿 – 🛎 260. AE ① ◎ VISA JCB   V e
Menu (geschl. Weihnachten) (nur Abendessen) à la carte 24/42 – **Del bosco** (italienische Küche) (geschl. 24. - 31. Dez.) **Menu** à la carte 18,50/29 – **136 Zim** ⊇ 91/113 – 111/139.
♦ Das Hotel mit der roten Klinkerfassade liegt gegenüber dem Stadtwald und verfügt über eine gute Verkehrsanbindung. Fragen Sie nach den gut ausgestatteten Deluxe-Zimmern. Kleines, elegantes Restaurant. Del bosco mit farbenfroher Gestaltung im Trattoriastil.

🏛️ **Ramada-Treff Überseehotel** garni, Wachtstr. 27, ✉ 28195, ☎ (0421) 3 60 10, ueberseehotel-bremen@ramada-treff.de, Fax (0421) 3601555 – 🛗 🚭 📺 ♿ 🚗 – 🛎 40. AE ① ◎ VISA JCB   Z u
124 Zim ⊇ 123/182 – 135/195.
♦ Unterschiedlich sind die Zimmer des Hotels nahe dem Marktplatz möbliert - geräumig und mit solider Technik ausgestattet. Halle mit bequemen Ledersesseln.

🏛️ **Lichtsinn** garni, Rembertistr. 11, ✉ 28203, ☎ (0421) 36 80 70, mail@hotel-lichtsinn.com, Fax (0421) 327287 – 🛗 🚭 📺 📞 🚗. AE ① ◎ VISA JCB   Y z
31 Zim ⊇ 80/90 – 105.
♦ Fast überall im Haus findet man dunkle Stilmöbel. Diese - wie auch die liebevollen Details - unterstreichen den gediegenen, individuellen Charme der geschmackvollen Behausung.

Am Stadtwald . . . . **V** 8	H.-H.-Meier-Allee . . . . **V** 35	Ritterhuder Heerstraße . . . . . **V** 60
Beneckendorffallee . . . . **X** 15	Kirchbachstraße . . . . **X** 42	Schwachhauser Heerstraße . **V** 68
Bismarckstraße . . . . **X** 16	Konrad-Adenauer-Allee . . . . . . **X** 45	Sebaldsbrücker
Bremerhavener Str. . . . . **V** 18	Malerstraße . . . . **X** 46	Heerstraße . . . . **X** 69
Buntentorsteinweg . . . . **V** 20	Marcusallee . . . . **V** 48	Stapelfeldstr. . . . . **V** 72
Duckwitzstraße . . . . **X** 26	Oslebshauser Heerstraße . . . **V** 50	Stresemannstraße . . . . **V** 74
Franz-Schütte-Allee . . . . **X** 28	Osterfeuerberger Ring . . . . . . **V** 53	Utbremer Str. . . . . **V** 76
Hastedter Osterdeich . . . . **X** 33	Richard-Boljahn-Allee . . . . **VX** 54	Waller Heerstraße . . . . **V** 82

🏨 **Tulip Inn Schaper-Siedenburg** garni, Bahnhofstr. 8, ✉ 28195, 𝒞 (0421) 3 08 70, *hotel_schaper_siedenburg@t-online.de*, Fax (0421) 308788 – 🛗 ⸺ 📺 📞 🅰🅴 ⓞ ⓜ🅾 Y r
🆅🅸🆂🅰 ᴊᴄʙ
geschl. 22. Dez. - 5. Jan. - **88 Zim** ⌑ 70/100 – 90/120.
• Apart und neuzeitlich gibt sich das Dekor in diesem Mix aus traditioneller und moderner Architektur. Sinnvoll kombiniert sind hier Funktionalität und Wohnkultur.

🏨 **Hanseat** garni, Bahnhofsplatz 8, ✉ 28195, 𝒞 (0421) 1 46 88, *info@hotel-hanseat.com*, Fax (0421) 170588 – 🛗 ⸺ 📺 📞 ⇌ 🅰🅴 ⓞ ⓜ🅾 🆅🅸🆂🅰 ᴊᴄʙ Y e
33 Zim ⌑ 85/110 – 110/130.
• Das wohnlich gestaltete, gediegene Haus am Bahnhof ist für Geschäftsreisende und Touristen ein nettes Zuhause auf Zeit. Frühstück gibt es auch außerhalb der üblichen Zeiten.

🏨 **Bremer Haus,** Löningstr. 16, ✉ 28195, 𝒞 (0421) 3 29 40, *bremerhaus@online.de*, Fax (0421) 3294411 – 🛗, ⸺ Zim, 📺 ⇌ 🅿 – ▲ 20. 🅰🅴 ⓞ ⓜ🅾 🆅🅸🆂🅰 Y d
Menu (geschl. Sonntag) à la carte 22/37 – **71 Zim** ⌑ 72/88 – 88/110.
• Das 1907 erbaute weiße Stadthaus überzeugt mit praktischen Räumen und dem stilsicher mit Bildern dekorierten Kaminzimmer. Dort serviert man auch das Frühstück. Wandmalereien und elegante Leuchten zieren Wände und Decken des Restaurants.

🏨 **Residence** garni, Hohenlohestr. 42, ✉ 28209, 𝒞 (0421) 34 87 10, *hotel-residence-bremen@t-online.de*, Fax (0421) 342322, ⇌, – 🛗 ⸺ 📺 📞 ⇌ 🅰🅴 ⓞ ⓜ🅾 🆅🅸🆂🅰 ᴊᴄʙ
geschl. 24. Dez. - 1. Jan. – **30 Zim** ⌑ 75/80 – 80/110. VX k
• Die Stadtvilla aus dem 19. Jh. präsentiert sich mit einer schönen Fassade, die zumTeil aus Fachwerk besteht. Individuell gestaltete Zimmer mit ausreichendem Platzangebot.

BREMEN

Am Brill	Y 2	Goetheplatz	Z 32	Papenstraße	Y 57
Am Dom	Z 4	Herdentorswallstraße	Y 36	Pelzerstraße	Y 58
Am Landherrnamt	Z 7	Hermann-Böse-Straße	Y 37	Pieperstraße	Y 59
Ansgaritorstraße	Y 9	Hutfilterstraße	Y 38	Sandstraße	Z 62
Ansgaritorwallstraße	Y 10	Katharinenstraße	YZ 40	Schnoor	Z 63
Balgebrückstraße	Z 12	Knochenhauerstraße	Y	Schüsselkorb	Y 64
Böttcherstraße	Z	Komturstraße	Z 43	Schüttingstraße	Z 67
Dechanatstraße	Z 23	Marktplatz	Z	Sögestraße	Y 71
Domsheide	Z 24	Martinistraße	YZ	Stavendamm	Z 73
Friedrich-Ebert-Straße	Z 29	Obernstraße	YZ	Violenstraße	Z 78
		Osterdeich	Z 52	Wachtstraße	Z 79
		Ostertorstraße	Z 55	Wandschneiderstraße	Y 83
		Ostertorswallstraße	Z 56	Wegesende	Y 85

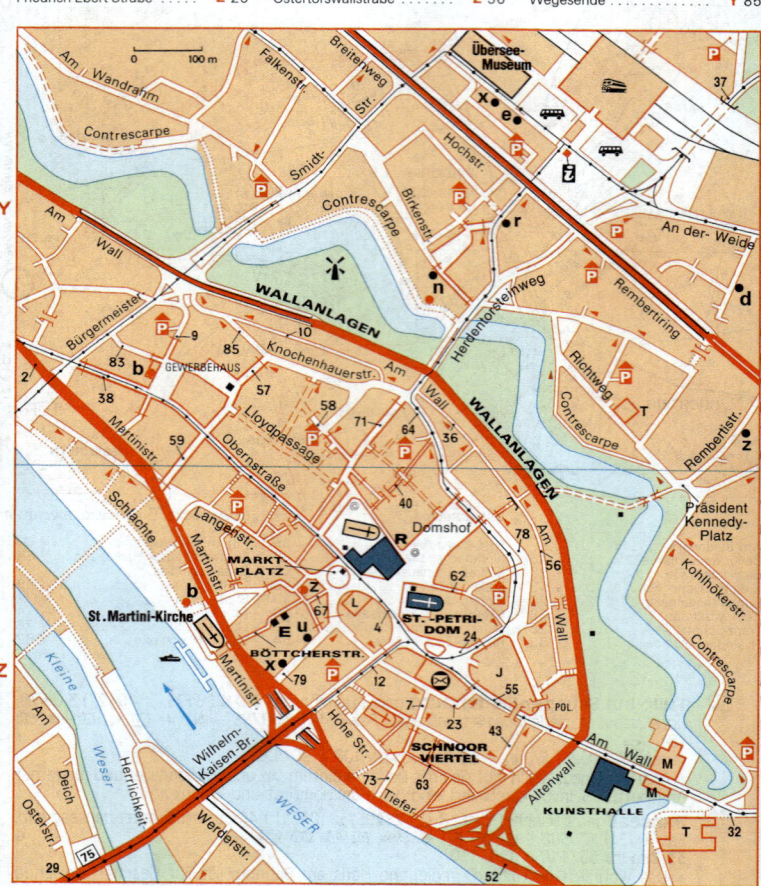

XXX **L'Orchidée im Bremer Ratskeller,** Am Markt (im alten Rathaus), ✉ 28195, ✆ (0421) 3 05 98 88, info@zurpost.bestwestern.de, Fax (0421) 3059591 – AE ⓘ ⓜⓢ VISA 🎫
Z R
geschl. über Ostern 2 Wochen, Juli - Aug. 4 Wochen, Sonntagabend - Montag – **Menu** (Tischbestellung ratsam) 82 à la carte 46/60.
♦ Im 16. Jh. wurden Senats- und Kaiserzimmer für die Ehrengäste des Bremer Senats eingerichtet. Edle Holzvertäfelungen, Wandmalereien und ein Rokoko-Ofen schmücken die Räume.
Spez. Terrine von Räucheraal und Granat. Geröstete Fischsuppe mit Meeresfrüchten. Crépinette und Rücken vom Spanferkel.

BREMEN

Meierei, im Bürgerpark, ⊠ 28209, ℘ (0421) 3 40 86 19, *mein.tisch@meierei-bremen.de*, *Fax (0421) 219981*, ≤, 😊 – 🅿. – 🔔 60. 🆎 ① ⓂⓈ 🆅🅸🆂🅰 🅹🅲🅱
V c
geschl. Montag – **Menu** (bemerkenswerte Weinkarte) à la carte 29/43.
• Die historische Holzvilla liegt, idyllisch vom Bürgerpark umgeben, am See. Bei gutem Wetter speist man auf der schönen Terrasse. Die internationale Karte gibt sich innovativ.

à point, Am Markt 13, ⊠ 28195, ℘ (0421) 3 64 84 58, *Fax (0421) 3648459* – 🆎 ①
Z z
geschl. 23. Dez. - 5. Jan., Samstag - Sonntag – **Menu** à la carte 29/47 – **Bistro : Menu** à la carte 19/29.
• Im Keller des "Schütting", des Hauses der Handelskammer, wurde dieses moderne kleine Restaurant mit schön gedeckten Tischen und ansprechendem Dekor eingerichtet. Auch im legeren Bistro mit blanken Holztischen erwartet Sie ein modernes Ambiente.

Bremer Ratskeller, Am Markt (im alten Rathaus), ⊠ 28195, ℘ (0421) 32 16 76, *Fax (0421) 3059591* – 🆎 ① ⓂⓈ 🆅🅸🆂🅰
Z R
Menu (bemerkenswertes Angebot deutscher Weine) à la carte 21/32.
• Ein Wahrzeichen Bremens : Über 650 Weine finden sich auf der Karte des traditionsreichen Ratskellers mit beeindruckender Gewölbedecke und rustikal geprägter Einrichtung. Besonders sehenswert ist die Historische Halle mit schön verzierten alten Weinfässern.

Jürgenshof, Pauliner Marsch 1 (Nähe Weserstadion), ⊠ 28205, ℘ (0421) 44 10 37, *reservierung@strandlust.de*, *Fax (0421) 4985458*, 😊 – 🅿. 🆎 ① ⓂⓈ 🆅🅸🆂🅰
X z
Menu (Tischbestellung ratsam) à la carte 27/49.
• In den Mauern des reetgedeckten alten Hirtenhofs und auf der Gartenterrasse kann man "gut bremisch essen und trinken". Das Haus ist teils mit bäuerlichem Hausrat geschmückt.

Grashoff's Bistro, Contrescarpe 80 (neben der Hillmann-Passage), ⊠ 28195, ℘ (0421) 1 47 40, *info@grashoff.de*, *Fax (0421) 302040*, 🍴 ① ⓂⓈ 🆅🅸🆂🅰 ✂
Y n
geschl. ab 18.30 Uhr, Sonntag – **Menu** (Tischbestellung erforderlich) 28,50 à la carte 35,50/55.
• Ganz wie im französischen Bistro kann es hier auch mal recht eng und lebendig zugehen ! Netter, aufmerksamer Service. Das Feinkostgeschäft ist ins Haus integriert.

Osteria, Schlachte 1, ⊠ 28195, ℘ (0421) 3 39 82 07, *Fax (0421) 3398208* – 🆎 ① ⓂⓈ 🆅🅸🆂🅰
Z b
geschl. Sonntagmittag – **Menu** (italienische Küche) à la carte 20/38.
• Helles Restaurant im mediterranen Stil mit offener Küche und gut besetztem Service. Man bietet ein klassisch-italienisches Repertoire mit einem Schwerpunkt auf Fischgerichten.

Alte Gilde, Ansgaritorstr. 24, ⊠ 28195, ℘ (0421) 17 17 12, *Fax (0421) 15701*, 🍴 🆎 ⓂⓈ 🆅🅸🆂🅰
Y b
geschl. Sonntag – **Menu** à la carte 17/32.
• Im Keller des altehrwürdigen Gebäudes mit seinen kraftvollen Gewölben auf viereckigen Pfeilern ist nach dem Krieg ein gemütliches, altdeutsches Restaurant entstanden.

In Bremen-Alte Neustadt :

Ramada-Treff Hanseatic Hotel, Neuenlander Str. 55 (B 6), ⊠ 28199, ℘ (0421) 5 09 50, *treffhotels-bremen@t-online.de*, *Fax (0421) 508652*, ≘s – 🏢, ⇔ Zim, 📺 ✆ &
🅿 – 🔔 25. 🆎 ① ⓂⓈ 🆅🅸🆂🅰 🅹🅲🅱 ✂ Rest
X c
Menu (geschl. Sonntag) (nur Abendessen) à la carte 20/31 – ⊇ 13 – **183 Zim** 103 – 115/130.
• Das Hotelgebäude aus den 80er Jahren liegt an der Bundesstraße Richtung Flughafen. Die Zimmer sind hell und gut ausgestattet, einige auch mit Kochecke.

In Bremen-Farge über ④ : 32 km :

Fährhaus Farge, Wilhelmshavener Str. 1, ⊠ 28777, ℘ (0421) 68 86 00, *faehrhaus-farge@t-online.de*, *Fax (0421) 6886066*, ≤, 🍴 – 🏢, ⇔ Zim, 📺 ✆ ⇔ 🅿 – 🔔 250. 🆎 ① ⓂⓈ 🆅🅸🆂🅰 🅹🅲🅱
Menu à la carte 22/44 – **45 Zim** ⊇ 72/77 – 98/103.
• Direkt am Fähranleger ist dieses Hotel angesiedelt. Die Turmzimmer über zwei Etagen sind mit ihrer Wendeltreppe und dem tollen Blick auf die Weser besonders reizvoll. Restaurant mit schöner Terrasse zum Fluß. Mit Schiffsbegrüßungsanlage.

In Bremen-Hemelingen über ② : 6 km :

Montana 🅼 garni, Europaallee 1 (im Gewerbegebiet Hansalinie, nahe der BAB-Ausfahrt), ⊠ 28309, ℘ (0421) 45 85 70, *bremen@hotel-montana.de*, *Fax (0421) 45857100* – 🏢 ⇔ 📺 ✆ 🅿 – 🔔 40. 🆎 ① ⓂⓈ 🆅🅸🆂🅰
⊇ 6 – **75 Zim** 44/54 – 58/68.
• Nicht übersehen können Sie dieses neue Businesshotel mit der Milka-lila Fassade, das verkehrsgünstig an einem Autohof liegt. Modernes Ambiente mit funktionellen Zimmern.

277

BREMEN

In Bremen-Horn-Lehe :

Landgut Horn, Leher Heerstr. 140, ⊠ 28357, ℘ (0421) 2 58 90, info@landgut-horn.de, Fax (0421) 2589222, ☞ – |≋|, ⥌ Zim, TV ☏ ⇌ P – 🛋 80. AE ① ⓜⓔ VISA JCB
V u
Menu à la carte 25/42 – **106 Zim** ⊊ 89/103 – 107/129.
 ◆ Der kleine, im Atriumstil erbaute Eingangsbereich wirkt durch viele Grünpflanzen luftig und angenehm. Die Zimmer bestechen mit gediegenen Landhausmöbeln und ruhiger Farben. Stilvolles Restaurant mit Bar- und Bistrobereich.

Horner Eiche [M] garni, Im Hollergrund 1, ⊠ 28357, ℘ (0421) 2 78 20, info@hotel-horner-eiche.de, Fax (0421) 2769666 – |≋| ⥌ TV ☏ ⇌ P – 🛋 40. AE ① ⓜⓔ VISA JCB
V a
68 Zim ⊊ 70/79 – 80/99.
 ◆ Neuzeitlich und funktionell ist die Ausstattung des hauptsächlich von Geschäftsreisenden besuchten Hotels. Man offeriert rund um die Uhr einen Service für Getränke und Snacks.

Deutsche Eiche, Lilienthaler Heerstr. 174, ⊠ 28357, ℘ (0421) 25 10 11, kontakt@hotel-deutsche-eiche-hb.de, Fax (0421) 251014, ☞ – |≋|, ⥌ Zim, TV P – 🛋 30. AE ① ⓜⓔ VISA JCB
V a
Menu à la carte 19/34 – **39 Zim** ⊊ 70/79 – 90/99.
 ◆ Ein verkehrsgünstig gelegenes Hotel mit gepflegten und praktisch ausgestatteten Zimmern, die teils mit hellen, teils mit dunklen Eichenmöbeln eingerichtet sind.

In Bremen-Neue Vahr :

Golden Tulip, August-Bebel-Allee 4, ⊠ 28329, ℘ (0421) 2 38 70, info@hotelbremen.net, Fax (0421) 2387837 – |≋|, ⥌ Zim, ▭ Rest, TV ⚒ P – 🛋 220. AE ① ⓜⓔ VISA JCB
V v
Menu à la carte 19/38 – ⊊ 13 – **144 Zim** 85/110 – 105/135.
 ◆ Ein solide und technisch gut ausgestattetes Businesshotel mit großzügigem Hallenbereich, gut besetzter Rezeption und funktionellen Zimmern in zwei Kategorien. Modernes Restaurant mit großem Buffetbereich.

In Bremen-Neustadt :

Atlantic Hotel Airport [M], Flughafenallee 26, ⊠ 28199, ℘ (0421) 5 57 10, Fax (0421) 5571100, ≤ – |≋|, ⥌ Zim, TV ☏ ⇌ P – 🛋 100. AE ① ⓜⓔ VISA JCB. ⩎ Rest
Menu à la carte 18/33 – **111 Zim** ⊊ 115/165 – 155/165. X a
 ◆ Hinter der modernen Glas- und Klinkerfassade mit der imposanten Turmkonstruktion verbergen sich zeitlos gestaltete Hotelzimmer. Abflugzeiten via Monitor in der Lobby. Gestyltes Bistro-Restaurant mit tollem Ausblick auf Start- und Landebahnen.

In Bremen-Oberneuland : Ost : 10 km über Franz-Schütte-Allee X :

Landhaus Höpkens Ruh ⩔ mit Zim, Oberneulander Landstr. 69, ⊠ 28355, ℘ (0421) 20 58 53, Fax (0421) 215145 – ☞, ⥌ – ⥌ Zim, TV P.
geschl. 1. - 15. Jan. – **Menu** (geschl. Montag) 30 (mittags) à la carte 37/49 – **Bistro** (geschl. Montag) **Menu** à la carte 23/29 – **8 Zim** ⊊ 92 – 102.
 ◆ Das Restaurant im Park ist im eleganten Landhausstil eingerichtet. Das klassische Angebot hat seine Wurzeln in der französischen Küche. Schöne Gartenterrasse. Ländlich präsentiert sich das Bistro mit Kamin und gemütlichen Nischen.

In Bremen-Schwachhausen :

Heldt ⩔ (mit Gästehäusern), Friedhofstr. 41, ⊠ 28213, ℘ (0421) 21 30 51, hotelheldt@aol.com, Fax (0421) 2058545, ☞, ⥌ – ⥌ Zim, TV ⇌ P. AE ① ⓜⓔ VISA JCB
V z
Menu (geschl. Dez. - Jan. 2 Wochen, Freitag - Sonntag) (nur Abendessen) à la carte 16/26 – **60 Zim** ⊊ 55/83 – 73/103.
 ◆ Seit über hundert Jahren existiert das Gebäude, in dem heute das sehr persönlich geführte Hotel zu finden ist. Fragen Sie nach den schönen Appartements im neuen Gästehaus.

Chopin, Dammweg 1, ⊠ 28211, ℘ (0421) 3 46 87 96, Fax (0421) 3468796, ☞ – ①
ⓜⓔ VISA
X m
geschl. Anfang - Mitte Jan., Ende Juli - Anfang Aug., Sonntag - Montag – **Menu** (nur Abendessen) à la carte 36/47.
 ◆ Passend zum Namen und zum elegant angehauchten Interieur speist man in dem kleinen Restaurant bei klassischer Musik. Für den engagierten Service ist die Chefin verantwortlich.

Va bene, Graf-Moltke-Str. 26, ⊠ 28211, ℘ (0421) 34 49 24, vabene@gmx.net, Fax (0421) 1574
X m
geschl. Juli - Aug. Sonntag - Montag – **Menu** (nur Abendessen) à la carte 28/41.
 ◆ Ein kleines Restaurant mit italienischer Weinhandlung und unkompliziertem Ambiente. Die offene Küche erlaubt Einblicke in die Zubereitung der mediterran inspirierten Speisen.

n Bremen-Vegesack über ④ : 22 km :

Strandlust Vegesack [M], Rohrstr. 11, ✉ 28757, ℰ (0421) 6 60 90, info@strandlust.de, Fax (0421) 6609111, ≤, 斎, Biergarten, 🐎 – 🛗 TV 📞 P – 🔒 300. AE ① ⓜ VISA
Menu à la carte 28/52 – **45 Zim** ⚏ 85/100 – 133/162.
♦ Frische, sommerliche Farben hat man bei der Gestaltung des Interieurs gewählt. Dementsprechend einladend wirken die Räumlichkeiten dieser lebendigen, schön gelegenen Adresse. Vielfältige gastronomische Bereiche ; hübsche Terrasse am Weserufer.

Atlantic Hotel Vegesack M garni, Sagerstr. 20, ✉ 28757, ℰ (0421) 6 60 50, info@atlantic-hotel-vegesack.de, Fax (0421) 664774 – 🛗 ⥼ TV 📞 ♿ 🚗 – 🔒 60. AE ① ⓜ VISA
97 Zim ⚏ 75/90 – 100/135.
♦ Ansprechend ist die moderne Architektur des Hotelbaus mit dem auffälligen Turm, in dem zwei sehr schön gestaltete Turmsuiten untergebracht sind. Auch Zimmer mit Weserblick !

n Lilienthal Nord-Ost : 12 km Richtung Worpswede V :

Rohdenburg, Trupermoorer Landstr. 28, ✉ 28865, ℰ (04298) 4 00 90, info@hotel-rohdenburg.de, Fax (04298) 3269, 斎 – ⥼ TV 📞 ♿ P – 🔒 15. AE ① ⓜ VISA
Menu (geschl. 21. Juli - 4. Aug., Montagmittag, Mittwochmittag, Freitagmittag) à la carte 18/32 – **23 Zim** ⚏ 60/75 – 90/100.
♦ Zwischen Bremen und dem Künstlerdorf Worpswede findet man hier ein nettes, gut geführtes Hotel mit wohnlichen Zimmern. Im Wintergarten beginnt man den Tag auf angenehme Weise. Das Hotelrestaurant ist leicht rustikal und ländlich in der Einrichtung.

Schomacker, Heidberger Str. 25, ✉ 28865, ℰ (04298) 9 37 40, hotelschomacker@t-online.de, Fax (04298) 4291, 斎 – ⥼ Zim, TV 🚗 P – 🔒 20. AE ⓜ VISA JCB
Menu (Dienstag - Freitag nur Abendessen) à la carte 16/29 – **28 Zim** ⚏ 47/59 – 77/93.
♦ Ein gepflegter und gut geführter ländlicher Gasthof mit ausreichend großen Zimmern, die alle mit Kirschbaummöbeln eingerichtet sind. Gemütliches Restaurant in einem separaten Gebäude.

n Oyten Süd-Ost : 17 km über Sebaldsbrücker Heerstr. und B 75 X :

Fehsenfeld garni, Hauptstr. 50, ✉ 28876, ℰ (04207) 7 00 60 – TV 📞 🚗 P. AE ① ⓜ VISA JCB.
geschl. 24. Dez. - Mitte Jan. – **9 Zim** ⚏ 38/45 – 59/62.
♦ Wer es klein und gediegen mag, ist hier gut aufgehoben. Neun solide, teilweise mit dunklen Stilmöbeln eingerichtete Gästezimmer erwarten den Besucher.

BREMERHAVEN Bremen 415 F 9 – 120 000 Ew – Höhe 3 m.

Sehenswert : Deutsches Schiffahrtsmuseum★★ AZ.

🛈 Tourist-Info, Obere Bürger 17 (im Columbus-Center), ✉ 27568, ℰ (0471) 4 30 00, tourist-info@bis-bremerhaven.de Fax (0471) 43080.
ADAC, Deichstr. 91d.
Berlin 410 ② – Bremen 58 ② – Cuxhaven 43 ① – Hamburg 134 ②

Stadtpläne siehe nächste Seiten

Haverkamp, Prager Str. 34, ✉ 27568, ℰ (0471) 4 83 30, hotel.haverkamp@t-online.de, Fax (0471) 4833281, ⥂, ☐ – 🛗, ⥼ Zim, TV 📞 ♿ P – 🔒 90. AE ① ⓜ VISA   BZ d
Menu (wochentags nur Abendessen) à la carte 24/41 – **88 Zim** ⚏ 75/130 – 95/170.
♦ Die individuellen Zimmer dieses Hotels bieten für jeden das Richtige : ob modern-funktionell, rustikal im alpenländischen Stil oder eher gediegen, hier ist alles vorhanden. Klassisch eingerichtetes Restaurant mit hellen Stilmöbeln.

Primula, Stresemannstr. 110, ✉ 27576, ℰ (0471) 9 55 00, hotelprimula@aol.com, Fax (0471) 9550550 – 🛗, ⥼ Zim, TV 📞 P – 🔒 35. AE ① ⓜ VISA JCB   BY e
Menu (nur Abendessen) à la carte 14/22 – **86 Zim** ⚏ 65 – 75.
♦ Praktische Gestaltung und sachlicher Stil sind in diesem neuzeitlichen Bau vorherrschend. Durch die harmonische Farbgebung kommt eine wohnliche Stimmung auf.

Comfort Hotel M garni, Am Schaufenster 7, ✉ 27572, ℰ (0471) 9 32 00, info@comfort-hotel-bremerhaven.de, Fax (0471) 9320100 – 🛗 ⥼ TV 📞 ♿ P – 🔒 100. AE ① ⓜ VISA   über ②
geschl. 22. - 26. Dez. – **114 Zim** ⚏ 70/75 – 87/92.
♦ Interessante Ausblicke auf das Hafengelände und die großen "Pötte" bieten Halle und Gasträume dieses gepflegten Hotels. Zwei Business-Suiten mit allem technischen Komfort !

Natusch Fischereihafen-Restaurant, Am Fischbahnhof 1, ✉ 27572, ℰ (0471) 7 10 21, restaurantnatusch@t-online.de, Fax (0471) 75008 – 🔒 80. AE ① ⓜ VISA
geschl. Montag – **Menu** à la carte 26/46.
♦ Zwischen barbusigen Galionsfiguren und anderen Original-Schiffsteilen wird vor allem Fisch frisch von der Auktion serviert. Traditionelle Zubereitung, freundlicher Service.   über ②

280

BREMERHAVEN

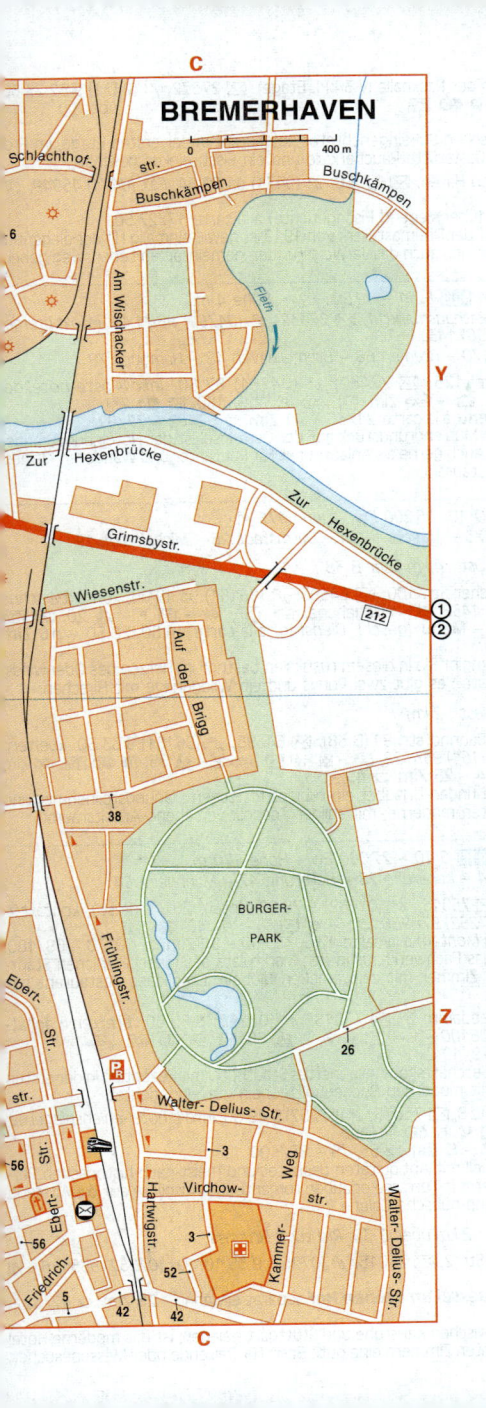

Street	Grid	No.
Am Alten Hafen	AZ	2
Am Klint	CZ	3
Am Strom	AZ	
Am Wischacker	CY	
An der Geeste	BZ	4
An der Mühle	CZ	5
Auf dem Reuterhamm	CY	6
Auf der Brigg	CYZ	
Barkhausenstraße	AY	
Berliner Platz	BZ	
Bismarckstraße	BCZ	
Bogenstraße	AY	
Borriesstraße	BZ	
Bülowstraße	BZ	
Bürgermeister-Smidt-Straße	AYZ	
Buschkämpen	CY	
Bussestraße	ABZ	
Columbusstraße	ABZ	8
Deichstraße	BYZ	
Dresdener Straße	AY	
Elbestraße	BZ	
Elbinger Platz	BZ	
Emslandstraße	AY	12
Eupener Straße	ABY	
Fährstraße	BZ	
Frenssenstraße	ABY	
Friedrich-Ebert-Straße	BCZ	
Frühlingstraße	CZ	
Geestheller Damm	BY	
Georgstraße	BZ	
Gildemeisterstraße	AY	15
Goethestraße	BY	
Grashoffstraße	BZ	
Grimsbystraße	CY	
Hafenstraße	BY	
Hartwigstraße	CZ	
Hermann-Henrich-Meier-Straße	AZ	18
Hinrich-Schmalfeldt-Straße	BY	22
Johann-Wichels-Weg	CZ	26
Kaistraße	BZ	28
Kammerweg	CZ	
Karlsburg	BZ	29
Keilstraße	AYZ	32
Kennedy-Brücke	BZ	34
Kistnerstraße	ABY	
Klußmannstraße	BZ	
Löningstraße	BZ	36
Lohmannstraße	AY	
Lloydstraße	AY	
Ludwigstraße	BZ	
Melchior-Schwoon-Straße	BY	43
Mittelstraße	BZ	
Mozartstraße	BCZ	38
Neuelandstraße	BY	
Obere Bürger	AZ	39
Pestalozzistraße	AY	
Prager Straße	BZ	40
Rampenstraße	ABY	
Rheinstraße	BCZ	
Rickmersstraße	ABY	
Rudolfstraße	AY	
Schiffdorfer Chaussee	CZ	42
Schifferstraße	AYZ	
Schillerstraße	BZ	
Schlachthofstraße	CY	
Schleusenstraße	AY	45
Stresemannstraße	BY	
Theodor-Heuss-Platz	BZ	48
Van-Ronzelen-Straße	BZ	50
Vierhöfen	CZ	52
Virchowstraße	CZ	
Walter-Delius-Straße	CZ	
Weißenburger Straße	CZ	56
Werftstraße	BY	
Wiener Staße	AY	
Wiesenstraße	CY	
Zur Hexenbrücke	CY	

BREMERHAVEN

Fiedler's Aalkate, An der Packhalle IV 34 (1. Etage), ⊠ 27572, ℘ (0471) 9 32 23 50
Fax (0471) 9322330 – ⊙ ⊙ VISA   über ②
Menu à la carte 17/30.
 • Originell im antik-flämischen Stil eingerichtetes Restaurant in der ersten Etage, im Erdgeschoß die einfachere Gaststätte Räucherkate und ein Fischfeinkostgeschäft.

Seute Deern, Am Alten Hafen, ⊠ 27568, ℘ (0471) 41 62 64, Fax (0471) 45949,
– ⫴ ⊙ ⊙ VISA   AZ
geschl. Montag – **Menu** (überwiegend Fischgerichte) à la carte 17/27,50.
 • Das Ambiente im Rumpf der Dreimast-Bark von 1919 ist gewiß einmalig! In der eleganten Kapitäns-Kajüte kann man sich auch das Ja-Wort für den gemeinsamen Lebensweg geben.

BREMERVÖRDE *Niedersachsen* 415 F 11 – 19 500 Ew – Höhe 4 m.

🛈 Tourist-Information, Rathausmarkt 1, ⊠ 27432, ℘ (04761) 98 71 42, info@bremervoerde.de, Fax (04761) 987143.
Berlin 374 – Hannover 170 – *Bremen 68* – Bremerhaven 48 – Hamburg 78.

Oste-Hotel, Neue Str. 125, ⊠ 27432, ℘ (04761) 87 60, info@oste-hotel.de, Fax (04761) 87666, 壺, ≦s – ⩘ 邢 ⇔ ℗ – ⛚ 150. ⫴ ⊙ ⊙ VISA
geschl. 2. - 12. Jan. – **Menu** à la carte 21/35 – **41 Zim** ⊠ 52/62 – 77/87.
 • Auf einem historischen Mühlengrundstück auf der Oste-Insel ist der Hotelneubau angesiedelt. Man fungiert hier auch gerne als Anlaufpunkt für Radfahrer und Wanderer. Kleines zeitlos eingerichtetes Restaurant.

BRENSBACH *Hessen* 417 419 Q 10 – 5 200 Ew – Höhe 175 m.

Berlin 574 – Wiesbaden 73 – *Mannheim 64* – Darmstadt 26 – Michelstadt 19.

In Brensbach-Stierbach *Süd-Ost : 4 km über B 38* :

Schnellertshof, Erbacher Str. 100, ⊠ 64395, ℘ (06161) 93 19 00, kontakt@schnellertshof.de, Fax (06161) 1438, 壺, Wildgehege, ≦s, ⟦⟧, 痢 – 邢 ℗ – ⛚ 20. ⊙ ⊙ VISA
geschl. Feb. 2 Wochen – **Menu** (geschl. Dienstag) à la carte 14,50/28,50 – **16 Zim** ⊠ 40 – 70.
 • Ländliche Einfachheit umgibt Sie in diesem rustikalen Gasthof im Herzen des Odenwalds. Interessant für kleine Gäste : es gibt zwei Ponys und ein Wildgehege mit Hirschen.

In Brensbach-Wersau *Nord-West : 2 km* :

Zum Kühlen Grund, Bahnhofstr. 81 (B 38), ⊠ 64395, ℘ (06161) 9 33 30, kuehlergrund@hotmail.de, Fax (06161) 933322, 壺 – ⩘ ⫙ 邢 ⇔ ℗ – ⛚ 25. ⊙ ⊙ VISA. 彡 Zim
Menu à la carte 13,50/34 – **25 Zim** ⊠ 45 – 75.
 • Am Tor zum Odenwald finden Urlauber ein ruhiges Plätzchen. Tagungsteilnehmer und Geschäftsreisende erwarten moderne, mit solider Technik versehene Arbeitsräume.

BRETTEN *Baden-Württemberg* 419 S 10 – 27 000 Ew – Höhe 170 m.

Berlin 634 – Stuttgart 54 – *Karlsruhe 28* – Heilbronn 47 – Mannheim 64.

Krone, Marktplatz 2, ⊠ 75015, ℘ (07252) 9 78 90 (Hotel), 20 43 (Rest.), kontakt@krone-bretten.de, Fax (07252) 978966, 壺 – ⩘ 邢 ℗ – ⛚ 40. ⊙ ⊙ VISA
Menu (geschl. Okt. - April Montag) à la carte 17,50/35,50 – **50 Zim** ⊠ 50/70 – 68/100.
 • Harmonisch fügt sich das Fachwerkhaus in den Marktplatz des mittelalterlichen Städtchens ein. Modernisierte Zimmer mit zeitgemäßen Möbeln. Ländliches Restaurant mit gemütlichem Kachelofen.

Achat M garni, Am Seedamm 8, ⊠ 75015, ℘ (07252) 5 80 60, bretten@achat-hotel.de, Fax (07252) 5806100 – 邢 ⫙ ⇔ – ⛚ 60. ⫴ ⊙ ⊙ VISA JCB
⊠ 11 **74 Zim** 69/94 – 79/104.
 • Ein neu erbautes, in ein Geschäftshaus integriertes Stadthotel mit Rezeption in der ersten Etage. Die Zimmer sind mit modernen Buchenholzmöbeln gut eingerichtet.

Eulenspiegel, Marktplatz 8, ⊠ 75015, ℘ (07252) 9 49 80, info@hotel-eulenspiegel.de, Fax (07252) 949830 – 邢 ⫙ ⇔ ⊙ ⊙ VISA. 彡
Menu à la carte 14,50/23 – **8 Zim** ⊠ 55/75 – 85/100.
 • Alle Räume sind individuell mit Antiquitäten gestaltet und meist nach historischen Personen benannt. Die Zimmer mit Terrasse erlauben romantische Ausblicke auf die Altstadt. Das Bistro im Haus hat eine hübsche Galerie.

In Bretten-Diedelsheim *West : 2 km über B 35, Richtung Bruchsal* :

Grüner Hof, Karlsruher Str. 2, ⊠ 75015, ℘ (07252) 9 35 10, Fax (07252) 935116 – ⩘
邢 ℗ ⊙ ⊙ VISA
Menu siehe Rest. **Guy Graessel im Grünen Hof** separat erwähnt – **28 Zim** ⊠ 42/55 – 64/78.
 • Ungefähr in der Mitte zwischen Karlsruhe und Stuttgart gelegen, ist das moderne Hotel mit den solide ausgestatteten Zimmern eine gute Basis für Reisende oder Messebesucher.

BRETTEN

Guy Graessel im Grünen Hof, Karlsruher Str. 2, ⊠ 75015, ℘ (07252) 71 38, Fax (07252) 958637 – 🅿 AE ① MO VISA
geschl. Feb. 2 Wochen, Aug. 3 Wochen, Sonntagabend, Donnerstag – **Menu** à la carte 24/37.
• Die Küche repräsentiert eine Mischung badischer und französischer Einflüsse. Gekonnt werden hier marktfrische, regionale Produkte zu appetitanregenden Speisen verarbeitet.

BRETZENHEIM Rheinland-Pfalz **417** Q 7 – 2 200 Ew – Höhe 110 m.
Berlin 606 – Mainz 38 – Bad Kreuznach 6 – Koblenz 75.

Grüner Baum, Kreuznacher Str. 33, ⊠ 55559, ℘ (0671) 83 63 40, gruenerbaum@gmx.net, Fax (0671) 8363450 – |≣|, ⋈ Zim, TV, MO VISA, ⋈ Zim
geschl. 16. Juli - 3. Aug., 19. Dez. - 11. Jan. – **Menu** (geschl. Freitag, Sonntag) (nur Abendessen) à la carte 16/24 – **31 Zim** ☑ 34/52 – 62/99.
• Bereits seit 1779 existiert das hübsche Fachwerkhaus im historischen Weinörtchen Bretzenheim an der Nahe. Fragen Sie nach den kürzlich renovierten Gästezimmern! Idyllischer Weingarten und rustikal eingerichtete Weinstube.

BRETZFELD Baden-Württemberg **419** S 12 – 10 000 Ew – Höhe 210 m.
Berlin 575 – Stuttgart 61 – Heilbronn 20 – Nürnberg 145 – Würzburg 107.

In Bretzfeld-Bitzfeld Nord : 2 km :

Zur Rose (mit Gästehaus), Weißlensburger Str. 12, ⊠ 74626, ℘ (07946) 77 50, hotel-rose@t-online.de, Fax (07946) 775400, ⋐, ☒ – |≣|, ⋈ Zim, TV ✆ 🅿 – 🔏 35. MO VISA
geschl. Aug. 2 Wochen – **Menu** (geschl. Donnerstag) à la carte 18/38,50 – **40 Zim** ☑ 50/62 – 75/110.
• Naturholz und helle Polstermöbel geben den Übernachtungszimmern dieses ländlichen Gasthofs ihr wohnliches Gepräge. Einige Zimmer auch noch mit einfacherem Komfort. Fleisch- und Wurstwaren aus der hauseigenen Metzgerei.

In Bretzfeld-Brettach Süd-Ost : 9 km, Richtung Mainhardt :

Rössle ⋑ mit Zim, Mainhardter Str. 26, ⊠ 74626, ℘ (07945) 9 11 10, gasthofroessle@aol.com, Fax (07945) 911130, ⋐ – TV 🅿 AE MO, ⋈ Zim
geschl. 21. - 31. Jan., 8. - 25. Sept. – **Menu** (geschl. Montagabend - Dienstag) à la carte 24/36 – **4 Zim** ☑ 40 – 55/65.
• Netter, gut geführter Landgasthof. Die Zinnstube (mit Zinntellern und -figuren dekoriert), die Kaminstube und die Rappenbachstube (mit Blick ins Grüne) warten auf die Gäste.

BREUBERG/ODENWALD Hessen **417 419** Q 11 – 7 700 Ew – Höhe 150 m.
Berlin 577 – Wiesbaden 83 – Frankfurt am Main 65 – Darmstadt 38 – Aschaffenburg 24.

In Breuberg-Neustadt :

Kuhar's Rodensteiner, Wertheimer Str. 3, ⊠ 64747, ℘ (06165) 9 30 50, info@kuhars.hotel-rodensteiner.de, Fax (06165) 930550, ⋐, Biergarten, ⋈ – |≣|, ⋈ Zim, TV 🅿 – 🔏 35. AE ① MO VISA
Menu (geschl. 2. - 15. Jan., Sonntagabend - Montag) à la carte 34/53 – **21 Zim** ☑ 85 – 130/160.
• Nach einer gründlichen Renovierung in 2001 sind die Zimmer dieses Odenwald-Hotels wohnlich und funktionell mit unterschiedlichen italienischen Stilmöbeln ausgestattet. Stilvolles Restaurant mit Stuckdecken und gepflegtem Dekor.

BREUNA Hessen **417** L 11 – 3 600 Ew – Höhe 200 m – Luftkurort.
☍ Zierenberg, Gut Escheberg (Süd-Ost : 6 km), ℘ (05606) 26 08.
Berlin 421 – Wiesbaden 240 – Kassel 37 – Paderborn 59.

Sonneneck ⋑, Stadtpfad 2, ⊠ 34479, ℘ (05693) 2 93, sonneneck@t-online.de, Fax (05693) 7144, ⋐, ⋐, ⋈ – ⋈ Zim, TV ⇔ 🅿 ① MO VISA
geschl. 4. - 25. Jan. – **Menu** (geschl. Sonntagabend - Montag) à la carte 16/31 – **20 Zim** ☑ 40/55 – 50/90.
• Der Gasthof liegt mit seinem Anbau inmitten einer Gartenanlage. Wählen Sie ein Zimmer im vorderen Teil des Hauses, dort hat man meist einen Balkon und helle, gekalkte Möbel. Restaurant mit ländlich-rustikalem Ambiente.

BRIETLINGEN Niedersachsen siehe Lüneburg.

BRILON
Nordrhein-Westfalen **417** L 9 – 28 000 Ew – Höhe 455 m – Luftkurort – Wintersport 450/600 m ≤2 ≼.

🚏 Brilon, Am Hölsterloh 5, ℰ (02961) 5 35 50.

🛈 Brilon Touristik, Steinweg 26, ⊠ 59929, ℰ (02961) 9 69 90, brilon-touristik@online.de, Fax (02961) 51199.

Berlin 469 – Düsseldorf 168 – Arnsberg 42 – Kassel 89 – Lippstadt 47 – Paderborn 4.

🏛 **Haus Rech**, Hoppecker Str. 1, ⊠ 59929, ℰ (02961) 9 75 40, hotel-rech@t-online.de, Fax (02961) 975454, ⇔ – 🛗 📺 ⚒ – 🔑 20. 🆎 ⓞ ⓜ◉ 🆅🆂🅰 ⚑ Zim
Menu (geschl. Juli - Aug. 2 Wochen, Montagabend) à la carte 16/36 – **26 Zim** ⇆ 47/5 – 83/88 – ½ P 11.

• Farblich unterschiedlich, mit großzügigem Platzangebot und teils mit Bistrotisch un Korbstühlen, überzeugen die individuellen Gastzimmer in diesem schmucken Stadthaus Behagliche Gastlichkeit findet sich im stilvoll eingerichteten Restaurant.

🏛 **Waldhotel**, Hölsterloh 1 (Süd-Ost: 1,5 km, nahe der B 251), ⊠ 59929, ℰ (02961) 34 7: waldhotel-klaholz@t-online.de, Fax (02961) 50470, ≤, 🍽, ⇔ – 📺 ℗ 🆎 ⓞ ⓜ◉ 🆅🆂🅰
Menu à la carte 17,50/33 – **21 Zim** ⇆ 37/43 – 54/78 – ½ P 12.

• Oberhalb einer Golfanlage in der Waldlandschaft des Hochsauerlandes findet man diese Gasthaus. Fragen Sie nach den Zimmern im Anbau. Frühstück gibt's im Wintergarten.

In Brilon-Gudenhagen Süd : 4 km über die B 251, Richtung Willingen :

🍴🍴 **Haus Waldsee** (Groß) mit Zim, Am Waldfreibad, ⊠ 59929, ℰ (02961) 9 79 20
❄ haus.waldsee@t-online.de, Fax (02961) 908569, 🍽 – 📺 ℗ 🆎 ⓜ◉ 🆅🆂🅰
Menu (geschl. Montag - Dienstag) à la carte 29,50/45,50 – **5 Zim** ⇆ 42 – 64.

• Idyllisch am See gelegen, ist dieses Haus ein Kleinod urgemütlicher Gastlichkeit mit gute Küche. Der Service arbeitet sehr freundlich, die Zimmer sind rustikal eingerichtet.
Spez. Terrine von provenzalischem Gemüse mit gebratenen Riesengarnelen. Seeteufel mi gebratenem grünen Spargel und Thai-Currysauce. Schokoladentörtchen mit glasierter Kirschen und Stracciatellaeis.

BROTTERODE
Thüringen **418** N 15 – 3 200 Ew – Höhe 600 m.

🛈 Gästeinformation, Bad-Vilbeler-Platz 4, Haus des Gastes ⊠ 98599, ℰ (036840) 33 33 gaesteinformation@brotterode-online.de, Fax (036840) 3335.

Berlin 353 – Erfurt 62 – Bad Hersfeld 97 – Coburg 96.

🏛 **Zur guten Quelle**, Schmalkalder Str. 27, ⊠ 98599, ℰ (036840) 3 40, hotel.quelle@
❄ -online.de, Fax (036840) 34111, ⇔ – 🛗, ⚑ Zim, 📺 ⚒ ℗ – 🔑 100. ⓜ◉ 🆅🆂🅰
Menu à la carte 13,50/19,50 – **44 Zim** ⇆ 39/48 – 52/80 – ½ P 10.

• Nur wenige Kilometer vom Rennsteig entfernt, fungiert diese Unterkunft als Standort für die Erkundung der Kulturstädte Thüringens. Reservieren Sie ein Zimmer im neuerer Teil.

Außerhalb West : 3 km :

🏛 **Waldschlößchen** 🌲, Gehegsweg 12, ⊠ 98599, ℰ (036840) 3 22 63, info@
❄ gehege.com, Fax (036840) 32127, 🍽, ⇔, 🔥 – ⚑ Zim, 📺 ⚒ ℗ – 🔑 ⓜ◉ 🆅🆂🅰 ⚑
Menu à la carte 13,50/19,50 – **22 Zim** ⇆ 42 – 58 – ½ P 11.

• Umrahmt von Boots- und Fischteichen, liegt das kleine Waldhotel in absoluter Abgeschiedenheit. Natur pur und familiäre Gastlichkeit garantieren Erholung und Entspannung Ländliches Restaurant, Café und Sonnenterrasse.

BRUCHHAUSEN-VILSEN
Niedersachsen **415** H 11 – 6 000 Ew – Höhe 19 m – Luftkurort.
Berlin 369 – Hannover 87 – Bremen 49 – Minden 83 – Verden an der Aller 30.

🏛 **Forsthaus Heiligenberg** 🌲, Heiligenberg 3 (in Homfeld, Süd-West: 4 km), ⊠ 27305,
ℰ (04252) 9 32 00, restaurant@forsthaus-heiligenberg.de, Fax (04252) 932020, 🍽 – 📺
℗ – 🔑 20. 🆎 ⓜ◉ 🆅🆂🅰
Menu (geschl. Montag) à la carte 22/34 – **14 Zim** ⇆ 49/60 – 84/120.

• Schon seit über 200 Jahren steht das Forsthaus an dieser Stelle. Hier wohnen Sie in freundlich möblierten Zimmern, das neue Gästehaus zeigt sich geschmackvoll im Landhausstil. Freigelegtes Fachwerk und ein Kamin geben dem Restaurant ein rustikales Ambiente.

🍴🍴 **Dillertal,** an der B 6 (Süd-West : 4 km), ⊠ 27305, ℰ (04252) 26 80, dillertal@t-online.de, Fax (04252) 678, 🍽 – ℗ – 🔑 250. ⓞ ⓜ◉ 🆅🆂🅰
Menu à la carte 17,00/35.

• Die neo-rustikale Bestuhlung, Holzvertäfelung an der Decke, ein offener Kamin und Geweihe an den Wänden prägen diese ländliche Gaststätte am Museumsbahnhof Heiligenberg.

BRUCHSAL Baden-Württemberg **419** S 9 – 41 900 Ew – Höhe 115 m.

Sehenswert : Schloß★★ (Treppe★★, Museum mechanischer Musikinstrumente★★).

🖥 🖥 Bruchsal, Langental 2, ℘ (07251) 8 74 74.

🛈 Stadtinformation, Am alten Schloß 2, ✉ 76646, ℘ (07251) 7 93 01, info@bruchsal.de, Fax (07251) 72771.

ADAC, Moltkestr. 38.

Berlin 646 – Stuttgart 68 – Karlsruhe 29 – Heilbronn 61 – Heidelberg 37 – Mannheim 49.

🏨 **Scheffelhöhe** ⌘, Adolf-Bieringer-Str. 20, ✉ 76646, ℘ (07251) 80 20 (Hotel) 30 03 73 (Rest.), hotel@scheffelhoehe.de, Fax (07251) 802156, ≤, 🍽, ⇌ – 🕪, ⇔ Zim, 📺 ⌕ 🅿 – 🔔 40. 🆎 ⓘ 🕮 🌐 JCB
geschl. 24. Dez. - 1. Jan. – **Belvedere : Menu** à la carte 18/33 – **95 Zim** ⇌ 79/98 – 99/124.
♦ Am Südhang eines Kraichgauhügels liegt das Hotel mit Blick auf die Rheinebene. Zeitlos eingerichtete Zimmer mit gutem Komfort versprechen einen erholsamen Aufenthalt. Im Belvedere essen Sie mit Blick auf die historische Altstadt !

🏨 **Business Hotel** garni, Am Mantel 1a (nahe der BAB-Ausfahrt), ✉ 76646, ℘ (07251) 93 90, businessho@aol.com, Fax (07251) 939339 – 🕪 ⇔ 📺 ⌕ ⇆ ⇌ 🅿 – 🔔 80. 🆎 🕮 🌐
104 Zim ⇌ 55/80 – 67/120.
♦ In den hellen, flexiblen Räumen mit ihrer modernen Konferenztechnik läßt es sich gut tagen und lernen. Einheitlich gestaltete Zimmer mit funktioneller Ausstattung.

🍴 **Zum Bären**, Schönbornstr. 28, ✉ 76646, ℘ (07251) 8 86 27, info@baeren-bruchsal.de, Fax (07251) 88611, 🍽 – 🅿 🆎 🕮 🌐
Menu à la carte 20/36 𝓩.
♦ Hinter der klassischen Fassade des renovierten Stadthauses erwartet Sie ein zeitgemäß gestaltetes Restaurant mit freundlichem Service. Im Frühjahr gibt es Bruchsaler Spargel.

In Bruchsal-Büchenau Süd-West : 7 km über B 3, in Untergrombach rechts ab :

🏨 **Ritter** (mit Gästehäusern), Au in den Buchen 92, ✉ 76646, ℘ (07257) 8 80, hotel_restaurant_ritter@t-online.de, Fax (07257) 88111, 🍽, ⇌ – 🕪, ⇔ Zim, 📺 ⌕ ⇆ 🅿 – 🔔 100. 🆎 ⓘ 🕮 🌐
Menu à la carte 16/33 – **Brasserie** (geschl. Aug., Sonntag - Montag) (nur Abendessen) **Menu** à la carte 33/43 – **98 Zim** ⇌ 65/85 – 80/95, 4 Suiten.
♦ Aus drei gastfreundlichen Häusern besteht das familiär geführte Hotel. Unterschiedlich in der Möblierung, aber ausreichend groß und funktionell sind die Gästezimmer. Im Landhausstil : das Restaurant. Die Brasserie in zeitlos-moderner Gestaltung.

In Karlsdorf-Neuthard Nord-West : 4 km :

🍴 **Schlindwein-Stuben**, Altenbürgstr. 6, ✉ 76689, ℘ (07251) 4 10 76, Fax (07251) 49343, Biergarten – ⇔ – 🔔 20. 🆎 ⓘ 🕮 🌐
geschl. Aug. - Sept. 3 Wochen, Montag – **Menu** à la carte 16/36.
♦ Fünf verschiedene ländliche Galerie und ein liebevoll bepflanzter Biergarten laden ein zu Gerichten der bürgerlichen Küche. Man bietet auch aktuelle Saisongerichte.

In Forst Nord-West : 5 km :

🍴🍴 **Zum Löwen**, Kirchstr. 8, ✉ 76694, ℘ (07251) 30 08 96, 🍽 – 🕮 🌐
geschl. Anfang Jan. 1 Woche, Aug. 2 Wochen, Samstagmittag, Sonntagabend - Montag
Menu à la carte 37/37,50.
♦ Dem alten Stadthaus wurde neues Leben eingehaucht. Im neo-rustikal gestalteten Restaurant wird ein internationaler Küchenstil mit saisonalen Akzenten dargeboten.

BRUCKMÜHL Bayern **420** W 19 – 12 000 Ew – Höhe 507 m.

Berlin 630 – München 46 – Garmisch-Partenkirchen 92 – Salzburg 100 – Innsbruck 119.

🏨 **Demmel** garni, Rathausplatz 2, ✉ 83052, ℘ (08062) 31 11, Fax (08062) 3311, 🚙 – ⇔ 📺 🅿
17 Zim ⇌ 41/46 – 67/72.
♦ Am Fuß der Bayerischen Alpen liegt diese sympathische Herberge inmitten einer gepflegten Gartenanlage. Fensterläden und Holzbalkone lassen eine heimelige Stimmung aufkommen.

In Bruckmühl-Kirchdorf Nord : 1 km :

🍴🍴 **Großer Wirt** mit Zim, Am Griesberg 2, ✉ 83052, ℘ (08062) 12 49, info@gasthof-grosser-wirt.de, Fax (08062) 5888, 🍽, ⛱ (geheizt), 🚙 – 📺 🅿 🆎 🌐
Menu (geschl. Donnerstag) à la carte 16/36 – **11 Zim** ⇌ 47 – 72.
♦ Hinter der Backsteinfassade wird ländlich-deftig gekocht. Auch die bayerische Brotzeit und Wurst- und Fleischwaren aus eigener Schlachtung fehlen nicht auf der Karte.

BRÜCKENAU, BAD Bayern 417 418 P 13 – 7 700 Ew – Höhe 300 m – Heilbad.

🛈 Tourist-Information, Rathausplatz 1 (Altes Rathaus), ✉ 97769, ✆ (09741) 8 04 1
info@bad-brueckenau.de, Fax (09741) 6904.

Berlin 478 – München 345 – *Fulda* 32 – Frankfurt am Main 97 – Würzburg 78.

In Bad Brückenau – Stadtmitte :

Zur Krone, Marktplatz 5, ✉ 97769, ✆ (09741) 40 81, Fax (09741) 3851 – 📺 📞
🆗 VISA
Menu (geschl. Sonntag) (nur Abendessen) à la carte 12/23,50 – **10 Zim** ⇌ 42 – 75.
• Behagliche, mit Naturholzmöbeln ausgestattete und geräumige Zimmer warten in de
Gasthof in der Fußgängerzone auf den erholungsuchenden Reisenden. Das Restaurant bi
tet ein rustikal-gemütliches Ambiente.

Zur Mühle 🌲, Ernst-Putz-Str. 17, ✉ 97769, ✆ (09741) 9 16 10, zur-muehle@
online.de, Fax (09741) 916191, 🍴 – 🚗 📞 – 🏨 25. ⓐ 🆗 VISA
Menu à la carte 13,50/31 – **42 Zim** ⇌ 35/48 – 62/76 – ½ P 12.
• Zentrumsnah und doch idyllisch in einem kleinen Park mit Teich ist dieses gastfreundlich
aus einer Mühle entstandene Haus situiert. Hübsch die Zimmer mit Balkon oder Loggia

In Bad Brückenau – Staatsbad :

Dorint Hotel 🌲, Heinrich-von-Bibra-Str. 13, ✉ 97769, ✆ (09741) 8 50, info.zeebr
@dorint.com, Fax (09741) 85425, 🍴, direkter Zugang zum Kurmittelzentrum – 🏨
🛏 Zim, 📺 📞 🚗 📞 – 🏨 130. ⓐ ⓞ 🆗 VISA JCB. 🍴 Rest
Menu à la carte 22/33 – ⇌ 14 – **192 Zim** 110/121 – 120/131 – ½ P 22.
• Elegant und luxuriös logiert man im historischen Jugendstilbau im Kurpark. Von der impo
santen Halle bis zu den schicken Zimmern begleiten den Gast kultivierte Wohnakzent
Kristallüster, Stuck und dezente Wandmalerei schmücken das stilvolle Restaurant.

BRÜGGEN Nordrhein-Westfalen 417 M 2 – 16 000 Ew – Höhe 40 m.

🛈 Tourist-Information, Burgwall 4 (in der Burg Brüggen), ✉ 41379, ✆ (02163) 52 70
info@brueggen.de, Fax (02163) 578404.

Berlin 600 – *Düsseldorf* 50 – Mönchengladbach 22 – Roermond 17 – Venlo 17.

Brüggener Klimp (mit Gästehaus), Burgwall 15, ✉ 41379, ✆ (02163) 95 50, brue
gener_klimp@t-online.de, Fax (02163) 7917, 🍴, 🛏, 🖼, 🍴 – 📺 📞 – 🏨 50. ⓐ
🆗 VISA
Menu à la carte 17/31 – **63 Zim** ⇌ 54/70 – 75/90.
• "Brüggener Klimp" hieß der Zug, der hier früher haltmachte, im Volksmund. Wie zu
Erinnerung steht vor dem Hotel eine alte Dampflok, die nostalgische Gefühle aufkomme
läßt. Gaststube und Schänke sind liebevoll mit alten Eisenbahnaccessoires dekoriert.

In Brüggen-Born Nord-Ost : 2 km Richtung Boisheim :

Borner Mühle 🌲, Borner Mühle 20, ✉ 41379, ✆ (02163) 95 59 50, borner
muehle@t-online.de, Fax (02163) 59003, 🍴 – 🏨 📺 📞 – 🏨 25. ⓐ ⓞ 🆗 VISA
Menu (geschl. Montag) à la carte 17/30 – **25 Zim** ⇌ 41/50 – 72.
• Fast ganz mit Efeu bewachsen, fügt sich das ehemalige Mühlengebäude harmonisch in
die waldreiche Landschaft ein. Fragen Sie nach einem der Zimmer mit antiken Möbeln

---

BRÜHL Nordrhein-Westfalen 417 N 4 – 44 000 Ew – Höhe 65 m.

Sehenswert : Schloß Augustusburg★★ (Treppenhaus★★, Deckenfresko★, Innenräume★★
Audienzsaal★, Garten★) – Schloß Falkenlust★ (Lackkabinett★, Spiegelkabinett★) -
Phantasialand★ (Galaxy★, Wintergartenschau★).

🛈 Brühl-Info, Uhlstr. 1, ✉ 50321, ✆ (02232) 7 93 45, bruehl.info@t-online.de
Fax (02232) 79346.

Berlin 589 – *Düsseldorf* 61 – *Bonn* 25 – *Aachen* 76 – Düren 35 – Köln 13.

Ramada Treff Hotel 🅼, Römerstr. 1, ✉ 50321, ✆ (02232) 20 40, bruehl-koeln@
ramada-treff.de, Fax (02232) 204523, 🍴, 🛏 – 🏨, 🛏 Zim, 🍴 Rest, 📺 📞 🚗 📞 –
🏨 250. ⓐ ⓞ 🆗 VISA JCB. 🍴 Rest
Menu à la carte 18,50/33 – **157 Zim** ⇌ 118 – 130.
• Modern und praktisch ist das ganze Hotel, von der Architektur bis zur Einrichtung der
Gästezimmer. Einige der Zimmer eignen sich dank einer Verbindungstür als Familienzimmer
Helles Restaurant mit Fensterfront und großem Buffet.

Am Stern garni, Uhlstr. 101, ✉ 50321, ✆ (02232) 1 80 00, info@hotel-am-stern.de,
Fax (02232) 180055 – 🏨 📺 📞 🆗 VISA
41 Zim ⇌ 75 – 100.
• Einheitlich mit weißen Möbeln und hellen Accessoires sind die Übernachtungszimmer
ausgestattet. Freundlicher, aber unaufdringlicher Service. Gute Kommunikationstechnik.

BRÜHL

XX **Orangerie,** Schloßstr. 6a (Schloss Augustusburg), ⊠ 50321, ℘ (02232) 9 49 46 10, Fax (02232) 9494601, 斎 – ⓜⓞ 𝕍𝕀𝕊𝔸
geschl. über Karneval, Montag - Dienstag – **Menu** (wochentags nur Abendessen) à la carte 35/46.
  ♦ In einem Seitenflügel von Schloß Augustusburg begrüßt Sie die Gastgeberin in einem länglichen Raum mit Gewölbedecke und Sprossentüren, die den Blick in den Park freigeben.

XX **Glaewe's Restaurant,** Balthasar-Neumann-Platz, ⊠ 50321, ℘ (02232) 1 35 91, Fax (02232) 44360 – ⚄
geschl. Ende Dez. - Anfang Jan., Aug. 3 Wochen, Montag - Dienstag – **Menu** (wochentags nur Abendessen) à la carte 34/41.
  ♦ Viele große Bilder schmücken die Wände des hellen, mediterran wirkenden Restaurants in einer Geschäftspassage. Die Speisekarte bietet eine Auswahl internationaler Gerichte.

X **Sicker's,** Carl-Schurz-Str. 8, ⊠ 50321, ℘ (02232) 94 29 33, 斎
geschl. Feb. 1 Woche, Sept. 2 Wochen, Mittwoch, Sonntagmittag – **Menu** (Tischbestellung ratsam) à la carte 26,50/33.
  ♦ Das kleine Restaurant mit mediterranem Flair bietet einen guten Rahmen für nette Stunden. Man sitzt auf zwei Ebenen, die Räume sind hell und mit Rattanmöbeln bestuhlt.

BRUNSBÜTTEL Schleswig-Holstein **415** E 11 – 13 500 Ew – Höhe 2 m.
Berlin 374 – Kiel 96 – *Cuxhaven* 84 – Hamburg 83 – Itzehoe 27.

🏠 **Zur Traube,** Markt 9, ⊠ 25541, ℘ (04852) 5 46 10, zur-traube@t-online.de, Fax (04852) 546150, 斎, ≦s, – TV 📞 ⇔ 🅿 – 🍴 40. 🆎 ⓞ ⓜⓞ 𝕍𝕀𝕊𝔸. ℅ Rest
Menu à la carte 18,50/32,50 – **19 Zim** ⌧ 52/55 – 72/75.
  ♦ An einem kleinen Platz im Altstadtbereich des Städtchens, wo der Nord-Ostsee-Kanal in die Elbe mündet, befindet sich dieser ältere, über Jahrzehnte gewachsene Gasthof.

In St. Michaelisdonn Nord : 12 km :

🏠 **Landhaus Gardels,** Westerstr. 15, ⊠ 25693, ℘ (04853) 80 30, landhausgardels@t-online.de, Fax (04853) 803183, 斎, Fő, ≦s – ⥮ Zim, TV ⚒ ⇔ 🅿 – 🍴 50. 🆎 ⓞ ⓜⓞ 𝕍𝕀𝕊𝔸
Menu (geschl. Sonntagabend) à la carte 22,50/36,50 – **59 Zim** ⌧ 75/95 – 92/130 – ½ P 18.
  ♦ Seit 115 Jahren kommen hier Reisende in den Genuß unverfälschter nordischer Gastlichkeit. Unterschiedlich möblierte und zugeschnittene Zimmer versprechen ruhigen Schlaf.

BRUSCHIED Rheinland-Pfalz siehe *Kirn*.

BUCHAU, BAD Baden-Württemberg **419** V 12 – 4 300 Ew – Höhe 586 m – Moorheilbad.
Ausflugsziele: *Steinhausen* : Wallfahrtskirche★ Süd-Ost : 10 km – *Bad Schussenried* : ehemaliges Kloster (Klosterbibliothek★) Süd-Ost : 9 km.
🛈 Tourist-Information, Marktplatz 2, ⊠ 88422, ℘ (07582) 9 33 60, Fax (07582) 933620.
Berlin 679 – Stuttgart 112 – *Konstanz* 108 – Reutlingen 71 – Ulm (Donau) 63 – Ravensburg 43.

🏠 **Zum Kreuz,** Hofgartenstr. 1, ⊠ 88422, ℘ (07582) 9 31 40, Fax (07582) 931420, 斎 – TV ⇔ 🍴 20. ⓜⓞ 𝕍𝕀𝕊𝔸
geschl. 24. Dez. - 15. Jan. – **Menu** (geschl. Mittwoch) à la carte 14,50/27 – **24 Zim** ⌧ 34/37 – 59/61 – ½ P 7.
  ♦ Diese ländliche, privat geführte Adresse ermöglicht ihren Besuchern eine erholsame Zeit in gepflegten und praktisch ausgestatteten Zimmern. Die hauseigene Metzgerei bereichert das Speiseangebot.

BUCHEN (ODENWALD) Baden-Württemberg **417 419** R 11 – 18 800 Ew – Höhe 340 m – Erholungsort.
⛳ Mudau, Donebacher Str. 41 (West : 10 km), ℘ (06284) 84 08.
🛈 Verkehrsamt, Hochstadtstr. 1, ⊠ 74722, ℘ (06281) 27 80, verkehrsamt-buchen@t-online.de, Fax (06281) 2732.
Berlin 560 – Stuttgart 113 – *Würzburg* 65 – Heidelberg 87 – Heilbronn 59.

🏨 **Prinz Carl,** Hochstadtstr. 1, ⊠ 74722, ℘ (06281) 5 26 90, infoprinzcarl@t-online.de, Fax (06281) 526969, 斎 – 📶, ⥮ Zim, TV ⇔ 🅿 – 🍴 25. 🆎 ⓞ ⓜⓞ 𝕍𝕀𝕊𝔸
Menu à la carte 27,50/46 – **31 Zim** ⌧ 59/64 – 74/112 – ½ P 16.
  ♦ Die geschmackvoll eingerichteten Zimmer der ehemaligen Posthalterstation sind teils mit Möbeln im Eiermann-Stil bestückt, teils mediterran gestaltet. Restaurant mit gemütlicher Atmosphäre.

BUCHEN (ODENWALD)

Reichsadler, Walldürner Str. 1, ✉ 74722, ℰ (06281) 5 22 60, hotel-reichsadler@online.de, Fax (06281) 522640, 🍴 – ⇥ Zim, TV P. AE ◎ VISA
geschl. Jan. 2 Wochen, Nov. 2 Wochen – **Menu** à la carte 14,50/33 – **20 Zim** ⊆ 40/! – 60/74.
• Herzlichkeit mit Tradition empfängt Sie in den ländlichen Räumlichkeiten. In hellem Ho neuzeitlich gestaltete Schlafquartiere warten auf Ihren Besuch. Das Restaurant biet nette Plätze in rustikalem Umfeld oder auf der Terrasse im Hof.

In Buchen-Hainstadt Nord : 1,5 km :

Zum Schwanen, Hornbacher Str. 4, ✉ 74722, ℰ (06281) 28 63, schwanen@t-e line.de, Fax (06281) 97098, 🖾 – 📶 ⇌ P. ◎ VISA. ✵
geschl. Aug. 3 Wochen – **Menu** (geschl. Sonntagabend, Mittwoch) à la carte 12,50/20 **17 Zim** ⊆ 32 – 50 – ½ P 9.
• Das Haus möchte seinen Gästen ein behagliches Zuhause bieten. Eine einfache ur gepflegte Einrichtung macht die Fremdenzimmer zu einer soliden Bleibe.

In Buchen-Hollerbach Süd-West : 3 km :

Zum Engel, Holunderstr. 7, ✉ 74722, ℰ (06281) 89 46, engel-hollerbach@t-online.d 🍴 – P. ◎ VISA
geschl. über Fastnacht 1 Woche, über Pfingsten 1 Woche, Ende Juli - Anfang Aug., Diensta - Mittwoch – **Menu** (wochentags nur Abendessen) à la carte 23/38 ⚑.
• Hinter einer geschmackvollen Sandsteinfassade bietet man eine Auswahl vo österreichisch bis mediterran. Holztäfelung und Wandmalerei bilden das kunstvol Dekor.

BUCHENBERG Bayern 419 420 W 14 – 4 000 Ew – Höhe 895 m – Luftkurort – Wintersport 900/1 036 m ⛷6 ⛷.

🛈 Tourist Info, Rathaussteige 2, ✉ 87474, ℰ (08378) 92 02 22, anita.kloepf@buche berg.de, Fax (08378) 920223.
Berlin 703 – München 133 – *Kempten (Allgäu)* 8 – Isny 17.

Sommerau ⚐, Eschacher Str. 35, ✉ 87474, ℰ (08378) 94 09 3C Fax (08378) 9409360, ≤, 🍴, ⇌, ⇌, – ⇥ Zim, TV P. – 🛌 80. ◎ VISA
Menu (geschl. Dienstag) à la carte 18/35 – **38 Zim** ⊆ 49/59 – 82/95 – ½ P 13.
• Ob auf Geschäftsreise oder privat unterwegs - gepflegte, in ländlichem Stil eingerichtet Zimmer mit funktionellem Inventar stehen für jeden Gast bereit. Rustikale Landhausstube verbreiten Gemütlichkeit.

Schwarzer Bock ⚐, Hölzlers 169 (Nord-West : 1,5 km), ✉ 87474, ℰ (08378) 9 40 5C info@freudeimgruenen.de, Fax (08378) 940520, 🍴, ⇌, 🖾, ⇌, ✵, – ⇥ Zim, TV ▮ – 🛌 30. ◎ VISA. ✵ Rest
Menu (geschl. Montagmittag, Dienstagmittag) à la carte 20/36 ⚑ – **20 Zim** ⊆ 49/66 – 79/107 – ½ P 20.
• Seine "grüne Freude" erlebt der Gast in diesem von reizvoller Natur umgebenen Land haus. In einem Nebenhaus hat man nette, wohnliche Zimmer eingerichtet. Komfortabe ausgestattete Gaststuben mit schön eingedeckten Tischen.

BUCHHOLZ IN DER NORDHEIDE Niedersachsen 415 416 F 13 – 37 000 Ew – Höhe 46 m

🏌 Buchholz-Seppensen, An der Rehm (Süd : 5 km), ℰ (04181) 3 62 00.
🛈 Tourist-Information, Rathausplatz 4, ✉ 21244, ℰ (04181) 28 28 10, Fax (04181) 282890.
Berlin 312 – Hannover 124 – *Hamburg* 40 – Bremen 96.

Landart Hotel M, Lindenstr. 21, ✉ 21244, ℰ (04181) 91 90, info@landart-hotel.de Fax (04181) 919199, 🍴, 🎾, ⇌, 🖾, – 📶, ⇥ Zim, ▮ Rest, TV ✆ & ⇌ P. – 🛌 100 AE ◎ ◎ VISA
Menu à la carte 22/42 – **48 Zim** ⊆ 70/105 – 95/130.
• Vor den Toren Hamburgs entstand ein Haus, in dem sich Geschäftsleute und auch Urlau ber wohlfühlen. Geschmackvolle, nach Landschaftsthemen gestaltete Zimmer. Modernes Restaurant mit dunkler Lederpolsterung, Bildern und Pflanzen.

Ristorante Il Sole, Lohbergenstr. 51, ✉ 21244, ℰ (04181) 9 77 08, libsalerno@aol. com, Fax (04181) 97706, 🍴 – P. ◎ VISA. ✵
geschl. Montag – **Menu** (wochentags nur Abendessen) (italienische Küche) à la carte 24/36 ⚑.
• An einem kleinen Teich gelegen, wartet das Restaurant mit elegant-rustikaler Leder bestuhlung, dunkler Holztäfelung, Wandmalerei mit Aktmotiven und italienischer Küche auf.

BUCHHOLZ IN DER NORDHEIDE

Buchholz-Dibbersen *Nord : 4 km :*

Frommann, Harburger Str. 8 (B 75), ✉ 21244, ℰ (04181) 28 70, *hotel-frommann@t-online.de, Fax (04181) 287287*, 🍽, 🔲, 🐎 – ⇔ Zim, 📺 🅿 – 🔏 40
Menu à la carte 15,50/31 – **49 Zim** ⊇ 39/50 – 55/84.
* Unweit von Hamburg und nahe der Heidelandschaft gelegen, präsentiert sich den Besuchern eine Beherbergung mit zeitgemäßer Ausstattung - Behaglichkeit in Holz. Sie speisen in bürgerlich-rustikalem Umfeld.

Gästehaus Ulmenhof ⚓ garni, Am Sööl'n 1, ✉ 21244, ℰ (04181) 9 99 70, *familie.stoever@gaestehaus-ulmenhof.de, Fax (04181) 97103*, (ehem. Bauernhaus), 🐎 – ⇔ 📺 ⇔ 🅿 ⓜ. ⚘
15 Zim ⊇ 39 – 50/57.
* Einst bäuerlich genutzt, hat man hier nun preisgünstigen Wohnkomfort für Reisende geschaffen. Holzmobiliar und Holzvertäfelungen prägen die Räume rustikal. Schöner Garten.

Buchholz-Holm-Seppensen *Süd : 5 km :*

Seppenser Mühle ⚓, ✉ 21244, ℰ (04187) 3 22 30, *info@seppenser-muehle.de, Fax (04187) 322399*, 🍽 – 🔋 📺 🅿 – 🔏 15. ⓜ 𝗩𝗜𝗦𝗔
geschl. Jan. – **Menu** *(geschl. Mittwoch)* à la carte 18/28 – **21 Zim** ⊇ 48 – 72/75.
* Idyllisch an einem Teich plaziert, stellt das Haus ein friedliches Zuhause auf Zeit dar – umgeben von familiärer Atmosphäre, beziehen Sie eines der praktischen Zimmer. Nett dekorierte, ländlich-rustikal eingerichtete Restauranträume und hübsche Gartenterrasse.

Buchholz-Seppensen *Süd : 3,5 km :*

Heitmann garni, Buchholzer Landstr. 6, ✉ 21244, ℰ (04181) 9 32 50, *fritz.heitmann@web.de, Fax (04181) 932525* – 📺 🅿 🄰🄴 ⓜ 𝗩𝗜𝗦𝗔. ⚘
11 Zim ⊇ 49 – 69.
* Freundliches Kleinstadt-Flair umgibt diese Adresse. Vor allem Familien schätzen das Domizil wegen seines persönlichen Charmes. Ein zusätzliches Kinderbett ist kein Problem.

Buchholz-Steinbeck *Nord-West : 3 km :*

Zur Eiche, Steinbecker Str. 111, ✉ 21244, ℰ (04181) 2 00 00, *hotel@zur-eiche.de, Fax (04181) 39509*, Biergarten – ⇔ 📺 🅿 – 🔏 40. 🄰🄴 ⓞ ⓜ 𝗩𝗜𝗦𝗔
Menu à la carte 19/31 – **18 Zim** ⊇ 54/57 – 84/91.
* Im stilvollen Landhotel widmet man sich mit Engagement Ihrem Wohlbefinden. Sie wohnen in funktionell ausgestatteten Zimmern - ein rustikaler Rahmen sorgt für Behagen. Ländlicher Restaurantbereich mit leicht elegantem Touch.

Hoheluft (mit Gästehäusern), Hoheluft 1 (an der B 75), ✉ 21244, ℰ (04181) 9 21 10, *hoheluft-hotel@t-online.de, Fax (04181) 921150*, Biergarten, 🐎 – ⇔ Zim, 📺 ⇔ 🅿 – 🔏 40. ⓜ 𝗩𝗜𝗦𝗔
Menu *(geschl. 27. Dez. - 4. Jan., Samstag)* à la carte 19/30 – **24 Zim** ⊇ 39/50 – 54/77.
* Zeitgemäß, mit braunem oder kirschfarbenem Mobiliar, sind die Zimmer dieses Gasthofs gehalten. Auch die Bäder sind entsprechend modern ausgestattet. Wählen Sie zwischen bürgerlicher Gaststube, lichtdurchflutetem Wintergarten oder geselligem Biergarten.

BUCHLOE Bayern **419 420** V 16 – 8500 Ew – Höhe 627 m.
Berlin 606 – München 68 – *Augsburg* 48 – *Kempten (Allgäu)* 59 – Memmingen 49.

Stadthotel Ⓜ, Bahnhofstr. 47, ✉ 86807, ℰ (08241) 50 60, *info@stadthotel-buchloe.de, Fax (08241) 506135*, 🄵🅢, ⇌ – 🔋, ⇔ Zim, 📺 📞 ⇔ 🅿 – 🔏 90. ⓜ 𝗩𝗜𝗦𝗔
Menu à la carte 16/32,50 – **44 Zim** ⊇ 52/62 – 82/92.
* Genießen Sie Ihre wohlverdiente Nachtruhe in diesem neuzeitlichen Haus. Mit freundlichem Mobiliar hat man die Gästezimmer funktionell eingerichtet. Angenehm helles Restaurant im ersten Stock.

BUCKOW Brandenburg **416 418** I 26 – 1700 Ew – Höhe 46 m – Kneippkurort.
🛈 Fremdenverkehrsamt, Wriezener Str. 1a, ✉ 15377, ℰ (033433) 5 75 00, Fax (033433) 57719.
Berlin 62 – Potsdam 91 – *Frankfurt (Oder)* 48 – Eberswalde 50.

Kur- und Tagungshotel Am See ⚓, Ringstr. 5, ✉ 15377, ℰ (033433) 63 60, *0334336360-0001@t-online.de, Fax (033433) 636138*, ≼, 🍽, Massage, ✦, ⇌, 🄰🄲, 🐎 – 🔋 📺 🅿 – 🔏 25. ⓜ 𝗩𝗜𝗦𝗔
Menu à la carte 17,50/36 – **28 Zim** ⊇ 42/47 – 67/72.
* Hier bewohnen Sie hübsche Zimmer in unmittelbarer Nähe des Schermützelsees. Mit einem Badestrand und Bootsverleih vor der Tür steht Ihrem Vergnügen nichts im Wege. Helles Restaurant und Terrasse mit Seeblick.

BÜCHLBERG Bayern 420 T 24 – 4100 Ew – Höhe 489 m – Erholungsort – Wintersport :
 ❶ Verkehrsamt, Hauptstr. 5 (Rathaus), ✉ 94124, ℘ (08505) 9 00 80, info@buechlbe
.de, Fax (08505) 900848.
 Berlin 613 – München 192 – Passau 19 – Freyung 21.

Binder, Freihofer Str. 6, ✉ 94124, ℘ (08505) 9 00 70, info@hotelbinder.c
Fax (08505) 900799, ≤, ≘s, 🐎, – 🏋 TV 🚗 🖭 – 🔒 120. ⓞ 📺
 ✾ Zim
 geschl. Mitte Jan. - Mitte Feb. – **Menu** (geschl. Okt. - April Donnerstag) à la carte 11/
 – **57 Zim** ⇌ 33/38 – 54/70 – ½ P 9.
 ♦ Praktisch, sauber und gepflegt zeigt sich dieses gastliche Haus, eine geeignete Adres
 für Ausflüge in den Bayerischen Wald. Auch größere Gruppen sind herzlich willkomme

Beinbauer ⚘, Pangerlbergstr. 5, ✉ 94124, ℘ (08505) 65 20, info@hotel-be
bauer.de, Fax (08505) 6463, ≘s, 🔲, 🐎 – TV 🖭
 geschl. Nov. – **Menu** (Restaurant nur für Hausgäste) – **33 Zim** ⇌ 30/42 – 51/72
 ½ P 8.
 ♦ Rustikale Räumlichkeiten, familiärer Charme und die ruhige Lage machen das Haus
 einer netten Herberge. Fragen Sie nach den verschiedenen Pauschalangeboten.

BÜCKEBURG Niedersachsen 417 J 11 – 20 600 Ew – Höhe 60 m.
 Sehenswert ⚘, Schloß★ – Hubschraubermuseum★ – Stadtkirche★.
 ⛳ Obernkirchen, Röserheide 2 (Nord-Ost : 8 km), ℘ (05724) 46 70.
 ❶ Tourist-Information, Marktplatz 4, ✉ 31675, ℘ (05722) 20 61 81, touri
 info@bueckeburg.de, Fax (05722) 206210.
 Berlin 340 – Hannover 64 – Bielefeld 63 – Bremen 106 – Osnabrück 93.

Ambiente M, Herminenstr.11, ✉ 31675, ℘ (05722) 96 70, info@ambiente-hotel.d
Fax (05722) 967444, 🌳, ≘s – 🏋, ✾ Zim, TV 📞 ♿ 🚗 🖭 – 🔒 35. ㎒ ⓞ 📺 🆅🆂
 Menu à la carte 15/39 – **34 Zim** ⇌ 116 – 152.
 ♦ Neben wohnlich gestalteten Gästezimmern mit funktioneller Ausstattung zählt auch d
 Nähe zum Zentrum zu den Annehmlichkeiten des Hauses. Das Restaurant hat man in leg
 rem Bistrostil eingerichtet.

Am Schlosstor M garni, Lange Str. 31, ✉ 31675, ℘ (05722) 9 59 90, info@an
schlosstor.de, Fax (05722) 959950 – ✾ TV 📞 🖭 ㎒ 📺 🆅🆂
 25 Zim ⇌ 51/87 – 77/107.
 ♦ In der Fußgängerzone wartet eine gepflegte Adresse auf Ihren Besuch. Neuzeitliche
 Design und Funktionalität vereinen sich zu einem netten, wohnlichen Plätzchen.

In Bückeburg-Röcke West : 5 km :

Große Klus M, Am Klusbrink 19, ✉ 31675, ℘ (05722) 9 51 20, info@klus.de
Fax (05722) 951250, 🌳 – ✾ Zim, TV 📞 🖭 – 🔒 30. ㎒ 📺 🆅🆂
 Menu (wochentags nur Abendessen) (bemerkenswerte Weinkarte) à la carte 22/37
 25 Zim ⇌ 51/81 – 77/117.
 ♦ Ihr Domizil ist ein a. d. J. 1794 stammender Gasthof mit modernem Hotelanbau. Di
 Zimmer sind teils mit hellem Naturholz, teils mit italienischem Mobiliar bestückt. Das Resta
 rant ist mit Kamin und Fachwerk gemütlich gestaltet.

BÜCKEN Niedersachsen 415 H 11 – 1000 Ew – Höhe 20 m.
 Berlin 355 – Hannover 72 – Bremen 63 – Hamburg 122.

Thöles, Hoyaer Str. 33, ✉ 27333, ℘ (04251) 9 30 00, info@thoeles-hotel.de
Fax (04251) 930093, 🌳, ≘s, 🔲, 🐎, ✾ (Halle) – TV 📞 🚗 🖭 – 🔒 200. ⓞ
📺 🆅🆂
 Menu (geschl. Sonntagabend) à la carte 14,00/23 – **24 Zim** ⇌ 40 – 60.
 ♦ Eine preisgünstige, solide Adresse für Radler auf der Durchreise, aber auch für länge
 Verweilende. Pferde freuen sich auf eine Gastbox. Ländlich-rustikal eingerichtete Restau
 ranträume.

In Warpe-Nordholz Süd-West : 6,5 km :

Landhaus Hünecke, Haus Nr. 2, ✉ 27333, ℘ (05022) 6 21, landhaus.huenecke@
gmx.net, Fax (05022) 1726, 🌳, ≘s, 🔲, 🐎, ✾ – TV 🖭 ㎒ 📺 🆅🆂 ✾ Zim
 Menu (geschl. Okt. 2 Wochen, Sonntagabend) à la carte 14,50/24 – **14 Zim** ⇌ 30 – 50
 ♦ Der gewachsene Gasthof besteht schon seit über 100 Jahren. Ländlich in hellem
 Holz gehalten, stellen die Zimmer eine gepflegte, praktische Bleibe dar. Großes Freizeit-
 angebot.

BÜDELSDORF Schleswig-Holstein siehe Rendsburg.

BÜHL Baden-Württemberg **419** T 8 – 28 700 Ew – Höhe 135 m.

Ausflugsziel : Burg Altwindeck ≤★ Süd-Ost : 4 km.

🏌 Rheinmünster, Cabot Trail G208 (Nord-West : 10 km), ℘ (07229) 66 15 01.

🛈 Tourist-Information, Hauptstr. 92/Ecke Grabenstraße, ✉ 77815, ℘ (07223) 93 53 32, tourist.info@buehl.de, Fax (07223) 935339.

Berlin 716 – Stuttgart 117 – Karlsruhe 45 – Offenburg 41 – Baden-Baden 17.

Badischer Hof, Hauptstr. 36, ✉ 77815, ℘ (07223) 9 33 50, springmannsbadischer hof@t-online.de, Fax (07223) 933550, 🌿 – 🛗 📺 – 🛁 20. 🎴 🆅🅸🆂🅰

Menu (geschl. über Fastnacht 1 Woche, Nov. – März Montag, Freitagmittag, April - Okt. Montagmittag, Freitagmittag) 20/50 à la carte 25,50/43,50 ℽ – **24 Zim** ⊂ 45/82 – 90/113.

♦ Seit dem 18. Jh. erfahren Besucher hier Gastlichkeit. Einheitlich in Kirsche möblierte Zimmer bieten Funktionalität - teils mit Dachschräge. Im Restaurant sorgt eine gediegenländliche Aufmachung für ein gemütliches Ambiente. Nettes Gartenrestaurant.

Zum Sternen, Hauptstr. 32, ✉ 77815, ℘ (07223) 9 86 50, hotel-sternen-buehl@t-online.de, Fax (07223) 986533 – 🛗 📺 🅿. 🆎 🎴 🆅🅸🆂🅰

Menu (geschl. Mittwoch) à la carte 13/28 – **16 Zim** ⊂ 42/47 – 72/77.

♦ Mit diesem Domizil wird man Ihren Ansprüchen an eine solide Unterkunft gerecht. Die Zimmer dienen in ihrer liebenswerten Gestaltung der Erholung des Gastes.

Grüne Bettlad mit Zim, Blumenstr. 4, ✉ 77815, ℘ (07223) 9 31 30, Fax (07223) 931310, 🌿, (Haus a.d. 16. Jh.) – 📺 📶 🅿. 🆅🅸🆂🅰

geschl. Weihnachten - Mitte Jan., Ende Juli - Anfang Aug. – **Menu** (geschl. Sonntag - Montag) 25 (mittags) à la carte 32/50 ℽ – **6 Zim** ⊂ 75/85 – 98/115.

♦ Das Restaurant im Puppenstubencharakter ist sehr gemütlich und urig eingerichtet. Im Sommer serviert man Ihnen auch im schönen Innenhof badische und französische Gerichte.

Gude Stub, Dreherstr. 9, ✉ 77815, ℘ (07223) 84 80, Fax (07223) 900180, 🌿 – 🎴 🆅🅸🆂🅰

geschl. über Fastnacht 3 Wochen, Dienstag - **Menu** (Tischbestellung ratsam) 25 à la carte 27/39.

♦ Kleine, gemütliche Räume mit Holztäfelung, Parkettfußboden und niedrigen Decken bilden die Gude Stub. Mit Sorgfalt und Geschmack bereitet man hier Ihr Essen zu.

In Bühl-Eisental Nord : 2 km :

Zum Rebstock, Weinstr. 2 (B 3), ✉ 77815, ℘ (07223) 2 42 45, Fax (07223) 900708, 🌿 – 🅿. 🎴 🆅🅸🆂🅰

geschl. Anfang - Mitte Jan., Anfang - Mitte Aug., Montag - Dienstagmittag – **Menu** à la carte 20,50/37.

♦ In angenehm schlichtem Rahmen erfährt der Gast die Vielfalt badischer Küche - dazu umgibt Sie ein gemütliches Ambiente mit reichlich Dekorationen.

In Bühl-Kappelwindeck Süd-Ost : 2 km :

Jägersteig 🌿, Kappelwindeckstr. 95a, ✉ 77815, ℘ (07223) 9 85 90, leppert@jaegersteig.de, Fax (07223) 985998, ≤ Bühl und Rheinebene, 🌿 – 📺 📶 🅿. – 🛁 25. 🎴 🆅🅸🆂🅰

Menu (geschl. Jan., Montagmittag, Donnerstag) à la carte 17/33 – **13 Zim** ⊂ 36/54 – 70/80 – ½ P 15.

♦ Eingebettet in eine Landschaft voller herrlicher Wanderwege, werden Sie sich in diesem Landhaus gut aufgehoben fühlen. Familiäres Flair schafft Behagen. Von der Terrasse aus genießen Sie beim Speisen einen wunderschönen Blick.

Zum Rebstock mit Zim, Kappelwindeckstr. 85, ✉ 77815, ℘ (07223) 2 21 09, info @rebstock-kappelwindeck.de, Fax (07223) 40142, 🌿 – 🛗, ⇔ Zim, 📺 🅿. 🎴 🆅🅸🆂🅰, ⚡ Rest

Menu (geschl. 5. - 22. März, Mittwoch) à la carte 18/32 – **8 Zim** ⊂ 41/45 – 72/80.

♦ Mit einer Sicht auf badisches Rebengrün genießen Sie neben Traditionellem das wechselnde Programm der saisonalen Küche. Nehmen Sie im charmant-modernen Pavillon Platz.

In Bühl-Neusatz Süd : 5 km :

Pension Linz 🌿 garni, Waldmattstr. 10, ✉ 77815, ℘ (07223) 9 86 70, hotel-pension-linz@t-online.de, Fax (07223) 25206, ≤, Massage, 🛋, 🏊, 🎾, 🎯 – 📺 ⇔ 🅿

8 Zim ⊂ 45/48 – 74/80.

♦ Klein, aber fein : die individuelle Einrichtung der Zimmer und der persönliche Charakter zeichnen diese heimelige Adresse aus. Abgeschiedenheit verschafft Ihnen Ruhe.

In Bühl-Oberbruch Nord-West : 4 km, jenseits der A 5 :

Pospisil's Gasthof Krone mit Zim, ✉ 77815, ℘ (07223) 9 36 00, pavel@pospisils-krone.de, Fax (07223) 936018, 🌿 – 📺 🎴 🆅🅸🆂🅰

Pavel's Restaurant (geschl. Montag - Dienstagmittag) **Menu** 15 (mittags)/50 (abends) ℽ – **Kronenstube** (geschl. Montag - Dienstagmittag) **Menu** à la carte 23/38 – **6 Zim** ⊂ 40 – 70.

♦ Hier empfiehlt der Patron des Hauses mündlich seine Menüs. Pavel's Restaurant versprüht Wohnzimmeratmosphäre - schön eingedeckte Tische und netter Service. Die Kronenstube ist der rustikale Bereich des Hauses.

BÜHL

In Bühl-Rittersbach Süd : 2 km :

Zur Blume, Hubstr. 85, ⊠ 77815, ℘ (07223) 2 21 04, zurblume@t-online.a
Fax (07223) 22117, 🍴 – 👁 TV 📺 P. AE ⓪ ⓜ VISA
Menu (geschl. Donnerstag) à la carte 17/31 – **20 Zim** ⊊ 35/44 – 57/80.
◆ Hier erleben Sie mittelbadische Gastlichkeit. Das Haus bietet Ihnen eine gediegene Unte
kunft. Die Rebhügel laden zu Spaziergängen in beschaulicher Umgebung ein. Der behaglic
rustikale Gastraum lädt zur Einkehr ein.

An der Burgruine Altwindeck Süd-Ost : 4 km über Kappelwindeck :

Burg Windeck M ⑤, Kappelwindeckstr. 104, ⊠ 77815 Bühl, ℘ (07223) 9 49 20, bu.
-windeck@t-online.de, Fax (07223) 949290, ≤ Bühl und Rheinebene, 🍴, 𝄃ₛ, ⊆ₛ
👁 Zim, TV 📺 ⇌ P. – ⚙ 35. AE ⓪ ⓜ VISA
geschl. 2. - 30. Jan. – **Menu** (geschl. Mittwoch, Sonntagabend) à la carte 35/48 ₴ – **21 Zi**
⊊ 87/118 – 123/138.
◆ Historische Mauern in schöner Lage - umgeben von Rebstöcken. Ihr Aufenthalt in el
gantem Landhaus-Ambiente wird Ihnen in guter Erinnerung bleiben. Panorama-Restaura
mit herrlicher Aussicht auf die Weinberge.

An der Schwarzwaldhochstraße Ost : 13 km, über Bühlertal, in Sand links ab :

Schlosshotel Bühlerhöhe ⑤, Schwarzwaldhochstr. 1 – Höhe 800 m, ⊠ 77815 Büł
℘ (07226) 5 50, info@buehlerhoehe.de, Fax (07226) 55777, ≤ Schwarzwald und Rhein
ebene, 🍴, Massage, 𝄃ₛ, ⊆ₛ, ⬚, 🏊, 👔(Halle) – 📶, 👁 Zim, 🍽 Rest, TV 📺 ⇌
– ⚙ 120. AE ⓪ ⓜ VISA. 👔 Rest
Menu siehe auch Rest. **Imperial** separat erwähnt – **Schlossrestaurant :** Menu à la cart
37/58 – ⊊ 18 – **90 Zim** 160/260 – 260/360, 12 Suiten – ½ P 60.
◆ Durch den privaten Schloßpark nähern Sie sich Ihrer Residenz : Dezenter Luxus verein
sich mit moderner Eleganz. Ein stilvolles Rondell stellt das Herzstück des Hauses dar. Klas
sisches Restaurant mit ansprechendem Couvert.

Imperial - Schlosshotel Bühlerhöhe, Schwarzwaldhochstr. 1, ⊠ 77815 Bühl, ℘ (07226
5 57 42, info@buehlerhoehe.de, Fax (07226) 55777, – 🍽 P. AE ⓪ ⓜ VISA. 👔
geschl. Mitte Jan. - Mitte Feb., Aug. 2 Wochen, Montag - Dienstag – **Menu** (wochentag
nur Abendessen) (Tischbestellung ratsam) à la carte 55/75 ₴.
◆ Helle Räumlichkeiten bilden das edle Ambiente dieser kulinarischen Adresse. Feinschme
cker werden von der niveauvollen Verköstigung mit saisonalen Genüssen begeistert sein
Spez. Eintopf vom Stubenküken mit frischem Liebstöckel. Sellerie-Maultaschen mit Kavia
und Blumenkohl. Gebratenes Kalbsfilet und geschmorte Kalbsbäckchen mit Trüffel-Mark
Kruste.

BÜHLERTAL Baden-Württemberg 419 T 8 – 8 200 Ew – Höhe 500 m – Luftkurort.

🛈 Tourist-Information, Hauptstr. 92, ⊠ 77830, ℘ (07223) 9 96 70, info@buehlertal.de
Fax (07223) 75984.
Berlin 721 – Stuttgart 120 – Karlsruhe 50 – Strasbourg 51 – Baden-Baden 20.

Rebstock, Hauptstr. 110 (Obertal), ⊠ 77830, ℘ (07223) 9 97 40, rebstock.buehlert.
@t-online.de, Fax (07223) 997499, 🍴, 🏊 – 📶, 👁 Zim, TV 📺 – ⚙ 100. ⓜ VISA
Menu (geschl. Feb. 2 Wochen, Nov. 2 Wochen, Donnerstag) à la carte 21/37 – **21 Zin**
⊊ 60/70 – 95/98 – ½ P 16.
◆ Als Gast dieses Hauses dürfen Sie sich auf gepflegte Wohnlichkeit in freundlichem Desig
freuen. Man widmet sich mit individueller und liebevoller Gastlichkeit Ihrem Wohl. Ländliche
Restaurant mit schöner Gartenterrasse.

Bergfriedel mit Zim, Haabergstr. 23 (Obertal), ⊠ 77830, ℘ (07223) 7 22 70, ber
friedel@t-online.de, Fax (07223) 999596, ≤ Bühlertal, 🍴 – 👁 Rest, TV 📺 P. VISA
geschl. Nov. 3 Wochen – **Menu** (geschl. Montag - Dienstag) à la carte 21/45 – **9 Zim**
⊊ 35/38 – 72/76 – ½ P 15.
◆ Einen herrlichen Panoramablick über die grünen Schwarzwaldhänge haben Sie dank
großer Fenster von der Gaststube aus - und natürlich auch von der sonnigen Terrasse

BÜLOW Mecklenburg-Vorpommern 416 E 21 – 350 Ew – Höhe 33 m.

Berlin 174 – Schwerin 106 – Neubrandenburg 55 – Güstrow 44 – Rostock 73.

In Bülow-Schorssow Süd-West : 2 km :

Schloß Schorssow ⑤ (mit Gästehaus), Am Haussee, ⊠ 17166, ℘ (039933) 7 90
schloss.schorssow@t-online.de, Fax (039933) 79100, 🍴, ⊆ₛ, ⬚, 🏊, 🏊, 🍴 – 📶, 🍽 Rest,
TV 📺 🔧 P. – ⚙ 60. AE ⓪ ⓜ VISA
Hofjägermeister von Moltke : Menu à la carte 37/47 ₴ – **Weinkeller** (nur Abendessen,
Menu à la carte 20/34 – **44 Zim** ⊊ 97/271 – 143/281 – ½ P 28.
◆ Der elegante Rahmen des ehemaligen Schlosses aus dem 19. Jh. in dem Park mit See
erfüllt Ihre hohen Ansprüche an komfortables Wohnen. Hübsch anzusehen : die Bibliothek.
Stuckdecken geben dem Hofjägermeister von Moltke einen Hauch Eleganz.

BÜRCHAU Baden-Württemberg siehe Neuenweg.

BÜREN Nordrhein-Westfalen **417** L 9 – 22 000 Ew – Höhe 232 m.
🛈 Tourist-Information, Königstr.16, ⌧ 33142, ℘ (02951) 97 01 24, Fax (02951) 9701524.
Berlin 450 – Düsseldorf 152 – Arnsberg 56 – Kassel 92 – Paderborn 29.

Kretzer, Wilhelmstr. 2, ⌧ 33142, ℘ (02951) 98 49 80, hotel.kretzer@t-online.de, Fax (02951) 70119 – 📺 🅿 ⓘ ◑◉ 𝑽𝑰𝑺𝑨 ✾ Zim
geschl. Karwoche, Mitte Aug. - Anfang Sept. – **Menu** (geschl. Mittwochabend) à la carte 15/26 – **10 Zim** ⌂ 33 – 60.
• Sie werden dieses Domizil als solide Unterkunft schätzen. Die zeitgemäßen Zimmer sind unterschiedlich eingerichtet, Herzlichkeit sorgt für Behagen. Rustikale Ländlichkeit bestimmt den Charakter des Restaurants.

Ackfeld, Bertholdstr. 9, ⌧ 33142, ℘ (02951) 9 84 50, ackfeld@aol.com, Fax (02951) 984545, Biergarten – 📺 🚘 🝛 ◑◉ 𝑽𝑰𝑺𝑨 𝑱𝑪𝑩
Menu (geschl. 20. - 30. Juni, 23. Dez. - 7. Jan., Donnerstagabend, Samstagmittag) à la carte 13,50/28,50 – **8 Zim** ⌂ 38 – 70.
• Seien Sie zu Gast in diesem netten Haus. Hier stellt man Ihnen geräumige Zimmer zur Verfügung, die sich als wohnliche Unterkunft präsentieren. Einfache Gaststube.

BÜRGEL Thüringen **418** N 19 – 1 800 Ew – Höhe 263 m.
Berlin 233 – Erfurt 55 – Gera 34 – Jena 12 – Halle 88.

Zur Sonne, Markt 9, ⌧ 07616, ℘ (036692) 2 25 22, webmail@gruenderzeithotel.de, Fax (036692) 20116, 🍴 – ✾ Zim, 📺 🝛 ◑◉ 𝑽𝑰𝑺𝑨
Menu (wochentags nur Abendessen) à la carte 14,50/21,50 – **14 Zim** ⌂ 35/50 – 60/66.
• Das Hotel steht in einer Töpferstadt mit 400-jähriger Tradition. 1901 im Stil der Gründerzeit erbaut, wurde das Haus jetzt originalgetreu restauriert. Zeitgemäße Zimmer. Bürgerliche Galträume.

Bei verspäteter Anreise, nach 18 Uhr, ist es sicherer,
Ihre Zimmerreservierung zu bestätigen.

BÜRGSTADT Bayern **417 419** Q 11 – 4 000 Ew – Höhe 130 m.
Berlin 566 – München 352 – Würzburg 69 – Aschaffenburg 43 – Heidelberg 79.

Adler (mit Gästehäusern), Hauptstr. 30, ⌧ 63927, ℘ (09371) 9 78 80, info@gasthof-adler.de, Fax (09371) 978860, 🍴, 🛏, 🏊 – ✾ Zim, 📺 ℘ 🅿 🝛 ◑◉ 𝑽𝑰𝑺𝑨
Menu (geschl. Jan. 1 Woche, Montagmittag) à la carte 18/37 ♀ – **21 Zim** ⌂ 40/59 – 74/102.
• Mit Engagement kümmert man sich hier um seine Gäste. Neuere Zimmer befinden sich im Haupthaus - gepflegte, großzügige Räume, die Moderne mit Wohnlichkeit verbinden. Eine nette Gartenwirtschaft ergänzt das rustikale Restaurant.

Weinhaus Stern, Hauptstr. 23, ⌧ 63927, ℘ (09371) 4 03 50, info@hotel-weinhaus-stern.de, Fax (09371) 403540, 🍴 – 📺 🅿 🝛 ◑◉ 𝑽𝑰𝑺𝑨
Menu (geschl. Mittwoch - Donnerstag, 1. Sonntag im Monat) (bemerkenswerte Weinkarte) à la carte 20,50/40 ♀ – **12 Zim** ⌂ 35/55 – 70/105.
• Das historische Gebäude beherbergt seine Gäste in wohnlichen Zimmern. Die Architektur aus Sandstein und Fachwerk bewahrt dem Haus seinen ursprünglichen Charakter. In gemütlich-ländlichen Gaststuben serviert man Schmackhaftes der Region. Schöne Weinlaube.

BÜRSTADT Hessen **417 419** R 9 – 16 000 Ew – Höhe 90 m.
🏌 Biblis-Wattenheim, Golfparkallee 2 (Nord : 6 km), ℘ (06245) 9 06 00.
Berlin 601 – Wiesbaden 73 – Mannheim 33 – Frankfurt am Main 65 – Worms 7.

Berg, Vinzenzstr. 6, ⌧ 68642, ℘ (06206) 98 30, hotelberg@gmx.de, Fax (06206) 98349, 🍴, 🛏 – ✾ Zim, 📺 ℘ 🚘 🅿 – 🛎 60. 🝛 ⓘ ◑◉ 𝑽𝑰𝑺𝑨 𝑱𝑪𝑩
Menu (geschl. Aug. 3 Wochen, Samstagmittag, Sonntagabend) à la carte 21/49 – **35 Zim** ⌂ 45/80 – 72/110.
• Die Zimmer unterschiedlichen Zuschnitts bieten Gästen eine bequeme und solide Beherbergung - geschmackvoll eingerichtet. Die persönliche Atmosphäre sorgt für Behagen. Neuzeitlich gestaltetes Restaurant.

BÜSCHERHEIDE Niedersachsen siehe Preußisch-Oldendorf.

BÜSUM Schleswig-Holstein 415 D 10 – 4 600 Ew – Nordseeheilbad.

Warwerort, Dorfstr. 11 (Ost : 8 km), ℘ (04834) 63 00.

i Kur und Tourismus Service, Südstrand 11, ⊠ 25761, ℘ (04834) 90 91 14, info@buesum.de, Fax (04834) 6530.

Berlin 406 – Kiel 102 – Cuxhaven 131 – Flensburg 103 – Meldorf 25.

Friesenhof ⑤, Nordseestr. 66, ⊠ 25761, ℘ (04834) 95 51 20, hotel-friesenhof@-online.de, Fax (04834) 8108, ≤, 龠, ₺, ≦s, 舜 – ⌘, ⇔ Zim, ⊡ ⓒ 🅿 🔄 ⓔ ⓒ VISA 彩 Zim

Menu à la carte 21/39,50 – **45 Zim** ⚏ 59/120 – 123/160 – ½ P 19.

◆ Direkt hinter dem Deich widmet man sich mit Fürsorge Ihrem Wohl. Die gelungene Kombination von Funktionalität und Wohnlichkeit wird Ihren Ansprüchen gerecht. Ein helle Wintergarten ist Teil des Restaurants.

Strandhotel Hohenzollern ⑤, Strandstr. 2, ⊠ 25761, ℘ (04834) 99 50, stran hotel-hohenzollern@t-online.de, Fax (04834) 995150, 龠 – ⌘ ⊡ 🅿 彩 Rest

geschl. 18. Nov. - 20. Dez. – **Menu** à la carte 16,50/27 – **43 Zim** ⚏ 42/48 – 86/96 – ½ P 1

◆ In diesem gastlichen Haus finden Sie ein gepflegtes Quartier - die hauseigene Brücke führ Sie zum Strand. Die Zimmer sind mit Mahagonimöbeln eingerichtet. Schlichtes Restauran mit rustikalem Touch.

Zur Alten Post (mit Gästehaus), Hafenstr. 2, ⊠ 25761, ℘ (04834) 9 51 00 Fax (04834) 4944, 龠 – ⊡ 🅿

geschl. 20. - 25. Dez. – **Menu** à la carte 17/36 – **45 Zim** ⚏ 35/44 – 70/88 – ½ P 13

◆ Ein ländliches Hotel im Zentrum des Ortes, das Sie ganz im Sinne einer langen Famili entradition im historischen Gasthof oder im großzügigeren Gartenflügel beherberg Restaurant im Stil der Region. Besonders sehenswert : die Dithmarscher Bauernstube.

Windjammer ⑤, Dithmarscher Str. 17, ⊠ 25761, ℘ (04834) 66 6 Fax (04834) 3040, ₺, 舜 – ⇔ Zim, ⊡ ⓒ 🅿 彩 Rest

Menu (Nov. - April garni) (nur Abendessen) à la carte 14,50/28,50 – **18 Zim** ⚏ 48/78 80/105 – ½ P 12.

◆ Hier erleben Sie nordisches Flair und Gastlichkeit. Als wohnliches Zuhause stehen neu zeitliche Zimmer - teils mit Südbalkon - für Ihren Besuch bereit.

Büsum ⑤ garni, Blaurott 18, ⊠ 25761, ℘ (04834) 6 01 40, Fax (04834) 60188, ₺, ≦ – ⌘ ⇔ ⊡ 🅿

Mitte März - Okt. – **35 Zim** ⚏ 32/47 – 80.

◆ Mit Strand, Meer und dem Engagement des Hauses ist die Basis für Ihre Erholung geschaf fen. Für die angenehme Nachtruhe stehen Zimmer sowie Appartements zur Verfügung

X Kolles Alter Muschelsaal, Hafenstr. 27, ⊠ 25761, ℘ (04834) 24 40 Fax (04834) 4555 🅿

geschl. Montag - **Menu** à la carte 21,50/38,50.

◆ Früher Gaststube einer alten Fischerkneipe, wurde diese Adresse zu einem gemütlicher Restaurant erweitert. Viele Muscheln aus allen Weltmeeren zieren das Interieur.

BÜTTELBORN Hessen 417 Q 9 – 10 000 Ew – Höhe 85 m.

Berlin 567 – Wiesbaden 35 – Frankfurt am Main 38 – Darmstadt 12 – Mainz 28.

Haus Monika, an der B 42 (Ost : 1 km), ⊠ 64572, ℘ (06152) 18 10, info@haus monika.de, Fax (06152) 18150, 龠 – ⌘, ⇔ Zim, ⊡ ⓒ 🅿 – 🔔 30. ⓐ ⓔ ⓒ VISA 彩 Zim

geschl. 24. Dez. - 2. Jan. – **Menu** (geschl. 24. Dez. - 2. Jan., 19. Juli - 3. Aug., Samstag Sonntagabend) à la carte 18/38 – **38 Zim** ⚏ 50/65 – 76/95.

◆ Mit seinen neuzeitlichen, in hellem Holz eingerichteten Zimmern stellt das Hotel ein gepflegtes und praktisch ausgestattetes Zuhause auf Zeit dar. Das Restaurant : leicht rustikal.

BÜTZER Brandenburg siehe Rathenow.

BURBACH Nordrhein-Westfalen 417 N 8 – 14 200 Ew – Höhe 370 m.

Berlin 555 – Düsseldorf 135 – Siegen 21 – Limburg an der Lahn 45 – Köln 102.

In Burbach-Holzhausen Ost : 8 km Richtung Haiger :

XX Fiester-Hannes ⑤ mit Zim, Flammersbacher Str. 7, ⊠ 57299, ℘ (02736) 2 95 90, info@fiester-hannes.de, Fax (02736) 295920, 龠 – ⊡ ⇔ 🅿 – 🔔 25. ⓐ ⓒ VISA 彩

geschl. 1. - 9. Jan., 19. Juli - Aug. 2 Wochen – **Menu** (geschl. Sonntagabend - Montag, Samstagmittag) à la carte 26/42 – **8 Zim** ⚏ 54/75 – 95/130.

◆ Holzbalken prägen den Charakter des Restaurants und umgeben Sie mit Gemütlichkeit. Hinter der hübschen Fachwerkfassade des Hauses a. d. 17. Jh. gibt es auch schöne Zimmer.

BURG *Schleswig-Holstein siehe Fehmarn (Insel).*

BURG BEI MAGDEBURG *Sachsen-Anhalt* **416 418** *J 19 – 23 000 Ew – Höhe 54 m.*
 🛈 *Burg-Information, Markt 1,* ✉ *39288,* ℰ *(03921) 48 44 90, burginfo@stadt-burg.de, Fax (03921) 6895.*
 Berlin 130 – Magdeburg 26 – Brandenburg 55.

🏨 **Wittekind** 🇲, *An den Krähenbergen 2 (im Gewerbegebiet Ost, Süd-Ost : 2 km),* ✉ *39288,* ℰ *(03921) 9 23 90, Fax (03921) 923939,* 🍽 – 🚭 Zim, 📺 ♿ 🅿 – 🎫 25.
 🅶🅾 🆅🅸🆂🅰
 Menu à la carte 16,50/30 – **47 Zim** ⊇ 67 – 85/110.
 ◆ Freuen Sie sich auf ein sympathisches, gepflegtes Ambiente. Äußerlich wie auch im Inneren zeigt sich das Haus in neuzeitlichem Stil. Hell und modern : das Restaurant.

BURG/MOSEL *Rheinland-Pfalz siehe Enkirch.*

BURG (SPREEWALD) *Brandenburg* **418** *K 26 – 4 000 Ew – Höhe 58 m – Erholungsort.*
 Ausflugsziele : *Spreewald*★★ *(Freilandmuseum Lehde*★*, per Kahn ab Lübbenau West : 19 km).*
 🛈 *Touristinformation, Am Hafen 6,* ✉ *03096,* ℰ *(035603) 4 17, Fax (035603) 498.*
 Berlin 113 – Potsdam 144 – Cottbus 19 – Frankfurt (Oder) 98 – Leipzig 117.

🏛 **Romantik Hotel Zur Bleiche** ⚜, *Bleichestr. 16 (West : 2 km),* ✉ *03096,* ℰ *(035603) 6 20, reservierung@hotel-zur-bleiche.com, Fax (035603) 60292,* 🍽, Biergarten, Massage, 🎾, ≋, ⛱ (geheizt), 🏊, 🌳 – 🚭 Zim, 📺 🅿 – 🎫 120
 Menu *(geschl. 28. Juli - 15. Aug., Montag - Dienstag)* à la carte 40/53 ♀ – **90 Zim** (nur ½ P) 130/150 – 250/350, 6 Suiten.
 ◆ Geschmackvoll im Landhausstil gestaltete Unterkunft, die mit Individualität überzeugt. Die außergewöhnliche Wellnesslandschaft mit zahlreichen Angeboten wird Sie begeistern. Das Restaurant zeigt sich gemütlich-elegant oder als rustikale Stube.

🏨 **Am Spreebogen**, *Ringchaussee 140 (West : 3,0 km),* ✉ *03096,* ℰ *(035603) 68 00, hotel-am-spreebogen@t-online.de, Fax (035603) 68020,* 🍽 – 📺 🅿 🅶🅾 🆅🅸🆂🅰. 🚫 Rest
 Menu à la carte 12,50/28 – **24 Zim** ⊇ 58 – 87 – ½ P 13.
 ◆ Die Zimmer Ihres vorübergehenden Heims sind mit hellen Naturholzmöbeln neuzeitlich und sehr solide eingerichtet - eine saubere und tadellos gepflegte Adresse. Ein Wintergartenanbau ergänzt das Restaurant.

In Burg-Kauper *Nord-West : 9 km :*

🏨 **Landhotel Burg im Spreewald**, *Ringchaussee 125,* ✉ *03096,* ℰ *(035603) 6 46, landhotel@landhotel-burg.de, Fax (035603) 64800,* 🍽, ≋ – 📺 🅿 – 🎫 150. 🅰🅴 ⓞ 🅶🅾
 🆅🅸🆂🅰 🅹🅲🅱
 Menu à la carte 15/28 – **51 Zim** ⊇ 62/78 – 79/99 – ½ P 13.
 ◆ Inmitten des Spreewaldes finden Reisende ein wohnliches Domizil. Naturbelassenes Holz schenkt dem Inneren der modernen Herberge ein besonderes Flair. Mit hellen, freundlichen Farben hat man das Restaurant gestaltet.

🏨 **Seehotel Burg** ⚜, *Willischzaweg 4,* ✉ *03096,* ℰ *(035603) 6 50, seehotel-burg@t-online.de, Fax (035603) 65250,* 🍽 – 📺 🅿 🅰🅴 ⓞ 🅶🅾 🆅🅸🆂🅰
 geschl. Nov. – **Menu** *(Restaurant nur für Hausgäste)* – **35 Zim** ⊇ 49/67 – 67/100 – ½ P 15.
 ◆ Hier steht Ihrer Erholung nichts im Wege : direkt im Biosphärenreservat an einem kleinen See finden Sie eine Unterkunft im Landhausstil - teils mit guten Platzangebot.

In Werben *Süd-Ost : 3 km Richtung Cottbus :*

🏨 **Zum Stern**, *Burger Str. 1,* ✉ *03096,* ℰ *(035603) 6 60, hotel-stern-werben@spreewald.de, Fax (035603) 66199,* Biergarten – 📺 🅿 – 🎫 40. 🅰🅴 ⓞ 🅶🅾 🆅🅸🆂🅰
 Menu à la carte 12/22 – **30 Zim** ⊇ 49 – 55/72 – ½ P 11.
 ◆ Helles Naturholz-Mobiliar verleiht den modernen Räumlichkeiten des Hauses eine freundliche Atmosphäre. Lassen Sie sich vom Charme langjähriger Familientradition begeistern. Sie wählen aus einem preiswerten gutbürgerlichen Speiseangebot.

In Leipe *Nord-West : 8 km :*

🏨 **Spreewaldhotel Leipe** ⚜, *Dorfstr. 20,* ✉ *03226,* ℰ *(03542) 22 34, info@spreewaldhotel-leipe.de, Fax (03542) 3891,* 🍽 – 📺 🅿 🅰🅴 ⓞ 🅶🅾 🆅🅸🆂🅰 🅹🅲🅱
 geschl. Nov. - Weihnachten, Jan. - März – **Menu** à la carte 11,50/24,50 – **21 Zim** ⊇ 50/70 – 65/90 – ½ P 12.
 ◆ Der Tradition verpflichtet, bietet diese gastliche Adresse ein solides Quartier in malerischer Umgebung. Beginnen Sie Ihre Spreewalderkundung direkt vor der Tür.

BURG STARGARD Mecklenburg-Vorpommern siehe Neubrandenburg.

BURGDORF Niedersachsen 415 416 418 I 14 – 31 000 Ew – Höhe 56 m.
Burgdorf-Ehlershausen, Waldstr. 27 (Nord : 10 km), ℘ (05085) 76 28.
Berlin 274 – Hannover 31 – Braunschweig 52 – Celle 24.

Am Försterberg, Immenser Str. 10, ⊠ 31303, ℘ (05136) 8 80 80 Fax (05136) 873342, 🍽 – 📺 ⌕ 🅿. – 🛎 30. 🆎 ⓞ ⓜ VISA
Menu à la carte 20/33 – **24 Zim** ⌑ 44 – 77.
• Mit gepflegtem Rahmen und wohnlicher Gediegenheit heißt Sie dieses Domizil herzlich willkommen. In wohltuendem Umfeld können Sie die Seele baumeln lassen. Holz und Fachwerkbalken geben dem Restaurant rustikale Gemütlichkeit.

In Burgdorf-Beinhorn West : 7 km über B 188, Richtung Hannover :

Landhotel Moormühle, Oldhorster Moor 4 (B 3), ⊠ 31303, ℘ (05136) 8 89 80, moormuehle@t-online.de, Fax (05136) 889855, 🍽, 🚗 – 📺 🅿 – 🛎 40. 🆎 ⓞ ⓜ VISA ❀ Rest
Menu (geschl. 23. Dez. - 2. Jan., Samstag - Sonntag) (nur Abendessen) à la carte 20,50/33,50 – **28 Zim** ⌑ 50/58 – 85.
• Das Anwesen im bäuerlichen Stil bietet mit hellen Möbeln eingerichtete Zimmer sowie ausreichend Platz für Feste und Tagungen nach Ihren Vorstellungen. Den ländlichen Charakter der Anlage finden Sie auch im Restaurant.

In Burgdorf-Ehlershausen Nord : 10 km Richtung Celle :

Bähre, Ramlinger Str. 1, ⊠ 31303, ℘ (05085) 9 89 80, info@hotel-baehre.de, Fax (05085) 989898, 🍽 – 📺 🅿. ❀ Rest
geschl. 27. Dez. - 7. Jan. - **Menu** (geschl. Donnerstag) à la carte 16/37 – **23 Zim** ⌑ 35/5 – 62/90.
• Sie haben sich für ein idyllisches, ländliches Plätzchen entschieden. Besucher dieser gastlichen Adresse schätzen die familiäre Atmosphäre. Neben dem Restaurant lädt auch die gemütliche Stube zum Verweilen ein.

BURGHASLACH Bayern 419 420 Q 15 – 2 500 Ew – Höhe 300 m.
Berlin 448 – München 229 – Nürnberg 60 – Bamberg 46 – Würzburg 59.

In Burghaslach-Oberrimbach West : 5 km :

Steigerwaldhaus, ⊠ 96152, ℘ (09552) 9 23 90, steigerwaldhaus@t-online.de, Fax (09552) 923929, 🍽, 🚗 – 🛏 Zim, 📺 ⌕ 🅿 – 🛎 20. 🆎 ⓞ ⓜ VISA ❀ Rest
Menu (geschl. Mitte Jan. - Mitte Feb., Dienstag) à la carte 14,50/32 – **19 Zim** ⌑ 24/38 – 45/80.
• Urigkeit empfängt den Gast dieser fränkischen Adresse. Mit modernen, aber dennoch ländlich gehaltenen Zimmern fügt sich das Haus gut in die natürliche Umgebung ein. Die Gaststuben sind derb-rustikal eingerichtet, mit hübschen Fachwerkbalken.

BURGHAUSEN Bayern 420 V 22 – 20 000 Ew – Höhe 368 m.
Sehenswert : Lage★★ der Burg★★, ≤★.
Ausflugsziele : Wallfahrtskirche Marienberg★ Süd-West : 4 km – Klosterkirche Raitenhaslach★ (Deckenmalerei★★) Süd-West : 5 km.
Markt, Falkenhof 1 (Nord : 13 km), ℘ (08678) 98 69 03 ; Haiming, Piesing 4 (Nord-Ost 5 km), ℘ (08678) 98 69 03.
🛈 Touristik GmbH (Verkehrsamt), Rathaus, Stadtplatz 112, ⊠ 84489, ℘ (08677) 88 71 40, touristinfo@burghausen.de, Fax (08677) 887144.
Berlin 639 – München 110 – Bad Reichenhall 67 – Passau 81 – Salzburg 58.

Lindacher Hof Ⓜ garni, Mehringer Str. 47, ⊠ 84489, ℘ (08677) 98 60, info@lindacher-hof.de, Fax (08677) 986400, ☎ – 🛗 🛏 📺 ⌕ 🚗 – 🛎 15. 🆎 ⓞ ⓜ VISA **51 Zim** ⌑ 67/77 – 87/102.
• Das Haus bleibt seit mehreren Jahrzehnten seinem familiären Charakter treu - sehr zur Freude seiner Gäste. Sie werden in neuzeitlichen, funktionellen zimmern beherbergt.

Post (mit Gästehäusern), Stadtplatz 39, ⊠ 84489, ℘ (08677) 96 50, info@altstadthotels.net, Fax (08677) 965666, 🍽 – 🛏 Zim, 📺 ⌕ 🚗 – 🛎 30. 🆎 ⓞ ⓜ VISA
Menu à la carte 16/36 – **82 Zim** ⌑ 66/82 – 87/115.
• Die Gästezimmer verteilen sich auf das Stammhaus, Tagungshotel und "Burgblick" – hier können Sie die schöne Aussicht durch Panoramafenster genießen. Nette, teils urige Gasträume.

BURGHAUSEN

- **Glöcklhofer** (mit Gästehaus), Ludwigsberg 4, ⌂ 84489, ℰ (08677) 9 61 70, *eurorin g.hotels@t-online.de*, Fax (08677) 65500, Biergarten, ⌘ (geheizt), 🐎 – ↩ Zim, 📺 ♿ ⇔ 🄿 – 🕍 40. 🄰🄴 ① 🄼🄾 🆅🄸🅂🄰 ⁏⁏ Rest
  Menu à la carte 22/37 – **56 Zim** ⌧ 62/68 – 90/105.
  ◆ Logieren Sie im Zentrum der Stadt - zwischen Burg und Salzach. Zeitgemäße Räumlichkeiten gestalten die gepflegte Adresse zu einem liebenswerten Domizil. Sie nehmen an gut eingedeckten Tischen Platz - oder in einer rustikalen Stube.

- **Bayerische Alm** ⌘, Robert-Koch-Str. 211, ⌂ 84489, ℰ (08677) 98 20, *info@bay erischealm.de*, Fax (08677) 982200, ⌘, Biergarten – 📺 ✆ ⇔ 🄿 – 🕍 15. ① 🄼🄾 🆅🄸🅂🄰
  Menu (geschl. Freitag, Nov. - April Freitag, Sonntagabend) à la carte 22,50/36 – *Almstadl* (geschl. Montag - Dienstag) (nur Abendessen) **Menu** à la carte 16,50/27,50 – **23 Zim** ⌧ 60/80 – 82/98.
  ◆ Machen Sie Urlaub auf der Alm - oberhalb der Salzach mitten im Grünen. Die lauschige Anlage beherbergt Sie mit der Tradition verbundenem Engagement. Nettes, rustikales Restaurant mit zwei Ebenen und hübsche Gartenterrasse. Urig : der Almstadl.

- ✕ **Fuchsstuben**, Mautnerstr. 271, ⌂ 84489, ℰ (08677) 6 27 24, ⌘ – 🄼🄾 🆅🄸🅂🄰
  geschl. Ende Aug. - Mitte Sept., Sonntagabend - Montag – **Menu** à la carte 19/36.
  ◆ Eine nette Adresse im Herzen der Altstadt : eingerichtet mit hübschen altdeutschen Stilmöbeln, ausgelegt mit Terracottaboden und geschmackvoll dekoriert.

BURGKUNSTADT Bayern 🄰🄸🄾 🄰🄼🄾 P 17 – 6 800 Ew – Höhe 304 m.
Berlin 366 – München 273 – *Coburg* 31 – Bayreuth 38 – Bamberg 48.

In Altenkunstadt Süd : 2 km :

- **Gondel**, Marktplatz 1, ⌂ 96264, ℰ (09572) 36 61, Fax (09572) 4596, ⌘ – 📺 ⇔ 🄿 🄰🄴 ① 🄼🄾 🆅🄸🅂🄰 ⁏⁏
  geschl. 1. - 12. Jan. – **Menu** (geschl. Samstagmittag) à la carte 17,50/36,50 – **36 Zim** ⌧ 40/52 – 55/85.
  ◆ Hinter ländlicher Fachwerkfassade verbirgt sich ein wohliger Schlafplatz für Entdecker der unberührten Landschaft. Unterbrechen Sie Ihre Reise für eine erholsame Rast. Im Restaurant : rustikaler Charme.

BURGRIEDEN Baden-Württemberg 🄰🄸🄾 🄰🄼🄾 V 13 – 3 400 Ew – Höhe 500 m.
Berlin 637 – Stuttgart 115 – *Konstanz* 150 – Ulm (Donau) 24.

- ✕✕ **Ebbinghaus**, Bahnhofplatz 2, ⌂ 88483, ℰ (07392) 60 41, *restaurant-ebbinghaus@t -online.de*, Fax (07392) 16765, ⌘ – 🄿
  geschl. 1. - 10. Jan., 4. - 28. Aug., Montag – **Menu** (wochentags nur Abendessen) 27/55 à la carte 25/44.
  ◆ Wo ehemals ein Schrankenhäuschen plaziert war, steht heute ein neuzeitliches Landhaus. Man kocht für Sie Internationales mit mediterranem Einschlag.

BURGTHANN Bayern 🄰🄸🄾 🄰🄼🄾 R 17 – 9 800 Ew – Höhe 440 m.
Berlin 439 – München 159 – *Nürnberg* 29 – Regensburg 79.

- **Burghotel** (mit Gästehäusern), Burgstr. 2, ⌂ 90559, ℰ (09183) 9 32 10, *burghotel -mueller@t-online.de*, Fax (09283) 932161, ⌘, ≘ – 🛗 📺 ✆ ⇔ 🄿 – 🕍 20. 🄼🄾 🆅🄸🅂🄰 ⁏⁏ Zim
  Zum goldenen Hirschen (geschl. Montag) **Menu** à la carte 15/28 – **39 Zim** ⌧ 36/52 – 62/100.
  ◆ Das Haus liegt im oberen Teil des Ortes, nahe der namengebenden Burg. Der Gasthof und zwei neuerbaute Gästehäuser beherbergen teils einfache, teils komfortablere Zimmer. Das rustikal gehaltene Restaurant befindet sich im Stammhaus.

- ✕✕ **Blaue Traube** mit Zim, Schwarzachstr. 7, ⌂ 90559, ℰ (09183) 75 55, *blauetraube @web.de*, Fax (09183) 3787, ⌘ – 📺 🄼🄾 🆅🄸🅂🄰
  Menu (geschl. Dienstag) à la carte 15/31 – **7 Zim** ⌧ 32 – 64.
  ◆ Mit viel Holz eingerichtet, spiegelt diese Stätte den Charakter der Region wider - mit hübschem Kachelofen und nettem Dekor. Geboten wird eine bodenständige, fränkische Küche.

BURGWALD Hessen 🄰🄸🄾 N 10 – 5 500 Ew – Höhe 230 m.
Berlin 462 – Wiesbaden 145 – *Marburg* 27 – Kassel 90 – Paderborn 111 – Siegen 82.

In Burgwald-Ernsthausen :

- ✕✕ **Oertel Burgwald-Stuben,** Marburger Str. 25 (B 252), ⌂ 35099, ℰ (06457) 80 66, Fax (06457) 1076 – 🄿
  geschl. Mittwoch – **Menu** (wochentags nur Abendessen) à la carte 25/45.
  ◆ Das ehemalige Wohnhaus beherbergt heute ein Restaurant mit elegant-rustikalem Ambiente. Aufgetischt werden Zubereitungen nach internationaler Art.

BURGWEDEL Niedersachsen 415 416 417 418 / 13 - 20 000 Ew – Höhe 58 m.

🛈 Burgwedel-Engensen, Wettmarer Str. 13 (Ost : 6 km), ℘ (05139) 89 44 94.

Berlin 283 – Hannover 30 – Bremen 107 – Celle 28 – Hamburg 137.

In Burgwedel-Grossburgwedel :

Menge's Hof, Isernhägener Str. 3, ✉ 30938, ℘ (05139) 80 30, info@mengeshof.com Fax (05139) 87355, 🍽, Massage, 🏋, 🏊 – 📶, 🚭 Zim, 📺 ☎ ♿ 🅿 – 🔒 70. 🅰🅴 ⓞ ⓒⓑ 🆅🅸🆂🅰

Menu à la carte 24/35 ♀ – **44 Zim** ⊇ 85/102 – 116/136.

♦ Die Hotelanlage besteht aus rekonstruierten Fachwerkhäusern. Im Inneren erwarte den Gast Gediegenheit mit elegantem Touch. Tagen oder feiern Sie in Willis Scheune Mobiliar im englischen Stil sorgt für Gemütlichkeit im Restaurant. Innenhofterrasse mi Teich.

Marktkieker, Am Markt 7, ✉ 30938, ℘ (05139) 9 99 40, info@marktkieker.de Fax (05139) 999429, 🍽 – 📺 ☎ 🅿 – 🔒 20. ⓞ ⓒⓑ 🆅🅸🆂🅰

Menu à la carte 17/33 – **12 Zim** ⊇ 58/74 – 87/114.

♦ Das schmucke Fachwerkhaus aus dem 17. Jh. bietet seinen Gästen eine rustikal geprägte Herberge. Die verkehrsgünstige Lage ermöglicht Ihnen eine bequeme Anreise. Freigelegte Holzbalken zieren das Restaurant.

Ole Deele garni, Heinrich-Wöhler-Str. 14, ✉ 30938, ℘ (05139) 9 98 30 Fax (05139) 998340 – 📺 ☎ 🅿. ⓒⓑ 🆅🅸🆂🅰. 🚭

16 Zim ⊇ 55/75 – 85/110.

♦ In einer denkmalgeschützten Straße finden Sie elegante Einfachheit hinter der ländlichen Fassade des früheren kleinen Bauernhofs. Freie Natur lädt zu weiten Spaziergängern ein.

Merlin, In der Meineworth 1, ✉ 30938, ℘ (05139) 98 34 83, strohdach@aol.com Fax (05139) 892913, 🍽 – 🅿. ⓒⓑ 🆅🅸🆂🅰

geschl. Donnerstag - Freitagmittag – **Menu** 29 à la carte 32/46 ♀.

♦ Das hübsche Lokal in einer renovierten Scheune verbindet Ländlichkeit mit Moderne. Ton in Ton gehaltene Räumlichkeiten bilden einen harmonischen Rahmen zum Speisen.

Spez. Zanderfilet mit geschmortem Wirsing und Schnittlauchsauce. Geschmorte Ochsenbacken mit Rotweinsauce und Selleriepüree. Weisses Schokoladenparfait im Baumkuchenmantel.

In Burgwedel-Kleinburgwedel :

Woltemaths Restaurant Lüttjen Borwe, Wallstr. 13, ✉ 30938, ℘ (05139) 17 45, Fax (05139) 27488, 🍽 – 🅿. 🅰🅴 ⓒⓑ 🆅🅸🆂🅰

geschl. Montag - Dienstag – **Menu** (wochentags nur Abendessen) à la carte 32/40.

♦ Das kleine Fachwerkhaus a. d. J. 1920 wird heute - nach baulicher Erweiterung - als Restaurant genutzt. Im Inneren schafft Landhausstil Behagen.

In Burgwedel-Thönse :

Gasthaus Lege, Engenser Str. 2, ✉ 30938, ℘ (05139) 82 33, gasthauslege@mns.com, Fax (05139) 8233, 🍽 – 🅿. 🅰🅴 ⓒⓑ 🆅🅸🆂🅰

geschl. Juli - Aug. 3 Wochen, Montag - Dienstag – **Menu** (Mittwoch - Freitag nur Abendessen) 27 à la carte 31/40.

♦ Das ländliche, nett dekorierte Restaurant bietet sorgfältig zubereitete Mahlzeiten. Auch der engagierte Service unter Leitung der Chefin spricht für das Haus.

BURLADINGEN Baden-Württemberg 419 V 11 – 11 000 Ew – Höhe 722 m.

Berlin 713 – Stuttgart 78 – Konstanz 106 – Ulm (Donau) 92 – Freiburg im Breisgau 173.

In Burladingen-Gauselfingen Süd-Ost : 4,5 km über B 32, Richtung Gammertingen :

Wiesental, Gauzolfstr. 23 (B 32), ✉ 72393, ℘ (07475) 95 36 00, info@hotel-fink-wiesental.de, Fax (07475) 9536033, 🍽, 🌳 – 📺 ⇔ 🅿

geschl. Aug. – **Menu** (geschl. Donnerstag) à la carte 18/27 – **13 Zim** ⊇ 41/45 – 58/62.

♦ Praktisch, liebenswert eingerichtete Zimmer erwarten den Gast : helles Holz und eine solide Ausstattung machen die Räume zu einer gepflegten Unterkunft. Einfache Gaststuben, in denen Bodenständigkeit groß geschrieben wird.

In Burladingen-Melchingen Nord : 12 km :

Gästehaus Hirlinger 🌿 garni, Falltorstr. 9, ✉ 72393, ℘ (07126) 9 29 70, info@gaestehaus-hirlinger.de, Fax (07126) 929723, 🏋, 🌳 – 🚭 📺 ☎ ⇔ 🅿

20 Zim ⊇ 35/50 – 60.

♦ Sie wohnen in der familiären Atmosphäre einer gepflegten und sauberen Pension - in funktionellen Gästezimmern kommen Sie zur Ruhe.

BURSCHEID Nordrhein-Westfalen **417** M 5 – 17 500 Ew – Höhe 200 m.
Berlin 546 – Düsseldorf 42 – Köln 26 – Remscheid 19.

In Burscheid-Hilgen Nord-Ost : 4 km über B 51, Richtung Wermelskirchen :

Heyder, Kölner Str. 94 (B 51), ⊠ 51399, ℘ (02174) 73 13 60, reservierung@hotel-heyder.de, Fax (02174) 61814 – TV ⇔ P. AE ⦾ VISA. ⨯ Rest
geschl. Weihnachten - Anfang Jan. – **Menu** (geschl. Samstag) (wochentags nur Abendessen) à la carte 15/30 – **30 Zim** ⇄ 45/59 – 71/102.
 • Das Haus ist ein bergischer Gasthof mit uriger Schindelfassade. Solide eingerichtete Zimmer verteilen sich auf verschiedene Bauabschnitte. Appartements für Langzeitgäste. Rustikale Gasträume.

BUSCHVITZ Mecklenburg-Vorpommern siehe Rügen (Insel).

BUTJADINGEN Niedersachsen **415** F 8 – 5 000 Ew – Höhe 3 m.
🛈 Kurverwaltung, Strandallee (Burhave), ⊠ 26969, ℘ (04733) 9 29 30, Fax (04733) 929399.
Berlin 487 – Hannover 214 – Cuxhaven 64 – Bremerhaven 15 – Oldenburg 67.

In Butjadingen-Burhave – Seebad :

Haus am Meer (mit Gästehaus), Am Deich 26, ⊠ 26969, ℘ (04733) 4 22, haus-am-meer@t-online.de, Fax (04733) 173116, 🍽, 🦞 – TV P. ⨯ Zim
Menu (geschl. Mitte Dez. - 26. Dez., Donnerstag) à la carte 15/29 – **10 Zim** ⇄ 26/43 – 45/68 – ½ P 13.
 • Sie haben eine lauschige Adresse gefunden - außerhalb des Ortes am Badestrand gelegen. In unaufdringlich gestalteten Zimmern gönnt man Ihnen wohltuende Nachtruhe. Das Restaurant ist im bürgerlichen Stil eingerichtet.

In Butjadingen-Fedderwardersiel – Seebad :

Zur Fischerklause, Sielstr. 16, ⊠ 26969, ℘ (04733) 3 62, hotel@fischerklause.de, Fax (04733) 1847, 🍽, 🦞 – TV P. ⨯
geschl. 1. Nov. - Feb. – **Menu** (geschl. Sept. - März Montag - Dienstag) à la carte 19/31 – **22 Zim** ⇄ 42/46 – 72/84 – ½ P 11.
 • Friesisches Flair umgibt Sie beim Besuch dieses Hauses. Beschaulich am Kutterhafen plaziert, wird das gepflegte Quartier Ihren Ansprüchen gerecht. Bürgerliches Restaurant.

In Butjadingen-Tossens – Seebad :

Upstalsboom Nordsee Tropen Parc, Strandallee 36a, ⊠ 26969, ℘ (04736) 92 80, tropenparc@upstalsboom.de, Fax (04736) 9289428, 🍽, Massage, 🏋, ⛱, ⛱(Halle) Squash – 🛗, ⨯ Zim, TV ♿ ⛔ P – 🔒 300. AE ⦾ ⦿ VISA. ⨯
Menu à la carte 22/31 – **75 Zim** (nur ½ P) 115 – 150/170.
 • Diese gepflegte Ferienadresse ist auch für Familien bestens geeignet. Man bietet dem Gast zeitgemäße Zimmer und eine großzügige Badelandschaft. Die Erlebnisgastronomie hält verschiedene Themenbereiche bereit.

BUTTENHEIM Bayern siehe Hirschaid.

BUXHEIM Bayern siehe Memmingen.

BUXTEHUDE Niedersachsen **415 416** F 13 – 37 800 Ew – Höhe 5 m.
🏌 Buxtehude, Zum Lehmfeld 1 (Süd : 5 km), ℘ (04161) 8 13 33 ; 🏌 Gut Immenbeck, Ardestorfer Weg 1 (Süd-Ost : 5 km), ℘ (04161) 8 76 99.
🛈 Stadtinformation, Stavenort 2, ⊠ 21614, ℘ (04161) 50 12 97, stadtinformation@buxtehude.de, Fax (04161) 501298.
Berlin 326 – Hannover 158 – Hamburg 37 – Cuxhaven 93 – Bremen 99.

Am Stadtpark garni, Bahnhofstr. 1 (Estepassage), ⊠ 21614, ℘ (04161) 50 68 10, hotel.stadtpark@t-online.de, Fax (04161) 506815 – 🛗 ⨯ TV ⇔ P – 🔒 20. AE ⦿ VISA
JCB
20 Zim ⇄ 64/67 – 85/87.
 • Im Herzen der Altstadt - nahe der Fußgängerzone - wartet ein neuzeitliches Haus auf Sie. Sie beziehen Quartier in gepflegten und wohnlichen Zimmern.

An der Linah garni, Harburger Str. 44, ⊠ 21614, ℘ (04161) 6 00 90, hotelanderlinah@t-online.de, Fax (04161) 600910 – ⨯ TV ☎ P. AE ⦿ ⦿ VISA
28 Zim ⇄ 57/61 – 77/81.
 • Lernen Sie in Ihrer liebenswerten Bleibe - freundlich und funktionell - ein Stück nordische Lebensart kennen. Der historische Charakter des Städtchens lädt zum Schlendern ein.

BUXTEHUDE

※ **C'era una Volta**, Abtstr. 8, ✉ 21614, ℘ (04161) 51 28 00, Fax (04161) 53460, 🍽
– 🆎 ⓞ ⓒ VISA
geschl. 27. Dez. - 14 Jan., Sonntag – **Menu** (italienische Küche) à la carte 20/45.
♦ Mediterrane Farben an den Wänden, Säulen, Weinflaschen und bunte Bilder sorgen in diesem italienischen Restaurant für südländisches Flair.

In Buxtehude-Hedendorf West : 5 km über B 53, Richtung Stade :

🏠 **Zur Eiche**, Harsefelder Str. 64, ✉ 21614, ℘ (04163) 8 07 60, Fax (04163) 807630, 🍽
– ⊱ Zim, 📺 🅿 – 🔒 100. ※ Rest
Menu (geschl. Juli - Aug. 2 Wochen) à la carte 15,50/27,50 – **17 Zim** ⇌ 50/62 – 77/92.
♦ Typisch norddeutsch im Stil präsentiert sich dieses kleine Domizil seinen Gästen. Hier steht ein solides Quartier für Sie bereit - fragen Sie nach den neuen Zimmern. Rustikales Restaurant mit netter, zum Garten hin gelegener Terrasse.

CADENBERGE Niedersachsen **415** E 11 – 3 200 Ew – Höhe 8 m.
Berlin 388 – Hannover 218 – Cuxhaven 33 – Bremerhaven 56 – Hamburg 97.

🏠 **Eylmann's Hotel** (mit Gästehaus), Bergstr. 5 (B 73), ✉ 21781, ℘ (04777) 2 21, info
@eylmanns-hotel.de, Fax (04777) 1514, 🍽 – 🛗 📺 🚗 🅿 – 🔒 40
Menu à la carte 18/33,50 – **21 Zim** ⇌ 35/45 – 55/70.
♦ Diese ländliche Adresse beherbergt Sie mit Behaglichkeit. Ein gepflegtes Ambiete lädt zum Wohlfühlen ein. Wenn Sie's preisgünstig mögen, fragen Sie nach einfacheren Zimmern. Dem Charakter des Hauses entsprechend ist das Restaurant rustikal gehalten.

CADOLZBURG Bayern **419 420** R 16 – 8 600 Ew – Höhe 351 m.
Berlin 462 – München 179 – Nürnberg 26 – Ansbach 30 – Würzburg 87.

In Cadolzburg-Egersdorf Ost : 2 km :

🏠 **Grüner Baum** ⚘, Dorfstr. 11, ✉ 90556, ℘ (09103) 7 15 70, info@collischon.de
Fax (09103) 5539, 🍽 – ⊱ Zim, 📺 🅿 – 🔒 30. 🆎 ⓒ VISA
Menu (geschl. Aug. 3 Wochen, Sonntagabend – Montag) à la carte 13,50/31,50 – **32 Zim**
⇌ 50 – 75.
♦ Das Haus besticht mit der angenehmen Schlichtheit eines Landgasthofs - und mit einem nahegelegenen Wald- und Wandergebiet. Freundliche Zimmer freuen sich auf Ihren Besuch. Gastlich und gemütlich sind die ländlichen Räumlichkeiten der Gaststube.

CAHNSDORF Brandenburg **418** K 25 – 450 Ew – Höhe 62 m.
Berlin 91 – Potsdam 107 – Cottbus 49.

🏠 **Landhaus am Park**, Parkweg 3, ✉ 15926, ℘ (03544) 5 00 90, landhaus-cahnsdorf
@t-online.de, Fax (03544) 500944, 🍽 – 🛗, ⊱ Zim, 📺 🅿 🆎 ⓒ VISA
Menu à la carte 10/24,50 – **25 Zim** ⇌ 60 – 78/88.
♦ Die grüne Umgebung dieses Quartiers bietet sich für lange Spaziergänge an. Sie bewohnen freundliche Zimmer in neuzeitlichem Stil - lassen Sie den Alltagsstreß zuhause. Die Räumlichkeiten des Restaurants sind ländlich und zeitgemäß ausgestattet.

CALDEN Hessen siehe Kassel.

CALW Baden-Württemberg **419** T 10 – 23 000 Ew – Höhe 347 m.
Sehenswert : Kloster Hirsau★ (Eulenturm★).
🛈 Stadtinformation, Marktbrücke 1, ✉ 75365, ℘ (07051) 96 88 10, stadtinfo@calw.de, Fax (07051) 968877.
Berlin 659 – Stuttgart 47 – Karlsruhe 54 – Pforzheim 26 – Tübingen 40 – Freudenstadt 66.

🏠 **Rössle**, Hermann-Hesse-Platz 2, ✉ 75365, ℘ (07051) 7 90 00, info@roessle-calw.de,
Fax (07051) 790079 – 🛗 📺 🚗 🅿 ⓒ VISA ※
Menu (geschl. Freitag) à la carte 14/33 – **28 Zim** ⇌ 46/60 – 74/84.
♦ Man legt großen Wert auf die Erhaltung der langjährigen Tradition. Das historische Flair und die geschmackvolle Gestaltung der Räume bilden eine gelungene Kombination. Gediegenheit umgibt Sie beim Studieren der Speisekarte.

In Calw-Hirsau Nord : 2,5 km – Luftkurort :

🏠🏠 **Kloster Hirsau**, Wildbader Str. 2, ✉ 75365, ℘ (07051) 9 67 40, info@hotel-kloster
-hirsau.de, Fax (07051) 967469, 🍽, ☎, 🔲, 🏊, ※(Halle) – 🛗, ⊱ Zim, 📺 📞 🚗 🅿
– 🔒 80. 🆎 ⓒ VISA ※
Menu à la carte 19/36 – **40 Zim** ⇌ 54/67 – 84/110 – ½ P 18.
♦ Die ehemalige Klosterherberge aus dem 15. Jh. bietet Ihnen eine Unterkunft hinter denkmalgeschützten Mauern - solide Räumlichkeiten mit zeitgemäßem Komfort. Auf gastronomischer Ebene wählen Sie aus einem saisonalen Küchenrepertoire.

CALW

In Calw-Stammheim *Süd-Ost : 4,5 km :*

XX **Adler** mit Zim, Hauptstr. 16, ✉ 75365, ☎ (07051) 42 87, mundinger@adlerstammhe im.de, Fax (07051) 20311, 😐 – ⊁ Rest, 📺 🅿 ⓞ 🆎 𝐕𝐈𝐒𝐀. ✄
geschl. über Fastnacht 2 Wochen, Nov. 2 Wochen – **Menu** *(geschl. Montag - Dienstag) (wochentags nur Abendessen)* à la carte 18/38 – **8 Zim** ⊇ 49 – 75.
♦ In elegant angehauchtem Ambiente lassen Sie sich von haustypischer Gastlichkeit umgeben. Bei ansprechendem Couvert genießen Sie eine gehobene Regionalküche - deftig oder fein.

CAMBERG, BAD Hessen 🅐🅱🅲 *P 8 – 13 900 Ew – Höhe 200 m – Kneippheilbad.*

🅱 *Tourist-Information, Chambray-les-Tours-Platz 1, ✉ 65520, ☎ (06434) 2 02 32, Fax (06434) 20223.*
Berlin 544 – Wiesbaden 37 – Frankfurt am Main 60 – Limburg an der Lahn 17.

An der Autobahn A 3 *West : 4 km :*

🏨 **Rasthaus und Motel Bad Camberg,** (Westseite), ✉ 65520 Bad Camberg, ☎ (06434) 60 66, rasthaus.badcamberg@t-online.de, Fax (06434) 7004, ≤, 😐 – ⊁ Zim, 📺 ☏ 🚗 🅿 – 🔔 20. 🆎 ⓞ 🅶🅾 𝐕𝐈𝐒𝐀
Menu *(nur Selbstbedienung)* à la carte 15/25 – ⊇ 11 – **28 Zim** 59/70 – 87.
♦ Moderne Frische bestimmt den Charakter der Räume - mit Naturholzmöbeln wohnlich gestaltet. Die Raststätte ist ein sinnvoller Zwischenstop auf Ihrer Reise. Bedienen Sie sich im Restaurant selbst am Speisenbuffet.

CASTELL Bayern 🅐🅱🅒 🅐🅱🅞 *Q 15 – 950 Ew – Höhe 310 m.*
Berlin 472 – München 238 – Würzburg 42 – Bamberg 69 – Nürnberg 83.

🏨 **Gasthaus zum Schwan,** Birklinger Str. 2 (B 286), ✉ 97355, ☎ (09325) 9 01 33, Fax (09325) 90134, 😐 – 📺 🅿 🅶🅾 𝐕𝐈𝐒𝐀
geschl. 23. Dez. - Mitte Jan., Aug. 2 Wochen – **Menu** *(geschl. Dienstag)* à la carte 20/32 – **9 Zim** ⊇ 32 – 50.
♦ In Holz gehaltene Zimmer stellen ein wohltuendes Refugium für die Besucher des Ortes dar - ganz im Sinne der langen Familientradition des Hauses. Hinter der ländlichen Fassade wird Ihnen kreative Regionalküche geboten.

CASTROP-RAUXEL Nordrhein-Westfalen 🅐🅱🅲 *L 5 – 80 000 Ew – Höhe 55 m.*

🅑 *Castrop-Rauxel, Dortmunder Str. 383 (Ost : 4 km), ☎ (02305) 6 20 27.*
Berlin 498 – Düsseldorf 63 – Bochum 12 – Dortmund 12 – Münster (Westfalen) 56.

🏨 **Mercure,** Dortmunder Str. 55, ✉ 44575, ☎ (02305) 30 10, h2826@accor-hotels.com, Fax (02305) 30145, 😐 – ⊁ Zim, 📺 & 🅿 – 🔔 60. 🆎 ⓞ 🅶🅾 𝐕𝐈𝐒𝐀 𝐉𝐂𝐁
Goldschmieding : Menu à la carte 34/46 – ⊇ 13 – **85 Zim** 98 – 113.
♦ Lassen Sie sich von dem gepflegten Rahmen des gesamten Anwesens beeindrucken. Der ehemalige Adelssitz mit idyllischem Park bietet Ihnen zeitlose Eleganz mit Niveau. Im behaglichen Umfeld des Golschmieding widmet man sich den Besuchern.

X **Haus Bladenhorst,** Wartburgstr. 5, ✉ 44579, ☎ (02305) 7 79 91, Fax (02305) 15945 – 🅿 🆎 ⓞ 🅶🅾 𝐕𝐈𝐒𝐀
geschl. Montag – **Menu** à la carte 23/38.
♦ Sie haben die Wahl : Verweilen Sie in der Gemütlichkeit der Weinstube oder führen Sie sich im Restaurant - am hübsch gedeckten Tisch - die Vielfalt der Karte zu Gemüte.

CELLE Niedersachsen 🅐🅱🅲 🅐🅱🅞 🅐🅱🅕 *I 14 – 74 000 Ew – Höhe 40 m.*
Sehenswert : *Altstadt★★ – Schloß★ (Hofkapelle★)* Y *– Bomann-Museum★* Y *– Stadtkirche★* Y.
Ausflugsziel : *Kloster Wienhausen (Wandmalereien des Nonnenchors★) über ③ : 10 km.*

🅑 *Celle-Garßen (Nord-Ost : 6 km über ②), ☎ (05086) 3 95 ;* 🅑 *Hambühren, Ericaweg 22 (Nord : 20 km über ① und Belsen), ☎ (05084) 9 24 30.*
🅱 *Tourismus Region Celle, Markt 14, ✉ 29221, ☎ (05141) 12 12, info@tourismus region-celle.de, Fax (05141) 12459.*
ADAC, *Nordwall 1a.*
Berlin 276 ③ – Hannover 51 ④ – Bremen 112 ⑤ – Hamburg 117 ①

CELLE

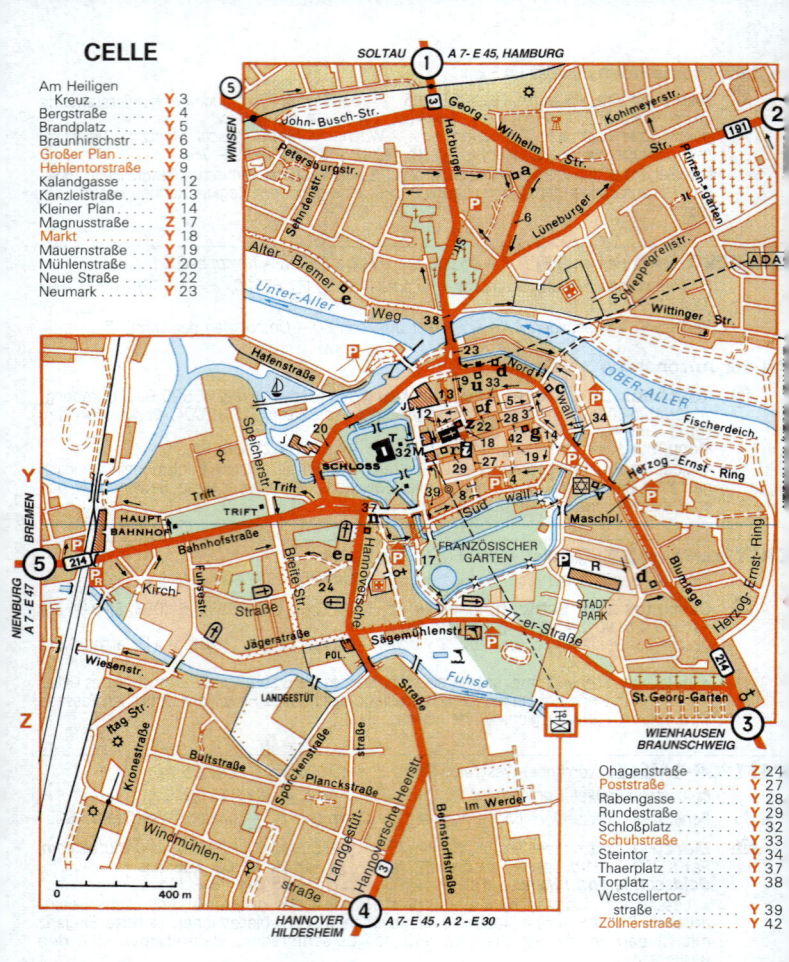

Am Heiligen Kreuz	Y	3
Bergstraße	Y	4
Brandplatz	Y	5
Braunhirschstr.	Y	6
Großer Plan	Y	8
Hehlentorstraße	Y	9
Kalandgasse	Y	12
Kanzleistraße	Y	13
Kleiner Plan	Y	14
Magnusstraße	Z	17
Markt	Y	18
Mauerstraße	Y	19
Mühlenstraße	Y	20
Neue Straße	Y	22
Neumark	Y	23
Ohagenstraße	Z	24
Poststraße	Y	27
Rabengasse	Y	28
Rundestraße	Y	29
Schloßplatz	Y	32
Schuhstraße	Y	33
Steintor	Y	34
Thaerplatz	Y	37
Torplatz	Y	38
Westcellertorstraße	Y	39
Zöllnerstraße	Y	42

Fürstenhof ⚜, Hannoversche Str. 55, ✉ 29221, ☏ (05141) 20 10, *info@fuersten hof.de*, Fax (05141) 201120, 🌳, ⇌, 🏊, – 📶 📺 🥂 🚗 🅿 – 🔔 80. AE ⓘ ⓜ VISA. ✶ Rest   Z e
Menu siehe Rest. **Endtenfang** separat erwähnt – **Palio** (italienische Küche) *(geschl. Mitte Jan. - Mitte Feb.)* **Menu** à la carte 27/41 – **Le Bistro** *(geschl. Mitte Feb. - Mitte März, Sonntag - Montag)* **Menu** à la carte 22/31 – **76 Zim** ⇌ 110/125 – 165/180, 5 Suiten.
◆ Das historische Palais mit Hotelanbau weiß die Gäste niveauvoll zu beherbergen. Klassische Eleganz gepaart mit Funktionalität beschert ein Wohnerlebnis mit besonderer Note. Toskanisches Flair im Palio löst Urlaubsstimmung aus. Le Bistro mit alten Eichenbalken.

Caroline Mathilde 🅼 garni (mit Gästehaus), Alter Bremer Weg 37, ✉ 29223, ☏ (05141) 98 07 80, *info@hotel-caroline-mathilde.de*, Fax (05141) 98078555, ⇌, 🏊 – 📶 🥂 📺 🥂 🅿 – 🔔 30. AE ⓘ ⓜ VISA JCB   Y e
53 Zim ⇌ 65/90 – 95/145.
◆ Eine ansprechende Unterkunft freut sich auf Ihren Besuch. Sie logieren in gehobenem Stil bei neuzeitlichem Komfort. Verleben Sie auch gesellige Stunden an Bar oder Kamin.

Blumlage garni, Blumlage 87, ✉ 29221, ☏ (05141) 91 19 30, *reservation@residenz hotels.de*, Fax (05141) 9119333 – 📺 🥂 🅿. AE ⓘ ⓜ VISA   Z d
32 Zim ⇌ 57/65 – 85.
◆ Am Rande des historischen Altstadtkerns werden Sie fündig : geschmackvolle Räume sorgen für Behagen unter den Gästen - ein moderner Rahmen mit Niveau.

CELLE

🏨 **Am Braunen Hirsch** M garni, Münzstr. 9c, ⊠ 29223, ℘ (05141) 9 39 30, *hotel.am braunenhirsch@t-online.de, Fax (05141) 939350* – ⇌ TV 🕻 ℗ – 🏛 15. AE ⓘ ⓜⓢ VISA JCB
24 Zim ⊇ 70/75 – 85/90.   Y a
• Das Klinkerhaus im modernen Design verfügt über freundliche Zimmer in attraktiver Wohnlichkeit. Komfort-Betten lassen Sie sämtliche Strapazen des Tages vergessen.

🏨 **Tryp** M, Fuhrberger Str. 6, ⊠ 29225, ℘ (05141) 97 20, *tryp.celle@solmelia.com, Fax (05141) 972444*, 🌳, 🐝 – 📱, ⇌ Zim, TV 🕻 ♿ ℗ – 🏛 70. AE ⓘ ⓜⓢ VISA JCB
🍴 Rest   über ⑤
Menu à la carte 23/38,50 – **126 Zim** ⊇ 79 – 89.
• Die Einrichtung des Hauses schafft mit Zweckmäßigkeit einen gelungenen Rahmen für Ihren Aufenthalt. Sie werden die Annehmlichkeiten Ihres Domizils schätzen. Nicht nur für Tagungsgäste kocht man im El Restaurante mit seiner hellen, neuzeitlichen Ausstattung.

🏨 **Borchers** garni, Schuhstr. 52 (Passage), ⊠ 29221, ℘ (05141) 91 19 20, *reservation @residenzhotels.de, Fax (05141) 9119244* – 📱 ⇌ TV 🕻 🚗. AE ⓘ ⓜⓢ VISA   Y f
19 Zim ⊇ 65 – 95.
• Die zentrale Lage macht diese Adresse so reizvoll : nach einer erholsamen Nachtruhe beginnen Sie direkt vor der Tür mit Ihrem Bummel durch die fachwerkgesäumte Fußgängerzone.

🏨 **Steigenberger Esprix Hotel** M, Nordwall 20, ⊠ 29221, ℘ (05141) 20 00, *celle @esprix-hotels.de, Fax (05141) 200200* – 📱, ⇌ Zim, TV ♿ ℗ – 🏛 55. AE ⓘ ⓜⓢ VISA JCB. 🍴 Rest   Y c
Menu à la carte 21/37 – ⊇ 9 – **121 Zim** 78/83 – 88/93.
• Die moderne Unterkunft mit angenehm ungezwungener Atmosphäre bietet sich als Ausgangspunkt für einen Spaziergang durch die malerischen Straßen der Altstadt an. Im durchgehend geöffnetem Bistro bekämpfen Sie auch den kleinen Hunger zwischendurch.

🏩 **Celler Hof** garni, Stechbahn 11, ⊠ 29221, ℘ (05141) 911960, *reservation@ residenzhotels.de, Fax (05141) 9119644*, 🐝 – 📱 TV 🕻 🚗. AE ⓘ ⓜⓢ VISA   Y r
49 Zim ⊇ 60/65 – 85/90.
• Das Traditionshotel im Zentrum der Stadt liegt nur wenige Schritte vom Romantikmuseum entfernt. Einheitlich gestaltete Zimmer.

🏩 **Am Hehlentor** garni, Nordwall 62, ⊠ 29221, ℘ (05141) 8 85 69 00, *info@hotel-am -hehlentor.de, Fax (05141) 88569013* – ⇌ TV 🕻 ℗. AE ⓜⓢ VISA JCB   Y u
16 Zim ⊇ 53 – 78.
• Der hübsche Fachwerkbau bleibt seit langer Zeit dem typischen Altstadt-Charakter treu. Das Interieur des liebenswerten Quartiers entspricht dem neuzeitlichen Standard.

🏩 **Nordwall** garni, Nordwall 4, ⊠ 29221, ℘ (05141) 91 19 50, *reservation@residenz hotels.de, Fax (05141) 9119544* – TV ℗. AE ⓘ ⓜⓢ VISA   Y d
20 Zim ⊇ 57/65 – 78.
• Durch die günstige Verkehrsanbindung erreichen Sie problemlos Ihr freundliches Refugium. Sehenswürdigkeiten der Stadt können Sie von hier aus bequem zu Fuß erreichen.

🏩 **Utspann** garni, Im Kreise 13, ⊠ 29221, ℘ (05141) 9 27 20, *info@utspann.de, Fax (05141) 927252*, 🐝 – ⇌ TV 🕻 – 🏛 20. AE ⓘ ⓜⓢ VISA JCB   Y v
geschl. 23. Dez. - 5. Jan. – ⊇ 10 – **24 Zim** 65/70 – 85/90.
• Nah der Innenstadt empfangen Sie individuelle Räume in den Fachwerkhäusern a. d. 17. Jh. Geschmackvolles Dekor und ein romantischer Innenhof geben dem Ort eine charmante Note.

🏩 **Schaper,** Heese 6, ⊠ 29225, ℘ (05141) 9 48 80, *hotel.schaper@t-online.de, Fax (05141) 948830* – ⇌ Zim, TV ℗. AE ⓜⓢ VISA   über Wiesenstraße Z
Menu *(geschl. Sonntagabend - Montag)* à la carte 24/36,50 – **14 Zim** ⊇ 45/57 – 77/89.
• Sie erleben die Behaglichkeit eines familiär geführten Hauses. Mit Herzlichkeit macht man aus Ihrem Aufenthalt ein Wohnen in heimeliger Atmosphäre. Persönliches und gemütliches Ambiente erwartet Sie im Restaurant.

XXXX **Endtenfang** - Hotel Fürstenhof, Hannoversche Str. 55, ⊠ 29221, ℘ (05141) 20 10, ✧ *info@fuerstenhof.de, Fax (05141) 201120*, 🌳 – ℗. AE ⓘ ⓜⓢ VISA. 🍴   Z e
geschl. Mitte Feb. - Mitte März, Sonntag - Montag (ausser Messen) – **Menu** à la carte 60/72 ⓈⒾ.
• Zum Empfang in der Bibliothek stimmt Sie ein auf eine Reise durch das Gourmet-Repertoire französisch geprägter Küche. Stilvolle Gediegenheit rundet den Besuch ab.
Spez. Bretonischer Hummer mit Gazpachocreme. Steinbutt mit Auberginenpüree und Sauce Bourride. Sisteron Lamm mit Thymian-Couscous.

XX **Historischer Ratskeller**, Markt 14, ⊠ 29221, ℘ (05141) 2 90 99, *Fax (05141) 29090*, 🌳 – AE ⓜⓢ VISA JCB   Y z
geschl. Sonn- und Feiertage abends – **Menu** à la carte 16/34.
• Das gotische Kellergewölbe erinnert mit seinen verschiedenen Räumen an vergangene Zeiten. In rustikalem Umfeld serviert man Ihnen Einheimisches sowie internationale Gerichte.

CELLE

Congress Union Celle, Thaerplatz 1, ✉ 29221, ℰ (05141) 91 93, *congress-uniorcelle@t-online.de*, Fax (05141) 919444, 🍽 – 🔲 🅿. 𝗩𝗜𝗦𝗔   YZ r
geschl. Sonntagabend - Montag – **Menu** à la carte 21/31.
• Der Wintergarten bietet seinen Gästen eine Auswahl von Nah und Fern. Alternativ zur Karte wählen Sie an einigen Tagen von einem bunten Aktionsbuffet.

Weinkeller Postmeister von Hinüber, Zöllnerstr. 25, ✉ 29221, ℰ (05141) 2 84 44, *info@weinkeller-celle.de*, Fax (05141) 3343 – 🆎 𝗩𝗜𝗦𝗔   Y
geschl. Juli-Aug. 3 Wochen, Sonntag - Montag – **Menu** *(nur Abendessen)* à la carte 25/33 ♀.
• Ein historisches Fachwerkhaus, das im Inneren mit nettem Ambiente überrascht. In der Weinstube sitzen Sie an massiven Holztischen in einem Backsteinkeller.

In Celle-Altencelle über ③ : 3 km :

Schaperkrug, Braunschweiger Heerstr. 85 (B 214), ✉ 29227, ℰ (05141) 9 85 10, *info@schaperkrug.de*, Fax (05141) 9851199, 🍽 – ⇔ Zim, 📺 ✆ 🚗 🅿 – 🔔 80. 🆎 ⓞ 🆎 𝗩𝗜𝗦𝗔 JCB
Menu *(geschl. Sonntagabend)* à la carte 17/29 – **37 Zim** ⇌ 49/64 – 70/90.
• Das traditionsreiche Haus beschert Ihnen mit seiner persönlichen Atmosphäre ein herzliches Wohnerlebnis. Zeitgemäße Einrichtung und Funktionalität bestimmen den Rahmen. Weiträumiges Restaurant mit behaglichem Kamin.

Allerkrug, Alte Dorfstr. 14, ✉ 29227, ℰ (05141) 8 48 94, *allerkrug@t-online.de*, Fax (05141) 882610 – ⇔ Rest, 🅿. 🆎 𝗩𝗜𝗦𝗔
geschl. Juli 2 Wochen, Montagabend - Dienstag – **Menu** à la carte 24/39.
• Wenn Sie den bürgerlichen Stil schätzen, wird dieser renovierte Gasthof Ihren Geschmack treffen. Regionales sowie Speisen aus internationalem Programm stehen zur Wahl.

In Celle-Boye über John-Busch-Str. Y : 4 km :

Köllner's Landhaus ⅏ mit Zim, Im Dorfe 1, ✉ 29223, ℰ (05141) 95 19 50, *info@koellners-landhaus.de*, Fax (05141) 9519555, 🍽, 🌳 – ⇔ Zim, 📺 ✆ 🅿. 🆎 ⓞ 🆎 𝗩𝗜𝗦𝗔, ❀
geschl. 2. - 11. Jan. – **Menu** à la carte 26,50/39,50 – **6 Zim** ⇌ 78/110 – 104/156.
• Unter typischer Reetbedachung empfiehlt Ihnen der aufmerksame Service des modernisierten niedersächsischen Bauernhauses internationale Gerichte. Mit hübscher Terrasse.

In Celle-Groß Hehlen über ① : 4 km :

Celler Tor, Scheuener Str. 2 (an der B 3), ✉ 29229, ℰ (05141) 59 00, *info@cellertor.de*, Fax (05141) 590490, 🍽, 🆎, 🔲, 🌳 – 🛗, ⇔ Zim, 📺 ✆ 🚗 🅿 – 🔔 180. 🆎 ⓞ 🆎 𝗩𝗜𝗦𝗔 JCB
Menu à la carte 24/44 ♀ – **73 Zim** ⇌ 97/130 – 134/190.
• Die moderne Residenz hält sowohl elegante Komfortzimmer als auch eine zweckmäßigere Variante für die Gäste bereit - in jedem Fall erwartet Sie ein wohltuendes Ambiente. Tafelr Sie in gediegenem klassischen Rahmen.

In Wienhausen-Oppershausen Süd-Ost : 12 km über ③ :

Landhotel Klosterhof garni (mit Gästehaus), Dorfstr. 16, ✉ 29342, ℰ (05149) 9 80 30, Fax (05149) 980335, 🍽, 🆎, 🌳 – ⇔ Zim, 📺 🅿. 🆎 𝗩𝗜𝗦𝗔
– **34 Zim** ⇌ 61/71 – 81/91.
• Früher als landwirtschaftlicher Betrieb genutzt, beherbergt der typisch norddeutsche Fachwerkbau heute wohnliche, sehr gut gepflegte Zimmer und einen hübschen Frühstücksraum.

In Bergen-Altensalzkoth Nord : 14 km über ① :

Helms (mit Gästehaus), Altensalzkoth 7, ✉ 29303, ℰ (05054) 81 82, *info@hotel-helms-gmbh.de*, Fax (05054) 8180, 🍽, 🆎, 🌳 – 🛗, ⇔ Zim, 📺 ✆ 🔥 🚗 🅿 – 🔔 80. ⓞ 🆎 𝗩𝗜𝗦𝗔 ❀ Zim
geschl. 27. Dez. - Ende Jan. – **Menu** à la carte 16/34 – **50 Zim** ⇌ 38/62 – 70/95.
• Der familiäre Stil gibt dem Haus einen besonderen Charakter. Grundlage für Ihre Erholung sind die netten Zimmer - Wiesen und Wälder in nächster Nähe tun ihr übriges. Tradition verpflichtet : seit Generationen verköstigt man hier hungrige Gäste.

CHAM Bayern 𝟒𝟐𝟎 S 21 – 17 500 Ew – Höhe 368 m.

ℹ *Tourist Information, Propsteistr. 46 (im Cordonhaus), ✉ 93413, ℰ (09971) 80 34 93, tourist@cham.de, Fax (09971) 79842.*
Berlin 481 – München 178 – Regensburg 73 – Amberg 73 – Passau 109 – Plzen 94.

Randsberger Hof, Randsberger-Hof-Str. 15, ✉ 93413, ℰ (09971) 8 57 70, *info@randsbergerhof.de*, Fax (09971) 20299, 🍽, 🌡, 🆎, 🔲, Squash – 🛗, ⇔ Zim, 📺 🚗 🅿 – 🔔 100. 🆎 ⓞ 🆎 𝗩𝗜𝗦𝗔
Menu à la carte 13,50/26,50 – **88 Zim** ⇌ 33/36 – 66/73.
• Einst der Sitz von Rittern und Adeligen, beherbergt Sie das Haus heute mit modernen Annehmlichkeiten. Der Bayerische Wald und sein Vorland laden zu Ausflügen ein. Rustikale Gaststuben verbreiten ritterliches Flair.

CHAM

XX **Bräu-Pfandl,** Lucknerstr. 11, ✉ 93413, ℘ (09971) 2 07 87, info@braeupfandl.de, Fax (09461) 5675 – 🕮 ① ⓤ VISA
geschl. Aug., Sonntag - Montag – **Menu** à la carte 15/30.
♦ Gemütliche Nischen machen mit einem ansprechenden Couvert Lust auf ein leckeres Essen. Die Zubereitungen nach regionaler Art sind geprägt von den Produkten der Saison.

In Cham-Chammünster Süd-Ost : 3 km über die B 85 in Richtung Viechtach :

🏠 **Berggasthaus Oedenturm** ⑤, Am Oedenturm 11, ✉ 93413, ℘ (09971) 8 92 70, info@oedenturm.de, Fax (09971) 892720, ≤, 🈴 – 📺 🅿 ① ⓤ VISA
geschl. Anfang Okt. - Ende Nov. – **Menu** (geschl. Sonntagabend - Montag) à la carte 16/27 – **12 Zim** ⛌ 26 – 52 – ½ P 13.
♦ Urtypische Gastlichkeit empfängt Sie in friedlicher Waldrandlage und begleitet Sie durch die Räumlichkeiten des Hauses - die gepflegte Ländlichkeit wird Sie überzeugen. Machen Sie sich auf gastronomischer Ebene mit bayerischem Charme vertraut.

CHEMNITZ Sachsen 𝟒𝟏𝟖 N 22 – 260 000 Ew – Höhe 300 m.
Sehenswert : Museum für Naturkunde (versteinerter Wald★) EU M1 – Schloßkirche (Geißelsäule★) ET.
Ausflugsziel : Schloß Augustusburg★ (Museum für Jagdtier- und Vogelkunde★, Motorradmuseum★★), über Augustusburger Str. CY Ost : 15 km.
🏌 Klaffenbach, Wasserschloß (Süd : 8 km über ④), ℘ (0371) 2 62 18 40 ; 🏌 Gahlenz, Hauptstr. 130 (Ost : 24 km über B 173), (037292) 6 06 66.
🛈 Chemnitz-Service, Bahnhofstr. 6, ✉ 09111, ℘ (0371) 69 06 80, chemnitzservice@chemnitz.de, Fax (0371) 6906830.
ADAC, Hartmannstr. 5.
Berlin 257 ② – Dresden 70 ② – Leipzig 78 ⑦ – Praha 163 ③

Stadtplan siehe folgende Seiten

🏨 **Renaissance** M, Salzstr. 56, ✉ 09113, ℘ (0371) 3 34 10, renaissance.chemnitz@renaissancehotels.com, Fax (0371) 3341777, 🈴, Massage, 🛇, ⇌, 🅢, 🛲 – 🛗, 🙾 Zim, 🔲 📺 ✆ ⅋ ⇌ – 🛱 250. 🕮 ① ⓤ VISA JCB. 🛪 Rest ET s
Glashaus : Menu à la carte 20,50/39 – **226 Zim** ⛌ 79 – 89, 19 Suiten.
♦ Warme Farben machen die Zimmer zu wohnlichen Refugien, die Ihren Wunsch nach niveauvoller Beherbergung erfüllen - eine Mischung aus Eleganz und Funktionalität. Wie der Name schon sagt, ist das Restaurant Glashaus ein freundlicher Wintergarten.

🏨 **Dorint Parkhotel Chemnitz** M, Deubners Weg 12, ✉ 09112, ℘ (0371) 3 80 70, info.ztzche@dorint.com, Fax (0371) 3807100, 🈴, 🛇, ⇌ – 🛗, 🙾 Zim, 🔲 Rest, 📺 ✆ ⅋, ⇌ 🅿 – 🛱 150. 🕮 ① ⓤ VISA JCB EV a
Menu à la carte 20/34,50 – ⛌ 12 – **187 Zim** 82/126 – 95/139.
♦ Ein mondänes Design - von der Fassade bis zum Interieur - begeistert die Besucher dieses Domizils. Mit hoher Wohnkultur und Engagement widmet man sich Ihren Ansprüchen. Auch beim Speisen brauchen Sie nicht auf ein stilvolles Ambiente verzichten.

🏨 **Günnewig Hotel Chemnitzer Hof** M, Theaterplatz 4, ✉ 09111, ℘ (0371) 68 40, chemnitzer.hof@guennewig.de, Fax (0371) 6762587, 🈴 – 🛗, 🙾 Zim, 📺 ✆ ⅋ ⇌ – 🛱 150. 🕮 ① ⓤ VISA JCB. 🛪 Rest EU b
Opera : Menu à la carte 24/38 – **92 Zim** ⛌ 82/101 – 108/126.
♦ Eleganz gepaart mit Funktionalität macht den Reiz dieser Residenz aus. Sie logieren unweit des Stadtzentrums und der ausgedehnten Parkanlage in geschmackvollem Rahmen. Die klassische Gestaltung des Restaurants Opera sorgt für eine angenehme Stimmung.

🏨 **Mercure** M, Brückenstr. 19, ✉ 09111, ℘ (0371) 68 30, h1581@accor-hotels.com, Fax (0371) 683505, ≤, ⇌ – 🛗, 🙾 Zim, 🔲 Rest, 📺 ✆ 🅿 – 🛱 180. 🕮 ① ⓤ VISA. 🛪 Rest EU e
Menu à la carte 22/34 – **386 Zim** ⛌ 76/91 – 93/118.
♦ Im Herzen von Chemnitz empfängt man Sie mit neuzeitlichem Komfort und einer netten Atmosphäre ganz nach Art des Hauses - ein wohnliches Vergnügen. Die Plazierung des Restaurants in der obersten Etage ermöglicht den Gästen eine herrliche Aussicht.

🏨 **Residenz Hotel,** Bernsdorfer Str. 2, ✉ 09126, ℘ (0371) 6 01 31, residenzhotelchemnitz@t-online.de, Fax (0371) 6762781, 🈴, ⇌ – 🛗, 🙾 Zim, 📺 ✆ 🅿 – 🛱 80. 🕮 ① ⓤ VISA. 🛪 Rest EV d
Menu (geschl. Freitag - Sonntag) (nur Abendessen) à la carte 17/26,50 – **191 Zim** ⛌ 70 – 80.
♦ Ob Sie nur ein paar Tage bleiben oder einen längeren Aufenthalt planen - für beides stehen ideale Räumlichkeiten bereit, um Sie in gepflegter Art und Weise zu beherbergen. Hausmannskost nach typisch sächsischer Art bietet man im legeren Restaurant.

CHEMNITZ

Straße	Feld
Adelsbergstr.	CY
Annaberger Str.	BY
Augustusburger Str.	CY
Bernsdorfer Str.	CY 4
Blankenauer Str.	BX 9
Bornaer Str.	BX
Carl-von-Ossietzky-Str.	CY 10
Chemnitzer Str. (RÖHRSDORF)	AX
Chemnitztalstr.	BX
Dresdner Str.	CX
Erfenschlager Str.	BCY 16
Eubaer Str.	CY
Frankenberger Str.	CX
Geibelstr.	CY
Glösaer Str.	BCX
Gornauer Str.	CY
Grenzweg	CXY
Grünaer Str.	AY 18
Haardt Str.	AX
Heinrich-Schütz-Str.	CX 19
Hohensteiner Str.	AY 21
Jagdschänkenstr.	AY 24
Jägerschlößhenstr.	CY 25
Leipziger Str.	BX
Leipziger Str. (RÖHRSDORF)	AX
Limbacher Str.	ABY
Limbacher Str. (RÖHRSDORF)	AX
Max-Saupe-Str.	CX
Neefestr. (GRÜNA)	AY
Neefestr.	ABY
Oberfrohnaer Str.	AXY
Reichenhainer Str.	BCY
Stelzendorfer Str.	AY 31
Stollberger Str.	BY
Südring	BY
Trützschlerstr.	AY 34
Unritzstr.	AY 36
Waldenburger Str.	BY 39
Wartburgstr.	CY 40
Wasserschänkenstr.	AX 41
Werner-Seelenbinder-Str.	BY 42
Weststr.	BY
Wilhelm-Busch-Str.	CY 43
Wittgensdorfer Str.	BX 45
Wladimir-Sagorski-Str.	BY 46
Yorckstr.	CY 48
Zschopauer Str.	CY
Zwickauer Str.	ABY

*Jährlich eine neue Ausgabe,
aktuellste Informationen,
jährlich für Sie !*

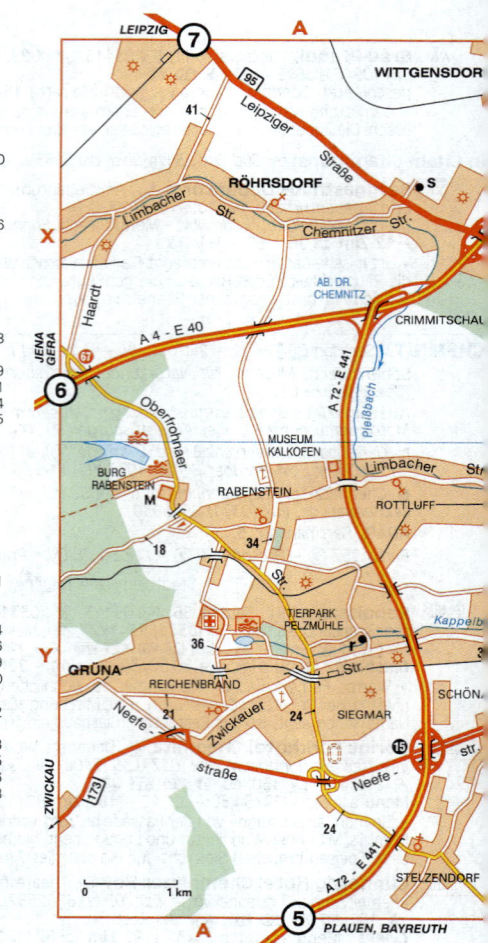

🏨 **Günnewig Hotel Europa** garni, Straße der Nationen 56, ⊠ 09111, ℰ (0371) 68 10, hotel.europa@guennewig.de, Fax (0371) 670606 – 📶 ⇌ 📺 – 🛁 25. 🆎 ⓞ 🆗 𝕍𝕀𝕊𝔸 𝙹𝙲𝙱
103 Zim ⊇ 56/61 – 77.   EU f
♦ Im Zentrum untergebracht, kann der Gast so manch interessante Adresse der Stadt zu Fuß erreichen. Dieses Haus wird für Sie zum erholsamem Refugium zwischen Ihren Ausflügen.

🏨 **Achat,** Winklhoferstr. 14, ⊠ 09116, ℰ (0371) 8 12 10, chemnitz@achat-hotel.de, Fax (0371) 8121999 – 📶, ⇌ Zim, 📺 ☎ ♿ 🅿 – 🛁 20. 🆎 ⓞ 🆗 𝕍𝕀𝕊𝔸   BY c
Menu *(nur Abendessen)* à la carte 16/29 – ⊇ 11 – **99 Zim** 54/89 – 64/99.
♦ Geschäftlich wie auch in Ihrer Freizeit werden Sie die Annehmlichkeiten des neuzeitlichen Hotels schätzen. Langzeitzimmer sorgen für privates Wohnen im Urlaub. Im netten Bistro-Ambiente des Restaurants werden Gerichte aus einer kleinen Auswahl aufgetischt.

🏨 **Elisenhof** garni, Mühlenstr. 102, ⊠ 09111, ℰ (0371) 47 16 90, info@hotelelisenhof.de, Fax (0371) 4716950 – 📶 ⇌ 📺. 🆎 ⓞ 🆗 𝕍𝕀𝕊𝔸   ET h
24 Zim ⊇ 45/54 – 56/61.
♦ Mit familiärem Flair präsentiert sich diese wohltuende Unterkunft als idealer Ausgangspunkt für Ihr Sightseeing in Chemnitz - begeben Sie sich auf eine Entdeckungsreise.

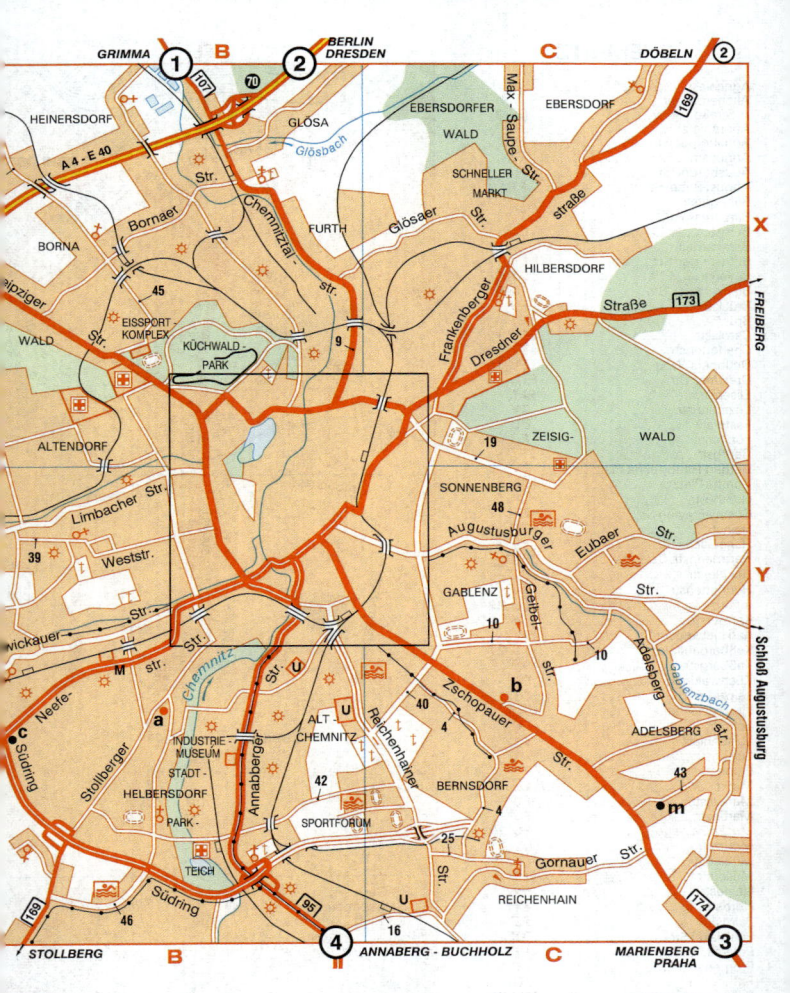

※※ **Richter,** Zschopauer Str. 259, ✉ 09126, ✆ (0371) 5 59 10, service@feinkost-richter
.de, Fax (0371) 5204130 – 🅿 ⓜⓢ 🆅🅸🆂🅰 CY b
geschl. 9. - 31. Juli, Sonntagabend - Montag – **Menu** à la carte 24/37,50.
♦ Ein ehemaliges Wohnhaus mit markanter gelblicher Fassade beherbergt dieses kleine
Restaurant, in dem die Gäste in zwei Räumen Platz finden. Man kocht international.

※ **Villa Esche,** Parkstr. 58 (Eingang Rich.-Wagner-Str.), ✉ 09120, ✆ (0371) 2 36 13 63,
Fax (0371) 2361365, 🌿 – ⓜⓢ 🆅🅸🆂🅰 BY a
Menu à la carte 20/34.
♦ In der Remise dieser von Henry van de Velde entworfenen Jugendstilvilla befindet sich ein
modernes, rundum verglastes Restaurant mit sehr schöner Terrasse zum umgebenden Park.

In Chemnitz-Adelsberg Süd-Ost : 4 km :

🏨 **Adelsberger Parkhotel Hoyer** ⚜, Wilhelm-Busch-Str. 61, ✉ 09127, ✆ (0371)
77 42 00, adelsberger.parkhotel@t-online.de, Fax (0371) 773377, 🌿, ≋s – 🛗, ⚟ Zim,
📺 📞 👪 🅿 – 🔔 70. 🅰🅴 ⓜⓢ 🆅🅸🆂🅰 CY m
Menu à la carte 15/35 – **26 Zim** ⌂ 55/70 – 70/90.
♦ Moderne Gediegenheit und die liebenswerte Herzlichkeit der Führung des Hauses geben
Ihnen das Gefühl, gut aufgehoben zu sein - Chemnitz und seine Umgebung warten auf Sie.
Der frische Bistro-Charakter des Restaurants lädt zum Verweilen ein.

CHEMNITZ

Street	Grid	No.
Agricolastr.	DV	
Altchemnitzer Straße	EV	3
Andréplatz	DU	
Annaberger Str.	EV	
Annenstr.	EV	
Augsburger Str.	FU	
August-Bebel-Str.	FT	
Bahnhofstr.	EFU	
Barbarossastr.	DUV	
Bergstr.	DT	
Bernhardstr.	FV	
Bernsdorfer Str.	FV	
Beyerstr.	DT	6
Blankenauer Str.	FT	9
Brückenstr.	EU	
Brühl	ET	
Carolastr.	EFU	12
Charlottenstr.	FV	13
Deubners Weg	EV	15
Dresdner Str.	FTU	
Elisenstr.	EFT	
Enzmannstr.	DV	
Festplatz	DU	
Fürstenstr.	FU	
Georgstr.	EFT	
Gerhart-Hauptmann-Platz	DV	
Goethe-Platz	DV	
Goethestr.	DV	
Gustav-Freytag-Str.	EV	
Hainstr.	FTU	
Hans-Sachs-Str.	FV	
Hartmannstr.	DEU	
Hechlerstr.	DT	
Henriettenstr.	DU	
Innere Klosterstr.	EU	22
Kanzlerstr.	DU	
Karl-Liebknecht-Str.	EFT	
Kaßberrgauffahrt	EU	27
Kaßbergstr.	DU	
Küchwaldring	DT	
Leipziger Str.	DT	
Limbacher Str.	DU	
Lohrstr.	EU	
Luisenplatz	DT	
Luisenstr.	DT	
Lutherstr.	FV	
Markt	EU	
Markusstr.	FU	
Martinstr.	FU	
Moritz Passage	EU	28
Moritzstr.	EUV	
Mühlenstr.	ET	
Müllerstr.	EFT	
Neefestr.	DV	
Nordstr.	ET	
Palmstr.	FT	
Paul-Jäkel-Str.	DT	
Peterstr.	FT	
Promenadenstr.	ET	
Rathausstr.	EU	
Reichenhainer Str.	EFV	30
Reichsstr.	DUV	
Reitbahnstr.	EV	
Rembrandtstr.	FV	
Ritterstr.	EFV	
Rosenhof	EU	
Salzstr.	DET	
Schillerplatz	ET	
Schloßteichstr.	DET	
Sonnenstr.	FU	
Stollberger Str.	DEV	
Straße der Nationen	EU	
Theaterplatz	EU	33
Theaterstr.	ETU	
Theodor-Körner-Platz	FU	
Waisenstr.	EFU	37
Weststr.	DU	
Winklerstr.	DT	
Zieschestr.	FUV	
Zietenstr.	FU	
Zöllnerplatz	ET	
Zschopauer Str.	EFV	
Zum Luisenplatz	DT	49
Zwickauer Str.	DEV	

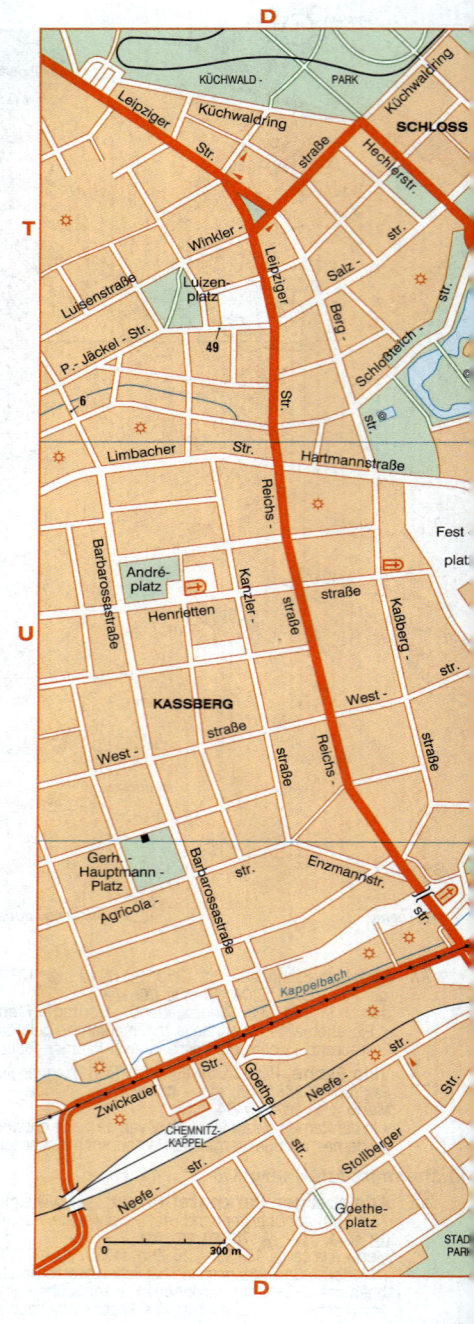

308

E
F
T
U
V
Schloßkirche
Müller - straße
Zöllner platz
Nationen
Bebel - Str.
Palmstr.
Schloß - teich
Georg - str.
Promenaden -
Mühlenstr.
Brühl
Elisenstr.
Straße
Chemnitz
Georg - str.
Schiller platz
Liebknecht
Dresdner
Peter - str.
Hain -
Lessing platz
Markusstr.
Fürsten - str.
Hartmannstraße
Brücken -
Mühlen - str.
ADAC
STADTHALLE
ROTER TURM
Rathaus
Th.-Körner-Platz
Hainstraße
Sonnen - str.
Zietenstraße
Augustusburger Str.
Bahnhof - str.
Lohstr.
Theater -
Rosenhof
Markt
PARK DER OPFER DES FASCHISMUS
Zieschestr.
Hans - Sachs - str.
Moritz - str.
Annen -
Reitbahnstraße
Zschopauer Straße
Rembrandt - str.
Bernhard - Str.
Zwickauer Str.
Ritterstr.
G. Freytag - Str.
Bernsdorfer str.
Lutherstraße
KAPELLEN BERG
Annaberger Str.
Luther - str.
Zschopauer Str.
POL
Martin -
Aug.

In Chemnitz-Klaffenbach Süd : 10 km über ④ :

Schlosshotel Klaffenbach, Wasserschloßweg 6, ✉ 09123, ☎ (0371) 2 61 10, schlosshotel-klaffenbach@t-online.de, Fax (0371) 2611100, 😊, 🐎 – 📶, ⚡ Zim, TV 📞 🅿 – 🔔 40. AE ⓪ ⓜⓢ
Menu à la carte 16,50/27,50 – **52 Zim** ⚌ 70/77 – 88/98.
♦ Nicht ganz alltäglich residieren Sie in der Schloßanlage aus dem 16. Jh. vor den Toren der Stadt. Sinnvolle Ausstattung und Stil bilden eine wohnliche Einheit mit Niveau. Kulinarische Vielfalt aus Nah und Fern bietet man im eleganten Gewölberestaurant.

In Chemnitz-Kleinolbersdorf Süd-Ost : 9 km über ③ :

Kleinolbersdorf, Ferdinandstr. 105, ✉ 09128, ☎ (0371) 77 24 02, hotel-kleinolbersdorf@t-online.de, Fax (0371) 772404, 😊, 🐎 – ⚡ Zim, TV 🚗 🅿 – 🔔 15. AE ⓪ ⓜⓢ VISA
Menu (geschl. Sonntagabend) à la carte 13,50/27 – **16 Zim** ⚌ 46/50 – 62/70.
♦ Die Zimmer des Hauses - mit Naturholzmobiliar eingerichtet - stellen ein nettes Schlafquartier voller Gemütlichkeit und ländlichem Charme dar. Die Kaminstube bringt mit einem internationalen Repertoire und heimischen Gerichten Abwechslung auf den Teller.

CHEMNITZ

In Chemnitz-Mittelbach über Zwickauer Straße AY Süd-West : 9 km :

Abendroth, Hofer Str. 11a, ⊠ 09224, ℘ (0371) 2 39 80, info@abendroth-hotel.de, Fax (0371) 2398225, 龠, ⇔ – ⥙ ⊡ ℗ – ♨ 20. ⬜ ⬤ ⬤ 𝖵𝖨𝖲𝖠
geschl. 27. - 31 Dez. – **Menu** à la carte 13/24 – **33 Zim** ⊑ 49/62 – 62/77.
• Hinter neuzeitlicher Fachwerkfassade stehen gepflegte Räumlichkeiten und eine gelungene Gestaltung für einen behaglichen Aufenthalt bereit. Das Restaurant überzeugt seine Gäste mit angenehmer Schlichtheit.

In Chemnitz-Röhrsdorf Nord-West : 5 km :

Amber Hotel Chemnitz Park, Wildparkstr. 6, ⊠ 09247, ℘ (03722) 51 30, chemnitz@amber-hotels.de, Fax (03722) 513100, 龠, ⇔ – ⫟, ⥙ Zim, ⊡ ℗ – ♨ 65. ⬜ ⬤ ⬤ 𝖵𝖨𝖲𝖠 𝖩𝖢𝖡
AX s
Menu à la carte 16/26,50 – **104 Zim** ⊑ 56/79 – 84/104.
• Neben "normalen" Gemächern verfügt das Haus über Business-Zimmer - Freunde des Orients fragen nach dem "1001 Nacht" Zimmer. 6 Tagungsräume mit modernster Medientechnik. Ihre wohlverdiente Stärkung nehmen Sie im freundlichen Ambiente des Restaurants ein.

In Chemnitz-Siegmar Süd-West : 5 km :

Alte Mühle Ⓜ ⌖, An der alten Mühle 10, ⊠ 09117, ℘ (0371) 8 14 40, info@hotel-alte-muehle.de, Fax (0371) 8144333, Biergarten, ⇔ – ⫟, ⥙ Zim, ⊡ ✆ ℗ – ♨ 30. ⬜ ⬤ ⬤ 𝖵𝖨𝖲𝖠
AY r
Menu (geschl. 1. - 5. Jan.) à la carte 14/26 – **41 Zim** ⊑ 61/75 – 97.
• Die Mischung aus Funktionalität und Wohnlichkeit, Moderne und Komfort gestaltet diese sympathische Adresse zu einem Domizil ganz nach Ihren Vorstellungen. Dieselbe Gastfreundschaft wie schon anno dazumal : Ein Rahmen, in dem man gerne speist.

In Neukirchen über Stollberger Straße BY Süd-West : 8 km :

Almenrausch, Bahnhofstr. 5, ⊠ 09221, ℘ (0371) 26 66 60, Fax (0371) 2666640, 龠 – ⥙ Zim, ⊡ ✆ ⇔ ℗ – ♨ 30. ⬜ ⬤ ⬤ 𝖵𝖨𝖲𝖠. ⌖
Menu à la carte 14/23 – **16 Zim** ⊑ 48/51 – 77/87.
• Eine gemütliche Landhaus-Adresse freut sich auf Ihren Besuch : passend zur alpenländischen Fassade des netten Hotels ist das Innere mit viel Holz im Bauernstil gehalten. Suchen Sie ein nettes Plätzchen - dann ist das die richtige stärkende Einkehr.

In Hartmannsdorf Nord-West : 9 km über ⑦ :

Country Inn Ⓜ, Am Berg 3, ⊠ 09232, ℘ (03722) 40 50, info-che@countryinns.de, Fax (03722) 405405, 龠, ⇔ – ⫟, ⥙ Zim, ⊡ ✆ Ⓖ ⇔ ℗ – ♨ 60. ⬜ ⬤ ⬤ 𝖵𝖨𝖲𝖠
Menu à la carte 18/29 – **87 Zim** ⊑ 66/76 – 76/96.
• Sie haben sich für ein Haus mit Niveau entschieden : das moderne Hotel ergänzt den bequemen Komfort mit geschmackvollem Design - von der Rezeption bis zum Zimmer. Zur Verköstigung der Gäste wartet die Küche mit allerlei Internationalem auf.

CHIEMING Bayern ⬛⬛⬛ W 21 – 4400 Ew – Höhe 532 m – Erholungsort.
Sehenswert : Chiemsee★ – Schloß Herrenchiemsee★★.
⛳ Chieming-Hart (Nord : 7 km), ℘ (08669) 8 73 30 ; ⛳ Chieming-Ising (Nord-West : 7 km), ℘ (08667) 7 93 58.
🛈 Tourist-Information, Haus des Gastes, Hauptstr. 20b, ⊠ 83339, ℘ (08664) 98 86 47, info@chieming.de, Fax (08664) 988619.
Berlin 666 – München 104 – Bad Reichenhall 43 – Wasserburg am Inn 37 – Traunstein 12.

Unterwirt zu Chieming, Hauptstr. 32, ⊠ 83339, ℘ (08664) 9 84 60, info@unterwirt-chieming.de, Fax (08664) 984629, Biergarten – ⊡ ⇔ ℗
geschl. 7. Jan. - 12. Feb., 19. Okt. - 19. Nov. – **Menu** (geschl. Okt. - Juni Montag - Dienstag) à la carte 14/26 – **11 Zim** ⊑ 45 – 60 – ½ P 14.
• Wenn Sie das gemütliche Flair eines typischen Gasthofs schätzen, bleiben Sie doch einfach über Nacht. Die kleinen Zimmer des Hauses präsentieren sich schlicht und gepflegt. Kosten Sie mit Speis und Trank der Region ein Stück bayerische Lebensart.

In Chieming-Ising Nord-West : 7 km – Luftkurort :

Gut Ising ⌖ (ehem. Gutshofanlage mit 7 Gästehäusern), Kirchberg 3, ⊠ 83339, ℘ (08667) 7 90, gutising@t-online.de, Fax (08667) 79432, 龠, Biergarten, Massage, 𝑓ₛ, ⇔, ⧈, ⛱, ⥙(Halle), ⛳, ⛗ (Reitschule und -hallen) – ⫟ ⥙ ⊡ ✆ ⇔ ℗ – ♨ 90. ⬤ 𝖵𝖨𝖲𝖠
geschl. 6. Jan. - 12. Feb. – **Menu** à la carte 21,50/36,50 – **105 Zim** ⊑ 99/134 – 151/208.
• Die Anlage stellt eine Symbiose aus traditionellen Formen und neuzeitlichem Komfort dar. Wählen Sie eine Unterkunft nach Ihrem Geschmack - mit Stil- oder Bauernmöbeln. Führen Sie sich in heimeligen Stuben allerlei Köstlichkeiten zu Gemüte.

CHIEMSEE Bayern 420 W 21 – Höhe 518 m.
   Sehenswert: See ★ mit Herren- und Fraueninsel – Schloß Herrenchiemsee★★.
   ab Gstadt: Berlin 660 – München 94 – Bad Reichenhall 57 – Traunstein 27 – Rosenheim 27.

Auf der Fraueninsel – Autos nicht zugelassen.
   von Gstadt (ca. 5 min) und von Prien (ca. 20 min)

   Zur Linde, ⌧ 83256 Chiemsee, ℘ (08054) 9 03 66, hotel.linde.fraueninsel@t-online.de, Fax (08054) 7299, ≤, ℛ, – 🅐 15. ⓘ VISA. ℛ Zim
   geschl. 8. Jan. - 15. März – **Menu** à la carte 14/35 – **14 Zim** ⌧ 55/60 – 105/110.
   ◆ Reif für die Insel? Was früher Künstler gerne als Herberge nutzten, steht heute mitten auf autofreiem Gebiet jedem offen. Verleben Sie ruhige Abende - sommers wie winters Historische und im Original erhaltene Gaststuben sorgen für eine besondere Atmosphäre.

CHORIN Brandenburg 416 H 25 – 1 800 Ew – Höhe 36 m.
   Berlin 71 – Potsdam 95 – Frankfurt (Oder) 96 – Neubrandenburg 108.

   Haus Chorin, Neue Klosterallee 10, ⌧ 16230, ℘ (033366) 5 00, hotel@chorin.de, Fax (033366) 326, ℛ, **Ⅰ₆**, ≘s, ℛ – 🛗, ⥄ Zim, 📺 📞 ⇔ 🅿 – 🅐 170. 🎫 ⓘ VISA
   Menu à la carte 17/25 – **63 Zim** ⌧ 55/69 – 70/95.
   ◆ In ruhiger Lage am Waldrand lernen Sie die Behaglichkeit dieses Domizils kennen - freundliche Zimmer mit neuzeitlichem Komfort inmitten des Biosphärenreservats. Ländliches Ambiente herrscht in der Gaststube vor.

CLAUSTHAL-ZELLERFELD Niedersachsen 418 K 15 – 14 500 Ew – Höhe 600 m – Heilklimatischer Kurort – Wintersport: 600/700 m ≴1 ≵.
   🛈 Touristinformation, Bahnhofstr. 5a, ⌧ 38678, ℘ (05323) 8 10 24, Fax (05323) 83962.
   Berlin 270 – Hannover 99 – Braunschweig 62 – Göttingen 59 – Goslar 19.

   Parkhotel Calvör, Treuerstr. 6 (Zellerfeld), ⌧ 38678, ℘ (05323) 95 00, parkhotel.calvoer@t-online.de, Fax (05323) 950222, ℛ, ≘s – ⥄ Zim, 📺 📞 🅿 – 🅐 50. ⓘ VISA 🔲
   Menu (geschl. Sonntag - Dienstag) (nur Abendessen) à la carte 16/30 – **35 Zim** ⌧ 50/80 – 60/100 – ½ P 12.
   ◆ Hinter historischen Mauern - mit ebenso geschichtlicher Nachbarschaft - bestimmen massives Holz und Parkettboden den Rahmen Ihrer Residenz aus dem 17. Jahrhundert. Im Restaurant erfreut man seine Gäste mit ansprechendem Couvert.

   Goldene Krone, Kronenplatz 3 (Clausthal), ⌧ 38678, ℘ (05323) 93 00 (Hotel) 92 21 99 (Rest.), goldene.krone@t-online.de, Fax (05323) 930100, ℛ – 🛗, ⥄ Zim, 📺 📞 ⇔ 🅿 – 🅐 30. 🎫 ⓘ VISA 🔲
   Menu (geschl. Montag) à la carte 17/34 – **25 Zim** ⌧ 59 – 82.
   ◆ Ein neuzeitlicher Stil und das Flair eines traditionsreichen Gebäudes mit bewegter Vergangenheit bilden eine attraktive Kombination - eine charmante Bleibe mit Niveau. Restaurant mit bürgerlichem Ambiente.

   Zum Prinzen garni, Goslarsche Str. 20 (Zellerfeld), ⌧ 38678, ℘ (05323) 9 66 10, hotel@zum-prinzen.de, Fax (05323) 966110 – ⥄ 📺 📞 ⇔ 🅿 ⓘ VISA
   21 Zim ⌧ 49/52 – 64/84.
   ◆ Hier stehen nun nach der Renovierung neue Zimmer für Sie bereit - mit Fichtenmöbeln und Holzboden versehen, teils mit kleinem Wohnbereich, teils mit altem Fachwerk.

CLOPPENBURG Niedersachsen 415 H 8 – 30 000 Ew – Höhe 39 m.
   Sehenswert: Museumsdorf★.
   📍 ℛ Thülsfelder Talsperre (Nord-West: 9 km), ℘ (04474) 79 95.
   🛈 Tourist-Information, Eschstr. 29, ⌧ 49661, ℘ (04471) 1 52 56, tourist-info@lkclp.de, Fax (04471) 933828.
   Berlin 444 – Hannover 178 – Bremen 65 – Lingen 68 – Osnabrück 76.

   Parkhotel garni, Burgstr. 8, ⌧ 49661, ℘ (04471) 66 14, info@parkhotel-cloppenburg.de, Fax (04471) 6617, ≘s – 🛗 ⥄ 📺 📞 ⇔ 🅿 – 🅐 30. 🎫 ⓘ VISA 🔲
   51 Zim ⌧ 60/70 – 85/99.
   ◆ Die hübsche Lage am Park zeichnet diese Adresse aus - Ihr Refugium für harmonische Tage. Ganz in Ihrer Nähe lädt die Fußgängerzone zum geruhsamen Bummeln ein.

   Schäfers Hotel, Lange Str. 66, ⌧ 49661, ℘ (04471) 24 84, Fax (04471) 947714, ℛ – 📺 ⇔ 🅿 🎫 ⓘ VISA
   Menu (geschl. Anfang Nov. 1 Woche, Mittwoch) (wochentags nur Abendessen) à la carte 27/41 – **10 Zim** ⌧ 45/48 – 78/80.
   ◆ Die Zimmer dieses Domizils wurden mit hellen Buchenmöbeln im mediterranen Stil eingerichtet. Nutzen Sie die herrlichen Rad- und Wanderwege der Umgebung. Ein Hauch Eleganz umgibt Sie beim Studieren der Speisekarte.

CLOPPENBURG

Jagdhaus Bühren, Alte Friesoyther Str. 22 (Nord-West : 1,5 km Richtung Friesoythe), ⊠ 49661, ℘ (04471) 93 16 13, mail@jagdhaus-buehren.de, Fax (04471) 931614, 😊, Biergarten – **P**. 🆎 **VISA**
geschl. Feb. 2 Wochen, Montag – **Menu** (Dienstag - Freitag nur Abendessen) à la carte 20/32.
 • Mit einem bunten Repertoire möchte man die Vertreter vieler Geschmäcker begeistern. Es werden deutsche Küche und Internationales geboten. Nettes, ländliches Ambiente.

COBURG Bayern **418 420** P 16 – 43 200 Ew – Höhe 297 m.
Sehenswert : Gymnasium Casimirianum★ Z – Kunstsammlungen★ (Veste) X.
🏌18 Weitramsdorf, Schloß Tambach (Süd-West : 10 km über ②), ℘ (09567) 92 10 10.
🛈 Tourismus und Congress Service, Herrngasse 4, ⊠ 96450, ℘ (09561) 7 41 80, info@coburg-tourist.de, Fax (09561) 741829.
ADAC, Mauer 9.
Berlin 383 ② – München 279 ② – Bamberg 47 ② – Bayreuth 74 ②

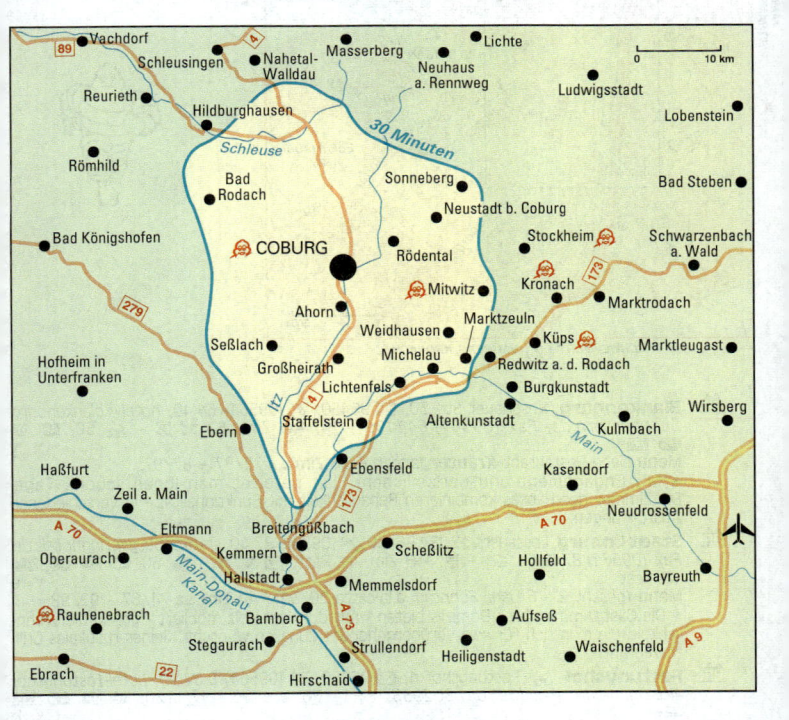

Romantik Hotel Goldene Traube, Am Viktoriabrunnen 2, ⊠ 96450, ℘ (09561) 87 60, goldene-traube@romantikhotels.com, Fax (09561) 876222, 😊, 🏊 – 🛗, 🚭 Zim, 📺 🅿 – 🔟 80. 🆎 ⓘ 🆎 **VISA**   Z t
Meer & mehr (bemerkenswerte Weinkarte) (geschl. 6. - 11. Juni, Sonntagmittag) **Menu** 23/49 und à la carte 27/43 ♀ – **Weinlaube** (geschl. Samstag) (nur Abendessen) **Menu** à la carte 17/21 – **72 Zim** ⊡ 79/89 – 102/153.
 • Bereichern Sie als Gast dieser Residenz Ihren Besuch im Herzogtum. Am Rande der Altstadt finden Sie gepflegte, liebevoll gestaltete Zimmer. Ein attraktives Couvert in elegantem Rahmen weckt im Meer & mehr die Sinne. Leckere Tropfen serviert die Weinlaube.

Mercure 🅜 garni, Ketschendorfer Str. 86, ⊠ 96450, ℘ (09561) 82 10, h2834@accor-hotels.com, Fax (09561) 821444 – 🛗 🚭 📺 📞 🅿 🚗 – 🔟 30. 🆎 ⓘ 🆎 **VISA** 🅹🅲🅱   X c
123 Zim ⊡ 82 – 114.
 • Moderner Komfort spiegelt den Zeitgeist des Hauses - für den anspruchsvollen Gast neuzeitlich komfortable Zimmer à la Mercure. Gastronomie ist im gleichen Gebäude vorhanden.

313

COBURG

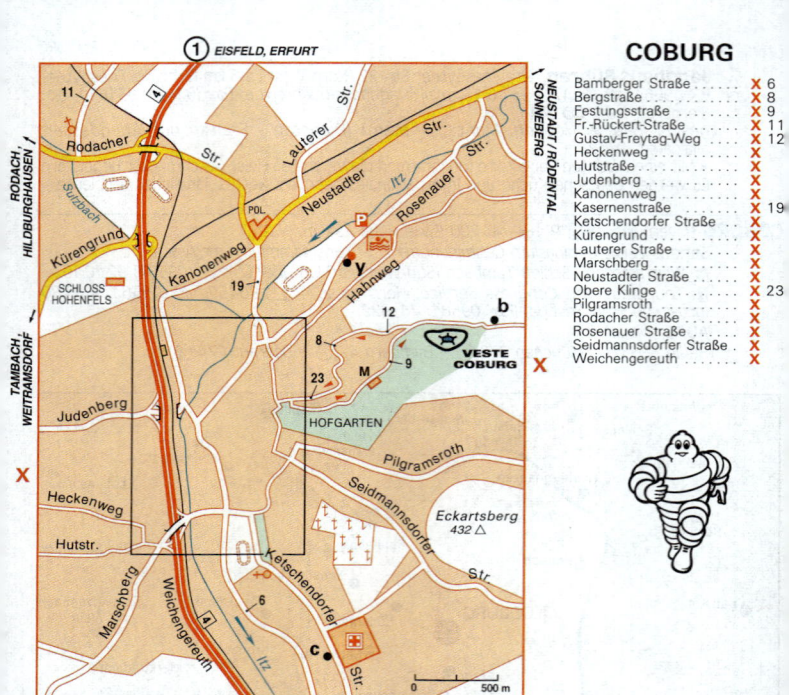

Bamberger Straße	X 6
Bergstraße	X 8
Festungsstraße	X 9
Fr.-Rückert-Straße	X 11
Gustav-Freytag-Weg	X 12
Heckenweg	X
Hutstraße	X
Judenberg	X
Kanonenweg	X
Kasernenstraße	X 19
Ketschendorfer Straße	X
Kürengrund	X
Lauterer Straße	X
Marschberg	X
Neustadter Straße	X
Obere Klinge	X 23
Pilgramsroth	X
Rodacher Straße	X
Rosenauer Straße	X
Seidmannsdorfer Straße	X
Weichengereuth	X

🏨 **Blankenburg,** Rosenauer Str. 30, ⊠ 96450, ℰ (09561) 64 40, *hotel@blankenburg.bestwestern.de*, Fax (09561) 644199 – 📳, ⇔ Zim, 📺 📞 🅿 - 🔒 50. ㅿㅌ ⓘ ⓞⓞ 𝐕𝐈𝐒𝐀
X y
Menu siehe Restaurant **Kräutergarten** – **36 Zim** ⊇ 72/87 – 87/97.
♦ Mit Engagement und persönlichem Flair bereitet man Ihnen schöne Tage. Die Zimmer des Hauses kombinieren Behaglichkeit mit Funktionalität - in verschiedenen Ausführungen.

🏨 **Stadt Coburg,** Lossaustr. 12, ⊠ 96450, ℰ (09561) 87 40, *stadtcoburg@ringhotels.de*, Fax (09561) 874222, ⇔ – 📳, ⇔ Zim, ▥ Rest, 📺 📞 🅿 – 🔒 60. ㅿㅌ ⓘ ⓞⓞ 𝐕𝐈𝐒𝐀. ⨯ Rest
Y e
Menu *(geschl. 2. - 6. Jan., Sonntag)* à la carte 20/34 – **44 Zim** ⊇ 74/87 – 92/98.
♦ Die Gästezimmer Ihres Domizils bieten - mit dunklem Holz möbliert - genau die Wohnlichkeit, die man sich für sein vorübergehendes Zuhause wünscht. Kleines rustikales Grillrestaurant.

🏨 **Festungshof** ⌁, Festungshof 1, ⊠ 96450, ℰ (09561) 8 02 90, *hotel-festungshof@t-online.de*, Fax (09561) 802933, ⇔ – 📺 ⇔ 🅿 – 🔒 120. ㅿㅌ ⓘ ⓞⓞ 𝐕𝐈𝐒𝐀 𝐉𝐂𝐁
X b
Menu *(geschl. Sonntagabend - Montagmittag)* à la carte 17/28 – **14 Zim** ⊇ 50/75 – 70/120.
♦ Logieren Sie am Fuße der Veste Coburg in einem ehemaligen Domänengut a. d. 14. Jh. - eine gepflegt Adresse, die Ihnen attraktive Funktionalität zum Wohlfühlen beschert. Passend zu den rustikalen Stuben bewirtet man seine Gäste nach gutbürgerlicher Art.

XXX **Coburger Tor - Restaurant Schaller** mit Zim, Ketschendorfer Str. 22, ⊠ 96450, ℰ (09561) 2 50 74, Fax (09561) 28874, ⇔ – 📳 📺 🅿 ⓞⓞ 𝐕𝐈𝐒𝐀. ⨯
Z a
Menu *(geschl. Anfang - Mitte Jan., Ende Juli - Anfang Aug., Sonn- und Feiertage) (nur Abendessen) (Tischbestellung ratsam)* à la carte 36/55 ₤ – **13 Zim** ⊇ 60/88 – 80/112.
♦ Ein eleganter Touch und schön eingedeckte Tische prägen den Rahmen dieser kulinarischen Adresse am Rande der Altstadt. Geboten wird eine fast klassische, französische Küche.

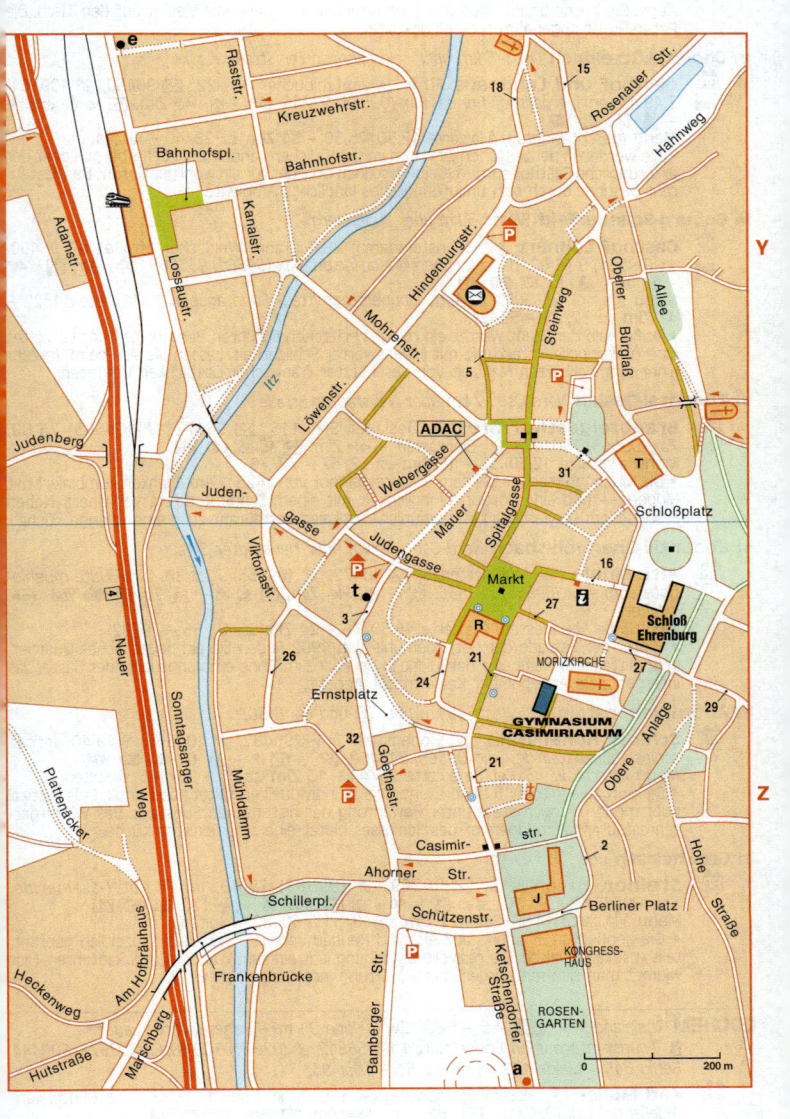

COBURG

Alexandrinenstraße	**Z** 2
Am Viktoriabrunnen	**Z** 3
Badergasse	**Y** 5
Bahnhofstraße	**Y**
Heiligkreuzstraße	**Y** 15
Herrngasse	**Z** 16
Hintere Kreuzgasse	**Y** 18
Judengasse	**Z**
Ketschengasse	**Z** 21
Marktplatz	**Z**
Mauer	**YZ**
Mohrenstraße	**Y**
Rosengasse	**Z** 24
Sally-Ehrlich-Straße	**Z** 26
Spitalgasse	**YZ** 27
Steingasse	**Z** 29
Steintor	**Y** 31
Steinweg	**Y**
Theaterplatz	**Y**
Zinkenwehr	**Z** 32

Die Preise Einzelheiten über die in diesem Führer angegebenen Preise finden Sie in der Einleitung.

315

COBURG

XX Kräutergarten, Rosenauer Str. 30c, ✉ 96450, ℰ (09561) 42 60 80, info@kraeutergarten-coburg.de, Fax (09561) 426081 – AE ⓘ ⓜⓞ VISA X y
Menu (abends Tischbestellung ratsam) à la carte 27/35 – **Die Petersilie :** Menu à la carte 14,50/26,50.
• Nischen lockern das Interieur des rustikalen Lokals auf, ein hübsches Dekor erfreut das Auge. Die Küche bringt mit ihren Zubereitungen internationale Vielfalt auf den Tisch. Die Petersilie ist angenehm schlicht gestaltet.

In Coburg-Lützelbuch *Ost : 5 km über Seidmannsdorfer Straße* X :

Gasthof und Landhaus Fink ⌂, Lützelbucher Str. 22, ✉ 96450, ℰ (09561) 2 49 43, email@gasthof-fink.de, Fax (09561) 27240, 🌺 – 🛏, ⇆ Zim, 📺 ⌘ 🅿 – 🛎 35. ⓜⓞ VISA
Menu (geschl. Montag) à la carte 12,50/25,50 – **34 Zim** ☷ 28/40 – 46/61.
• Sie werden in neuzeitlichen Zimmern im gemütlichen Landhausstil beherbergt - oder der ursprüngliche Gasthof sorgt mit einem soliden Quartier für ein wohliges Gefühl. Das Restaurant besticht durch sein unaufdringliches ländliches Ambiente.

In Coburg-Scheuerfeld *West : 3 km über Judenberg* X :

Gasthof Löhnert ⌂, Schusterdamm 28 (Einfahrt Weidacher Straße), ✉ 96450, ℰ (09561) 8 33 60, hotel-loehnert@t-online.de, Fax (09561) 833699, 🌺, 🈁, 🔲, 🚲 – 📺 🅿 – 🛎 25. AE ⓜⓞ VISA
Menu (geschl. 23. Juli - 6. Aug., Donnerstagmittag, Sonntagabend) à la carte 11/22 – **42 Zim** ☷ 32/41 – 53/57.
• Außerhalb der Stadt wartet ein ruhiges Plätzchen auf Ihren Besuch. Ihr Quartier bietet eine funktionelle Unterkunft mit liebenswerter Schlichtheit. Lassen Sie sich beim Verzehr einer schmackhaften Mahlzeit von geschätzter fränkischer Gastlichkeit umgeben.

In Rödental-Oeslau *Nord-Ost : 7 km über Neustadter Straße* X :

Brauereigasthof Grosch, Oeslauer Str. 115, ✉ 96472, ℰ (09563) 75 00, Fax (09563) 750147, 🌺, Biergarten – ⇆ Zim, 📺 ⌘ 🅿. ⓜⓞ VISA
Menu à la carte 12,50/32 – **15 Zim** ☷ 52/57 – 72/76.
• Die Mischung macht's bei dem Brauereigasthof von 1425 : Gemütlichkeit kombiniert mit Moderne - und eine Portion Wohnlichkeit mit einem Schuß Komfort verfeinert. Neben Fränkischem serviert man im gemütlich-rustikalen Restaurant auch eine "bierige Küche".

In Rödental-Oberwohlsbach *Nord-Ost : 10 km über Neustadter Straße* X :

Alte Mühle ⌂, Mühlgarten 5, ✉ 96472, ℰ (09563) 7 23 80, info@alte-muehle-hotel.com, Fax (09563) 723866, 🌺 – 🛏, ⇆ Zim, 📺 ⌘ 🅿 – 🛎 20. AE ⓜⓞ VISA JCB. 🚫 Rest
Menu (nur Abendessen) à la carte 18,50/36 – **24 Zim** ☷ 49/55 – 79/92.
• Hinter der Fassade der Getreidemühle von 1902 finden Sie ein neuzeitliches Quartier, in unmittelbarer Nähe eine natürliche Idylle - ganz im Sinne erholungsuchender Gäste. Das internationale Angebot der Karte macht Appetit.

In Ahorn-Hohenstein *Süd-West : 9 km über ② und die B 303* :

Schloss Hohenstein ⌂, Hohenstein 1, ✉ 96482, ℰ (09565) 9 49 40, info@schloss-hohenstein.de, Fax (09565) 949460, 🌺 – 📺 🅿 – 🛎 60. AE ⓜⓞ VISA
Menu (geschl. 2. - 5. Feb.) à la carte 26/44 – **13 Zim** ☷ 70 – 95/165, 3 Suiten.
• Die Burganlage a. d. 16. Jh. präsentiert sich individuell gestaltet : teils antik, teils rustikal oder modern - doch stets unter Bewahrung der historischen Substanz. Das Wintergartenrestaurant aus Innenhof des Schlosses bietet eine ambitionierte Küche.

In Großheirath *über ② : 11 km* :

Steiner, Hauptstr. 5, ✉ 96269, ℰ (09565) 79 40, info@hotel-steiner.de, Fax (09565) 79497, 🌺, 🈁, 🔲, 🚲 – 🛏 📺 ⌘ 🅿 – 🛎 120. AE ⓜⓞ VISA
Menu à la carte 14,50/28 – **71 Zim** ☷ 40/51 – 60/80, 4 Suiten.
• Die gepflegten Zimmer - auf Alt- und Neubau verteilt - sind teils neuzeitlich geprägt, teils rustikal gehalten. Die reizvolle Umgebung lädt ein zum Wandern und Radfahren. Hier widmet man sich mit bürgerlicher Bewirtung Ihrem leiblichen Wohl.

COCHEM Rheinland-Pfalz 𝟰𝟭𝟳 P 5 – 5 800 Ew – Höhe 91 m. – **Sehenswert:** *Lage*★★.

ℹ *Tourist-Information, Endertplatz 1,* ✉ *56812,* ℰ *(02671) 6 00 40, Fax (02671) 600444.*
Berlin 645 – Mainz 139 – Koblenz 51 – Trier 93.

Karl Müller Ⓜ, Moselpromenade 9, ✉ 56812, ℰ (02671) 13 33, info@hotel-karl-mueller.de, Fax (02671) 7131, 🌺 – 🛏, ⇆ Zim, 📺 🚲. AE ⓜⓞ VISA
Menu à la carte 19/35 – **44 Zim** ☷ 72/87 – 114/152 – ½ P 19.
• Seit kurzem unter neuer Leitung, präsentiert sich das solide geführte Haus vollständig renoviert. Zimmer in neuzeitlichem Stil werden den Ansprüchen Reisender gerecht. Das Restaurant liegt im ersten Stock : ein heller Raum mit Fensterfront zur Mosel hin.

COCHEM

🏠 **Haus Erholung** garni (mit Gästehaus), Moselpromenade 64, ⌂ 56812, ℘ (02671) 75 99, info@haus-erholung.de, Fax (02671) 4362, 🖃, 🔲 – 📶 📺 🅿 ⓜ VISA ⚙
Mitte März - Mitte Nov. – **12 Zim** ⊇ 40/52 – 68/80.
♦ Ein Plätzchen, das seinem Namen alle Ehre macht : zeitgemäßes Inventar und eine solide Ausstattung zeichnen diese nette Adresse aus. Frühstücken Sie mit Blick auf die Mosel.

XX **Lohspeicher** ⚙ mit Zim, Obergasse 1, ⌂ 56812, ℘ (02671) 39 76, service@lohspeicher.de, Fax (02671) 1772, 🍽 – 📶 📺 ⟵, ㏂ ⓜ VISA
geschl. Feb. – **Menu** (geschl. Mittwoch) (Dez. - Jan. nur Abendessen) à la carte 29/44 – **9 Zim** ⊇ 50 – 88.
♦ Sie tafeln Internationales in Räumlichkeiten, die dem Charakter eines ehemaligen Speichergebäudes gerecht werden - auf der knarrenden Empore oder am offenen Kamin.

In Cochem-Cond :

🏠 **Thul** ⚙, Brauselaystr. 27, ⌂ 56812, ℘ (02671) 91 41 50, info@hotel-thul.de, Fax (02671) 91415144, ≤ Cochem und Mosel, 🍽, 🛋, 🖃, 🎿 – 📶, ⟶ Zim, 📺 ⟵, 🅿 ⓜ VISA
geschl. Dez. - Feb. – **Menu** (Montag - Freitag nur Abendessen) à la carte 17,50/29 – **23 Zim** ⊇ 52/65 – 82/102 – ½ P 15.
♦ Auf der Sonnenseite des Moseltales - oberhalb des Ortes gelegen - laden geschmackvolle Winkel ebenso zum Verweilen ein wie die funktionellen Zimmer Ihres Domizils. Das Restaurant verwöhnt seine Gäste optisch mit dem Reiz eines elegant-rustikalen Ambientes.

🏠 **Am Rosenhügel**, Valwiger Str. 57, ⌂ 56812, ℘ (02671) 9 76 30, rosenhuegel@rz-online.de, Fax (02671) 976363, ≤, 🖃, 🎿 – 📶, ⟶ Zim, 📺 ☎ 🅿 ⓜ VISA ⚙ Rest
geschl. Dez. - Jan. – **Menu** (nur Abendessen) (Restaurant nur für Hausgäste) – **23 Zim** ⊇ 48/70 – 72/92 – ½ P 15.
♦ Neben der Idylle der Mosellandschaft, Spaziergängen durch die historische Altstadt und Weinproben beim Winzer bietet Cochem Ihnen hier funktionelle Räume zum Nächtigen.

🏠 **Moselflair** garni, Bergstr. 6, ⌂ 56812, ℘ (02671) 88 94, hotel-moselflair@t-online.de, Fax (02671) 8990, ≤, 🖃 – 📶 ⟶ Zim ⟵ 🅿 ⓜ VISA
geschl. 5. Jan. - 15. Feb., 20. Nov. - 20. Dez. – **20 Zim** ⊇ 75 – 75/130.
♦ Sie haben die Wahl zwischen gepflegten Gästezimmern in Kirsche oder Eiche und einem geräumigen Komfortzimmer im Giebel - Sie sind in beiden Varianten gut aufgehoben.

🏠 **Brixiade**, Uferstr. 13, ⌂ 56812, ℘ (02671) 98 10, moselstern@t-online.de, Fax (02671) 981400, ≤, 🍽 – 📶 📺 ⟵ 🅿 – 🔔 30. ㏂ ① ⓜ VISA
Menu à la carte 19,50/30 – **57 Zim** ⊇ 55/85 – 76/130.
♦ Das Haus erstrahlt in neuem Glanz : zu den frisch renovierten Zimmern gesellen sich auch ganz neue Gemächer. Nehmen Sie Platz im klassischen Restaurant, in der historischen Weinstube oder im rustikalen Gartenrestaurant mit Aussicht zur Reichsburg.

🏠 **Am Hafen**, Uferstr. 4, ⌂ 56812, ℘ (02671) 9 77 20, hotel-am-hafen.cochem@t-online.de, Fax (02671) 977227, ≤, 🍽 – 📺 ⟵ ㏂ ① ⓜ VISA ⚙
Menu (geschl. 1. - 15. Jan.) à la carte 16,50/33,50 – **18 Zim** ⊇ 45/75 – 75/120.
♦ Sie logieren direkt am Flußufer. Mit praktischer Ausstattung widmet man sich Ihrem Wohlbefinden - nur ein paar Schritte von der malerischen Altstadt entfernt. In der Behaglichkeit der Hafenschenke lassen sich auch die guten Tropfen der Moselhänge genießen.

In Cochem-Sehl :

🏠 **Keßler-Meyer** Ⓜ ⚙ (mit 2 Gästehäusern), Am Reilsbach 10, ⌂ 56812, ℘ (02671) 9 78 80, rezeption@hotel-kessler-meyer.de, Fax (02671) 3858, ≤, 🍽, Massage, 🛋, 🖃, 🔲 – 📶 ⟶ 📺 ☎ ⟵ 🅿 – 🔔 15. ㏂ ⓜ VISA
Menu à la carte 21/35,50 – **50 Zim** ⊇ 74/90 – 92/170, 4 Suiten – ½ P 20.
♦ Das dürfte Sie überzeugen : romantisch die Lage, gemütlich die Atmosphäre, geschmackvoll und modern die Einrichtung - residieren Sie in wohnlichem Stil oberhalb der Mosel. Das Restaurant beschert Ihnen Genuß von fein bis deftig in hübschen Räumen.

🏠 **Panorama** ⚙, Klostergartenstr. 44, ⌂ 56812, ℘ (02671) 91 41 40, mail@panorama-hotel.de, Fax (02671) 9141414, 🖃, 🔲 – 📶, ⟶ Zim, 📺 ☎ ⟵ 🅿 ㏂ ① ⓜ VISA ⚙ Rest
geschl. 2. Jan. - 14. Feb. – **Menu** (wochentags nur Abendessen) à la carte 18/29 – **60 Zim** ⊇ 63/80 – 125, 3 Suiten – ½ P 16.
♦ Die Gästezimmer beherbergen Sie mit nettem Bauern- oder mit hellem Naturholzmobiliar. Haben Sie Interesse an attraktiven Pauschalen? Räume wie das geschmackvoll gestaltete Restaurant, das Kaminzimmer sowie das Korallenstübchen stehen dem Besucher zur Wahl.

🏠 **Zur schönen Aussicht**, Sehler Anlagen 22, ⌂ 56812, ℘ (02671) 72 32, Fax (02671) 980295, ≤, 🍽 – 📺
Menu (geschl. Nov. - Juni Montag, Juli - Okt. Montagmittag) à la carte 18/28 – **15 Zim** ⊇ 45 – 65/85 – ½ P 17.
♦ Hinter einer hübschen Steinfassade finden Zimmer in verschiedenen, stets gelungenen Variationen den Zuspruch des Gastes. Ein netter Aufenthalt ist Ihnen gewiß. Traditionelle Winzergerichte erfreuen hier die Gäste.

COCHEM

Weinhaus Klasen, Sehler Anlagen 8, ✉ 56812, ℰ (02671) 76 01, weinhaus-klasen
@t-online.de, Fax (02671) 91380, 🍽 – 📶, ⇄ Zim, 📺 📞 🅿.
März - Nov. – **Menu** *(geschl. Nov. - Mai Mittwoch) (nur Abendessen)* à la carte 12,50/19,50
– **12 Zim** ⊊ 32/38 – 64/76 – ½ P 12.
• Diese behagliche Adresse verfügt über ansprechende Zimmer in einheitlichem Stil und präsentiert sich seinen Gästen als sinnvoll gestaltetes Quartier. Die Küche hält für Sie ein kleines preiswertes Angebot parat.

Im Enderttal *Nord-West : 3 km Richtung Mayen :*

Weißmühle 🌿, ✉ 56812 Cochem, ℰ (02671) 89 55, info@weissmuehle.de
Fax (02671) 8207, 🍽, ⇄ – 📶 🅿. – 🚗 40. 🆎 VISA
Menu à la carte 25/40 – **36 Zim** ⊊ 52/62 – 98/128 – ½ P 24.
• Suchen Sie ein friedliches Plätzchen umgeben von unberührter Natur? Sie werden hier wohnliche Gemächer im Landhausstil vorfinden - oder eine einfachere Alternative. Die Räume des Restaurants stimmen Sie mit stilvoll-rustikaler Gemütlichkeit ein.

In Ernst *Ost : 5 km Richtung Trier :*

Pollmanns, Moselstr. 53, ✉ 56814, ℰ (02671) 86 83, info@hotel-pollmanns.de
Fax (02671) 5646, 🍽 – 📶 🅿. ⓘ 🆎 VISA
geschl. 2. Jan. - 15. April – **Menu** *(geschl. Donnerstagmittag)* à la carte 14/48 – **90 Zim**
⊊ 42/45 – 64/70 – ½ P 12.
• Sie werden dieses Hotel als vorübergehendes Zuhause liebgewinnen - dafür sorgen nett eingerichtete Gästezimmer im Hotel wie auch im umgebauten Winzergehöft. Mit Gerichten der deutschen Küche bittet man Sie im Restaurant zu Tisch.

Filla Andre, Moselstr. 1, ✉ 56814, ℰ (02671) 46 88, filla.andre@t-online.de,
Fax (02671) 5859, ≤, ⇄ – 📺 🅿. 🆎 VISA. ✂ Rest
Menu *(geschl. Mittwoch) (nur Abendessen)* (Restaurant nur für Hausgäste) – **16 Zim**
⊊ 34/37 – 52/67 – ½ P 10.
• Einer der schönsten Teile des romantischen Moseltals empfängt Sie in Ihrem charmanten Domizil. Versäumen Sie es nicht, bei einem Ausflug die beschauliche Gegend zu erkunden.

COESFELD *Nordrhein-Westfalen* 417 K 5 – 37 000 Ew – Höhe 81 m.
🏌 Coesfeld, Stevede 8a, ℰ (02541) 59 57.
🛈 Tourist Information, Rathaus, Markt 8, ✉ 48653, ℰ (02541) 9 39 10 09, info@coesfeld.de, Fax (02541) 9394009.
Berlin 513 – *Düsseldorf* 105 – *Nordhorn* 73 – Münster (Westfalen) 38.

Zur Mühle Ⓜ garni, Mühlenstr. 23, ✉ 48653, ℰ (02541) 91 30, hotel.zur.muehle@t
-online.de, Fax (02541) 6577 – 📶 📺 📞 ♿ 🚗 🅿. 🆎 ⓘ 🆎 VISA
31 Zim ⊊ 55/66 – 79/99.
• Die attraktiven Zimmer begeistern mit ihrer praktischen, zeitgemäßen Ausstattung nicht nur Geschäftsreisende. Die schöne Lage bietet einige Anreize für Unternehmungen.

Haselhoff, Ritterstr. 2, ✉ 48653, ℰ (02541) 9 42 00, hotel-haselhoff@t-online.de,
Fax (02541) 942030, 🍽 – 📶, ⇄ Zim, 📺 📞 🚗. 🆎 ⓘ 🆎 VISA. ✂
Menu *(geschl. Samstag)* à la carte 17/27 – **23 Zim** ⊊ 50/60 – 75.
• Das rote Backsteinhaus nahe der Fußgängerzone begrüßt Sie mit persönlichem Service - dem familiären Stil des neuzeitlichen Hauses entsprechend. Gemütlich und leicht rustikal ist die Einrichtung des Restaurants. Die Tische werden nett eingedeckt.

Fisch Wein, Süringstr. 15, ✉ 48653, ℰ (02541) 97 01 44, Fax (02541) 901636, 🍽 –
🆎 VISA
geschl. Anfang - Mitte Jan., Anfang - Mitte Juli, Montag – **Menu** (überwiegend Fischgerichte) à la carte 16,50/27.
• Das kleine Restaurant liegt in der Fußgängerzone der Stadt. Zarte Pastellfarben bestimmen das moderne Interieur. Im vorderen Bereich die ansprechende Verkaufstheke.

COLBITZ *Sachsen-Anhalt* 416 418 J 18 – 2 900 Ew – Höhe 55 m.
Berlin 159 – *Magdeburg* 22 – Gardelegen 35 – Stendal 40 – Wolfsburg 94.

Ambiente, Wolmirstedter Str. 7, ✉ 39326, ℰ (039207) 85 50, Fax (039207) 85534,
⇄ – 📺 🅿. – 🚗 20
Menu *(geschl. Sonntagabend)* à la carte 13/21 – **18 Zim** ⊊ 39/44 – 59.
• Man ermöglicht einen erholsamen Aufenthalt in gepflegten Zimmern, die mit ihrer Funktionalität dem Wunsch des Gastes nach einer praktischen Unterkunft nachkommen. Schlichte Räume in hellem Naturholz schaffen ein nettes Umfeld für den verzehr Ihrer Mahlzeit.

COLMBERG Bayern 419 420 R 15 – 1 300 Ew – Höhe 442 m.
 Colmberg, Rothenburger Str. 35, ℘ (09803) 6 00.
Berlin 498 – München 225 – Nürnberg 64 – Rothenburg ob der Tauber 18 – Würzburg 71 – Ansbach 17.

Burg Colmberg ⌂, ✉ 91598, ℘ (09803) 9 19 20, info@burg-colmberg.de, Fax (09803) 262, ≤, 斉, Wildpark – ⊁ Zim, 📺 ⬚ 🅿 – 🛆 40. AE ⓜⓞ VISA. ⚒ geschl. Feb. – **Menu** (geschl. Dienstag) à la carte 16,50/32,50 – **25 Zim** ⌴ 40/65 – 74/128.
◆ Der Charme vergangener Zeiten erwartet Sie in der 1000-jährigen Burganlage mit eigener Hauskapelle. Wie möchten Sie wohnen? Historisch-elegant, rustikal oder neuzeitlich? Zur Bewirtung stehen die Burgstuben, das Restaurant oder die Gartenterrasse bereit.

CORNBERG Hessen 417 M 13 – 2 000 Ew – Höhe 330 m.
Berlin 399 – Wiesbaden 190 – Kassel 62 – Fulda 71 – Gießen 118.

Kloster Cornberg, Am Steinbruch 1 (an der B 27), ✉ 36219, ℘ (05650) 9 69 60, Fax (05650) 969622, 斉 – 📺 ✆ 🅿 – 🛆 50. ⓜⓞ VISA
Menu (geschl. Feb. 1 Woche, Nov. 1 Woche, Sonntagabend) à la carte 17,50/32,50 – **9 Zim** ⌴ 51/63 – 71/88.
◆ Neben der ehrwürdigen Fassade erinnern Wände aus Naturstein auch im Inneren an das Alter des Benediktinerinnen-Klosters von 1296 - modern das Ambiente der Räume. Der historischen Bausubstanz wird auch im Restaurant mit schickem Design neues Leben eingehaucht.

COTTBUS Brandenburg 418 K 26 – 108 000 Ew – Höhe 64 m.
Sehenswert : Schloß und Park Branitz★★ – Niederlausitzer Apothekenmuseum★ AY **M1** – Wendisches Museum★ AY **M2** – Klosterkirche (Doppelgrabmal)★ AY.
Ausflugsziele : Spreewald★★ (Kahnfahrt ab Lübbenau, Freilandmuseum Lehde★) über Am Zollhaus S Nord-West : 31 km – Bad Muskau : Muskauer Park★★ über ② : 42 km.
 Drieschnitz-Kahsel, Schulstr. (Süd-Ost : 18 km über ④), ℘ (03563) 41 32.
 Cottbus-Service, Berliner Platz 6, Stadthalle, ✉ 03046, ℘ (0355) 7 54 20, Fax (0355) 7542455.
Berlin 129 – Potsdam 146 – Dresden 104 – Frankfurt (Oder) 80 – Leipzig 174.

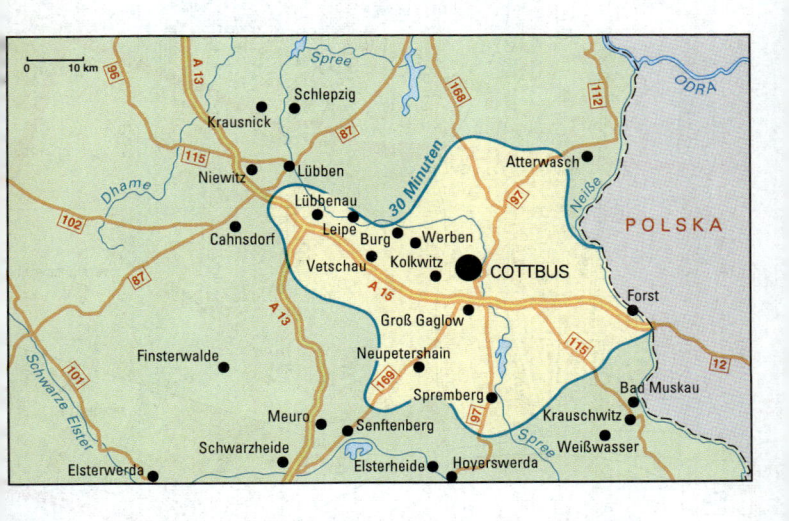

Radisson SAS Hotel Ⓜ, Vetschauer Str. 12, ✉ 03048, ℘ (0355) 4 76 10, Fax (0355) 4761968, 🛏, ≘s, 🖼, ⬜ – 🛗, ⊁ Zim, 🖥 📺 ✆ ⚒ ⬚ – 🛆 330. AE ⓞ ⓜⓞ VISA
AZ a
Menu à la carte 24,50/35,50 – **241 Zim** ⌴ 75/81 – 90/96, 11 Suiten.
◆ Der Empfang in Marmor stimmt Sie auf das elegante Ambiente dieser noblen Herberge ein. Der Freundliche Service rundet Ihr Wohnerlebnis auf gelungene Weise ab. Als Gast des Restaurants nehmen Sie gerne an einem der ansprechend eingedeckten Tische Platz.

A
B
X
Y
Z
Sielower Landstr.
Nord-ring
Webschulallee
Universitäts Platz
Sielower Str.
Karl-Marx-Str.
Schlachthof-straße
Ufer
POL.
Bonnaskenstr.
Karl-Liebknecht-Str.
Kollwitz-
Ewald-Haase-Str.
Käthe-
Hubertstr.
Zimmer-str.
W. Riedel-Str.
Dreifertstr.
Hermannstr.
promenade
Puschkin-
STADTHALLE
Klosterkirche
Oberkirche
SCHLOSS-TURM
Berliner Str.
Altmarkt
Sandower Str.
BLECHEN-PARK
GOETHE-PARK
Willy-Brandt-
MUSEUM FÜR NATUR U. UMWELT
NATUR U. UMWELT
ADAC
Schiller-
August-Bebel-Str.
Schloßkirchplatz
Mehring-
Schiller Platz
Werner-
Bahnhof-
Franz-
Ostrower
Ludwig-Leichhardt-
Hainstr.
STADTMUSEUM
Ostrower Platz
straße
Jugend-
Lobedan-
Damm-str.
PLANETARIUM
Insel-
Tauben-str.
der
Bautzener
Parzellen-straße
Allee
SPORTHALLE
Blechen-str.
Spree
Stadt-ring
Straße
Str.

COTTBUS

Street	Grid	No.
Adolph-Kolping-Str.	**AZ**	3
August-Bebel-Str.	**AY**	
Altmarkt	**AY**	
Am Spreeufer	**BY**	6
Bahnhofstr.	**AYZ**	
Bautzener Str.	**ABZ**	
Berliner Platz	**AY**	8
Berliner Str.	**AY**	
Blechenstr.	**ABZ**	
Bodelschwinghstr.	**CY**	
Brandenburger Platz	**AY**	9
Burgstr.	**AY**	10
Curt-Möbius-Str.	**CY**	
Dissenchener Str.	**CY**	
Dreiferstr.	**AY**	
Elisabeth-Wolf-Str.	**BCX**	
Ewald-Haase-Str.	**BX**	
Forster Str.	**CZ**	
Franz-Mehring-Str.	**BCY**	
Friedrich-Ebert-Str.	**AY**	13
Friedrich-Ludwig-Jahn-Straße	**BY**	15
Gerhart-Hauptmann-Str.	**BX**	19
Gustav-Hauptmann-Str.	**CZ**	
Hainstr.	**BY**	
Hubertstr.	**AX**	
Hüfner str.	**CY**	
Inselstr.	**BZ**	
Juri-Gagarin-Str.	**AX**	24
Kahrener Str.	**CY**	
Karl-Liebknecht-Str.	**AY**	
Karl-Marx-Str.	**AXY**	
Karlstr.	**AX**	
Käthe-Kollwitz-Ufer	**BX**	
Kiekebuscher Str.	**CZ**	
Klosterstr.	**AY**	27
Lobedanstr.	**BZ**	
Ludwig-Leichhardt-Allee	**BYZ**	
Merzdorfer Weg	**CX**	
Mühlenstr.	**ABY**	31
Muskauer Str.	**CY**	
Neustädter Platz	**BY**	34
Nordring	**ACX**	
Oberkirchplatz	**BY**	36
Ostrower Damm	**BYZ**	
Ostrower Platz	**BYZ**	
Parzellenstr.	**ABZ**	
Peitzer Str.	**CXY**	
Puschkinpromenade	**ABY**	
Pyramidenstr.	**CZ**	
Sandower Hauptstr.	**BCY**	40
Sandower Str.	**BY**	
Schillerplatz	**AY**	
Schillerstr.	**AYZ**	
Schlachthofstr.	**BX**	
Schloßkirchplatz	**AY**	
Sielower Landstr.	**AX**	
Sielower Str.	**AX**	
Spremberger Str.	**AY**	41
Stadtpromenade	**AY**	42
Stadtring	**ACZ**	
Straße der Jugend	**AZ**	
Taubenstr.	**AZ**	
Universitäts Platz	**AX**	
Vetschauer Str.	**AZ**	48
Vorparkstr.	**CZ**	
Warschauer Str.	**CY**	
Wasserstr.	**BZ**	49
Webschulallee	**BX**	
Wernerstr.	**AYZ**	
Wilhelm-Külz-Str.	**AZ**	51
Wilhelm-Riedel-Str.	**BY**	
Wilhelmstr.	**AZ**	54
Willy-Brandt-Str.	**BYZ**	
Zimmerstr.	**ABX**	

Michelin hängt keine Schilder an die empfohlenen Hotels und Restaurants.

COTTBUS

Am Nordrand	**S** 4
Bautzener Str.	**T** 7
Drachhausener Str.	**S** 12
Gaglower Landstr.	**U** 16
Gerhart-Hauptmann-Str.	**S** 18
Hermann-Löns-Str.	**T** 21
Juri-Gagarin-Str.	**S** 24
Kiekebuscher Str.	**T** 25
Kolkwitzer Str.	**T** 28
Marjana-Domäskojc-Strasse	**S** 30
Neue Chausseestr. (GROSS GAGLOW)	**U** 33
Sachsendorfer Str.	**T** 37
Sachsendorfer Str. (GROSS GAGLOW)	**U** 39
Straße der Jugend	**T** 43
Ströbitzer Hauptstr.	**ST** 45
Tierparkstr.	**T** 46
Wilhelm-Külz-Str.	**T** 51
Zielona-Gora-Str.	**U** 55

Die Übernachtungs- und Pensionspreise können sich durch die Kurtaxe erhöhen.
Erfragen Sie daher bei der Zimmerreservierung den zu zahlenden Endpreis.

COTTBUS

Holiday Inn M, Berliner Platz, ✉ 03046, ℘ (0355) 36 60, *hi-cb@t-online.de*, Fax (0355) 366999, Biergarten – 🛗, ⚞ Zim, 🖥 📺 📞 & 🚗 – 🅰 110. 🆎 ◎ ☎ 🅥🅢🅐 🅙🅒🅑
AY b
Menu à la carte 24,50/32 – ☐ 13 – **193 Zim** 100/143 – 113/164, 11 Suiten.
• Hier sind Sie dem lebendigen Treiben des Stadtzentrums ganz nah - und kommen doch zu wohlverdienter Erholung. Die technische Ausstattung ist gerade für Business-Gäste ideal. Lassen Sie einen anstrengenden Tag im netten Restaurant ausklingen.

Dorotheenhof, Waisenstr. 19, ✉ 03046, ℘ (0355) 7 83 80, *dorotheenhof.cottbus@t-online.de*, Fax (0355) 7838444, 🍽 – 🛗, ⚞ Zim, 📺 📞 & 🅿 – 🅰 80. 🆎 ◎ ☎ 🅥🅢🅐
T e
Menu (geschl. Sonntag) (nur Abendessen) à la carte 18,50/33 – **62 Zim** ☐ 75/85 – 90/105.
• Gehobene Gastlichkeit heißt Sie in Ihrem Domizil willkommen und begleitet Sie durch das ganze Hotel. Freuen Sie sich auf Ihren Besuch in diesem soliden Quartier. Die Küche des Hauses widmet sich mit allerlei Speis und Trank Ihrem leiblichen Wohl.

Sorat Hotel M, Schloßkirchplatz 2, ✉ 03046, ℘ (0355) 7 84 40, *cottbus@sorat-hotels.com*, Fax (0355) 7844244, 🍽, ⚏ – 🛗, ⚞ Zim, 🖥 Zim, 📺 📞 & 🚗 – 🅰 20. 🆎 ◎ ☎ 🅥🅢🅐 🅙🅒🅑
AY f
Menu (geschl. Nov. - März Sonntag) à la carte 18/26 – **101 Zim** ☐ 79/112 – 104/137.
• Die historische Fassade des restaurierten Gründerzeitgebäudes schmückt die Altstadt von Cottbus, das Interieur präsentiert sich Reisenden in geschmackvoller Moderne. Der ehemalige Kartoffelkeller hat sich zu einer kulinarischen Stätte mit Flair gemausert.

Branitz ⚶, Heinrich-Zille-Straße, ✉ 03042, ℘ (0355) 7 51 00, *info@branitz.bestwestern.de*, Fax (0355) 713172, 🍽, Massage, ⚏ – 🛗, ⚞ Zim, 📺 📞 🅿 – 🅰 450. 🆎 ◎ ☎ 🅥🅢🅐
T g
Menu à la carte 19/35 – **128 Zim** ☐ 82/102 – 105/119.
• Gemütliche Zimmer stellen für den geschäftlichen wie auch für den privaten Besuch einen ansprechenden Ersatz für Ihre eigenen vier Wände dar - Sie werden bequem ruhen. Verweilen Sie abends bei einer abwechslungsreichen Karte in der Bierstube oder am Kamin.

Ahorn, Bautzener Str. 134, ✉ 03050, ℘ (0355) 47 80 00, *info@ahornhotel.com*, Fax (0355) 4780040, Biergarten – 📺 📞 🅿 – 🅰 15. 🆎 ◎ ☎ 🅥🅢🅐
BZ a
Menu à la carte 13/28 – **21 Zim** ☐ 67/75 – 80/90.
• Sie logieren in einer soliden und behaglichen Unterkunft - in einem Wohngebiet gelegen. Wenn Sie Ihren Geldbeutel schonen möchten, fragen Sie nach den einfacheren Zimmern. Im freundlichen Ambiente des Restaurants essen Sie zu fairen Preisen.

Express by Holiday Inn M garni, Berliner Straße, ✉ 03046, ℘ (0355) 4 94 90, *hi-cb@t-online.de*, Fax (0355) 4949494 – 🛗 ⚞ 📺 📞 & 🚗 – 🅰 40. 🆎 ◎ ☎ 🅥🅢🅐 🅙🅒🅑
AY k
110 Zim ☐ 74.
• Das Hotel ist in der Stadtmitte gelegen - in ein modernes Geschäftszentrum integriert. Die Zimmer bieten sich mit ihrer hellen Ausstattung für einen netten Aufenthalt an.

Mephisto, Karl-Liebknecht-Str. 25, ✉ 03046, ℘ (0355) 70 38 06, Fax (0355) 703808, 🍽 – 🆎 ☎ 🅥🅢🅐
AY a
geschl. Samstagmittag, Sonntag – **Menu** à la carte 24/38,50.
• Im Kellerlokal einer Jugendstil-Villa verköstigt man seine Gäste nach regionaler und internationaler Art. Leichte Eleganz und ein aufmerksamer Service schaffen Atmosphäre.

In Gross Gaglow Süd : 3,5 km :

Tryp Hotel M, Am Seegraben, ✉ 03058, ℘ (0355) 5 83 70, Fax (0355) 5837444, 🍽, ⚏ – 🛗, ⚞ Zim, 📺 & 🅿 – 🅰 50. 🆎 ◎ ☎ 🅥🅢🅐 🅙🅒🅑
U n
Menu à la carte 16,50/30 – **96 Zim** ☐ 70 – 79/91.
• Funktionalität und ein geschmackvolles Ambiente beherbergen Sie in Ihrem Cottbuser Zuhause. Von hier aus erkunden Sie die sehenswerte Stadt und deren Umgebung.

In Kolkwitz-Limberg West : 7km über ⑦ :

Familienhotel Spreewaldgarten, Limberger Hauptstr. 16, ✉ 03099, ℘ (035604) 6 30, *reservierung@familienhotel-spreewaldgarten.de*, Fax (035604) 63100, 🍽, 🎾 – 📺 🅿 – 🅰 25. 🆎 ◎ ☎ 🅥🅢🅐
Menu (Montag - Freitag nur Abendessen) à la carte 12,50/23,50 – **29 Zim** ☐ 44/60 – 70/80.
• Sie werden bei dieser ansprechenden Adresse ein gepflegtes Zuhause auf Zeit vorfinden. Der nette Charakter des Hotels gibt Ihnen das Gefühl, gut aufgehoben zu sein. Angenehme Schlichtheit umgibt Sie im Restaurant. Die preiswerte Karte schont Ihren Geldbeutel.

CRAILSHEIM
Baden-Württemberg 419 420 S 14 – 32 000 Ew – Höhe 413 m.

🛈 Städt. Verkehrsamt, Marktplatz 1, ✉ 74564, ℘ (07951) 40 31 25, Fax (07951) 403264
Berlin 528 – Stuttgart 114 – Nürnberg 102 – Würzburg 112.

Post-Faber, Lange Str. 2, ✉ 74564, ℘ (07951) 96 50, postfaber@t-online.de Fax (07951) 965555, 🍴, 🔒 – 📶 📺 📞 🚗 🅿 – 🔨 20. 🅰🅴 ① 🅾 VISA JCB
Menu (geschl. Freitagabend - Samstagmittag) à la carte 20/38 – **Gourmet-Stüble** (geschl. Jan. - Feb. 3 Wochen, Aug. 3 Wochen, Freitag, Sonn- und Feiertage) (nur Abendessen) **Menu** 20/50 à la carte 32/44 – **64 Zim** ⥫ 55/76 – 81/96.

◆ Neben komfortabel ausgestatteten Zimmern verfügt das Haus auch über einfachere Gemächer. Es erwartet Sie stets ein ordentliches Quartier, das zum Entspannen einlädt. Im kleinen Gourmet-Stüble dürfen Sie sich auf eine Küche der gehobenen Art freuen.

In Crailsheim-Westgartshausen Süd-Ost : 5 km :

Zum Hirsch 🍃, Westgartshausener Hauptstr. 16, ✉ 74564, ℘ (07951) 9 72 00 (Hotel) 46 90 50 (Restaurant), info@stirn-hotel.de, Fax (07951) 972097 – 📶, 🛌 Zim, 📺 📞 🅿 – 🔨 70. 🅾 VISA 🚫 Zim
Menu (geschl. Jan. 1 Woche, Aug. 2 Wochen, Freitag, letzter Sonntag im Monat) (wochentags nur Abendessen) à la carte 17,50/27,50 – **24 Zim** ⥫ 40 – 60.

◆ Die gepflegte Adresse hält eine Reihe solider Zimmer für Sie bereit – dem modernen Standard entsprechend. Helles Naturholz gestaltet das Hotel zu einem charmanten Refugium. Ein rustikal-bürgerliches Ambiente umgibt Sie im Restaurant.

CREGLINGEN
Baden-Württemberg 419 420 R 14 – 5 000 Ew – Höhe 277 m – Erholungsort.
Sehenswert : Herrgottskirche (Marienaltar★★).

🛈 Touristinformation, An der Romantischen Straße, ✉ 97993, ℘ (07933) 6 31, touristinformation-creglingen@t-online.de, Fax (07933) 203161.
Berlin 506 – Stuttgart 145 – Würzburg 43 – Ansbach 50 – Bad Mergentheim 28.

In Bieberehren-Klingen Nord-West : 3,5 km Richtung Würzburg :

Zur Romantischen Straße, Klingen 28, ✉ 97243, ℘ (09338) 2 09, info@zur-romantische-strasse.de, Fax (09338) 220 – 🛌 Zim, 🚗 🅿 🚫
Menu (nur Abendessen) (Restaurant nur für Hausgäste) – **11 Zim** ⥫ 28 – 48/51 – ½ P 9.

◆ Eine angenehme Nachtruhe in schlicht gestalteten Räumen gewährt Ihnen die einfache Adresse im Grünen. Die umliegenden Rad- und Wanderwege laden zu ausgedehnten Touren ein.

CREUZBURG
Thüringen siehe Eisenach.

CRIMMITSCHAU
Sachsen 418 N 21 – 23 000 Ew – Höhe 230 m.

🛈 Stadtinformation, Markt 1 (Rathaus), ✉ 08451, ℘ (03762) 9 00, Fax (03762) 909901.
Berlin 262 – Dresden 114 – Gera 39 – Leipzig 72 – Zwickau 71 – Chemnitz 44.

Stadthotel Mauritius, Herrengasse 11, ✉ 08451, ℘ (03762) 9 46 10, Fax (03762) 946199, 🍴, 🔒 – 📺 – 🔨 15. 🅰🅴 🅾 VISA
Menu (geschl. Sonntagabend - Montag) à la carte 15/23 – **14 Zim** ⥫ 45 – 59.

◆ Direkt in der Fußgängerzone vereinen sich der Charme von gestern und die Annehmlichkeiten von heute zu einer gelungenen Einheit. Wohnlichkeit rundet das besondere Flair ab. Ein Hauch altdeutscher Eleganz erfüllt das Restaurant.

In Crimmitschau-Gablenz Ost : 2 km :

Sperlingsberg 🍃, Sperlingsberg 2, ✉ 08451, ℘ (03762) 94 56 70, hotelsperlingsb @aol.com, Fax (03762) 9456717, 🔒 – 📺 🅿 – 🔨 15. 🅾 VISA 🚫 Rest
Menu (geschl. Freitag, Sonntagabend) à la carte 11,50/20 – **15 Zim** ⥫ 36/40 – 50/60.

◆ Ob Sie nur kurzzeitig Ihr Quartier beziehen oder einen längeren Aufenthalt planen - sowohl Ihr ländliches Domizil als auch die sehenswerte Umgebung warten auf Ihren Besuch. Das rustikale Lokal bildet einen netten Rahmen für die Bewirtung der Gäste.

Die in diesem Führer angegebenen Preise folgen
der Entwicklung der allgemeinen Lebenshaltungskosten.
Lassen Sie sich bei der Zimmerreservierung den endgültigen
Preis vom Hotelier mitteilen.

CUXHAVEN Niedersachsen 415 E 10 – 62 000 Ew – Höhe 3 m – Nordseeheilbad.
Sehenswert : Landungsbrücke "Alte Liebe★" ≤★ Y – Kugelbake ≤★ Nord-West : 2 km.
🛬 Cuxhaven-Oxstedt, Hohe Klint (Süd-West : 11 km über ②), ☏ (04723) 27 37.
🛈 Touristic, Lichtenbergplatz, ✉ 27472, ☏ (04721) 3 60 46, Fax (04721) 52564.
Berlin 421 ① – Hannover 222 ② – Bremerhaven 43 ① – Hamburg 130 ①

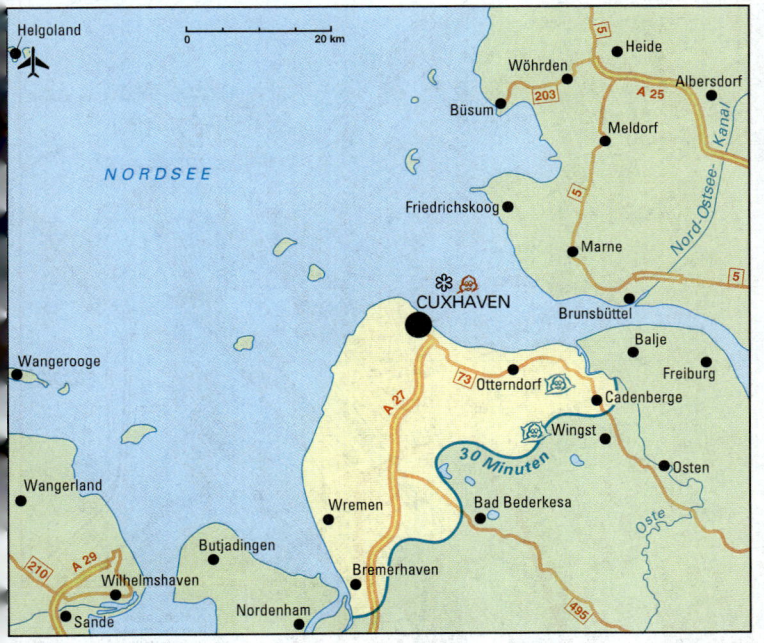

🏨 **Seepavillon Donner**, Bei der Alten Liebe 5, ✉ 27472, ☏ (04721) 56 60, donner.seepavillon.cuxhaven@t-online.de, Fax (04721) 566130, ≤ Nordsee-Schiffsverkehr, 🍴, 🏋, ≘s, ☐ – 🛗, ⚞ Zim, 📺 🄿 – 🔒 180. 🆎 ① ◉◎ 𝚅𝙸𝚂𝙰
Menu à la carte 17/33 – **50 Zim** 🛏 60/100 – 99/118, 4 Suiten – ½ P 17.   Y f
♦ An einem Ort mit bewegter Vergangenheit befindet sich diese Residenz. Schlicht-elegant oder in einer einfacheren Variante gestalten sich die Zimmer Ihrer Unterkunft. Als ein Fensterplatz am Tor zur Welt stellt sich das Restaurant mit Blick zum Hafen vor.

🏨 **Donner's Hotel**, Am Seedeich 2, ✉ 27472, ☏ (04721) 50 90, info@donners.bestwestern.de, Fax (04721) 509134, ≤, ≘s, ☐ – 🛗, ⚞ Zim, 📺 🄿 – 🔒 60. 🆎 ①
◉◎ 𝚅𝙸𝚂𝙰 𝙹𝙲𝙱. ⚞ Zim   Y b
Menu à la carte 27,50/46,50 – **71 Zim** 🛏 70/105 – 130/160 – ½ P 18.
♦ Gemütliche Zimmer in unterschiedlichem Design heißen Sie herzlich willkommen. Komfort und Behaglichkeit - abgerundet durch die frische Meerluft - bescheren Ihnen schöne Tage. Mit Kulinarischem versorgt können Sie stets den Schiffverkehr im Auge behalten.

🏨 **Stadt Cuxhaven**, Alter Deichweg 11, ✉ 27472, ☏ (04721) 58 20, info@hotel-stadt-cuxhaven.de, Fax (04721) 582200 – 🛗, ⚞ Zim, 📺 🄿 – 🔒 20. 🆎 ① ◉◎ 𝚅𝙸𝚂𝙰
Casa del Taco (mexikanische Küche) *(geschl. Sonntag)* **Menu** à la carte 19/31 – **42 Zim**
🛏 57/75 – 93/105 – ½ P 17.   Y e
♦ Das alte Backsteinhaus beherbergt Besucher der Stadt mit Funktionalität und liebenswerter Ausstattung. Hafen und Innenstadt befinden sich ganz in Ihrer Nähe. Verbringen Sie eine genüßliche Zeit in der rustikal geprägten Gaststube.

In Cuxhaven-Döse Nord-West : 3 km über Feldweg Y :

🏨 **Mercure Hotel Deichgraf**, Nordfeldstr. 16, ✉ 27476, ☏ (04721) 40 50, deichgraf-kur-hotel@t-online.de, Fax (04721) 405614, ≤, 🍴, ♨, 🏋, ≘s, ☐ – 🛗, ⚞ Zim, 📺 📞 ⇔ 🄿 – 🔒 30. 🆎 ◉◎ 𝚅𝙸𝚂𝙰
Menu à la carte 14/28 – **76 Zim** 🛏 56/82 – 80/102, 4 Suiten – ½ P 13.
♦ Ihr Empfang im Nordseeambiente stimmt Sie auf erholsame Tage am Meer ein. Hinterm Deich wartet Komfort in einem zeitlosen Stil auf Sie.

CUXHAVEN

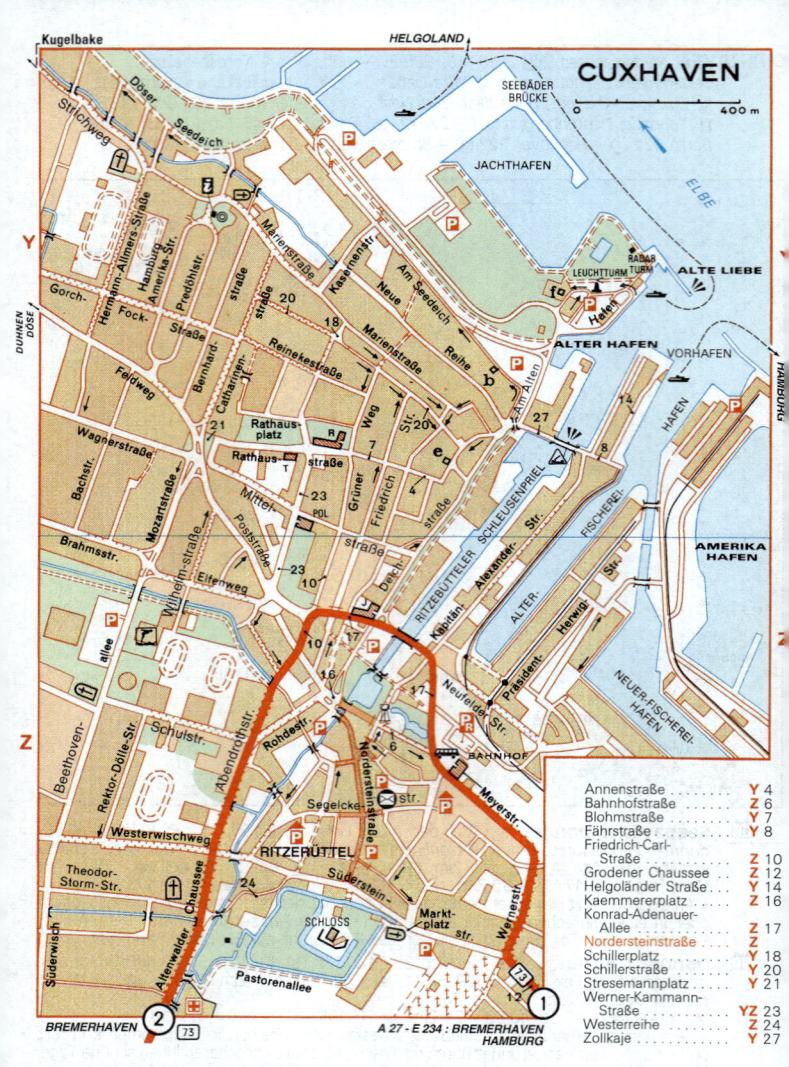

Annenstraße	Y 4
Bahnhofstraße	Z 6
Blohmstraße	Y 7
Fährstraße	Y 8
Friedrich-Carl-Straße	Z 10
Grodener Chaussee	Z 12
Helgoländer Straße	Y 14
Kaemmererplatz	Z 16
Konrad-Adenauer-Allee	Z 17
Nordersteinstraße	Z
Schillerplatz	Y 18
Schillerstraße	Y 20
Stresemannplatz	Y 21
Werner-Kammann-Straße	YZ 23
Westerreihe	Z 24
Zollkaje	Y 27

XXX **Gambero Rosso,** Nordfeldstraße/Ecke Kurparkallee (7. Etage), ⌧ 27476, ✆ (04721) 44 08 80, Fax (04721) 509134, ≤ Nordsee und Schiffsverkehr – 🕭 P. AE ⓓ ⓜⓞ VISA. ⚠ geschl. Mitte Jan. - Mitte Feb. 4 Wochen, Juli 2 Wochen, Montag - Dienstag – **Menu** 33 (mittags) à la carte 31,50/46,50 ♀.
♦ Der Fahrstuhl bringt Sie direkt in die eleganten Räume dieser hoch gelegenen gastronomischen Adresse. Ein engagierter Service bringt Ihnen Delikates aus dem Reich der Köche.

In Cuxhaven-Duhnen Nord-West : 6 km über Strichweg Y :

🏨 **Strandperle** ☙ (mit Appartementhäusern), Duhner Strandstr. 15, ⌧ 27476, ✆ (04721) 4 00 60, info@strandperle-hotels.de, Fax (04721) 4006196, ≤, Massage, ≘s, ⊠ – 🕭 📞 ⇔ – ⚠ 60. ⓓ ⓜⓞ VISA.
Menu à la carte 27,50/39,50 – **65 Zim** ⊇ 75/103 – 97/144, 19 Suiten – ½ P 20.
♦ Sie residieren direkt an der Strandpromenade. Machen Sie die wohnlichen Gemächer des Hauses oder eines der Appartements zu Ihrem Quartier - ein klassisch-elegantes Vergnügen. An gut eingedeckten Tischen stilvoller Räumlichkeiten läßt man sich gerne nieder.

CUXHAVEN

Badhotel Sternhagen ⚘, Cuxhavener Str. 86, ✉ 27476, ℰ (04721) 43 40, sternhagen@badhotel-sternhagen.de, Fax (04721) 434444, ≤, Massage, ♨, ≘s, ⬜ – 🛗 ⚒ Zim, 📺 ℭ & 🅿. 🆎 ◉. ✄ Rest
geschl. 9. Nov. - 19. Dez. – **Menu** siehe Rest. **Sterneck** separat erwähnt – **Panorama-Restaurant**: Menu à la carte 35/44 – **49 Zim** ⚞ 150/183 – 200/220, 9 Suiten – ½ P 27.
♦ Das Bemühen um den Gast spiegelt die Philosophie des Hauses wider. Von der schmucken Hotelhalle bis zu klassisch gehaltenen Zimmern - es wird Ihnen an nichts fehlen. Eine elegante Einrichtung und gut eingedeckte Tische prägen das Restaurant.

Strandhotel Duhnen ⚘ (mit Aparthotel Kamp), Duhner Strandstr. 5, ✉ 27476, ℰ (04721) 40 30, info@kamp-hotels.de, Fax (04721) 403333, ≤, 🌴, ≘s, ⬜ – 🛗, ⚒ Zim, 📺 ℭ – 🔬 60. 🆎 ◉ ◎ 🆅🅸🆂🅰 🅹🅲🅱. ✄ Rest
geschl. 17. Nov. - 5. Dez. – **Menu** à la carte 28/45 – **97 Zim** ⚞ 74/92 – 113/159 – ½ P 17.
♦ Eine nette Atmosphäre empfängt Sie schon in der Halle und begleitet Sie durch das ganze Haus. Geschmackvolle Zimmer bieten teils Seeblick, teils Wohnecke. Die Karte stellt Ihnen appetitanregende Zubereitungen aus Produkten der heimischen Region zur Wahl.

Seeschwalbe garni, Cuxhavener Str. 87, ✉ 27476, ℰ (04721) 42 01 00, info@hotel-seeschwalbe.de, Fax (04721) 420144, ≘s – 🛗 ⚒ 📺 ℭ 🅿. ✄
geschl. 5. - 31. Jan., Mitte Nov. - Weihnachten – **49 Zim** ⚞ 50/105 – 83/114.
♦ Erleben Sie den unverwechselbaren Charakter der Nordseeküste. Sie haben sich für eine nette Bleibe entschieden - eine gepflegte Adresse mit praktischen Zimmern.

Wehrburg ⚘ garni (mit Gästehaus), Wehrbergsweg 53, ✉ 27476, ℰ (04721) 4 00 80, info@wehrburg.de, Fax (04721) 4008276, ≘s, 🌴 – 🛗 ⚒ 📺 ⇄ 🅿. ◉ ◎ 🆅🅸🆂🅰
70 Zim ⚞ 40/77 – 77/116.
♦ Ob Sie sich für eines der wohnlichen Zimmer, für eine Ferienwohnung, eine Suite oder ein Appartement entscheiden - Sie werden eine zeitgemäße Herberge in Strandnähe vorfinden.

Meeresfriede ⚘, Wehrbergsweg 11, ✉ 27476, ℰ (04721) 43 50, info@hotel-meeresfriede.de, Fax (04721) 435222, ⬜, 🌴 – 📺 ⇄ 🅿. ✄
geschl. Jan. - Feb. – **Menu** (nur Abendessen) (Restaurant nur für Hausgäste) – **29 Zim** ⚞ 70 – 106 – ½ P 17.
♦ Steht Ihnen der Sinn nach Stille oder eher nach dem lebhaften Treiben der Stadt? Die Lage Ihres soliden Refugiums ermöglicht Ihnen beides ohne großen Aufwand.

Neptun ⚘ garni, Nordstr. 11, ✉ 27476, ℰ (04721) 42 90, m.behrmann@t-online.de, Fax (04721) 579999, 🌴 – ⚒ 📺 🅿. 🆎 ◉ ◎ 🆅🅸🆂🅰
geschl. Mitte Nov. - Mitte Dez. – **24 Zim** ⚞ 49/75 – 90/113.
♦ Ihre Suche nach einer netten Urlaubsadresse hat ein Ende : eine familiäre Note unterstreicht den liebenswerten Charakter des kleinen Hauses - Behaglichkeit macht sich breit.

Sterneck - Badhotel Sternhagen, Cuxhavener Str. 86, ✉ 27476, ℰ (04721) 43 40, sternhagen@badhotel-sternhagen.de, Fax (04721) 434444, ≤ – 🆎 ◉
geschl. 13. Jan. - 12. Feb., 3. Nov. - 23. Dez., Montag - Mittwoch – **Menu** 50/75 à la carte 44/59.
♦ Eine attraktive, elegante Gestaltung zeichnet das Ambiente im Restaurant aus. Ein engagiertes Team serviert eine feine Küche, die mit Harmonie und Geschmack überzeugt.
Spez. Salat von Hummer und Kalbsbacke mit Bohnen. Bresse Poulardenbrust mit Gänselebersauce und Banyulsweinjus. Geeiste Cappuccinocreme mit Beeren.

Fischerstube (mit Gästehaus), Nordstr. 6, ✉ 27476, ℰ (04721) 42 07 21, info@fischerhus-fischerstube.de, Fax (04721) 420742, 🌞, ≘s – 📺 ℭ 🅿. 🆎 ◉ ◎ 🆅🅸🆂🅰
geschl. Mitte Nov. - Mitte Dez., Mitte - Ende Jan. – **Menu** à la carte 17/37 – **10 Zim** ⚞ 63 – 69/79.
♦ Die Kombination von nordischem Flair und Fischereidekor prägt den Rahmen dieser gastlichen Stätte. Der Schwerpunkt des Angebots liegt eindeutig auf Fischgerichten.

In Cuxhaven - Holte-Spangen Süd-West : 6 km über Altenwalder Chaussee Z und Drangstweg :

Spanger Buernstuv', Sixtstr. 14, ✉ 27476, ℰ (04721) 2 87 14, Fax (04721) 28714, 🌞 – 🅿. ◎ 🆅🅸🆂🅰
geschl. Jan. 3 Wochen, Nov. 2 Wochen, Montag – **Menu** (wochentags nur Abendessen) à la carte 24/34.
♦ Passend zum Charme des alten Bauernhauses präsentiert sich diese Adresse in einer rustikalen Aufmachung. Das gemütliche Flair lädt zm Verkosten einer kleinen Auswahl ein.

In Cuxhaven-Sahlenburg West : 10 km über Westerwischweg Z :

Wattenkieker ⚘, Am Sahlenburger Strand 27, ✉ 27476, ℰ (04721) 20 00, wattenkieker@t-online.de, Fax (04721) 200200, ≤, 🌞, ≘s – 🛗 📺 ℭ & 🅿. 🆎 ◎ 🆅🅸🆂🅰
März - Okt. – **Menu** à la carte 19/29 – **21 Zim** ⚞ 60/70 – 93/125.
♦ Ob Aktivurlaub oder einfach Entspannen - die Gegend bietet für beides beste Möglichkeiten. Eine solide Unterkunft direkt am Strand beschert Ihnen neuzeitlichen Komfort. Im Restaurant mit Blick zum Meer gesellt sich zum kulinarischen auch der visuelle Reiz.

CUXHAVEN

Muschelgrund M ⚭ garni, Muschelgrund 1, ✉ 27476, ℘ (04721) 20 90, info@muschelgrund.de, Fax (04721) 209209, ⇌ – 📺 🅿 ✾
März – 9. Nov. – **17 Zim** ☑ 51/71 – 78/103.
◆ Moderne und Funktionalität prägen das Innenleben Ihres vorübergehenden Heims - hübsch im nordischen Stil gehalten. Eine attraktive Ausstattung bestimmt den Komfort

Itjen ⚭ garni, Am Sahlenburger Strand 3, ✉ 27476, ℘ (04721) 2 03 10, info@hotel-itjen.de, Fax (04721) 203119, ≤ – 📺 🅿 ✾
März – Okt. – **21 Zim** ☑ 41/58 – 68/74.
◆ Hinter schlichter Fassade erwartet den Gast ein gepflegtes Hotel - zeitlos und funktionell gestaltet. Das Meer befindet sich nur einen Katzensprung entfernt.

DACHAU Bayern 419 420 V 18 – 38 000 Ew – Höhe 505 m.

🏌 Dachau, An der Floßlände 1, ℘ (08131) 1 08 79 ; 🏌 Eschenried (Süd-West : 4 km), ℘ (08131) 5 67 40.

🛈 Verkehrsverein, Konrad-Adenauer-Str. 1, ✉ 85221, ℘ (08131) 7 51 49, Fax (08131) 75150.

Berlin 583 – München 19 – Augsburg 54 – Landshut 72.

Central garni, Münchner Str. 46a, ✉ 85221, ℘ (08131) 56 40, hotel-central-dachau@-online.de, Fax (08131) 564121 – 📶 ✾ 📺 ♿ ⇌ – 🔺 15. 🆎 ⓜⓞ 💳 JCB. ✾
geschl. 24. Dez. - 6. Jan. – **45 Zim** ☑ 75/99 – 99/145.
◆ Moderne Architektur kennzeichnet die äußere Erscheinung des Hotels. Innen laden gemütliche Sitzgruppen und gut geschnittene, wohnliche Zimmer zum Entspannen ein.

Fischer, Bahnhofstr. 4, ✉ 85221, ℘ (08131) 7 82 04, info@hotel-fischer-dachau.de, Fax (08131) 78508, ⇌ – 📶 ✾ Zim, 📺 🅿 🆎 ⓜⓞ 💳
Menu (geschl. 21. Dez. - 7. Jan., Samstag) à la carte 13,50/34 – **26 Zim** ☑ 69/79 – 89.
◆ Direkt gegenüber dem Bahnhof liegt das rote Hotelgebäude sehr verkehrsgünstig. Insbesondere Geschäftsreisende schätzen die eigenen Tiefgaragen-Stellplätze des Hauses. Schlichtes Restaurant in bistroähnlichem Stil.

XX Schloss Dachau, Schlossstr. 2, ✉ 85221, ℘ (08131) 4 54 36 60, Fax (08131) 4543661, ☕ – 🅿 ⓞ ⓜⓞ 💳
Menu à la carte 23/37.
◆ Klassische Küche wird hier oben auf dem Schloßberg serviert. Klassisch auch das Ambiente : der ehemalige Festsaal des Barockschlosses wurde aufwendig restauriert.

In Dachau-Ost :

Aurora, Roßwachtstr. 1, ✉ 85221, ℘ (08131) 5 15 30, Fax (08131) 515332, ☕, ⇌ – 📶 📺 ⇌ 🅿 🆎 ⓞ ⓜⓞ 💳
Menu (geschl. Sonntag) à la carte 31/48 – **14 Zim** ☑ 60/90 – 115/135.
◆ Ansprechend sind der Wintergartenvorbau, die Außenanlage und der Saunabereich gestaltet. Solide Materialien und sanfte Farbtöne dominieren bei der Zimmereinrichtung. Zum Speisen stehen das helle, leicht elegante Restaurant und die hübsche Terrasse zur Wahl.

Huber ⚭ garni, Josef-Seliger-Str. 7, ✉ 85221, ℘ (08131) 5 15 20, webmaster@hotelhuber-garni.de, Fax (08131) 515250 – 📺 ⚭ ⇌ 🅿 🆎 ⓞ ⓜⓞ 💳 ✾
geschl. 24. Dez. - 6. Jan. – **15 Zim** ☑ 65/72 – 85/89.
◆ Mit zum Teil bemalten Bauernmöbeln hat man diesen, von außen etwas sachlich wirkenden Neubau in eine Oase der Ruhe und der bayerischen Gemütlichkeit verwandelt.

Götz, Pollnstr. 6, ✉ 85221, ℘ (08131) 2 10 61, hotel-goetz@t-online.de, Fax (08131) 26387, ⇌, 🕮 (Gebühr) – 📶 📺 ⇌ 🅿 – 🔺 20. 🆎 💳
Menu (geschl. Sonntag) (nur Abendessen) à la carte 19/29 – **38 Zim** ☑ 65/77 – 80/100.
◆ Nur wenige Kilometer von der pulsierenden bayerischen Metropole entfernt, findet der Reisende hier ein ruhiges und anheimelndes Zuhause auf Zeit. Das Restaurant ist im Charakter einer "Guten Stube" eingerichtet.

In Bergkirchen-Günding West : 3 km :

Forelle garni, Brucker Str. 16, ✉ 85232, ℘ (08131) 5 67 30, forelle@dachau-online.de, Fax (08131) 567356 – ✾ 📺 ⇌ 🅿 ⓜⓞ 💳
25 Zim ☑ 70/95 – 100/140.
◆ Geräumige, größtenteils im Landhausstil und mit Weichholz möblierte Zimmer warten auf die Besucher. Für die kleinen Gäste hat man eigens ein großes Spielzimmer vorbereitet.

In Hebertshausen Nord : 4 km :

Landgasthof Herzog, Heripertplatz 1, ✉ 85241, ℘ (08131) 16 21, Fax (08131) 1623, ☕ – 📶 📺 🅿 – 🔺 40. 🆎 ⓜⓞ 💳
Menu (geschl. Montag) à la carte 15,50/30,50 – **25 Zim** ☑ 46 – 70/73.
◆ Die alte Taverne aus dem 17. Jh. befindet sich seit Generationen im Familienbesitz. Heute betreibt man hier einen typischen bayerischen Landgasthof mit bäuerlichem Ambiente. Produkte der hauseigenen Metzgerei sind fester Bestandteil der bürgerlichen Küche.

DAHLEWITZ Brandenburg 416 418 J 24 – 1 700 Ew – Höhe 35 m.
 Groß Kienitz (Ost : 2 km) ℘ (033708) 53 70.
Berlin 21 – Potsdam 29 – Cottbus 107 – Frankfurt (Oder) 80.

Berliner Ring M, Eschenweg 18 (Industriegebiet an der A 10), ✉ 15827, ℘ (033708) 5 80, info@hotel-berliner-ring.de, Fax (033708) 58888, 😊, ↯, ⇌, % – 📶, ⇌ Zim, 📺 ✆ 🅿 – 🔑 450. ⚡ ⦿ ⦾ VISA. ✗ Rest
Menu à la carte 19/37 – **273 Zim** ⋍ 70 – 80.
• Neuzeitliches Hotel mit imposantem Eingangsbereich und eleganten, farblich unterschiedlich gestalteten Räumen. Jedes der sehr preisgünstigen Zimmer verfügt über einen Balkon. Ein lichtdurchflutetes Atrium gibt dem Restaurant ein besonderes Flair.

DAHLWITZ-HOPPEGARTEN Brandenburg 416 418 I 24 – 3 900 Ew – Höhe 35 m.
Berlin 19 – Potsdam 54 – Frankfurt/Oder 86 – Dresden 206.

Hoppegarten Berlin M, Köpenicker Str. 1, ✉ 15366, ℘ (03342) 36 70, Fax (03342) 367367, 😊, ⇌ – 📶, ⇌ Zim, 📺 ✆ 🅿 – 🔑 60. ⚡ ⦿ ⦾ VISA
Menu à la carte 24/38 – **160 Zim** ⋍ 72/98 – 98/128.
• Hinter der neuzeitlichen Fassade wird ein modernes Innenleben den Ansprüchen von heute gerecht. Funktionelle Zimmer ersetzen Ihnen vorübergehend Ihr eigenes Zuhause. Frischer Bistro-Stil mit Rattanstühlen und Boden im Schachbrettmuster prägt das Restaurant.

DAHN Rheinland-Pfalz 417 419 S 7 – 5 200 Ew – Höhe 210 m – Luftkurort.
Sehenswert : Burgruinen★ – Hochstein (⇐★).
Ausflugsziele : Drachenfels (⇐★), Süd-Ost 9 km – Burg Berwartstein★ (⇐★), Süd-Ost 11 km – Fladensteine★ (Geologischer Lehrpfad★), Süd : 10 km.
🛈 Tourist-Information Dahner Felsenland, Schulstr. 29, ✉ 66994, ℘ (06391) 58 11, Fax (06391) 406199.
Berlin 698 – Mainz 143 – Karlsruhe 57 – Saarbrücken 82 – Wissembourg 24 – Landau in der Pfalz 35 – Pirmasens 22.

Pfalzblick ⌂, Goethestr. 1, ✉ 66994, ℘ (06391) 40 40, pfalzblick@aol.com, Fax (06391) 404540, Massage, ⇌, ▦, ⇌ – 📶 ⇌ 📺 🅿 – 🔑 30. ⚡ ⦿ ⦾ VISA. ✗ Rest
geschl. 6. - 16. Jan., 7. - 19. Dez. – **Menu** (nur Abendessen) à la carte 28,50/46 – **77 Zim** ⋍ 76/119 – 125/159 – ½ P 26.
• Sechs verschiedene Zimmertypen, die alle mit rustikalen Landhausmöbeln ausgestattet sind, stehen den Urlaubsgästen zur Verfügung. Alle bieten Komfort und Bequemlichkeit. Mehrere, leicht rustikal gehaltene Räume bilden das Restaurant - mit Wintergarten.

Landhaus Felsenland ⌂, Im Büttelwoog 2, ✉ 66994, ℘ (06391) 9 23 70, info@hotel-felsenland.de, Fax (06391) 923799, Biergarten – ⇌ Zim, 📺 🅿 – 🔑 30. ⦾ VISA. ✗
geschl. Dez. - Jan. – **Menu** (nur Abendessen) à la carte 14/23 – **27 Zim** (nur ½ P) 53/68 – 90/116, 6 Suiten.
• Inmitten der namengebenden Felsenlandschaft liegt das schmucke Familienhotel. Viel Holz und liebevoll arrangierte Details geben dem Haus sein wohnliches Gepräge. Das lichtdurchflutete Restaurant Ruppert ergänzt das Angebot des Hotels.

In Erfweiler Nord-Ost : 3 km :

Die kleine Blume ⌂, Winterbergstr. 106, ✉ 66996, ℘ (06391) 9 23 00, geiga106@aol.com, Fax (06391) 923030, 😊, ⇌, ▦ – 📶 📺 ⇌ 🅿 ⦾ VISA
Menu (Montag - Freitag nur Abendessen) à la carte 18/28 – **27 Zim** ⋍ 57 – 99 – ½ P 6.
• Harmonisch in die Natur eingebettet liegt Die kleine Blume. Die Gästezimmer sind teils mit gediegenem, teils mit hellem Holzmobiliar praktisch eingerichtet. Im ländlich eleganten Restaurant sorgt ein offener Kamin für Behaglichkeit.

DAMMBACH Bayern 417 419 Q 11 – 1 900 Ew – Höhe 290 m.
Berlin 557 – München 342 – Würzburg 58 – Aschaffenburg 25 – Miltenberg 25.

Wald-Hotel Heppe ⌂, Heppe 1 (Süd-Ost : 2,5 km), ✉ 63874, ℘ (06092) 94 10, waldhotelheppe@t-online.de, Fax (06092) 941285, ⇐, 😊, ⇌, ▦, ⇌ – ⇌ 🅿 – 🔑 20
geschl. Mitte Dez. - Mitte Feb. – **Menu** (geschl. Freitagabend, Dienstag) à la carte 12/29 – **29 Zim** ⋍ 30/48 – 66/72.
• Der großzügige Hotelbau liegt wirklich einsam, mitten im Wald. Alle Zimmer verfügen über einen Balkon, so daß man die zauberhafte Natur immer vor Augen hat. Tolles Schwimmbad ! Ganz in Rosé ist das weitläufige Restaurant gehalten.

DAMME Niedersachsen **415** I 8 – 14 500 Ew – Höhe 63 m.
  Berlin 416 – Hannover 114 – Bielefeld 89 – Bremen 98 – Osnabrück 37.

🏨 **Lindenhof Hotel Tepe**, Osterdammer Str. 51, ✉ 49401, ℘ (05491) 9 71 70
lindenhof.hotel.tepe@t-online.de, Fax (05491) 971747, 🍴, 🐎 – 📺 📞 🅿 – 🏛 20. 🅰
🆔 VISA
Menu (geschl. Dienstagmittag) à la carte 23/46 – **15 Zim** ⛱ 60/75 – 90/95.
  • Wenn Sie moderne Inneneinrichtung lieben, fragen Sie nach einem Zimmer im Haupthaus
  Ansprechend sind auch der Wintergarten und die Kaminecke mit ihren roten Sesseln. Zur
  Speisen nehmen Sie in gemütlicher Atmosphäre Platz.

DANNENBERG Niedersachsen **415 416** G 17 – 8 700 Ew – Höhe 22 m.
  🏌 🏌 Zernien, Braasche 3 (West : 14 km), ℘ (05863) 5 56.
  🛈 Gästeinformation, Am Markt 5, ✉ 29451, ℘ (05861) 80 81 90, gaeste-info@sgdan.de
  Fax (05861) 808189.
  Berlin 223 – Hannover 137 – Schwerin 80 – Lüneburg 51 – Braunschweig 125.

🏨 **Alter Markt**, Am Markt 9, ✉ 29451, ℘ (05861) 78 80, koelln@t-online.de
Fax (05861) 7836, 🍴 – 📺 📞 🚗. 🅰🅴 ① 🆔 VISA
Menu à la carte 21/30 – **10 Zim** ⛱ 40/70 – 80/100.
  • Mitten im historischen Ortskern des Kleinstädtchens befindet sich das liebevoll restau
  rierte Fachwerkhaus aus dem 15. Jh. Das Interieur atmet norddeutsche Gemütlichkeit
  Behagliches Restaurant mit überdachtem, verglastem Innenhof.

🏨 **Marschtor** garni, Marschtorstr. 43, ✉ 29451, ℘ (05861) 43 78 65, daasch@t
online.de, Fax (05861) 8722, 🛌 – 🅰🅴 ① 🆔 VISA
6 Zim ⛱ 44/54 – 64/74.
  • Sie finden dieses Hotel im Zentrum der Altstadt in einem kleinen, schmalen Geschäfts
  haus. Mit praktischen Zimmern - im Obergeschoß mit Balkon - ist es eine nette Adresse

---

DANNENFELS Rheinland-Pfalz siehe Kirchheimbolanden.

DARMSTADT Hessen **417 419** Q 10 – 138 000 Ew – Höhe 146 m.
  Sehenswert : Hessisches Landesmuseum★ X **M1** – Prinz-Georg-Palais (Großherzogliche
  Porzellansammlung★) X **M2**.
  🏌 Mühltal-Traisa, Am Dippelshof 19(Süd-Ost : 6 km), ℘ (06151) 14 65 43 ; 🏌 🏌 Riedstadt
  Leeheim, Landgut Hof Hayna (West : 15 km über ③), ℘ (06158) 74 73 85.
  🛈 Stadtinformation, Luisen-Center, Luisenplatz 5, ✉ 64283, ℘ (06151) 13 27 80
  info@proregio-darmstadt.de, Fax (06151) 133434.
  🛈 Tourist-Information am Hauptbahnhof, ✉ 64293, ℘ (06151) 13 27 82, Fax (06151)
  132763.
  ADAC, Marktplatz 4.
  Berlin 569 ⑤ – Wiesbaden 44 ④ – Frankfurt am Main 36 ⑤ – Mannheim 50 ④

  Stadtplan siehe gegenüberliegende Seite

🏨 **Maritim Rhein-Main Hotel**, Am Kavalleriesand 6, ✉ 64295, ℘ (06151) 30 30,
info.dam@maritim.de, Fax (06151) 303111, 🍴, 🛌, 🏊 – 🛗, ↔ Zim, 🔲 📺 📞 ♿ 🚗
– 🏛 180. 🅰🅴 ① 🆔 VISA JCB   Y s
Menu à la carte 29,50/40,50 – ⛱ 13 – **248 Zim** 128/192 – 158/215, 3 Suiten.
  • Elegant und mit einem Hauch von Luxus wohnt man in diesem modernen Hotel. Die
  Zimmer sind geräumig und gediegen, die Lobby lädt mit Ledersesseln zum Verweilen ein.
  Edle Hölzer und Messing verbreiten nobles Ambiente im Restaurant Rotisserie.

🏨 **Maritim-Konferenzhotel**, Rheinstr. 105 (B 26), ✉ 64295, ℘ (06151) 87 80,
info.dar@maritim.de, Fax (06151) 893194, 🛌, 🏊 – 🛗, ↔ Zim, 🔲 Rest, 📺 📞 🚗 –
🏛 310. 🅰🅴 ① 🆔 VISA JCB. 🍽 Rest   Y d
Menu à la carte 26/41 – ⛱ 13 – **352 Zim** 119/188 – 143/212.
  • Vergoldete Barockspiegel und bequeme Ledersofas stimmen in der Hotelhalle auf einen
  angenehmen Aufenthalt ein. Auf Tagungen aller Art ist man hier bestens vorbereitet !
  Rottöne und gediegenes Holzmobiliar geben dem Restaurant einen exklusiven
  Anstrich.

🏨 **Contel**, Otto-Röhm-Str. 90, ✉ 64293, ℘ (06151) 88 20, hotel@contel-darmstadt.de,
Fax (06151) 882888, 🍴 – 🛗, ↔ Zim, 📺 📞 🅿 – 🏛 100. 🅰🅴 ① 🆔 VISA
Menu (geschl. Samstag, Sonn- und Feiertage) à la carte 20,50/34,50 – **275 Zim** ⛱ 86/113
– 119/132.   über ④
  • Die weitläufige Anlage hat einen hübschen Garten im japanischen Stil. Die Gästezimmer
  sind alle recht groß, einige verfügen über Wasserbetten und Futon-Matratzen. Das
  Restaurant hat man mit freundlichen Farben und leicht rustikalem Touch eingerichtet.

DARMSTADT

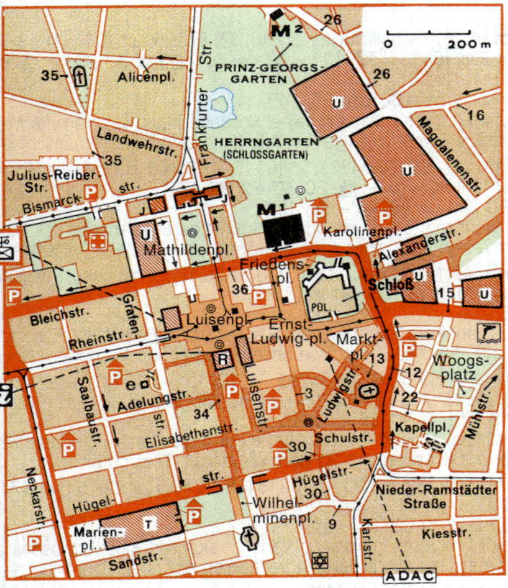

Straße	Ref
Arheilger Straße	Y 2
Elisabethenstraße	X
Ernst-Ludwig-Straße	X 3
Feldbergstraße	Y 4
Gräfenhäuser Straße	Y 5
Gutenbergstraße	Y 6
Heidenreichstraße	Y 7
Hobrechtstraße	Z 8
Hölgesstraße	X Y 9
Hohler Weg	Y 10
Holzstraße	X 12
Kirchstraße	X 13
Klappacher Straße	Z 14
Landgraf-Georg-Straße	X 15
Lauteschlägerstraße	X 16
Liebfrauenstraße	Y 17
Ludwigstraße	X
Luisenplatz	X
Marktplatz	X
Mollerstraße	Y 19
Olbrichweg	Y 21
Pädagogstraße	X 22
Pützerstraße	X 24
Rheinstraße	Y
Riedeselstraße	Z 25
Schloßgartenstraße	X, Y 26
Schützenstraße	X 30
Steubenplatz	Y 31
Teichhausstraße	Y 32
Wilhelminenstraße	X, Z 34
Wilhelm-Leuschner-Straße	X 35
Zeughausstraße	X 36

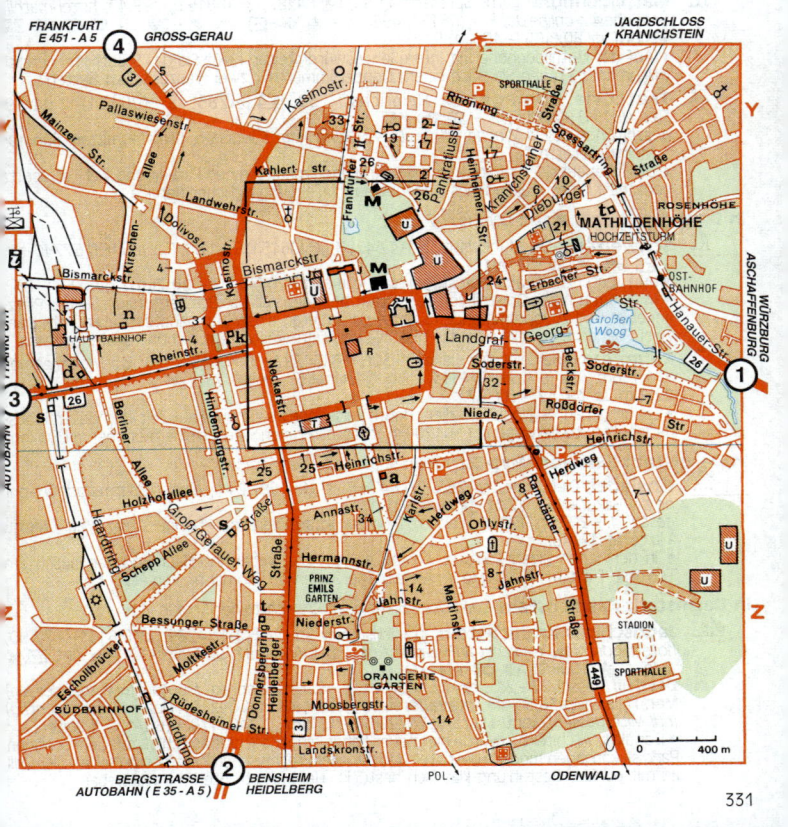

DARMSTADT

Ramada Treff Page Hotel M, Eschollbrücker Str.16, ⊠ 64295, ℰ (06151) 38 50
darmstadt@ramada-treff.de, Fax (06151) 385100 – 🛗, ⇔ Zim, 📺 📞 ♿ 🚗 – 🔔 80
AE ① ◉ VISA JCB   Z
Menu à la carte 19/33,50 – ☐ 11 – **166 Zim** 95/145.
 • Architektonisch interessant wirkt der Neubau mit seiner Rotunde. Innen hat man Wert
 auf Funktionalität und praktische Einrichtung gelegt. Alle Zimmer mit Modemanschluß.

Parkhaus-Hotel garni, Grafenstr. 31, ⊠ 64283, ℰ (06151) 2 81 00, *pahoda@aol.com*
Fax (06151) 293908 – 🛗 ⇔ 📺 📞 🚗 – 🔔 80. AE ① ◉ VISA   X
geschl. 24. Dez. - 4. Jan. – **80 Zim** ☐ 78/98 – 98/108.
 • Das Hotel ist in ein Parkhaus integriert. Diese verkehrsgünstige Lage macht das Haus
 besonders auch für Geschäftsreisende zu einer außergewöhnlich praktischen Anlaufstelle.

Hornung garni, Mornewegstr. 43, ⊠ 64293, ℰ (06151) 92 66, *hotel-hornung@web.de*
Fax (06151) 891892 – 🛗 ⇔ 📺 🅿 AE ① ◉ VISA   Y
36 Zim ☐ 50/89 – 74/105.
 • Sehr zentral, in der Nähe des Bahnhofs liegt das apart ausgestattete Haus. Nette Zimmer,
 ein hübscher Wintergarten und eine kleine Terrasse unterstreichen die besondere Note.

Donnersberg garni, Donnersbergring 38, ⊠ 64295, ℰ (06151) 3 10 40, *reservation*
@hotel-donnersberg.de, Fax (06151) 33147 – 🛗 ⇔ 📺 📞 ◉ VISA   Z
geschl. 21. Dez. - 5. Jan. – **18 Zim** ☐ 50/69 – 75/95.
 • Mit dunklen Holzmöbeln und zum Teil mit Polstergruppen sind die Zimmer eingerichtet.
 In der Lobby befindet sich eine Kaffeebar, die ein gern genutzter Treffpunkt ist.

Prinz Heinrich garni, Bleichstr. 48, ⊠ 64293, ℰ (06151) 8 13 70, *Fax (06151) 81371*
– 🛗 ⇔ 📺. AE ① ◉ VISA   Y
geschl. 21. Dez. - 3. Jan. – **65 Zim** ☐ 58/76 – 93.
 • Hinter der mit Wein komplett begrünten Fassade verbirgt sich rustikale Atmosphäre.
 Erholsam schläft man in den zum Teil mit Malereien verzierten eichenen Bauernbetten.

Mathildenhöhe garni, Spessartring 53, ⊠ 64287, ℰ (06151) 4 98 40, *hotel-mathil*
enhoehe@t-online.de, Fax (06151) 498450 – 🛗 ⇔ 📺 🚗 🅿 – 🔔 20. AE ① ◉ VISA.
22 Zim ☐ 80/105 – 105/155.
 • Auf der Mathildenhöhe mit ihren Sehenswürdigkeiten heißt Sie das Stadthotel herzlich
 willkommen. Fragen Sie nach einem Doppelzimmer mit zwei französischen Betten!

Trattoria Romagnola, Heinrichstr. 39, ⊠ 64283, ℰ (06151) 2 01 59
Fax (06151) 20171, 😊 – AE ◉ VISA   Z a
geschl. Ende Dez. 1 Woche, Mitte Juli - Anfang Aug. 3 Wochen, Samstagmittag, Sonntag
– **Menu** la carte 35/50.
 • Das Interieur der Trattoria wird von kräftigen mediterranen Farben und viel Terracotta
 geprägt. Kleines, italienisches Angebot auf Tafeln, freundlicher Service.

In Darmstadt-Eberstadt über ② : 7 km :

Schweizerhaus, Mühltalstr. 35, ⊠ 64297, ℰ (06151) 9 41 80, *Fax (06151) 57740*, 😊
– 📺 🚗 🅿 AE ◉ VISA
Menu (geschl. Freitag - Samstagmittag) à la carte 20/39,50 – **20 Zim** ☐ 48/55 – 85.
 • In einem ruhigen Ortsteil von Darmstadt befindet sich das Schweizerhaus. Solides Platz-
 angebot und zuvorkommender Service garantieren einen entspannten Aufenthalt. Über
 zwei Ebenen erstreckt sich das teils holzgetäfelte Restaurant. Schöne Gartenterrasse.

Rehm garni, Heidelberger Landstr. 306, ⊠ 64297, ℰ (06151) 9 41 30, *hotelrehm@*
@aol.com, Fax (06151) 941311 – ⇔ 📺 📞 🚗. ① ◉ VISA ♣
22 Zim ☐ 39/52 – 62/67.
 • Ein umgebautes Wohnhaus dient heute Reisenden als Zuhause auf Zeit. Der Wald mit aus-
 gedehnten Spazierwegen ist nur 200 m entfernt. Fragen Sie nach einem Zimmer mit Balkon.

In Darmstadt-Einsiedel Nord-Ost : 7 km über Dieburger Straße Y :

Einsiedel, Dieburger Str. 263, ⊠ 64287, ℰ (06159) 2 44, *einsiedeldarmstadt@t-onli.*
ne.de, Fax (06159) 1744, 😊 – 🅿 AE ◉
geschl. 1. - 20. Jan., Okt. 2 Wochen, Montagmittag, Dienstag - Donnerstagmittag – **Menu**
à la carte 32/48.
 • In dem ehemaligen Schlösschen mit seinem klassischen Interieur und der lauschigen
 Terrasse fühlt man sich wie in vergangene Zeiten der Romantik versetzt.

In Darmstadt-Kranichstein Nord-Ost : 5 km über Kranichsteiner Straße Y :

Jagdschloss Kranichstein, Kranichsteiner Str. 261, ⊠ 64289, ℰ (06151) 9 77 90,
hotel.jagdschloss.kranichstein@t-online.de, Fax (06151) 977920, 😊 – 🛗, ⇔ Zim, 📺 📞
♿ 🅿 – 🔔 100. AE ① ◉ VISA JCB
Der Grill (geschl. 22. - 24. Dez., 27. - 30. Dez., 1. - 6. Jan., Sonntag - Montag) (nur Abendessen)
Menu à la carte 36,50/45 – **Kavaliersbau** (geschl. 23. - 24. Dez., 27. Dez. - 13. Jan., Montag)
(nur Mittagessen) **Menu** à la carte 21/29,50 – **15 Zim** ☐ 140/170 – 160/190, 4 Suiten.
 • Der alten Architektur wurde hier neues Leben eingehaucht. Das Schloß mit dem schönen
 Park ist von innen modern gestaltet und mit allem technischen Komfort versehen. Der Grill
 ist mit dunkler Bestuhlung klassisch bestückt. Helles Ambiente im Kavaliersbau.

DARMSTADT

In Mühltal-Traisa Süd-Ost : 5 km über Nieder-Ramstädter-Straße Z :

Hofgut Dippelshof, Am Dippelshof 1 (am Golfplatz), ⊠ 64367, ℘ (06151) 91 71 88, Fax (06151) 917189, 😊, 🌳 – ⇥ Zim, 📺 📞 P – 🔒 35. ① ✉ VISA
Menu à la carte 35/45 – **18 Zim** 😊 80/90 – 120/150.
♦ "Ein Schmuckstück im Grünen" nennt sich das Hofgut. Dies ist nicht übertrieben, denn hier hat un kleines Juwel des Jugendstils überdauert, um nun Gäste zeitgemäß aufzunehmen. Stimmungsvoll zeigt sich das Rattanzimmer mit hellen Parkettböden und Stuckdecken.

In Mühltal-Trautheim Süd-Ost : 5 km über Nieder-Ramstädter-Straße Z :

Waldesruh, Am Bessunger Forst 28 (über Waldstraße), ⊠ 64367, ℘ (06151) 9 11 50, hotelwaldesruh@t-online.de, Fax (06151) 911563, 😊, 📺 – ⧉ 📺 P – 🔒 15. ✉ VISA
Menu (geschl. Dez. 2 Wochen, Sonntagabend, Donnerstag) à la carte 17/28 – **35 Zim** 😊 47/62 – 72.
♦ In ruhiger Waldrandlage, doch nur wenige Autominuten von der Innenstadt entfernt, erfährt man unverfälschte Odenwälder Gastfreundschaft. Sie speisen im rustikalen Ambiente von Pichlers Restaurant oder im "Äppelwoigarten".

In Weiterstadt-Gräfenhausen über ④ : 9 km :

Zum Löwen, Darmstädter Landstr. 11, ⊠ 64331, ℘ (06150) 5 10 25, schmitt-zum loewen@t-online.de, Fax (06150) 50247, Biergarten – ⇥ Zim, 📺 P. ✉ VISA. ⨯
Menu (geschl. Montagmittag, Samstag) à la carte 12/29,50 – **19 Zim** 😊 46/60 – 68.
♦ Dunkle Eichenmöbel verbreiten eine gemütliche Stimmung in den 14 gut gepflegten Gästezimmern des Hauses. Die Lage im Dreieck Darmstadt-Frankfurt-Mainz ist sehr günstig. In der bäuerlich-rustikalen Stube umsorgt man Sie mit Speis und Trank.

DARSCHEID Rheinland-Pfalz siehe Daun.

DASING Bayern **419 420** U 17 – 4600 Ew – Höhe 482 m.
Berlin 577 – München 54 – Augsburg 13 – Ingolstadt 62.

In Dasing-Lindl Nord-Ost : 2 km nahe der A 8 :

Highway-Hotel M garni, Robert-Bosch-Str. 1, ⊠ 86453, ℘ (08205) 60 90, office@highway-hotel.de, Fax (08205) 609255, 😊 – ⧉ ⇥ 📺 🚿 P. ✉ ① ✉ VISA
82 Zim 😊 66 – 96.
♦ Ganz modern und völlig auf die Bedürfnisse des Durchreisenden zugeschnitten ist dieses Hotel. Die Snacks kommen aus dem Automaten, eine Videothek sorgt für Unterhaltung.

DASSOW Mecklenburg-Vorpommern **416** E 16 – 3500 Ew – Höhe 20 m.
Berlin 243 – Schwerin 49 – Lübeck 21 – Ratzeburg 31 – Wismar 38.

Schloß Lütgenhof, Ulmenweg 10, ⊠ 23942, ℘ (038826) 82 50, info@schloss-luetgenhof.de, Fax (038826) 82522, 😊, 😊 – ⧉ 📺 📞 🚿 P – 🔒 25. ✉ ① ✉ VISA. ⨯ Rest
Menu (geschl. Montag - Dienstag) (nur Abendessen) 45/59 und à la carte ⨅ – **Terrazza** (geschl. Montag) **Menu** à la carte 22/31 – 😊 15 – **23 Zim** 118 – 144/179.
♦ Wie ein Schloßherr fühlt man sich in den klassizistischen Mauern. Vornehme Champagnertöne verbreiten im ganzen Haus zurückhaltende Eleganz. Eine Parkanlage umgibt das Anwesen. Dezente Farben und klares Design prägen das Restaurant. Nett : das Bistro Terrazza.

DATTELN Nordrhein-Westfalen **417** L 6 – 37000 Ew – Höhe 53 m.
Berlin 500 – Düsseldorf 73 – Dortmund 20 – Münster (Westfalen) 44 – Recklinghausen 12.

Zum Ring, Ostring 41 (B 235), ⊠ 45711, ℘ (02363) 5 24 65, Fax (02363) 53501, 😊, 😊 – 📺 P. ✉ ① ✉ VISA
Menu à la carte 16/28 – **9 Zim** 😊 47/55 – 72/77.
♦ Das kleine Hotel am nördlichen Rand des Ruhrgebietes erhält seine persönliche Note durch die familiäre Führung. Die Zimmer sind größtenteils mit Messingbetten ausgestattet. Rustikal-gemütliches Restaurant.

In Datteln-Ahsen Nord-West : 7 km über Westring :

Landhotel Jammertal, Redderstr. 421, ⊠ 45711, ℘ (02363) 37 70, info@jammertal.de, Fax (02363) 377100, 😊, Massage, 😊, 🏊 (geheizt), 📺, 🌳, ⨯ – ⧉, ⇥ Zim, 📺 P – 🔒 45. ✉ ① ✉ VISA. ⨯
Menu à la carte 29/46 – **63 Zim** 😊 90 – 130/175, 8 Suiten.
♦ Ein Landhotel im besten Sinne des Wortes ! Landhausmobiliar, die dörfliche Umgebung und die großzügige Badeoase Aquantis laden ein, die Seele so richtig baumeln zu lassen ! Das Restaurant zeigt sich elegant-rustikal - mit schönem Glaspavillon.

333

DAUN Rheinland-Pfalz 417 P 4 – 9 000 Ew – Höhe 420 m – Heilklimatischer Kurort - Kneippkurort – Mineralheilbad.

Ausflugsziele : *Die Maare*★ *(Weinfelder Maar, Totenmaar, Pulvermaar).*

🛈 *Tourist-Information, Leopoldstr. 5,* ✉ 54550, ✆ (06592) 951 30, Fax (06592) 951320

Berlin 666 – Mainz 161 – Trier 76 – Bonn 79 – Koblenz 70.

Schloß-Hotel Kurfürstliches Amtshaus ⚜, *Dauner Burg,* ✉ 54550, ✆ (06592) 92 50, *kurfuerstliches.amtshaus@t-online.de*, Fax (06592) 925255, ≤, 佘, ≘s, ⬚, ⚓, – 📶 📺 🅿 – 🎿 40, 🆎 ⓞ 🆅🆂🅰 ⚒ Rest

geschl. 5. - 31. Jan. – **Menu** *(geschl. Montag - Dienstag)* 28 (mittags) à la carte 49/52 – **30 Zim** ⌑ 80 – 118/135 – ½ P 30.

◆ Malerisch thront die Burg über dem Ort. Jedes Zimmer ist ein Kleinod, mit antiken Möbeln und wertvollen Teppichen. Jedes Bett ist ein Unikat, fast schon ein Sammlerstück ! In stimmungsvollem Ambiente serviert man eine ausgezeichnete französische Küche.

Spez. Kokon von Wachtel mit Gänseleber und Morcheln. Lachscrouton mit roh marinierten Jakobsmuscheln. Gebratene Taube mit jungem Knoblauch und Bohnenfrikassée.

Panorama ⚜, *Rosenbergstr. 26,* ✉ 54550, ✆ (06592) 93 40, *info@hotelpanorama.de*, Fax (06592) 934230, ≤, 佘, Massage, ♨, ≘s, ⬚, ⚓ – 📶 📺 🅿 🆎 🆅🆂🅰 ⚒ Rest

geschl. Mitte Feb. - Ende März – **Menu** *(geschl. Montag - Dienstagmittag)* à la carte 21/34 – **26 Zim** ⌑ 59/64 – 105/110 – ½ P 15.

◆ Zeitloser moderner Baustil und rustikal-gediegenes Innenleben machen den Charme des Panoramahotels aus. Ein neuer Wellnessbereich lädt zum Entspannen ein. Im Restaurant hat man von einigen Tischen aus einen schönen Blick auf das Tal.

Zum Goldenen Fäßchen, *Rosenbergstr. 5,* ✉ 54550, ✆ (06592) 30 97, *berlinger@daun.com*, Fax (06592) 8673, 佘, ≘s – 📶 📺 ⟺ 🅿 🆎 ⓞ 🆅🆂🅰

Menu *(geschl. Donnerstag)* à la carte 14,50/30,50 – **30 Zim** ⌑ 41/43 – 84/86.

◆ Zwei Generationen der Betreiberfamilie bemühen sich um das Wohl ihrer Gäste. Gepflegte Zimmer, meistens mit Balkon, versprechen gute Erholung. Der Restaurantbereich ist in bürgerlichen Stil gehalten.

In Daun-Gemünden Süd : 2 km :

Müller, *Lieserstr. 17,* ✉ 54550, ✆ (06592) 25 06, *hotel-mueller-daun@t-online.de*, Fax (06592) 2524, 佘, ⚓ – 📺 🅿 ⚒ Rest

geschl. 5. Jan. - 27. Feb. – **Menu** *(geschl. Donnerstag)* à la carte 19/27 – **12 Zim** ⌑ 28/34 – 48/59 – ½ P 11.

◆ Ein kleines, einfaches Urlaubshotel, das tipptopp gepflegt und nett geführt wird. Die Zimmer im Anbau sind etwas größer und mit zeitlosen Naturholzmöbeln eingerichtet. Frisch renoviert und im neuzeitlichen Gewand präsentiert sich das Restaurant.

In Schalkenmehren Süd-Ost : 6 km – Erholungsort

Landgasthof Michels, *St.-Martin-Str. 9,* ✉ 54552, ✆ (06592) 92 80, *michels@landidyll.de*, Fax (06592) 928160, 佘, ≘s, ⬚, ⚓ – 📶, ⚒ Zim, 📺 ✆ ♿ ⟺ 🅿 – 🎿 30, 🆎 ⓞ 🆅🆂🅰

Menu à la carte 19/35,50 – **38 Zim** ⌑ 51/65 – 79/109 – ½ P 18.

◆ Der schmucke Landgasthof befindet sich in der Nähe eines Maars. Die Suite "Sperlingsnest", unterm Dach des Rundbaus, überrascht mit einer schönen Holzbalkenkonstruktion. Eine nette kleine Stube und weitere Räumlichkeiten im Landhausstil bilden das Restaurant.

Schneider-Haus am Maar, *Maarstr. 22,* ✉ 54552, ✆ (06592) 9 55 10, *hotel schneider@t-online.de*, Fax (06592) 955140, 佘, Massage, ≘s, ⚓ – 📺 ⟺ 🅿

Menu *(geschl. 18. - 25. Dez.)* à la carte 14/34,50 – **19 Zim** ⌑ 42/55 – 84/90 – ½ P 13.

◆ In unterschiedlichen Stilrichtungen gestaltete, immer praktische Gästezimmer zeichnen diesen Betrieb aus, der auch über einen neuzeitlichen Wellnessbereich verfügt. In ländlichem Umfeld bittet man Sie zu Tisch.

In Darscheid Nord-Ost : 6 km – Erholungsort :

XX **Kucher's Landhotel** mit Zim, *Karl-Kaufmann-Str. 2,* ✉ 54552, ✆ (06592) 6 29, *kucherslandhotel@t-online.de*, Fax (06592) 3677, 佘, ⚓ – ⚒ Zim, ✆ 🅿 🆎 ⓞ 🆅🆂🅰

geschl. 2. Jan. - 12. Feb. – **Kucher's Gourmet** (bemerkenswerte Weinkarte) *(geschl. Montag - Dienstagmittag)* **Menu** à la carte 35/43 – **Eifelstube** *(geschl. Montag - Dienstagmittag)* **Menu** à la carte 20,50/35,50 – **14 Zim** ⌑ 43 – 86 – ½ P 16.

◆ Ein imposanter Weinkeller - einer der Bestsortierten des Landes - sowie nette, wohnliche Gästezimmer bereichern das freundlich gestaltete Restaurant Gourmet. Rustikal geht es in der Eifelstube zu.

DEDELSTORF Niedersachsen siehe Hankensbüttel.

DEGGENDORF Bayern 420 T 22 – 33 400 Ew – Höhe 312 m – Wintersport : 500/1 114 m ⚡4 ⚡.

Ausflugsziele : Kloster Metten (Kirche und Bibliothek★) Nord-West : 5 km – Klosterkirche★ in Niederalteich Süd-Ost : 11 km.

☏ Schaufling, Rusel 123 (Nord-Ost : 10 km), ☎ (09920) 89 11.

🛈 Touristinformation, Oberer Stadtplatz, ✉ 94469, ☎ (0991) 2 96 01 69, Fax (0991) 31586.

Berlin 563 – München 144 – *Passau* 51 – Landshut 74 – Regensburg 80.

🏨 **Astron Parkhotel** M, Edlmairstr. 4, ✉ 94469, ☎ (0991) 3 44 60, deggendorf@astron-hotels.com, Fax (0991) 3446423, 🌳, 🏊, 🆒 – 🛗, ✱ Zim, 📺 ☎ ⇔ 🅿 – 🔔 50. 🆎 ① 🆘 VISA
Menu à la carte 22/34 – ☕ 13 – **125 Zim** 82/107 – 97/123.
♦ Ein modernes Businesshotel im Herzen des mittelalterlichen Städtchens. Eingangsbereich und Kaminzimmer sind fast schon elegant und mit modernen Gemälden geschmückt.

🏨 **Donauhof**, Hafenstr. 1, ✉ 94469, ☎ (0991) 3 89 90, info@hotel-donauhof.de, Fax (0991) 389966, 🆒 – 🛗, ✱ Zim, 📺 ☎ 🅿 – 🔔 25. 🆎 ① 🆘 VISA
Menu (geschl. Sonntag) (nur Abendessen) à la carte 18/27 – **70 Zim** ☕ 49 – 72.
♦ Ein altes Lagerhaus aus dem 19. Jh. hat man komplett und sehr fachkundig restauriert. Heute kann man hier preisgünstig in wohnlich ausgestatteten Zimmern übernachten. Das Restaurant : teils stilvoll mit Kristalleuchtern, teils als urige Weinstube.

XX **Grauer Hase**, Untere Vorstadt 12, ✉ 94469, ☎ (0991) 37 12 70, info@grauer-hase.de, Fax (0991) 3712720, 🌳 – 🝙 🅿 – 🔔 50. 🆘 VISA
geschl. 6. - 21. Jan., Sonntagabend - Montag – **Menu** à la carte 23,50/44,50 ♀.
♦ Räumlichkeiten in geschmackvollem Stil - teils bewußt schlicht gehalten - bilden hier den Rahmen. Auch der Kastaniengarten stellt ein idyllisches Plätzchen zum Verweilen dar.

XX **La padella**, Rosengasse 7, ✉ 94469, ☎ (0991) 55 41, Fax (0991) 3831845, 🌳 – 🆎 ① 🆘 VISA
geschl. nach Pfingsten 1 Woche, Montag – **Menu** (wochentags nur Abendessen) (Tischbestellung ratsam) à la carte 22,50/31.
♦ Frisch renoviert präsentiert sich das Haus nun hell und mit Geschmack eingerichtet. Gekocht wird nach wie vor international, das Speiseangebot ist saisonal beeinflußt.

X **Goldener Engel**, Oberer Stadtplatz 6, ✉ 94469, ☎ (0991) 47 67, goldener_engel@goldmail.de, Fax (0991) 3790667, 🌳, (traditionelles Gasthaus a.d.J. 1694)
Menu à la carte 15,50/30.
♦ Freunde altbayerischer Wirtshauskultur kommen hier auf ihre Kosten ! Im Traditionswirtshaus kocht man mit Geschmack regionale Schmankerln und internationale Speisen.

In Deggendorf-Natternberg Süd-West : 6 km :

🏨 **Burgwirt** 🌲 (mit Gästehaus), Deggendorfer Str. 7, ✉ 94469, ☎ (0991) 3 00 45, info@hotel-bergwirt.de, Fax (0991) 32090332, 🌳, 🆒 – ✱ Zim, 📺 ⇔ 🅿 – 🔔 25. ✱ Rest
Menu (geschl. Aug. 3 Wochen, Sonntag) (nur Abendessen) à la carte 16/38 – **39 Zim** ☕ 48 – 65/75.
♦ Entscheiden Sie selbst, ob Sie lieber in Eiche oder in Kirschbaum wohnen wollen. In jedem Fall sind die Zimmer groß und komfortabel eingerichtet. Internetzugang für Hausgäste. In der Gaststube unterstreicht ein Kachelofen den ländlich-bäuerlichen Charme.

DEGGENHAUSERTAL Baden-Württemberg 419 W 12 – 3 000 Ew – Höhe 497 m.

☏ Deggenhausertal, Unterhomberg 1, ☎ (07555) 91 96 30.
Berlin 728 – Stuttgart 144 – *Konstanz* 33 – Ravensburg 20 – Bregenz 55.

In Deggenhausertal-Limpach :

🏨 **Gutsgasthof Mohren** 🌲, Kirchgasse 1, ✉ 88693, ☎ (07555) 93 00, info@gutsgasthof-mohren.de, Fax (07555) 930100, 🌳, 🌾 – 📺 🅿 – 🔔 100. 🆘 VISA
Menu (geschl. 7. Jan. - 9. Feb., Montag - Donnerstag nur Abendessen) à la carte 14/37 – **33 Zim** ☕ 41/49 – 69/74 – ½ P 16.
♦ Wohnliche Zimmer im modernen Landhausstil wirken einladend auf den Besucher. Mit einem Picknickkorb bewaffnet können Sie die Ländereien des Naturlandhofes erkunden. Restaurant im mediterranen Landhausstil.

In Deggenhausertal-Wittenhofen :

🏨 **Landhotel Adler**, Roggenbeurer Str. 2, ✉ 88693, ☎ (07555) 2 02, info@landhotel-adler.de, Fax (07555) 5273, 🌳, Biergarten – 📺 ⇔ 🅿. 🆘 VISA
geschl. Ende Feb. - Mitte März – **Menu** (geschl. Mittwoch - Donnerstagmittag) à la carte 20/31 – **17 Zim** ☕ 38/48 – 66 – ½ P 16.
♦ Tradition und moderne Gastronomie verbinden sich in diesem aparten, idyllisch gelegenen Landhotel. Der Bodensee mit seinen Ausflugszielen liegt nur wenige Minuten entfernt. Für Ihr leibliches Wohl sorgt man in der heimeligen Gaststube.

DEIDESHEIM Rheinland-Pfalz 417 419 R 8 – 4100 Ew – Höhe 117 m – Luftkurort.
🛈 Tourist-Information, Bahnhofstr. 5, ✉ 67146, ℘ (06326) 9 67 70, touristinfo@d desheim.de, Fax (06326) 967718.
Berlin 645 – Mainz 88 – Mannheim 31 – Kaiserslautern 39 – Neustadt an der Wein straße 8.

Deidesheimer Hof, Am Marktplatz 1, ✉ 67146, ℘ (06326) 9 68 70, info@deides eimerhof.de, Fax (06326) 7685, 😈 – 📳, ✼ Zim, 📺 📞 ⇔ 🅿 – 🔒 40. AE ⓄⓄⓂⓈ VISA geschl. 1. - 3. Jan. – **Menu** siehe Rest. **Schwarzer Hahn** und **St. Urban** separat erwähr – ☑ 14 – **28 Zim** 105/165 – 150/200, 4 Suiten.
• Behaglichkeit und zurückhaltende Eleganz begegnen Ihnen in dem prachtvollen Renai sancebau an der Deutschen Weinstraße. Neue, komfortable Zimmer mit italienischer Mobiliar !

Steigenberger MAXX Hotel ॐ, Am Paradiesgarten 1, ✉ 67146, ℘ (06326) 97 0(deidesheim@maxx-hotels.de, Fax (06326) 970333, 😈, ⇔s – 📳, ✼ Zim, 📺 ⇔ – 🔒 70. AE ⓄⓄⓂⓈ VISA JCB
Menu à la carte 19/31 – **124 Zim** ☑ 101/156 – 127/182.
• Wer diese anglo-amerikanische Hotelwelt betritt, wird vom Stil der 30er bis 50er Jahr umgeben. Vom Seifenspender bis zum Bettüberwurf ist hier alles aufeinander abgestimm Mit legerem Bistro-Ambiente ist das Restaurant ganz an den Stil des Hotels angepaßt.

Hatterer's Hotel, Weinstr. 12, ✉ 67146, ℘ (06326) 60 11, hotel-hatterer@t-o line.de, Fax (06326) 7539, 😈 – 📳 📺 🅿 – 🔒 80. AE ⓄⓄⓂⓈ VISA JCB
Menu à la carte 31/49 – **57 Zim** ☑ 80/95 – 120/130.
• Mitten im Herzen des historischen Weinstädtchens liegt das Hotel mit dem markante Glasturm. Wohnliche Zimmer und der romantische Garten geben dem Haus seinen Charme Die Türen des hübschen Jardin d' hiver lassen sich bei gutem Wetter zur Terrasse hi öffnen.

Schwarzer Hahn - Hotel Deidesheimer Hof, Am Marktplatz 1, ✉ 67146, ℘ (06326 9 68 70, info@deidesheimerhof.de, Fax (06326) 7685, 😈 – AE ⓄⓄⓂⓈ VISA. ✼
geschl. 1. - 30. Jan., 29. Juni - 21. Aug., Sonntag - Montag – **Menu** (nur Abendessen) (Tisch bestellung ratsam) (bemerkenswerte Weinkarte) 95 à la carte 53/76.
• In dem imposanten Gewölbekeller zaubert die Küchenbrigade unter Manfred Schwar. klassische Kreationen der französischen Kochkunst auf den aufwendig gedeckten Tisch **Spez**. Kalbsfilet mit Wildkräutergelée. Kombination aus Taube und Wachtel mit Knob lauchblütensauce. Dreierlei Essigpralinen mit Pumpernickeleis.

Gasthaus zur Kanne - Grand Cru, Weinstr. 31, ✉ 67146, ℘ (06326) 9 66 00 zur-kanne@t-online.de, Fax (06326) 966017, 😈 – ⓂⓈ VISA
Grand Cru (Tischbestellung ratsam) (geschl. Feb., Dienstag - Mittwoch) (Montag - Freitag nur Abendessen) **Menu** à la carte 44/69 ♀ – **Weinstube** (geschl. Dienstag) **Menu** à la carte 24,50/38,50.
• In diesem Restaurant - klassisch-elegant in der Ausstattung - kommen auch Feinschme cker und Liebhaber des französischen Küchenstils auf ihre Kosten. Die Weinstube ergänz das Grand Cru mit gemütlicher Atmosphäre.
Spez. Lauwarmer Artischockensalat mit Langustine und Jakobsmuscheln. Gebackener Schweinsfuß mit Apfel und Gänseleber. Pfälzer Rehbockrücken mit Feigen-Rotkohl und Gewürzjus.

Weinschmecker, Steingasse 2, ✉ 67146, ℘ (06326) 98 04 60, Fax (06326) 989475, 😈
geschl. Sonntag - Montag – **Menu** à la carte 25/35,50.
• In dem ehemaligen Kelterhaus empfängt Sie ein helles, freundliches Ambiente mit klaren Linien. Schön sitzt man auch auf der Innenhofterrasse.

St. Urban - Hotel Deidesheimer Hof, Am Marktplatz 1, ✉ 67146, ℘ (06326) 96870, info@deidesheimerhof.de, Fax (06326) 7685, 😈 – 🅿. AE ⓄⓄⓂⓈ VISA
geschl. 1. - 3. Jan. – **Menu** à la carte 27,50/44.
• Hier umgibt Sie der ländliche Charme einer Weinstube. Bei gutem Wetter wird das typisch regionale Angebot durch italienische Speisen im Gartenrestaurant Gallino ergänzt.

Gutsausschank Dr. Kern, Schloss Deidesheim, ✉ 67146, ℘ (06326) 9 66 99, info @schloss-deidesheim.de, Fax (06326) 966920, 😈 – ✼ Rest. ⓄⓄⓂⓈ
geschl. 20. Dez. - Mitte Jan., Mittwoch - Donnerstag – **Menu** (nur Abendessen) (nur Eigen bauweine) à la carte 18/31.
• Ein Teil des Deidesheimer Schlosses wurde zum Restaurant und Weinausschank umfunk tioniert. Sie speisen unter wertvollen Stuckarbeiten oder auf der Terrasse am Schloßgarten.

In Forst Nord : 2 km :

Gutsausschank Spindler, Weinstr. 44, ✉ 67147, ℘ (06326) 58 50, Fax (06326) 7877, 😈 – 🅿. VISA
geschl. Ende Dez. - Ende Jan., Sonntag - Montag – **Menu** (nur Eigenbauweine) à la carte 15/27,50.
• Deftige Spezialitäten aus der Pfalz und natürlich Weine aus eigenem Anbau werden dem Gast hier im netten Ambiente eines alten Weinguts kredenzt - mit Gartenterrasse.

EISSLINGEN Baden-Württemberg siehe Rottweil.

EIZISAU Baden-Württemberg siehe Plochingen.

ELBRÜCK Nordrhein-Westfalen **417** K 9 – 24 500 Ew – Höhe 95 m.
  Berlin 432 – Düsseldorf 171 – Bielefeld 52 – Münster (Westfalen) 74 – Paderborn 16.

🏨 **Landgasthaus Waldkrug**, Graf-Sporck-Str. 34, ✉ 33129, ℰ (05250) 9 88 80, rezeption@waldkrug.de, Fax (05250) 988877, 😊, 🍴s, 🏊 – 🛗, ⚟ Zim, 📺 ✆ 🅿 – 🔔 250. ㏂ ✪ 𝑉𝐼𝑆𝐴. 🍽 Rest
Menu à la carte 17/33 – **49 Zim** ⇌ 67/86 – 96/138.
  ♦ Im englischen Stil hat man das Interieur des Landgasthauses gestaltet. Besonders stimmungsvoll nächtigt man in den Zimmern mit Naturholzmöbeln und Parkettfußboden. Im Stammhaus befindet sich das bürgerlich-gediegene Restaurant.

ELITZSCH Sachsen **418** L 21 – 27 000 Ew – Höhe 98 m.
  🛈 Tourist-Information, Im Schloß, ✉ 04509, ℰ (034202) 5 57 21, Fax (034202) 55722.
  Berlin 162 – Dresden 116 – Leipzig 23.

🏨 **Zum Weissen Ross** Ⓜ, Rossplatz 2, ✉ 04509, ℰ (034202) 79 90, zumweissenross @t-online.de, Fax (034202) 799444, 😊, 🍴s – 🛗, ⚟ Zim, 📺 ✆ ♿ ⇌ 🅿 – 🔔 120.
㏂ ✪ 𝑉𝐼𝑆𝐴
Menu à la carte 15/40 – **58 Zim** ⇌ 65 – 75.
  ♦ Schon seit dem Jahre 1525 existiert das Gasthaus an dieser Stelle. 1998 wurde es von Grund auf neu erbaut und erstrahlt nun in neuem Glanz und mit modernem Innenleben. Das leicht unterteilte Restaurant ist im vorderen Bereich rustikal gestaltet.

🏨 **Goldener Adler**, Hallesche Str. 13, ✉ 04509, ℰ (034202) 5 71 68, Fax (034202) 61033, 🍴s – 🛗, ⚟ Zim, 📺 ✆ ♿ 🅿 ⓘ ✪ 𝑉𝐼𝑆𝐴
Menu (geschl. Sonntag) à la carte 14/23 – **26 Zim** ⇌ 35/46 – 40/61.
  ♦ Umgeben von romantischen Gassen und historischen Gebäuden findet man diese solide, praktische Übernachtungsadresse. Einige der Zimmer haben eine Kochnische. Von einem Fensterplatz aus kann man beim Speisen das rege Treiben in der Altstadt beobachten.

🏨 **Akzent Hotel**, Grünstr. 43, ✉ 04509, ℰ (034202) 81 10, hotel.delitzsch@akzent.de, Fax (034202) 81199 – ⚟ Zim, 📺 ✆ 🅿 – 🔔 30. ㏂ ✪ 𝑉𝐼𝑆𝐴. 🍽 Rest
geschl. 23. Dez. - 2. Jan. – **Menu** (Restaurant nur für Hausgäste) – **28 Zim** ⇌ 46/63 – 63/85.
  ♦ Ein ehrwürdiger Ziegelsteinbau aus dem 19. Jh. wurde auf interessante Weise, durch einen Wintergarten, mit dem Hotelneubau verbunden. Zeitgemäße Zimmer mit modernen Bädern.

In Delitzsch-Schenkenberg Nord-West : 2,5 km :

🏨 **Schenkenberger Hof**, Hofegasse 3, ✉ 04509, ℰ (034202) 73 00, kontakt@ schenkenberger-hof.de, Fax (034202) 73073, 😊, 🏊, 🐎 – ⚟ Zim, 📺 🅿. 🍽 Rest
geschl. 22. - 27. Dez. – **Menu** (geschl. Sonntag) (nur Abendessen) (Restaurant nur für Hausgäste) – **27 Zim** ⇌ 50 – 56/61.
  ♦ Die Zimmer im renaturierten Scheunenbau sind mit wohnlichen Rattanmöbeln eingerichtet. Durch den netten, persönlichen Service fühlt man sich gut aufgehoben.

DELMENHORST Niedersachsen **415** G 9 – 80 000 Ew – Höhe 18 m.
  🏌 🏌 Hude, Lehmweg 1 (Nord-Ost : 17 km), ℰ (04408) 92 90 90.
  🛈 Verkehrsverein, im Rathaus, ✉ 27749, ℰ (04221) 99 22 99, Fax (04221) 992244.
  ADAC, Reinersweg 34.
  Berlin 403 – Hannover 136 – Bremen 17 – Oldenburg 37.

🏨 **Gut Hasport** garni, Hasporter Allee 220, ✉ 27755, ℰ (04221) 2 60 81, Fax (04221) 26084, 🏊, 🐎 – 📺 ⇌ 🅿. ✪ 𝑉𝐼𝑆𝐴. 🍽
17 Zim ⇌ 40 – 70.
  ♦ Idyllisch und ruhig liegt der Fachwerkbau am Ufer eines kleinen Sees, inmitten von Wald- und Heidelandschaft. Besonders gemütlich sind die Zimmer mit Dachschräge !

🏨 **Thomsen** (mit Gästehaus), Bremer Str. 186, ✉ 27751, ℰ (04221) 97 00, hotel.thomsen@t-online.de, Fax (04221) 70001, 🛌, 🍴s – 🛗 📺 ✆ 🅿 – 🔔 120. ㏂ ⓘ ✪ 𝑉𝐼𝑆𝐴
Menu (geschl. 26. Dez. - 2. Jan., Samstagmittag) à la carte 14/32 – **97 Zim** ⇌ 34/75 – 66/155.
  ♦ Seit 1951 wird hier Gastfreundschaft groß geschrieben. In den angenehm praktischen Zimmern findet der Reisende nach einem anstrengenden Tag Entspannung. Man bittet Sie in bürgerlichem Ambiente zu Tisch.

DELMENHORST

🏠 **Goldenstedt,** Urselstr. 18, ✉ 27751, ✆ (04221) 96 00, mail@hotel-goldenstedt.c
Fax (04221) 960100, 🍽 – ⇔ Zim, TV 📞 ⇔ P – 🛁 50. AE ① ◎ VISA ✖
Menu (nur Abendessen) à la carte 16/32 – **35 Zim** ⇌ 55 – 79.
 • Viel behagliches Holz hat man für die Ausstattung des Hotels verwendet. Für spor
begeisterte Besucher stehen 20 vollautomatische Bundeskegelbahnen zur Verfügung.
bürgerlicher Aufmachung zeigt sich das Restaurant.

DEMMIN Mecklenburg-Vorpommern **416** E 23 – 13 500 Ew – Höhe 10 m.
🛈 Stadtinformation, Am Bahnhof, ✉ 17109, ✆ (03998) 22 50 77, demmin@t-online.d
Fax (03998) 225077.
Berlin 190 – Schwerin 145 – *Neubrandenburg* 48 – *Rügen (Bergen)* 84 – Stralsund 4

🏠 **Am Stadtpark,** Kirchhofstraße 1, ✉ 17109, ✆ (03998) 36 23 68, Fax (03998) 36236
⇔ – TV. AE ◎ VISA
Menu à la carte 12/25 – **15 Zim** ⇌ 40/45 – 50/60.
 • Im Zentrum der alten Hansestadt befindet sich dieses kleinere Haus, in dem Urlauber w
auch Geschäftsreisende eine praktische und familiäre Unterkunft finden. Auf der Karte gib
es eine Vielzahl heimischer Fischarten.

Lesen Sie die Einleitung, sie ist der Schlüssel zu diesem Führer.

DENZLINGEN Baden-Württemberg **419** V 7 – 11 500 Ew – Höhe 235 m.
Berlin 802 – Stuttgart 203 – *Freiburg im Breisgau* 19 – Offenburg 61.

🏠 **Hirschen,** Hauptstr. 233, ✉ 79211, ✆ (07666) 22 43, seyferle.denzlingen@t-online.d
Fax (07666) 3078, 🍽 – TV ◎ ◎ VISA
Menu (geschl. Fastnacht 1 Woche, Mitte - Ende Aug., Montag) à la carte 17/34 – **23 Zim**
⇌ 30/35 – 60/70.
 • Der ältere, renovierte Gasthof beherbergt praktische, mit hellen Holzmöbeln eingericl
tete Zimmer - eine saubere und preiswerte Adresse für unterwegs. In rustikalem Umfel
bewirtet man Einkehrende mit bürgerlich zubereiteten Speisen.

XX **Rebstock-Stube** mit Zim, Hauptstr. 74, ✉ 79211, ✆ (07666) 90 09 90
Fax (07666) 7942, (Gasthof a.d. 14. Jh.) – TV P. AE ① ◎ VISA
Menu (geschl. 1. - 15. Aug., Sonntag - Montag) (Tischbestellung ratsam) à la carte 28,50/5
♀ – **10 Zim** ⇌ 35/45 – 65/75.
 • In den Mauern des ehrwürdigen Gasthofs werden schon seit dem 16. Jh. Gäst
bewirtet. Heute zaubert ein geschultes Küchenteam hier französische Speisen auf de
Teller.

In Vörstetten West : 3 km :

🏠 **Sonne,** Freiburger Str. 4, ✉ 79279, ✆ (07666) 23 26, sonnestahl@aol.com
Fax (07666) 8595, 🍽 – TV P. ◎ ✖ Rest
Menu (geschl. Montag, Samstagmittag) à la carte 15/33 – **10 Zim** ⇌ 35/38 – 42/58.
 • In diesem Gasthaus am Fuße des Hochschwarzwaldes wird seit 250 Jahren einfache
gepflegte Gastfreundschaft gelebt. Eine preisgünstige Station auf dem Weg in den Süder
Nette Stuben, ländlich-rustikal im Stil, dienen als Restaurant.

DERENBURG Sachsen-Anhalt **418** K 16 – 2 800 Ew – Höhe 180 m.
Berlin 220 – *Magdeburg* 66 – Göttingen 98 – Halle 102 – Nordhausen 52.

🏠 **Schloßvilla,** Schloßstr. 15, ✉ 38895, ✆ (039453) 67 80, info@schlossvilla-dere
burg.de, Fax (039453) 67850, 🍽 – TV P. – 🛁 20. AE ◎ VISA
Menu à la carte 15/22 – **15 Zim** ⇌ 52/61 – 77/92.
 • Erhaltene Elemente des Jugendstils und die moderne Ausstattung der Zimmer macher
die Schloßvilla zu einer attraktiven Herberge. Hübsch : der kleine Park. Eine alte dunkle
Täfelung und Holzbalken geben dem Restaurant eine rustikale Note.

DERMBACH Thüringen **418** N 14 – 3 800 Ew – Höhe 350 m.
Berlin 385 – Erfurt 107 – *Fulda* 46 – Bad Hersfeld 40.

🏠 **Rhönpaulus,** Bahnhofstr. 21 (B 285), ✉ 36466, ✆ (036964) 8 22 34, info@hotel
⇔ rhoenpaulus.de, Fax (036964) 7096, 🍽 – TV P. ◎ VISA
Menu à la carte 11,50/25 – **11 Zim** ⇌ 25/30 – 40/45.
 • Nach dem berühmten Räuber und Volkshelden ist das 1992 gegründete Landhote
benannt worden. Die Thüringer Rhön und den Thüringer Wald können Sie von hier aus gu
erkunden. Sie speisen in rustikal-gemütlichen Räumlichkeiten - im Sommer auch unter
freiem Himmel.

DERNBACH (KREIS SÜDLICHE WEINSTRASSE) Rheinland-Pfalz 417 419 S 8 – 460 Ew
– Höhe 190 m.
Berlin 671 – Mainz 112 – Mannheim 53 – Landau in der Pfalz 14.

Haus Dernbachtal ⑤ garni, Am Berg 3a, ⊠ 76857, ℰ (06345) 9 54 40, Fax (06345) 954444, 🍽 – ⇔ 📺 🅿 ⓒⓄ 🆅🅸🆂🅰
16 Zim ⚋ 50 – 72/76.
• An der südlichen Weinstraße liegt das Hotel mit Pensionscharakter. Die Übernachtungszimmer sind mit hellem Naturholz und einer warmen Kochnische ausgestattet.

Schneider, Hauptstr. 88, ⊠ 76857, ℰ (06345) 83 48, wpuengeler@t-online.de, Fax (06345) 954444 – 🅿 ⓒⓄ 🆅🅸🆂🅰 ⋇
geschl. Juli - Aug. 2 Wochen, Nov. 2 Wochen, Montag - Dienstag, Sept. - Okt. Montag –
Menu à la carte 20/39.
• Seit mehr als 100 Jahren ist dieser Gasthof im Familienbesitz. Das Ambiente ist ländlich-rustikal, der Service freundlich. Die Küche bietet Internationales und Regionales.

DERSAU Schleswig-Holstein 415 416 D 15 – 900 Ew – Höhe 40 m – Luftkurort.
🛈 Fremdenverkehrsverein, Dorfstr. 67, ⊠ 24326, ℰ (04526) 6 80, fvv.dersau@t-online.de, Fax (04526) 201.
Berlin 332 – Kiel 32 – Lübeck 70 – Hamburg 92.

Zur Mühle am See (mit Gästehäusern), Dorfstr. 47, ⊠ 24326, ℰ (04526) 30 50, jahn @dersau.net, Fax (04526) 305205, 🍽, 🛶, 🍽 – 📺 🛁 🅿 – 🔑 20. 🅰🅴 ⓄⒹ ⓒⓄ 🆅🅸🆂🅰 🅹🅲🅱
Menu (geschl. Nov.- Feb. Sonntagabend) à la carte 15/29 – **35 Zim** ⚋ 48/55 – 75/98 – ½ P 15.
• In der malerischen Landschaft der Holsteinischen Schweiz befindet sich dieses Hotel direkt am Plöner See. Das Rundfahrt-Schiff hat eine Anlegestelle vor dem Haus. In gepflegtem Ambiente reicht man eine gutbürgerliche Karte.

DESSAU Sachsen-Anhalt 418 K 20 – 81 000 Ew – Höhe 61 m.
Sehenswert : Bauhausbauten★★ AX – Schloß Mosigkau★ (Gartensaal★) über ④.
Ausflugsziel : Luisium★ über ② : 4 km – Wörlitz : Wörlitzer Park★★, Schloß Wörlitz★, Gotisches Haus★ (Schweizer Glasmalereien★) Ost : 13 km.
🛈 Tourist-Information, Zerbster Str. 2c (Rathaus), ⊠ 06844, ℰ (0340) 2 04 14 42, touristinfo@dessau.de, Fax (0340) 2041142.
ADAC, Antoinettenstr. 1.
Berlin 122 ② – Magdeburg 64 ① – Leipzig 74 ③ – Nordhausen 140 ③

Stadtpläne siehe nächste Seiten

Fürst Leopold Ⓜ, Friedensplatz, ⊠ 06844, ℰ (0340) 2 51 50, info@hotel-fuerst-leopold.de, Fax (0340) 2515177, 🍽, Massage, 🎿, ☎ – 🛗, ⇔ Zim, 🗏 📺 🔧 ⇔ –
🔑 160. 🅰🅴 ⓄⒹ ⓒⓄ 🆅🅸🆂🅰 🅹🅲🅱 ⋇ Rest   BX a
Menu à la carte 24/32 – **204 Zim** ⚋ 70/125 – 100/155.
• Klare Formen prägen die Bauhaus-Architektur dieses Hauses. Interessante Farbkombinationen und modernes Design machen die Zimmer zu einem attraktiven Quartier. Das Restaurant hat eine große Fensterfront und ein neuzeitliches Ambiente.

Astron Ⓜ, Zerbster Str. 29, ⊠ 06844, ℰ (0340) 2 51 40, dessau@astron-hotels.de, Fax (0340) 2514100, ☎ – 🛗, ⇔ Zim, 🗏 Rest, 📺 🔧 ⇔ 🅿 – 🔑 120. 🅰🅴 ⓄⒹ ⓒⓄ
Menu à la carte 19/33 – ⚋ 12 – **153 Zim** 61.   CX e
• Das neuzeitliche Business-Hotel ist abgestimmt auf die besonderen Bedürfnisse der Geschäftsreisenden. Doch auch Urlauber erkunden von hier aus die vielen Sehenswürdigkeiten. Bistroähnlich präsentiert sich das Restaurant.

An den 7 Säulen garni, Ebertallee 66, ⊠ 06846, ℰ (0340) 6 40 09 00, Fax (0340) 619622 – ⇔ 📺 🅿 🅰🅴 ⓄⒹ ⓒⓄ 🆅🅸🆂🅰 🅹🅲🅱   AX f
21 Zim ⚋ 47/60 – 62/74.
• Das kleinere, in einem Wohngebiet gelegene Haus zeichnet sich durch seine sehr gute Pflege und nette Führung aus. Der Frühstücksraum hat einen schönen Wintergartenanbau.

City-Pension garni, Ackerstr. 3a, ⊠ 06842, ℰ (0340) 8 82 30 76, city-pension-dessau@t-online.de, Fax (0340) 8825017, – 🛗 📺 ⇔ 🅰🅴 ⓒⓄ 🆅🅸🆂🅰 🅹🅲🅱
24 Zim ⚋ 41/49 – 59/64.   über ③ : 1,5 km
• In absoluter Zentrumsnähe situiert, bietet das Etagenhotel praktischen Komfort. Beim Frühstück kann man einen Blick auf das geschäftige Treiben vor dem Fenster werfen.

In Dessau-Ziebigk Nord-West : 1 km über Kornhausstrasse AX :

Pächterhaus, Kirchstr. 1, ⊠ 06846, ℰ (0340) 6 50 14 47, maedel@paechterhaus-dessau.de, Fax (0340) 6501448, 🍽 – 🅿 🅰🅴 ⓒⓄ 🆅🅸🆂🅰
geschl. Montag – **Menu** 20/27 à la carte 18/29.
• Mit viel Enthusiasmus wurde das halbverfallene Fachwerkhaus von 1743 in den jetzigen Zustand versetzt. In diesem ehrwürdigen Rahmen genießt man heute gute regionale Küche.

DESSAU

Akazienwäldchen	**BY**	2
Bertolt-Brecht-Straße	**CX**	3
Carl-Maria-von-Weber-Straße	**CX**	5
Eisenbahnstraße	**BY**	8
Erdmannsdorffstraße	**BY**	10
Ferdinand-von-Schill-Straße	**BCX**	12
Flössergasse	**CX**	14
Friedrich-Naumann-Straße	**CY**	15
Friedrich-Schneider-Straße	**CX**	16
Hausmannstraße	**BX**	18
Humboldtstraße	**CX**	20
Johannisstraße	**CX**	
Kleistraße	**BX**	21
Kornhausstraße	**AX**	23
Liebknechtstraße	**ABX**	25
Marktstraße	**CY**	26
Mendelssohnstraße	**CX**	28
Mozartstraße	**CX**	29
Richard-Wagner-Straße	**CX**	30
Schwabestraße	**BX**	32
Steinstraße	**CX**	33
Wallstraße	**CY**	34
Wörlitzer Straße	**CX**	37
Zerbster Straße	**CXY**	

Check-in:
Nicht schriftlich reservierte
Zimmer werden in
den meisten Hotels
nur bis 18 Uhr freigehalten.
Bei späterer Anreise ist daher
der ausdrückliche Hinweis
auf die Ankunftzeit
oder - besser noch - schriftliche
Zimmerreservierung ratsam.

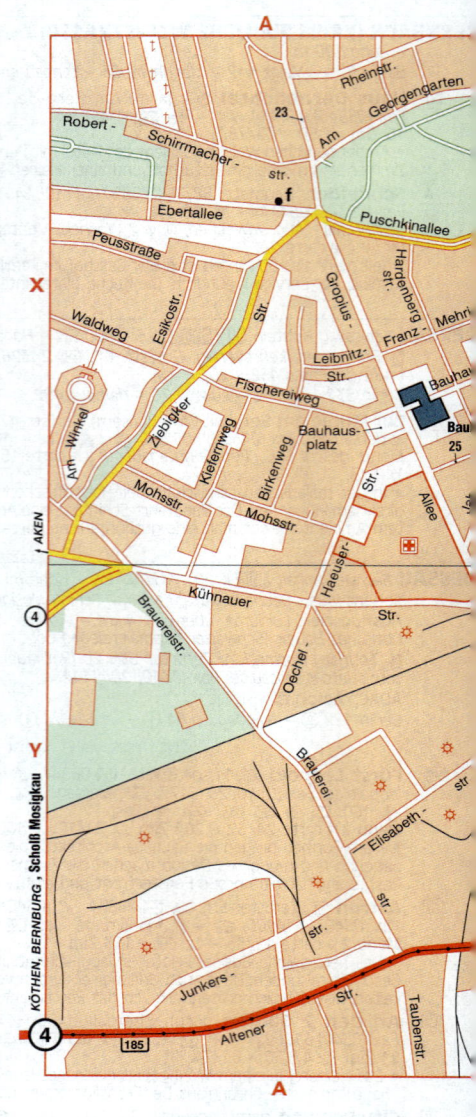

***Die im** Michelin-Führer*
verwendeten Zeichen und Symbole haben-
*dünn oder **fett** gedruckt, rot oder schwarz -*
jeweils eine andere Bedeutung.
Lesen Sie daher die Erklärungen aufmerksam durch.

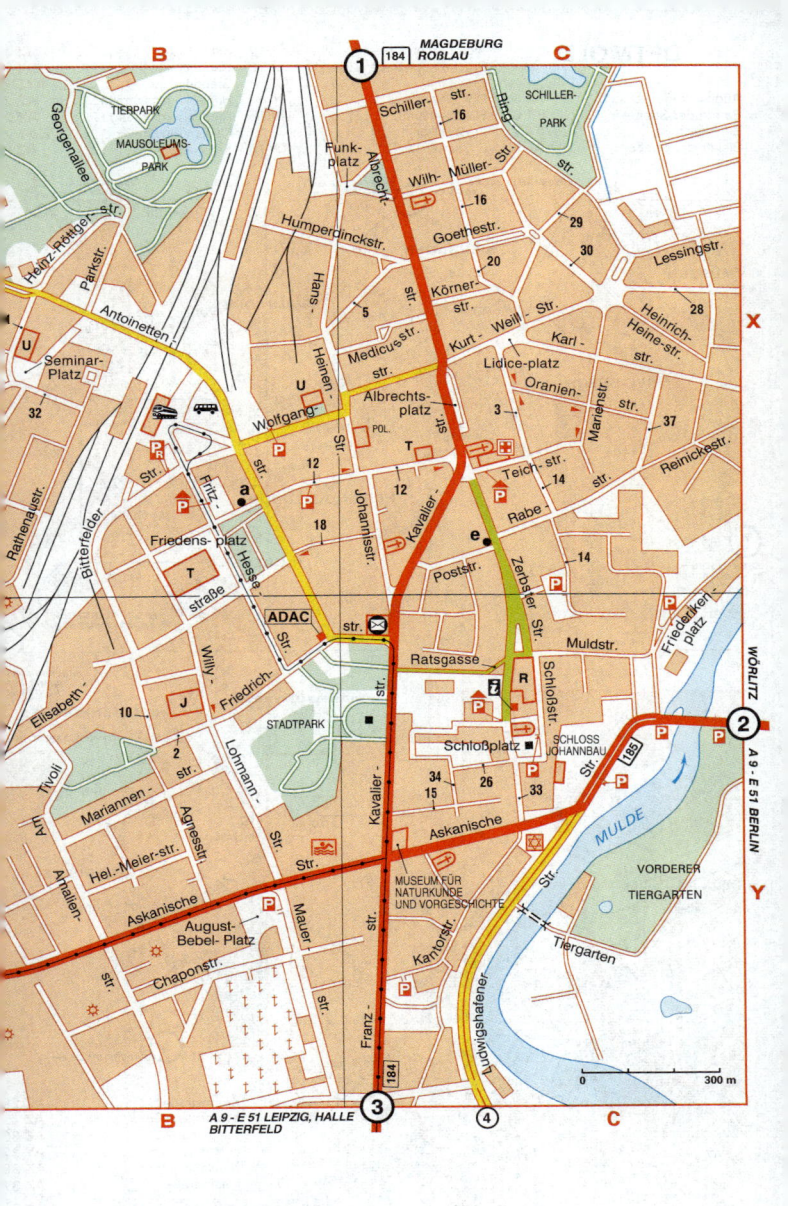

Schreiben Sie uns...
Ihre Meinung, sei es Lob oder Kritik, ist stets willkommen.
Jeder Ihrer Hinweise wird durch unsere Inspektoren sorgfältigst
in den betroffen Hotels und Restaurants überprüft. Dank
Ihrer Mithilfe wird Der Roten Michelin-Führer
immer aktueller und vollständiger.
Vielen Dank im voraus !

DETMOLD

Street	Ref
Auguststraße	AZ 4
Barntruper Straße	BX 6
Benekestraße	AZ 7
Bielefelder Straße	AZ 9
Blomberger Straße	AYZ 12
Bruchmauerstraße	AZ 13
Bruchstraße	AZ
Doktorweg	AY 14
Elisabethstraße	AY 15
Ernst-Hilker-Straße	BX 16
Exterstraße	AZ 1
Georgstraße	BX 1
Grabbestraße	AYZ 2
Hans-Hinrichs-Straße	AZ 2
Hindenburgstraße	AX 2
Kaiser-Wilhelm-Platz	AY 2
Karlstraße	AZ 2
Krohnstraße	AZ 29
Krummestraße	AZ
Lange Straße	AZ 30
Lortzingstraße	AY 32
Niewaldstraße	AX 35
Palaisstraße	AZ 37
Paulinenstraße	AYZ
Pivitsheider Straße	AX 38
Rosental	AZ 39
Schubertplatz	AZ 40
Schülerstraße	AZ 41
Seminarstraße	AZ 42
Sylbeckestraße	BX 43
Thedor-Heuss-Straße	AX 44
Wiesenstraße	AY 45
Wittekindstraße	BX 46

DETMOLD
Nordrhein-Westfalen **417** K 10 – 80 000 Ew – Höhe 134 m.

Sehenswert : Westfälisches Freilichtmuseum* BX.

Ausflugsziele : Externsteine* (Flachrelief** a.d. 12. Jh.), Süd : 11 km BY – Hermannsdenkmal* (※*) Süd-West : 6 km AY.

🛈 Tourist Information, Rathaus am Markt, ✉ 32754, ℰ (05231) 97 73 28, tourist.info@detmold.de, Fax (05231) 977447.

ADAC, Paulinenstr. 64.

Berlin 384 ③ – Düsseldorf 197 ⑤ – Bielefeld 27 ① – Hannover 95 ③ – Paderborn 27 ④

Stadtplan siehe gegenüberliegende Seite

Residenz Hotel M, Paulinenstr. 19, ✉ 32756, ℰ (05231) 93 70, info@residenz-detmold.bestwestern.de, Fax (05231) 937333, 😊, ⇔, ⌧ – 📞, 🕭 Zim, 📺 ☎ ⇔ – 🔒 80. 🖭 ⓞ ⓒ 𝗩𝗜𝗦𝗔. 🛇 Rest

AZ a

Menu à la carte 22/32 – ⊃ 12 – **83 Zim** 96/197 – 116/212.
• Allerhand zu bieten hat die komfortable ostwestfälische Stadt. Hier finden Sie eine komfortable Bleibe und einen idealen Ausgangspunkt für Exkursionen in die Umgebung. Neuzeitliches Hotelrestaurant mit internationaler Küche.

Detmolder Hof, Lange Str. 19, ✉ 32756, ℰ (05231) 9 91 20, detmolderhof@t-online.de, Fax (05231) 991299, 😊, (Steingiebelhaus a.d.J. 1560) – 📞 📺 ☎ – 🔒 25. 🖭 ⓞ ⓒ 𝗩𝗜𝗦𝗔

AZ v

Le Fonti (geschl. Sonntagabend - Montag) **Menu** à la carte 20/37 – **Schuster's Bistro : Menu** à la carte 16/25 – **39 Zim** ⊃ 78/97 – 118/120.
• Ein einmaliges Zeugnis der Weserrenaissance stellt das Gebäude dar, in dem dieses gastliche Haus untergebracht ist. Fragen Sie nach der Suite mit der Galerie ! Ein Weingut in der Toskana gab dem Le Fonti seinen Namen. Ein netter Treffpunkt : Schuster's Bistro.

Lippischer Hof garni, Willy-Brandt-Platz 1, ✉ 32756, ℰ (05231) 93 60, lippischerhof@t-online.de, Fax (05231) 24470 – 📞 📺 ☎ 🅿 – 🔒 40. 🖭 ⓞ ⓒ 𝗩𝗜𝗦𝗔

AZ n

27 Zim ⊃ 69/78 – 95/110.
• Einst ein fürstliches Kavalierhaus, liegt das interessante Bauwerk gegenüber der Altstadt. In großzügigen, ganz in Creme gehaltenen Zimmern spürt man stimmungsvolle Hotellerie.

Speisekeller im Rosental, Schloßplatz 7 (Stadthalle), ✉ 32756, ℰ (05231) 2 22 67, Fax (05231) 33756, 😊 – 🔒 100. 🖭 ⓒ 𝗩𝗜𝗦𝗔

AZ

geschl. Montag – **Menu** à la carte 25,50/40 ⓟ.
• Moderne Eleganz herrscht in dem einladenden Kellerlokal, wo helles Holz und schlichte Möbel ein stimmungsvolles Ambiente erzeugen. Hier überzeugt eine internationale Küche.

In Detmold-Heiligenkirchen :

Achilles, Paderborner Str. 87, ✉ 32760, ℰ (05231) 9 46 30, hotel-achilles@t-online.de, Fax (05231) 946355, 😊, ⇔ – 🕭 Zim, 📺 ⇔ 🅿 – 🔒 50. ⓒ 𝗩𝗜𝗦𝗔. 🛇 Zim BY g

geschl. 1. - 7. Jan. – **Menu** (geschl. Sonntagabend - Montagmittag) à la carte 15/29 – **23 Zim** ⊃ 35/46 – 61/76.
• Auf geschichtsträchtigem Boden, ganz in der Nähe des Hermanns-Denkmals können Sie in ein behagliches, familiär geleitetes Hotel einkehren. Hübscher Wintergarten ! Das Motto des Restaurants : "Ob Deftiges oder Süßes, hier schmeckt es wie bei Muttern".

In Detmold-Pivitsheide :

Forellenhof ⊗, Gebr.-Meyer-Str. 50, ✉ 32758, ℰ (05232) 9 85 00, hotel-forellenhof@t-online.de, Fax (05232) 985040, 😊 – 🕭 📺 ☎ 🅿 🖭 ⓞ ⓒ 𝗩𝗜𝗦𝗔. 🛇 AX b

Menu (nur Abendessen) (Restaurant nur für Hausgäste) – **12 Zim** ⊃ 49/55 – 70/76.
• Einige der Zimmer dieses Hotels mit Pensionscharakter haben einen direkten Zugang zum parkähnlichen, schönen Garten. Angler können hier ihrem Hobby nachgehen.

DETTELBACH
Bayern **419 420** Q 14 – 4 300 Ew – Höhe 189 m.

Sehenswert : Wallfahrtskirche (Kanzel*, Renaissance-Portal*).

🏌 Mainsondheim, Schloßweg 1, ℰ (09324) 46 56.

Berlin 483 – München 264 – Würzburg 22 – Bamberg 61 – Nürnberg 93.

Grüner Baum, Falterstr. 2, ✉ 97337, ℰ (09324) 9 72 30, gruenerbaum@dettelbach.de, Fax (09324) 972333, 😊 – 📺 ⇔. 🖭 ⓒ 𝗩𝗜𝗦𝗔 𝗝𝗖𝗕

geschl. 24. Dez. - 15. Jan., 23. Juni - 15. Juli – **Menu** (geschl. Sonntagabend - Montagmittag) à la carte 12,50/26,50 – **19 Zim** ⊃ 39/42 – 52/61.
• In dem Altfränkischen Gasthof herrscht urige Gemütlichkeit. Die Gästezimmer sind schlicht, doch mit allem notwendigen Komfort ausgestattet, besonders die im zweiten Stock. Sie speisen in einer mit dunklem Holz behaglich eingerichteten Stube.

Himmelstoss, Bamberger Str. 3, ✉ 97337, ℰ (09324) 47 76, kuffer-herbert@t-online.de, Fax (09324) 4969, 😊 – ⓒ 𝗩𝗜𝗦𝗔. 🛇

geschl. über Fasching 2 Wochen, Aug. 3 Wochen, Montag - Dienstag – **Menu** à la carte 28,50/41 ⓟ.
• In dem aus dem 17. Jh. stammenden Winzerhaus mit Innenhofterrasse überrascht Sie der Küchenchef mit überbordender Kreativität. Wein aus eigenem Anbau.

DETTINGEN AN DER ERMS Baden-Württemberg 419 U 12 – 8000 Ew – Höhe 398 m.
Berlin 678 – Stuttgart 39 – Reutlingen 13 – Ulm (Donau) 61.

🏠 **Rößle**, Uracher Str. 30, ✉ 72581, ℰ (07123) 9 78 00, info@hotel-metzgerei-roessle.de
Fax (07123) 978010, 🍴 – 🛏 Zim, 📺 📞 – 🔒 30. ⓘ 🆗 🆅🆂🅰 ⚙ Rest
Menu (geschl. Montag) à la carte 17/43 – **22 Zim** 🛏 34/60 – 68/90.
♦ Aus einem Altbau im Fachwerkstil und einem modernen Anbau besteht das Traditionshotel am Tor zur Schwäbischen Alb. Besonders freundlich wirken die hellen Zimmer im Neubau. Produkte aus der eigenen Metzgerei bereichern das Angebot des Restaurants.

DETTINGEN UNTER TECK Baden-Württemberg 419 U 12 – 5200 Ew – Höhe 385 m.
Berlin 624 – Stuttgart 42 – Reutlingen 34 – Ulm (Donau) 57.

🏠 **Rößle** garni, Austr. 32, ✉ 73265, ℰ (07021) 9 84 90, hotel-roessle@t-online.de
Fax (07021) 9849150 – 🛗 📺 📞 ⇌ 📞 🔒 🆂🅰 🆅🆂🅰
geschl. 24. Dez. - 6. Jan., 18. - 21. April – **48 Zim** 🛏 42/44 – 57/60.
♦ Nur 15 Autominuten vom Stuttgarter Flughafen entfernt, bietet diese nette Herberge mit ihrem guten Preis-Leistungsverhältnis eine echte Alternative zur großstädtischen Hektik.

🏠 **Teckblick**, Teckstr. 44, ✉ 73265, ℰ (07021) 8 30 48, Fax (07021) 53024, 🍴 – 🛗 📺
📞 – 🔒 30. 🆠🅴 ⓘ 🆗 🆅🆂🅰 ⚙
geschl. 1. - 13. Jan., 20. Mai - 2. Juni – **Menu** (geschl. Sonntagabend) à la carte 14/30
24 Zim 🛏 40 – 55.
♦ Funktionalität und ausreichenden Komfort haben die Übernachtungszimmer dieser netten Adresse zu bieten - die auf der Rückseite des Hauses blicken auf die Schwäbische Alb. In bürgerlichem Ambiente bekocht Sie der Chef persönlich.

DEUDESFELD Rheinland-Pfalz 407 P 4 – 500 Ew – Höhe 450 m – Erholungsort.
Berlin 686 – Mainz 181 – Trier 57 – Bitburg 26 – Bonn 107.

🏠 **Zur Post**, Hauptstr. 8, ✉ 54570, ℰ (06599) 8 66, info@hotelzurpost.de
Fax (06599) 1304, 🍴, ⚡, 🏊 – 📺 📞 🆗 🆅🆂🅰 ⚙ Rest
Menu (geschl. Nov., Dez. - März Donnerstag) à la carte 11/21,50 – **27 Zim** 🛏 29/47 - 52/58.
♦ Eingebettet in die Landschaft der Vulkaneifel ist der Landgasthof mit der schönen Außenanlage. Fragen Sie nach den renovierten Zimmern mit den hellen Kirschbaummöbeln! Das Restaurant ist rustikal eingerichtet und mit viel Holz dekoriert.

DEUERLING Bayern 420 S 19 – 1900 Ew – Höhe 340 m.
Berlin 507 – München 133 – Regensburg 19 – Nürnberg 93.

In Deuerling-Steinerbrückl Süd-Ost : 1,5 km in Richtung Undorf :

✕✕ **Landgasthof Steinerbrückl**, Undorfer Str. 25, ✉ 93180, ℰ (09404) 96 20 20,
Fax (09404) 962022, Biergarten – 📞
geschl. Juli 1 Woche, Okt. 2 Wochen, Montag - Dienstag – **Menu** (wochentags nur Abendessen) à la carte 17/30.
♦ Dieses rustikale Landhaus liegt etwas außerhalb und erfreut seine Gäste mit einer ländlichen Einrichtung und einer abwechslungsreichen internationalen Küche.

DEUTSCH-EVERN Niedersachsen siehe Lüneburg.

DEUTSCHE ALPENSTRASSE Bayern 419 420 X 13 bis X 22.
Sehenswert : Panoramastraße*** von Lindau bis Berchtesgaden (Details siehe unter den erwähnten Orten entlang der Strecke).

DIEBLICH Rheinland-Pfalz 407 P 6 – 2200 Ew – Höhe 65 m.
Berlin 616 – Mainz 96 – Koblenz 15 – Cochem 39.

🏠 **Pistono**, Hauptstr. 30, ✉ 56332, ℰ (02607) 2 18, pistono@gmx.de, Fax (02607) 1039
🍴, ⇌, 🏊, ⚡ – 🛗 📺 ⇌ 📞 – 🔒 80. 🆗 ⚙
Menu (geschl. Nov. - März Montag) à la carte 17/33 – **93 Zim** 🛏 42/50 – 75/80.
♦ Auch auf größere Gruppen ist man im Ortskern des Moselstädtchens gut vorbereitet. Zimmer sind teils mit rustikalen Eichenmöbeln, teils mit hellen Landhausmöbeln eingerichtet. Ein Weinprobierkeller ergänzt das ländlich-rustikale Restaurant.

✕✕ **Halferschenke** mit Zim, Hauptstr. 63, ✉ 56332, ℰ (02607) 10 08, info@halferschenke.de, Fax (02607) 960294, 🍴 – 📺 🆠🅴 🆗 🆅🆂🅰
geschl. 20. - 31. Sept. – **Menu** (geschl. Montag) (wochentags nur Abendessen)
à la carte 29/37 – **4 Zim** 🛏 45/55 – 65/80.
♦ Liebevoll restauriertes, moseltypisches Bruchsteinhaus a. d. Jahr 1832. Das Ambiente ist recht gemütlich, nettes Dekor, der Service arbeitet aufmerksam. Internationale Karte.

DIEBURG Hessen 417 Q 10 – 15 000 Ew – Höhe 144 m.
Berlin 558 – Wiesbaden 61 – Frankfurt am Main 41 – Darmstadt 16 – Aschaffenburg 28.

🏨 **Mainzer Hof** garni, Markt 22, ✉ 64807, ℰ (06071) 2 50 95, info@mainzer-hof.de, Fax (06071) 25090 – 📺 ✆ 🅿 – 🛎 20. 🆎 ⓞ ⓜⓔ VISA JCB
geschl. Weihnachten - Anfang Jan. – **34 Zim** ⊇ 52/64 – 74/90.
♦ Der Mainzer Hof stammt aus Kurmainzer Zeit. Trotz vieler Umbauten ist er in seiner historischen Form erhalten. Individuelle Zimmer sind mit zeitgemäßem Komfort eingerichtet.

DIEKHOLZEN Niedersachsen siehe Hildesheim.

DIELHEIM Baden-Württemberg 417 419 S 10 – 7 600 Ew – Höhe 130 m.
Berlin 635 – Stuttgart 102 – Mannheim 40 – Heidelberg 25 – Heilbronn 50 – Karlsruhe 48.

In Dielheim-Horrenberg Ost : 3,5 km :

🍴 **Zum wilden Mann**, Burgweg 1, ✉ 69234, ℰ (06222) 7 10 53, restaurant@wilder-mann-horrenberg.de, Fax (06222) 73171, 🌳 – 🅿. ⓜⓔ VISA
geschl. über Fasching 1 Woche, Dienstag – **Menu** à la carte 16/32.
♦ Ob Wildgerichte, frischer Fisch oder ausgesuchte Fleisch-und Geflügelspezialitäten, das breitgefächerte, französisch angehauchte Angebot läßt kaum Wünsche offen.

DIEMELSTADT Hessen 417 L 10 – 6 300 Ew – Höhe 280 m.
🛈 Städt. Verkehrsamt, Ramser Str. 6 (Wrexen), ✉ 34474, ℰ (05642) 84 34, info@diemelstadt.de, Fax (05694) 979826.
Berlin 437 – Wiesbaden 218 – Kassel 53 – Dortmund 126 – Paderborn 38.

In Diemelstadt-Rhoden :

🏨 **Montana**, Zum Jungfernborn 1 (B 252), ✉ 34474, ℰ (05694) 9 79 70, hotel montana@t-online.de, Fax (05694) 979797 – 🛏 Zim, 📺 ✆ 🅿 – 🛎 20. ⓜⓔ VISA JCB
🍴 Rest
Menu (nur Abendessen) à la carte 15/19 – **35 Zim** ⊇ 50/64 – 70.
♦ Ganz auf die Bedürfnisse Durchreisender zugeschnitten ist dieses funktionelle und durchaus nicht ungemütliche Hotel. Ein 24-Stunden-Schlüsselservice garantiert Unabhängigkeit. Nettes, schlichtes Restaurant.

DIERDORF Rheinland-Pfalz 417 O 6 – 4 400 Ew – Höhe 240 m.
Berlin 584 – Mainz 106 – Koblenz 48 – Bonn 60 – Limburg an der Lahn 47 – Köln 77.

🏨 **Waldhotel** ⌂, nahe der B 413, ✉ 56269, ℰ (02689) 20 88, waldhotel@t-online.de, Fax (02689) 7881, ≤, ≋ (geheizt), 🌳 – 📺 🚗 🅿.
Menu (geschl. Montag) à la carte 13,50/29 – **17 Zim** ⊇ 36 – 54.
♦ Am Rand des Westerwaldes liegt dieser Flachdachbau inmitten der unverbauten Naturlandschaft. Schachbegeisterte können ihrer Leidenschaft hier unter freiem Himmel nachgehen. Das ländlich gestaltete Restaurant ermöglicht einen Blick auf die waldreiche Umgebung.

In Großmaischeid Süd-West : 6 km :

🏨 **Tannenhof** ⌂, Stebacher Str. 64, ✉ 56276, ℰ (02689) 60 41, Fax (02689) 5513, 🌳, 🌲, 🍴 – 🛏 Rest, 📺 ✆ 🅿 – 🛎 45. 🆎 ⓞ ⓜⓔ VISA
Menu à la carte 14/25 – **21 Zim** ⊇ 42 – 75/80 – ½ P 10.
♦ Für Freizeitvergnügen aller Art ist hier bestens gesorgt : Baden im nahen Waldsee, ein Tennismatch oder eine zünftige Grillparty. Zimmer alle mit neuzeitlichem Komfort. Die ortsansässige Landwirtschaft und der Metzger von nebenan bereichern die Küche.

In Isenburg Süd-West : 11 km :

🏨 **Haus Maria** ⌂, Caaner Str. 6, ✉ 56271, ℰ (02601) 29 80, Fax (02601) 2964, 🌳, 🍴 – 📺 🚗 🅿 – 🛎 20. ⓞ ⓜⓔ VISA
geschl. Jan. 2 Wochen – **Menu** (geschl. Montagmittag) à la carte 16/35 – **12 Zim** ⊇ 36 – 64.
♦ Größtenteils mit Kiefernmobiliar sind die Zimmer in dieser gastfreundlichen Herberge ausgestattet. Auf angenehm naturbelassenem Terrain erlebt man hier wohltuende Ruhe. Das Restaurant ist zeitgemäß gestaltet und besitzt eine große Fensterfront.

DIERHAGEN Mecklenburg-Vorpommern 416 D 21 – 1500 Ew – Seebad.
ℹ Kurverwaltung, Ernst-Moritz-Arndt-Str. 2, (Strand), ✉ 18347, ℘ (038226) 2 01
Fax (038226) 80466.
Berlin 248 – Schwerin 122 – Rostock 35 – Stralsund 57.

In Dierhagen-Dorf :

🏨 **Werth's Hof** ⚜, Neue Str. 6, ✉ 18347, ℘ (038226) 50 80, Fax (038226) 50840, 🍽
– ⇔ Zim, 📺 🅿. 🆗 ⚜
Menu (geschl. 15. Jan. - 15. Feb., Mittwochmittag) à la carte 14/21 – **19 Zim** ⊃ 41/4●
– 67 – ½ P 10.
♦ Die modernen Übernachtungszimmer sind im neuerbauten Gästehaus unter
gebracht. Zum Baden und Wassersport treiben laden die Ostsee und der Bodden ein
Das Restaurant ist in einem restaurierten niedersächsischen Hallenhaus a.d.J. 1850 unter
gebracht.

In Dierhagen-Strand West : 2 km :

🏨 **Strandhotel Fischland** M ⚜, Ernst-Moritz-Arndt-Str. 6, ✉ 18347, ℘ (038226●
5 20, mail@strandhotel-fischland.de, Fax (038226) 52999, ≤, 🍽, Massage, 𝄋, ≋, 🅂
🍽, ⚜ (Halle) – 📱 📺 ✆ 🅿 – 🔑 80. 🆎 🆗 🆅🆂🅰. ⚜ Rest
Menu à la carte 24,50/44 – **74 Zim** ⊃ 125/135 – 150/205, 8 Suiten – ½ P 21.
♦ Der weitläufige Hotelkomplex befindet sich in einem Kiefernwäldchen am Meer. Moderne
Landhausstil und große Fenster charakterisieren die Zimmer. Seeblick ab der 3. Etage
Stilvoll ist der Rahmen im Restaurant des Strandhotels.

In Dierhagen-Ost Nord : 1,5 km :

🏨 **Blinkfüer,** An der Schwedenschanze 20 (Nord : 1,5 km), ✉ 18347, ℘ (038226) 8 03 84
hotel-blinkfueer@t-online.de, Fax (038226) 80392, 🍽, 𝄋, ≋, 🍽 – ⇔ 📺 ⇌ 🅿 –
🔑 55. 🆗 🆅🆂🅰. ⚜ Rest
Menu à la carte 22/35,50 – **28 Zim** ⊃ 80 – 95/105, 5 Suiten – ½ P 18.
♦ In einer schönen Gartenanlage, zwischen Bodden und Meer, liegt dieses gediegene
Refugium. Erholungsuchende finden ansprechende Komfortzimmer und zweige
schossige Maisonetten. Teil des Restaurants ist ein schöner Wintergarten für
Nichtraucher.

DIESSEN AM AMMERSEE Bayern 419 420 W 17 – 9800 Ew – Höhe 536 m – Luftkurort
Sehenswert : Marienmünster★ – Ammersee★.
ℹ Verkehrsamt, Mühlstr. 4a, ✉ 86911, ℘ (08807) 10 48, Fax (08807) 4459.
Berlin 635 – München 55 – Garmisch-Partenkirchen 62 – Landsberg am Lech 22.

🏨 **Strand-Hotel** ⚜ garni, Jahnstr. 10, ✉ 86911, ℘ (08807) 9 22 20, strandhotel
diessen@t-online.de, Fax (08807) 8958, ≤, ≋, 🍽 – ⇔ 📺 🅿. 🆎 🅞 🆅🆂🅰
geschl. 30. Nov. - 25. Dez., 1. Jan. - 15. Feb. – **18 Zim** ⊃ 52/69 – 84/130.
♦ Sämtliche Erdgeschoßzimmer verfügen über eine eigene Terrasse und einen kleiner
Garten mit Komfort-Liegen. Die idyllische Lage verführt dazu, den Alltag ganz zu
vergessen. Sie speisen im kürzlich renovierten rustikalen Restaurant oder auf der
Seeterrasse.

In Diessen-Riederau Nord : 4 km :

🍽🍽 **Seehaus,** Seeweg 22, ✉ 86911, ℘ (08807) 73 00, info@seehaus.de, Fax (08807) 6810
≤ Ammersee, 🍽 Bootssteg – 🅿
Menu à la carte 25/38.
♦ Am malerischen Westufer des Sees kuschelt sich das Haus an die umstehenden knorriger
Weiden. Besonders schön : Die Terrasse und der Ausblick auf den See.

DIETENHOFEN Bayern 419 420 R 16 – 5200 Ew – Höhe 356 m.
Berlin 473 – München 201 – Nürnberg 37 – Ansbach 17.

🏨 **Moosmühle** ⚜, Mühlstr. 12, ✉ 90599, ℘ (09824) 95 90, Fax (09824) 95959, 🍽, ≋
⚜ (Halle) – 📱, ⇔ Zim, 📺 ✆ 🅿 – 🔑 35. 🅞 🆗 🆅🆂🅰. ⚜ Zim
Menu (geschl. Sonntagabend) à la carte 18/30 – **29 Zim** ⊃ 46/59 – 72/82.
♦ Gemütlich hat man die Gästezimmer mit hellem Holz im Landhausstil eingerichtet. Wer
die Romantik liebt, träumt unter dem Baldachin im Himmelbett des Hochzeitszimmers.
Unterteiltes Restaurant im rustikalen Stil.

DIETERSHEIM Bayern siehe Neustadt an der Aisch.

DIETFURT AN DER ALTMÜHL Bayern 419 420 S 18 – 6 100 Ew – Höhe 365 m – Erholungsort.

♂ Tourismusbüro, Rathaus, Hauptstr. 26, ✉ 92345, ✆ (08464) 64 00 19, touristik@dietfurt.de, Fax (08464) 640035.
Berlin 496 – München 126 – Regensburg 67 – Nürnberg 82 – Ingolstadt 44.

Zur Post, Hauptstr. 25, ✉ 92345, ✆ (08464) 3 21, info@zur-post-dietfurt.de, Fax (08464) 9126, Biergarten, ☼ – 🆃🆅 🅿 🅰🅴 🅾 🅼🅾 🆅🅸🆂🅰
geschl. Nov. 3 Wochen – **Menu** (geschl. ausser Saison Dienstag) à la carte 12/18 – **28 Zim** ⊃ 27 – 48.
♦ Noch bis 1910 war die örtliche Postkutschenstation im Gasthof untergebracht. Auch heute finden müde Reisende hier freundliche Aufnahme und ein weiches Bett. Das Restaurant ist eine schlichte ländliche Gaststube.

DIETMANNSRIED Bayern 419 420 W 14 – 5 900 Ew – Höhe 682 m.

Berlin 684 – München 112 – Kempten (Allgäu) 14 – Augsburg 90 – Memmingen 25.

In Dietmannsried-Probstried Nord-Ost : 4 km :

Landhaus Henze mit Zim, Wohlmuter Weg 2, ✉ 87463, ✆ (08374) 5 83 20, pia@landhaus-henze.de, Fax (08374) 583222, 🈷 – 🆃🆅 🅲 ⇔ 🅿 🅼🅾 🆅🅸🆂🅰, ⚜ Rest
Menu (geschl. 7. - 12. Jan., Donnerstag) (nur Abendessen) (Tischbestellung erforderlich) 42/66 und à la carte ♀ – **9 Zim** ⊃ 45/77 – 80/125.
♦ Geniessen in kultiviert-eleganter Atmosphäre! Die drei Stuben sind geschmackvoll im rustikal-eleganten Stil eingerichtet. Freundlicher Service, gute internationale Küche.
Spez. Spanferkelsülze mit Gänseleber und gebratenen Pfifferlingen (Sommer). Weißer Heilbutt und Lachs mit rahmigen Artischocken und Balsamicosauce. Erdbeer-Joghurttörtchen mit Tonkabohneneis und Mandelgebäck.

DIETZENBACH Hessen 417 P 10 – 31 000 Ew – Höhe 170 m.

Berlin 556 – Wiesbaden 47 – Frankfurt am Main 17 – Darmstadt 33 – Aschaffenburg 30.

Sonnenhof, Otto-Hahn-Str. 7 (Ost : 2 km, im Gewerbegebiet), ✉ 63128, ✆ (06074) 48 90, sonnenhof.dietzenbach@t-online.de, Fax (06074) 489333, 🈷 – 📶, ↔ Zim, 🆃🆅 🅿 – 🛎 25. 🅰🅴 🅾 🅼🅾 🆅🅸🆂🅰
Menu à la carte 17/39 – **70 Zim** ⊃ 85/100 – 116/125.
♦ Die hellen, mit Naturholz praktisch eingerichteten Zimmer, die auch auf Messebesucher zugeschnitten sind, verfügen teilweise über Balkone. Ein freundliches Team bedient Sie im modernen Restaurant.

Alte Schmiede Restaurant Piemontese, Rathenaustr. 7, ✉ 63128, ✆ (06074) 4 27 45, Fax (06074) 481257, 🈷 – 🅿
geschl. Juli - Aug. 3 Wochen, Samstagmittag, Montag – **Menu** (italienische Küche) à la carte 24/39.
♦ Ein Hauch von Süden umfängt Sie in den renovierten, im mediterranen Stil eingerichteten Räumen. Dazu verwöhnt man Sie mit Spezialitäten aus der Provinz Piemont.

DIEZ/LAHN Rheinland-Pfalz 417 O 8 – 11 000 Ew – Höhe 119 m.

♂ Tourist-Information, Wilhelmstr. 63, (Rathaus) ✉ 65582, ✆ (06432) 50 12 75, Fax (06432) 921871.
Berlin 554 – Mainz 54 – Koblenz 51 – Limburg an der Lahn 4,5.

Wilhelm von Nassau, Weiherstr. 38, ✉ 65582, ✆ (06432) 10 14, hotel-wilhelm-von-nassau@t-online.de, Fax (06432) 1447, 🈷, ≈s, 🏊 – 📶, ↔ Zim, 🆃🆅 🅲 🅿 – 🛎 40. 🅰🅴 🅾 🅼🅾 🆅🅸🆂🅰
Menu à la carte 17/32 – **37 Zim** ⊃ 62/70 – 83/93.
♦ Als idealer Ausgangspunkt für Ausflüge in das reizvolle Lahntal bietet sich dieses Haus an. Radtouren, Kanufahrten oder Stadtführungen organisiert man gerne für Sie! In schlichtem Ambiente serviert man bürgerliche Speisen.

DILLENBURG Hessen 417 N 8 – 25 200 Ew – Höhe 220 m.

🏌 Dillenburg, Auf dem Altscheid (Süd : 5 km), ✆ (02771) 50 01.
♂ Tourist-Info, Hauptstr. 19, ✉ 35683, ✆ (02771) 8 02 10, Fax (02771) 802121.
Berlin 541 – Wiesbaden 127 – Siegen 78 – Gießen 47 – Marburg 52.

Bartmann's Haus, Untertor 3, ✉ 35683, ✆ (02771) 78 51, Fax (02771) 912752. 🅰🅴 🅾 🅼🅾 🆅🅸🆂🅰
geschl. Juli - Aug. 2 Wochen, Samstagmittag, Sonntagabend - Montag - **Menu** à la carte 22/38.
♦ Das restaurierte Fachwerkhaus beherbergt ein ländlich elegantes Restaurant, in dem man sich von freundlichem Service und solider Küchenleistung verwöhnen lassen kann.

DILLENBURG

In Dillenburg-Eibach *Ost : 2,5 km :*

🏠 **Kanzelstein** 🥩, Fasanenweg 2, ✉ 35689, ℰ (02771) 58 36, Fax (02771) 24831, 🌳 – 📺 🅿 – 🔔 15. 🎴 VISA
Menu *(wochentags nur Abendessen)* à la carte 17/26 – **21 Zim** 🛏 46 – 64.
♦ Naturfreunde werden von der waldreichen Umgebung mit ihren vielen Wanderwegen begeistert sein. Fragen Sie nach den Doppelzimmern im Dachgeschoß, sie sind komfortabler!

Benutzen Sie den Hotelführer des laufenden Jahres

DILLINGEN AN DER DONAU *Bayern* 419 420 *U 15 – 17 000 Ew – Höhe 434 m.*

🛈 *Fremdenverkehrsamt im Rathaus, Königstr. 37, ✉ 89407, ℰ (09071) 5 41 95 Fax (09071) 54199.*
Berlin 545 – München 108 – Augsburg 51 – Nürnberg 121 – Ulm (Donau) 53.

🏠 **Convikt** 🥩, Konviktstr. 9, ✉ 89407, ℰ (09071) 7 91 30, *convikt@dillingen.de* Fax (09071) 791313, 🌳 – 🔔 📺 VISA JCB
Menu *(geschl. Okt. - März Sonn- und Feiertage abends)* à la carte 16/31 – **40 Zim** 🛏 55/6′ – 69/85.
♦ Tradition und Moderne reichen sich die Hand in der ehemaligen Brauerei im Herzen der Altstadt. Geräumige, helle Zimmer mit komfortablen Betten versprechen erholsamen Schlaf. Neben dem unterteilten Restaurant lädt der Brunnenhof zum Verweilen im Freien ein.

🏠 **Dillinger Hof**, Rudolf-Diesel-Str. 8 (B 16), ✉ 89407, ℰ (09071) 5 87 40 (Hotel) 86 71 (Rest.), *info@dillingerhof.de*, Fax (09071) 8323, 🌳, 🎣, 🛆 – ⚥ Zim, 📺 🛏 🅿 – 🔔 40. 🕮 🎴 VISA
geschl. 23. Dez. - 7. Jan. – **Menu** à la carte 16/29 – **49 Zim** 🛏 47/50 – 67/72.
♦ Ein neuzeitliches Hotel mit großzügigem Frühstücks- und Aufenthaltsbereich. Die Zimmer, zum Teil mit Dachschrägen und dreieckigen Fenstern, vermitteln Geborgenheit. Das Restaurant im Erdgeschoß bietet eine Mischung aus deutscher und italienischer Küche.

In Dillingen-Fristingen *Süd-Ost : 6 km :*

XX **Storchennest**, Demleitnerstr. 6, ✉ 89407, ℰ (09071) 45 69, *restaurant-storchennest@t-online.de*, Fax (09071) 6180, 🌳 – 🅿. 🕮 🎴 VISA. 🛠
geschl. Montag - Dienstag – **Menu** à la carte 28/42.
♦ Auf dem Dach ist tatsächlich ein Storchennest! Das Ambiente ist gemütlich und beim Genießen der Saisonküche merkt man, daß man es mit einem geschulten Küchenteam zu tun hat.

DILLINGEN/SAAR *Saarland* 417 *R 4 – 21 600 Ew – Höhe 182 m.*

Berlin 730 – Saarbrücken 33 – Saarlouis 5 – Trier 62.

🏠 **Saarland-Hotel König**, Göbenstr. 1, ✉ 66763, ℰ (06831) 90 50, Fax (06831) 905123 – 📺 🅿 – 🔔 40. 🕮 🎴 VISA
Menu *(geschl. Anfang Jan. 1 Woche, Sonntagabend - Montagmittag, Samstagmittag)*, à la carte 21/41 – **26 Zim** 🛏 45/58 – 75/85.
♦ Solide Holzmöbel und ein ausreichendes Platzangebot verbunden mit neuzeitlichem technischen Komfort garantieren Geschäftsreisenden und Urlaubern einen angenehmen Aufenthalt. Zum Speisen nehmen Sie an ansprechend eingedeckten Tischen Platz.

🏠 **Meilchen** garni, Hüttenwerkstr. 31, ✉ 66763, ℰ (06831) 9 09 82 00, *info@hotel-meilchen.de*, Fax (06831) 9098250 – ⚥ ✲ 📺. 🕮 🎴 VISA
geschl. 20. Dez. - 3. Jan. – **23 Zim** 🛏 46/49 – 62/67.
♦ Auf drei Etagen verteilen sich die Gästezimmer dieses Stadthauses. Für die Einrichtung hat man zeitloses Schlafzimmermobiliar in Naturhölzern gewählt.

In Dillingen-Diefflen *Nord-Ost : 3,5 km :*

🏠🏠 **Bawelsberger Hof**, Dillinger Str. 5a, ✉ 66763, ℰ (06831) 76 99 90, *info@bawelsbergerhof.de*, Fax (06831) 7699976, Biergarten, 🛏 – ⚥, ✲ Zim, 📺 🅿 – 🔔 70. 🕮 🎴 🎴 VISA
Casa Pepe *(spanische Küche)* *(geschl. Sonntag)* *(nur Abendessen)* **Menu** à la carte 19/29 – 🛏 11 – **46 Zim** 59/76 – 78/93.
♦ Wuchtiges, zum Teil antikes Mobiliar bestimmt den Charakter des Hauses. Das Zitat "Hier bin ich Mensch, hier darf ich's sein" von Goethe hat man sich zum Motto gemacht. Casa Pepe ist geprägt von stilvoller Eleganz - gekocht wird nach spanischem Vorbild.

DILLSTÄDT Thüringen 418 420 O 15 – 1 000 Ew – Höhe 320 m.
Berlin 375 – Erfurt 82 – Coburg 64 – Suhl 11.

Der Distelhof, Dorfstr. 3, ⊠ 98530, ℘ (036846) 6 05 47, Fax (036846) 61332, 😊 – 📺 🚗 🅿.
Menu à la carte 12/23 – **26 Zim** ⊇ 45/50 – 65.
• Harmonisch fügen sich das Haupthaus im Fachwerkstil und die modernen Anbauten in die Rhönvegetation ein. Fragen Sie nach den Zimmern im Neubau, wenn Sie es etwas größer mögen. Viel dunkles Holz gibt dem Restaurant seinen rustikalen Charakter.

DINGOLFING Bayern 420 U 21 – 15 000 Ew – Höhe 364 m.
Berlin 582 – München 101 – Regensburg 91 – Landshut 32 – Straubing 34.

Maximilian garni, Wollerstr. 2, ⊠ 84130, ℘ (08731) 5 06 20, Fax (08731) 506250 – 📳 📺 🅿. 🖭 ⓞ ⓜ 🗺 🇯🇨🇧. ✾
45 Zim ⊇ 49/56 – 77/82.
• Dezente Pastelltöne haben dazu beigetragen, im ganzen Haus eine freundliche und angenehme Stimmung zu erzeugen. Helle, gut ausgestattete Zimmer mit liebevoller Dekoration.

Ambient Hotel Tassilo M garni, Mühlbachgasse 2, ⊠ 84130, ℘ (08731) 31 98 90, mail@hotel-tassilo.de, Fax (08731) 3198913 – 📺 📞 ⓜ 🗺
16 Zim ⊇ 46 – 74.
• Mit funktionellem Kirschbaummobiliar sind die Zimmer eingerichtet. Die Quartiere im Dachgeschoß wirken durch ihre schrägen Wände besonders gemütlich.

Palko garni, Ennser Str. 1 (Ecke Schiller Str.), ⊠ 84130, ℘ (08731) 3 79 90, mail@hotel-palko.de, Fax (08731) 379999 – 📺 🅿. ⓜ 🗺
28 Zim ⊇ 45 – 72.
• Praktische und gut gepflegte Zimmer erwarten den Reisenden. Bereits ab 6.15 Uhr wird den Gästen ein reichhaltiges Frühstücksbuffet mit Diät-Ecke angeboten.

In Loiching-Oberteisbach Süd-West : 5 km :

Räucherhansl 🛏, ⊠ 84180, ℘ (08731) 32 00, info@raeucherhansl.de, Fax (08731) 40670, 😊, 🚗 – 📳, 🛏 Zim, 📺 📞 🅿 – 🏛 40. 🖭 ⓜ 🗺
Menu à la carte 14/29 – **56 Zim** ⊇ 47/50 – 69/74.
• Außerhalb des kleinen Dorfes findet man diesen Gasthof, der ganz in der Tradition alpenländischer Architektur erbaut wurde. Sauna und Dampfbad im renovierten Freizeitbereich. Ein imposanter Kamin bildet den optischen Mittelpunkt der rustikalen Gaststube.

DINKELSBÜHL Bayern 419 420 S 14 – 11 500 Ew – Höhe 440 m.
Sehenswert : Münster St.-Georg-Kirche★ – Deutsches Haus★.
🞄 Dinkelsbühl, Seidelsdorf (Nord-West : 3 km), ℘ (09851) 5 30 09.
🅱 Touristik Service, Marktplatz, ⊠ 91550, ℘ (09851) 9 02 40, touristic.service@dinkelsbuehl.de, Fax (09851) 90279.
Berlin 520 – München 159 – Stuttgart 117 – Nürnberg 93 – Ulm (Donau) 103.

Blauer Hecht, Schweinemarkt 1, ⊠ 91550, ℘ (09851) 58 10, blauerhecht@ring hotels.de, Fax (09851) 581170, 🚗, 🛏 Zim, 📺 – 🏛 50. 🖭 ⓜ 🗺
Menu (geschl. Jan. - April, Nov., Sonntag) (nur Abendessen) à la carte 17/32 – **44 Zim** ⊇ 55/60 – 85/90.
• Dieses Hotel hat sich aus einem Brauerei-Gasthof entwickelt, dessen Anfänge sich bis ins Jahr 1648 zurückverfolgen lassen. Zimmer teilweise mit verspieltem Dekor. Das altdeutsche Restaurant und die Landhausstube laden zum Tafeln in netter Atmosphäre ein.

Eisenkrug, Dr.-Martin-Luther-Str. 1, ⊠ 91550, ℘ (09851) 5 77 00, eisenkrug@t-on line.de, Fax (09851) 577070 – 📳 📺. 🖭 ⓜ 🗺
Menu à la carte 15/30 – **13 Zim** ⊇ 49/55 – 55/86.
• Das historische Stadthaus mit den hübschen Fensterläden verfügt über dreizehn behagliche Zimmer, die alle mit Hilfe eines Aufzugs zu erreichen sind. Im mittelalterlichen Gewölbekeller des Hauses ist ein Teil des Restaurants untergebracht.

Goldene Kanne, Segringer Str. 8, ⊠ 91550, ℘ (09851) 5 72 90, hotel-goldene-kanne@t-online.de, Fax (09851) 572929, 😊 – 📺 📞 – 🏛 15. 🖭 ⓞ ⓜ 🗺 🇯🇨🇧
geschl. 7. Jan. - 16. April (Hotel) – **Menu** (geschl. Jan. - April Mittwoch - Donnerstagmittag) à la carte 16/30 – **22 Zim** ⊇ 49/83 – 68/102.
• Das historische Gebäude im Zentrum des Romantik-Städtchens beherbergt nett eingerichtete und bequeme Zimmer. Besonders hübsch : die beiden Erkersuiten ! Im Steakrestaurant Angus wird bis 24 Uhr auf dem Lava-Stein gegrillt.

DINKELSBÜHL

Goldener Anker (mit Gästehäusern), Untere Schmiedgasse 22, ⊠ 91550, ℘ (09851) 5 78 00, goldener.anker@t-online.de, Fax (09851) 578080, 🍽 – 📺 ⇌ – 🅰 20. ᴀᴇ ⓞ ⓜⓔ 𝐕𝐈𝐒𝐀
Menu à la carte 18/32,50 – **25 Zim** ⊇ 39/46 – 69/77.
• Helle Zimmer, zum Teil auch im Landhausstil, erzeugen ein Gefühl von Wärme und Behaglichkeit. Auf einen schönen Platz schaut man, wenn man vorne aus den Fenstern blickt. Ländliche Stuben bilden das Restaurant.

Kunst-Stuben garni, Segringer Str. 52, ⊠ 91550, ℘ (09851) 67 50, info@kunst-stuben.de, Fax (09851) 553527 – ↽. ᴀᴇ ⓜⓔ 𝐕𝐈𝐒𝐀. ✂
geschl. Feb. – **5 Zim** ⊇ 50 – 55/70.
• Keine gewöhnliche Adresse! Das kleine Hotel mit der privaten Atmosphäre wird von zwei Künstlern geführt, deren im Haus befindliches Atelier interessante Einblicke bietet.

Goldene Rose (mit Gästehaus), Marktplatz 4, ⊠ 91550, ℘ (09851) 5 77 50, hotel goldene-rose@t-online.de, Fax (09851) 577575, 🍽 – 📺 📞 ⇌ 🄿 – 🅰 20. ᴀᴇ ⓞ ⓜⓔ 𝐕𝐈𝐒𝐀 𝐉𝐂𝐁
Menu à la carte 16/30 – **33 Zim** ⊇ 49/83 – 68/102.
• Im Jahre 1891 logierte Queen Victoria in diesen ehrwürdigen Mauern! Heutzutage pflegt man hier den Charme der "guten alten Zeit", damit auch Sie sich königlich fühlen! Der Rahmen des Restaurants ist altdeutsch und gediegen.

Goldene Krone, Nördlinger Str. 24, ⊠ 91550, ℘ (09851) 22 93, hotel@goldene krone.de, Fax (09851) 6520 – 📶 📺 ⇌ 🄿. ᴀᴇ ⓞ ⓜⓔ 𝐕𝐈𝐒𝐀 𝐉𝐂𝐁
geschl. 27. April - 14. Mai, Ende Aug. - Mitte Sept. – **Menu** (geschl. Mittwoch) à la carte 13/25 – **25 Zim** ⊇ 41/44 – 64/70.
• Noch innerhalb der mittelalterlichen Stadtmauern gelegen, finden Erholungsuchende in diesem schmucken Gasthof ein praktisches und gut gepflegtes Zuhause auf Zeit. Ein ländlich-rustikales Umfeld finden Sie im Restaurant.

In Dürrwangen Nord-Ost : 8 km :

Zum Hirschen, Hauptstr. 13, ⊠ 91602, ℘ (09856) 2 60, gasthof-zum-hirschen@t online.de, Fax (09856) 1801 – 📺 ⇌ 🄿
geschl. 28. Juli - 15. Aug. – **Menu** (geschl. Montagmittag) à la carte 11/28,50 – **32 Zim** ⊇ 32/34 – 52/54.
• Inmitten eines schmucken fränkischen Dorfes liegt das Haus mit dem Pensionscharakter. Ruhe und Beschaulichkeit sind hier keine Fremdworte. Nehmen Sie ein Zimmer mit Balkon! Holzsäulen und andere Holzarbeiten bestimmen das Bild in der Gaststube.

In Fichtenau-Lautenbach : West : 7 km :

Storchenmühle, Buckenweiler Str. 42, ⊠ 74579, ℘ (07962) 9 00 60, info@hotel-storchenmuehle.de, Fax (07962) 1234, Biergarten, ⇌, 🐴 – 📺 📞 🄿 – 🅰 50. ᴀᴇ ⓜⓔ 𝐕𝐈𝐒𝐀
Menu (geschl. Dienstag) (nur Abendessen) à la carte 13/38 – **12 Zim** ⊇ 39/50 – 49/62.
• Sehr idyllisch liegt das Landhotel mit der Balkonfassade an einem kleinen See. Entspannen Sie sich bei einer Kahnpartie, beim Angeln oder bei Ausflügen in die schöne Gegend. Die Gaststube ist in bürgerlich-schlichtem Stil gehalten.

DINKLAGE Niedersachsen 🄄🄀🄅 I 8 – 9 600 Ew – Höhe 30 m.
Berlin 417 – Hannover 131 – Bremen 78 – Oldenburg 59 – Osnabrück 48.

Vila Vita Burghotel 🔗, Burgallee 1, ⊠ 49413, ℘ (04443) 89 70, vilavita@vilavita hotels.ccom, Fax (04443) 897444, 🍽, Wildgehege, 🎿, Massage, ⇌, 🏊, 🐴 – 📶 ↽ Zim, 📺 📞 🄿 – 🅰 100. ᴀᴇ ⇌ 🄿 𝐕𝐈𝐒𝐀
Menu à la carte 30/50 – **55 Zim** ⊇ 110/130 – 137/167.
• Malerisch liegt die weitläufige Fachwerkanlage in einem großen Park mit Wildgehege. Sehr wohnlich gestaltete Zimmer und eine Badelandschaft sorgen für Komfort. Holz, Klinkersteine und Kamin geben dem Restaurant sein rustikales Flair.

An der Straße zur Autobahn : Ost : 2 km :

Landhaus Stuben, Dinklager Str. 132, ⊠ 49393 Lohne, ℘ (04443) 43 83, landhaus stuben@ewetel.net, Fax (04443) 3767, 🍽 – 🄿 – 🅰 30. ᴀᴇ ⓞ ⓜⓔ 𝐕𝐈𝐒𝐀 ✂
geschl. Jan. 1 Woche, Ende Juli - Anfang Aug., Samstagmittag, Montag – **Menu** 23 à la carte 25/38,50 ℘.
• Speisen aus einem internationalen Angebot, zum Teil auch regionale Zubereitungen, werden Ihnen in diesem Haus mit klassischem Rahmen von der Chefin freundlich serviert.

DINSLAKEN Nordrhein-Westfalen **417** L 4 – 72 000 Ew – Höhe 30 m.
  Hünxe, Hardtbergweg 16 (Nord : 10 km), ℘ (02858) 64 80 ; Hünxe-Bruckhausen, An den Höfen 7 (Nord : 3 km), ℘ (02064) 3 30 43.
  B Bürgerbüro Stadtmitte, Friedrich-Ebert-Str. 82, ⊠ 46535, ℘ (02064) 6 66 66, stadtinfo@dinslaken.de, Fax (02064) 66556.
  Berlin 545 – Düsseldorf 46 – Duisburg 16 – Oberhausen 20 – Wesel 14.

Am Park garni, Althoffstr. 16, ⊠ 46535, ℘ (02064) 5 40 54, Fax (02064) 54057 – |≡|
  24 Zim ⇌ 80 – 113/185.
  • Guter Komfort und eine sehr private Atmosphäre sind hier selbstverständlich. Gästezimmer, Frühstücksraum und Rezeption sind ganz in Weiß gehalten und wirken einladend.

Tiepolo, Saarstr. 12, ⊠ 46535, ℘ (02064) 5 13 99 –
  geschl. Mitte Aug. - Mitte Sept., Montag – **Menu** à la carte 24/36,30.
  • Mitten in der Stadt gelingt es hier, dank des authentischen Kochstils des Teams, in italienisches Ambiente einzutauchen. Es gibt Leckeres aus allen Teilen des schönen Landes !

In Dinslaken-Hiesfeld Süd-Ost : 3 km :

Landhotel Galland-im kühlen Grunde, Dickerstr. 346, ⊠ 46539, ℘ (02064) 4 95 90, info@hotelgalland.de, Fax (02064) 495935, – ₪ **P** – 🏛 40. ℿ ⓪ ⓂⓈ
  Menu (geschl. Sonntag) à la carte 14/35 – **22 Zim** ⇌ 49/57 – 66/82.
  • Recht einsam gelegen ist der Gasthof mit dem Hotelanbau. Trotzdem erreicht man dank der guten Anbindung von hier aus schnell und mühelos alle wichtigen Orte des Ruhrgebietes. Das Ambiente im Restaurant ist betont ländlich und gediegen.

DIPPOLDISWALDE Sachsen **418** N 25 – 6 700 Ew – Höhe 350 m.
  Berlin 213 – Dresden 22 – Chemnitz 65 – Marienberg 64 – Pirna 36.

Landhaus Heidehof, Hohe Str. 2 (Nord-Ost : 1,5 km), ⊠ 01744, ℘ (03504) 6 48 70, hotel@landhaus-heidehof.de, Fax (03504) 648755, ≤, – ₪ Zim, ₪ **P** – 🏛 80.
  Menu à la carte 15/30 – **34 Zim** ⇌ 52/60 – 75/85.
  • Die Zimmer des erweiterten Gasthofs, der auf einer Anhöhe errichtet wurde, sind entweder im Yorkshire- oder im eleganten Landhausstil eingerichtet. Wählen Sie ! Biergarten und Terrasse ergänzen mit einigen luftigen Plätzen das gediegene Restaurant.

Am Schloß ⑤, Rosengasse 12, ⊠ 01744, ℘ (03504) 61 79 47, hotelamschloss@web.de, Fax (03504) 617948, – ₪. ⓂⓈ
  geschl. Feb. 1 Woche – **Menu** (geschl. Donnerstagmittag) à la carte 13/23,50 – **12 Zim** ⇌ 40/49 – 52/65.
  • Unmittelbar an der historischen Stadtmauer des Ortes ist dieses kleine, sehr gepflegte Hotel zu finden. Die Zimmer auf der Rückseite bieten einen Blick über das Städtchen. In einer neuzeitlich gestalteten Gaststube nehmen Sie zum Speisen Platz.

DITZENBACH, BAD Baden-Württemberg **419** U 13 – 3 600 Ew – Höhe 509 m – Heilbad.
  B Tourismus- und Kulturbüro, Haus des Gastes, Helfensteinstr. 20, ⊠ 73342, ℘ (07334) 69 11, Fax (07334) 920408.
  Berlin 607 – Stuttgart 61 – Göppingen 19 – Reutlingen 51 – Ulm (Donau) 44.

Kurhotel St. Bernhard ⑤ garni, Sonnenbühl 1, ⊠ 73342, ℘ (07334) 9 64 10, Fax (07334) 964141, ≠, ≦s – |≡| ⇌ ₪ ⇌ **P**. ≠
  30 Zim ⇌ 57/70 – 87/107.
  • Hier ist man auf Kurbetrieb eingestellt, doch auch als Durchreisender ist man gern gesehen und kann in den Genuß der schönen Bade- und Freizeitanlagen kommen.

Zum Lamm (mit Gästehaus ⑤), Hauptstr. 30, ⊠ 73342, ℘ (07334) 50 80, zumbuehl@lamm-badditzenbach.de, Fax (07334) 5089, ≠, ☞ – |≡| ⇌ ₪. ⓂⓈ
  Menu (geschl. Sonntag - Montagmittag) à la carte 17/43 – **16 Zim** ⇌ 40/60 – 60/90 – ½ P 15.
  • Im Gästehaus hat man acht Zimmer errichtet, die durch großen Komfort und kultivierte Wohnlichkeit begeistern. Das Stammhaus im Dorf bietet angenehme Schlichtheit. Rustikales Ambiente und nettes Dekor bestimmen den Charakter des Restaurants.

In Bad Ditzenbach-Gosbach Süd-West : 2 km :

Hirsch, Unterdorfstr. 2 (an der B 466), ⊠ 73342, ℘ (07335) 9 63 00, info@hirsch-badditzenbach.de, Fax (07335) 963030 – ₪ **P**. ℿ ⓂⓈ
  geschl. Jan. 2 Wochen, Mitte Aug. 2 Wochen, Ende Okt. 2 Wochen – **Menu** (geschl. Montag - Dienstagmittag) à la carte 21/39,50 – **8 Zim** ⇌ 40 – 60 – ½ P 15.
  • Dunkles Holz sorgt in den Gästezimmern und in allen anderen Räumlichkeiten des gestandenen Fachwerkgasthofs für eine gemütliche und rustikale Stimmung. Kosten Sie die Erzeugnisse der seit 1854 im Hause betriebenen Edelobst-Brennerei.

DITZINGEN Baden-Württemberg **419** T 11 – 23 500 Ew – Höhe 381 m.
  Berlin 626 – Stuttgart 18 – Pforzheim 33.

  Blankenburg Hotel Ditzingen [M], Gerlinger Str. 27, ⊠ 71254, ℰ (07156) 93 20
  blankenburghotel@t-online.de, Fax (07156) 932190 – |𝄞|, ⩟ Zim, 🆒 Rest, TV 📞 ⇔ -
  🅰 25. AE ① ⓜⓞ VISA. ⩟ Rest
  Menu à la carte 23,50/33,50 – **72 Zim** ⊡ 70/90 – 85/105.
  • Es sind die Nähe zur Landeshauptstadt und die komfortable Ausstattung, die dieses Haus
  so interessant machen. Drei klimatisierte Konferenzräume sind ein zusätzliches Plus. Neu-
  zeitliches Restaurant mit internationaler und regionaler Küche.

DOBEL Baden-Württemberg **419** T 9 – 2 400 Ew – Höhe 689 m – Heilklimatischer Kurort – Win-
  tersport : 500/720 m ⩟2, ⛷.
  🛈 Kurverwaltung, Neue Herrenalber Str. 11, im Kurhaus, ⊠ 75335, ℰ (07083) 7 45 13
  kurverwaltung@gemeinde-dobel.de, Fax (07083) 74535.
  Berlin 686 – Stuttgart 74 – Karlsruhe 36 – Baden-Baden 28 – Pforzheim 24.

  Wagnerstüble ⩟ mit Zim, Wildbaderstr. 45, ⊠ 75335, ℰ (07083) 87 58, info@
  roykieferle.de, Fax (07083) 7345, 🌳 – TV 📞 ⓜⓞ
  geschl. Montagabend - Dienstag – **Menu** à la carte 26/39,50 – **6 Zim** ⊡ 45/50 – 90.
  • Im Zentrum des Luftkurortes finden Sie dieses rustikal gestaltete Restaurant,
  dessen Chef sich der Naturkostküche verschrieben hat. Hier kommt nur Biologisches auf
  den Tisch !

DÖBELN Sachsen **418** M 23 – 27 000 Ew – Höhe 151 m.
  🛈 Döbeln-Information, Am Lutherplatz 4 ⊠ 04720, ℰ (03431) 71 11 50, Fax (03431)
  711152.
  Berlin 234 – Dresden 55 – Leipzig 68.

In Großweitzschen-Obergoseln Nord-Ost : 5 km :

  Zum Nicolaner [M] ⩟, Obergoseln 4, ⊠ 04720, ℰ (03431) 6 62 10, info@
  nicolaner.de, Fax (03431) 662143, ⩟ – Rest, TV 📞 – 🅰 50. AE ① ⓜⓞ VISA
  Menu (geschl. Montagmittag, Sonntagabend) à la carte 19/32 – **13 Zim** ⊡ 47/57 –
  75/85.
  • Nicht einmal zwanzig Einwohner zählt das Dörfchen, in dem das Landhotel beheimatet
  ist. Wenn Sie Abgeschiedenheit und Ruhe suchen, sind Sie hier an der richtigen Adresse.
  Zu dem kleinen Hotel gehört auch ein bürgerliches Restaurant.

DÖLBAU Sachsen-Anhalt siehe Halle (Saale).

DÖRENTRUP Nordrhein-Westfalen **417** J 11 – 8 000 Ew – Höhe 200 m.
  Berlin 368 – Düsseldorf 206 – Hannover 78 – Detmold 20 – Bielefeld 37.

In Dörentrup-Schwelentrup – Luftkurort :

  Waldhotel ⩟, Am Wald 2, ⊠ 32694, ℰ (05265) 94 54 94, Fax (05265) 9454954, Bier-
  garten, ≘s, 🌳 – ⩟ Zim, TV 📞 📭 – 🅰 30. AE ① ⓜⓞ VISA
  Menu à la carte 18/30 – **19 Zim** ⊡ 45 – 80.
  • Durch umfangreiche Umbaumaßnahmen im Jahre 2000 erhielt das Waldhotel
  seinen eigenen Stil aus Behaglichkeit und privatem Flair. Neugestalteter Wellness-
  bereich ! Klassisch eingerichtetes Restaurant - im Sommer ergänzt durch einen hübschen
  Biergarten.

DÖRPEN Niedersachsen **415** H 5 – 3 300 Ew – Höhe 5 m.
  Berlin 504 – Hannover 242 – Emden 44 – Bremen 118 – Groningen 64 – Oldenburg 71
  – Osnabrück 115.

  Borchers (mit Gästehaus), Neudörpener Str. 48, ⊠ 26892, ℰ (04963) 16 72, hotel-
  borchers@t-online.de, Fax (04963) 4434, 🌳, ≘s, ⩟ Zim, TV ⇔ 📭 – 🅰 30. AE ①
  ⓜⓞ VISA. ⩟ Zim
  Menu (geschl. Samstagmittag) à la carte 15/34,50 – **41 Zim** ⊡ 41/48 – 67/79.
  • Die geringe Entfernung zur Nordsee mit ihren Inseln macht das Hotel zu einem günstigen
  Standort für Ausflüge aller Art. Die Zimmer sind sachlich und tadellos gepflegt. Vom Restau-
  rant aus hat man einen schönen Blick auf die umliegende Gartenanlage.

DOERVERDEN Niedersachsen siehe Verden (Aller).

352

DÖTTESFELD Rheinland-Pfalz 417 O 6 – 350 Ew – Höhe 220 m – Erholungsort.
Berlin 608 – Mainz 117 – Bonn 59 – Köln 74 – Limburg an der Lahn 58 – Koblenz 43.

- **Zum Wiedbachtal**, Wiedstr. 14, ⌂ 56305, ✆ (02685) 10 60, info@hotel-zum-wiedbachtal.de, Fax (02685) 8660, 🍽, 🍳, 🐕 – 📺 🅿 🆎 ⓞ 🆎 VISA. ✂ Zim
Menu (geschl. Dienstag) à la carte 16/30 – **10 Zim** ⊇ 36 – 60/70 – ½ P 10.
  - Seit über hundert Jahren befindet sich das Haus im Familienbesitz. Gastfreundlichkeit und zuvorkommender Service steht seitdem in diesem Betrieb das oberste Gebot. Zum Speisen stehen ein rustikales Restaurant und die gemütliche Sauecke zur Wahl.

DOLLE Sachsen-Anhalt 416 418 I 18 – 550 Ew – Höhe 100 m.
Berlin 170 – Magdeburg 32 – Gardelegen 44 – Stendal 29 – Wolfsburg 102.

- **Deutsches Haus**, Magdeburger Str. 25 (B 189), ⌂ 39517, ✆ (039364) 93 60, heiland-deutsches-hausdolle@t-online.de, Fax (039364) 93649, 🍽 – ✂ Zim, 📺 & 🅿 – 🎓 30. 🆎 VISA
Menu à la carte 12/24 – **24 Zim** ⊇ 40/45 – 52/67.
  - Sowohl für den Geschäftsreisenden als auch für den Feriengast ist dies eine günstige Übernachtungsadresse. Ländliches Ambiente verbindet sich mit freundlichem Service.

DOLLNSTEIN Bayern 419 420 T 17 – 1 800 Ew – Höhe 400 m.
Berlin 515 – München 122 – Augsburg 80 – Ingolstadt 42 – Nürnberg 91.

In Dollnstein-Obereichstätt Nord-Ost : 7 km :

- **Zur Hütten-Schänke**, Allee 15, ⌂ 91795, ✆ (08421) 9 79 70, info@huettenschaenke.de, Fax (08421) 979797, 🍽, Biergarten, 🛏 – 📺 🅿 🆎 🆎 VISA
Menu à la carte 15/28 – **24 Zim** dj 40 – 70.
  - Die großzügig und modern ausgestatteten Fremdenzimmer sind ein guter Ausgangspunkt, um die schöne Landschaft des Altmühltals mit dem Rad oder zu Fuß zu erkunden. Ein Kachelofen ziert das Restaurant.

DONAUESCHINGEN Baden-Württemberg 419 W 9 – 21 000 Ew – Höhe 686 m.
Sehenswert : Fürstenberg-Sammlungen (Gemäldegalerie★ : Passionsaltar★★).
🏌 18 🏌 Donaueschingen, Öschberghof (Nord-Ost : 4 km), ✆ (0771) 8 45 25.
ℹ Tourismus- und Sportamt, Karlstr. 58, ⌂ 78166, ✆ (0771) 85 72 21, Fax (0771) 857228.
Berlin 747 – Stuttgart 131 – Freiburg im Breisgau 64 – Basel 108 – Konstanz 67 – Reutlingen 124 – Zürich 99.

- **Öschberghof**, am Golfplatz (Nord-Ost : 4 km), ⌂ 78166, ✆ (0771) 8 40, info@oeschberghof.com, Fax (0771) 84600, ≤, 🍽, Massage, 🎿, 🛏, 🏊, 🌳, 🏌 – 🛗 🔳 📺 🛎 🚙 🅿 – 🎓 100. 🆎 ⓞ 🆎 VISA. ✂
geschl. 27. Dez. - 19. Jan. – **Menu** à la carte 27/44,50 – **54 Zim** ⊇ 117/137 – 176.
  - Zum Jubiläum erstrahlt das Tagungs- und Golfresort in neuem Glanz. Die Zimmer in modernem, klarem Stil erhielten Panoramafenster und bieten Sicht auf die Fürsten residenz. Im Restaurant : ein eleganter Mix aus Formen und warmen Farben.

- **Ochsen**, Käferstr. 18, ⌂ 78166, ✆ (0771) 8 09 90, hotel-ochsen_kuttruff@t-online.de, Fax (0771) 809988, 🛏 – 🛗, ✂ Zim, 📺 🛎 🅿 🆎 🆎 VISA
Menu à la carte 13/25 – **45 Zim** ⊇ 30/50 – 55/70.
  - Der traditionsreiche Familienbetrieb liegt im ruhigen Herzen der Stadt, fünf Minuten von den Sehenswürdigkeiten entfernt. Reisegruppen bietet man stimmungsvolle Heimatabende. Die Gasträume haben durch die Holztäfelung ländlich-rustikales Ambiente.

- **Linde**, Karlstr. 18, ⌂ 78166, ✆ (0771) 8 31 80, hotel-linde@t-online.de, Fax (0771) 831840, – 🛗 📺 🅿 🆎 VISA
geschl. 20. Dez. - 10. Jan. – **Menu** (geschl. Freitag - Samstag) à la carte 18/30,50 – **21 Zim** ⊇ 47/57 – 74/77.
  - Das kleine Stadthotel, mit hübscher Fassade und Türmchen, offeriert einheitlich eingerichtete Zimmer mit allen Annehmlichkeiten der Schwarzwälder Gastlichkeit. Gepflegte, kürzlich renovierte Gaststube.

In Donaueschingen-Aufen Nord-West : 2,5 km – Erholungsort :

- **Waldblick**, Am hinteren Berg 7, ⌂ 78166, ✆ (0771) 83 25 20, hotelwaldblick@gmx.de, Fax (0771) 8325225, 🍽, 🛏, 🏊, 🌳 – 🛗 📺 🚙 🅿 – 🎓 50. 🆎 ⓞ 🆎 VISA
Menu (geschl. Montag) à la carte 14/30 – **40 Zim** ⊇ 40/70 – 60/90 – ½ P 13.
  - Ländliches Ambiente erwartet Sie in dem Gasthof, der sich schon lange in Familienbesitz befindet. Nehmen Sie ein Zimmer mit Balkon, dann haben Sie den Schwarzwald im Blick ! Schlichtes Restaurant.

DONAUESCHINGEN

Beim Flughafen *Nord : 2 km :*

🏨 **Concorde** M, Dürrheimer Str. 82, ⊠ 78166 Donaueschingen, ℘ (0771) 8 36 30, info @concorde-donau.de, Fax (0771) 8363120, 😋, ⇔ – 📳, ⥲ Zim, 📺 📞 💂 🅿 – 🛏 80
AE ① ⑩ VISA JCB
Menu *(geschl. Sonntagabend)* à la carte 19/33 – **76 Zim** ⇌ 65 – 93.
♦ Funktionalität vermittelt das Hotel schon durch seine äußere Erscheinung. Im Inneren überzeugen gute Pflege und eine zeitgemäße Ausstattung. Die Fensterfront des modernen Restaurants ermöglicht einen interessanten Blick auf die Rollbahn.

DONAUSTAUF *Bayern siehe Regensburg.*

DONAUWÖRTH *Bayern* 419 420 *T 16 – 18 000 Ew – Höhe 405 m.*
Ausflugsziele : Kaisheim : ehemalige Klosterkirche (Chorumgang★) Nord : 6 km – Harburg : Schloß (Sammlungen★) Nord-West : 11 km.
🏌 Donauwörth, Lederstatt 1 (Nord : 2 km), ℘ (0906) 40 44 ; 🏌 Gut Maierhof (Süd-Ost 7 km über Asbach) ℘ (09090) 9 02 50.
🅱 Städt. Tourist-Information, Rathausgasse 1, ⊠ 86609, ℘ (0906) 78 91 51, tourist info@donauwoerth.de, Fax (0906) 789159.
Berlin 518 – München 100 – *Augsburg* 44 – Ingolstadt 56 – Nürnberg 95 – Ulm (Donau) 79.

🏠 **Viktoria** garni, Artur-Proeller-Str. 4 (nahe dem Gewerbegebiet), ⊠ 86609, ℘ (0906) 7 05 70 80, Fax (0906) 70570819 – ⥲ 📺 📞 🅿 VISA
13 Zim ⇌ 42 – 65.
♦ Das kleine Hotel besticht durch Funktionalität und neuzeitlichen Stil. Parkettboden und Landhaus-Mobiliar unterstreichen das behagliche Ambiente im Inneren.

In Donauwörth-Parkstadt :

🏨 **Parkhotel** M, Sternschanzenstr. 1, ⊠ 86609, ℘ (0906) 70 65 10, info@parkhotel-donauwoerth.de, Fax (0906) 7065180, < Donauwörth, 😋, 🌿 – ⥲ Zim, 📺 📞 🅿 – 🛏 30
AE ① ⑩ VISA
Menu à la carte 21/36,50 – **45 Zim** ⇌ 72/82 – 98/112.
♦ Apricottöne und Korbmöbel verleihen den Gästezimmern ihr wohnliches Flair. Im Erdgeschoß haben die Zimmer eine Terrasse, die höher gelegenen Räume blicken über das Tal. Die Panorama-Sicht, die das Restaurant bietet, wird Ihnen gefallen.

🏠 **Parkstadt** garni, Andreas-Mayr-Str. 11, ⊠ 86609, ℘ (0906) 40 39, Fax (0906) 23986, 🏊 – 📺 AE ⑩ VISA
14 Zim ⇌ 35/40 – 54/63.
♦ Angenehm ruhig liegt dieser sachliche Flachbau in einem Wohngebiet. Solide möblierte Zimmer und netter Service machen das Haus zu einer günstigen Übernachtungsadresse.

DONZDORF *Baden-Württemberg* 419 *T 13 – 12 000 Ew – Höhe 405 m.*
🏌 Donzdorf, Unter dem Ramsberg, ℘ (07162) 2 71 71.
Berlin 594 – *Stuttgart* 54 – Göppingen 13 – Schwäbisch Gmünd 17 – Ulm (Donau) 45.

🏨 **Becher** (mit Gästehäusern), Schloßstr. 7, ⊠ 73072, ℘ (07162) 2 00 50, hotel-becher @t-online.de, Fax (07162) 200555, 😋, ⇔ – 📳, ⥲ Zim, 📺 📞 ⇌ 🅿 – 🛏 80. AE ⑩ VISA. ⥲ Zim
Menu *(geschl. Samstagmittag, Sonntagabend)* à la carte 26/47 – **63 Zim** ⇌ 55/75 – 80/115.
♦ Die Zimmer dieses gewachsenen Gasthofs verteilen sich auf Haupthaus und Gästehaus. Die Möblierung ist teils rustikal, teils im Landhausstil gehalten. Elegant geht es im Restaurant Balzac zu, rustikaler in den gemütlichen Gaststuben.

🍴 **Schloß Restaurant Castello**, Im Schloß 1, ⊠ 73072, ℘ (07162) 92 97 00, info@ schlossrestaurant-castello.de, Fax (07162) 929702, 😋 – 🅿
geschl. Dienstag – **Menu** à la carte 32/46.
♦ Klassisch und elegant sitzt man unter dem hohen Gewölbe des Schloß-Restaurants. Der noble Rahmen stimmt ein auf einen französisch inspirierten Küchenstil.

DORF MECKLENBURG *Mecklenburg-Vorpommern* 416 *E 18 – 2 100 Ew – Höhe 23 m.*
Berlin 230 – *Schwerin* 26 – *Rostock* 46 – Lübeck 63 – Güstrow 73 – Wismar 6.

🏨 **Mecklenburger Mühle**, ⊠ 23972, ℘ (03841) 39 80, hotel-mecklenburger-muehle @m-vp.de, Fax (03841) 398198, 😋, ⇔ – ⥲ Zim, 📺 📞 💂 🅿 – 🛏 40. AE ① ⑩ VISA
Menu *(geschl. Nov. - April Montagmittag)* à la carte 14/22 – **38 Zim** ⇌ 53/59 – 75.
♦ Weithin sichtbar ist die alte Mühle, das Wahrzeichen dieses gastfreundlichen Hauses. Die Zimmer sind praktisch, die Appartements sind zusätzlich mit einer Pantry ausgerüstet. In der Mühle hat man drei Ebenen als Restaurant angelegt.

DORF ZECHLIN Brandenburg 416 G 22 – 350 Ew – Höhe 60 m.
Berlin 98 – Potsdam 104 – Neubrandenburg 81 – Neuruppin 24.

Am Großen Zechliner See Nord-Ost : 2 km :

Gutenmorgen (mit Gästehaus), Zur Beckersmühle 103, ⊠ 16837, ℘ (033923) 7 02 75, hotel-gutenmorgen@t-online.de, Fax (033923) 70510, 😀, 🍽 – ❄ Zim, 📺 📠 – 🔒 30. 🖭 ⓞ 🍽 🎴
Menu à la carte 12/21 – **61 Zim** ⊇ 39 – 62 – ½ P 11.
♦ Der Zechliner See ist nur einen Steinwurf entfernt von der Hotelanlage, die hauptsächlich für Erholungsuchende und Familien eine günstige und praktische Ferienadresse ist. Das neuzeitliche Restaurant ist teils als Wintergarten angelegt.

DORFEN Bayern 420 V 20 – 12 000 Ew – Höhe 464 m.
Berlin 588 – München 60 – Regensburg 96 – Landshut 35.

Am Hof garni, Marienplatz 9, ⊠ 84405, ℘ (08081) 9 37 70, Fax (08081) 937777 – 🛗 📺 📞 ⇐ 🖭 🍽 🎴
geschl. 22. – 30. Dez., Ende Aug. 2 Wochen – **31 Zim** ⊇ 48/65 – 80/110.
♦ Hier wohnen Sie in einem neu erbauten Hotel, dessen Zimmer sich in verschiedene Kategorien aufteilen. Allen gemeinsam : neuzeitlich, praktisch.

In Dorfen-Zeilhofen Nord-West : 4 km :

Mairot-Werkstätte der Lebensfreude, Zeilhofen 14, ⊠ 84405, ℘ (08081) 20 34, restaurant.mairot@t-online.de, Fax (08081) 938356 – 📠
geschl. 12. Feb. – 4. März, Mittwoch – **Menu** (wochentags nur Abendessen) à la carte 26/34.
♦ Dielenboden, Kachelofen und eine Farbgestaltung in warmen Apricottönen machen dieses Restaurant zu einem behaglichen Refugium. Die frische internationale Küche gefällt ebenso.

DORMAGEN Nordrhein-Westfalen 417 M 4 – 59 000 Ew – Höhe 45 m.
Ausflugsziel : Zons : befestigtes Städtchen★ Nord : 6 km.
Berlin 571 – Düsseldorf 17 – Aachen 85 – Köln 24 – Neuss 19.

Höttche, Krefelder Str. 14, ⊠ 41539, ℘ (02133) 25 30, hoettche@gmx.net, Fax (02133) 10616, 😀 – 🛗 📺 ⇐ 📠 – 🔒 50. 🖭 ⓞ 🍽 🎴
Menu à la carte 26/44 – **49 Zim** ⊇ 77 – 92.
♦ Einladend wirkt die hell gestrichene Fassade des restaurierten Gasthofs mit seinem schmucken Anbau. Die Zimmer im Altbau sind etwas geräumiger als die Neubauzimmer. Holztäfelung und schwere Polsterstühle prägen das komfortable Restaurant.

Flora, Florastr. 49, ⊠ 41539, ℘ (02133) 4 60 11, info@hotelrestaurantflora.de, Fax (02133) 477824, 😀 – 📺 📞 📠 🍽 🎴
Menu (geschl. Montagmittag, Samstagmittag) à la carte 19/31 – **16 Zim** ⊇ 65/90 – 85/112.
♦ Die unmittelbare Nähe zu den Zentren Köln und Düsseldorf macht dieses Haus zur praktischen Übernachtungsadresse. Die Zimmer sind sehr geräumig und sachlich eingerichtet. Sie speisen in hellem, bürgerlichem Ambiente.

Ragusa, Marktplatz 7, ⊠ 41539, ℘ (02133) 4 35 02, Fax (02133) 43609, 😀 – 📺 📠 🖭 ⓞ 🍽 🎴
Menu à la carte 15/35,50 – **18 Zim** ⊇ 62/68 – 88/120.
♦ Geruhsame Nächte verbringt man in den modern und freundlich ausgestatteten Gästezimmern. Auch auf große Gruppen ist man vorbereitet und Parkprobleme sind hier ein Fremdwort.

In Dormagen-Ückerath Nord-West : 6 km :

Holger's, In Ückerath 62, ⊠ 41542, ℘ (02133) 29 92 29, restaurant.holgers@t-online.de, Fax (02133) 299228 – 📠 🍽 🎴. 🛇
geschl. Montag – **Menu** (wochentags nur Abendessen) à la carte 36,50/52 ⊹.
♦ Eine internationale Küche auf klassischer Basis gilt es in dem hell und freundlich wirkenden Restaurant zu entdecken. Ausgesuchte Weine begleiten die anspruchsvollen Menüs.

In Dormagen-Zons Nord : 6 km :

Schloss Friedestrom M (mit Gästehaus), Parkstr. 2, ⊠ 41541, ℘ (02133) 50 30, info@friedestrom.de, Fax (02133) 503290, 😀, ≘s – 🛗, ❄ Zim, 📺 📞 ⇐ 📠 – 🔒 70. 🖭 ⓞ 🍽 🎴
Zum Volksgarten (geschl. 27. Dez. – 5. Jan., Samstagmittag) **Menu** à la carte 25/38 – **42 Zim** ⊇ 100/145 – 120/164.
♦ Die Atmosphäre des Hauses wird bestimmt durch warme, mediterrane Farbtöne. Sie bilden die Grundlage für die Harmonie zwischen Einrichtung und phantasievoller Dekoration. Im Volksgarten schaffen Holz, hübsche Stoffe und blanke Tische mit Sets ein nettes Umfeld.

DORNBURG Hessen 417 O 8 – 8 000 Ew – Höhe 400 m.
Berlin 556 – Mainz 75 – Koblenz 69 – Frankfurt am Main 88 – Siegen 55.

In Dornburg-Frickhofen :

🏨 **Café Bock** garni, Hauptstr. 30, ✉ 65599, ☏ (06436) 9 13 80, Fax (06436) 913838 –
📺 ⇔ 🅿 ♿
10 Zim ⇌ 40 – 80/90.
◆ Besonders hervorzuheben ist hier das Frühstück, durch das dem hungrigen Gast mit ofenfrischen Backwaren aus der eigenen Bäckerei der Start in den Tag erleichtert wird.

DORNUM Niedersachsen 415 F 6 – 4 700 Ew – Höhe 5 m.
⛴ von Dornum-Neßmersiel nach Baltrum ☏ (04939) 9 13 00.
🛈 Kurverwaltung, Hafenstr. 3 (Dornumersiel), ✉ 26653, ☏ (04933) 9 11 00, kv-dornum@t-online.de, Fax (04933) 911115.
Berlin 530 – Hannover 242 – Emden 44 – Oldenburg 94 – Wilhelmshaven 54.

In Dornum-Neßmersiel Nord-West : 8 km über Schatthauser Strasse :

🏨 **Fährhaus,** Dorfstr. 42 (Am alten Sieltor), ✉ 26553, ☏ (04933) 3 03, faehrhaus-nessmersiel@t-online.de, Fax (04933) 2390, 🍽 – 📺 🅿
geschl. 5. Jan. - 27. Feb. – **Menu** (Feb. - März Montag - Freitag nur Abendessen) à la carte 18/38 – **21 Zim** ⇌ 36/39 – 60/86.
◆ Die familiäre und gemütliche Atmosphäre des Hauses, behagliche Zimmer sowie der Reiz der ostfriesischen Küste bilden das passende Umfeld für erholsame Urlaubstage. Maritime Accessoires schmücken das Restaurant.

DORSTEN Nordrhein-Westfalen 417 L 4 – 81 000 Ew – Höhe 37 m.
Ausflugsziel : Wasserschloß Lembeck ★ (Nord-Ost : 10,5 km).
Berlin 529 – Düsseldorf 61 – Bottrop 17 – Essen 29 – Recklinghausen 19.

XX **Henschel,** Borkener Str. 47 (B 224), ✉ 46284, ☏ (02362) 6 26 70 – ≣ 🅿 AE ⓞ ♿ VISA. ✻
geschl. 1. - 10. Jan., Samstagmittag, Sonntagmittag, Montag – **Menu** à la carte 42/62.
◆ Am Ortsrand von Dorsten findet man dieses kleine, feine Restaurant, das durch seine Eleganz besticht. Aus der Küche kommen Zubereitungen nach klassischen Rezepten.

X **Goldener Anker** (Freitag), Lippetor 4, ✉ 46282, ☏ (02362) 2 25 53, bjoern.freitag
❀ @t-online.de, Fax (02362) 996315 – 🅿 AE ⓞ ♿ VISA
geschl. Jan. 1 Woche, Juli - Aug. 2 Wochen, Montag - Dienstag – **Menu** (nur Abendessen), à la carte 34/47 ♀.
◆ Hinter der Fassade mit dem Treppengiebel verbirgt sich eine Einrichtung im gediegenen Bistrostil. Der Küchenchef verarbeitet frische Produkte zu kulinarischen Köstlichkeiten.
Spez. Carpaccio vom Rinderfilet. Barbarie Entenbrust mit Barolosauce. Warmer Ziegenkäse mit Passionsfruchtsorbet.

In Dorsten-Deuten Nord : 9 km :

🏨 **Grewer,** Weseler Str. 351 (B 58), ✉ 46286, ☏ (02369) 20 98 00, hotel-grewer@t-on line.de, Fax (02369) 209820, 🍽, 🐎 – 📺 ⇔ 🅿 AE ⓞ ♿ VISA
Menu (geschl. Donnerstag) à la carte 19/32 – **12 Zim** ⇌ 35 – 60.
◆ Zwischen Ruhrgebiet und Münsterland findet der Reisende hier dank gemütlicher, rustikaler Atmosphäre und freundlichem Service ein nettes Zuhause auf Zeit. Ländlich eingerichteter Restaurantbereich.

In Dorsten-Holsterhausen Nord-West : 4 km :

🏨 **Albert,** Borkener Str. 199, ✉ 46284, ☏ (02362) 9 47 90, info@hotel-albert.de, Fax (02362) 947919, 🍽, 🐎 – 📺 ⇔ 🅿 🛗 80. AE ⓞ ♿ VISA JCB
Menu (geschl. Freitag) à la carte 20/35 – **20 Zim** ⇌ 60 – 77.
◆ Wohnliche, moderne Möbel und ansprechende farbliche Gestaltung zeichnen die Zimmer in diesem Klinkerbau aus. Besonders sympathisches Service trägt zum Wohlbefinden bei. Neuzeitlich, hell und freundlich präsentiert sich das Restaurant.

In Dorsten-Lembeck Nord-Ost : 10,5 km :

🏨🏨 **Schloßhotel Lembeck** ⚜, im Schloß (Süd : 2 km), ✉ 46286, ☏ (02369) 72 83, Fax (02369) 77370, 🍽, 🐎 – 📺 🅿 ⓞ ♿ VISA
Menu (geschl. Montagmittag, Donnerstagmittag, Freitagmittag) à la carte 16/39 – **17 Zim** ⇌ 60/70 – 90/120.
◆ In dem Wasserschloß aus dem 17. Jh. - mit Park, Schloßkapelle und Museum - können Sie in stilvollen Gewölben tafeln und in mit Antiquitäten bestückten Zimmern übernachten.

DORSTEN

in Dorsten-Wulfen Nord-Ost : 7 km :

Humbert, Am Burghof 2 (B 58), ✉ 46286, ℘ (02369) 41 09, Fax (02369) 6853, 🍴 – 📺 🚗 🅿 – 🔨 50. 🅰🅴 ⓘ 🆗 VISA
Menu (geschl. Aug 2 Wochen, 23. Dez. - 4. Jan., Montag) à la carte 13/34 – **20 Zim** 🛏 35/45 – 62/75.

• Seit Generationen ist dieses Hotel im Familienbesitz. Die unverfälschte Gastfreundschaft der Betreiber und die Schlichtheit der Zimmer machen den Charme des Hauses aus. Der Charakter des Restaurants wird durch altdeutsche Stilelemente geprägt.

Rosin, Hervester Str. 18, ✉ 46286, ℘ (02369) 43 22, frank-rosin@hotmail.com, Fax (02369) 6835, 🍴 – 🅿 🅰🅴 ⓘ 🆗 VISA
geschl. Sonntag - Montag – **Menu** (nur Abendessen) 47/69 und à la carte.

• Auf bequemen Stühlen in freundlichem Ambiente sitzend, studiert man die kleine Karte, um sich auf den Genuß einer kreativen und marktorientierten Küche vorzubereiten.

DORTMUND Nordrhein-Westfalen **417** L 6 – 598 000 Ew – Höhe 87 m.

Sehenswert : Fernsehturm ✱★ CZ – Westfalenpark★ BCZ – Marienkirche (Marienaltar★) BYZ **B** – Reinoldikirche★ BY **A** – Petrikirche (Antwerpener Schnitzaltar★) AY **D** – Museum für Kunst und Kulturgeschichte (Dortmunder Goldschatz★) AY **M1**.

🏌 Dortmund-Reichsmark, Reichsmarkstr. 12 (über ④ : 7 km), ℘ (0231) 77 41 33 ; 🏌 Dortmund-Brackel, Heßlingsweg (über ② : 5 km), ℘ (0231) 2 00 80 21 ; 🏌 Dortmund, Rennweg 70 (Rennbahn-Gelände) R, ℘ (0231) 5 31 11 61.

✈ Dortmund-Wickede (über ② : 11 km), ℘ (0231) 21 89 01.

🚌 Grüne Straße/Ecke Treibstraße.

Ausstellungsgelände Westfalenhallen AZ, ℘ (0231) 1 20 40.

🛈 Kongress Tourismus Service, Königswall 18a, ✉ 44137, ℘ (0231) 5 02 56 66, tourist-info@dortmund.de, Fax (0231) 163593.

ADAC, Kaiserstr. 63.

Berlin 492 ① – Düsseldorf 78 ④ – Bremen 236 ② – Frankfurt am Main 224 ④ – Hannover 212 ① – Köln 94 ④.

Stadtpläne siehe nächste Seiten

Mercure Grand Hotel Ⓜ, Lindemannstr. 88, ✉ 44137, ℘ (0231) 9 11 30, h2833-gm@accor-hotels.com, Fax (0231) 9113999, 🍴, 🏊 – 📶, ⇌ Zim, 🔳 📺 ✆ 🕭 🚗 – 🔨 220. 🅰🅴 ⓘ 🆗 VISA JCB
Menu à la carte 29/42 – **228 Zim** 🛏 174/271 – 199/296. AZ **a**

• Durch eine imposante Hallenkonstruktion aus Glas betritt man dieses luxuriöse Domizil. In den geräumigen Zimmern setzt sich der elegante Stil des Eingangsbereichs fort. Im Restaurant Michelangelo empfängt Sie ein gediegenes Ambiente.

Hilton, An der Buschmühle 1, ✉ 44139, ℘ (0231) 1 08 60, dos_dortmund@hilton.com, Fax (0231) 1086777, 🍴, 🏋, 🏊, 🔲 – 📶, ⇌ Zim, 🔳 📺 ✆ 🕭 🚗 🅿 – 🔨 300. 🅰🅴 ⓘ 🆗 VISA JCB. ✱ Rest BZ **r**
Menu à la carte 25/39 – 🛏 17 – **190 Zim** 120/195 – 145/220, 5 Suiten.

• Die Gästezimmer sind mit dunklem Holzmobiliar wohnlich bestückt und bieten jeden technischen Komfort. Auch an Allergiker hat man gedacht ! Entsprechende Räume sind vorhanden. Eleganter, skandinavisch angehauchter Stil im kleinen Passantenrestaurant.

Parkhotel Wittekindshof, Westfalendamm 270 (B 1), ✉ 44141, ℘ (0231) 5 19 30, info@wittekindshof.bestwestern.de, Fax (0231) 5193100, 🍴, 🏊 – 📶, ⇌ Zim, 🔳 📺 ✆ 🅿 – 🔨 120. 🅰🅴 ⓘ 🆗 VISA JCB R **b**
Menu (geschl. Samstagmittag) à la carte 27/42 🌡 – **65 Zim** 🛏 80/115 – 130/140.

• In den Zimmern erzeugen helles Holz und Stoffe mit dezenten Farben und Mustern eine angenehme Wohnkultur. Für Workaholics : überall gibt es extra große Schreibtische. Das Restaurant hat einen eleganten Touch, die Stube ist rustikal angehaucht.

Holiday Inn-City Center, Olpe 2, ✉ 44135, ℘ (0231) 54 32 00, info.hidortmund @eventhotels.com, Fax (0231) 5432442, Biergarten, 🏊 – 📶, ⇌ Zim, 📺 ✆ 🕭 🅿 – 🔨 120. 🅰🅴 ⓘ 🆗 VISA JCB BZ **a**
Menu à la carte 23/38 – 🛏 13 – **125 Zim** 115, 3 Suiten.

• Ein neuzeitliches Stadthotel, das keinen Komfort vermissen läßt. Die acht Suiten sind mit Whirlpool ausgestattet, und man leistet sich einen Wagenmeister-Service. Mit dunklem Mobiliar, Spiegeln und Messing versprüht die Brasserie französisches Flair.

Astron Suite-Hotel Ⓜ garni, Königswall 1, ✉ 44137, ℘ (0231) 9 05 50, dortmund @astron-hotels.de, Fax (0231) 9055900, 🏊 – 📶 ⇌ 📺 ✆ 🕭 🚗 – 🔨 20. 🅰🅴 ⓘ 🆗 VISA AY **c**
🛏 13 – **190 Zim** 🛏 111 – 124.

• Alle Zimmer sind durch eine Schiebetür in Schlaf- und Wohnbereich unterteilt. Zusätzliche Bequemlichkeit bieten Polstersessel, Marmortische und helle Naturholzmöbel.

Dortmund Stadtplan

Spalten A–B / Zeilen Y–Z–A

Straßen und Plätze

- Mallinckrodtstraße
- Brunnenstraße
- Uhlandstraße
- Schützenstraße
- Leopoldstraße
- Münsterstraße
- Heroldstraße
- Bornstraße
- Brunnenstraße
- Blücherstr.
- Schützenstr.
- Kielstraße
- Gneisenaustr.
- Kurfürstenstr.
- Steinstr.
- Freiherr-vom-Stein-Platz
- Heiligegartenstr.
- Treibstr.
- Kesselstraße
- Grüne Str.
- Königshof
- Brügmannpl.
- Hauptbahnhof / Dortmund Hbf
- Königswall
- Burgwall
- Schwanenwall
- Bruderweg
- Kampstr.
- Hansastr.
- Reinoldikirche
- Westenhellweg
- Alter Markt
- Olpe
- Rheinische Straße
- Brinkhofstr.
- Hohe Str.
- Friedensplatz
- Lange Str.
- Humboldtstr.
- Wilhelmstr.
- Hiltropwall
- Hansa
- Stadtgarten
- Poststr.
- Chemnitzer Str.
- Südwall
- Möllerstr.
- Beurhausstr.
- Do-Stadt-Kliniken
- Ruhrallee
- Do-Stadthaus
- Rittershausstr.
- Hollestraße
- Gutenbergstraße
- Märkische Str.
- Sonnenstr.
- Dresdener Str.
- Saarlandstr.
- Hainallee
- Neuer Graben
- Lindemannstr.
- Alter Graben
- Metzer Str.
- Schilling-straße
- Kreuzstraße
- Saarlandstr.
- Ruhrallee
- ADAC
- Landgrafenstr.
- Markgrafenstr.
- Kreuzstraße
- Heimstraße
- Mühlen-straße
- Chemnitzer Straße
- Knappenberg
- Wittekindstr.
- Do-Polizeipräsidium
- Markgrafenstr.
- Eintrachtstraße
- Lindemannstr.
- POL.
- Ruhrschnellweg
- Rheinlanddamm
- Südfriedhof
- Wittekindstr.
- Lindenlanddamm
- Steinerner Turm
- Rheinlanddamm
- Floriansstraße
- Westfalenhallen
- Westfalenpark
- Volkspark
- Maurice-Vast-Str.
- Westfalenpark

358

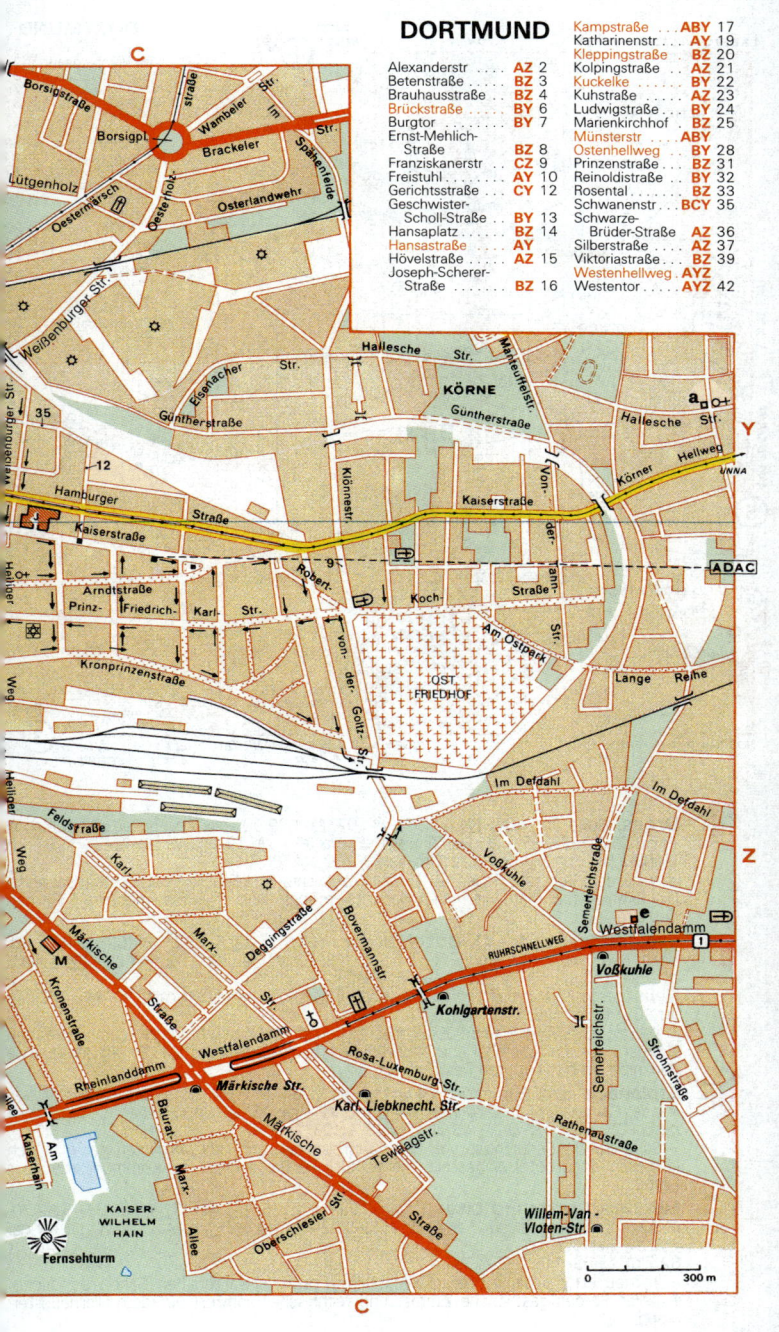

DORTMUND

Alexanderstr	**AZ** 2	Kampstraße	**ABY** 17
Betenstraße	**BZ** 3	Katharinenstr	**AY** 19
Brauhausstraße	**BZ** 4	Kleppingstraße	**BZ** 20
Brückstraße	**BY** 6	Kolpingstraße	**AZ** 21
Burgtor	**BY** 7	Kuckelke	**BY** 22
Ernst-Mehlich-		Kuhstraße	**AZ** 23
Straße	**BZ** 8	Ludwigstraße	**BY** 24
Franziskanerstr	**CZ** 9	Marienkirchhof	**BZ** 25
Freistuhl	**AY** 10	Münsterstr	**ABY**
Gerichtsstraße	**CY** 12	Ostenhellweg	**BY** 28
Geschwister-		Prinzenstraße	**BZ** 31
Scholl-Straße	**BY** 13	Reinoldistraße	**BZ** 32
Hansaplatz	**BY** 14	Rosental	**BZ** 33
Hansastraße	**AY**	Schwanenstr	**BCY** 35
Hövelstraße	**AZ** 15	Schwarze-	
Joseph-Scherer-		Brüder-Straße	**AZ** 36
Straße	**BZ** 16	Silberstraße	**BZ** 37
		Viktoriastraße	**BZ** 39
		Westenhellweg	**AYZ**
		Westentor	**AYZ** 42

DORTMUND

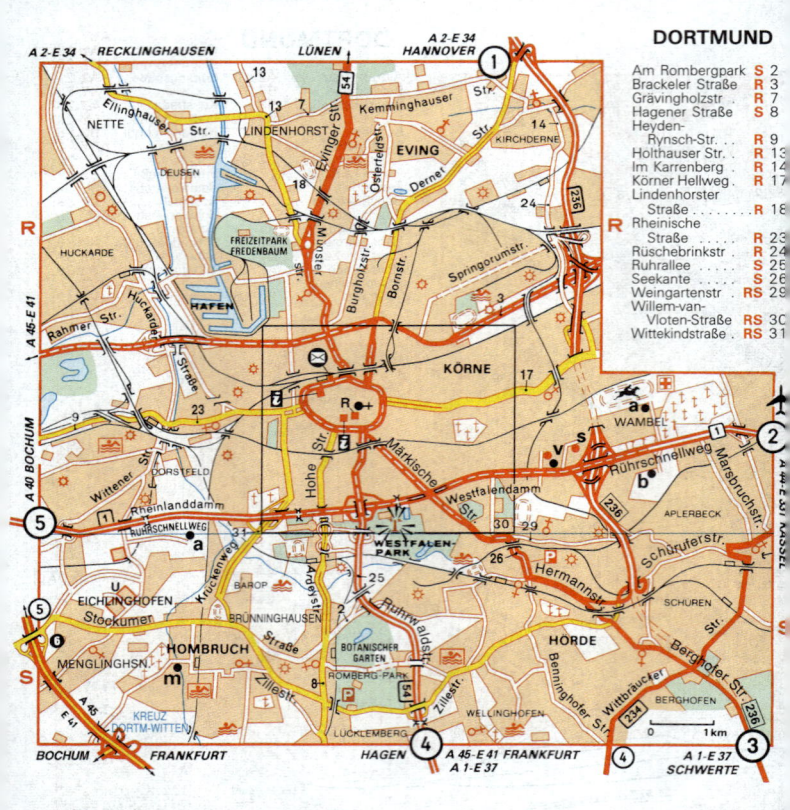

Am Rombergpark	**S**	
Brackeler Straße	**R**	3
Grävingholzstr.	**R**	7
Hagener Straße	**S**	8
Heyden-Rynsch-Str.	**R**	9
Holthauser Str.	**R**	13
Im Karrenberg	**R**	14
Körner Hellweg	**R**	17
Lindenhorster Straße	**R**	18
Rheinische Straße	**R**	23
Rüschebrinkstr.	**R**	24
Ruhrallee	**S**	25
Seekante	**S**	
Weingartenstr.	**RS**	29
Willem-van-Vloten-Straße	**RS**	30
Wittekindstraße	**RS**	31

🏨 **Drees,** Hohe Str. 107, ✉ 44139, ✆ (0231) 1 29 90, *das-hotel-drees@riepe.com*, *Fax (0231) 1299555* – 📶, 🍳 Zim, 📺 📞 🚗 🅿 – 🏊 70. AE ① ⓜ VISA 🍴 Rest   **AZ b**
Menu à la carte 23/42 – **112 Zim** ⌆ 88/100 – 110/120.
◆ Nahe dem Zentrum finden Sie diese neuzeitliche, funktionale Übernachtungsadresse. Die Zimmer hat man mit hellen Naturholzmöbeln und frischen, modernen Farben gestaltet.

🏨 **Steigenberger MAXX Hotel,** Berswordtstr. 2, ✉ 44139, ✆ (0231) 9 02 10, *dortmund@maxx-hotels.de, Fax (0231) 9021999,* 🍴, 🏋, ≦s – 📶, 🍳 Zim, 📺 📞 🚗 🅿 – 🏊 110. AE ① ⓜ VISA JCB. 🍴 Rest   **AZ a**
Menu *(geschl. Samstagmittag, Sonntagabend)* 20 (Lunchbuffet) à la carte 20/44 – **166 Zim** ⌆ 105/125 – 126/146.
◆ Nostalgisches Ambiente im US-amerikanischen Clubstil herrscht in der Lobby und in den Zimmern vor. Rattanmöbel und Deckenventilatoren runden das Bild ab. American style dominiert im bistroartigen Restaurant.

🏨 **Esplanade** garni, Bornstr. 4, ✉ 44135, ✆ (0231) 5 85 30, *hotel-esplanade-do@t-online.de, Fax (0231) 5853270* – 📶 🍳 📺 📞 🅿 – 🏊 15. AE ① ⓜ VISA   **BY e**
geschl. 23. Dez. - 2. Jan. – **48 Zim** ⌆ 98 – 108.
◆ Ganz auf die Bedürfnisse von Geschäftsreisenden und Langzeitgästen hat man sich in diesem Stadthotel eingestellt. Die gemütliche Bar fördert die Kommunikation der Gäste.

🏨 **Mercure Dortmund City** Ⓜ garni, Kampstr. 35, ✉ 44137, ✆ (0231) 5 89 70, *h2900@accor-hotels.com, Fax (0231) 5897222* – 📶 🍳 🚭 📺 📞 🚗 – 🏊 20. AE ① ⓜ VISA 🍴 Rest   **AY t**
82 Zim ⌆ 69/113 – 95/136.
◆ Im neu errichteten Hotel im Westfalen Forum erwarten den Gast freundliche, in hellen Farben gestrichene Zimmer und technischer Komfort auf dem allerneuesten Stand.

DORTMUND

🏨 **Express by Holiday Inn** Ⓜ garni, Moskauer Str. 1 (Stadtkrone-Ost, nahe der B 1), ✉ 44269, ✆ (0231) 17 69 90, express.dortmund@6c.com, Fax (0231) 17699100 – 📶 ✯ 🍴 📺 ♨ & 🅿 – 🔑 30. 🅰🅴 ⓞ ⓜ 🆅🅸🆂🅰   R b
107 Zim ⊇ 62/80.
  • Durch seine verkehrsgünstige Lage an der B1 ist dieses neuerbaute Haus besonders leicht zu finden. Im Inneren finden Sie helle Zimmer mit kompletter technischer Ausstattung.

🏨 **City-Hotel** garni, Silberstr. 37, ✉ 44137, ✆ (0231) 4 77 96 60, info@cityhoteldortmund.de, Fax (0231) 47796669 – 📶 ✯ 📺 🅿 🅰🅴 ⓞ ⓜ 🆅🅸🆂🅰   AZ u
48 Zim ⊇ 87/94 – 97/109.
  • Solide Eichenbetten garantieren einen erholsamen Schlaf. Morgens sorgt ein reichhaltiges kaltes oder warmes Frühstücksbuffet dafür, daß man den Tag gestärkt beginnen kann.

🍴🍴 **Art Manger**, Lübkestr. 21 (1. Etage), ✉ 44141, ✆ (0231) 5 31 61 98, restaurant@
✿ artmanger.de, Fax (0231) 5316197, 🌞 – ⓜ 🆅🅸🆂🅰   R v
geschl. Jan. 1 Woche, Sonntag - Montag – **Menu** à la carte 43/53 ♀.
  • Dem Haus aus der Gründerzeit hat man neues Leben eingehaucht : das Restaurant ist konsequent im modernen Stil gehalten. Gehobene klassische Küche mit kreativem Einfluß. **Spez.** Terrine von Blutwurst und Gänseleber in geliertem Schalottensud. Roulade von Hummer und St. Pierre mit Kohlrabigemüse und Krustentierbisque. Damhirsch im Rosmarinduft mit Chicorée und Balsamicojus.

🍴🍴 **Antica Roma**, Lindemannstr. 77 (Westfalencenter), ✉ 44137, ✆ (0231) 9 12 25 94, Fax (0231) 9122596, 🌞 – ⓞ ⓜ 🆅🅸🆂🅰   AZ n
geschl. Sonntag – **Menu** (italienische Küche) à la carte 33/44.
  • Das mediterrane Dekor macht Lust auf die Genüsse der römisch-italienischen Küche, der man sich hier voll und ganz hingeben kann. Weine aus bekannten Regionen Italiens !

🍴 **SBB-Restaurant**, Westfalendamm 166 (B 1), ✉ 44141, ✆ (0231) 59 78 15, Fax (0231) 5600637, ⟵ – 🅿 🅰🅴 ⓞ ⓜ 🆅🅸🆂🅰   CZ e
geschl. Samstagmittag – **Menu** à la carte 22/37 – **Edo** (japanische Küche) (nur Abendessen) **Menu** 36/67.
  • Die Küche ist zum Restaurant hin offen, so daß man den Köchen bei der Zubereitung der bürgerlichen und internationalen Gerichte fast in die Töpfe schauen kann. Das Edo lädt ein zu einer Reise nach Fernost.

🍴 **Hövels Hausbrauerei**, Hoher Wall 5, ✉ 44137, ✆ (0231) 9 14 54 70, info@hoevels-hausbrauerei.de, Fax (0231) 91454720, Biergarten – 🅰🅴 ⓞ ⓜ 🆅🅸🆂🅰   AZ c
Menu à la carte 18/35.
  • Die einsehbare, in den Gasthof integrierte Brauerei macht das Haus zu einer nicht alltäglichen Adresse. Die Einrichtung ist originell, Biertrinker sitzen hier an der Quelle !

In Dortmund-Aplerbeck : *Gewerbegebiet Ost, nahe der B 234 über ② : 8 km* :

🏨 **Golden Tulip Airport Hotel** Ⓜ, Schleefstr. 2c, ✉ 44287, ✆ (0231) 98 98 90, info@airport-hotel.net, Fax (0231) 98989800 – 📶 ✯ Zim, 📺 & ⟵ 🅿 – 🔑 90. 🅰🅴 ⓞ ⓜ 🆅🅸🆂🅰
Menu (geschl. Sonntag) à la carte 19/36 – **96 Zim** ⊇ 120/143 – 131/164.
  • Wie der Name schon sagt, liegt das Hotel in unmittelbarer Nähe zum Flughafen und verfügt aus diesem Grund über eine hervorragende Verkehrsanbindung. Gute Tagungstechnik ! Charles Lindbergh gab dem neuzeitlichen, freundlichen Restaurant seinen Namen.

In Dortmund-Barop :

🏨 **Hotellennhof** Ⓜ, Menglinghauser Str. 20, ✉ 44227, ✆ (0231) 75 81 90, info@hotellennhof.de, Fax (0231) 7581960, 🌞, ⟵ – ✯ Zim, 🍴 Zim, 📺 ♨ 🅿 – 🔑 40. 🅰🅴 ⓞ ⓜ 🆅🅸🆂🅰   S m
Lennis : **Menu** 34/40 – **38 Zim** ⊇ 98 – 128.
  • Völlig neu gestaltet, besticht die Hotelanlage nun durch die Kombination von Tradition und Moderne. Die stilsichere Eleganz des Designerstils wird auch Ihren Zuspruch finden. Das über zwei Ebenen angelegte Lennis ist das gastronomische Herzstück des Hauses.

🏨 **Tryp Hotel**, Emil-Figge-Str. 41, ✉ 44227, ✆ (0231) 9 70 50, tryp.dortmund@solmelia.com, Fax (0231) 9705444, 🌞, ⟵ – 📶 ✯ Zim, 📺 ♨ 🅿 – 🔑 60. 🅰🅴 ⓞ ⓜ 🆅🅸🆂🅰   S a
Menu (spanische Küche) à la carte 19/36 – **90 Zim** ⊇ 104/115 – 115/126.
  • Inmitten des Technologieparks des Universitätsgeländes finden Sie dieses Hotel. In den funktionell eingerichteten Zimmern übernachten Sie gut. Die Küche Spaniens prägt die Speisekarte.

In Dortmund-Gartenstadt :

🍴🍴 **Salute**, Winkelriedweg 53, ✉ 44141, ✆ (0231) 59 88 77, leonardo.darelli@t-online.de, Fax (0231) 5313017, 🌞 – 🅰🅴 ⓜ   R s
geschl. Juli - Aug. 3 Wochen, Samstagmittag, Sonntag – **Menu** (italienische Küche) à la carte 35/45.
  • Der sonnige Süden läßt grüßen ! Bei italienischer Saisonküche jenseits von Pizza und Pasta kommen hier Urlaubsgefühle auf und lassen Sie den Alltag für eine Weile vergessen.

DORTMUND

In Dortmund-Höchsten *über Wittbräucker Straße* S : *8 km :*

Haus Überacker, Wittbräucker Str. 504 (B 234), ✉ 44267, ℘ (02304) 8 07 06, Fax (02304) 86844, 🍽 – TV 🛏 P. ① ⊙⊙ VISA JCB
geschl. Aug. - Sept. 3 Wochen – **Menu** *(geschl. Donnerstag)* à la carte 19/39 – **17 Zim** ⊇ 40/50 – 70/80.
* Der gewachsene Gasthof ist in einem schmucken Fachwerkbau beheimatet. Die Zimmer sind zum Teil holzvertäfelt und mit solidem Naturholzmobiliar bestückt. Ein neuer offener Wintergarten mit Heizstrahlern und eine Gartenterrasse ergänzen das Restaurant.

Overkamp, Am Ellberg 1 (B 234), ✉ 44265, ℘ (0231) 46 27 36, info@overkamp-gastro.de, Fax (0231) 47001, 🍽 – P. – 🅰 60. ᴀᴇ ① ⊙⊙ VISA
geschl. Aug. 3 Wochen, Dienstag – **Menu** à la carte 20/36,50 ₤.
* Seit 300 Jahren befindet sich dieses Anwesen in Familienbesitz. Man speist hier in verschiedenen, großzügig angelegten Räumlichkeiten, von ländlich elegant bis rustikal.

In Dortmund-Körne :

Körner Hof garni, Hallesche Str. 102, ✉ 44143, ℘ (0231) 5 62 08 40, info@hotel-koerner-hof.de, Fax (0231) 561071, 🛎, 🔲 – 📶 ✳ TV ℘ 🛏. ᴀᴇ ① ⊙⊙ VISA. ✳
CY a
geschl. 22. Dez. - 4. Jan. – **21 Zim** ⊇ 76 – 96/104.
* Gepflegtes, familiäres Ambiente und die zeitlos möblierten Gästezimmer machen dieses Hotel am Rande Dortmunds zu einer soliden Adresse für Geschäfts- wie Privatreisende.

In Dortmund-Lücklemberg *über Hagener Str.* S : *6 km :*

Zum Kühlen Grunde ⌂, Galoppstr. 57, ✉ 44229, ℘ (0231) 7 38 70, Fax (0231) 7387100, Biergarten, 🛎, 🔲 – TV P. – 🅰 40. ᴀᴇ ① ⊙⊙ VISA JCB
geschl. 22. Dez. - 6. Jan. – **Menu** *(geschl. Sonn- und Feiertage) (nur Abendessen)* à la carte 17/31,50 – **30 Zim** ⊇ 65/75 – 85.
* Von altem Baumbestand umgeben, liegt das Haus in einer ruhigen Seitenstraße. Sonnenhungrige können sich bei gutem Wetter auf der Dachterrasse aalen - bei Regen im Solarium.

In Dortmund-Syburg *über* ④ : *13 km :*

La Table, Hohensyburgstr. 200 (im Spielcasino), ✉ 44265, ℘ (0231) 7 74 07 37, info @restaurant-latable.de, Fax (0231) 774077, 🍽 – P. ᴀᴇ ① ⊙⊙ VISA JCB. ✳
ಜಿಜಿ
geschl. 1. - 10. Jan., Juli - Aug. 3 Wochen, Montag - Dienstag, Feiertage – **Menu** *(nur Abendessen)* (bemerkenswerte Weinkarte) 68/108 à la carte 62/87 ₤.
* Eine gelungene Mischung aus klassischen und modernen Einrichtungselementen gibt dem Haus seine spezielle Note. Exquisite Französische Küche und sehr aufmerksamer Service !
Spez. Crème brûlée von der Gänsestopfleber. Getrüffelte Jakobsmuschel mit Koriandervelouté. Seezungenfilet und Rotbarbe in Gewürzöl geschmort.

In Dortmund-Wambel :

Ambiente M, Am Gottesacker 70, ✉ 44143, ℘ (0231) 4 77 37 70, rezeption@ hotel-ambiente.info, Fax (0231) 47737710, 🍽 – 📶, ✳ Zim, TV ℘ & P. – 🅰 40. ᴀᴇ ⊙⊙ VISA
R a
geschl. 21. Dez. - 5. Jan. – **Menu** *(geschl. Sonntag) (nur Abendessen)* à la carte 18,50/36 – **36 Zim** ⊇ 74/80 – 96/114.
* Hier ist ein ehemaliges Offizierscasino der britischen Armee zu einem modernen Business-Hotel umgebaut worden. Die Zimmer überzeugen mit neuzeitlichem Komfort. Das bistroähnliche Restaurant befindet sich in einem neuen Anbau.

DOSSENHEIM *Baden-Württemberg* 417 419 R 10 – 11 500 Ew – Höhe 120 m.
Berlin 622 – Stuttgart 126 – Mannheim 22 – Darmstadt 57 – Heidelberg 5,5 – Mainz 86.

Goldener Hirsch (mit Gästehaus), Hauptstr. 59, ✉ 69221, ℘ (06221) 86 80 40, info @hotel-restaurant-goldener-hirsch.de, Fax (06221) 863835 – TV. ① ⊙⊙ VISA
Menu *(geschl. Montag)* à la carte 14/26 – **26 Zim** ⊇ 40/50 – 60/75.
* Der Weinort Dossenheim liegt an der Bergstraße, einer der wärmsten Regionen des Landes. Mit viel Liebe zum Detail hat man hier ein gemütliches Domizil geschaffen. Restaurant in ländlicher Aufmachung.

Heidelberger Tor, Heidelberger Str. 32, ✉ 69221, ℘ (06221) 8 75 70, Fax (06221) 875740 – TV P. ᴀᴇ ⊙⊙ VISA JCB. ✳ Rest
Menu *(geschl. Juli, Freitag - Sonntag) (nur Abendessen)* (Restaurant nur für Hausgäste) – **25 Zim** ⊇ 37/42 – 56/62.
* Dunkle Eichenmöbel verbreiten eine heimelige Stimmung im ganzen Gebäude, welches sich am Rande des Weinörtchens, in einer ruhigen Nebenstraße befindet.

DRACHSELSRIED
Bayern **420** S 23 – 2 400 Ew – Höhe 533 m – Erholungsort – Wintersport : 700/850 m ⟨2 ⟨.
ℬ Tourist-Information, Zellertalstr. 12, ✉ 94256, ℘ (09945) 90 50 33, tourist-info@drachselsried.de, Fax (09945) 905035.
Berlin 512 – München 178 – *Passau* 80 – Cham 37 – Deggendorf 35.

In Drachselsried-Asbach Süd : 6 km :

Berggasthof Fritz ⟨, (mit Gästehaus), Asbach 10, ✉ 94256, ℘ (09923) 22 12, Fax (09923) 3767, ≤, 👁, ≋, ☐, 🐴 – 🛗 ⇔ 🅿
geschl. Nov. - 15. Dez. – **Menu** à la carte 12/20 – **48 Zim** ☑ 24/33 – 48/66 – ½ P 9.
◆ Auf die schöne Südlage ist man in diesem Berggasthof mit der altbewährten Gaststättentradition besonders stolz. In unmittelbarer Nähe befinden sich Skilift und Langlaufloipen. Eigene Landwirtschaft und eigene Metzgerei bereichern die Küche.

In Drachselsried-Unterried Süd-Ost : 3 km :

Lindenwirt ⟨, Unterried 9, ✉ 94256, ℘ (09945) 95 10, hotel.lindenwirt@t-online.de, Fax (09945) 951299, 👁, ≋, ☐, 🐴 – 🛗 📺 🅿 ⍓ Rest
geschl. Mitte Nov. - Mitte Dez. – **Menu** à la carte 13/24 – **51 Zim** ☑ 41/83 – 81/115 – ½ P 6.
◆ Ein Ferienhotel mit ansprechenden Zimmern, von denen einige über eine Unterteilung in Wohn- und Schlafbereich verfügen. Hübsch gestaltete Bade- und Saunalandschaft ! Spiegelsäulen und Farbkontraste geben dem Restaurant einen leicht eleganten Anstrich.

Außerhalb Ost : 6 km über Oberried – Höhe 730 m

Sport- und Ferienhotel Riedlberg ⟨, ✉ 94256 Drachselsried, ℘ (09924) 9 42 60, riedlberg@t-online.de, Fax (09924) 7273, ≤, 👁, Massage, ≋, ☒ (geheizt), ☐, 🐴 2 ⟨, 🐟 – 📺 🅿 ⍓ Rest
geschl. 10. Nov. - Mitte Dez. – **Menu** à la carte 12/26 – **39 Zim** ☑ 57/67 – 105/150 – ½ P 6.
◆ Am Waldrand, in schöner Hanglage befindet sich die weitläufige Hotelanlage. Gemütliche Ausstattung und großzügiger Wellnessbereich gehören zu den Annehmlichkeiten des Hauses. Die Gaststube mit Kachelofen und Dielenboden verströmt wohlige Geborgenheit.

Fragen Sie Ihren Buchhändler nach dem aktuellen
Katalog des Michelin Reise-Verlags

DREIEICH
Hessen **417** P 10 – 39 400 Ew – Höhe 130 m.
🛩 Dreieich, Hofgut Neuhof, ℘ (06102) 32 70 10.
Berlin 557 – Wiesbaden 45 – *Frankfurt am Main* 16 – Darmstadt 17.

In Dreieich-Dreieichenhain :

Alte Bergmühle (mit Gästehaus), Geisberg 25, ✉ 63303, ℘ (06103) 8 18 58, altebergmuehle@t-online.de, Fax (06103) 88999, 👁 – ⥇ Zim, 📺 ⌕ 🅿 🆎 ⓞ ⓜ
VISA
Menu à la carte 38/51 – **14 Zim** ☑ 85/100 – 125.
◆ Mit viel Aufwand und Liebe zum Detail ist die alte Mühle restauriert und renoviert worden. In den eleganten Räumlichkeiten serviert man eine internationale und leichte Küche.

In Dreieich-Götzenhain :

Gutsschänke Neuhof, an der Straße nach Neu-Isenburg (Nord : 2 km), ✉ 63303, ℘ (06102) 3 00 00, info@gutsschaenkeneuhof.de, Fax (06102) 300055, 👁 – 🅿 🆎 ⓞ ⓜ **VISA** **JCB**
geschl. Montag – **Menu** à la carte 32/53.
◆ Ein fast 500-jähriges Hofgut mit rustikalem Ambiente und hübscher Gartenterrasse. Die angebotenen Weine kommen vom hauseigenen Weingut und anderen erstklassigen Lagen.

In Dreieich-Sprendlingen :

Dorint Ⓜ, Eisenbahnstr. 200, ✉ 63303, ℘ (06103) 60 60, info.fradre@dorint.com, Fax (06103) 500, 👁, ≋, ☐ – 🛗, ⥇ Zim, 📺 ⌕ 🅿 – 🛎 60. 🆎 ⓞ ⓜ **VISA** **JCB**
⍓ Rest
Menu à la carte 23/39,50 – ☑ 15 – **92 Zim** 144/156 – 184/196, 4 Suiten.
◆ Auf vier Etagen bietet dieses Hotel komfortable und farblich angenehm abgestimmte Zimmer. In der Halle kann man zum Plaudern auf bequemen Korbsesseln Platz nehmen.

DREIS KREIS BERNKASTEL-WITTLICH Rheinland-Pfalz siehe Wittlich.

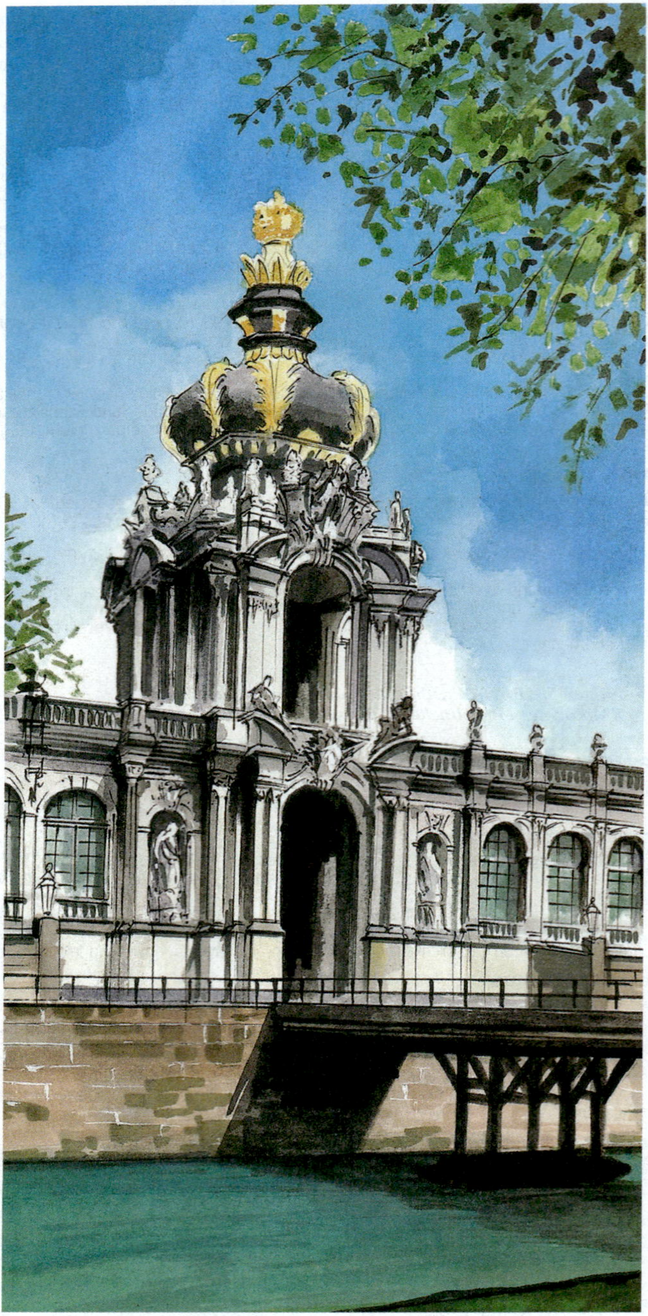

DRESDEN

📖 Sachsen 418 M 25 – 500 000 Ew – Höhe 105 m

Berlin 192 ⑧ – Chemnitz 70 ⑦ – Görlitz 98 ① – Leipzig 111 ⑦ – Praha 152 ⑤

PRAKTISCHE HINWEISE

🛈 *Tourist-Information, Prager Str. 2a* ✉ *01069,* ✆ *(0351) 49 19 20, info@dresden-tourist.de, Fax (0351) 49192116*

ADAC, *Striesener Str. 37*

✈ *Dresden-Klotzsche (über* ② *: 13 km),* ✆ *(0351) 8 81 33 60*
Deutsche Lufthansa City Center, Wilsdruffer Str. 25, ✉ *01067,* ✆ *(0351) 49 98 80, Fax (0351) 4998849*

⛳ *Possendorf, Ferdinand-von-Schill-Str. 4 (über* ⑤ *: 13 km),* ✆ *(035206) 24 30*
⛳ *Ullersdorf, Am Golfplatz 1 (über* ③ *: 8 km),* ✆ *(03528) 4 80 60*

HAUPTSEHENSWÜRDIGKEITEN

Sehenswert : *Zwinger*★★★ *(Wallpavillon*★★*, Nymphenbad*★★*, Porzellansammlung*★★*, Mathematisch-physikalischer Salon*★★*, Rüstkammer*★★*)* AY – *Semper-Oper*★★ AY – *Hofkirche*★★ BY – *Schloss (Fürstenzug-Mosaik*★*, Langer Gang*★*)* BY – *Albertinum (Gemäldegalerie Alte Meister*★★★*, Gemäldegalerie Neue Meister*★★★*, Grünes Gewölbe*★★★*)* BY – *Prager Straße*★ ABZ – *Museum für Geschichte der Stadt Dresden*★ BY M⁴ – *Kreuzkirche*★ BY – *Japanisches Palais*★ *(Garten ⩽*★*)* ABX – *Museum für Volkskunst*★ BX M² – *Großer Garten*★ CDZ – *Russisch-orthodoxe Kirche*★ V – *Brühlsche Terrasse ⩽*★ BY – *Reiterstandbild Augusts des Starken*★ BX E – *Pfundts Molkerei (Innenausstattung)*★ *(Bautzner Str. 79)* CX.

Ausflugsziele : *Schloß Moritzburg*★ *(Nord-West : 14 km über Moritzburger Landstr.* U*)* – *Schloß Pilnitz*★ *(Süd-Ost : 15 km über Pilnitzer Landstr.* V*)* – *Sächsische Schweiz*★★★ *(Bastei*★★★*, Festung Königstein*★★ *⩽*★★*, Großseditz : Barockgarten*★*).*

DRESDEN

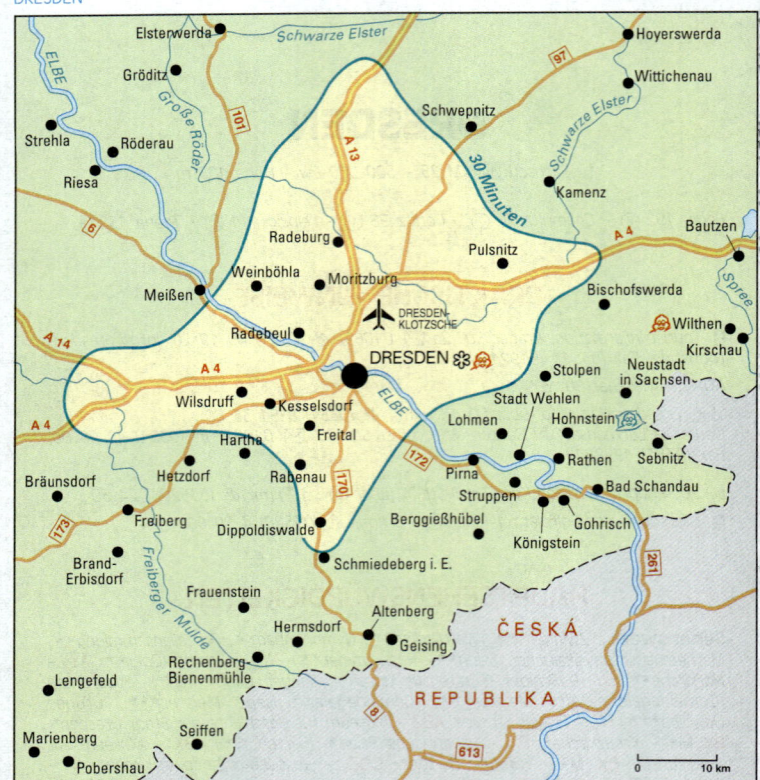

Kempinski Hotel Taschenbergpalais, Taschenberg 3, ✉ 01067, ✆ (0351) 4 91 20, reservation@kempinski-dresden.de, Fax (0351) 4912812, 🍴, Massage, ⚽, ≋,
◻ – 📶, ⭐ Zim, 📺 ✆ 🚗 – ⚒ 320. 🅰🅴 ① 🆗 🆅🅸🆂🅰 🅹🅲🅱. BY a
Menu à la carte 40/54,50 – ☐ 22 – **213 Zim** 225/340 – 285/370, 12 Suiten.
♦ In dem rekonstruierten Barock-Palais ist heute der Gast König. Die eleganten Zimmer und luxuriösen Suiten sind wahlweise mit roter Buche, Barock- oder Designermöbeln bestückt. Schlichte Eleganz bestimmt die Atmosphäre im Intermezzo.

The Westin Bellevue, Große Meißner Str. 15, ✉ 01097, ✆ (0351) 80 50, hotel info@westin-bellevue.com, Fax (0351) 8051609, ≤, 🍴, Biergarten, ⚽, ≋, ◻, – 📶, ⭐ Zim, 📺 ✆ 🚗 🅿 – ⚒ 400. 🅰🅴 ① 🆗 🆅🅸🆂🅰 🅹🅲🅱. ✗ Rest BX a
Menu à la carte 26/55 – ☐ 16 – **339 Zim** 119/204 – 134/219, 16 Suiten - Wiedereröffnung nach Renovierung Frühjahr 2003.
♦ Inmitten malerischer Gärten am Elbufer, mit Blick auf die Kuppeln und Türme von Semperoper und Schloß, finden Sie schöne, klassisch möblierte Zimmer. Das Canaletto unterstreicht mit elegantem Ambiente den stilvollen Rahmen. Frei- und Innenhofterrassen.

Radisson SAS Gewandhaus Hotel Ⓜ, Ringstr. 1, ✉ 01067, ✆ (0351) 4 94 90, info.dresden@radissonsas.com, Fax (0351) 4949490, ⚽, ≋, ◻ – 📶, ⭐ Zim, 📺 ✆ 🅿 – ⚒ 60. 🅰🅴 ① 🆗 🆅🅸🆂🅰 🅹🅲🅱. BY s
Menu à la carte 33/43 – ☐ 16 – **97 Zim** 135/250.
♦ Im Herzen der Altstadt verbergen sich hinter der historischen Fassade des 1525 erbauten Gewandhauses elegant eingerichtete Räume im Biedermeierstil mit modernster Ausstattung. Um den lichten, malerischen Innenhof mit Glaskuppel hat man die Brasserie angelegt.

DRESDEN

Alttolkewitz	**V** 57
Borsbergstraße	**V** 58
Emerich-Ambros-Ufer	**U** 60
Flügelwegbrücke	**UV** 61
Fritz-Löffler-Straße	**V** 62
Gerhart-Hauptmann-Str.	**V** 63
Hamburger Straße	**U** 64
Lommatzscher Straße	**U** 69
Nossener Brücke	**V** 71
Nürnberger Straße	**V** 72
Moritzburger Landstraße	**U** 74
Moritzburger Weg	**U** 75
Naumannstraße	**V** 78
Washingtonstraße	**V** 79
Wehlener Straße	**V** 81
Zellescher Weg	**V** 83

Hilton M, An der Frauenkirche 5, ✉ 01067, ☏ (0351) 8 64 20, info_dresden@hilton.com, Fax (0351) 8642725, Massage, 14, ≦, 🏊 – 🏢, ⇌ Zim, 🖿 📺 📞 ♿ ⇔ 🅿 –
🔔 320. AE ◉ ◎ VISA JCB
BY e
Rossini (italienische Küche) **Menu** à la carte 34/48,50 – **Wettiner Keller** *(geschl. Sonntag - Montag) (nur Abendessen)* **Menu** à la carte 20/36 – **Ogura** *(japanische Küche) (geschl. Montag)* **Menu** à la carte 17/38 – ⌷ 18 – **333 Zim** 150/215 – 165/245, 4 Suiten.

♦ Wo Dresden am schönsten ist, steht das Hilton : am Balkon Europas, der Brühlschen Terrasse und unmittelbar neben der im Aufbau befindlichen Frauenkirche. In der ersten Etage offeriert das Rossini eine gehobene Küche. Fernöstliches Flair versprüht das Ogura.

Bülow Residenz, Rähnitzgasse 19, ✉ 01097, ☏ (0351) 8 00 30, info@buelow-residenz.de, Fax (0351) 8003100, 😊 – 🏢, ⇌ Zim, 📺 📞 ♿ 🅿 – 🔔 20. AE ◉
◎ VISA
BX c
Carroussel (Tischbestellung ratsam) **Menu** à la carte 57/70 ♀ – ⌷ 15 – **30 Zim** 170 – 210.

♦ In einem der ältesten barocken Herrenhäuser Sachsens bieten individuelle Zimmer höchsten Komfort. Die dezente Kirschbaumeinrichtung strahlt Wärme und Gemütlichkeit aus. Genießen Sie die exzellente Küche Stefan Hermanns im stilvollen Ambiente des Caroussel.

Spez. Curry-Zitronengrassüppchen mit gebratener Jakobsmuschel. Medaillons vom Bisonfilet mit geschmorten Backen und Rotweinschalotten. Topfenknödel mit Kompott von grünen Tomaten und Mandeleis.

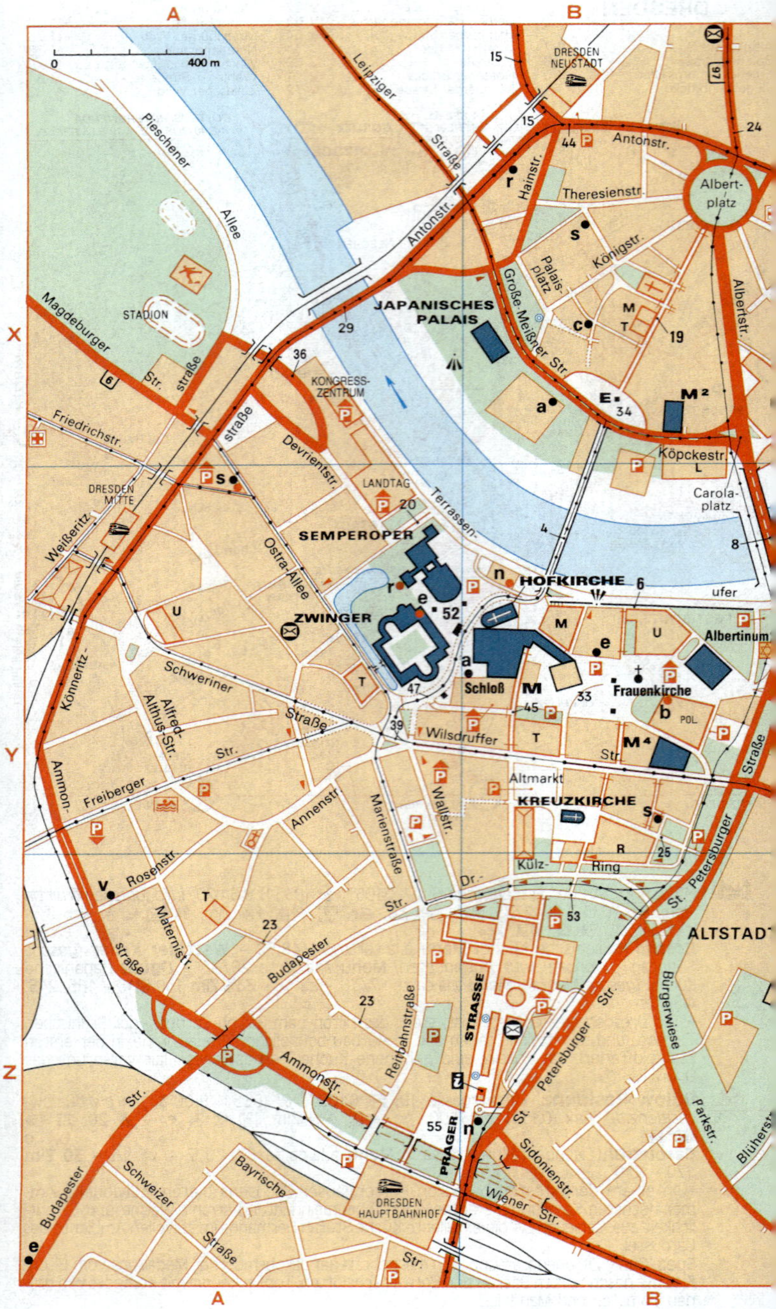
A
B
X
Y
Z
0
400 m
DRESDEN NEUSTADT
Leipziger Straße
Antonstr.
Hainstr.
Theresienstr.
Albertplatz
Königstr.
Palaisplatz
Große-Meißner Str.
Albertstr.
JAPANISCHES PALAIS
Pieschener Allee
STADION
Magdeburger Str.
straße
Friedrichstr.
KONGRESS-ZENTRUM
Devrientstr.
Köpckestr.
Carolaplatz
DRESDEN MITTE
LANDTAG
Terrassen-ufer
Weißeritz
SEMPEROPER
HOFKIRCHE
Ostra-Allee
ZWINGER
Albertinum
Schloß
Frauenkirche
Könneritz-
Schweriner Straße
Alfred-Althus-Str.
Wilsdruffer Str.
Freiberger Str.
Ammon-straße
Altmarkt
KREUZKIRCHE
Annenstr.
Marienstraße
Wallstr.
Rosenstr.
Külz-Ring
Dr.-Külz-Ring
Maternistr.
St. Petersburger Straße
ALTSTADT
Budapester Str.
Bürgerwiese
Reitbahnstraße
PRAGER STRASSE
Ammonstr.
Parkstr.
Sidonienstr.
Schweizer Straße
Bayrische Str.
DRESDEN HAUPTBAHNHOF
Wiener Str.
Blüherstr.
POL
15
24
44
29
36
19
34
20
4
8
6
52
47
33
45
39
25
53
23
55
M²
M⁴

DRESDEN

Albertbrücke	**CX**	2
Augustusbrücke	**BY**	4
Brühlsche Terrasse	**BY**	6
Carolabrücke	**BY**	8
Dr.-Külz-Ring	**BYZ**	
Hansastr	**BX**	15
Hauptstr.	**BX**	19
Holländische Str.	**AY**	20
Josephinenstr	**AZ**	23
Königsbrücker Str.	**BX**	24
Königstr	**BX**	
Kreuzstr.	**BYZ**	25
Marienbrücke	**AX**	29
Neumarkt	**BY**	33
Neustädter Markt	**BX**	34
Ostra-Ufer	**AX**	36
Postplatz	**AY**	39
Prager Str	**ABZ**	
Reichpietschufer	**CX**	40
Rothenburger Straße	**CX**	42
Sachsenallee	**CY**	43
Schlesischer Pl.	**BX**	44
Schloßstr.	**BY**	45
Sophienstr.	**AY**	47
Theaterplatz	**BY**	52
Waisenhausstr	**BZ**	53
Wiener Pl.	**AZ**	55
Wildsruffer Str	**ABY**	

DRESDEN

Bayerischer Hof, Antonstr. 33, ✉ 01097, ℰ (0351) 82 93 70, info@bayerischer hof-dresden.de, Fax (0351) 8014860, 🍴 – 📶, ⇌ Zim, 📺 ⇌ 🅿 – 🔑 40. 🆎 ⓞ ⓒ 🆅🆂🅰 🅹🅲🅱. ✳ Rest BX
geschl. 23. - 28. Dez. – **Menu** (geschl. Sonntag, Jan. - März Samstag - Sonntag) (nur Abendessen) à la carte 14/31 – **50 Zim** ⇌ 95/105 – 128, 5 Suiten.
• Die ehemalige Bibliothek beherbergt heute Gäste in geräumigen, geschmackvoll farbenfrohen Zimmern mit eleganten Kirschholzmöbeln - abgestimmt mit alten Gemälden Ganz in klassischem Stil : die Patrizierstube.

Park Plaza M, Königsbrückerstr. 121a, ✉ 01099, ℰ (0351) 8 06 30, ppdresden@ parkplazahotels.de, Fax (0351) 8063721, Biergarten, ⇌ – 📶, ⇌ Zim, 📺 ✆ ⇌ – 🔑 330. 🆎 ⓞ ⓒ 🆅🆂🅰 🅹🅲🅱 U y
Menu à la carte 19/29 – **148 Zim** ⇌ 145 – 158.
• Die geräumigen Zimmer verbinden Belle Epoque und Hightech : Freundliche Farben und helles Holzdekor bestimmen die Einrichtung. Schön : der Ballsaal a. d. J. 1891. Im Szenario gewähren freistehende, offene Kochstationen interessante Einblicke.

Dorint M, Grunaer Str. 14, ✉ 01069, ℰ (0351) 491 50, info.drshdd@ dorint.com Fax (0351) 4915100, ⇌, 🅿 – 📶, ⇌ Zim, 📺 ✆ ₺ ⇌ – 🔑 190. 🆎 ⓞ ⓒ 🆅🆂🅰 🅹🅲🅱
Menu à la carte 25/39 – **244 Zim** ⇌ 113/151 – 134/171.
• Erholen Sie sich in zeitgemäßen, mit soliden Massivholzmöbeln bestückten Zimmern Die großen Schreibtische mit moderner Technik ermöglichen bequemes, erfolgreiches Arbeiten. Eine 1905 gegründete Künstlergruppe gab dem Restaurant Die Brücke seiner Namen. CYZ r

Astron M, Hansastr. 43, ✉ 01097, ℰ (0351) 8 42 40, dresden@astron-hotels.com Fax (0351) 8424200, 🍴, 🏋, ⇌ – 📶, ⇌ Zim, ▤ 📺 ✆ ₺ ⇌ – 🔑 220. 🆎 ⓞ ⓒ 🆅🆂🅰 🅹🅲🅱 U e
Menu à la carte 23/33 – ⇌ 12 – **269 Zim** 95 – 118.
• Ganz auf Geschäftsreisende abgestimmtes Haus mit geräumigen, farbenfrohen Zimmern großen Schreibflächen und allen notwendigen Anschlüssen. Bäder mit Granitwaschtischen

Holiday Inn M, Stauffenbergallee 25a, ✉ 01099, ℰ (0351) 8 15 10, info@holiday inn-dresden.de, Fax (0351) 8151333, 🏋, ⇌, 🅿 – 📶, ⇌ Zim, ▤ Rest, 📺 ✆ ₺ 🅿 – 🔑 100. 🆎 ⓞ ⓒ 🆅🆂🅰 🅹🅲🅱 U s
Menu à la carte 20/30 – **120 Zim** ⇌ 80/155 – 95/170.
• Nächtigen Sie in geräumigen Zimmern mit hellen Naturholzmöbeln, die ihre besondere Atmosphäre von freundlichen bunten Polstermöbeln erhalten. Kaffee-/Teebar in den Zimmern.

Elbflorenz M garni, Rosenstr. 36, ✉ 01067, ℰ (0351) 8 64 00, info@hotel-elbflorenz.de Fax (0351) 8640100, ⇌, ⇌ 📺 ✆ ⇌ – 🔑 150. 🆎 ⓞ ⓒ 🆅🆂🅰 🅹🅲🅱 AZ v
227 Zim ⇌ 105/125 – 125/145.
• Im Elbflorenz wohnen Sie im Toskanastil : Zum südländischen Interieur zählen Metallgestellbetten ebenso wie nachgeahmte Steinmauern. Schön begrünter Innenhof !

Comfort Hotel M garni, Buchenstr. 1, ✉ 01097, ℰ (0351) 8 15 15 00, info@ comfort-hotel-dresden.de, Fax (0351) 8151555, ⇌ – 📶 ⇌ 📺 ✆ ₺ ⇌ – 🔑 15. 🆎 ⓞ ⓒ 🆅🆂🅰 🅹🅲🅱 U s
76 Zim ⇌ 72/105 – 82/120, 8 Suiten.
• Helles Buchenholz, verbunden mit warmen Farben und Formen, verwandelt Ihr Hotelzimmer in ein behagliches Zuhause auf Zeit. Verkehrsgünstig mitten in der Neustadt gelegen.

Art'otel, Ostra-Allee 33, ✉ 01067, ℰ (0351) 4 92 20, aodrinfo@artotels.de, Fax (0351) 4922776, 🏋, ⇌ – 📶, ⇌ Zim, ▤ 📺 ✆ ₺ ⇌ – 🔑 250. 🆎 ⓞ ⓒ 🆅🆂🅰
Menu à la carte 17/32 – **174 Zim** ⇌ 160/180 – 175/195 - Wiedereröffnung nach Renovierung Frühjahr 2003. AY s
• Liebhaber moderner Kunst sind hier richtig : Extravagant designtes Haus mit angegliederter Kunsthalle. Originelle Zimmer mit technischen Gags wie "Zauberfenster" zu den Bädern. Das Interieur des Restaurants vereint Kunst und moderne Formen.

Am Terrassenufer, Terrassenufer 12, ✉ 01069, ℰ (0351) 4 40 95 00, hat@hote. -terrassenufer.de, Fax (0351) 4409600, 🍴 – 📶, ⇌ Zim, 📺 ✆ – 🔑 20. 🆎 ⓞ ⓒ 🆅🆂🅰 🅹🅲🅱 CY a
Menu à la carte 15,50/26 – **196 Zim** ⇌ 110/190 – 124/245, 6 Suiten.
• Die luftig-geräumigen Zimmer mit hellen Möbeln und großen Schreibflächen bieten durch die Lage an der Brühlschen Terrasse Ausblick auf Elbe, Altstadt und Sächsische Schweiz. Sie speisen im gläsernen Pavillon-Restaurant - neuzeitlich in der Aufmachung.

Martha Hospiz, Nieritzstr. 11, ✉ 01097, ℰ (0351) 8 17 60, marthahospiz.dresden @t-online.de, Fax (0351) 8176222 – 📶 📺 ✆ ₺ – 🔑 20. 🆎 ⓒ 🆅🆂🅰 🅹🅲🅱. ✳ Zim geschl. 22. - 27. Dez. – **Kartoffelkeller** (nur Abendessen) **Menu** à la carte 13/23 – **50 Zim** ⇌ 76/89 – 98/198. BX s
• Traditionsbetrieb der evangelischen Kirche mit geschmackvollen Zimmern in klassischem, honigfarbenem Mobiliar, teils im Biedermeierstil. Sieben Zimmer behindertengerecht. Gemütliches Restaurant - früher als Kohle- und Kartoffelkeller genutzt.

DRESDEN

🏨 **Achat** M garni, Budapester Str. 34, ✉ 01069, ℰ (0351) 47 38 00, *dresden@achat-hotel.de*, Fax (0351) 47380999 – 🛗 ⁂ 📺 📞 🚗 – 🔑 20. ⛔ ⓞ ⓜ 💳 JCB
😋 11 – **157 Zim** 59/94 – 69/104. AZ e
◆ Zentrumsnah beim Hauptbahnhof finden Sie die praktisch und funktionell mit hellen Naturholzmöbeln ausgestatteten Zimmer. Langzeitgäste wohnen in Appartements mit Miniküche.

🏨 **Novalis** M, Bärnsdorfer Str. 185, ✉ 01127, ℰ (0351) 8 21 30, *novalis.hotel@t-online.de*, Fax (0351) 8213180, 🍴 – 🛗, ⁂ Zim, 📺 📞 🅿 – 🔑 40. ⛔ ⓞ ⓜ 💳 U b
Menu *(nur Abendessen)* (Restaurant nur für Hausgäste) – **83 Zim** 😋 67/82 – 77/100.
◆ Die mit hellgrauen Möbeln bestückten Zimmer sind idealer Ausgangspunkt für Ihre Unternehmungen in "Elbflorenz." Geschäftsreisende finden die nötige Technik vor.

🏨 **Wenotel** garni, Messering 24, ✉ 01067, ℰ (0351) 4 97 60, Fax (0351) 4976100 – 🛗 ⁂ 📺 🅿 – 🔑 20. ⛔ ⓞ ⓜ 💳 U m
81 Zim 😋 64 – 77.
◆ Geschäftsreisende freuen sich über kurze Wege : Die neue Messe ist gleich um die Ecke. Große Schreibtische in den hell möblierten Zimmern erleichtern das Arbeiten.

XX **Italienisches Dörfchen**, Theaterplatz 3, ✉ 01067, ℰ (0351) 49 81 60, *gastro.theaterplatz@t-online.de*, Fax (0351) 4981688, 🍴, Biergarten – ⛔ ⓞ ⓜ 💳 BY n
Bellotto (italienische Küche) **Menu** à la carte 18/35 – **Weinzimmer** : Menu à la carte 19/33 – **Kurfürstenzimmer** : Menu à la carte 16/34.
◆ Teil des Italienischen Dörfchens - benannt nach einer Siedlung italienischer Bauarbeiter - ist das modern gestaltete Bellotto. Stuckdecke und ein schönes Rot geben der Weinstube eine elegante Note. Blickfang im Kurfürstenzimmer ist die verzierte Decke.

XX **Coselpalais**, An der Frauenkirche 12, ✉ 01067, ℰ (0351) 4 96 24 44, Fax (0351) 4962445, 🍴 – ⁂. ⛔ ⓞ ⓜ 💳 BY b
Menu à la carte 18/36.
◆ Traumhaft schon das Äußere dieses rekonstruierten Palais aus dem Jahre 1763. Das klassische Interieur mit Kaffeehauscharakter steht dem Gesamtbild gut zu Gesicht.

XX **Opernrestaurant**, Theaterplatz 2 (1. Etage), ✉ 01067, ℰ (0351) 4 91 15 21, *gastro.theaterplatz@t-online.de*, Fax (0351) 4956097 – ⛔ ⓞ ⓜ 💳 JCB AY r
geschl. 16. Juli - 24. Aug. – **Menu** à la carte 21/29,50 - Wiedereröffnung nach Renovierung Frühjahr 2003.
◆ Über dem Bistro im Erdgeschoß wartet das im klassischen Stil gehaltene Restaurant mit internationalen Speisen auf Ihren Besuch vor oder nach der Oper ! Netter Blick ins Grüne !

XX **Am Glacis**, Glacisstr. 8, ✉ 01099, ℰ (0351) 8 03 60 33, *restaurant@am-glacis.de*, Fax (0351) 8036034, 🍴 – ⛔ ⓞ ⓜ 💳 JCB CX a
geschl. Samstagmittag, Sonn- und Feiertage – **Menu** à la carte 19/47.
◆ Im selben Haus wie das Mercure-Hotel Albertbrücke liegt dieses modern-elegante Restaurant, das Sie auf eine kulinarische Reise durch Frankreich mitnimmt.

X **Alte Meister**, Theaterplatz 1a, ✉ 01067, ℰ (0351) 4 81 04 26, *info@altemeister.net*, Fax (0351) 4810479, 🍴 – ⛔ ⓜ 💳. ⁂ AY e
Menu à la carte 23/29,50.
◆ Helle, hohe Räume und eine Gewölbedecke mit nachgemalten Fresken prägen das Ambiente. Schön sitzt man auch auf der Terrasse mit Blick auf Oper und Theaterplatz.

X **Fischhaus Alberthafen**, Magdeburger Str. 58 (B 6), ✉ 01067, ℰ (0351) 4 98 21 10, *fischhaus@binnenhafen-sachsen.de*, Fax (0351) 4982109, 🍴 – 🅿. ⛔ ⓜ 💳 U f
Menu (überwiegend Fischgerichte) (abends Tischbestellung ratsam) à la carte 19/31.
◆ Hafenatmosphäre mitten in Dresden, maritimes Dekor mit Masten und angedeutetem Schiffsrumpf. Angebot aus der offenen Küche fast ausschließlich auf Fisch bezogen.

In Dresden-Blasewitz :

🏨 **Am Blauen Wunder,** Loschwitzer Str. 48, ✉ 01309, ℰ (0351) 3 36 60, *dresden@hotel-am-blauen-wunder.de*, Fax (0351) 3366299, 🍴 – 🛗, ⁂ Zim, 📺 📞 🚗 – 🔑 35. ⛔ ⓜ 💳 UV d
La Strada (italienische Küche) *(geschl. 23. Dez. - 9. Jan., Juli - Aug. 2 Wochen, Sonntag)* *(nur Abendessen)* **Menu** à la carte 20/36 – **39 Zim** 😋 95 – 115.
◆ Ihr blaues Wunder erleben Sie hier nicht, höchstens geschmackvoll-luxuriöse Zimmer, gestaltet mit italienischen Stilmöbeln aus Birnbaum-Massivholz und Jugendstil-Accessoires. Völlig neu gestaltet präsentiert sich das La Strada nun im Bistro-Stil.

In Dresden-Cotta :

🏨 **Mercure Elbpromenade** M, Hamburger Str. 64 (B 6), ✉ 01157, ℰ (0351) 4 25 20, *h0479@t-online.de*, Fax (0351) 4252420, 🍴, 🍴 – 🛗, ⁂ Zim, 📺 ♿ 🚗 🅿 – 🔑 60. ⛔ ⓞ ⓜ 💳. ⁂ Rest U u
Menu *(geschl. 2. Jan. - 25. März, Samstag, Sonn- und Feiertage)* à la carte 19,50/28,50 – 😋 13 – **103 Zim** 59/80 – 70/99.
◆ Ihre Residenz in der "Perle des Nordens" direkt an der Elbe : Moderne, helle Naturholzmöblierung und blaue Schreibflächen mit guter Technik warten in geräumigen Zimmern.

DRESDEN

Residenz Alt Dresden, Mobschatzer Str. 29, ✉ 01157, ✆ (0351) 4 28 10
residenzaltdresden@ringhotels.de, Fax (0351) 4281988, 😀, 🛁, ⇌ – 📶 📶 TV 📶 📶
📶 P – 🅰 100. AE ① ⓜ VISA JCB
U
Menu à la carte 26/34 – **124 Zim** ⇋ 90/114 – 107/140.

◆ Wohnen Sie in funktionellen Zimmern mit gelb-orangefarbenen, modernen Holzmöbeln Langzeitgäste residieren im angegliederten Boardinghaus, Frühstück gibt's im Wintergarten ! Schlichtes Hotelrestaurant im Bistrostil.

In Dresden-Kemnitz :

Romantik Hotel Pattis Ⓜ, Merbitzer Str. 53, ✉ 01157, ✆ (0351) 4 25 50, *info @pattis.net, Fax (0351) 4255255,* 😀, Massage, ⇌, 🌿 – 📶, 📶 Zim, 🍽 Rest, TV 📶
📶 📶 P – 🅰 80. AE ① ⓜ VISA
U
Gourmet-Restaurant *(geschl. Jan. 2 Wochen, Aug. 2 Wochen, Sonntag - Montag) (nu Abendessen)* **Menu** à la carte 49/62 – **Vitalis** : **Menu** à la carte 22/30 – **46 Zim** ⇋ 100/150 – 135/190, 3 Suiten.

◆ Ein Hauch von Luxus : sehr geschmackvolle Zimmer mit gediegenen dunklen Jugendstilmöbeln, ein bemerkenswerter Wellnessbereich und ein kleiner Park. Das Gourmet-Restaurant imponiert mit edlem Interieur. Im Vitalis erzählen Wandbilder die Geschichte Dresdens.

In Dresden-Klotzsche *Nord-Ost : 9 km über ② :*

Airport Hotel Ⓜ, Karl-Marx-Str. 25, ✉ 01109, ✆ (0351) 8 83 30, *bestwestern@ airporthoteldresden.com, Fax (0351) 8833333,* 😀, ⇌ – 📶, 📶 Zim, 🍽 Rest, TV 📶 📶
📶 P – 🅰 50. AE ① ⓜ VISA JCB
Menu à la carte 19/29 – **100 Zim** ⇋ 105 – 125/168, 7 Suiten.

◆ Hier können Sie landen : Entspannen Sie in modernen, um das Atrium gruppierten Zimmern, solide bestückt mit neuzeitlichen Holzmöbeln, Schreibtischen und tadelloser Technik Freundliches, mit Raumteilern aufgelockertes Restaurant.

In Dresden-Langebrück *über ② : 10 km :*

Lindenhof, Dresdner Str. 36, ✉ 01465, ✆ (035201) 7 50, *hotel.lindenhof.dresden@ -online.de, Fax (035201) 75111,* 😀 – 📶, 📶 Zim, TV 📶 P – 🅰 40. AE
ⓜ VISA
Menu à la carte 12/27 – **35 Zim** ⇋ 55 – 80.

◆ Die ehemalige Villa aus dem 19. Jh. mit reizendem Fachwerktürmchen diente früher als Erholungshaus. Zeitloses Mobiliar und Schreibflächen mit allen notwendigen Anschlüssen Hotelrestaurant mit Parkettfußboden und neuzeitlicher Einrichtung.

In Dresden-Laubegast :

Ramada-Treff Resident Hotel Ⓜ, Brünner Str. 11, ✉ 01279, ✆ (0351) 2 56 20, *resident.dresden@ramada-treff.de, Fax (0351) 2562800* – 📶, 📶 Zim, TV 📶 📶 P –
🅰 45. AE ① ⓜ VISA JCB. 📶 Rest
V h
Menu *(wochentags nur Abendessen)* à la carte 18/27 – **122 Zim** ⇋ 70/100 – 86/112.

◆ Entspannen Sie sich in gemütlichen, mit hellen Pastellfarben freundlich aufgelockerten Zimmern, die in ihrer Funktionalität ganz auf Geschäftsreisende zugeschnitten sind.

In Dresden-Leubnitz-Neuostra :

Treff Hotel Dresden Ⓜ, Wilhelm-Franke-Str. 90, ✉ 01219, ✆ (0351) 4 78 20, *dresden@treff-hotels.de, Fax (0351) 4782550,* 😀, 🛁, ⇌ – 📶, 📶 Zim, TV 📶 📶 📶
P – 🅰 350. AE ① ⓜ VISA
V c
Menu à la carte 21/29 – ⇋ 13 – **262 Zim** 98.

◆ Als halbrund erbautes Hotel unweit vom Stadtzentrum empfiehlt sich das Treff Hotel Dresden mit seinen geschmackvoll in hellem Kirschholz gehaltenen, komfortablen Zimmern. Großes, neuzeitlich-nüchternes Restaurant.

In Dresden-Lockwitz *Süd-Ost : 11 km über ④ :*

Landhaus Lockwitzgrund, Lockwitzgrund 100, ✉ 01257, ✆ (0351) 2 71 00 10, *tkaiser@landhaus-lockwitz.de, Fax (0351) 27100130,* 😀, Biergarten – 📶 Zim, TV
📶 P – 🅰 35. AE ⓜ VISA
Menu *(geschl. Jan., Montag)* à la carte 16,50/30 ♀ – **12 Zim** ⇋ 50 – 65/80.

◆ Im romantischen Lockwitz läßt es sich in behaglicher Atmosphäre trefflich ausspannen : wohnliche Landhaus-Zimmer mit vielen Accessoires und original erhaltenen Details ! Die ehemaligen Stallungen mit Kreuzgewölbe dienen heute als Restaurant.

DRESDEN

In Dresden-Loschwitz :

Schloß Eckberg (mit Kavaliershaus), Bautzner Str. 134, ⊠ 01099, ℘ (0351) 8 09 90, *email@hotel-schloss-eckberg.de*, Fax (0351) 8099199, ≤ Dresden und Elbe, 斎, Massage, ₭, ≦s, 屋 – ⑮, ⇔ Zim, ⊡ 戈 ℙ – 🛦 70. 歴 ⓞ ⓦ 灰 ☞ Rest U d
Menu 20 (mittags) à la carte 27/46 – **84 Zim** ⊇ 85/160 – 118/210.
 • Ein großzügiger Park und Zimmer mit wertvollen Antiquitäten machen die Hotelanlage mit dem neugotischen Schloß und dem modernen Kavaliershaus zu einer attraktiven Adresse. Klassisch-stilvoll fügt sich das Restaurant in den historischen Rahmen.

In Dresden-Marsdorf über ① : 13 km und die A 13, Ausfahrt Marsdorf :

Landhaus Marsdorf ⑤, Marsdorfer Hauptstr. 15, ⊠ 01108, ℘ (0351) 8 80 81 01, *info@landhaus-marsdorf.de*, Fax (0351) 8805760, Biergarten, 屋 – ⇔ Zim, ⊡ 戈 ℙ – 🛦 60. 歴 ⓦ 灰
Menu à la carte 15/33 – **23 Zim** ⊇ 61/72 – 82/86.
 • Wählen Sie zwischen den modern gestalteten Zimmern im Erdgeschoß - alle mit Zugang zum Garten - und den rustikalen, gemütlichen Zimmern im Obergeschoß der Tenne. Im ursprünglichen, historischen Gasthof hat man das Restaurant eingerichtet.

In Dresden-Niedersedlitz Süd-Ost : 10 km über Bismarckstraße V :

Ambiente ⑤, Meusegaster Str. 23, ⊠ 01259, ℘ (0351) 20 78 80, *info@hotel-ambiente.de*, Fax (0351) 2078836 – ⑮ ⇔ ⊡ 戈 ℙ. ⓦ 灰. ☞ Rest
Menu (geschl. Sonntag) (nur Abendessen) (Restaurant nur für Hausgäste) – **20 Zim** ⊇ 71/98 – 91/128.
 • Das persönlich geführte Hotel präsentiert anspruchsvolle Ausstattung in dezenter Eleganz : Kirschbaumholz, Treca-Betten und geschmackvoll gemusterte Stoffe prägen die Zimmer.

In Dresden-Pillnitz Süd-Ost : 13 km über Pillnitzer Landstraße V :

Schloss Hotel Pillnitz Ⓜ, August-Böckstiegel-Str. 10, ⊠ 01326, ℘ (0351) 2 61 40, *info@schlosshotel-pillnitz.de*, Fax (0351) 2614400, 斎 – ⑮, ⇔ Zim, ⊡ 戈 ⅋ ℙ – 🛦 50. 歴 ⓦ 灰 灰. ☞ Zim
Menu (nur Mittagessen) à la carte 16/31 – **Kaminrestaurant** (nur Abendessen) **Menu** à la carte 33/45 – **45 Zim** ⊇ 75/95 – 100/120.
 • Die ehemalige Schloßschänke a. d. J. 1724 - direkt neben dem Schloß - bietet heute Gästen wohnliche Zimmer in zart mediterranem Stil. Zwei Romantiksuiten mit Wasserbett ! Modern im Bistrostil zeigt sich das Restaurant. Im Kaminrestaurant : rustikale Eleganz.

In Dresden-Seidnitz :

An der Rennbahn, Winterbergstr. 96, ⊠ 01237, ℘ (0351) 21 25 00, *buero@hotel-an-der-rennbahn-dresden.de*, Fax (0351) 2125050, 斎 – ⊡ ℙ. 歴 ⓦ 灰 V a
Menu à la carte 15/21 – **22 Zim** ⊇ 67/75 – 82/92.
 • Nahe der Rennbahn liegen die Zimmer in gediegenem Stil mit farblich abgesetzten Naturholzmöbeln. Für Sportbegeisterte hält man zwar keine Pferde, aber Drahtesel bereit. Eine dunkle Holztäfelung gibt dem Restaurant einen rustikalen Touch.

In Dresden-Strehlen :

Four Points Hotel Königshof Ⓜ, Kreischaer Str. 2 (Wasaplatz), ⊠ 01219, ℘ (0351) 8 73 10, *fourpoints.koenigshof@arabellasheraton.com*, Fax (0351) 8731499 – ⑮, ⇔ Zim, ⊡ 戈 ⅋ ≪⇒ – 🛦 180. 歴 ⓞ ⓦ 灰 V t
Menu à la carte 15,50/30 – ⊇ 11 – **93 Zim** 103/137 – 123/157, 9 Suiten.
 • Das denkmalgeschützte Haus empfängt Sie mit freundlicher Einrichtung, hochwertigen Buchenmöbeln und moderner Kommunikationstechnik. Fragen Sie nach den Himmelbett-Zimmern. Gemütliches Restaurant mit Bistro-Ambiente.

In Dresden-Unkersdorf West : 11 km über Warthaer Straße U :

Unkersdorfer Hof ⑤, Hauptstr. 3, ⊠ 01462, ℘ (035204) 9 80 40, *unkersdorfer.hof@t-online.de*, Fax (035204) 98042, Biergarten, ≦s, 屋 – ⊡ ⅋ ℙ. ☞ Zim
Menu (Montag - Freitag nur Abendessen) à la carte 12/19 – **35 Zim** ⊇ 41 – 61.
 • Die historischen Gemäuer des Unkersdorfer Hofes sind eine saubere, einfache und praktische Alternative für den preisbewußten Dresdenbesucher.

In Dresden-Weißer Hirsch :

Luisenhof, Bergbahnstr. 8, ⊠ 01324, ℘ (0351) 2 14 99 60, *gastronomie@luisenhof.org*, Fax (0351) 2149977, ≤ Dresden und Elbe, 斎 – 🛦 50. ⓦ 灰 U g
Menu à la carte 16/33.
 • Das höchste Aussichtsrestaurant der Stadt mit dem einzigartigen Ausblick wurde auch als der Balkon Dresdens bekannt. Internationale und bürgerliche Küche ; eigene Patisserie !

DRESDEN

In Dresden-Weixdorf : *Nord-Ost : 10 km über* ② :

Quintessenz M, Hohenbusch Markt 1, ✉ 01108, ℘ (0351) 88 24 40, *hotel quintessenz@t-online.de, Fax (0351) 8824444* – |$|, ⇔ Zim, 📺 ❤ 🅿 – 🔏 60. ⁀Æ ⓞ ⓜⓞ 🆅🅸🆂🅰
Menu *(geschl. Sonntag) (nur Abendessen)* à la carte 15/25 – **75 Zim** ⊇ 69/84 – 87/99
• Am Ortsrand, auf dem Weg zur A3, liegt etwas versteckt in einem modernen Geschäftszentrum dieses gute, mit komfortablen Zimmern ausgestattete Hotel. Landschaftsbilder italienischer Regionen zieren die Wände des kleinen Restaurant Toskana.

DRIBURG, BAD *Nordrhein-Westfalen* 𝟒𝟏𝟕 *K 11* – *19 500 Ew* – *Höhe 220 m* – *Heilbad.*

🏌 *Bad Driburg, Georg-Nave-Str. 24, ℘ (05253) 71 04.*

🅱 *Tourist-Information, Lange Str. 140, ✉ 33014, ℘ (05253) 9 89 40, Fax (05253) 989424.*

Berlin 390 – Düsseldorf 190 – Hannover *108 – Kassel 86 – Paderborn 20 – Detmold 28.*

Gräfliches Parkhotel ⊛ *(mit Gästehäusern), Im Kurpark,* ✉ 33014, ℘ (05253) 95 20, *gph@ugos.de, Fax (05253) 952204,* 🍽, *Massage,* ♨, 🅵ₛ, ≋s, 🅹, 🐾, 🎾 – |$| ⇔ Zim, 📺 ❤ ⇐ 🅿 – 🔏 120. ⁀Æ ⓞ ⓜⓞ 🆅🅸🆂🅰 🅹🅲🅱. 🏌
Menu à la carte 22,50/31,50 – **185 Zim** ⊇ 75/84 – 128/143 – ½ P 14.
• Gediegen und stilvoll ist der Rahmen dieses vornehmen Hotels. Die Gästezimmer sind in separaten Gebäudeteilen untergebracht und individuell mit Sinn für's Detail eingerichtet. Kronleuchter und Wandgemälde vermitteln im Restaurant den Charme vergangener Zeiten.

Schwallenhof, Brunnenstr. 34, ✉ 33014, ℘ (05253) 98 13 00, *schwallenhof@landidyll.de, Fax (05253) 981388,* 🍽, *Massage,* ≋s, 🅹, 🐾 – |$| 📺 ⇐ 🅿 – 🔏 40. ⁀Æ ⓞ ⓜⓞ 🆅🅸🆂🅰
Menu à la carte 18,50/31 – **45 Zim** ⊇ 42/72 – 72/97 – ½ P 14.
• Ein ehemaliger Bauernhof beherbergt heute erholungsuchende Reisende. Man hat beim Gestalten der Innenräume viel Holz verwandt, dies erzeugt eine behagliche Stimmung. Holz, ein Kamin und einige Nischen machen auch das Restaurant gemütlich.

Neuhaus ⊛, Steinbergstieg 18, ✉ 33014, ℘ (05253) 40 80, *info@hotel-neuhaus.com, Fax (05253) 408616,* ≋s, 🅹, 🐾 – |$|, ⇔ Zim, 📺 ❤ ⇐ 🅿 – 🔏 75. ⁀Æ ⓞ ⓜⓞ 🆅🅸🆂🅰 🏌 Rest
geschl. Ende Juli - Anfang Aug. – **Menu** à la carte 16/28 – **66 Zim** ⊇ 64/67 – 82/87 – ½ P 13.
• Man hat sich in diesem praktischen Haus ganz besonders auf die Bedürfnisse von Tagungs- und Seminargästen eingestellt. Kompetent und sympathisch steht man Ihnen zur Seite.

Am Rosenberg ⊛, Hinter dem Rosenberg 22, ✉ 33014, ℘ (05253) 9 79 70, *hotel_am_rosenberg@t-online.de, Fax (05253) 979797,* ≤, 🍽, ≋s, 🅹, 🐾 – ⇔ Zim 📺 🅿 ⓜⓞ 🆅🅸🆂🅰
Menu *(geschl. Mittwoch)* à la carte 19,50/41,50 – **21 Zim** ⊇ 38/41 – 76/82 – ½ P 12.
• Das aus zwei Gebäuden bestehende Hotel liegt am Waldrand des Rosenbergs, der sich an die Kuranlagen anschließt. Fragen Sie nach einem Zimmer mit Balkon und Weitblick! Eine schöne Gartenterrasse ergänzt das Restaurant mit einigen luftigen Plätzen.

DROLSHAGEN *Nordrhein-Westfalen* 𝟒𝟏𝟕 *M 7* – *12 500 Ew* – *Höhe 375 m.*

🅱 *Bürgerbüro, Am Mühlenteich 1, ✉ 57489, ℘ (02761) 97 01 81, buergerbuero@drolshagen.de, Fax (02761) 970188.*

Berlin 555 – Düsseldorf 114 – Siegen *31 – Hagen 59 – Köln 70.*

✗ **Zur Brücke** mit Zim, Hagener Str. 12 (B 54/55), ✉ 57489, ℘ (02761) 75 48, *tschroeder@hotelzurbruecke.de, Fax (02761) 7540,* 🍽 – 📺 ⇐ 🅿 🏌 Zim
geschl. Juli - Aug. 3 Wochen – **Menu** *(geschl. Dienstag)* à la carte 18/27 – **11 Zim** ⊇ 40 – 75.
• Von der deftigen Hausmannskost bis zur feinen Wildspezialität reicht das Repertoire der Küche des seit 150 Jahren bestehenden Gasthauses mit der Schieferfassade.

DUDELDORF *Rheinland-Pfalz siehe Bitburg.*

DUDERSTADT Niedersachsen L 14 – 24 500 Ew – Höhe 172 m.

Duderstadt, Rothenbergerhaus (Nord-Ost : 13 km über Zwinge), ℘ (05529) 89 92.
℞ Gästeinformation, Rathaus, Marktstr. 66, ✉ 37115, ℘ (05527) 84 12 00, gaeste
info@duderstadt.de, Fax (05527) 841201.
Berlin 350 – Hannover 131 – Erfurt 98 – Göttingen 32 – Braunschweig 118.

Zum Löwen, Marktstr. 30, ✉ 37115, ℘ (05527) 30 72, info@hotelzumloewen.de,
Fax (05527) 72630, 佘, ≘s, ⬜, – ⌽, ⥼ Zim, ⊡ ✆ ⟷ 🚶 ⬛ – 🔒 50. ⚿ ⓞ ⓜ 𝕍𝕀𝕊𝔸
Menu à la carte 20,50/37 – **42 Zim** ⊇ 75/90 – 110/140.
◆ In den Gästezimmern dieses schmucken Altstadthotels herrscht elegante Wohnkultur.
Edle Stoffe und helle Farben schaffen eine heitere und behagliche Atmosphäre zum Wohl-
fühlen. Auf rustikale Art ergänzt das Alt-Duderstadt das gediegen-elegante Restaurant.

In Duderstadt-Fuhrbach Nord-Ost : 6 km :

Zum Kronprinzen, Fuhrbacher Str. 31, ✉ 37115, ℘ (05527) 91 00, info@hotel
zumkronprinzen.com, Fax (05527) 910250, 佘, ≘s, ⇌, – ⌽, ⥼ Zim, ⊡ ✆ ⟷ – 🔒 100.
⚿ ⓞ ⓜ 𝕍𝕀𝕊𝔸
Menu à la carte 16/29 – **51 Zim** ⊇ 55/65 – 75/85.
◆ In diesem stattlichen, aufwendig modernisierten Fachwerkbau erwarten Sie funktionelle
Zimmer mit Balkon und ein sehr gepflegter Saunabereich mit Dampfbad und Solarium.
Leicht rustikal präsentiert sich der Stil des Restaurants.

DÜBEN, BAD Sachsen L 21 – 10 000 Ew – Höhe 92 m.

℞ Touristinformation, Paradeplatz 19, ✉ 04849, ℘ (034243) 5 28 86, Fax (034243)
52886.
Berlin 140 – Dresden 137 – Leipzig 33 – Halle 56 – Dessau 41.

Schützenhaus ⟷, Schützenstr. 8, ✉ 04849, ℘ (034243) 2 44 56, hotel_schuetzen
haus@t-online.de, Fax (034243) 51994, Biergarten, 𝄃⠀, ≘s – ⌽, ⥼ Zim, ⊡ ⏿ – 🔒 80.
⚿ ⓞ ⓜ 𝕍𝕀𝕊𝔸 𝕁ℂ𝔹
Menu (Montag - Freitag nur Abendessen) à la carte 14/28 – **27 Zim** ⊇ 41 – 66 – ½ P 13.
◆ Der 1994 erbaute Hotelkomplex liegt ruhig oberhalb des Flußlaufes Mulde mit seiner
einzigartigen Landschaft. Die Gästezimmer sind praktisch eingerichtet, einige mit Balkon.
Leicht rustikal gestaltetes Restaurant.

DÜLMEN Nordrhein-Westfalen K 5 – 46 900 Ew – Höhe 70 m.

℞ Verkehrsbüro/Touristik, Markt 1 (Rathaus), ✉ 48249, ℘ (02594) 1 23 45,
touristik@duelmen.de, Fax (02594) 12346.
Berlin 508 – Düsseldorf 90 – Münster (Westfalen) 34 – Recklinghausen 27.

Merfelder Hof, Borkener Str. 60, ✉ 48249, ℘ (02594) 97 00, info@merfelder-hof.de,
Fax (02594) 970100, 佘, ≘s – ⌽ ⊡ ⏿ – 🔒 40. ⚿ ⓞ ⓜ 𝕍𝕀𝕊𝔸 𝕁ℂ𝔹
Menu à la carte 20,50/36 – **55 Zim** ⊇ 45/60 – 65/90.
◆ Wahlweise können Sie hier in Kirsch- oder Eichenmobiliar wohnen. Alle Zimmer verfügen
über den notwendigen technischen Komfort und einige sogar über eine kleine Terrasse.
Münsterländer Gemütlichkeit umgibt den Gast im Restaurant.

Zum Wildpferd, Münsterstr. 52, ✉ 48249, ℘ (02594) 97 10, hotel.wildpferd@t-on
line.de, Fax (02594) 97166, ≘s, ⬜ – ⌽ ⊡ ⟷ ⏿ – 🔒 50. ⚿ ⓞ ⓜ 𝕍𝕀𝕊𝔸
Menu (geschl. Sonntag) (nur Abendessen) à la carte 16/40 – **36 Zim** ⊇ 45/60 – 60/75.
◆ Der Name des Hotels erinnert an die im Merfelder Bruch beheimatete, einzige Wild-
pferdherde Europas. Ausflüge dorthin, oder auch zu anderen Zielen organisiert man hier
gerne. In rustikalem Umfeld serviert man eine bürgerliche Küche.

In Dülmen-Hausdülmen Süd-West : 3 km :

Große Teichsmühle, Borkenbergestr. 78, ✉ 48249, ℘ (02594) 9 43 50, info@
grosse-teichsmuehle.de, Fax (02594) 943537, 佘 – ⥼ Zim, ⊡ ⏿ – 🔒 50. ⚿ ⓞ ⓜ
𝕍𝕀𝕊𝔸
Menu à la carte 19/36 (auch vegetarische Gerichte) – **15 Zim** ⊇ 45 – 78.
◆ Die umliegenden Teiche bestimmen das Bild von der malerischen Landschaft. Die alte
Mühle hat unterschiedliche Zimmer, die zum Teil mit nostalgischen Möbeln bestückt sind.
Teil des gastronomischen Bereichs ist eine gemütliche Gaststube mit Kamin.

Außerhalb Nord-West : 5 km über Borkener Straße :

Haus Waldfrieden, Börnste 20, ✉ 48249 Dülmen, ℘ (02594) 22 73, info@haus-
waldfrieden.de, Fax (02594) 3739, 佘 – ⏿ ⥼
geschl. 6. Jan. - 7. Feb., Freitag – **Menu** à la carte 15/30,50.
◆ Inmitten von Weiden und Feldern liegt dieses Ausflugslokal - ländlich-rustikal in der Auf-
machung. Auf den Tisch kommt Bürgerliches sowie Kuchen aus eigener Herstellung.

DÜREN

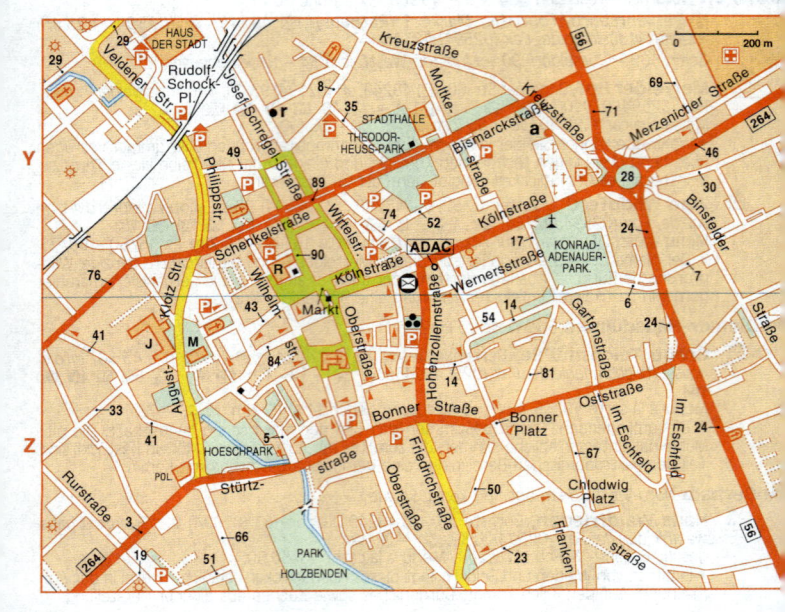

Street	Ref
Aachener Straße	Z 3
Alte-Jülicher-Straße	X 4
Altenteich	Z 5
Am Adenauerpark	YZ 6
Am Krausberg	Y 7
Arnoldsweilerstraße	XY 8
Bahnstraße	X 9
Dechant-Bohnekamp-Straße	X 10
Dechant-Vaßen-Straße	Z 14
Dr.-Kotthaus-Straße	Y 17
Eisenbahnstraße	X 18
Elberfelder Straße	Z 19
Eschstraße	Z 23
Euskirchener Straße	XYZ 24
Friedrich-Ebert-Platz	Y 28
Fritz-Erler-Str.	XY 29
Girbelsrather Straße	Y 30
Goethestraße	Z 33
Hans-Brückmann-Str.	Y 35
Holzstraße	Z 41
Josef-Schregel-Straße	Y
Kaiserplatz	Z 43
Kapellenstraße	X 45
Kölner Landstraße	XY 46
Kölnstraße	
Kuhgasse	Y 49
Kurfürstenstraße	Z 50
Langenberger Straße	Z 51
Marienstraße	Y 52
Markt	YZ
Martin-Luther-Platz	Z 54
Monschauer Straße	X 55
Neue Jülicher Straße	X 60
Nippesstraße	X 61
Oberstraße	Z
Rütger-von-Scheven-Straße	XZ 66
Sachsenstraße	Z 67
Scharnhorststraße	Y 69
Schoellerstraße	XY 71
Schützenstraße	Y 74
Stockheimer Landstraße	X 75
Tivolistraße	XY 76
Valencienner Straße	X 80
Van-der-Giese-Straße	Z 81
Weierstraße	Z 84
Wirtelstraße	Y
Wirteltorplatz	Y 89
Zehnthofstraße	Y 90

DÜREN Nordrhein-Westfalen **417** N 3 – 89 000 Ew – Höhe 130 m.

☐ Düren-Gürzenich, Trierbachweg 32 (Süd-West : 5 km über ④), ℰ (02421) 6 72 78.
ADAC, Kölnstr. 52.
Berlin 611 ① – Düsseldorf 71 ① – Aachen 36 ① – Bonn 57 ③ – Köln 48 ①

Stadtplan siehe gegenüberliegende Seite

Düren's Post-Hotel, Josef-Schregel-Str. 36, ⊠ 52349, ℰ (02421) 2 89 60, duerens
.posthotel@uumail.de, Fax (02421) 10138 – 📶, ❦ Zim, 📺 📞 🖛 🅿 – 🔔 100. 🝏 ⓞ
🝏 🝏
Menu (geschl. Samstagmittag, Sonntag) à la carte 25,50/34 – **57 Zim** ⊇ 82 – 118.   Y r
♦ Nach einer Renovierung im Jahre 2000 präsentieren sich nun alle Zimmer im neuen
Gewand. Die Residenten-Suite wartet sogar mit Kaminzimmer und zwei Schlafräumen auf.
In gepflegtem Ambiente widmet man sich mit internationaler Küche Ihrem leiblichen Wohl.

Hefter's, Kreuzstr. 82, ⊠ 52351, ℰ (02421) 1 45 85, Fax (02421) 202889, 🍴 Y a
geschl. über Karneval 2 Wochen, Ende Juli - Anfang Aug., Sonn- und Feiertage mittags,
Montag - Dienstag – **Menu** (Tischbestellung erforderlich) à la carte 48/74,50 – **Bistro :**
Menu à la carte 35,50/46,50.
♦ Parkett und elegante Chromstühle bestimmen den Rahmen für ein kulinarisches Erlebnis
der besonderen Art. Französische Kochkunst trifft edles modernes Ambiente ! Garten-
terrasse. Im Wintergarten bietet das Bistro eine kleine, preiswertere Karte.
Spez. Variation von der Gänsestopfleber. Hummer mit weißem Zwiebelmousse und Lauch-
maultaschen. Wild aus der Eifel.

In Düren-Rölsdorf :

Jägerhof garni (mit Gästehaus), Monschauer Str. 217, ⊠ 52355, ℰ (02421) 9 67 10,
reservierung@jaegerhof-dueren.de, Fax (02421) 967171 – 📺 📞 🅿 🝏 🝏 🝏 X s
33 Zim ⊇ 56/64 – 72/82.
♦ Das Haupthaus ist ein ehrwürdiges Gemäuer aus dem 18. Jh. Dort sind die Zimmer
zumeist mit Eichenmöbeln ausgestattet. Die Zimmer im Gästehaus sind geräumiger und
in Mahagoni.

In Kreuzau-Untermaubach Süd : 11 km über Nideggener Straße X :

Mühlenbach, Rurstr. 16, ⊠ 52372, ℰ (02422) 41 58 – 🅿 🝏 🝏
geschl. über Karneval 1 Woche, Montag, Dienstagabend – **Menu** à la carte 17/31.
♦ Im Restaurant mit den zwei Ebenen sitzt man auf bequemen Eichenstühlen und
betrachtet den vorbeifließenden Mühlenbach, während man die gutbürgerliche Karte
studiert.

DÜRKHEIM, BAD Rheinland-Pfalz **417 419** R 8 – 19 000 Ew – Höhe 120 m – Heilbad.

☐ Dackenheim, Im Blitzgrund 1 (Nord : 3 km), ℰ (06353) 98 92 12.
🛈 Tourist Information, Mannheimer Str. 24 (Rathaus), ⊠ 67098, ℰ (06322) 9 56 62 50,
Fax (06322) 9566259.
Berlin 639 – Mainz 82 – Mannheim 25 – Kaiserslautern 33 – Neustadt an der Wein-
straße 14.

Kurparkhotel ⚜, Schloßplatz 1, ⊠ 67098, ℰ (06322) 79 70, info@kurpark-hotel.de,
Fax (06322) 797158, ≤, 🍴, Massage, ♨, ⇌, 🝏 – 📶, ❦ Zim, 📺 📞 🖛 🅿 – 🔔 150.
🝏 ⓞ 🝏 🝏 🝏
Menu à la carte 22,50/38,50 – **113 Zim** ⊇ 114/122 – 145/160.
♦ Der historische Prachtbau bietet Zimmer mit dem Wohnkomfort eines modernen
Ferien- und Seminarhotels. Täglich (außer montags) können Sie zu Live-Musik das
Tanzbein schwingen. Im Restaurant Graf zu Leiningen empfängt Sie ein helles, freundliches
Ambiente.

Dorint ⚜, Kurbrunnenstr. 30, ⊠ 67098, ℰ (06322) 60 10, info.zordue@dorint.com,
Fax (06322) 601603, 🍴 direkter Zugang zum Salinarium – 📶, ❦ Zim, 📺 📞 ♿ 🅿 –
🔔 550. 🝏 ⓞ 🝏 🝏 🝏 🍴 Rest
Menu à la carte 17/40,50 – **98 Zim** ⊇ 97/128 – 120/161 – ½ P 21.
♦ Durch einen direkten Zugang erreichen Hausgäste von hier aus das Salinarium. Nach
einem ausgiebigen Bad im Thermalwasser finden Sie in komfortablen Zimmern tiefen Schlaf.

Parkhotel Leininger Hof, Kurgartenstr. 17, ⊠ 67098, ℰ (06322) 60 20, zuhaus
@leininger-hof.de, Fax (06322) 602300, 🍴, ⇌, 🝏 – 📶, ❦ Zim, 📺 📞 🖛 – 🔔 150.
🝏 ⓞ 🝏 🝏 🝏
Menu à la carte 23,50/39 – **103 Zim** ⊇ 80/92 – 102/122 – ½ P 19.
♦ Nach einer umfassenden Renovierung präsentieren sich die Gästezimmer nun im neuen
Gewand : mit solidem, hellen Naturholzmobiliar, guter Technik und zum größten Teil mit
Balkon. Ob im Wintergarten oder auf der Terrasse - Sie speisen immer mit Blick auf den
Park.

DÜRKHEIM, BAD

Gartenhotel Heusser ⚜, Seebacher Str. 50, ✉ 67098, ☎ (06322) 93 00, info@hotel-heusser.de, Fax (06322) 930499, 🍴, ⇌, ☒, ☐ – 🛗, 🚭 Zim, 📺 ✆ 🅿 – 🅰 11●
AE ① ◑ VISA JCB
Menu à la carte 19,50/39,50 – **84 Zim** ⇌ 70/80 – 117/132 – ½ P 20.
• Wie der Name schon sagt, liegt das Haus inmitten eines Gartens. Neben der schöne● Außenanlage zählen auch die soliden, gut unterhaltenen Zimmer zu den Annehmlichkeite● Restaurant und Wintergarten bieten ein gepflegtes Ambiente zum Speisen.

Weingarten garni, Triftweg 11a, ✉ 67098, ☎ (06322) 9 40 10, hotel-weingarte● @t-online.de, Fax (06322) 940155, ⇌, 🍴 – 🚭 📺 🅿 – 🅰 20. AE ◑ VISA ⚜
geschl. 20. Dez. - 20. Jan. – **18 Zim** ⇌ 63 – 80/95.
• Geräumige und sehr gut gepflegte Zimmer erwarten Sie in diesem kleinen, aber intensi● geführten Hotel. In der Dependance im angrenzenden Weingut hat man noch weiter● Zimmer.

Fronmühle, Salinenstr. 15, ✉ 67098, ☎ (06322) 9 40 90, fronmuehle_uwe.krauss@-online.de, Fax (06322) 940940, 🍴, Biergarten, ⇌, ☐, 🍴 – 🛗, 🚭 Zim, 📺 🅿 – 🅰 2●
AE ① ◑ VISA
Menu (geschl. Montag) à la carte 23/38 – **21 Zim** ⇌ 65/85 – 85/95 – ½ P 15.
• Umgeben von Kurpark und Weinbergen liegt die Fronmühle direkt an der Saline. Unver● fälschte Pfälzer Lebensart kann man in dem familiären Hotel noch kennenlernen. Holz● mobiliar, bäuerliches Gerät und Schnitzereien zieren das Restaurant.

✕ **Weinstube Ester,** Triftweg 21, ✉ 67098, ☎ (06322) 98 90 65, Fax (06322) 98972●
🍴 – ◑ VISA
geschl. Sept. 2 Wochen, Montag - Dienstag – **Menu** (wochentags ab 16.00 Uhr geöffne● (Tischbestellung ratsam) à la carte 14/25,50.
• Typische Pfälzer Weinstube mit rustikalem Ambiente. Das Angebot ist überwiegen● regional gefärbt und die Fleisch- und Wurstspezialitäten stammen aus der eigene● Metzgerei.

In Bad Dürkheim-Seebach Süd-West : 1,5 km :

Landhaus Fluch ⚜ garni, Seebacher Str. 95, ✉ 67098, ☎ (06322) 24 88●
Fax (06322) 65729, 🍴 – 📺 🅿 ⚜
geschl. 20. Dez. - Mitte Jan. – **24 Zim** ⇌ 50/55 – 77/80.
• Die Zimmer sind mit hellem Landhausmobiliar ausgestattet und verfügen alle übe● einen Balkon und Gartenblick. Den Tag beginnt man hier mit einem Pfälzer Frühstücks● buffet.

Ihre Meinung über die von uns empfohlenen Restaurants,
deren Spezialitäten sowie die angebotenen regionalen Weine,
interessiert uns sehr

DÜRRHEIM, BAD
Baden-Württemberg **419** V 9 – 13 300 Ew – Höhe 706 m – Heilbad – Heil● klimatischer Kurort – Wintersport : 🎿.

🅸 Information im Haus des Gastes, Luisenstr. 4, ✉ 78073, ☎ (07726) 66 62 66, Fax● (07726) 666301.
Berlin 737 – Stuttgart 113 – Freiburg im Breisgau 71 – Konstanz 76 – Villingen● Schwenningen 8.

Parkhotel Waldeck ⚜, Waldstr. 18, ✉ 78073, ☎ (07726) 66 31 00, info@hotel-waldeck.com, Fax (07726) 8001, 🍴, Massage, ♨, 🎳, ♨, ⇌, ☐, 🍴 – 🛗, 🚭 Zim● 📺 ✆ & ⇌ 🅿 – 🅰 160. AE ① ◑ VISA ⚜
Menu à la carte 22/44 – **36 Zim** ⇌ 82/124 – 124/166 – ½ P 15.
• Dem Hotelbetrieb ist eine Kurklinik angegliedert. Dies bedeutet, daß dem Hausgast alle● Anwendungsmöglichkeiten und die hervorragende Bade- und Fitnessabteilung offen● stehen. Klassisch eingerichtetes Restaurant.

Haus Baden ⚜ garni, Kapfstr. 6, ✉ 78073, ☎ (07726) 9 23 90, Fax (07726) 923950●
🍴 – 🚭 📺 🅿 ⚜
19 Zim ⇌ 33/43 – 60/82.
• Geschmackvoll und behaglich gestaltete Aufenthaltsräume, ein großzügig eingerichteter Fernsehraum und eine wohlsortierte Bibliothek bestimmen den Charakter dieses Hauses.

DÜRRWANGEN
Bayern siehe Dinkelsbühl.

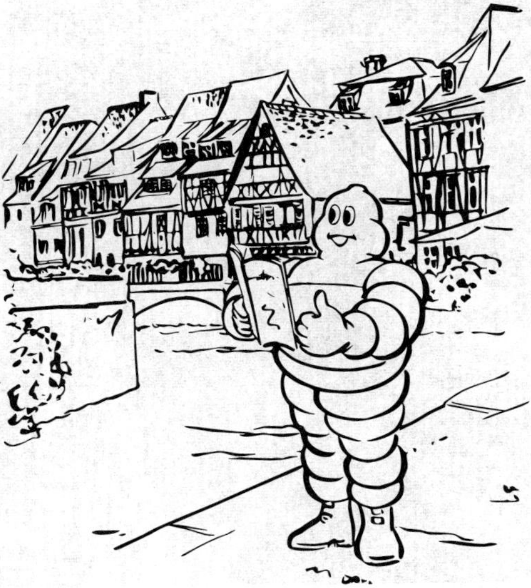

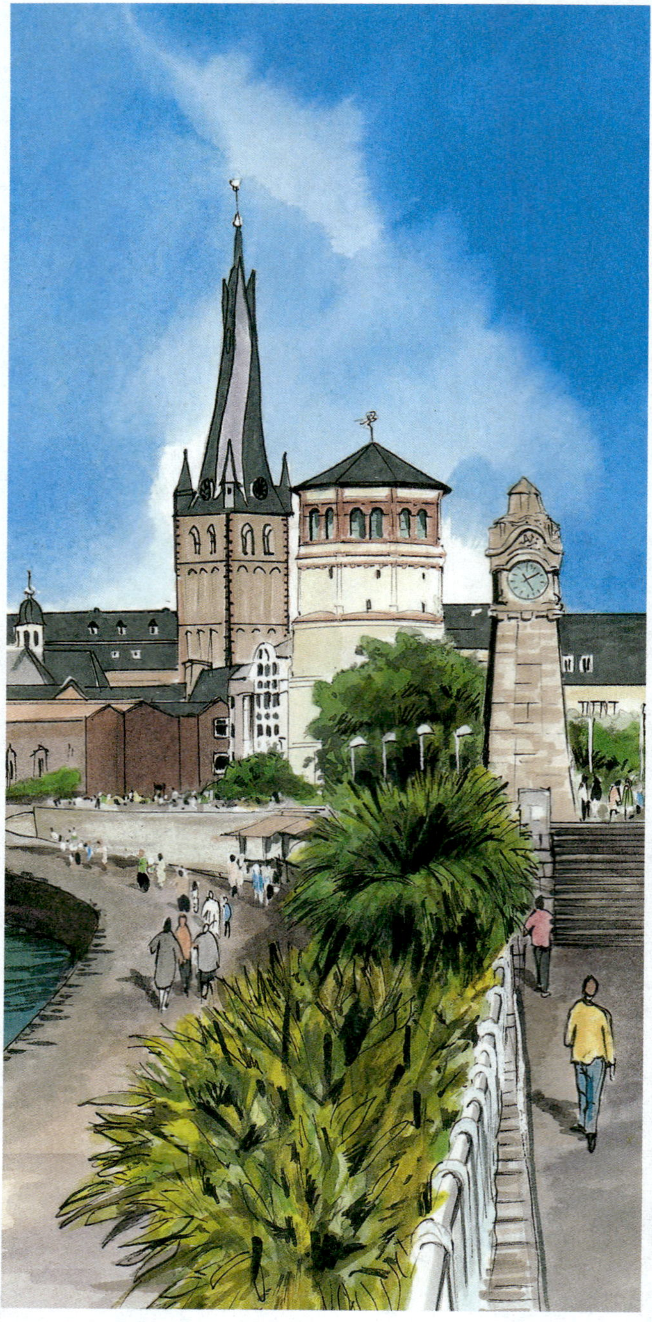

DÜSSELDORF

L Nordrhein-Westfalen **417** M 4 – 570 000 Ew – Höhe 40 m

Berlin 552 ④ – Amsterdam 225 ② – Essen 31 ② – Köln 40 ⑤ – Rotterdam 237 ②

Umgebungskarte .... S. 2 und 3
Alphabetisches Verzeichnis der Hotels und Restaurants ..... S. 4 und 5
Stadtplan Düsseldorf :
Düsseldorf .... S. 9
Zentrum .... S. 6 bis 8
Hotels und Restaurants .... S. 9 bis 18

🛈 Tourist-Information, Berliner Allee 33, ✉ 40212, ✆ (0211) 17 20 20, Fax (0211) 161071

🛈 Tourist-Information, Immermannstr. 65b, ✉ 40210, ✆ (0211) 17 20 20, tourist@duesseldorf.de, Fax (0211) 161071

ADAC, Himmelgeisterstr. 63

✈ Düsseldorf-Lohausen, ✆ (0211) 42 10

🚗 Hauptbahnhof BV

Messegelände S, ✆ (0211) 45 60 01, Fax (0211) 4560668

Sehenswert : Königsallee★ EZ – Hofgarten★ und Schloß Jägerhof DEY (Goethe-Museum★ EY M¹) – Hetjensmuseum★ DZ M⁴ – Kunstmuseum★ DY M² – Kunstsammlung NRW★ DY M³ – Löbbecke-Museum und Aquazoo★ S M⁶

Ausflugsziel : Schloß Benrath (Park★) Süd : 10 km über Kölner Landstr. T

▸₉ Düsseldorf-Grafenberg, Rennbahnstr. 24 S, ✆ (0211) 96 49 50

▸₁₈ Gut Rommeljans (12 km über die A44 S, Ausfahrt Ratingen Ost), ✆ (02102) 8 10 92

▸₁₈ ▸₁₈ Düsseldorf-Hubbelrath, Bergische Landstr. 700 (Ost : 12 km über ③ S), ✆ (02104) 7 21 78

▸₉ Düsseldorf-Hafen, Auf der Lausward T, ✆ (0211) 39 66 17

▸₁₈ Düsseldorf-Hubbelrath (KOSAIDO), Am Schmidtberg 11 (Ost : 12 km über ③ S), ✆ (02104) 7 70 60

▸₁₈ Meerbusch, Badendonker Straße 15 (über Neusser Str. S), ✆ (02132) 9 32 50

DÜSSELDORF S. 2

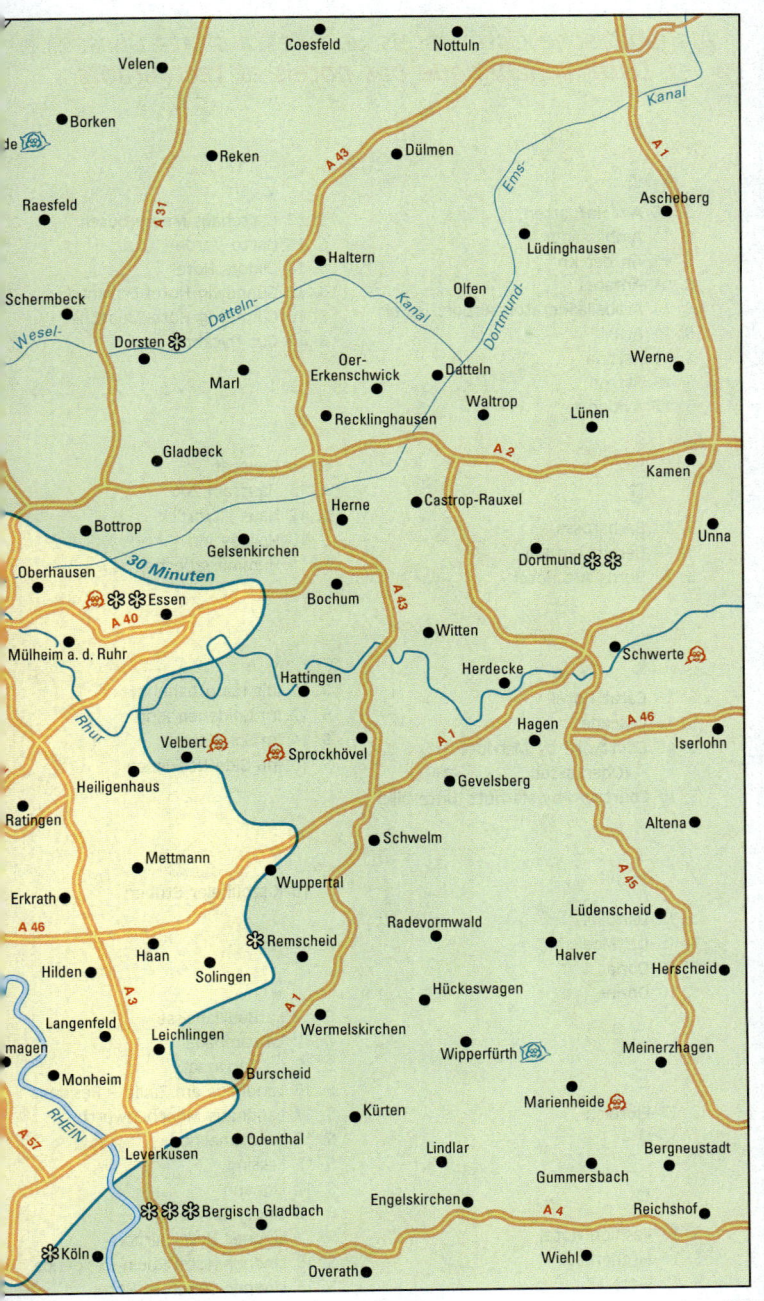

DÜSSELDORF S. 3

Alphabetische Liste Hotels und Restaurants Düsseldorf
Liste alphabétique des hôtels et restaurants

A
- S. 16 Am Hofgarten
- S. 11 Ambassador
- S. 11 An der Kö
- S. 11 Antares
- S. 14 ArabellaSheraton Airport Hotel
- S. 11 Asahi
- S. 11 Astoria
- S. 15 Astron
- S. 17 Avidon

B
- S. 14 Barbarossa
- S. 17 Berens am Kai
- S. 10 Burns Art Hotel

C
- S. 10 Carat Hotel
- S. 13 Cascade
- S. 15 Courtyard by Marriott (Oberkassel)
- S. 16 Courtyard by Marriott (Unterbilk)

D
- S. 12 Daitokai
- S. 16 De' Medici
- S. 16 Doria
- S. 10 Dorint

E
- S. 13 Elbroich

F
- S. 16 Fashion Hotel
- S. 14 Fischerhaus
- S. 12 Flora

G
- S. 17 Gästehaus Meererbusch
- S. 13 Gatto Verde
- S. 13 Gildors Hotel
- S. 10 Günnewig Hotel Esplanade
- S. 10 Günnewig Hotel Uebachs
- S. 17 Gut Dyckhof

H
- S. 15 Hanseat
- S. 13 Haus am Zoo
- S. 12 Haus Litzbrück
- S. 10 Holiday Inn
- S. 14 Hummerstübchen

I
- S. 11 Ibis Hauptbahnhof
- S. 12 Im Goldenen Ring
- S. 14 Im Schiffchen
- S. 15 Inn Side Residence

K
- S. 16 Kitzbüheler Stuben

L
- S. 12 La Bouillabaisse
- S. 12 La Lampada
- S. 12 La Terrazza
- S. 16 Landhaus am Zault – Residenz
- S. 17 Landhaus Mönchenwerth
- S. 17 Landsknecht
- S. 15 Lessing
- S. 12 Lignano
- S. 18 Lindenhof
- S. 17 Lindner Hotel Airport
- S. 13 Lindner Hotel Rhein Residence
- S. 15 Lindner Congress Hotel

M

- S. 10 Madison I
- S. 10 Madison II
- S. 10 Majestic
- S. 10 Mercure
- S. 15 Mercure Seestern
- S. 14 Merkur

N

- S. 9 Nikko
- S. 12 Nippon Kan
- S. 15 Novotel-City-West

O – P

- S. 11 Orangerie
- S. 15 Osteria Saitta am Nussbaum
- S. 16 Positano

Q – R

- S. 10 Queens Hotel
- S. 13 Radisson SAS Hotel
- S. 18 Regalido
- S. 14 Renaissance
- S. 11 Residenz
- S. 18 Rheinhotel Vier Jahreszeiten
- S. 17 Rheinturm Top 180
- S. 13 Rosati
- S. 16 Rossini

S

- S. 17 Schorn
- S. 11 Schumacher
- S. 16 Sorat
- S. 9 Steigenberger Parkhotel

T

- S. 14 Tonhalle

V

- S. 11 Victorian
- S. 14 Villa im Park
- S. 13 Villa Viktoria

W

- S. 12 Weinhaus Tante Anna
- S. 11 Windsor

Z

- S. 17 Zum Deutschen Eck
- S. 12 Zum Schiffchen

DÜSSELDORF S. 6

STRASSENVERZEICHNIS

DÜSSELDORF S. 7

Straße	Seite	Feld	Nr.
Aachener Straße	S. 6	AX	
Achenbachstraße	S. 6	BV	2
Ackerstraße	S. 6	BV	
Adlerstraße	S. 8	EY	3
Am Wehrhahn	S. 8	EY	
Auf'm Hennekamp	S. 6	BX	
Bachstraße	S. 6	AX	
Bagelstraße	S. 6	BV	
Bastionstraße	S. 8	DZ	
Benrather Straße	S. 8	DZ	
Benzenbergstraße	S. 6	AX	5
Berger Allee	S. 8	EZ	
Berliner Allee	S. 8	EZ	
Bilker Allee	S. 6	AX	
Bilker Straße	S. 8	DZ	
Birkenstraße	S. 6	CV	
Bismarckstraße	S. 8	EZ	
Blumenstraße	S. 8	EZ	7
Bolkerstraße	S. 8	DY	8
Brehmplatz	S. 6	BU	9
Brehmstraße	S. 6	BU	
Breite Straße	S. 8	EZ	
Brunnenstraße	S. 6	BX	12
Burgplatz	S. 8	DY	
Cecilienallee	S. 6	AU	
Citadellstraße	S. 8	DZ	13
Collenbachstraße	S. 6	BU	
Corneliusstraße	S. 8	EZ	15
Cranachstraße	S. 7	CV	
Danziger Straße	S. 6	AU	16
Dorotheenstraße	S. 7	CV	
Duisburger Straße	S. 8	EY	
Eisenstraße	S. 6	BV	
Elberfelder Straße	S. 8	EY	21
Elisabethstraße	S. 8	DZ	
Ellerstraße	S. 6	BX	
Erasmusstraße	S. 6	BX	22
Erkrather Straße	S. 6	CV	
Ernst-Reuter-Pl.	S. 8	EZ	23
Eulerstraße	S. 6	BU	24
Fischerstraße	S. 8	EY	27
Flinger Straße	S. 8	DY	28
Friedrich-Ebert-Straße	S. 8	EZ	29
Friedrichstraße	S. 8	EZ	
Fritz-Roeber-Straße	S. 8	DY	
Fürstenplatz	S. 6	BX	30
Fürstenwall	S. 6	AX	
Gartenstraße	S. 8	EY	
Gladbacher Straße	S. 6	AX	31
Grabbeplatz	S. 8	DY	32
Graf-Adolf-Platz	S. 8	EZ	
Graf-Adolf-Straße	S. 8	EZ	
Grafenberger Allee	S. 6	BV	
Graf-Recke-Str.	S. 7	CU	
Grashofstraße	S. 6	BU	
Grunerstraße	S. 6	BU	
Hans-Sachs-Straße	S. 7	CV	39
Harkortstraße	S. 6	AX	40
Haroldstraße	S. 8	DZ	
Heinr.-Ehrhardt-Straße	S. 6	BU	
Heinr.-Heine-Allee	S. 8	EY	42
Heinrichstraße	S. 7	CU	
Hellweg	S. 7	CV	
Heresbachstraße	S. 6	BX	43
Herzogstraße	S. 6	BX	44
Höherweg	S. 7	CV	
Hofgartenrampe	S. 8	EY	45
Homberger Straße	S. 6	AU	46
Hubertusstraße	S. 8	DZ	
Hüttenstraße	S. 6	BX	
Immermannstraße	S. 8	EY	
Inselstraße	S. 8	DY	
Jacobistraße	S. 8	EY	
Jägerhofstraße	S. 8	EY	
Jan-Wellem-Platz	S. 8	EY	51
Johannstraße	S. 6	AU	
Joseph-Beuys-Ufer	S. 8	DY	
Jülicher Straße	S. 6	BU	52
Jürgensplatz	S. 6	AX	54
Kaiser-Friedrich-Ring	S. 6	AU	
Kaiserstraße	S. 8	EY	
Kaiserswerther Straße	S. 6	AU	
Kaiser-Wilhelm-Ring	S. 6	AV	
Karl-Geusen-Str.	S. 7	CX	
Karlplatz	S. 8	DZ	
Karlstraße	S. 8	BV	
Kasernenstraße	S. 8	DZ	
Kavallerieštraße	S. 8	DZ	
Kennedydamm	S. 6	AU	
Kettwiger Straße	S. 7	CV	
Klever Straße	S. 6	AU	
Klosterstraße	S. 6	BV	56
Kölner Straße	S. 6	BV	
Königsallee	S. 8	EZ	
Königsberger Straße	S. 7	CV	58
K.-Adenauer-Pl.	S. 6	BV	59
Kopernikusstr.	S. 6	AX	60
Kronprinzenstr.	S. 6	AX	
Kruppstraße	S. 6	BX	
Lenaustraße	S. 7	CU	
Lessingplatz	S. 6	BX	
Lichtstraße	S. 7	CV	62
Lindemannstr.	S. 7	CV	
Lorettostraße	S. 6	AX	64
Luegallee	S. 6	AV	
Luisenstraße	S. 8	EZ	
Marktplatz	S. 8	DY	68
Martin-Luther-Platz	S. 8	EZ	69
Max.-Weyhe-Allee	S. 8	EY	70
Mecumstraße	S. 6	BX	
Merowingerstr.	S. 6	AX	
Mintropstraße	S. 6	BV	71
Mörsenbroicher Weg	S. 7	CU	
Moltkestraße	S. 6	BU	
Mühlenstraße	S. 8	DY	73
Münsterstraße	S. 6	BU	
Nördl. Zubringer	S. 6	BU	77
Nordstraße	S. 8	EY	
Oberbilker Allee	S. 6	BX	
Oberbilker Markt	S. 6	BX	80
Oberkasseler Br.	S. 8	DY	
Oststraße	S. 8	EZ	
Pempelforter Str.	S. 8	BV	84
Plockstraße	S. 6	AX	86
Poststraße	S. 8	DZ	
Prinz-Georg-Str.	S. 8	EY	
Rather Straße	S. 6	BU	
Ratinger Straße	S. 8	DY	88
Reichsstraße	S. 8	AX	
Rethelstraße	S. 6	BV	
Ronsdorfer Str.	S. 7	CX	
Roßstraße	S. 6	BU	
Schadowplatz	S. 8	EY	90
Schadowstraße	S. 8	EY	91
Scheurenstraße	S. 8	EY	92
Schillerplatz	S. 6	BV	93
Schinkelstraße	S. 6	BV	
Schirmerstraße	S. 6	BV	94
Schneider-Wibbel-Gasse	S. 8	DY	95
Schulstraße	S. 8	DZ	96
Schumannstr.	S. 6	BV	
Schwanenmarkt	S. 8	DZ	97
Siegburger Straße	S. 7	CX	
Simrockstraße	S. 7	CU	98
Sonnenstraße	S. 6	BX	99
Steinstraße	S. 8	EZ	
Sternstraße	S. 8	EY	
Stoffeler Kapellenweg	S. 6	BX	
Stoffeler Straße	S. 7	CX	100
Stresemannstr.	S. 8	EZ	
Stromstraße	S. 6	AV	
Südring	S. 6	AX	
Th.-Heuss-Br.	S. 6	AU	
Tiergartenstraße	S. 7	CU	
Tonhallenstraße	S. 8	EY	101
Uerdinger Str.	S. 6	AU	
Ulmenstraße	S. 6	BU	
Vagedesstraße	S. 8	EY	104
Vautierstraße	S. 7	CU	
Venloer Straße	S. 8	EY	105
Victoriaplatz	S. 8	DY	
Völklinger Str.	S. 6	AX	
Volmerswerther Straße	S. 6	AX	
Werdener Straße	S. 7	CV	
Witzelstraße	S. 6	BX	114
Worringer Platz	S. 6	BV	115
Worringer Straße	S. 6	BV	

387

DÜSSELDORF S. 8

DÜSSELDORF

Am Wehrhahn	EY 3	Flinger Str.	DY 28	Mühlenstraße	DY 7
Berliner Allee	EZ	Friedrich-Ebert-Str.	EZ 29	Ratinger Str.	DY 8
Blumenstraße	EZ 7	Grabbeplatz	DY 32	Schadowplatz	EY 9
Bolkerstraße	DY 8	Graf-Adolf-Str.	EZ	Schadowstraße	EY 9
Citadellstraße	DZ 13	Heinrich-Heine-Allee	EY 42	Schneider-Wibbel-	
Corneliusstraße	EZ 15	Hofgartenrampe	DY 45	Gasse	DY 9
Elberfelder Str.	EY 21	Jan-Wellem-Platz	EY 51	Schulstraße	DZ 9
Ernst-Reuter-Platz	EZ 23	Königsallee	EZ	Schwanenmarkt	DZ 9
Fischerstraße	EY 27	Marktplatz	DY 68	Tonhallenstraße	EY 1
		Martin-Luther-Platz	EZ 69	Vagedesstraße	EY 1
		Maximilian-Weyhe-Allee	EY 70	Venloer Str.	EY 1

388

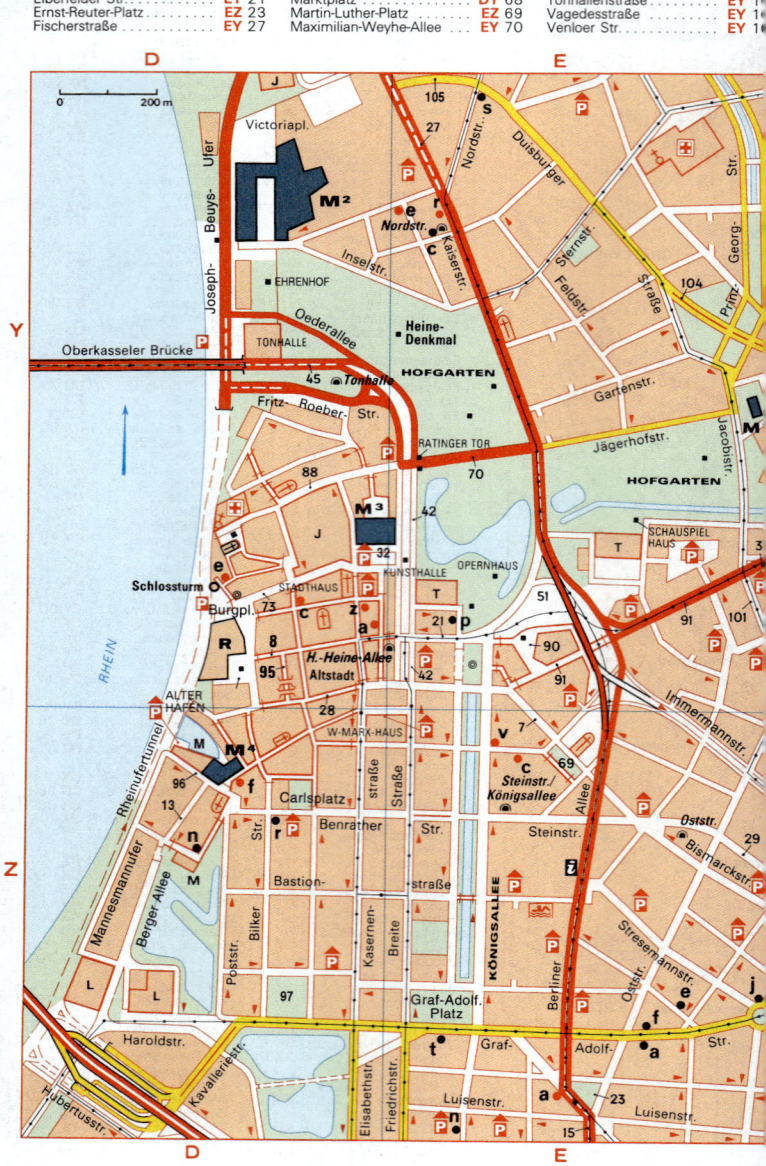

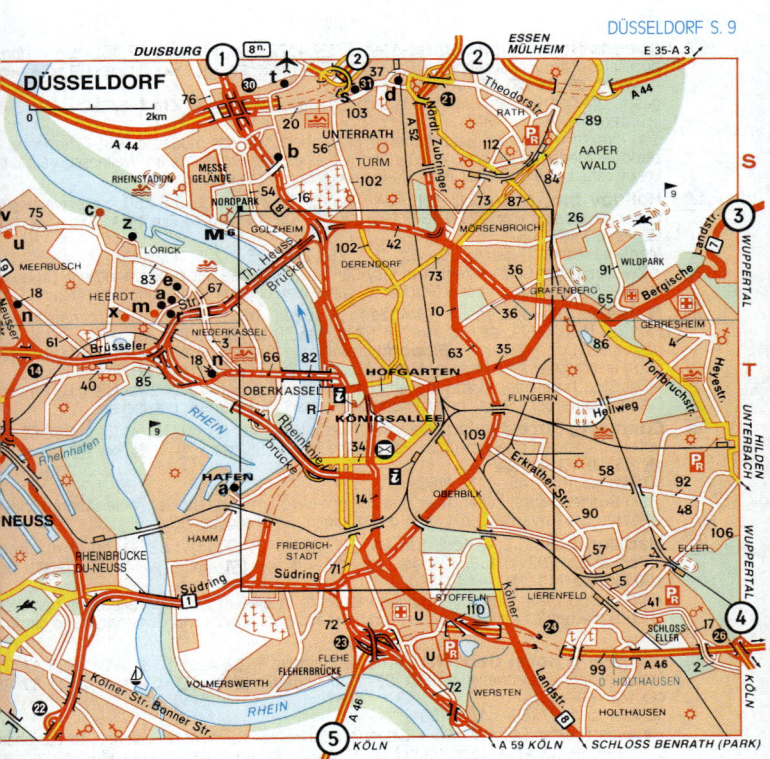

DÜSSELDORF S. 9

Am Schönenkamp	**T** 2	Heinrich-Ehrhardt-Str.	**S** 42	Oberlöricker Str.	**S** 83
Arnulfstraße	**T** 3	In den Kötten	**T** 48	Oberrather Str.	**S** 84
Benderstraße	**T** 4	Kaiserswerther Str.	**S** 54	Pariser Str.	**T** 85
Bernburger Str.	**T** 5	Kalkumer Str.	**S** 56	Pöhlenweg	**T** 86
Brehmstraße	**S** 10	Klein-Eller	**T** 57	Rather Broich	**S** 87
Corneliusstraße	**T** 14	Königsberger Str.	**T** 58	Reichswaldallee	**S** 89
Danziger Str.	**S** 16	Krefelder Str.	**T** 61	Reisholzer Str.	**T** 90
Deutzer Str.	**T** 17	Lindemannstraße	**T** 63	Rennbahnstraße	**S** 91
Düsseldorfer Str.	**ST** 18	Ludenberger Str.	**S** 65	Sandträgerweg	**T** 92
Eckenerstraße	**S** 20	Luegallee	**T** 66	Südlicher	
Fahneburgstraße	**S** 26	Lütticher Str.	**S** 67	Zubringer	**T** 99
Graf-Adolf-Str.	**T** 34	Merowingerstraße	**T** 71	Ulmenstraße	**S** 102
Grafenberger Allee	**T** 35	Münchener Str.	**T** 72	Unterrather Str.	**S** 103
Graf-Recke-Str.	**S** 36	Münsterstraße	**S** 73	Vennhauser Allee	**S** 106
Hamborner Str.	**T** 37	Niederlöricker Str.	**S** 75	Werdener Straße	**S** 109
Heerdter Landstraße	**T** 40	Niederrheinstraße	**S** 76	Werstener Str.	**T** 110
Heidelberger Str.	**T** 41	Oberkasseler Brücke	**T** 82	Westfalenstraße	**S** 112

🏨 **Steigenberger Parkhotel**, Corneliusplatz 1, ✉ 40213, ℰ (0211) 1 38 10, *duesseldorf@steigenberger.de, Fax (0211) 1381592*, 🍽 - 📶, 🛏 Zim, ▣ 📺 📞 🅿 - 🔒 110. AE ① ⓜⓞ VISA JCB. ℅ Rest EY **p**
Menuett : Menu à la carte 35,50/58 ♀ - **133 Zim** ⚌ 195/380 - 260/380, 6 Suiten.
♦ Luxuriöser Wohnkomfort hinter klassisch-schöner Fassade wartet nicht nur in der renovierten vierten Etage. Bei Tag lockt die Sommerterrasse, nachts die Etoile-Lounge-Bar. Mit stilvollem, komfortablem Rahmen überzeugt das Menuett.

🏨 **Nikko,** Immermannstr. 41, ✉ 40210, ℰ (0211) 83 40, *info@nikko-hotel.de, Fax (0211) 161216*, ⛲, 🌊, - 📶, 🛏 Zim, ▣ 📺 📞 ⚒ - 🔒 300. AE ① ⓜⓞ VISA JCB BV **g**
Benkay (japanische Küche) **Menu** à la carte 34/64 - **Brasserie Nikkolette : Menu** à la carte 25/37 - ⚌ 17 - **301 Zim** 198/335 - 225/375, 6 Suiten.
♦ Die Sushi-Bar und die Filiale des Kaufhauses Mitsukoshi versprühen fernöstliche Exotik. Von Hallenbad und Sauna aus zeigt sich die Stadt in Vogelperspektive. Im Benkay erleben Sie in typischem Ambiente die Fingerfertigkeit japanischer Köche.

DÜSSELDORF S. 10

Queens Hotel, Ludwig-Erhard-Allee 3, ⊠ 40227, ℰ (0211) 7 77 10, *reservation duesseldorf@queensgruppe.de*, Fax (0211) 7771888, ≦s – 🛊, ⇔ Zim, 🔳 📺 ℰ ὧ, ⇌ – 🏛 50. 🕮 ⓞ ⓒ 𝐕𝐈𝐒𝐀 ⌡ᴄʙ
BV
geschl. 20. Dez. - 5. Jan. – **Menu** à la carte 21/36 – 🖙 17 – **134 Zim** 135/280 – 160/30? 5 Suiten.

◆ In direkter Nähe zum Hauptbahnhof präsentiert sich das moderne First-Class-Hotel zeitloser Eleganz. Der schöne Whirlpool ist eines der Highlights im Wellnessbereich. Im Restaurant Ludwig's bittet man Sie in klassischem Ambiente zu Tisch.

Holiday Inn, Graf-Adolf-Platz 10, ⊠ 40213, ℰ (0211) 3 84 80, *reservierung@queensgruppe.de*, Fax (0211) 3848390, ≦s, 🅽, – 🛊, ⇔ Zim, 🔳 Zim, 📺 ℰ ⇌ – 🏛 14?
🕮 ⓞ ⓒ 𝐕𝐈𝐒𝐀 ⌡ᴄʙ
EZ
Menu à la carte 27,50/43,50 – 🖙 18 – **253 Zim** 195 – 225, 4 Suiten.

◆ Zweckmäßiger Chic im zentralen City Center Königsallee mit professionellem Tagungsservice. Entspannung finden Geschäfts- wie Privatreisende in der finnischen Sauna.

Majestic, Cantadorstr. 4, ⊠ 40211, ℰ (0211) 36 70 30, *info@hotelmajestic.de*, Fax (0211) 3670399, ≦s – 🛊, ⇔ Zim, ⇌ – 🏛 30. 🕮 ⓞ ⓒ 𝐕𝐈𝐒𝐀 ⌡ᴄʙ. ✵
BV
geschl. 20. Dez. - 2. Jan. – **l'Emporio** (italienische Küche) *(geschl. Samstagmittag, Sonn- und Feiertage, ausser Messen)* Menu à la carte 20/33 – 🖙 14 – **52 Zim** 139/157.

◆ Das Stadthotel mit privater, behaglicher Atmosphäre bietet auch zwei Allergikerzimmer. Die Highlights der Düsseldorfer Erlebniswelt lassen sich zu Fuß entdecken.

Günnewig Hotel Esplanade garni, Fürstenplatz 17, ⊠ 40215, ℰ (0211) 38 68 50, *hotel-esplanade@guennewig.de*, Fax (0211) 38685555, ≦s, 🅽, – 🛊 ⇔ 📺 ℰ ⇌ 🏛 45. 🕮 ⓞ ⓒ 𝐕𝐈𝐒𝐀 ⌡ᴄʙ
80 Zim 🖙 105/145 – 138/188.
BX

◆ Ein Business-Hotel in zentraler und ruhiger Lage am Fürstenplatz. Viele Stammkunden schätzen das Privathotel mit dem großzügigem Empfangsbereich.

Madison I garni, Graf-Adolf-Str. 94, ⊠ 40210, ℰ (0211) 1 68 50, *mail@madison-hotels.de*, Fax (0211) 1685328, 🏋, ≦s, 🅽, – 🛊 ⇔ 📺 ⇌ – 🏛 40. 🕮 ⓞ ⓒ 𝐕𝐈𝐒
100 Zim 🖙 110/130 – 130/160.
BX

◆ Der Schauspieler Gustav Gründgens erblickte in diesem Gebäude das Licht der Welt - heute machen es sich Reisende in Zimmern mit wohnlicher Landhauseinrichtung gemütlich.

Günnewig Hotel Uebachs garni, Leopoldstr. 5, ⊠ 40211, ℰ (0211) 17 37 10, *hotel.uebachs@guennewig.de*, Fax (0211) 17371555 – 🛊 ⇔ 📺 ℰ ⇌ – 🏛 25. 🕮 ⓞ
ⓒ 𝐕𝐈𝐒𝐀 ⌡ᴄʙ
82 Zim 🖙 110/150 – 132/188.
BV

◆ In einer ruhigen Seitenstraße und dennoch im Herzen Düsseldorfs gelegen, ist das charmante Hotel idealer Ausgangspunkt für interessante Ausflüge in die Landeshauptstadt.

Dorint, Stresemannplatz 1, ⊠ 40210, ℰ (0211) 3 55 40, *info.dusgra@dorint.com*, Fax (0211) 354120 – 🛊, ⇔ Zim, 🔳 📺 ⇌ – 🏛 50. 🕮 ⓞ ⓒ 𝐕𝐈𝐒𝐀 ⌡ᴄʙ. ✵ Rest
Menu *(geschl. Sonntag - Montag) (nur Abendessen)* à la carte 24,50/40 – 🖙 15 – **162 Zim** 93/212 – 156/242, 3 Suiten.
EZ

◆ Neuzeitlichkeit und Funktionalität machen dieses Hotel zu einer idealen Adresse für Geschäftsreisende - die Lage im Zentrum der Stadt zählt ebenfalls zu den Annehmlichkeiten.

Madison II garni, Graf-Adolf-Str. 47, ⊠ 40210, ℰ (0211) 38 80 30, *c.bohacek@madison-hotels.de*, Fax (0211) 3880388 – 🛊 ⇔ 📺. 🕮 ⓞ ⓒ 𝐕𝐈𝐒𝐀 ⌡ᴄʙ
EZ a
geschl. 20. Dez. - 3. Jan., Juli – **24 Zim** 🖙 85/115 – 105/140.

◆ Gekalkte Naturholzmöbel vermitteln behagliche Atmosphäre und großzügiges Landhaus Ambiente. Gäste beider Madison-Hotels dürfen sich im hauseigenen Sportclub trimmen.

Burns Art Hotel 🅼, Bahnstr. 76, ⊠ 40210, ℰ (0211) 7 79 29 10, *hotel@burns.de*, Fax (0211) 77929177 – 🛊 ⇔ 📺 ℰ ⇌. 🕮 ⓞ ⓒ 𝐕𝐈𝐒𝐀. ✵ Rest
EZ e
Silai Thai (thailändische Küche) **Menu** à la carte 23/41,50 – **35 Zim** 🖙 125/175 – 145/185, 3 Suiten.

◆ Hinter der aufgefrischten Fassade a. d. J. 1898 bildet eine Mischung aus italienischem Charme und asiatischem Purismus das interessante Innenleben des Designerhotels. Im Erdgeschoß verbreitet das Silai Thai asiatisches Flair.

Mercure garni, Graf-Adolf-Str. 60, ⊠ 40210, ℰ (0211) 36 98 25, *h4989@accor-hotels.com*, Fax (0211) 354604 – 🛊 ⇔ 📺 ℰ. 🕮 ⓞ ⓒ 𝐕𝐈𝐒𝐀 ⌡ᴄʙ
EZ f
🖙 13 – **84 Zim** 100/160 – 115/200.

◆ Individuelles Hotel zwischen Kö und Hauptbahnhof mit Vorliebe für das Echte und reizvolle Nebensächlichkeiten. Von der Einrichtung bis zur dezenten Farbgebung.

Carat Hotel garni, Benrather Str. 7a, ⊠ 40213, ℰ (0211) 1 30 50, *info-d@carat-hotel.de*, Fax (0211) 322214, ≦s – 🛊 ⇔ 🔳 📺 – 🏛 20. 🕮 ⓞ ⓒ 𝐕𝐈𝐒𝐀
DZ n
73 Zim 🖙 122/132 – 147/152.

◆ Das Stadthotel stellt eine gepflegte und gut unterhaltene Behausung auf Zeit dar - mit Straßenbahnanbindung. Auf Wunsch Sekretariats- und Übersetzungsservice.

DÜSSELDORF S. 11

Antares garni, Corneliusstr. 82, ⊠ 40215, ℘ (0211) 38 65 60, *info@antares-duessel dorf.de*, Fax (0211) 382050 – 📱 ⇔ 📺 ℡ 🅿 – 🔔 20. 🆎 ⓞ ⓜ 🆅🅸🆂🅰 🅹🅲🅱 BX s
48 Zim ⊇ 92 – 112.
• Das solide Stadthaus beherbergt zeitgemäße, schallisolierte Zimmer für einen erholsamen Aufenthalt in zentraler Lage. Geschäftsreisende nutzen die Business-Zimmer.

Asahi M garni, Kurfürstenstr. 30, ⊠ 40211, ℘ (0211) 3 61 20, *hotel.asahi@akzent.de*, Fax (0211) 3612345, 🄵🄶, 🈴 – 📱 ⇔ 📺 ℡ 🅐 ⇐ 🆎 ⓞ ⓜ 🆅🅸🆂🅰 🅹🅲🅱 BV t
53 Zim ⊇ 123/130 – 141.
• Von Zeitungen über Frühstück bis zu speziellen Teesorten erhält der Japan-Liebhaber alles, was das Herz begehrt. Neu die Sauna mit Erlebnisdusche, Dampfbad und Solarium.

Astoria garni, Jahnstr. 72, ⊠ 40215, ℘ (0211) 38 51 30, *hotelastoriadus@t-online.de*, Fax (0211) 372089 – 📱 ⇔ 📺 ℡ ⇐ 🅿 🆎 ⓞ ⓜ 🆅🅸🆂🅰 🅹🅲🅱. ❀ BX b
geschl. 22. Dez. - 8. Jan. – **26 Zim** ⊇ 84/128 – 105/240, 4 Suiten.
• Hinter der schönen Altbaufassade verbergen sich freundlich möblierte, helle Zimmer in relativ ruhiger Lage. Der hoteleigene Parkplatz bietet Parkraum für zehn Fahrzeuge.

Ambassador garni, Harkortstr. 9, ⊠ 40210, ℘ (0211) 8 76 77 40, *info@ambassador-duesseldorf.bestwestern.de*, Fax (0211) 376702 – 📱 ⇔ 📺 ℡ 🅿 – 🔔 15. 🆎 ⓞ ⓜ 🆅🅸🆂🅰 🅹🅲🅱 BV e
62 Zim ⊇ 87/130 – 118/160.
• Nach einer Komplett-Sanierung präsentiert sich das zentral gelegene Haus individuell und liebevoll gestaltet. In der freundlichen Bar läßt man den Tag ausklingen.

Windsor garni, Grafenberger Allee 36, ⊠ 40237, ℘ (0211) 91 46 80, *d.kiermeier@t-online.de*, Fax (0211) 9146840, 🈴 – 📺 ⇐ 🆎 ⓞ ⓜ 🆅🅸🆂🅰 BV c
geschl. 22. Dez. - 2. Jan. – **18 Zim** ⊇ 90/98 – 125/128.
• Individuelles Patrizierhaus mit traditioneller Sandsteinfassade. Geschmackvolle Stilmöbel harmonieren mit liebevoll restaurierten Rundbogentüren und Stuckdecken.

Orangerie M ❀ garni, Bäckergasse 1, ⊠ 40213, ℘ (0211) 86 68 00, *hotel orangerie@t-online.de*, Fax (0211) 8668099 – 📱 ⇔ 📺 ℡ – 🔔 30. 🆎 ⓞ ⓜ 🆅🅸🆂🅰. ❀ DZ n
27 Zim ⊇ 100/116 – 126/180.
• Im historischen Kern der Altstadt steht dieses im klassizistischen Stil erbaute Haus, das vom Speeschen Palais, der alten Orangerie und der Maxkirche reizvoll eingerahmt wird.

An der Kö garni, Talstr. 9, ⊠ 40217, ℘ (0211) 37 10 48, *hotelanderkoe@t-online.de*, Fax (0211) 370835 – 📱 📺 🅿 🆎 ⓞ ⓜ 🆅🅸🆂🅰 🅹🅲🅱 EZ n
geschl. Weihnachten - Anfang Jan. – **45 Zim** ⊇ 88/136 – 123/172.
• Zeitgemäße Ausstattung kombiniert mit professionellem Büro-Service. Im Angebot: Diktieren, Schreiben, Faxen, Übersetzen. Mit eigenen Hotelparkplätzen mitten in der Stadt!

Ibis Hauptbahnhof garni, Konrad-Adenauer-Platz 14, ⊠ 40210, ℘ (0211) 1 67 20, *h0793@accor-hotels.com*, Fax (0211) 1672101 – 📱 ⇔ 🔲 Zim, 📺 ⇐ – 🔔 30. 🆎 ⓞ ⓜ 🆅🅸🆂🅰 🅹🅲🅱 BV u
⊇ 9 – **166 Zim** 99.
• Das im Bahnhofsgebäude gelegene Hotel ist rund um die Uhr empfangsbereit und hat freundliche, klimatisierte Zimmer, von denen zwei behindertenfreundlich ausgestattet sind.

Residenz garni, Worringer Str. 88, ⊠ 40211, ℘ (0211) 5 50 48 80, *info@residenz hotelduesseldorf.de*, Fax (0211) 55048877 – 📱 ⇔ 📺 🆎 ⓜ 🆅🅸🆂🅰 🅹🅲🅱 BV z
34 Zim ⊇ 75 – 95.
• Im Herzen Düsseldorfs mit direkten U-Bahn- und Busverbindungen zu Flughafen und Messe. Funktionelle Zimmer mit Kirschbaummöbeln. Eine Etage ist Nichtrauchern vorbehalten.

Schumacher garni, Worringer Str. 55, ⊠ 40211, ℘ (0211) 36 78 50, *hotel-schumacher-duesseldorf@t-online.de*, Fax (0211) 3678570, 🈴 – 📱 ⇔ 📺 ℡ 🆎 ⓞ ⓜ 🆅🅸🆂🅰 🅹🅲🅱 BV d
29 Zim ⊇ 93/129 – 129/230.
• Die gemütliche kleine Hausbar des nahe des Hauptbahnhofs gelegenen Hotels lädt zum geselligen Beisammensein ein. Beim Frühstücksbüffet wird auch an Diabetiker gedacht.

Victorian, Königstr. 3a (1. Etage), ⊠ 40212, ℘ (0211) 8 65 50 22, Fax (0211) 8655013 – 🔲 🆎 ⓞ ⓜ 🆅🅸🆂🅰. ❀ EZ c
geschl. Sonn- und Feiertage – **Menu** (Tischbestellung erforderlich) (bemerkenswerte Weinkarte) 32 (mittags) à la carte 52/75 ⚜ – **Bistro im Victorian** : **Menu** à la carte 22,50/37,50.
• Genießen Sie klassische Küche im eleganten Restaurant englischen Stils. Für Atmosphäre sorgen Sessel und Bänke aus Leder, ergänzt durch Leuchter und Spiegel. Ein Stockwerk unter dem Victorian geht es im Bistro nicht weniger stilvoll zu.

DÜSSELDORF S. 12

XX **Weinhaus Tante Anna,** Andreasstr. 2, ⊠ 40213, ℰ (0211) 13 11 63, info@tante
anna.de, Fax (0211) 132974 – ⌶Ξ ⓞ ⓞⓞ 𝗩𝗜𝗦𝗔 𝗝𝗖𝗕
DY
geschl. Sonntag (ausser Messen) – **Menu** (nur Abendessen)(Tischbestellung ratsam, bemer
kenswerte Weinkarte) à la carte 30/54.
  ♦ Im Jahr 1593 als Hauskapelle des Jesuitenklosters erbaut, versprüht das Restaurant i
  der Altstadt urig-gemütlichen Charme. Antike Bilder und Möbel schmücken das Interieu

XX **La Terrazza,** Königsallee 30 (Kö-Center, 2. Etage), ⊠ 40212, ℰ (0211) 32 75 40
Fax (0211) 320975 – |✜| ≡. ⌶Ξ ⓞ ⓞⓞ 𝗩𝗜𝗦𝗔 𝗝𝗖𝗕
EZ
geschl. Sonn- und Feiertage (ausser Messen) – **Menu** (Tischbestellung ratsam) à la cart
42/58 ♀.
  ♦ Hinter der heiter-lichten Rundumverglasung in bester Stadtbummellage präsentiert sic
  die italienisch angehauchte Küche in einem leicht mediterranen Ambiente.

X **La Lampada,** Hüttenstr. 9, ⊠ 40215, ℰ (0211) 37 46 92, info@lalampada.de
Fax (0211) 377799, ☂ – ⌶Ξ ⓞ ⓞⓞ 𝗩𝗜𝗦𝗔
EZ
geschl. Samstagmittag, Sonntag – **Menu** à la carte 24/38.
  ♦ In gepflegtem Ambiente nehmen Sie an einem der gut eingedeckten Tisch Platz. Frisch
  Produkte sind die Grundlage der italienisch ausgelegten Küche.

X **Nippon Kan,** Immermannstr. 35, ⊠ 40210, ℰ (0211) 17 34 70, Fax (0211) 361362.
– ⌶Ξ ⓞ ⓞⓞ 𝗩𝗜𝗦𝗔 𝗝𝗖𝗕. ⌘
BV
geschl. Weihnachten - Neujahr, Sonntag – **Menu** (Tischbestellung ratsam, japanisch
Küche) 11 (mittags)/92 à la carte 14/49.
  ♦ Wer japanische Köstlichkeiten stilecht auf Sitzkissen an niedrigen Tischen essen wil
  besucht die mit Reisstroh-Matten ausgelegten und Ikebana-dekorierten Tatami-Räume.

X **Daitokai,** Mutter-Ey-Str. 1, ⊠ 40213, ℰ (0211) 32 50 54, dus@daitokai.de
Fax (0211) 325056 – ≡. ⌶Ξ ⓞ ⓞⓞ 𝗩𝗜𝗦𝗔 𝗝𝗖𝗕. ⌘
DY
geschl. Juli 2 Wochen – **Menu** (nur Abendessen) (japanische Küche) à la carte 31,50/49
  ♦ Erlebnisgastronomie auf japanisch : An den Teppan-Yaki-Tischen werden die Gerichte live
  gebrutzelt und zubereitet. Wer's lieber roh mag, ist in der Otaru-Sushi-Bar richtig.

X **La Bouillabaisse,** Neustr. 31, ⊠ 40213, ℰ (0211) 13 41 40, ☂ –
DY
geschl. Sonntag - Montag – **Menu** (Dienstag - Donnerstag nur Abendessen) (Tischbestellun
erforderlich) (nur Fischgerichte) à la carte 31/40.
  ♦ Fischfreunde wissen diese Adresse zu schätzen ! In der offenen Küche bereitet mar
  gewollt einfache, schmackhafte Gerichte zu. Ebenfalls schlicht zeigt sich der kleine Raum

Brauerei-Gaststätten :

X **Zum Schiffchen,** Hafenstr. 5, ⊠ 40213, ℰ (0211) 13 24 21, schiffchen.stockhein
@t-online.de, Fax (0211) 134596, ☂ – ⌶Ξ ⓞ ⓞⓞ 𝗩𝗜𝗦𝗔
DZ
geschl. 23. Dez. - 1. Jan., Sonn- und Feiertage (ausser Messen) – **Menu** à la carte 18,50/37
  ♦ Mehr als 350 Jahre alte, traditionsreiche Düsseldorfer Brauereigaststätte mit rheinischer
  Küche, urigen blankgescheuerten Tischen und einem berühmt-attraktiven Biergarten.

X **Im Goldenen Ring,** Burgplatz 21, ⊠ 40213, ℰ (0211) 13 31 61, Fax (0211) 324780
Biergarten – ⌶Ξ ⓞ ⓞⓞ 𝗩𝗜𝗦𝗔
DY e
geschl. 22. Dez. - 2. Jan. – **Menu** à la carte 19/31.
  ♦ Seit dem Gründungsjahr 1536 ist das Brauereilokal am Burgplatz Treffpunkt des hei-
  mischen Lebens. Der Name stammt noch aus der Zeit, in der die Häuser keine Hausnum-
  mern hatten.

In Düsseldorf-Angermund über ① : 15 km und die B 8 :

🏨 **Haus Litzbrück,** Bahnhofstr. 33, ⊠ 40489, ℰ (0203) 99 79 60, hotellitzbrueck@
aol.com, Fax (0203) 9979653, ☂, ☎, ▭, ☞ – ⌶⃤ ⇐⇒ 🅿. 🔒 30. ⌶Ξ ⓞ ⓞⓞ 𝗩𝗜𝗦𝗔
Menu (geschl. 11. - 25. Aug., Montag) à la carte 25/40 – **21 Zim** ⊇ 93/135 – 148/160.
  ♦ Mit eigenem Park liegt Litzbrück in idyllischer Niederrhein-Landschaft. Sie beziehen Quar-
  tier in einem historischen Gebäude, erbaut in den 30er Jahren. Klassisches Restaurant
  mit ansprechendem Couvert und schönen Nebenräumen. Gartenterrasse.

In Düsseldorf-Benrath über Kölner Landstraße T :

XX **Lignano,** Hildener Str. 43, ⊠ 40597, ℰ (0211) 7 11 89 36, latisanazoccarato@surfeu
.de, Fax (0211) 718959 – ⌶Ξ ⓞ ⓞⓞ 𝗩𝗜𝗦𝗔 𝗝𝗖𝗕. ⌘
geschl. Ende Juli - Mitte Aug., Sonntag – **Menu** (nur Abendessen) (italienische Küche)
à la carte 29,50/45.
  ♦ Im Inneren des hübschen, unweit des Benrather Bahnhofs gelegenen Stadthauses dürfen
  sich die Gäste die Spezialitäten der italienischen Küche zu Gemüte führen.

In Düsseldorf-Bilk :

🏨 **Flora** garni, Auf'm Hennekamp 37, ⊠ 40225, ℰ (0211) 93 49 80, hotel.flora@t-on
line.de, Fax (0211) 9349810 – |✜| ⇆ ⎕ 🅿. ⌶Ξ ⓞ ⓞⓞ 𝗩𝗜𝗦𝗔
BX a
31 Zim ⊇ 67/72 – 72/87.
  ♦ Suchen Sie eine solide Übernachtungsadresse in zentraler Stadtlage? Eine gute Technik
  und funktionelles Mobiliar finden sich in allen Zimmern des Hauses.

Düsseldorf-Derendorf :

Villa Viktoria garni, Blumenthalstr. 12, ✉ 40476, ℘ (0211) 46 90 00, *info@villa viktoria.com, Fax (0211) 46900601*, 😉, 🛏 – 📱 ✸ 📺 ✆ ⇔ – 🏛 15. 🅰🅴 ⓘ ⓜⓞ 🆅🅸🆂🅰
BU c
geschl. 20. Dez. - 5. Jan. – ☐ 18 – **40 Suiten** 155/230 – 235/270.
  • Das architektonische Schmuckstück aus dem Jahr 1914 beherbergt edle, geschmackvoll gestaltete Suiten für den anspruchsvollen Gast. Offene, säulenumkränzte Gartenterrasse.

Lindner Hotel Rhein Residence, Kaiserswerther Str. 20, ✉ 40477, ℘ (0211) 4 99 90, *info.rheinresidence@lindner.de, Fax (0211) 4999499*, 🌿, Massage, 🏋, 😉 – 📱 ✸ Zim, 📺 ✆ – 🏛 20. 🅰🅴 ⓘ ⓜⓞ 🆅🅸🆂🅰 🅹🅲🅱
ABU f
Menu *(geschl. 20. Dez. - 2. Jan.)* à la carte 25/34,00 – ☐ 15 – **126 Zim** 140 – 165.
  • In der Nähe von Rheinterrasse und Kö, unweit des Messegeländes, finden Sie auf der Gartenterrasse ebenso Erholung wie im Fitness Center des Hauses. Neuzeitliches Restaurant mit internationaler Küche.

Gildors Hotel garni (mit Gästehaus), Collenbachstr. 51, ✉ 40476, ℘ (0211) 5 15 85 00, *mail@gildors-hotel.de, Fax (0211) 51585050* – 📱 ✸ 📺 ⇔. 🅰🅴 ⓘ ⓜⓞ 🆅🅸🆂🅰
BU n
53 Zim ☐ 94/150 – 158/184.
  • Vom großen Frühstücksraum des zentrumsnah gelegenen Hotels blickt man in den kleinen Innenhof. Messe, Hauptbahnhof und Flughafen erreicht man in wenigen Minuten.

Cascade garni, Kaiserswerther Str. 59, ✉ 40477, ℘ (0211) 49 22 00, *info@hotel-cascade.de, Fax (0211) 4922022* – 📱 📺 ✆ ⇔. 🅰🅴 ⓘ ⓜⓞ 🆅🅸🆂🅰 🅹🅲🅱. ✸
AU c
geschl. Weihnachten - Anfang Jan. – **29 Zim** ☐ 78/84 – 93/101.
  • Funktionell und praktisch eingerichtete Zimmer. Die Lage im Herzen der Messestadt vor den Toren der Altstadt ist optimaler Ausgangspunkt für Business und Freizeit.

Gatto Verde, Rheinbabenstr. 5, ✉ 40476, ℘ (0211) 46 18 17, *Fax (0211) 462933*, 🌿 – 🅰🅴 ⓘ ⓜⓞ 🆅🅸🆂🅰
BU a
geschl. Juli 3 Wochen, Samstagmittag, Sonntag – **Menu** (italienische Küche) à la carte 23/41.
  • Klassische Einrichtung, gut eingedeckte Tische und ein nettes, originelles Dekor prägen das Restaurant. Eine verglaste Terrasse erinnert an "bella Italia".

Düsseldorf-Düsseltal :

Haus am Zoo garni (mit Gästehaus), Sybelstr. 21, ✉ 40239, ℘ (0211) 6 16 96 10, *hotel_haus_am_zoo@t-online.de, Fax (0211) 61696169*, 😉, 🌊 (geheizt), 🌿 – 📱 📺 ✆ ⇔. 🅰🅴 ⓜⓞ 🆅🅸🆂🅰
BU h
23 Zim ☐ 98/110 – 128.
  • Mitten in der Stadt und doch im Grünen : Wo vor über hundert Jahren ein Zoo war, steht jetzt ein Familienbetrieb mit Garten und einem ruhig gelegenen Gästehaus.

Düsseldorf-Golzheim :

Radisson SAS Hotel, Karl-Arnold-Platz 5, ✉ 40474, ℘ (0211) 4 55 30, *info.duesseldorf@radissonsas.com, Fax (0211) 4553110*, 🌿, Massage, 🏋, 😉, 🏊, 🌿 – 📱, ✸ Zim, 🔲 📺 ✆ – 🏛 450. 🅰🅴 ⓘ ⓜⓞ 🆅🅸🆂🅰 🅹🅲🅱. ✸ Rest
AU q
Menu à la carte 31/48 ♀ – ☐ 18 – **309 Zim** 169/219 – 169/229, 16 Suiten.
  • Das Konferenz-Zentrum der 10. Etage bietet einen bildschönen Ausblick auf die Stadt und den Rhein. Entspannung wartet im Pool-Club mit Whirlpool, Fitnessraum oder Massage. Eine helle, freundliche Atmosphäre empfängt Sie im Le Jardin.

Rosati, Felix-Klein-Str. 1, ✉ 40474, ℘ (0211) 4 36 05 03, *Fax (0211) 452963*, 🌿 – 🅿. 🅰🅴 ⓘ ⓜⓞ 🆅🅸🆂🅰 🅹🅲🅱. ✸
AU s
geschl. Samstagmittag, Sonntag (ausser Messen) – **Menu** (Tischbestellung ratsam) (italienische Küche) à la carte 34/52 – **Rosatidue** *(geschl. Samstagmittag, Sonntag außer Messen)* **Menu** à la carte 26/36.
  • Seit Jahrzehnten bekochen Renzo und Remo Rosati ihre Gäste mit klassischen italienischen Speisen. In leicht elegantem Ambiente nehmen Sie auf guten Polsterstühlen Platz. Das Rosatidue zeigt sich im legeren Bistrostil - mit offener Showküche.

Düsseldorf-Holthausen *über Kölner Landstraße T :*

Elbroich garni, Bonner Str. 7 (Ecke Am Langen Weiher), ✉ 40589, ℘ (0211) 79 90 71, *kontakt@elbroich.de, Fax (0211) 7900088* – 📱 ✸ 📺 ⇔. 🅰🅴 ⓘ ⓜⓞ 🆅🅸🆂🅰
52 Zim ☐ 75/80 – 95.
  • Ein Etagen-Hotel mit gepflegten Zimmern, die einheitlich mit braunen Standardmöbeln eingerichtet sind. Günstige Verkehrsverbindungen zur Innenstadt.

DÜSSELDORF S. 14

In Düsseldorf-Kaiserswerth über ① und die B 8 :

🏨 **Barbarossa** M garni, Niederrheinstr. 365, ✉ 40489, ℘ (0211) 4 08 09 20, info@hotel-barbarossa.com, Fax (0211) 40809270, 🛏 – 📶 🔆 📺 ✆ 🅿 – 🅰 50. 🆎 ⓘ
🆀 🆅🅸🆂🅰
50 Zim 🛏 82/99 – 99/129. über Niederrheinstrasse S
♦ Alle Zimmer dieses renovierten Hotels sind in Wischtechnik gestrichen und im italienische Landhausstil eingerichtet. Manche sind mit hübschen Messingbetten bestückt worden.

XXX **Im Schiffchen** (Bourgueil), Kaiserswerther Markt 9 (1. Etage), ✉ 40489, ℘ (021 40 10 50, restaurant.imschiffchen@t-online.de, Fax (0211) 403667 – 🆎 ⓘ 🆀 🆅🅸🆂🅰
geschl. Karwoche, Aug. - Sept. 3 Wochen, Sonntag - Montag – **Menu** (nur Abendesse. (Tischbestellung erforderlich) à la carte 67/104 ₧.
♦ Das Schiffchen ist in den 1. Stock des historischen Giebelhauses gezogen ! Die Räume sir renoviert, die Polster hell bezogen. Eine der besten französischen Küchen des Landes
Spez. Salat von der Taube mit Schnepfenjus. Gegrillte Steinbutt-Schnitte mit Zitrone grasbutter. Gebratenes Bresse Perlhuhn mit Kaffeeduft

X **Tonhalle,** Klemensplatz 7, ✉ 40489, ℘ (0211) 4 05 16 59, Fax (0211) 4051673,
geschl. 27. Dez. - 7. Jan., Montag, Samstagmittag – **Menu** 50 à la carte 30/42.
♦ Eine gemütliche, ungezwungene Adresse, die in früheren Zeiten ein Teil des Befest gungswalles war. Die offene Küche gewährt einen Einblick in die Zubereitung der Speise

In Düsseldorf-Lörick :

🏨 **Fischerhaus** M 🅂, Bonifatiusstr. 35, ✉ 40547, ℘ (0211) 59 79 79, fischerhaus@aol.com, Fax (0211) 5979759 – 🔆 Zim, 📺 ✆ 🅿 🆎 ⓘ 🆀 🆅🅸🆂🅰
geschl. 21. Dez. - 2. Jan. – **Menu** siehe Rest. **Hummerstübchen** separat erwähnt
🛏 8 – **40 Zim** 90/100 – 105.
♦ Im Grünen und doch zentral liegt der Klinkerbau in ruhiger Wohnlage. Spazierwege un ein Yacht-Hafen befinden sich direkt vor der Tür.

XXX **Hummerstübchen** (Nöthel) - Hotel Fischerhaus, Bonifatiusstr. 35, ✉ 40547, ℘ (021 59 44 02, fischerhaus@aol.com, Fax (0211) 5979759 – 🅿 🆎 ⓘ 🆀 🆅🅸🆂🅰
geschl. 23. Dez. - 3. Jan., Aug. - Sept. 2 Wochen, Sonntag (ausser Messen) – **Menu** (nu Abendessen) (Tischbestellung ratsam) 79/98 à la carte 67/82.
♦ Nicht nur das rote Krustentier, auch andere Gaumenfreuden werden hier serviert - der noch ist das mehrgängige Hummermenü eines der Highlights der Küche von Peter Nöthe
Spez. Hummer-Menu. Hummersuppe mit Champagner. Loup de mer mit Gewürzkruste un Minestrone.

In Düsseldorf-Lohausen :

🏨 **ArabellaSheraton Airport Hotel,** im Flughafen, ✉ 40474, ℘ (0211) 4 17 30, airport.duesseldorf@arabellasheraton.com, Fax (0211) 4173707 – 📶, 🔆 Zim, 🍴 📺 ✆ 🅰 120. 🆎 ⓘ 🆀 🆅🅸🆂🅰 🅹🅲🅱, 🎀 Rest
Menu à la carte 31,50/46,50 – 🛏 19 – **200 Zim** 205/260 – 230/285.
♦ Wer den Duft der großen weiten Welt schnuppern will oder kurze Wege bevorzugt ist hier richtig : Das Hotel im Flughafen ist mit Ankunfts- und Abflughalle direkt verbunder Das Restaurant wird in großer Fensterfront ist auf zwei Ebenen halbrund angelegt.

🏨 **Villa im Park** garni, Nagelsweg 6, ✉ 40474, ℘ (0211) 4 36 26 00, villa-im-park@t-online.de, Fax (0211) 4362629, 🛏, 🔲, 🍴 – 📺 🚗. 🆎 ⓘ 🆀 🆅🅸🆂🅰 🅹🅲🅱
9 Zim 🛏 110/135 – 145. über Niederrheinstraße S und Dorfstraße
♦ Bis vor kurzem noch privat genutzt, bietet die Villa nun Reisenden ein funktionelle Heim mit elegantem Touch. Mit nur neun Zimmern bietet das Haus zudem private. Charme.

In Düsseldorf-Mörsenbroich :

🏨 **Renaissance,** Nördlicher Zubringer 6, ✉ 40470, ℘ (0211) 6 21 60 Fax (0211) 6216666, 🍴, Massage, 🛏, 🔲 – 📶, 🔆 Zim, 🍴 📺 ✆ 🚗 – 🅰 260. 🆎 ⓘ 🆀 🆅🅸🆂🅰 🅹🅲🅱 BU
Menu à la carte 23/43 – 🛏 17 – **244 Zim** 139/154, 8 Suiten.
♦ Der Club in der sechsten Etage verspricht Privat-Atmosphäre. Aktiv-Erholung bieten das Penthouse-Schwimmbad mit Blick über Düsseldorfs Dächer, Sauna Solarium und Dampfbad. Das Restaurant ist offen zur lichtdurchfluteten Hotelhalle hir angelegt.

🏨 **Merkur** garni, Mörsenbroicher Weg 49, ✉ 40470, ℘ (0211) 1 59 24 60, hotel-merkur-garni@t-online.de, Fax (0211) 15914625 – 🔆 📺 🚗 🅿. 🆎 ⓘ 🆀 🆅🅸🆂🅰 CU
geschl. Weihnachten - Anfang Jan. – **30 Zim** 🛏 69/99 – 89/129.
♦ Nette Übernachtungsadresse : Die gepflegten Zimmer sind überwiegend mit Kirsch baummöbeln praktisch eingerichtet. Das Merkur liegt recht ruhig und besitzt eigene Park plätze.

In Düsseldorf-Niederkassel :

Osteria Saitta am Nussbaum, Alt Niederkassel 32, ✉ 40547, ✆ (0211) 57 49 34, *osteria-saitta@t-online.de, Fax (0211) 5591544* – 🖃. AE ⓪ ⓜ VISA
AU e
geschl. 22. Dez. - 6. Jan., Samstagmittag, Sonntag - Montagmittag – **Menu** (Tischbestellung ratsam, italienische Küche) à la carte 35,50/43,50.
♦ Gemütliches Fachwerkhaus mit typisch italienischem Ambiente. Früher ein Dorfgasthaus, kommt hier heute italienische Küche auf den Tisch.

In Düsseldorf-Oberbilk :

Astron M, Kölner Str. 186, ✉ 40227, ✆ (0211) 7 81 10, *duesseldorf@astron-hotels.de, Fax (0211) 7811800*, 🄵, ≘s – 🛗, ⇄ Zim, 🖃 📺 📞 &, ⇌ – 🔒 90. AE ⓪ ⓜ VISA JCB
⚘ Rest
BV b
Menu à la carte 21/37 – ⊇ 14 – **338 Zim** 121/250 – 141/270.
♦ Zentral und verkehrsgünstig gelegen, ist das mit viel Glas versehene, imposante Business-Hotel idealer Ausgangspunkt für Geschäftstermine. Alle Zimmer mit Modem-Anschluss. Im zur Halle hin offenen Restaurant steht ein Lunchbuffet bereit.

Lessing garni, Volksgartenstr. 6, ✉ 40227, ✆ (0211) 9 77 00, *info@hotel-lessing.de, Fax (0211) 9770100*, ≘s – 🛗 ⇄ 📺 📞 ⇌. AE ⓪ ⓜ VISA JCB
BX t
30 Zim ⊇ 85/120 – 118/140.
♦ Alle Zimmer bis hin zur Bar sind mit massivem Pinienholz elegant-rustikal möbliert. Der nahegelegene Volksgarten verlockt zu Joggingtouren.

In Düsseldorf-Oberkassel :

Lindner Congress Hotel, Emanuel-Leutze-Str. 17, ✉ 40547, ✆ (0211) 5 99 70, *info.congresshotel@lindner.de, Fax (0211) 59971111*, ≘s, ☒ – 🛗, ⇄ Zim, 🖃 📺 📞 ⇌
🅿 – 🔒 240. AE ⓪ ⓜ VISA JCB. ⚘ Rest
S e
Menu 20 (Lunchbuffet) à la carte 23,00/37,00 – ⊇ 15 – **254 Zim** 130/160 – 140/180.
♦ Geschäftsadresse am Puls der Zeit mit modernster Technik : Zimmer mit Multimedia PC, Online Office Technologie und Internetzugang über das TV Kabelnetz sowie Modemanschluß. Eine moderne Gestaltung verleiht dem Belle Etoile einen bistroähnlichen Charakter.

Mercure Seestern M, Fritz-Vomfelde-Str.38, ✉ 40547, ✆ (0211) 53 07 60, *h2199@accor-hotels.com, Fax (0221) 53076444*, 🍽, 🄵, ≘s – 🛗 ⇄ 🖃 📺 📞 &, ⇌
– 🔒 120. AE ⓪ ⓜ VISA
S r
Menu (italienische Küche) à la carte 24,50/36,50 – **160 Zim** ⊇ 137/152 – 165/175.
♦ Schon die großzügige Lobby stimmt Sie auf den modernen Stil ein, der sich durch das ganze Haus zieht. In einem warmen, freundlichen Umfeld finden Sie den gewünschten Komfort. Das Restaurant liegt in der ersten Etage - modern-schlicht in der Aufmachung.

Inn Side Residence M, Niederkasseler Lohweg 18a, ✉ 40547, ✆ (0211) 52 29 90, *duesseldorf@innside.de, Fax (0211) 52299522*, 🍽, 🄵, ≘s – 🛗, ⇄ Zim, 🖃 Zim, 📺 📞
⇌ 🅿. AE ⓪ ⓜ VISA
S a
Menu (geschl. Sonntag) à la carte 29,50/40 – **126 Zim** ⊇ 146 – 180, 6 Suiten.
♦ Ganz neu gestaltet, eröffnet Ihnen das Hotel die Welt des "modern living" - hier dominieren kreatives Design und zurückhaltende Eleganz, vom Empfang bis in Ihr Zimmer. Modern ist das Restaurant im Stil eines Speisesaals.

Courtyard by Marriott, Am Seestern 16, ✉ 40547, ✆ (0211) 59 59 59, *cy.duscy .dos@marriott.com, Fax (0211) 593569*, 🍽, ≘s, ☒ – 🛗, ⇄ Zim, 🖃 📺 📞 ⇌ –
🔒 120. AE ⓪ ⓜ VISA JCB
S a
Menu à la carte 20/36,50 – **217 Zim** ⊇ 124/134 – 138/148.
♦ Großzügige Gästezimmer bieten modernen Komfort und die Schreibtische alle Anschlüsse, die das Herz eines modernen Geschäftsreisenden begehrt. Fünf Nichtraucheretagen. Neuzeitlich eingerichtetes Restaurant mit Free-flow-Küche und Themenwochen.

Novotel-City-West M, Niederkasseler Lohweg 179, ✉ 40547, ✆ (0211) 52 06 00, *h3279@accor-hotels.com, Fax (0211) 52060888*, 🄵, ≘s – 🛗, ⇄ Zim, 🖃 📺 📞 &, ⇌
– 🔒 275. AE ⓪ ⓜ VISA JCB
S r
Menu à la carte 20/31 – ⊇ 13 – **232 Zim** 124/139 – 139/154.
♦ Funktionell und modern in seiner Gestaltung, ist das im Jahre 2001 eröffnete Haus ganz auf die Bedürfnisse von Geschäftsleuten und Tagungsgästen zugeschnitten.

Hanseat garni, Belsenstr. 6, ✉ 40545, ✆ (0211) 57 50 69, *Fax (0211) 589662* – 📺. AE
⓪ ⓜ VISA
T n
geschl. Weihnachten - Neujahr – **37 Zim** ⊇ 95/100 – 130.
♦ Hinter der reizvollen Jugendstilfassade weht ein Hauch von Eleganz : Stilmöbel und persönliche Details prägen die behaglichen Zimmer und Salons. Sehr hübsche Gartenterrasse.

DÜSSELDORF S. 16

XX **De' Medici,** Amboßstr. 3, ✉ 40547, ℘ (0211) 59 41 51, demedici@aol.com
Fax (0211) 592612 – AE ① ⓒ VISA JCB
S n
geschl. Samstagmittag, Sonn- und Feiertage – **Menu** (Tischbestellung ratsam, italienisch
Küche) à la carte 25/43.
◆ Klassisch italienisches Angebot. Die in warmen Farben gehaltenen, teils mit Kork un
Bildern versehenen Wände und die Polsterstühle erzeugen eine angenehme Atmosphäre

X **Kitzbüheler Stuben,** Hansaallee 165, ✉ 40549, ℘ (0211) 59 11 44, kitzbueheler
stuben@t-online.de, Fax (0211) 5370817, 🈁 – AE ① ⓒ VISA
S :
geschl. Anfang Jan. 2 Wochen, Ende Aug. 2 Wochen, Samstagmittag, Sonntag (ausse
Messen) – **Menu** à la carte 26/37.
◆ Hier bereitet man eine Regionalküche mit starken österreichischen Akzenten. Das Restau
rant ist schlicht gehalten, mit Steinfußboden und mit Sets eingedeckten Tischen.

In Düsseldorf-Pempelfort :

🏠 **Am Hofgarten** garni, Arnoldstr. 5, ✉ 40479, ℘ (0211) 49 19 90, am-hofgarten@
-online.de, Fax (0211) 4919949 – 📺, AE ① ⓒ VISA JCB
EY
24 Zim ⊃ 80 – 105.
◆ Nur ein Katzensprung ist es von dem überwiegend modern möblierten Domizil zum Hof
garten, dem schönen innerstädtischen Park der Rheinmetropole mit dem Heinrich-Heine
Denkmal.

🏠 **Doria** garni (mit Gästehaus), Duisburger Str. 1a, ✉ 40477, ℘ (0211) 49 91 92, info@
doria.de, Fax (0211) 4910402 – 🛗 📺 ✆. AE ① ⓒ VISA JCB
EY
geschl. 23. Dez. - 2. Jan. – **41 Zim** ⊃ 62/68 – 82/90.
◆ Deutsche Oper, Tonhalle, Düsseldorfer Schauspielhaus, Kammerspiele oder das "Kom
mödchen" - Theater und Kinos liegen ganz in der Nähe des freundlich eingerichteten Hotels

XXX **Rossini,** Kaiserstr. 5, ✉ 40479, ℘ (0211) 49 49 94, info@restaurant-rossini.de
Fax (0211) 4910819, 🈁 – 🍽. AE ① ⓒ VISA JCB. ✵
EY
geschl. Sonn- und Feiertage (ausser Messen) – **Menu** (italienische Küche) à la carte 48/57
◆ Klassischer Treffpunkt mit italienischer Feinschmeckerküche und exquisitem Weinkelle
Elegantes Ambiente mit mediterranen Terracottafliesen in einem modernen Geschäftshaus

X **Positano,** Freiligrathstr. 36, ✉ 40479, ℘ (0211) 4 98 28 03, Fax (0211) 4910819 – AE
① ⓒ VISA JCB. ✵
EY
geschl. Montag – **Menu** (italienische Küche) à la carte 33/43,50.
◆ Diese sympathische Trattoria, benannt nach der Heimat des Patrons, empfängt ihre
Gäste mit einer kräftigen italienischen Landküche und familiärer, gemütlicher Atmosphäre

In Düsseldorf-Stockum :

🏠 **Fashion Hotel** garni, Am Hain 44, ✉ 40468, ℘ (0211) 4 39 50, hotel@fashion
duesseldorf.de, Fax (0211) 4395200 – 📺 ✆ 🅿. AE ① ⓒ VISA
S b
geschl. 24. - 31. Dez. – **38 Zim** ⊃ 75 – 99.
◆ Entspannung abseits vom Trubel, bei gleichzeitig kürzesten Wegen zu den Zentren vor
Handel und Industrie. Das Fashion-House liegt in unmittelbarer Nachbarschaft.

In Düsseldorf-Unterbach Süd-Ost : 11 km über Torfbruchstraße T :

🏠🏠 **Landhotel Am Zault - Residenz,** Gerresheimer Landstr. 40, ✉ 40627, ℘ (0211)
2 09 40, amzault@t-online.de, Fax (0211) 254718, 🈁, ⇌ – ≠ Zim, 📺 🅿 – 🔏 100
AE ① ⓒ VISA
Menu à la carte 22/39 – **59 Zim** ⊃ 103/153 – 113/203.
◆ Eine gewachsene Hotelanlage, bestehend aus einem achteckigen Landhotel und der
modernen Residenz. Wörtlich übersetzt residiert man "Im Zollhaus". Dorfstube und rus
tikale Zault-Wirtschaft ergänzen das gepflegte Restaurant.

In Düsseldorf-Unterbilk : .

🏠🏠 **Courtyard by Marriott** M, Speditionstr. 11, ✉ 40221, ℘ (0211) 4 93 90
cy.dushf.sales.mgr@courtyard.com, Fax (0211) 49392000, 🈁, Massage, 🏋, ⇌ – 🛗
≠ Zim, 📺 ✆ ♿ ⇔ 🅿. AE ① ⓒ VISA JCB
T a
Menu à la carte 28/34 – ⊃ 14 – **139 Zim** 125/140, 6 Suiten.
◆ Dunkle, neuzeitliche Möbel und Dekorationen in warmen Erdtönen geben den Zimmern
und Suiten dieses im Jahre 2001 eröffneten Hauses ein wohnliches Gepräge. Restaurant
Julian's hat sich zum Treffpunkt in den Docklands gemausert.

🏠🏠 **Sorat** M, Volmerswerther Str. 35, ✉ 40221, ℘ (0211) 3 02 20, duesseldorf@sorat
hotels.com, Fax (0211) 3022555, 🈁, ⇌ – 🛗, ≠ Zim, ▤ 📺 ✆ ⇔ 🅿 – 🔏 135. AE
① ⓒ VISA
AX c
Menu (geschl. Sonntag, ausser Messen) à la carte 24,50/33,50 – **160 Zim** ⊃ 115/135 –
165/205.
◆ Mit jungem Design und warmen Farben wollen die wohnlichen Zimmer im ehemaligen
Hafenbezirk und heutigen Medien- und Regierungsviertel Bilk ein Zuhause auf Zeit sein.
Bistroähnliches, modernes Restaurant.

DÜSSELDORF S. 17

XX Berens am Kai, Kaistr. 16, ✉ 40221, ℘ (0211) 3 00 67 50, *info@berensamkai.de*, Fax (0211) 30067515, 🍽 – AE ⓜ VISA
AX d
geschl. 1. - 7. Jan., Samstagmittag, Sonn- und Feiertage – **Menu** 50/74 à la carte 49/70,50.
◆ Wer sich in diesem modern gestylten Restaurant niederläßt, hat dank der imposanten Glasfassade des Gebäudes und der Hafenlage einen schönen Blick auf den Rhein!

XX Schorn mit Zim, Martinstr. 46a, ✉ 40223, ℘ (0211) 3 98 19 72, Fax (0211) 3981972 – TV ✆ ⓜ ※ Zim
AX s
geschl. über Ostern 1 Woche, Juli - Aug. 3 Wochen – **Menu** *(geschl. Sonntag - Montag) (nur Abendessen) (Tischbestellung ratsam, bemerkenswerte Weinkarte)* à la carte 34/63 ℒ – **4 Zim** ⚌ 100 – 150.
◆ In der ehemaligen Konditorei neben der St. Martin Kirche wird heute französisch inspiriert gekocht. Übernachtungsgäste schlafen in hübschen Doppelzimmern.

XX Rheinturm Top 180, Stromstr. 20, ✉ 40221, ℘ (0211) 8 48 58, *rheinturm@guennewig.de*, Fax (0211) 325619, ✹ Düsseldorf und Rhein (🛗, Gebühr), ■ – 🅿 40. AE ⓜ ⓤ VISA JCB
AV a
Menu à la carte 33/49.
◆ In weniger als einer Minute fährt man mit dem Aufzug hinauf zum Restaurant in 172 m Höhe und genießt während der sanften Rotation um die eigene Achse den herrlichen Ausblick.

in Düsseldorf-Unterrath:

🏨 Lindner Hotel Airport, Unterrather Str. 108, ✉ 40468, ℘ (0211) 9 51 60, *info.airport@lindner.de*, Fax (0211) 9516516, 🛋 – 🛗, ※ Zim, ■ TV ✆ ⇔ 🅿 – 🅿 120. AE ⓤ ⓜ VISA JCB
S s
Menu à la carte 22/33,50 – ⚌ 16 – **201 Zim** 130/220 – 140/235.
◆ Flügellahme Reisende landen hier zu einem erholsamen Zwischenstop und tanken im Fitness-Center mit Hydrojet-Massage und Vielflieger-Entspannungs-Programmen wieder auf. Das zur Halle hin offene Restaurant ist neuzeitlich in der Aufmachung.

🏨 Avidon M garni, Unterrather Str. 42, ✉ 40468, ℘ (0211) 95 19 50, *hotel@avidon.de*, Fax (0211) 95195333 – 🛗 ※ TV ✆ 🅿 – 🅿 15. AE ⓤ ⓜ VISA JCB
S d
geschl. Weihnachten - Neujahr – **33 Zim** ⚌ 99/189 – 109/199.
◆ Modern und hochwertig gestaltete Zimmer mit großen Schreibtischen in zentraler Lage zu Flughafen, Messegelände und Innenstadt. Die Bar hat rund um die Uhr geöffnet.

in Meerbusch-Büderich:

🏨 Gästehaus Meererbusch garni, Hindenburgstr. 4, ✉ 40667, ℘ (02132) 93 34 00, Fax (02132) 933429 – ※ TV ✆ 🅿 AE ⓤ ⓜ VISA über Düsseldorfer Straße (B 9)
S
geschl. 22. Dez. - 6. Jan. – **16 Zim** ⚌ 75/122 – 99/144.
◆ Englischen Bed & Breakfast Hotels auf dem Lande nachempfundenes Haus mit eleganten Stilantiquitäten. Das wahlweise englische Frühstück wird an einem großen Tisch serviert!

🏨 Gut Dyckhof ⚘, Am Dyckhof 3, ✉ 40667, ℘ (02132) 97 77, *reservierung@gutdyckhof.de*, Fax (02132) 9775, 🍽 – ※ Zim, TV ✆ 🅿 – 🅿 30. AE ⓤ ⓜ VISA. ※ Zim über Düsseldorfer Straße (B 9) und Laacher Weg
S
Menu *(geschl. 24. Dez.- 1. Jan.)* à la carte 21,50/37,50 – **39 Zim** ⚌ 82/87 – 123.
◆ Die ehemalige Scheune des landwirtschaftlichen Anwesens - ruhig am Ortsrand gelegen - wurde hinter der alten Backsteinfassade zu einem neuzeitlichen Hotel umgebaut. Eine Mischung aus rustikal und modern prägt den Charakter des Restaurants.

🏨 Zum Deutschen Eck M garni, Düsseldorfer Str. 87, ✉ 40667, ℘ (02132) 9 92 20, *zum.deutschen.eck@t-online.de*, Fax (02132) 992220 – 🛗 TV ✆ ⇔. ⓤ ⓜ VISA. ※
S n
geschl. Weihnachten - Neujahr – **24 Zim** ⚌ 75 – 95.
◆ Seit 1996 steht dies Klinkerhaus für die Beherbergung Reisender bereit. Ein freundliches, neuzeitliches Interieur sowie persönlicher Service sprechen für diese Adresse.

XX Landsknecht mit Zim, Poststr. 70, ✉ 40667, ℘ (02132) 9 33 90, *landsknecht.meerbusch@t-online.de*, Fax (02132) 10978, 🍽 – ※ Zim, TV 🅿 ⓤ ⓜ VISA
S u
Menu *(geschl. Samstagmittag, Montag)* à la carte 26,50/38 – **10 Zim** ⚌ 82 – 108.
◆ Klassisch-elegantes Restaurant mit Fremdenzimmern, hervorragenden Weinen und einmaliger Havana-Bar La Casa del Habano, in der auch große Cohibas verkauft werden dürfen!

XX Landhaus Mönchenwerth, Niederlöricker Str. 56 (an der Schiffsanlegestelle), ✉ 40667, ℘ (02132) 75 76 50, *contact@moenchenwerth.com*, Fax (02132) 757638, ≤, 🍽, Biergarten - 🅿. AE ⓤ ⓜ VISA
S c
geschl. Montag – **Menu** *(wochentags nur Abendessen)* à la carte 45,50/54.
◆ Komplett umgebaut, erstrahlt diese Adresse seit kurzem in neuem Glanz - ein moderner, unaufdringlicher Rahmen prägt das Restaurant. Aufgetischt wird eine klassische Küche.

DÜSSELDORF S. 18

Lindenhof, Dorfstr. 48, ✉ 40667, ℘ (02132) 26 64, *service@lindenhof-restaurant.de*, Fax (02132) 10196, 🍴 – AE ⦿ VISA JCB S
geschl. 27. Dez. - 3. Jan., Montag – **Menu** (abends Tischbestellung ratsam) à la carte 22,50/41,50.

♦ Klinkerhaus mit gemütlichem Landhaus-Innenleben und wechselnder Bilderausstellung. Die regionale Küche wird im Sommer auch in einem kleinen Biergarten serviert.

In Meerbusch - Langst-Kierst Nord-West : 14 km über Neusser Straße S :

Rheinhotel Vier Jahreszeiten M ⚘, Zur Rheinfähre 14, ✉ 40668, ℘ (02150) 91 40, *info@rheinhotel-meerbusch.de*, Fax (02150) 914900, 🍴, Biergarten, ≘s – ⫴ ✻ Zim, 🔲 📺 ♦ 🅿 – 🔺 120. AE ⦿ ⦿ VISA
Bellevue (geschl. 27. Dez.- 3. Jan., Dez. - April Sonntag - Montag)(nur Abendessen) **Menu** à la carte 35,50/47 – **Orangerie** (nur Mittagessen) **Menu** 24,50(Buffet) – **Langster Fährhaus** (geschl. Jan.- April, Mittwoch - Donnerstag) **Menu** à la carte 22,50/32,50 – 🗌 14 – **75 Zim** 112/118 – 146/173, 3 Suiten.

♦ Direkt an der Anlegestelle am Rhein, vis à vis von Messe und Flughafen, liegt das Landhotel. Business- und Komfortzimmer bieten alle Annehmlichkeiten. In der Villa hat man das Bellevue eingerichtet, hell und elegant. Rustikal angehaucht : das Langster Fährhaus.

In Meerbusch-Strümp Nord-West : 11 km über B 9 und B 222 S :

Regalido, Am Kapellengraben 1 / Ecke Buschstr., ✉ 40670, ℘ (02159) 81 88 04, Fax (02159) 7312, 🍴 – AE ⦿ ⦿ VISA. ✻
geschl. 1. - 18. Jan., Juli - Aug. 3 Wochen, Montag - Dienstagmittag – **Menu** 20 (mittags) à la carte 39/57,50.

♦ Der mediterrane Charakter des freundlich gestalteten Restaurants spiegelt sich auch auf der Karte wider – Geschmack und Qualität kennzeichnen das kleine Speisenangebot.

DUISBURG Nordrhein-Westfalen **417** L 4 – 518 000 Ew – Höhe 33 m.

Sehenswert : Wilhelm-Lehmbruck-Museum★★ CZ **M1** – Museum der Deutscher Binnenschiffahrt★ AY **M2**.

🐴 Duisburg, Großenbaumer Allee 240 AX, ℘ (0203) 72 14 69.

🅱 Duisburg-Information, Königstr. 86, ✉ 47051, ℘ (0203) 28 54 40, *service@duisburg-information.de*, Fax (0203) 2854444.

ADAC, Claubergstr. 4.

Berlin 547 – Düsseldorf 33 ④ – Essen 20 ② – Nijmegen 107 ⑥

Stadtpläne siehe nächste Seiten

Steigenberger Duisburger Hof, Neckarstr. 2, ✉ 47051, ℘ (0203) 3 00 70, *duisburg@steigenberger.de*, Fax (0203) 3007400, 🍴, ≘s – ⫴, ✻ Zim, 📺 ♦ 🅿 – 🔺 180. AE ⦿ ⦿ VISA JCB. ✻ Rest CY e
Menu (geschl. 31. Juli - 13. Sept.) à la carte 37,50/60,50 – **115 Zim** 🗌 160 – 190, 3 Suiten.

♦ Gegenüber der Deutschen Oper am Rhein wird gediegene Hotelkultur gepflegt. Von Zeit zu Zeit dient das Haus auch als Kulisse für spannende "Ruhrpott-Krimis". Eine elegante Atmosphäre umgibt Sie im Restaurant L'Escalier.

Conti M garni (mit Gästehaus), Düsseldorfer Str. 131, ✉ 47051, ℘ (0203) 28 70 05, *info@contihotels.de*, Fax (0203) 288148, ≘s – ⫴ ✻ 🔲 📺 ♦ AE ⦿ ⦿ VISA. ✻
50 Zim 🗌 91/199 – 112/225. CZ a

♦ Das neuzeitliche Stadthotel bietet komfortable Zimmer, die mit cremefarbenem Einbaumobiliar, Rattan und zum Teil auch mit kleinen Ledersesseln sehr wohnlich wirken.

Plaza M, Düsseldorfer Str. 54, ✉ 47051, ℘ (0203) 2 82 20, *info@hotel-plaza.de*, Fax (0203) 2822300, ≘s, 🔲 – ⫴, ✻ Zim, 🔲 🛋 – 🔺 60. AE ⦿ ⦿ VISA. ✻ Rest
Menu (geschl. Aug. - Mitte Sept., Freitag - Sonntag) (nur Abendessen) à la carte 23/39,50 – **100 Zim** 🗌 92/102 – 129/149. CZ e

♦ Durch einen großzügigen, mit Granit ausgelegten Eingangsbereich betritt man das Haus. Die Zimmer sind praktisch und selbstverständlich mit allem nötigen Komfort ausgestattet. An Bistrotischen nehmen Sie in sachlich-modernem Umfeld zum Speisen Platz.

Ferrotel M garni, Düsseldorfer Str. 122, ✉ 47051, ℘ (0203) 28 70 85, *info@ferrotel.de*, Fax (0203) 287754, ≘s – ⫴ ✻ 📺 ♦ – 🔺 45. AE ⦿ ⦿ VISA CZ n
30 Zim 🗌 81/155 – 102/181.

♦ Die verkehrsgünstige Lage im Zentrum Duisburgs macht das Haus zu einer attraktiven Adresse für Geschäftsreisende. Die gut gepflegten Zimmer verfügen über solide Technik.

Regent garni (mit Haus Hammerstein), Dellplatz 1, ✉ 47051, ℘ (0203) 29 59 00, *info@hotel-regent.de*, Fax (0203) 22288, ≘s, 🔲 – ⫴ ✻ 📺 AE ⦿ ⦿ VISA BZ c
58 Zim 🗌 79 – 99.

♦ Zentrumsnah liegt dieses Haus in einer kleinen Seitenstraße. Die Dependance, das Haus Hammerstein, liegt 50 m entfernt und gefällt mit ihrer klassizistischen Fassade.

DUISBURG

Street	Code
Aldenrader Straße	AV 2
Am Nordhafen	AV 5
Asterlager Straße	AX 6
Borgschenweg	AX 8
Bürgermeister-Pütz-Straße	AV 9
Düsseldorfer Straße	AX 15
Eisenbahnstraße	AV 16
Emmericher Straße	AVX 17
Essenberger Straße	AX 20
Friedrich-Ebert-Brücke	AV 21
Friedrich-Ebert-Straße	AX 22
Friemersheimer Straße	AX 24
Großenbaumer Allee	AX 25
Hohenbudberger Straße	AX 28
Honigstraße	AV 29
Kaiser-Wilhelm-Straße	AV 30
Krefelder Straße	AX 36
Kreuzacker	AX 37
Lauerstraße	AX 42
Neue Krefelder Straße	AX 55
Obermeidericher Straße	AV 57
Papiermühlenstraße	AV 60
Rathenaustraße	AX 64
Ruhrorter Straße	AX 65
Schwarzenberger Straße	AX 68
Schweizer Straße	AX 69
Sittardsberger Allee	AX 70
Stockholmer Straße	AV 78
Wanheimer Straße	AX 83
Wedauer Straße	AX 84

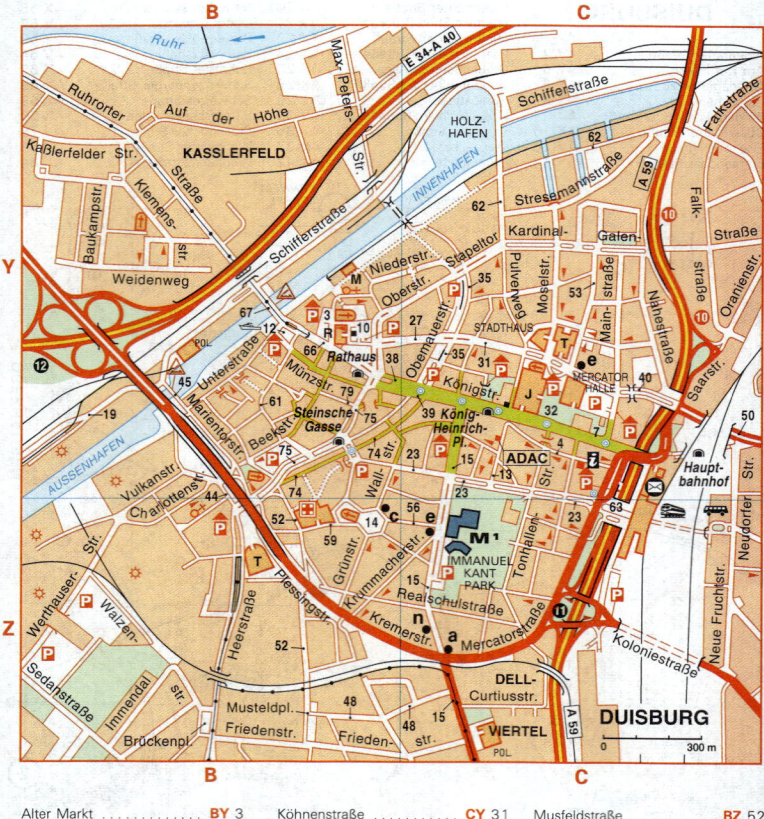

Alter Markt . . . . **BY** 3	Köhnenstraße . . . . **CY** 31	Musfeldstraße . . . . **BZ** 52
Am Buchenbaum . . . . **CZ** 4	König-Heinrich-Platz . . . . . **CZ** 32	Neckarstraße . . . . **CY** 53
Averdunkplatz . . . . **CZ** 7	Königstraße . . . . **CZ**	Neue Marktstraße . . . . **CZ** 56
Beekstraße . . . . **BZ**	Kuhlenwall . . . . **CY** 35	Papendelle . . . . **BZ** 59
Burgplatz . . . . **BY** 10	Kuhstraße . . . . **BYZ** 38	Peterstal . . . . **BZ** 61
Calaisplatz . . . . **BY** 12	Kuhtor . . . . **CY** 39	Philosophenweg . . . . **CY** 62
Claubergstraße . . . . **CZ** 13	Landfermannstraße . . . . . . **CYZ** 40	Portsmouthplatz . . . . **CZ** 63
Dellplatz . . . . **BZ** 14	Marientor . . . . **BZ** 44	Schwanenstraße . . . . **BY** 66
Düsseldorfer Straße . . . . . . **CZ** 15	Marientorbrücke . . . . **BZ** 45	Schwanentorbrücke . . . . . . **BY** 67
Essenberger Straße . . . . . . **BZ** 19	Menzelstraße . . . . **BCZ** 48	Sonnenwall . . . . **BZ** 74
Friedrich-Wilhelm-Straße . . **CZ** 23	Mülheimer Straße . . . . **CZ** 50	Steinsche Gasse . . . . **BZ** 75
Gutenbergstraße . . . . **CY** 27	Münzstraße . . . . **BYZ**	Universitätsstraße . . . . **BZ** 79

In Duisburg-Großenbaum über Großenbaumer Allee AX :

🏨 **Ramor** garni, Angermunder Str. 37, ⊠ 47269, ℘ (0203) 99 80 60, Fax (0203) 9980655
– TV ℘ P AE ⊙ MS VISA JCB
20 Zim ⊇ 77/129 – 95/154.
  ♦ Das Hotel im Bungalow-Stil liegt unweit eines Verkehrsknotenpunktes, jedoch trotzdem recht ruhig. Solide Kirschbaummöbel geben den großzügigen Zimmern ein wohnliches Flair.

In Duisburg-Homberg :

🏨 **Rheingarten**, Königstr. 78, ⊠ 47198, ℘ (02066) 5 50 01, rheingarten@t-online.de, Fax (02066) 55004, ≤, 🍽 – 🛗, ✦ Zim, TV P – 🕰 70. AE ⊙ MS VISA   AX s
Menu (geschl. Samstagmittag) à la carte 23/36 – **28 Zim** ⊇ 70/100 – 80/120.
  ♦ Hier wohnen Sie in einem kleinen Hochhaus direkt am Fluß. Wenn Sie gerne in einem Himmelbett schlafen möchten, dann reservieren Sie eines der drei Romantik-Zimmer. Das Restaurant bietet einen hübschen Blick auf den Rhein.

DUISBURG

In Duisburg-Huckingen über Düsseldorfer Straße AX :

Landhaus Milser M, Zur Sandmühle 2 (an der B 8), ✉ 47259, ℘ (0203) 7 58 00, info@landhausmilser.de, Fax (0203) 7580199, 佘, 🏋, ≘s – 🛗, 🚺 Zim, 📺 🕿 🕹 🚗 🅿 – 🔑 50. 🆎 ⓘ ⓜ 🆚
geschl. 27. Dez. - 4. Jan. – **Da Vinci** (italienische Küche) Menu à la carte 28/43 – **60 Zim** ⊑ 80/110 – 115/145, 3 Suiten.
♦ Ein Hotel mit mediterranem Charme ! Die Zimmer sind in sanften Farben gestrichen und mit edlen italienischen Möbeln und schönen Fußböden aus Terracotta oder Parkett bestückt. Ein Hauch von Toskana umfängt den Gast bei seinem Besuch im Da Vinci.

In Duisburg-Rheinhausen :

Gasthof Brendel, Kaiserstr. 81 (Friemersheim), ✉ 47229, ℘ (02065) 4 70 16, info@brendel-du.de, Fax (02065) 40192, 佘 – 🅿. AX n
geschl. über Karneval, Samstagmittag, Sonntagabend - Montag – **Menu** à la carte 28/37.
♦ Mit viel Holz und Terracotta-Fliesen wird hier bewußt Zwanglosigkeit vermittelt. Dirk Brendel kocht sorgfältig eine überwiegend internationale Küche mit mediterranem Einfluß.

In Duisburg-Wanheimerort :

Am Stadion - Dettmann's Restaurant mit Zim, Kalkweg 26, ✉ 47055, ℘ (0203) 72 40 24(Hotel), 72 57 90 (Rest.), dettmannsrest@aol.com, Fax (0203) 729213, 佘 – 📺 🕿 🆎 ⓜ 🆚 AX r
Menu (geschl. 1. - 15. Jan., Samstagmittag, Montag) à la carte 33/42 – **15 Zim** ⊑ 57/77 – 77/97.
♦ Das Landhaus am Stadion beherbergt ein gediegenes Restaurant, dessen Küche internationale Spezialitäten zubereitet. Im Hotelbereich finden Sie praktische Gästezimmer.

DUNNINGEN Baden-Württemberg ⁴¹⁹ V 9 – 5 500 Ew – Höhe 665 m.
Berlin 727 – Stuttgart 101 – Freiburg im Breisgau 77 – Villingen-Schwenningen 25 – Freudenstadt 49.

Zur Krone, Hauptstr. 8 (B 462), ✉ 78655, ℘ (07403) 2 75, Fax (07403) 8122 – 📺 🅿. 🆎 ⓜ 🆚
Menu (geschl. Donnerstagabend - Freitag) à la carte 18/29 – **10 Zim** ⊑ 34/35 – 55/56.
♦ Ländlich und schlicht sind die Übernachtungszimmer in diesem Gasthof. Dennoch bieten sie den notwendigen Komfort und der Service ist familiär und freundlich. Leicht rustikal und nett dekoriert zeigt sich das Restaurant.

DURBACH Baden-Württemberg ⁴¹⁹ U 8 – 4 000 Ew – Höhe 216 m – Erholungsort.
🛈 Tourist-Information, Tal 36, ✉ 77770, ℘ (0781) 4 21 53, info@durbach.de, Fax (0781) 43989.
Berlin 752 – Stuttgart 148 – Karlsruhe 80 – Freudenstadt 51 – Offenburg 9 – Baden-Baden 54.

Ritter ❦, Tal 1, ✉ 77770, ℘ (0781) 9 32 30, ritter-durbach@t-online.de, Fax (0781) 9323100, 佘, ≘s, 🏊 – 🛗, 🚺 🕹 🚗 🅿 – 🔑 30. 🆎 ⓜ 🆚
geschl. Jan. - Feb. 2 Wochen – **Menu** (geschl. Sonntag - Montagmittag) à la carte 24/46 – **Ritterkeller** (geschl. Jan. - Feb., Juli - Okt., Sonntag) (nur Abendessen) **Menu** à la carte 24/30 – **43 Zim** ⊑ 50/80 – 92/107, 6 Suiten – ½ P 25.
♦ Schwarzwälder Gemütlichkeit umfängt Sie beim Betreten dieses Gasthauses. Fragen Sie nach den sonnendurchfluteten, stilvoll eingerichteten Zimmern im neueren Teil des Hotels. Viel Holz gibt der Ritter-Stube ihren ländlich-gemütlichen Charakter.

Rebstock ❦, Halbgütle 30, ✉ 77770, ℘ (0781) 48 20, info@rebstock.biz, Fax (0781) 482160, 佘, ≘s, 🌳 – 🛗, 🚺 Zim, 📺 🕿 🅿 – 🔑 30. ⓜ 🆚
Menu (geschl. Mitte Jan. - Mitte Feb., Montag) 21,50/37,50 à la carte 25/42 – **42 Zim** ⊑ 63/75 – 103/125 – ½ P 23.
♦ Mit viel Liebe zum Detail hat man es verstanden, den Räumlichkeiten eine kultivierte und wohnliche Atmosphäre zu verleihen. Sehenswert sind auch die großzügigen Außenanlagen. Das Restaurant sorgt mit rustikal-elegantem Ambiente für Gemütlichkeit.

Linde, Lindenplatz 1, ✉ 77770, ℘ (0781) 9 36 30, mail@hotel-linde-durbach.de, Fax (0781) 936339, 佘 – 📺 🅿 – 🔑 30. 🆎 ⓜ 🆚
Menu (geschl. Dienstag) à la carte 19/37 – **20 Zim** ⊑ 60 – 90 – ½ P 15.
♦ Hinter der denkmalgeschützten Fassade verbergen sich großzügig geschnittene Zimmer und Appartements, die dem Gast die Annehmlichkeiten eines zeitgemäßen Hotels bieten. In bürgerlichem Stil eingerichtetes Restaurant.

EBENSFELD Bayern 420 P 16 – 5 200 Ew – Höhe 254 m.
Berlin 384 – München 251 – Coburg 29 – Bayreuth 67 – Bamberg 21 – Hof 88.

Pension Veitsberg ⌂, Prächtinger Str. 14, ✉ 96250, ℘ (09573) 64 00, info@pension-veitsberg.de, Fax (09573) 31430, 🍴 – 📺 🛌 🅿.
Menu *(geschl. Jan., Dienstag) (nur Abendessen)* (Restaurant nur für Hausgäste) – **24 Zim** ⊇ 28/35 – 48/54.
   ♦ Genießen Sie die schöne Umgebung dieser freundlichen Pension im oberen Maintal. Die gepflegten Zimmer, teilweise mit Balkon, versprechen einen erholsamen Aufenthalt.

EBERBACH AM NECKAR Baden-Württemberg 417 419 R 10 – 15 700 Ew – Höhe 131 m – Heilquellen-Kurbetrieb.

🛈 Tourist-Information, Kellereistr. 36, ✉ 69412, ℘ (06271) 48 99, tourismus@eberbach.de, Fax (06271) 1319.
Berlin 611 – Stuttgart 107 – Mannheim 56 – Heidelberg 33 – Heilbronn 53.

Karpfen, Alter Markt 1, ✉ 69412, ℘ (06271) 7 10 15, Fax (06271) 71010, 🍴, (Fassade mit Fresken der Stadtgeschichte) – 🛗 📺 🅿 🆎 ⓜ VISA
Menu *(geschl. 27. Jan. - 12. März, Dienstag)* à la carte 22/34 – **50 Zim** ⊇ 51/73 – 75/99 – ½ P 15.
   ♦ Das historische Gebäude im Herzen der staufischen Altstadt beherbergt ein engagiert geführtes Hotel mit liebevoll ausgestatteten Zimmern und einer besonderen Atmosphäre. Gemütliche, ländliche Eleganz im Hotelrestaurant.

Krone-Post, Hauptstr. 1, ✉ 69412, ℘ (06271) 20 13, hotel-krone-post@t-online.de, Fax (06271) 1633, 🍴 – 🛗, ⇐ Zim, 📺 🛌 🅿 – 🅰 20. 🚭 Rest
geschl. 2. - 6. Jan. – **Menu** *(geschl. Nov. - Feb. Samstag)* à la carte 21/40 – **35 Zim** ⊇ 53/72 – 75/120 – ½ P 22.
   ♦ Direkt am Neckar liegt das traditionelle Privathotel mit familiärem Charme. Komfortable Zimmer in drei Kategorien und ein reichhaltiges Frühstücksbuffet erwarten die Gäste. Gediegenes Restaurant mit Jugendstilterrasse unter Kastanien.

Unsere Hotel-, Reiseführer und Straßenkarten ergänzen sich.
Benutzen Sie sie zusammen.

EBERMANNSTADT Bayern 420 Q 17 – 6 700 Ew – Höhe 290 m – Erholungsort.
📍 Ebermannstadt, Kanndorf 8 (West : 4 km), ℘ (09194) 48 27.
🛈 Touristinformation, Bahnhofstr. 5, ✉ 91320, ℘ (09194) 5 06 40, touristinfo@ebermannstadt.de, Fax (09194) 50641.
Berlin 406 – München 219 – Nürnberg 50 – Bayreuth 61 – Bamberg 30.

Resengörg (mit Gästehäusern), Hauptstr. 36, ✉ 91320, ℘ (09194) 7 39 30, info@resengoerg.de, Fax (09194) 739373, 🍴 – 🛗 📺 🛌 🅿 – 🅰 40. ⓜ VISA
Menu *(geschl. 12. - 28. Feb., Montagmittag)* à la carte 13/22 – **34 Zim** ⊇ 40/42 – 60/70 – ½ P 10.
   ♦ Für einen Besuch in der Fränkischen Schweiz empfiehlt sich dieses traditionelle Hotel im Fachwerkhaus mit den zwei modernen Gästehäusern. Typisches Restaurant mit hauseigener Brennerei.

Schwanenbräu (mit Haus Feuerstein), Marktplatz 2, ✉ 91320, ℘ (09194) 2 09, info@schwanenbraeu.de, Fax (09194) 5836 – 📺 – 🅰 40. ⓞ ⓜ VISA
geschl. Anfang - Mitte Jan. – **Menu** *(geschl. Sonntagabend)* à la carte 13/27 – **13 Zim** ⊇ 40 – 56 – ½ P 16.
   ♦ Seit dem 19. Jh. sorgt dieser Gasthof für seine Besucher. Heute finden Sie hier wohnliche, bequeme Zimmer. Auch ein modernes Gästehaus steht zur Verfügung. Hausgebrautes Bier und selbstgebrannte Obstschnäpse verkosten Sie im rustikalen Restaurant.

EBERN Bayern 418 420 P 16 – 7 000 Ew – Höhe 269 m.
Berlin 422 – München 255 – Coburg 28 – Bamberg 26 – Schweinfurt 56.

In Pfarrweisach Nord-West : 7 km :

Gasthof Eisfelder, Lohrer Str. 2 (B 279), ✉ 96176, ℘ (09535) 2 69, keisfelder@aol.de, Fax (09535) 723 – 🅿
geschl. 28. Juli - 14. Aug. – **Menu** *(geschl. Nov. - April Mittwochmittag)* à la carte 10/14 – **22 Zim** ⊇ 21 – 36 – ½ P 7.
   ♦ Mitten in der schönen Landschaft Frankens liegt dieser gut geführte Gasthof aus dem 17. Jh. Alle Zimmer haben einen Balkon, auf dem Sie sich in Ruhe entspannen können. Rustikale Gaststube und eigene Metzgerei gehören zum Haus.

EBERSBACH AN DER FILS
Baden-Württemberg **419** T 12 – 15 300 Ew – Höhe 292 m.
Berlin 614 – Stuttgart 33 – Göppingen 10 – Ulm (Donau) 70.

In Ebersbach-Weiler Süd : 2 km :

Schätzl, Schäferstr. 11, ⊠ 73061, ℘ (07163) 91 23 40, hotel.schaetzl@t-online.de, Fax (07163) 52368 – TV ✆ P. AE ⓪ VISA
Menu (geschl. Aug.) (nur Abendessen) à la carte 16/29 – **12 Zim** ⊇ 49 – 69/75.
♦ Diese nette Pension mit Blick auf die schwäbische Alb und das Filstal empfängt ihre Gäste mit einer persönlichen Atmosphäre und praktischen Zimmern. Kleine, rustikale Gaststätte.

EBERSBERG
Bayern **420** V 19 – 10 000 Ew – Höhe 563 m – Erholungsort.
₁₈ ₁₉ Steinhöring, Zaißing 6 (Nord-Ost : 8 km), ℘ (08094) 81 06 ; ₁₈ Steinhöring, Gut Thailing 4 (Nord-Ost : 6 km), ℘ (08094) 92 10.
Berlin 610 – München 35 – Landshut 69 – Rosenheim 31.

Hölzerbräu, Sieghartstr. 1, ⊠ 85560, ℘ (08092) 2 40 20, Fax (08092) 24031, Biergarten – ⌘ TV ⇔ P. – 🔒 30. ⓪ ⓪ VISA
Menu (geschl. Feb. 1 Woche, Aug. 3 Wochen) à la carte 16/29 – **45 Zim** ⊇ 56/82 – 82/102, 3 Suiten.
♦ Gepflegte Gastlichkeit in typisch bayerischer Wirtshaustradition erfahren die Gäste dieses Hotels mit den zeitgemäß eingerichteten und gut ausgestatteten Zimmern. Ein schöner Kachelofen und Holzdecken bestimmen das Ambiente des Restaurants.

EBERSBURG
Hessen **417 418 420** O 13 – 3 900 Ew – Höhe 382 m.
Berlin 468 – Wiesbaden 141 – Fulda 18 – Frankfurt am Main 102 – Würzburg 93.

In Ebersburg-Weyhers :

Rhönhotel Alte Mühle, Altenmühle 4 (Ost : 2 km), ⊠ 36157, ℘ (06656) 81 00, info@rhoenhotel-altemuehle.de, Fax (06656) 7748, 🌳, ≦s, 🐎 – ↯ Zim, TV P. – 🔒 25
Menu (geschl. Montag) (Dienstag - Freitag nur Abendessen) à la carte 14/22 – **35 Zim** ⊇ 42/50 – 64/75 – ½ P 14.
♦ Eine nette Urlaubsadresse ist dieses Hotel im Naturpark Rhön. Außer den soliden Zimmern vermietet man auch Appartements und Ferienwohnungen. Rustikales Restaurant mit schöner Terrasse.

EBERSWALDE
Brandenburg **416** H 25 – 45 000 Ew – Höhe 70 m.
Ausflugsziel : Niederfinow : Schiffshebewerk★ Ost : 10 km..
🛈 Tourist-Information, Steinstr. 3, ⊠ 16225, ℘ (03334) 6 45 20, Fax (03334) 64521.
Berlin 57 – Potsdam 85 – Neubrandenburg 118 – Frankfurt (Oder) 86.

Am Brunnenberg garni, Brunnenstr. 7, ⊠ 16225, ℘ (03334) 2 58 70, brunnenberg@freenet.de, Fax (03334) 2587105 – ⌘ TV ✆ P. – 🔒 40. ⓪ VISA. ⊛
18 Zim ⊇ 49 – 86.
♦ Die geräumigen Zimmer in diesem neuerbauten, familiengeführten Hotel sind wohnlichmodern eingerichtet und gut ausgestattet. Teilweise mit Balkonen.

In Niederfinow Ost : 10 km :

Am Schiffshebewerk, Hebewerkstr. 43, ⊠ 16248, ℘ (033362) 7 00 99, Fax (033362) 209, 🌳, 🐎 – ↯ Zim, TV ⇔ P. – 🔒 20
Menu à la carte 15/25 – **18 Zim** ⊇ 45/55 – 70.
♦ Nahe dem namengebenden Schiffshebewerk liegt das 1992 erbaute Hotel : Bequeme, mit dunklen Holzmöbeln eingerichtete Zimmer und ein familiärer Service erwarten Sie. Gutbürgerliche Küche und Fischgerichte bietet das gediegene Restaurant.

EBRACH
Bayern **419 420** Q 15 – 2 000 Ew – Höhe 340 m – Erholungsort.
Sehenswert : Ehemaliges Kloster (Kirche★).
🛈 Verkehrsamt, Rathausplatz 2, ⊠ 96157, ℘ (09553) 9 22 00, info@ebrach.de, Fax (09553) 922020.
Berlin 441 – München 248 – Coburg 84 – Nürnberg 77 – Würzburg 47 – Bamberg 34.

Klosterbräu, Marktplatz 4, ⊠ 96157, ℘ (09553) 1 80, klosterbraeu@landidyll.de, Fax (09553) 1888, 🌳, ≦s, 🐎 – ⌘, ↯ Zim, TV 🕭 ⇔ P. – 🔒 80. AE ⓪ ⓪ VISA JCB
Menu à la carte 15/29 ⊻ – **40 Zim** ⊇ 48 – 87/110 – ½ P 15.
♦ Für Freunde eines historischen Ambientes : Das Hotel befindet sich im renovierten Teil eines ehemaligen Zisterzienserklosters und überzeugt seine Gäste mit modernem Komfort. Im Restaurant Mönchstube speisen Sie unter einer schönen Gewölbedecke.

EBSDORFERGRUND Hessen siehe Marburg.

ECHING Bayern 419 420 V 18 – 10 500 Ew – Höhe 460 m.
Berlin 567 – München 21 – Regensburg 104 – Ingolstadt 59 – Landshut 55.

Olymp, Wielandstr. 3, ⊠ 85386, ℘ (089) 32 71 00, hotel-olymp-munich@t-online.de, Fax (089) 32710112, 佘, ≘s, ⊠ – ⫯, ⥼ Zim, TV ℄ ⇔ ℉ – ⚐ 50. ⧆ ⊙ ⦾ VISA JCB. ❊ Rest
Menu à la carte 24/37 – **96 Zim** ⌂ 100 – 113.
• Wenn Sie ein gehobenes Ambiente bevorzugen, sollten Sie dieses Hotel besuchen : Die Zimmer im mediterranen Stil sind mit alten Hölzern und edlen Stoffen liebevoll ausgestattet. Drei teils bäuerliche, teils elegant rustikale Restaurants mit speziellem Flair.

Höckmayr garni, Obere Hauptstr. 2a, ⊠ 85386, ℘ (089) 3 19 74 20, Fax (089) 31974234 – ⫯ TV ℄ ⇔ ℉. ⧆ ⊙ ⦾ VISA
19 Zim ⌂ 57/75 – 88/93.
• Ein sympathisches, neugebautes Haus mit unterschiedlich eingerichteten Zimmern. Der freundliche Service sorgt für eine nette Atmosphäre.

ECHING KREIS LANDSHUT Bayern siehe Landshut.

ECKERNFÖRDE Schleswig-Holstein 415 416 C 13 – 23 000 Ew – Höhe 5 m – Seebad.
Sehenswert : Nikolaikirche (Innenausstattung★).
⛳ Altenhof (Süd-Ost : 4 km über die B 76), ℘ (04351) 4 12 27.
🛈 Touristinformation, Am Exer 1, ⊠ 24340, ℘ (04351) 7 17 90, info@ostseebad-eckernfoerde.de, Fax (04351) 6282.
Berlin 376 – Kiel 30 – Rendsburg 30 – Schleswig 24.

Stadthotel garni, Am Exer 3, ⊠ 24340, ℘ (04351) 7 27 80, stadthotel-eckernfoerde @t-online.de, Fax (04351) 7278178, ≘s – ⫯ ⥼ TV ⚹ ⇔ – ⚐ 50. ⧆ ⦾ VISA
65 Zim ⌂ 85/110 – 110/135, 8 Suiten.
• Genießen Sie einen Urlaub an der Ostsee : Direkt am Strand liegt dieser moderne Klinkerbau mit funktionell eingerichteten, gepflegten Zimmern.

Seelust garni, Preußerstr. 3, ⊠ 24340, ℘ (04351) 7 27 90, Fax (04351) 7279179, ≤ – ⫯ TV ⚹ ℉. ⧆ ⦾ VISA
geschl. Anfang Dez. - Ende März – **32 Zim** ⌂ 65/110 – 100/135.
• Direkten Zugang zum Strand haben Sie von diesem Hotel aus den 30er Jahren mit renovierten, wohnlichen Zimmern - die meisten haben Meerblick - und einer schönen Strandterrasse.

Alte Fischereischule M garni, Sehestedter Str. 77, ⊠ 24340, ℘ (04351) 7 16 60, fischereischule@t-online.de, Fax (04351) 716620, ≤, ≘s, 屌 – ⥼ TV ℄ ℉ – ⚐ 30. ⧆ ⊙ ⦾ VISA
18 Zim ⌂ 55/87 – 80/123.
• In einem ruhigen Wohngebiet liegt das ganz modern ausgestattete Hotel im Gebäude der ehemaligen Fischereischule. Von hier aus hat man einen herrlichen Blick über die Bucht.

Ratskeller, Rathausmarkt 8, ⊠ 24340, ℘ (04351) 24 12, ratskellereck@aol.com, Fax (04351) 712824, 佘, (Haus a.d.J. 1420) – ⧆ ⊙ ⦾ VISA
geschl. Feb. 3 Wochen, Nov. - März Montag – **Menu** à la carte 20/35.
• Ein traditionsreiches Ambiente hat diese Gaststätte, die wahrscheinlich die älteste Ratskeller Deutschlands ist. Die Küche ist gutbürgerlich, auch Saisonales wird angeboten.

In Gammelby Nord-West : 5 km über die B 76 :

Gammelby, Dorfstr. 6, ⊠ 24340, ℘ (04351) 88 10, hotel.gammelby@t-online.de, Fax (04351) 88166, ≘s, ❊ – TV ⇔ ℉ – ⚐ 50. ⧆ ⊙ ⦾ VISA. ❊ Zim
Menu à la carte 19/29 – **32 Zim** ⌂ 48/60 – 68/88 – ½ P 14.
• Der traditionell geführte Familienbetrieb hält für seine Gäste gut gepflegte Zimmer mit einer Einrichtung aus den 70er Jahren bereit.

In Groß Wittensee Süd-West : 11,5 km, an der B 203 :

Schützenhof (mit 2 Gästehäusern), Rendsburger Str. 2, ⊠ 24361, ℘ (04356) 1 70, info@hotel-wittensee.de, Fax (04356) 1766, 佘, ⛳, ≘s, 屌 – ⥼ Zim, TV ℄ ⇔ ℉ – ⚐ 100
geschl. 20. Dez. - 6. Jan. – **Menu** (geschl. Mai - Sept. Donnerstagmittag, Okt. - April Donnerstag) à la carte 18/34 – **60 Zim** ⌂ 50/86 – 76/117 – ½ P 15.
• Komfortabel und modern eingerichtete Zimmer und eine freundliche Atmosphäre bietet Ihnen dieses Hotel nahe des Wittensees, in dem man Angeln, Baden, Segeln und Surfen kann. Unterteilte Gaststube mit offenem Kamin und Wintergarten.

ECKERNFÖRDE

In Klein Wittensee Süd-West : 14 km, an der B 203 :

- **Landhaus Wolfskrug**, Dorfstr. 11, ⊠ 24361, ℘ (04356) 3 54, Fax (04356) 354, 😊 – 🅿. AE ⓜ VISA
  geschl. Dienstag – **Menu** à la carte 23/43.
  ♦ Ein ausgestopfter Wolf begrüßt Sie in dem gemütlichen, mit Antiquitäten dekorierten Restaurant, wo der Küchenchef Sie mit bürgerlicher und regionaler Küche bewirtet.

EDELSFELD Bayern siehe Königstein.

EDENKOBEN Rheinland-Pfalz 417 419 S 8 – 6 500 Ew – Höhe 148 m – Luftkurort.
  Ausflugsziele : Schloß Villa Ludwigshöhe★ (Max-Slevogt-Galerie★) West : 2 km – Rietburg : ≤ ★ West : 2 km und Sessellift.
  🛈 Büro für Tourismus, Poststr. 23, ⊠ 67480, ℘ (06323) 95 92 22, Fax (06323) 959288.
  Berlin 655 – Mainz 101 – Mannheim 40 – Landau in der Pfalz 11 – Neustadt an der Weinstraße 10.

- **Gutshof Ziegelhütte** (mit Gästehäusern), Luitpoldstr. 79, ⊠ 67480, ℘ (06323) 9 89 40, info@gutshof-ziegelhuette.de, Fax (06323) 9894199, 😊 – ⥈ Zim, 📺 📞 ⇔ 🅿 – 🛄 30. AE ⓞ ⓜ VISA
  Menu (geschl. Montag - Dienstag) à la carte 14/25 – **25 Zim** 🛏 50/60 – 70/100 – ½ P 14.
  ♦ Diese Hotelanlage, die sich auf mehrere Gebäude eines ehemaligen Gutes verteilt, überzeugt mit gut eingerichteten, zum Teil eleganten Zimmern mit viel Komfort.

- **Weinstube Alte Kanzlei** mit Zim, Weinstr. 120, ⊠ 67480, ℘ (06323) 39 83, info@alte-kanzlei.de, Fax (06323) 980680, 😊 – ⥈
  Menu (geschl. Montag - Dienstag) (nur Abendessen) (nur Eigenbauweine) à la carte 10,50/21 – **7 Zim** 🛏 32/36 – 67.
  ♦ Hier erwartet Sie typisch Pfälzer Atmosphäre : Ein gemütlicher Gewölbekeller, der seinen Gästen eine kleine, aber überzeugende Auswahl an regionalen Spezialitäten bietet.

In Rhodt unter Rietburg Süd-West : 2 km :

- **Weinstube Waldkirch** ⇘, Weinstr. 53, ⊠ 76835, ℘ (06323) 70 53, hotelweingut.waldkirch@t-online.de, Fax (06323) 81137, 😊 – 📺 🅿.
  Menu (geschl. 10. Jan. - 10. Feb.) (Nov. - Juli Montag - Freitag nur Abendessen) (nur Eigenbauweine) à la carte 11/19 – **17 Zim** 🛏 39 – 64.
  ♦ Die Zimmer in den historischen Mauern dieses Weinguts sind gepflegt und wohnlich. Der Frühstücksraum mit dem reichhaltigen Buffet befindet sich im ehemaligen Kelterhaus. Urige Weinstube mit einem durch die Mauer gewachsenen Birnbaum und Brunnentisch.

In Weyher West : 2 km :

- **Zum Kronprinzen**, Josef-Meyer-Str. 11, ⊠ 76835, ℘ (06323) 70 63, kronprinz-weyher@t-online.de, Fax (06323) 7065 – 📺
  geschl. 5. Jan. - 1. Feb., 6. - 26. Juli – **Menu** (geschl. Dienstag) à la carte 16/30 – **11 Zim** 🛏 31/44 – 47/62 – ½ P 13.
  ♦ In dem malerischen Winzerdorf finden Sie einen traditionellen Gasthof, der Sie mit Pfälzer Gastlichkeit und modern eingerichteten Zimmern erwartet. Ländlich-rustikales Restaurant mit einer Auswahl an Weinen der Region.

EDESHEIM Rheinland-Pfalz 417 419 S 8 – 2 400 Ew – Höhe 150 m.
  Berlin 657 – Mainz 101 – Mannheim 42 – Kaiserslautern 48 – Karlsruhe 46.

- **Schloss Edesheim** ⇘ (mit Residenz), Luitpoldstr. 9, ⊠ 67483, ℘ (06323) 9 42 40, info@schloss-edesheim.de, Fax (06323) 942411, 😊, ⇌ – 📺 📞 🅿 – 🛄 100. AE ⓞ ⓜ VISA. ⥈ Rest
  Da Nico (italienische Küche) (geschl. Sonntagabend, Montagabend) **Menu** à la carte 27,50/44,50 – **36 Zim** 🛏 79/99 – 131/149, 8 Suiten.
  ♦ Der ehemalige Bischofssitz a. d. 16. Jh. bildet den exklusiven Rahmen für das schöne Hotel. Elegante Zimmer und eine Umgebung mit toskanischem Flair genügen hohen Ansprüchen. Da Nico gefällt mit zarten Wandgemälden, großem Kamin und mediterranem Flair.

- **Wein-Castell**, Staatsstr. 21 (B 38), ⊠ 67483, ℘ (06323) 93 89 40, weincastell@t-online.de, Fax (06323) 9389428, 😊, (Sandsteinbau a.d.19.Jh.) – 📺 ⇔ 🅿. ⓜ VISA. ⥈ Rest
  Menu (geschl. Montag - Dienstag) à la carte 14/39 – **13 Zim** 🛏 48 – 78.
  ♦ Das Hotel mit den soliden, gepflegten Zimmern gehört zu einem typischen Pfälzer Weingut. Die freundliche und familiäre Atmosphäre verspricht einen netten Aufenthalt. Probieren Sie die hauseigenen Weine im Restaurant.

EDIGER-ELLER Rheinland-Pfalz 417 P 5 – 1 500 Ew – Höhe 92 m.

ℹ Verkehrsamt, im Ortsteil Ediger, Pelzerstr. 1, ✉ 56814, ℘ (02675) 13 44, Fax (02675) 1643.

Berlin 666 – Mainz 118 – Koblenz 61 – Trier 75 – Cochem 8.

Im Ortsteil Ediger :

Zum Löwen, Moselweinstr. 23, ✉ 56814, ℘ (02675) 2 08, info@mosel-hotel-loewen.de, Fax (02675) 214, ≤, 😊 – TV ⇔. AE ⓄO VISA
geschl. Jan. – **Menu** (geschl. 1. Feb. - 15. April Montag - Dienstag) à la carte 18/45 – **22 Zim** ⇌ 44/50 – 76/100.

♦ Erholen Sie sich im romantischen Moseltal : Das familiengeführte Hotel bietet Ihnen solide Zimmer. Schöne Wanderwege beginnen direkt am Haus. Restaurant mit Moselblick.

Im Ortsteil Eller :

Weinhaus Oster, Moselweinstr. 61, ✉ 56814, ℘ (02675) 2 32, hotel-oster@t-online.de, Fax (02675) 1570, 😊 ⇔ – ✗, 🅰 20. AE ⓄO VISA
geschl. 9. - 26. Dez., Jan. - 15. März – **Menu** (geschl. Dienstagmittag) à la carte 15/27 – **20 Zim** ⇌ 37/56 – 60/92 – ½ P 11.

♦ In dem alten Fachwerkhaus mit Hotelanbau finden Sie praktische Zimmer und eine familiäre Atmosphäre. Ein reichhaltiges Frühstücksbuffet macht Sie fit für den Tag. Das Restaurant ist hell und rustikal eingerichtet.

EFFELDER (KREIS EICHSFELD) Thüringen 418 M 14 – 1 400 Ew – Höhe 420 m.

Berlin 327 – Erfurt 73 – Mühlhausen 11 – Eisenach 43 – Göttingen 56.

Waldhotel Klostermühle, Klostermühle 1 (Nord-West 2 km, Richtung Großbartloff) ✉ 37359, ℘ (036075) 39 00, waldhotel-klostermuehle@t-online.de, Fax (036075) 39075, Biergarten, ⛟, 🅿, 🚗 – TV ☎ P – 🅰 40. ⓄO VISA
geschl. Jan. – **Menu** (geschl. Montag) à la carte 15,50/29 – **27 Zim** ⇌ 44 – 72.

♦ In ländlicher Umgebung, am Waldrand, finden Reisende eine solide geführte, saubere Übernachtungsadresse. Praktisch ausgestattete Zimmer sprechen für das Haus. Die Einrichtung in hellem Holz bestimmt den rustikalen Charakter des Restaurants.

EFRINGEN-KIRCHEN Baden-Württemberg 419 X 6 – 7 100 Ew – Höhe 266 m.

Berlin 852 – Stuttgart 254 – Freiburg im Breisgau 59 – Basel 15 – Müllheim 28.

In Efringen-Kirchen - Blansingen Nord-West : 5 km :

Traube (Albrecht) 🍃 mit Zim (mit Gästehaus), Alemannenstr. 19, ✉ 79588, ℘ (07628) 82 90, traube-blansingen@t-online.de, Fax (07628) 8736, 😊 – TV P. ⓄO VISA
geschl. Feb. 1 Woche, Aug. 1 Woche – **Menu** (geschl. Dienstag - Mittwoch) 27 (mittags) à la carte 43,50/61 ⚘ – **7 Zim** ⇌ 72 – 93/113.

♦ Im ländlich-eleganten Ambiente des einstigen Bauernhauses von 1811 mit Kachelofen können Sie eine klassische Saisonküche genießen. Schöne Zimmer laden zum Übernachten ein.

Spez. Taubengalantine mit Feigen-Schalottenkonfit. Törtchen vom Saibling mit Flußkrebsen in Curry. Getrüffelte Schokoladenterrine mit Champagner-Minzsorbet.

In Efringen-Kirchen - Egringen Nord-Ost : 3 km :

Rebstock mit Zim (mit Gästehaus), Kanderner Str. 21, ✉ 79588, ℘ (07628) 9 03 70, gasthaus@rebstock-egringen.de, Fax (07628) 903737, 😊 – TV P. ⓄO VISA
geschl. über Fastnacht 2 Wochen, Ende Aug. - Anfang Sept. 2 Wochen – **Menu** (geschl. Montag - Dienstag) à la carte 19/39 ⚘ – **8 Zim** ⇌ 39/60 – 57/82.

♦ Hier erwartet Sie ein typischer badischer Gasthof mit einer Speisekarte, die regionale Spezialitäten der Saison und eine Auswahl von Weinen aus dem Markgräfler Land bietet.

EGESTORF Niedersachsen 415 416 G 14 – 2 100 Ew – Höhe 80 m – Erholungsort.

ℹ Verkehrsverein, Barkhof 1b, ✉ 21272, ℘ (04175) 15 16, Fax (04175) 802471.

Berlin 322 – Hannover 107 – Hamburg 57 – Lüneburg 29.

Acht Linden (mit Gästehaus), Alte Dorfstr. 1, ✉ 21272, ℘ (04175) 8 43 33, acht-linden@t-online.de, Fax (04175) 843359, 😊, ⛟ – TV ☎ P – 🅰 100. ① ⓄO VISA.
✗ Rest
Menu à la carte 17/40 – **30 Zim** ⇌ 46/55 – 70/110 – ½ P 12.

♦ Wie wär's mit Urlaub in der Lüneburger Heide? Der engagiert geführte niedersächsische Gasthof verfügt über gepflegte, unterschiedlich eingerichtete Zimmer. Essen kann man in der rustikalen Gaststube oder in den eleganteren Nebenzimmern.

EGESTORF

Egestorfer Hof (mit Gästehäusern), Lübberstedter Str. 1, ✉ 21272, ☎ (04175) 4 80, kontakt@egestorferhof.de, Fax (04175) 1090, 🍽 – ⇆ Zim, 📺 🅿. – 🛎 25. ᴁ ⓜ VISA
Menu à la carte 18/32 – **26 Zim** ⇌ 50/65 – 75/90 – ½ P 13.
◆ In dem familiengeführten Hotel erwarten Sie gepflegte und saubere Zimmer. Auch wohnliche Ferienwohnungen in reetgedeckten Häusern sind zu vermieten. Das Restaurant ist reich mit Sammlerstücken aus der bäuerlichen Welt der Heide dekoriert.

In Egestorf-Sahrendorf Nord-West : 3 km :

Studtmann's Gasthof (mit Gästehaus), Im Sahrendorf 19, ✉ 21272, ☎ (04175) 8 43 60, studtmannsgasthof@t-online.de, Fax (04175) 1086, 🍽, 🌿 – ⇆ 📺 🅿. – 🛎 30. ⓜ VISA
geschl. 15. Jan. - 15. Feb. – **Menu** (geschl. Dienstag) 10 (mittags) à la carte 17/30 – **22 Zim** ⇌ 35/50 – 55/70 – ½ P 11.
◆ Hier empfängt Sie die typische Atmosphäre eines traditionellen Heidegasthofs. Die Zimmer sind sauber und gepflegt, der Rahmen ländlich. Rustikale, schlichte Gaststuben.

EGGENFELDEN Bayern **420** U 22 – 13 000 Ew – Höhe 415 m.
🏌 Hebertsfelden, Am Fischgartl 2 (Ost : 11 km), ☎ (08561) 59 69.
Berlin 599 – München 117 – Regensburg 101 – Landshut 56 – Passau 72 – Salzburg 98 – Straubing 62.

Bachmeier, Schönauer Str. 2, ✉ 84307, ☎ (08721) 9 71 00, hotel-bachmeier@netsurf.de, Fax (08721) 9710100, 🍽, Biergarten, ≦s, 🎱, 🚴 – 📺 ☏ 🚗 🅿. ᴁ ⓜ VISA
Menu à la carte 23/33 – **40 Zim** ⇌ 50/60 – 75/85.
◆ Niederbayerische Gastlichkeit erlebt man in diesem komfortablen Gasthof. Ein Teil der Zimmer wurde kürzlich renoviert und mit neuen, modernen Möbeln wohnlich eingerichtet. Restaurant mit ländlicher Eleganz und sorgfältig zubereiteter Regionalküche.

EGGENSTEIN-LEOPOLDSHAFEN Baden-Württemberg **419** S 9 – 13 000 Ew – Höhe 112 m.
Berlin 660 – Stuttgart 97 – Karlsruhe 12 – Mannheim 63.

Im Ortsteil Eggenstein :

Zum Goldenen Anker, Hauptstr. 20, ✉ 76344, ☎ (0721) 70 60 29, Fax (0721) 782333, 🍽 – 🛗 📺 ☏ 🅿. ⓜ VISA. ⬚
Menu (geschl. Juli 2 Wochen) à la carte 15/31 – **27 Zim** ⇌ 40/49 – 66/82.
◆ Ein ländlicher, gut geführter Gasthof mit praktischen, sauberen Zimmern. Die freundliche Atmosphäre sorgt für einen netten Aufenthalt. Schlichtes Restaurant mit bürgerlicher und regionaler Küche.

XXX Zum Löwen mit Zim, Hauptstr. 51, ✉ 76344, ☎ (0721) 78 00 70, zum-loewen-eggenstein@t-online.de, Fax (0721) 7800799, 🍽 – ⇆ Zim, 📺 ☏. ⓜ VISA
Menu (geschl. 1. - 7. Jan., Samstagmittag, Sonntagabend - Montagmittag) (Tischbestellung ratsam) 26 (mittags)/75 à la carte 38/49 – **11 Zim** ⇌ 52/55 – 83/89.
◆ In diesem Restaurant lassen Sie sich an gut eingedeckten Tischen von einem aufmerksamen Service umsorgen. Schön sitzt man auch auf der Gartenterrasse.

Im Ortsteil Leopoldshafen :

Landhotel Schröcker Tor, Mannheimer Str. 1, ✉ 76344, ☎ (07247) 2 01 89, info@schroeckertor.de, Fax (07247) 208240, 🍽 – ⇆ Zim, 📺 🅿. ᴁ ⓜ VISA ᴊᴄʙ
geschl. über Fastnacht 3 Wochen – **Menu** (geschl. Freitag - Samstagmittag) à la carte 22/38 – **20 Zim** ⇌ 50/55 – 65/80.
◆ Ruhig und doch zentral liegt dieses Hotel mit praktischen Zimmern, die teils mit einfachen Naturholzmöbeln, teils mit älteren Schleiflackmöbeln eingerichtet sind. Viele Bilder schmücken die Wände des kleinen Restaurants.

EGGESIN Mecklenburg-Vorpommern **416** E 26 – 9 000 Ew – Höhe 20 m.
Berlin 160 – Schwerin 208 – Neubrandenburg 69 – Greifswald 74 – Szczecin 86.

Waldidyll, Luckower Str. 14, ✉ 17367, ☎ (039779) 2 05 31, Fax (039779) 20531, 🍽 – ⇆ Zim, 📺 🅿. ⓜ VISA
Menu à la carte 14/24 – **12 Zim** ⇌ 40 – 51/55.
◆ Ein guter Standort für Ausflüge ans Stettiner Haff oder nach Polen ist dieses gepflegte, neuzeitliche Hotel mit den gut eingerichteten und bequemen Zimmern.

EGGSTÄTT Bayern 420 W 21 – 2400 Ew – Höhe 539 m – Erholungsort.
  🛈 Verkehrsamt, Obinger Str. 7, ⌧ 83125, ℘ (08056) 15 00, Fax (08056) 1422.
  Berlin 656 – München 99 – Bad Reichenhall 59 – Traunstein 28 – Rosenheim 23.

  Unterwirt, Kirchplatz 8, ⌧ 83125, ℘ (08056) 3 37, info@unterwirt-eggstaett.de
  Fax (08056) 1666, 😊, 🍴 – 🅿. 🚭 Zim
  geschl. Nov. – **Menu** (geschl. Montag) à la carte 12/25 – **33 Zim** ⌺ 32 – 51/57.
  ◆ Dieser gepflegte, typisch bayerische Landgasthof an der Eggstätter Seenplatte ist
  ein guter Ausgangspunkt für Wanderungen und Radtouren in die schöne Chiemgauer
  Landschaft. Rustikale Stuben mit regional geprägter Schmankerlküche.

EGLING Bayern 419 420 W 18 – 4700 Ew 600 m.
  Berlin 627 – München 36 – Garmisch-Partenkirchen 65 – Bad Tölz 21.

In Egling-Neufahrn Süd-West : 2 km :

  Landhaus Vogelbauer 🍃 mit Zim, Schanzenstr. 4, ⌧ 82544, ℘ (08171) 2 90 63
  Fax (08171) 22671, 😊, 🍴 – 🅿. 🆎 ⓜ 💳 JCB
  Menu (wochentags nur Abendessen) à la carte 26/49 – **10 Zim** ⌺ 65/70 – 95.
  ◆ Die Lage in den ehemaligen Stallungen des einstigen Bauernhauses von 1630 gibt dem
  Restaurant eine gemütliche Atmosphäre und einen rustikalen Touch.

EGLOFFSTEIN Bayern 420 Q 17 – 2300 Ew – Höhe 350 m – Luftkurort.
  🛈 Tourist-Information, Felsenkellerstr. 20, ⌧ 91349, ℘ (09197) 2 02, egloffstein@
  trubachtal.com, Fax (09197) 625491.
  Berlin 417 – München 201 – Nürnberg 37 – Bayreuth 52 – Bamberg 45.

  Zur Post, Talstr. 8, ⌧ 91349, ℘ (09197) 5 55, gasthofzurpost-egloffstein@gmx.de
  Fax (09197) 8801, 😊, 🍴 – 📺 🅿.
  geschl. 10. - 28. Jan., 7. - 28. Feb. – **Menu** (geschl. Montag) à la carte 12/29 – **23 Zim**
  ⌺ 27/36 – 39/56 – ½ P 10.
  ◆ Für einen Urlaub in der Fränkischen Schweiz : Ein traditioneller Familienbetrieb, in dem
  die Gäste einfache, jedoch saubere und gepflegte Zimmer vorfinden. Nettes, ländlich
  einfaches Restaurant.

EHEKIRCHEN Bayern 419 420 U 17 – 3200 Ew – Höhe 405 m.
  Berlin 553 – München 54 – Augsburg 43 – Ingolstadt 35.

  Strixner Hof, Leitenweg 5 (Schönesberg), ⌧ 86676, ℘ (08435) 18 77, strixnerhof
  @t-online.de, Fax (08435) 1260, 😊, 🍴 – 📺 ⌂ 🅿. ⓜ. 🚭 Rest
  geschl. über Fasching 2 Wochen, Ende Aug. - Anfang Sept. – **Menu** (geschl. Donnerstag)
  à la carte 11/26 – **8 Zim** ⌺ 38 – 58.
  ◆ In dem familiengeführten Hotel erwarten die Gäste geräumige, einheitlich mit hellem
  Holzmöbeln eingerichtete Zimmer und eine entspannte Atmosphäre. Die Speisegaststätte
  befindet sich im Wintergarten.

EHINGEN Baden-Württemberg 419 V 13 – 23800 Ew – Höhe 511 m.
  Ausflugsziel : Obermarchtal : ehem. Kloster★ Süd-West : 14 km.
  Berlin 644 – Stuttgart 101 – Konstanz 119 – Ulm (Donau) 26 – Ravensburg 70.

  Adler, Hauptstr. 116, ⌧ 89584, ℘ (07391) 7 06 60, hoteladler@aol.com
  Fax (07391) 7066500 – 📺 🍴 ⌂ 🅿. 🛎 100. 🚭 Rest
  geschl. Anfang Jan. 1 Woche, Anfang Aug. 1 Woche – **Menu** (geschl. Sonntagabend - Montag) à la carte 16/36 – **38 Zim** ⌺ 50/70 – 75/90.
  ◆ In diesem gut geführten Stadthotel mit geräumigen, zeitgemäß eingerichteten und auch
  technisch gut ausgestatteten Zimmern finden die Gäste eine nette Atmosphäre. Unter-
  teiltes Speiselokal mit rustikalem Ambiente.

  Ehinger Hof, Lindenstr. 26, ⌧ 89584, ℘ (07391) 7 70 70, info@ehingerhof.de,
  Fax (07391) 7707200, 😊 – 📺 🍴 – 🛎 20. ⓜ 💳
  Menu (geschl. Sonn- und Feiertage abends) à la carte 17/36 – **15 Zim** ⌺ 50/60 – 79.
  ◆ Solide und komfortabel : Geräumige, mit zeitlosen Naturholzmöbeln eingerichtete Zim-
  mer finden die Gäste in der zweiten Etage des Hauses. In dem hellen, modernen Restaurant
  reicht man eine breitgefächerte Karte.

  Gasthof zum Ochsen, Schulgasse 3, ⌧ 89584, ℘ (07391) 60 47, rezeption@
  hotel-zum-ochsen-ehingen.de, Fax (07391) 52867, 😊 – 📺 ⌂ – 🛎 15. ⓜ 💳
  Menu à la carte 15/28 – **20 Zim** ⌺ 50/60 – 76/80.
  ◆ Hier verbindet sich eine 350jährige Tradition mit modernem Komfort : Mit Kirschholz-
  mobiliar eingerichtete Zimmer und ein freundlicher Service sorgen für Ihr Wohlbefinden.
  Stärken kann man sich in der holzgetäfelten, hübsch dekorierten Gaststube.

In Ehingen-Kirchen West : 7,5 km :

Zum Hirsch, Osterstr. 3, ⊠ 89584, ℰ (07393) 9 50 10, info@hotel-hirsch-ehingen.de, Fax (07393) 4101, 🌳, 🌿 – |❄| 📺 🍴 🅿 – 🔒 20. 🆎 ⓘ ⓜ VISA
Menu (geschl. Montag) à la carte 17/30 – **17 Zim** ⊇ 39/48 – 58/78.
♦ Der Gasthof ist das älteste Gebäude des Ortes : Als ehemalige Kornkammer hat es seinen Ursprung im 13. Jh. Heute übernachten Sie in wohnlichen und geräumigen Zimmern. Am Herd steht der Sohn des Hauses und bekocht Sie mit bürgerlichen und regionalen Speisen.

In Ehingen-Nasgenstadt Ost : 3 km :

Panorama garni, Karpfenweg 7, ⊠ 89584, ℰ (07391) 7 74 60, sigi.buck@t-online.de, Fax (07391) 774677, 🌳 – |❄| 📺 🍴 🅿 🆎 ⓜ VISA
geschl. 20. Dez. - 6. Jan. – **31 Zim** ⊇ 42/57 – 68/73.
♦ Gut ausgestattete und praktisch eingerichtete Zimmer erwarten die Gäste in diesem Hotel mit freundlichem Service. Morgens stärken Sie sich an einem guten Frühstücksbuffet.

EHLSCHEID Rheinland-Pfalz 417 O 6 – 1400 Ew – Höhe 360 m – Heilklimatischer Kurort.

🅘 Kurverwaltung, Parkstr. 2, ⊠ 56581, ℰ (02634) 22 07, tourist@ehlscheid.de, Fax (02634) 8489.
Berlin 608 – Mainz 118 – Koblenz 30 – Köln 73.

Park-Hotel, Parkstr. 17, ⊠ 56581, ℰ (02634) 9 68 70, parkhotel7@aol.com, Fax (02634) 2421, 🌳 – ⇐ Zim, 📺 ♿ 🅿
geschl. Nov. - Dez. – **Menu** (geschl. Okt. - April Donnerstag) à la carte 13/24 – **14 Zim** ⊇ 34/40 – 56/68 – ½ P 11.
♦ Solide eingerichtete, geräumige Zimmer finden Sie in diesem familiengeführten Hotel direkt am Kurpark. Auf die kleinen Gäste wartet ein Kinderspielplatz.

EHNINGEN Baden-Württemberg 419 U 10 – 7300 Ew – Höhe 477 m.

Berlin 655 – Stuttgart 25 – Freudenstadt 65 – Karlsruhe 81.

Landhaus Feckl, Keltenweg 1, ⊠ 71139, ℰ (07034) 2 37 70, landhausfeckl@addcom.de, Fax (07034) 2377277, 🌳 – |❄|, ⇐ Zim, 🍴 Rest, 📺 ♿ 🅿 🆎 ⓘ ⓜ VISA
geschl. Jan. 1 Woche, Aug. 3 Wochen – **Menu** (geschl. Sonn- und Feiertage) à la carte 42/54 ⊋ – **21 Zim** ⊇ 87 – 97/107.
♦ Das neuerbaute Hotel überzeugt seine Gäste mit modernen, komfortablen Zimmern, geschultem Service und einer behaglichen Atmosphäre. In den im Landhausstil eingerichteten Gasträumen serviert man eine regional beeinflußte internationale Küche.
Spez. Gebratener Steinbutt im Rouille-Fond mit Pestognocchi. Dreierlei vom Reh mit Selleriepüree und Portweinsauce. Schokoladen-Variation.

EHRENBERG (RHÖN) Hessen 418 420 O 14 – 2800 Ew – Höhe 577 m – Wintersport : 800/900 m ✦ 3.

🅘 Tourist-Information, Georg-Meilinger-Str. 3, in Wüstensachsen, ⊠ 36115, ℰ (06683) 96 01 16, Fax (06683) 960222.
Berlin 432 – Wiesbaden 168 – Fulda 29 – Frankfurt am Main 124 – Nürnberg 171.

In Ehrenberg-Seiferts Nord : 4,5 km :

Zur Krone, Eisenacher Str. 24 (B 278), ⊠ 36115, ℰ (06683) 9 63 40, info@rhoener-lebnis.de, Fax (06683) 1482, 🌳, 🌿 – 📺 🍴 🅿 – 🔒 25
Menu à la carte 14/30 – **20 Zim** ⊇ 22/42 – 38/64 – ½ P 10.
♦ Urig übernachten in der Rhön : In dem Erlebnisgasthof dreht sich alles um das Rhönschaf und die Apfelkelterei. Die Zimmer sind mit hellen Naturholzmöbeln eingerichtet. Auch im rustikalen Restaurant spielen regionale Produkte eine Hauptrolle.

EHRENKIRCHEN Baden-Württemberg 419 W 7 – 5600 Ew – Höhe 265 m.

Berlin 813 – Stuttgart 221 – Freiburg im Breisgau 10 – Basel 56.

In Ehrenkirchen-Ehrenstetten :

Barthel's Adler, Wentzinger Str. 33, ⊠ 79238, ℰ (07633) 9 08 93 90, barthels-adler@t-online.de, Fax (07633) 90893915, 🌳 – 🍴 🅿 ⓘ ⓜ VISA
geschl. über Fastnacht 1 Woche – **Menu** (geschl. Montag) à la carte 22/43 – **8 Zim** ⊇ 50 – 78.
♦ Der alte, traditionelle Gasthof begrüßt seine Besucher mit praktischen und geräumigen Zimmern, die mit hellen Holzmöbeln wohnlich gestaltet sind. In der rustikalen, reich dekorierten Gaststube schafft ein Kachelofen behagliches Ambiente.

EHRENKIRCHEN

In Ehrenkirchen-Kirchhofen :

Sonne-Winzerstuben, Lazarus-Schwendi-Str. 20, ✉ 79238, ℰ (07633) 70 70, Fax (07633) 6060, 🍽, 🚗 – ⤴ Zim, 📺 🚗 🅿 ① ◎ VISA JCB
geschl. 1. - 12. Aug. – **Menu** (geschl. Donnerstag - Freitag) à la carte 15/44 – **12 Zim** ⊆ 40/60 – 80.

• Hier im Breisgau erwartet Sie ein typischer badischer Gasthof mit freundlicher Atmosphäre : Gepflegte und solide Zimmer laden zum Übernachten ein. Hübscher Garten. Drei rustikal gestaltete Gaststuben stehen zur Einkehr bereit.

XX **Zur Krone** mit Zim, Herrenstr. 5, ✉ 79238, ℰ (07633) 52 13, info@gasthaus-krone.de, Fax (07633) 83550, 🍽, 🚗 – 📺 🚗 🅿 ① ◎ VISA
geschl. 24. Juni - 14. Juli – **Menu** (geschl. Dienstag - Mittwochmittag, Nov. - März Dienstag - Mittwoch) à la carte 16/33 – **8 Zim** ⊆ 30/35 – 56/60.

• Tradition im Markgräfler Land : Der Gasthof aus dem Jahr 1747 ist seit über 200 Jahren in Familienbesitz und hat sich ganz der Pflege der bodenständigen Küche verschrieben.

EIBAU Sachsen 418 N 28 – 3 400 Ew – Höhe 325 m.
Berlin 254 – Dresden 78 – Görlitz 41 – Bautzen 32.

Landgasthof zum Hirsch, Hauptstr. 118 (B 96), ✉ 02739, ℰ (03586) 7 83 70, zum-hirsch@t-online.de, Fax (03586) 783711, Biergarten, 🍽, 🚗 – 📺 🅿 ◎ VISA
Menu à la carte 13/24 – **14 Zim** ⊆ 39/44 – 62/70.

• Die Zimmer in dem alten, familiengeführten Gasthof sind solide und praktisch eingerichtet. Das Haus bietet durch seine überschaubare Größe eine nette Atmosphäre.

EIBENSTOCK Sachsen 418 420 O 21 – 7 100 Ew – Höhe 640 m.
🛈 Tourist-Information, Postplatz 4, ✉ 08309, ℰ (037752) 22 44, Fax (037752) 69844.
Berlin 311 – Dresden 108 – Chemnitz 52 – Zwickau 34.

Am Bühl M 🍽, Am Bühl 1, ✉ 08309, ℰ (037752) 5 60, kontakt@hotel-blaueswunder.de, Fax (037752) 56888, 🍽, direkter Zugang zu den Badegärten, 🚗 – 🛗, ⤴ Zim, 📺 📞 🔥 🅿 – 🔔 120. Æ ① ◎ VISA
Menu à la carte 15/27 – **129 Zim** ⊆ 49/69 – 64/85.

• Das neu renovierte Hotel stellt sich bei der Ausstattung auf die Bedürfnisse der Gäste ein : z.B. gibt es Business- oder Seniorenzimmer und auch Einrichtungen für Kinder. Ein gepflegtes Hotelrestaurant im Landhausstil steht für Ihre Mahlzeiten bereit.

Bühlhaus 🍽, Bühlstr. 16, ✉ 08309, ℰ (037752) 58 10, Fax (037752) 2924, Biergarten – 📺 🅿 Æ ① ◎ VISA
Menu à la carte 14/21 – **21 Zim** ⊆ 38/41 – 57/76.

• In 652 m Höhe mitten im Erzgebirge liegt dieser Gasthof mit netten Zimmern, von dem aus man einen schönen Blick auf die Umgebung hat. Das Restaurant zeigt sich hell und zeitgemäß eingerichtet.

EICHENBERG Österreich siehe Bregenz.

EICHENZELL Hessen 417 418 O 13 – 8 200 Ew – Höhe 285 m.
Berlin 457 – Wiesbaden 134 – Fulda 9 – Frankfurt am Main 95 – Würzburg 100.

Kramer, Fuldaer Str. 4, ✉ 36124, ℰ (06659) 16 91, Fax (06659) 4091, 🍽 – 📺 🚗 🅿 ◎ VISA
Menu (geschl. Sonntag) à la carte 11/23 – **34 Zim** ⊆ 36 – 62.

• Hier hat Gastlichkeit Tradition : Der ländliche Gasthof in der Rhön lädt mit geräumigen und wohnlichen Zimmern zum Übernachten ein. Bürgerliche Küche serviert man im gediegen-rustikalen Restaurant.

EICHSTÄTT Bayern 419 420 T 17 – 13 000 Ew – Höhe 390 m.
Sehenswert : Bischöflicher Residenzbezirk★ : Residenzplatz★ – Dom (Pappenheimer Altar★★, Mortuarium ★, Kreuzgang ★) – Hofgarten (Muschelpavillon★) – Jura-Museum★.
🛈 Tourist Information, Domplatz 8, ✉ 85072, ℰ (08421) 9 88 00, tourismus@eichstaett.de, Fax (08421) 988030.
Berlin 501 – München 107 – Augsburg 73 – Ingolstadt 27 – Nürnberg 93.

Adler garni, Marktplatz 22, ✉ 85072, ℰ (08421) 67 67, adler.stigler@t-online.de, Fax (08421) 8283, 🍽 – 🛗 ⤴ 📺 🔥 🚗 – 🔔 20. Æ ① ◎ VISA JCB
geschl. Anfang Nov. 1 Woche, 15. Dez. - 15. Jan. – **28 Zim** ⊆ 65/75 – 93/110.

• Moderner Komfort in historischem Rahmen : Das restaurierte Barockhaus a. d. 17. Jh. beherbergt gut ausgestattete Zimmer - Fön und Bademantel gehören dazu.

EICHSTÄTT

Sonne (mit Gästehaus), Buchtal 17, ✉ 85072, ✆ (08421) 67 91, info@sonne-eichstaett.de, Fax (08421) 89836 – 📺 🅿 ✲ Zim
geschl. Anfang - Mitte Nov. – **Menu** (geschl. Mittwoch) (nur Abendessen) à la carte 13/22 – **20 Zim** ☐ 40/60 – 60/68.
* Traditionelle Gastlichkeit im Altmühltal : Die gemütlichen, zum Teil mit Kirschholz, zum Teil mit Eiche eingerichteten Zimmer befinden sich alle im ruhig gelegenen Gästehaus. Ländliche Gaststuben, teils mit Gewölbe, in denen man deftig speisen kann.

Schießstätte garni, Schießstättberg 8, ✉ 85072, ✆ (08421) 9 82 00, xhillner@aol.com, Fax (08421) 982080 – ⇔ ☎ 🚗 🅿 🆎 ① 🆎 VISA. ✲
26 Zim ☐ 43/64 – 69/82.
* Helle, fröhlich-bunte Farben dominieren die Einrichtung dieses Hotels mit Blick auf die Stadt, in dem die Gäste geräumige und gut ausgestattete Zimmer erwarten.

Gästehaus Abtei St. Walburg (Marienhaus) garni, Walburgiberg 6, ✉ 85072, ✆ (08421) 9 88 70, st-walburg.ei@kirche-bayern.de, Fax (08421) 988740, 🐎 – ⇔ 🚗. ✲
19 Zim ☐ 32 – 54.
* Die von Benediktinerinnen geführte Klosteranlage aus dem 11. Jh. dient heute als vorübergehende Herberge. Sie wohnen in hellen, freundlichen Zimmern mit Parkettboden.

Café Fuchs garni, Ostenstr. 8, ✉ 85072, ✆ (08421) 67 88, info@hotel-fuchs.de, Fax (08421) 80117 – 🛗 📺 🅿 🆎 VISA. ✲
geschl. 7. - 14. Jan. – **21 Zim** ☐ 38/45 – 62/78.
* Das zentrumsnahe Hotel überzeugt mit gut gepflegten Zimmern, die mit Kirschholzmöbeln eingerichtet sind. Probieren Sie auch die Spezialitäten der hauseigenen Konditorei.

Domherrnhof, Domplatz 5 (1. Etage), ✉ 85072, ✆ (08421) 61 26, waldmueller@domherrnhof.de, Fax (08421) 80849 – 🛗 🆎 🆎
geschl. Jan. - Feb. 3 Wochen, Anfang Nov. 1 Woche, Montag – **Menu** à la carte 34/47.
* Das restaurierte Stadthaus bildet einen schönen Rahmen zum Speisen : Authentische Rokokostukkaturen und schön gedeckte Tische unterstreichen das historische Ambiente.

In Eichstätt-Wasserzell Süd-West : 4,5 km :

Zum Hirschen (mit Gästehaus), Brückenstr. 9, ✉ 85072, ✆ (08421) 96 80, info@hirschenwirt.de, Fax (08421) 968888, Biergarten, 🐎 – 🛗, ⇔ Rest, 📺 ☎ 🚗 🅿 – 🏛 60. 🆎 VISA
geschl. Jan. – **Menu** à la carte 13/24 – **40 Zim** ☐ 38/42 – 54/60.
* Der gut geführte Gasthof ist idealer Ausgangspunkt für Ausflüge in den Naturpark Altmühltal. Gemütliche Zimmer, eine Liegewiese und ein Kinderspielplatz runden das Angebot ab. Im Restaurant mit Wintergarten kommen fränkische Spezialitäten auf den Tisch.

An der B 13 Nord-West : 9 km :

Zum Geländer ⏃, ✉ 85132 Schernfeld-Geländer, ✆ (08421) 67 61, info@waldgasthof-gelaender.de, Fax (08421) 2614, Biergarten, Wildschweingehege, 🐎 – 📺 🚗 🅿 – 🏛 25. 🆎 VISA
geschl. 11. Feb. - 7. März – **Menu** (geschl. Donnerstag ausser Saison) à la carte 13/26 – **30 Zim** ☐ 36/48 – 54/64.
* Ein idyllisch gelegener Waldgasthof : Auf die Gäste warten unter anderem kürzlich renovierte Zimmer, ein Wildgehege, ein Spielplatz und ein Naturerlebnispfad. Schlichter, teils holzverkleideter Speisesaal.

EICHSTETTEN Baden-Württemberg 419 V 7 – 3 000 Ew – Höhe 190 m.
Berlin 792 – Stuttgart 193 – Freiburg im Breisgau 21 – Offenburg 51.

Zum Ochsen, Altweg 2, ✉ 79356, ✆ (07663) 15 16, Fax (07663) 1020, 🌳 – ⇔ 🅿
geschl. Juli - Aug. 2 Wochen, Montag - Dienstagmittag – **Menu** à la carte 20/32.
* In dem historischen Gasthof lädt das Restaurant mit der schönen Holzdecke zum Probieren der gutbürgerlichen und badischen Gerichte sowie des hauseigenen Weins ein.

EICHWALDE Brandenburg 416 418 I 24 – 5 500 Ew – Höhe 35 m.
Berlin 31 – Potsdam 65 – Cottbus 115 – Frankfurt (Oder) 79.

Carmens Restaurant, Bahnhofstr. 9, ✉ 15732, ✆ (030) 6 75 84 23, Fax (030) 6758423, Restaurant im Bistrostil – 🆎
geschl. Montag - Dienstag, Mai - Sept. Sonntagmittag, Okt. - April Sonntagabend – **Menu** à la carte 22/32.
* Schwarz und Weiß sind die vorherrschenden Farben in dem kleinem Restaurant im modernen Bistro-Stil, das seine Gäste mit seiner originellen regionalen Küche überzeugt.

EIGELTINGEN
Baden-Württemberg 419 W 10 – 2 700 Ew – Höhe 450 m.

Berlin 740 – Stuttgart 148 – Konstanz 40 – Freiburg im Breisgau 104 – Stockach 10 – Ulm (Donau) 124.

🏨 **Zur Lochmühle** (mit 2 Gästehäuser), Hinterdorfstr. 44, ✉ 78253, ☎ (07774) 9 39 30, lochmuehle-eigeltingen@t-online.de, Fax (07774) 939393, 🍽, 🌿 – 📺 📞 – 🅿 50. ⓒⓔ 💳
geschl. über Fastnacht 2 Wochen – **Menu** à la carte 14/29 – **40 Zim** 🛏 65 – 90.
• Hier wird viel geboten: Erlebnisurlaub auf dem Bauernhof mit Aktivitäten wie Ponyreiten und Traktorrennen. Die Zimmer sind wohnlich mit hellen Naturholzmöbeln eingerichtet. Urige, mit bäuerlichen Geräten dekorierte Stube - ergänzt durch eine Gartenterrasse.

Einzelheiten über die in diesem Reiseführer angegebenen
Preise finden Sie in der Einleitung.

EILENBURG
Sachsen 418 L 21 – 21 000 Ew – Höhe 150 m.

🛈 Touristinformation, Rinckartstr. 6, ✉ 04838, ☎ (03423) 75 97 95, Fax (03423) 759796.
Berlin 157 – Dresden 106 – Leipzig 24 – Halle 52 – Dessau 59 – Wittenberg 50.

🏨 **Il-Burg** garni, Puschkinstr. 33, ✉ 04838, ☎ (03423) 75 94 04, Fax (03423) 759405 – 🛗 📺 📞 ⚡ 🅿 – 🅿 25. 🅐🅔 ⓘ ⓒⓔ 💳
geschl. 19. Dez. - 5. Jan. – **30 Zim** 🛏 64/69 – 72/77.
• Das moderne Etagenhotel liegt in einem Geschäfts- und Wohnviertel. Die wohnlichen Zimmer sind solide eingerichtet und gut ausgestattet.

🍴 **Ratskeller,** Markt 1, ✉ 04838, ☎ (03423) 60 16 14, Fax (03423) 601635, 🍽 – 🅐🅔 ⓒⓔ 💳
Menu à la carte 16/29.
• Das Restaurant mit der schönen Gewölbedecke befindet sich im historischen Rathaus. Man kocht gutbürgerliche Gerichte und sächsische Spezialitäten.

EILSEN, BAD
Niedersachsen 417 J 11 – 2 700 Ew – Höhe 70 m – Heilbad.

🛈 Tourist-Information, Bückeburger Str. 2, ✉ 31707, ☎ (05722) 8 86 50, info@bad eilsen.de, Fax (05722) 88651.
Berlin 342 – Hannover 60 – Hameln 27 – Minden 15.

🏨 **Landhaus Lahmann** garni, Harrlallee 3, ✉ 31707, ☎ (05722) 83 33, land haus.lahmann@t-online.de, Fax (05722) 81132, ≘s, 🌿, 🐕 (Halle) – ⬚ 📺 📞 ⚡ 📞 ⓒⓔ 💳
geschl. 23. - 26. Dez. – **19 Zim** 🛏 39/46 – 62/66.
• Dieses gemütliche Haus im Schaumburger Land empfängt Sie mit einer persönlichen Atmosphäre. Die teils im Landhausstil eingerichteten Zimmer bieten Ihnen ein nettes Quartier.

EIMELDINGEN
Baden-Württemberg 419 X 6 – 1 600 Ew – Höhe 266 m.

Berlin 857 – Stuttgart 260 – Freiburg im Breisgau 64 – Basel 11 – Lörrach 7.

🍴 **Zum Löwen** (mit Gästehaus), Hauptstr. 23 (B 3), ✉ 79591, ☎ (07621) 96 46 40 (Hotel) 6 25 88 (Rest.), loewen.eimeldingen@mail.pcom.de, Fax (07621) 69726, 🍽, ≘s – 📺 📞
geschl. 20. Aug. - 5. Sept. – **Menu** (geschl. Dienstag - Mittwoch) à la carte 21/39 – **6 Zim** 🛏 48/50 – 75/85.
• Das Restaurant des traditionellen badischen Gasthofs bietet eine bürgerliche Küche und saisonale Besonderheiten. Die Zimmer im modernen Gästehaus laden zum Übernachten ein.

EIMKE
Niedersachsen 415 416 H 14 – 1 100 Ew – Höhe 45 m.

Berlin 249 – Hannover 120 – Braunschweig 93 – Celle 54 – Lüneburg 48.

🏨 **Wacholderheide** (mit Gästehaus), Dorfstr. 6, ✉ 29578, ☎ (05873) 98 06 46, hotel -wacholderheide@t-online.de, Fax (05873) 980600, 🌿 – ⬚ Zim, 📺 📞 – 🅿 25. 🅐🅔 ⓒⓔ 💳
Menu (geschl. Montag) à la carte 17/30 – **24 Zim** 🛏 37/40 – 64/70.
• Hier in der Lüneburger Heide erwartet Sie ein typischer niedersächsischer Landgasthof mit roter Klinkerfassade und geräumigen, solide eingerichteten Zimmern. Im Restaurant sind auch Heidschnuckenspezialitäten zu haben.

EINBECK Niedersachsen 417 418 K 13 – 29 400 Ew – Höhe 114 m.

Sehenswert : Marktplatz★★ (Fachwerkhäuser★★) – Haus Marktstraße 13★★ – Tiedexer Straße★★ – Ratswaage★.

📍 Einbeck-Immensen, Am Holzgrund (Süd : 4 km), ℘ (05561) 98 23 05.

🛈 Tourist-Information, Marktplatz 6, ✉ 37574, ℘ (05561) 91 61 21, touristinfo@einbeck.de, Fax (05561) 916300.

Berlin 326 – Hannover 72 – Braunschweig 94 – Göttingen 41 – Goslar 64.

🏨 **Panorama,** Mozartstr. 2, ✉ 37574, ℘ (05561) 9 37 70, hotel.panorama@t-online.de, Fax (05561) 74011, 🍽, 🏊 Squash – 📶, 🚭 Zim, 📺 📞 🚗 🅿 – 🔔 150. 🅰🅴 ⓞ ⓜⓞ 𝐕𝐈𝐒𝐀

Menu à la carte 22/32 – **40 Zim** 🍽 69/80 – 92/124.

♦ Etwas oberhalb der historischen Fachwerkstadt liegt dieser engagiert geführte Hotelneubau. Die gepflegten Zimmer sind individuell eingerichtet, geräumig und komfortabel. Leicht klassisch gestaltetes Restaurant und Bierstube.

🏨 **Hasenjäger** 🍃, Hubeweg 119, ✉ 37574, ℘ (05561) 9 30 20, hotelhasenjaeger@t-online.de, Fax (05561) 73667, ≤, 🍽, 📍 – 📺 📞 🚗 🅿 – 🔔 55. 🅰🅴 ⓞ ⓜⓞ 𝐕𝐈𝐒𝐀

Menu 17/33 – **19 Zim** 🍽 60 – 65/90.

♦ Ein professionell geführtes, freundliches Hotel mit alpenländischem Flair : Die Zimmer sind mit bemalten Bauernmöbeln rustikal eingerichtet. Salzburger Stüberl und Zirbelstube mit Kachelofen erwarten Sie.

XX **Der Schwan** mit Zim, Tiedexer Str. 1, ✉ 37574, ℘ (05561) 46 09, Fax (05561) 72366, 🍽 – 🚭 Zim, 📺 🚗 🅿. 🅰🅴 ⓞ ⓜⓞ 𝐕𝐈𝐒𝐀. 🚫 Rest

Menu (geschl. Sonntag) (nur Abendessen) à la carte 31/49 – **12 Zim** 🍽 60/70 – 80/96.

♦ Rosa ist die dominierende Farbe in diesem reich dekorierten Restaurant. Die Tische werden hübsch eingedeckt. Der Stil der Küche ist international mit modernen Akzenten.

EISCHLEBEN Thüringen siehe Arnstadt.

EISENACH Thüringen 418 N 14 – 44 500 Ew – Höhe 208 m.

Sehenswert : Predigerkirche (Mittelalterliche Schnitzplastik★) BY.

Ausflugsziele : Wartburg ★★ (Palas ★, ≤ ★) AZ – Thüringer Wald ★★ über ④.

📍 Wenigen-Lupnitz, Am Röderweg 3 (Ost : 8 km über ③), ℘ (036920) 7 18 71.

🛈 Eisenach-Information, Markt 2, ✉ 99817, ℘ (03691) 7 92 30, Fax (03691) 792320.

ADAC, Bahnhofstr. 1.

Berlin 353 ③ – Erfurt 62 ③ – Kassel 92 ① – Nordhausen 130 ②

Stadtpläne siehe nächste Seiten

🏨 **Steigenberger Hotel Thüringer Hof,** Karlsplatz 11, ✉ 99817, ℘ (03691) 2 80, eisenach@steigenberger.de, Fax (03691) 28190, 🏊 – 📶, 🚭 Zim, 📺 📞 🚗 🅿 – 🔔 100. 🅰🅴 ⓞ ⓜⓞ 𝐕𝐈𝐒𝐀 𝐉𝐂𝐁   BY e

Menu à la carte 18/35 – 🍽 12 – **127 Zim** 109/124 – 128/143.

♦ Das historische Hotel aus dem 19. Jh. wurde liebevoll restauriert und empfängt seine Gäste mit komfortablen, zeitgemäß gestalteten Zimmern und einem stilvollen Ambiente. Bistroähnliches Restaurant mit offener Showküche.

🏨 **Kaiserhof** M, Wartburgallee 2, ✉ 99817, ℘ (03691) 21 35 13, info@kaiserhof-eisenach.bestwestern.de, Fax (03691) 203603, 🏊 – 📶, 🚭 Zim, 📺 📞 🅿 – 🔔 60. 🅰🅴 ⓞ ⓜⓞ 𝐕𝐈𝐒𝐀 𝐉𝐂𝐁   BCY a

Turmschänke (geschl. Sonntag) (nur Abendessen) **Menu** à la carte 31/40 – **Zwinger** : **Menu** à la carte 13,50/20 – **64 Zim** 🍽 69/80 – 99/119.

♦ Ein Haus mit über 100-jähriger Tradition : Die großzügige Lobby und die mit eleganten Möbeln eingerichteten Zimmer lassen die Vergangenheit wieder aufleben. Holzgetäfelte Wände und Gemälde in der Turmschänke. Im Zwinger begeistert eine prächtige Gewölbedecke.

🏨 **Schloßhotel,** Markt 10, ✉ 99817, ℘ (03691) 21 42 60, schlosshotel@eisenachonline.de, Fax (03691) 214259, 🍽, 🏊 – 📶 📺 🔥, 🚗 🅿 – 🔔 45. 🅰🅴 ⓜⓞ 𝐕𝐈𝐒𝐀   BY b

Menu à la carte 21/39 – **43 Zim** 🍽 75/85 – 97/108.

♦ Das Hotel im ehemaligen Franziskanerkloster wurde 1994 restauriert und empfängt seine Gäste nun mit einer Mischung aus historischem Flair und moderner Bequemlichkeit. Mittags ißt man im Restaurant im Hochparterre, abends ist der alte Gewölbekeller geöffnet.

🏨 **Villa Anna** M 🍃 garni, Fritz-Koch-Str. 12, ✉ 99817, ℘ (03691) 2 39 50, villa.anna@t-online.de, Fax (03691) 239530 – 📺 📞 🚗. 🅰🅴 ⓜⓞ 𝐕𝐈𝐒𝐀 𝐉𝐂𝐁   BZ r

15 Zim 🍽 47/70 – 62/100.

♦ Wenn Sie Individualität zu schätzen wissen : Die Mischung aus historischer Atmosphäre und moderner Eleganz macht diese Gründerzeitvilla zu einem Hotel mit persönlicher Note.

EISENACH

Alexanderstraße	**BY**
Altstadtstraße	**CY** 4
Am Hainstein	**BZ** 5
Am Klosterholz	**AY** 7
Am Roten Bach	**AY** 9
August-Bebel-Straße	**ABY** 12
Barfüßerstraße	**BZ** 13
Christianstraße	**AY** 15
Clemdastraße	**BY** 18
Ernst-Böckel-Straße	**BCZ** 19
Frauenberg	**BZ** 21
Gabelsbergerstraße	**CY** 22
Georgenstraße	**BY** 25
Goldschmiedenstraße	**BY** 26
Grimmelgasse	**BZ** 28
Heinrich-Ehrardt-Pl.	**BY** 29
Hinter der Mauer	**BY** 30
Johannisstraße	**BY** 31
Johann-Sebastian-Bach-Straße	**CZ** 33
Karlstraße	**BY**
Kupferhammer	**BY** 34
Langensalzaer Straße	**CY** 37
Markt	**BY** 38
Naumannstr.	**BY** 39
Querstraße	**BY** 40
Reuterweg	**BZ** 42
Schmelzstraße	**BY** 43
Sommerstr.	**BY** 44
Stedtfelder Straße	**AY** 45
Theaterpl.	**BY** 46
Waisenstraße	**BCZ** 47
Werrastraße	**AY** 50
Wilhem-Rinkens-Straße	**BY** 51

*Die im Michelin-Führer
verwendeten Schriftypen
und Symbole haben -
fett oder dünn gedruckt,*
rot *oder schwarz -
jeweils eine andere Bedeutung.
Lesen Sie daher die
Erklärungen aufmerksam durch.*

Sophien Hotel M, Sophienstr. 41, ✉ 99817, ℘ (03691) 25 10, *info@sophienhotel.de*, Fax (03691) 25111, 🍴, ☎s – 📶, ✸ Zim, 📺 ✆ ⇔ 🅿 – 🔒 40. AE ① ⓪⑤ VISA. ✹ Rest
BY f
Menu à la carte 15/26 – **56 Zim** ⌂ 62/67 – 94/104.
  ◆ Das neugebaute Etagenhotel ist aufgrund der modernen technischen Ausstattung besonders für Geschäftsleute interessant. Geschmackvoll eingerichtete Zimmer bieten viel Komfort. Zur Halle hin offenes Restaurant.

Burgfried garni, Marienstr. 60, ✉ 99817, ℘ (03691) 21 42 21, *info@hotelburgfried.de*, Fax (03691) 214224 – 📺 🅿. AE ① ⓪⑤ VISA
BZ s
19 Zim ⌂ 49/65 – 78/87.
  ◆ Direkt an der Auffahrt zur Wartburg : Die Zimmer in dieser Villa aus der Jahrhundertwende sind elegant im Landhausstil eingerichtet. Die Atmosphäre ist freundlich und privat.

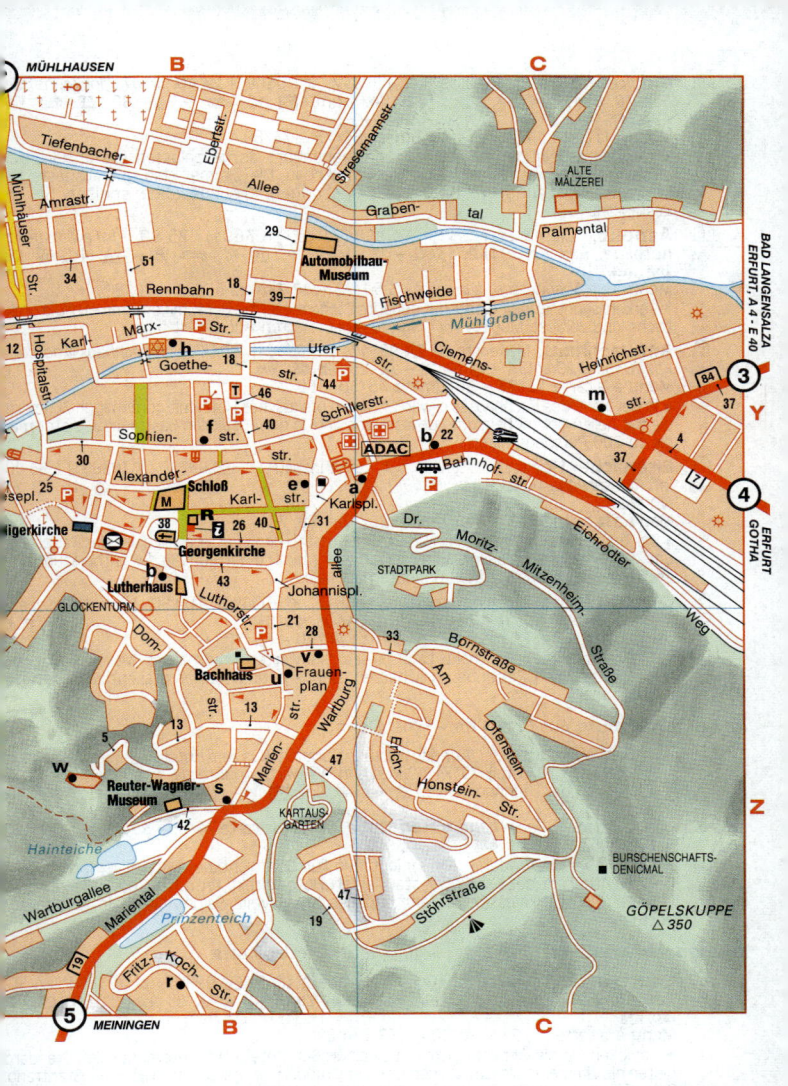

Logotel M, Karl-Marx-Str. 30, ✉ 99817, ℰ (03691) 23 50, *info@logotel.de*, Fax *(03691) 235100* – 🛗, ⇔ Zim, 📺 📞 ⇌ 🅿 – 🛎 50. AE ⓘ ⓜⓞ VISA BY h
Menu à la carte 14/26 – **50 Zim** ☐ 51/59 – 65/79.
◆ Das neugebaute, gut geführte Businesshotel überzeugt mit seiner günstigen Lage und den einheitlich ausgestatteten, funktionellen Zimmern. Freundliches Hotel restaurant.

Haus Hainstein ⑤, Am Hainstein 16, ✉ 99817, ℰ (03691) 24 20, *haushainstein@t-online.de*, Fax *(03691) 242109*, ≤, 😀 – 🛗 📺 📞 ♿ 🅿 – 🛎 80. AE ⓘ ⓜⓞ VISA BZ w
Menu à la carte 15/22 – **67 Zim** ☐ 45/60 – 70/80.
◆ In landschaftlich schöner Lage finden Sie dieses traditionsreiche, modernisierte Hotel aus der Wende des 19. Jh. Die Zimmer sind mit nachempfundenen Stilmöbeln eingerichtet. Schönes Ambiente im Restaurant Lutherstube mit antiker Holztäfelung. Gartenterrasse.

EISENACH

Glockenhof, Grimmelgasse 4, ✉ 99817, ℘ (03691) 23 40, *info@glockenhof.de*
Fax (03691) 234131, 🌳 – 🛗, ⚲ Zim, 📺 ✆ ⚒ – 🔔 80. AE ⓂⓄ VISA
JCB, ⚘
Menu à la carte 14,50/25 – **40 Zim** ⛉ 63/73 – 73/88.
BZ v

• Geschichtsbewußt und doch Neuem gegenüber aufgeschlossen präsentiert sich dieses alte Fachwerkhaus mit modernem Anbau. Die Zimmer sind gut ausgestattet und wirken freundlich. Unter einem schönen Kreuzgewölbe speisen Sie im Restaurant.

Aspekt, Clemensstr. 31, ✉ 99817, ℘ (03691) 25 50, *info@aspekt hotel.de*, *Fax (03691) 255300* – 🛗, ⚲ Zim, 📺 ✆ ⚒ 🅟 – 🔔 40. AE ⓂⓄ
VISA JCB
Menu *(nur Abendessen)* à la carte 13,50/28 – **48 Zim** ⛉ 55/71 – 70/80.
CY n

• Verkehrsgünstig liegt dieses neugebaute Etagenhotel mit geräumigen Zimmern. Die praktische und zeitlose Möblierung trägt zu einem netten Aufenthalt bei.

Am Bachhaus, Marienstr. 7, ✉ 99817, ℘ (03691) 2 04 70, *ambachhaus@aol.com*
Fax (03691) 2047105 – 🛗 📺 🅟 – 🔔 25. ⓄⓂⓄ VISA
Menu à la carte 13/23 – **30 Zim** ⛉ 45/50 – 65/75.
BZ u

• In der Nähe des Bachhauses erwartet Sie ein praktisches Hotel mit geräumigen Zimmern, die mit hellen Holzmöbeln gut ausgestattet sind. In den rustikalen Gasträumen bietet man bis zu 200 Personen Platz.

Eisenacher Hof (mit Gästehaus ⚘), Katharinenstr. 11, ✉ 99817, ℘ (03691) 2 93 90
info@eisenacherhof.de, *Fax (03691) 293926*, 🌳, ⚘ – 📺 ⚒ 🅟 – 🔔 45. AE Ⓞ
ⓂⓄ VISA
ABY r
Menu à la carte 13/27 – **40 Zim** ⛉ 49/55 – 69/79.

• Die Zimmer - unterschiedlich in Größe und Ausstattung - verteilen sich auf das Haupthaus und ein Gästehaus, beide in Stadtrandlage aber räumlich getrennt. In der Lutherstube gibt es Thüringer Grillspezialitäten und Internationales.

City Hotel garni, Bahnhofstr. 25, ✉ 99817, ℘ (03691) 2 09 80, *cityhotel-eisenach @web.de*, *Fax (03691) 2098120* – 🛗 📺 ✆ 🅟 ⓂⓄ VISA
CY b
geschl. Dez. - Jan. 2 Wochen – **22 Zim** ⛉ 44/60 – 55/70.

• Die zentrale, bahnhofsnahe Lage dieses renovierten Stadthauses wissen privat wie auch geschäftlich Reisende zu schätzen. Gepflegt und sauber präsentieren sich die Gästezimmer.

Auf der Wartburg *Süd-Ost : 4 km – Höhe 416 m*

Auf der Wartburg ⚘, Auf der Wartburg (Shuttle-Bus zum Hotel), ✉ 99817 Eisenach
℘ (03691) 79 70(Hotel) 79 71 19(Rest), *info@wartburghotel.de*, *Fax (03691) 797100*
≤ Eisenach und Thüringer Wald, 🌳 – ⚲ Zim, 📺 🅟 – 🔔 30. AE Ⓞ ⓂⓄ VISA JCB
⚘ Rest
AZ z
geschl. 6. Jan. - 6. Feb. – **Landgrafen Stube** : Menu à la carte 24/35 – **35 Zim** ⛉ 110/150
– 165/295.

• Ein Erlebnis besonderer Art - nicht nur für Geschichtsbewußte - verspricht eine Übernachtung in dem stilvoll restaurierten Hotel direkt unterhalb der Wartburg zu werden. Ein rustikales Restaurant und geschmackvolle Salons und Säle stehen zur Verfügung.

In Eisenach-Stedtfeld *Nord-West : 4 km über Stedtfelder Straße* AY :

Courtyard by Marriott Ⓜ ⚘, Weinbergstr. 5, ✉ 99817, ℘ (03691) 81 50,
Fax (03691) 815100, 🌳, ⚘ – 🛗, ⚲ Zim, 📺 ✆ ♿ 🅟 – 🔔 150. AE Ⓞ
ⓂⓄ VISA
Menu à la carte 19/27 – ⛉ 10 – **138 Zim** 69.

• Genießen Sie die Annehmlichkeiten einer großen Hotelkette : Internationalen Standard bieten die Zimmer in diesem neugebauten und modern ausgestatteten Haus am Stadtrand. Beim Essen haben Sie eine schöne Aussicht auf die Umgebung.

In Creuzburg *Nord-West : 11 km über ① :*

Altes Brauhaus garni, Plan 2, ✉ 99831, ℘ (036926) 95 50, *info@hotel-altes-brau haus.net*, *Fax (036926) 95555* – 📺 🅟 ⓂⓄ VISA, ⚘
17 Zim ⛉ 40 – 60.

• Wohnen Sie in einem der ältesten Städtchen Thüringens : Ein guter Standort für Ausflüge ins Werratal ist dieses freundliche Hotel mit hellen, praktisch eingerichteten Zimmern.

Ihre Meinung über die von uns empfohlenen Restaurants,
deren Spezialitäten sowie die angebotenen regionalen Weine,
interessiert uns sehr

EISENBERG Bayern 419 420 X 15 – 1 100 Ew – Höhe 870 m – Erholungsort.
  🛈 Verkehrsamt, Pröbstener Str. 9, ✉ 87637, ℘ (08364) 12 37, Fax (08364) 987154.
  Berlin 664 – München 125 – Kempten (Allgäu) 35 – Füssen 12.

🏨 **Landgasthof Gockelwirt** (mit Gästehaus 🏠), Pröbstener Str. 23, ✉ 87637, ℘ (08364) 8 30, info@gockelwirt.de, Fax (08364) 8320, 🌳, 🛋, 🏊, 🌲, 🍴 – TV 🛏 P. ⦿ VISA
  geschl. 17. März - 4. April, 3. Nov. - 13. Dez. – **Menu** (geschl. Mitte Okt. - Mitte Juli Donnerstag) à la carte 15/35 – **23 Zim** ⊇ 43 – 70/102 – ½ P 15.
  ♦ Die richtige Adresse für Ferien im Allgäu : Der Gasthof mit Familientradition empfängt Sie mit teils sehr komfortablen, teils aber auch etwas einfacheren, wohnlichen Zimmern. Behaglichkeit stellt sich ein beim Besuch des holzgetäfelten Restaurants.

In Eisenberg-Zell Süd-West : 2 km :

🏨 **Burghotel Bären** 🏠, Dorfstr. 4, ✉ 87637, ℘ (08363) 50 11, burghotel.baeren@t-online.de, Fax (08363) 73119, 🌳, 🛁, 🛋, 🌲 – 🛗 TV 🛏 P.
  geschl. 24. März - 10. April, 15. Nov. - 24. Dez. – **Menu** (geschl. Okt. - Juli Dienstag) 10 (mittags) à la carte 16/37 – **35 Zim** ⊇ 36/41 – 66/74 – ½ P 15.
  ♦ So stellt man sich einen typischen Allgäuer Gasthof vor : Balkons mit üppiger Blumenpracht, familiäre Gastlichkeit und gemütliche Zimmer, z.T. mit kleinem Wohnbereich. Eine frische, ländliche Küche kredenzt man Ihnen hier in gemütlichen Stuben.

EISENHÜTTENSTADT Brandenburg 416 418 J 27 – 41 000 Ew – Höhe 30 m.
  🛈 Fremdenverkehrsbüro, Lindenallee 2a, ✉ 15890, ℘ (03364) 41 36 90, info@fvv-oder-neisse.de, Fax (03364) 413687.
  Berlin 123 – Potsdam 141 – Frankfurt (Oder) 24 – Cottbus 64.

In Eisenhüttenstadt-Fürstenberg :

🏨 **Fürstenberg**, Gubener Str. 12, ✉ 15890, ℘ (03364) 7 54 40, info@hotel-fuerstenberg-oder.de, Fax (03364) 750132, 🌳, 🛋 – 🛗, 🖂 Zim, 🍴 Rest, TV 🛏 P – 🛐 25. AE ⦿ ⦿ VISA
  Menu à la carte 17/29 – ⊇ 7 – **34 Zim** 51/58 – 55/65.
  ♦ In der Altstadt von Eisenhüttenstadt lädt das neugebaute, gut geführte Hotel mit behaglich-gediegenen Zimmern - zum Teil mit Kochgelegenheiten - zum Übernachten ein.

In Neuzelle Süd : 6 km :

🏨 **Prinz Albrecht**, Frankfurter Str. 34, ✉ 15898, ℘ (033652) 8 13 22, hotel-prinz-albrecht@t-online.de, Fax (033652) 81325, 🌳 – 🖂 Zim, TV P. ⦿ VISA
  geschl. 1. - 12. Dez. – **Menu** à la carte 17/31 – **17 Zim** ⊇ 59 – 75.
  ♦ Die mit Liebe zum Detail eingerichteten Zimmer und die schöne Umgebung der nahen Klosteranlage verleihen dem gut gepflegten Hotel das Flair eines stilvollen Landhauses. Das Restaurant im Bistrostil verfügt über eine hübsche Terrasse.

EISENSCHMITT Rheinland-Pfalz 417 P 4 – 600 Ew – Höhe 328 m – Erholungsort.
  Berlin 691 – Mainz 146 – Trier 50 – Kyllburg 13 – Wittlich 17.

In Eisenschmitt-Eichelhütte :

🏨 **Molitors Mühle** 🏠, ✉ 54533, ℘ (06567) 96 60, hotel-molitors-muehle@t-online.de, Fax (06567) 966100, ≤, 🌳, 🛋, 🏊, 🌲, 🍴 – 🛗 TV 🛏 P – 🛐 40. ⦿ VISA. ✾ Rest
  geschl. 6 Jan. - 20. Feb. – **Menu** à la carte 21/34 – **30 Zim** ⊇ 52/68 – 94/100 – ½ P 18.
  ♦ Das romantische, an einem Weiher gelegene Hotel wurde in einer ehemaligen Mühle eingerichtet. Entspannen Sie sich in der schönen Natur oder bei einem Plausch im Kaminzimmer. Ländlich-elegantes Restaurant mit Wintergarten und Gartenterrasse.

EISLEBEN (LUTHERSTADT) Sachsen-Anhalt 416 418 L 18 – 21 500 Ew – Höhe 128 m.
  🛈 Fremdenverkehrsverein, Bahnhofstr. 36, ✉ 06295, ℘ (03475) 60 21 24, Fax (03475) 602634.
  Berlin 179 – Magdeburg 85 – Erfurt 94 – Leipzig 66 – Nordhausen 59 – Halle 32.

🏨 **Graf von Mansfeld**, Markt 56, ✉ 06295, ℘ (03475) 25 07 22, info@hotel-graf-von-mansfeld.de, Fax (03475) 250723, 🌳, 🛋 – 🛗, 🖂 Zim, TV 📞 P – 🛐 50. ⦿ VISA
  Menu à la carte 15/28 – **50 Zim** ⊇ 50/65 – 80/85.
  ♦ Historisches Ambiente und moderner Komfort vereinen sich in dem ehemaligen Stadtschloß a. d. 15. Jh. Stilmöbel und opulente Stoffe prägen die Einrichtung der eleganten Zimmer. Ein schönes Kreuzgewölbe ziert das Restaurant im Bistrostil.

EISLINGEN AN DER FILS Baden-Württemberg 419 T 13 – 18 300 Ew – Höhe 336 m.
Berlin 602 – Stuttgart 46 – Göppingen 5 – Heidenheim an der Brenz 38 – Ulm (Donau) 45

XX **Schönblick** ⑤, mit Zim, Höhenweg 11, ✉ 73054, ℰ (07161) 98 44 30, restaurant
schoenblick@t-online.de, Fax (07161) 9844318, ☞ – 🄿 – 🄰 40. 🕮 VISA
geschl. 1. - 13. März - **Menu** (geschl. Montag - Dienstag) à la carte 19/37 – ☐ 13 – **3 Zim**
48 – 70.
 • Sitzen Sie im gediegenen Restaurant oder im Palmengarten, wo Sie umgeben von exotischen Pflanzen die internationalen und bürgerlichen Spezialitäten des Chefs probieren können.

ELCHINGEN Bayern 419 420 U 14 – 12 000 Ew – Höhe 464 m.
Berlin 607 – München 127 – Augsburg 69 – Stuttgart 94 – Ulm (Donau) 14.

In Elchingen-Unterelchingen :

🏠 **Zahn**, Hauptstr. 35, ✉ 89275, ℰ (07308) 30 07, Fax (07308) 42389, ☞ – 📺 🄿
Menu (geschl. Freitag) à la carte 16/31 – **16 Zim** ☐ 40/46 – 65.
 • Ein ehemaliger Brauereigasthof, gepflegt und ländlich-familär geführt, mit zeitlos eingerichteten und praktisch ausgestatteten Zimmern. Bürgerliches Restaurant mit schwäbischen Spezialitäten.

ELEND Sachsen-Anhalt siehe Schierke.

ELIXHAUSEN Österreich siehe Salzburg.

ELLEFELD Sachsen 418 420 O 21 – 3 000 Ew – Höhe 500 m.
Berlin 307 – Dresden 142 – Gera 59 – Chemnitz 66 – Karlovy Vary 88.

🏨 **Ellefelder Hof**, Marktplatz 1 (an der B 169), ✉ 08236, ℰ (03745) 7 81 50, ellefelder-hof@t-online.de, Fax (03745) 52 40 – 🛗, ✲ Zim, 📺 ♿ 🄿 – 🄰 30. 🕮 VISA. ✳ Zim
Menu (geschl. Freitag) à la carte 11/18 – **29 Zim** ☐ 41/49 – 62/64.
 • Dieses Hotel im Vogtland in einer landschaftlich reizvollen Umgebung erwartet seine Gäste mit geräumigen, solide eingerichteten und auch technisch gut ausgestatteten Zimmern.

ELLERBEK Schleswig-Holstein 415 E 13 – 4 300 Ew – Höhe 12 m.
Berlin 305 – Kiel 86 – Hamburg 17 – Lübeck 73 – Stade 63.

XX **Heinsens Gasthof**, Hauptstr. 1, ✉ 25474, ℰ (04101) 3 77 70, info@heinsens.de,
Fax (04101) 377729, ☞ – 🄿 🕮 VISA
geschl. Montag – **Menu** (wochentags nur Abendessen) (Tischbestellung ratsam) à la carte 34/49 – **Bistro** (geschl. Samstag - Sonntag) (nur Mittagessen) **Menu** à la carte 24/34.
 • Ein hübsches Haus in ländlichem Stil beherbergt dieses Restaurant. Stuckdecken, Holztäfelung und helle Wandfliesen zieren das Interieur - teils mit Blick in die Küche. Auf der unteren Ebene des Restaurants hat man das Bistro eingerichtet.

ELLRICH Thüringen 418 L 16 – 1 100 Ew – Höhe 300 m.
Berlin 267 – Erfurt 94 – Nordhausen 15 – Goslar 56 – Göttingen 198.

In Ellrich-Sülzhayn Nord-Ost : 3 km :

🏨 **Pakhotel Südharz** ⑤, Carl-von-Ossietzky-Str. 9, ✉ 99755, ℰ (036332) 28 60,
Fax (036332) 28622, ☞, ≘s, ✳, ✲ Zim, 📺 ♿ 🄿 – 🄰 40. 🕮 VISA
Menu à la carte 17/28 – **38 Zim** ☐ 45/70 – 65/95.
 • Die alte Kurklinik aus dem 19. Jh. lockt mit ihrer ruhigen Lage außerhalb des Ortes. Helles Holz und warme Farben machen die Zimmer zu einem behaglichen Zuhause auf Zeit. In zeitlosem Ambiente bittet man Sie mit internationalen und regionalen Speisen zu Tisch.

ELLWANGEN Baden-Württemberg 419 420 T 14 – 25 000 Ew – Höhe 439 m – Erholungsort.
📛 Bühlerzell, Grafenhof Hinterwald 4 (West : 18 km), ℰ (07963) 4 38.
🅱 Tourist-Information, Rathaus, Spitalstr. 4, ✉ 73479, ℰ (07961) 8 43 03, info@ellwangen.de, Fax (07961) 55267.
Berlin 547 – Stuttgart 97 – Augsburg 127 – Aalen 19 – Nürnberg 114 – Ulm (Donau) 82 – Würzburg 135.

🏠 **Königin Olga** garni, Karlstr. 2, ✉ 73479, ℰ (07961) 9 80 80, office@hotel-koenigin-olga.de, Fax (07961) 980850, ≘s – 🛗 ✲ 📺 ☎ 🄿 🕮 VISA
30 Zim ☐ 66 – 92.
 • Funktionelle, mit eleganten italienischen Möbeln eingerichtete Zimmer erwarten die Gäste in diesem kürzlich modernisierten Haus aus der Mitte des 19. Jh.

ELLWANGEN

In Ellwangen-Espachweiler *Süd-West : 4 km :*

- **Seegasthof**, Bussardweg 1, ✉ 73479, ✆ (07961) 77 60, *seegasthof@t-online.de*,
  Fax (07961) 53846, 🍽 – 📺 ✆ 🅿 🆎 ⓜ ⓥ
  geschl. Jan. 3 Wochen – **Menu** (geschl. Freitag) à la carte 21/31 – **10 Zim** ⇄ 26/33 – 52/62.
  ◆ Ein gut geführter und sehr gepflegter Landgasthof mit wohnlichen Zimmern, die mit Naturholzmöbeln eingerichtet sind und zum Teil Balkone mit Seeblick haben. Gemütliches Restaurant mit wintergartenartigem Anbau und Terrasse zum Wasser.

In Ellwangen-Neunheim *Ost : 2,5 km :*

- **Hirsch**, Maierstr. 2, ✉ 73479, ✆ (07961) 9 19 80, *info@hirsch-landgasthof.de*,
  Fax (07961) 919870, 🍽 – ✂ Zim, 📺 🅿 – 🅐 30. ⓜ ⓥ
  geschl. Anfang Aug. 2 Wochen – **Menu** (geschl. Mittwoch) à la carte 14/27 – **9 Zim** ⇄ 33/35 – 50/55.
  ◆ Geräumige, solide Zimmer erwarten die Gäste in diesem typischen, familiengeführten Landgasthof mit der gelben Fassade und den grünen Fensterläden. In der gemütlichen Stube sorgt ein Kachelofen für die richtige Stimmung.

ELMSHORN Schleswig-Holstein 415 416 E 12 – 47 900 Ew – Höhe 5 m.
  ✈ Lutzhorn, Bramstedter Landstraße (Nord-Ost : 12 km), ✆ (04123) 74 08.
  🛈 Verkehrs- und Bürgerverein, Torhaus, Probstendamm 7, ✉ 25336, ✆ (04121) 26 88 32, *stadt-elmshorn@t-online.de*, Fax (04121) 25627.
  Berlin 323 – Kiel 90 – Hamburg 41 – Cuxhaven 77 – Itzehoe 25.

- **Royal**, Lönsweg 5, ✉ 25335, ✆ (04121) 4 26 40, *info@hotel-royal-elmshorn.de*,
  Fax (04121) 426494, 🍽, ≘, 🌄 – 📺 ✆ ⇄ 🅿 – 🅐 300. 🆎 ⓘ ⓜ ⓥ
  Menu à la carte 20/39 – ⇄ 8 – **63 Zim** 36/63 – 56/80.
  ◆ Das engagiert geführte Hotel - teils mit komfortablen, teils mit einfacheren Zimmern - liegt im größten Baumschul- und Rosenzuchtgebiet der Welt. Zum Speisen wählen Sie zwischen gediegenem und rustikalem Ambiente.

- **Drei Kronen**, Gärtnerstr. 92, ✉ 25335, ✆ (04121) 4 21 90, *hotel3kronen@aol.com*,
  Fax (04121) 421950, 🍽 – ✂ Zim, 📺 ✆ 🅿 🆎 ⓘ ⓜ ⓥ
  Menu à la carte 17/29 – **31 Zim** ⇄ 47/55 – 66/78.
  ◆ Ein Haus mit langer Tradition : Schon früher waren Wirtshaus und Herberge bei Fuhrleuten und Reisenden beliebt. Heute finden Sie solide Zimmer in einem neueren Anbau. Restaurant und Küche befinden sich im historischen Altbau. Nette Gartenterrasse.

- ✕ **Osteria del Gallo**, Ramskamp 11, ✉ 25337, ✆ (04121) 74 07 20, Fax (04121) 740720,
  🍽 – 🅿
  geschl. Dienstag – **Menu** (wochentags nur Abendessen) (italienische Küche) à la carte 23/39.
  ◆ Der Name sagt es bereits : Hier speisen Sie italienisch. Rauhputz in warmen Farbtönen und Grünpflanzen geben dem Restaurant einen leicht mediterranen Touch.

ELSTER, BAD Sachsen 418 420 P 20 – 4600 Ew – Höhe 480 m.
  🛈 Bad Elster-Information, Badeplatzkollonaden, ✉ 08645, ✆ (037437) 7 14 61, Fax (037437) 71260.
  Berlin 331 – Dresden 176 – Hof 50 – Plauen 27.

- **Parkhotel Helene** Ⓜ, Parkstr. 33, ✉ 08645, ✆ (037437) 5 00, *parkhotel.helene @t-online.de*, Fax (037437) 5099, 🍽, ≘ – 🛗, ✂ Zim, 📺 ✆ & ⇄ 🅿 – 🅐 30. 🆎 ⓘ ⓜ ⓥ
  Menu à la carte 13,50/24 – **25 Zim** ⇄ 37/54 – 56/102 – ½ P 7.
  ◆ Egal, ob Sie Urlaub im Vogtland machen oder die Kureinrichtungen nutzen wollen, in der vollständig modernisierten Villa mit den wohnlichen Zimmern werden Sie sich wohlfühlen. Wählen Sie zwischen dem gemütlichen Vogtlandstübl und dem klassischen Restaurant.

- **Quellenpark**, Ascher Str. 20, ✉ 08645, ✆ (037437) 56 00, *info@quellenpark.de*,
  Fax (037437) 56056, 🍽 – ✂ Zim, 📺 🅿 ⓜ ⓥ
  Menu à la carte 14/29,50 – **21 Zim** ⇄ 41/80 – 69/92.
  ◆ Eine gelungene Verbindung von Tradition und Moderne : Die liebevoll renovierte alte Pension in einem großen Park erwartet Sie mit zeitgemäßen Zimmern. Im Restaurant nostalgisches Flair mit antikem Kirschmobiliar, Jugendstillampen und altem englischem Silber.

Michelin bringt keine Schilder an den empfohlenen Hotels und Restaurants an.

ELSTER, BAD

Goldner Anker, Walter-Rathenau-Str. 9, ⊠ 08645, ℘ (037437) 55 80, *hotel goldneranker@web.de, Fax (037437) 55866*, 😊, 🐎, – |≡|, TV, P, AE, ◎◎, VISA
Menu à la carte 16/26 – **23 Zim** ⊃ 35/65 – 70/90 – ½ P 8.

• Zu DDR-Zeiten war es ein Ferienheim, nun ist das Hotel am Ufer des Louisa-Sees wieder in den Besitz der alten Eignerfamilie übergegangen, die es vollständig renovierte.

In Bad Elster-Mühlhausen *Nord-Ost : 5 km :*

Vogtland, Brambacher Str. 38 (B 92), ⊠ 08645, ℘ (037437) 4 60 24, *info@hotel vogtland.de, Fax (037437) 3484*, 😊, ⊜, ☞ – |≡|, ⥇ Zim, TV, ⇔ P, – 🎿 30. ◎◎ VISA
💤 Rest
geschl. 10. - 31. Jan., Nov. – **Menu** *(nur Abendessen) (Restaurant nur für Hausgäste)* – **30 Zim** ⊃ 32/38 – 50/65 – ½ P 10.

• Idealer Ausgangspunkt für Wanderungen und Ausflüge : Ein neuerer Hotelbau mit wohnlichen und geschmackvoll eingerichteten Zimmern und freundlichem Service.

ELSTERHEIDE *Sachsen siehe Hoyerswerda.*

ELSTERWERDA *Brandenburg* 4|1|8 L 24 – 11 000 Ew – Höhe 93 m.
Berlin 163 – Potsdam 122 – Cottbus 76 – Dresden 66 – Leipzig 97.

Weisses Roß, Hauptstr. 30, ⊠ 04910, ℘ (03533) 31 88, *hotelweissesrosselsterwerda @t-online.de, Fax (03533) 164110*, Biergarten – ⥇ Zim, TV – 🎿 15. AE ⓪ ◎◎ VISA
Menu *(geschl. Montagmittag)* à la carte 17/25 – **11 Zim** ⊃ 46/60 – 75/85.

• Fühlen Sie sich wohl in dem sanierten historischen Gasthof : Die behutsame Rekonstruktion und die ansprechende Innenarchitektur erzeugen einen besonderen Charme. Sie essen im klassisch eingerichteten Restaurant oder bei schönem Wetter im romantischer Innenhof.

Arcus, Hauptstr. 14, ⊠ 04910, ℘ (03533) 16 23 55, *hotel.arcus@t-online.de, Fax (03533) 162354* – TV, P, AE ⓪ ◎◎ VISA
Arcus-Keller : **Menu** à la carte 14/24 – **16 Zim** ⊃ 48/54 – 69/76.

• Ein engagiert geführtes und gepflegtes Hotel - das über 200 Jahre alte Gebäude wurde liebevoll restauriert - mit wohnlichen, mit hellen Holzmöbeln eingerichteten Zimmern. Der Arcus-Keller wartet mit rotem Backsteingewölbe auf seine Gäste.

ELTMANN *Bayern* 4|2|0 Q 16 – 5 000 Ew – Höhe 240 m.
Berlin 421 – München 254 – Coburg 64 – Schweinfurt 35 – Bamberg 19.

Haus am Wald, Georg-Göpfert-Str. 31, ⊠ 97483, ℘ (09522) 2 31, *Fax (09522) 70620*, ≤, ⤹ (geheizt), 🐎 – ⥇ Zim, TV, P, ◎◎ VISA
geschl. Nov. – **Menu** *(geschl. Sonntag) (nur Abendessen) (Restaurant nur für Hausgäste)* – **15 Zim** ⊃ 29/40 – 47/70.

• Erholen Sie sich in diesem engagiert geführten, von einer großen Parkanlage umgebenen Hotel mit soliden, individuell eingerichteten Zimmern und behaglichen Aufenthaltsräumen.

In Ebelsbach-Steinbach *Nord-West : 3,5 km :*

Landgasthof Neeb, Dorfstr. 1 (an der B 26), ⊠ 97500, ℘ (09522) 9 23 10, *info@ neeb.de, Fax (09522) 923144*, 😊 – TV, P, – 🎿 30. ◎◎
Menu *(geschl. 21. Dez. - 9. Jan., Montag)* à la carte 11,50/20 – **16 Zim** ⊃ 35 – 62.

• Verkehrsgünstig gelegen am Rand des Naturparks Haßberge präsentiert sich das ländliche Hotel mit wohnlichen und gut gepflegten Zimmern. In den mit hellen Holzmöbeln rustikal eingerichteten Gasträumen sorgen Kachelöfen für eine gemütliche Atmosphäre.

In Oberaurach - Oberschleichach *Süd-West : 7 km :*

Landhaus Oberaurach, Steigerwaldstr. 23, ⊠ 97514, ℘ (09529) 9 22 00, *landhaus-oberaurach@t-online.de, Fax (09529) 922060*, 😊, ⊜, ⛲, 🐎 – ⥇ Zim, TV, P – 🎿 20
Menu *(geschl. Mitte Nov. 1 Woche, Montag)* à la carte 14/29 – **17 Zim** ⊃ 35/49 – 70/75.

• Am Rand des Naturparks Steigerwald liegt das Hotel mit dem behaglichen Ambiente. Genießen Sie die Ausflüge in die Umgebung oder entspannen Sie sich auf der Liegewiese. Fränkisch-rustikales Restaurant.

ELTVILLE AM RHEIN Hessen 417 P 8 – 16 500 Ew – Höhe 90 m.

Ausflugsziel: Kloster Eberbach★★ (Weinkeltern★★) Nord-West : 9 km :
ᴮ Kultur- und Gästeamt, Schmittstr. 2, ⊠ 65343, ℰ (06123) 9 09 80, Fax (06123) 909890.
Berlin 576 – Wiesbaden 14 – Bad Kreuznach 52 – Limburg an der Lahn 51 – Mainz 17.

Frankenbach - Mainzer Hof garni (mit Café und Weinstube Zum Wülfen), Wilhelmstr. 13, ⊠ 65343, ℰ (06123) 90 40, webmaster@hotel-frankenbach-mainzer-hof.de, Fax (06123) 63602 – ⇔ 🅃🆅 ♨ 🄵 – 🅰 80. 🄰🄴 ① ⓜ🄾 🆅🄸🅂🄰. ✂ Rest
23 Zim ⊇ 62/70 – 86/110.
  ◆ Der gut geführte Familienbetrieb mit Tradition bietet seinen Gästen komfortable, mit Kirschholzmobiliar eingerichtete Zimmer und einen aufmerksamen Service.

✗✗ Burg Crass mit Zim, Freygässchen 1 (Zufahrt über Rheingauer Straße), ⊠ 65343, ℰ (06123) 6 90 60, Fax (06123) 690669, ☞ – 🅃🆅 ♨ 🄵 – 🅰 40. ⓜ🄾
Menu (geschl. Montag) (Dienstag - Freitag nur Abendessen) à la carte 32,50/45 ⅄ – **7 Zim** ⊇ 110 – 120/150.
  ◆ Schlichte moderne Eleganz in einem alten Herrenhaus von 1076 : Sie speisen in dem mit warmen Farbtönen gestalteten Restaurant oder auf der traumhaften Rhein terrasse.

In Eltville-Erbach West : 2 km :

Schloss Reinhartshausen Kempinski, Hauptstr. 43, ⊠ 65346, ℰ (06123) 67 60, info@reinhartshausen.com, Fax (06123) 676400, ☞, 🛁, 🛋, 🌲 – 🛗, ⇔ Zim, 🖃 🅃🆅 ♨ 🖶 🚗 🄵 – 🅰 120. 🄰🄴 ① ⓜ🄾 🆅🄸🅂🄰 🄹🄲🄱.
Menu siehe Rest. **Marcobrunn** separat erwähnt - **Wintergarten** : Menu à la carte 32/54 – **Schlosskeller** (Montag - Freitag nur Abendessen) **Menu** à la carte 29/40 – ⊇ 18 – **54 Zim** 230/250 – 255/275, 15 Suiten.
  ◆ Genießen Sie das luxuriöse Flair des modernisierten Schloßhotels : Edel gestaltete Zimmer und persönlicher Service machen den Aufenthalt zum Erlebnis. Schöne Parkterrasse. Landhaus-Interieur im Wintergarten. Der Schlosskeller mit Gewölbe wirkt mediterran.

Tillmanns garni, Hauptstr. 2, ⊠ 65346, ℰ (06123) 9 23 30, info@hotel-tillmanns.de, Fax (06123) 923366, 🌲 – 🅃🆅 🄵 – 🅰 15. 🄰🄴 ⓜ🄾 🆅🄸🅂🄰
geschl. 15. Dez. - 8. Jan. – **18 Zim** ⊇ 70/80 – 95/110.
  ◆ Das frühere Weingut in der Art eines französischen Landhauses begrüßt seine Gäste mit stilvollen Räumlichkeiten und einer schönen Parkanlage.

✗✗✗✗ Marcobrunn - Schloß Reinhartshausen Kempinski, Hauptstr. 43, ⊠ 65346, ℰ (06123) ⊛ 67 64 32, Fax (06123) 676450, ☞ – 🖃 🄵 🄰🄴 ① ⓜ🄾 🆅🄸🅂🄰. ✂
geschl. 6. - 30. Jan., 27. Juli - 18. Aug., Montag - Dienstagmittag – **Menu** 39 (mittags)/125 à la carte 55/89 ⅄.
  ◆ Eine gute Adresse für Gourmets : In dem kleinen, eleganten Restaurant mit Parkterrasse verwöhnt Sie der Chef mit seiner klassisch-kreativen Küche im französischen Stil.
Spez. Gänsestopfleber-Raviolo mit Cappuccino von Kopfsalat und jungen Erbsen. Wolfsbarsch mit Zitronenpolenta und Schnecken-Kräuterjus. Delice von der Tahiti-Vanille.

In Eltville-Hattenheim West : 4 km :

Kronenschlösschen, Rheinallee, ⊠ 65347, ℰ (06723) 6 40, info@kronenschloesschen.de, Fax (06723) 7663, ☞ – ⇔ Zim, 🅃🆅 ♨ 🄵 – 🅰 60. 🄰🄴 ① ⓜ🄾 🆅🄸🅂🄰
Menu à la carte 42/59 – **Bistro** : Menu à la carte 28/43 – ⊇ 12 – **18 Zim** 125/145 – 135/170, 4 Suiten.
  ◆ Möchten Sie sich einmal richtig verwöhnen lassen? Die luxuriösen, opulent ausgestatteten Zimmer machen den Aufenthalt in dem edel restaurierten Gebäude zu einem Vergnügen. Stuckdecken und verfeinerte Tischkultur bietet das Restaurant. Hübsche Gartenterrasse.

Zum Krug, Hauptstr. 34, ⊠ 65347, ℰ (06723) 9 96 80, info@hotel-zum-krug.de, Fax (06723) 996825, (Fachwerkhaus a.d.J. 1720) – ⇔ Zim, 🅃🆅 🄵 🄰🄴 ① ⓜ🄾 🆅🄸🅂🄰 🄹🄲🄱
geschl. 20. Dez. - 20. Jan. – **Menu** (geschl. Sonntagabend - Montag) (bemerkenswertes Angebot Rheingauer Weine) à la carte 28/45 – **10 Zim** ⊇ 70 – 110.
  ◆ Das schöne Fachwerkhaus mit der bemalten Fassade strahlt eine besondere Atmosphäre aus und überzeugt durch bequeme, mit rustikalen Eichenmöbeln eingerichtete Zimmer. Kachelofen, Deckenbalken und Holztäfelung machen das Restaurant gemütlich.

✗ Adler Wirtschaft, Hauptstr. 31, ⊠ 65347, ℰ (06723) 79 82, adlerwirtschaft@franzkelle.de, Fax (06723) 87867
geschl. 9. Feb. - 13. März, Dienstag - Mittwoch – **Menu** (wochentags nur Abendessen) (Tischbestellung ratsam) à la carte 35/42.
  ◆ Holzstühle, blanke Tische und Stoffservietten erzeugen ein rustikales Ambiente und bilden den richtigen Rahmen für die individuelle und kreative Regionalküche des Patrons.

ELTVILLE AM RHEIN

In Eltville-Kloster Eberbach *Nord-West : 6 km :*

Gästehaus Kloster Eberbach ⌕, ✉ 65346, ℰ (06723) 99 30, *info@kloster eberbach.com*, Fax (06723) 993100, 🍴, Biergarten – ⇋ Zim, 📺 ☏ ♿ 🅿 – 🚗 35
Menu à la carte 17/29 – **28 Zim** ⌧ 60 – 100.

• Das Gästehaus befindet sich in einem renovierten historischen Gebäude am Rand der mittelalterlichen Klosteranlage. Man übernachtet in schlichten, aber komfortablen Zimmern. Freigelegte Bruchsteinwände zieren das modern eingerichtete Restaurant.

ELZACH
Baden-Württemberg **419** V 8 – 6 900 Ew – Höhe 361 m – Luftkurort.

🛈 Tourist-Information ZweiTälerLand, Schulstr. 8, in Elzach-Oberprechtal, ✉ 79215, ℰ (07682) 1 94 33, *Elzach@zweitaelerland.de*, Fax (07682) 6296.

Berlin 764 – Stuttgart 189 – Freiburg im Breisgau 39 – Offenburg 43.

In Elzach-Oberprechtal *Nord-Ost : 7,5 km – Höhe 459 m*

Adler, Waldkircher Str. 2, ✉ 79215, ℰ (07682) 80 84 90, *gasthof-adler-oberprechtal @t-online.de*, Fax (07682) 8084912 – ⇋ Zim, 📺 🅿 ⭕ 💳
geschl. Mitte Jan. - Anfang Feb. – **Menu** *(geschl. Dienstag)* à la carte 20/37 – **16 Zim** ⌧ 32/49 – 64/82 – ½ P 17.

• Hier finden Sie einen typischen, traditionsreichen Schwarzwaldgasthof mit persönlicher Atmosphäre, der sich gut als Ausgangspunkt für Wanderungen und Ausflüge eignet. Wirtsstube, Heimatstube und Jägerstüble bilden den gastronomischen Bereich des Hauses.

Hirschen (mit Gästehaus), Triberger Str. 8, ✉ 79215, ℰ (07682) 9 20 00, *info@ happy-hirsch.de*, Fax (07682) 9200123, 🍴, 🏊, 🌳 – ⇋ Zim, 📺 🅿 ⭕ 💳
geschl. Jan. 2 Wochen, März 2 Wochen, Nov. 2 Wochen – **Menu** *(geschl. Montag - Dienstagmittag)* à la carte 15,50/31 – **33 Zim** ⌧ 28/39 – 46/62 – ½ P 13.

• Die Zimmer - praktisch und modern in der Ausstattung - verteilen sich auf Haupt- und Gästehaus. Reizvoll ist auch die Umgebung des kleinen Örtchens. Heller Holzboden und Mobiliar in neuzeitlichem Design bestimmen den Stil des Restaurants.

ELZE
Niedersachsen **416 417 418** J 13 – 10 000 Ew – Höhe 76 m.

Berlin 294 – Hannover 30 – Göttingen 82 – Hameln 31 – Hildesheim 17.

Papenhof, Papendahlweg 14, ✉ 31008, ℰ (05068) 40 45, Fax (05068) 2260, 🏊 – 📺 🅿 ⭕ 💳
Menu *(geschl. 24. - 31. Dez.) (nur Abendessen)* (Restaurant nur für Hausgäste) – **20 Zim** ⌧ 44/72 – 75/93.

• Solide eingerichtete, geräumige und auch technisch gut ausgestattete Zimmer erwarten die Gäste in diesem gepflegten und praktischen Hotel.

In Elze-Mehle *Süd-West : 3 km :*

Schökel mit Zim, Alte Poststr. 35 (B 1), ✉ 31008, ℰ (05068) 30 66, Fax (05068) 3069, 🍴, 🌳 – 📺 🅿 – 🚗 30. 🅰🅴 ⓞ ⭕ 💳
geschl. 1. - 10. Jan. – **Menu** *(geschl. Montag - Dienstag) (wochentags nur Abendessen)* 30 à la carte 33/45 – **10 Zim** ⌧ 45/80 – 62/92.

• Ein historisches Fachwerkhaus beherbergt das elegant-rustikale Restaurant, das mit einer gehobenen internationalen Küche erfreut. Gepflegte Zimmer laden zum Übernachten ein.

ELZTAL
Baden-Württemberg siehe Mosbach.

EMBSEN
Niedersachsen siehe Lüneburg.

EMDEN
Niedersachsen **415** F 5 – 51 000 Ew – Höhe 4 m.

Sehenswert : Ostfriesisches Landesmuseum★ (Rüstkammer★★) Z **M1** – Kunsthalle★ (Stiftung Henri Nannen) Y **M2**.

🚢 nach Borkum (Autofähre, ca. 2h 30min, Voranmeldung erforderlich) ℰ (01805) 18 01 82, Fax (04921) 890405.

🛈 Tourist-Information, Alter Markt 2a, ✉ 26721, ℰ (04921) 9 74 00, *info@emden-touristik.de*, Fax (04921) 97409.

Berlin 517 ② – Hannover 251 ② – Groningen 98 ② – Oldenburg 80 ② – Wilhelmshaven 77 ①

EMDEN

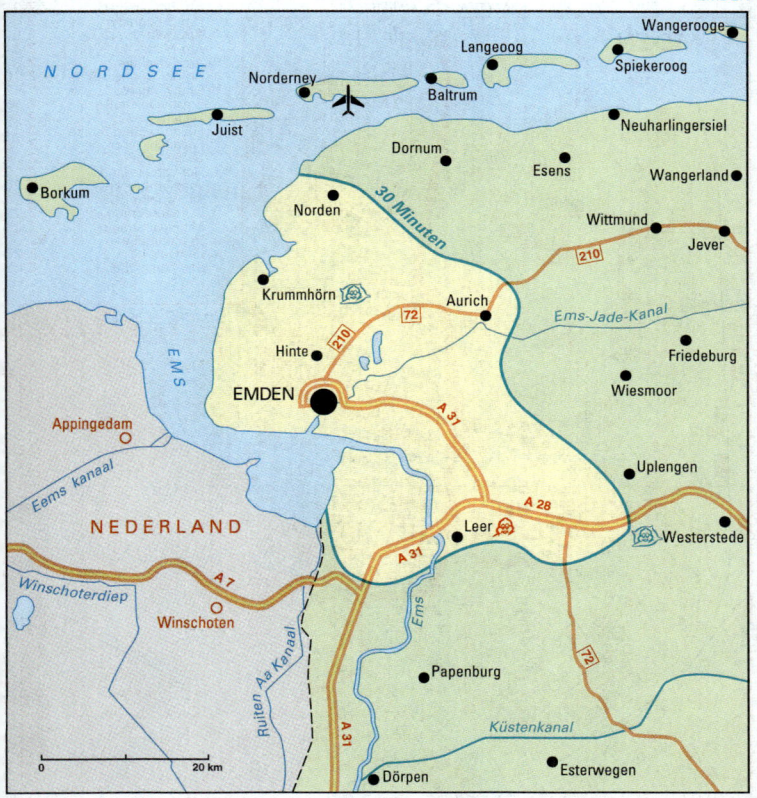

Parkhotel Upstalsboom, Friedrich-Ebert-Str. 73, ✉ 26725, ✆ (04921) 82 80, *park hotel@upstalsboom.de*, Fax (04921) 828599, 🍴, ≦s – 🛗, ⚘ Zim, 📺 🚗 🅿 – 🏛 30. AE ⓞ ⓜⓞ VISA JCB. ⚘ Rest
                                                                    Z u
Menu *(geschl. Samstagmittag)* à la carte 20/32 – **95 Zim** ⊃ 88/105 – 115/125.
  • Schöne alte Buchen und Kastanien begrüßen Sie bei der Ankunft. Dieses neugebaute Hotel mit den schlichten, geräumigen Zimmern vermittelt seinen Gästen friesische Gastlichkeit. Helles Restaurant mit großer Fensterfront.

Faldernpoort (mit Gästehaus), Courbièrestr. 6, ✉ 26725, ✆ (04921) 9 75 20, *info@faldernpoort.de*, Fax (04921) 28761 – ⚘ Zim, 📺 🅿 – 🏛 150. AE ⓞ ⓜⓞ VISA ⚘ Zim
                                                                    Z u
Menu *(geschl. Sonntag) (nur Abendessen)* à la carte 16/41 – **41 Zim** ⊃ 75 – 105.
  • Viel Platz und eine wohnliche Ausstattung finden Sie in den Zimmern dieses Hotels mit Gästehaus (liegt vis-à-vis). Beides sind Neubauten im typisch norddeutschen Klinkerstil. Die rustikale Friesenstube offeriert Bürgerliches und Fischgerichte.

Heerens Hotel, Friedrich-Ebert-Str. 67, ✉ 26725, ✆ (04921) 2 37 40, *heerens hotel@nordkurs.de*, Fax (04921) 23158 – 📺 ✆ 🚗 🅿 AE ⓞ ⓜⓞ VISA ⚘
                                                                    Z c
Menu *(geschl. Juli - Aug. 3 Wochen, Samstag - Sonntag) (nur Abendessen)* à la carte 23/30 – **21 Zim** ⊃ 74/77 – 90/128.
  • Der historische Hotelbau im Palaisstil mit der hellgelben Fassade hat Charme. Besonders die Zimmer in der 1. Etage sind individuell und wohnlich eingerichtet. Holzgetäfelte Wände und dunkle Deckenbalken machen das Restaurant gemütlich.

Am Boltentor garni, Hinter dem Rahmen 10, ✉ 26721, ✆ (04921) 9 72 70, Fax (04921) 972733 – ⚘ 📺 🅿 ⓜⓞ VISA ⚘
                                                                    Y n
19 Zim ⊃ 65 – 84.
  • Direkt an den Wallanlagen, die zum Spazierengehen und Joggen einladen, liegt das Hotel mit den gepflegten Zimmern, die mit Mahagoni- oder Kirschbaummöbeln eingerichtet sind.

EMDEN

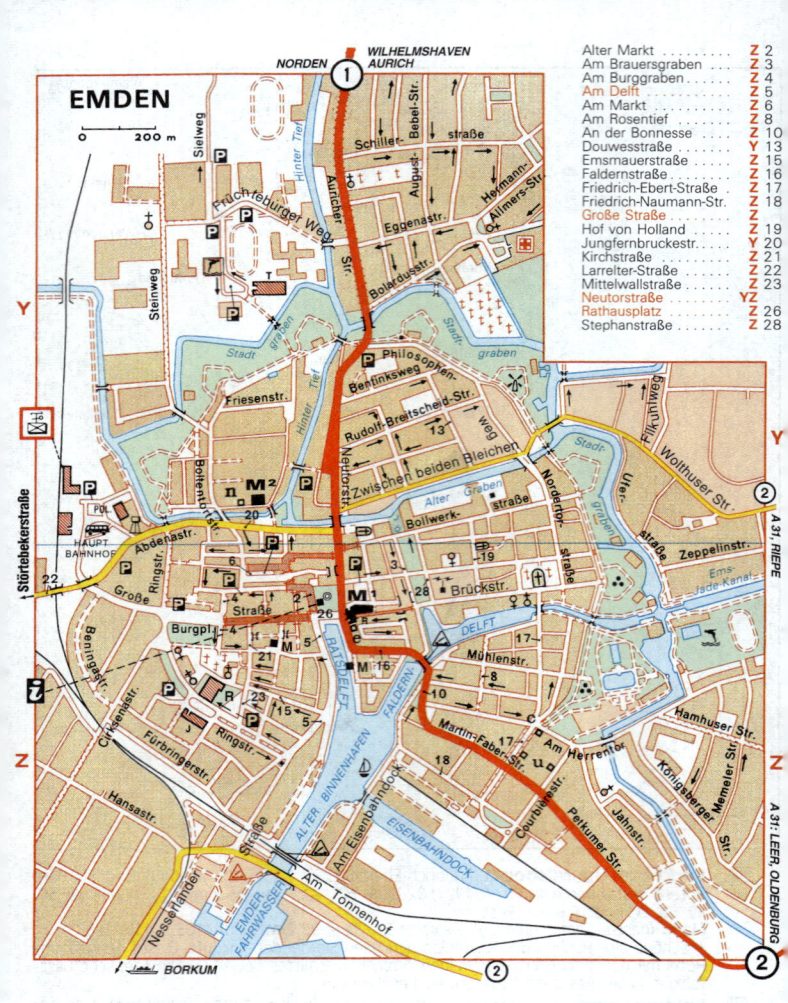

Street	Ref
Alter Markt	Z 2
Am Brauersgraben	Z 3
Am Burggraben	Z 4
Am Delft	Z 5
Am Markt	Z 6
Am Rosentief	Z 8
An der Bonnesse	Z 10
Douwesstraße	Y 13
Emsmauerstraße	Z 15
Falderstraße	Z 16
Friedrich-Ebert-Straße	Z 17
Friedrich-Naumann-Str.	Z 18
Große Straße	Z
Hof von Holland	Z 19
Jungfernbruckestr.	Y 20
Kirchstraße	Z 21
Larrelter-Straße	Z 22
Mittelwallstraße	Z 23
Neutorstraße	YZ
Rathausplatz	Z 26
Stephanstraße	Z 28

🏠 **Goldener Adler,** Neutorstr. 5, ✉ 26721, ✆ (04921) 9 27 30, info@goldener-adler-emden.de, Fax (04921) 927339, 🌳 – TV, AE ① ⦿ VISA   Z e
Menu à la carte 18/33 – **18 Zim** ⇌ 65/70 – 80/85.
♦ An einem Kanal im Herzen der Hafenstadt steht dieses Stadthaus mit roter Klinkerfassade. Wohnliche Zimmer mit dunklen Einbaumöbeln sorgen für einen guten Aufenthalt. Ortstypische Fischgerichte gibt es im Restaurant.

EMMELSHAUSEN Rheinland-Pfalz 👁️ P 6 – 5 000 Ew – Höhe 490 m – Luftkurort.
Berlin 621 – Mainz 76 – Koblenz 30 – Bad Kreuznach 57 – Trier 112.

🏠 **Union-Hotel Klinkner,** Rhein-Mosel-Str. 71, ✉ 56281, ✆ (06747) 15 67, info@hotel-klinkner.de, Fax (06747) 1012, 🌳 – 📶, 🛏️ Zim, TV, 🚗 P – 🚪 30. ⦿ VISA. 🍴 Rest
geschl. Mitte Juli - Anfang Aug. – **Menu** (geschl. Mittwoch) à la carte 15/35 – **30 Zim** ⇌ 45 – 70/72 – ½ P 11.
♦ Mitten im Hunsrück liegt dieses familiengeführte Hotel mit soliden Zimmern, die mit dunklen Holzmöbeln eingerichtet sind und zum Teil Südbalkone haben. Die Atmosphäre in dem rustikalen Restaurant ist gemütlich.

EMMELSHAUSEN

Münster ⌂, Waldstr. 3a, ✉ 56281, ☎ (06747) 9 39 40, *info@hotel-muenster.de*, Fax (06747) 939413, ⚏, 🌳, 📺, 🍽, 🚗, 🅿, ⓜ, 💳
Menu *(geschl. Sonntag) (nur Abendessen)* (Restaurant nur für Hausgäste) – **18 Zim** 🛏 40/45 – 60/66.
• Das Richtige für einen enspannenden Urlaub : Ein gutgeführtes Haus mit Pensionscharakter, die Zimmer sind geräumig, wohnlich und gepflegt, der Garten macht auch Kindern Spaß.

In Halsenbach-Ehr Nord : 3,5 km :

Zur Katz, Auf der Katz 6a (B 327), ✉ 56283, ☎ (06747) 66 26, *hotelzurkatz@compserve.de*, Fax (06747) 6625, 🌳, ⚏, 🏊, 🍽 – 🍽 Zim, 📺 🚗 🅿 – 🛎 60. ⓜ 💳
Menu *(geschl. Montag)* à la carte 13/32 – **15 Zim** 🛏 35 – 62 – ½ P 10.
• Praktisch ausgestattete Zimmer - teilweise mit Balkon - erwarten die Gäste in diesem familiengeführten Hotel, das ein guter Ausgangspunkt für Ausflüge und Wanderungen ist.

EMMENDINGEN Baden-Württemberg **419** V 7 – 25 000 Ew – Höhe 201 m.

Sehenswert : Ruinen der Hochburg★.

🛈 Tourist-Information, Bahnhofstr. 5, ✉ 79312, ☎ (07641) 1 94 33, *touristinfo@emmendingen.de*, Fax (07641) 935235.

Berlin 794 – Stuttgart 193 – *Freiburg im Breisgau* 23 – Offenburg 51.

Markgraf Ⓜ garni, Markgrafenstr. 53, ✉ 79312, ☎ (07641) 93 06 80, *auskunft@hotel-galerie-markgraf.de*, Fax (07641) 9306868 – 🛗 🍽 📺 🍽 ♿ 🚗 – 🛎 10. ⓜ 💳
16 Zim 🛏 52/57 – 72/77.
• Geschmackvoll und modern eingerichtete Zimmer zeichnen dieses neue Hotel aus. Im Frühstücksraum genießen Sie den Blick auf den Park und wechselnde Kunstausstellungen.

In Emmendingen-Maleck Nord-Ost : 4 km :

Park-Hotel Krone ⌂, Brandelweg 1, ✉ 79312, ☎ (07641) 9 30 96 90, *info@krone-maleck.de*, Fax (07641) 52576, 🌳, 🏊 – 🛗, 🍽 Zim, 📺 🍽 🅿 – 🛎 20. ⒶⒺ ⓄⓁ ⓜ 💳
geschl. 16. - 28. Feb. – **Menu** *(geschl. Montag)* (Tischbestellung ratsam) 22/55 à la carte 28/47 – **26 Zim** 🛏 49/56 – 72/82.
• Die Flamingos im Garten sind das Wahrzeichen des Gasthofs am Schwarzwaldrand. Die Zimmer sind etwas unterschiedlich, teils sehr schön, geräumig und großzügig eingerichtet. Klassisch-elegant gestaltet : das Restaurant.

In Emmendingen-Windenreute Ost : 3,5 km :

Windenreuter Hof ⌂, Rathausweg 19, ✉ 79312, ☎ (07641) 93 08 30, *info@windenreuter-hof.de*, Fax (07641) 93083444, ≤, 🌳, ⚏, 🏊 – 🍽 Zim, 📺 🍽 ♿ 🚗 🅿 – 🛎 90. ⒶⒺ ⓜ 💳
Menu à la carte 20/45 – **64 Zim** 🛏 50/71 – 72/97, 3 Suiten – ½ P 16.
• Gewachsenes Tagungshotel in schöner Lage. Die Zimmer sind unterschiedlich in Ausstattung und Komfort - von jedem Balkon hat man eine schöne Aussicht. Elegantes Panorama-Restaurant mit Wintergarten.

EMMERICH Nordrhein-Westfalen **417** K 2 – 30 000 Ew – Höhe 19 m.

🏌 Emmerich-Hüthum, Abergsweg 30 (Nord-West : 3 km), ☎ (02822) 9 27 10.
🛈 infoCenter, Rheinpromenade 26, ✉ 46446, ☎ (02822) 9 41 40, *infocenteremmerich@t-online.de*, Fax (02822) 989434.
Berlin 597 – *Düsseldorf* 103 – Arnhem 33 – Nijmegen 34 – Wesel 40.

In Emmerich-Elten Nord-West : 7 km – Erholungsort :

Waldhotel Hoch-Elten ⌂, Lindenallee 34, ✉ 46446, ☎ (02828) 20 91, Fax (02828) 7122, ≤ Niederrheinische Tiefebene, 🌳, 🏋, ⚏, 🏊, 🍽, ✂ – 🛗 📺 🅿 – 🛎 50. ⒶⒺ ⓜ 💳
Menu à la carte 36/49 – **Bistro Orangerie : Menu** à la carte 21/33 – **34 Zim** 🛏 70/110 – 95/130.
• Oberhalb des Rheins finden Sie dieses Hotel im Villenstil, das durch seine Lage einen erholsamen Aufenthalt verspricht. Genießen Sie den Blick von der Terrasse. Das Restaurant ist klassisch und elegant mit hellen Möbeln eingerichtet. Kleine Karte im Bistro.

Maiß ⌂, Luitgardisstr. 8, ✉ 46446, ☎ (02828) 9 14 20, *info@hotel-restaurant-mais.de*, Fax (02828) 7336, 🌳, ⚏ – 🍽 Zim, 📺 🅿 – 🛎 20. ⒶⒺ ⓄⓁ ⓜ 💳 🆑
Menu *(geschl. Montag) (wochentags nur Abendessen)* à la carte 23/41 – **25 Zim** 🛏 55/65 – 80/90.
• Ein Haus zum Wohlfühlen und Erholen : Das Tagungs- und Ferienhotel mit persönlichem Service liegt am Naturschutzgebiet. Zu Fuß oder per Rad können sie die Umgebung erkunden. Antiquitäten verleihen dem gemütlich-rustikalen Restaurant einen nostalgischen Touch.

EMS, BAD Rheinland-Pfalz **417** O 7 – 10 500 Ew – Höhe 85 m – Heilbad.
  ᴵ₈ Bad Ems, Denzerheide (Nord : 5 km), ℘ (02603) 65 41.
  🅱 Tourist Information, Römerstr. 1, ✉ 56130, ℘ (02603) 9 41 50, info@bad-ems
  touristik.de, Fax (02603) 941550.
  Berlin 590 – Mainz 66 – Koblenz 19 – Limburg an der Lahn 40 – Wiesbaden 61.

Häcker's Kurhotel, Römerstr. 1, ✉ 56130, ℘ (02603) 79 90, kurhotel-badems@
  -online.de, Fax (02603) 799252, 😀, Massage, ≘s, 🏊 (Thermal) – 🛗, ⇔ Zim, 📺 ⚒
  🅿 60. 🆎 ⓞ ⒸⓅ 🆅🅸🆂🅰 🅹🅲🅱. ⚹ Rest
  Menu à la carte 21/38 – **107 Zim** ⊇ 75/95 – 133/149, 4 Suiten – ½ P 15.
  ♦ An die traditionsreiche Vergangenheit des Kurorts fühlt man sich beim Anblick des gr
  ßen, klassischen Badehotels erinnert. Entspannen Sie sich im hoteleigenen Thermalba
  International speisen Sie in dem klassischen Restaurant mit schönen Stuckdecken.

Ж Schweizerhaus ⚘ mit Zim, Malbergstr. 21, ✉ 56130, ℘ (02603) 9 36 3
  Fax (02603) 936325, ≼ Bad Ems, 😀 – 📺 🅿. 🆎 ⓞ ⒸⓅ 🆅🅸🆂🅰. ⚹
  geschl. 25. Okt. - 12. Nov. – **Menu** (geschl. Donnerstag - Freitagmittag) à la carte 25/3
  – **11 Zim** ⊇ 40/55 – 70/80 – ½ P 17.
  ♦ Oberhalb der Stadt liegt dieses klassisch-gediegene Restaurant. Die Aussicht ist pha
  tastisch. Die Tische werden hübsch gedeckt ; freundlicher, persönlicher Service.

Außerhalb Süd : 3 km über Braubacher Straße :

Berghotel Café Wintersberg ⚘ garni, ✉ 56130 Bad Ems, ℘ (02603) 42 8
  Fax (02603) 4282, ≼ Bad Ems und Umgebung, 😀 – 📺 🅿. 🆎 ⓞ ⒸⓅ 🆅🅸🆂🅰
  geschl. 15. Dez. - 15. Jan. – **14 Zim** ⊇ 40/49 – 70/78.
  ♦ Ausflugsidylle im Wald : Die einfachen, aber gepflegten Zimmer dieses oberhalb der Stad
  gelegenen Hotels haben einen gewissen nostalgischen Charme.

In Kemmenau Nord-Ost : 5 km – Erholungsort :

Ж Kupferpfanne-Maurer-Schmidt (mit Gästehaus, ⚘), Hauptstr. 17, ✉ 5613
  ℘ (02603) 9 61 30, maurer-schmidt@t-online.de, Fax (02603) 14198, 😀, 😀 – 📺 ⚒
  🅿 – 🅿 35. 🆎 ⓞ ⒸⓅ 🆅🅸🆂🅰. ⚹
  geschl. nach Karneval 2 Wochen – **Menu** (geschl. Dienstag) à la carte 25/37 – **12 Zi**
  ⊇ 30/40 – 70/80 – ½ P 15.
  ♦ Die Freunde guter Küche werden den Besuch in diesem Restaurant mit den ansprechen
  gedeckten Tischen zu schätzen wissen : Man kocht internationale und regionale Spezia
  litäten.

EMSDETTEN Nordrhein-Westfalen **417** J 6 – 35 000 Ew – Höhe 45 m.
  🅱 Verkehrsverein, Friedrichstr. 1, ✉ 48282, ℘ (02572) 9 30 70, vvemsdetten@delt
  city.net, Fax (02572) 930750.
  Berlin 466 – Düsseldorf 152 – Nordhorn 54 – Enschede 50 – Münster (Westfalen) 31
  Osnabrück 46.

Lindenhof (mit Gästehaus), Alte Emsstr. 7, ✉ 48282, ℘ (02572) 92 60, info@linde
  hof-emsdetten.de, Fax (02572) 926200, ≘s – 🛗, ⇔ Zim
  geschl. 22. Dez. - 6. Jan. – **Menu** (geschl. Juli – Aug. 2 Wochen, Sonntag) (nur Abendesser
  à la carte 19/38 – **27 Zim** ⊇ 49/51 – 79/82.
  ♦ Das klassische Klinkergebäude mit modernem Glasanbau erwartet Sie mit gemütliche
  Zimmern, die teils mit Antiquitäten, teils mit modernen Einbaumöbeln eingerichtet sin
  Stilvolle Wohnzimmeratmosphäre umgibt Sie im Restaurant.

Kloppenborg, Frauenstr. 1, ✉ 48282, ℘ (02572) 92 10, info@hotel-kloppenborg.de
  Fax (02572) 921150 – 🛗 📺 ⚒ ⇐ 🅿. ⓞ ⒸⓅ 🆅🅸🆂🅰
  geschl. 23. Dez. - 1. Jan. – **Menu** (geschl. Sonn- u. Feiertage) (nur Abendessen) à la cart
  18/32 – **24 Zim** ⊇ 52/60 – 80/90.
  ♦ Ein Gasthof mit Tradition und münsterländischer Atmosphäre : Direkt gegenüber den
  Rathaus finden Sie das Hotel mit den gepflegten, unterschiedlich eingerichteten Zimmer
  Altdeutsches Restaurant mit gemütlichem Ambiente.

Ж Maurer's kleines Restaurant, Borghorster Str. 97, ✉ 48282, ℘ (02572) 94 13 12
  Fax (02572) 941311 – 🅿. 🆎 ⒸⓅ 🆅🅸🆂🅰. ⚹
  geschl. Mitte Juli - Mitte Aug., Dienstag – **Menu** (nur Abendessen) (Tischbestellung ratsam
  à la carte 20/43.
  ♦ Ein Restaurant, teils rustikal, teils modern und mit warmen Farbtönen eingerichtet
  Man hat sich vor allem auf Fischgerichte spezialisiert und legt Wert auf gute Produkte

In Emsdetten-Hembergen Süd-Ost : 6 km :

Altes Gasthaus Lanvers ⚘, Dorfstr. 11, ✉ 48282, ℘ (02572) 1 50 90, info@h
  tel-lanvers.de, Fax (02572) 150990, 😀, ≘s – 🛗 📺 ⚒ ⚒ 🅿. – 🅿 70. 🆎 ⓞ ⒸⓅ 🆅🅸🆂🅰
  Menu à la carte 17/33 – **34 Zim** ⊇ 45/65 – 80/100.
  ♦ Das 1978 in westfälischer Tradition wieder errichtete Fachwerkhaus überzeugt mit kom
  fortablen Zimmern und engagiertem Service. Geboten werden Rad-, Kutschen- oder Kanu
  touren. Das Restaurant ist mit ländlichen Utensilien dekoriert.

EMSDETTEN

In Emsdetten-Veltrup Nord-Ost : 4 km über die B 475 Richtung Rheine :

Waldhotel Schipp-Hummert, Veltrup 17, ✉ 48282, ℘ (02572) 96 01 60, Fax (02572) 9601629, 斧, 痴 – ⇥ Zim, 📺 ☏ 🅿 ✲ Zim
Menu (geschl. Montag) (wochentags nur Abendessen) à la carte 17/30 – **15 Zim** ⊇ 48 – 68.
  • Das einsam gelegene Hotel ist ein netter kleiner Familienbetrieb, der seinen Gästen ordentlich ausgestattete Zimmer zur Verfügung stellt - sauber und zeitgemäß eingerichtet. Teil des Restaurantbereichs ist das rustikale Kaminzimmer.

EMSKIRCHEN Bayern 419 420 R 16 – 5 000 Ew – Höhe 359 m.
Berlin 464 – München 207 – Nürnberg 39 – Bamberg 59 – Würzburg 69.

Rotes Herz, Hindenburgstr. 21 (B 8), ✉ 91448, ℘ (09104) 6 94, Fax (09104) 1786, 斧 – 📺 🚗 🅿 ✲
geschl. 1. - 8. Jan., 9. - 28. Juni – **Menu** (geschl. Samstag - Sonntag) à la carte 13/22 – **12 Zim** ⊇ 28 – 48.
  • Ländlich und rustikal präsentiert sich dieser typisch fränkische Fachwerkgasthof. Die gepflegten Zimmer sind mit hellen Bauernmöbeln solide eingerichtet. Die Gaststube ist mit bemalten Holztäfelungen geschmückt.

EMSTAL, BAD Hessen 417 M 11 – 6 300 Ew – Höhe 320 m – Heilbad - Luftkurort.
🛈 Kurverwaltung im Thermalbad, Karlsbader Str. 4 (Sand), ✉ 34308, ℘ (05624) 99 97 26, Fax (05624) 2278.
Berlin 416 – Wiesbaden 212 – Kassel 34 – Frankfurt am Main 203.

In Bad Emstal-Sand :

Parkhotel Emstaler Höhe, Kissinger Str. 2, ✉ 34308, ℘ (05624) 50 90, info@emstaler-hoehe.de, Fax (05624) 509200, ≤, 斧, ≘s, 痴 – 🛗, ⇥ Zim, 📺 ☏ & 🅿 – 🅰 150. 🆎 ⓞ ⓜⓞ 𝗩𝗜𝗦𝗔
Menu à la carte 21/34 – **54 Zim** ⊇ 51/75 – 84/106, 4 Suiten – ½ P 18.
  • Erholen Sie sich nach einem ereignisreichen Urlaubstag in den wohnlichen Zimmern dieses Hotels im Landhausstil. Auch einige komfortable Appartements sind zu vermieten. Drei Restaurants stehen den Gästen zur Verfügung.

Grischäfer, Kasseler Str. 78, ✉ 34308, ℘ (05624) 3 54, kontakt@grischaefer.de, Fax (05624) 8778, Biergarten – 📺 🅿
Menu (geschl. 2. - 10. Jan., Montag) (wochentags nur Abendessen) à la carte 17/35 – **Alter Grischäfer** (geschl. 2. - 10. Jan., Juli, Montagmittag) **Menu** à la carte 13/23 – **17 Zim** ⊇ 44 – 61/100.
  • Der Tradition verpflichtet fühlt sich dieser urige Gasthof im Fachwerkstil. Kleine, gemütliche Zimmer, die mit Bauernmöbeln eingerichtet sind, laden ein. Das Restaurant ist in der ehemaligen Scheune. Im Alten Grischäfer tafelt man in derb-rustikalem Ambiente.

EMSTEK Niedersachsen 415 H 8 – 10 000 Ew – Höhe 60 m.
Berlin 443 – Hannover 114 – Bremen 62.

In Emstek-Hoheging Nord : 8 km :

Waldesruh, Am Baumweg 2, ✉ 49685, ℘ (04471) 9 48 50, Fax (04471) 948516, 斧 – ⚌ 🅿 🆎 ⓞ ⓜⓞ 𝗩𝗜𝗦𝗔
Menu (wochentags nur Abendessen) à la carte 19/31 – **23 Zim** ⊇ 39/42 – 62/67.
  • Helle, solide eingerichtete Gästezimmer stehen hier zum Einzug bereit. Auch die Lage am Wald zählt zu den Annehmlichkeiten Ihres familiengeführten Quartiers.

ENDINGEN Baden-Württemberg 419 V 7 – 8 800 Ew – Höhe 187 m.
🛈 Verkehrsbüro, Adelshof 20 (im Museum), ✉ 79346, ℘ (07642) 68 99 90, info@endingen.de, Fax (07642) 689999.
Berlin 789 – Stuttgart 189 – Freiburg im Breisgau 28 – Offenburg 47.

Kaiserstuhl 🅼, Alfred-Herr-Str. 1, ✉ 79346, ℘ (07642) 91 90, Fax (07642) 919109, 斧, ≘s – 🛗, 📺 ☏ 🅿 – 🅰 30. ⓜⓞ 𝗩𝗜𝗦𝗔 ✲ Rest
Menu (geschl. Dienstag) (nur Abendessen) à la carte 18/29 – **34 Zim** ⊇ 52/62 – 80/90.
  • Ein neues Hotel mit modern eingerichteten Zimmern. Viel Wert wurde auf lärmdämmende Innenarchitektur gelegt, damit Sie nicht in Ihrer Nachtruhe gestört werden. Das Restaurant ist hell und freundlich gestaltet, modern in der Ausstattung.

Pfauen garni (mit Gästehaus), Hauptstr. 78, ✉ 79346, ℘ (07642) 9 02 30, hotel-pfauen@t-online.de, Fax (07642) 902340 – 🛗 ⇥ 📺 🚗 🅿 – 🅰 30. 𝗩𝗜𝗦𝗔
35 Zim ⊇ 42/50 – 62/72.
  • In der Altstadt der drittgrößten Weinbaugemeinde Baden-Württembergs gelegenes solides Hotel mit praktischen Zimmern in verschiedenen Kategorien.

ENDINGEN

XX **Schindler's Ratsstube**, Marktplatz 10, ✉ 79346, ✆ (07642) 34 58, info@schindlers-ratsstube.de, Fax (07642) 923273, 🍴 – 🍽, AE ⓪ ⓴
geschl. Sonntagabend - Montag – **Menu** (Tischbestellung ratsam) 13 (mittags)/43,5 à la carte 20/38.
  • Kleines Restaurant neben dem Rathaus. Die Einrichtung ist klassisch, man kocht gut bürgerlich und auch regionale Spezialitäten finden sich auf der Speisekarte.

X **Winzerstube Rebstock**, Hauptstr. 2, ✉ 79346, ✆ (07642) 79 0(
Fax (07642) 924797, 🍴 – 🅿.
geschl. über Fastnacht 1 Woche, Mittwochabend - Donnerstag – **Menu** à la carte 21,5C 41.
  • Das neuzeitlich eingerichtete Restaurant wird ergänzt durch eine Bier- und Weinstub(die den ländlich-rustikalen Charakter dieses Winzerhauses unterstreicht.

X **Weinstube Zur Sonne**, Hauptstr. 67, ✉ 79346, ✆ (07642) 4 04 5(
Fax (07642) 922917 – ⓴ VISA
geschl. Nov. 1 Woche, Dienstag, Samstagmittag – **Menu** à la carte 19/36.
  • In dem kleinen, gemütlichen Lokal mit den holzgetäfelten Wänden erwartet die Gäst ein ausgewähltes Repertoire an bürgerlichen Speisen und Getränken.

In Endingen-Kiechlinsbergen Süd-West : 5,5 km :

XX **Dutters Stube** mit Zim, Winterstr. 28, ✉ 79346, ✆ (07642) 17 86, duttersstube@t-online.de, Fax (07642) 4286, (Fachwerkhaus a.d. 16. Jh.) – TV, ⓴ VISA
geschl. Jan. 2 Wochen, Aug. 2 Wochen – **Menu** (geschl. Montag - Dienstagmittag, Nov. März Montag - Dienstag) (bemerkenswerte Auswahl badischer Weine) 23 (mittags à la carte 27/41,50 – **4 Zim** ⌂ 35 – 55.
  • Schon in der vierten Generation verwöhnen die Dutters ihre Gäste. Freuen Sie sich au ein Lokal mit angenehmem Ambiente und einer frischen Küche mit regionalen Akzenter

ENGE-SANDE Schleswig-Holstein siehe Leck.

ENGELSKIRCHEN Nordrhein-Westfalen **417** N 6 – 21 300 Ew – Höhe 120 m.

🛈 Verkehrsamt im Rathaus, Engels-Platz 4, ✉ 51766, ✆ (02263) 8 31 37, rathaus@gemeinde-engelskirchen.de, Fax (02263) 1610.
Berlin 575 – Düsseldorf 68 – Köln 36 – Olpe 43.

XX **Alte Schlosserei**, Engels-Platz 7, ✉ 51766, ✆ (02263) 2 02 12, Fax (02263) 2225 Biergarten – 🅿. AE ⓪ ⓴ VISA
geschl. über Karneval, Montag, Samstagmittag, Sonntagabend – **Menu** à la carte 33,50/4(
  • Wie der Name schon sagt, befindet sich das rustikale Restaurant mit dem leich eleganten Touch in einer renovierten, ehemaligen Schlosserei. Man kocht im internatio nalen Stil.

In Engelskirchen-Bickenbach Nord-West : 4 km :

🏨 **Zur Post**, Gelpestr. 1, ✉ 51766, ✆ (02263) 92 94 20, info@ihr-hotel-zur-post.de Fax (02263) 9294250, 🍴, 🌊 – TV 🅿, 🧖 20. ⓴ VISA. 🍽
Menu (geschl. Donnerstag) à la carte 14/26 – **18 Zim** ⌂ 49/55 – 69/75.
  • Der gepflegte, ländliche Hotel-Gasthof mit den ordentlich eingerichteten Zimmern über zeugt durch die engagierte Führung durch die Familie. Rustikale Stube und neuzeitlicl eingerichtetes Restaurant.

ENGELTHAL Bayern siehe Hersbruck.

ENKENBACH-ALSENBORN Rheinland-Pfalz **417** R 7 – 7 500 Ew – Höhe 290 m.
Berlin 632 – Mainz 80 – Mannheim 54 – Kaiserslautern 10.

Im Ortsteil Enkenbach :

🏨 **Schläfer**, Hauptstr. 3, ✉ 67677, ✆ (06303) 30 71, schlaefer_hotel-restaurant@t-online.de, Fax (06303) 4485, 🍴 – TV ✆, AE ⓪ ⓴ VISA
Menu (geschl. Jan. 1 Woche, Juli 2 Wochen, Montag - Dienstagmittag, Samstagmittag, à la carte 22/36 – **13 Zim** ⌂ 49 – 72.
  • Die Zimmer im Anbau des Gasthofs sind geräumig und mit hellen Holzmöbeln zeitgemäß eingerichtet. Die hübsche Hofterrasse lädt im Sommer zum Verweilen ein. In der Küche sorgen frische Produkte und sorgfältige Zubereitung für gute Qualität.

ENKERING Bayern siehe Kinding.

ENKIRCH Rheinland-Pfalz 417 Q 5 – 1850 Ew – Höhe 100 m – Erholungsort.
  Ausflugsziel: Starkenburg ≤★, Süd : 5 km.
  🛈 Tourist-Information, Brunnenplatz 2, ✉ 56850, ℘ (06541) 92 65, info@enkirch.de, Fax (06541) 5269.
  Berlin 677 – Mainz 104 – Trier 70 – Bernkastel-Kues 29 – Cochem 51.

  🏠 **Dampfmühle**, Am Steffensberg 80, ✉ 56850, ℘ (06541) 81 39 50, paulsauer@gmx.de, Fax (06541) 4904, 🍽, ⌘ (geheizt), 🌳 – ⇔ Zim, 📺 🅿 ⦿ VISA
  geschl. Anfang Jan. - Mitte Feb. – **Menu** (geschl. Mittwochmittag, Nov. - Mai Mittwoch) à la carte 17/32 – **17 Zim** ⊇ 40 – 75 – ½ P 13.
  ♦ Behagliche Zimmer und gemütliche Aufenthaltsräume finden Sie in dem Familienhotel im Moseltal. Erholen Sie sich in einer reizvollen Umgebung mit vielen Ausflugsmöglichkeiten. Rustikal gibt sich das Restaurant, romantisch ist die Terrasse im Sommer.

In Burg/Mosel Nord : 3 km :

  🏠 **Zur Post**, Moselstr. 18, ✉ 56843, ℘ (06541) 92 14, floeterpost@t-online.de, Fax (06541) 2865, 🍽 – ⇔ 📺 ⇔, ⦿ VISA
  geschl. 6. Jan. - 17. März – **Menu** (geschl. 28. Juli - 3. Aug., Mittwoch - Donnerstagmittag) à la carte 16/30 – **14 Zim** ⊇ 34/42 – 56/64 – ½ P 12.
  ♦ In einem kleinen Winzerdorf in der schönen Mosellandschaft liegt dieser familiengeführte Gasthof mit unterschiedlich eingerichteten, gepflegten Zimmern. Stilvoll, aber nicht steif : die Einrichtung im Restaurant.

  Benutzen Sie den Hotelführer des laufenden Jahres

ENNIGERLOH Nordrhein-Westfalen 417 K 8 – 20 400 Ew – Höhe 106 m.
  Ausflugsziel: Wasserburg Vornholz★ Nord-Ost : 5 km.
  ⛳₁₈ Ennigerloh-Ostenfelde, Schloß Vornholz (Nord-Ost : 5 km), ℘ (02524) 57 99.
  Berlin 443 – Düsseldorf 134 – Bielefeld 66 – Beckum 10 – Warendorf 16.

  🏠 **Hubertus**, Enniger Str. 4, ✉ 59320, ℘ (02524) 9 30 80, info@haushubertus.de, Fax (02524) 930880, 🍽 – 📺 ❦ ⇔ 🅿 – 🛋 30. AE ⦿ ⦿ VISA
  Menu (geschl. Samstagmittag, Sonntagabend - Montag) à la carte 16/37 – **19 Zim** ⊇ 45/48 – 74.
  ♦ Die Zimmer dieses Hotel-Gasthofs im Münsterland befinden sich in einem neueren Klinkergebäude. Sie sind mit Eichenmöbeln eingerichtet und technisch gut ausgestattet. Im Fachwerkhaus von 1670 : das Restaurant mit nostalgischem Flair.

In Ennigerloh-Ostenfelde Nord-Ost : 5 km :

  🏠 **Kröger**, Hessenknapp 17, ✉ 59320, ℘ (02524) 9 31 90, info@kroeger-hotel.de, Fax (02524) 931910, 🍽 – 📺 ❦ ⇔ 🅿 – 🛋 80. ⦿ VISA
  Menu (geschl. Mitte Juli - Anfang Aug., Freitag) (nur Abendessen) à la carte 14,50/24 – **15 Zim** ⊇ 40 – 65.
  ♦ Das engagiert geführte Hotel hat sich stark auf Tagungen spezialisiert. Hier erwarten die Gäste sehr gepflegte, mit dunklen Holzmöbeln eingerichtete Zimmer.

ENZKLÖSTERLE Baden-Württemberg 419 T 9 – 1 300 Ew – Höhe 598 m – Luftkurort – Wintersport : 600/900 m ≰2 ⚞.
  🛈 Kurverwaltung, Friedenstr. 16, ✉ 75337, ℘ (07085) 75 16, info@enzkloesterle.de, Fax (07085) 1398.
  Berlin 693 – Stuttgart 89 – Karlsruhe 64 – Pforzheim 39 – Freudenstadt 26.

  🏛 **Enzthotel** (mit Gästehäusern), Freudenstädter Str. 67, ✉ 75337, ℘ (07085) 1 80, info@enztalhotel.de, Fax (07085) 1642, 🍽, Massage, ≘s, 🅂, 🌳 – 🛗 📺 ⇔ 🅿. ✻ Rest
  Menu (geschl. Mitte Jan. - Mitte Feb.) à la carte 26/41 – **59 Zim** ⊇ 74/83 – 116/136, 3 Suiten – ½ P 13.
  ♦ Das neuzeitliche Ferienhotel mit schwarzwaldtypischer Schindelfassade überzeugt mit komfortablen, teils kürzlich renovierten Zimmern und einer neuen Wellnessanlage. Elegantrustikal und hübsch dekoriert zeigt sich das Restaurant.

  🏛 **Schwarzwaldschäfer** ⚞, Am Dietersberg 2, ✉ 75337, ℘ (07085) 9 23 70, info@hotel-schwarzwald-schaefer.de, Fax (07085) 923737, ≘s, 🅂, 🌳 – ⇔ Zim, 📺 ⇔ 🅿 – 🛋 25
  geschl. 15. Nov. - 15. Dez. – **Menu** (nur Abendessen) (Restaurant nur für Hausgäste) à la carte 15/30 – **25 Zim** ⊇ 43/59 – 82/88 – ½ P 13.
  ♦ Tanzen Sie gern? Die Hoteliers sind Tanzlehrer und bieten Kurse für Standard-, Latein- und Partytänze an. Das Hotel im rustikalen Stil ist gut geführt, die Zimmer sind solide. Ländliche Gemütlichkeit dominiert im Restaurant.

ENZKLÖSTERLE

Wiesengrund 🦌, Friedenstr. 1, ⌂ 75337, ☏ (07085) 9 23 20, hotel-wiesengrund@t-online.de, Fax (07085) 923243, 🍴, 🐴 – 📶 TV P – 🏊 50
geschl. Nov. - 18. Dez. – **Menu** (geschl. Nov. - März Montag) à la carte 17/27 – **24 Zim** ⚏ 42/49 – 62/78 – ½ P 14.
  ◆ Genießen Sie das Ferienhotel inmitten von Wiesen und den Blick auf die bewaldeten Schwarzwaldhänge. Wohnliche, teils rustikal eingerichtete Zimmer erwarten die Gäste. Gepflegter Landhausstil prägt das Ambiente des Restaurants.

Hirsch - Café Klösterle (mit Gästehaus), Freudenstädter Str. 2, ⌂ 75337, ☏ (07085) 72 61, Fax (07085) 1686, 🍴, ≋ – ↔ Zim, TV P. 🚫 Zim
geschl. 10. Jan. - 25. Feb., 20. Okt. - 5. Dez. – **Menu** à la carte 17/34 – **45 Zim** ⚏ 34/4 – 59/82 – ½ P 11.
  ◆ Mitten im Ort, direkt am Kurpark liegt das gepflegte, solide eingerichtete Hotel im Schwarzwaldhausstil. Beachten Sie auch die Pauschalangebote mit Abholung von Zuhause. Für das leibliche Wohl finden Sie ein Restaurant und ein Café mit Konditorei.

Gästehaus am Lappach garni, Aichelberger Weg 4, ⌂ 75337, ☏ (07085) 75 11, info@hotel-am-lappach.de, Fax (07085) 7611, 🎾, 🐴 – 📶 TV P. 🚫
geschl. Nov. - 20. Dez. – **30 Zim** ⚏ 47 – 66/80.
  ◆ Für einen Schwarzwaldurlaub zu jeder Jahreszeit empfiehlt sich dieses gut geführte Hotel. Alle solide ausgestatteten Zimmer verfügen über einen Balkon.

EPPELBORN Saarland 417 R 4 – 19 500 Ew – Höhe 285 m.
Berlin 716 – Saarbrücken 29 – Neunkirchen 29 – Saarlouis 21.

Eppelborner Hof M (mit Gästehaus), Rathausstr. 1, ⌂ 66571, ☏ (06881) 89 50, eppelborner-hof@t-online.de, Fax (06881) 895200, 🍴, 🏋, ≋ – 📶 TV ♿ & P – 🏊 60
AE ◉ VISA 🚫
Menu (geschl. Samstagmittag) à la carte 28/40,50 – **54 Zim** ⚏ 55/60 – 82.
  ◆ Ein sehr gepflegtes und engagiert geführtes, modernes Hotel mit leicht eleganter Einrichtung. Die Zimmer bieten ein gutes Platzangebot und sind technisch gut ausgestattet. Das Restaurant mit Wintergarten und Terrasse hat einen gediegenen Touch.

EPPENBRUNN Rheinland-Pfalz 419 S 6 – 1 800 Ew – Höhe 390 m – Luftkurort.
Berlin 698 – Mainz 135 – Saarbrücken 76 – Pirmasens 14 – Landau in der Pfalz 59.

Kupper 🦌, Himbaumstr. 22, ⌂ 66957, ☏ (06335) 91 30, hotel-kupper@t-online.de, Fax (06335) 913113, Biergarten, ≋, 🎾 – TV P – 🏊 30. ◉ VISA
Menu (geschl. Jan., Sonntagabend, Mittwoch) à la carte 18/27 – **22 Zim** ⚏ 38/40 – 62/66 – ½ P 10.
  ◆ Erholen Sie sich im Pfälzer Wald : Direkt am Waldrand liegt das ländliche Hotel mit den gepflegten, schlichten Zimmern. Schön ist der neugestaltete Hallenbad- und Saunabereich. Von deftiger Hausmannskost bis zu bürgerlicher Küche reicht das Speisenangebot.

EPPERTSHAUSEN Hessen 417 Q 10 – 5 800 Ew – Höhe 140 m.
Berlin 552 – Wiesbaden 57 – Frankfurt am Main 35 – Darmstadt 22 – Aschaffenburg 27.

Am Rotkäppchenwald garni, Jahnstr. 22 (Gewerbegebiet West), ⌂ 64859, ☏ (06071) 3 90 40, Fax (06071) 390444 – 📶 ↔ TV 🚗 P. ◉ VISA
– **18 Zim** ⚏ 49/57 – 67.
  ◆ Solide und praktisch eingerichtete Zimmer und ein gutes Frühstücksbuffet erwarten die Gäste in dem verkehrsgünstig zwischen Darmstadt und Frankfurt gelegenen Hotel.

EPPINGEN Baden-Württemberg 419 S 10 – 19 000 Ew – Höhe 190 m.
🏌 🏌 Schwaigern-Stetten, Pfullinger Hof 1 (Ost : 10 km), ☏ (07138) 6 74 42.
Berlin 615 – Stuttgart 71 – Heilbronn 26 – Karlsruhe 48 – Mannheim 64.

Altstadthotel Wilde Rose 🦌, Kirchgasse 29, ⌂ 75031, ☏ (07262) 9 14 00, Fax (07262) 914090 – TV ♿ AE ◉ VISA
Menu (geschl. Aug. 3 Wochen, Montagmittag, Samstagmittag) (italienische Küche) à la carte 20/32 – **10 Zim** ⚏ 72 – 97.
  ◆ An das historische Baumannsche Haus a. d. 16. Jh. im Fachwerkstil wurde ein Hotelanbau mit hübschen Zimmern im Landhausstil angefügt, die z. T. Balkone oder Terrassen haben. Im historischen Gebäudeteil befindet sich das Restaurant mit Tonnengewölbe.

EPPINGEN

XX **Palmbräuhaus,** Rappenauer Str. 5, ✉ 75031, ✆ (07262) 84 22, pbhaus@web.de, Fax (07262) 206068, 🍴 – 🍷 VISA
geschl. Sept. 2 Wochen, Montagabend - Dienstag – **Menu** à la carte 24/40.
• Liebevoll dekorierte Gasträume mit hübsch gedeckten Tischen warten hier auf Sie. Man kocht Regionales, saisonale Besonderheiten finden auf Sonderkarten Berücksichtigung.

EPPSTEIN Hessen 417 P 9 – 12 500 Ew – Höhe 184 m – Luftkurort.
Berlin 549 – Wiesbaden 20 – Frankfurt am Main 31 – Limburg an der Lahn 41.

In Eppstein-Vockenhausen :

🏨 **Nassauer Hof** garni, Hauptstr. 104, ✉ 65817, ✆ (06198) 5 90 20, ramp@nassauer-hof-eppstein.de, Fax (06198) 590222, 🍴 – 📺 🛏 🅿 ⓞ 🍷 VISA JCB. 🛇
12 Zim ⚏ 52/57 – 75.
• Ein engagiert geführter Familienbetrieb : Der gepflegte Landgasthof erwartet seine Gäste mit komfortablen Zimmern, die mit zeitlosen, hellen Eichenmöbeln eingerichtet sind. Das ländliche Restaurant wirkt freundlich und einladend.

ERBACH (ALB-DONAU-KREIS) Baden-Württemberg 419 420 V 13 – 11 000 Ew – Höhe 530 m.
Berlin 630 – Stuttgart 104 – Konstanz 133 – Ulm (Donau) 12 – Tuttlingen 105.

🏨 **Kögel,** Ehinger Str. 44 (B 311), ✉ 89155, ✆ (07305) 80 21, hotel.koegel@t-online.de, Fax (07305) 5084, 🍴 – ⚥ Zim, 📺 🛏 🅿 – 🔔 20. ⓞ 🍷 VISA
geschl. Weihnachten - 8. Jan., Anfang - Mitte Aug. – **Trüffel** (geschl. Sonn- und Feiertage) **Menu** à la carte 19,50/32 – **19 Zim** ⚏ 48/50 – 65.
• Eine persönliche Atmosphäre zu schaffen ist der Hoteliersfamilie ein wichtiges Anliegen. Dies verspricht in Verbindung mit den wohnlichen Zimmern einen netten Aufenthalt. Internationale Saisonküche im zeitlos eingerichteten Restaurant Trüffel.

🏨 **Zur Linde,** Bahnhofstr. 8, ✉ 89155, ✆ (07305) 93 11 00, hotel-zur-linde@t-online.de, Fax (07305) 9311020, 🍴 – ⚥ Zim, 📺 🛏 🅿 🍷 VISA
Menu (geschl. Aug. 3 Wochen, Sonntag) à la carte 11/25 – **12 Zim** ⚏ 45/48 – 62/68.
• Gegenüber dem Bahnhof liegt der gepflegte Gasthof. Die Zimmer sind mit hellen Eichenmöbeln eingerichtet, haben neuzeitliche Bäder und bieten ausreichend Platz. Das Restaurant ist in gemütliche Nischen unterteilt.

XX **Schloß-Restaurant,** Am Schloßberg 1, ✉ 89155, ✆ (07305) 69 54, Fax (07305) 6963, 🍴 – 🅿 AE 🍷 VISA
geschl. 6. - 28. Jan., 4. - 19. Aug., Montag – **Menu** (Dienstag - Freitag nur Abendessen) (französische Küche) à la carte 26/37.
• L'art de vivre : Genießen Sie französische Küche und Lebensart im Gewölberestaurant des Schlosses von 1530. Das Bistro mit Kleinkunstbühne ist an Wochenenden geöffnet.

In Erbach-Dellmensingen Süd-Ost : 3 km :

🏨 **Brauereigasthof Adler,** Adlergasse 2, ✉ 89155, ✆ (07305) 93 11 90, Fax (07305) 9311959, 🍴 – 📺 🅿 VISA
geschl. 27. - 30. Dez. – **Menu** (geschl. 14. - 18. April, Montag - Dienstagmittag) à la carte 12/28 – **18 Zim** ⚏ 27/39 – 45/64.
• Solide, mit rustikalen Eichenmöbeln eingerichtete Zimmer, die über ein gutes Platzangebot verfügen und teilweise Balkone haben, finden sich in dem gepflegten Gasthof. Ländliches Restaurant mit eigener Brauerei.

ERBACH IM ODENWALD Hessen 417 419 R 10 – 14 600 Ew – Höhe 212 m – Luftkurort.
Sehenswert : Schloß (Hirschgalerie★).
🛈 Touristik-Zentrum, Marktplatz 1, ✉ 64711, ✆ (06062) 94 33 13, stadtverwaltung@erbach.de, Fax (06062) 943317.
Berlin 595 – Wiesbaden 95 – Mannheim 53 – Darmstadt 50 – Heilbronn 79.

In Erbach-Erlenbach Süd-Ost : 2 km :

🏨 **Erlenhof,** Bullauer Str. 10, ✉ 64711, ✆ (06062) 31 74, info@hotel-erlenhof-erbach.de, Fax (06062) 62666, 🍴, 🎿, ♨, 🐎 – 📺 🍷 VISA
Menu (geschl. Montagmittag, Dienstagmittag) à la carte 15/32 – **27 Zim** ⚏ 44/50 – 75 – ½ P 10.
• Für einen Urlaub im Odenwald bietet sich dieses persönlich geführte Hotel am Stadtrand an. Machen Sie Ausflüge in die Umgebung oder entspannen Sie sich im hoteleigenen Garten. Regionale Spezialitäten und internationale Küche im Restaurant oder Wintergarten.

ERBENDORF Bayern 420 Q 20 – 5 400 Ew – Höhe 509 m – Erholungsort.
🛈 Tourist-Info, Bräugasse 2, ✉ 92681, ✆ (09682) 92 10 22, Fax (09682) 921023.
Berlin 395 – München 248 – Weiden in der Oberpfalz 25 – Bayreuth 40 – Nürnberg 108

In Erbendorf-Pfaben Nord : 6 km in Richtung Fichtelberg – Höhe 720 m – Wintersport ≴1

Steinwaldhaus ⸎, Pfaben 18, ✉ 92681, ✆ (09682) 93 30, hotel@steinwaldhaus.de
Fax (09682) 933199, ≤ Oberpfälzer Wald, ⌧ – 🛏 📺 ⇌ 🅿 – 🛋 45. ΑΕ ⓘ ⓜ 🆅🅸🆂🅰
🍴 Rest
geschl. 6. Jan. - 28. Feb. - **Menu** à la carte 15/34 – **95 Zim** ⇌ 47/52 – 78
½ P 14.
♦ Ein großes Ferien- und Tagungshotel im Naturpark Steinwald mit einem umfangreichen
Freizeitangebot. Es gibt einfache, schlichte Zimmer und Ferienwohnungen. Den tollen Blick
darf jeder genießen : im Drehrestaurant sitzt jeder mal am Fenster.

Wenn Sie ein ruhiges Hotel suchen, benutzen Sie die Übersichtskarte in der
Einleitung oder wählen Sie ein Hotel mit dem entsprechenden Zeichen ⸎

ERDING Bayern 420 V 19 – 25 500 Ew – Höhe 462 m.
🛫 Grünbach (Ost : 8 km über die B 388), ✆ (08122) 4 96 50.
Berlin 597 – München 40 – Regensburg 107 – Landshut 39 – Rosenheim 66.

Parkhotel M, Am Bahnhof 3, ✉ 85435, ✆ (08122) 4 49 90, parkhotel@erding.com
Fax (08122) 499499, 🌳 – 🛏 ⊁ Zim, 📺 ✆ 🕭 ⇌ – 🛋 80. ΑΕ ⓘ ⓜ
🆅🅸🆂🅰 🅹🅲🅱
Menu (geschl. Mitte - Ende Aug., Samstag - Sonntag) à la carte 18/28 – **64 Zim** ⇌ 90/110
– 105/135.
♦ Das sehr gut geführte und gepflegte moderne Hotel mit komfortablen Zimmern und
gut ausgestatteten Tagungsräumen liegt zentral in der altbayerischen Herzogstadt. Großes
Restaurant mit klassischer Einrichtung.

Henry garni, Dachauer Str. 1, ✉ 85435, ✆ (08122) 90 99 30, info@hotel-henry.de
Fax (08122) 90993500 – 🛏 📺 ✆ ⇌ 🅿 – 🛋 30. ΑΕ ⓘ ⓜ 🆅🅸🆂🅰
geschl. 20. Dez. - 7. Jan. - **43 Zim** ⇌ 75 – 99.
♦ Hier gleicht kein Raum dem anderen ! Nach europäischen, amerikanischen und asiatischen
Städten benannt, bieten die Zimmer ein wohnliches, individuelles Interieur.

Mayr-Wirt, Haager Str. 4, ✉ 85435, ✆ (08122) 88 09 20, mayrwirt@erding.com,
Fax (08122) 7098 – 🛏 📺 🅿 – 🛋 40. ΑΕ ⓜ 🆅🅸🆂🅰
Menu (geschl. Samstag) à la carte 16/31 – **23 Zim** ⇌ 60/90 – 90/120.
♦ Für die Freunde bayerischer Gastlichkeit : Ein traditioneller, familiengeführter
Gasthof im Herzen der Stadt mit soliden Zimmern - auch Vierbett-Familienzimmer sind
vorhanden. Freunde der Schmankerlküche kommen im Restaurant mit Herrgottswinkel auf
ihre Kosten.

In Aufhausen Süd : 3 km :

Am Schloßberg M garni, Schloßallee 26, ✉ 85435, ✆ (08122) 96 20,
Fax (08122) 962222, 🍽 – 🛏 📺 ✆ 🅿 – 🛋 20. ΑΕ ⓘ ⓜ 🆅🅸🆂🅰
39 Zim ⇌ 62 – 75.
♦ Ein Hotelneubau mit zeitlos eingerichteten, wohnlichen Zimmern. Schön ist
auch der großzügige Frühstücksraum mit heller Naturholzmöblierung und einem guten
Buffet.

ERFTSTADT Nordrhein-Westfalen 417 N 4 – 47 500 Ew – Höhe 90 m.
🛫 Erftstadt-Konradsheim, Am Golfplatz 1, ✆ (02235) 95 56 60.
Berlin 593 – Düsseldorf 64 – Bonn 41 – Köln 18 – Brühl 8.

In Erftstadt-Lechenich :

XXX **Husarenquartier** (Brockel) mit Zim, Schloßstr. 10, ✉ 50374, ✆ (02235) 50 96,
❀ Fax (02235) 691143, 🌳 – 📺 ΑΕ ⓘ ⓜ 🆅🅸🆂🅰
Menu (geschl. Montag - Dienstag) à la carte 38/56 ♀ – **Bistro** (geschl. Montag - Dienstag)
Menu 14 à la carte 18/37 – **5 Zim** ⇌ 64 – 78/94.
♦ Das klassisch-elegante Restaurant in dem historischen kleinen Palais verführt zum
Schlemmen : Das Küchenteam verwöhnt seine Gäste mit einer feinen französischen Küche.
Für einfachere Genüsse gibt es das modern eingerichtete Bistro.
Spez. Törtchen von der Gänseleber im Baumkuchenmantel mit geschmortem Chicorée.
Gulasch von Kalbsfilet und gebratenen Scampi mit Paprikasauce. Quarkmaultaschen mit
Mohnparfait und Himbeerpyramide.

ERFURT ⓛ Thüringen ⁴¹⁸ N 17 – 197 300 Ew – Höhe 200 m.

Sehenswert : Mariendom ★★ (Nordportale ★★, Mosaikfenster ★ im Chor, Kandelaber-Statue ★) **A** – Severi-Kirche ★ (Sarkophag ★ des Hl. Severin) **A** – Rathaus (Fresken ★) **A R** – Krämerbrücke ★ **B** – Angermuseum ★ (Altaraufsätze ★★, Pieta ★★) **B** M¹·

🛧 Erfurt-Schaderode (Nord-West : 8 km über Alach), ℰ (0361) 2 28 39 30.

✈ Erfurt-Bindersleben (West : 4 km) Y, ℰ (0361) 65 60.

🛈 Tourismus-Information, Benediktsplatz 1, ✉ 99084, ℰ (0361) 6 64 00, Fax (0361) 6640290.

ADAC, Johannesstr. 176.

Berlin 304 – Chemnitz 154 ② – Leipzig 130 ② – Nordhausen 77 ④

🏛 **Dorint** Ⓜ, Meienbergstr. 26, ✉ 99084, ℰ (0361) 5 94 90, info.erferf@dorint.com, Fax (0361) 5949100, 🍴, ≋, –🛗, 🚭 Zim, 📺 📞 ⚿ 🏨 Ⓟ – 🎠 100. AE ⓓ ⓜⓞ
VISA JCB   B n
Menu à la carte 18,50/33,50 – 🍽 14 – **142 Zim** 111/116 – 122/127, 3 Suiten.
• Eine gelungene Verbindung von historischen Elementen und moderner Architektur : Das Ergebnis ist ein zeitgemäßes Hotel mit komfortablen Zimmern und stilvollem Rahmen. Im Restaurant Zum Rebstock spürt man einen Hauch der Geschichte.

ERFURT

Albrechtstraße	**X** 3	Bindersiebener Landstraße	**Y** 7	Martin-Andersen-Nexö-Str. **Y**
Am Schwemmbach	**Y** 4	Bonifaciusstraße	**Y** 9	Mühlhäuser Straße **X**
Biereyestraße	**X** 6	Cyriakstraße	**Y** 12	Paul-Schäfer-Straße **X/Y**
		Gothaer Platz	**Y** 18	Pförtchenstraße **Y**
		Gutenbergstraße	**X** 19	Steigerstraße **Y**
		Kranichfelder Straße	**Y** 21	Straße des Friedens **Y**

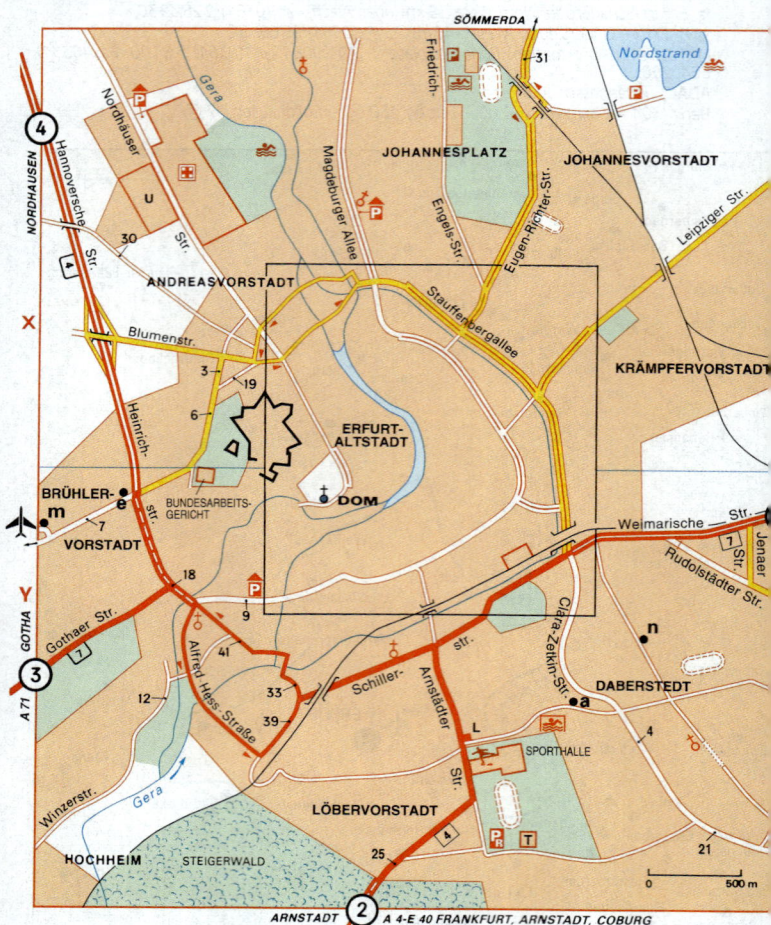

🏨 **Victor's Residenz-Hotel**, Häßlerstr. 17, ✉ 99096, ☎ (0361) 6 53 30, info.erfurt@victors.de, Fax (0361) 6533599, 🍴 – 🛗, ⚡ Zim, 🍽 Rest, 📺 📞 🚗 🅿 – 🔑 250. 🆎 ⓞ
ⓜ ⓥⓘⓢⓐ – **Menu** à la carte 20/30 – **68 Zim** ☑ 105/150 – 115/160, 3 Suiten Y
• Komfortabel und funktionnell präsentieren sich die Zimmer und Suiten dieses Hotels
Geschäftsreisende schätzen die Ausstattung mit Fax- und Modemanschluß. Das Hotelrestaurant wird ergänzt durch die rustikale Bayerische Stube.

🏨 **Sorat** Ⓜ, Gotthardtstr. 27, ✉ 99084, ☎ (0361) 6 74 00, erfurt@sorat-hotels.com
Fax (0361) 6740444, 🍴, 🍸 – 🛗, ⚡ Zim, 📺 📞 🚗 🅿 – 🔑 120. 🆎 ⓞ ⓜ
ⓥⓘⓢⓐ ⓙⓒⓑ B
Zum Alten Schwan (geschl. Sonntagabend, Montagabend) **Menu** à la carte 23,50/38 –
85 Zim ☑ 99/179 – 119/212.
• "Alter Schwan im neuen Gewand" : Aus dem traditionnellen Gasthof wurde ein moderne
Hotel. Designermöbel und natürliche Farben und Materialien schaffen einen edlen Rahmen
Im historischen Teil des Hauses befindet sich das schöne Restaurant mit Terrasse zum Fluß

ERFURT

ger.		**B**
nhofstraße		**B**
lbergsweg		**A** 13
mstraße		**A** 15

Fischmarkt		**A**
Löberstraße		**B** 22
Mainzerhofstraße		**A** 24
Marktstraße		**A**
Meienbergstraße		**B** 27
Moritzwallstraße		**A** 28

Regierungsstraße		**A** 34
Schlösserstraße		**AB** 36
Schlüterstraße		**A** 37
Walkmühlstraße		**A** 40
Wenigemarkt		**B** 42
Willy-Brandt-Platz		**B** 43

🏨 **Zumnorde am Anger,** Anger 50 (Eingang Weitergasse), ✉ 99084, ℘ (0361) 5 68 00, *info@hotel-zumnorde.de*, Fax (0361) 5680400, Biergarten, 🕬 – 📶, 🍴 Zim, 📺 ♿ ♿ 🅿 – 🔥 50. 🅰🅴 ⓘ 🆖 VISA JCB. 🕸 Rest **B s**
geschl. 21. - 31. Dez. – **Menu** *(geschl. Jan. 2 Wochen)* à la carte 24/36 – **52 Zim** ⌒ 100/125 – 125/170, 4 Suiten.
♦ Mehrere renovierte Stadthäuser wurden zu einem gepflegten Hotel umgebaut. Die geräumigen Zimmer sind mit Kirschholzmöbeln wohnlich eingerichtet und technisch gut ausgestattet. Wandgemälde und Säulen sorgen im Restaurant für ein klassisches Ambiente.

🏨 **Excelsior,** Bahnhofstr. 35, ✉ 99084, ℘ (0361) 5 67 00, *info@excelsior.bestwestern.de*, Fax (0361) 5670100, 🕬 – 📶, 🍴 Zim, 📺 ♿ 🅿 – 🔥 35. 🅰🅴 ⓘ 🆖 VISA JCB **B c**
Menu à la carte 14,50/33,50 – **77 Zim** ⌒ 98/108 – 110/151, 3 Suiten.
♦ Hinter der schönen Jugendstilfassade erwartet Sie die Hotelhalle mit einer imposanten Glaskuppel. Die geräumigen Zimmer sind zeitgemäß und wohnlich eingerichtet. Das Restaurant glänzt mit moderner Ausstattung in Erdtönen und Pastellfarben.

🏨 **Carat** 📖, Hans-Grundig-Str. 40, ✉ 99099, ℘ (0361) 3 43 00, *hotel-carat@web.de*, Fax (0361) 3430100, 🏋, 🕬 – 📶, 🍴 Zim, 📺 ♿ ⟺ 🅿 – 🔥 45. 🅰🅴 ⓘ 🆖 VISA. 🕸 Rest **Y n**
Menu *(nur Abendessen)* à la carte 16/26 – **60 Zim** ⌒ 89 – 109.
♦ Ein gläserner Turm, in dem der Aufzug untergebracht ist, ist das Wahrzeichen dieses Hauses, das von einem Plattenbau zu einem modernen Hotel mit Komfort umgebaut wurde.

ERFURT

Radisson SAS M, Juri-Gagarin-Ring 127, ✉ 99084, ℘ (0361) 5 51 00, info.erfurt@radissonsas.com, Fax (0361) 5510210 – 🛗, ⚡ Zim, 🍽 Rest, 📺 ℘ 🅿 – 🚗 200. 🅰 ⓔ ⓜ VISA JCB
Menu à la carte 17/28 – **280 Zim** 🛏 98 – 113, 3 Suiten.
* Das Hochhaushotel empfängt Sie mit einer repräsentativen Lobby mit Rezeption, Sitzgruppen und Hotelbar. Komfortable Zimmer und ein großer Tagungsbereich ergänzen das Angebot. Das Restaurant Classico ist hell eingerichtet und hat einen großen Buffetbereich.

InterCityHotel M, Willy-Brandt-Platz 11, ✉ 99084, ℘ (0361) 5 60 00, erfurt@intercityhotel.de, Fax (0361) 5600999 – 🛗, ⚡ Zim, 🍽 Rest, 📺 ℘ 🕭 🚗 – 🚗 50. 🅰 ⓔ ⓜ VISA JCB
Menu (geschl. Samstag - Sonntag) à la carte 21/31 – 🛏 11 – **161 Zim** 70/88 – 85/105.
* Eine gute Adresse für Geschäftsreisende und Touristen : Zentral gelegen bieten die funktionellen und schallisolierten Zimmer sowohl Nähe zur City als auch die nötige Ruhe. Modernes Hotelrestaurant im Bistrostil.

Airport Hotel M, Bindersleebener Landstr. 100 (West : 4 km), ✉ 99092, ℘ (0361) 6 56 11 11, airport-hotel-erfurt@t-online.de, Fax (0361) 6561060, 🌳, 🎾 – ⚡ Zim, 📺 ℘ 🅿 – 🚗 80. 🅰 ⓔ ⓜ VISA JCB   über Bindersleebener Landstraße Y
Menu (nur Abendessen) à la carte 15/29 – **72 Zim** 🛏 82/92 – 94/104.
* Direkt am Flughafen gelegenes modernes Travel- und Tagungshotel mit soliden, gerämigen Zimmern. Auch Frühflieger bekommen schon ein Frühstück. Im Restaurant : Essen mit Blick auf den Flugplatz.

Nikolai, Augustinerstr. 30, ✉ 99084, ℘ (0361) 59 81 70, info@hotel-nikolai-erfurt.com, Fax (0361) 59817120, 🌳 – ⚡ Zim, 📺 🅿 – 🚗 25. 🅰 ⓔ ⓜ VISA A
Menu (geschl. 18. Jan. - 10. Feb., Montag) (Dienstag - Freitag nur Abendessen) à la carte 21/34 – **17 Zim** 🛏 65/79 – 84/110.
* Am Fluß Gera liegt dieser ältere Gasthof mit der gelben Fassade. Die Gäste erwarten gediegen-elegante Zimmer, die mit neuen Stilmöbeln eingerichtet sind. Rustikale Brasserie und kleines Restaurant.

Gartenstadt, Bindersleebener Landstr. 212, ✉ 99092, ℘ (0361) 2 10 45 1, Fax (0361) 2104513, Biergarten, 🎾 – 📺 ℘ 🅿 🅰 ⓔ ⓜ VISA JCB Y
Menu à la carte 16/25 – **16 Zim** 🛏 50 – 70.
* In der Nähe des Flughafens und der neuen Messe finden Sie diesen renovierten Klinkerbau mit soliden, komfortablen Zimmern und einem guten Frühstücksbuffet.

Erfurtblick garni, Nibelungenweg 20, ✉ 99092, ℘ (0361) 22 06 60, hotel-erfurtblick@gmx.de, Fax (0361) 2206622, ≤ – ⚡ 📺 🅿 ⓜ VISA. ⚜ Y
11 Zim 🛏 50/60 – 70/75.
* Eine engagiert geführte und gepflegte Hotelpension mit hellen, freundlichen Zimmern und einer persönlichen Atmosphäre. Genießen Sie den Blick auf die Stadt.

Alboth's Restaurant im Kaisersaal, Futterstr. 15, ✉ 99084, ℘ (0361) 5 68 82 07, Fax (0361) 5688181 – 🅰 ⓔ ⓜ VISA B
geschl. Juli - Aug. 3 Wochen, Sonntag - Montag – Menu (nur Abendessen) à la carte 26/45.
* Das elegant-gediegene Restaurant in einem historischen Stadthaus verwöhnt seine Gäste mit einer gehobenen internationalen Küche und einer gut sortierten Weinkarte.

In Erfurt-Kerspleben Nord-Ost : 5 km über Leipziger Straße X :

Weisser Schwan, Zum Sulzenberg 1, ✉ 99198, ℘ (036203) 5 80, info@weisserschwan.de, Fax (036203) 58100, 🌳, 🎾 – 🛗, ⚡ Zim, 📺 ℘ 🕭 🚗 🅿 – 🚗 50. 🅰 ⓔ ⓜ VISA
Menu à la carte 17/31 – **43 Zim** 🛏 60/67 – 69/82.
* Das neuerbaute und engagiert geführte Hotel mit den soliden Zimmern liegt im Herzen Thüringens und eignet sich so für Ausflüge nach Erfurt und Weimar. Gutbürgerliche Küche im zeitlos eingerichteten Hotelrestaurant.

In Erfurt-Linderbach über ① : 5 km :

LinderHof M, Straße des Friedens 12, ✉ 99198, ℘ (0361) 4 41 80, info@linderhof-erfurt.de, Fax (0361) 4418200, 🌳, Biergarten, 🎾, 🐎 – 🛗, ⚡ Zim, 📺 ℘ 🕭 🚗 🅿 – 🚗 40. 🅰 ⓔ ⓜ VISA
Menu à la carte 18,50/34,50 – **53 Zim** 🛏 100 – 115.
* Das Hotel im Landhausstil erwartet Sie mit komfortablen Räumen voller Funktionalität. In den Business-Zimmern fühlen sich Geschäftsleute wohl. Sie essen, wo es Ihnen am besten gefällt : Im Restaurant, im Wintergarten oder in der Bürgerstube.

Ramada-Treff Hotel M, Auf der großen Mühle 4 (an der B 7), ✉ 99198, ℘ (0361) 4 38 30, erfurt@ramada-treff.de, Fax (0361) 4383400, 🌳 – 🛗, ⚡ Zim, 📺 ℘ 🕭 🅿 🚗 60. 🅰 ⓔ ⓜ VISA
Menu à la carte 20/27 – 🛏 13 – **91 Zim** 70.
* Hinter einem modernen Äußeren überzeugt das Hotel mit funktionellen Gästezimmern. Komfortable Business-Zimmer kombinieren bequemes Wohnen mit erfolgreichem Arbeiten. Neuzeitliches Restaurant - mit freundlichen Farben gestaltet.

ERFURT

In Erfurt-Molsdorf *Süd-West : 10 km über Winzerstraße Y :*

- **Landhotel Burgenblick**, Am Zwetschgenberg 20, ✉ 99192, ✆ (036202) 8 11 11, *landhotelburgenblick@t-online.de, Fax (036202) 81112,* 🐟, Biergarten, ⇔, 🐎 – 📺 ✆ 🅿 – 🏛 20
  Menu à la carte 16/31 – **24 Zim** ⇔ 56/69 – 72/129.
  • Erholen Sie sich in einer ländlichen Umgebung : Ein neugebautes Hotel mit altdeutscher Einrichtung und einer familiären Atmosphäre wartet hier auf die Gäste. Das Restaurant mit Kachelofen ist rustikal gestaltet.

In Apfelstädt *Süd-West : 12 km über Winzerstraße Y :*

- **Country Inn** M, Riedweg 1, ✉ 99192, ✆ (036202) 8 50, *info-erf@countryinns.de, Fax (036202) 85410,* 🐟, 🛁, ⇔ – 📶, 🚭 Zim, 📺 ✆ 🔑 🅿 – 🏛 45. 🅐 🅞 🅜 🅥
  Menu *(geschl. Sonntagabend)* à la carte 16/27 – **98 Zim** ⇔ 66/76 – 71/81, 3 Suiten.
  • Ein komfortables Haus mit einer Einrichtung im Landhausstil. Es gibt bequeme Zimmer in 2 Kategorien und Annehmlichkeiten wie kostenlosen Tee oder Kaffee und eine Tageszeitung. Liebevoll dekoriertes Restaurant mit Namen Country Terrace.

ERFWEILER *Rheinland-Pfalz siehe Dahn.*

ERGOLDSBACH *Bayern* 420 *T 20 – 6 000 Ew – Höhe 417 m.*
Berlin 532 – München 88 – Regensburg 40 – Ingolstadt 80 – Landshut 16.

- **Dallmaier**, Hauptstr. 26 (B 15), ✉ 84061, ✆ (08771) 12 10, Fax (08771) 910788, Biergarten – 📺 ⇔ 🅿 🅐 🅞 🅜 🅥
  geschl. 27. Dez. - 12. Jan. – **Menu** à la carte 12/20 – **16 Zim** ⇔ 28/40 – 56/70.
  • Genießen Sie bayerische Gastlichkeit : Übernachten Sie in dem netten, gepflegten Landgasthof mit einfach, aber praktisch eingerichteten Zimmern. In der ländlichen Gaststube gibt es regionale Schmankerl.

ERKELENZ *Nordrhein-Westfalen* 417 *M 2 – 41 000 Ew – Höhe 97 m.*
Berlin 597 – Düsseldorf 45 – Aachen 38 – Mönchengladbach 15.

- **Am Weiher** M, Nordpromenade 7, ✉ 41812, ✆ (02431) 9 69 30, Fax (02431) 9693299, 🐟 – 📶 📺 ✆ 🔑 🅜 🅥 🅙
  Menu *(geschl. Samstag - Sonntag) (nur Abendessen)* à la carte 19/46 – **28 Zim** ⇔ 75 – 103.
  • Ein Hotelneubau im Stadtzentrum mit Blick auf die mittelalterliche Burg : Die geräumigen Zimmer sind modern und mit viel Liebe zum Detail eingerichtet worden. Das neuzeitliche Restaurant mit dem hellen Naturholzmobiliar wirkt hell und gemütlich.

- **Rheinischer Hof** garni, Kölner Str. 18, ✉ 41812, ✆ (02431) 22 94, *rheinischerhof @t-online.de, Fax (02431) 74666,* 🛁, ⇔ – 🚭 📺 ✆ 🅜 🅥
  15 Zim ⇔ 63/73 – 83/93.
  • Ein Haus mit persönlicher Note : Individuell eingerichtete, wohnliche Zimmer im klassischen Stil finden Sie in diesem Stadthotel. Freuen Sie sich auf das gute Frühstücksbuffet.

ERKHEIM *Bayern* 419 420 *V 15 – 2 500 Ew – Höhe 600 m.*
Berlin 646 – München 105 – Kempten 55 – Augsburg 78 – Memmingen 15 – Ulm (Donau) 70.

- **Erkheimer Landhaus**, Färberstr. 37, ✉ 87746, ✆ (08336) 81 39 70, *service @erkheimer-landhaus.de, Fax (08336) 8139720,* 🐟, ⇔, 🏊, 🐎 – 📺 ✆ 🅿 🛇 Rest
  geschl. Ende Jan. - Mitte Feb. – **Menu** *(geschl. Montag - Dienstag) (wochentags nur Abendessen)* à la carte 17/33 – **13 Zim** ⇔ 35/40 – 50.
  • Nach Umbau und Komplettrenovierung empfängt dieses ländlich gelegene Haus seine Besucher nun in sonnigen Zimmern mit bemalten Bauernmöbeln und teils mit Balkon. Moderne Bilder zieren die champagnerfarbenen Wände im Restaurant.

ERKRATH *Nordrhein-Westfalen* 417 *M 4 – 49 000 Ew – Höhe 50 m.*
Berlin 552 – Düsseldorf 6 – Wuppertal 26.

- **Mercure** M, Neanderstr. 2, ✉ 40699, ✆ (0211) 9 27 50, *h2823@accor-hotel.com, Fax (0211) 9275666,* 🐟, ⇔ – 📶, 🚭 Zim, 📺 ✆ ⇔ 🅿 – 🏛 70. 🅐 🅞 🅜 🅥 🅙
  Menu à la carte 23/42 – **81 Zim** ⇔ 103/142 – 136/175, 17 Suiten.
  • Vor den Toren Düsseldorfs liegt das moderne Stadt- und Tagungshotel. Komfortable Zimmer im Landhausstil und ein freundlicher Service sorgen für einen gelungenen Aufenthalt.

ERLABRUNN *Bayern siehe Würzburg.*

ERLANGEN Bayern 419 420 R 17 – 101 000 Ew – Höhe 279 m.

🏌 Kleinsendelbach, Am Schleinhof (Ost : 14 km über ②), ℘ (09126) 50 04.
🛈 Verkehrsverein, Rathausplatz 1, ✉ 91052, ℘ (09131) 8 95 10, Fax (09131) 895151
ADAC, Henkestr. 26.
Berlin 444 ④ – München 191 ④ – Nürnberg 19 ④ – Bamberg 40 ① – Würzburg 91 ⑥

Stadtplan siehe gegenüberliegende Seite

Bayerischer Hof, Schuhstr. 31, ✉ 91052, ℘ (09131) 78 50, bay.hof.erlangen@gmx.net, Fax (09131) 25800, 🍴, ⇔ – 🛗, 🛏 Zim, 📺 ✆ & ⇔ 🅿 – 🛎 80. 🖭 ⓞ ⓜ
VISA JCB
Menu à la carte 27/40 – **158 Zim** ⇌ 80/130 – 95/135.
♦ Mit Kirschbaummöbeln eingerichtete Zimmer erwarten die Gäste in diesem gut gepflegten Stadthotel. Das Frühstück wird unter einem schönen Kreuzgewölbe serviert. Internationale Küche finden Sie auf der Speisekarte des gediegenen Hotelrestaurants.

Dorint M, Hofmannstr. 34, ✉ 91052, ℘ (09131) 9 74 70, info.nueerl@dorint.com
Fax (09131) 9747500, 🍴 – 🛗, 🚭 📺 ✆ & ⇔ – 🛎 130. 🖭 ⓞ ⓜ VISA
JCB
Menu (geschl. 24. Dez. - 6. Jan.) à la carte 22/30 – ⇌ 13 – **170 Zim** 96 – 106.
♦ Warme Farbtöne, klare Linien und eine gute Technik ziehen sich durch das ganze Haus. Die modern-komfortablen Zimmer nutzen Sie privat oder als "Büro auf Reisen". Olive Tree nennt sich das Restaurant, in dem man Sie mit mediterraner Küche zu Tisch bittet.

Mercure M garni, Bayreuther Str. 53, ✉ 91054, ℘ (09131) 87 60, rezeption@mercure-erlangen.de, Fax (09131) 876550 – 🛗 🛏 📺 ✆ & ⇔ – 🛎 20. 🖭 ⓞ ⓜ VISA JCB
117 Zim ⇌ 89/98 – 116/126.
♦ Ein neues, modernes Hotel mit funktionell eingerichteten Zimmern in drei Kategorien. Alle sind einheitlich mit guten, hellen Naturholzmöbeln ausgestattet.

Luise garni, Sophienstr. 10, ✉ 91052, ℘ (09131) 12 20, reception@hotel-luise.de, Fax (09131) 122100, Massage, 🄵, ⇔ – 🛗 🛏 📺 ✆ & ⇔ 🅿. 🖭 ⓞ ⓜ
VISA JCB
100 Zim ⇌ 75/89 – 89/114.
♦ Ein Haus mit Umweltbewußtsein : Die Zimmer sind mit natürlich behandelten Holzmöbeln eingerichtet und für das reichhaltige Frühstücksbuffet werden Bio-Produkte verwendet.

König Otto garni, Henkestr. 56, ✉ 91054, ℘ (09131) 87 80, koenig_otto_hotel@-online.de, Fax (09131) 878503 – 🛗 🛏 📺 ✆ 🅿 – 🛎 20. 🖭 ⓞ ⓜ VISA
JCB. ✻
50 Zim ⇌ 76/87 – 95/100.
♦ In diesem traditionsreichen Gasthof übernachten Sie in solide eingerichteten, wohnlicher Zimmern. Pflege und Sauberkeit lassen nichts zu wünschen übrig.

Altmann's Stube, Theaterplatz 9, ✉ 91054, ℘ (09131) 8 91 60, info@altmanns-stube.de, Fax (09131) 891666, 🍴 – 🛏 Zim, 📺 ✆. 🖭 ⓞ ⓜ VISA
Menu (geschl. Anfang Jan. 1 Woche, Aug. - Sept. 1 Woche, Sonn- und Feiertage) à la carte 24/42 – **23 Zim** ⇌ 60/75 – 86/100.
♦ Zimmer in zwei Kategorien hält das Natursteinhaus mit Hotelneubau bereit : Helle, moderne Räume, in denen farbige Stoffe Akzente setzen, und solide eingerichtete ältere Zimmer. Elegant und gemütlich ist das Restaurant. Hübsche Innenhof-Terrasse.

Rokokohaus ⌕ garni (mit Gästehaus), Theaterplatz 13, ✉ 91054, ℘ (09131) 78 30, info@rokokohaus.de, Fax (09131) 783199 – 🛗 🛏 📺 ⇔. 🖭 ⓞ ⓜ VISA JCB
geschl. 24. Dez. - 1. Jan. – **42 Zim** ⇌ 65/85 – 100.
♦ Hinter der historischen Fassade liegt ein Hotel mit zeitgemäßem Komfort : Zentral und doch ruhig in einem Innenhof gelegene Zimmer, die meist mit Stilmöbeln eingerichtet sind.

Grauer Wolf, Hauptstr. 80, ✉ 91054, ℘ (09131) 8 10 60, hotel@grauer-wolf.de, Fax (09131) 810647, ⇔ – 🛗, 🛏 Zim, 📺 🅿. 🖭 ⓞ ⓜ VISA JCB
Kaleidoskop (geschl. 1. - 12. Jan., Aug.) (nur Abendessen) **Menu** à la carte 21/31 – **33 Zim** ⇌ 70 – 90.
♦ Gepflegte fränkische Gastlichkeit : Das historische Hotel überzeugt mit seinem gediegenen Ambiente und den wohnlichen, neuzeitlich ausgestatteten Zimmern. Eine moderne Gestaltung prägt das Kaleidoskop.

Fränkischer Hof garni, Goethestr. 34, ✉ 91054, ℘ (09131) 87 20, info@fraenkischer-hof-erlangen.de, Fax (09131) 23798 – 🛗 🛏 📺 ⇔. 🖭 ⓞ ⓜ VISA
40 Zim ⇌ 52/77 – 84/98.
♦ Im Herzen der Stadt liegt dieses familiengeführte Hotel mit den solide eingerichteten Zimmern, die unterschiedlichen Komfort bieten.

XX **Da Pippo**, Paulistr. 12, ✉ 91054, ℘ (09131) 20 73 94, dapippo@aol.com, Fax (09132) 9843, 🍴 – 🖭 ⓜ VISA
geschl. 17. - 22. April, 24. Aug. - 7. Sept., Sonntag – **Menu** (nur Abendessen) (italienische Küche) 36/49.
♦ Stellen Sie sich aus den Vorschlägen ein 3- oder 4-Gang-Menu zusammen und erfreuen Sie sich in dem eleganten Restaurant an den italienischen Köstlichkeiten der Küchenchefin.

ERLANGEN

Äussere-Brucker-Str.	X	2
Bahnhofplatz	Z	4
Bayreuther Straße	Y	6
Bismarckstraße	Y	8
Breslauer Straße	X	10
Büchenbacher Damm	X	13
Essenbacher Straße	X	14
Fließbachstraße	X	16
Fürther Straße	X	18
Glockenstraße	Y	20
Glückstraße	Y	21
Günther-Scharowsky-Straße	X	22
Güterhallenstraße	Z	24
Hauptstraße	YZ	
Heuwaagstraße	Y	26
Hindenburgstraße	Y	28
Hugenottenplatz	Z	29
Jahnstraße	V	30
Karl-Zucker-Straße	X	32
Koldestraße	X	33
Komotauer Straße	X	34
Luttterstraße	Y	35
Langemarckplatz	Z	36
Lorleberplatz	Y	38
Loschgestraße	Y	39
Marktplatz	Y	40
Martinsbühler Straße	X	41
Maximiliansplatz	Y	42
Münchener Straße	YZ	43
Nägelsbachstraße	Y	44
Neckarstraße	X	45
Nürnberger Straße	YZ	
Östliche Stadtmauerstr.	Y	47
Palmsanlage	X	48
Palmstraße	X	49
Pfälzer Straße	Z	49
Rathausplatz	Y	
Resenscheckstraße	X	51
Schillerstraße	Y	52
Schloßplatz	Y	53
Sieboldstraße	X	57
Sophienstraße	Y	58
Theaterplatz	Y	62
Wasserturmstraße	Y	65
Westliche Stadtmauerstr.	YZ	66
Wöhrstraße	Y	67

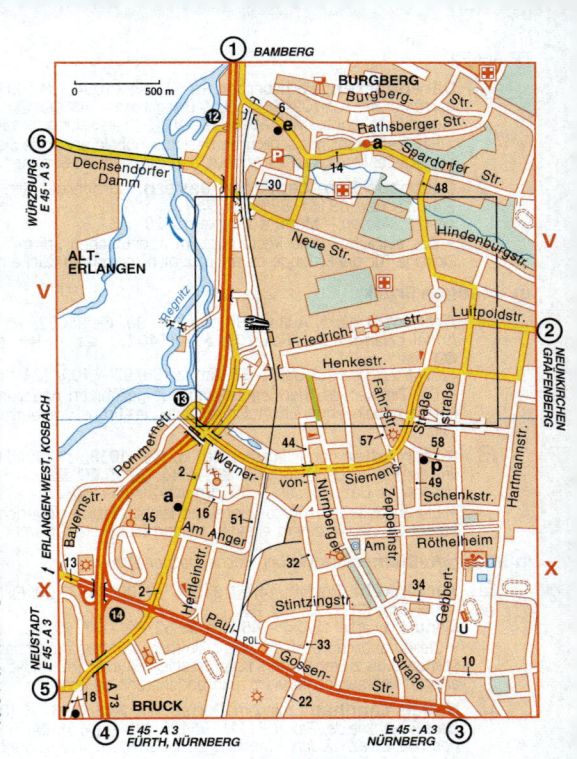

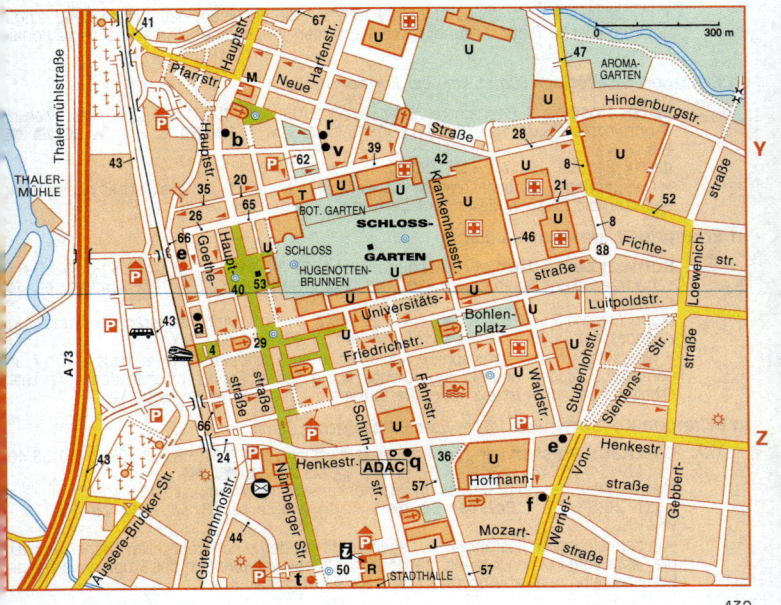

ERLANGEN

Bärengarten, Rathsberger Str. 2, ⊠ 91054, ℰ (09131) 2 50 25, *info@baere garten-er.de*, Fax (09131) 25027, Biergarten – ⓄⒸ ⓂⓈ VISA
Menu *(wochentags nur Abendessen)* (Tischbestellung ratsam) à la carte 19,50/33.
♦ Ein Restaurant mit schlichten Designermöbeln erwartet Sie in der ehemaligen Ausflugs gaststätte. Mediterranes erfreut den Gaumen, im Sommer unter Bäumen im Garten.

Gasthaus Zum tapferen Bayern, Nürnberger Str. 43, ⊠ 91052, ℰ (09131) 2 44 72, Fax (09131) 898925, 🍴
geschl. Montag – **Menu** à la carte 15/29.
♦ Das einfache kleine Restaurant im altdeutschen Stil mit dunkler Holztäfelung ist da Richtige für die Freunde einer bürgerlich-regionalen Küche mit fränkischen Spezialitäten

In Erlangen-Bruck :

Art Hotel garni, Äußere Brucker Str. 90, ⊠ 91052, ℰ (09131) 7 14 00, *info@ar hotel-erlangen.de*, Fax (09131) 714013, 🛎 – ⇤ 📺 🚗 – 🔨 20. 🏧 Ⓒ ⓂⓈ VISA
geschl. 22. Dez. – 6. Jan. – **36 Zim** ⇆ 80/92 – 100/124.
♦ Die Zimmer des gepflegten und gut geführten neueren Hotels sind mit hellgraue Rattanmöbeln eingerichtet. Ein reichhaltiges Frühstücksbuffet erleichtert den Start in de Tag.

Roter Adler garni, Fürther Str. 5, ⊠ 91058, ℰ (09131) 6 60 00, *roteradler@t-o line.de*, Fax (09131) 660066, 🛎 – ⇤ 📺 🅿 ⓂⓈ VISA
geschl. 24. Dez. – 6. Jan. – **30 Zim** ⇆ 40/60 – 60/75.
♦ Ein engagiert geführtes Hotel mit leicht rustikal eingerichteten Zimmern. Wärme un Strom werden in einem eigenen kleinen Blockheizkraftwerk erzeugt.

In Erlangen-Büchenbach *über Büchenbacher Damm* X :

Zur Einkehr, Dorfstr. 14, ⊠ 91056, ℰ (09131) 79 20, Fax (09131) 792188, Biergarte – ⇤ Zim, 📺 🅿 🏧 ⓂⓈ VISA
Menu à la carte 12/24 – **45 Zim** ⇆ 52/62 – 77/90.
♦ Dieser ländliche Gasthof bietet Zimmer in unterschiedlichen Kategorien. Von einfachen Standard bis zu modernen, komfortablen Räumlichkeiten ist alles geboten. Im hellen, saal artigen Restaurant serviert man bodenständige Kost.

Nägels Landhaus mit Zim, Dorfstr. 17, ⊠ 91056, ℰ (09131) 7 96 40, *naegels-lan haus@t-online.de*, Fax (09131) 796420, 🍴 – 📺 🅿 ⓂⓈ VISA
geschl. 24. Dez. – 7. Jan. – **Menu** *(geschl. Samstagmittag, Sonntagabend - Montag)* à la carte 21/40 – **5 Zim** ⇆ 52 – 77.
♦ In behaglichem Landhaus-Ambiente nehmen Sie an einem der ansprechend einge deckten Tische Platz. Freundlich serviert man ihnen eine schmackhafte regionale Küche.

In Erlangen-Eltersdorf *Süd : 5 km über Fürther Straße* X :

Rotes Ross garni, Eltersdorfer Str. 15a, ⊠ 91058, ℰ (09131) 69 08 10, *reservierung @hotelrotesross.de*, Fax (09131) 6908157, 🛎, 🍴 – ⇤ 📺 🍽 🚗 🅿 🏧 Ⓞ ⓂⓈ VISA JCB
geschl. 21. Dez. – 6. Jan. – **23 Zim** ⇆ 55/59 – 74/79.
♦ Gut gepflegte, saubere Zimmer mit einfachem Komfort und praktischer Ausstattung erwarten die Gäste in diesem gut geführten Landgasthof.

In Erlangen-Frauenaurach *über ⑤ : 5 km* :

Schwarzer Adler 🏖, Herdegenplatz 1, ⊠ 91056, ℰ (09131) 99 20 51 *schwarzeradler-frauenaurach@web.de*, Fax (09131) 993195 – ⇤ Zim, 📺 🏧 Ⓞ ⓂⓈ
Menu *(geschl. 21. Dez. - 7. Jan., 14. - 27. April, 11. - 31. Aug., Samstag - Sonntag)* *(nu Abendessen)* 31/51 und à la carte – **14 Zim** ⇆ 67/85 – 95/105.
♦ Eine sympathische Atmosphäre finden Sie in dem schönen Fachwerkhaus a. d. 17. Jh Gemütliche Zimmer und ein freundlicher, kompetenter Service machen den Aufenthalt erholsam. Behaglich ist das kleine Restaurant mit historischer Spunddecke.

In Erlangen-Kosbach *West : 6 km über Büchenbacher Damm* X :

Gasthaus Polster mit Zim, Am Deckersweiher 26, ⊠ 91056, ℰ (09131) 7 55 40 Fax (09131) 755445, 🍴 – 📱 📺 🍽 🅿 – 🔨 25. 🏧 Ⓞ ⓂⓈ VISA
Menu *(Tischbestellung ratsam, bemerkenswerte Weinkarte)* 25 (mittags) à la carte 26,50/47 – **Polster Stube : Menu** à la carte 18/33 – **12 Zim** ⇆ 75 – 95/100.
♦ In dem eleganten Restaurant im Landhausstil mit den schön gedeckten Tischen werden die Gäste vom Küchenchef mit französischer Küche verwöhnt. In der Stube erwartet die Besucher eine qualitativ hochwertige fränkisch-regionale Kost.

ERLANGEN

in Erlangen-Tennenlohe über ③ : 4 km :

🏨 **Arvena Business Hotel**, Am Wetterkreuz 7, ✉ 91058, ℰ (09131) 60 80, info@arvenabusiness.de, Fax (09131) 608100, 🍽, 🛌 – 🚷, ✳ Zim, 📺 📞 🅿 – 🔑 150. 🆎 ⓞ 🆕 VISA JCB
Menu à la carte 20/30 – **125 Zim** ⊇ 95 – 125.
  ♦ Günstig zwischen Erlangen und Nürnberg gelegenes Hotel : Die Zimmer sind mit hellen, modernen Einbaumöbeln eingerichtet, ausgewählte Dekostoffe setzen farbige Akzente. Bauernstube und Kärntner Stube bieten rustikale Gemütlichkeit.

🏨 **Lachnerhof** 🅼 garni, Märterleinsweg 2, ✉ 91058, ℰ (09131) 7 70 70, hotel@lachnerhof.de, Fax (09131) 770747 – 🛗 ✳ 📺 📞 🅿 – 🔑 40. 🆎 ⓞ 🆕 VISA JCB
28 Zim ⊇ 53/75 – 72/89.
  ♦ Ein neueres Hotel mit komfortablen Zimmern, die mit Buchenmöbeln eingerichtet sind. Gut ausgestattete Schulungsräume machen das Haus für Seminare und Tagungen interessant.

🏨 **Tennenloher Hof** (mit Gästehaus), Am Wetterkreuz 32, ✉ 91058, ℰ (09131) 69 60, tennenloherhof@aol.com, Fax (09131) 696295, Biergarten, 🛌 – 🛗, ✳ Zim, 📺 📞 🅿 – 🔑 20. 🆎 ⓞ 🆕 VISA
Menu (geschl. Ende Aug. 2 Wochen, Sonntagabend) à la carte 12/29 – **44 Zim** ⊇ 62 – 67/77.
  ♦ Ein Gasthof mit Tradition im Herzen Frankens : Altfränkische Gastlichkeit und behaglichen Hotelkomfort finden die Gäste in diesem gepflegten Landhotel. Neben dem urigen Gastraum befindet sich auch ein freundlich eingerichtetes Restaurant.

in Marloffstein Nord-Ost, über Spardorfer Straße und Spardorf : 5 km :

🏨 **Alter Brunnen**, Am alten Brunnen 1, ✉ 91080, ℰ (09131) 5 36 50, Fax (09131) 501770, ≤, 🍽 – 📺 🅿. 🆕
Menu (geschl. Jan. 1 Woche, Ende Aug. - Mitte Sept., Montagmittag, Dienstag) à la carte 14/28 – **18 Zim** ⊇ 35 – 75.
  ♦ Das ländliche Hotel mit den geräumigen, mit Eichenmöbeln eingerichteten Zimmern liegt auf der Marloffsteiner Anhöhe. Nutzen Sie die guten Ausflugsmöglichkeiten. Rustikales Restaurant und Wintergarten.

in Möhrendorf über ① : 6 km :

🏨 **Landhotel Schützenhof** garni, Hauptstr. 28, ✉ 91096, ℰ (09131) 7 54 00, landhotel-schuetzenhof@t-online.de, Fax (09131) 754075, 🛌 – 📺 🅿. 🆎 ⓞ 🆕 VISA
20 Zim ⊇ 56/70 – 75/90.
  ♦ Im reizvollen Tal der Regnitz lädt dieses neuere, gut geführte Hotel zum Übernachten ein. Die Zimmer sind mit hellen Holzmöbeln solide eingerichtet.

ERLBACH Sachsen 418 420 P 21 – 2 000 Ew – Höhe 520 m – Erholungsort.
  🛈 Tourist Information, Klingenthaler Str. 1, ✉ 08265, ℰ (037422) 62 25, erlbach@t-online.de, Fax (037422) 6225.
  Berlin 337 – Dresden 183 – Hof 47 – Karlovy Vary 90 – Weiden in der Oberpfalz 118.

🏨 **Landhotel Lindenhöhe** 🌳, Hetzschen 10, ✉ 08265, ℰ (037422) 60 66, Fax (037422) 6165, Biergarten, 🛌 – 📺 🅿 – 🔑 20. 🆕 VISA
geschl. 4. - 31. Jan. – **Menu** à la carte 12/21 – **25 Zim** ⊇ 38/43 – 50/61 – ½ P 11.
  ♦ Für einen Urlaub im Vogtland bietet sich das Hotel im Landhausstil an. Gediegen eingerichtete Zimmer und vielfältige Sport- und Freizeitmöglichkeiten in der Nähe erwarten Sie. Leicht rustikales Restaurant mit Wintergartenanbau.

ERLENBACH AM MAIN Bayern 417 419 Q 11 – 8 500 Ew – Höhe 125 m.
  Berlin 593 – München 354 – Frankfurt am Main 76 – Miltenberg 16 – Würzburg 78 – Aschaffenburg 25.

🏨 **Fränkische Weinstuben**, Mechenharder Str. 5, ✉ 63906, ℰ (09372) 9 45 40, post@fraenkische-weinstuben.de, Fax (09372) 945444, 🍽, 🐎 – 📺 🅿. 🆕 VISA
Menu (geschl. Montagmittag) à la carte 20/35 – **13 Zim** ⊇ 39/50 – 59/72.
  ♦ Zwischen Spessart und Odenwald liegt dieses sehr gut unterhaltene, familiengeführte Hotel, das Sie mit fränkischer Gastlichkeit und einer gepflegten Atmosphäre empfängt. Frankenwein und ländliche Küche offeriert man im Restaurant.

Unsere Hotel-, Reiseführer und Straßenkarten ergänzen sich.
Benutzen Sie sie zusammen.

ERLENSEE Hessen 417 P 10 – 10 700 Ew – Höhe 105 m.
Berlin 525 – Wiesbaden 65 – Frankfurt am Main 26 – Fulda 81 – Würzburg 114.

In Neuberg-Ravolzhausen Nord : 2 km :

Bei den Tongruben garni, Unterfeld 19, ✉ 63543, ℘ (06183) 2 04 00, info@hotel-tongruben.de, Fax (06183) 204099, ≦s – ⇄ TV 🛏 P – 🏛 20. AE ⓘ ⓒ VISA. ✂
geschl. 20. Dez. - 8. Jan. – **26 Zim** ⊇ 65/95 – 87/115.
• Behagliches und familiäres Ambiente zeichnen dieses ruhige Haus in verkehrsgünstiger Lage aus : Ein engagiert geführtes neueres Hotel mit wohnlichen, gepflegten Zimmern.

ERNST Rheinland-Pfalz siehe Cochem.

ERNZEN Rheinland-Pfalz siehe Irrel.

ERWITTE Nordrhein-Westfalen 417 L 9 – 16 100 Ew – Höhe 106 m.
🛈 Kurverwaltung Bad Westernkotten, Weringhauser Str. 17 (Kurmittelzentrum), ✉ 59597, ℘ (02943) 80 90, Fax (02943) 809129.
Berlin 443 – Düsseldorf 135 – Arnsberg 39 – Lippstadt 7 – Meschede 36 – Soest 17.

Schlosshotel ⌘, Schlossallee 14, ✉ 59597, ℘ (02943) 9 76 00, info@schlosshotel-erwitte.de, Fax (02943) 486445, ☕, – 🛗 TV ✆ P – 🏛 15. AE ⓒ VISA
Menu à la carte 23/36 – **20 Zim** ⊇ 57/77 – 100/110, 5 Suiten.
• In dem renovierten Wasserschloß im Stil der Weserrenaissance finden nicht nur Reisende eine wohnliche Unterkunft, es ist auch Heimat kultureller Veranstaltungen. Im großen Gewölbekeller ist das schöne Restaurant untergebracht.

Büker, Am Markt 14, ✉ 59597, ℘ (02943) 23 36, Fax (02943) 4168, ☕ – TV ✆ ⇐ P. AE ⓘ ⓒ VISA. ✂
Menu (geschl. 24. Dez. - 5. Jan., Sonntagabend) (wochentags nur Abendessen) à la carte 15/35 – **19 Zim** ⊇ 40/50 – 65/75.
• Ein am Rande des Sauerlandes gelegener historischer Fachwerkgasthof aus dem 17. Jh. der seinen Gästen durch fortwährende Renovierungen immer zeitgemäßen Komfort bietet. Das kleine Restaurant ist rustikal und gemütlich.

In Erwitte-Bad Westernkotten Nord-Ost : 3 km – Heilbad :

Hotel Kurhaus, Weringhauser Str. 9, ✉ 59597, ℘ (02943) 9 70 00, hotel-kurhaus@t-online.de, Fax (02943) 970050, ☕, 🏊, ≦s – 🛗, ⇄ Zim, TV ✆ P – 🏛 60. AE ⓒ VISA. ✂
Menu à la carte 23/37 – **Brasserie Piazza** : Menu à la carte 18/28 – **37 Zim** ⊇ 62/78 – 98/108.
• In dem neuen Haus erwarten Sie mit soliden hellen Möbeln modern eingerichtete Zimmer, in denen farblich aufeinander abgestimmte Stoffe eine geschmackvolle Atmosphäre schaffen. Wandmalereien und elegante schwarzgraue Sitzmöbel schmücken das Restaurant.

Kurpension Grüttner, Salzstr. 15, ✉ 59597, ℘ (02943) 80 70, Fax (02943) 807290, Massage, ♨, 🏊, ≦s, 🏊, ☕ – 🛗, ⇄ Zim, TV 🛏 P. ⓒ ✂
geschl. Ende Nov. 3 Wochen – **Menu** (Restaurant nur für Hausgäste) – **50 Zim** ⊇ 42 – 84.
• Ein neuzeitliches Hotel mit geräumigen Zimmern, die wohnlich und funktionell ausgestattet sind. Das Rauchen ist nur in der geselligen Klönstube erlaubt.

ESCHAU Bayern 417 419 Q 11 – 4 100 Ew – Höhe 171 m.
Berlin 567 – München 347 – Würzburg 68 – Aschaffenburg 32 – Miltenberg 16.

In Eschau-Hobbach Nord-Ost : 5,5 km :

Gasthof Engel, Bayernstr. 47, ✉ 63863, ℘ (09374) 3 88, Fax (09374) 7831, ☕, ☕ – TV P – 🏛 25. ⓒ VISA
geschl. 18. - 25. Dez. – **Menu** (geschl. Freitag) à la carte 19/32 – **25 Zim** ⊇ 39 – 67/72.
• Der Gasthof in dem früheren Bauernhof von 1786 mit neueren Hotelanbauten hält Zimmer mit unterschiedlicher Ausstattung und Einrichtung von einfach bis komfortabel bereit. Das holzgetäfelte Restaurant hat historisches Flair.

ESCHBACH Rheinland-Pfalz 417 P 7 – 300 Ew – Höhe 380 m.
Berlin 614 – Mainz 57 – Koblenz 28 – Bingen 37.

Zur Suhle ⌘, Talstr. 2, ✉ 56357, ℘ (06771) 80 94 00, info@hotel-zur-suhle.de, Fax (06771) 809406, ≤, ☕, ≦s, 🏊, ☕ – 🛗 TV P – 🏛 20. ⓘ ⓒ VISA. ✂ Rest
geschl. Ende Juli - Anfang Aug. – **Menu** à la carte 18,50/25 – **19 Zim** ⊇ 47/69 – 89.
• Vom Hotel aus genießt man einen schönen Blick bis zum Hunsrück. Rustikal eingerichtete Zimmer, ein gepflegtes Hallenbad und der hübsche Garten mit Teich runden das Angebot ab. Großes, ländliches Restaurant.

ESCHBORN Hessen siehe Frankfurt am Main.

ESCHEDE Niedersachsen **415 416** H 14 – 6 500 Ew – Höhe 70 m.
Berlin 293 – Hannover 62 – Celle 17 – Lüneburg 69.

🏨 **Deutsches Haus,** Albert-König-Str. 8, ⊠ 29348, ℰ (05142) 22 36, Fax (05142) 2505,
🐴 – 📺 📞 ⇔ 🅿 ◉◉ 🆅🅸🆂🅰 ⋘
geschl. 13. Feb. - 13. März, 10. - 24. Juli – **Menu** (geschl. Montag) à la carte 16/34 –
11 Zim ⊇ 45 – 70.
♦ Der familiengeführte Gasthof am Rande der Lüneburger Heide erwartet seine Gäste mit
gepflegten und praktischen Zimmern, teilweise mit Balkon. Gemütliches Restaurant mit
Wohnzimmerambiente.

ESCHENBURG Hessen **417** N 8 – 10 400 Ew – Höhe 230 m.
Berlin 536 – Wiesbaden 136 – Siegen 40 – Gießen 57 – Marburg 54.

In Eschenburg-Wissenbach :

🍴 **Bauernstube** mit Zim, Bezirksstr. 22 (B 253), ⊠ 35713, ℰ (02774) 18 29, lothar.
dietrich@bauernstube-eschenburg.de, Fax (02774) 71745, 🌳 – 📺 ⇔ 🅿 ◉◉ 🆅🅸🆂🅰
Menu (geschl. Montag) à la carte 14/31 – **8 Zim** ⊇ 41/44 – 67/80.
♦ Wählen Sie in der mit viel Steingut dekorierten Gaststube aus einer reichhaltigen Karte
mit bürgerlichen Gerichten oder der Tageskarte mit saisonalen Spezialitäten.

ESCHENLOHE Bayern **419 420** X 17 – 1 600 Ew – Höhe 636 m – Erholungsort.
🛈 Fremdenverkehrsamt im Rathaus, Murnauer Str. 1, ⊠ 82438, ℰ (08824) 2 21,
Fax (08824) 8956.
Berlin 661 – München 74 – Garmisch-Partenkirchen 15 – Weilheim 30.

🏨 **Tonihof** ⋙, Walchenseestr. 42, ⊠ 82438, ℰ (08824) 9 29 30, hotel.tonihof@t-on
line.de, Fax (08824) 929399, ≤ Loisachtal mit Wettersteingebirge, 🌳, Massage, ≦s, 🐴
– 📺 📞 ♿ ⇔ 🅿 – 🏛 20. ◉ ◉◉ 🆅🅸🆂🅰
Menu (geschl. Mittwoch) à la carte 22/42 – **25 Zim** ⊇ 57/66 – 95/132 – ½ P 18.
♦ Erholen Sie sich in der bayerischen Bergwelt in einem landestypischen Gasthof mit geräumigen Zimmern, die mit hellen oder dunklen Eichenmöbeln rustikal eingerichtet sind. In der
Zirbelstube oder im Terrassen-Restaurant läßt man es sich schmecken.

🍴 **Zur Brücke,** Loisachstr. 1, ⊠ 82438, ℰ (08824) 2 10, hotel-zur-bruecke.eschenlohe
@t-online.de, Fax (08824) 232, 🌳 – ≒ Zim, ⇔ 🅿
geschl. Mitte Nov. - Mitte Dez. – **Menu** (geschl. Dienstag) à la carte 11/27 – **20 Zim** ⊇ 35
– 52/62.
♦ Ferien in einer ländlichen Atmosphäre : Der alpenländische Gasthof mit den solide eingerichteten Zimmern liegt direkt an der Brücke über der Loisach. Die rustikal-einfache
Gaststube bewirtet ihre Gäste mit deftiger, bodenständiger Kost.

In Eschenlohe-Wengen : Süd-Ost : 1 km :

🏨 **Alpenhotel Wengererhof** ⋙ garni, ⊠ 82438, ℰ (08824) 9 20 30,
Fax (08824) 920345, ≤, 🎿, 🐴 – ≒ 🅿
23 Zim ⊇ 43/45 – 62/72.
♦ Sommers wie winters ein guter Standort für Ferien im Gebirge ist dieses gepflegte Hotel,
das seine Besucher mit einer landschaftsbezogenen rustikalen Behaglichkeit empfängt.

ESCHWEGE Hessen **418** M 14 – 24 000 Ew – Höhe 170 m.
🛈 Tourist-Information, Hospitalplatz 16, ⊠ 37269, ℰ (05651) 33 19 85, Fax (05651)
50291.
Berlin 389 – Wiesbaden 221 – Kassel 54 – Bad Hersfeld 58 – Göttingen 49.

🏨 **Dölle's Nr. 1,** Friedrich-Wilhelm-Str. 2, ⊠ 37269, ℰ (05651) 7 44 40, doelle1@t-on
line.de, Fax (05651) 744477, ≦s – 📶, ≒ Zim, 📺 ⇔ 🅿 – 🏛 80. 🄰🄴 ◉ ◉◉ 🆅🅸🆂🅰
Menu (geschl. Sonntag) à la carte 20/43 – **38 Zim** ⊇ 45/73 – 68/100.
♦ Das familiengeführte Hotel in der Nähe des historischen Stadtzentrums empfängt seine
Gäste mit behaglichem Ambiente, komfortablen Zimmern und geschultem Service. Im eleganten Restaurant bewirtet man Sie mit regionalen und internationalen Speisen.

🏨 **Zur Struth** ⋙, Struthstr. 7a, ⊠ 37269, ℰ (05651) 92 28 13, Fax (05651) 2788, 🌳,
🐴 – 📺 📞 🅿 ◉ ◉◉ 🆅🅸🆂🅰
Menu (geschl. Sonntagabend - Montagmittag, Samstagmittag) à la carte 18,50/30 –
36 Zim ⊇ 36/47 – 61/70.
♦ In einem ruhigen Wohngebiet befindet sich das engagiert geführte Hotel. Behagliche
Zimmer, eine Liegewiese am Haus und viele Ausflugsmöglichkeiten stehen Ihnen zur Verfügung. Zum Essen begibt man sich in das gepflegte Restaurant.

ESCHWEGE

- **Stadthalle**, Wiesenstr. 9, ⊠ 37269, ℘ (05651) 7 44 30, info@stadthalle-eschwege.de
  Fax (05651) 744333, 🌳 – 📱, ⇔ Zim, 📺 ♿ 🅿 – 🔑 600. 🅰🅴 ⓘ 🆆🅾 🆅🅸🆂🅰
  Menu *(geschl. 2. - 13. Jan., Montag)* à la carte 16/33 – **13 Zim** ⊇ 40/46 – 68.
  ◆ Durch den direkten Zugang zu den Veranstaltungsräumen der Stadthalle ist das Hotel
  gut für Tagungen und Seminare geeignet. Die Zimmer sind modern und funktionell. Hell
  und zeitgemäß zeigt sich der Restaurantbereich mit Terrasse.

ESCHWEILER Nordrhein-Westfalen **407** N 2 – 56 000 Ew – Höhe 161 m.
  ℟₁₈ Eschweiler-Kinzweiler, Haus Kambach (Nord-West : 3 km), ℘ (02403) 5 08 90.
  Berlin 623 – Düsseldorf 74 – Aachen 18 – Düren 17 – Köln 55.

- **Günnewig Hotel de Ville** 🅼 garni, Dürener Str. 5, ⊠ 52249, ℘ (02403) 86 10,
  hotel.deville@guennewig.de, Fax (02403) 861150 – 📱 ⇔ 📺 📞 ♿ 🚗 – 🔑 60. 🅰🅴 ⓘ
  🆆🅾 🆅🅸🆂🅰 🅹🅲🅱
  66 Zim ⊇ 90/103 – 116/126.
  ◆ Ein modernes Business-Hotel, das sich auf Tagungen, Seminare und Präsentationen spe-
  zialisiert hat. Man bietet ein zeitgemäßes Ambiente und helle, funktionelle Zimmer.

ESENS Niedersachsen **405** F 6 – 6 800 Ew – Höhe 3 m – Nordseeheilbad.
  🅱 Kurverwaltung, Kirchplatz 1, ⊠ 26427, ℘ (04971) 91 50, info@bensersiel.de,
  Fax (04971) 4988.
  Berlin 520 – Hannover 261 – Emden 72 – Oldenburg 91 – Wilhelmshaven 50.

- **Krögers Hotel** (mit Gästehaus), Bahnhofstr. 18, ⊠ 26427, ℘ (04971) 30 65, kroegershotel@aol.com, Fax (04971) 4265, 🌳, ⇔, 🌲 – 📱 ⇔ 📺 ♿ 🅿 – 🔑 150. 🅰🅴 ⓘ 🆆🅾 🆅🅸🆂🅰
  Menu *(geschl. Montagmittag)* à la carte 19/34 – **41 Zim** ⊇ 65 – 90/110 – ½ P 17.
  ◆ Das 1990 im roten Klinkerstil - typisch für Ostfriesland - erbaute Hotel erwartet Sie mit
  gut ausgestatteten Zimmern, einem Park, Kegelbahnen und anderen Annehmlichkeiten. Im
  Windlicht können Sie auch ostfriesische Spezialitäten kosten.

In Esens-Bensersiel *Nord-West : 4 km :*

- **Vier Jahreszeiten am Yachthafen** 🅼, Hauptstr. 19, ⊠ 26427, ℘ (04971)
  9 25 10, Fax (04971) 925111, 🌳, ⇔ – 📱, ⇔ Zim, 📺 📞 🚗 🅿. 🅰🅴 ⓘ 🆆🅾 🆅🅸🆂🅰
  Menu *(geschl. Dienstag)* à la carte 20/30 – **19 Zim** ⊇ 81/90 – 108/120.
  ◆ Ein neues, modernes Ferienhotel direkt am Hafen mit schönem Blick auf das Meer und
  zu den Inseln. Die Zimmer sind einheitlich mit italienischen Stilmöbeln eingerichtet. Zeit-
  gemäßes Restaurant mit großer Fensterfront zum Meer und schöner Terrasse.

- **Hörn van Diek** garni, Lammertshörn 1, ⊠ 26427, ℘ (04971) 24 29, info@hotelbensersiel.de, Fax (04971) 3504, 🌊 – ⇔ 📺 🅿. ❄
  20 Zim ⊇ 44 – 80/90, 5 Suiten.
  ◆ In 5 Minuten Entfernung von Strand und Hafen finden Sie dieses Hotel im Landhausstil mit
  Appartements, die über einen kleinen Küchen- und einen kleinen Wohnbereich verfügen.

- **Störtebeker** 🌳 garni, Am Wattenmeer 4, ⊠ 26427, ℘ (04971) 9 19 00, pension.stoertebeker@t-online.de, Fax (04971) 919055, ⇔ – ⇔ 📺 🅿. 🆆🅾. ❄
  geschl. 10. Jan. - 20. Feb. – **32 Zim** ⊇ 29/40 – 48/74.
  ◆ Urlaub an der Nordsee in einer freundlichen, gepflegten Hotel-Pension : In einem sepa-
  raten Anbau gibt es sogar allergikergeeignete Nichtraucherzimmer.

ESLOHE Nordrhein-Westfalen **407** M 8 – 9 300 Ew – Höhe 310 m – Luftkurort.
  🅱 Touristik-Information, Hauptstr. 65, ⊠ 59889, ℘ (02973) 4 42, tourismus@eslohe.de,
  Fax (02973) 2510.
  Berlin 502 – Düsseldorf 159 – Arnsberg 31 – Meschede 20 – Olpe 43.

- **Forellenhof Poggel**, Homertstr. 21, ⊠ 59889, ℘ (02973) 9 71 80, info@forellenhof.poggel.de, Fax (02973) 971878, 🌳, 🌲 – 📱, ⇔ Zim, 📺 ♿ 🅿 – 🔑 35. 🆆🅾 🆅🅸🆂🅰
  Menu *(geschl. Okt. - April Donnerstag)* à la carte 18/36 – **23 Zim** ⊇ 41/70 – 50/88 – ½ P 12.
  ◆ Das historische Fachwerkhaus im Hochsauerland - bekannt für schöne Wanderwege -
  erwartet seine Gäste mit einer familiären Atmosphäre und praktischen, teils einfachen
  Zimmern. Ein gemütliches Restaurant steht Ihnen zur Verfügung.

In Eslohe-Cobbenrode *Süd : 7,5 km :*

- **Hennemann**, Olper Str. 28 (B 55), ⊠ 59889, ℘ (02973) 9 75 10, hotel.w.hennemann@t-online.de, Fax (02973) 97549, Biergarten, ⇔, 🌊, 🌲 – 📱 📺 🚗 🅿 – 🔑 30.
  🅰🅴 ⓘ 🆆🅾 🆅🅸🆂🅰
  geschl. Mitte - Ende Juli – **Menu** *(geschl. Montag)* à la carte 16/30 – **24 Zim** ⊇ 49/65 –
  90/130 – ½ P 14.
  ◆ Ein gepflegtes und gut geführtes Ferienhotel mit wohnlichen, rustikal eingerichteten
  Zimmern. Nutzen Sie die vielfältigen Freizeitangebote des Hotels und der schönen Umge-
  bung. Mit viel Holz hat man im Restaurant eine behagliche Stimmung erzeugt.

ESLOHE

In Eslohe-Niedersalwey West : 4 km :

🏨 **Woiler Hof,** Salweytal 10, ✉ 59889, ℰ (02973) 8 16 00, info@woiler-hof.de, Fax (02973) 81602, 🍽 – 📺 🛌 🅿 🚭 ✂
Menu (geschl. Dienstag) 11 (mittags) à la carte 14/28 – **20 Zim** ☑ 25/29 – 50/58.
• Ein sehr gepflegter Landgasthof, der wohnliche Zimmer zu einem günstigen Preis-Leistungs-Verhältnis bietet. Planwagenfahrten, Angeln, Wandern sind nur einige Freizeitangebote. Jagd-Accessoires schmücken die Gaststuben.

ESPELKAMP Nordrhein-Westfalen **415** I 9 – 27 000 Ew – Höhe 43 m.
Berlin 375 – Düsseldorf 223 – Bielefeld 52 – Bremen 99 – Hannover 93 – Osnabrück 46.

🏨 **Mittwald** ⚜, Ostlandstr. 23, ✉ 32339, ℰ (05772) 9 77 80, info@mittwaldhotel.de, Fax (05772) 977822, 🍽, 🛌 – 🛗, 🛏 Zim, 📺 ✆ 🅿 – 🛋 50. 🆎 ⓞ 🚭 🅥🅢🅐
Menu (geschl. Samstag) à la carte 16/35 – **46 Zim** ☑ 50/66 – 72/95 – ½ P 13.
• Egal, ob Sie geschäftlich oder privat unterwegs sind : Das neuzeitliche Hotel überzeugt mit den geräumigen, technisch gut ausgestatteten Zimmern und der familiären Atmosphäre. Modern und sehr gepflegt ist das Restaurant.

In Espelkamp-Frotheim Süd-Ost : 4 km :

🏨 **Im Loh,** Diepenauer Str. 53, ✉ 32339, ℰ (05743) 40 90, hotel-im-loh@t-online.de, Fax (05743) 40930, 🍽 – 📺 🛌 🅿 – 🛋 100. 🚭 🅥🅢🅐
Menu (wochentags nur Abendessen) à la carte 19/34 – **19 Zim** ☑ 42 – 66.
• Das Hotel mit den ausreichend großen, wohnlich mit Kirschbaummöbeln eingerichteten Zimmern ist ein guter Ausgangspunkt für Ausflüge in die interessante Umgebung. Für die Freunde der bodenständigen Küche wird im Restaurant gesorgt.

ESPENAU Hessen siehe Kassel.

ESSEN Nordrhein-Westfalen **417** L 5 – 600 000 Ew – Höhe 120 m.
Sehenswert : Münster (Westchor★, Goldene Madonna★★★) : Münsterschatzkammer★★ (M1) mit Vortragekreuzen★★★ DZ – Museum Folkwang★★ ABY – Ruhrlandmuseum★ AV – Johanniskirche (Altar★) DZ A.
Ausflugsziel : Essen-Werden : St. Ludger (Vierungskuppel★, Bronzekruzifixus★, Elfenbeinpyxis★) S.
🏌 Essen-Heidhausen (über die B 224) S, ℰ (0201) 40 41 11 ; 🏌 Essen-Kettwig, Laupendahler Landstr. S, ℰ (02054) 8 39 11 ; 🏌 Essen-Hügel, Frh.-vom-Stein-Str. 92a S, ℰ (0201) 44 14 26.
Messegelände und Grugahalle AZ, ℰ (0201) 7 24 40, Fax (0201) 226692.
🛈 Touristikzentrale, Am Hauptbahnhof 2, ✉ 45127, ℰ (0201) 1 94 33, touristikzentrale@essen.de, Fax (0201) 8872044.
ADAC, Viehofer Str. 14.
Berlin 528 ① – Düsseldorf 37 ⑥ – Amsterdam 204 ⑨ – Arnhem 108 ⑨ – Dortmund 38 ③

Stadtpläne siehe nächste Seiten

🏨🏨 **Sheraton,** Huyssenallee 55, ✉ 45128, ℰ (0201) 1 00 70, essen.sales@sheraton.com, Fax (0201) 1007777, 🍽, Massage, 🎱, 🛌, 🏊 – 🛗, 🛏 Zim, 🖥 📺 ✆ 🅿 🛌 – 🛋 70. 🆎 ⓞ 🚭 🅥🅢🅐 🅹🅒🅑 ✂ Rest
Menu à la carte 40/52 – ☑ 18 – **205 Zim** 150/215 – 180/245, 12 Suiten. BV e
• Hinter gläserner Fassade zeigt sich elegant-komfortable Hotellerie. Zimmer zum Park mit schönem Ausblick. Vor der Tür finden Jogger Auslauf im Stadtgarten. Business Center. Das Restaurant lockt mit hübschem Blick und Wintergartenatmosphäre.

🏨 **Mövenpick** Ⓜ, Am Hauptbahnhof 2, ✉ 45127, ℰ (0201) 1 70 80, hotel.essen@moevenpick.com, Fax (0201) 1708173, 🛌 – 🛗, 🛏 Zim, 📺 ♿ – 🛋 50. 🆎 ⓞ 🚭 🅥🅢🅐 🅹🅒🅑 DZ n
Menu à la carte 22/40 – ☑ 14 – **206 Zim** 124/157 – 157/177.
• Nur 200 m vom Bahnhof ist der klassische Jugendstilbau ein Zuhause für Unterwegs : schicke Empfangshalle und modern-wohnliche Hotel-Ausstattung. Fitnessbereich mit Solarium. Das Restaurant Le Bistro wird in der Einrichtung seinem Namen gerecht.

🏨 **Holiday Inn Essen City Centre** Ⓜ, Frohnhauser Str. 6, ✉ 45127, ℰ (0201) 2 40 70, info@holiday-inn-essen.de, Fax (0201) 2407240, 🛌 – 🛗, 🛏 Zim, 📺 ✆ ♿ 🛌 – 🛋 60. 🆎 ⓞ 🚭 🅥🅢🅐 ✂ Rest DZ a
Menu (geschl. Sonntagmittag) à la carte 19/31 – ☑ 15 – **168 Zim** 111/145, 15 Suiten.
• Empfehlenswerte Adresse in einem Geschäftszentrum. Solide eingerichtete Räume, die Komfortzimmer bieten mehr Platz und Annehmlichkeiten. Appartements mit Kitchenette.

ESSEN
0
300 m
A
B
C
T
U
V
X
Universität Essen
Bottroper Str.
Straße
Grillostraße
Gladbecker Straße
Altenessener Str.
Stoppenberger
Lützowstraße
Herzogstr.
Segerothstr.
U
Böckler-
Hans-
Friedrich-Ebert-Str.
Goldschmidtstraße
Gerlingstr.
Burggrafenstraße
Elisenstraße
Frillendorfer Straße
Krupp Hauptverwaltung
Altendorfer Str.
COLOSSEUM
Schützenbahn
Engelbertstraße
Herkulesstr.
Steeler Str.
Franziskanerstr.
Hans-Böckler-Straße
Frohnhauser
Hindenburgstr.
Gildehofstr.
Hachestr.
Steeler
A 40
Markgrafenstr.
Auf der Donau
Münchener Straße
Bismarckpl.
Friedrichstraße
Krupp-
Huyssenallee
OPERN HAUS
Rellinghauser Str.
Gutenberg-
Helbingstr.
Kurfürstenstr.
Saarbrücker
Straße
Str.
OST
Herwarthstr.
Savignystr.
Saalbau
Plancksttr.
STADTGARTEN
Hohenzollernstr.
Kronprinzenstr.
Ruhralee
Moltkestr.
Goethestr.
Bismarckstraße
Rüttenscheider Straße
Witteringstraße
MUSEUM FOLKWANG (Museumszentrum)
Kahrstr.
Isenbergstr.
Richard-Wagner-Straße
Töpferstr.
Rellinghauser
Krawehlstr.
Klarastraße
Alfredstr.
Rüttensch. Stern
Rosastraße
Julienstraße
Paulinenstraße
Eleonorastr.
Zweigertstr.
POL.
Martinstr.
Franziskastr.
Müller-Breslau-Str.
Pelmanstr.
RÜTTENSCHEID
GRUGA-PARK
Grugahalle
MESSE ESSEN
Norbertstr.
Alfredstraße
Rüttenscheider Str.
Wittekindstr.
Veronikastr.
Wittenbergstr.
A 52
Im Walpurgistal
STADION
224
55
53
23
24
29
42
12
18
97
52
28
73
46
a
e
r
s
v
J
P
T

ESSEN

Bernestraße	DZ 5
Brandstraße	DZ 8
Brunnenstraße	BV 12
Friederikenstraße	BV 18
Haumannplatz	AX 28
Helbingstraße	DZ 33
Hirschlandplatz	DZ 36
Holsterhauser Str.	AV 42
Huttropstraße	CV 46
Hyssenallee	DZ 48
Hagen	BV
Karolinenstraße	CX 52
Karolingerstraße	BT 53
Katzenbruchstraße	BCT 55
Kennedyplatz	DZ 57
Kettwiger Str.	DZ
Klosterstraße	DY 60
Kopstadtplatz	DY 62
Limbecker Platz	DY 69
Limbecker Str.	DY 70
Martinstraße	AX 73
Ostfeldstraße	DY 78
Ottilienstraße	DZ 79
Porscheplatz	DZ 83
Rathenaustraße	DZ 84
Rheinischer Platz	DY 86
Rottstraße	DY
Rüttenscheider Str.	ABX
Schützenbahn	DY 90
Segerothstraße	DY 92
Steeler Str.	DZ 94
Viehofer Str.	DY 96
Vöcklinghauser Straße	BV 97
1. Weberstraße	DY 98
Zwölfling	DZ 110

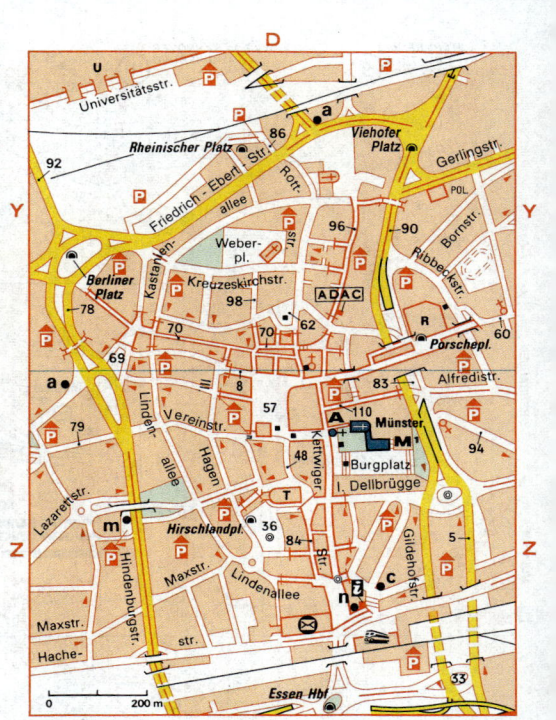

Benachrichtigen Sie sofort das Hotel, wenn Sie ein bestelltes Zimmer nicht belegen können.

🏨 **Essener Hof**, Teichstr. 2, ✉ 45127, ☏ (0201) 2 42 50, *info@essener-hof.com*, Fax (0201) 2425751 – 🛗 ⚡ 📺 📞 ♿ – 🍽 80. AE ① ◯ VISA. ✂ DZ c
Menu (geschl. 20. Dez. - 5. Jan, 31. Juli - 17. Aug., Samstag - Sonntag) (nur Abendessen) à la carte 26/37 – **127 Zim** 🛏 82/132 – 123/186.
♦ Seit 1883 ist es Anspruch des gut geführten Familienbetriebs, den Gästen ein wenig Heimat in Essen zu bieten. Reizende, altem Eisenbahnabteil nachempfundene Bar. Eine Brise Nordseeluft im Restaurant : friesisches Ambiente in weiß-blau und fischreiche Karte.

🏨 **Mercure Viehofer Platz** M garni, Viehofer Platz 5, ✉ 45127, ☏ (0201) 10 56 10, *h4991@accor-hotels.com*, Fax (0201) 236685 – 🛗 ⚡ 📺 📞 P. AE ① ◯ VISA JCB DY a
🛏 13 – **45 Zim** 85/140 – 100/180.
♦ Frisch renovierte Zimmer finden Sie in dem Hotel am Rand des Zentrums : moderne Einrichtung, hübsche Farben, gute technische Ausstattung und freundlicher Service.

🏨 **Express by Holiday Inn** M garni, Thea-Leymann-Str. 11, ✉ 45127, ☏ (0201) 1 02 60, *holidayinnexpressessen@t-online.de*, Fax (0201) 1026100 – 🛗 ⚡ 📺 📞 ♿ ⟺ – 🍽 30. AE ① ◯ VISA JCB AU a
153 Zim 🛏 89.
♦ Modernes Domizil neben dem Musicaltheater ; auf die Bedürfnisse von Geschäftsreisenden ausgerichtet. Ganz gleich, ob Einzel- oder Doppelzimmer : Sie zahlen einen Preis !

🏨 **Europa** garni, Hindenburgstr. 35, ✉ 45127, ☏ (0201) 23 20 41, *info@hotel-europa-essen.de*, Fax (0201) 232656 – 🛗 📺 AE ① ◯ VISA DZ m
geschl. Weihnachten – **47 Zim** 🛏 64/89 – 84/107.
♦ Wenn Ihre Geschäfte Sie nach Essen führen : Über einem Parkhaus beherbergt das Hotel behagliche Zimmer in Eiche. Kostenpflichtige Stellplätze, Tageszeitungen gibt's gratis.

✕✕ **La Grappa**, Rellinghauser Str. 4, ✉ 45128, ☏ (0201) 23 17 66, *rino.frattesi@la-grappa.de*, Fax (0201) 229146 – AE ① ◯ VISA ✂ BV v
geschl. Samstagmittag, Sonntag – **Menu** (Tischbestellung ratsam) (bemerkenswerte Grappaauswahl) à la carte 32/48.
♦ Unter goldenem Himmel darf man ruhig ein wenig über das Dekor aus Tellern und Bildern staunen. Spätestens das großartige Grappa-Angebot wird Ihnen die Sprache verschlagen.

447

ESSEN

Aktienstraße	**R** 2
Altenessener Straße	**R** 3
Am Kreyenkrop	**R** 4
Borbecker Str.	**R** 6
Brückstraße	**S** 9
Burggrafenstraße	**R** 13
Essener Str.	**R** 16
Freiherr-vom-Stein-Straße	**S** 17
Gladbecker Straße	**R** 20
Grillostraße	**R** 21
Hachestraße	**R** 23
Hammer Str.	**S** 27
Hausackerstraße	**R** 30
Heidhauser Str.	**S** 31
Helenenstraße	**R** 34
Hirtsieferstraße	**S** 37
Hobeisenstraße	**R** 39
Hohenzollernstraße	**R** 40
Holsterhauser Str.	**R** 42
Hufelandstraße	**R** 43
Humboldtstraße	**S** 45
Huttropstraße	**R** 46
Huyssenallee	**R** 47
Kaulbachstraße	**R** 56
Klemensborn	**S** 58
Laupendahler Landstraße	**S** 65
Leimgardtsfeld	**R** 66
Lührmannstraße	**R** 72
Martin-Luther-Straße	**R** 74
Mülheimer Str.	**R** 76
Onckenstraße	**R** 77
Pastoratsberg	**S** 80
Pferdebahnstraße	**R** 82
Rubensstraße	**R** 87
Ruhrallee	**R** 88
Segerothstraße	**R** 92
Velberter Str.	**S** 95
Wittekindstraße	**S** 103
Wuppertaler Straße	**S** 104
Zeunerstraße	**S** 108

In Essen-Altenessen:

🏨 **Astoria,** Wilhelm-Nieswandt-Allee 175, ✉ 45326, ✆ (0201) 8 35 84, info@astoria-hotels.de, Fax (0201) 8358040, ⓕ, ≋ – 🛗, 🔄 Zim, 📺 ✆ ⇔ 🅿 – 🔏 90. 🆎 ⓞ 🏧 𝗩𝗜𝗦𝗔
Menu (geschl. Samstagmittag) à la carte 22/39 – **102 Zim** ⇌ 95/145 – 125/200.
♦ Nördlich von Essen in einem Wohngebiet verkehrsgünstig gelegen. Standardgemäße Zimmer mit Mahagonimöbeln eingerichtet. Ruhiger Innenhof mit Parkmöglichkeiten. Neuzeitliches Interieur dominiert im Restaurant Hahnenkorb.

R s

ESSEN

In Essen-Borbeck :

Haus Gimken M, Schloßstr. 182, ✉ 45355, ℘ (0201) 86 70 80, info@gimken.de, Fax (0201) 8670888, 🍽, 🛁, ≦s, 🐴, – 📺 ✆ ఉ ◻ 🅿 – 🔺 30. 🆎 ⓞ 🐵 🆅🅸🆂🅰
R d
Menu (geschl. Dienstagmittag, Samstagmittag) à la carte 18/40 – **25 Zim** ⛳ 80/110 – 110/130.
◆ Über 200 Jahre ist der Familienbetrieb seiner Tradition als Gasthaus verpflichtet : im legendenreichen Fachwerkhaus mit Neubau wohnt man in Landhausstilmöbeln. Beim Speisen umgibt den Gast rustikaler Charme.

In Essen-Bredeney :

Scandic ⚘, Theodor-Althoff-Str. 5, ✉ 45133, ℘ (0201) 76 90, info.essen@hi.scandic-hotels.com, Fax (0201) 7693143, 🍽, ≦s, 🏊, – 📳, ⚘ Zim, 🍽 Rest, 📺 ✆ ఉ 🅿 –
🔺 250. 🆎 ⓞ 🐵 🆅🅸🆂🅰 🅹🅲🅱 ⚘ Rest
S b
Menu à la carte 25/43 – **293 Zim** ⛳ 135/175 – 175/190.
◆ Mehrere Standortvorteile treffen hier zusammen : Messenah, verkehrsgünstig und doch ruhig gelegen. Praktischer Wohnsitz für Geschäftsleute und Messebesucher - Allergikerzimmer.

Parkhaus Hügel, Freiherr-vom-Stein-Str. 209, ✉ 45133, ℘ (0201) 47 10 91, imhoff@parkhaus-huegel.de, Fax (0201) 444207, ≼, 🍽, – 🅿 – 🔺 60. 🆎 ⓞ 🐵 🆅🅸🆂🅰 S r
Menu à la carte 25/45.
◆ 1870 von Alfred Krupp als Casino für die Bauleute seiner Villa Hügel errichtet. Speisen aus Fluß und Meer sowie vom Lande, mit französischem Touch. Blick auf den Baldeneysee.

In Essen-Burgaltendorf Süd-Ost : 12 km über Wuppertaler Straße S :

Mintrop's Burghotel M ⚘, Schwarzensteinweg 81, ✉ 45289, ℘ (0201) 57 17 10, info@mintrop.com, Fax (0201) 5717147, 🍽, ≦s, 🏊, 🐴, – 📳, ⚘ Zim, 📺 ✆ ఉ 🅿 –
🔺 40. 🆎 ⓞ 🐵 🆅🅸🆂🅰
Menu à la carte 25/44 – **60 Zim** ⛳ 100/132 – 130/162.
◆ Die Geschichte der Familie reicht bis ins 11. Jh. Das Gut wurde 1968 nach einem Brand neu aufgebaut. Ob rustikal, modern oder Landhauslook - hier ist fast jeder Stil zu haben. Im Restaurant : Küche der Nationen und modernes Designer-Interieur.

In Essen-Frohnhausen :

Kölner Hof, Duisburger Str. 20, ✉ 45145, ℘ (0201) 76 34 30, koelner-hof@t-online.de, Fax (0201) 8761495 – ⚘
R a
geschl. Montag - Dienstag – **Menu** à la carte 34/52.
◆ Ehemalige Eckkneipe aus den 20er Jahren, wo man einst Skat klopfte. Heute erfreut man sich auf geblümten Polsterstühlen an den mit Sorgfalt zubereiteten klassischen Speisen.

In Essen-Heisingen :

Jagdhaus Schellenberg, Heisinger Str. 170a, ✉ 45134, ℘ (0201) 43 78 70, Fax (0201) 4378729, ≼, 🍽, Biergarten – 🅿 🆎 🐵 🆅🅸🆂🅰
S n
geschl. Montag – **Menu** 28/45 à la carte 34/48.
◆ Fachwerkidylle am Waldrand : Wählen Sie zwischen modernem Ambiente im Wintergarten und gediegener Rustikalität im Restaurant. Man kocht klassisch mit kreativen Elementen.

In Essen-Horst Ost : 3 km, über Steeler Straße R :

Hannappel, Dahlhauser Str. 173, ✉ 45279, ℘ (0201) 53 45 06, info@restaurant-hannappel.de, Fax (0201) 8607835 – 🔺 40. 🐵 🆅🅸🆂🅰
geschl. Juni 1 Woche, Aug. - Sept. 3 Wochen, Dienstag – **Menu** (wochentags nur Abendessen) à la carte 24/36.
◆ Sie werden sehen : Die lange Anfahrt lohnt sich ! Üppige, sättigende Portionen zu bestem Preis-Leistungs-Verhältnis : in schlichtem Ambiente macht es einfach Spaß zu essen.

In Essen-Kettwig Süd : 11 km über Ruhrtalstraße S :

Schloß Hugenpoet, August-Thyssen-Str. 51 (West : 2,5 km), ✉ 45219, ℘ (02054) 1 20 40, reservierung@hugenpoet.de, Fax (02054) 120450, 🍽, 🐴, ⚘ – 📳 📺 ✆ ఉ ◻
🅿 – 🔺 50. 🆎 ⓞ 🐵 🆅🅸🆂🅰 🅹🅲🅱 ⚘ Rest
Menu (bemerkenswerte Weinkarte) à la carte 48/63 – **25 Zim** ⛳ 180/198 – 215/255.
◆ Ein Krötenpfuhl - so die Bedeutung von Hugenpoet - sondern ein architektonisches Kleinod ist das Wasserschloß von 1650 mit Park. Luxuriös mit Antiquitäten ausgestattet. Klassische Küche reicht man im edlen Umfeld des Restaurants.

Sengelmannshof, Sengelmannsweg 35, ✉ 45219, ℘ (02054) 9 59 70, info@sengelmannshof.de, Fax (02054) 83200, 🍽, ≦s, – 📳 📺 ✆ ఉ 🅿 – 🔺 30. 🆎 ⓞ 🐵 🆅🅸🆂🅰
Menu (geschl. 24. Dez. - 2. Jan., Samstagmittag) à la carte 21/36,50 – **27 Zim** ⛳ 72/82 – 103/118.
◆ Inmitten eines Grüngürtels gelegen. Das hübsche Fachwerkhaus und einstige Lehnsgut ist seit 1817 in Familienbesitz. Neuzeitliche Zimmer, Hochzeitssuite für Frischvermählte. Beim Essen genießen Sie ein lauschig-gediegenes Ambiente.

ESSEN

Schmachtenbergshof, Schmachtenbergstr. 157, ⊠ 45219, ℘ (02054) 1 21 30, hotel-schmachtenbergshof@t-online.de, Fax (02054) 121313, 🌳 – 📺 📞 🚗 🅿. – 🏨 70
Menu (geschl. Juli - Aug. 3 Wochen, Montag) (wochentags nur Abendessen) à la carte 15/31 – **21 Zim** ⊇ 65/75 – 93/102.
• Das Haus gehört seit dem 17. Jh. zum Familieneigentum und verfügt über gepflegte Zimmer. Kurzweil bietet die hauseigene Kegelbahn, sommers erfrischt man sich auf der Terrasse. Der gastronomische Bereich vermittelt ein Gefühl von heimischer Geborgenheit.

Landhaus Knappmann, Ringstr. 198, ⊠ 45219, ℘ (02054) 78 09, hotel-knappmann@web.de, Fax (02054) 6789, Biergarten – 🌳 Zim, 📺 📞 🅿. 🏨 ⓪ ⓸ 𝓥𝓘𝓢𝓐 JCB 𝕊 Zim – geschl. 23. Dez. - 3. Jan. – **Menu** (geschl. Donnerstag) (Montag - Freitag nur Abendessen) à la carte 15,50/26 – **15 Zim** ⊇ 65/99 – 89/129.
• Erweiterter, familiär geführter Gasthof. Reservieren Sie eines der Komfort-Zimmer mit honigfarbenem Mobiliar, gutem Platzangebot und Marmor-Bädern mit Whirlpool. Deftige Mahlzeiten werden im Frankenheimer Brauhaus serviert.

XXXX **Résidence** (Bühler) 🛌 mit Zim, Auf der Forst 1, ⊠ 45219, ℘ (02054) 9 55 90, info ❀❀ @hotel-residence.de, Fax (02054) 82501, 🌳 – 📺 🅿. 🏨 ⓪ ⓸ 𝓥𝓘𝓢𝓐
geschl. 1. - 10. Jan., Aug. - Sept. 3 Wochen – **Menu** (geschl. Sonntag - Montag) (nur Abendessen) (Tischbestellung ratsam, bemerkenswerte Weinkarte) à la carte 62/79 ♀ – ⊇ 14 – **18 Zim** 105/125 – 131/185.
• In der Jugendstilvilla residiert und kreiert Meisterkoch Bühler ! Nicht nur Ihr Gaumen wird Augen machen : Silber, Porzellan und frische Blumen sowie vorbildlicher Service.
Spez. Mit Gänseleber und Trüffel gefüllter Schmorapfel. Kokon vom St. Petersfisch. Atlantik-Hummer mit dicken Bohnen.

XX **Püree** – Restaurant Résidence, Auf der Forst 1, ⊠ 45219, ℘ (02054) 9 55 90, Fax (02054) 82501 – 🏨 ⓪ ⓸ 𝓥𝓘𝓢𝓐
geschl. 1. - 10. Jan., Aug. 3 Wochen, Samstag - Montag – **Menu** (nur Abendessen) à la carte 26/35 ♀.
• Wie der Name schon sagt : Püree ist die dominierende Beilage bei den schmackhaften und sorgfältig zubereiteten Speisen, die man in diesem modernen Lokal serviert.

XX **Jägerhof** mit Zim, Haupstr. 23, ⊠ 45219, ℘ (02054) 8 40 11, loevenm@lycos.de, Fax (02054) 80984, 🌳 – 📺 🅿. 🏨 ⓪ ⓸ 𝓥𝓘𝓢𝓐
Menu (geschl. Samstagmittag, Sonn- und Feiertage) à la carte 27/44 – **12 Zim** ⊇ 66/92 – 92/153.
• Renovierter Gasthof mit rustikal-gediegenem Ambiente und individuell ausgestatteter Zimmern. Im Winter lässt es sich am Kachelofen wohl sein. Internationale Küche.

XX **le petit restaurant,** Ruhrtalstr. 417, ⊠ 45219, ℘ (02054) 1 85 78, info@le-petit-restaurant.de
geschl. Aug. 3 Wochen, Montag - Dienstag – **Menu** (Tischbestellung erforderlich) à la carte 30/42 – **Peters Bistro** - **Menu** à la carte 22/26.
• Es ist wirklich klein, aber fein ! In der Wohnzimmer-Atmosphäre bei Familie Höppeler fühlt man sich gut aufgehoben. Die gelungene klassische Küche trägt ihren Teil dazu bei. Im Bistro kann man den kleinen Hunger stillen.

X **Ange d'or Junior,** Ruhrtalstr. 326, ⊠ 45219, ℘ (02054) 23 07, huppertz@angedor.de, Fax (02054) 6343, 🌳 – 🅿. 🏨 ⓸ 𝓥𝓘𝓢𝓐 𝕊
geschl. 20. Dez. - 6. Jan., Montag - Dienstag – **Menu** (nur Abendessen) à la carte 29/38.
• Der Goldengel hat sich farbenfroh gewandet : Zu antik-französischem Holzmobiliar stellen Künstler ihre poppigen Werke aus. Trendig auch die weltoffene Küche des Bistros.

In Essen-Margarethenhöhe

Margarethenhöhe, Steile Str. 46, ⊠ 45149, ℘ (0201) 4 38 60, info@margarethenhoehe.de, Fax (0201) 4386100 – 📶, ▤ Rest, 📺 📞 🚗 – 🏨 70. 🏨 ⓪ ⓸ 𝓥𝓘𝓢𝓐
Menu à la carte 23/37 – **30 Zim** ⊇ 100/128 – 130/158. R f
• Früher diente diese Adresse den Arbeitern der Krupp-Industrie, heute steht hier ein schmuckes, modernes Hotel mit tadellos gepflegten, funktionellen Zimmern. Ein helles Ambiente und klare Linien prägen das Restaurant.

In Essen-Rüttenscheid :

An der Gruga garni (mit Gästehaus), Eduard-Lucas-Str. 17, ⊠ 45131, ℘ (0201) 84 11 80, info@grugahotel.de, Fax (0201) 8411869 – 📶, 🌳 Zim, 📺 📞 🚗 🅿. – 🏨 20. 🏨 ⓪ ⓸ 𝓥𝓘𝓢𝓐 JCB
40 Zim ⊇ 95/135 – 129/169. AX a
• Sympatische Unterkunft gegenüber von Messe und Grugapark. Behagliche Zimmer mit ISDN-Anschluß und Internet-Zugangsmöglichkeit. Hübscher Garten hinter dem Haus.

Ypsilon M, Müller-Breslau-Str. 18, ⊠ 45130, ℘ (0201) 8 96 90, info@ypsilon.bestwestern.de, Fax (0201) 8969100 – 📶, 🌳 Zim, 📺 📞 🚗 🅿. – 🏨 20. 🏨 ⓪ ⓸ 𝓥𝓘𝓢𝓐 JCB – **Menu** à la carte 22/32 – **101 Zim** ⊇ 123/145 – 145/165. BX e
• Der ypsilonförmige Bau gab hier wohl den Namen. Neuzeitlich eingerichtete Zimmer, unweit der Messe. Frühstück wird im Wintergarten serviert. Kostenloser Fahrradverleih. Im Wintergartenanbau des Hotels gibt es internationale Küche.

ESSEN

🏠 **Ruhr-Hotel** garni, Krawehlstr. 42, ✉ 45130, ℰ (0201) 77 80 53, *info@ruhrhotel.de*,
Fax (0201) 780283 – 📶 ⋈ 📺 📞 AE ⓘ ⓂⓄ VISA JCB   AV e
29 Zim ⊑ 89/105 – 118/145.
   ♦ Gepflegtes, gut geführtes Hotel im Museumsviertel. Hier haben Sie die Wahl zwischen Zimmern in rustikalem Wurzelholz oder solchen mit italienischen Stilmöbeln.

XX **Bonne Auberge,** Witteringstr. 92, ✉ 45130, ℰ (0201) 78 39 99, *t.eidenweil@bonne-auberge.de*, Fax (0201) 783999 – AE ⓘ VISA   BV s
geschl. Samstagmittag, Sonntag – **Menu** 22 (mittags) à la carte 33/43.
   ♦ Wer zum Rendezvous nicht gleich nach Paris fahren möchte, findet hier guten Ersatz : seit 1974 gilt das Restaurant als Herberge für französisches Flair mit klassischer Küche.

XX **Emile,** Emilienstr. 2, ✉ 45128, ℰ (0201) 79 13 18, *restemile@aol.com*,
Fax (0201) 791331 – 🅿. ⓂⓄ VISA   BV r
geschl. Samstagmittag, Sonntag – **Menu** (italienische Küche) (Tischbestellung ratsam) 15 (mittags) à la carte 28/39.
   ♦ Hübsche Jugendstilfassade, dahinter das kleine, eng bestuhlte Bistro-Ristorante. Man bestellt von der Tafel oder der freundliche Patron empfiehlt selbst Tagesfrisches.

ESSEN, BAD Niedersachsen 415 J 9 – 15 800 Ew – Höhe 90 m – Thermalsole-Heilbad.

🅱 *Tourist-Information, Lindenstr. 39, ✉ 49152, ℰ (05472) 9 49 20, Fax (05472) 949285.*
Berlin 396 – Hannover 133 – Bielefeld 71 – Osnabrück 24.

🏨 **Waldhotel** 🅼, Bergstr. 51, ✉ 49152, ℰ (05472) 9 78 80, *info@waldhotel-badessen.de*, Fax (05472) 978888, 🌳, Massage, ≘s, 🏊, 🎾 – 📶 ⋈ Zim, 📺 📞 & 🅿. – 🔏 25.
AE ⓂⓄ VISA
Menu (geschl. Montag) à la carte 17/29 – **21 Zim** ⊑ 60 – 90 – ½ P 13.
   ♦ Das vollständig renovierte Waldhotel lockt mit komfortablen und stilvoll ausgestatteten Zimmern und einer idyllischen Umgebung, in der man Ruhe und Entspannung findet. In der Schauküche des Restaurants bereitet man internationale Gerichte und Mediterranes zu.

🏨 **Landhotel Buchenhof** garni, Bergstr. 22, ✉ 49152, ℰ (05472) 93 90, *info@landhotel-buchenhof.de*, Fax (05472) 939200, ≘s, 🎾 – ⋈ 📺 📞 ⇔ 🅿. – 🔏 20. AE ⓘ
ⓂⓄ VISA
27 Zim ⊑ 60 – 90/120.
   ♦ Das Hotel besteht aus drei renovierten, mit Komfort und moderner Technik ausgestatteten Fachwerkbauernhäusern (eins von 1703), die in einer idyllischen Gartenanlage liegen.

ESSENBACH Bayern 420 U 20 – 8 700 Ew – Höhe 386 m.

Berlin 542 – München 83 – Regensburg 53 – Ingolstadt 81 – Landshut 9.

In Essenbach-Mirskofen West : 1,5 km :

🏠 **Luginger,** Obere Sendlbachstr. 11, ✉ 84051, ℰ (08703) 9 33 00, *info@luginger.de*,
Fax (08703) 933066, 🌳, Biergarten, 🏊 – 📺 🅿. – 🔏 120. ⓂⓄ VISA ⋈ Zim
geschl. 22. Dez. - 6. Jan. – **Menu** (geschl. Aug. 2 Wochen, Sonntagabend - Montagmittag) à la carte 12/26 – **22 Zim** ⊑ 26/36 – 50/62.
   ♦ Ein sehr gepflegter, für die Region Niederbayern typischer, familiengeführter Landgasthof mit solide eingerichteten, wohnlichen Zimmern. In der gemütlichen Gaststube wartet gutbürgerliche Kost auf Sie.

ESSING Bayern siehe Kelheim.

ESSLINGEN AM NECKAR Baden-Württemberg 419 T 11 – 90 500 Ew – Höhe 240 m.

Sehenswert : *Altes Rathaus★* Y B – *Marktplatz★* Y – *Stadtkirche (Glasmalereien★)* Y – *Frauenkirche (Turm★)* Y.

🅱 *Stadtinformation, Marktplatz 2, ✉ 73728, ℰ (0711) 39 69 39 69, info@esslingen-tourist.de, Fax (0711) 39693939.*

ADAC, *Plochingerstr. 21.*

Berlin 641 ④ – Stuttgart 17 ④ – Reutlingen 40 ③ – Ulm (Donau) 80 ③

Stadtplan siehe nächste Seite

🏨 **Am Schillerpark** garni, Neckarstr. 60, ✉ 73728, ℰ (0711) 93 13 30, *info@hotel-am-schillerpark.de*, Fax (0711) 93133100 – 📶 ⋈ 📺 📞 & ⇔. AE ⓂⓄ VISA   Z r
geschl. 22. Dez. - 6. Jan. – **49 Zim** ⊑ 89/102 – 102/118.
   ♦ Das Hotel überzeugt durch die komfortablen, technisch gut ausgestatteten Zimmer und Maisonetten sowie den Service, der speziell auf Geschäftsreisende zugeschnitten ist.

ESSLINGEN AM NECKAR

Bahnhofplatz	**Z** 2	Im Heppächer	**Z** 16	Pliensaustraße	**Z**
Bahnhofstraße	**Z**	Küferstraße	**Z**	Plochinger Straße	**Z** 29
Blarerplatz	**Z** 5	Kurt-Schumacher-		Rathausplatz	**Y** 30
Brückenstraße	**Z** 6	Straße	**Z** 17	Roßmarkt	**Z** 31
Charlottenplatz	**Z** 7	Landolinsplatz	**Z** 21	Strohstraße	**Z** 33
Entengrabenstraße	**Z** 10	Marktplatz	**Y** 22	Unterer Metzgerbach	**Z** 36
Franziskanergasse	**Z** 12	Milchstraße	**Y** 23	Vogelsangbrücke	**Z** 39
Heugasse	**Y** 14	Oberer Metzgerbach	**Z** 26	Wielandstraße	**YZ** 40

🏨 **Rosenau,** Plochinger Str. 65, ✉ 73730, ℰ (0711) 3 15 45 60, info@hotel-rosenau.de, Fax (0711) 3161344, 🍴, ⇌, 🔲 – 🛗, ⇌ Zim, 📺 📞 🅿. 🆎 ⓞ 💳 VISA JCB
Menu *(geschl. Aug., Samstag) (nur Abendessen)* à la carte 18/28 – **57 Zim** ⇌ 60/90 – 95/115. über Plochinger Straße **Z**
♦ Ein gut geführtes Hotel mit gepflegten, praktisch und zeitlos eingerichteten Zimmern, von denen ein Teil mit überlangen Betten versehen ist. Gediegen-rustikales Restaurant.

XX **Dicker Turm,** Auf der Burg (Zufahrt über Mülberger Straße), ✉ 73728, ℰ (0711) 35 50 35, herbstrith@dicker-turm.de, Fax (0711) 3508596, ≤ Esslingen – 🛗 🅿. ⓞ 💳 VISA **Y** d
geschl. über Fastnacht, 18. Juli - 6. Aug., Mitte Mai - Mitte Okt. Sonntag – **Menu** à la carte 29/42,50 ♀.
♦ Im Turm der mittelalterlichen Burg speist man an schön gedeckten Tischen mit Blick aufs Neckartal. Die Küche ist international, aber auch regionale Leckerbissen fehlen nicht.

XX **Kuntzer's Öxle,** Marktplatz 4, ✉ 73728, ℰ (0711) 3 51 04 51, Fax (0711) 3510451 **Y** a
geschl. Aug. 2 Wochen, Montag, Sonn- und Feiertage – **Menu** à la carte 40/54.
♦ Zuerst Schmiede, dann Weinstube, jetzt Restaurant : Genießen Sie in der gemütlichen Atmosphäre der holzgetäfelten Gaststube die klassische, marktorientierte Küche des Chefs.

In Esslingen-Berkheim über ③ : 4 km :

🏨 **Linde,** Ruiter Str. 2, ✉ 73734, ℰ (0711) 34 53 05, info@linde-esslingen.de, Fax (0711) 3454125, 🍴, ⇌, 🔲 – 🛗, ⇌ Zim, 📺 📞 ⇌ 🅿. – 🔔 30. 🆎 ⓞ 💳 VISA
Menu *(geschl. 22. Dez. - 12. Jan., Samstagmittag)* à la carte 15/41 – **83 Zim** ⇌ 50/91 – 73/117.
♦ Der gewachsene, gut geführte Gasthof mit den gepflegten Zimmern, die sich im Alt- und Neubau etwas im Komfort unterscheiden, ist eine solide Übernachtungsadresse. Schwäbische und internationale Speisen in der mit allerlei bäuerlichen Geräten dekorierten Stube.

ESSLINGEN AM NECKAR

Esslingen-Neckarhalde Nord-West : 3 km über Geiselbachstraße Y :

Kelter, Kelterstr. 104, ⊠ 73733, ℘ (0711) 9 18 90 60, Fax (0711) 91890628, ≤ Neckartal, 🌳, Biergarten – 🛗 📺 📧 ⓜ VISA
Menu (geschl. Montag) à la carte 23/33 – **12 Zim** ⊇ 47/52 – 80.
 • Oberhalb der Weinberge liegt dieser traditionsreiche Gasthof - seit drei Generationen in Familienbesitz - mit den zeitgemäßen Zimmern und der freundlichen Atmosphäre. Das Restaurant zeigt sich teils rustikal, teils mit gediegener Note.

ESTERWEGEN Niedersachsen **415** H 6 – 3 700 Ew – Höhe 35 m.
Berlin 482 – Hannover 200 – Emden 49 – Bremen 96 – Lingen 63 – Osnabrück 121.

Graf Balduin, Am Sportpark 1, ⊠ 26897, ℘ (05955) 2 02 00, hotel@graf-balduin.de, Fax (05955) 20299, 🌳, ✵(Halle) – 🛗 ⥲ 📺 📧 – 🔑 50. ⓜ VISA
Menu (geschl. Sonntagabend) à la carte 18/29 – **33 Zim** ⊇ 40 – 70.
 • Tennisfans aufgepaßt ! Im Emsland finden Sie dieses neuere Hotel mit Tennishallenanbau. Weitere Sportanlagen in der Nähe und funktionelle Zimmer runden das Angebot ab. Das Restaurant ist mit mahagonifarbenen Möbeln eingerichtet.

ETTAL Bayern **419 420** X 17 – 900 Ew – Höhe 878 m – Luftkurort – Wintersport : ⛷.
Ausflugsziel : Schloß Linderhof★★ (Schloßpark★★) West : 9,5 km.
🛈 Tourist-Information, Ammergauer Str. 8, ⊠ 82488, ℘ (08822) 35 34, info@ettal.de, Fax (08822) 6399.
Berlin 674 – München 88 – Garmisch-Partenkirchen 15 – Landsberg am Lech 62.

Ludwig der Bayer, Kaiser-Ludwig-Platz 10, ⊠ 82488, ℘ (08822) 91 50, hotel@kloster-ettal.de, Fax (08822) 915420, Biergarten, ≘s, 🔲, 🌊, ✵ – 🛗 📺 ⥂ 📧 – 🔑 200. ⓜ VISA
geschl. Nov. – **Menu** à la carte 13,50/29 – **77 Zim** ⊇ 53/58 – 77/87 – ½ P 12.
 • Aus der ehemaligen Herberge des Klosters wurde ein zeitgemäßes Hotel : Die gepflegten Zimmer sind teils mit Naturholzmöbeln, teils mit bemalten Bauernmöbeln eingerichtet. Heimelig und rustikal wirkt das Restaurant.

Zur Post, Kaiser-Ludwig-Platz 18, ⊠ 82488, ℘ (08822) 35 96, info@posthotel-ettal.de, Fax (08822) 6971, 🌳, ≘s – ⥲ 📺 ⥂ 📧 ⓜ VISA JCB
geschl. Nov. - 20. Dez. – **Menu** (nur Abendessen) à la carte 17/34 – **21 Zim** ⊇ 51/66 – 66/94 – ½ P 13.
 • Ein charakteristischer, blumengeschmückter alpenländischer Gasthof : Mit wohnlichen Zimmern erwartet dieses familiär geführte Haus seine Gäste. Gepflegte rustikale Ländlichkeit strahlt das Restaurant aus. Hier kehrt man gerne ein !

In Ettal-Linderhof West : 11 km :

Schlosshotel Linderhof, Linderhof 14, ⊠ 82488, ℘ (08822) 7 90, info@schlosshotel-linderhof.com, Fax (08822) 4347, 🌳 – 🛗 📺 ⥂ 📧 – 🔑 40. 🅐🅔 ⓞ ⓜ VISA JCB
Menu à la carte 14/30 – **29 Zim** ⊇ 45/58 – 86/106 – ½ P 13.
 • Auf den Spuren König Ludwigs : Direkt angrenzend an den Park des Schlosses Linderhof finden Sie diesen für die Region typischen Landgasthof mit gediegen-ländlicher Einrichtung. In den gepflegten Gaststuben werden Sie mit einer regionalen Küche bewirtet.

ETTLINGEN Baden-Württemberg **419** T 9 – 40 000 Ew – Höhe 135 m.
🛈 Stadtinformation (Schloss), ⊠ 76275, ℘ (07243) 10 12 21, Fax (07243) 101430.
Berlin 678 – Stuttgart 79 – Karlsruhe 10 – Baden-Baden 36 – Pforzheim 30.

Erbprinz, Rheinstr. 1, ⊠ 76275, ℘ (07243) 32 20, info@erbprinz.de, Fax (07243) 322322, 🌳 – 🛗, ⥲ Zim, 🍽 Rest, 📺 📞 ⥂ 📧 – 🔑 40. 🅐🅔 ⓞ ⓜ VISA JCB
Menu à la carte 38/59 – **Weinstube Sibylla : Menu** à la carte 22/44 – **49 Zim** ⊇ 116 – 166/230.
 • Frischer Wind weht in dem klassischen Haus mit der 200jährigen Tradition. Es wurde sehr behutsam verändert und so blieb der Charakter des stilvollen Hotels erhalten. Kultiviert speist man im eleganten Restaurant. In der Weinstube pflegt man einfachere Genüsse.

Watthalden 🅼, Pforzheimer Str. 67a, ⊠ 76275, ℘ (07243) 71 40, hotel@watthalden.de, Fax (07243) 7143333, – 🛗 ⥲ 📺 📞 & ⥂ 📧 – 🔑 40. 🅐🅔 ⓞ ⓜ VISA JCB
Menu siehe Rest. - **Hartmaier's Villa** separat erwähnt – **83 Zim** ⊇ 88/93 – 115/130.
 • Das Wohlbefinden der Gäste liegt den Betreibern dieses neuen, modernen Hotels besonders am Herzen. Die Zimmer sind mit hellen Naturholzmöbeln und Pastellfarben eingerichtet.

ETTLINGEN

Stadthotel Engel garni (mit Gästehaus), Kronenstr. 13, ⌧ 76275, ✆ (07243) 33 00
info@stadthotel-engel.de, Fax (07243) 330199, ☎ – 🛗 ⚐ 📺 ♿ 🚭 – 🛎 40. ⫸ ⓞ
ⒸⓄ 𝖵𝖨𝖲𝖠
geschl. 23. Dez. - 6. Jan. – **94 Zim** ⌤ 70/90 – 90/110.
 ◆ Im Herzen der Altstadt finden Sie dieses gut geführte Hotel. Die solide und funktionel
eingerichteten Zimmer verteilen sich auf das Haupthaus und ein Gästehaus.

Holder, Lindenweg 16, ⌧ 76275, ✆ (07243) 1 60 08, info@hotelholder.de
Fax (07243) 79595, ☎ – 📺 🅿 ⫸ ⓒⓞ 𝖵𝖨𝖲𝖠   Stadtplan Karlsruhe AV b
Menu (geschl. Samstag) (nur Abendessen) (Restaurant nur für Hausgäste) – **29 Zim**
⌤ 63/79 – 79/92.
 ◆ Ruhig in einem Wohngebiet und doch verkehrsgünstig liegt dieses Hotel. Wohnliche
und geräumige Doppelzimmer - die Einzelzimmer sind etwas kleiner - erwarten die
Gäste.

Drei Mohren, Rheinstr. 15, ⌧ 76275, ✆ (07243) 1 60 31, info@hotel-drei-mohren.de
Fax (07243) 15791, ☀ – 🛗 📺 🚭 🅿 ⫸ ⓞ ⓒⓞ 𝖵𝖨𝖲𝖠
geschl. 27. Dez. - 6. Jan. – **Menu** (geschl. Samstag - Sonntag) à la carte 20/37 – **28 Zim**
⌤ 82 – 92.
 ◆ Ein gepflegtes, familiengeführtes Hotel : Die Zimmer befinden sich größtenteils in einem
Anbau des alten Gasthofs und bieten neuzeitlichen Komfort. Einladend ist auch das liebevoll
dekorierte Restaurant.

XXX **Hartmaiers Villa**, Pforzheimer Str. 67, ⌧ 76275, ✆ (07243) 76 17 20, info@har
maiers.de, Fax (07243) 4673, ☀ – 🅿 ⫸ ⓒⓞ
geschl. Samstagmittag, Sonntag – **Menu** à la carte 38/52 – **Bistro Engele :** **Menu**
à la carte 27/35.
 ◆ Das elegante Restaurant in der Villa aus der Weinbrenner-Schule kredenzt seinen Gästen
Haute Cuisine : Lassen Sie sich von den klassischen Spezialitäten des Chefs verwöhnen. In
lockerer Atmosphäre Gutes essen können Sie im Bistro.

X **Ratsstuben**, Kirchenplatz 1, ⌧ 76275, ✆ (07243) 7 61 30, Fax (07243) 761320, ☀
– ⫸ ⓞ ⓒⓞ 𝖵𝖨𝖲𝖠
Menu à la carte 18/42.
 ◆ Im gemütlich-rustikalen Restaurant in der Altstadt - die kleinen Tische mit Blick
auf die Alb - können Sie badische und internationale Spezialitäten und Saisonales
genießen.

An der Autobahn A 5 (Anschlußstelle Karlsruhe-Süd) Nord-West : 2,5 km :

Hilton, Am Hardtwald 10 (Industriegebiet), ⌧ 76275 Ettlingen, ✆ (07243) 38 00
info_karlsruhe@hilton.com, Fax (07243) 380666, ☀, 🛁, ☎, 🏊 – 🛗 ⚐ Zim, 🗏 📺
✆ ♿ 🅿 – 🛎 200. ⫸ ⓞ ⓒⓞ 𝖵𝖨𝖲𝖠 𝖩𝖢𝖡. 🚭 Rest   Stadtplan Karlsruhe AV e
Menu à la carte 26/42 – ⌤ 17 – **199 Zim** 115/208, 4 Suiten.
 ◆ Ein vor einigen Jahren neu erbautes Tagungs- und Business-Hotel mit komfor-
tablen Zimmern, die ausreichend Platz und bei funktioneller Möblierung leichte Eleganz
bieten.

Lesen Sie die Einleitung, sie ist der Schlüssel zu diesem Führer.

ETTRINGEN Rheinland-Pfalz siehe Mayen.

EUSKIRCHEN Nordrhein-Westfalen **417** O 4 – 45 000 Ew – Höhe 150 m.
ADAC, Hochstr. 64.
Berlin 611 – Düsseldorf 78 – Bonn 32 – Aachen 87 – Düren 30 – Köln 41.

Eifel-Hotel garni, Frauenberger Str. 181, ⌧ 53879, ✆ (02251) 1 06 50
Fax (02251) 73847, ☎ – 🛗 ⚐ 📺 ✆ ♿ 🅿 – 🛎 20. ⫸ ⓞ ⓒⓞ 𝖵𝖨𝖲𝖠 𝖩𝖢𝖡. 🚭 Rest
29 Zim ⌤ 84 – 97.
 ◆ Jedes Zimmer ein Unikat : Mit Hilfe von Farben, Bildern, Wandmalereien und Dekoma-
terial ist es hier gelungen, ein extravagantes Haus zu schaffen. Lassen Sie sich überra-
schen !

XX **Stadtwald Vinum**, Münstereifeler Str. 148, ⌧ 53879, ✆ (02251) 6 33 13, stadt
waldvinum@t-online.de, Fax (02251) 861819, ☀ – 🅿 ⫸ ⓒⓞ 𝖵𝖨𝖲𝖠
geschl. Anfang Jan. 1 Woche, über Karneval, Montag – **Menu** (wochentags nur Abendessen)
(Tischbestellung ratsam) à la carte 27/40.
 ◆ Eine internationale Küche mit mediterranem Einschlag genießen die Gäste des
Restaurants im südländischen Landhausstil. Bei gutem Wetter lockt die Terrasse mit klei-
nem Teich.

EUTIN Schleswig-Holstein D 15 – 17 000 Ew – Höhe 43 m – Luftkurort.

Bösdorf, Gut Waldshagen (West : 8 km), ℘ (04522) 76 67 66.

❶ Tourist-Information, Bleekergang 6, ✉ 23701, ℘ (04521) 7 09 70, info@eutin-tourismus.de, Fax (04521) 709720.

Berlin 299 – Kiel 44 – Lübeck 48 – Oldenburg in Holstein 29.

Voss-Haus, Vossplatz 6, ✉ 23701, ℘ (04521) 4 01 60, info@vosshauseutin.de, Fax (04521) 401620, 😊 – 📺 🚗 – 🔔 120. ⓐ ⓔ VISA
geschl. Feb. – **Da Vinci** (italienische Küche) (geschl. Jan. - April und Okt.- Nov. Montag) **Menu** à la carte 21/33 – **12 Zim** ⌂ 50/55 – 77/90 – ½ P 15.
• In der Mitte des Orts steht dieses alte Haus mit Anbau. Durch den historischen Hallenhorizont des Hotels gelangen Sie in funktionelle Zimmer mit solider Naturholzmöblierung. Täfelung und Stuck der Räume a. d. 18. Jh. geben dem Da Vinci ein stilvolles Ambiente.

L'Etoile (mit Gästehäusern), Lübecker Landstr. 36, ✉ 23701, ℘ (04521) 70 28 60, klausheidel@t-online.de, Fax (04521) 702861, 😊 – ⇄ Zim, 📺 ✆ 🅿 – 🔔 20. 🆎 ⓐ ⓔ VISA
geschl. Jan. - 6. Feb., 6. - 18. Okt. – **Menu** (geschl. Montag - Dienstag) (nur Abendessen) (Tischbestellung ratsam, bemerkenswerte Weinkarte) 40/80 und à la carte ♀ - **Le Bistro** (geschl. Montag - Dienstag) **Menu** à la carte 24/37 – ⌂ 5 – **8 Zim** 45/90 – 65/115.
• Die ehemaligen Schauräume eines Autohändlers hat man zum edlen Restaurant umgestaltet - mit Natursteinwänden im Stil eines Weinkellers eingerichtet. Neu : der Hotelbereich. Ein elegant-mediterranes Ambiente lockt im Bistro in der ersten Etage.
Spez. Variation von der Gänsestopfleber mit Koriander-Brioche. Asiatisch gewürzte Kokosschaumsuppe mit Weintrauben und Entenfleisch. Deichlammrücken im Kräutercrêpe mit Frischkäse gebraten.

In Eutin-Fissau Nord : 2,5 km :

Landhaus Holsteinische Schweiz garni, Sielbecker Landstr. 11, ✉ 23701, ℘ (04521) 7 99 00, info@landhaus-holsteinische-schweiz.de, Fax (04521) 799030, 😊 – 📺 🚗 🅿 ✻
12 Zim ⌂ 49/56 – 78/88.
• Das Hotel mit schöner Gartenanlage und kleinem Teich verspricht einen erholsamen Aufenthalt. Wohnliche, mit Kiefernmöbeln eingerichtete Zimmer und Appartements erwarten Sie.

Wiesenhof, Leonhardt-Boldt-Str. 25, ✉ 23701, ℘ (04521) 7 07 60, wiesenhof@hotel-wiesenhof.de, Fax (04521) 707666, 😊, ≘, 🔲, 😊 – 📺 🚗 🅿 ⓐ ⓔ VISA
✻ Zim
Menu (geschl. Jan. - Feb., Mittwoch) à la carte 19/28 – **30 Zim** ⌂ 42/45 – 93/110.
• Dieses Urlaubshotel in der Holsteinischen Schweiz hält gemütliche Zimmer und Appartements für seine Gäste bereit. Die Liegewiese lädt zum Entspannen ein.

In Eutin-Sielbeck Nord : 5,5 km :

Uklei-Fährhaus (mit Gästehaus), Eutiner Str. 7 (am Kellersee), ✉ 23701, ℘ (04521) 24 58, info@uklei-faehrhaus.de, Fax (04521) 5576, ≤, 😊, 😊 – 📺 🅿
geschl. Dez. - Anfang Feb. – **Menu** (geschl. außer Saison Donnerstag) à la carte 20/41 – **22 Zim** ⌂ 40/51 – 63/66 – ½ P 12.
• Ferien am See : An der Anlegestelle am Kellersee liegt dieses gepflegte und gut geführte Haus mit soliden Zimmern und Ferienwohnungen - meist mit schöner Aussicht. Ein rotes Blockhaus mit Ausblick aufs Wasser dient als Restaurant. Schöne Seeterrasse.

EXTERTAL Nordrhein-Westfalen J 11 – 13 300 Ew – Höhe 220 m.

❶ Verkehrsamt, Mittelstr. 33 (Bösingfeld), ✉ 32699, ℘ (05262) 40 20, Fax (05262) 40258.

Berlin 359 – Düsseldorf 221 – Hannover 77 – Paderborn 64 – Osnabrück 103.

In Extertal-Linderhofe :

Zur Burg Sternberg, Sternberger Str. 37, ✉ 32699, ℘ (05262) 94 40, info@hotel-burg-sternberg.de, Fax (05262) 944144, 😊, ≘, 🔲, 😊 – 🛗, ⇄ Zim, 📺 ✆ 🚗 🅿 – 🔔 70. ⓔ VISA
Menu 11 (Buffet) à la carte 15/29 – **50 Zim** ⌂ 59/66 – 72/106.
• Eine umfangreiche Erweiterung machte aus dem ehemaligen Gast- und Pensionshaus direkt am Waldrand im Lippischen Bergland ein modernes Hotel mit zeitgemäßem Standard. Der frische Landhausstil macht das Restaurant einladend und gastlich.

FAHRDORF Schleswig-Holstein siehe Schleswig.

FAHRENZHAUSEN Bayern 419 420 U 18 – 3 700 Ew – Höhe 450 m.
Berlin 562 – München 25 – Freising 26 – Augsburg 72.

In Fahrenzhausen-Großnöbach Süd-Ost : 2 km Richtung München :

AmperVilla M, Gewerbering 1 (B 13), ✉ 85777, ℘ (089) 87 78 85 57, info@amper
villa.de, Fax (089) 89399199, ⇌, ☞, – ⌊§⌋, ⇔ Zim, 📺 ℜ ⇐ 🅿 – ⚿ 30. 🝁 ⓞ ⓜⓞ 𝖵𝖨𝖲𝖠
※ Rest
Menu (Restaurant nur für Hausgäste) – **26 Zim** ⌥ 77 – 88.
♦ Mediterraner Landhausstil gibt dem Haus seinen besonderen Charme. Überzeugend ist die gelungene Kombination von Wohnlichkeit und Funktionalität.

FALKENHAGEN Brandenburg siehe Pritzwalk.

FALKENHAGEN KREIS MÄRKISCH-OBERLAND Brandenburg 416 I 26 – 900 Ew – Höhe 60 m.
Berlin 73 – Potsdam 117 – Frankfurt (Oder) 22.

Seehotel Luisenhof M ♨, Am Gabelsee (Süd : 1 km), ✉ 15306, ℘ (033603) 4 00, seehotel-luisenhof@t-online.de, Fax (033603) 40400, ⇌, ⇌, ⛱, ☞, ※ – ⇔ Zim 📺 ℜ ⅋ 🅿 – ⚿ 35. 🝁 ⓜⓞ 𝖵𝖨𝖲𝖠. ※ Rest
Menu à la carte 23,50/34,50 – **32 Zim** ⌥ 55/63 – 78/88.
♦ Etwas außerhalb an einem See steht der Luisenhof - eine Mitte der 90er Jahre entstandene Hotelanlage. Sie besticht durch freundliche, helle Zimmer, die alle Marmorbäder haben. Stimmungsvoll ist das Rotunden-Restaurant mit seinem herrlichen Ausblick.

FALKENSTEIN KREIS CHAM Bayern 420 S 21 – 3 300 Ew – Höhe 627 m – Luftkurort - Wintersport : 630/700 m ⚿1 ⚿.
🛈 Tourismus-Büro, Marktplatz 1, ✉ 93167, ℘ (09462) 2 44, Fax (09462) 5310.
Berlin 499 – München 162 – Regensburg 41 – Cham 21 – Straubing 29.

Am Schloßpark, Rodinger Str. 5, ✉ 93167, ℘ (09462) 9 40 40, amschlosspark falkenstein@bayerntours.de, Fax (09462) 1664, ☞, ⇌ – ⌊§⌋, ⇔ Zim, 📺 ⇐ 🅿 – ⚿ 30 🝁 ⓞ ⓜⓞ 𝖵𝖨𝖲𝖠
Menu (geschl. Montagmittag) à la carte 13,50/24 – **17 Zim** ⌥ 40 – 65 – ½ P 10.
♦ Nahe dem Ortszentrum finden Reisende dieses neuzeitliche Hotel. Wenn Sie eine zeitgemäße Herberge in überschaubarer Größe suchen, werden Sie hier fündig. In gepflegtem Ambiente umsorgt man Sie mit bürgerlicher Küche.

Café Schwarz ♨, Arracher Höhe 1, ✉ 93167, ℘ (09462) 2 50, pension.schwarz@t -online.de, Fax (09462) 674, ≤, ☞, ⇌, ⌧, ☞ – ⇐ 🅿.
geschl. Mitte Nov. - Mitte Dez. – **Menu** (geschl. Montag) (nur Abendessen) (Restaurant nur für Hausgäste) – **23 Zim** ⌥ 25/35 – 52/62 – ½ P 8.
♦ Wenn Sie in diesem gepflegten Gasthof, der leicht erhöht am Hang liegt, übernachten wollen, reservieren Sie am besten eines der renovierten Zimmer mit dem hellen Mobiliar.

FALKENSTEIN (Vogtland) Sachsen 418 420 O 21 – 9 500 Ew – Höhe 500 m.
🛈 Fremdenverkehrsamt im Heimatmuseum, Schlossplatz 1, ✉ 08223, ℘ (03745) 60 76, Fax (03745) 6076.
Berlin 310 – Dresden 151 – Gera 63 – Plauen 20.

Falkenstein, Amtsstr. 1, ✉ 08223, ℘ (03745) 74 20, hotel.falkenstein@t-online.de, Fax (03745) 742444, ⇌ – ⌊§⌋, ⇔ Zim, 📺 ℜ ⇐ 🅿 – ⚿ 80. 🝁 ⓞ ⓜⓞ 𝖵𝖨𝖲𝖠
Menu à la carte 14,50/29,50 – **50 Zim** ⌥ 63 – 67/75.
♦ Die modernen Einrichtungen des Hauses sind wohl durchdacht und an dem Bedarf der Gäste ausgerichtet. So sind die Zimmer gut geschnitten und mit Wurzelholzmöbeln bestückt. Das Restaurant hat durch sein modernes Mobiliar ein wenig Bistro-Atmosphäre.

Jägerhalle, Schloßstr. 50 (an der B 169), ✉ 08223, ℘ (03745) 7 12 83, jaegerhalle @t-online.de, Fax (03745) 71324 – 📺 ⇐. 🝁 ⓜⓞ 𝖵𝖨𝖲𝖠
Menu à la carte 13/18 – **12 Zim** ⌥ 29/40 – 44/49.
♦ Im Herzen der Stadt unterhält Familie Zoglauer eine einfache, aber sehr ordentliche und freundliche Herberge. Rustikale Naturholzmöbel geben den Gastzimmern Charme. Eine bodenständige vogtländische Küche gibt es im üppig dekorierten Restaurant.

FALLINGBOSTEL Niedersachsen 415 416 H 13 – 14 000 Ew – Höhe 50 m – Kneippheilbad und Luftkurort.
⛳ Fallingbostel, Tietlingen 6, ℘ (05162) 38 89.
🛈 Tourist-Information, Sebastian-Kneipp-Platz 1, ✉ 29683, ℘ (05162) 40 00, falling bostel@vogelpark-region.de, Fax (05162) 400500.
Berlin 329 – Hannover 69 – Bremen 70 – Hamburg 95 – Lüneburg 69.

Berlin, Düshorner Str. 7, ✉ 29683, ℰ (05162) 30 66, info@hotel-berlin-online.de, Fax (05162) 1636, 😊, 🍴 – ✻ Zim, 📺 ⬚ 🅿 – 🎿 25. 🅰🅴 🅾 🅼🅾 VISA
Menu (geschl. Montag) à la carte 19/25 – **20 Zim** ⊂ 49/77 – 67/92 – ½ P 13.

♦ Schon von außen wirkt das Haus durch seine ansprechende Architektur einladend. Auch das Innere enttäuscht nicht : Reservieren Sie eines der neuen Zimmer in der oberen Etage. Proper die Einrichtung, freundlich der Service im Restaurant.

Haus Petersen garni, Schlüterberg 1, ✉ 29683, ℰ (05162) 59 66, rezeption@haus -petersen.de, Fax (05162) 1262, 😊, 🄳, 🍴 – ✻ 📺 ⬚ 🅿 VISA
18 Zim ⊂ 46/53 – 71/75.

♦ Umgeben von einem großen Garten, gibt sich das Haus als eine nette Adresse. Sämtliche Zimmer zeigen ländliche Interieurs und vermitteln eine wohnliche und warme Atmosphäre.

Haus am Walde garni, Soltauer Str. 14, ✉ 29683, ℰ (05162) 9 74 80, hausam walde.fall@t-online.de, Fax (05162) 974834, Massage, 😊 – ⬚ 🅿 🅰🅴 🅾 🅼🅾 VISA
30 Zim ⊂ 45/56 – 77/81.

♦ Der Name sagt es bereits : das Haus mit den wohnlichen Zimmern steht auf einem parkartigen Gelände, das sich bis zum Böhme-Ufer erstreckt und direkt an den Liethwald grenzt.

FARCHANT Bayern 419 420 X 17 – 3 900 Ew – Höhe 700 m – Erholungsort – Wintersport : 650/700 m ✴.

🛈 Verkehrsamt im Rathaus, Am Gern 1, ✉ 82490, ℰ (08821) 96 16 96, Fax (08821) 961622.

Berlin 671 – München 84 – Garmisch-Partenkirchen 4 – Landsberg am Lech 73.

Alter Wirt, Bahnhofstr. 1, ✉ 82490, ℰ (08821) 62 38, alter-wirt@gmx.de, Fax (08821) 61455, 😊, 🍴 – ✻ Zim, 📺 🅿 – 🎿 80. 🅰🅴 🅼🅾 VISA
Menu (geschl. März, Montag) à la carte 13,50/27 – **36 Zim** ⊂ 42/46 – 72/80 – ½ P 13.

♦ Inmitten alpenländischer Bergkulisse beeindruckt der Gasthof durch seine schmucke Fassade. Auch in den Zimmern spiegelt sich dank Naturholz die heimelige Atmosphäre wider. Die Gaststube präsentiert sich im dörflichen Rahmen.

Kirchmayer, Hauptstr. 14, ✉ 82490, ℰ (08821) 6 87 33, info@hotel-kirchmayer.de, Fax (08821) 6345, 😊 – 🛗 📺 🅿. 🅼🅾 VISA JCB
Menu à la carte 15,50/29,50 – **17 Zim** ⊂ 36/45 – 60/90 – ½ P 15.

♦ Ein Gasthof wie aus einem Heimatfilm und seit 200 Jahren im Familienbesitz. Die Zimmer sind eingerichtet mit einfachen, hellen Bauernmöbeln, die sehr gepflegt wirken. Das Restaurant präsentiert sich im Stil einer Dorfgaststätte.

Föhrenhof ⌂, Frickenstr. 2, ✉ 82490, ℰ (08821) 66 40, foehrenhof@oberland.net, Fax (08821) 61340, 😊, 🍴 – 📺 ⬚ 🅿. 🅼🅾 VISA
geschl. 24. März - 15. April, 25. Okt. - 20. Dez. – **Menu** (geschl. Montag - Dienstag) (nur Abendessen) à la carte 14,50/22 – **18 Zim** ⊂ 36/45 – 62/97.

♦ Erholung im Einklang mit der Natur findet man in diesem ruhigen, eingebettet in den Loisachauen gelegenen Gasthof. Tip : Reservieren Sie eines der aparten Zirbelholz-Zimmer.

Gästehaus Zugspitz garni, Mühldrflstr. 4, ✉ 82490, ℰ (08821) 9 62 60, info@ gaestehaus.zugspitz.de, Fax (08821) 962636, ≤, 😊, 🍴 – 📺 🅿
geschl. 1 Woche nach Ostern, Anfang Nov. - Mitte Dez. – **14 Zim** ⊂ 37/42 – 51/62.

♦ Einfache Gastlichkeit verbreitet sich in dem kleinen Familienbetrieb mit Blick auf die Zugspitze. Sie wohnen in Zimmern, die mit bemalten Bauernmöbeln ausgestattet sind.

FASSBERG Niedersachsen 415 416 H 14 – 7 150 Ew – Höhe 60 m.

🛈 Touristinformation Müden, Unterlüßer Str. 5, ✉ 29328, ℰ (05053) 98 92 22, verkehrsverein@mueden-oertze.de, Fax (05053) 989223.

Berlin 308 – Hannover 90 – Celle 44 – Munster 14.

In Faßberg-Müden Süd-West : 4 km – Erholungsort :

Niemeyer's Posthotel, Hauptstr. 7, ✉ 29328, ℰ (05053) 9 89 00, info@ niemeyers-posthotel.de, Fax (05053) 989064, 😊, 😊 – ✻ Zim, 📺 ☎ 🅿 – 🎿 40. 🅼🅾 VISA JCB. ✺ Zim
Menu (geschl. 2. - 12. Jan., Sonntagabend - Montag) à la carte 26,50/41 – **36 Zim** ⊂ 65/95 – 95/130 – ½ P 18.

♦ Als einfaches Gasthaus 1866 gegründet und seitdem im Familienbesitz, verwöhnt man heute sein Publikum mit modernen Annehmlichkeiten: komfortable Zimmer mit Marmorbädern. Verschiedene, sehr gemütliche Stuben laden zum Schlemmen ein. Hübsche Gartenterrasse.

FASSBERG

Landhotel Bauernwald ⚞, Alte Dorfstr. 8, ✉ 29328, ℘ (05053) 9 89 90, Fax (05053) 1556, ⚟, ⚞, ⚟ – ⚟ Zim, ⊺⊽ ⚟ ⚟ ⚟ – ⚟ 40. ⚟ ⚟ <u>VISA</u>. ⚟ Rest
geschl. 2. - 10. Jan. - **Menu** à la carte 20/37 - **37 Zim** ⚟ 59/66 - 84/97 - ½ P 19.
• Uralte, echte Heidjer Gastlichkeit bestimmt den Stil des Klinker-Fachwerkhauses. Die persönliche Atmosphäre und die wohnlichen Zimmer versprechen einen erholsamen Aufenthalt. Bürgerliche Beschaulichkeit prägt im Restaurant mit Gartenterrasse das Ambiente.

FEDEROW Mecklenburg-Vorpommern siehe Waren (Müritz).

FEHMARN (Insel) Schleswig-Holstein 415 416 C 17 – Ostseeinsel, durch die Fehmarnsundbrücke★ (Auto und Eisenbahn) mit dem Festland verbunden.
⚟ ⚟ Burg-Wulfen, ℘ (04371) 69 69.
⚟ von Puttgarden nach Rodbyhavn/Dänemark, ℘ (04371) 86 51 61.
🛈 Tourismus-Information in Burg, Landkirchener Weg 2, ✉ 23769, ℘ (04371) 86 86 86, Fax (04371) 868642.
🛈 Kurverwaltung in Burg-Südstrand, ✉ 23769, ℘ (04371) 50 63 20, Fax (04371) 506390.
ab Burg : Berlin 350 – Kiel 86 – Lübeck 83 – Oldenburg in Holstein 31.

Bannesdorf – 2 300 Ew.
Burg 5.

In Bannesdorf - Neue Tiefe Süd : 2 km ab Burg :

Strandhotel garni, Am Binnensee 2 (Nähe Südstrand), ✉ 23769, ℘ (04371) 31 42, Fax (04371) 6950 – ⊺⊽ ⚟.
⚟ 8 – **24 Zim** 41 – 70/85.
• Das 1996 renovierte Hotel liegt nur 600 Meter vom feinsandigen Südstrand entfernt. Praktischer Komfort und ein schöner Blick auf die See erwarten den urlaubenden Gast.

Burg – 6 000 Ew – Ostseeheilbad.

Zur Traube, Ohrtstr. 9, ✉ 23769, ℘ (04371) 18 11, Fax (04371) 4144, ⚟ – ⚟ ⚟ ⚟ <u>VISA</u>
geschl. Nov., Mittwoch – **Menu** à la carte 31,50/41.
• Ein kleines älteres Stadthaus mit historisch-regionalem Charakter beherbergt dieses Restaurant. An tadellos eingedeckten Tischen serviert man dem Gast Internationales.

In Burg-Burgstaaken :

Schützenhof ⚞, Menzelweg 2, ✉ 23769, ℘ (04371) 5 00 80, norbert.waclawek@t -online.de, Fax (04371) 500814, ⚟ – ⚟ ⊺⊽ ⚟. ⚟ <u>VISA</u>
geschl. 2. Jan. - 10. Feb. - **Menu** (geschl. Dienstag) à la carte 13,50/28 – **29 Zim** ⚟ 46/55 – 82 – ½ P 14.
• Gastlichkeit verbunden mit einem wunderbaren Frühstück erwartet Sie im Schützenhof. Morgens wird in der Friesen-Stube ein wunderbares Frühstück hergerichtet. Ein großes Restaurant und heimelige Stuben laden zum Verweilen ein.

In Burg-Südstrand :

Intersol ⚞, Südstrandpromenade, ✉ 23769, ℘ (04371) 86 53, hotel-intersol@t-on line.de, Fax (04371) 3765, ≼, ⚟ – ⚟ ⊺⊽ ⚟ ⚟ – ⚟ 40. ⚟ ⚟ <u>VISA</u>
geschl. Jan. - Feb. - **Menu** à la carte 17,50/24,50 – ⚟ 10 – **44 Zim** 53/119 – 89/129 – ½ P 25.
• Direkt am Meer aufwachen können Sie in den soliden, sauberen Zimmern. Sie laden zu ungezwungenem Wohnen ein und verfügen teils über praktische Küchenzeilen. Beim Essen genießen Sie den freien Blick durch die große Fensterfront.

FEILNBACH, BAD Bayern 420 W 20 – 7 000 Ew – Höhe 540 m – Moorheilbad.
🛈 Kur- und Gästeinformation, Bahnhofstr. 5, ✉ 83075, ℘ (08066) 14 44, Fax (08066) 906844.
Berlin 650 – München 62 – Garmisch-Partenkirchen 99 – Rosenheim 19 – Miesbach 22.

Gundelsberg ⚟ ⚞, Gundelsberger Str. 9, ✉ 83075, ℘ (08066) 9 04 50, info@ gundelsberg.de, Fax (08066) 904519, ≼ Bad Feilnbach und Inntal, Biergarten, Wellnessbereich, Massage, ⚟ – ⊺⊽ ⚟ – ⚟ 25. ⚟ <u>VISA</u>
Menu (geschl. Montag) à la carte 16,50/31,50 – **11 Zim** ⚟ 58 – 87/92 – ½ P 16.
• Der Berggsthof liegt am Fuße des Wendelsteins und ist eine ideale Urlaubsadresse : Die Zimmer sind großzügig aufgeteilt in Wohn- und Schlafbereich, haben alle kleine Küchen. An hellen Holztischen serviert man heimische und Schweizer Spezialitäten.

FEILNBACH, BAD

🏠 **Gästehaus Kniep** garni, Wendelsteinstr. 41, ✉ 83075, ☏ (08066) 3 37, ⇔s, 🚗
– 🅿. 🎀
geschl. Nov. - 20. Dez. – **12 Zim** ⇌ 23/28 – 42/48.
♦ Umgeben von einer behaglichen, familiären Atmosphäre bietet man den Gästen tadellos gepflegte Zimmer. Alle verfügen über Balkone, die im Sommer herrliche Blumen zieren.

In Bad Feilnbach-Au *Nord-West : 5 km :*

XX **Landgasthof zur Post,** Hauptstr. 48, ✉ 83075, ☏ (08064) 7 42, Fax (08064) 905440,
🏡 – 🅿. 🎀 🎴
geschl. Anfang - Mitte Sept. – **Menu** *(geschl. Sonntagabend - Dienstag) (wochentags nur Abendessen)* (Tischbestellung erforderlich) 37,50/48,50.
♦ Hinter der Fassade des einfach wirkenden bayerischen Gasthauses können Sie es sich wohlergehen lassen. In ländlichem Ambiente werden Sie von der freundlichen Chefin betreut.

FELDAFING Bayern 419 420 W 17 – 4900 Ew – Höhe 650 m – *Erholungsort.*
⛳ Feldafing, Tutzinger Str. 15, ☏ (08157) 9 33 40.
Berlin 621 – München 35 – Garmisch-Partenkirchen 65 – Weilheim 19.

In Feldafing-Wieling *West : 2 km :*

🏨 **Zur Linde,** An der B 2, ✉ 82340, ☏ (08157) 93 31 80, hotel@linde-wieling.de,
Fax (08157) 933189, Biergarten – 📶, ⇔ Zim, 📺 📞 & 🅿 – 🔔 20. 🎴 ⓘ 🎴 🎴
Menu à la carte 14/32 – **35 Zim** ⇌ 50/75 – 65/110 – ½ P 18.
♦ Richtig herausgeputzt hat Familie Weidemüller ihren Gasthof. Entstanden sind geschmackvolle Gästezimmer, in denen man sich auch bei einem längeren Ferienaufenthalt wohlfühlt. Eine typisch bayerische, holzvertäfelte Stube erwartet Sie zum Essen.

FELDBERG Mecklenburg-Vorpommern 416 F 24 – 5200 Ew – Höhe 100 m.
🛈 *Touristinformation, Strelitzer Str. 42, ✉ 17258, ☏ (039831) 27 00, Fax (039831) 27027.*
Berlin 116 – Schwerin 171 – Neubrandenburg 34.

🏨 **Seehotel Feldberg** M , Hinnenöver 18, ✉ 17258, ☏ (039831) 5 55, seehotel @feldberg.de, Fax (039831) 55600, 🏡, Massage, 🏋, ⇔s, 🏊, 🚗, 🎾 – 📶, ⇔ Zim,
📺 & 🅿 – 🔔 80. 🎴 ⓘ 🎴 🎴. 🎀 Rest
Menu à la carte 16/31 – **54 Zim** ⇌ 66/82 – 82/92.
♦ Das völlig ruhig an einem See gelegene Hotel wurde 1998 erbaut. Besonders Tagungsgäste und Reisegruppen schätzen die komfortablen und zeitlosen Zimmer. Gepflegtes Restaurant und gemütliche Stube.

🏠 **Altes Zollhaus am Luzinsee,** Erddamm 31 (Nord-Ost : 2 km), ✉ 17258, ☏ (039831) 5 00, altes.zollhaus@feldberg.de, Fax (039831) 20269, 🏡, ⇔s – ⇔ Zim, 📺 📞 🅿 –
🔔 25. 🎴
geschl. Jan. - Feb. – **Menu** *(Nov. - April Montag - Freitag nur Abendessen)* à la carte 16,50/27 – **16 Zim** ⇌ 70 – 85/99.
♦ Solide und wohnliche Zimmer - teils hübsche Maisonetten - sowie die reizvolle Lage am See sprechen für diese gastliche Adresse. Fahrrad- und Bootsverleih direkt am Haus. Viel Holz und ein ländliches Dekor prägen den Stil des Restaurants - Nette Terrasse.

XX **Landhaus Stöcker** mit Zim, Strelitzer Str. 8, ✉ 17258, ☏ (039831) 27 10, info @landhaus-stoecker.de, Fax (039831) 271113, ≤, 🏡, 🚗 – 📺 📞 🅿. 🎴 🎴. 🎀
geschl. Jan. – **Menu** *(geschl. Montag - Dienstag)* à la carte 20/33 – **4 Zim** ⇌ 85 – 95/140.
♦ Die Villa am See aus dem Jahre 1912 wurde völlig renoviert und umgebaut. Nun empfängt sie ihre Gäste in einem stilvollen, komfortablen Interieur. Wohnliche, moderne Zimmer.

FELDBERG IM SCHWARZWALD Baden-Württemberg 419 W 8 – 1600 Ew – Höhe 1230 m – *Luftkurort* – *Wintersport : 1000/1500 m ≰20 ⛷*.
Sehenswert : Gipfel ❄❄ – Bismarck-Denkmal ≤❄.
🛈 *Tourist-Information, Kirchgasse 1, Feldberg-Altglashütten, ✉ 79868, ☏ (07655) 80 19, tourist-info@feldberg-schwarzwald.de, Fax (07655) 80143.*
Berlin 791 – Stuttgart 170 – Freiburg im Breisgau 38 – Basel 60 – Donaueschingen 45.

🏨 **Feldberger Hof** , Dr. Pilet-Spur 3, ✉ 79868, ☏ (07676) 1 80, info@feldberger -hof.de, Fax (07676) 1220, ≤, 🏋, ⇔s, 🏊, 🚗, 🎾 Squash – 📶, ⇔ Zim, 📺 📞 🚗
🅿 – 🔔 40. 🎴 ⓘ 🎴 🎴. 🎀 Rest
geschl. 23. Nov. - 6. Dez. – **Menu** à la carte 19/32 – **130 Zim** ⇌ 68/82 – 122/165 – ½ P 17.
♦ Aufwendig hat man das direkt am Skilift gelegene Familienhotel renoviert. Auf Komfort und Gemütlichkeit wird viel Wert gelegt, was sich im ganzen Haus jetzt widerspiegelt. Schwarzwälder Landhausstil und dazu ein gepflegtes Essen erwarten hier den Gast.

FELDBERG IM SCHWARZWALD

In Feldberg-Altglashütten – Höhe 950 m :

Pension Schlehdorn, Sommerberg 1 (B 500), ⊠ 79868, ℘ (07655) 9 10 50, hotel @schlehdorn.de, Fax (07655) 910543, ≤, ⇔s, ℛ – ⊤⋁ ⇔ ℙ.
geschl. Mitte Nov. - Mitte Dez. – **Menu** (nur Abendessen) (Restaurant nur für Hausgäste) – **27 Zim** ⊃ 40/50 – 80/100, 10 Suiten – ½ P 14.
• In den weiten Schleifen des Schwarzwaldes liegt etwas erhöht diese einladende Pension. Sämtliche Zimmer haben dank reizender Landhausmöbel einen eigenen Charme.

Schwarzwälder Hof, Windgfällstr. 4, ⊠ 79868, ℘ (07655) 9 10 60, schwarz waelder-hof-vieler@t-online.de, Fax (07655) 910666, ℛ, ⇔s, ⊠, ℛ – ⫞, ⇐ Zim, ⊤⋁ ℙ.
◯◯ VISA
Menu (Montag - Freitag nur Abendessen) à la carte 14,50/36 (auch vegetarische Gerichte) – **20 Zim** ⊃ 44/75 – 78/100 – ½ P 22.
• Dieses Landhotel lädt zum Entspannen ein. Schon bei der Ankunft werden Sie von den Gastgebern freundlich empfangen. Die praktischen Zimmer bestechen durch tadellose Pflege. Eher rustikal gehaltene Gaststube.

Waldeck-Gästehaus Monika, Windgfällstr. 19, ⊠ 79868, ℘ (07655) 9 10 30, webmaster@hotel-waldeck-feldberg.de, Fax (07655) 231, ≤, ℛ, ⇔s, ℛ – ⊤⋁ ⇔ ℙ.
◯◯ VISA. ℛ Rest
geschl. Nov. – **Menu** (geschl. Mittwoch) à la carte 17/36 – **26 Zim** ⊃ 35/40 – 60/78 – ½ P 14.
• Im Sinne Schwarzwälder Gastlichkeit empfängt man hier die Gäste. Für einen erholsamen Aufenthalt sorgen besonders die im Landhausstil umgebauten Zimmer in der dritten Etage. Hausmannskost gibt's im Restaurant mit Kachelofen.

Haus Sommerberg mit Zim, Am Sommerberg 14, ⊠ 79868, ℘ (07655) 14 11, haus sommerberg@t-online.de, Fax (07655) 1640, ℛ, ℛ – ⊤⋁ ⇔ ℙ. **◯◯ VISA**
geschl. 30. März - 9. April, 17. Nov. - 10. Dez. – **Menu** (geschl. Montag - Dienstagmittag) à la carte 24/40 ♀ – **8 Zim** ⊃ 30/35 – 64/84 – ½ P 17.
• Für Birgit und Jürgen Gauwitz gehört die gute Küche zur Gastfreundlichkeit : Ihre Rezepte - nicht nur aus heimischen Landen - werden hier bestens umgesetzt.

In Feldberg-Bärental – Höhe 980 m :

Adler, Feldbergstr. 4 (B 317), ⊠ 79868, ℘ (07655) 2 30, info@adler-feldberg.de, Fax (07655) 930521, ℛ, ℛ – ⇐ Zim, ⊤⋁ ℙ. ⚛ ⓘ ◯◯ VISA
Menu à la carte 16/33,50 – **16 Zim** ⊃ 65 – 90/130, 3 Suiten – ½ P 20.
• Unübersehbar steht dies alte Schwarzwaldhaus von 1840 am Marktplatz. Jedes der geschmackvollen, teils mit Himmelbetten ausgestatteten Zimmer hat seinen eigenen Charakter. Badische Spezialitäten und rustikales Ambiente im Restaurant.

In Feldberg-Falkau – Höhe 950 m :

Peterle ℛ, Schuppenhörnlestr. 18, ⊠ 79868, ℘ (07655) 6 77, hotel-peterle@t-on line.de, Fax (07655) 1771, ℛ, ⇔s, ℛ – ⇐ Zim, ⊤⋁ ℙ. ◯◯ VISA
geschl. Mitte Nov. - Mitte Dez. – **Menu** (geschl. Donnerstag, Okt. - Juni Mittwochabend - Donnerstag) à la carte 15,50/26 – **14 Zim** ⊃ 23/31 – 56/58 – ½ P 12.
• Ein typisches Schwarzwaldhaus, das durch seine Südhanglage am Waldrand immer auf der Sonnenseite steht. In den tipptopp gepflegten Zimmern fühlen sich die Gäste gleich wohl. Unkompliziert-familäre Stimmung umgibt den Besucher im rustikalen Restaurant.

FELDKIRCHEN Bayern siehe München.

FELDKIRCHEN-WESTERHAM Bayern ⁴²⁰ W 19 – 8500 Ew – Höhe 551 m.
🚉 Feldkirchen-Westerham, Oed 1, ℘ (08063) 63 00.
Berlin 623 – München 39 – Rosenheim 24.

Im Ortsteil Aschbach Nord-West : 3 km ab Feldkirchen :

Berghotel Aschbach, ⊠ 83620, ℘ (08063) 8 06 60, reception@berghotel-aschbach.de, Fax (08063) 806620, ≤, ℛ – ⇐ Rest, ⊤⋁ ⚛ ℙ. ⚛ ⓘ ◯◯ VISA
geschl. 15. - 28. Feb. – **Menu** à la carte 17/32 – **18 Zim** ⊃ 65/85 – 80/115.
• Eingebettet in die malerische Alpenlandschaft, ist das Haus wie geschaffen für Entspannung und Erholung. Die Zimmer wurden mit großer Sorgfalt sehr geschmackvoll eingerichtet. In den gemütlichen Gaststuben kümmert man sich besonders nett um die Gäste.

FELLBACH Baden-Württemberg siehe Stuttgart.

FENSTERBACH Bayern siehe Schwarzenfeld.

FERCH Brandenburg siehe Potsdam.

FEUCHT
Bayern 419 420 R 17 – 13 200 Ew – Höhe 361 m.

Siehe Nürnberg (Umgebungsplan).

Berlin 441 – München 153 – Nürnberg 19 – Regensburg 95.

Bauer garni, Schwabacher Str. 25b, ⊠ 90537, ℘ (09128) 29 33, hotel-bauer-feucht
@t-online.de, Fax (09128) 16090 – 🛗 📺 🄿 ⓦ🄾 𝗩𝗜𝗦𝗔 CT x
geschl. 9. - 18. Juni, 23. Dez. - 6. Jan. – **35 Zim** ⊆ 35/68 – 80/95.
• Verkehrsgünstig, nicht weit von der Autobahn entfernt, bietet dieses freundliche kleine Hotel praktische Zimmer, die mit neuen, gepflegten Möbeln eingerichtet sind.

FEUCHTWANGEN
Bayern 419 420 S 14 – 12 000 Ew – Höhe 450 m – Erholungsort.

🄱 Tourist Information, Marktplatz 1, ⊠ 91555, ℘ (09852) 9 04 55, Fax (09852) 904250.

Berlin 509 – München 171 – Stuttgart 131 – Schwäbisch Hall 52 – Ulm (Donau) 115 – Ansbach 25.

Romantik Hotel Greifen-Post, Marktplatz 8, ⊠ 91555, ℘ (09852) 68 00, hotel
@greifen.de, Fax (09852) 68068, ⇔, 🄽, – 🛗, ⥄ Zim, 📺 🚗 – 🔺 15. 🄰🄴
ⓦ🄾 𝗩𝗜𝗦𝗔
Menu (geschl. Sonntagabend - Montag) à la carte 27/40 – **35 Zim** ⊆ 75/100 – 99/150
– ½ P 25.
• Hier können Sie wahre Gastlichkeit kennenlernen. Die Zimmer des 600 Jahre alten Hauses sind in verschiedenen Stilrichtungen vom 17. Jh. bis Landhaus elegant eingerichtet. Die Restauranträume strahlen den ganzen Charme des historischen Gebäudes aus.

Ambiente garni, Dinkelsbühler Str. 2, ⊠ 91555, ℘ (09852) 6 76 40,
Fax (09852) 676464 – ⥄ 📺 🚗 🄿 🄰🄴 ⓦ🄾
30 Zim ⊆ 44/51 – 65/82.
• Ein Haus moderner Prägung im neuzeitlichen Stil. Weitere Vorzüge sind die geräumigen Zimmer, die Geschäftsreisende besonders wegen der großen Schreibtische schätzen.

Ballheimer, Ringstr. 57, ⊠ 91555, ℘ (09852) 91 82, gasthof.ballheimer@t-online.de,
Fax (09852) 3738, ☼ – 📺 📞 🄿 ⓦ🄾 𝗩𝗜𝗦𝗔 𝗝𝗖𝗕
Menu (geschl. Okt. 1 Woche, Montag) à la carte 18/28 – **14 Zim** ⊆ 36/40 – 67/70.
• Eine zeitgemäße Herberge am Rande der Innenstadt : frisch renovierte Landhauszimmer mit geschmackvollen Bädern, die alle, wie das gesamte Haus, sehr gepflegt sind. Ländlich dekoriertes Restaurant.

Walkmühle ⥼, Walkmühle 1 (Süd 1,5 km), ⊠ 91555, ℘ (09852) 67 99 90, walk
muehle-feuchtwangen@t-online.de, Fax (09852) 6799967, Biergarten – 📺 🚸 🄿 🄰🄴 🄾
ⓦ🄾 𝗩𝗜𝗦𝗔
geschl. 27. - 31. Okt. – **Menu** (geschl. Okt. - März Sonntagabend) à la carte 14,50/32 –
22 Zim ⊆ 42/52 – 72 – ½ P 16.
• Gäste empfängt man in der alten Mühle aus dem 14. Jh. wie gute Freunde, die man auch gerne duzt. Besonders die Landhausstil-Zimmer sorgen für Wohlfühl-Atmosphäre. Gemütliche Rustikalität ist Trumpf in der Gaststube.

Lamm, Marktplatz 5, ⊠ 91555, ℘ (09852) 25 00, gasthoflamm.feu@t-online.de,
Fax (09852) 2884 – 📺
Menu (geschl. Dienstag) à la carte 12/26 – **8 Zim** ⊆ 34/55 – 62/75.
• Schon seit Generationen genießt dieser einfache Familienbetrieb am Ort einen guten Ruf. Die Gästezimmer erfüllen ihren Zweck, sind sauber und ordentlich.

In Feuchtwangen-Dorfgütingen Nord : 6 km :

Landgasthof Zum Ross, Dorfgütingen 37 (B 25), ⊠ 91555, ℘ (09852) 6 74 30, info
@zum-ross.de, Fax (09852) 6743116, Biergarten, ⇔, ℅ – 📺 📞 🚗 🄿 – 🔺 15. ⓦ🄾
𝗩𝗜𝗦𝗔 𝗝𝗖𝗕
geschl. 26. Dez. - 15. Jan., 1. - 10. Nov. – **Menu** (geschl. Sonntagabend - Montag) à la carte
15/26 – **12 Zim** ⊆ 41 – 55/70.
• Bei diesem historischen Landgasthof aus dem Jahre 1851 sticht schon beim Eintreten die gute Führung und Pflege des Hauses ins Auge, die sich auch in den Zimmern fortsetzt. Ländlich-rustikal gestaltete Gaststätte.

An der B 14 West : 5 km, an der BAB-Ausfahrt Feuchtwangen (A 7) :

A. Seven's, Am Casino 1 (in der Spielbank), ⊠ 91555 Feuchtwangen, ℘ (09852)
61 50 58, leitung@spielcasino-feuchtwangen.de, Fax (09852) 615068, ☼ – 🅟
🅗 🄿
Menu à la carte 21/36.
• In das örtliche Casino lockt man Gäste nicht nur wegen spannender Glücksspiele, sondern auch wegen der nicht alltäglichen Spezialitäten die im A. Seven's serviert werden.

FICHTELBERG Bayern 420 Q 19 – 2 800 Ew – Höhe 684 m – Luftkurort – Wintersport 700/1 024 m ≰1 ≴.

🛈 Verkehrsbüro im Rathaus, Bayreuther Str. 4, ✉ 95686, ✆ (09272) 9 70 33, Fax (09272) 97044.

Berlin 366 – München 259 – *Weiden in der Oberpfalz* 67 – Bayreuth 30.

🏨 **Schönblick** ♨ (mit Ferienwohnanlage), Gustav-Leuteit-Str. 18, ✉ 95686, ✆ (09272) 9 78 00, *info@hotel-schoenblick.de*, Fax (09272) 9780200, ☕, 🍴, ⚓, ⚓ – 🛗, ⇆ Zim 📺 🅿 – 🚗 40
Menu *(Montag - Freitag nur Abendessen)* à la carte 15,50/35 – **46 Zim** ⇌ 41/55 – 62/96 – ½ P 14.
• Dieses gewachsene Anwesen am Ortsende ist ein Familienbetrieb. Man bietet komfortable Zimmer mit Naturhölzern in lichtdurchfluteter, ruheverwöhnter Landschaft. Die Eulenstube ist mit viel Holz elegant eingerichtet.

In Fichtelberg-Neubau *Nord-West : 2 km :*

🏨 **Specht**, Fichtelberger Str. 41, ✉ 95686, ✆ (09272) 97 30, *fichtelgebirge-gasthof-specht@t-online.de*, Fax (09272) 97320, ☕, ⚓ – 🅿 – 🚗 30
Menu à la carte 11/24 – **24 Zim** ⇌ 22/30 – 43/60 – ½ P 8.
• Mitten im Ort findet man den familienfreundlichen Gasthof aus dem 18. Jh. Inzwischen wurde ein Anbau errichtet, in dem der Gast solide Standardzimmer findet. In der bäuerlichen Gaststube stehen einfache Regionalgerichte auf der Karte.

🏨 **Waldhotel am Fichtelsee** ♨, Am Fichtelsee 1 (Ost : 1 km, Zufahrt nur für Hotelgäste), ✉ 95686, ✆ (09272) 96 40 00, *waldhotel-fichtelsee@t-online.de*, Fax (09272) 9640064, ≤, ☕, ⚓ – 📺 🅿.
geschl. Nov. - 15. Dez. – **Menu** à la carte 13,50/26 – **18 Zim** ⇌ 29/37 – 50/58 – ½ P 12
• In einer malerischen, wasser- und waldreichen Landschaft erwartet Sie das Haus mit komfortablen Zimmern, in denen man sich auch bei einem längeren Ferienaufenthalt wohlfühlt. Das großzügige Restaurant lädt zu einer Einkehr mit Blick auf den See ein.

FICHTENAU Baden-Württemberg siehe Dinkelsbühl.

FIEFBERGEN Schleswig-Holstein 415 416 C 15 – 350 Ew – Höhe 30 m.
Berlin 348 – *Kiel* 20 – *Lübeck* 89 – Lütjenburg 27 – Preetz 24.

🍴 **Sommerhof** (Stolz), Am Dorfteich 11, ✉ 24217, ✆ (04344) 66 85, *stolz-fiefberger @t-online.de*, Fax (04344) 415748, ☕ – 🅿. 🕑 VISA. ✂
geschl. Mitte - Ende Feb., Okt. - Nov. 3 Wochen, Montag - Dienstag – **Menu** *(nur Abendessen, Tischbestellung ratsam)* 42/52 und à la carte ⚜.
• Patron Robert Stolz beglückt in dem wildbewachsenen Bauernhof nah der Ostsee die Feinschmecker. Sein Geheimnis? Eine einfallsreiche französische Küche. Schöne Gartenterrasse.
Spez. Hechtrolle mit Safran-Rosinengemüse. Balsamico-Schalottentarte mit Lachs. Schokoladenkuchen mit Aprikosensauce und weißem Nougat.

🍴 **Der Alte Auf**, Am Dorfteich 15, ✉ 24217, ✆ (04344) 41 55 25, Fax (04344) 4498, ☕ – 🅿.
geschl. Feb. - März 2 Wochen, Okt. 2 Wochen, Montag - Dienstag – **Menu** *(nur Abendessen)*, à la carte 23/35.
• In der früheren Diele eines alten Bauernhauses entstand ein orginelles rustikal-gemütliches Restaurant mit offenem Kamin. Die Küche orientiert sich an der Region.

FILDERSTADT Baden-Württemberg 419 T 11 – 37 000 Ew – Höhe 370 m.
Berlin 656 – *Stuttgart* 19 – Reutlingen 25 – Ulm (Donau) 80.

In Filderstadt-Bernhausen :

🏨 **Schwanen**, Obere Bachstr. 1, ✉ 70794, ✆ (0711) 7 08 20 (Hotel), 9 07 77 24 (Rest.), *ghschwanen@gmx.de*, Fax (0711) 7082411, ☕, 🎾 – 🛗, ⇆ Zim, 📺 ☎ ⚓ – 🚗 60.
AE ① 🕑 VISA
Da Gianni (italienische Küche) *(geschl. Samstag)* **Menu** à la carte 31/41 – **Stadlerbräu** : **Menu** à la carte 15,50/31 – **84 Zim** ⇌ 80/92 – 99/115.
• Kürzlich wurde das Haus durch einen Anbau erweitert. Entstanden sind wohnliche Zimmer mit Naturholzmöbeln, denen die älteren im Stammhaus nicht nachstehen. Italienische Tafelfreuden genießt man im neuen Da Gianni. Gemütlich und rustikal ist der Stadlerbräu.

🏨 **Schumacher** garni, Volmarstr. 19, ✉ 70794, ✆ (0711) 70 02 63 40, *info@garnihotelschumacher.de*, Fax (0711) 700263459 – 🛗 📺 ☎ 🕑 VISA
25 Zim ⇌ 57 – 66/85.
• Bei dieser Adresse bemerkt man sofort : ein gepflegter Familienbetrieb. Ruhig im Ortskern von Bernhausen gelegen, finden Gäste Zimmer vor, die alles Notwendige bieten.

FILDERSTADT

In Filderstadt-Bonlanden :

Am Schinderbuckel, Bonländer Hauptstr. 145 (nahe der B 27/312), ⌧ 70794, ℘ (0711) 7 78 10, info@hotel-schinderbuckel.de, Fax (0711) 7781555, 🚗 – 🛗, ⁂ Zim, 📺 🅿 – 🅰 180. AE ① ⓜ VISA JCB
Menu à la carte 28/37 – ⌧ 13 – **117 Zim** 94/149.
◆ In Sichtweite zum Stuttgarter Flughafen gelegen, ist dieses Hotel mit seiner funktionellen Ausstattung ganz auf die Bedürfnisse des Geschäftsreisenden ausgelegt. Über zwei Ebenen erstreckt sich das rustikal gestaltete Restaurant.

Stuttgart-Airport, Rainäckerstr. 61, ⌧ 70794, ℘ (0711) 7 78 30, info@airport-filderstadt.bestwestern.de, Fax (0711) 7783387, 🚗 – 🛗, ⁂ Zim, 📺 ℡ & ⇔ 🅿 – 🅰 15. AE ① ⓜ VISA. ⁂ Rest
geschl. 23. Dez. - 2. Jan. – **Menu** (Restaurant nur für Hausgäste) – **62 Zim** ⌧ 93/108 – 108/118.
◆ Eine modern-schlichte und gepflegte Adresse, die besonders Geschäfts- und Flugreisende sicherlich auch wegen der freundlichen und aufmerksamen Hotel-Crew schätzen.

In Filderstadt-Plattenhardt :

Crystal, Uhlbergstr. 54, ⌧ 70794, ℘ (0711) 77 88 90, Fax (0711) 7788950 – 📺 ⇔. AE ① ⓜ VISA
Menu (geschl. Samstag) (nur Abendessen) (italienische Küche) à la carte 19/35 – **18 Zim** ⌧ 60/70 – 78/95.
◆ Günstiger Standort auf der Filderebene an der Autobahn A8 und dem Stuttgarter Flughafen. Die Gäste werden in Zimmern mit modernen Einrichtungselementen untergebracht. Liebhaber italienischer Gerichte kommen im Restaurant auf Ihre Kosten.

In Filderstadt-Sielmingen :

Zimmermann garni, Brühlstr. 2, ⌧ 70794, ℘ (07158) 93 30, info@hotel-zimmermann.de, Fax (07158) 933275 – 🛗 ⁂ 📺 ℡ & ⇔ 🅿 – 🅰 15. AE ⓜ VISA. ⁂
43 Zim ⌧ 51/68 – 92.
◆ Das ruhige Hotel garni bietet Ihnen Zimmer im Alt- oder im Neubau. Besonders zu empfehlen sind die neueren : Sie sind geräumig und mit Vogelaugenahornmöbeln eingerichtet.

FINNENTROP Nordrhein-Westfalen 417 M 7 – 17 400 Ew – Höhe 230 m.
Berlin 529 – Düsseldorf 130 – Arnsberg 39 – Lüdenscheid 43 – Meschede 46 – Olpe 25.

In Finnentrop-Rönkhausen Nord : 7 km :

Im Stillen Winkel ⌕, Kapellenstr. 11, ⌧ 57413, ℘ (02395) 9 16 90, info@hotel-im-stillen-winkel.de, Fax (02395) 916912, 🚗 – 📺 🅿. AE ① ⓜ VISA. ⁂ Rest
Menu (geschl. Donnerstag) (wochentags nur Abendessen) à la carte 16/33 – **12 Zim** ⌧ 41/49 – 61/75.
◆ Ruhig liegt das blumengeschmückte Fachwerkhaus in einer Nebenstraße. Ein sympathisch geführtes kleines Hotel, das sich als einfache, günstige Übernachtungsmöglichkeit gibt.

FINSTERBERGEN Thüringen 418 N 15 – 1 600 Ew – Höhe 419 m – Erholungsort.
🛈 Kurverwaltung, Hauptstr. 17, ⌧ 99898, ℘ (03623) 3 64 20, Fax (03623) 306396.
Berlin 341 – Erfurt 50 – Bad Hersfeld 89 – Coburg 104.

Zur Tanne, Hauptstr. 37, ⌧ 99898, ℘ (03623) 3 60 30, Fax (03623) 360312, 🚗 – 📺 ⇔ 🅿. AE ⓜ. ⁂ Zim
geschl. Nov. 3 Wochen – **Menu** (geschl. Donnerstag) à la carte 8,50/18 – **9 Zim** ⌧ 25/31 – 42/48 – ½ P 8.
◆ Die Tanne ist ein einfaches und praktisches Haus. Diesem Anspruch werden die Ausstattung und der Komfort der soliden Gästezimmer gerecht. Schlicht-rustikales Restaurant.

Spießberghaus ⌕ (mit Gästehaus), Am Rennsteig (West : 14 km, Zufahrt über Friedrichroda), ⌧ 99894, ℘ (03623) 36 35 00, spiessberg@aol.com, Fax (03623) 363543, 🚗 ⇔ – 📺 🅿. VISA
Menu à la carte 13/23 – **32 Zim** ⌧ 39 – 50 – ½ P 6.
◆ Einsam steht dieser Berggasthof am Waldrand. Er wurde Ende der 90er Jahre renoviert und mit einem neuen Gästehaus versehen. Gelungen sind dabei die gemütlichen Landhauszimmer. Zum Essen lädt man Sie in die urige, holzgetäfelte Jägerstube ein.

FINSTERWALDE Brandenburg 418 L 25 – 22 000 Ew – Höhe 106 m.

🛈 Tourist-Information, Markt 1 (Rathaus), ✉ 03238, ℘ (03531) 70 30 79, Fax (03531) 703079.

Berlin 120 – Potsdam 144 – Cottbus 55 – Dresden 93 – Leipzig 115.

🏨 **Zum Vetter** garni, Lange Str. 15, ✉ 03238, ℘ (03531) 22 69, hotel-zum-vetter@t-online.de, Fax (03531) 3205 – 📺 ⇔ . ᴀᴇ ⓜⓞ 𝖵𝖨𝖲𝖠
21 Zim ⇌ 37/51 – 72/77.
• Seit 1919 ist das kleine Hotel in Familienbesitz. Mit viel Engagement wird das Haus gut gepflegt und so entsprechen auch die Zimmer und Bäder den zeitgemäßen Anforderungen.

🏨 **Boulevardhotel Sängerstadt** garni, Markt 2, ✉ 03238, ℘ (03531) 25 57, hotel-saengerstadt@t-online.de, Fax (03531) 3389 – 📺. ᴀᴇ ⓜⓞ 𝖵𝖨𝖲𝖠
27 Zim ⇌ 38/46 – 58/70.
• Anfang der 90er Jahre haben die Betreiber das Haus renoviert : Ein vielvältiger Mix unterschiedlichster Stil, Farb- und Musterelemente bestimmen jetzt die Zimmereinrichtung.

🍴🍴 **Goldener Hahn** mit Zim, Bahnhofstr. 3, ✉ 03238, ℘ (03531) 22 14, goldener.hahn@t-online.de, Fax (03531) 8535, Biergarten – 📺. ᴀᴇ ① ⓜⓞ 𝖵𝖨𝖲𝖠
Menu (geschl. Sonntagabend - Montagmittag) à la carte 23/36 (auch vegetarisches Menü) – **12 Zim** ⇌ 38/45 – 75/80.
• Ursprünglich als Bierkneipe gegründet, bietet man hier heute eine gelungene Mischung aus traditioneller Gastlichkeit und innovativer Gastronomie.

FISCHBACHAU Bayern 420 W 19 – 5 500 Ew – Höhe 771 m – Erholungsort – Wintersport : 770/900 m ⟋1 ⛷.

🛈 Tourismusbüro, Rathaus, Kirchplatz 10, ✉ 83730, ℘ (08028) 8 76, info@fischbachau.de, Fax (08028) 906643.

Berlin 661 – München 72 – Garmisch-Partenkirchen 90 – Miesbach 18.

In Fischbachau-Winkl Nord : 1 km :

🍴 **Café Winklstüberl** mit Zim, Leitzachtalstr. 68, ✉ 83730, ℘ (08028) 7 42, Fax (08028) 1586, 🌳 – 📺 🅿.
Menu à la carte 12,50/22 – **8 Zim** ⇌ 25 – 50.
• Dieser Alpengasthof mit den gemütlichen Bauernstuben ist ein Schmuckstück aus Holz, Putten und 500 antiken Kaffeemühlen. Genießen Sie den schönen Blick von der Gartenterrasse.

FISCHBACHTAL Hessen 417 419 Q 10 – 2 500 Ew – Höhe 300 m.
Berlin 575 – Wiesbaden 72 – Mannheim 52 – Darmstadt 25.

In Fischbachtal-Lichtenberg – Erholungsort :

🍴🍴🍴 **Landhaus Baur** ⛱, mit Zim, Lippmannweg 15, ✉ 64405, ℘ (06166) 83 13, info@landhausbaur.de, Fax (06166) 8841, ≤, 🌳, (Ehemalige Villa in einem kleinen Park) – 📺 🅿. ᴀᴇ ⓜⓞ 𝖵𝖨𝖲𝖠. 🚫 Rest
geschl. Jan. 2 Wochen, Okt. 2 Wochen - **Menu** (geschl. Montag - Dienstag) (Tischbestellung erforderlich) 48 (mittags)/92 und à la carte – **7 Zim** ⇌ 75/110 – 110/150.
• Die Gastlichkeit begegnet Ihnen in der Zuvorkommenheit der Patronne, die Sie ebenso in ihren Bann ziehen wird, wie das stilvolle Interieur und die kreative Küche des Ehemanns.

FISCHEN IM ALLGÄU Bayern 419 420 X 14 – 2 800 Ew – Höhe 760 m – Heilklimatischer Kurort – Wintersport : 760/1665 m ⟋3 ⛷.

🛈 Kurverwaltung, Am Anger 15, ✉ 87538, ℘ (08326) 3 64 60, Fax (08326) 364656.
Berlin 731 – München 157 – Kempten (Allgäu) 34 – Oberstdorf 6.

🏨 **Parkhotel Burgmühle** ⛱, Auf der Insel 2, ✉ 87538, ℘ (08326) 99 50, info@parkhotel-burgmuehle.de, Fax (08326) 7352, 🍽, 🌊, 🍀 – 🛗 ♨ 📺 ⇔ 🅿. ⓜⓞ 🚫
Menu (nur Abendessen) (Restaurant nur für Hausgäste) – **47 Zim** (nur ½ P) 100 – 190.
• Idyllisches Reiseziel für Naturliebhaber und Wanderfreunde. Besonders die verhalten luxuriösen Zimmer mit hellen Holzmöbeln verleiten zu Ruhe und Beschaulichkeit.

🏨 **Rosenstock**, Berger Weg 14, ✉ 87538, ℘ (08326) 36 45 60, info@hotel-rosenstock.de, Fax (08326) 3645699, 🍽, 🌊, 🍀 – 🛗 ♨ 🅿. 🚫 Rest
geschl. 3. Nov. - 17. Dez. - **Menu** (Restaurant nur für Hausgäste) – **43 Zim** ⇌ 50/63 – 86/134 – ½ P 8.
• Gediegenes Hotel vor der Alpenkulisse, für einen Urlaub wie geschaffen. Die Herzlichkeit der Gastgeberfamilie spiegelt sich in den gepflegten und komfortablen Zimmern wider.

FISCHEN IM ALLGÄU

Café Haus Alpenblick ⚭ (mit Gästehaus), Maderhalmer Weg 10, ⊠ 87538, ℘ (08326) 97 91, hotel-alpenblick@t-online.de, Fax (08326) 9794, ≤, 🌳, ⊜s, 🐴 – 📺 🚗 🅿️
geschl. Nov. - Mitte Dez. – **Menu** (geschl. Dienstagabend - Mittwoch) à la carte 14,50/27 – **30 Zim** ⊇ 40/44 – 72/96, 5 Suiten – ½ P 7.

• Das Haus macht seinem Namen alle Ehre : Die geräumigen und wohnlichen Zimmer blicken auf die imposante Bergwelt oder den Ortskern von Fischen. Vor dem rustikalen Restaurant befindet sich eine herrliche Terrasse.

Zur Krone mit Zim, Auf der Insel 1, ⊠ 87538, ℘ (08326) 2 87, krone-fischen@t-on line.de, Fax (08326) 9351, 🌳 – 📺 🅿️ 🆗 VISA JCB
geschl. Ende März - Anfang April – **Menu** (geschl. Mitte Nov. - Mitte Dez. Montag) à la carte 17/28 – **11 Zim** ⊇ 35/42 – 60/84 – ½ P 12.

• Die drei gemütlichen Stuben des freundlich geführten Gasthofs erhalten ihre Behaglichkeit durch regionaltypische Ausstattungsdetails und liebevolle Dekorationen.

In Fischen-Langenwang Süd : 3 km :

Sonnenbichl Hotel am Rotfischbach ⚭, Sägestr. 19, ⊠ 87538, ℘ (08326) 99 40, info@hotel-sonnenbichl.com, Fax (08326) 994180, ≤, 🌳, Massage, ♨, 🏋️, ⊜s, 🅽, 🐴, ℀ – 🛗 📺 🚗 🅿️ – 🔒 20. 🆗 VISA ⁒ Zim
geschl. 3. Nov. - 19. Dez. – **Menu** à la carte 18/36,50 – **53 Zim** ⊇ 62/64 – 110/175 – ½ P 15.

• Das Sonnenbichl bietet je nach Saison unermeßliche Schneefelder oder saftig grüne Kuh-Weiden vor der Tür. Entspannen und erholen Sie sich im hoteleigenen Finnischen Saunadorf. Niveauvolles Restaurant mit schönem Wintergarten.

Café Frohsinn ⚭, Wiesenweg 4, ⊠ 87538, ℘ (08326) 38 49 30, gaestepost@frohsinn.de, Fax (08326) 3849375, ≤, Massage, ♨, 🏋️, ⊜s, 🅽, 🐴 – 🛗 🅿️ ⁒
geschl. 11. Nov. - 20. Dez. – **Menu** (geschl. Montag) (nur Abendessen) (Restaurant nur für Hausgäste) – **50 Zim** (nur ½ P) 70 – 130/144.

• In ruhiger Lage, umrahmt von Wiesen und Wäldern, bietet Ihnen dieses Haus ländlich-rustikale Gästezimmer und ein wohltuendes Frühstück.

In Fischen-Maderhalm :

Tanneck ⚭, Maderhalm 20, ⊠ 87538, ℘ (08326) 99 90, hotel-tanneck@t-online.de, Fax (08326) 999133, ≤ Fischen und Allgäuer Berge, 🌳, Massage, ♨, 🎿, 🏋️, ⊜s, 🅽, 🐴, ℀ – 🛗 📺 🚗 🅿️ – 🔒 40. ⁒ Rest
geschl. Anfang - Mitte April, Anfang Nov. - Mitte Dez. – **Menu** à la carte 24/37,50 – **62 Zim** ⊇ 76/146 – 124/166, 3 Suiten – ½ P 14.

• Viele Gäste lieben das Tanneck besonders wegen seines einmaligen Blickes ins Tal und der netten Atmosphäre. Sie nächtigen in eher schlicht gehaltenen, rustikalen Zimmern. Die Restauranträume sind zumeist im Allgäuer Stil gestaltet.

Café Maderhalm ⚭, Maderhalmer Weg 19, ⊠ 87538, ℘ (08326) 3 60 50, maderhalm@t-online.de, Fax (08326) 7492, ≤ Fischen und Allgäuer Berge, 🌳 – 📺 🅿️
geschl. Nov. 2 Wochen – **Menu** (geschl. Donnerstag) à la carte 20,50/26 – **13 Zim** ⊇ 39/54 – 75/79 – ½ P 13.

• Genießen Sie die Vorzüge dieses familiengeführten Hauses, dessen Zimmer bequem ausgestattet sind. Die Betten sind mit hübscher, rot-weiß karierter Wäsche bezogen. Rustikal und mit verspielter Deko das Restaurant.

In Bolsterlang West : 3,5 km :

Zum Kitzebichl, Flurstr. 5, ⊠ 87538, ℘ (08326) 96 09, kitzebichl@t-online.de, Fax (08326) 35352, 🌳 – 🅿️
geschl. Dienstag, 1. Nov. - 20. Dez. Montag - Dienstag – **Menu** à la carte 21,50/36,50.

• Ganz in hellem Holz gehalten, zeigt sich das Restaurant in alpenländischem Stil. An gut eingedeckten Tischen reicht man Ihnen eine regional und international ausgelegte Karte.

FISCHERBACH Baden-Württemberg **419** V 8 – 1 600 Ew – Höhe 220 m – Erholungsort.
Berlin 780 – Stuttgart 149 – Freiburg im Breisgau 52 – Freudenstadt 50 – Offenburg 33.

Krone ⚭, Vordertalstr. 17, ⊠ 77716, ℘ (07832) 29 97, krone-fischerbach@t-online.de, Fax (07832) 5575, 🌳, 🐴 – 🛗 📺 🚗 🅿️ 🆎 ① 🆗 VISA JCB
geschl. Feb. - März 2 Wochen, Okt. - Nov. 2 Wochen – **Menu** (geschl. Montag) à la carte 15/28 – **19 Zim** ⊇ 35/45 – 63/66 – ½ P 9.

• Die herrliche Lage des einfachen Gasthofs mit seinen praktischen Zimmern ist besonders für Ruhesuchende geeignet : rings um das Haus gibt es nur Wiesen, Kühe und Wälder. Schwarzwälder Gastlichkeit auch im Restaurant.

FLADUNGEN Bayern 418 420 O 14 – 2 400 Ew – Höhe 416 m.
Berlin 405 – Wiesbaden 183 – Fulda 52 – Bad Neustadt 32 – Thann 27.

Sonnentau ⚘, Wurmberg 1, ✉ 97650, ℘ (09778) 9 12 20, info@sonnentau.com, Fax (09778) 912255, ≤, 斧, ≘s, ▢, 🏊 – 🛗 📺 🕻 🅿 – 🏛 40
Menu (geschl. Dienstag) à la carte 12/24 – **50 Zim** ☑ 33/44 – 56/88 – ½ P 12.
* In herrlicher Südhanglage steht der Gasthof Sonnentau mit freundlichen Gästezimmern, die teils neu renoviert sind, einem großen Fitnbessbereich und Konferenzmöglichkeiten. Heimische Gerichte und frische Kuchen serviert man in den rustikalen Restauranträumen.

Fragen Sie Ihren Buchhändler nach dem aktuellen
Katalog des **Michelin Reise-Verlags**

FLEIN Baden-Württemberg siehe Heilbronn.

FLENSBURG Schleswig-Holstein 415 B 12 – 84 600 Ew – Höhe 20 m.
Sehenswert: Städtisches Museum (Bauern- und Bürgerstuben★) Y M1 – Nikolaikirche (Orgel★) Z – Flensburger Förde★ Y.
🛈 Tourist-Information, Speicherlinie 40, ✉ 24937, ℘ (0461) 9 09 09 20, info@flensburg-tourist.de, Fax (0461) 9090936.
ADAC, Schleswiger Str. 130.
Berlin 426 ③ – Kiel 88 ③ – Hamburg 158 ③

Stadtplan siehe gegenüberliegende Seite

Mercure garni, Norderhofenden 6, ✉ 24937, ℘ (0461) 8 41 10, h2825@accor-hotels.com, Fax (0461) 8411299, ≘s – 🛗 ⇌ 📺 🕻 ♿ – 🏛 50. 🅰🅴 ⓞ 🅒🅑 🆅🅸🆂🅰 🅹🅲🅱
Y a
☑ 11 – **94 Zim** 72/77 – 83/88, 4 Suiten.
* Am Rande zur Fußgängerzone am Innenstadtring finden Sie hinter der modernen, weißen Hotelfassade komfortable Zimmer mit zeitgemäßer Technik.

Central-Hotel garni, Neumarkt 1, ✉ 24937, ℘ (0461) 8 60 00, central@foni.net, Fax (0461) 22599 – 🛗 ⇌ 📺 🅿 – 🏛 25. 🅰🅴 ⓞ 🅒🅑 🆅🅸🆂🅰
Z a
geschl. 20. Dez. - 2. Jan. – **51 Zim** ☑ 54/80 – 102/115.
* Mit dem Auto ist das Haus im Zentrum der Stadt bequem anzufahren. Es besticht durch funktionelle Zimmer, die - wie der Rest der Einrichtung - sympathischen Charme versprühen.

Flensburger Hof garni, Süderhofenden 38, ✉ 24937, ℘ (0461) 14 19 90, hotel-flensburger-hof@t-online.de, Fax (0461) 1419999 – 🛗 ⇌ 📺 🕻 🚗 – 🏛 15. 🅰🅴 🅒🅑 🆅🅸🆂🅰
Z g
geschl. 23. Dez. - 4. Jan. – **28 Zim** ☑ 73/79 – 99.
* Ein freundlich geführtes Haus mit praktischen Zimmern. Man kümmert sich rührend um das Wohl der Gäste, serviert ein tolles Frühstück und bietet einen Schuhputz-Service an.

Marienhölzung, Marienhölzungsweg 150, ✉ 24939, ℘ (0461) 58 22 94, Fax (0461) 5008099, Biergarten – 🅿 🅒🅑 🆅🅸🆂🅰 über Dorotheenstraße Y
geschl. Feb., Montag – **Menu** (Tischbestellung ratsam) à la carte 23/32 ♀.
* Einsam liegt das 175 Jahre alte Jagdhaus am Waldrand. Innen hat man dem historischen Gebäude ein modernes Make-up gegeben und verführt den Gast mit gutbürgerlichen Speisen.

Borgerforeningen, Holm 17, ✉ 24937, ℘ (0461) 2 33 85, meurermax@aol.com, Fax (0461) 23085, 斧 – ▤ 🅿 🅰🅴 ⓞ 🅒🅑 🆅🅸🆂🅰
Y v
geschl. Sonn- und Feiertage – **Menu** à la carte 18/35.
* Versteckt in der Fußgängerzone finden Sie das orange gestrichene Traditionshaus. Nehmen Sie Platz in den freundlichen Räumen und genießen Sie die empfehlenswerte Saison-Küche.

In Harrislee-Wassersleben über ⑥ : 5 km :

Wassersleben, Wassersleben 4, ✉ 24955, ℘ (0461) 7 74 20, hotel.wassersleben@t-online.de, Fax (0461) 7742133, ≤, 斧 – ⇌ 📺 🕻 🅿 – 🏛 60. 🅰🅴 ⓞ 🅒🅑 🆅🅸🆂🅰
Menu 22 (mittags) à la carte 27/39 – **25 Zim** ☑ 54/87 – 100/120.
* Schon von außen macht das schmucke Gebäude, schön an der Flensburger Förde gelegen, einen guten Eindruck. Die Zimmer sind verschieden möbliert und bieten Eleganz und Komfort. Das Restaurant ist sehr geschmackvoll im eleganten Country-Stil eingerichtet.

FLENSBURG

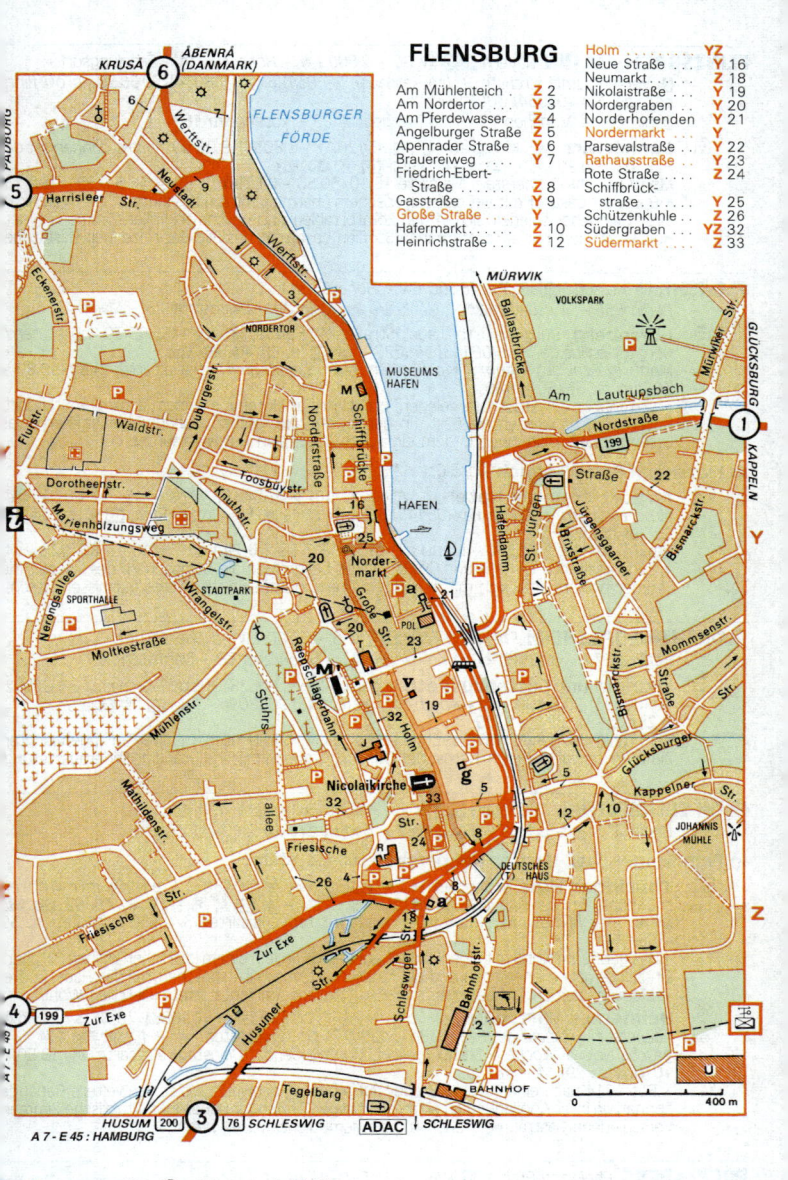

Am Mühlenteich	**Z** 2	Holm	**YZ**	
Am Nordertor	**Y** 3	Neue Straße	**Y** 16	
Am Pferdewasser	**Z** 4	Neumarkt	**Z** 18	
Angelburger Straße	**Z** 5	Nikolaistraße	**Y** 19	
Apenrader Straße	**Y** 6	Nordergraben	**Y** 20	
Brauereiweg	**Y** 7	Norderhofenden	**Y** 21	
Friedrich-Ebert-		**Nordermarkt**	**Y**	
Straße	**Z** 8	Parsevalstraße	**Y** 22	
Gasstraße	**Y** 9	**Rathausstraße**	**Y** 23	
Große Straße	**Y**	Rote Straße	**Z** 24	
Hafermarkt	**Z** 10	Schiffbrück-		
Heinrichstraße	**Z** 12	straße	**Y** 25	
		Schützenkuhle	**Z** 26	
		Südergraben	**YZ** 32	
		Südermarkt	**Z** 33	

in Oeversee über ③ : *9 km an der B 76* :

🏨 **Romantik Hotel Historischer Krug** (mit Gästehäusern), Grazer Platz 1 (an der B 76), ✉ 24988, ✆ (04630) 94 00, krug@romantikhotels.com, Fax (04630) 780, 🍽, Massage, ⛲, 🏊, 🌳, 🚗 – ⚙ Zim, 📺 📞 📶 – 🏛 25. 🅰🅴 ⓘ ⓜⓞ 🆅🅸🆂🅰
Privileg *(geschl. Mitte Jan. - Mitte Feb., Dienstag - Mittwoch) (nur Abendessen)* **Menu** 38/79 ♀ – ***Krugwirtschaft*** : Menu 27/42 und à la carte – **40 Zim** ⛔ 71/111 – 85/168.
• Wer in dem hübschen, reetgedeckten Hotel von 1519 mit Gästehäusern und Garten absteigt, wird nicht enttäuscht: Man hat viel Holz verarbeitet und schöne Stoffe verwendet. Das kleine und elegante Privileg ist stilvoll eingerichtet. Rustikal: die Krugwirtschaft.

FLINTSBACH AM INN Bayern 420 W 20 – 2 800 Ew – Höhe 496 m – Erholungsort.
  ☐ Verkehrsamt, Kirchstr. 9, (im Rathaus), ✉ 83126, ℘ (08034) 30 66 20, info@flints
  bach.de, Fax (08034) 306610.
  Berlin 662 – München 73 – Bad Reichenhall 85 – Rosenheim 18.

  ⌂ **Dannerwirt** ⌂, Kirchplatz 4, ✉ 83126, ℘ (08034) 9 06 00, info@dannerwirt.de
  Fax (08034) 906050, ☆ – ❄ Rest, 📺 📶 🅿 💳 VISA
  Menu (geschl. Donnerstag) à la carte 15,50/30,50 – **27 Zim** ⇌ 39/41 – 54/59 – ½ P 13
  ♦ Bemalter Gasthof mit viel oberbayerischem Charme inmitten des Inntals. Die Herzlichkei
  Ihrer Gastgeber spiegelt sich in den komfortablen und geschmackvollen Zimmern wider
  Holz kombiniert mit altrosafarbenen Stoffen bestimmt das Bild der reizenden Gaststube

FLÖRSHEIM Hessen 417 P 9 – 16 600 Ew – Höhe 95 m.
  Berlin 556 – Wiesbaden 21 – Frankfurt am Main 29 – Darmstadt 28 – Mainz 15.

  ⌂ **Herrnberg**, Bürgermeister-Lauck-Straße, ✉ 65439, ℘ (06145) 95 30, hotel_herrr
  berg@t-online.de, Fax (06145) 953222 – 🛗 📺 🅿 💳 ① ⓘ VISA
  Menu (geschl. Juli - Aug. 3 Wochen, Freitag - Samstagmittag) à la carte 15,80/30,80 –
  36 Zim ⇌ 55/60 – 100.
  ♦ Gegenüber der Stadthalle gelegen, profitiert das Hotel von seinem zentralen Standort
  Untergebracht werden die Gäste in gepflegten, praktischen Eichenmöbel-Zimmern. Das
  Essen serviert man Ihnen in dem einfachen, rustikalen Hotelrestaurant.

In Flörsheim-Bad Weilbach Nord-Ost : 2,5 km :

  ⌂⌂ **Airport Country Hotel** M, Alleestr. 18, ✉ 65439, ℘ (06145) 93 00, info@
  airport-country-hotel.de, Fax (06145) 930230, ☆ – 🛗, ❄ Zim, ▣ Rest, 📺 🅿 🛀 50
  🅰 ① ⓘ VISA
  geschl. 22. Dez. - 5. Jan. – **Menu** à la carte 18/31 – **56 Zim** ⇌ 75/105 – 85/125.
  ♦ Zurückhaltende Eleganz und Großzügigkeit bestimmen die Atmosphäre des Hauses. Die
  Zimmer präsentieren sich mit exquisiten Pinienholzmöbeln, die nichts vermissen lassen.

FLÖRSHEIM-DALSHEIM Rheinland-Pfalz 417 Q 8 – 3 000 Ew – Höhe 170 m.
  Berlin 617 – Mainz 49 – Bad Kreuznach 47 – Mannheim 38 – Darmstadt 55.

  ⌂ **Weingut und Gästehaus Peth** M garni, Alzeyer Str. 28 (Ortsteil Flörsheim), ✉ 67592
  ℘ (06243) 90 88 00, jutta@peth.de, Fax (06243) 9088090 – ❄ 📺 🅿 ⓘ VISA
  5 Zim ⇌ 59/82 – 79/99.
  ♦ Im ruhig gelegenen Weingut übernachten Sie in individuellen, mediterran angehauchter
  Zimmern und genießen im Herbst den Duft der Traubenmaische. Ständige Bilderausstellung

FLOH-SELIGENTHAL Thüringen 418 N 15 – 5 500 Ew – Höhe 420 m.
  Berlin 355 – Erfurt 63 – Coburg 87 – Bad Hersfeld 73.

In Floh-Seligenthal - Struth-Helmershof Süd-Ost : 3 km :

  ⌂⌂ **Thüringer Hof**, Kronsteinstr. 3, ✉ 98593, ℘ (03683) 7 91 90, info@hotel
  thueringer-hof.de, Fax (03683) 791999, ☆, ≋ – 🛗 📺 🛀 🅿 – 🛀 40. 🅰 ① ⓘ VISA
  Menu (geschl. Nov., Mittwoch - Donnerstagmittag) à la carte 13/22,50 – **20 Zim** ⇌ 39
  – 66/76.
  ♦ Das gepflegte Hotel mit alpenländischer Fassade liegt in einem idyllischen kleinen Örtcher
  Ein zeitgemäßes Innenleben und die familiäre Atmosphäre sprechen für das Haus. In dre
  Restauranträumen widmet man sich in rustikalem Ambiente Ihrem leiblichen Wohl.

  ⌂ **Helmerser Wirtshaus**, Hauptstr. 94, ✉ 98593, ℘ (03683) 78 86 34, info@
  helmerser-wirtshaus.de, Fax (03683) 409877, ☆, Biergarten, ✳ – 📺 🅿 ⓘ VISA
  geschl. Nov. 1 Woche – **Menu** (geschl. Montagabend - Dienstag) à la carte 11/18,50 –
  10 Zim ⇌ 29/34 – 46/56.
  ♦ Das 1914 nach einem Brand wieder aufgebaute Fachwerkhaus sowie weitere Gebäude
  erinnern in ihrer Anordnung an einen ehemaligen Thüringer Bauernhof. Praktische Zimmer
  Verschiedene Galsträume stehen für ein gemütliches Essen bereit.

FÖCKELBERG Rheinland-Pfalz 417 R 6 – 400 Ew – Höhe 300 m.
  Berlin 680 – Mainz 109 – Saarbrücken 72 – Trier 96 – Kaiserslautern 22.

Beim Wildpark Potzberg West : 1 km – Höhe 562 m

  ⌂ **Turm-Hotel** ⌂, Auf dem Potzberg 3, ✉ 66887, ℘ (06385) 7 20, turmhotel-pfalz@t-or
  line.de, Fax (06385) 72156, ≤ Pfälzer Bergland, ☆, ≋ – 📺 🅿 – 🛀 80. 🅰 ⓘ VISA
  Menu à la carte 16,50/29,50 – **46 Zim** ⇌ 49/51 – 76/81.
  ♦ Eine Burganlage der Neuzeit : Sie wurde erst vor ein paar Jahren errichtet. Entstander
  sind solide Zimmer, wobei die Turmzimmer offene Kamine haben. Schöner Rittersaal. Beson
  ders Tagungsgäste schätzen die großen Räume des Restaurants.

FÖHR (Insel) Schleswig-Holstein **415** B 9 – Seebad – Insel der Nordfriesischen Inselgruppe.
Ausflugsziele: Die Halligen★ (per Schiff).
🛫 Nieblum-Greveling, ℘ (04681) 58 04 55.
🚢 von Dagebüll (ca. 45 min). Für PKW Voranmeldung bei Wyker Dampfschiffs-Reederei GmbH in Wyk, ℘ (01805) 08 01 40, Fax (04681) 80116.
ab Hafen Dagebüll: Berlin 466 – Kiel 126 – Sylt (Westerland) 14 – Flensburg 57 – Niebüll 15.

Nieblum – 800 Ew.

🏨 **Landhotel Witt** (mit Gästehaus), Alkersumstieg 4, ✉ 25938, ℘ (04681) 5 87 70, land hotel-witt@t-online.de, Fax (04681) 587758, 🍽, 🛋 – 🚭 Zim, 📺 🅿
geschl. 10. Jan. - 20. Feb. – **Menu** (geschl. Montag) à la carte 24/44 – **15 Zim** ⇋ 69/98 – 99/136 – ½ P 23.
♦ Sinn für Gastlichkeit und guter Geschmack sind die Kennzeichen dieses schmucken Landhotels. Individuell eingerichtete Zimmer laden zu Harmonie und Ruhe ein. Eine kleine Vinothek ergänzt das stilvolle Restaurant. Schöne Gartenterrasse.

Oevenum – 500 Ew.

🏨 **Landhaus Laura** ⟡, Buurnstrat 49, ✉ 25938, ℘ (04681) 5 97 90, landhaus-laura @foehr.net, Fax (04681) 597935, 🍽, 🛋 – 🚭 🔲 📺 🅿 🅰🅴 ⓘ 💳 VISA. ✸ Rest
geschl. 1. Dez. - 21. Jan. – **Menu** (geschl. 1. Dez. - 24. Jan., Montagmittag, Dienstag - Mittwochmittag, Okt. - März Montag - Freitagmittag) à la carte 20,50/37 – **15 Zim** ⇋ 45/90 – 120/150.
♦ Dieser 300 Jahre alte Reethof in Oevenum hat alles, um Sie zu verführen. Wohnliche, individuell eingerichtete Zimmer - teils im Laura-Ashley-Stil - sorgen für erholsame Tage. Im rustikalen Restaurant herrscht uriges Ambiente. Mit hübscher Terrasse.

Süderende – 150 Ew.

🍽🍽 **Die Scheune,** Haus Nr. 60, ✉ 25938, ℘ (04683) 96 25 67, Fax (04681) 50731, 🍽 – 🅿
geschl. Jan. - März, Nov., Sept. - Juni Sonntag - Montag – **Menu** (nur Abendessen) 36/48 à la carte 30,50/39.
♦ Nachdem ein Feuer Die Scheune 1998 völlig zerstörte, erstrahlt sie jetzt in neuem Glanz : eine nette Einrichtung im schwedischen Landhausstil erfreut das Auge. Schöne Terrasse.

Wyk – 5 000 Ew – Heilbad.

ℹ Tourismus GmbH Wyk auf Föhr, Rathaus, Hafenstraße 23, ✉ 25938, ℘ (04681) 3 00, urlaub@foehr.de, Fax (04681) 3068.

🏨 **Duus-Hotel,** Hafenstr. 40, ✉ 25938, ℘ (04681) 5 98 10, duus-hotel@t-online.de, Fax (04681) 598140 – 🚭 Rest, 📺 🅰🅴 ⓘ 💳 VISA
geschl. 18. Dez. - 21. Feb. – **Austernfischer** (geschl. Donnerstag) Menu à la carte 21/32 – **20 Zim** ⇋ 62/70 – 86/100.
♦ In den tipptopp gepflegten, zeitlosen Zimmern des rosa gestrichenen Hotels kann man einen angenehmen Urlaub verbringen - von einigen hat man einen tollen Blick auf den Hafen. Im Austernfischer speisen Sie in gemütlicher Atmosphäre.

🍽🍽 **Alt Wyk,** Große Str. 4, ✉ 25938, ℘ (04681) 32 12, Fax (04681) 59172
geschl. Anfang März 2 Wochen, Mitte Nov. 2 Wochen, Dienstag – **Menu** (nur Abendessen) à la carte 30/39.
♦ Sehr hübsch sitzt man in den drei unterteilten Stuben. Alles ist liebevoll im friesischen Stil eingerichtet und dekoriert. Serviert werden Spezialitäten von nah und fern.

🍽 **Friesenstube,** Süderstr. 8, ✉ 25938, ℘ (04681) 24 04, Fax (04681) 915 – 🅰🅴 ⓘ 💳 VISA
geschl. 6. Jan. - 8. Feb., Montag – **Menu** à la carte 16/33.
♦ Schon das Ambiente stimmt den Gast heiter : rustikal-friesisch, teils mit typischen Kacheln gefliest. Gekocht wird schnörkellos - hauptsächlich regionale Fischgerichte.

FORBACH Baden-Württemberg **419** T 9 – 5 400 Ew – Höhe 331 m – Luftkurort.
ℹ Tourist-Info, Landstr. 27 (Rathaus), ✉ 76596, ℘ (07228) 23 40, touristinfo@ forbach.de, Fax (07228) 2997.
Berlin 717 – Stuttgart 106 – Karlsruhe 46 – Freudenstadt 31 – Baden-Baden 26.

In Forbach-Hundsbach Süd-West : 14 km über Raumünzach – Wintersport : 750/1000 m ⛷1 ⛷ :

🏨 **Feiner Schnabel** ⟡, Hundseckstr. 24, ✉ 76596, ℘ (07220) 2 72, ksiegwarth@aol .com, Fax (07220) 352, 🍽, 🛋, 🔲, 🐎 – 🚭 Zim, 📺 🅿 🅰🅴 ⓘ 💳 VISA JCB. ✸ Rest
geschl. 3. Nov. - 20. Dez. – **Menu** (geschl. Dienstag) à la carte 14/28 – **9 Zim** ⇋ 42 – 66/72 – ½ P 14.
♦ Ringsum sind nur hohe Tannen, grüne Wiesen und ein paar Häuser. Fernab von Hektik und Lärm schmiegt sich die einfache, kleine und günstige Ferien-Adresse in die Umgebung. Das Restaurant macht seinem Namen alle Ehre.

FORCHHEIM Bayern 420 Q 17 – 31 000 Ew – Höhe 265 m.

Sehenswert: Pfarrkirche (Bilder der Martinslegende★).

🛈 Tourist-Information, Hauptstr. 24, Rathaus, ⊠ 91301, ℘ (09191) 71 43 38, tourist@forchheim.de, Fax (09191) 714206.

Berlin 429 – München 206 – Nürnberg 38 – Bamberg 25 – Würzburg 93.

Kleines Hotel Garni, Dreikirchenstr. 13, ⊠ 91301, ℘ (09191) 7 07 90, info@hotel-garni.de, Fax (09191) 707930 – ⇔ 📺. 🕮 ① ⓒ 𝗩𝗜𝗦𝗔
12 Zim ⊆ 62/69 – 77.
• Hinter der schlichten Fassade verbirgt sich ein exquisites Kleinod : Man hat sich in den Zimmern für elegante Landhausmöbel entschieden und die Bäder mit Granit ausgestattet.

Franken, Ziegeleistr. 17, ⊠ 91301, ℘ (09191) 62 40 (Hotel), 6 24 44 (Rest.), hotel franken@doettl.de, Fax (09191) 62480, 🍽 – ⇔ Zim, 📺 ⓥ ⇔ 🅿. 🕮 ① ⓒ 𝗩𝗜𝗦𝗔. ⇔ Zim
Bobby's (geschl. Sonntag) (nur Abendessen) **Menu** à la carte 15/30 – **40 Zim** ⊆ 50/65 – 65/75.
• Am Ortsausgang, unweit der B470 liegt dieses Haus mit soliden Gästezimmern, wobei die Zimmer im Gästehaus geräumiger sind als die im Haupthaus. Abends bewirtet man seine Gäste im nostalgisch angehauchten Restaurant.

Am Kronengarten garni, Bamberger Str. 6a, ⊠ 91301, ℘ (09191) 7 25 00, kontakt@hotel-am-kronengarten.de, Fax (09191) 66331 – 📶 📺. 🕮 ⓒ 𝗩𝗜𝗦𝗔
24 Zim ⊆ 48 – 66.
• Im Zentrum der Altstadt, in einen Innenhof versetzt, steht dieses typische Stadthotel. Es hat praktisch eingerichtete Zimmer und wird von der Eigentümerin persönlich geführt.

In Forchheim-Burk West : 1,5 km :

Schweizer Grom (mit Gästehaus), Röthenstr. 5, ⊠ 91301, ℘ (09191) 39 55, Fax (09191) 3955, Biergarten – 📺 🅿 – 🔔 25. ⓒ 𝗩𝗜𝗦𝗔
Menu (geschl. Freitag) à la carte 12/22,50 – **30 Zim** ⊆ 42/55 – 60/70.
• Mit viel Engagement führen die Wirtsleute ihren Gasthof. Ein Einsatz, den man überall sieht : saubere, tadellose Zimmer. Besonders zu empfehlen sind die im Gästehaus. Gemütlich fränkisch lautet die Devise in der Stube mit dem ockerfarbenen Kachelofen.

In Kunreuth-Regensberg Süd-Ost : 15 km :

Berg-Gasthof Hötzelein 🌿, ⊠ 91358, ℘ (09199) 80 90, hoetzelein@berg-gasth of.de, Fax (09199) 80999, ≤Fränkische Schweiz, 🍽, 🛋, 🎾 – 📶 📺 ⇔ 🅿 – 🔔 25. ⓒ 𝗩𝗜𝗦𝗔. ⇔
geschl. 24. Nov. - 24. Dez. – **Menu** (geschl. Dienstag) à la carte 16,50/27 – **31 Zim** ⊆ 47/50 – 63/78.
• Hoch oben auf dem Regensberg thront das Hötzelein. Übernachtungsgäste quartiert man in wohnlichen Zimmern mit Naturholz- oder Landhausmöblierung ein. Großzügig gibt sich der Restaurantbereich, in dem vorwiegend Regionales angeboten wird.

FORCHTENBERG Baden-Württemberg 419 S 12 – 3 800 Ew – Höhe 189 m.
Berlin 573 – Stuttgart 83 – Würzburg 82 – Heilbronn 41 – Künzelsau 13.

In Forchtenberg-Sindringen West : 6 km Richtung Neuenstadt :

Krone (mit Gästehaus), Untere Str. 2, ⊠ 74670, ℘ (07948) 9 10 00, landgasthof_kro ne@t-online.de, Fax (07948) 2492, 🍽, 🛋 – 📺 ⇔ 🅿 – 🔔 40. ⓒ 𝗩𝗜𝗦𝗔
geschl. 8. - 28. Jan. – **Menu** (geschl. Dienstag) à la carte 14,50/28,50 – **27 Zim** ⊆ 43/45 – 70/72.
• Ein ländlicher Gasthof inmitten des Kochertals. Er wird von der Wirtsfamilie ordentlich geführt und verfügt über gepflegte Zimmer - besonders hübsch sind die im Gästehaus. Auch in den rustikalen Gasträumen spürt man die familiäre Atmosphäre des Hauses.

FORST Baden-Württemberg siehe Bruchsal.

FORST Rheinland-Pfalz siehe Deidesheim.

Benutzen Sie die **Grünen** *Michelin-Reiseführer,*
wenn Sie eine Stadt oder Region kennenlernen wollen.

FORST (LAUSITZ) Brandenburg 418 K 27 – 23 500 Ew – Höhe 78 m.

🛈 Touristinformation, Cottbuser Str. 10, ⊠ 03149, ℘ (03562) 66 90 66, forst-information@t-online.de, Fax (03562) 669067.
Berlin 149 – Potsdam 157 – Cottbus 26 – Frankfurt (Oder) 81.

Wiwo, Domsdorfer Kirchweg 14, ⊠ 03149, ℘ (03562) 95 10, info@hotel-wiwo.de, Fax (03562) 984379, 🐕, – 🛗, 🛏 Zim, 🍽 Rest, 📺 🅿 – 🔒 180. AE ⓂO VISA
Menu à la carte 14/28 – **76 Zim** ⊇ 50/52 – 65/70.
  ◆ Freundlich empfangen werden Sie in diesem Hotel, das hinter seiner etwas nüchtern wirkenden Fassade wohnliche Zimmer hat, die, wie auch die Bäder, zeitgemäß ausgestattet sind.

FORSTINNING Bayern 420 V 19 – 2 900 Ew – Höhe 512 m.
Berlin 600 – München 27 – Ebersberg 13 – Erding 19 – Rosenheim 44.

In Forstinning-Schwaberwegen Süd-West : 1 km, Richtung Anzing :

Zum Vaas, Münchner Str. 88, ⊠ 85661, ℘ (08121) 4 30 91, gasthof.vaas@t-online.de, Fax (08121) 43094, Biergarten – 📺 🅿 ⓂO VISA
geschl. Aug. 3 Wochen, Weihnachten - Anfang Jan. – **Menu** (geschl. Montag - Dienstag) à la carte 13,50/35,50 – **9 Zim** ⊇ 46 – 75.
  ◆ Vor den Toren Münchens und 12 Kilometer von der Neuen Messe entfernt finden Sie dieses Refugium bayerischer Tradition mit individuellen, geschmackvollen Zimmern. Rustikale Schänke, in der bayerische Schmankerln und frisch gezapftes Bier serviert werden.

FRAMMERSBACH Bayern 417 P 12 – 5 100 Ew – Höhe 225 m – Erholungsort – Wintersport : 450/530 m ≤1 🎿.

🛈 Verkehrsverein, Marktplatz 3, ⊠97833, ℘ (09355) 48 00, Fax (09355) 971233.
Berlin 527 – München 332 – Würzburg 55 – Frankfurt am Main 71 – Fulda 74.

Landgasthof Kessler, Orber Str. 23 (B 276), ⊠ 97833, ℘ (09355) 12 36, landgasthof@t-online.de, Fax (09355) 99741 – 🛏 Zim, 📺 🛋 🅿 – 🔒 30. ⓂO VISA
Menu (geschl. Mittwochabend) à la carte 14/29 – **14 Zim** ⊇ 33 – 56 – ½ P 10.
  ◆ Seit Generationen schon bemüht sich Familie Kessler um das Wohlbefinden ihrer Gäste. Nach umfangreichen Umbauten bietet man Ihnen jetzt wohnliche Zimmer mit Naturholzmöbeln. Die Gastwirtschaft besticht durch ihre gemütliche Atmosphäre.

Schwarzkopf mit Zim, Lohrer Str. 8 (B 276), ⊠ 97833, ℘ (09355) 3 07, mail@gasthof-schwarzkopf.de, Fax (09355) 4412, Biergarten – 📺 🛋. ⓂO VISA. 🎀
Menu (geschl. Sept. 2 Wochen, Montag) à la carte 18/29 – **6 Zim** ⊇ 37 – 68.
  ◆ Die mit dunklem Holz verkleidete Stube und die bunten Tiffanylampen verbreiten gediegenes Flair. Die Küche läßt sich von Frischem aus der Region inspirieren.

In Frammersbach-Habichsthal West : 10 km :

Zur frischen Quelle, Dorfstr. 10, ⊠ 97833, ℘ (06020) 13 93, Fax (06020) 2815, 🐕, ⇔, 🌳 – 🅿 ⓂO VISA
geschl. Anfang März 2 Wochen – **Menu** (geschl. Mittwoch) à la carte 13/26,50 – **20 Zim** ⊇ 23/25 – 40/45 – ½ P 13.
  ◆ Eingebettet in den Naturpark Spessart, ist dies eine einfache, aber empfehlenswerte Adresse mit praktischen Zimmern, die mit soliden Naturholzmöbeln ausgestattet sind. Das Restaurant ist schon seit Jahren auch bei Einheimischen eine beliebte Einkehr.

FRANKENBERG Sachsen 418 N 23 – 16 000 Ew – Höhe 262 m.

🛈 Tourist-Information, Schloßstr. 5, ⊠ 09669, ℘ (037206) 6 94 31, Fax (037206) 72237.
Berlin 245 – Dresden 63 – Chemnitz 13 – Chomutov 79 – Karlovy Vary 95 – Zwickau 54.

Landhotel Frankenberg 🌿, Am Dammplatz 3, ⊠ 09669, ℘ (037206) 7 73, land hotel.frankenberg@t-online.de, Fax (037206) 77599, 🐕, ⇔ – 🛗, 🛏 Zim, 📺 🅿 – 🔒 80. AE ⓂO VISA
Menu à la carte 14,50/21,50 – **68 Zim** ⊇ 62 – 85.
  ◆ In zentraler Lage befindet sich das vor wenigen Jahren erbaute Hotel. Die Zimmer sind alle einheitlich und - wie alles im Haus - im elegant angehauchten Landhausstil gehalten. Die Wurzelstube wirkt durch Terracotta, gelbe Vorhänge und helle Möbel mediterran.

Lützelhöhe 🌿 garni, Dr.-Wilhelm-Külz-Str. 53, ⊠ 09669, ℘ (037206) 53 20, Fax (037206) 5300 – 🛏 📺 🅿 – 🔒 20. ⓂO VISA
17 Zim ⊇ 36 – 57.
  ◆ Ein Haus mit über 100-jähriger Tradition, das Anfang der 90er Jahre umgebaut wurde. Eröffnet hat man ein ländliches Hotel mit netten und praktischen Zimmern.

FRANKENBERG

Am Rittergut garni, Hainichener Str. 4, ✉ 09669, ℘ (037206) 50 27 00, Fax (037206) 502722, ⇔ – ⇥ TV P. AE ① OO VISA
12 Zim ⊇ 36/50 – 56/70.
• Früher spielten und tollten hier Kinder. Denn : Das kleine, gut geführte Hotel war mal ein Kindergarten. Es verfügt über schlichte und sachlich gestaltete Zimmer.

FRANKENBERG AN DER EDER Hessen 417 M 10 – 19 000 Ew – Höhe 296 m.

Sehenswert: *Rathaus*★.

Ausflugsziel: *Haina : Ehemaliges Kloster*★, Ost : 18 km.

ℹ Verkehrsamt, Obermarkt 13 (Stadthaus), ✉ 35066, ℘ (06451) 50 51 13, Fax (06451) 505100.

Berlin 451 – Wiesbaden 156 – Marburg 39 – Kassel 78 – Paderborn 104 – Siegen – **Menu** à la carte 22/32 – **101 Zim** ⊇ 123/145 – 145/165. 83.

Sonne ⟲, Marktplatz 2, ✉ 35066, ℘ (06451) 75 00, anfrage@sonne-frankenberg.de, Fax (06451) 22147, ⛲, Massage, ⇔ – ⇤ ≡ TV ⛊ – ⚿ 150. ① OO VISA
Menu (geschl. Sonntagabend) (bemerkenswerte Weinkarte) à la carte 20,50/38 – **42 Zim** ⊇ 55/85 – 85/145 – ½ P 21.
• Hinter der Klinkerfassade dieses Altstadthotels gleicht kein Zimmer dem anderen : Sie sind von einfach-ländlich bis hin zu modern völlig unterschiedlich ausgestattet. Das rustikal gehaltene Restaurant bewirtet seine Gäste mit Internationalem.

Rats-Schänke ⟲, Marktplatz 7, ✉ 35066, ℘ (06451) 7 26 60, Fax (06451) 726655 – ⇤, ⇥ Zim, TV ⛊ ⇔. AE ① OO VISA
geschl. 2. - 16. Jan., Juli - Aug. 2 Wochen – **Menu** (geschl. Donnerstag) à la carte 17/32 – **36 Zim** ⊇ 54/62 – 90/125 – ½ P 15.
• Im Herzen der Altstadt, direkt neben dem 10-türmigen Rathaus, steht das alteingesessene Hotel. Es bietet seinen Gästen bürgerliche Zimmer mit Bauern- oder Landhausmöbeln. Ländliches Ambiente im Restaurant.

FRANKENHAIN Thüringen 418 N 16 – 1 000 Ew – Höhe 398 m.
Berlin 330 – Erfurt 39 – Gotha 28 – Ilmenau 14 – Suhl 25.

Am Gisselgrund, Ohrdrufer Str. 9, ✉ 99330, ℘ (036205) 74 30, info@hotel-gisselgrund.de, Fax (036205) 74334, ⛲, ⇔ – TV P. AE ① OO VISA
Menu à la carte 12,50/19 – **17 Zim** ⊇ 40 – 65.
• Ansprechend wirkt der Gisselgrund schon durch seine hübsche Fassade mit Holzbalkonen und Erkern. Ein Stil, der im Inneren mit neuzeitlichen Zimmern fortgesetzt wird. Die Küche bietet typische Thüringer Speisen.

FRANKENHAUSEN, BAD Thüringen 418 L 17 – 10 000 Ew – Höhe 138 m.
ℹ Kyffhäuser-Information, Anger 14, ✉ 06567, ℘ (034671) 7 17 17, kyffhaeuser-info@t-online.de, Fax (034671) 71719.
Berlin 246 – Erfurt 57 – Göttingen 110 – Halle 81 – Nordhausen 31.

Residenz ⟲, Am Schlachtberg 3, ✉ 06567, ℘ (034671) 7 50, info@residenz-frankenhausen.de, Fax (034671) 75300, ≤ Bad Frankenhausen, ⛲, Massage, ⇔, ⛱ – ⇤, ⇥ Zim, ≡ Rest, TV ⚐ P. – ⚿ 32. AE ① OO VISA. ⊗ Rest
Menu 17 à la carte 28/41,50 – **86 Zim** ⊇ 81/95 – 110/125 – ½ P 17.
• Entdecken Sie das reizvolle Hotel, das durch seine Hanglage einen beeindruckenden Blick ins Tal der Diamantenen Aue ermöglicht und dazu elegant ausgestattete Zimmer bietet. Eine nette Aussicht hat man durch die Fensterfront des zeitlos gestalteter Restaurants.

Reichental M, Rottleber Str. 4, ✉ 06567, ℘ (034671) 6 80, info@hotelreichental.de Fax (034671) 68100, ⛲, ⇔, ⛱, ⚘ – ⇤, ⇥ Zim, TV ⛊ ⚐ P. – ⚿ 100. AE ① OO VISA
Menu à la carte 15/37,50 – **49 Zim** ⊇ 55/65 – 80/95 – ½ P 18.
• Ein gastfreundliches Haus, geprägt von Herzlichkeit und guter Führung. Die mit Kirschbaummöbeln eingerichteten Zimmer wirken vom ersten Moment an einladend. Hell gestaltetes Restaurant.

Alte Hämmelei (mit Gästehaus), Bornstr. 33, ✉ 06567, ℘ (034671) 51 20, Fax (034671) 51210, Biergarten – TV P. OO VISA
Menu (Montag - Freitag nur Abendessen) à la carte 13,50/22 – **10 Zim** ⊇ 35/40 – 60
• Das Fachwerkhaus liegt an der alten Stadtmauer im Herzen des Ortes. Eines der mit solidem Holzmobiliar eingerichteten Zimmer befindet sich in einem Stadtturm Blanke Tische, Nischen und ein nettes Dekor bestimmen das rustikale Ambiente im Restaurant.

FRANKENTHAL IN DER PFALZ Rheinland-Pfalz 417 419 R 9 – 49 800 Ew – Höhe 94 m.
Siehe auch Mannheim-Ludwigshafen (Umgebungsplan).

🛈 Stadtverwaltung, Rathausplatz 2, ✉ 67227, ℘ (06233) 8 93 95, Fax (06233) 89400.
Berlin 618 – Mainz 66 – Mannheim 18 – Kaiserslautern 47 – Worms 10.

FRANKENTHAL IN DER PFALZ

Am Kanal 2
August-Bebel-Straße 3
Bahnhofstraße 4
Erzberger Straße 5
Europaring 6
Friedrich-Ebert-Straße 7
Heinrich-Heine-Straße 10
Heßheimer Straße 12
Karolinenstraße 13
Mahlastraße 14
Mühlstraße 16
Nürnberger Straße 17
Philipp-Karcher-
  Straße 18
Rathausplatz 19
Speyerer Straße
Vallonenstraße 21
Westliche Ringstraße 23
Willy-Brandt-Anlage 25
Wormser Straße 28
Zuckerfabrikstraße 30

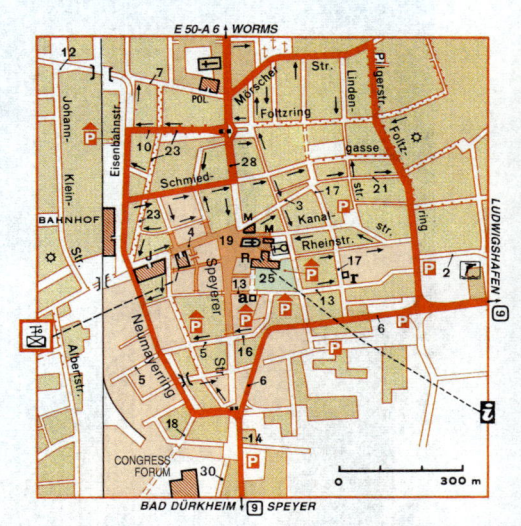

🏨 **Victor's Residenz-Hotel** M garni, Mina-Karcher-Platz 9, ✉ 67227, ℘ (06233) 34 30, info@residenz-frankenthal.bestwestern.de, Fax (06233) 343434, ☎ – 📳 ⇌ 📺 📞 ⇌ – 🏛 20. 🅰🅴 ⓞ 🆆 𝗩𝗜𝗦𝗔   Umgebungsplan Mannheim-Ludwigshafen AU c
104 Zim ⇌ 95/132 – 125/160, 8 Suiten.
♦ Das Victor besticht durch seine ungewöhnliche Turm-Silhouette. Dem Stil entsprechend sind die Zimmer mit modernen Holzeinbauten und technischen Raffinessen ausgestattet.

🏨 **Achat** M garni, Mahlastr. 18, ✉ 67227, ℘ (06233) 49 20, frankenthal@achat-hotel.de, Fax (06233) 492999 – 📳 ⇌ 📺 📞 ⇌ 🅿 🅰🅴 ⓞ 🆆 𝗩𝗜𝗦𝗔 JCB
⇌ 11 – **126 Zim** 59/94 – 69/104. Umgebungsplan Mannheim-Ludwigshafen AU a
♦ Verkehrsgünstig am Stadtrand liegt das Mitte der 90er Jahre eröffnete Hotel. Besonders Geschäftsleute und Langzeitgäste schätzen das praktische Haus ohne viele Schnörkel.

🏨 **Central,** Karolinenstr. 6, ✉ 67227, ℘ (06233) 87 80, info@hotel-central.de, Fax (06233) 22151, Biergarten – 📳, ⇌ Zim, 📺 🅿 – 🏛 80. 🅰🅴 ⓞ 🆆 𝗩𝗜𝗦𝗔 JCB. ⚡ Rest
Burkhardt's (geschl. Sonntag) **Menu** à la carte 23/41,50 – **71 Zim** ⇌ 56/100 – 77/116.
♦ Ein gepflegtes Hotel, in das die Besitzer immer wieder investieren. So bieten auch die Zimmer guten Komfort und entsprechen durchaus modernem Stilempfinden. Helle Farben und Glas unterstreichen das neuzeitliche Ambiente im Restaurant.   a

🏠 **Weinhotel Wagner,** Schlachthausweg 14, ✉ 67227, ℘ (06233) 3 68 80, Fax (06233) 368811, ☎ – ⇌ Zim, 📺 📞 🅿 🆆 𝗩𝗜𝗦𝗔
Menu (geschl. 1. - 15. Jan.) (nur Abendessen) à la carte 16/29 – **11 Zim** ⇌ 45 – 65/69.
♦ In einer Seitenstraße zum Stadtring gelegen, verspricht das familiär geführte Haus mit seinen funktionell gestalteten Zimmern seinen Gästen einen geruhsamen Aufenthalt. Weinstube mit gemütlichem Ambiente und typischem Speiseangebot. Umgebungsplan Mannheim-Ludwigshafen AU e

🏠 **Filling** (mit Gästehaus), Nürnberger Str. 14, ✉ 67227, ℘ (06233) 3 16 60, post@hotelfilling.de, Fax (06233) 28259, Biergarten – 📺 📞 ⇌ 🅿 ⓞ 🆆 𝗩𝗜𝗦𝗔   r
Menu (nur Abendessen) à la carte 19/34 – **32 Zim** ⇌ 29/45 – 49/62.
♦ Man betritt das Hotel durch eine hübsch gestaltete Halle. Die Zimmer sind recht unterschiedlich eingerichtet, wobei die im Landhausstil besonders zu empfehlen sind. Nach dem Umbau wurde das Restaurant geschmackvoll eingerichtet.

XX **Adamslust,** An der Adamslust 10, ✉ 67227, ℘ (06233) 6 17 16, Fax (06233) 68249, ☎ – 🅿 ⓞ 🆆 𝗩𝗜𝗦𝗔   Umgebungsplan Mannheim-Ludwigshafen AU n
geschl. Jan. 2 Wochen, Sept. 2 Wochen, Samstagmittag, Sonntagabend - Montag – **Menu** (Tischbestellung ratsam) à la carte 33/42.
♦ Stilvolles Landhaus mit rustikalem Charme. Der Chef des Hauses kocht eine an den Jahreszeiten orientierte Küche, die Appetit macht - dazu der nette Service der Gastgeberin.

473

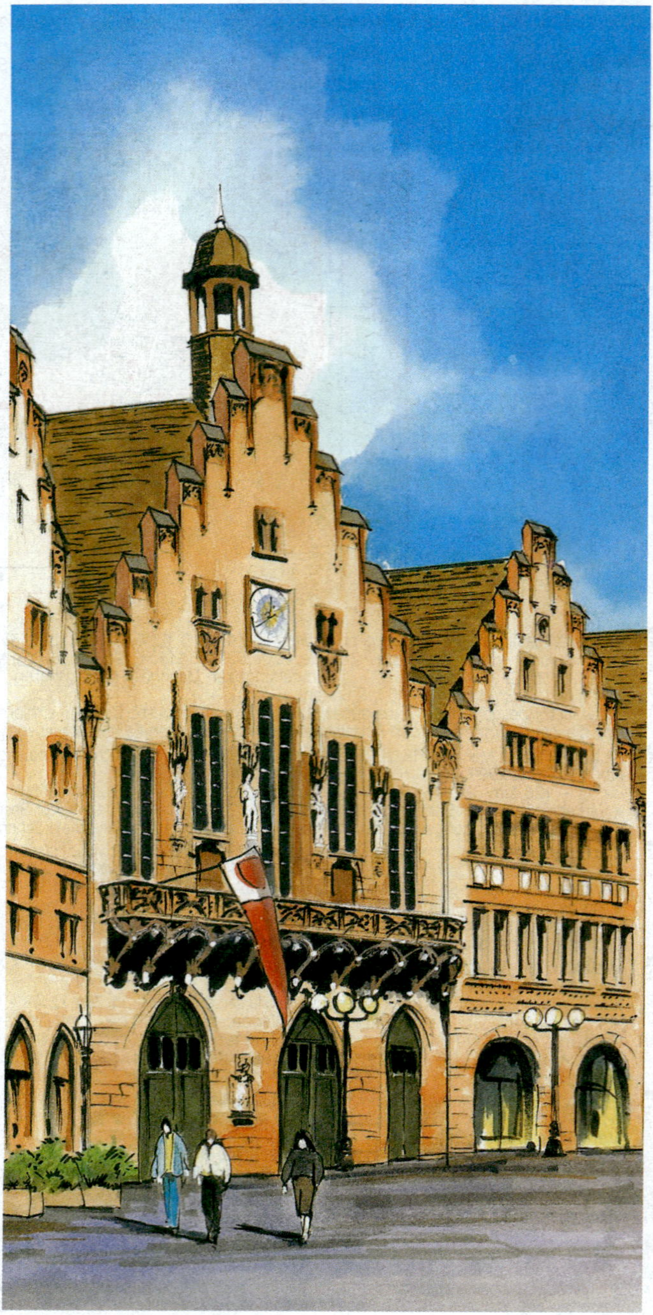

FRANKFURT AM MAIN

Hessen **417** *P 10 – 650 000 Ew – Höhe 95 m*

Berlin 537 ⑧ – Wiesbaden 41 ⑦ – Bonn 178 ⑤ – Nürnberg 226 ③ – Stuttgart 204 ⑤

Alphabetisches Verzeichnis der Hotels und Restaurants	S. 2 und 3
Stadtplan Frankfurt :	
Frankfurt und Umgebung	S. 4 und 5
Frankfurt	S. 6 und 7
Zentrum	S. 8
Umgebungskarte	S. 9
Hotels und Restaurants	S. 10 bis 19

🛈 *Touristinformation im Römer* ✉ *60311,* ✆ *(069) 21 23 88 00, info@tcf.frankfurt.de, Fax (069) 21237880*

🛈 *Touristinformation im Hauptbahnhof,* ✉ *60329,* ✆ *(069) 21 23 88 00, Fax (069) 21237880*

ADAC, Schillerstr. 12

✈ *Frankfurt am Main* AU, ✆ *(069) 6 90 25 95*

🚍 *In Neu-Isenburg, Kurt-Schumacher-Straße*

Messegelände CX, ✆ *(069) 7 57 50, Fax (069) 75756433*

Sehenswert : *Goethehaus*★ GZ – *Senkenberg-Museum*★ *(Paläntologie*★★*)* CV **M⁹** – *Städelsches Museum und Städtische Gallerie*★★ GZ – *Museum für Kunsthandwerk*★ HZ – *Deutsches Filmmuseum*★ GZ **M⁷** – *Museum für moderne Kunst*★ HY **M¹⁰** – *Dom*★ *(Westturm*★★*, Chorgestühl*★*, Dom-Museum*★*)* HZ – *Palmengarten*★ CV – *Zoo*★★ FV – *Henninger Turm* ⁂ ★ FX

🐦₁₈ *Frankfurt-Niederrad, Golfstr. 41* BT, ✆ *(069) 6 66 23 18*

🐦₉ *Frankfurt-Niederrad, Schwarzwaldstr. 127*, BT, ✆ *(069) 96 74 13 53*

🐦₁₈ *Hanau-Wilhelmsbad, Wilhelmsbader Allee 32 (Ost : 12 km über Hanauer Landstraße* BS*)*, ✆ *(06181) 8 20 71*

🐦₁₈ *Dreieich, Hofgut Neuhof (Süd : 13 km über A 661 und Abfahrt Dreieich* BU*)* ✆ *(06102) 32 70 10*

🐦₁₈ *Bad Vilbel-Dortelweil, Lindenhof (Nord-Ost : 13 km über Friedberger Landstraße* AR*)*, ✆ *(06101) 5 24 52 00*

Alphabetische Liste Hotels und Restaurants Frankfurt
Liste alphabétique des hôtels et restaurants

A

- S. 15 Adolf Wagner
- S. 10 Alexander am Zoo
- S. 15 Amadeus
- S. 12 Am Dom
- S. 11 An der Messe
- S. 16 ArabellaSheraton Congress Hotel
- S. 10 ArabellaSheraton Grand Hotel
- S. 12 Astoria
- S. 11 Atlantic
- S. 12 Atrium
- S. 13 Aubergine

B

- S. 14 Bauer
- S. 18 Bistrot 77
- S. 18 Bommersheim
- S. 15 Borger
- S. 17 Brick Fine Dining

C

- S. 12 Corona
- S. 15 Courtyard by Marriott
- S. 17 Courtyard by Marriott Nordwest Zentrum

D

- S. 16 Darmstädter Hof
- S. 12 Diana
- S. 12 Domicil
- S. 18 Dorint (Eschborn)
- S. 17 Dorint (Niederrad)

E

- S. 14 Ernos Bistro
- S. 14 Estragon

F

- S. 15 Fichtekränzi
- S. 13 Français

G

- S. 13 Gallo Nero
- S. 13 Gargantua

H

- S. 15 Harheimer Hof
- S. 16 Hausener Dorfkrug
- S. 10 Hessischer Hof
- S. 10 Hilton
- S. 18 Holbein's
- S. 18 Holiday Inn (Neu Isenburg)
- S. 17 Holiday Inn (Sachsenhausen)
- S. 19 Hugenottenhof

I

- S. 11 Imperial
- S. 11 InterCityHotel
- S. 10 Inter-Continental

K

- S. 14 Kabuki
- S. 19 Kempinski Hotel Gravenbruch
- S. 14 Klaane Sachsehäuser

L

- S. 13 L'Artichoc
- S. 19 La Piazzetta
- S. 13 La Trattoria
- S. 16 Landhaus Alte Scheune
- S. 13 Lavallee
- S. 10 Le Méridien Parkhotel
- S. 11 Liebig-Hotel
- S. 16 Lindner Congress Hotel

M

- S. 18 Maingaustuben
- S. 17 Main Plaza
- S. 14 Main Tower Restaurant
- S. 12 Manhattan
- S. 10 Maritim
- S. 16 Markgraf
- S. 10 Marriott
- S. 18 Mercure (Eschborn)
- S. 11 Mercure (Zentrum)
- S. 11 Mercure Frankfurt Bristol
- S. 12 Metropolitan
- S. 14 Meyer's Restaurant
- S. 12 Miramar

N

- S. 19 Neuer Haferkasten
- S. 18 Novotel
- S. 12 Novotel Frankfurt City West

O – P – Q

- S. 13 Opéra
- S. 17 Osteria Enoteca
- S. 11 Palmenhof
- S. 12 Plaza
- S. 16 Queens Hotel

R

- S. 16 relexa

S

- S. 12 Scala
- S. 15 Schöne Aussicht
- S. 17 Senso e Vita
- S. 19 Sheraton
- S. 11 Sofitel
- S. 14 Stars und Starlet
- S. 19 Steigenberger Esprix Hotel
- S. 10 Steigenberger Frankfurter Hof
- S. 11 Steigenberger MAXX Hotel

T

- S. 13 Tiger-Restaurant
- S. 14 Toan

V – W

- S. 13 Villa Merton
- S. 11 Villa Orange
- S. 17 Weidemann
- S. 18 Wessinger

Z

- S. 15 Zum gemalten Haus
- S. 14 Zum Rad
- S. 15 Zur Buchscheer
- S. 15 Zur Eulenburg

FRANKFURT AM MAIN S. 4   STRASSENVERZEICHNIS

Straße	Seite	Feld
Adalbertstraße	S. 6	CV
Adickesallee	S. 7	EV
Alfred-Brehm-Platz	S. 7	FV 2
Allerheiligenstr.	S. 8	HY 3
Alte Brücke	S. 8	HZ
Alte Gasse	S. 8	HY
Am Tiergarten	S. 7	FV
An der Hauptwache	S. 8	GHY
Arnsburger Straße	S. 7	FV 4
Bärenstraße	S. 7	FV 6
Baseler Straße	S. 6	CX
Battonnstraße	S. 8	HY
Beethovenstraße	S. 6	CV
Berger Straße	S. 7	FV
Berliner Straße	S. 8	GHZ
Bethmannstraße	S. 8	GZ 7
Biebergasse	S. 8	GY
Bleichstraße	S. 8	HY
Bleidenstraße	S. 8	HY 9
Bockenheimer Anlage	S. 8	GY
Bockenheimer Landstr.	S. 8	GY 10
Börsenstraße	S. 8	GY
Braubachstraße	S. 8	HZ
Bremer Straße	S. 6	DV 12
Brückenstraße	S. 8	HZ
Burgstraße	S. 7	FV
Danziger Platz	S. 7	FV
Darmstädter Landstr.	S. 8	EFX
Deutschherrnufer	S. 8	HZ
Diesterwegstraße	S. 8	HZ
Domstraße	S. 8	HZ 13
Dreieichstraße	S. 8	FX
Dürerstraße	S. 8	GZ
Düsseldorfer Str.	S. 6	CX 14
Eckenheimer Landstr.	S. 7	EV
Elisabethenstraße	S. 8	HZ 16
Eschenheimer Anlage	S. 8	HY
Eschersheimer Landstr.	S. 8	GY
Eyssenecksstraße	S. 6	DV
Fahrgasse	S. 8	HYZ
Flößerbrücke	S. 7	FX 17
Frankenallee	S. 8	CX
Franz-Rücker-Allee	S. 6	CV
Frauenlobstraße	S. 6	CV
Friedberger Anlage	S. 8	HY 20
Friedberger Landstr.	S. 8	HY 22
Friedensbrücke	S. 8	CX
Friedensstraße	S. 8	GZ 24
Friedrich-Ebert-Anlage	S. 6	CVX
Fürstenberger Str.	S. 6	CDV
Gallusanlage	S. 8	GZ
Gartenstraße	S. 8	GHZ
Gerbermühlstraße	S. 7	FX
Gießener Straße	S. 8	BR
Goetheplatz	S. 8	GY
Goethestraße	S. 8	GY
Gräfstraße	S. 8	CV
Gr. Bockenheimer Str.	S. 8	GY 27
Große Eschenheimer Straße	S. 8	GY
Große Friedbergerstr.	S. 8	HY 29
Große Gallusstraße	S. 8	GYZ
Großer Hirschgraben	S. 8	GZ 30
Grüneburgweg	S. 6	CDV
Guiollettstraße	S. 6	CV
Guntherssburgallee	S. 7	FV
Gutleutstraße	S. 8	GZ
Gutzkowstraße	S. 8	HZ
Habsburgerallee	S. 7	FV
Hafenstraße	S. 6	CX
Hamburger Allee	S. 6	CV
Hanauer Landstraße	S. 7	FX
Hans-Thoma-Straße	S. 8	GZ
Hasengasse	S. 8	HY
Hemmerichsweg	S. 6	CX
Heerstraße	S. 4	AR
Henschelstraße	S. 8	HY
Hochstraße	S. 8	GY
Höhenstraße	S. 7	FV
Holbeinstraße	S. 8	GZ
Holzhausenstraße	S. 7	EV
Homburger Landstr.	S. 5	BR
Im Prüfling	S. 7	FV
Isenburger Schneise	S. 5	BT
Junghofstraße	S. 8	GY
Kaiserstraße	S. 8	GZ
Kalbächer Gasse	S. 8	GY 32
Karlstraße	S. 6	CX 33
Kennedy-Allee	S. 8	GZ
Kleiner Hirschgraben	S. 8	GY 35
Konrad-Adenauer-Straße	S. 8	HY
Kurt-Schumacher-Straße	S. 8	HYZ
Lange Straße	S. 7	FX
Leibigstraße	S. 6	CV
Limpurgergasse	S. 8	HZ 36
Mainkai	S. 8	HZ
Mainzer Landstr.	S. 6	CVX
Markt	S. 8	HZ
Miquelallee	S. 6	CV
Mörfelder Landstr.	S. 7	EX
Münchener Straße	S. 8	GZ
Münzgasse	S. 8	GZ 40
Neebstraße	S. 7	FV 42
Neue Mainzer Str.	S. 8	GYZ
Nibelungenallee	S. 7	EFV
Nizza Anlage	S. 8	GZ
Nordendstraße	S. 7	EV
Obermainanlage	S. 7	FX
Obermainbrücke	S. 7	FX 45
Oeder Weg	S. 8	GY
Offenbacher Landstr.	S. 7	FX
Oppenheimer Landstraße	S. 8	HZ
Oskar-von-Miller-Straße	S. 7	FX
Ostendstraße	S. 7	FX
Paradiesgasse	S. 8	HZ
Petersstraße	S. 8	HY
Pfingstweidstraße	S. 7	FV 47
Platz der Republik	S. 6	CX
Rechneigrabenstr.	S. 8	HZ 50
Reuterweg	S. 8	GY
Rhönstraße	S. 7	FV
Röderbergweg	S. 7	FV
Römerberg	S. 8	HZ
Roßmarkt	S. 8	GY
Rothschildallee	S. 7	FV
Saalburgallee	S. 7	FV
Saalburgstraße	S. 7	FV
Sachsenhäuser Ufer	S. 8	HZ
Sandweg	S. 7	FV
Schäfergasse	S. 8	HY
Schaumainkai (Museumsufer)	S. 8	GHZ
Scheffelstraße	S. 7	EV
Schifferstraße	S. 8	HZ
Schillerstraße	S. 8	GY 54
Schloßstraße	S. 8	CV
Schöne Aussicht	S. 8	HZ
Schwanheimer Ufer	S. 4	AT
Schweizer Platz	S. 8	HZ
Schweizer Straße	S. 8	GHZ
Seehofstraße	S. 7	FX 55
Seilerstraße	S. 8	HY
Senckenberganlage	S. 6	CV
Siemensstraße	S. 7	FX 56
Siesmayerstraße	S. 6	CV
Sonnemannstraße	S. 7	FX
Sophienstraße	S. 6	CV
Sprendlinger Landstraße	S. 5	BU
Stegstraße	S. 8	HZ
Stiftstraße	S. 8	HY
Stoltzestraße	S. 8	HY 58
Stresemannallee	S. 6	DX
Taunusanlage	S. 8	GY
Taunusstraße	S. 8	GZ 62
Taunustor	S. 8	GZ
Textorstraße	S. 8	HZ
Theodor-Heuss-Allee	S. 6	CV
Töngesgasse	S. 8	HY
Untermainanlage	S. 8	GZ 65
Untermainbrücke	S. 8	GZ
Untermainkai	S. 8	GZ
Vilbeler Straße	S. 8	HY
Walter-Kolb-Straße	S. 8	HZ
Wasserweg	S. 7	FX 67
Weißfrauenstraße	S. 8	GZ 68
Wendelsweg	S. 7	FX
Weserstraße	S. 8	GZ 69
Westendstraße	S. 6	CV
Wilhelm-Leuschner-Straße	S. 8	GZ
Windeckstraße	S. 7	FX 74
Wittelsbacherallee	S. 8	FV
Zeil	S. 8	HY

478

KASSEL E 451-A 5
BAD HOMBURG
B
FRIEBERG
BAD VILBEL
BÜDINGEN
A 661
Nidda
Homburger
BERKERSHEIM
PREUNGESHEIM
Vilbeler
Landstr.
LOHRBERG
BERGEN-ENKHEIM
R
FULDA
HEDDERNHEIM
ESCHERSHEIM
Eschersheimer
Landstr.
Gießener Str.
Landstr.
Eckenheimer Landstr.
Friedberger
HUTHPARK
SECKBACH
Landstr.
Borsig-allee
A 66
VOLKSPARK NIDDATAL
GINNHEIM
Praunheim
HAUSEN
Miquel- allee
Adickes- allee
BORNHEIM
GRÜNEBURG PARK
PALMENGARTEN
FRANKFURT-OST
RIEDERWALD
HANAU
BOCKENHEIM
Ratsweg
OSTPARK
Hanauer Landstr.
ZOO
S
MESSE FRANKFURT
GOETHEHAUS
DOM
Landstr.
Allee
Offenbacher
Henninger Turm
Landstr.
OBERRAD
Gutleutstr.
MAIN
NIEDERRAD
Kennedy
SACHSENHAUSEN
TURM
OFFENBACH
FRANKFURTER
Darmstädter
Landstr.
T
NÜRNBERG
STADTWALD
Isenburger Schneise
STADION
Mörfelder
OFFENBACHER KREUZ
E 42-A 3
WÜRZBURG
NEU-ISENBURG
Landstr.
Carl-Ulrich-
Straße
Friedhofstr.
U
Sprendlinger
A 661
DIEBURG
DREIEICH-BUCHSCHLAG
DARMSTADT

FRANKFURT AM MAIN S. 6

FRANKFURT AM MAIN

Alfred-Brehm-Platz	**FV** 2
Arnsburger Straße	**FV** 4
Bärenstraße	**FV** 6
Bremer Straße	**DV** 12
Düsseldorfer Straße	**CX** 14
Flößerbrücke	**FX** 17
Karlstraße	**CX** 33
Neebstraße	**FV** 42
Obermainbrücke	**FX** 45
Pfingstweidstraße	**FV** 47
Seehofstraße	**FX** 55
Siemensstraße	**FX** 56
Wasserweg	**FX** 67
Windeckstraße	**FX** 74

Straßenverzeichnis siehe Frankfurt S. 4

FRANKFURT AM MAIN S. 8

Allerheiligenstraße .... **HY** 3	Friedensstraße .... **GZ** 24	Münzgasse .... **GZ** 40
An der Hauptwache .... **GHY**	Goethestraße .... **GY**	Rechneigrabenstr. .... **HZ** 50
Bethmannstraße .... **GZ** 7	Gr. Bockenheimer Str. .... **GY** 27	Roßmarkt .... **GY**
Bleidenstraße .... **HY** 9	Große Friedberger Str. .... **HY** 29	Schillerstraße .... **GY** 54
Bockenheimer	Großer Hirschgraben ..... **GZ** 30	Stoltzestraße .... **HY** 58
Landstr. .... **GY** 10	Kaiserstraße .... **GZ**	Taunusstraße .... **GZ** 62
Domstraße .... **HZ** 13	Kalbächer Gasse .... **GY** 32	Untermainanlage .... **GZ** 65
Elisabethenstraße .... **HZ** 16	Kleiner Hirschgraben ..... **GY** 35	Weißfrauenstraße .... **GZ** 68
Friedberger Anlage .... **HY** 20	Limpurgergasse .... **HZ** 36	Weserstraße .... **GZ** 69
Friedberger Landstr. ...... **HY** 22	Münchener Str. .... **GZ**	Zeil .... **HY**

Straßenverzeichnis siehe Frankfurt S. 4

FRANKFURT AM MAIN S. 9

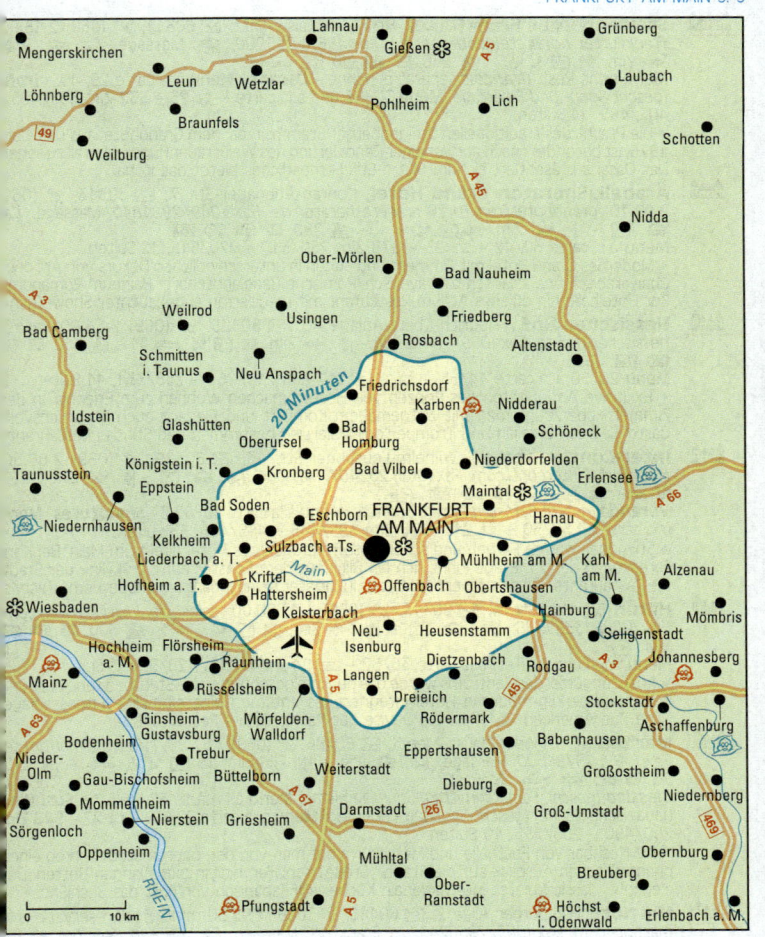

Besonders angenehme Hotels oder Restaurants
sind im Führer **rot** gekennzeichnet.
Sie können uns helfen, wenn Sie uns die Häuser angeben,
in denen Sie sich besonders wohl gefühlt haben.
Jährlich erscheint eine komplett überarbeitete Ausgabe
aller **Roten** Michelin-Führer.

FRANKFURT AM MAIN S. 10

Steigenberger Frankfurter Hof, Am Kaiserplatz, ✉ 60311, ℘ (069) 2 15 0₂
frankfurter-hof@steigenberger.de, Fax (069) 215900, 😐, Massage, 🛌, 🛋 – 📶
🛁 Zim, 🔲 📺 ✆ ♿ – 🅰 250. 🆎 ⓘ 🅞🅞 𝗩𝗜𝗦𝗔 JCB
Menu siehe Rest. – **Oscar's :** Menu à la carte 29/40 – **Iroh**
(geschl. Sonn- und Feiertage) **Menu** 30/87 und à la carte – 🚻 23 – **332 Zim** 355/
405/455, 11 Suiten.
GZ
♦ Die Pracht des traditionellen Steigenberger Stammsitzes, dem Grandhotel aus dem Jah
1876, ist besonders nach aufwendiger Renovierung des Weißfrauenflügels überall zu seheı
Das Oscar's präsentiert sich im Bistro-Stil. Fernöstliches bietet das Iroha.

ArabellaSheraton Grand Hotel, Konrad-Adenauer-Str. 7, ✉ 60313, ℘ (069
2 98 10, grandhotel.frankfurt@arabellasheraton.de, Fax (069) 2981810, Massage, 🛌
🛋, 🔲 – 📶, 🛁 Zim, 🔲 📺 ✆ 🚗 – 🅰 280. 🆎 ⓘ 🅞🅞 𝗩𝗜𝗦𝗔
Menu à la carte 30/42 – 🚻 23 – **378 Zim** 250/515 – 270/515, 12 Suiten.
HY
♦ Modernes Grand Hotel mit Zimmern und Suiten in unterschiedlichen Dekors von Art déc
über arabisch und asiatisch bis bayerisch. Römische Badelandschaft "Balneum Romanum
Zur Hotelhalle hin offenes Atrium-Restaurant mit mediterran angehauchter Show-Küche

Hessischer Hof, Friedrich-Ebert-Anlage 40, ✉ 60325, ℘ (069) 7 54 00, info@
hessischer-hof.de, Fax (069) 75402924 – 📶, 🛁 Zim, 🔲 📺 ✆ 🚗 🅿 – 🅰 110. 🆎 ⓘ
🅞🅞 𝗩𝗜𝗦𝗔 JCB
Menu 29/50 à la carte 44/55 – 🚻 19 – **117 Zim** 213/263 – 258/331, 11 Suiten.
CX
♦ Exklusive Antiquitäten des Prinzen von Hessen machen Wohnen zum Erlebnis. In de
Zimmern überzeugt man mit zeitgemäßem Komfort und Eleganz auch anspruchsvoll
Gäste. Sèvres Porzellan und Trompe l'oeil Malereien bestimmen den Stil des Restaurants

Inter-Continental M, Wilhelm-Leuschner-Str. 43, ✉ 60329, ℘ (069) 2 60 50
frankfurt@interconti.com, Fax (069) 252467, Massage, 🛌, 🛋, 🔲 – 📶, 🛁 Zim, 🔲 📺
✆ ♿ – 🅰 400. 🆎 ⓘ 🅞🅞 𝗩𝗜𝗦𝗔 JCB
GZ
Veranda (geschl. Samstagmittag, Sonntag) **Menu** à la carte 39/62 ♀ – **Signatures** : Menı
à la carte 31,50/50 – 🚻 21 – **770 Zim** 395/445 – 415/465, 35 Suiten.
♦ Stilmöbel, warme Farben und schöne Stoffe prägen das Hotel direkt am Main. Bei Kon
ferenzräume in der 21. Etage lohnt sich ein Blick aus dem Fenster auf die Skyline der Stadt
Die Restaurants : ein erfrischender Mix aus luxuriöser Atmosphäre und modernem Lifestyle

Hilton M, Hochstr. 4, ✉ 60313, ℘ (069) 1 33 80 00, sales_frankfurt@hilton.com
Fax (069) 13381338, 😐, 🛋, 🔲 – 📶, 🛁 Zim, 🔲 📺 ✆ 🚗 – 🅰 300. 🆎 ⓘ 🅞🅞
𝗩𝗜𝗦𝗔 JCB
GY
Menu 25 (Lunchbuffet) à la carte 36/52 – 🚻 24 – **342 Zim** 429/534, 3 Suiten.
♦ Am Grüngürtel des Zentrums wurde das denkmalgeschützte alte Stadtbad renoviert unc
in das aufwendig-moderne Hotel integriert, es entstand eine einmalige Fitnessanlage
"The fine American Style" ist die Devise des Pacific Colors Restaurant.

Maritim M, Theodor-Heuss-Allee 3, ✉ 60486, ℘ (069) 7 57 80, info.fra@maritim.de
Fax (069) 75781000, Massage, 🛌, 🛋, 🔲 – 📶, 🛁 Zim, 🔲 📺 ✆ ♿ 🚗 – 🅰 210
🆎 ⓘ 🅞🅞 𝗩𝗜𝗦𝗔 🛇 Rest
CVX
Classico (geschl. Samstagmittag, Sonntagmittag) **Menu** à la carte 37/49,50 – **SushiSho**
(japanische Küche) (geschl. Samstag - Sonntag) **Menu** à la carte 22/45 – 🚻 22 – **543 Zin**
250/490 – 295/535, 16 Suiten.
♦ Als Nachbar von Festhalle und Messeturm hat man von den oberen Stockwerken einer
phantastischen Ausblick auf die Stadt. "Große" schlafen hier in extra langen Betten. Das
elegante Classico bietet internationale Küche. Auf japanisch verführt das SushiSho.

Marriott, Hamburger Allee 2, ✉ 60486, ℘ (069) 7 95 50, mhrs.fradt.reservations@
marriott.com, Fax (069) 79552432, ≤ Frankfurt, Massage, 🛌, 🛋 – 📶, 🛁 Zim, 🔲 📺
✆ 🚗 – 🅰 600. 🆎 ⓘ 🅞🅞 𝗩𝗜𝗦𝗔 🛇 Rest
CV
Menu à la carte 23/43 – 🚻 18 – **588 Zim** 195/245, 10 Suiten.
♦ Gegenüber der Messe ragt der Wolkenkratzer unübersehbar in den Himmel, der 10 Kon
ferenzräume inklusive des mit 700 Quadratmetern größten Ballsaals der Stadt beherbergt
Im Restaurant Arizona serviert man Ihnen Spezialitäten aus Amerikas Südwesten.

Le Méridien Parkhotel, Wiesenhüttenplatz 28, ✉ 60329, ℘ (069) 2 69 70
info.frankfurt@lemeridien.com, Fax (069) 2697884, 😐, 🛌, 🛋 – 📶, 🛁 Zim, 🔲 📺 ✆
🚗 🅿 – 🅰 180. 🆎 ⓘ 🅞🅞 𝗩𝗜𝗦𝗔 JCB
CX
Menu à la carte 30/46 – 🚻 21 – **297 Zim** 220/390 – 250/450, 11 Suiten.
♦ Kombination von Stil und Moderne : Sachlichkeit und perfekte Technik in der Business
Class, mit Sorgfalt restaurierte und mit viel Liebe möblierte Zimmer im Jugendstil-Palais
Das legere, im Bistrostil gehaltene Le Parc bietet kulinarische Vielfalt.

Alexander am Zoo M, Waldschmidtstr. 59, ✉ 60316, ℘ (069) 94 96 00, info@
alexanderamzoo.de, Fax (069) 94960720, 🛋 – 📶 🛁 📺 ✆ 🚗 – 🅰 30. 🆎 ⓘ 🅞🅞
𝗩𝗜𝗦𝗔 JCB
FV
Menu siehe Rest. **Lavallee** separat erwähnt – **59 Zim** 🚻 125 – 150, 9 Suiten.
♦ Moderner Winkelbau mit ebenso moderner Einrichtung nicht weit vom Zoo. Während der
Tagungspausen genießt man auf den Terrassen den Blick über die Dächer der Mainme-
tropole.

FRANKFURT AM MAIN S. 11

Palmenhof, Bockenheimer Landstr. 89, ✉ 60325, ☎ (069) 7 53 00 60, *info@palmenhof.com*, Fax (069) 75300666 – 📞 📺 ✆ 🅿 🅰🅴 ⓘ 🆎 VISA JCB　　CV m
geschl. 24. Dez. - 2. Jan. – **Menu** siehe Rest. **L'Artichoc** separat erwähnt – **46 Zim** ⊇ 115/140 - 155/170.
♦ Jedes der mit Antiquitäten gestalteten und durch moderne Möbel bereicherten Zimmer ist ein Unikat. Zur Vorderseite hat man einen schönen Ausblick auf alte Kastanienbäume.

An der Messe garni, Westendstr. 104, ✉ 60325, ☎ (069) 74 79 79, *hotel.an.der.messe@web.de*, Fax (069) 748349 – 📞 📺 ✆ 🅿 🅰🅴 ⓘ 🆎 VISA JCB　　CV e
46 Zim ⊇ 123 - 149.
♦ Asiatisch gelackte Nachtschränkchen mit goldenen Holzverzierungen, Stilmöbel mit Einlegearbeiten oder modern glänzendes Wurzelholz – jeder Raum hat sein eigenes Gesicht.

Sofitel, Savignystr. 14, ✉ 60325, ☎ (069) 7 53 30, *h1305@accor-hotels.com*, Fax (069) 7533175, 🍴 – 📞, ❄ Zim, 📺 ✆ – 🎓 90. 🅰🅴 ⓘ 🆎 VISA 🍴 Rest　CX f
Menu à la carte 25/44,50 – ⊇ 18 – **155 Zim** 215 - 245.
♦ In freundlich-hellen, mit geschmackvollen Farben und schönen Stoffen gestalteten Zimmern im klaren Design harmoniert funktioneller Komfort mit einladend wohnlicher Eleganz. Moderne Formen und warme Gelbtöne laden im Restaurant zum Tafeln ein.

Mercure, Voltastr. 29, ✉ 60486, ☎ (069) 7 92 60, *h1204@accor-hotels.com*, Fax (069) 79261606, 🍴, ⊇ – 📞, ❄ Zim, 🔲 📺 ✆ 🅿 – 🎓 80. 🅰🅴 ⓘ 🆎 VISA JCB　　BS t
Menu à la carte 23/39,50 – **346 Zim** ⊇ 128/161 – 165/197, 12 Suiten.
♦ Vis-à-vis der Messe liegt das Hotel mit den größeren Clubzimmern in der oberen Etage. Wer mindestens vier Wochen bleibt, quartiert sich in dem Appartmentbau gegenüber ein.

Villa Orange Ⓜ garni, Hebelstr. 1, ✉ 60318, ☎ (069) 40 58 40, *contact@villa-orange.de*, Fax (069) 40584100 – 📞 ❄ 📺 ✆ – 🎓 25. 🅰🅴 ⓘ 🆎 VISA　　EV a
38 Zim ⊇ 110/130 - 130.
♦ Ein Haus mit Charme : Hinter der orangefarbenen Fassade erwartet Sie ein geschmackvolles Interieur mit einem Mix aus modern-komfortabler Eleganz und nostalgischen Elementen.

Steigenberger MAXX Hotel Ⓜ, Lange Str. 5, ✉ 60311, ☎ (069) 21 93 00, *frankfurt@maxx-hotels.de*, Fax (069) 21930599 – 📞, ❄ Zim, 🔲 📺 ✆ & 🅿 – 🎓 120. 🅰🅴 ⓘ 🆎 VISA JCB　　FX s
Menu à la carte 20/39,50 – ⊇ 16 – **150 Zim** 140/170 - 170/186.
♦ Nach einem ereignisreichen, vielleicht auch stressigen Tag bietet Ihnen das Mitte 2001 eröffnete Haus geschmackvoll gestaltete Zimmer, in denen Sie neue Kraft schöpfen können. Restaurant mit Show-Küche.

Imperial, Sophienstr. 40, ✉ 60487, ☎ (069) 7 93 00 30, *info@imperial.bestwestern.de*, Fax (069) 79300388, 🍴 – 📞, ❄ Zim, 🔲 📺 ✆ 🅿 🅰🅴 ⓘ 🆎 VISA JCB　　CV t
Menu (nur Abendessen) à la carte 18/29 – **60 Zim** ⊇ 91/115 - 116/143.
♦ Großzügige, klimatisierte Zimmer unweit des Palmengartens, nur wenige Gehminuten von Bankenviertel, Messegelände, Uni und U-Bahn entfernt. Einkaufszentrum in direkter Nähe. In dunklem Holz gehaltenes Hotelrestaurant mit Pilsbar.

Atlantic Ⓜ garni, Düsseldorfer Str. 20, ✉ 60329, ☎ (069) 27 21 20, *info@atlantic.pacat.com*, Fax (069) 27212100 – 📞 📺 🅰🅴 ⓘ 🆎 VISA JCB 🍴　　CX b
geschl. 22. Dez. - 3. Jan, über Ostern – **60 Zim** ⊇ 90/100 - 115.
♦ So grün-blau wie der Atlantik zeigt sich auch die poppig designte Rezeption. Die modernen Zimmer greifen das Motiv mit farbiger Bettwäsche und hellgrünen Möbeln wieder auf.

Liebig-Hotel garni, Liebigstr. 45, ✉ 60323, ☎ (069) 72 75 51, *hotelliebig@t-online.de*, Fax (069) 727555 – ❄ 📺 🅰🅴 🆎 VISA JCB 🍴　　CV z
geschl. 22. Dez. - 2. Jan. – ⊇ 12 – **20 Zim** 98/147 – 125/175.
♦ Fragen Sie nach Zimmern auf der zweiten und dritten Etage, die mit italienischen und englischen Stilmöbeln sowie nostalgischen Badarmaturen aufwendig eingerichtet wurden.

Mercure Frankfurt Bristol garni, Ludwigstr. 13, ✉ 60327, ☎ (069) 24 23 90, *h4992@accor-hotels.com*, Fax (069) 251539 – 📞 ❄ 📺 ✆ – 🎓 20. 🅰🅴 ⓘ 🆎 VISA　　CX a
⊇ 11 – **145 Zim** 105/185 - 125/205.
♦ Harmonische, originelle Farb- und Ausstattungsdetails prägen die Zimmer der oberen Etagen, die einen Einblick in die besondere Farbkombination des Bauhaus-Stils gewähren.

InterCityHotel, Poststr. 8, ✉ 60329, ☎ (069) 27 39 10, *frankfurt@intercityhotel.de*, Fax (069) 27391999 – 📞, ❄ Zim, 🔲 📺 ✆ 🅿 – 🎓 80. 🅰🅴 ⓘ 🆎 VISA JCB 🍴 Rest　　CX e
Menu (geschl. Samstag - Sonntagmittag) à la carte 21/32 – **384 Zim** ⊇ 135/165 - 160/190.
♦ Bahnreisende haben es hier nicht weit zu ihrer Unterkunft : Das funktional gestaltete Haus mit hellen, zeitlosen Naturholzmöbeln liegt gegenüber der Nordseite des Bahnhofs.

FRANKFURT AM MAIN S. 12

Novotel Frankfurt City West, Lise-Meitner-Str. 2, ✉ 60486, ℘ (069) 79 30 30, h1049@accor-hotel.com, Fax (069) 79303930, 🍴, ≘s – 🛗, ⇥ Zim, 📺 ✆ ♿ 🚗
🅿 – 🛁 160. AE ⓘ ⓜ VISA
Menu à la carte 20/32,50 – **235 Zim** ⊆ 115 – 154. **CV**

♦ Die Zimmer hinter der modernen Fassade des über Eck gebauten Hotels bestechen durch großzügige, gut ausgeleuchtete Arbeits- und Schreibflächen mit technischen Anschlüssen.

Plaza M garni, Esslinger Str. 8, ✉ 60329, ℘ (069) 2 71 37 80, info@plaza-frankfurt-bestwestern.de, Fax (069) 237650 – 🛗 ⇥ 📺 🚗. AE ⓘ ⓜ VISA JCB **CX**
geschl. Weihnachten - Neujahr - **45 Zim** ⊆ 105/137 – 145.

♦ Das ehemalige Sozialamt prägt heute eine wohnliche Atmosphäre mit liebevollen Details und moderner Innenausstattung aus hellem Holz, freundlichen warmen Stoffen und Farben.

Metropolitan M garni, Münchener Str. 15, ✉ 60329, ℘ (069) 2 42 60 90, metropolitan-hotel@t-online.de, Fax (069) 24260999 – 🛗 📺 ✆ ♿. AE ⓘ ⓜ VISA **GZ**
42 Zim ⊆ 92/105 – 110/120.

♦ Unweit des Theaters, inmitten einer regen Kunstszene, steht das charmante Designer Hotel, das klare Formen und Linien mit Farben verbindet und durch Kunstdrucke ergänzt.

Miramar M garni, Berliner Str. 31, ✉ 60311, ℘ (069) 9 20 39 70, info@miramar-frankfurt.de, Fax (069) 92039769 – 🛗 ⇥ 📺 ✆. AE ⓘ ⓜ VISA JCB **HZ**
geschl. 23. Dez. - 2. Jan. – **39 Zim** ⊆ 90/120 – 110/140.

♦ Zwischen Zeil und Römer warten wohnliche, farbenfroh eingerichtete Zimmer mit dunkel gemasertem Wurzelholzfurnier und - einmal im Jahr - der traditionelle Weihnachtsmarkt.

Domicil garni, Karlstr. 14, ✉ 60329, ℘ (069) 27 11 10, info@domicil-frankfurt.bestwestern.de, Fax (069) 253266 – 🛗 📺 ✆. AE ⓘ ⓜ VISA JCB **CX**
geschl. Weihnachten - Neujahr – **67 Zim** ⊆ 120/130 – 145.

♦ Dank U- und S-Bahn hat man von seinem Domizil aus eine perfekte Anbindung zum Flughafen. Messe und Hauptbahnhof erreicht man ohne Hilfsmittel zu Fuß in wenigen Minuten.

Manhattan garni, Düsseldorfer Str. 10, ✉ 60329, ℘ (069) 2 69 59 70, manhattan-hotel@t-online.de, Fax (069) 269597777 – 🛗 📺 ✆. AE ⓘ ⓜ VISA **CX**
60 Zim ⊆ 85/110 – 100/130.

♦ Poppige schwarz-lila Möbel bereichern die moderne Einrichtung aus hellem, mit blauen Elementen belebtem Holz. Messe, Banken, Kunst und Kulturstätten besucht man per pedes.

Scala garni, Schäfergasse 31, ✉ 60313, ℘ (069) 1 38 11 10, info@scala.bestwestern.de, Fax (069) 284234 – 🛗 ⇥ 📺 ✆. AE ⓘ ⓜ VISA JCB **HY**
– **40 Zim** ⊆ 103/122 – 130.

♦ Suchen Sie eine Übernachtungsadresse mitten in der Stadt? Kürzlich renoviert, zeigt sich das Hotel in neuzeitlichem Stil - gepflegt und technisch modern ausgestattet.

Atrium garni, Beethovenstr. 30, ✉ 60325, ℘ (069) 97 56 70, info@atrium.pacat.com, Fax (069) 97567100 – 🛗 📺. AE ⓜ VISA. ⇥ **CV**
geschl. 23. Dez. - 5. Jan. – **45 Zim** ⊆ 99 – 129.

♦ Ehemaliges Bürohaus, das relativ ruhig in einer Wohngegend im Westend nahe der Messe, der Innenstadt und dem Hauptbahnhof liegt. Praktische Zimmer mit hellem Mobiliar.

Am Dom garni, Kannengießergasse 3, ✉ 60311, ℘ (069) 1 38 10 30, Fax (069) 283237
– 🛗 📺. AE ⓜ VISA **HZ**
31 Zim ⊆ 85/95 – 110/130.

♦ Auch Schauspieler sollen in dieser Seitenstraße in der Stadtmitte zuweilen Quartier beziehen. Fragen Sie nach Zimmern mit Ausblick auf den direkten Nachbarn, den Dom.

Astoria garni, Rheinstr. 25, ✉ 60325, ℘ (069) 97 56 00, astoria@block.de, Fax (069) 97560140, ≘s – ⇥ 📺 ✆ 🅿. AE ⓘ ⓜ VISA JCB **CX**
geschl. Weihnachten - Anfang Jan. – **60 Zim** ⊆ 67/99 – 100/130.

♦ Im Astoria können Sie problemlos Ihren Wagen parken - und dann darauf verzichten, denn Sie erreichen zu Fuß Messe, Alte Oper, Bankenviertel, den Hauptbahnhof und die City.

Diana garni, Westendstr. 83, ✉ 60325, ℘ (069) 74 70 07, Fax (069) 747079 – 📺. AE ⓘ ⓜ VISA JCB. ⇥ **CV**
26 Zim ⊆ 50/60 – 90/100.

♦ "Fortiter occupa fortum" - "Komm beherzt herein!" unter dieser einladenden Inschrift betritt der Gast die kleine Villa mit den wohnlichen Kirschholz- und Mahagonimöbeln.

Corona garni, Hamburger Allee 48, ✉ 60486, ℘ (069) 77 90 77, Fax (069) 708639 –
🛗 📺 🅿. AE ⓘ ⓜ VISA JCB **CV**
geschl. 23. Dez. - 3. Jan. – **25 Zim** ⊆ 55/70 – 75/100.

♦ Nahe der Messe, in einer Alleestraße im Wohngebiet befinden sich bürgerliche, Mahagoni-möblierte Zimmer. Autos verbringen die Nacht bequem auf Parkplätzen hinter dem Haus.

FRANKFURT AM MAIN S. 13

XXXX **Français** - Hotel Steigenberger Frankfurter Hof, Am Kaiserplatz, ✉ 60311, ℘ (069) 21 51 18, frankfurterhof@steigenberger.de, Fax (069) 215900 – 🍽. AE ① ⓂⓈ VISA JCB. ✽
GZ e
geschl. 29. Juni - 18. Aug., Samstagmittag, Sonntag - Montag – **Menu** (Tischbestellung ratsam) à la carte 52/73.
- Das Restaurant des beeindruckenden Grandhotels Frankfurter Hof präsentiert sich in klassisch-elegantem Gewand. Kristallüster und Gemälde verbreiten einen Hauch Noblesse.

XXX **Villa Merton**, Am Leonhardsbrunnen 12, ✉ 60487, ℘ (069) 70 30 33, fhalfbrodt@kofler-company.de, Fax (069) 7073820, 🌳 – AE ① ⓂⓈ VISA. ✽
CV n
geschl. Anfang - Mitte Jan., Samstag, Sonn- und Feiertage – **Menu** (Tischbestellung ratsam) 26 (mittags) à la carte 41/62 ₤.
- "Members only!" gilt für den 1925 im Diplomatenviertel erbauten Club nicht mehr, so daß auch Passanten das Flair des klassisch-eleganten Restaurants schnuppern dürfen.

XXX **Tiger-Restaurant**, Heiligkreuzgasse 20, ✉ 60313, ℘ (069) 92 00 22 25, info@tigerpalast.com, Fax (069) 92002217, (Variété-Theater im Haus) – 🍽. AE ① ⓂⓈ VISA. ✽
FV s
geschl. 14. Juli - 26. Aug., Sonntag - Montag – **Menu** (nur Abendessen) (Tischbestellung erforderlich) à la carte 57,50/87 ₤ – **Tiger-Bistrot** (geschl. Montag)(nur Abendessen) **Menu** à la carte 33/42,50.
- Nicht nur Varieté-Fans treffen sich nach der Vorstellung im Kellerrestaurant, wo Bilder aus der Artistenwelt und kreative Küche ebenfalls für gute Stimmung sorgen. Historisches Backsteingewölbe prägt die Atmosphäre des Bistros.
Spez. Gegrillte Langustinen mit Basmatireis und Zitronen-Ingwerschaum. Roulade von Etouffé Tauben- und Wachtelbrust mit Burgunderjus. Tarte von Valrhona Schokolade und Himbeeren mit Passionsfruchtsorbet.

XXX **Opéra**, Opernplatz 1, ✉ 60313, ℘ (069) 1 34 02 15, info@opera-restauration.de, Fax (069) 1340239, 🌳 – AE ⓂⓈ VISA
GY f
geschl. Samstagmittag – **Menu** 36 à la carte 36/62,50 ₤.
- Aufwendig restauriertes ehemaliges Foyer der Alten Oper mit Stuckdecken, Wandverzierungen und reichlich Blattgold. Zur Restaurant-Ebene kommt man mit Aufzug oder Treppe.

XX **Aubergine**, Alte Gasse 14, ✉ 60313, ℘ (069) 9 20 07 80, Fax (069) 9200786 – AE ① ⓂⓈ VISA
HY b
geschl. Weihnachten - Neujahr, Juli - Aug. 3 Wochen, Samstagmittag, Sonn- und Feiertage (ausser Messen) – **Menu** (Tischbestellung ratsam, bemerkenswerte Weinkarte) 27 (mittags) à la carte 43/59 ₤.
- In dem historischen Stadthaus mit roten Sandsteinmauern und farbigen Bleiglasfenstern genießt man inmitten moderner Kunst italienisch angehauchte Küche von Versace-Geschirr.

XX **Gallo Nero**, Kaiserhofstr. 7, ✉ 60313, ℘ (069) 28 48 40, Fax (069) 91396594, 🌳 – AE ① ⓂⓈ VISA JCB
GY s
geschl. Sonn- und Feiertage (ausser Messen) – **Menu** (italienische Küche) à la carte 34/52.
- Zwischen Hauptwache und Alter Oper, in einer Seitenstraße der berühmten Freßgass, läßt man es sich in gemütlicher Atmosphäre bei typisch italienischen Klassikern gut gehen.

XX **La Trattoria**, Fürstenberger Str. 179, ✉ 60322, ℘ (069) 55 21 30, ristorante_la_trattoria@t-online.de, Fax (069) 552130, 🌳 – AE ① ⓂⓈ VISA JCB
DV v
geschl. 24. Dez. - 2. Jan., Mitte - Ende Juli, Samstag - Sonntag (ausser Messen) – **Menu** (Tischbestellung ratsam) (italienische Küche) à la carte 49/57.
- Schön gedeckte Tische und ein engagierter Service erwarten Sie in dem Ristorante mit rustikal-mediterranem Touch, das sich in einem Eckhaus aus der Jahrhundertwende befindet.

XX **Lavallee** -Hotel Alexander am Zoo, Waldschidtstr. 59, ✉ 60316, ℘ (069) 4 30 47 07, info@lavallee.de, Fax (069) 40564593, 🌳 – AE ⓂⓈ VISA
FV b
geschl. 31. Jan. - 12. Feb., Samstagmittag, Sonntag – **Menu** à la carte 39,50/50,50 ₤.
- Dieses Restaurant ist integriert in das Hotel Alexander am Zoo. Hier umgibt den Gast ein helles, gepflegtes Ambiente mit deutlich mediterranem Einfluß.

XX **L'Artichoc** -Hotel Palmenhof, Bockenheimer Landstr. 91, ✉ 60325, ℘ (069) 90 74 87 71, info@lartichoc.de, Fax (069) 90748772 – AE ⓂⓈ VISA
CV a
geschl. 24. Dez. - 7. Jan., Samstag, Sonn- und Feiertage – **Menu** 24 à la carte 31/48 ₤.
- Der "Liebe zur Küche und zur Kunst" hat sich das Restaurant mit den rötlich getönten Wänden im Keller des Hotels Palmenhof verschrieben; es wird ein Crossover-Mix serviert.

X **Gargantua**, Liebigstr. 47, ✉ 60323, ℘ (069) 72 07 18, gargantua@t-online.de, Fax (069) 71034695, 🌳 – AE ① ⓂⓈ VISA
CV s
geschl. 22. Dez. - 8. Jan., Samstagmittag, Sonn- und Feiertage – **Menu** (Tischbestellung ratsam) 50/65 à la carte 48/60.
- Inhaber und Küchenchef Klaus Trebes kocht, reist und speist nicht nur, sondern erscheint mit einer eigenen Kolumne auch in der "Woche". Kochbuchsammlung am Stammtisch.

FRANKFURT AM MAIN S. 14

Ernos Bistro, Liebigstr. 15, ⊠ 60323, ℘ (069) 72 19 97, Fax (069) 173838, 🍴 – 🅰
🆎 VISA
CV
geschl. 20. Dez. - 4. Jan., 26. Juli - 17. Aug., Samstag - Sonntag (ausser Messen) – **Men** (Tischbestellung ratsam) (französische Küche) 31 (mittags) à la carte 51/74 ♀.
  • Uriges, fast ländlich gestaltetes Lokal mit sympathischem Bistroambiente am Rand zum Westend. Hier verwöhnt man Sie mit solider, geschmacksintensiver französischer Küche.
Spez. Hausgemachte Gänsestopfleber "à la cuillère". St. Petersfisch mit Calamaretti un Barigoules Artischocken. Milchlammkeule mit Kirschtomaten und Majoranjus.

Meyer's Restaurant, Große Bockenheimerstr. 54, ⊠ 60313, ℘ (069) 91 39 70 70 info@meyer-frankfurt.de, Fax (069) 91397071, 🍴 – 🅰🅴 ⓞ 🆎 VISA
GY
geschl. 1. - 5. Jan., Sonntag – **Menu** à la carte 30/43.
  • Kleines Lokal am Anfang der Fußgängerzone, um die Ecke die alte Oper. Ir hinteren Bereich kann man einen Blick in die Küche werfen, die maritim beeinflußte Gericht zaubert.

Estragon, Jahnstr. 49, ⊠ 60318, ℘ (069) 5 97 80 38, Fax (069) 5978038 – 🅰
🆎 VISA
HY
geschl. Ende Mai - Mitte Juni, Sonntag – **Menu** (nur Abendessen) à la carte 28/41 ♀.
  • Das nette kleine Lokal zeigt sich in freundlichem Bistrostil - geprägt durch warme Farben und ein gepflegtes Dekor. Klassisch und mediterran angehauchte internationale Küche.

Kabuki, Kaiserstr. 42, ⊠ 60329, ℘ (069) 23 43 53, Fax (069) 233117 – 🅰🅴 ⓞ 🆎
VISA, 🍴
GZ
geschl. Montagmittag, Samstagmittag, Sonn- und Feiertage mittags – **Menu** (japanische Küche) à la carte 28/55.
  • "Japan-Oase", in der man um große Tische mit Teppanyaki-Platten plaziert wird hier erlebt man live, wie die Köche mit sehenswerter Geschicklichkeit die Speiser zubereiten.

Toan, Friedberger Anlage 14, ⊠ 60316, ℘ (069) 44 98 44, Fax (069) 432596, 🍴 – 🅰 ⓞ 🆎 VISA
FV
geschl. Juni - Juli 2 Wochen, Montag, Samstagmittag – **Menu** (vietnamesische Küche) à la carte 19/33,50.
  • Vietnamesisches Restaurant am Rande des inneren Grüngürtels der Frankfurte Innenstadt, der sich auch im Interieur fortsetzt : Reichlich Grünpflanzen dienen als Raumteiler.

Stars und Starlet, Friedrich-Ebert-Anlage 49, ⊠ 60327, ℘ (069) 7 56 03 00 Fax (069) 75603044 – 🅰🅴 ⓞ 🆎 VISA JCB, 🍴
CX
geschl. Mitte Juli - Mitte Aug., Sonntag – **Menu** à la carte 23/38.
  • Mr. Sugarspice und Lady Chilicharme laden Sie hier ein, einmal Star zu sein. Ebenso kreativ wie die Küche zeigt sich auch das extravagante "Urknall"-Design von Jordan Mozer !

Main Tower Restaurant, Neue Mainzer Str. 52 (53. Etage), ⊠ 60297, ℘ (069) 36 50 47 71, Fax (069) 36504871, ≤ Frankfurt – 🛗, 🅰🅴 🆎 VISA, 🍴
GY
Menu (geschl. Montag) (nur Abendessen) (Tischbestellung ratsam) 40/79 und à la carte.
  • Über den Wolken der Stadt speist man in 200 Metern Höhe euro-asiatische Küche dank des verglasten Halbrunds mit bester Aussicht. Mehr Überblick gibt's auf der Plattform.

Bauer, Sandweg 113, ⊠ 60316, ℘ (069) 40 59 27 44, info@gebrueder-bauer.de Fax (069) 40592744
FV
geschl. Samstagmittag, Sonntagmittag – **Menu** à la carte 25/29.
  • Nahe der Stadtmitte befindet sich in einem Wohnviertel die Trendadresse, die nicht nur junge Leute anlockt. Die Gebrüder Bauer decken den Tisch mit saisonaler Leckerbissen.

Frankfurter Äppelwoilokale (kleines Speiseangebot) :

Zum Rad, Leonhardsgasse 2 (Seckbach), ⊠ 60389, ℘ (069) 47 91 28, info@zum-rad .de, Fax (069) 472942, 🍴
BR
geschl. 20. Dez. - 15. Jan., Dienstag, Nov. - März Montag - Dienstag – **Menu** (wochentags ab 17 Uhr, Sonn- und Feiertage ab 15 Uhr geöffnet) à la carte 13/25.
  • "Seit 190 Jahr" malt das Rad die Äbbel klaa" - heißt es im Dorfkern von Seckbach, wo man im Lokal mit Kelterei auch erfährt, wie der "Sieße" und der "Rauscher" entstehen.

Klaane Sachsehäuser, Neuer Wall 11 (Sachsenhausen), ⊠ 60594, ℘ (069) 61 59 83, klaanesachse@web.de, Fax (069) 622141, 🍴
FX
geschl. Sonntag – **Menu** (ab 16 Uhr geöffnet) à la carte 13/24.
  • In der urwüchsigen Wirtschaft wartet seit 1876 nicht nur das "Stöffche" aus der eigenen Kelterei, sondern auch gutbürgerliche Frankfurter Küche. Hier sitzt keiner allein !

FRANKFURT AM MAIN S. 15

※ **Zum gemalten Haus,** Schweizer Str. 67 (Sachsenhausen), ✉ 60594, ℘ (069) 61 45 59, Fax (069) 6031457, 斎 – ⓂⓈ 𝘝𝘐𝘚𝘈
EX c
geschl. Juli 2 Wochen, Montag - Dienstag (ausser Messen) – **Menu** à la carte 11/13.
♦ Zwischen bemalten Wänden und Relikten vergangener Zeit wird zusammengerückt, "Schoppe gepetzt" und "schläächtgebabbelt" - Hauptsache der "Bembel" bleibt immer gut gefüllt!

※ **Fichtekränzi,** Wallstr. 5 (Sachsenhausen), ✉ 60594, ℘ (069) 61 27 78, Fax (069) 612778,
HZ n
Menu (ab 17 Uhr geöffnet) à la carte 15,50/33,50.
♦ Holzbänke und ein rustikales Dekor geben dem Restaurant seinen gemütlichen Charakter. Frankfurter Küche und "Äppelwoi" bereichern das internationale Angebot.

※ **Adolf Wagner,** Schweizer Str. 71 (Sachsenhausen), ✉ 60594, ℘ (069) 61 25 65, apfelwein-wagner@t-online.de, Fax (069) 611445, 斎
EX c
Menu à la carte 12/25.
♦ Im Zentrum der Äppelwoi-Hochburg Sachsenhausen läßt man sich auf rustikal-derben Holzbänken nieder, um den goldgelben "Saft" zu "schlauchen" oder "Rippche" zu futtern.

※ **Zur Buchscheer,** Schwarzsteinkautweg 17 (Sachsenhausen), ✉ 60598, ℘ (069) 63 51 21, info@buchscheer.de, Fax (069) 63199516, 斎 – 🄿
BT s
geschl. Dienstag – **Menu** (Montag - Freitag ab 15 Uhr geöffnet) à la carte 12/25.
♦ In diesem, seit 1876 familiengeführten Lokal, das seinen Namen von der Bucheckernmast der Schweine trägt, können Sie im Herbst miterleben, wie der Apfelsaft gekeltert wird.

※ **Zur Eulenburg,** Eulengasse 46 (Bornheim), ✉ 60385, ℘ (069) 45 12 03, Fax (069) 4692645, 斎
FV x
geschl. April 1 Woche, Juli - Aug. 4 Wochen, Montag - Dienstag – **Menu** (ab 16 Uhr geöffnet) à la carte 14/21.
♦ Seit 1732 wird die traditionsreiche Wirtschaft im "lustigen Dorf" gerne als geselliger Vergnügungsort aufgesucht, um das Frankfurter National- und Volksgetränk zu "zappen".

In Frankfurt - Bergen-Enkheim :

🏨 **Amadeus,** Röntgenstr. 5, ✉ 60338, ℘ (06109) 37 00, info@hotel-amadeus-frankfurt.de, Fax (06109) 370720, 斎 – 🛗, ⇌ Zim, 🍴 📺 ❦ ♿ ⇌ 🄿 – 🏛 100. 🄰🄴 ⓂⓈ 𝘝𝘐𝘚𝘈
BR r
Menu (geschl. 22. Dez. - 7. Jan., Samstag - Sonntag, außer Messen) à la carte 20/36 – **160 Zim** 🛏 130/140 – 156/176.
♦ Modernes Tagungshotel in Sternform im Osten Frankfurts mit neuzeitlichen Art déco-Zimmern. Für den längeren Aufenthalt bieten sich die Boarding-Zimmer mit Kitchenette an.

🏨 **Borger** garni, Triebstr. 51, ✉ 60388, ℘ (06109) 3 09 00, info@hotel-borger.de, Fax (06109) 309030 – 📺 ❦ ⇌ 🄿 🄰🄴 🄾 ⓂⓈ 𝘝𝘐𝘚𝘈. ❊
BR c
geschl. 24. Dez. - 2. Jan. – **34 Zim** 🛏 65/100 – 100/150.
♦ Seit 1893 in Familienbesitz, bietet das in einem Wohngebiet relativ ruhig gelegene Haus geräumige Zimmer mit gefälliger Einrichtung - wahlweise in Kirsch- oder hellem Holz.

🏨 **Schöne Aussicht,** Im Sperber 24, ✉ 60388, ℘ (06109) 28 13, info@schoene-aussicht.de, Fax (06109) 21785, ≤, 斎 – 🛗 ⇌ 📺 ❦ 🄿 – 🏛 40. 🄰🄴 🄾 ⓂⓈ 𝘝𝘐𝘚𝘈
BR n
Menu à la carte 17/35 – **39 Zim** 🛏 58/80 – 82/98.
♦ Am östlichen Stadtrand Frankfurts, am Berger Südhang gelegenes Haus. Fragen Sie nach den Zimmern auf der Südseite mit Blick auf das Maintal! Restaurant mit schöner, teils überdachter Gartenterrasse.

In Frankfurt-Griesheim :

🏨 **Courtyard by Marriott,** Oeserstr. 180, ✉ 65933, ℘ (069) 3 90 50, cy.fracv.res. mgrmarriozz.com, Fax (069) 3808218, ≋, 🅨, – 🛗, ⇌ Zim, 🍴 Rest, 📺 ❦ ♿ 🄿 – 🏛 240. 🄰🄴 🄾 ⓂⓈ 𝘝𝘐𝘚𝘈 🄹🄲🄱. ❊ Rest
AS p
Menu à la carte 23/34 – **236 Zim** 🛏 120/140 – 135/155.
♦ Sie wohnen am grünen Gürtel zwischen Flughafen und Stadtzentrum. Von der 12. Etage mit Terrasse und Fitnessanlagen hat man einen wunderbaren Blick auf Frankfurts Skyline.

In Frankfurt-Harheim Nord : 12 km über Homburger Landstraße BR und Bonames :

🏨 **Harheimer Hof,** Alt Harheim 11, ✉ 60437, ℘ (06101) 40 50, harheimerhof@t-online.de, Fax (06101) 405411, 斎 – 🛗, ⇌ Zim, 📺 ❦ ♿ ⇌ 🄿 – 🏛 70. 🄰🄴 🄾 ⓂⓈ 𝘝𝘐𝘚𝘈 🄹🄲🄱. ❊ Rest
Menu à la carte 25/39 – **46 Zim** 🛏 118/158 – 150/172.
♦ Wenn Sie dieses Domizil wählen, haben Sie : den Erholungswert einer ländlichen Umgebung und dennoch nur 15 Minuten Weg bis zur City, dazu Zimmer mit gediegenem Wohnkomfort. Stilvoll diniert man in der Einhornstube.

FRANKFURT AM MAIN S. 16

In Frankfurt-Hausen :

Hausener Dorfkrug, Alt Hausen 11, ⊠ 60488, ℱ (069) 7 89 89 00, info@hausener-dorfkrug.de, Fax (069) 7891367, 🍽 – 📺 ✆ 🅿 – 🛏 15. 🆎 ⓞ ⓒⓔ 𝓥𝓘𝓢𝓐 JCB
BS a
Menu *(geschl. Montag)* à la carte 12/30 – **14 Zim** ⊂⊃ 65/87 – 82/115.
• Am nordwestlichen Stadtrand bieten sich die soliden Zimmer des Dorfkrugs nicht nur Radwanderern, die entlang der Nidda eine Tour unternehmen, zum Nächtigen an. Rustikale gemütliche Gaststube.

In Frankfurt-Heddernheim :

relexa M, Lurgiallee 2, ⊠ 60439, ℱ (069) 95 77 80, info@relexa-frankfurt.de, Fax (069) 95778878, 🍽, 🅵ᴼ, Massage, ≘s – 🛗, ⊁ Zim, 📺 ✆ ⇌ 🅿 – 🛏 150. 🆎 ⓞ ⓒⓔ 𝓥𝓘𝓢𝓐
BR ×
Menu à la carte 26/39 – **163 Zim** ⊂⊃ 150/189 – 180/219.
• Großzügig und individuell gestaltete Zimmer mit warmen Farben und Materialien, die zum Wohlfühlen einladen und an den letzten Mittelmeerurlaub erinnern sollen. Im eleganter La fenêtre offeriert man eine internationale Karte.

In Frankfurt-Höchst *West : 10 km über Mainzer Landstraße* AS :

Lindner Congress Hotel M, Bolongarostr. 100, ⊠ 65929, ℱ (069) 3 30 02 00, info.frankfurt@lindner.de, Fax (069) 33002999, 🅵ᴼ, ≘s – 🛗, ⊁ Zim, 🔲 📺 ✆ & ⇌ – 🛏 160. 🆎 ⓞ ⓒⓔ 𝓥𝓘𝓢𝓐 ⌇ Rest
Menu à la carte 29/45 – ⊂⊃ 18 – **285 Zim** 375/405 – 405.
• Gemäß dem Hotelmotto "Welträume" wird Multimedia in den Zimmern groß geschrieben Die Zimmer haben Internetzugang und sind mit modernsten Online-Anschlüssen versehen

In Frankfurt - Nieder-Erlenbach *Nord : 14 km über Homburger Landstraße* BR :

Landhaus Alte Scheune, Alt Erlenbach 44, ⊠ 60437, ℱ (06101) 54 40 00, alte scheune@t-online.de, Fax (06101) 544045, 🍽 – ⊁ Zim, 📺 ✆ ⇌ 🅿 – 🛏 30. 🆎 ⓒⓔ 𝓥𝓘𝓢𝓐
Menu *(geschl. 21. Dez. - 6. Jan., Samstag - Sonntag) (nur Abendessen)* (Tischbestellung ratsam) à la carte 25/36 – **33 Zim** ⊂⊃ 87/110 – 124.
• Um 1900 erbaut, diente das Haus lange als Hofreite und landwirtschaftlicher Betrieb, bevor das Gehöft 1986 mit viel Liebe zum vorhandenen Material behutsam renoviert wurde. Mit schönen Details gestaltetes Restaurant mit Backsteingewölbe und Innenhofterrasse.

In Frankfurt - Nieder-Eschbach *über Homburger Landstraße* BR :

Darmstädter Hof, An der Walkmühle 1, ⊠ 60437, ℱ (069) 5 09 10 90, kontakt@darmstaedterhof-frankfurt.de, Fax (069) 50910950, 🍽 – 📺 ✆ 🅿 – 🛏 80. 🆎 ⓒⓔ 𝓥𝓘𝓢𝓐. ⌇
Menu *(geschl. Juli 2 Wochen, Sonntagabend - Montag, ausser Messen)* à la carte 20/35 – **14 Zim** ⊂⊃ 75/85 – 93/103.
• Obwohl nur wenige Kilometer vom Zentrum der Mainmetropole entfernt, findet der Gast in dem ländlich anmutenden Vorort erholsame Entspannung nach einem anstrengender Tag. Mittelpunkt des Hotels ist das rustikal gestaltete Restaurant.

Markgraf, Deuil-La-Barre-Str. 103, ⊠ 60437, ℱ (069) 9 50 76 30, hotel-markgraf@t-online.de, Fax (069) 95076315 – ⊁ Zim, 📺 ⇌ 🅿. 🆎 ⓞ ⓒⓔ 𝓥𝓘𝓢𝓐 JCB. ⌇ Zim
Menu *(wochentags nur Abendessen)* (griechische Küche) à la carte 15/30 – **22 Zim** ⊂⊃ 52/85 – 80/105.
• Am ruhigen Nordrand Frankfurts erlebt man die behagliche Atmosphäre der teils in Eiche, teils in Kirschholz gehaltenen Zimmer. Hinter dem Haus murmelt ein kleines Bächlein. Aus einer Auswahl an griechischen Spezialitäten wählen Sie im Restaurant.

In Frankfurt-Niederrad :

ArabellaSheraton Congress Hotel, Lyoner Str. 44, ⊠ 60528, ℱ (069) 6 63 30, congress@arabellasheraton.com, Fax (069) 6633667, ≘s, 🅽, – 🛗, ⊁ Zim, 🔲 📺 ✆ ⇌ 🅿 – 🛏 290. 🆎 ⓞ ⓒⓔ 𝓥𝓘𝓢𝓐
BT u
Menu à la carte 25/36 – **396 Zim** ⊂⊃ 205/370 – 240/370, 4 Suiten.
• Das Hotel liegt für Geschäftsleute optimal in der Bürostadt Niederrad und vereint professionelles Tagen und komfortables Wohnen. Der große Stadtwald grenzt direkt ans Haus. Zwei Hotelrestaurants servieren internationale Speisen à la carte.

Queens Hotel, Isenburger Schneise 40, ⊠ 60528, ℱ (069) 6 78 40, reservation. qfrankfurt@queensgruppe.de, Fax (069) 6784190, 🍽, Biergarten, Massage, 🅵ᴼ, ≘s – 🛗, ⊁ Zim, 📺 ✆ 🅿 – 🛏 250. 🆎 ⓞ ⓒⓔ 𝓥𝓘𝓢𝓐 JCB. ⌇ Rest
BT m
Menu à la carte 23/35,50 – **295 Zim** ⊂⊃ 154/314 – 199/354.
• Mitten im Grünen, in Deutschlands größtem Stadtwald, steht dieses Tagungshotel mit den funktionellen, Kirschholz-möblierten Zimmern zwischen Frankfurter City und Flughafen. Modernes Hotelrestaurant und Bar im englischen Stil.

FRANKFURT AM MAIN S. 17

Dorint M, Hahnstr. 9, ✉ 60528, ℰ (069) 66 30 60, info.frafur@dorint.com, Fax (069) 66306600, 😌, 🏊, – 🛗, ⇔ Zim, 🗐 📺 📞 ♿ 🅿 – 🕍 180. 🝡 ⓘ ⓜ 🆅🅸🆂🅰 🅹🅲🅱
BT a
Menu à la carte 27/47 – ☑ 18 – **191 Zim** 171/220 – 217/266.

◆ Das Haus wurde komplett renoviert und mit dunklem Holz modern und wohnlich eingerichtet. Gepflegte Halle mit großer Rezeption, sehr gute technische Ausstattung. Elegantes Restaurant Mediterran und Le Restaurant mit gehobenem Flair.

Weidemann, Kelsterbacher Str. 66, ✉ 60528, ℰ (069) 67 59 96, weidemann@t-online.de, Fax (069) 673928, 🍽 – 🅿. 🝡 ⓘ ⓜ 🆅🅸🆂🅰
BT r
geschl. über Ostern, Samstagmittag, Sonn- und Feiertage – **Menu** (Tischbestellung ratsam) 28 (mittags) à la carte 40/59 ⚑.

◆ Angelo Vega hat sich den Traum vom eigenen Restaurant verwirklicht und kredenzt in stilvoll-gemütlichem Ambiente internationale Küche, zubereitet nach traditionellen Rezepten.

In Frankfurt-Nordweststadt :

Courtyard by Marriott Nordwest Zentrum M garni, Walter-Möller-Platz 2, ✉ 60439, ℰ (069) 58 09 30, cy.fracy.res.mgr@marriott.com, Fax (069) 582447 – 🛗 ⇔ 📺 📞 ♿ ⇔ – 🕍 20. 🝡 ⓘ ⓜ 🆅🅸🆂🅰 🅹🅲🅱
BR e
☑ 14 – **93 Zim** 97/163.

◆ Angeschlossen an das Nordwest Einkaufszentrum liegt das sehr gepflegte Hotel nur rund 15 Minuten von der City entfernt. Moderne, teils in Pastellfarben gehaltene Zimmer.

In Frankfurt-Rödelheim :

Osteria Enoteca, Arnoldshainer Str. 2/Ecke Lorscher Straße, ✉ 60489, ℰ (069) 7 89 22 16, Fax (069) 7892216, 🍽 – 🝡 ⓜ 🆅🅸🆂🅰. ⚒
AS v
geschl. 22. Dez. - 7. Jan., Samstagmittag, Sonn- und Feiertage – **Menu** 55/70 à la carte 49/68.

◆ Erst auf Klingeln öffnet sich das Portal dieses hellen, freundlichen Ortes. Treten Sie ein, nehmen Sie Platz und lassen Sie sich eine kreative italienische Küche servieren.
Spez. Gebratener Salm mit Pesto-Gnocchi und Sardellencreme. Thunfisch mit schwarzer Pfefferkruste und Paprikasauce. Panna Cotta mit Schokoladensauce.

Senso e Vita, Trümpertstr. 12, ✉ 60489, ℰ (069) 78 79 00, Fax (069) 78803686, 🍽 – 🝡 ⓜ 🆅🅸🆂🅰 🅹🅲🅱
AS e
geschl. 24. Dez. - 4. Jan., Sonntag – **Menu** (italienische Küche) à la carte 46/59.

◆ Chef Francesco Toro kredenzt die kulinarischen Schätze Italiens in zwei Räumen mit edlem Ambiente, aufgelockert durch die Neuinterpretation der Fresken Michelangelos.

In Frankfurt-Sachsenhausen :

Main Plaza M, Walther-von-Cronberg Platz 1, ✉ 60594, ℰ (069) 66 40 10, info@main-plaza.com, Fax (069) 604014408, ≤ Skyline, 🍽, 😌, 🏊 – 🛗, ⇔ Zim, 🗐 📺 📞 ⇔ – 🕍 50. ⚒
FX b
Menu siehe Rest. **Brick Fine Dining** separat erwähnt – **Rivercafé : Menu** à la carte 28/37 – ☑ 18 – **70 Zim** 165/520 – 225/520.

◆ An das New York der 30er Jahre erinnert die Silhouette des rot verklinkerten Hochhauses mit luxuriös-elegant gestalteten Appartements, umfassendem Service und Health Club. Am Mainufer das Rivercafé mit modernem Bistro-Ambiente und ungezwungener Atmosphäre.

Holiday Inn M, Mailänder Str. 1, ✉ 60598, ℰ (069) 6 80 20, info.hifrankfurt@queensgruppe.de, Fax (069) 6802333, 🏋, 😌 – 🛗, ⇔ Zim, 🗐 📺 📞 ⇔ 🅿 – 🕍 200. 🝡 ⓘ ⓜ 🆅🅸🆂🅰 🅹🅲🅱
BT y
Menu à la carte 27/48 – ☑ 18 – **436 Zim** 160/210 – 195/245.

◆ Gegenüber dem Henningerturm erwarten Sie helle, Kirschbaum-möblierte Zimmer. Von den Räumen im 25. Stockwerk eröffnet sich eine beeindruckende, herrliche Sicht auf die Stadt. Elegantes Hotelrestaurant Le Chef mit internationalen Speisen.

Brick Fine Dining - Hotel Main Plaza, Walther-von-Cronberg-Platz 1, ✉ 60594, ℰ (069) 6 64 01 43 03, info@main-plaza.com, Fax (069) 664014408, 🍽 – 🝡 ⓘ ⓜ 🆅🅸🆂🅰 🅹🅲🅱
FX b
geschl. 1. - 7. Jan., 4. - 18. Juni, Samstag - Sonntag – **Menu** (nur Abendessen) 69/89 und à la carte.

◆ Im Erdgeschoß des Main Plaza empfängt Sie dieses mit moderner Eleganz eingerichtete Restaurant. Die offene Küche erlaubt Einblicke in die Zubereitung der kreativen Menus.
Spez. Kaninchen-Canelloni mit gebratenem Kaisergranat und Tomatensud. Gebratener St. Pierre mit Blumenkohlpüree und Basilikumrisotto. Topfen-Ravioli mit Erdbeeren und altem Balsamico.

FRANKFURT AM MAIN S. 18

XX **Maingaustuben,** Schifferstr. 38, ✉ 60594, ✆ (069) 61 07 52, *maingau@t-online.de*, Fax (069) 61995372 – 🆎 ⓘ ⓜ 𝗩𝗜𝗦𝗔 𝗝𝗖𝗕 HZ c
geschl. Ende Juli - Anfang Aug., Samstagmittag, Sonntagabend - Montag – **Menu** 15 (mittags) à la carte 32/49 ♀.

• Speisen Sie internationale Leckerbissen in modern-elegantem Ambiente. Nach dem Essen lockt ein Spaziergang an das nahe Museumsufer oder ins berühmte Apfelweinviertel.

XX **Bistrot 77,** Ziegelhüttenweg 1, ✉ 60598, ✆ (069) 61 40 40, Fax (069) 615998, 🌳 – 🆎 ⓜ 𝗩𝗜𝗦𝗔 EX a
geschl. Juli - Aug. 2 Wochen, Samstagmittag, Sonntag – **Menu** (französische Küche, bemerkenswerte Weinkarte) 25 (mittags) à la carte 47/64 ♀.

• Guy und Dominique Mosbach kredenzen ihre französische Küche in hellem, modernem Bistro-Ambiente. Freunde des Rebensafts stöbern gerne in der bemerkenswerten Weinkarte.

XX **Holbein's,** Holbeinstr. 1 (im Städel), ✉ 60596, ✆ (069) 66 05 66 66, *info@meyerfrankfurt.de*, Fax (069) 66056677, 🌳 – 🆎 ⓘ ⓜ 𝗩𝗜𝗦𝗔 GZ z
geschl. Montag – **Menu** (nur Abendessen) à la carte 32,50/50,50 ♀.

• Hier trifft sich Frankfurts Society, um zu sehen und gesehen zu werden. Und sie kommt, um in der schicken Ambiance des Städels einer Küche mit vielen Tendenzen zu fröhnen.

In Eschborn *Nord-West : 12 km :*

🏨 **Mercure** Ⓜ, Frankfurter Str. 71 (im Gewerbegebiet-Süd), ✉ 65760, ✆ (06196) 7 79 00, *h3128@accor-hotels.com*, Fax (06196) 7790500 – |≡|, ⇔ Zim, 🍽 📺 📞 & ⇔ – 🅿 b
🆎 ⓘ ⓜ 𝗩𝗜𝗦𝗔. ⚟ Rest AR b
Menu à la carte 23/33 – ⇋ 13 – **125 Zim** 106/210 – 116/220.

• In einem Gewerbegebiet plaziert heißt dieses kürzlich eröffnete Hotel. Das Haus überzeugt mit Moderne, Funktionalität und tadelloser Pflege. Ein frisches, bistroähnliches Design gibt dem Restaurant eine gewisse Leichtigkeit.

🏨 **Novotel,** Philipp-Helfmann-Str. 10, ✉ 65760, ✆ (06196) 90 10, *h0491@accor-hotels.com*, Fax (06196) 482114, 🌳, 🏊 (geheizt), 🎾 – |≡|, ⇔ Zim, 🍽 📺 & 🅿 – 🅿 200. 🆎
ⓘ ⓜ 𝗩𝗜𝗦𝗔 AR n
Menu à la carte 19/35 – ⇋ 13 – **224 Zim** 99 – 114.

• Funktionelle und geräumige Hotelzimmer sorgen für entspannten Schlaf. Familien mit Kindern schätzen das hoteleigene Schwimmbad mit Liegewiese und Kinderspielplatz.

🏨 **Dorint** Ⓜ, Philipp-Helfmannstr. 20, ✉ 65760, ✆ (06196) 9 69 70, *info.fraesc@dorint.de*, Fax (06196) 9697100, 🌳 – |≡|, ⇔ Zim, 🍽 📺 📞 & ⇔ 🅿 – 🅿 120. 🆎 ⓘ
ⓜ 𝗩𝗜𝗦𝗔 𝗝𝗖𝗕 AR n
Menu 12 (mittags) à la carte 22/38 – ⇋ 13 – **179 Zim** 130/190.

• Ein neuer, funktioneller Hotelbau mit modern ausgestatteten Zimmern, die vor allem auf die Bedürfnisse von Geschäftsreisenden zugeschnitten sind. Restaurant Olive Tree im Bistrostil mit großem Buffetbereich.

In Eschborn-Niederhöchstadt *Nord-West : 2 km ab Eschborn* AR :

🏨 **Bommersheim** Ⓜ, Hauptstr. 418, ✉ 65760, ✆ (06173) 60 08 00, *hotelbommersheim@aol.com*, Fax (06173) 600840, 🌳 – |≡| 📞 🅿. 🆎 ⓜ 𝗩𝗜𝗦𝗔
geschl. 24. Dez. - 1. Jan. – **Menu** (geschl. 30. Mai - 22. Juni, Samstag, Sonn- und Feiertage) (nur Abendessen) à la carte 17/34 – **35 Zim** ⇋ 98/120 – 120/130.

• Familiäre Atmosphäre finden Sie in diesem Hotel mit Landhausflair. Entspannen Sie sich am offenen Kamin oder in den exklusiven Zimmern im Tiroler Stil. Ein Zimmer mit Sauna ! Sehr gemütlicher Restaurantbereich im alpenländischen Stil.

In Neu-Isenburg *Süd : 7 km :*

🏨 **Holiday Inn** Ⓜ, Wernher-von-Braun-Str. 12 (Gewerbegebiet Ost), ✉ 63263, ✆ (06102) 74 60, *neu-isenburg@holiday-inn-hotel.de*, Fax (06102) 746746, 🍴 – |≡|, ⇔ Zim, 🍽 📺
📞 & ⇔ 🅿 – 🅿 70. 🆎 ⓘ ⓜ 𝗩𝗜𝗦𝗔 BU r
Menu à la carte 22/38 – ⇋ 15 – **164 Zim** 130/210, 19 Suiten.

• Helles, freundliches Hotel mit ebensolchen Holzmöbeln, das vor allem Tagungsgäste und Geschäftsleute beherbergt. Anspruchsvolle Seminartechnik mit Tageslicht und Klimaanlage. Modern gestaltetes Hotelrestaurant.

🏨 **Wessinger,** Alicestr. 2, ✉ 63263, ✆ (06102) 80 80, *info@wessinger.com*, Fax (06102) 808280, 🌳, ⇔ Zim, 📺 📞 🅿 – 🅿 25. 🆎 ⓘ ⓜ 𝗩𝗜𝗦𝗔 BU n
Menu à la carte 33/50 – **52 Zim** ⇋ 92/128 – 119/179.

• Das familiengeführte Hotel überzeugt mit modernen, elegant-wohnlichen Zimmern in freundlichen Farben. Die Lage am Frankfurter Stadtwald bietet beste Möglichkeiten für Ausflüge. Nett gestaltetes Restaurant mit schöner Gartenterrasse.

FRANKFURT AM MAIN S. 19

🏨 **Hugenottenhof** garni, Carl-Ulrich-Str. 161, ⌨ 63263, ℘ (06102) 2 90 09, Fax (06102) 2900444 – |≋| 🛏 TV 📞 🚗 – 🔔 20. AE ⓘ ⓜⓞ VISA
geschl. 20. Dez. - 2. Jan. – **86 Zim** 🍽 80 – 105. BU s
• Hier pflegt man eine fast vergessene Hoteltradition : den Schuhputzservice. Helle, großzügige Zimmer auch für Nichtraucher und Allergiker. Um die Ecke : Frei- und Hallenbad !

XX **La Piazzetta**, Kronengasse 8, ⌨ 63263, ℘ (06102) 32 06 06, ristorante@lapiazzetta.de, Fax (06102) 770806 – 🅿 AE ⓘ ⓜⓞ VISA BU b
geschl. Samstagmittag, Sonntag – **Menu** (italienische Küche) à la carte 36/51 ♀.
• Neuzeitliches Interieur, ansprechend eingedeckte Tische und ein aufmerksamer Service überzeugen hier die Gäste. Der Name läßt es bereits vermuten : italienische Küche.

XX **Neuer Haferkasten**, Frankfurter Str. 118, ⌨ 63263, ℘ (06102) 3 53 29, Fax (06102) 34542, 🌳 – 🅿 AE ⓘ ⓜⓞ VISA BU a
Menu (italienische Küche) à la carte 39/52.
• Vor einigen Jahren zog man samt hausgemachter Pasta und fangfrischen Mittelmeerfischen in die ehemalige Apfelkelterei, wo man seither kreativ-italienische Speisen zubereitet.

In Neu-Isenburg-Gravenbruch Süd-Ost : 11 km :

🏨 **Kempinski Hotel Gravenbruch**, An der Bundesstraße 459, ⌨ 63263, ℘ (06102) 50 50, reservations.gravenbruch@kempinski.com, Fax (06102) 505900, 🌳, Massage, ≋, 🌊 (geheizt), ⛱, 🐎, ✶, – |≋|, 🛏 Zim, 🍽 TV 📞 🚗 🅿 – 🔔 350. AE ⓘ ⓜⓞ VISA JCB.
✶ Rest BU t
Menu à la carte 34/54,50 ♀ – **L'olivo** (italienische Küche) (geschl. Sonntag) (nur Abendessen) **Menu** à la carte 24/33 – 🍽 22 – **283 Zim** 285/425 – 365/450, 15 Suiten.
• Der Wintergarten mit Blick auf den hauseigenen See ist ein Erlebnis für sich ! Ehemaliger Gutshof inmitten ländlicher Park-Idylle mit großzügigen Zimmern und luxuriösen Suiten. Klassisch-gediegenes Restaurant. Im italienischen Stil zeigt sich das L'olivo.

Beim Flughafen Frankfurt Main Süd-West : 12 km :

🏨 **Sheraton** 🅼, Hugo-Eckener-Ring 15 (Terminal 1), ⌨ 60549 Frankfurt, ℘ (069) 6 97 70, reservationsfrankfurt@sheraton.com, Fax (069) 69772209, Massage, 🏋, ≋, ⛱ – |≋|, 🛏 Zim, 🍽 TV 📞 ♿ – 🔔 700. AE ⓘ ⓜⓞ VISA JCB. ✶ Rest AU a
Flavors : **Menu** à la carte 34/44,50 – **Taverne** (geschl. Juli - Aug., Samstag)(nur Abendessen) **Menu** à la carte 32/39 – 🍽 20 – **1006 Zim** 310/575 – 345/610, 28 Suiten.
• Vom Frühstück ins Flugzeug oder vom Jet direkt ins Bett - nur eine gläserne Fußgängerbrücke trennt das schallisolierte, funktionelle Hotel von der Drehscheibe Europas. Vielfältiges internationales Angebot im Flavors. Grill und Show-Küche in der Taverne.

🏨 **Steigenberger Esprix Hotel** 🅼, Cargo City Süd, ⌨ 60549 Frankfurt, ℘ (069) 69 70 99, frankfurt@esprix-hotels.de, Fax (069) 69709444, 🌳 – |≋|, 🛏 Zim, TV 📞 ♿ 🅿 – 🔔 100. AE ⓘ ⓜⓞ VISA JCB AU r
Menu 22 (Buffet) – 🍽 16 – **360 Zim** 139/229 – 159/319.
• Schnörkellose Architektur und pures Design : Die schallisolierten, großen Zimmer bestechen durch klare, funktionelle Ausstattung und verbreiten dennoch wohnliches Flair. Ein farbenfrohes, modernes Restaurant steht bereit.

Jährlich eine neue Ausgabe, benutzen Sie den Hotelführer des laufenden Jahres.

FRANKFURT (ODER) Brandenburg 416 418 I 27 – 70 000 Ew – Höhe 30 m.
🛈 Touristinformation, Karl-Marx-Str. 8, ⌨ 15230, ℘ (0335) 32 52 16, info@frankfurt-oder-tourist.de, Fax (0335) 22565.
ADAC, An der Autobahn 3.
Berlin 101 ② – Potsdam 121 ② – Cottbus 80 ②

Stadtplan siehe nächste Seite

🏨 **Messehotel** 🅼, Nuhnenstr. 47, ⌨ 15234, ℘ (0335) 41 47 00, messehotel-ffo@t-online.de, Fax (0335) 414747 – |≋|, 🛏 Zim, TV 📞 ♿ 🅿 – 🔔 30. AE ⓘ ⓜⓞ VISA über Fürstenwalder Straße X
Menu (Montag - Freitag nur Abendessen) à la carte 14,50/15,50 – **65 Zim** 🍽 61/67 – 71/77.
• Direkt an der Messe gelegen, erwartet Sie hier eine ruhige und nette Atmosphäre. Das Haus bietet gut ausgestattete Zimmer, in denen sich auch Geschäftsreisende wohlfühlen.

493

FRANKFURT (ODER)

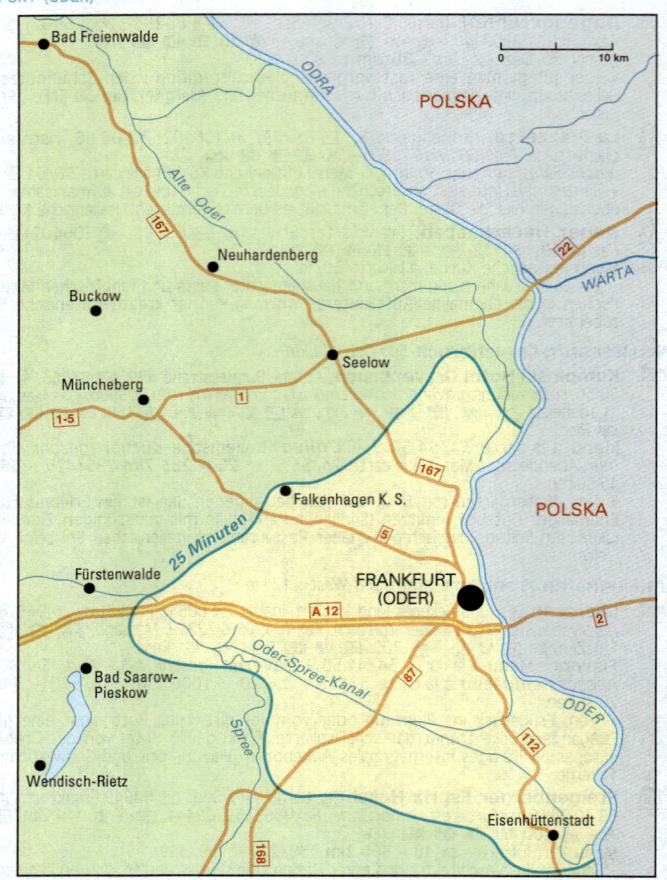

🏨 **City Park Hotel** M, Lindenstr. 12, ✉ 15230, ☏ (0335) 5 53 20, *hotel-citypark@blueband.de*, Fax (0335) 5532605 – 📶, ⇥ Zim, 📺 ☏ 🚗 🅿 – 🔔 140. AE ⓞ ⓜⓢ VISA JCB
                                                                            Y c
Menu *(geschl. Samstag - Sonntag)* à la carte 16,50/23 – **90 Zim** ⊆ 62/97 – 80/120.
♦ Dieses gut geführte, erst vor wenigen Jahren neu erbaute Hotel verfügt über komfortable Zimmer - sie sind alle mit hellen Holzmöbeln und bunten Deko-Stoffen eingerichtet. Das zur Halle geöffnete Restaurant ist passend zum Interieur des Hauses modern gehalten.

🍴🍴 **Turm 24**, Logenstr. 8, ✉ 15230, ☏ (0335) 50 45 17, *info@turm24.de*, Fax (0335) 531144, ≤ Frankfurt und Oderlandschaft – AE ⓜⓢ VISA. ⇥ Rest   X t
Menu à la carte 21/30.
♦ Einen tollen Blick genießen Sie in diesem Restaurant im 24. Stock des Oder-Turms. Lassen Sie sich in luftiger Höhe mit den internationalen Spezialitäten des Hauses verwöhnen.

In Frankfurt-Boossen über ③ : *7 km* :

🏨 **Am Schloss** garni, Berliner Str. 48 (B 5), ✉ 15234, ☏ (0335) 6 80 18 41, *hotelamschloss-ff@gmx.de*, Fax (0335) 65427 – 📺 🅿 AE ⓞ ⓜⓢ VISA
13 Zim ⊆ 45 – 61.
♦ Nach einer Totalrenovierung Ende der 90er Jahre erstrahlt der gut geführte Familienbetrieb in neuem Glanz. Entstanden sind wohnliche Gastzimmer mit mahagonifarbenen Einbauten.

FRANKFURT/ODER

Am Kleistpark	**X** 2	Ernst-Thälmann Straße	**X** 7	Leipziger Straße	**Y** 17
Berliner Straße	**X** 3	Fürstenberger Straße	**Y** 8	Luckauer Straße	**Y** 18
Carl-Philipp-Emanuel-Bach-		Große Scharrnstraße	**X** 9	Paul-Feldner-Straße	**XY** 19
Straße	**X** 4	Heinrich-Hildebrand-		Rudolf-Breitscheid	
Einheit (Platz der)	**X** 5	Straße	**Y** 12	Straße	**X** 21
		Karl-Liebknecht-Straße	**X** 15	Schmalzgasse	**X** 22
		Karl-Marx-Straße	**X**	Tunnelstraße	**Y** 24
		Kleine Oderstraße	**X** 16	Wieckestraße	**X** 27

In Frankfurt-Lichtenberg *Süd-West : 7 km, über Leipziger Straße* **Y** *und Müllroser Chaussee :*

Ramada-Treff Hotel M, Turmstr. 1, ⌧ 15234, ℘ (0335) 5 56 50, *frankfurt-oder @ramada-treff.de, Fax (0335) 5565100*, 🍴, ⇔ - 🛗, ↔ Zim, 🍽 Rest, 📺 📞 🚿 – 🅿 – 🔼 210. AE ① 🅼🅲 VISA
Menu à la carte 18/30 – **150 Zim** ⇌ 76 – 88.
♦ Besonders Geschäftsreisende schätzen den verkehrsgünstig an der A12 liegenden zeitgenössischen Hotelkomplex mit seinen modernen, funktionellen Zimmern. Der lichtdurchflutete Restaurantbereich ist der zentrale Treffpunkt des Hotels.

FRANKWEILER Rheinland-Pfalz 417 419 S 8 – 900 Ew – Höhe 250 m.
Berlin 664 – Mainz 113 – Mannheim 49 – Landau in der Pfalz 11 – Neustadt an der Weinstraße 17 – Pirmasens 42.

XX Robichon, Orensfelsstr. 31, ⊠ 76833, ℘ (06345) 32 68, brunorobichon@gmx.de, Fax (06345) 8529, 🍽 – **P**. ⓄⒸ
geschl. Anfang Jan. 1 Woche, Juli - Aug. 3 Wochen, Montagabend - Dienstag – **Menu** à la carte 31/42.
• Genießen Sie den Aufenthalt in dem kleinen Restaurant, das durch sein Ambiente einen Hauch Pariser Eleganz versprüht. Der französische Kochstil rundet die Impressionen ab.

FRASDORF Bayern 420 W 20 – 3 000 Ew – Höhe 598 m.
🛈 Verkehrsbüro, Schulstr. 7, ⊠ 83112, ℘ (08052) 17 96 25, Fax (08052) 179628.
Berlin 667 – München 78 – Bad Reichenhall 60 – Salzburg 64 – Innsbruck 115.

🏨 Landgasthof Karner ⑩, Nußbaumstr. 6, ⊠ 83112, ℘ (08052) 40 71, info@landgasthof-karner.de, Fax (08052) 4911, 🍽, 🛎, 🚗, – 📺 **P** – 🕍 40. 🅰🅴 ⓄⒸ 💳 JCB
Menu 26 (mittags)/60 à la carte 37/50 – **26 Zim** ⊇ 55/80 – 80/150 – ½ P 28.
• Die Gastfreundschaft und das im alpenländischen Stil gehaltene Ambiente werden Sie bezaubern. Die komfortablen Zimmer sind mit typischen Weichholzmöbeln liebevoll gestaltet. Reizend dekoriert das gemütliche Lokal. Schön im Sommer : das Gartenrestaurant.

X Alpenhof, Hauptstr. 31, ⊠ 83112, ℘ (08052) 22 95, info@alpenhof-frasdorf.de, Fax (08052) 5118, 🍽 – **P**
geschl. Mittwoch - Donnerstagmittag – **Menu** à la carte 20,50/35,50.
• Ein oberbayerischer Gasthof mit kunstsinnigem und leicht italienischem Ambiente. Denn : Der Chef des Hauses ist talentiert. Er kann hervorragend kochen, und auch malen.

In Frasdorf-Wildenwart Nord-Ost 3 : km :

X Schloßwirtschaft Wildenwart, Ludwigstr. 8, ⊠ 83112, ℘ (08051) 27 56, Fax (08051) 64193, 🍽 – **P**
geschl. Ende Feb. - Mitte März, Sept. 3 Wochen, Montag - Dienstag – **Menu** à la carte 14,50/26.
• In der Mitte des Dorfes liegt diese regionstypische Gaststätte. In urigem Ambiente serviert man Einkehrenden ein ständig wechselndes Angebot - zubereitet aus Bio-Produkten.

FRAUENAU Bayern 420 T 23 – 3 100 Ew – Höhe 616 m – Erholungsort – Wintersport : 620/800 m ≦1 ⋠.
🛈 Tourist-Information, Hauptstr. 12, ⊠ 94258, ℘ (09926) 9 41 00, touristinfo@frauenau.de, Fax (09926) 1799.
Berlin 482 – München 187 – Passau 56 – Cham 66 – Deggendorf 43.

🏨 St. Florian, Althüttenstr. 22, ⊠ 94258, ℘ (09926) 95 20, info@st-florian.de, Fax (09926) 8266, 🍽, 🛎, 🏊, 🚗, – 🛗 ↔ Zim, 📺 ♿ **P**
Menu à la carte 13/25 – **26 Zim** ⊇ 38/44 – 76 – ½ P 12.
• Das St. Florian versteht sich als sympathisches Ferienhotel. Es erwartet seine Gäste mit einem stilvollen Einrichtungs-Mix aus Landhaus- und wohnlichen Kirschbaummöbeln. Das holzgetäfelte Restaurant präsentiert sich mit geschmackvoller Ausstattung.

🏨 Eibl-Brunner, Hauptstr. 18, ⊠ 94258, ℘ (09926) 95 10, info@eibl-brunner.de, Fax (09926) 951160, Massage, 🎿, 🛎, 🏊, 🚗, – 🛗 📺 **P**. ⓄⒸ 💳
geschl. 20. Nov. - 20. Dez. – **Menu** à la carte 15/28,50 – **54 Zim** ⊇ 26/52 – 90 – ½ P 12.
• Dieser Gasthof verspricht Erholung zu jeder Jahreszeit. Nicht nur die wohnlichen Zimmer tragen dazu bei, sondern auch das großzügige Wellnessangebot. Helles Holz, Jagdtrophäen und ein Kachelofen bestimmen das Bild der Speiseraums.

🍴 Büchler, Dörflstr. 18, ⊠ 94258, ℘ (09926) 9 40 40, info@hotel-buechler.de, Fax (09926) 757, ≤, 🍽, 🛎, 🚗, – 📺 **P**. 🅰🅴 Ⓞ ⓄⒸ 💳
geschl. 4. Nov. - 20. Dez. – **Menu** à la carte 13/24,50 – **23 Zim** ⊇ 30 – 48/54 – ½ P 8.
• Am Fuße des Rachel gelegen, bietet dieser gut geführte Gasthof einfache, mit bemalten Bauernmöbeln eingerichtete Zimmer. Vor allem Stammgäste fühlen sich hier wie zu Hause. Rustikal und ohne viel Brimborium kann man in der freundlichen, hellen Gaststube essen.

FRAUENSTEIN Sachsen 418 N 24 – 1 100 Ew – Höhe 654 m.
🛈 Fremdenverkehrsamt, Markt 28, ⊠ 09623, ℘ (037326) 93 35, Fax (037326) 83819.
Berlin 231 – Dresden 40 – Chemnitz 51.

🍴 Goldener Stern, Markt 22, ⊠ 09623, ℘ (037326) 94 01, info@goldener-stern-frauenstein.de, Fax (037326) 9403, 🍽 – **P** – 🕍 30. 🅰🅴 ⓄⒸ 💳
geschl. Jan. 2 Wochen – **Menu** à la carte 12,50/20 – **30 Zim** ⊇ 36 – 57 – ½ P 10.
• Einladend steht der rosafarbene Gasthof im Herzen von Frauenstein. Die Gästezimmer sind schlicht, aber erfüllen in jeder Hinsicht ihren Zweck für einen erholsamen Aufenthalt. In den ländlich eingerichteten Stuben erfreut man sich an Speis und Trank.

FRAUENSTEIN

In Frauenstein-Nassau Süd : 7 km – Wintersport :

Gasthof Conrad, Dorfstr. 116, ⌂ 09623, ℘ (037327) 71 25, hotel@gasthof-conrad.de, Fax (037327) 1311, 😊, 🍴 – 📺 📞 🅿 – 🔔 20. 🆎 ① ⓜ 🆅🅸🆂🅰
Menu (geschl. Montagmittag) à la carte 13,50/27 – **15 Zim** ⌂ 35/39 – 51/59 – ½ P 9.
• Eine gepflegte Adresse, die sehr familiär geführt wird. Nach einem Komplett-Umbau vor ein paar Jahren wurden die Zimmer modern, aber dennoch wohnlich ausgestattet.

FRAUENWALD Thüringen 418 420 O 16 – 1 300 Ew – Höhe 786 m – Erholungsort – Wintersport :

🛷.

🅱 Fremdenverkehrsamt, Nordstr. 96, ⌂98711, ℘ (036782) 6 19 25, Fax (036782) 61239.

Berlin 345 – Erfurt 62 – Coburg 56 – Suhl 17.

Drei Kronen, Südstr. 18, ⌂ 98711, ℘ (036782) 68 00, ahrndt@t-online.de, Fax (036782) 68068, Biergarten, 😊 – 📺 📞 🅿
Menu à la carte 14/23,50 – **21 Zim** ⌂ 34/43 – 48/56.
• Gelungener Architektur-Mix aus Alt und Neu : An den schiefergetäfelten Gasthof aus dem 18. Jh wurde ein moderner Anbau mit neuzeitlich eingerichteten Zimmern gesetzt. Dunkles Holz an Wänden und Boden macht das Restaurant behaglich.

FRECHEN Nordrhein-Westfalen 417 N 4 – 45 000 Ew – Höhe 65 m.

Berlin 579 – Düsseldorf 47 – Bonn 39 – Aachen 65 – Köln 13.

Halm-Schützenhaus, Johann-Schmitz-Platz 22, ⌂ 50226, ℘ (02234) 95 70 00, hotel-halm@t-online.de, Fax (02234) 52232, 😊 – 🛗, ≡ Rest, 📺 📞 📞 🅿 – 🔔 200. 🆎 ① ⓜ 🆅🅸🆂🅰. ❄ Zim
Menu (geschl. Montagmittag) à la carte 16,50/34,50 – **39 Zim** ⌂ 90/130 – 140/190.
• In diesem alten Schützenhaus finden Reisende eine empfehlenswerte Übernachtungs-möglichkeit. Die Zimmer sind alle einheitlich mit soliden Kirschbaummöbeln eingerichtet. Richtig urig wirkt die einfache, aber gemütliche Gaststube.

In Frechen-Königsdorf : Nord-West : 4 km :

Königsdorfer Hof Ⓜ, Augustinusstr. 15, ⌂ 50226, ℘ (02234) 6 00 70, info@koenigdorfer-hof.de, Fax (02234) 600770, 😊, 😊 – ❄ Zim, 📺 📞 🅿 – 🔔 30. 🆎 ① ⓜ 🆅🅸🆂🅰. ❄ Rest
Menu (geschl. Sonntag) à la carte 25/36 – **37 Zim** ⌂ 92 – 125.
• Schon von außen gewinnt man durch die gelungene Architektur den besten Eindruck, der sich auch im Inneren des Hotels fortsetzt : Elegante Zimmer laden zum Wohlfühlen ein. Gediegenes und freundliches Flair im Restaurant.

FREDEBURG Schleswig-Holstein siehe Ratzeburg.

FREDENBECK Niedersachsen 415 F 12 – 4 800 Ew – Höhe 5 m.

Berlin 354 – Hannover 181 – Hamburg 64 – Bremerhaven 69 – Bremen 91.

Fredenbeck garni, Dinghorner Str. 19, ⌂ 21717, ℘ (04149) 9 28 20, Fax (04149) 928234 – 📺 📞 🅿 ⓜ 🆅🅸🆂🅰
10 Zim ⌂ 45/60 – 65/75.
• Hinter der rundgebauten Klinkerfassade der Pension treffen Übernachtungsgäste sau-bere Zimmer an, die auch bei längerem Aufenthalt ausreichenden Komfort bieten.

FREIAMT Baden-Württemberg 419 V 7 – 4 200 Ew – Höhe 434 m – Erholungsort.

🅱 Verkehrsbüro (im Kurhaus), Badstraße 1, ⌂ 79348, ℘ (07645) 9 10 30, info@freiamt.de, Fax (07645) 910399.

Berlin 790 – Stuttgart 195 – Freiburg im Breisgau 40 – Offenburg 53.

In Freiamt-Brettental :

Ludinmühle ⓢ, (mit Gästehaus), Brettental 31, ⌂ 79348, ℘ (07645) 9 11 90, info@ludinmuehle.de, Fax (07645) 911999, 😊, Massage, ≡, 🏊, 🍴 – 🛗, ❄ Zim, 📺 📞 🛗 🅿 – 🔔 20. ⓜ 🆅🅸🆂🅰. ❄ Rest
Menu à la carte 22,50/48 – **53 Zim** ⌂ 64/110 – 110/200, 3 Suiten – ½ P 14.
• Stilvolles Hotel im romantischen Brettental, für Erholung und Freizeitvergnügen wie geschaffen. Die Herzlichkeit der Gastgeber spiegelt sich in den komfortablen Zimmern wider. Das gemütliche Restaurant ist im Schwarzwälder Stil gestaltet.

FREIAMT

In Freiamt-Mussbach :

Zur Krone, Mussbach 6, ⊠ 79348, ℰ (07645) 2 27, Fax (07645) 227, 🍽 – 🅿
geschl. Jan. 2 Wochen, Aug. 3 Wochen, Mittwoch – **Menu** (Montag - Freitag nur Abendessen) (Tischbestellung ratsam) à la carte 18,50/35.

• Ein einfacher Gasthof, unscheinbar inmitten des Dorfes gelegen. Aber : In der Küche bereitet der Chef des Hauses geschmacklich Außergewöhnliches auf regionale Art zu.

FREIBERG Sachsen 418 N 24 – 44 000 Ew – Höhe 400 m.

Sehenswert : Freiberg★ – Dom★★ (Triumphkreuz★, Tulpenkanzel★★, Silbermannorgel★★, Goldene Pforte★★, Begräbniskapelle★) – Mineralogische Sammlung der TU Bergakademie★ – Lehr- und Besucherbergwerk★.

🛈 Tourist-Information, Burgstr. 1, ⊠ 09599, ℰ (03731) 27 32 65, fva@freiberg.de, Fax (03731) 273260.

Berlin 228 – Dresden 49 – Chemnitz 35 – Leipzig 98.

Silberhof, Silberhofstr. 1, ⊠ 09599, ℰ (03731) 2 68 80, mail@silberhof.de, Fax (03731) 268878, 🍽 – 🛗 📺 ✆ 🅿 – 🔨 15. 🅰🅴 ⓜ⓪ 🆅🅸🆂🅰 🅹🅲🅱
Menu (geschl. Sonntag) (nur Abendessen) à la carte 13,50/22,50 – **30 Zim** ⤳ 50/70 – 75/95.

• Sinn für Gastlichkeit und guter Geschmack sind die Kennzeichen dieses stattlichen rosafarbenen Jugendstilhauses. Elegante Zimmer und einladende Salons mit ausgewählten Möbeln. Warme Pastelltöne und gediegene Stilmöbel bestimmen das Bild des Restaurants.

Am Obermarkt, Waisenhausstr. 2, ⊠ 09599, ℰ (03731) 2 63 70, info@hotel-am-obermarkt.de, Fax (03731) 2637330 – 📺 🅿 – 🔨 15. 🅰🅴 ⓞ ⓜ⓪ 🆅🅸🆂🅰
Menu à la carte 13,50/24,50 – **33 Zim** ⤳ 46/58 – 70/90.

• Im Herzen der Stadt, in einer Seitenstraße des Marktplatzes gelegenes, sauber geführtes Hotel. Es stellt Reisenden praktische, gut aufgeteilte Zimmer zu Verfügung. Zum Essen steigen Sie hinab in den urigen Gewölbekeller.

Kreller, Fischerstr. 5, ⊠ 09599, ℰ (03731) 3 59 00, kontakt@hotel-kreller.de, Fax (03731) 23219, 🍽 – 🛗, ⥯ Zim, 📺 🅿 – 🔨 40. 🅰🅴 ⓞ ⓜ⓪ 🆅🅸🆂🅰
Menu à la carte 15,50/38 – **37 Zim** ⤳ 44/64 – 67/90.

• Nicht nur die alte Fassade, auch das Innere des Hotels wurde Anfang der 90er Jahre komplett saniert. Alle Gastzimmer entsprechen zeitgemäßem Komfort. Pflanzenarrangements, Palmen und Spiegel sorgen im Restaurant für Atmosphäre.

Le Bambou, Obergasse 1, ⊠ 09599, ℰ (03731) 35 39 70, c.wiesner@atis2000.net, Fax (03731) 32094, 🍽 – ⥯ Zim, 📺 ✆. 🅰🅴 ⓜ⓪ 🆅🅸🆂🅰
Menu (wochentags nur Abendessen) 30/50 à la carte 26/35.

• Liebhaber exotischer Kulturen kommen hier auf ihre Kosten. Umgeben von afrikanischer Kunst und Einrichtungselementen bietet man Speisen mit internationalen Akzenten.

Blaue Blume mit Zim, Donatsgasse 25, ⊠ 09599, ℰ (03731) 2 65 60, rest@blaue-blume.de, Fax (03731) 265629 – 📺. ⓜ⓪ 🆅🅸🆂🅰
geschl. Anfang Jan. 2 Wochen, Ende Aug. 2 Wochen, Montag – **Menu** (nur Abendessen) à la carte 18/23 – **7 Zim** ⤳ 45/50 – 65/70.

• Herzlich werden Sie hier von Ihren Gastgeberinnen empfangen, deren Mühe und Engagement überall zu spüren ist : So wird alle zwei Wochen eine neue Speisekarte präsentiert.

In Bräunsdorf Nord-West : 9 km :

Landhaus Striegistal 🌿, An der Striegis 4, ⊠ 09603, ℰ (037321) 88 10, landhaus-striegistal@intus-hotels.de, Fax (037321) 88150, 🍽, 🌳 – 📺 🅿 – 🔨 30
Menu (Montag - Freitag nur Abendessen) (Restaurant nur für Hausgäste) – **19 Zim** ⤳ 45/56 – 78.

• Eines ist Ihnen hier in der Sächsischen Schweiz gewiss : absolute Ruhe ! Umgeben von Wäldern und Wiesen schlafen Sie in einfachen, freundlich gestalteten Zimmern.

In Hetzdorf Nord-Ost : 12 km :

Waldhotel Bergschlößchen 🌿, Am Bergschlößchen 14, ⊠ 09600, ℰ (035209) 23 80, info@bergschloesschen.de, Fax (035209) 23819, ≤, 🍽, 🌳 – 📺 ✆ 🅿 – 🔨 20. 🅰🅴 ⓜ⓪ 🆅🅸🆂🅰. ✾ Rest
Menu à la carte 12/25 – **18 Zim** ⤳ 35/43 – 54/79.

• Ruhig liegt das grau-weiße Bergschlösschen, das aus der Jahrhundertwende stammt, am Waldrand. Es ist zugeschnitten für Urlauber und Besucher der gegenüberliegenden Kurklinik. Restaurant mit Panorama-Wintergarten.

FREIBERG AM NECKAR Baden-Württemberg siehe Ludwigsburg.

FREIBURG (ELBE) Niedersachsen 415 E 11 – 2 000 Ew – Höhe 2 m – Erholungsort.
Berlin 381 – Hannover 197 – Cuxhaven 51 – Bremerhaven 76 – Hamburg 82 – Stade 33.

Gut Schöneworth, Landesbrücker Str 42, ⌧ 21729, ℘ (04779) 9 23 50, info
@gutschoeneworth.de, Fax (04779) 8203, 🌳, 🛋, 🐾 – ⚲ Zim, 📺 ⇔ 🅿 – 🔔 80.
🆎 ⓞ ⒞ 🆅

Menu (geschl. Nov. - März Montag - Dienstag) (nur Abendessen) à la carte 24/33 – **15 Zim**
⌓ 55/70 – 80/105 – ½ P 20.

◆ Der ehemalige Zwei-Ständer Bauernhof von 1869 besteht aus drei reetgedeckten Gebäuden. Im Haus und in den Zimmern finden Sie englische Stilmöbel und neuzeitlichen Komfort. Ländlich-stilvoll gibt sich das kleine Restaurant.

FREIBURG IM BREISGAU Baden-Württemberg 419 V 7 – 200 000 Ew – Höhe 278 m.

Sehenswert : Münster★★ : Turm★★★ (≤★), Hochaltar von Baldung Grien★★ Y – Ehemaliges Kaufhaus★ YZ B – Rathausplatz★ und Neues Rathaus★ Y **R1** – Augustiner-Museum★★ (mittelalterliche Kunst★★) Z **M1** – Museum für Ur- und Frühgeschichte (Keltischer Stierkopf★, alemannische Fibel★) Y.

Ausflugsziel : Schlossberg★ (mit ⚙)Z – Schauinsland★ (≤★), über Günterstalstr. X 21 km.
🏌 Freiburg-Munzingen, Großer Brühl 1 (Süd : 12 km über ③), ℘ (07664) 93 06 10 ; 🏌
Kirchzarten, Krüttweg 1 (Ost : 7 km über ②), ℘ (07661) 9 84 70.

Messegelände an der Stadthalle (über ②), ℘ (0761) 7 03 70, Fax (0761) 709885.

🛈 Tourist Information, Rotteckring 14, ⌧ 79098, ℘ (0761) 3 88 18 80, Fax (0761) 37003.
ADAC, Karlsplatz 1.

Berlin 805 ④ – Stuttgart 208 ④ – Basel 71 ④ – Karlsruhe 134 ④ – Strasbourg 86 ④

Stadtpläne siehe nächste Seiten

Colombi-Hotel, Rotteckring 16, ⌧ 79098, ℘ (0761) 2 10 60, info@colombi.de,
Fax (0761) 31410, 🌳, Massage, 🛋, 🎱 – 📶, ⚲ Zim, 🔲 📺 📞 ⇔ – 🔔 120. 🆎 ⓞ
⒞ 🆅 🆓
Y r

Colombi-Restaurant (Tischbestellung ratsam) **Menu** 24 (mittags) à la carte 44/68 ♀ –
Hans-Thoma-Stube : **Menu** à la carte 31/44 – **117 Zim** ⌓ 192/212 – 264/294,
8 Suiten.

◆ Zwischen Bahnhof und Münster liegt dieses exquisite Hotel. Es bietet seinen Gästen eine stilgerechte Einrichtung, Luxus und besten Service. Das Restaurant ist ein rustikal-eleganter Ort für verwöhnte Gaumen. Original aus dem 18. Jh. : die Hans-Thoma-Stube.
Spez. Gebratene Langustinen mit Jakobsmuschelscheiben und Chicorée. Savarin von Taubenbrüstchen mit Gänseleberpralinen. Lammcarré mit Currywiebeln gebraten und Knoblauchjus.

Dorint am Konzerthaus 🆥, Konrad-Adenauer-Platz 2, ⌧ 79098, ℘ (0761) 3 88 90,
info.qfbfbc@dorint.com, Fax (0761) 3889100, 🌳, Massage, 🛋, 🎱 – 📶, ⚲ Zim, 🔲
📺 📞 & ⇔ – 🔔 130. 🆎 ⓞ ⒞ 🆅 🆓 ❀ Rest
X e

Menu à la carte 30/46,50 – ⌓ 16 – **219 Zim** 162/172 – 172/182.

◆ Das moderne Hotel mit elegantem Flair ist direkt mit dem Konzerthaus verbunden. Warme Farbtöne verbunden mit einer geschmackvollen Zimmereinrichtung schmeicheln dem Blick. Das kreisförmig angelegte Restaurant La Rotonde strahlt Eleganz aus.

Zum Roten Bären, Oberlinden 12, ⌧ 79098, ℘ (0761) 38 78 70, info@roter-
baeren.de, Fax (0761) 3878717, (Haus a.d.J. 1120, seit 1311 Gasthof), 🛋 – 📶 📺 ⇔
– 🔔 30. 🆎 ⓞ ⒞ 🆅
Z u

Menu (geschl. Sonntagabend - Montag) à la carte 24/36 – **25 Zim** ⌓ 103/117 – 138/180.

◆ Eingerahmt vom lebendigen Geschehen der Stadt, hat man sich in diesem Traditionshaus nach Modernisierung und Erweiterung den Bedürfnissen anspruchsvoller Reisender angepaßt. In der alemannischen Stube bewirtet man seit Jahrhunderten Gäste.

Oberkirchs Weinstuben (mit Gästehaus), Münsterplatz 22, ⌧ 79098, ℘ (0761)
2 02 68 68, oberkirch@t-online.de, Fax (0761) 2026869, 🌳 – 📶 📺 ⇔. 🆎
⒞ 🆅
Y a

geschl. Jan. – **Menu** *(geschl. Sonntag)* à la carte 29/44 – **26 Zim** ⌓ 86/107 – 132, 3 Suiten.

◆ Von manchen Zimmern des historischen Gebäudes schaut man auf die Münster. Die Einrichtung ist recht unterschiedlich : Man hat die Wahl zwischen Stil- und Landhausmobiliar. Ein dunkel getäfeltes und gemütlich wirkendes Restaurant erwartet Sie.

Park Hotel Post garni, Eisenbahnstr. 35, ⌧ 79098, ℘ (0761) 38 54 80, park-hotel
-post-freiburg@t-online.de, Fax (0761) 31680 – 📶 ⚲ 📺 📞 ⇔. 🆎 ⒞
🆅. ❀
Y h

45 Zim ⌓ 109/129 – 144/159.

◆ 1867 als Privathaus gebaut, bietet das zentral gelegene Hotel heute seinen Gästen ein wohnliches Logis. Dazu tragen die persönliche Führung sowie die ansprechenden Zimmer bei.

499

FREIBURG IM BREISGAU

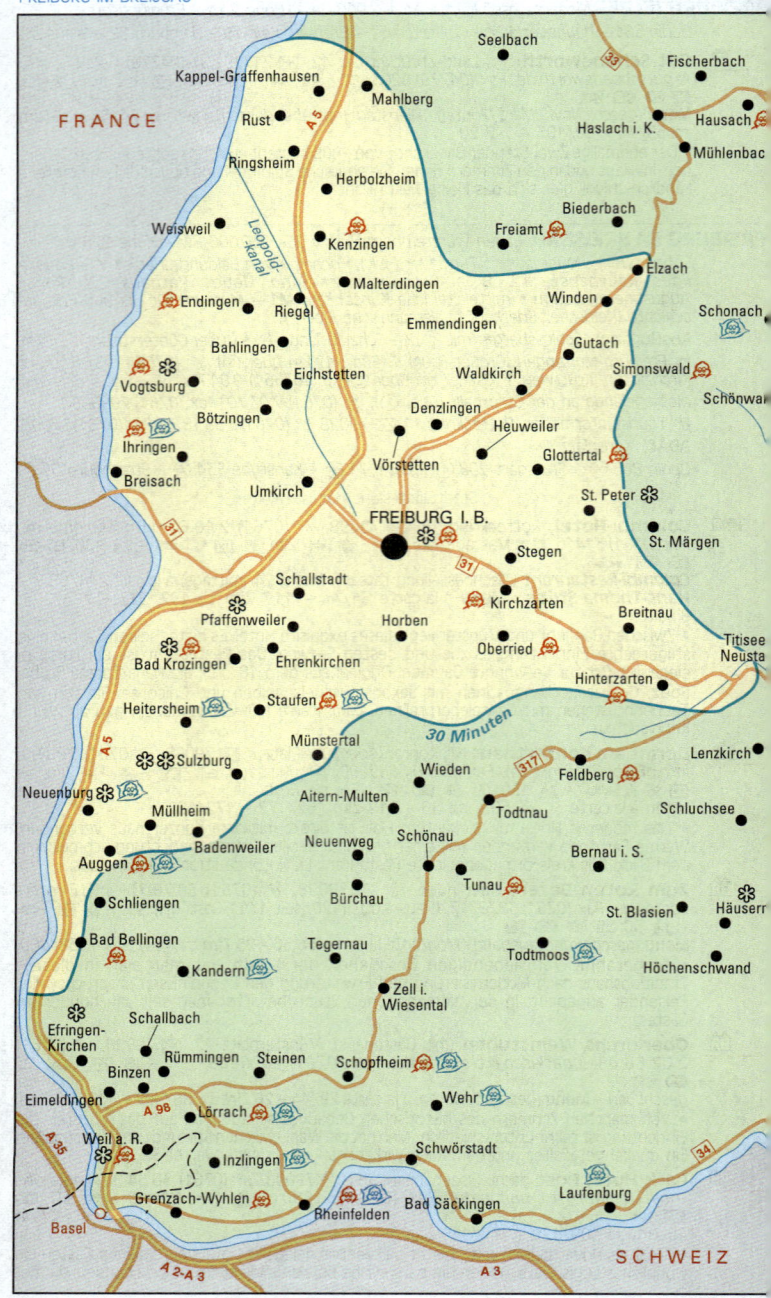

FREIBURG IM BREISGAU

Victoria garni, Eisenbahnstr. 54,
⌧ 79098, ✆ (0761) 20 73 40, *slee
p@hotel-victoria.de*,
Fax (0761) 20734444 – 🛗 ✻ TV ✆
⇔ P AE ① ⓂⓄ VISA   Y p
63 Zim ⌚ 100/122 – 133/169.
♦ Umweltschutz steht bei Hotelier
Bertram Späth an oberster Stelle. So
wird z. B. der gesamte Energiebedarf
des gepflegten Hotels aus regenerativen Energien gewonnen.

Rheingold, Eisenbahnstr. 47,
⌧ 79098, ✆ (0761) 2 82 10,
hotelrheingold@t-online.de,
Fax (0761) 2821111, ☕ – 🛗,
✻ Zim, TV ✆ ⇔ – 🔒 180. AE ①
ⓂⓄ VISA   Y d
Menu *(geschl. Sonn- und Feiertage)*
à la carte 21/34 – **49 Zim**
⌚ 89/119 – 129/159.
♦ Ein ideales Domizil besonders
für Tagungsgäste. Es erwarten
Sie helle, freundliche Zimmer, in
denen auch die warmen Farbtöne zu
einem netten Aufenthalt beitragen.
Das Restaurant ist mediterran
gestaltet.

Central-Hotel garni, Wasserstr. 6,
⌧ 79098, ✆ (0761) 3 19 70,
info@central-freiburg.de, *Fax
(0761) 3197100* – 🛗 ✻ TV ⇔ –
🔒 30. AE ① ⓂⓄ VISA JCB
geschl. 21. - 28. Dez. – **49 Zim**
⌚ 79/89 – 129.   Y s
♦ Guter Ausgangspunkt für Besichtigungen und Stadtbummel ist dieses nette Hotel am Rande der
Fußgängerzone. Buchen Sie eines
der renovierten Zimmer, z. B. in der
ersten Etage.

InterCityHotel, Bismarckallee 3,
⌧ 79098, ✆ (0761) 3 80 00,
freiburg@intercityhotel.de,
Fax (0761) 3800999 – 🛗, ✻ Zim,
TV ✆ ♿ – 🔒 40. AE ① ⓂⓄ VISA JCB
✻ Rest   Y n
Menu *(geschl. Sonntag)* à la carte
20/30 – ⌚ 11 – **152 Zim** 92/97 –
102/107.
♦ Besonders Reisende schätzen
diese geschickte Übernachtungsmöglichkeit beim Bahnhof. Denn: Die
Zimmer sind gut ausgestattet und
verfügen über notwendige technische Anschlüsse.

Markgräfler Hof, Gerberau 22,
⌧ 79098, ✆ (0761) 3 25 40,
info@markgraeflerhof.de,
Fax (0761) 2942949 – ✻ TV AE ①
ⓂⓄ VISA   Z c
Menu *(geschl. Aug. 2 Wochen, Sonntag - Montag)* à la carte 26/
34 – **17 Zim** ⌚ 87/105 – 105/135.
♦ 1998 wurde das ehemalige Stadtpalais grundlegend und gelungen
renoviert: Elegante Landhausmöbel,
gepaart mit Stoffen in warmen Farbtönen, geben ein apartes Bild ab. Das
Restaurant empfängt seine Gäste mit
einem Interieur von ungezwungener
Frische.

501

FREIBURG IM BREISGAU

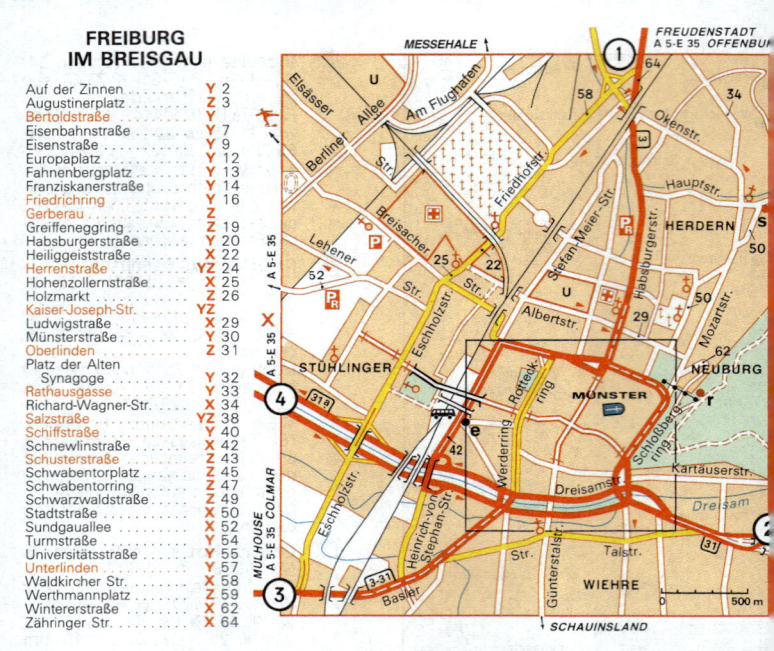

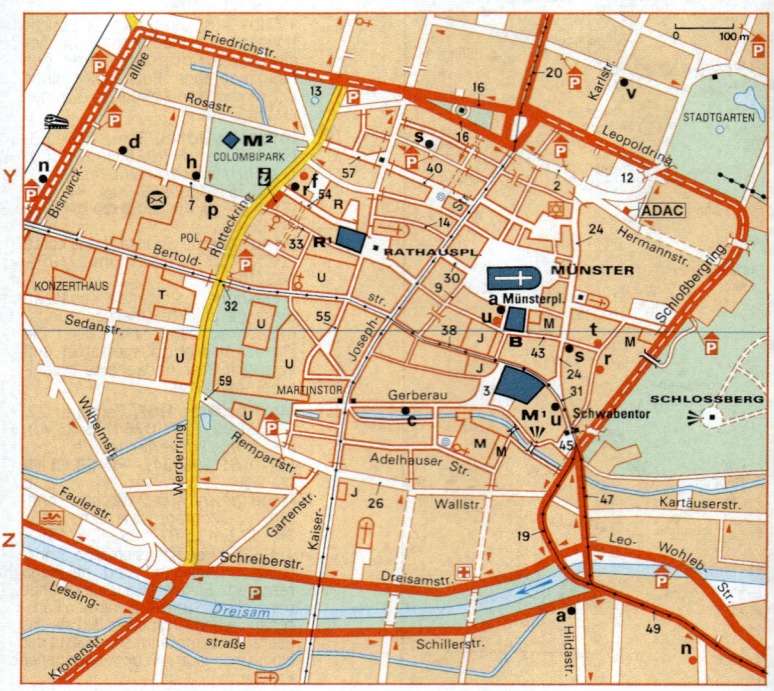

Street	Grid
Auf der Zinnen	Y 2
Augustinerplatz	Z 3
Bertoldstraße	Y
Eisenbahnstraße	Y 7
Eisenstraße	Y 9
Europaplatz	Y 12
Fahnenbergplatz	Y 13
Franziskanerstraße	Y 14
Friedrichring	Y 16
Gerberau	Z
Greiffeneggring	Z 19
Habsburgerstraße	Y 20
Heiliggeiststraße	X 22
Herrenstraße	YZ
Hohenzollernstraße	X 25
Holzmarkt	Z 26
Kaiser-Joseph-Str.	YZ
Ludwigstraße	X 29
Münsterstraße	Y 30
Oberlinden	Z 31
Platz der Alten Synagoge	Y 32
Rathausgasse	Y 33
Richard-Wagner-Str.	X 34
Salzstraße	YZ 38
Schiffstraße	Y 40
Schnewlinstraße	X 42
Schusterstraße	Z 43
Schwabentorplatz	Z 45
Schwabentorring	Z 47
Schwarzwaldstraße	Z 49
Stadtstraße	X 50
Sundgauallee	X 52
Turmstraße	Y 54
Universitätsstraße	Y 55
Unterlinden	Y 57
Waldkircher Str.	X 58
Werthmannplatz	X 59
Wintererstraße	X 62
Zähringer Str.	X 64

502

FREIBURG IM BREISGAU

🏨 **Schiller,** Hildastr. 2, ✉ 79102, ℰ (0761) 70 33 70, *freiburg@schiller-hotel.de*, Fax (0761) 7033777, 🍽 – 🛗 📺 ✆. 🌐 VISA Z a
Menu *(geschl. Dienstag)* à la carte 25/41 – **22 Zim** ⊑ 84/94 – 114/144.

• Ein Haus mit über 100-jähriger Tradition : 1994 wurde das Hotel neu eröffnet und bietet seinen Gästen mit einfachen, aber modernen Zimmern eine nette Unterkunft. Ein Stückchen Paris erlebt man in der typischen Brasserie.

🏨 **Schwarzwälder Hof** (mit Gästehaus), Herrenstr. 43, ✉ 79098, ℰ (0761) 3 80 30, *hotel-schwarzwaelderhof@gmx.de*, Fax (0761) 3803135 – 🛗 📺. ﬆ ⓘ 🌐 VISA. ℅   Z s
Menu *(geschl. Sonntagabend)* à la carte 14,50/23 – **47 Zim** ⊑ 55/65 – 65/89.

• In der oberen Altstadt gelegenes, familiär geführtes Hotel. Die Zimmer sind größtenteils mit hellen, gepflegten Holzmöbeln ausgestattet und strahlen dadurch Behaglichkeit aus. Gemütlich badisch ist die Einrichtung der rustikalen Gaststube.

🏨 **Stadthotel Kolping,** Karlstr. 7, ✉ 79104, ℰ (0761) 3 19 30, *info@stadthotel-kolping.de*, Fax (0761) 3193202 – 🛗 📺 – 🔔 140. ﬆ ⓘ 🌐 VISA   Y v
Menu à la carte 18/30 – **94 Zim** ⊑ 67/77 – 87/97.

• Eine praktische Adresse im Herzen der Stadt, in der sich der Gast wohlfühlen kann. Achten Sie darauf, daß man Ihnen eines der renovierten Zimmer reserviert. Erst kürzlich renoviertes Restaurant, hübsch ausgestattet und mit modernen Akzenten versehen.

XXX **Wolfshöhle,** Konviktstr. 8, ✉ 79098, ℰ (0761) 3 03 03, Fax (0761) 288884, 🍽 – ﬆ ⓘ 🌐 VISA. ℅   Z t
geschl. Sonn- und Feiertage – **Menu** (italienische Küche) (abends Tischbestellung ratsam) 20,50/42 à la carte 27,50/39.

• Schlemmen wie in "Bella Italia", herrliche Weine dazu, ein geschmackvolles Ambiente und ein gut funktionierender Service - das ist das Erfolgsrezept der Wolfshöhle.

XX **Zur Traube,** Schusterstr. 17, ✉ 79098, ℰ (0761) 3 21 90, *restaurant@traubefreiburg.de*, Fax (0761) 26313 – ﬆ 🌐 VISA. ℅   Y u
geschl. Aug. 3 Wochen, Dienstag - Mittwoch – **Menu** (Tischbestellung ratsam) 28,50 (mittags) à la carte 46,50/60,50.

• Das Restaurant wird vom rustikal-eleganten Interieur mit grüner Holzvertäfelung und elfenbeinfarbenem Kachelofen sowie der charmanten Servicebrigade gleichermaßen geprägt.

Spez. Gänselebertörtchen mit Feigen und marinierter Rauke. Variation vom Lamm mit Rübchen und Schafskäseravioli. Schokoladen-Kirschtörtchen mit Portweineis.

XX **Klösterle,** Dreikönigstr. 8, ✉ 79102, ℰ (0761) 7 57 84, Fax (0761) 73788, 🍽 – ℅   Z n
geschl. Sept., Sonntag - Montag – **Menu** *(nur Abendessen)* (Tischbestellung erforderlich) à la carte 22/40.

• Der Chef des Hauses beglückt seine Gäste und Liebhaber von saftigem Rindfleisch mit feinen Charolais-Spezialitäten, die er auf unterschiedlichste Art und Weise zubereitet.

XX **Schlossbergrestaurant Dattler,** Am Schlossberg 1 (Zufahrt über Wintererstraße, oder mit Schlossberg-Seilbahn, 3,60€), ✉ 79104, ℰ (0761) 3 17 29, *info@dattler.de*, Fax (0761) 26243, ≤ Freiburg und Kaiserstuhl, 🍽 – 🅿. ﬆ ⓘ 🌐 VISA   X r
geschl. Dienstag – **Menu** 15 (mittags)/45 à la carte 24/44.

• Hoch über den Dächern von Freiburg, mit phantastischem Blick auf den Kaiserstuhl, ist dieses beliebte Ausflugslokal schon alleine wegen seiner Top-Lage einen Besuch wert.

X **Basho-An,** Am Predigertor 1, ✉ 79098, ℰ (0761) 2 85 34 05, Fax (0761) 2853406 – ﬆ 🌐 VISA. ℅   Y f
geschl. Sonntagmittag – **Menu** (japanische Küche) à la carte 27/49,50.

• Puristisch gestylter Szene-Japaner : Holz und Leder dominieren. Beliebter Treff - sowohl mittags an der Sushi-Bar wie auch abends zu einem ausgiebigen Essen.

X **Kreuzblume** mit Zim, Konviktstr. 31, ✉ 79098, ℰ (0761) 3 11 94, *info@hotel-kreuzblume.de*, Fax (0761) 26836, 🍽 – 🛗 📺. ﬆ 🌐 VISA   Z r
Menu *(geschl. Mittwoch)* à la carte 24/39,50 – **8 Zim** ⊑ 60 – 90.

• In der immer gut besuchten, rustikalen Weinstube macht sich beim Blick auf die Karte sofort die Nähe zum benachbarten Frankreich bemerkbar. Geboten wird auch Internationales.

In Freiburg-Betzenhausen *über* ④ *: 2 km :*

🏨 **Bischofslinde** ℅ garni, Am Bischofskreuz 15, ✉ 79114, ℰ (0761) 8 26 88, *info@hotel-bischofslinde.de*, Fax (0761) 808345 – 📺 🚗. 🅿. ﬆ ⓘ 🌐 VISA
26 Zim ⊑ 60 – 75.

• In einem Wohngebiet ruhig gelegen und gut erreichbar, finden Sie hier einfache Pensionszimmer, die durch die tadellose Pflege der Besitzerfamilie äußerst proper sind.

FREIBURG IM BREISGAU

In Freiburg-Günterstal Süd : 2 km über Günterstalstraße X :

Kühler Krug mit Zim, Torplatz 1, ⌧ 79100, ℘ (0761) 2 91 03, info@kuehlerkrug.de, Fax (0761) 29782, 斧 – TV ⦿ VISA
Menu (geschl. Mittwoch) à la carte 16,50/46 – **7 Zim** ⊇ 46 – 67.
♦ Behaglich sind die Räume mit einer Mischung von zeitlos-gediegenen und zugleich etwas rustikalen Einrichtungselementen. Aus der Küche kommen Spezialitäten aus nah und fern.

Gasthaus Kybfelsen, Schauinslandstr. 49, ⌧ 79100, ℘ (0761) 2 94 40, info@gasthaus-kybfelsen.de, Fax (0761) 290117, Biergarten – P ⦿ VISA
geschl. Montag – **Menu** 16,50 (mittags) à la carte 22,50/38.
♦ Kaum zu verfehlen ist dieser an der Hauptstraße gelegene, renovierte Brauereigasthof. In den beiden rustikalen Stuben mit modernem Touch serviert man Regionales.

In Freiburg-Herdern :

Panorama Hotel Mercure ⚘, Wintererstr. 89, ⌧ 79104, ℘ (0761) 5 10 30, h1128@accor-hotels.com, Fax (0761) 5103300, ≤ Freiburg und Kaiserstuhl, 斧, Massage, ≦s, ⬜, ✻ – ∥, ⇔ Zim, TV ℘ P – 🛎 60. AE ⦿ ⦾ VISA ⌀ Rest
La Baccara (geschl. Sonntag)(nur Abendessen) **Menu** 36/68 und à la carte – **La Roserie** :
Menu à la carte 37/46 – **83 Zim** ⊇ 105/125 – 134/184. über Stadtstraße X
♦ Das Hotel besticht durch seine Lage am Waldrand und eine herrliche Aussicht. Gäste werden die behaglichen Zimmer und den Wellnessbereich schätzen. Im La Baccara speisen Sie in intimer, romantischer Atmosphäre. Das Ambiente der Roserie ist mediterran geprägt.

Eichhalde (Dahlinger), Stadtstr. 91, ⌧ 79104, ℘ (0761) 5 48 17, eichhalde@t-online.de, Fax (0761) 54386, 斧 – ⦿ VISA X s
geschl. über Fastnacht 2 Wochen, Aug. 2 Wochen, Dienstag, Samstagmittag – **Menu** (Tischbestellung ratsam) 24 (mittags) à la carte 41,50/50 ♇.
♦ In der charmanten Atmosphäre aus farbenfrohen Aquarellen und romantischen Tischszenarien wird jedes Essen in dem französisch orientierten Restaurant ein besonderes Erlebnis.
Spez. Gänseleberterrine mit getrockneten Aprikosen und Pinienkern-Pesto. Lammrücken mit Fenchel-Tomatenconfit und Arme Ritter von Pesto-Mozzarella. Geeistes Caipirinhasoufflé mit eingelegten Melonen.

In Freiburg-Kappel Süd-Ost : 7 km über ② und FR-Littenweiler :

Zum Kreuz (mit Gästehaus), Großtalstr. 28, ⌧ 79117, ℘ (0761) 62 05 50, gasthaus.kreuzkappel@t-online.de, Fax (0761) 6205540, 斧, ≦s – ⇔ Zim, TV ⇐ P ⦿ VISA
Menu (geschl. Jan. 2 Wochen, Juni 2 Wochen, Montag - Dienstag) à la carte 21/34 – **18 Zim** ⊇ 50/55 – 75/95.
♦ Seit Generationen wird in diesem Familienbetrieb Schwarzwälder Gastlichkeit gepflegt. Die Zimmer sind wohnlich eingerichtet und verfügen teils über blumengeschmückte Balkone. Wohlige Gaststube, nach alemannischer Art eingerichtet.

In Freiburg-Lehen über ④ : 3 km :

Bierhäusle, Breisgauer Str. 41, ⌧ 79110, ℘ (0761) 8 83 00, info@bierhaeusle.de, Fax (0761) 8830133, 斧 – ∥, ⇔ Zim, TV ℘ P AE ⦿ ⦾ VISA
Menu (geschl. Sonntagabend - Montag) à la carte 19/43 – **45 Zim** ⊇ 60/66 – 88/98.
♦ Aus einem einfachen Gasthof ist ein schmuckes Hotel geworden, das seinen Gästen tadellose Zimmer mit Kirschbaum- oder rustikalen Eichenmöbeln bietet. Regen Zulauf hat das beliebte Restaurant, das seit 1842 in Familienbesitz ist.

Hirschengarten-Hotel garni, Breisgauer Str. 51, ⌧ 79110, ℘ (0761) 8 03 03, info@hirschengarten.de, Fax (0761) 8833339 – ∥ ⇔ Zim P AE ⦿ ⦾ VISA
geschl. 15. Dez. - 6. Jan. – **20 Zim** ⊇ 46/49 – 66/72.
♦ Das erst vor wenigen Jahren erbaute Hotel ist tipptopp gepflegt. Die praktischen Zimmer sind auch für Geschäftsreisende geeignet, da alle separate Schreibtisch haben.

Hirschen mit Zim, Breisgauer Str. 47, ⌧ 79110, ℘ (0761) 8 21 18, Fax (0761) 87994, 斧 – TV P
Menu (geschl. Donnerstag) (abends Tischbestellung erforderlich) à la carte 17/42 – **7 Zim** ⊇ 28/42 – 45/57.
♦ Schöner rustikaler Gasthof von 1698 und seit sechs Generationen in Familienbesitz. Die Kreationen des Patrons sind etwas für Liebhaber der badisch-französischen Küche.

In Freiburg-Littenweiler über ② : 2 km :

Schwär's Hotel Löwen, Kappler Str. 120, ⌧ 79117, ℘ (0761) 6 30 41, schwaers.hotel.loewen@t-online.de, Fax (0761) 60690, 斧 – ∥ TV ⇐ P – 🛎 60. AE ⦿ ⦾ VISA JCB
Menu à la carte 19/35 – **42 Zim** ⊇ 87 – 113.
♦ Etwas außerhalb der Stadt - aber gut zu finden - liegt dieses Hotel mit Schwarzwaldcharakter. Empfehlenswert sind die mit Kirschbaummöbeln eingerichteten Zimmer im Anbau. Wählen Sie in den rustikalen Geträumen aus einer vielseitigen Karte.

FREIBURG IM BREISGAU

In Freiburg-Munzingen über ③ : 13 km :

Schloss Reinach, St.-Erentrudis-Str. 12 (B 31), ⊠ 79112, ℘ (07664) 40 70, info@schlossreinach.de, Fax (07664) 407155, 佘, ㎃, – 園, ↭ Zim, TV ℃ ﾖ ⟹ 凰 – 諡 220. ⑩ ◉ VISA. ※ Rest
Menu (geschl. Montag) (wochentags nur Abendessen) à la carte 17/33 – **75 Zim** 및 57/77 – 82/123.
♦ Aus dem ehemaligen Gutshof von 1647 wurde eine stattliche Anlage mit neuerem Hotelanbau. Man bietet den Gästen freundliche Zimmer, die alle über moderne Bäder verfügen. Das stilvolle Restaurant des Schlosses ist im Herrenhaus angesiedelt.

In Freiburg-Opfingen West : 10,5 km über Eschholzstraße X :

Zur Tanne, Altgasse 2, ⊠ 79112, ℘ (07664) 18 10, Fax (07664) 5303, 佘 – ↭ Zim, TV ⑩ ◉ VISA
geschl. 2. Feb. - 13. März, Ende Aug. 2 Wochen – **Menu** (geschl. Juli - April Dienstag) (Juli - Mitte Sept. Montag - Freitag nur Abendessen) (Mitte April - Mitte Juni nur Spargelgerichte) à la carte 17,50/37,60 – **10 Zim** 및 30/54 – 41/82.
♦ Einen netten Aufenthalt versprechen die geschmackvollen Zimmer dieses badischen Gasthofs von 1786, der sich seit vielen Jahren in Familienbesitz befindet. Viel Holz und ein alter Kachelofen schaffen in den Gaststuben Schwarzwälder Gemütlichkeit.

Blume garni, Freiburger Str. 1, ⊠ 79112, ℘ (07664) 93 97 90, s.g.raab@t-online.de, Fax (07664) 939799 – 園 ↭ TV ℃ ﾖ ⟹ 凰 ⑩ ◉ VISA
25 Zim 및 50/70 – 60/90.
♦ Freundlich empfängt man hier die Gäste und bietet Ihnen praktische Zimmer, die weder an Geräumigkeit noch an Ausstattung etwas vermissen lassen.

In Freiburg-St. Georgen über ③ : 5 km :

Zum Schiff, Basler Landstr. 35, ⊠ 79111, ℘ (0761) 40 07 50, hotel-zumschiff@t-online.de, Fax (0761) 40075555, 佘, ≤s, 痒 – 園, ↭ Zim, TV ℃ ﾖ ⟹ 凰 ④ ⑩ ◉
VISA JCB
Menu à la carte 16/37 – **65 Zim** 및 64/110 – 86/130.
♦ An den etwas älteren Gasthof hat man in den letzten Jahren immer wieder neu angebaut. So zielt die Einrichtung der Zimmer mit Kirschbaummöbeln auf den heutigen Zeitgeschmack. Im Restaurant wurde eine gemütliche Atmosphäre geschaffen.

Ritter St. Georg garni, Basler Landstr. 82, ⊠ 79111, ℘ (0761) 4 35 93, Fax (0761) 44946 – ↭ TV 凰 ⑩ ◉ VISA. ※
geschl. Weihnachten - Neujahr – **13 Zim** 및 50/56 – 75.
♦ Vor den Toren der Stadt gelegen, bietet sich mit diesem Haus ein idealer Standort für Durch-, Geschäfts- und Ferienreisende. Die Zimmer sind wohnlich mit zeitgemäßem Komfort.

Beim Thermalbad über ③ : 9 km (B 3 und B 31) :

Dorint an den Thermen ⑤, An den Heilquellen 8, ⊠ 79111 Freiburg-St.Georgen, ℘ (0761) 4 90 80, info.qfbfre@dorint.com, Fax (0761) 4908100, 佘, direkter Zugang zum Thermalbad – 園, ↭ Zim, ▤ Rest, TV ﾖ ⟹ 凰 – 諡 70. ④ ⑩ ◉ VISA JCB
Menu à la carte 19/35,50 – 및 14 – **95 Zim** 116/126 – 131/141.
♦ Das ruhig am Waldrand und beim Thermalbad gelegene Hotel erhielt erst kürzlich ein umfassendes Verschönerungsprogramm : Hübsche moderne Holzmöbel zieren jetzt die Zimmer. Das neu gestaltete Restaurant Goguette ist beliebter Treffpunkt der Gäste.

Die wichtigsten Einkaufsstraßen sind im Straßenindex
der Stadtpläne in **rot** *gekennzeichnet*

FREIENWALDE BAD Brandenburg ⒜⒜⒜ H 26 – 10 500 Ew – Höhe 30 m.
ℹ Touristikinformation, Karl-Marx-Str. 25, ⊠ 16259, ℘ (03344) 15 08 90, Fax (03344) 1508920.
Berlin 58 – Potsdam 102 – *Frankfurt (Oder)* 70 – Angermünde 30.

Eduardshof M, Eduardshof 2, ⊠ 16259, ℘ (03344) 41 30, hotel-eduardshof@t-online.de, Fax (03344) 413180, 佘, Massage, ≤s, 痒 – 園, ↭ Zim, ▤ TV ℃ ﾖ 凰 – 諡 120. ④ ⑩ ◉ VISA
Menu à la carte 16/32,50 – **57 Zim** 및 67/82 – 82/97 – ½ P 16.
♦ Vor rund drei Jahren entstand in einem kleinen Gewerbegebiet am Ortsrand der moderne Hotelbau. Bei der Zimmergestaltung hat man sich für helles Einbau-Mobiliar entschieden. Hell und freundlich gibt sich das Ambiente im Restaurant.

FREILASSING Bayern **420** W 22 – 15 400 Ew – Höhe 420 m – Erholungsort.
 Weng (West : 10 km), ℘ (08654) 6 90 20.
 B Verkehrsverein, Bahnhofstr. 2, ⊠ 83395, ℘ (08654) 23 12, Fax (08654) 1795.
 Berlin 729 – München 139 – Bad Reichenhall 20 – Salzburg 7 – Traunstein 29.

Moosleitner (mit Gästehaus), Wasserburger Str. 52 (West : 2,5 km), ⊠ 83395,
℘ (08654) 6 30 60, info@moosleitner.com, Fax (08654) 630699, 🌳, ⇔, 🌳, ❖ (Halle)
– 📶, ❖ Zim, 📺 ✆ ⇔ 🅿 – 🔒 30. 🖭 ⓘ 🆗 𝗩𝗜𝗦𝗔
Menu (geschl. Anfang Jan. 1 Woche, Samstag) à la carte 20/33 – **50 Zim** ⊊ 50/75 –
95/115 – ½ P 15.
♦ Ein gewachsener Gasthof mit bayerisch-elegantem Charme, eingebettet in eine
schöne Umgebung. Alle Zimmer zeigen ländliche Interieurs und vermitteln eine warme
Atmosphäre. Wer sich nach feiner Ländlichkeit sehnt, ist in diesem Restaurant genau
richtig.

Krone garni, Hauptstr. 26, ⊠ 83395, ℘ (08654) 6 01 70, kronehotel@compuserve.com,
Fax (08654) 601717 – 📶 ❖ 📺 ✆ ⇔, 🖭 ⓘ 🆗 𝗩𝗜𝗦𝗔. ❖
32 Zim ⊊ 54/58 – 89.
♦ Mitten in der Fußgängerzone finden Sie in diesem persönlich geführten Hotel nette,
praktische Zimmer zum Wohlfühlen. Morgens offeriert man ein appetitliches Frühstücks-
buffet.

FREINSHEIM Rheinland-Pfalz **417 419** R 8 – 5000 Ew – Höhe 100 m.
 Dackenheim, Im Blitzgrund 1 (Nord-West : 3 km), ℘ (06353) 98 92 12.
 B Tourist-Information, Hauptstr. 2, ⊠ 67251, ℘ (06353) 98 92 94, touristik@
freinsheim.de, Fax (06353) 989904.
Berlin 630 – Mainz 79 – Mannheim 31 – Kaiserslautern 42.

Luther, Hauptstr. 29, ⊠ 67251, ℘ (06353) 9 34 80, Fax (06353) 934845, 🌳, ⇔, 🌳
❄ – ❖ Zim, 📺 ✆ 🅿 – 🔒 25. 🖭 🆗 𝗩𝗜𝗦𝗔. ❖
geschl. Feb. – **Menu** (geschl. Sonntag) (nur Abendessen) (Tischbestellung ratsam, bemer-
kenswerte Weinkarte) à la carte 40/65 ⌂ – **23 Zim** ⊊ 60/75 – 90/130.
♦ Romantisch fügt sich das stilvolle Gebäude aus der Barockzeit in das Stadtbild. Darin
verbergen sich Zimmer mit wohnlichem Interieur. Hübsche Innenhofterrasse. Das südliche
Flair des Restaurants harmoniert mit der feinen französischen Küche.
Spez. Parfait von Gänsestopfleber und Steinpilzen mit warmem Apfelsoufflé. Steinbutt
mit Olivenbrösel und karamelisiertem Spargel. Granité von Weizenbier mit Zitronen-
schaum.

Landhotel Altes Wasserwerk 🅼 ❖ garni (mit Gästehaus), Burgstr. 9, ⊠ 67251,
℘ (06353) 93 25 20, altes.wasserwerk@t-online.de, Fax (06353) 9325252, 🌳 – 📺 ✆ 🅿
– 🔒 20. 🆗 𝗩𝗜𝗦𝗔
geschl. 20. - 27. Dez., 2. - 5. Jan. – **19 Zim** ⊊ 55 – 75/95.
♦ Früher einmal Wasserwerk und heute ein kleines Hotel, das mit komfortabel ausge-
statteten Zimmern den Ansprüchen seiner Gäste gerecht wird.

Hornung 🅼, Hauptstr. 18, ⊠ 67251, ℘ (06353) 9 59 60, Fax (06353) 959660 –
❖ Zim, 📺 🆗 𝗩𝗜𝗦𝗔
Menu (geschl. Montag, Donnerstag) à la carte 16/29 – **13 Zim** ⊊ 50/55 – 65/80.
♦ In diesem Hotel mit rustikaler Note ist alles auf das Wohlbefinden des Gastes
abgestimmt : großzügige Zimmer, hübsches Mobiliar sowie ansprechende
Bäder. Nehmen Sie Platz in den hell eingerichteten Räumen des Restaurants Am
Eisentor.

Freinsheimer Hof mit Zim, Breitestr. 7, ⊠ 67251, ℘ (06353) 5 08 04 10, frein
sheimer.hof@t-online.de, Fax (06353) 5080415, 🌳 – 📺 ✆
geschl. Jan. 2 Wochen, Juli 2 Wochen – **Menu** (geschl. Mittwoch - Donnerstag, Aug. - Sept.
Mittwoch) (wochentags nur Abendessen) à la carte 30/55 – **4 Zim** ⊊ 80/100 – 95/145.
♦ Im Frühjahr 2000 wurde dieser spätbarocke Winzerhof a. d. 18. Jh. grundlegend renoviert.
Entstanden ist ein einladendes Restaurant mit schöner Innenhofterrasse.

Von-Busch-Hof, Von-Busch-Hof 5, ⊠ 67251, ℘ (06353) 77 05, Fax (06353) 3741, 🌳
– 🆗 ❖
geschl. Feb., Montag - Dienstag – **Menu** (wochentags nur Abendessen) à la carte 27/35.
♦ Hinter der ehrwürdigen Fassade eines Klosters aus dem 13. Jh. bereitet man den
Gästen in gepflegtem klassischem Ambiente schmackhafte Gerichte mit französischem
Touch zu.

Alt Freinsheim, Korngasse 5, ⊠ 67251, ℘ (06353) 25 82, Fax (06353) 2582
geschl. Dez. - Jan. 2 Wochen, Juli - Aug. 3 Wochen, Mittwoch – **Menu** (nur Abendessen)
à la carte 22/34.
♦ Fast wie zu Hause fühlt man sich in diesem heimeligen Weinstuben-Restaurant mit
gemütlichem Charakter. Die Küchen-Crew bereitet regionale Spezialitäten.

FREISING Bayern 419 420 U 19 – 46 500 Ew – Höhe 448 m.

Sehenswert : Domberg★ – Dom★ (Chorgestühl★, Benediktuskapelle★).

🛈 Touristinformation, Marienplatz 7, ⊠ 85354, ℘ (08161) 5 41 22, touristinfo@freising.de, Fax (08161) 54231.

Berlin 564 – München 37 – Regensburg 86 – Ingolstadt 56 – Landshut 36 – Nürnberg 144.

München Airport Marriott M, Alois-Steinecker-Str. 20, ⊠ 85354, ℘ (08161) 96 60, mhrs.mucfr.sales@marriott.com, Fax (08161) 9666281, Fδ, ≘s, ⊠, – ⌘, ⥁ Zim, ▩ ⊡ ⌦ ⇔ – 🔏 200. ⚙ ⓘ ⓜ VISA JCB. ✻
Menu 20 (Lunchbuffet) à la carte 17,50/33 – ⊡ 15 – **252 Zim** 139/199.
♦ Beeindruckend wirkt beim Betreten des Hotels die imposante Halle mit Glasdach. Bei der Gestaltung der Zimmer wurde viel Wert auf die Bedürfnisse von Geschäftsreisenden gelegt.

Dorint Airport-Hotel, Dr.-von-Daller-Str. 1, ⊠ 85356, ℘ (08161) 53 20, info.muchfm@dorint.com, Fax (08161) 532100, ⌂, ≘s – ⌘, ⥁ Zim, ▩ Zim, ⊡ ⌦ ⇔ 🄿 – 🔏 60. ⚙ ⓘ ⓜ VISA JCB
Menu à la carte 23,50/36,50 – ⊡ 17 – **140 Zim** 153/223 – 173/233.
♦ Eine Symbiose aus Alt und Neu wurde hier architektonisch perfekt verwirklicht. So wurde auch bei der Einrichtung der Zimmer ein moderner, klarer Stil verfolgt. Im historischen Teil des Gasthofs : das Restaurant mit altem Kreuzgewölbe.

Isar garni, Isarstr. 4, ⊠ 85356, ℘ (08161) 86 50, info@isarhotel.de, Fax (08161) 865555 – ⌘ ⥁ ⊡ ⇔ 🄿. ⚙ ⓘ ⓜ VISA
55 Zim ⊡ 72/100 – 87/115.
♦ Sechs Kilometer vom Flughafen entfernt, wohnen Sie hier in einem Haus mit typisch bayerischer Gastlichkeit. Zu empfehlen sind besonders die gut geschnittenen Zimmer im Anbau.

Bayerischer Hof, Untere Hauptstr. 3, ⊠ 85354, ℘ (08161) 53 83 00, Fax (08161) 538339 – ⌘ ⊡ ⇔ 🄿. ⚙ ⓜ VISA JCB
Menu (geschl. Aug., Freitagabend - Samstag) à la carte 15,50/28 – ⊡ 7 – **70 Zim** 45 – 65.
♦ Im historischen Zentrum der Stadt finden Sie in diesem seit 100 Jahren in Familienbesitz befindlichen und freundlich geführten Hotel gepflegte und funktionelle Zimmer. Die Atmosphäre im Restaurant wirkt stimmungsvoll durch viel dunkles Holz.

In Freising-Haindlfing Nord-West : 5 km :

Gasthaus Landbrecht, Freisinger Str. 1, ⊠ 85354, ℘ (08167) 89 26, ⌂ – ⚿ 🄿. ⓜ VISA
geschl. über Pfingsten 1 Woche, Mitte - Ende Aug., Montag - Dienstag – **Menu** (Mittwoch - Freitag nur Abendessen) à la carte 19/32.
♦ Ein typisch bayerisches Landgasthaus mit schnörkellosem Ambiente. Die Küchenmannschaft läßt Schmackhaftes aus heimischen Produkten auffahren !

Im Flughafen Franz-Josef-Strauß Süd-Ost : 8 km :

Kempinski Airport München M, Terminalstraße Mitte 20, ⊠ 85356 München, ℘ (089) 9 78 20, info@kempinski-airport.de, Fax (089) 97822610, ⌂, Fδ, ≘s, ⊠ – ⌘, ⥁ Zim, ▩ ⊡ ⇔ 🄿 – 🔏 280. ⚙ ⓘ ⓜ VISA JCB. ✻ Rest
Menu à la carte 28,50/51 – ⊡ 23 – **389 Zim** 220/290, 46 Suiten.
♦ Als Glanzpunkt moderner Hotelarchitektur erweist sich das gewaltige Glas-Atrium, in dem 17 Meter hohe Palmen nach oben ragen. Passend dazu : moderne Luxus-Zimmer. Dezente Eleganz und modernes Interieur dominieren im Restaurant.

Il Mondo, Terminalstr. Mitte 18 (Bereich B - Ebene 07), ⊠ 85356 München, ℘ (089) 97 59 32 22, info@allresto.de, Fax (089) 97593226, ≤ – 🄿. ⓘ ⓜ VISA. ✻
Menu (italienische Küche) à la carte 29/37.
♦ Klare Linien und eine trendbewußte Einrichtung prägen das Il Mondo - mit einmaligem Blick auf das Flugfeld. Auf der Karte finden Sie Italienisches.

In Hallbergmoos Süd : 10 km :

Mövenpick Hotel München-Airport, Ludwigstr. 43, ⊠ 85399, ℘ (0811) 88 80, hotel.muenchen-airport@moevenpick.com, Fax (0811) 888444, ⌂, ≘s – ⌘, ⥁ Zim, ▩ ⊡ ⚿ – 🔏 30. ⚙ ⓘ ⓜ VISA JCB
Menu à la carte 18/33 – ⊡ 15 – **165 Zim** 125/180 – 150/205.
♦ Ein modernes Haus mit zeitgemäßem Komfort. Die Zimmer wurden größtenteils erst kürzlich renoviert. Reisende werden mit einem Shuttle-Bus direkt zum Flughafen gefahren. Vielseitig und mit Schweizer Einflüssen zeigt sich die Küche des Restaurants.

In Hallbergmoos-Goldach Süd : 12 km :

Daniel's M garni, Hauptstr. 11, ⊠ 85399, ℘ (0811) 5 51 20, Fax (0811) 551213 – ⥁ ⊡ ⌦ 🄿 – 🔏 15. ⚙ ⓘ ⓜ VISA
28 Zim ⊡ 70/80 – 100.
♦ Neben der tadellosen Führung des ansprechenden Hauses lockt auch das leicht verspielte, behagliche Ambiente mit exquisiten italienischen Stilmöbeln.

FREISING

※ **Landgasthof Alter Wirt** (mit 🏠 Gästehaus), Hauptstr. 68, ⊠ 85399, ℘ (0811) 37 74(Rest.) 5 51 40(Hotel), Fax (0811) 551499, Biergarten – ⇎ Zim, 📺 ⚒ 🅿
Menu (wochentags nur Abendessen) à la carte 14/28 – **14 Zim** ⊇ 61/69 – 81/92.
♦ Familiär und rustikal ist hier die Atmosphäre. Treten Sie ein und genießen Sie herzhafte Speisen, die zu einem sehr guten Preis-Leistungs-Verhältnis angeboten werden.

In Oberding-Notzing West : 6 km :

🏨 **Kandler**, Erdingermoosstr. 11, ⊠ 85445, ℘ (08122) 28 26, kandler-hotel@t-online.de, Fax (08122) 13051, Biergarten – 📶, ⇎ Zim, 📺 ⚒ 🅿 – 🅰 50. ⓒ 🆅🅸🆂🅰. ※ Zim geschl. Anfang Jan. 2 Wochen, Aug. 2 Wochen – **Menu** (geschl. Montag) à la carte 18/30 – **47 Zim** ⊇ 70/75 – 80/95, 3 Suiten.
♦ Ihr Domizil begrüßt Sie mit einer gepflegten Fassade in kräftigem Gelb. Ein komplett renovierter Gasthof und ein neuer Hoteltrakt beherbergen wohnlich-komfortable Zimmer. Eine ehemalige Kegelbahn dient heute als Restaurant - rustikal gestaltete Gaststuben.

In Oberding-Schwaig Süd-Ost : 12 km :

🏨 **Astron Hotel München Airport** 🅼, Lohstr. 21 (Nord : 2 km), ⊠ 85445, ℘ (08122) 96 70, muenchen-airport@astron-hotels.de, Fax (08122) 967100, 🍴, 🅵ˢ, ⇌ – 📶, ⇎ Zim, 📺 ⚒ 🅿 – 🅰 250. 🅰🅴 ⓞ ⓒ 🆅🅸🆂🅰 🅹🅲🅱
Menu à la carte 27/44 – ⊇ 15 – **236 Zim** 118 – 236.
♦ Besonders Geschäftsreisende schätzen das gut gelegene Hotel : Die Zimmer sind mit modernster Technik ausgestattet und bieten zudem eine bequeme Einrichtung.

🏨 **Airport Hotel Schwaig**, Freisinger Str. 77, ⊠ 85445, ℘ (08122) 95 91 10, airotel @t-online.de, Fax (08122) 95911999 – 📶, ⇎ Zim, 📺 ⚒ ⇌ – 🅰 30. 🅰🅴 ⓞ ⓒ 🆅🅸🆂🅰 🅹🅲🅱
Menu (geschl. Samstag - Sonntag) à la carte 21/32 – **67 Zim** ⊇ 80/130 – 100/145.
♦ Hinter der roten Fassade des in L-Form erbauten Hotels stehen dem Gast funktionell ausgestattete Zimmer zur Verfügung. Hier bestimmt ein moderner, klarer Stil das Ambiente. Warme Farben und Granitfußboden verleihen dem Fidelio eine mediterrane Note.

FREITAL Sachsen 🔳 N 24 – 40 000 Ew – Höhe 184 m.
🅱 Possendorf, Ferdinand-von-Schill-Str. 4 (Ost : 3 km), ℘ (035206) 24 30.
🅱 Tourist-Information, An der Kleinbahn 24, ⊠ 01705, ℘ (0351) 65 20 96 15, tourist@freital.de, Fax (0351) 65209633.
Berlin 205 – Dresden 14 – Freiberg 22 – Chemnitz 70.

In Freital-Wurgwitz Nord-West : 5 km :

🏨 **Solar Parkhotel** ※, Pesterwitzer Str. 8, ⊠ 01705, ℘ (0351) 6 56 60, solarpark@ freenet.de, Fax (0351) 6502951, ≤, 🍴, ⇌ – 📶, ⇎ Zim, ≡ Rest, 📺 ⚒ & 🅿 – 🅰 80. 🅰🅴 ⓞ ⓒ 🆅🅸🆂🅰 🅹🅲🅱
Menu à la carte 15,50/25,50 – **68 Zim** ⊇ 60/78 – 69/98.
♦ Das Haus zählt mit seiner modernen Architektur zu den beliebten Logis-Adressen in der Region. Vereint es doch freundliche Atmosphäre und zeitgemäße Technik unter einem Dach. Das Restaurant ist großzügig angelegt und offen für Licht und Sonne.

In Rabenau Süd-Ost : 2,5 km :

🏨 **Rabenauer Mühle** ※, Bahnhofstr. 23, ⊠ 01734, ℘ (0351) 4 60 20 61, rabenauer -muehle@t-online.de, Fax (0351) 4602062, 🍴, Biergarten, ⇌ – ⇎ Zim, 📺 🅿 – 🅰 50. ※
Menu (Montag - Freitag nur Abendessen) à la carte 14/22 – **21 Zim** ⊇ 40/45 – 70.
♦ Reisenden stehen in dieser ehrwürdigen Mühle attraktiv-behagliche Hotelzimmer mit hellen Holzmöbeln und pastellfarbenen Stoffen für erholsame Aufenthalte zur Verfügung. Der grüne Kachelofen ist das gemütliche Zentrum des Restaurants.

🏨 **König Albert Höhe** ※, Höhenstr. 26, ⊠ 01734, ℘ (0351) 64 47 50, hotelkoenig alberthoehe@t-online.de, Fax (0351) 6447555, ≤, Biergarten, 🍴 – ⇎ Zim, 📺 🅿 – 🅰 80. 🅰🅴 ⓞ ⓒ 🆅🅸🆂🅰
Menu à la carte 15/26 – **43 Zim** ⊇ 40/42 – 66/78.
♦ Das Hotel blickt auf eine über hundertjährige Tradition zurück. Nach umfangreicher Rekonstruktion zeigt sich jetzt ein wohnlich-funktionell ausgestattetes Haus.

🏨 **Rabennest** ※, Nordstr. 8, ⊠ 01734, ℘ (0351) 4 76 03 23, info@hotel-rabennest.de, Fax (0351) 4760325, 🍴 – 📺 🅿 – 🅰 40. 🅰🅴 ⓒ 🆅🅸🆂🅰
Menu à la carte 13,50/24 – **12 Zim** ⊇ 41/46 – 61/77.
♦ Aus einer ehemaligen Turnhalle entstand vor wenigen Jahren ein schmucker Hotelbau mit apricotfarbener Fassade, Schieferdach sowie sauber und praktisch eingerichteten Zimmern. Die rustikale Stube zeigt das handwerkliche Können des alten Stuhlbauerstädtchens.

FREITAL

n Kesselsdorf Nord-West : 6 km :

Astron, Zschoner Ring 6 (Gewerbegebiet), ⊠ 01723, ℘ (035204) 45 90, dresden-kesselsdorf@astron-hotels.com, Fax (035204) 459113, 斎, ≦s – 團, ⇔ Zim, 圖 🆅 ⅙ ⇔ 🅿 – 🔒 100. 🆎 ① ⓜⓞ 🆅🅸🆂🅰
Menu à la carte 19,50/29,50 – ⊇ 10 – **126 Zim** 55/65.
♦ Mitte der 90er Jahre erbautes Hotel, in dem Gäste in gepflegten, gut geschnittenen Zimmern logieren, in denen farbige Stoffe heitere Akzente setzen.

n Hartha, Kurort West : 7 km :.

🅱 Touristinformation, Talmühlenstr. 11, ⊠ 01737, ℘ (0351) 3 76 16, info@kurort-hartha.de, Fax (0351) 37617

Parkhotel Forsthaus, Am Kurplatz 13, ⊠ 01737, ℘ (035203) 3 40, info@park hotel-forsthaus.de, Fax (035203) 34150, 斎, Biergarten, ≦s – 團, ⇔ Zim, 🆅 🅿 – 🔒 40. 🆎 ① ⓜⓞ 🆅🅸🆂🅰 ⚡ Rest
Menu à la carte 11,50/21,50 – **37 Zim** ⊇ 49/55 – 68 – ½ P 11.
♦ Das einstige Forsthaus verbindet nach einer Komplett-Renovierung den etwas nostalgischen Charme mit zeitgemäßem Komfort. Besonders nett : Himmelbettzimmer mit weißen Rüschen. Restaurant Hofburg mit teils österreichischer Küche.

FREMDINGEN Bayern 419 420 T 15 – 2 200 Ew – Höhe 475 m.
Berlin 511 – München 143 – Augsburg 88 – Nürnberg 114 – Würzburg 124.

In Fremdingen-Raustetten Süd-West : 2 km :

Waldeck 🌲 (mit Gästehaus), Raustetten 12, ⊠ 86742, ℘ (09086) 2 30, Fax (09086) 1400, 斎, 🖃 (Gebühr), ⇔ 🅿 ⚡
geschl. 17. Dez. - 28. Feb. - **Menu** (nur Abendessen) à la carte 12,50/21 – **31 Zim** ⊇ 24/30 – 37/46.
♦ Ruhige Lage, saftige Wiesen und ländliches Flair sowie die einfachen, gemütlichen Zimmer machen das Haus zu einem Ort, der für Erholungsuchende wie geschaffen scheint. Schlichte Gemütlichkeit prägt die Gaststube.

FREUDENBERG Brandenburg 416 H 25 – 315 Ew – Höhe 172 m.
Berlin 46 – Potsdam 77 – Eberswalde 17 – Frankfurt (Oder) 66.

✕ **Gasthaus Am Weiher,** Dorfstr. 16, ⊠ 16259, ℘ (033451) 62 29, info@guy-am-weiher.de, Fax (033451) 6229, 斎 – 🅿 ⓜⓞ 🆅🅸🆂🅰
geschl. Montag - Dienstag - **Menu** à la carte 18,50/31.
♦ Man könnte meinen, man befindet sich mitten in Skandinavien, wenn man vor dem mächtigen Blockhaus steht. Nicht weniger interessant sind Interieur und Küche.

FREUDENBERG Baden-Württemberg 417 419 Q 11 – 4 000 Ew – Höhe 127 m.
Berlin 559 – Stuttgart 145 – Würzburg 60 – Aschaffenburg 48 – Heidelberg 85.

✕✕ **Rose** mit Zim, Hauptstr. 230, ⊠ 97896, ℘ (09375) 6 53, Fax (09375) 1491, 斎 – 🆅 🅿 🆎 ① ⓜⓞ 🆅🅸🆂🅰
geschl. 2 Wochen nach Fasching - **Menu** (geschl. Dienstag) à la carte 15/38,80 – **6 Zim** ⊇ 40 – 55/60.
♦ Die Leistung der Küche in diesem behaglich-rustikalen Gasthof wird von den Gästen geschätzt. Denn : Der Wirt steht selbst am Herd und versteht es, gutbürgerlich zu kochen.

In Freudenberg-Boxtal Ost : 10 km Richtung Wertheim : – Erholungsort :

Rose 🌲, Kirchstr. 15, ⊠ 97896, ℘ (09377) 12 12, gasthof@rose-boxtal.de, Fax (09377) 1427, 斎, ⚡ – ⇔ Zim, 🆅 🅿 ⓜⓞ 🆅🅸🆂🅰
geschl. Feb. - **Menu** (geschl. Montag) à la carte 13,50/23 – **23 Zim** ⊇ 29/36 – 46/62.
♦ Eingebettet in das stille Wildbachtal, abseits vom Verkehr, ist die Rose ideal für Ruhesuchende. Die Zimmer sind praktisch eingerichtet, einige verfügen über Balkone. Rustikalgepflegt und ungezwungen ist die Atmosphäre im Restaurant.

FREUDENBERG Nordrhein-Westfalen 417 N 7 – 18 000 Ew – Höhe 300 m – Luftkurort.
🅱 Tourist-Information, Haus des Gastes, Krottdorferstr. 25, ⊠ 57258, ℘ (02734) 4 31 64, Fax (02734) 43112.
Berlin 572 – Düsseldorf 119 – Siegen 15 – Dortmund 94 – Hagen 75 – Köln 82.

Zur Altstadt, Oranienstr. 41, ⊠ 57258, ℘ (02734) 49 60, hotel-zur-altstadt@t-on line.de, Fax (02734) 49649, 斎, ≦s – 團 🆅 ⇔ – 🔒 60. 🆎 ⓜⓞ 🆅🅸🆂🅰
Menu à la carte 24/42,50 ⛾ – **28 Zim** ⊇ 69/85 – 98/118 – ½ P 17.
♦ Im Herzen der Altstadt verbirgt sich hinter der denkmalgeschützten Fachwerkfassade ein Hotel mit gut eingerichteten Zimmern und neuzeitlichem Komfort. Ein Hauch Eleganz weht durch das teilweise holzvertäfelte Restaurant.

FREUDENSTADT Baden-Württemberg **419** U 9 – 23 500 Ew – Höhe 735 m – Heilklimatischer Kurort – Wintersport : 660/938 m ⟨4 ⟩.

Sehenswert : *Marktplatz*★ A – *Stadtkirche* (Lesepult★★, Taufstein★) AB. **Ausflugsziel** : *Schwarzwaldhochstraße* (Höhenstraße★★ *von Freudenstadt bis Baden-Baden*) über ④.

☗ Freudenstadt, Hohenrieder Straße, ℰ (07441) 30 60.

🛈 Kongress - Touristik - Kur, Marktplatz 64, ✉ 72250, ℰ (07441) 86 47 30, touris info@freudenstadt.de, Fax (07441) 85176.

Berlin 713 ② – Stuttgart 88 ② – Karlsruhe 77 ⑤ – Freiburg im Breisgau 96 ③ – Tübingen 73 ② – Baden-Baden 57 ⑤

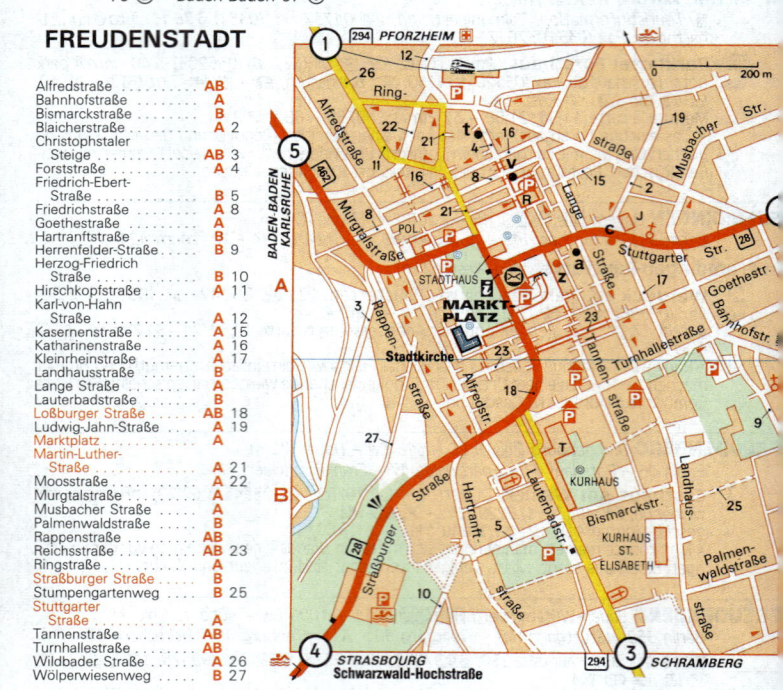

FREUDENSTADT

Alfredstraße	**AB**
Bahnhofstraße	**A**
Bismarckstraße	**B**
Blaicherstraße	**A** 2
Christophstaler Steige	**AB** 3
Forststraße	**A** 4
Friedrich-Ebert-Straße	**B** 5
Friedrichstraße	**A** 8
Goethestraße	**A**
Hartranftstraße	**A**
Herrenfelder Straße	**B** 9
Herzog-Friedrich-Straße	**B** 10
Hirschkopfstraße	**A** 11
Karl-von-Hahn-Straße	**A** 12
Kasernenstraße	**A** 15
Katharinenstraße	**A** 16
Kleinrheinstraße	**A** 17
Landhausstraße	**B**
Lange Straße	**A**
Lauterbadstraße	**B**
Loßburger Straße	**AB** 18
Ludwig-Jahn-Straße	**A** 19
Marktplatz	**A**
Martin-Luther-Straße	**A** 21
Moosstraße	**A** 22
Murgtalstraße	**A**
Musbacher Straße	**A**
Palmenwaldstraße	**B**
Rappenstraße	**A**
Reichsstraße	**AB** 23
Ringstraße	**A**
Straßburger Straße	**B**
Stumpengartenweg	**B** 25
Stuttgarter Straße	**A**
Tannenstraße	**AB**
Turnhallestraße	**AB**
Wildbader Straße	**A** 26
Wölperwiesenweg	**B** 27

🏨 **Schwarzwaldhotel Birkenhof**, Wildbader Str. 95, ✉ 72250, ℰ (07441) 89 20, info @schwarzwaldhotel-birkenhof.de, Fax (07441) 4763, 🍽, Massage, ♨, ⇔, 🏊, – 📶, ⇔ Zim, 📺 ⟵ 🅿 – 🛎 80. ◉ ⓞ ⓜⓞ ₪₪
über ①
Menu à la carte 24/32 – **62 Zim** ⇆ 73/94 – 112 – ½ P 20.

♦ Ein gewachsenes Schwarzwalhotel mit wohnlich-rustikalem Flair. Besonders zu empfehlen sind die hellen, freundlichen Zimmer im Anbau, die mit Naturholzmöbeln eingerichtet sind. Treffpunkt des behaglichen Domizils ist das Restaurant Belvedere.

🏨 **Hohenried** ⍟, Zeppelinstr. 5, ✉ 72250, ℰ (07441) 24 14, info@hotel-hohenried.de, Fax (07441) 2559, 🍽, ⇔, 🏊, 🐎 – 📶, ⇔ Zim, 📺 ⟵ – 🛎 25. ◉ ⓞ ⓜⓞ ₪₪. ⍟ Rest
Menu (geschl. Dienstag) (bemerkenswerte Weinkarte) à la carte 33/49 ¥ – **28 Zim** ⇆ 78/110 – 156/165.

♦ Im Jahre 1976 in einer ruhigen Straße erbautes Hotel. Erholung findet man in gut geschnittenen, praktischen Zimmern, die meist einen Balkon haben, und im hübschen Rosengarten. Ambitionierte Küche im Restaurant, das im Stil einer Weinstube gestaltet wurde.
über ③

🏨 **Bären**, Langestr. 33, ✉ 72250, ℰ (07441) 27 29, hotel_baeren@web.de, Fax (07441) 2887, 🍽 – ⇔ Zim, 📺 ◉ ⓜⓞ ₪₪
A a
Menu (geschl. Mitte Jan. 2 Wochen, Freitag) (wochentags nur Abendessen) à la carte 19/36 – **24 Zim** ⇆ 58/70 – 94/98 – ½ P 19.

♦ Eine Stätte Schwälder Gastlichkeit ist das seit 1878 in Familienbesitz befindliche Hotel. Geräumige Zimmer und eine familiäre Atmosphäre sorgen für einen guten Aufenthalt. In behaglich-rustikalen Räumen bittet die Besitzerfamilie ihre Gäste zu Tisch.

FREUDENSTADT

Schwanen, Forststr. 6, ⊠ 72250, ℘ (07441) 9 15 50, info@schwanen-freudenstadt
.de, Fax (07441) 915544, 斧 – ⇔ Zim, ⊡ ℃. ◍ 𝗩𝗜𝗦𝗔 A v
Menu à la carte 17,50/31 – **18 Zim** ⊇ 38/52 – 70/76 – ½ P 14.
 • Familie Bukenberger renoviert den Schwanen mit viel Engagement und hat ihm ein
zeitgemäßes Gesicht gegeben. Das nette Ambiente sorgt für ein individuelles Wohlgefühl.
Nett und harmonisch dekorierte Gaststube mit regionaler Karte.

Adler, Forststr. 17, ⊠ 72250, ℘ (07441) 9 15 20, info@adler-fds.de,
Fax (07441) 915252 – ⇔ Rest, ⇌ 𝗣. ◍ 𝗩𝗜𝗦𝗔. ✦ Zim A t
geschl. Nov. – **Menu** (geschl. Mittwoch) à la carte 16/27 – **13 Zim** ⊇ 38/43 – 56/72 –
½ P 13.
 • Auf eine lange Tradition und viel Erfahrung mit Gästen blickt man in dem einfachen, aber
sehr gepflegten Gasthof zurück : schlichte Zimmer, die jedoch nichts vermissen lassen. Am
Herd behauptet sich der Junior mit bodenständigen Gerichten.

Warteck mit Zim, Stuttgarter Str. 14, ⊠ 72250, ℘ (07441) 9 19 20, warteck@t-on
line.de, Fax (07441) 919293 – ⇔ Zim, ⊡ ◉ ◍ 𝗩𝗜𝗦𝗔 A c
Menu (geschl. Dienstag) (bemerkenswerte Weinkarte) à la carte 25/54 – **13 Zim** ⊇ 35/50
– 66/77 – ½ P 15.
 • Von außen betrachtet wirkt das Warteck eher unscheinbar, doch dahinter überrascht
es mit behaglichen, fast eleganten Räumen und einer sorgfältigen, ideenreichen Küche.

Jägerstüble mit Zim, Marktplatz 12, ⊠ 72250, ℘ (07441) 23 87, info@jaeger
stueble-fds.de, Fax (07441) 51543, 斧 – ◍ 𝗩𝗜𝗦𝗔 A z
geschl. Mitte Okt. - Anfang Nov. – **Menu** (geschl. Sonntagabend - Montag) à la carte
18,50/37 – **15 Zim** ⊇ 36/45 – 70/82.
 • Am Marktplatz gelegen, ist das Jägerstüble ein beliebter Treffpunkt für Einheimische und
Gäste der Stadt. Die ungezwungene, rustikale Atmosphäre lädt zum Verweilen ein.

An der B 28 über ④ : 2 km :

Langenwaldsee, Straßburger Str. 99, ⊠ 72250 Freudenstadt, ℘ (07441) 8 89 30,
langenwaldsee@t-online.de, Fax (07441) 88936, ≼, 斧, ≋, 🞎, 🞵 – ⇔ Rest, ⊡ 𝗣
geschl. 3. Nov. - 22. Dez. – **Menu** (geschl. Montag - Dienstag) à la carte 17/37 – **30 Zim**
⊇ 55/90 – 95/160 – ½ P 20.
 • Durch die persönliche Atmosphäre und die Annehmlichkeiten, die das Haus bietet, ent-
steht in den netten Zimmern ein idealer Rahmen für Entspannung und Wohlgefühl. Das
Ambiente der Restauranträume gefällt durch unterschiedliche Stilrichtungen.

In Freudenstadt-Igelsberg über ① : 11 km – Erholungsort :

Krone, Hauptstr. 8, ⊠ 72250, ℘ (07442) 8 42 80, info@krone-igelsberg.de,
Fax (07442) 50372, 斧, ≋, 🞎, 🞵 – 🛗 ⊡ 𝗣 – ⛬ 30. 𝗔𝗘 ◉ ◍ 𝗩𝗜𝗦𝗔
geschl. 15. Nov. - 15. Dez, Jan. 1 Woche – **Menu** (geschl. Montag) à la carte 26,50/37,50
– **29 Zim** ⊇ 53/75 – 81/101 – ½ P 50.
 • Seit kurzem ist dieser gewachsene Gasthof unter neuer Leitung. Nach gelungener Teil-
renovierung bietet er seinen Gästen jetzt Zimmer mit komfortablem und wohnlichem
Ambiente. Ein großes rustikales Restaurant erwartet den hungrigen Gast.

In Freudenstadt-Kniebis West : 10 km – Höhe 920 m – Luftkurort :.

ℹ Tourist-Info, Baiersbronner Str. 23, ⊠ 72250, ℘ (07442) 75 70, touristinfo@
kniebis.de, Fax (07442) 50632

Waldblick ⌇, Eichelbachstr. 47, ⊠ 72250, ℘ (07442) 83 40, info@waldblick-
kniebis.de, Fax (07442) 3011, ≋, 🞎, 🞵 – 🛗 ⊡ ⇌ 𝗣. – ⛬ 50. ◍ 𝗩𝗜𝗦𝗔
geschl. Ende April - Anfang Mai, Anfang Nov. - Mitte Dez. – **Menu** (geschl. Dienstag)
à la carte 22/38,50 – **32 Zim** ⊇ 67/85 – 116/153 – ½ P 17.
 • Ein familiär geführter Schwarzwaldgasthof in ansprechendem Gewand. Er gefällt durch
wohnlich eingerichtete Zimmer, die auch den Komfort für einen längeren Aufenthalt
bieten. Gemütlich, mit bemalten Bauernmöbeln und Kachelofen, ist die Gaststube.

Kniebishöhe ⌇, Alter Weg 42, ⊠ 72250, ℘ (07442) 84 99 40, kniebishoehe@t-on
line.de, Fax (07442) 8499450, ≋, 🞵 – 🛗 ⊡ 𝗣
geschl. 2. - 16. März, 8. Nov. - 15. Dez. – **Menu** (geschl. Dienstag) à la carte 17/32 – **14 Zim**
⊇ 32/45 – 56/76 – ½ P 12.
 • Ruhig in einer Nebenstraße gelegene, praktische, gut geführte Urlaubsadresse. Eine
besondere Attraktion ist der moderne Saunabereich mit Whirlpool. Restaurant mit
Stubencharakter.

Café Günter, Baiersbronner Str. 26, ⊠ 72250, ℘ (07442) 8 41 30, cafe-guenter@t
-online.de, Fax (07442) 4252, 斧 – 🛗 ⊡ ⇌ 𝗣. ◍ 𝗩𝗜𝗦𝗔
geschl. 24. März - 11. April, 3. Nov. - 13. Dez. – **Menu** (geschl. Montag) à la carte 15,50/29
– **17 Zim** ⊇ 35/45 – 60/75 – ½ P 12.
 • Gleich am Ortseingang begrüßt Sie der schmucke Gasthof mit seinen leuchtend roten
Markisen und Sonnenschirmen. Dahinter verbergen sich gepflegte Urlaubszimmer. Neben
dem Restaurant steht den Gästen eine große Café-Terrasse zur Verfügung.

FREUDENSTADT

In Freudenstadt-Lauterbad über ③ : 3 km – Luftkurort :

- **Kur- und Sporthotel Lauterbad** ⑤, Amselweg 5, ✉ 72250, ℘ (07441) 86 01 70, info@lauterbad-wellnesshotel.de, Fax (07441) 8601710, 佘, Massage, ⓕ, ≦s, ⊠, 緈 – ⍁ Rest, ⊡ ℗ – 鑑 20. ⚙ ⓞ ⓜ ⓥⓘⓢⓐ, ⍁ Rest
  Menu à la carte 25/46,50 – **37 Zim** ⇌ 56/94 – 118/158 – ½ P 18.
  ♦ Von dem charmanten Ferienhotel hat man eine freie Sicht auf die herrliche Umgebung. Ein angenehmer Ort der Ruhe mit komfortablen, geschmackvollen Zimmern und Wellnessbereich. Heimelige Wohlfühlatmosphäre findet man im Stüble.

- **Grüner Wald** ⑤, Kinzigtalstr. 23, ✉ 72250, ℘ (07441) 86 05 40, hotel@gruener-wald.de, Fax (07441) 8605425, 佘, ≦s, ⊠, 緈, ⚞ – ⊡ ⍈ ⇌ ℗ – 鑑 25. ⓜ ⓥⓘⓢⓐ ⓙⓒⓑ
  Menu 17,50 à la carte 21/34 – **40 Zim** ⇌ 58/78 – 92/138 – ½ P 15.
  ♦ Im Laufe der Jahre entstand hier ein ansehnlicher Feriengasthof mit Wellnesslandschaft und schönem Garten. Besonders hübsch sind die neuen Landhauszimmer. Restaurant mit individuell-rustikaler Note.

In Freudenstadt-Zwieselberg über ④ : 8 km Richtung Bad Rippoldsau :

- **Hirsch,** Haus Nr. 10, ✉ 72250, ℘ (07441) 86 01 90, info@zwieselhirsch.de, Fax (07441) 8601959, 佘, ≦s, 緈 – ⍁ Rest, ⊡ ℘ ⇌ ℗
  geschl. Anfang Nov. - Anfang Dez. – **Menu** à la carte 17/26 – **29 Zim** ⇌ 30/40 – 51/81 – ½ P 12.
  ♦ Idyllisch liegt dieser von außen teils älter wirkende, typische Schwarzwaldgasthof eingebettet in die Landschaft. Im Inneren erstrahlt jedoch vieles in nagelneuem Glanz. Hell und freundlich sind auch die Gasträume nach einer umfangreichen Renovierung.

FREYBURG (UNSTRUT) Sachsen-Anhalt 418 M 19 – 4400 Ew – Höhe 120 m.

🛈 Fremdenverkehrsverein, Markt 2, ✉ 06632, ℘ (034464) 2 72 60, Fax (034464) 27376
Berlin 213 – Magdeburg 130 – *Leipzig* 52 – Halle 41.

- **Berghotel zum Edelacker** Ⓜ ⑤, Schloss 25, ✉ 06632, ℘ (034464) 3 50, edelacker@weinberghotels.de, Fax (034464) 35333, ≤ Freyburg, 佘, ≦s – ⒾSǀ, ⍁ Zim, ⊡ ℘ ⚬ ℗ – 鑑 80. ⚙ ⓞ ⓜ ⓥⓘⓢⓐ
  Menu à la carte 16,50/27 – **80 Zim** ⇌ 65 – 90/100 – ½ P 16.
  ♦ Auf einem Berg mit Blick auf das Winzerstädtchen wurde 1996 das gepflegte, modern eingerichtete Hotel eröffnet. Die Zimmer bestechen durch gute Raumaufteilung und Komfort. Freundlich bemüht sich die Service-Brigade um ihre Gäste.

- **Unstruttal,** Markt 11, ✉ 06632, ℘ (034464) 70 70, hotel-unstruttal@t-online.de, Fax (034464) 70741, 佘 – ⒾSǀ ⊡ ℗ – 鑑 50. ⓜ ⓥⓘⓢⓐ
  geschl. Feb. – **Menu** à la carte 15,50/33 – **17 Zim** ⇌ 50/59 – 77 – ½ P 13.
  ♦ Ein Haus mit Geschichte ! Schon 1653 eine Herberge, durch die Napoleons Truppen zogen. Natürlich ist das Haus inzwischen als komfortables Logis voll auf der Höhe der Zeit. Im Restaurant nehmen Sie Platz unter einem imposanten Kreuzgewölbe.

- **Altdeutsche Weinstuben Zum Künstlerkeller,** Breite Str. 14, ✉ 06632, ℘ (034464) 7 07 50, kuenstlerkeller-freyburg@t-online.de, Fax (034464) 70799, 佘 – ⊡ – 鑑 40. ⓜ ⓥⓘⓢⓐ
  Menu à la carte 15,50/25,50 – **32 Zim** ⇌ 49/59 – 77/85.
  ♦ Seit 1890 befindet sich das Gasthaus in Familienbesitz. 1992 erweiterte man es mit einem Hotel und bietet Gästen dadurch eine nette Übernachtungsmöglichkeit. Schnitzereien und Gewölbe prägen den Stil des Restaurants mit Innenhofterrasse.

- **Rebschule** ⑤, Ehrauberge 33, ✉ 06632, ℘ (034464) 30 80, rebschule@weinberghotels.de, Fax (034464) 28036, ≤, 佘 – ⊡ ℗ – 鑑 30. ⚙ ⓜ ⓥⓘⓢⓐ
  Menu à la carte 16/30 – **23 Zim** ⇌ 49/52 – 70/74 – ½ P 13.
  ♦ Umgeben von Weinreben, liegt das Haus mit herrlichem Blick auf einer Anhöhe. Hier kann man fernab von Hektik und Streß in wohnlichen Zimmern abschalten und relaxen. Schlichtes, sehr gepflegtes kleines Restaurant.

FREYUNG Bayern 420 T 24 – 7500 Ew – Höhe 658 m – Luftkurort – Wintersport : 658/800 m ❄3 ⋠.

🛈 Touristinformation, Rathausplatz 2, ✉ 94078, ℘ (08551) 5 88 50, Fax (08551) 58855.
Berlin 529 – München 205 – *Passau* 36 – Grafenau 15.

- **Landhotel Brodinger,** Zuppinger Str. 3, ✉ 94078, ℘ (08551) 43 42, info@brodinger.de, Fax (08551) 7973, 佘, ≦s, ⊠, 緈 – ⒾSǀ ⊡ ℗ ⓜ ⓥⓘⓢⓐ
  geschl. 3 Wochen nach Fasching – **Menu** (geschl. Sonntagabend - Montag) à la carte 15,50/31,50 – **29 Zim** ⇌ 36/47 – 72/87 – ½ P 11.
  ♦ Besonders Geschäftsreisende schätzen das verkehrsgünstig am Ortsrand gelegene Haus. Die Zimmer sind gepflegt und wurden in jüngster Zeit auch teilweise renoviert. Gemütlich-bayerische Gasthaus-Atmosphäre bietet Ihnen das Restaurant.

FREYUNG

Zur Post, Stadtplatz 2, ⊠ 94078, ℰ (08551) 5 79 60, info@posthotel-freyung.de, Fax (08551) 579620, ☎, 🌳 – 📱, ⇔ Rest, 📺 🅿 🆎 🆅🅸🆂🅰
geschl. Ende April 1 Woche, Nov. 3 Wochen – **Menu** (geschl. Montag) à la carte 12/23 – **31 Zim** 🖃 30/38 – 60/76 – ½ P 11.
• Sehr gut geführter Familienbetrieb im Herzen der Stadt. Fragen Sie bei Ihrer Reservierung nach den hübsch gestalteten Zimmern, die mit Kirschbaummöbeln ausgestattet sind. Herzlich und freundlich empfangen die Wirtsleute ihre Gäste im Restaurant.

Brodinger garni, Schulgasse 15, ⊠ 94078, ℰ (08551) 40 04, info@metzgerei-brodinger.de, Fax (08551) 7283, ⌕, 🌳 – 📱 📺 🅿 ⓘ 🆎 🆅🅸🆂🅰
15 Zim 🖃 30/33 – 60/66.
• Knallblau ist die Fassade dieses schmucken Gasthofs - und somit nicht zu verfehlen. Dahinter verbergen sich wohnliche Gästezimmer, die durch tadellose Pflege bestechen.

In Freyung-Ort Süd-West : 1 km :

Landgasthaus Schuster, Ort 19, ⊠ 94078, ℰ (08551) 71 84, Fax (08551) 911920 – 🅿
geschl. Montag - Dienstagmittag – **Menu** (abends Tischbestellung ratsam) 25/50 à la carte 28/41,50.
• Das Haus ist ein würdiger Vertreter sowohl der klassischen als auch der regionalen bayerischen Küche. Genießen Sie, betreut von der Hausherrin, diese schmackhaften Speisen.

FRICKENHAUSEN Bayern 419 420 Q 14 – 1 300 Ew – Höhe 180 m.
Berlin 495 – München 277 – Würzburg 23 – Ansbach 61.

Meintzinger ⌕ garni, Babenbergplatz 2, ⊠ 97252, ℰ (09331) 8 72 10, hotel-meintzinger@t-online.de, Fax (09331) 7578 – 📺 🅿 🅰🅴 🆎 🆅🅸🆂🅰
22 Zim 🖃 50/72 – 70/125.
• Die ehemals bischöflichen Kellereien sind umwittert von der Geschichte vergangener Jahrhunderte. Sie haben in gelungener Form die Gestaltung des Hotels beeinflußt.

Ehrbar Fränkische Weinstube, Hauptstr. 17, ⊠ 97252, ℰ (09331) 6 51, info@ehrbar-weinstube.de, Fax (09331) 5207, 🌳 – 🆎
geschl. 1. - 30. Jan., 23. Juni - 8. Juli, Montag - Dienstag – **Menu** à la carte 17/34,50.
• Sehr aufwendig dekorieren die Wirtsleute ihre gemütliche Weinstube. Alles paßt zum rustikalen Rahmen dieses alten Fachwerkhauses, in dem die Ente zu den Spezialitäten gehört.

FRICKINGEN Baden-Württemberg 419 W 11 – 2 600 Ew – Höhe 500 m.
Berlin 721 – Stuttgart 142 – Konstanz 34 – Sigmaringen 41 – Bregenz 67.

Paradies, Kirchstr. 8, ⊠ 88699, ℰ (07554) 99 89 90, info@landgasthof-paradies.de, Fax (07554) 99899123, 🌳 – 📺 🅿 – 🛋 15. 🆅🅸🆂🅰 ⌕ Zim
geschl. 27. Dez. - 20. Jan. – **Menu** (geschl. Freitagabend - Samstagmittag) à la carte 16,50/26,50 – **19 Zim** 🖃 34 – 68.
• Ländlicher Gasthof, der erst kürzlich renoviert wurde. Sie nächtigen in Zimmern mit Naturholzmöbeln, die durch bunte Bettwäsche und Vorhänge sehr frisch wirken. Gemütlichkeit strahlt die mit Ulmenholz ausgestattete Gaststube aus.

In Frickingen-Altheim Nord-West : 2 km :

Löwen, Hauptstr. 41, ⊠ 88699, ℰ (07554) 86 31, Fax (07554) 97335, 🌳 – 🅿 🆎
geschl. März 3 Wochen, 24. Dez. - 1. Jan., Montag – **Menu** (nur Abendessen) (Tischbestellung ratsam) à la carte 16/28.
• Aus der Hobbyköchin Isolde Pfaff wurde die "Löwenwirtin". Die Meisterin am Herd versteht es perfekt, raffiniert Bodenständiges zu einem guten Preis auf den Tisch zu zaubern.

FRIDINGEN AN DER DONAU Baden-Württemberg 419 V 10 – 2 900 Ew – Höhe 600 m – Erholungsort.
Ausflugsziel : Knopfmacherfelsen : Aussichtskanzel ≤★, Ost : 3 km.
Berlin 748 – Stuttgart 118 – Konstanz 70 – Freiburg im Breisgau 107 – Ulm (Donau) 120.

In Fridingen-Bergsteig Süd-West : 2 km Richtung Mühlheim – Höhe 670 m :

Landhaus Donautal mit Zim, ⊠ 78567, ℰ (07463) 4 69, info@landhaus-donautal.de, Fax (07463) 5099, ≤, 🌳 – 📺 ⇔ 🅿 🆎 🆅🅸🆂🅰
geschl. über Fastnacht 3 Wochen, Anfang Aug. 1 Woche, Anfang Nov. 1 Woche – **Menu** (geschl. Montag, Freitagabend) à la carte 20/30 – **8 Zim** 🖃 57 – 74.
• Etwas außerhalb - und doch leicht zu finden - steht dieses nett anzusehende Landhaus. Auch das Ambiente der rustikalen, holzvertäfelten Gaststube werden Sie mögen.

FRIEDBERG Bayern 419 420 U 16 – 26 000 Ew – Höhe 514 m.
Berlin 583 – München 75 – Augsburg 8 – Ulm (Donau) 87.

Zum Brunnen ⊗ garni, Bauernbräustr. 4 (Passage Brunnenhof/Garage West),
⊠ 86316, ℘ (0821) 60 09 20, hotel@herzog-ludwig.de, Fax (0821) 6009229 – 🔲 ⇐
⓪ ⓬ 𝑽𝑰𝑺𝑨
14 Zim ⊇ 52/62 – 78/88.
♦ In der Altstadt finden Reisende dieses gut geführte kleine Hotel. Es bietet dem Zeitgeschmack entsprechende, praktische Zimmer, die nichts vermissen lassen.

Kussmühle, Pappelweg 14, ⊠ 86316, ℘ (0821) 26 75 80, Fax (0821) 2675888, Biergarten – 🔲 🅿. ⓪ ⓬ 𝑽𝑰𝑺𝑨. ⌗
geschl. 20. Dez. - 6. Jan. – **Menu** (geschl. 1. - 7. Jan.) à la carte 12/26,50 – **27 Zim** ⊇ 50/60 – 76.
♦ Hinter der gelben Fassade der ehemaligen Mühle erwarten Sie solide Zimmer, die dank ihrer türkisfarbenen Holzmöblierung und heller Korbsessel freundlich wirken. Ungezwungen ländlich geht es im Restaurant der alten Mühle zu.

XX **Herzog Ludwig,** Bauernbräustr. 15, ⊠ 86316, ℘ (0821) 60 71 27, gasthaus@
herzog-ludwig.de, Fax (0821) 607126, ⌂ – ⓪ ⓬ 𝑽𝑰𝑺𝑨
geschl. Nov. 1 Woche, Montag - Dienstag – **Menu** (wochentags nur Abendessen) à la carte 29/36.
♦ Stilvolle bayerische Gastlichkeit gepaart mit einem Hauch Süden, so läßt sich das Ambiente der Stuben beschreiben. Die Küche bereitet Ihnen Internationales.

FRIEDBERG / HESSEN Hessen 417 O 10 – 25 000 Ew – Höhe 150 m.
Sehenswert : Judenbad★ – Burg (Adolfsturm★) – Stadtkirche (Sakramentshäuschen★).
🏌 🏌 Friedberg, Am Löwenhof (West : 3 km Richtung Ockstadt), ℘ (06031) 99 27.
🛈 Fremdenverkehrsamt, Am Seebach 2 (Stadthalle), ⊠ 61169, ℘ (06031) 7 24 60, Fax (06031) 61270.
Berlin 510 – Wiesbaden 61 – Frankfurt am Main 28 – Gießen 36.

In Friedberg-Dorheim Nord-Ost : 3 km :

Dorheimer Hof, Wetteraustr. 70, ⊠ 61169, ℘ (06031) 7 37 00, dorheimerhof@t-online.de, Fax (06031) 737040, Biergarten – 🔲 🅿. – 🕭 20. ⒶⒺ ⓪ ⓬ 𝑽𝑰𝑺𝑨
Menu (nur Abendessen) à la carte 14/32 – **18 Zim** ⊇ 48/55 – 75.
♦ Beim Betreten des Hauses sticht sofort die tadellose Pflege ins Auge. Diese Annehmlichkeit setzt sich auch in den praktischen, hell gehaltenen Zimmern fort.

XX **Le Gourmet,** Erbsengasse 16, ⊠ 61169, ℘ (06031) 79 11 04, le_gourmet@gmx.li, Fax (06031) 791105, ⌂ – ⓬ 𝑽𝑰𝑺𝑨
geschl. Montag – **Menu** (wochentags nur Abendessen) (französische Küche) à la carte 22/39.
♦ Eine neuzeitliche Einrichtung im Landhausstil, wechselnde Bilder an hell gestrichenen Wänden und ein gutes, gepflegtes Couvert prägen das Interieur dieser ländlichen Adresse.

In Rosbach vor der Höhe Süd-West : 7 km :

Garni, Homburger Str. 84 (B 455), ⊠ 61191, ℘ (06003) 9 12 20, Fax (06003) 912240 – 🔲 🅿. ⒶⒺ ⓬ 𝑽𝑰𝑺𝑨 JCB
geschl. Weihnachten - Anfang Jan. – **22 Zim** ⊇ 49/64 – 83/92.
♦ In direkter Nähe zur A5 besticht das Haus durch seine verkehrsgünstige Lage. Vor einigen Jahren neu erbaut, hat man die Zimmer mit zeitlosen, schlichten Holzmöbeln bestückt.

Post garni, Nieder-Rosbacher-Str. 11, ⊠ 61191, ℘ (06003) 9 41 00, hotelpost.rosbach@t-online.de, Fax (06003) 941010 – ⌗ 🔲 ☏ 🅿. ⒶⒺ ⓬ 𝑽𝑰𝑺𝑨
geschl. 20. Dez. - 2.Jan. – **14 Zim** ⊇ 60/77 – 90/120.
♦ Ein absolut gepflegtes Etagenhotel, das in einem Wohnhaus direkt neben dem Postamt untergebracht ist. Morgens serviert man den Gästen ein appetitliches Frühstücksbuffet.

FRIEDEBURG Niedersachsen 415 F 7 – 10 500 Ew – Höhe 10 m – Erholungsort.
🛈 Tourist-Information, Hauptstr. 60, ⊠ 26446, ℘ (04465) 14 15, Fax (04465) 1416.
Berlin 483 – Hannover 224 – Emden 41 – Oldenburg 54 – Wilhelmshaven 25.

In Friedeburg-Marx Süd : 2,5 km :

Landhaus Rippen, Marxer Hauptstr. 33 (B 437), ⊠ 26446, ℘ (04465) 2 32, landhaus.rippen@t-online.de, Fax (04465) 8603 – ⌗ Zim, 🔲 ♿ ⇐ 🅿. ⒶⒺ ⓬ 𝑽𝑰𝑺𝑨. ⌗
Menu (geschl. Sonntag) (nur Abendessen) à la carte 14,50/29,50 – **14 Zim** ⊇ 39/41 – 66.
♦ In dem roten Klinkerbau heißt die Gastgeberfamilie Sie willkommen. Da die Zimmer sehr schön eingerichtet sind, eignet sich das Haus auch für einen längeren Ferienaufenthalt. Ostfriesische Gemütlichkeit erwartet Sie in der Gaststube.

FRIEDENWEILER Baden-Württemberg **419** W 8 – 2 100 Ew – Höhe 910 m – Wintersport : 920/1 000 m ⤒1 ⤓.

🛈 Tourist-Information, Rathausstr. 16, ✉ 79877, ✆ (07651) 50 34, kurverwaltung@friedenweiler.de, Fax (07651) 4130.

Berlin 771 – Stuttgart 151 – *Freiburg im Breisgau* 45 – Donaueschingen 25.

🏨 **Ebi** ⑤, Klosterstr. 4, ✉ 79877, ✆ (07651) 92 24 90, familotel-ebi@t-online.de, Fax (07651) 9224935, 🍽, ≦s, 🔲, 🐎 – 📺 👫 🅿. ⁂ Rest
geschl. Nov. - 20. Dez. – **Menu** (Restaurant nur für Hausgäste) – **18 Zim** (nur ½ P) 57/71 – 104/134.

◆ Besonders Familien mit Kindern fühlen sich in diesem Schwarzwaldferienhotel wohl. So sind auch Zimmer und Restaurant ganz auf die Bedürfnisse von jungen Familien ausgerichtet.

In Friedenweiler-Rötenbach *Süd-Ost : 4 km – Erholungsort :*

🏨 **Rössle** (mit Gästehaus, ⑤), Hauptstr. 14, ✉ 79877, ✆ (07654) 3 51, roessleganter
🚗 @aol.com, Fax (07654) 7041, 🍽, ≦s, 🐎 – 📳 🅿. 🅼🅾 🆅🅸🆂🅰
geschl. 20. Nov. - 20. Dez. – **Menu** (geschl. Dienstag) à la carte 11,50/22,50 – **28 Zim** ⋍ 25/45 – 56/70 – ½ P 12.

◆ Ein ausgezeichnetes Reiseziel für alle Ruhebedürftigen, Naturliebhaber und Wanderer ist dieser Schwarzwaldgasthof. Besonders hübsch sind die neuen Zimmer im Gästehaus. Die ländlich-bürgerliche Stube lädt zum gemütlichen Verweilen ein.

FRIEDEWALD Hessen **417 418** N 13 – 2 400 Ew – Höhe 388 m.

Berlin 395 – Wiesbaden 179 – *Kassel* 87 – Fulda 58 – Gießen 100 – Erfurt 113.

🏰 **Schloßhotel Prinz von Hessen** Ⓜ ⑤, Schloßplatz 1, ✉ 36289, ✆ (06674) 9 22 40, info@goebels-schlosshotel.de, Fax (06674) 9224250, 🍽, Park, Massage, ≦s, 🔲 – 📳, ⁂ Zim, 🍴 Rest, 📺 ✆ 🚗 🅿 – 🔬 150. 🅰🅴 ⓞ 🅼🅾 🆅🅸🆂🅰 🅹🅲🅱
Prinzenstube : Menu à la carte 48,50/53,50 – **Schloßgarten :** Menu à la carte 27/37,80 – **71 Zim** ⋍ 105/180 – 190/200, 9 Suiten.

◆ In der reizvollen Landschaft Waldhessens liegt die Wasserburg a. d. 15. Jh. mit neuerem Hotelanbau. Eine Symbiose aus prachtvoller Vergangenheit und Designer-Stil. Gelbtöne und modernes Mobiliar prägen die Prinzenstube. Elegante Einrichtung im Schloßgarten.

🏨 **Zum Löwen,** Hauptstr. 17, ✉ 36289, ✆ (06674) 9 22 20, zum-loewen-friedewald@t
🚗 -online.de, Fax (06674) 922259, 🍽 – 📳, ⁂ Zim, 📺 ✆ 🚗 🅿 – 🔬 75. 🅰🅴 ⓞ
🅼🅾 🆅🅸🆂🅰
Menu (bemerkenswerte Weinkarte) 17 (mittags) à la carte 19,50/38,50 (auch vegetarische Gerichte) – **32 Zim** ⋍ 65 – 92.

◆ Der Löwen wurde aufwendig erweitert : Die komfortablen Zimmer sind renoviert oder neu entstanden und mit eleganten Landhausmöbeln eingerichtet. Wechselnde Bilderausstellungen. Die Chefin bereitet eine einfallsreiche Küche zu. Vinothek mit Probierstube.

FRIEDLAND Niedersachsen siehe Göttingen.

FRIEDRICHRODA Thüringen **418** N 15 – 5 800 Ew – Höhe 450 m – Erholungsort.

🛈 Kur- und Tourismus-Information, Marktstr. 13, ✉ 99894, ✆ (03623) 3 32 00, Fax (03623) 332029.

Berlin 345 – *Erfurt* 54 – Bad Hersfeld 97 – Coburg 96.

🏨 **Ramada-Treff Hotel Friedrichroda** Ⓜ, Burchardtsweg 1, ✉ 99894, ✆ (03623) 35 20, friedrichroda@ramada-treff.de, Fax (03623) 352500, 🍽, Massage, ♨, 🎿, ≦s, 🔲 – 📳, ⁂ Zim, 📺 ✆ ♿ 🅿 – 🔬 250. 🅰🅴 ⓞ 🅼🅾 🆅🅸🆂🅰 ⁂ Rest
Menu à la carte 23/34 – **154 Zim** ⋍ 80/90 – 110/120 – ½ P 18.

◆ Das ehemalige Kurhaus mit seiner schönen Grünanlage wurde zu einem modernen Hotel mit freundlichen und hübsch möblierten Gästezimmern umgestaltet. Das helle Panorama-Restaurant macht seinem Namen alle Ehre.

An der Strasse nach Schmalkalden *Süd-West : 7 km, am Heuberghaus rechts ab :*

🏨 **Tanzbuche** ⑤ (mit Gästehaus), Auf dem Höhenberg, ✉ 99894, ✆ (03623) 36 99 00, tanzbuche@aol.com, Fax (03623) 369943, 🍽, ≦s, 🔲, 🐎 – 📺 ♿ 🅿 – 🔬 15. 🅼🅾 🆅🅸🆂🅰
Menu à la carte 15/22 – **42 Zim** ⋍ 39 – 62.

◆ Seinen Namen verdankt der Berggasthof einer an dieser Stelle gewachsenen Buche, um die schon vor 160 Jahren getanzt wurde. Heute finden Reisende hier ein solides Domizil. Rustikales Restaurant mit Wandvertäfelung und Holzpolstern.

FRIEDRICHSDORF Hessen 417 P 9 – 24 000 Ew – Höhe 220 m.
Berlin 521 – Wiesbaden 56 – Frankfurt am Main 28 – Bad Homburg v.d.H. 5 – Gießen 42

Mercure, Im Dammwald 1, ⊠ 61381, ℰ (06172) 73 90, h2937@accor-hotels.com
Fax (06172) 739852, ⇔, ⊡ – ⋕, ⋇ Zim, ⊡ ⇔ ℗ – ⧆ 80. ⌳ ⊙ ⊚ 〚⊡〛
⋇ Rest
Menu à la carte 20/37,50 – ⊇ 13 – **125 Zim** 83/111 – 116.
◆ Leicht zu finden, am Ortsrand nahe der B455, bietet das Haus erst kürzlich renovierte
Zimmer, die vor allem Tagungsgäste nichts vermissen lassen.

FRIEDRICHSHAFEN Baden-Württemberg 419 X 12 – 56 700 Ew – Höhe 402 m.
✈ Friedrichshafen-Löwental, über ① : 2 km, ℰ (07541) 2 84 01.
Messegelände, in Friedrichshafen-Allmannsweiler, über Ailinger Str. (BY), ℰ (07541) 70 80,
Fax (07541) 708110.
🛈 Tourist-Information, Bahnhofplatz 2, ⊠ 88045, ℰ (07541) 3 00 10, info@friedrich
hafen.de, Fax (07541) 72588.
Berlin 721 ② – Stuttgart 167 ① – Konstanz 31 ③ – Freiburg im Breisgau 161 ③ –
Ravensburg 20 ① – Bregenz 30 ②

FRIEDRICHSHAFEN

Adenauerplatz	**AY** 2	Klosterstraße	**AZ** 22
Albrechtstraße	**AZ** 3	Maybachstraße	**AZ** 23
Buchhornplatz	**AY** 4	Meistershofener Straße	**BY** 25
Charlottenstraße	**BZ** 5	Montfortstraße	**AY** 26
Dammstraße	**AY** 6	Östliche Uferstraße	**BZ** 28
Eugen-Bolz-Straße	**AY** 8	Olgastraße	**AZ** 29
Flugplatzstraße	**BY** 9	Paulinenstraße	**AY** 30
Franziskus-Platz	**AZ** 10	Ravensburger Straße	**BZ** 32
Friedrichstraße	**AY**	Romanshorner Platz	**AY** 33
Gebhardstraße	**BZ** 12	Schanzstraße	**AY** 34
Goldschmiedstraße	**AY** 13	Scheffelstraße	**BZ** 35
Hofener Straße	**AZ** 18	Schloßstraße	**AZ** 36
Karlstraße	**AY**	Wendelgardstraße	**BZ** 39
Katharinenstraße	**BZ** 21	Wilhelmstraße	**AY** 41
		Zeppelinstraße	**AZ** 42

Buchhorner Hof, Friedrichstr. 33, ⊠ 88045, ℰ (07541) 20 50, robert_baur@t-or
line.de, Fax (07541) 32663, ⇔ – ⋕, ⋇ Zim, ⊡ ⋉ ⇔ – ⧆ 100. ⌳ ⊙
⊚ 〚⊡〛
AZ a
Menu à la carte 24/42 – **97 Zim** ⊇ 82/149 – 100/195.
◆ Das Haus liegt in unmittelbarer Nähe des sonnigen Bodenseeufers. Manche
der geschmackvollen Zimmer geben den uneingeschränkten Blick auf den See und die
Alpen frei. Im zeitlos-eleganten Restaurant widmet man sich seit über 100 Jahren seinen
Gästen.

FRIEDRICHSHAFEN

Seehotel M, Bahnhofplatz 2, ✉ 88045, ℰ (07541) 30 30, seehotelfn@t-online.de, Fax (07541) 303100, ⇌ – 🛗, ⭾ Zim, 🖥 📺 ✆ & ⇌ 🅿 – 🔏 80. ⚐ ⓞ ⓶ 🆅🅸🆂🅰
AZ r
Menu à la carte 23/33,50 – **132 Zim** ⊇ 100/115 – 126/157.
• Im Mittelpunkt des an der Uferstraße gelegenen Hotels stehen Schlichtheit und moderner Designer-Stil. Eine Manier, die sich wie ein roter Faden durchs ganze Haus zieht. Modern gibt sich auch die Einrichtung des im Bistro-Stil geführten Restaurants.

Goldenes Rad (mit Gästehaus), Karlstr. 43, ✉ 88045, ℰ (07541) 28 50, info@goldenes-rad.de, Fax (07541) 285285, 🍽, ⇌ – 🛗, ⭾ Zim, 📺 ✆ ⇌ – 🔏 20. ⚐ ⓞ ⓶ 🆅🅸🆂🅰
AY n
geschl. 22. Dez. - 6. Jan. – **Menu** (geschl. 23. Dez. - 20. Jan., Montag) à la carte 24/38,50 ♀ – **68 Zim** ⊇ 79/99 – 99/149.
• Freundlich empfangen Sie die Gastgeber in ihrem hübsch anzusehenden Hotel. Man bietet individuell eingerichtete Zimmer, wobei die im Haupthaus ganz neu renoviert wurden. Das Interieur des Restaurants orientiert sich am modernen Stil.

City-Krone, Schanzstr. 7, ✉ 88045, ℰ (07541) 70 50, citykrone@t-online.de, Fax (07541) 705100, ⇌, 🅿 – 🛗, ⭾ Zim, 📺 ✆ 🅿 – 🔏 20. ⚐ ⓞ ⓶ 🆅🅸🆂🅰
AY c
Menu (nur Abendessen) à la carte 20,50/34 – **100 Zim** ⊇ 82/115 – 125/172.
• Im Herzen der Stadt betreibt Familie Rieger ihr ansprechendes Hotel. Gäste wohnen in behaglichen Zimmern, die teils mit Kirschbaum- oder Vogelaugenahorn eingerichtet sind. Im ersten Stock des Hotels befindet sich das Restaurant.

Föhr, Albrechtstr. 73, ✉ 88045, ℰ (07541) 30 50, hotel.foehr@t-online.de, Fax (07541) 27273 – 🛗, ⭾ Zim, 📺 ✆ ⇌ 🅿. ⚐ ⓞ ⓶ 🆅🅸🆂🅰 über Albrechtstraße AZ
Menu à la carte 19,50/36 – **70 Zim** ⊇ 65/110 – 120/150.
• Etwas außerhalb der Stadt finden Reisende in diesem ruhig gelegenen, von der Besitzerfamilie persönlich geführten Haus ein freundliches und ordentliches Zuhause auf Zeit. Einladend wirkt das holzvertäfelte Restaurant.

In Friedrichshafen-Ailingen Nord : 6 km, über Ailinger Str. BY – Erholungsort :

Sieben Schwaben, Hauptstr. 37, ✉ 88048, ℰ (07541) 60 90, info@hotel-7schwaben.de, Fax (07541) 60940, 🍽 – 🛗, ⭾ Zim, 📺 ✆ 🅿. ⚐ ⓞ ⓶ 🆅🅸🆂🅰
Menu (geschl. Jan. 2 Wochen) (wochentags nur Abendessen) à la carte 21/36 – **24 Zim** ⊇ 51/62 – 77/92 – ½ P 15.
• Von außen wirkt das familiär geführte Hotel fast wie ein Wohnhaus. Dahinter verbergen sich saubere, praktische Gastzimmer. Am Morgen lockt ein appetitliches Frühstück. Im Restaurant herrscht ländlich-gemütliche Atmosphäre.

In Friedrichshafen-Fischbach über ③ : 5 km :

Maier, Poststr. 1, ✉ 88048, ℰ (07541) 40 40, hotel.maier@t-online.de, Fax (07541) 404100, 🍽, ⇌ – 🛗, ⭾ Zim, 📺 ✆ 🅿 – 🔏 25. ⚐ ⓞ ⓶ 🆅🅸🆂🅰
🅹🅲🅱
Menu (geschl. Okt. - April Freitag) à la carte 19,50/36 – **49 Zim** ⊇ 75/90 – 98/130 – ½ P 15.
• Hinter der gelben Fassade mit den grün-weiß gestreiften Markisen empfängt Familie Maier die Gäste mit netten Zimmern, die sich teilweise in komplett neuem Gewand zeigen. Schwäbische Gastfreundschaft erlebt man in der geschmackvoll-rustikalen Gaststube.

Traube am See, Meersburger Str. 11, ✉ 88048, ℰ (07541) 95 80, traubeamsee@t-online.de, Fax (07541) 958888, 🍽, Massage, ⇌, 🅿, 🌊 – 🛗, ⭾ Zim, 📺 ✆ & ⇌ 🅿 – 🔏 50. ⚐ ⓞ ⓶ 🆅🅸🆂🅰
Menu à la carte 20,50/41 – **91 Zim** ⊇ 65/100 – 100/135.
• Ein gewachsener Gasthof, der nur einen Steinwurf vom Seeufer entfernt steht. Er bietet seinen Gästen geräumige Zimmer, die von der Wirtsfamilie tadellos gepflegt werden. In nett gestalteten Restauranträumen werden Sie freundlich bewirtet.

In Friedrichshafen-Schnetzenhausen Nord-West : 4 km, über Hochstr. AZ :

Krone, Untere Mühlbachstr. 1, ✉ 88045, ℰ (07541) 40 80, info@ringhotel-krone.de, Fax (07541) 43601, 🍽, Massage, 🎿, ⇌, 🌊 (geheizt), 🅿, 🌺, 🎾 (Halle) – 🛗, ⭾ Zim, 📺 ✆ & ⇌ 🅿 – 🔏 60. ⚐ ⓞ ⓶ 🆅🅸🆂🅰
geschl. 20. - 25. Dez. – **Menu** à la carte 18/39 – **120 Zim** ⊇ 77/107 – 112/156.
• Mit viel Engagement betreibt Familie Rueß seit vielen Jahren ihr ansprechendes Hotel. Sehr guter Komfort verleiht den Gastzimmern einen individuellen Charakter. Verschiedene behagliche Stuben locken mit rustikaler Eleganz.

FRIEDRICHSHAFEN

In Friedrichshafen-Waggershausen *Nord : 3 km, über Hochstr.* AZ :

🏨 **Traube**, Sonnenbergstr. 12, ✉ 88045, ✆ (07541) 60 60, hotel.traube.waggershausen @t-online.de, Fax (07541) 606169, 🍴 ☎ – 📺 ✆ 🅿 🏧 ⓘ ⓒ 🆅🅸🆂🅰
geschl. 23. - 26. Dez. - **Menu** *(geschl. Montagmittag)* à la carte 16,50/31 – **54 Zim** 🛏 56/62 – 77/87.
  • Der gut geführte Gasthof in ruhiger Vorstadtlage befindet sich seit 1850 in Familienbesitz. Einfache, gepflegte Zimmer tragen zu einem erholsamen Aufenthalt bei. Hübsch sind die rustikalen Gasträume mit Kachelofen.

FRIEDRICHSHALL, BAD *Baden-Württemberg* 417 419 *S 11 – 11 800 Ew – Höhe 160 m.*
Berlin 594 – Stuttgart 62 – Heilbronn 10 – Mannheim 83 – Würzburg 110.

In Bad Friedrichshall-Jagstfeld :

XX **Sonne** mit Zim, Deutschordenstr. 16, ✉ 74177, ✆ (07136) 9 56 10, info@sonne-bad friedrichshall.de, Fax (07136) 956111, ≤, 🍴 ☎ – 🚷 Zim, 📺 🅿 – 🔔 30. 🏧 ⓘ ⓒ 🆅🅸🆂🅰
Menu *(geschl. Jan. 1 Woche, Montag)* à la carte 19/34 – **13 Zim** 🛏 50/54 – 86.
  • Hier erwartet Sie ein ländlich-rustikales, nett dekoriertes Restaurant. Die kleine Terrasse hat einen schönen Blick auf den Neckar. Mit hübsch renovierten Zimmern.

FRIEDRICHSKOOG *Schleswig-Holstein* 415 *D 10 – 2 500 Ew – Höhe 2 m.*
🛈 *Tourismus-Service, Koogstr. 141, ✉ 25718, ✆ (04854) 90 49 40, info@ friedrichskoog.de, Fax (04854) 9049419.*
Berlin 393 – Kiel 116 – Cuxhaven 110 – Hamburg 108 – Itzehoe 52 – Marne 13.

In Friedrichskoog-Spitze *Nord-West : 4 km – Seebad* :

🏨 **Möven-Kieker** 🌿, Strandweg 6, ✉ 25718, ✆ (04854) 9 04 00, moeven-kieker@t online.de, Fax (04854) 904033, 🍴 🌿 – 📺 🅿 ⓒ 🆅🅸🆂🅰
Menu *(geschl. Montag, Juli - Aug. Montagmittag)* *(abends Tischbestellung ratsam)* à la carte 16,50/41,50 – **15 Zim** 🛏 59/69 – 79/99 – ½ P 15.
  • Direkt hinter dem Deich liegt dieses rote Klinkerhaus. Besonders Urlauber schätzen das persönlich geführte Hotel. Originell : die Kojenzimmer. Ein aufwendig dekoriertes Innenleben schmückt das Restaurant.

FRIEDRICHSRUHE *Baden-Württemberg siehe Öhringen.*

FRIEDRICHSTADT *Schleswig-Holstein* 415 *C 11 – 2 500 Ew – Höhe 4 m – Luftkurort.*
Sehenswert : Friedrichstadt (Stadtbild).*
🛈 *Tourist Information, Am Markt 9, ✉ 25840, ✆ (04881) 9 39 30, touristinfo.friedrich stadt@t-online.de, Fax (04881) 7093.*
Berlin 408 – Kiel 82 – Sylt (Westerland) 62 – Heide 25 – Husum 15 – Schleswig 49.

🏨 **Aquarium**, Am Mittelburgwall 4, ✉ 25840, ✆ (04881) 9 30 50, info@hotel-aquarium .de, Fax (04881) 7064, 🍴 ☎ 🏊 – 🚷 Zim, 📺 🅿 – 🔔 20. 🏧 ⓘ ⓒ 🆅🅸🆂🅰
Menu à la carte 17/40 – **38 Zim** 🛏 64/77 – 89/112.
  • Hervorzuheben sind in diesem weißgetünchten Stadthotel am Mittelburggraben der gute Komfort, der freundliche Service sowie die behagliche und geschmackvolle Zimmereinrichtung. Im stilvollen Restaurant trifft man sich in gepflegter Atmosphäre.

XX **Holländische Stube** mit Zim, Am Mittelburgwall 22, ✉ 25840, ✆ (04881) 9 39 00, klaus-peter.willhoeft@t-online.de, Fax (04881) 939022, 🍴 – 📺 🏧 ⓘ ⓒ 🆅🅸🆂🅰
Menu *(geschl. Nov. - März Montag - Mittwoch)* à la carte 21,50/34 – **10 Zim** 🛏 60/72 – 75/95 – ½ P 16.
  • Ein holländisches Kaufmannshaus mit Treppengiebel aus dem 17. Jahrhundert : Das Restaurant befindet sich in originalgetreu restaurierten Räumen. Hotelbereich im Jugendstil.

FRIESENHEIM *Baden-Württemberg* 419 *U 7 – 10 200 Ew – Höhe 158 m.*
Berlin 759 – Stuttgart 158 – Karlsruhe 88 – Offenburg 12 – Freiburg im Breisgau 54.

In Friesenheim-Oberweier *Ost : 0,5 km* :

🏨 **Mühlenhof**, Oberweierer Hauptstr. 33, ✉ 77948, ✆ (07821) 63 20, info@landhotel -muehlenhof.de, Fax (07821) 632153, 🍴 – 🚷 📺 ✆ 🚗 🅿 🏧 ⓒ 🆅🅸🆂🅰
Menu *(geschl. Jan. 3 Wochen, Aug. 3 Wochen, Dienstag)* à la carte 14/27,50 – **32 Zim** 🛏 32/42 – 52/72.
  • Eine Oase des Wohlbefindens mit soliden, teils hübsch im Landhausstil gestalteten Zimmern ist dieser familiär geführte Schwarzwälder Landgasthof. Das elegant-rustikale Restaurant überzeugt mit sorgfältig zubereiteter Küche.

FRITZLAR Hessen 417 M 11 – 15 000 Ew – Höhe 235 m.
   Sehenswert : Dom★ – Marktplatz★ – Stadtmauer (Grauer Turm★).
   ☑ Touristinformation, Zwischen den Krämen 7, ✉ 34560, ✆ (05622) 98 86 43, tourist info@fritzlar.de, Fax (05622) 988626.
   Berlin 409 – Wiesbaden 201 – Kassel 25 – Bad Hersfeld 48 – Marburg 61.

In Fritzlar-Ungedanken Süd-West : 8 km :

🏨 **Zum Büraberg**, Bahnhofstr. 5 (B 253), ✉ 34560, ✆ (05622) 99 80, info@hotel-bueraberg.de, Fax (05622) 998160, 🍴 – ✵ Zim, 📺 ✆ ⇔ 🅿 – 🔔 50. 🆎 ⓞ ⓜⓞ 🆅🅸🆂🅰
Menu (geschl. Sonntagabend - Montagmittag) à la carte 17/31 – **34 Zim** ⊆ 45/60 – 65/75.
   ◆ Dieser schmucke Landgasthof wurde kürzlich großzügig renoviert. So findet der Gast heute ein behaglich eingerichtetes Hotel mit individuell ausgestatteten Zimmern. Ungezwungene rustikale Gemütlichkeit strahlt das Restaurant aus.

FÜRSTENAU Niedersachsen 415 I 7 – 8 000 Ew – Höhe 50 m.
   Berlin 449 – Hannover 195 – Nordhorn 50 – Bielefeld 94 – Osnabrück 44.

🏨 **Stratmann**, Große Str. 29, ✉ 49584, ✆ (05901) 9 39 90, info@hotel-stratmann.de, Fax (05901) 939933, 🍴 – 📺 🅿 ⓜⓞ 🆅🅸🆂🅰, ✵ Rest
Menu (geschl. Freitagabend) à la carte 14/27 – **12 Zim** ⊆ 28/32 – 56/64.
   ◆ Mitten im Ort, gleich bei der Kirche steht dieser dunkle Klinker-Gasthof. Er wird tadellos geführt und besticht durch sein gutes Preis-Leistungs-Verhältnis. Ländliche Gaststuben stehen den Besuchern zur Verfügung.

🏨 **Wübbel**, Osnabrücker Str. 56 (B 214), ✉ 49584, ✆ (05901) 27 89, Fax (05901) 4155 – 🅿 – 🔔 30. ⓜⓞ
geschl. Juli – **Menu** (geschl. Dienstag) (nur Abendessen) à la carte 11,50/21 – **10 Zim** ⊆ 32 – 64.
   ◆ Das gut gepflegte Haus bietet sich als preiswerte und praktische Übernachtungsadresse bestens an. Idyllisch : An das Gebäude grenzen Wiesen und Wälder.

FÜRSTENFELDBRUCK Bayern 419 420 V 17 – 31 000 Ew – Höhe 528 m.
   🏌 Rottbach, Weiherhaus 5 (Nord : 13 km), ✆ (08135) 9 32 90.
   Berlin 605 – München 35 – Augsburg 46 – Garmisch-Partenkirchen 97.

🏨 **Romantik-Hotel Post**, Hauptstr. 7, ✉ 82256, ✆ (08141) 3 14 20, zur-post@romantikhotels.com, Fax (08141) 16755, 🍴 – 📶 ✵ Zim, 📺 ✆ ⇔ 🅿 – 🔔 50. 🆎 ⓞ ⓜⓞ 🆅🅸🆂🅰 🅹🅲🅱
geschl. 23. Dez. - 6. Jan. – **Menu** (geschl. Samstag, Sonntagabend) à la carte 17/35 – **41 Zim** ⊆ 85/90 – 100/130.
   ◆ Dank der persönlichen Führung und des guten Geschmacks der Hoteliers-Familie Weiss gilt dieser schmucke Gasthof als ein Kleinod bayerischer Kultur. Für das leibliche Wohl sorgt der Junior-Chef mit bodenständiger Küche.

🏨 **Brucker Gästehaus** garni, Kapellenstr. 3, ✉ 82256, ✆ (08141) 4 09 70, info@brucker-gaestehaus.de, Fax (08141) 409799 – 📺 ⇔ 🅿 🆎 ⓞ ⓜⓞ 🆅🅸🆂🅰 🅹🅲🅱
geschl. 24. Dez. - 6. Jan. – **14 Zim** ⊆ 54/68 – 78/89.
   ◆ Unter dem spitzen Dach des hübsch bemalten Gebäudes sorgen helle Naturholzmöbel in den Gästezimmern für eine warme, gediegene Atmosphäre.

FÜRSTENWALDE Brandenburg 416 418 I 26 – 34 000 Ew – Höhe 50 m.
   ☑ Fremdenverkehrs- und Tourismusverein, Mühlenstr. 26, ✉ 15517, ✆ (03361) 76 06 00, Fax (03361) 760601.
   Berlin 59 – Potsdam 88 – Frankfurt (Oder) 36.

🏨 **Haus am Spreebogen** M, Altstadt 27, ✉ 15517, ✆ (03361) 59 63 40, Fax (03361) 5963414, 🍴, ≘s – 📶 📺 ✆ 🅿 – 🔔 30. 🆎 ⓜⓞ 🆅🅸🆂🅰
Menu à la carte 23/35,50 – **13 Zim** ⊆ 65 – 75/95.
   ◆ In exponierter Lage direkt an der Spree wurde Ende der 90er Jahre dieses moderne, aus viel Glas bestehende Hotel errichtet. Sein Einrichtungsstil : schnörkellose Schlichtheit. Im Restaurant hat man einen schönen Blick auf den Fluß.

🏨 **Zille-Stuben** (mit Gästehaus), Schloßstr. 26, ✉ 15517, ✆ (03361) 5 77 25, Fax (03361) 57726 – 📺. 🆎 ⓜⓞ 🆅🅸🆂🅰
Menu à la carte 11,50/20 – **13 Zim** ⊆ 40/50 – 70/74.
   ◆ Gastlichkeit und Engagement, Annehmlichkeit und Liebe zum Detail, lauten die Zielsetzungen in diesem charmanten kleinen Hotel. Gelungene Kombination aus Tradition und Moderne. Legeres, gemütlich und nett dekoriertes Restaurant.

FÜRSTENZELL Bayern 420 U 23 – 7 000 Ew – Höhe 358 m.
Berlin 604 – München 169 – Passau 15 – Linz 92 – Regensburg 121.

In Fürstenzell-Altenmarkt Nord-Ost : 4,5 km :

🏠 **Zur Platte** ⑤, ✉ 94081, ℘ (08502) 2 00, Fax (08502) 5200, ≤ Neuburger- und Bayerischer Wald, 🌳, 🍴 – ⇌ Zim, 📺 ⇔ 🅿
geschl. Mitte Jan. - Mitte Feb., Nov. 2 Wochen – **Menu** (geschl. Montag - Dienstag) à la carte 16/29 – **17 Zim** ⊇ 35/40 – 60/63.
♦ Vor den Toren von Passau, umgeben von Wiesen und Wäldern, verheißt dieser Gasthof wohltuende Gastlichkeit. Erlenholzmöbel in den Zimmern vermitteln Ruhe und Erholung. Deftige gutbürgerliche Gerichte gibt's im Restaurant.

FÜRTH Bayern 419 420 R 16 – 110 000 Ew – Höhe 294 m.
Siehe auch Nürnberg (Umgebungsplan).

🛫 Fürth, Vacher Str. 261, ℘ (0911) 75 75 22.
🛈 Tourist-Information, Maxstr. 42, ✉ 90762, ℘ (0911) 7 40 66 15, Fax (0911) 7406617
ADAC, Theresienstr. 5.
Berlin 453 – München 172 – Nürnberg 7.

FÜRTH

Alexanderstraße	Z 2	Further Freiheit	Z 15	Mathildenstraße	Z 30
Bäumenstraße	Y 4	Gustav-Schickedanz-Str.	Z 17	Obstmarkt	Y 32
Brandenburger Straße	Y 7	Heiligenstraße	Z 18	Ottostraße	Z 34
Denglerstraße	Z 12	Helmplatz	Y 19	Poppenreuther Straße	Y 35
Friedrichstraße	Z 14	Henri-Dunant-Straße	Z 20	Ritterstraße	Z 37
		Hornschuchpromenade	Z 22	Rudolf-Breitscheid-Straße	Z 39
		Königsplatz	Z 27	Schwabacher Straße	
		Königswarterstraße	Z 28	Uferstraße	Y 41
		Kohlenmarkt	Y 29	Würzburger Straße	Y 45

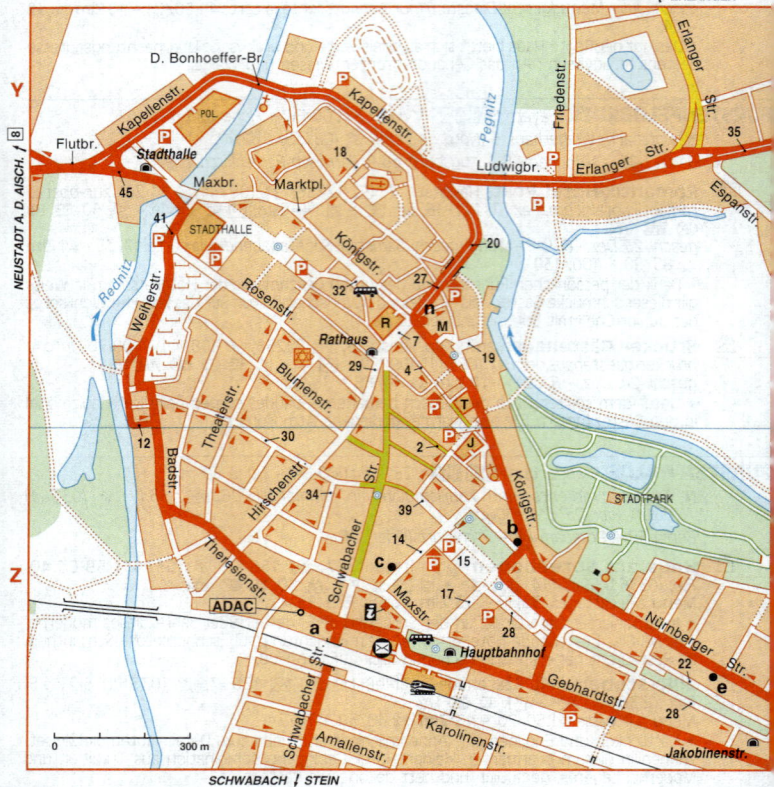

FÜRTH

Astron Suite-Hotel M garni, Königstr. 140, ⊠ 90762, ℘ (0911) 7 40 40, *fuerth@astron-hotels.de*, Fax (0911) 7404400, ⇌ – 🛗 ⇌ TV 🕻 👃 ⇌. AE ① ⓜ VISA JCB
⇌ 13 – **118 Zim** 82/124 – 85/141.   Z b
◆ Das Anfang der 90er Jahre erbaute Hotel liegt im Herzen der Stadt. Moderne und auch technisch gut ausgestattete Zimmer sorgen für einen erholsamen Aufenthalt in diesem Haus.

Bavaria (mit Gästehaus), Nürnberger Str. 54, ⊠ 90762, ℘ (0911) 77 49 41, *bavariahotel@attglobal.net*, Fax (0911) 748015, ☼, ⇌, ⊠ – 🛗, ⇌ Zim, TV 🕻 P. AE ① ⓜ VISA JCB
                                                                                                                  Z e
Menu (italienische Küche) à la carte 15/30,50 – **58 Zim** ⇌ 80/120 – 95/140.
◆ Liebevoll führen Mutter und Tochter ein nettes Hotel zwischen Nürnberg und Fürth. Ein Mix aus rustikalen und eleganten Möbeln, schön dekoriert, rundet das harmonische Bild ab. Liebhaber der "cucina italiana" können im Restaurant ihrer Leidenschaft nachgehen.

Werners Apartment Hotel, Friedrichstr. 20, ⊠ 90762, ℘ (0911) 74 05 60, *werners_hotel@t-online.de*, Fax (0911) 7405630, ☼ – TV 🕻. AE ① ⓜ VISA   Z c
Werners Bistro (geschl. Sonn- und Feiertage) **Menu** à la carte 14/31 – **29 Zim** ⇌ 59/73 – 82/98.
◆ Ein Hauch von Süden entfaltet sich mitten in Franken. Treten Sie ein in dieses mediterrane, verhalten luxuriös gestaltete Haus und genießen Sie die besondere Atmosphäre. Südländische Stimmung herrscht auch im Bistro.

Baumann, Schwabacher Str. 131, ⊠ 90763, ℘ (0911) 77 76 50, *hotelbaumann@aol.com*, Fax (0911) 746859 – 🛗, ⇌ Zim, TV P. AE ① ⓜ VISA
geschl. 1. - 8. Jan., 4. Aug. - 1. Sept. – **Menu** siehe Rest. **Brasserie Baumann** separat erwähnt – **21 Zim** ⇌ 51/65 – 71/85.
◆ Hinter den dicken Natursteinmauern dieses Stadthauses stehen Übernachtungsgästen helle und gepflegte Zimmer zur Verfügung. Morgens serviert man ein ansprechendes Frühstück.   siehe Stadtplan Nürnberg AS d

Brasserie Baumann - Hotel Baumann, Schwabacher Str. 131, ⊠ 90763, ℘ (0911) 77 76 50, *hotelbaumann@aol.com*, Fax (0911) 746859, ☼ – P. AE ① ⓜ VISA
geschl. 1. - 8. Jan., 4. Aug. - 1. Sept., Montag, Samstagmittag, Sonn- und Feiertage – **Menu** 15 (mittags) à la carte 22/50.   siehe Stadtplan Nürnberg AS d
◆ Ein elegantes Flair umgibt Sie in den sympathischen Räumlichkeiten. Nicht minder strahlend : die klassisch französisch angehauchten Zubereitungen von Patron Werner Baumann.

Kupferpfanne, Königstr. 85, ⊠ 90762, ℘ (0911) 77 12 77, Fax (0911) 777637 – AE ⓜ VISA JCB   Y n
geschl. Sonn- und Feiertage – **Menu** (Tischbestellung ratsam) à la carte 30/50.
◆ Besonders Stammgäste schätzen das rustikale Restaurant seit vielen Jahren. Dieser beständige Kreis beweist, daß Ambiente und Küche stimmen.

La Palma, Karlstr. 22, ⊠ 90763, ℘ (0911) 74 75 00, Fax (0911) 7418830, ☼ – P. AE ① ⓜ VISA   siehe Stadtplan Nürnberg AS b
geschl. Aug., Montag – **Menu** (italienische Küche) à la carte 20,50/37,50.
◆ Die mediterranen Farben im holzvertäfelten Restaurantraum sowie die Küchenkreationen des Patron geben Einblick in die italienische Lebensfreude.

Comödie, Theresienstr. 1 (Berolzheimerianum), ⊠ 90762, ℘ (0911) 74 92 99 47, *bero@comoedie.de*, Fax (0911) 74929949, ☼ – ⓜ VISA   Z a
geschl. 15. Aug. - 10. Sept., Juli - Sept. Montagmittag, Freitagmittag, Samstagmittag – **Menu** à la carte 23/32.
◆ Lassen Sie sich einfangen vom Flair des ehemaligen jüdischen Theaters und dem künstlerisch eleganten Ambiente, unterstrichen durch die kräftigen Farbnuancen der Accessoires.

Folgende Häuser finden Sie auf dem Stadtplan Nürnberg :

In Fürth-Dambach :

Astron Hotel Forsthaus ⓢ, Zum Vogelsang 20, ⊠ 90768, ℘ (0911) 77 98 80, *forsthaus-fuerth@astron-hotels.de*, Fax (0911) 720885, ☼, ⇌, ⊠ – 🛗, ⇌ Zim, TV 🕻 P. – 🔔 160. AE ① ⓜ VISA JCB   AS g
Menu à la carte 27/38 – ⇌ 13 – **112 Zim** 101/205.
◆ Umgeben von rauschenden Tannen entfaltet sich bei diesem am Waldrand gelegenen Haus mit seinen gediegenen Zimmern ein Hauch Feriensttimmung unweit des Großstadttrubels. Das Restaurant gefällt mit elegantem und gedämpftem Fluidum.

In Fürth-Höfen :

Pyramide M, Europa-Allee 1, ⊠ 90763, ℘ (0911) 9 71 00, *info@pyramide.de*, Fax (0911) 9710111, ≤, ☼, Massage, 🏋, ⇌ – 🛗, ⇌ Zim, ☰ TV 🕻 👃 ⇌ P. – 🔔 270. AE ① ⓜ VISA JCB   AS s
Keop's (nur Abendessen) **Menu** à la carte 19/34 – **Setos** (nur Mittagessen) **Menu** 20 (nur Buffet) – **101 Zim** ⇌ 105/215 – 118/227.
◆ Als Glanzpunkt moderner Hotelarchitektur erweist sich der gläserne Bau in Pyramidenform. Auch die modernen und komfortablen Zimmer mit großen Fensterfronten enttäuschen nicht. Vielseitig gibt sich die Kulinarik des modern gestylten Restaurants.

FÜRTH

In Fürth-Poppenreuth :

🏨 **Novotel**, Laubenweg 6, ✉ 90765, ℰ (0911) 9 76 00, h0493@accor-hotels.cor
Fax (0911) 9760100, 🍴, ⇌s, 🏊 (geheizt), 🌳 – 🛗, ⇌ Zim, 📺 📞 P. – 🔒 220. ⊞ ⓘ
🔵 VISA JCB
AS
Menu à la carte 18/32 – ⇌ 13 – **128 Zim** 89 – 99.
• Am Poppenreuther Kreuz des Frankenschnellweges ist das Haus einfach zu finde
Kürzlich hat man alle Zimmer einer Schönheitskur unterzogen : sie wirken nun hell ur
freundlich.

FÜRTH IM ODENWALD Hessen 417 419 R 10 – 11 000 Ew – Höhe 198 m – Erholungsor
Berlin 608 – Wiesbaden 83 – Mannheim 43 – Darmstadt 42 – Heidelberg 36.

In Fürth-Weschnitz Nord-Ost : 6 km :

🏨 **Erbacher Hof**, Hammelbacher Str. 2, ✉ 64658, ℰ (06253) 2 00 80, flairhotel@
erbacherhof.de, Fax (06253) 2008200, Biergarten, ⇌s, 🏊, 🌳 – 🛗 📺 P. – 🔒 60. ⊞
🔵 VISA
Menu à la carte 14/31 – **45 Zim** ⇌ 28/47 – 47/67 – ½ P 11.
• Inmitten des Naturparks Bergstraße-Odenwald gelegener familärer Gasthof. Sie woh
nen hier in einfachen, gepflegten Zimmern, die zum größten Teil mit Balkonen versehe
sind. Der bürgerliche Rahmen der Gaststätte harmoniert gut mit der Küche.

In Rimbach Süd-West : 4,5 km :

🏨 **Berghof** 🌿, Holzbergstr. 27, ✉ 64668, ℰ (06253) 9 81 80, info@berghof.de
Fax (06253) 981849, ≤, 🍴, 🌳 – ⇌ Zim, 📺 P.
geschl. 14. - 31. Juli – **Menu** (geschl. Donnerstag) (Montag - Mittwoch nur Abendesser
à la carte 21/33 – **13 Zim** ⇌ 46/48 – 75 – ½ P 14.
• Auf einer Anhöhe oberhalb des Ortes finden Sie dieses Erholungs-Domizil. Es bietet Ihne
gepflegte und geräumige Zimmer, die nahezu alle über einen Balkon verfügen. Bewähr
Odenwälder und internationale Küche kommt hier auf den Tisch.

FÜSSEN Bayern 419 420 X 16 – 14 000 Ew – Höhe 803 m – Kneipp- und Luftkurort – Wintersport
810/950 m ⛷3 🎿.
Sehenswert : St.-Anna-Kapelle (Totentanz★) B.
Ausflugsziele : Schloss Neuschwanstein★★★ 4 km über ② – Schloss Hohenschwangau★
4 km über ② – Alpsee★ : Pindarplatz ⇐★ 4 km über ② – Romantische Straße★★ (vo
Füssen bis Würzburg).
🛈 Tourist Information, Kaiser-Maximilian-Platz 1, ✉ 87629, ℰ (08362) 9 38 50
tourismus@fuessen.de, Fax (08362) 938520.
Berlin 659 ② – München 120 ② – Kempten (Allgäu) 44 ④ – Landsberg am Lech 63 ②

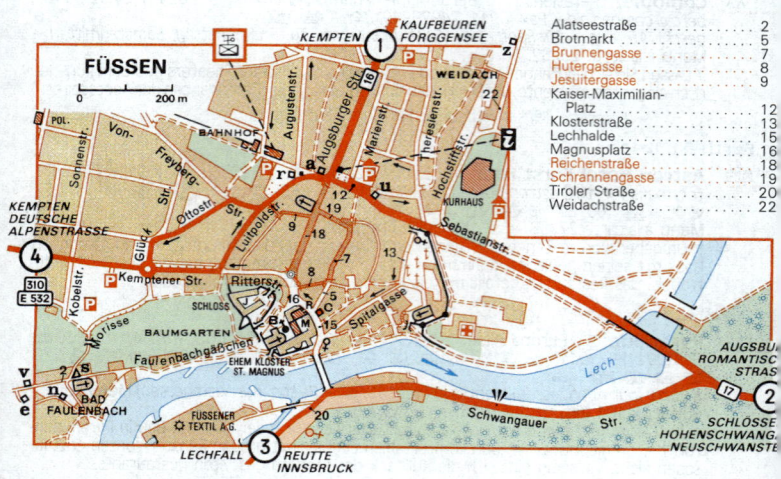

Alatseestraße	2
Brotmarkt	5
Brunnengasse	7
Hutergasse	8
Jesuitergasse	9
Kaiser-Maximilian-Platz	12
Klosterstraße	13
Lechhalde	15
Magnusplatz	16
Reichenstraße	18
Schrannengasse	19
Tiroler Straße	20
Weidachstraße	22

FÜSSEN

Treff Hotel Luitpoldpark M, Luitpoldstraße, ⊠ 87629, ℘ (08362) 90 40, *fuessen@treff-hotels.de*, Fax (08362) 904678, 🍽, ⓕ6, ⊆s – 🛗, ⇄ Zim, 📺 📞 🚗 – 🔒 130. 🅰🅴 ⓘ ⓜⓞ 🆅🅸🆂🅰 🆓🅲🅱. ⅍ Rest   r
Menu à la carte 17,50/38 – **131 Zim** ⊇ 90/105 – 143/168, 7 Suiten – ½ P 18.
♦ Ein Haus, das gehobenen Ansprüchen gerecht wird : mit stilvollen, elegant wirkenden Zimmern und schicken Marmorbädern - abgerundet durch einen funktionierenden Service. Das Restaurant bietet verschiedene Stilrichtungen von elegant bis rustikal.

Sommer M 🍃, Weidachstr. 74, ⊠ 87629, ℘ (08362) 9 14 70, *info@hotel-sommer.de*, Fax (08362) 914714, ≤, Massage, ⊆s, 🟊 (geheizt), 🟆, 🍽 – 🛗, ⇄ Zim, 📺 📞 & 🚗 🅿. ⓜⓞ 🆅🅸🆂🅰. ⅍ Rest   über Weidachstraße
Menu 20 und à la carte – **70 Zim** ⊇ 99/115 – 144/158, 13 Suiten – ½ P 20.
♦ Etwas außerhalb, eingebettet in die herrliche Kulisse der Allgäuer Bergwelt findet man diesen properen Gasthof. Die behaglichen Zimmer verbreiten eine nette Atmosphäre. Die mit hellem Holz ausstaffierte Gaststube wirkt einladend.

Kur-Café, Bahnhofstr. 4, ⊠ 87629, ℘ (08362) 93 01 80, *info@kurcafe.com*, Fax (08362) 9301850, ⊆s – 🛗, ⇄ Zim, 📺 📞 🚗. 🅰🅴 ⓜⓞ 🆅🅸🆂🅰 🆓🅲🅱   a
Menu (geschl. 6. - 31. Jan.) à la carte 15,50/36,50 – **31 Zim** ⊇ 82/99 – 99/113 – ½ P 14.
♦ Auf der Suche nach einer netten Unterkunft in zentraler Lage werden Sie hier fündig. Das kleine Hotel beherbergt seine Gäste in zeitgemäß eingerichteten Zimmern. Das Restaurant : teils gemütlich-rustikal, teils mediterran als Wintergarten.

Christine 🍃 garni, Weidachstr. 31, ⊠ 87629, ℘ (08362) 72 29, Fax (08362) 940554, 🍽 – 📺 🚗 🅿.   z
geschl. 15. Jan. - 15. Feb. – **13 Zim** ⊇ 75 – 95/130.
♦ Ein etwas unscheinbares kleines Hotel in einer ruhigen Wohnstraße. Hier wird den Gästen ein nettes Ambiente geboten. Morgens lockt ein liebevoll zubereitetes Frühstück.

Hirsch, Kaiser-Maximilian-Platz 7, ⊠ 87629, ℘ (08362) 9 39 80, *info@hotelhirsch.de*, Fax (08362) 939877, Biergarten – 🛗, ⇄ Zim, 📺 🚗 🅿. 🅰🅴 ⓘ ⓜⓞ 🆅🅸🆂🅰 🆓🅲🅱   u
geschl. 7. - 31. Jan. – **Menu** à la carte 20/34,50 – **54 Zim** ⊇ 76/87 – 87/152 – ½ P 14.
♦ Seit Generationen befindet sich das rosafarbene historische Haus mit seinem spitzen Dach in Familienbesitz. Die Zimmer wurden kürzlich renoviert und ansprechend eingerichtet. Gepflegte Rustikalität verbreitet sich in den holzvertäfelten Gaststuben.

Zum Schwanen, Brotmarkt 4, ⊠ 87629, ℘ (08362) 61 74, Fax (08362) 940781 – ⇄. ⓜⓞ 🆅🅸🆂🅰   c
geschl. Nov. - Mitte Dez., Montag, Jan. - April Sonntag - Montag – **Menu** à la carte 15/29.
♦ Hinter der Fassade dieses Altstadthauses empfängt man seine Gäste in einem schnörkellosen, rustikal angehauchten Ambiente und serviert ihnen Allgäuer Spezialitäten.

In Füssen-Bad Faulenbach – *Mineral- und Moorbad* :

Kurhotel Wiedemann 🍃, Am Anger 3, ⊠ 87629, ℘ (08362) 9 13 00, *info@ hotel-wiedemann.de*, Fax (08362) 913077, Massage, ≉, 🛖, ⊆s, 🍽 – 🛗 ⇄ 📺 🚗 🅿. ⓜⓞ 🆅🅸🆂🅰   n
geschl. 20. Nov. - 22. Dez. – **Menu** (Restaurant nur für Hausgäste) – **44 Zim** ⊇ 49/58 – 98/118 – ½ P 10.
♦ Aus der ursprünglichen "Villa am See" hat Familie Wiedemann das heutige moderne Kur- und Vitalhotel geschaffen. Einen ideales Refugium für einen erholsamen Aufenthalt.

Parkhotel 🍃, Fischhausweg 5, ⊠ 87629, ℘ (08362) 9 19 80, *info@parkhotel-fuessen.de*, Fax (08362) 919849, Massage, ⊆s – 🛗, ⇄ Zim, 📺 🅿. ⓘ ⓜⓞ 🆅🅸🆂🅰. ⅍ Rest   e
geschl. 11. Nov. - 16. Dez. – **Menu** (geschl. Montag) (nur Abendessen) (Restaurant nur für Hausgäste) – **21 Zim** ⊇ 58/65 – 106/120, 3 Suiten – ½ P 15.
♦ Eleganz strahlt die rekonstruierte Jugendstilvilla aus. Innen findet man angenehme Zimmer, die mit wohnlichen Kirschbaummöbeln bestückt wurden. Großzügige Saunalandschaft.

Frühlingsgarten, Alatseestr. 8, ⊠ 87629, ℘ (08362) 9 17 30, *hotel-fruehlingsgarten@t-online.de*, Fax (08362) 917340, 🍽 – 📺 🅿.   s
geschl. Mitte Nov. - Mitte Dez. – **Menu** (geschl. Dienstag) à la carte 14/31 – **11 Zim** ⊇ 34/50 – 66/74 – ½ P 10.
♦ Ländlicher Gasthofkomfort erwartet Sie in dieser Stätte, wo man schon seit über 150 Jahren zufrieden ein und aus geht. Einfache, aber gepflegte Zimmer stehen zur Verfügung. Gemütliche, lichtdurchflutete Stube mit Kachelofen und Balkendecke.

Alpenschlößle mit Zim, Alatseestr. 28, ⊠ 87629, ℘ (08362) 40 17, Fax (08362) 39847, 🍽, 🚗 – 📺 🅿. ⅍ Rest   v
Menu (geschl. Dienstag) 14 (mittags) à la carte 31,50/45 – **10 Zim** ⊇ 57/82 – 93/103 – ½ P 24.
♦ Apart steht das kleine Haus mit seinem Türmchen und den roten Korbmarkisen am Waldrand - ein familärer Empfang und leicht italienisches Flair runden den Eindruck ab.

FÜSSEN

In Füssen-Hopfen am See über ① : 5 km :

Geiger, Uferstr. 18, ✉ 87629, ✆ (08362) 70 74, info@hotel-geiger.d
Fax (08362) 38838, ≤ See und Allgäuer Alpen – 📺 🅿 🆗 VISA
geschl. Anfang Nov. - Mitte Dez. – **Menu** à la carte 17,50/34,50 – **24 Zim** ☑ 48/60
95/120 – ½ P 14.
 ♦ Ferien am idyllischen Hopfensee bietet das direkt an der Uferpromenade gelegene Hote
 das auf eine jahrzehntelange Familientradition zurückblicken kann. Sinn für Gastlichkeit ur
 ein gediegenes Ambiente findet man im Restaurant.

Fischerhütte, Uferstr. 16, ✉ 87629, ✆ (08362) 9 19 70, wltrvol@aol.cor
Fax (08362) 919718, ≤, 🌳, Biergarten – 🅿 AE 🆗 VISA
geschl. 1 Woche, Nov. - Feb. Montag – **Menu** à la carte 17,50/34.
 ♦ Ländliches Gasthaus : An kalten Tagen sind die verschiedenen rustikalen Stuben beson
 ders gemütlich und im Sommer lädt die herrliche Terrasse am See zum Verweilen ein.

In Füssen-Oberkirch über ④ : 7 km :

Bergruh 🐾, Alte Steige 16 (Hinteregg), ✉ 87629, ✆ (08362) 90 20, info@hot
bergruh.de, *Fax (08362) 90212, ≤, 🌳, Massage, ♨, ♒, ≋, 🔲, 🐎 –* 📶 ✶ Rest, ☐
🅿 🆗 VISA ✂ Rest
geschl. Mitte Nov. - Mitte Dez. – **Menu** à la carte 20/32,50 – **29 Zim** ☑ 44/78 – 87/13!
3 Suiten – ½ P 13.
 ♦ Ruhig liegt der im alpenländischen Stil erbaute Feriengasthof etwas außerhalb in eine
 Nebenstraße. Wenn Sie wollen, können Sie hier in einem richtigen Himmelbett nächtige
 Wohltuende Allgäuer Gemütlichkeit macht sich im Restaurant bemerkbar.

In Rieden-Dietringen über ① : 9 km :

Schwarzenbach's Landhotel, an der B 16, ✉ 87669, ✆ (08367) 3 43, info@
landhotel-schwarzenbach.de, *Fax (08367) 1061, ≤ Forggensee und Allgäuer Alpen,* 🌳
≋, 🐎 – 📺 🅿 🆗 VISA
geschl. Mitte Feb. - März – **Menu** *(geschl. Nov., Dienstag, Dez - Mai Montag - Dienstag*
à la carte 16/29 – **30 Zim** ☑ 45/50 – 80/110 – ½ P 14.
 ♦ Stattlich steht dieser Gasthof im reizvollen Alpenvorland - umgeben von saftigen Wieser
 Sie logieren in netten Zimmern, die überwiegend mit Naturholzmöbeln eingerichtet sin
 Die Räume des Restaurants gefallen mit urwüchsigem Allgäu-Charakter.

*Einzelheiten über die in diesem Reiseführer angegebenen
Preise finden Sie in der Einleitung.*

FÜSSING, BAD Bayern **420** U 23 – 6 500 Ew – Höhe 324 m – Heilbad.
 🚇 Bad Füssing-Kirchham (West : 4 km), ✆ (08531) 9 19 90.
 fi Kurverwaltung, Rathausstr. 8, ✉ 94072, ✆ (08531) 97 55 80, info@gemeinde
 badfuessing.de, *Fax (08531) 21367.*
 Berlin 636 – München 147 – Passau 31 – Salzburg 110.

Parkhotel 🐾, Waldstr. 16, ✉ 94072, ✆ (08531) 92 80, parkhotel.badfuessing@t
online.de, *Fax (08531) 2061, 🌳, Massage, ♨, 🎿, 🔲 (geheizt), 🔲 (Thermal), 🐎 –*
✶ Zim, 📺 ❦ 🅿 – 🔥 60. ✂
geschl. 3. Jan. - 10. Feb., 15. Nov. - 26. Dez. – **Menu** à la carte 17,50/36,50 – **100 Zim**
☑ 63/86 – 123/189 – ½ P 13.
 ♦ Das großzügig angelegte und elegant wirkende Hotel liegt mitten im Grüner
 und doch zentrumsnah. Die wohnlichen Zimmer eignen sich bestens für einen längerer
 Kuraufenthalt. Klein, aber fein und gemütlich lautet die Devise des Restaurants mi
 Gartenterrasse.

Kurhotel Holzapfel, Thermalbadstr. 5, ✉ 94072, ✆ (08531) 95 70, kurhotel
holzapfel@t-online.de, *Fax (08531) 957280, 🌳, Massage, ♨, 🎿, ≋, 🐎 direkter
Zugang zu den Thermalschwimmbädern –* 🛗, ✶ Zim, 📺 ❦ 🅿 – 🔥 20. 🆗 VISA ✂
geschl. 9. Dez. - 30. Jan. – **Menu** à la carte 24/42 – **79 Zim** ☑ 64/74 – 118/178, 3 Suiter
– ½ P 14.
 ♦ Schon beim Betreten des Hauses bleibt die Hektik des Alltags außen vor und man genießt
 den Aufenthalt, während die Blicke beim geschmackvollen Interieur verweilen. Das behag-
 liche Restaurant lockt mit sorgfältig zubereiteten Gaumenfreuden.

Wittelsbach, Beethovenstr. 8, ✉ 94072, ✆ (08531) 95 20, kurhotel.wittelsbach@t
-online.de, *Fax (08531) 22256, Massage, ♨, ≋, 🔲 (Thermal), 🔲 (Thermal), 🐎 –* 🛗
✶ Zim, 📺 ⇔ 🅿 – 🔥 40. AE 🆗 VISA ✂
geschl. 2. - 25. Dez. – **Menu** (Restaurant nur für Hausgäste) – **69 Zim** ☑ 82/97 – 142/150
– ½ P 17.
 ♦ Die zentrale Lage direkt am Freizeitpark, ein aufmerksamer Service und dazu ein kom-
 plettes Kurangebot machen das Haus zu jeder Jahreszeit besuchenswert.

FÜSSING, BAD

Am Mühlbach, Bachstr.15 (Safferstetten, Süd : 1 km), ✉ 94072, ℘ (08531) 27 80, wellness@muehlbach.de, Fax (08531) 278427, Massage, ♣, ≦s, ☐ (Thermal), ☐ (Thermal), 🛌 – ⌘, ⌇ Rest, TV 🎧 ⇌ 🅿 – 🔒 20. ⛉
geschl. 8. - 20. Dez. – **Menu** à la carte 14/30,50 – **65 Zim** ⇌ 85/105 – 147/161 – ½ P 15.
◆ Ein geschmackvoll- rustikal eingerichtetes Kurhotel, in dem sich Tradition mit modernem Komfort, Gastlichkeit und familiärer Atmosphäre harmonisch verbindet. Restaurant im ländlichen Stil - ergänzt durch einen sonnigen Wintergarten.

Apollo, Mozartstr. 1, ✉ 94072, ℘ (08531) 95 10, info@hotel-apollo.de, Fax (08531) 951232, ☂, Massage, ♣, ≦s, ☐ (Thermal), ☐ (Thermal), 🛌 – ⌘ ⌇ TV 🎧 ⇌ 🅿 ⓄⓄ VISA ⛉
Menu 12 (Lunchbuffet) à la carte 14,50/33,50 – **105 Zim** ⇌ 82/88 – 134/150 – ½ P 13.
◆ Am Ortsrand steht dieser moderne Hotelbau. Hier haben Sie die Wahl zwischen gepflegten, behaglich eingerichteten Zimmern und großzügigen Appartements mit Kochgelegenheit. Das Restaurant lockt mit neo-rustikalem Ambiente und Wintergarten.

Promenade garni, Kurallee 20, ✉ 94072, ℘ (08531) 94 40, promenade@haslingerhof.de, Fax (08531) 295800, 🛌 – ⌘ TV ⇌. ⛉
22 Zim ⇌ 45/64 – 89/99.
◆ Im Herzen von Bad Füssing, gegenüber dem Kurpark, fällt das zitronengelb gestrichene Haus schnell ins Auge. Es beherbergt seine Gäste in einem angnehmen rustikalen Ambiente.

Bayerischer Hof, Kurallee 18, ✉ 94072, ℘ (08531) 95 66, bayerischer-hof@t-online.de, Fax (08531) 956800, ☂, Massage, ♣, ☐ (Thermal) – ⌘ TV ⇌ 🅿 AE ⓄⓄ VISA ⛉ Rest
geschl. Dez. - Jan. – **Menu** à la carte 15/27 – **59 Zim** ⇌ 62/76 – 110/120 – ½ P 14.
◆ Überall, ob im Hotel mit seinen elegant angehauchten Zimmern oder im eigenen Thermalbad, sorgt das geschulte Team dafür, daß Sie sich erholen können. Vom Restaurant aus hat man einen schönen Blick ins Grüne.

Kurpension Diana garni, Kurallee 12, ✉ 94072, ℘ (08531) 2 90 60, info@kurpension-diana.de, Fax (08531) 2906103, Massage, 🛌 – ⌘ TV ⇌ 🅿 ⛉
geschl. 15. Dez. - 15. Jan. – **42 Zim** ⇌ 39/40 – 55/71.
◆ Mit ihren äußerst gepflegten und wohnlichen Zimmern ist diese sympathische Familienpension eine empfehlenswerte Adresse für Urlaub oder Kuraufenthalt.

✕ **Schloss-Taverne**, Inntalstr. 26 (Riedenburg, Süd-Ost : 1 km), ✉ 94072, ℘ (08531) 9 24 70, Fax (08531) 924725, ☂, Biergarten – ⌇ 🅿
geschl. Mittwoch – **Menu** à la carte 19/35,50.
◆ Seit den 70er Jahren ist diese gastronomische Einrichtung ein beliebter Treff bei Gästen aus nah und fern, die die bürgerlich-regionalen Spezialitäten aus der Küche schätzen.

FULDA Hessen 417 418 O 13 – 63 200 Ew – Höhe 280 m.
Sehenswert : Dom (Bonifatiusaltar★) Y – St.-Michael-Kirche★ Y B.
Ausflugsziel : Kirche auf dem Petersberg (romanische Steinreliefs★★, Lage★, ≤★) Ost : 4 km (über die B 458) Y.
🏌 Hofbieber, Am Golfplatz (Ost : 11 km über B 458), ℘ (06657) 13 34.
🛈 Tourismus- und Kongressmanagement, Haus Buttlar, Bonifatiusplatz 1, ✉ 36037, ℘ (0661) 1 02 18 13, toursimus@fulda.de, Fax (0661) 1022811.
ADAC, Karlstr. 19.
Berlin 448 ① – Wiesbaden 141 ② – Frankfurt am Main 99 ② – Gießen 109 ① – Kassel 106 ① – Würzburg 108 ②

Stadtpläne siehe nächste Seiten

Romantik Hotel Goldener Karpfen, Simpliziusbrunnen 1, ✉ 36037, ℘ (0661) 8 68 00, goldnener-karpfen@romantikhotels.com, Fax (0661) 8680100, ☂, ≦s – ⌘, ⌇ Zim, TV 🎧 ⇌ 🅿 – 🔒 50. AE Ⓞ ⓄⓄ VISA ⛉ Rest   Z f
Menu à la carte 25/51 – **50 Zim** ⇌ 95/155 – 130/250, 4 Suiten.
◆ Zurückhaltende Eleganz bestimmt den Charakter des Hauses. Mit hochwertigem Interieur und exklusiven Stoffen hat man sich den Bedürfnissen anspruchsvoller Reisender angepaßt. In den vornehmen Räumen des Restaurants erlebt man kulinarische Freuden.

Kurfürst M, Schloßstr. 2, ✉ 36037, ℘ (0661) 8 33 90, empfang@kurfuerst-fulda.de, Fax (0661) 8339339, ☂, (ehem. Palais a.d.J. 1737) – ⌘ ⌇ TV 🎧 🅿 – 🔒 30. AE Ⓞ ⓄⓄ VISA ⛉ Rest   Y a
Menu à la carte 29/38,50 – **22 Zim** ⇌ 77/100 – 118/140.
◆ Bemerkenswert restauriertes Stadtpalais aus dem 18. Jh. Der reizvolle Charme dieser Zeit kombiniert mit modernem Komfort der Gegenwart ergibt ein harmonisches Miteinander. Das Restaurant ist im Stil einer französischen Brasserie gehalten.

525

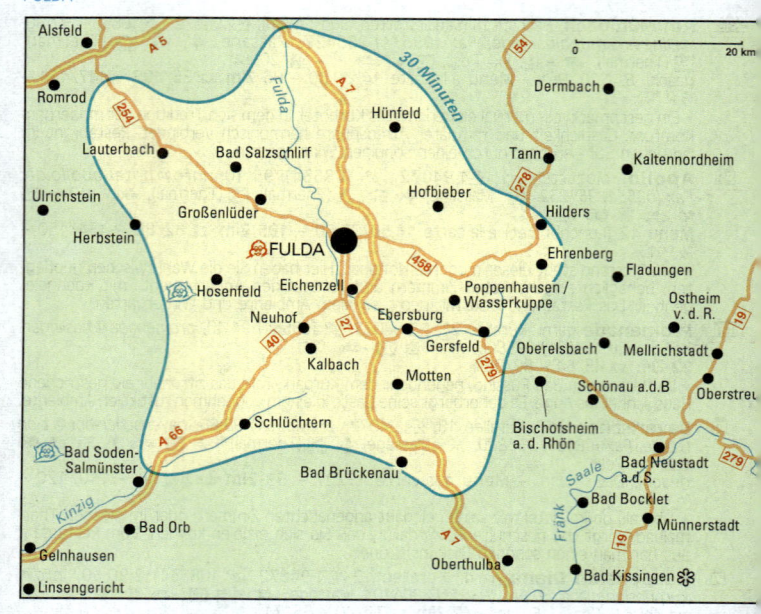

FULDA

| 🏨 | **Zum Ritter,** Kanalstr. 18, ✉ 36037, ℘ (0661) 25 08 00, *reception@hotel-ritter.de*, Fax (0661) 25080174, ➨ – ⌘, ⇔ Zim, 📺 🅿 – 🛎 40. 🆎 ① ⓜ ⓥⓘⓢⓐ Z
Menu à la carte 18/36 – **33 Zim** ⛬ 74/89 – 94/109.
♦ Reisenden eine Herberge fern der Heimat zu bieten, das hat in diesem Haus seit über 140 Jahren Tradition. Offeriert werden nette neuzeitliche Zimmer. Holzvertäfelung und historische Deckengemälde verleihen dem Restaurant seinen Reiz. |

| 🏨 | **Holiday Inn,** Lindenstr. 45, ✉ 36037, ℘ (0661) 8 33 00, *info@holiday-inn-fulda.de*, Fax (0661) 8330555, ⛨ – ⌘, ⇔ Zim, 📺 🅿 – 🛎 120. 🆎 ① ⓜ ⓥⓘⓢⓐ Z
Menu à la carte 20/32 – **134 Zim** ⛬ 108 – 133.
♦ Besonders Tagungsgäste schätzen das zentral gelegene Hotel. Denn : Die modern und freundlich eingerichteten Zimmer verfügen auch über den notwendigen technischen Komfort. |

| 🏨 | **Am Dom** garni, Wiesenmühlenstr. 6, ✉ 36037, ℘ (0661) 9 79 80, *mail@hotel-am-dom-fulda.de*, Fax (0661) 9798500 – ⌘ 📺 🅿 – 🛎 15. 🆎 ⓜ ⓥⓘⓢⓐ. geschl. 23. Dez. - 3. Jan. – **45 Zim** ⛬ 66/76 – 92.   Z
♦ Das 1993 erbaute Hotel liegt in einer ruhigen Seitenstraße im historischen Stadtzentrum. Es bietet Übernachtungsgästen ein solides und geschmackvolles Logis. |

| 🏨 | **Peterchens Mondfahrt** garni, Rabanusstr. 7, ✉ 36037, ℘ (0661) 90 23 50, *info@hotel-peterchens-mondfahrt.de*, Fax (0661) 90235799 – ⌘ 📺 🅿 – 🛎 20. 🆎 ① ⓜ ⓥⓘⓢⓐ ⓙⓒⓑ Y
42 Zim ⛬ 48/68 – 63/98.
♦ Unweit des Schlosses finden Sie in diesem netten Etagenhotel praktische und wohnlich eingerichtete Zimmer, die größtenteils kürzlich renoviert wurden. |

| 🏨 | **Wiesenmühle**, Wiesenmühlenstr. 13, ✉ 36037, ℘ (0661) 92 86 80, *wiesen.muehle@gmx.de*, Fax (0661) 9286839, Biergarten – 📺 🅿 – 🛎 50. 🆎 ⓜ ⓥⓘⓢⓐ Z
Menu à la carte 15/33,50 – **24 Zim** ⛬ 37/70 – 77/87.
♦ Idyllisch liegt die restaurierte Mühle a. d. 14. Jh. an einem Bach am Rande der Stadt. Hinter ihren alten Mauern empfangen Sie gemütliche, dem Bau angepaßte Zimmer. In der urigen Mühlenstube wird eine bürgerliche Küche serviert. Kleine Hausbrauerei. |

| 🏨 | **Hessischer Hof** garni, Nikolausstr. 22, ✉ 36037, ℘ (0661) 7 80 11, *info@hessischer-hof.de*, Fax (0661) 72289 – ⇔ 📺 ⇐ 🆎 ⓜ ⓥⓘⓢⓐ ⓙⓒⓑ   Y
30 Zim ⛬ 56/65 – 76/85.
♦ Hinter der schlichten Fassade dieses Hotels überraschen Zimmer, die teils großzügig geschnitten sind und mit praktischen und geschmackvollen Möbeln eingerichtet sind. |

FULDA

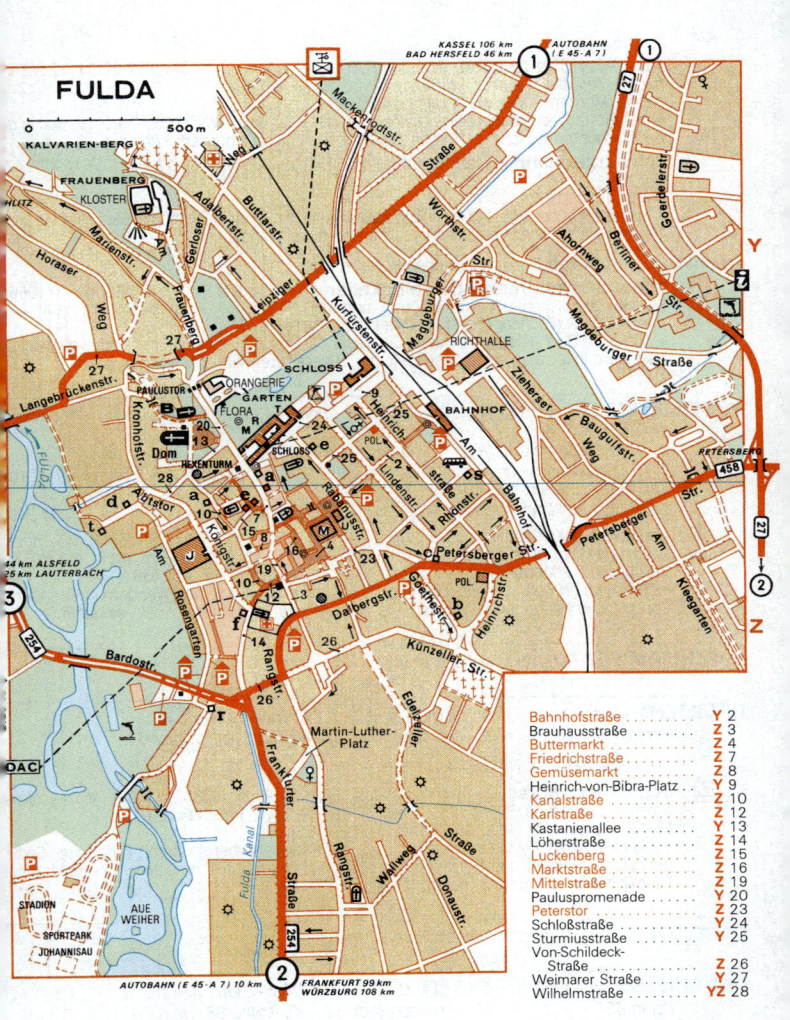

Bahnhofstraße	Y 2
Brauhausstraße	Z 3
Buttermarkt	Z 4
Friedrichstraße	Z 7
Gemüsemarkt	Z 8
Heinrich-von-Bibra-Platz	Y 9
Kanalstraße	Z 10
Karlstraße	Z 12
Kastanienallee	Z 13
Löherstraße	Z 14
Luckenberg	Z 15
Marktstraße	Z 16
Mittelstraße	Z 19
Pauluspromenade	Y 20
Peterstor	Z 23
Schloßstraße	Y 24
Sturmiusstraße	Y 25
Von-Schildeck-Straße	Z 26
Weimarer Straße	Y 27
Wilhelmstraße	YZ 28

Kolpinghaus, Goethestr. 13, ✉ 36043, ℘ (0661) 8 65 00, *hotelkolpinghausfulda@t-on line.de, Fax (0661) 8650111,* 🍴 – 🛗, ↔ Zim, 📺 🅿 – 🔔 120. 🅰🅴 ⓘ 🆎 💳   Z b
Menu à la carte 17/32 – **77 Zim** ☑ 63/70 – 88/99.
♦ Viele Zimmer und auch die Bäder des im Zentrum gelegenen Hotels wurden erst vor kurzem renoviert. Dank dieses Umbaus verbreitet sich jetzt eine angenehme Atmosphäre. Zwei gemütliche Restaurants bieten sich an.

Am Rosenbad garni, Johannisstr. 5, ✉ 36041, ℘ (0661) 92 82 60, *info@hotel-am-rosenbad.de, Fax (0661) 9282648* – 📺 🅿 🆎 💳   Z r
geschl. Weihnachten - Neujahr – **20 Zim** ☑ 59/75 – 85/95.
♦ Ein kleine und nette Übernachtungsadresse am Stadtrand. Ob nur für eine Nacht oder einen längeren Aufenthalt, die freundliche Führung ist eine Selbstverständlichkeit.

Dachsbau, Pfandhausstr. 8, ✉ 36037, ℘ (0661) 7 41 12, *Fax (0661) 74110* – 🅰🅴 🆎 💳   Z e
geschl. Aug. 2 Wochen, Sonntagabend - Montag – **Menu** à la carte 26/45.
♦ Etwas versteckt in einer Seitenstraße gelegen, bieten man in den behaglich-rustikalen Räumlichkeiten zur Freude der Gäste eine internationale Küche und ausgesuchte Weine.

FULDA

Alte Pfandhausstube, Pfandhausstr. 7, ✉ 36037, ℘ (0661) 2 29 01, altepfa
hausstube@t-online.de, Fax (0661) 22900, 🍴 – 🆎 VISA
geschl. Montag – **Menu** à la carte 14,50/30,50.
• Das Altstadthaus beherbergt ein Restaurant im Stil einer Weinstube - nett-rustikal in de
Aufmachung. An blanken Tischen bewirtet man Sie mit bürgerlicher Kost.

Schwarzer Hahn, Friedrichstr. 18, ✉ 36037, ℘ (0661) 24 03 12, Fax (0661) 901247
🍴
Menu à la carte 14/29.
• In diesem hübsch gestalteten Restaurant nehmen Sie an blanken, mit Sets eingedeckte
Tischen Platz. Bilder verschiedener Art zieren die Wände.

In Fulda-Kämmerzell Nord : 6 km über Horaser Weg Y :

Zum Stiftskämmerer-Gewölbekeller, Kämmerzeller Str. 10, ✉ 36041, ℘ (066
5 23 69, stiftskaemmerer@aol.com, Fax (0661) 54259, 🍴 – 🅿 ⓞ 🆎 VISA JCB
geschl. Juli 2 Wochen, Dienstag – **Menu** à la carte 15/31.
• Mitten im Dorf gelegen, erwartet Sie dieser Gasthof mit einer schönen Fachwerkfassad
Ins Innere lockt man seine Gäste mit gut zubereiteten ländlichen Spezialitäten.

FURTH IM WALD Bayern 420 S 22 – 9 500 Ew – Höhe 410 m – Erholungsort – Wintersport
610/950 ⟨3 ⟩.
🏌 Voithenberg (Nord-West : 4 km), ℘ (09973) 20 89.
🛈 Tourist-Information, Schloßplatz 1, ✉ 93437, ℘ (09973) 5 09 80, tourist@furth.de
Fax (09973) 50985.
Berlin 492 – München 198 – Regensburg 93 – Cham 19.

Habersaign, Haberseigen 1 (West : 2 km), ✉ 93437, ℘ (09973) 38 23, hote
habersaign@t-online.de, Fax (09973) 3284, 🍴, ⇌, 🛋, – ⇌ Zim, 📺 🅿 🆎 VISA. 🍴
geschl. Nov. – **Menu** à la carte 11,50/20,50 – **24 Zim** ⇌ 35 – 62/66 – ½ P 8.
• Die saftig grüne Naturlandschaft von Wald und Wiesen lädt zum Wandern und andere
Sportmöglichkeiten Ihrer Wahl ein. Die Zimmer sind mit Bauernmöbeln eingerichtet.

FUSCHL AM SEE Österreich siehe Salzburg.

GÄDEBEHN Mecklenburg-Vorpommern 416 F 18 – 240 Ew – Höhe 60 m.
Berlin 187 – Schwerin 25 – Parchim 27 – Ludwigslust 50 – Wismar 54.

In Gädebehn-Basthorst Nord : 4 km :

Schloß Basthorst ⟩ (mit Gästehaus), ✉ 19089, ℘ (03863) 52 50, info@schloss
basthorst.de, Fax (03863) 525555, 🍴 – 📺 🅿 – 🔔 35. 🆎 🆎 VISA
Menu à la carte 22/33 – **45 Zim** ⇌ 67/82 – 82/98.
• Die renovierte Anlage in einsamer Lage mit Park beherbergt Sie mit klassischer Gedie
genheit - Stilmöbel und Holzboden schaffen ein charmantes Ambiente. Geschmackvolle
Räumlichkeiten bilden den gastronomischen Bereich.

GÄGELOW Mecklenburg-Vorpommern siehe Wismar.

GÄRTRINGEN Baden-Württemberg 419 U 10 – 10 000 Ew – Höhe 476 m.
Berlin 657 – Stuttgart 31 – Freudenstadt 59 – Karlsruhe 88.

Bären, Daimlerstr. 11, ✉ 71116, ℘ (07034) 27 60, hotel-baeren@t-online.de
Fax (07034) 276222, 🍴 – ⇌ Zim, 📺 📞 ⇌ 🅿 – 🔔 20. 🆎 ⓞ 🆎 VISA
geschl. 24. Dez. - 6. Jan. – **Menu** (geschl. Aug., 22. Dez. - 15. Jan., Freitag - Sonntag) (nu
Abendessen) à la carte 18/26 – **32 Zim** ⇌ 48/58 – 82/88.
• Eine familiäre Atmosphäre wartet hier auf Ihren Besuch. Mit seinem sauberen, gepflegte
Interieur stellt das Haus eine praktische Übernachtungsadresse dar. In der Gaststube ser
viert man Ihnen in schlichtem Ambiente bürgerliche Gerichte.

Kerzenstüble 🅼, Böblinger Str. 2, ✉ 71116, ℘ (07034) 9 24 00, info@kerzenstue
ble.de, Fax (07034) 924040, 🍴 – ⇌ ⇌ Zim, 📺 📞 ⇌ 🅿 – 🔔 20. 🆎 ⓞ 🆎 VISA
Menu (geschl. Sept. 2 Wochen, Samstagmittag, Sonntagabend – Montag) à la carte
15,50/32 – **28 Zim** ⇌ 62 – 87.
• Das neuzeitliche Haus stellt eine funktionelle Herberge für unterwegs dar. Eine gute
Verkehrsanbindung läßt Sie wichtige Ziele rund um Stuttgart bequem erreichen. Einfaches
Restaurant mit leicht rustikalem Touch.

GÄUFELDEN Baden-Württemberg siehe Herrenberg.

GAGGENAU
Baden-Württemberg 419 T 8 – 30 000 Ew – Höhe 142 m.

ℹ Tourist - Info, Rathausstr. 11 (Bad Rotenfels), ✉ 76571, ℘ (07225) 7 96 69, gaggen au.stadt@gaggenau.de, Fax (07225) 79669.
Berlin 702 – Stuttgart 103 – Karlsruhe 31 – Baden-Baden 16 – Rastatt 14.

Parkhotel, Konrad-Adenauer-Str. 1, ✉ 76571, ℘ (07225) 6 70, reservierung@park hotel-gaggenau.de, Fax (07225) 76205, 🍽 – 🛗, ❀ Zim, 📺 ✆ ♿ 🚗 – 🔒 100. 🅰 ⓞ **ⓒⓑ** 💳 ⓙ
Menu à la carte 22/35 – **63 Zim** ☐ 89/113 – 129/149.
◆ In dreieckiger Form präsentiert sich eine nicht alltägliche Architektur. Das Haus steht zum privaten Logieren oder professionellen Tagen mit praktischen Extras für Sie bereit. Die Restaurants bieten Ihnen eine gepflegte Atmosphäre.

In Gaggenau-Michelbach Nord-Ost : 3,5 km :

Zur Traube, Lindenstr. 10, ✉ 76571, ℘ (07225) 7 62 63, Fax (07225) 70213, 🍽 – 🅿. ⓒⓑ 💳
geschl. Montag – **Menu** (abends Tischbestellung ratsam) à la carte 26/44 🍷 – **Elsässer Stüble** : **Menu** à la carte 19/38.
◆ Ein restauriertes Fachwerkhaus a. d. 18. Jh. beherbergt das Restaurant. Appetitanregende Zubereitungen bei hübsch eingedeckten Tischen erfreuen Auge und Gaumen. Karierte Tischdecken und ein nettes Dekor zieren das Elsässer Stüble.

In Gaggenau-Moosbronn Nord-Ost : 8 km :

Hirsch, Herrenalber Str. 17, ✉ 76571, ℘ (07204) 94 60 00, andreas.abendschoen@t -online.de, Fax (07204) 8697, 🍽, 🌳 – 📺 ✆ 🚗 🅿. 🅰 ⓒⓑ 💳
geschl. Anfang Aug. 2 Wochen – **Menu** (geschl. Montagabend - Dienstag) à la carte 15/33 – **9 Zim** ☐ 33 – 56/60.
◆ Sind Sie auf der Suche nach einer praktischen Bleibe? Schlicht in der Einrichtung, entsprechen die Zimmer ganz dem ländlichen Charakter des Hauses. Das Restaurant ist bürgerlich-rustikal gehalten.

In Gaggenau-Bad Rotenfels Nord-West 2,5 km :

Ochsen, Murgtalstr. 22, ✉ 76571, ℘ (07225) 9 69 90, hotel-gasthof-ochsen@t-on line.de, Fax (07225) 969950, 🍽 – 📺 ✆ 🚗 🅿. 🅰 ⓒⓑ 💳
Menu (geschl. Aug., 26. Dez. - Jan., Freitag - Samstagmittag) à la carte 17,50/28 – **23 Zim** ☐ 54/56 – 75/82.
◆ Die traditionelle Gastlichkeit des Hauses erfahren Sie hier auch heute noch. In zeitgemäßem Stil eingerichtete Zimmer - nach hinten gelegen - sind über den Hof erreichbar. Privater Charme erfüllt die Räumlichkeiten des Restaurants.

GAIENHOFEN
Baden-Württemberg 419 W 10 – 3 300 Ew – Höhe 400 m.

ℹ Kultur- und Gästebüro, Im Kohlgarten 1, ✉ 78343, ℘ (07735) 8 18 23, info@gaien hofen.de, Fax (07735) 81818.
Berlin 757 – Stuttgart 175 – Konstanz 33 – Singen (Hohentwiel) 23 – Zürich 68 – Schaffhausen 29.

In Gaienhofen-Hemmenhofen – Erholungsort :

Höri am Bodensee, Uferstr. 20, ✉ 78343, ℘ (07735) 81 10, info@hoeri-am-bodensee.de, Fax (07735) 811222, ≤, 🍽, Massage, 🎾, ≘s, 🏊, 🛶, 🌳, ❀ – 🛗, ❀ Zim, 📺 ✆ 🅿 – 🔒 120. ⓞ ⓒⓑ 💳 ❀ Rest
Menu à la carte 23/36 🍷 – **Lorenzo's** (geschl. Montag - Dienstag) (nur Abendessen) **Menu** 52/63 und à la carte – **80 Zim** ☐ 86/128 – 115/170 – ½ P 18.
◆ Ob Sie zum Tagen oder privat die Annehmlichkeiten dieser Residenz in Anspruch nehmen - teils rustikal, teils neuzeitlich gestaltete Zimmer bescheren Ihnen Erholung. Das Restaurant Seensucht ist als Wintergarten angelegt. Hell und freundlich des Lorenzo's.

Kellhof, Hauptstr. 318, ✉ 78343, ℘ (07735) 20 35, kellhof@t-online.de, Fax (07735) 938738, 🍽 – ❀ Zim, 📺 ✆ 🅿. ⓒⓑ 💳 ❀ Zim
geschl. 7. Jan. - 1. März – **Menu** (geschl. Nov. - März Montag) à la carte 15,50/31 – **14 Zim** ☐ 49/56 – 72/92 – ½ P 16.
◆ Außen Fachwerk-Charme, innen Moderne : Die Zimmer Ihres Domizils sind in neuzeitlichem Design gehalten - je nach Geschmack in kräftigen Farben oder eher klassisch. Bürgerlich-ländlich hat man das Restaurant eingerichtet.

In Gaienhofen-Horn :

Hirschen-Gästehaus Verena, Kirchgasse 1, ✉ 78343, ℘ (07735) 9 33 80, hirsch en-horn@t-online.de, Fax (07735) 933859, 🍽 – 📺 ✆ 🅿. ❀
Menu (geschl. 6. März - 3. April, Nov. - März Mittwoch - Donnerstag) à la carte 16/38 – **32 Zim** ☐ 38/70 – 66/92 – ½ P 13.
◆ Geschmackvolle Zimmer in hellem oder dunklem Holz beherbergen Sie in einer Stätte traditioneller Gastlichkeit. Die Vorzüge des Bodensees sprechen für sich selbst. Viel Holz verleiht der Gaststube ein gemütliches Ambiente.

GAILDORF Baden-Württemberg **419** S 13 – 12 000 Ew – Höhe 329 m.
Berlin 557 – Stuttgart 69 – Aalen 43 – Schwäbisch Gmünd 29 – Schwäbisch Hall 17.

In Gaildorf-Unterrot Süd : 3 km :

Kocherbähnle, Schönberger Str. 8, ⊠ 74405, ℰ (07971) 70 54, mail@koche baehnle.de, Fax (07971) 21088, 🍽 – 📺 ✆ ⇔ 🅿 🆎 ⓘ 🏧 🆅🅸🆂🅰
geschl. Aug. 2 Wochen – **Menu** (geschl. Sonntagabend - Montag) à la carte 12,50/27,5 – **16 Zim** ⇆ 35/42 – 62/75 – ½ P 12.
♦ Gegenüber den Bahngleisen liegt dieses nette Klinkerhaus. Die familiengeführte Adress stellt für ihre Gäste wohnliche Unterkünfte bereit. Rustikales Restaurant.

GALLMERSGARTEN Bayern **420** R 14 – 820 Ew – Höhe 430 m.
Berlin 486 – München 208 – Würzburg 59 – Ansbach 34 – Nürnberg 66.

In Gallmersgarten-Steinach :

Landgasthof Sämann, Bahnhofstr. 18, ⊠ 91605, ℰ (09843) 93 70 Fax (09843) 937222, 🍽, 🐴 – 📶, 🍴 Zim, 📺 ✆ 🕭 ⇔ 🅿 – 🏛 60. 🆎 🏧 🆅🅸🆂🅰
Menu à la carte 13/22 – **26 Zim** ⇆ 39 – 51/59.
♦ Wohnlichkeit und Komfort in zeitgemäßer Gestaltung werden Ihren Ansprüchen an ei funktionelles Refugium gerecht werden. Natur und Sehenswertes liegen ganz in Ihrer Nähe Ländliches Flair umgibt Sie beim Studieren der Karte.

GAMMELBY Schleswig-Holstein siehe Eckernförde.

GAMMERTINGEN Baden-Württemberg **419** V 11 – 6 300 Ew – Höhe 665 m.
Berlin 699 – Stuttgart 77 – Konstanz 95 – Freiburg im Breisgau 160 – Ulm (Donau) 79

Kreuz 🌳, Marktstr. 6, ⊠ 72501, ℰ (07574) 9 32 90, kreuzhotel@t-online.de Fax (07574) 932920, 🍽 – 📺 ✆ 🅿 – 🏛 150. 🏧 🆅🅸🆂🅰
Menu à la carte 14/26,50 – **20 Zim** ⇆ 50/71 – 71.
♦ Ob in traditionsreichem Gemäuer oder hinter einer modernen Fassade - der Gast komm stets in den Genuß eines zeitgemäßen Quartiers - solide in der Ausstattung. In ländlichen Stil zeigt sich die Gaststube.

GANDERKESEE Niedersachsen **415** G 9 – 30 000 Ew – Höhe 25 m – Erholungsort.
Berlin 409 – Hannover 140 – Bremen 22 – Oldenburg 31.

Zur Jägerklause 🌳, (mit Gästehaus), Neddenhüsen 16, ⊠ 27777, ℰ (04222) 9 30 20 info@jaegerklause.de, Fax (04222) 930250, 🍽, 🌲 – 🍴 Zim, 📺 ✆ ⇔ 🅿 – 🏛 20 🆎 🏧 🆅🅸🆂🅰
Menu (geschl. 1. - 5. Jan.) à la carte 15/29 – **23 Zim** ⇆ 43/55 – 67/82.
♦ Die Philosophie des Hauses ist es, zu jeder Zeit für den Gast bereit zu sein. Praktische Räume in sachlichem Stil - wie auch die Komfortzimmer - unterstreichen dieses Motto. Ein schlichtes bürgerliches Umfeld erwartet Sie im Restaurant.

In Ganderkesee-Stenum Nord : 6 km :

Backenköhler 🌳, (mit Gästehaus), Dorfring 40, ⊠ 27777, ℰ (04223) 7 30, backer koehler@landidyll.de, Fax (04223) 8604, 🍽, Biergarten, 🐴, 🌲 – 🍴 Zim, 📺 ✆ 🕭 🅿 – 🏛 600. 🆎 🏧 🆅🅸🆂🅰
geschl. 1. - 9. Jan. – **Menu** à la carte 19/32 – **48 Zim** ⇆ 49/59 – 74/89 – ½ P 16.
♦ Das ehemalige Forsthaus steht für Tradition und Atmosphäre und betont mit seinem typischen Reetdach den Charme des Dorfes. Das gepflegte Quartier sorgt für erholsamen Schlaf. Biergarten und Terrasse ergänzen das unterteilbare Restaurant.

GARBSEN Niedersachsen siehe Hannover.

GARCHING Bayern **419 420** V 18 – 15 500 Ew – Höhe 485 m.
Berlin 573 – München 15 – Regensburg 112 – Landshut 64.

Hoyacker Hof garni, Freisinger Landstr. 9a (B 11), ⊠ 85748, ℰ (089) 3 26 99 00, info @hoyackerhof.de, Fax (089) 3207243 – 📶 🍴 📺 ✆ ⇔ 🅿 🏧 🆅🅸🆂🅰
62 Zim ⇆ 72/82 – 98/108.
♦ Suchen Sie eine Unterkunft, die Moderne mit Ländlichkeit kombiniert? Geschmackvolle Zimmer in hellem Naturholz vermitteln alpenländisches Flair und neuzeitlichen Wohnkomfort.

Coro garni, Heideweg 1, ⊠ 85748, ℰ (089) 3 26 81 60, room@hotelcoro.de, Fax (089) 32681640 – 📺 ✆ 🅿 🆎 ⓘ 🏧 🆅🅸🆂🅰, 🎾
23 Zim ⇆ 46/87 – 72/123.
♦ Lassen Sie sich von den Vorzügen eines familiären Domizils überzeugen. Ob geschäftlich, privat oder auf der Durchreise - Sie werden hier ein wohnliches Plätzchen vorfinden.

GARMISCH-PARTENKIRCHEN Bayern 419 420 X 17 – 27 000 Ew – Höhe 707 m – Heilklimatischer Kurort – Wintersport : 800/2 950 m ⟨9 ⟨26 ⟨.

Sehenswert : St.-Anton-Anlagen ≤★ X.

Ausflugsziele : Wank ⋇★★ Ost : 2 km und ⟨ – Partnachklamm★★ 25 min zu Fuß (ab Skistadion) – Zugspitzgipfel★★★ (⋇★★★) mit Zahnradbahn (Fahrzeit 75 min) oder mit ⟨ ab Eibsee (Fahrzeit 10 min).

⟨ Werdenfels, Schwaigwang 3 (über ①: 2 km), ℰ (08821) 94 56 70 ; ⟨ Oberau, Gut Buchwies (über ①: 10 km), ℰ (08824) 83 44.

🛈 Tourist Information, Richard-Strauss-Platz 2, ✉ 82467, ℰ (08821) 18 07 00, tourist info@garmisch-partenkirchen.de, Fax (08821) 180755.

ADAC, Hindenburgstr. 14.

Berlin 675 ① – München 89 ① – Augsburg 117 ① – Innsbruck 60 ② – Kempten (Allgäu) 103 ③

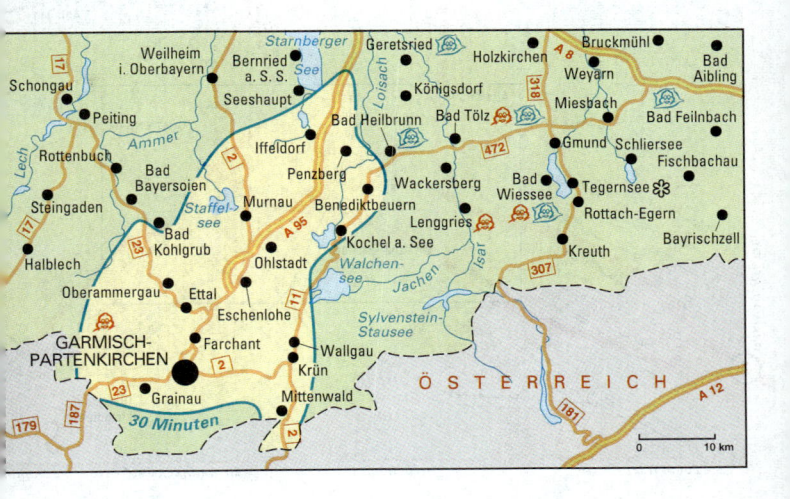

Grand Hotel Sonnenbichl, Burgstr. 97, ✉ 82467, ℰ (08821) 70 20, info@sonnenbichl.de, Fax (08821) 702131, ≤ Wetterstein und Zugspitze, 🍽, Massage, ⟨s, ⟨
– ⟨, ⟨⟨ Zim, 📺 ⟨ ⟨ – ⟨ 60. 🅰🅴 ⓞ ⓜⓞ 𝑉𝐼𝑆𝐴 JCB   über ① X
Menu à la carte 20/38 – **93 Zim** ⟨ 108/144 – 144/168, 3 Suiten – ½ P 23.
♦ Eleganz durchzieht die Räumlichkeiten dieser Residenz - Stilmobiliar schmückt die individuell ausgestatteten Gemächer. Genießen Sie die Annehmlichkeiten niveauvollen Wohnens. Von klassisch bis rustikal : die Restaurants Zirbelstube, Boccaccio und Papageno.

Reindl's Partenkirchner Hof, Bahnhofstr. 15, ✉ 82467, ℰ (08821) 94 38 70, info@reindls.de, Fax (08821) 73401, ≤ Wetterstein, ⟨s, ⟨, 🍽 – ⟨, ⟨⟨ Zim, 📺 ⟨ –
⟨ 30. 🅰🅴 ⓞ ⓜⓞ 𝑉𝐼𝑆𝐴 JCB   Z r
geschl. 15. Nov. - 15. Dez. – **Menu** (Tischbestellung ratsam, bemerkenswerte Weinkarte) à la carte 21/42 – **63 Zim** ⟨ 85/135 – 140/160, 7 Suiten – ½ P 20.
♦ Wählen Sie den gehobenen Landhausstil dieser noblen Herberge. Warme Töne und nette Wohnbereiche schaffen ein geschmackvolles Interieur - teils mit besonderem Komfort. Mit rustikaler Eleganz besticht das Restaurant.

Dorint Sporthotel ⟨, Mittenwalder Str. 59, ✉ 82467, ℰ (08821) 70 60, info.zeigap@dorint.com, Fax (08821) 706618, ≤, Biergarten, Massage, ⟨, ⟨, ⟨s, ⟨, ⟨,
⟨⟨(Halle) – 📺 ⟨⟨ ⟨ ⟨ – ⟨ 160. 🅰🅴 ⓞ ⓜⓞ 𝑉𝐼𝑆𝐴 JCB. ⟨ Rest   X c
Menu à la carte 24/36,50 – **Zirbelstube** (geschl. Juli - Aug., Sonntag - Montag) (nur Abendessen) **Menu** à la carte 29/43 – **153 Zim** ⟨ 128/164 – 174/226 – ½ P 25.
♦ Die Zimmer des Hotels verteilen sich auf verschiedene Häuser - helles Naturholz prägt stets den Stil Ihres attraktiven Refugiums. Ein buntes Freizeitangebot macht Laune. Viel Holz verleiht dem Hotelrestaurant rustikalen Charme. Leicht elegant : die Zirbelstube.

GARMISCH-PARTENKIRCHEN

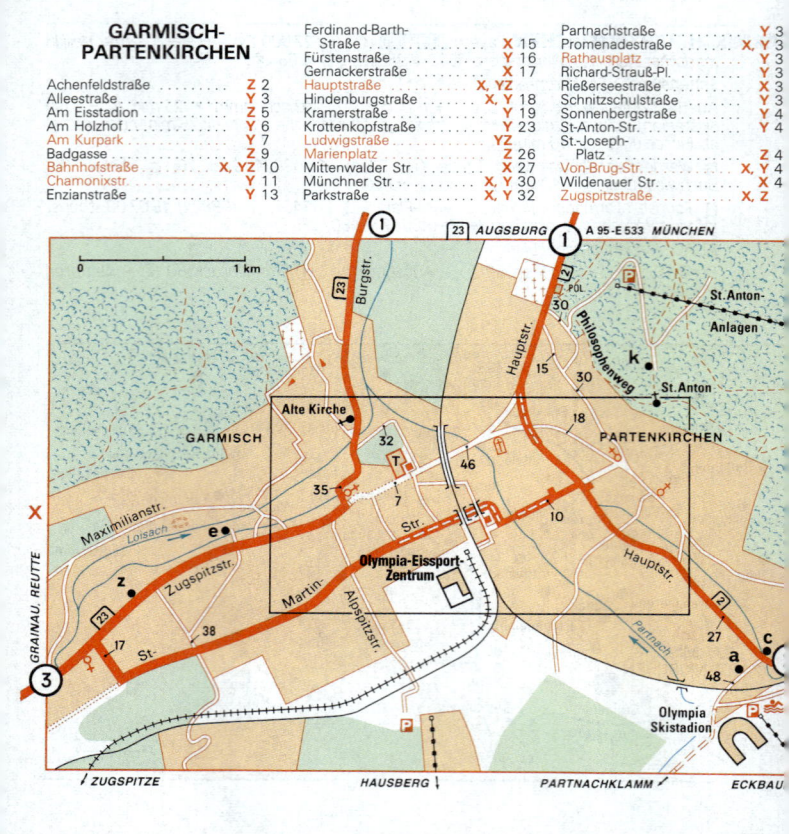

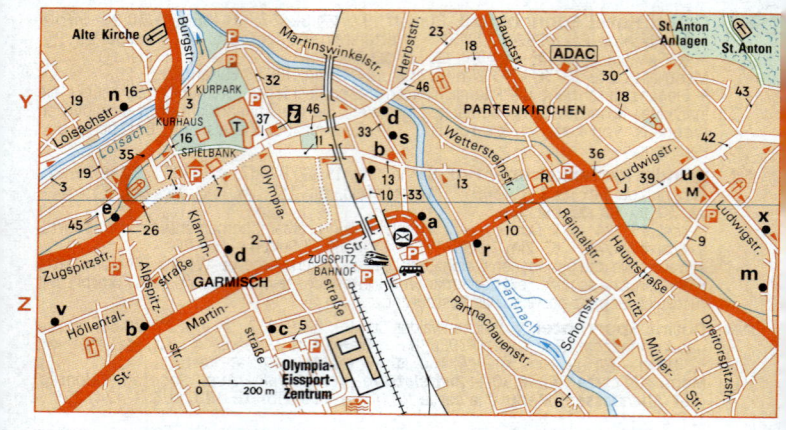

Street	Ref
Achenfeldstraße	Z 2
Alleestraße	Y 3
Am Eisstadion	Z 5
Am Holzhof	Y 6
Am Kurpark	Y 7
Badgasse	Z 9
Bahnhofstraße	X, YZ 10
Chamonixstr.	Y 11
Enzianstraße	Y 13
Ferdinand-Barth-Straße	X 15
Fürstenstraße	Y 16
Gernackerstraße	X 17
Hauptstraße	X, YZ
Hindenburgstraße	X, Y 18
Kramerstraße	Y 19
Krottenkopfstraße	Z 23
Ludwigstraße	YZ
Marienplatz	Z 26
Mittenwalder Str.	Y 27
Münchner Str.	X, Y 30
Parkstraße	X, Y 32
Partnachstraße	Y 3
Promenadestraße	X, Y 3
Rathausplatz	Y 3
Richard-Strauß-Pl.	Y 3
Rießerseestraße	X 3
Schnitzschulstraße	Y 3
Sonnenbergstraße	Y 4
St-Anton-Str.	Y 4
St-Joseph-Platz	Z 4
Von-Brug-Str.	X, Y 4
Wildenauer Str.	X 4
Zugspitzstraße	X, Z

Erfahrungsgemäß werden bei größeren Veranstaltungen, Messen und Ausstellungen in vielen Städten und deren Umgebung erhöhte Preise verlangt.

GARMISCH-PARTENKIRCHEN

Zugspitze M, Klammstr. 19, ✉ 82467, ℰ (08821) 90 10, info@hotel-zugspitze.de, Fax (08821) 901333, ≤, 🌿, Massage, ♣, ≘s, 🔲, 🎿 – 🛗, ✤ Zim, 📺 🚗 – 🛄 15. AE ① ⓜ VISA JCB. ※ Rest
Z d
Menu (geschl. Dienstag) (nur Abendessen) à la carte 22/28 – **48 Zim** ⊇ 92/118 – 138/184, 3 Suiten.

◆ Erleben Sie ein Stück bayerische Lebensart in Form von wohnlicher Gemütlichkeit im Landhausstil. Die sympathische Atmosphäre des Hauses werden Sie mögen. Das heimelige Restaurant und die schmucke Kaminstube verbreiten Behaglichkeit.

Wittelsbacher Hof, von-Brug-Str. 24, ✉ 82467, ℰ (08821) 5 30 96, info@wittelsbacher-hof.com, Fax (08821) 57312, ≤ Waxenstein und Zugspitze, 🌿, ≘s, 🔲, 🎿 – 🛗, ✤ Zim, 📺 📞 🚗 🅿 – 🛄 25. AE ① ⓜ VISA JCB. ※ Rest
Y d
geschl. Nov. - 20. Dez. – **Menu** à la carte 25/53 – **60 Zim** ⊇ 75/120 – 125/175 – ½ P 22.

◆ Klassische Gediegenheit empfängt Sie hinter einem ansprechenden Äußeren. Das Domizil überzeugt seine Gäste mit der wohnlichen Erscheinung der Räumlichkeiten. Gepflegtes Restaurant mit elegantem Touch und schöne Gartenterrasse.

Post-Hotel Partenkirchen, Ludwigstr. 49, ✉ 82467, ℰ (08821) 9 36 30, info@post-hotel.de, Fax (08821) 93632222, ≤, 🌿, ≘s, ✤ Zim, 📺 🅿 – 🛄 60. AE ① ⓜ VISA JCB
Y u
Menu à la carte 18/34,50 – **59 Zim** ⊇ 65/90 – 120/150 – ½ P 18.

◆ Individuelle Zimmer stehen in der historischen Herberge zur Wahl : mit Antiquitäten bestückt, teils rustikal oder sachlich gehalten - eine Kombination von Gestern und Heute. Mittelpunkt des Restaurantbereichs : die rustikale Gaststube mit schöner Holztäfelung.

Obermühle ⑤, Mühlstr. 22, ✉ 82467, ℰ (08821) 70 40, hotel-obermuehle@garmisch-partenkirchen.com, Fax (08821) 704112, ≤, 🌿, ≘s, 🔲, 🎿 – 🛗, ✤ Zim, 📺 🚗 🅿 – 🛄 100. AE ① ⓜ VISA
X e
Menu à la carte 25/38 – **91 Zim** ⊇ 128/140 – 185/200, 4 Suiten – ½ P 19.

◆ Sie haben sich für ein wohnliches Plätzchen entschieden, das Sie mit Komfort und ländlichem Charme beherbergt. Ausreichende Geräumigkeit schafft Platz zum Relaxen. Verschiedene Stuben bilden den gastronomischen Bereich. Hübsche Gartenterrasse.

Staudacherhof ⑤, Höllentalstr. 48, ✉ 82467, ℰ (08821) 92 90, info@staudacherhof.de, Fax (08821) 929333, ≤, Massage, ≘s 🔲, 🔲, 🎿 – 🛗, ✤ Zim, 📺 📞 🚗 🅿. ⓜ VISA. ※ Rest
Z v
geschl. 24. April - 8. Mai, 17. Nov. - 16. Dez. – **Menu** (nur Abendessen) (Restaurant nur für Hausgäste) à la carte 28/44 – **41 Zim** ⊇ 50/106 – 117/175 – ½ P 22.

◆ Die traditionelle Bleibe bietet mit verschiedenen Gemächern ein Umfeld, in dem man gerne länger residiert. Das Ambiente reicht von bürgerlich bis zum eleganten Landhausstil.

Alpina, Alpspitzstr. 12, ✉ 82467, ℰ (08821) 78 30, alpina@oberland.net, Fax (08821) 71374, 🌿, Massage, ≘s, 🔲, 🎿 – 🛗, ✤ Zim, 📺 📞 🚗 🅿 – 🛄 20. ⓜ VISA. ※ Rest
Z b
Menu (nur Abendessen) à la carte 17,50/34 – **66 Zim** ⊇ 62/97 – 144/154 – ½ P 18.

◆ Gepflegtes Wohnen mit der Behaglichkeit der eigenen vier Wände überzeugt den Gast des Hauses. Die Zimmer zeigen sich mit solider Möblierung in einem einheitlichen Stil. Sie speisen im Restaurant mit Wintergarten-Vorbau oder in der Kaminstube.

Avalon M, St.-Martin-Str. 4, ✉ 82467, ℰ (08821) 91 40, garmisch@avalon-hotels.com, Fax (08821) 914400, 🌿, ≘s – 🛗, ✤ Zim, 🍽 Rest, 📺 📞 🚗 – 🛄 60. AE ① ⓜ VISA. ※ Rest
Z a
Menu (nur Abendessen) (Restaurant nur für Hausgäste) – **91 Zim** ⊇ 107/118 – 129/140, 4 Suiten – ½ P 16.

◆ Kürzlich renoviert, erstrahlt das Haus nun in neuem Glanz : freundliche Farben, eine neuzeitliche Einrichtung und eine gute Technik überzeugen geschäftlich wie privat Reisende.

Mercure, Mittenwalder Str. 2, ✉ 82467, ℰ (08821) 75 60, h2940@accor-hotels.com, Fax (08821) 74268, 🌿, 🏋, ≘s, 🔲, ※ – 🛗, ✤ Zim, 🍽 Rest, 📺 ♿ 🅿 – 🛄 110. AE ① ⓜ VISA
Z m
Menu à la carte 17/41 – **117 Zim** ⊇ 103/172 – 153/222, 5 Suiten – ½ P 20.

◆ Lassen Sie sich von Ihrem vorübergehenden Zuhause mit Gediegenheit verwöhnen. Hinter einer schlichten Fassade erwarten den Besucher freundliche Räume mit Naturholzmöblierung. Im Restaurant schafft die alpenländische Einrichtung eine nette Atmosphäre.

Rheinischer Hof (mit Gästehaus), Zugspitzstr. 76, ✉ 82467, ℰ (08821) 91 20, rheinischerhof-garmisch@t-online.de, Fax (08821) 59136, 🌿, Massage, ♣, ≘s, 🔲, 🎿 – 🛗, ✤ Zim, 📺 📞 ♿ 🅿. ⓜ VISA
X z
Menu à la carte 16/27,50 – **38 Zim** ⊇ 67/90 – 103/133, 5 Suiten – ½ P 16.

◆ Stadtauswärts wartet ein nettes Plätzchen im Landhausstil auf Ihren Besuch. Die Herberge kombiniert Funktionalität und Wohnlichkeit zu einer gemütlichen Atmosphäre. Das Restaurant bietet ein gepflegtes, leicht rustikales Ambiente.

GARMISCH-PARTENKIRCHEN

Clausings Posthotel, Marienplatz 12, ✉ 82467, ℰ (08821) 70 90, info@clausing
-posthotel.de, Fax (08821) 709205, 佘, Biergarten – 🛗 📺 – 🕭 60. ⓘ 💿
VISA. ⨯
Z
Menu à la carte 19/39 – **42 Zim** 🗘 60/90 – 105/150 – ½ P 18.

♦ Hier im Herzen der Stadt ist die Gastlichkeit schon seit Generationen zu Hause. Mit einer Gestaltung von bürgerlich bis elegant bemüht man sich um das Behagen des Gastes. In der altdeutschen Stube oder in anderen rustikalen Räumen nehmen Sie zum Speisen Platz.

Aschenbrenner garni, Loisachstr. 46, ✉ 82467, ℰ (08821) 9 59 70, info@hotel
aschenbrenner.de, Fax (08821) 959795, ≤, 佘 – 🛗 ⨯ 📺 🅿. 💿 VISA
Y
23 Zim 🗘 55/87 – 95/118.

♦ Das villenähnliche, ehemals privat genutzte Haus aus dem 19. Jh. ist zentrumsnah an der Loisach gelegen. Ein stilvoller Rahmen und die gute Führung sprechen für diese Adresse.

Berggasthof Panorama ⨯, St. Anton 3, ✉ 82467, ℰ (08821) 25 15, hotel.pan
rama@oberland.net, Fax (08821) 4884, ≤ Garmisch-Partenkirchen und Zugspitzmassiv
佘, Biergarten – 📺 🅿. 💿 VISA
X
geschl. Mitte Nov. - Mitte Dez. – **Menu** à la carte 14,50/30,50 – **16 Zim** 🗘 49/51 – 72/87 – ½ P 14.

♦ Solides Naturholzmobiliar und kleine Sitzecken bringen Wohnlichkeit in Ihr Quartier - der bayerische Stil sorgt für Gemütlichkeit, bei der Sie sich gut aufgehoben fühlen. Beliebte Alternativen zum gemütlichen Restaurant : die Terrasse und der Biergarten.

Leiner, Wildenauer Str. 20, ✉ 82467, ℰ (08821) 9 52 80, hotel.leiner@t-online.de
Fax (08821) 9528100, ≤, 佘, Biergarten, ≋, ⌧, 佘 – 🛗, ⨯ Rest, 📺 🅿 – 🕭 45. 🅰
ⓘ 💿 VISA JCB. ⨯ Rest
X a
geschl. Nov. - Mitte Dez. – **Menu** à la carte 15/32 – **47 Zim** 🗘 48/72 – 86/96 – ½ P 15.

♦ Das liebenswerte Domizil begrüßt Sie mit charmanter Ländlichkeit - ob in der Wohnhalle einem der behaglichen Zimmer oder dem Garten. Eine einzigartige Bergwelt umgibt Sie. Das Restaurant ist eine nette Gaststube.

Bavaria ⨯, Partnachstr. 51, ✉ 82467, ℰ (08821) 34 66, info@hotel-bavaria
garmisch.com, Fax (08821) 76466, 佘 – ⨯ 📺 🅿. 🅰 💿 VISA JCB. ⨯ Rest
Y s
geschl. 17. Nov. - 20. Dez. – **Menu** (nur Abendessen) (Restaurant nur für Hausgäste) –
32 Zim 🗘 42/65 – 70/84 – ½ P 13.

♦ Wohnliche Zimmer bieten eine heimelige Unterkunft im bürgerlichen Stil. Gönnen Sie auch Ihrem Auto eine Pause : Sehenswertes sowie Nützliches ist bequem zu Fuß erreichbar.

Roter Hahn garni, Bahnhofstr. 44, ✉ 82467, ℰ (08821) 94 32 70, info@hotel
roter-hahn.com, Fax (08821) 9432777, ⌧, 佘 – 🛗 📺 🅿. ⓘ 💿 VISA
Y v
28 Zim 🗘 41/67 – 70/105.

♦ Im Herzen der Stadt - umgeben von Geschäften, Cafés und kulturellem Programm - finden Sie eine saubere, gut unterhaltene Bleibe, die praktische Zimmer bereit hält.

Gasthof Fraundorfer (mit Gästehaus), Ludwigstr. 24, ✉ 82467, ℰ (08821) 92 70,
fraundorfer@gaponline.de, Fax (08821) 92799, Biergarten, ≋ – 📺 🅿. 💿 VISA
Z x
geschl. 10. Nov. - 3. Dez. – **Menu** (geschl. 7.- 17. April, 4. Nov. - 4. Dez., Dienstag - Mittwochmittag) à la carte 14/31 – **30 Zim** 🗘 40/58 – 80/90, 4 Suiten – ½ P 14.

♦ Ob Sie nun geräumige Zimmer bevorzugen oder eine einfachere Variante wählen - Sie werden diese gepflegte Adresse als wohnliche Unterkunft in Erinnerung behalten. Mit alpenländischem Flair zeigt das Restaurant ein Stück einheimische Lebensart.

Hilleprandt ⨯, Riffelstr. 17, ✉ 82467, ℰ (08821) 94 30 40, hotel-hilleprandt@t-
online.de, Fax (08821) 74548, ≋, 佘 – ⨯ Rest, 📺 🅿. 💿 VISA. ⨯ Rest
Z c
Menu (nur Abendessen) (Restaurant nur für Hausgäste) – **18 Zim** 🗘 51/66 – 76/99 –
½ P 17.

♦ Hier lernen Sie die Vorzüge eines kleinen Familienhotels kennen : liebenswerte Zimmer und ein freundlicher Service machen das Haus zu einem sympathischen Quartier.

✗ **Spago**, Partnachstr. 50, ✉ 82467, ℰ (08821) 96 65 55, Fax (08821) 966556, 佘 – 🅰
ⓘ 💿 VISA
Y b
Menu à la carte 25/35.

♦ Diese gastronomische Stätte hat Interessantes zu bieten : neben einem mediterran eingerichteten Restaurant stellen ein Bistro sowie die Café-Bar Alternativen dar.

Am Rießersee Süd : 2 km über Rießerseestraße X :

Renaissance Riessersee Hotel ⨯, Am Riess 5, ✉ 82467 Garmisch-Partenkirchen,
ℰ (08821) 75 80, info@renaissance-riessersee-hotel.de, Fax (08821) 758121, ≤, 佘,
Biergarten, Massage, 🎿, ≋, ⌧ – 🛗, ⨯ Zim, 📺 ⇐ 🅿 – 🕭 65. 🅰 ⓘ 💿 VISA.
⨯ Rest
Menu à la carte 20/38 – **155 Zim** 🗘 115/145 – 140/170 – ½ P 22.

♦ Die Kombination von neuzeitlicher Ausstattung und Wohnlichkeit macht dieses Haus zu einer attraktiven Ferienadresse. Die Lage am See und der Reiz der Berge sprechen für sich. Ein heller, freundlicher Wintergarten ergänzt das rustikale Restaurant.

GARREL Niedersachsen 415 H 8 – 10 000 Ew – Höhe 20 m.

🛏 🛏 Thülsfelder Talsperre (Süd-West : 7km), ℰ (04474) 79 95.
Berlin 449 – Hannover 190 – Bremen 73 – Lingen 80 – Osnabrück 88.

🏨 **Auehof**, Nikolausdorfer Str. 21 (Nord-Ost : 1,5 km), ✉ 49681, ℰ (04474) 9 48 40, info
@der-auehof.de, Fax (04474) 948430 – 📶, ⚿ Zim, 📺 ✆ 🅿, 🏊 100. 🆀 VISA
Menu (geschl. 2. - 6. Jan., Dienstagmittag) à la carte 14/28 – **20 Zim** ⌂ 40/45 –
65/75.
♦ Moderne Tagungstechnik, hübsche Zimmer im Landhausstil sowie eine Vielfalt an Freizeitangeboten zählen zu den Vorzügen des Hauses - privat wie geschäftlich ein Vergnügen. Bürgerliches Restaurant.

🏨 **Zur Post** (mit Gästehaus), Hauptstr. 34, ✉ 49681, ℰ (04474) 80 00, klaus.thoben@t
-online.de, Fax (04474) 7847, 🍴 📺 🅿 AE ① 🆀 VISA JCB
Menu (geschl. Freitagmittag, Samstagmittag) à la carte 19/30 – **35 Zim** ⌂ 43/58 –
80/110.
♦ Das regionstypische Klinkerhaus mit nordischem Flair freut sich auf Ihren Besuch. Hier erwarten Sie ganz individuelle Unterkünfte - vom Zuschnitt bis zur Einrichtung. Das Restaurant wird erweitert durch einen Raum in pubähnlichem Stil.

In Garrel-Petersfeld Süd-West : 7,5 km - an der Thülsfelder Talsperre-Süd :

🏨 **Dreibrücken** M 🌿, Drei-Brücken-Weg 10, ✉ 49681, ℰ (04495) 8 90, hotel-
dreibruecken@t-online.de, Fax (04495) 89100, 🍴, 🏊, 🌡, 🛌, 🚲 – 📶, ⚿ Zim, 📺
✆ 🅿 – 🏊 130. AE ① 🆀 VISA
Menu à la carte 21,50/34 – **54 Zim** ⌂ 64/70 – 91/127.
♦ Mit seiner schönen Lage am Waldrand verschafft Ihnen das Haus eine beschauliche Zeit. Ein gepflegter Rahmen unterstreicht den funktionellen Charakter Ihres Domizils. In einem Rundbau mit großer Fensterfront hat man auf zwei Ebenen das Restaurant angelegt.

GAU-BISCHOFSHEIM Rheinland-Pfalz siehe Mainz.

GAUTING Bayern 419 420 V 18 – 18 000 Ew – Höhe 540 m.
Berlin 606 – München 22 – Augsburg 79 – Garmisch-Partenkirchen 84 – Starnberg 10.

🏨 **Zum Bären** M, Pippinplatz 1, ✉ 82131, ℰ (089) 89 32 58 24, baeren-gauting@t-on
line.de, Fax (089) 8508925, 🍴 – 📶, ⚿ Zim, 📺 ✆ 🚗 🅿 AE ① 🆀
VISA JCB
Menu à la carte 19/35 – **24 Zim** ⌂ 75/95 – 95/110.
♦ Die liebenswerte Unterkunft im Voralpenland bietet Ihnen hinter schmucker Fassade geräumige Erkerzimmer - oder auch eine einfachere Variante in funktionellem Stil. Eine gemütliche Atmosphäre prägt die netten Gaststuben - geschmückt mit einer dunklen Täfelung.

🏨 **Gästehaus Bauer**, Unterbrunner Str. 9, ✉ 82131, ℰ (089) 8 50 12 30, hotel.bauer
@t-online.de, Fax (089) 8509710, 🚲 – ⚿ Zim, 📺 🅿 AE ① 🆀 VISA
Menu (nur Abendessen) (Restaurant nur für Hausgäste) – **13 Zim** ⌂ 52/73 –
81/102.
♦ Harmonisch in die Wohngegend eingefügt, besticht das bungalowähnliche Häuschen mit seinem privaten Charme. Sie bewohnen heimelige Zimmer, an die Sie gerne zurückdenken werden.

GEESTHACHT Schleswig-Holstein 415 416 F 15 – 25 000 Ew – Höhe 16 m.
🛏 Escheburg, Am Soll 3 (Nord-West : 7 km), ℰ (04152) 8 32 04.
Berlin 265 – Kiel 118 – Hamburg 30 – Hannover 167 – Lüneburg 29.

🏨 **Fährhaus Ziehl**, Fährstieg 20, ✉ 21502, ℰ (04152) 30 41, info@faerhaus-ziehl.de,
Fax (04152) 70788, 🍴 – 📺 🚗 🅿 AE ① 🆀 VISA
Menu (geschl. Jan. 3 Wochen, Juli, Freitag) à la carte 16/32 – **18 Zim** ⌂ 39/49 – 51/77.
♦ In netter Lage am Elbufer präsentiert sich Erholungsuchenden eine hübsche Bleibe mit soliden Zimmern. Starten Sie von hier aus zu einem Ausflug nach Hamburg. Viel Holz gibt dem Restaurant seinen rustikalen Charakter.

🏨 **Lindenhof**, Johannes-Ritter-Str. 38, ✉ 21502, ℰ (04152) 84 67 84,
Fax (04152) 846734, 🍴 – 📺 ✆ 🅿 AE ① 🆀 VISA
Menu (geschl. Samstagmittag, Sonntag) à la carte 18/29 – **25 Zim** ⌂ 33/54 –
52/72.
♦ Eine gelungene Kombination von Individualität und Wohnlichkeit überzeugt die Gäste des traditionsreichen Hauses - Liebe zum Detail wird hier groß geschrieben. Eine gepflegte Atmosphäre sowie eine internationale und regionale Karte erwarten Sie im Restaurant.

GEHLBERG Thüringen 418 N 16 – 830 Ew – Höhe 650 m – Wintersport : 600/970 ⚡ 1, ⚡
🛈 Fremdenverkehrsbüro, Hauptstr. 41, ✉ 98559, ℰ (036845) 5 05 00, gehlberginf
@aol.com, Fax (036845) 549919.
Berlin 337 – Erfurt 45 – Suhl 24.

🏠 **Daheim** ⚡, Ritterstr. 16, ✉ 98559, ℰ (036845) 5 02 39, gdaheim.@aol.com
Fax (036845) 51091, ≤, 🍽, ≘s, 🏊 – 🛗, 🚭 Zim, 📺 📞 🅿 – 🔒 80
🆆 🆅🅸🆂🅰
geschl. Nov. 2 Wochen – **Menu** à la carte 10,50/23,50 – **24 Zim** ⇆ 32/39 – 52/70
½ P 10.
♦ ...so sollen Sie sich auch fühlen ! In friedlicher Lage widmet man sich dem Wohlbefinde
des Gastes - freundliche Zimmer im Landhausstil bieten den notwendigen Platz. Das Restau
rant ist in ländlichem Stil eingerichtet.

GEHRDEN Niedersachsen 416 417 418 J 12 – 14 700 Ew – Höhe 75 m.
Berlin 300 – Hannover 14 – Bielefeld 96 – Osnabrück 125.

🏠 **Stadt Gehrden** 🅼 garni, Schulstr. 18, ✉ 30989, ℰ (05108) 92 20, reception@
hotel-gehrden.de, Fax (05108) 92210 – 🛗 🚭 📺 📞 🅿 🅰🅴 🅞 🆆 🆅🅸🆂🅰 🅹🅲🅱
44 Zim ⇆ 55/65 – 75.
♦ Das neuzeitliche Gebäude beherbergt Sie hinter einer Klinkerfassade. Gepflegte Aus
stattung in zeitloser Machart kennzeichnet die Zimmer.

🍽 **Berggasthaus Niedersachsen**, Köthnerberg 4 (über Gartenstraße, Süd-West
1 km), ✉ 30989, ℰ (05108) 31 01, Fax (05108) 2031, 🍽 – 🅿 🆅🅸🆂🅰
geschl. Montag - Dienstag – **Menu** (Mittwoch - Freitag nur Abendessen) (Tischbestellung
ratsam) 39/49 und à la carte.
♦ Kamin, Holzdecke und Steinboden bescheren dem Restaurant ein angenehmes Flair
Der freundliche Service serviert Speisen aus einem saisonalen Angebot. Nette Garten
terrasse.

GEILENKIRCHEN Nordrhein-Westfalen 417 N 2 – 25 000 Ew – Höhe 75 m.
Berlin 622 – Düsseldorf 69 – Aachen 38 – Mönchengladbach 40.

🏠 **City Hotel** garni, Theodor-Heuss-Ring 15, ✉ 52511, ℰ (02451) 62 70, office@city
hotel-geilenkirchen.de, Fax (02451) 627300, ≘s – 🛗 📺 📞 – 🔒 25. 🅰🅴 🅞 🆆
🆅🅸🆂🅰 🅹🅲🅱
⇆ 7 – **52 Zim** 55/60 – 70/77.
♦ Die Zimmer Ihres Domizils sind mit unterschiedlich gefärbten Rattanmöbeln bestückt -
teils sehr geräumig, teils mit Kochgelegenheit oder als Appartement für Langzeitgäste.

GEISELWIND Bayern 419 420 Q 15 – 2 200 Ew – Höhe 330 m.
🛈 Geiselwind, Friedrichstr. 10, ℰ (09556) 14 84.
Berlin 458 – München 237 – Nürnberg 70 – Bamberg 55 – Würzburg 44.

🏠 **Landhotel Krone** ⚡, Friedrichstr. 10, ✉ 96160, ℰ (09556) 9 22 50, info@land
hotel-krone.com, Fax (09556) 922550, 🍽, ≘s – 🛗 🚭 Zim, 📺 📞 🅿 – 🔒 55. 🅰🅴 🅞
🆆 🆅🅸🆂🅰 🅹🅲🅱
Menu (geschl. 24. - 28. Dez., Nov. - März Montag) à la carte 17/33 – **30 Zim** ⇆ 44/57 –
67/78.
♦ Mit dem Engagement des Hotelteams als Grundlage werden Ihnen die Annehmlichkeiten
dieses Refugiums zuteil. Abseits gelegen, verfügt das Haus über attraktive Gästezimmer.
Gepflegtes, neuzeitliches Restaurant - ergänzt durch eine kleine Stube.

🏠 **Krone** (mit Gästehaus), Kirchplatz 2, ✉ 96160, ℰ (09556) 9 22 40, hotel-krone@
geiselwind.de, Fax (09556) 922411, Biergarten – 🛗 📺 🍴 🅿 🅰🅴 🅞 🆆 🆅🅸🆂🅰
Menu à la carte 10/22,50 – **60 Zim** ⇆ 35/42 – 44/53.
♦ Die Zimmer des Hauses unterscheiden sich in Zuschnitt und Einrichtung - meist neu-
zeitlich, teils mit viel Platz. Verleben Sie geruhsame Tage in einem malerischen Örtchen.
Zum Essen steht eine schlichte Gaststube mit rustikalem Dekor für Sie bereit.

🍽 **Stern**, Marktplatz 11, ✉ 96160, ℰ (09556) 2 17, hotel-stern-geiselwind@t-online.de,
Fax (09556) 844 – 🍴 🅿 🅰🅴 🆆 🆅🅸🆂🅰
geschl. Ende Okt. - Ende Nov. – **Menu** (geschl. Okt. - Mai Mittwoch) à la carte 11/21 – **30 Zim**
⇆ 34/44 – 48/58.
♦ Sind Sie auf der Durchreise und suchen ein nettes Plätzchen für die Nacht? Hier werden
Sie es finden - ein einfaches Quartier in gepflegtem Rahmen. Die sauberen Gaststuben sind
derb-rustikal eingerichtet.

GEISENHAUSEN Bayern siehe Schweitenkirchen.

GEISENHEIM Hessen 417 Q 7 – 11 700 Ew – Höhe 94 m.
Berlin 590 – Wiesbaden 28 – Bad Kreuznach 68 – Koblenz 68 – Mainz 31.

Beim Kloster Marienthal Nord : 4 km :

Waldhotel Gietz ⑤, Marienthaler Str. 20, ⊠ 65366 Geisenheim, ℰ (06722) 9 96 00, waldhotel.gietz@t-online.de, Fax (06722) 996099, 佘, ≦s, ⬜, ⚞ – ⧈, ⥿ Zim, TV P – 🛁 50
Menu à la carte 19/30 – **60 Zim** ⊇ 80/95 – 105/135.
 • Gemütlichkeit oder Funktionalität, attraktives Wohnen oder kreatives Arbeiten? Ganz gleich zu welchem Zweck Sie hier verweilen, ein ansprechendes Ambiente umgibt Sie. In rustikalem Umfeld stellt man Ihnen ein bürgerlich-regionales Speisenangebot vor.

In Geisenheim-Johannisberg Nord : 4,5 km :

Haus Neugebauer ⑤, Nahe der Straße nach Presberg (Nord-West : 2,5 km), ⊠ 65366, ℰ (06722) 9 60 50, info@hotel-neugebauer.de, Fax (06722) 7443, 佘, ⚞ – ⥿ Zim, TV ⊜ P – 🛁 20. ◉ VISA
Menu (geschl. Feb.) à la carte 16/31 – **20 Zim** ⊇ 59/60 – 87/90.
 • Die Lage im Wald begeistert die Besucher des Hauses. Ihre Zimmer sind teils neuzeitlich, teils älter in der Gestaltung - stets ein funktionales Domizil. Neben einem netten, gepflegten Restaurant verfügt das Haus über einen Wintergartenanbau.

Gutsschänke Schloss Johannisberg, ⊠ 65366, ℰ (06722) 9 60 90, restaurant@schloss-johannisberg.de, Fax (06722) 7392, ≤ Rheintal, 佘 – P. AE ◉ VISA
Menu à la carte 26/41.
 • Eine sympathische Adresse, die Ihnen mit ihrem Landhausstil und hübschem Dekor ein behagliches Umfeld schafft. Die Terrasse bietet einen schönen Blick ins Rheintal.

Ihre Meinung über die von uns empfohlenen Restaurants,
deren Spezialitäten sowie die angebotenen regionalen Weine,
interessiert uns sehr

GEISING Sachsen 418 N 25 – 3 000 Ew – Höhe 600 m – Wintersport : 690/790 m ≰4, ≵.
Berlin 237 – Dresden 46 – Chemnitz 74 – Freital 36.

Schellhaus Baude ⑤, Altenberger Str. 14, ⊠ 01778, ℰ (035056) 34 60, schellhaus@aol.com, Fax (035056) 346111, 佘, ≦s, ⚞ – TV ⊜ P. AE ◉ ◉ VISA
Menu (geschl. 9. - 16. Nov.) à la carte 12/20 – **24 Zim** ⊇ 36/42 – 41/50.
 • Ein wohltuender Aufenthalt erwartet Sie in der kleinen Erzgebirgsstadt. Neben dem Hotel hat auch die direkte Umgebung einiges zu bieten - wandern Sie einfach drauf los. Netter Restaurantbereich.

GEISINGEN Baden-Württemberg 419 W 9 – 5 700 Ew – Höhe 661 m.
Berlin 754 – Stuttgart 128 – Konstanz 56 – Singen (Hohentwiel) 30 – Tuttlingen 17 – Donaueschingen 15.

Zum Hecht mit Zim, Hauptstr. 41, ⊠ 78187, ℰ (07704) 2 81, info@zumhecht.de, Fax (07704) 6464, 佘 – ⥿ TV P
geschl. über Fastnacht 1 Woche – **Menu** (geschl. Montag - Dienstag, Samstagmittag) 26 (mittags) à la carte 32/40 ♀ – **6 Zim** ⊇ 36/52 – 62/72.
 • Der Gasthof wurde vor kurzem mit viel Liebe zum Detail renoviert. Die Einrichtung ist ländlich-gemütlich, mit modernen Elementen. Klassische Küche mit mediterranem Einfluß.

In Geisingen - Kirchen-Hausen Süd-Ost : 2,5 km :

Sternen (mit Gästehaus Kirchtal), Ringstr. 1 (Kirchen), ⊠ 78187, ℰ (07704) 80 39, Fax (07704) 803888, Biergarten, 🛁, ≦s, ⬜ – ⧈, ⥿ Zim, TV ❤ ⚙ ⊜ P – 🛁 100. AE ◉ ◉ VISA
Menu à la carte 17/34 – **83 Zim** ⊇ 48/80 – 65/85.
 • Zu Ihrer Unterbringung stehen moderne Zimmer - teils mit kleiner Kochgelegenheit - wie auch eine kleinere Variante in schlichter Ausführung zur Verfügung. Eine schmucke Holzausstattung prägt den Charakter des Restaurants. Sehenswert : der Antonius-Saal.

Burg (mit 2 Gästehäusern), Bodenseestr. 4 (Hausen), ⊠ 78187, ℰ (07704) 9 29 90, hotel.burg@t-online.de, Fax (07704) 6339, 佘, ⚞ – ⥿ TV ❤ ⊜ P. ◉ ◉ VISA JCB. ⚞
Menu (geschl. Mittwoch) à la carte 15,50/36,50 – **27 Zim** ⊇ 30/57 – 67/96.
 • Sie haben die Wahl : möchten Sie in neuzeitlichen, hell möblierten Zimmern logieren oder bevorzugen Sie ein rustikaleres Design? Oder vielleicht eine Ferienwohnung? Nehmen Sie Platz in der rustikalen Jagdstube oder im urigen Restaurant mit Kachelofen.

GEISLINGEN AN DER STEIGE
Baden-Württemberg **419 420** U 13 – 27 600 Ew – Höhe 464 m

☐ Stadtverwaltung, Hauptstr. 1, ✉ 73312, ℘ (07331) 2 42 79, touristinfo@geislinger.de, Fax (07331) 24202.

Berlin 594 – Stuttgart 58 – Göppingen 18 – Heidenheim an der Brenz 30.

Krone, Stuttgarter Str. 148 (B 10), ✉ 73312, ℘ (07331) 3 05 60, hotel-krone-geislingen@t-online.de, Fax (07331) 305656 – 📶 📺 🅿 – 🛎 80. ◯◯ 🆅🆂🅰. ✄
Menu à la carte 16/34 – **34 Zim** ☑ 42/50 – 61/91.
   ◆ Freuen Sie sich auf eine Zeit in behaglicher Atmosphäre - Sie werden die sinnvolle Gestaltung Ihres Zimmers schätzen. Ein ordentlicher und gepflegter Gasthof erwartet Sie. Ländlich-schlicht der Restaurantbereich.

In Geislingen-Weiler ob Helfenstein Ost : 3 km : – Höhe 640 m

Burghotel ⌘ garni, Burggasse 41, ✉ 73312, ℘ (07331) 9 32 60, info@burghotelschiehle.de, Fax (07331) 932636, ⇌, 🏊, 🞸 – 🎃 📺 ⌘ 🅿 – 🛎 15. ◯◯ 🆅🆂🅰. ✄
geschl. 24. Dez. - 7. Jan. – **23 Zim** ☑ 52/80 – 91/115.
   ◆ Umgeben von dörflichem Flair ist Ihnen Ihre Erholung gewiß. Das Innere dieser kleinen Adresse ist leicht rustikal geprägt und überzeugt mit seiner Funktionalität.

Burgstüble, Dorfstr. 12, ✉ 73312, ℘ (07331) 4 21 62, burgstueble-geislingen@t-online.de, Fax (07331) 941751, 🏕 – 🅿. 🅰🅴 🅞 ◯◯ 🆅🆂🅰
geschl. Sonntag – **Menu** (wochentags nur Abendessen) (Tischbestellung erforderlich) 25 à la carte 17/38.
   ◆ Die heimelige Atmosphäre dieser Stätte versprüht einen besonderen Charme. Das Ambiente kombiniert mit einer Auswahl leckerer Gerichte bereitet Ihnen einen genüßlichen Abend.

GELDERN
Nordrhein-Westfalen **417** L 2 – 32 000 Ew – Höhe 25 m.

🏌 Issum, Pauenweg 68 (Ost : 10 km), ℘ (02835) 9 23 10 ; 🏌 Schloß Haag, Bartelter Weg 8 (Nord : 2 km), ℘ (02831) 92 44 20.

Berlin 580 – Düsseldorf 64 – Duisburg 43 – Krefeld 30 – Venlo 23 – Wesel 29.

See Hotel 🅼, Danziger Str. 5, ✉ 47608, ℘ (02831) 92 90, info@seepark.de, Fax (02831) 929299, 🏕, ⇌ – 📶 ✳ Zim, 📺 ✽ 🅿 – 🛎 300. 🅰🅴 🅞 ◯◯ 🆅🆂🅰 🅹🅲🅱
Menu à la carte 17,50/33 – **64 Zim** ☑ 67/88 – 106/143.
   ◆ Ihr Domizil verfügt über funktionelle Zimmer in einheitlichem Stil - mit hellem Holz bestückt. Mit Zustellbetten oder Eltern/Kinderzimmern ist auch an kleine Gäste gedacht. Eine große Fensterfront im Restaurant bietet eine schöne Aussicht auf den See.

In Geldern-Walbeck Süd-West : 6 km :

Alte Bürgermeisterei, Walbecker Str. 2, ✉ 47608, ℘ (02831) 8 99 33, Fax (02831) 980172, 🏕 – 🅿
geschl. Juli 3 Wochen, Juli - März Montag – **Menu** à la carte 37/53.
   ◆ Neben einer internationalen Karte mit französischen und asiatischen Elementen bereichern hübsch gedeckte Tische, moderne Bilder und Blumenschmuck das adrette Gasthaus.

GELNHAUSEN
Hessen **417** P 11 – 22 300 Ew – Höhe 159 m.

Sehenswert : Marienkirche★ (Chorraum★★).

☐ Fremdenverkehrsamt, Am Obermarkt, ✉ 63571, ℘ (06051) 83 03 00, verkehrsamt@gelnhausen.de, Fax (06051) 830303.

Berlin 508 – Wiesbaden 84 – Fulda 59 – Frankfurt am Main 42 – Würzburg 86.

Burg-Mühle, Burgstr. 2, ✉ 63571, ℘ (06051) 8 20 50, burgmuehle@ecos.net, Fax (06051) 820554, 🏕, ⇌ – 📶, ✳ Zim, 📺 🅿 – 🛎 30. 🅞 ◯◯ 🆅🆂🅰. ✄ Zim
Menu (geschl. Sonntagabend) à la carte 24/38 – **42 Zim** ☑ 57/78 – 88/98.
   ◆ Der historische Charakter der ehemaligen Mühle bildet mit der modernen Ausstattung eine gelungene Kombination. Das malerische Städtchen im Kinzigtal wartet auf Ihren Besuch.

Stadt-Schänke, Fürstenhofstr. 1, ✉ 63571, ℘ (06051) 1 60 51, hotel-stadtschaenke@t-online.de, Fax (06051) 16053, 🏕 – 📺 ✽ 🅿. 🅰🅴 🅞 ◯◯ 🆅🆂🅰. ✄ Zim
Menu (geschl. Samstagmittag) à la carte 19/34 – **13 Zim** ☑ 54/61 – 85/105.
   ◆ Das kleine Refugium mit altehrwürdigen Mauern bietet Ihnen für einige Zeit ein Zuhause in der Altstadt - eine funktionelle Bleibe in zeitgemäßem Stil. Freigelegtes Fachwerk schmückt die Räumlichkeiten des Restaurants.

Grimmelshausen-Hotel garni, Schmidtgasse 12, ✉ 63571, ℘ (06051) 9 24 20, grimmelshausen-hotel@t-online.de, Fax (06051) 924242 – 📺 ⌘. 🅰🅴 🅞 ◯◯ 🆅🆂🅰
28 Zim ☑ 40/60 – 60/75.
   ◆ Sie haben die Wahl : ob im zeitlosen Stil oder eher in modernem Design - die Räume dieser gepflegten Adresse präsentieren sich dem Gast als behagliches Quartier.

GELNHAUSEN

Bergschlösschen, Am Schlößchen 4, ⊠ 63571, ℘ (06051) 47 26 47, Fax (06051) 472648, ≼ – ℗. AE ① ⓜ VISA. ⋇
geschl. Mitte Sept. - Mitte Okt., Samstagmittag, Dienstag – **Menu** (italienische Küche) à la carte 25/40.
• Eine interessante Architektur bestimmt das Äußere des Hauses, die Einrichtung präsentiert sich klassisch. Das Angebot gibt sich italienisch inspiriert. Terrasse mit Aussicht.

Altes Weinkellerchen, Untermarkt 17, ⊠ 63571, ℘ (06051) 31 80, awk.dieulangard@t-online.de, Fax (06051) 3581 – AE ⓜ VISA. ⋇
geschl. 2. - 19. Jan., 20. Juli - 10. Aug., Sonntag – **Menu** (nur Abendessen) à la carte 22/38.
• Gemütlich und urig ist das Ambiente in dem Gewölbekeller a. d. 13. Jh., der mit einer Weinpresse und Fässern passend dekoriert ist. Mit einfacher französischer Küche.

In Gelnhausen-Meerholz Süd-West : 3,5 km :

Schießhaus, Schießhausstr. 10, ⊠ 63571, ℘ (06051) 6 69 29, Fax (06051) 66097, ⌂ – ℗. ⓜ VISA
geschl. Anfang Jan. 2 Wochen, Juli -Aug. 2 Wochen, Montag - Dienstag – **Menu** à la carte 22/36.
• Ein nettes Plätzchen erwartet Sie mit einem leckerem Speiseangebot - mittags auch etwas günstiger. Man serviert Ihnen Gerichte aus der Region und Internationales.

In Linsengericht-Eidengesäß Süd-Ost : 3 km :

Der Löwe, Hauptstr. 20, ⊠ 63589, ℘ (06051) 7 13 43, sauter@ecos.net, Fax (06051) 75339, ⌂ – ⓜ VISA
geschl. Jan. 1 Woche, Juli - Aug. 2 Wochen, Sonntagabend - Dienstagmittag – **Menu** à la carte 28/43.
• Diese gastliche Adresse ist nett im ländlichen Stil gehalten - sehr sauber und gut unterhalten. Eine ansprechende Auswahl an internationalen Speisen steht zur Wahl.

Nahe der Straße nach Schöllkrippen Süd : 5 km, über Altenhaßlau :

Hufeisenhof ⓢ, ⊠ 63589 Linsengericht, ℘ (06051) 9 66 10, info@hufeisenhof.de, Fax (06051) 966119, ⌂ – ⃞ ⇆ ℗. ▲ 60. ⓜ ⋇ Zim
Menu (geschl. Montag) à la carte 17/35 – **22 Zim** ⌑ 52/97 – 71/122.
• Die einsame Lage am Wald macht den Reiz dieses Domizils aus. Hier fühlen Sie sich als Tagungsgast wie auch privat wohl - zeitgemäß beherbergt an einem idyllischen Ort. Das Restaurant hat man mit dunklem Holz und einem gepflegten Dekor solide eingerichtet.

GELSENKIRCHEN Nordrhein-Westfalen 417 L 5 – 290 000 Ew – Höhe 54 m.

ᴮ Gelsenkirchen-Buer, Middelicher Str. 72 Y, ℘ (0209) 70 11 00 ; ᴮ Schloß Horst, Auf der Rennbahn 11 Z, ℘ (0209) 50 30 20 ; ᴮ Herten-Westerholt, Schloß Westerholt (Nord : 5 km), ℘ (0209) 62 00 44.
ᴮ Verkehrsverein, Hans-Sachs-Haus, Ebertstr. 13, ⊠ 45879, ℘ (0209) 1 47 40 22, Fax (0209) 29698.
ADAC, Daimlerstr. 1 (Ecke Emscherstraße).
Berlin 516 ① – Düsseldorf 44 ③ – Dortmund 32 ③ – Essen 11 – Oberhausen 19 ④

Stadtplan siehe nächste Seite

Maritim, Am Stadtgarten 1, ⊠ 45879, ℘ (0209) 17 60, info.sge@maritim.de, Fax (0209) 1762091, ≼, ⌂, ≋, ⃞ – ⃞ ⇆ Zim, ⊺⊽ ℘ ℗. ▲ 350. AE ① ⓜ VISA. ⋇
Z a
Menu à la carte 24/48 – ⌑ 13 – **223 Zim** 98/128 – 118/148, 3 Suiten.
• Die renovierten Zimmer des Hauses sind mit solidem Mobiliar wohnlich gestaltet. Wenn Sie in den oberen Etagen logieren, genießen Sie einen schönen Blick auf die Stadt. Klassisches Restaurant mit Blick auf den Stadtgarten.

InterCityHotel ᴹ, Ringstr. 1, ⊠ 45879, ℘ (0209) 9 25 50, gelsenkirchen@intercityhotel.de, Fax (0209) 9255999, ⌂ – ⃞ ⇆ Zim, ⊺⊽ ℘ ⅙ ⇔ ℗ – ▲ 50. AE ① ⓜ VISA
X n
Menu (geschl. Sonntag - Montag, Feiertage) (nur Abendessen) à la carte 20/40 – **135 Zim** ⌑ 85/107 – 91/137.
• Sie haben einen idealen Ausgangspunkt für Ihre Unternehmungen gefunden : Zimmer in modernem Design sorgen für Erholung, eine gute Verkehrsanbindung ermöglicht bequemes Reisen.

In Gelsenkirchen-Buer :

Buerer Hof garni, Hagenstr. 4, ⊠ 45894, ℘ (0209) 9 33 43 00, info@buerer-hof.de, Fax (0209) 9334350 – ⃞ ⇆ ⊺⊽ ℘ ⇔ ℗. AE ① ⓜ VISA. ⋇
Y c
24 Zim ⌑ 76/90 – 115.
• Ein Gefühl von Behaglichkeit begleitet Sie vom Empfang bis in Ihr Zimmer. Trotz der zentralen Lage werden Sie in den wohnlichen Räumen zur Ruhe kommen.

GELSENKIRCHEN

Street	Ref
An der Rennbahn	Z 2
Augustastraße	X 3
Bahnhofstraße	X
Bleckstraße	Y 4
Bochumer Straße	X 5
Cranger Straße	Y 6
De-la-Chevallerie-Straße	Y 7
Emil-Zimmermann-Allee	Y 8
Feldmarkstraße	Z 9
Fersenbruch	Z 10
Freiheit	Y 11
Gewerkenstraße	Z 12
Goldbergstraße	Y 13
Grenzstraße	V, Y 14
Hans-Böckler-Allee	Z 15
Hattinger Straße	Z 16
Herzogstraße	Y 17
Hohenzollernstraße	Z 18
Kärntener Ring	Y 19
Königswiese	Y 20
Magdeburger Str.	Z 23
Münsterstraße	Y 24
Munckelstraße	X 25
Nordring	Y 26
Ostring	Y 27
Ressestraße	Y 28
Rotthauser Straße	X, Z 29
Trinenkamp	Z 33
Turfstraße	Y 34
Uechtingstraße	Y 35
Ückendorfer Straße	X, Z 36
Uferstraße	Z 37
Vinckestraße	Y 38
Vom-Stein-Straße	Y 39
Westerholter Straße	Y 41
Wiesmannstraße	Z 44
Wilhelminenstraße	Z 45

540

GELSENKIRCHEN

Residenz-Hotel Zum Schwan, Urbanusstr. 40, ✉ 45894, ℘ (0209) 31 83 30, info@schwanhotel.de, Fax (0209) 3183310, 😊 – 🛗, ✻ Zim, 📺 ☏ 🈁 ⓞ ⓜⓞ 𝕍𝕀𝕊𝔸   Y b
Menu à la carte 14/34,50 – **15 Zim** ⊇ 55/79 – 70/119.
• Eine charmante Adresse in günstiger Nähe zur Fußgängerzone bietet gepflegte Räumlichkeiten für Ihren Besuch. Die Zimmer unterscheiden sich in Größe und Inventar. Ein Kamin und ein großes Aquarium schmücken das bürgerliche Restaurant.

Monopol garni, Springestr. 9, ✉ 45894, ℘ (0209) 93 06 40, info@hotel-monopol.de, Fax (0209) 378675 – 🛗 ✻ 📺 ⇔ 🈁 ⓞ ⓜⓞ 𝕍𝕀𝕊𝔸 ᴊᴄʙ   Y e
29 Zim ⊇ 70 – 87.
• Gästezimmer mit zeitlosem Mobiliar machen dieses zentral gelegene Hotel zu einer soliden Behausung auf Zeit. Auf Wunsch steht Ihnen auch ein Büroservice zur Verfügung.

GEMÜNDEN AM MAIN Bayern 417 P 13 – 11 000 Ew – Höhe 160 m.

🛈 *Tourist-Information im Verkehrsmuseum, Frankfurterstr. 2, ✉ 97737, ℘ (09351) 38 30, Fax (09351) 4854.*
Berlin 507 – München 319 – Würzburg 42 – Frankfurt am Main 88 – Bad Kissingen 38.

Zum Koppen, Obertorstr. 22, ✉ 97737, ℘ (09351) 9 75 00, hotel.koppen@t-online.de, Fax (09351) 975044, 😊 – 📺 🈁 ⓜⓞ 𝕍𝕀𝕊𝔸
geschl. 1. - 6. Jan., 1. - 15. Nov. – **Menu** à la carte 21/35 – **10 Zim** ⊇ 45/55 – 70/80.
• In dem hübschen Sandsteinhaus a. d. 16. Jh. wird Ihnen eine persönliche Atmosphäre zuteil. Die Lage im Herzen der Altstadt unterstreicht die lange Geschichte dieser Adresse. Man bewirtet Sie in ländlichen Räumlichkeiten mit rustikalem Touch.

In Gemünden-Langenprozelten West : 2 km :

Gasthof Imhof, Frankenstr. 1, ✉ 97737, ℘ (09351) 9 71 10, e.imhof@t-online.de, Fax (09351) 971133, 😊, Biergarten, ⇌, ✻ – 🛗 📺 ☏ & 🅿 – 🛎 40. ⓜⓞ 𝕍𝕀𝕊𝔸. ✻ Rest
Menu à la carte 13/21 – **34 Zim** ⊇ 42 – 66.
• Sowohl die attraktive Fassade des Altbaus als auch der moderne Neubau bieten einen optischen Reiz. Hier dürfte man Ihren Ansprüchen an ein sinnvolles Quartier gerecht werden.

GENGENBACH Baden-Württemberg 419 U 8 – 11 000 Ew – Höhe 172 m – Erholungsort.

Sehenswert : Altstadt★.

🛈 *Tourist-Information, Höllengasse 2 (Im Winzerhof), ✉ 77723, ℘ (07803) 93 01 43, Fax (07803) 930142.*
Berlin 756 – Stuttgart 160 – Karlsruhe 90 – Villingen-Schwenningen 68 – Offenburg 11.

Schwarzwald Hotel 🅼, Berghauptener Straße, ✉ 77723, ℘ (07803) 9 39 00, info@schwarzwaldhotel-gengenbach.de, Fax (07803) 939099, 😊, ⇌, 🅇 – 🛗, ✻ Zim, 📺 ☏ & ⇔ 🅿 – 🛎 100. 🈁 ⓞ ⓜⓞ 𝕍𝕀𝕊𝔸
geschl. 2. - 6. Jan. – **Menu** (geschl. 2. - 19. Jan.) (nur Abendessen) à la carte 20/34 – **59 Zim** ⊇ 83 – 102, 3 Suiten.
• Die in neuzeitlichem Stil einheitlich gehaltenen Räume kombinieren Funktionalität mit attraktiver Wohnlichkeit - ganz im Sinne des Gastes. Auch Appartements stehen zur Wahl. Das Restaurant zeigt sich in neuzeitlichem Stil.

Stadthotel Pfeffermühle ⏃ garni, Oberdorfstr. 24a, ✉ 77723, ℘ (07803) 9 33 50, pfeffermuehle@t-online.de, Fax (07803) 6628 – ✻ 📺 ☏ ⇔ 🅿 – 🛎 20. 🈁 ⓞ ⓜⓞ 𝕍𝕀𝕊𝔸 ᴊᴄʙ
25 Zim ⊇ 40/52 – 60/65.
• Nahe dem malerischen Altstadtkern finden Sie eine freundliche Unterkunft in zeitlosem Stil. Eine gepflegte Adresse, die aus einfachem Übernachten behagliches Wohnen macht.

Benz ⏃, Mattenhofweg 3, ✉ 77723, ℘ (07803) 9 34 80, hotel-benz@t-online.de, Fax (07803) 934840, ≤, 😊 – 📺 🅿 ⓜⓞ 𝕍𝕀𝕊𝔸
Menu (geschl. 28. Okt. - 15. Nov., Montag) (Dienstag - Freitag nur Abendessen) à la carte 16,50/40 – **11 Zim** ⊇ 42 – 70/84 – ½ P 18.
• Ein beschauliches Plätzchen am Waldrand wartet auf Sie - fernab vom Trubel. Die Zimmer sind einheitlich möbliert und meist mit einem kleinen Balkon versehen. Rustikales Restaurant mit elegantem Touch.

Reichsstadt mit Zim, Engelgasse 33, ✉ 77723, ℘ (07803) 9 66 30, reichsstadt-gengenbach@t-online.de, Fax (07803) 966310, 😊 – ■ Rest, 📺 ☏ ⇔ – 🛎 15. ⓜⓞ 𝕍𝕀𝕊𝔸
Menu (geschl. Jan. 2 Wochen, Montag - Dienstagmittag) à la carte 27/46 – **6 Zim** ⊇ 55 – 90.
• Im Inneren des in der Altstadt gelegenen Restaurants dient eine wechselnde Kunstausstellung der Dekoration. Zum Haus gehören auch eine Gartenterrasse und schöne Appartements.

GENGENBACH

Pfeffermühle, Victor-Kretz-Str. 17, ✉ 77723, ℘ (07803) 9 33 50, pfeffermuehle@t-online.de, Fax (07803) 6628, 🌳 – AE ① ◐ VISA JCB
geschl. Jan. - Feb. 2 Wochen, Donnerstag – **Menu** à la carte 20/32.
• Das hübsche Häuschen fügt sich harmonisch in das historische Zentrum der Stadt ein. Das Menue wechselt je nach Saison - auch an den kleinen Hunger ist gedacht.

Gasthof Hirsch mit Zim, Grabenstr. 34, ✉ 77723, ℘ (07803) 33 87, info@gasthof-hirsch.com, Fax (07803) 7881 – TV ⇔ AE ◐ VISA
geschl. Ende Jan. 2 Wochen, Anfang Aug. 2 Wochen – **Menu** (geschl. Sonntagabend, Dienstagabend - Mittwoch) à la carte 18/34 – **6 Zim** ⇌ 34/36 – 54/64.
• Das historische Gasthaus liegt am Rande der Innenstadt. Am Herd steht der Patron selbst. Die Gaststuben sind gemütlich und gepflegt, regional orientiert gibt sich die Küche.

In Berghaupten West : 2,5 km – Erholungsort :

Hirsch ⌘, Dorfstr. 9, ✉ 77791, ℘ (07803) 9 39 70, Fax (07803) 939749, 🌳 – ⌘, ⇌ Zim, TV ⌘ ⇔ P – 🎱 20. ◐ VISA
geschl. über Fastnacht 2 Wochen, Anfang Aug. 2 Wochen – **Menu** (geschl. Montag - Dienstagmittag) à la carte 22/36 – **23 Zim** ⇌ 48/60 – 75/90.
• Ganz im Dienste des Gastes präsentiert sich diese Residenz in neuzeitlicher Gestaltung. Die Zimmer sind mit hellem Holzmobiliar bestückt - eine liebenswerte Adresse. In gemütlichem Ambiente serviert man sorgfältig und schmackhaft Gekochtes.

Die Erläuterungen in der Einleitung helfen Ihnen,
Ihren Roten Michelin-Führer effektiver zu nutzen.

GENTHIN Sachsen-Anhalt 416 418 I 20 – 16 000 Ew – Höhe 35 m.

🛈 Touristinformation, Bahnhofstr. 8, ✉ 39307, ℘ (03933) 80 22 25, Fax (03933) 802225.
Berlin 111 – *Magdeburg* 53 – Brandenburg 31 – Stendal 34.

Stadt Genthin, Mühlenstr. 3, ✉ 39307, ℘ (03933) 9 00 90, hotel-stadt-genthin@t-online.de, Fax (03933) 900910 – ⇌ Zim, TV ⌘ P AE ① ◐ VISA
Menu à la carte 13,50/25 – **25 Zim** ⇌ 45 – 48/65.
• Trotz der Lage im Zentrum haben Sie es nicht weit ins Grüne. Die dezente Einrichtung des Hauses unterstreicht die Vorzüge einer funktionellen Herberge. Das Restaurant ist im Stil einer bürgerlichen Gaststube eingerichtet.

In Roßdorf-Dunkelforth Ost : 5 km :

Rasthof Dunkelforth, an der B 1, ✉ 39307, ℘ (03933) 80 21 06, hotel-rasthof-dunkelforth@t-online.de, Fax (03933) 2267, 🌳, ≋, 🌿 – TV ⌘ P – 🎱 25. AE ◐
VISA. ⌘
Menu à la carte 12/26 – **21 Zim** ⇌ 40/55 – 60/70.
• Der ehemalige Ausspann nimmt auch heute noch Besucher auf - ob auf der Durchreise oder für länger. Die schlichte, zeitgemäße Machart macht das Haus zu einer soliden Bleibe.

GEORGENTHAL Thüringen 418 N 15 – 3 300 Ew – Höhe 460 m.

🛈 Touristinformation, Tambacher Str. 2, ✉ 99887, ℘ (036253) 3 81 08, vg-aa@t-online.de, Fax (036253) 38102.
Berlin 334 – *Erfurt* 43 – Gotha 17 – Eisenach 41 – Saalfeld 69 – Suhl 35.

Meister Bär Hotel, St.-Georg-Str. 2, ✉ 99887, ℘ (036253) 47 80, geo@mb-hotel.de, Fax (036253) 478888, 🌳 – ⌘, ⇌ Zim, TV P – 🎱 50. AE ① ◐ VISA JCB
Menu à la carte 14/32 – **30 Zim** ⇌ 45/59 – 65/89.
• Hinter den Mauern dieses Jugendstilhauses beziehen Sie Ihr behagliches Quartier. Es stehen Zimmer in unterschiedlicher Größe zur Wahl - in einheitlichem Stil ausgestattet. Bürgerliches Restaurant und rustikale Stube mit Kamin.

An der Straße nach Tambach-Dietharz Süd-West : 3 km :

Rodebachmühle, ✉ 99887 Georgenthal, ℘ (036253) 3 40, rodenbachmuehle@t-online.de, Fax (036253) 34511, 🐟, ≋ – TV P – 🎱 30. AE ① ◐ VISA
Menu à la carte 14/25 – **62 Zim** ⇌ 45/55 – 72/85.
• Die Landstraße führt Sie direkt zu Ihrem Domizil am Waldrand. Stilvolle Zimmer mit einem guten Platzangebot sowie eine einfachere Variante stehen dem Gast zur Verfügung. Das Hotelrestaurant verfügt über eine gepflegte Ausstattung.

GEORGSMARIENHÜTTE Niedersachsen 417 J 8 – 32 000 Ew – Höhe 100 m.
Berlin 426 – Hannover 142 – Bielefeld 50 – Münster (Westfalen) 51 – Osnabrück 8,5.

In Georgsmarienhütte-Oesede :

Herrenrest, Teutoburgerwald Str. 110 (B 51, Süd : 2 km), ⊠ 49124, ℘ (05401) 53 83, info@hotel-herrenrest.de, Fax (05401) 6951, 斧 – TV 🕻 ⇔ P – ▲ 40. ◯ VISA. ※ Zim
Menu (geschl. Montag) à la carte 15,50/26,50 – **25 Zim** ⊇ 39/45 – 62/70.
♦ Was schon vor langer Zeit an der uralten Paßstraße als Herberge diente, wird auch Ihr Zuhause. Einem erlebnisreichen Wanderurlaub im Teutoburger Wald steht nichts im Wege. Ländlich-schlichtes Restaurant.

GERA Thüringen 418 N 20 – 114 000 Ew – Höhe 205 m.
🛈 Gera-Information, Heinrichstr. 31, ⊠ 07545, ℘ (0365) 8 00 70 30, info@gera tourismus.de, Fax (0365) 8007031.
ADAC, Reichsstr. 8.
Berlin 238 ① – Erfurt 88 ① – Bayreuth 127 ④ – Chemnitz 69 ①

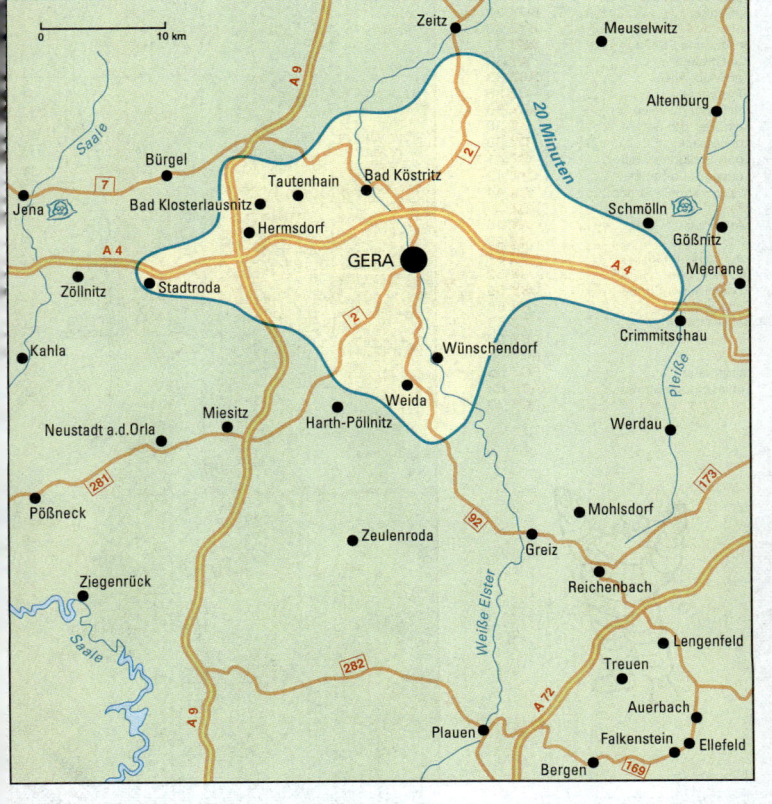

Dorint M, Berliner Str. 38, ⊠ 07545, ℘ (0365) 4 34 40, info.zgager@dorint.com, Fax (0365) 4344100, 斧, Massage, ≘s, ⛱, – ⌽, ※ Zim, ▬ Rest, TV 🕻 ⇔ P – ▲ 180. AE ① ◯ VISA JCB
BY a
Menu à la carte 23/41,50 – ⊇ 12 – **168 Zim** 90/95 – 100.
♦ Die in geschmackvollem Design eingerichteten Räume dieser Residenz verbinden Charme mit Funktionalität. Ein angenehmer Rahmen für Ihren Aufenthalt in der Stadt. Das Restaurant : neuzeitlich mit elegantem Touch.

GERA

Am Fuhrpark	**BZ** 2
Bielitzstraße	**BY** 4
Biermannplatz	**AY** 5
Breitscheidstraße	**BYZ** 6
Burgstraße	**BZ** 8
Calvinstraße	**CY** 9
Christian-Schmidt-Straße	**BZ** 12
Eisenbahnstraße	**BZ** 13
Elsterdamm	**BZ** 14
Enzianstraße	**BZ** 15
Erich-Weinert-Straße	**CX** 16
Ernst-Weber-Straße	**BZ** 17
Fichtestraße	**AX** 18
Friedrich-Engels-Straße	**BCY** 20
Greizer Straße	**CZ** 22
Große Kirchstraße	**BZ** 23
Gutenbergstraße	**AY** 24
Heinrich-Schütz-Straße	**BZ** 26
Heinrichstraße	**BZ** 27
Hinter der Mauer	**BYZ** 28
Johanes-R.-Becher-Straße	**BCX** 29
Johannisstraße	**BYZ** 30
Joliot-Curie-Straße	**ABY** 31
Kantstraße	**AY** 32
Karl-Marx-Allee	**ABZ** 33
Kleiststraße	**CZ** 35
Küchengartenallee	**ABY** 36
Leipziger Straße	**BY** 38
Loreystraße	**CY** 39
Louis-Schlutter-Straße	**BZ** 41
Ludwig-Jahn-Straße	**CYZ** 42
Maler-Reinhold-Straße	**AX** 44
Markt	**BZ**
Mohrenplatz	**AY** 45
Nicolaistraße	**CZ** 49
Paul-Felix-Straße	**BY** 51
Richterstraße	**CZ** 52
Rudolf-Diener-Straße	**BY** 55
Schellingstraße	**AY** 58
Schillerstraße	**CZ** 59
Schloßstraße	**BY** 60
Sorge	**BCY**
Stadtgraben	**BCZ** 65
Tobias-Hoppe-Straße	**ABY** 68
Zschochernstraße	**CY** 70

*Wenn Sie
ein ruhiges Hotel suchen,
benutzen Sie
zuerst die Übersichtskarte
in der Einleitung
oder wählen Sie im Text
ein Hotel mit dem
Zeichen ⚑ bzw. ⚑.*

545

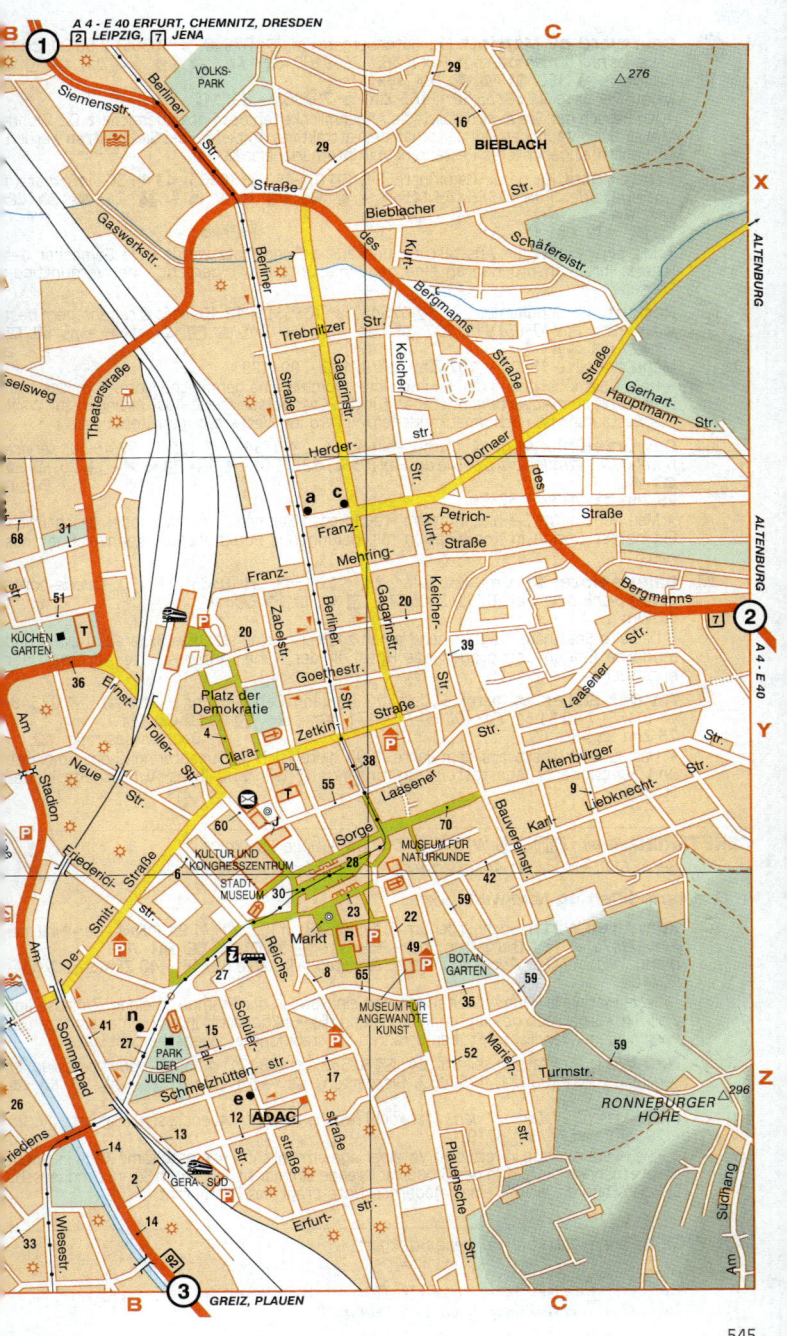

GERA

Courtyard by Marriott M, Gutenbergstr. 2a, ✉ 07548, ℘ (0365) 2 90 90, cy.zg
acy.sales.mgr@marriott.com, Fax (0365) 2909100, 余, ⓕ₆, ≋, – 闈, ﹀ Zim, ≡ TV ℒ
& ⟺ – 🄰 160. AE ⓞ ⓜ VISA JCB   AY s
Menu à la carte 21,50/35,50 – **165 Zim** ⇌ 79/105 – 89/115.
  ♦ Ein Besuch der Stadt wird durch die Annehmlichkeiten des Hotels bereichert. Die Wohnlichkeit der geräumigen Zimmer schafft ein attraktives Ambiente, das Sie schätzen werden Freundlich eingerichtetes Restaurant mit internationaler Küche.

Stadt-Hotel M garni, Gagarinstr. 81, ✉ 07545, ℘ (0365) 43 44 50, info@stadt
hotelgera.de, Fax (0365) 4344511 – 闈 ﹀ TV ℒ & P – 🄰 25. AE ⓞ ⓜⓔ
VISA JCB   BY c
⇌ 8 – **112 Zim** 41 – 51.
  ♦ Mit einer sinnvollen Ausstattung und ausreichend Platz werden die Gemächer des Hauses Ihren Ansprüchen an eine bequeme Unterkunft gerecht - bei vernünftiger Preisen.

Regent M, Schülerstr. 22, ✉ 07545, ℘ (0365) 9 18 10, info@regent-gera.best
western.de, Fax (0365) 9181100, 余, ≋ – 闈, ﹀ Zim, ≡ TV ℒ ⟺ P – 🄰 60. AE
ⓞ ⓜⓔ VISA JCB   BZ e
Menu à la carte 16/26 – **102 Zim** ⇌ 79/109 – 99/129.
  ♦ Helle Holzmöbel geben den Räumen Ihres Domizils eine gemütliche Note. Vom kleineren Zimmer bis zum Appartement stehen für den Gast verschiedene Ausführungen zur Wahl. Das Restaurant ist nach amerikanischem Vorbild im Westernstil gehalten.

Gewürzmühle M garni, Clara-Viebig-Str. 4, ✉ 07545, ℘ (0365) 82 43 30, service
hotel-gewuerzmuehle@t-online.de, Fax (0365) 8243344 – 闈 ﹀ TV ℒ P – 🄰 25. AE ⓞ
ⓜⓔ VISA   BZ n
29 Zim ⇌ 44/57 – 57/66.
  ♦ Man beherbergt Sie hier in einem freundlichen Rahmen - ob privat oder geschäftlich. Ein nettes Design in Kombination mit gelungener Funktionalität kennzeichnet das Haus.

Galerie-Hotel M garni, Leibnizstr. 21, ✉ 07548, ℘ (0365) 2 01 50, galerie-hotel-
gera@t-online.de, Fax (0365) 201522 – TV ℒ. AE ⓞ ⓜⓔ. ﹀   AY f
17 Zim ⇌ 40 – 56.
  ♦ Das alte Stadthaus trägt seinen Namen zu Recht : eine ständige Bilderausstellung und moderne Einrichtung prägen das Hotel. In der Nähe : interessante Adressen der Kunstszene.

An der Elster ⚘ garni, Südstr. 12 (Zugang Georg-Büchner-Straße), ✉ 07548,
℘ (0365) 7 10 61 61, Fax (0365) 7106171, ≋ – ﹀ TV P. AE ⓞ ⓜⓔ VISA
23 Zim ⇌ 48 – 69.   über Wiesestraße   BZ
  ♦ Das Jugendstilhaus aus dem Jahre 1890 bietet sich mit unaufdringlichem Ambiente und funktioneller Ausstattung als Unterkunft während Ihres Aufenthalts in der Stadt an.

GERETSRIED Bayern 419 420 W 18 – 24 000 Ew – Höhe 593 m.

Berlin 629 – München 44 – Garmisch-Partenkirchen 64 – Innsbruck 99.

In Geretsried-Gelting Nord-West : 6 km :

Zum alten Wirth, Buchberger Str. 4, ✉ 82538, ℘ (08171) 71 94, info@alter-wirth.de,
Fax (08171) 76758, Biergarten, ≋ – ﹀ Zim, TV P. AE ⓞ ⓜⓔ VISA JCB
Menu (geschl. Mitte Aug. - Anf. Sept., Dienstag) à la carte 15/36 – **40 Zim** ⇌ 55/65 –
90/100.
  ♦ Geschmackvolle Räumlichkeiten machen ein Hotel in der Fremde zu einem Zuhause auf Zeit. Sie werden den gepflegten Rahmen und die Funktionalität Ihrer Zimmer schätzen. In verschiedenen ländlichen Stuben erfahren Sie traditionelle bayerische Gastlichkeit.

Neu Wirt, Wolfratshauser Str. 24, ✉ 82538, ℘ (08171) 4 25 20, neuwirt-gelting@t
-online.de, Fax (08171) 4252152, Biergarten, ≋ – TV ℒ ⟺ P – 🄰 20. AE ⓞ
ⓜⓔ VISA
Menu (geschl. 27. Dez. - 7. Jan., Mittwoch) (wochentags nur Abendessen) à la carte 17/25
– **29 Zim** ⇌ 67/75 – 87/97.
  ♦ Eine nette Adresse in reizvoller Voralpenlage ermöglicht Ihnen erholsame Tage in einem ansprechenden Umfeld. In der Größe variierende Zimmer beherbergen sie im Landhausstil. Stilvolle Ländlichkeit mit einer modernen Note prägt das Restaurant.

GERLINGEN Baden-Württemberg siehe Stuttgart.

Bei verspäteter Anreise, nach 18 Uhr, ist es sicherer,
Ihre Zimmerreservierung zu bestätigen.

GERMERING
Bayern 419 420 V 18 – 35 200 Ew – Höhe 532 m.
Berlin 605 – München 20 – Augsburg 53 – Starnberg 18.

Mayer, Augsburger Str. 45, ⊠ 82110, ℘ (089) 8 94 65 70 (Hotel) 8 40 15 15 (Rest.), info@hotel-mayer.de, Fax (089) 894657597, 佘, ⛉ – ♦, ⇌ Zim, ⊡ ⇌ ℗ – ⚿ 100. ᴁ ① ⓤ VISA
geschl. 22. Dez. - 6. Jan. – **Menu** (geschl. Montag) à la carte 16/35 – **64 Zim** ⚏ 65/90 – 89/145.
♦ Unterschiede in Zuschnitt und Mobiliar gestalten die Zimmer des Hauses mit Individualität. Die unmittelbare Nähe des Naturschutzgebietes bietet einen zusätzlichen Reiz. In einem rustikal gestalteten Restaurant bekocht man Sie mit Sorgfalt und Geschmack.

Regerhof garni, Dorfstr. 38, ⊠ 82110, ℘ (089) 84 00 40, regerhof@aol.com, Fax (089) 8400445 – ♦ ⊡ ℗ ᴁ ① ⓤ VISA JCB
geschl. 24. Dez. - 8. Jan. – **34 Zim** ⚏ 50/60 – 85.
♦ Die Einrichtung der Zimmer bildet mit kräftigen Farben sowie ländlichen Eichenmöbeln ein attraktives Umfeld. Nach Ausflügen kehren Sie gerne in ihre wohnliche Bleibe zurück.

In Germering-Unterpfaffenhofen Süd : 1 km :

Huber garni, Bahnhofplatz 8, ⊠ 82110, ℘ (089) 89 41 70, info@hotel-huber.de, Fax (089) 89417333 – ♦, ⇌ Zim, ⊡ ⇌ ℗ – ⚿ 20. ᴁ ⓤ VISA JCB
34 Zim ⚏ 64/69 – 91/96.
♦ Sind Sie auf der Suche nach einer behaglichen Unterkunft mit sinnvollem Interieur? Hier werden Sie fündig, denn ein Großteil der Zimmer wurde kürzlich renoviert.

In Puchheim Nord-West : 2 km :

Parsberg garni, Augsburger Str. 1 (B 2), ⊠ 82178, ℘ (089) 8 00 99 00, info@hotel-parsberg.de, Fax (089) 80099060 – ♦ ⇌ ⊡ ✆ ⇌ ℗ ᴁ ⓤ VISA
34 Zim ⚏ 51/85 – 72/112.
♦ Seit mehreren Generationen bemüht man sich hier um das Wohl des Gastes. Die Zimmer des Hauses überzeugen mit einer Kombination von Funktionalität und Wohnlichkeit.

In Puchheim-Bahnhof Nord : 4 km :

Domicil, Lochhauser Str. 61, ⊠ 82178, ℘ (089) 80 00 70 (Hotel) 80 62 99 (Rest.), kontakt@domicil-hotel.de, Fax (089) 80007400, 佘 – ♦, ⇌ Zim, ⊡ ✆ ⇌ – ⚿ 70. ᴁ ⓤ VISA
geschl. 2. - 6. Jan. – **Cristallo** (italienische Küche) (geschl. Samstagmittag, Sonntag) **Menu** à la carte 22/27 – **99 Zim** ⚏ 85/100 – 100/140.
♦ Das Hotel präsentiert sich mit einem modernen Innenleben. Neben z. T. kürzlich renovierten Zimmern zählt auch die Nähe zu München zu den Annehmlichkeiten des Hauses. In heller, neuzeitlicher Aufmachung zeigt sich das Cristallo.

GERMERSHEIM
Rheinland-Pfalz 417 419 S 9 – 17 000 Ew – Höhe 105 m.
Berlin 653 – Mainz 111 – Mannheim 47 – Karlsruhe 34 – Speyer 18.

Germersheimer Hof, Josef-Probst-Str. 15a, ⊠ 76726, ℘ (07274) 50 50, info@hotel-germersheimer-hof.de, Fax (07274) 505111, 佘 – ⊡ ⇌ ℗ – ⚿ 25. ᴁ ① ⓤ VISA. ⇌ Rest
Menu à la carte 15/25 – **36 Zim** ⚏ 59/77 – 77/85.
♦ Die verschiedenen Räume - vom "normalen" Zimmer bis zur Zwei-Raum-Suite - bieten gepflegten Komfort und ein gutes Platzangebot für einen bequemen Aufenthalt. Nett dekoriertes Hotelrestaurant.

Kurfürst, Oberamtsstr. 1, ⊠ 76726, ℘ (07274) 95 10, Fax (07274) 951200 – ⊡. ᴁ ⓤ VISA
Menu (geschl. 15. Juli - 15. Aug., Samstagmittag) à la carte 16/34 – **20 Zim** ⚏ 45/50 – 67/70.
♦ Die Einrichtung der Zimmer variiert von moderner Möblierung bis zu einer rustikaleren Ausführung. Man wird stets den Ansprüchen des Gastes an ein sinnvolles Quartier gerecht. Im Restaurant : bürgerlich-gediegenes Ambiente.

GERNSBACH
Baden-Württemberg 419 T 8 – 15 000 Ew – Höhe 160 m – Luftkurort.
Sehenswert : Altes Rathaus★.
🛈 Kultur- und Verkehrsamt, Igelbachstr. 11 (Rathaus), ⊠ 76593, ℘ (07224) 6 44 44, Fax (07224) 64464.
Berlin 705 – Stuttgart 91 – Karlsruhe 34 – Baden-Baden 11 – Pforzheim 41.

Sonnenhof, Loffenauer Str. 33, ⊠ 76593, ℘ (07224) 64 80, mbsunyard@aol.com, Fax (07224) 64860, ≤, 佘, ≦, ⛉ – ♦ ⊡ ℗ – ⚿ 30. ᴁ ⓤ VISA
Menu à la carte 17/31 – **43 Zim** ⚏ 41/56 – 76.
♦ Oberhalb des Schwarzwaldstädtchens verwöhnt Sie badische Gastlichkeit. Neuzeitlich ausgestattete Räume verbreiten Behagen - die Basis für Ihr Wohlbefinden. Dunkles Holz gibt dem Restaurant seinen rustikalen Charakter.

GERNSBACH

🏨 **Stadt Gernsbach** garni, Hebelstr. 2, ✉ 76593, ✆ (07224) 9 92 80, *info@hotelstadtgernsbach.de*, Fax *(07224) 9928555* – 📶 ✦ 📺 📞 – 🅰 25. 🅰🅴 ⓞ ⓜⓞ 🆅🅸🆂🅰 🅹🅲🅱
40 Zim ⊇ 50/56 – 70/80.
 • Das Etagenhotel im Zentrum präsentiert seine Zimmer im schlichten Design mit älterem Holzmobiliar - eine gepflegte Herberge mit einem guten Platzangebot.

An der Straße nach Baden-Baden und zur Schwarzwaldhochstr. *Süd-West : 4 km :*

🏨 **Nachtigall** (mit Gästehaus), Müllenbild 1, ✉ 76593 Gernsbach, ✆ (07224) 21 29, Fax *(07224) 69626*, 🍴, 🍳 – ✦ Zim, 📺 ⬤ 📞 🅰🅴 ⓞ ⓜⓞ 🆅🅸🆂🅰
geschl. Feb. – **Menu** *(geschl. Montag)* à la carte 17/30 – **16 Zim** ⊇ 40 – 60/80 – ½ P 15.
 • Den Reiz der kleinen Adresse macht die Lage im Wald aus - diese Umgebung lädt zu Wanderungen ein. Logieren Sie in einem der funktionellen Zimmer des Hauses. Ländlich-rustikale Gasträume.

In Gernsbach-Kaltenbronn *Süd-Ost : 16 km – Höhe 900 m – Wintersport : 900/1 000 m ✤2 ✤ :*

🏨 **Sarbacher,** Kaltenbronner Str. 598, ✉ 76593, ✆ (07224) 9 33 90, *info@hotelsarbacher.de*, Fax *(07224) 933993*, 🍴, ≘s, 🐎 – 📺 📞 – 🅰 20. 🅰🅴 ⓞ ⓜⓞ 🆅🅸🆂🅰
geschl. Nov. – **Menu** *(geschl. Dez. - Mai Montag)* à la carte 16/37 – **15 Zim** ⊇ 40/60 – 87/97 – ½ P 18.
 • Sie können zwischen zwei Varianten von Quartieren wählen : mit freundlicher Kieferneinrichtung oder mit rustikalen Bauernmöbeln - so oder so eine schöne Bleibe. Nettes Dekor und ländlicher Stil kennzeichnen den in Stuben unterteilten gastronomischen Bereich.

In Gernsbach-Staufenberg *West : 2,5 km :*

🏨 **Sternen,** Staufenberger Str. 111, ✉ 76593, ✆ (07224) 33 08, *sternen.staufenberg @t-online.de*, Fax *(07224) 69486*, 🍴 – 📺 📞 ⓜⓞ 🆅🅸🆂🅰
Menu *(geschl. Donnerstag)* à la carte 18/36 – **14 Zim** ⊇ 38/55 – 56/80 – ½ P 15.
 • In der Mitte des Dorfes steht dieser gut geführte Landgasthof. Neben gepflegten, schlichten Zimmern mit Bauernmobiliar verfügt man seit kurzem über einige ganz neue Zimmer. Das Restaurant unterteilt sich in verschiedene Stuben - teils mit schöner Holztäfelung.

GERNSHEIM Hessen 417 419 *Q 9 – 8 000 Ew – Höhe 90 m.*
 🚢 *Hamm, Gernsheimer Fahrt (West : 1 km), ✆ (06246) 90 64 44 ;* 🚢 *Gernsheim, Hof Gräbenbruch, (Nord-Ost : 6 km), ✆ (06157) 8 76 22.*
 Berlin 587 – Wiesbaden 53 – Mannheim 45 – Darmstadt 21 – Mainz 46 – Worms 20.

🏨 **Hubertus,** Außerhalb 20 (Waldfrieden, Ost : 2 km), ✉ 64579, ✆ (06258) 22 57(Hotel) 40 27(Rest.), *info@hubertus-gernsheim.de*, Fax *(06258) 52229*, 🍴, ≘s – ✦ Zim, 📺 📞 📞 🅰🅴 ⓞ ⓜⓞ 🆅🅸🆂🅰
Menu *(geschl. Freitag - Samstagmittag)* (italienische Küche) à la carte 20/36 – **40 Zim** ⊇ 41/67 – 71/82.
 • Die Zimmer überzeugen durch Funktionalität. Verschiedene Kategorien - teils neuzeitlich, teils älter in der Gestaltung - geben Ihnen stets das Gefühl, gut aufgehoben zu sein. Rustikales Restaurant mit italienischem Speisenangebot.

GEROLSBACH Bayern 419 420 *U 18 – 2 600 Ew – Höhe 456 m.*
 🏌 *Gerolsbach, Hof 1 (Süd-Ost : 4 km), ✆ (08445) 7 99.*
 Berlin 559 – München 65 – Augsburg 57 – Ingolstadt 44.

🍴🍴 **Zur Post,** St.-Andreas-Str. 3, ✉ 85302, ✆ (08445) 5 02, Fax *(08445) 929432*, 🍴 – 📞 🅰🅴 ⓞ ⓜⓞ 🆅🅸🆂🅰
geschl. Montag - Dienstag – **Menu** *(wochentags nur Abendessen)* (Tischbestellung ratsam) à la carte 28/43.
 • Nehmen Sie Platz an einem der ansprechend eingedeckten Tische - umgeben von einem ländlichen Ambiente. Das Küchenteam kreiert seinen Gästen Gerichte in gehobenem Stil.

🍴 **Benedikt Breitner,** Propsteistr. 7, ✉ 85302, ✆ (08445) 15 93, Fax *(08445) 1594*, ⓢ 🍴, Biergarten – 📞 🅰🅴 ⓞ ⓜⓞ 🆅🅸🆂🅰
geschl. Anfang Jan. 1 Woche, Ende Aug. - Anfang Sept., Dienstag – **Menu** à la carte 13,50/35.
 • Legen Sie eine Rast in den unaufdringlichen Räumlichkeiten einer gastlichen Station ein. Bei gutem Wetter bietet der schöne Biergarten ein luftiges Plätzchen.

GEROLSTEIN – Rheinland-Pfalz 417 P 4 – 8 400 Ew – Höhe 362 m – Luftkurort.

🛈 Touristik- und Wirtschaftsförderung, Kyllweg 1, ✉ 54568, ℰ (06591) 1 31 80, touristinfo@gerolsteiner-land.de, Fax (06591) 13183.
Berlin 678 – Mainz 182 – Trier 73 – Bonn 90 – Koblenz 86 – Prüm 20.

🏨 **Seehotel** ♨, Am Stausee 4, ✉ 54568, ℰ (06591) 2 22, info@seehotel-am-stausee.de, Fax (06591) 81114, ≦s, ◻, 🐎 – 🖃 🗱 Rest
geschl. Nov. - Jan. – **Menu** à la carte 17/25 – **50 Zim** ⊇ 37/45 – 45/60 – ½ P 7.
◆ Hier ist man ganz auf das Ruhebedürfnis seiner Gäste ausgerichtet. Die schlichten Gästezimmer lassen sich auf Wunsch mit einem Farbfernseher ergänzen.

🏨 **Am Brunnenplatz** garni, Raderstr. 1, ✉ 54568, ℰ (06591) 98 08 98, info@brunnenplatzhotel-molitor.de, Fax (06591) 980899 – 📺 🅿 ⓜⓞ 𝑉𝐼𝑆𝐴 🗱
9 Zim ⊇ 35/47 – 62/70.
◆ Die hellen, geräumigen Zimmer dieses kleinen Gästehauses am Rand des Zentrums sind schlicht und funktionell eingerichtet und vor allem für Geschäftsleute gedacht.

🏨 **Landhaus Tannenfels,** Lindenstr. 68, ✉ 54568, ℰ (06591) 41 23, Fax (06591) 4104, 🐎 – 📺 🅿 🗱 Rest
Menu (nur Abendessen) (Restaurant nur für Hausgäste) – **12 Zim** ⊇ 32/42 – 55/62 – ½ P 10.
◆ Auf Ihrer Erkundungstour durch die reizvolle Umgebung des Ortes präsentiert sich diese Adresse als ländliche Bleibe zum Ausspannen und Energie tanken.

In Gerolstein-Müllenborn Nord-West : 5 km :

🏨 **Landhaus Müllenborn** ♨, Auf dem Sand 45, ✉ 54568, ℰ (06591) 9 58 80, info@landhaus-muellenborn.de, Fax (06591) 958877, ≤, 🛐, ≦s – 📺 📞 & 🅿 – 🕍 20. 🝰 ⓘ ⓜⓞ 𝑉𝐼𝑆𝐴 🗱 Rest
Menu (geschl. 10. - 23. März, Montagmittag, Dienstagmittag) à la carte 28/40 – **24 Zim** ⊇ 64/75 – 102/112.
◆ Privat oder beim Tagen erleben Sie hier eine ungezwungene Atmosphäre. Das Hotel steht für ein sympathisches Heim im ländlich-zeitlosen Stil - wenn auch nur für begrenzte Zeit. Vom rustikalen Restaurant aus hat man einen schönen Blick ins Tal.

GEROLZHOFEN – Bayern 419 420 Q 15 – 7 000 Ew – Höhe 245 m.

🛈 Tourist-Information, Altes Rathaus, Marktplatz 20, ✉ 97447, ℰ (09382) 90 35 12, Fax (09382) 903513.
Berlin 456 – München 262 – Würzburg 45 – Schweinfurt 22 – Nürnberg 91.

🏨 **Altes Zollhaus,** Rügshöfer Str. 25, ✉ 97447, ℰ (09382) 60 90, post@alteszollhaus.de, Fax (09382) 609179, 🐎 – 📳 📺 🅿 – 🕍 25. ⓜⓞ 🗱 Rest
geschl. 12. - 26. Jan. – **Menu** (geschl. 7. - 31. Jan., Mittwoch) (wochentags nur Abendessen) à la carte 14/25 – **36 Zim** ⊇ 44/54 – 54/82.
◆ Auf dem traditionsreichen Anwesen dürfen Sie heute als Besucher Behaglichkeit erfahren. Neben praktischen Räumen bietet man auch Zimmer mit besonderen Details an. Ländliche Stuben bilden den Restaurantbereich.

🏨 **Weinstube am Markt,** Marktplatz 5, ✉ 97447, ℰ (09382) 90 09 10, info@hotel-weinstube.de, Fax (09382) 900919, 🐎 – 📺 📞 🅿 🝰 ⓜⓞ 𝑉𝐼𝑆𝐴
Menu (geschl. Montag) (wochentags nur Abendessen) à la carte 13/26 – **8 Zim** ⊇ 44 – 66/78.
◆ Eine nette Adresse im Herzen der Stadt : das gepflegte Haus zeigt sich seinen Gästen als liebenswerte Herberge - mit Parkettboden, teils auch mit hellem Holzmobiliar. Mehrere gemütliche Räume schaffen ein behagliches Umfeld zum Speisen.

GERSFELD – Hessen 417 418 420 O 13 – 6 400 Ew – Höhe 482 m – Kneippheilbad – Wintersport : 500/950 m ⛷5 🛷.

Ausflugsziel : Wasserkuppe : ≤⋆⋆ Nord : 9,5 km über die B 284.
🛈 Tourist-Information, Brückenstr. 1, ✉ 36129, ℰ (06654) 17 80, tourist-info@gersfeld.de, Fax (06654) 1788.
Berlin 431 – Wiesbaden 160 – Fulda 28 – Würzburg 96.

🏨 **Gersfelder Hof** ♨ (mit Appartementhaus), Auf der Wacht 14, ✉ 36129, ℰ (06654) 18 90, gersfelder.hof@t-online.de, Fax (06654) 7466, 🐎, Massage, ♨, ♨, ≦s, 🛐, 🐎 – 📳 📺 🅿 – 🕍 70. 🝰 ⓜⓞ 𝑉𝐼𝑆𝐴
Menu à la carte 17/37 – **83 Zim** ⊇ 66/73 – 102/112 – ½ P 16.
◆ "Zuhause in der Rhön". Hier, in klarer, frischer Luft, finden Sie Erholung. Ausspannen können Sie in funktionell gestalteten Zimmern. Auch für Seminare bestens geeignet. Dekor und Einrichtung verleihen dem Restaurant ein behaglich-rustikales Flair.

GERSFELD

Sonne, Amelungstr. 1, ⊠ 36129, ℘ (06654) 9 62 70, *hotel-sonne-gersfeld@t-online.de*, Fax (06654) 7649, ⇌ – ✆ ⇌ – 🏛 20
geschl. 15. Jan. - 1. Feb. – **Menu** à la carte 14/22 – **30 Zim** ⇌ 27/32 – 47/53 – ½ P 10.
♦ Eine neuzeitliche Bleibe im Ortskern bietet Besuchern ein Plätzchen für erholsame Tage. In den Appartements finden vor allem Langzeitgäste ein zweites Zuhause. Mit frischen Farben modern gestaltetes Restaurant.

GERSTHOFEN Bayern 419 420 U 16 – 16 800 Ew – Höhe 470 m.
Berlin 552 – München 65 – Augsburg 10 – Ulm (Donau) 76.

Römerstadt garni, Donauwörther Str. 42, ⊠ 86368, ℘ (0821) 24 79 00, *info@hotel-roemerstadt.de*, Fax (0821) 497156 – 📶 📺 ✆ ⇌ 🅿 AE ⓞ VISA JCB
37 Zim ⇌ 56/63 – 78.
♦ Dieses Hotel ermöglicht Ihnen eine wohltuende Rast vor den Toren Augsburgs. Hell möblierte Zimmer in sachlicher Gestaltung sorgen für einen netten Aufenthalt.

GERSWALDE Brandenburg 416 G 25 – 1 100 Ew – Höhe 65 m.
🛈 Tourismusverein, Dorfmitte 14, ⊠ 17268, ℘ (039887) 2 89, Fax (039887) 289.
Berlin 100 – Potsdam 137 – Neubrandenburg 76 – Prenzlau 24.

In Gerswalde-Herrenstein West : 3 km :

Schloss Herrenstein ⚘, ⊠ 17268, ℘ (039887) 7 10, *info@herrenstein.de*, Fax (039887) 71175, ✿, 🏊, ⇌, 🞐, 🞐, 𝌣 (Halle), ⛷ (Halle) – 📶 ☆ Zim, 📺 & 🅿
– 🏛 80. AE ⓞ VISA
Menu à la carte 20/28 – **54 Zim** ⇌ 67/80 – 82/108.
♦ Sie logieren im wohnlichen Landhausstil, in teils großzügig geschnittenen Zimmern. Die Fachwerk-Nebenhäuser des Schlosses fügen sich harmonisch in den malerischen Ort ein. Im Schloss selbst hat man das Restaurant mit nach hinten gelagerter Terrasse angelegt.

GESCHER Nordrhein-Westfalen 417 K 5 – 16 000 Ew – Höhe 62 m.
Berlin 524 – Düsseldorf 107 – Nordhorn 67 – Bocholt 39 – Enschede 45 – Münster (Westfalen) 49.

Cramer's Domhotel, Kirchplatz 6, ⊠ 48712, ℘ (02542) 9 30 10, *cramersdomhotel@aol.com*, Fax (02542) 7658, ✿ – 📺 🅿 – 🏛 40. AE ⓞ ⓞ VISA
Menu (geschl. Montag) à la carte 18/33 – **19 Zim** ⇌ 48/67 – 74/94.
♦ Hinter einer Jugendstil-Fassade mit modernen Gauben aufgestockt - beherbergt man seine Gäste in teils geräumigen, teils nur kleineren Zimmern. Der gastronomische Bereich ist im klassischen Stil gehalten - kleiner Bistroteil.

GESEKE Nordrhein-Westfalen 417 L 9 – 18 000 Ew – Höhe 103 m.
Berlin 441 – Düsseldorf 138 – Arnsberg 51 – Lippstadt 15 – Meschede 46 – Paderborn 18 – Soest 30.

Feldschlößchen M, Salzkottener Str. 42 (B 1), ⊠ 59590, ℘ (02942) 98 90, *info@hotel-feldschloesschen.de*, Fax (02942) 989399, ✿, 🏊, ⇌, 🞐 – 📶 ☆ Zim, 📺 ✆ 🅿
– 🏛 60. AE ⓞ ⓞ VISA 🞐
Menu (geschl. Juli 3 Wochen, Dienstag) à la carte 16/26,50 – **62 Zim** ⇌ 50 – 85/95.
♦ Das kleine Schlößchen mit seinem neuzeitlichen Hotelbereich präsentiert sich mit funktionellen Räumen als Ort zum Wohlfühlen - für privat wie auch geschäftlich Reisende. Im Stammhaus, einer Jugendstilvilla, ist das Restaurant untergebracht.

GEVELSBERG Nordrhein-Westfalen 417 M 6 – 32 500 Ew – Höhe 140 m.
🏌 Gevelsberg Gut Berge, Berkenberg 1 (Nord-Ost : 3 km) ℘ (02332) 91 37 55.
Berlin 516 – Düsseldorf 55 – Hagen 9 – Köln 62 – Wuppertal 17.

Alte Redaktion, Hochstr. 10, ⊠ 58285, ℘ (02332) 7 09 70, *mail@alte-redaktion.de*, Fax (02332) 709750, Biergarten – ☆ Zim, 📺 🅿 – 🏛 80. AE ⓞ ⓞ VISA
Menu (geschl. Aug. 3 Wochen, Samstag - Sonntag) (nur Abendessen) à la carte 20/37 –
43 Zim ⇌ 64/83 – 85/95.
♦ Legen Sie Wert auf ein gutes Platzangebot oder bevorzugen Sie kleinere Zimmer? Der ehemalige Zeitungsverlag wartet mit einer zeitgemäßen Unterkunft auf Ihren Besuch. Im Pavillonstil angelegtes Restaurant mit nettem kleinen Biergarten.

GIECKAU
Sachsen-Anhalt 418 M 18 – 330 Ew – Höhe 100 m.
Berlin 210 – Magdeburg 144 – Leipzig 49 – Naumburg (Saale) 10.

Landgasthof Gieckau (mit Hotel Falkenhof), Dorfstr. 6, ⌧ 06618, ℘ (034445) 2 13 38, Fax (034445) 20215, 🍴 – 📺 🅿 AE ◉ ⓞ VISA
Menu à la carte 13,50/30 – **13 Zim** ⇌ 49 – 69.

• Im Hotel Falkenhof finden Sie den größten Teil der Gästezimmer - zeitgemäß in hellem Holz gehalten. Nehmen Sie eine Auszeit in idyllischer Umgebung. Das liebevoll restaurierte Bauernhaus dient als Restaurant - rustikale Gemütlichkeit auf zwei Etagen.

GIENGEN AN DER BRENZ
Baden-Württemberg 419 420 U 14 – 20 000 Ew – Höhe 464 m.
Ausflugsziel: Lonetal★ Süd-West: 7 km.
Berlin 588 – Stuttgart 95 – Augsburg 88 – Heidenheim an der Brenz 12.

Lobinger Parkhotel, Steigstr. 110, ⌧ 89537, ℘ (07322) 95 30, mail@lobinger-hotels.de, Fax (07322) 953111 – 📶, ↔ Zim, 📺 📞 🅿 – 🛎 100. AE ⓞ VISA. 🍴 Rest
Menu (Restaurant nur für Hausgäste) – **75 Zim** ⇌ 72/82 – 90/110.

• Mit unterschiedlichen italienischen Stilmöbeln bestückt, erwarten den Gast Gemächer mit einem sehr guten Platzangebot - ob Sie ein Einzel- oder ein Doppelzimmer wählen.

Salzburger Hof, Richard-Wagner-Str. 5, ⌧ 89537, ℘ (07322) 9 68 80, epromberger @salzburger-hof.de, Fax (07322) 968888, 🍴 – ↔ Zim, 📺 📞 ⇌ 🅿 – 🛎 20. AE ⓞ ⓞ VISA
Menu (geschl. Aug. 2 Wochen) à la carte 18,50/33 – **31 Zim** ⇌ 44/55 – 73/88.

• Das Hotel sorgt mit modernen Räumen in einheitlichem Stil für eine behagliche Zeit. Mit einer der kleineren Zimmer kommen Sie in den Genuß einer preiswerten Alternative. Besonderen Charme versprüht die altösterreichische Gaststube.

Lamm, Marktstr. 17, ⌧ 89537, ℘ (07322) 9 67 80, lamm-giengen@t-online.de, Fax (07322) 9678150, 🍴 – 📶, ↔ Zim, 📺 📞 🅿 – 🛎 15. AE ⓞ VISA
Menu (geschl. Sonntagabend) à la carte 14/24 – **30 Zim** ⇌ 52/57 – 85.

• Der gut geführte Gasthof liegt im Zentrum der Kleinstadt. Es erwarten Sie solide Zimmer mit Wurzelholz oder hellen Eichenmöbeln. Fahrradverleih gegen eine geringe Gebühr! Für Ihre Bewirtung steht eine ländliche Gaststube bereit.

GIESSEN
Hessen 417 O 10 – 81 000 Ew – Höhe 165 m.
Ausflugsziel: Burg Krofdorf-Gleiberg (Bergfried ※★) (Nord-West: 6 km).
🏌18 Lich, Hofgut Kolnhausen (Süd-Ost: 16 km über ⑤), ℘ (06404) 9 10 71 ; 🏌18 🏌9 Reiskirchen-Winnerod, Parkstr. 22 (West: 14 km über ④), ℘ (06408) 9 51 30.
🛈 Tourist-Information, Berliner Platz 2, ⌧ 35390, ℘ (0641) 1 94 33, tourist info@giessen.de, Fax (0641) 76957.
ADAC, Bahnhofstr. 15.
Berlin 495 ④ – Wiesbaden 89 ⑤ – Frankfurt am Main 63 ⑤ – Kassel 139 ④ – Koblenz 106 ②

Stadtplan siehe nächste Seite

Tandreas (Gerlach) Ⓜ, Licher Str. 55, ⌧ 35394, ℘ (0641) 9 40 70, tandreas-giessen@t-online.de, Fax (0641) 9407499, 🍴 – 📶 📺 📞 ♿ ⇌ 🅿 AE ⓞ ⓞ VISA. 🍴 Rest   über ⑤
geschl. Anfang Jan. 1 Woche, Juli 1 Woche – **Menu** (geschl. Juli - Aug. 2 Wochen, Samstagmittag - Sonntag) à la carte 43,50/51,50 ♀ – **32 Zim** ⇌ 86/92 – 105.

• Hinter einem architektonisch interessanten Äußeren findet der Gast eine gelungene Kombination von Wohnlichkeit und moderner Ausstattung vor - in Zentrumsnähe gelegen. Zeitlosigkeit und ein tadelloses Couvert stimmen Sie ein auf Feines aus dem Reich der Köche.
Spez. Bisque von Langustinen. Steinbutt mit Kohlrabi und Trüffelsauce. Lammrücken mit mediterranen Aromaten.

Steinsgarten, Hein-Heckroth-Str. 20, ⌧ 35390, ℘ (0641) 3 89 90, info@hotel-steinsgarten.de, Fax (0641) 3899200, 🍴, ⇌s, 🏊 – 📶, ↔ Zim, 📺 🅿 – 🛎 100. AE ⓞ ⓞ VISA   Z a
Menu à la carte 25/39 – **126 Zim** ⇌ 105/125 – 138/168.

• Neben nett möblierten "normalen" Räumen stehen dem Besucher Deluxe-Zimmer als großzügigere Variante zur Verfügung. Moderne Technik ermöglicht effektives Tagen. Im Restaurant umgibt Sie ein klassisches Ambiente.

Köhler, Westanlage 33, ⌧ 35390, ℘ (0641) 97 99 90, hotel-koehler@servicereisen.de, Fax (0641) 9799977 – 📶, ↔ Zim, 📺 ⇌ 🅿 – 🛎 80. AE ⓞ ⓞ VISA   Z t
Menu à la carte 18/40 – **42 Zim** ⇌ 92/100 – 113/141.

• Die einladend gestaltete Halle empfängt Sie in Ihrem Refugium. Zimmer mit neuzeitlichem Holzinventar bieten dem Gast eine gepflegte Herberge in der Innenstadt.

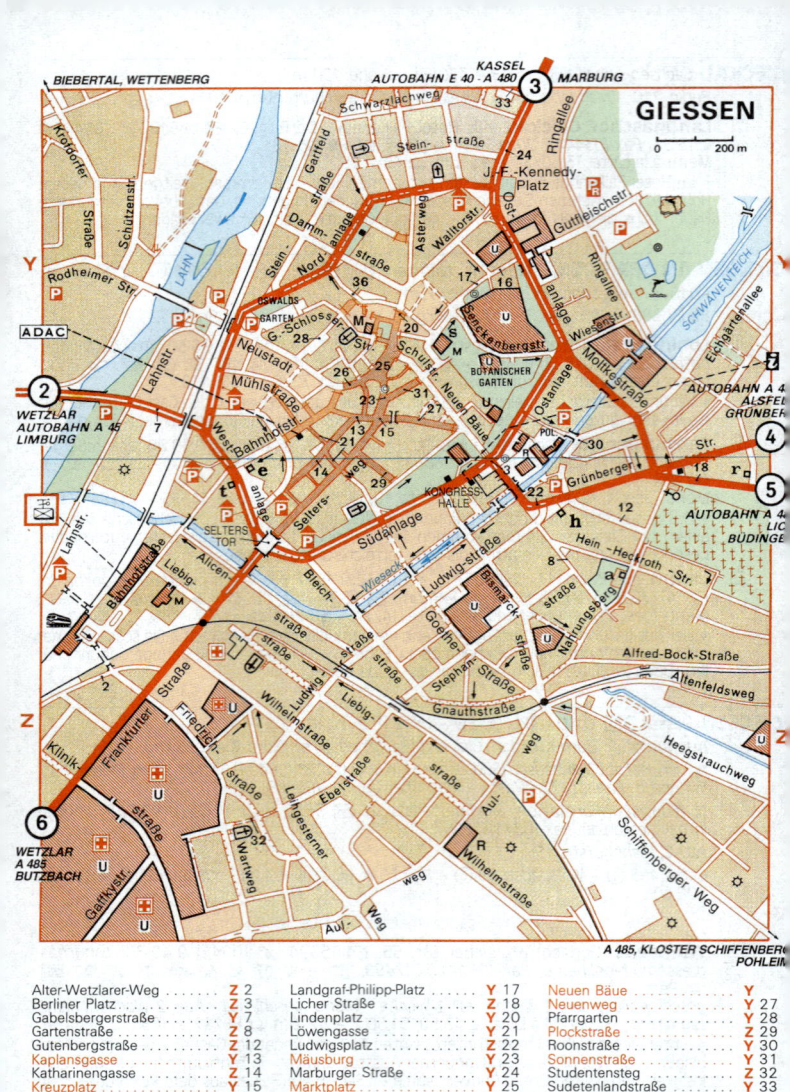

Alter-Wetzlarer-Weg . . . . **Z** 2	Landgraf-Philipp-Platz . . . . **Y** 17	Neuen Bäue . . . . **Y**
Berliner Platz . . . . **Z** 3	Licher Straße . . . . **Z** 18	Neuenweg . . . . **Y** 27
Gabelsbergerstraße . . . . **Y** 7	Lindenplatz . . . . **Y** 20	Pfarrgarten . . . . **Y** 28
Gartenstraße . . . . **Z** 8	Löwengasse . . . . **Y** 21	Plockstraße . . . . **Z** 29
Gutenbergstraße . . . . **Z** 12	Ludwigsplatz . . . . **Y** 22	Roonstraße . . . . **Y** 30
Kaplansgasse . . . . **Y** 13	Mäusburg . . . . **Y** 23	Sonnenstraße . . . . **Y** 31
Katharinengasse . . . . **Y** 14	Marburger Straße . . . . **Y** 24	Studentensteg . . . . **Y** 32
Kreuzplatz . . . . **Y** 15	Marktplatz . . . . **Y** 25	Sudetenlandstraße . . . . **Y** 33
Landgrafenstraße . . . . **Y** 16	Marktstraße . . . . **Y** 26	Wetzsteinstraße . . . . **Y** 36

Kübel garni, Bahnhofstr. 47, ✉ 35390, ☎ (0641) 77 07 00, *info@hotel-kuebel.de*, Fax (0641) 7707070 – TV P – 🅰 30. ⦿ VISA   **Z** e
50 Zim ⇌ 64/92 – 92/128.

♦ Das Hotel befindet sich im Zentrum der Universitätsstadt. Sauber und gepflegt - und größtenteils renoviert - zeigen sich die Gästezimmer dieser familiär geführten Adresse.

Parkhotel Sletz garni, Wolfstr. 26, ✉ 35394, ☎ (0641) 40 10 40, *parkhotel-sletz@t -online.de*, Fax (0641) 40104140, ℔, ≘s – ⇌ TV ⇐ P. AE ⦿ VISA   **Z** r
20 Zim ⇌ 61 – 82.

♦ Ihr "Hotel mit Herz" läßt Sie in gepflegtem Rahmen logieren - in modern ausgestatteten Zimmern. Die Fußgängerzone der Stadt ist bequem zu Fuß erreichbar.

GIESSEN

🏨 **Am Ludwigsplatz** garni, Ludwigsplatz 8, ⊠ 35390, ℘ (0641) 93 11 30, *webmaster @hotel-am-ludwigsplatz.de, Fax (0641) 390499* – 📳 ⇔ 📺 ⇌, 🖭 ⓜ 𝗩𝗜𝗦𝗔 JCB   Z h
36 Zim 😃 65/75 – 100/130.
♦ Sie wohnen in neuzeitlichen, funktionellen Zimmern - in der oberen Etage finden Allergiker ein solides Quartier. Auch die zentrale Lage in der Innenstadt spricht für das Haus.

In Wettenberg-Launsbach Nord-West : 6 km über Krofdorfer Str. Y :

🏨 **Schöne Aussicht,** Gießener Str. 3, ⊠ 35435, ℘ (0641) 98 23 70, *info@schoene-aussicht-hotel.de, Fax (0641) 98237120*, 🌳 – 📳 ⇔ 📺 🅿 – 🔔 25. ⓘ ⓜ 𝗩𝗜𝗦𝗔 JCB
Menu *(geschl. Anf. Jan. 1 Woche, Samstagmittag)* à la carte 14/32 – **39 Zim** 😃 56/62 – 82.
♦ Quartieren Sie sich in einem der komfortablen Gästezimmer dieser netten Adresse ein. Von räumlicher und technischer Seite steht auch dem Erfolg Ihrer Tagung nichts im Wege. Das Restaurant ist teils im Bistrostil, teils mit rustikaler Note eingerichtet.

In Pohlheim-Watzenborn - Steinberg Süd-Ost : 7,5 km über Schiffenberger Weg Z :

🏨 **Goldener Stern,** Kreuzplatz 6, ⊠ 35415, ℘ (06403) 6 16 24, *Fax (06403) 68426* – 📺 🅿 ⓜ 𝗩𝗜𝗦𝗔. ⇔ Zim
Menu *(geschl. Juli - Aug. 3 Wochen, Freitag - Samstagmittag)* à la carte 13/25 – **13 Zim** 😃 41 – 62.
♦ Der Tradition verpflichtet, gewährt Ihnen der sympathische Familienbetrieb eine erholsame Zeit. Nutzen Sie Ihre Unterkunft als Ausgangsort für diverse Ausflüge. Gepflegtes Restaurant mit Gaststättencharakter.

GIFHORN Niedersachsen 𝟒𝟏𝟓 𝟒𝟏𝟔 𝟒𝟏𝟖 I 15 – 43 000 Ew – Höhe 55 m.
🏌 Gifhorn, Wilscher Weg 69 (Nord-West : 5 km), ℘ (05371) 1 67 37.
🛈 Tourismus GmbH, Marktplatz 1, ⊠ 38518, ℘ (05371) 8 81 75, *tgg@stadt-gifhorn.de, Fax (05371) 88311*.
Berlin 247 – Hannover 82 – Braunschweig 28 – Lüneburg 88.

🏨 **Morada Hotel** 🅼 garni, Isenbütteler Weg 56, ⊠ 38518, ℘ (05371) 93 04 15, *gifhorn@morada.de, Fax (05371) 930499*, 🆘 – 📳, ⇔ Zim, 📺 📞 ⚐ 🅿 – 🔔 80. 🖭 ⓘ ⓜ 𝗩𝗜𝗦𝗔
64 Zim 77 – 85.
♦ Die einheitlich in dunklem Kirschholz eingerichteten Zimmer überzeugen durch Ihre Funktionalität. Im Hotel und drum herum warten Erholung und interessante Ziele auf Sie.

🏨 **Heidesee,** Celler Str. 159 (B 188, West : 2 km), ⊠ 38518, ℘ (05371) 95 10 (Hotel) 43 48 (Rest.), *hotel-heidesee@t-online.de, Fax (05371) 56482*, 🌳, 🆘, 🏊 – 📳, ⇔ Zim, 📺 ⇌ 🅿 ⓘ ⓜ 𝗩𝗜𝗦𝗔
geschl. 23. - 29. Dez. – **Menu** *(geschl. Jan. - Mitte Feb.)* à la carte 21/31 – **45 Zim** 😃 75/85 – 99.
♦ Etwas außerhalb an einem Waldstück gelegen, finden Sie eine angenehme Herberge in solider Gestaltung - ein wohltuendes Plätzchen zum Entspannen und Tagen. Das Restaurant bietet eine schöne Sicht auf den See.

🏨 **Morada Hotel Jägerhof** 🅼, Bromer Str. 4 (B 188), ⊠ 38518, ℘ (05371) 9 89 30, *jaegerhof@morada.de, Fax (05371) 9893433*, 🌳, Biergarten, 🆘, 🏊 – 📳, ⇔ Zim, 📺 🅿 – 🔔 120. 🖭 ⓘ ⓜ 𝗩𝗜𝗦𝗔
Menu à la carte 17/30 – **76 Zim** 😃 77 – 85.
♦ Am "Südtor zur Lüneburger Heide" wartet ein neuzeitliches Quartier auf Ihren Besuch. Sie haben die Wahl zwischen Gästezimmern und großzügigen Appartements. Holzbalken, Klinkersteine und ein Kamin sind Einrichtungselemente des Restaurants im Altbau.

🏨 **Deutsches Haus,** Torstr. 11, ⊠ 38518, ℘ (05371) 81 80, *hdeutsches@aol.com, Fax (05371) 54672*, Biergarten – 📺 📞 ⚐ 🅿 – 🔔 60. 🖭 ⓘ ⓜ 𝗩𝗜𝗦𝗔
Menu à la carte 20/30 – **46 Zim** 😃 49/72 – 69/92.
♦ Im Zentrum des Ortes genießen Sie die Annehmlichkeiten eines praktischen Domizils. Solide ausgestattete Zimmer bieten die Basis für eine erholsame Zeit. Parkett sowie eine blaue Lederbank und Holzpolsterstühle geben dem Restaurant eine rustikale Note.

🏨 **Grasshoff** garni, Weißdornbusch 4, ⊠ 38518, ℘ (05371) 9 46 30, *Fax (05371) 946340*, ⇔ 📺 📞 ⇌ 🅿 🖭 ⓜ 𝗩𝗜𝗦𝗔,
19 Zim 😃 50/60 – 76/87.
♦ Sind Sie auf der Durchreise und suchen eine funktionale Bleibe? Helles oder dunkles Holz gestaltet Ihr Zimmer als nettes Plätzchen für Ihren Aufenthalt.

🍴🍴 **Ratsweinkeller,** Cardenap 1, ⊠ 38518, ℘ (05371) 5 91 11, *Fax (05371) 3828*, 🌳 🖭 ⓜ 𝗩𝗜𝗦𝗔
geschl. Mitte - Ende Jan., Montag – **Menu** à la carte 24,00/36,00.
♦ Hinter den historischen Mauern des a. d. J. 1562 stammenden Fachwerkhauses bilden freigelegte Holzbalken und ein nettes Dekor ein behagliches Umfeld zum Speisen.

GIFHORN

In Gifhorn-Winkel Süd-West : 6 km :

Löns-Krug, Hermann-Löns-Str. 1, ✉ 38518, ℘ (05371) 5 30 38, info@loenskrug.de
Fax (05371) 140404, 🍽, 🐎 – ✳ Zim, 📺 📞 📶 ⓜ VISA
Menu (geschl. Montagmittag) à la carte 16/31 – **16 Zim** ⊇ 45 – 76.
 ♦ Der Dichter Hermann Löns war Dauergast in dem traditionsreichen Fachwerkgasthof, der zu seinen Ehren sogar umbenannt wurde. Heute bietet man zeitgemäße Zimmer. Jagdtrophäen und ein Kamin zieren das ländliche Restaurant. Mit hübscher Terrasse.

Landhaus Winkel garni, Hermann-Löns-Weg 2, ✉ 38518, ℘ (05371) 1 29 55
Fax (05371) 4337, 🐎 – 📺 🅿 ⓜ VISA
geschl. 20. Dez. - 4. Jan. – **15 Zim** ⊇ 42/45 – 72/76.
 ♦ Die kleine Adresse fügt sich harmonisch in das ruhige Wohngebiet ein - in nächster Nähe zur Natur. Wohnliche Zimmer stellen Ihr vorübergehendes Zuhause dar.

Am Tankumsee Süd-Ost : 7 km Richtung Wolfsburg :

Seehotel am Tankumsee ⚶, Eichenpfad 2, ✉ 38550 Isenbüttel, ℘ (05374) 91 00
info@seehotel-tankumsee.de, Fax (05374) 91091, ≼, 🍽, 🛥, 🏊, 🐎 – ✳ Zim, 📺 📞
♿ 🅿 – 🔔 120. 🆎 ⓞ ⓜ VISA
Menu à la carte 23/34,50 – **47 Zim** ⊇ 90/105 – 110/126.
 ♦ Die schöne Lage am See macht den Reiz dieses gepflegten Hauses aus. Die Gästezimmer unterscheiden sich im Zuschnitt - sie sind alle mit solidem Inventar versehen. Das Restaurant mit großer Fensterfront ist zum See hin gelegen.

GILCHING Bayern 419 420 V 17 – 16 000 Ew – Höhe 564 m.
Berlin 610 – München 26 – Augsburg 49 – Garmisch-Partenkirchen 84.

Thalmeier garni, Sonnenstr. 55, ✉ 82205, ℘ (08105) 50 41, thalmeier@t-online.de,
Fax (08105) 9899 – 📺 📞 🚗, ⓜ VISA. ⚘
geschl. Weihnachten - Anfang Jan. – **16 Zim** ⊇ 65/80 – 90/105.
 ♦ Die behagliche Gestaltung des Hauses mit rustikalem Charme schafft ein wohliges Gefühl. Die natürlichen Vorzüge des Voralpenlandes und die Nähe zu München sprechen für sich.

In Gilching-Geisenbrunn Süd-Ost : 3 km :

Am Waldhang garni, Am Waldhang 22, ✉ 82205, ℘ (08105) 3 72 40, bpollinger@t-online.de, Fax (08105) 372437 – 📺 📞 🚗 🅿 ⓞ ⓜ VISA
13 Zim ⊇ 70/90 – 100/130.
 ♦ Zimmer in zeitlosem Stil bieten den Gästen dieses netten Domizils gelungene Funktionalität abseits der Großstadt - München ist dennoch ohne großen Aufwand zu erreichen.

GINSHEIM-GUSTAVSBURG Hessen siehe Mainz.

GIRBIGSDORF Sachsen siehe Görlitz.

GLADBECK Nordrhein-Westfalen 417 L 5 – 81 000 Ew – Höhe 30 m.
Berlin 523 – Düsseldorf 53 – Dorsten 11 – Essen 16.

Schultenhof, Schultenstr. 10, ✉ 45966, ℘ (02043) 5 17 79, info@hotel-schultenhof.de, Fax (02043) 983240, 🍽 – 📺 📞 🚗 🅿 🆎 ⓞ ⓜ VISA
Menu (geschl. Montagmittag) à la carte 13,50/31,50 – **27 Zim** ⊇ 55 – 65/70.
 ♦ Wenn Sie Wert legen auf einen verkehrsgünstigen Ausgangspunkt zu attraktiven Zielen des Ruhrgebietes, finden Sie hier eine ideale Unterkunft - wohnlich und gepflegt. Ein freundliches Design in Orange-Tönen prägt das Restaurant.

GLADENBACH Hessen 417 N 9 – 13 500 Ew – Höhe 340 m – Kneippheilbad – Luftkurort.
🛈 Kur- und Freizeit-Gesellschaft, Karl-Waldschmidt-Str. 5 (Haus des Gastes), ✉ 35075,
℘ (06462) 20 16 12, Fax (06462) 201618.
Berlin 491 – Wiesbaden 122 – Marburg 22 – Gießen 28 – Siegen 61.

Zur Post mit Zim, Marktstr. 30 (B 255), ✉ 35075, ℘ (06462) 70 23, Fax (06462) 3318,
🍽 – 📺. 🆎 ⓞ ⓜ VISA
Menu à la carte 13/26 – **8 Zim** ⊇ 39/42 – 58.
 ♦ Das Küchenteam bekocht Sie nach bürgerlicher Art. Ein rustikales Umfeld mit nettem Dekor verbreitet Behaglichkeit - alternativ lädt das Bistro zum Verweilen ein.

GLASHÜTTEN Hessen 417 P 9 – 5 500 Ew – Höhe 506 m.
Berlin 549 – Wiesbaden 34 – Frankfurt am Main 31 – Limburg an der Lahn 33.

Panorama-Hotel M garni, Limburger Str. 17 (B 8), ⊠ 61479, ℘ (06174) 63 97 50, panoramahotel@t-online.de, Fax (06174) 639755, ≤, 룕 – 劇 ⇆ TV ℘ P – 🏖 40. AE ① ⓄⓄ VISA
28 Zim ☐ 67/87 – 103/133.
 • Vollständig renoviert und unter engagierter neuer Führung, präsentiert sich dieses Hotel im Taunus mit hübschen Zimmern und Frühstücksraum mit gutem Buffetbereich.

Glashüttener Hof mit Zim, Limburger Str. 86 (B 8), ⊠ 61479, ℘ (06174) 69 22, Fax (06174) 6946, 룕 – TV P. AE ⓄⓄ VISA. ⇆ Zim
geschl. Jan.- Feb 2 Wochen, Juli - Aug. 2 Wochen – **Menu** (geschl. Montag) 12/24 (mittags) à la carte 23/41 – **9 Zim** ☐ 60/80 – 110.
 • Der Gasthof ist hell und freundlich eingerichtet, die Tische werden hübsch eingedeckt. Die Karte ist international ausgelegt. Mittags bietet man ein preiswertes 3-Gang-Menü.

In Glashütten-Schloßborn Süd-West : 3,5 km :

Schützenhof, Langstr. 13, ⊠ 61479, ℘ (06174) 6 10 74, schuetzenhof@t-online.de, Fax (06174) 964012, 룕 – P. ⇆
geschl. Juli - Aug. 4 Wochen, Montag – **Menu** (Dienstag, Mittwoch, Sonntag nur Abendessen) (bemerkenswerte Weinkarte) à la carte 41,50/57,50 ℘.
 • Rustikale Eleganz umgibt dieses kleine Restaurant auf zwei Ebenen, welches Familie Mort mit viel Engagement führt. Geboten wird eine gehobene Küche mit französischen Wurzeln.

GLAUCHAU Sachsen 418 N 21 – 27 000 Ew – Höhe 260 m.
🛈 Glauchau-Information, Markt 1, ⊠ 08371, ℘ (03763) 25 55, Fax (03763) 2555.
Berlin 256 – Dresden 97 – Chemnitz 37 – Gera 47 – Leipzig 77.

Meyer ⥠, Agricolastr. 6, ⊠ 08371, ℘ (03763) 24 55, info@hotelmeyer.de, Fax (03763) 15038, 룕 – ⇆ Zim, TV ℘ P – 🏖 20. AE ① ⓄⓄ VISA
Menu à la carte 14/25 – **20 Zim** ☐ 49/52 – 66/77.
 • In angenehmer Lage im altstadtnahen Wohngebiet liegt eine geeignete Herberge für Besucher der Stadt. Die Zimmer sind solide ausgestattet - teils dunkel, teils hell möbliert. Das Restaurant Agricola ist zeitgemäß mit modernem Touch eingerichtet.

In Waldenburg-Oberwinkel Nord-Ost : 6 km :

Glänzelmühle ⥠, Am Park 9b, ⊠ 08396, ℘ (037608) 2 10 15, glaenzelmuehle@t-online.de, Fax (037608) 21017, Biergarten – TV ♿ P – 🏖 15. ⓄⓄ VISA
Menu (geschl. Montag) à la carte 12/26 – **16 Zim** ☐ 40/66 – 51/83.
 • Die Lage im Wald und die friedliche Umgebung machen den Reiz dieses Hauses aus. Sie wohnen in gepflegten Zimmern mit zeitgemäßem Inventar oder in kleinen Finnhütten. Das Restaurant ist eine ländliche Gaststube.

GLEISWEILER Rheinland-Pfalz – 560 Ew – Höhe 240 m – Luftkurort.
Berlin 666 – Mainz 107 – Mannheim 49 – Landau in der Pfalz 8.

Zickler mit Zim, Badstr. 4, ⊠ 76835, ℘ (06345) 9 31 39, landgasthof-zickler@t-online.de, Fax (06345) 93142, 룕, ⥠ – TV. ⓄⓄ. ⇆ Rest
geschl. Mitte Jan. - Mitte Feb., Mitte - Ende Juli – **Menu** (geschl. Dienstag, Aug. - Nov. Mittwoch) à la carte 14/30 – **8 Zim** ☐ 33/38 – 50/60.
 • Inmitten eines malerischen Dorfes kommen Sie in den Genuß einer behaglichen Atmosphäre. Eine bürgerliche Küche prägt das Speiseangebot. Der Chef macht selber die Küche.

GLEISZELLEN-GLEISHORBACH Rheinland-Pfalz siehe Bergzabern, Bad.

GLIENICKE (NORDBAHN) Brandenburg 416 418 I 23 – 4440 Ew – Höhe 66 m.
Berlin 22 – Potsdam 38.

Waldschlößchen, Karl-Liebknecht-Str. 55, ⊠ 16548, ℘ (033051) 8 20 00, info@waldschloesschen-berlin.de, Fax (033056) 82406, Biergarten – TV
Menu à la carte 16/24 – ☐ 9 – **23 Zim** 49/59 – 69.
 • Trotz der Nähe zu Berlin können Sie hier eine erholsame Zeit ohne städtische Hektik verleben. Ihr Refugium verfügt über wohnlich eingerichtete Gästezimmer in dunklem Holz. Viel mahagonifarbenes Holz und Polsterbänke geben dem Restaurant eine besondere Note.

GLONN Bayern 420 W 19 – 4 000 Ew – Höhe 536 m – *Erholungsort*.
Berlin 610 – *München* 32 – *Landshut* 99 – *Rosenheim* 33.

- **Schwaiger** garni, Feldkirchner Str. 3, ✉ 85625, ✆ (08093) 9 08 80 65, *info@hotel cafe-schwaiger.de*, Fax (08093) 908820 – ⊜, ⇔ Zim, 📺 &, ⇔ 🅿 ⓘ 🆔 VISA
  48 Zim ⇄ 49/69 – 79/105.
  ♦ Ein ländlicher, bayerischer Gasthof. Die Zimmer im Haupthaus sind frisch renoviert und mit Buchenmöbeln zeitgemäß eingerichtet, die Räume im Gästehaus sind etwas einfacher.

In Glonn-Herrmannsdorf Nord-Ost : 3 km :

- **Wirtshaus zum Schweinsbräu,** Hermannsdorf 7, ✉ 85625, ✆ (08093) 90 94 45 Fax (08093) 909410, Wirtsgarten – 🅿 🆔 VISA
  geschl. 1. - 10. Jan., Montag - Dienstag – **Menu** à la carte 25/42.
  ♦ Eine rustikale Fassade umgibt ein interessantes Innenleben : schmuckes Fachwerk kombiniert mit modernen Elementen sowie eine offene Küche. Hier wird gern regional gekocht.

GLOTTERTAL Baden-Württemberg 419 V 7 – 3 000 Ew – Höhe 306 m – *Erholungsort*.
🛈 Tourist Information, In der Eichberghalle, Rathausweg 12, ✉ 79286, ✆ (07684) 9 10 40, *tourist-info@glottertal.de*, Fax (07684) 910413.
Berlin 810 – Stuttgart 208 – *Freiburg im Breisgau* 27 – *Waldkirch* 11.

- **Hirschen** (mit Gästehaus Rebenhof), Rathausweg 2, ✉ 79286, ✆ (07684) 8 10, *strecker@hirschen-glottertal.de*, Fax (07684) 1713, 🍽, ⊜, 🌊, ≈, ※ – ⊜ 📺 ✆ 🅿 – 🔔 30. 🆎 🆔 VISA
  Menu *(geschl. Montag)* à la carte 28/45 – **49 Zim** ⇄ 57/89 – 112/153 – ½ P 21.
  ♦ Die meist modernen Gästezimmer schaffen mit Holzmöbeln und gutem Platzangebot ein komfortables Zuhause auf Zeit. Die reizvolle Landschaft rundet Ihren Besuch ab. Teils rustikal, teils neuzeitlich - so zeigen sich die Restaurant-Stuben.

- **Schwarzenberg's Traube,** Kirchstr. 25, ✉ 79286, ✆ (07684) 13 13, *schwarzer bergs-traube@t-online.de*, Fax (07684) 738, 🍽 – ⊜ 📺 ⇔ 🅿 – 🔔 16. 🆎 🆔 Rest
  Menu *(geschl. Montag)* à la carte 26/44 – **12 Zim** ⇄ 56/72 – 88/120 – ½ P 22. ※
  ♦ Mit den freundlichen Zimmern des Hauses wird aus einfachem Übernachten attraktives Wohnen. Ihr Domizil und seine Umgebung versprechen einen erholsamen Aufenthalt. Helle Holztäfelung und grüner Kachelofen verbreiten Schwarzwälder Gemütlichkeit im Restaurant.

- **Zum Kreuz,** Landstr. 14, ✉ 79286, ✆ (07684) 8 00 80, *zum-kreuz@landidyll.de*, Fax (07684) 800839, 🍽, ⊜, ≈ – ⊜, ⇔ Zim, 📺 ✆ 🅿 – 🔔 20. 🆎 ⓘ 🆔 VISA
  Menu à la carte 17/41 – **34 Zim** ⇄ 45/68 – 80/105 – ½ P 18.
  ♦ Ihr Domizil verfügt über rustikale Zimmer in Eiche wie auch eine modernere Ausführung in hellem Holz - stets solide ausgestattet, zum Tagen oder privat. In den gemütlichen Stuben pflegt man die Tradition der badischen Küche.

- **Schloßmühle,** Talstr. 22, ✉ 79286, ✆ (07684) 2 29, *schlossmuehle-glottertal@t-online.de*, Fax (07684) 1485, 🍽 – ⊜, ⇔ Zim, 📺 🅿 🆔 VISA
  Menu *(geschl. Nov., Mittwoch)* à la carte 21/36 – **12 Zim** ⇄ 45/48 – 75/78.
  ♦ Der historische Gasthof mit Anbau bietet einheitlich gestaltete Zimmer mit solidem Mobiliar und ländlichem Charme. Ein Quartier wie Gäste es sich wünschen. In der ehemaligen Mühle hat man heimelige rustikale Stuben eingerichtet.

- **Tobererhof** ≶, Kandelstr. 34, ✉ 79286, ✆ (07684) 9 10 50, Fax (07684) 1013, ≈ – ⇔ 📺 ✆ 🅿 🆔 VISA ※ Rest
  Menu *(nur Abendessen)* (Restaurant nur für Hausgäste) – **22 Zim** ⇄ 50/58 – 73/95 – ½ P 12.
  ♦ Ihr Refugium oberhalb des Dorfes beherbergt Sie mal rustikal im Schwarzwaldstil, mal in Naturholz, teils mit alten Holzbalken, teils mit kleiner Kochgelegenheit.

- **Schwarzenberg,** Talstr. 24, ✉ 79286, ✆ (07684) 13 24, *schwarzenberghot@aol.com*, Fax (07684) 1791, ⊜, 🌊 – ⊜, ⇔ Zim, 📺 ⇔ 🅿 🆔 VISA ※ Rest
  Menu *(nur Abendessen)* (Restaurant nur für Hausgäste) – **22 Zim** ⇄ 48/67 – 78/98.
  ♦ Hinter ländlicher Fassade sind Besucher in gepflegten Räumen untergebracht - meist in rustikaler Eiche gehalten. Interessante Ziele der Umgebung sind bequem erreichbar.

- **Wisser's Sonnenhof** ≶, Schurhammerweg 7, ✉ 79286, ✆ (07684) 2 64, *sonnenhof.glottertal@t-online.de*, Fax (07684) 1093, 🍽, ≈ – 📺 🅿 🆔 VISA
  geschl. Feb. 2 Wochen, Nov. 2 Wochen – **Menu** *(geschl. Montag - Dienstag)* (wochentags nur Abendessen) à la carte 15/32 – **17 Zim** ⇄ 35/50 – 60/80 – ½ P 13.
  ♦ Zeitgemäße Zimmer schaffen Ihnen ein behagliches Zuhause auf Zeit. Die umgebende idyllische Landschaft unterstreicht den Charakter des Hauses. Einfache ländliche Räumlichkeiten bilden das Restaurant.

- **Pension Faller** ≶ garni, Talstr. 9, ✉ 79286, ✆ (07684) 2 26, *heinzmann@pension-faller.de*, Fax (07684) 1453, ≈ – ⇔ 📺 ⇔ 🅿 🆔 VISA
  11 Zim ⇄ 38/45 – 51/75.
  ♦ Sie logieren in einer Unterkunft mit privater Atmosphäre und wohnlichem Ambiente. Unterschiedliches Holzmobiliar gestaltet die Zimmer - teils mit kleinem Wohnbereich.

GLOTTERTAL

Zum Goldenen Engel, Friedhofstr. 2, ⊠ 79286, ℘ (07684) 2 50, goldener-engel@t-online.de, Fax (07684) 267, 🍴 – 🚗 P. ⦾ VISA
Menu *(geschl. Mitte - Ende Jan., Mittwoch)* 19 à la carte 22,50/39 – **9 Zim** ⊇ 34 – 56 – ½ P 16.
• Passend zum Stil des Hauses sind die Gästezimmer mit bemalten Bauernmöbeln eingerichtet. Wer eine angenehme Schlichtheit schätzt, wird hier gerne verweilen. Ein urig-rustikaler Rahmen mit nettem Dekor und viel Holz prägt den gastromomischen Bereich.

Zum Adler mit Zim, Talstr. 11, ⊠ 79286, ℘ (07684) 9 08 70, adler.glottertal@t-online.de, Fax (07684) 908766, 🍴, (Gasthaus mit rustikalen Schwarzwaldstuben) – TV P. – 🛏 25. AE ⦾ VISA
Menu *(geschl. Dienstagmittag)* (Tischbestellung ratsam) 20/40 à la carte 21/40 – **14 Zim** ⊇ 40/55 – 60/80.
• Das Restaurant bietet dem Gast ein Stück Schwarzwälder Lebensart. Gemütliche Stuben sorgen für Behagen, die gutbürgerliche Küche bringt auch regionale Genüsse auf den Tisch.

Wirtshaus zur Sonne, Talstr. 103, ⊠ 79286, ℘ (07684) 2 42, sonne-glottertal@t-online.de, Fax (07684) 9335, 🍴 – P. ⦾ VISA. 👤
geschl. über Fastnacht 2 Wochen, Mittwoch - Donnerstagmittag – **Menu** à la carte 15/28.
• Die holzgetäfelte Stube beschert Ihnen einen wohligen Aufenthalt im ländlich-gemütlichen Ambiente. Man bekocht seine Besucher nach badischer Art - zu fairen Preisen.

In Heuweiler West : 2,5 km :

Grüner Baum (mit Gästehaus), Glottertalstr. 3, ⊠ 79194, ℘ (07666) 9 40 60, info@gasthof-gruener-baum.de, Fax (07666) 940635, 🍴, 🌳, – 📶 TV 📞 🐕 P – 🛏 25. AE ① ⦾ VISA JCB
geschl. Jan. 3 Wochen – **Menu** *(geschl. Donnerstag - Freitagmittag)* à la carte 14/33 – **35 Zim** ⊇ 36/50 – 64/85 – ½ P 14.
• Die sympathische Herberge in dörflicher Umgebung verfügt über geräumige Zimmer in neuzeitlichem Stil und eine einfachere Variante - stets funktionell ausgestattet. Bequeme Polsterstühle und helles Holz gestalten das Restaurant.

Zur Laube mit Zim, Glottertalstr. 1, ⊠ 79194, ℘ (07666) 9 40 80, info@hotel-laube.de, Fax (07666) 940857, 🍴, Biergarten – 📶 TV P. ⦾ VISA
Menu *(geschl. über Fasching 2 Wochen, Dienstag)* à la carte 15/39 – **11 Zim** ⊇ 50/70 – 82/102.
• Bevorzugen Sie rustikale Gemütlichkeit oder verweilen Sie lieber in der Ritterstube bei einem Hauch Eleganz? In dem schönen restaurierten Fachwerkhaus finden Sie beides.

GLOWE Mecklenburg-Vorpommern siehe Rügen (Insel).

GLÜCKSBURG Schleswig-Holstein **415** B 12 – 6 500 Ew – Höhe 30 m – Seeheilbad.
Sehenswert : Wasserschloß *(Lage★)*.
⛳ Glücksburg, Bockholm 23 (Ost : 3 km), ℘ (04631) 76 24.
Berlin 437 – Kiel 100 – Flensburg 10 – Kappeln 40.

Strandhotel 🌊, Kirstenstr. 6, ⊠ 24960, ℘ (04631) 6 14 10, strandhotel-gluecksburg@t-online.de, Fax (04631) 614111, ≤, 🍴, ≘s – 📶, ✻ Zim, TV 📞 P. – 🛏 150. AE ⦾ VISA
Menu à la carte 31/42 – **27 Zim** ⊇ 95/155 – 120/170 – ½ P 25.
• Die Zimmer Ihrer Jugendstil-Residenz sind in Zuschnitt und Größe individuell gestaltet - teils mit Balkon, teils mit Wohnbereich. Die Flensburger Förde lädt zum Erkunden ein. Neuzeitlicher Landhausstil gibt dem Restaurant einen eleganten Touch.

In Glücksburg-Meierwik Süd-West : 3 km :

Vitalhotel Alter Meierhof M, Uferstr. 1, ⊠ 24960, ℘ (04631) 6 19 90, info@alter-meierhof.de, Fax (04631) 619999, 🍴, Massage, ≘s, 🏊, – 📶, ✻ Zim, 🍴 Rest, TV 📞 🚗 P. – 🛏 100
Menu à la carte 33/47,50 – **54 Zim** ⊇ 122/164 – 180/226, 6 Suiten – ½ P 38.
• Individuell, mit modernen Möbeln und Antiquitäten eingerichtete Zimmer, ein Wellnessbereich und die malerische Lage mit Blick auf die Flensburger Förde sprechen für das Haus. Das Restaurant mit seinem geschmackvollen Ambiente wird durch die Kaminstube ergänzt.

In Glücksburg-Holnis Nord-Ost : 5 km :

Café Drei 🌊, Drei 5, ⊠ 24960, ℘ (04631) 6 10 00, info@cafe-drei.de, Fax (04631) 610037, 🍴 – TV 📞 P. AE ① ⦾ VISA
Menu *(geschl. Okt. - April, Mittwoch)* à la carte 21/33 – **9 Zim** ⊇ 49/60 – 80/90 – ½ P 13.
• Mit dem Meer direkt vor der Tür bietet Ihnen Ihr Quartier eine reizvolle wie auch solide ausgestattete Unterkunft. Die Zimmer sind modern im Landhausstil eingerichtet. Der ländliche Charakter des Hauses findet sich auch im Restaurant wieder.

GLÜCKSTADT Schleswig-Holstein 415 E 12 – 12 500 Ew – Höhe 3 m.

🛈 Tourist Information, Große Nübelstr. 31, ✉ 25348, ℘ (04124) 93 75 85, Fax (04124) 937586.

Berlin 342 – Kiel 91 – Hamburg 65 – Bremerhaven 75 – Itzehoe 22.

XX **Ratskeller**, Am Markt 4, ✉ 25348, ℘ (04124) 24 64, Fax (04124) 4154, 🌿 – AE ◯ ◉◯ VISA

Menu (Tischbestellung ratsam) à la carte 19,80/36,50.
♦ Hübsche, gepflegte Räumlichkeiten im Keller des historischen Rathauses bilden einen netten Rahmen für Ihren Besuch. Das breit gestreute internationale Angebot macht Appetit.

In Krempe Nord-Ost : 8 km :

X **Ratskeller zu Krempe**, Am Markt 1, ✉ 25361, ℘ (04824) 3 81 54, ratskeller bittner@t-online.de, Fax (04824) 38155, 🌿 – AE ◯ ◉◯ VISA
geschl. Montag - **Menu** (Dienstag - Donnerstag nur Abendessen) à la carte 17/28.
♦ Am Marktplatz finden Hungrige eine gastliche Station vor - in Form des restaurierter Rathauses. In rustikalem Ambiente bringt man Ihnen gutbürgerliche Gerichte an den Tisch

---

GMUND AM TEGERNSEE Bayern 419 420 W 19 – 6 200 Ew – Höhe 739 m – Erholungsor
– Wintersport : 700/900 m ⛷3 ⛷.

🏌18 Marienstein, Gut Steinberg (West : 8 km), ℘ (08022) 7 50 60.

🛈 Verkehrsamt, Kirchenweg 6 (Rathaus), ✉ 83703, ℘ (08022) 75 05 27, heidi.muelle@gmund.de, Fax (08022) 750545.

Berlin 637 – München 48 – Garmisch-Partenkirchen 70 – Bad Tölz 14 – Miesbach 11.

In Waakirchen-Marienstein West : 8 km :

🏨🏨🏨 **Margarethenhof Golf und Country Club** 🍃, Gut Steinberg, ✉ 83701 ℘ (08022) 7 50 60, info@margarethenhof.com, Fax (08022) 74818, ≼, 🌿, 🎿6, ≈s, 🏊
🏌18 – TV 🅿 – 🛎 120. AE ◯ ◉◯ VISA. ❀ Rest
geschl. 22. Dez. - 12. Jan. - **Menu** à la carte 18/37 – **38 Zim** ⇆ 125/144 – 180/229
15 Suiten – ½ P 22.
♦ Die hellen, großzügigen Zimmer dieser herrlich gelegenen Residenz bieten dem Gast wohnlichen Komfort - fernab von großen Straßen. Ideales Tagungs- und Urlaubshotel. Sie speisen in ländlich-elegantem Umfeld - Terrasse mit schöner Aussicht.

GOCH Nordrhein-Westfalen 417 K 2 – 32 500 Ew – Höhe 18 m.

🛈 Kultur- und Verkehrsbüro, Markt 15, ✉ 47574, ℘ (02823) 32 02 02, Fax (02823) 320201.

Berlin 592 – Düsseldorf 82 – Krefeld 54 – Nijmegen 31.

🏨 **De Poort** 🍃, Jahnstr. 6, ✉ 47574, ℘ (02823) 96 00, info@depoort.de
Fax (02823) 960333, 🌿, ≈s, 🄽, ❀ (Halle) – 🛗, ✱ Zim, TV 📞 🅿 – 🛎 60. AE ◯ ◉◯
VISA. ❀ Rest
Menu à la carte 21/35 – **74 Zim** ⇆ 71/79 – 102/110.
♦ "Das Tor" zu idealen Sport- und Tagungsmöglichkeiten. Ihr vorübergehendes Zuhause bietet Ihnen zeitgemäße Gästezimmer - teils in Eiche, teils in Kirsche gehalten.

🏨 **Am Kastell** garni, Kastellstr. 6, ✉ 47574, ℘ (02823) 96 20, hotel-am-kastell@t-or line.de, Fax (02823) 96244 – ✱ TV 📞 🚗 🅿 ◉◯ VISA
16 Zim ⇆ 53 – 80.
♦ Das ehemalige kleine Fabrikgebäude im Zentrum des Ortes beherbergt Sie in unterschiedlich zugeschnittenen Räumen - mit neuzeitlichem Holzmobiliar freundlich eingerichtet.

🏨 **Litjes**, Pfalzdorfer Str. 2, ✉ 47574, ℘ (02823) 9 49 90, michael.litjes@t-online.de, Fax (02823) 949949, 🌿 – TV 📞 🅿 AE ◉◯ VISA
Menu (geschl. Montag) à la carte 17,50/32,50 – **17 Zim** ⇆ 42/55 – 67/72.
♦ Die kleine gastliche Adresse im Stadtkern - ganz in Bahnhofsnähe - stellt dem Besucher zeitgemäße und praktische Zimmer zur Verfügung.

🏨 **Zur Friedenseiche**, Weezer Str. 1, ✉ 47574, ℘ (02823) 9 74 40, Fax (02823) 974424
≋ – TV 🚗 🅿 ◉◯ VISA
geschl. 22. Dez. - Anfang Jan., 13. Juli - 5. Aug. - **Menu** (geschl. Mittwoch, Sonntag) (nur Abendessen) à la carte 12,50/19 – **12 Zim** ⇆ 40/45 – 61/69.
♦ Wer ein einfaches Quartier sucht, wird bei dieser gepflegten Adresse fündig. Die Zimmer unterscheiden sich in der Einrichtung : teils rustikal in Eiche, teils in hellem Holz.

In Goch-Kessel Nord-West : 7 km :

XX **Traberhof zum Horn**, Zum Horn 40, ✉ 47574, ℘ (02827) 3 14, info@restaurant -traberhof.de, Fax (02827) 314, 🌿 – 🅿 ◉◯ VISA. ❀
geschl. Feb., Mittwoch - **Menu** (Okt. - März nur Abendessen) à la carte 28/42.
♦ Speisen Sie in rustikalen Stuben - früher der Wohnbereich des ehemaligen Bauernhofs. Die Zubereitungen der Köche orientieren sich am internationalen Stil.

GÖDENSTORF Niedersachsen siehe Salzhausen.

GÖHREN Mecklenburg-Vorpommern siehe Rügen (Insel).

GÖHREN-LEBBIN Mecklenburg-Vorpommern 416 F 21 – 550 Ew – Höhe 60 m.
   Göhren-Lebbin, Fleesensee, ℘ (039932) 8 04 00.
Berlin 153 – Schwerin 85 – Neubrandenburg 65 – Rostock 86.

Radisson SAS Resort Schloß Fleesensee M, Schloßstr. 1, ✉ 17213, ℘ (039932) 8 01 00, info.fleesensee@radissonsas.com, Fax (039932) 80108010, (Schloss a.d.J. 1842 mit Dependancen), freier Zugang zur Therme Fleesensee, Zim, P – 120. AE ① ⓂⓄ VISA. Rest **Frederic** (geschl. Jan., Sonntag - Montag) (nur Abendessen) **Menu** à la carte 44/64 – **Orangerie : Menu** à la carte 22/35 – **184 Zim** ⓘ 140/240 – 163/245, 14 Suiten – ½ P 25.
♦ Eine reizvolle Parklandschaft umgibt das noble Anwesen, das Ihnen stilvolles Residieren mit allerlei Annehmlichkeiten ermöglicht. Sie wohnen im Schloß selbst oder im Anbau. Im Frederic bildet klassische Eleganz einen geschmackvollen Rahmen.

GÖPPINGEN Baden-Württemberg 419 T 12 – 57 000 Ew – Höhe 323 m.
   Ausflugsziel : Gipfel des Hohenstaufen ❋★, Nord-Ost : 8 km.
   Göppingen, Fraunhoferstr. 2 (Nord-Ost : 3 km), ℘ (07161) 96 41 40.
   ℹ Tourist-Information, Hauptstr. 1 (Rathaus), ✉ 73033, ℘ (07161) 65 02 92, Fax (07161) 650299.
   ADAC, Willi-Bleicher-Str. 3.
   Berlin 601 ⑤ – Stuttgart 43 ⑤ – Reutlingen 49 ⑤ – Schwäbisch Gmünd 26 ① – Ulm-(Donau) 63 ④

GÖPPINGEN

Am Fischbergele ..... Z 2	Lange Straße .... Z 9
Geislinger Straße ..... Z 3	Marktplatz .... Z 10
Grabenstraße .... Z	Oberhofenstraße .... Z 14
Hauptstraße .... Z	Pfarrstraße .... Z 16
Heininger Straße ... Z 4	Poststraße .... Z
Hohenstaufenstraße . Z 6	Rosenplatz .... Y 18
Kellereistraße ...... Z 7	Rosenstraße .... Y 19
Kronengasse .... Z 8	Schloßstraße .... Z 21
	Spitalstraße .... Z 22
	Theodor-Heuss-Straße . Z 23
	Willi-Bleicher-Str. .... Z 24
	Wühlestraße .... Z 26

GÖPPINGEN

Hohenstaufen, Freihofstr. 64, ⌧ 73033, ℰ (07161) 67 00, *ringhotel@hotel-hoherstaufen.de*, Fax (07161) 70070 – ⇔ Zim, 📺 ✆ ⇌ 🅿 – 🔒 20. ᴀᴇ ⓞ ⓜⓞ 𝘝𝘐𝘚𝘈 𝘑𝘊𝘉 Y b
Menu *(geschl. 24. - 30. Dez., Samstagmittag)* à la carte 24/42 – **50 Zim** ⌸ 85/110 – 105/135.

♦ Hier, in einem Wohngebiet außerhalb des Stadtzentrums, gewährt man Ihnen erholsame Tage. Zimmer mit unterschiedlichem Holzmobiliar bieten dem Gast ein funktionelles Quartier. Das Restaurant : teils behaglich-rustikal, teils als lichter Wintergarten angelegt.

Drei Kaiserberge garni (mit Gästehaus), Schillerplatz 4, ⌧ 73033, ℰ (07161) 9 74 60, *hotel@drei-kaiserberge.de*, Fax (07161) 974620 – 📺 ᴀᴇ ⓞ ⓜⓞ 𝘝𝘐𝘚𝘈 Z s
28 Zim ⌸ 53/74 – 95/122.

♦ Neben wohnlich gestalteten Räumen beherbergt Ihr vorübergehendes Heim ständig wechselnde Kunstausstellungen. Sie finden das Haus direkt im Stadtzentrum vor Göppingen.

Bei verspäteter Anreise, nach 18 Uhr, ist es sicherer,
Ihre Zimmerreservierung zu bestätigen.

GÖRLITZ *Sachsen* 418 M 28 – 65 000 Ew – Höhe 200 m.

Sehenswert : *Dreifaltigkeitskirche (Chorgestühl★, Marienaltar★)* BX – *Untermarkt★* BCX – *Städtische Kunstsammlungen (Bauernschränke★)* CX **M1** – *St. Peter und Paul★* CX – *Reichenbacher Turm* ⇐★ BY.

Ausflugsziel: *Ostritz : St. Marienthal★ (Süd : 15 km).*

🅱 *Euro-Tour-Zentrum, Obermarkt 29, ⌧ 02826, ℰ (03581) 4 75 70, Fax (03581) 475727.*

ADAC, *Wilhelmsplatz 8.*

Berlin 215 ⑤ – *Dresden 98* ④ – *Cottbus 90* ⑤

Stadtpläne siehe nächste Seiten

Mercure Parkhotel Görlitz 🅼 ⍟, Uferstr. 17f, ⌧ 02826, ℰ (03581) 66 20, *h1945@accor-hotels.com*, Fax (03581) 662662, ☂, 🎇, ⇌ – 🛗, ⇔ Zim, 🍽 Rest, 📺 ✆ ⇌ 🅿 – 🔒 110. ᴀᴇ ⓞ ⓜⓞ CY d
Menu à la carte 16,50/33 – ⌸ 13 – **186 Zim** 79/104 – 89/119.

♦ Das Haus bereichert mit solide und funktionell gestalteten Zimmern Ihren Aufenthalt in einer Stadt mit Geschichte - privat oder zum Tagen eine geeignete Adresse.

Romantik Hotel Tuchmacher 🅼, Peterstr. 8, ⌧ 02826, ℰ (03581) 4 73 10, *tuchmacher@aol.com*, Fax (03581) 473179, 🎇, ⇌ – 🛗 📺 ✆ 🅿 – 🔒 50. ᴀᴇ ⓞ ⓜⓞ 𝘝𝘐𝘚𝘈 BCX
geschl. 1. - 6. Jan. – **Menu** *(geschl. Montagmittag)* à la carte 23,50/40,50 – **42 Zim** ⌸ 55/79 – 105/145.

♦ Die Zimmer dieser Herberge sind in einem neueren Anbau untergebracht - im Herzen der Stadt. Das zeitgemäße Inventar verbindet Funktionalität mit einer eleganten Note. Das Restaurant Schneider Stube ist mit dunklem Holz in historischem Stil eingerichtet.

Sorat 🅼, Struvestr. 1, ⌧ 02826, ℰ (03581) 40 65 77 (Hotel) 40 66 19 (Rest.), *goerlitz@soratmail.de*, Fax (03581) 406579 – 🛗, ⇔ Zim, 📺 ✆ ⇌ 🅿 – 🔒 20. ᴀᴇ ⓞ ⓜⓞ 𝘝𝘐𝘚𝘈 BY a
Am Goldenen Strauß : **Menu** à la carte 12/21,50 – **46 Zim** ⌸ 76/109 – 96/129.

♦ Die restaurierte Jugendstil-Fassade Ihres Refugiums bietet einen wunderschönen Anblick. Ganz unterschiedlich zugeschnittene Zimmer bieten Wohnlichkeit und Charme.

Zum Grafen Zeppelin, Jauernicker Str. 15, ⌧ 02826, ℰ (03581) 40 35 74, *hotelzeppelin@gmx.de*, Fax (03581) 400447 – ⇔ Zim, 📺 ⇌ 🅿 ᴀᴇ ⓜⓞ 𝘝𝘐𝘚𝘈 AZ b
Menu *(nur Abendessen)* (Restaurant nur für Hausgäste) – **42 Zim** ⌸ 45/50 – 65/75.

♦ Das Luftschiff, das im Jahre 1930 in Görlitz landete, gab diesem Haus seinen Namen. Die Zimmer in Ihrem vorübergehenden Zuhause unterscheiden sich in Möblierung und Größe.

Europa garni, Berliner Str. 2, ⌧ 02826, ℰ (03581) 4 23 50, *hotel.europa.goerlitz@t-online.de*, Fax (03581) 423550 – 🛗 ⇔ 📺 ⇌. ᴀᴇ ⓜⓞ 𝘝𝘐𝘚𝘈 𝘑𝘊𝘉 BY e
21 Zim ⌸ 42/57 – 82.

♦ Sind Sie auf der Suche nach einer zeitgemäßen Unterbringung in zentraler Lage? Im Inneren bietet das Haus praktische Zimmer, direkt vor der Tür die Fußgängerzone.

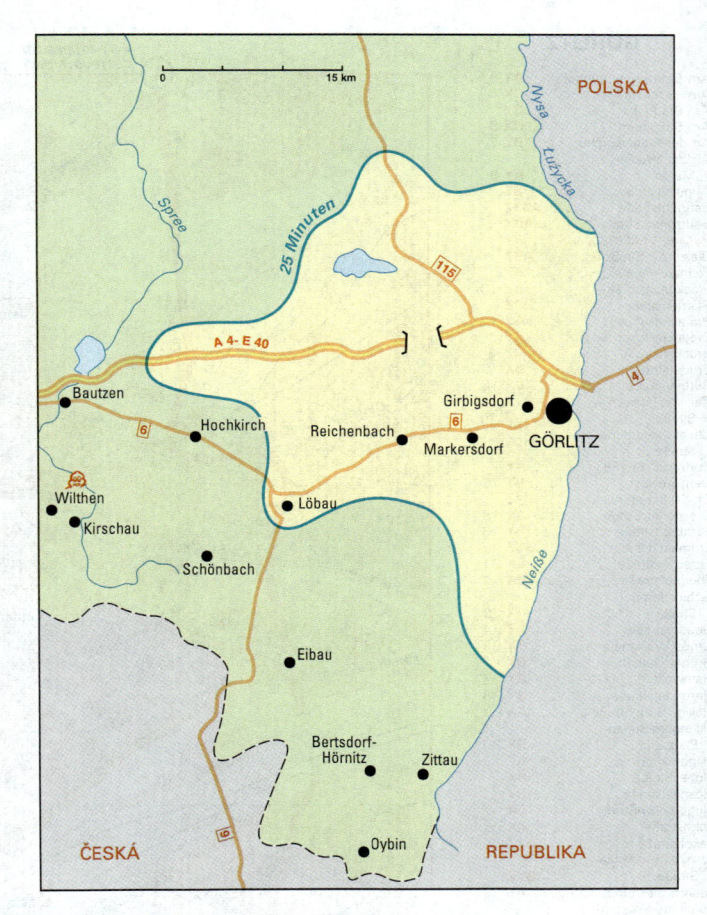

In Görlitz-Ludwigsdorf *Nord : 5 km über Am Stockborn* **CX** :

Gutshof Hedicke ⌂, Neißetalstr. 53, ✉ 02828, ✆ (03581) 3 80 00, hotel@gutsh of-hedicke.de, Fax (03581) 380020, 🍴, 🌳 – ⇔ Zim, 📺 ✆ & 🅿 – 🛎 25. AE ⓜⓞ VISA
Menu *(geschl. Jan., Sonntag) (nur Abendessen)* à la carte 29/36 – **14 Zim** ⊇ 64/97 – 93/112.
♦ Als Gast des alten Familiensitzes beherbergt man Sie in wohnlichen Zimmern. Zu den Annehmlichkeiten zählen ein gutes Platzangebot und der Blick auf die schöne Gartenanlage. Gewölbedecke und Säulen geben dem Restaurant einen Hauch Eleganz.

In Girbigsdorf *Nord-West : 5 km : über Girbigsdorfer Straße* **AX** :

Mühlenhotel ⌂ garni, Kleine Seite 47, ✉ 02829, ✆ (03581) 31 40 49, muehlen hotel-lobedann@t-online.de, Fax (03581) 315037, ⌇ – 📺 🅿 AE ⓜⓞ VISA
geschl. 20. - 28. Dez. – **23 Zim** ⊇ 40/45 – 60/75.
♦ Die ehemalige Mühle präsentiert sich dem Gast als liebenswertes Domizil mit ländlichem Charme. Ausflüge nach Görlitz oder ins Grüne bieten Abwechslung.

In Markersdorf-Holtendorf *West : 7 km über* ④ :

Zum Marschall Duroc, Girbigsdorfer Str. 3 (nahe der B 6), ✉ 02829, ✆ (03581) 73 44, info@hotelmarschallduroc.de, Fax (03581) 734222, 🍴, 🛋, 🌳 – 📶, ⇔ Zim, 📺 & 🅿 – 🛎 30. AE ⓓ ⓜⓞ VISA
Menu à la carte 13/25 – **52 Zim** ⊇ 59/64 – 72/99.
♦ Etwas abseits gelegen, gewährt Ihnen diese gastliche Adresse eine erholsame Zeit in gepflegten Zimmern - eine funktionelle Ausstattung spricht für das Haus. Im Restaurant ermöglicht Ihnen die große Fensterfront einen Blick in den Garten.

GÖRLITZ

Street	Grid	No.
Am Brautwiesentunnel	AY	3
Am Hirschwinkel	CX	4
Am Stadtpark	CY	
Am Stockborn	CX	6
An der Frauenkirche	BY	7
An der Weißen Mauer	AY	9
Augustastraße	BZ	
Bahnhofstraße	ABYZ	
Bautzener Straße	ABY	
Berliner Straße	BY	
Biesnitzer Straße	ABZ	
Bismarckstraße	BY	
Blockhausstraße	BZ	10
Blumenstraße	BCZ	
Brautwiesenplatz	AY	12
Brautwiesenstraße	AY	
Brückenstraße	CZ	
Brüderstraße	BX	13
Büttnerstraße	BX	15
Carl-von-Ossietzky-Straße	BZ	
Christoph-Lüders-Straße	AX	
Cottbuser Straße	AY	
Demianiplatz	BY	16
Dr.-Kahlbaum-Allee	CYZ	
Dresdener Straße	AY	18
Elisabethstraße	BY	19
Emmerichstraße	BCZ	
Fleischerstraße	BX	21
Friedhofstraße	BX	
Girbigsdorfer Straße	AX	22
Goethestraße	BZ	24
Große Wallstraße	BX	25
Grüner Graben	BX	
Hainwald	CX	27
Hartmannstraße	BY	28
Heilige-Grab-Straße	AX	
Hildegard-Burjan-Platz	BX	30
Hilgerstraße	AY	
Hohe Straße	BX	
Hospitalstraße	BY	
Hugo-Keller-Straße	BX	
Jahnstraße	AX	
Jakobstraße	BYZ	
James-von-Moltke-Straße	BYZ	
Jauernicker Straße	AZ	
Johannes-Wüsten-Straße	CY	31
Joliot-Curie-Straße	CY	33
Klosterplatz	BY	34
Konsulstraße	BYZ	
Kränzelstraße	CX	36
Krölstraße	AY	
Landeskronstraße	AY	
Langenstraße	BX	
Leipziger Straße	AY	
Lindenweg	CY	
Löbauer Straße	AY	
Luisenstraße	BY	
Lunitz	BX	
Lutherplatz	AY	
Luthersteig	BX	
Lutherstraße	AZ	
Marienplatz	BY	
Melanchthonstraße	AZ	
Mittelstraße	BY	37
Mühlweg	CY	
Nicolaigraben	BX	
Obermarkt	BXY	39
Otto-Buchwitz-Platz	BY	40
Pontestraße	BX	
Postplatz	BY	42
Rauschwalder Straße	AY	
Reichertstraße	AZ	
Rothenburger Straße	BX	43
Salomonstraße	AY	
Sattigstraße	ABZ	
Schanze	BX	45
Schillerstraße	BZ	
Schützenstraße	BCY	
Schützenweg	CY	
Sonnenstraße	BX	46
Steinweg	BX	
Struvestraße	BY	
Uferstraße	CXY	
Untermarkt	BCX	48
Wilhelmsplatz	BY	
Zeppelinstraße	AX	
Zittauer Straße	ABZ	

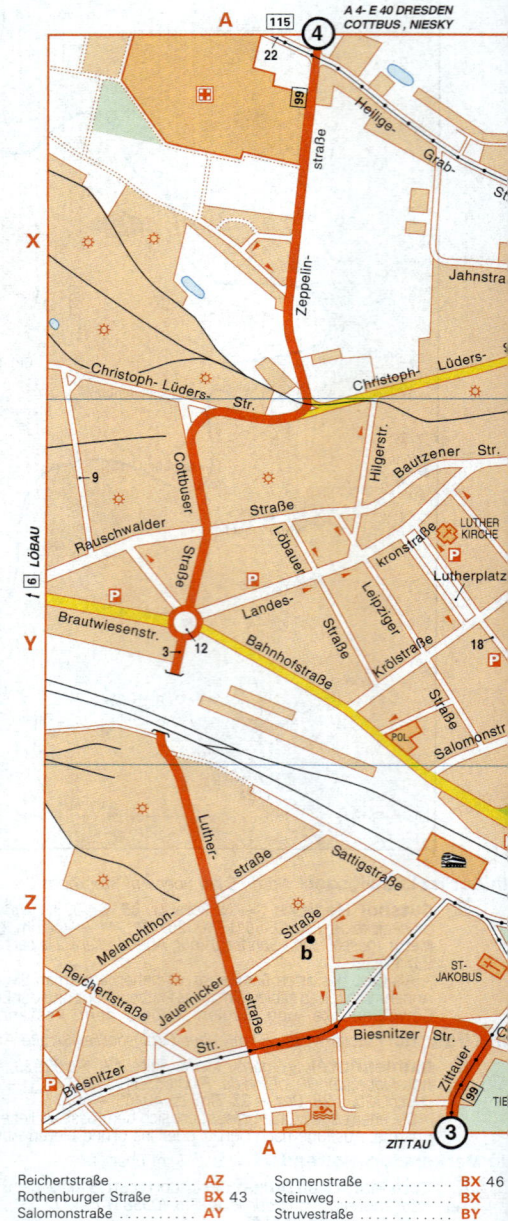

562

Verwechseln Sie nicht:

Komfort der Hotels : 🏨🏨🏨 ... 🏠, 🛏
Komfort der Restaurants : XXXXX ... X
Gute Küche : ❀❀❀, ❀❀, ❀, **Menu** 🍴

GÖSSNITZ Thüringen 418 N 21 – 5 000 Ew – Höhe 219 m.
Berlin 232 – Erfurt 112 – Gera 34 – Leipzig 61 – Zwickau 24.

Central, Zwickauer Str. 2 (B 93), ⌂ 04639, ℘ (034493) 71 00, hotel-central@web.de
Fax (034493) 71099, 🌳 – 📶, 🛏 Zim, 📺 🅿 – 🎱 50. AE ⓞ ⓒⓞ VISA
Menu (Montag - Freitag nur Abendessen) à la carte 14/21 – **51 Zim** ⌂ 40 – 46.
• Die Zimmer des renovierten Zweckbaus sind mit hellen Naturholzmöbeln eingerichtet,
gut gepflegt und verfügen über ein ausreichendes Platzangebot. Das Restaurant im obersten Stock ist mit hellem Holz rustikal ausgestattet.

GÖSSWEINSTEIN Bayern 420 Q 18 – 4 500 Ew – Höhe 493 m – Luftkurort.
Sehenswert : Barockbasilika (Wallfahrtskirche) – Marienfelsen ≤ ★★.
Ausflugsziel : Fränkische Schweiz★★.

🛈 Tourist Information, Burgstr. 6, ⌂ 91327, ℘ (09242) 4 56, info@goessweinstein.de, Fax (09242) 1863.
Berlin 401 – München 219 – Nürnberg 50 – Bayreuth 46 – Bamberg 45.

Fränkischer Hahn garni, Badangerstr. 35, ⌂ 91327, ℘ (09242) 4 02, fhaselmaier@aol.com, Fax (09242) 7329 – 📺 🅿 ⓒⓞ VISA
10 Zim ⌂ 38 – 59/65.
• Die wohnliche Einrichtung im Landhausstil und eine gute Technik gestalten diese kleine gepflegte Adresse zu einer behaglichen Behausung auf Zeit.

Zur Post, Balthasar-Neumann-Str. 10, ⌂ 91327, ℘ (09242) 2 78, info@zur-post-goessweinstein.de, Fax (09242) 578, 🌳 – 📺 🚗 🅿 ✿
geschl. 3. Nov. - 10. Dez. – **Menu** (geschl. Montag) à la carte 14/28,50 – **15 Zim** ⌂ 29 – 52 – ½ P 13.
• Im Zentrum des Ortes heißt man Sie in einem engagiert geführten Haus willkommen. Helles Eichenmobiliar und ein gutes Platzangebot bestimmen das Innere der Zimmer. Gepflegtes, im bürgerlichen Stil gehaltenes Restaurant.

Fränkische Schweiz, Pezoldstr. 20, ⌂ 91327, ℘ (09242) 2 90, info@gasthof-fraenkische-schweiz.de, Fax (09242) 7234, 🌳, 🚲 – 🚗 🅿
geschl. 15. Nov. - 1. Dez. – **Menu** (geschl. Dienstag) à la carte 11/23 – **16 Zim** ⌂ 22/24 – 40/46 – ½ P 9.
• In zentrumsnaher Lage bietet diese einfache kleine Adresse ihren Besuchern eine gepflegte Unterkunft. Die meisten der Zimmer überzeugen mit einer wohnlichen Einrichtung.

Krone, Balthasar-Neumann-Str. 9, ⌂ 91327, ℘ (09242) 2 07, krone-goessweinstein@t-online.de, Fax (09242) 7362, 🌳 – 🅿 ⓒⓞ VISA
geschl. 7. Jan. - 20. Feb., Dienstag – **Menu** à la carte 16,50/31,50.
• In zentraler Lage Gössweinsteins erwartet Sie ein Haus mit Flair. Von der Sonnenterrasse hat man einen herrlichen Blick auf die direkt gegenüberliegende barocke Basilika.

Schönblick ⚘ mit Zim, August-Sieghardt-Str. 8, ⌂ 91327, ℘ (09242) 3 77, info@schoenblick-goessweinstein.de, Fax (09242) 847, ≤, 🌳 – 🅿
Menu (geschl. Mitte Nov. - Mitte Dez., Dienstag, Jan.- März Montag - Freitag) (Montag - Freitag nur Abendessen) à la carte 17/30 – **8 Zim** ⌂ 35 – 60 – ½ P 12.
• Das kleine Restaurant liegt am Ortsrand etwas "ab vom Schuß". Es ist schlicht im rustikalen Stil eingerichtet. Gekocht wird mit guten Produkten - vorzugsweise regionale Kost.

In Gössweinstein-Behringersmühle :

Frankengold, Pottensteiner Str. 29 (B 470), ⌂ 91327, ℘ (09242) 15 05, frankengold@t-online.de, Fax (09242) 7114, 🌳, 🚲 – 📶 📺 🅿 VISA
Menu (geschl. Donnerstag) à la carte 17,50/33 – **17 Zim** ⌂ 31/45 – 58/74 – ½ P 14.
• Die in Naturholz eingerichteten Zimmer präsentieren sich als wohnliche Unterkunft. Das gastliche Haus ermöglicht seinen Besuchern einen erholsamen Aufenthalt. Gemütliche Galerieräume in rustikalem Stil.

Die im Michelin-Führer
verwendeten Zeichen und Symbole haben-
*dünn oder **fett** gedruckt, rot oder **schwarz** -*
jeweils eine andere Bedeutung.
Lesen Sie daher die Erklärungen aufmerksam durch.

GÖTTINGEN Niedersachsen 417 418 L 13 – 128 000 Ew – Höhe 159 m.

Sehenswert : Fachwerkhäuser (Junkernschänke★) YZ B.

Northeim, Gut Levershausen (über ① : 20 km), ℰ (05551) 6 19 15.

ℹ Tourist-Information, Altes Rathaus, Markt 9, ✉ 37073, ℰ (0551) 49 98 00, Fax (0551) 4998010.

ADAC, Kasseler Landstr. 44a.

Berlin 340 ③ – Hannover 122 ③ – Kassel 47 ③ – Braunschweig 109 ③

Stadtplan siehe nächste Seite

Romantik Hotel Gebhards, Goethe-Allee 22, ✉ 37073, ℰ (0551) 4 96 80, gebhards@romantikhotels.com, Fax (0551) 4968110, 🍴, ≘s – 🛗, ↔ Zim, 📺 📞 🚗 🅿 – 🔔 60. 🆎 ⓞ 🆘 𝗩𝗜𝗦𝗔 𝗝𝗖𝗕 Y e
Georgia-Augusta-Stuben : Menu à la carte 27/44 – **61 Zim** ⇌ 90/130 – 130/220.
◆ Hinter der Fassade aus dem 19. Jh. warten Gemächer mit geschmackvoller und funktioneller Ausstattung auf Sie. Sie werden den Komfort und die Lage des Hauses schätzen. Dunkles Holz schafft ein gediegenes Ambiente in den Georgia-Augusta-Stuben.

Eden, Reinhäuser Landstr. 22a, ✉ 37083, ℰ (0551) 50 72 00 (Hotel) 7 70 50 70 (Rest.), info@eden-hotel.de, Fax (0551) 5072111, ≘s, 🏊 – 🛗, ↔ Zim, 📺 📞 🚗 🅿 – 🔔 120. ✂ Zim Z d
Pampel Muse (geschl. Sonntag) (nur Abendessen) **Menu** à la carte 16,50/34,80 – **100 Zim** ⇌ 66/110 – 92/189.
◆ Hier stehen komfortable Zimmer unterschiedlicher Kategorien zur Wahl : neuzeitlich möbliert - mal stilvoll, mal gediegen - bieten sie auch gute Kommunikationstechnik. Die Pampel Muse ist hübsch, mit leicht mediterranem Touch eingerichtet.

InterCityHotel M, Bahnhofsallee 1a, ✉ 37081, ℰ (0551) 5 21 10, goettingen@intercityhotel.de, Fax (0551) 5211500, 🍴, ≘s – 🛗, ↔ Zim, 🔳 Rest, 📺 📞 🅿 – 🔔 140. 🆎 🆘 𝗩𝗜𝗦𝗔 ✂ Rest Y b
Menu à la carte 17/32 – **145 Zim** ⇌ 99 – 114.
◆ Wie alle InterCityHotels liegt auch dieses moderne Haus direkt am Bahnhof und bietet seinen Gästen moderne und funktionelle Zimmer mit zeitgemäßem Komfort.

Stadt Hannover garni, Goethe-Allee 21, ✉ 37073, ℰ (0551) 54 79 60, info@hotel stadthannover.de, Fax (0551) 45470 – 🛗 📺 📞 🅿 🆎 ⓞ 🆘 𝗩𝗜𝗦𝗔 𝗝𝗖𝗕 Y a
geschl. Weihnachten - Anfang Jan. – **32 Zim** ⇌ 65/85 – 95/105.
◆ Am Rande der historischen Altstadt werden Sie Ihr vorübergehendes Zuhause finden. Gepflegte Räume bieten Ihnen eine Kombination aus Wohnlichkeit und Funktionalität.

Leine-Hotel garni, Groner Landstr. 55, ✉ 37081, ℰ (0551) 5 05 10, info@leinehotel -goe.de, Fax (0551) 5051170 – 🛗 ↔ 📺 📞 🚗. 🆎 ⓞ 🆘 𝗩𝗜𝗦𝗔 über ③
101 Zim ⇌ 53/63 – 75/85.
◆ Schlicht und praktisch mit hellen Möbeln sind die Zimmer dieses Hotels in Bahnhofsnähe ausgestattet. Für Langzeitgäste gibt es Räume mit Pantryküche.

Gauß am Theater, Obere Karspüle 22, ✉ 37073, ℰ (0551) 5 66 16, gauss@restaurant-gauss.de, Fax (0551) 5317632, 🍴 – Y s
geschl. Sonntag – **Menu** (nur Abendessen) à la carte 27/41.
◆ Das Kellerlokal lädt mit seiner Gewölbedecke und einer appetitanregenden Speisekarte zu gemütlichem Verweilen ein. Man bietet Ihnen Zubereitungen der internationalen Küche an.

In Göttingen-Grone über ③ :

Clarion Hotel M, Kasseler Landstr. 45, ✉ 37081, ℰ (0551) 90 20, info@clarion-hotel.de, Fax (0551) 902166, 🍴, Massage, ≘s, 🏊, 🎾 – 🛗, ↔ Zim, 📺 📞 🅿 – 🔔 250. 🆎 ⓞ 🆘 𝗩𝗜𝗦𝗔 𝗝𝗖𝗕
Ropeter : Menu à la carte 22/40 – **148 Zim** ⇌ 65/100 – 95/130, 4 Suiten.
◆ Neuzeitliches Design - kombiniert mit einem künstlerischen Touch - begleitet Sie von der Rezeption bis in die Zimmer - diese sind entweder etwas schlichter gestaltet. Das Restaurant zeigt sich in klassischer Aufmachung - unaufdringlich und behaglich.

Adesso Hotel Schweizer Hof, Kasseler Landstr. 120, ✉ 37081, ℰ (0551) 5 09 60, info@adesso-hotels.com, Fax (0551) 5096100, ≘s – 🛗, ↔ Zim, 📺 📞 🅿 – 🔔 35. 🆎 ⓞ 🆘 𝗩𝗜𝗦𝗔
geschl. 19. Dez. - 5. Jan. – **Menu** (geschl. Sonn- und Feiertage) (nur Abendessen) à la carte 18/31 – **50 Zim** ⇌ 56/92 – 76/132.
◆ Ob Sie eines der geräumigen Zimmer wählen oder die kleinere Variante vorziehen - Ihr Domizil präsentiert Ihnen stets ein wohnliches Plätzchen in solider Machart. Das Restaurant hat man mit hellem Holz zeitlos eingerichtet.

Novostar garni, Kasseler Landstr. 25d, ✉ 37081, ℰ (0551) 9 97 70, info@novostar.de, Fax (0551) 9977400 – 🛗, ↔ Zim, 📺 📞 🅿 – 🔔 20. 🆎 ⓞ 🆘 𝗩𝗜𝗦𝗔
72 Zim ⇌ 65 – 86.
◆ Gepflegte Räume mit solider, funktioneller Ausstattung erwarten den Gast. Der günstige Standort bietet gute Voraussetzungen für Business- und Privatreisende.

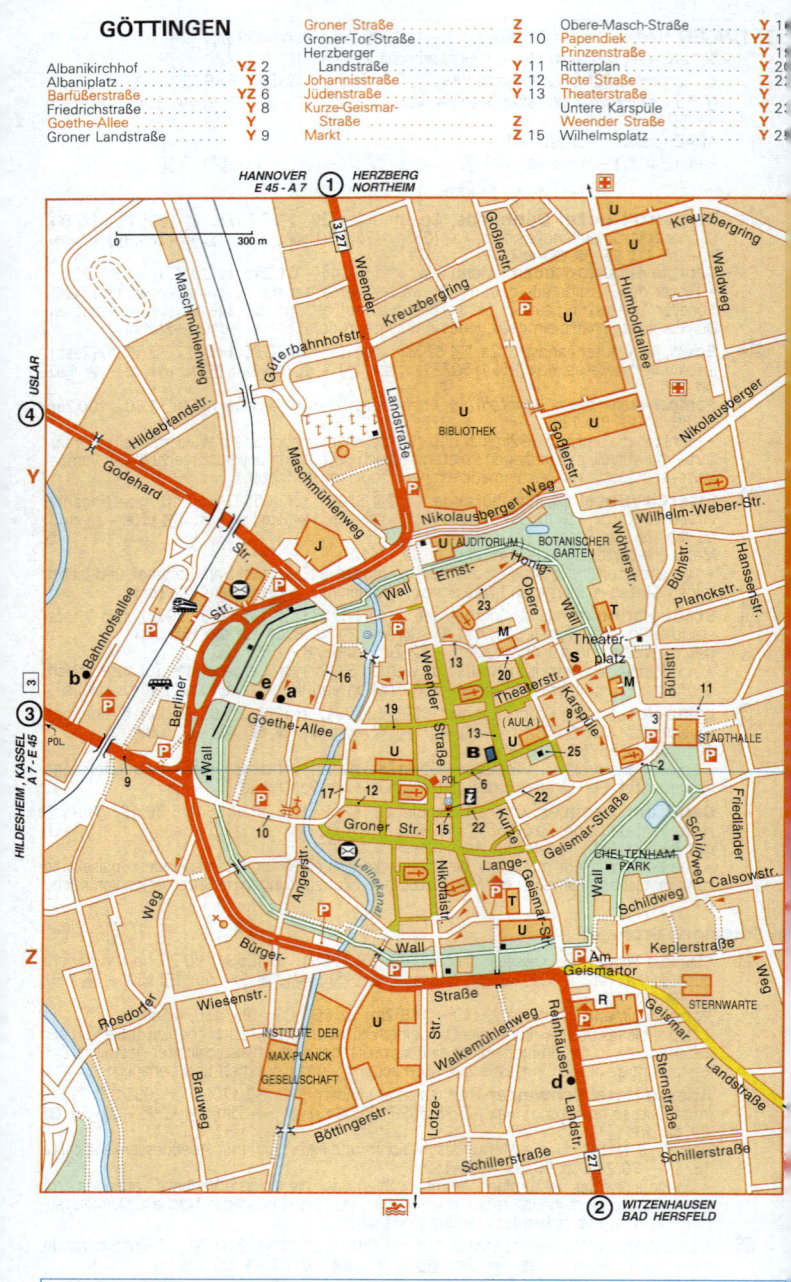

GÖTTINGEN

Albanikirchhof	YZ 2
Albaniplatz	Y 3
Barfüßerstraße	YZ 6
Friedrichstraße	Y 8
Goethe-Allee	Y
Groner Landstraße	Y 9
Groner Straße	Z
Groner-Tor-Straße	Z 10
Herzberger Landstraße	Y 11
Johannisstraße	Y 12
Jüdenstraße	Y 13
Kurze-Geismar-Straße	Z
Markt	Z 15
Obere-Masch-Straße	Y
Papendiek	YZ
Prinzenstraße	Y 19
Ritterplan	Y
Rote Straße	Z 20
Theaterstraße	Y 22
Untere Karspüle	Y 23
Weender Straße	Y
Wilhelmsplatz	Y 26

566

GÖTTINGEN

Rennschuh garni, Kasseler Landstr. 93, ✉ 37081, ℘ (0551) 9 00 90, hotel@rennschuh.de, Fax (0551) 9009199, ≘s, ⊠ – ⧉ ⊡ ⋐ ⇔ ℙ – 🅰 80. 🆎 ⓞ ⓜ 𝗩𝗜𝗦𝗔 𝗝𝗖𝗕
geschl. 24. Dez. - 1. Jan. – **104 Zim** ⊇ 45/50 – 67/74.
♦ Die Zimmer dieses gepflegten Hotels sind praktisch und im Stil einheitlich mit zeitgemäßem Mobiliar ausgestattet. Auch für Tagungen geeignet.

in Göttingen - Groß-Ellershausen über ③ : 4 km :

Freizeit In, Dransfelder Str. 3 (B 3), ✉ 37079, ℘ (0551) 9 00 10, info@freizeit-in.de, Fax (0551) 9001100, ☕, Massage, 𝐋𝟔, ※ (Halle) Squash – ⧉, ⇆ Zim, ⊡ ⋐ – 🅰 400. 🆎 ⓞ ⓜ 𝗩𝗜𝗦𝗔
Menu 15 (Lunch-Buffet) à la carte 24,50/47 – **211 Zim** ⊇ 92/102 – 123/133.
♦ Quartieren Sie sich in einem der modernen Zimmer dieses Hauses ein. Neben Funktionalität zählt auch ein schöner, großzügiger Bade- und Saunapark zu den Annehmlichkeiten. Das Restaurant : mal gediegen, mal rustikal oder mit einem eleganten Touch.

in Göttingen-Weende Nord : 3 km :

Am Papenberg, Hermann-Rein-Str. 2, ✉ 37075, ℘ (0551) 3 05 50 (Hotel) 3 40 84 (Rest.), info@papenberg.bestwestern.de, Fax (0551) 3055400, ☕ – ⧉, ⇆ Zim, ⊡ ⋐ ♿ ⇔ ℙ – 🅰 50. 🆎 ⓞ ⓜ 𝗩𝗜𝗦𝗔. ✗ Rest über Humboldtallee Y
Menu (italienische Küche) à la carte 18,50/29 – **78 Zim** ⊇ 90/110 – 110/130.
♦ Die Zimmer dieses gepflegten Hotels sind mit braunen Holzmöbeln und Polstern wohnlich eingerichtet und wirken elegant. Mit einem modernen Tagungsbereich. Restaurant Bella Italia mit einer Auswahl an typischen italienischen Gerichten.

Steigenberger Esprix, Hannoversche Str. 51, ✉ 37075, ℘ (0551) 3 05 00, goettingen@esprix-hotels.de, Fax (0551) 3050100, ≘s – ⧉, ⇆ Zim, ⊡ ⋐ ⇔ ℙ – 🅰 140. 🆎 ⓜ 𝗩𝗜𝗦𝗔. ✗ Rest über ①
geschl. 23. Dez. - 4. Jan. – **Menu** (Restaurant nur für Hausgäste) à la carte 14,50/24 – **151 Zim** ⊇ 92 – 109, 8 Suiten.
♦ Das neuere Hotel liegt verkehrsgünstig in einem Industriegebiet und hält mit hellen Holzmöbeln ausgestattete Zimmer bereit. Auch Boardinghouse für Langzeitgäste.

Weender Hof, Hannoversche Str. 150, ✉ 37077, ℘ (0551) 50 37 50, weender-hof@web.de, Fax (0551) 5037555, ⧉ – ⊡ ℙ – 🅰 50. ⓞ ⓜ 𝗩𝗜𝗦𝗔. ✗ Zim über ①
geschl. 1. - 15. Jan. – **Menu** (geschl. Sonntag) (nur Abendessen) à la carte 18,50/29,50 – **20 Zim** ⊇ 40/50 – 65.
♦ Eine nette, familiär geführte Adresse ermöglicht Ihnen erholsame Tage in einem gepflegten Rahmen. Ihr vorübergehendes Zuhause präsentiert sich in funktioneller Gestaltung. Neo-rustikales Restaurant.

in Friedland über ② : 12 km :

Biewald mit Zim, Weghausstr. 20, ✉ 37133, ℘ (05504) 9 35 00, goettingen@citymap.de, Fax (05504) 935040, ☕ – ⊡ ⇔ ℙ. 🆎 ⓞ ⓜ 𝗩𝗜𝗦𝗔
Menu à la carte 18,50/37,50 – **9 Zim** ⊇ 45 – 65.
♦ Das rustikal-gemütliche Flair eines 200 Jahre alten Hauses sorgt für Behaglichkeit - drei Räume stehen zur Wahl. Kulinarisch orientiert man sich an der regionalen Küche.

in Friedland - Groß-Schneen über ② : 10 km :

Schillingshof ⇗ mit Zim, Lappstr. 14, ✉ 37133, ℘ (05504) 2 28, info@schillingshof.de, Fax (05504) 427, ⧉ – ⊡ ℙ. ⓞ 𝗩𝗜𝗦𝗔
geschl. 1. - 14. Jan., Juli - Aug. 3 Wochen – **Menu** (geschl. Montag - Dienstag) (bemerkenswerte Weinkarte) à la carte 33/51 – **5 Zim** ⊇ 45 – 80.
♦ Gediegen-rustikales Ambiente und guter Tischkomfort kennzeichnen das Interieur des Hauses. Man bewirtet Sie mit einem kreativen Angebot und so manch gutem Tropfen.

GOHRISCH (KURORT) Sachsen 𝟰𝟭𝟴 N 26 – 850 Ew – Höhe 300 m – Luftkurort.
🛈 Fremdenverkehrsamt, Königsteiner Str. 14, ✉ 01824, ℘ (035021) 7 66 13, Fax (035021) 76630.
Berlin 229 – Dresden 35 – Bautzen 54.

Parkhotel Margaretenhof ⇗, Pfaffendorfer Str. 89, ✉ 01824, ℘ (035021) 62 30, info@margaretenhof.de, Fax (035021) 62599, ☕, 𝐋𝟔, ≘s, ⇙ – ⧉ ⊡ ⋐ ℙ – 🅰 30. 🆎 ⓞ 𝗩𝗜𝗦𝗔
Menu à la carte 13/26 – **45 Zim** ⊇ 54/70 – 68/92 – ½ P 15.
♦ Gönnen Sie sich eine erholsame Zeit in einem praktisch und solide bestückten Quartier. Erkunden Sie die beschauliche Umgebung dieses netten Fleckchens. Gut eingerichtetes Restaurant mit rustikaler Note.

GOLDBERG Mecklenburg-Vorpommern 416 F 20 – 5 000 Ew – Höhe 67 m.
Berlin 170 – Schwerin 52 – Güstrow 28.

🏨 **Seelust** (mit Gästehaus), Am Badestrand 4, ✉ 19399, ✆ (038736) 82 30, hote
seelust@t-online.de, Fax (038736) 82358, ≤, 🍴, ≦s, 🐾, ✱ – ✱ Zim, 📺 🅿 – 🔔 60
AE ① ⓒ VISA
Menu à la carte 18/22 – **27 Zim** ⌁ 49/65 – 66/95.
 ♦ Sie haben die Wahl zwischen wohnlichen Doppel- oder Einzelzimmern sowie Apparte
ments, teils mit Balkon und Seeblick. Die Lage garantiert Ihnen einen geruhsamen Auf
enthalt. Ländlich-schlichtes Restaurant mit neuzeitlichem Wintergartenvorbau.

GOLDKRONACH Bayern siehe Berneck im Fichtelgebirge, Bad.

GOLLING Österreich siehe Salzburg.

GOLM Brandenburg siehe Potsdam.

GOMADINGEN Baden-Württemberg 419 U 12 – 2 200 Ew – Höhe 675 m – Luftkurort – Wir
tersport : 680/800 m ☃.
🛈 Tourist-Information, Rathaus, Marktplatz 2, ✉ 72532, ✆ (07385) 96 96 33, info@
gomadingen.de, Fax (07385) 969622.
Berlin 665 – Stuttgart 64 – Reutlingen 23 – Ulm (Donau) 60.

🍴 **Zum Lamm** mit Zim, Hauptstr. 3, ✉ 72532, ✆ (07385) 9 61 50, info@lamm
gomadingen.de, Fax (07385) 96151, 🍴 – ✱ Zim, 📺 🅿 AE ① ⓒ VISA
geschl. 13. - 24. Jan. – **Menu** (geschl. Montag) à la carte 14/28,50 – **6 Zim** ⌁ 39/45 –
54/70.
 ♦ Bei ländlicher Atmosphäre kommen Sie mittags wie abends in den Genuß schwäbische
Gastlichkeit. Freunde der bürgerlichen Küche freuen sich auf Spezialitäten der Region.

In Gomadingen-Offenhausen West : 2 km :

🏨 **Landhotel Gulewitsch - Gestütsgasthof**, Ziegelbergstr. 24, ✉ 72532
✆ (07385) 9 67 90, Fax (07385) 967996, 🍴, 🎿, ≦s, ✱ – 🛗, ✱ Zim, 📺 📞 ⇔ 🅿
– 🔔 40. ⓒ VISA
Menu (geschl. Mittwoch) à la carte 21/39 – **22 Zim** ⌁ 49 – 61/82 – ½ P 18.
 ♦ Abseits von Lärm und Stress finden Besucher ein Zuhause auf Zeit. Mit hellem Naturhol
eingerichtet - freundlich und gepflegt - erwartet Sie Ihr zeitgemäßes Zimmer. Man bewirte
Sie in rustikalem Umfeld oder in der Gartenwirtschaft mit Blick auf das Gestüt.

GOMARINGEN Baden-Württemberg 419 U 11 – 7 800 Ew – Höhe 640 m.
Berlin 690 – Stuttgart 59 – Hechingen 17 – Reutlingen 11 – Tübingen 9.

🏨 **Arcis** M garni, Bahnhofstr. 10, ✉ 72810, ✆ (07072) 91 80, hotelarcis@aol.com
Fax (07072) 918191 – 🛗 ✱ 📺 📞 🅿 – 🔔 30. ① ⓒ VISA
38 Zim ⌁ 40/55 – 55/75.
 ♦ Sind Sie auf der Suche nach einer neuzeitlichen Bleibe, die Funktionalität und Wohnlichkei
gelungen kombiniert? Ihr Zimmer hält einige Annehmlichkeiten für Sie bereit.

GOMMERN Sachsen-Anhalt 418 J 19 – 6 800 Ew – Höhe 52 m.
Berlin 153 – Magdeburg 18 – Brandenburg 90 – Dessau 43.

🏨 **Robinien-Hof** M, Salzstr. 49, ✉ 39245, ✆ (039200) 6 40, hotel-robinienhof@
addcom.de, Fax (039200) 64317, 🍴, ≦s, 🏊 – 🛗 📺 📞 🅿 – 🔔 200. AE ⓒ VISA
Menu à la carte 15/25,50 – **45 Zim** ⌁ 49/56 – 72.
 ♦ Die Lage am See, ein ansprechendes Preis-Leistungsverhältnis und die neuzeitliche Gestal
tung der Zimmer machen den Reiz Ihres vorübergehenden Wohnsitzes aus. Zeitlos und
gepflegt zeigt sich das Restaurant - mit hellem Wintergarten.

GOSLAR Niedersachsen 418 K 15 – 46 000 Ew – Höhe 320 m.
Sehenswert : Fachwerkhäuser★★ in der Altstadt★★★ : Marktplatz★★ Z, Rathaus★ mi
Huldigungssaal★★ YZ R – Kaiserpfalz★ Z – Breites Tor★ Y – Neuwerkkirche★ Y – Pfarr
kirche St. Peter und Paul★ Z F – Mönchehaus★ Y M1.
Ausflugsziel : Klosterkirche Grauhof★ (Nord-Ost : 3 km über die B 82) X.
🛈 Tourist-Information, Markt 7, ✉ 38640, ✆ (05321) 7 80 60, goslarinfo@t-online.de
Fax (05321) 780644.
🛈 Kurverwaltung Hahnenklee, Kurhausweg. 7, ✉ 38644, ✆ (05325) 5 10 40, Fax (05325
510420.
Berlin 252 ① – Hannover 84 ④ – Braunschweig 43 ① – Göttingen 80 ④ – Hildesheim
59 ④

GOSLAR

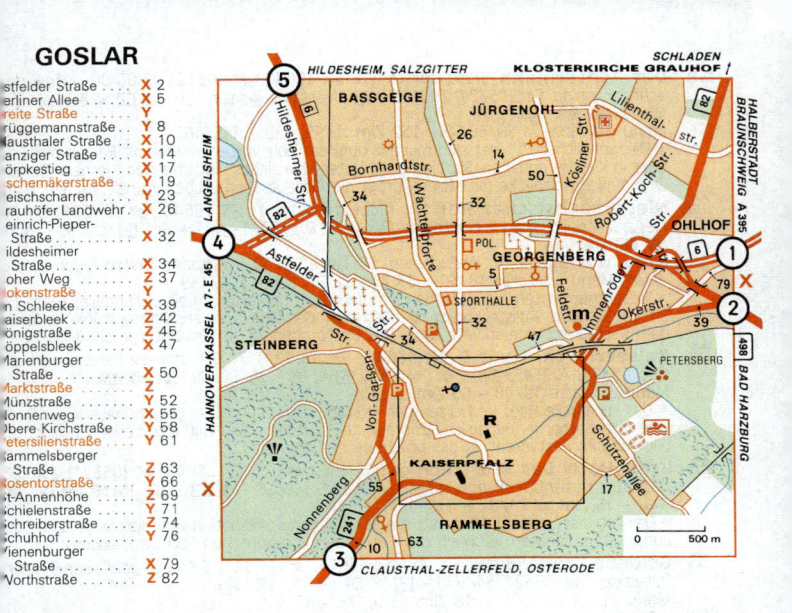

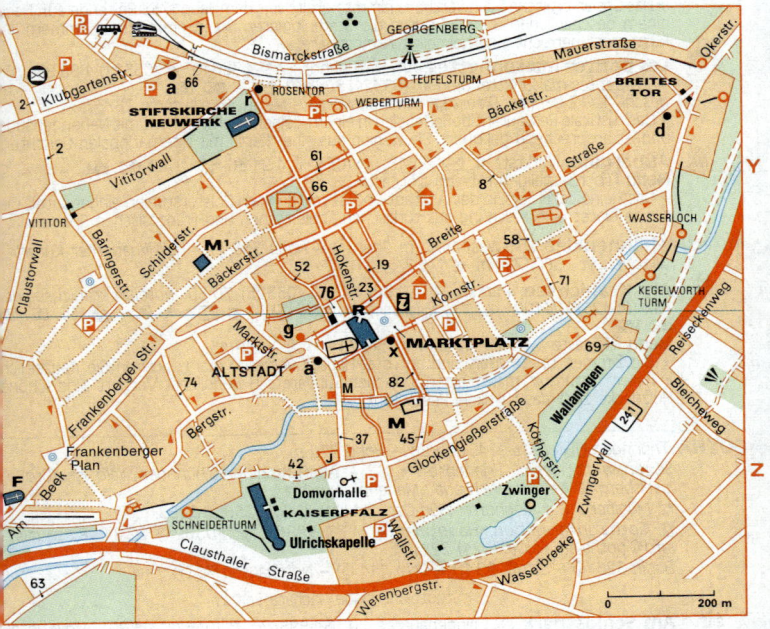

stfelder Straße	X 2
erliner Allee	X 5
reite Straße	Y
rüggemannstraße	Y 8
lausthaler Straße	X 10
anziger Straße	X 14
örpkestieg	X 17
schemäkerstraße	Y 19
leischscharren	Y 23
rauhöfer Landwehr	X 26
einrich-Pieper-Straße	X 32
ildesheimer Straße	X 34
oher Weg	Y 37
okenstraße	Y
n Schleeke	X 39
aiserbleek	Z 42
önigstraße	Y 45
öppelsbleek	X 47
Marienburger Straße	X 50
Marktstraße	Z
Münzstraße	Y 52
onnenweg	X 55
bere Kirchstraße	Y 58
etersilienstraße	Y 61
ammelsberger Straße	Z 63
osentorstraße	Y 66
t-Annenhöhe	Z 69
chielenstraße	Y 71
chreiberstraße	Z 74
chuhhof	Y 76
Wienenburger Straße	X 79
Worthstraße	Z 82

*Die in diesem Führer angegebenen Preise folgen
der Entwicklung der allgemeinen Lebenshaltungskosten.
Lassen Sie sich bei der Zimmerreservierung den endgültigen
Preis vom Hotelier mitteilen.*

569

GOSLAR

Der Achtermann, Rosentorstr. 20, ✉ 38640, ℘ (05321) 7 00 00, *info@der achtermann.de*, Fax (05321) 7000999, 余, Massage, ♣, ≦s, ◻ – 📳 📺 ✆ ஃ – 🏛 500
AE ◯ ◉◯ VISA JCB
Menu à la carte 21,50/36,50 – **152 Zim** ⇌ 99/125 – 145/165.
Y
♦ Die wohnlichen Zimmer sind mal mit dunklem Holz versehen, mal mit Rattan bestückt oder in Kirsche gehalten. Sie bieten ein unterschiedliches Platzangebot - je nach Bedarf. Eine dunkle Holzdecke mit Malerei prägt die Altdeutschen Stuben im historischen Turm.

Niedersächsischer Hof M, Klubgartenstr. 1, ✉ 38640, ℘ (05321) 31 60
niedersaechsischerhof@t-online.de, Fax (05321) 316444 – 📳, ↜ Zim, 📺 ✆ ஃ 🅿 – 🏛 70
◯ ◉◯ VISA
Y
Menu *(wochentags nur Abendessen)* à la carte 23/40 – **Pieper's Bistro** *(auch Mittag essen)* **Menu** à la carte 18/30 – **63 Zim** ⇌ 91/105 – 124/139.
♦ Neben gepflegten, neuzeitlichen Zimmern hält Ihr Refugium ein besonderes Extra für Sie bereit : eine Ausstellung zeitgenössischer Gemälde. Schwere Polsterstühle verleihen dem Bistro eine stilvolle Note. Das Bistro befindet sich im Untergeschoß.

Kaiserworth, Markt 3, ✉ 38640, ℘ (05321) 70 90, *hotel@kaiserworth.de*
Fax (05321) 709345, 余 – 📳, ↜ Zim, 📺 ✆ 🅿 – 🏛 80. AE ◯ ◉◯ VISA
Z
Menu à la carte 19/38 – **65 Zim** ⇌ 58/93 – 101/169.
♦ Das schmucke Haus im Herzen der Altstadt - ein ehemaliges Gewandhaus a. d. 15. Jh. - ist Ihre Herberge. Behagliche Zimmer, teils modern, teils mit Stilmobiliar eingerichtet. Blickfang im Restaurant ist das prächtige Kreuzgewölbe.

Treff Hotel Das Brusttuch garni, Hoher Weg 1, ✉ 38640, ℘ (05321) 3 46 00
brusttuch.goslar@treff-hotels.de, Fax (05321) 346099 – 📳 📺 – 🏛 15. AE ◯ ◉◯ VISA
JCB – **13 Zim** ⇌ 71/87 – 112/127.
Z
♦ Das Patrizierhaus a. d. 16. Jh. stellt eine gelungen Kombination von mittelalterlicher Baukunst und modernem Wohnen dar - umgeben von hübschen Fachwerkhäusern.

Goldene Krone, Breite Str. 46, ✉ 38640, ℘ (05321) 3 44 90, *goldkrone@kiekin hotels.de*, Fax (05321) 344950 – 📺 🅿. AE ◯ ◉◯ VISA JCB
Y
Menu à la carte 19/33 – **18 Zim** ⇌ 50/75 – 85/115.
♦ Das Goslar-typische Fachwerkhaus nimmt bereits seit dem Jahr 1733 Reisende auf. Nach einem beschaulichen Bummel durch die Stadt logieren Sie in praktischen Zimmern. Im Restaurant herrscht eine heimelige Atmosphäre.

Les petites maisonnettes, Am Siechenhof 12, ✉ 38640, ℘ (05321) 1 88 88, *info @les-petites-maisonnettes.de*, Fax (05321) 188438, 余 – 🅿 ◉◯ VISA
X
geschl. 1. - 7. Januar, Dienstag, Samstagmittag – **Menu** 36 à la carte 26/37.
♦ Das rustikale Restaurant befindet sich in einem kleinen Fachwerkhaus mit Nebengebäude und ist ansprechend dekoriert. Sie wählen aus einer Karte mit internationalen Gerichten.

Aubergine, Marktstr. 4, ✉ 38640, ℘ (05321) 4 21 36, 余 – AE ◉◯ VISA
Z
Menu (Tischbestellung ratsam) à la carte 28/38.
♦ Das kleine Lokal liegt in der Altstadt und ist mit dunklen Polsterstühlen eingerichtet. Die Küche bietet eine Mischung aus türkischen, italienischen und französischen Speisen.

In Goslar-Hahnenklee *Süd-West : 15 km über ③ – Höhe 560 m – Heilklimatischer Kurort – Wintersport : 560/724 m ≰1 ≰2 ≰*

Am Kranichsee, Parkstr. 4, ✉ 38644, ℘ (05325) 70 30, *hotels@kranichsee.de*
Fax (05325) 703100, ≼, 余, Massage, ♣, ≦s, ◻ – 📳 📺 ⇌ 🅿 – 🏛 35. AE ◯
◉◯ VISA
Menu à la carte 17/30 – **48 Zim** ⇌ 58/71 – 100 – ½ P 15.
♦ Die Zimmer Ihres Hotels sind auf drei Häuser verteilt : mal residieren Sie neuzeitlich in hellem Naturholz, mal im alpenländischen Stil - stets in wohnlicher Machart. Eine schöne Holzdecke ziert das rustikale Restaurant.

GOTHA
Thüringen 418 N 16 – 48 000 Ew – Höhe 270 m.

Sehenswert : *Schloß Friedenstein★* CY – **Ausflugsziele** : *Thüringer Wald ★★ (Großer Inselsberg ≼ ★★, Friedrichroda : Marienglashöhle ★).*

🏌 *Mühlberg, Gut Ringhofen (Süd-Ost : 11 km) ℘ (036256) 8 69 83.*

🛈 *Gotha Information, Hauptmarkt 2, ✉ 99867, ℘ (03621) 22 21 38, tourist-info@gotha.de, Fax (03621) 222134.*

Berlin 326 ③ – Erfurt 22 ② – Gera 114 ③ – Nordhausen 76 ①

Stadtpläne siehe nächste Seiten

Am Schlosspark ⌬, Lindenauallee 20, ✉ 99867, ℘ (03621) 44 20, *info@hotel-am-schlosspark.de*, Fax (03621) 442452, 余, Massage, ≦s – 📳, ↜ Zim, 📺 ✆ 🅿
– 🏛 80. AE ◉◯ VISA
CZ a
Menu à la carte 20/31 – **95 Zim** ⇌ 72/90 – 100/115.
♦ Ihre Residenz in angenehmer Lage oberhalb des Zentrums plaziert. Hier beziehen Sie ein zeitloses Quartier mit elegantem Touch. Noch mehr Komfort finden Sie in den Suiten. Ein hübscher, freundlicher Wintergarten ist Teil des gastronomischen Bereichs.

GOTHA

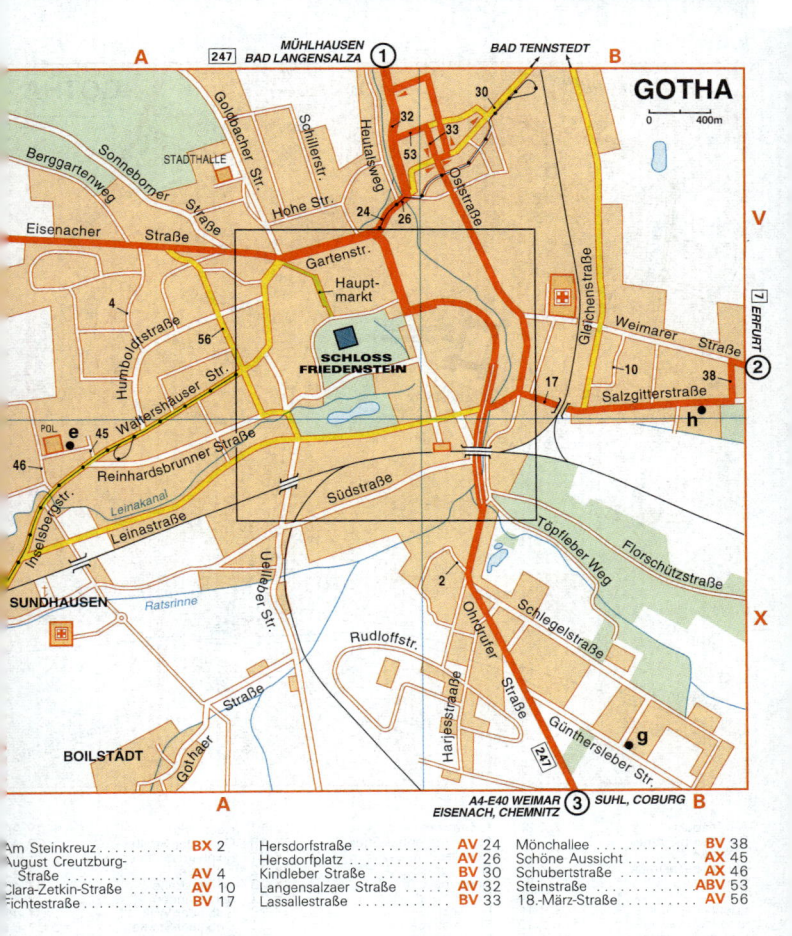

Am Steinkreuz . . . . **BX** 2	Hersdorfstraße . . . . **AV** 24	Mönchallee . . . . **BV** 38
August Creutzburg- Straße . . . . **AV** 4	Hersdorfplatz . . . . **AV** 26 Kindleber Straße . . . . **BV** 30	Schöne Aussicht . . . . **AX** 45 Schubertstraße . . . . **AX** 46
Clara-Zetkin-Straße . . . . . **AV** 10	Langensalzaer Straße . . . . **AV** 32	Steinstraße . . . . **ABV** 53
Fichtestraße . . . . **BV** 17	Lassallestraße . . . . **BV** 33	18.-März-Straße . . . . **AV** 56

🏨 **Der Lindenhof** M, Schöne Aussicht 5, ⊠ 99867, ℰ (03621) 77 20, info@linden hof.bestwestern.de, Fax (03621) 772410, 😊, Biergarten, 🎿, ⇌ – 🛗, ↔ Zim, 📺 📞 🚗 🅿 – 🔔 150. 🆎 ⓘ 🆒 𝗩𝗜𝗦𝗔, 🍽 Rest
AX **e**
Menu à la carte 18,50/32,50 – **90 Zim** 🛏 76/83 – 90/99.
♦ Funktionelle Räume und ein gutes Platzangebot stellen für private wie auch für tagende Gäste eine sinnvolle Unterkunft dar. Die Hotelhalle verfügt über eine kleine Bibliothek. Leicht elegant präsentiert sich das Hotelrestaurant.

🏨 **Waldbahn Hotel** M, Bahnhofstr. 16, ⊠ 99867, ℰ (03621) 23 40, informationen@ waldbahn-hotel.de, Fax (03621) 234130, 😊, ⇌ – 🛗, ↔ Zim, 📺 🅿 – 🔔 50. 🆎 ⓘ 🆒 𝗩𝗜𝗦𝗔
DZ **b**
Menu à la carte 14/22 – **56 Zim** 🛏 59 – 87.
♦ Für eine geruhsame Nacht sorgen behagliche Zimmer mit einer soliden, praktischen Ausstattung - im Stil einheitlich, im Zuschnitt etwas unterschiedlich. Gepflegte, durch Raumteiler aufgelockerte Räumlichkeiten dienen als Restaurant.

🏨 **Turmhotel** M, Am Luftschiffhafen 2 (Gewerbegebiet), ⊠ 99867, ℰ (03621) 71 60, info@turmhotel.de, Fax (03621) 716430, 😊 – 🛗, ↔ Zim, 📺 📞 🚗 🅿 – 🔔 120. 🆎 ⓘ 🆒 𝗩𝗜𝗦𝗔 𝗝𝗖𝗕
BX **g**
Menu à la carte 16/26 – **104 Zim** 🛏 67/72 – 77.
♦ Hinter einem architektonisch interessanten Äußeren erwartet den Gast eine zeitgemäße Herberge : neuzeitliches Mobiliar und Funktionalität gestalten das Innenleben. Das unterteilte, zur Halle hin offene Restaurant wird ergänzt durch eine rustikale Stube.

571

GOTHA

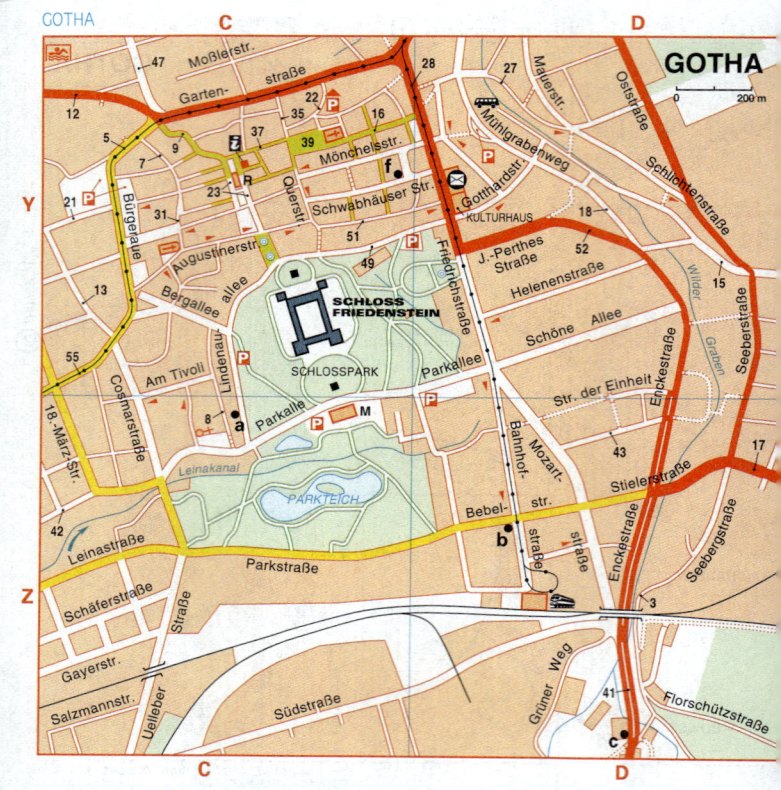

Am Viadukt . . . . **DZ** 3	Fichtestraße . . . . **DZ** 17	Neumarkt . . . . **CY** 39
Bertha-von-Suttner-	Friedrich Perthes-Straße . . **DY** 18	Ohrdrufer Straße . . . . **DZ** 41
Straße . . . . **CY** 5	Gadollastraße . . . . **CY** 21	Reinhardsbrunner
Blumenbachstraße . . . . **CY** 7	Gerbergasse . . . . **CY** 22	Straße . . . . **CZ** 42
Brahmsweg . . . . **CZ** 8	Hauptmarkt . . . . **CY** 23	Reyherstraße . . . . **DZ** 43
Brühl . . . . **CY** 9	Hoher Sand . . . . **DY** 27	Schützenberg . . . . **CY** 47
Eisenacher Straße . . . . **CY** 12	Huttenstraße . . . . **CDY** 28	Siebleber Wall . . . . **CY** 49
Emminghausstraße . . . . . . **CY** 13	Klosterstraße . . . . **CY** 31	Siebleber-Straße . . . . **CY** 51
Erfurter Landstraße . . . . . . **DY** 15	Lutherstraße . . . . **CY** 35	Steinmühlenallee . . . . **DY** 52
Erfurter Straße . . . . **CY** 16	Marktstraße . . . . **CY** 37	Waltershäuser Straße . . . . **CY** 55

🏨 **Quality Hotel** M, Ohrdrufer Straße 2b (B 247), ✉ 99867, ✆ (03621) 71 70, qhgotha@gmx.de, Fax (03621) 717500, 🍴, ⇌ – 🛗, 🚭 Zim, 📺 ☎ ♿ 🅿 – 🔔 70, AE ① ⓂⒸ VISA JCB, ✱ Rest
DZ c
Menu à la carte 14/29 – **120 Zim** ⇌ 56/62 – 71/79.
♦ Ihr Domizil präsentiert Ihnen nette Zimmer in neuzeitlicher Aufmachung. Ein zuvorkommender Service und die Nähe zum historischen Zentrum der Stadt runden Ihren Besuch ab. Blickfang im Restaurant : die offene Küche.

🏨 **St. Gambrin**, Schwabhäuser Str. 47, ✉ 99867, ✆ (03621) 7 36 00, Fax (03621) 736010, – 📺 ☎ – 🔔 20, ① ⓂⒸ VISA
CY r
Menu (geschl. Sonntagabend - Montag) à la carte 16/25 – **24 Zim** ⇌ 50/60 – 80/90.
♦ Suchen Sie nach einer praktischen Unterbringung für Ihren Besuch in Gotha? Hinter einer hübschen Klinkerfassade werden Sie fündig - nahe der Fußgängerzone. Das Restaurant ist im bürgerlichen Stil gehalten und holzvertäfelt.

🏨 **Landhaus Hotel**, Salzgitterstr. 76 (B 7), ✉ 99867, ✆ (03621) 3 64 90, gewalter@landhaus-hotel-romantik.de, Fax (03621) 364949, 🍴 – 🚭 Zim, 📺 ☎ 🅿 AE ⓂⒸ VISA, ✱ Rest – **Menu** (geschl. Sonntag) (nur Abendessen) (Restaurant nur für Hausgäste) –
14 Zim ⇌ 58 – 77.
BV h
♦ Die gemütlichen Räume Ihres Quartiers geben Ihnen das Gefühl, gut aufgehoben zu sein. Die Gartenanlage am Haus unterstreicht das heimelige Ambiente dieser Adresse.

OTTLEUBA, BAD Sachsen siehe Berggießhübel.

OTTMADINGEN Baden-Württemberg **419** W 10 – 8 900 Ew – Höhe 432 m.
Berlin 789 – Stuttgart 159 – Konstanz 47 – Singen (Hohentwiel) 7 – Schaffhausen 17.

Kranz (mit Gästehaus), Hauptstr. 37 (B 34), ⊠ 78244, ℰ (07731) 70 61, Fax (07731) 73994 – |≡|, ⇆ Zim, ⊡ & ⇐ ℙ – ▲ 15. ஊ ◑ ◐ 𝑉𝐼𝑆𝐴
Menu (geschl. Sonn- und Feiertage) à la carte 13/20 – **32 Zim** ⊇ 43 – 69.
◆ Ihre Behausung auf Zeit bietet Ihnen einen Aufenthalt in solide ausgestatteten Zimmern. Hier findet der Gast eine Übernachtungsmöglichkeit zu fairen Preisen. In einer einfachen Gaststube widmet man sich Ihrem leiblichen Wohl.

In Gottmadingen-Bietingen West : 3 km :

Landgasthof Wider, Ebringer Str. 11, ⊠ 78244, ℰ (07734) 9 40 00, landgasthof-wider@t-online.de, Fax (07734) 940099, 佘, ⇆ – |≡| ⇆ ⊡ ✆ ⇐ ℙ. ◐ 𝑉𝐼𝑆𝐴
Menu (geschl. Dienstag) à la carte 15/26 – **24 Zim** ⊇ 37/42 – 58/68.
◆ Freuen Sie sich auf das gute Preis-Leistungsverhältnis dieser gepflegten Herberge. Die Zimmer sind teils mit hellem Wurzelholz möbliert, teils in rustikaler Eiche gehalten. Bürgerliche Gaststube mit Kachelofen - Steyrerstube für Nichtraucher.

GRAACH Rheinland-Pfalz **417** Q 5 – 830 Ew – Höhe 105 m.
Berlin 678 – Mainz 116 – Trier 46 – Bernkastel-Kues 3 – Wittlich 13.

Weinhaus Pfeiffer garni, Gestade 12, ⊠ 54470, ℰ (06531) 40 01, Fax (06531) 1078, ⇆ – ⇐ ℙ
13 Zim ⊇ 29/45 – 52.
◆ Ihr kleines Refugium gewährt Ihnen eine erholsame Zeit in einfachen, praktischen Räumlichkeiten. Die schöne Mosellandschaft umgibt das charmante Örtchen.

GRAAL-MÜRITZ Mecklenburg-Vorpommern **416** D 20 – 4 000 Ew – Seeheilbad.
ᵢ Haus des Gastes, Rostocker Str. 3, ⊠ 18181, ℰ (038206) 70 30, Fax (038206) 70320.
Berlin 241 – Schwerin 109 – Rostock 28 – Stralsund 59.

Haus am Meer ⋙, Zur Seebrücke 36, ⊠ 18181, ℰ (038206) 73 90, pension-haus-am-meer@t-online.de, Fax (038206) 73939, 佘, Massage, ⇆ – ⊡ ℙ – ▲ 20. ஊ ◑ ◐ 𝑉𝐼𝑆𝐴 ⋇
geschl. 21. - 24. Dez. – **Menu** à la carte 14/22 – **34 Zim** ⊇ 50/65 – 85/90 – ½ P 10.
◆ Dieses persönlich geführte Domizil bietet Ihnen unterschiedlich möblierte, funktionelle Zimmer. Die strandnahe Lage des Hauses beschreibt bereits der Name. Freundliches, zeitlos eingerichtetes Restaurant.

GRÄFELFING Bayern **419 420** V 18 – 13 300 Ew – Höhe 540 m.
siehe Stadtplan München (Umgebungsplan).
Berlin 598 – München 14 – Augsburg 61 – Garmisch-Partenkirchen 81 – Landsberg am Lech 46.

In Gräfelfing-Lochham :

Würmtaler Gästehaus, Rottenbucher Str. 55, ⊠ 82166, ℰ (089) 8 54 50 56, info@hotel-wuermtaler.de, Fax (089) 853897, ⇆, 佘 – ⇆ ⊡ ⇐ ℙ. ▲ 40
AS c
Menu (geschl. 22. Dez. - 6. Jan., Freitag - Sonntag) à la carte 16/31,50 – **55 Zim** ⊇ 65/115 – 80/145.
◆ Nutzen Sie die Vorzüge dieses Domizils : abseits vom Großstadtlärm und dennoch nahe der Münchner City. Solide Räume mit unterschiedlicher Möblierung bieten Ihnen ein Heim.

In Planegg Süd-West : 1 km :

Planegg ⋙ garni, Gumstr. 13, ⊠ 82152, ℰ (089) 8 99 67 60, info@hotel-planegg.de, Fax (089) 89967676 – |≡| ⇆ ⊡ ✆ ℙ. ◐ 𝑉𝐼𝑆𝐴 𝐽𝐶𝐵
AT a
geschl. Weihnachten - Anfang Jan. – **39 Zim** ⊇ 50/69 – 72/86.
◆ Hier finden Sie Ruhe und Entspannung vor den Toren Münchens. Fragen Sie nach einem der kürzlich renovierten Gästezimmer - freundlich und solide bestückt.

GRÄFENBERG Bayern 419 420 R 17 – 5 000 Ew – Höhe 433 m.
Berlin 409 – München 190 – Nürnberg 28 – Bamberg 42.

In Gräfenberg-Haidhof Nord : 7,5 km :

Schloßberg ⊛ (mit Gästehaus), Haidhof 5, ⊠ 91322, ℰ (09197) 6 28 40, info@h tel-schlossberg.com, Fax (09197) 628462, 斧, ⇌s, 秊 – TV ⇌ P – 🛆 80. AE ⓘ VI geschl. Jan. – **Menu** (geschl. Montag) à la carte 14/30 – **39 Zim** ⇌ 36/38 – 57/62.
♦ In ländlicher Umgebung befindet sich diese Adresse mit hübscher Parkanlage und allerl Möglichkeiten zum Zeitvertreib. Zimmer im altbayerischen Stil laden zum Ruhen ein. Gemü lich-rustikale Restauranträume.

GRAFENAU Bayern 420 T 24 – 9 200 Ew – Höhe 610 m – Luftkurort – Wintersport : 610/700
⸹ 2 ⸹.
🛈 Touristinformation, Rathausgasse 1, ⊠ 94481, ℰ (08552) 96 23 43, tourismus@ grafenau.de, Fax (08552) 920114.
Berlin 505 – München 190 – Passau 38 – Deggendorf 46.

Mercure Hotel Sonnenhof ⊛, Sonnenstr. 12, ⊠ 94481, ℰ (08552) 44 80 h3191@accor-hotels.com, Fax (08552) 4680, ≼, 斧, Massage, 🛆, ⇌s, 🅲, 秊, ✕
🛉 ⫎ 🞸 ⚞ ⇌ P – 🛆 150. AE ⓘ ⓘⓒ VISA. ✕ Rest
Menu à la carte 17,50/30,50 – **147 Zim** ⇌ 70/90 – 120/140 – ½ P 21.
♦ Sind Sie auf der Suche nach einer wohnlichen Adresse mit gutem Freizeitbereich? Di Zimmer sind teils mit rustikalen Eichenmöbeln, teils in hellem Naturholz eingerichtet.

Parkhotel, Freyunger Str. 51 (am Kurpark), ⊠ 94481, ℰ (08552) 44 90, info@ par hotel-grafenau.de, Fax (08552) 449161, ≼, 斧, ⇌s, 🅲, 秊 – 🛉 TV P. AE ⓘ ⓘⓒ VISA
✕ Rest
Menu (nur Abendessen) à la carte 16/29 – **44 Zim** ⇌ 39 – 52 – ½ P 13.
♦ In den funktionell gestalteten Zimmern Ihres Refugiums können Sie für einige Zei dem hektischen Alltag entkommen. Interessante Ausflugsziele bieten sich für einen Besuc an. Elegante Atmosphäre umgibt Sie im Wintergarten, rustikal zeigt sich das Stüberl.

Säumerhof ⊛ mit Zim, Steinberg 32, ⊠ 94481, ℰ (08552) 40 89 90, saeumerho @t-online.de, Fax (08552) 4089950, ≼, 斧, ⇌s, 秊 – TV P. ⓘⓒ VISA
Menu (geschl. Montag) (Dienstag - Donnerstag nur Abendessen) 22,50 à la carte 25/3 – **9 Zim** ⇌ 51/65 – 102 – ½ P 20/25.
♦ Das stilvolle Restaurant liegt etwas oberhalb des Ortes. Der Service ist sehr engagiert Geboten wird eine sorgfältig zubereitete Saisonküche. Gepflegte Zimmer !

In Grafenau-Grüb Nord : 1,5 km :

Hubertus, Grüb 20, ⊠ 94481, ℰ (08552) 9 64 90, info@hubertus-grafenau.de Fax (08552) 5265, 斧, 🅲, – 🛉 TV ⇌ P. ⓘⓒ VISA
Menu à la carte 13/24 – **35 Zim** ⇌ 44/56 – 72/98 – ½ P 11.
♦ Wie möchten Sie wohnen? Privat wie auch beruflich Reisende haben die Wahl zwischer zeitgemäß eingerichteten Zimmern in angenehmer Größe und einer einfacheren Variante Ländliches Restaurant.

GRAFENBERG Baden-Württemberg siehe Metzingen.

GRAFENHAUSEN Baden-Württemberg 419 W 8 – 2 300 Ew – Höhe 895 m – Luftkurort - Wintersport : 900/1 100 m ⸹ 1 ⸹.
Sehenswert : Heimatmuseum "Hüsli"★ (in Rothaus, Nord : 3 km).
🛈 Tourist-Information, Schulstr. 1, ⊠ 79865, ℰ (07748) 5 20 41, info@grafenhausen.de Fax (07748) 52042.
Berlin 788 – Stuttgart 174 – Freiburg im Breisgau 50 – Donaueschingen 41 – Waldshut Tiengen 30.

Tannenmühle ⊛, Tannenmühlenweg 5 (Süd-Ost : 3 km), ⊠ 79865, ℰ (07748) 2 15 Fax (07748) 1226, 斧, 秊 – TV P
geschl. Mitte Nov. - Mitte Dez. – **Menu** (geschl. Nov. - April Dienstag) à la carte 18/33,50 – **18 Zim** ⇌ 38/55 – 70/85.
♦ Neben solide, teils neu eingerichteten Zimmern gehören ein Mühlenmuseum, ein Tier gehege und eine Forellenzucht zu diesem schön gelegenen typischen Schwarzwaldgasthof Gaststuben mit rustikalem Charakter sorgen für eine gemütliche Atmosphäre.

In Grafenhausen-Rothaus Nord : 3 km – Höhe 975 m

Schwarzwaldhotel Rothaus (mit Gästehaus), ⊠ 79865, ℰ (07748) 9 20 90, info @schwarzwaldhotel-rothaus.de, Fax (07748) 9209199, Biergarten, ⇌s, 秊 – TV ⇌ P – 🛆 50. ⓘⓒ VISA
Menu à la carte 16/31 ℒ – **48 Zim** ⇌ 42/54 – 68/92, 7 Suiten – ½ P 15.
♦ Die unterschiedlich geschnittenen Zimmer des Hauses überzeugen die Gäste mit viel Platz und attraktivem ländlichem Design - wahlweise auch mit getrenntem Wohnbereich. Zum Speisen nehmen Sie in der rustikalen Braustube Platz - oder unter freiem Himmel.

RAFENWIESEN Bayern 420 S 22 – 1700 Ew – Höhe 509 m – Erholungsort.
🛈 Verkehrsamt, Rathausplatz 6, ✉ 93479, ℘ (09941) 16 97, Fax (09941) 4783.
Berlin 501 – München 191 – Passau 98 – Cham 26 – Deggendorf 50.

Birkenhof ⸎, Auf der Rast 7, ✉ 93479, ℘ (09941) 15 82, hotel-birkenhof@t-online.de, Fax (09941) 4961, ≤, 🍴, ⇔, ▦, ✳, ✻ – 🛗 📺 🅿
Menu (geschl. Sonntagabend) (wochentags nur Abendessen) à la carte 12/19 – **50 Zim** ⊇ 46/75 – 92/96 – ½ P 13.
• In dieser gepflegten Adresse ist dem Gast ein zeitgemäßes Plätzchen gewiß. Mit hellem Holz eingerichtet, präsentiert sich das Haus als solide und wohnliche Bleibe. Das Restaurant ist - wie das gesamte Haus - freundlich und neuzeitlich gestaltet.

RAFING Bayern 420 V 19 – 11 000 Ew – Höhe 519 m.
🏌 Oberelkofen, Hochreiterweg 14 (Süd : 3 km), ℘ (08092) 74 94.
Berlin 614 – München 39 – Landshut 80 – Rosenheim 35 – Salzburg 110.

Hasi's Hotel garni, Griesstr. 5, ✉ 85567, ℘ (08092) 7 00 70, hotelhasi@aol.com, Fax (08092) 700780 – ⇌ 📺 ⇔ 🅿 – 🔔 60. 🆗 VISA
23 Zim ⊇ 36/46 – 62/77.
• Das Hotel ermöglicht Ihnen einen Aufenthalt in familiärer, gemütlicher Atmosphäre. Die Einrichtung aus Naturholz macht die neuzeitlichen Zimmer zu einem wohligen Quartier.

RAINAU Bayern 419 420 X 17 – 3800 Ew – Höhe 748 m – Luftkurort – Wintersport : 750/2950 m ⸝3 ⸜9 ⸫.
Sehenswert : Eibsee★ (Süd-West : 3 km).
Ausflugsziel : Zugspitzgipfel★★★ (⁂★★★) mit Zahnradbahn (40 min) oder ⸝ ab Eibsee (10 min).
🛈 Kurverwaltung, Parkweg 8, ✉ 82491, ℘ (08821) 98 18 50, Fax (08821) 981855.
Berlin 682 – München 94 – Garmisch-Partenkirchen 11 – Kempten 94.

Alpenhof ⸎, Alpspitzstr. 34, ✉ 82491, ℘ (08821) 98 70, alpenhof@grainau.de, Fax (08821) 98777, ≤, 🍴, Massage, ⇔, ▦, ✳ – 🛗, ⇌ Zim, 📺 🅿 🆗 🆔 🆗 VISA JCB. ✻ Rest
Menu à la carte 21,50/37 – **36 Zim** ⊇ 60/110 – 135/180 – ½ P 18.
• Mehrere Bauabschnitte bilden diese alpenländische Residenz. Landhausstil, Komfort und tadellose Pflege machen das Haus zu einer angenehmen Adresse mit regionstypischem Charme. Mit rustikalem Holzinventar unterstreicht das Restaurant den Charakter des Hauses.

Eibsee-Hotel ⸎, am Eibsee 1 (Süd-West : 3 km), ✉ 82491, ℘ (08821) 9 88 10, info@eibsee-hotel.de, Fax (08821) 82585, ≤ Eibsee und Zugspitze, 🍴, 🎰, ⇔, ▦, 🏊, ✳, ✻ – 🛗, ⇌ Zim, 📺 ✆ 🅿 – 🔔 130. 🆗 🆔 🆗 VISA JCB. ✻ Rest
Menu 14,50 Lunchbuffet à la carte 22/32 – **Taverne** (Euro-Asiatische Küche) (geschl. April, Mitte Nov. - Mitte Dez., Sonntag - Montag) (nur Abendessen) **Menu** à la carte 25/30 – **120 Zim** ⊇ 75/100 – 95/160, 6 Suiten – ½ P 20.
• Mit dem See unmittelbar vor der Tür, können Sie jederzeit einen Sprung ins kühle Naß wagen. Ihr Zimmer bietet mit gediegenem Interieur beste Möglichkeiten zur Entspannung. Das Restaurant erwartet Sie mit klassischem Ambiente. Rustikal : die Taverne.

Romantik Hotel Waxenstein, Höhenrainweg 3, ✉ 82491, ℘ (08821) 98 40, info@waxenstein.de, Fax (08821) 8401, ≤ Waxenstein und Zugspitze, 🍴, Massage, ⇔, ▦, ✳ – 🛗, ⇌ Zim, 📺 ✆ ⇔ 🅿 – 🔔 60. 🆗 🆔 🆗 VISA. ✻ Rest
Menu à la carte 26/42 – **48 Zim** ⊇ 65/85 – 120/160 – ½ P 19.
• Eine gelungene Kombination von Wohnlichkeit und Funktionalität prägt die Zimmer Ihres Refugiums. Die Gegend stellt im Sommer wie auch im Winter ein reizvolles Ziel dar. Bequeme Polsterstühle und gut eingedeckte Tische laden im Restaurant zum Verweilen ein.

Längenfelder Hof ⸎, Längenfelderstr. 8, ✉ 82491, ℘ (08821) 98 58 80, mail@laengenfelder-hof.de, Fax (08821) 9858830, ≤, ⇔, ▦, ✳ – 📺 ⇔ 🅿 ✻
geschl. 2. Nov. - 13. Dez. – **Menu** (geschl. Sonntag) (nur Abendesssen) (Restaurant nur für Hausgäste) – **19 Zim** ⊇ 48/72 – 80/96 – ½ P 16.
• Die Zimmer Ihrer Unterkunft sind im Stil einheitlich mit Holzmobiliar bestückt. Die eindrucksvolle Gebirgskulisse und eine familiäre Atmosphäre runden Ihren Aufenthalt ab.

Wetterstein garni, Waxensteinstr. 26, ✉ 82491, ℘ (08821) 98 58 00, wetterstein@t-online.de, Fax (08821) 9858013, ⇔, ✳ – ⇌ 📺 ✆ ⇔ 🅿 ✻
15 Zim ⊇ 37/55 – 60/82.
• Im Zentrum des Ortes findet der Gast eine regionstypische Herberge. Mit dunklen Holzmöbeln wohnlich wie auch praktisch eingerichtet, eignen sich die Räume für erholsame Tage.

GRAINAU

Gasthof Höhenrain, Eibseestr. 1, ✉ 82491, ✆ (08821) 9 88 80, hoehenrain-grainau@t-online.de, Fax (08821) 82720, 🍴 – ⇌ 📺 🚗 🅿 🆎 ⓞ ⓜⓞ 𝐕𝐈𝐒𝐀
geschl. Mitte Nov. - Mitte Dez. – **Menu** (geschl. Nov. - Juni Montag) (bemerkenswerte Weinkarte) à la carte 18/34 – **12 Zim** ⊇ 36/45 – 66/80 – ½ P 14.
◆ Die praktische Gestaltung der Zimmer und der heimelige Rahmen des Hauses ermöglichen Ihnen eine erholsame Zeit in einem von Bergen umgebenen Örtchen. Die Gaststube unterstreicht mit rustikaler Aufmachung den Charakter der Region.

Gästehaus am Kurpark ⬥ garni, Am Brücklesbach 3, ✉ 82491, ✆ (08821) 85 4…
maria.fritz@gmx.de, Fax (08821) 82554, 🏕 – 🅿 ⬥
10 Zim ⊇ 27/35 – 54.
◆ Die alpenländische Fassade des Hauses fügt sich harmonisch in die Umgebung ei… Solide präsentiert sich das Innenleben Ihrer Bleibe - alle Zimmer verfügen über eine… Balkon.

✕ **Gasthaus am Zierwald** mit Zim, Zierwaldweg 2, ✉ 82491, ✆ (08821) 9 82 8(
zierwald@t-online.de, Fax (08821) 982888, < Waxenstein und Zugspitze, 🍴, 🏕 – 🅳
🅿 🆎 ⓞ ⓜⓞ 𝐕𝐈𝐒𝐀 𝐉𝐂𝐁. ⬥
geschl. 15. - 30. Jan. – **Menu** (geschl. Mittwoch) à la carte 15/24 – **5 Zim** ⊇ 46 – 74/7…
– ½ P 14.
◆ Helles Holz in bayerischem Stil verbreitet in diesem gastlichen Haus rustikal… Gemütlichkeit. Auf der Karte finden sich Schmankerl der Region sowie schwäbisch… Gerichte.

✕ **Zugspitze** ⬥ mit Zim, Törlenweg 11, ✉ 82491, ✆ (08821) 88 89, j.vogel@gapc… line.de, Fax (08821) 81317, 🍴 – 📺 🅿 ⓜⓞ 𝐕𝐈𝐒𝐀
Menu (geschl. Dienstag) à la carte 14/35 – **8 Zim** ⊇ 33 – 62.
◆ Hinter der alpenländischen Fassade verstecken sich drei Stuben mit rustikaler Charme, die Ihnen sicherlich einen netten Aufenthalt gewähren. Ordentlich… Zimmer !

GRAMKOW Mecklenburg-Vorpommern 𝟒𝟏𝟓 𝟒𝟏𝟔 E 18 – 1 000 Ew – Höhe 32 m.
Berlin 240 – Schwerin 40 – Lübeck 49 – Wismar 11.

In Gramkow-Hohen Wieschendorf Nord : 3 km :

Golfhotel M ⬥ (mit Gästehäusern), Am Golfplatz 1, ✉ 23968, ✆ (038428) 6 60, inf…@howdel@.de, Fax (038428) 6666, <, 🍴, 🏌 – 📺 🚗 🅿 – 🅰 60. ⓜⓞ
Menu à la carte 20/36,50 – **48 Zim** ⊇ 100 – 140, 16 Suiten – ½ P 20.
◆ Das ehemalige landwirtschaftliche Areal bietet nun Platz für die Beherbergung und die körperliche Betätigung der Hotelgäste. Ein moderner, klarer Stil prägt die Räume. Im Restaurant gewährt Ihnen die breite Fensterfront einen Blick auf den Golfplatz.

GRASBERG Niedersachsen 𝟒𝟏𝟓 G 10 – 7 200 Ew – Höhe 20 m.
Berlin 382 – Hannover 131 – Bremen 23 – Bremerhaven 73.

Grasberger Hof (mit Gästehaus), Speckmannstr. 58, ✉ 28879, ✆ (04208) 9 17 20
kontakt@grasberger-hof.de, Fax (04208) 917277, 🍴 – ⇌ Zim, 📺 📞 🅿 – 🅰 50
ⓜⓞ 𝐕𝐈𝐒𝐀
Menu (geschl. 26. Dez. - 5. Jan., Montag) à la carte 16/27 – **35 Zim** ⊇ 47 – 70/100.
◆ Sind Sie auf der Suche nach einer netten Adresse für kurz oder auch länger? Sie residieren in "normalen" Zimmern oder in Appartements - stets in zeitgemäßem Stil möbliert. Zum Speisen stehen eine gepflegte Gaststube und der freundliche Wintergarten zur Wahl.

GRASBRUNN Bayern 𝟒𝟏𝟗 𝟒𝟐𝟎 V 19 – 4 000 Ew – Höhe 560 m.
🏌 Harthausen (Süd-Ost : 5 km), ✆ (08106) 3 54 40.
Berlin 596 – München 21 – Landshut 87 – Salzburg 141.

In Grasbrunn-Harthausen Süd-Ost : 3 km :

Landgasthof Forstwirt (mit Gästehaus), Beim Forstwirt 1 (Süd-West : 1 km),
✉ 85630, ✆ (08106) 3 63 80, info@forstwirt.com, Fax (08106) 363811, Biergarten – 📺
📞 🅿 🆎 ⓞ ⓜⓞ 𝐕𝐈𝐒𝐀
Menu à la carte 16/28 – **40 Zim** ⊇ 51/86 – 71/151.
◆ Ihr Quartier wählen Sie aus drei Häusern aus : mal praktisch in hellem Naturholz, mal preisgünstiger oder eine neuzeitlichere Ausführung mit gutem Platzangebot. Im Restaurant lädt rustikales Flair zum Verweilen ein.

GRASELLENBACH Hessen 417 419 R 10 – 3 000 Ew – Höhe 420 m – Kneippheilbad – Luftkurort.
🛈 Kurverwaltung, Nibelungenhalle, ✉ 64689, ✆ (06207) 25 54, Fax (06207) 82333.
Berlin 592 – Wiesbaden 95 – Mannheim 55 – Beerfelden 21 – Darmstadt 55.

🏨 **Siegfriedbrunnen** ⌂, Hammelbacher Str. 7, ✉ 64689, ✆ (06207) 60 80, siegfried
brunnen@stti.de, Fax (06207) 1577, 🌳, Massage, ♨, 🏋, 🏊, 🏊 (geheizt), 🔲, 🚴, 🎾
– 📞 🛗 🚗 🅿 – 🔒 60, 🆎 ⚫ 💳 VISA
Menu à la carte 21/39 – **62 Zim** ⌂ 78/96 – 123/129 – ½ P 11.
 ◆ Ihr Domizil liegt im Odenwald, abseits vom Verkehrslärm. Die Zimmer des Hauses sind im
Stil einheitlich gehalten, in der Größe unterschiedlich - teils mit Sitzecken versehen. Die
gepflegten Restauranträume verteilen sich auf nett gestaltete Stuben.

🏨 **Landhaus Muhn** ⌂, Im Erzfeld 10, ✉ 64689, ✆ (06207) 9 40 20, info@landhaus
-muhn.de, Fax (06207) 940219, Massage, 🌳, 🚴 – 🛗 🚗 🅿 🎾
Menu (Restaurant nur für Hausgäste) – **11 Zim** ⌂ 43/52 – 82.
 ◆ Die beschauliche Ortsrandlage, die Ausstattung mit solidem Holzmobiliar sowie Wohn-
lichkeit verhelfen Ihnen zu schönen Urlaubstagen in einer gepflegten Unterkunft.

🏨 **Gassbachtal** ⌂, Hammelbacher Str. 16, ✉ 64689, ✆ (06207) 9 40 00, hotel-
gassbachtal@t-online.de, Fax (06207) 940013, 🌳, 🚗 – 📞 🛗 🚗 🅿 🎾 Zim
geschl. Mitte Jan. - Mitte Feb. – **Menu** (geschl. Montag) (nur Mittagessen) à la carte 16/25
– **22 Zim** ⌂ 37/52 – 68/84 – ½ P 10.
 ◆ Eine familiäre Atmosphäre sowie behagliches Wohnen bilden die Basis für Ihren Besuch.
In Ihrem Domizil wartet ein engagiertes Team auf Sie. Café-Charakter prägt das Restaurant.

🏨 **Landgasthof Dorflinde**, Siegfriedstr. 14, ✉ 64689, ✆ (06207) 9 22 90,
Fax (06207) 922933, 🌳, 🚗 – 🛗 🅿 – 🔒 50, 💳
Menu à la carte 16/36 – **20 Zim** ⌂ 42/46 – 81/91 – ½ P 10.
 ◆ Die Zimmer Ihrer Herberge sind mit unterschiedlichem Inventar bestückt: teils in neu-
zeitlichem Naturholz, teils in sachlicher Variante - stets auf Ihre Erholung ausgerichtet.
Ländliche Gaststuben bilden ein gemütliches Umfeld.

🏨 **Marienhof** ⌂, Güttersbacher Str. 43, ✉ 64689, ✆ (06207) 60 90, marienhofhotel
@aol.com, Fax (06207) 60972, 🏋, ♨, 🚗, 🔲, 🚴 – 📞 🛗 🚗 🅿 – 🔒 20, 🎾
geschl. Jan. - Feb. – **Menu** (Restaurant nur für Hausgäste) – **24 Zim** ⌂ 43/68 – 86/110
– ½ P 15.
 ◆ Die Zimmer Ihres Domizils unterscheiden sich im Platzangebot - sie verfügen teils über
einen kleinen Wohnbereich. Alle Räume präsentieren sich mit gepflegtem Interieur.

In Grasellenbach-Tromm Süd-West : 7 km – Höhe 577 m :

🏨 **Zur schönen Aussicht** ⌂, Auf der Tromm 2, ✉ 64689, ✆ (06207) 33 10,
Fax (06207) 5023, ≤, 🌳, 🚴 – 🛗 🚗 🅿 – 🔒 20
geschl. Ende Nov. - 24. Dez. – **Menu** (geschl. Montag) à la carte 13/24,50 – **16 Zim** ⌂ 30
– 52/60 – ½ P 10.
 ◆ Sie haben ein behagliches Plätzchen gefunden, das Ihnen auf der Durchreise oder für
länger ein vorübergehendes Zuhause bietet - ein idealer Ausgangsort für schöne Ausflüge.

In Grasellenbach-Wahlen Süd : 2 km :

🏨 **Burg Waldau**, Volkerstr. 1, ✉ 64689, ✆ (06207) 94 50, Fax (06207) 945126, 🌳, Bier-
garten, 🚗, 🚴 – 📞, 🛗 Zim, 🛗 🅿 – 🔒 35, 🆎 ⚫ 💳 VISA
Menu (geschl. 7. - 18. Jan.) à la carte 16,50/30 – **31 Zim** ⌂ 52/65 – 82/133 – ½ P 10.
 ◆ In wohltuender, ländlicher Gegend beziehen Sie eines der neuzeitlich eingerichteten
Gäszimmer im Anbau oder alternativ eine etwas ältere Variante - beides solide bestückt.
Bürgerlich-schlichtes Restaurant.

GRASSAU Bayern 420 W 21 – 6 300 Ew – Höhe 537 m – Luftkurort.
🛈 Verkehrsamt, Kirchplatz 3, ✉ 83224, ✆ (08641) 69 79 60, Fax (08641) 6979616.
Berlin 681 – München 91 – Bad Reichenhall 49 – Traunstein 25 – Rosenheim 32.

🏨 **Hansbäck**, Kirchplatz 18, ✉ 83224, ✆ (08641) 40 50, hansbaeck@t-online.de,
Fax (08641) 40580, 🚗 – 📞 🛗 🅿 🆎 ⚫ 💳 VISA
Menu (geschl. Feb. - April, Dienstag) (nur Abendessen) à la carte 17/34 – **37 Zim** ⌂ 54/61
– 102 – ½ P 14.
 ◆ Hinter alpenländischer Fassade logieren Sie in wohnlichen Zimmern - meist in Eiche gehal-
ten und mit gutem Platzangebot. Lernen Sie bei Ausflügen ein Stück Oberbayern kennen.
Typisch bayerische Gastlichkeit umgibt Sie in dem rustikalen Restaurant.

🏨 **Sperrer**, Ortenburger Str. 5, ✉ 83224, ✆ (08641) 20 11, Fax (08641) 1881, Biergarten,
🚴, – 📞 🛗 🚗 🅿 – 🔒 30, 💳 VISA
geschl. April 1 Woche, Nov. – **Menu** (geschl. Montag) à la carte 9/20 – **34 Zim** ⌂ 36 –
61/72 – ½ P 9.
 ◆ Im Zentrum des Ortes finden Sie einen netten Gasthof für erholsame Tage - ein prak-
tisches und gepflegtes Quartier. Für mehr Komfort stehen Ihnen Appartements zur
Verfügung. Ländliches Restaurant.

GREDING
Bayern **419 420** S 18 – 7 200 Ew – Höhe 400 m – Erholungsort.

ℹ Kultur- u. Fremdenverkehrsamt, Marktplatz 13 (Rathaus), ✉ 91171, ℘ (08463) 9 04 20, tourist-info@greding.de, Fax (08463) 90450.

Berlin 476 – München 113 – Nürnberg 59 – Ingolstadt 39 – Regensburg 61.

Am Markt, Marktplatz 2, ✉ 91171, ℘ (08463) 6 42 70, hotel-am-markt-gmbh@online.de, Fax (08463) 6427200, 🌳, Biergarten – ⇌ Zim, 📺 📞 🅿. 🆎 ⓞ 🆎 VISA
Menu à la carte 12/26 – **43 Zim** ⇌ 37/47 – 51/69.
- Die Zimmer des Hauses unterscheiden sich in Zuschnitt und Art des Mobiliars. Mit sin voller Gestaltung wird diese Unterkunft Ihren Ansprüchen an eine zeitlose Bleibe gerech Eine ungezwungene Atmosphäre herrscht in den rustikalen Gasträumen.

GREFRATH
Nordrhein-Westfalen **417** L 3 – 14 000 Ew – Höhe 40 m.

Berlin 582 – Düsseldorf 48 – Krefeld 20 – Mönchengladbach 25 – Venlo 16.

Grefrather Hof (mit Gästehaus), Am Waldrand 1 (Nähe Eisstadion), ✉ 4792 ℘ (02158) 40 70, info@grefratherhof.de, Fax (02158) 407200, 🌳, ≘s, 🔲, ※ (Hall – |₿| 📺 📞 ⇌ 🅿 – 🎗 80. 🆎 ⓞ 🆎 VISA
Menu à la carte 24/37 – **80 Zim** ⇌ 74 – 99.
- Zimmer stehen dem Besucher in neuzeitlicher wie auch funktioneller Ausführung ode als kleinere Alternative im Gästehaus - ebenfalls solide gestaltet - zur Verfügung. Bacl steinwände zieren das Restaurant Bööscher Stuben.

GREIFSWALD
Mecklenburg-Vorpommern **416** D 23 – 54 000 Ew – Höhe 6 m.

Sehenswert : Marktplatz★ (Haus Nr. 11★) – Marienkirche★ (Kanzel★) – Dom St. Nikolai – Botanischer Garten★ – Klosterruine Eldena★ – Fischerdorf Wieck★ (Klappbrücke★).

ℹ Greifswald-Information, Rathaus am Markt, ✉ 17489, ℘ (03834) 52 13 80, greifswald information@t-online.de, Fax (03834) 521382.

Berlin 214 – Schwerin 178 – Rügen (Bergen) 60 – Rostock 103 – Stralsund 32 Neubrandenburg 67.

Greifswald, Hans-Beimler-Str. 1, ✉ 17491, ℘ (03834) 80 10, info@europa-greif wald.bestwestern.de, Fax (03834) 801100 – |₿|, ⇌ Zim, 📺 ᐊ 🅿 – 🎗 50. 🆎 ⓞ 🆎 VISA
Menu (nur Abendessen) à la carte 18,50/31 – **55 Zim** ⇌ 75/78 – 95/100.
- Hell und neuzeitlich präsentiert sich das Innenleben dieser funktionellen Herberge, di besonders Tagungsgäste und Gruppen schätzen. Günstig auch die zentrale Lage. In gepfleg ten, mit freundlichen Farben gestalteten Räumlichkeiten bittet man Sie zu Tisch.

Dorint, Am Gorzberg, ✉ 17489, ℘ (03834) 54 40, dorint-greifswald@t-online.de Fax (03834) 544444, 🌳, 🎿, ≘s – |₿|, ⇌ Zim, 📺 📞 ᐊ 🅿 – 🎗 120. 🆎 ⓞ 🆎 VISA
Menu (nur Abendessen) à la carte 15,40/33,50 – **113 Zim** ⇌ 85/105 – 105/125.
- Beziehen Sie Quartier in neuzeitlich sowie unaufdringlich gestaltetem Rahmen tagend oder ganz privat. Ein zeitgemäßes Inventar ergänzt die Annehmlichkeiten de: Hauses.

Parkhotel garni, Pappelallee 1, ✉ 17489, ℘ (03834) 87 40, parkhotel@medigreif.de Fax (03834) 874555 – |₿| 📺 📞 ᐊ 🅿 – 🎗 100. 🆎 ⓞ 🆎 VISA
71 Zim ⇌ 54/69 – 72/82.
- Die Zimmer des Hauses sind meist einheitlich eingerichtet, mit hellem Holzmobiliar bestückt. Diese gepflegte Unterkunft ermöglicht Ihnen erholsame Nächte.

Kronprinz, Lange Straße 22, ✉ 17489, ℘ (03834) 79 00, hotel-kronprinz@t-online.de Fax (03834) 790111 – |₿| ⇌ 📺 📞 🅿 – 🎗 40. 🆎 ⓞ 🆎 VISA
Menu à la carte 16/28 – **31 Zim** ⇌ 68/78 – 90/98.
- Das Hotel - bestehend aus Alt- und Neubau - ist im Zentrum der Stadt plaziert, nahe interessanter Ausflugsziele. Klassisches Mobiliar bestimmt das Innenleben des Hauses Typisch für die Brasserie : große Theke, Bistrobestuhlung und Messingdekor.

Galerie M garni, Mühlenstr. 10, ✉ 17489, ℘ (03834) 7 73 78 30, hotelgalerie@web.de Fax (03834) 7737831 – |₿| ⇌ 📺 📞 ᐊ ⇌ . 🆎 VISA
11 Zim ⇌ 75/80 – 80/95.
- Aktuelle Kunst durchzieht das kleine modern gestaltete Hotel - am Empfang, in den Gängen, im Café Galerie. Alle Zimmer des Hauses sind Künstlern gewidmet.

Alter Speicher, Roßmühlenstr. 25 (B 96), ✉ 17489, ℘ (03834) 7 77 00, Fax (03834) 777077, 🌳 – |₿|, ⇌ Zim, 📺 📞 🅿. 🆎 ⓞ 🆎 VISA
Menu à la carte 16/28 – **14 Zim** ⇌ 67/72 – 82.
- Das neu erbaute Haus mit bewegter Geschichte befindet sich am zentrumsnahen Museumshafen. Man beherbergt Sie in geschmackvollem Design - freundlich und neuzeit- lich. Das Restaurant : teils rustikal im Stil eines Pubs, teils als Wintergarten angelegt.

GREIFSWALD

In Greifswald-Wieck Ost : 4 km :

Ryck-Hotel, Rosenstr. 17b, ⊠ 17493, ℘ (03834) 8 33 00, Fax (03834) 833032, 🍴, ⇌, 🏊, – 📺 🅿 – 🔔 20. 🆗 VISA. ✄
Menu (Montag - Freitag nur Abendessen) à la carte 15/20 – **25 Zim** ⇌ 52/72 – 87/135.
♦ Sind Sie auf der Suche nach einem ruhigen Plätzchen in küstennaher Lage? Eine gepflegte Einrichtung in klassischer Machart unterstreicht den behaglichen Rahmen Ihrer Bleibe. In hellen, nett gestalteten Räumlichkeiten nehmen Sie Ihr Essen zu sich.

Maria, Dorfstr. 45a, ⊠ 17493, ℘ (03834) 84 14 26, info@hotel-maria.de, Fax (03834) 840136, 🍴 – 📺 🅿 🆗 VISA. ✄
Menu (Montag - Freitag nur Abendessen) à la carte 16/25 – **13 Zim** ⇌ 49 – 72.
♦ Das Haus am malerischen Greifswalder Bodden freut sich auf Ihren Besuch. Freundlich möblierte Zimmer schaffen die Basis für wohltuende Tage am Meer. Zeitlos eingerichtetes Restaurant.

In Neuenkirchen Nord : 2 km :

Stettiner Hof, Theodor-Körner-Str. 20, ⊠ 17498, ℘ (03834) 89 96 24, Fax (03834) 899627, 🍴, 🍴 – 📺 & 🅿 – 🔔 20. 🆎 ① 🆗 VISA
Menu (Montag - Freitag nur Abendessen) à la carte 15/24 – **23 Zim** ⇌ 62 – 77/82.
♦ Die Zimmer des hübschen Klinkerhauses zeigen sich in neuzeitlicher Aufmachung. Auf der Anlage können Sie restaurierte Maschinen aus den Anfängen des 20. Jh. bestaunen. Das Restaurant ist mit vielen Pflanzen und Bildern im Bistrostil aufgemacht.

In Mesekenhagen Nord-West : 6 km :

Terner garni, Greifswalder Str. 40, ⊠ 17498, ℘ (038351) 55 40, Fax (038351) 554433, 🍴 – ✄ 📺 ℭ 🅿 🆎 ① 🆗 VISA JCB. ✄
20. März – Okt. – **14 Zim** ⇌ 59/69 – 90/98.
♦ Die Gemächer dieses gepflegten Landhauses sind einheitlich ausgestattet - in unterschiedlichen, stets angenehmen Farben gehalten. Wohltuendes Logieren ist Ihnen hier gewiß.

GREIZ Thüringen 408 O 20 – 27 400 Ew – Höhe 325 m.

🛈 Greiz-Information, Burgplatz 12, ⊠ 07973, ℘ (03661) 68 98 15, fva@greiz.de, Fax (03661) 703291.
Berlin 277 – Erfurt 111 – Gera 30 – Plauen 24 – Zwickau 27.

Schloßberg Hotel M garni, Marienstr. 1, ⊠ 07973, ℘ (03661) 62 21 23, gwc@schlossberghotel-greiz.de, Fax (03661) 622166 – 🛗 ✄ 📺 ℭ & ⇌ – 🔔 80. 🆎 🆗 VISA
33 Zim ⇌ 46 – 72, 5 Suiten.
♦ Sie wohnen in einem Etagenhotel im Zentrum der Stadt. Zeitgemäß eingerichtete Zimmer bieten den Gästen die Funktionalität, die sie sich von ihrer Unterkunft wünschen.

In Greiz-Untergrochlitz Süd-West : 3 km :

Am Wald, Untergrochlitzer Str. 8, ⊠ 07973, ℘ (03661) 67 08 03, Fax (03661) 670805, 🍴 – ✄ Zim, 📺 🅿 🆗
geschl. 1. - 5. Jan. – **Menu** (geschl. Freitag - Sonntag) (nur Abendessen) (Restaurant nur für Hausgäste) – **13 Zim** ⇌ 39/45 – 52/60.
♦ Helles Naturholzmobiliar gestaltet die Zimmer dieser kleinen und gepflegten Adresse. Die dörfliche Lage am Waldrand und ein engagiertes Team runden Ihren Aufenthalt ab.

In Mohlsdorf Nord-Ost : 4 km :

Gudd M, Raasdorfer Str. 2, ⊠ 07987, ℘ (03661) 43 00 25, hotel-gudd@t-online.de, Fax (03661) 430027, 🍴, 🍴 – ✄ Zim, 📺 ℭ ⇌ 🅿 – 🔔 30. 🆎 🆗 VISA
Menu (geschl. Montagmittag) à la carte 13/25 – **15 Zim** ⇌ 45 – 67.
♦ Schätzen Sie ein behagliches Ambiente? Nette Räume - teils mit großen Fenstern versehen - stellen für Tagende wie auch für Privatreisende eine solide Beherbergung dar. Eine Terrasse zur Wiese hin ergänzt das freundliche Restaurant um einige nette Plätze.

GREMSDORF Bayern siehe Höchstadt an der Aisch.

GRENZACH-WYHLEN Baden-Württemberg **419** X 7 – 13 200 Ew – Höhe 272 m.
Berlin 868 – Stuttgart 271 – Freiburg im Breisgau 87 – Bad Säckingen 25 – Basel 6.

Im Ortsteil Grenzach :

🏠 **Eckert**, Basler Str. 20, ✉ 79639, ✆ (07624) 9 17 20, hotel-eckert@t-online.d
Fax (07624) 2414, 🍴 – 🛗 📺 🚗 🅿 ⚜ VISA
Menu (geschl. 27. Dez. - 5. Jan., Juni 2 Wochen, Donnerstagabend - Samstagmittag)(Tisch
bestellung ratsam) 26 à la carte 27/42 – **29 Zim** ⫷ 58/61 – 89/95.
   ◆ Im rückwärtigen Teil des Hauses steht ein Quartier für Sie bereit. Die meisten Zimme
sind praktisch eingerichtet, einige sind mit modernem Mobiliar bestückt. In gediegene
Räumlichkeiten bittet man Sie zu Tisch.

✕ **Waldhorn** mit Zim, Hörnle 70 (am Grenzübergang), ✉ 79639, ✆ (07624) 9 17 6
Fax (07624) 917615, 🍴 – 📺 🅿
Menu (geschl. Sonntagabend - Montag) (österreichische Küche) à la carte 21/32 – **4 Zi**
⫷ 40 – 70.
   ◆ Das modernisierte 250-jährige Stadthaus liegt direkt an der deutsch
schweizerischen Grenze. Mit seinem schlichten Innenleben erinnert das Restaurant an e
typisches "Beizli".

GREVEN Nordrhein-Westfalen **417** J 6 – 33 000 Ew – Höhe 52 m.
  ⛳ Greven, Aldruper Oberesch 12 (Süd : 3 km), ✆ (02571) 9 70 95.
  🎫 Verkehrsverein, Alte Münsterstr. 23, ✉ 48268, ✆ (02571) 92 17 80, verkehrsvere.
@greven.net, Fax (02571) 55234.
Berlin 465 – Düsseldorf 141 – Nordhorn 76 – Enschede 59 – Münster (Westfalen) 20
Osnabrück 43.

🏨 **Kroner Heide** (mit Gästehaus), Kroner Heide 5 (Ost : 1,5 km), ✉ 48268, ✆ (0257
9 39 60, info@kronerheide.de, Fax (02571) 939666 – ⇔ Zim, 📺 🚗 🅿 – 🔔 30. ⚜
VISA
Menu (geschl. Sonntag) (nur Abendessen) (Restaurant nur für Hausgäste) – **35 Zim**
⫷ 58/67 – 82/92.
   ◆ In recht ruhiger Lage etwas außerhalb der Stadt erwartet Sie eine Mischung aus rustikale
Gemütlichkeit und modernem Komfort - entstanden aus einem ehemaligen Bauernhof

🏨 **Eichenhof**, Hansaring 70, ✉ 48268, ✆ (02571) 5 20 07, m-denk@t-online.de
Fax (02571) 52000, 🍴 – 📺 ⚜ 🅿 – 🔔 25. 🆎 ⓞ ⚜ VISA
Menu (geschl. Samstagmittag, Sonntag) (Tischbestellung ratsam) à la carte 16/29 – **29 Zim**
⫷ 60 – 85.
   ◆ Der historische Hof dient mit neuem Innenleben als vorübergehender Wohnsitz
Solides Holzmobiliar und ein freundliches Ambiente gehören zu den Annehmlichkeiten de
Räume. Eine gepflegte Einrichtung und rustikaler Charme prägen den Charakter de
Restaurants.

🏠 **Wermelt**, Nordwalder Str. 160 (West : 3,5 km), ✉ 48268, ✆ (02571) 92 70, hote
wermelt@t-online.de, Fax (02571) 927152 – 📺 🅿 🆎 ⓞ ⚜ VISA
Menu (wochentags nur Abendessen) à la carte 14/30 – **28 Zim** ⫷ 43/48 – 65.
   ◆ Das Klinkerhaus beschert Ihnen unbeschwerte Tage in einer gepflegten Unterkunft. Di
Funktionalität der Zimmer trägt zum Wohlbefinden der Gäste bei. Das Restaurant : mehr
fach unterteilt und rustikal in der Einrichtung.

✕ **Altdeutsche Gaststätte Wauligmann**, Schifffahrter Damm 22 (Süd-Ost : 4 km)
✉ 48268, ✆ (02571) 23 88, Fax (02571) 4500, 🍴 – 🅿 – 🔔 30. ⚜ VISA
geschl. 4. - 26. Aug., 23. - 31. Dez., Montag - Dienstag – **Menu** à la carte 14,50/33.
   ◆ Hinter historischer Klinker-Fachwerk-Fassade lernen Sie westfälische Spezialitäten ken
nen. Der altdeutsche Stil des Restaurants schafft eine gemütliche Atmosphäre.

In Greven-Gimbte Süd : 4,5 km :

🏠 **Schraeder** (mit Gästehaus), Dorfstr. 29, ✉ 48268, ✆ (02571) 92 20
Fax (02571) 92257, 🍴 – 📺 🚗 🅿 – 🔔 25. ⚜ VISA
Menu (geschl. Sonntagabend - Montagmittag) à la carte 14/36 ♀ – **30 Zim** ⫷ 43/45 –
70/75.
   ◆ In dem idyllischen Dörfchen wartet eine Herberge in regionstypischer Bauweise auf Ihre
Besuch. Helle oder dunkle Eiche gestaltet die Zimmer des familiär geführten Betriebs. Ein
schlichter, rustikaler Stil bestimmt das Interieur des Restaurants.

✕✕ **Altdeutsche Schänke**, Dorfstr. 18, ✉ 48268, ✆ (02571) 22 61,
Fax (02571) 800028, 🍴 – 🅿 🆎 ⚜ VISA
geschl. Mitte - Ende Feb., Ende Juli - Anfang Aug., Dienstag – **Menu** à la carte 13/35.
   ◆ Liebe zum Detail kennzeichnet die Räume : Bleiverglasung, viele Unikate und
Eichenholz zeugen von der langen Tradition des alten Bauernhofs a. d. 17. Jh. Bürgerliche
Küche.

GREVENBROICH
Nordrhein-Westfalen **417** M 3 – 62 000 Ew – Höhe 60 m.

Ausflugsziel : Schloß Dyck★ Nord : 7 km.

🇹 Grevenbroich, Zur Mühlenerft 1 (Süd-Ost : 2 km), ℰ (02181) 28 06 37.

Berlin 581 – Düsseldorf 28 – Aachen 59 – Köln 31 – Mönchengladbach 26.

Montanushof garni, Montanusstr. 100, ✉ 41515, ℰ (02181) 60 90, hotel-montanushof@t-online.de, Fax (02181) 609600 – 📶, ⇔ Zim, 📺 ⇔ – 🛋 120. 🆎 ⓘ ⓜ 💳. ※ Rest

114 Zim 🍴 95/130 – 130/150.

◆ Die neuzeitliche Möblierung, eine gute technische Ausstattung und die Nähe zum Stadtzentrum gehören zu den Annehmlichkeiten. Ideale Adresse für Tagungsgäste und Reisende.

Sonderfeld garni, Bahnhofsvorplatz 6, ✉ 41515, ℰ (02181) 2 27 20, hotel-sonderfeld@t-online.de, Fax (02181) 61122 – 📶 ⇔ 📺 📞 🅿 – 🛋 60. 🆎 ⓜ 💳
geschl. 22. Dez. - 5. Jan., 26. Juli - 10. Aug. – **46 Zim** 🍴 60/95 – 115/135.

◆ Mit seinen renovierten Zimmern stellt dieses Haus ein gepflegtes Domizil dar, gekennzeichnet durch solides Mobiliar und Funktionalität - ganz im Sinne des Gastes.

ⅩⅩⅩⅩⅩ **Zur Traube** (Kaufmann) mit Zim, Bahnstr. 47, ✉ 41515, ℰ (02181) 6 87 67, zurtraube-grevenbroich@t-online.de, Fax (02181) 61122 – 📺 📞 ⓜ 💳 . ※ Zim
ⅩⅩ geschl. 23. Dez. - 13. Jan., 15. - 29. April, 22. Juli - 12. Aug. – **Menu** (geschl. Sonntag - Montag) (Tischbestellung erforderlich, bemerkenswerte Weinkarte) 48 (mittags)/108 à la carte 64/98 ⓅⓈ – **6 Zim** 🍴 118/190 – 148/255.

◆ Das klassisch-elegante Ambiente im Stil der großen Gourmet-Tempel wird Ihnen gefallen. Geschult serviert man Ihnen Ihr Mahl, mit Finesse aus erlesenen Produkten zubereitet.
Spez. Variation von der Wachtel mit Apfelconfit. Taubenbrüstchen im Spitzkohlblatt mit Gänseleber und Trüffeljus. Charlotte von der Passionsfrucht mit marinierten Himbeeren.

In Grevenbroich-Kapellen Nord-Ost : 6 km :

ⅩⅩ **Drei Könige** mit Zim, Neusser Str. 49, ✉ 41516, ℰ (02182) 27 84, info@dreikoenige.de, Fax (02182) 2784, 🍴, ⇔ Zim, 📺 🅿 🆎 ⓜ 💳. ※ Zim
geschl. über Karneval 2 Wochen – **Menu** (geschl. Samstagmittag, Montag) à la carte 38/50 – **6 Zim** 🍴 76 – 101/116.

◆ Die Kombination von rustikalen und klassischen Elementen verschafft dem Restaurant ein attraktives Interieur. Ein anspruchsvolles Angebot sorgt für genußvolle Stunden.

GREVESMÜHLEN
Mecklenburg-Vorpommern **415 416** E 17 – 11 000 Ew – Höhe 50 m.

Berlin 235 – Schwerin 32 – Lübeck 37 – Wismar 21.

Am See 🅼, Klützer Str. 17a, ✉ 23936, ℰ (03881) 72 70, ringhotel.am.see@t-online.de, Fax (03881) 727100, 🍴, ⇔, – 📶, ⇔ Zim, 📺 📞 ♿ 🅿 – 🛋 30. 🆎 ⓘ ⓜ 💳
Menu à la carte 12/23,50 – **28 Zim** 🍴 61 – 87.

◆ Moderne Gästezimmer - in einheitlichem Stil möbliert - werden Ihren Ansprüchen an eine funktionell ausgestattete Unterkunft gerecht. Die Nähe der Ostsee spricht für sich. Rattan-Polsterstühle und hübsche Farben prägen das Innenleben des Restaurants.

GRIESBACH IM ROTTAL
Bayern **420** U 23 – 8 500 Ew – Höhe 525 m – Luftkurort – Thermalbad.

🇹 Brunnwies (Nord-West : 6 km), ℰ (08535) 9 60 10 ; 🇹 Lederbach (Nord-West : 3 km), ℰ (08532) 31 35 ; 🇹 Uttlau (Nord-West : 5 km), ℰ (08532) 1 89 49 ; 🇹 Sagmühle (Süd : 6 km), ℰ (08532) 20 38.

🅱 Kurverwaltung, Stadtplatz 1, ✉ 94086, ℰ (08532) 7 92 40, info@badgriesbach.de, Fax (08532) 7614.

Berlin 606 – München 153 – Passau 38 – Landshut 95 – Salzburg 116.

Columbia 🅼, Passauer Str. 39a, ✉ 94086, ℰ (08532) 30 90, griesbach@columbia-hotels.de, Fax (08532) 309154, 🍴, Massage, ♨, ℐ, ⇔, 🔲 (geheizt), 🔲 (Thermal), 🎿 – 📶 📺 ⇔ 🅿 – 🛋 100. 🆎 ⓜ 💳. ※ Rest
Menu à la carte 22/33 – **115 Zim** 🍴 112/127 – 194/224 – ½ P 24.

◆ Die große Hotelanlage ist äußerlich wie auch im Inneren reizvoll gestaltet. Neuzeitlich eingerichtete Gemächer sorgen für Wohnlichkeit und Behagen während Ihres Aufenthalts. Klassisches Ambiente mit einem Hauch Eleganz umgibt Sie beim Besuch des Restaurants.

In Bad Griesbach Süd : 3 km :

Maximilian 🅼, Kurallee 1, ✉ 94086, ℰ (08532) 79 50, maximilian@hartl.de, Fax (08532) 795151, 🍴, Massage, ♨, ℐ, ⇔, 🔲 (geheizt), 🔲 (Thermal), 🎿 – 📶 ⇔,
🍴 Rest, 📺 📞 ♿ 🚷 ⇔ – 🛋 140. 🆎 ⓘ ⓜ 💳 🆑 . ※
Menu à la carte 33/48 – **229 Zim** 🍴 112/127 – 194/224, 15 Suiten – ½ P 25.

◆ Sie betreten Ihre Residenz durch die großzügige Hotelhalle mit aufwendigem Interieur. Komfortables Logieren erwartet Sie in freundlichen Zimmern verschiedener Kategorien. Die Maximilianstuben und das Ferrara bilden den eleganten gastronomischen Bereich.

GRIESBACH IM ROTTAL

St. Wolfgang M, Ludwigspromenade 6, ⌂ 94086, ℰ (08532) 98 00, badgries
ach@asklepios.com, Fax (08532) 980635, 🍽, Massage, 🛁, ♨, ⇌, ⚞ (geheizt
☐) (Thermal), ☒ - ⚞, 🛏 Rest, 📺 📞 🚗 - 🚘 70. AE ① ⓜ VISA. ⚞
Menu à la carte 20/30 – **181 Zim** ⚞ 87/102 – 174, 8 Suiten – ½ P 18.
  ♦ Die Zimmer Ihrer attraktiven Behausung überzeugen mit neuzeitlichem Mobiliar, Behaglichkeit und guter Technik - für Tagende sowie privat Reisende eine ansprechende Adresse. Mehrfach unterteiltes Restaurant - in Stil und Farben unterschiedlich gestaltet.

König Ludwig ⚞, Am Kurwald 2, ⌂ 94086, ℰ (08532) 79 90, koenig-ludwig@hartl.de
Fax (08532) 799799, 🍽, Massage, ♨, 🛁, ⇌, ⚞ (Thermal), ☐ (Thermal), 🎾, 🍴 (Halle
- 📶, ⚞ Zim, 📺 🚗 - 🚘 140. AE ① ⓜ VISA. ⚞ Rest
Alois Stub'n : (geschl. Montag) (nur Abendessen) **Menu** à la carte 29/42,50 – **Zum
Heurigen** : **Menu** 21 (nur Buffet) – **182 Zim** (nur ½ P) 126/136 – 232/252.
  ♦ Diese großzügig angelegte Hotelanlage ist der richtige Ort für eine Auszeit : die Zimmer verwöhnen Sie mit einem guten Platzangebot und mit einer stilvollen Einrichtung. Schmuckstück des Hauses : die Alois Stub'n. Eine rustikale Alternative : Zum Heurigen.

Parkhotel ⚞, Am Kurwald 10, ⌂ 94086, ℰ (08532) 2 80, parkhotel@hartl.de
Fax (08532) 28204, 🍽, Massage, ♨, 🛁, ⇌, ⚞ (geheizt), ☐ (Thermal), 🎾, 🍴 - 📶
⚞ 📺 🚗 - 🚘. AE ① ⓜ VISA. ⚞ Rest
Menu à la carte 28/44 – **159 Zim** ⚞ 101/120 – 172/210, 5 Suiten – ½ P 18.
  ♦ Erholsame Tage und Nächte gewährt Ihnen dieses Haus am Ortsrand. Die Räume Ihres Refugiums präsentieren sich meist in hellem Naturholz - stets sehr gepflegt. Freizeitbereich. In klassisch-elegantem Umfeld lernen Sie den Geschmack Italiens kennen.

Fürstenhof ⚞, Thermalbadstr. 28, ⌂ 94086, ℰ (08532) 98 10, fuerstenhof@
hartl.de, Fax (08532) 981135, 🍽, Massage, ♨, 🛁, ⇌, ⚞ (geheizt), ☐ (Thermal), 🎾
- 📶 ⚞ 📺 📞 🚗. AE ① ⓜ VISA
Menu à la carte 27/39 – **148 Zim** ⚞ 79/107 – 148/164, 8 Suiten – ½ P 15.
  ♦ Hier sind Ihnen die Annehmlichkeiten einer wohnlichen Unterkunft gewiß : teils rustikale, teils mit klassischen Stilmöbeln bestückte Zimmer sowie ein guter Freizeitbereich. In mehreren Stuben - von stilvoll bis bewußt ländlich - bittet man den Gast zu Tisch.

Drei Quellen Therme ⚞, Thermalbadstr. 3, ⌂ 94086, ℰ (08532) 79 80, info@
hotel-dreiquellen.de, Fax (08532) 7947, 🍽, Massage, 🛁, direkter Zugang zur Therme
⇌, 🎾 - 📶 ⚞ 📺 📞 🚗. AE ① ⓜ VISA. ⚞ Rest
Menu à la carte 17/28 – **101 Zim** ⚞ 86/101 – 130/144, 5 Suiten – ½ P 8.
  ♦ Wo einfaches Übernachten zu Wohnen wird, verweilt man gerne : eine Kombination von bayerischem Landhausstil und neuzeitlichem Komfort prägt das Interieur Ihres Domizils. Räumlichkeiten mit leicht mediterranem Touch laden zu gemütlichem Verweilen ein.

In Griesbach-Schwaim Süd : 4 km :

Gutshof Sagmühle ⚞, Am Golfplatz 1, ⌂ 94086 Bad Griesbach, ℰ (08532) 9 61 40,
gutshof-sagmuehle@hartl.de, Fax (08532) 3435, 🍽 - ⚞ Zim, 📺 📞 - 🚘 30. AE ① ⓜ
VISA. ⚞ Zim
geschl. 1. Jan. - 6. Feb., 15. Nov. - 10. Dez. – **Menu** (geschl. Feb. - Mitte März Montag - Mittwoch) à la carte 20/31 – **22 Zim** ⚞ 67/89 – 104/134.
  ♦ Das attraktive Äußere des Hotels wird ergänzt durch die schöne Lage - direkt am Golfplatz. Eine farbenfrohe Einrichtung macht die Gemächer Ihres vorübergehenden Heims aus. Nicht nur Golfer heißt man in den bahaglichen Gasträumen willkommen.

GRIESHEIM Hessen 417 419 Q 9 – 21 400 Ew – Höhe 145 m.
🛫 Riedstadt-Leeheim, Hof Hayna (West : 6 km), ℰ (06158) 74 73 85.
Berlin 573 – Wiesbaden 43 – *Frankfurt am Main* 40 – Darmstadt 7.

Prinz Heinrich ⚞, Am Schwimmbad 12, ⌂ 64347, ℰ (06155) 6 00 90, hotelph@
aol.com, Fax (06155) 6009288, 🍽, ⇌ - 📶, ⚞ Zim, 📺 🚗 📞 - 🚘 30. AE ① ⓜ VISA
JCB
geschl. 27. Dez. - 1. Jan. – **Menu** (geschl. Samstagmittag) à la carte 17/30 – **80 Zim**
⚞ 58/73 – 86/92.
  ♦ Auf der Suche nach einem Quartier finden Reisende in diesem Haus eine funktionelle wie auch wohnliche Bleibe. Ein ländlicher Stil bestimmt den Charakter der Gästezimmer. Holzdecke und Kachelofen schaffen im Restaurant eine rustikale Atmosphäre.

Achat M garni, Flughafenstr. 2, ⌂ 64347, ℰ (06155) 88 20, darmstadt@achat-
hotel.de, Fax (06155) 882999, 🍽 - 📶 ⚞ 📺 📞 🚗 📞 - 🚘 20. AE ① ⓜ VISA JCB
⚞ 11 **101 Zim** 84/134 – 94/144.
  ♦ Ob Sie diese Adresse als Tagungsgast oder ganz privat besuchen - man stellt Ihnen stets praktische Räume als Basis für einen unbeschwerten Aufenthalt zu Verfügung.

Café Nothnagel garni, Wilhelm-Leuschner-Str. 67, ⌂ 64347, ℰ (06155) 8 37 00, info
@hotel-nothnagel.de, Fax (06155) 4034, ⇌, ☐ - 📶 📺 📞 - 🚘 15. AE ⓜ VISA JCB
31 Zim ⚞ 50/70 – 75/95.
  ♦ Die Räume Ihrer Herberge halten stets ein solides Inventar für Sie bereit - unterschiedlich möbliert, zeigen sich die Gästezimmer mal in heller Eiche, mal ganz in Weiß.

GRIMMA Sachsen 418 M 22 – 20 000 Ew – Höhe 135 m.
🛈 Fremdenverkehrsamt, Markt 23, ✉ 04668, ℰ (03437) 9 85 82 85, Fax (03437) 945722.
Berlin 214 – Dresden 84 – Leipzig 36.

In Grimma-Höfgen Süd-Ost : 6 km :

Zur Schiffsmühle ⌂, Zur Schiffsmühle 2, ✉ 04668, ℰ (03437) 7 60 20, info@hotel-zur-schiffsmuehle.de, Fax (03437) 910287, 🏡, ⇌ – 🏊 150. AE ⓪ ⓜ VISA
Menu à la carte 12/27 – **31 Zim** ⌧ 48/75 – 75/100.
♦ Außerhalb an einem Waldstück gelegen, lässt Sie dieses idyllische Fleckchen zur Ruhe kommen. Das zeitgemäße Interieur Ihres Domizils überzeugt Sie mit Funktionalität. Ländlicher Charme umgibt Sie beim Verweilen im Restaurant.

GRIMMEN Mecklenburg-Vorpommern 416 D 23 – 13 500 Ew – Höhe 15 m.
Berlin 219 – Schwerin 161 – Rügen (Bergen) 57 – Neubrandenburg 77 – Rostock 70 – Stralsund 26 – Greifswald 26.

Grimmener Hof M, Friedrichstr. 50, ✉ 18507, ℰ (038326) 5 50, gh@info-mv.de, Fax (038326) 55400 – 📶, ⇌ Zim, 📺 ⚙ 🄿 AE ⓪ ⓜ VISA
Menu (geschl. Samstag - Sonntag, Feiertage) (nur Abendessen) à la carte 13,50/17,50 – **38 Zim** ⌧ 67 – 82.
♦ Die Zimmer Ihrer Bleibe sind im Stil einheitlich gehalten. Die Annehmlichkeiten der neuzeitlichen Ausstattung schätzen Gäste für private wie auch geschäftliche Zwecke. Eine unaufdringliche, zeitgemäße Einrichtung gibt dem Restaurant seinen Bistro-Charakter.

GRÖBENZELL Bayern 419 420 V 18 – 18 400 Ew – Höhe 507 m.
Berlin 589 – München 24 – Augsburg 54 – Dachau 14.

Zur Alten Schule, Rathausstr. 3, ✉ 82194, ℰ (08142) 50 46 60, Fax (08142) 504662, Biergarten
geschl. Montag – **Menu** à la carte 21/31.
♦ Das Interieur des 1924 erbauten Hauses erinnert stark an seine Vergangenheit als Schule : blanke Tische und allerlei alte Schulutensilien zieren das Restaurant.

GRÖDITZ Sachsen 418 L 24 – 10 100 Ew – Höhe 95 m.
Berlin 175 – Dresden 52 – Cottbus 89 – Leipzig 92 – Potsdam 133.

Spanischer Hof, Hauptstr. 15a, ✉ 01609, ℰ (035263) 4 40, info@spanischer-hof.de, Fax (035263) 44444, 🏡, ⇌ – 📶, ⇌ Zim, 📺 ⚙ ⓖ 🄿 – 🏊 80. AE ⓪ ⓜ VISA
Menu (Montag - Freitag nur Abendessen) à la carte 15/32 – **47 Zim** ⌧ 53/73 – 88/103.
♦ Im Stil eines spanischen Landsitzes erbaut, schafft diese großzügige Anlage ein behagliches Umfeld für komfortables Wohnen – südländische Elemente finden sich überall. Bodega, Orangerie und El Dorado versprühen spanisch-mediterranes Flair.

GRÖMITZ Schleswig-Holstein 415 416 D 16 – 7 500 Ew – Höhe 10 m – Seeheilbad.
🏌 18 Grömitz, Am Schoor 46, ℰ (04562) 22 26 50.
🛈 Tourismus-Service, Kurpromenade 58, ✉ 23743, ℰ (04562) 25 62 55, Fax (04562) 256246.
Berlin 309 – Kiel 72 – Lübeck 54 – Neustadt in Holstein 12 – Oldenburg in Holstein 21.

Strandidyll ⌂, Uferstr. 26, ✉ 23743, ℰ (04562) 18 90, info@strandidyll.de, Fax (04562) 18989, ≤ Ostsee, 🏡, ⇌, 🅿 – 📶 📺 🄿 ⓜ VISA. ⇌ Zim
geschl. Anfang Nov. - Mitte Dez. – **Menu** à la carte 19/35 – ⌧ 11 – **31 Zim** 67/95 – 83/115, 5 Suiten – ½ P 16.
♦ Mit modern eingerichteten Zimmern - oder wahlweise Suiten mit kleinem Wohnbereich - bietet man Ihnen hier ein Zuhause auf Zeit mit direktem Zugang zu Strand und Meer. Die große Fensterfront im Restaurant gewährt Ihnen einen schönen Blick auf die Ostsee.

Villa am Meer ⌂, Seeweg 6, ✉ 23743, ℰ (04562) 25 50, info@villa-am-meer.de, Fax (04562) 255299, 🏡, ⇌ – 📶 📺 🄿 AE ⓜ VISA. ⇌ Rest
Ostern - Mitte Okt. – **Menu** à la carte 15/30,50 – **33 Zim** ⌧ 57/92 – 114/132, 3 Suiten.
♦ Hinter der Promenade erwartet Sie ein nettes Plätzchen für geruhsame Tage. Sinnvoll gestaltete Gästezimmer - teils mit Balkon - tragen zu Ihrem Wohlbefinden bei.

Pinguin, Christian-Westphal-Str. 52, ✉ 23743, ℰ (04562) 2 20 70, Fax (04562) 220733, ⇌ – 📺 ⇌
geschl. 6. Jan. - 9. März – **La Marée** (geschl. Montag) (wochentags nur Abendessen) **Menu** à la carte 31/42 – **20 Zim** ⌧ 49/80 – 85/120 – ½ P 20.
♦ Hier sorgt man mit Engagement für einen erholsamen Aufenthalt der Gäste. Gut eingerichtet, präsentieren sich die Zimmer des Hauses als gepflegte Unterkunft. Hell und leicht elegant gestaltet : das La Marée.

RÖMITZ

- **See-Deich**, Blankwasserweg 6, ⊠ 23743, ℰ (04562) 26 80, info@hotel-seedeich.de
  Fax (04562) 268200 – 📺 🅿 🚭 Zim
  geschl. 10. Jan. - 20. Feb. – **Menu** (geschl. Dienstag) à la carte 20,50/30,50 – **25 Zir**
  ⇌ 45/50 – 90/95.
  • Die sympathische Adresse hinter dem Deich lädt Reisende zum Verweilen ein. Man beher
  bergt Sie in praktisch gestalteten Räumen, mit hellem Naturholz bestückt. Das Restaurar
  ist unterteilt : teils rustikal, teils neuzeitlicher mit Steinfußboden und Kachelofen.

GRONAU IN WESTFALEN Nordrhein-Westfalen **417** J 5 – 46 000 Ew – Höhe 40 m.

🛈 Touristik-Service, Konrad-Adenauer-Str. 45, ⊠ 48599, ℰ (02562) 9 90 06, Fax (02562
99008.
Berlin 509 – Düsseldorf 133 – Nordhorn 35 – Enschede 10 – Münster (Westfalen) 54
Osnabrück 81.

- **Driland** mit Zim, Gildehauser Str. 350 (Nord-Ost : 4,5 km), ⊠ 48599, ℰ (02562) 36 00
  team@driland.de, Fax (02562) 4147, 😐 – 📺 🅿 – 🔒 40. 🆎 ⓞ ⓜⓞ VISA
  Menu (geschl. Dienstag) à la carte 20/34 – **8 Zim** ⇌ 52/60 – 94.
  • Sie haben die Wahl : das Restaurant ist teils mit dunklem Mobiliar rustikal, teil
  im altdeutschen Stil mit hübschen Polsterstühlen eingerichtet.

In Gronau-Epe Süd : 3,5 km :

- **Schepers**, Ahauser Str. 1, ⊠ 48599, ℰ (02565) 9 33 20, team@hotel-schepers.de
  Fax (02565) 99325, 😐 🚭 – 🔔, 📺 🚭 Zim, 📺 🅿 – 🔒 20. 🆎 ⓜⓞ VISA
  Menu (geschl. Samstagmittag) à la carte 25/37 – **40 Zim** ⇌ 45/70 – 75/90.
  • Die Zimmer Ihres Refugiums sind teils im Altbau - mit klassizistischer Fassade - teils in
  neueren Anbau untergebracht. Sie residieren stets in wohnlichen Gemächern. Ein klassi
  sches Ambiente mit eleganter Note umgibt Sie beim Speisen.

- **Ammertmann**, Nienborger Str. 23, ⊠ 48599, ℰ (02565) 9 33 70, ammertmann@
  online.de, Fax (02565) 933755, 😐 🚭 – 📺 🚭 🅿 – 🔒 30. 🆎 ⓞ ⓜⓞ VISA
  Menu (geschl. Sonntagabend) à la carte 14,50/31,50 – **23 Zim** ⇌ 40/70 – 68/75.
  • Einer langen Familientradition folgend, stehen Gast und Gastlichkeit hier im Mittelpunkt
  Ob für eine Nacht oder für einige Tage - Ihr Quartier sorgt für eine behagliche Zeit.

- **Heidehof**, Amtsvenn 2 (West : 4 km, Richtung Alstätte), ⊠ 48599, ℰ (02565) 13 30
  team@restaurant-heidehof.de, Fax (02565) 3073, 😐 – 🅿 – 🔒 60. 🆎 ⓞ ⓜⓞ VISA.
  geschl. 14. - 28. Feb., Juli - Aug. 2 Wochen, Montag – **Menu** à la carte 24/40.
  • Schon das hübsche Äußere des regionstypischen Klinkerhauses mit Reetdach und weißer
  Fensterläden wirkt einladend. Im gepflegten Inneren reicht man eine ansprechende Karte

GROSS GRÖNAU Schleswig-Holstein 415 E 16 – 4 000 Ew – Höhe 16 m.
Berlin 270 – Kiel 85 – Lübeck 8 – Schwerin 74 – Hamburg 76.

- **Forsthaus St. Hubertus**, St. Hubertus 1, ⊠ 23627, ℰ (04509) 87 78 77
  restaurant@forsthaus-st-hubertus.de, Fax (04509) 2461 – 🅿. 🆎 ⓞ ⓜⓞ VISA JCB
  geschl. Dienstag – **Menu** à la carte 23/38.
  • Hinter der renovierten Fassade des Gasthauses stehen Räumlichkeiten in bürgerlich-
  rustikaler Aufmachung bereit, in denen Sie an einem gut eingedeckten Tisch Platz nehmen.

GROSSALMERODE Hessen **417 418** M 13 – 8 000 Ew – Höhe 354 m – Erholungsort.
Berlin 379 – Wiesbaden 255 – Kassel 24 – Göttingen 39.

- **Pempel**, In den Steinen 7, ⊠ 37247, ℰ (05604) 9 34 60, info@pempel.de,
  Fax (05604) 934621 – 🚭 Zim, 📺 🚭 🅿 – 🔒 25. ⓜⓞ VISA, 🚭 Zim
  geschl. 1. - 16. Jan. – **Menu** (geschl. Samstagmittag, Sonntagabend) à la carte 17/41 –
  9 Zim ⇌ 35/40 – 70.
  • Das kleine Stadthaus stellt vorübergehend Ihr Zuhause dar. Mit zeitgemäßer wie auch
  funktioneller Einrichtung möchte man die Basis für einen ungezwungenen Aufenthalt
  schaffen. Bürgerlich-rustikaler Restaurantbereich.

GROSSBEEREN Brandenburg **416 418** I 23 – 2 500 Ew – Höhe 40 m.
Berlin 20 – Potsdam 21.

- **Großbeeren** 🅼 garni, Dorfaue 9, ⊠ 14979, ℰ (033701) 7 70, ringhotel_gross
  beeren@t-online.de, Fax (033701) 77100 – 🔔, 🚭 Zim, 📺 🚭 🅿 – 🔒 80. 🆎 ⓞ ⓜⓞ VISA
  46 Zim ⇌ 65/70 – 80/87, 3 Suiten.
  • Geschäftlich wie auch privat Reisende sind hier gleichermaßen willkommen. Funktionalität
  und ein gepflegtes Ambiente kennzeichnen Ihre Unterkunft vor den Toren Berlins.

GROSSBETTLINGEN Baden-Württemberg siehe Nürtingen.

GROSSBOTTWAR — Baden-Württemberg 419 T 11 – 7 800 Ew – Höhe 215 m.
Berlin 605 – Stuttgart 38 – Heilbronn 23 – Ludwigsburg 19.

Bruker garni (mit Gästehaus), Kleinaspacher Str. 18, ✉ 71723, ℰ (07148) 92 10 50, herbert.bruker@hotel-bruker.de, Fax (07148) 6190, ⇌ – 🏢 ⇥ TV ♿ P – 🎿 15.
27 Zim ⇌ 39 – 67.
- Schwäbische Gastlichkeit erwartet Sie in diesem Weingut mit kleinem Hotel. Helle Naturholzmöbel geben den Zimmern des Hauses einen sympathischen ländlichen Charakter.

Stadtschänke mit Zim, Hauptstr. 36, ✉ 71723, ℰ (07148) 80 24, Fax (07148) 4977, ⇌ – TV ⚙ ① ⓘ VISA
geschl. Mitte Jan. 1 Woche, Sept. 2 Wochen – **Menu** (geschl. Mittwoch) à la carte 17/33 – **5 Zim** ⇌ 39 – 67.
- In dem schönen historischen Fachwerkhaus a. d. 15. Jh. findet sich ein Restaurant mit rustikal-gemütlichem Ambiente : alte Holzbalken bewahren den ursprünglichen Charakter.

GROSS BRIESEN — Brandenburg 416 418 J 21 – 240 Ew – Höhe 80 m.
Berlin 93 – Potsdam 55 – Brandenburg 23 – Dessau 65 – Magdeburg 74.

Juliushof 🌿, ✉ 14806, ℰ (033846) 4 02 45, hotel-juliushof@t-online.de, Fax (033846) 40245, 🍽 – TV P – 🎿 20. ⚙ ⓘ
Menu à la carte 15,50/28 – **14 Zim** ⇌ 52/59 – 67/77.
- Die Gästezimmer Ihres Quartiers verteilen sich auf vier Häuser - in ansprechendem Waldhüttenstil gebaut. Die schöne Lage ermöglicht Ihnen eine geruhsame Zeit. Jagdtrophäen zieren die ländlich gestalteten Gasträume.

GROSS DÖLLN — Brandenburg siehe Templin.

GROSSENBRODE — Schleswig-Holstein 415 416 C 17 – 2 100 Ew – Höhe 5 m – Ostseeheilbad.
B Kurverwaltung im Rathaus, Teichstr.12, ✉ 23775, ℰ (04367) 99 71 13, Fax (04367) 997126.
Berlin 339 – Kiel 74 – Lübeck 80 – Puttgarden 17 – Oldenburg in Holstein 20.

Ostsee-Hotel 🌿 garni, Südstrand 8, ✉ 23775, ℰ (04367) 71 90, ostsee-hotel@intus-hotels.de, Fax (04367) 71950, ≤, ⇌ – 🏢 TV P. ⓘ
Mitte März - Anfang Nov. – **25 Zim** ⇌ 62/83 – 124/130.
- Sie residieren an der Strandpromenade - das Meer direkt vor der Tür. Rattanmobiliar und eine kleine Kochgelegenheit tragen zum wohnlichen Innenleben Ihrer Gemächer bei.

GROSSENKNETEN — Niedersachsen 415 H 8 – 11 500 Ew – Höhe 35 m.
Berlin 430 – Hannover 133 – Bremen 50 – Oldenburg 30.

In Großenkneten-Moorbek Ost : 5 km :

Zur Wassermühle-Gut Moorbeck 🌿, Amelhauser Str. 56, ✉ 26197, ℰ (04433) 2 55 (Hotel) 9 41 60 (Rest.), Fax (04433) 969629, 🍽, ⇌, 🍽 – TV P – 🎿 100. ⓘ
geschl. 1. - 10. Jan., 27. - 30. Dez. – **Menu** (geschl. Nov.-März Montag) (Nov. - März wochentags nur Abendessen) à la carte 22/41 – **14 Zim** ⇌ 62 – 85.
- Ihr Domizil ist in einem schönen Park plaziert und ermöglicht geruhsames Wohnen. Die Zimmer sind meist in Eiche eingerichtet, größtenteils mit einen kleinen Balkon. Teil des Restaurants ist das historische Kaminzimmer mit Parkett - Gartenterrasse am See.

GROSSENLÜDER — Hessen 417 418 O 12 – 7 700 Ew – Höhe 250 m.
Berlin 456 – Wiesbaden 164 – Fulda 12 – Alsfeld 30.

Landhotel Kleine Mühle (mit Gästehaus), St.-Georg-Str. 21, ✉ 36137, ℰ (06648) 9 51 00, kleine-muehle@gmx.de, Fax (06648) 61123 – ⇥ Zim, TV ♿ P – 🎿 25. ⚙ ⓘ VISA
Menu (nur Abendessen) (Restaurant nur für Hausgäste) à la carte 24/33 – **17 Zim** ⇌ 63/70 – 100/115.
- Das schmucke Hotel - mit Gästehaus - bietet seinen Besuchern eine Beherbergung in geschmackvollem Landhausstil - mit gutem Platzangebot und einem Hauch Eleganz.

Landgasthof Weinhaus Schmitt, Am Bahnhof 2, ✉ 36137, ℰ (06648) 74 86, Fax (06648) 8762, 🍽 – TV ⇌ P. ⓘ VISA
Menu (geschl. Donnerstag, Samstagmittag) à la carte 13/28 – **8 Zim** ⇌ 30/35 – 60/65.
- Sind Sie auf der Suche nach einer Unterkunft ohne große Extras? Hier finden Sie schlicht gestaltete Zimmer mit einer soliden wie auch praktischen Ausstattung. Rustikal-gemütliche Stuben laden zu einer wohltuenden Einkehr ein.

GROSSENLÜDER

In Großenlüder-Kleinlüder *Süd : 7,5 km :*

🏨 **Landgasthof Hessenmühle** (mit 3 Gästehäusern), (Süd-Ost : 2,5 km), ✉ 36137
🚗 ✆ (06650) 98 80, hessenmuehle@t-online.de, Fax (06650) 98888, 🍴, 🌳 – 📺 ♿ 🚗
 🅿 – 🏊 50. 🆎 🌐 VISA
 Menu à la carte 13/28 – **64 Zim** ⚏ 42/51 – 68 – ½ P 10.
 ◆ Die Zimmer Ihres Domizils sind auf mehrere Häuser verteilt - stets zeitgemäß ausgestattet. Die ruhige Lage der Anlage überzeugt Tagungsgäste wie auch Privatreisende. Stübchen, Kamineck und Tenne bieten Ihnen urige Gemütlichkeit.

GROSSENSEEBACH *Bayern siehe Weisendorf.*

GROSS GAGLOW *Brandenburg siehe Cottbus.*

GROSSHEIRATH *Bayern siehe Coburg.*

GROSSHEUBACH *Bayern* 417 419 *Q 11 – 4 600 Ew – Höhe 125 m – Erholungsort.*
Berlin 570 – München 354 – Würzburg 73 – Aschaffenburg 38 – Heidelberg 77.

🏨 **Rosenbusch,** Engelbergweg 6, ✉ 63920, ✆ (09371) 81 42, info@hotel-rosenbusch.de, Fax (09371) 69838, 🍴 – 🚗 🅿 ⓘ 🌐 ✂ Rest
 geschl. 10. Jan. - 5. Feb., 16. Nov. - 3. Dez. – **Menu** *(geschl. Sonntagabend, Donnerstag)* à la carte 17/25 – **18 Zim** ⚏ 45/49 – 68/75 – ½ P 14.
 ◆ Der behagliche Familienbetrieb zeigt sich seinen Gästen als gepflegtes Quartier. Die Zimmer des Hauses sind meist von schlichter Machart - mit funktionellem Interieur. Im Restaurant unterstreicht ein Kachelofen das rustikale Ambiente.

✖✖ **Zur Krone** mit Zim, Miltenberger Str. 1, ✉ 63920, ✆ (09371) 26 63, krone-restel@
🚗 -online.de, Fax (09371) 65362, 🍴 – 📺 🅿 🌐
 Menu *(geschl. Feb. 2 Wochen, Montag, Freitagmittag)* 36 à la carte 21/37 – **8 Zim** ⚏ 40
 – 65/70.
 ◆ Drei gemütliche Galerieräume laden mit ihrer familiären Atmosphäre zum Verweilen ein. Gekocht wird Regionales und Internationales auf solidem Niveau. Hübsche Sommerterrasse.

GROSSKARLBACH *Rheinland-Pfalz – 1 100 Ew – Höhe 110 m.*
Berlin 637 – Mainz 76 – Mannheim 24 – Kaiserslautern 39.

✖✖ **Restaurant Gebr. Meurer** (mit Gästehaus), Hauptstr. 67, ✉ 67229, ✆ (06238) 6 78, gebruedermeurer@aol.com, Fax (06238) 1007, 🍴 – ✂ Zim, 📺 ♿ 🅿 – 🏊 50. 🆎 🌐 VISA
 Menu *(wochentags nur Abendessen)* (Tischbestellung ratsam) à la carte 33,50/45 – **12 Zim** ⚏ 82 – 92/113.
 ◆ Drinnen wie draußen umgibt Sie hier toskanisches Flair : in einem gemütlichen Restaurant mit Atmosphäre, auf der Terrasse sowie in dem Pavillon inmitten eines schönen Gartens.

✖✖ **Karlbacher,** Hauptstr. 57, ✉ 67229, ✆ (06238) 37 37, Fax (06238) 4535, 🍴, (Fachwerkhaus a.d. 17. Jh.) – 🅿 🌐 VISA
 geschl. Dienstag – **Menu** *(wochentags nur Abendessen)* à la carte 30/38 – **Weinstube** *(wochentags nur Abendessen)* *(geschl. Montag - Dienstag)* **Menu** à la carte 20/25.
 ◆ Hier hat man den Charme längst vergangener Zeiten bewahrt. Drei gemütliche Stuben im Obergeschoß sowie ein glasüberdachter Innenhof schaffen eine stimmungsvolle Atmosphäre. Eine nette Alternative stellt die Weinstube dar.

GROSSMAISCHEID *Rheinland-Pfalz siehe Dierdorf.*

GROSS MECKELSEN *Niedersachsen siehe Sittensen.*

GROSS NEMEROW *Mecklenburg-Vorpommern siehe Neubrandenburg.*

GROSSOSTHEIM *Bayern* 417 *Q 11 – 14 500 Ew – Höhe 137 m.*
Berlin 558 – München 363 – Frankfurt am Main 47 – Darmstadt 39.

In Großostheim-Ringheim *Nord-West : 4 km :*

🏨 **Landhaus Hotel** ⓢ, Ostring 8b, ✉ 63762, ✆ (06026) 60 81, landhaus-hotel@t-online.de, Fax (06026) 2212, 🍴, 🌳 – 📺 🅿 🆎 🌐 VISA
 Weinstube Zimmermann *(geschl. Sonn- und Feiertage) (nur Abendessen)* **Menu** à la carte 17/31 – **24 Zim** ⚏ 45/56 – 70/82.
 ◆ Für kurze oder auch längere Besuche : das solide Landhotel beherbergt Sie in einheitlich gestalteten Gästezimmern - unaufdringlich mit hellem Naturholzmobiliar bestückt. In der Weinstube Zimmermann finden Sie einen rustikalen Rahmen für gemütliche Stunden.

GROSS PLASTEN Mecklenburg-Vorpommern siehe Waren (Müritz).

GROSSROSSELN Saarland 417 S 4 – 10 200 Ew – Höhe 210 m.
Berlin 731 – Saarbrücken 14 – Forbach 6 – Saarlouis 21.

XXX **Seimetz,** Ludweilerstr. 34, ⌧ 66352, ℘ (06898) 46 12, info@seimetz-gourmet.de, Fax (06898) 400127 – **MC VISA**
geschl. Montag, Samstagmittag – **Menu** (Dienstag - Donnerstag nur Abendessen) à la carte 36/54.
• Das Innere des Hauses besticht mit einem modern-eleganten Ambiente und aufwendigem Couvert. Mit asiatischen Akzenten bereichert Frank Seimetz seine französische Küche.

GROSS SCHAUEN Brandenburg siehe Storkow Mark.

GROSSTREBEN-ZWETHAU Sachsen 418 L 22/23 – 1 100 Ew – Höhe 82 m.
Berlin 123 – Dresden 96 – Leipzig 59 – Wittenberg 53.

Im Ortsteil Zwethau :

🏠 **Wenzels Hof,** Herzberger Str. 7, ⌧ 04886, ℘ (03421) 7 31 10, wenzelshof@t-online.de, Fax (03421) 731125, 🌳, ☕, ↭ Zim, 📺 🅿 – 🎿 80. **AE ① MC VISA**
Menu à la carte 15/22,50 – **22 Zim** ☑ 48/55 – 76.
• Einst als stattlicher Bauernhof genutzt, steht diese Adresse heute ganz im Dienste des Gastes. Behagliche Zimmer tragen mit ihrem ereignisreichem Tag zu Ihrer Entspannung bei. Helles Holz und Kamin bestimmen den rustikalen Charakter der Gaststube. Gartenterrasse.

GROSS-UMSTADT Hessen 417 419 Q 10 – 19 500 Ew – Höhe 160 m.
Berlin 568 – Wiesbaden 67 – Frankfurt am Main 51 – Darmstadt 22 – Mannheim 75 – Würzburg 108.

🏠 **Jakob** garni, Zimmerstr. 43, ⌧ 64823, ℘ (06078) 7 80 00, info@hotel-jakob.de, Fax (06078) 74156, ≤, 🌳 – ↭ 📺 ☎ ↭ 🅿 – 🎿 10. **AE ① MC VISA JCB.** ✗
34 Zim ☑ 45/55 – 65/72.
• In angenehmer Stadtrandlage präsentiert sich dem Gast eine wohnliche Unterkunft. Möbel mit unterschiedlicher Farbgebung gestalten die Zimmer Ihres Domizils.

🏠 **Brüder-Grimm-Hotel** , Krankenhausstr. 8, ⌧ 64823, ℘ (06078) 78 40, brueder-grimm-hotel@web.de, Fax (06078) 784444 – |📶|, ↭ Zim, 📺 ♿ 🅿 – 🎿 60. **AE ① MC VISA**
Menu (nur Abendessen) (Restaurant nur für Hausgäste) – **51 Zim** ☑ 50/84 – 72/92.
• Eine praktische Bleibe für erholsame Tage. Die Gemächer Ihrer Herberge unterscheiden sich in der Möblierung wie auch in der Größe - teils mit Sitzgruppen versehen.

XX **Farmerhaus,** Röntgenstr. 35 (auf dem Hainrich), ⌧ 64823, ℘ (06078) 91 11 91, afrika@farmerhaus.de, Fax (06078) 911192, 🌳 – 🅿. **AE ① MC VISA.** ✗
geschl. Jan. 2 Wochen, Juli 2 Wochen, Okt. 2 Wochen, Montag – **Menu** (nur Abendessen) (vorwiegend afrikanische Produkte) à la carte 42/63.
• Afrikanische Produkte bereichern das Speiseangebot - international zubereitet. Schnitzereien und Trophäen aus dem Herkunftsland der Gerichte bieten Interessantes fürs Auge.

XX **La Villetta,** Zimmerstr. 44, ⌧ 64823, ℘ (06078) 7 22 56, carmelo@lavilletta.de, Fax (06078) 75465, 🌳 – **AE MC VISA.** ✗
geschl. Montag – **Menu** (italienische Küche) à la carte 30/41.
• Das ehemalige Wohnhaus widmet sich nun dem leiblichen Wohl seiner Besucher. Ein nettes Dekor und Eindrücke vom Geschmack Italiens kennzeichnen diese gastliche Adresse.

GROSSWEITZSCHEN Sachsen siehe Döbeln.

GROSS WITTENSEE Schleswig-Holstein siehe Eckernförde.

GROSS-ZIEHTEN KREIS OBERHAVEL Brandenburg 416 H 23 – 250 Ew – Höhe 43 m.
Berlin 43 – Potsdam 44 – Oranienburg 26 – Neuruppin 32.

🏨 **Schloß Ziethen** (mit Gästehaus), ⌧ 16766, ℘ (033055) 9 50, info@schlossziethen.de, Fax (033055) 9559, 🌳, ☕, 🌿 – |📶|, ↭ Zim, 📺 ☎ ↭ 🅿 – 🎿 40. **AE MC VISA**
Die Orangerie : Menu à la carte 26/36 – **39 Zim** ☑ 77/82 – 97/133.
• Der rekonstruierte Herrensitz a. d. 14. Jh. - mit Park - ist geprägt durch ein elegantes Interieur. Antike Stücke ergänzen das moderne Inventar der Zimmer. Kleine Bibliothek. Klassischer Stil und ein gepflegtes Couvert machen die Orangerie aus.

GRÜNBERG Hessen 417 O 10 – 14 600 Ew – Höhe 273 m – Luftkurort.

🛈 Fremdenverkehrsamt, Rabegasse 1 (Marktplatz), ✉ 35305, ☏ (06401) 80 41 14.
Berlin 476 – Wiesbaden 102 – Frankfurt am Main 72 – Gießen 22 – Bad Hersfeld 72.

Sporthotel ⏀, Am Tannenkopf (Ost : 1,5 km), ✉ 35305, ☏ (06401) 80 20, info@sporthotel-gruenberg.de, Fax (06401) 802166, 🍽, 🛥, ≋, 🔲, 🐎, ※(Halle) – 🛗 ⇆ Zim, 📺 🅿 – 🔔 100. ⓂⓄ 𝐕𝐈𝐒𝐀 𝐉𝐂𝐁. ※ Rest
geschl. 1. - 4. Jan. – **Menu** (geschl. Sonntagabend) à la carte 26/41 – **47 Zim** 🛌 52 – 88
• Am Ortsrand der Fachwerkstadt, sehr ruhig gelegen. Ein unaufdringliches Design und eine solide Gestaltung kennzeichnen das Interieur Ihres Domizils. Mit Park. Sie speisen im lichtdurchfluteten Wintergarten, in der Bierstube oder auf der Terrasse.

Villa Emilia, Giessener Str. 42 (B 49), ✉ 35305, ☏ (06401) 64 47, villaemilia@gmx.de, Fax (06401) 4132, 🍽, 🐎 – 📺 🅿 ⓂⓄ 𝐕𝐈𝐒𝐀
Menu (geschl. Sonntag, im Winter auch Donnerstag) (nur Abendessen) à la carte 25/39 – **12 Zim** 🛌 49 – 75.
• Für Ihre Unterbringung stehen zwei Zimmervarianten zur Wahl : mit dunklem Mobiliar bestückt oder Landhausstil in hellem Naturholz - stets zeitgemäß ausgestattet. Die Räumlichkeiten des Restaurants sind in einfachem Stil gehalten.

GRÜNHEIDE Brandenburg 416 418 I 25 – 2 500 Ew – Höhe 43 m.

Berlin 39 – Potsdam 67 – Frankfurt (Oder) 60 – Königs Wusterhausen 25.

Seegarten ⏀, Am Schlangenluch 12, ✉ 15537, ☏ (03362) 7 96 00, mail@hotelseegarten.de, Fax (03362) 796289, 🍽, ≋, 🐎 – ⇆ Zim, 📺 ♿ 🅿 – 🔔 40. 🅰🅴 ⓂⓄ 𝐕𝐈𝐒𝐀
Menu à la carte 16/36 – **42 Zim** 🛌 45/73 – 69/89.
• Die gepflegte Adresse mit hübschem Äußeren stellt für einige Zeit Ihre Bleibe dar. Praktische Zimmer und ein Bootssteg mit Bademöglichkeit zählen zu den Vorzügen des Hauses. Das Restaurant hat man mit neuem Mobiliar eingerichtet.

GRÜNSTADT Rheinland-Pfalz 417 419 R 8 – 13 500 Ew – Höhe 165 m.

🛈 Dackenheim, Im Blitzgrund 1 (Süd : 5 km), ☏ (06353) 98 92 12.
Berlin 632 – Mainz 59 – Mannheim 31 – Kaiserslautern 36 – Neustadt an der Weinstraße 28.

In Grünstadt-Asselheim Nord : 2 km :

Pfalzhotel Asselheim, Holzweg 6, ✉ 67269, ☏ (06359) 8 00 30, pfalzhotel-asselheim@t-online.de, Fax (06359) 800399, 🍽, ≋, 🔲 – 🛗, ⇆ Zim, 📺 🚗 🅿 – 🔔 80. 🅰🅴 ⓂⓄ 𝐕𝐈𝐒𝐀
Menu à la carte 21/37,50 – **70 Zim** 🛌 65/75 – 93/110.
• Für einen erholsamen Aufenthalt oder eine erfolgreiche Tagung stellt Ihnen Ihr Domizil individuell eingerichtete Gästezimmer zur Verfügung - meist wohnlich und nett dekoriert. Das Restaurant : teils neuzeitlich, teils bürgerlich-rustikal gestaltet.

In Neuleiningen Süd-West : 3 km :

Alte Pfarrey, Untergasse 54, ✉ 67271, ☏ (06359) 8 60 66, Fax (06359) 86060, 🍽 – 📺 ⓪ ⓂⓄ 𝐕𝐈𝐒𝐀
Menu (geschl. Aug. 2 Wochen, Montag - Dienstag) (abends Tischbestellung ratsam) 26 (mittags)/74 à la carte 38/53 – **9 Zim** 🛌 65/95 – 90/150.
• Individualität kennzeichnet das geschmackvolle Innenleben dieses aus Fachwerkhäusern bestehenden Refugiums. Für besonderen Komfort wählen Sie eines der größeren Zimmer. Lassen Sie sich in eleganten Räumlichkeiten an einem ansprechend eingedeckten Tisch nieder.

GRÜNWALD Bayern siehe München.

GSCHWEND Baden-Württemberg 419 T 13 – 4 300 Ew – Höhe 475 m – Erholungsort.

Berlin 567 – Stuttgart 60 – Schwäbisch Gmünd 19 – Schwäbisch Hall 27.

Herrengass, Welzheimer Str. 11, ✉ 74417, ☏ (07972) 4 50, info@herrengass.de, Fax (07972) 6434, 🍽 – 🅿
geschl. über Fasching 1 Woche, Aug. 2 Wochen, Montag – **Menu** à la carte 22/37.
• Der Bistro-Stil schafft ein freundliches Ambiente. Die Tische werden nett eingedeckt, der Service arbeitet aufmerksam. Es wird sorgfältig mit guten Produkten gekocht.

GSTADT AM CHIEMSEE Bayern 420 W 21 – 1 000 Ew – Höhe 534 m – Erholungsort.
Sehenswert: Chiemsee★.
🛈 Verkehrsamt, Seeplatz 5, ✉ 83257, ℘ (08054) 4 42, Fax (08054) 7997.
Berlin 660 – München 94 – Bad Reichenhall 57 – Traunstein 27 – Rosenheim 27.

🏠 **Gästehaus Grünäugl am See** garni, Seeplatz 7, ✉ 83257, ℘ (08054) 5 35, gruenaeugl-chiemsee@t-online.de, Fax (08054) 7743, ≤, 🍴 – 🛌 📺 🅿 ❄
geschl. Mitte Nov. - 25. Dez. – **15 Zim** ⊇ 41/73 – 69/84.
◆ Solides Naturholz und Wohnlichkeit prägen die Zimmer Ihres Quartiers. Die unmittelbare Lage am See ermöglicht dem Gast eine abwechslungsreiche Freizeitgestaltung.

🏠 **Gästehaus Jägerhof** garni, Breitbrunner Str. 5, ✉ 83257, ℘ (08054) 2 42, info@jaegerhof-chiemsee.de, Fax (08054) 909765, 🍴 – 🅿 ❄
geschl. 15. Jan. - 15. März, 15. Okt. - 20. Dez. – **26 Zim** ⊇ 41/63 – 74/86.
◆ Der ländliche Charakter der Gegend spiegelt sich im Inneren des Hauses wider. Die Zimmer variieren in Einrichtung und Stil – neu renoviert oder in einfacherer Ausführung.

✗ **Café am See**, Seeplatz 3, ✉ 83257, ℘ (08054) 2 24, Fax (08054) 7747, 🍴 – 💳 VISA
geschl. Nov. - Weihnachten, Mitte Jan. - Anfang März – **Menu** à la carte 14/31.
◆ Ein großes, rustikal gestaltetes Restaurant mit schöner Terrasse am See. Spezialiät auf der Speisekarte mit regionalen Gerichten sind fangfrische Fische.

GUBEN Brandenburg 418 K 28 – 26 000 Ew – Höhe 58 m.
🛈 Touristinformation, Berliner Str. 30a, ✉ 03172, ℘ (03561) 38 67, Fax (03561) 3910.
Berlin 147 – Potsdam 164 – Cottbus 40 – Frankfurt (Oder) 52.

In Atterwasch Süd-West : 9 km :

🏠 **Waldhotel Seehof** ⚐, Am Deulowitzer See (Süd-Ost : 1,5 km), ✉ 03172, ℘ (035692) 2 08, Fax (035692) 208, ≤, 🍴, ≘, 🏊, 🌳, ❄ – 🛌 Zim, 📺 🅿 – 🔏 30. 🅰🅴 💳 VISA, ❄ Rest
Menu à la carte 17/26 – **30 Zim** ⊇ 48/66 – 66/86 – ½ P 14.
◆ Die Anlage ist in einem Waldstück am See plaziert und präsentiert sich als nette Adresse für Ihren Urlaub. Die soliden Gästezimmer sind auf verschiedene Gebäude verteilt. Vom Hotelrestaurant aus haben Sie einen schönen Blick auf den See.

GÜGLINGEN Baden-Württemberg 419 S 11 – 6 200 Ew – Höhe 220 m.
🏌 Cleebronn, Schloßgut Neumagenheim (Süd-Ost : 7 km), ℘ (07135) 1 32 03.
Berlin 609 – Stuttgart 46 – Heilbronn 20 – Karlsruhe 54.

In Güglingen-Frauenzimmern Ost : 2 km :

🏠 **Gästehaus Löwen**, Brackenheimer Str. 29, ✉ 74363, ℘ (07135) 9 83 40 (Hotel) 96 37 41 (Rest.), Fax (07135) 983440 – 📺 🅿 ❄ Zim
geschl. 20. Dez. - 10. Jan. – **Menu** (im Gasthof Löwen) à la carte 14,50/23,50 – **14 Zim** ⊇ 41/45 – 67/70.
◆ Ob Sie auf der Durchreise sind oder einen längeren Besuch planen – zeitgemäße Zimmer in praktischer Gestaltung werden für Sie zu einem vorübergehenden Zuhause. Das Restaurant hat den Charakter einer schlichten Gaststube.

GÜNTERSBERGE Sachsen-Anhalt 418 L 16 – 1 050 Ew – Höhe 450 m.
Berlin 235 – Magdeburg 81 – Erfurt 109 – Nordhausen 34 – Halberstadt 40.

🏠 **Zur Güntersburg**, Marktstr. 24, ✉ 06507, ℘ (039488) 3 30, hotel_zur_guentersburg@t-online.de, Fax (039488) 71013, 🍴 – 📺 🅿 – 🔏 40. ❄ Zim
geschl. März 2 Wochen, Nov. 2 Wochen – **Menu** à la carte 13/19 – **24 Zim** ⊇ 39 – 59/64.
◆ Hinter der Fachwerkfassade dieses traditionsreichen Hauses finden Sie eine ländlich ausgestattete Bleibe – einfache und gepflegte Zimmer, mit hellem Mobiliar bestückt. Solide Gasträume in rustikalem Stil.

GÜNTHERSDORF Sachsen-Anhalt 418 L 20 – 400 Ew – Höhe 108 m.
Berlin 176 – Magdeburg 118 – Leipzig 15 – Dessau 58 – Halle 25.

In Kötschlitz Nord : 1 km :

🏨 **Holiday Inn**, Aue-Park-Allee 3, ✉ 06254, ℘ (034638) 5 10, lejgd@aol.com, Fax (034638) 51220, 🍴 – 🛗, 🛌 Zim, 📺 📞 &, 🅿 – 🔏 60. 🅰🅴 💳 VISA JCB
Menu à la carte 17/23 – ⊇ 10 – **89 Zim** 65 – 71.
◆ Die neuzeitliche Architektur und ein funktionelles Inventar zählen zu den Vorzügen dieses Domizils – eine ansprechende Adresse für Tagungsgäste wie auch privat Reisende.

GÜNZBURG Bayern 419 420 U 14 – 20 000 Ew – Höhe 448 m.

Sehenswert : Legoland★.

🛝 Jettingen-Scheppach, Schloß Klingenburg (Süd-Ost : 19 km), ℰ (08225) 30 30.

🛈 Tourist-Information, Lannionplatz 1, ✉ 89312, ℰ (08221) 36 63 36, Fax (08221) 366337.

Berlin 569 – München 112 – Augsburg 53 – Stuttgart 110 – Nürnberg 147.

Zettler, Ichenhauser Str. 26a, ✉ 89312, ℰ (08221) 3 64 80, zettler@t-online.de, Fax (08221) 6714, 😊, 🅢, 🍽 – 🛗, ⥼ Zim, 📺 📞 🅿 – 🛆 80. 🆎 ⓜ VISA. ✂
geschl. 24. Dez. - 10. Jan. – **Menu** (geschl. Sonn- und Feiertage abends) (Aug. nur Abendessen) à la carte 31/44 – **49 Zim** ⌒ 79/89 – 99/119.

♦ Die Zimmer Ihrer Unterkunft unterscheiden sich in Einrichtung und Größe : mal in hellem Naturholz, mal in Mahagoni - stets funktionell und mit Balkon versehen. Zum Speisen wählen Sie zwischen klassischem Ambiente und einem rustikaleren Umfeld.

Mercure Am Hofgarten Ⓜ garni, Am Hofgarten, ✉ 89312, ℰ (08221) 35 10, h2844@accor.hotels.com, Fax (08221) 351333 – 🛗 ⥼ 📺 📞 & 🔄 – 🛆 35. 🆎 ⓞ ⓜ VISA
100 Zim ⌒ 84/93 – 110.

♦ Im Zentrum der Stadt erwartet Sie eine attraktive Herberge. Die Zimmer des Hauses verfügen neben neuzeitlichem Mobiliar über eine gute Technik und teils sehr viel Platz.

In Ichenhausen Süd : 11 km über B 16 :

Zum Hirsch, Heinrich-Sinz-Str. 1 (B 16), ✉ 89335, ℰ (08223) 9 68 70, jboeck@t-online.de, Fax (08223) 9687235, Biergarten – 📺 🅿 – 🛆 60. ⓜ VISA
geschl. 1. - 6. Jan., 10. - 20. Aug. – **Menu** (geschl. Sonntagabend) à la carte 14/24 – **22 Zim** ⌒ 35 – 60.

♦ Das Interieur der Zimmer aus hellem Naturholz unterstreicht den ländlichen Charakter des Hauses - freundlich und gepflegt. Die Gegend eignet sich für schöne Wanderungen. Eine heimelige Atmosphäre und ein rustikaler Stil prägen die Gaststuben.

GÜSTROW Mecklenburg-Vorpommern 416 E 20 – 32 500 Ew – Höhe 10 m.

Sehenswert : Renaissanceschloß★ – Dom★ (Renaissance-Grabmäler★, Apostelstatuen★) – Gertrudenkapelle : Ernst-Barlach-Gedenkstätte★ – Pfarrkirche St. Marien (Hochaltar★).

🛈 Güstrow-Information, Domstr. 9, ✉ 18273, ℰ (03843) 68 10 23, Fax (03843) 682079.

Berlin 192 – Schwerin 63 – Rostock 38 – Neubrandenburg 87 – Lübeck 129.

Stadt Güstrow Ⓜ, Pferdemarkt 58, ✉ 18273, ℰ (03843) 78 00, nordikhotel@web.de, Fax (03843) 780100, 😊, 🅢 – 🛗, ⥼ Zim, 📺 📞 & 🅿 – 🛆 60. 🆎 ⓞ ⓜ VISA
Menu (Okt. - April nur Abendessen) à la carte 15/23,20 – **71 Zim** ⌒ 75/79 – 86/98.

♦ Eine großzügige Halle mit Galerie empfängt Sie in Ihrem Zuhause auf Zeit. Modern eingerichtete Gästezimmer erwarten Sie in zentraler Lage am Markt.

Kurhaus am Inselsee Ⓜ ⚞, Heidberg 1 (Süd-Ost : 4 km), ✉ 18273, ℰ (03843) 85 00, kurhaus-guestrow@t-online.de, Fax (03843) 850100, 😊, 🏖, 🍽 – 🛗, ⥼ Zim, 📺 📞 & 🅿 – 🛆 15. 🆎 ⓞ ⓜ VISA JCB
Menu à la carte 17/25 – **38 Zim** ⌒ 65/85 – 85/115.

♦ Hinter einem netten Äußeren erleben Besucher eine gelungene Kombination von Wohnlichkeit und Funktionalität. Die schöne Lage rundet die Annehmlichkeiten des Hauses ab. Das Restaurant ist auf zwei Ebenen angelegt - mal im Pub-Stil, mal rustikaler.

Am Güstrower Schloß Ⓜ, Schloßberg 1, ✉ 18273, ℰ (03843) 76 70, schlosshotel-guestrow@t-online.de, Fax (03843) 767100, 😊, 🅢 – 🛗, ⥼ Zim, 📺 📞 & 🅿 – 🛆 50. 🆎 ⓜ VISA
Menu à la carte 15/26 – **47 Zim** ⌒ 68/80 – 85/95.

♦ Als Gast dieser Adresse bewohnen Sie moderne, hell möblierte Zimmer in sinnvoller Machart - vis-à-vis das Schloß. Sehenswerte Fleckchen warten auf Ihren Besuch. Gepflegtes, helles und gut eingedecktes Restaurant.

Weinberg ⚞, Bölkower Str. 8, ✉ 18273, ℰ (03843) 8 33 30, hotel-weinberg@t-online.de, Fax (03843) 833344, 😊, 🅢 – ⥼ Zim, 📺 🅿 ⓜ VISA
Menu (wochentags nur Abendessen) à la carte 17/20 – **23 Zim** ⌒ 50/60 – 65/75.

♦ Die Zimmer Ihres vorübergehenden Wohnsitzes werden Ihren Ansprüchen an eine neuzeitlich ausgestattete Unterkunft gerecht - für kurzes oder auch längeres Verweilen.

Altstadt garni, Baustr. 8, ✉ 18273, ℰ (03843) 4 65 50, nordikhotel@web.de, Fax (03843) 4655222 – 🛗 ⥼ 📺 📞 🅿 🆎 ⓞ ⓜ VISA
43 Zim ⌒ 55/60 – 75/89.

♦ Ihr Domizil im historischen Zentrum beherbergt Sie in praktischen Räumen mit einheitlichem Innenleben. Sehenswürdigkeiten der Stadt erreichen Sie bequem zu Fuß.

GÜSTROW

- **Rubis,** Schweriner Str. 89, ⊠ 18273, ℘ (03843) 6 93 80, Fax (03843) 693850 – 📺 🅿️ 🆘 VISA
  Menu (geschl. Sonntagabend) à la carte 15/22,50 – **18 Zim** ⇆ 44/49 – 61/66.
  ◆ Suchen Sie eine praktische Bleibe für eine oder mehrere Übernachtungen? Solides Mobiliar, gute Pflege sowie Funktionalität kennzeichnen die Zimmer Ihres Quartiers. Nettes Restaurant in bürgerlichem Stil.

- **Barlach-Stuben,** Plauer Str. 7, ⊠ 18273, ℘ (03843) 68 48 81, Fax (03843) 344614, 🍴 – 🅿️ VISA
  Menu à la carte 15/26.
  ◆ Das Restaurant am Rande der Altstadt ermöglicht Ihnen ungezwungene Stunden in freundlichem Ambiente. Sie wählen Ihr Mahl aus einem gutbürgerlichen und regionalen Angebot.

In Lalendorf Süd-Ost : 16 km :

- **Im Wiesengrund,** Hauptstr. 3 (B 104), ⊠ 18279, ℘ (038452) 2 05 42, Fax (038452) 21720, 🍴 – 📺 🅿️ 🆘 VISA
  Menu (geschl. Mittwochmittag) à la carte 12,50/24 – **10 Zim** ⇆ 34/40 – 60/65.
  ◆ Die familiär geführte Adresse bietet den Besuchern ein gepflegtes Umfeld zum Wohnen. Eine zeitgemäße wie auch praktische Einrichtung gestaltet Ihr Quartier. Das kleine Hotelrestaurant hat man bürgerlich ausgestattet.

GÜTERSLOH Nordrhein-Westfalen 417 K 9 – 95 000 Ew – Höhe 94 m.

🏌 Rietberg-Varensell, Gütersloher Str. 127 (über ③ : 8 km), ℘ (05244) 23 40.
🛈 Verkehrsverein, Rathaus, Berliner Str. 70, ⊠ 33330, ℘ (05241) 82 27 49, verkehrsverein.stadtguetersloh@gt-net.de, Fax (05241) 823537.
Berlin 412 ③ – Düsseldorf 156 ④ – Bielefeld 18 ② – Münster (Westfalen) 57 ⑤ – Paderborn 45 ④.

Stadtplan siehe nächste Seite

- **Parkhotel Gütersloh,** Kirchstr. 27, ⊠ 33330, ℘ (05241) 87 70, verkauf@parkhotel-gt.de, Fax (05241) 877400, 🍴, 🈴 – 📶, 🅻 Zim, 📺 ✆ 🚗 – 🎗 170. 🄰 🄴 🆘 VISA
  BZ n
  Menu à la carte 25/43,50 – **Brasserie** (geschl. Samstag - Sonntag) (nur Abendessen) **Menu** 17 (Buffet) à la carte 20/26,50 – **103 Zim** ⇆ 155/175 – 175/195, 3 Suiten.
  ◆ Ihre Residenz bietet mit Zimmern verschiedener Kategorien Komfort nach Maß - mal geschmackvoll und elegant, mal freundlich und funktionell als "Business-Zimmer". Park. Ein stilvoll-gediegenes Ambiente umgibt den Gast beim Speisen.

- **Stadt Gütersloh,** Kökerstr. 23, ⊠ 33330, ℘ (05241) 10 50, hotel.stadt.guetersloh@t-online.de, Fax (05241) 105100, 🍴, 🈴 – 📶, 🅻 Zim, 📺 ✆ 🚗 🅿️ – 🎗 40. 🄰 🆘 VISA
  BZ e
  Schiffchen (geschl. Sonntag) (nur Abendessen) **Menu** à la carte 33/53 – **56 Zim** ⇆ 89/102 – 129/138.
  ◆ Ihr Domizil überzeugt mit Pflege, Sauberkeit und gut ausgestatteten Zimmern im elegant-rustikalen Landhausstil. Daneben zählt auch die zentrale Lage zu den Annehmlichkeiten. Hübsches Dekor und ein Kamin geben dem Schiffchen eine wohlige Atmosphäre.

- **Stadt Hamburg,** Feuerbornstr. 9, ⊠ 33330, ℘ (05241) 4 00 99 70, Fax (05241) 58981, Biergarten – 🅻 Zim, 📺 🚗 🅿️ 🄰 🄴 🆘 VISA
  AZ r
  Hanna's (geschl. 22. Dez. - 1. Jan., 4. - 25. Aug., Sonn- und Feiertage) (nur Abendessen) **Menu** à la carte 17/35 – **30 Zim** ⇆ 70/87 – 90/110.
  ◆ Mit liebevoll ausgestatteten Zimmern präsentiert sich das Haus als sympathische Bleibe - für einen Stop auf der Durchreise oder für einen längeren Aufenthalt. Das Hanna's bietet freundliche Räumlichkeiten im Bistro-Stil.

- **Appelbaum,** Neuenkirchener Str. 59, ⊠ 33332, ℘ (05241) 9 55 10, appelbaumhotel@t-online.de, Fax (05241) 955123, Biergarten – 🅻 Zim, 📺 ✆ 🚗 🅿️ – 🎗 40. 🄰 🄴 🆘 VISA
  AZ s
  Menu (geschl. Samstagmittag, Sonn- und Feiertage) à la carte 18/28 – **42 Zim** ⇆ 55/80 – 85/105.
  ◆ Helles Naturholz- oder Eichenmobiliar sowie eine gute Technik gestalten die Zimmer Ihres vorübergehenden Zuhauses - einige Räume befinden sich im 50 m entfernten Gästehaus. Das Restaurant präsentiert sich in neuzeitlich-ländlicher Machart.

- **Sinfonie,** Friedrichstr. 10 (Stadthalle), ⊠ 33330, ℘ (05241) 86 42 69, siewecke@sinfonie-gt.de, Fax (05241) 864268, 🍴 – 🎗 1000. 🄰 🄴 🆘 VISA
  AZ
  geschl. Samstagmittag, Montag – **Menu** à la carte 20/40.
  ◆ Das in die Stadthalle integrierte Restaurant zeigt sich in ansprechendem Design - mit Holzboden und Rattanbestuhlung. Hier verwöhnt man Sie mittags wie auch am Abend.

GÜTERSLOH

Berliner Straße	**AZ**	Eickhoffstraße .... **BYZ** 11	Lindenstraße .... **BZ** 21
Brockhäger Straße ..... **AY** 3	Feuerbornstraße .... **AZ** 13	Moltkestraße .... **AY** 22
Carl-Miele-Straße ..... **BY** 4	Herzebrocker Straße ... **AZ** 15	Münsterstraße .... **AZ** 23
Dalkestraße .... **AZ** 7	Kahlertstraße .... **BY** 16	Schulstraße .... **AY** 27
Daltropstraße .... **AZ** 8	Kökerstraße .... **BZ** 19	Strengerstraße .... **BY** 28
	Kolbeplatz .... **BZ** 20	Theodor-Heuss-Platz ... **AZ** 30
	Königstraße .... **AZ**	Willy-Brandt-Platz ... **BY** 32

※※ **Gasthaus Bockskrug,** Parkstr. 44, ✉ 33332, ✆ (05241) 5 43 70, 🍴 – 🅿. ÆE ⓪
🅜🅒 VISA
BZ **a**
geschl. Juli - Aug. 2 Wochen, Montag – **Menu** *(wochentags nur Abendessen)* à la carte 25/40.
  ♦ Das nette Waldgasthaus liegt am Rande eines Wohngebietes. Die zweigeteilten Gaststuben werden durch das helle Naturholz geprägt. Internationale und regionale Küche !

In Gütersloh-Spexard *über* ③ *: 2 km :*

🏠 **Waldklause,** Spexarder Str. 205, ✉ 33334, ✆ (05241) 9 76 30, *info@hotel-waldklause.de, Fax (05241) 77185, Biergarten –* ✂ Zim, 📺 ✆ 🅿 – 🅰 80. ÆE ⓪ 🅜🅒
VISA
geschl. Aug. 2 Wochen – **Menu** *(geschl. Sonntagabend) (wochentags nur Abendessen)* à la carte 15/27 – **24 Zim** 🛏 44 – 67.
  ♦ Außerhalb der Stadt warten solide, gepflegte Gästezimmer auf Ihren Besuch, die den Ansprüchen des Reisenden an eine praktische Unterkunft gerecht werden.

Michelin bringt keine Schilder an den empfohlenen Hotels und Restaurants an.

GULDENTAL Rheinland-Pfalz **407** Q 7 – 2 900 Ew – Höhe 150 m.
Berlin 612 – Mainz 44 – Bad Kreuznach 12 – Koblenz 67.

🏨 **Der Kaiserhof** (mit Gästehaus), Hauptstr. 2, ⊠ 55452, ℰ (06707) 9 44 40, info@kaiserhof-guldental.de, Fax (06707) 944415, 🍴 – 📺, ◉◉ 𝒱𝐼𝑆𝐴
Menu (geschl. Dienstag) (abends Tischbestellung ratsam) à la carte 22/36 – **15 Zim** ⊆ 50/65 – 80/95.
• Mit dunklem Stilmobiliar bestückt, präsentieren sich die Gemächer dieser kleinen Adresse in geschmackvoller Machart - eine behagliche Behausung auf Zeit. Fachwerk und Steinwände geben diesem Restaurant einen besonderen Charakter.

🏨 **Enk** garni, Naheweinstr. 36, ⊠ 55452, ℰ (06707) 91 20, enk@das-hotel-im-weingut.de, Fax (06707) 91241 – ⤢ 📺 🅿. ◉◉ 𝒱𝐼𝑆𝐴. ⚜
geschl. 20. Dez. - Mitte Jan. – **15 Zim** ⊆ 45 – 68.
• Sie logieren in einem dem traditionsreichen Weingut angegliederten Hotel. Praktisch ausgestattete Zimmer und eine familiäre Atmosphäre kennzeichnen Ihre Unterkunft.

GUMMERSBACH Nordrhein-Westfalen **407** M 6 – 54 000 Ew – Höhe 250 m.
🏌 Gummersbach-Berghausen, Kreuzstr. 10 (West : 7 km), ℰ (02266) 44 04 47.
🛈 Fremdenverkehrsamt, Rathausplatz 1, ⊠ 51643, ℰ (02261) 8 74 04, tourist info@stadt-gummersbach.de, Fax (02261) 87600.
ADAC, Moltkestr. 19.
Berlin 557 – Düsseldorf 86 – Köln 54 – Lüdenscheid 44 – Siegen 55.

🏨 **Victor's Residenz-Hotel** 📺, Brückenstr. 52, ⊠ 51643, ℰ (02261) 8 01 09, info.gummersbach@victors.de, Fax (02261) 801599, 🍴 – 📶, ⤢ Zim, 📺 ✆ & 🅿 – 🔒 120. 𝔸𝐸 ◉ ◉◉ 𝒱𝐼𝑆𝐴
Menu (geschl. Samstag - Sonntag) à la carte 24/27 – **99 Zim** ⊆ 82/112 – 103/134.
• Die neuzeitliche Herberge gewährt ihren Besuchern erholsame Tage in solide wie auch funktionell gestalteten Zimmern - für Kurz- und Langzeitgäste gleichermaßen geeignet. In nettem, gepflegtem Ambiente serviert man Ihnen Internationales.

In Gummersbach-Dieringhausen Süd : 7 km :

🏨 **Aggertal** 📺 garni, Vollmerhauser Str. 127 (B 55), ⊠ 51645, ℰ (02261) 9 68 20, Fax (02261) 968260 – ⤢ 📺 ✆ 🅿. 𝔸𝐸 ◉◉ 𝒱𝐼𝑆𝐴 𝒥𝒞𝐵. ⚜
46 Zim ⊆ 45/55 – 65/90.
• Die Gästezimmer Ihres Domizils sind in einheitlichem Stil gehalten - mit zeitgemäßem Inventar ausgestattet. In französischen Betten kommen Sie zur Ruhe.

In Gummersbach-Hülsenbusch West : 7 km :

🍴🍴 **Schwarzenberger Hof,** Schwarzenberger Str. 48, ⊠ 51647, ℰ (02261) 2 21 75, Fax (02261) 21907, 🍴 – 🅿. ◉◉ 𝒱𝐼𝑆𝐴
geschl. 2. - 15. Jan., Montag – **Menu** à la carte 26/41.
• In drei Räume unterteilt, präsentiert sich dieses familiär geführte gastliche Haus als rustikales Lokal, in dem man gerne einen gemütlichen Abend verbringt.

In Gummersbach-Lieberhausen Nord-Ost : 10 km :

🏨 **Landgasthof Reinhold** ⚘, Kirchplatz 2, ⊠ 51647, ℰ (02354) 52 73, hotelreinh@aol.com, Fax (02354) 5873, 🍴 – ⤢ Zim, 📺 🅿 – 🔒 20. 𝔸𝐸 ◉ ◉◉ 𝒱𝐼𝑆𝐴
Menu (geschl. Donnerstag) à la carte 15/26 – **17 Zim** ⊆ 52 – 85.
• Das Haus ist am Dorfplatz in der Mitte des Ortes plaziert. Die neuzeitlichen Zimmer - mit ansprechendem Landhausmobiliar ausgestattet - laden zu ungezwungenem Verweilen ein. Das Restaurant des gepflegten Gasthofes ist ländlich-rustikal in der Aufmachung.

In Gummersbach-Rospe Süd : 2 km :

🏨 **Tabbert** garni (mit 2 Gästehäusern), Hardtstr. 28, ⊠ 51643, ℰ (02261) 6 02 50, Fax (02261) 28565, 🍴 – 📺 ⇔ 🅿. 𝔸𝐸 ◉ ◉◉ 𝒱𝐼𝑆𝐴 𝒥𝒞𝐵. ⚜
28 Zim ⊆ 38/50 – 73/85.
• Sie beziehen Ihr Quartier in einem älteren Stadthaus mit zwei kleinen Gästehäusern. Reisende erwartet eine gepflegte und praktische Bleibe - für kurz oder länger.

In Gummersbach-Windhagen Nord : 2 km :

🏨 **Privathotel-Rothstein,** Hückeswagener Str. 4 (B 256), ⊠ 51647, ℰ (02261) 8 02 60, privathotel@rothstein-groupe.de, Fax (02261) 8026998, 🍴, ≘s, 🏊, 🎾 – 📶 📺 ✆ ⇔ 🅿 – 🔒 120. 𝔸𝐸 ◉ ◉◉ 𝒱𝐼𝑆𝐴
Menu (geschl. Aug. 3 Wochen, Samstagmittag, Sonntag) à la carte 26/32 – **Alte Wirtschaft** : Menu à la carte 19,80/26,50 – **96 Zim** ⊆ 72/103 – 110/155, 4 Suiten.
• Sie dürfen sich auf solide ausgestattete Zimmer für behagliches Wohnen zur Verfügung. Geschäftsreisenden erleichtert eine gute Technik das Arbeiten. Parkanlage. In den gemütlichen Restaurantstuben erleben Sie ein Stück Hotelgeschichte.

593

GUNDELSHEIM *Baden-Württemberg* **417 419** *S 11 – 6 900 Ew – Höhe 154 m.*
Ausflugsziel : *Burg Guttenberg★ : Greifvogelschutzstation Süd-West : 2 km.*
Berlin 604 – Stuttgart 75 – Mannheim 80 – Heidelberg 50 – Heilbronn 20.

🏠 **Zum Lamm** (mit Gästehaus), Schloßstr. 25, ✉ 74831, ℘ (06269) 4 20 20, info@lamm-gundelsheim.de, Fax (06269) 420299, 🍴 – 📺 – 🅿 20. 🆎 ⓞ ◎ 💳
Menu *(geschl. Donnerstag)* à la carte 16/38 – **32 Zim** ⛌ 40/70 – 62/98.
◆ Das hübsche Fachwerkhaus a. d. 16. Jh. beherbergt Sie in der verkehrsberuhigten Altstadt. Gepflegte Räume - teils mit rustikalem Mobiliar - dienen Ihnen als Zuhause. In ländlich geprägten Stuben bittet man den Gast zu Tisch.

Die Stadtpläne sind eingenordet (Norden = oben)

GUNZENHAUSEN *Bayern* **419 420** *S 16 – 17 000 Ew – Höhe 416 m.*
🅱 *Tourist-Information, Marktplatz 25, ✉ 91710, ℘ (09831) 50 83 00, Fax (09831) 508179.*
Berlin 478 – München 152 – Nürnberg 54 – Ingolstadt 73 – Ansbach 28.

🏨 **Parkhotel Altmühltal** 🅼, Zum Schießwasen 15, ✉ 91710, ℘ (09831) 50 40, info@aktiv-parkhotel.de, Fax (09831) 89422, 🍴, Massage, 🛁, 🔲 – 🛗, ⚙ Zim, 📺 ☎ &, 🚗 🅿 – 🅿 330. 🆎 ◎ 💳
Menu à la carte 20/31 – **67 Zim** ⛌ 81/87 – 124, 5 Suiten.
◆ Ein gutes Platzangebot, ein solides Inventar im Landhausstil sowie eine gute technische Ausstattung zählen zu den Annehmlichkeiten Ihres vorübergehenden Wohnsitzes. Zur Terrasse hin ergänzt ein kleiner Wintergartenvorbau das gepflegte Restaurant.

🏨 **Zur Post**, Bahnhofstr. 7, ✉ 91710, ℘ (09831) 6 74 70, info@hotelzurpost-gunzenhausen.de, Fax (09831) 6747222, 🍴 – ⚙ Zim, 📺 🅿 – 🅿 20. 🆎 💳
geschl. 22. Dez. - 6. Jan. – **Menu** *(geschl. Sonntagabend - Montag)* à la carte 14,50/24,50 – **26 Zim** ⛌ 48/55 – 85/90.
◆ Reisende finden in diesem fränkischen Gasthof a. d. 17. Jh. sympathische Ländlichkeit. Freizeitaktivitäten rund ums Hotel ergänzen gelungen Ihren Besuch. Holzfußboden und Holztäfelung geben dem Restaurant seinen besonderen Charme.

In Pfofeld-Langlau *Ost : 10 km in Richtung Pleinfeld :*

🏨 **Strandhotel Seehof** 🅼 🌳, Seestr. 33, ✉ 91738, ℘ (09834) 98 80, info@strandhotel-seehof.de, Fax (09834) 988988, ≤, 🍴, Massage, 🛁, 🔲 – 🛗, ⚙ Zim, 📺 ☎ &, 🅿 – 🅿 75. 🆎 ◎ 💳
Menu à la carte 18,50/34,50 – **85 Zim** ⛌ 76/82 – 110/123, 3 Suiten – ½ P 19.
◆ In ruhiger Lage am kleinen Brombachsee logieren Sie in einem neuzeitlichen Domizil. Die wohnliche Gestaltung und die Funktionalität tragen zu Ihrem Wohlbefinden bei. Beim Speisen können Sie einen schönen Blick auf den See genießen.

GUTACH IM BREISGAU *Baden-Württemberg* **419** *V 7 – 4 300 Ew – Höhe 290 m.*
🏌 *Gutach, Golfstraße, ℘ (07681) 2 31 51.*
🅱 *ZweiTälerLand Tourismus, Im Bahnhof Bleibach, ✉ 79261, ℘ (07685) 1 94 33, info@zweitaelerland.de, Fax (07685) 9088989.*
Berlin 774 – Stuttgart 208 – Freiburg im Breisgau 31 – Offenburg 66.

In Gutach-Bleibach *Nord-Ost : 2 km – Erholungsort :*

🏨 **Silberkönig** 🌳, Am Silberwald 24, ✉ 79261, ℘ (07685) 70 10, info@silberkoenig.de, Fax (07685) 701100, ≤, 🍴, 🛁, 🛋, 🍽 – 🛗, ⚙ Zim, 📺 ☎ &, 🅿 – 🅿 60. 🆎 ⓞ ◎ 💳 🇯🇵
Menu à la carte 20/30 – **41 Zim** ⛌ 62/70 – 100/112 – ½ P 14.
◆ Solide und praktisch bestückt, stellen die Zimmer Ihres Domizils eine gelungene Behausung auf Zeit dar. Die Umgebung bietet zahlreiche attraktive Ausflugsziele. Eine nette Aufmachung und ein gutes Couvert gestalten das Restaurant einladend.

In Gutach-Siegelau *Nord-West : 3 km :*

🏠 **Bären** 🌳, Talstr. 17, ✉ 79261, ℘ (07685) 2 74, Fax (07685) 7555, 🍴 – 📺 🅿 💳
🚗 💳 🍽 Zim
geschl. nach Fastnacht 2 Wochen, Okt. - Nov. 2 Wochen – **Menu** *(geschl. Montagmittag, Dienstag)* à la carte 13/20 – **12 Zim** ⛌ 30 – 46.
◆ Dem Stil des Hauses entsprechend sind die Gästezimmer mit rustikalem Mobiliar eingerichtet. Starten Sie in unmittelbarer Nähe zu einer Wander- oder Radtour. Die Gaststätte spiegelt in ihrer ländlichen Machart den Charakter der Region wider.

GUTACH IM BREISGAU

In Gutach-Stollen *Nord-Ost : 1 km :*

🏠 **Romantik Hotel Stollen**, Elzacher Str. 2, ✉ 79261, ℘ (07685) 9 10 50, *stollen@romantikhotels.com, Fax (07685) 1550* – ⚡ Zim, 📺 ⚑ 🅿 AE ⓜ VISA
geschl. Jan. - Feb. 2 Wochen – **Menu** *(geschl. Dienstag - Mittwochmittag)* à la carte 26/41 – **9 Zim** ☑ 64/74 – 94/130 – ½ P 22.
* Hinter der bäuerlichen Fassade des familiengeführten Schwarzwaldhauses verleben Sie schöne Urlaubstage in behaglichen Räumen. Ein herrliches Wandergebiet umgibt diese Adresse. Gemütlichkeit macht sich in den Räumlichkeiten des Restaurants breit.

GUTENZELL-HÜRBEL *Baden-Württemberg siehe Ochsenhausen.*

GYHUM *Niedersachsen siehe Zeven.*

HAAN *Nordrhein-Westfalen* 4️⃣1️⃣7️⃣ *M 5 – 28 000 Ew – Höhe 165 m.*

🏌 *Haan, Pannschoppen 2 (Nord : 4 km über Gruiten), ℘ (02104) 17 03 07.*
Berlin 541 – Düsseldorf 19 – Köln 40 – Wuppertal 14.

🏠 **CityClass Hotel Savoy** garni (mit Gästehaus), Neuer Markt 23, ✉ 42781, ℘ (02129) 92 20, *savoy@cityclass.de, Fax (02129) 922299,* ⇌, 🌐 – 🛗 ⚡ 📺 📞 ⚑ – 🚗 40. AE ⓞ ⓜ VISA
geschl. 24. Dez. - Anfang Jan. – **86 Zim** ☑ 87/107 – 131.
* Am Eingang zur Fußgängerzone befindet sich das moderne Hotel. Die gute technische Ausstattung erleichtert dem Gast das Leben auf Reisen. Wechselnde Bilderausstellungen.

🏠 **Home Hotel** garni, Schallbruch 15 (nahe der B 228, Nord-Ost : 2 km), ✉ 42781, ℘ (02129) 92 00, *haan@home-hotel.de, Fax (02129) 920111,* ⇌, 🌐 – 🛗 ⚡ 📺 📞 ⚑ 🅿 – 🚗 20. AE ⓞ ⓜ VISA
geschl. 24. - 31. Dez. – **50 Zim** ☑ 85/125 – 100/200.
* Der neuzeitliche Klinkerbau ist sehr autofahrerfreundlich ! In der Tiefgarage, auf dem geräumigen Parkplatz oder in einer Einzelgarage ist Platz für den fahrbaren Untersatz.

🏠 **Friedrich Eugen Engels** 🍴, Hermann-Löns-Weg 14, ✉ 42781, ℘ (02129) 9 37 00, *info@home-engels.de, Fax (02129) 937040,* ⇌, 🌐, 🌳 – 📺 ⚑ 🅿 ⓜ VISA
geschl. 24. Dez. - 2. Jan. (Hotel) – **Menu** *(italienische Küche)* à la carte 24/40 – **20 Zim** ☑ 45/77 – 77/82.
* Diese schlichte Herberge liegt direkt am Rande der Hildener Heide und ist eine Oase der Ruhe. Gepflegte Zimmer und netter Service machen den Charme des Hauses aus. Leckeres aus Bella Italia serviert man im altdeutsch eingerichteten Restaurant Il Capriccio.

✕✕ **Supé**, Bollenheide 4 (im Industriegebiet Haan-Ost), ✉ 42781, ℘ (02129) 56 77 10, *konferenz@supe-restaurant.de, Fax (02129) 567711,* 🌳 – 🛗 ≡ ♿ 🅿 – 🚗 80. ⓞ ⓜ VISA
Menu à la carte 27/41.
* In einem Industriegebiet finden Sie diese Adresse im dritten Stock eines Geschäftshauses. In modern gestyltem Ambiente bedient Sie ein freundliches, geschultes Team.

HAAR *Bayern siehe München.*

HABICHTSWALD *Hessen siehe Kassel.*

HACHENBURG *Rheinland-Pfalz* 4️⃣1️⃣7️⃣ *O 7 – 5 500 Ew – Höhe 370 m – Luftkurort.*

🏌 *Dreifelden, Steinebacherstr. (Süd : 10 km), ℘ (02666) 82 20.*
🅘 *Städt. Verkehrsamt, Perlengasse 2, (Rathaus), ✉ 57627, ℘ (02662) 95 83 30, Fax (02662) 958357.*
Berlin 569 – Mainz 106 – Siegen 37 – Koblenz 54 – Limburg an der Lahn 46.

In Limbach *Nord : 6,5 km – Erholungsort :*

✕✕ **Peter Hilger** 🍴 mit Zim, Hardtweg 5, ✉ 57629, ℘ (02662) 71 06, *Fax (02662) 939231,* 🌳, 🌐 – 🅿 ⓜ VISA. 🍴
Menu *(geschl. Montag - Dienstag)* à la carte 24/40 – **9 Zim** ☑ 24/33 – 38/48 – ½ P 15.
* Das Ambiente in diesem Restaurant ist neuzeitlich mit rustikalen Elementen. Moderne Bilder zieren die Wände, gekocht wird mediterran und auch regional. Freundlicher Service !

HACKENHEIM *Rheinland-Pfalz siehe Kreuznach, Bad.*

HADAMAR Hessen **417** O 8 – 11 000 Ew – Höhe 130 m.
Berlin 550 – Wiesbaden 60 – Koblenz 63 – Limburg an der Lahn 8,5.

🏨 **Nassau-Oranien**, Borngasse 21, ✉ 65589, ℘ (06433) 91 90, hotel-nassau-oranien @t-online.de, Fax (06433) 919100, 斧, ⇔, ☒ – 🛗, ↔ Zim, 📺 ✆ & 🅿 – 🔏 60. 🖭 ◉ ⚙ VISA
Menu à la carte 18/27 – **61 Zim** ☑ 71/81 – 92/113 – ½ P 18.
♦ Eine gelungene Kombination von Alt und Neu ! Die meisten Zimmer sind im Landhaus-Stil eingerichtet. Im Altbau einige "Romantik-Zimmer", die etwas eng, aber behaglich sind. Dezente Gemütlichkeit und internationale Küche finden Sie in den Restaurants vor.

HÄUSERN Baden-Württemberg **419** W 8 – 1 300 Ew – Höhe 875 m – Luftkurort – Wintersport : 850/1 200 m ✦ 1 ✧.
🛈 Tourist-Information, Spitzacker 1, ✉ 79837, ℘ (07672) 93 14 15, Fax (07672) 931422.
Berlin 806 – Stuttgart 186 – Freiburg im Breisgau 58 – Donaueschingen 60 – Basel 66 – Waldshut-Tiengen 22.

🏨 **Adler** (Zumkeller), St.-Fridolin-Str. 15, ✉ 79837, ℘ (07672) 41 70, hotel-adler-
❀ schwarzwald@t-online.de, Fax (07672) 417150, 斧, Massage, 🎿, ⇔, ☒, 🎾, ✵ – 🛗
📺 ⇔ 🅿 ⚙ VISA
geschl. 23. Nov. - 18. Dez. – **Menu** (geschl. 8. Nov. - 18. Dez., Montag - Dienstag) à la carte 29/56 ♀ – **45 Zim** ☑ 82/110 – 126/176, 4 Suiten – ½ P 23.
♦ Geschickt hat man in diesem Haus urwüchsige Tradition mit einem Hauch von zeitgemäßem Luxus versehen. Drei Generationen sorgen dafür, daß man sich hier wirklich wohlfühlt. Schlemmen im Schwarzwald : in den verschiedenen eleganten Landhaus-Stuben.
Spez. Carpaccio vom Loup de mer mit Fenchel-Orangen-Limonen-Vinaigrette. Kalbskopf und Kutteln mit Estragon-Senfsauce. Lammrücken mit Lammhaxen-crépinette.

🏨 **Albtalblick**, St. Blasier Str. 9 (West : 1 km), ✉ 79837, ℘ (07672) 9 30 00, albtalblick @landidyll.de, Fax (07672) 930090, ≤ Albtal mit Albsee, 斧, Massage, ⧈, ♨, ⇔, 🎾 –
🛗, ↔ Zim, 📺 ⇔ 🅿 – 🔏 30. 🖭 VISA
Menu à la carte 18/35 – **34 Zim** ☑ 39/75 – 71/133, 4 Suiten – ½ P 15.
♦ Das im typischen Schwarzwald-Stil erbaute Landhaus bietet Komfort und Gastlichkeit. In der medizinischen Bäderabteilung können Sie etwas Besonderes für Ihre Gesundheit tun. Ein geschultes Küchenteam sorgt umfassend für das leibliche Wohl der Gäste.

HAGEN Nordrhein-Westfalen **417** L 6 – 205 000 Ew – Höhe 105 m.
Sehenswert : Westf. Freilichtmuseum ★★ (Süd-Ost : 4 km über Eilper Straße Z).
⛳ Hagen-Berchum, Tiefendorfer Str 48 (Nord-Ost : 5 km über Haldener Str. Y), ℘ (02334) 5 17 78 ; ⛳ Gevelsberg Gut Berge, Berkenberg 1 (Süd-West : 6 km über ⑤) ℘ (02332) 91 37 55.
🛈 Hagen-Information, Pavillon im Volkspark, ✉ 58095, ℘ (02331) 2 07 58 89, info@stadt-hagen.de, Fax (02331) 2072088.
ADAC, Körnerstr. 62.
Berlin 505 ① – Düsseldorf 62 ① – Dortmund 27 ① – Kassel 178 ①

Stadtplan siehe gegenüberliegende Seite

🏨 **Mercure** 🅼, Wasserloses Tal 4, ✉ 58093, ℘ (02331) 39 10, h2922@accor-hotels.com, Fax (02331) 391153, 斧, ⇔, ☒ – 🛗, ↔ Zim, 🍽 Rest, 📺 ✆ 🅿 – 🔏 220. 🖭 ◉ ⚙ VISA
Menu à la carte 21/40 – **146 Zim** ☑ 85/124 – 99/147.   Z b
♦ Eingebettet in die bizarre Kulisse eines alten Steinbruchs liegt das moderne Tagungshotel. Sie beziehen Quartier in hellen, mit freundlichen Farben dekorierten Zimmern. Das Restaurant Felsengarten ist mit moderner Einrichtung versehen.

In Hagen-Rummenohl über ④ : 13 km :

🏨 **Dresel**, Rummenoher Str. 31 (B 54), ✉ 58091, ℘ (02337) 13 18, info@hotel-dresel.de, Fax (02337) 8981, 斧 – 📺 🅿 – 🔏 100. 🖭 ◉ ⚙ VISA
geschl. Mitte Juli - Anfang Aug. – **Menu** (geschl. Montagmittag, Dienstagmittag, Donnerstagmittag, Freitagmittag) à la carte 23/44 – **19 Zim** ☑ 41/63 – 87/102.
♦ In waldreicher Sauerländer Umgebung liegt der traditionsreiche Gasthof im Landhaus-Stil. Zahlreiche Wanderwege nehmen in unmittelbarer Nähe des Hauses ihren Anfang. Gemütliche Gaststuben mit Gartenterrasse.

HAGEN

Alexanderstraße	Y 2	Bahnhofstraße	Y 4	Elberfelder Straße	YZ
Am Hauptbahnhof	Y 3	Bülowstraße	Y 6	Gertrudstraße	Y 12
		Eduard-Müller-Straße	Y 7	Kampstraße	Z
		Eilper Straße	Z 8	Körnerstraße	Y
				Mittelstraße	Z 15

*Die in diesem Führer angegebenen Preise folgen
der Entwicklung der allgemeinen Lebenshaltungskosten.
Lassen Sie sich bei der Zimmerreservierung den endgültigen
Preis vom Hotelier mitteilen.*

HAGENOW Mecklenburg-Vorpommern 415 416 F 17 – 14 200 Ew – Höhe 37 m.
🛈 *Hagenow-Information, Lange Str. 79,* ✉ *19230,* ✆ *(03883) 72 90 96, Fax (03883) 729096.*
Berlin 202 – Schwerin 30 – Hamburg 90 – Stendal 133.

✗ **Zum Maiwirth** mit Zim, Teichstr. 7, ✉ 19230, ✆ (03883) 6 14 10, Fax (03883) 614117,
- TV P A©
Menu à la carte 16/28,50 – **4 Zim** ⊇ 47 – 65.
 ◆ Internationales sowie einige bodenständige Gerichte aus Mecklenburg-Vorpommern kommen hier auf den Tisch. Im Wintergarten-Anbau sitzt man fast so schön wie draußen.

HAGENOW

In Moraas *Ost : 11 km :*

🏨 **Heidehof**, Hauptstr. 15, ✉ 19230, ✆ (03883) 72 21 40, *hotel-heidehof@m-vp.de*
Fax (03883) 729118, 🍴 – 📺 🅿 – 🔒 15. ⓞ 🆘 💳
Menu *(geschl. 3. - 16. Feb., Dienstagmittag, Mittwochmittag)* à la carte 15/21 – **11 Zim**
🛏 49 – 69.
♦ Zwei schöne, reetgedeckte Fachwerkhäuser beherbergen Restaurant und Hotel. Die Gästezimmer wirken durch das helle Landhausmobiliar freundlich und einladend. Jagdtrophäen und bäuerliche Accessoires schmücken das Restaurant. Schöne Gartenterrasse.

HAGNAU *Baden-Württemberg* **4 1 9** *W 11 – 1 400 Ew – Höhe 409 m – Erholungsort.*
🛈 Tourist-Information, Seestr. 16, ✉ 88709, ✆ (07532) 43 43 43, *tourist-info@hagnau.de*, Fax (07532) 434330.
Berlin 731 – Stuttgart 196 – Konstanz 17 – Ravensburg 29 – Bregenz 43.

🏨 **Villa am See** ⚓ garni, Meersburger Str. 4, ✉ 88709, ✆ (07532) 4 31 30, *erbguth@villa-am-see.de*, Fax (07532) 6997, <, 🍴, 🦆, 🌳 – 🚿 📺 🅿 🆎 ⓞ 🆘 💳
April – Okt. – **7 Zim** 🛏 90/160 – 140/220.
♦ Weißer Marmor, venezianischer Spachtelputz und Stuck verschönern die Jugendstilvilla mit Gartenanlage - Eleganz und geschmackvolle Wohnkultur bis ins letzte Detail.

🏨 **Bodenseehotel Renn** 🅼, Hansjakobstr. 4, ✉ 88709, ✆ (07532) 49 47 80, *info@bodenseehotel-renn.de*, Fax (07532) 4947820, 🍴, 🌳 – 📱 📺 📞 🅿 🆘 💳 ❄ Zim
geschl. 15. Nov. - Feb. – **Guter Tropfen** : Menu à la carte 16/28,50 – **20 Zim** 🛏 64/72 – 82/98.
♦ Das neu eröffnete Hotel empfängt Sie mit einer hellblauen Fassade und ausreichend großen Zimmern, die zeitgemäß mit hellen Naturholzmöbeln ausgestattet sind. Schlichtes Restaurant mit netter Terrasse.

🏨 **Der Löwen**, Hansjakobstr. 2, ✉ 88709, ✆ (07532) 43 39 80, *loewen-hagnau@t-online.de*, Fax (07532) 43398300, 🍴, (Fachwerkhaus a.d.J. 1696), 🦆, 🌳 – 🚿 Zim, 📺 🚗 🅿 🆘 💳 ❄ Zim
Ende März - Ende Okt. – **Menu** *(geschl. Mittwoch) (wochentags nur Abendessen)* à la carte 18/31 – **18 Zim** 🛏 41/62 – 80/110.
♦ Das historische Gasthaus wartet mit neuzeitlichen Zimmern, Strandbad und stimmigem Ambiente auf. Der schöne Garten mit Teichanlage ist ebenfalls sehenswert. Zum Speisen nehmen Sie unter dem imposanten Kreuzgewölbe des Restaurants Platz.

🏨 **Alpina**, Höhenweg 10, ✉ 88709, ✆ (07532) 4 50 90, *alpina.hagnau@web.de*, Fax (07532) 450945 – 🚿 Zim, 📺 🚗 🅿 ❄
geschl. Mitte Dez. – Mitte Jan. – **Menu** *(nur Abendessen)* (Restaurant nur für Hausgäste) – **18 Zim** 🛏 72 – 82/98.
♦ Das sympathische Haus liegt idyllisch am Weinberg. Die Einrichtung ist im hellen, rustikalen Alpenstil gehalten, Pflege und Unterhaltung suchen hier ihresgleichen.

🏨 **Landhaus Messmer** ⚓ garni, Meersburger Str. 12, ✉ 88709, ✆ (07532) 43 31 14, *landhausmessmer@t-online.de*, Fax (07532) 6698, <, 🍴, 🦆, 🌳 – 🚿 📺 🅿 🆎 ⓞ 🆘 💳 ❄ Rest
März – Okt. – **13 Zim** 🛏 50/60 – 80/100.
♦ Direkt am See gelegen ist dieses Hotel mit Wohnhauscharakter. Solide ausgestattete Gästezimmer und eine Terrasse mit unverbautem Seeblick machen den Charme des Hauses aus.

🏨 **Strandhaus Dimmeler** garni, Seestr. 19, ✉ 88709, ✆ (07532) 4 33 40, *strandhausdimmeler@gmx.de*, Fax (07532) 433434, 🦆, 🌳 – 📺 📞 🚗 🅿 ❄
geschl. 5. Nov. - 10. März – **16 Zim** 🛏 42/52 – 67/101.
♦ Wohnen am wasser ! Die aus zwei Gebäuden bestehende Hotelanlage verfügt über solide Zimmer und einen schönen Garten, der direkt an den See grenzt.

HAIBACH *Bayern siehe Aschaffenburg.*

HAIDMÜHLE *Bayern* **4 2 0** *T 25 – 1 500 Ew – Höhe 831 m – Erholungsort – Wintersport : 800/1 300 m ⛷3 🎿.*
Ausflugsziel : Dreisessel : Hochstein ❄★ Süd-Ost : 11 km.
🛈 Tourist-Information, Schulstr. 39, ✉ 94145, ✆ (08556) 1 94 33, *haidmuehle@t-online.de*, Fax (08556) 1032.
Berlin 524 – München 241 – Passau 52 – Freyung 25.

🏨 **Haidmühler Hof**, Max-Pangerl-Str. 11, ✉ 94145, ✆ (08556) 97 00, *haidmuehlerhof@t-online.de*, Fax (08556) 1028, 🍴, Massage, 🦆, 🔲, 🌳 – 📱 🚿 Zim, 📺 🅿 – 🔒 20. 🆎 ⓞ 🆘 💳 ❄ Rest
Menu à la carte 17,50/29,50 – **40 Zim** 🛏 60/65 – 105/115 – ½ P 17.
♦ Ansprechende zeitgemäße Architektur vermittelt ein Gefühl von Geborgenheit und Wohlbefinden. Ölbilder und Aquarelle einheimischer Künstler zeigen die bayerische Landschaft. Im Restaurant Goldene Stadt gibt's niederbayerische Schmankerln und heimisches Bier.

In Haidmühle-Auersbergsreut Nord-West : 3 km – Höhe 950 m :

Haus Auersperg, ✉ 94145, ✆ (08556) 9 60 60, hausauersperg@t-online.de, Fax (08556) 96069, 🍽, 🛏, 🌳 – ⚭ Rest, 📺 ⇔ 🅿. 🆘
geschl. Ende März 2 Wochen, Anfang Nov.- Anfang Dez. – **Menu** (geschl. Dienstag) à la carte 12/26 – **15 Zim** ⇌ 34/45 – 52/65.

♦ Wenn Sie fern vom Massentourismus ruhige Tage erleben wollen, sind Sie hier an der richtigen Stelle. Schlichte Zimmer und eine nette, familiäre Stimmung ! Eine bodenständige Regionalküche trägt zum Wohlbefinden der Urlaubsgäste bei.

In Haidmühle-Bischofsreut Nord-West : 7 km – Höhe 950 m :

Märchenwald 🦌, Langreut 42 (Nord-Ost : 1 km), ✉ 94145, ✆ (08550) 2 25, info@hotel-maerchenwald.de, Fax (08550) 648, 🍽, 🛏, 🌳 – ⚭ Zim, 📺 ⇔ 🅿. 🆘. ⚭ Zim
geschl. 17. März - 11. April, Nov. - Mitte Dez. – **Menu** (geschl. Montag) à la carte 11/20,50 – **18 Zim** ⇌ 29/37 – 51/73 – ½ P 9.

♦ Sehr geräumig sind die Hotelzimmer in diesem einsam in der Natur gelegenen Haus. Die Bäder verfügen über Fußbodenheizung, die Zimmer haben eine eingerichtete Küchenzeile. In der Gaststube freuen sich Gaumen und Geldbeutel !

HAIGERLOCH Baden-Württemberg **419** U 10 – 10 800 Ew – Höhe 425 m.

Sehenswert : Lage★★ – ≤★ von der Oberstadtstraße unterhalb der Wallfahrtskirche St. Anna.

🛈 Verkehrsamt, Oberstadtstr. 11 (Rathaus), ✉ 72401, ✆ (07474) 6 97 27, verkehrsamt@haigerloch.de, Fax (07474) 697627.

Berlin 697 – Stuttgart 70 – Karlsruhe 126 – Reutlingen 48 – Villingen-Schwenningen 59 – Freudenstadt 40.

Schwanen 🅼 (mit Gästehaus), Marktplatz 5 (Unterstadt), ✉ 72401, ✆ (07474) 9 54 60, info@schwanen-haigerloch.de, Fax (07474) 954610, 🍽 – 📶, ⚭ Zim, 📺 📞 ⇔ – 🛁 16. 🆎 ⓞ 🆘 VISA
geschl. Mitte - Ende Aug. – **Menu** (geschl. Montag - Dienstag) 60/77 und à la carte 41/56 – **25 Zim** ⇌ 76/92 – 125/143.

♦ Teil des Hotels ist ein restauriertes Barockhaus a. d. 17. Jh. : im Haupthaus rustikaleres Ambiente mit freigelegtem Fachwerk, im Gästehaus modernere Zimmer mit eleganter Note. Stilvolles Restaurant mit historischer Gewölbedecke und geschmackvollem Dekor.

Gastschloß Haigerloch 🦌, Im Schloß (Nord : 2,5 km), ✉ 72401, ✆ (07474) 69 30, gastschloss@schloss-haigerloch.de, Fax (07474) 69382, ≤, 🍽 – 📺 📞 🅿 – 🛁 40. 🆎 ⓞ 🆘 VISA
geschl. Jan. 2 Wochen, Ende Juli - Mitte Aug. – **Menu** (geschl. Sonntag) à la carte 29/47 – **30 Zim** ⇌ 75/92 – 130/145.

♦ Hoch über dem Felsenstädtchen liegt die ehemalige Obervogtei, die heute ein Hotel beherbergt. Das ehrwürdige Gemäuer bietet moderne, praktische Zimmer. Eine ständige Ausstellung von Kunstobjekten und Gemälden ziert das Restaurant. Terrasse im Schloßhof.

Krone, Oberstadtstr. 47, ✉ 72401, ✆ (07474) 9 54 40, s.erat@t-online.de, Fax (07474) 954444 – 📺. 🆘 VISA
geschl. 12. - 28. Feb., Anf. - Mitte Aug. – **Menu** (geschl. Donnerstag) à la carte 18/30 – **9 Zim** ⇌ 34/44 – 65/72.

♦ Seit vier Generationen befindet sich das Haus in Familienbesitz. Fragen Sie nach einem Zimmer mit Aussicht, von dort aus hat man einen herrlichen Blick hinüber zum Schloß. Die Küche erwartet Sie mit saisonalen Speisen aus dem Schwabenland.

HAINBURG Hessen siehe Hanau am Main.

HALBERSTADT Sachsen-Anhalt **418** K 17 – 41 500 Ew – Höhe 125 m.

Sehenswert : Dom St. Stephanus★★ (Lettner★, Kreuzigungsgruppe★, Domschatz★★) – Liebfrauenkirche (Reliefs★).

🛈 Halberstadt-Information, Hinter dem Rathause 6, ✉ 38820, ✆ (03941) 55 18 15, halberstadt-information@halberstadt.de, Fax (03941) 551089.

Berlin 206 – Magdeburg 55 – Halle 90.

Parkhotel Unter den Linden, Klamrothstr. 2, ✉ 38820, ✆ (03941) 6 25 40, info@pudl.de, Fax (03941) 6254444, 🍽, 🛏 – 📶, ⚭ Zim, 📺 📞 🅿 – 🛁 30. 🆎 ⓞ 🆘 VISA JCB
Menu à la carte 21/33 – **45 Zim** ⇌ 65/85 – 85/105.

♦ Das Natursteingebäude wurde vom bekannten Berliner Architekten Muthesius erbaut. Rundbögen, Balkone und Erker geben den Zimmern im Haupthaus ihr individuelles Gepräge. Das Restaurant mit festlich gewölbter Stuckdecke ist ein Anziehungspunkt für Genießer.

HALBERSTADT

Villa Heine, Kehrstr. 1, ⊠ 38820, ℘ (03941) 3 14 00 (Hotel) 3 18 00 (Rest.), info@hotel-heine.de, Fax (03941) 31500, 斎, 龠, 氺 – 劇, 头 Zim, ⊡ ❦ 僻 – 益 200. 歴 ◍ ☺ 娜
Brauhaus Heine Bräu : **Menu** à la carte 14/23 – **50 Zim** ⊇ 67 – 92.
• In der früheren Fabrikantenvilla wurden alte Stilelemente mit Wohnkomfort der heutigen Zeit kombiniert. Möblierung und textile Ausstattung geben den Zimmern ihren edlen Touch. Mittelpunkt des nostalgischen Gastraumes sind die riesigen, kupfernen Braukessel.

Halberstädter Hof, Trillgasse 10, ⊠ 38820, ℘ (03941) 2 70 80, halberstaedterhof@t-online.de, Fax (03941) 26189, 斎 – ⊡ ❦ 僻 歴 ☺ 娜
Menu à la carte 19,50/27 – **23 Zim** ⊇ 50/67 – 87/98.
• In dem historischen Vogteihaus a. d. 16. Jh. finden Sie moderne Zimmer, die durch antike Elemente und freigelegtes Fachwerk ihren historischen Charakter bewahrt haben. Das Restaurant stellt eine gelungene Symbiose von Alt und Neu dar.

Am Grudenberg garni, Grudenberg 10, ⊠ 38820, ℘ (03941) 6 91 20, kontakt@hotel-grudenberg.de, Fax (03941) 691269, 龠 – 头 ⊡ 僻. 娜
geschl. 23. Dez.- Anfang Jan. – **21 Zim** ⊇ 45/50 – 68/75.
• Die herausragendsten Merkmale dieses netten Fachwerkbaus sind der liebevoll gestaltete Innenhof und der Glaspavillon mit Korbstühlen, der als Frühstücksraum genutzt wird.

Antares Ⓜ, Sternstr. 6, ⊠ 38820, ℘ (03941) 5 66 70, mail@hotel-antares.de, Fax (03941) 600249, 斎 – 劇, 头 Zim, ⊡ 僻 – 益 15. 歴 ☺ 娜
Menu (geschl. Sonntag) (nur Abendessen) à la carte 16,50/25,50 – **24 Zim** ⊇ 51/57 – 72.
• Die großzügigen, hellen Gästezimmer in dem architektonisch interessanten Neubau überzeugen mit übergroßen Federkernbetten und begehbaren Kleiderschränken. Hell und modern eingerichtet, mit Pflanzen und Säulen hübsch dekoriert zeigt sich das Restaurant.

Gästehaus Abtshof ⓢ, garni, Abtshof 27 a, ⊠ 38820, ℘ (03941) 6 88 30, abtshof-halberstadt@t-online.de, Fax (03941) 688368 – ⊡ 僻. ☺ 娜
25 Zim ⊇ 45/55 – 65/75.
• Im Herzen der historischen Altstadt befindet sich das schlichte, liebenswerte Fachwerkhotel. Alle Sehenswürdigkeiten Halberstadts sind von hier aus bequem zu erreichen.

HALBLECH Bayern 419 420 X 16 – 3 500 Ew – Höhe 815 m – Erholungsort – Wintersport : 800/1 500 m ≰4 ≵.

ⓘ Gästeinformation, Bergstr. 2a (Buching), ⊠ 87642, ℘ (08368) 2 85, tourismushalblech@t-online.de, Fax (08368) 7221.
Berlin 646 – München 106 – Garmisch-Partenkirchen 54 – Kempten 56 – Schongau 23 – Füssen 13.

In Halblech-Buching :

Bannwaldsee, Sesselbahnstr. 10 (an der B 17), ⊠ 87642, ℘ (08368) 90 00, info@bannwaldseehotel.de, Fax (08368) 900150, ≼, 斎, 龠, 氺 – 劇 ⊡ ⅙ 僻 – 益 40. 歴 ◍ ☺ 娜. ⅙
geschl. 2. Nov. - 19. Dez. – **Menu** (wochentags nur Abendessen) à la carte 12/25 – **63 Zim** ⊇ 70 – 80/100 – ½ P 15.
• Das Hotel besteht aus zwei miteinander verbundenen Gebäudeteilen. Die Zimmer haben helle Naturholzmöbel und größtenteils Balkone mit zauberhafter Aussicht. Ihre Speisen serviert man mit herzlicher Zuvorkommenheit.

Landgasthof Schäder, Romantische Str. 16 (B 17), ⊠ 87642, ℘ (08368) 13 40, landgasthof.schaeder@t-online.de, Fax (08368) 867, 斎 – ⊡ ⅙ 歴 娜. ⅙ Zim
Menu (geschl. Mitte - Ende Jan., Nov. - April Freitagmittag) à la carte 15/27 – **12 Zim** ⊇ 35/45 – 51/75 – ½ P 10.
• Das Haus verbindet die Atmosphäre eines Landgasthofes mit bürgerlichem Komfort. Die Zimmer sind zweckmäßig und verfügen meistens über einen Balkon. Besonders hübsch ist in der Gaststube die kleine Wolpertinger-Sammlung.

HALDENSLEBEN Sachsen-Anhalt 416 418 J 18 – 20 800 Ew – Höhe 70 m.

ⓘ Haldensleben-Information, Stendaler Turm, ⊠ 39331, ℘ (03904) 4 04 11, info@stadt-haldensleben.de, Fax (03904) 71770.
Berlin 168 – Magdeburg 29 – Brandenburg 117 – Stendal 68.

Behrens, Bahnhofstr. 28, ⊠ 39340, ℘ (03904) 34 21, info@hotel-behrens.de, Fax (03904) 2734, Biergarten – 头 ⊡ ⇔ 僻. 歴 娜. ⅙ Rest
Menu (geschl. Sonntag) (nur Abendessen) à la carte 17/28 – **19 Zim** ⊇ 52/65 – 84.
• Zwei miteinander verbundene Jugendstilvillen bilden diese hübsche Hoteladresse. Mit zeitlosen Möbeln und dezent gemusterten Polstern wurden die Räume bequem eingerichtet. Das Restaurant wirkt durch die angenehme Farbgebung und die schönen Stühle klassisch.

HALFING Bayern 420 W 20 – 2 000 Ew – Höhe 602 m.
 Höslwang, Kronberg 3 (Ost : 5km), ℰ (08075) 7 14.
Berlin 643 – München 68 – Bad Reichenhall 71 – Rosenheim 17 – Salzburg 76 – Wasserburg am Inn 14 – Landshut 78.

Kern, Kirchplatz 5, ✉ 83128, ℰ (08055) 87 11, info@hotel-kern.de, Fax (08055) 8018, 㑁, ☎, ㋐ – 🛗 📺 🅿 – 🔑 35. ⓐⓔ ⓞ ⓜⓞ 𝗩𝗜𝗦𝗔
geschl. Jan. – **Menu** (geschl. Montag) à la carte 14/33 – **32 Zim** ⌘ 35/49 – 58/98.
 ◆ Das Hauptgebäude des bayerischen Gasthofs besitzt einen Wohnturm, in dem die Highlights untergebracht sind : die beiden sehr geräumigen Turmzimmer, eines mit Glaskuppel. Im mit Malereien verzierten Restaurant herrscht ein rustikales Ambiente.

HALLBERGMOOS Bayern siehe Freising.

HALLE (SAALE) Sachsen-Anhalt 418 L 19 – 249 000 Ew – Höhe 94 m.
 Sehenswert : Händelhaus★ DY – Staatl. Galerie Moritzburg★★ DY – Marktplatz★ EY – Marktkirche★ (Aufsatz des Hochaltars★) EY – Moritzkirche (Werke★ von Conrad v. Einbeck) DZ – Doppelkapelle in Landsberg (Kapitele★, Blick★).
 Ausflugsziel : Merseburg : Dom★★ (Kanzel★, Bronzegrabplatte★ König Rudolfs) Süd : 16 km über ④.
 🛈 Tourist-Information, Marktplatz (Roter Turm), ✉ 06108, ℰ (0345) 47 23 30, Fax (0345) 4723333.
 ADAC, Herrenstr. 20.
Berlin 170 ① – Magdeburg 86 ⑥ – Leipzig 42 ④ – Gera 74 ② – Nordhausen 91 ⑤.

 Stadtpläne siehe nächste Seiten

Dorint Charlottenhof 🅼, Dorotheenstr. 12, ✉ 06108, ℰ (0345) 2 92 30, info.lejhal@dorint.com, Fax (0345) 2923100, 㑁, 🎾, ☎, – 🛗, ⁂ Zim, ☰ 📺 ☏ & 🅿 – 🔑 120. ⓐⓔ ⓞ ⓜⓞ 𝗩𝗜𝗦𝗔
Menu à la carte 21/32,50 – ⌘ 14 – **166 Zim** 99 – 141. FZ c
 ◆ Überall im Inneren des modernen Hotelneubaus trifft man auf angedeutete Jugendstilelemente. Die Zimmer sind in warmen Farbtönen gehalten und bieten ein kultiviertes Ambiente. Geschickt ist das Restaurant durch runde Sitzgruppen unterteilt worden.

Maritim, Riebeckplatz 4, ✉ 06110, ℰ (0345) 5 10 10, info.hal@maritim.de, Fax (0345) 5101777, 㑁, Massage, ☎, 🞖, – 🛗, ⁂ Zim, ☰ 📺 ☏ & 🅿 – 🔑 500. ⓐⓔ ⓞ ⓜⓞ 𝗩𝗜𝗦𝗔 𝗝𝗖𝗕
Le Grand : **Menu** à la carte 20,50/38,50 – ⌘ 13 – **298 Zim** 88/126 – 102/152. FZ a
 ◆ Moderne Eleganz dominiert in den Zimmern und Suiten dieses renommierten Hauses. Kosmetikstudio und Frisörsalon zählen zu den Annehmlichkeiten, die man hier genießt. Blauer Teppichboden, Polsterstühle im selben Ton geben dem Le Grand ein elegantes Flair.

Kempinski Hotel Rotes Ross garni, Leipziger Str. 76, ✉ 06108, ℰ (0345) 23 34 30, reservations.rotesross@kempinski.com, Fax (0345) 23343699, ☎, – 🛗 ⁂ 📺 ☏ & ⇔ – 🔑 350. ⓐⓔ ⓞ ⓜⓞ 𝗩𝗜𝗦𝗔 𝗝𝗖𝗕 EZ s
⌘ 14 – **89 Zim** 120/160 – 150/190, 3 Suiten.
 ◆ Sie betreten das Haus durch eine hübsche Halle im englischen Stil. Die Zimmer sind geschmackvoll und elegant gestaltet, mit schönen Accessoires dekoriert.

Europa, Delitzscher Str. 17, ✉ 06112, ℰ (0345) 5 71 20, hotel-europa.halle@t-online.de, Fax (0345) 5712161, ☎, – 🛗, ⁂ Zim, 📺 & ⇔ 🅿 – 🔑 30. ⓐⓔ ⓞ ⓜⓞ 𝗩𝗜𝗦𝗔 𝗝𝗖𝗕 FZ b
Menu à la carte 18/28 – **103 Zim** ⌘ 47/85 – 100.
 ◆ Im Zentrum der Saalestadt liegt dieses Hotel an einem Verkehrsknotenpunkt. Die Inneneinrichtung ist komplett in Mahagoni gehalten, die Tagungsräume bieten solide Technik. Restaurant und Bistro erinnern an einen Schiffsinnenraum.

Apart Hotel garni, Kohlschütterstr. 5, ✉ 06114, ℰ (0345) 5 25 90, info@apart.halle.de, Fax (0345) 5259200, ☎, – 🛗 ⁂ 📺 ☏ 🅿 – 🔑 35. ⓐⓔ ⓞ ⓜⓞ 𝗩𝗜𝗦𝗔 𝗝𝗖𝗕 BT a
49 Zim ⌘ 64/69 – 77/85.
 ◆ Das Hotel ist in einer alten Villa und einem ehemaligen Krankenhaus untergebracht. Hohe Decken und Stuck charakterisieren beide Häuser. Moderne, wohnliche Zimmer !

Am Wasserturm garni, Lessingstr. 8, ✉ 06114, ℰ (0345) 2 98 20, city-hotel-halle@gmx.de, Fax (0345) 5126543, ☎ – 🛗 ⁂ 📺 ☏ – 🔑 35. ⓐⓔ ⓞ ⓜⓞ 𝗩𝗜𝗦𝗔 𝗝𝗖𝗕 EX f
50 Zim ⌘ 56/67 – 72/78.
 ◆ In einem Wohngebiet, in Sichtweite zum alten Wasserturm-Ost befindet sich das Stadthotel. Langzeitgästen bietet man Zimmer mit komplett eingerichteter Kleinküche.

MAGDEBURG
BERNBURG
KÖTHEN
A
B
6
LETTIN
Brachwitzer Str.
HAFEN HALLE-TROTHA
Schiepziger Str.
Köthener Str.
Trothaer Str.
TROTHA
Nord - str.
12
HEIDE - NORD
Wald - str.
KRÖLLWITZ
SAALE
Posthornstr.
49
36
T
DÖLAU
Dölauer Str.
M
61
U
ZOOLOG. GARTEN
GALGENBERG-SCHLUCHT
Landrain
Dessauer Str.
KOLKTURMBERG
132
DÖLAUER HEIDE
Brandbergweg
54
BURG GIEBICHENSTEIN
40
106
Berliner
HARZGERODE SALZMÜNDE
weg
M
46
U
16
LANDES MUSEUM
a
Reilstr.
85
90
Kolkturm -
HEIDE - SÜD
PEISSNITZ-INSEL
TOURISTIK-ZENTRUM
Blücherstr.
Berliner
Heide-see
48
37
MORITZBURG
72
d
30
U
Magistrale
5
An der
80
103
NEUSTADT
103
Eislebener
Zollrain
Chaussee
105
Weg
Merseburger
76
NORDHAUSEN EISLEBEN LUTHERSTADT
96
RABEN - INSEL
Str.
Böllberger
Str.
102
Lauchstädter
ANGERSDORF
22
Suhr -
19
Diesel-
Str.
WÖRMLITZ
Paul -
Südstadtring
Allee
Kaiserslauterer Str.
Karlsruher
Freyburger Str.
Kasseler Str.
Merseburger
HOLLEBEN
SAALE
SILBERHÖHE
V
Str.
Mühlengraben
Thälmann-
Süd - Str.
BEESEN
34
63
Str.
HOHENWEIDEN
AMMENDORF
Ernst-
Neustädter Str.
81
RADEWELL
91
DELITZ AM BERGE
4
BAD LAUCHSTÄDT
A
MERSEBURG
B
MERSEBURG JENA
GERA

HALLE

Äußere Diemitzer Straße	**CU**	7
Birkhahnweg	**CT**	10
Blumenauweg	**AT**	12
Burgstraße	**BT**	16
Damaschkestraße	**BU**	19
Dieskauer Straße (DIESKAU)	**CV**	21
Diesterwegstraße	**BU**	22
Dölbauer Landstraße	**CU**	24
Döllnitzer Straße (DIESKAU)	**CV**	25
Dorfstraße (PEISSEN)	**CT**	28
Freiimfelder Straße	**BU**	30
Fritz-Hoffmann-Straße	**BU**	33
Georgi-Dimitroff-Straße	**BV**	34
Geschwister-Scholl-Straße	**BT**	36
Gimritzer Damm	**BU**	37
Große Brunnenstraße	**BT**	40
Grubenstraße	**CV**	44
Hallesche Straße (DIESKAU)	**CV**	45
Heideallee	**AT**	46
Heidestraße	**AU**	48
Helmut-Just-Straße	**BT**	49
Hubertusplatz	**AT**	54
Käthe-Kollwitz-Straße	**CU**	55
Kröllwitzer Straße	**ABT**	61
Kurt-Wüsteneck-Straße	**BV**	63
Lindenring (PEISSEN)	**CT**	66
Nietlebener Straße	**AU**	72
Paul-Singer-Straße	**CU**	75
Raffineriestraße	**BU**	76
Regensburger Straße	**BCV**	81
Reideburger Landstraße	**CU**	82
Reideburger Straße (ZWINTSCHÖNA)	**CUV**	84
Richard-Wagner-Straße	**BT**	85
Rosenfelder Straße	**CT**	87
Salzmünder Straße	**AT**	90
Schneeberger Straße	**CU**	93
Straße der Republik	**BU**	96
Straße des Friedens (PEISSEN)	**CT**	97
Vogelweide	**BU**	102
Weststraße	**AU**	103
Wörmlitzer Straße	**BU**	105
Wolfensteinstraße	**BT**	106
Zieglerstraße	**CV**	107
Zöberitzer Straße (PEISSEN)	**CT**	109
Zöberitzer Weg (BRASCHWITZ)	**CT**	111
Zörbiger Straße	**CT**	112
Zum Planetarium	**CU**	114

*Erfahrungsgemäß werden
bei größeren Veranstaltungen,
Messen und Ausstellungen
in vielen Städten
und deren Umgebung
erhöhte Preise verlangt.*

604

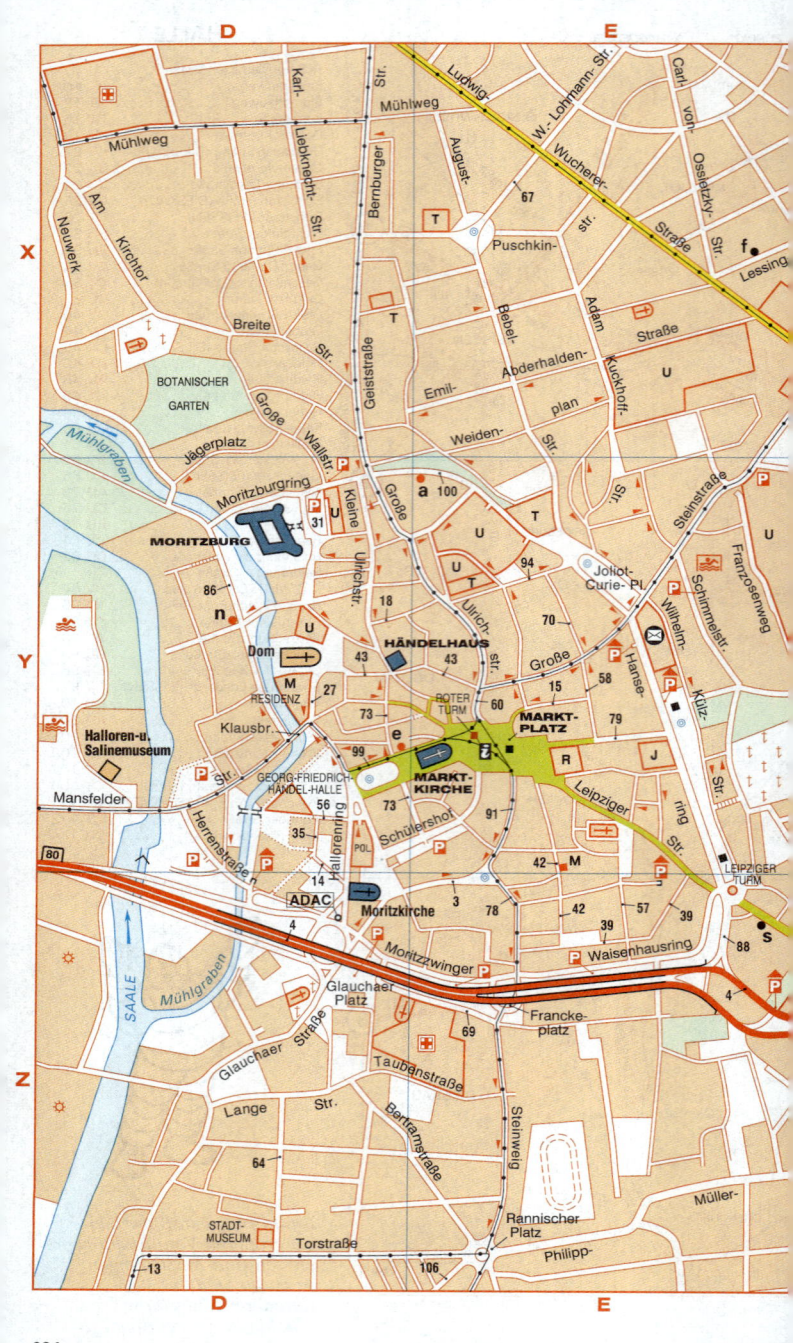

HALLE

Adam-Kuckhoff-Straße	**EXY**
Alter Markt	**EZ** 3
Am Kirchtor	**DX**
Am Steintor	**EFX**
An der Waisenhausmauer	**DEZ** 4
Anhalter Straße	**FY** 6
August-Bebel-Straße	**EXY**
Berliner Straße	**FX**
Bernburger Straße	**DX**
Bertramstraße	**DEZ**
Böllberger Weg	**DZ** 13
Bornknechtstraße	**DYZ** 14
Breite Straße	**DX**
Brüderstraße	**EY** 15
Carl-von-Ossietzky-Straße	**X**
Dachritzstraße	**DEY** 18
Delitzscher Straße	**FZ**
Domstraße	**DY** 27
Dorotheenstraße	**FYZ**
Emil-Abderhalden-Straße	**EX**
Ernst-Kamieth-Straße	**FZ**
Franckeplatz	**EZ**
Franckestraße	**FY**
Franzosenweg	**EY**
Friedemann-Bach-Platz	**DY** 31
Geiststraße	**DX**
Gerberstraße	**DY** 35
Glauchaer Platz	**DZ**
Glauchaer Straße	**DZ**
Große Brauhausstraße	**EZ** 39
Große Märkerstraße	**EYZ** 42
Große Nikolaistraße	**DEY** 43
Große Steinstraße	**EY**
Große Ulrichstraße	**DEY**
Große Wallstraße	**DXY**
Hallorenring	**DYZ**
Hansering	**EY**
Herrenstraße	**DYZ**
Joliot-Curie-Platz	**EY**
Julius-Kühn-Straße	**FX**
Karl-Liebknecht-Straße	**DX**
Kellnerstraße	**DY** 56
Klausbrücke	**DY**
Kleine Brauhausstraße	**EYZ** 57
Kleine Steinstraße	**EY** 58
Kleine Ulrichstraße	**DY**
Kleinschmieden	**EY** 60
Krausenstraße	**EFY**
Lange Straße	**DZ**
Leipziger Straße	**EFYZ**
Lerchenfeldstraße	**DZ** 64
Lessingstraße	**EFX**
Ludwig-Wucherer-Straße	**EX**
Magdeburger Straße	**FY**
Mansfelder Straße	**DY**
Markplatz	
Martha-Brautzsch-Straße	**EY** 67
Matthias-Claudius-Straße	**FX**
Mauerstraße	**FZ** 69
Merseburger Straße	**FZ**
Mittelstraße	**EY** 70
Moritzburgring	**DY**
Moritzzwinger	**DEZ**
Mühlweg	**DEX**
Neuwerk	**DX**
Oleariusstraße	**DY** 73
Paracelsusstraße	**FX**
Philipp-Müller-Straße	**EFZ**
Puschkinstraße	**DEX**
Rannischer Platz	**EZ**
Rannische Straße	**EZ** 78
Rathausstraße	**EY** 79
Riebeckplatz	**FZ**
Robert-Franz-Ring	**DY** 86
Rudolf-Breitscheid-Straße	**EFZ** 88
Rudolf-Ernst-Weise-Straße	**FZ** 89
Schimmelstraße	**EY**
Schmeerstraße	**EY** 91
Schülershof	**EY**
Schulstraße	**EY** 94
Steinweg	**EZ**
Talamtstraße	**DY** 99
Taubenstraße	**DEZ**
Torstraße	**DZ**
Turmstraße	**FZ**
Universitätsring	**DEY** 100
Volkmannstraße	**FXY**
Waisenhausring	**EZ**
Weidenplan	**EX**
Wilhelm-Külz-Straße	**EY**
Willy-Lohmann-Straße	**EX**
Wörmlitzer Straße	**EZ** 105

HALLE (SAALE)

XX San Luca, Universitätsring 8 (Innenhof), ⊠ 06108, ℘ (0345) 2 00 35 87, Fax (0345) 2003588, 佘 – 歴 ◉◉
EY a
geschl. Sonntag – **Menu** (italienische Küche) à la carte 22/35.
• Über den Innenhof erreichen Sie das Restaurant mit dem schönen Kreuzgewölbe und den Bogenfenstern. Begegnen Sie hier einem italienischen Küchenstil mit französischem Einfluß!

XX Dolce Vita, Robert-Franz-Ring 8, ⊠ 06108, ℘ (0345) 2 03 06 98 – 歴 ◉ ◉◉ VISA
geschl. 6. - 27. Jan., Sonntag – **Menu** (nur Abendessen) (italienische Küche) à la carte 29/34,50.
DY r
• Unternehmen Sie eine kulinarische Reise durch die Provinzen Italiens! Eingestimmt durch mediterranes Ambiente gibt man sich hier voll und ganz dem "Süßen Leben" hin.

X Mönchshof, Talamtstr. 6, ⊠ 06108, ℘ (0345) 2 02 17 26, kontakt@moenchshof-halle.de, Fax (0345) 2091065 – 歴 ◉ ◉◉ VISA
DY e
geschl. Sonntagabend – **Menu** à la carte 14/25.
• Wenn Sie die rustikale Gemütlichkeit lieben, werden Sie sich hier wohlfühlen! Das dunkle getäfelte Restaurant direkt am Dom bietet gutbürgerliche Küche mit regionalem Einfluß.

In Halle-Neustadt West : 2 km :

Magistralen Carré M, Neustädter Passage 5, ⊠ 06122, ℘ (0345) 6 93 10, info@hotel-magistralen-carre.de, Fax (0345) 6931626, 佘 – 劇, ∜ Zim, ☰ ☎ ⚡ ← – 益 100. 歴 ◉◉ VISA JCB
AU d
Menu à la carte 15/30 – **186 Zim** ☑ 70/95 – 85/110.
• "Weniger ist mehr" ist hier die Devise. Recht schnörkellos, doch trotzdem mit netten Einrichtungsideen und zeitgemäßem Komfort wartet das neuerbaute Hotel auf. Das Restaurant ist hell und mit angenehmen farblichen Akzenten dekoriert.

In Dölbau Süd-Ost : 6 km über ② ; an der BAB Ausfahrt Halle-Ost :

Konsul M, Hotelstr. 1, ⊠ 06184, ℘ (034602) 6 70, hotel-konsul@t-online.de, Fax (034602) 67670, ≘s – 劇, ∜ Zim, ☰ ☎ ⚡ 医 – 益 45. 歴 ◉ ◉◉ VISA. ✧ Zim
Menu (geschl. Samstag - Sonntag) à la carte 17/29 – **123 Zim** ☑ 54/60 – 87/102.
• Die günstige Lage an der A 14 macht das Hotel zu einem idealen Standort für Ihre Aktivitäten in Halle. Klimaanlage und schalldichte Fenster garantieren ungestörte Nachtruhe. Im palmengeschmückten Restaurant Diners sorgt man für das leibliche Wohl der Gäste.

In Peißen Nord-Ost : 5 km :

Treff Hansa M, Hansaplatz 1 (Gewerbegebiet), ⊠ 06188, ℘ (0345) 5 64 70, halle@treff-hotels.de, Fax (0345) 5647550, 佘, Massage, ⓕ, ≘s – 劇, ∜ Zim, ☰ ☎ ⚡ 医 – 益 450. 歴 ◉ ◉◉ VISA
CT f
Menu à la carte 21/30 – ☑ 13 – **301 Zim** 65/120.
• Dieses neuzeitliche Tagungshotel entspricht in jeder Hinsicht den Anforderungen des modernen Reisenden. Im Freizeitbereich kann man nach Feierabend neue Energie schöpfen.

Mercure Alba M, An der Mühle 1 (Gewerbegebiet), ⊠ 06188, ℘ (0345) 5 75 00, hotel-alba@t-online.de, Fax (0345) 5750100, Biergarten, ≘s – 劇, ∜ Zim, ☎ ⚡ 医 – 益 160. 歴 ◉ ◉◉ VISA JCB
CT c
Menu à la carte 18/27 – **134 Zim** ☑ 75/85 – 92/102.
• Blickfang des Hauses ist die in die neue Architektur integrierte alte Mühle, in der sich die Hotelbar befindet. Zur Wahl stehen Ihnen Nichtraucherzimmer und Businesszimmer. Bequem sitzt man auf den roten Polsterstühlen und -bänken im weitläufigen Restaurant.

HALLE IN WESTFALEN Nordrhein-Westfalen 417 J 9 – 19 500 Ew – Höhe 130 m.

ℹ Halle, Eggeberger Str. 12 (Nord : 2 km), ℘ (05201) 62 79.
Berlin 399 – Düsseldorf 176 – Bielefeld 15 – Münster (Westfalen) 60 – Osnabrück 38.

Sportpark Hotel M ⚘, Weststr. 16, ⊠ 33790, ℘ (05201) 89 90, sphotel@aol.com, Fax (05201) 899440, 佘, Massage, ≘s, ✧ (Halle) – 劇, ∜ Zim, ☎ ⚡ 医 – 益 90. 歴 ◉ ◉◉ VISA JCB. ✧ Rest
Menu à la carte 30/41,50 – **101 Zim** ☑ 98/112 – 131/157, 5 Suiten.
• Der Eingangsbereich ist großzügig und in hellen, mediterranen Tönen gehalten. Die Zimmer hat man ebenfalls mit modernen Möbeln und interessanten Farben schmuckvoll gestaltet. Tafeln Sie stilvoll, mit Blick auf den Park und eine Teichanlage mit sprudelnder Fontäne.

Gästehaus Schmedtmann M garni, Bismarckstr. 2, ⊠ 33790, ℘ (05201) 8 10 50, Fax (05201) 810526, ≘s, 佘 – ☎ ← 医 – 益 40. 歴 ◉ ◉◉ VISA
12 Zim ☑ 63/66 – 82/92.
• Hell und luftig liegt das im Bungalow-Stil gebaute Gästehaus in einer Gartenanlage. Die Zimmer bieten reichlich Platz und zum Teil Ausblick auf das satte Grün im Innenhof.

HALLE IN WESTFALEN

St. Georg garni, Winnebrockstr. 2, ⌂ 33790, ℘ (05201) 8 10 40, *hotel_st._georg @t-online.de*, Fax (05201) 8104132 –
geschl. 20. Dez. - 7. Jan. – **27 Zim** 41 – 67.
• Jedes Zimmer ist hier anders gestaltet. Von weißem Schleiflack bis zu modernen schwarzen Möbeln ist alles vertreten, wodurch jeder Raum sein unverwechselbares Gepräge erhält.

In Werther Ost : 6 km :

Stadthotel Werther garni, Alte Bielefelder Str. 24, ⌂ 33824, ℘ (05203) 97 41 41, Fax (05203) 974159 –
15 Zim 45 – 75.
• Im Stil sind die modernen Zimmer ähnlich eingerichtet, jedoch wirkt durch unterschiedliche Farbakzente jeder Raum etwas anders. Eine angenehme und nicht alltägliche Adresse !

Kippskrug, Engerstr. 61, ⌂ 33824, ℘ (05203) 9 71 80, *hagehring@aol.com*, Fax (05203) 268, Biergarten, (Halle) –
Menu *(geschl. Donnerstagmittag, Freitagmittag)* à la carte 17/34,50 – **12 Zim** 32/45 – 50/72.
• Seit 1899 beherbergt das Anwesen einen gastronomischen Betrieb. Heute finden Sie hier zwölf gut gepflegte Gästezimmer. Vier Kegelbahnen sorgen für sportliche Abwechslung. Rustikale, bürgerliche Gaststube.

HALLENBERG Nordrhein-Westfalen 417 M 9 – 5 000 Ew – Höhe 385 m – Wintersport :

▮ Touristverband, Merklinghauser Str. 1, ⌂ 59969, ℘ (02984) 82 03, Fax (02984) 31937.
Berlin 467 – Düsseldorf 200 – Marburg 45 – Kassel 86 – Korbach 32 – Siegen 85.

Diedrich, Nuhnestr. 2 (B 236), ⌂ 59969, ℘ (02984) 93 30, *mail@hotel-diedrich.de*, Fax (02984) 933244, 40.
Menu *(geschl. Dienstag)* à la carte 20/39 – **44 Zim** 48/65 – 80/97 – ½ P 16.
• Von der Tanzveranstaltung mit Hausband bis zur Planwagen- oder Pferdeschlittenfahrt organisiert man hier für die Gäste eine Vielzahl von kurzweiligen Freizeitaktionen. Das Ambiente des Restaurants ist gediegen und sehr gepflegt.

Sauerländer Hof, Merklinghauser Str. 27 (B 236), ⌂ 59969, ℘ (02984) 4 21, *hotel @sauerlaender-hof.de*, Fax (02984) 2556, 30.
Menu à la carte 20/39,50 – **31 Zim** 44/61 – 78/112.
• Einheitlich in elegantem Landhaus-Stil ist dieses Haus eingerichtet. Schon die Halle empfängt Sie mit wohligem Ambiente, hervorgerufen durch viel Holz und wertvolle Teppiche. Kultiviert speist man im Restaurant mit Wintergarten, Kaminecke und Terrasse.

In Hallenberg-Hesborn Nord : 6 km :

Zum Hesborner Kuckuck, Ölfestr. 22, ⌂ 59969, ℘ (02984) 9 21 30, *hotel@hesbornerkuckkuck.de*, Fax (02984) 9213333, Rest
Menu à la carte 21/30 – **53 Zim** 71/78 – 132 – ½ P 21.
• Inmitten der waldreichen Landschaft des Hochsauerlands liegt dieses Urlaubshotel. Ein Allwettertennisplatz erlaubt Liebhabern dieses Sports auch bei Regen aktiv zu sein. Wandern macht hungrig ! Hier können Sie sich in ungezwungener Umgebung stärken.

HALLERNDORF Bayern 419 420 Q 16 – 3 300 Ew – Höhe 260 m.
Berlin 426 – München 223 – Nürnberg 47 – Bamberg 22 – Würzburg 97.

In Hallerndorf-Pautzfeld Nord-Ost : 3,5 km :

Kammerer (mit Gästehaus), Pautzfelder Str. 36, ⌂ 91352, ℘ (09545) 74 68, *info @gaestehaus-kammerer.de*, Fax (09545) 4025, Zim,
Menu (Restaurant nur für Hausgäste) – **33 Zim** 25/35 – 40/54.
• In der Ortsmitte liegt das Stammhaus des gewachsenen Familienbetriebs. Die Zimmer befinden sich im 100 Meter entfernten Gästehaus. Sie sind wohnlich und tadellos unterhalten.

In Hallerndorf-Willersdorf Süd-West : 3 km :

Brauerei Rittmayer, Willersdorf 108, ⌂ 91352, ℘ (09195) 9 47 30, *kontakt @rittmayer.com*, Fax (09195) 9473150, Biergarten, Zim, 20. Rest
Menu *(geschl. Mitte - Ende Juli, Montagmittag, Dienstag)* à la carte 12/24 – **15 Zim** 36 – 55.
• Der ehrwürdige Landgasthof, der seit 1422 das Braurecht besitzt, wurde auf reizvolle Weise mit einem modernen Gästehaus kombiniert. Die Zimmer sind gemütlich und komfortabel. Im alten Sudhaus befindet sich heute der gemütliche Gastraum.

HALLSTADT Bayern siehe Bamberg.

HALLWANG Österreich siehe Salzburg.

HALSENBACH Rheinland-Pfalz siehe Emmelshausen.

HALTERN Nordrhein-Westfalen **417** K 5 – 37 000 Ew – Höhe 35 m.
    ∄ Stadtagentur, Altes Rathaus, Markt 1, ⊠ 45721, ℰ (02364) 93 33 66, stadtagentur @haltern.de, Fax (02364) 933364.
    Berlin 500 – Düsseldorf 77 – Münster (Westfalen) 46 – Recklinghausen 15.

  Am Turm, Turmstr. 4, ⊠ 45721, ℰ (02364) 9 60 10, Fax (02364) 960122 – TV, AE ①
  ⓜ VISA. ❀ Zim
  Menu à la carte 17/38 – **12 Zim** ⌑ 55 – 85.
  ◆ Die Zimmer in dem 1998 erbauten Hotel sind geräumig und durch Polstersitzgruppen aufgelockert. Kirschholz, helle Buche und dezente Farbkontraste erzeugen wohnliches Flair. Das Restaurant hat sich auf Grillgerichte und Balkanküche spezialisiert.

In Haltern-Sythen Nord : 5 km :

  Pfeiffer's Sythener Flora, Am Wehr 71, ⊠ 45721, ℰ (02364) 9 62 20, mail@ho tel-pfeiffer.de, Fax (02364) 962296, ⇖, – |✿| TV P. AE ① VISA
  geschl. 21. Juli - 16. Aug. - **Menu** (geschl. Donnerstag) à la carte 17/36 – **11 Zim** ⌑ 40/50 – 70/75.
  ◆ Abseits der Hauptstraße, ist das Haus gegenüber der alten Sythener Wassermühle gelegen. Hier bewirtet die engagierte Hoteliersfamilie schon seit 1851 Reisende und Urlauber. Das Restaurant ist groß, mehrfach unterteilt und mit vielen Grünpflanzen dekoriert.

HALVER Nordrhein-Westfalen **417** M 6 – 15 800 Ew – Höhe 436 m.
    Berlin 534 – Düsseldorf 64 – Hagen 23 – Köln 63 – Lüdenscheid 12.

In Halver-Carthausen Nord-Ost : 4 km :

  Haus Frommann, Carthausen 14, ⊠ 58553, ℰ (02353) 9 14 55, info@haus-from mann.de, Fax (02353) 914566, ⇖, ⇗ – ❀ Zim, TV P – 🛋 30. AE ① ⓜ VISA
  Menu à la carte 19/42 – **21 Zim** ⌑ 59/65 – 74/77.
  ◆ In der lieblichen und waldreichen Landschaft des Märkischen Sauerlandes finden Sie in dörflicher Lage eine sympathische Herberge. Fragen Sie nach einem Zimmer mit Balkon ! Nett sitzt man im Restaurant an aufwendig gedeckten Tischen.

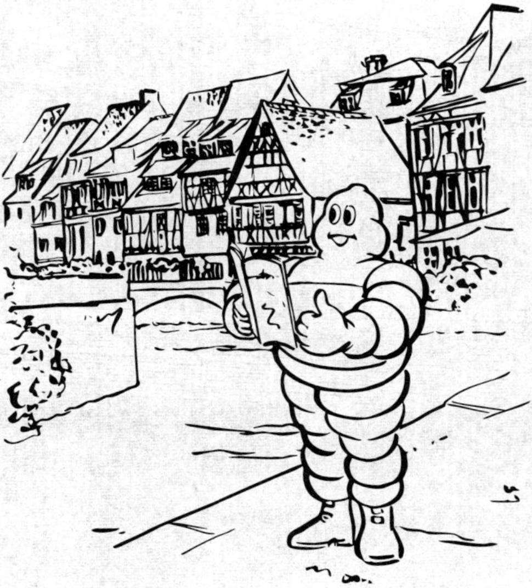

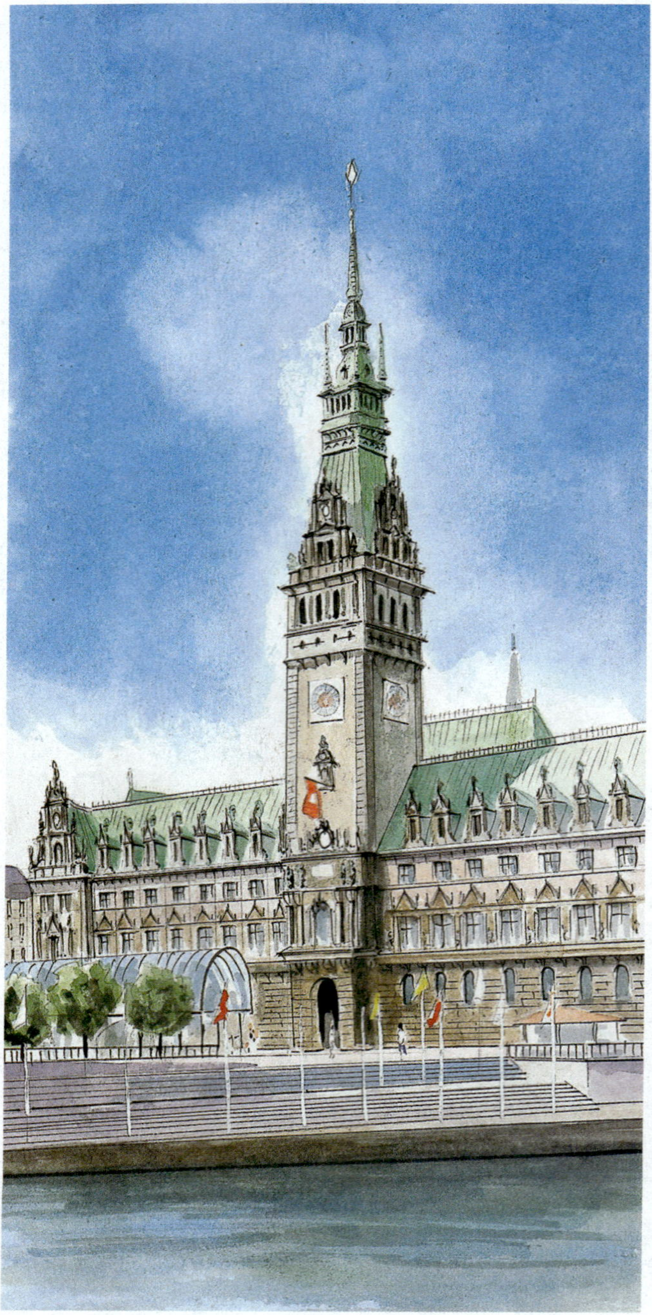

HAMBURG

L Stadtstaat Hamburg 415 416 F 14 – 1 700 000 Ew – Höhe 10 m

Berlin 284 ③ – Bremen 120 ⑥ – Hannover 151 ⑤

Umgebungskarte	S. 2
Stadtplan Hamburg :	
Hamburg und Umgebung	S. 3
Innenstadt und Stadtteile	S. 4 und 5
Zentrum	S. 6 und 7
Straßenverzeichnis	S. 8
Alphabetisches Verzeichnis der Hotels und Restaurants	S. 9 und 10
Hotels und Restaurants	S. 11 bis 24

PRAKTISCHE HINWEISE

🛈 *Hamburg Tourismus GmbH, Steinstr. 7,* ✉ *20095,*
✆ *(040) 30 05 13 00, info@hamburg-tourismus.de, Fax (040) 30051210.*
🛈 *Tourist-Information im Hauptbahnhof,* ✉ *20099,* ✆ *(040) 30 05 13 00.*
🛈 *Tourist-Information am Hafen, Landungsbrücke 4-5,* ✉ *20459*
✆ *(040) 30 05 12 03, Fax (040) 313578*
ADAC, *Amsinckstr. 39*
🏌 *Hamburg-Blankenese, Falkenstein, In de Bargen 59 (über Elbchaussee* S*),* ✆ *(040) 81 21 77*
🏌 *Hamburg-Lemsahl, Treudelberg, Lemsahler Landstr. 45, (Nord : 16 km),*
✆ *(040) 60 82 25 00*
🏌 *Wendlohe, Oldesloer Str. 251* R*,* ✆ *(040) 5 52 89 66*
🏌 *Prisdorf, Peiner Hof (Nord-West : 22 km),* ✆ *(04101) 7 37 90*
🏌 🏌 *Ammersbeck, Walddörfer, Schevenbarg (Nord-Ost : 20 km, über* ①*),* ✆ *(040) 6 05 13 37*
🏌 *Escheburg, Am Soll 3, (Süd-Ost : 25 km, über B5),* ✆ *(04152) 8 32 04*
🏌 *Wentorf-Reinbek, Golfstr. 2 (Süd-Ost : 20 km),* ✆ *(040) 72 97 80 66*
🏌 🏌 *Holm, Haverkamp 1 (Nord-Ost : 24 km, über B431 und Wedel),* ✆ *(04103) 9 13 30*
🏌 *Seevetal-Hittfeld, Am Golfplatz 24, (Süd : 24 km),* ✆ *(04105) 23 31*
✈ *Hamburg-Fuhlsbüttel (Nord : 15 km* R*),* ✆ *(040) 5 07 50*
🚗 *Hamburg Altona, Präsident-Krahn-Straße*
Hamburg Messe und Congress GmbH **EFX** *St. Petersburger Str. 1* ✉ *20355,* ✆ *(040) 3 56 90, Fax (040) 35692180.*

HAUPTSEHENSWÜRDIGKEITEN

Museen, Galerien, Sammlungen : *Kunsthalle*★★ **HY M¹** – *Museum für Kunst und Gewerbe*★ **HY M²** – *Museum für Hamburgische Geschichte*★ **EYZ M³** – *Postmuseum*★ **FY M⁴** – *Hamburgisches Museum für Völkerkunde*★ **CT M⁵** – *Norddeutsches Landesmuseum*★★ **AU M⁶**.
Parks, Gärten, Seen : *Außenalster*★★★ **GHXY** – *Tierpark Hagenbeck*★★ **R** – *Hafen*★★ **EZ** – *Park „Planten un Blomen"*★ **EFX**.
Gebäude, Straßen, Plätze : *Fernsehturm*★ (❊★★ **EX** – *Jungfernstieg*★ **GY** – *St-Michaelis*★ (❊★) **FZ** – *Stintfang* (≤★) **EZ** – *Elbchaussee*★ **S** – *Altonaer Balkon* (≤★) **AU S**.

611

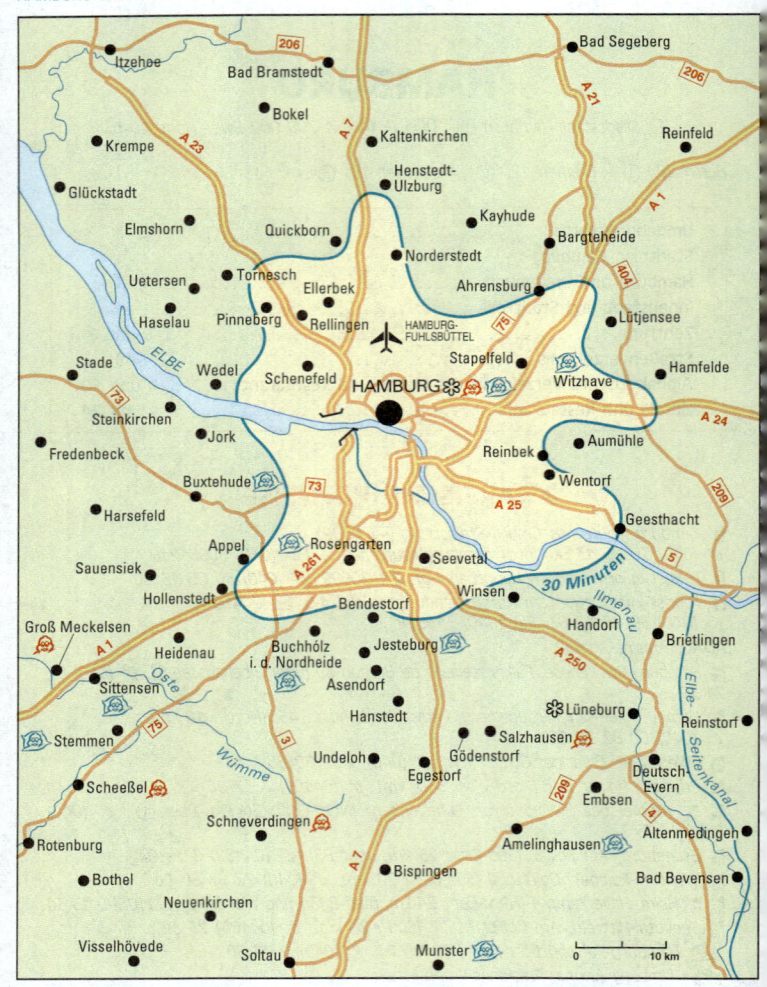

GRÜNE MICHELIN-FÜHRER *in deutsch*

Paris	Korsika	Deutschland
Atlantikküste	Nordfrankreich	Frankreich
Auvergne Perigord	Umgebung von Paris	Italien
Bretagne	Provence	Oberrhein
Burgund Jura	Pyrenäen Roussillon	Österreich
Côte d'Azur (Französische Riviera)	Gorges du Tarn	Schweiz
Elsaß Vogesen Champagne	Schlösser an der Loire	Spanien

Si vous écrivez à un hôtel à l'étranger,
joignez à votre lettre un coupon réponse international
(disponible dans les bureaux de poste).

HAMBURG S. 4

HAMBURG S. 5

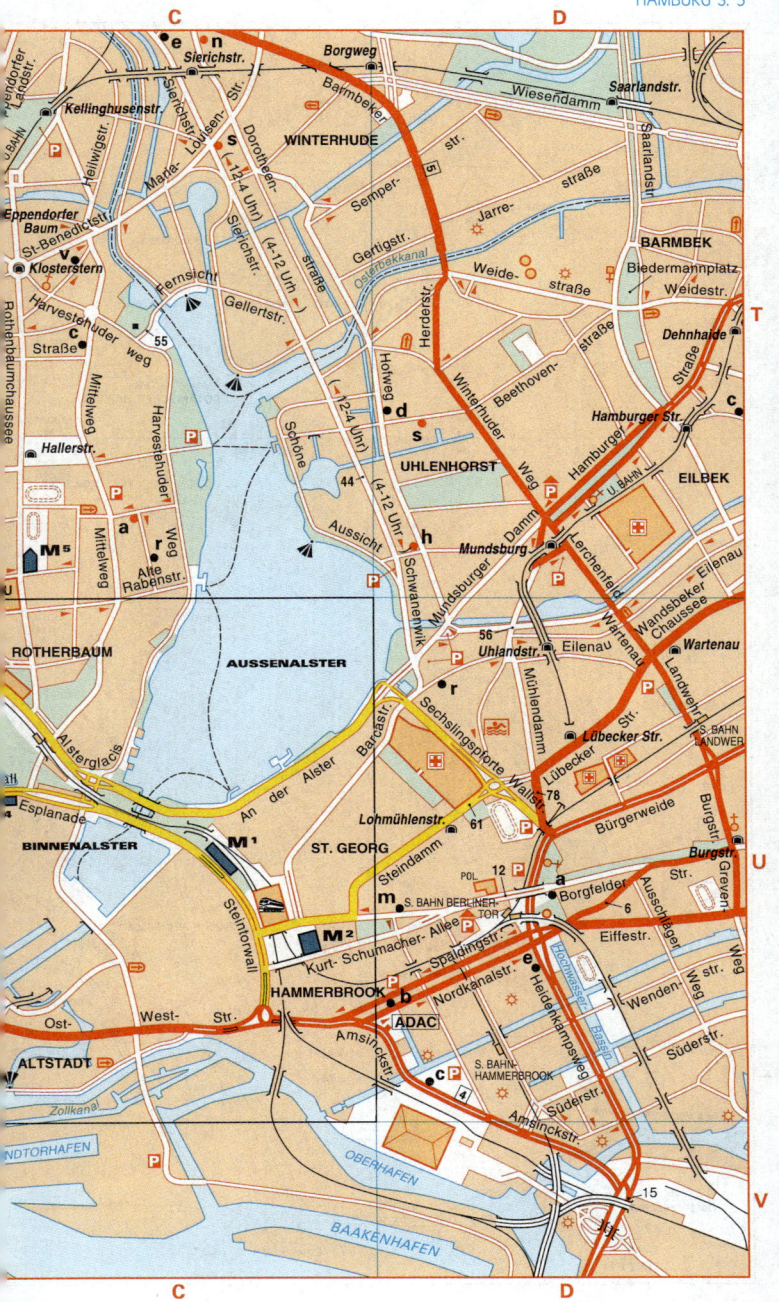

HAMBURG S. 6

HAMBURG S. 7

HAMBURG
0   200 m

Map labels

- Heimhuder Str.
- Mittelweg
- Fontenay
- Alsterufer
- ROTHERBAUM
- MOORWEIDE
- Warburgstraße
- Alsterufer
- AUSSENALSTER
- Alsterglacis
- An der Alster
- Koppel
- Kennedybrücke
- Lombardsbrücke
- Lange Reihe
- Esplanade
- Holzdamm
- ST. GEORG
- BINNENALSTER
- Hansaplatz
- Neuer Jungfernstieg
- Ballindamm
- Glockengießerwall
- Kirchenallee
- ALSTERRUNDFAHRT ANLEGESTELLE
- ALSTERPAVILLON
- Ferdinandstr.
- Hauptbf. Nord
- Steindamm
- Kreuzweg
- JUNGFERNSTIEG
- Jungfernstieg
- Spitalerstr.
- Hauptbf. Süd
- fleet
- Bergstr.
- Hermannstr.
- Steintorwall
- Kurt-Schumacher-Allee
- Mönckebergstr.
- Rathausmarkt
- Mönckeberg
- St. Jacobi
- Steinstr.
- BÖRSE
- Speersort
- Altmannbrücke
- HAMMERBROOK
- Domstr.
- Burchardplatz
- Steinstr.
- Neß
- Meßberg
- Deichtorplatz
- Amsinckstr.
- Ost-West-Str. Dovenfleet
- Högerdamm
- Speicherstadt
- St. Katharinen
- STADT
- i den Mühren
- Vollkanal
- OBERHAFEN

Straßenverzeichnis siehe Hamburg S. 8

617

HAMBURG S. 8

STRASSENVERZEICHNIS STADTPLAN HAMBURG

Straße	Seite	Feld
ABC Straße	S. 6	FY
Adenauerallee	S. 7	HY 2
Ahrensburger Straße	S. 3	R
Alsenstraße	S. 4	AU
Alsterarkaden	S. 7	GY 3
Alsterglacis	S. 7	GX
Alsterkrugchaussee	S. 3	R
Alsterufer	S. 7	GX
Alte Landstraße	S. 3	R
Alte Rabenstraße	S. 5	CT
Alter Steinweg	S. 6	FZ
Alter Wall	S. 6	FZ
Altmannbrücke	S. 7	HYZ
Altonaer Straße	S. 4	AU
Altonaer Str. (Rellingen)	S. 3	R 4
Amsinckstraße	S. 7	HZ
Anckelmannstraße	S. 5	DU 6
An der Alster	S. 7	HX
An der Verbindungsbahn	S. 6	EFX
Ausschläger Weg	S. 5	DU
Bahrenfelder Chaussee	S. 3	S 7
Ballindamm	S. 7	GY
Barcastraße	S. 5	DU
Barmbeker Markt	S. 5	DT 8
Barmbeker Straße	S. 5	CDT
Beethovenstraße	S. 5	DT
Bei den Neuen Krahn	S. 6	FZ 9
Bei den Kirchhöfen	S. 6	FX
Bei den Mühren	S. 7	GZ
Bei den St.-Pauli-Landungsbrücken	S. 6	EZ 10
Beim Schlump	S. 4	BT
Beim Strohhause	S. 5	DU 12
Bergedorfer Straße	S. 3	S 13
Bergstraße	S. 7	GY
Berner Chaussee	S. 3	R
Bernstorffstraße	S. 4	AU
Biedermannplatz	S. 5	DT
Billhorner Brückenstr.	S. 5	DV 15
Böhmkenstraße	S. 6	EZ 16
Börsenbrücke	S. 7	GZ 18
Bogenstraße	S. 4	BT
Borgfelder Straße	S. 5	DU
Bramfelder Chaussee	S. 3	R
Breitenfelder Straße	S. 4	BT
Bremer Straße	S. 3	R
Brombeerweg	S. 3	R
Budapester Straße	S. 6	EY
Bürgerweide	S. 5	DU
Bundesstraße	S. 4	BT
Burchardplatz	S. 7	GZ
Burgstraße	S. 5	DU
Buxtehuder Straße	S. 3	S
Colonnaden	S. 6	FY
Cremon	S. 6	FZ 21
Dammtordamm	S. 6	FX 23
Dammtorstraße	S. 6	FY
Dammtorwall	S. 6	FY
Deichstraße	S. 6	FZ
Deichtorplatz	S. 7	HZ
Ditmar-Koel-Straße	S. 6	EZ
Domstraße	S. 7	GZ
Doormannsweg	S. 4	AT
Dorotheenstraße	S. 5	CT
Dovenfleet	S. 7	GZ
Edmund-Siemers-Allee	S. 6	FX
Ehrenbergstraße	S. 4	AU 26
Eidelstedter Weg	S. 4	AT
Eiffestraße	S. 5	DU
Eilenau	S. 5	DTU
Eimsbütteler Chaussee	S. 4	ATU
Eimsbütteler Marktpl.	S. 4	AT
Elbchaussee	S. 3	S 28
Eppendorfer Baum	S. 4	BT
Eppendorfer Landstraße	S. 4	CT
Eppendorfer Weg	S. 4	ABT
Esplanade	S. 7	GY
Feldstraße	S. 6	EY
Ferdinandstraße	S. 7	GY
Fernsicht	S. 5	CT
Fontenay	S. 7	GX
Friedrich-Ebert-Damm	S. 3	R
Friedrich-Ebert-Straße	S. 3	R
Fruchtallee	S. 4	AT
Fuhlsbüttler Straße	S. 3	R
Gänsemarkt	S. 6	FY
Gärtnerstraße	S. 4	AT
Gellerstraße	S. 5	CT
Georg-Wilhelm-Straße	S. 3	S
Gerhofstraße	S. 6	FY 29
Gertigstraße	S. 5	CDT
Glacischaussee	S. 6	EY
Glockengießerwall	S. 7	GHY
Gorch-Fock-Wall	S. 6	FY
Grandweg	S. 4	AT
Graskeller	S. 6	FZ 31
Grevenweg	S. 5	DU
Grindelallee	S. 6	FX
Grindelberg	S. 4	BT
Große Bleichen	S. 6	FY 33
Große Elbstraße	S. 4	AU
Große Johannisstraße	S. 7	GZ 34
Großer Burstah	S. 6	FZ 35
Große Reichenstraße	S. 7	GZ 37
Habichtstraße	S. 3	R 38
Hachmannplatz	S. 7	HY 39
Hagenbeckstraße	S. 4	AT
Hallerstraße	S. 4	BT
Hamburger Straße	S. 5	DT
Hammer Landstraße	S. 3	S 40
Hannoversche Straße	S. 3	S 41
Hansaplatz	S. 7	HY
Harkortstraße	S. 4	AU
Harvestehuder Weg	S. 5	CT
Heidenkampsweg	S. 5	DU
Heilwigstraße	S. 4	BT
Heimhuder Straße	S. 5	GX
Helgoländer Allee	S. 6	EZ 43
Herbert-Weichmann-Str.	S. 5	CT 44
Herderstraße	S. 5	DT
Hermannstraße	S. 7	GY
Heußweg	S. 4	AT
Högerdamm	S. 7	HZ
Hofweg	S. 5	DT
Hohe Bleichen	S. 6	FY
Hohe Brücke	S. 6	FZ
Hoheluftchaussee	S. 4	BT
Hohe Straße	S. 3	S 45
Holsteiner Chaussee	S. 3	R
Holstenglacis	S. 6	EY 46
Holstenstraße	S. 4	AU
Holstenwall	S. 6	EY
Holzdamm	S. 7	HY
Horner Landstraße	S. 3	S
Hütten	S. 6	EY
Im Gehölz	S. 4	AT
Jahnring	S. 3	R 47
Jarrestraße	S. 5	DT
Jessenstraße	S. 4	AU
Johannisbollwerk	S. 6	EZ
Johnsallee	S. 5	FX
Jungfernstieg	S. 7	GY
Kaiser-Wilhelm-Straße	S. 6	FY
Kajen	S. 6	FZ
Karolinenstraße	S. 6	EX
Kennedybrücke	S. 7	GY
Kieler Straße	S. 4	AT
Kirchenallee	S. 7	HY
Kleine Reichenstraße	S. 7	GZ 50
Klingberg	S. 7	GZ 51
Klopstockstraße	S. 4	AU 52
Klosterwall	S. 7	HZ
Köhlbrandbrücke	S. 3	S
Königstraße	S. 4	AU
Kollaustraße	S. 3	R
Koppel	S. 7	HX
Krayenkamp	S. 6	FZ 54
Kreuzweg	S. 7	HY
Krugkoppel	S. 5	CT 55
Kuhmühle	S. 5	DD 56
Kurt-Schumacher-Allee	S. 7	HY
Lagerstraße	S. 6	EX
Landwehr	S. 5	DU
Langenfelder Damm	S. 4	AT
Langenfelder Straße	S. 4	ATU
Langenhorner Ch.	S. 3	R
Lange Reihe	S. 7	HY
Lappenbergsallee	S. 4	AT
Lerchenfeld	S. 5	DT
Lokstedter Steindamm	S. 3	R 59
Lombardsbrücke	S. 7	GY
Louise-Schroeder-Straße	S. 4	AU
Lübecker Straße	S. 5	DU
Lübecker Tordamm	S. 5	DU 61
Ludwig-Erhard-Straße	S. 6	EFZ
Maienweg	S. 3	R
Mansteinstraße	S. 4	ABT
Maria-Louisen-Straße	S. 5	CT
Marktstraße	S. 6	EY
Marseiller Straße	S. 6	FX
Martinistraße	S. 4	BT
Max-Brauer-Allee	S. 4	AU
Millerntordamm	S. 6	EZ 62
Mittelweg	S. 5	GX
Mönckebergstraße	S. 7	GHY
Moorweidenstraße	S. 6	FX
Müggenkampstraße	S. 4	AT 6
Mühlendamm	S. 5	DU
Mundsburger Damm	S. 5	DT
Neß	S. 7	GZ
Neuer Jungfernstieg	S. 7	GY
Neuer Kamp	S. 4	AU
Neuer Pferdemarkt	S. 4	AU
Neuer Steinweg	S. 6	EFZ
Neuer Wall	S. 7	FYZ
Nordkanalstraße	S. 5	DU
Oberstraße	S. 4	B
Oldesloer Straße	S. 3	R 64
Osterfeldstraße	S. 3	R 6
Osterstraße	S. 4	AT
Ost-West-Straße	S. 6-7	FGZ
Palmaille	S. 4	AU
Parkallee	S. 4	BT
Pilatuspool	S. 6	EFY
Pinneberger Chaussee	S. 3	R 66
Pinneberger Straße	S. 3	R
Platz der Republik	S. 4	AU 67
Poolstraße	S. 6	FY
Poststraße	S. 6	FY
Pumpen	S. 7	HZ 68
Rathausmarkt	S. 7	GYZ
Rathausstraße	S. 7	GZ 69
Reeperbahn	S. 6	EZ 70
Reesendamm	S. 7	GY 71
Rentzelstraße	S. 6	EX
Rothenbaumchaussee	S. 6	FX 72
Saarlandstraße	S. 5	DT
Spitalerstraße	S. 7	GHY
St.-Benedict-Straße	S. 4	CT
St.-Pauli-Fischmarkt	S. 4	AU
St.-Pauli-Hafenstraße	S. 4	AU
St.-Petersburger Str.	S. 6	EFX
Saseler Chaussee	S. 3	R 73
Schaarmarkt	S. 6	EFZ
Schäferkampsallee	S. 4	ABT
Schanzenstraße	S. 4	AU
Schlankreye	S. 4	BT
Schleswiger Damm	S. 3	R 74
Schleusenbrücke	S. 7	GY 75
Schmiedestraße	S. 7	GZ 76
Schöne Aussicht	S. 5	CDT
Schröderstiftstraße	S. 6	EX
Schulterblatt	S. 4	AU
Schwanenwik	S. 5	DTU
Sechslingspforte	S. 5	DU
Seewartenstraße	S. 6	EZ
Semperstraße	S. 5	CDT
Sierichstraße	S. 5	CT
Sievekingplatz	S. 6	EFY
Sievekingsallee	S. 3	S
Simon-von-Utrecht-Str.	S. 4	AU
Spaldingstraße	S. 5	DU
Speersort	S. 7	GZ
Stader Straße	S. 3	S
Stadthausbrücke	S. 6	FY 77
Steindamm	S. 7	HY
Steinhauerdamm	S. 5	DU 78
Steinstraße	S. 7	GHZ
Steintordamm	S. 7	HY 79
Steintorplatz	S. 7	HY 80
Steintorwall	S. 7	HYZ
Sternschanze	S. 6	EX
Stresemannallee	S. 4	AT
Stresemannstraße	S. 4	AU
Süderstraße	S. 5	DUV
Tangstedter Landstr.	S. 3	R 83
Tarpenbekstraße	S. 3	R 84
Theodor-Heuss-Platz	S. 6	FX
Thielbek	S. 6	FX
Tiergartenstraße	S. 6	FX
Troplowitzstraße	S. 4	AT
Valentinskamp	S. 6	FY
Veddeler Damm	S. 3	S 85
Vorsetzen	S. 6	EFZ
Wallstraße	S. 5	DU
Wandsbeker Allee	S. 3	R
Wandsbeker Chaussee	S. 5	DTU
Warburgstraße	S. 7	GX
Wartenau	S. 5	DU
Weg beim Jäger	S. 3	R
Weidestraße	S. 5	DT
Wendenstraße	S. 5	DU
Wexstraße	S. 6	FYZ
Wiesendamm	S. 5	DT
Wilhelmsburger Reichsstr.	S. 3	S
Winsener Straße	S. 3	S 87
Winterhuder Weg	S. 5	DT
Zippelhaus	S. 7	GZ 88

Alphabetisches Verzeichnis der Hotels und Restaurants
Liste alphabétique des hôtels et restaurants

A

- S. 20 Abtei
- S. 19 Airport Hotel
- S. 14 Al Campanile
- S. 24 Allegria
- S. 13 Alster-Hof
- S. 15 Alsterkrug-Hotel
- S. 21 Alt Lohbrügger Hof
- S. 17 Alte Mühle
- S. 13 Ambassador
- S. 18 Am Elbufer
- S. 14 Anna
- S. 13 Arcadia
- S. 16 Astron (Bahrenfeld)
- S. 20 Astron (Horn)
- S. 22 Astron Suite-Hotel
- S. 16 Au Quai
- S. 23 Ausspann

B

- S. 13 Baseler Hof
- S. 12 Berlin
- S. 17 Böttcherhof

C

- S. 15 Casse-Croûte
- S. 14 Cox
- S. 12 Crowne Plaza

D

- S. 21 Darling Harbour
- S. 14 Deichgraf
- S. 11 Dorint
- S. 20 Dorint-Hotel-Airport

E

- S. 22 Eggers
- S. 22 Elbbrücken-Hotel
- S. 22 Elysee
- S. 21 Engel
- S. 19 Entrée
- S. 12 Europäischer Hof

F

- S. 18 Finkenwerder Elbblick
- S. 19 Fiorano
- S. 16 Fischereihafen-Restaurant
- S. 14 Fischküche
- S. 14 Fischmarkt
- S. 17 Forsthaus Bergedorf

G

- S. 19 Garden Hotel
- S. 16 Gastwerk

H

- S. 13 Haerlin
- S. 13 Hafen Hamburg
- S. 24 Hanseatic
- S. 16 Henssler Henssler
- S. 22 Holiday Inn (Rothenburgsort)
- S. 23 Holiday Inn (Stellingen)

I

- S. 14 Ilot
- S. 14 Il Ristorante
- S. 21 Il Sole
- S. 21 IndoChine
- S. 15 InterCityHotel
- S. 19 Inter-Continental

J

- S. 15 Jena Paradies
- S. 14 Josef Viehhauser

K

- S. 11 Kempinski Hotel Atlantic
- S. 13 Kronprinz

HAMBURG S. 10

L

- S. 22 L'Auberge Française
- S. 23 La Fayette
- S. 18 La Mirabelle
- S. 21 Lambert
- S. 16 Landhaus Dill
- S. 18 Landhaus Flottbek
- S. 15 Landhaus Scherrer
- S. 22 Latini
- S. 16 La Vela
- S. 17 Laxy's Restaurant
- S. 15 Le Canard
- S. 23 Le Méridien
- S. 15 Le Plat du Jour
- S. 18 Le Relais de France
- S. 19 Lindtner
- S. 21 Louis C. Jacob
- S. 21 Lutz und König

M

- S. 19 Marinas
- S. 12 Maritim Hotel Reichshof
- S. 11 Marriott Hotel
- S. 20 Marriott Hotel Treudelberg
- S. 15 Matsumi
- S. 23 Mellingburger Schleuse
- S. 15 Mercure Hotel Domicil
- S. 17 Mercure Hotel Meridian
- S. 20 Mittelweg

N

- S. 23 Ni Hao
- S. 23 Nippon
- S. 12 Novotel City Süd
- S. 16 Novotel Hamburg West

O

- S. 23 Ökotel

P

- S. 19 Panorama Harburg
- S. 11 Park Hyatt
- S. 18 Piment
- S. 18 Poletto
- S. 22 Poppenbütteler Hof
- S. 24 Portomarin
- S. 12 Prem

Q – R

- S. 18 Queens Hotel
- S. 12 Radisson SAS Hotel
- S. 17 Ramada-Treff Hotel
- S. 15 Raphael Hotel Altona
- S. 14 Ratsweinkeller
- S. 13 relexa Hotel Bellevue
- S. 11 Renaissance Hotel
- S. 12 Residenz Hafen Hamburg
- S. 16 Rive Bistro
- S. 23 Roma
- S. 24 Rosengarten

S

- S. 24 Sale e Pepe
- S. 16 Saliba
- S. 14 San Michele
- S. 21 Schelzigs
- S. 20 Schümann
- S. 18 Sellmer
- S. 12 Senator
- S. 11 SIDE
- S. 13 St. Raphael
- S. 11 Steigenberger
- S. 16 Stocker
- S. 20 Stock's Fischrestaurant
- S. 17 Süllberg

T

- S. 17 Tafelhaus
- S. 20 Tirol
- S. 19 Top air

V

- S. 11 Vier Jahreszeiten
- S. 22 Vorbach

W

- S. 13 Wedina
- S. 20 Wollenberg

Z

- S. 14 Zippelhaus
- S. 20 Zum Wattkorn

HAMBURG S. 11

Im Zentrum :

Vier Jahreszeiten, Neuer Jungfernstieg 9, ✉ 20354, ℘ (040) 3 49 40, emailus.hvj
@raffels.com, Fax (040) 34942600, ≤ Binnenalster, Massage, 𝄞, ≘s, – |≣|, ⇔ Zim,
▦ Rest, ◍ ✇ ☕ – 🛏 80. 🆎 ⓞ ◐ 𝐕𝐈𝐒𝐀 JCB. ℅ GY v
Menu siehe Rest. **Haerlin** separat erwähnt – **Doc Cheng's** (euro-asiatische Küche) (geschl.
Samstagmittag, Sonntagmittag, Montag) **Menu** à la carte 27/42 – **Jahreszeiten Grill :**
Menu à la carte 36/61 – ⌑ 22 – **156 Zim** 215/290 – 265/340, 11 Suiten.
♦ In einem der letzten "echten" Grandhotels - an der Binnenalster gelegen -
erwarten Sie luxuriöses Gründerzeit-Ambiente und moderner, klassischer Komfort.
Das Doc Cheng's gefällt mit einer Melange aus West und Fernost. Im Grill : klassische
Eleganz.

Kempinski Hotel Atlantic, An der Alster 72, ✉ 20099, ℘ (040) 2 88 80, hotel.
atlantic@kempinski.com, Fax (040) 247129, ≤ Außenalster, ⌂, Massage, ≘s, ◻, – |≣|,
⇔ Zim, ◍ ✇ ☕ – 🛏 220. 🆎 ⓞ ◐ 𝐕𝐈𝐒𝐀 JCB. ℅ Rest HY a
Menu (geschl. Sonntagmittag) 29 (mittags) à la carte 42/72,50 – ⌑ 23 – **252 Zim**
250/390 – 289/425, 11 Suiten.
♦ Seit 1909 ist der "Weiße Riese" ein renommierter Treffpunkt gesellschaftlichen
Lebens. Zimmer mit stuckverzierten Decken und Stilmöbeln ; teils mit Blick auf die
Alster. Auch kulinarisch ist das Atlantic ein Klassiker : Feinschmecker schätzen diese
Adresse.

Park Hyatt, Bugenhagenstr. 8, ✉ 20095, ℘ (040) 33 32 12 34, hamburg@hyatt.de,
Fax (040) 33321235, ⌂, Massage, 𝄞, ≘s, ◻, – |≣|, ⇔ Zim, ▦ ◍ ✇ ♿ ☕ – 🛏 120.
🆎 ⓞ ◐ 𝐕𝐈𝐒𝐀 JCB. ℅ Rest HYZ t
Apples : **Menu** à la carte 40/63 – ⌑ 22 – **252 Zim** 185/360 – 210/360, 21 Suiten.
♦ In dem historischen Backstein-Kontorhaus öffnet sich eine Welt schlichter Eleganz
mit hochwertigen Stoffen, kanadischer Kirsche und Bädern im Philippe Starck-Design. Stil-
volle Moderne gibt dem Apples seinen unverwechselbaren Charme.

Dorint ⓜ, Alter Wall 40, ✉ 20457, ℘ (040) 36 95 00, info.hamalt@dorint.com,
Fax (040) 36951000, ⌂, Massage, 𝄞, ≘s, ◻, – |≣|, ⇔ Zim ▦ ◍ ✇ ☕ – 🛏 350.
ⓞ ◐ 𝐕𝐈𝐒𝐀 JCB. ℅ Rest FZ g
Ticino (nur Abendessen) **Menu** à la carte 33/47 – **Seagull** (nur Mittagessen) **Menu** 25 (nur
Buffet) – ⌑ 19 – **241 Zim** 170/235 – 200/245, 16 Suiten.
♦ An einem Alsterfleet liegt das Design-Hotel im früheren Postbankgebäude. Das Interieur
wird bestimmt von Marmor und Sichtbeton, edlem Holz und moderner Kunst. Im Restaurant
Ticino dominieren Grautöne. Im Seagull bietet man ein leckeres Buffet.

Steigenberger ⓜ, Heiligengeistbrücke 4, ✉ 20459, ℘ (040) 36 80 60, hamburg@
steigenberger.de, Fax (040) 36806777, ⌂ – |≣|, ⇔ Zim, ▦ ◍ ✇ ☕ – 🛏 180. 🆎 ⓞ
◐ 𝐕𝐈𝐒𝐀 JCB. ℅ Rest FZ s
Calla (geschl. 22. Dez. - 6.. Jan., Juli - Aug. 6 Wochen, Sonn- und Feiertage, Montag) (nur
Abendessen) **Menu** à la carte 34,50/55 – **Bistro am Fleet :** **Menu** à la carte 19,50/32 –
⌑ 18 – **234 Zim** 175/220 – 201/246, 4 Suiten.
♦ Traumhafte Lage am Alsterfleet, das Haus mit seiner Rotklinker-Fassade überzeugt
durch Eleganz.Tagungsräume über den Dächern der Stadt. Im Calla : Euro-Asiatisches
mit Blick auf vorbeigleitende Alsterdampfer. Gäste mit wenig Zeit vertrauen auf das
Bistro.

Marriott Hotel ⓜ, ABC-Str. 52, ✉ 20354, ℘ (040) 3 50 50, hamburg.marriott@
marriothotels.com, Fax (040) 35051777, ⌂, Massage, 𝄞, ≘s, ◻, – |≣|, ⇔ Zim, ▦ ◍
✇ ♿ ☕ – 🛏 150. 🆎 ⓞ ◐ 𝐕𝐈𝐒𝐀 JCB. FY b
Menu 15 (Lunchbuffet) à la carte 25/46 – ⌑ 18 – **277 Zim** 179/209, 5 Suiten.
♦ Direkt am Gänsemarkt wohnen Sie in komfortablen Zimmern, die nach einer Renovierung
nun mit farbenfrohen Stoffen und italienischen Stilmöbeln in neuem Glanz erstrahlen. Las-
sen Sie sich im langgestreckten Restaurant American Place verköstigen.

Renaissance Hotel, Große Bleichen, ✉ 20354, ℘ (040) 34 91 80, rhi.hamrn.dom@
renaissancehotels.com, Fax (040) 34918919, Massage, ≘s – |≣|, ⇔ Zim, ▦ ◍ ✇ ⓟ –
🛏 80. 🆎 ⓞ ◐ 𝐕𝐈𝐒𝐀 JCB. ℅ Rest FY e
Menu à la carte 29/36 – ⌑ 18 – **205 Zim** 191/255 – 231/265.
♦ Tradition und moderne Eleganz : Der Klinkerbau mit den dekorativen blauen Balkongittern
beherbergt komfortable, großzügige Zimmer in warmen Gelb-, Orange- und Rottönen. Das
Restaurant Esprit bildet einen Kontrast zu der denkmalgeschützten Fassade.

SIDE ⓜ, Drehbahn 49, ✉ 20354, ℘ (040) 30 99 90, info@side-hamburg.de,
Fax (040) 30999399, Massage, 𝄞, ≘s, ◻, – |≣|, ⇔ Zim, ▦ ◍ ✇ ♿ ☕ – 🛏 160.
🆎 ⓞ ◐ 𝐕𝐈𝐒𝐀 FY h
Menu à la carte 29/44 – ⌑ 18 – **178 Zim** 190/215 – 215/240.
♦ In dem neuerbauten Hotel umgibt Sie eine nicht alltägliche Inneneinrichtung von
Matteo Thun. Die Zimmer und Suiten sind großzügig und technisch auf dem neuesten
Stand. Im Restaurant Fusion bestimmen klare Linien und minimalistische Dekorationen das
Interieur.

HAMBURG S. 12

Europäischer Hof M, Kirchenallee 45, ⊠ 20099, ℘ (040) 24 82 48, info@europ eischer-hof.de, Fax (040) 24824799, 余, Massage, 16, ≘s, 🞐 Squash – ⧘, ⇔ Zim ▭ Rest, 🖵 ⟷ ⇔ – 🏛 200. ⁴Æ ⑩ ⓒ VISA. ⇣
HY
Paulaner's : Menu à la carte 15,50/23 – **320 Zim** ⊑ 103/183 – 133/220.

♦ Edle Hölzer und warme Farben prägen die Wohlfühlzimmer. Highlight de Freizeitbereiches ist die über sechs Ebenen reichende Wasserrutsche. Im elegan teren Restaurant Newport setzt man auf amerikanisches Flair. Im Paulaners rustikal-leger.

Crowne Plaza, Graumannsweg 10, ⊠ 22087, ℘ (040) 22 80 60, ham_hicp@comp serve.com, Fax (040) 2208704, 16, ≘s, 🞐 – ⧘, ⇔ Zim, ▭ 🖵 ⟷ 占 ⇔ – 🏛 150 ⁴Æ ⑩ ⓒ VISA
DU
Blue Marlin : Menu à la carte 35/57 – **King George Pub :** Menu à la carte 17,50/31,5 – ⊑ 19 – **285 Zim** 176/281.

♦ Um das Atrium mit der dominierenden Tageslichtkuppel gruppieren sich Zimmer, die elegant im englischen Stil und mit warmen Farben eingerichtet wurden. Ein freundliche Ambiente umgibt Sie im Restaurant Blue Marlin.

Radisson SAS Hotel, Marseiller Str. 2, ⊠ 20355, ℘ (040) 3 50 20, res@hamza.rd as.com, Fax (040) 35023530, ≤ Hamburg, Massage, 16, ≘s, 🞐 – ⧘, ⇔ Zim, ▭ 🖵 ⟷ 占 ⇔ – 🏛 400. ⁴Æ ⑩ ⓒ VISA
FX
Vierländer Stuben : Menu à la carte 24,50/36 – **Trader Vic's** (nur Abendessen) Menu à la carte 31,50/40 – ⊑ **560 Zim** 145/223, 20 Suiten.

♦ Im ansprechenden Zimmer des Wolkenkratzers mitten in "Planten un Blomen" sind tech nisch gut ausgestattet und von schlichter Eleganz. Im Lobbybereich finden Hungrige die gemütlichen Vierländer Stuben. Im Trader Vic's herrscht Südseeatmosphäre.

Maritim Hotel Reichshof, Kirchenallee 34, ⊠ 20099, ℘ (040) 24 83 30, info.han @maritim.de, Fax (040) 24833888, ≘s, 🞐 – ⧘, ⇔ Zim, 🖵 ⇔ – 🏛 150. ⁴Æ ⑩ ⓒ VISA JCB. ⇣ Rest
HY
Menu à la carte 34/41,50 – **303 Zim** ⊑ 144/204 – 218/224.

♦ Dezent gemusterte Tapeten, dunkles Holz und helle, pastellfarbene Stoffe charakte risieren die Zimmer. Aus dem hauseigenen Brunnen können Sie quellfrisches Wasser trinken Wie auf einem Schiff speisen Sie im elegant-klassischen Restaurant Classic.

Prem, An der Alster 9, ⊠ 20099, ℘ (040) 24 83 40 40, info@hotel-prem.de, Fax (040) 2803851, 余, ≘s – ⧘ 🖵 ⟷ P. ⁴Æ ⑩ ⓒ VISA JCB
HX
La mer (geschl. Samstagmittag, Sonntagmittag) **Menu** 30(mittags) à la carte 42/66,50 – **Prem Stüberl** (geschl. Samstagmittag, Sonntagmittag) **Menu** 25 à la carte 28,50/32 – ⊑ 15 – **54 Zim** 105/175 – 115/200, 3 Suiten.

♦ Dieses mit Stilmöbeln eingerichtete Haus besitzt das herrliche Panorama der Alster. Wäh len Sie ein Bett mit Sockel, um den Ausblick zu genießen. Das lichtdurchflutete La mer bietet allabendlich den Blick ins Grüne. Mittags bietet sich das Stüberl an.

Residenz Hafen Hamburg M, Seewartenstr. 9, ⊠ 20459, ℘ (040) 31 11 90, info @hotel-hamburg.de, Fax (040) 31119977, ≤ – ⧘, ⇔ Zim, 🖵 ⇔ P – 🏛 220. ⁴Æ ⑩ ⓒ VISA JCB
EZ
Menu siehe Hotel **Hafen Hamburg** – ⊑ 12 – **125 Zim** 110/165.

♦ Die moderne Hotelanlage begrüßt Sie in locker-modernem Rahmen mit vielen Pflanzen und Naturholzmöbeln. Fragen Sie nach den größeren Eck- und Panoramazimmern zum Hafen.

Berlin M, Borgfelder Str. 1, ⊠ 20537, ℘ (040) 25 16 40, hotelberlin.hamburg@t-on line.de, Fax (040) 25164413, ⇔ – ⧘ 🖵 ⇔ P – 🏛 25. ⁴Æ ⑩ ⓒ VISA. ⇣ Rest
DU a
Menu à la carte 18/28 – **93 Zim** ⊑ 95/107 – 111/123.

♦ Schon von außen beeindruckt das sternförmig angelegte Hotel mit seinem eigenwilligen Stil, der sich auch im Inneren mit modernen, farbenfroh designten Zimmern fortsetzt. Restaurant und Terrasse sind gleichermaßen geschmackvoll gestaltet.

Senator garni, Lange Reihe 18, ⊠ 20099, ℘ (040) 24 12 03, info@hotel-senator-hamburg.de, Fax (040) 2803717 – ⧘ ⇔ 🖵 ⟷ ⇔ – 🏛 30. ⁴Æ ⑩ ⓒ VISA JCB
HY u
56 Zim ⊑ 99/149 – 109/175.

♦ Helles Holz und pastellfarbene Stoffe vermitteln Harmonie aus Farben, Formen und Finesse. Suchen Sie ganz besonderen Liegekomfort? Einige Zimmer besitzen moderne Wasserbetten.

Novotel City Süd, Amsinckstr. 53, ⊠ 20097, ℘ (040) 23 63 80, h1163@accor-hotels.com, Fax (040) 234230, 余, ≘s – ⧘, ⇔ Zim, 🖵 ⟷ 占 ⇔ P – 🏛 50. ⁴Æ ⑩ ⓒ VISA JCB
DU c
Menu à la carte 22/30 – **185 Zim** ⊑ 112/158 – 141/181.

♦ Platz zum Arbeiten und Entspannen bieten helle, freundliche Zimmer, die mit ihrer Funktionalität speziell auf Geschäftsreisende zugeschnitten sind. Ein Menü am Abend oder eine Kleinigkeit zwischendurch? Für das Restaurant mit der großen Showküche kein Problem.

HAMBURG S. 13

Hafen Hamburg, Seewartenstr. 9, ⌧ 20459, ℘ (040) 31 11 30, *info@hotel-hamburg.de*, Fax (040) 31113755, ≤, 🍴 – 📶, ⇔ Zim, 📺 ⟺ 🅿 – 🔔 220. 🆎 ⓞ ⓜ 🆅🆂🅰 🅹🅲🅱
EZ y
Menu à la carte 25/38 – ⊆ 12 – **230 Zim** 90/125.
♦ Hoch über dem Hafen thronend, wirkt das Hotel besonders vom Wasser aus imponierend. Die wohnlichen Zimmer sind mit dunklen Kirschbaummöbeln ansprechend eingerichtet. Auch das saalartige Restaurant besticht durch einen schönen Blick auf den Hafen.

relexa Hotel Bellevue, An der Alster 14, ⌧ 20099, ℘ (040) 28 44 40, *hamburg @relexa-hotel.de*, Fax (040) 28444222 – 📶, ⇔ Zim, 📺 ⟺ 🅿 – 🔔 40. 🆎 ⓞ ⓜ 🆅🆂🅰
Menu à la carte 21/32 – **92 Zim** ⊆ 90/130 – 135/185. HX d
♦ "Ihr privater Ankerplatz" könnte dieses Haus mit Blick auf Hamburgs Binnenmeer sein. Sympathische Zimmer mit allergikerfreundlicher Bettwäsche ! Tagsüber verköstigt man die Gäste im Alster Charme, abends erwartet Sie die Schifferstube Unter Deck.

St. Raphael, Adenauerallee 41, ⌧ 20097, ℘ (040) 24 82 00, *info@straphael-hamburg.bestwestern.de*, Fax (040) 24820333, ⇌ – 📶, ⇔ Zim, 📺 📞 🅿 – 🔔 30. 🆎 ⓞ ⓜ 🆅🆂🅰 ⁂ Rest
DU m
Menu *(geschl. Samstagmittag, Sonntagabend)* à la carte 15/23,50 – ⊆ 11 – **125 Zim** 104/134 – 121/151.
♦ Schlicht oder bunt? Neben geräumigen Zimmern mit weißen Möbeln stehen auch 15 helle, farbenfrohe Designerzimmer, u. a. mit den Motiven "Natur", "Rosen" oder "Fische", zur Wahl. In dem nett eingerichteten Restaurant mit Wintergarten fühlen sich Gäste wohl.

Arcadia, Spaldingstr. 70, ⌧ 20097, ℘ (040) 23 65 04 00, *arcadia@compuserve.com*, Fax (040) 23650629, ⇌ – 📶, ⇔ Zim, 🍽 📺 📞 🅿 ⟺ – 🔔 40. 🆎 ⓞ ⓜ 🆅🆂🅰
Menu *(geschl. Sonntag)* à la carte 19,50/32 – **98 Zim** ⊆ 100 – 130. DU b
♦ Ein ehemaliges Bürogebäude, das im Jahre 2000 zum Hotel umgebaut wurde. Zentral gelegen, bietet es Ihnen funktionelle Übernachtungszimmer. Recht schlicht in seiner Ausstattung zeigt sich das Restaurant Aquarius.

Baseler Hof, Esplanade 11, ⌧ 20354, ℘ (040) 35 90 60, *info@baselerhof.de*, Fax (040) 35906918 – 📶, ⇔ Zim, 📺 – 🔔 50. 🆎 ⓞ ⓜ 🆅🆂🅰 🅹🅲🅱 ⁂ GY x
Kleinhuis *(geschl. Juli 2 Wochen)* **Menu** 12,50 (mittags) à la carte 25/33 – **153 Zim** ⊆ 80/110 – 115/130.
♦ In dezenter Eleganz mit dunklem Holz und sanften Farben präsentiert sich das Haus zwischen Außenalster und Botanischem Garten, das zum Verband Christlicher Hotels zählt. Nicht nur bei Gästen, sondern auch bei Hamburgern ist das Weinbistro Kleinhuis beliebt.

Ambassador M, Heidenkampsweg 34, ⌧ 20097, ℘ (040) 2 38 82 30, *mail@ambassador-hamburg.de*, Fax (040) 230009, ⇌, ⌧ – 📶 ⇔ Zim 📺 ⟺ 🅿 – 🔔 110. 🆎 ⓞ ⓜ 🆅🆂🅰
DU e
Menu à la carte 23/37 – **122 Zim** ⊆ 95/130 – 135/145.
♦ Das zentrumsnahe Hotel wurde im Jahr 2000 komplett renoviert und bietet nun einen gepflegten Hallenbereich und modern gestaltete Zimmer mit gutem Komfort. Restaurant im Bistrostil.

Alster-Hof garni, Esplanade 12, ⌧ 20354, ℘ (040) 35 00 70, *info@alster-hof.de*, Fax (040) 35007514 – 📶 📺 📞 🆎 ⓞ ⓜ 🆅🆂🅰 🅹🅲🅱 GY x
geschl. 21. Dez. - 2. Jan. – **118 Zim** ⊆ 77/96 – 114/131, 5 Suiten.
♦ Sympathisch-individuelles Ambiente mit Tradition und Komfort : Warme Rottöne und geschmackvolle dunkle Massivholzstilmöbel machen das Hotel zum netten Zuhause.

Wedina garni (mit Gästehäusern), Gurlittstr. 23, ⌧ 20099, ℘ (040) 2 80 89 00, *info @wedina.de*, Fax (040) 2803894 – 📺 🅿 🆎 ⓞ ⓜ 🆅🆂🅰 HY b
59 Zim ⊆ 95/120 – 105/145.
♦ Terracotta, Holz, Stahl und Glas, Stoffe und Marmor beherrschen das moderne, im mediterranen Stil attraktiv eingerichteten Hotel mit blauer, roter, gelber und grüner Fassade.

Kronprinz garni, Kirchenallee 46, ⌧ 20099, ℘ (040) 2 71 40 70, *info@kronprinz-hamburg.de*, Fax (040) 2801097 – 📶 ⇔ 📺 📞 🆎 ⓞ ⓜ 🆅🆂🅰 🅹🅲🅱 ⁂ HY c
73 Zim ⊆ 67/82 – 90/100.
♦ Sie wohnen in großzügigen Gästezimmern, möbliert in Mahagoni, Kirsche oder Nußbaum. Die Antiquitäten auf den Fluren wurden mit modernen Elementen geschmackvoll kombiniert.

XXXX ✵✵✵✵ **Haerlin** - Hotel Vier Jahreszeiten, Neuer Jungfernstieg 9, ⌧ 20354, ℘ (040) 34 94 33 10, *emailus.hvj@raffles.com*, Fax (040) 34942608, ≤ Binnenalster – 🆎 ⓞ ⓜ 🆅🆂🅰 🅹🅲🅱 ⁂ GY v
geschl. 1. - 13. Jan., 18. - 28. April, 13. Juli - 11. Aug., Sonntag - Montag – **Menu** *(nur Abendessen)* à la carte 45/61 ⚘.
♦ Kreativität und Eleganz im Stil einer neuen Zeit : Der Blick auf die Binnenalster, den Sie zusammen mit internationalen Leckereien genießen können, rundet dieses Erlebnis ab.
Spez. Getrüffeltes Törtchen von Kartoffeln und Gänsestopfleber mit Portweinjus. Roulade von Seezunge und Jakobsmuscheln mit Krustentier-Tortellini. Gefüllte Orangen-Mandelblätter mit Himbeeren und Passionsfruchtsorbet.

HAMBURG S. 14

XX Il Ristorante, Große Bleichen 16 (1. Etage), ✉ 20354, ℘ (040) 34 33 35
Fax (040) 345748 – 🍽. AE ⓘ ⓂⓈ FY
Menu (italienische Küche) à la carte 30/41.
• Lokal in der Innenstadt mit aufwendiger Blumendeko und prominenter Klientel. Uw
Witzke, Italiener aus Leidenschaft, serviert hier seit zehn Jahren italienische Klassiker.

XX Josef Viehhauser, Alter Wall 40, ✉ 20457, ℘ (040) 36 90 18 13, josefviehhause
@ viehhauser.de, Fax (040) 36901836 – AE ⓘ ⓂⓈ FZ
geschl. Sonntag - Montag – **Menu** 21 (mittags)/50 à la carte 22,50/33.
• Klassisch gestaltetes, verspiegeltes Bistro, das von einer langen Bar dominiert wird, a
der man auch essen kann. Die Küche ist international und arbeitet sehr sorgfältig.

XX San Michele, Englische Planke 8, ✉ 20459, ℘ (040) 37 11 27, info@san-michele.de
Fax (040) 378121 – AE ⓘ ⓂⓈ VISA JCB EZ
geschl. Juli - Aug. 2 Wochen, Montag – **Menu** (italienische Küche) à la carte 35,50/48,50
• Gegenüber dem Michel soll sich der "italienischste aller Italiener" befinden
In hellem, mediterranem Ambiente genießen Sie mit Spaß traditionelle, neapolitanische
Küche.

XX Zippelhaus, Zippelhaus 3, ✉ 20457, ℘ (040) 30 38 02 80, info@stricker-event.com
Fax (040) 321777 – ⓘ ⓂⓈ VISA GZ
geschl. Samstagmittag, Sonntag – **Menu** 19,50 (mittags) à la carte 29,50/42,50.
• In dem ehemaligen Zwiebellager mit der stuckverzierten Fassade werden international
und regionale Genüsse in historischer Umgebung serviert, ergänzt durch moderne Malere

XX Anna, Bleichenbrücke 2, ✉ 20354, ℘ (040) 36 70 14, Fax (040) 37500736, 🌿 – AE
ⓂⓈ VISA FY
geschl. Sonn- und Feiertage – **Menu** à la carte 35,50/45,50.
• Vom Parkett bis zu den Korbsesseln und rot-grünen Stoffen versprüht hier alles warmes
Toskana-Flair. Kulinarischer Crossover-Mix vom Borschtsch bis zum Topfenpalatschinken

XX Deichgraf, Deichstr. 23, ✉ 20459, ℘ (040) 36 42 08, info@deichgraf-hamburg.de
Fax (040) 364268, 🌿 – AE ⓘ ⓂⓈ VISA FZ
geschl. Samstagmittag – **Menu** (Tischbestellung ratsam) 21,50 à la carte 27,50/44.
• Traditionsrestaurant im typisch hanseatischen Stil an einem Fleet mit eigenem
Bootsanleger. Internationale Küche und traditionelle Gerichte wie das berühmte
Labskaus.

XX Al Campanile, Spadenteich 1, ✉ 20099, ℘ (040) 24 67 38, Fax (040) 246738, 🌿 –
AE ⓘ ⓂⓈ VISA HY
geschl. Juli - Aug. 4 Wochen, Samstagmittag, Sonntag – **Menu** (italienische Küche) à la carte
25/39.
• Neben typischen italienischen Spezialitäten stehen hier auch Fischgerichte auf der Karte
Im Sommer ißt man auf der mit Blumen geschmückten Terrasse.

XX Ratsweinkeller, Große Johannisstr. 2, ✉ 20457, ℘ (040) 36 41 53, ratsweinkeller
@ratsweinkeller.de, Fax (040) 372201 – 🍴 200. AE ⓘ ⓂⓈ VISA JCB GZ R
geschl. Sonntagabend, Feiertage – **Menu** à la carte 23/44.
• Seit 1896 eine Institution in Hamburg, in der Sie in stilvollen Räumen mit hohen Gewöl-
bedecken, Schiffsmodellen und bunten Bleiglasfenstern speisen.

X Fischmarkt, Ditmar-Koel-Str. 1, ✉ 20459, ℘ (040) 36 38 09, Fax (040) 362191, 🌿
– AE ⓘ ⓂⓈ VISA EZ r
geschl. Samstagmittag – **Menu** (Tischbestellung ratsam) 25,50/45 à la carte 25/40,50.
• Von A wie Aal bis Z wie Zander : Hier wird fleißig gegrillt und gekocht, um Ihnen inmitten
einer zauberhaften, mediterranen Umgebung das Beste aus dem Meer zu servieren.

X Fischküche, Kajen 12, ✉ 20459, ℘ (040) 36 56 31, Fax (040) 36091153, 🌿 – AE ⓘ
ⓂⓈ VISA FZ c
geschl. Samstagmittag, Sonntag – **Menu** (Tischbestellung ratsam) à la carte 29/42.
• Am Hafen wartet dieses originelle Bistro : Kräftig-gelbe Wände zu blau-weißen Kacheln
sorgen für Abwechslung. Die offene Showküche offeriert überwiegend Fischgerichte.

X Cox, Lange Reihe 68, ✉ 20099, ℘ (040) 24 94 22, Fax (040) 28050902 – AE HY v
geschl. Samstagmittag, Sonntagmittag – **Menu** (abends Tischbestellung ratsam) à la carte
28,50/34,50.
• Nahe beim Schauspielhaus lassen Sie sich auf markanten roten Lederpolsterstühlen
nieder, um kreative internationale Leckerbissen in freundlich-warmem Ambiente
zu verzehren.

X Ilot, ABC-Str. 46 (ABC-Forum), ✉ 20354, ℘ (040) 35 71 58 85, Fax (040) 35715887, 🌿
– AE ⓘ ⓂⓈ VISA FY a
geschl. Samstagmittag, Sonntag – **Menu** à la carte 22/40.
• Das deutsch/französische Wirtsehepaar heißt Sie in dem bistroartigen Lokal mit
der großen Fensterfront willkommen. Sie werden mit französischer Küche nett
bewirtet.

HAMBURG S. 15

✕ **Le Plat du Jour**, Dornbusch 4, ✉ 20095, ℘ (040) 32 14 14, jacqueslemercier@aol.com, Fax (040) 4105857 – AE ① ⓜ VISA
GZ v
geschl. 23. Dez. - 7. Jan., Sonntag, Juli - Aug. Samstag - Sonntag – **Menu** (Tischbestellung ratsam) 24,50 (abends) à la carte 25,50/31,50.
♦ Sympathisches, französisches Bistro mit Holzbestuhlung und rot-weiß karierten Servietten. Für Hamburger Verhältnisse sehr günstige französische Gerichte!

✕ **Casse-Croûte**, Büschstr. 2, ✉ 20354, ℘ (040) 34 33 73, info@casse-croute.de, Fax (040) 3589650 – AE ⓜ VISA
FY s
geschl. Sonntagmittag – **Menu** 23,50 à la carte 31/44.
♦ In diesem typischen Bistro gibt man sich die Klinke in die Hand: Die offene Showküche verwöhnt Sie mit einem internationalen Angebot und französischer Bistroküche.

✕ **Matsumi**, Colonnaden 96, ✉ 20354, ℘ (040) 34 31 25, Fax (040) 344219 – AE ① ⓜ VISA JCB
FY r
geschl. Weihnachten - Neujahr, Sonntag – **Menu** (japanische Küche) à la carte 20/37.
♦ Erleben Sie eine authentische Japan-Küche in ihrer ganzen Vielfalt: Hideaki Morita zaubert japanische Köstlichkeiten für Kenner und alle, die es werden möchten.

✕ **Jena Paradies**, Klosterwall 23, ✉ 20095, ℘ (040) 32 70 08, jena-paradies@t-online.de, Fax (040) 327598
HZ a
Menu (Tischbestellung ratsam) à la carte 24/34.
♦ Die ehemalige Halle der Kunstakademie beherbergt heute in ihren hohen Räumen ein Bistro im Bauhausstil mit internationaler Küche. Mittags preiswertes bürgerliches Angebot.

In den Außenbezirken :

In Hamburg-Alsterdorf

🏨 **Alsterkrug-Hotel**, Alsterkrugchaussee 277, ✉ 22297, ℘ (040) 51 30 30, rez@alsterkrug.bestwestern.de, Fax (040) 51303403, 🍽, ≘s – 🛗, 🚭 Zim, 📺 ✆ ⇔ 🅿 – 🔔 50. AE ① ⓜ VISA JCB
R y
Menu à la carte 26,50/35,50 – ⊆ 13 – **105 Zim** 105/145 – 115/155.
♦ Lassen Sie sich einfangen vom mediterranen Flair der hellen, in warmen Farben gestalteten Zimmer mit Korbmöbeln und Grünpflanzen. Schreibtische mit Fax- und Modemanschluß. Ansprechendes Interieur in warmen Farben sorgt im Restaurant für Ihr Wohlbefinden.

In Hamburg-Altona :

🏨 **Mercure Hotel Domicil** garni, Stresemannstr. 62, ✉ 22769, ℘ (040) 4 31 60 26, h4995@accor-hotels.com, Fax (040) 4397579 – 🛗 🚭 📺 ⇔ . AE ① ⓜ VISA JCB
⊆ 13 – **75 Zim** 100/140 – 115/160.
AU e
♦ Dieses Hotel beleben kräftige Farben, insbesondere Schwarz und Lila! Originelle Details betonen die Individualität der großzügigen Zimmer.

🏨 **InterCityHotel** 🅼, Paul-Nevermann-Platz 17, ✉ 22765, ℘ (040) 38 03 40, hamburg@intercityhotel.de, Fax (040) 38034999 – 🛗, 🚭 Zim, 📺 ✆ ♻, – 🔔 60. AE ① ⓜ VISA JCB
Menu (geschl. Sonntagabend) à la carte 20/30 – ⊆ 12 – **133 Zim** 100/120 – 115/135.
♦ Direkt am Altonaer ICE-Bahnhof liegen mit hellem Holz möblierte Zimmer, die zum Relaxen einladen. Die Nutzung des öffentlichen Nahverkehrs ist im Zimmerpreis inbegriffen. Im gemütlichen Wintergartenrestaurant serviert man Hamburger Spezialitäten. AU c

🏨 **Raphael Hotel Altona** garni, Präsident-Krahn-Str. 13, ✉ 22765, ℘ (040) 38 02 40, info@altona.bestwestern.de, Fax (040) 38024444, ≘s – 🛗 🚭 📺 🅿. AE ① ⓜ VISA JCB
AU a
geschl. 22. Dez. - 2. Jan. – ⊆ 8 – **39 Zim** 86/112 – 92/137.
♦ Helle, freundliche und schallgeschützte Zimmer warten auf Sie. Die individuelle Einrichtung wird durch bunte Vorhänge und Bettüberwürfe sowie farbige Akzente aufgeheitert.

✕✕✕✕ **Landhaus Scherrer**, Elbchaussee 130, ✉ 22763, ℘ (040) 8 80 13 25, info@landhausscherrer.de, Fax (040) 8806260 – 🍴 🅿. AE ① ⓜ VISA
S c
geschl. über Ostern, Pfingsten, Sonntag – **Menu** (bemerkenswerte Weinkarte) à la carte 43/88 ♀ – **Bistro-Restaurant** (nur Mittagessen) **Menu** à la carte 38/44.
♦ Erotische Malereien im Interieur und auf der Speisekarte kontrastieren freimütig den Landhausstil. Das Orgiengemälde Bachmanns und die französische Küche führen in Versuchung. Verlockende Sinnes- und Gaumenfreuden treffen sich im eleganten Bistro.
Spez. Gebratene Hummerstücke mit Graupengemüse und Safransauce. Dorschmedaillons im Kartoffelmantel mit Senfsauce. Krosse Vierländer Ente mit asiatischem Gemüse und Tandoorisauce.

✕✕✕ **Le Canard**, Elbchaussee 139, ✉ 22763, ℘ (040) 8 80 50 57, lecanard@viehhauser.de, Fax (040) 88913259, ≤, 🍽 – 🅿. AE ① ⓜ VISA. ⋘
S d
geschl. Sonntag – **Menu** (Tischbestellung erforderlich, bemerkenswerte Weinkarte) 36 (mittags)/108 (abends) à la carte 58/69 ♀.
♦ Direkt an der Elbe seht in einem stilisierter weißer Schiffsrumpf, in dem Sie beste französisch geprägte, klassische Küche erhalten - mittags zu günstigen Preisen!
Spez. Gebratener Hummer mit zweierlei Auberginen. Geschmorte Kalbsbacke mit konfitierten Zwiebeln. Schokoladensoufflé "medium" mit Rotweineis.

625

HAMBURG S. 16

XXX **Fischereihafen-Restaurant,** Große Elbstr. 143, ⊠ 22767, ℰ (040) 38 18 16, info @fischereihafen-restaurant-hamburg.de, Fax (040) 3893021, ≤, 🍽 – 🅿 AE ⓘ ⓜ VISA
AU c
Menu (Tischbestellung ratsam, nur Fischgerichte) 19,50 (mittags) à la carte 31/46.
 ♦ Promis geben sich in dem Klinkerbau gerne ein Stelldichein, um in klassischem Ambiente das regional gehobene, auf Krustentiere und Fische spezialisierte Angebot zu genießen

XX **Landhaus Dill,** Elbchaussee 94, ⊠ 22763, ℰ (040) 3 90 50 77, Fax (040) 3900975, 🍽 – AE ⓘ ⓜ VISA JCB
S
geschl. Montag – **Menu** 30 (mittags) à la carte 24,50/38.
 ♦ Nähe der Elbe im Villenviertel liegt das Haus mit der rot-weißen Fassade und eleganter um Stuck und moderne Bilder bereicherter Einrichtung. Klassische, internationale Küche

XX **Au Quai,** Grosse Elbstr. 145 b-d, ⊠ 22767, ℰ (040) 38 03 77 30, info@au.quai.com Fax (040) 38037732, ≤, 🍽 – AE
AU c
geschl. Samstagmittag, Sonntag – **Menu** à la carte 34/48.
 ♦ Direkt am Hafen und mit Terrasse zum Wasser finden Sie diese Trendadresse. Die Einrichtung ist modern mit Designerstücken und holographischen Lichtobjekten ergänzt worden.

XX **Stocker,** Max-Brauer-Allee 80, ⊠ 22765, ℰ (040) 38 61 50 56, manfred.stocker@t online.de, Fax (040) 38615058, 🍽 – AE ⓘ ⓜ VISA
AU r
geschl. 1. - 15. Jan., Montag, Samstagmittag, Sonntagmittag – **Menu** 18 (mittags) à la carte 28/41,50.
 ♦ Verspielte Freskomalereien bilden die malerische Kulisse für Manfred Stockers Neuinterpretation österreichischer Klassiker, die er mit modernen Akzenten versieht.

XX **Saliba,** Leverkusenstr. 54, ⊠ 22761, ℰ (040) 85 80 71, info@saliba.de, Fax (040) 858082 – 🅿 ⓜ
AU h
geschl. Sonntag – **Menu** (nur Abendessen) (Tischbestellung ratsam, syrische Küche) 43/46 und à la carte.
 ♦ Inmitten tausender kleiner Lichter, die sich in rotem, blauem und grünem Marmor spiegeln, genießen Sie zu den Klängen orientalischer Musik die feine Küche Syriens.

X **La Vela,** Große Elbstr. 27, ⊠ 22767, ℰ (040) 38 69 93 93, Fax (040) 38086788, ≤, 🍽 – AE VISA
AU b
Menu à la carte 35/44.
 ♦ Direkt neben dem Fischmarkt liegt dieses kürzlich eröffnete Restaurant - ein bistroartiges Interieur und ein freundlicher Service bestimmen die Atmosphäre. Nette Elbterrasse!

X **Henssler & Henssler,** Große Elbstr. 160, ⊠ 22767, ℰ (040) 38 69 90 00, Fax (040) 38699055, 🍽 – AE
AU u
geschl. Sonntag – **Menu** (japanische Küche) à la carte 26,50/38,50.
 ♦ Smartes Restaurant in einer alten Fischverkaufshalle : Schlichtes, japanisch inspiriertes Interieur in schwarz-weiß, Sushi-Bar und japanische Küche mit kalifornischen Akzenten.

X **Rive Bistro,** Van-der-Smissen-Str. 1 (Kreuzfahrt-Center), ⊠ 22767, ℰ (040) 3 80 59 19, Fax (040) 3894775, ≤, 🍽 – AE
AU r
Menu (Tischbestellung ratsam) à la carte 25,50/51,50.
 ♦ Nahe dem Fischmarkt genießen Sie den Blick auf den Hafen und die regionale, fischreiche Küche. Originelles Dekor aus metallenen Blättern. Frische Austern gibt es an der Bar.

In Hamburg-Bahrenfeld :

🏨 **Gastwerk** 🅼, Beim Alten Gaswerk 3/Ecke Daimlerstr., ⊠ 22761, ℰ (040) 89 06 20, info@gastwerk-hotel.de, Fax (040) 8906220, 🛌 – 🛗 ⚙ Zim, 📺 ☎ 🅿 – 🔓 100. AE ⓜ VISA
S j
Menu (geschl. Samstagmittag, Sonntag) à la carte 25/45 – ⊇ 14 – **134 Zim** 110/195.
 ♦ Vom Gaswerk zum Gastwerk : Aus dem imposanten Industriedenkmal wurde ein Design-Hotel in edlem Loft-Stil mit großzügigen Zimmern, Naturmaterialien und vielen schönen Details. Im Restaurant entspannen Sie auf roten Polsterbänken in heller Bistro-Atmosphäre.

🏨 **Astron** 🅼, Stresemannstr. 365, ⊠ 22761, ℰ (040) 4 21 06 00, hamburg-altona@ astron-hotels.com, Fax (040) 421060100, 🛌 – 🛗 ⚙ 📺 ☎ 🚗 – 🔓 150. AE ⓘ ⓜ VISA JCB. ⚘ Rest
S e
Menu à la carte 24/41 – ⊇ 13 – **233 Zim** 102/142 – 118/155.
 ♦ Ein neues Hotel mit Klinkerfassade und einheitlich gestalteten Zimmern, die mit zeitlosen Naturholzmöbeln ausgestattet sind und zeitgemäßen Komfort bieten. Modernes Restaurant mit großem Buffetbereich.

🏨 **Novotel Hamburg West** 🅼, Albert-Einstein-Ring 2, ⊠ 22761, ℰ (040) 89 95 20, h1659@accor-hotels.com, Fax (040) 89952333, 🛌 – 🛗 ⚙ Zim, 🍽 📺 ☎ ⚿ 🚗 🅿 – 🔓 50. AE ⓘ ⓜ VISA
R a
Menu 16 (Lunchbuffet) à la carte 20/32 – ⊇ 13 – **137 Zim** 99 – 109, 4 Suiten.
 ♦ Am Volkspark warten geräumige, funktionelle Zimmer mit hellen Schleiflackmöbeln und sehr guter Technik auf Bewohner, das kleine Hallenbad auf Wasserbegeisterte. In lockerem Ambiente genießen : Das Restaurant Carte Blanche im einfachen Bistrostil.

HAMBURG S. 17

Tafelhaus (Rach), Holstenkamp 71, ⊠ 22525, ℘ (040) 89 27 60, *tafelhaus-hamburg
@t-online.de, Fax (040) 8993324,* 🌿 – **P**. AE ⓪ ⓂⓈ VISA   S a
*geschl. Anfang Jan. 2 Wochen, Ende Juli - Mitte Aug., Samstagmittag, Sonntag
– Montag* – **Menu** (Tischbestellung erforderlich) 35 (mittags) à la carte 46/58 ♀.

◆ In dem mit Grünpflanzen überwucherten roten Häuschen mit der modernen Einrichtung
und wohlüberlegter Eleganz schwelgen Sie in der kreativen, neuen Küche von Christian
Rach.
Spez. Gegrillter Entenspieß mit dicken Bohnen und Pfifferlingen. Wolfsbarsch im Pergament
(2 Pers.). Schokoladennudeln mit Kirschen und Champagnersabayon.

In Hamburg-Barmbek :

Mercure Hotel Meridian garni, Holsteinischer Kamp 59, ⊠ 22081, ℘ (040)
2 91 80 40, *h4993@accor-hotels.com, Fax (040) 2983336,* ≦s, ⊠ – ⊜ ⇔ TV 🅐 P –
🔏 30. AE ⓪ ⓂⓈ VISA JCB   DT c
⊑ 13 – **67 Zim** 85/95 – 100/110.

◆ Originelle farbige Details verleihen der Einrichtung des Hotels mit den schwarzen
Holzmöbeln den besonderen Pfiff. Die geräumigen Zimmer besitzen gute Schreib-
flächen.

In Hamburg-Bergedorf *über ③ : 18 km und die B 5* :

Ramada-Treff Hotel Ⓜ, Holzhude 2, ⊠ 21029, ℘ (040) 72 59 50, *hamburg-
bergedorf@ramada-treff.de, Fax (040) 72595187,* 🌿, 🛁, ≦s – ⊜, ⇔ Zim, TV 🅒 🅐
⇔ – 🔏 500. AE ⓪ ⓂⓈ VISA JCB
Menu à la carte 19,50/37 – ⊑ 13 – **205 Zim** 106.

◆ In Ruhe wohnen und arbeiten : Farblich harmonische Zimmer bieten neben anderen
Annehmlichkeiten Raum zum Wohlfühlen und große Schreibtische mit allen nötigen
Anschlüssen. Lassen Sie es sich in dem neuzeitlichen, ansprechenden Hotelrestaurant
schmecken.

Forsthaus Bergedorf ⊰, Reinbeker Weg 77, ⊠ 21029, ℘ (040) 7 25 88 90, *info
@forsthaus-bergedorf.de, Fax (040) 72588925,* 🌿, 🚲 – ⇔ Zim, TV 🅒 P.
ⓂⓈ VISA
Menu à la carte 20/31 – **17 Zim** ⊑ 69/78 – 95/112.

◆ Mit hellem Holz und blauem Teppichboden modern und freundlich ausgestattete Zimmer
erwarten Sie, die alle mit Modem-Anschluß versehen wurden. Reizvolle Waldlandschaft.
Nettes, mit Jagdzierat geschmücktes Wintergartenrestaurant.

Laxy's Restaurant, Bergedorfer Str. 138, ⊠ 21029, ℘ (040) 7 24 76 40, *laxys-
restaurant@lycos.de, Fax (040) 7247640,* 🌿 – AE ⓪ ⓂⓈ VISA
geschl. Juli - Aug. 2 Wochen, Sonntag – **Menu** *(nur Abendessen)* à la carte 27/41.

◆ Bernhard Laxy schwingt hier seit mehr als 15 Jahren den Kochlöffel, um seinen
Gästen in eleganter Atmosphäre gehobene, teils asiatisch angehauchte Küche zu
servieren.

In Hamburg-Bergstedt *über ① und die B 434 : 17 : km* :

Alte Mühle, Alte Mühle 34, ⊠ 22395, ℘ (040) 6 04 91 71, *Fax (040) 60449172,* Bier-
garten – P
geschl. Feb., Montag - Dienstag – **Menu** à la carte 16/32,50.

◆ Nette rustikale Adresse mit schönem Biergarten, deren Angebot mit regionalen Gerich-
ten durchzogen ist. Nutzen Sie das kleine Häuschen am See für besondere Feierlichkeiten !

In Hamburg-Billbrook :

Böttcherhof, Wöhlerstr. 2, ⊠ 22113, ℘ (040) 73 18 70, *info@boettcherhof.com,
Fax (040) 73187899,* 🛁, ≦s – ⊜, ⇔ Zim, TV 🅒 🅐 ⇔ P – 🔏 150. AE ⓂⓈ VISA.
※ Rest   S p
Menu à la carte 24/36 – ⊑ 12 – **155 Zim** 100/128 – 121/149.

◆ Hell und hochwertig, mit massivem Kirschholz und geschmackvollen Farben ausgestattet,
sind die Zimmer ideal zur Regeneration oder zur Einstimmung auf Aktivitäten. Das schönste
Studium können Sie im freundlichen Restaurant betreiben - das der Speisekarte !

In Hamburg-Blankenese : *West : 16 km über Elbchaussee* S :

Süllberg ⊰ mit Zim, Süllbergsterrasse 2, ⊠ 22587, ℘ (040) 8 66 25 20, *hauser.karl
heinz@suellberg-hamburg.de, Fax (040) 866625213,* ≤, 🌿 – ⊜ ▯ TV 🅒 ⇔ – 🔏 100.
AE ⓪ ⓂⓈ VISA JCB
Seven Seas ※ *(geschl. Montag - Dienstag) (nur Abendessen)* **Menu** 75/125 und
à la carte – ***Bistro*** : **Menu** à la carte 28/60 – ⊑ 12 – **11 Zim** 140/160 – 180/220.

◆ Herzstück des Süllberg-Ensembles stellt das luxuriöse Seven Seas mit feinster Tischkultur
dar. Für Festlichkeiten : der Ballsaal, der im Glanz vergangener Zeiten erstrahlt. Das Bistro : hell,
freundlich und modern im Stil.

HAMBURG S. 18

In Hamburg-City Nord:

Queens Hotel M, Mexikoring 1, ✉ 22297, ✆ (040) 63 29 40, info.qhamburg@
queensgruppe.de, Fax (040) 6322472, 😊, ⚓ – 📶, ✳ Zim, 🍴 Rest, 📺 ✆ 🚗 🅿
🛁 120. 🅰🅴 ⓞ ⓞⓞ 🆅🅸🆂🅰. ✳ Rest
R
Menu à la carte 25/40 – ☕ 14 – **182 Zim** 117/149 – 140/172.
♦ Nahe am Zentrum und nur zehn Minuten vom Flughafen entfernt. Fragen Sie hier nach einem der renovierten Zimmer : diese sind wohnlich mit hellem Inventar funktionell möbliert

In Hamburg-Duvenstedt über Alte Landstraße R :

Le Relais de France, Poppenbütteler Chaussee 3, ✉ 22397, ✆ (040) 6 07 07 50
lerelais@t-online.de, Fax (040) 6072673, 😊 – 🅿 ⓞⓞ. ✳
geschl. Sonntag - Montag – **Menu** (nur Abendessen) (Tischbestellung ratsam) à la carte 32,50/39,50 – **Bistro** (geschl. Sonntag - Montag) (auch Mittagessen) **Menu** 25,50 und à la carte.
♦ Nach Herzenslust können Sie hier Ihr Menü selbst gestalten : dazu hält der Patron französische Leckereien bereit, die er wahlweise in mehreren Gängen kredenzt. Die kleine Schwester des Le Relais de France empfängt Sie in ihren rustikalen vier Wänden.

In Hamburg-Eimsbüttel :

La Mirabelle, Bundesstr. 15, ✉ 20146, ✆ (040) 4 10 75 85, Fax (040) 4107585. 🅰
ⓞⓞ 🆅🅸🆂🅰
FX
geschl. Juli - Aug. 2 Wochen, Sonntag – **Menu** (nur Abendessen) à la carte 33/43.
♦ Nettes Bistro in einem Eckhaus mit typischer Aufmachung und schlichtem Interieur. Der Koch ermöglicht Ihnen einen Ausflug in französische Genüsse.

In Hamburg-Eppendorf :

Piment (Nouri), Lehmweg 29, ✉ 20251, ✆ (040) 42 93 77 88, Fax (040) 42937789, 😊
✿ – ⓞⓞ 🆅🅸🆂🅰
BT
geschl. über Ostern 2 Wochen, Mitte - Ende Juli, Sonntag – **Menu** (nur Abendessen) à la carte 44/55 ♀.
♦ Das hübsche Jugendstilgebäude wurde vom Pächterehepaar liebevoll restauriert. In ansprechenden Räumen bietet man eine klassische Küche mit nordafrikanischen Einflüssen
Spez. Entenstopfleber im Glas pochiert mit mariniertem Chicorée. Taube mit Portweinjus und gefülltem Sellerieschnitzel. Topfenknödel mit Quarkeis und Mohnmousse.

Poletto, Eppendorfer Landstr. 145, ✉ 20251, ✆ (040) 4 80 21 59, Fax (040) 41406993
✿ 😊
R
geschl. Samstagmittag, Sonntag - Montag – **Menu** 39/54 à la carte 42/53.
♦ Schön gedeckte Tische und ungewöhnliches Porzellan bestimmen den Stil des in vornehmem Gelb gehaltenen Lokals. Cornelia Poletto kocht mediterran mit italienischem Akzent.
Spez. Gebratener Steinbutt mit ligurischem Kartoffelsalat. Rücken vom Salzwiesenlamm mit Rosmarinjus und gebackenen Kartoffeln. Grießknödel mit Aprikosenragout und Amarettosahne.

Sellmer, Ludolfstr. 50, ✉ 20249, ✆ (040) 47 30 57, Fax (040) 4601569 – 🅿 🅰🅴 ⓞⓞ 🆅🅸🆂🅰
R
Menu (überwiegend Fischgerichte) à la carte 29,50/54.
♦ Von Aal bis Zander - hier ist fast kein Gericht ohne die Wasserbewohner. Stammgäste schätzen dieses traditionell geführte und seit über 20 Jahren etablierte Fischrestaurant.

In Hamburg-Finkenwerder :

Am Elbufer 🌊 garni, Focksweg 40a, ✉ 21129, ✆ (040) 7 42 19 10, hotel-@
m-elbufer.de, Fax (040) 74219140 – 📺 ✆ 🅿 🅰🅴 ⓞ ⓞⓞ 🆅🅸🆂🅰. ✳
S
geschl. 24. Dez. - 5. Jan. – **14 Zim** ☕ 75/100 – 100/130.
♦ Ihr stören höchstens vorbeifahrende Schiffe die Ruhe. Das kleine, familiäre Hotel liegt an der Elbe. Reservieren Sie sich eines der modernen Zimmer mit Blick auf den Fluß.

Finkenwerder Elbblick, Focksweg 42, ✉ 21129, ✆ (040) 7 42 70 95, restaurant
@finkenwerder-elbblick.de, Fax (040) 7434672, ≤ Elbe, 😊 – 🍴 🅿 🅰🅴 ⓞ ⓞⓞ 🆅🅸🆂🅰
Menu à la carte 24/43.
S
♦ Klassisches Restaurant mit Elbterrasse, dessen Name nicht zuviel verspricht : Während die Blicke den vorbeiziehenden Schiffen folgen, serviert man des Anglers Glück.

In Hamburg-Flottbek :

Landhaus Flottbek, Baron-Voght-Str. 179, ✉ 22607, ✆ (040) 8 22 74 10, hotel@l
andhaus-flottbeck.de, Fax (040) 82274151, 😊, 🌳 – 📺 ✆ 🅿 – 🛁 30. 🅰🅴 ⓞ ⓞⓞ
🆅🅸🆂🅰 🅹🅲🅱
S m
Menu (geschl. Sonntag) (nur Abendessen) à la carte 28/45 ♀ – **Club-House** : Menu à la carte 27/38 – **25 Zim** ☕ 99/120 – 135/170.
♦ Mehrere Bauernhäuser aus dem 18. Jh. bilden diese Hotelanlage mit schönem Garten. Liebevoll individuell eingerichtete Landhauszimmer. Im ehemaligen Pferdestall hat ein stimmungsvolles Restaurant Quartier bezogen. Hübsch : das Bistro Club-House.

In Hamburg-Fuhlsbüttel :

Airport Hotel, Flughafenstr. 47, ☒ 22415, ✆ (040) 53 10 20, *service@airporthh.com*, Fax (040) 53102222, 🛎, 🏊, – 🛗, 🚭 Zim, 🍽 Rest, 📺 🐾 🚗 🅿 – 🔒 140. 🆎 ⓞ 🆎 VISA
R p
Menu à la carte 27/48 – 🍽 15 – **159 Zim** 140/200 – 165/225, 11 Suiten.
• Von hier sind es nur 500 m bis zum Take Off. Das Hotel mit Landhaus-Charme legt Wert auf farbharmonische, funktionale Räume. Traumhafte Illusionsmalerei im Schwimmbad ! Flügellahme kommen in diesem Restaurant unweit des Flughafens wieder zu Kräften.

Top air, Flughafenstr. 1 (im Flughafen, Terminal 4, Ebene 3), ☒ 22335, ✆ (040) 50 75 33 24, Fax (040) 50751842 – 🆎 ⓞ 🆎 VISA
R h
geschl. 21. Dez. - 5. Jan., 2. - 16. Aug., Samstag – **Menu** à la carte 38/62.
• "On the top", ganz oben im architektonisch eindrucksvollen Terminal 4 greift man Reisenden gastronomisch unter die Flügel. Zum mondänen Airport paßt internationale Küche.

Fiorano, Am Weg beim Jäger 224, ☒ 22335, ✆ (040) 59 10 04 00, Fax (040) 59100444, 🌳 – 🅿. 🆎 ⓞ 🆎 VISA
R g
geschl. 31. Juli - 14. Aug., Samstagmittag, Sonntag – **Menu** (italienische Küche) 22 (mittags) à la carte 37/45.
• An ungewöhnlicher Stelle, im Obergeschoß eines Autohauses mit italienischen Nobelkarossen, befindet sich dieses mediterran gestylte, ebenfalls italienische Restaurant.

In Hamburg-Gross-Borstel :

Entrée Ⓜ garni, Borsteler Chaussee 168, ☒ 22453, ✆ (040) 5 57 78 80, *info@entree-hotel.de*, Fax (040) 55778810 – 🛗 🚭 📺 🐾 🚗. 🆎 ⓞ 🆎 VISA. 🌺
R t
20 Zim 🍽 84/98 – 103/124.
• "Treten Sie ein" in dieses wohnliche Hotel : Einrichtung im mediterranen Stil, farbklimatisch abgestimmt. Schreibtische mit moderner Technik. Zimmer teils mit Balkon.

In Hamburg-Harburg :

Lindtner Ⓜ 🌺, Heimfelder Str. 123, ☒ 21075, ✆ (040) 79 00 90, *info@lindtner.com*, Fax (040) 79009482, 🌳 – 🛗, 🚭 Zim, 📺 🐾 ♿ 🅿 – 🔒 450. 🆎 ⓞ 🆎 VISA JCB.
S g
🌺 Rest
Lilium (geschl. Sonntag - Montag)(nur Abendessen) **Menu** 42/72 und à la carte – *Diele :* **Menu** à la carte 28,50/48 – 🍽 13 – **115 Zim** 120/145 – 145/175, 7 Suiten.
• Umgeben von Bäumen gibt sich diese Residenz als Klassiker der 90er Jahre mit schlichter Eleganz : lichtdurchflutete Räume mit hohen Decken. Sammlung zeitgenössischer Kunst. Das Lilium empfängt Sie in lichter Atmosphäre. An einen Gutshof erinnert die Diele.

Panorama Harburg, Harburger Ring 8, ☒ 21073, ✆ (040) 76 69 50, *panoramaharburg@aol.com*, Fax (040) 76695183 – 🛗, 🚭 Zim, 📺 🚗 – 🔒 110. 🆎 ⓞ 🆎 VISA JCB
Menu (geschl. Sonntagabend) à la carte 18/28 – **99 Zim** 🍽 98 – 112.
S x
• Geschäftsreisende finden in dieser Behausung auf Zeit eine praktische Unterkunft mit mahagonifarbenem Holzmobiliar. Ausreichend große Schreibtische stehen bereit. Das helle und freundliche Restaurant ist im Caféhausstil eingerichtet.

Marinas, Schellerdamm 26, ☒ 21079, ✆ (040) 7 65 38 28, *info@marinas.de*, Fax (040) 7651491, 🌳 – 🆎 ⓞ 🆎 VISA
S z
geschl. Samstagmittag, Sonntag – **Menu** 25 (mittags) à la carte 29/55.
• Restaurant mitten in der Hafenanlage. Das ehemalige Kontorgebäude gibt eine ungewöhnliche Restaurantkulisse ab. Die Showküche offenbart international-regionale Leckerbissen.

In Hamburg-Harvestehude *westlich der Außenalster* :

Inter-Continental, Fontenay 10, ☒ 20354, ✆ (040) 4 14 20, *hamburg@interconti.com*, Fax (040) 41422299, ≤ Hamburg und Alster, 🌳, Massage, 🛎, 🏊, – 🛗, 🚭 Zim, 🍽 📺 🐾 🚗 🅿 – 🔒 300. 🆎 ⓞ 🆎 VISA JCB. 🌺 Rest
GX r
Windows (geschl. Sonntag)(nur Abendessen) **Menu** à la carte 50/71 – *Signatures :* **Menu** à la carte 22/44,50 – 🍽 19 – **281 Zim** 160/250, 10 Suiten.
• Hanseatische Gediegenheit und internationales Flair an der Außenalster : Der noble Rahmen des Hotels steht für die feine Art des Reisens. Toll : das Panorama vom eleganten Restaurant Windows in der 9. Etage. Hell : das Wintergarten-Restaurant Signatures.

Garden Hotel Ⓜ 🌺 garni (mit Gästehäusern), Magdalenenstr. 60, ☒ 20148, ✆ (040) 41 40 40, *garden@garden-hotels.de*, Fax (040) 4140420, 🌳 – 🛗 🚭 📺 🐾 🚗 – 🔒 15. 🆎 ⓞ 🆎 VISA
CT r
🍽 12 – **59 Zim** 115/155 – 135/185.
• Alles, was in Hamburg chic ist, beginnt womöglich vor dieser Tür ! Und dahinter? Die ideenreich gestalteten, komfortablen Zimmer verteilen sich auf drei sehenswerte Häuser.

HAMBURG S. 20

Abtei ⌂, Abteistr. 14, ⊠ 20149, ℘ (040) 44 29 05, info@abtei-hotel.de
Fax (040) 449820, 🌳 – 🍽 Rest, 📺 📞 🅰🅴 ⓜ 🆅🅸🆂🅰 Rest   CT
Menu (geschl. Sonntag - Montag) (nur Abendessen) (Tischbestellung erforderlich) 66/9
♀ – **11 Zim** ⊊ 135/195 – 180/260.
♦ In schönster Privatheit erstrahlt diese Stadtvilla mit den erlesenen Antiquitäten. Den
Charme von hanseatisch-englischer Eleganz erliegen nicht nur Nostalgiker ! Die feine eng
lische Art regiert in dem intimen Restaurant mit seinem stilvollen Innenleben.

Mittelweg garni, Mittelweg 59, ⊠ 20149, ℘ (040) 4 14 10 10, hotel.mittelweg@t
online.de, Fax (040) 41410120, 🌳 – ⚙ 📺 📞 🅿 🅰🅴 ⓞ ⓜ 🆅🅸🆂🅰 🅹🅲🅱   CT
30 Zim ⊊ 85/95 – 100/143.
♦ Diese Residenz wurde um die Jahrhundertwende von einem Hamburger Kaufmann als
Stadtvilla erbaut. Wohnliche Zimmer, überwiegend im Landhausstil eingerichtet.

XXX **Wollenberg**, Alsterufer 35 (1. Etage), ⊠ 20354, ℘ (040) 4 50 18 50, wollenberg
☼ hamburg@t-online.de, Fax (040) 45018511 – 🕭 40. 🅰🅴 ⓞ ⓜ 🆅🅸🆂🅰 🅹🅲🅱   GX
geschl. Sonntag – **Menu** (nur Abendessen) à la carte 36,50/55,50 ♀.
♦ Abends wird die repräsentative Fassade der weißen Villa am Alsterufer effektvoll beleuch-
tet. Puristisches, modern-elegantes Interieur und französische Küche.
Spez. Bouillabaisse von Nordseefischen mit Sauce Rouille. Getrüffeltes Kartoffelpüree mit
Hummerfrikassée. Gedämpfter Nordsee Steinbutt mit Sahnemeerrettich und zerlassener
Butter.

XX **Tirol**, Milchstr. 19, ⊠ 20148, ℘ (040) 44 60 82, Fax (040) 44809327, 🌳 – 🅰🅴
ⓜ 🆅🅸🆂🅰   CT
geschl. Sonntag – **Menu** à la carte 29/44.
♦ Für alle mit Fern- und Heimweh nach Österreich ! Rustikales Ambiente läßt norddeutscher
Nieselregen vergessen. Gemütlich-genüßlich wird's bei österreichischen Schmankerln !

In Hamburg-Horn :

Astron M, Rennbahnstr. 90, ⊠ 22111, ℘ (40) 65 59 70, hamburg-horn@astron-
hotels.de, Fax (040) 65597100, 🌳, ≋ – 📶 ⚙ Zim, 📺 📞 ♿ 🅿 – 🕭 120. 🅰🅴 ⓞ ⓜ
🆅🅸🆂🅰 🅹🅲🅱 ✄ Rest   S
Menu à la carte 24/37,50 – ⊊ 13 – **172 Zim** 138/174.
♦ Rennatmosphäre erleben Sie in diesem, im Jahre 2000 fertiggestellten Hotel. Sie beziehen
Quartier in funktionellen Zimmern mit guter Technik. Die große Fensterfront im Restaurant
gibt den Blick frei auf die angrenzende Galopprennbahn.

In Hamburg-Langenhorn :

Dorint-Hotel-Airport, Langenhorner Chaussee 183, ⊠ 22415, ℘ (040) 53 20 90, info
.hamburg@dorint.com, Fax (040) 53209600, 🌳, ≋, 🏊 – 📶 ⚙ Zim, 📺 📞 ♿ 🚗
– 🕭 80. 🅰🅴 ⓞ ⓜ 🆅🅸🆂🅰 🅹🅲🅱   R
Menu à la carte 25/44 – ⊊ 16 – **146 Zim** 133/183 – 155/205.
♦ Unweit des Flughafens beeindruckt die Architektur des Hauses mit Glasgängen und
begrünten Innenhöfen. Sie residieren hier in funktionell-modernen Zimmern. In der auf-
gelockerten Atmosphäre des Restaurants serviert man nicht nur Fluggästen eine Stärkung.

Schümann garni, Langenhorner Chaussee 157, ⊠ 22415, ℘ (040) 5 31 00 20, info
@hotel-schuemann.de, Fax (040) 53100210 – ⚙ 📺 🚗 🅿 🅰🅴 ⓜ 🆅🅸🆂🅰 🅹🅲🅱   R
45 Zim ⊊ 72/82 – 90/115.
♦ Verkehrsgünstige Lage in Flughafennähe. Reisende finden in diesem familiär geführten
und gepflegten Hotel einen vorübergehenden Wohnsitz mit praktischer Einrichtung.

XX **Zum Wattkorn**, Tangstedter Landstr. 230, ⊠ 22417, ℘ (040) 5 20 37 97, wattkorn
@viehhauser.de, Fax (040) 5209044, 🌳 – 🅿   über Tangstedter Landstraße   R
geschl. Montag - Dienstag – **Menu** à la carte 32,50/43,50.
♦ Das rustikale Landhaus mit Reetdach gehört zur Familie des bekannten Kochs Viehhauser.
Die regionale Küche ist spezialisiert auf Gerichte vom Nordseestrand und Alpenrand.

In Hamburg - Lemsahl-Mellingstedt über Alte Landstraße R :

Marriott Hotel Treudelberg M ⌂, Lemsahler Landstr. 45, ⊠ 22397, ℘ (040)
60 82 20, info@treudelberg.com, Fax (040) 60822444, ≤, 🌳, Massage, 🎱, ≋, 🏊, ✄,
🎾 – 📶 ⚙ Zim, 📺 📞 🅿 – 🕭 150. 🅰🅴 ⓞ ⓜ 🆅🅸🆂🅰 🅹🅲🅱 ✄ Rest
Menu à la carte 30/45,50 – ⊊ 15 – **135 Zim** 135/170.
♦ Mit Blick auf die Naturlandschaft des Alstertals können Sie sich in Ruhe die Treudelberg-
Geschichte zu Gemüte führen. Elegantes Hotel mit gutem Angebot für Sportsfreunde. Den
Golfplatz des Hotels im Blickfeld, speist man hier in wohltuend ruhigem Ambiente.

XX **Stock's Fischrestaurant**, An der Alsterschleife 3, ⊠ 22399, ℘ (040) 6 02 00 43,
info@stocks.de, Fax (040) 6022826, 🌳 – 🅿 🅰🅴 ⓜ 🆅🅸🆂🅰
geschl. Montag – **Menu** (wochentags nur Abendessen) (Tischbestellung ratsam) à la carte
32,50/49.
♦ Dante beklagte sich in der Göttlichen Komödie, wie salzig doch das Brot schmecke - das
wird Ihnen in diesem reetgedeckten Fachwerkhaus nicht passieren. Rustikales Flair.

HAMBURG S. 21

In Hamburg-Lohbrügge Süd-Ost : 15 km über die B 5 :

Alt Lohbrügger Hof, Leuschnerstr. 76, ⊠ 21031, ℘ (040) 7 39 60 00, hotel@altlohbrueggerhof.de, Fax (040) 7390010, 🌣 – ⇹ Zim, 📺 🅿 – 🛄 120. 🆎 ① ⓞ 𝒱𝐼𝑆𝐴
Menu à la carte 20/41,50 – **67 Zim** ⇌ 83/90 – 106/113.
  • Hinter der aparten Backsteinfassade stellt man Sie vor die Wahl : Hier sind Zimmer im feinen Landhausstil oder mit rustikalem Charakter zu haben. Hoteleigene Kegelbahn. Rustikal mit Zierat bestücktes Hotel-Restaurant.

In Hamburg-Lokstedt

Engel, Niendorfer Str. 55, ⊠ 22529, ℘ (040) 55 42 60, rezeption@hotel-engel-hamburg.de, Fax (040) 55426500, 🌣, ⇌ – 🛗 📺 ✆ ⟺ 🅿 – 🛄 35. 🆎 ① ⓞ 𝒱𝐼𝑆𝐴 𝐽𝐶𝐵
Menu (nur Abendessen) à la carte 23,50/37 – **95 Zim** ⇌ 95 – 120.   R d
  • Im familiär geführten Haus legt man Wert auf liebevoll und individuell eingerichtete Zimmer. Netter Garten. Jogger finden Auslauf im nahegelegenen Niendorfer Gehege. Das Restaurant mit ländlichem Ambiente nennt sich Papillon.

In Hamburg-Niendorf :

Lutz und König, König-Heinrich-Weg 200, ⊠ 22455, ℘ (040) 55 59 95 53, Fax (040) 55599554, 🌣 – 🅿. 🆎 ① ⓞ 𝒱𝐼𝑆𝐴 𝐽𝐶𝐵   R k
geschl. Juli - Aug. 3 Wochen, Montag – **Menu** (wochentags nur Abendessen) (Tischbestellung ratsam) à la carte 28,50/48.
  • Ein Name mit Programm : "Lutz" ist der Patron und "König" der Gast. Diesen bittet er in sein geschmackvolles Landhaus zu verfeinerten regionalen Speisen mit mediterranem Touch.

In Hamburg-Nienstedten West : 13 km über Elbchaussee S :

Louis C. Jacob M, Elbchaussee 401, ⊠ 22609, ℘ (040) 82 25 50, jacob@hotel-jacob.de, Fax (040) 82255444, ≤ Hafen und Elbe, 🌣, ⇌ – 🛗, ⇹ Zim, 🗏 📺 ✆ ⟺
– 🛄 120. 🆎 ① ⓞ 𝒱𝐼𝑆𝐴 𝐽𝐶𝐵. 🛇 Rest
Menu (Tischbestellung ratsam) à la carte 48/72 ⟊ – **Weinwirtschaft Kleines Jacob** Biergarten (geschl. 1. - 14. Jan., Mitte Juli - Mitte Aug., Dienstag) (wochentags nur Abendessen)
Menu à la carte 23/33 – ⇌ 20 – **85 Zim** 210/335 – 255/370, 8 Suiten.
  • Luxushotel mit zurückhaltender Formensprache : Die Zimmer sind mit Stilmöbeln schlicht-elegant, farblich unterschiedlich gestaltet. Schön : die Lage über der Elbe. Prächtiges Ambiente und Haute Cuisine entzücken alle Sinne. Lindenterrasse !
Spez. Gebratene Jakobsmuscheln mit Fenchelpüree und Wildkräutern. Bresse Poularde mit Flusskrebsen in Meursault. Dôme von der Valrhona Schokolade mit Honigkirschen und Amarettinieis.

Il Sole, Nienstedtener Str. 2b, ⊠ 22609, ℘ (040) 82 31 03 30, Fax (040) 82310336, 🌣
– 🆎 ⓞ
geschl. Montag, Samstagmittag – **Menu** (italienische Küche) à la carte 31,50/40.
  • Das südländische Flair wird nicht nur durch Dekor und sonnengelbe Wände verbreitet, sondern auch durch die persönliche Führung. Küche und Wein stimmen sonnig-wonnig !

In Hamburg-Osdorf West : 12 km über die B 431 S :

Schelzigs, Am Landpflegeheim 53, ⊠ 22549, ℘ (040) 80 03 07 70, Fax (040) 80030770, 🌣
geschl. Juli - Aug. 3 Wochen, Samstagmittag, Sonntag - Montag – **Menu** à la carte 27,50/37,50.
  • Eine ehemalige Vorstadtgaststätte hat sich zu einem modernen, in Weiß gehaltenen Restaurant mit schwarzer Bestuhlung, Bildern und Amphoren mit Pflanzen gemausert.

Lambert, Osdorfer Landstr. 239 (B 431), ⊠ 22549, ℘ (040) 80 77 91 66, buero.lambert@t-online.de, Fax (040) 80779164, 🌣 – 🅿. 🆎 ⓞ 𝒱𝐼𝑆𝐴
geschl. 1. - 9. Jan., Montag – **Menu** (nur Abendessen) à la carte 24/36.
  • Bistro und Restaurant befinden sich im ersten Stock des Wackerhof, einem alten Osdorfer Bauernhof, erbaut im Jahre 1828. Gemütlich-rustikal mit internationaler Küche !

In Hamburg-Ottensen :

IndoChine, Neumühlen 11, ⊠ 22763, ℘ (040) 39 80 78 80, info@indochine.de, Fax (040) 39807882, ≤, 🌣 – 🅿. 🆎 ① ⓞ 𝒱𝐼𝑆𝐴 𝐽𝐶𝐵   S h
Menu (asiatische Küche) à la carte 31/49.
  • Im 2. und 3. Stock eines Bürogebäudes mit Glasfassade finden Sie dieses modern-elegante Restaurant. Alte asiatische Kunst wirkt hier ebenso wie die schöne Sicht. Elbterrasse.

Darling Harbour, Neumühlen 17, ⊠ 22763, ℘ (040) 3 80 89 00, darling-harbour@t-online.de, Fax (040) 38089044, ≤, 🌣 – 🅿. 🆎 ① ⓞ 𝒱𝐼𝑆𝐴   S t
geschl. Sonntagmittag – **Menu** à la carte 39/48.
  • Schickes In-Restaurant in einem verglasten Bürogebäude gegenüber dem Container-Terminal. Modernes Design prägt das Interieur, der Küchenstil ist phantasievoll. Elbterrasse.

HAMBURG S. 22

※ **Latini**, Friesenweg 5, ✉ 22763, ℘ (040) 89 06 28 82, latini.ristorante@t-online.de
Fax (040) 89062883, 🌞 – 🅿
geschl. Samstagmittag, Sonntag – **Menu** 21 (mittags) à la carte 31/47.
S
♦ Hinter der Klinkerfassade der ehemaligen Brauerei befindet sich ein moder
eingerichtetes Restaurant mit Galerie, in dem man sich einer italienisch beeinflußte
Küche widmet.

In Hamburg-Poppenbüttel : Nord-Ost : 12 km über Alte Landstr. R :

🏨 **Poppenbütteler Hof**, Poppenbütteler Weg 236, ✉ 22399, ℘ (040) 60 87 80
hotel-poppenbuetteler-hof@t-online.de, Fax (040) 60878178, 🌞 – 🕪, ↔ Zim, 📺 🅿
🎾 45. ⒶⒺ ⓞ ⓒⓞ 𝗩𝗜𝗦𝗔
Pirandello (italienische Küche) (geschl. Juli - Aug. 3 Wochen, Sonntagabend - Montag
Menu à la carte 26/35,50 – **32 Zim** ⇌ 100 – 123.
♦ Bei Hamburgs schönem Naturpark am Poppenbütteler Alstertal ist dieses Hotel zu finden
Neuzeitlich-funktionelle Zimmer mit Kirschbaummobiliar und Marmorbädern. Im behagl
chen Speisesaal wird italienische Küche serviert.

In Hamburg-Rahlstedt Nord-Ost : über Ahrensburger Straße (B 75) R :

🏨 **Eggers**, Rahlstedter Str. 78 (B 453), ✉ 22149, ℘ (040) 67 57 80, info@eggers.de
Fax (040) 67578444, 🌞, Biergarten, 🎾, ≘s, 🏊 – 🕪, ↔ Zim, 📺 📞 🅿 – 🎾 150. Ⓐ
ⓒⓞ 𝗩𝗜𝗦𝗔, ⸘ Rest
Menu à la carte 24/40 – **102 Zim** ⇌ 105/125 – 145/165.
♦ Ästhetisches Design, helle Räume und innovative Technik im traditionsreichen Rahmer
Liebevoll eingerichtete Zimmer auf gutem technischen Standard (Modem- und Faxan
schluß). Das traditionelle Hotelrestaurant lockt im Sommer mit einem großen Biergarter

In Hamburg-Rothenburgsort :

🏨 **Holiday Inn** Ⓜ, Billwerder Neuer Deich 14, ✉ 20539, ℘ (040) 7 88 40, hamhb@
interconti.com, Fax (040) 78841000, ≤, 🎾, ≘s, 🏊 – 🕪 ↔ 📺 📞 ♿ ⟿ 🅿 – 🎾 90
Ⓐ ⓞ ⓒⓞ 𝗩𝗜𝗦𝗔 𝗝𝗖𝗕, ⸘ Rest
S
Menu à la carte 27/41 – ⇌ 14 – **385 Zim** 115/145 – 135/165, 12 Suiten.
♦ Legen Sie an im Holiday Inn, direkt an der Elbe. Ideal für Geschäftsleute, die Funktionalitä
suchen. Die Schreibtische sind mit den notwendigen Anschlüssen versehen. Im Restauran
Elbgarten ist für jeden Geschmack etwas dabei. Terrasse mit Elbblick.

🏨 **Elbbrücken-Hotel**, Billhorner Mühlenweg 28, ✉ 20539, ℘ (040) 7 80 90 70, service@
elbbruecken-hotel.de, Fax (040) 780907222 – 🕪 📺 ⟿. Ⓐ ⓒⓞ 𝗩𝗜𝗦𝗔, ⸘ Rest
S
Menu (nur Abendessen) (Restaurant nur für Hausgäste) – **40 Zim** ⇌ 49/65 – 89.
♦ Familiär geführtes Hotel mit günstiger Verkehrsanbindung. Zeitgemäße Einrichtung sowie
Ausstattung und leckeres Frühstücksbuffet. Joggingmöglichkeiten in nächster Nähe.

In Hamburg-Rotherbaum :

🏨 **Elysee**, Rothenbaumchaussee 10, ✉ 20148, ℘ (040) 41 41 20, info@elysee
hamburg.de, Fax (040) 41412733, 🌞, Massage, ≘s, 🏊 – 🕪, ↔ Zim, ▦ 📺 📞 ♿
– 🎾 320. Ⓐ ⓞ ⓒⓞ 𝗩𝗜𝗦𝗔 𝗝𝗖𝗕
FX m
Piazza Romana (italienische Küche) **Menu** à la carte 29/39,50 – **Brasserie** : Menu
à la carte 20/30,50 – ⇌ 14 – **305 Zim** 129/170 – 149/190, 4 Suiten.
♦ In mondänem Rahmen finden Sie klassische Eleganz und wohnliche Zimmer. Bibliothek
im English-Club-Style mit internationalen Zeitungen. Das italienische Restaurant serviert in
mediterranem Ambiente "cucina d'alto livello". Pariser Flair in der Brasserie.

🏨 **Vorbach** garni, Johnsallee 63, ✉ 20146, ℘ (040) 44 18 20, vorbach1@aol.com,
Fax (040) 44182888 – 🕪 ↔ 📺 📞 ⟿ – 🎾 20. Ⓐ ⓒⓞ 𝗩𝗜𝗦𝗔
FX b
116 Zim ⇌ 85/135 – 105/150.
♦ Klassisches Stadthaus aus der Jahrhundertwende mit den großzügigen Dimensionen der
Gründerzeit. Komfortable Zimmer im Altbau, die Räume im Neubau sind zweckmäßiger
gehalten.

※※ **L'auberge française**, Rutschbahn 34, ✉ 20146, ℘ (040) 4 10 25 32,
Fax (040) 4505015, 🌞 – Ⓐ ⓞ ⓒⓞ 𝗩𝗜𝗦𝗔
BT s
geschl. 23. - 30. Dez., Samstagmittag, Sonntag – **Menu** (französische Küche) 25/55
à la carte 32/53.
♦ Manch einer wünscht sich auf seinen Reisen durch Frankreich so zu speisen wie hier in
diesem traditionsreichen Eckhaus mit dem ländlich-rustikalen Interieur.

In Hamburg-St. Pauli :

🏨 **Astron Suite-Hotel** Ⓜ garni, Feldstr. 53, ✉ 20357, ℘ (040) 43 23 20, hamburg@
astron-hotels.de, Fax (040) 43232300, ≘s – 🕪 ↔ 📺 📞 ♿ ⟿ – 🎾 10. Ⓐ ⓞ ⓒⓞ
𝗩𝗜𝗦𝗔 𝗝𝗖𝗕
EY a
⇌ 14 – **119 Zim** 115/220 – 128/233.
♦ Alle Zimmer dieses Hotels sind als Appartments angelegt und verfügen über eine
moderne Einrichtung mit kleiner Küche, Esstheke und Wohnbereich. PC, Fax und Modem
auf Wunsch.

HAMBURG S. 23

In Hamburg-Sasel *über ① und die B 434 : 15 km :*

Mellingburger Schleuse ⚜, Mellingbredder 1, ✉ 22395, ℘ (040) 6 02 40 01, *mellingburgerschleuse@t-online.de*, Fax (040) 6027912, 🍽, (niedersächsisches Bauernhaus a.d.J. 1771), 🌳 - 📺 ⚙ 🚗 🅿 - 🔔 150. 🆎 ⓘ ⓜ VISA
Menu *(geschl. Dienstag)* à la carte 20/37 - **40 Zim** ⊑ 78/95 - 98/115.
◆ Das Hotel ist aus einem Gasthaus für Treidelschiffer (Anno 1771) entwickelt worden und liegt in einem Naturschutzgebiet. Unter reetgedecktem Dach erwartet Sie Behaglichkeit. Das rustikale Restaurant Alt-Mellingburg lädt ebenso ein, wie der Wintergarten.

In Hamburg-Schnelsen :

Ökotel, Holsteiner Chaussee 347, ✉ 22457, ℘ (040) 5 59 73 00, *info@oekotel.de*, Fax (040) 55973099 - 🛗 ⚙ 📺 ⚙ 🚗 - 🔔 15. 🆎 VISA ✂ R m
Menu *(geschl. Aug., Samstag - Sonntag) (nur Abendessen)* (Restaurant nur für Hausgäste) - **23 Zim** ⊑ 57/95 - 82/115, 3 Suiten.
◆ Das nach ökologischen Kriterien gebaute, eingerichtete und geführte Hotel ist eine komfortable Alternative für alle umweltbewußten Gäste. Wohnliche Zimmer, teils mit Balkon.

Ausspann, Holsteiner Chaussee 428, ✉ 22457, ℘ (040) 5 59 87 00, Fax (040) 55987060, 🍽, 🌿 - ⚙ Zim, 📺 ⚙ 🅿. 🆎 ⓘ ⓜ VISA R v
Menu *(werktags nur Abendessen)* à la carte 22,50/35,30 - **30 Zim** ⊑ 62/69 - 90/95.
◆ Das Haus blickt auf eine 100-jährige Geschichte als Ausspann - Wirtshaus mit Stall - zurück. Heute können Sie im umsichtig renovierten Hotel in gepflegten Zimmern ausspannen ! Im Restaurant wird die Tradition des Wirtshauses fortgesetzt.

In Hamburg-Stellingen :

Holiday Inn Ⓜ, Kieler Str. 333, ✉ 22525, ℘ (040) 54 74 00, *holiday-inn-hamburg@t-online.de*, Fax (040) 54740100, 🛎 - 🛗, ⚙ Zim, 📺 ⚙ 🚗 🅿 - 🔔 25. 🆎 ⓘ ⓜ VISA JCB. ✂ Rest AT r
Menu *(nur Mittagessen)* à la carte 17,50/35 - ⊑ 14 - **105 Zim** 110 - 120.
◆ Die mit hellen Holzmöbeln ausgestatteten Zimmer werden durch moderne Bilder farbig belebt und bieten genug Raum zum Entspannen. Am Hotel finden Sie eine Bushaltestelle ! Im modern eingerichteten, hellen Hotelrestaurant sorgt man für Ihr leibliches Wohlbefinden.

In Hamburg-Stillhorn :

Le Méridien, Stillhorner Weg 40, ✉ 21109, ℘ (040) 75 01 50, *gm1313@lemeridien.com*, Fax (040) 75015501, 🛎 - 🛗, ⚙ Zim, 🍽 Rest, 📺 ⚙ ♿ 🅿 - 🔔 120. 🆎 ⓘ ⓜ VISA JCB S v
Menu à la carte 29/38 - ⊑ 12 - **146 Zim** 117/144 - 131/158.
◆ Wohnen im "Safari-Stil": Die "wild" gemusterten Bettüberwürfe in einigen der großzügig geschnittenen Zimmer harmonieren bestens mit den rötlich-dunklen Massivholzmöbeln. Genießen Sie in den eleganten Restaurants einen schönen Blick ins Grüne.

In Hamburg-Uhlenhorst :

Nippon, Hofweg 75, ✉ 22085, ℘ (040) 2 27 11 40, *reservations@nippon-hotel-hh.de*, Fax (040) 22711490 - 🛗, ⚙ Zim, 📺 ⚙ 🚗 - 🔔 20. 🆎 ⓘ ⓜ VISA JCB. ✂ DT d
geschl. 23. Dez. - 1. Jan. - **Menu** *(geschl. Montag) (nur Abendessen)* (japanische Küche) à la carte 24/40 - ⊑ 10 - **42 Zim** 95/118 - 113/146.
◆ Moderne Sachlichkeit prägt das typisch japanische Domizil mit viel Naturholz, Transparenz und klaren Farben: Tatami-Fußboden, Shoji-Schiebewände vor den Fenstern und Futons ! Ein "Muß" für Liebhaber der japanischen Küche ist das Wa-Yo mit Sushi-Bar.

Roma, Hofweg 7, ✉ 22085, ℘ (040) 2 20 25 54, *info@rist-roma.de*, Fax (040) 2279225, 🍽 - 🆎 ⓘ ⓜ VISA DT h
geschl. Samstagmittag, Sonntagmittag - **Menu** (italienische Küche) à la carte 27/45.
◆ Carlo Cametti beglückt seit 30 Jahren seine Gäste mit wöchentlich wechselnden italienischen Spezialitäten, die Sie jetzt auch auf der überdachten Terrasse genießen können !

La Fayette, Zimmerstr. 30, ✉ 22085, ℘ (040) 22 56 30, Fax (040) 225630, 🍽 - 🅿. 🆎 DT s
geschl. Sonntag - **Menu** *(nur Abendessen)* à la carte 33/43.
◆ Das moderne, durch eine kleine Empore optisch unterteilte, helle Restaurant bietet ein klassisch-internationales Angebot, das Sie auf bequemen roten Lederpolstern genießen.

In Hamburg-Wandsbek :

Ni Hao, Wendemuthstr. 3, ✉ 22041, ℘ (040) 6 52 08 88, Fax (040) 6520885 - 🆎 ⓘ ⓜ VISA R x
Menu (chinesische Küche) à la carte 17/35.
◆ Wollten Sie schon immer lernen mit Stäbchen zu essen? Dann sind Sie in diesem China-Restaurant genau richtig, das Insider zu den Besten unter Hamburgs Chinesen zählen !

633

HAMBURG S. 24

In Hamburg-Wellingsbüttel :

Rosengarten garni, Poppenbüttler Landstr. 10b, ✉ 22391, ℘ (040) 6 08 71 40, Fax (040) 60871437, 😞 – 📺 ✆ 🚗 🅿 AE ⓞ VISA R s
geschl. 24. Dez. - 2. Jan. – **10 Zim** ⊇ 65/80 – 95/100.
• Von den mit dunklem Holz möblierten Zimmern mit moderner Technik hat man teils einen schönen Blick ins Grüne. Wer es noch grüner liebt, begibt sich draußen auf die Liegewiese.

In Hamburg-Winterhude :

Hanseatic garni, Sierichstr. 150, ✉ 22299, ℘ (040) 48 57 72, service@hanseatic-hamburg.de, Fax (040) 485773 – ⥮ 📺 ✆ ⓞ VISA CT e
14 Zim ⊇ 133/164 – 164/210.
• Klein, aber fein : Diesen Geheimtip wissen auch Prominente zu schätzen. In der Villa warten elegant und wohnlich möblierte Zimmer und selbstgekochte Marmelade zum Frühstück.

Allegria, Hudtwalckerstr. 13, ✉ 22299, ℘ (040) 46 07 28 28, info@allegria-restaurant.de, Fax (040) 46072607, 🌳 – R z
geschl. Jan. 2 Wochen, Montag – **Menu** (wochentags nur Abendessen) à la carte 28,50/45,50.
• Direkt am Winterhuder Fährhaus-Theater speisen Sie in modernem, farbenfrohen und lichtdurchfluteten Ambiente eine wohlschmeckende Küche mit einem Hauch von Felix Austria.

Portomarin, Dorotheenstr. 180, ✉ 22299, ℘ (040) 46 96 15 47, restaurant_portomarin@hotmail.de, Fax (040) 28800696, 🌳 – AE ⓞ ⓞ VISA CT n
geschl. Juli - Aug. 4 Wochen, Sonntag – **Menu** (nur Abendessen) (Tischbestellung ratsam, spanische Küche) à la carte 27,50/33,50.
• Rötlich gestrichene Wände und heller Holzboden bringen Sie in die Stimmung für ein Essen von der iberischen Halbinsel. Von den Tapas bis zum Dessert rein spanische Karte.

Sale e Pepe, Sierichstr. 94, ✉ 22301, ℘ (040) 27 38 80, Fax (040) 27871443 – AE ⓞ ⓞ VISA 😞 CT s
geschl. Mitte Juli - Anfang Aug., Dienstag – **Menu** (Montag - Freitag nur Abendessen) (italienische Küche) à la carte 31/45.
• Salz und Pfeffer gehören hier sicherlich nicht zu den einzigen Gewürzen. Im netten Kellerlokal mit Bistro-Flair zählen neapolitanische Spezialitäten zum Geschmackserlebnis.

HAMELN Niedersachsen **417** J 12 – 60 000 Ew – Höhe 68 m.

Sehenswert : Rattenfängerhaus★ **N** – Hochzeitshaus★ **B**.

Ausflugsziel : Hämelschenburg★ über ③ : 11 km.

🏌 🏌 🏌 Aerzen, Schloß Schwöbber (Süd-West : 10 km), ℘ (05154) 98 70.

🛈 Tourist-Information, Deisterallee 1, ✉ 31785, ℘ (05151) 95 78 23, touristinfo@hameln.de, Fax (05151) 957840.

ADAC, Hafenstr. 14.

Berlin 327 ① – Hannover 45 ① – Bielefeld 80 ⑤ – Hildesheim 48 ② – Paderborn 67 ④ – Osnabrück 110 ⑤

Stadtplan siehe gegenüberliegende Seite

Dorint Hotel M, 164er Ring 3, ✉ 31785, ℘ (05151) 79 20, info.zezham@dorint.com, Fax (05151) 792191, 🌳, ≘s, 🅉, 🍸 – 📶, ⥮ Zim, 📺 ✆ 🚗 🅿 – 🔔 400. AE ⓞ ⓞ VISA JCB s
Menu 20/36 und à la carte – **105 Zim** ⊇ 95/110 – 135/145.
• Nur wenige Minuten vom historischen Stadtkern entfernt, wohnt man hier in einem modernen Tagungshotel. Saunieren Sie doch mal hochoben im 9. Stock mit Blick auf die Altstadt ! Neuzeitliches, elegant angehauchtes Hotelrestaurant.

Stadt Hameln, Münsterwall 2, ✉ 31787, ℘ (05151) 90 10, info@stadthameln.best western.de, Fax (05151) 901333, 🌳, ≘s, 🅉 – 📶 📺 ✆ 🚗 🅿 – 🔔 100. AE ⓞ ⓞ VISA JCB u
Menu à la carte 21/31 – **85 Zim** ⊇ 78 – 111/153.
• Ein ehemaliges Gefängnis hat man zum Hotel umgebaut. Keine Angst, man läßt Sie auch wieder raus - vorausgesetzt Sie wollen, denn das fällt schwer bei soviel Chic und Komfort ! Sie speisen im elegant angehauchten Restaurant oder auf der Terrasse mit Aussicht.

Jugendstil M garni, Wettorstr. 15, ✉ 31785, ℘ (05151) 9 55 80, info@hotel-jugendstil.de, Fax (05151) 955866, ≘s – 📶 ⥮ 📺 ✆ 🔔 🚗 🅿 AE ⓞ ⓞ VISA JCB e
geschl. 20. Dez. - Anfang Jan. – **22 Zim** ⊇ 82/128 – 108/178.
• Antiquitäten, hohe Decken und Stuckverzierungen verleihen der liebevoll restaurierten Gründerzeitvilla ihren unverwechselbaren Charme. Es gibt ein behindertengerechtes Zimmer.

HAMELN

Street	No.
Alte Marktstraße	2
Bäckerstraße	3
Bahnhofstraße	
Brückenkopf	6
Deisterallee	8
Deisterstraße	
Emmernstraße	9
Fischpfortenstraße	12
Mertensplatz	13
Mühlenstraße	14
Münsterkirchhof	15
Neue Marktstraße	16
Neuetorstraße	18
Osterstraße	19
Pferdemarkt	21
Ritterstraße	22
Thietorstraße	24
Wendenstraße	25
Wilhelmstraße	27

Bellevue garni, Klütstr. 34, ✉ 31787, ℘ (05151) 9 89 10, hotel.bellevue@t-online.de, Fax (05151) 989199 – 🍳 📺 📞 🚗 🅿 AE ① ⓜ VISA JCB über Klütstraße
18 Zim ⚋ 55/75 – 80/110.
 ♦ Die 1910 erbaue Villa ist toll in Schuß und überzeugt mit komfortablen Übernachtungszimmern. Das Frühstück nehmen Sie im hübschen Erkerzimmer ein, im Sommer auf der Terrasse.

Christinenhof garni, Alte Marktstr. 18, ✉ 31785, ℘ (05151) 9 50 80, hotel_christinenhof@t-online.de, Fax (05151) 43611, ⇔s – 📺 📞 🚗 🅿 AE ⓜ VISA JCB C
geschl. Weihnachten - Anfang Jan. – **30 Zim** ⚋ 77 – 95/112.
 ♦ Hier haben Sie es mit einem schmucken, solide geführten Stadthotel mit historischem Fachwerk-Rahmen zu tun. Hübsch ist auch das kleine Schwimmbecken im uralten Gewölbekeller.

Zur Börse, Osterstr. 41a, ✉ 31785, ℘ (05151) 70 80, Fax (05151) 25485, 🍴 – 🛗 📺 📞 🚗 – 🔔 60. AE ① ⓜ VISA JCB X
Menu (geschl. Sonntagabend) à la carte 16/23 – **31 Zim** ⚋ 64 – 87.
 ♦ Im Jahre 1999 wurde das Haus komplett renoviert. Nun lockt das inmitten der Innenstadt situierte Hotel mit funktionellen und praktisch ausgestatteten Räumlichkeiten. Sie haben die Wahl zwischen Restaurant und dem legeren Börsenbistro.

An der Altstadt garni, Deisterallee 16, ✉ 31785, ℘ (05151) 4 02 40, info@hotel-an-der-altstadt.de, Fax (05151) 402444 – 🍳 📺 📞 🅿 ⓜ VISA JCB a
geschl. Ende Dez. - Mitte Jan. – **19 Zim** ⚋ 50/74 – 70/95.
 ♦ Im Herzen der sagenhaften Rattenfängerstadt finden Sie diesen hübschen Jugendstilbau, dessen Zimmer mit Kirschbaummöbeln solide eingerichtet sind.

HAMELN

🏨 **Zur Post** 🕭 garni, Am Posthof 6, ✉ 31785, 𝒫 (05151) 76 30, Fax (05151) 7641 – 🛗
 📺 🚗 AE ⓜ VISA JCB   V
 34 Zim ⊇ 49/59 – 74/82.
 ♦ Zeitgemäße Ausstattung und unterschiedliches Platzangebot stellen die Zimmer dieses
 Hauses bereit. Fragen Sie nach einem der beiden Dachgeschoßzimmer mit französischem
 Balkon !

Auf dem Klütberg West : 7 km über ④ :

XX **Klütturm**, ✉ 31787 Hameln, 𝒫 (05151) 6 16 44, Fax (05151) 963071, ≤ Weser und
 Hameln, 🌳 – 🅿 AE ⓜ VISA JCB
 geschl. Mitte Jan. - Anfang Feb., Dienstag – **Menu** à la carte 29/46.
 ♦ Bei einem herrlichen Blick auf die Umgebung tafelt man hier stilvoll in gediegenem Ambi-
 ente, umgeben von den Überresten der alten Klütfestung, einem Wahrzeichen der Stadt.

In Aerzen-Multhöpen über ④ : 13 km und Königsförde :

🏨 **Landluft** 🕭, Buschweg 7, ✉ 31855, 𝒫 (05154) 20 01, hotel-landluft@t-online.de,
 Fax (05154) 2003, ≤, 🌳, 🐎 – 📺 🚗 🅿 ⓜ VISA
 Menu (geschl. Montag) (wochentags nur Abendessen) à la carte 17/31 – **19 Zim** ⊇ 41/47
 – 69/79.
 ♦ Freundliche Gästezimmer, die einheitlich mit massivem Kiefernholz eingerichtet sind,
 bestimmen das Gesicht dieses Hauses. Parterre gibt es Zimmer mit eigener Terrasse ! In
 dem hübschen, holzdekorierten Restaurant können Sie es sich so richtig gut gehen lassen.

HAMFELDE KREIS HZGT. LAUENBURG Schleswig-Holstein 415 416 F 15 – 450 Ew – Höhe
27 m.
Berlin 263 – Kiel 94 – Hamburg 40 – Lauenburg 34 – Lübeck 42.

🏨 **Pirsch-Mühle** garni, Möllner Str. 2, ✉ 22929, 𝒫 (04154) 23 00, hotelpirsch@t-on
 line.de, Fax (04154) 4203, ≦s, 🐎 – 📺 🅿 AE ⓜ VISA
 14 Zim ⊇ 45 – 66/71.
 ♦ Die dreigeteilte Mühlenanlage mit ihrem rustikalen Innenleben bietet Geschäftsleuten und
 Privatreisenden eine behagliche Übernachtungsmöglichkeit.

HAMM IN WESTFALEN Nordrhein-Westfalen 417 K 7 – 186 000 Ew – Höhe 63 m.
🏌 Hamm-Drechen, Drei-Eichen-Weg 5 (Süd : 9 km), 𝒫 (02385) 91 35 00.
🛈 Verkehrsverein, Bahnhofsvorplatz (im Kaufhaus Horten), ✉ 59065, 𝒫 (02381) 2 34 00,
Fax (02381) 28348.
ADAC, Wilhelmstr. 50.
Berlin 459 ② – Düsseldorf 111 ③ – Bielefeld 72 ① – Dortmund 44 ③ – Münster (West-
falen) 37 ①

Stadtplan siehe gegenüberliegende Seite

🏨🏨 **Mercure**, Neue Bahnhofstr. 3, ✉ 59065, 𝒫 (02381) 9 19 20, h2941@accor-hotels.com,
 Fax (02381) 9192833, ≦s, 🏊, – 🛗, ⥇ Zim, ▦ 📺 & – 🛎 90. AE ⓞ ⓜ VISA   Z a
 Menu à la carte 24/35,50 – **142 Zim** ⊇ 103/113 – 130/140.
 ♦ Zentrumsnah am Hauptbahnhof der Stadt ist dieses Tagungshotel situiert. Entspannung
 finden Sie nach einem anstrengenden Tag im Dachgartenschwimmbad mit Sauna und Sola-
 rium. Hell und groß zeigt sich der modern ausgestattete Restaurantbereich.

🏨 **Stadt Hamm**, Südstr. 9, ✉ 59065, 𝒫 (02381) 2 90 91, hotelstham@aol.com,
 Fax (02381) 15210 – 🛗 📺 🚗 – 🛎 25. AE ⓞ ⓜ VISA   Y a
 Menu (geschl. Sonntag) (nur Abendessen) (italienische Küche) à la carte 22/30 – **29 Zim**
 ⊇ 49/82 – 92/98.
 ♦ Auf eine 200-jährige gastronomische Tradition blickt man hier zurück. Die Zimmer haben
 eine vornehme Mahagoniausstattung und wirken durch Sitzgruppen wie ein zweites
 Zuhause. Bei gepflegter Tischkultur und unaufdringlichem Service bittet man Sie zu Tisch.

🏨 **Herzog** garni, Caldenhofer Weg 22, ✉ 59065, 𝒫 (02381) 92 45 90, info@hotel-
 herzog.de, Fax (02381) 9245966 – 📺 🚗 🅿 AE ⓞ ⓜ VISA   Z e
 25 Zim ⊇ 52/55 – 75/85.
 ♦ Mitten in der Hammer Innenstadt findet man hier ein schlichtes, aber praktisches Refu-
 gium. Nehmen Sie eines der Zimmer mit Balkon und einem netten Ausblick auf den Garten.

In Hamm-Rhynern über ② : 7 km :

XX **Haus Helm - La Mar** mit Zim, Reginenstr. 5, ✉ 59069, 𝒫 (02385) 80 61, info@
 haus-helm.de, Fax (02385) 706097 – 📺 🅿 AE VISA JCB
 Menu (geschl. Samstagmittag, Sonntag) à la carte 18/38 – **13 Zim** ⊇ 36/40 – 60/65.
 ♦ Das rustikale, reich dekorierte Restaurant befindet sich in einem Klinkerhaus aus dem
 Jahr 1905. Man bietet eine Auswahl an internationaler Küche und Fischgerichten.

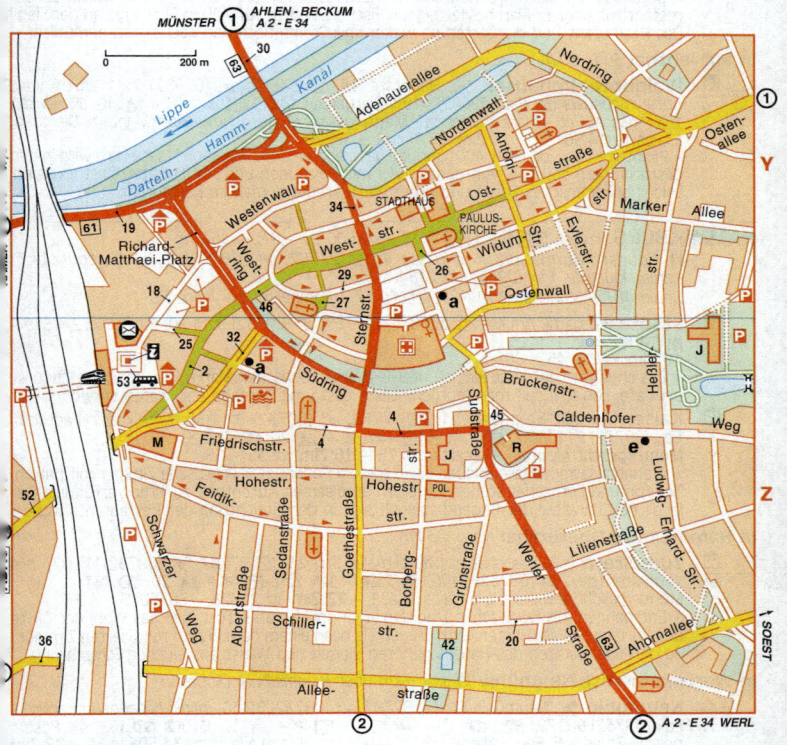

HAMM
IN WESTFALEN

Bahnhofstraße		**Z** 2
Bismarckstraße		**Z** 4
Gustav-Heinemann-Straße		**Y** 18
Hafenstraße		**Y** 19
Heinrich-Lübke-Straße		**Z** 20
Luisenstraße		**Z** 25
Marktplatz		**Y** 22
Martin-Luther-Platz		**Y** 27
Martin-Luther-Straße		**Y** 29
Münsterstraße		**Y** 30
Neue Bahnhofstraße		**Z** 32
Nordstraße		**Y** 34
Oststraße		**Y**
Otto-Brenner-Straße		**Z** 36
Otto-Kraft-Platz		**Z** 37
Richard-Matthaei-Platz		**Z** 39
Schillerplatz		**Y** 42
Theodor-Heuss-Platz		**Z** 45
Westentor		**Y** 46
Weststraße		**Y**
Wilhelmstraße		**Z** 52
Willy-Brandt-Platz		**Y** 53

In Hamm-Wiescherhöfen :

XXX **Wieland-Stuben,** Wielandstr. 84, ✉ 59077, ℘ (02381) 40 12 17, Fax (02381) 405659,
🍽 – 🅿 AE   über ③ und Kamener Straße   Z
geschl. Samstagmittag – **Menu** à la carte 27/45.
  ◆ Das elegant-rustikale Interieur des Restaurants hat man mit nostalgischen und modernen
Details versehen. Es wird eine gehobene internationale Küche geboten.

X **Mausefalle,** Provinzialstr. 37, ✉ 59077, ℘ (02383) 25 65, achimbohnensack@web.de,
Fax (02383) 95 00 53, Biergarten – 🅿 ❿ VISA, ✹ Rest   über ③ und Kamener Straße
geschl. Feb. 2 Wochen, Montag – **Menu** (wochentags nur Abendessen) à la carte 18/30.
  ◆ Ein freundliches Wirtsehepaar, das den elterlichen Betrieb übernommen und moder-
nisiert hat, kümmert sich um das Wohl seiner Besucher. Nette ländliche Adresse.

HAMM (SIEG) Rheinland-Pfalz **417** N 7 – 11 500 Ew – Höhe 208 m.
Berlin 593 – Mainz 124 – Bonn 65 – Limburg an der Lahn 64 – Siegen 48.

🏨 **Romantik Hotel Alte Vogtei,** Lindenallee 3 (B 256), ✉ 57577, ℘ (02682) 2 59,
alte-vogtei@romantikhotels.com, Fax (02682) 8956, 🍽, 🌳 – ↹ Zim, 📺 ✆ ⇌ –
🔔 16. AE ⓞ ❿ VISA
geschl. 10. - 16. April, 23. Juli - 14. Aug. – **Menu** (geschl. Mittwoch - Donnerstagmittag)
à la carte 22,50/35 – **15 Zim** ⥮ 45/65 – 83/115.
  ◆ Das Fachwerkhaus a. d. J. 1753 - Geburtshaus von F.W. Raiffeisen - hält für seine Besucher
ein rustikales Innenleben bereit. Die Zimmer sind mit Liebe zum Detail gestaltet. Freigelegte
Balken und verwinkelte Räume prägen das Erscheinungsbild des Restaurants.

HAMM (SIEG)

An der B 256 *West : 2,5 km :*

Auermühle, Auermühle 4, ✉ 57577 Hamm, ℘ (02682) 2 51, hotelauermuehle@t-online.de, Fax (02682) 8438, 🍽 – 📺 🚗 🅿. 🖭 ⓘ 🇨🇨 🇻🇮🇸🇦
Menu *(geschl. 2. - 15. Jan., 15. - 30. Juli, Freitag - Samstagmittag)* à la carte 19/36 – **18 Zim** ☑ 40 – 72.
♦ Bereits in der vierten Generation wird das Hotel von der Familie Fischer geführt. Interessant für Angler : Man besitzt eigene Fischereirechte auf 700 m Flußlänge an der Sieg ! Das Restaurant und die Gaststube wirken mit Stammtisch und Kachelofen gemütlich.

In Marienthal *Süd : 5 km :*

Waldhotel Imhäuser ⚜, Hauptstr. 14, ✉ 57612, ℘ (02682) 2 71, info@waldhotel-imhaeuser.de, Fax (02682) 4197, Biergarten, 🍽 – 📺 🚗 🅿. – 🛠 40. 🖭 ⓘ 🇨🇨 🇻🇮🇸🇦 – *geschl. Feb. - März 2 Wochen* – **Menu** *(geschl. Montag, Nov. - April Montag - Dienstag)* à la carte 14,50/34 – **14 Zim** ☑ 34/42 – 56/78.
♦ Profitieren Sie von einer 400-jährigen gastronomischen Tradition ! Diese wird wird in den Gästezimmern spürbar, von denen zwei mit Holzboden und Antiquitäten bestückt sind. Leicht bekömmliches Essen und guten Wein kredenzt man im Restaurant.

HAMMELBURG *Bayern* 417 418 420 *P 13 – 12 500 Ew – Höhe 180 m.*

🛈 *Tourist-Information, Kirchgasse 4, ✉ 97762, ℘ (09732) 90 21 49, touristik@hammelburg.de, Fax (09732) 902184.*
Berlin 487 – München 319 – Würzburg 57 – Bamberg 94 – Fulda 70.

Stadtcafé garni, Am Marktplatz 8, ✉ 97762, ℘ (09732) 9 11 90, Fax (09732) 1679 – 🛗 📺 📞 🚗
19 Zim ☑ 35/45 – 60.
♦ Das engagiert geführte kleine Hotel liegt am historischen Marktplatz. Im Erdgeschoß ist ein Café. Logisch, daß man morgens seine Gäste mit frischen Backwaren verwöhnt !

Kaiser, An der Walkmühle 11, ✉ 97762, ℘ (09732) 9 11 30, hotelkaiser@aol.com, Fax (09732) 9113300, 🍽 🚗 – 🅿. – 🛠 20. 🇨🇨 🇻🇮🇸🇦
Menu *(geschl. Montag)* à la carte 14/25 – **16 Zim** ☑ 35 – 58.
♦ Wohnhausatmosphäre erleben Sie in diesem Ferienhotel. Praktische Zimmer mit Balkon, Telefon und Fernseher stehen für einen erholsamen Aufenthalt zu Ihrer Verfügung. Der ländliche Charakter der Gegend spiegelt sich in der Einrichtung des Restaurants wider.

In Hammelburg-Obererthal *Nord : 5 km :*

Zum Stern (mit Gästehaus), Obererthaler Str. 23, ✉ 97762, ℘ (09732) 47 07, info@gh-stern.de, Fax (09732) 5400, 🍽 🚗 – 🛌 Zim, 📺 🅿. – 🛠 20. 🇨🇨 🇻🇮🇸🇦
Menu *(geschl. Dienstag)* à la carte 11/21 – **22 Zim** ☑ 21/28 – 36/50.
♦ Entspannen mit fränkischer Tradition ! Hier spürt man sofort, daß das Wohl der Gäste den Wirtsleuten am Herzen liegt. Fragen Sie nach einem der kürzlich renovierten Zimmer ! Zu den Spezialitäten des Hauses gehören Fleisch und Wurst aus eigener Schlachtung.

In Wartmannsroth-Neumühle *West : 6 km über Hammelburg-Diebach :*

Neumühle ⚜, Neumühle 54, ✉ 97797, ℘ (09732) 80 30, info@hotel-neumuehle.de, Fax (09732) 80379, 🍽, 🏊, ⛱, 🍽 ✳ – 📺 – 🛠 30. 🖭 ⓘ 🇨🇨 🇻🇮🇸🇦, ✳ Rest – *geschl. 2. Jan. - 6. Feb.* – **Menu** (Tischbestellung ratsam) à la carte 33,50/41,50 – **28 Zim** ☑ 105/115 – 150/190.
♦ Die aus sieben Gebäuden bestehende alte Mühle am Ufer der Saale wurde zu einem einzigartigen Hotel ausgebaut. Wertvolle antike Einrichtung gepaart mit modernster Technik ! Die stimmungsvolle Atmosphäre in Restaurant und Stube gehören zu den Vorzügen des Hauses.

HAMMINKELN *Nordrhein-Westfalen siehe Wesel.*

HANAU *Hessen* 417 *P 10 – 90 000 Ew – Höhe 105 m.*

🛩 *Hanau-Wilhelmsbad, Wilhelmsbader Allee 32 (über ⑤), ℘ (06181) 8 20 71.*
🛈 *Tourist-Information (Rathaus), Am Markt 14, ✉ 63450, ℘ (06181) 29 59 50, Fax (06181) 295959* – **ADAC**, *Sternstr. 17 (Parkhaus).*
Berlin 531 ① – Wiesbaden 59 ③ – Frankfurt am Main 20 ④ – Fulda 89 ① – Würzburg 104 ②

Stadtplan siehe gegenüberliegende Seite

Mercure Ⓜ garni, Kurt-Blaum-Platz 6, ✉ 63450, ℘ (06181) 3 05 50, h2832@accor-hotels.com, Fax (06181) 3055444, Massage, ⛱ – 🛗 🛌 📺 📞 🚗 🅿. – 🛠 70. 🖭 ⓘ 🇨🇨 🇻🇮🇸🇦
137 Zim ☑ 110/115 – 139/144.   Z a
♦ Wie die meisten Hotels dieser Kette zeichnet sich auch dieses Haus durch seine zentrumsnahe Lage und die ausgezeichneten tagungstechnischen Möglichkeiten aus.

HANAU

Am Markt	YZ	3
Bangerstraße	Y	4
Fischerstraße	Z	7
Franfurter Landstraße	Y	8
Französische Allee	Z	9
Graf-Philipp-Ludwig-Straße	Y	10
Hafenplatz	Z	12
Hammerstraße	Y	13
Hanauer Vorstadt	Y	14
Heinrich-Bott-Straße	Y	15
Heraeusstraße	Z	17
Kanaltorplatz	YZ	18
Kleine Hainstraße	Y	20
Langstraße	Y	
Leimenstraße	Y	22
Lindesraße	Z	23
Lothringer-Straße	Z	24
Louise-Schroeder-Straße	Y	23
Nordstraße	Y	27
Nürnberger Straße	Z	28
Philippsruher Allee	Z	29
Ramsaystraße	Y	30
Römerstraße	Z	
Rosenstraße	Y	32
Schnurstraße	Y	35
Thomas-Münzer-Straße	Y	37
Vor dem Kanaltor	Z	39

Keine bezahlte Reklame im Michelin-Führer.

HANAU

Zum Riesen garni, Heumarkt 8, ✉ 63450, ℘ (06181) 25 02 50, riesen@hanauhotel.de, Fax (06181) 250259 – 🛗 ⚟ 📺 📞 ॐ – 🏛 25. 🆘 VISA JCB Y c
geschl. 24. - 28. Dez. – **56 Zim** 🛏 75/95 – 95/120.
* Eine funktionelle und doch behagliche Unterkunft finden Reisende hier, im Herzen der Stadt. Fragen Sie nach der Business-Suite, die komfortabel mit Whirlpool ausgerüstet ist !

In Hanau-Steinheim Süd : 4 km, über Westerburgstraße und Ludwigstraße Z :

Villa Stokkum Ⓜ, Steinheimer Vorstadt 70, ✉ 63456, ℘ (06181) 66 40, reservierung@villastokkum-bestwestern.de, Fax (06181) 661580, 🌳 – 🛗, ⚟ Zim, 🔲 📺 📞 ॐ 🅿 – 🏛 110. 🆎 ① 🆘 VISA
Menu (geschl. Samstagmittag, Sonn- und Feiertage abends) 20/26 (Buffet) – **135 Zim** 🛏 76/131 – 91/146.
* Komfortable Kingsize-Betten, Marmorbäder und teilweise individuell regulierbare Klimaanlage erwarten Sie in der Villa, die durch neue Bausubstanz interessant gestaltet wurde. Erdtöne und das große Oberlicht geben dem Restaurant Bella Gusta mediterranen Charme

Zur Linde (mit Gästehaus), Steinheimer Vorstadt 31, ✉ 63456, ℘ (06181) 96 43 20, mail@hotel-zur-linde-hanau.de, Fax (06181) 659074, 🌳 – ⚟ Zim, 📺 🅿 🆘 VISA JCB. ॐ
Menu (nur Abendessen) (Restaurant nur für Hausgäste) – **34 Zim** 🛏 60/85 – 85/125.
* Nach einer umfassenden Renovierung bietet das gut geführte Familienhotel nun geräumige und solide Zimmer mit zeitgemäßem Komfort und einer persönlichen Note.

Birkenhof (mit Gästehaus), von-Eiff-Str. 37, ✉ 63456, ℘ (06181) 6 48 80, info@hotelbirkenhof.de, Fax (06181) 648839, 🏋, 🌳 – ⚟ 📺 ॐ 🅿 🆎 🆘 VISA
geschl. 20. Dez. - 4. Jan. – **Menu** (geschl. Freitag - Sonntag) (nur für Hausgäste) (Restaurant nur für Hausgäste) – **23 Zim** 🛏 72/87 – 92/107.
* Das schmucke Landhaus überzeugt durch seinen besonders netten und zuvorkommenden Service. Beim Frühstück erwarten Sie liebevoll angerichtete hausgemachte Zutaten.

In Hainburg-Hainstadt über ③ : 6 km :

Hessischer Hof, Hauptstr. 56, ✉ 63512, ℘ (06182) 44 11, hessischerhof@online.de, Fax (06182) 7547, 🌳 – 🛗 📺 📞 🅿 🆎 🆘 VISA. ॐ
Menu (geschl. Montag) à la carte 19/35 – **12 Zim** 🛏 57/62 – 77/87.
* Der gestandene Gasthof erwartet seine Besucher mit rustikalem Ambiente und modern ausgestatteten Zimmern. Fragen Sie nach den gemütlichen Räumen im Dachgeschoß ! Das Restaurant ist im Stil einer ländlichen Stube dekoriert.

HANDORF Niedersachsen 415 F 15 – 1 800 Ew – Höhe 12 m.

Berlin 298 – Hannover 145 – Hamburg 49 – Bremen 131 – Lüneburg 15.

🍴 **Schwabenstüble**, Cluesweg 22a, ✉ 21447, ℘ (04133) 21 02 51, schwabenstuble@t-online.de, Fax (04133) 210253, 🌳 – 🅿 🆎 🆘 VISA. ॐ
geschl. Anfang Okt. 1 Woche, Montag - Dienstagmittag – **Menu** à la carte 21/34.
* Mitten im tiefsten Niedersachsen kann man hier die Gaumenfreuden des "Ländles" erleben. Bei Maultaschen und Schupfnudeln schlägt nicht nur das Schwabenherz höher !

HANERAU-HADEMARSCHEN Schleswig-Holstein 415 D 12 – 3 000 Ew – Höhe 68 m.

Berlin 367 – Kiel 64 – Cuxhaven 120 – Itzehoe 25 – Neumünster 48 – Rendsburg 33.

Landgasthof Köhlbarg, Kaiserstr. 33, ✉ 25557, ℘ (04872) 33 33, info@koehlbarg.de, Fax (04872) 9119, 🌳, 🌳 – 📺 📞 ॐ 🅿 🆘 VISA. ॐ
Menu (geschl. Mitte - Ende Feb., Dienstag) (Montag - Freitag nur Abendessen) à la carte 18/31 – **16 Zim** 🛏 39 – 63/65.
* Unweit des Nord-Ostsee-Kanals befindet sich dieses familiär geführte Ferienhotel auf dem Lande. Die Zimmer haben überwiegend Südlage, einige verfügen über eine Terrasse. Vorwiegend Bürgerliches serviert man im rustikal gestalteten Restaurant.

HANN. MÜNDEN Niedersachsen 417 418 L 12 – 26 000 Ew – Höhe 125 m.

Sehenswert: Fachwerkhäuser★★ Y – Rathaus★ YR – Altstadt★ YZ.

Ausflugsziel: Wesertal★ (von Hann. Münden bis Höxter).

⛳ Staufenberg-Speele, Gut Wissmannshof (Süd-West : 10 km über ③), ℘ (05543) 91 03 30.

🅱 Touristik Naturpark Münden, Rathaus, Lotzestr. 2, ✉ 34346, ℘ (05541) 7 53 13, Fax (05541) 75404.

Berlin 364 ① – Hannover 151 ① – Kassel 23 ② – Göttingen 34 ① – Braunschweig 138 ①

HANN. MÜNDEN

Bremer Schlagd	Y 3	Fuldabrückenstraße	Z 9	Rosenstraße	Z 20
Burgstraße	Z 6	Hedemündener Straße	Y 12	Tanzwerderstraße	Z 22
Friedrich-Ludwig-		Kasseler Schlagd	Y 13	Vogelsangweg	Z 24
Jahn-Straße	Y 8	Kattenbühl	Z 14	Wallstraße	Z 26
		Lange Straße	YZ	Wanfrieder
		Markt	Y 17	Schlagd	Y 27
		Marktstraße	Y 19	Ziegelstraße	Z 30

🏨 **Alter Packhof,** Bremer Schlagd 10, ✉ 34346, ☎ (05541) 9 88 90, hotel.alter.pack
hof@t.online.de, Fax (05541) 988999, 🍴 – 📶, ⟵⟶ Zim, 📺 📞 🚗 🅿. AE
◎ VISA Y b
Menu *(geschl. Jan. - Feb.)* à la carte 19,50/32,50 – **25 Zim** ⊇ 70/77 – 102/112.
♦ Wohnliche Zimmer und Suiten, die mit massivem Naturholz, Marmorbädern und Fußbo-
denheizung ausgestattet sind, erwarten Sie. Altstadt und Fluß in unmittelbarer Nähe. Das
Restaurant ist im modernen Landhausstil eingerichtet.

🏨 **Schlosschänke,** Vor der Burg 3, ✉ 34346, ☎ (05541) 7 09 40, schlosschaenke@
hann-muenden.net, Fax (05541) 709440, 🍴 – 📶 📺 📞 – 🎵 25. ◎ VISA JCB Y c
Menu *(geschl. Feb. 2 Wochen)* à la carte 18,50/32 – **15 Zim** ⊇ 56 – 88.
♦ Hinter der historischen Gründerzeitfassade im Herzen der Altstadt verbergen sich
moderne Zimmer, die durch ihre geschmackvolle Einrichtung eine besondere Wohnqualität
bieten. Das Restaurant ist schlicht im englischen Kolonialstil eingerichtet.

🏨 **Berghotel Eberburg** ⚜ (mit Gästehaus), Tillyschanzenweg 14, ✉ 34346, ☎ (05541)
50 88, info@berghotel-eberburg.de, Fax (05541) 4685, ≤, 🍴 – 📺 🅿. AE ◎ ◎ VISA.
✼ Rest Z a
Menu *(geschl. Sonntag)* *(nur Abendessen)* à la carte 19/30 – **25 Zim** ⊇ 48/54 – 70/85.
♦ Ruhig liegt das Haus am Hang des Reinhardswaldes, mit Blick auf die Stadt und das
Fuldatal. Die Zimmer im Gästehaus haben teils Balkon oder Terrasse. Das bürgerlich ein-
gerichtete Restaurant befindet sich hinter einer teils aus Naturstein bestehenden Fassade.

🏨 **Schmucker Jäger,** Wilhelmshäuser Str. 45 (B 3), ✉ 34346, ☎ (05541) 9 81 00, busch
@hotel-schmucker-jaeger.de, Fax (05541) 981033 – 📺 📞 🚗 🅿 – 🎵 60. AE ◎ ◎
VISA Z r
geschl. 2. - 11. Jan. – **Menu** *(geschl. Sonntagabend - Montagmittag)* à la carte 14/29 –
30 Zim ⊇ 44/49 – 72.
♦ Am Rande der pittoresken Altstadt liegt diese solide Herberge. Im Anbau hält man prak-
tisch eingerichtete Zimmer mit großem Balkon für Sie bereit. Gemütlich- rustikale Gast-
räume, die urige Bierstube und das Kaminzimmer erwarten die hungrigen Gäste.

HANN. MÜNDEN

XX **Letzter Heller** mit Zim, Am letzten Heller (B 80, über ① : 4 km), ✉ 34346, ☎ (05541) 64 46, *letzter-heller@t-online.de*, Fax (05541) 6071, 🍽 – 🚗 🅿 AE ① 🆗 VISA
geschl. Feb. 3 Wochen – **Menu** *(geschl. Donnerstag)* à la carte 22,50/35 – **10 Zim** ⊇ 22/32 – 44/54.
• Ihren letzten Heller dürfen Sie behalten! Sorgfältig zubereitete Speisen, für die frische Produkte verwendet werden, bekommen Sie nämlich hier zu fairen Preisen.

X **Die Reblaus,** Ziegelstr. 32 (Kirchplatz), ✉ 34346, ☎ (05541) 95 46 10, *diereblaus@t-online.de*, Fax (05541) 954609, 🍽, 🆗
geschl. Feb., Mittwoch – **Menu** à la carte 21/30.   Z d
• Das kleine Restaurant in dem Fachwerkhaus a. d. 17. Jh. ist rustikal gestaltet, die Holzbestuhlung hell gestrichen und mit Polsterauflagen versehen. Man kocht international.

In Hann. Münden-Gimte *Nord : 3 km über ⑤ :*

🏨 **Freizeit Auefeld,** Hallenbadstr. 33 (nahe der B 3), ✉ 34346, ☎ (05541) 70 50, *hotel@freizeit-auefeld.de*, Fax (05541) 1010, 🍽, 🏋, 🏊, 🎾(Halle) – 🛗, ✱ Zim, 📺 ✆ ♿ 🚗 🅿 – 🔔 80. AE ① 🆗 VISA. ✱ Zim
Menu à la carte 15/26 – **92 Zim** ⊇ 61/82 – 81/92.
• Besonders für Sport- und Fitnessfans hat man hier viel zu bieten: Tennis, Squash, Bowling und vieles mehr. Außerdem veranstaltet man Picknicks, Dampfer- und Floßfahrten. Hier speist man mit Blick in die Tennishalle.

In Hann. Münden-Laubach *über ① : 6 km :*

🏨 **Werratal Hotel** (mit Gästehaus), Buschweg 41, ✉ 34346, ☎ (05541) 99 80, *info@werratalhotel.de*, Fax (05541) 998140, 🍽, 🏊 – ✱ Zim, 📺 ✆ ♿ 🚗 🅿 – 🔔 30. AE ① 🆗 VISA. ✱ Zim
Menu *(geschl. Nov. - März Dienstag)* à la carte 21/34 – **40 Zim** ⊇ 49/59 – 69/85.
• Das nette Fachwerkhotel überzeugt mit soliden Landhaus-Zimmern. Am Haus befindet sich eine Anlegestelle, von wo aus Kanu- oder Paddelbootstouren unternommen werden. Das Restaurant ist rustikal eingerichtet, das Gourmetstübchen hat ländlich-elegantes Flair.

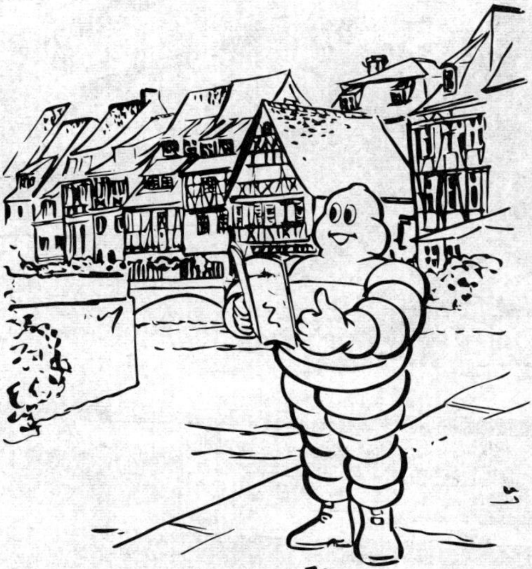

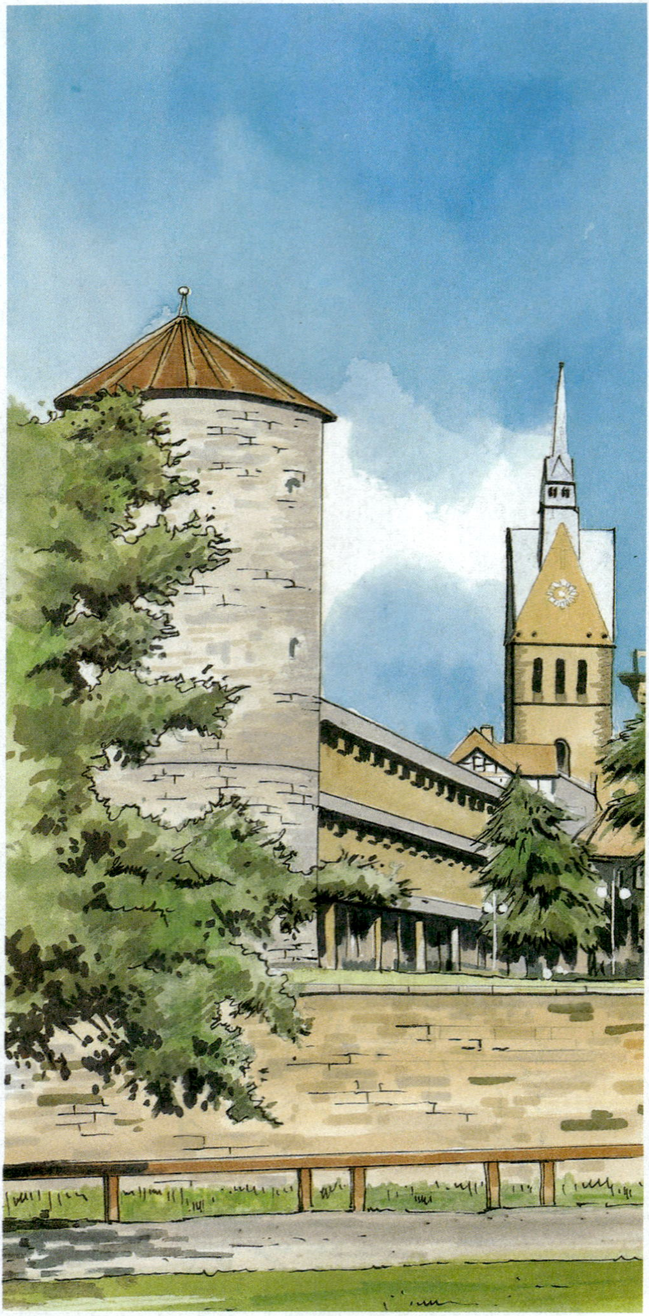

HANNOVER

Niedersachsen 415 416 417 418 / 13 - 530 000 Ew - Höhe 55 m

Berlin 289 ② - Bremen 123 ① - Hamburg 151 ①

PRAKTISCHE HINWEISE

i Tourismus-Service, Ernst-August-Platz 2 ✉ 30159, ✆ (0511) 16 84 97 00, tourismus-service@hannover-stadt.de, Fax (0511) 16 84 97 07
ADAC, Nordmannpassage 4
ADAC, Laatzen ✉ 30880, Lübecker Str. 17
✈ Hannover-Langenhagen (über ① : 11 km), ✆ (0511) 9 77 12 23
Messegelände, Laatzener Straße, (über ④ und die B 6), ✆ (0511) 8 90, Fax (0511) 8931216

🚉 Garbsen, Am Blauen See 120 (über ⑧ : 14 km), ✆ (05137) 7 30 68
🚉 🚉 Isernhagen, Gut Lohne 22 (über ② : 17 km), ✆ (05139) 89 31 85
🚉 Langenhagen, Hainhaus 22 (über ① : 19 km), ✆ (0511) 79 93 00
🚉 🚉 Laatzen-Gleidingen, Am Golfplatz 1 (über ④ : 12 km), ✆ (05102) 30 55
🚉 Sehnde-Rethmar, Seufzerallee 10 (über ③ : 20 km), ✆ (05138) 70 05 30

Sehenswert : Herrenhäuser Gärten★★ (Großer Garten★★, Berggarten★) A – Kestner-Museum★ DY **M¹** – Marktkirche (Schnitzaltar★★ DY – Niedersächsisches Landesmuseum (Urgeschichtliche Abteilung★) EZ **M²**.

645

HANNOVER

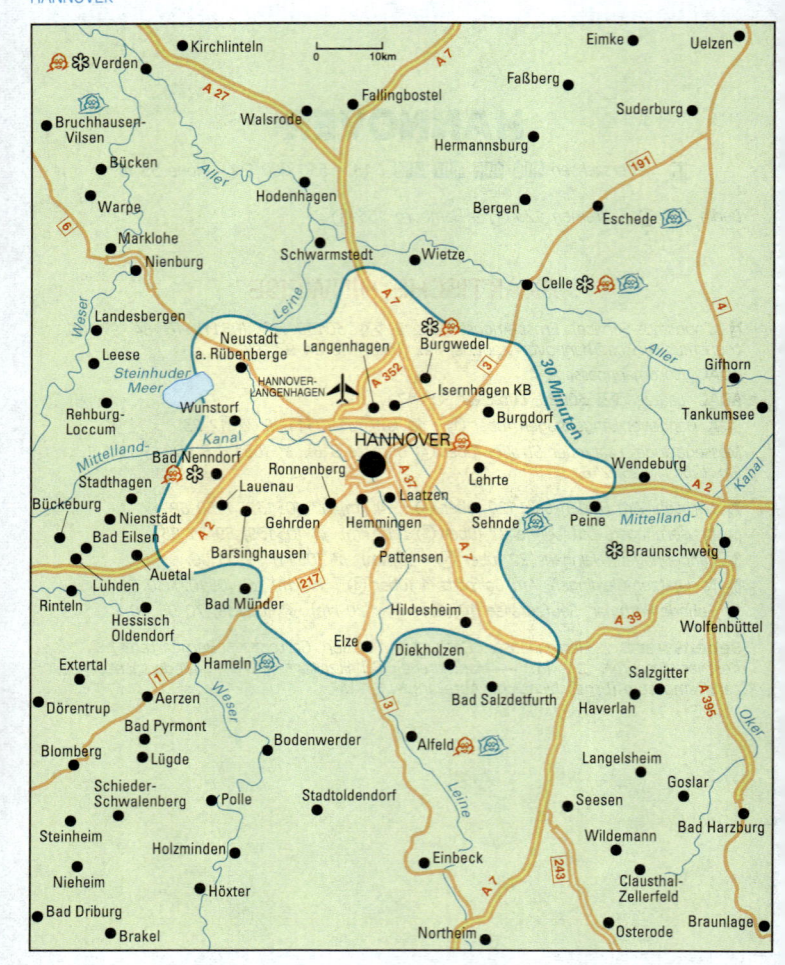

Kastens Hotel Luisenhof, Luisenstr. 1, ✉ 30159, ℰ (0511) 3 04 40, info@kastens-luisenhof.de, Fax (0511) 3044807 – 📶, 🚯 Zim, 🍽 Rest, TV 📞 🚗 P – 🚲 90. AE ① ◎ VISA JCB. 🚯 Rest
EX b
Menu (geschl. Juli - Aug. Sonntag) à la carte 28,50/50,50 – **152 Zim** ⛌ 139/265 – 230/320, 7 Suiten.
♦ Rundum-Komfort in Hannovers ältestem Hotel mit individuell-eleganter Ausstattung. Seit 1856 in Familienhänden. Turm-Suite mit Blick über die Stadt. Moderner Tagungs-Service. Verschiedene gastronomische Räume stellen den passenden Rahmen zum jeweiligen Anlaß.

Maritim Grand Hotel, Friedrichswall 11, ✉ 30159, ℰ (0511) 3 67 70, info.hgr@maritim.de, Fax (0511) 325195, 😊 – 📶, 🚯 Zim, TV ♿ – 🚲 250. AE ① ◎ VISA. 🚯 Rest
DY a
L'Adresse - Brasserie : Menu à la carte 31/55 – **Wilhelm-Busch-Stube** (nur Abendessen) Menu à la carte 19/32 – ⛌ 15 – **285 Zim** 124 – 144, 14 Suiten.
♦ Hier genießt man die zentrale Lage und andere Vorzüge : Wohnen in gediegener Eleganz, Feiern in ansprechenden Festsälen, Entspannen am Kamin. Stilroll zeigt sich das L'Adresse, legerer die Brasserie. Rustikales Ambiente in der Wilhelm-Busch-Stube.

HANNOVER

Maritim Stadthotel, Hildesheimer Str. 34, ✉ 30169, ℘ (0511) 9 89 40, info.hnn @maritim.de, Fax (0511) 9894900, 斎, ≘s, ⌂, – 🛗, ⇔ Zim, ▦ ⊡ ✆ ♿ ⇔ 🅿 – 🛦 350. 🖭 ⓘ ⓜ⓪ 𝕍𝕀𝕊𝔸 𝙹𝙲𝙱. ✖ Rest
Menu à la carte 22/34 – ⌑ 15 – **291 Zim** 119 – 140.   EZ b
♦ Seinem Namen gemäß empfängt Sie das Hotel an Rezeption und Bar in klassischem Maritimstil. Sie beziehen funktionelle, auf den Geschäftsreisenden zugeschnittene Zimmer. Im klassischen Ambiente des Restaurants Le Cordon Rouge fühlt man sich wohl.

Courtyard by Marriott 🅼, Arthur-Menge-Ufer 3, ✉ 30169, ℘ (0511) 36 60 00, cy.hajay.sales.mgr@courtyard.com, Fax (0511) 36600555, 斎, Biergarten, ₤₆, ≘s – 🛗, ⇔ Zim, ⊡ ✆ ♿ ⇔ 🅿 – 🛦 190. 🖭 ⓘ ⓜ⓪ 𝕍𝕀𝕊𝔸.   DZ b
Julian's (nur Abendessen) **Menu** à la carte 25/33 – **Grand Café** : **Menu** à la carte 18,50/27 – ⌑ 14 – **149 Zim** 109/124, 5 Suiten.
♦ "Nichts geht mehr ! " - hieß es hier früher : Im einstigen Casino haben Hotel-Besucher heute freie Wahl : Wohnlich-funktionelle Zimmer mit Blick zum Maschsee oder auf die City. Interessant : die zahlreichen Bilder an den Wänden im Restaurant Julian's.

Forum Hotel Schweizerhof, Hinüberstr. 6, ✉ 30175, ℘ (0511) 3 49 50, hannover@interconti.com, Fax (0511) 3495123 – 🛗, ⇔ Zim, ▦ ⊡ ✆ ♿ ⇔ – 🛦 220. 🖭 ⓘ ⓜ⓪ 𝕍𝕀𝕊𝔸. ✖ Rest   EX d
Gourmet's Buffet : **Menu** à la carte 32/48 – ⌑ 17 – **201 Zim** 130/175 – 160/195, 3 Suiten.
♦ Unkonventionelle und zugleich funktionelle Residenz in Bahnhofsnähe. Empfehlenswert auch die Businesszimmer : Fax-Drucker-Kombination, TV mit Internetzugang und Videospielen. Lockere Atmosphäre herrscht im Bistro des Hotels Schweizerhof.

Congress Hotel am Stadtpark 🅼, Clausewitzstr. 6, ✉ 30175, ℘ (0511) 2 80 50, info@congress-hotel-hannover.de, Fax (0511) 814652, 斎, Massage, ≘s, ⌂ – 🛗, ⇔ Zim, ⊡ ✆ ♿ – 🛦 1300. 🖭 ⓘ ⓜ⓪ 𝕍𝕀𝕊𝔸. ✖ Rest   B e
Menu à la carte 19/41,50 – **258 Zim** ⌑ 99/150 – 171, 3 Suiten.
♦ Beim Kongreßzentrum breitet sich niveauvolles Ambiente auf 18 Etagen aus. Standardgemäße Zimmer, in den oberen Etagen mit Weitblick. Baden Sie im höchsten Pool der Stadt ! Das Parkrestaurant ist der Treffpunkt des Hotels.

Central-Hotel Kaiserhof, Ernst-August-Platz 4, ✉ 30159, ℘ (0511) 3 68 30, mail@centralhotel.de, Fax (0511) 3683114, 斎 – 🛗 ⇔ ⊡ ✆ – 🛦 100. 🖭 ⓘ ⓜ⓪ 𝕍𝕀𝕊𝔸 𝙹𝙲𝙱. ✖ Zim   EX a
Menu à la carte 28/50 – **78 Zim** ⌑ 112/125 – 141/155.
♦ Ein klassischer, kürzlich renovierter Hotelbau schräg gegenüber dem Bahnhof mit wohnlich und geschmackvoll im Landhausstil eingerichteten Zimmern und komfortablen Bädern. Restaurant mit offener Showküche und Wiener Café.

Grand Hotel Mussmann garni, Ernst-August-Platz 7, ✉ 30159, ℘ (0511) 3 65 60, grandhotel@hannover.de, Fax (0511) 3656145, ≘s – 🛗 ⇔ ⊡ ✆ – 🛦 40. 🖭 ⓘ ⓜ⓪ 𝕍𝕀𝕊𝔸 𝙹𝙲𝙱   EX v
100 Zim ⌑ 92/142 – 142/162.
♦ Hübsch sind die renovierten, geschmackvoll eingerichteten Zimmer zum begrünten Innenhof und zum Bahnhofsvorplatz. Wahlweise mit Teppichboden oder Parkett ausgestattet.

Loccumer Hof, Kurt-Schumacher-Str. 16, ✉ 30159, ℘ (0511) 1 26 40, office@loccumerhof.de, Fax (0511) 131192 – 🛗, ⇔ Zim, ⊡ ✆ ⇔ 🅿 – 🛦 35. 🖭 ⓘ ⓜ⓪ 𝕍𝕀𝕊𝔸   DX s
Menu (geschl. Samstagabend, Sonntagabend) à la carte 22/41 – **87 Zim** ⌑ 76/96 – 104/114.
♦ Das Domizil gehört der ältesten Hotelkette Deutschlands an, dem Verband Christlicher Hotels. Gepflegte, familiär geführte Übernachtungsadresse mit Lärmstopfenstern. Zartes Gelb und dezentes Blau sorgen im Restaurant für ein freundliches Ambiente.

Concorde Hotel Berlin 🅼 garni, Königstr. 12, ✉ 30175, ℘ (0511) 4 10 28 00, berlin@concorde-hotels.de, Fax (0511) 41028013 – 🛗 ⇔ ⊡ ✆ ⇔. 🖭 ⓘ ⓜ⓪ 𝕍𝕀𝕊𝔸   EX e
78 Zim ⌑ 100/110 – 120.
♦ Vor allem für Geschäftsleute gedacht sind die funktionell und zeitgemäß mit Kirschbaummöbeln eingerichteten Zimmer dieses kürzlich renovierten Etagenhotels in der Innenstadt.

ANDOR Hotel Plaza 🅼, Fernroder Str. 9, ✉ 30161, ℘ (0511) 3 38 80, mail@hotel-plaza-hannover.de, Fax (0511) 3388188 – 🛗, ⇔ Zim, ⊡ ✆ – 🛦 90. 🖭 ⓘ ⓜ⓪ 𝕍𝕀𝕊𝔸   EX u
Menu à la carte 20/33 – **140 Zim** ⌑ 100/115 – 130.
♦ Nur 100 m vom Bahnhof entfernt finden Reisende in dem einstigen Kaufhaus ein modern-funktionelles Hotel und darin Komfort, der das Leben und Arbeiten auf Reisen erleichtert. In der zweiten Etage ist das Restaurant Esprit etabliert.

HANNOVER

Concorde Hotel am Leinenschloß M garni, Am Markte 12, ⊠ 30159, ℘ (0511) 35 79 10, *leinenschloss@concorde-hotels.de*, Fax (0511) 35791100 – ⌘ ⁂ TV ℡ ⇔, AE ⓘ ⓜ VISA JCB   DY e
81 Zim ⇌ 101 – 136.
• Nette, renovierte Unterkunft in der Altstadt. Hier darf man sich entscheiden : Zimmer teils modern mit metallenen Bettgestellen, teils mit Naturholzmöbeln.

Amadeus M garni, Fössestr. 83, ⊠ 30451, ℘ (0511) 21 97 60, *info@hotelamadeus.de*, Fax (0511) 21976200 – ⌘ ⁂ TV P – ⚿ 55. AE ⓘ ⓜ VISA   B m
129 Zim ⇌ 105 – 140.
• Am Rand zur Innenstadt findet man dieses gut geführte Hotel mit gepflegten Zimmern, die zwar nicht allzu groß, aber mit modernen hellen Möbeln ansprechend eingerichtet sind.

Am Rathaus, Friedrichswall 21, ⊠ 30159, ℘ (0511) 32 62 68, *info@hotelamrathaus.de*, Fax (0511) 32626968 – ⌘ TV. AE ⓘ ⓜ VISA, ⌘ Zim   EY y
Menu *(geschl. Samstag – Sonntag)* à la carte 18/33 – **43 Zim** ⇌ 83 – 120.
• Vis-à-vis des herrlichen Rathausparks gibt sich der seit drei Generationen geführte Familienbetrieb bürgerlich : praktische Zimmereinrichtung mit eigenständigem Charakter. Zeitlos-modernes Restaurant und separate Bierstube mit rustikalem Charakter.

Savoy, Schloßwender Str. 10, ⊠ 30159, ℘ (0511) 1 67 48 70, *savoy-hannover-ml@t-online.de*, Fax (0511) 16748710, ⛲ – ⌘ TV ℡ ⇔. AE ⓘ ⓜ VISA. ⌘ Zim   CV e
Menu (Restaurant nur für Hausgäste) à la carte 14,50/18 – **18 Zim** ⇌ 82/95 – 107/125.
• Das im Zentrum der Stadt gelegene Hotel überzeugt mit einer Mischung aus Funktionalität und einem Hauch Eleganz. Geschäftsreisende schätzen die moderne Kommunikationstechnik.

Atlanta garni, Hinüberstr. 1, ⊠ 30175, ℘ (0511) 3 38 60, *atlanta.hotel@t-online.de*, Fax (0511) 345928 – ⌘ ⁂ ≡ TV ⇔ P. AE ⓜ VISA. ⌘   EX t
geschl. 22. Dez. - 2. Jan. – **36 Zim** ⇌ 75 – 100.
• In einer Seitenstraße, fünf Gehminuten vom Bahnhof entfernt, liegt das familiär geführte Quartier mit gediegen-behaglichem Interieur und gutem Preis-Leistungs-Verhältnis.

CVJM City Hotel M garni, Limburgstr. 3, ⊠ 30159, ℘ (0511) 3 60 70, *cityhotelh@aol.com*, Fax (0511) 3607177 – ⌘ ⁂ TV ℡ – ⚿ 65. ⓜ VISA JCB   DX c
47 Zim ⇌ 72 – 102.
• Ein sympathisches Heim auf Zeit ist dieses tadellos geführte Hotel in der Fußgängerzone der Messestadt. Die wohnliche Gestaltung versprüht einen Hauch von mediterranem Flair.

XXX **Landhaus Ammann** mit Zim, Hildesheimer Str. 185, ⊠ 30173, ℘ (0511) 83 08 18, *mail@landhaus-ammann.de*, Fax (0511) 8437749, ⛲, ⚘ – ⌘ TV ⇔ P – ⚿ 100. AE ⓘ ⓜ VISA JCB. ⌘ Rest   B b
Menu *(bemerkenswerte Weinkarte)* à la carte 46/64 – **15 Zim** ⇌ 115/170 – 135/195.
• Ein Landhaus in der Stadt ! Hier rührt Helmut Ammann in den Töpfen. Im elegant eingerichteten Restaurant wird französische Küche aufgetragen. Genießen Sie die schöne Terrasse.

XXX **Georgenhof-Stern's Restaurant** ⊗ mit Zim, Herrenhäuser Kirchweg 20, ⊠ 30167, ℘ (0511) 70 22 44, *georgenhof@gmx.de*, Fax (0511) 708559, ⛲ – TV P. AE ⓜ VISA   B r
Menu *(bemerkenswerte Weinkarte)* 19 (mittags) à la carte 33/72 – **14 Zim** ⇌ 80/100 – 123/143.
• Unweit der Herrenhäuser Gärten bezaubert die Mischung von klassischer Gediegenheit und einem Hauch Romantik. Wunderschöne Gartenanlage mit Teich.

Adenauerallee	B	2
Altenauer Weg	A	3
Clausewitzstraße	B	5
Friedrichswall	B	8
Friedrich-Ebert-Str.	B	8
Goethestraße	B	9
Gustav-Bratke-Allee	B	10
Humboldtstraße	B	13
Kirchröder Straße	B	16
Lavesallee	B	17
Leibnizufer	B	18
Ritter-Brüning-Str.	B	20
Scheidestraße	B	21
Schloßwender Str.	B	22
Stöckener Straße	A	23
Stresemannallee	B	25

XX **Clichy**, Weißekreuzstr. 31, ✉ 30161, ✆ (0511) 31 24 47, *clichy@clichy.de*,
Fax (0511) 318283 – AE ⓂⓄ VISA   EV d
geschl. Samstagmittag, Sonntag – **Menu** à la carte 37/47,50.
• Pariser Bistro im Jugendstil mit dem Kredo : "Luxus ja, Firlefanz nein !" Die lukullischen Tage im Clichy füllt der Patron mit den Klassikern der Kochkunst auf zeitgemäße Weise.

XX **Gondel**, Georgstr. 36 (im GOP-Varièté), ✉ 30159, ✆ (0511) 30 18 67 67, *info@restaurant-gondel.de, Fax (0511) 30186730* – 🍽, AE ① ⓂⓄ VISA   EY a
geschl. Montag – **Menu** *(nur Abendessen)* 30/35 und à la carte.
• Das von schlichter Eleganz geprägte Restaurant befindet sich im Untergeschoß eines Varietétheaters. Das engagierte Serviceteam serviert Gerichte der internationalen Küche.

XX **Gattopardo**, Hainhölzer Str. 1 / Ecke Postkamp, ✉ 30159, ✆ (0511) 1 43 75,
Fax (0511) 14375, 🌿 – AE ⓂⓄ VISA   DV f
Menu *(nur Abendessen)* (italienische Küche) à la carte 27/36,50.
• Sympathisches Ristorante : Freunde der italienischen Lebensart finden hier Freude an der lockeren Atmosphäre. Die hiesigen Köche wandern auf den Spuren der cucina casalinga.

649

Map of Hannover

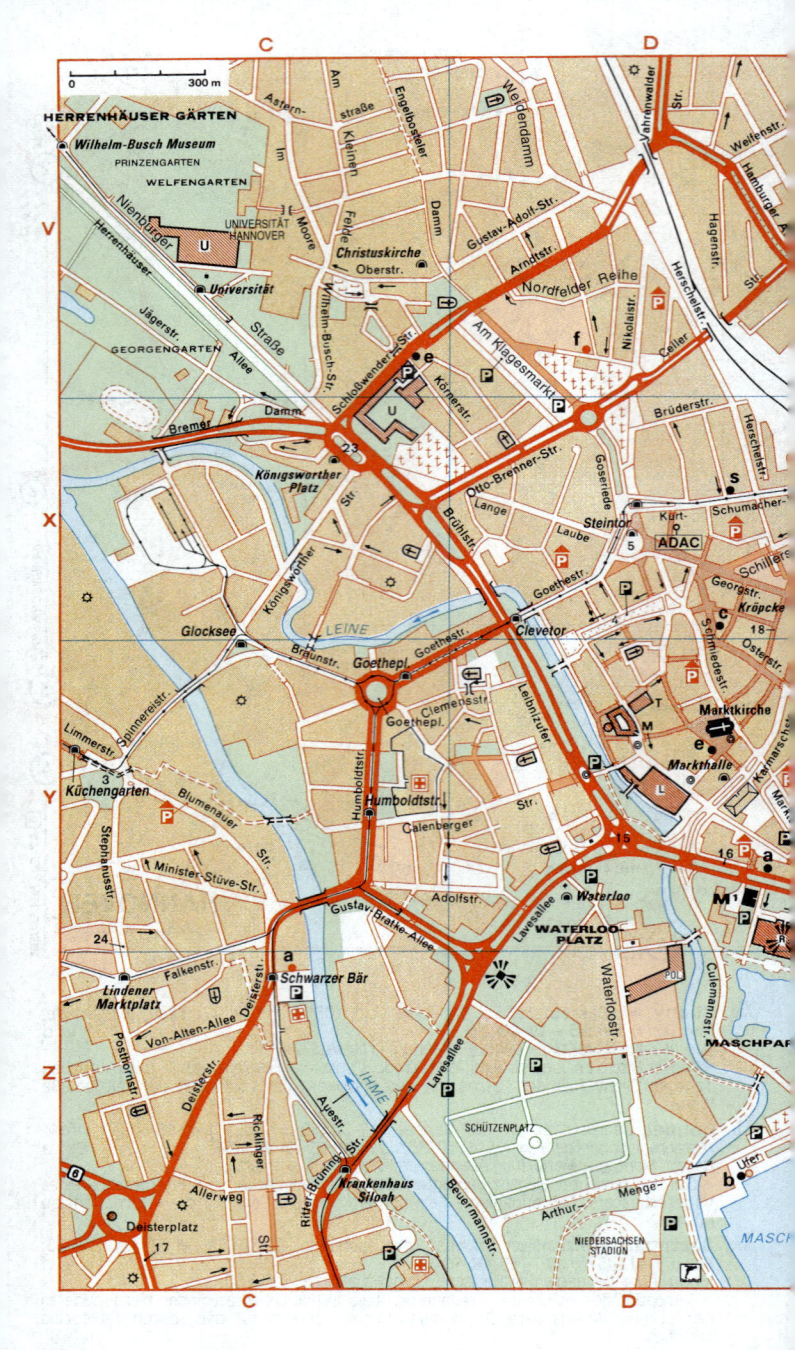

Labels visible on map:

- HERRENHÄUSER GÄRTEN
- Wilhelm-Busch Museum
- PRINZENGARTEN
- WELFENGARTEN
- UNIVERSITÄT HANNOVER
- Universität
- Christuskirche
- GEORGENGARTEN
- Königsworther Platz
- Glocksee
- LEINE
- Clevetor
- Kröpcke
- Marktkirche
- Markthalle
- Goetheplatz
- Humboldtstr.
- Waterloo
- WATERLOO PLATZ
- Küchengarten
- Lindener Marktplatz
- Schwarzer Bär
- Deisterplatz
- IHME
- Krankenhaus Siloah
- SCHÜTZENPLATZ
- NIEDERSACHSEN STADION
- MASCHPARK
- MASCH...
- ADAC
- Steintor
- Nordfelder Reihe
- Am Klagesmarkt

Streets:
Nienburger Str., Herrenhäuser Str., Jägerstr., Bremer Damm, Schloßwender Str., Körnerstr., Wilhelm-Busch-Str., Oberstr., Engelbosteler Damm, Asternstraße, Am Kleinen Felde, Moore, Gustav-Adolf-Str., Arndtstr., Weidendamm, Vahrenwalder Str., Welfenstr., Hamburger A., Hagenstr., Herschelstr., Celler Str., Nikolaistr., Brüderstr., Otto-Brenner-Str., Lange Laube, Goethestr., Georgstr., Schmiedestr., Osterstr., Karmarschstr., Kurt-Schumacher-Str., Schiffer..., Königsworther Str., Brühlstr., Braunstr., Leibnizufer, Clemensstr., Calenberger Str., Leinstr., Adolfstr., Lavesallee, Culemannstr., Gustav-Bratke-Allee, Minister-Stüve-Str., Blumenauer, Stephanusstr., Spinnereistr., Limmerstr., Falkenstr., Deisterstr., Von-Alten-Allee, Postmeerstr., Allerweg, Ritter-Brüning-Str., Richlinger, A.vestr., Beuermannstr., Arthur-Menge-Ufer

Scale: 0 — 300 m

Grid: C, D / V, X, Y, Z

Markers: e, f, s, a, b, 23, 5, 18, 15, 16, 24, 3, 17, 6

HANNOVER

Aegidientorplatz	**EY** 2
Am Küchengarten	**CY** 3
Am Marstall	**DX** 4
Am Steintor	**DX** 5
Bahnhofstraße	**EX** 7
Bischofsholer Damm	**FY** 8
Braunschweiger Platz	**FY** 9
Emmichplatz	**FX** 12
Ernst-August-Platz	**EX** 13
Friederikenplatz	**DY** 15
Friedrichswall	**DEY** 16
Georgstraße	**DEX**
Göttinger Straße	**CZ** 17
Große Packhofstraße	**DX** 18
Hans-Böckler-Allee	**FY** 19
Hartmannstraße	**FZ** 20
Joachimstraße	**EX** 21
Karmarschstraße	**DY**
Königsworther Platz	**CX** 23
Lindener Marktplatz	**CY** 24
Opernplatz	**EY** 25
Scharnhorststraße	**FX** 28
Thielenplatz	**EX** 29
Volgersweg	**EX** 30

651

HANNOVER

Au Camembert, Lärchenstr. 2, ✉ 30161, ☎ (0511) 34 48 37, Fax (0511) 3886063 – AE MC VISA
FV a
geschl. Sonntag – **Menu** (nur Abendessen) à la carte 32/43,50.
• Das Restaurant in einem älteren Stadthaus hat hohe Räume, deren Wände mit farbenfrohen Gemälden geschmückt sind. Der Service ist freundlich, die Küche bietet Internationales.

Le Monde, Marienstr. 116, ✉ 30171, ☎ (0511) 8 56 51 71,
FY a
geschl. Jan., Samstagmittag, Sonntag – **Menu** 19,50/31 und à la carte.
• Helle Farben, moderne Bilder und eine Fensterfront mit Blick auf einen kleinen Park geben dem Bistro ein nettes Ambiente. Mit sorgfältig zubereiteter französischer Küche.

Biesler, Sophienstr. 6, ✉ 30159, ☎ (0511) 32 10 33, Fax (0511) 321034 – MC VISA
EY c
geschl. Mitte Juli - Anfang Aug., Sonntag, Mai - Sept. Sonntag - Montag – **Menu** à la carte 34/39.
• Älteste Weinstube Hannovers mit rustikalem Gewölbekeller, wo man sich in deutsche Küche, zahlreiche Weinbücher und natürlich in ein gutes Glas Wein vertiefen kann. Gemütlich!

In Hannover-Bemerode über Bischofsholer Damm B und ③ :

Ramada-Treff Hotel Europa, Bergstr. 2, ✉ 30539, ☎ (0511) 9 52 80, hannover@ramada-treff.de, Fax (0511) 9528488, 🍽, ≘s – 📶, 🛏 Zim, 📺 📞 ♿ 🅿 – 🛎 180. AE ① MC VISA JCB
Menu à la carte 20/41,50 – ☐ 13 – **179 Zim** 105.
• Verkehrsgünstig in Messenähe gelegen, bietet das Haus praktische, jedoch behaglich eingerichtete Zimmer. Fitnessbereich und Gästeanimationsprogramm!

In Hannover-Buchholz :

Mercure Atrium 🅼, Karl-Wiechert-Allee 68, ✉ 30625, ☎ (0511) 5 40 70, h1701@accor-hotels.com, Fax (0511) 5407826, 🍽, ≘s – 📶, 🛏 Zim, 📺 📞 ♿ 🚗 🅿 – 🛎 120. AE ① MC VISA JCB
B v
Menu à la carte 28/42,50 – **223 Zim** ☐ 113 – 137, 7 Suiten.
• Gläserne Lifte bringen Sie in die neuzeitlichen Räumlichkeiten des Hotels. Durchdachter Konferenzbereich, u.a. Raum mit Drehbühne, Sekretärinnen- und Dolmetscherservice. Das Restaurant verfügt sowohl über einen rustikal als auch zeitlos eingerichteten Bereich.

Gallo Nero, Groß Buchholzer Kirchweg 72b, ✉ 30655, ☎ (0511) 5 46 34 34, mail@gisyvino.de, Fax (0511) 548283, 🍽 – 🅿 AE ① MC VISA über Podbielskistraße B
geschl. Juli - Aug. 3 Wochen, Sonntag – **Menu** (abends Tischbestellung ratsam) (italienische Küche) (bemerkenswerte ital. Wein- und Grappaauswahl) 28 à la carte 35,50/44,50.
• Bauernhaus a. d. 18. Jh. mit Holzbalken-Flair und Vinothek. Der schwarze Hahn - Gütesiegel für Qualitätsweine - steht für niveauvolle Gastronomie. Ständige Bilderausstellung.

Buchholzer Windmühle, Pasteurallee 30, ✉ 30655, ☎ (0511) 64 91 38, Fax (0511) 6478930, 🍽 – 🅿 – 🛎 40. AE ① MC VISA
geschl. 23. Dez. - 2. Jan., Samstag - Montag, Feiertage – **Menu** (nur Abendessen) à la carte 20,50/33,50. über Podbielskistraße B
• Die Windmühle aus dem 16. Jh. dreht sich heute um den Gast : In den gemütlichen Räumen der ausgebauten Mühle gibt es kein Getreide, sondern Fleisch, Fisch und Gemüse.

Steuerndieb mit Zim, Steuerndieb 1 (im Stadtwald Eilenriede), ✉ 30655, ☎ (0511) 90 99 60, steuerndieb@t-online.de, Fax (0511) 9099629, 🍽 – 📺 🅿 – 🛎 60. AE ① MC VISA JCB
B c
Menu (geschl. Sonntagabend) à la carte 22,50/38 – **5 Zim** ☐ 95/120 – 140/160.
• Am Waldrand unter alten Eichen versteckt sich der Steuerndieb : beliebtes Ausflugsziel mit romantischer Gartenterrasse, Seerosenteich und Steinbackofen.

In Hannover-Döhren :

Wichmann, Hildesheimer Str. 230, ✉ 30519, ☎ (0511) 83 16 71, gast.wichmann@htp-tel.de, Fax (0511) 8379811, ≤, 🍽 – 🅿 AE MC VISA
B s
Menu à la carte 35/51.
• Ein Fachwerkhaus mit schönem Innenhofgarten : In neun verschiedenen Stuben - von elegant bis rustikal - läßt man sich klassische Speisen schmecken.

Die Insel, Rudolf-von-Bennigsen-Ufer 81, ✉ 30519, ☎ (0511) 83 12 14, norbert.schu@t-online.de, Fax (0511) 831322, ≤, 🍽 – 🅿 AE ① MC VISA
B k
geschl. Montag (ausser Messen) – **Menu** (Tischbestellung ratsam) (bemerkenswerte Weinkarte) 26 (mittags) à la carte 30/53 ♀.
• Die freie Sicht auf den Maschsee suggeriert das Inselgefühl : Im einstigen Schwimmbadlokal prägen Fensterfront und lange Theke ein modernes Ambiente. Verfeinerte Regionalküche.

HANNOVER

Titus, Wiehbergstr. 98, ✉ 30519, ℘ (0511) 83 55 24, *restaurant-titus@t-online.de*, Fax (0511) 8386538, 😊 – AE ⓘ ⓜ VISA JCB B z
Menu (Tischbestellung ratsam) 24 (mittags)/63 und à la carte
- In einer Wohngegend stößt man auf das kleine Restaurant. Die moderne Kunst an den Wänden zeugt von Titus Geschmack. Den beweist er auch mit seiner klassischen Küche !

Da Vinci, Hildesheimer Str. 228, ✉ 30519, ℘ (0511) 8 43 65 56, *davinci@rist-da-vinci.de*, Fax (0511) 8437208, 😊 – AE ⓘ ⓜ VISA JCB B s
geschl. Sonntag (ausser Messen) – **Menu** (italienische Küche) à la carte 22,50/31.
- Das italienische Team umsorgt Sie hier mit Pizza, Pasta und Pesce ! Vor allem die Liste der hausgemachten Nudeln ist lang und reicht von Ravioli bis Strozzapreti. Gemütlich !

In Hannover-Flughafen über ① : 11 km :

Maritim Airport Hotel M, Flughafenstr. 5, ✉ 30669, ℘ (0511) 9 73 70, *info.hfl@maritim.de*, Fax (0511) 9737590, 😊, ⛲ – 📶, ⇼ Zim, 📺 ✆ & ⚘ – 🏛 980. AE ⓘ ⓜ VISA. 🆇 Rest
Menu (nur Buffet) 24 – **Bistro Bottaccio** (geschl. Sonntag - Montag) **Menu** à la carte 24,50/42 – 🍴 15 – **528 Zim** 128 – 143, 30 Suiten.
- Ein Hotel zum Abheben ! Checken Sie ein in das, einem Flugzeug nachempfundene Hotel. Eleganter Komfort gehört zur Ausstattung. Club Lounge mit Blick auf Start- und Landebahnen. Im gediegenen Restaurant können Hungrige eine "Zwischenlandung" einlegen.

Holiday Inn Airport M, Petzelstr. 60, ✉ 30662, ℘ (0511) 7 70 70, *reservation.hihannover@queensgruppe.de*, Fax (0511) 737781, 😊, ⛲, ⚘ – 📶, ⇼ Zim, 📺 ✆ & 🅿 – 🏛 150. AE ⓘ ⓜ VISA JCB
Menu 20 (Lunchbuffet) à la carte 28/45 – 🍴 15 – **211 Zim** 155 – 175.
- In unmittelbarer Nähe zum Flughafen (Bustransfer-Service) dürfen Sie sich hier in geschmackvollen, renovierten Zimmern niederlassen oder in modernen Konferenzräumen tagen. Vor oder nach dem Flug können Sie sich im Restaurant stärken.

In Hannover-Herrenhausen :

Mercure am Entenfang garni, Eichsfelder Str. 4, ✉ 30419, ℘ (0511) 9 79 50, *h2129@accor-hotels.com*, Fax (0511) 9795299, 😊, ⛲ – 📶, ⇼ Zim, 📺 ✆ ⚘ 🅿 – 🏛 50. AE ⓘ ⓜ VISA JCB   über Stöckener Straße und Fuhsestraße   A
83 Zim 🍴 86 – 92.
- In der Nähe der berühmten Gärten ruht das Hotel idyllisch inmitten eines 100-jährigen Baumbestandes. Praktische, komfortable Adresse mit kiefernholzmöblierten Zimmern.

Mövenpick, Alte Herrenhäuser Str. 3, ✉ 30419, ℘ (0511) 2 79 49 40, *restaurant.herrenhausen@moevenpick.com*, Fax (0511) 27949410, 😊 – 🅿 AE ⓘ ⓜ VISA   A b
Menu à la carte 22,50/30 ♀.
- Ein Flachbau der modernen Art beherbergt das neuzeitlich gestylte Restaurant mit der großen Fensterfront. Hinterm Haus erstreckt sich der weitläufige Fürstengarten.

In Hannover-Kirchrode über ③ :

Queens 🦢, Tiergartenstr. 117, ✉ 30559, ℘ (0511) 5 10 30, *reservation.qhannover@queensgruppe.de*, Fax (0511) 5103510, 😊, 🏋, ⛲ – 📶, ⇼ Zim, 📺 ✆ & ⚘ 🅿 – 🏛 150. AE ⓘ ⓜ VISA JCB
Menu à la carte 22/40 – **178 Zim** 🍴 136 – 179, 3 Suiten.
- Der Hotelbau aus den 60er Jahren wird eingerahmt vom großen Tiergarten. Helle, freundliche Zimmer - teilweise mit Balkon - in denen es sich ruhig ausschlafen läßt. Restaurant mit Ausblick auf den grünen Tiergarten.

In Hannover-Kleefeld :

Kleefelder Hof garni, Kleestr. 3a, ✉ 30625, ℘ (0511) 5 30 80, *kleefelderhof-hannover@t-online.de*, Fax (0511) 5308333 – 📶 ⇼ 📺 ✆ & ⚘ 🅿 – 🏛 20. AE ⓘ ⓜ VISA JCB   B d
🍴 10 – **86 Zim** 60/95 – 80/110.
- Bürgerliche Unterkunft unweit der Messe mit Wahlmöglichkeit : Kirschholz- oder englisches Stilmobiliar. An Schreibtische für den Geschäftsmann wurde gedacht.

MGM M garni, Baumschulenallee 6, ✉ 30625, ℘ (0511) 54 05 46, *service@mgm-hotel.com*, Fax (0511) 54054999 – 📶 📺 ✆ 🅿 AE ⓘ ⓜ VISA
28 Zim 🍴 70 – 90.   über Kirchröder Straße   B
- Ein modernes Haus, das mit soliden, technisch gut bestückten Zimmern aufwartet. Im Untergeschoß befinden sich eine Bar mit DVD-Leinwand und ein Billardtisch.

653

HANNOVER

In Hannover-Lahe über Podbielskistraße B :

Holiday Inn, Oldenburger Allee 1, ✉ 30659, ℘ (0511) 6 15 50, hannover@eventhotels.com, Fax (0511) 6155555, 🍴, 🛏 – 📶, ⇌ Zim, 🍽 Zim, 📺 ✆ ♿ ⇔ 🅿 – 🅰 280 AE ① ⓂⓈ VISA JCB
Menu à la carte 19/28 – ⥂ 14 – **150 Zim** 102/123.
 ♦ Verkehrsgünstige Lage im Nord-Osten. Unterschiedlich möblierte Zimmer. Die Executive-Zimmer sind auf die Bedürfnisse von Geschäftsleuten ausgerichtet. Fans von American Food kommen im Restaurant Inn-Sider bei Burgern und Spare Ribs auf ihre Kosten.

Der Föhrenhof, Kirchhorster Str. 22, ✉ 30659, ℘ (0511) 6 15 40, hotel@foehrenhof.bestwestern.de, Fax (0511) 619719, 🍴, 🌳 – 📶, ⇌ Zim, 📺 ✆ 🅿 – 🅰 90. AE ① ⓂⓈ VISA
Menu (geschl. 27. Dez. - 2. Jan.) à la carte 19/33,50 – **79 Zim** ⥂ 80/95 – 118.
 ♦ Behaglichkeit strahlt die Halle mit Kamin aus - rustikale Möbel unterstreichen den Stil. Hinter dem Haus sorgt der Jogging-Parcour für sportliche Betätigung. Die Gastronomie stellt Sie vor die Qual der Wahl : rustikale Bierstube oder elegantes Restaurant.

In Hannover-Linden-Süd :

Tandure am Ihmeufer, Deisterstr. 17a, ✉ 30499, ℘ (0511) 45 36 70, restaurant.tandure@t-online.de, Fax (0511) 2152117, 🍴 – 🅿. AE ① ⓂⓈ VISA   CZ a
Menu (türkische Küche) à la carte 19/31.
 ♦ Aus einer Lagerhalle zauberte man das kleine Reich von 1001 Nacht. Im Mittelpunkt steht der anatolische Lehmofen "tandir", der Speisen aromatisch und vitaminschonend gart.

In Hannover-List :

ArabellaSheraton Pelikan M, Podbielskistr. 145, ✉ 30177, ℘ (0511) 9 09 30, pelikanhotel@arabellasheraton.com, Fax (0511) 9093555, 🍴, 🏊, 🛏 – 📶, ⇌ Zim, 📺 ✆ ♿ ⇔ 🅿 – 🅰 140. AE ① ⓂⓈ VISA JCB   B p
5th Avenue : à la carte 23/39 – ⥂ 16 – **147 Zim** 149, 11 Suiten.
 ♦ Umsichtig restauriertes Fabrikgebäude : Wo einst berühmte "Pelikan-Füller" hergestellt wurden, residiert man heute in einem mit witzigen Details gestylten Ambiente. Kühles Design gehört zum puristischen Look des Restaurants.

Dorint M, Podbielskistr. 21, ✉ 30163, ℘ (0511) 3 90 40, info.hajhan@dorint.com, Fax (0511) 3904100, 🍴, 🛏 – 📶, ⇌ Zim, 🍽 Zim, 📺 ✆ ♿ ⇔ – 🅰 200. AE ① ⓂⓈ VISA JCB   B u
Menu à la carte 26/36,50 – ⥂ 16 – **206 Zim** 122/131 – 131/136, 4 Suiten.
 ♦ Auf dem Gelände der ehemaligen Bahlsen-Keksfabrik beeindrucken historische Dampfmaschinen, avantgardistische Architektur und moderne Zimmer mit Komfort. Leicht elegantes Restaurant mit internationaler Küche.

Grüner Pelikan, Podbielskistr. 143a, ✉ 30177, ℘ (0511) 3 94 23 00, info@gruener-pelikan.de, Fax (0511) 3942302, 🍴 – AE ① ⓂⓈ VISA   B p
geschl. Samstagmittag, Sonntag – **Menu** à la carte 24/31.
 ♦ Sicherlich eine schöne Art, mal auszufliegen : Das Bistrorant befindet sich in einer Fabrikhalle : hohe Räume, legeres Ambiente, Pizza, Tapas und mehr zu günstigen Preisen.

Neue Zeiten, Jakobistr. 24, ✉ 30163, ℘ (0511) 39 24 47, neuezeiten@gmx.net, Fax (05033) 3478 – AE ⓂⓈ VISA   B x
geschl. Juli 3 Wochen, Sonntag - Montag - **Menu** (nur Abendessen) à la carte 29,50/37,50.
 ♦ Wechselnde Künstlerausstellungen untermalen die kreative, mediterran angehauchte Saisonküche. Das Gastgeberehepaar hat sich der Leichtigkeit des Genusses verschrieben.

In Hannover-Messe über ④ :

Radisson SAS M, Expo Plaza 5 (am Messegelände), ✉ 30539, ℘ (0511) 38 38 30, info.hannover@radissonsas.com, Fax (0511) 383838000, 🛏 – 📶, ⇌ Zim, 🍽 Zim, ✆ ♿ ⇔ – 🅰 250. AE ① ⓂⓈ VISA JCB
Menu à la carte 20/37 – ⥂ 15 – **250 Zim** 110.
 ♦ Ob Hi-Tech, Italian, Maritim oder Scandinavian : Hier stehen Gästen modern-wohnliche Zimmer in verschiedenen Einrichtungsstilen zur Verfügung. Das Restaurant liegt in der Lobby und ist in einen Buffet- und einen à la carte-Bereich unterteilt.

Parkhotel Kronsberg (mit Gästehaus), Gut Kronsberg 1 (am Messegelände), ✉ 30539, ℘ (0511) 8 74 00, parkh@kronsberg.bestwestern.de, Fax (0511) 867112, 🍴, 🛏, 🔲, 🌳 – 📶, ⇌ Zim, 📺 ✆ ♿ 🍽 Rest, ⇔ – 🅰 150. AE ① ⓂⓈ VISA
Menu (geschl. 27. Dez. - 2. Jan.) à la carte 21/31 – **200 Zim** ⥂ 85/105 – 130/180.
 ♦ Direkt gegenüber der Messe begeistern die schöne Halle mit ihrer Lichtkuppel und das komfortable Domizil. Reservieren Sie sich ein Zimmer im Stil Ihres Sternzeichens ! Mehrere Restaurants und die Gartenterrasse mit Café sorgen für das leibliche Wohl.

HANNOVER

In Hannover-Roderbruch über ② : 7 km :

Novotel, Feodor-Lynen-Str. 1, ⊠ 30625, ℘ (0511) 9 56 60, h1631@accor-hotels.com, Fax (0511) 9566333, 🍴, ≘s, ⌂ (geheizt) – 🛗, ↤ Zim, 📺 ✆ ♿ 🅿 – 🔒 80. 🖼 ⓘ ⓜ VISA
Menu à la carte 19/41 – **112 Zim** 🖂 103 – 132.
♦ Die einheitlich mit hellem Mobiliar eingerichteten Zimmer bieten ausreichend Platz und große Schreibtische – eine praktische Adresse. Kinder haben ihre eigene Spielecke! Zur Halle hin offenes Restaurant.

In Hannover-Vahrenwald über ① :

Fora, Großer Kolonnenweg 19, ⊠ 30163, ℘ (0511) 6 70 60, reservation.hannover@fora.de, Fax (0511) 6706111, 🍴, ≘s – 🛗, ↤ Zim, 🍽 Rest, 📺 ✆ ♿ 🚗 – 🔒 100. 🖼 ⓘ ⓜ VISA JCB
Menu à la carte 20/31 – **142 Zim** 🖂 125/145 – 145/165.
♦ Funktionelle Unterkunft für den Geschäftsmann : großzügige Arbeitsflächen und privates Telefaxgerät erleichtern die Arbeit. Auch die Tagungsräume haben moderne Technik.

✕ **Basil**, Dragonerstr. 30, ⊠ 30163, ℘ (0511) 62 26 36, restaurant@basil.de, Fax (0511) 3941434, 🍴 – 🅿 🖼 ⓜ VISA **B** y
geschl. 23. - 28. Dez., Sonntag – **Menu** (nur Abendessen) (Tischbestellung ratsam) 28,50 à la carte 30/38,50.
♦ Wo einst die königlichen Dragoner ausgebildet wurden, speist man heute Crossover in einmaligem Ambiente : Gußeiserne Säulen tragen das schöne Backsteingewölbe ; designte Lüster.

In Hemmingen-Westerfeld über ⑤ : 8 km :

Landhaus Artischocke, Dorfstr. 30, ⊠ 30966, ℘ (0511) 94 26 46 30, info@artischocke.com, Fax (0511) 94264659, 🍴 – 📺 🅿 🖼 ⓜ VISA
Menu (geschl. 24. Juni - 10. Juli, Montag) (wochentags nur Abendessen) à la carte 24/38 – **21 Zim** 🖂 50 – 80.
♦ In einer Seitenstraße am Ortsrand gelegen. Im renovierten Fachwerkhaus findet der Reisende ein nettes Zuhause auf Zeit, wo man es ihm in ländlichem Interieur gemütlich macht. Fachwerkbalken und Holzboden dominieren die ländliche Atmosphäre des Restaurants.

In Laatzen Süd-Ost : 9 km über Hildesheimer Straße B :

Copthorne 🅼, Würzburger Str. 21, ⊠ 30880, ℘ (0511) 9 83 60, sales.hannover@mill-cop.com, Fax (0511) 9836666, 🍴, 🛋, ≘s, ⌂ – 🛗, ↤ Zim, 🍽 📺 ✆ ♿ 🚗 🅿 – 🔒 300. 🖼 ⓘ ⓜ VISA JCB
Menu (Juli nur Mittagessen) à la carte 20,50/40 – **222 Zim** 🖂 150/175 – 190/215.
♦ In fünf Gehminuten erreichen Sie von hier das Messegelände ! Zahlreiche prominente Gäste haben bereits den modern-gediegenen Komfort genossen. Die gläserne Pyramide sorgt für die lichte Note im optisch unterteilten Restaurant Bentley's.

Ramada-Treff Hotel Britannia, Karlsruher Str. 26, ⊠ 30880, ℘ (0511) 8 78 20, hannover@ramada-treff.de, Fax (0511) 863466, 🍴, ≘s, ✕ (Halle) Indoor Golf – 🛗, ↤ Zim, 📺 ✆ ♿ 🅿 – 🔒 120. 🖼 ⓘ ⓜ VISA JCB
Menu 22 (Lunchbuffet) à la carte 17,50/41,50 – 🖂 13 – **100 Zim** 105.
♦ "Business und Leisure" heißt das Motto unweit der Messe ! Dafür stehen funktionelle Zimmer mit Internet- und email-Zugang sowie Indoor-Golfanlage und Tennishallenplätze bereit. Restaurant mit Buffet.

Haase, Am Thie 4 (Ortsteil Grasdorf), ⊠ 30880, ℘ (0511) 82 01 60, hotel-haase@hotel-haase.de, Fax (0511) 8201666 – 🛗 📺 🅿 🖼 ⓘ ⓜ VISA
Menu (geschl. Montagmittag, Dienstagmittag) à la carte 16,50/26 – **43 Zim** 🖂 59 – 85/95.
♦ Gut geführter Familienbetrieb, seit 1698 an dieser Stelle. Ob bürgerlich oder neuzeitlich : Individuell eingerichtete Zimmer bieten für jeden Geschmack etwas. Holzbalkendecke und ländliches Dekor vermitteln im Restaurant Wohlfühlatmosphäre.

In Langenhagen über ① : 10 km :

Allegro 🅼 garni, Walsroder Str. 105, ⊠ 30853, ℘ (0511) 7 71 96 10, info@hotel-allegro.de, Fax (0511) 77196196 – 🛗 ↤ 📺 ✆ 🚗 – 🔒 200. 🖼 ⓜ VISA
72 Zim 🖂 95 – 125.
♦ Verschiedene Raumwelten tun sich hier auf ! Ob in einem Zimmer im englischen, mexikanischen, maurischen oder mediterranen Stil : entscheiden Sie, wohin die Reise gehen soll !

Ambiente, Walsroder Str. 70, ⊠ 30853, ℘ (0511) 7 70 60, hotel@ambiente.com, Fax (0511) 7706011 – 🛗, ↤ Zim, 📺 ✆ 🅿 – 🔒 20. 🖼 ⓜ VISA
geschl. 24. Dez. - 2. Jan. – **Menu** (geschl. Freitag - Sonntag) (nur Abendessen) à la carte 17/27 – **67 Zim** 🖂 90 – 115.
♦ Der moderne Hotelbau empfiehlt sich als komfortables Domizil mit technisch versierter Ausstattung : jedes Zimmer mit Internet-Anschluß, optional auch mit PC ausgerüstet. Geschmackvoll ist das Ambiente des hoteleigenen Restaurants - Kamin-Bar.

HANNOVER

Grethe, Walsroder Str. 151, ⊠ 30853, ℰ (0511) 7 26 29 10, hotel-grethe@t-online.de, Fax (0511) 772418, Biergarten, ⇔, ⊠ – ⌘, ⋈ Zim, ⊡ ℰ 🄻 – ⚒ 40. ㎹ ⓞ ⓜ 🅥🅢🅐 🄹🄲🄱
geschl. 22. Dez. - 6. Jan. – **Menu** (geschl. Samstag - Sonntag, ausser Messen) à la carte 21/32 – **51 Zim** ⌧ 75/85 – 98.
♦ Behaglichkeit kennzeichnet dieses Refugium in Langenhagen. In den gepflegten Räumlichkeiten des Familienbetriebs kann sich der Gast von der langen Reise erholen. Restaurant in rustikaler Gestaltung.

In Langenhagen-Krähenwinkel über ① : 11 km :

Jägerhof, Walsroder Str. 251, ⊠ 30855, ℰ (0511) 7 79 60, jaegerhof1@aol.com, Fax (0511) 7796111, 🍴, ⇔ – ⋈ Zim, ⊡ ℰ ⇔ 🄻 – ⚒ 60. ㎹ ⓞ ⓜ 🅥🅢🅐 🄹🄲🄱
geschl. 23. Dez. - 6. Jan. – **Menu** (geschl. Samstagmittag, Sonn- und Feiertage) à la carte 21/35,50 – **77 Zim** ⌧ 50/80 – 80/95.
♦ Ein familiär geführtes Hotel mit ländlichem Charme, wo die Wanderwege direkt hinter dem Haus beginnen. Fragen Sie nach einem der originellen Zimmer mit bemaltem Bauernmobilar ! Das gediegene Interieur des Lokals schafft anheimelnde Atmosphäre.

In Ronnenberg-Benthe über ⑦ : 10 km über die B 65 :

Benther Berg ⅀, Vogelsangstr. 18, ⊠ 30952, ℰ (05108) 6 40 60, info@hotel-benther-berg.de, Fax (05108) 640650, 🍴, ⇔, ⊠ – ⌘, ▤ Rest, ⊡ 🄻 – ⚒ 60. ㎹ ⓞ ⓜ 🅥🅢🅐
Menu à la carte 33/49 – **70 Zim** ⌧ 76/118 – 92/128.
♦ Das Idyll mit schönem Park ist in drei Teile gegliedert : behagliches Altes Haus (1894 als Herrenhaus erbaut), elegantes Neues Haus und komfortables Landhaus stehen zur Wahl. Elegante Gastronomie mit internationalem Repertoire.

In Isernhagen Nord : 14 km über Podbielskistraße B und Sutelstr. :

Engel garni, Burgwedeler Str. 151 (HB), ⊠ 30916, ℰ (0511) 97 25 60, info@hotel-engel-isernhagen.de, Fax (0511) 9725646 – ⋈ ⊡ 🄻 – ⚒ 20. ㎹ ⓞ ⓜ 🅥🅢🅐
28 Zim ⌧ 46/67 – 77/92.
♦ Eine empfehlenswerte Adresse ist das nette Hotel im Landhausstil mit wohnlich und geschmackvoll gestalteten Zimmern und einem hübschen Frühstücksraum mit guter Buffetauswahl.

Hopfenspeicher mit Zim, Dorfstr. 16 (KB), ⊠ 30916, ℰ (05139) 89 29 15, stroh dach@aol.com, Fax (05139) 892913, 🍴 – ⊡ ℰ 🄻 ⓜ
geschl. Jan. 2 Wochen, Juli 2 Wochen – **Menu** (geschl. Sonntag) (nur Abendessen) à la carte 34/52 – **11 Zim** ⌧ 65/100 – 130/180.
♦ Der denkmalgeschützte Hopfenspeicher tritt als romantisches Fachwerkhaus auf. Im rustikalen Interieur oder im herrlichen Garten schwelgt man in mediterran-klassischer Küche.

Leonardo da Vinci, Weizenkamp 4 (HB), ⊠ 30916, ℰ (0511) 77 57 64, Fax (0511) 7287938, 🍴 – ⓜ 🅥🅢🅐
geschl. Juli - Aug. 3 Wochen, Montag – **Menu** (italienische Küche) à la carte 23/42.
♦ Lassen Sie sich vom freundlichen Service des hübsch dekorierten Lokals mit einer unkomplizierten italienischen Küche bewirten. Tagesempfehlungen ergänzen die Standardkarte.

In Garbsen-Frielingen über ⑧ : 19 km und die B 6 :

Bullerdieck (mit Gästehaus), Bgm.-Wehrmann-Str. 21, ⊠ 30826, ℰ (05131) 45 80, info@bullerdieck.de, Fax (05131) 458222, Biergarten, Massage, ⇔ – ⌘, ⋈ Zim, ⊡ ℰ 🄻 – ⚒ 35. ㎹ ⓞ ⓜ 🅥🅢🅐
Menu à la carte 18/36 – **54 Zim** ⌧ 64/75 – 90/100.
♦ Seit 1869 befindet sich die großzügige Anlage in Familienbesitz. Die Zimmer sind individuell und behaglich eingerichtet. Umfangreiches Kosmetikangebot im Beauty-Bereich. Im rustikalen Restaurant kann man in ungezwungener Atmosphäre gemütlich zusammensitzen.

HANSTEDT Niedersachsen 415 416 G 14 – 5 100 Ew – Höhe 40 m – Erholungsort.

🅑 Verkehrsverein, Am Steinberg 2, Küsterhaus, ⊠ 21271, ℰ (04184) 1 94 33, info@hanstedt-nordheide.de, Fax (04184) 898630.
Berlin 321 – Hannover 118 – Hamburg 56 – Lüneburg 31.

Sellhorn, Winsener Str. 23, ⊠ 21271, ℰ (04184) 80 10, webmaster@hotel-sellhorn.de, Fax (04184) 801333, 🍴, Massage, ⇔, ⊠, ⚐ – ⌘, ⋈ Zim, ⊡ ⅋ ⚐ ⇔ 🄻 – ⚒ 45. ㎹ ⓞ ⓜ 🅥🅢🅐
Menu à la carte 22/37 – **56 Zim** ⌧ 74/91 – 93/121, 3 Suiten – ½ P 18.
♦ Komfort und einen Hauch von Luxus versprechen die Zimmer des Landgasthofs am Rand der Heide. Die unberührte Natur und der schöne Wellness-Bereich stehen für Erholung pur ! Hübsche Gaststuben mit geschmackvollem Dekor und offenem Kamin. Gartenterrasse !

HANSTEDT

In Hanstedt-Ollsen Süd : 4 km :

Zur Eiche (mit Gästehaus), Am Naturschutzpark 3, ✉ 21271, ✆ (04184) 8 83 00, r.hartig@zur-eiche-ollsen.de, Fax (04184) 8830140, 😊, 🚗 – ⚡ TV P – 🏇 15. AE ①
MC VISA
geschl. Anfang Jan. - Mitte März - **Menu** (geschl. Montag) à la carte 15/27 – **19 Zim** ⊆ 45/73 – 63/97 – ½ P 11.
♦ Der Heide-Landgasthof blickt auf eine 125-jährige Tradition. Zusätzlich zum Haupthaus hat man noch das Ernst-Hus, wo 12 gemütliche Appartements warten. Die ländlich-rustikale Gaststube ist um einen hübsch eingerichteten Wintergarten erweitert worden.

HAPPURG-KAINSBACH Bayern siehe Hersbruck.

HARDEGSEN Niedersachsen 417 418 L 13 – 9 000 Ew – Höhe 173 m – Luftkurort.
🛈 Touristinformation, Vor dem Tore 1, ✉ 37181, ✆ (05505) 5 03 17, Fax (05505) 50345.
Berlin 335 – Hannover 115 – Kassel 64 – Göttingen 21 – Braunschweig 102.

In Hardegsen-Goseplack Süd-West : 5 km :

Altes Forsthaus, an der B 241, ✉ 37181, ✆ (05505) 94 00, hotelaltesforsthaus@t-online.de, Fax (05505) 940444, 😊, 🚗 – 📶 TV & 🖐 P – 🏇 50. AE ① MC VISA
Menu à la carte 18,50/35,50 – **19 Zim** ⊆ 51/56 – 96/102, 3 Suiten.
♦ Das ehemalige Forsthaus macht seinem Namen alle Ehre, gibt es doch ein Wildschweingehege im Garten ! Aber auch die Gästezimmer im Landhaus-Stil können sich sehen lassen. Das Besondere am Restaurant sind die liebevollen Dekorationen.

HARDERT Rheinland-Pfalz siehe Rengsdorf.

HARDHEIM Baden-Württemberg 419 R 12 – 6 700 Ew – Höhe 271 m – Erholungsort.
⛳ Eichenbühl-Guggenberg, Ortsstr. 12 (Nord-West : 7 km), ✆ (06282) 4 06 62.
Berlin 545 – Stuttgart 116 – Würzburg 50 – Aschaffenburg 70 – Heilbronn 74.

In Hardheim-Schweinberg Ost : 4 km :

Landgasthof Ross, Königheimer Str. 23, ✉ 74736, ✆ (06283) 10 51, hartwig.scherzinger@t-online.de, Fax (06283) 50322 – 📶 TV P. MC VISA
geschl. über Fasching 1 Woche, Juli 3 Wochen - **Menu** (geschl. Sonntagabend - Montagmittag, Dienstagmittag) à la carte 15,50/35 – **25 Zim** ⊆ 34 – 58.
♦ Wenn Sie stilvolle Behaglichkeit lieben, sind Sie hier richtig ! Solide, bemalte Bauernmöbel verbreiten Atmosphäre, für Komfort ist in ausreichendem Maße gesorgt. Leger und dennoch sehr gemütlich wirkt das Restaurant.

HAREN (EMS) Niedersachsen 415 H 5 – 23 000 Ew – Höhe 40 m – Erholungsort.
⛳ Gut Düneburg, (Süd-West : 2 km), ✆ (05932) 7 27 40.
🛈 Touristinformation, Neuer Markt 1 (Rathaus), ✉ 49733, ✆ (05932) 7 13 13, Fax (05932) 71315.
Berlin 519 – Hannover 219 – Nordhorn 54 – Groningen 82 – Osnabrück 100

Hagen (mit Gästehäusern), Wesuweer Str. 40, ✉ 49733, ✆ (05932) 7 29 90, info@hotel-hagen.de, Fax (05932) 729939 – ⚡ Zim, TV ✆ P – 🏇 300. MC VISA
Menu (geschl. Dienstag) à la carte 13/25 – **27 Zim** ⊆ 35/45 – 60/70.
♦ Das Klinkerhotel bietet Ihnen praktisch ausgestattete Zimmer, teils mit Modemanschluß. Das Haus ist ein idealer Ausgangspunkt für Radfahrer und Golfer. Neuzeitliche Gaststube mit Nebenzimmer im Landhausstil.

HARPSTEDT Niedersachsen 415 H 9 – 4 500 Ew – Höhe 20 m – Erholungsort.
Berlin 390 – Hannover 103 – Bremen 30 – Osnabrück 95.

Zur Wasserburg (mit Gästehaus), Amtsfreiheit 4, ✉ 27243, ✆ (04244) 9 38 20, info@zurwasserburg.de, Fax (04244) 938277, 😊, 🚗 – ⚡ Zim, TV ✆ & 👕 P – 🏇 40.
AE ① MC VISA JCB
geschl. 2. - 16. Jan. - **Menu** à la carte 16/33 – **30 Zim** ⊆ 55/65 – 80/95 – ½ P 15.
♦ Der erweiterte Gasthof ist teilweise im Fachwerk-Stil erbaut und verfügt über eine hübsche Außenanlage an einem kleinen Flüßchen. Fragen Sie nach einem Zimmer zum Garten ! Aus den Töpfen kommt ein bunter Querschnitt durch die bürgerliche und regionale Küche.

HARRISLEE Schleswig-Holstein siehe Flensburg.

HARSEFELD
Niedersachsen 415 F 12 – 9 500 Ew – Höhe 30 m.
Berlin 346 – Hannover 176 – Hamburg 56 – Bremen 82.

Meyers Gasthof, Marktstr. 19, ⊠ 21698, ℰ (04164) 8 14 60, info@hotel-meyer.de, Fax (04164) 3022 – ✦ Zim, 📺 ♿ 🚗 🅿 – 🔔 25. 🆎 ⓘ 📞 VISA JCB
Menu (geschl. Juli 3 Wochen, Freitagmittag) à la carte 14/28 – **25 Zim** ⊇ 40/56 – 67/93.
♦ Hinter dem Haus liegt ein schöner Park, der zu Spaziergängen einlädt. Am Abend bietet das hauseigene Kino eine Gelegenheit zu Entspannung und Unterhaltung. Das Restaurant ist wie eine ländlichen Stube gestaltet. Spezialität : Wurst aus eigener Schlachtung !

HARSEWINKEL
Nordrhein-Westfalen 417 K 8 – 19 000 Ew – Höhe 65 m.
🏃 Marienfeld, Remse 27 (Süd-Ost : 4 km), ℰ (05247) 88 80.
Berlin 424 – Düsseldorf 158 – Bielefeld 30 – Münster (Westfalen) 46.

Poppenborg mit Zim, Brockhäger Str. 9, ⊠ 33428, ℰ (05247) 22 41, restaurant-poppenborg@t-online.de, Fax (05247) 1721, 🌳 – 📳 📺 ♿ 🚗 🅿 🆎 ⓘ 📞 VISA JCB. ✂ – **Menu** (geschl. Mittwoch) (bemerkenswerte Weinkarte) à la carte 35/51 – **18 Zim** ⊇ 50/65 – 85/95.
♦ Eine französisch modifizierte Küche kann man sich in dem eleganten Restaurant schmecken lassen. Geschliffene Spiegel und Art déco-Elemente bilden den Rahmen. Garten restaurant.

In Harsewinkel-Greffen West : 6 km :

Zur Brücke, Hauptstr. 38 (B 513), ⊠ 33428, ℰ (02588) 8 90, info@hotel-zur-bruecke.de, Fax (02588) 8989, 🌳, ⬜, 🔲 – 📳 📺 ♿ 🅿 – 🔔 35. 🆎 ⓘ 📞 VISA.
✂ Rest – **Menu** (geschl. 24. Dez. – 31. Dez., Sonntagabend) à la carte 18/37 – **45 Zim** ⊇ 50/80 – 80/120.
♦ Westfälische Gastlichkeit wird hier ganz groß geschrieben ! Sie wohnen in funktionellen Zimmern, die größtenteils in Eiche eingerichtet sind. Besonders geräumig : die Eckzimmer ! Bürgerlich essen Können Sie in der ländlich-rustikalen Gaststube.

In Harsewinkel-Marienfeld Süd-Ost : 4 km :

Klosterpforte (mit Gästehaus), Klosterhof 2, ⊠ 33428, ℰ (05247) 70 80, post@klosterpforte.de, Fax (05247) 80484, 🌳, Massage, 🏊, ⬜, 🔲 – 📳 📺 ♿ 🅿 – 🔔 120. 🆎 📞 VISA
geschl. Jan. 1 Woche – **Menu** (wochentags nur Abendessen) à la carte 20,50/36 – **112 Zim** ⊇ 73/147 – 98/169.
♦ Diese nicht alltägliche Adresse liegt vor den Toren des Klosters Marienfeld. Unter der Turmkuppel finden Sie das Highlight : die opulente Turmsuite mit ihren Deckenmalereien. Im gemütlichen, im rustikalen Stil eingerichteten Restaurant bewirtet man Sie gerne.

HARTENSTEIN
Sachsen 418 O 22 – 2 800 Ew – Höhe 405 m.
Berlin 304 – Dresden 109 – Chemnitz 32 – Gera 66 – Leipzig 94.

Schloß Wolfsbrunn, Stein 8, ⊠ 08118, ℰ (037605) 7 60, Fax (037605) 76299, ⬜, 🌳, ✂ – 📳, ✦ Zim, 📺 ♿ 🅿 – 🔔 30. 🆎 ⓘ 📞 VISA. ✂ Rest
Menu (geschl. Sonntagabend – Montag) (wochentags nur Abendessen) à la carte 37/55 – **Georg Wolf** : **Menu** à la carte 16/29 – **24 Zim** ⊇ 85/110 – 135/160, 3 Suiten.
♦ Seit 1997 dient das restaurierte Schloß im Jugendstil als Hotel. Nun präsentiert es sich mit edlen Zimmern und Suiten, teilweise mit Originalmobiliar. Schöner Park ! Elegantes Ambiente umgibt Sie im Restaurant. Im ehemaligen Schloßkeller geht es rustikaler zu.

Romantik Hotel Jagdhaus Waldidyll ⌂, Talstr. 1, ⊠ 08118, ℰ (037605) 8 40, waldidyll@romantikhotels.com, Fax (037605) 84444, 🌳, 🏊, ⬜, 🌲 – 📳, ✦ Zim, 📺 ♿ 🚗 🅿 – 🔔 50. 🆎 ⓘ 📞 VISA. ✂ Rest
Menu (abends Tischbestellung ratsam) à la carte 18/33 – **28 Zim** ⊇ 62/85 – 95/123.
♦ Hier kann man sich wirklich geborgen fühlen ! Von außen im Stil des Erzgebirges gehalten, spürt man innen die Liebe zum Detail, mit der das Haus harmonisch eingerichtet wurde. Im Restaurant verbreiten Parkettboden und Holzvertäfelung wohlige Stimmung.

HARTH-PÖLLNITZ
Thüringen – 3 000 Ew – Höhe 320 m.
Berlin 254 – Erfurt 84 – Gera 18 – Greiz 28.

In Harth-Pöllnitz - Großebersdorf :

Adler, Hauptstr. 22 (B 2), ⊠ 07589, ℰ (036607) 50 00, adler_landidyll_hotel@t-on line.de, Fax (036607) 50100, 🌳, ⬜ – ✦ Zim, 📺 ♿ 🅿 – 🔔 60. 🆎 ⓘ 📞 VISA
Menu à la carte 20/33 – **42 Zim** ⊇ 60/70 – 85/90.
♦ Wohnen nach Ihrem Geschmack : ob mit Stilmobiliar, rustikal in Eiche oder mit Naturholz bestückt. Nette Accessoires betonen die liebenswerte Einrichtung Ihres Quartiers. Eine gemütliche Atmosphäre umgibt Sie beim Speisen.

HARTHA KREIS DOEBELN Sachsen 418 M 22 – 8 600 Ew – Höhe 200 m.
Berlin 241 – Dresden 67 – Leipzig 67 – Gera 91.

Flemmingener Hof, Leipziger Str. 1, ⊠ 04746, ℰ (034328) 5 30, fischer_ralf@t-online.de, Fax (034328) 53444, Biergarten, ⇔ – ⌷, ⇔ Zim, ⊡ ℙ – 🛋 25. 🆎 ⓜ 🆅
⇔ Rest
Menu (geschl. Samstagmittag, Sonntagabend) à la carte 15/34 – **40 Zim** ⇌ 49/60 – 58/80.
♦ Der Gasthof Flemmingen diente früher den Handelsreisenden als Unterkunft und den Fuhrleuten als Ausspanne. Heute finden Sie ein weiches Bett und zeitgemäßen Komfort. Das Restaurant ist in kleine Nischen unterteilt, in denen man gemütlich sitzen kann.

HARTHA (KURORT) Sachsen siehe Freital.

HARTMANNSDORF Sachsen siehe Chemnitz.

HARZBURG, BAD Niedersachsen 418 K 15 – 25 000 Ew – Höhe 300 m – Heilbad – Heilklimatischer Kurort – Wintersport : 480/800 m ⇡ 1 ⇣ 3 ⇠ (Torfhaus).
🛇 Bad Harzburg, Am Breitenberg 107, ℰ (05322) 67 37.
🛈 Kur-, Tourismus- und Wirtschaftsbetriebe, Herzog-Wilhelm-Str. 86, ⊠ 38667, ℰ (05322) 7 53 30, info@bad-harzburg.de, Fax (05322) 75329.
Berlin 253 – Hannover 96 – Braunschweig 46 – Göttingen 90 – Goslar 10.

Braunschweiger Hof, Herzog-Wilhelm-Str. 54, ⊠ 38667, ℰ (05322) 78 80, ringhotel-braunschweiger-hof@t-online.de, Fax (05322) 788499, 🞯, 🏊, ⇔, 🞐, 🞰 – ⌷ ⇔ ⊡ ⇔ ℙ – 🛋 100. 🆎 ⓘ ⓜ 🆅
Menu à la carte 25,50/44,50 – **88 Zim** ⇌ 82/102 – 128/148, 4 Suiten – ½ P 21.
♦ Über viele Jahrzehnte gewachsene Harzer Gastlichkeit umfängt Sie in diesem schmucken Hotel. Traditionelle Details gepaart mit modernster Technik prägen den Charme des Hauses. Stilvolle, elegant-rustikale Speiseräume !

Michels Kurhotel Vier Jahreszeiten Ⓜ ⇔, Herzog-Julius-Str. 64 b, ⊠ 38667, ℰ (05322) 78 70, kurhotelvierjahreszeiten@michelshotels.de, Fax (05322) 787200, 🞯, (Spielcasino im Hause), Massage, ⇤, ⇔, 🞐 – ⇔ Zim, 🞘 Rest, ⊡ ⇔ ℙ – 🛋 30. ⓜ 🆅
Menu à la carte 21,50/35,50 – **74 Zim** ⇌ 75/128 – 101/159, 6 Suiten.
♦ Dem ehemaligen Badehaus wurde durch eine komplette Renovierung neues Leben eingehaucht. Historische Architektur und modernes Innenleben ergänzen sich auf reizvolle Weise. Das Restaurant ist im Stil eines eleganten Cafés gestaltet.

Germania ⇔ garni, Berliner Platz 2, ⊠ 38667, ℰ (05322) 95 00, info@hotelgermania.de, Fax (05322) 950195, ⇔ – ⌷ ⇔ ⊡ ⇔ ℙ 🆎 ⓘ ⓜ 🆅
35 Zim ⇌ 70/85 – 100/135.
♦ Wohnlich-stilvoll präsentiert sich die Innenausstattung dieser Herberge. Gästen mit künstlerischer Ader stehen das Klavierzimmer und die Bibliothek zur Verfügung.

Seela, Nordhäuser Str. 5 (B 4), ⊠ 38667, ℰ (05322) 79 60, info@hotel-seela.de, Fax (05322) 796199, 🞯, Massage, ⇤, 🏊, ⇔, 🞐 – ⌷, ⇔ Zim, ⊡ ⇔ ℙ – 🛋 100. 🆎 ⓘ ⓜ 🆅 ⇔ Rest
Menu à la carte 22/41 (auch Diät u. vegetar. Gerichte) – **120 Zim** ⇌ 61/75 – 122/142, 7 Suiten – ½ P 15.
♦ Diverse Vorzüge bietet das Sport- und Kurhotel : stilvolle Gemütlichkeit am Kamin, gute Sportmöglichkeiten und eine moderne Bäderabteilung mit eigenem Thermal-Sole-Anschluß. In den zwei Restaurants wählen Sie zwischen internationaler, Harzer und Diät-Küche.

Tannenhof (mit Gästehaus Winterberg), Nordhäuser Str. 6, ⊠ 38667, ℰ (05322) 9 68 80, hotel.cafe.tannenhof@t-online.de, Fax (05322) 968899, 🞯 – ⌷ ⊡ ℙ – 🛋 30. 🆎 ⓘ ⓜ 🆅 JCB
Menu à la carte 21/33 – **37 Zim** ⇌ 39/60 – 67/95 – ½ P 13.
♦ Das kleine, zum Teil mit Fachwerk gebaute Hotel hat Pensionscharakter und bietet seinen Urlaubsgästen freundliche, geräumige Zimmer, teilweise auch mit Balkon. Bürgerlich eingerichtetes Restaurant, welches auch als Tagescafé genutzt wird.

Victoria garni, Herzog-Wilhelm-Str. 74, ⊠ 38667, ℰ (05322) 7 80 50, h.victoria@t-online.de, Fax (05322) 7805500, ⇔ – ⌷ ⇔ ⊡ ℙ – 🛋 20. ⓘ ⓜ 🆅
38 Zim ⇌ 45/75 – 75/105.
♦ Direkt an der Fußgängerzone befindet sich das Stadthotel mit seinem auffälligen Türmchen. Von hier aus kann man wunderbar bummeln und das Kurgeschehen miterleben.

Marxmeier ⇔ garni, Am Stadtpark 41, ⊠ 38667, ℰ (05322) 91 10 90, hotel-marxmeier@harzregio.de, Fax (05322) 9110956, ⇔, 🞐 – ⊡ ⇔ ℙ
geschl. Anfang Nov. - Mitte Dez. – **22 Zim** ⇌ 39/45 – 68/77.
♦ Im Herzen des Kurzentrums finden Sie diese weiß-grau gestrichene Villa. Persönliche, wohltuende Atmosphäre erlebt man in den Zimmern, die Sitzgruppen und teils Balkone haben.

HARZGERODE Sachsen-Anhalt ⁴¹⁸ L 17 – 5 000 Ew – Höhe 400 m.
  🛈 Stadtinformation, Markt 7, ✉ 06493, ℘ (039484) 3 24 21, Fax (039484) 32421.
  Berlin 230 – Magdeburg 79 – Erfurt 105 – Nordhausen 44 – Quedlinburg 22 – Halle 68

In Alexisbad Nord-West : 4 km :

🏨 **Habichtstein**, Kreisstr. 4 (B 185), ✉ 06493, ℘ (039484) 7 80, hotel-habichtstein@t
-online.de, Fax (039484) 78380, 😀, 🚻 – 📶 📺 **P** – 🎿 80. ⬛ ⓘ 🆗 VISA JCB. ✱ Rest
Menu à la carte 17,50/32 – **69 Zim** ⇌ 54/58 – 62/79 – ½ P 11.
  ◆ Der imposante Fachwerkbau befindet sich zwischen dem Waldrand und dem historischen
  Selketalbahnhof. Stammgäste schätzen die sympathischen Zimmer mit ihren komfortablen
  Bädern. Wenn der Hunger sich meldet sind Sie in dem rustikalen Restaurant gut aufge-
  hoben !

HASELAU Schleswig-Holstein ⁴¹⁵ ⁴¹⁶ F 12 – 950 Ew – Höhe 2 m.
  Berlin 315 – Kiel 96 – Hamburg 39 – Itzehoe 47.

🏨 **Haselauer Landhaus** ⌘, Dorfstr. 10, ✉ 25489, ℘ (04122) 9 87 10, haselauerland
haus@t-online.de, Fax (04122) 987197 – 📺 **P**. 🆗 VISA
Menu (geschl. Mittwoch) à la carte 18/29,50 – **8 Zim** ⇌ 40 – 60/66.
  ◆ Wenn Sie eine dörfliche Idylle suchen, wird es Ihnen hier bestimmt gefallen. Das Haupthaus
  ist ein reetgedeckter Klinkerbau, das Gästehaus liegt an einem kleinen Bachlauf. In der
  ländlichen Gaststube hält man regionaltypische Gerichte für Sie bereit.

HASELÜNNE Niedersachsen ⁴¹⁵ H 6 – 12 500 Ew – Höhe 25 m.
  🛈 Touristinformation, Krummer Dreh 18, ✉ 49740, ℘ (05961) 50 93 20, tourist
info@haseluenne.de, Fax (05961) 509500.
  Berlin 490 – Hannover 224 – Nordhorn 47 – Bremen 113 – Enschede 69 – Osnabrück 68

🏨 **Burghotel** garni, Steinstr. 7, ✉ 49740, ℘ (05961) 9 43 30, reservierung@burg
hotel-haseluenne.de, Fax (05961) 943340, 🚻 – 📶 📺 ✆ 🚗 **P** – 🎿 30. 🆗 VISA
31 Zim ⇌ 56/74 – 82/112.
  ◆ Ein alter Burgmannshof und ein Stadtpalais a. d. 18. Jh. stehen Ihnen zum stilvollen
  Logieren zur Verfügung. Hinter den alten Mauern verbinden sich Romantik und Komfort.

🏨 **Parkhotel am See** ⌘, Am See 2 (im Erholungsgebiet), ✉ 49740, ℘ (05961) 9 42 50,
parkhotel-am-see@gmx.de, Fax (05961) 942525, <, 😀, ⚹ Zim, 📺 **P**
Menu à la carte 20/32 – **11 Zim** ⇌ 45/50 – 75.
  ◆ Das neuzeitliche Hotel in schöner Lage am See beherbergt wohnliche Gästezimmer, wahl-
  weise mit Park- oder Seeblick. Sportliche trimmen sich auf einem der hauseigenen Tret-
  boote. Auf einer Galerie kann man im Restaurant sein Essen mit Blick auf den See genießen.

✕✕ **Jagdhaus Wiedehage**, Steinstr. 9, ✉ 49740, ℘ (05961) 79 22, Fax (05961) 4141,
😀 – **P**. 🆗 VISA
geschl. Dienstag – **Menu** à la carte 18/31,50.
  ◆ Bei regionalen und überregionalen Speisen lernt man in diesem ehrwürdigen Jagdhaus
  die emsländische Gastfreundschaft von ihrer kulinarischen Seite kennen.

In Herzlake-Aselage Ost : 13 km in Richtung Cloppenburg (B 213) :

🏨 **Romantik Hotel Aselager Mühle** ⌘, Zur alten Mühle 12, ✉ 49770, ℘ (05962)
9 34 80, info@aselager-muehle.de, Fax (05962) 9348160, 😀, Massage, 🚻, 🏊, 🎾,
✱ (Halle) – 📶 📺 **P** – 🎿 120. ⬛ ⓘ 🆗 VISA
Menu à la carte 27/39 – **60 Zim** ⇌ 85/110 – 130/180 – ½ P 27.
  ◆ Eine großzügige Hotelanlage, die aus mehreren Gebäudeteilen besteht. Das Herzstück
  bildet die alte Windmühle. Gediegenheit und Komfort begleiten Sie bis in den letzten Winkel.
  Das Mühlenrestaurant empfängt seine Gäste mit dezent luxuriösem Flair.

HASLACH IM KINZIGTAL Baden-Württemberg ⁴¹⁹ V 8 – 6 600 Ew – Höhe 222 m – Erho-
lungsort.
  Sehenswert : Schwarzwälder Trachtenmuseum★.
  🛈 Tourist-Information, Im Alten Kapuziner Kloster, Klosterstr. 1, ✉ 77716, ℘ (07832)
70 61 70, Fax (07832) 706179.
  Berlin 774 – Stuttgart 174 – Freiburg im Breisgau 54 – Freudenstadt 50 – Offenburg 28.

✕ **Zum Ochsen** mit Zim, Mühlenstr. 39, ✉ 77716, ℘ (07832) 99 58 90,
Fax (07832) 995899, 😀, 🎾 – 📺 **P**. ✱ Zim
Menu (geschl. Mitte - Ende März, Mitte - Ende Sept., Montag, Donnerstagabend) à la carte
16,50/32 – **7 Zim** ⇌ 34/39 – 67/72.
  ◆ Das Speiseangebot in diesem Schwarzwald-Gasthof ist der Region und der Saison ange-
  paßt. Sie sitzen gemütlich in einer ländlich gestalteten Stube mit einladenden Nischen.

HASLACH IM KINZIGTAL

In Haslach-Schnellingen Nord : 2 km :

🏠 **Zur Blume,** Schnellinger Str. 56, ✉ 77716, ✆ (07832) 9 12 50, info@zur-blume.de,
Fax (07832) 912599, 佘, 氐 – ⇥ Zim, 📺 🅿 🆎 🆂 🆅
geschl. Nov. – **Menu** à la carte 12/31 – **25 Zim** ⊇ 34/57 – 57/103 – ½ P 12.
 ◆ Mit einem netten Äußeren begrüßt Sie das in freundlichem Gelb gestrichene Gasthaus.
Innen findet man sehr wohnliche Zimmer, die teilweise über Balkon und Safe verfügen. Ein
Kachelofen sorgt in der Gaststube für Stimmung. Bei Sonnenschein lockt der Biergarten.

HASSELFELDE Sachsen-Anhalt 418 K 16 – 3 300 Ew – Höhe 470 m.
🛈 Touristinformation, Lindenstr. 3a, ✉ 38899, ✆ (039459) 7 13 69, hasselfelde.harz@t-
online.de, Fax (039459) 76055.
Berlin 238 – Magdeburg 87 – Erfurt 100 – Nordhausen 26 – Halberstadt 33.

🏠 **Hagenmühle** ⌕, Hagenstr. 6, ✉ 38899, ✆ (039459) 7 00 50, info@hotel-hagen
muehle.de, Fax (039459) 71336, Biergarten, 佘, 🛶 – 📺 🅿 – 🔔 45
Menu à la carte 19/32 – **17 Zim** ⊇ 58/80 – 63/70.
 ◆ Die ehemalige Wassermühle hat sich zu einem attraktiven Feriendomizil entwickelt. Tolles
Freizeitangebot und familiärer Service sprechen für sich. Die traditionelle Harzküche hat
den Ehrgeiz, mit Schmankerln jedem Gast eine Gaumenfreude zu bereiten.

HASSFURT Bayern 420 P 15 – 13 800 Ew – Höhe 225 m.
🛈 Verkehrsamt, Hauptstr. 5, ✉ 97437, ✆ (09521) 68 82 27, Fax (09521) 688280.
Berlin 436 – München 276 – Coburg 52 – Schweinfurt 20 – Bamberg 34.

🏩 **Meister Bär Hotel** Ⓜ, Pfarrgasse 2, ✉ 97437, ✆ (09521) 92 80, has@mb-hotel.de,
Fax (09521) 928888, 佘 – 🛗, ⇥ Zim, 📺 ✆ 氐 ⇌ – 🔔 30. 🆎 🅾 🆊 🆂 🆅 🆓
Menu à la carte 12/32 – **36 Zim** ⊇ 59/69 – 79/99.
 ◆ In dem von Grund auf restaurierten Gebäude war früher einmal eine Schule unterge-
bracht. Heute erwarten den Gast in traditionellem Ambiente verpackte, modernste Stan-
dards. Gemäß seinem "Vorleben" ist das Restaurant wie ein Klassenzimmer gestaltet.

🏠 **Walfisch,** Obere Vorstadt 8, ✉ 97437, ✆ (09521) 9 22 70, hotelwalfisch@aol.com,
Fax (09521) 922750 – 📺 ⇌. 🆊 🆂 🆅
geschl. 21. Dez. - 6. Jan. – **Menu** (geschl. Freitagmittag) à la carte 11/20 – **18 Zim** ⊇ 26/38
– 46/51.
 ◆ Die Geschichte dieses Hauses reicht bis weit ins Mittelalter zurück. Wo damals die Fischer-
zunft einkehrte, ermöglichen heute solide Zimmer einen erholsamen Aufenthalt. Kulina-
risch haben Sie die Wahl zwischen Restaurant, Walfischstüble und Walfischkeller.

HASSLOCH Rheinland-Pfalz 417 419 R 8 – 20 000 Ew – Höhe 115 m.
Berlin 642 – Mainz 89 – Mannheim 27 – Neustadt an der Weinstraße 9,5 – Speyer 16.

🏩 **Sägmühle** ⌕, Sägmühlweg 140, ✉ 67454, ✆ (06324) 9 29 10, hotel@saegmuehle.
pfalz.com, Fax (06324) 929160, 佘, 🛶 – 🛗 📺 ✆ 🅿 🆎 🆊 🆂 🆅
Menu (geschl. Montagmittag, Dienstagmittag) à la carte 27/43 – **27 Zim** ⊇ 49/70 –
75/105.
 ◆ Idyllisch liegt das ehemalige Mühlengebäude eingerahmt von Wiesen und Wäldern. Der
durch das Mühlengelände ziehende Wasserlauf gibt dem Anwesen einen besonderen Reiz.
Der rustikal-elegante Gastraum lebt von den im Original erhaltenen Gabäudebauteilen.

🍴 **Gasthaus am Rennplatz,** Rennbahnstr. 149, ✉ 67454, ✆ (06324) 9 24 70,
Fax (06324) 924713, 佘 – 📺 ⇌ 🅿 ⇥ Zim
geschl. Okt. - Nov. 4 Wochen – **Menu** (geschl. Samstagabend, Montag) à la carte 13/25 –
11 Zim ⊇ 37/42 – 67.
 ◆ Am Rande des Städtchens ist dieses alteingesessene Gasthaus zu finden. Fragen Sie nach
einem der drei kürzlich renovierten Zimmer, die modern und praktisch sind. Wenn Sie länd-
liche Schlichtheit lieben, werden Sie sich in der Gaststube wohlfühlen!

HASSMERSHEIM Baden-Württemberg 417 419 S 11 – 4 500 Ew – Höhe 152 m.
Ausflugsziel : Burg Guttenberg★ : Greifvogelschutzstation Süd : 5 km.
Berlin 609 – Stuttgart 78 – Mannheim 84 – Heilbronn 27 – Mosbach 13.

Auf Burg Guttenberg Süd : 5 km – Höhe 279 m

🍴 **Burgschenke,** Burgstr. 1, ✉ 74855 Hassmersheim, ✆ (06266) 2 28, burgschenke@
burg-guttenberg.de, Fax (06266) 1697, ↞ Gundelsheim und Neckartal, 佘 – 🅿 🅾 🆊 🆂 🆅
geschl. Jan. - Feb., Montag – **Menu** à la carte 18/30.
 ◆ Wikinger- Räuber- und Rittermahle erlebt man hier stilecht in mittelalterlichen Räumen.
Wem solche Gelage zu derb sind, findet Speisen und Getränke aus der Umgebung.

HATTERSHEIM Hessen 𝟰𝟭𝟳 P 9 – 24 100 Ew – Höhe 100 m.
Berlin 548 – Wiesbaden 20 – Frankfurt am Main 21 – Mainz 20.

🏨 **Am Schwimmbad,** Staufenstr. 35, ✉ 65795, ✆ (06190) 9 90 50, info@hotel-am-schwimmbad.de, Fax (06190) 9905155 – ≒ Zim, 📺 🅿. ⓘ 🆗 𝗩𝗜𝗦𝗔. ✖
geschl. 23. Dez. - 2. Jan. – **Menu** *(geschl. Freitag - Sonntag) (nur Abendessen)* (Restaurant nur für Hausgäste) – **24 Zim** ⌸ 67/75 – 97.
* In den wohnlich gestalteten Zimmern kann man sich wirklich zu Hause fühlen. Zusätzlich steht für jedes Zimmer ein hoteleigener Parkplatz für die Autos der Gäste zur Verfügung.

In Hattersheim-Eddersheim *Süd : 6 km :*

🏨 **Steinbrech** garni, Bahnhofstr. 44, ✉ 65795, ✆ (06145) 9 34 10, Fax (06145) 934199
– 📶 ≒ 📺 ⇔ 🅿. 🆎 🆗 𝗩𝗜𝗦𝗔. ✖
18 Zim ⌸ 60 – 80.
* Das Besondere an diesem Hotel ist die Tatsache, daß Sie hier trotz der Nähe zu allen Rhein-Main-Metropolen noch persönliche und familiäre Betreuung erfahren können.

HATTGENSTEIN Rheinland-Pfalz 𝟰𝟭𝟳 Q 5 – 300 Ew – Höhe 550 m – Wintersport (am Erbeskopf) : 680/800 m ⚡4 ⚡.
Berlin 680 – Mainz 114 – Trier 53 – Birkenfeld 8 – Morbach 15.

An der B 269 *Nord-West : 4 km :*

🏨 **Gethmann,** ✉ 55743 Hüttgeswasen, ✆ (06782) 98 60, info@hotel-gethmann.de, Fax (06782) 880, 🍴, ≘s, 🔲, 🐎 – 📶 📺 ⇔ 🅿. 🆎 ⓘ 🆗 𝗩𝗜𝗦𝗔
Menu à la carte 18/30 – **26 Zim** ⌸ 59/65 – 80/85.
* In den Höhenlagen des Hunsrücks gelegenes Hotel, das aus dem Oldenburg-Preußischen Zollhaus entstanden ist. Behagliche Zimmer, teils mit Balkon laden zum Entspannen ein. Sie speisen im Wintergarten, in der Jägerstube oder in der Schinderhannesstube.

HATTINGEN Nordrhein-Westfalen 𝟰𝟭𝟳 L 5 – 63 000 Ew – Höhe 80 m.
🛈 *Verkehrsverein, Langenberger Str. 2, ✉ 45525, ✆ (02324) 95 13 95, verkehrsverein.hattingen@kdt.de, Fax (02324) 951394.*
Berlin 524 – Düsseldorf 50 – Bochum 10 – Wuppertal 24.

🏨 **Avantgarde Hotel** ⚜ garni, Welperstr. 49, ✉ 45525, ✆ (02324) 5 09 70, avantgarde-hotel@t-online.de, Fax (02324) 23827, ≘s – 📶, ≒ Zim, 📺 🅿 – 🅰 40. 🆎 ⓘ 🆗 𝗩𝗜𝗦𝗔
geschl. 21. Dez.- 4. Jan. – **48 Zim** ⌸ 59/89 – 69/110.
* Sachliche, mit Mahagonihölzern eingerichtete Gästezimmer und das liebevoll angerichtete Frühstück, das Sie schon ab 6 Uhr einnehmen können, erleichtern das Leben auf Reisen.

🍴🍴 **Diergardts Kühler Grund,** Am Büchsenschütz 15, ✉ 45527, ✆ (02324) 9 60 30, kuehlergrund@diergardt.com, Fax (02324) 960333, Biergarten – 🅿. ⓘ 🆗 𝗩𝗜𝗦𝗔
geschl. Ende Juli - Mitte Aug., Donnerstag – **Menu** *(abends Tischbestellung ratsam)* à la carte 25/38.
* Größtenteils mit eleganter Zirbelholztäfelung ist hier das Interieur versehen. In den verschiedenen Gasträumen genießen Sie in netter Atmosphäre eine internationale Küche.

In Hattingen-Bredenscheid *Süd : 5,5 km :*

🏨🏨 **Zum Hackstück** ⚜, Hackstückstr. 123 (Ost : 3 km), ✉ 45527, ✆ (02324) 9 06 60, info@hackstueck.de, Fax (02324) 906655, 🍴 – 📺 🍷 ⇔ 🅿 – 🅰 30. 🆎 🆗 𝗩𝗜𝗦𝗔 𝗝𝗖𝗕
geschl. Mitte - Ende Juli – **Menu** *(geschl. Dienstag)* à la carte 22/38 – **23 Zim** ⌸ 72/90 – 103/131.
* Wohltuende Ruhe und freundlicher Service zeichnen dieses Refugium aus. Inmitten der umgebenden Parkanlage können Sie es sich in hübschen Zimmern so richtig gut gehen lassen ! Eine Gartenterrasse ergänzt das gemütliche Restaurant mit Stubencharakter.

In Hattingen-Holthausen *Ost : 2 km :*

🏨 **An de Krüpe** ⚜, Dorfstr. 27, ✉ 45527, ✆ (02324) 9 33 50, Fax (02324) 933555, 🍴
– 📺 ⇔ 🅿. ⓘ 🆗 𝗩𝗜𝗦𝗔
Menu *(geschl. Mittwoch) (Montag - Freitag nur Abendessen)* à la carte 19/30 – **20 Zim** ⌸ 53 – 80.
* Der Zweckbau liegt in einem ruhigen Ortsteil. Dennoch brauchen Sie auf verkehrsgünstige Anbindung nicht zu verzichten. Solide eingerichtete Übernachtungszimmer. Bürgerlich-rustikal wirkt das Restaurant mit seinem ländlich-regionalen Speisenangebot.

HATTSTEDTERMARSCH *Schleswig-Holstein siehe Husum.*

HAUENSTEIN Rheinland-Pfalz 417 419 S 7 – 4 160 Ew – Höhe 249 m – Luftkurort.

Sehenswert : Museum für Schuhproduktion und Industriegeschichte★.
Ausflugsziel : Teufelstisch★★, West : 7 km.
🛈 Fremdenverkehrsbüro, Schulstr. 4, ⊠ 76846, ℰ (06392) 91 51 10, Fax (06392) 915160.
Berlin 686 – Mainz 124 – Karlsruhe 66 – Pirmasens 24 – Landau in der Pfalz 26.

Felsentor, Bahnhofstr. 88, ⊠ 76846, ℰ (06392) 40 50, willkommen@felsentor.de, Fax (06392) 405145, 😊 – 🖾, – 📺 ✆ 🅿 – 🛆 45. ᴬᴱ 🞊 𝕍𝕀𝕊𝔸 ᴶᶜᴮ. ❧ Rest
Menu (geschl. Anfang Jan. 2 Wochen, Montag) à la carte 17,50/37 – **27 Zim** ⊇ 60/65 – 101/116 – ½ P 21.
• Das nahe Naturdenkmal hat dem Haus seinen Namen gegeben. Die Zimmer sind gepflegt und zeitgemäß ausgestattet. Hübsch : die Zimmer mit Dachgauben sowie die neu renovierten. Hier kocht der Chef selbst. Zum Essen serviert man Pfälzer Wein.

Zum Ochsen, Marktplatz 15, ⊠ 76846, ℰ (06392) 5 71, landgasthof-zum-ochsen@t-online.de, Fax (06392) 7235, 😊 – 📺 🅿 – 🛆 50. 🞊 𝕍𝕀𝕊𝔸
Menu à la carte 12/28 – **17 Zim** ⊇ 42/51 – 66/84 – ½ P 14.
• Der Hotelneubau mit dem aparten Eckturm hält ruhig gelegene Zimmer, die im Zuschnitt variieren, für Sie bereit. Fragen Sie nach den Anbauzimmern, sie sind geräumiger ! Mit blau-weiß gestreiften Stoffbezügen ist das Restaurant behaglich dekoriert.

In Schwanheim Süd-Ost : 4 km :

Zum alten Nußbaum mit Zim, Wasgaustr. 17, ⊠ 76848, ℰ (06392) 99 31 46, service@zumaltennussbaum.de, Fax (06392) 993147, 😊 – 📺 🅿. 🞊 𝕍𝕀𝕊𝔸
geschl. Nov. 1 Woche – **Menu** (geschl. Dienstag, Jan. - Feb. Montag - Donnerstag) à la carte 17,50/32 – **4 Zim** ⊇ 32 – 43/52.
• Aus Produkten der Saison kreiert der Küchenchef Pfälzer Spezialitäten, die Sie im urgemütlichen Restaurant oder im Sommer unter dem "Namengeber" einnehmen können.

HAUSACH Baden-Württemberg 419 V 8 – 5 700 Ew – Höhe 239 m.

🛈 Verkehrsamt, Rathaus, Hauptstr. 40, ⊠ 77756, ℰ (07831) 79 75, Fax (07831) 7956.
Berlin 755 – Stuttgart 132 – Freiburg im Breisgau 62 – Freudenstadt 40 – Karlsruhe 110 – Strasbourg 62.

Zur Blume, Eisenbahnstr. 26, ⊠ 77756, ℰ (07831) 2 86, pastor@hotelblume.de, Fax (07831) 8933, 😊 – 📺 🕭 🅿. ᴬᴱ 🞊 𝕍𝕀𝕊𝔸
geschl. 3. - 20. Jan. – **Menu** à la carte 13/28 – **16 Zim** ⊇ 38/39 – 44/58 – ½ P 13.
• Mit unterschiedlichen, zum Teil bemalten Naturholzmöbeln hat die Wirtsfamilie es verstanden, das Gasthaus in ein heimeliges Zuhause auf Zeit zu verwandeln. Nehmen Sie Platz am knisternden Kamin des rustikalen Restaurants.

In Hausach-Hechtsberg : West : 1 km, Richtung Haslach :

Landhaus Hechtsberg mit Zim, Hechtsberg 1, ⊠ 77756, ℰ (07831) 9 66 60, info@landhaus-hechtsberg.de, Fax (07831) 9666200, 😊 – ⇐ Zim, 📺 ✆ 🅿. 🞊 𝕍𝕀𝕊𝔸
geschl. über Fastnacht 1 Woche, Aug. 3 Wochen, Montag – **Menu** 14 à la carte 22/36 – **8 Zim** ⊇ 54 – 89.
• Hier hat man ein altes Gasthaus zu einem hübschen, ländlichen Restaurant mit wohnlichen Zimmern gemacht. Nett sitzt man auch auf der Gartenterrasse unter alten Bäumen.

HAUSEN OB VERENA Baden-Württemberg siehe Spaichingen.

HAUZENBERG Bayern 420 U 24 – 12 500 Ew – Höhe 545 m – Erholungsort – Wintersport : 700/830 m ⊰2 ⊲.

🛈 Tourismusbüro, Schulstr. 2 (Rathaus), ⊠ 94051, ℰ (08586) 30 31, Fax (08586) 3058.
Berlin 625 – München 195 – Passau 18.

Landgasthaus Gidibauer-Hof, Grub 7 (Süd 0,5 km), ⊠ 94051, ℰ (08586) 9 64 40, landgasthof@gidibauer.de, Fax (08586) 964444, 😊 – 📺 & 🅿 – 🛆 20. 🞊 𝕍𝕀𝕊𝔸 ᴶᶜᴮ
geschl. Mitte Feb. - Mitte März – **Menu** (geschl. Montag) à la carte 13/29 – **8 Zim** ⊇ 30/35 – 58/62.
• Helle Naturholzmöbel tragen viel zum ländlich-gemütlichen Charme dieses etwas außerhalb gelegenen ehemaligen Bauernhofes a. d. J. 1816 bei. Im behaglichen Ambiente des Restaurants spürt man unverfälschte Gastfreundschaft !

In Hauzenberg-Penzenstadl Nord-Ost : 4 km :

Landhotel Rosenberger ⊱, Penzenstadl 31, ⊠ 94051, ℰ (08586) 97 00, rosenberger@landhotel-rosenberger.de, Fax (08586) 5563, ≤, 😊, Massage, ≦s, ⊠, ⊀ – 📺 🅿. ᴬᴱ 🞊 𝕍𝕀𝕊𝔸
geschl. 11. Nov. - 24. Dez. – **Menu** à la carte 12,50/19,50 – **48 Zim** ⊇ 33/42 – 66/84.
• Das Dreiländereck Deutschland-Österreich-Tschechien ist die Heimat dieser im Alpenstil erbauten Hotelanlage. Sommers wie winters erwartet Sie hier ein tolles Freizeitangebot. Von den Wänden der urig bayerisch eingerichteten Gaststube grüßen Jagdtrophäen.

HAVERLAH *Niedersachsen siehe Salzgitter.*

HAVIXBECK *Nordrhein-Westfalen* 417 *K 6 – 10 600 Ew – Höhe 100 m.*
Berlin 496 – Düsseldorf 123 – Nordhorn 69 – Enschede 57 – Münster (Westfalen) 17.

🏨 **Gasthof Kemper**, Altenberger Str. 14, ✉ 48329, ✆ (02507) 12 40, hotel.kemper@
-online.de, Fax (02507) 9262, 🍴 – 📺 📞 🅿. – 🛁 20. AE ⓞ ⦿ VISA
geschl. 27. Dez. - 5. Jan. – **Menu** (geschl. Dienstag - Mittwochmittag) à la carte 17/29 –
16 Zim ⊇ 60 – 65/85.
♦ Typisch münsterländisch ist der Klinkerbau, in dem der Gasthof untergebracht ist. Die
Fremdenzimmer sind mit honigfarbenem Mobiliar bestückt, teils mit Balkon. Freigelegtes
Fachwerk und bäuerliche Accessoires bestimmen den Charakter des Restaurants.

🏨 **Beumer**, Hauptstr. 46, ✉ 48329, ✆ (02507) 9 85 40, hotel-beumer@t-online.de
Fax (02507) 9181, 🍴, 🅿, ☐ – 📺 🅿. – 🛁 40. AE ⓞ ⦿ VISA. 🚭 Zim
geschl. 20. - 28. Dez. – **Menu** (geschl. Montag) à la carte 17/31 – **21 Zim** ⊇ 48/52 – 75/95
♦ Im verkehrsberuhigten Teil des Städtchens ist das Fachwerkhaus mit der hübschen Ter
rasse angesiedelt. Die Zimmer sind nett ausstaffiert, recht geräumig sind die Eckzimmer
Nach einer Renovierung zeigt sich das Restaurant im neuen mediterranen Gewand.

HAWANGEN *Bayern siehe Memmingen.*

HEBERTSHAUSEN *Bayern siehe Dachau.*

HECHINGEN *Baden-Württemberg* 419 *U 10 – 20 600 Ew – Höhe 530 m.*
Ausflugsziel : Burg Hohenzollern★ (Lage★★★, ❋★) Süd : 6 km.
⛳ Hechingen, Auf dem Hagelwasen, ✆ (07471) 26 00.
🛈 Bürger- und Tourismusbüro, Kirchplatz 12, ✉ 72379, ✆ (07471) 94 02 11, btb@
hechingen.de, Fax (07471) 940210.
Berlin 701 – Stuttgart 67 – Konstanz 123 – Freiburg im Breisgau 131 – Ulm (Donau) 119

🏨 **Klaiber**, Obertorplatz 11, ✉ 72379, ✆ (07471) 22 57, info@hotel-klaiber.de
Fax (07471) 13918 – 🛗 Zim, 📺 🛏 – 🛁 20. ⦿ VISA
Menu (geschl. ab 19.30 Uhr, Samstag) à la carte 14/27 – **27 Zim** ⊇ 46/48 – 75.
♦ Abseits der Durchgangsstraße treffen Sie hier auf ein gepflegtes Haus unter fachkun-
diger Leitung. Die Zimmer sind wohnlich eingerichtet und entsprechen modernem Stan-
dard. Im Café-Restaurant serviert man Speisen zu erfreulichen Preisen.

🍴 **Kupferpfanne**, Schadenweilerstr. 41, ✉ 72379, ✆ (07471) 54 00, gerd.merkel@t-
online.de, Fax (07471) 15858 – ⦿ VISA
geschl. Ende Feb. 1 Woche, Ende Aug. - Mitte Sept., Donnerstag – **Menu** à la carte 18/35
♦ Ein umfangreiches internationales Speiseangebot hält das Restaurant, das teils mit
rustikaler Holzbalkendecke, teils heller im Bistrostil gestaltet ist, für Sie bereit.

In Hechingen-Stein *Nord-West : 2,5 km :*

🏨 **Gasthof Lamm**, Römerstr. 29, ✉ 72379, ✆ (07471) 92 50, info@hotel-gasthof-
lamm.de, Fax (07471) 92542, 🍴 – 🛗 Zim, 📺 📞 🅿. – 🛁 30. ⓞ ⦿ VISA
geschl. 27. Dez. - 10. Jan. – **Menu** (geschl. Freitagabend - Samstag) à la carte 16/34 –
30 Zim ⊇ 48/60 – 75/85.
♦ Unterschiedlichen Komfort bieten die Zimmer des Landgasthofs : Die neueren sind mit
soliden Kirschbaummöbeln eingerichtet, die einfachen, älteren mit rustikalem Eichenmo-
biliar. Die ländlichen Geträume sind im neuzeitlichen Stil eingerichtet und nett dekoriert

In Hechingen-Stetten *Süd-Ost : 1,5 km :*

🏨 **Brielhof**, an der B 27, ✉ 72379, ✆ (07471) 9 88 60, brielhof-hechingen@t-online.de
Fax (07471) 16908, 🍴 – 📺 🛏 – 🛁 40. AE ⓞ ⦿ VISA
Menu à la carte 22/39 – **25 Zim** ⊇ 47/70 – 93/104.
♦ In den Gästebüchern des Hotels am Fuße des Schlosses Hohenzollern finden sich klang-
volle Namen ! Aber auch Gäste ohne blaues Blut heißt man in funktionellen Zimmern will-
kommen. Dezente Farbgebung und viele Gemälde geben den Gasträumen einen gediegenen
Touch.

In Bodelshausen *Nord : 6,5 km :*

🏨 **Zur Sonne** garni, Hechinger Str. 5, ✉ 72411, ✆ (07471) 9 59 60, Fax (07471) 959669,
🅿 – 📺 🅿. ⦿
15 Zim ⊇ 26/40 – 46/60.
♦ Das kleine Hotel hat Pensionscharakter und bietet blitzsaubere Zimmer mit ausreichen-
dem Komfort. Die Räume in der ersten Etage verfügen zusätzlich über Balkone.

HEIDE
Schleswig-Holstein 415 D 11 – 20 700 Ew – Höhe 14 m.

🛈 *Tourismusverein, Rathaus, Postelweg 1, ✉ 25746, ✆ (0481) 6 85 01 17, info@heide nordsee.de, Fax (0481) 67767.*

Berlin 389 – Kiel 81 – Cuxhaven 120 – Husum 40 – Itzehoe 51 – Rendsburg 45.

Berlin ⌂, Österstr. 18, ✉ 25746, ✆ (0481) 8 54 50, *info@hotel-berlin.com*, Fax (0481) 8545300, 🍴, ⚏, ≋ (geheizt), 🐕 – ✻ Zim, 📺 📞 🄿 – 🛎 80. 🆎 ⓞ ⓜ 🆅🅸🆂🅰

Österegg (wochentags nur Abendessen) Menu à la carte 24/32 – ⇄ 9 – **70 Zim** 54/126 – 95/126.

♦ Hier in Dithmarschen legt man Wert auf Behaglichkeit mit klaren Linien. Die Zimmer wie auch Empfang und Frühstücksraum bestechen durch Klarheit und individuelle Note. Das Restaurant Österegg zeichnet sich durch einen geradlinigen, modernen Stil aus.

HEIDELBERG
Baden-Württemberg 417 419 R 10 – 140 000 Ew – Höhe 114 m.

Sehenswert: Schloss★★★ (Rondell ≤★, Gärten★, Friedrichsbau★★, Großes Faß★, Deutsches Apothekenmuseum★) Z M1 – Alte Brücke ≤★★ Y – Kurpfälzisches Museum★ (Riemenschneider-Altar★★, Gemälde und Zeichnungen der Romantik★★) Z M2 – Haus zum Ritter★ Z N.

🏌 Lobbach-Lobenfeld, Am Biddersbacher Hof (Süd-Ost : 20 km über ②), ✆ (06226) 95 21 10 ; 🏌 Wiesloch-Baiertal, Hohenhardter Hof (Süd : 18 km über ③), ✆ (06222) 78 81 10 ; 🏌 Oftersheim, an der B 291 (Süd-West : 12 km über ④), ✆ (06202) 5 63 90.

🛈 *Verkehrsverein, Friedrich-Ebert-Anlage 2, ✉ 69117, ✆ (06221) 1 42 20, info@cvb-heidelberg.de, Fax (06221) 142222.*

ADAC, Heidelberg-Kirchheim, Carl-Diem-Str. 2 (über ④).

Berlin 627 ⑤ – Stuttgart 122 ④ – Mannheim 21 ⑤ – Darmstadt 59 ④ – Karlsruhe 59 ④

Stadtplan siehe nächste Seite

Der Europäische Hof - Hotel Europa, Friedrich-Ebert-Anlage 1, ✉ 69117, ✆ (06221) 51 50, *reservations@europaeischerhof.com*, Fax (06221) 515506, 🍴, 𝐅𝐬, ⚏, ≋ – 🛗, ✻ Zim, 📺 📞 ⚒ ← – 🛎 130. 🆎 ⓞ ⓜ 🆅🅸🆂🅰 V u

Menu 60/75 à la carte 45/58 – ⇄ 18 – **118 Zim** 255/255 – 276/324, 3 Suiten.

♦ Auch Besucher mit einem anspruchsvollen Geschmack werden hier zufriedengestellt. Die Zimmer und Suiten sind individuell und teils mit wertvollen Antiquitäten bestückt. Eine imposante Kassettendecke ziert die stilvolle Kurfürstenstube. Gartenanlage im Innenhof !

Marriott, Vangerowstr. 16, ✉ 69115, ✆ (06221) 90 80, *mhrs.hdbrn.dos@marriott.com*, Fax (06221) 908698, ≤, 🍴, Bootssteg, Massage, 𝐅𝐬, ⚏, ≋ – 🛗, ✻ Zim, 📺 📞 ⚒ ← – 🛎 200. 🆎 ⓞ ⓜ 🆅🅸🆂🅰 🅹🅲🅱 V d

Menu 22 (Lunchbuffet) à la carte 29/37 – ⇄ 16 – **248 Zim** 151, 3 Suiten.

♦ Terrassenförmig ist das Luxushotel, in dem Sie auf Schritt und Tritt Exklusivität umgibt, ans Neckarufer gebaut worden. Fluggäste können am Lufthansa-Schalter einchecken. Im Terrassenrestaurant speisen Sie mit Blick auf den Neckar.

Crowne Plaza 🅼, Kurfürstenanlage 1, ✉ 69115, ✆ (06221) 91 70, *crowne-plaza.heidelberg@t-online.de*, Fax (06221) 21007, Massage, 𝐅𝐬, ⚏, ≋ – 🛗, ✻ Zim, 📺 📞 ⚒ ← – 🛎 180. 🆎 ⓞ ⓜ 🆅🅸🆂🅰 X s

Menu à la carte 24/38 – **Gaudeamus** (Weinstube) (nur Abendessen) Menu à la carte 19/34 – ⇄ 16 – **232 Zim** 153/182 – 174/203, 4 Suiten.

♦ Hinter der Fassade aus dem 19. Jh. herrscht wohltuende Bequemlichkeit. Bademäntel, Personenwaage sowie kostenloses Mineralwasser sind nur einige der Extras. Kulinarisch haben Sie die Wahl zwischen dem Restaurant Westcoast und der gemütlichen Weinstube.

Hirschgasse ⌂, Hirschgasse 3, ✉ 69120, ✆ (06221) 45 40, *hirschgasse@compuserve.com*, Fax (06221) 454111, 🍴, (historisches Gasthaus a.d.J. 1472) – 🛗 📺 📞 🆎 ⓞ ⓜ 🆅🅸🆂🅰 🅹🅲🅱 Y s

Le Gourmet (geschl. 2. - 15. Jan., 1. - 15. Aug., Sonntag - Montag) (nur Abendessen) **Menu** 78 à la carte 43/50 – **Mensurstube** (geschl. Sonntag - Montag) Menu 45 à la carte 32/42 – ⇄ 17 – **20 Zim** 135/195 – 155/285, 4 Suiten.

♦ Zimmer und Suiten sind im Laura-Ashley-Stil kostbar ausgestattet. Schöne Stoffe und Ledersitzgruppen komplettieren das romantische Bild. Antiquitäten und Bilder prägen den Stil im Le Gourmet. In der Mensurstube sitzen Sie an über 200 Jahre alten Stammtischen.

Astron 🅼, Bergheimer Str. 91, ✉ 69115, ✆ (06221) 1 32 70, *heidelberg@astron-hotels.de*, Fax (06221) 1327100, Biergarten, ⚏ – 🛗, ✻ Zim, 📺 📞 ⚒ ← – 🛎 80. 🆎 ⓞ ⓜ 🆅🅸🆂🅰 🅹🅲🅱 🚭 Rest VX z

Menu à la carte 24/36 – ⇄ 15 – **159 Zim** 125 – 204, 9 Suiten.

♦ Ein Alt- und Neubau wurden hier durch ein Glasdach miteinander verbunden, unter dem sich die Hotelhalle befindet. Das Interieur ist zeitlos mit Teakholzmobiliar eingerichtet. Das Restaurant ist modern und offen gestaltet, mit mittigem Buffetaufbau.

HEIDELBERG

Bahnhofstraße	X	2
Bauamtsgasse	Z	5
Bismarckplatz	V	10
Bismarcksäulenweg	V	13
Bismarckstraße	V	16
Brückenstraße	V	
Burgweg	Z	19
Carl-Benz-Straße	X	20
Czernyring	X	22
Eppelheimer Straße	X	25
Ernst-Walz-Brücke	V	28
Franz-Knauff-Straße	X	31
Gaiberger Weg	X	34
Grabengasse	Z	36
Graimbergweg	Z	39
Häusserstraße	X	41
Hauptstraße	YZ	
Heiliggeiststraße	Y	44
Jubiläumsplatz	YZ	47
Kaiserstraße	X	49
Karlsplatz	YZ	55
Kornmarkt	Z	57
Kurfürsten-Anlage	X	60
Marktplatz	Z	63
Marstallstraße	Y	66
Mittermaierstraße	X	69
Montpellierbrücke	X	71
Neue Schlossstraße	Z	74
Quinckestraße	V	76
Ringstraße	V	79
Rohrbacher Straße	X	81
Schlossberg	Z	84
Schurmanstraße	V	86
Sofienstraße	V	88
Speyerer Straße	X	90
Steingasse	Z	92
Universitätsplatz	Z	94
Vangerowstraße	V	96
Zähringerstraße	X	97
Zwingerstraße	Z	99

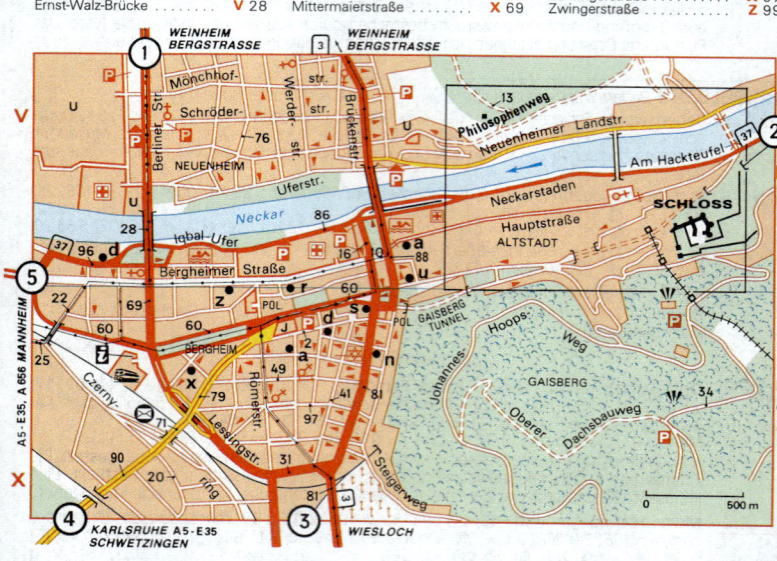

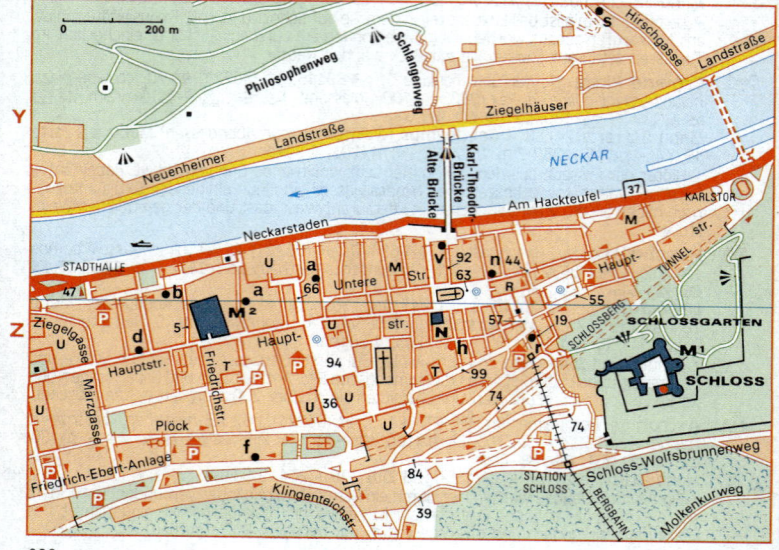

HEIDELBERG

Rega-Hotel Heidelberg M, Bergheimer Str. 63, ⊠ 69115, ℘ (06221) 50 80, *info@rega.bestwestern.de*, Fax (06221) 508500, 🍴 – |≑|, ⥬ Zim, TV 📞 ⇌ – 🔒 60. ⌾ ⓘ ⓜ VISA
VX r
Menu à la carte 27,50/40 – 🛏 16 – **124 Zim** 140 – 170.
• Das Stadthotel ist in einem modernen Hochhaus untergebracht. Kontrastierend zur nüchternen Architektur wirken die Zimmer angenehm wohnlich und bieten durchdachte Technik. Küchenstil und Ausstattung des Restaurants hat man der Region angepaßt.

Holländer Hof garni, Neckarstaden 66, ⊠ 69117, ℘ (06221) 6 05 00, *info@hollaender-hof.de*, Fax (06221) 605060, ⇐ – |≑| ⥬ TV 📞 Ġ. ⌾ ⓘ ⓜ VISA JCB
Y v
39 Zim 🛏 107 – 140.
• Logieren Sie mit Blick auf den Neckar und den berühmten Philosophenweg! Das stattliche Biedermeierhaus hat gediegene Zimmer, die teils behindertengerecht sind, anzubieten.

Alt Heidelberg, Rohrbacher Str. 29, ⊠ 69115, ℘ (06221) 91 50, *info@altheidelberg.bestwestern.de*, Fax (06221) 164272 – |≑|, ⥬ Zim, TV 📞 – 🔒 30. ⌾ ⓘ ⓜ VISA JCB
X n
Menu (geschl. 22. Dez. - 7. Jan., Samstagmittag, Sonn- und Feiertage) à la carte 25/36 – 🛏 10 – **78 Zim** 87/110 – 100/115.
• Von hier aus erreichen Sie die romantische Altstadt bequem zu Fuß. Hinter der Jugendstilfassade finden Sie helle, freundliche Zimmer, wobei die mit Erker besonders schön sind. Das Restaurant Graimberg ist mit Gelbtönen ansprechend verschönert worden.

Romantik Hotel zum Ritter St. Georg, Hauptstr. 178, ⊠ 69117, ℘ (06221) 13 50, *info@ritter-heidelberg.de*, Fax (06221) 135230 – |≑| TV. ⌾ ⓘ ⓜ VISA JCB
Menu à la carte 25/41 – **39 Zim** 🛏 100/145 – 155/215.
Z N
• Der Drachentöter stand Pate bei der Taufe des Hotels in dem schönen Renaissancehaus a. d. J. 1592. Hinter der Sandsteinfassade umgibt Sie Tradition und Historie. Festlich wirkt das saalartige Restaurant Belier. In der Ritterstube sitzt man gemütlich.

Acor garni, Friedrich-Ebert-Anlage 55, ⊠ 69117, ℘ (06221) 65 40 70, *acor.hotel@t-online.de*, Fax (06221) 6540717 – |≑| TV P. ⓜ VISA
Z f
geschl. Ende Dez. - Anfang Jan. – **18 Zim** 🛏 82/90 – 102/125.
• Bei der Ausstattung des Hauses hat man Geschmack gezeigt! Den Gast umgibt die individuelle Atmosphäre eines neoklassizistischen Baues, verbunden mit dem Komfort unserer Tage.

Schönberger Hof garni, Untere Neckarstr. 54, ⊠ 69117, ℘ (06221) 1 40 60, *schoenbergerhof@hotels-in-heidelberg.de*, Fax (06221) 140639 – TV ⇌. ⌾ ⓘ ⓜ VISA JCB
Y b
18 Zim 🛏 87/119 – 110/154.
• Das Hotel aus dem Ende des 19. Jh. ist aus dem für die Gegend typischen Buntsandstein gebaut. Reservieren Sie eines der kürzlich renovierten Zimmer mit Stuckarbeiten!

Am Schloss garni, Zwingerstr. 20 (Parkhaus Kornmarkt), ⊠ 69117, ℘ (06221) 1 41 70, *schloss@hotels-in-heidelberg.de*, Fax (06221) 141737 – |≑| ⇌. ⌾ ⓘ ⓜ VISA
Z r
geschl. 22. Dez. - 6. Jan. – **24 Zim** 🛏 87/108 – 110/146.
• Parkplatzprobleme gibt es hier nicht, denn das Hotel liegt in den oberen Stockwerken eines Parkhauses. Einige Zimmer gewähren einen sehenswerten Blick auf das Schloß!

Weißer Bock, Große Mantelgasse 24, ⊠ 69117, ℘ (06221) 9 00 00, *weisserbock@t-online.de*, Fax (06221) 900099, 🍴 – |≑|, ⥬ Zim, TV 📞 – 🔒 20. ⓜ VISA
Y a
Menu à la carte 26/47 – 🛏 10 – **23 Zim** 85 – 110.
• Freigelegtes Fachwerk und edler Parkettboden machen den besonderen Reiz der Gästezimmer aus, in denen die spannende Verbindung von Tradition und Komfort spürbar ist. Restaurant und Festsaal haben sich den Charme eines ehemaligen Studentenlokales erhalten.

Goldene Rose garni, St. Annagasse 7, ⊠ 69117, ℘ (06221) 90 54 90, *hotelgoldenerose@compuserve.com*, Fax (06221) 182040 – |≑| TV 📞 ⇌. ⌾ ⓜ VISA JCB
V a
33 Zim 🛏 75/95 – 90/100.
• In einer ruhigen, kleinen Seitenstraße finden Sie diese nette Herberge. Die Zimmer sind praktisch mit hellem Holzmobiliar eingerichtet und bieten Standardtechnik.

Am Rathaus garni, Heiliggeiststr. 1 (am Marktplatz), ⊠ 69117, ℘ (06221) 1 47 30, *rathaus@hotels-in-heidelberg.de*, Fax (06221) 147337 – TV. ⌾ ⓘ ⓜ VISA JCB. ⥬
Y n
20 Zim 🛏 87/110 – 110/155.
• Recht ruhig liegt das schmucke Eckhaus im Herzen der historischen Altstadt. Die Übernachtungszimmer sind unterschiedlich im Zuschnitt, aber immer funktionell und hell.

Backmulde, Schiffgasse 11, ⊠ 69117, ℘ (06221) 5 36 60, *backmulde.heidelberg@t-online.de*, Fax (06221) 536660 – TV 📞 Ġ. P. – 🔒 40. ⌾ ⓘ ⓜ VISA
YZ a
Menu (geschl. Mitte Aug. 2 Wochen, Sonntag - Montagmittag) à la carte 24/35 – **12 Zim** 🛏 62/75 – 99/110.
• Die ehemalige Schifferherberge glänzt mit sympathischen Zimmern, die durch blaue Teppiche und Polsterstühle eine interessante Farbgestaltung erhalten haben. In der Gaststube erzeugen dunkle Hölzer im Zusammenspiel mit roten Stoffen eine warme Atmosphäre.

HEIDELBERG

Perkeo garni, Hauptstr. 75, ✉ 69117, ℘ (06221) 1 41 30, perkeo@hotels-in-heid
berg.de, Fax (06221) 141337 – TV AE ① ◉ VISA JCB
24 Zim ⊇ 75/105 – 105/154.   Z

• Die zentrale Lage mitten in der Altstadt ermöglicht es Ihnen, alle Sehenswürdigkeite
von hier aus zu Fuß zu erreichen. Die Zimmer sind gefällig in Buche eingerichtet.

Central garni, Kaiserstr. 75, ✉ 69115, ℘ (06221) 2 06 41, info@hotel-central-heid
berg.de, Fax (06221) 20642 – 🛗 ⇔ TV ✆ 🅿 AE ◉ VISA
48 Zim ⊇ 75/115 – 90/125.   X

• Verkehrsgünstig liegt dieses Hotel, denn der Bahnhof ist nur wenige Schritte entfern
Die Eingangshalle wurde neu gestaltet und präsentiert sich mit Ledersitzgruppen.

Kohler garni, Goethestr. 2, ✉ 69115, ℘ (06221) 97 00 97, info@hotel-kohler.de
Fax (06221) 970096 – 🛗 ⇔ TV ✆ ◉ VISA JCB. ✦
geschl. Mitte Dez. - **41 Zim** ⊇ 62/83 – 77/100.   X

• Das Äußere des Hauses ist durch den weithin sichtbaren Eckturm geprägt. Auf vie
Etagen vermietet man hier Zimmer, die nett und praktisch ausgestattet sind.

Krokodil, Kleinschmidtstr. 12, ✉ 69115, ℘ (06221) 16 64 72, krokodil-hd@krokodi
hd.de, Fax (06221) 602221 – TV. ✦ Zim   X
Menu à la carte 20/29 – **16 Zim** ⊇ 72/77 – 87/100.

• Ein ehemaliges Wohnhaus hat man liebevoll zu einem Hotel umfunktioniert. Die Zimme
sind mit hellem Zirbelholz bestückt und in zurückhaltenden Beigetönen dekoriert. Das Loka
erinnert an eine typische Heidelberger Studentenkneipe.

Simplicissimus, Ingrimstr. 16, ✉ 69117, ℘ (06221) 18 33 36, Fax (06221) 181980
🍴 – AE ◉ VISA JCB. ✦
geschl. Feb. - März 2 Wochen, Aug. - Sept. 2 Wochen, Dienstag – **Menu** (nur Abendessen   Z
(Tischbestellung ratsam) 35/55 à la carte 36/48.

• Das Innenleben des Altstadthauses überrascht mit Jugendstilelementen, die ihm einer
Hauch von Eleganz verleihen. Nett sitzt man auch auf der Innenhofterrasse.

Schloßweinstube, (im Heidelberger Schloß), ✉ 69117, ℘ (06221) 9 79 70
schoenmehl@t-online.de, Fax (06221) 167969, 🍴 – AE ① ◉ VISA
geschl. 23. Dez. - 15. Jan., Mittwoch – **Menu** (nur Abendessen) à la carte 41,50/57.   Z

• Fühlen Sie sich wie ein Schloßherr ! Die modernen schwarzen Stühle bilden einen reizvoller
Kontrast zum herrschaftlichen Rahmen mit Parkett und wertvollen Gemälden.

In Heidelberg-Grenzhof Nord-West : 8 km über die B 37 V :

Landhaus Grenzhof ♨, Grenzhof 9, ✉ 69123, ℘ (06202) 94 30, welcome@land
haus-grenzhof.com, Fax (06202) 943100, Biergarten – 🛗 TV ✆ 🅿 – 🛎 20. ◉ VISA
JCB. ✦
Menu (geschl. Sonntag) (nur Abendessen) à la carte 33/48 ♀ – **28 Zim** ⊇ 80/99 –
118/133.

• Der alte Gutshof befindet sich seit Generationen in weiblicher Hand. Mit viel Liebe zum
Detail hat man eine Symbiose von moderner Wohnkultur und ländlichem Charme geschaf-
fen. Das Restaurant überzeugt mit einer stilvoll-rustikalen Einrichtung.

In Heidelberg-Handschuhsheim über ① : 3 km :

Gasthof Lamm, Pfarrgasse 3, ✉ 69121, ℘ (06221) 4 79 30, Fax (06221) 479333, 🍴
– ⇔ Zim, TV ✆ – 🛎 15. ◉ VISA. ✦ Rest   über Brückenstr.   V
Menu (geschl. 15. Jan. - 1. Feb.) (nur Abendessen) (Tischbestellung ratsam) à la carte
28,50/39 – ⊇ 7 – **11 Zim** 85/90 – 105/115.

• In einem schönen, historischen Ortsteil lädt der alte Gasthof a. d. 17. Jh. zum Verweilen
ein. Mit einem Ambiente, das von einer Mixtur aus Alt und Neu bestimmt wird. Echte Ölbilder
und reizende Accessoires zieren das Restaurant - hübsche Innenhofterrasse !

Ai Portici, Rottmannstr. 2, ✉ 69121, ℘ (06221) 47 28 17, aiportici@hotmail.com,
Fax (06221) 471001, 🍴 – AE ◉
geschl. Anfang Jan. 1 Woche, Sonntag – **Menu** (italienische Küche) à la carte 27/40.

• Dunkles Holz und gelb gestrichene Wände unterstreichen das südländische Flair des Hau-
ses. Zur typisch italienischen Karte teilt man Ihnen mündlich die Tagesempfehlung mit !

In Heidelberg-Kirchheim über ④ : 3 km :

Queens Hotel, Pleikartsförster Str. 101, ✉ 69124, ℘ (06221) 78 80, reservation.q
heidelberg@queensgruppe.de, Fax (06221) 788499, 🏋, ≦s – 🛗, ⇔ Zim, 🍽 Rest, TV
✆ & 🅿 – 🛎 220. AE ① ◉ VISA JCB
Menu à la carte 26/44 – **169 Zim** ⊇ 134/154 – 168/188.

• Die gute Autobahnanbindung in Kombination mit perfekter Tagungstechnik und anspre-
chender Wohnkultur machen das Haus für Privat- wie Geschäftsreisende interessant. Für
ein Hotel dieser Größe bietet das Restaurant einen erstaunlich intimen, gemütlichen
Rahmen.

In Heidelberg-Pfaffengrund West : 3,5 km über Eppelheimer Straße X :

Neu Heidelberg, Kranichweg 15, ✉ 69123, ✆ (06221) 7 38 20, hotel@neu-heidelberg.de, Fax (06221) 738260, ☎ – ⇔ Zim, 📺 ✆ 🅿. ⚡ Zim
Menu (geschl. Sonntag) (nur Abendessen) à la carte 16/30 – **22 Zim** ⚏ 67/80 – 90/99.
  ♦ Außerhalb und doch verkehrsgünstig liegt die familiär geführte Herberge, in der man alles tut, damit Sie sich wie zu Hause fühlen. Liebevoll bereitetes Frühstücksbuffet! Das Restaurant Brunnenstube wurde kürzlich komplett umgebaut und wirkt nun sehr gemütlich.

In Heidelberg-Rohrbach über Rohrbacher Str. X :

Ristorante Italia, Karlsruher Str. 82, ✉ 69126, ✆ (06221) 31 48 61, italia.ristorante@t-online.de, Fax (06221) 335617 – 🆗 VISA
geschl. Juni, Mittwoch, Samstagmittag – **Menu** à la carte 24/39,50.
  ♦ Mediterrane Farben und ungezwungene Atmosphäre laden ein, sich auf eine kulinarische Reise in den sonnigen Süden zu begeben. Freuen Sie sich auf italienische Klassiker!

HEIDENAU Niedersachsen 415 416 G 12 – 1600 Ew – Höhe 35 m.

Berlin 326 – Hannover 126 – Hamburg 49 – Bremen 76.

Heidenauer Hof (mit Gästehaus, 🐕), Hauptstr. 23, ✉ 21258, ✆ (04182) 41 44, Fax (04182) 4744, 🍽, 🞉 – ⇔ Zim, 📺 ⇔ 🅿. ⚠ 50. 🆗 VISA
Menu (geschl. 27. Dez. - 10. Jan., Dienstag) (Montag - Freitag nur Abendessen) à la carte 16/24 – **26 Zim** ⚏ 40/52 – 65/82.
  ♦ Vor den Toren Hamburgs liegt dieses Hotel mit seinem Gästehaus, das mitten in einem Park gebaut wurde. Die Zimmer sind geräumig, technisch komplett und blicken in den Garten. Zum Essen plazieren Sie sich im Rosengarten oder dem vollbeheizten Wintergarten.

HEIDENHEIM AN DER BRENZ Baden-Württemberg 419 420 T 14 – 51 000 Ew – Höhe 491 m.

🛈 Tourist-Information, Hauptstr. 34 (Elmar-Doch-Haus), ✉ 89522, ✆ (07321) 32 73 40, Fax (07321) 327687.
Berlin 583 – Stuttgart 82 – Augsburg 90 – Nürnberg 132 – Ulm (Donau) 46 – Würzburg 177.

Astron - Aquarena Ⓜ, Friedrich-Pfenning-Str. 30, ✉ 89518, ✆ (07321) 98 00, heidenheim@astron-hotels.de, Fax (07321) 980100, 🍽, direkter Zugang zum Freizeitbad – 📶, ⇔ Zim, 📺 ✆ 🕭 🅿 – 🛋 150. 🅰🅴 ⓞ 🆗 VISA JCB
Menu à la carte 23/44 – ⚏ 13 – **83 Zim** 105/133 – 133/145.
  ♦ Das Haus ist ganz auf die Bedürfnisse des Business-Gastes zugeschnitten. Doch auch Privatreisende dürften sich hier wohlfühlen, denn in den Zimmern dominiert Wohnlichkeit. Rattanmöbel und eine große Fensterfront verleihen dem Restaurant Leichtigkeit.

Linde, St.-Pöltener-Str. 53, ✉ 89522, ✆ (07321) 9 59 20, linde@heidenheim.com, Fax (07321) 959258, 🍽 – 📺 ⇔ 🅿. ⓞ 🆗 VISA JCB
geschl. Aug., 24. Dez. - 6. Jan. – **Menu** (geschl. Samstag) à la carte 16/26 – **34 Zim** ⚏ 50/60 – 80/95.
  ♦ Die Marktstadt ist ein guter Ort für Ausflüge zur Schwäbischen Alb. Wohnen können Sie in diesem Traditionshotel, in dem 50 % der Zimmer über Fußbodenheizung verfügen. Rustikal-ländliche Gaststuben!

Weinstube zum Pfauen, Schloßstr. 26, ✉ 89518, ✆ (07321) 4 52 95, info@pfauen.de – 🆗 VISA
geschl. über Fastnacht 1 Woche, Mai 2 Wochen, Samstagmittag, Sonntag - Montagmittag – **Menu** (abends Tischbestellung ratsam) 31 à la carte 25/38,50.
  ♦ Rustikal und gemütlich ist die Stimmung, wie es sich für eine Weinstube gehört. An eingedeckten Tischen wird internationale und regionale Kost geboten. Freundlicher Service!

In Heidenheim-Mergelstetten Süd : 2 km über die B 19 :

Hirsch, Buchhofsteige 3, ✉ 89522, ✆ (07321) 95 40, hotel-hirsch@t-online.de, Fax (07321) 954330, 🍽 – 📶, ⇔ Zim, 📺 🏄 ⇔ 🅿. 🅰🅴 ⓞ 🆗 VISA. ⚡ Rest
Menu (nur Abendessen) (Restaurant nur für Hausgäste) à la carte 14/21 – **40 Zim** ⚏ 74/76 – 95.
  ♦ Einen geruhsamen Aufenthalt kann man hier als Feriengast oder Geschäftsreisender verleben. Die Hälfte der Zimmer wurde 1999 renoviert und mit neuer Dekoration versehen.

In Heidenheim-Oggenhausen Ost : 8 km :

Landgasthof König, Oggenhausener Hauptstr. 6, ✉ 89522, ✆ (07321) 7 14 14, j.stockinger@gmx.de, Fax (07321) 71414, 🍽 – 🅿. 🆗 VISA
geschl. Mitte - Ende Aug., Montag - Dienstag, März - Okt. Montag - Dienstag, Samstag – **Menu** (wochentags nur Abendessen) à la carte 29/34.
  ♦ Moderne Bilder schmücken die Wände des alten Landgasthofs. Gekocht wird eine Mischung aus traditionellen schwäbischen Gerichten und mediterranen Elementen.

HEIDENHEIM AN DER BRENZ

In Steinheim am Albuch *West : 6 km :*

Zum Kreuz, Hauptstr. 26, ✉ 89555, ℰ (07329) 9 61 50, info@kreuz-steinheim.de Fax (07329) 961555, 🌳 – 🛏, ✱ Zim, 📺 🚗 🅿 – 🔔 40. 🝐 🝏 VISA JCB
geschl. 1. - 6. Jan. – **Menu** *(geschl. Sonntagabend)* à la carte 20/41 – **29 Zim** ⇄ 51/7 – 76/94.

◆ Das Stammhaus dieses Gasthofs blickt auf eine 300-jährige Brau- und Schanktradition zurück. Die harmonisch angefügten Erweiterungen versprechen modernen Zimmerkomfort. Die verschiedenen Galträume des Hauses sind mit liebevollen Details ausgeschmückt.

In Steinheim-Sontheim i. St. *West : 7 km :*

Sontheimer Wirtshäusle, an der B 466, ✉ 89555, ℰ (07329) 50 41, sontheimer-wirtshaeusle@t-online.de, Fax (07329) 1770 – ✱ Zim, 📺 🝐 🝏 VISA
geschl. Anfang Jan. 2 Wochen, Aug. 2 Wochen – **Menu** *(geschl. Samstag)* à la carte 22/3: – **11 Zim** ⇄ 49 – 80.

◆ Der nette Gasthof liegt in einer geologisch hochinteressanten Landschaft. Entsprechende Wanderwege und Naturdenkmäler laden ein, die Besonderheiten der Gegend kennenzulernen. Gemütlich sitzt man in der rustikalen Stube mit Kachelofen.

HEIGENBRÜCKEN *Bayern* 417 *P 12 – 2 600 Ew – Höhe 300 m – Luftkurort.*

🛈 *Kur- und Verkehrsamt, Hauptstr. 8, ✉ 63869, ℰ (06020) 13 81, info@heigenbruecken.de, Fax (06020) 9799225.*
Berlin 542 – München 350 – *Würzburg 71* – Aschaffenburg 26.

Hochspessart, Lindenallee 40, ✉ 63869, ℰ (06020) 9 72 00, hochspessart@t-online.de, Fax (06020) 2630, 🌳 – 🛏, 🍴 – ✱ Zim, 📺 🝐 – 🔔 80. 🝏 VISA
Menu à la carte 14,50/30 – **34 Zim** ⇄ 37/49 – 62/82 – ½ P 15.

◆ Der Landgasthof hat einiges zu bieten : schöne, waldreiche Umgebung und umfangreiche Fitness und Wellnesseinrichtungen. Bei den Zimmern wählen Sie zwischen Eiche und Buche Im Lokal werden auch preiswerte Landgasthofgerichte serviert.

HEILBRONN *Baden-Württemberg* 417 419 *S 11 – 120 000 Ew – Höhe 158 m.*

🛈 *Tourist Information, Kaiserstr. 17, ✉ 74072, ℰ (07131) 56 22 70, info@heilbronn marketing.de, Fax (07131) 563349.*
ADAC, Bahnhofstr. 19.
Berlin 591 ① – *Stuttgart* 60 ③ – Heidelberg 68 ① – Karlsruhe 94 ① – Würzburg 105 ①

Stadtpläne siehe nächste Seiten

Insel-Hotel, Friedrich-Ebert-Brücke (über Kranenstrasse), ✉ 74072, ℰ (07131) 63 00, insel@insel-hotel.de, Fax (07131) 626060, 🌳, 🎱, 🍴, 🖳, 🍽 – 🛏, ✱ Zim, 📺 🚗 🝐 – 🔔 100. 🝐 🝏 VISA
Menu à la carte 27/49 – **125 Zim** ⇄ 96/116 – 126/146, 5 Suiten.   AY r

◆ Sind Sie "reif für die Insel"? In apparter Lage auf der Neckarinsel finden Sie in Zentrumsnähe diese gut geführte Bleibe. Die Form der Anlage ist einem Schiff nachempfunden. Das Schwäbische Restaurant lockt mit neuem Interieur und einladender Sonnenterrasse.

Götz, Moltkestr. 52, ✉ 74076, ℰ (07131) 98 90, hotel.goetz.heilbronn@t-online.de, Fax (07131) 989890, 🌳 – 🛏, ✱ Zim, 📺 🚗 – 🔔 45. 🝐 🝏 VISA   BY a
Menu à la carte 20/34 – **64 Zim** ⇄ 80/110 – 100/130.

◆ In der Nähe des geschäftigen Stadtzentrums liegt dieses Business- und Tagungshotel. Die Zimmer in den oberen Etagen bieten einen schönen Blick über die Stadt. Die riesige Fensterfront läßt viel Licht in das weitläufige Restaurant.

Park-Villa 🌳 garni (mit Gästehaus), Gutenbergstr. 30, ✉ 74074, ℰ (07131) 9 57 00, info@hotel-parkvilla.de, Fax (07131) 957020, 🍽 – ✱ 📺 🚗 🝐 🝏
VISA   BZ p
geschl. Weihnachten - Anfang Jan. – **25 Zim** ⇄ 85/90 – 113/133.

◆ Die denkmalgeschützte Villa und ihre Dependance erwarten Sie mit individuellem Interieur. Antiquitäten und einige Großwild-Jagdtrophäen bestimmen das Bild. Schöner Park.

Burkhardt, Lohtorstr. 7, ✉ 74072, ℰ (07131) 6 22 41 12, burkhardt-rh@t-online.de, Fax (07131) 627828 – 🛏 📺 🝐 🝏 VISA   AY b
Menu à la carte 19/36 – **82 Zim** ⇄ 87/95 – 118/128.

◆ Direkt am Neckarufer, zentral und dennoch ruhig, warten funktionelle Zimmer auf die Besucher dieses Hotels, das auf die Bedürfnisse von Geschäftsreisenden eingerichtet ist. Im Restaurant serviert Ihnen aufmerksames Servicepersonal echt schwäbische Küche.

HEILBRONN

Stadthotel M garni, Neckarsulmer Str. 36, ⊠ 74076, ℘ (07131) 9 52 20, info@stadthotel-heilbronn.de, Fax (07131) 952270 – 🛗 📺 📞 ♿ 🅿 – 🔔 20. 🆎 ① 🆒 VISA
44 Zim ⊇ 60/70 – 82/85. über ①
• Wenn Sie ein modernes Hotel mit praktisch ausgestatteten Räumen suchen, sind Sie hier an der richtigen Adresse! Für genügend Parkplätze ist auf dem Parkdeck gesorgt.

City-Hotel garni, Allee 40 (14. Etage), ⊠ 74072, ℘ (07131) 9 35 30, info@city-hotel.de, Fax (07131) 935353, ≤, ≦, 📺 📞, 🆎 ① 🆒 VISA JCB AY v
geschl. Weihnachten - Anfang Jan. – **17 Zim** ⊇ 72 – 90.
• Das Hotel befindet sich im 12. und 14. Stock des Allee-Shoppinghauses. Die Zimmer sind zeitgemäß und bieten natürlich einen außergewöhnlichen Blick auf die Stadt.

La Pêche, Wartbergstr. 46, ⊠ 74076, ℘ (07131) 16 09 29, s.kinzel@lapeche.de, Fax (07131) 166162, 😀 – 🆎 ① 🆒 VISA über Wartbergstraße BY
geschl. Juli - Aug., Sonntag – **Menu** à la carte 23/42.
• Restaurant im ersten Stock eines Wohnhauses, bei dem nicht nur der Name, sondern auch die Einrichtung französisch anmutet. Internationale Küche mit französischen Akzenten.

Les Trois Sardines, Mönchseestr. 57, ⊠ 74072, ℘ (07131) 99 37 99, Fax (07131) 80230, 😀 – 🆒 VISA BZ b
geschl. Jan. 2 Wochen, über Pfingsten 2 Wochen, Mittwoch, Samstagmittag – **Menu** 29/50 à la carte 32/44.
• Ein Stück Süden in Heilbronn: Steinboden, terrakottafarbene Wände, provenzalische Tischwäsche und die südfranzösische Küche geben dem kleinen Restaurant mediterranes Flair.

Ratskeller, Marktplatz 7, ⊠ 74072, ℘ (07131) 8 46 28, ratskeller-heilbronn@t-online.de, Fax (07131) 963015, 😀 – 🆎 AY R
geschl. Sonn- und Feiertage – **Menu** à la carte 22/34.
• Im Kellergewölbe des historischen Rathauses wird stilvoll gespeist! In nicht alltäglichem, rustikalem Ambiente schmeckt die regional inspirierte Küche gleich nochmal so gut.

Da Umberto, Theresienwiese 1a, ⊠ 74072, ℘ (07131) 8 28 77, umberto@gmx.de, Fax (07131) 993509, 😀 – 🅿 🆎 ① 🆒 VISA über ⑤
geschl. Ende Jan. 1 Woche, Aug., Montag – **Menu** (nur Abendessen) (italienische Küche) à la carte 54/54.
• Zum kulinarischen Stil des Hauses gehört ein kleines, aber wohldurchdachtes Angebot an frisch zubereiteten italienischen Gerichten. Am Herd steht La Mamma.

Haus des Handwerks, Allee 76, ⊠ 74072, ℘ (07131) 8 44 68, info@hdh-heilbronn.de, Fax (07131) 85740 – 🔔 140. 🆎 ① 🆒 VISA AY u
Menu 9/14 à la carte 18/33.
• Die Handwerkskammer der Stadt befindet sich ebenfalls in diesem Gebäude. Hier kann man sehr zünftig schwäbisch-fränkische Küche und einen Schoppen Wein genießen.

Rauers Weinstube, Fischergasse 1, ⊠ 74072, ℘ (07131) 96 29 20, rauersweinstube@t-online.de, Fax (07131) 627394, 😀 AZ e
geschl. Samstagmittag, Sonntag – **Menu** à la carte 19/35 ⏰.
• Diese unweit des Neckars gelegene Weinstube mit derb-rustikalem Ambiente ist genau das Richtige, wenn Sie nach dem Stadtbummel ein Viertele genießen möchten.

Auf dem Wartberg über ② : 5 km – Höhe 303 m

Höhenrestaurant Wartberg, ⊠ 74076 Heilbronn, ℘ (07131) 17 32 74, schellhof.wartberg@t-online.de, Fax (07131) 165318, ≤ Heilbronn und Weinberge, 😀 – ♿ 🅿 – 🔔 30. 🆎 🆒 VISA
geschl. Jan., Dienstag – **Menu** à la carte 18/34.
• Hier können Sie sich einen guten Überblick verschaffen! Zum einen über die Landschaft, zum anderen über die eß- und trinkbaren Spezialitäten, die diese hervorbringt.

In Heilbronn-Böckingen über ⑤ : 2 km :

Kastell, Kastellstr. 64, ⊠ 74080, ℘ (07131) 91 33 10, info@hotelkastell.de, Fax (07131) 91331299, 😀, ≦, 🛗, 📺 Zim, 📺 🅿 – 🔔 30. 🆎 🆒 VISA
Menu (geschl. Juli - Aug., Samstag - Sonntag) (nur Abendessen) à la carte 16/35 – ⊇ 8 – **65 Zim** 61/69 – 69/73.
• Der moderne Zweckbau beherbergt ebensolche Zimmer, die funktionell gestaltet und auf die Bedürfnisse von Geschäftsreisenden zugeschnitten sind. Farbenfroh gestaltetes Restaurant, in dem Künstler immer gerne ihre Bilder ausstellen.

Rebstock, Eppinger Str. 43 (Ecke Ludwigsburger Str.), ⊠ 74080, ℘ (07131) 6 42 05 60, Fax (07131) 6420561, 😀
geschl. Jan. 2 Wochen, über Pfingsten 2 Wochen, Montag - Dienstag – **Menu** 26 à la carte 28/36.
• Schmackhafte regionale Küche und einige bayerische Gerichte finden sich auf der Karte dieses netten Restaurants mit Steinfußboden, Holzbalkendecke und schön gedeckten Tischen.

671

In Heilbronn-Sontheim über ④ und Sontheimer Straße :

🏠 **Altes Theater**, Lauffener Str. 2, ✉ 74081, ☏ (07131) 5 92 20, info@altes-theater.de, Fax (07131) 592244, 🍴, (Kleinkunstbühne mit Theater- und Varieté-Aufführungen) – ✶ Zim, TV 📞 🅿 🅰🅴 ⓘ ⓜⓢ VISA – **Menu** (geschl. 1. - 15. Jan., Montag - Dienstag) (nur Abendessen) (Tischbestellung ratsam) à la carte 25/35 – **14 Zim** ⌓ 76 – 91.
♦ Eine einzigartige Synthese aus Gastronomie, Hotel, Kleinkunst und Kultur findet man hier unter einem Dach. Die Zimmer sind hübsch im Designerstil eingerichtet. Restaurant und Theatersaal in einem - an der Decke funkeln glitzernde Sternchen.

HEILBRONN

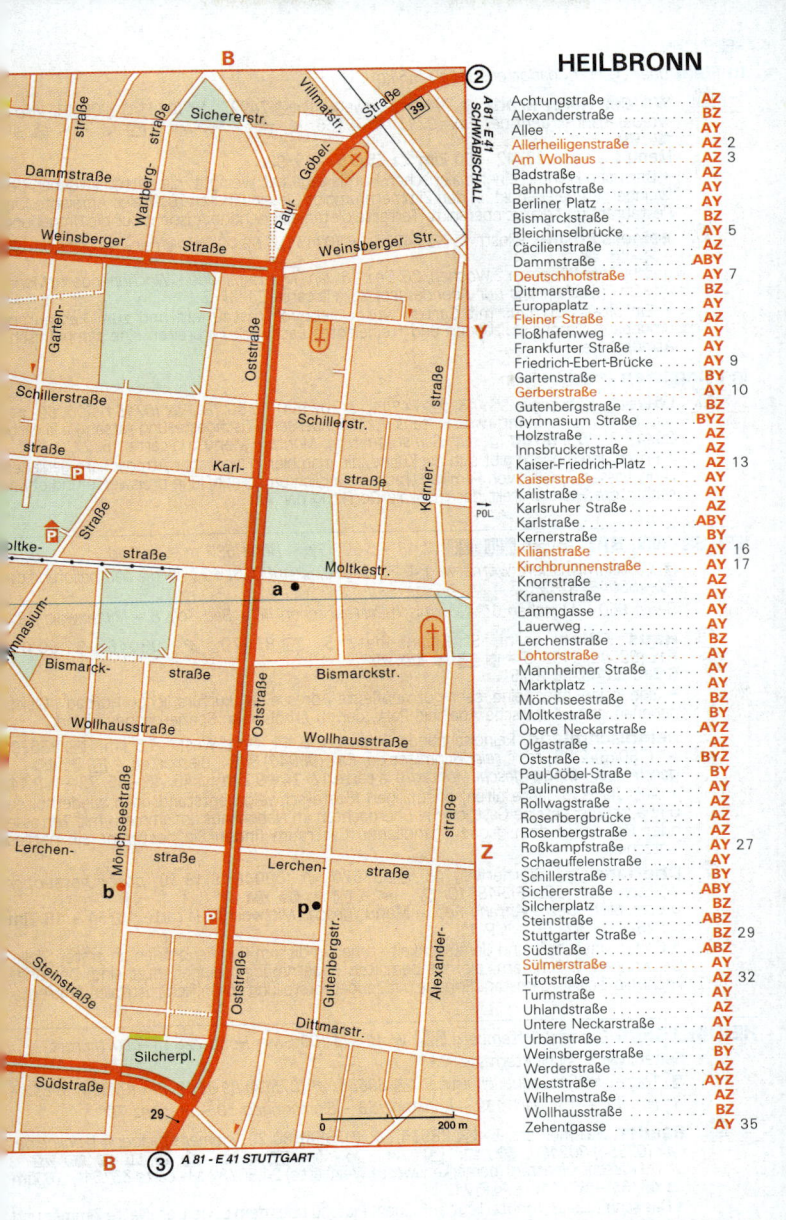

Straße	Ref	Nr
Achtungstraße	AZ	
Alexanderstraße	BZ	
Allee	AY	
Allerheiligenstraße	AZ	2
Am Wolhaus	AZ	3
Badstraße	AZ	
Bahnhofstraße	AY	
Berliner Platz	AY	
Bismarckstraße	BZ	
Bleichinselbrücke	AY	5
Cäcilienstraße	AZ	
Dammstraße	ABY	
Deutschhofstraße	AY	7
Dittmarstraße	BZ	
Europaplatz	AY	
Fleiner Straße	AZ	
Floßhafenweg	AY	
Frankfurter Straße	AY	
Friedrich-Ebert-Brücke	AY	9
Gartenstraße	BY	
Gerberstraße	AY	10
Gutenbergstraße	BZ	
Gymnasium Straße	BYZ	
Holzstraße	AZ	
Innsbruckerstraße	AZ	
Kaiser-Friedrich-Platz	AZ	13
Kaiserstraße	AY	
Kalistraße	AY	
Karlsruher Straße	AZ	
Karlstraße	ABY	
Kernerstraße	BY	
Kilianstraße	AY	16
Kirchbrunnenstraße	AY	17
Knorrstraße	AZ	
Kranenstraße	AY	
Lammgasse	AY	
Lauerweg	AY	
Lerchenstraße	BZ	
Lohtorstraße	AY	
Mannheimer Straße	AY	
Marktplatz	AY	
Mönchseestraße	BZ	
Moltkestraße	BY	
Obere Neckarstraße	AYZ	
Olgastraße	AZ	
Oststraße	BYZ	
Paul-Göbel-Straße	BY	
Paulinenstraße	AY	
Rollwagstraße	AZ	
Rosenbergbrücke	AZ	
Rosenbergstraße	AZ	
Roßkampfstraße	AY	27
Schaeuffelenstraße	AY	
Schillerstraße	BY	
Sichererstraße	ABY	
Silcherplatz	ABZ	
Steinstraße	ABZ	
Stuttgarter Straße	BZ	29
Südstraße	ABZ	
Sülmerstraße	AY	
Titotstraße	AZ	32
Turmstraße	AY	
Uhlandstraße	AZ	
Untere Neckarstraße	AY	
Urbanstraße	AZ	
Weinsbergerstraße	BY	
Werderstraße	AZ	
Weststraße	AYZ	
Wilhelmstraße	AZ	
Wollhausstraße	BZ	
Zehentgasse	AY	35

✂ **Piccolo Mondo,** Hauptstr. 9, ✉ 74081, ✆ (07131) 25 11 33, Fax (07131) 257307, 🍴 – AE ① ⓂⓈ VISA
geschl. über Fasching 1 Woche, Mitte - Ende Aug. – **Menu** (italienische Küche) à la carte 24/36.
♦ Fans von Pizza und Pasta kommen hier auch auf ihre Kosten! Für die Anhänger anderer italienischer Leckerbissen gibt es eine Wochenkarte mit schmackhaften Alternativen.

HEILBRONN

In Flein über ④ und Charlottenstraße : 5,5 km :

Wo der Hahn kräht, Altenbergweg 11, ⌧ 74223, ℰ (07131) 5 08 10, info@wo-der-hahn-kraeht.de, Fax (07131) 508166, ≤, 舘 – ⇥ Zim, TV ✆ 🅿 – 🛇 4
Menu à la carte 25/42 – **50 Zim** ⊇ 65/75 – 85/92.
♦ Der Hahn kräht in einer malerischen Hotelanlage mit Weingut, die mitten zwischen den Weinbergen gelegen ist. In den Zimmern umgibt Sie ein ländlich-rustikales Ambiente. Das Restaurant und die weinberankte Terrasse bieten eine schöne Aussicht auf die Umgebung.

Reiners Rosine, Bildstr. 6, ⌧ 74223, ℰ (07131) 3 09 09, info@reiners-rosine.de, – ⇥ 🅿 ℘
geschl. über Pfingsten 2 Wochen, 26. Dez. - 6. Jan., Montag, jedes 1. Wochenende im Monat – **Menu** (wochentags nur Abendessen) 25 à la carte 23/37 ♀.
♦ Ein altes Dorfhaus mit Garten wurde liebevoll restauriert und zum Restaurant umgebaut. Schöne Holzböden und freigelegtes Fachwerk verbreiten eine sympathische Atmosphäre.

In Leingarten über ⑤ : 7 km :

Löwen, Heilbronner Str. 43, ⌧ 74211, ℰ (07131) 40 36 78, Fax (07131) 900060, 舘
geschl. Montag – **Menu** (wochentags nur Abendessen) (Tischbestellung ratsam) à la carte 29/47 ♀ – **Dorfkrug** (geschl. Samstagmittag, Montag) **Menu** à la carte 16/27.
♦ Frisch und modern gibt sich die Küche, die man hier in ländlicher Atmosphäre genießen kann. Lassen Sie sich von Familie Straub freundlich umsorgen. Eine preiswerte und etwas schlichtere Einkehr stellt der rustikale Dorfkrug dar.

HEILBRUNN, BAD — Bayern 419 420 W 18 – 3 600 Ew – Höhe 682 m – Heilbad.

🛈 Gästeinformation, Wörnerweg 4, ⌧ 83670, ℰ (08046) 3 23, info@bad-heilbrunn.de Fax (08046) 8239.
Berlin 650 – München 63 – Garmisch-Partenkirchen 46 – Bad Tölz 8 – Mittenwald 48.

Haus Kilian garni, St.-Kilians-Platz 5, ⌧ 83670, ℰ (08046) 91 69 01 Fax (08046) 916905 – 🛗 TV ✆ 🟊 🅥🟊 VISA
6 Zim ⊇ 45/50 – 75.
♦ Eine kleine, aber feine, sehr gut gepflegte Adresse im "kurfürstlichen Hofbad". Gleich nebenan ist der idyllische Adelheid-Park, der zu erholsamen Spaziergängen einlädt.

Reindlschmiede, Reindlschmiede 8 (an der B 11, Nord-West : 3,5 km), ⌧ 83670, ℰ (08046) 2 85, res@reindlschmiede.de, Fax (08046) 8484, Biergarten – TV 🅿 🟊
geschl. Feb. – **Menu** (geschl. Montag) à la carte 12/24 – **9 Zim** ⊇ 40/46 – 66/72 – ½ P 14.
♦ Aus der 350 Jahre alten, ehemaligen Klosterschweige entstand nach wiederholten Umbauten der jetzige Gasthof. Sie übernachten im Nebenhaus, in Zimmern mit Terrasse oder Balkon. In dem großen, ländlichen Gastraum finden Sie bestimmt ein nettes Plätzchen.

Oberland, Wörnerweg 45, ⌧ 83670, ℰ (08046) 9 18 30, post@hotel-oberland.com, Fax (08046) 918310, 舘, ➾, 🞔 – TV 🅿 🟊 VISA
geschl. Mitte Dez. - Anfang Feb. – **Menu** (geschl. Mittwoch) à la carte 16/34 – **18 Zim** ⊇ 26/43 – 52/76 – ½ P 11.
♦ Gastfreundschaft und Gemütlichkeit stehen in diesem Familienbetrieb an erster Stelle. Sie wohnen in Zimmern, die mit bemalten Bauernmöbeln eingerichtet sind. Der Chef kocht hier selbst ! Samstags Fondue mit Zaubervorstellung im ländlich-rustikalen Ambiente.

HEILIGENBERG — Baden-Württemberg 419 W 11 – 3 100 Ew – Höhe 726 m – Luftkurort.

Sehenswert : Schloßterrasse ≤★.

🛈 Tourist-Information, Schulstr. 5, ⌧ 88633, ℰ (07554) 99 83 12, Fax (07554) 998329.
Berlin 718 – Stuttgart 139 – Konstanz 36 – Sigmaringen 38 – Bregenz 70.

Baader, Salemer Str. 5, ⌧ 88633, ℰ (07554) 80 20, clemens.baader@t-online.de, Fax (07554) 802100, 舘, ≦s, 🞔, ➾ – ⇥ Zim, TV ✆ 🅿 – 🛇 25. AE ⓪ 🟊 VISA
Menu (geschl. Dienstag) (bemerkenswerte Weinkarte) 24,50/82 à la carte 33/51 – **16 Zim** ⊇ 45/63 – 80/112 – ½ P 21.
♦ Das schmucke Berghotel liegt auf einem Plateau über dem Bodensee. Nette Zimmer und die schöne Landschaft schaffen den Rahmen für einen erholsamen Aufenthalt. Das Restaurant zeigt eine klassische Linie mit komfortablen Polsterstühlen und dezenter Dekoration.

Restaurant de Weiss im Hohenstein, Postplatz 5, ⌧ 88633, ℰ (07554) 7 65, Fax (07554) 765, 🅿
geschl. Mitte Jan. - Mitte Feb., Donnerstag – **Menu** 23/28,50 à la carte 20/52.
♦ Das Besondere an dem historischen Stadthaus ist nicht nur das gute Essen, sondern auch die Bilder der Chefin, die überall im Gastraum eine künstlerische Note verbreiten.

HEILIGENBERG

n Heiligenberg-Betenbrunn *Ost : 3 km :*

🏠 **Landgasthof zur Post** (mit Gästehaus), Ortsstr. 17, ✉ 88633, ☏ (07554) 9 98 80, froeman@landgasthof-neue-post.de, Fax (07554) 998825, 🍴 – 📺 🅿 ⓜ 𝕍𝕀𝕊𝔸
geschl. Nov. 3 Wochen – **Menu** *(geschl. Mittwoch)* à la carte 14/24 – **10 Zim** 🍽 29/35 – 55/60.
♦ Klein und beschaulich ist der Wallfahrtsort Betenbrunn, in dem der Gasthof und das Gästehaus Altes Schulhaus beheimatet sind. Die Zimmer sind einfach, aber praktisch. In der Gaststube wird deftige und bodenständige Kost aufgetischt. Ländliche Einrichtung!

n Heiligenberg-Steigen *West : 2 km :*

🏠 **Hack** , Am Bühl 11, ✉ 88633, ☏ (07554) 86 86, gasthaus-hack@t-online.de, Fax (07554) 8369, ≤, 🍴, 🌳 – 📺 🅿
geschl. Ende Jan. - Mitte Feb., Ende Okt. - Mitte Nov. – **Menu** *(geschl. Montag - Dienstag)* 25 à la carte 16/28,50 – **11 Zim** 🍽 40/50 – 62/70 – ½ P 13.
♦ Dieses Haus liegt am Fuße des Heiligenbergs. Der Blick reicht über das Salemer Tal, bis zum Bodensee und den Alpen. In den Zimmern wird man nett und solide untergebracht. Im Gastraum, der mit hellem Holz gestaltet wurde, fühlt man sich heimisch.

HEILIGENHAFEN *Schleswig-Holstein* 415 416 C 16 – 9 200 Ew – Höhe 3 m – Ostseeheilbad.
🛈 Tourist-Information, Bergstr. 43, ✉ 23774, ☏ (04362) 9 07 20, Fax (04362) 3938.
Berlin 331 – Kiel 67 – *Lübeck* 77 – Puttgarden 24.

🏠 **Luise's Sporthotel** garni, Hermann-Löns-Str. 7, ✉ 23774, ☏ (04362) 70 10, info@luises-sporthotel.de, Fax (04362) 5852, ≤, 🛌, 🍴, 🏊, 🌳 – 📺 🅿 ⓜ 𝕍𝕀𝕊𝔸
geschl. Dez. 2 Wochen – **23 Zim** 🍽 42/72 – 84/92.
♦ Man kann hier einen schönen Blick auf die Ostsee genießen. Verschiedene Boote und Wassersportgeräte stehen für Gäste bereit. Die Zimmer haben alle Balkon oder Terrasse.

✗✗ **Weberhaus**, Kirchenstr. 4, ✉ 23774, ☏ (04362) 28 40, weberhaus@aol.com, Fax (04362) 900180 – 𝔸𝔼 ⓜ 𝕍𝕀𝕊𝔸
geschl. Feb., Montag – **Menu** *(Jan. - April Dienstag - Freitag nur Abendessen)* à la carte 23,50/31.
♦ Das kleine Stadthaus wurde um 1620 erbaut und befindet sich in der Ortsmitte. Die moderne Einrichtung bildet einen lebhaften Kontrast zum alten Gemäuer. Bodenständige Küche!

✗ **Zum Alten Salzspeicher**, Hafenstr. 2, ✉ 23774, ☏ (04362) 28 28, info@restaurantsalzspeicher.de, Fax (04362) 6326, 🍴
geschl. Nov. 2 Wochen, März - April und Sept. - Okt. Dienstag, Nov. - Feb. Dienstag - Mittwoch – **Menu** à la carte 20/35.
♦ Das alte Speichergebäude a. d. 16. Jh. wurde behutsam und mit viel handwerklichem Geschick vor dem Verfall gerettet. Man serviert eine bürgerliche Küche mit viel Fisch!

HEILIGENHAUS *Nordrhein-Westfalen* 417 M 4 – 28 900 Ew – Höhe 174 m.
Berlin 549 – *Düsseldorf* 30 – Essen 22 – Wuppertal 25.

🏨 **Waldhotel** M , Parkstr. 38, ✉ 42579, ☏ (02056) 59 70, waldhotel-heiligenhaus@t-online.de, Fax (02056) 597260, 🍴, 🛌, ≋ Zim, 📺 ☎ 🚗 🅿 – 🛎 50. 𝔸𝔼 ⓄD
ⓜ 𝕍𝕀𝕊𝔸. ✽ Rest
Menu à la carte 24/44 – **78 Zim** 🍽 98/151 – 142/192, 3 Suiten.
♦ Unter hochgewachsenen Bäumen liegt diese stilvolle Residenz. In allen Räumlichkeiten und Zimmern dieses Hotels herrscht gediegene und individuelle Wohnkultur. Eine hübsche Gartenterrasse mit Pavillon ergänzt das neuzeitlich gehaltene Restaurant.

✗✗ **Kuhs-Deutscher Hof**, Velberter Str. 146 *(Ost : 2 km)*, ✉ 42579, ☏ (02056) 65 28, Fax (02056) 68513 – 🅿
geschl. Juli - Aug. 4 Wochen, Montag - Dienstag – **Menu** à la carte 21/33.
♦ Bereits in der fünften Generation pflegt man hier die bergische Gastlichkeit. Das breitgefächerte Angebot an gutbürgerlichen Speisen bietet für jeden Appetit das Passende.

HEILIGENSTADT *Bayern* 420 Q 17 – 2 000 Ew – Höhe 367 m.
Berlin 394 – München 231 – *Coburg* 70 – Bayreuth 36 – Nürnberg 60 – Bamberg 24.

🏠 **Heiligenstadter Hof**, Marktplatz 9, ✉ 91332, ☏ (09198) 7 81, Fax (09198) 8100, 🍴 – 📺 🅿 – 🛎 40. ⓜ
Menu *(geschl. Anfang Feb. 2 Wochen, Okt. - April Montag)* à la carte 12/22 – **24 Zim** 🍽 31/35 – 46/56.
♦ Am Marktplatz des Örtchens befindet sich dieses historische Haus mit modernem Anbau. Im alten Gebäudeteil finden sich noch freigelegte Stuckmalereien und Holzdecken. Im Restaurant sorgt ein Kachelofen für gemütliche Stimmung.

HEILIGENSTADT

In Heiligenstadt-Veilbronn Süd-Ost : 3 km – Erholungsort :

Sponsel-Regus (mit -Anbau), ⊠ 91332, ℘ (09198) 9 29 70, sponsel-regu@t-online.de, Fax (09198) 1483, 🍴, ≘s, 🔲, 🐎, – ⚑, ⚑ Rest, 🔲 ⇔ 🅿 – 🛎 5
geschl. 10. Jan. - 20. Feb. – **Menu** (geschl. Dienstagmittag) à la carte 12/19 – **56 Zim**
⊇ 27/55 – 46/62 – ½ P 8.
• Charmant wurde hier immer wieder Neues mit Traditionellem verbunden. Reservieren Sie Ihr Zimmer in einem der neuen Gebäudeteile, hier wohnen Sie Komfortabler. Die Gaststube wurde neu renoviert und zeigt sich nun im neo-rustikalen Stil mit Kachelofen.

HEILIGENSTADT Thüringen 418 L 14 – 17 100 Ew – Höhe 250 m – Heilbad.

🛈 Tourist-Information, Wilhelmstr. 50, ⊠ 37308, ℘ (03606) 67 71 41, Fax (03606) 677140.
Berlin 315 – Erfurt 96 – Kassel 59 – Göttingen 38 – Bad Hersfeld 93.

Stadthotel, Dingelstädter Str. 43, ⊠ 37308, ℘ (03606) 66 60, stadthotel@heiligestadt.de, Fax (03606) 666222, 🍴, – 🔲 📞 🅿 – 🛎 20. 🅴🅾 VISA
Menu (geschl. Samstagmittag) à la carte 17/29 – **24 Zim** ⊇ 50 – 75.
• Im Geburtsort Tilman Riemenschneiders finden Sie dieses Stadthotel mit seiner weißen Fassade. Geräumige Zimmer versprechen einen bequemen Aufenthalt. Gediegen Mahagonimöbel und schön gedeckte Tische bilden den passenden Rahmen für ein Abendessen.

HEILIGKREUZSTEINACH Baden-Württemberg 417 419 R 10 – 2 900 Ew – Höhe 280 m – Erholungsort.

Berlin 632 – Stuttgart 119 – Mannheim 40 – Heidelberg 21.

In Heiligkreuzsteinach - Eiterbach Nord : 3 km :

Goldener Pflug, Ortsstr. 40, ⊠ 69253, ℘ (06220) 85 09, info@goldener-pflug.de, Fax (06220) 74 80, 🍴, – 🅿. 🅰🅴 🅾 🅾 VISA
geschl. Montag - Dienstag – **Menu** (Mittwoch - Freitag nur Abendessen) (Tischbestellung ratsam) 59/77 à la carte 43/58.
• Der besondere Reiz dieser gastlichen Adresse liegt im Zusammenspiel von rustikal elegantem Ambiente und klassischem französischem Kochstil mit regionalen Einflüssen.

HEIMBACH Nordrhein-Westfalen 417 O 3 – 4 600 Ew – Höhe 241 m – Luftkurort.

🛈 Verkehrsamt, Seerandweg 3, ⊠ 52396, ℘ (02446) 8 08 18, info@heimbach-eifel.de, Fax (02446) 80888.
Berlin 634 – Düsseldorf 91 – Aachen 64 – Düren 26 – Euskirchen 26.

Klostermühle, Hengebachstr. 106a, ⊠ 52396, ℘ (02446) 8 06 00, mail@hotel-klostermuehle.de, Fax (02446) 8060500, 🍴, ≘s, – ⚑ 🔲 📞 🅿 – 🛎 100. 🅾 VISA. ⚑ Zim
geschl. 2. - 31. Jan. – **Menu** à la carte 21/36 – **49 Zim** ⊇ 46/64 – 64/76 – ½ P 14.
• Früher wurde die Wassermühle von den Mönchen der Trappistenabtei genutzt – heute findet der Reisende hier geschmackvolle, dem historischen Bauwerk angepaßte Zimmer. Blickfang des Restaurants sind die an den Wänden angebrachten Klostermotive.

In Heimbach-Hasenfeld West : 1,5 km :

Haus Diefenbach, Bürgermeister Str. 44, ⊠ 52396, ℘ (02446) 31 00, Fax (02446) 3825, ≤, ≘s, 🔲, 🐎, – 🅿. ⚑
geschl. Mitte Nov. - 27. Dez. – **Menu** (nur Abendessen) (Restaurant nur für Hausgäste) – **14 Zim** ⊇ 38/47 – 65/81 – ½ P 9.
• Das Haus mit dem Pensionscharakter liegt am Waldsüdhang mit Aussicht auf das Jugendstilkraftwerk. Die Zimmer sind mit Eichenmöbeln bestückt und haben teilweise Balkon.

Landhaus Weber mit Zim, Schwammenaueler Str. 8, ⊠ 52396, ℘ (02446) 2 22, Fax (02446) 3850, 🍴, ≘s, 🐎, – 🔲 ⇔ ⚑
Menu (geschl. Dienstag - Mittwoch) (wochentags nur Abendessen) à la carte 26/42 ♀ – **11 Zim** ⊇ 36/44 – 57/74 – ½ P 17.
• Mit freundlichen Farben und netten Accessoires ist das Restaurant geschmackvoll gestaltet worden. Aus der Küche kommt frisch zubereitete, international ausgerichtete Kost.

HEIMBUCHENTHAL Bayern 417 419 Q 11 – 2 100 Ew – Höhe 171 m – Erholungsort.

Berlin 565 – München 346 – Würzburg 66 – Aschaffenburg 19.

Lamm (mit Gästehäusern), St.-Martinus-Str. 1, ⊠ 63872, ℘ (06092) 94 40, info@hotel-lamm.de, Fax (06092) 944100, 🍴, ≘s, 🔲, 🐎, – ⚑ 🅿 – 🛎 80. ⚑ Zim
Menu à la carte 15/36 – **66 Zim** ⊇ 46/53 – 83/120 – ½ P 8.
• Ein solider, gewachsener Gasthof, dessen Herzstück das ländliche Haupthaus ist. Es gibt verschieden ausgestattete Zimmer : von rustikal bis modern, ganz nach Geschmack ! Zeitlos eingerichtet und dezent dekoriert, macht das Restaurant einen einladenden Eindruck.

HEIMBUCHENTHAL

Panoramahotel Heimbuchenthaler Hof M (mit Gästehaus), Am Eichenberg 1, ✉ 63872, ℘ (06092) 60 70, info@panoramahotel.de, Fax (06092) 6802, ≤, 佘, ≦s, ⬜, 쯗, ✗ - ⌽ 🖵 ⇔ 🅿 - 🛆 40. AE ⓞ ◉ VISA. ✗
Menu à la carte 15/34 – **35 Zim** ⊇ 49/64 – 90 – ½ P 10.
♦ Von den unterschiedlich geschnittenen und modernen Zimmern sind einige besonders kinderfreundlich. Von den meisten hat man eine wunderbaren Ausblick in das Elsavatal. Das rustikale Landhaus-Restaurant ist relativ groß, bietet aber nette Nischen zum Verweilen.

Zum Wiesengrund ✽, Elsavastr.9, ✉ 63872, ℘ (06092) 15 64, wiesengrund@advisor.de, Fax (06092) 6977, 佘, 𝒘, ⇔ - 🆃🆅 🅿 - 🛆 30. ◉ VISA
geschl. 13. Jan. - 3. Feb. – **Menu** à la carte 16/31 – **25 Zim** ⊇ 39/40 – 71/75.
♦ In einer Seitenstraße finden Sie das Haus mit den hübschen Holzbalkonen. Rustikale Möbel aus hellem Naturholz geben den Räumen einen gemütlichen Charakter. Im ländlichen Stil, teilweise mit Zirbelholz verkleidet, zeigt sich der gastronomische Bereich.

In Heimbuchenthal-Heimathen Süd-West : 1,5 km :

Heimathenhof ✽ (mit Gästehaus), ✉ 63872, ℘ (06092) 9 71 50, info@heimathenhof-online.de, Fax (06092) 5683, ≤, 佘, Wildgehege - ⇔ Zim, 🆃🆅 🅿. ◉ VISA. ✗ Zim
Menu à la carte 13/25 – **26 Zim** ⊇ 43/50 – 76/86.
♦ In der Nähe des romantischen Wasserschlosses Mespelbrunn liegt diese Herberge, die nach einer Renovierung großzügige und komfortable Zimmer anzubieten hat. Zeitlos eingerichtetes Restaurant, in dem auch Räumlichkeiten für Festivitäten zur Verfügung stehen.

HEIMSHEIM Baden-Württemberg ꧁419꧂ T 10 – 4 700 Ew – Höhe 390 m.
Berlin 645 – Stuttgart 31 – Karlsruhe 50 – Pforzheim 21 – Sindelfingen 28.

Hirsch (mit Gästehäusern), Hirschgasse 1, ✉ 71296, ℘ (07033) 5 39 90, info@hirsch-heimsheim.de, Fax (07033) 539929 - ⇔ Zim, 🆃🆅 🅿. ◉ VISA
geschl. Ende Dez. - Mitte Jan. – **Menu** (geschl. Mittwochmittag, Samstagmittag) à la carte 20/36 – **30 Zim** ⊇ 43/58 – 64/80.
♦ Unterhalb der Stadtkirche, eingebettet in gewachsene dörfliche Umgebung, liegt der Hirsch. Entspannen Sie in einem der hell möblierten, behaglich eingerichteten Zimmer! Schlicht und einfach, aber gepflegt gibt sich die Gaststube.

HEINSBERG Nordrhein-Westfalen ꧁417꧂ M 2 – 40 000 Ew – Höhe 45 m.
Berlin 617 – Düsseldorf 69 – Aachen 36 – Mönchengladbach 33 – Roermond 20.

In Heinsberg-Randerath Süd-Ost : 8 km :

Burgstuben - Residenz (Hensen), Feldstr. 50, ✉ 52525, ℘ (02453) 8 02, info@burgstuben-residenz.de, Fax (02453) 3526, 佘 – 🅿. ◉ VISA
geschl. Juni - Juli 3 Wochen, Montag - Dienstag – **Menu** (wochentags nur Abendessen) (Tischbestellung ratsam) à la carte 42/61.
♦ In vornehmen hellen Tönen ist das Interieur dieser kulinarischen Stätte gehalten. Die angebotene klassische Küche findet in dem eleganten Ambiente ihre Entsprechung.
Spez. Loup de mer mit Pfifferlingnage. Medaillons vom Rehrücken mit Cassisjus und Selleriepüree. Parfait von drei Schokoladen.

In Heinsberg-Unterbruch Nord-Ost : 3 km :

Altes Brauhaus, Wurmstr. 4, ✉ 52525, ℘ (02452) 6 10 35, Fax (02452) 67486, 佘. AE ⓞ ◉ VISA
geschl. Montag – **Menu** à la carte 27,50/44.
♦ Eine kostbar geschnitzte Täfelung a. d. 16. Jh. bestimmt den rustikal-eleganten Rahmen der historischen Restauranträume. Schön : die Innenhofterrasse.

HEITERSHEIM Baden-Württemberg ꧁419꧂ W 6 – 4 700 Ew – Höhe 254 m.
Berlin 821 – Stuttgart 223 – Freiburg im Breisgau 23 – Basel 48.

Landhotel Krone, Hauptstr. 12, ✉ 79423, ℘ (07634) 5 10 70, info@landhotel-krone.de, Fax (07634) 510766, 佘, 𝒘 – ⇔ Zim, 🆃🆅 ⇔ 🅿 – 🛆 25
Menu (geschl. Dienstag - Mittwochmittag) à la carte 22,50/43 – **27 Zim** ⊇ 52/74 – 78/110.
♦ "Schöne Träume in fremden Betten" werden Sie hier bestimmt erleben, denn die Zimmer sind ausnahmslos sehr wohnlich und mit schweren französischen Möbeln bestückt. Behagliche Restauranträume mit historischem Gewölbekeller.

HELGOLAND (Insel) Schleswig-Holstein 415 D 7 – 1 700 Ew – Höhe 5 m – Seebad – Zollfreies Gebiet, Autos nicht zugelassen.

Sehenswert : Felseninsel** aus rotem Sandstein in der Nordsee.

⛴ von Cuxhaven, Bremerhaven, Wilhelmshaven, Benserstel, Büsum und Ausflugsfahrter von den Ost- und Nordfriesischen Inseln.

🛈 Helgoland-Touristic, Rathaus, Lung Wai 28, ✉ 27498, ℘ (04725) 81 37 11, Fax (04725) 813725.

Auskünfte über Schiffs- und Flugverbindungen, ℘ (04725) 81 37 13, Fax (04725) 813725 ab Fähranleger Cuxhaven : Berlin 419 – Hannover 223 – Cuxhaven 2.

Auf dem Unterland :

🏨 **Atoll** M, Lung Wai 27, ✉ 27498, ℘ (04725) 80 00, info@atoll.de, Fax (04725) 800444, ≤, 🌿, 🛐, 😊, 🔲 – 🛗, ⇌ Zim, 📺 ✆ – 🚗 50. AE ⓜ VISA
atoll seafood (geschl. Nov. - März Montag - Dienstag) (nur Abendessen) **Menu** à la carte 34/51 – **Bistro** : Menu à la carte 18/29 – **50 Zim** ⇆ 120/130 – 145/165 – ½ P 33.
◆ Einzigartig in seinem minimalistischen und maritim geprägten Stil präsentiert sich das Design-Hotel. Wählen Sie zwischen klassischen und futuristischen Zimmern. Die Atmosphäre im atoll seafood ist Ausdruck durchgestylter Individualität.

🏨 **Insulaner** 🌿, Am Südstrand 2, ✉ 27498, ℘ (04725) 8 14 10, info@insulaner.com, Fax (04725) 814181, ≤, 🌿, Massage, 🛐, 😊, 🚗 – 📺 ✆ ✽ Rest
Galerie (im Winter nur Abendessen) Menu à la carte 24/43 – **36 Zim** ⇆ 49/94 – 96/144 – ½ P 18.
◆ Das Hotel der Familie Rickmers liegt an der Promenade und bietet komfortable Zimmer mit See- oder Gartenblick. Die Zimmer im Parterre haben eine eigene Terrasse. Mit Gemälden und Skulpturen aus Holz und Metall wirkt das Restaurant einladend.

🏨 **Seehotel** 🌿 garni, Lung Wai 23, ✉ 27498, ℘ (04725) 8 13 10, seehotel-helgoland@web.de, Fax (04725) 813118, ≤, 🌿 – 📺 AE ⓜ VISA
16 Zim ⇆ 53/80 – 85/112.
◆ Gegenüber der Landungsbrücke befindet sich das Hotel, dessen praktisch eingerichtete Zimmer größtenteils über Balkon und Panoramablick auf Reede und Hafen verfügen.

🏨 **Hanseat** garni, Am Südstrand 21, ✉ 27498, ℘ (04725) 6 63, hanseat.nickels@t-online.de, Fax (04725) 7404, ≤ – 📺 ✽
April - Okt. - **20 Zim** ⇆ 51/92 – 94/107.
◆ Strahlend weiß empfängt das schmucke Haus seine Besucher an der Landungsbrücke. Auch innen ist alles hell und freundlich gestaltet und teilweise im Designerstil eingerichtet.

HELLENTHAL Nordrhein-Westfalen 417 O 3 – 8 800 Ew – Höhe 420 m.

🛈 Verkehrsamt, Rathausstr. 2, ✉ 53940, ℘ (02482) 8 51 15, Fax (02482) 85114.
Berlin 645 – Düsseldorf 109 – Aachen 56 – Düren 44 – Euskirchen 36.

🏨 **Pension Haus Berghof** 🌿, Bauesfeld 16, ✉ 53940, ℘ (02482) 71 54, Fax (02482) 606209, ≤, 🚗 – P. ✽ Rest
Menu (nur Abendessen) (Restaurant nur für Hausgäste) – **12 Zim** ⇆ 33 – 54 – ½ P 9.
◆ In sonniger Südhanglage finden Sie die perfekt gepflegte und familiär geführte Pension. Die modern und solide möblierten Zimmer verfügen alle über Terrasse oder Balkon.

In Hellenthal-Hollerath Süd-West : 5,5 km : – Wintersport : 600/690 m ≰1 ✦ :

🏨 **Hollerather Hof**, Luxemburger Str. 44 (B 265), ✉ 53940, ℘ (02482) 71 17, eklode @t-online.de, Fax (02482) 7834, ≤, 🌿, 😊, 🔲, 🚗 – 📺 ⇌ P. ⓜ VISA
geschl. Nov. 3 Wochen – **Menu** à la carte 13,50/30 – **11 Zim** ⇆ 31/39 – 49/70 – ½ P 12.
◆ Im typischen Eifelstil, mit Bruchstein und Fachwerk, ist dieses Hotel gebaut worden. Die Zimmer sind unterschiedlich geschnitten und mit Eiche oder Kirschbaum möbliert. Rustikalländlich eingerichtete Gaststube.

HELLWEGE Niedersachsen siehe Rotenburg (Wümme).

HELMBRECHTS Bayern 418 420 P 19 – 10 800 Ew – Höhe 615 m – Wintersport : 620/725 m ✦.

Berlin 320 – München 277 – Hof 25 – Bayreuth 43.

🏨 **Deutsches Haus**, Friedrichstr. 6, ✉ 95233, ℘ (09252) 10 68, info@deutscheshaus-helmbrechts.de, Fax (09252) 6011, 🚗 – 📺 P. ⓞ ⓜ VISA
Menu (geschl. Ende Okt. - Anfang Nov. 1 Woche, Samstag - Sonntag) à la carte 13,50/23 – **13 Zim** ⇆ 39 – 59/65.
◆ Am östlichen Rand des Naturparks Frankenwald liegt diese schlichte Herberge, die Ihnen praktische Zimmer mit rustikaler Eichenmöblierung und netten Service offeriert. In der bürgerlich gestalteten Gaststube sorgen bunte Vorhänge für Auflockerung.

HELMSTADT Bayern 419 420 Q 13 – 2 700 Ew – Höhe 300 m.
Berlin 519 – München 299 – Würzburg 23 – Bamberg 117 – Heilbronn 100.

Zur Krone, Würzburger Str. 23, ⌧ 97264, ℘ (09369) 9 06 40, krone_helmstadt@t-online.de, Fax (09369) 906440, Biergarten – ⚡ Zim, 📺 ✆ 🅿 – 🔒 20. AE MC VISA
Menu (geschl. Dienstagmittag) à la carte 12,50/26 – **26 Zim** ⌧ 50/60 – 70/80.
♦ Dies ist ein Landgasthof, wie man ihn sich vorstellt! Wohnliche Zimmer, die mit Naturholzmöbeln und Sitzecken bestückt sind, laden zum Verweilen ein. Das Restaurant ist einer alpenländischen Stube nachempfunden.

HELMSTEDT Niedersachsen 416 418 J 16 – 26 000 Ew – Höhe 110 m.
Sehenswert : *Juleum*★.
Ausflugsziel : *Gedenkstätte Deutsche Teilung Marienborn*★ *(Ost : 4 km)*.
🏌 Schöningen, Klostergut (Süd : 12 km), ℘ (05352) 16 97.
🛈 Fremdenverkehrsamt, Rathaus, Markt 1 (Eingang Holzberg), ⌧ 38350, ℘ (05351) 1 73 33, tourismus@stadt-helmstedt.de, Fax (05351) 17370.
Berlin 190 – Hannover 96 – Magdeburg 52 – Braunschweig 41 – Wolfsburg 30.

Holiday Inn Garden Court 🅼, Chardstr. 2, ⌧ 38350, ℘ (05351) 12 80, hlmge@t-online.de, Fax (05351) 128128, ≋ – 📶, ⚡ Zim, 📺 ✆ 🛏 ⇔ 🅿 – 🔒 60. AE ① MC VISA JCB
Menu (nur Abendessen) à la carte 15/31 – ⌧ 12 – **61 Zim** 80 – 92.
♦ Die Zimmer in diesem modernen Hotel sind einheitlich mit hellen Möbeln und Dekorationsstoffen in zurückhaltenden Beigetönen bestückt. Empfehlenswert : die gute Tagungstechnik ! Anlaufpunkt für Geschäftsessen oder private Dinner : der helle Restaurantbereich.

HEMMINGEN Niedersachsen siehe Hannover.

HEMSBACH Baden-Württemberg 417 419 R 9 – 13 000 Ew – Höhe 100 m.
Berlin 602 – Stuttgart 141 – Mannheim 28 – Darmstadt 40 – Heidelberg 25.

In Hemsbach-Balzenbach *Ost : 3 km* :

Der Watzenhof ⚘, ⌧ 69502, ℘ (06201) 7 00 50, watzenhof@t-online.de, Fax (06201) 700520, 🞯, – 📺 ⇔ 🅿 – 🔒 30. AE ① MC VISA. ⚡
geschl. Jan. – Menu (geschl. 20. - 28. Aug., Sonntagabend - Montagmittag) à la carte 22/44 – **13 Zim** ⌧ 65/85 – 85/110.
♦ Das teilweise mit Holz verkleidete Landhaus blickt auf eine lange Geschichte zurück. Nach vielen Umbauten bietet man heute behagliche, altdeutsch eingerichtete Zimmer. Gastlichkeit umgibt den Besucher bei der Einkehr in das gediegene Restaurant.

HENGERSBERG Bayern 420 T 23 – 7 500 Ew – Höhe 345 m – Erholungsort.
🛈 Touristinformation, Mimminger Str. 2, ⌧ 94491, ℘ (09901) 9 30 70, Fax (09901) 930740.
Berlin 573 – München 153 – Passau 40 – Landshut 79 – Regensburg 79.

Erika, Am Ohewehr 13, ⌧ 94491, ℘ (09901) 60 01, Fax (09901) 6762, 🞯 – ⚡ Zim, 📺 🅿 – 🔒 40. AE ① MC
Menu à la carte 16/26 – **26 Zim** ⌧ 34/39 – 47/62 – ½ P 10.
♦ Die Zimmer sind entweder mit rustikalen Eichenmöbeln oder mit neuzeitlichem, hellblauem Mobiliar praktisch ausgerüstet. Gleich nebenan kann man ins Ozon-Hallenbad eintauchen. Speisen können Sie im hellen und freundlich gestalteten Restaurant.

HENNEF (SIEG) Nordrhein-Westfalen 417 N 5 – 44 000 Ew – Höhe 70 m.
🏌 Hennef, Haus Dürresbach, Sövenerstr., ℘ (02242) 65 01 ; 🏌 Eitorf, Gut Heckenhof (Ost : 17 km), ℘ (02243) 9 17 60.
🛈 Tourist Information, Rathaus, Frankfurter Str. 97, ⌧ 53773, ℘ (02242) 1 94 33, info@hennef.de, Fax (02242) 888157.
Berlin 594 – Düsseldorf 75 – Bonn 18 – Limburg an der Lahn 89 – Siegen 75.

Stadt Hennef, Wehrstr. 46, ⌧ 53773, ℘ (02242) 9 21 30, Fax (02242) 921340, 🞯 – ⚡ Zim, 📺 🅿 AE MC VISA
Menu (nur Abendessen) à la carte 16/31 – **21 Zim** ⌧ 49/60 – 69/74.
♦ Etwas abseits vom Zentrum liegt dieses Fachwerkhaus, dessen Zimmer unterschiedlich eingerichtet sind, aber immer genügend Platz bieten und sehr gut unterhalten sind. In rustikal-gemütlichen Restauranträumen serviert man auch kroatische Spezialitäten.

HENNEF (SIEG)

Johnel, Frankfurter Str. 152, ⊠ 53773, ℰ (02242) 96 98 30, hoteljohnel@t-online.de
Fax (02242) 9698322 – 📶, ↔ Zim, 📺 📞 🅿 AE ⓘ ⓜⓞ VISA JCB. ⁂ Rest
Menu (geschl. 22. Dez. - 6. Jan., Freitagabend - Samstag) à la carte 13/28 – **35 Zim**
⇆ 47/51 – 66/71.
• Nach einem ereignisreichen Tag kann man hier in funktionell und trotzdem wohnlich eingerichteten Zimmern ein ruhiges Plätzchen finden, in dem man neue Energien auftankt. In den rustikalen Räumen des Kommödchen sitzen Gäste gerne.

Haus Steinen, Hanftalstr. 96, ⊠ 53773, ℰ (02242) 32 16, Fax (02242) 83209, ⌂
🅿 AE ⓜⓞ VISA
Menu (wochentags nur Abendessen) à la carte 26,50/41,50.
• Hell und elegant ist das Ambiente, in dem Sie Ihre gutbürgerliche Mahlzeit einnehmen. Besonders nett sitzt man im Wintergarten. Probieren Sie doch einmal eines der Menüs.

HENNIGSDORF Brandenburg 416 418 I 23 – 25 000 Ew – Höhe 45 m.

🏌 Stolpe, Am Golfplatz 1 (Nord-Ost : 3 km), ℰ (03303) 54 92 14.
Berlin 37 – Potsdam 59.

Mercure M, Fontanestr. 110, ⊠ 16761, ℰ (03302) 87 50, h1756@accor-hotels.com
Fax (03302) 875445, ⌂, ₤ஃ, ≋, – 📶, ↔ Zim, ▤ Rest, 📺 📞 & ⇆ 🅿 – 🛣 80. AE
ⓘ ⓜⓞ VISA
Menu à la carte 17/33 – ⇆ 13 – **112 Zim** 83/119 – 93/129.
• Komfort, Business und Wohlbefinden sind hier harmonisch vereint. Auf Schritt und Tritt begegnen einem angenehme Farben und wohnliche Einrichtungselemente. Modern-elegantes Restaurant mit luftigem Wintergarten, in dem Sie auch Kaffee trinken können.

HENNSTEDT KREIS STEINBURG Schleswig-Holstein 415 416 D 13 – 600 Ew – Höhe 30 m.
Berlin 349 – Kiel 53 – Hamburg 71 – Itzehoe 19.

Seelust ⌂, Seelust 6 (Süd : 1 km), ⊠ 25581, ℰ (04877) 6 77, seelust@t-online.de,
Fax (04877) 766, ≤, ⌂, ≋, 🔲 – 📺 🅿
Menu (geschl. Mitte Feb. - Mitte März, Dienstag) (Montag - Freitag nur Abendessen)
à la carte 19/29 – **13 Zim** ⇆ 50/60 – 70.
• Malerisch liegt diese kleine, verspielte Herberge an einem verwunschenen See. Die Zimmer sind eher einfach, tragen aber mit ihrer Behaglichkeit zum Charme des Hauses bei. Zwei unterteilte ländlich gestaltete Gaststuben sorgen für Gemütlichkeit beim Essen.

HENSTEDT-ULZBURG Schleswig-Holstein 415 416 E 14 – 26 000 Ew – Höhe 38 m.

🏌 Alvenslohe, Gut Kaden (West : 6 km), ℰ (04193) 9 92 90 ; 🏌 Kisdorferwohld, Am Waldhof 3 (Nord-Ost : 8 km), ℰ (04194) 9 97 40.
Berlin 314 – Kiel 68 – Hamburg 37 – Hannover 187 – Lübeck 56.

Im Stadtteil Henstedt :

Scheelke, Kisdorfer Str. 11, ⊠ 24558, ℰ (04193) 9 83 00, Fax (04193) 983040 – 📺
🅿 AE ⓜⓞ VISA
Menu (geschl. Juli, Mittwoch) à la carte 18,50/32,50 – **11 Zim** ⇆ 40/46 – 66/70.
• Hier im "hohen Norden" lernen Sie die holsteinische Gastlichkeit kennen. In den praktischen Zimmern können Sie sich bei persönlichem Service wie zu Hause fühlen. Hier stehen Ihnen eine rustikale Gaststube mit legerem Thekenbetrieb zur Verfügung.

HEPPENHEIM AN DER BERGSTRASSE Hessen 417 419 R 9 – 26 000 Ew – Höhe 100 m.
Sehenswert : Marktplatz★.
🛈 Fremdenverkehrsbüro, Großer Markt 3, ⊠ 64646, ℰ (06252) 1 31 71, Fax (06252) 13123.
Berlin 596 – Wiesbaden 69 – Mannheim 29 – Darmstadt 33 – Heidelberg 32 – Mainz 62.

Mercure M garni, Siegfriedstr. 1, ⊠ 64646, ℰ (06252) 12 90, h2839@accor-hotels .com, Fax (06252) 129100 – 📶 ↔ ▤ 📺 📞 & ⇆ – 🛣 45. AE ⓘ ⓜⓞ VISA
112 Zim ⇆ 94/100 – 115/121.
• Umgeben vom Kurmainzer Amtshof und der Peterskirche finden Sie das neuzeitliche Hotel mit den komfortablen und klimatisierten Räumen. Fragen Sie nach den Fachwerkzimmern !

Am Bruchsee ⌂, Am Bruchsee 1, ⊠ 64646, ℰ (06252) 96 00, info@bruchsee.de,
Fax (06252) 960250, ⌂, ≋, ⌇ – 📶, ↔ Zim, 📺 📞 ⇆ 🅿 – 🛣 130. AE ⓘ ⓜⓞ VISA
geschl. 27. - 30. Dez. – **Menu** à la carte 22/41 – **70 Zim** ⇆ 88/105 – 125/130.
• Gleich hinterm Haus beginnt das Naherholungsgebiet mit See. Man stellt seinen Gästen großzügige Übernachtungszimmer zur Verfügung, von denen die Hälfte Seeblick hat. Gepflegte Restauranträume und eine schöne Sonnenterrasse laden ein.

HEPPENHEIM AN DER BERGSTRASSE

🏠 **Goldener Engel** 🍴, Großer Markt 2, ✉ 64646, ℰ (06252) 25 63, info@goldener-engel-heppenheim.de, Fax (06252) 4071, 🌳, (Fachwerkhaus a.d.J. 1782) – 📺 🚗 🅿.
MC VISA
Menu à la carte 16,50/29,50 – **29 Zim** ⇌ 44/56 – 64/77.
♦ Mitten im historischen Stadtteil gelegen, verführt das schöne Fachwerkhaus mit solide eingerichteten Zimmern, die durch helle Eichenmöbel freundlich und einladend wirken. Die Gaststube hat ländlichen Charakter und ist in gemütliche Nischen unterteilt.

HERBOLZHEIM Baden-Württemberg 419 V 7 – 8 800 Ew – Höhe 179 m.
Berlin 777 – Stuttgart 178 – Freiburg im Breisgau 32 – Offenburg 36.

🏠 **Highway-Hotel** 📺 garni, Breisgauallee 6 (nahe der BAB, im Autohof), ✉ 79336, ℰ (07643) 93 50, highway-hotel@europa-park.com, Fax (07643) 9351380, 🛎 – 🛗 ⚙
📺 🍴 ♿ 🅿 – 🔒 40. AE ① MC VISA
76 Zim ⇌ 70 – 93.
♦ Nahe der Autobahn, bei einem Autohof findet man hier ein ruhiges Plätzchen zum Entspannen oder Arbeiten. Im Angebot sind auch Manager- und Ladyzimmer mit besonderen Extras.

Der Rote MICHELIN-Hotelführer : EUROPE
für Geschäftsreisende und Touristen.

HERBORN LAHN-DILL-KREIS Hessen 417 N 8 – 22 000 Ew – Höhe 210 m.
🅱 Fremdenverkehrsamt, Rathaus, Hauptstr. 39, ✉ 35745, ℰ (02772) 7 08 19 00, tourist@herborn.de, Fax (02772) 708400.
Berlin 531 – Wiesbaden 118 – Siegen 68 – Gießen 38 – Limburg an der Lahn 49.

🏨 **Schloss-Hotel**, Schloßstr. 4, ✉ 35745, ℰ (02772) 70 60, schloss-hotel-herborn@t-online.de, Fax (02772) 706630, 🌳, 🛀, 🛎 – 🛗, ⚙ Zim, 📺 🍴 🚗 🅿 – 🔒 70. AE ①
MC VISA JCB
Menu (geschl. 27. - 30. Dez., Samstag, Sonntagabend) à la carte 23,50/37 – **70 Zim**
⇌ 75/100 – 118/135.
♦ Das idyllische Städtchen liegt am Fuß des Westerwaldes. Direkt im Zentrum logieren Sie in gut geschnittenen Zimmern, von denen einige einen abgetrennten Wohnbereich haben. Der gastronomische Bereich ist unterteilt in das eigentliche Restaurant und das Bistro.

In Breitscheid-Gusternhain Süd-West : 10 km :

🏠 **Ströhmann**, Gusternhainer Str. 11, ✉ 35767, ℰ (02777) 3 04, Fax (02777) 7080 – 📺
🚗 🅿 MC VISA ⚙ Zim
Menu (geschl. Mittwoch) à la carte 9/29 – **12 Zim** ⇌ 40/60 – 70.
♦ Das Landgasthaus ist eingebettet in eine urwüchsige Westerwaldlandschaft. Es erwarten Sie moderne Zimmer, die mit hellgrauen Einbaumöbeln funktionell eingerichtet sind. Das Speiseangebot wird durch die hauseigene Metzgerei geprägt.

HERBRECHTINGEN Baden-Württemberg 419 420 U 14 – 12 000 Ew – Höhe 470 m.
Berlin 587 – Stuttgart 91 – Augsburg 89 – Heidenheim an der Brenz 8 – Ulm (Donau) 28.

🏠 **Grüner Baum**, Lange Str. 46 (B 19), ✉ 89542, ℰ (07324) 95 40, info@gruener-baum-gigler.de, Fax (07324) 954400, Biergarten – 📺 🍴 🅿 AE ① MC VISA
Menu (geschl. Aug. 3 Wochen, Sonntag - Montagmittag) à la carte 17/33 – **40 Zim**
⇌ 54/56 – 85.
♦ Dies ist ein Landgasthof wie man ihn sich vorstellt ! Familientradition und Herzlichkeit sind Werte, denen man sich verpflichtet fühlt. Sie wohnen in nett gestalteten Zimmern. Wenn Sie für Bodenständigest schwärmen, sind Sie hier stets gut bedient.

HERBSTEIN Hessen 417 O 12 – 2 000 Ew – Höhe 434 m – Luftkurort.
Berlin 467 – Wiesbaden 141 – Fulda 35 – Alsfeld 27.

🏠 **Landhotel Weismüller**, Blücherstr. 4, ✉ 36358, ℰ (06643) 9 62 30, landhotel-weismueller@t-online.de, Fax (06643) 7518, 🌳, 🛎 – 📺 🚗 🅿 – 🔒 80. MC VISA
Menu à la carte 17/27 – **22 Zim** ⇌ 42 – 65/72.
♦ Das familiär geführte Haus ist nur fünf Minuten vom Thermalbad entfernt. Reservieren Sie ein Zimmer im neueren Anbau, diese sind komfortabler eingerichtet. Gemütliches Ambiente herrscht im Café-Restaurant mit Kuchen aus hauseigener Backstube.

HERDECKE Nordrhein-Westfalen 417 L 6 – 26 000 Ew – Höhe 98 m.

🛈 Verkehrsamt, Kirchplatz 3, ✉ 58313, ℰ (02330) 61 13 25, verkehrsverein@herdecke.de, Fax (02330) 61115325.

Berlin 504 – *Düsseldorf* 61 – Dortmund 16 – Hagen 6.

🏨 **Zweibrücker Hof**, Zweibrücker Hof 4, ✉ 58313, ℰ (02330) 60 50, hotel-zweibrueckerhof@riepe.com, Fax (02330) 605555, ≤, 🍴, 📶, ≘s – 🛗, ⇔ Zim, 📺 🅿 – 🔺 150. 🅰🅴 ⓘ 🆖 VISA
Menu à la carte 22/43 – **71 Zim** ⇆ 92/96 – 122/125.
• Die zentrale Lage im südlichen Ruhrgebiet macht das Haus zu einem guten Ausgangspunkt für Ausflüge in die Umgebung. Fragen Sie nach einem Zimmer mit Balkon und Gartenblick ! Vom Wintergarten-Restaurant hat man einen schönen Blick ins satte Grün.

HERFORD Nordrhein-Westfalen 417 J 10 – 66 000 Ew – Höhe 71 m.

Sehenswert : Johanniskirche (Geschnitzte Zunfttemporen★) Y B.

🏌 Herford, Finnebachstr. 31 (östlich der A 2), ℰ (05228) 75 07 ; 🏌 Enger-Pödinghausen (West : 11 km), ℰ (05224) 7 97 51.

🛈 Info-Center, Hämelinger Str. 4, ✉ 32052, ℰ (05221) 5 00 07, Fax (05221) 189694.

Berlin 373 ② – *Düsseldorf* 192 ④ – *Bielefeld* 18 ⑤ – Hannover 91 ② – Osnabrück 59 ⑥

Stadtplan siehe gegenüberliegende Seite

🏨 **Dohm-Hotel**, Löhrstr. 4, ✉ 32052, ℰ (05221) 1 02 50, dohm-hotelherford@t-online.de, Fax (05221) 102550, Biergarten – 🛗, ⇔ Zim, 📺 📞 ⇐⇒ 🅿 – 🔺 80. 🅰🅴 ⓘ 🆖 VISA
Menu *(geschl. Montagmittag, Samstag)* à la carte 21/29 – **36 Zim** ⇆ 82 – 105.   Y e
• Für einen Kurzurlaub oder geschäftlichen Aufenthalt gleichermaßen geeignet zeigen sich die zeitgemäß eingerichteten Zimmer des gelb-weiß gestrichenen Stadthauses. Elegant angehauchtes Restaurant mit schön eingedeckten Tischen - ergänzt durch einen Biergarten.

🏨 **Zur Fürstabtei** garni, Elisabethstr. 9, ✉ 32052, ℰ (05221) 2 75 50, checkin@fuerstabtei.de, Fax (05221) 275515 – 🛗 📺 📞 🅿 🅰🅴 ⓘ 🆖 VISA   Z d
geschl. 23. Dez. - 2. Jan. – **20 Zim** ⇆ 82 – 110.
• Das Fachwerkhaus stammt a. d. 17. Jh. Heute beherbergt das Gebäude ein nettes Hotel. Die stilvollen Zimmer sind mit Pinien- oder Kirschbaummöbeln elegant eingerichtet.

🏨 **Stadthotel Pohlmann**, Mindener Str. 1, ✉ 32049, ℰ (05221) 98 00, hotel-pohlmann@t-online.de, Fax (05221) 980162, 🍴, ⇔ Zim, 📺 🅿 – 🔺 25. 🅰🅴 ⓘ
Menu *(geschl. Samstagmittag, Sonntagabend)* à la carte 16/31 – **37 Zim** ⇆ 60/90 – 87/93.   Y r
• Wenn Sie auf der Suche nach einem Quartier im Stadtzentrum sind, können Sie hier einkehren. In funktionell und behaglich eingerichteten Zimmern lassen Sie es sich gut gehen. Man bittet seine Gäste in einem neuzeitlich gestalteten Restaurant zu Tisch.

🏨 **Hansa** garni, Brüderstr. 40, ✉ 32052, ℰ (05221) 5 97 20, info@hotel-hansa-herford.de, Fax (05221) 597259 – 🛗 📺 🅿 🅰🅴 🆖 VISA 🛇   Z a
16 Zim ⇆ 31/51 – 70/75.
• Mitten in der Fußgängerzone liegt dieses kleine Etagenhotel, das neben soliden Zimmern auch ein gemütliches Café beherbergt, in dem morgens das Frühstück serviert wird.

✕ **Waldrestaurant Steinmeyer**, Wüstener Weg 47, ✉ 32049, ℰ (05221) 8 10 04, waldrestaurant@aol.com, Fax (05221) 81009, ≤ Herford, 🍴 – 🅿 🆖 VISA   X b
geschl. Mitte - Ende Feb., Montag – **Menu** à la carte 18/33.
• Oberhalb der Stadt befindet sich das Ausflugslokal mit der schönen Aussicht. Aus der Küche des Fachwerkbaus kommen stets schmackhafte gutbürgerliche Gerichte.

In Herford-Eickum West : 4,5 km über Diebrocker Straße X :

✕✕ **Tönsings Kohlenkrug**, Diebrocker Str. 316, ✉ 32051, ℰ (05221) 3 28 36, info@toensing.de, Fax (05221) 33883, 🍴 – 🅿 – 🔺 30. 🅰🅴
geschl. Feb. 2 Wochen, Aug. - Sept. 4 Wochen, Sonntag - Dienstag, Feiertage – **Menu** *(nur Abendessen)* (Tischbestellung ratsam) 21/75 à la carte 29/54 ℘.
• In ländlich-rustikalem Rahmen erwartet Sie eine klassische Küche, die durch ihre kreativen Einflüsse auch Feinschmecker immer wieder zu überzeugen weiß. Netter Service !
Spez. Gebratene Gänsestopfleber mit karamelisierten Apfelspalten. Kaisergranat und Steinbutt mit getrüffelten Stampfkartoffeln. Lammrücken mit Aromaten im Bricktei gebacken.

In Herford-Falkendiek Nord : 4 km, über Werrestraße X :

🏨 **C. Stille - Falkendiek**, Löhner Str. 157, ✉ 32049, ℰ (05221) 96 70 00, info@hotel-stille.de, Fax (05221) 67583, 🍴 – 📺 🅿 – 🔺 30. 🆖 VISA
Menu *(wochentags nur Abendessen)* à la carte 18/32 – **31 Zim** ⇆ 48/68 – 75/95.
• Gut gepflegt und zeitgemäß ausgestattet zeigen sich die Gästezimmer dieses Domizils. Sie genießen westfälische Gastfreundschaft in landschaftlicher Idylle. Altrosafarbene Vorhangdekorationen geben dem Restaurant einen gediegenen Touch.

HERFORD

Abteistraße	Y 2
Ahmser Straße	Z 3
Alter Markt	Z 4
Auf der Freiheit	Y 6
Bäckerstraße	Z
Bahnhofstraße	Y 8
Bergertorstraße	Z 9
Bielefelder Straße	X 10
Bismarckstraße	X 12
Deichtorwall	YZ 13
Diebrocker Straße	X 14
Gänsemarkt	Y 15
Gehrenberg	Z 16
Goebenstraße	X 17
Hämelinger Straße	Y 18
Herforder Straße	X 19
Höckerstraße	Y 20
Lübberstraße	Y 21
Mausefalle	Z 26
Münsterkirchplatz	Y 28
Neuer Markt	Y 29
Radewiger Straße	Y 32
Schillerstraße	Y 33
Schleife	Y 34
Schützenstraße	Z 36
Steintorwall	Y 37
Stephansplatz	Y 38
Stiftbergstraße	Y 40
Werrestraße	X 42

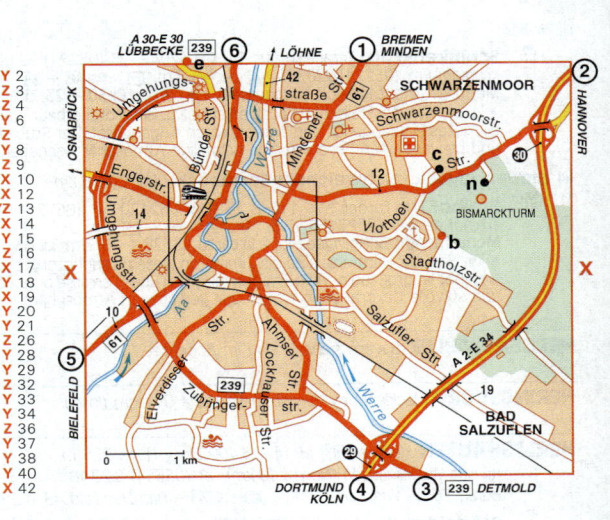

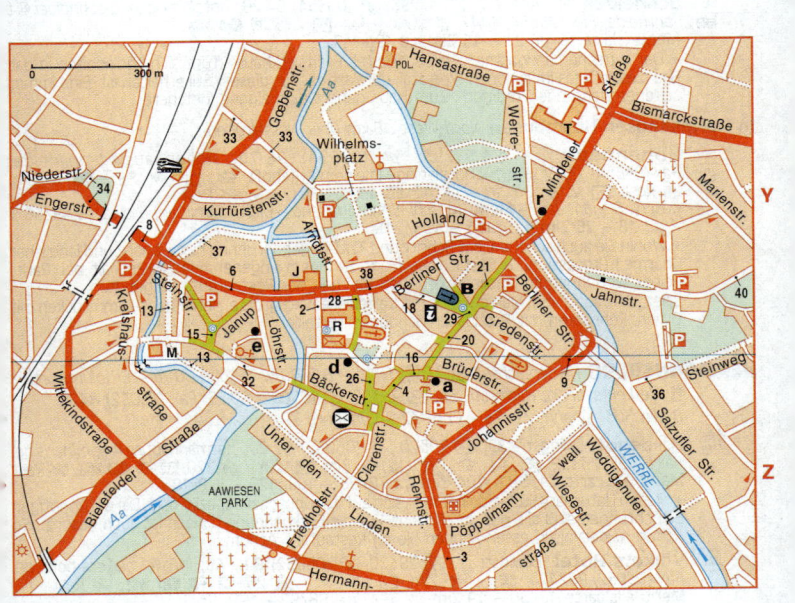

In Herford-Schwarzenmoor :

Waldesrand, Zum Forst 4, ✉ 32049, ✆ (05221) 9 23 20, Fax (05221) 9232429, 🌳, Massage, ≘s, 🍴 – 📶, ✦ Zim, 📺 ☎ 🅿 – 🔏 50. 🅰🅴 ⓘ 🌀 🆅🅸🆂🅰   X n
Menu à la carte 17/30 – **52 Zim** ⊑ 39/70 – 77/93.
♦ Über die Lage des Hauses sagt der Name schon genug! Sie logieren besonders komfortabel in den Zimmern im Neubau, die mit Kirschholz und hübschen Dekostoffen bestückt sind. Das rustikal angehauchte Restaurant ist zum Teil im Wintergarten unter gebracht.

683

HERFORD

Schinkenkrug, Paracelsusstr. 14, ✉ 32049, ☎ (05221) 92 00, info@hotel-schinken-krug.de, Fax (05221) 920200, 🍽 – ⇼ Zim, 📺 🅿 – 🛠 70. ⓒ 𝒱𝐼𝑆𝐴 X C
Menu (wochentags nur Abendessen) à la carte 16/30 – **23 Zim** ⊑ 47/60 – 67/77.
• Im typisch westfälischen Fachwerkstil ist dieses Hotel erbaut worden. Die Zimmer haben ein gutes Platzangebot und sind praktisch eingerichtet. Der Stube hat man mit Holzbalken und bleiverglasten Fenstern eine heimelige Atmosphäre gegeben.

In Hiddenhausen - Schweicheln-Bermbeck über ⑥ : 6 km :

Freihof, Herforder Str. 118 (B 239), ✉ 32120, ☎ (05221) 6 12 75, kontakt@hotel-freihof.de, Fax (05221) 67643, 🍽, 🌳 – 📺 🅿 – 🛠 40. ① ⓒ 𝒱𝐼𝑆𝐴. ⌁ Rest
Menu (geschl. Sonntagabend) à la carte 15/28 – **25 Zim** ⊑ 53/59 – 79/85.
• Mit Sinn für Harmonie sind die Zimmer in diesem Landhotel gestaltet worden. Das Platzangebot ist großzügig, viele Zimmer verfügen über Terrasse oder Balkon. Solide Bestuhlung und stilvolle Dekorationen tragen zur gediegenen Atmosphäre im Restaurant bei.

HERGENSWEILER Bayern siehe Lindau im Bodensee.

HERINGSDORF Mecklenburg-Vorpommern siehe Usedom (Insel).

HERLESHAUSEN Hessen 418 M 14 – 3 400 Ew – Höhe 225 m.

🏌 Gut Willershausen (Nord : 10 km), ☎ (05654) 9 20 40.
Berlin 367 – Wiesbaden 212 – *Kassel* 73 – Bad Hersfeld 49 – Erfurt 78.

Schneider, Am Anger 7, ✉ 37293, ☎ (05654) 64 28, hotel-fleischerei-schneider@t-online.de, Fax (05654) 1447, 🍽, 🌳 – ⇼ 📺 🚗 🅿 ⓒ 𝒱𝐼𝑆𝐴
Menu à la carte 11/21 – **15 Zim** ⊑ 39 – 49.
• Der typische Landgasthof - ein schlichtes Fachwerkhaus - fügt sich harmonisch in das Bild dieses Ortes im schönen Werratal, das fast ganz in diesem Stil erhalten ist. Eine immer seltener werdende Tradition : Zum Haus gehört eine eigene Metzgerei.

In Herleshausen-Holzhausen Nord-West : 8 km über Nesselröden :

Hohenhaus ♨, ✉ 37293, ☎ (05654) 98 70, hohenhaus@t-online.de, Fax (05654) 1303, ≤, 🍽, (Hotelanlage in einem Gutshof), 😊, 🏊, 🌳, % – 📶, ⇼ Zim, 🍴 Rest, 📺 ✆ & 🚗 🅿 – 🛠 40. 𝔸𝔼 ① ⓒ 𝒱𝐼𝑆𝐴 𝐽𝐶𝐵. ⌁ Rest
geschl. 6. - 31. Jan. – **Menu** (geschl. Sonntagabend - Dienstagmittag) à la carte 49/56 ℑ – ⊑ 18 – **26 Zim** 115/165 – 185/215.
• Wohin Sie auch schauen, auf Schritt und Tritt begegnen Ihnen hier Eleganz und ländlicher Charme ! Professionelle Gastlichkeit trägt zu einem angenehmen Aufenthalt bei. Park ! Feines wird Ihnen im ländlich-exklusiven Rahmen des Restaurants dargeboten.
Spez. Carpaccio vom Marronkrebs mit Kalbsnierenvinaigrette. Hohenhaus-Lammrücken mit Oliven. Rehrücken mit Pastinaken-Sanddorn-Tortellini.

HERMANNSBURG Niedersachsen 415 416 H 14 – 8 500 Ew – Höhe 50 m – Erholungsort.

🅱 Verkehrsverein, Harmsstr. 3a, ✉ 29320, ☎ (05052) 80 55, Fax (05052) 8423.
Berlin 303 – *Hannover* 78 – Celle 32 – Lüneburg 79.

Heidehof, Billingstr. 29, ✉ 29320, ☎ (05052) 97 00, hermannsburg@seminaris.de, Fax (05052) 3332, 🍽, 🎣, 🏊 – 📶, ⇼ Zim, 📺 ✆ 🚗 🅿 – 🛠 220. 𝔸𝔼 ① ⓒ 𝒱𝐼𝑆𝐴. ⌁ Rest
Menu à la carte 21/38 – **104 Zim** ⊑ 78/98 – 108/128 – ½ P 18.
• Hier im Naturpark Südheide hat man sich auf Tagungsgäste spezialisiert. Die dafür nötigen Einrichtungen sind alle gut durchdacht. Für die Entspannung danach ist auch gesorgt. So richtig heidetypisch essen können Sie im Restaurant Atrium.

Völkers Hotel, Billingstr. 7, ✉ 29320, ☎ (05052) 9 87 40, info@voelkers-hotel.de, Fax (05052) 987474, 🍽 – ⇼ Zim, 📺 🚗 🅿 – 🛠 25. 𝔸𝔼 ① ⓒ 𝒱𝐼𝑆𝐴. ⌁ Rest
Menu à la carte 18/30 – **19 Zim** ⊑ 59/77 – 88/92 – ½ P 18.
• Unternehmungslustige Urlauber finden hier die passende Bleibe, denn man organisiert für sie Heide-Kutschfahrten, Erlebnis-Wochenenden und viele andere Aktivitäten. Das Ambiente des eher kleinen Restaurants ist ländlich ausgerichtet.

In Hermannsburg-Oldendorf Süd : 4 km :

Gutshof Im Oertzetal ♨, Eschedeer Str. 2, ✉ 29320, ☎ (05052) 97 90, info@gutshof-im-oertzetal.de, Fax (05052) 979179, Biergarten – 📺 🅿 – 🛠 15. 𝔸𝔼 ⓒ 𝒱𝐼𝑆𝐴
Menu à la carte 16/30 – **20 Zim** ⊑ 45 – 70/75 – ½ P 16.
• Mehrere Gebäudeteile eines ehemaligen Gutshofes gruppieren sich um eine begrünte Hofanlage. Sie beziehen Quartier in unterschiedlichen, immer wohnlicheren Gästezimmern. Im ländlich eingerichteten Restaurant und in der Fischerstube wird das Essen serviert.

HERMANNSBURG

🏠 **Zur Alten Fuhrmanns-Schänke** 🍃, Dehningshof 1 (Ost : 3,5 km), ✉ 29320, ✆ (05054) 9 89 70, info@fuhrmanns-schaenke.de, Fax (05054) 989798, 😊, 🚗, 📺 🅿
Menu (geschl. Nov. - März Montag) à la carte 16/28 - **19 Zim** 🛏 41 - 67/98 - ½ P 15.
  ◆ Mitten in einem herrlichen Wald- und Heidegebiet garantiert Ihnen die historische Kutschenstation Ruhe und Entspannung. Die Zimmer sind nett im Bauernstil gestaltet. In der urgemütlichen Alten Fuhrmanns-Schänke hat bereits Napoleon gespeist!

HERMESKEIL Rheinland-Pfalz **417** R 4 – 6 000 Ew – Höhe 613 m.
  🛈 Tourist-Information, Langer Markt 17, ✉ 54411, ✆ (06503) 80 91 66, info@hermeskeil.de, Fax (06503) 981193.
  Berlin 699 – Mainz 135 – *Trier* 39 – Bonn 160 – Saarbrücken 57.

🏠 **Beyer**, Saarstr. 95, ✉ 54411, ✆ (06503) 72 27, Fax (06503) 800970, 😊 – 🛗, ⇔ Zim, 📺 🚗 🅿 🆗 💳
Menu à la carte 15/22 - **12 Zim** 🛏 39/46 - 60/82.
  ◆ Die sonnigen Zimmer sind alle unterschiedlich eingerichtet und verfügen zum größten Teil über Balkon oder Terrasse. Sie tragen zu einem erholsamen Aufenthalt bei. Die kleine Gaststube ist bürgerlich eingerichtet.

In Neuhütten Süd-Ost : 8 km :

🍴 **Le temple du gourmet** (Schäfer), Saarstr. 2, ✉ 54422, ✆ (06503) 76 69, le.temple.du.gourmet.@t-online.de, Fax (06503) 980553 – 🅿 🆗 💳
geschl. Juni - Juli 3 Wochen, Mittwoch - **Menu** (wochentags nur Abendessen) 50/65 und à la carte
  ◆ Das Ehepaar Detemple-Schäfer steht gemeinsam am Herd und kreiert eine moderne, leichte Küche auf klassischer Basis. Ländlich-neuzeitlich ist das Restaurant gestaltet.
  Spez. Marinierte Gänsestopfleber mit Flußkrebsen. Rehrückenfilet mit Nusskruste und Petersilienspätzle. Charlotte von Passionsfrucht und weißer Schokolade mit Grand-Marnier-Eis.

HERMSDORF Sachsen **418** N 24 – 1 000 Ew – Höhe 750 m – Erholungsort – Wintersport : 600/800 m ⛷1, 🎿.
  Berlin 238 – *Dresden* 47 – Marienberg 53.

In Hermsdorf-Neuhermsdorf Süd-Ost : 3,5 km :

🏨 **Altes Zollhaus**, Altenberger Str. 7, ✉ 01776, ✆ (035057) 5 40, info@zollhaus-hotel.com, Fax (035057) 54240, 😊, 🏋, ⇔, 🚗 – 🛗, ⇔ Zim, 📺 🅿 – 🔔 100. ⓜ 🆗 💳
Menu à la carte 17/26 - **41 Zim** 🛏 62/72 - 77/92.
  ◆ Recht geräumig und häufig durch Raumteiler in Wohn- und Schlafbereich getrennt zeigen sich die Zimmer des modernisierten und erweiterten ehemaligen Amtshauses. Im Restaurant sorgt das Kreuzgewölbe a. d. 17. Jh. Für ein stimmungsvolles Ambiente.

🏠 **Wettin**, Altenberger Sr. 24, ✉ 01776, ✆ (035057) 5 12 17, Fax (035057) 51218, 😊, ⇔ – 📺 🅿 🆎 🆗 💳
Menu à la carte 11/17 - **29 Zim** 🛏 32/40 - 48/52 - ½ P 11.
  ◆ Auf einer Anhöhe befindet sich der Berggasthof, dessen Fassade teils aus Naturstein, teils aus Holz gefertigt ist. Sie wohnen in Zimmern mit zeitgemäßem Naturholzmobiliar. Gemütliche Restauranträume im rustikalen Stil.

HERMSDORF Thüringen **418** N 19 – 10 400 Ew – Höhe 350 m.
  Berlin 234 – Erfurt 76 – *Gera* 27 – Halle 84 – Leipzig 73.

🏠 **Zum Schwarzen Bär**, Alte Regensburger Str. 2, ✉ 07629, ✆ (036601) 8 62 62, hotel@zumschwarzenbaer.de, Fax (036601) 86262, 😊 – 📺 🅿 – 🔔 40. 🆎 ⓞ 🆗 💳.
❄ Rest
geschl. Mitte - Anfang Feb. - **Menu** à la carte 12/22 - **13 Zim** 🛏 40 - 51.
  ◆ Mit sehr viel Liebe zum Detail hat man die um 1200 erbaute ehemalige Ausspanne in ein nettes Hotel mit eigener Bowlingbahn verwandelt. Im Restaurant werden Sie von Personal bedient, das original thüringische Trachten aus dem 18. Jh. trägt.

🏠 **Zur Linde**, Alte Regensburger Str. 45, ✉ 07629, ✆ (036601) 8 36 95, gasthaus@linde-hermsdorf.de, Fax (036601) 83695 – 📺 🅿 – 🔔 35. 🆎 ⓞ 🆗 💳 🇯
Menu à la carte 10/18 - **9 Zim** 🛏 40 - 50.
  ◆ In dem altehrwürdigen, im 16. Jh. erbauten Gasthaus heißt man Sie mit schlichten, aber dennoch mit allem notwendigen Komfort ausgestatteten Zimmern willkommen. Hier steht die Wirtin selbst am Herd! Rustikal-gemütliche Gaststuben!

HERNE Nordrhein-Westfalen ❹❶❼ L 5 – 169 100 Ew – Höhe 59 m.
  🇧 Stadtmarketing, Berliner Platz 11 (Kulturzentrum, 1. Etage), ✉ 44623, ℘ (02323) 16 28 12, kulturamt@herne.de, Fax (02323) 162977.
  Berlin 508 – *Düsseldorf* 56 – Bochum 6 – Dortmund 25 – Essen 21 – Recklinghausen 12.

🏨 **Parkhotel** ⌘, Schaeferstr. 111, ✉ 44623, ℘ (02323) 95 50 (Hotel) 95 53 33 (Rest.), rezeption@parkhotel-herne.de, Fax (02323) 955222, ≼, ㈜, Biergarten, ⇌ – 📺 🅿 – 🛋 65. ஊ ❶ ⓾ 𝐕𝐈𝐒𝐀. ⚔ Rest
  Parkrestaurant : Menu à la carte 26/43 – **62 Zim** ⇌ 52/70 – 92/100.
  ♦ Inmitten der schönen und ruhigen Stadtgartens liegt das architektonisch interessante Parkhotel. Sie wohnen in modernen Zimmern, die alle einen Ausblick in die Natur gewähren. In einem Nebengebäude des Hotels : elegant angehauchtes Restaurant mit Wintergarten.

HEROLDSBERG Bayern ❹❶❾ ❹❷⓪ R 17 – 7 400 Ew – Höhe 362 m.
  Berlin 433 – München 177 – *Nürnberg* 12 – Bayreuth 82.

🏨 **Rotes Roß**, Hauptstr. 10, ✉ 90562, ℘ (0911) 9 56 50, info@rotesross-heroldsberg.de, Fax (0911) 9565200, Biergarten, ✉, ⚔ Zim, 📺 ⇌ 🅿 – 🛋 50. ஊ ❶ ⓾ 𝐕𝐈𝐒𝐀
  geschl. 23. Dez. - 7. Jan. – **Menu** *(geschl. 3. - 24. Aug., Montagmittag, Freitag)* à la carte 14/32 – **44 Zim** ⇌ 50/60 – 70/85.
  ♦ Bereits im Jahre 1350 wurde das Anwesen urkundlich erwähnt. Seit fast 150 Jahren kümmert sich nun die Familie Sörgel mit praktischen Übernachtungsmöglichkeiten um Ihr Wohl. In einem der Galsträume sitzen Sie unter einer 300 Jahre alten Holzdecke.

🍴 **Schwarzer Adler**, Hauptstr. 19, ✉ 90562, ℘ (0911) 5 18 17 02, Fax (0911) 5181703, ㈜ – 🅿 ⚔
  geschl. Montag, Samstagmittag – **Menu** à la carte 14/26.
  ♦ Der typisch fränkische Landgasthof a. d. J. 1536 überrascht mit einer leicht gehobenen regional ausgerichteten Küche. Sie speisen in angenehm ungezwungener Atmosphäre.

🍴 **Freihardt**, Hauptstr. 81, ✉ 90562, ℘ (0911) 5 18 08 05, freihardt@aol.com, Fax (0911) 5181590, ㈜ – ஊ ❶ ⓾ 𝐕𝐈𝐒𝐀
  geschl. Montag, Mittwochmittag – **Menu** à la carte 23/33.
  ♦ Mit internationaler und regional beeinflußter Küche bittet man hier zu Tisch. Im hinteren Teil des Lokals hat man einen Wintergarten angebaut, in dem man sehr nett sitzt.

HEROLDSTATT Baden-Württemberg ❹❶❾ U 13 – 2 200 Ew – Höhe 777 m.
  Berlin 647 – *Stuttgart* 78 – Reutlingen 40 – Ulm (Donau) 34.

In Heroldstatt-Sontheim :

🏨 **Landhotel Wiesenhof**, Lange Str. 35, ✉ 72535, ℘ (07389) 9 09 50, landhotel.wiesenhof@t-online.de, Fax (07389) 1501, ㈜, ⇌ – ⚔ Zim, 📺 🅿 🕭
  Menu *(geschl. Mitte Jan. 2 Wochen, Sept. 1 Woche, Dienstag)* à la carte 22/36 – **16 Zim** ⇌ 42/49 – 64/93.
  ♦ Mitgebrachte Pferde übernachten im Stroh, menschliche Gäste haben es komfortabler : geräumige, im alpenländischen Stil gehaltenen Zimmer versprechen Bequemlichkeit. Im Restaurant sitzt man nett in hellen, gemütlichen Räumlichkeiten mit Blick in die Reithalle.

HERRENALB, BAD Baden-Württemberg ❹❶❾ T 9 – 7 100 Ew – Höhe 365 m – Heilbad – Heilklimatischer Kurort – Wintersport : 400/700 m ⚹ 1.
  🏌 Bad Herrenalb, Bernbacher Straße, ℘ (07083) 88 98.
  🇧 Tourismusbüro, Bahnhofsplatz 1, ✉ 76332, ℘ (07083) 50 05 55, info@badherrenald.de, Fax (07083) 500544.
  Berlin 698 – Stuttgart 80 – *Karlsruhe* 30 – Baden-Baden 22 – Pforzheim 30.

🏨 **Thermenhotel Falkenburg** 🅼 ⌘, Rehteichweg 22, ✉ 76332, ℘ (07083) 92 70, info@rulands-hotel.de, Fax (07083) 927555, ≼ Bad Herrenalb, ㈜, 🎱, ⇌, ▨ – 🛗, ⚔ Zim, 📺 🕭 ⚹ ⇌ 🅿 – 🛋 150. ஊ ❶ ⓾ 𝐕𝐈𝐒𝐀. ⚔ Rest
  Menu à la carte 29/42,50 – **89 Zim** ⇌ 96/105 – 128/158 – ½ P 23.
  ♦ In phantastischer Lage thront das Hotel über den Bergen des Schwarzwalds. In den Zimmern finden Sie komfortable Betten und meist Panoramablick. Hotelrestaurant mit neuzeitlicher Ausstattung und schönem Freisitz.

🏨 **Landhaus Marion** ⌘ (mit Gästehäusern), Bleichweg 31, ✉ 76332, ℘ (07083) 74 00, lhmarion@t-online.de, Fax (07083) 740602, ㈜, ⇌, ▨, ✉ – 🛗 ⚔ 📺 🕭 ⇌ 🅿 – 🛋 70. ஊ ❶ ⓾ 𝐕𝐈𝐒𝐀 𝐉𝐂𝐁
  Menu à la carte 21/40 *(auch vegetarisches Menu)* – **62 Zim** ⇌ 40/80 – 80/145, 6 Suiten – ½ P 17.
  ♦ Man tut alles, damit Sie sich wie zu Hause fühlen ! Im Landhaus mit angrenzendem Gästehaus erwarten Sie Zimmer, die unterschiedlich geschnitten, aber immer wohnlich sind. Hell bezogene Polsterstühle und Natursteinwände geben dem Restaurant eine rustikale Note.

HERRENALB, BAD

Harzer garni, Kurpromenade 1, ⊠ 76332, ℰ (07083) 9 25 60, *info@hotel-harzer.de*, *Fax (07083) 925699*, Massage, ♨, ♨, ⊆s, 🏊 – 🛗 📺 ⬅ 🅰🅴 🆎 𝗩𝗜𝗦𝗔 ✂
geschl. 23. Nov. - 14. Dez. – **26 Zim** ☑ 49/75 – 80/96.
 ♦ Mitten im Zentrum des Örtchens beziehen Sie Quartier in ruhigen, schallisolierten Zimmern. Die Kureinrichtungen und das Thermalbad sind nur wenige Minuten entfernt.

Thoma, Gaistalstr. 46, ⊠ 76332, ℰ (07083) 5 00 20, *hotel-pensionthoma@t-online.de*, *Fax (07083) 500230*, ⊆s, ⌂ – 🛗 📺 🅿 ✂ Rest
Menu *(geschl. Donnerstag)* (Restaurant nur für Hausgäste) – **20 Zim** ☑ 31/47 – 54/75 – ½ P 12.
 ♦ Gleich hinterm Haus beginnt der Wald, und von der Liegewiese aus hören Sie das Murmeln des Gaisbachs. Praktische Zimmer und familiärer Service komplettieren das Urlaubsglück.

Pot au Feu, Weg zur Schanz 1, ⊠ 76332, ℰ (07083) 52 57 14, *Fax (07083) 526332*, 🍽 – 🆎 𝗩𝗜𝗦𝗔
geschl. 10. - 20. Jan., Montag, Dienstagmittag – **Menu** (französische Küche) 38 à la carte 26/36.
 ♦ Gemütlich mit rustikalem Touch gibt sich das Restaurant in dem hübschen Fachwerkhaus. Man sitzt in bequemen Korbsesseln und wählt aus einem Angebot mit französischen Speisen.

In Bad Herrenalb-Rotensol *Nord-Ost : 5 km :*

Lamm, Mönchstr. 31, ⊠ 76332, ℰ (07083) 9 24 40, *schwemmle@lamm-rotensol.de*, *Fax (07083) 924444*, 🍽, 🌳 – ✂ Zim, 📺 📞 ⬅ 🅿 – 🛎 25. 🅰🅴 🆎 𝗩𝗜𝗦𝗔
Menu *(geschl. Montag)* à la carte 26/44 – **23 Zim** ☑ 45/51 – 82/90 – ½ P 15.
 ♦ Gelungene Zimmer, teilweise mit Stilmöbeln ausgestattet und immer mit Balkon, laden Sie ein, in diesem Haus mit 150-jähriger Familiengeschichte Station zu machen. Ob im rustikalen Restaurant oder in der Bauernstube mit gemütlichen Nischen - beides hat Charme.

In Marxzell *Nord : 8 km :*

Marxzeller Mühle 🅼, Albtalstr. 1, ⊠ 76359, ℰ (07248) 9 19 60, *Fax (07248) 919649*, 🍽 – 🛗, ✂ Zim, 📺 📞 ⬅ 🅿 – 🛎 50. 🅰🅴 🆎 𝗩𝗜𝗦𝗔 ✂ Rest
Menu à la carte 37/46 – **Treff-Bistro :** Menu à la carte 18/28,50 – **16 Zim** ☑ 72 – 117.
 ♦ Im idyllischen Albtal liegt die ehemalige Mühle - ein schmuckes Hotel im Landhausstil. Die Zimmer sind einheitlich mit hellem Holz und roten Stoffen bestückt. Der gastronomische Bereich gliedert sich in das Restaurant mit eleganter Landhausoptik und die Stube.

HERRENBERG Baden-Württemberg 419 U 10 – 30 500 Ew – Höhe 460 m.

 🛈 Touristeninformation, Marktplatz 5, ⊠71083, ℰ (07032) 92 43 20, *info@herrenberg.de*, *Fax (07032) 924365*.
 Berlin 662 – Stuttgart 38 – Karlsruhe 90 – Freudenstadt 53 – Reutlingen 33.

Residence 🅼, Daimlerstr. 1, ⊠ 71083, ℰ (07032) 27 10, *info@residence.de*, *Fax (07032) 271100*, 🍽, 🅕🅵, ⊆s – 🛗, ✂ Zim, 📺 📞 ♿ 🅿 – 🛎 100. 🅰🅴 🅞 🆎 𝗩𝗜𝗦𝗔
Menu à la carte 23/40 – **159 Zim** ☑ 85/108 – 100/165, 24 Suiten.
 ♦ Die topmodern ausgestatteten Zimmer und Maisonette-Suiten kontrastieren reizvoll die Beschaulichkeit des Städtchens. Die Konferenzräume sind sogar mit Computern bestückt. Zur Auswahl stehen das helle Restaurant Bellevue und die rustikale Schwarzwaldstube.

Hasen, Hasenplatz 6, ⊠ 71083, ℰ (07032) 20 40, *post@hasen.de*, *Fax (07032) 204100*, 🍽, ⊆s – 🛗, ✂ Zim, 📺 📞 ♿ ⬅ 🅿 – 🛎 75. 🅰🅴 🅞 🆎 𝗩𝗜𝗦𝗔
Menu à la carte 17/34 – **68 Zim** ☑ 77/83 – 94/106.
 ♦ Technisch auf der Höhe der Zeit ist man in den Zimmern, die alle einheitlich in Kirschholz eingerichtet sind. Für Frischverheiratete : die Honeymoon-Suite mit Wasserbett. Im Restaurant wie auch in der Tessiner Grotte ist Gemütlichkeit angesagt.

Alt Herrenberg, Schuhgasse 23, ⊠ 71083, ℰ (07032) 2 33 44, *info@alt-herrenberg.de*, *Fax (07032) 330705* – 🆎 𝗩𝗜𝗦𝗔
geschl. Anfang Jan. 1 Woche, August 2 Wochen, Sonn- und Feiertage – **Menu** (nur Abendessen) à la carte 25/35.
 ♦ Ein gemütliches Ambiente im rustikalen Stil empfängt Sie im Gewölbekeller des renovierten Altstadthauses. Wählen Sie aus einer Karte mit wechselnden internationalen Gerichten.

In Herrenberg-Affstätt :

Linde, Kuppinger Str. 14, ⊠ 71083, ℰ (07032) 3 16 70, *info@dielin.de*, *Fax (07032) 32345*, 🍽 – ✂ 🅿 🆎 𝗩𝗜𝗦𝗔
Menu *(wochentags nur Abendessen)* à la carte 20/35 ♆.
 ♦ Das in der Ortsmitte gelegene Restaurant bietet sich für eine wohltuende Einkehr an. An nett eingedeckten Tischen können Sie hier eine gutbürgerliche Stärkung einnehmen.

HERRENBERG

In Herrenberg-Mönchberg Süd-Ost : 4 km über die B 28 :

Kaiser ⌂, Kirchstr. 10, ✉ 71083, ℰ (07032) 9 78 80, hotel.kaiser@t-online.de, Fax (07032) 978830, ≤, 斎, ⇌s – ⇌ Zim, TV ✆ ⇌ P – 🄰 20. AE ⓘ ⓄⓈ VISA JCB
geschl. Ende Dez. - Anfang Jan. – **Menu** (geschl. Freitagmittag, Samstagmittag) à la carte 17/36 – **28 Zim** ⇌ 50/73 – 75/99.
• Nahe der Kirche liegt der erweiterte Gasthof am Berg. Nachbarorte mit schwäbischer Fachwerkromantik und die herrliche Natur der Schwäbischen Alb laden zu Tagesausflügen ein. Das Restaurant wirkt mit rustikalem Gepräge.

In Gäufelden-Nebringen Süd-West : 5 km :

Aramis (mit Gästehaus), Siedlerstr. 40 (im Gewerbegebiet), ✉ 71126, ℰ (07032) 78 10, info@aramis.de, Fax (07032) 781555, Biergarten, Ƙ, ⇌s, ※(Halle) – ⇌ Zim, TV ✆ ఊ P – 🄰 70. AE ⓘ ⓄⓈ VISA
geschl. 22. Dez. - 7. Jan. – **Menu** à la carte 22/38 – **86 Zim** ⇌ 64/80 – 89/101.
• Die weitläufige Anlage des Hotels ist ganz auf die Bedürfnisse der Tagungsgäste zugeschnitten. Sport, Freizeit und Wellness werden hier ebenfalls groß geschrieben. Das Restaurant des Hauses ist unterteilt und wirkt daher gemütlicher.

HERRIEDEN Bayern 419 420 S 15 – 5800 Ew – Höhe 420 m.
Berlin 491 – München 212 – Nürnberg 67 – Ansbach 11 – Schwäbisch Hall 73 – Aalen 72.

Zur Sonne, Vordere Gasse 5, ✉ 91567, ℰ (09825) 92 46 10, info@sonne-herrieden.de, Fax (09825) 924621, 斎 – ⇌ Zim, TV ✆ ఊ ⇌ – 🄰 40. ⓄⓈ VISA
geschl. 26. Dez.- Mitte Jan., Mitte Aug. 1 Woche – **Menu** (geschl. Freitag) à la carte 15/28 – **16 Zim** ⇌ 40/42 – 60/62.
• "Gastlichkeit mit viel Gefühl", ist hier das Motto ! Sie werden mit Sicherheit freundlich aufgenommen in dem seit 1430 bestehenden Hotel. Fragen Sie nach den neuen Zimmern ! Damit es den Gästen richtig schmeckt, steht der Chef selbst am Herd.

Gasthaus Limbacher, Vordere Gasse 34, ✉ 91567, ℰ (09825) 53 73, Fax (09825) 926464
geschl. März 2 Wochen, Sept. 2 Wochen, Montag - Dienstag – **Menu** 27,50 à la carte 26/35.
• Das Gasthaus liegt in der Ortsmitte und wird auch gerne von Einheimischen besucht. Wenn Sie eine sorgfältig gemachte Regionalküche schätzen, sind Sie hier gut aufgehoben !

In Herrieden-Schernberg Nord : 1,5 km :

Zum Bergwirt, ✉ 91567, ℰ (09825) 84 69, info@hotel-bergwirt.de, Fax (09825) 4925, 斎, Ƙ, ⇌s – ⇌ ⇌ Zim, TV ✆ ఊ P – 🄰 100. ※
geschl. 24. Dez. - 5. Jan. – **Menu** à la carte 13/26 – **64 Zim** ⇌ 47/50 – 66/78.
• Praktische Räumlichkeiten finden Sie in diesem Landgasthof vor. Wenn Sie Wert auf eine moderne Ausstattung legen, dann reservieren Sie eines der Neubauzimmer ! Der Restaurantbereich ist in mehrere nette Stuben unterteilt und bietet auch Reisegruppen Platz.

HERRSCHING AM AMMERSEE Bayern 419 420 W 17 – 10 000 Ew – Höhe 568 m – Erholungsort.

Sehenswert : Ammersee★.
Ausflugsziel : Klosterkirche Andechs★★ Süd : 6 km.
🅱 Verkehrsbüro, Am Bahnhofsplatz 3, ✉ 82211, ℰ (08152) 52 27, Fax (08152) 40519.
Berlin 623 – München 39 – Augsburg 73 – Garmisch-Partenkirchen 65 – Landsberg am Lech 35.

Promenade, Summerstr. 6 (Seepromenade), ✉ 82211, ℰ (08152) 9 18 50, Fax (08152) 5981, ≤, 斎 – TV ⇌ P ⓘ ⓄⓈ VISA ※ Zim
geschl. 20. Dez. - 20. Jan. – **Menu** (geschl. Sept. - Juni Mittwochabend, Nov. - März Mittwoch) à la carte 18/33 – **11 Zim** ⇌ 72/78 – 96/114.
• Direkt am See beziehen Sie hier ein Urlaubsdomizil, das Ihnen geräumige, mit eingefärbten Möbeln wohnlich eingerichtete Zimmer zur Verfügung stellt. Seeblick meist inklusive. Die Restauranträume sind gepflegt und im bürgerlichen Stil.

Andechser Hof, Zum Landungssteg 1, ✉ 82211, ℰ (08152) 9 68 10, Fax (08152) 968144, Biergarten, ⇌s – ⇌ TV ⇌ P – 🄰 150. AE ⓘ ⓄⓈ
Menu à la carte 20/28 – **25 Zim** ⇌ 67/74 – 87/97 – ½ P 28.
• In unmittelbarer Seenähe erwartet Sie ein gemütliches Hotel mit modernem Komfort. Wie wär's mit einer Vorstellung? Das Ammerseer Bauerntheater befindet sich direkt im Haus. Eine regionaltypische Karte reicht man im Restaurant und den verschiedenen Gaststuben.

HERRSCHING AM AMMERSEE

Seehof, Seestr. 58, ⌧ 82211, ℘ (08152) 93 50, *info@seehof-ammersee.de*, Fax (08152) 935100, ≤, 佘 – 劇 ⊡ 囗 – 益 30. ⑩ 𝒱𝐼𝑆𝐴 JCB. ※ Zim
Menu à la carte 12/24 – **43 Zim** ⊇ 78/87 – 114 – ½ P 18.
♦ Im liebevoll restaurierten Seehof warten helle, behaglich ausgestattete Zimmer, teils mit Balkon zum See, auf Ihren Besuch. Der Dampfersteg ist genau vor dem Haus ! Sechs verschiedene Gaststuben sorgen für Abwechslung.

Gasthof zur Post (mit Gästehaus), Andechsstr. 1, ⌧ 82211, ℘ (08152) 9 22 60, *zurpostherrsching@gmx.de*, Fax (08152) 922648, 佘, Biergarten – ⊡ ✆ 囗 – 益 30. 𝒜𝐸 ⑩ 𝒱𝐼𝑆𝐴
Menu (geschl. 2. - 12. Jan.) à la carte 13/29 – **17 Zim** ⊇ 68/85 – 90/100 – ½ P 12.
♦ Die ehemalige Posthalterei a. d. 14. Jh. dient heute der Beherbergung Reisender. Man vermietet Zimmer, die durch Parkett und Naturholz sehr nett wirken. Das Restaurant ist im Stil einer typisch oberbayrischen Stube gestaltet worden.

✕ **Landgasthaus Mühlfeld-Bräu**, Mühlfeld 13, ⌧ 82211, ℘ (08152) 55 78, Fax (08152) 8018, 佘 – 囗. ⑩ 𝒱𝐼𝑆𝐴
Menu à la carte 15/27.
♦ Weiß-blaue Gemütlichkeit erlebt man im renovierten Stadel des abseits gelegenen Landhauses. Das würzige Bier braut man selbst. Ständige Führungen durch die Hausbrauerei !

HERSBRUCK Bayern ₄₁₉ ₄₂₀ R 18 – 12 500 Ew – Höhe 345 m.

🛈 *Touristinformation, Schloßplatz 4a, ⌧ 91217, ℘ (09151) 73 51 50, touristinfo@hersbruck.de, Fax (09151) 735160.*
Berlin 424 – München 181 – Nürnberg 35 – Bayreuth 70 – Amberg 36.

Café Bauer (mit Gästehaus), Martin-Luther-Str. 16, ⌧ 91217, ℘ (09151) 8 18 80, *gasthof@restaurant-cafe-bauer.de*, Fax (09151) 818810, 佘, Biergarten – ⊡. ⓪ ⑩ 𝒱𝐼𝑆𝐴
geschl. Anfang Jan. 1 Woche, Juni 2 Wochen – **Menu** (geschl. Mittwoch) à la carte 16,50/30 – **8 Zim** ⊇ 33/40 – 52/68.
♦ Hübsch liegt das ältere Stadthaus im Zentrum des Ortes. Die Übernachtungszimmer mit ihren rustikalen Weichholzmöbeln bieten Ihnen ein nettes Zuhause auf Zeit. Restaurant und Bauernstube sind ganz im altfränkischen Stil eingerichtet.

Schwarzer Adler (mit Gästehaus), Martin-Luther-Str. 26, ⌧ 91217, ℘ (09151) 22 31, *info@schwarzer-adler-hersbruck.de*, Fax (09151) 2236 – ⊡ ⇐⇒. ⑩ 𝒱𝐼𝑆𝐴
Menu (geschl. Jan. 1 Woche, Juni 1 Woche, Donnerstag - Freitag) à la carte 13/26 – **22 Zim** ⊇ 31/37 – 48/55.
♦ Der schmucke Gasthof mit den Holzfensterläden beherbergt schlichte Zimmer, die sehr gut gepflegt sind und allen nötigen Komfort bereitstellen. Sehr familiäre Atmosphäre ! Behaglichkeit macht sich in der Stube breit.

In Hersbruck-Kühnhofen *Nord : 2 km Richtung Hormersdorf :*

Grüner Baum (mit Gästehaus), Kühnhofen 3, ⌧ 91217, ℘ (09151) 9 44 47, Fax (09151) 96838, 佘 – ⇐⇒ ⊡ 囗. ⑩ 𝒱𝐼𝑆𝐴. ※ Zim
geschl. Anfang Juli 2 Wochen – **Menu** (geschl. Montag) à la carte 13/24 – **11 Zim** ⊇ 36/39 – 51/59 – ½ P 12.
♦ Eine saubere und gut unterhaltene kleine Adresse, die Ihnen ein funktionelles Quartier bietet. In einem Gästehaus hat man weitere Zimmer im Landhausstil eingerichtet. Restaurant in ländlicher Aufmachung.

In Engelthal *Süd-West : 6 km - B 14 Abfahrt Altdorf, nach Henfenfeld links ab :*

✕ **Grüner Baum** mit Zim, Hauptstr. 9, ⌧ 91238, ℘ (09158) 2 62, *gruenerbaumengelthal@t-online.de*, Fax (09158) 1615, 佘 – ⊡ 囗. 𝒜𝐸 ⑩
geschl. Feb. 2 Wochen, Nov. 2 Wochen – **Menu** (geschl. Montag - Dienstag) à la carte 14,50/34 – **5 Zim** ⊇ 31 – 54.
♦ Freuen Sie sich auf eine täglich frische fränkische Küche ! Das rustikal-elegante Ambiente in den Gasträumen bildet den passenden Rahmen für einen schönen Aufenthalt.

In Happurg-Kainsbach *Süd-Ost : 6,5 km - über B 14 Richtung Sulzbach-Rosenberg, Abfahrt Happurg, nach Happurg am Stausee rechts ab – Luftkurort :*

Kainsbacher Mühle ≫, Mühlgasse 1, ⌧ 91230, ℘ (09151) 72 80, *hotel-muehle@t-online.de*, Fax (09151) 728162, 佘, Massage, ₺₆, 🎔, 🖫, 🎗, – 劇, ※ Zim, ⊡ ⇐⇒ 囗 – 益 35. ⑩ Rest
Menu à la carte 25/42 – **40 Zim** ⊇ 76/92 – 123/133.
♦ Mühlenromantik gepaart mit den Annehmlichkeiten moderner Hotellerie. Ob in den geräumigen Zimmern oder im lauschigen Garten : überall ist streßfreie Zone ! Ein Kreuzgewölbe ziert die Mühlenstube, Deckenmalereien die Herzogstube. Terrasse in einem kleinen Park.

HERSBRUCK

In Kirchensittenbach-Kleedorf Nord : 7 km in Richtung Hormersdorf :

Zum alten Schloss, ⊠ 91241, ℘ (09151) 86 00, zum.alten.schloss@t-online.de, Fax (09151) 860146, 😊, ⇌, 🛌 – 🛗, ⋈ Zim, TV ⇌ P – 🔒 50. AE ① ⓘ VISA
Menu à la carte 12/27 – **58 Zim** ⊑ 53/61 – 76/88 – ½ P 15.

• In ländlicher Idylle erwartet Sie das ganz im Landhausstil gestaltete Hotel. Helles Holz umgibt Sie in den Zimmern des Neubaus, im Stammhaus herrscht eine dunkle Variante vor. Der Gastraum wird durch die ländlich-dörfliche Umgebung geprägt.

In Pommelsbrunn-Hubmersberg Nord-Ost : 7,5 km - B 14 Richtung Sulzbach-Rosenberg, Abfahrt Neuhaus, vor Hohenstadt rechts ab :

Lindenhof , Hubmersberg 2, ⊠ 91224, ℘ (09154) 2 70, lindenhof.hubmersberg @t-online.de, Fax (09154) 27370, 😊, ⇌, 🛌 – 🛗, ⋈ Zim, TV ☎ ⇌ P – 🔒 60. AE ① ⓘ VISA
Menu à la carte 18/41 – **44 Zim** ⊑ 65/83 – 98/140 – ½ P 19.

• Aus verschiedenen Bauabschnitten setzt sich der Gasthof zusammen. Hervorzuheben ist die malerische Badelandschaft, wo Sie neue Energien auftanken können. Ein angeschlossener Bauernhof liefert die Produkte für die hauseigene Konditorei, Metzgerei und Küche.

HERSCHEID Nordrhein-Westfalen 417 M 7 – 7 250 Ew – Höhe 450 m.
Berlin 533 – Düsseldorf 105 – Arnsberg 49 – Lüdenscheid 11 – Plettenberg 12.

In Herscheid-Reblin Süd : 3 km :

Jagdhaus Weber, Reblin 11, ⊠ 58849, ℘ (02357) 9 09 00, info@jagdhaus-weber. com, Fax (02357) 909090, 😊 – TV ⇌ P – 🔒 25. AE ① ⓘ VISA
Menu (geschl. Dienstag) à la carte 17,50/33 – **13 Zim** ⊑ 47/52 – 77/85.

• Seit 1830 kommen Besucher in den Genuß der gastronomischen Tradition des Hauses. Inzwischen wurde das Anwesen in ein nettes Domizil mit modernen Zimmern verwandelt. Wählen Sie : Jagdzimmer mit Jagdtrophäen oder das Restaurant mit fast klassischem Rahmen.

An der Straße nach Werdohl Nord-West : 3 km über Lüdenscheider Straße :

Landhotel Herscheider Mühle , ⊠ 58849 Herscheid, ℘ (02357) 23 25, info @herscheider-muehle.de, Fax (02357) 2305, 😊, 🛌 – TV ⇌ P – 🔒 15. ⓘ VISA
Menu (geschl. nach Pfingsten 3 Wochen, Freitag) à la carte 16/38 – **11 Zim** ⊑ 47 – 78.

• Unter hundertjährigen Bäumen liegt schattig die Mühle. Die Gästezimmer sind teils mit bemalten Bauernmöbeln bestückt, recht schlicht, aber tadellos gepflegt. Restaurant mit gediegen-rustikaler Atmosphäre.

In Herscheid-Wellin Nord : 5 km :

Waldhotel Schröder , ⊠ 58849, ℘ (02357) 41 88, Fax (02357) 1078, 😊, 🛌 – ⋈ Zim, TV P ⓘ VISA
Menu (geschl. Montag) à la carte 18/30 – **13 Zim** ⊑ 46 – 77.

• Unaufdringlich werden Sie im Waldhotel von mit Naturholzmöbeln ausgestatteten Übernachtungszimmern empfangen. Fragen Sie nach einem Zimmer mit Balkon ! Legere Schlichtheit prägt den Rahmen des Restaurants.

HERSFELD, BAD Hessen 417 418 N 13 – 33 000 Ew – Höhe 209 m – Heilbad.
Sehenswert : Ruine der Abteikirche ★ – Rathaus ≤★.

🛇 Oberaula-Hausen, Am Golfplatz (West : 24 km), ℘ (06628) 15 73.

🛈 Tourist-Information, Am Markt 1, ⊠ 36251, ℘ (06621) 1 94 33, touristikinfo@bad-hersfeld.de, Fax (06621) 201244.

ADAC, Breitenstr. 40.
Berlin 408 – Wiesbaden 167 – Kassel 76 – Fulda 46 – Gießen 88 – Erfurt 126.

Romantik Hotel Zum Stern , (mit Gästehaus), Lingggplatz 11, ⊠ 36251, ℘ (06621) 18 90, zum-stern@romantik.de, Fax (06621) 189260, 😊, (historisches Gebäude a.d. 15. Jh.), ⇌, 🛌 – 🛗, ⋈ Zim, TV ☎ ⇌ P – 🔒 80. AE ① ⓘ VISA
Menu à la carte 21/37 – **45 Zim** ⊑ 52/95 – 97/144 – ½ P 20.

• Hier gleicht kein Zimmer dem anderen ! Egal, welches der größtenteils mit Stilmöbeln bestückten Zimmer Sie wählen, ein romantischer Aufenthalt ist Ihnen auf jeden Fall gewiß. Dunkles Parkett und hübsch gemusterte Stühle bestimmen das Bild im Restaurant.

ERSFELD, BAD

Vitalis M garni, Lüderitzstr. 37, ✉ 36251, ☎ (06621) 9 29 20, hotelpension-vitalis@t-online.de, Fax (06621) 929215, – 🛏 TV 🍽 🚗 P 🅿 VISA
geschl. 24. Dez. - 7. Jan. – **9 Zim** 🛏 60 – 85.
♦ Wenn Sie ein Haus mit privatem Rahmen bevorzugen, werden Sie sich hier sehr wohlfühlen. Die Einrichtung ist zeitlos-elegant, das Raumangebot überdurchschnittlich.

Haus am Park garni, Am Hopfengarten 2, ✉ 36251, ☎ (06621) 9 26 20, info@hotel-hausampark.de, Fax (06621) 926230 – 🛏 TV 🍽 🚗 P – 🛋 25. AE MC VISA
28 Zim 🛏 60/70 – 75/95.
♦ In einem Wohngebiet liegt das umgebaute Wohnhaus, in dem Reisende eine sympathische Unterkunft finden. Wenige Schritte entfernt lädt der Kurpark zum Spaziergang ein.

Am Klausturm garni, Friedloser Str. 1, ✉ 36251, ☎ (06621) 5 09 60, Fax (06621) 509610 – 📶, 🛏 Zim, TV P – 🛋 25. AE ① MC VISA
46 Zim 🛏 40/60 – 70/85.
♦ In zentraler Lage, direkt am Bahnhof ist dieses Hotel eine praktische Adresse auch für Geschäftsreisende. Für die verschiedensten Anlässe hält man Businessräume bereit.

Allee-Hotel Schönewolf , Brückenmüllerstr. 5, ✉ 36251, ☎ (06621) 9 23 30, allee-hotel-schoenewolf@t-online.de, Fax (06621) 9233111, 🌳 – 🛏 Zim, TV 🍽 🚗, AE ① MC VISA JCB
geschl. 7. - 19. April – **Menu** (geschl. Sonntagabend - Montagmittag) à la carte 17,50/30 – **23 Zim** 🛏 49/68 – 76/115.
♦ Sachkundig und mit Herz wird das Hotel von der Betreiberfamilie geführt. Auch in den soliden Zimmern spürt man das Bestreben, es den Gästen bequem zu machen. Im gepflegt-bürgerlichen Restaurant deckt man den Tisch mit deutscher Küche.

HERXHEIM Rheinland-Pfalz 417 419 S 8 – 9 000 Ew – Höhe 120 m.
Berlin 676 – Mainz 125 – Karlsruhe 31 – Landau in der Pfalz 10 – Speyer 31.

In Herxheim-Hayna Süd-West : 2,5 km :

Krone (Kuntz) , Hauptstr. 62, ✉ 76863, ☎ (07276) 50 80, info@hotelkrone.de, Fax (07276) 50814, 🌳, 🍽, 🏊, 🌳, 🎾 – 📶, 🛏 Zim, TV 🍽 🚗 P – 🛋 50. AE MC VISA. 🛏 Rest
geschl. über Weihnachten (Hotel) – **Menu** (geschl. Jan. 2 Wochen, Juli - Aug. 2 Wochen, Montag - Dienstag) (nur Abendessen) (Tischbestellung erforderlich) 77/88 à la carte 50,50/64 ♀ – **Pfälzer Stube** (geschl. Dienstag) **Menu** à la carte 25/47 – **52 Zim** 🛏 79/115 – 104/146.
♦ Das Tabakdorf Hayna beherbergt ein Kleinod moderner Hotellerie. Mit vielen Ideen und individueller Gestaltung entstand ein exklusives Haus, das sich vom Standard abhebt. In den eleganten oder rustikalen Räumlichkeiten bekocht Sie der Maître vorzüglich.
Spez. Crêpinette vom Täubchen mit Gänseleber im Wirsingblatt gebacken. Lammcarré mit Kruste von Haynaer Ziegenkäse und Bohnen-Artischockenragout. Dessertvariation von Schokolade und Quark.

HERZBERG AM HARZ Niedersachsen 418 L 15 – 16 600 Ew – Höhe 233 m.
🛈 Tourist-Information, Marktplatz 30, ✉ 37412, ☎ (05521) 85 21 11, Fax (05521) 852120.
Berlin 327 – Hannover 105 – Erfurt 113 – Göttingen 38 – Braunschweig 92.

Landhaus Schulze, Osteroder Str. 7 (B 243), ✉ 37412, ☎ (05521) 8 99 40, info@landhaus-schulze.de, Fax (05521) 899438, 🌳 – TV 🍽 🚗 P MC VISA
geschl. Juli 2 Wochen – **Menu** (geschl. Sonntagabend - Montagmittag) à la carte 22/41,50 – **20 Zim** 🛏 45/70 – 73/90.
♦ Handbemalte Bauernmöbel aus grün gefärbtem Naturholz - verbunden mit modernen Annehmlichkeiten - bilden den Rahmen für erholsame Stunden in diesem Refugium. Gepflegte und gemütliche Gastronomie erlebt man im Hotelrestaurant.

In Herzberg-Scharzfeld Süd-Ost : 4 km – Erholungsort :

Harzer Hof, Harzstr. 79, ✉ 37412, ☎ (05521) 99 47 00, doering-menzel@t-online.de, Fax (05521) 994740, 🌳, 🌳 – 🛏 Zim, TV 🍽 P – 🛋 25. AE ① MC VISA
Menu à la carte 16/27 – **21 Zim** 🛏 43/51 – 62/77 – ½ P 13.
♦ Wenn Sie das Höhlendorf Scharzfeld besuchen möchten, ist dieses im Fachwerkstil erbaute Hotel eine solide Übernachtungsadresse. Fragen Sie nach einem der renovierten Zimmer ! Der gastronomische Bereich ist von Fachwerk durchzogen und rustikal gestaltet.

HERZLAKE Niedersachsen siehe Haselünne.

HERZOGENAURACH Bayern 419 420 R 16 – 21 000 Ew – Höhe 295 m.
 Herzogenaurach, Herzo Base (Nord-Ost : 2 km) ℘ (09132) 4 05 86 ; Puschendorf, Forstweg 2 (Süd-West : 8 km), ℘ (09101) 80 64.
Berlin 451 – München 195 – Nürnberg 26 – Bamberg 52 – Würzburg 95.

HerzogsPark M , Beethovenstr. 6, 91074, ℘ (09132) 77 80, reservierung@herzogspark.de, Fax (09132) 40430, , Massage, , , , – , Zim,
 130.
Menu à la carte 27/44 – **88 Zim** 103/128 – 126/153, 3 Suiten.
  ◆ Groß und mit begehbarem Kleiderschrank bestückt sind hier die Zimmer. Darüber hinaus wurden die Bäder mit edlen Materialien und solider Technik versehen. Restaurant im Landhausstil und gemütlicher Weinkeller.

Akazienhaus garni, Beethovenstr. 16, 91074, ℘ (09132) 7 84 50, Fax (09132) 40430 –
geschl. 23. Dez. - 7. Jan. – **25 Zim** 67 – 89.
  ◆ Wenn Sie ruhig, praktisch und bequem übernachten wollen, ist das Akazienhaus eine gute Wahl. Sie finden geräumige Zimmer vor, die mit frischen Farben gestaltet sind.

Auracher Hof, Welkenbacher Kirchweg 2, 91074, ℘ (09132) 20 80, Fax (09132) 40758, – Zim,   30.   Rest
geschl. 27. Dez. - 6. Jan., Aug. 3 Wochen – **Menu** (geschl. Freitag - Samstag, Sonntagabend) à la carte 15,50/26 – **13 Zim** 49/54 – 66/85.
  ◆ In einem Wohngebiet außerhalb des Zentrums beziehen Sie Quartier in soliden Räumlichkeiten, die ausreichend Platz und eine technisch vollständige Einrichtung bieten. Das neuzeitliche Restaurant bietet eine ungezwungene Einkehrmöglichkeit.

Gästehaus in der Engelgasse garni, Engelgasse 2, 91074, ℘ (09132) 7 86 90, info@engelschlaf.de, Fax (09132) 75787 –
9 Zim 32/51 – 70/72.
  ◆ Hinter der fast unscheinbaren Fassade des kleinen Fachwerkhauses verbirgt sich ein tadellos unterhaltenes Hotel mit netten Zimmern, die alle mit Naturholz bestückt sind.

Wein und Fein am Turm, Hauptstr. 45, 91074, ℘ (09132) 22 12, info@weinamturm.de, Fax (09132) 734540, (Kleines Restaurant mit Vinothek) –   – **Menu**
geschl. Anfang Jan. 1 Woche, Ende Aug. - Mitte Sept., Sonn- und Feiertage – **Menu** à la carte 27,50/34 .
  ◆ Mediterran und regional gibt sich die Küche des kleinen Restaurants. Besonders empfehlenswert sind die Vorspeisen, die appetitanregend am Buffet präsentiert werden.

Schloss-Restaurant und Ratskeller, Marktplatz 11, 91074, ℘ (09132) 10 28, Fax (09132) 2152,
geschl. Montag, Sonn- und Feiertage abends – **Menu** à la carte 15/27.
  ◆ Das antike Schloßgebäude befindet sich in der Mitte des Ortes. Im Inneren finden Sie gemütliche Nischen, wo man Sie mit internationalen und regionalen Gerichten bewirtet.

HERZOGENRATH Nordrhein-Westfalen 417 N 2 – 43 000 Ew – Höhe 112 m.
Berlin 633 – Düsseldorf 77 – Aachen 12 – Düren 37 – Geilenkirchen 13.

Stadthotel, Rathausplatz 5, 52134, ℘ (02406) 30 91, dukers@freenet.de, Fax (02406) 4189 –
Menu (geschl. Freitag - Sonntag) (nur Abendessen) à la carte 15/24 – **8 Zim** 48 – 75.
  ◆ Ein nettes kleines Stadthotel, das von dem jungen niederländischen Pächterehepaar engagiert und freundlich geführt wird. Sie bewohnen funktionell eingerichtete Zimmer.

In Herzogenrath-Kohlscheid Süd-West : 5 km :

Parkrestaurant Laurweg, Kaiserstr. 101, 52134, ℘ (02407) 9 09 10, service@parkrestaurant-laurweg.de, Fax (02407) 909123, , –   75.
geschl. Montag – **Menu** à la carte 36/46.
  ◆ Klassisch-elegant geht es in diesem Restaurant zu. Sie tafeln in einem kreisförmigen Raum, in dem sich vornehmes Dekor und internationale Küche gelungen verbinden. Park !

In Herzogenrath-Worm Nord-West : 3 km über Bicheriouxstraße :

Zum Naturpark, Worm 5 a, 52134, ℘ (02406) 96 94 40, Fax (02406) 969442,
–
geschl. Montagabend, Samstagmittag – **Menu** 17/25 (mittags) à la carte 24/43.
  ◆ Ein rustikales Ambiente umgibt Sie in diesem Lokal, das in einem schmucken Backsteingebäude untergebracht ist. Die Tische werden klassisch eingedeckt und sind nett dekoriert.

HESSISCH OLDENDORF Niedersachsen 417 J 11 – 17 900 Ew – Höhe 62 m.
Berlin 337 – Hannover 55 – Hameln 12 – Osnabrück 98.

In Hessisch Oldendorf - Weibeck Ost : 3,5 km :

※ **KiR,** Rittergutstr. 44, ✉ 31840, ℰ (05152) 96 28 76, Fax (05152) 962876, 😊
geschl. Ende Jan. - Mitte Feb., Montag – **Menu** (wochentags nur Abendessen) à la carte 26/38.
◆ Die ländlich-gemütliche Einrichtung und eine private Atmosphäre zeichnen das Fachwerkhaus a. d. J. 1786 aus. Der Chef steht am Herd, die Chefin leitet aufmerksam den Service.

HETZDORF Sachsen siehe Freiberg.

HEUBACH Baden-Württemberg 419 T 13 – 10 300 Ew – Höhe 465 m.
Berlin 577 – Stuttgart 68 – Ulm 61 – Aalen 16 – Schwäbisch Gmünd 13.

🏨 **Deutscher Kaiser,** Hauptstr. 42, ✉ 73540, ℰ (07173) 87 08, info@deutscher-kaiser-heubach.de, Fax (07173) 8089 – ⇔ Zim, 📺, AE ◑ ⓂⓄ 𝒱𝐼𝒮𝒜
geschl. über Fasching 1 Woche, Aug. 2 Wochen, Anfang Nov. 1 Woche – **Menu** (geschl. Samstag, Sonntagabend) à la carte 18/30 – **13 Zim** ⊆ 43 – 70.
◆ Ein gestandener Gasthof in der historisch geprägten Altstadt : Solide und zeitgemäß eingerichtete Zimmer erwarten bei Familie Vogel die Gäste. Holzgetäfelte Wände und Zierat geben dem leicht rustikalen Restaurant eine freundliche Note.

HEUSENSTAMM Hessen 417 P 10 – 19 000 Ew – Höhe 119 m.
Berlin 553 – Wiesbaden 46 – Frankfurt am Main 14 – Aschaffenburg 31.

🏨 **Rainbow-Hotel,** Seligenstädter Grund 15, ✉ 63150, ℰ (06104) 93 30, rainbow-hotel@t-online.de, Fax (06104) 933120 – 📶, ⇔ Zim, 📺 📞 🅟 – 🔔 15. AE ◑ ⓂⓄ 𝒱𝐼𝒮𝒜
Menu (nur Abendessen) (thailändische Küche) à la carte 18/31 – **71 Zim** ⊆ 85/112 – 98/127.
◆ Als "komfortables Zuhause für unterwegs" empfiehlt man sich hier. Das Haus wird Ihrem Anspruch gerecht, denn die Zimmer bieten Annehmlichkeiten, die man auf Reisen braucht. Im elegant-fernöstlich angehauchten Restaurant serviert man asiatische Spezialitäten.

HEUWEILER Baden-Württemberg siehe Glottertal.

HIDDENHAUSEN Nordrhein-Westfalen siehe Herford.

HIDDENSEE (Insel) Mecklenburg-Vorpommern 416 C 23 – 1 300 Ew – Ostseeinsel, Autos nicht zugelassen.
🚢 von Stralsund (ca. 1 h 45 min), von Schaprode/Rügen (ca. 45 min).
🅱 Insel Information in Vitte, Norderende 162, ✉ 18565, ℰ (038300) 6 42 26, insel.information@t-online.de, Fax (038300) 64225.
ab Schaprode : Berlin 296 – Schwerin 196 – Rügen (Bergen) 29 – Stralsund 36.

In Hiddensee-Vitte :

🏨 **Post Hiddensee** Ⓜ 😊 garni, Wiesenweg 26, ✉ 18565, ℰ (038300) 64 30, hotel-post-hiddensee@t-online.de, Fax (038300) 64333, 🌼 – 📺
⊆ 9 – **12 Zim** 87 – 95/150, 4 Suiten.
◆ Einem besonders hübschen Landhausstil begegnet man in diesem der Region angepaßten Neubau. Sehr schöne Möbel, die Suiten sind sogar mit einem modernen Kamin bestückt.

🏨 **Heiderose** 😊, In den Dünen 127 (Süd : 2,5 km), ✉ 18565, ℰ (038300) 6 30, info@heiderose-hiddensee.de, Fax (038300) 63124, 😊, ⇔, 🌼 – 📺 – 🔔 40. 😊 Zim
geschl. 10. Nov. - 24. Dez. – **Menu** à la carte 17/29 – **34 Zim** ⊆ 72/94 – 102/125 – ½ P 13.
◆ Die Hotelanlage liegt malerisch inmitten der Dünenheide. Neben den Hotelzimmern, zum Teil mit Boddenblick, vermietet man auch einige hübsche, reetgedeckte Ferienhäuser. Ungezwungene Atmosphäre erwartet Sie im bistroartigen Restaurant.

※ **Zum Hiddenseer** 😊 mit Zim, Wiesenweg 22, ✉ 18565, ℰ (038300) 4 19, Fax (038300) 608900, 😊, 🌼 – 📺. ⓂⓄ
geschl. 10. Jan. - 10. Feb. – **Menu** (geschl. Nov. - April Dienstag) à la carte 16/26 – **3 Zim** ⊆ 50 – 70/95 – ½ P 12.
◆ Das liebevoll in gemütlich-rustikalem Stil eingerichtete Gasthaus lädt zu einem entspannten Besuch ein. Auf der Karte stehen Gutbürgerliches und Fischgerichte.

HILCHENBACH Nordrhein-Westfalen 417 N 8 – 17 200 Ew – Höhe 400 m – Wintersport (in Hilchenbach-Lützel) : 500/680 m ⟨2, ⟨.
🛈 Verkehrsbüro, Markt 13, ⊠ 57271, ℘ (02733) 28 81 33, info@hilchenbachtourist.de, Fax (02733) 288288.
Berlin 523 – Düsseldorf 130 – Siegen 21 – Olpe 28.

🏠 **Haus am Sonnenhang** ⬡, Wilhelm-Münker-Str. 21, ⊠ 57271, ℘ (02733) 70 04, Fax (02733) 4260, ≤, ⬡, ⬡ – 📺 ⬡ 🄿 – ⬡ 20. 🄰🄴 ⓞ 🄾🄾 VISA. ⬡ Rest
Menu (geschl. Juli - Aug. 2 Wochen, Freitag) (nur Abendessen) à la carte 18/34 – **22 Zim** ⊇ 55/70 – 110.
♦ Sie suchen eine ruhige Bleibe im Grünen? Hier werden Sie fündig! Das schmucke Haus liegt auf einer Anhöhe und überzeugt mit praktischen Zimmern unterschiedlicher Größe. Das Restaurant besticht durch Panoramablick auf die waldreiche Landschaft.

In Hilchenbach-Müsen West : 7 km :

🏠 **Stahlberg**, Hauptstr. 85, ⊠ 57271, ℘ (02733) 62 97, gasthof-stahlberg@t-online.de, Fax (02733) 60329, ⬡, ⬡ – 📺 ⬡ ⬡ 🄿 🄰🄴 ⓞ 🄾🄾 VISA
Menu (geschl. 15.- 30. Jan., Montag) à la carte 18/33,50 – **12 Zim** ⊇ 46/59 – 70/75.
♦ Von außen repräsentiert der Hotelbau mit Fachwerk und Schiefer den typischen Stil des Siegerlandes. Innen findet man sinnvoll gestaltete Zimmer ohne Fehl und Tadel. Das Restaurant heißt Kärntnerstube und ist authentisch im Alpen-Stil eingerichtet.

In Hilchenbach-Vormwald Süd-Ost : 2 km :

🏰 **Steubers Siebelnhof** M, Vormwalder Str. 56, ⊠ 57271, ℘ (02733) 8 94 30, Fax (02733) 7006, ⬡, Biergarten, ⬡, Massage, ⬡, ⬡, ⬡, ⬡ – ⬡ Zim, 📺 ⬡ ⬡ 🄿 – ⬡ 30. 🄰🄴 ⓞ 🄾🄾 VISA. ⬡ Rest
Menu à la carte 24,50/51 ⬡ – **20 Zim** ⊇ 65/120 – 90/180.
♦ Einen Hauch von Extravaganz empfindet man in der einstigen Fuhrmannskneipe, die sich durch ihre geschmackvolle Einrichtung zum Landhotel mit Klasse gemausert hat. Mediterranes Flair oder westfälische Gemütlichkeit finden Sie in den Restaurants vor.

HILDBURGHAUSEN Thüringen 418 420 O 16 – 12 000 Ew – Höhe 372 m.
Berlin 356 – Erfurt 80 – Coburg 29.

🏠 **Eschenbach** garni, Häselriether Str. 19, ⊠ 98646, ℘ (03685) 7 94 30, info@hotel-eschenbach.de, Fax (03685) 7943434, ⬡ – ⬡ ⬡ 📺 ⬡ 🄿 – ⬡ 15. 🄰🄴 ⓞ 🄾🄾 VISA
27 Zim ⊇ 34/55 – 60/90.
♦ Am Stadtrand finden Sie hinter schön restaurierten Fachwerkmauern ein ruhiges Plätzchen. Die Zimmer halten solide Möblierung und z. T. Allergikerbetten für Sie bereit.

In Hildburghausen-Gerhardtsgereuth Nord : 6 km :

🏠 **Am Schwanenteich** ⬡, Am Schwanenteich, ⊠ 98646, ℘ (03685) 44 66 90, info @hotelamschwanenteich.de, Fax (03685) 44669910, ⬡, ⬡, ⬡ – ⬡, ⬡ Zim, 📺 🄿 – ⬡ 20. 🄰🄴 ⓞ 🄾🄾 VISA
Menu à la carte 13,50/24,50 – **25 Zim** ⊇ 60 – 75/80.
♦ Hier erwartet Sie eine ländliche Idylle ! Sie schlafen in netten Zimmern, die einheitlich mit Naturholzmöbeln ausgestattet sind und zum Teil einen Blick auf den Teich gewähren. In den hell-rustikalen Restauranträumen wird Gutbürgerliches serviert.

HILDEN Nordrhein-Westfalen 417 M 4 – 54 000 Ew – Höhe 46 m.
Berlin 547 – Düsseldorf 18 – Köln 40 – Solingen 12 – Wuppertal 26.

🏰 **Am Stadtpark**, Klotzstr. 22, ⊠ 40721, ℘ (02103) 57 90, Fax (02103) 579102, ⬡, ⬡ – ⬡ 📺 ⬡ ⬡ 🄿 – ⬡ 80. 🄰🄴 ⓞ 🄾🄾 VISA. ⬡ Rest
Menu (geschl. Samstagmittag) à la carte 26/40 – **110 Zim** ⊇ 75/110 – 110/185.
♦ Durch eine großzügige Halle betritt man dieses Stadthotel, dessen sachlich gestaltete Zimmer allen notwendigen Komfort bieten. Gegenüber lädt der Park zum Spazieren ein. Essen können Sie in den beiden Hotelrestaurants Voyage und Römertopf.

🏨 **Mercure** garni, Liebigstr. 19, ⊠ 40721, ℘ (02103) 5 60 32, h5014@accor-hotels.com, Fax (02103) 52841, ⬡, ⬡ – ⬡ ⬡ 📺 ⬡ ⬡ 🄿 – ⬡ 45. 🄰🄴 ⓞ 🄾🄾 VISA JCB
⊇ 13 – **68 Zim** 85/140 – 100/180.
♦ Modernes Hotel, das in allen Bereichen auf die besonderen Bedürfnisse von Geschäftsreisenden zugeschnitten ist : nur 15 Autominuten trennen Sie von der Messestadt Düsseldorf!

🏨 **Amber Hotel Bellevue**, Schwanenstr. 27 (Ecke Berliner Str.), ⊠ 40721, ℘ (02103) 50 30, hilden@amber-hotels.de, Fax (02103) 503444, ⬡ – ⬡, ⬡ Zim, 📺 ⬡ 🄿 – ⬡ 80. 🄰🄴 ⓞ 🄾🄾 VISA JCB
Menu à la carte 20/28 – **93 Zim** ⊇ 95/178 – 110/210.
♦ Das Stadthotel hat verschiedenartige Räume anzubieten : in Creme gehaltene Standardzimmer, Businesszimmer mit Arbeitsbereich und das verträumte "1001 Nacht" Zimmer.

HILDERS Hessen 418 420 O 14 – 5 500 Ew – Höhe 460 m – Luftkurort – Wintersport : 500/700 m ≤ 1 ≰.

🖪 *Tourist-Information, Schulstr. 2, ⊠ 36115, ℰ (06681) 76 12, tourist-info@hilders.de, Fax (06681) 7613.*

Berlin 427 – Wiesbaden 200 – Fulda 29 – Bad Hersfeld 54.

🏠 **Engel,** Marktstr. 12, ⊠ 36115, ℰ (06681) 97 70, hotel-engel-hilders@t-online.de, Fax (06681) 977300, ≤s – 📺 – 🏛 75. 🆎 ⓜ 💳
Menu *(geschl. Jan. 2 Wochen)* à la carte 16,50/28 – **27 Zim** ⊇ 34/38 – 40/58.
◆ Der Luftkurort im Herzen der Hessischen Rhön erwartet seine Besucher mit einer soliden Herberge. Fragen Sie nach den neueren, mit hellem Holz bestückten Zimmern ! In den gut eingerichteten, rustikal-bürgerlichen Restauranträumen nimmt man gerne Platz.

🛎 **Hohmann,** Obertor 2, ⊠ 36115, ℰ (06681) 2 96, info@hotel-hohmann.de, Fax (06681) 7161, Biergarten – 📺 🄿.
geschl. 15. Nov. - 10. Dez. – **Menu** *(geschl. Mittwoch)* à la carte 15,50/20 – **16 Zim** ⊇ 29/32 – 46/52.
◆ Bei der Kirche ist dieser gewachsene Gasthof situiert. Morgens begrüßt man Sie mit einem Buffet, zu dem auch selbstgekochte Marmelade und Rhöner Bauernbrot gehören. Der Chef des Hauses kocht selbst ! Viele Produkte werden von umliegenden Bauernhöfen bezogen.

HILDESHEIM Niedersachsen 416 417 418 J 13 – 105 000 Ew – Höhe 89 m.

Sehenswert : Dom★ *(Kunstwerke★, Kreuzgang★)* **Z** – St. Michaelis-Kirche★ **Y** – Roemer-Pelizaeus-Museum★ **Z M1** – St. Andreas-Kirche *(Fassade★)* **Z B** – Antoniuskapelle *(Lettner★)* **Z A** – St. Godehardikirche★ **Z** – Marktplatz★ *(Knochenhaueramtshaus★, Renaissanceerker★ am Tempelhaus)* **Y**.

🚗 *Oldekopstraße.*

🖪 *Tourist Information, Rathausstr. 20, ⊠ 31134, ℰ (05121) 1 79 80, tourist-info@hildesheim.com, Fax (05121) 179888 –* **ADAC,** *Zingel 39.*

Berlin 276 ④ – Hannover 36 ② – Braunschweig 51 ④ – Göttingen 91 ④

Stadtplan siehe nächste Seite

🏨 **Le Méridien,** Markt 4, ⊠ 31134, ℰ (05121) 30 00, info@meridien-hildesheim.com, Fax (05121) 134298, 🍽, 🎰, ≤s, 🔲 – 📶, ⇌ Zim, 📺 ♿ 🚗 – 🏛 120. 🆎 ⓞ ⓜ 💳 ⚘ Rest
Y e
Menu 13 *(Lunchbuffet)* à la carte 23/34 – **111 Zim** ⊇ 136/156 – 151/171.
◆ Hinter wiedererrichteten, historischen Fassaden erwartet Sie ein attraktives, traditionelles Hotel mit viel Charme. Ein erfahrenes Team freut sich darauf, Sie zu verwöhnen. Genießen Sie das gemütliche, rustikale Ambiente des Restaurants Gildehaus.

🏨 **Dorint Sülte Hotel** 🅼, Bahnhofsallee 38, ⊠ 31134, ℰ (05121) 1 71 70, info.hajhil@dorint.com, Fax (05121) 1717100, 🍽 – 📶, ⇌ Zim, 📺 ♪ ♿ 🄿 – 🏛 500. 🆎 ⓞ ⓜ 💳 ⓙⓒⓑ. ⚘ Rest
Y b
Menu à la carte 23/36 – **120 Zim** ⊇ 117/128 – 141/152.
◆ Seit kurzem existiert ein Hotel in diesem Gebäude ! Freigelegtes Mauerwerk wurde geschickt in die moderne Gestaltung einbezogen und kündet von einer langen Geschichte. An der Stelle des geschmackvollen Restaurants La Capella stand einst wirklich eine Kapelle.

🏨 **Schweizer Hof** garni, Hindenburgplatz 6, ⊠ 31134, ℰ (05121) 3 90 81, Fax (05121) 38757 – 📶 ⇌ 📺. 🆎 ⓞ ⓜ 💳
Z a
55 Zim ⊇ 88 – 118.
◆ Im Zentrum der Stadt mit dem tausendjährigen Rosenstock finden Sie eine funktionelle Bleibe, die Ihnen allen Komfort bietet, auf den man beim Reisen nicht gern verzichtet.

🏠 **Bürgermeisterkapelle,** Rathausstr. 8, ⊠ 31134, ℰ (05121) 17 92 90, buergermeisterkapelle@t-online.de, Fax (05121) 1792999 – 📶 📺 🚗 – 🏛 20. 🆎 ⓞ ⓜ 💳
Y v
Menu à la carte 17/30 – **40 Zim** ⊇ 53/85 – 81/96.
◆ Direkt hinter dem Rathaus liegt das Stadthotel, in dem Sie die Betreiberfamilie freundlich willkommen heißt. Sie wohnen in gemütlichen, mit hellem Holz eingerichteten Zimmern. Ein grüner Kachelofen sorgt in dem beliebten Restaurant für Gemütlichkeit.

In Hildesheim-Moritzberg :

🏨 **Parkhotel Berghölzchen** 🅼 🛎, Am Berghölzchen 1, ⊠ 31139, ℰ (05121) 97 90, info@berghoelzchen.de, Fax (05121) 979400, ≤, 🍽, Biergarten – 📶, ⇌ Zim, 📺 🄿 – 🏛 300. 🆎 ⓞ ⓜ 💳
X a
Menu à la carte 17,50/34 – **80 Zim** ⊇ 98/120 – 120/160.
◆ Auf einer Anhöhe befindet sich das Hotel, dessen Zimmer nach internationalem Standard wohnlich eingerichtet sind, und fast alle einen Blick auf die Dächer der Stadt gewähren. Im historischen Gebäudeteil ist das klassisch gestaltete Restaurant untergebracht.

HILDESHEIM

Almsstraße	Y
Am Propsteihof	X 2
Bahnhofsallee	Y
Bavenstedter Str.	X 5
Bergsteinweg	XZ 8
Bernwardstraße	Y
Bischof-Janssen-Str.	X 12
Bückebergstraße	X 15
Cheruskerring	X 17
Domhof	Z 20
Eckemekerstraße	YZ 23
Elzer Straße	X 25
Gelber Stern	Z 28
Godehardsplatz	Z 31
Hannoversche Str.	Z 33
Hoher Weg	Z 36
Hohnsen	Y 39
Jacobistraße	Y 41
Judenstraße	YZ 44
Kardinal-Bertram-Str.	Z 47
Kläperhagen	Z 49
Königstraße	X 52
Kurt-Schumacher-Straße	X 55
Martin-Luther-Straße	X 58
Mühlenstraße	Z 61
Neue Straße	Z 64
Osterstraße	Y
Pfaffenstieg	Z 69
Rathausstraße	Y 72
Robert-Bosch-Straße	X 75
Sachsenring	X 78
Scheelenstraße	Z 80
Schuhstraße	Z 83
Senator-Braun-Allee	X 85
Struckmannstraße	X 88
Theaterstraße	Y 91
Zingel	YZ

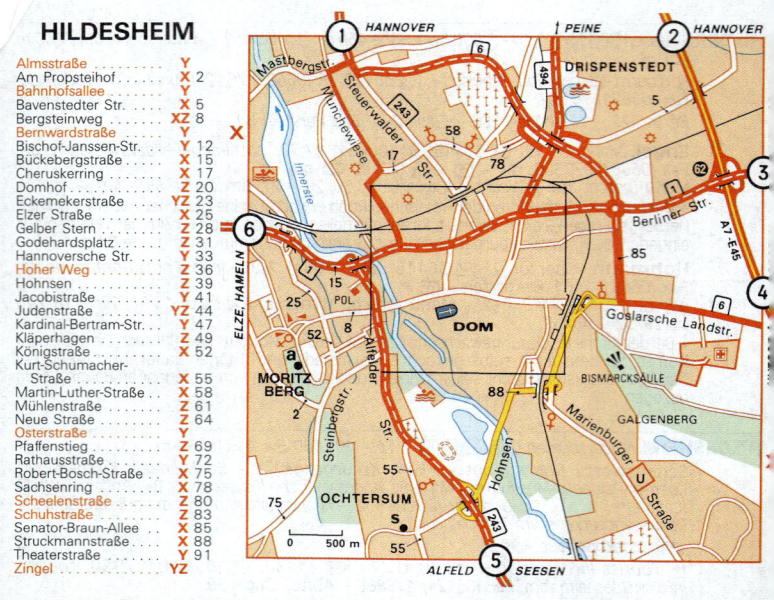

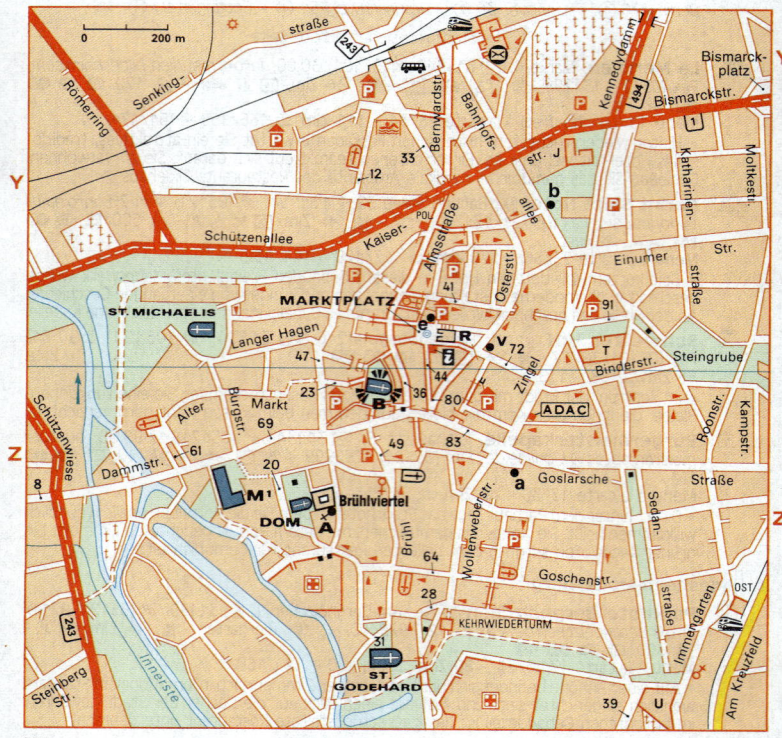

HILDESHEIM

In Hildesheim-Ochtersum :

Am Steinberg garni, Adolf-Kolping-Str. 6, ⊠ 31139, ℘ (05121) 80 90 30, info@ho telamsteinberg.de, Fax (05121) 267755 – ⇌ TV ✆ P – 🚗 20. AE ⓘ ⓜ VISA. ℅
geschl. 19. Dez. - 1. Jan. **- 28 Zim** ⊑ 50/59 – 70/77.
  ♦ Von außen wirkt der Hotelbau wie ein Wohnhaus. Innen finden Sie solide in Kirsche eingerichtete Zimmer, die über geräumige, zeitgemäße Bäder verfügen.

Im Steinberg-Wald Süd-West : 5 km, über Kurt-Schumacher-Str. X , 1 km hinter Ochtersum rechts abbiegen :

Kupferschmiede, Am Steinberg 6, ⊠ 31139 Hl-Ochtersum, ℘ (05121) 26 30 25, geniesser@kupferschmiede.com, Fax (05121) 263070, 🍽 – P. AE ⓘ ⓜ VISA
geschl. Sonntag - Montag **- Menu** (bemerkenswerte Weinkarte, Tischbestellung ratsam) 25,50/46 und à la carte.
  ♦ Mitten im Wald, ist das um die Jahrhundertwende gebaute Ausflugslokal heute Treff von Feinschmeckern. Im eleganten Landhausstil wird ihnen internationale Küche serviert.

In Diekholzen Süd : 9 km über Kurt-Schumacher-Str. X :

Gasthof Jörns, Marienburger Str.41, ⊠ 31199, ℘ (05121) 2 07 00, Fax (05121) 207090 – ⇌ Zim, TV P
Menu (geschl. 23. Dez. - 5. Jan., Dienstag) (wochentags nur Abendessen) à la carte 12/22 **- 21 Zim** ⊑ 42/70 – 62/90.
  ♦ Seit 120 Jahren ist der Gasthof in Familienbesitz und historisch verwachsen mit der Landschaft, die ihn umgibt. In den neugestalteten Innenräumen erwarten Sie nette Zimmer. Im ländlichen Restaurant umsorgt man Sie mit deutscher Küche.

HILPOLTSTEIN Bayern 419 420 S 17 – 12 500 Ew – Höhe 384 m.

🛈 Kulturamt, Haus des Gastes, Maria-Dorothea-Str. 8, ⊠ 91161, ℘ (09174) 90 42, Fax (09174) 9044.
Berlin 457 – München 134 – Nürnberg 40 – Ingolstadt 59 – Ansbach 54.

Zum schwarzen Roß, Marktstr.10, ⊠ 91161, ℘ (09174) 4 79 50, info@hotel-schwarzes-ross.info, Fax (09174) 497528, Biergarten – TV – 🚗 15. AE ⓜ VISA
Menu (geschl. Mittwoch) à la carte 16,50/24,50 **- 12 Zim** ⊑ 39 – 64.
  ♦ Bei der Wiederherstellung dieses fränkischen Brauereigasthofs a. d. 15. Jh. wurde sehr behutsam vorgegangen : überall trifft man auf Holzbalken und alten Parkettboden. Ganz im Zeichen regionstypischer Gastlichkeit steht die gemütliche Gaststube.

In Hilpoltstein-Sindersdorf Süd-Ost : 7 km Richtung Neumarkt :

Sindersdorfer Hof, Sindersdorf 26 (Nahe der A 9), ⊠ 91161, ℘ (09179) 62 56, hotel@sindersdorferhof.de, Fax (09179) 6549, 🍽 – ⇌ Zim, TV ✆ 🚗 P. AE ⓘ ⓜ VISA. ℅ Rest
geschl. nach Pfingsten 2 Wochen, 15. Nov. - 5. Dez. **- Menu** (geschl. Montag) à la carte 13/32 **- 19 Zim** ⊑ 36/46 – 53/66.
  ♦ Im Herzen Mittelfrankens finden Erholungsuchende Ruhe und idyllische Landschaften. Der Landgasthof ist eine nette Herberge, die Ihnen ruhige Zimmer anzubieten hat. Der Kachelofen sorgt für Stimmung und unterstreicht den gemütlichen Charakter der Gaststube.

HINDELANG, BAD Bayern 419 420 X 15 – 5 000 Ew – Höhe 850 m – Kneippkurort – Heilklimatischer Kurort – Wintersport : 850/1600 m ✦ 16 ✦.

Sehenswert : Lage★ des Ortes.
Ausflugsziel : Jochstraße★★ : Aussichtskanzel ≤★, Nord-Ost : 8 km.
🛈 Kurverwaltung, Am Bauernmarkt 1, ⊠ 87541, ℘ (08324) 89 20, info@hindelang.net, Fax (08324) 8055.
Berlin 730 – München 161 – Kempten (Allgäu) 34 – Oberstdorf 22.

Romantik Hotel Sonne, Marktstr. 15, ⊠ 87541, ℘ (08324) 89 70, badhotelsonne @romantikhotels.com, Fax (08324) 897499, 🍽, Massage, ♨, ♒, ≘s, ⊠, 🎾 – 🛗 TV ✆ 🚗 P – 🚗 20. AE ⓘ ⓜ VISA
geschl. 23. März - 11. April, 17. Nov.- 18. Dez. **- Menu** à la carte 21/33,50 **- 57 Zim** ⊑ 60/70 – 128/132, 8 Suiten – ½ P 23.
  ♦ Die bemalte Fassade des Stammhauses fällt sofort auf. Dahinter finden Sie, was Sie suchen : Allgäuer Ambiente mit Bauernmöbeln, Ölbildern und Antiquitäten ! Die urige Atmosphäre im Restaurant Chesa Schneider vermittelt eine Ahnung von der guten alten Zeit.

HINDELANG, BAD

Sonneck ⚜, Rosengasse 10, ⌧ 87541, ℘ (08324) 9 31 10, *alpenhotel@aol.com*, Fax (08324) 8798, ≼, 🍴, Massage, 🅿, – 🛗 📺 🅿 🐾 Rest
geschl. 15. Nov. - 20. Dez. – **Menu** *(geschl. Montag)* à la carte 18,50/37 – **23 Zim** ⌕ 54/62 – 116 – ½ P 8.
• Die Südhanglage ist das große Plus dieses Hotels. Vom Balkon der geräumigen, mit Wohnteil ausgestatteten Zimmer schweift der Blick über die reizende Voralpenlandschaft. Nehmen Sie Platz auf soliden Polstern im rustikalen Hotelrestaurant !

Sonnenbichl ⚜, Schindackerweg 1, ⌧ 87541, ℘ (08324) 3 65, *hotel-sonnenbichl @t-online.de*, Fax (08324) 8630, ≼, ⬚, – ⇔ Zim, 📺 ⇔ 🅿 🆘 *VISA* 🐾 Zim
geschl. 23. März - 11. April, 3. Nov. - 21. Dez. – **Menu** *(geschl. Dienstag) (nur Abendessen)* (Restaurant nur für Hausgäste) 14/20 – **19 Zim** ⌕ 37/45 – 70/94 – ½ P 8.
• Eine nette, familiäre Adresse ! Frisch renoviert präsentieren sich die Zimmer im neuen Gewand : helles Naturholzmobiliar und eine technisch wie sanitär komplette Ausstattung.

In Bad Hindelang-Bad Oberdorf *Ost : 1 km :*

Prinz-Luitpold-Bad ⚜, ⌧ 87541, ℘ (08324) 89 00, *luitpoldbad@t-online.de*, Fax (08324) 890379, ≼ Allgäuer Alpen und Bad Oberdorf, 🍴, Massage, ♨, 🎾, ⬚, 🏊 (geheizt), 🅿, ⬚, 🐾 – 🛗 🐾 Rest, 📺 ⇔ 🅿 🆘 *VISA* 🐾 Rest
Menu à la carte 21/37 – **110 Zim** ⌕ 63/83 – 121/173 – ½ P 17.
• Das Prunkstück des stilvollen Hauses ist die Halle, die einem schottischen Schloß entstammt. Die Badeabteilung mit Thermalquelle ist immer einen Besuch wert ! "Königlich bayrische Ruhe" empfindet man in dem durch viel Holz gemütlich ausgestatteten Restaurant.

Café Haus Helgard ⚜ garni, Luitpoldstr. 20, ⌧ 87541, ℘ (08324) 20 64, *hotel. helgard@t-online.de*, Fax (08324) 1530, ≼, 🍴 – ⇔ 🅿
geschl. 1. - 11. April, 1. Nov. - 20. Dez. – **16 Zim** ⌕ 31/38 – 60/70.
• Oberhalb des Ortes findet man diese nette Adresse, wo man wahlweise in Zimmern mit Naturholzmobiliar oder in solchen mit alpenländischer Ausstattung übernachten kann.

Alte Schmiede, Schmittenweg 14, ⌧ 87541, ℘ (08324) 25 52, Fax (08324) 1555, 🍴 – 📺 🅿
geschl. Ende Okt. - Mitte Dez. – **Menu** *(geschl. Mittwoch)* à la carte 20/31 *(auch vegetarische Gerichte)* – **14 Zim** ⌕ 35/40 – 65/70 – ½ P 12.
• Sommers wie winters eine nette Urlaubsadresse ist dieser freundliche, alpenländische Gasthof mit holzverkleidetem Giebel und ländlichen Zimmern mit einfachem Komfort. Rustikales Restaurant mit holzvertäfelten Decken und Wänden.

✕ **Obere Mühle**, Ostrachstr. 40, ⌧ 87541, ℘ (08324) 28 57, Fax (08324) 8635, 🍴 – 🅿
geschl. Dienstag – **Menu** *(nur Abendessen)* (Tischbestellung erforderlich) à la carte 23/39.
• Das urig-gemütliche Landgasthaus a. d. J. 1433 ist ein nettes Restaurant ! In stimmiger Atmosphäre gibt es regionale Küche und Gerichte vom Holzkohlengrill. Schaukäserei.

In Bad Hindelang-Oberjoch *Nord-Ost : 7 km – Höhe 1 130 m*

Alpenhotel ⚜, Am Prinzenwald 3, ⌧ 87541, ℘ (08324) 70 90, *info@alpenhotel-oberjoch.de*, Fax (08324) 709200, ≼ Allgäuer Alpen, 🍴, Massage, ♨, 🎾, 🎾, ⬚, 🅿, 🐾 – 🛗 🐾 📺 🅿 🆘 ⬚ 🆘 *VISA* 🐾
Menu à la carte 21/35,60 – **72 Zim** ⌕ 80/115 – 130/170 – ½ P 25.
• Großzügig und elegant ist der Rahmen dieses schön gelegenen Hauses. Sie logieren in geschmackvollen Zimmern, die auch anspruchsvollen Gästen gefallen. Ein Blick auf die herrliche Bergwelt begleitet Sie bei Ihren Mahlzeiten im ländlich-eleganten Restaurant.

Lanig ⚜, Ornachstr. 11, ⌧ 87541, ℘ (08324) 70 80, *hotel@lanig.de*, Fax (08324) 708200, ≼ Allgäuer Alpen, 🍴, ⬚, 🏊 (geheizt), 🅿, 🍴, 🐾 – 🛗 📺 🅿 🐾 Rest
geschl. April, Nov. - Mitte Dez. – **Menu** (Restaurant nur für Hausgäste) – **40 Zim** (nur ½ P) 75/100 – 120/190.
• Die Zimmer und Suiten fangen mit ihrem Landhausstil den Charme des Allgäus ein. Naturmaterialien wie Stein und Holz sowie Bauernmöbel schmücken das ganze Haus.

Heckelmiller ⚜ garni, Ornachstr. 8, ⌧ 87541, ℘ (08324) 98 20 30, *info@heckel miller.de*, Fax (08324) 9820330, ≼ Allgäuer Alpen, 🎾, ⬚, 🍴 – 🛗 📺 🅿 🐾
geschl. 15. April - 15. Mai, 30. Okt. - 15. Dez., – **23 Zim** ⌕ 43/48 – 76/92.
• Das relativ kleine, auch außerhalb des Ortes gelegene Hotel weiß mit bestens gepflegten, hell und freundlich eingerichteten Zimmern zu überzeugen. Nehmen Sie ein Zimmer nach Süden !

Alpengasthof Löwen, Paßstr. 17, ⌧ 87541, ℘ (08324) 97 30, *loewen-oberjoch@t -online.de*, Fax (08324) 7515, 🍴, ⬚, 🍴 – 🛗 🛗, 📺, 🐾 📺 🆘 ⬚ 🆘 *VISA* 🐾
geschl. 23. April - 10. Mai, 10. Nov. - 20. Dez. – **Menu** *(geschl. Mai - Okt. Montag)* à la carte 12,50/27,50 – **37 Zim** ⌕ 40/60 – 70/108 – ½ P 12.
• In Deutschlands höchst gelegenem Dorf liegt der Alpengasthof, der seit über 100 Jahren von der Familie Brutscher geführt wird. Fragen Sie nach einem der neueren Zimmer ! Ob im netten Restaurant oder der urigen Stube - hier ist Gemütlichkeit Trumpf.

HINDELANG, BAD

In Bad Hindelang-Unterjoch Nord-Ost : 11 km :

Edelsberg, Am Edelsberg 10, ⊠ 87541, ℘ (08324) 98 00 00, hotel-edelsberg@t-online.de, Fax (08324) 980050, ≤, 佘, Massage, ♣, ♠, ≘s, ⊠, ≠ – 関 ⇌ TV ℗. ℅ Rest
geschl. Mitte Nov. - Anfang Dez. – **Menu** à la carte 17/27 – **26 Zim** ⊇ 41/44 – 81/88 – ½ P 14.
◆ Waldnah, in malerischer Landschaft liegt dieses Quartier, in dem man persönliche Betreuung groß schreibt. Zum Haus gehört auch eine kleine Landwirtschaft und ein Streichelzoo. Das Restaurant Gugelhupf wartet auch mit selbstgebackenen Kuchen und Torten auf.

Krone, (mit Gästehaus), Sorgschrofenstr. 62, ⊠ 87541, ℘ (08324) 98 20 10, kroneuj@t-online.de, Fax (08324) 9820199, 佘, ℐ₆, ≘s, ≠, ☆ – 関 TV 丘 ⚞ ⇌ ℗.
AE ⓞ ⓜⓞ VISA JCB ℅ Rest
geschl. Anfang Nov. - Mitte Dez. – **Menu** à la carte 17/33 – **42 Zim** ⊇ 44/53 – 83/88 – ½ P 15.
◆ In diesem ländlichen Hotel hat man sich besonders auf Familien mit Kindern und deren Bedürfnisse spezialisiert. Von Kinderbetreuung bis Reiturlaub ist hier alles kein Problem. Rustikal-schlichte Gaststube, in der Allgäuer Gerichte aufgetischt werden.

HINTE Niedersachsen **415** F 5 – 7 200 Ew – Höhe 3 m.
Berlin 523 – Hannover 236 – Emden 6 – Oldenburg 88 – Wilhelmshaven 84.

Novum, Am Tennis-Treff 1, ⊠ 26759, ℘ (04925) 9 21 80, novum@emsnet.de, Fax (04925) 921877, 佘, ≘s, ⊠, ℅(Halle) Squash – 関 ⇌ Zim, TV ⚞ 丘 ⇌ ℗ – ℐₐ 120. ⓜⓞ VISA
Menu à la carte 18/28,50 – **33 Zim** ⊇ 72/92 – 87/160.
◆ Das Sport- und Tagungshotel ist gut auf die Bedürfnisse Geschäftsreisender vorbereitet. Die Zimmer sind geräumig und wohnlich eingerichtet, mit allen technischen Anschlüssen. Das Restaurant mit Blick in die Tennishalle wird von einem offenen Kamin dominiert.

HINTERZARTEN Baden-Württemberg **419** W 8 – 2 500 Ew – Höhe 885 m – Heilklimatischer Kurort – Wintersport : 900/1 230 m ≰3 ≰.
Ausflugsziel : Titisee★★ Ost : 5 km.
🛈 Tourist Information, Freiburger Straße 1, ⊠ 79856, ℘ (07652) 12 06 42, Fax (07652) 120649.
Berlin 785 – Stuttgart 161 – Freiburg im Breisgau 24 – Donaueschingen 38.

Park-Hotel Adler, Adlerplatz 3, ⊠ 79856, ℘ (07652) 12 70, info@parkhotel-adler.de, Fax (07652) 127717, 佘, Massage, ℐ₆, ♠, ≘s, ⊠, ≠ – 関, ⇌ Zim, TV ⚞ ☆ ⇌ ℗ – ℐₐ 80. AE ⓞ ⓜⓞ VISA JCB
Menu à la carte 30/52 ♀ – **Wirtshaus** : Menu à la carte 23/42 – **78 Zim** ⊇ 128/160 – 240/530, 8 Suiten – ½ P 36.
◆ Genießen Sie Komfort und Service eines kleinen Grandhotels im Schwarzwaldstil. Eine moderne Bade- und Wellnesslandschaft sowie ein Park mit Wildgehege garantieren Erholung. Rustikale, stilvolle Eleganz prägt das Restaurant. Urig : das Wirtshaus.

Thomahof, Erlenbrucker Str. 16, ⊠ 79856, ℘ (07652) 12 30, info@hotel-thomahof.de, Fax (07652) 123239, 佘, Massage, ℐ₆, ≘s, ⊠, ≠ – 関 TV ⇌ ℗. ℅ Rest
geschl. Anfang - Mitte Dez. – **Menu** à la carte 27,50/37 – **49 Zim** ⊇ 88/94 – 146/200 – ½ P 16.
◆ In diesem alteingesessenen Refugium erwartet Sie Behaglichkeit. Gediegener Landhausstil mit einem Hauch von Luxus, einige Zimmer sind sogar mit Kachelofen bestückt ! Wenn Sie zum Essen gerne in kleinen, lauschigen Stuben sitzen, wird es Ihnen hier gefallen !

Reppert, Adlerweg 21, ⊠ 79856, ℘ (07652) 1 20 80, hotel@reppert.de, Fax (07652) 120811, Massage, ℐ₆, ≘s, ⊠ (geheizt), ⊠, ≠ – 関 ⇌ TV ⚞ ⇌ ℗. AE ⓞ ⓜⓞ VISA JCB ℅ Rest
geschl. 9. Nov. - 5. Dez. – **Menu** (Restaurant nur für Hausgäste) à la carte 24/34 – **43 Zim** ⊇ 94/114 – 170/230, 3 Suiten – ½ P 22.
◆ Harmonische Farben, edle Hölzer, schöne Stoffe und Polster gehören zum gelungenen Ambiente der Räume dieses Domizils. Zu den Annehmlichkeiten gehört auch die Badelandschaft.

Kesslermühle, Erlenbrucker Str. 45, ⊠ 79856, ℘ (07652) 12 90, kesslermuehle @t-online.de, Fax (07652) 129159, ≤, Massage, ≘s, ⊠, ≠ – 関 ⇌ Rest, TV ℗. ⓜⓞ VISA ℅
geschl. Mitte Nov. - Mitte Dez. – **Menu** (nur Abendessen) (Restaurant nur für Hausgäste) à la carte 25/44 – **35 Zim** ⊇ 62/102 – 134/160 – ½ P 10.
◆ Hier tauchen Sie ein in eine Oase der Ruhe und Erholung. Sie wohnen in schönen Naturholz-Zimmern mit Balkon und Blick in die Natur. Exklusive Bade- und Saunalandschaft !

HINTERZARTEN

Erfurth's Vital-Hotel Bergfried ⚘, Sickinger Str. 28, ⊠ 79856, ℰ (07652) 12 80, info@erfurths-vitalhotel.de, Fax (07652) 12888, Massage, 🛁, ⊆s, 🔲, 🐎 – 🛗, ⇔ Zim, 📺 ☏ 🅿 ⚙ Rest
geschl. Mitte Nov. - Mitte Dez. – **Menu** (Restaurant nur für Hausgäste) à la carte 17,50/29 – **35 Zim** ⊇ 65/89 – 124/172 – ½ P 14.
• Das im typischen Schwarzwaldstil erbaute Hotel mit den schönen Holzbalkonen bietet seinen Gästen gut ausgestattete und funktionelle Zimmer sowie beste Freizeitmöglichkeiten.

Sonnenberg ⚘ garni, Am Kesslerberg 9, ⊠ 79856, ℰ (07652) 1 20 70, info@hotel-sonnenberg.com, Fax (07652) 120791, ≤, Massage, ⊆s, 🔲 – 🛗 ⇔ 📺 ⇔ 🅿 AE ⓒ VISA
geschl. 26. Okt. - 2. Nov., 14. - 25. Dez. – **20 Zim** ⊇ 80/105 – 105/150.
• Die Lage des Hauses ist besonders hübsch : ganz im Grünen und von hohen Bäumen umsäumt. Die Zimmer sind teilweise im Laura Ashley-Stil gestaltet worden.

Schwarzwaldhof - Gästehaus Sonne, Freiburger Str. 2, ⊠ 79856, ℰ (07652) 1 20 30, hotel-schwarzwaldhof@t-online.de, Fax (07652) 120322, 🍽, ⊆s – 🛗, ⇔ Zim, 📺 ⇔ 🅿 – 🏋 15. ⓒ VISA JCB
geschl. Mitte März - Anfang April, Mitte Nov. - Mitte Dez. – **Menu** (geschl. Dienstag) à la carte 13,50/34 – **44 Zim** ⊇ 41/60 – 72/104 – ½ P 14.
• Der Schwarzwaldhof trägt mit seiner Architektur zum charakteristischen Bild des Ortes bei. Schlafen Sie im Turmzimmer, wenn Sie Romantik mögen ! Zeitgemäße Zimmer im Gästehaus. Das Restaurant ist in einem über 110 Jahre alten Stammhaus untergebracht.

Imbery (mit Gästehaus, ⚘), Rathausstr. 14, ⊠ 79856, ℰ (07652) 9 10 30, imbery@t-online.de, Fax (07652) 1095, 🍽, ⊆s, 🐎 – 🛗, ⇔ Rest, 📺 ⇔ 🅿 ⓒ VISA
geschl. 26. März - 16. April, 1. - 19. Nov. - Dez. – **Menu** (geschl. Donnerstag) à la carte 19,50/31 – **29 Zim** ⊇ 37/60 – 67/98 – ½ P 14.
• Unter den typischen Schwarzwalddächern des Hotels gehen Gemütlichkeit und moderne Ausstattung eine gelungene Verbindung ein. Gepflegte helle Holzmöbel, auch im Gästehaus ! Im ländlich gestalteten Restaurant wird stets bestens fürs leibliche Wohl gesorgt.

In Hinterzarten-Alpersbach West : 5 km :

Esche ⚘, Alpersbach 9, ⊠ 79856, ℰ (07652) 9 19 40, gasthof-esche@t-online.de, Fax (07652) 919410, ≤, 🍽, ⊆s, 🐎 – ⇔ 📺 ⇔ 🅿
geschl. 25. Nov. - 12. Dez. – **Menu** (geschl. Nov. - April Mittwoch) 25/45 à la carte 27/38,50 – **13 Zim** ⊇ 52/71 – 92/98 – ½ P 20.
• Einsam, auf ca. 1000 m Höhe liegt der Gasthof, der in der fünften Generation von der Familie geführt wird. Sie beziehen bequeme, zeitgemäß ausgestattete Zimmer. Eine schöne Holztäfelung gibt der Gaststube eine gemütliche Atmosphäre.

In Hinterzarten-Bruderhalde Süd-Ost : 4 km :

Alemannenhof, Bruderhalde 21 (am Titisee), ⊠ 79856, ℰ (07652) 9 11 80, info@hotel-alemannenhof.de, Fax (07652) 705, ≤ Titisee, 🍽, ⊆s, 🔲, 🐕₀, 🐎 – 🛗, ⇔ Rest, 📺 🛁 🅿 – 🏋 15. AE ⓞ ⓒ VISA JCB
Menu à la carte 26/41 – **22 Zim** ⊇ 63/90 – 144/154 – ½ P 20.
• Die schöne Lage am Titisee im Zusammenspiel mit engagiertem Service und wohnlichem Interieur schafft die Voraussetzung für einen erholsamen Aufenthalt. Das Restaurant ist komplett mit hellem Holz ausgekleidet und wirkt dadurch sehr gemütlich.

HIRSCHAID Bayern **419 420** Q 16 – 10 000 Ew – Höhe 250 m.
Berlin 415 – München 218 – Coburg 58 – Nürnberg 47 – Bamberg 13.

Göller, Nürnberger Str. 100, ⊠ 96114, ℰ (09543) 82 40, hotel-goeller@t-online.de, Fax (09543) 824428, 🍽, ⊆s, 🔲, 🐎 – 🛗 📺 ⇔ 🅿 – 🏋 80. AE ⓞ ⓒ VISA ⇔ Zim
geschl. 2.- 7. Jan. – **Menu** (geschl. Sonntagabend) à la carte 13/35 – **63 Zim** ⊇ 40/62 – 57/80.
• Nach und nach wurde hier angebaut und verbessert, so daß sich das Haus heute als neuzeitliches Hotel präsentiert, in dem Urlauber wie Geschäftsreisende gern Station machen. Zeitgemäßes Ambiente schafft im Restaurant einen sympathischen Rahmen.

In Buttenheim Süd-Ost : 3,5 km :

Landhotel Schloß Buttenheim ⚘ garni, Schloßstr. 16, ⊠ 96155, ℰ (09545) 9 44 70, info@landhotel-buttenheim.de, Fax (09545) 5314 – 📺 🅿 ⓒ VISA JCB
8 Zim ⊇ 52 – 79.
• Das Hotel im ehemaligen Forsthaus des Schlosses gefällt durch die freundliche und individuelle Gestaltung seiner Zimmer, die mit Korbsesseln und hellen Stoffen heiter wirken.

HIRSCHAU Bayern 420 R 19 – 6 500 Ew – Höhe 412 m.
Berlin 429 – München 70 – Weiden in der Oberpfalz 32 – Amberg 18 – Regensburg 80.

- **Schloß-Hotel**, Hauptstr. 1, ⌧ 92242, ✆ (09622) 7 01 00, hotel@schloss-hirschau.de, Fax (09622) 701040, Biergarten – TV P. AE ① ◎ VISA JCB
  Menu (geschl. Donnerstag - Freitagmittag) à la carte 14/28 – **14 Zim** ⌧ 42/60 – 62/85.
  ♦ Das historische Bauwerk aus dem 15. Jh. begrüßt Sie mit seiner gelben Fassade. Die Zimmer sind meist mit Kirschholz bestückt. Für besondere Anlässe : das Fürstenzimmer. Im Restaurant und im gemütlichen Schloßstüberl hält man eine bürgerliche Karte bereit.

- **Josefshaus** ⌧, Kolpingstr. 8, ⌧ 92242, ✆ (09622) 16 86, Fax (09622) 5029, Biergarten, ⇌ – TV ⇌ P. AE ① ◎ VISA ⌧ Zim
  Menu (geschl. Sonntagabend - Montag) à la carte 14/28 – **12 Zim** ⌧ 40 – 72.
  ♦ An Ortsrand finden Sie diese ruhige Herberge in einem Wohngebiet. Die Zimmer sind schlicht aber funktionell und mit hellem Holzmobiliar ausgestattet. Gastronomie hat hier verschiedene Gesichter : Restaurant, Bierstube, Wintergarten oder Sonnenterrasse.

HIRSCHBACH Bayern siehe Königstein.

HIRSCHBACH Thüringen siehe Suhl.

HIRSCHBERG Baden-Württemberg 417 419 R 9 – 9 800 Ew – Höhe 110 m.
Berlin 613 – Stuttgart 131 – Mannheim 29 – Darmstadt 50 – Heidelberg 15.

In Hirschberg-Großsachsen :

- **Krone**, Landstr. 9 (B 3), ⌧ 69493, ✆ (06201) 50 50, info@krone-grosssachsen.de, Fax (06201) 505400, ⌧, ⇌, ⌧ – ⌧ TV P. – ⌧ 80. AE ① ◎ VISA
  Menu à la carte 26,50/44 – **93 Zim** ⌧ 52/79 – 70/102.
  ♦ Viele Jahrzehnte war hier eine Haltestation der Postkutschen - heute beziehen Reisende Quartier in funktionellen Zimmern von ländlich-gediegen bis bäuerlich-rustikal. Im hübsch dekorierten Restaurant umgibt Sie eine elegant-rustikale Note.

- **Haas'sche Mühle**, Talstr. 10, ⌧ 69493, ✆ (06201) 5 10 41, Fax (06201) 54961, ⌧, ⌧ – ⌧ P. – ⌧ 30. AE ◎ VISA
  Menu (geschl. Aug. 3 Wochen, Dienstag) à la carte 14,50/30,50 – **19 Zim** ⌧ 48 – 68.
  ♦ Behaglichkeit und Ruhe erwarten den Gast in den rustikalen Zimmern des ganzjährig geöffneten Hotels in idyllischer Umgebung. Fernseher gibt es nur auf Wunsch. Die Restauranträume strahlen ländliche Gemütlichkeit aus.

In Hirschberg-Leutershausen :

- **Hirschberg**, Goethestr. 2 (an der B 3), ⌧ 69493, ✆ (06201) 5 96 70, hotel-hirschberg@t-online.de, Fax (06201) 58137 – TV ⇌ P. ◎ VISA
  geschl. 15. Dez. - 10. Jan. - **Menu** (geschl. Sonntag) (nur Abendessen) (Restaurant nur für Hausgäste) à la carte 17/29,50 – **33 Zim** ⌧ 45/57 – 60/70.
  ♦ Bei der Wahl Ihrer Übernachtungsmöglichkeit stehen verschiedene Zimmerkategorien zur Verfügung : "Modern", "Romantik" und "Klassik" - ganz nach Ihren Wünschen !

HIRSCHEGG Österreich siehe Kleinwalsertal.

HIRSCHHORN AM NECKAR Hessen 417 419 R 10 – 3 900 Ew – Höhe 131 m – Luftkurort.
Sehenswert : Burg (Hotelterrasse ⇐ ★).
🛈 Tourist-Information, Alleeweg 2, ⌧ 69434, ✆ (06272) 17 42, tourist-info@hirschhorn.de, Fax (06272) 912351.
Berlin 621 – Wiesbaden 120 – Mannheim 52 – Heidelberg 23 – Heilbronn 63.

- **Schloß-Hotel** ⌧, Auf Burg Hirschhorn, ⌧ 69434, ✆ (06272) 9 20 90, info@castle-hotel.de, Fax (06272) 3267, ⇐ Neckartal, ⌧ – ⌧ TV ⌧ P. – ⌧ 20. AE ◎ VISA ⌧ Rest
  geschl. Mitte Dez. - Ende Jan. - **Menu** (geschl. Mitte Sept. - Ostern Montag) à la carte 25/41 – **25 Zim** ⌧ 63/75 – 98/132.
  ♦ Das Hotel ist Teil einer mittelalterlichen Burganlage aus dem 12. Jh. Die Gästezimmer überzeugen mit einer Verbindung aus dem Flair vergangener Zeiten und modernem Komfort. Wo früher die Ritter tafelten, bittet man heute seine Gäste an schön gedeckte Tische.

- **Haus Burgblick** ⌧ garni, Zur schönen Aussicht 3 (Hirschhorn-Ost), ⌧ 69434, ✆ (06272) 14 20, ⇐ – ⌧ P. ⌧
  geschl. Dez. - Jan. - **8 Zim** ⌧ 33 – 50/60.
  ♦ Wie der Name schon sagt, liegt das Haus gegenüber der Burg, die man von einigen der Zimmer aus sehen kann. Der familiäre Charme der Pension fällt angenehm auf.

HIRSCHHORN AM NECKAR

In Hirschhorn-Langenthal Nord-West : 5 km :

🏠 **Zur Krone,** Waldmichelbacher Str. 29, ✉ 69434, ✆ (06272) 25 10, gasthaus-zur-krone@t-online.de, Fax (06272) 930293, 🍴, 🌳 – 🚭 Zim, 📺 📞 🅿 ◎ VISA. 🛇 Zim geschl. 6. - 21. Jan. – **Menu** (geschl. Dienstag) à la carte 14/23 – **11 Zim** ⬜ 29/32 – 50/53 – ½ P 8.
◆ Wenn Sie ein Faible für ländliche Schlichtheit haben, werden Sie sich hier wohlfühlen ! Saubere, einheitlich mit Eichenmobiliar bestückte Zimmer laden zum Verweilen ein. Sollte Sie der Hunger plagen, bietet sich der dörfliche Gasthof zur Einkehr an.

HITZACKER Niedersachsen 415 416 G 17 – 5 100 Ew – Höhe 25 m – Luftkurort.

🛈 Gästeinformation, Weinbergsweg 2, ✉ 29456, ✆ (05862) 9 69 70, gaesteinfo@hitzacker.de, Fax (05862) 969724.
Berlin 232 – Hannover 142 – Schwerin 89 – Lüneburg 48 – Braunschweig 129.

🏠 **Parkhotel** ⚘, Am Kurpark 3, ✉ 29456, ✆ (05862) 97 70, parkhotel@hitzacker.de, Fax (05862) 977350, 🍴, 🅢, 🅂, 🌳, 🗡 – 🛗, 🚭 Zim, 📺 ♿ 🅿 – 🔔 80. ⅢE ◎ ◎◎ VISA
Menu à la carte 20/34 – **90 Zim** ⬜ 55/88 – 82/110 – ½ P 14.
◆ Von viel Grün umgeben, liegt das neuzeitliche Haus in schönem Umfeld. Die Zimmer sind unterschiedlich, aber immer komfortabel. Für Abwechslung sorgen Freizeiteinrichtungen. Zum Esssen können Sie im hellen und freundlichen Wintergarten Platz nehmen.

🏠 **Scholz** ⚘, Prof.-Borchling-Str. 2, ✉ 29456, ✆ (05862) 95 91 00, hotel-scholz@t-online.de, Fax (05862) 959222, 🍴, 🅢, 🌳 – 🛗, 🚭 Zim, 📺 ♿ 🅿 – 🔔 30. ⅢE ◎ ◎◎ VISA. 🛇 Rest
Menu à la carte 19/30 – **33 Zim** ⬜ 49/75 – 78/84 – ½ P 13.
◆ Erleben Sie im Herzen des Naturparks Elbufer-Drawehn unverfälschte norddeutsche Gastlichkeit. In den geräumigen Zimmern, meist mit Balkon, finden Sie ein ruhiges Plätzchen. Nehmen Sie Platz an einem der Tische der schlichten Gaststube.

🏡 **Zur Linde,** Drawehnertorstr. 22, ✉ 29456, ✆ (05862) 3 47, Fax (05862) 345, 🍴 – 📺 🅿
geschl. März – **Menu** (geschl. Donnerstag) à la carte 15,50/28 – **10 Zim** ⬜ 35/40 – 60/64 – ½ P 12.
◆ Das kleine Hotel liegt an der Stadtinsel, wenige Schritte zu Elbe und See. Gastfreundschaft ist hier Tradition. Sie finden nette Zimmer mit älteren, gepflegten Möbeln. Die Einrichtung des Restaurants vermittelt den nostalgischen Charme einer "guten Stube".

HOCHHEIM AM MAIN Hessen 417 P 9 – 17 000 Ew – Höhe 129 m.

Berlin 559 – Wiesbaden 12 – Frankfurt am Main 31 – Darmstadt 32 – Mainz 7.

🏠 **Rheingauer Tor** ⚘ garni, Taunusstr. 9, ✉ 65239, ✆ (06146) 8 26 20, rheingauertor@t-online.de, Fax (06146) 4000 – 🛗, 🚭 Zim, 📺 🅿. ⅢE ◎ ◎◎ VISA JCB
geschl. 24. Dez. - 8. Jan. – **25 Zim** ⬜ 52/66 – 72/79.
◆ Eine sehr praktische Adresse im Rhein-Main-Gebiet ! Sämtliche Messezentren der Umgebung sind leicht und schnell zu erreichen, dennoch wohnen Sie in einem ruhigen Ort.

HOCHKIRCH Sachsen 418 M 27 – 3 200 Ew – Höhe 300 m.

Berlin 213 – Dresden 78 – Görlitz 32 – Bautzen 12.

🏠 **Zur Post,** Schulstr. 1, ✉ 02627, ✆ (035939) 82 40, Fax (035939) 82410, Biergarten – 🅢 📺 🅿. ⅢE ◎ ◎◎ VISA
Menu (Montag - Freitag nur Abendessen) à la carte 13/20,50 – **19 Zim** ⬜ 39 – 62.
◆ Das 1992 völlig rekonstruierte Hotel entstand an Stelle der früheren Zollstation. Heute finden Reisende in den drei unterschiedlich möblierten Etagen eine nette Bleibe. Das gemütliche Restaurant wird gern von Stammgästen wie auch von neuem Publikum besucht.

HOCKENHEIM Baden-Württemberg 417 419 S 9 – 19 800 Ew – Höhe 101 m.

Berlin 630 – Stuttgart 113 – Mannheim 24 – Heidelberg 23 – Karlsruhe 50 – Speyer 12.

🏨 **Am Hockenheim-Ring,** Hockenheimring, ✉ 68766, ✆ (06205) 29 80, info@hockenheimring.bestwestern.de, Fax (06205) 298222, 🍴, 🅢, 🛗, 🚭 Zim, 🅂 📺 📞 🅿 – 🔔 90. ⅢE ◎ ◎◎ VISA JCB
geschl. 27. Dez. - 23. Jan. – **Menu** à la carte 19/34 – **55 Zim** ⬜ 78/111 – 98/159.
◆ Einmal den Rennsport live erleben ! Hier kann man es, denn das Hotel mit den praktischen Übernachtungszimmern ist in die Haupttribüne der weltbekannten Rennstrecke integriert. Im modern und sachlich gestalteten Restaurant Motodrom können Sie sich stärken.

HOCKENHEIM

Ramada Treff Page Hotel M garni, Heidelberger Str. 8, ✉ 68766, ℘ (06205) 29 40, hockenheim@ramada-treff.de, Fax (06205) 294150, ⛲ – 🛗 ✻ 📺 ☏ ♿ 🚗 – 🔑 400. AE ① ⓜ VISA JCB
☐ 11 – **80 Zim** 85 – 85/138.
♦ Das Kongreßhotel ist ein komfortabel ausgestattetes Haus im Stadtzentrum der Rennmetropole. Die Zimmer sind zeitgemäß und wohnlich gestaltet.

In Hockenheim-Talhaus Nord-West : 1,5 km :

Achat M, Gleisstr. 8/1 (nahe der B 36), ✉ 68766, ℘ (06205) 29 70 (Hotel), 10 03 27 (Rest.), hockenheim@achat-hotel.de, Fax (06205) 297999, ⛲ – 🛗, ✻ Zim, 📺 ☏ 🅿 – 🔑 20. AE ① ⓜ VISA JCB
La Piazza (italienische Küche) (geschl. Samstagmittag, Sonntagmittag) **Menu** à la carte 13,50/34 – ☐ 11 – **96 Zim** 64/99 – 74/109.
♦ Ganz gleich, ob Sie als Geschäftsreisender oder Motorsport-Fan kommen, dieses Hotel wird Sie mit seiner Freundlichkeit und der modernen Machart seiner Räume überzeugen. Angegliedert an das Achat Hotel hat sich das italienisches Restaurant La Piazza etabliert.

In Reilingen Süd-Ost : 3 km :

Walkershof M, Hockenheimer Str. 86, ✉ 68799, ℘ (06205) 95 90, info@walkershof.com, Fax (06205) 959444, ⛲, Massage, 🎿, ≘s – 🛗, ✻ Zim, 🍽 Rest, 📺 ☏ ♿ 🅿 – 🔑 25. AE ① ⓜ VISA. ✻ Rest
geschl. 26. Dez. - 6. Jan. – **Menu** (nur Abendessen) à la carte 31/44 – **118 Zim** ☐ 156/185 – 199.
♦ Von der Halle bis zu den großzügigen Zimmern präsentiert sich das ganze Haus in freundlichen Pastelltönen. Eine geschmackvolle Einrichtung ergänzt den guten Eindruck. Weitläufig, aber behaglich mit schönen Rattanstühlen ausgestattet, zeigt sich das Restaurant.

HODENHAGEN Niedersachsen 415 416 H 12 – 2 000 Ew – Höhe 26 m.
Berlin 322 – Hannover 62 – Braunschweig 99 – Bremen 70 – Hamburg 106.

Domicil Hotel M, Hudemühlenburg 18, ✉ 29693, ℘ (05164) 80 90, info@domicil-hodenhagen-bestwestern.de, Fax (05164) 809199, ⛲, 🎿, ≘s, ⊠, 🚗, ✻ – 🛗, ✻ Zim, 📺 🅿 – 🔑 120. AE ① ⓜ VISA JCB. ✻ Rest
Menu à la carte 21/37 – **122 Zim** ☐ 97 – 140.
♦ Beziehen Sie Quartier am Ufer der Aller ! Modern und farbenfroh gestaltete Räumlichkeiten sind ein Garant für einen gelungenen Aufenthalt. Mit Mühlenstube, Parkrestaurant und Parkterrasse sind diverse gastronomische Bereiche vorhanden.

HÖCHBERG Bayern siehe Würzburg.

HÖCHENSCHWAND Baden-Württemberg 419 W 8 – 2 300 Ew – Höhe 1 015 m – Heilklimatischer Kurort – Wintersport : 920/1015 m ≰ 1 ≰.
🛈 Tourist-Information Kurverwaltung, Dr. Rudolf-Eberle-Str. 3, ✉ 79862, ℘ (07672) 4 81 80, info@hoechenschwand.de, Fax (07672) 481810.
Berlin 809 – Stuttgart 186 – Freiburg im Breisgau 56 – Donaueschingen 63 – Waldshut-Tiengen 19.

Alpenblick, St.-Georg-Str. 9, ✉ 79862, ℘ (07672) 41 80, hotel_alpenblick@t-online.de, Fax (07672) 418444, ⛲, 🚗 – 🛗 ✻ 📺 🅿 – 🔑 25. ✻ Rest
Menu à la carte 20/37 – **25 Zim** ☐ 67/94 – 134/188.
♦ Im modernisierten Schwarzwaldgasthof nimmt man sich Zeit für Sie ! Solide bestückte Zimmer tragen zum Wohlbefinden bei. Besonders stolz ist man auf modernste Tagungstechnik. Drei verschiedene, gemütliche Restaurants locken zur Einkehr.

Porten's Hotel Fernblick ⛲ garni, Im Grün 15, ✉ 79862, ℘ (07672) 9 30 20, fernblick@porten.de, Fax (07672) 411240, ≘s – 🛗 ✻ 📺 ☏ 🚗 🅿 – 🔑 80. AE ① ⓜ VISA – **40 Zim** ☐ 37/41 – 74/78.
♦ Einheitlich mit solidem Eichenmöbel eingerichtete Zimmer warten auf Ihren Besuch. Bei der Dekoration hat man helle Farben verwandt, technisch ist man auf dem neuesten Stand.

Nägele, Bürgermeister-Huber-Str. 11, ✉ 79862, ℘ (07672) 9 30 30, info@hotel-naegele.de, Fax (07672) 9303154, ⛲, ≘s, 🚗 – 🛗, ✻ Rest, 📺 ☏ 🚗 🅿 – 🔑 15. ① ⓜ VISA
geschl. Mitte Nov. - Mitte Dez. – **Menu** à la carte 16/36 – **20 Zim** ☐ 38/44 – 76/82 – ½ P 14.
♦ Die ruhige und sonnige Lage bietet die Basis für einen gelungenen Aufenthalt. Helles Naturholz schafft eine behagliche Stimmung, Zimmer mit Balkon gewähren schöne Ausblicke. Helles Holz gibt dem gepflegten Restaurant seine gemütliche Atmosphäre.

Hubertusstuben, Kurhausplatz 1 (Eingang St.-Georg-Straße), ✉ 79862, ℘ (07672) 41 10, hubertusstuben@porten.com, Fax (07672) 411240, ≘s – 🚗 🅿. AE ① ⓜ VISA
geschl. 7. Jan. - 30. Jan., Dienstag - Mittwochmittag – **Menu** à la carte 22,50/40,50.
♦ Ein Hauch von rustikaler Eleganz umgibt den Gast dieser kulinarischen Adresse. Ein Blick in die Speisekarte offenbart ein gutsortiertes Angebot internationaler Speisen.

HÖCHST IM ODENWALD
Hessen 417 419 – Q 10 – 10 000 Ew – Höhe 175 m – Erholungsort.

🛈 Fremdenverkehrsamt, Montmelianer Platz 4, ✉ 64739, ✆ (06163) 7 08 23, info@hoechst-i-odw.de, Fax (06163) 70832.

Berlin 578 – Wiesbaden 78 – Frankfurt am Main 61 – Mannheim 78 – Darmstadt 33 – Heidelberg 72 – Aschaffenburg 37.

Burg Breuberg, Aschaffenburger Str. 4, ✉ 64739, ✆ (06163) 51 33, Fax (06163) 5138, 😊 – 🚭 Zim, 📺 🚗 🄿 – 🔔 60. 🅰🅴 🚾 🆅🅸🆂🅰. ✂ Zim
Menu à la carte 15,50/31,50 – **23 Zim** ⇌ 49/68 – 78/93.
• Ein behagliches und familiär geführtes Zuhause auf Zeit bietet man Ihnen in den Mauern dieses schmucken Hotels, das im Zentrum des beschaulichen Ortes liegt. Die gemütliche Gaststube ist das Schmuckstück des Hauses. Den optischen Mittelpunkt bildet der Kamin.

In Höchst-Hetschbach Nord-West : 2 km :

Zur Krone, Rondellstr. 20, ✉ 64739, ✆ (06163) 93 10 00, krone-hetschbach@web.de, Fax (06163) 81572, 😊, 😊 – 📺 🄿 – 🔔 25. 🅰🅴 ⓘ 🚾 🆅🅸🆂🅰. ✂
geschl. Anfang Jan. 1 Woche, Ende Juli - Mitte Aug. 2 Wochen, Okt. 1 Woche – **Menu** (geschl. Montag, Donnerstagmittag) à la carte 31/48 – **Gaststube** (geschl. Montag, Donnerstagmittag) **Menu** à la carte 20,50/30 – **20 Zim** ⇌ 43 – 80/86 – ½ P 22.
• Individuelle Gastlichkeit hat hier seit 1872 Tradition. Damals wie heute bemühen sich die freundlichen Wirtsleute, Ihnen in ihrem Haus einen schönen Aufenthalt zu ermöglichen. Klassisch bis elegant gibt sich das Interieur des Restaurants.

HÖCHSTADT AN DER AISCH
Bayern 419 420 – Q 16 – 13 600 Ew – Höhe 272 m.

Berlin 435 – München 210 – Nürnberg 43 – Bamberg 31 – Würzburg 71.

In Gremsdorf Ost : 3 km :

Landgasthof Scheubel, Hauptstr. 1 (B 470), ✉ 91350, ✆ (09193) 6 39 80, Fax (09193) 639855, 😊 – 📶 📺 📞 🚗 🄿 – 🔔 50. 🚾 🆅🅸🆂🅰
Menu (geschl. Sonntagmittag) à la carte 10/30 – **33 Zim** ⇌ 25/45 – 44/64.
• Sauber, und hübsch in Gelb gestrichen, präsentiert sich der Landgasthof von außen. Sie beziehen Ihr Quartier in geräumigen, mit heller Eiche ausgestatteten Zimmern. Die Gaststube im Brauerei-Stil wird Ihnen sicher in sympathischer Erinnerung bleiben.

HÖFEN AN DER ENZ
Baden-Württemberg 419 – T 9 – 1 700 Ew – Höhe 366 m – Luftkurort.

🛈 Verkehrsamt, Rathaus, ✉ 75339, ✆ (07081) 7 84 23, verkehrsamt@hoefen-enz.de, Fax (07081) 78444.

Berlin 680 – Stuttgart 68 – Karlsruhe 44 – Freudenstadt 48 – Pforzheim 18.

Ochsen, Bahnhofstr. 2, ✉ 75339, ✆ (07081) 79 10, info@ochsen-hoefen.de, Fax (07081) 791100, 😊, 🍴, 🌊, 🌿 – 📶 📺 📞 🚗 🄿 – 🔔 25. 🅰🅴 ⓘ 🚾 🆅🅸🆂🅰
Menu à la carte 18/35 – **56 Zim** ⇌ 50/51 – 86/88, 3 Suiten – ½ P 14.
• Seit 200 Jahren werden an dieser Stelle Gäste bewirtet ! Schwarzwälder Gastfreundschaft umgibt Sie bereits beim Einchecken am Empfang. Die Zimmer sind rustikal gestaltet. Ländlich geht es im unterteilten Restaurant zu.

Bussard garni, Bahnhofstr. 24, ✉ 75339, ✆ (07081) 52 68, Fax (07081) 7493 – 📶 📺 🚗 🄿 🚾
16 Zim ⇌ 35/40 – 45/55.
• In Hanglage erwartet Sie ein gut gepflegtes Haus, dessen Übernachtungszimmer alle über ein ordentliches Platzangebot, zeitgemäßen Komfort und Balkon verfügen.

HÖGERSDORF
Schleswig-Holstein siehe Segeberg, Bad.

HÖHR-GRENZHAUSEN
Rheinland-Pfalz 417 – O 7 – 9 100 Ew – Höhe 260 m.

Berlin 584 – Mainz 94 – Koblenz 19 – Limburg an der Lahn 35.

Heinz 🌿, Bergstr. 77, ✉ 56203, ✆ (02624) 30 33, info@hotel-heinz.de, Fax (02624) 5974, 😊, Massage, ♨, 🍴, 🌊, 🌿, 🎿 – 📶 🚭 Zim, 📺 🚗 🄿 – 🔔 40. 🅰🅴 ⓘ 🚾 🆅🅸🆂🅰
geschl. 22. - 26. Dez. – **Menu** à la carte 22/40 – **90 Zim** ⇌ 69/129 – 89/159.
• Außerhalb des Städtchens liegt die Villa auf einer Anhöhe. Stammgäste schätzen die Atmosphäre eines Familienbetriebs und die größtenteils modern eingerichteten Räume. Im geschmackvoll gestalteten Restaurant legt man viel Wert auf hübsche Dekorationen.

HÖHR-GRENZHAUSEN

Im Stadtteil Grenzau *Nord : 1,5 km :*

🏨 **Sporthotel Zugbrücke** 🍽, Brexbachstr. 11, ✉ 56203, ✆ (02624) 10 50, info@zugbruecke.com, Fax (02624) 105462, 🌿, 🎿, ≘s, 🔲, 🏊 - 🛗, ⇌ Zim, 📺 ✆ 🅿 - 🔒 130. 🅰🅴 ⓘ 🆎 🆅🅸🆂🅰, ⌘ Rest
Menu à la carte 22/33 – **138 Zim** ⊑ 55/99 – 75/139.
 ♦ Sehr hübsch : Das von modernen Gebäudeteilen bestandene Hotelgelände wird vom Brexbach durchflossen. Moderne, komfortable Zimmer und das breite Sportangebot sprechen für sich !

HÖMBERG *Rheinland-Pfalz siehe Nassau.*

HÖNNINGEN, BAD *Rheinland-Pfalz* 417 *O 5 – 6 000 Ew – Höhe 65 m – Heilbad.*
 🛈 *Verkehrsamt-Kurverwaltung, Neustr. 2a,* ✉ *53557,* ✆ *(02635) 22 73, Fax (02635) 2736.*
 Berlin 617 – Mainz 125 – Koblenz *37 – Bonn 35.*

🏠 **St. Pierre** garni, Hauptstr. 138, ✉ 53557, ✆ (02635) 9 52 90, info@hotelpierre.de, Fax (02635) 2093 – 📺 ✆ ⇌ 🅿. 🅰🅴 ⓘ 🆎 🆅🅸🆂🅰. ⌘
20 Zim ⊑ 49 – 92.
 ♦ Mitten in der Fußgängerzone des Weinörtchens schafft das kleine Etagenhotel mit seinen soliden Zimmern und persönlichem Service die Basis für einen schönen Aufenthalt.

HÖNOW *Brandenburg* 416 418 *I 24 – 3 000 Ew – Höhe 45 m.*
 Berlin *19 – Potsdam 60 – Frankfurt (Oder) 82.*

🏨 **Andersen** garni (3. Etage), Mahlsdorfer Str. 61a, ✉ 15366, ✆ (030) 99 23 20, Fax (030) 99232300 – 🛗 ⇌ 📺 ✆ 🅿. 🅰🅴 ⓘ 🆎 🆅🅸🆂🅰
50 Zim ⊑ 71 – 81.
 ♦ Modern und anspruchsvoll-funktional wurden die Zimmer dieses Hotels gestaltet. Sie finden alles, was Sie auf Reisen brauchen, und können die Hektik der Metropole vergessen.

🏠 **Landhaus Hönow**, Dorfstr. 23, ✉ 15366, ✆ (03342) 8 32 16 (Hotel) 36 92 27 (Rest.), ⇌ mail@hotel-landhaus-hoenow.de, Fax (03342) 300938, 🌿 – ⇌ Zim, 📺 ✆ 🅿. 🆎 🆅🅸🆂🅰
Menu *(geschl. Donnerstag)* à la carte 13/23,50 – **19 Zim** ⊑ 47/50 – 70/78.
 ♦ Hier wurde ein ehemaliges Wohnhaus mit Anbau versehen und zu einer sympathischen Herberge umfunktioniert. Antiquitäten und Korbmöbel geben dem Haus das gewisse "Etwas".

HÖRSTEL *Nordrhein-Westfalen* 415 *J 6 – 17 000 Ew – Höhe 45 m.*
 Berlin 464 – Düsseldorf 178 – Nordhorn *45 – Münster (Westfalen) 44 – Osnabrück 46 – Rheine 10.*

In Hörstel-Bevergern *Süd-West : 3 km :*

🏨 **Saltenhof** 🍽, Kreimershoek 71, ✉ 48477, ✆ (05459) 40 51, info@saltenhof.de, Fax (05459) 1251, 🌿, 🏊 – 📺 🅿. 🅰🅴 ⓘ 🆎 🆅🅸🆂🅰
geschl. 2. - 21. Jan. – **Menu** *(geschl. Donnerstagmittag)* à la carte 22/41 – **12 Zim** ⊑ 45/50 – 75/95.
 ♦ Individuell und zum Teil aufwendig mit Messingbetten bestückte Zimmer laden ein, einige erholsame Tage in dem schönen, typisch münsterländischen Fachwerkbau zu verbringen. Im Restaurant mit seinem Wintergarten nehmen Sie Platz, wenn Sie sich stärken wollen.

In Hörstel-Riesenbeck *Süd-Ost : 6 km :*

🏨 **Schloßhotel Surenburg** 🍽, Surenburg 13 (Süd-West : 1,5 km), ✉ 48477, ✆ (05454) 70 92, gaesteforum@schlosshotel-surenburg.de, Fax (05454) 7251, 🌿, ≘s, 🔲, 🏊 – 📺 🅿. 🔒 30. 🅰🅴 ⓘ 🆎 🆅🅸🆂🅰 🅹🅲🅱
Menu à la carte 16/33 – **24 Zim** ⊑ 49 – 78.
 ♦ In malerischer, ländlicher Umgebung, direkt neben dem Wasserschloß befindet sich das moderne Hotel. Die Zimmer sind kürzlich renoviert und zumeist mit Balkon versehen. Dank dunklem Holz strahlt das Restaurant rustikales Ambiente aus.

HÖSBACH *Bayern siehe Aschaffenburg.*

HÖVELHOF Nordrhein-Westfalen 417 K 9 – 12 000 Ew – Höhe 100 m.
Berlin 413 – Düsseldorf 189 – Bielefeld 33 – Detmold 30 – Hannover 129 – Paderborn 14.

Gasthof Förster - Hotel Victoria, Bahnhofstr. 35, ⌧ 33161, ℘ (05257) 30 18, *info@hotel-victoria-gf.de*, Fax (05257) 6578, 🍽 – 📺 ✆ 🅿 – 🛌 175. AE ⓤ VISA. ⌘ Zim
Menu *(geschl. 22. Juli - 12. Aug., Samstagmittag)* à la carte 20/35,50 – **24 Zim** ⌑ 45/70 – 75/90.
♦ Aus dem Gasthof hinter dem alten Bahnhof des Ortes ist ein modernes Hotel und ein mit allen technischen Erfordernissen ausgestatteter Tagungsort geworden. Um das leibliche Wohl kümmert man sich im Restaurant, das nett und unaufdringlich gestaltet ist.

Gasthof Brink mit Zim, Allee 38, ⌧ 33161, ℘ (05257) 32 23, *Fax (05257) 932937* – 📺 🚗 🅿 ⌘ Rest
geschl. Anfang - Mitte Jan., Juli - Aug. 3 Wochen – **Menu** *(geschl. Montag) (nur Abendessen)* (Tischbestellung ratsam) à la carte 25,50/43,50 – **9 Zim** ⌑ 35/55 – 70/85.
♦ Ein Restaurant zum Wohlfühlen ! Sie essen hier klassisch in einem Lokal, das durch eine liebevolle Dekoration und ein gutes Couvert geprägt wird. Besonders netter Service !

In Hövelhof-Riege *Nord-West : 5 km Richtung Kaunitz, dann rechts ab :*

Gasthaus Spieker ⌘, Detmolder Str. 86, ⌧ 33161, ℘ (05257) 22 22, *info@gasthaus-spieker.de*, Fax (05257) 4178, 🍽 – 📺 🚗 🅿 – 🛌 50. ⓤ VISA
Menu *(geschl. Montag - Dienstagmittag, Samstagmittag)* à la carte 19/32 – **13 Zim** ⌑ 36/40 – 62/68.
♦ Frische Farben und hübsche Accessoires machen die Landhaus-Einrichtung des Hauses zu einer "runden Sache". Stimmiges Ambiente umgibt Sie auch in den Gästezimmern ! Die Gaststuben sind geprägt von gemütlicher Landhausatmosphäre.

HÖXTER Nordrhein-Westfalen 417 K 12 – 35 000 Ew – Höhe 90 m.
Sehenswert : Kilianskirche (Kanzel★★) – Fachwerkhäuser★.
Ausflugsziele : Wesertal★ *(von Höxter bis Hann. Münden)* – Corvey : Westwerk★.
🚩 Tourist- und Kulturinformation (Historisches Rathaus), Weserstr.11, ⌧ 37671, ℘ (05271) 1 94 33, *info@hoexter.de*, Fax (05271) 963435.
Berlin 362 – Düsseldorf 225 – Hannover 86 – Kassel 70 – Paderborn 55.

Niedersachsen, Grubestr. 7, ⌧ 37671, ℘ (05271) 68 80, *info@hotelniedersachsen.de*, Fax (05271) 688444, 🍽, ≘s, ☐ – 🛗, ⌘ Zim, 📺 ✆ 🚗 – 🛌 60. AE ⓤ ⓤ VISA
Menu à la carte 23,50/37,50 – **80 Zim** ⌑ 63/95 – 94/120.
♦ Aus drei verschiedenen Gebäudeteilen, die durch unterirdische Gänge miteinander verbunden sind, besteht diese Hotelanlage. Fragen Sie nach einem Landhaus-Zimmer im Gästehaus ! In das gepflegte, im altdeutschen Stil eingerichtete Restaurant kehrt man gerne ein.

Stadt Hoexter, Uferstr. 4, ⌧ 37671, ℘ (05271) 6 97 90, *info@hotel-stadt-hoexter.de*, Fax (05271) 697979 – 🛗, ⌘ Zim, 📺 ✆ ♿ 🅿 – 🛌 35. AE ⓤ ⓤ VISA
Menu à la carte 10,50/20,50 – ⌑ 6 – **40 Zim** 43/47 – 62/66.
♦ Das neuerbaute Stadthotel ist ganz auf die Erfordernisse unserer Zeit abgestimmt. Es gibt Nichtraucher- und Allergikerzimmer, eine "Web-Corner" und ISDN-Anschlüsse. Im Knusperstübchen können Sie sich durchgehend mit warmer Küche stärken.

Weserberghof, Codelheimer Str. 16, ⌧ 37671, ℘ (05271) 9 70 80, *weserberghof@t-online.de*, Fax (05271) 970888, 🍽, 🛎 – ⌘ Zim, 📺 ✆ 🅿 – 🛌 25. AE ⓤ ⓤ VISA JCB
Entenfang : **Menu** à la carte 21/40 – **25 Zim** ⌑ 46/65 – 76/89.
♦ Das am Stadtrand gelegene Hotel beherbergt seine Gäste in schlichten, aber praktischen Zimmern, von denen einige den Nichtrauchern vorbehalten sind. Nehmen Sie Platz auf den Ledersesseln des elegant ausgestatteten Restaurants im Weserberghof.

HOF Bayern 418 420 P 19 – 50 700 Ew – Höhe 495 m.
🛈 Gattendorf-Haidt, Gumpertsreuth 25 (über die B 173 Y), ℘ (09281) 4 37 49.
✈ Hof, Süd-West : 5 Km, über ① und B 2, ℘ (09292) 54 09.
🚩 Tourist-Information, Ludwigstr. 24, ⌧ 95028, ℘ (09281) 81 56 66, *touristinfo@stadt-hof.de*, Fax (09281) 815669.
Berlin 317 ③ – München 283 ② – Bayreuth 55 ② – Nürnberg 133 ②

Stadtpläne siehe nächste Seiten

Central, Kulmbacher Str. 4, ⌧ 95030, ℘ (09281) 60 50, *hotel-central-hof@t-online.de*, Fax (09281) 62440, ≘s – 🛗, ⌘ Zim, 📺 ✆ 🅿 – 🛌 200. AE ⓤ ⓤ VISA. ⌘ Rest
Hofer Stuben : **Menu** à la carte 14/36 – **103 Zim** ⌑ 80/99 – 99/119.   Y h
♦ Geräumige Zimmer mit elegantem Gepräge kennzeichnen dieses Haus, das jetzt schon seit Jahren sachkundig und charmant von Kay-Stephanie Eckert geleitet wird. Der Kastaniengarten gefällt durch elegantes Ambiente. Herzhaft bayerisch sind die Hofer Stuben.

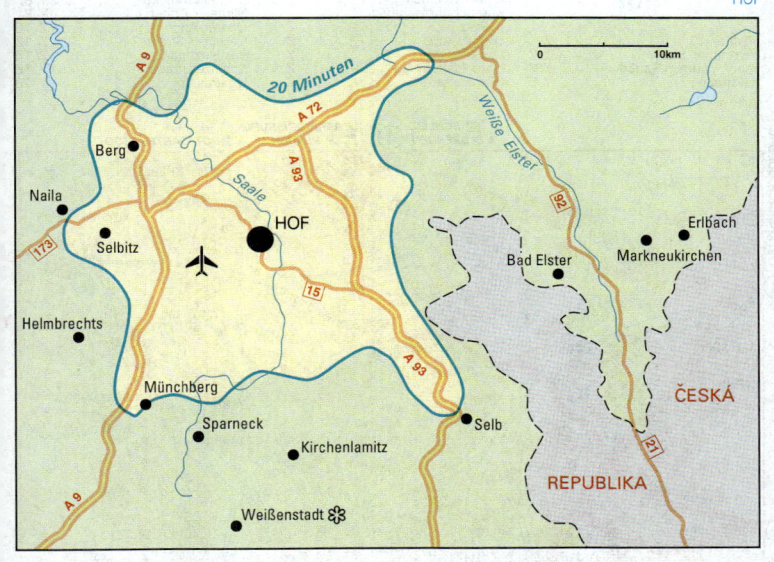

🏨 **Burghof** garni, Bahnhofstr. 53, ✉ 95028, ✆ (09281) 81 93 50, Fax (09281) 81935555, ⇔ – 📶 ⚡ 📺 ✆ 🅿 – 🚗 🅰🅴 🅼🅾 VISA   Z t
22 Zim ⊇ 60/80 – 80/90.
   ♦ Geschmackvoll wurden die Zimmer dieses Hotels nach einer Renovierung im Jahre 1998 mit Laminatböden und cremefarbenem Stilmobiliar bestückt. Schöne, moderne Bäder!

🏨 **Quality** M, Ernst-Reuter-Straße 137, ✉ 95030, ✆ (09281) 70 30, quality-hof@web.de, Fax (09281) 703113, 🍽, ⇔ – 📶 ✆ Zim, ■ Zim, 📺 ✆ 🅿 – 🚗 70. 🅰🅴 🅼🅾 VISA   Y s
Menu à la carte 17/31 – **111 Zim** ⊇ 64 – 81.
   ♦ Der neuzeitliche Bau im Herzen der Stadt bietet Privat- wie Geschäftsreisenden technisch komplett bestückte und modern eingerichtete Übernachtungsmöglichkeiten. Der gastronomische Bereich ist im Bistrostil gehalten und schließt sich an die Hotelhalle an.

🏨 **Am Maxplatz** ⚜ garni, Maxplatz 7, ✉ 95028, ✆ (09281) 17 39, Fax (09281) 87913 – 📺 🚗 🅼🅾 VISA   Y r
18 Zim ⊇ 54/59 – 77/90.
   ♦ Mitten im Zentrum, nahe dem Rathaus beziehen Sie Quartier in einem kleinen, gepflegten Hotel, das in einem denkmalgeschützten Haus mit Gewölbedecken beheimatet ist.

✖✖ **Menini's**, Äußere Bayreuther Str. 39, ✉ 95032, ✆ (09281) 79 49 39, meninis_das restaurant@hotmail.com, Fax (09281) 794939, 🍽 – 🅿 🅰🅴 ① 🅼🅾 VISA
geschl. Samstagmittag, Sonntag – **Menu** (italienische Küche) à la carte 18,50/45.
   ♦ Machen Sie eine kulinarische Reise in den sonnigen Süden! Der Stil des Restaurants ist bürgerlich mit elegantem Touch, zu essen gibt es die bewährten italienischen Klassiker.   über Äußere Bayreuther Straße   Z

In Hof-Haidt Nord-Ost : 3,5 km, über B 173 Richtung Plauen :

🏨 **Gut Haidt** M, Plauener Str. 123 (B 173), ✉ 95028, ✆ (09281) 73 10, info@hotel-gut-haidt.de, Fax (09281) 731100, Biergarten, ⇔ – 📶 ✆ Zim, 📺 ✆ 🚗 🅿 – 🚗 40. 🅰🅴 🅼🅾 VISA
Menu (Montag - Freitag nur Abendessen) à la carte 18/44,50 – **46 Zim** ⊇ 70 – 90, 4 Suiten.
   ♦ Ein schmuckes ehemaliges Landwirtschaftsgut mit Türmchen, das heutzutage als Hotel genutzt wird, und das mit schönen Zimmern, zum Teil mit begehbaren Schränken überzeugt. Im ehemaligen Heuschober ist das Restaurant mit Stube und Tenne untergebracht.

HOF

Altstadt	**Z**	Karolinenstraße	**Y** 6	Michaelisbrücke	**Y** 8
Bayreuther Straße	**Z** 2	Kurt-Schuhmacher-Platz	**Z** 7	Mittlerer Anger	**Y** 9
Enoch-Widman-Straße	**Y** 3	Lorenzstraße	**Z**	Oberer Anger	**Z** 10
Hallstraße	**Y** 5	Ludwigstraße	**Y**	Ossecker Straße	**Z** 13
		Luitpoldstraße	**Z**	Pestalozziplatz	**Z** 15
		Marienstraße	**Z**	Schützenstraße	**Z** 16
				Unteres Tor	**Y** 18

In Hof-Unterkotzau über ③ : 3 km und Hofecker Straße Richtung Hirschberg :

🏠 **Brauereigasthof Falter,** Hirschberger Str. 6, ✉ 95030, ℰ (09281) 7 67 50, Fax (09281) 7675190, Biergarten – ⚡ Zim, 📺 🅿 – 🛁 80
Menu à la carte 12/34 – **26 Zim** ⚏ 46/60 – 80/92.
♦ Am Rand des kleinen Dorfes erwartet der Gasthof seine Gäste mit unterschiedlichen, teilweise mit Stilmöbeln ausstaffierten Zimmern, die immer wohnlich und komfortabel wirken. Es gibt sie noch, die deftige bayerisch-fränkische Küche in gemütlicher Umgebung !

HOF Österreich siehe Salzburg.

*Die in diesem Führer angegebenen Preise folgen
der Entwicklung der allgemeinen Lebenshaltungskosten.
Lassen Sie sich bei der Zimmerreservierung den endgültigen
Preis vom Hotelier mitteilen.*

HOFBIEBER
Hessen **417 418 420** O 13 – 6 100 Ew – Höhe 400 m – Luftkurort.

☞ Hofbieber, Am Golfplatz, ℘ (06657) 13 34.

🛈 Tourist-Information, im Haus des Gastes, Schulweg 5, ✉ 36145, ℘ (06657) 9 87 20, Fax (06657) 919007.

Berlin 434 – Wiesbaden 209 – Fulda 14 – Bad Hersfeld 40.

🏠 **Sondergeld,** Lindenplatz 4, ✉ 36145, ℘ (06657) 3 76, info@hotel-sondergeld.de, Fax (06657) 919746, 🍴 – 📺 P. ⓜ VISA
Menu (geschl. Mittwoch - Donnerstagmittag) à la carte 14/24,50 – **17 Zim** 🛏 31/35 – 49/52.
* Wenn Sie ländliche Schlichtheit lieben, wird es Ihnen hier gefallen! Die bequemen, mit hellen Möbeln eingerichteten Zimmer laden ein, die Hessische Rhön kennenzulernen. Die Tradition als Dorfgasthof ist in der Bauernstube mit der großen Theke noch lebendig.

In Hofbieber-Fohlenweide Süd-Ost : 5 km über Langenbieber :

🏨 **Fohlenweide** ☘, ✉ 36145, ℘ (06657) 98 80, info@fohlenweide.de, Fax (06657) 988100, 🍴, ⚲, ⚘ (Halle) – 📺 📞 P. – 🚗 25. ⚘ Rest
Menu à la carte 20/34 – 🛏 9 – **27 Zim** 52 – 94/116.
* In dem ehemaligen Gutshof des Schlosses Bieberstein ist ein besonders familienfreundliches Hotel entstanden. Geräumige Zimmer werden hier zum sympathischen Zuhause auf Zeit. Das Restaurant überzeugt mit einer netten Einrichtung und tadelloser Pflege.

HOFGEISMAR
Hessen **417** L 12 – 17 000 Ew – Höhe 165 m.

🛈 Touristinformation, Markt 5, ✉ 34369, ℘ (05671) 99 90 06, Fax (05671) 999200.

Berlin 407 – Wiesbaden 245 – Kassel 24 – Paderborn 63.

🏠 **Zum Alten Brauhaus,** Marktstr. 12, ✉ 34369, ℘ (05671) 30 81, humburg@zum altenbrauhaus.de, Fax (05671) 3083 – 🏨, ↔ Zim, 📺 ⇔. ⒶⒺ ⓞ ⓜ VISA
geschl. 27. Dez. – 10. Jan. – **Menu** (geschl. Sonntagabend - Montagmittag) à la carte 11/22,50 – **21 Zim** 🛏 35/45 – 62/69.
* Der traditionsbewußte gestandene Gasthof fügt sich nahtlos in das malerische Ortsbild ein. Seine Gästezimmer sind einheitlich mit Kirschholzmöbeln bestückt und sehr gepflegt. Das Restaurant ist kürzlich vergrößert worden und zeigt sich nun im neuen Gewand.

In Hofgeismar-Sababurg Nord-Ost : 14 km :

🏨 **Dornröschenschloss Sababurg** ☘, ✉ 34369, ℘ (05671) 80 80, dornroeschen schloss@sababurg.de, Fax (05671) 808200, ≤, 🍴, Tierpark mit Jagdmuseum, 🚗 – 📺 📞 – 🚗 20. ⒶⒺ ⓞ ⓜ VISA
Menu (geschl. Jan. - 15. März, Montag - Mittwochmittag) à la carte 33/44 – **17 Zim** 🛏 85/145 – 145/205.
* In der Burganlage a. d. 14. Jh. schlafen Sie wie Dornröschen! Dieses Hotel überzeugt mit schöner Lage und angenehmem Ambiente - besonders hübsch : die Turmzimmer. Sie speisen in gemütlichen Restauranträumen oder auf der Burgterrasse.

In Hofgeismar-Schöneberg Nord-Ost : 4 km :

🏠 **Reitz,** Bremer Str. 17 (B 83), ✉ 34369, ℘ (05671) 55 91, info@landgasthaus-reitz.de, Fax (05671) 40699, Biergarten – 📺 📞 ⓞ ⓜ VISA
geschl. 15. - 31. Juli – **Menu** (geschl. Montag) à la carte 15/38 – **9 Zim** 🛏 33 – 47/50 – ½ P 10.
* Wenn Sie in der 1699 gegründeten Hugenottensiedlung Station machen möchten, bietet sich das Landgasthaus mit seiner zeitlos ländlichen Ausstattung zum Übernachten an. Sollte der Hunger sich melden, kehren Sie einfach in die ländliche Gaststube ein.

HOFHEIM AM TAUNUS
Hessen **417** P 9 – 39 000 Ew – Höhe 150 m.

☞ Hofheim am Taunus, Hof Hausen vor der Sonne (Nord : 2 km), ℘ (06192) 20 99 00.

🛈 Magistrat der Stadt Hofheim, Kulturagentur, Chinonplatz 2 (Rathaus), ✉ 65719, ℘ (06192) 20 23 94, aseeharsch@hofheim.de, Fax (06192) 900331.

Berlin 550 – Wiesbaden 20 – Frankfurt am Main 22 – Limburg an der Lahn 54 – Mainz 20.

🏨 **Burkartsmühle** ☘, Kurhausstr. 71, ✉ 65719, ℘ (06192) 96 80, Fax (06192) 968261, 🍴, ≤s, ⚓, ⚘ (Halle) – 🏨 📺 P. – 🚗 30. ⒶⒺ ⓞ ⓜ VISA
Menu (geschl. Sonn- und Feiertage) (Tischbestellung ratsam) à la carte 25/34 – **28 Zim** 🛏 97/117 – 107/135.
* In den Gebäuden des Hotels sind viele Elemente der ehemaligen Mühle erhalten geblieben. So sind einige der größtenteils modernen Zimmer von Holzbalken durchzogen. Im Restaurant der alten Mühle spürt man über Jahre gewachsene, gemütliche Rustikalität.

HOFHEIM AM TAUNUS

Dreispitz, In der Dreispitz 6 (an der B 519), ✉ 65719, ℰ (06192) 9 65 20, frank.laur
@hotel-dreispitz.de, Fax (06192) 26910, 😊 – 📺 🅿️ ⓜ️ VISA
geschl. 20. Dez.- 5. Jan. – **Menu** (geschl. 15. Juli - 15. Aug., Donnerstag - Freitag) (wochen-
tags nur Abendessen) à la carte 16/36 – **24 Zim** ☑ 65/90 – 92/115.
♦ Die Nähe zu den Rhein-Main-Metropolen macht die Stadt zu einem attraktiven Standort.
Sie wohnen in geräumigen und rustikalen, zum Teil kürzlich renovierten Zimmern. Die
schweren Holzdecken im Restaurant vermitteln eine rustikale Atmosphäre.

Die Scheuer, Burgstr. 12, ✉ 65719, ℰ (06192) 2 77 74, diescheuer@t-online.de,
Fax (06192) 1892, 😊 – AE ⓘ ⓜ️ VISA
geschl. Montag – **Menu** (abends Tischbestellung erforderlich) à la carte 39/55 (auch vege-
tarisches Menu).
♦ Eine liebevoll dekorierte gastronomische Adresse ! Auf zwei Ebenen besticht das Fach-
werkhaus a. d. 17. Jh. mit seinem gemütlich-rustikalen Innenleben.

In Hofheim-Diedenbergen Süd-West : 3 km :

Ramada-Treff Hotel Rhein-Main, Casteller Str. 106, ✉ 65719, ℰ (06192) 95 00,
rhein-main@ramada-treff.de, Fax (06192) 3000, 😊, ℔, ≋ – ⏷, ⥃ Zim, ▦ Rest, 📺
✆ 👤 ⇌ 🅿️ – 🔒 200. AE ⓘ ⓜ️ VISA JCB
Menu 16 à la carte 19,50/37 – ☑ 13 – **157 Zim** 123.
♦ Einheitlich mit hellgrauen Einbaumöbeln und Polsterbetten bestückte Zimmer
erwarten Sie in diesem neuzeitlichen Haus. Ob geschäftlich oder privat, Sie sind stets will-
kommen.

Völker's mit Zim, Marxheimer Str. 4, ✉ 65719, ℰ (06192) 30 65, Fax (06192) 39060,
😊, Biergarten – 📺 🅿️ AE ⓘ ⓜ️ VISA. ⌖ Rest
geschl. 1. - 8. Jan. – **Menu** (geschl. Mittwoch, Samstagmittag) 24 (mittags) à la carte 35/47
– **Bistro Taunusstuben** : (geschl. Mittwoch, Samstagmittag) **Menu** à la carte 17/33 –
14 Zim ☑ 75/85 – 105.
♦ Die Einrichtung der gastronomischen Stätte ist klassisch, mit einem eleganten Touch.
Bürgerlich bis klassisch ist auch der Küchenstil, der hier gepflegt wird.

Romano, Casteller Str. 68, ✉ 65719, ℰ (06192) 3 71 08, Fax (06192) 31576, 😊 – AE
ⓘ ⓜ️ VISA
geschl. 22. Dez.- 5. Jan., Montag, Samstagmittag – **Menu** à la carte 31,50/43.
♦ Wenn Sie die italienische Küche lieben, sind Sie hier richtig. Fischgerichte dominieren in
dem rustikalen Lokal, das Tagesangebot entnehmen Sie der aufgestellten Tafel.

In Hofheim-Wildsachsen Nord-West : 9 km :

Alte Rose, Altwildsachsen 37, ✉ 65719, ℰ (06198) 83 82, Fax (06198) 500447, 😊
– ⓜ️ VISA
geschl. Feb. 1 Woche, Juli 1 Woche, Sonntagabend - Montag – **Menu** (wochentags nur
Abendessen) 38/51.
♦ In gepflegtem Ambiente offeriert man ein gehobenes, in die kreative Richtung
zielendes Angebot. Man sitzt an kleinen, nett eingedeckten Tischen - oder auf der
Gartenterrasse.

In Kriftel Süd-Ost : 2 km :

Mirabell garni, Richard-Wagner-Str. 33, ✉ 65830, ℰ (06192) 4 20 88, info@hotel-
mirabell.de, Fax (06192) 45169, ≋ – ⏷ ⥃ 📺 ⇌ ⓜ️ VISA. ⌖
geschl. Weihnachten - Anfang Jan. – **45 Zim** ☑ 75 – 95/110.
♦ Wenn Sie keinen besonderen Wert auf großen Luxus legen, werden Sie diese praktisch
ausgestattete Herberge im Herzen des Rhein-Main-Gebietes zu schätzen wissen.

HOFHEIM IN UNTERFRANKEN Bayern 418 420 P 15 – 6 500 Ew – Höhe 265 m.
Berlin 450 – München 284 – Coburg 42 – Bamberg 49 – Schweinfurt 30.

In Hofheim-Rügheim Süd : 3 km :

Landhotel Hassberge ⋟, Schloßweg 1, ✉ 97461, ℰ (09523) 92 40, info@hotel
-hassberge.de, Fax (09523) 924100, 😊, ≋ – ⏷ 📺 🅿️ – 🔒 40. AE ⓘ ⓜ️ VISA
geschl. 2. - 24. Aug. – **Menu** (geschl. Samstag - Sonntag) (nur Abendessen) à la carte
14,50/22,50 – **56 Zim** ☑ 42/49 – 65/70.
♦ Das neuerbaute Hotel wurde so konzipiert, daß sich Urlauber und Tagungsteilnehmer
gleichermaßen wohlfühlen. Die Zimmer bieten viel Platz und zeitgemäßen Komfort. Rechts
neben der Eingangshalle liegt das neuzeitlich gestaltete Restaurant.

Bei verspäteter Anreise, nach 18 Uhr, ist es sicherer,
Ihre Zimmerreservierung zu bestätigen.

HOHEN DEMZIN Mecklenburg-Vorpommern – 600 Ew – Höhe 30 m.
Berlin 178 – Schwerin 96 – Neubrandenburg 62 – Waren 26.

Schlosshotel Burg Schlitz ⦵, Nahe der B 108 (Süd : 2 km, Richtung Waren), ⌧ 17166 Hohen Demzin, ℘ (03996) 1 27 00, info@burg-schlitz.de, Fax (03996) 127070, 🍴, ⇌ – 🛗 📺 📞 ⇌ 🅿 – 🔑 20. 🆎 ⓘ ⓘ VISA. ⌘ Rest
Rittersaal (nur Abendessen) **Menu** 39/79 ♀ und à la carte – **20 Zim** ⇌ 160 – 210/250, 6 Suiten.
• Das klassizistische Schloß a. d. J. 1823 – in einer schönen Parkanlage plaziert – wurde mit Stil und edlen Materialien aufwendig restauriert. Sehenswert : die Karolinenkapelle. Stuck, Kreuzgewölbe und Wappentafeln schmücken das stilvolle Restaurant.

HOHEN NEUENDORF Brandenburg 416 418 H 23 – 9 000 Ew – Höhe 54 m.
Berlin 35 – Potsdam 47.

Am Lunik Park, Stolper Str. 8, ⌧ 16540, ℘ (03303) 29 10, info@hotel-am-lunikpark.de, Fax (03303) 291444, 🍴, ⇌ – 🛗, ⇌ Zim, 📺 ⇌ 🅿 – 🔑 40. 🆎 ⓘ ⓘ VISA JCB
Menu à la carte 17/27 – **57 Zim** ⇌ 71/87 – 87.
• Am Rand der Gartenstadt Hohen Neuendorf liegt das im Landhausstil erbaute Hotel mit seinem neuzeitlich-funktionell ausgestatteten Zimmerbereich. Ein vorgelagerter Wintergarten erweitert das neuzeitlich eingerichtete Restaurant um einige sonnige Sitzplätze.

Zum grünen Turm M, Oranienburger Str. 58 (B 96), ⌧ 16540, ℘ (03303) 50 16 69, Fax (03303) 501624, 🍴 – 🛗, ⇌ Zim, 📺 ⇌ 🅿 – 🔑 40. 🆎 ⓘ VISA
Menu à la carte 15,50/26 – **29 Zim** ⇌ 49/55 – 67/75.
• Vor den Toren der Hauptstadt beziehen Sie hier Quartier in farblich sehr nett gestalteten Räumen. Antiquitäten und originelle Fenster sorgen für wohnliches Raumgefühl. Die offene Showküche ist attraktiver Mittelpunkt im Restaurant.

In Hohen Neuendorf-Bergfelde :

Am Hofjagdrevier, Hohen Neuendorfer Str. 48, ⌧ 16562, ℘ (03303) 5 31 20, hofjagdrevier@aol.com, Fax (03303) 5312260, 🍴, ⇌ – 🛗, ⇌ Zim, 📺 🅿 – 🔑 30. ⓘ VISA
Menu (geschl. Sonntag) (nur Abendessen) à la carte 14/29 – **36 Zim** ⇌ 41/46 – 56/66.
• Am historischen Standort des Jagdreviers Wilhelm II. wurde ein zeitgemäßes Hotel errichtet. Sinnvoll bestückte Zimmer tragen zu einem gelungenen Aufenthalt bei. Der gastronomische Bereich ist unterteilt in Bierschenke und Restaurant.

HOHENAU Bayern 420 T 24 – 3 500 Ew – Höhe 806 m.
🛈 Tourismusbüro, Dorfplatz 22, ⌧ 94545, ℘ (08558) 96 04 44, info@hohenau.de, Fax (08558) 960440.
Berlin 514 – München 198 – Passau 41 – Regensburg 135.

Gasthof Schreiner, Dorfplatz 17, ⌧ 94545, ℘ (08558) 10 62, info@gasthofschreiner.de, Fax (08558) 2717, 🍴 – 🛗 📺 🅿
geschl. Nov. – **Menu** à la carte 11/24 – **44 Zim** ⇌ 22/25 – 40/46 – ½ P 8.
• Sie haben die Wahl : Die Zimmer im Haupthaus sind mit dunklem, rustikalem Mobiliar ausgestattet ; im Anbau, der neueren Datums ist, sind helle Hölzer vorherrschend. Gemütliche Gaststube und geräumiger Speisesaal.

In Hohenau-Bierhütte Süd-Ost : 3 km :

Romantik Hotel Die Bierhütte (mit 2 Gästehäusern), Bierhütte 10 (nahe der B 533), ⌧ 94545, ℘ (08558) 9 61 20, bierhuette@t-online.de, Fax (08558) 961270, 🍴, Massage, ⇌, 🍴 – ⇌ Zim, 📺 📞 ⇌ 🅿 – 🔑 50. ⓘ ⓘ VISA
Menu à la carte 16,50/30,50 – **43 Zim** ⇌ 54/84 – 84/120, 4 Suiten – ½ P 17.
• Hier verbindet sich die Atmosphäre eines alten Barockbaus a. d. 16. Jh. mit dem Komfort der Gegenwart. Die Zimmer verteilen sich auf das Haupthaus und zwei Gästehäuser. Gemütliches Lokal mit Wandbildern und Bauernmöbeln – Terrasse mit schöner Aussicht !

HOHENRODA Hessen 417 418 N 13 – 4 000 Ew – Höhe 311 m.
Berlin 409 – Wiesbaden 182 – Kassel 91 – Fulda 44.

In Hohenroda-Oberbreitzbach :

Hessen Hotelpark Hohenroda ⦵, Schwarzengrund 9, ⌧ 36284, ℘ (06676) 1 81, info@hotelpark-hohenroda.com, Fax (06676) 1487, ≤, ⇌, 🍴, 🍴, ⁂ – 🛗, ⇌ Zim, 📺 📞 🅿 – 🔑 250. 🆎 ⓘ VISA. ⌘ Rest
Menu à la carte 18/29 – **207 Zim** ⇌ 70 – 90.
• Eine große Hotel- und Ferienanlage mit einem gepflegten Hallenbereich, hellen, zeitgemäßen Zimmern, modernen Tagungsmöglichkeiten und zahlreichen Freizeitangeboten.

HOHENSTEIN Hessen ᠒᠒᠒ P 8 – 6 300 Ew – Höhe 360 m.
Berlin 572 – Wiesbaden 23 – Koblenz 64.

🏨 **Hofgut Georgenthal** ⑤, (Süd-West : 5,5 km über Steckenroth, Richtung Strinz-Margarethä), ⊠ 65329, ℰ (06128) 94 30, info@hofgut-georgenthal.de, Fax (06128) 943333, 🍴, 🛋, 🔲, 🛌 – 🛗, 🚭 Zim, 📺 ✆ ♿ 🅿 – 🛎 60. 🅰 ⓞ ⓒ 🆅
※ Rest
Menu à la carte 30/44 – **Gutsschänke :** Menu à la carte 20/31 – **40 Zim** ⌒ 141/324 – 212/404.
♦ Bei der Renovierung des ehemaligen Hofgutes wurden Tradition und Moderne harmonisch vereint. Sie beziehen stilvoll-elegante Zimmer mit allem Komfort. Offene und freundliche Atmosphäre versprüht das Restaurant. Rustikal : die Gutsschänke.

HOHENSTEIN-ERNSTTHAL Sachsen ᠒᠒᠒ N 22 – 17 000 Ew – Höhe 360 m.
🛈 Stadtinformation, Altmarkt 30, ⊠ 09337, ℰ (03723) 40 24 74, info@hohenstein-ernstthal.de, Fax (03723) 681440.
Berlin 269 – Dresden 81 – Chemnitz 15 – Plauen 82.

🏨 **Drei Schwanen** Ⓜ, Altmarkt 19, ⊠ 09337, ℰ (03723) 65 90, dreischwanen@t-online.de, Fax (03723) 659459, 🍴 – 🛗, 🚭 Zim, 📺 ✆ ♿ 🅿 – 🛎 100. 🅰 ⓞ ⓒ 🆅
Menu à la carte 20,50/34 – **32 Zim** ⌒ 62/82 – 92/150.
♦ Mit seiner 300-jährigen Tradition zählt das klassizistische Eckhaus zu den ältesten gastronomischen Einrichtungen der Stadt. Heute wohnt man hier in solide möblierten Zimmern. Das Restaurant ist mit neuzeitlich-klassischen Elementen gestaltet worden.

HOHENTENGEN AM HOCHRHEIN Baden-Württemberg ᠒᠒᠒ X 9 – 3 600 Ew – Höhe 350 m.
🛈 Fremdenverkehrsamt, Kirchstr. 4, ⊠ 79801, ℰ (07742) 8 53 50, verkehrsamt@hohentengen.de, Fax (07742) 85315.
Berlin 802 – Stuttgart 176 – Freiburg im Breisgau 79 – Baden 33 – Basel 74 – Zürich 37.

🏨 **Wasserstelz**, Guggenmühle 15 (Nord-West : 3 km, unterhalb der Burgruine Weißwasserstelz), ⊠ 79801, ℰ (07742) 9 23 00, Fax (07742) 923050, 🍴 Bootssteg – 📺 ✆ 🅿 – 🛎 35. ⓒ 🆅
Menu (Montag - Freitag nur Abendessen) à la carte 21/45 – **11 Zim** ⌒ 42/50 – 80/125 – ½ P 19.
♦ Hinter der schönen Natursteinfassade der ehemaligen Zehntscheune beziehen Sie Zimmer, die mit wohnlichem Dekor versehen und neuzeitlich eingerichtet sind. In der ländlich-rustikalen Gaststube schafft allerlei Zierat Atmosphäre.

In Hohentengen-Lienheim West : 5 km :

🍴 **Landgasthof Hirschen** mit Zim, Rheintalstr. 13, ⊠ 79801, ℰ (07742) 76 35, gasthaushirschen@t-online.de, Fax (07742) 7325, 🍴 – 📺 🅿. 🅰 ⓒ 🆅
Menu à la carte 24/42 – **4 Zim** ⌒ 40 – 70.
♦ In diesem gepflegten Landgasthof mit freundlichem Service bietet man Ihnen eine gute Auswahl internationaler Speisen. Solide Zimmer laden zum Übernachten ein.

HOHNSTEIN Sachsen ᠒᠒᠒ N 26 – 1 100 Ew – Höhe 335 m.
🛈 Touristinformation, Rathausstr. 10, ⊠ 01848, ℰ (035975) 1 94 33, Fax (035975) 86810.
Berlin 223 – Dresden 32 – Pirna 16 – Bad Schandau 10.

🏨 **Zur Aussicht** ⑤, Am Bergborn 7, ⊠ 01848, ℰ (035975) 8 70 00, Fax (035975) 870044, ≤ Sächsische Schweiz, 🍴 – 📺 🅿 – 🛎 15. 🅰 🆅
geschl. Jan. 3 Wochen – **Menu** (geschl. Montag) à la carte 11/19 ⒴ – **15 Zim** ⌒ 46 – 66/79.
♦ Man hat sich zum Ziel gesetzt, Ihnen Urlaub für Leib und Seele zu bescheren ! Praktische Zimmer und der freundliche Service tragen dazu bei. Wenn Sie der Hunger plagt, dann kehren Sie in die einfache, gepflegte Gaststube ein.

In Hohnstein-Rathewalde Nord-West : 5 km :

🏨 **LuK - Das Kleine Landhotel** ⑤, Basteiweg 12, ⊠ 01848, ℰ (035975) 8 00 13, luk-landhotel@t-online.de, Fax (035975) 80014, 🍴 – 🚭 Zim, 📺 🅿
Menu (nur Abendessen) (Restaurant nur für Hausgäste) – **8 Zim** ⌒ 56/61 – 77/87.
♦ Ein wirklich nettes, kleines Hotel, in dem die Wirtin Sie warmherzig begrüßt. In den individuell und geschmackvoll mit Naturmaterialien bestückten Zimmern fühlt man sich wohl.

HOHWACHT
Schleswig-Holstein 415 416 D 16 – 900 Ew – Höhe 15 m – Seeheilbad.

🖪 🖪 Hohwachter Bucht (Süd-West : 4 km), ℰ (04381) 96 90.

🛈 Hohwachter Bucht Touristik, Berliner Platz 1, ✉ 24321, ℰ (04381) 905500, Fax (04381) 905555.

Berlin 335 – Kiel 41 – Lübeck 81 – Oldenburg in Holstein 21 – Plön 27.

Hohe Wacht
⑤, Ostseering 5, ✉ 24321, ℰ (04381) 9 00 80, info@hohe-wacht.de, Fax (04381) 900888, 🍴, 🎾, 🏊, 🏠, 🍽 – 🛗, ⇌ Zim, 📺 ☎ 🅿 – 🔑 70. 🖭 ⓞ 🆕 💳 🖉 Rest
Menu à la carte 25/36 – **53 Zim** ⇆ 105/120 – 130/150, 3 Suiten.

◆ Großzügiges Wohnen mit einem Hauch von Luxus ! Nur durch ein kleines Wäldchen vom Strand getrennt, finden Sie hier in den Quartier, das auch verwöhnte Besucher zufriedenstellt. Dank eines Wintergartens zeigt sich das Restaurant hell und freundlich.

Seeschlößchen
⑤, Dünenweg 4, ✉ 24321, ℰ (04381) 4 07 60, seeschloesschen@intus-hotels.de, Fax (04381) 407650, 🍴, 🏠, 🏊 – 📺 ☎ 🅿 – 🔑 50. 🆕 💳
geschl. 9. Jan.- 21. Feb. – **Menu** (nur Abendessen) (Restaurant nur für Hausgäste) – **34 Zim** ⇆ 77/93 – 146/162 – ½ P 6.

◆ Hübsche Rattanmöbel und dezente Farbgestaltung bestimmen das Erscheinungsbild dieses Hauses. Von Balkon oder Terrasse hat man einen tollen Blick auf das bunte Strandleben.

Haus am Meer
⑤, Dünenweg 1, ✉ 24321, ℰ (04381) 4 07 40, hotel.hausammeer@t-online.de, Fax (04381) 407474, ≤, 🍴, 🏠, 🏊 – 📺 ☎ 🅿 – 🔑 25. 🆕 💳
geschl. 10. Jan.- 10. Feb., Nov.- 20. Dez. – **Menu** à la carte 19/27 – **24 Zim** ⇆ 77 – 87/133 – ½ P 16.

◆ Mitten in der Dünenlandschaft und unmittelbar am Stand liegt diese Adresse der Gastlichkeit. Helle, in freundlichen Farben eingerichtete Zimmer. Hübsche Terrasse am Strand !

Genueser Schiff
⑤ mit Zim (mit 🏠 Gästehaus), Seestr. 18, ✉ 24321, ℰ (04381) 75 33, genueser.schiff@t-online.de, Fax (04381) 5802, ≤ Ostsee, 🍴 – 🅿.
🖭
Menu (geschl. 15. Jan. - 15. März, 15. Nov. - 24. Dez., Dienstag - Mittwoch) (nur Abendessen) 37/56 – **Kleines Restaurant** (geschl. 15. Jan. - 15. März, 15. Nov. - 24. Dez., Dienstag) **Menu** à la carte 19,50/28 – **25 Zim** ⇆ 58/80 – 95/130.

◆ Einsam liegt das reetgedeckte, weiße "Schiff" am Strand vor Anker. Beim Genuß des klassisch angehauchten "Regenbogenmenüs" schweift der Blick über die Weite des Meeres. Das Kleine Restaurant ist im Sommer schon ab morgens geöffnet.

HOLLENSTEDT
Niedersachsen 415 416 F 13 – 1 900 Ew – Höhe 25 m.
Berlin 319 – Hannover 150 – Hamburg 43 – Bremen 78.

Hollenstedter Hof
(mit Gästehaus), Am Markt 1, ✉ 21279, ℰ (04165) 2 13 70, hollenstedterhof@t-online.de, Fax (04165) 8382, 🍴 – ⇌ Zim, 📺 ☎ 🅿 – 🔑 70. 🖭 ⓞ 🆕 💳
Menu à la carte 21/35,50 – **32 Zim** ⇆ 55/65 – 80/95.

◆ Seit 1650 wird an dieser Stelle die Gastwirtstradition hochgehalten. Auch heute empfängt man seine Gäste in zeitgemäßen Zimmern, die solide möbliert sind.

HOLLFELD
Bayern 420 Q 17 – 5 500 Ew – Höhe 402 m – Erholungsort.

Ausflugsziel : Felsengarten Sanspareil★ Nord : 7 km.

Berlin 378 – München 254 – Coburg 60 – Bayreuth 23 – Bamberg 38.

Wittelsbacher Hof
Langgasse 8 (B 22), ✉ 96142, ℰ (09274) 9 09 60, info@wittelsbacher-hof-hollfeld.de, Fax (09274) 909626, 🍴 – 🅿. 🆕 💳
geschl. Anfang Nov. 1 Woche – **Menu** (geschl. 28. Okt. - 4. Nov., Montag) à la carte 12/25 – **14 Zim** ⇆ 38/42 – 58/64 – ½ P 15.

◆ Geräumige und mit Landhausmöbeln wohnlich ausgestattete Zimmer finden Sie in diesem gestandenen Gasthof vor. Gönnen Sie sich erholsame Tage in der Fränkischen Schweiz ! Die holzvertäfelte Zirbelstube schafft ein gemütliches Ambiente.

Bettina
Treppendorf 22 (Süd-Ost : 1 km), ✉ 96142, ℰ (09274) 7 47, hotel.bettina@t-online.de, Fax (09274) 1408, 🍴, Biergarten, 🏠, 🎾, 🍽 – ⇌ Zim, 📺 ☎ 🅿 – 🔑 40. 🖭 🆕 💳 🖉
Menu (geschl. Montag) à la carte 17/30 – **23 Zim** ⇆ 38/42 – 64/85 – ½ P 13.

◆ Ein Platz, um neue Energie zu tanken ! Das Ferien- und Tagungshotel im Grünen heißt seine Gäste in netten, neuzeitlich-funktionalen Übernachtungszimmern willkommen. Für eine ausgiebige Stärkung stehen zwei Restaurants zur Verfügung.

HOLZGERLINGEN
Baden-Württemberg **419** U 11 – 11 000 Ew – Höhe 464 m.

Holzgerlingen, Schaichhof (Süd : 3 km), ℘ (07157) 6 79 66.

Berlin 654 – Stuttgart 28 – Böblingen 6 – Herrenberg 12 – Nürtingen 31 – Tübingen 19.

Gärtner M, Römerstr. 29 (an der B 464), ⊠ 71088, ℘ (07031) 74 56, hotel-gaertner@t-online.de, Fax (07031) 745700 – 🛗 📺 ☎ 👤 ⇌ 🅿 – 🔔 80. 🆎 ⓘ ⓜ VISA
Menu (geschl. Anfang Jan. 1 Woche, Sonntagabend) à la carte 18,50/34,50 – **52 Zim** ⊊ 57/75 – 82/85, 3 Suiten.
 * In diesem modernen Hotelbau stellen Ihnen Ihre Gastgeber wohnliche Zimmer mit angenehmer Größe zur Verfügung. Sie profitieren von der guten Verkehrsanbindung des Hauses. Unaufdringlich, aber nicht ungemütlich ist die Gestaltung des Restaurants.

Gasthof Waldhorn, Böblinger Str. 38, ⊠ 71088, ℘ (07031) 7 48 40, info@waldhorn-holzgerlingen.de, Fax (07031) 748484, 🌳 – 🛗, 🛌 Zim, 📺 ☎ 👤 🅿. ⓜ VISA. 🧺
Menu (geschl. Aug. 2 Wochen, Mittwoch) à la carte 16,50/34,50 – **15 Zim** ⊊ 62 – 85.
 * An der Stelle des abgebrannten, traditionsreichen Gasthofs wurde ein neues, gepflegtes Haus aufgebaut, das Sie mit hell und geschmackvoll eingerichteten Zimmern empfängt. Die moderne Gaststube ist im Landhausstil gemütlich eingerichtet.

Bühleneck 🌿 garni, Bühlenstr. 81, ⊠ 71088, ℘ (07031) 7 47 50, Fax (07031) 747530, 🎽, 🍴 – 🛌 📺 ☎ 🅿. ⓘ ⓜ VISA. 🧺
15 Zim ⊊ 52/60 – 78.
 * In einem ruhigen Wohngebiet finden Sie die familiär geführte Pension, die von außen etwas unscheinbar wirkt, jedoch schöne und sehr gepflegte Zimmer bereithält.

HOLZHAUSEN
Thüringen siehe Arnstadt.

HOLZKIRCHEN
Bayern **419 420** W 19 – 11 500 Ew – Höhe 667 m.

Berlin 623 – München 34 – Garmisch-Partenkirchen 73 – Bad Tölz 19 – Rosenheim 41.

Alte Post, Marktplatz 10a, ⊠ 83607, ℘ (08024) 3 00 50, alteposthotel-holzkirchen@t-online.de, Fax (08024) 3005555 – 🛗 📺 ⇌ 🅿 – 🔔 30. 🧺
geschl. 7.- 15. Jan. – **Menu** (geschl. Jan. 1 Woche, Aug. 1 Woche, Dienstag) à la carte 13,50/30 – **44 Zim** ⊊ 108/118 – 118.
 * Einst war in dem stattlichen Bau eine Königlich-Bayerische Poststallhaltung untergebracht. Heute beherbergt man Reisende in Zimmern, die durch viel Holz sehr gemütlich wirken. In den rustikalen Gasträumen empfängt Sie eine anheimelnde Atmosphäre.

H'Otello M garni, Rosenheimer Str. 16, ⊠ 83607, ℘ (08024) 90 50, holzkirchen@hotello-boardinghouse.de, Fax (08024) 905215 – 🛗 🛌 📺 ⇌ 🅿. 🆎 ⓜ VISA
36 Zim ⊊ 67/77 – 87/98.
 * Vor den Toren Münchens, verkehrsgünstig gelegen, finden Sie dieses Etagenhotel in einem Einkaufszentrum. Mit modern eingerichteten, funktionellen Zimmern.

HOLZMINDEN
Niedersachsen **417 418** K 12 – 21 000 Ew – Höhe 99 m.

🛈 Stadtinformation, Obere Str. 30, ⊠ 37603, ℘ (05531) 93 64 12, kulturamt@holzminden.de, Fax (05531) 936430.

🛈 Kurverwaltung (Neuhaus im Solling), Lindenstr. 8 (Haus des Gastes), ⊠ 37603, ℘ (05536) 10 11, hochsolling@holzminden.de, Fax (05536) 1350.

Berlin 352 – Hannover 75 – Hameln 50 – Kassel 80 – Paderborn 65.

Rosenhof garni, Sollingstr. 85, ⊠ 37603, ℘ (05531) 99 59 00, hotel.rosenhof@t-online.de, Fax (05531) 995915, 🌳 – 🛌 📺 🅿. ⓜ VISA. 🧺
11 Zim ⊊ 80/85 – 85/115.
 * Ein kleines Schmuckstück ist diese Villa mit heller, eleganter Einrichtung : weiße Möbel, Antiquitäten, moderne Bilder und Marmorbäder schaffen ein stilvolles Ambiente. Garten !

Schleifmühle 🌿, Schleifmühle 3, ⊠ 37603, ℘ (05531) 7 01 60, hotel-schleifmuehle@t-online.de, Fax (05531) 120660, 🌳, 🏊, 🎽 – 📺 ☎ ⇌ 🅿. 🧺
Menu (geschl. Sonntag) (nur Abendessen) à la carte 14,50/24 – **17 Zim** ⊊ 48/50 – 70/75.
 * Am Fuße des Sollings, inmitten von Wiesen und Wäldern erwartet Sie eine ruhige Herberge mit zeitlos eingerichteten Räumen, die zum größten Teil über einen Balkon verfügen. Rustikales Hotelrestaurant.

Buntrock, Karlstr. 23, ⊠ 37603, ℘ (05531) 9 37 30, Fax (05531) 120221 – 🛗 📺 🅿 – 🔔 60. 🆎 ⓜ VISA
Menu (geschl. Sonntag) (nur Abendessen) à la carte 17/28,50 – **21 Zim** ⊊ 33/55 – 77.
 * Der schlichte Zweckbau ist mit seinen praktischen Zimmern ein guter Ausgangspunkt für Ausflüge in den Naturpark Solling-Vogler mit seinen zahlreichen Freizeitmöglichkeiten. Im Erdgeschoß des Hauses liegt das bürgerliche, farblich nett gestaltete Restaurant.

HOLZMINDEN

※※ Hellers Krug, Altendorfer Str. 19, ⌂ 37603, ℘ (05531) 21 15, mail@hotel-hellers-krug.de, Fax (05531) 61266 – 🅿. 🆎 ⓜ️ⓒ 𝗩𝗜𝗦𝗔
geschl. Samstagmittag, Sonntag – **Menu** à la carte 19/35.
♦ Das alte Fachwerkhaus mit den gemütlichen Nischen bietet sich zur gemütlichen Einkehr an. Serviert werden internationale Gerichte und gutbürgerliche Spezialitäten.

In Holzminden-Neuhaus im Solling Süd-Ost : 12 km – Höhe 365 m – Heilklimatischer Kurort :

🏠 **Schatte** ≫, Am Wildenkiel 15, ⌂ 37603, ℘ (05536) 9 51 40, Fax (05536) 1560, 🌳, Massage, ≘s, 🔲, 🐎 – 🛗 📺 🅿. ⓞ ⓜ️ⓒ 𝗩𝗜𝗦𝗔
geschl. Mitte Jan. - Anfang Feb., Mitte - Ende Nov. – **Menu** à la carte 15/34,50 – **38 Zim** ⊆ 45/60 – 74/90 – ½ P 13.
♦ Eine praktische Urlaubsadresse, die ruhig in einem Wohngebiet liegt. Sie sind in unterschiedlich geschnittenen, solide möblierten Zimmern mit Balkon untergebracht.

🏠 **Zur Linde,** Lindenstr. 4, ⌂ 37603, ℘ (05536) 10 66, ferienhotel-zur-linde@t-online.de, Fax (05536) 1089, 🌳, ≘s – 📺 🚗 🅿. ⓜ️ⓒ
geschl. März 2 Wochen – **Menu** (geschl. Nov. - März Dienstag) à la carte 14/27 – **23 Zim** ⊆ 34/40 – 64/72 – ½ P 12.
♦ Bei diesem Hotel handelt es sich um ein Unternehmen mit Familientradition. Bei den Gästezimmern haben Sie die Wahl zwischen grauem oder naturfarbenem Mobiliar. Das großzügige Restaurant und die Gartenterrasse laden zum gemütlichen Essen ein.

🏠 **Am Wildenkiel** ≫ garni, Am Wildenkiel 18, ⌂ 37603, ℘ (05536) 10 47, Fax (05536) 1286, ≘s, 🌳 – 📺 🚗 🅿. ⓜ️ⓒ
geschl. 20. Nov. - 20. Dez. – **23 Zim** ⊆ 32/35 – 60/63.
♦ Wenn Sie eine ländlich-schlichte Unterkunft suchen, werden Sie hier fündig. Gesundheitsbewußten Gästen bietet man die sachkundige Durchführung einer Schrothkur an.

In Holzminden-Silberborn Süd-Ost : 12 km – Luftkurort :

🏠 **Sollingshöhe,** Dasseler Str. 15, ⌂ 37603, ℘ (05536) 9 50 80, Fax (05536) 1422, 🌳, ≘s, 🔲, 🐎 – 📺 🅿. ⓜ️ⓒ 𝗩𝗜𝗦𝗔
geschl. Feb., Nov. – **Menu** (geschl. Montagmittag) à la carte 18/31 – **22 Zim** ⊆ 36/45 – 67/81 – ½ P 16.
♦ "So nett wie eine Familienpension!" lautet die Maxime des Hauses. Landhausmöbel aus hellem Naturholz sorgen dafür, daß man in den Zimmern ein behagliches Quartier findet. Ländliches Ambiente prägt die Räumlichkeiten der Gastwirtschaft.

HOMBURG/SAAR Saarland 𝟰𝟭𝟳 S 6 – 46 000 Ew – Höhe 233 m.

✈ Homburg, Websweiler Hof (Nord : 10 km) ℘ (06841) 77 77 60.
🅱 Kultur- und Verkehrsamt, Am Forum 5, ⌂ 66424, ℘ (06841) 10 11 66, stadt@homburg.de, Fax (06841) 120899.
Berlin 680 – *Saarbrücken* 33 – Kaiserslautern 42 – Neunkirchen/Saar 15 – Zweibrücken 11.

🏨 **Schlossberg Hotel** ≫, Schloßberg-Höhenstraße, ⌂ 66424, ℘ (06841) 66 60, info@schlossberghotelhomburg.de, Fax (06841) 62018, ≤ Homburg, 🌳, ≘s, 🔲 – 🛗 📺 🅿 – 🔔 220. 🆎 ⓞ ⓜ️ⓒ 𝗩𝗜𝗦𝗔
Menu à la carte 26/37,50 – **74 Zim** ⊆ 85/95 – 118.
♦ Hoch über der Stadt thront das Hotel auf einer Anhöhe. Wählen Sie eines der modern und farbenfroh gestylten Zimmer, viele mit Balkon und Aussicht auf die Stadt. Eindrucksvoll ist der Blick aus den Fenstern des Panorama-Restaurants im Wintergarten.

🏨 **Schweizerstuben,** Kaiserstr. 72 (B 423), ⌂ 66424, ℘ (06841) 9 24 00, info@schweizerstuben.de, Fax (06841) 9240220, 🌳, ≘s, 🔲 – 🛗, ⥲ Zim, 📺 🚗 🅿. – 🔔 40. 🆎 ⓜ️ⓒ 𝗩𝗜𝗦𝗔
Menu (geschl. Aug. 3 Wochen, Samstag - Sonntag) (nur Abendessen) à la carte 26/41 – **26 Zim** ⊆ 68/88 – 115/138.
♦ Dies ist eine gute Adresse für anspruchsvolles Logieren! Die Zimmer sind unterschiedlich, aber alle mit massiven Stilmöbeln bestückt. Tagungstechnik auf der Höhe der Zeit. Im elegant eingerichteten Restaurant - dem Patriziersaal - fühlen sich die Gäste wohl.

🏠 **Landhaus Rabenhorst** ≫, Kraepelinstr. 60, ⌂ 66424, ℘ (06841) 9 33 00, info@hotel-rabenhorst.de, Fax (06841) 933030, 🌳, ≘s – 📺 ✆ 🅿 – 🔔 40. ⓜ️ⓒ 𝗩𝗜𝗦𝗔
geschl. 1.- 5. Jan., 21.- 31. Dez. – **Menu** à la carte 25/43 – **22 Zim** ⊆ 69/98 – 99/125.
♦ Das Landhaus liegt eingebettet in einen dichten Waldgürtel auf dem Karlsberg. Hier finden Sie Ruhe und Erholung in komforabel und sinnvoll ausgestatteten Zimmern. Das Restaurant bietet unterschiedliche Einrichtungen - hell, modern oder im Landhausstil.

🏠 **Stadt Homburg,** Ringstr. 80, ⌂ 66424, ℘ (06841) 9 23 70, hotel-stadt-homburg@t-online.de, Fax (06841) 64994, 🌳, ≘s, 🔲 – 🛗, ⥲ Zim, 📺 🚗 🅿. – 🔔 70. ⓞ ⓜ️ⓒ 𝗩𝗜𝗦𝗔
Menu (geschl. Samstagmittag) à la carte 21,50/39,50 – **40 Zim** ⊆ 63/73 – 93/120.
♦ In zentraler und doch ruhiger Lage finden Sie hier ein gepflegtes Quartier. Sämtliche Zimmer des Hauses wurden erst kürzlich komplett renoviert. Ein großer Kachelofen verbreitet Atmosphäre im Restaurant Le Connaisseur.

HOMBURG/SAAR

Euler garni, Talstr. 40, ✉ 66424, ℰ (06841) 9 33 30, mail@hoteleuler.de, Fax (06841) 9333222 – 🚫 📺 🚗, 🅰🄴 🅼🄾 🆅🅸🆂🅰
geschl. 22. Dez. - 8. Jan. – **50 Zim** ⊊ 58/68 – 88/98.
• Seit mehr als 100 Jahren befindet sich das schmucke Stadthotel mit der Tiefgarage in Familienbesitz. Ihre Gastgeber stellen Ihnen gepflegte, praktische Zimmer zur Verfügung.

In Homburg-Erbach *Nord : 2 km* :

Ruble, Dürerstr. 164, ✉ 66424, ℰ (06841) 9 70 50, Fax (06841) 78972, 🍽, 🈺 – 📺 🅿 🅰🄴 🄾 🆅🅸🆂🅰
Menu à la carte 16/33 – **19 Zim** ⊊ 45 – 68.
• Die verkehrsgünstige Lage ist nur ein Merkmal dieses Hotels. Sie schlafen in Gästezimmern, die mit älterem Mobiliar funktionell und sinnvoll eingerichtet sind. Das Restaurant gliedert sich in verschiedene Räume, die unterschiedlich gestaltet sind.

In Homburg-Schwarzenbach *Süd : 3 km* :

XX Petit Château, Alte Reichstr. 4, ✉ 66424, ℰ (06841) 1 52 11, info@petit-chateau.de, Fax (06741) 120153, 🍽 – 🅿 🅰🄴 🄾 🅾🅸🆂🅰
geschl. 10.- 20. Feb., Samstagmittag, Sonntag – **Menu** 43/55 und à la carte.
• Das Wirtsehepaar hat in diesem Haus seine Vorstellungen von einem elegant-gemütlichen Ambiente verwirklicht. Genießen Sie klassische Küche in einem geschmackvollen Interieur!

X Nico's, Einöder Str. 5a, ✉ 66424, ℰ (06841) 17 08 39, Fax (06841) 174289, 🍽 – 🅿 🅰🄴 🄾 🅾🅸🆂🅰
geschl. Sept. 2 Wochen, Samstagmittag, Montag – **Menu** à la carte 21/34.
• Außer Pizza und Pasta reicht man in dem hell und freundlich gestalteten Restaurant mit kleinem Wintergarten und schöner Gartenterrasse eine ansprechende Tageskarte.

MICHELIN-REIFENWERKE KGaA. ✉66424 Homburg, Berliner Straße, ℰ (06841) 7 70 Fax (06841) 772585.

HOMBURG VOR DER HÖHE, BAD Hessen **407** P 9 – 52 000 Ew – Höhe 197 m – Heilbad.

Sehenswert : *Kurpark*★ Y.
Ausflugsziel : Saalburg (Rekonstruktion eines Römerkastells)★ 6 km über ④.
🏌 Bad Homburg, Saalburgchaussee 2a (Nord-West : 4 km über ④ Y), ℰ (06172) 30 68 08.
🄱 Verkehrsamt im Kurhaus, Louisenstr. 58, ✉ 61348, ℰ (06172) 17 81 10, Fax (06172) 178118.
ADAC, Haingasse 9.
Berlin 526 ③ – Wiesbaden 45 ② – Frankfurt am Main 18 ② – Gießen 48 ① – Limburg an der Lahn 54 ③

Stadtplan siehe nächste Seite

Steigenberger Bad Homburg, Kaiser-Friedrich-Promenade 69, ✉ 61348, ℰ (06172) 18 10, bad-homburg@steigenberger.de, Fax (06172) 181630, 🈺 – 🛗, 🚫 Zim, 📺 📞 ♿ 🚗 – 🅿 160. 🅰🄴 🄾 🅾🅸🆂🅰 🅹🅲🅱   Y r
Menu à la carte 20,50/38 – ⊊ 15 – **169 Zim** 153/233 – 176/256, 14 Suiten.
• Überall in diesem modern-eleganten Hotel trifft man auf edle Materialien und Stilelemente des Art déco, die Bäder haben noble Waschtische aus schwarzem Marmor. Edel präsentiert sich die Einrichtung in Restaurant und Bistro.

Maritim Kurhaus-Hotel, Ludwigstr. 3, ✉ 61348, ℰ (06172) 66 00, info@maritim.de, Fax (06172) 660100, 🍽, Massage, 🈺, 🅽 – 🛗, 🚫 Zim, 📺 Rest, 📺 📞 🚗 – 🅿 420. 🅰🄴 🄾 🅾🅸🆂🅰 🅹🅲🅱   Y m
Menu à la carte 23,50/34 – ⊊ 13 – **148 Zim** 173/201 – 191/219 – ½ P 23.
• Durch seine Einbindung ins Kurhaus profitiert dieses Hotel von dessen schöner Lage am Park. Es erwarten Sie geräumige, einheitlich in Mahagoni gehaltene Zimmer. Kulinarisch verwöhnt man Sie im eleganten Ambiente des Parkrestaurants mit Blick auf die Kuranlage.

Parkhotel ⚘, Kaiser-Friedrich-Promenade 53, ✉ 61348, ℰ (06172) 80 10, parkhotel-bad-homburg.de, Fax (06172) 801400, 🈺, 🈺 – 🛗, 🚫 Zim, 📺 📞 ♿ 🚗 – 🅿 60. 🅰🄴 🄾 🅾🅸🆂🅰 🅹🅲🅱, 🚫 Rest   Y s
La Tavola *(italienische Küche)* **Menu** à la carte 23/43 – **Jade** *(chinesische Küche)* Menu à la carte 19/35 – **122 Zim** ⊊ 116/170 – 140/198, 12 Suiten.
• Die Zimmer des privat geführten Hauses verteilen sich auf drei Gebäude, wobei die alte Villa den Blickfang darstellt. Die Räume sind großzügig und sehr solide möbliert. Im La Tavola genießt man "auf italienisch". Wer's fernöstlich mag, ißt im Jade.

Hardtwald ⚘, Philosophenweg 31, ✉ 61350, ℰ (06172) 98 80, hardtwald-hotel@t-online.de, Fax (06172) 82512, 🈺 – 📺 🅿 – 🅿 25. 🅰🄴 🄾 🅾🅸🆂🅰 🅹🅲🅱   Y z
geschl. 23. Dez. - 5. Jan. – **Menu** *(geschl. Sonntagabend, Montag)* à la carte 30/42 – **42 Zim** ⊊ 80/95 – 130/150.
• Den Kern des Hotels bildet ein 100 Jahre altes Fachwerkhaus, das nach baubiologischen Aspekten umgebaut wurde. Sie wohnen in ansprechenden, behaglichen Zimmern. Mediterran gestaltetes Restaurant mit schöner Gartenterrasse.

BAD HOMBURG
VOR DER HÖHE

Frankfurter Landstraße	Z 9	Neue Mauerstraße	Y 20
Haingasse	Y	Obergasse	Y 22
Herrngasse	Y 10	Orangeriegasse	Y 23
Heucheleimer Straße	Y 12	Rathausstraße	Y 26
Louisenstraße	YZ	Rind'sche Stiftstraße	Y 27
Ludwigstraße	Y 16	Tannenwaldallee	Y 29
Meiereiberg	YZ 17	Thomasstraße	Z
		Waisenhausstraße	Y 30

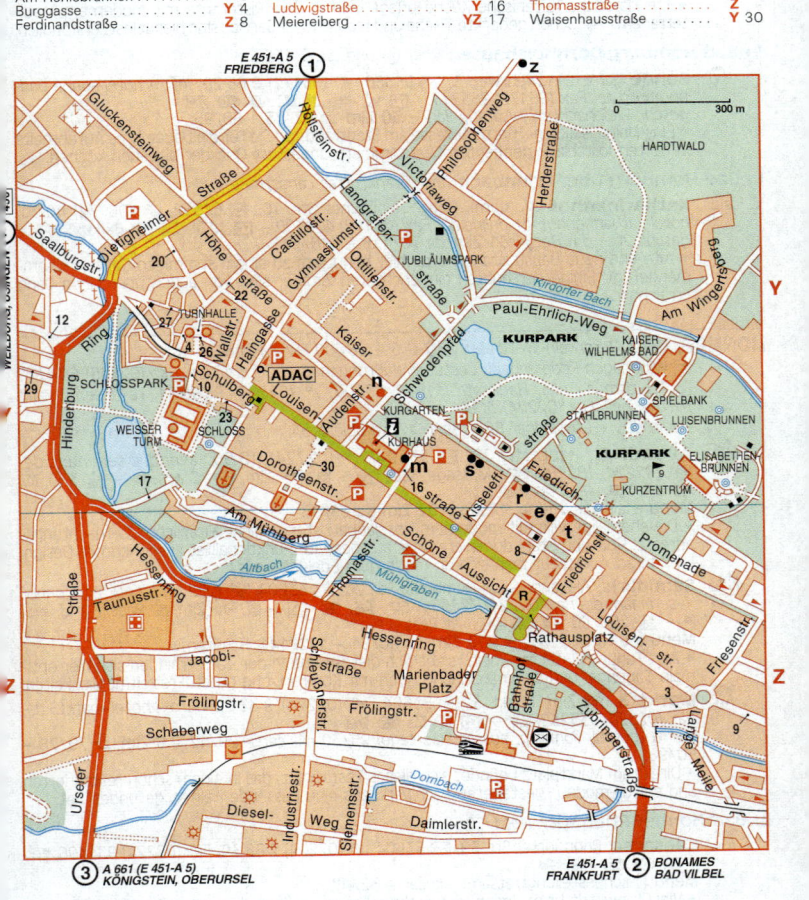

Am Hohlebrunnen ... Z 3
Burggasse ... Y 4
Ferdinandstraße ... Z 8

🏨 **Villa am Kurpark** garni, Kaiser-Friedrich-Promenade 57, ✉ 61348, ✆ (06172) 1 80 00, info@villa-am-kurpark.de, Fax (06172) 180020 – 📶 📺 🐾 🅿 AE 🆗 VISA   Y s
geschl. Ende Dez. - Anfang Jan. – **24 Zim** ☑ 87/110 – 133/167.
♦ Alte und neue Elemente wurden bei der Renovierung dieser schönen Villa harmonisch aufeinander abgestimmt. Auch in den Zimmern : moderne Funktionalität und alte Baukunst.

🏨 **Comfort-Hotel** garni, Ferdinandstr. 2, ✉ 61348, ✆ (06172) 92 63 00, info@comforthotel.de, Fax (06172) 926399 – 📶 ⌂ 📺 🐾 – 🛁 20. AE ① 🆗 VISA JCB   Z e
42 Zim ☑ 93/138 – 108/206.
♦ Hinter der weißen Gründerzeitfassade verbergen sich modern ausgestattete Zimmer, die mit soliden Kirschbaummöbeln und zeitgemäßer Technik bestückt worden sind.

XXX **Sänger's Restaurant,** Kaiser-Friedrich-Promenade 85, ✉ 61348, ✆ (06172) 92 88 39, Fax (06172) 928859, 🌳 – AE 🆗 VISA   Z t
geschl. Jan. 2 Wochen, Juli - Aug. 2 Wochen, Samstagmittag - Montagmittag – **Menu** *(nur Abendessen)* à la carte 47/69 ♀.
♦ Niveauvoll tafeln in zurückhaltend-eleganter Atmosphäre ! Patron Klaus Sänger steht am Herd, seine Frau leitet kenntnisreich den Service. Klassisch-französische Küche !

HOMBURG VOR DER HÖHE, BAD

XX **Casa Rosa**, Kaiser-Friedrich-Promenade 45, ✉ 61348, ℘ (06172) 91 73 99, 🌳 n
AE VISA
Y
geschl. Montag (ausser Messen) – **Menu** (italienische Küche) à la carte 21/39.
♦ Die klassische italienische Küche pflegt man in dem Ristorante mit modernem mediterranem Flair. Schön gedeckte Tische und freundlicher Service sind hier selbstverständlich.

In Bad Homburg-Dornholzhausen über ④ und die B 456 :

🏛 **Sonne** garni, Landwehrweg 3, ✉ 61350, ℘ (06172) 9 65 20, info@hotel-sonne-bad-homburg.de, Fax (06172) 965213 – TV ✆ 🚗 P AE ⓞ ⓜ VISA
geschl. Weihnachten - Anfang Jan. – **30 Zim** ⚏ 62/75 – 80/95.
♦ Eine kleine, solide geführte Adresse am Stadtrand, wo Sie für die Dauer Ihres Aufenthalts in netten, blitzblank gepflegten Gästezimmern ungestört Quartier beziehen können.

In Bad Homburg-Ober-Erlenbach über Frankfurter Landstraße Z :

🏛 **Katharinenhof** 🌿 garni, Ober-Erlenbacher Str. 16, ✉ 61352, ℘ (06172) 40 00, hotel-katharinenhof@t-online.de, Fax (06172) 400300 – TV ✆ P AE ⓞ ⓜ VISA ✼
geschl. 20. - 31. Dez. – **31 Zim** ⚏ 70/115 – 110/145.
♦ Alte und neue Bausubstanz wurde hier behutsam zu einem stimmigen Ganzen zusammengefügt. Einige der hübsch eingerichteten Zimmer sind von außen über einen Gang erreichbar.

HONNEF, BAD Nordrhein-Westfalen 𝟒𝟏𝟕 O 5 – 26 400 Ew – Höhe 72 m.
🏌 Windhagen-Rederscheid, Gestüt Waldbrunnen (Süd-Ost : 10 km), ℘ (02645) 80 41.
🛈 Tourismus Büro, Hauptstr. 31, ✉ 53604, ℘ (02224) 98 90 81, rc-reisen@start partner.net, Fax (02224) 3080.
Berlin 605 – Düsseldorf 86 – Bonn 17 – Koblenz 51.

🏨 **Avendi** M, Hauptstr. 22, ✉ 53604, ℘ (02224) 18 90, avendi@seminaris.de, Fax (02224) 189189, 🌳, Massage, ≘s, 🏊 – 📶, ✼ Zim, TV ✆ ♿ 🚗 – 🔔 330. AE ⓞ ⓜ VISA JCB ✼ Rest
Menu à la carte 23,50/35,50 – **102 Zim** ⚏ 89/98 – 127.
♦ Die ehemalige Villa mit modernem Hotelanbau ist eine nicht alltägliche Übernachtungsadresse. Holz und Stahl dominieren das auf gestylte Funktionalität ausgerichtete Design. Im Konrad A. erfreut man sich an modernem Edel-Interieur !

🏨 **Seminaris**, Alexander-von-Humboldt-Str. 20, ✉ 53604, ℘ (02224) 77 10, badhonnef@seminaris.de, Fax (02224) 771555, 🌳, 𝑓ₒ, ≘s, 🏊 – 📶, ✼ Zim, 🍴 Rest, TV ✆ 🚗 P – 🔔 250. AE ⓞ ⓜ VISA ✼ Rest
Menu à la carte 22/35 – **213 Zim** ⚏ 86/91 – 122/141, 8 Suiten.
♦ Als "Tagungs-Insel am Rhein" sieht sich dieses Haus. In der Tat verbinden sich hier optimale Tagungs- und Seminareinrichtungen mit Komfort und guten Freizeitmöglichkeiten.

XX **Markt 3** mit Zim, Markt 3, ✉ 53604, ℘ (02224) 9 33 20, info@hotel-markt3.de, Fax (02224) 933232, 🌳 – TV ✆ AE ⓜ VISA
Menu (geschl. Sonntag, ausser Feiertage) 25/30 à la carte 29/42 – **6 Zim** ⚏ 70/78 – 90/98.
♦ Direkt am Marktplatz befindet sich dieses Restaurant, das in einem schön restaurierten und stilvoll-modern gestalteten Fachwerkhaus eine passende Heimat gefunden hat.

In Bad Honnef-Rhöndorf Nord : 1,5 km :

XX **Caesareo**, Rhöndorfer Str. 39, ✉ 53604, ℘ (02224) 7 56 39, Fax (02224) 931406, 🌳 – AE ⓞ ⓜ VISA ✼
Menu (Tischbestellung ratsam) à la carte 32/47.
♦ Viel Glas wurde beim Umbau des Fachwerkhauses verwandt, so daß sich der Innenraum lichtdurchflutet und edel präsentiert. Gekocht wird italienisch mit französischen Einflüssen.

HORB Baden-Württemberg 𝟒𝟏𝟗 U 10 – 25 000 Ew – Höhe 423 m.
🏌 🏌 Stazach-Sulzau, Schloß Weitenburg (Ost : 11 km), ℘ (07472) 80 61.
🛈 Stadtinformation, Marktplatz 12, ✉ 72160, ℘ (07451) 90 12 24, stadtinfo@horb.de, Fax (07451) 901290.
Berlin 690 – Stuttgart 63 – Karlsruhe 119 – Tübingen 36 – Freudenstadt 24.

In Horb-Hohenberg Nord : 1 km :

⚘ **Steiglehof**, Steigle 35, ✉ 72160, ℘ (07451) 5 55 00, Fax (07451) 555015 – TV P ⓜ
🚗 VISA
Menu (geschl. Ende Dez. - Mitte Jan., Samstag, Sonntag) (nur Abendessen) à la carte 12/19 – **13 Zim** ⚏ 40 – 60.
♦ In diesem Gasthof finden Sie eine schlichte, aber nette Unterkunft. Die Zimmer sind solide ausgestattet und verfügen über komplette Technik und große Schreibtische. Die Gaststube ist im Stil der ländlichen Umgebung angepaßt.

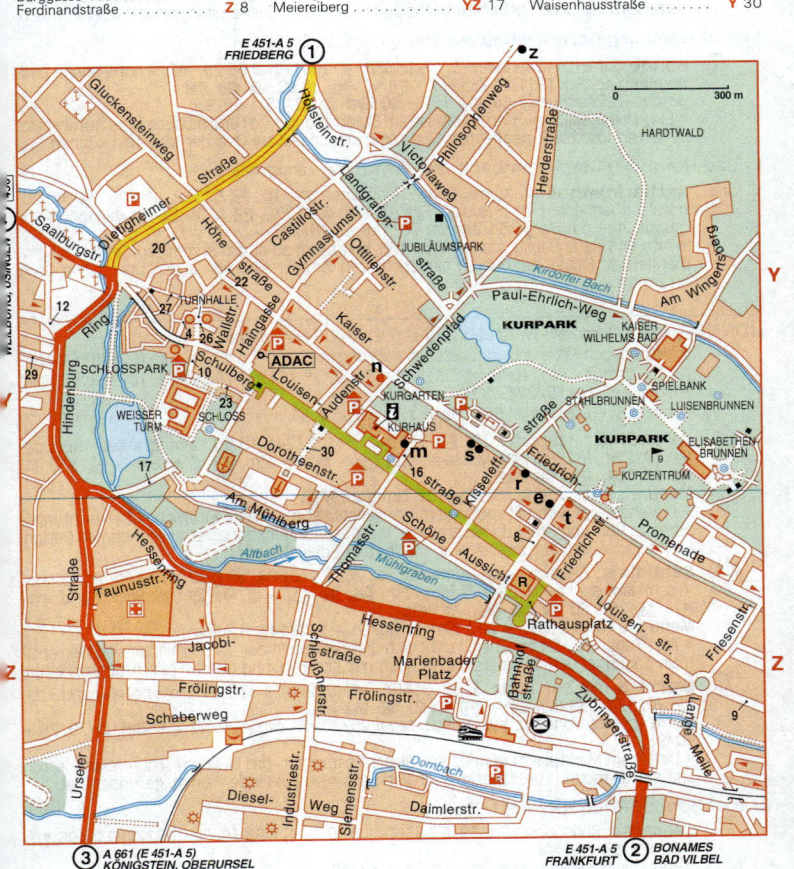

BAD HOMBURG
VOR DER HÖHE

		Frankfurter Landstraße	Z 9	Neue Mauerstraße	Y 20
		Haingasse	Y	Obergasse	Y 22
		Herrngasse	Y 10	Orangeriegasse	Y 23
		Heucheheimer Straße	Y 12	Rathausstraße	Y 26
Am Hohlebrunnen	Z 3	Louisenstraße	YZ	Rind'sche Stiftstraße	Y 27
Burggasse	Y 4	Ludwigstraße	Y 16	Tannenwaldallee	Y 29
Ferdinandstraße	Z 8	Meiereiberg	YZ 17	Thomasstraße	Y
				Waisenhausstraße	Y 30

🏨 **Villa am Kurpark** garni, Kaiser-Friedrich-Promenade 57, ✉ 61348, ☏ (06172) 1 80 00, info@villa-am-kurpark.de, Fax (06172) 180020 – 🛗 📺 ☏ 🅿 AE MC VISA Y s
geschl. Ende Dez. - Anfang Jan. – **24 Zim** 🍽 87/110 – 133/167.
 ◆ Alte und neue Elemente wurden bei der Renovierung dieser schönen Villa harmonisch aufeinander abgestimmt. Auch in den Zimmern : moderne Funktionalität und alte Baukunst.

🏨 **Comfort-Hotel** garni, Ferdinandstr. 2, ✉ 61348, ☏ (06172) 92 63 00, info@comforthotel.de, Fax (06172) 926399 – 🛗 ⚒ 📺 ☏ – 🔒 20. AE ① MC VISA JCB Z e
42 Zim 🍽 93/138 – 108/206.
 ◆ Hinter der weißen Gründerzeitfassade verbergen sich modern ausgestattete Zimmer, die mit soliden Kirschbaummöbeln und zeitgemäßer Technik bestückt worden sind.

XXX **Sänger's Restaurant,** Kaiser-Friedrich-Promenade 85, ✉ 61348, ☏ (06172) 92 88 39, Fax (06172) 928859, 🌳 – AE MC VISA Z t
geschl. Jan. 2 Wochen, Juli - Aug. 2 Wochen, Samstagmittag - Montagmittag – **Menu** (nur Abendessen) à la carte 47/69 ♀.
 ◆ Niveauvoll tafeln in zurückhaltend-eleganter Atmosphäre ! Patron Klaus Sänger steht am Herd, seine Frau leitet kenntnisreich den Service. Klassisch-französische Küche !

HOMBURG VOR DER HÖHE, BAD

%% **Casa Rosa**, Kaiser-Friedrich-Promenade 45, ⊠ 61348, ℰ (06172) 91 73 99, ⇌ –
AE VISA
geschl. Montag (ausser Messen) – **Menu** (italienische Küche) à la carte 21/39.   Y n
♦ Die klassische italienische Küche pflegt man in dem Ristorante mit modernem mediterranem Flair. Schön gedeckte Tische und freundlicher Service sind hier selbstverständlich.

In Bad Homburg-Dornholzhausen über ④ und die B 456 :

Sonne garni, Landwehrweg 3, ⊠ 61350, ℰ (06172) 9 65 20, info@hotel-sonne-bad-homburg.de, Fax (06172) 965213 – TV ✆ ⇌ P AE ① ⓜ VISA
geschl. Weihnachten - Anfang Jan. – **30 Zim** ⊇ 62/75 – 80/95.
♦ Eine kleine, solide geführte Adresse am Stadtrand, wo Sie für die Dauer Ihres Aufenthalts in netten, blitzblank gepflegten Gästezimmern ungestört Quartier beziehen können.

In Bad Homburg-Ober-Erlenbach über Frankfurter Landstraße Z :

Katharinenhof ⤴, garni, Ober-Erlenbacher Str. 16, ⊠ 61352, ℰ (06172) 40 00, hotel-katharinenhof@t-online.de, Fax (06172) 400300 – TV ✆ P AE ① ⓜ VISA ⚿
geschl. 20. - 31. Dez. – **31 Zim** ⊇ 70/115 – 110/145.
♦ Alte und neue Bausubstanz wurde hier behutsam zu einem stimmigen Ganzen zusammengefügt. Einige der hübsch eingerichteten Zimmer sind von außen über einen Gang erreichbar.

HONNEF, BAD Nordrhein-Westfalen ⁴⁰⁷ O 5 – 26 400 Ew – Höhe 72 m.
⌂ Windhagen-Rederscheid, Gestüt Waldbrunnen (Süd-Ost : 10 km), ℰ (02645) 80 41.
🛈 Tourismus Büro, Hauptstr. 31, ⊠ 53604, ℰ (02224) 98 90 81, rc-reisen@startpartner.net, Fax (02224) 3080.
Berlin 605 – Düsseldorf 86 – *Bonn* 17 – Koblenz 51.

Avendi M, Hauptstr. 22, ⊠ 53604, ℰ (02224) 18 90, avendi@seminaris.de, Fax (02224) 189189, ⇌, Massage, ≘s, 🔲 – 🛗, ⥲ Zim, TV ✆ & ⇌ – 🛣 330. AE ① ⓜ VISA JCB ⚿ Rest
Menu à la carte 23,50/35,50 – **102 Zim** ⊇ 89/98 – 127.
♦ Die ehemalige Villa mit modernem Hotelanbau ist eine nicht alltägliche Übernachtungsadresse. Holz und Stahl dominieren das auf gestylte Funktionalität ausgerichtete Design. Im Konrad A. erfreut man sich an modernem Edel-Interieur !

Seminaris, Alexander-von-Humboldt-Str. 20, ⊠ 53604, ℰ (02224) 77 10, badhonnef @seminaris.de, Fax (02224) 771555, ⇌, ⌘, ≘s, 🔲 – 🛗, ⥲ Zim, ▭ Rest, TV ✆ ⇌ P – 🛣 250. AE ① ⓜ VISA ⚿ Rest
Menu à la carte 22/35 – **213 Zim** ⊇ 86/91 – 122/141, 8 Suiten.
♦ Als "Tagungs-Insel am Rhein" sieht sich dieses Haus. In der Tat verbinden sich hier optimale Tagungs- und Seminareinrichtungen mit Komfort und guten Freizeitmöglichkeiten.

%% **Markt 3** mit Zim, Markt 3, ⊠ 53604, ℰ (02224) 9 33 20, info@hotel-markt3.de, Fax (02224) 933232, ⇌ – TV ✆ AE ⓜ VISA
Menu (geschl. Sonntag, ausser Feiertage) 25/30 à la carte 29/42 – **6 Zim** ⊇ 70/78 – 90/98.
♦ Direkt am Marktplatz befindet sich dieses Restaurant, das in einem schön restaurierten und stilvoll-modern gestalteten Fachwerkhaus eine passende Heimat gefunden hat.

In Bad Honnef-Rhöndorf Nord : 1,5 km :

%% **Caesareo**, Rhöndorfer Str. 39, ⊠ 53604, ℰ (02224) 7 56 39, Fax (02224) 931406, ⇌ – AE ① ⓜ VISA ⚿
Menu (Tischbestellung ratsam) à la carte 32/47.
♦ Viel Glas wurde beim Umbau des Fachwerkhauses verwandt, so daß sich der Innenraum lichtdurchflutet und edel präsentiert. Gekocht wird italienisch mit französischen Einflüssen.

HORB Baden-Württemberg ⁴¹⁹ U 10 – 25 000 Ew – Höhe 423 m.
⌂ Stazach-Sulzau, Schloß Weitenburg (Ost : 11 km), ℰ (07472) 80 61.
🛈 Stadtinformation, Marktplatz 12, ⊠ 72160, ℰ (07451) 90 12 24, stadtinfo@horb.de, Fax (07451) 901290.
Berlin 690 – Stuttgart 63 – *Karlsruhe* 119 – Tübingen 36 – Freudenstadt 24.

In Horb-Hohenberg Nord : 1 km :

Steiglehof, Steigle 35, ⊠ 72160, ℰ (07451) 5 55 00, Fax (07451) 555015 – TV P ⓜ VISA
Menu (geschl. Ende Dez. - Mitte Jan., Samstag (nur Abendessen) à la carte 12/19 – **13 Zim** ⊇ 40 – 60.
♦ In diesem Gasthof finden Sie eine schlichte, aber nette Unterkunft. Die Zimmer sind solide ausgestattet und verfügen über komplette Technik und große Schreibtische. Die Gaststube ist im Stil der ländlichen Umgebung angepaßt.

HORB

In Horb-Isenburg *Süd : 3 km :*

Waldeck, Mühlsteige 33, ✉ 72160, ℘ (07451) 38 80, info@forellengasthof-waldeck
.de, Fax (07451) 4950, ⇔ – ⫟ 📺 🚗 🅿 – 🏛 40. ⓞ 🅼🅾 🆅🅸🆂🅰
geschl. 22. Dez. - 4. Jan. – **Menu** *(geschl. Montag)* à la carte 15/32 – **23 Zim** ⊇ 41/62 – 57/77.
♦ Idyllisch eingebettet in saftige Wiesen und gesunde Tannenwälder findet man diesen Gasthof, der Ihnen gut geschnittene und bestens unterhaltene Zimmer offeriert. Rustikale Gaststuben !

HORBEN Baden-Württemberg 🄄🄁🄉 W 7 – 850 Ew – Höhe 600 m.
Berlin 815 – Stuttgart 216 – *Freiburg im Breisgau* 10.

In Horben-Langackern :

Luisenhöhe ⚐, ✉ 79289, ℘ (0761) 2 96 90, info@hotel-luisenhoehe.de, Fax (0761) 290448, ≤ Schauinsland und Schwarzwald, ㈜, 🄵🅂, ⇔, 🄽, 🅂, ℁ – ⫟ 📺 🚗 🅿 – 🏛 20. 🄰🄴 ⓞ 🅼🅾 🆅🅸🆂🅰. ℁ Rest
Menu à la carte 22,50/34 – **45 Zim** ⊇ 54/87 – 98/116 – ½ P 18.
♦ Wohnen im Schwarzwaldstil ! Unweit des Elsaß und der Schweiz heißen Sie Ihre Gastgeber auf der Luisenhöhe willkommen, die mit heimeligen Zimmern aufwartet. An schön gedeckten Tischen können Sie die Aussicht auf den Schwarzwald genießen. Gartenterrasse !

HORBRUCH Rheinland-Pfalz siehe Morbach.

HORGAU Bayern 🄄🄁🄉 🄄🄂🄀 U 16 – 2 500 Ew – Höhe 462 m.
Berlin 577 – München 82 – *Augsburg* 17 – Memmingen 101 – Ulm 62.

Zum Schwarzen Reiter, Hauptstr. 1 (B 10), ✉ 86497, ℘ (08294) 8 60 80, flairho
tel.platzer@t-online.de, Fax (08294) 860877, ⇔ – ⫟, ℁ Zim, ▦ 📺 🅿 – 🏛 100. 🄰🄴 🅼🅾 🆅🅸🆂🅰
geschl. 23. - 31. Dez. – **Menu** à la carte 14/32 – **38 Zim** ⊇ 50/70 – 74/100.
♦ In den verschiedenen Bauabschnitten des Gasthofs, der nach seinem legendären Gründer benannt ist, finden Sie unterschiedliche Zimmer, von ländlich bis romantisch. Der großzügige Restaurantbereich ist in mehrere reizende, rustikale Stuben unterteilt.

HORHAUSEN Rheinland-Pfalz 🄄🄁🄇 O 7 – 1 400 Ew – Höhe 365 m.
Berlin 567 – Mainz 111 – *Koblenz* 37 – Köln 68 – Bonn 52 – Limburg an der Lahn 52.

Grenzbachmühle ⚐, Grenzbachstr. 17 (Ost : 1,5 km), ✉ 56593, ℘ (02687) 10 83, hotel-grenzbachmuehle@t-online.de, Fax (02687) 2676, ㈜, Damwildgehege, ℁ – ℁ Rest, 📺 🅿 🅼🅾 🆅🅸🆂🅰
Menu *(geschl. Jan. 2 Wochen, Dienstag)* à la carte 19/39 – **13 Zim** ⊇ 41/50 – 82/100.
♦ Aus einer 400-jährigen Ölmühle entstand nach liebevoller Restauration ein gastlicher Ort im wildromantischen Grenzbachtal. Individuell eingerichtete Gästezimmer laden ein ! Ein Teil des Restaurants befindet sich in der alten Mühle, der andere im Wintergarten.

HORN-BAD MEINBERG Nordrhein-Westfalen 🄄🄁🄇 K 10 – 18 300 Ew – Höhe 220 m.
Ausflugsziel : Externsteine★ *(Flachrelief★★ a.d. 12. Jh.)* Süd-West : 2 km.
🄱 Tourist-Service, Marktplatz 2, ✉ 32805, ℘ (05234) 20 13 00, Fax (05234) 201244.
🄱 Stadtmarketing, Bad Meinberg, Parkstr. 2, ✉ 32805, ℘ (05234) 91 96 59, tourist information@horn-bad-meinberg.de, Fax (05234) 201244.
Berlin 369 – Düsseldorf 197 – *Bielefeld* 37 – Detmold 10 – Hannover 85 – Paderborn 27.

Im Stadtteil Bad Meinberg *– Heilbad :*

Parkblick ⚐, Parkstr. 63, ✉ 32805, ℘ (05234) 90 90, hotelparkblick@aol.com, Fax (05234) 909150, ㈜, Massage, ♨, 🄵🅂, ⇔, 🄽 – ⫟ 📺 🕭 🚗 – 🏛 75. 🄰🄴 ⓞ 🅼🅾 🆅🅸🆂🅰
Menu à la carte 23/32,50 – **78 Zim** ⊇ 69/84 – 100/110, 4 Suiten.
♦ Geräumige und mit Polstergruppen ansprechend möblierte Gästezimmer machen das Übernachten hier zu einer rundum sympathischen Erfahrung. Zentrale Lage ! Mit zwei Restaurants steht man in diesem Haus in Diensten des Gastes.

Zum Stern ⚐, Brunnenstr. 84, ✉ 32805, ℘ (05234) 90 50, kontakt@zum-stern.de, Fax (05234) 905300, direkter Zugang zum Kurmitteltank, ⇔, 🄽 – ⫟ 📺 🕭 🚗 🅿 – 🏛 180. 🄰🄴 🅼🅾 🆅🅸🆂🅰. ℁ Rest
Menu à la carte 22/39,50 – **127 Zim** ⊇ 84/100 – 109/119 – ½ P 18.
♦ Geborgenheit strahlt es aus, das mehr als 200 Jahre alte Fachwerkgebäude ! Von den Zimmern aus gelangt man im Bademantel zu den Anwendungen, ohne das Haus zu verlassen. Für das leibliche Wohl der Gäste wird im gediegen eingerichteten Restaurant gesorgt.

HORN-BAD MEINBERG

Im Stadtteil Billerbeck :

Zur Linde (mit Gästehaus), Steinheimer Str. 219, ⊠ 32805, ℰ (05233) 94 40, info@zur-linde-billerbeck.de, Fax (05233) 6404, ⇌, 🔲, 🐎 – 🛗 TV ⇌ 🅿 – 🔏 150. ◉◉ VISA
Menu (geschl. Dienstag) à la carte 16,50/26,50 – **57 Zim** ⇌ 48/51 – 87/90 – ½ P 13.
♦ Holsten-Deele heißt das Gästehaus, in dem man seinen Besuchern zehn im Bauernstil eingerichtete Fremdenzimmer zur Verfügung stellt. Weitere Zimmer im Haupthaus. Ihre Mahlzeiten nehmen Sie im Restaurant ein, das im altdeutschen Stil gehalten ist.

Im Stadtteil Holzhausen-Externsteine – *Luftkurort* :

Waldhotel Bärenstein ⑤, Am Bärenstein 44, ⊠ 32805, ℰ (05234) 20 90, m@hotel-baerenstein.de, Fax (05234) 209269, 😃, Massage, ♨, ℔, ☂, ⇌, 🔲, 🐎, ℀ – 🛗, ※ Rest, TV 🅿 – 🔏 20. ◉◉ VISA
Menu (geschl. Montag) à la carte 17,50/29,50 – **76 Zim** ⇌ 40/62 – 79/107 – ½ P 15.
♦ Seit der Gründung 1904 als Familienpension hat sich das Haus konsequent zu einem modernen Urlaubs- und Kurhotel entwickelt. Fragen Sie nach den schönen Giebelzimmern! Ob im sonnigen Wintergarten oder im gepflegten Speiseraum - Sie werden freundlich bedient.

HORNBACH Rheinland-Pfalz **417** S 6 – *1 700 Ew – Höhe 240 m*.
Berlin 708 – Mainz 140 – *Saarbrücken* 44 – Zweibrücken 11.

Kloster Hornbach M, Im Klosterbezirk, ⊠ 66500, ℰ (06338) 91 01 00, hotel@kloster-hornbach.de, Fax (06338) 9101099, 😃, ⇌ – 🛗, ※ Zim, TV ✆ 🅿 – 🔏 50. ℀ Rest
Provence (geschl. Montag) **Menu** 39/75 und à la carte – **34 Zim** ⇌ 95 – 135/145.
♦ Aus einer Klosteranlage a. d. 8. Jh. wurde ein modernes Hotel mit individueller Einrichtung. Sehenswert : die imposante Halle und die mit Naturmaterialien bestückten Zimmer. Natursteinwände, Korbsessel und Säulen kennzeichnen das Ambiente des Restaurants.

HORNBERG (SCHWARZWALDBAHN) Baden-Württemberg **419** V 8 – *4 700 Ew – Höhe 400 m – Erholungsort*.
🛈 Tourist-Information, Bahnhofstr. 3, ⊠ 78132, ℰ (07833) 7 93 44, Fax (07833) 79329.
Berlin 745 – Stuttgart 132 – *Freiburg im Breisgau* 58 – Offenburg 45 – Villingen-Schwenningen 34.

Adler, Hauptstr. 66, ⊠ 78132, ℰ (07833) 93 59 90, adler-hornberg@aol.com, Fax (07833) 93599506, 😃 – 🛗, ※ Zim, TV. ℀ ◉◉ VISA
geschl. Jan. 1 Woche, Ende Feb. - Anfang März 3 Wochen – **Menu** (geschl. Freitag) à la carte 28/32,50 – **19 Zim** ⇌ 39/42 – 62/72 – ½ P 13.
♦ Gemütlichkeit ist Trumpf in diesem Hotel, das im historischen Fachwerkstil erbaut wurde. Sie beziehen Quartier in Eichen- oder Eschenzimmern. Gediegen speisen Sie im Restaurant, zünftig in der Schwarzwaldstube.

In Hornberg-Fohrenbühl Nord-Ost : 8 km in Richtung Schramberg :

Landhaus Lauble ⑤, Fohrenbühl 65, ⊠ 78132, ℰ (07833) 9 36 60, landhaus-lauble@t-online.de, Fax (07833) 936666, 😃, 🐎 – 🛗 TV ⇌ 🅿 ◉◉ VISA
geschl. Nov. 3 Wochen – **Menu** (geschl. Montag) à la carte 16/33 – **23 Zim** ⇌ 30/35 – 55/70 – ½ P 12.
♦ Hübsch liegt das Schwarzwaldhaus zwischen Waldrand und Fischteich. Sehr gut unterhaltene und komplett eingerichtete Zimmer, zum Teil mit Balkon, warten auf Besu... Einkehrenden serviert man in schlichtem Ambiente internationale und regio... Speisen.

Schwanen, Fohrenbühl 66, ⊠ 78132, ℰ (07833) 93 57 90, hajo@hotel-la... Fax (07833) 9357918, 😃, ⇌, 🐎 – ※ Zim, TV ⇌ 🅿 ◉◉ VISA
Menu (geschl. Dienstag) à la carte 13,50/28,50 – **16 Zim** ⇌ 35 – 70 – ½ P ...
♦ Gastfreundschaft ist hier seit Generationen Tradition. Die Wirtsfamilie stellt ih... sympathische, größtenteils im Landhausstil möblierte Quartiere zur Verfügun... dekorierten Gastraum bewirtet man Sie mit Gerichten der Region.

Am Karlstein Süd-West : 9 km, über Niederwasser – Höhe 969 m

Schöne Aussicht ⑤ (mit Gästehaus), Niedergieß 49, ⊠ 78132 Hornberg, ... 9 36 90, info@schoeneaussicht.com, Fax (07833) 1603, ≤ Schwarzwald, 😃, ℔ 🐎, ℀ ✆ 🅿 – 🔏 80. ☒ ◉ ◉◉ VISA
Menu à la carte 15,50/42,50 – **45 Zim** ⇌ 43/69 – 86/128 – ½ P 17.
♦ Es ist schon ein schönes Plätzchen hier oben, wo sich das Hotel befindet... Sie ein Zimmer im Gästehaus, das unterirdisch mit dem Hauptgebäude... ist.

HOSENFELD Hessen 417 418 O 12 – 4 000 Ew – Höhe 374 m.
Berlin 465 – Wiesbaden 147 – Fulda 17.

An der Straße nach Fulda :

Sieberzmühle ⓢ, ✉ 36154 Hosenfeld, ℘ (06650) 9 60 60, sieberzmuehle@t-on line.de, Fax (06650) 8193, 斧, (Damwildgehege), ✗ – 📺 P – 🛎 30. AE ① ◎ VISA geschl. 12. - 25. Jan. – **Menu** (geschl. Montag) à la carte 11,50/34 – **31 Zim** ⌒ 40 – 70.
♦ Die ehemalige Getreidemühle a. d. 16. Jh. dient heute der Beherbergung Reisender. Gäste werden in netten und praktisch gestalteten Räumen untergebracht. Kachelofen und offener Kamin sorgen in den verschiedenen Stuben für Gemütlichkeit.

HOYERSWERDA Sachsen 418 L 26 – 49 500 Ew – Höhe 130 m.
🛈 Tourist- und Stadtinformation, Schlossplatz 1, ✉ 02977, ℘ (03571) 45 69 20, Fax 456925.
Berlin 165 – Dresden 65 – Cottbus 44 – Görlitz 80 – Leipzig 166.

Congresshotel M, Dr.-Wilhelm-Külz-Str. 1, ✉ 02977, ℘ (03571) 46 30, congressho tel@t-online.de, Fax (03571) 463444, Biergarten – 🛗, ✱ Zim, 📺 ☏ ⇔ P – 🛎 400. AE ① ◎ VISA. ✱ Rest – **Menu** (geschl. Samstag - Sonntag) (nur Abendessen) à la carte 12/19 – **138 Zim** ⌒ 65/85 – 75/105.
♦ Hinter der Fassade des imposanten Rundbaus in der Stadtmitte befinden sich großzügige, mit Möbeln aus Vogelaugenahorn bestückte Zimmer, die teils auch Küchen vorweisen können. Das Ambiente im Restaurant Colosseum ist zeitlos und leicht modern.

Achat, Bautzener Allee 1a, ✉ 02977, ℘ (03571) 47 00, hoyerswerda@achat-hotel.de, Fax (03571) 470999, 斧 – 🛗, ✱ Zim, 📺 ☏ P. AE ① ◎ VISA JCB
Allee Restaurant : **Menu** à la carte 15/23 – ⌒ 11 – **89 Zim** 49/84 – 59/94.
♦ Geschäftsreisenden wie Langzeitgästen bietet dieses Hotel ein zu Hause auf Zeit in Gästezimmern, die modern und anheimelig ausgestattet sind. Wenn der Hunger Sie plagt, kehren Sie einfach in das helle, zeitgemäß gestaltete Allee Restaurant ein.

In Elsterheide-Neuwiese Nord-West : 3,5 km :

Landhotel Neuwiese, Elstergrund 55, ✉ 02979, ℘ (03571) 4 29 80, landhotel@t -online.de, Fax (03571) 428221, 斧 – 📺 ⓖ P. ◎ VISA
Menu (geschl. Montagmittag) à la carte 10/32 – **18 Zim** ⌒ 57/70 – 62/92.
♦ Schon bei der Ankunft verspürt der Besucher den bäuerlichen Charme des jahrhundertealten Vierseithofes. In den neugestalteten Zimmern verbringen Sie einen geruhsamen Urlaub. Auch sorbische Gerichte serviert man in den ländlichen Gaststuben.

HÜCKESWAGEN Nordrhein-Westfalen 417 M 6 – 15 000 Ew – Höhe 258 m.
Berlin 544 – Düsseldorf 66 – Köln 44 – Lüdenscheid 27 – Remscheid 14.

In Hückeswagen-Kleineichen Süd-Ost : 1 km :

Haus Kleineichen, Bevertalstr. 44, ✉ 42499, ℘ (02192) 43 75, Fax (02192) 6433, 斧 – P
geschl. vor Karneval 2 Wochen, Montag - Dienstag – **Menu** à la carte 22/34,50.
♦ Mitten im Bergischen Land können Sie in eine gemütliche Stube im "Tegernseer Landhausstil" einkehren. Passend zum Ambiente gibt es unter anderem auch bayrische Schmankerln.

HÜFINGEN Baden-Württemberg 419 W 9 – 7 000 Ew – Höhe 686 m.
🛈 Informations- und Kulturamt, Hauptstr. 18, ✉ 78183, ℘ (0771) 60 09 24, Fax (0771) 600922.
Berlin 751 – Stuttgart 126 – Freiburg im Breisgau 59 – Donaueschingen 3 – Schaffhausen 38.

In Hüfingen-Fürstenberg Süd-Ost : 9,5 km :

Gasthof Rössle (mit Gästehaus), Zähringer Str. 12, ✉ 78183, ℘ (0771) 6 00 10, hotel.roessle@web.de, Fax (0771) 600122, 斧 – 📺 ☏ P. AE ◎ VISA
Menu (geschl. Donnerstag) (Montag - Freitag nur Abendessen) à la carte 15/32 – **36 Zim** ⌒ 40/47 – 64/74.
♦ In der Mitte des kleinen Dorfes heißt Sie der gestandene Gasthof willkommen. Im Gästehaus, das nur ein paar Meter entfernt ist, stehen schöne Landhauszimmer für Sie bereit. In der ländlichen Stube sorgt ein Kachelofen für Behaglichkeit.

In Hüfingen-Mundelfingen Süd-West : 7,5 km :

Landgasthof Hirschen, Wutachstr. 19, ✉ 78183, ℘ (07707) 9 90 50, Fax (07707) 990510, 斧 – P
geschl. Jan., Mittwochabend - Donnerstag – **Menu** à la carte 22,50/35,50 - (Erweiterung : 9 Zim bis Frühjahr 2003).
♦ "Badisch und gut", so könnte das Motto dieser Küche lauten. Was hier auf den Teller kommt wurde sorgsam ausgesucht und nach heimischem Rezept mit Geschmack zubereitet.

HÜGELSHEIM Baden-Württemberg **419** T 8 – 1 800 Ew – Höhe 121 m.
Berlin 707 – Stuttgart 108 – Karlsruhe 36 – Rastatt 10 – Baden Baden 14 – Strasbourg 43.

Hirsch, Hauptstr. 28 (B 36), ⊠ 76549, ℘ (07229) 22 55 (Hotel) 42 55 (Rest.), Fax (07229) 2229, 😐, 📺, 🅿, 🆎 – 🍴 📺 🅿 AE ⦿ VISA
Menu (geschl. über Fastnacht 1 Woche, Anfang - Mitte Aug. 2 Wochen, Mittwoch) à la carte 19/40,50 – **28 Zim** ⊇ 59/70 – 70/95.
♦ Im Herzen Badens begrüßt Sie Ihre Gastgeberfamilie im ehemaligen Jagdhaus des Markgrafen. Die von neuzeitlichem Komfort geprägten Zimmer befinden sich im angebauten Gästehaus. Gemütliche Stimmung herrscht im rustikalen Restaurant.

Waldhaus 🌳 garni, Am Hecklehamm 20, ⊠ 76549, ℘ (07229) 3 04 30, Fax (07229) 304343, 🌲 – 🛌 📺 🅿 ⦿ VISA
geschl. Weihnachten - Anfang Jan. – **14 Zim** ⊇ 55 – 80.
♦ Sie finden das gepflegte, mit Efeu bewachsene Haus etwas abseits, in der Nähe eines Gewerbegebietes. Die Zimmer sind hübsch, geräumig und mit allem nötigen Komfort versehen.

Zum Schwan, Hauptstr. 45a (B 36), ⊠ 76549, ℘ (07229) 3 06 90, Fax (07229) 306969, 😐, 🅿, AE ⦿ VISA
Menu (geschl. Juli 2 Wochen, Weihnachten - Anfang Jan., Sonntagabend - Montag) à la carte 25/38 – **21 Zim** ⊇ 40/42 – 65/68.
♦ Bei der Ankunft empfängt Sie die schmucke Fachwerkfassade. Der gute Eindruck setzt sich in den Zimmern fort, die über praktisches Interieur und Balkon oder Terrasse verfügen. Gepflegte badische Gastlickeit prägt das Ambiente des netten Restaurants.

HÜNFELD Hessen **417 418** N 13 – 14 300 Ew – Höhe 279 m.
🏌 🏌 Hünfeld, Hofgut Praforst (Süd-West : 4 km), ℘ (06652) 99 70.
Berlin 429 – Wiesbaden 179 – Fulda 20 – Bad Hersfeld 27 – Kassel 102.

In Hünfeld-Michelsrombach West : 7 km :

Zum Stern (mit Gästehaus), Biebergasse 2, ⊠ 36088, ℘ (06652) 25 75, Fax (06652) 72851 – 📺 🚙 🅿 – 🏛 30. ⦿ 🌿
Menu (geschl. Anfang Jan. 2 Wochen) à la carte 12/25,50 – **30 Zim** ⊇ 32 – 50/52.
♦ Wenn Sie bei der Wahl Ihrer Unterkunft die gemütlich-familiäre Variante dem Luxus vorziehen, dann sind Sie in diesem gepflegten Familienbetrieb gut aufgehoben. Stärken können Sie sich in der ländlich gestalteten Stube.

HÜRTGENWALD Nordrhein-Westfalen **417** N 3 – 9 000 Ew – Höhe 325 m.
🛈 Verkehrsamt, August-Scholl-Str. 5 (in Kleinau), ⊠ 52393, ℘ (02429) 3 09 40, Fax (02429) 30970.
Berlin 625 – Düsseldorf 88 – Aachen 46 – Bonn 70 – Düren 8,5 – Monschau 35.

In Hürtgenwald-Simonskall :

Landhotel Kallbach 🌳, Simonskall 24, ⊠ 52393, ℘ (02429) 9 44 40, info@kallbach.de, Fax (02429) 2069, 😐, 🆎, 📺, 🌲 – 🍴, 🛌 Zim, 📺 ⌕ 🅿 – 🏛 140. ⦿ ⦿ VISA
Menu (geschl. Mitte Okt. - Mitte April Sonntagabend) à la carte 19,50/38 – **46 Zim** ⊇ 64/69 – 94/100 – ½ P 19.
♦ Egal ob Sie als Urlauber oder Tagungsgast kommen, in diesem idyllisch im Tal gelegenen Landhotel sind Sie stets gern gesehen. Sie schlafen in wohnlich-funktionellen Zimmern. Das Restaurant ist im Anbau untergebracht und solide und modern eingerichtet.

Talschenke 🌳, Simonskall 1, ⊠ 52393, ℘ (02429) 71 53, Fax (02429) 2063, 😐 – 📺 🅿 – 🏛 15. ⦿ VISA
geschl. Jan. – **Menu** (geschl. Montag) à la carte 15/30,50 – **11 Zim** ⊇ 42/45 – 62/68.
♦ Malerisch schmiegt sich das holzverkleidete Waldhaus an die umstehenden hohen Bäume. Die Zimmer befinden sich im Nebenhaus, sind unterschiedlich geschnitten und bequem. Man heißt Sie im ländlich-rustikalen, nett dekorierten Restaurant willkommen.

In Hürtgenwald-Vossenack :

Zum alten Forsthaus, Germeter Str. 49 (B 399), ⊠ 52393, ℘ (02429) 78 22, email@zum-alten-forsthaus.de, Fax (02429) 2104, 😐, 🆎, 📺, 🌲 – 🍴 📺 ⌕ 🅿 – 🏛 75. AE ⦿ ⦿ VISA
Menu à la carte 20/39 – **50 Zim** ⊇ 56/69 – 82/117.
♦ Für ein paar Tage oder länger, das alte Forsthaus stellt Ihnen für die Dauer Ihres Aufenthaltes ein solides Quartier zur Verfügung. Fragen Sie nach den neuen Zimmern ! Großräumiges, bürgerlich eingerichtetes Restaurant.

HÜRTH Nordrhein-Westfalen ⁴¹⁷ N 4 – 51 000 Ew – Höhe 96 m.
Berlin 583 – Düsseldorf 51 – *Bonn* 27 – *Aachen* 70 – Köln 8.

- **Ramada Treff Hotel** M, Theresienhöhe, ✉ 50354, ✆ (02233) 9 44 00, *huerth-koeln@ramada-treff.de*, Fax (02233) 9440150, Biergarten, ≘s – |₰|, ⇔ Zim, TV ✆ ⅙ ⇔ ℙ – ₰ 200. AE ① OO VISA JCB
  Menu à la carte 22/42 – **163 Zim** ☑ 123 – 135, 9 Suiten.
  ♦ Zugeschnitten auf die Bedürfnisse von Geschäftsreisenden präsentiert sich das neuzeitliche Hotel mit roter Klinkerfassade, funktionellen Zimmern und modernem Tagungsbereich.

In Hürth-Fischenich :

- **Breitenbacher Hof**, Raiffeisenstr. 64/Eingang Bonnstraße, ✉ 50354, ✆ (02233) 4 70 10, *breitenbacherhof@t-online.de*, Fax (02233) 470111, Biergarten – TV ℙ – ₰ 60. AE ① OO VISA
  Menu à la carte 29/36 – **36 Zim** ☑ 58/90 – 88/150.
  ♦ Das neuzeitliche Hotel überzeugt mit seiner guten Verkehrsanbindung und seinen praktischen Zimmern, wobei die im Nebenhaus besonders geräumig und hübsch eingerichtet sind. Elegant angehauchtes Restaurant mit Stuckdecke und Holzvertäfelung.

In Hürth-Kalscheuren :

- **EuroMedia** M, Ursulastr. 29, ✉ 50354, ✆ (02233) 97 40 20, *info@euromedia-hotel.de*, Fax (02233) 9740299 – |₰|, ⇔ Zim, TV ✆ ℙ – ₰ 65. AE ① OO VISA ⋊ Rest
  Menu à la carte 19/35 – **57 Zim** ☑ 84 – 104.
  ♦ Nicht alltäglich präsentiert sich der achteckige Hotelbau, dessen Zimmer alle nach außen liegen und durch modernes Naturholzmobiliar hell und einladend wirken. Das Restaurant erinnert in seiner schlichten Art an ein französisches Bistro.

HUPPERATH Rheinland-Pfalz siehe *Wittlich*.

HUSUM Schleswig-Holstein ⁴¹⁵ C 11 – 21 000 Ew – Höhe 5 m – Erholungsort.
Sehenswert : Ludwig-Nissen-Haus - Nordfriesisches Museum★.
Ausflugsziel : Die Halligen★ (per Schiff).
✈ Schwesing, Hohlacker (Ost : 4 km über die B 201), ✆ (04841) 7 22 38.
🛈 Tourist Information, Großstr. 27, ✉ 25813, ✆ (04841) 8 98 70, *ti@husum.de*, Fax (04841) 898790.
Berlin 424 – Kiel 84 – *Sylt (Westerland)* 42 – Flensburg 42 – Heide 40 – Schleswig 34.

- **Romantik Hotel Altes Gymnasium** M, Süderstr. 6, ✉ 25813, ✆ (04841) 83 30, *info@altes-gymnasium.de*, Fax (04841) 83312, ☞, ₤₆, ≘s, ☐ – |₰|, ⇔ Zim, ▭ Zim, TV ✆ ⅙ ℙ – ₰ 100. AE ① OO VISA ⋊ Rest
  Eucken (geschl. Montag - Dienstag) (wochentags nur Abendessen) **Menu** à la carte 42/61 – **Wintergarten** : **Menu** à la carte 27/40 – **72 Zim** ☑ 110/155 – 135/220, 3 Suiten.
  ♦ Das historische Schulgebäude hat man zum komfortablen Hotel umgebaut. Hier überzeugen schöne Zimmer mit italienischen Möbeln und Stoffen aus England sowie eine Badelandschaft. Stilvoll tafeln Sie im Restaurant Eucken. Luftig und freundlich : der Wintergarten.

- **Theodor-Storm-Hotel** M, Neustadt 60, ✉ 25813, ✆ (04841) 8 96 60, *info@theodor-storm-hotel.de*, Fax (04841) 81933, Biergarten – |₰| ⇔ TV ✆ ℙ – ₰ 40. AE ① OO VISA
  Menu (geschl. Jan. 2 Wochen, Nov. - März Sonntag) (nur Abendessen) à la carte 16/24 – ☑ 10 – **51 Zim** 70/75 – 90/100.
  ♦ Mögen Sie es lieber modern oder ziehen Sie romantische Zimmer mit Gebälk und Sprossenfenstern vor? Egal, hier finden Sie beides, stets wohnlich und technisch komplett. Um die kulinarische Bedürfnisse des Gastes kümmert man sich nebenan in Husums Brauhaus.

- **Thomas Hotel** M garni, Zingel 9, ✉ 25813, ✆ (04841) 6 62 00, *info@thomas-hotel.de*, Fax (04841) 81510 – |₰| TV ✆ ℙ – ₰ 80. AE ① OO VISA
  41 Zim ☑ 51/96 – 85/110.
  ♦ Hinter einer freundlichen Fassade erwarten den Gast moderne Zimmer in angenehmen Farben. Zu den Annehmlichkeiten des Hauses zählt auch die zentrale Lage in Hafennähe.

- **Osterkrug**, Osterende 54, ✉ 25813, ✆ (04841) 6 61 20, *info@osterkrug.de*, Fax (04841) 6612344 – ⇔ Zim, ✆ ℙ – ₰ 200. ① OO VISA
  Menu à la carte 15/34 – **38 Zim** ☑ 58/75 – 81/98.
  ♦ In diesem Haus finden Sie einen zentralen Standort für Ihren Besuch in Husum. Sie werden untergebracht in modernen Zimmern, die teilweise über eine Südterrasse verfügen. Das Restaurant ist hell gehalten und strahlt Freundlichkeit aus.

- **Am Schloßpark** ⑤, garni, Hinter der Neustadt 76, ✉ 25813, ✆ (04841) 6 61 10, *hotel-am-schlosspark@t-online.de*, Fax (04841) 62062, ☞ – TV ⇔ ℙ. AE OO VISA
  36 Zim ☑ 55/65 – 85/99.
  ♦ In zwei verschiedenen Gebäudetrakten sind die praktischen Gästezimmer untergebracht - mit dunklem Eichenmobiliar eingerichtet. Gleich um die Ecke liegt der Park.

HUSUM

Zur grauen Stadt am Meer, Schiffbrücke 9, ✉ 25813, ℰ (04841) 8 93 20, th.hansen@husum.net, Fax (04841) 893299, 🍽 – TV AE ① ⓜ VISA JCB
Menu (geschl. 15. Okt. - 15. März Montag) à la carte 18,50/31,50 – **15 Zim** ⇌ 45/55 – 78/85.

♦ Direkt am Hafen liegt das kleine Stadthotel, das seinen Namen von dem bekannten Gedicht Theodor Storms ableitet. Man empfängt Sie mit netten, zeitgemäßen Zimmern. Friesische Gemütlichkeit umgibt Sie in der gepflegten Atmosphäre der Gastwirtschaft.

In Schobüll-Hockensbüll Nord-West : 3 km :

Zum Krug, Alte Landstr. 2a, ✉ 25875, ℰ (04841) 6 15 80, info@zum-krug.de, Fax (04841) 61540 – ⇌ P. AE ① ⓜ VISA
geschl. Mitte Jan. - Mitte Feb., 23. - 31. Okt., Montag - Dienstag – **Menu** (nur Abendessen) (Tischbestellung erforderlich) à la carte 32/42,50.

♦ So gemütlich wie das reetgedeckte Haus a. d. J. 1707 von außen wirkt, geht es auch im Inneren zu : In den Gaststuben genießt man das ursprüngliche Ambiente dieser Adresse.

In Simonsberger Koog Süd-West : 7 km :

Lundenbergsand 🌿, Lundenbergweg 3, ✉ 25813, ℰ (04841) 8 39 30, info@hotel-lundenbergsand.de, Fax (04841) 839350, 🍽, ⇌, 🌊 – ⇌ Zim, 🅿 P. ⓜ VISA
Menu (geschl. 15. - 31. Jan., Jan. - März Montag) à la carte 19/28,50 – **18 Zim** ⇌ 55/70 – 85/95 – ½ P 15.

♦ Direkt hinterm Deich liegt das weiße Haus mit dem Reetdach in unmittelbarer Nähe zum Wattenmeer. Die Gästezimmer sind individuell ausgestattet und bestechen durch gute Pflege. In das gemütliche Restaurant mit seiner "Besten Stuv" kehrt man gern ein.

In Witzwort-Adolfskoog Süd-West : 11 km, über die B 5 :

Roter Haubarg, Sand 5, ✉ 25889, ℰ (04864) 8 45, bharms@roterhaubarg.de, Fax (04864) 104357, 🍽 – P.
geschl. Montag, Nov. - Feb. Montag - Dienstag – **Menu** à la carte 16,50/31.

♦ Im Inneren dieses ehemaligen nordfriesischen Bauernhofs a. d. 18. Jh. hat man stilvolle Gaststuben mit historisch-rustikalem Ambiente eingerichtet. Sehenswert : das Hof-Museum.

In Hattstedter Marsch Nord-West : 14 km, 9 km über die B 5, dann links ab :

Arlau-Schleuse 🌿, ✉ 25856, ℰ (04846) 6 99 00, info@arlau-schleuse.de, Fax (04846) 1095, 🍽, (Urlaubshotel im Vogelschutzgebiet), ⇌, 🌊 – ⇌ Zim, TV 📞 P. – 🛎 30. ⓜ VISA
Menu à la carte 18/33 – **35 Zim** ⇌ 43/58 – 74/92 – ½ P 13.

♦ Durch seine schöne Alleinlage bietet das Friesenhaus viele Möglichkeiten, Natureindrücke zu sammeln. Für erholsamen Schlaf sorgen sympathische Fremdenzimmer. Mit verschiedenen, im friesischen Stil gestalteten Stuben sorgt man für den gastronomischen Rahmen.

IBACH Baden-Württemberg siehe St. Blasien.

IBBENBÜREN Nordrhein-Westfalen ᴅ₁₇ J 7 – 50 500 Ew – Höhe 79 m.

🛈 Tourist-Information, Rathaus, Alte Münsterstr. 16, ✉ 49477, ℰ (05451) 93 17 77, Fax (05451) 931198.
Berlin 452 – Düsseldorf 173 – Nordhorn 59 – Bielefeld 73 – Bremen 143 – Osnabrück 30 – Rheine 22.

Leugermann M (mit 🏠 Stammhaus), Osnabrücker Str. 33 (B 219), ✉ 49477, ℰ (05451) 93 50, info@leugermann.de, Fax (05451) 935935, 🍽, ⇌, 🌊 – |𝄐|, ⇌ Zim, TV 📞 & P. – 🛎 90. AE ⓜ VISA
Menu (geschl. Juli - Aug. 3 Wochen, Sonntagabend) à la carte 18,50/34 – **41 Zim** ⇌ 43/65 – 68/88.

♦ Haus mit wohnlichen Themenzimmern, die unterschiedlich und individuell im mediterranen Stil eingerichtet sind. Schön gestalteter Wellnessbereich ! Rattanstühle und Vorhänge mit floralem Design erzeugen im Restaurant eine südländische Stimmung.

Hubertushof (mit 🏠 Stammhaus), Münsterstr. 222 (B 219, Süd : 1,5 km), ✉ 49479, ℰ (05451) 9 41 00, info@hotelhubertushof.de, Fax (05451) 941090, 🍽 – TV 📞 🚗 P. – 🛎 20. AE ① ⓜ VISA JCB
Menu (geschl. 27. Dez. - Jan., Dienstag) à la carte 20,50/37,50 – **25 Zim** ⇌ 43/70 – 66/94.

♦ Am Fuß des Teutoburger Waldes erwartet Sie ein gewachsener Gasthof mit wohnlichen und komfortablen Zimmern, teils im Maisonettestil, und stilvollen Marmor- und Granitbädern. Gediegen-rustikales Restaurant mit offenem Kamin und Gartenterrasse.

IBBENBÜREN

Brügge, Münsterstr. 201 (B 219), ⊠ 49479, ℘ (05451) 9 40 50, info@hotel-bruegge.de, Fax (05451) 940532, 🍴 – 🛏 Zim, 📺 ☎ 🅿 🎫 VISA
Menu (geschl. Aug. - Sept. 3 Wochen, Montag) à la carte 18/33 – **34 Zim** ⊇ 42/68 – 62/92.
♦ Ein engagiert geführtes Haus in ruhiger, zentraler Stadtrandlage : Die Zimmer sind teils älter, aber gut gepflegt, teils neuer mit sehr schöner Einrichtung. Rustikales Restaurant mit Fliesenboden und holzgetäfelter Decke.

IBURG, BAD Niedersachsen 417 J 8 – 12 000 Ew – Höhe 140 m – Kneippheilbad.
🛈 Kurverwaltung, Schloßstr. 20, ⊠ 49186, ℘ (05403) 40 16 12, Fax (05403) 60 25.
Berlin 430 – Hannover 147 – Bielefeld 43 – Nordhorn 94 – Münster (Westfalen) 43 – Osnabrück 16.

Im Kurpark ⚘, Philipp-Sigismund-Allee 4, ⊠ 49186, ℘ (05403) 40 10, hotel-im-kurpark@t-online.de, Fax (05403) 401444, 🍴, direkter Zugang zum Kurmittelhaus – 🛗, 🛏 Zim, 📺 🅿 – 🏛 200. 🅰🅴 ① 🎫 VISA
Menu à la carte 17/36 – **51 Zim** ⊇ 51/62 – 80/93 – ½ P 13.
♦ Im ruhigen Kurbereich liegt dieser Hotelbau mit geräumigen, mit dunklen Holzmöbeln eingerichteten Zimmern. Gut geeignet für einen Kuraufenthalt. Das rustikale Restaurant mit Gartenterrasse befindet sich im Alten Forsthaus Freudenthal.

Zum Freden ⚘, Zum Freden 41, ⊠ 49186, ℘ (05403) 40 50, eichholz@hotel-freden.de, Fax (05403) 1706, 🍴, 🏖, 🌳 – 🛗 📺 ☎ ⟺ 🅿 – 🏛 100. 🅰🅴 VISA
Menu (geschl. Donnerstag) à la carte 18/36 – **35 Zim** ⊇ 45/50 – 69/75.
♦ Persönliche Gastlichkeit zu vermitteln, ist ein Anliegen des Hotels, das seit 1879 in Familienbesitz ist. Kürzlich renovierte Zimmer versprechen einen erhosamen Aufenthalt. Hell und freundlich wirkt das Restaurant mit klassisch-zeitloser Einrichtung.

ICHENHAUSEN Bayern siehe Günzburg.

IDAR-OBERSTEIN Rheinland-Pfalz 417 Q 5 – 36 000 Ew – Höhe 260 m.
Sehenswert : Edelsteinmuseum★★.
Ausflugsziel : Felsenkirche★ 10 min zu Fuß (ab Marktplatz Oberstein).
🏌 Kirschweiler, Am Golfplatz (Nord-West : 8 km über B 422), ℘ (06781) 3 66 15.
🛈 Tourist-Information, Georg-Maus-Str. 2, ⊠ 55743, ℘ (06781) 6 44 21, info-idar-oberstein@t-online.de, Fax (06781) 64425.
ADAC, Bahnhofstr. 13 (im Nahe-Center).
Berlin 661 – Mainz 92 – Trier 81 – Bad Kreuznach 49 – Saarbrücken 79.

Im Stadtteil Idar :

Berghotel Kristall ⚘, Wiesenstr. 50, ⊠ 55743, ℘ (06781) 9 69 60, info@berghotel-kristall.de, Fax (06781) 969649, ≤, 🍴 – 🛏 Zim, 📺 ☎ 🅿 – 🏛 50. 🅰🅴 ① 🎫 VISA
Menu à la carte 18/36 – **27 Zim** ⊇ 62/82 – 85/125.
♦ Passend zur Edelsteinstadt : An den Zimmerschlüsseln hängen keine Nummern, sondern Steine, die den individuell und komfortabel eingerichteten Zimmern auch ihre Namen geben. Das helle Restaurant wirkt durch einen Kachelofen gemütlich.

Im Stadtteil Oberstein :

City-Hotel garni, Otto-Decker-Str. 15, ⊠ 55743, ℘ (06781) 5 05 50, cityhotel-io@t-online.de, Fax (06781) 505550 – 📺 🎫 VISA
geschl. Weihnachten - Anfang Jan. – **14 Zim** ⊇ 50 – 75.
♦ Ein älterer, rot-gelber Klinkerbau mit einem Eckürmchen. Mahagonifarbenes Holzmobiliar ist ein bestimmendes Element in der Einrichtung der gediegenen Zimmer.

Edelstein-Hotel garni, Hauptstr. 302, ⊠ 55743, ℘ (06781) 5 02 50, edelstein-hotel@t-online.de, Fax (06781) 502550 – 📺 ⟺ 🅿 – 🏛 15. 🅰🅴 ① VISA. ✂
geschl. 22. Dez. - 2. Jan. – **18 Zim** ⊇ 52/75 – 75/110.
♦ Eine solide Übernachtungsadresse ist dieses freundliche, familiengeführte Hotel : Die gepflegten Zimmer sind praktisch und sachlich eingerichtet.

In Idar-Oberstein-Tiefenstein Nord-West : 3,5 km ab Idar :

Handelshof, Tiefensteiner Str. 235 (B 422), ⊠ 55743, ℘ (06781) 9 33 70, hotel handelshof-idar-oberstein@t-online.de, Fax (06781) 933750, 🍴, 🌳 – 🛏 Zim, 📺 🅿 – 🏛 50. 🅰🅴 ① 🎫 VISA. ✂ Rest
Menu (geschl. über Karneval 2 Wochen, Montag) (wochentags nur Abendessen) à la carte 17/41 – **17 Zim** ⊇ 45/65 – 75/85.
♦ In der Nähe der historischen Weiherschleife liegt dieses gut geführte Hotel. Die Zimmer sind mit dunklen Holzmöbeln eingerichtet und bieten ausreichenden Platz und Komfort. Das Restaurant ist gediegen gestaltet.

IDAR-OBERSTEIN

In Idar-Oberstein - Weierbach Nord-Ost : 8,5 km :

Hosser, Weierbacher Str. 70, ⊠ 55743, ✆ (06784) 22 21, mail@hotelhosser.de, Fax (06784) 9614, 🍽, ⇌ – 📺 🚗 🅿 – 🛏 80. 🄰🄴 ⓞ ⓜⓒ 🆅🅸🆂🅰 ❌ Rest
Menu à la carte 12,50/30,50 – **15 Zim** ⊇ 40/45 – 65/85.
♦ Ein Zuhause auf Zeit finden Sie in diesem familiengeführten Hotel mit den gepflegten Zimmern. Freunde des Kegelns werden sich über das moderne Kegelsportzentrum freuen. Rustikale Gaststube mit gutbürgerlichem Angebot.

In Allenbach Nord-West : 13 km ab Idar :

Steuer (mit Gästehaus Rehwinkel), Hauptstr. 10, ⊠ 55758, ✆ (06786) 20 89, info@hotel-steuer.de, Fax (06786) 2551, 🍽, ⇌, 🚗 – 📺 🅿 – 🛏 20. 🄰🄴 ⓜⓒ 🆅🅸🆂🅰 ❌ Rest
Menu à la carte 13,50/36 – **31 Zim** ⊇ 29/38 – 42/58.
♦ Ganz im Zeichen der Edelsteine steht dieses Haus mit den soliden Zimmern und Appartements : Eine Hobby-Edelsteinschleiferei und ein Laden mit Verkaufsausstellung gehören dazu. Im Restaurant Edelsteinstube sind Achatscheiben in die Fenster eingearbeitet worden.

IDSTEIN Hessen **417** P 8 – 24 000 Ew – Höhe 266 m.

🏌 🏌 Idstein-Wörsdorf, Henriettenthal (Nord : 3 km), ✆ (06126) 9 32 20.
🛈 Fremdenverkehrsamt, König-Adolf-Platz 2 (Killingerhaus), ⊠ 65510, ✆ (06126) 7 82 15, info@idstein.de, Fax (06126) 78280.
Berlin 548 – Wiesbaden 21 – Frankfurt am Main 50 – Limburg an der Lahn 28.

Höerhof, Obergasse 26, ⊠ 65510, ✆ (06126) 5 00 26, info@hoerhof.de, Fax (06126) 500226, 🍽, ❌ Zim, 📺 📞 🅿 – 🛏 20. ⓜⓒ 🆅🅸🆂🅰 🄹🄲🄱
geschl. 1. - 6. Jan., 25. - 30. März, 1. - 6. Okt. – **Menu** (geschl. Dienstag - Mittwochmittag) à la carte 27/40 – **14 Zim** ⊇ 103/125 – 150/175.
♦ Eine gelungene Verbindung von Alt und Neu : Modern eingerichtete Zimmer und historische Details schaffen in dem restaurierten Fachwerkensemble reizvolle Kontraste. Lassen Sie es sich schmecken in dieser Renaissance-Hofreite a. d. 18. Jh. mit Innenhofterrasse.

Zur Ziegelhütte garni, Am Bahnhof 6a, ⊠ 65510, ✆ (06126) 7 02 77, info@ziegelhuette-idstein.de, Fax (06126) 71145 – ❌ 📺 🚗 🅿 ⓜⓒ 🆅🅸🆂🅰
15 Zim ⊇ 60 – 90.
♦ Eine sehr gute Übernachtungsadresse : Tipptopp gepflegte, mit zeitlosen Naturholzmöbeln eingerichtete Zimmer findet man in dem Hotel gegenüber dem Bahnhof.

Goldenes Lamm garni (mit Gästehaus), Himmelsgasse 7, ⊠ 65510, ✆ (06126) 93120, goldeneslamm@aol.com, Fax (06126) 1366 – ❌ 📺 – 🛏 70. 🄰🄴 ⓞ ⓜⓒ 🆅🅸🆂🅰 ❌
31 Zim ⊇ 45/80 – 70/95.
♦ In der Altstadt liegt das familiengeführte Hotel mit neuzeitlich und praktisch möblierten Zimmern, die Räume im Gästehaus sind teils mit nostalgischen Möbeln ausgestattet.

Felsenkeller, Schulgasse 1, ⊠ 65510, ✆ (06126) 9 31 10, Fax (06126) 9311193 – 🛗
📺 🚗 ⓜⓒ 🆅🅸🆂🅰
geschl. 20. Dez. - 1. Jan. – **Menu** (geschl. 31. März - 27. April, Freitag, Sonntagmittag) à la carte 14/21 – **29 Zim** ⊇ 50/60 – 70/85.
♦ Ein freundlich und engagiert geführter Gasthof am Eingang der Fußgängerzone - und in der Nähe des Hexenturms - mit solide eingerichteten, behaglichen Zimmern. In der ländlichen Gaststube kommen die Freunde einer bodenständigen Küche auf ihre Kosten.

✕ **Zur Peif**, Himmelsgasse 2, ⊠ 65510, ✆ (06126) 5 73 57, 🍽, (Fachwerkhaus a.d.J. 1615) – ⓜⓒ 🆅🅸🆂🅰
geschl. Anfang Jan. 1 Woche, Okt. 3 Wochen, Mittwoch – **Menu** (nur Abendessen) à la carte 19/30.
♦ Das ländlich-rustikale Restaurant in dem schönen alten Fachwerkhaus bewirtet seine Gäste mit einer gutbürgerlichen Küche. Auf einer Tafel gibt es wechselnde Wochenangebote.

In Idstein-Oberauroff West : 2 km :

Gasthof Kern, Am Dorfbrunnen 6, ⊠ 65510, ✆ (06126) 84 74, service@hotelkern.de, Fax (06126) 71164 – 📺 🅿 🄰🄴 ⓜⓒ 🆅🅸🆂🅰 ❌ Zim
Menu (geschl. Dienstag) (Montag - Freitag nur Abendessen) à la carte 15/26 – **20 Zim** ⊇ 45 – 72/75.
♦ Der traditionsreiche Fachwerkgasthof überzeugt seine Gäste mit sehr gut gepflegten und solide eingerichteten Zimmern, die größtenteils mit Dusche/WC ausgestattet sind. Herzliche Gemütlichkeit findet man in den rustikalen Gaststuben.

IFFELDORF Bayern 419 420 W 17 – 2 500 Ew – Höhe 603 m.
 St.Eurach (Nord : 2 km), ℘ (08801) 13 32 ; Iffeldorf, Gut Rettenberg 3, ℘ (08856) 92 55 19.
 Verkehrsamt, Hofmark 9, ⊠ 82393, ℘ (08856) 37 46, Fax (08856) 82222.
Berlin 638 – München 52 – Garmisch-Partenkirchen 41 – Weilheim 22.

Landgasthof Osterseen, Hofmark 9, ⊠ 82393, ℘ (08856) 9 28 60, Fax (08856) 928645, ≤, 佘, ☎ – TV ✆ ⇔ 🅿 – 🛋 20. 🆎 ① ⓶ VISA JCB. geschl. 10. - 26. Juni – **Menu** (geschl. Dienstag) à la carte 19/31 – **24 Zim** ⊇ 64/82 – 83/110.
 ◆ Im reizvollen Pfaffenwinkel liegt der Gasthof im alpenländischen Stil. Genießen Sie die schöne Umgebung und die komfortablen Zimmer. Ländlich-rustikale Gaststuben und die schöne Terrasse mit Blick auf die Osterseen laden zum Verweilen ein.

IGEL Rheinland-Pfalz siehe Trier.

IHRINGEN Baden-Württemberg 419 V 6 – 4 600 Ew – Höhe 225 m.
Berlin 802 – Stuttgart 204 – Freiburg im Breisgau 19 – Colmar 29.

Bräutigam (mit Hotel Luise), Bahnhofstr. 1, ⊠ 79241, ℘ (07668) 9 03 50, info@ braeutigam-hotel.de, Fax (07668) 903569, 佘, Massage – 💃 Zim, TV ✆ 🅿 – 🛋 18. 🆎 ① ⓶ VISA
Menu (geschl. Mittwoch) à la carte 27/42 – **37 Zim** ⊇ 45/60 – 90/95 – ½ P 15.
 ◆ Ob im Haupthaus oder im neugebauten Hotel Luise mit dem modernen Glasvorbau : Am Kaiserstuhl erwarten Sie geschmackvoll eingerichtete Zimmer und ein gepflegtes Ambiente. In den gemütlichen, rustikalen Gaststuben wird Regionalküche angeboten.

Winzerstube, Wasenweiler Str. 36, ⊠ 79241, ℘ (07668) 99 57 90, winzerstube_ihr ingen@t-online.de, Fax (07668) 9379, 佘 – TV ⇔ 🅿 🆎 ⓶ VISA
Menu (geschl. Ende Feb. - Anfang März, Montag - Dienstagmittag) à la carte 23/44 – **12 Zim** ⊇ 50/55 – 80/90 – ½ P 19.
 ◆ Genießen Sie den Ort mit den meisten Sonnenstunden Deutschlands in einem neu gebauten Hotel mit komfortablen Zimmern, die mit zeitlosen Kirschholzmöbeln ausgestattet sind. Im Restaurant wartet eine gehobene Küche mit badischen Spezialitäten.

ILLERTISSEN Bayern 419 420 V 14 – 13 100 Ew – Höhe 513 m.
 Wain-Reischenhof (Süd-West : 13 km), ℘ (07353) 17 32.
Berlin 633 – München 151 – Augsburg 72 – Bregenz 106 – Kempten 66 – Ulm (Donau) 27.

Am Schloss ⑤, Schlossallee 17, ⊠ 89257, ℘ (07303) 9 64 00, hotel-am-schloss@t -online.de, Fax (07303) 42268, ☎, 斥 – 💃 Zim, TV ⇔ 🅿 🆎 ⓶ VISA JCB. ✵ Rest
Menu (nur Abendessen) (Restaurant nur für Hausgäste) à la carte 20/30 – **17 Zim** ⊇ 55/65 – 75/89.
 ◆ Ruhig auf dem Schloßberg liegt das villenartige Hotel mit geräumigen und solide ausgestatteten Zimmern. Entspannung finden die Gäste in dem schönen Garten unter alten Bäumen.

Vogt, Bahnhofstr. 11, ⊠ 89257, ℘ (07303) 9 61 30, hotel-vogt-illertissen@t-online.de, Fax (07303) 42630, 佘 – TV ⇔ 🅿 – 🛋 30. 🆎 ⓶ VISA. ✵ Rest
Menu (geschl. Ende Aug. - Anfang Sept., Samstag) à la carte 13,50/28 – **27 Zim** ⊇ 43/72 – 69/107.
 ◆ Gegenüber dem Bahnhof erwartet dieses sehr gepflegte und familiengeführte Haus seine Gäste mit zeitgemäß und solide eingerichteten Zimmern. Gemütlich wirkt das rustikale Restaurant.

Illertisser Hof, Carnac-Platz 9, ⊠ 89257, ℘ (07303) 95 00, Fax (07303) 950500 – 💃 Zim, TV. ⓶ VISA
Menu (geschl. Sonntag) (nur Abendessen) à la carte 16/25 – **26 Zim** ⊇ 62/70 – 82/98.
 ◆ Der weiß gestrichene Gasthof liegt mitten im Ort. Behagliche Zimmer stehen für die Gäste bereit und ein reichhaltiges Frühstücksbuffet erleichtert den Start in den Tag. Eine einfache, bodenständige Kost bietet man den Besuchern der ländlichen Gaststube.

Gasthof Krone, Auf der Spöck 2, ⊠ 89257, ℘ (07303) 34 01, Fax (07303) 42594, 佘 – 🅿 – 🛋 15. VISA
geschl. Jan. 1 Woche, Mittwoch – **Menu** 29,50 à la carte 23/39.
 ◆ In der eleganten Kronenstube und der rustikalen Vöhlinstube können Sie sorgfältig zubereitete bayerisch-schwäbische Schmankerln oder internationale Küche genießen.

ILLERTISSEN

In Illertissen-Dornweiler :

Dornweiler Hof, Dietenheimer Str. 93, ⊠ 89257, ℘ (07303) 95 91 40, dornweiler.hof@t-online.de, Fax (07303) 7811, 🍽 – 🛗, ⇌ Zim, 📺 📞 &, 🅿 – 🔒 25. 🆎 ⓂⓄ 💳
Menu (geschl. Jan. 1 Woche, Dienstag) à la carte 20/35 – **18 Zim** ⌁ 63/65 – 87/92.
  ◆ Ein schönes, neues Hotel mit stilvollem Ambiente : Die Zimmer mit dem zeitgemäßen Komfort sind im Landhausstil eingerichtet und die modernen Bäder wirken luxuriös. Im rustikalen Restaurant werden Sie mit lecker zubereiteten Speisen bewirtet.

ILLINGEN KRS. NEUNKIRCHEN Saarland ᠗ R 5 – 19 200 Ew – Höhe 359 m.
Berlin 711 – Saarbrücken 22 – Neunkirchen/Saar 12.

Burg Kerpen 🅼 ⏃, Burgweg, ⊠ 66557, ℘ (06825) 94 29 00, info@burg-kerpen.de, Fax (06825) 9429010, 🍽 – 📺 🅿 – 🔒 25. 🆎 ⓂⓄ 💳
Menu (geschl. Samstagmittag) à la carte 21,50/38 – **11 Zim** ⌁ 48 – 68.
  ◆ Der Neubau, verbunden mit den Resten einer Burganlage, schlägt den Bogen vom 12. ins 21. Jh. Wohnliche, moderne Zimmer und romantische Suiten überzeugen auf ganzer Linie. Das Restaurant besticht mit klarem Design und charmantem Bistro-Ambiente.

ILLSCHWANG Bayern ᠗ ᠗ R 19 – 1 500 Ew – Höhe 500 m.
Berlin 429 – München 202 – Weiden in der Oberpfalz 60 – Amberg 16 – Nürnberg 49.

Weißes Roß, Am Kirchberg 1, ⊠ 92278, ℘ (09666) 13 34, weisses.ross@asamnet.de, Fax (09666) 284, 🍽, Biergarten, Massage, ♨, 🈂, 🚿 – 🛗 📺 🅿 – 🔒 60. 🆎 ⓄⒹ ⓂⓄ 💳
Menu (geschl. Montag) à la carte 14/34 – **32 Zim** ⌁ 42/50 – 66/80.
  ◆ Eine entspannte Atmosphäre herrscht in dem Landgasthof im bayerischen Jura. Nette Zimmer und die schöne Umgebung machen ihn zu einem geeigneten Urlaubsdomizil. Deftiges und Feines von guter Qualität serviert man in Wirtsstube und Restaurant.

ILMENAU Thüringen ᠗ N 16 – 33 000 Ew – Höhe 540 m.
🛈 Fremdenverkehrsamt, Lindenstr. 12, ⊠ 98693, ℘ (03677) 20 23 58, Fax (03677) 202502.
Berlin 325 – Erfurt 42 – Coburg 67 – Eisenach 65 – Gera 105.

Lindenhof 🅼, Lindenstr. 7, ⊠ 98693, ℘ (03677) 6 80 00, hotel-lindenhof@t-online.de, Fax (03677) 680088, 🍽, 🈂 – 🛗, ⇌ Zim, 📺 📞 ⇌ 🅿 – 🔒 30. 🆎 ⓄⒹ ⓂⓄ 💳
Menu à la carte 16/27 – **45 Zim** ⌁ 62/77 – 77/92.
  ◆ Nach umfangreichen Renovierungsarbeiten wurde das traditonsreiche, im 19. Jh. gegründete Haus als modernes, komfortables und technisch gut ausgerüstetes Hotel wieder eröffnet. Mit gemütlichem Bistro und gediegenem Kamin-Restaurant.

Tanne 🅼, Lindenstr. 38, ⊠ 98693, ℘ (03677) 65 90, info@hotel-tanne-thueringen.de, Fax (03677) 659503, 🍽, 🈂 – 🛗, ⇌ Zim, 📺 📞 ⇌ – 🔒 100. 🆎 ⓂⓄ 💳
Menu à la carte 17/25 – **115 Zim** ⌁ 55/65 – 75/85, 4 Suiten.
  ◆ An der Fußgängerzone liegt das neugebaute Hotel. Die Zimmer sind hell und modern eingerichtet und man bietet auch für Tagungen und Gruppen alle notwendigen Einrichtungen. Helle Rattanmöbel sorgen im Restaurant für ein freundliches Ambiente.

In Ilmenau-Manebach Süd-West : 4 km :

Moosbach, Schmücker Str. 112, ⊠ 98693, ℘ (03677) 84 98 80, hotel-moosbach@t-online.de, Fax (03677) 894272, 🍽, 🈂, 🚿 – 🛗 📺 ⇌ 🅿 ⓂⓄ 💳 ⚡ Rest
Menu à la carte 15,50/31,50 – **24 Zim** ⌁ 46/61 – 71/86.
  ◆ Erholung im Thüringer Wald : Mitten im Grünen, im Ilmtal, liegt dieses gepflegte Ferienhotel. Wanderwege beginnen direkt am Hotel, die Liegewiese lädt zum Entspannen ein. Schöne rötliche Polsterstühle geben dem Restaurant ein stilvolles Ambiente.

Nahe der Straße nach Neustadt Süd-West : 4 km :

Romantik Berg- und Jagdhotel Gabelbach ⏃ (mit Gästehaus), Waldstr. 23a, ⊠ 98693 Ilmenau, ℘ (03677) 86 00, romantikhotel-gabelbach@t-online.de, Fax (03677) 860222, ≤, 🍽, Massage, ⫽, 🈂, 🏊, 🚿 – 🛗, ⇌ Zim, 📺 📞 🅿 – 🔒 130. 🆎 ⓂⓄ 💳
La Cheminée (geschl. Sonntag - Montag) (nur Abendessen) **Menu** à la carte 36/44 – **Ilmenau :** Menu à la carte 23/33 – **91 Zim** ⌁ 70/90 – 95/110, 17 Suiten – ½ P 18.
  ◆ Das renovierte Kurhotel erwartet Sie mit schönen Zimmern und Suiten, zum Teil im Landhausstil eingerichtet. Die Suiten im Stammhaus sind noch mit älteren Möbeln versehen. In dem kleinen, intimen La Cheminée mit offenem Kamin umsorgt Sie ein nettes Team.

ILSENBURG Sachsen-Anhalt 418 K 16 – 6 700 Ew – Höhe 253 m.

☐ Fremdenverkehrsamt, Marktplatz 1, ⌧ 38871, ℘ (039452) 1 94 33, Fax (039452) 99067.

Berlin 237 – Magdeburg 86 – Braunschweig 59 – Göttingen 98 – Goslar 23 – Wernigerode 8.

Landhaus Zu den Rothen Forellen M, Marktplatz 2, ⌧ 38871, ℘ (039452) 93 93, info@rotheforelle.de, Fax (039452) 9399, 佘, 듉, 🖼, 罒 – 헐, ⇆ Zim, 🖵 ℭ 🅿 – 🔬 50.
🝁 ① 🆊 VISA JCB
Menu à la carte 35/57 ♀ – **52 Zim** ⌑ 125/145 – 170/200 – ½ P 38.
◆ Geschmackvolle, im Landhausstil eingerichtete Zimmer mit viel Komfort machen das renovierte Haus a. d. 16. Jh. mit modernem Anbau zu einer erstklassigen Übernachtungsadresse. Vom eleganten Restaurant mit Wintergarten hat man eine tolle Aussicht auf den See.

Kurpark-Hotel ♨, Ilsetal 16, ⌧ 38871, ℘ (039452) 95 60, kurpark-hotel-ilsenburg@t-online.de, Fax (039452) 95666, 佘, ₤ᴏ, 듉 – ⇆ Zim, 🖵 🅿 – 🔬 20. 🝁 🆊 VISA
Menu à la carte 14,50/24,50 – **32 Zim** ⌑ 40/54 – 70/94 – ½ P 12.
◆ Das neugebaute Hotel am Waldrand in der Nähe zum Nationalpark Hochharz lädt mit freundlichen Zimmern, die mit hellem Naturholz möbliert sind, zu einem Aufenthalt ein. Hell und freundlich ist das Dekor des Restaurants, leicht im Bistrostil.

Stadt Stolberg (mit Gästehaus), Faktoreistr. 5, ⌧ 38871, ℘ (039452) 95 10, Fax (039452) 95155 – 🖵 🅿 – 🔬 30. 🆊 VISA
Menu à la carte 10/31 – **28 Zim** ⌑ 43/45 – 70/75 – ½ P 9.
◆ Im Harz, am Fuß des Brockens, lohnt sich ein Besuch nicht nur in der Walpurgisnacht : Hier finden Sie ein solides Hotel mit praktisch eingerichteten Zimmern und gutem Service. Rosa Farbtöne setzen die Akzente im bürgerlich-gediegenen Hotelrestaurant.

Die im Michelin-Führer
verwendeten Zeichen und Symbole haben-
*dünn oder **fett** gedruckt, **rot** oder schwarz -*
jeweils eine andere Bedeutung.
Lesen Sie daher die Erklärungen aufmerksam durch.

ILSFELD Baden-Württemberg 419 S 11 – 8 000 Ew – Höhe 252 m.
Berlin 596 – Stuttgart 40 – Heilbronn 12 – Schwäbisch Hall 45.

Ochsen, König-Wilhelm-Str. 31, ⌧ 74360, ℘ (07062) 68 01, gasthof-ochsen@gmx.de, Fax (07062) 64996 – 헐 ⟺ 🅿 – 🔬 20
geschl. Jan. 3 Wochen, Juli - Aug. 2 Wochen – **Menu** (geschl. Mittwochmittag, Donnerstagmittag) à la carte 13/21 – **28 Zim** ⌑ 42/50 – 59/61.
◆ Ein Gasthof mit Tradition : Seit 1895 befindet er sich in Familienbesitz. Der freundliche Service und die solide wirkenden Zimmer machen den Aufenthalt. In der rustikalen Gaststätte gibt es ländlich-einfache Speisen.

ILSHOFEN Baden-Württemberg 419 420 S 13 – 4 300 Ew – Höhe 441 m.
Berlin 536 – Stuttgart 99 – Crailsheim 13 – Schwäbisch Hall 19.

Park-Hotel, Parkstr. 2, ⌧ 74532, ℘ (07904) 70 30, info@parkhotel-ilshofen.de, Fax (07904) 703222, 佘, Biergarten, 듉, 🖼, ※ – 헐, ⇆ Rest, 🖵 ℭ ⟺ 🅿 – 🔬 200. 🝁 ① 🆊 VISA. ※
Menu à la carte 20/36 – **70 Zim** ⌑ 80 – 105, 6 Suiten.
◆ In dem neugebauten Tagungshotel mit der behaglich-eleganten Atmosphäre finden Sie helle und komfortable Zimmer, gute Tagungsmöglichkeiten und einen gepflegten Fitnessbereich. Gediegenes Panorama-Restaurant und rustikale Kutscherstube.

IMMENDINGEN Baden-Württemberg 419 W 10 – 5 500 Ew – Höhe 658 m.
Berlin 757 – Stuttgart 130 – Konstanz 58 – Singen (Hohentwiel) 32 – Donaueschingen 20.

Landgasthof Kreuz, Donaustr. 1, ⌧ 78194, ℘ (07462) 62 75, Fax (07462) 1830 – 🖵 🅿
Menu (geschl. Mitte Okt.- Anfang Nov., Sonntagabend - Montag) à la carte 20/31 – **12 Zim** ⌑ 35 – 50.
◆ Übernachten Sie in einem der ältesten Gasthäuser Deutschlands : Seit 1329 gibt es dieses Haus, das seine Gäste heute mit einfach eingerichteten Zimmern empfängt.

IMMENSTAAD AM BODENSEE Baden-Württemberg 419 W 12 – 5 900 Ew – Höhe 407 m – Erholungsort.

🛈 Tourist-Information, Rathaus, Dr.-Zimmermann-Str. 1, ⊠ 88090, ℘ (07545) 20 11 10, tourismus@immenstaad.de, Fax (07545) 201208.
Berlin 728 – Stuttgart 199 – Konstanz 21 – Freiburg im Breisgau 152 – Ravensburg 29 – Bregenz 39.

🏨 **Strandcafé Heinzler** ⌂, Strandbadstr. 3, ⊠ 88090, ℘ (07545) 9 31 90, hotel-heinzler@mbo.de, Fax (07545) 3261, ≤, 斧, ℔, ⩘, ⩪, 𝌲 Bootssteg – 📶 📺 📞 – 🅟 15. 🆎 ⦿ 𝖵𝖨𝖲𝖠
Menu (geschl. Jan. - Mitte Feb., Okt. - Anfang März Montag- Dienstagmittag) 14,50 (mittags) à la carte 27/42 – **22 Zim** ⇆ 46/84 – 100/161 – ½ P 21.
• Nur durch die Promenade vom See getrennt ist das Hotel mit der stilvollen und behaglichen Atmosphäre. Gemütliche Zimmer und der freundliche Service tragen zur Entspannung bei. Elegant-rustikales Restaurant mit Gartenterrasse.

🏨 **Seehof** ⌂, Am Yachthafen, ⊠ 88090, ℘ (07545) 93 60, seehof-immenstaad@t-on line.de, Fax (07545) 936133, ≤, 斧, ⩘, 𝌲 – 📺 📞 🆎 ⦿ 𝖵𝖨𝖲𝖠
Menu (geschl. über Fastnacht 1 Woche, Okt. - April Montag) 18/22 (mittags) à la carte 27,10/38,30 – **36 Zim** ⇆ 55/80 – 90/120.
• Am Yachthafen liegt dieses traditionsreiche Haus, das sich von einem Gasthof zu einem Hotel mit persönlichem Ambiente und modernem Komfort weiterentwickelt hat. Historische Weinstube und modernes Restaurant.

🏨 **Hirschen,** Bachstr. 1, ⊠ 88090, ℘ (07545) 62 38, Fax (07545) 6583 – 📺 🚗 📞 ⦿ 𝖵𝖨𝖲𝖠
geschl. Anfang Nov. - Mitte Jan. – **Menu** (geschl. Montag) à la carte 17/26 – **13 Zim** ⇆ 36/52 – 62.
• Zentral in der Ortsmitte liegt dieser gepflegte, familiengeführte Gasthof mit den soliden Zimmern. Ein eigener Badestrand - nur wenige Minuten entfernt - gehört zum Haus. In der rustikalen Gaststube erwartet Sie eine umfangreiche Karte.

IMMENSTADT IM ALLGÄU Bayern 419 420 X 14 – 14 000 Ew – Höhe 732 m – Erholungsort – Wintersport : 750/1 450 m ≰8 ⩫.

🛈 Gäste-Information, Marienplatz 3, ⊠ 87509, ℘ (08323) 91 41 76, Fax (08323) 914195.
Berlin 719 – München 148 – Kempten (Allgäu) 21 – Oberstdorf 20.

🏨 **Lamm,** Kirchplatz 2, ⊠ 87509, ℘ (08323) 61 92, lamm-immenstadt@t-online.de, Fax (08323) 51217 – 📶 📺 🚗 📞 ⦾ Rest
Menu (nur Abendessen) (Restaurant nur für Hausgäste) – **26 Zim** ⇆ 34 – 62.
• Ein gepflegtes Hotel im Zentrum mit behaglich eingerichteten Zimmern und familiärem Service. Die Nähe zum Alpsee und den Bergen ermöglicht vielfältige Freizeitaktivitäten.

✗ **Traube** mit Zim, Kemptener Str. 2, ⊠ 87509, ℘ (08323) 98 65 65, Fax (08323) 969850 – 📺 📞 🆎 ⓞ ⦿ 𝖵𝖨𝖲𝖠
geschl. Nov. – **Menu** (geschl. Donnerstag) (wochentags nur Abendessen) à la carte 21/43 – **7 Zim** ⇆ 42/57 – 70/82 – ½ P 15.
• In der hellen, rustikalen Gaststube findet jeder etwas : Ein breites Angebot an internationalen Gerichten, heimischen Spezialitäten und mediterranen Speisen steht bereit.

✗ **Deutsches Haus,** Färberstr. 10, ⊠ 87509, ℘ (08323) 89 94, 斧 – 📞 ⦿
geschl. Dienstagabend - Mittwoch – **Menu** à la carte 16/32.
• Das Färberhaus aus dem 16. Jh. ist im 19. Jh. abgebrannt, wurde neu aufgebaut und beherbergt heute rustikale Gaststuben mit einfachem, bürgerlich-regionalem Speisenangebot.

In Immenstadt-Bühl am Alpsee Nord-West : 3 km – Luftkurort :

🏨 **Terrassenhotel Rothenfels,** Missener Str. 60, ⊠ 87509, ℘ (08323) 91 90, info@hotel-rothenfels.de, Fax (08323) 919191, ≤, 斧, ⩘, 🧩, 𝌲 – 📶 📺 📞 – 🅟 20
geschl. Mitte Nov. - Mitte Dez. – **Menu** (geschl. Okt. - Mai Freitag) à la carte 15/29 – **32 Zim** ⇆ 44/67 – 85/114 – ½ P 15.
• Oberhalb des Ortes liegt dieses Ferienhotel. Alle wohnlichen Zimmer haben Südbalkone oder Terrassen, von denen aus Sie den schönen Blick auf den Alpsee genießen können. Großes, rustikales Restaurant mit Freisitz.

In Immenstadt-Knottenried Nord-West : 7 km :

🏨 **Bergstätter Hof** ⌂, ⊠ 87509, ℘ (08320) 92 30, info@bergstaetter-hof.de, Fax (08320) 92346, ≤, 斧, Massage, ⩘, 𝌲 – 📺 📞
geschl. Nov. - Mitte Dez. – **Menu** (geschl. Montag - Dienstagmittag) à la carte 17/31 – **21 Zim** ⇆ 50/64 – 68/96 – ½ P 18.
• Erholung wird groß geschrieben in diesem Landhotel : Die Zimmer sind teils mit hellen Holz-, teils mit bemalten Bauernmöbeln eingerichtet. Viele Sport- und Wellnessangebote. Die Tische im rustikalen Restaurant werden schön gedeckt, das Angebot ist bürgerlich.

IMMENSTADT IM ALLGÄU

In Immenstadt-Stein *Nord : 3 km :*

🏨 **Eß** garni, Daumenweg 9, ⊠ 87509, ℰ (08323) 81 04, *hotel-garni-ess@t-online.de*, Fax (08323) 962120, ≤, ⇆, 🞥, – TV 📞 P. MC VISA
16 Zim ☑ 30/48 – 68/78.
  ♦ Das alpenländische Hotel hat gepflegte Zimmer, einen Garten mit Liegewiese und eine Umgebung, die sommers wie winters viele Möglichkeiten zur Freizeitgestaltung bietet.

INGELFINGEN Baden-Württemberg **419** S 12 – 5 900 Ew – Höhe 218 m – Erholungsort.
  🛈 Fremdenverkehrsamt, Schloßstr. 12 (Rathaus), ⊠ 74653, ℰ (07940) 13 09 22, info @ingelfingen.de, Fax (07940) 6716.
  Berlin 564 – Stuttgart 98 – Würzburg 73 – Heilbronn 56 – Schwäbisch Hall 27.

🏨 **Schloß-Hotel**, Schloßstr. 14, ⊠ 74653, ℰ (07940) 9 16 50, *info@schloss-hotel-ingel fingen.de*, Fax (07940) 916550, 🞥 – ⇌ Zim, TV 📞 – ▲ 20. AE MC VISA
Menu *(geschl. 14. - 26. April, 31. Okt. - 8. Nov, Sonntagabend - Montag)* à la carte 21/33 – **20 Zim** ☑ 45/50 – 65/72.
  ♦ Das Hotel ist ein Nebengebäude des barocken Hohenlohe-Schlosses aus dem 18. Jh. Hell und modern eingerichtete Zimmer und Tagungsräume stehen für die Gäste zur Verfügung. In drei geschmackvoll eingerichtete Stuben unterteiltes Restaurant.

🏨 **Haus Nicklass** (mit zwei Gästehäusern), Künzelsauer Str. 1, ⊠ 74653, ℰ (07940) 9 10 10, *info@haus-nicklass.de*, Fax (07940) 910199, 🞥, ⇆, 🞥 – 📶, ⇌ Zim, TV 📞 ⟺ P. – ▲ 150. AE MC VISA JCB
Menu à la carte 15/40 – **60 Zim** ☑ 48/55 – 76/80.
  ♦ Die Zimmer im neuen Haupthaus und in den Gästehäusern des Gasthofs sind unterschiedlich in der Ausstattung, teils sehr komfortabel, teils etwas einfacher, aber immer gepflegt. Mit rustikaler Weinstube und neuzeitlichem Restaurant.

INGELHEIM AM RHEIN Rheinland-Pfalz **417** Q 8 – 24 000 Ew – Höhe 120 m.
  Berlin 587 – Mainz 18 – *Bad Kreuznach* 29 – Bingen 13 – Wiesbaden 23.

🏨 **Rheinkrone** garni, Dammstr. 14, ⊠ 55218, ℰ (06132) 98 21 10, Fax (06132) 9821133 – TV 📞 P. AE ① MC VISA. 🞥
geschl. Weihnachten - Anfang Jan. – **22 Zim** ☑ 68/78 – 88/109.
  ♦ In der Nähe der Fähre finden Sie das Hotel mit gut ausgestatteten, gepflegten Zimmern. Die Doppelzimmer bieten ein gutes Raumangebot, die Einzelzimmer sind etwas kleiner.

🏨 **Erholung** garni, Binger Str. 92, ⊠ 55218, ℰ (06132) 71 49 50, *info@hotel-ingelheim .de*, Fax (06132) 71495495 – TV 📞. AE ① MC VISA JCB. 🞥
13 Z ☑ 55/87 – 65/97.
  ♦ Kleine Pension mit gut gepflegten Zimmern, die mit hellen Einbaumöbeln einheitlich eingerichtet sind und auch über Schreibflächen verfügen. Zwei Zimmer mit Wasserbetten.

In Schwabenheim *Süd-Ost : 6 km :*

🏨 **Pfaffenhofen**, Bubenheimer Str. 10, ⊠ 55270, ℰ (06130) 9 19 90, Fax (06130) 919910 – ⇌ Zim, TV P. AE MC VISA
Menu *(geschl. Okt. 1 Woche, Mittwoch)* (wochentags nur Abendessen) à la carte 18,50/28,50 – **26 Zim** ☑ 49/55 – 72/82.
  ♦ Am Ortsrand liegt dieses gut geführte Hotel mit dezent eingerichteten Zimmern. Im gemütlichen Frühstücksraum erwartet die Gäste ein reichhaltiges Frühstücksbuffet. Restaurant und Weinstube mit bürgerlich-ländlicher Ausstattung.

✕ **Zum alten Weinkeller** mit Zim, Schulstr. 6, ⊠ 55270, ℰ (06130) 94 18 00, *immerheiser-wein@t-online.de*, Fax (06130) 9418080, 🞥 – TV P. MC VISA
Menu *(wochentags nur Abendessen)* à la carte 28/39 – **11 Zim** ☑ 50/62 – 70/82.
  ♦ Rustikal und stilvoll ist das Ambiente in diesem Fachwerkrestaurant mit Bruchsteinmauern und Gartenterrasse. Gepflegte Zimmer laden zum Übernachten ein.

✕ **Landgasthof Engel** mit Zim, Markt 8, ⊠ 55270, ℰ (06130) 92 93 94, *immerheiser -wein@t-online.de*, Fax (06130) 9418080, 🞥 – MC VISA
Menu *(abends Tischbestellung ratsam)* à la carte 16/26 – **11 Zim** ☑ 50/62 – 70/82.
  ♦ Dielenböden, Steinwände, Fachwerk und blanke Tische verleihen dem restaurierten Landgasthof a. d. 17. Jh. derb-rustikalen Charme. Schöne Innenhofterrasse !

INGOLSTADT Bayern 419 420 T 18 – 117 000 Ew – Höhe 365 m.

Sehenswert: *Maria-de-Victoria-Kirche*★ A A – *Liebfrauenmünster (Hochaltar★)* A B – *Bayerisches Armeemuseum*★ B **M1**.

🛫 Ingolstadt, Gerolfinger Str. (über ④), ℰ (0841) 8 57 78.

🛈 *Tourist-Information, Im Alten Rathaus, Rathausplatz 2*, ✉ 85049, ℰ (0841) 3 05 10 98, Fax (0841) 3051099.

ADAC, *Milchstr. 23*.

Berlin 512 ① – München 80 ① – *Augsburg 75* ① – Nürnberg 91 ① – Regensburg 76 ①

INGOLSTADT

Adolf-Kolping Straße	**B**	2
Am Stein	**B**	4
Anatomiestraße	**A**	5
Bergbräustraße	**A**	6
Donaustraße	**B**	7
Ettinger Straße	**A**	8
Feldkirchner Straße	**B**	9
Friedrich-Ebert-Straße	**B**	10
Kanalstraße	**A**	11
Kelheimer Straße	**A**	12
K.-Adenauer-Brücke	**B**	13
Kreuzstraße	**A**	14
Kupferstraße	**A**	15
Ludwigstraße		
Manchinger Straße	**B**	18
Mauthstraße		
Moritzstraße	**B**	23
Münzbergtor	**B**	24
Neubaustraße	**A**	25
Neuburger Straße	**A**	28
Proviantstraße	**B**	29
Rathausplatz	**B**	30
Roßmühlstraße	**B**	34
Schillerbrücke	**B**	36
Schrannenstraße	**B**	39
Schutterstraße	**B**	40
Theresienstraße	**A**	42
Tränktorstraße	**B**	43

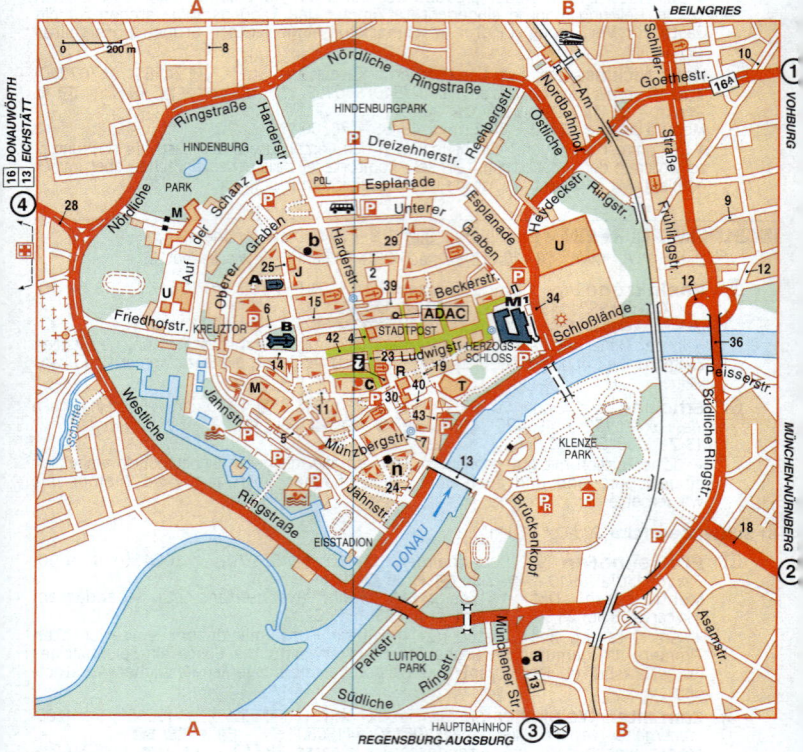

Astron Hotel Ambassador, Goethestr. 153, ✉ 85055, ℰ (0841) 50 30, *ingolstadt@astron-hotels.de*, Fax (0841) 5037, 🍽, 🛎 – 📶, ⚲ Zim, 📺 🕻 & 🅿 – 🛄 80. 🆎 ⓞ 🏧 VISA über ①

Menu à la carte 26,50/40 – ⊇ 13 – **119 Zim** 100/112 – 115/127.

• Die Zimmer in dem neuzeitlichen, modernisierten Hochhaushotel bieten ein gutes Platzangebot und Komfort, die Zimmerkategorien unterscheiden sich nur in der Ausstattung. Das Restaurant Maximilian teilt sich in den Wintergarten und den Buffetbereich.

INGOLSTADT

Kult Hotel M, Theodor-Heuss-Str. 25, ⊠ 85055, ℰ (0841) 9 51 00 (Hotel), 4 61 76 (Rest.), info@kult-hotel.de, Fax (0841) 9510100 – 🛗, ⁂ Zim, 📺 ✆ ⇌ 🅿 – 🔥 30. 🆎 ⓞ ⓜ 🆅🅸🆂🅰
über Schillerstraße B
Shinshu (geschl. Montagmittag) **Menu** à la carte 20/31 – **90 Zim** ⊇ 105/120 – 120/135.
◆ Ein nicht alltägliches Haus, in Form eines Kubus gebaut. Die moderne Einrichtung im Designer-Stil zieht sich wie ein roter Faden durch die Räume. Im minimalistisch gestylten Shinshu hat man sich der japanischen Kochkunst verschrieben.

Ara Hotel Comfort M, Theodor-Heuss Str. 30, ⊠ 85055, ℰ (0841) 9 55 50, info@ara-hotel.de, Fax (0841) 9555100, 🍴, 🇮🇸, ⇌s – 🛗, ⁂ Zim, 🖥 📺 ✆ ⇌ 🅿 – 🔥 120. 🆎 ⓞ ⓜ 🆅🅸🆂🅰 🅹🅲🅱
über Schillerstraße B
Menu à la carte 19/39 – **96 Zim** ⊇ 99/150 – 125/170.
◆ Die Freunde einer modernen Wohnkultur werden sich hier wohlfühlen: Eine mit zeitgenössischen Bildern geschmückte Halle und schlicht, aber behaglich ausgestattete Zimmer. Mit warmen Farben eingerichtet ist das Restaurant Bellini.

Altstadthotel M, Gymnasiumstr. 9, ⊠ 85049, ℰ (0841) 8 86 90, info@altstadt-hotel-ing.de, Fax (0841) 8869200 – 🛗, ⁂ Zim, 📺 ✆ 🅿 🆎 ⓞ ⓜ 🆅🅸🆂🅰 🅹🅲🅱. 🏳 A b
Menu (geschl. 20. Dez. - 7. Jan.) (Restaurant nur für Hausgäste) – **60 Zim** ⊇ 87/120 – 92/138.
◆ Sehr zentral in der Altstadt gelegen und dennoch recht ruhig - das sind die Vorzüge dieses komplett renovierten, neuzeitlichen Hauses; auch für Geschäftsleute interessant.

Domizil Hummel ॐ, Feldkirchner Str. 69, ⊠ 85055, ℰ (0841) 95 45 30, info@hoteldomizil.de, Fax (0841) 59211, 🍴, ⇌s – ⁂ Zim, 📺 ✆ 🅿 – 🔥 50. ⓜ 🆅🅸🆂🅰
über Feldkirchner Straße B
Menu (geschl. 24. Dez. - 6. Jan., Sonn- und Feiertage) (nur Abendessen) à la carte 18/32 – **48 Zim** ⊇ 67/80 – 80/100.
◆ Gastlichkeit mit Stil ist hier das Motto: Ein engagiert geführtes Haus in einem Wohngebiet mit geräumigen Zimmern, die teils zeitlos, teils ländlich eingerichtet sind. Gediegen-elegante Restauranträume mit liebevoll ausgewähltem Dekor.

Pius Hof, Gundekarstr. 4, ⊠ 85057, ℰ (0841) 4 91 90, Fax (0841) 4919200, 🍴, ⇌s – 🛗, ⁂ Rest, 📺 ✆ 🅿 – 🔥 20. 🆎 ⓞ ⓜ 🆅🅸🆂🅰 🅹🅲🅱. 🏳 Rest
geschl. 20. Dez. - 7. Jan. – **Menu** (geschl. Sonntagmittag) à la carte 15/32 – **50 Zim** ⊇ 51/120 – 70/138.
über Ettinger Straße A
◆ Hinter der modernen Fassade mit den kleinen Rundbalkonen bietet das engagiert geführte Hotel geschmackvoll eingerichtete und komfortable Zimmer. Rustikale Atmosphäre bestimmt das Ambiente der Christl Stub'n.

Ebner M garni, Manchinger Str. 78, ⊠ 85053, ℰ (0841) 96 65 00, Fax (0841) 9665044, ⇌s – 🛗 📺 ✆ 🅿 – 🔥 20. 🆎 ⓞ ⓜ 🆅🅸🆂🅰
über ② B
geschl. 23. Dez. - 6. Jan. – **27 Zim** ⊇ 60 – 77/100.
◆ Nach einer erholsamen Nacht in einem der freundlich und modern eingerichteten Zimmer dieses neuen Hotels können Sie am Morgen das reichhaltige Frühstücksbuffet genießen.

Donauhotel, Münchner Str. 10, ⊠ 85051, ℰ (0841) 96 51 50, donauhotel@t-online.de, Fax (0841) 68744 – 🛗 📺 🅿 – 🔥 60. ⓜ 🆅🅸🆂🅰 🅹🅲🅱. 🏳 B a
Menu (geschl. Aug., Samstag, Sonntagabend) à la carte 15/28 – **52 Zim** ⊇ 59 – 80.
◆ Egal, ob Sie geschäftlich oder privat unterwegs sind - für Ihren Aufenthalt in der altbayerischen Universitäts- und Herzogsstadt ist das solide Stadthotel gut geeignet. Freundlich wirkt das hell eingerichtete Restaurant.

Bavaria ॐ garni, Feldkirchener Str. 67, ⊠ 85055, ℰ (0841) 9 53 40, info@bavariahotel-ingolstadt.de, Fax (0841) 58802, ⇌s, 🏊, 🍴 – 🛗 ⁂ 📺 ✆ ⇌ 🅿 🆎 ⓞ ⓜ 🆅🅸🆂🅰
über Feldkirchner Straße B
40 Zim ⊇ 70 – 80.
◆ Ein familiengeführtes, gepflegtes Haus am Rand der Innenstadt mit zeitlos eingerichteten Zimmern - auch Familienzimmer mit Verbindungstür werden angeboten.

Bayerischer Hof garni, Münzbergstr. 12, ⊠ 85049, ℰ (0841) 93 40 60, info@bayrischer-hof-ingolstadt.de, Fax (0841) 93406100, ⇌s – 🛗 📺 🅿 🆎 ⓞ ⓜ 🆅🅸🆂🅰
B n
34 Zim ⊇ 53 – 77.
◆ In der verkehrsberuhigten Zone des Altstadtkerns liegt dieser Gasthof. Die Zimmer sind alle mit Naturholzmöbeln ausgestattet und sehr gut gepflegt.

Ammerland garni, Ziegeleistr. 64, ⊠ 85055, ℰ (0841) 95 34 50, mail@hotel-ammerland.de, Fax (0841) 9534545 – ⁂ 📺 ✆ ⇌ 🅿 – 🔥 30. 🆎 ⓜ 🆅🅸🆂🅰
über Friedrich-Ebert-Straße B
geschl. 23. Dez. - 10. Jan. – **35 Zim** ⊇ 55/120 – 70/125.
◆ Ein freundlicher Farbtupfer ist dieses Hotel im Landhausstil, das in allen Punkten überzeugt: Zimmer verschiedener Kategorien bieten eine gute technische Ausstattung.

INGOLSTADT

XX Schweiger's Restaurant, Egerlandstr. 61, ⊠ 85053, ℰ (0841) 94 04 03, *schweigers-restaurant@t.online.de, Fax (0841) 6 41 67,* 🍴 – 🅿. AE ◉ VISA.
⚘ über Peisserstraße B
*geschl. Jan. 1 Woche, über Pfingsten 1 Woche, Sept. 1 Woche, Montag, Samstagmittag
– Menu (Dienstag - Donnerstag nur Abendessen)* à la carte 28/39.
♦ In dem modernen Restaurant mit der Einrichtung im Landhausstil erwartet die Gäste eine internationale Küche mit leichten italienischen Einflüssen.

X Antalya, Dollstr. 6, ⊠ 85049, ℰ (0841) 3 30 48 – ◉ B c
Menu (türkische Küche) à la carte 15/28.
♦ Zwei Räume mit dezenten orientalischen Elementen wie Bildern und Teppichen laden ein, sich auf einen kulinarischen Streifzug durch das schöne Land am Bosporus zu begeben.

In Ingolstadt-Spitalhof über ③ : 6 km :

🏨 Mercure-Restaurant Widmann Ⓜ, Hans-Denck-Str. 21, ⊠ 85051, ℰ (08450) 92 20, *h1974@accor-hotels.com, Fax (08450) 922100,* 🛏, 🍴 – 📶, ↩ Zim, 📺 ✆ 🅿 – 🔨 30. AE ◉ ◎ VISA. – 🍽 Rest
Menu (Tischbestellung ratsam) à la carte 22/39 – **71 Zim** ⊇ 79/92 – 96/108.
♦ Der größte Teil der Zimmer befindet sich in einem neuen Hoteltrakt. Sie sind geräumig, wirken wohnlich-elegant und haben alle einen technisch gut ausgestatteten Arbeitsplatz. Das Restaurant ist teils rustikal mit Kachelofen, teils eleganter eingerichtet.

An der B 13 über ④ : 4 km :

🏨 Parkhotel Heidehof, Ingolstädter Str. 121, ⊠ 85080 Gaimersheim, ℰ (08458) 6 40, *info@heidehof-ingolstadt.de, Fax (08458) 64230,* 🍴, Massage, 🎾, 🛏, ≋ (geheizt), 🎾, 🍴 – 🔨 80. AE ◉ ◎ VISA – 🔨 80. AE ◉ ◎ VISA
Menu à la carte 20/36 – **115 Zim** ⊇ 85/155 – 114/166.
♦ Das ansprechende Hotel mit großzügigem Tagungsbereich liegt westlich von Ingolstadt und bietet wohnliche Zimmer in 4 Kategorien. In der Badelandschaft können Sie entspannen. Für Ihr leibliches Wohl sorgt man im gediegenen drei unterschiedlichen Restaurant.

INSEL POEL Mecklenburg-Vorpommern 415 416 D 18 – 2 800 Ew – Höhe 17 m.
Berlin 248 – Schwerin 46 – Rostock 58 – Wismar 14 – Lübeck 70.

In Insel Poel-Gollwitz Nord-Ost : 4 km :

🏨 Inselhotel Poel ⚘, ⊠ 23999, ℰ (038425) 2 40, *Fax (038425) 24222,* 🍴, 🛏, ⚘, 🐎 – ↩ Zim, 📺 ✆ 🅿 – 🔨 25. ◉ VISA
Menu à la carte 16,50/31,50 – **50 Zim** ⊇ 75 – 90/125 – ½ P 12.
♦ Nur 150 m von der Ostsee entfernt ist dieses neue Hotel mit gut eingerichteten Zimmern - alle mit einem kleinen Wohnbereich - und attraktiven Sport- und Freizeitanlagen. Gelbe und blaue Farbtöne dominieren im Restaurant.

INZELL Bayern 420 W 22 – 4 200 Ew – Höhe 693 m – Luftkurort – Wintersport : 700/1 670 m ✶2 ✶.

🛈 *Inzeller-Touristik, Haus des Gastes, Rathausplatz 5,* ⊠ 83334, ℰ (08665) 9 88 50, *Fax (08665) 988530.*
Berlin 707 – München 118 – Bad Reichenhall 19 – Traunstein 18.

🏨 Zur Post, Reichenhaller Str. 2, ⊠ 83334, ℰ (08665) 98 50, *kontakt@post-inzell.de, Fax (08665) 985100,* 🍴, Massage, 🎾, ⚘, 🛏, ≋ – 📶, ↩ Zim, 📺 ⊜ 🅿 – 🔨 50. ◉ VISA
geschl. 4. Nov. - 20. Dez. – **Menu** à la carte 17/39 – **43 Zim** ⊇ 57/84 – 110/136 – ½ P 10.
♦ Hinter der denkmalgeschützten Fassade des über 500 Jahre alten Gasthofs finden Sie ein nettes Ferienhotel mit diversen Freizeitangeboten. Alpenländisch rustikales Restaurant mit gemütlichem Kachelofen.

🏨 Aparthotel Seidel garni, Lärchenstr. 17, ⊠ 83334, ℰ (08665) 9 84 40, *Fax (08665) 984444,* 🛏 – 📺 🅿 ◉ ⚘
geschl. 8. - 25. Nov. – **17 Zim** ⊇ 47 – 74.
♦ Die wohnlichen Appartements des neugebauten Hotels sind alle im rustikalen Landhausstil eingerichtet und mit Wohnbereichen und Küchenzeilen ausgestattet.

🏨 Bergblick ⚘ garni, Rauschbergstr. 38, ⊠ 83334, ℰ (08665) 9 84 50, *Fax (08665) 984526* – 📺 🅿 ◉ ⚘
geschl. Nov. – **12 Zim** ⊇ 32/36 – 62/65.
♦ Das Haus mit Pensionscharakter liegt ruhig in einer Wohngegend am Rand des Naturschutzgebiets und hat teils rustikale, teils neuzeitlich eingerichtete Zimmer mit Sitzecke.

In Inzell-Schmelz *Süd-West : 2,5 km :*

Gasthof Schmelz, Schmelzer Str. 132, ✉ 83334, ☎ (08665) 98 70, *gasthof. schmelz@t-online.de*, Fax (08665) 1718, 斧, 📶, 🖼, ☞ – 📶 ⚐ 📺 🛠 🅿 – 🚗 30. ❿❻ 🆅🅸🆂🅰
geschl. 10. Nov. - 1. Dez. – **Menu** *(geschl. Montag)* à la carte 14/32 – **38 Zim** ☒ 45/59 – 76/90 – ½ P 13.
◆ In dem Urlaubshotel mit der bemalten Fassade erwarten Sie gepflegte, z. T. renovierte Zimmer und Familienappartements. Für Kinder gibt es zahlreiche Beschäftigungsangebote. Das rustikal-gemütliche Restaurant mit dem runden, weißen Kachelofen wirkt einladend.

INZLINGEN *Baden-Württemberg siehe Lörrach.*

IPHOFEN *Bayern* 419 420 *Q 14 – 4 700 Ew – Höhe 252 m.*
🛈 *Tourist-Information, Kirchplatz 7,* ✉ 97346, ☎ (09323) 87 03 06, *tourist@iphofen.de*, Fax (09323) 870308.
Berlin 479 – München 248 – Würzburg 34 – Ansbach 67 – Nürnberg 72.

Romantik Hotel Zehntkeller, Bahnhofstr. 12, ✉ 97346, ☎ (09323) 84 40, *zehntkeller@romantikhotels.com*, Fax (09323) 844123, 斧, ☞ – ⚐ Zim, 📺 🚗 🅿 – 🚗 30. 🅰🅴 ① ❿❻ 🆅🅸🆂🅰 🅹🅲🅱
Menu (Tischbestellung ratsam) 20/57 à la carte 25/42 – **47 Zim** ☒ 65/85 – 98/125, 4 Suiten.
◆ Das historische Weingut beherbergt ein behagliches Hotel : Die Zimmer sind mit Stilmöbeln eingerichtet, wobei die Zimmer im Nebenhaus und im Gartenhaus größeren Komfort bieten. Schön gedeckte Tische und freundlicher Service begeistern im Restaurant.

Huhn das kleine Hotel garni, Mainbernheimer Str. 10, ✉ 97346, ☎ (09323) 12 46, *kleines-hotel-huhn@t-online.de*, Fax (09323) 1076, ☞ – ⚐ 📺 ☎ 🆅🅸🆂🅰
geschl. 24. Dez. - 5. Jan. – **8 Zim** ☒ 36/52 – 72.
◆ Ein kleines Hotel mit privatem Charakter und persönlicher Atmosphäre : Die Zimmer sind individuell und mit Liebe zum Detail eingerichtet, sehr wohnlich und sehr gepflegt.

Goldene Krone, Marktplatz 2, ✉ 97346, ☎ (09323) 8 72 40, *kontakt@gasthof-krone-iphofen.de*, Fax (09323) 872424, 斧, – 📺 ☎ 🚗 🅿 – 🚗 30. ❿❻ 🆅🅸🆂🅰
geschl. 5. - 19. Feb. – **Menu** *(geschl. 24. Dez. - 1. Jan., Dienstag)* à la carte 14/28 – **22 Zim** ☒ 39/47 – 52/77.
◆ Direkt am Marktplatz liegt der traditionsreiche, renovierte Gasthof mit der rosafarbenen Fassade und begrüßt seine Gäste mit soliden, funktionellen Zimmern. Typische ländliche Gaststuben laden zum Verzehr fränkischer Spezialitäten ein.

Wirtshaus zum Kronsberg 🌿, Schwanbergweg 14, ✉ 97346, ☎ (09323) 8 02 03, *eydel@t-online.de*, Fax (09323) 80204, 斧 – ⚐ Zim, 📺 🅰🅴 ❿❻ 🆅🅸🆂🅰
geschl. nach Fasching 2 Wochen – **Menu** *(geschl. Montag)* à la carte 15,50/37,50 – **8 Zim** ☒ 39/40 – 54/64.
◆ Ein Landgasthof mit praktischen Zimmern, in denen die Gestaltung mit warmen Farbtönen Wohnlichkeit erzeugt. Wanderwege in die schöne Umgebung beginnen direkt am Haus. Eine rustikale Gaststube im fränkischen Stil erwartet den Besucher.

✖ **Zur Iphöfer Kammer,** Marktplatz 24, ✉ 97346, ☎ (09323) 80 43 26, Fax (09323) 804326, 斧
geschl. 1. Jan. - 10. Feb., Montag, Nov. - März Sonntagabend - Montag – **Menu** à la carte 24,50/33,50.
◆ Das kleine, ländliche Restaurant liegt am Marktplatz des schönen Weinortes. Die Einrichtung ist gemütlich, bedient werden Sie von freundlichem Servicepersonal.

✖ **Deutscher Hof** mit Zim, Ludwigstr. 10, ✉ 97346, ☎ (09323) 33 48, Fax (09323) 3348, 斧
geschl. 27. Dez. - 15. Jan., Ende Aug. - Anfang Sept. 2 Wochen, Mittwoch - Donnerstagmittag – **Menu** à la carte 16,30/32 – **6 Zim** ☒ 40 – 60.
◆ Das nett dekorierte Restaurant mit dem gemütlichen Kachelofen befindet sich in einem renovierten Fachwerkhaus. Den Service macht die sehr freundliche Chefin des Hauses.

In Mainbernheim *Nord-West : 3 km :*

Zum Falken, Herrnstr. 27, ✉ 97350, ☎ (09323) 8 72 80, *info@zum-falken.de*, Fax (09323) 872828, 斧 – 📺 🅿
geschl. Ende Feb. - Mitte März, Ende Aug. - Anfang Sept. – **Menu** *(geschl. Dienstag)* à la carte 17/27 – **14 Zim** ☒ 39/44 – 60/65.
◆ Bereits in der 5. Generation in Familienbesitz ist dieser typische, fränkische Landgasthof mit gepflegten, solide eingerichteten Zimmern und einer gastlichen Atmosphäre. Die Gaststube hat sich der traditionellen Küche verschrieben.

IPHOFEN

In Rödelsee Nord-West : 3,5 km :

Gasthof und Gästehaus Stegner, Mainbernheimer Str. 26, ⊠ 97348, ℘ (09323) 8 72 10 (Hotel) 87 21 27 (Rest.), info@hotel-stegner.de, Fax (09323) 6335, 😊, 🍴 – 📺 🚗 🅿
Menu (geschl. 1. - 15. Aug., Dienstag) à la carte 12/28 – **18 Zim** ⊇ 31 – 49/52.
♦ Das Gästehaus des Gasthofs bietet seinen Besuchern praktische und gepflegte Zimmer. Die reizvolle Umgebung lädt zu Ausflügen ein.

In Willanzheim-Hüttenheim Süd : 8 km :

Landgasthof May mit Zim, Marktplatz 6, ⊠ 97348, ℘ (09326) 2 55, info@landgasthofmay.de, Fax (09326) 205, 😊, – 📺 🚗, 💳 VISA
geschl. 24. Feb. - 8. März – **Menu** (geschl. Mittwoch, Nov. - Feb. Mittwoch - Donnerstagmittag) à la carte 12/24 – **5 Zim** ⊇ 20/30 – 36/40.
♦ Im ländlichen Restaurant, der fränkischen Weinstube oder im Kachelofenzimmer kann man sich an den fränkischen Schmankerln und überregionalen Gerichten erfreuen.

Die in diesem Führer angegebenen Preise folgen
der Entwicklung der allgemeinen Lebenshaltungskosten.
Lassen Sie sich bei der Zimmerreservierung den endgültigen
Preis vom Hotelier mitteilen.

IRREL Rheinland-Pfalz 417 Q 3 – 1400 Ew – Höhe 178 m – Luftkurort.
🛈 Tourist Information, Hauptstr. 4, ⊠ 54666, ℘ (06525) 5 00, Fax (06525) 500.
Berlin 722 – Mainz 179 – Trier 38 – Bitburg 15.

Koch-Schilt, Prümzurlayer Str. 1, ⊠ 54666, ℘ (06525) 92 50, info@koch-schilt.de, Fax (06525) 925222, 🍴 – 📶, ⚡ Zim, 📺 🚗 🅿 AE 💳 VISA
Menu à la carte 15/30 – **45 Zim** ⊇ 44/49 – 60/70 – ½ P 13.
♦ Gepflegte Gastlichkeit in der Eifel : In der Nähe Luxemburgs liegt dieses engagiert geführte Hotel. Ein guter Ausgangspunkt für Wanderungen und Ausflüge in die Umgebung. Gemütliche Gaststuben.

Irreler Mühle 🌿 mit Zim, Talstr. 17, ⊠ 54666, ℘ (06525) 8 26, Fax (06525) 866, 😊, 🍴 – 🚗 🅿 AE ① 💳 VISA
geschl. Jan. - Feb. 2 Wochen, Juni - Juli 2 Wochen – **Menu** (geschl. Montag - Dienstag) (wochentags nur Abendessen) à la carte 27/41 – **8 Zim** ⊇ 29 – 52 – ½ P 12.
♦ Eine gutbürgerliche Küche mit einigen regionalen Einflüssen bietet Ihnen das gepflegte Restaurant mit dem glänzenden Steinfußboden und der hellen Holzdecke.

In Ernzen West : 5 km :

Chez Claude im Haus Hubertus, (Süd 2 km), ⊠ 54668, ℘ (06525) 8 28, Fax (06525) 828, 😊 – 🅿 💳 VISA
geschl. Mitte Jan. - Anfang Feb., Montag, Nov.- März Montag - Dienstagmittag – **Menu** à la carte 23/44.
♦ In dem sehr ruhig gelegenen, rustikalen ehemaligen Jagdhaus, das auch mit Jagdtrophäen geschmückt ist, bewirtet der Küchenchef Sie mit klassischen französischen Kreationen.

IRSEE Bayern siehe Kaufbeuren.

ISENBURG Rheinland-Pfalz siehe Dierdorf.

ISERLOHN Nordrhein-Westfalen 417 L 7 – 100 000 Ew – Höhe 247 m.
🛈 Stadtinformation, Theodor-Heuss-Ring 24, ⊠ 58636, ℘ (02371) 2 17 18 21, stadt info@iserlohn.de, Fax (02371) 2171822.
ADAC, Rudolfstr. 1.
Berlin 499 ② – Düsseldorf 80 ④ – Dortmund 26 ⑤ – Hagen 18 ④ – Lüdenscheid 30 ③

Stadtplan siehe nächste Seite

VierJahreszeiten M 🌿, Seilerwaldstr. 10, ⊠ 58636, ℘ (02371) 97 20, info@vierjahreszeiten-iserlohn.de, Fax (02371) 972111, 😊, ≘s, 🍴 – 📶, ⚡ Zim, 📺 📞 ♿ 🚗 🅿 🧖 180. AE ① 💳 VISA   über Seilerseestrasse   X
Menu à la carte 29/42 – **72 Zim** ⊇ 91/109 – 131/181.
♦ Stilvoll wohnen am Seilersee in der Nähe des Stadtzentrums : Ein kürzlich vollständig renoviertes Hotel mit modernen, mit französischen Apfelholzmöbeln eingerichteten Zimmern.

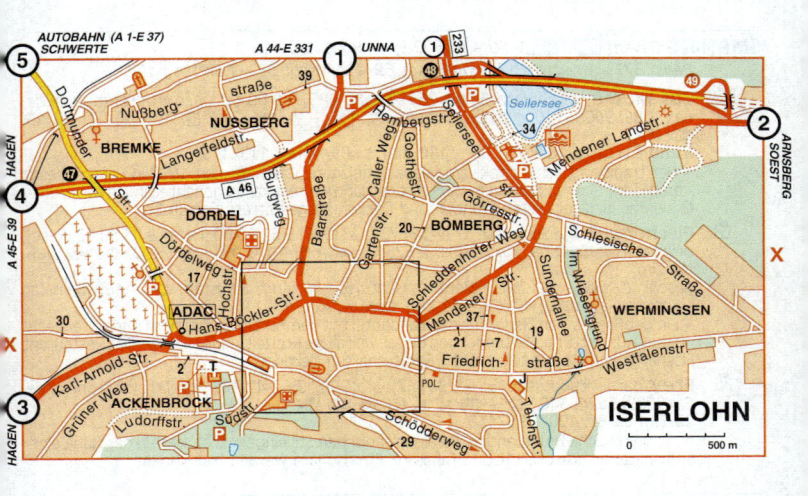

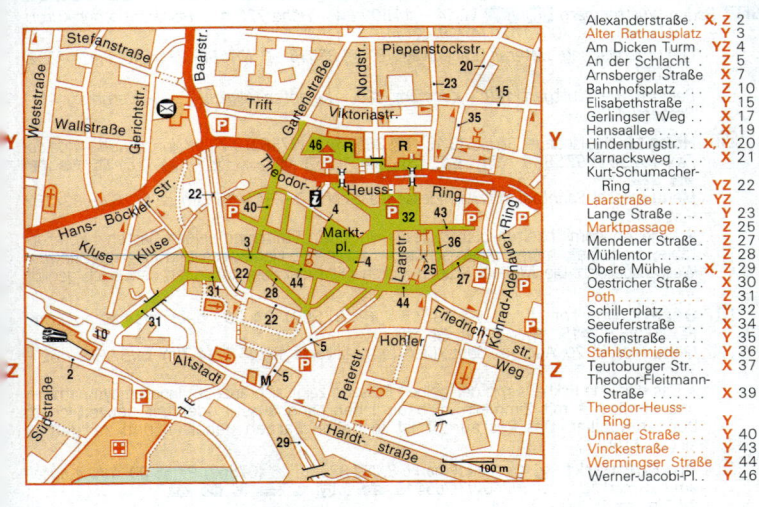

Street	Grid
Alexanderstraße	X, Z 2
Alter Rathausplatz	Y 3
Am Dicken Turm	YZ 4
An der Schlacht	Z 5
Arnsberger Straße	X 7
Bahnhofsplatz	Z 10
Elisabethstraße	Y 15
Gerlinger Weg	X 17
Hansaallee	X 19
Hindenburgstr.	X, Y 20
Karnacksweg	X 21
Kurt-Schumacher-Ring	YZ 22
Laarstraße	YZ
Lange Straße	Y 23
Marktpassage	Z 25
Mendener Straße	Z 27
Mühlentor	Z 28
Obere Mühle	X, Z 29
Oestricher Straße	Z 30
Poth	Z 31
Schillerplatz	Y 32
Seeuferstraße	X 34
Sofienstraße	Y 35
Stahlschmiede	Y 36
Teutoburger Str.	X 37
Theodor-Fleitmann-Straße	X 39
Theodor-Heuss-Ring	Y
Unnaer Straße	Y 40
Vinckestraße	Y 43
Wermingser Straße	Z 44
Werner-Jacobi-Pl.	Y 46

In Iserlohn-Lössel über ③ : 6 km :

XX **Neuhaus** mit Zim (mit Gästehaus), Lösseler Str. 149, ✉ 58644, ✆ (02374) 9 78 00, info@hotel-neuhaus.de, Fax (02374) 7664, 🍽, ⓈS, TV, 🚗, P, 🏊, 40. AE
Ⓜ VISA
Menu (Montag - Freitag nur Abendessen) à la carte 22/38,50 – **20 Zim** ⊇ 60/95 – 83/118.
♦ Das engagiert geführte Restaurant hinter der Fassade eines Fachwerkhauses bietet ein angenehmes Ambiente. Der geschulte Service serviert internationale und regionale Speisen.

ISERNHAGEN Niedersachsen siehe Hannover.

Unsere Hotel-, Reiseführer und Straßenkarten ergänzen sich.
Benutzen Sie sie zusammen.

ISMANING Bayern 419 420 V 19 – 13 500 Ew – Höhe 490 m.
Berlin 577 – München 17 – Ingolstadt 69 – Landshut 58 – Nürnberg 157.

Zur Mühle, Kirchplatz 5, ✉ 85737, ☏ (089) 96 09 30, info@hotel-muehle.de, Fax (089) 96093110, 🍽, Biergarten, ≘s, 🏊 – 🛗, ↔ Zim, 📺 📞 – 🔒 30. 🆎 ⓞ 💳 VISA
Menu à la carte 18,50/36,50 – **110 Zim** ⊇ 89/140 – 115/173.
♦ Der traditionsreiche, direkt am Seebach gelegene Gasthof - seit 1857 in Familienbesitz - empfängt Sie mit gediegen-sachlich oder ländlich-rustikal eingerichteten Zimmern. Rustikale, mit holzgetäfelten Wänden und Decken ausgestattete Gaststube.

Fischerwirt ⚓, Schloßstr. 17, ✉ 85737, ☏ (089) 9 62 62 60 (Hotel) 9 61 39 16 (Rest.), office@fischerwirt.de, Fax (089) 96262610, 🍽 – 🛗 📺 📞 📞 – 🔒 35. 🆎 ⓞ💳 VISA JCB. 💤 Zim
geschl. 20. Dez. - 12. Jan. - **Menu** (geschl. 15. - 26. Aug., Samstag, Juni - Aug. Samstag - Sonntag) à la carte 17/32 – **41 Zim** ⊇ 80/120 – 100/160.
♦ Ein gepflegtes, familiengeführtes Landhotel mit komfortablen Zimmern und guter technischer Ausstattung. Die Umgebung bietet vielfältige Freizeitmöglichkeiten. Das Restaurant Fischerstuben ist mit bäuerlichen Gerätschaften dekoriert.

Frey garni, Hauptstr. 15, ✉ 85737, ☏ (089) 9 62 42 30, hotel.frey@t-online.de, Fax (089) 96242340, ≘s – 📺 📞 📞 🆎 ⓞ 💳 VISA
23 Zim ⊇ 80/100 – 95/130.
♦ Die gemütliche Hotelpension, im alpenländischen Stil eingerichtet, liegt in der Nähe einer S-Bahnstation. Rustikalität und familiäre Atmosphäre werden hier vereint.

ISNY Baden-Württemberg 419 420 W 14 – 14 500 Ew – Höhe 720 m – Heilklimatischer Kurort – Wintersport : 700/1 120 m ≰ 9 🎿.
🛈 Kurverwaltung, Unterer Grabenweg 18, ✉ 88316, ☏ (07562) 98 41 10, Fax (07562) 984172.
Berlin 698 – Stuttgart 189 – Konstanz 104 – Kempten (Allgäu) 25 – Ravensburg 41 – Bregenz 42.

Hohe Linde, Lindauer Str. 75 (B 12), ✉ 88316, ☏ (07562) 9 75 97, info@hohe-linde.de, Fax (07562) 975969, 🍽, ≘s, 🏊, 🍽 – 📺 📞 🚗 📞 – 🔒 15. 🆎 ⓞ 💳 VISA JCB
Menu (geschl. Sonntag) (nur Abendessen) à la carte 23/34 – **34 Zim** ⊇ 54/62 – 92/102 – ½ P 18.
♦ Viele Annehmlichkeiten bietet dieses Hotel am Stadtrand seinen Gästen : komfortable, moderne Zimmer, einen schönen Garten mit Liegewiese und einen gepflegten Wellnessbereich. Die Allgäuer Stuben locken mit rustikalem Kamin, an dem auch gegrillt wird.

Bären, Obertorstr. 9, ✉ 88316, ☏ (07562) 24 20, baerenisny@aol.com, Fax (07562) 2415, 🍽 – 📺 📞 💳 VISA
Menu (geschl. 20. Aug. - 3. Sept., Dienstag) à la carte 15/25 – **14 Zim** ⊇ 37/55 – 62 – ½ P 10.
♦ Das hübsche Eckhaus mit der gelben Fassade zeigt sich auch im Inneren sympathisch und gepflegt - mit Zimmern im bäuerlichen Landhausstil oder mit neuzeitlichem Buchenmobiliar. Das Restaurant ist in hellen Farben gehalten und zeitgemäß eingerichtet.

Am Roßmarkt ⚓, garni, Roßmarkt 8, ✉ 88316, ☏ (07562) 97 65 00, info@hotel-am-rossmarkt.de, Fax (07562) 9765010, ≘s – 📺 📞 🚗 📞 💳 VISA
14 Zim ⊇ 40/60 – 70/74.
♦ Das moderne Appartementhotel im Herzen der Altstadt hat helle, neuzeitlich eingerichtete Zimmer, die alle mit einer kleinen Kochnische ausgestattet sind.

Krone mit Zim, Bahnhofstr. 13, ✉ 88316, ☏ (07562) 24 42, info@kroneisny.de, Fax (07562) 56117, 🍽 – 🚗. 💳
geschl. Mitte - Ende Juni - **Menu** (geschl. Donnerstag) à la carte 18/36 – **6 Zim** ⊇ 30/40 – 50/70.
♦ Die historischen, altdeutschen Weinstuben im ersten Stock haben eine gemütliche Atmosphäre. Probieren Sie die schwäbischen und gutbürgerlichen Gerichte.

Außerhalb Nord-West : 6,5 km über Neutrauchburg, in Unterried Richtung Beuren :

Berghotel Jägerhof ⚓, Jägerhof 1, ✉ 88316 Isny, ☏ (07562) 7 70, berghotel-jaegerhof@t-online.de, Fax (07562) 77202, ≼ Allgäuer Alpen, 🍽, Wildgehege, Massage, 🏋, ≘s, 🏊, 💤, 🎿, ↔ Zim 📞 🚗 – 🔒 90. 🆎 ⓞ 💳 VISA
Menu à la carte 27/35 – **88 Zim** ⊇ 117 – 164, 8 Suiten – ½ P 25.
♦ Richtig abschalten im Allgäu : Ruhe und Erholung verspricht das stilvolle Haus mit der großzügigen Halle, den einladenden Zimmern und dem luxuriösen Wellnessbereich. Beim Essen : Jagdatmosphäre, Wintergarten oder bäuerliches Ambiente.

ISSELBURG Nordrhein-Westfalen **417** K 3 – 11 000 Ew – Höhe 23 m.

Sehenswert : *Wasserburg Anholt*★.

🛏 *Isselburg-Anholt, Am Schloß 3 (Nord-West : 3 km),* ℘ (02874) 91 51 20.

Berlin 579 – Düsseldorf 86 – Arnhem 46 – Bocholt 13.

🏨 **Nienhaus**, Minervastr. 26, ⌂ 46419, ℘ (02874) 7 70, *hotel-nienhaus@t-online.de*, Fax (02874) 45673, 🍽 – 📺 🚗 . 🆎 ◉ ⓜⓞ 🟦
Menu *(geschl. Feb., Donnerstag, Samstagmittag)* à la carte 21/33 – **12 Zim** ⌂ 40 – 72.
♦ Ein familiengeführter Gasthof mit persönlicher Atmosphäre : Hinter der efeuberankten Fassade erwarten die Gäste ruhige, solide eingerichtete Hotelzimmer. Unverputzte Ziegelmauern und Holzbalken verleihen dem Restaurant eine gewisse Rustikalität.

In Isselburg-Anholt *Nord-West : 3,5 km :*

🏛 **Parkhotel Wasserburg Anholt** 🦢, Klever Straße, ⌂ 46419, ℘ (02874) 45 90, *wasserburg-anholt@t-online.de*, Fax (02874) 4035, ≤, 🍽, 🌳 – 🛗, 🍴 Rest, 📺 ☎ 📞 – 🛝 50. ◉ ⓜⓞ 🟦
Schlossrestaurant *(geschl. Sonntag - Montag) (nur Abendessen)* **Menu** 43/68 🍷 und à la carte – **Wasserpavillion : Menu** à la carte 29/40 – **33 Zim** ⌂ 60/130 – 125/170, 3 Suiten.
♦ Inmitten eines Parks liegt diese Wasserburg a. d. 12. Jh. Genießen Sie den stilvollen öffentlichen Bereich und die eleganten Zimmer. Interessant : das Burg-Museum. Klein und fein ist das Gourmetrestaurant des Schlosses. Helle, luftige Atmosphäre im Pavillonbau.

✂ **Brüggenhütte** mit Zim, Hahnerfeld 23 (Ost : 3 km), ⌂ 46419, ℘ (02874) 9 14 70, Fax (02874) 914747, 🍽 – 📺 📞 🆎 🟦 .
Menu *(geschl. 1. - 20. Jan., Montag - Mittwochmittag)* à la carte 20/32 – **9 Zim** ⌂ 45 – 65.
♦ Hinter der Klinkerfassade des Gasthofes verbirgt sich ein Restaurant im gepflegten, bürgerlichen Stil. Saubere und geräumige Zimmer laden zum Übernachten ein.

ITZEHOE Schleswig-Holstein **415** E 12 – 33 000 Ew – Höhe 7 m.

🛏 🛏 *Breitenburg (Süd-Ost : 5 km),* ℘ (04828) 81 88.

Berlin 343 – Kiel 69 – Hamburg 61 – Bremerhaven 97 – Lübeck 87 – Rendsburg 44.

🏨 **Mercure Klosterforst** Ⓜ, Hanseatenplatz 2, ⌂ 25524, ℘ (04821) 1 52 00, *h2087@accor-hotels.com*, Fax (04821) 152099 – 🛗, 🛏 Zim, 📺 ☎ 🚗 📞 – 🛝 80. 🆎 ◉ ⓜⓞ 🟦
Menu *(nur Abendessen)* à la carte 19/34 – **78 Zim** ⌂ 82/96 – 110/125.
♦ Ein modernes Stadthotel mit gehobener Ausstattung, das mit seinen zeitgemäßen technischen Einrichtungen besonders auf die Bedürfnisse von Geschäftsreisenden zugeschnitten ist.

JENA Thüringen **418** N 18 – 99 000 Ew – Höhe 144 m.

Sehenswert : *Planetarium*★ AY – *Optisches Museum*★ AY M1.

🛏 *Jena-Münchenroda, Dorfstr. 29 (West : 7 km über ⑥),* ℘ (03641) 42 46 51.

🛈 Tourist-Information, Johannisstr. 23, ⌂ 07743, ℘ (03641) 80 64 00, Fax (03641) 806409.

ADAC, Teichgraben (Eulenhaus).

Berlin 246 ③ – Erfurt 59 ⑤ – Gera 44 ③ – Chemnitz 112 ③ – Bayreuth 147 ③

Stadtpläne siehe nächste Seiten

🏛 **Steigenberger Esplanade** Ⓜ, Carl-Zeiss-Platz 4, ⌂ 07743, ℘ (03641) 80 00, *jena@steigenberger.de*, Fax (03641) 800150, 🏋, 🍽 – 🛗, 🛏 Zim, 🍴 📺 ☎ 🚹 🚗 – 🛝 450. 🆎 ◉ ⓜⓞ 🟦
AY a
Rotonda : Menu à la carte 17/36 – **179 Zim** ⌂ 115/175 – 155/195, 6 Suiten.
♦ Ihr Refugium erwartet Sie mit einer Architektur im Atrium-Stil. Das Interieur der Zimmer - in Größe und Schnitt verschieden - werden Sie privat wie auch geschäftlich schätzen. Im Rotonda sind Sie von südamerikanischem Flair umgeben.

🏨 **Schwarzer Bär**, Lutherplatz 2, ⌂ 07743, ℘ (03641) 40 60, *hotel@schwarzer-baer-jena.de*, Fax (03641) 406113, 🍽 – 🛗 📺 ☎ 🚹 🚗 📞 – 🛝 80. 🆎 ⓜⓞ 🟦 🆑
Menu à la carte 16/31 – **71 Zim** ⌂ 60/70 – 75/90.
BY b
♦ Traditionsreiche Gastlichkeit kennzeichnet Ihren vorübergehenden Wohnsitz - mit funktionellem Innenleben versehen. Das Zentrum der Stadt erreichen Sie bequem zu Fuß. Verschiedene Restaurants stehen zur Auswahl.

🏨 **Ibis** Ⓜ garni, Teichgraben 1, ⌂ 07743, ℘ (03641) 81 30, *h2207@accor-hotels.com*, Fax (03641) 813333 – 🛗 🛏 🍴 📺 ☎ 🚹 🚗 . 🆎 ◉ ⓜⓞ 🟦
AZ c
⌂ 8 – **76 Zim** 49.
♦ Ein neuzeitliches Ambiente begleitet den Gast vom Empfang bis in die Zimmer. Hier finden Sie eine solide Möblierung und ein unaufdringliches Design vor.

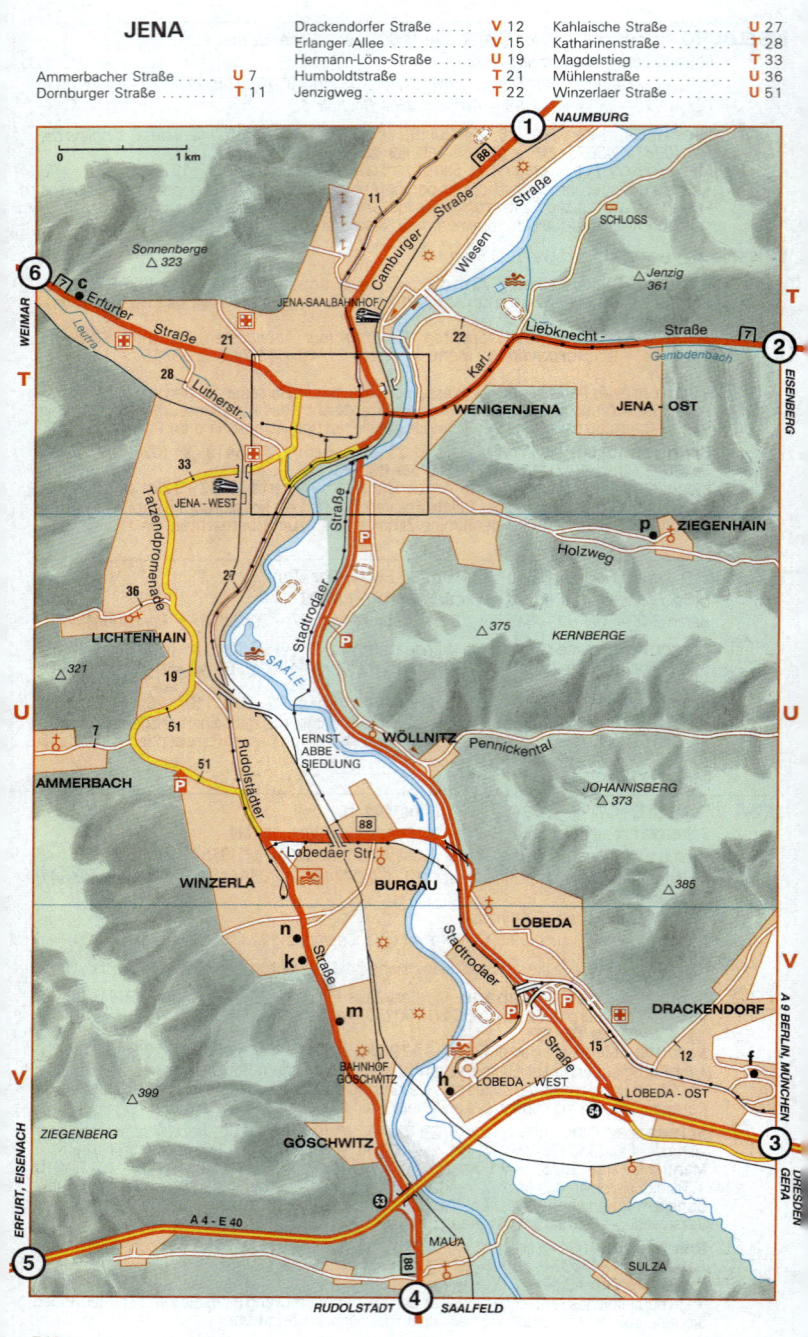

JENA

Ammerbacher Straße	**U** 7	Drackendorfer Straße	**V** 12
Dornburger Straße	**T** 11	Erlanger Allee	**V** 15
		Hermann-Löns-Straße	**U** 19
		Humboldtstraße	**T** 21
		Jenzigweg	**T** 22
Kahlaische Straße	**U** 27
Katharinenstraße	**T** 28
Magdelstieg	**T** 33
Mühlenstraße	**U** 36
Winzerlaer Straße	**U** 51

JENA

Alexander-Puschkin-Platz	**AZ** 3	Goethestraße	**AY**	Oberlauengasse	**BY** 39
Am Kochersgraben	**BZ** 4	Hainstraße	**AZ** 18	Rathenaustraße	**AZ** 40
Am Planetarium	**AY** 6	Johannisplatz	**AY** 24	Saalstraße	**BY** 42
Bachstraße	**AY** 9	Johannisstraße	**AY** 25	Schillerstraße	**AZ** 43
Carl-zeiss-Platz	**AY** 10	Löbdergraben	**AZ** 30	Unterm Markt	**ABY** 45
Engelplatz	**AZ** 13	Lutherstraße	**AZ** 31	Vor dem Neutor	**AZ** 46
		Markt	**AY** 34	Weigelstraße	**AY** 48
		Neugasse	**AZ** 37	Westbahnhofstraße	**AZ** 49

Papiermühle, Erfurter Str. 102, ✉ 07743, ☏ (03641) 4 59 80, *papiermuehle@jenaer-bier.de*, Fax (03641) 459845, Biergarten – 📺 🅿 AE ⓘ 🅼🅾 VISA T c
Menu à la carte 13/23 – **18 Zim** ⌧ 45/50 – 68/75.
  ♦ Das hübsche Steinhaus aus vergangenen Tagen stellt mit seinen heimeligen Zimmern ein nettes Plätzchen zum Verweilen dar - für einen kurzen oder einen längeren Aufenthalt. Der Braugasthof von 1737 verfügt über eine eigene Hausbrauerei.

Zur Schweiz, Quergasse 15, ✉ 07743, ☏ (03641) 5 20 50, Fax (03641) 5205111, 🌳 – 📺 🅼🅾 VISA AY d
Menu à la carte 13/23 – **19 Zim** ⌧ 50 – 72.
  ♦ Das Quartier Ihrer Wahl ist im Zentrum von Jena plaziert. Eine Kombination von Wohnlichkeit und Funktionalität prägt die Zimmer dieser gepflegten kleinen Adresse. Eine ländlich geprägte Gaststube steht für Sie bereit.

Scala das Turm-Restaurant, Leutragraben 1 (im Intershop Tower), ✉ 07743, ☏ (03641) 35 66 66, *post@scala-jena.de*, Fax (03641) 356667, ≤ Jena und Saaletal – AE ⓘ 🅼🅾 VISA AY s
geschl. 14. - 27. Juli – **Menu** 20 (mittags)/49 à la carte 32/46.
  ♦ Besonders schön ist die Sicht von der obersten Etage des Intershop-Towers, wo sich das Restaurant befindet. Die Fenster reichen bis zum Boden, Sie sollten schwindelfrei sein!

Zur Noll mit Zim, Oberlauengasse 19, ✉ 07743, ☏ (03641) 44 15 66, *zur.noll@t-on line.de*, Fax (03641) 441566, 🌳 – 📺 🅿 AE ⓘ 🅼🅾 VISA BY n
Menu à la carte 15,50/27 – **10 Zim** ⌧ 55/65 – 70/80.
  ♦ Die rustikalen Gasträume dieses alten Hauses sind wie eine urige Kneipe gestaltet und verbreiten ein ganz eigenes Flair. Man bietet auch einige nett gestaltete Zimmer an.

JENA

In Jena - Lobeda-Ost *Süd : 3,5 km :*

Classic Hotel, Otto-Militzer-Str. 1, ⌂ 07747, ℘ (03641) 30 10, res@classic-hotel-jena.de, Fax (03641) 334575, ≤, Biergarten, Lō, ≘s – ⌽, ⸤⤫ Zim, TV ✆ & P – ⚿ 100. AE ⓘ ⓜ VISA JCB. ⸝⁎ Rest
V f
Menu à la carte 17/32 – **170 Zim** ⛛ 66/89 – 81/104, 11 Suiten.
♦ Ein zeitloser Stil, eine sinnvolle Gestaltung und ein gutes Platzangebot zählen zu den Annehmlichkeiten Ihrer Unterkunft - für Tagende steht eine gute Technik bereit. Das Restaurant in der obersten Etage bietet eine schöne Aussicht.

In Jena - Lobeda-West *Süd : 4 km :*

Steigenberger MAXX Hotel M, Stauffenbergstr. 59, ⌂ 07747, ℘ (03641) 30 00, jena@maxx-hotels.de, Fax (03641) 300888, ⌅, Massage, Lō, ≘s – ⌽, ⸤⤫ Zim, TV ✆ & ⇔ – ⚿ 80. AE ⓘ ⓜ VISA JCB. ⸝⁎ Rest
V h
Menu à la carte 20/26 *(auch vegetarische Gerichte)* – **220 Zim** ⛛ 108/120 – 129/142.
♦ Wer diese amerikanische Hotelwelt betritt, wird vom Stil der 30er bis 50er Jahre umgeben. Vom Seifenspender bis zum Bettüberwurf ist hier alles aufeinander abgestimmt. Ein "American Touch" umgibt Sie beim Speisen.

In Jena - Winzerla :

Jena M, Rudolstädter Str. 82 (B 88), ⌂ 07745, ℘ (03641) 6 60, info@hotel-jena .bestwestern.de, Fax (03641) 661010, ⌅ – ⌽, ⸤⤫ Zim, ▤ TV & P – ⚿ 200. AE ⓘ ⓜ VISA. ⸝⁎ Rest
V k
Menu à la carte 19/30,50 – **160 Zim** ⛛ 86/89 – 98.
♦ Bequeme Betten, gemütliche Sitzecken, viel Platz zum Arbeiten oder Spielen oder eine Kochnische - die Zimmer des Hotels sind ganz auf Ihre Bedürfnisse zugeschnitten.

Zur Weintraube, Rudolstädter Str. 76 (B 88), ⌂ 07745, ℘ (03641) 60 57 70, hotel@weintraube.jena.de, Fax (03641) 606583, Biergarten – TV ✆ ⇔ P – ⚿ 20. AE ⓜ VISA
V n
Menu à la carte 13/29 – **19 Zim** ⛛ 58/63 – 75/80.
♦ Der dörfliche Charakter des Hauses trägt zum Wohlbefinden der Besucher bei. Helles Mobiliar und eine neuzeitliche Technik gestalten das Innere Ihres Quartiers. Das Restaurant existiert schon seit über 200 Jahren.

In Jena-Ziegenhain :

Ziegenhainer Tal, Ziegenhainer Str. 107, ⌂ 07749, ℘ (03641) 39 58 40, ziegenhain@jenaer-bier.de, Fax (03641) 395842, ≘s, ⇀ – ⸤⤫ Zim, TV P. AE ⓜ VISA
U p
Menu *(geschl. Samstag - Sonntag)* *(nur Abendessen)* (Restaurant nur für Hausgäste) – **20 Zim** ⛛ 50 – 75.
♦ In schöner Lage oberhalb der Stadt läßt man Sie zur Ruhe kommen - dunkel möblierte, funktionale Gästezimmer schaffen Behaglichkeit wie in den eigenen vier Wänden.

In Zöllnitz *Süd-Ost : 6 km über Erlanger Allee* V :

Fair Hotel M, Ilmnitzer Landstr. 3, ⌂ 07751, ℘ (03641) 76 76, service@fairhotel-jena.de, Fax (03641) 767767, ⌅ – ⌽, ⸤⤫ Zim, TV ✆ & P – ⚿ 150. AE ⓘ ⓜ VISA
Menu à la carte 18/32 – **113 Zim** ⛛ 60/70 – 75/85.
♦ Sie logieren in einer neuzeitlichen Herberge mit Annehmlichkeiten, die den privat wie auch geschäftlich Reisenden ansprechen - die verkehrsgünstige Lage spricht für sich. Die Schauküche des Restaurants gewährt dem Gast so manch interessanten Einblick.

JESTEBURG *Niedersachsen* 415 416 *G 13 – 6 500 Ew – Höhe 25 m – Luftkurort.*
Berlin 311 – Hannover 126 – Hamburg 42 – Lüneburg 39.

Niedersachsen, Hauptstr. 60, ⌂ 21266, ℘ (04183) 9 30 30, hotelnds@aol.com, Fax (04183) 930311, ⌅, ≘s, ▣, ⇀ – ⸤⤫ Zim, TV P – ⚿ 50. AE VISA
Menu à la carte 21/35 – **45 Zim** ⛛ 51/62 – 88/95 – ½ P 16.
♦ Das regionstypische Klinkerhaus präsentiert sich Ihnen in rustikaler Machart mit elegantem Touch - für eine erholsame Zeit in einem der ältesten Dörfer der Lüneburger Heide. Mit einem geschmackvollen Interieur lädt das Restaurant zum Verweilen ein.

Jesteburger Hof, Kleckerwaldweg 1, ⌂ 21266, ℘ (04183) 20 08, jesteburgerhof @t-online.de, Fax (04183) 3311, ⌅ – ⸤⤫ Rest, TV ⇔ P – ⚿ 30. AE ⓘ ⓜ VISA JCB. ⸝⁎ Rest
Menu à la carte 16,50/30,40 – **21 Zim** ⛛ 47/52 – 64/77 – ½ P 12.
♦ Sind Sie auf der Suche nach einer praktischen Behausung auf Zeit? Wohnlich und neuzeitlich bestückt, eignen sich die Zimmer auch für einen längeren Aufenthalt. Heimeliges Restaurant und gemütliche Gaststube.

In Jesteburg-Itzenbüttel *Nord-West 3 km :*

🏠 **Zum grünen Jäger** ⌂, Itzenbütteler Waldweg 35, ✉ 21266, ✆ (04181) 9 22 50 (Hotel), 29 30 90 (Rest.), hotel@gruener-jaeger.com, Fax (04181) 9225125, 🍽,
🚗 – 📺 🅿 ⦿⦿ VISA
La Luna (italienische Küche) *(geschl. Dienstag, Sonntagmittag)* **Menu** à la carte 24/35 – 15 Zim ⊆ 56 – 77/92.
♦ Direkt am Waldrand finden Sie in diesem 1912 erbauten Haus eine Herberge mit Charme und Komfort. Ein wohnliches Ambiente im Landhausstil ermöglicht einen netten Aufenthalt. Das La Luna wurde in warmen Farben und mit hübschen Stoffen mediterran gestaltet.

In Asendorf *Süd-Ost : 4,5 km :*

🏨 **Zur Heidschnucke** ⌂, Zum Auetal 14, ✉ 21271, ✆ (04183) 97 60, hotel.heidsch nucke@t-online.de, Fax (04183) 4472, 🍽, Biergarten, Massage, ⚕, ≋, ⬛, 🚗 – 🛗 ↩
📺 🅿 – 🎿 150. 🅰🅴 ⦿ ⦿⦿ VISA
Menu à la carte 25/41,50 – **50 Zim** ⊆ 68/72 – 109/127 – ½ P 20.
♦ Hinter einer reizvollen Fassade verbergen sich behaglich, rustikal geprägte Zimmer mit einer praktischen Ausstattung - teils mit kleiner Sitzecke versehen. In verschiedenen ländlichen Räumlichkeiten werden die Gäste verköstigt.

Michelin bringt keine Schilder an den empfohlenen Hotels und Restaurants an.

JESTETTEN *Baden-Württemberg* **419** *X 9 – 4 200 Ew – Höhe 438 m – Erholungsort.*
Berlin 792 – Stuttgart 174 – Freiburg im Breisgau 102 – Waldshut-Tiengen 34 – Schaffhausen 8 – Zürich 42.

🏠 **Zum Löwen**, Hauptstr. 22, ✉ 79798, ✆ (07745) 9 21 10, info@hotel-loewen-jestetten.de, Fax (07745) 921188 – 🛗 📺 ⇄ 🅿 🅰🅴 ⦿⦿ VISA
Menu à la carte 17/34 – **15 Zim** ⊆ 45/50 – 78/114.
♦ Mit Gastlichkeit und solidem Innenleben ermöglicht Ihnen der alteingesessene Betrieb eine angenehme Zeit. Familien sind ebenso willkommen wie Geschäftsreisende. Das Gasthaus beherbergt ein gemütliches Restaurant.

JETTINGEN-SCHEPPACH *Bayern* **420** *U 15 – 6 800 Ew – Höhe 468 m.*
🏞 *Schloß Klingenburg (Süd : 4km), ✆ (08225) 30 30.*
Berlin 587 – München 100 – Augsburg 41 – Ulm (Donau) 33.

🏠 **Best Hotel Mindeltal** Ⓜ garni, Robert-Bosch-Str. 3 (Scheppach), ✉ 89343, ✆ (08225) 99 70, besthotel@besthotel.de, Fax (08225) 997100 – 🛗 ↩ 📺 📞 ♿ 🅿 –
🎿 40. ⦿⦿ VISA
74 Zim ⊆ 57/66 – 79/89.
♦ Ihr vorübergehendes Heim in Legoland-Nähe verfügt über Quartiere in modernem Design - in Größe und Einrichtung einheitlich gestaltet. Auch Zimmer für Allergiker.

JEVER *Niedersachsen* **415** *F 7 – 14 000 Ew – Höhe 10 m.*
ℹ *Verkehrsbüro, Tourist-Information, Alter Markt 18, ✉ 26441, ✆ (04461) 7 10 10, tourist-info@stadt-jever.de, Fax (04461) 939299.*
Berlin 488 – Hannover 229 – Emden 59 – Oldenburg 59 – Wilhelmshaven 18.

🏠 **Schützenhof**, Schützenhofstr. 47, ✉ 26441, ✆ (04461) 93 70, info@schuetzenhof-jever.de, Fax (04461) 937299, Biergarten – ↩ Zim, 📺 📞 ♿ 🅿 – 🎿 300.
⦿⦿ VISA
Zitronengras *(geschl. Donnerstag) (nur Abendessen)* **Menu** à la carte 22/42 – **32 Z** ⊆ 48 – 78.
♦ Der neuzeitliche Klinkerbau kann nach umfangreichen Renovierungsarbeiten hübsche Zimmer mit gutem Platzangebot und funktioneller Einrichtung anbieten. Im Restaurant Zitronengras wird Bodenständiges mit Asiatischem kombiniert.

🏠 **Friesen-Hotel** ⌂ garni, Harlinger Weg 1, ✉ 26441, ✆ (04461) 93 40, jache@jever-hotel.de, Fax (04461) 934111 – ↩ 📺 ⇄ 🅿 🅰🅴 ⦿ ⦿⦿ VISA. ✂
36 Zim ⊆ 41/49 – 75/85.
♦ Die Zimmer Ihrer Behausung sind teils mit hellem neuzeitlichem Mobiliar bestückt, teils mit Eiche rustikal - oder bevorzugen Sie ein überbreites Bett?

✕ **Haus der Getreuen**, Schlachtstr. 1, ✉ 26441, ✆ (04461) 30 10, info@haus-der-g etreuen.de, Fax (04461) 72373, 🍽 – 🅰🅴 ⦿ ⦿⦿ VISA
Menu à la carte 18/29.
♦ Ein Haus mit langer Tradition ; historisch-wertvolle, gemütliche Einrichtung und eine beachtliche Auswahl an bodenständigen Gerichten verheißen einen angenehmen Aufenthalt.

JÖHSTADT Sachsen 418 O 23 – 3 500 Ew – Höhe 800 m – Wintersport : 750/899 m ⛷1 ⛸.
🛈 *Fremdenverkehrsamt, Markt 185, ⌧ 09477, ℘ (037343) 8 05 10, fremdenverkehr@joehstadt.de, Fax (037343) 80522.*
Berlin 308 – Dresden 107 – Chemnitz 44.

🏨 **Schlösselmühle**, Schlösselstr. 60 (Ost : 1 km), ⌧ 09477, ℘ (037343) 26 66, Fax (037343) 2665, 🍽 – 📺 ✆ 🅿 🅾 🆅🆂🅰 ⛔ Zim
Menu à la carte 9,50/20,50 – **12 Zim** ⎕ 30 – 44 – ½ P 8.
♦ Das kleine Hotel präsentiert sich Reisenden mit einer soliden und funktionellen Innenausstattung. Nutzen Sie die Pension als Ausgangspunkt für Wanderungen und Ausfahrten.

JOHANNESBERG Bayern siehe Aschaffenburg.

JOHANNGEORGENSTADT Sachsen 418 420 O 22 – 6 300 Ew – Höhe 900 m – Erholungsort – Wintersport : 700/1000 m ⛷2 ⛸.
🛈 *Fremdenverkehrsamt, Eibenstocker Str. 67, ⌧ 08349, ℘ (03773) 88 88 22, info@johanngeorgenstadt.de, Fax (03773) 888280.*
Berlin 317 – Dresden 144 – Chemnitz 57 – Chomutov 86 – Karlovy Vary 59 – Hof 97.

In Johanngeorgenstadt-Steinbach Nord-West : 2 km :

🏨 **Steinbach**, Steinbach 22, ⌧ 08349, ℘ (03773) 88 22 28, gasthof-steinbach@t-online.de, Fax (03773) 882228, 🍽, 🚴 – 📺 🅿 🅰🅴 ⓞ 🅾 🆅🆂🅰
geschl. Anfang Nov. 2 Wochen – **Menu** (geschl. Donnerstag) à la carte 10/20 – **15 Zim** ⎕ 35 – 50 – ½ P 8.
♦ Die kleine ländliche Herberge überzeugt ihre Gäste mit den Vorzügen einer sinnvollen Bleibe : freundliche Zimmer mit Naturholzmobiliar und zeitgemäßer Ausstattung. Eine neorustikale Einrichtung gibt dem Restaurant ein angenehmes Flair.

JORK Niedersachsen 415 416 F 13 – 10 500 Ew – Höhe 1 m.
Sehenswert : Bauernhäuser ★.
Berlin 318 – Hannover 167 – Hamburg 63 – Bremen 108.

🏨 **Zum Schützenhof**, Schützenhofstr. 16, ⌧ 21635, ℘ (04162) 9 14 60, schuetzenhof-jork@t-online.de, Fax (04162) 914691, 🍽, ✳ – 📺 🅿 – 🏛 30. 🅰🅴 ⓞ 🅾 🆅🆂🅰 🅹🅲🅱
Ollanner Buurhuus (geschl. 31. Dez. - 12. Jan., Okt. - März Donnerstag) **Menu** à la carte 17,50/27,50 – **15 Zim** ⎕ 49 – 70/80.
♦ Eine Kombination von Klinker & Fachwerk prägt die Fassade des traditionsreichen Hauses. Sie bewohnen solide ausgestattete Zimmer - im Stil einheitlich gehalten. Das Ollanner Buurhuus läßt den Gast den Charme der Region spüren.

JÜLICH Nordrhein-Westfalen 417 N 3 – 31 000 Ew – Höhe 78 m.
Berlin 607 – Düsseldorf 55 – Aachen 31 – Köln 53.

🏨 **Kaiserhof**, Bahnhofstr. 5, ⌧ 52428, ℘ (02461) 6 80 70, info@kaiserhof-juelich.de, Fax (02461) 680777, 🍽 – 🛗, ✳ Zim, 📺 ✆ 🅿 – 🏛 30. 🅰🅴 ⓞ 🅾 🆅🆂🅰
Menu (geschl. Sonntagabend - Montagmittag) à la carte 25/41 – **41 Zim** ⎕ 62/68 – 92.
♦ Ihre Zimmer sind mit unterschiedlichem Mobiliar bestückt - stets in wohnlichem Stil. Ein behagliches Ambiente schafft die Basis für einen wohltuenden Aufenthalt. Hotel-Restaurant mit klassischer Aufmachung.

JÜRGENSTORF Mecklenburg-Vorpommern siehe Stavenhagen.

JÜTERBOG Brandenburg 418 K 23 – 14 950 Ew – Höhe 75 m.
🛈 *Stadtinformation, Markt 21 (Rathaus), ⌧14913, ℘ (03372) 46 31 13, Fax (03372) 463113.*
Berlin 71 – Potsdam 58 – Cottbus 105 – Dessau 82 – Wittenberg 51.

In Kloster Zinna Nord-Ost : 4,5 km :

🏨 **Romantik Hotel Alte Försterei**, Markt 7, ⌧ 14913, ℘ (03372) 46 50, altefoerstei@romantikhotels.com, Fax (03372) 465222, 🍽 – ✳ Zim, 📺 🅿 – 🏛 55. 🅰🅴 🅾
Friedrichs Stuben : **Menu** à la carte 18/26,50 – **12 Mönche** : **Menu** à la carte 14,50/19,30 – **20 Zim** ⎕ 55/75 – 95/105.
♦ Logieren Sie hinter den alten Mauern dieses ehemaligen Forsthauses von 1765. Individuell mit Landhausmöbeln und Antiquitäten eingerichtete Zimmer. Stilvoll tafeln Sie in Friedrichs Stuben. Die Schankstube 12 Mönche befindet sich im ehemaligen Pferdestall.

JUIST (Insel) Niedersachsen 415 E 4 – 1 700 Ew – Seeheilbad – Insel der Ostfriesischen Inselgruppe, Autos nicht zugelassen.

🚢 von Norddeich (ca. 1 h 15 min), ℘ (04935) 9 10 10, Fax (04935) 910134.

🛈 Kurverwaltung, Friesenstr. 18 (Altes Warmbad), ✉ 26571, ℘ (04935) 80 91 05, info@juist.de, Fax (04935) 809223.

ab Fährhafen Norddeich : Berlin 537 – Hannover 272 – Emden 37 – Aurich/Ostfriesland 31.

Romantik Hotel Achterdiek ⌘, Wilhelmstr. 36, ✉ 26571, ℘ (04935) 80 40, info@hotel-achterdiek.de, Fax (04935) 1754, 😊, ⇔, 🔲, 🌳, – 🎿, ✕ Rest, 📺 ✈, – 🚗 20. ✕

geschl. 3. Nov. - 22. Dez. – **Wintergarten** (Tischbestellung ratsam) **Menu** à la carte 35/46 – **49 Zim** ☞ 95/160 – 245/315 – ½ P 26.

♦ Insulaner auf Zeit beziehen ihr Quartier hinter dem Deich. Ob alleine oder mit der Familie, modern oder friesisch-elegant – ein attraktives Quartier ist Ihnen hier gewiß. Klassischelegant zeigt sich das Restaurant Wintergarten.

Historisches Kurhaus Juist M ⌘, Strandpromenade 1, ✉ 26571, ℘ (04935) 91 60, hiskur.juist@t-online.de, Fax (04935) 916222, ≤, Massage, 🄵🅴, ⇔, – 🎿 📺 ✈ – 🚗 40. ⓐ ⓘ 🆅🅸🆂🅰 ✕ Rest

geschl. Dez. - Jan. – **Menu** à la carte 27,50/44 – **64 Appart.** ☞ 140/155 – 201/295 – ½ P 25.

♦ Das "weiße Schloß am Meer" wird Sie mit seinem Äußeren wie auch mit seiner Lage beeindrucken. Im Inneren erwarten den Gast stilvolle Moderne und ein gutes Platzangebot. Stuckverzierungen und Leuchter tragen zum eleganten Rahmen des Restaurants bei.

Pabst ⌘, Strandstr. 15, ✉ 26571, ℘ (04935) 80 50, info@hotelpabst.de, Fax (04935) 805155, ⌘, Massage, ♣, ⇔, 🔲, 🌳, – 🎿 📺 ✈. ✕

geschl. 13. Jan. - 19. Feb., 1. - 20. Dez. – **Menu** (geschl. Nov. - Mai Sonntagabend - Montag) 15,50 (mittags) à la carte 23/44 – **60 Zim** ☞ 115/145 – 210/290, 5 Suiten – ½ P 15.

♦ Räume mit heller, wohnlicher Einrichtung - in den Doppelzimmern häufig mit Sitzgruppen versehen - schaffen ein behagliches Ambiente. Eine gemütliche Gestaltung im friesischem Stil charakterisiert das Restaurant.

Juister Hof ⌘, Strandpromenade 2, ✉ 26571, ℘ (04935) 9 20 40, info@juister-hof.de, Fax (04935) 920433, ⇔ – 🎿 📺 ✈ ✕ 🅰🅴 ⓘ 🆅🅸🆂🅰

geschl. 8. Jan. - 20. Feb. – **Menu** (geschl. Montag) à la carte 21,50/35 – ☞ 11 – **38 Zim** 149/275 – 165/305.

♦ Ihr behagliches Refugium überzeugt Sie mit geräumigen Zimmern - teils mit Balkon und einem schönen Blick aufs Meer. Zum Komfort des Hauses gehört stets eine Küchenzeile. Rattanstühle, Holzboden und dezente Dekoration mit Bildern im Restaurant.

Friesenhof ⌘, Strandstr. 21, ✉ 26571, ℘ (04935) 80 60, anfrage@friesenhof.info, Fax (04935) 1812, ⇔, 🌳 – 🎿 📺. ✕

geschl. 6. Jan. - 8. April, 3. Nov. - 25. Dez. – **Menu** (geschl. Jan. - 3. April, 4. Nov. - Dez.) à la carte 21/36,50 – **79 Zim** ☞ 82/90 – 130/172 – ½ P 15.

♦ Eine solide Ausstattung und Wohnlichkeit zeichnen die Zimmer Ihres Domizils aus - auch als Variante für Familien. Kleine Gäste finden im Spielzimmer eine Beschäftigung. In klassischen Restauranträumen offeriert man eine große Auswahl an Fischgerichten.

Westfalenhof ⌘, Friesenstr. 24, ✉ 26571, ℘ (04935) 9 12 20, info@hotel-westfalenhof.de, Fax (04935) 912250 – 📺 ✕. ✕ Rest

geschl. 6. Jan. - 21. März, 27. Okt. - 26. Dez. – **Menu** (nur Abendessen) (Restaurant nur für Hausgäste) – **24 Zim** ☞ 69/78 – 110/160 – ½ P 12.

♦ Sie residieren in wohnlichen, gepflegten Räumen - für mehr Platz buchen Sie eines der Eckzimmer. Der Pensionscharakter des Hauses trägt zu Ihrem Wohlbefinden bei.

JUNGHOLZ IN TIROL Österreich 419 420 X 15 – Österreichisches Hoheitsgebiet, wirtschaftlich der Bundesrepublik Deutschland angeschlossen. – 320 Ew – Höhe 1 058 m – Wintersport : 1 150/1 600 m ⛷6 ⛷.

🛈 Tourismusverband Jungholz, Im Gemeindehaus 55, ✉ 87491, ℘ (08365) 81 20, info@jungholz.com, Fax (08365) 8287.

Immenstadt im Allgäu 25 – Füssen 31 – Kempten (Allgäu) 31.

Vital-Hotel Tirol ⌘, ✉ 87491, ℘ (08365) 81 61, vitalhoteltirol@netway.at, Fax (08365) 8210, ≤ Sorgschrofen und Allgäuer Berge, 😊, Massage, ⇔, 🔲, 🌳 – 🎿 ✕ 📺 🚗 🅿 – 🚗 70. 🅰🅴 ⓐ ⓘ 🆅🅸🆂🅰 ✕ Rest

geschl. Anfang Nov. - Mitte Dez. – **Menu** (nur Abendessen) (Restaurant nur für Hausgäste) – **87 Zim** ☞ 55/75 – 150/170, 3 Suiten – ½ P 15.

♦ Ihre alpenländische Urlaubsadresse ist am Rande des Dorfes plaziert. Der Gegend entsprechend, präsentiert sich das Innere des Hauses in rustikaler Machart.

JUNGHOLZ IN TIROL

Alpenhof ⊗, Am Sonnenhang 23, ⊠ 87491, ℰ (08365) 8 11 40, info@alpenhof-jungholz.de, Fax (08365) 820150, ≤, ☆, ₤₅, ≦s, ☞ – ℅ Rest, 📺 ⇔ 🅿 – 🎗 20. 🖭
🞰🞰 VISA
geschl. 22. April - 9. Mai, 3. Nov. - 13. Dez. – **Menu** à la carte 17/30 – **28 Zim** ⇌ 41/71 – 64/102 – ½ P 13.
 • Der regionstypische Stil der Herberge, die umgebende Landschaft sowie die Gastfreundschaft entsprechen Ihren Vorstellungen von einem Urlaub in Tirol. In rustikalen Stuben bewirtet man Sie mit einheimischen Speisen.

In Jungholz-Langenschwand :

Sporthotel Waldhorn ⊗, ⊠ 87491, ℰ (08365) 81 35, hotel.waldhorn.jungholz@t-online.de, Fax (08365) 8265, ≤, ☆, Massage, ≦s, 🔲, ☞ – 📺 ⇔ 🅿.
🞰 🞰🞰
geschl. 5. Nov. - 15. Dez. – **Menu** 11 à la carte 16/34 – **24 Zim** ⇌ 55/65 – 110/180 – ½ P 13.
 • Die ländliche Umgebung des Bergdorfs prägt das Interieur Ihres Domizils. Solides Holzmobiliar und Funktionalität sorgen in Ihrem Zimmer für ein behagliches Ambiente. Restaurant und gemütliche Bauernstube laden zum Verweilen ein.

Der Rote MICHELIN-Hotelführer : EUROPE
für Geschäftsreisende und Touristen.

KAARST Nordrhein-Westfalen siehe Neuss.

KAHL AM MAIN Bayern **417** P 11 – 7 200 Ew – Höhe 107 m.
Berlin 538 – München 369 – Frankfurt am Main 36 – Aschaffenburg 16.

Zeller, Aschaffenburger Str. 2 (B 8), ⊠ 63796, ℰ (06188) 91 80, rezeption@hotel-zeller.de, Fax (06188) 918100, ☆, Massage, ₤₅, ≦s, 🔲 – ℅ Zim, 📺 🅿 – 🎗 45. 🖭
🞰🞰 VISA JCB
geschl. 22. Dez. - 6. Jan. – **Menu** (geschl. Samstagmittag, Sonntag) à la carte 18,50/39 – **85 Zim** ⇌ 77/95 – 110/130.
 • Ein sympathisches, engagiert geführtes Hotel im Zentrum mit geschmackvoll eingerichteten Zimmern, guten Tagungsmöglichkeiten und gepflegten Fitnessräumen. Sie speisen in einem gemütlichen kleinen Restaurant.

Dörfler ⊗, Westring 10, ⊠ 63796, ℰ (06188) 9 10 10, info@hotel-doerfler.de, Fax (06188) 910133 – 📺 📞 🅿. 🖭 🞰 🞰🞰 VISA JCB. ✕
Menu (geschl. 27. Dez. - 10. Jan., Samstagmittag) à la carte 15/33 – **18 Zim** ⇌ 50/55 – 76/85.
 • Am Fuße des Spessarts finden Sie diesen typischen Landgasthof mit einer familiären Atmosphäre und tadellos eingerichteten, praktisch ausgestatteten Zimmern. Rustikale Gaststube.

Am Leinritt ⊗ garni, Leinrittstr. 2 (Gewerbegebiet Mainfeld), ⊠ 63796, ℰ (06188) 91 18 80, info@hotel-amleinritt.de, Fax (06188) 9118888 – ℅ 📺 📞 🅿. 🖭
🞰🞰 VISA
23 Zim ⇌ 55/65 – 82/95.
 • Eine sehr gepflegte, neugebaute Pension mit wohnlichen Zimmern, einem schönen Garten, Freizeitraum mit Bar, Billard und Dart und einer Küche für Selbstversorger.

Mainlust garni (mit Gästehaus), Aschaffenburger Str. 12 (B 8), ⊠ 63796, ℰ (06188) 20 07, Fax (06188) 2008 – 📺 🅿
23 Zim ⇌ 46 – 66.
 • Eine gut unterhaltene Pension. Die Zimmer im Haupthaus wurden kürzlich renoviert, alle Räume sind solide eingerichtet und bieten einen zeitgemäßen Standard.

KAHLA Thüringen **418** N 18 – 8 000 Ew – Höhe 170 m.
Berlin 264 – Erfurt 55 – Gera 48.

Zum Stadttor, Jenaische Str. 24, ⊠ 07768, ℰ (036424) 83 80, hotel-stadttor@web.de, Fax (036424) 83833, ☆, ≦s – ℅ Zim, 📺 📞 🅿 – 🎗 20. 🖭 🞰
🞰🞰 VISA
Menu à la carte 13,50/26 – **13 Zim** ⇌ 49/55 – 72/93.
 • Zeitgemäßes Wohnen in historischen Mauern bietet Ihnen dieses Fachwerkhaus von 1468 : Liebevoll eingerichtete Zimmer laden zum Übernachten ein. Freigelegtes Mauerwerk und Holzbalken sorgen in dem Restaurant für gemütliche Rustikalität.

KAISERSBACH Baden-Württemberg **419** T 12 – 2 100 Ew – Höhe 565 m – Erholungsort.
Berlin 575 – Stuttgart 56 – Heilbronn 53 – Schwäbisch Gmünd 50.

In Kaisersbach-Ebni Süd-West : 3 km :

Schassbergers Kur- und Sporthotel, ⌧ 73667, ✆ (07184) 29 20, info@schassbergers.de, Fax (07184) 292204, 🌳, Massage, 🏊, 🧖, 🆘, 🏊, 🎾, ※(Halle) – 🛗, ⇔ Zim, 📺 🅿 ⇔ 🅿 – 🛄 40. 🅰🅴 🆄 🆅🅸🆂🅰
Hirschstube (Tischbestellung erforderlich) (geschl. 6. Jan. - Anfang April, Sonntagabend - Montag) **Menu** à la carte 34,50/52 ♀ – **Flößerstube** : **Menu** 23 à la carte 28/42 – **47 Zim** ⊇ 70/85 – 122/185 – ½ P 22.
 ♦ Ein stilvolles Ambiente empfängt Sie hier am Ebnisee. Entspannen Sie nach einem Urlaubstag in der großzügigen Lobby und den Zimmern, die unterschiedlichen Komfort bieten. Für Gourmets : die Hirschstube. In der Flößerstube serviert man schwäbische Gerichte.

✂ **Schwobastüble** ⇔ (mit Gästehaus), Winnender Str. 81, ⌧ 73667, ✆ (07184) 6 01, schwobastueble@ebni.de, Fax (07184) 678, 🌳, 🐎 – ⇔ Zim, 📺 🅿. ※ Zim
geschl. über Fasching 3 Wochen – **Menu** (geschl. Dienstag - Mittwoch) à la carte 18,50/31 – **6 Zim** ⊇ 31 – 60/80.
 ♦ Gutbürgerliche, regionale Speisen stehen auf der Karte des rustikal-gemütlichen Gasthofes mit den bequemen, gepolsterten Sitzbänken. Hübsche Sommerterrasse zum Garten gelegen !

KAISERSESCH Rheinland-Pfalz **417** P 5 – 3 000 Ew – Höhe 455 m.
🅱 Tourist-Information, Bahnhofstr. 47, ⌧ 56759, ✆ (02653) 99 96 15, Fax (02653) 9996918.
Berlin 633 – Mainz 134 – Koblenz 43 – Trier 89 – Cochem 14 – Mayen 18.

Kurfürst ⇔, Auf der Wacht 21, ⌧ 56759, ✆ (02653) 9 89 10, waldhotel.kurfuerst @gmx.de, Fax (02653) 989119, 🌳, 🐎 – 🛗, ⇔ Zim, 📺 🅿 🅿. 🅾 🆅🅸🆂🅰. ※ Zim
Menu (geschl. Jan. - März Freitag) à la carte 18,50/31 – **24 Zim** ⊇ 40/56 – 62/76.
 ♦ Direkt am Waldrand plaziertes Hotel. Die Zimmer wurden größtenteils renoviert und haben Balkone oder Terrassen, so daß man die Ruhe der Umgebung voll und ganz genießen kann. Vom bürgerlichen Restaurant aus blicken Sie in den Garten.

KAISERSLAUTERN Rheinland-Pfalz **417** R 7 – 100 600 Ew – Höhe 235 m.
⛳ Mackenbach (West : 17 km über ③ und Weilerbach), ✆ (06374) 99 46 33 ; ⛳ Börrstadt, Röderhof 3 (Ost : 22 km über ①), ✆ (06357) 9 60 94.
🅱 Tourist Information, Rathaus, Willy-Brandt-Platz 1, ⌧ 67653, ✆ (0631) 3 65 23 17, Fax (0631) 3652723.
🅱 Tourist Information am Hauptbahnhof, Richard-Wagner-Str. 107, ⌧ 67653, ✆ (0631) 4 14 52 39, Fax (0631) 4145241.
ADAC, Altstadt-Parkhaus, Salzstraße.
Berlin 642 ① – Mainz 90 ① – Saarbrücken 70 ③ – Karlsruhe 88 ② – Mannheim 61 ① – Trier 115 ③

Stadtpläne siehe nächste Seiten

Dorint, St.-Quentin-Ring 1, ⌧ 67663, ✆ (0631) 2 01 50, info.kltkai@dorint.com, Fax (0631) 27640, 🌳, Massage, 🆘, 🅿, 🐎 – 🛗, ⇔ Zim, 📺 Rest, 📺 🅿 ⇔ 🅿 – 🛄 160. 🅰🅴 🅾 🆄 🆅🅸🆂🅰 🅹🅲🅱. ※ Rest über Kantstr. D
Menu à la carte 28,50/44 – ⊇ 15 – **149 Zim** 105/183 – 120/183.
 ♦ Ein komfortables Hotel mit einem gut ausgestatteten Tagungszentrum, einer Nichtraucheretage und der gepflegten Dorimare-Freizeitlandschaft.

Schulte garni (Appartementhaus), Malzstr. 7, ⌧ 67663, ✆ (0631) 20 16 90, info@hotel-schulte.de, Fax (0631) 2016919, 🆘 – 🛗 ⇔ 📺 ♿ 🅿 – 🛄 20. 🅰🅴 🅾 🆄 🆅🅸🆂🅰. ※
geschl. 20. Dez. - 7. Jan. – **16 Suiten** ⊇ 98/128 – 120/184. C b
 ♦ Unterhalb des berühmten Betzenbergs befindet sich dieses gehobene, elegant eingerichtete All-Suite-Hotel, dessen Appartements mit französischen Stilmöbeln bestückt sind.

Stadthotel garni, Friedrichstr. 39, ⌧ 67655, ✆ (0631) 36 26 30, stadthotel-kl@t-online.de, Fax (0631) 3626350 – 📺. 🅰🅴 🅾 🆄 🆅🅸🆂🅰. ※ D c
21 Zim ⊇ 58/70 – 76/85.
 ♦ Ein gut geführtes Haus in Zentrumsnähe mit wohnlichen und praktisch eingerichteten Zimmern. Im Frühstücksraum mit Buffet können Sie sich für den Tag stärken.

Zollamt garni, Buchenlochstr. 1, ⌧ 67663, ✆ (0631) 3 16 66 00, zollamt-hotel-garni @t-online.de, Fax (0631) 3166666 – 📺 – 🛄 20. 🅰🅴 🅾 🆄 🆅🅸🆂🅰. ※ B e
20 Zim ⊇ 72/97 – 90/120.
 ♦ Stilvolle, schlichte Modernität finden Sie in den behaglich und mit Liebe zum Detail ausgestatteten Zimmern des Stadthauses mit der farbig gestalteten Fassade.

KAISERSLAUTERN

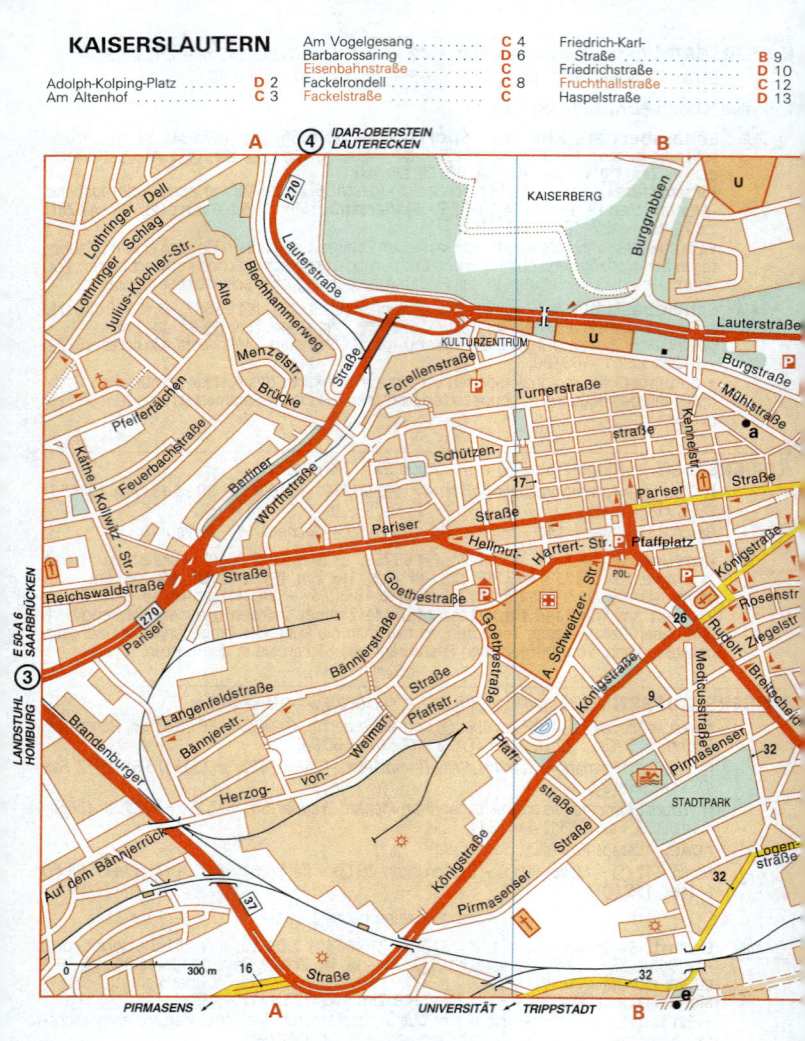

Adolph-Kolping-Platz . . . . . . **D** 2	Am Vogelgesang . . . . **C** 4	Friedrich-Karl-
Am Altenhof . . . . **C** 3	Barbarossaring . . . . **D** 6	Straße . . . . **B** 9
	Eisenbahnstraße . . . . **C**	Friedrichstraße . . . . **D** 10
	Fackelrondell . . . . **C** 8	*Fruchthallstraße* . . . . **C** 12
	Fackelstraße . . . . **C**	Haspelstraße . . . . **D** 13

🏨 **Lautertalerhof** garni, Mühlstr. 31, ✉ 67659, ✆ (0631) 3 72 60, *info@lautertaler hof.de*, Fax (0631) 73033 – 📺. AE ⓪ ⓶ VISA. ❀
19 Zim ⌑ 57 – 77. **B a**
♦ Ein gepflegtes und gut geführtes Hotel im Zentrum mit einfach und schlicht eingerichteten Zimmern, die mit hellem Holz solide möbliert sind.

🍴 **Uwe's Tomate**, Schillerplatz 4, ✉ 67655, ✆ (0631) 9 34 06, *Fax (0631) 696187*, ☘
🕸 – ⓶ VISA **C a**
geschl. Sonntag - Montag – **Menu** 34/64 à la carte 30,50/51,50 ℤ.
♦ In dem Restaurant mit dem Flair moderner Eleganz verwöhnt der Küchenchef Sie mit seinen Kreationen der klassischen, mediterran und auch regional geprägten Küche.
Spez. Dreierlei von der Gänsestopfleber mit Apfelsalat. Zander mit Rahmkraut und Weißwein-Schalotten-Schaum. Lammrücken mit Thymian-Rosmarinkruste und zweierlei Bohnen.

Hohenecker Straße	**A** 16	Ottostraße	**C** 23	Schneiderstraße	**C** 28
Kammgarnstraße	**B** 17	Riesenstraße	**C** 24	Spittelstraße	**C** 29
Kerststraße	**C** 18	Salzstraße	**C** 25	Stiftsplatz	**C** 31
Marktstraße	**C**	St.-Marien-Platz	**B** 26	Trippstadter Straße	**B** 32
Martin-Luther-Str.	**C** 20	Schillerplatz	**C** 27	Willy-Brandt-Platz	**C** 35

✕ **Bistro 1A**, Pirmasenser Str. 1a, ✉ 67655, ✆ (0631) 6 30 59, Fax (0631) 92104, 🍴 – **C** f
geschl. Sonn- und Feiertage – **Menu** *20 à la carte 14,50/27,50.*
♦ Ein farbenfroh gestaltetes Bistro mit einem breitgefächerten Angebot an internationalen Gerichten mit italienischem Einschlag und einem ansprechenden Vorspeisenbuffet.

In Kaiserslautern-Eselsfürth *Nord-Ost : 6 km über Mainzer Straße* **D** :

🏠 **Barbarossahof** (mit Gästehaus), Eselsfürth 10, ✉ 67657, ✆ (0631) 4 14 40, *hotel @barbarossahof.com, Fax (0631) 470785,* 🍴 – ⚑ Zim, 📺 🚗 🅿 – 🔔 100. 🅰🅴
Menu à la carte 16/32 – **155 Zim** ⌑ 59/100 – 85/165.
♦ Ein traditionsreicher Gasthof am Stadtrand, der sich zu einem Hotel mit zeitgemäßen Zimmern und Tagungsmöglichkeiten entwickelt hat. Auch für größere Gruppen geeignet. Im Sommer ergänzt eine Terrasse das gediegen-bürgerliche Restaurant.

KAISERSLAUTERN

In Kaiserslautern-Dansenberg *Süd-West : 6 km über Hohenecker Straße* A :

XX **Landhaus Woll**, Dansenberger Str. 64, ✉ 67661, ℘ (0631) 5 16 02, *info@landhaus-woll.de*, Fax (0631) 91061, 🍴 – 🅿. 🆎 ⓞ ⓜⓞ 💳
geschl. Dienstag – **Menu** à la carte 17/33,50.
♦ In gemütlichem, rustikalem Ambiente nehmen Sie auf gepolsterten Sitzbänken zum Speisen Platz. Die Küche bietet Internationales und bodenständige Gerichte.

In Kaiserslautern-Hohenecken *Süd-West : 7 km über Hohenecker Straße* A :

🏠 **Landgasthof Burgschänke**, Schloßstr. 1, ✉ 67661, ℘ (0631) 35 15 30, Fax (0631) 56301, Biergarten – 📺 🅿. – 🛁 50. 🆎 ⓞ ⓜⓞ 💳
Menu à la carte 15/35 – **45 Zim** ⊇ 50/60 – 70/80.
♦ Ein Gasthof vom Anfang des 19. Jh. Zusätzlich zum rustikalen Haupthaus mit wohnlichen Zimmern gibt es ein modernes Gästehaus mit weiteren bequemen Quartieren. Ein offener Kamin erzeugt in dem rustikalen Restaurant eine gemütliche Atmosphäre.

KALBACH *Hessen siehe Neuhof.*

KALKAR *Nordrhein-Westfalen* 417 K 2 – *13 800 Ew – Höhe 18 m*.
Sehenswert : *Nikolaikirche (Ausstattung*★★*).*

🏌 🏌 Kalkar-Niedermörmter, Mühlenhof (Ost : 5 km), ℘ (02824) 92 40 40 ; 🏌 Bedburg-Hau, Schloß Moyland, (Nord-West : 4 km), ℘ (02824) 9 52 50.

🅱 *Stadt Kalkar Kultur u. Tourismus, Markt 20,* ✉ 47546, ℘ (02824) 1 31 20, *info@kalkar.de,* Fax (02824) 13234.
Berlin 587 – *Düsseldorf* 81 – Nijmegen 35 – Wesel 35.

🏠 **Siekmann**, Kesselstr. 32, ✉ 47546, ℘ (02824) 9 24 50, Fax (02824) 3105, 🍴, ≘s,
 ▭ – ↔ Zim, 📺 ⇔. 🆎 ⓜⓞ 💳
geschl. 23. Dez. - 6. Jan. – **Menu** *(geschl. Mittwoch)* à la carte 15/33,50 – **11 Zim** ⊇ 45/55 – 75/85.
♦ Hinter einer Klinkerfassade im Herzen der mittelalterlichen Stadt liegt das familiengeführte Hotel mit den sehr sauberen und gepflegten Zimmern. Gemütliches Restaurant im altdeutschen Stil mit Klinkerkamin und bleiverglasten Fenstern.

XX **Ratskeller**, Markt 20, ✉ 47546, ℘ (02824) 24 60, Fax (02824) 2092, 🍴 – ⓞ 💳. 🍽
geschl. Ende Juli - Anfang Aug., Montag – **Menu** à la carte 22,50/34.
♦ Das Ziegelgewölbe des alten Rathauses ist aus dem 15. Jh. Es erwartet die Gäste ein rustikal-elegantes Ambiente mit engagiertem, freundlichem Service.

X **De Gildenkamer**, Kirchplatz 2, ✉ 47546, ℘ (02824) 42 21, *info@gildenkamer.de*, Fax (02824) 4221, 🍴 – 🆎 ⓜⓞ 💳
geschl. Anfang Feb. 1 Woche, Dienstag – **Menu** à la carte 25,50/38.
♦ Ländlich und doch stilvoll ist die Einrichtung in dem historischen Bürgerhaus aus dem 14. Jh. Beachten Sie die beeindruckenden Wand- und Deckengemälde.

KALL *Nordrhein-Westfalen* 417 O 3 – *10 600 Ew – Höhe 377 m*.
Berlin 633 – Düsseldorf 94 – *Aachen* 56 – Euskirchen 24.

In Kall-Steinfeld *Süd : 7 km :*

X **Zur alten Abtei**, Hermann-Josef-Str. 33, ✉ 53925, ℘ (02441) 77 79 88, *zuraltenabtei@aol.com*, Fax (02441) 7799958, 🍴 – 🆎 ⓞ 💳
geschl. Feb. - März 3 Wochen, 20. - 31. Okt., Mittwoch – **Menu** à la carte 23,50/35,50.
♦ Freuen Sie sich auf eine internationale Küche mit regionalem Einschlag, eine gute Weinauswahl und das gemütliche Ambiente dieses 250-jährigen Gasthofs.

KALLMÜNZ *Bayern* 420 S 19 – *3 000 Ew – Höhe 344 m*.
Sehenswert : *Burgruine : ≤*★.
Berlin 479 – München 151 – *Regensburg* 29 – Amberg 37 – Nürnberg 80.

X **Zum Goldenen Löwen** mit Zim, Alte Regensburger Str. 18, ✉ 93183, ℘ (09473) 3 80, Fax (09473) 90090, 🍴 – 🆎 ⓜⓞ 💳. 🍽 Rest
Menu *(geschl. Montag, im Winter Montag - Dienstag) (wochentags nur Abendessen)* (Tischbestellung erforderlich) à la carte 19/28 – **6 Zim** ⊇ 33 – 65.
♦ Es erwartet Sie ein Landgasthaus a. d. 17. Jh. Gemütlich-urige Gaststuben, Kunst an den Wänden und eine lauschige Hofterrasse sorgen für Atmosphäre.

KALLSTADT
Rheinland-Pfalz 417 419 R 8 – 1 200 Ew – Höhe 196 m.
Berlin 636 – Mainz 69 – Mannheim 26 – Kaiserslautern 37 – Neustadt an der Weinstraße 18.

Kallstadter Hof, Weinstr. 102, ⊠ 67169, ℰ (06322) 89 49, kallstadterhof@aol.com, Fax (06322) 66040, 🍴 – TV ✆ P. ⓜ VISA
Menu à la carte 20/36 – **14 Zim** ⊇ 55/75 – 65/100.
• In dem ehemaligen Pfälzer Weingut befindet sich heute ein Hotel mit geräumigen, komfortablen Zimmern und einer freundlichen Atmosphäre. Viele Ausflugsmöglichkeiten. Gemütliches Restaurant mit historischem Weinkeller aus dem 17. Jh.

Weinkastell Zum Weißen Roß mit Zim, Weinstr. 80, ⊠ 67169, ℰ (06322) 50 33, Fax (06322) 66091 – TV. AE ⓜ VISA
geschl. Jan. - Mitte Feb., Ende Juli - Anfang Aug. 1 Woche – **Menu** (geschl. Montag - Dienstag) à la carte 36/50 – **13 Zim** ⊇ 77 – 98/103.
• Vom hausgemachten Saumagen bis zum Hummer finden Sie auf der Karte dieses sympathisch-rustikalen Restaurants eine wohlschmeckende Auswahl an Gerichten der gehobenen Küche.

Breivogel, Freinsheimer Str. 89, ⊠ 67169, ℰ (06322) 6 11 08, Fax (06322) 980950, 🍴 – P
Menu à la carte 15/33.
• Wenn Sie Wert auf bodenständige Kost legen, sollten Sie die Küche dieses pfälzischen Restaurants probieren. Für zu Hause empfehlen sich die gutseigenen Weine.

KALTENBORN
Rheinland-Pfalz siehe Adenau.

KALTENENGERS
Rheinland-Pfalz 417 O 6 – 1 800 Ew – Höhe 60 m.
Berlin 589 – Mainz 111 – Koblenz 11 – Bonn 52 – Wiesbaden 113.

Rheinhotel Larus M 🌿, In der Obermark 7, ⊠ 56220, ℰ (02630) 9 89 80, rheinhotel-larus@t-online.de, Fax (02630) 989898, 🍴 – 🛗, ⛔ Zim, TV ✆ ⇔ P – 🏛 50. AE ⓘ ⓜ VISA
Menu à la carte 23,50/40 – **32 Zim** ⊇ 70/100 – 82/140.
• Direkt am Rhein liegt das moderne Hotel mit den soliden und neuzeitlichen Zimmern und Appartements. Aufgrund der technischen Ausstattung gut geeignet für Tagungen. Neuzeitlich-gediegen ist die Einrichtung des Hotelrestaurants mit Blick auf den Rhein.

KALTENKIRCHEN
Schleswig-Holstein 415 416 E 13 – 18 000 Ew – Höhe 30 m.
🏌 Kisdorferwohld, Am Waldhof 3 (Ost : 13 km), ℰ (04194) 9 97 40.
Berlin 316 – Kiel 61 – Hamburg 42 – Itzehoe 40 – Lübeck 63.

Landhotel Dreiklang M, Norderstr. 6, ⊠ 24568, ℰ (04191) 92 10, info@landhotel-dreiklang.de, Fax (04191) 921100, 🍴, direkter Zugang zur Holstentherme, ⛲, ☒, 🛏, 🍴 – 🛗, ⛔ Zim, TV ✆ P. – 🏛 45. AE ⓜ VISA
Menu 25/52 und à la carte – **60 Zim** ⊇ 99/105 – 119/125, 4 Suiten.
• Vor den Toren Hamburgs finden Sie dieses neue Tagungshotel, das komplett im eleganten Landhausstil eingerichtet ist. Die warmen Farben erzeugen ein behagliches Ambiente. In den Restaurants Lorbeer und Speisekammer setzt sich das hübsche Design des Hotels fort.

Kleiner Markt mit Zim, Königstr. 7, ⊠ 24568, ℰ (04191) 9 99 20, ue@hotelkleinermarkt.de, Fax (04191) 89785 – TV P. AE ⓘ ⓜ VISA
Menu (geschl. über Karneval 1 Woche, Okt. 2 Wochen, Samstag - Sonntagmittag) à la carte 18,50/29,50 – **9 Zim** ⊇ 47 – 72.
• Spezialitäten aus Schleswig-Holstein und bodenständige Gerichte serviert man den Gästen des bürgerlichen Restaurants mit Sitznischen und gepolsterten Bänken.

KALTENNORDHEIM
Thüringen 418 O 14 – 2 100 Ew – Höhe 460 m.
Berlin 395 – Erfurt 115 – Fulda 44 – Bad Hersfeld 74.

Auf dem Ellenbogen Süd-West : 12 km – Höhe 814 m :

Eisenacher Haus 🌿, ⊠ 98634 Erbenhausen, ℰ (036946) 36 00, hotel-eisenacher-haus@t-online.de, Fax (036946) 36060, ≤, Biergarten, ⛲ – TV ⚒ P. – 🏛 50. AE ⓘ ⓜ VISA
Menu à la carte 15/29 – **44 Zim** ⊇ 35/60 – 58/80 – ½ P 15.
• Der traditionsreiche Berggasthof liegt in der thüringischen Rhön. Die Zimmer sind teils einfach-rustikal, teils bieten Sie guten modernen Komfort. Viele Freizeitmöglichkeiten. Sie speisen in gepflegten Restauranträumen.

KAMEN Nordrhein-Westfalen L 6 – 47 000 Ew – Höhe 62 m.
Berlin 476 – Düsseldorf 89 – Dortmund 25 – Hamm in Westfalen 15 – Münster (Westfalen) 48.

Nahe der A 1 - Ausfahrt Kamen-Zentrum Süd : 2 km :

Holiday Inn M, Kamen Karree 2/3, ⊠ 59174 Kamen, ℘ (02307) 96 90, kamen@eventhotels.com, Fax (02307) 969666, ≘s – 📳, ⇔ Zim, 🍴 Rest, 📺 📞 ♿ 🅿 – 🔬 120. 🖭 ⓘ ⓜ 🅥🅢🅐 🇯🇨🇧
Menu à la carte 23/37 – ⊇ 13 – **93 Zim** 102/109.
• Das neuere Tagungshotel liegt an der Grenze zwischen den Städten Kamen und Unna. Alle Zimmer sind mit hellen Buchenholzmöbeln praktisch und komfortabel eingerichtet.

Fragen Sie Ihren Buchhändler nach dem aktuellen Katalog des Michelin Reise-Verlags.

KAMENZ Sachsen M 26 – 18 000 Ew – Höhe 200 m.
🛈 Kamenz-Information, Pulsnitzer Str. 11, ⊠ 01917, ℘ (03578) 7 00 01 11, Fax (03578) 7000119.
Berlin 171 – Dresden 47 – Bautzen 24.

Goldner Hirsch, Markt 10, ⊠ 01917, ℘ (03578) 30 12 21, hotel-goldener-hirsch@t-online.de, Fax (03578) 304497, Biergarten – 📳 📺 📞 🅿 – 🔬 30. 🖭 ⓘ ⓜ 🅥🅢🅐
Menu à la carte 16,50/28 – **22 Zim** ⊇ 45/85 – 66/100.
• Das schöne historische Stadthaus ist behutsam renoviert worden und beherbergt nun elegante, mit Stilmöbeln in Kirschbaumholz eingerichtete Zimmer mit individueller Atmosphäre. Eine schöne Gewölbedecke ziert die Ratsstube.

Villa Weiße garni, Poststr. 17, ⊠ 01917, ℘ (03578) 37 84 70, villa-weisse@kamenz.de, Fax (03578) 3784730, 🌳, ≘s – 📺 📞 🅿 ⓜ 🅥🅢🅐
14 Zim ⊇ 45/55 – 66/77.
• In der von einem Park umgebenen Villa des Kunst- und Handelsgärtners Wilhelm Weiße befindet sich heute ein gepflegtes Hotel. Wechselnde Bilderausstellungen !

KAMPEN Schleswig-Holstein siehe Sylt (Insel).

KANDEL Rheinland-Pfalz S 8 – 8 400 Ew – Höhe 128 m.
Berlin 681 – Mainz 122 – Karlsruhe 20 – Landau in der Pfalz 16 – Speyer 40.

Zur Pfalz, Marktstr. 57, ⊠ 76870, ℘ (07275) 9 85 50, info@hotelzurpfalz.de, Fax (07275) 9855496, 🌳, ≘s – 📳 📺 🅿 – 🔬 30. ⓘ ⓜ 🅥🅢🅐
Menu (geschl. Ende Juli - Anfang Aug., Montagmittag) à la carte 20/40 – **48 Zim** ⊇ 59/65 – 77/85.
• Mit pfälzischer Freundlichkeit werden die Gäste dieses Hotels empfangen. Solide und praktisch ausgestattete Zimmer sowie ein kleiner Wellnessbereich runden das Angebot ab. Gediegen-rustikales Lokal - im Sommer mit Gartenrestaurant.

KANDERN Baden-Württemberg W 7 – 7 800 Ew – Höhe 352 m.
Ausflugsziel : Vogelpark Steinen★ (Süd-Ost : 10 km).
⛳ Kandern, Feuerbacherstr. 35, ℘ (07626) 97 79 90.
🛈 Verkehrsamt, Hauptstr. 18, ⊠ 79400, ℘ (07626) 97 23 56, verkehrsamt@kandern.de, Fax (07626) 972357.
Berlin 845 – Stuttgart 252 – Freiburg im Breisgau 46 – Basel 21 – Müllheim 15.

Zur Weserei (mit Gästehaus), Hauptstr. 81, ⊠ 79400, ℘ (07626) 70 00, weserei@t-online.de, Fax (07626) 6581, 🌳, ≘s – 📳 📺 🚗 🅿 ⓜ 🅥🅢🅐
Menu (geschl. 23. Feb. - 4. März, Montag - Dienstagmittag) à la carte 27/45 – **24 Zim** ⊇ 35/53 – 52/94 – ½ P 21.
• Erholung im Markgräfler Land : Im 1987 eröffneten Hotelgästehaus des historischen Gasthofs erwarten die Gäste komfortable, mit Wurzelholzmöbeln eingerichtete Zimmer. Urige Gaststuben mit rustikalem Flair.

In Kandern-Egerten Süd : 8 km über Wollbach :

Jägerhaus, Wollbacher Str. 24, ⊠ 79400, ℘ (07626) 87 15, info@restaurant-jaegerhaus.de, Fax (07626) 970549 – ⇔ 🅿 ⓜ 🅥🅢🅐
geschl. Jan. 3 Wochen, Aug. 3 Wochen, Sonntagabend - Dienstag – **Menu** (wochentags nur Abendessen) (Tischbestellung ratsam) à la carte 32/46.
• Nach einem schmackhaften Essen können Sie sich in dem kleinen Museum, das in einem Nebenraum untergebracht ist, die Ausstellung über das Lebenswerk von Max Böhlen anschauen.

KAPPEL-GRAFENHAUSEN Baden-Württemberg 419 V 7 – 4 200 Ew – Höhe 162 m.
Berlin 772 – Stuttgart 165 – Freiburg 39 – Offenburg 31 – Strasbourg 45.

Im Ortsteil Grafenhausen :

Engel, Hauptstr. 90, ⌂ 77966, ℘ (07822) 6 10 51, hb@engel-grafenhausen.de, Fax (07822) 61056, 🍽 – 📺 🅿 ⓜ VISA
Menu (geschl. Nov. 3 Wochen, Mittwoch) (wochentags nur Abendessen) à la carte 11,50/30 – **15 Zim** ⊑ 44/64 – 67.
♦ In der Nähe des Europaparks Rust : Als besonders familienfreundlich empfiehlt sich dieser Gasthof, der sich durch modern eingerichtete, solide Zimmer auszeichnet. Ländliches Restaurant mit neuer, heller Holzbestuhlung.

KAPPELN Schleswig-Holstein 415 C 13 – 10 000 Ew – Höhe 15 m.
🏌 Rabenkirchen-Faulück, Morgensterner Str. 6 (Süd-Ost : 6 km über die B 201), ℘ (04642) 38 53.
🛈 Tourist-Information, Schleswiger Str. 1, ⌂ 24376, ℘ (04642) 40 27, touristinfo@kappeln.de, Fax (04642) 5441.
Berlin 404 – Kiel 60 – Flensburg 48 – Schleswig 32.

Thomsen's Motel garni, Theodor-Storm-Str. 2, ⌂ 24376, ℘ (04642) 10 52, Fax (04642) 7154 – 🛏 📺 🅿 ⓜ 🏊
geschl. 20. Dez. - 15. Jan. – **26 Zim** ⊑ 44/52 – 77/85.
♦ Das Richtige für einen Urlaub an der Schlei : solide eingerichtete Räume im ehemaligen Rathaus. Im Erdgeschoß haben die Zimmer Kochgelegenheiten und sind von außen zu betreten.

Stadt Kappeln mit Zim, Schmiedestr. 36, ⌂ 24376, ℘ (04642) 40 21, hotel-stadt-kappeln@t-online.de, Fax (04642) 5555 – 📺 🅿 – 🛋 200. AE ⓞ ⓜ VISA
Menu à la carte 22/41 – **8 Zim** ⊑ 56 – 77.
♦ Die Küche des gemütlichen Restaurants in dem hübschen Altstadthaus legt Wert auf frische Produkte und bewirtet ihre Gäste mit leicht gehobenen regionalen Gerichten.

Speicher No. 5, Am Hafen 19a, ⌂ 24376, ℘ (04642) 54 51, Fax (04642) 5451
geschl. Jan., Montag – **Menu** (wochentags nur Abendessen) (Tischbestellung ratsam) à la carte 25/34.
♦ Ein kleines, unaufdringlich und schlicht dekoriertes Restaurant in einem ehemaligen Speicherhaus am Hafen. Am Herd steht der Chef, den Service leitet die charmante Chefin.

KAPPELRODECK Baden-Württemberg 419 U 8 – 5 900 Ew – Höhe 219 m – Erholungsort.
🛈 Tourist-Information, Hauptstr. 65 (Rathaus), ⌂ 77876, ℘ (07842) 8 02 10, Fax (07842) 80275.
Berlin 731 – Stuttgart 132 – Karlsruhe 60 – Freudenstadt 40 – Offenburg 31 – Baden-Baden 38.

Zum Prinzen, Hauptstr. 86, ⌂ 77876, ℘ (07842) 9 47 50, zumprinzen@zumprinzen.de, Fax (07842) 947530, 🍽 – 🛗 📺 🅿 – 🛋 30. AE ⓞ ⓜ VISA
geschl. 6. - 24. Jan. – **Menu** (geschl. 23. Juni - 9. Juli, Montag) à la carte 19,50/30,50 – **14 Zim** ⊑ 45/50 – 67/70.
♦ Urlaub im Nordschwarzwald : In dem malerischen Weinort erwartet Sie dieser typische badische Gasthof mit praktischen Zimmern - ein guter Ausgangspunkt für Wanderungen. Unterteiltes, gemütlich-rustikales Restaurant.

In Kappelrodeck-Waldulm Süd-West : 2,5 km :

Zum Rebstock mit Zim, Kutzendorf 1, ⌂ 77876, ℘ (07842) 94 80, rebstock_waldulm@t-online.de, Fax (07842) 94820, 🍽 – 📺 🅿
geschl. Nov. 3 Wochen – **Menu** (geschl. Montag) (Tischbestellung ratsam) à la carte 19,50/31,50 – **11 Zim** ⊑ 32/45 – 62/78 – ½ P 17.
♦ Ein attraktiver badischer Landgasthof von 1750. Nehmen Sie Platz in den gemütlichen und liebevoll dekorierten Gaststuben und lassen Sie sich mit Schmackhaftem verwöhnen.

KARBEN Hessen 417 P 10 – 22 000 Ew – Höhe 160 m.
Berlin 29 – Wiesbaden 56 – Frankfurt am Main 18 – Gießen 60.

Neidharts Küche, Robert-Bosch-Str. 48 (Gewerbegebiet), ⌂ 61184, ℘ (06039) 93 44 43, Fax (06039) 934446, 🍽 – AE ⓞ ⓜ VISA
geschl. Anfang Jan. 1 Woche, Juli - Aug. 2 Wochen, Montag, Samstagmittag – **Menu** à la carte 25/34,50.
♦ Das hell und modern eingerichtete Restaurant liegt etwas abseits in einem Industriegebiet und bietet den Gästen regionale Frankfurter Küche und internationale Gerichte.

KARBEN

In Karben-Groß-Karben :

Quellenhof, Brunnenstr. 7, ⊠ 61184, ℰ (06039) 33 04, info@quellenhof-karben.de, Fax (06039) 43272, 佘, ※(Halle) – ⧆, ⇆ Zim, ⊡ 🄿 – 🕭 30. 🕮 ⦿ 🆅🅸🆂🅰 🅹🅲🅱
Menu *(geschl. Samstagmittag)* à la carte 18/35,50 – **18 Zim** ⥂ 80 – 98.
• Solide Zimmer, in denen mit verschiedenen Farben freundliche Akzente gesetzt wurden, und eine kleine Beautyfarm erwarten die Gäste dieses Hotels mit Landhausatmosphäre. Korbsessel und ein gut abgestimmtes Dekor geben dem Restaurant einen eleganten Touch.

Ihre Meinung über die von uns empfohlenen Restaurants,
deren Spezialitäten sowie die angebotenen regionalen Weine,
interessiert uns sehr.

KARLSDORF-NEUTHARD Baden-Württemberg siehe Bruchsal.

KARLSFELD Bayern 419 420 V 18 – 16 000 Ew – Höhe 490 m.

Berlin 585 – München 19 – Augsburg 55.

Schwertfirm garni, Adalbert-Stifter-Str. 5, ⊠ 85757, ℰ (08131) 9 00 50, Fax (08131) 900570 – ⧆ ⇆ ⊡ ⟺ 🄿 – 🕭 20. 🕮 ⦿ 🆅🅸🆂🅰. ※
50 Zim ⥂ 62/80 – 80/105.
• Eine nette Übernachtungsadresse ist dieses gut geführte Hotel mit gepflegten Zimmern. Auch die günstige Lage und die familiäre Atmosphäre sprechen für dieses Haus.

KARLSHAFEN, BAD Hessen 417 418 L 12 – 4 300 Ew – Höhe 96 m – Solheilbad.

Sehenswert : Hugenottenturm ≤*.

🄱 Kurverwaltung, Hafenplatz 8, Rathaus, ⊠ 34385, ℰ (05672) 99 99 22, kurverw.bad-karlshafen@t-online.de, Fax (05672) 999925.

Berlin 376 – Wiesbaden 276 – Kassel 48 – Hameln 79 – Göttingen 65.

Hessischer Hof, Carlstr. 13, ⊠ 34385, ℰ (05672) 10 59, info@hess-hof.de, Fax (05672) 2515, 佘 – ⊡. 🕮 ⦿ 🆅🅸🆂🅰
geschl. 1. - 8. März – **Menu** *(geschl. Nov. - Feb. Montag)* à la carte 13,50/31 – **20 Zim** ⥂ 40/55 – 70 – ½ P 8.
• Nahe der Weser : Ein gestandener Gasthof mit solide eingerichteten Zimmern. Besonderer Service für Fahrradtouristen : abschließbare Unterstellmöglichkeiten. Großes Restaurant mit Wintergarten.

Zum Weserdampfschiff, Weserstr. 25, ⊠ 34385, ℰ (05672) 24 25, Fax (05672) 8119, ≤, 佘 – ⊡ ⟺ 🄿.
Menu *(geschl. Nov. - Feb., Montag)* à la carte 14/32 – **14 Zim** ⥂ 35/60 – 70/78.
• Ein Gasthaus mit Tradition in schöner Lage direkt an der Weser : Seit 150 Jahren ist das Landhaus mit den geschmackvollen Zimmern in Familienbesitz. Sie speisen in dem renovierten Restaurant oder auf der Terrasse mit Blick auf den Fluß.

KARLSHAGEN Mecklenburg-Vorpommern siehe Usedom (Insel).

KARLSRUHE Baden-Württemberg 419 S 9 – 270 000 Ew – Höhe 116 m.

Sehenswert : Staatliche Kunsthalle★ *(Gemälde altdeutscher Meister★★, Hans-Thoma-Museum★, Sammlung klassischer Moderne★)* EX **M1** – Schloss★ *(Badisches Landesmuseum★)* EX **M3** – Botanischer Garten *(Pflanzenschauhäuser★)* EX – Staatl. Museum für Naturkunde★ EY – Museum beim Markt *(Jugendstilsammlung★)* **M4** EX – ZKM *(Zentrum für Kunst und Medientechnologie)*★ EY.

🔓 Karlsruhe, Gut Scheibenhardt AV, ℰ (0721) 86 74 63 ; 🔓 Königsbach-Stein, Hofgut Johannesthal (Ost : 23 km über ③), ℰ (07232) 80 98 60.

Karlsruher Kongreß- und Ausstellungszentrum EY, Festplatz 3 (Ettlinger Straße), ℰ (0721) 3 72 00.

🄱 Tourist-Information, Bahnhofplatz 6, ⊠ 76137, ℰ (0721) 37 20 53 83, tourismus@karlsruhe-messe-kongress.de, Fax (0721) 37205385.

🄱 Stadtinformation, Karl-Friedrich-Str. 9, ⊠ 76133, ℰ (0721) 37 20 53 76, Fax (0721) 37205389.

ADAC, Steinhäuserstr. 22.

Berlin 675 ② – Stuttgart 88 ④ – Mannheim 71 ② – Saarbrücken 143 ⑦ – Strasbourg 82 ⑤

KARLSRUHE

Adenauerring		AT
Allmendstraße		AV 5
Am Sportpark		BT 6
Am Wald		AT 9
Belchenstraße		AV 19
Breslauer Straße		BT 20
Daxlander Straße		AU 22
Durlacher Allee		BU 23
Durmersheimer Straße		AU 25
Eckenerstraße		AU 26
Erzbergerstraße		AT
Ettlinger Allee		AV 31
Gerwigstraße		BU 35
Haid-und-Neu-Straße		BTU 38
Hardtstraße		AU 41
Herrenalber Straße		AV
Hertzstraße		AT
Hirtenweg		BT
Honsellstraße		AU 47
Kapellenstraße		BU 53
Karl-Wilhelm-Straße		BU 55
Killisfeldstraße		BU 56
Kriegsstraße		BU
Lameystraße		AU 58
Lange Straße		AV 59
Linkenheimer Landstraße		AT 61
Michelinstraße		AU 62
Mitteltorstraße		AT 73
Neureuter Hauptstraße		AT 77
Neureuter Querallee		AT 79
Neureuter Straße		AT
Nürnberger Straße		AV 82
Ostring		BU 83
Ottostraße		BU
Pulverhausstraße		AU
Rastatter Straße		AV 87
Rheinbrückenstraße		AT 90
Rheinhafenstraße		AU 92
Rheinstraße		AT 93
Rintheimer Querallee		BT 94
Siemensallee		AT 100
Starckstraße		AU 101
Steinkreuzstraße		BV 103
Stuttgarter Straße		BU 106
Sudetenstraße		AT
Theodor-Heuss-Allee		BT
Tullastraße		BU 107
Welschneureuter Straße		AT 115
Willy-Brandt-Allee		AT
Wolfartsweierer Straße		BU 124
Zeppelinstraße		AU 126

755

KARLSRUHE

Street	Grid	No.
Adenauerring	DX	2
Akademiestraße	DX	3
Am Stadtgarten	EZ	8
Amalienstraße	DX	12
Bahnhofplatz	EZ	13
Bahnhofstraße	EZ	14
Bannwaldallee	CYZ	
Baumeisterstraße	EY	16
Beiertheimer Allee	DYZ	17
Bismarckstraße	DX	
Blücherstraße	CX	
Brauerstraße	DY	
Breite Straße	DZ	
Bulacher Straße	DZ	21
Ebertstraße	DZ	
Eisenlohrstraße	CY	
Erbprinzenstraße	DX	29
Ettlinger Allee	EZ	31
Ettlinger Straße	EYZ	32
Europaplatz	DX	33
Fautenbruchstraße	EZ	
Fritz-Erler-Straße	EY	34
Gartenstraße	CDY	
Grünwinkler Straße	CZ	37
Hans-Thoma-Straße	EX	40
Hermann-Billing-Str.	EY	44
Herrenstraße	DY	46
Hirschstraße	DYZ	
Jollystraße	DY	
Kaiserallee	CX	
Kaiserplatz	DX	49
Kaiserstraße	DEX	50
Karl-Friedrich-Str.	EY	52
Karlstraße	DYZ	
Kriegsstraße	CDEY	
Litzenhardtstraße	CZ	
Ludwig-Marum-Str.	CX	
Luisenstraße	EY	64
Marie-Alexandra-Straße	DZ	65
Marienstraße	EY	
Markgrafenstraße	EXY	67
Marktplatz	EX	68
Mathystraße	DY	70
Mittelbruchstraße	EZ	71
Moltkestraße	CDX	
Nebeniusstraße	EZ	74
Neckarstraße	DZ	
Neue-Anlage-Str.	CZ	76
Nördliche Hildapromenade	CX	80
Otto-Wels-Straße	CZ	
Poststraße	EZ	86
Pulverhausstraße	CZ	
Reinhold-Frank-Str.	DX	89
Rheinstraße	CX	90
Ritterstraße	DY	
Rüppurrer Straße	EYZ	
Scheffelstraße	CXY	
Schillerstraße	CXY	
Schloßplatz	EX	95
Schwarzwaldstraße	EZ	98
Seldeneckstraße	CX	
Sophienstraße	CDXY	
Steinhäuserstraße	CY	
Stephanienstraße	DX	104
Südendstraße	CDY	
Waldhornstraße	EX	110
Waldstraße	DX	112
Weiherfeldstraße	DZ	113
Werderplatz	EY	116
Wilhelm-Baur-Str.	CY	119
Wilhelmstraße	EY	121
Willy-Brandt-Allee	DX	122
Yorckstraße	CXY	
Zeppelinstraße	CY	126
Zirkel	EX	127

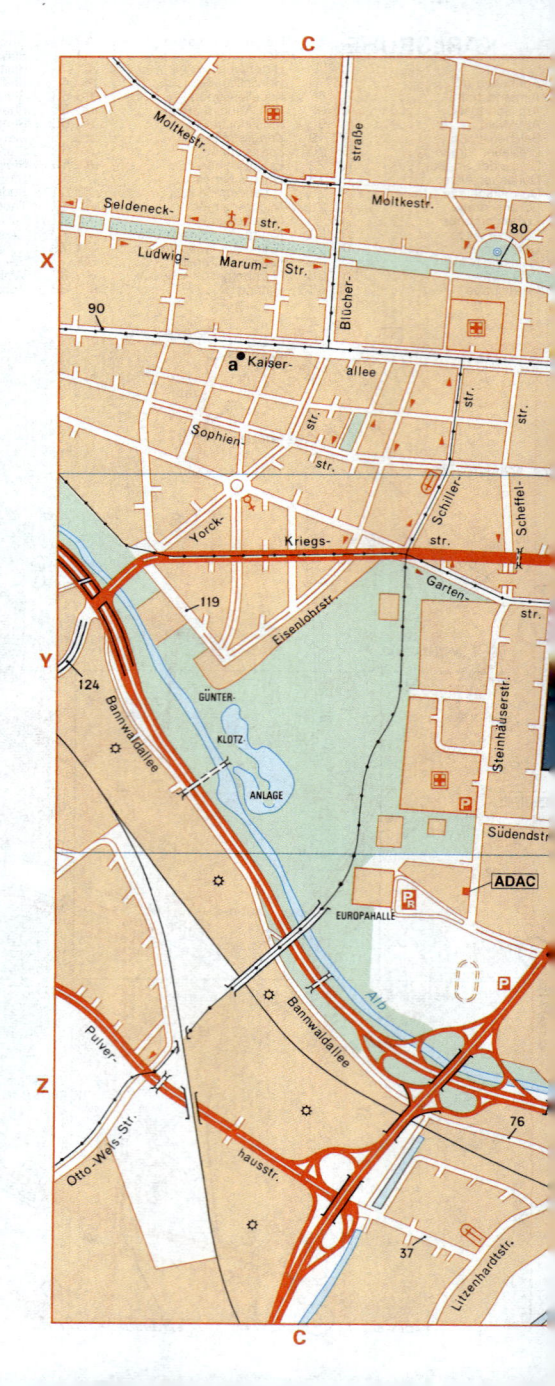

Map

- SCHLOSSGARTEN
- Botanischer Garten
- SCHLOSS
- BUNDESVERFASSUNGSGERICHT
- FACHHOCHSCHULE
- Moltkestr.
- Bismarckstr.
- Sophienstr.
- BUNDESGERICHTSHOF
- Gartenstr.
- Kriegsstr.
- Jollystr.
- Hirschstr.
- Karlstr.
- Ritterstr.
- KONGRESSZENTRUM
- ZKM
- Brauerstr.
- SCHWARZWALDHALLE
- Marienstr.
- Rüppurrer Str.
- Südendstr.
- Stadtgarten
- STADTGARTEN
- Zoo
- Ebertstr.
- Breite Str.
- Neckarstr.
- Fautenbruchstr.

300 m

KARLSRUHE

Dorint Kongress-Hotel M,
Festplatz 2, ✉ 76137, ℘ (0721)
3 52 60, info.karkon@dorint.com,
Fax (0721) 3526100, 佘, 㐅, ≘s –
│夻│, ⇌ Zim, ▀ TV ✆ ⓖ ⇌ –
🏛 170. AE ⓘ ⓜⓔ VISA JCB.
✗ Rest   EY f
Majolika (geschl. Montag) (nur
Abendessen) **Menu** à la carte
32,50/46 – *La Brasserie* : **Menu**
à la carte 27/38 – ヱ 16 – **246 Zim**
115/155 – 135/170.

◆ Das kürzlich eröffnete Hotel glänzt
mit modernem Stil und aufwendiger
technischer Ausstattung. Auch die
Lage am Kongresszentrum ist ein
Pluspunkt des Hauses. Im Fine-Dining
Restaurant Majolika dominieren
Deko-Elemente der gleichnamigen
Manufaktur.

Renaissance Hotel, Mendels-
sohnplatz, ✉ 76131, ℘ (0721)
3 71 70, rhi.strrn.sales.dos@renaiss
ancehotels.com, Fax (0721) 377156
– │夻│, ⇌ Zim, ▀ TV ✆ ⓖ ⇌ –
🏛 200. AE ⓘ ⓜⓔ VISA
JCB   EY a
Menu à la carte 28/36,50 – ヱ 14 –
215 Zim 109/119.

◆ Elegant und komfortabel ist das
Ambiente dieses Stadthotels. Ein
gepflegter Lobbybereich und die
gut ausgestatteten Zimmer genü-
gen auch anspruchsvollen Erwartun-
gen. Elegantes, klassisches Restau-
rant und ein gemütlich-rustikaler
Keller.

Schlosshotel, Bahnhofplatz 2,
✉ 76137, ℘ (0721) 3 83 20, mail
@schlosshotel-karlsruhe.de,
Fax (0721) 3832333, 㐅, Massage,
≘s – │夻│, ⇌ Zim, ▀ Zim, TV ✆ P.
– 🏛 70. AE ⓘ ⓜⓔ VISA   EZ a
Schwarzwaldstube : **Menu**
à la carte 30/41 – **96 Zim**
ヱ 105/125 – 165/185.

◆ Ein traditionsreiches Hotel : Mit
dem historischen Fahrstuhl von
1914 erreichen Sie die stilvoll einge-
richteten Zimmer mit von Etage zu
Etage unterschiedlichen Farbakzen-
ten. Kachelofen, Holz und Jagdtro-
phäen geben der Schwarzwaldstube
ihr rustikales Flair.

Queens Hotel, Ettlinger Str. 23,
✉ 76137, ℘ (0721) 3 72 70, rese
rvierung.qkarlsruhe@queensgrupp
e.de, Fax (0721) 3727170, 佘 – │夻│,
⇌ Zim, ▀ Rest, TV ✆ ⓖ
P. – 🏛 200. AE ⓘ ⓜⓔ VISA
JCB   EY t
Menu (geschl. Sonntagabend) à la
carte 20,50/41,50 – ヱ 15 –
141 Zim 138/159 – 150/175.

◆ Das Hochhaus-Hotel erwartet
seine Gäste mit komfortablen Zim-
mern, die z. T. kürzlich renoviert
wurden. Die Einrichtung mit hellen
Holzmöbeln erzeugt ein behagliches
Ambiente.

758

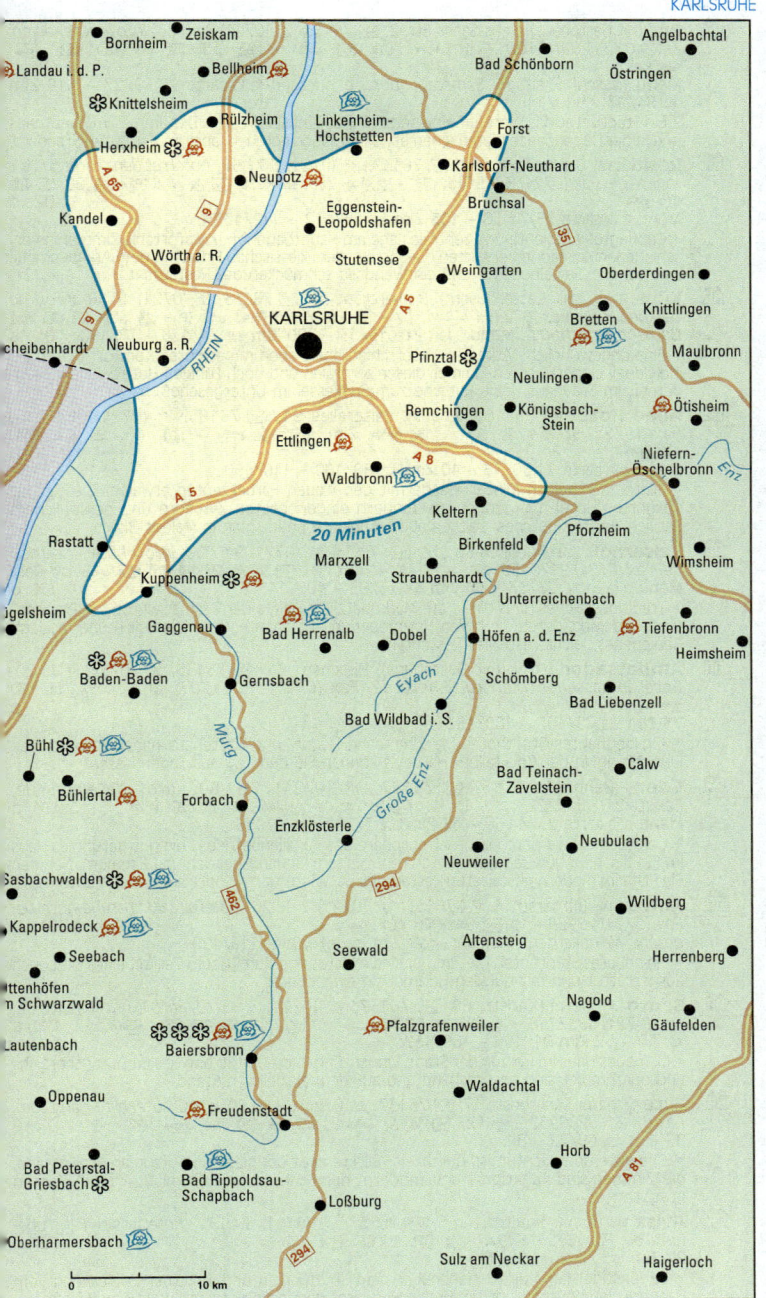

KARLSRUHE

KARLSRUHE

Rio (mit Gästehaus), Hans-Sachs-Str. 2, ⌂ 76133, ℘ (0721) 8 40 80, info@hotel-rio.de, Fax (0721) 8408100 – |≡|, ⇌ Zim, TV ⇔ – 🔒 15. AE ⓘ ⓜ VISA JCB. ※ Rest
DX q
Menu *(geschl. Freitag - Samstag) (nur Abendessen)* à la carte 20,50/27 – **119 Zim** ⌧ 84/97 – 110/116.
• Ein Stadthotel, das Wert auf eine persönliche Atmosphäre legt. Die Zimmer im Haupthaus und in der Dependance bieten einen etwas unterschiedlichen, aber immer guten Standard.

Residenz, Bahnhofplatz 14, ⌂ 76137, ℘ (0721) 3 71 50, hotel.residenz.karlsruhe@t-online.de, Fax (0721) 3715113, 🍽 – |≡|, ⇌ Zim, ■ Rest, TV &. ⇔ 🅿 – 🔒 80. AE ⓘ ⓜ VISA
DZ c
Menu à la carte 25/41,50 – **103 Zim** ⌧ 96/112 – 112/132.
• Gepflegtes Ambiente und zentrale Lage am Hauptbahnhof : Komfortable Zimmer in verschiedenen Kategorien erwarten die Gäste in dem klassischen Hotel mit dem Arkadengang. Eine schöne Gewölbedecke und ein Wandbild schmücken das Restaurant.

Kübler ⅗ (mit Gästehäusern), Bismarckstr. 39, ⌂ 76133, ℘ (0721) 14 40, info@hotel-kuebler.de, Fax (0721) 144441, 🎿 – |≡|, ⇌ Zim, TV ⓒ ⇔ 🅿 – 🔒 300. AE ⓜ VISA
Badisch Brauhaus : Menu à la carte 15/33 – **200 Zim** ⌧ 71/120 – 78/150. **DX s**
• Eine ungewöhnliche Adresse : Unterschiedlichen, aber immer guten Komfort bieten die individuell eingerichteten Zimmer dieser zentralen und doch ruhigen Hotelanlage. Besonderheit im Brauhaus : eine Rutsche zum Sudkessel im Untergeschoß.

Allee Hotel Ⓜ (mit Gästehaus), Kaiserallee 91, ⌂ 76185, ℘ (0721) 98 56 10, Fax (0721) 9856111, 🍽 – |≡|, ⇌ Zim, TV ⓒ ⇔ – 🔒 40. AE ⓜ VISA. ※ Zim
CX a
Menu à la carte 21,50/46 – **40 Zim** ⌧ 80/100 – 110/150.
• Hinter der gelben Klinkerfassade mit den blauen Farbakzenten erwartet Sie ein gut geführtes Hotel mit gepflegten, modern eingerichteten Zimmern und persönlichem Service. Ein freundliches, zeitgemäßes Ambiente findet man in Maier's Bistro.

Kaiserhof, Karl-Friedrich-Str. 12, ⌂ 76133, ℘ (0721) 9 17 00, info@hotel-kaiserhof.de, Fax (0721) 9170150, 🍽, ≈ – |≡| ⇌, ■ Zim, TV ⓒ &. AE ⓘ ⓜ VISA JCB. ※ Rest
Menu à la carte 23/33 – **54 Zim** ⌧ 75/95 – 105/145. **EX b**
• Traditionsreiches Haus direkt am Marktplatz. Die Hälfte der Zimmer wurde bereits renoviert und wirkt durch die hellen Holzmöbel und frischen Farben freundlich und modern. Gediegenes, leicht rustikales Restaurant.

Ambassador garni (mit Gästehaus), Hirschstr. 34, ⌂ 76133, ℘ (0721) 1 80 20, hotel.ambassador@karlsruhe-hotel.de, Fax (0721) 1802170 – |≡| TV ⇔. AE ⓜ VISA JCB
DX a
73 Zim ⌧ 79/107 – 109/132.
• Ein gepflegtes Stadthotel. Die Zimmer in Haupt- und Gästehaus haben eine zeitlose Einrichtung. In der Cocktailbar Harvey's können Sie den Tag ausklingen lassen.

Eden, Bahnhofstr. 15, ⌂ 76137, ℘ (0721) 1 81 80, info@hoteleden.de, Fax (0721) 1818222, 🍽 – |≡| ⇌ TV ⓒ ⇔ – 🔒 40. AE ⓘ ⓜ VISA **DY d**
Menu à la carte 23/34,50 – **68 Zim** ⌧ 77/82 – 100/113.
• Genießen Sie die persönliche Atmosphäre des Familienbetriebs : ein gut geführtes Haus im Stil der heutigen Zeit mit kürzlich renoviertem Eingangsbereich und Zimmern. Nehmen Sie Platz im modern gestalteten Restaurant, im Wintergarten oder auf der Gartenterrasse.

Alfa garni, Bürgerstr. 4, ⌂ 76133, ℘ (0721) 2 99 26, hotel.alfa@karlsruhe-hotel.de, Fax (0721) 29929 – |≡| TV ⓜ VISA JCB **DX u**
geschl. Weihnachten - Neujahr – **38 Zim** ⌧ 89/109 – 119/129.
• Ein neueres Stadthotel : Die Zimmer sind meistens geräumig, zum Teil mit einer Sitzcouch ausgestattet und mit dunklen Holzmöbeln modern eingerichtet.

Santo Ⓜ garni, Karlstr. 69, ⌂ 76137, ℘ (0721) 3 83 70, info@hotel-santo.de, Fax (0721) 3837250 – |≡| ⇌ ■ TV ⓒ ⇔ 🅿 – 🔒 40. AE ⓜ VISA JCB **DY s**
⌧ 10 – **52 Zim** 91/106 – 109/132.
• Ein neues Haus im Herzen der Stadt. Einrichtung und Ausstattung des Empfangsbereichs und der Zimmer sind ansprechend und auf dem aktuellsten Stand.

Elite Ⓜ garni, Sachsenstr. 17, ⌂ 76137, ℘ (0721) 82 80 90, info@hotel-elite-garni.com, Fax (0721) 8280962 – |≡| ⇌ TV ⓒ &. ⇔ 🅿 AE ⓘ ⓜ VISA JCB. ※ **DZ e**
37 Zim ⌧ 69/72 – 89.
• Eine gute Übernachtungsmöglichkeit : Blickfang ist der gläserne Aufzug an der Fassade, die Zimmer sind funktional und modern, der Frühstücksraum mit kräftigen Farben gestaltet.

Avisa garni, Am Stadtgarten 5, ⌂ 76137, ℘ (0721) 3 49 77, hotel.avisa@karlsruhe-hotel.de, Fax (0721) 34979 – |≡| TV. AE ⓜ VISA JCB **EZ c**
27 Zim ⌧ 77/90 – 119/122.
• In günstiger Lage direkt gegenüber dem Stadtgarten und in kleiner Entfernung vom Bahnhof und Kongreßzentrum finden Sie dieses gepflegte Hotel mit praktischen Zimmern.

KARLSRUHE

🏨 **Burghof**, Haid- und Neu- Str. 18, ✉ 76131, ☎ (0721) 6 18 34 00, info@hoepfner-burghof.com, Fax (0721) 6183403, Biergarten – ⚡ Zim, 📺 ☎ ⬅ – 🅰 30. 🆎 ⓜ 💳.
⚡ Zim
BU v
geschl. 23. Dez. - 6. Jan. (Hotel) – **Menu** à la carte 19/30 – **16 Zim** ⊑ 80 – 98.
♦ Wohnliche Zimmer mit gutem Platzangebot und Sitzecke - teils optisch abgetrennt, teils zwei kleine, separate Räume - erwarten Sie im Hotel der burgähnlichen Brauereianlage. Restaurant mit rustikal-gemütlichem Ambiente und Bieren der Brauerei Hoepfner.

🏨 **Hasen**, Gerwigstr. 47, ✉ 76131, ☎ (0721) 9 63 70, info@hotel-hasen.de, Fax (0721) 9637123 – 📺 – 🅰 15. 🆎 ⓜ 💳. ⚡ Rest
BU r
geschl. 23. Dez. - 2. Jan. – **Menu** (geschl. Aug., Samstag – Sonntag) (nur Abendessen) à la carte 23/38 – **33 Zim** ⊑ 58/85 – 104/121.
♦ In einem gepflegten, älteren Stadthaus befindet sich das solide, familiengeführte Hotel mit Zimmern, die einen zeitgemäßen Komfort bieten. Im edlen Bistro-Restaurant Hugo's herrscht eine legere Atmosphäre.

🏨 **Am Markt** 🅼 garni, Kaiserstr. 76, ✉ 76133, ☎ (0721) 91 99 80, info@hotelammarkt.de, Fax (0721) 9199899 – 📺 ☎. 🆎 ⓞ ⓜ 💳
EX a
geschl. 24. Dez. - 5. Jan. – **37 Zim** ⊑ 72/82 – 97.
♦ 1997 wurde dieses Etagenhotel in der Innenstadt renoviert und neu gestaltet. Zeitgemäße Zimmer, ein freundlicher Frühstücksraum und ein Tagungsbereich erwarten die Gäste.

🏨 **Berliner Hof** garni, Douglasstr. 7, ✉ 76133, ☎ (0721) 1 82 80, info@hotel-berliner-hof.de, Fax (0721) 1828100, ⇔ – 📺 ⚡ 📺 ☎ 🅿. 🆎 ⓞ ⓜ 💳 🆎
DX e
geschl. 21. Dez. - 1. Jan. – **53 Zim** ⊑ 77/88 – 97/106.
♦ In zwei miteinander verbundenen Stadthäusern liegen die Zimmer dieses gepflegten Hotels. Sie sind mit dunklen Eichenmöbeln solide eingerichtet und teilweise renoviert worden.

🏨 **Am Tiergarten** garni, Bahnhofplatz 6, ✉ 76137, ☎ (0721) 93 22 20, hotel-leucht@am-tiergarten-karlsruhe.de, Fax (0721) 9322244 – 📺 ☎ – 🅰 20. ⓜ 💳
EZ n
32 Zim ⊑ 67/69 – 94/99.
♦ Ein engagiert geführtes Haus am Eingang zum Zoo. Im Haus finden Sie auch ein Café und eine Pilsstube. Solide Zimmer, es werden immer wieder kleinere Renovierungen vorgenommen.

XXX **Buchmann's Restaurant**, Mathystr. 22, ✉ 76133, ☎ (0721) 8 20 37 30, Fax (0721) 8203731 72 – ▪. 🆎 ⓜ 💳
DY m
geschl. Samstagmittag, Sonntag – **Menu** 25 (mittags)/75 à la carte 32/55.
♦ Ein anspruchsvolles Ambiente : die edle, moderne Einrichtung und Kunst schaffen einen Rahmen schlichter Eleganz für die marktorientierte Küche mit mediterranen Akzenten.

XX **Oberländer Weinstube**, Akademiestr. 7, ✉ 76133, ☎ (0721) 2 50 66, kontakt@oberlaender-weinstube.de, Fax (0721) 21157, ⛱ – 🆎 ⓞ ⓜ 💳
DX t
geschl. Sonntag - Montag – **Menu** (Tischbestellung ratsam) (bemerkenswerte Weinkarte) à la carte 32/56.
♦ In den Gaststuben mit Kachelofen und nostalgischer Einrichtung sitzen Sie in einem gemütlich-eleganten Ambiente. Im Sommer lockt die herrliche Innenhofterrasse.

XX **Trattoria Toscana**, Blumenstr. 19, ✉ 76133, ☎ (0721) 2 06 28, ⛱ – 🆎 ⓜ 💳
DX d
geschl. Sonntag – **Menu** (Tischbestellung ratsam) à la carte 28/45.
♦ Ein kleines italienisches Restaurant mit moderner Einrichtung : Die vielen Stammgäste sprechen für die Qualität der typischen Küche aus Bella Italia.

XX **La Medusa**, Hirschstr. 87, ✉ 76137, ☎ (0721) 1 83 91 23, serioinf@freenet.de, ⛱ – 🆎 ⓜ 💳
DY b
geschl. über Pfingsten 2 Wochen, Sonntag - Montag – **Menu** à la carte 30/45,50.
♦ Neuzeitlich ist das Ambiente dieses Restaurants. Freuen Sie sich auf eine gute italienische Küche - mit wöchentlich wechselnden saisonalen Angeboten. Freundlicher Service !

XX **La Gioconda**, Akademiestr. 26, ✉ 76133, ☎ (0721) 2 55 40 – 🆎 ⓞ ⓜ 💳
DX r
geschl. Juli - Aug. 2 Wochen, Sonn- und Feiertage – **Menu** à la carte 30/56.
♦ Klein, modern, sympathisch - so läßt sich dieses Ristorante beschreiben. Die Speisekarte wechselt regelmäßig, so daß immer auch saisonale Spezialitäten zu finden sind.

X **Dudelsack**, Waldstr. 79, ✉ 76133, ☎ (0721) 20 50 00, Fax (0721) 205056, ⛱ – 🆎 ⓞ ⓜ 💳
DY f
Menu (nur Abendessen) (Tischbestellung ratsam) à la carte 25/40,50.
♦ Ein gemütliches, von Küchenutensilien geschmücktes Restaurant mit rustikalem Flair. Man kocht gutbürgerlich, aber auch badische Leckerbissen stehen auf der Karte.

X **Hansjakob Stube**, Ständehausstr. 4, ✉ 76133, ☎ (0721) 2 71 66, hansjakob-stube@web.de – ⓜ 💳 🆎
EX s
geschl. Anfang - Mitte Jan., Sept. 2 Wochen, Mittwoch, Sonn- und Feiertage abends – **Menu** à la carte 24,50/38.
♦ Das versteckt liegende Kellerrestaurant belohnt seine findigen Gäste mit einem wechselnden kleinen Angebot an saisonalen Speisen mit verschiedenen internationalen Einflüssen.

KARLSRUHE

In Karlsruhe-Daxlanden West : 5 km über Daxlander Straße AU :

Steuermann, Hansastr. 13 (Rheinhafen), ✉ 76189, ℘ (0721) 95 09 00, info@hotel-steuermann.de, Fax (0721) 9509050, 斎 – ⇔ Zim, ≣ TV ✆ P. AE ⓞ VISA JCB
Menu (geschl. Anfang Jan. 1 Woche, Samstagmittag, Sonn- und Feiertage) à la carte 24,50/41,50 – **26 Zim** ⌧ 70/80 – 95/100.
♦ Service wird groß geschrieben in diesem Hotel mit den schallgeschützten, klimatisierten Zimmern, die mit hellen Eschenmöbeln eingerichtet und zeitgemäß ausgestattet sind. Fischerei-Dekorationen wie Modellschiffe zieren das Restaurant.

In Karlsruhe-Durlach Ost : 7 km über Durlacher Allee BU :

Der Blaue Reiter M, Amalienbadstr. 16, ✉ 76227, ℘ (0721) 94 26 60, info@hotelderblauereiter.de, Fax (0721) 9426642, Biergarten – ᚋ, ⇔ Zim, TV ✆ ♿, ⇌ P. – ⚠ 60. AE ⓞ ⓜ VISA. ⚜ Zim
Fränkle's Paulaner : Menu à la carte 23/37 – **39 Zim** ⌧ 88/94 – 102.
♦ Das 2001 eröffnete Hotel begrüßt seine Gäste mit modernem Design und farbenfroher Gestaltung. Bilder des Künstlers des "Blauen Reiters" finden sich überall im Haus. Klare Linienführung bestimmt den Charakter des Restaurants Fränkle's Paulaner.

Zum Ochsen mit Zim, Pfinzstr. 64, ✉ 76227, ℘ (0721) 94 38 60, info@ochsen-durlach.de, Fax (0721) 9438643, 斎 – TV. AE ⓞ ⓜ VISA. ⚜ Zim
Menu (geschl. über Fastnacht 2 Wochen, Montag - Dienstagmittag) (bemerkenswerte Weinkarte) 29,50 (mittags)/93 à la carte 40,50/72,50 ⚑ – **6 Zim** ⌧ 115/150 – 170.
♦ Geschmackvoll elegant ist das Ambiente in dem aufwendig restaurierten Gasthaus und klassisch französisch die Küche der Patronin. Sehr hübsch gestaltete Übernachtungszimmer !

Schützenhaus, Jean-Ritzert-Str. 8 (auf dem Turmberg), ✉ 76227, ℘ (0721) 49 13 68, Fax (0721) 491368, 斎 – P. ⓜ VISA
geschl. Feb. 2 Wochen, Okt. - Nov. 3 Wochen, Montag - Dienstag – **Menu** à la carte 19/36,50.
♦ Ein hübsches, etwas abseits gelegenes Ausflugslokal mit schöner Waldterrasse. Die Gäste erwartet eine bürgerliche Küche, ergänzt durch eine Tageskarte.

Klenerts, Reichardtstr. 22 (Turmberg), ✉ 76227, ℘ (0721) 4 14 59, klenerts.restaurant@t-online.de, Fax (0721) 495617, ≤ Karlsruhe und Rheinebene, 斎 – P. AE ⓞ ⓜ VISA
Menu à la carte 22/39 ⚑.
♦ Bistrotische und Wände in hellen Gelbtönen schaffen eine moderne Atmosphäre, in der man Ihnen die internationalen Spezialitäten des Küchenteams serviert.

In Karlsruhe-Knielingen :

Burgau (mit Gästehaus), Neufeldstr. 10, ✉ 76187, ℘ (0721) 56 51 00, hotel-burgau@t-online.de, Fax (0721) 5651035, 斎 – ⇔ Zim, TV P. AE ⓞ ⓜ VISA. ⚜ Zim   über Rheinbrückenstraße AT
Menu (geschl. Samstag - Sonntagmittag) à la carte 18/31 – **24 Zim** ⌧ 69/84 – 98/118.
♦ Wohnliche und solide eingerichtete Zimmer bietet dieser gepflegte Gasthof. Ein reichhaltiges Frühstücksbuffet erleichtert den Start in den Tag. Rustikales Hotelrestaurant.

In Karlsruhe-Neureut :

Achat garni, An der Vogelhardt 10, ✉ 76149, ℘ (0721) 7 83 50, karlsruhe@achat-hotel.de, Fax (0721) 7835333 – ᚋ ⇔ TV ✆ ⇌ P. AE ⓞ ⓜ VISA JCB   AT a
⌧ 11 – **83 Zim** 64/99 – 74/109.
♦ Ein gut geführtes Hotel mit komfortablen Zimmern - auch Nichtraucheretagen - und Boardinghouse, in dem die Appartements mit Miniküchen ausgestattet sind.

Nagel's Kranz, Neureuter Hauptstr. 210, ✉ 76149, ℘ (0721) 70 57 42, Fax (0721) 7836254, 斎 – P   AT e
geschl. Anfang Jan. 1 Woche, Samstagmittag, Sonn- und Feiertage – **Menu** (Tischbestellung ratsam) à la carte 26/46 ⚑.
♦ Ein kleines Restaurant, in dem der Kachelofen eine gemütliche Atmosphäre verbreitet. Man verwöhnt seine Gäste mit gehobener Küche und einer ansprechenden Weinauswahl.

MICHELIN-REIFENWERKE KGaA. SERVICE CENTER ✉ 76185 Karlsruhe Michelinstr. 4 (AU) ℘ (01802) 11 11 40 Fax (01802) 111141.

MICHELIN-REIFENWERKE KGaA. Werk ✉76185 Karlsruhe Michelinstr. 4 (AU) ℘ (0721) 53 00 Fax (0721) 590831.

KARLSTADT Bayern 417 Q 13 – 15 700 Ew – Höhe 163 m.
Berlin 498 – München 304 – Würzburg 26 – Aschaffenburg 58 – Bad Kissingen 46.

Alte Brauerei, Hauptstr. 58, ⊠ 97753, ℘ (09353) 9 77 10, Fax (09353) 977171 – 🛗, ⇌ Zim, 📺 🅿 – 🔒 40. ◯◯ 𝗩𝗜𝗦𝗔
Menu (geschl. Freitag) à la carte 15,50/31 – **20 Zim** ⌇ 47/65 – 60/99.
  ♦ Das Hotel hat man in einem Fachwerkhaus mit Anbau eingerichtet. Hier steht Reisenden eine solide und zeitgemäße Unterkunft zur Verfügung. Der grüne Kachelofen und Sitznischen mit gepolsterten Bänken geben dem Restaurant seinen rustikalen Charakter.

KARSDORF Sachsen-Anhalt 418 M 18 – 3 000 Ew – Höhe 116 m.
Berlin 230 – Magdeburg 118 – Erfurt 90 – Leipzig 68 – Weimar 48 – Naumburg 31 – Sangerhausen 43.

Trias, Straße der Einheit 29, ⊠ 06638, ℘ (034461) 7 00, Fax (034461) 70104 – 🛗 📺 ⇌ 🅿 – 🔒 50. 🇦🇪 ◯◯ 𝗩𝗜𝗦𝗔
Menu (geschl. Sonntag) (nur Abendessen) à la carte 13/18,50 – **53 Zim** ⌇ 39/49 – 50/60.
  ♦ Mitten im Naturpark Saale-Unstrut-Triasland liegt dieses mehrstöckige Hotel. Die Gästezimmer sind einheitlich möbliert und praktisch ausgestattet.

KASENDORF Bayern 420 P 18 – 2 400 Ew – Höhe 367 m – Wintersport : 400/500 m ⚐1 ⚑ (in Zultenhof).
Berlin 369 – München 260 – Coburg 56 – Bayreuth 25 – Kulmbach 11 – Bamberg 43.

Goldener Anker, Marktplatz 9, ⊠ 95359, ℘ (09228) 6 22, Fax (09228) 674, 佘, ≘s, ⛱ – ⇌ Zim, 📺 ⇌ 🅿
Menu à la carte 17/30 – **53 Zim** ⌇ 29/44 – 58/75.
  ♦ Die Zimmer dieses typischen Landgasthofs im fränkischen Jura sind überwiegend mit bemalten Bauernmöbeln eingerichtet. Für Kegelfreunde gibt es vier Bundeskegelbahnen. Rustikal-ländlich mit Kachelofen präsentiert sich die Gaststube.

KASSEL Hessen 417 418 M 12 – 196 000 Ew – Höhe 163 m.
Sehenswert : Wilhelmshöhe★★ (Schloßpark★★ : Wasserkünste★, Herkules★, ≤★★) X – Schloß Wilhelmshöhe (Gemäldegalerie★★★, Antikensammlung★) X M – Neue Galerie★ Z M2 – Park Karlsaue★ Z – Hessisches Landesmuseum★ (Deutsches Tapetenmuseum★★, Astronomisch-Physikalisches Kabinett★★) Z M1 – Museum für Astronomie und Technikgeschichte (Sammlung astronomischer Instrumente★★) Z M5.
Ausflugsziel : Schloß Wilhelmsthal★ Nord : 12 km.
🏌 Kassel-Wilhelmshöhe, Ehlener Str. 21, über Im Druseltal X, ℘ (0561) 3 35 09 ; 🏌 Zierenberg, Gut Escheberg (Nord-West : 26 km über ⑥ und Zierenberg), ℘ (05606) 26 08.
Ausstellungsgelände Damaschkestr.55 X, ℘ (0561) 95 98 60.
🛈 Tourist- und Kurinformation, Willy-Brandt-Platz 1 (im IC-Bahnhof Wilhelmshöhe) ⊠ 34131, ℘ (0561) 3 40 54, Fax (0561) 315216 – **ADAC,** Rudolf-Schwander-Str. 17.
Berlin 383 ② – Wiesbaden 215 ④ – Dortmund 167 ⑤ – Erfurt 150 ③ – Frankfurt am Main 187 ② – Hannover 164 ②

Stadtpläne siehe nächste Seiten

Mövenpick Ⓜ, Spohrstr. 4, ⊠ 34117, ℘ (0561) 7 28 50, hotel.kassel@moevenpick. com, Fax (0561) 7285118 – 🛗, ⇌ Zim, ☰ 📺 📞 ⇌ – 🔒 200. 🇦🇪 ◯ ◯◯ 𝗩𝗜𝗦𝗔 𝖩𝖢𝖡
Y b
Menu (geschl. Sonntagabend) à la carte 18,50/35 – ⌇ 13 – **128 Zim** 72/121 – 97/141.
  ♦ Ein elegant und funktionell eingerichtetes Hotel mit großzügigem Hallen- und Empfangsbereich. Durch das lichtdurchflutete Atrium gelangen Sie zu den komfortablen Zimmern. Helles Restaurant, im klaren, modernen Stil eingerichtet.

Ramada-Treff Plaza Ⓜ, Baumbachstr. 2 (an der Stadthalle), ⊠ 34119, ℘ (0561) 7 81 00, rtksbankett@aol.com, Fax (0561) 7810100, 佘, 𝙵₆, ≘s – 🛗, ⇌ Zim, 📺 📞 ᶃ, ⇌ – 🔒 190. 🇦🇪 ◯ ◯◯ 𝗩𝗜𝗦𝗔 𝖩𝖢𝖡
X m
Menu à la carte 22/34 – ⌇ 13 – **169 Zim** 95/107, 5 Suiten.
  ♦ Ein neues, direkt an die Stadthalle angebautes Hochhaushotel mit wohnlichen, mit Kirschbaummöbeln eingerichteten und technisch gut ausgestatteten Zimmern. Helles, freundliches Restaurant mit Terrasse zum Stadthallengarten.

City-Hotel Ⓜ, Wilhelmshöher Allee 38, ⊠ 34119, ℘ (0561) 7 28 10, kontakt@cityhotel-kassel.de, Fax (0561) 7281199, 佘, ≘s – 🛗, ⇌ Zim, 📺 📞 ⇌ 🅿 – 🔒 50. 🇦🇪 ◯ ◯◯
X v
Himmelstürmer (geschl. Sonntagabend) **Menu** à la carte 18/36 – **65 Zim** ⌇ 70/140 – 95/180, 4 Suiten.
  ♦ An der Allee zum Bergpark Wilhelmshöhe liegt das gut geführte Stadthotel mit neuem Anbau. Die älteren Zimmer sind mit Mahagoni-, die neueren mit Buchenmöbeln eingerichtet. Ein Wintergartenanbau ergänzt das gepflegte Restaurant.

KASSEL

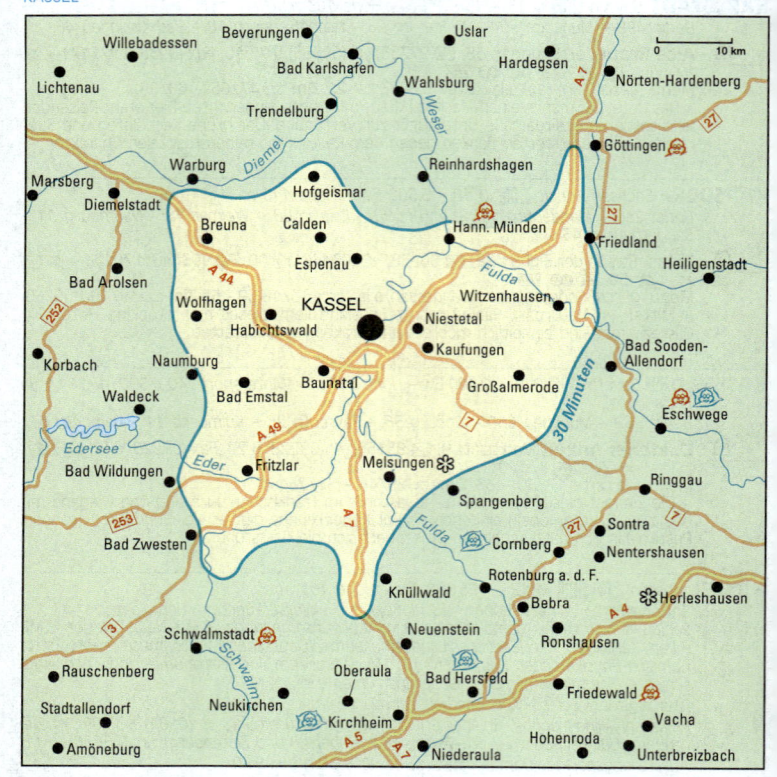

🏨 **Residenz Domus** garni, Erzbergerstr. 1, ✉ 34117, ℘ (0561) 70 33 30, info@hotel-domus-kassel.de, Fax (0561) 70333498 – 🛗, ↔ Zim, 📺 ☎ – 🔑 50. AE ⓄⓂ️ⒸⓋⒾⓈⒶ
  Y d
55 Z ☑ 67/80 – 90/100.
  ♦ Die ehemalige Textilfabrik aus dem Jahr 1896 wurde in den 80er Jahren zu einem Hotel umgebaut und jetzt teilweise renoviert. Schöner Hallenbereich mit Jugendstilelementen.

🏨 **Excelsior** garni, Erzbergerstr. 2, ✉ 34117, ℘ (0561) 10 29 84, hotel@excelsior-kassel.de, Fax (0561) 15110 – 🛗 📺 ☎ 🅿 – 🔑 60. AE ⓄⓂ️ⒸⓋⒾⓈⒶ
  Y v
73 Zim ☑ 51/67 – 72/92.
  ♦ In dem Hotel, das sich in einem neuzeitlichen Zweckbau befindet, stehen für die Gäste praktische Zimmer und Appartements mit Kleinküchen bereit.

🏨 **Astoria**, Friedrich-Ebert-Str. 135, ✉ 34119, ℘ (0561) 7 28 30, info@adesso-hotels.com, Fax (0561) 7283199, ☎ – 🛗 ↔ 📺 ☎ – 🔑 30. AE ⓄⓂ️ⒸⓋⒾⓈⒶ
  X s
geschl. 22. Dez. - 5. Jan. – **Menu** (geschl. Sonn- und Feiertage) (nur Abendessen) (Restaurant nur für Hausgäste) – **50 Zim** ☑ 56/92 – 76/132.
  ♦ Im Zentrum steht dieses Stadthaus aus der Wende vom 19. ins 20. Jahrhundert mit solide ausgestatteten Zimmern, bei denen besonders die neuen, modern eingerichteten überzeugen.

🏨 **Chassalla** garni, Wilhelmshöher Allee 99, ✉ 34121, ℘ (0561) 9 27 90, info@hotel-chassalla.de, Fax (0561) 9279101 – 🛗 ↔ 📺 ☎ 🚗 🅿 – 🔑 50. AE Ⓞ ⓂⒸⓋⒾⓈⒶ
  X e
44 Zim ☑ 67/82 – 92/112.
  ♦ Neuzeitlich ausgestattete Zimmer, die einheitlich mit hellen Holzmöbeln eingerichtet sind, und gute Tagungsmöglichkeiten erwarten die Gäste in diesem familiengeführten Hotel.

KASSEL

Baunsbergstraße	**X** 2	
Brüder-Grimm-Platz	**Z** 3	
Bürgerm.-Brunner-Str.	**Z** 5	
Dag-Hammarskjöld-Str.	**X** 6	
Damaschkestr.	**X** 7	
Dresdener Straße	**X** 8	
Fünffensterstraße	**Z** 12	
Fuldabrücke	**Z** 13	
Harleshäuser Str.	**X** 16	
Hugo-Preuß-Str.	**X** 18	
Kölnische Straße	**X** 20	
Königsplatz	**Z** 21	
Kurfürstenstraße	**Y** 22	
Landgraf-Karl-Str.	**X** 23	
Neue Fahrt	**Z** 25	
Obere Königsstraße	**Z**	
Rudolf-Schwander-Str.	**Y** 27
Scheidemannplatz	**Z** 28
Schönfelder Str.	**Z** 29
Schützenstraße	**X** 32
Ständeplatz	**Z**
Treppenstraße	**Z**
Tulpenallee	**Z** 33
Untere Königsstraße	**Y**
Werner-Hilpert-Str.	**Y** 34
Wilhelmsstraße	**Z** 35

KASSEL

Kö 78 garni, Kölnische Str. 78, ✉ 34117, ℘ (0561) 7 16 14, *info@koe78.de*, *Fax (0561) 17982*, 🚗 – TV AE ⓜ VISA
23 Zim ⌒ 41/51 – 61/75.   X p

♦ Ein einfaches, aber gepflegtes Hotel mit soliden Zimmern in zentraler Lage, das zu einem vernünftigen Preis eine ordentliche Übernachtungsmöglichkeit bietet.

XX Park Schönfeld, Bosestr. 13 (Wehlheiden), ✉ 34121, ℘ (0561) 2 20 50, *krasenbrinkjun@parkschoenfeld.via.t-online.de*, *Fax (0561) 27551*, 🍽 – ♿ P – 🅿 40. AE ⓞ ⓜ VISA
geschl. Sonntag – **Menu** (abends Tischbestellung ratsam) à la carte 25,50/40.   X n

♦ Umgeben von uralten Bäumen, liegt das kleine Schloß von 1777 in einem Park. Großzügige und lichtdurchflutete Räume strahlen eine moderne Atmosphäre aus.

XX La Frasca, Jordanstr. 11, ✉ 34117, ℘ (0561) 1 44 94, *levorato@lafrasca.de*, *Fax (0561) 14494*, 🍽 – ⓞ ⓜ VISA
geschl. Sonntag – **Menu** *(nur Abendessen)* (italienische Küche) (Tischbestellung ratsam) à la carte 30/43,50.   Z t

♦ Das Restaurant in dem einfachen kleinen Stadthäuschen ist im leicht gehobenen Bistrostil eingerichtet. Aufgetischt werden italienische Speisen.

In Kassel-Auefeld :

Grand Hotel La Strada M, Raiffeisenstr. 10, ✉ 34121, ℘ (0561) 2 09 00, *reservation@lastrada.de*, *Fax (0561) 2090500*, 🍽, Massage, ≘s, 🅾 – 🛗, ✱ Zim, 🍽 Rest, TV ✆ ⇔ – 🅿 200. AE ⓞ ⓜ VISA 🚫
Menu à la carte 17/38 – ⌒ 10 – **300 Zim** 51/185 – 63/187, 5 Suiten.   X c

♦ Das 1995 eröffnete Haus ist geprägt von repräsentativer Eleganz. Geräumige, gut ausgestattete Zimmer, der gepflegte Wellnessbereich und die Lobby mit Bar ergänzen das Angebot. Opulent ausgestattetes Restaurant mit Wintergarten.

In Kassel-Bettenhausen über ② : 4 km, nahe BAB-Anschluß Kassel-Nord :

Queens Hotel, Heiligenröder Str. 61, ✉ 34123, ℘ (0561) 5 20 50, *reservation.qkassel@queensgruppe.de*, *Fax (0561) 527400*, ≘s, 🅾 – 🛗, ✱ Zim, 🍽 TV P – 🅿 120. AE ⓞ ⓜ VISA
Menu à la carte 21/28,50 – **142 Zim** ⌒ 85/95 – 106/116.

♦ Solide ist die Einrichtung der kürzlich renovierten Zimmer in dem Hotel mit der behaglichen Atmosphäre. Für Ihr Fitnessprogramm stehen Swimmingpool und Sauna zur Verfügung. Restaurant mit heller, freundlicher Aufmachung.

Am Eichwald, Bunte Berna 6, ✉ 34123, ℘ (0561) 95 20 60, *Fax (0561) 9520666* – TV P. ⓜ VISA. 🚫 Rest
Menu *(geschl. Sonntag) (nur Abendessen)* (Restaurant nur für Hausgäste) – **15 Zim** ⌒ 50 – 80.

♦ Eine Pension mit praktisch eingerichteten, sehr gepflegten Zimmern. Das Frühstücksbuffet und eine kleine Speisekarte für Hausgäste sorgen für das leibliche Wohl.

In Kassel-Harleshausen Nord-West : 7 km über Harleshäuser Straße X und Ahnatalstraße :

Am Sonnenhang ⚘ (mit Gästehaus), Aspenstr. 6, ✉ 34128, ℘ (0561) 96 98 80, *hotelamso6@aol.com*, *Fax (0561) 9698855*, 🍽 – ✱ Zim, TV P. ⓜ VISA
geschl. 27. Dez. - 10. Jan. – **Menu** *(geschl. Freitag)* (wochentags nur Abendessen) à la carte 17/29 – **24 Zim** ⌒ 52/65 – 72/92.

♦ Ein gut geführtes Haus mit einfachen, aber soliden Zimmern, die den nötigen Komfort bieten, finden Sie in ruhiger Lage mit Blick auf die Stadt. Das Plätschern eines Springbrunnens begrüßt Sie in dem Café-Restaurant.

In Kassel-Niederzwehren über ⑤ : 3,5 km :

Gude, Frankfurter Str. 299, ✉ 34134, ℘ (0561) 4 80 50, *reservation@hotel-gude.de*, *Fax (0561) 4805101*, Massage, ♨, 🅵, ≘s, 🅾 – 🛗, ✱ Zim, TV ✆ ⇔ P – 🅿 200. AE ⓞ ⓜ VISA JCB
Pfeffermühle *(geschl. Sonntagabend)* **Menu** à la carte 19/37 – **85 Zim** ⌒ 72/102 – 105/179.

♦ Ein Haus zum Wohlfühlen : Eine engagierte Führung mit freundlichem Service und individuell gestaltete Zimmer sorgen für einen schönen Aufenthalt im Haupt- oder Gästehaus. Rustikal-gemütliche Stuben bilden das Restaurant.

In Kassel-Waldau :

Ibis M, Heinrich-Hertz-Str. 3, ✉ 34123, ℘ (0561) 5 89 40, *Fax (0561) 5894400* – 🛗, ✱ Zim, 🍽 TV ✆ ♿ P. AE ⓜ VISA. 🚫 Rest   über ④ und Nürnberger Straße   X
Menu *(nur Abendessen)* à la carte 14/28 – ⌒ 9 – **67 Zim** 49.

♦ Den gewohnten Ibis-Komfort zu einem guten Preis-Leistungs-Verhältnis bieten die zweckmäßig ausgestatteten Zimmer dieses neuen Hotels.

KASSEL

In Kassel- Bad Wilhelmshöhe – *Heilbad* :

Courtyard by Marriott M, Bertha-von-Suttner-Str. 15, ✉ 34131, ℘ (0561) 9 33 90, *Fax (0561) 9339100*, ≦s – ⌘, ⇌Zim, 📺 📞 ♿ ⇌ – 🏛 60. 🆎 ⓘ ⓜ VISA JCB   X x
Menu à la carte 20/27 – ⏲ 12 – **139 Zim** 87.
 • Internationaler Standard : Schallisolierte und gut ausgestattete, zeitgemäße Zimmer und einen modernen Tagungsbereich hält dieses Hotel für seine Gäste bereit. Das Restaurant zeigt sich im Bistrostil.

Kurparkhotel, Wilhelmshöher Allee 336, ✉ 34131, ℘ (0561) 3 18 90, *info@kurpark hotel-kassel.de, Fax (0561) 3189124*, 🍴, ≦s, ⌘ – ⌘, ⇌Zim, 📺 📞 ♿ ⇌ 🅿 – 🏛 40. 🆎 ⓜ VISA. 🞄 Rest   X u
Menu *(geschl. Sonn- und Feiertage abends)* à la carte 22/34 – **87 Zim** ⏲ 82/98 – 115/145.
 • Umgeben vom Grün des Kurparks und des Bergparks empfängt Sie die stilvolle Atmosphäre dieses engagiert geführten Hotels mit wohnlichen Zimmern und schönem Wellnessbereich. Das Restaurant ist im Stil eines eleganten Cafés gehalten.

InterCityHotel M, Wilhelmshöher Allee 241, ✉ 34121, ℘ (0561) 9 38 80, *kassel@ intercityhotel.de, Fax (0561) 9388999* – ⌘, ⇌Zim, 📺 📞 ♿ – 🏛 80. 🆎 ⓘ ⓜ VISA JCB
Menu à la carte 14/28 – **147 Zim** 98/126 – 109/147.   X a
 • Ein zeitgemäßes Businessclass-Hotel : Funktionelle Zimmer mit hellen Möbeln und das freundliche Personal sorgen dafür, daß die Gäste sich wohlfühlen.

Zum Steinernen Schweinchen, Konrad-Adenauer-Str. 117, ✉ 34132, ℘ (0561) 94 04 80, *info@steinernes-schweinchen.de, Fax (0561) 94048555*, 🍴, Biergarten, ≦s – ⌘, ⇌Zim, 📺 📞 🅿 – 🏛 120. 🆎 ⓜ VISA. 🞄 Rest   über Konrad-Adenauer-Straße X
Menu *(wochentags nur Abendessen)* à la carte 37/68 – **54 Zim** ⏲ 60/65 – 85/95.
 • Auf eine wechselvolle Geschichte kann dieses Haus, das im 19. Jh. als Poststation erbaut wurde, zurückblicken. Heute finden Sie hier ein Hotel mit neuzeitlichem Komfort. Im hellen Restaurant schmücken viele moderne Bilder die Wände.

Wilhelmshöher Tor M garni, Heinrich-Schütz-Allee 24, ✉ 34131, ℘ (0561) 9 38 90, *hotel@sundg.com, Fax (0561) 9389111* – ⌘ ⇌ 📺 📞 ♿ ⇌ – 🏛 100. 🆎 ⓘ ⓜ VISA
30 Zim ⏲ 60/65 – 80/90.   X t
 • Am Wilhelmshöher Tor lebten und arbeiteten früher die Brüder Grimm. In dem modernen Hotel, das sich jetzt hier befindet, tragen die Zimmer die Namen ihrer Märchen.

Gutshof, Wilhelmshöher Allee 347a, ✉ 34131, ℘ (0561) 3 25 25, *post@restaurant-gutshof.de, Fax (0561) 32120*, 🍴, Biergarten – ♿ 🅿. 🆎 ⓜ VISA JCB   X z
Menu à la carte 20/34.
 • Am Fuß des Bergparks liegt das Fachwerkhaus mit rustikalem, holzvertäfeltem Restaurant, das eine internationale und gutbürgerliche Auswahl bietet.

Im Habichtswald *über Im Druseltal X, ab unterer Parkplatz Herkules Nord : 2 km, Zufahrt für Hotelgäste frei* :

Elfbuchen 🞄, ✉ 34131 Kassel-Wilhelmshöhe, ℘ (0561) 96 97 60, *waldhotel-elfbuchen-kassel@t-online.de, Fax (0561) 62043*, 🍴, 🌳 – ⌘, ⇌Zim, 📺 📞 ⇌ 🅿 – 🏛 60
Menu *(geschl. Freitag)* à la carte 16/35 – **11 Zim** ⏲ 80/95 – 115/135.
 • Das romantische, traditionsreiche Waldhotel - elf junge Buchen gaben der Stelle seinerzeit den Namen - überzeugt mit wohnlichen Landhauszimmern und schöner Umgebung. Ausflügler schätzen das ländlich gestaltete Restaurant.

In Niestetal-Heiligenrode *über ② : 6 km, nahe BAB-Anschluß Kassel-Nord* :

Zum Niestetal, Niestetalstr. 16, ✉ 34266, ℘ (0561) 95 22 60, *info@landhotel-niestetal.de, Fax (0561) 9522634*, 🍴, ≦s – 📺 📞 🅿 – 🏛 30. 🆎 ⓘ ⓜ VISA
Menu à la carte 16,50/29,50 – **19 Zim** ⏲ 47/51 – 70/76.
 • Ein ordentlicher Gasthof mit gut eingerichteten, soliden Zimmern. Die engagierte Führung und der aufmerksame Service runden Ihren Aufenthalt ab. Im leicht rustikalen Restaurant speisen Sie in gepflegter Umgebung.

Althans 🞄 garni, Friedrich-Ebert-Str. 65, ✉ 34266, ℘ (0561) 52 27 09, *info@ hotel-althans.de, Fax (0561) 526981* – ⇌ 📺 🅿. ⓜ VISA. 🞄
geschl. 21. Dez. - 6. Jan. – **22 Zim** ⏲ 39/44 – 62/72.
 • Eine einfache, aber praktische Übernachtungsadresse mit gepflegten Zimmern zu günstigen Preisen. Dem Hotel angeschlossen ist ein Café mit Kuchen aus der eigenen Konditorei.

In Kaufungen-Niederkaufungen *Ost : 9 km über ③* :

Gasthaus am Steinertsee 🞄, Am Steinertsee 1, ✉ 34260, ℘ (05605) 94 79 80, *steinertsee@t-online.de, Fax (05605) 9479833*, 🍴 – ⇌Zim, 📺 📞 🅿. 🆎 ⓘ ⓜ VISA
Menu *(geschl. Sonntagabend - Montag)* à la carte 12,50/27 – **14 Zim** ⏲ 41/46 – 69/72.
 • Ein familiengeführter Gasthof im Landhausstil mit solide eingerichteten Zimmern. Für Kegelfreunde und Vereine gibt es Pauschalangebote. Ländliches Restaurant mit Wintergarten.

KASSEL

In Espenau-Schäferberg über ⑦ : 10 km :

🏠 **Waldhotel Schäferberg**, Wilhelmsthaler Str. 14 (an der B 7), ⊠ 34314, ℰ (05673) 99 60, waldhotel-schaeferberg@t-online.de, Fax (05673) 996555, 🍴, ⇔ – 🛏, ⇜ Zim, 📺 ✆ 🕭 🅿 – 🔑 100. 🆎 ⓘ 🕮 VISA JCB
Menu à la carte 19/36 – **98 Zim** ⊇ 85/100 – 100/130, 6 Suiten.
♦ Das moderne Haus mit kultiviertem Ambiente verspricht einen unbeschwerten Aufenthalt. Im Winter lockt der knisternde Kamin in der Halle, im Sommer der schöne Garten. Die beiden Restaurants sind hell und modern gestaltet.

In Habichtswald-Ehlen West : 11 km über Im Drusetal ✕ :

✕ **Ehlener Poststuben** mit Zim, Kasseler Str. 11, ⊠ 34317, ℰ (05606) 59 95 80, ehlenerpoststuben@web.de, Fax (05606) 5995858, 🍴 – 📺 🅿 🕮 VISA
Menu (geschl. Dienstag) (wochentags nur Abendessen) à la carte 23/36 (auch vegetarisches Menu) – **5 Zim** ⊇ 45 – 70.
♦ Die Freunde einer gutbürgerlichen Küche kommen in den rustikalen Gaststuben dieses ländlichen Restaurants in einem hübschen Fachwerkhaus auf ihre Kosten.

In Calden über ⑦ : 14 km :

🏠 **Schloßhotel Wilhelmsthal**, Beim Schloß Wilhelmsthal (Süd-West : 2 km), ⊠ 34379, ℰ (05674) 8 48, wilhelmsthal@aol.com, Fax (05674) 5420, 🍴 – 📺 ⇔ 🅿 – 🔑 20. 🕮 VISA
Menu à la carte 16,50/35 – **21 Zim** ⊇ 44/52 – 72.
♦ Direkt neben dem schönen Rokoko-Schloß hat man in einem ehemaligen Gutshaus ein nettes Hotel mit meist rustikalen Zimmern eingerichtet. Das Restaurant mit gemütlichen Sitznischen wird ergänzt durch einen großen Wintergarten.

KASTL Bayern 419 420 R 19 – 3 000 Ew – Höhe 430 m – Erholungsort.
Berlin 449 – München 159 – Weiden in der Oberpfalz 69 – Regensburg 92 – Amberg 22.

🏠 **Forsthof**, Amberger Str. 2 (B 299), ⊠ 92280, ℰ (09625) 9 20 30, info@hotel-forsthof.de, Fax (09625) 920344, Biergarten, ⇔ – 📺 ✆ 🅿 – 🔑 25. 🆎 ⓘ 🕮 VISA
Menu (geschl. nach Fasching 2 Wochen, Dienstag) à la carte 14/21 – **19 Zim** ⊇ 40 – 64/72.
♦ Ein engagiert geführter Familienbetrieb : Eine gelungene Mischung aus Tradition und Moderne bietet der historische fränkische Gasthof mit geräumigen Zimmern. Gepflegter, ländlicher Gastraum.

KATZENELNBOGEN Rheinland-Pfalz 417 P 7 – 1 700 Ew – Höhe 300 m.
Berlin 571 – Mainz 51 – Koblenz 50 – Limburg an der Lahn 21 – Wiesbaden 46.

In Berghausen Süd-Ost : 2,5 km :

🏠 **Berghof**, Bergstr. 3, ⊠ 56368, ℰ (06486) 9 12 10, hobebe@t-online.de, Fax (06486) 1837, 🍴, 🏊 – 🔑 20. 🕮 VISA
Menu (geschl. Dienstag) à la carte 10/22 – **45 Zim** ⊇ 29/33 – 48/56.
♦ Ein gut geführter Gasthof, der seit über 60 Jahren in Familienbesitz ist. Die soliden Zimmer sind teils mit Eichenmöbeln, teils mit hellen Holzmöbeln ausgestattet. Jagdtrophäen zieren das rustikale Restaurant.

KAUB Rheinland-Pfalz 417 P 7 – 1 200 Ew – Höhe 79 m.
🅘 Verkehrsamt, Metzgergasse 26, ⊠ 56349, ℰ (06774) 2 22, Fax (06774) 8230.
Berlin 616 – Mainz 59 – Bad Kreuznach 36 – Koblenz 45 – Trier 116.

✕✕ **Zum Turm** mit Zim, Zollstr. 50, ⊠ 56349, ℰ (06774) 9 22 00, info@rhein-hotel-turm.com, Fax (06774) 922011, 🍴 – 📺. ⓘ 🕮 VISA
geschl. Anfang Jan. 1 Woche, Ende Juli 1 Woche, Mitte - Ende Nov. – **Menu** (geschl. Dienstag) (Nov. - März Montag - Freitag nur Abendessen) (Tischbestellung ratsam) à la carte 26/46 – **6 Zim** ⊇ 55/65 – 70/80.
♦ Das kleine Restaurant liegt in der Altstadt, neben dem alten Stadtturm. An schön gedeckten Tischen werden Sie freundlich bedient. Die Gerichte werden sorgfältig zubereitet.

KAUFBEUREN Bayern 419 420 W 15 – 43 800 Ew – Höhe 680 m – Wintersport : 707/849 m ⛷.
⛳ Pforzen-Hammerschmiede (Nord : 7 km), ℰ (08346) 98 27 80.
🅘 Verkehrsverein, Kaiser-Max-Str. 1 (Rathaus), ⊠ 87600, ℰ (08341) 4 04 05, touristinfo@kaufbeuren.de, Fax (08341) 73962.
ADAC, Kaiser-Max-Str. 3b.
Berlin 627 – München 87 – Kempten (Allgäu) 38 – Landsberg am Lech 30 – Schongau 26.

KAUFBEUREN

Goldener Hirsch, Kaiser-Max-Str. 39, ✉ 87600, ☎ (08341) 4 30 30, info@goldener-hirsch-kaufbeuren.de, Fax (08341) 430375, 🌿, 🛁, ≋ – 🛗, ⚡ Zim, 📺 ✆ ♿ 🚗 – 🅿 80. 🅐🅔 🆄 🆅🅸🆂🅰
Menu à la carte 15/33 – **42 Zim** ⚏ 48/75 – 75/100.

♦ Teils moderne, wohnliche Zimmer mit geschmackvoller Ausstattung, teils einfache, ältere Räume bietet das traditionsreiche Hotel, dessen Geschichte bis ins 16. Jh. zurückgeht. Elegant-rustikal ist die Atmosphäre im Restaurant.

Am Kamin, Füssener Str. 62 (B 16), ✉ 87600, ☎ (08341) 93 50, flairhotel-am-kamin@t-online.de, Fax (08341) 935222, 🌿 – 🛗 📺 ✆ 🅿 – 🅿 50. 🅐🅔 🆄 🆅🅸🆂🅰
Menu à la carte 17/32 – **32 Zim** ⚏ 54/62 – 76.

♦ Familiäre Gastlichkeit im Voralpenland finden Sie in diesem typischen Gasthof. Die Zimmer sind mit Naturholzmöbeln eingerichtet, die Doppelzimmer mit kleinem Wohnbereich. Sie speisen im Restaurant oder im gemütlichen Kaminzimmer.

Am Turm garni, Josef-Landes-Str. 1 (B 16), ✉ 87600, ☎ (08341) 9 37 40, Fax (08341) 937460 – ⚡ 📺 ✆ 🅿. 🅐🅔 🆄 🆅🅸🆂🅰
33 Zim ⚏ 46/62 – 62/85.

♦ Ein nettes Hotel mit modernem Komfort an der historischen Stadtmauer: geschmackvoll und individuell eingerichtete Zimmer, z.T. mit Natursteinwänden und Parkett.

Leitner, Neugablonzer Str. 68, ✉ 87600, ☎ (08341) 33 44, Fax (08341) 874670, 🌿 – 📺 🅿.
Menu (geschl. Juli - Aug. 2 Wochen, Freitag - Samstag) à la carte 16/21 – **10 Zim** ⚏ 34 – 51.

♦ Einfache, aber ordentliche Zimmer stehen für die Gäste des gepflegten Gasthofs im Zentrum zur Verfügung. Besonders zu empfehlen sind die Zimmer im Anbau. Gediegen-rustikales Restaurant.

In Kaufbeuren-Oberbeuren West: 2 km:

Grüner Baum Ⓜ 🌙 garni, Obere Gasse 4, ✉ 87600, ☎ (08341) 96 61 10, info@gruener-baum-hotel.com, Fax (08341) 9661179, ≋ – 🛗 📺 ✆ ♿ 🚗 🅿 – 🅿 30. 🅐🅔 🆄 🆅🅸🆂🅰 🅹🅲🅱
31 Zim ⚏ 46/57 – 76/81.

♦ An der Stelle des früheren Traditionsgasthauses wurde dieses Hotel in traditioneller Bauweise neu erstellt. Auf diese Weise entstand ein behagliches Haus mit modernem Komfort.

In Mauerstetten-Frankenried Ost: 3,5 km:

Zum goldenen Schwanen, Paul-Gaupp-Str. 1, ✉ 87665, ☎ (08341) 9 39 60 (Hotel), 93 96 32 (Rest.), goldener-schwanen@t-online.de, Fax (08341) 939630, 🌿 – ⚡ Zim, 📺 ✆ 🅿 – 🅿 30. 🅐🅔 🆄 🆅🅸🆂🅰
Menu (geschl. Montagmittag) à la carte 16,00/26,00 – **12 Zim** ⚏ 36/45 – 62/80 – ½ P 15.

♦ Sie wohnen in einem ehemaligen Bauernhof, der 1994 völlig umgebaut wurde und nun hinter der Fassade mit den traditionellen Fensterläden einen gemütlichen Gasthof beherbergt. In der rustikalen Gaststube nehmen Sie an blanken Holztischen Platz.

In Irsee Nord-West: 7 km:

Irseer Klosterbräu 🌙, Klosterring 1, ✉ 87660, ☎ (08341) 43 22 00, irseer klosterbraeu@t-online.de, Fax (08341) 432269, 🌿, Brauereimuseum, Biergarten – 📺 🅿 – 🅿 15
geschl. 7. Jan. - 7. Feb. – **Menu** à la carte 19,50/27 – **53 Zim** ⚏ 50/61 – 76/87.

♦ Direkt im Klosterviertel liegt der historische Gasthof. In den traditionsreichen Mauern übernachten Sie in wohnlichen, mit hellen Naturholzmöbeln eingerichteten Zimmern. Kamin und Kupfersudkessel zieren das Restaurant.

KAUFUNGEN Hessen siehe Kassel.

KAYHUDE Schleswig-Holstein 415 416 E 14 – 1 000 Ew – Höhe 25 m.
Berlin 307 – Kiel 82 – Hamburg 36 – Lübeck 50 – Bad Segeberg 26.

✕ **Alter Heidkrug**, Segeberger Str. 10 (B 432), ✉ 23863, ☎ (040) 6 07 02 52, Fax (040) 60751153, 🌿, Biergarten – 🅿.
geschl. Donnerstag, Sonntagabend – **Menu** à la carte 19/30.

♦ Ein norddeutscher, reetgedeckter Gasthof: Gediegene Restauranträume laden zu einem gutbürgerlichen Essen, die wechselnde Tageskarte berücksichtigt saisonale Besonderheiten.

KEHL Baden-Württemberg 419 U 7 – 33 700 Ew – Höhe 139 m.

🛈 Tourist-Information, Am Marktplatz, ✉ 77694, ℘ (07851) 8 82 26, verkehrsamt @kehl.de, Fax (07851) 2140.

Berlin 748 – Stuttgart 149 – Karlsruhe 78 – Freiburg im Breisgau 81 – Baden-Baden 55 – Strasbourg 6.

Grieshaber's Rebstock (mit Gästehaus), Hauptstr. 183, ✉ 77694, ℘ (07851) 9 10 40, grieshaber@rebstock-kehl.de, Fax (07851) 78568, 斧 – ⇌ Zim, TV 📞 🚗 🅿 – 🔑 30. ⓐ 🆅🆂🅰
Menu (geschl. über Fasching 2 Wochen, Aug. 2 Wochen, Sonntagabend - Montag) (wochentags nur Abendessen) à la carte 22/35 – **48 Zim** ☕ 50/70 – 68/88.
◆ Am Rande des Ortes ist diese nette, wohnliche Adresse plaziert. Ein neuerer Anbau, der Kastanienhof, ergänzt das Haus mit Künstler- und Themenzimmern. Nettes, liebevoll dekoriertes Wirtshaus.

Milchkutsch, Hauptstr. 147a, ✉ 77694, ℘ (07851) 7 61 61, Fax (07851) 621, 斧 – 🅿. ⓐ ⓒ 🆅🆂🅰
geschl. Aug. - Sept. 3 Wochen, Samstag - Sonntag – **Menu** (Tischbestellung ratsam) 21 (mittags) à la carte 24,50/33.
◆ Das kleine, rustikal-gemütliche Restaurant ist in einem Fachwerkhaus untergebracht. Man überzeugt mit geschultem Service und sorgfältig zubereiteten Spezialitäten.

In Kehl-Kork Süd-Ost : 4 km :

Hirsch (mit Gästehaus), Gerbereistr. 20, ✉ 77694, ℘ (07851) 9 91 60, gastlichkeit@ hirsch-kork.de, Fax (07851) 73059, 斧 – 📶 TV 📞 🅿. ⓐ ⓒ 🆅🆂🅰
geschl. 21. Dez. - 12. Jan. – **Menu** (geschl. 21. Dez. - 28. Jan., 10. - 25. Aug., Sonntag) (nur Abendessen) à la carte 15/36 – **65 Zim** ☕ 40/67 – 60/110.
◆ Ein ländlicher Gasthof zum Wohlfühlen : unterschiedlich eingerichtete Zimmer - teils Landhausstil, teils kanadische Holzmöbel oder helle Eiche - bieten zeitgemäßen Komfort. Holzgetäfelte Wände tragen zum gemütlichen Ambiente im Restaurant bei.

Schwanen, Landstr. 3, ✉ 77694, ℘ (07851) 79 60, schwanen-kork@t-online.de, Fax (07851) 796222 – 📶, ⇌ Zim, TV 📞 🚗 🅿. ⓒ 🆅🆂🅰 ⚡ Zim
Menu (geschl. 3. - 10. März, Aug. 3 Wochen, Sonntagabend - Montag) à la carte 14/31,50 – **39 Zim** ☕ 38/50 – 52/64.
◆ Der Landgasthof befindet sich seit 120 Jahren in Familienbesitz. Gepflegte und solide Zimmer und ein reichhaltiges Frühstücksbuffet versprechen einen erholsamen Aufenthalt. Rustikales Lokal mit Deckenbalken, bleiverglasten Fenstern und gepolsterten Bänken.

KEITUM Schleswig-Holstein siehe Sylt (Insel).

KELBRA Sachsen-Anhalt 418 L 17 – 3 100 Ew – Höhe 98 m.

🛈 Stadtinformation, Lange Str. 8, ✉ 06537, ℘ (034651) 65 28, Fax (034651) 38322.
Berlin 244 – Magdeburg 126 – Erfurt 72 – Nordhausen 20 – Weimar 61 – Halle 72.

Kaiserhof, Frankenhäuser Str. 1 (B 85), ✉ 06537, ℘ (034651) 65 31, info@komfort hotel-kaiserhof.de, Fax (034651) 6215, 斧, ⇌, 🅾 – 📶 TV 🅿 – 🔑 30. ⓐ ⓒ 🆅🆂🅰
Menu à la carte 13,50/25 – **36 Zim** ☕ 42/73 – 68/79.
◆ Am Fuße des Kyffhäusers steht dieses Klinkerfachwerkhaus mit kleinem Türmchen. Solide und gepflegte Zimmer sind eine gute Basis für Ausflüge in die reizvolle Umgebung. In zeitlosem Ambiente serviert man bürgerliche Speisen.

Oberhalb des Stausees West : 2,5 km Richtung Sondershausen :

Barbarossa ⚲, Am Stausee, ✉ 06537 Kelbra, ℘ (034651) 4 20, Fax (034651) 4233, ≤ Stausee und Harz, 斧, 🌳 – ⇌ Zim, TV 🅿 – 🔑 20. ⓐ ⓒ 🆅🆂🅰
Menu à la carte 14/23 – **30 Zim** ☕ 46 – 62 – ½ P 13.
◆ Die Umgebung des gepflegten Hotels - einem ehemaligen Ferienheim - bietet zahlreiche Möglichkeiten für abwechslungsreiche Freizeitaktivitäten. Vom Restaurant oder der Terrasse aus genießen Sie die schöne Aussicht.

Die in diesem Führer angegebenen Preise folgen
der Entwicklung der allgemeinen Lebenshaltungskosten.
Lassen Sie sich bei der Zimmerreservierung den endgültigen
Preis vom Hotelier mitteilen.

KELHEIM Bayern 420 T 19 – 15 800 Ew – Höhe 354 m.

Ausflugsziele: Befreiungshalle★ West : 3 km – Weltenburg : Klosterkirche★ Süd-West : 7 km – Schloß Prunn : Lage★, West : 11 km.

🛈 Tourist-Information, Ludwigsplatz 14, ✉ 93309, ℰ (09441) 70 12 34, info@kelheim.de, Fax (09441) 701207.

Berlin 512 – München 106 – Regensburg 31 – Ingolstadt 56 – Nürnberg 108.

Stockhammer, Am oberen Zweck 2, ✉ 93309, ℰ (09441) 7 00 40, Fax (09441) 700431, 🍽 – ⚞ Zim, 📺 📞 🅿. 🆎 ⓜ VISA. ⚞ Zim
geschl. über Pfingsten 1 Woche, Aug. 2 Wochen – **Menu** (geschl. Montag) à la carte 14/38 – **14 Zim** ⚌ 38/53 – 68/83 – ½ P 13.
• Am Ufer der Altmühl liegt dieser für die Region typische, schöne Gasthof, der sich seit mehr als 50 Jahren in Familienbesitz befindet. Mit wohnlichen Zimmern und Appartements. Ländlich-gemütliche Gaststube und Ratskeller mit Gewölbedecke.

Weißes Lamm, Ludwigstr. 12, ✉ 93309, ℰ (09441) 2 00 90, info@weisses-lamm-kelhheim.de, Fax (09441) 21442, 🍽 – 📧 📺 🅿. ⓜ VISA. ⚞ Zim
geschl. Anfang - Mitte Nov. – **Menu** (geschl. Sonntagabend, Jan. - Mai Samstag, Sonntagabend) à la carte 11,50/28,50 – **32 Zim** ⚌ 38/40 – 60/63 – ½ P 13.
• Bayerische Gastlichkeit : In dem hübschen Gasthof mit der gelben Fassade finden Sie solide und funktionell eingerichtete Zimmer und am Morgen ein ordentliches Frühstücksbuffet. Ein Kachelofen unterstreicht den ländlichen Charakter der Gaststube.

In Essing West : 8 km :

Brauereigasthof Schneider (mit Gästehaus), Altmühlgasse 10, ✉ 93343, ℰ (09447) 9 18 00, brauereigasthof.schneider@vr-web.de, Fax (09447) 918020, 🍽 – ⚞ 🅿. ⚞ Zim
geschl. Mitte Jan. - Anfang Feb. – **Menu** (geschl. Nov. - Ostern Montag - Dienstag) à la carte 13/32 – **19 Zim** ⚌ 46 – 56/88.
• Rustikale Gaststuben und solide, ordentliche Zimmer bietet dieser Gasthof am Ufer der Altmühl. Genießen Sie die Brotzeiten, das selbstgebraute Bier und bayerische Schmankerln.

Die im Michelin-Führer
verwendeten Zeichen und Symbole haben-
*dünn oder **fett** gedruckt, rot oder schwarz -*
jeweils eine andere Bedeutung.
Lesen Sie daher die Erklärungen aufmerksam durch.

KELKHEIM Hessen 417 P 9 – 27 000 Ew – Höhe 202 m.

Berlin 552 – Wiesbaden 27 – Frankfurt am Main 25 – Limburg an der Lahn 47.

Arkadenhotel, Frankenallee 12, ✉ 65779, ℰ (06195) 9 78 10, info@arkaden-hotel.de, Fax (06195) 978150, 🍽, 🈴 – 📧 📺 ⚞ – 🅰 25. 🆎 ① ⓜ VISA
Menu à la carte 18/33 – **38 Zim** ⚌ 72/108 – 105/148.
• Ein neueres Hotel mit schlichten, aber praktischen Zimmern, die über eine nette Sitzecke verfügen. Mit kleinem, modernem Tagungsbereich. Die Frankenstube ist ein rustikales Restaurant mit Zirbelholz-Ambiente.

Kelkheimer Hof garni, Großer Haingraben 7, ✉ 65779, ℰ (06195) 9 93 20, info@hotel-kelkheimer-hof.de, Fax (06195) 4031 – 📺 🅿. 🆎 ⓜ VISA JCB
24 Zim ⚌ 66/95 – 87/125.
• Vor den Toren Frankfurts im grünen Taunus liegt dieses 1986 eröffnete, neuzeitliche Hotel mit solide gestalteten Zimmern und Appartements.

Waldhotel ⚞, Unter den Birken 19, ✉ 65779, ℰ (06195) 9 90 40, info@waldhotel-kelkheim.de, Fax (06195) 990444, 🈴 – 📺 🅿. 🆎 ① ⓜ VISA
Menu (nur Abendessen) (Restaurant nur für Hausgäste) – **20 Zim** ⚌ 53/72 – 75/87.
• Ein am Ortsrand gelegenes gut geführtes Hotel mit individuell eingerichteten Zimmern. Das Frühstück gibt es in dem gepflegten Frühstücksraum mit kleinem Wintergartenanbau.

In Kelkheim-Münster :

Zum goldenen Löwen, Alte Königsteiner Str. 1, ✉ 65779, ℰ (06195) 9 90 70, gldloewe@aol.com, Fax (06195) 73917, Biergarten – 📺 🅿 – 🅰 50. 🆎 ① ⓜ VISA. ⚞ Zim
geschl. Juli 3 Wochen, Weihnachten - Anfang Jan. – **Menu** (geschl. Donnerstag) à la carte 16/35 – **30 Zim** ⚌ 52/72 – 73/100.
• Ein netter, gepflegter Gasthof. Die Zimmer sind mit teils hellen, teils dunklen Naturholzmöbeln ausgestattet und bieten ausreichenden Komfort. Rustikale Gaststätte.

KELKHEIM

Außerhalb Nord-West : 6 km über Fischbach und die B 455 Richtung Königstein :

Schloßhotel Rettershof ⌘, ✉ 65779 Kelkheim, ☏ (06174) 2 90 90, info@schlosshotel-rettershof.de, Fax (06174) 25352, 斎, ⇌s, ☞, ✵ – TV ⇌ P – ⚎ 30. AE ① ◎ VISA
Le Duc (geschl. Sonntag) Menu 21 (mittags) à la carte 30/46 – **35 Zim** ⌥ 112 – 160.
♦ Fernab vom Verkehrslärm finden Sie diesen ehemaligen Herrensitz und das Schlößchen von 1885. Sehr hübsch sind die Zimmer im Haupthaus. Schöner Park ! Das Restaurant Le Duc beeindruckt durch klassische Eleganz.

KELL AM SEE — Rheinland-Pfalz 417 R 4 – 10 000 Ew – Höhe 441 m – Luftkurort.

🛈 Tourist-Information, Alte Mühle, ✉ 54427, ☏ (06589) 10 44, hochwald-ferienland kell@t-online.de, Fax (06589) 1002.
Berlin 708 – Mainz 148 – *Trier* 44 – Saarburg 27.

St. Michael, Kirchstr. 3, ✉ 54427, ☏ (06589) 9 15 50, hotelstmichael@aol.com, Fax (06589) 915550, 斎, ⇌s, ☞ – ⇕ TV ⇌ P – ⚎ 110
Menu (geschl. 20. - 28. Dez, Nov. - Feb. Montag) à la carte 15/32 – **34 Zim** ⌥ 39/42 – 68/84 – ½ P 12.
♦ Ein Gasthof mit Familientradition. Die Zimmer sind individuell mit rustikalen Möbeln im altdeutschen Stil oder bemalten Bauernmöbeln eingerichtet und haben alle einen Balkon. Das Restaurant : teils stilvoll, teils rustikal mit offenem Kamin.

Haus Doris ⌘, Nagelstr. 8, ✉ 54427, ☏ (06589) 71 10, hausdoris-kell@t-online.de, Fax (06589) 1416, ⇌s, ☞ – TV P – ⚎ 15. ◎ VISA
geschl. Nov. 3 Wochen – **Menu** (geschl. Mittwoch) à la carte 12/27 – **16 Zim** ⌥ 32/37 – 55/60.
♦ Zentral und doch ruhig gelegen ist das gemütliche Landhotel. Wohnliche Zimmer - mit bemalten, rustikalen Bauernmöbeln eingerichtet und mit Balkon - erwarten die Gäste. Sitznischen, gepolsterte Bänke und ländliche Dekorationen in der Gaststube.

Fronhof ⌘, am Stausee (Nord : 2 km), ✉ 54427, ☏ (06589) 16 41, info@hotel-fronhof.de, Fax (06589) 2162, ≤, 斎, ⇌s, ☞, ✵ – TV ⇌ P VISA
geschl. 10. Nov. - 1. Dez. – **Menu** (geschl. Montag) à la carte 15/24 – **10 Zim** ⌥ 34/40 – 63/77.
♦ Oberhalb des Ortes am Stausee liegt dieses gut geführte Haus mit wohnlichen Zimmern, das sich wegen des dazugehörigen Gestüts besonders für Reiterferien eignet. Im Restaurant oder auf der Sommerterrasse speisen Sie mit Blick auf den See.

KELLENHUSEN — Schleswig-Holstein 415 416 D 17 – 1 000 Ew – Höhe 10 m – Ostseeheilbad.

🛈 Kurverwaltung, Strandpromenade, ✉ 23746, ☏ (01805) 65 06 51, kellenhusen@t-online.de, Fax (01805) 650652.
Berlin 320 – Kiel 83 – *Lübeck* 65 – Grömitz 11 – Heiligenhafen 25.

Erholung (mit Gästehaus), Am Ring 31, ✉ 23746, ☏ (04364) 47 09 60, info@hotel-erholung.de, Fax (04364) 4709670 – ⇕, ↔ Zim, TV P. ◎ VISA
✵ Rest
geschl. 6. Jan. - März, Nov. - 26. Dez. – **Menu** (geschl. Dienstag) à la carte 16/33 – **33 Zim** ⌥ 46/70 – 80/90.
♦ Ein familiengeführtes Ferienhotel mit gepflegter Atmosphäre, das nur 5 Gehminuten vom Ostseestrand entfernt ist. Auch Familienzimmer und Ferienwohnungen sind vorhanden. Gediegenes, zeitlos eingerichtetes Restaurant.

KELSTERBACH — Hessen 417 P 9 – 15 000 Ew – Höhe 107 m.

Berlin 551 – Wiesbaden 26 – *Frankfurt am Main* 19 – Darmstadt 33 – Mainz 26.

Astron Hotel Frankfurt-Airport M, Mörfelder Str. 113, ✉ 65451, ☏ (06107) 93 80, frankfurt-airport@astron-hotels.de, Fax (06107) 938100, 斎, ₤ᵶ, ⇌s – ⇕, ↔ Zim, TV ✆ ⇌ P – ⚎ 20. AE ① ◎ VISA JCB
Menu à la carte 32/41 – ⌥ 15 – **156 Zim** 101/141.
♦ Modern und mit funktionellen Einbaumöbeln eingerichtete Zimmer bietet dieses in zeitgemäßer Architektur errichtete Business-Hotel seinen Gästen.

Novotel Frankfurt Airport ⌘, Am Weiher 20, ✉ 65451, ☏ (06107) 76 80, h0719@accor-hotels.com, Fax (06107) 8060, 斎, ⇌s, ⌸ – ⇕, ↔ Zim, ■ TV ✆ ⚲ P – ⚎ 200. AE ① ◎ VISA JCB
Menu à la carte 19/36 – ⌥ 13 – **150 Zim** 130 – 145.
♦ Der großzügige Rahmen des Hauses mit gut besetzter Rezeption und großem Hallenbereich wird Sie überzeugen. Die Zimmer sind funktionell und technisch gut ausgestattet.

KELSTERBACH

- **Ibis** M, Langer Kornweg 11 55 65451, ℘ (06107) 98 70, h2203@accor-hotels.com, Fax (06107) 987444 – |₿|, ↔ Zim, ☰ Zim, TV ℒ & P. AE ⓘ ⓜ VISA
  Menu (nur Abendessen) à la carte 14,50/23 – ⌚ 8 – **132 Zim** 66.
  ◆ Einfache, aber moderne Zimmer finden Sie in dem neugebauten Hotel. Der Empfangsbereich und die Lobby sind repräsentativ, die Rezeption rund um die Uhr besetzt.

- **Airport Hotel Tanne,** Tannenstr. 2, ✉ 65451, ℘ (06107) 93 40, info@airport hoteltanne.de, Fax (06107) 5484 – ↔ Zim, TV P. AE ⓘ ⓜ VISA JCB
  Menu (geschl. Sonntag) (nur Abendessen) à la carte 14/24,50 – ⌚ 9 – **36 Zim** 69/92 – 92.
  ◆ Die Zimmer dieses kleineren Airporthotels mit der behaglichen Atmosphäre sind einheitlich mit Vogelaugenahornmöbeln eingerichtet und bieten einen guten Standard.

- XX **Alte Oberförsterei,** Staufenstr. 16 (beim Bürgerhaus), ✉ 65451, ℘ (06107) 6 16 73, Fax (06107) 64627, 🍴 – P. AE ⓘ ⓜ VISA
  geschl. 1. - 7. Jan., Juli 3 Wochen, Montag, Samstagmittag – **Menu** (Tischbestellung ratsam) à la carte 23/35.
  ◆ Das gepflegte Restaurant mit der zeitlosen Einrichtung finden Sie in einem Haus mit Fachwerkgiebel. An hübsch gedeckten Tischen servieren freundliche Kellner Internationales.

Erfahrene Autofahrer benutzen den **Roten Michelin-Führer**
des laufenden Jahres

KELTERN Baden-Württemberg 419 T 9 – 7 850 Ew – Höhe 190 m.
Berlin 675 – Stuttgart 61 – Karlsruhe 26 – Pforzheim 11.

In Keltern-Dietlingen :

- XX **Zum Kaiser,** Bachstr. 41, ✉ 75210, ℘ (07236) 62 89, Fax (07236) 2459, 🍴 P
  geschl. 1. - 5. Jan., 2. - 13. Juni, Mittwoch, Sonntagabend – **Menu** (wochentags nur Abendessen) à la carte 38/49.
  ◆ Ein gemütliches Restaurant mit erhaltener alter Holztäfelung und ländlich-gepflegter Atmosphäre, in der man dem Gast schmackhafte Gerichte auftischt.

In Keltern-Ellmendingen :

- **Goldener Ochsen,** Durlacher Str. 8, ✉ 75210, ℘ (07236) 81 42, Fax (07236) 7108, 🍴 – TV ℒ ⇔ P. – 🅿 15. ⓜ
  geschl. 20. Feb. - 15. März, 13. - 27. Juni – **Menu** (geschl. Donnerstag) à la carte 22/41 – **12 Zim** ⌚ 40/45 – 65/75.
  ◆ Ein hübscher, familiengeführter Landgasthof mit ordentlichen Zimmern, die überwiegend mit gekalkten Holzmöbeln im Landhausstil eingerichtet sind. Das ländliche Restaurant ist in zwei rustikale Stuben unterteilt.

KEMBERG Sachsen-Anhalt 418 K 21 – 3 000 Ew – Höhe 75 m.
Berlin 121 – Magdeburg 102 – Leipzig 53.

In Ateritz-Lubast Süd : 2 km (an der B 2) Richtung Bad Düben :

- **Heidehotel Lubast,** Leipziger Str. 1, ✉ 06901, ℘ (034921) 7 20, flairhotellubast@t-online.de, Fax (034921) 72120, 🍴, ≘s – |₿|, ↔ Zim, TV & ⇔ P. – 🅿 150
  Menu à la carte 16/30 – **50 Zim** ⌚ 44/68 – 68/105.
  ◆ Ein neuerer Hotelbau vor den Toren der Lutherstadt Wittenberg mit komfortablen Zimmern, die teils mit Mahagoni-, teils mit Kirschholzmöbeln eingerichtet sind.

Im Naturpark Dübener Heide Süd : 8 km ; 6 km über die B2, Richtung Bad Düben, dann links ab :

- **Sackwitzer Mühle** ⧈, Sackwitzer Mühle 52, ✉ 06905 Meuro-Sackwitz, ℘ (034925) 7 05 11, info@hotel-sackwitzer-muehle.de, Fax (034925) 71156, 🍴, Biergarten, ≘s, ⧈ – |₿|, ↔ Zim, TV P. – 🅿 30
  Menu à la carte 15/25 – **35 Zim** ⌚ 51/61 – 77/92 – ½ P 13.
  ◆ Erholung pur verspricht dieses Haus mitten im Naturpark Dübener Heide, in dem geräumige Zimmer im Appartementstil - getrennte Wohn- und Schlafzimmer - auf die Gäste warten. Sie speisen in der Weinlaube oder im Kaminzimmer - beide sind rustikal gestaltet.

KEMMENAU Rheinland-Pfalz siehe Ems, Bad.

KEMMERN Bayern siehe Bamberg.

KEMPEN Nordrhein-Westfalen 417 L 3 – 35 000 Ew – Höhe 35 m.
Berlin 576 – Düsseldorf 61 – Geldern 21 – Krefeld 13 – Venlo 22.

Et kemp'sche huus, Neustr. 31, ✉ 47906, ℰ (02152) 5 44 65, Fax (02152) 558923, 🍴, (restauriertes Fachwerkhaus a.d.J. 1725) – AE ① ◯ VISA
geschl. Montag – **Menu** (Tischbestellung ratsam) à la carte 28,50/38.
  ♦ Speisen in einem historischen Ambiente : Das rustikale Restaurant ist liebevoll dekoriert und bewirtet seine Besucher mit einer gutbürgerlichen Küche.

KEMPFELD Rheinland-Pfalz 417 Q 5 – 950 Ew – Höhe 530 m – Erholungsort.
Berlin 669 – Mainz 111 – Trier 58 – Bernkastel-Kues 23 – Idar-Oberstein 15.

Hunsrücker Faß, Hauptstr. 70, ✉ 55758, ℰ (06786) 97 00, info@hunsruecker-fass.de, Fax (06786) 970100, 🍴, ≦s, 🛏 – 🖨 TV 📞 P – 🛎 25. AE ① ◯ VISA
Menu (wochentags nur Abendessen) à la carte 23,50/45 – **20 Zim** ⊑ 75 – 80/130 – ½ P 22.
  ♦ Die Zimmer dieses engagiert geführten Landhotels mit der schönen Außenanlage sind im Landhausstil eingerichtet, haben alle eine kleine Sitzecke und bieten modernen Komfort. Rustikale Stuben mit nettem Dekor.

In Asbacherhütte Nord-Ost : 3 km :

Harfenmühle 🐾 mit Zim, beim Feriendorf Harfenmühle, ✉ 55758, ℰ (06786) 13 04, harfenmuehle@t-online.de, Fax (06786) 1323, 🍴, Biergarten – TV P. 🛠
geschl. 10. - 27. März – **Menu** (geschl. Dienstag - Mittwoch) (Montag - Freitag nur Abendessen) à la carte 38,50/47 – **Die Mühlenstube** (geschl. Mittwoch) **Menu** à la carte 15/26,50 – ⊑ 8 – **4 Zim** 49 – 57.
  ♦ Terrakottafarbene Wände und helle Korbsessel verleihen dem Restaurant ein südländisches Flair, in dem man Sie mit einer internationalen Küche mit französischem Touch verwöhnt. In der Mühlenstube : ländliches Ambiente mit rustikalen Tischen und Bruchsteintheke.

KEMPTEN (ALLGÄU) Bayern 419 420 W 14 – 62 000 Ew – Höhe 677 m.
🏌 Wiggensbach, Hof Waldegg (West : 13 km), ℰ (08370) 9 30 73 ; 🏌 Hellengerst, Helingerstr. 5 (Süd-West : 14 km), ℰ (08378) 9 20 00.
🚂 Bahnhofsplatz.
🛈 Tourist Information, Rathausplatz 24, ✉ 87435, ℰ (0831) 2 52 52 37, tourist info@kempten.de, Fax (0831) 2525427.
ADAC, Bahnhofstr. 55.
Berlin 695 ② – München 127 ② – Augsburg 102 ② – Bregenz 73 ④ – Konstanz 135 ④ – Ulm (Donau) 89 ①

Stadtpläne siehe nächste Seiten

Bayerischer Hof garni, Füssener Str. 96, ✉ 87437, ℰ (0831) 5 71 80, hotel@bayerischerhof-kempten.de, Fax (0831) 5718100, ≦s – 🖨 TV ⟺ P – 🛎 30. AE ① ◯ VISA
52 Zim ⊑ 50/82 – 91/107.   DZ s
  ♦ Eine behagliche Atmosphäre findet der Gast in dem traditionsreichen, modernisierten Hotel mit dem geschulten Service und den gepflegten, stilvoll eingerichteten Zimmern.

Parkhotel M, Bahnhofstr. 1, ✉ 87435, ℰ (0831) 2 52 75, parkhotel.kempten@t-online.de, Fax (0831) 2527777, ≤ Kempten – 🖨, 🛏 Zim, TV 📞 ⟺ – 🛎 70. AE ① ◯ VISA JCB
Menu (geschl. Sonntagabend) à la carte 20/35 – **42 Zim** ⊑ 62/77 – 92/112.   DZ c
  ♦ Zimmer mit Durchblick : Hinter der modernen Glasfassade eines Einkaufszentrums finden Sie komfortable Zimmer mit neuzeitlicher Einrichtung und großzügigem Platzangebot. Mit dem verglasten Außenaufzug erreichen Sie das Restaurant in der 13. Etage.

Am Forum garni, Kotterner Str. 72, ✉ 87435, ℰ (0831) 52 18 70, hotel-am-forum@allgaeu.org, Fax (0831) 5218755 – 🛏 TV. AE ① ◯ VISA
geschl. 20. Dez. - 2. Jan. – **23 Zim** ⊑ 51/70 – 84/116.   DZ a
  ♦ Frisch renoviert präsentiert sich das weiße Stadthaus als sympathische Herberge im Ortskern. Besonders geräumig : die Erkerzimmer an den Ecken des Hauses.

Waldhorn, Seufzger Str. 80, ✉ 87435, ℰ (0831) 58 05 80, waldhorn@vr-web.de, Fax (0831) 5805899, 🍴, ≦s – 🖨, 🛏 Zim, TV P – 🛎 30. ① ◯ VISA   AX m
geschl. Ende Aug. - Mitte Sept. – **Menu** (geschl. Sonntagabend - Montag) à la carte 13,50/28 – **55 Zim** ⊑ 35/46 – 57/65.
  ♦ Das seit 1911 in Familienbesitz befindliche Hotel mit modernem Anbau bietet seinen Gästen neuzeitlich in Kirschholz eingerichtete Zimmer. Das Restaurant liegt im modernen Teil des Hotels.

KEMPTEN (ALLGÄU)

XX **M M,** Mozartstr. 8, ✉ 87435, ℘ (0831) 2 63 69, *Fax (0831) 26369*, 🍽 –
🅰🅴 🆅🅸🆂🅰
CZ z
geschl. nach Pfingsten 3 Wochen, Sonntag - Montag – **Menu** *(nur Abendessen)* (Tischbestellung ratsam) à la carte 29,50/44.
♦ In dem mit schlichter Eleganz gestalteten Restaurant verwöhnt der Chef Sie mit einer frischen, schmackhaften vorwiegend internationalen Küche. Freundlicher Service !

XX **Tableau,** Fischersteige 6, ✉ 87435, ℘ (0831) 2 86 59, *info@restaurant-tableau.de*, *Fax (0831) 29303*, 🍽 – 🅰🅴 🅼🅲 🆅🅸🆂🅰
DY a
geschl. Jan. 2 Wochen, Sonntag - Montag – **Menu** à la carte 27/40.
♦ Das gemütliche Kellerlokal - zur Fußgängerzone hin ebenerdig, mit Fenstern - bietet Ihnen eine internationale Küche und netten Service. Schöne Innenhofterrasse !

XX **Haubenschloß,** Haubenschloßstr. 37, ✉ 87435, ℘ (0831) 2 35 10, *Fax (0831) 16082*,
🍽 – 🅿 🅰🅴 ⓞ 🅼🅲 🆅🅸🆂🅰
AX t
geschl. Montag - Dienstag – **Menu** à la carte 26/40.
♦ Das barocke Lustschlößchen beherbergt ein klassisch-elegantes Restaurant, in dem Sie internationale Gerichte mit kreativen Einflüssen erwarten.

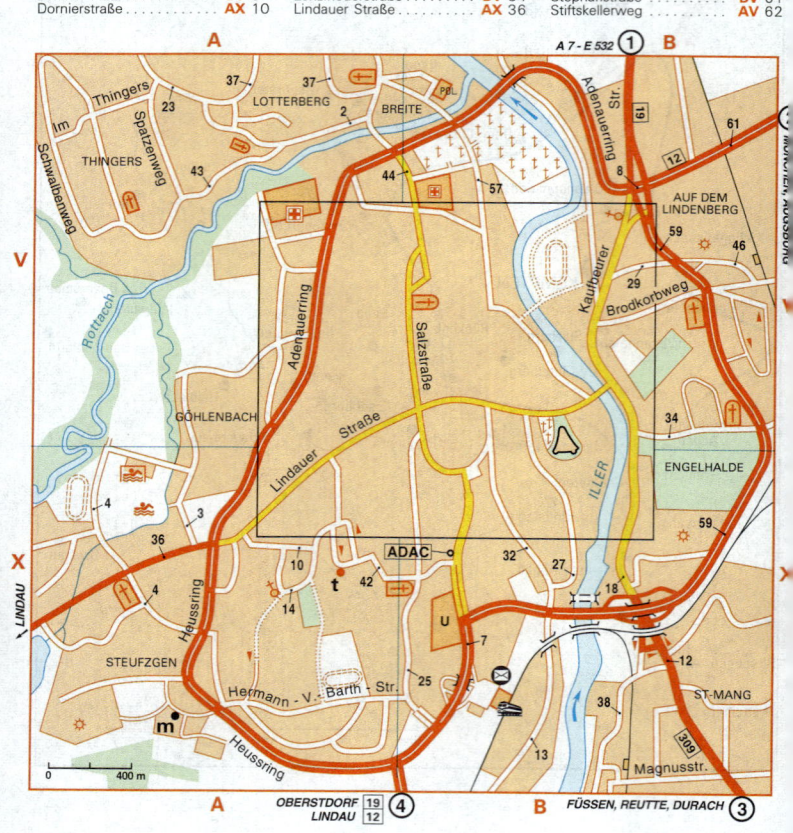

KEMPTEN
(ALLGÄU)

Äußere Rottach	**AV** 2
Am Göhlenbach	**AX** 3
Aybühlweg	**AX** 4
Bahnhofstraße	**BX** 7
Berliner Platz	**BV** 8
Dornierstraße	**AX** 10
Duracher Straße	**BX** 12
Eicher Straße	**BX** 13
Ellharter Straße	**AX** 14
Füssener Straße	**BX** 18
Heiligkreuzerstraße	**AX** 23
Immenstädterstraße	**BX** 25
Keselstraße	**BX** 27
Knussertstraße	**BV** 29
Kotterner Straße	**BX** 32
Lenzfriederstraße	**BV** 34
Lindauer Straße	**AX** 36
Lotterbergstraße	**AV** 37
Ludwigstraße	**BX** 38
Maler-Lochbihler Straße	**ABX** 42
Mariabergerstraße	**AV** 43
Memminger Straße	**ABV** 44
Ostbahnhofstraße	**BV** 46
Rottachstraße	**BV** 57
Schumacherring	**BV** 59
Stephanstraße	**BV** 61
Stiftskellerweg	**AV** 62

✂ **Goldenes Ross**, Bäckerstr. 25, ✉ 87435, ℘ (0831) 5 12 74 61, *Fax (0831) 5127463*
DZ e
geschl. Aug. 3 Wochen, Montag – **Menu** *(wochentags nur Abendessen)* à la carte 16/30.
♦ Über eine Treppe erreichen Sie die im ersten Stock des Hauses gelegenen Gasträume. Die Einrichtung ist ländlich, man sitzt unter einer Lindauer Schiffsbodendecke von 1488.

In Lauben-Moos *Nord : 6 km über Memminger Straße* **AV** :

🏠 **Andreashof** 🌿, Sportplatzstr. 15, ✉ 87493, ℘ (08374) 9 30 20, *info@hotel-andreashof.de, Fax (08374) 9302300*, 🌿, 🌿 – 📶, 📺 ℘ – 🅿 75. ⓜ 🆅🅸🆂🅰
🍴 Rest
Menu *(geschl. Samstag - Sonntag) (nur Abendessen)* à la carte 17/32 – **41 Zim** ⇌ 50/66 – 84/94 – ½ P 18.
♦ Ein gutes Platzangebot und modernen Komfort bieten die Zimmer dieses Landgasthofs im alpenländischen Stil. Lassen Sie sich im gepflegten römischen Vitalbad verwöhnen.

776

KEMPTEN
(ALLGÄU)

Backerstraße	**DZ** 6	Freundenberg	**DZ** 17	Prälat-Götz-Straße	**CY** 49
Bahnhofstraße	**DZ** 7	Gerberstraße	**DY**	Rathausplatz	**CY** 51
Brodkorpweg	**DY** 9	Hildegardplatz	**CY** 24	Rathausstraße	**CY** 52
Fischerstraße	**DYZ**	Klostersteige	**DY** 28	Residenzplatz	**CY** 53
		Knusserstraße	**DY** 29	Robert-Weixler-Straße	**CY** 56
		Kronenstraße	**DYZ** 33	Rottachstraße	**CY** 57
		Lenzfriederstraße	**DZ** 34	Sankt-Mang-Platz	**DZ** 58
		Lessingstraße	**CZ** 35	Stiftskellerweg	**CY** 62
		Pfeilergraben	**DY** 47	Weiherstraße	**CY** 66

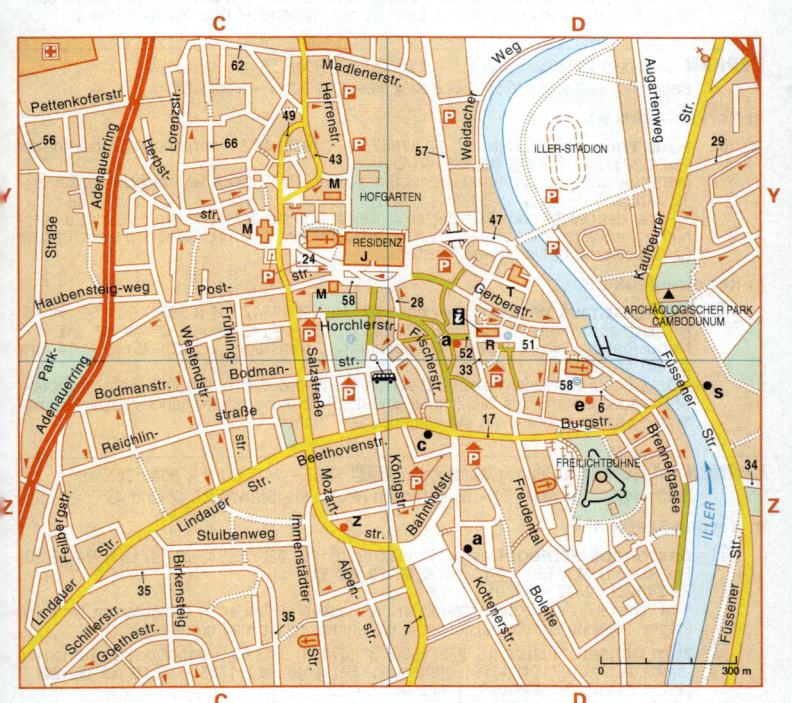

In Sulzberg *Süd : 7 km über Ludwigstraße* BX :

Sulzberger Hof, Sonthofener Str. 17, ⌧ 87477, ℘ (08376) 92 13 30, *hotel-sulzberger-hof@t-online.de*, Fax (08376) 8660, ≼, 🍴, 🛏, 🛋, 🐎 – ⇔ Zim, 📺 🚗 🅿.
AE ① 🅾 VISA. ⅍ Zim
geschl. 15. Nov. - 5. Dez. – **Menu** *(wochentags nur Abendessen)* à la carte 17/30 – **22 Zim**
⇌ 51/65 – 92/120 – ½ P 13.
♦ Das gepflegte Landhotel im schönen Allgäuer Voralpenland überzeugt mit soliden, im Anbau auch komfortableren Zimmern und einer herzlichen Atmosphäre. Das Restaurant ist ländlich-rustikal eingerichtet.

KENZINGEN Baden-Württemberg 📙 V 7 – 7 200 Ew – Höhe 179 m.
Sehenswert : Rathaus★.
Berlin 781 – Stuttgart 182 – *Freiburg im Breisgau* 29 – Offenburg 40.

Schieble (mit Gästehaus), Offenburger Str. 6 (B 3), ⌧ 79341, ℘ (07644) 84 13, Fax (07644) 4330, 🍴, 🛏 – ⇔ Zim, 📺 🅿. ① 🅾 VISA JCB. ⅍ Zim
geschl. über Fastnacht 2 Wochen, Ende Juli - Anfang Aug. 2 Wochen – **Menu** *(geschl. Sonntagabend - Montag)* à la carte 16/34 – **28 Zim** ⇌ 40/50 – 60/70.
♦ Im Dreiländereck Schweiz - Elsaß - Schwarzwald liegt dieser gemütliche, traditionsreiche Gasthof. Die Zimmer befinden sich teils im Haupthaus, teils im neueren Gästehaus. Holzbalken und gepolsterte Sitzbänke geben dem Restaurant seinen rustikalen Charakter.

777

KENZINGEN

Scheidels Restaurant zum Kranz mit Zim, Offenburger Str. 18 (B 3), ✉ 79341, ℘ (07644) 68 55, info@scheidels-kranz.de, Fax (07644) 931077, 😊 – 📺 🅿 AE ⓪ ⓦ VISA. 🐾 Zim
geschl. über Fastnacht 2 Wochen, Nov. 2 Wochen – **Menu** (geschl. Montagabend - Dienstag) à la carte 28/40,50 – **4 Zim** ⌁ 50/56 – 72/76.
♦ In dem ansprechenden badischen Gasthof aus dem Jahr 1800, dessen gemütliche Gaststube behutsam renoviert wurde, bereitet der Küchenchef eine frische Küche zu.

KERKEN Nordrhein-Westfalen **417** L 3 – 11 700 Ew – Höhe 35 m.
Berlin 572 – Düsseldorf 50 – Duisburg 31 – Krefeld 17 – Venlo 22.

In Kerken-Aldekerk :

Haus Thoeren, Marktstr. 14, ✉ 47647, ℘ (02833) 44 31, hotelthoeren@t-online.de, Fax (02833) 4987 – 📺 ⓦ VISA. 🐾 Zim
Menu (geschl. Samstagmittag, Montag) à la carte 19/32 (auch vegetarische Gerichte) – **12 Zim** ⌁ 50 – 75.
♦ Hinter der geschmackvoll verzierten Klinkerfassade aus der Wende vom 19. ins 20. Jahrhundert erwarten die Gäste Zimmer mit zeitgemäßem Komfort. Gemütlich eingerichtete Gaststuben mit bleiverglasten Fenstern.

In Kerken-Nieukerk :

Landgasthaus Wolters, Sevelener Str. 15, ✉ 47647, ℘ (02833) 9 24 50, info@landgasthaus-wolters.de, Fax (02833) 924531, 😊 – 📺 ✆ ⇌ 🅿 AE ⓪ ⓦ VISA
Menu (geschl. 14. - 20. April, Mittwochmittag, Samstag) à la carte 25/39 – **14 Zim** ⌁ 36/77 – 50/100.
♦ Der Gasthof am Niederrhein eignet sich als Ausgangspunkt für Ausflüge in die Umgebung - Fahrradverleih im Haus. Die Zimmer sind gepflegt und solide eingerichtet. Leicht nostalgisch : das Restaurant mit gut eingedeckten Tischen.

KERNEN IM REMSTAL Baden-Württemberg **419** T 12 – 14 000 Ew – Höhe 265 m.
Berlin 615 – Stuttgart 21 – Esslingen am Neckar 9 – Schwäbisch Gmünd 43.

In Kernen-Stetten :

Gästehaus Schlegel garni, Tannäckerstr. 13, ✉ 71394, ℘ (07151) 94 36 20, Fax (07151) 9436380 – 📺 ⇌ 🅿 AE ⓪ ⓦ VISA
29 Zim ⌁ 42/72 – 72/95.
♦ Im Remstal finden Sie das Hotel mit ansprechenden, in dunklem Holz möblierten Zimmern. Bei der Organisation von Ausflügen in die Umgebung ist man gerne behilflich.

Zum Ochsen, Kirchstr. 15, ✉ 71394, ℘ (07151) 9 43 60, gasthof-ochsen-kernen@t-online.de, Fax (07151) 943619, (ehemalige Herberge a.d.J. 1763) – 🅿 AE ⓪ ⓦ VISA
geschl. Mittwoch – **Menu** 30 à la carte 27/49 ♀.
♦ In dem denkmalgeschützten Barockgebäude erwartet Sie ein Ambiente rustikaler Eleganz und eine klassisch-internationale und schwäbische Küche. Mit großer Metzgerei !

Malathounis, Gartenstr. 5, ✉ 71394, ℘ (07151) 4 52 52, info@malathounis.de, Fax (07151) 43380 – 🅿
geschl. Feb. - März 2 Wochen, Aug. - Sept. 3 Wochen, Sonntag - Montag, Feiertage – **Menu** 25/46 und à la carte.
♦ Aus der rustikalen Weinstube wurde ein gastliches Restaurant, in dem man ausgewählte Leckereien der internationalen, saisonalen Küche und passende Weine zu sich nehmen kann.

KERPEN Nordrhein-Westfalen **417** N 4 – 56 000 Ew – Höhe 75 m.
Berlin 592 – Düsseldorf 60 – Bonn 48 – Aachen 54 – Köln 26 – Düren 17.

St. Vinzenz, Stiftsstr. 65, ✉ 50171, ℘ (02237) 92 31 40, info@hotel-vinzenz.de, Fax (02237) 9231414, 😊 – 📺 ⇌ 🅿 – 🛎 20. AE ⓪ ⓦ VISA
Menu (wochentags nur Abendessen) à la carte 21,50/38 – **21 Zim** ⌁ 70/80 – 97/110.
♦ In der renovierten ehemaligen Schmiede warten wohnlich eingerichtete, freundliche Zimmer mit einem guten Platzangebot und modernem Komfort auf die Gäste. Eine freie Balkenkonstruktion bzw. Backstein machen das Restaurant gemütlich. Innenhofterrasse !

In Kerpen-Horrem Nord : 6 km :

Rosenhof garni, Hauptstr. 119, ✉ 50169, ℘ (02273) 9 34 40, hotelrosenhof@freenet.de, Fax (02273) 934449 – 📺 ⇌ 🅿
geschl. Juli - Aug. 3 Wochen – **25 Zim** ⌁ 44 – 66.
♦ 150 Jahre Tradition stehen hinter der Gastlichkeit dieses Hauses, das seine Gäste mit einer familiären Atmosphäre begrüßt. Alle Zimmer und die Halle wurden frisch renoviert.

KERPEN

In Kerpen-Niederbolheim *Süd-West : 7 km :*

🏨 **Villa Sophienhöhe** (mit Gästehaus), Sophienhöhe 1 (nahe der B 477), ✉ 50171, ℰ (02275) 9 22 80 (Hotel) 92 28 10 (Rest.), *sophienhoehe@t-online.de*, Fax (02275) 922816, 🍴 – ✻ Zim, 📺 🅿 – 🚗 20. ㏂ 🌀 *VISA*
Menu *(geschl. über Karneval, Montag) (1. Jan. - 30. April nur Abendessen)* à la carte 28,50/38 – 🍴 12 – **17 Zim** 🛏 75/95 – 85/135.
• Die Gründerzeitvilla, erbaut um das Jahr 1900, erfreut ihre Besucher mit eleganten, individuell ausgestatteten Zimmern. Im Nebenhaus sind die Zimmer einheitlich gestaltet. Unterteiltes Restaurant : mal klassisch, mal im Landhausstil, kultiviert und elegant.

In Kerpen-Sindorf *Nord-West : 4 km :*

🏨 **Zum alten Brauhaus,** Herrenstr. 76, ✉ 50170, ℰ (02273) 9 86 50, Fax (02273) 54570 – 🛗 ✻ 📺 ✆ 🚗 🅿 – 🚗 20. ㏂ 🌀 *VISA*
53 Zim 🛏 51/53 – 77/81.
• Ein neuzeitlicher Hotelkomplex mit praktischen und funktionellen Zimmern, die mit modernen Kirschbaummöbeln bestückt sind. In der Nähe : die berühmte Kerpener Cart-Bahn !

Nahe der Straße von Kerpen nach Sindorf *: Nord : 2 km :*

🍴🍴🍴 **Schloß Loersfeld** (Bellefontaine), ✉ 50171 Kerpen, ℰ (02273) 5 77 55, *info@ schlossloersfeld.de*, Fax (02273) 57466, 🍴, 🌳 – 🅿
🌿 *geschl. 23. Dez. - Mitte Jan., 15. Juli - Anfang Aug., Sonntag - Montag* – **Menu** (Tischbestellung ratsam, bemerkenswerte Weinkarte) à la carte 51/60 ₰.
• Speisen im herrlichen Park : In dem gediegen eingerichteten Schloß aus dem 16. Jh. verwöhnt Sie der Küchenchef mit einer französischen Küche, die moderne Elemente aufnimmt.
Spez. Karamelisierte Gänseleber mit eingelegtem Rhabarber. Lammfilet mit Artischocken und Steinpilzsalat. Blätterteigkassette mit weißer Mousse und Walderdbeeren.

KESSELSDORF *Sachsen siehe Freital.*

KESTERT *Rheinland-Pfalz* 󠁟󠀴󠀱󠀷󠁿 *P 6 – 900 Ew – Höhe 74 m.*
Berlin 604 – Mainz 68 – Koblenz 31 – Lorch 21.

🏨 **Krone,** Rheinstr. 37 (B 42), ✉ 56348, ℰ (06773) 71 42, *hotel-krone-kestert@t-online* 🚗 *.de*, Fax (06773) 7124, ≼, 🍴, ☎ – 📺 🅿 – 🚗 40. ㏂ ⓐ 🌀 *VISA*. ✻ Rest
geschl. nach Karneval 3 Wochen – **Menu** *(geschl. Montag)* à la carte 13,50/32 – **30 Zim** 🛏 30/35 – 46/65.
• Nur durch die Bundesstraße vom Fluß getrennt liegt dieses Hotel am Rheinufer. Solide Zimmer und zahlreiche Ausflugsmöglichkeiten versprechen einen schönen Aufenthalt. Eine Terrasse mit Rheinblick ergänzt das bürgerlich-rustikale Restaurant.

🏨 **Goldener Stern,** Rheinstr. 38 (B 42), ✉ 56348, ℰ (06773) 71 02, *goldener-stern-* 🚗 *kestert@t-online.de*, Fax (06773) 7104, ≼, 🍴 – 📺 🅿. ㏂ 🌀 *VISA*
geschl. Mitte Jan. - Mitte Feb. – **Menu** *(geschl. Montag)* à la carte 13/33 – **10 Zim** 🛏 38/45 – 60/70.
• Seit vielen Generationen in Familienbesitz befindet sich dieser traditionsreiche Gasthof an der Rheinuferstraße. Die Zimmer sind sehr gepflegt und individuell eingerichtet. Gemütliche Gasträume.

KETSCH *Baden-Württemberg siehe Schwetzingen.*

KEVELAER *Nordrhein-Westfalen* 󠁟󠀴󠀱󠀷󠁿 *L 2 – 28 000 Ew – Höhe 21 m – Wallfahrtsort.*
🛈 *Verkehrsverein, Peter-Plümpe-Platz 12, ✉ 47623, ℰ (02832) 12 21 51, Fax (02832) 4387.*
Berlin 581 – Düsseldorf 73 – Krefeld 41 – Nijmegen 42.

🏨 **Parkhotel,** Neustr. 3 (Luxemburger Galerie), ✉ 47623, ℰ (02832) 9 53 30, *info@ parkhotel-kevelaer.de*, Fax (02832) 799379, 🍴, 🏊, ☎, 🏊 – 🛗 📺 ✆ ♿ 🚗 – 🚗 50. ㏂ ⓐ 🌀 *VISA*
Menu à la carte 19/33 – **49 Zim** 🛏 60 – 83.
• Das Hotel mit der modernen Klinkerfassade liegt im Komplex eines großen Erlebnis-Einkaufszentrums. Geschmackvoll eingerichtete, komfortable Zimmer erwarten die Gäste.

🍴🍴 **Zur Brücke** mit Zim, Bahnstr. 44, ✉ 47623, ℰ (02832) 23 89, *info@hotel-restaurant-zur-bruecke.de*, Fax (02832) 2388, 🍴 – 📺 🅿. ㏂ ⓐ 🌀 *VISA*. ✻
Menu *(geschl. Feb. 2 Wochen, Dienstag) (nur Abendessen)* à la carte 23/41,50 – **7 Zim** 🛏 62 – 88.
• In dem Bau aus dem 18. Jh. - einer ehemaligen Ölmühle - finden Sie gepflegte Zimmer und ein Restaurant im altdeutschen Stil. Im Sommer freut man sich über die Gartenterrasse.

KIEDRICH Hessen 417 P 8 – 3 800 Ew – Höhe 165 m.
  Sehenswert : Pfarrkirche (Kirchengestühl★★, Madonna★).
  Ausflugsziel : Kloster Eberbach : Sammlung alter Keltern★★, West : 4 km.
  Berlin 583 – Wiesbaden 16 – Bad Kreuznach 57.

🏠 **Nassauer Hof,** Bingerpfortenstr. 17, ✉ 65399, ℘ (06123) 24 76, nassauerhof-kiedrich@t-online.de, Fax (06123) 62220, 🍽, 🌳 – 📺 📞 AE ⓘ ⓔ VISA
  Menu (geschl. 2. - 10. Jan., Montag - Dienstag (Mittwoch - Freitag nur Abendessen) à la carte 17,50/38 – **27 Zim** ⇌ 51/60 – 80/88 – ½ P 16.
  ♦ Erholung im Rheingau : Im Haupthaus - einem Fachwerkbau - oder im Gästehaus erwarten Sie gepflegte und solide Zimmer sowie eine Umgebung, die zu Ausflügen einlädt. In rustikalen Gaststuben bittet man Sie zu Tisch.

✗ **Weinschänke Schloss Groenesteyn,** Oberstr. 36, ✉ 65399, ℘ (06123) 15 33, Fax (06123) 630824, 🍽 – 📞 ⓔ
  geschl. Anfang Juli 2 Wochen, Anfang Dez. 2 Wochen, Montag - Dienstag – **Menu** (wochentags nur Abendessen) à la carte 20,50/28,50.
  ♦ Gemütlich-rustikale Weinstube, in der Sie an blanken Tischen sitzen. Bei schönem Wetter allerdings ist die Hofterrasse ein beliebter Treffpunkt.

Die in diesem Führer angegebenen Preise folgen
der Entwicklung der allgemeinen Lebenshaltungskosten.
Lassen Sie sich bei der Zimmerreservierung den endgültigen
Preis vom Hotelier mitteilen.

KIEFERSFELDEN Bayern 420 X 20 – 7 700 Ew – Höhe 495 m – Luftkurort – Wintersport : 500/800 m ✤2 ⚡.
  🅘 Kur- und Verkehrsamt, Dorfstr. 23, ✉ 83088, ℘ (08033) 97 65 27, info@kiefersfelden.de, Fax (08033) 976544.
  Berlin 675 – München 86 – Bad Reichenhall 84 – Rosenheim 31 – Innsbruck 78.

🏠 **Zur Post,** Bahnhofstr. 22, ✉ 83088, ℘ (08033) 70 51, Fax (08033) 8573, Biergarten – 📶 📺 ⇌ 📞 AE ⓘ ⓔ VISA
  Menu à la carte 14,50/28,50 – **40 Zim** ⇌ 48/50 – 75/77.
  ♦ Ein alpenländischer Gasthof mit gepflegten und praktischen Zimmern - die Zimmer im Neubau haben alle einen Balkon -, einer großen Liegewiese und Bundeskegelbahnen. In den Gaststuben herrscht eine ländliche Atmosphäre.

🍴 **Schaupenwirt** ⚘, Kaiser-Franz-Josef-Allee 26, ✉ 83088, ℘ (08033) 82 15, Biergarten, 🌳 – 📞
  geschl. Mitte Okt. - Mitte Nov. – **Menu** (geschl. Montagmittag, Dienstag - Mittwochmittag) à la carte 12,50/22,50 – **10 Zim** ⇌ 19/24 – 38/48.
  ♦ Einfache, aber tipptopp gepflegte Zimmer erwarten Sie in diesem liebenswerten, von alten Apfel- und Kastanienbäumen umgebenen typischen bayerischen Landgasthof. Zirbelholz und Kachelöfen zieren die gemütlichen Galerieräume.

KIEL 🄻 Schleswig-Holstein 415 416 D 14 – 240 000 Ew – Höhe 5 m.
  Sehenswert : Hindenburgufer★★, ≤★ R – Rathaus (Turm ≤★) Y R.
  Ausflugsziel : Freilichtmuseum★★ über ④ : 6 km – Kieler Förde★★ R.
  🏌 Heikendorf-Kitzeberg, Dethlefskamp 56 (Nord-Ost : 10 km über ①), ℘ (0431) 23 23 24 ; 🏌 Dänischenhagen, Gut Uhlenhorst (Nord : 13 km über ⑦), ℘ (04349) 18 60 ; 🏌 Honigsee, Havighorster Weg 20 (Süd : 9 km über ③), ℘ (04302) 96 59 80.
  Ausstellungsgelände Ostseehalle Y, ℘ (0431) 9 01 23 05.
  🅘 Tourist Information, Andreas-Gayk-Str. 31, ✉ 24103, ℘ (0431) 67 91 00, info@kiel-tourist.de, Fax (0431) 6791099.
  ADAC, Saarbrückenstr. 54.
  Berlin 346 ⑤ – Flensburg 88 ⑤ – Hamburg 96 ⑤ – Lübeck 92 ③

Stadtpläne siehe nächste Seiten

🏨 **Steigenberger Conti Hansa,** Schloßgarten 7, ✉ 24103, ℘ (0431) 5 11 50, kiel@steigenberger.de, Fax (0431) 5115444, 🍽, ≘s – 📶, ⇌ Zim, 📺 📞 ♿ ⇌ – 🛎 140. AE ⓘ ⓔ VISA. ✻ Rest   X e
  Jakob : Menu à la carte 24/42 – **166 Zim** ⇌ 131/205 – 160/240.
  ♦ Hinter dem Schloß gegenüber der Kieler Förde liegt das elegante Domizil mit maritimer Atmosphäre. Funktionelle Zimmer mit Blick auf Schloßgarten, Park oder das Wasser. In dem modernen Restaurant Jakob setzen Blautöne farbige Akzente.

🏨 **Parkhotel Kieler Kaufmann** 🍴, Niemannsweg 102, ✉ 24105, ✆ (0431) 8 81 10, info@kieler-kaufmann.de, Fax (0431) 8811135, 🌳, 🍽, 🏊 - 🛗, ⚡ Zim, 📺 📞 🅿 - 🅰 50. AE ① ⓜ VISA JCB. ✳ Rest   R k
Menu à la carte 24/42 – **43 Zim** ⌑ 108/197 – 147/214.
◆ Schon in der gemütlichen Hotelhalle mit Kamin empfängt Sie der stilvolle Charme der früheren Bankiersvilla - oberhalb des Yachthafens in einem Park gelegen. Hübsche Zimmer ! Im Altbau befindet sich das klassische Restaurant.

KIEL
UND UMGEBUNG

Street	Ref
Adalbertstraße	R 2
Alte Lübecker Chaussee	Z 3
Alter Markt	Y 4
Andreas-Gayk-Straße	Y 6
Arkonastraße	R 7
Arndtplatz	X 8
Asmusstraße	9
Auguste-Viktoria-Straße	Y 10
Bartelsallee	R 12
Brunswiker Straße	X
Chemnitzstraße	Y 16
Dänische Straße	XY 17
Dreiecksplatz	X 19
Dresdener Straße	R 20
Düppelstraße	R 21
Düsternbrooker Weg	RS 23
Eckernförder Straße	XY 25
Europaplatz	Y 29
Exerzierplatz	Y 30
Finkelberg	T 31
Friedrich-Voß-Ufer	R 32
Gartenstraße	X 35
Gutenbergstraße	S 37
Hafenstraße	Y 39
Hasseldieksdammer Weg	S, Y 41
Hebbelstraße	X 42
Heckenrosenweg	T 43
Hegewischstraße	X 44
Helmholtzstraße	Z 45
Hermann-Weigmann-Straße	S, Y 47
Herthastraße	R 48
Holstenbrücke	Y 49
Holstenstraße	Y 51
Holtenauer Straße	X
Hornheimer Weg	T 52
Hummelwiese	T 53
Karolinenweg	X 56
Kehdenstraße	Y 57
Kleiner Kuhberg	Y 59
Knooper Weg	R 60
Königsweg	YZ 61
Koesterallee	R 62
Konrad-Adenauer-Damm	T 63
Kronshagener Weg	S 64
Krusenrotter Weg	T 65
Küterstraße	Y 67
Lehmberg	S, X 68
Lessingplatz	X 69
Lindenallee	R 70
Martensdamm	Y 74
Mecklenburger Straße	R 75
Moltkestraße	X 76
Niebuhrstraße	R 77
Olshausenstraße	X 80
Paul-Fuß-Straße	R 81
Petersburger Weg	T 83
Poppenbrügger Weg	T 84
Prinzengarten	X 85
Prinz-Heinrich-Straße	R 86
Raiffeisenstraße	YZ 87
Rendsburger Landstraße	S 88
Richthofenstraße	R 89
Saarbrückenstraße	S, Z 91
Sachaustraße	X 92
Saldernstraße	X 93
Schevenbrücke	Y 95
Schlieffenallee	R 96
Schloßgarten	X 97
Schülperbaum	Y 100
Schützenwall	X 101
Schuhmacherstraße	Y 102
Sophienblatt	Z
Stephan-Heinzel-Str.	S, XY 104
Stresemannplatz	Y 105
Theodor-Heuss-Ring	S 106
Tiessenkai	R 107
Walkerdamm	Y 108
Wall	Y 109
Warnemünder Straße	R 110
Weimarer Straße	R 111
Westring	RS 112
Wilhelminenstraße	X 113
Winterbeker Weg	S, Z 116
Wulfsbrook	S 117
Ziegelteich	Y 118

KIEL
INNENSTADT
0
300 m
X
Y
Z
Beselerallee
Waitzstraße
Schauenburger-
straße
Knooper
Weg
Westring
Hansa-
Gutenberg-
Holtenauer
Straße
Feldstraße
Niemannsweg
Reventlouallee
Schittenhelm-
str.
ALTER
BOTANISCHER
GARTEN
Kiellinie
Hospital-
str.
Düsternbrooker
Weg
SCHREVEN
PARK
Schreventeich
Schillerstraße
Goethestraße
Mittelstraße
Brunswiker
Straße
Legien-
straße
Bergstraße
Lorentzendamm
Kleiner Kiel
Jensendamm
SCHLOSS
Wall
OSTSEEKAI
DÄNEMARK
SCHWEDEN
SEEGARTEN-
BRÜCKEN
NORWEGEN
Wilhelm-
platz
Kronshagener
Weg
Mölling-
Dammstr.
Fleethörn
OSTSEEHALLE
Harms-
Schützen-
straße
Herzog-
Friedrich-
str.
Kirchhofallee
Kaistr.
SCHWEDENKAI
BOLLHÖRNKAI
NORWEGEN-
KAI
Werftstr.
Elisabethstr.
Ringstr.
HAUPT-
BAHNHOF
Papenkamp
Michelsenstr.
Sophienblatt
Kaistraße
DIE HÖRN
Willy - Brandt - Ufer
Karlstal
GAARDEN
Werftstraße
Preetzer
Straße
MOORTEICHWIESE
Gablenzstraße
Bahnhofstr.
Schwedendamm
Sörensenstraße
Bielenbergstraße
Hamburger
Chaussee
Theodor-
Heuss-
Ring
Krusenrotter
Weg
Ostring
76
502

KIEL

Berliner Hof garni, Ringstr. 6, ✉ 24103, ℰ (0431) 6 63 40, *info@berlinerhof-kiel.de*, Fax (0431) 6634345 – 🛗 ⇄ 📺 ♿ 🅿 AE ① ⑩ VISA JCB   **Z d**
103 Zim ⊑ 61/72 – 87.
- Ob Sie per Auto, per Schiff oder mit der Bahn kommen - der Berliner Hof ist leicht und bequem zu erreichen. Hinter der Klinkerfassade warten praktisch-komfortable Zimmer.

InterCityHotel M, Kaistr. 54, ✉ 24114, ℰ (0431) 6 64 30, *kiel@intercityhotel.de*, Fax (0431) 6643499 – 🛗 ⇄ 📺 ♿ 🔥 – 🏋 70. AE ① ⑩ VISA JCB. ⅍ Rest   **Z n**
Menu *(geschl. Sonntag) (nur Abendessen)* à la carte 15/33 – **124 Zim** ⊑ 102/108 – 123/129.
- Einheitlich in hellem Holz ausstaffiert und mit guter Technik versehen sind die Zimmer dieses Hauses eine praktische Unterkunft - besonders auch für Geschäftsreisende.

Consul, Walkerdamm 11, ✉ 24103, ℰ (0431) 53 53 70, *hotel-consul-kiel@t-online.de*, Fax (0431) 5353770 – 🛗. AE ① ⑩ VISA. ⅍ Rest   **Y k**
Menu *(geschl. Juli - Aug., Samstag - Sonntag) (nur Abendessen)* à la carte 19/33 – **40 Zim** ⊑ 65/85 – 90/125.
- Wählen Sie zwischen unterschiedlich möblierten Zimmern : Rustikal, hell oder mit Kirschbaummöbeln läßt es sich nahe des Kieler Hafens gemütlich und verkehrsgünstig wohnen. Mit vielen Details und Accessoires liebevoll bestückte, behagliche Gasträume.

Im Schloß, Wall 80, ✉ 24103, ℰ (0431) 9 11 55, *restaurant-im-schloss@t-online.de*, Fax (0431) 91157, ≤, 🍴 – 🏋 AE ① ⑩ VISA   **XY**
geschl. Samstagmittag, Sonntagabend - Montag – **Menu** à la carte 23/45,50.
- Nach der Zerstörung im Zweiten Weltkrieg erstrahlt das Gebäude heute in nostalgischem Glanz. Nicht nur im Gewölbekeller aus dem 16. Jh. schmeckt die internationale Küche.

September, Alte Lübecker Chaussee 27, ✉ 24113, ℰ (0431) 68 06 10, *info@september-kiel.de*, Fax (0431) 688830, 🍴 – ⅍   **Z t**
geschl. 24. - 30. Dez., Sonn- und Feiertage – **Menu** *(nur Abendessen)* 39/48 – **Bistro : Menu** à la carte 27/40.
- Über den reich bepflanzten Innenhof - auch hier können Sie speisen - gelangt man in das modern gestaltete Restaurant, das Ihnen Gerichte nach internationaler Art offeriert. Im Untergeschoß der ehemaligen Schmiede : das Bistro mit Wintergarten und Kaminzimmer.

Lüneburg-Haus - Zum Hirschen, Dänische Str. 22, ✉ 24103, ℰ (0431) 9 82 60 00, *1881@lueneburghaus.com*, Fax (0431) 9826026, 🍴 – AE ⑩ VISA   **Y c**
geschl. Juli - Aug. 4 Wochen, Sonntag – **Menu** *(nur Abendessen)* à la carte 33/47 ⟨ – **Die Wirtschaft : Menu** 14 und à la carte 18/35.
- In der 1. Etage des Hauses nehmen Sie in angenehm legerer Atmosphäre an aufwendig eingedeckten Tischen Platz. Der geschulte Service reicht u. a. eine umfangreiche Weinkarte. Etwas peppiger, in modernem Bistrostil : die Wirtschaft.

In Kiel-Hasseldieksdamm *über Hasseldiecksdammer Weg S :*

Birke ⌂, Martenshofweg 8, ✉ 24109, ℰ (0431) 5 33 10(Hotel) 52 00 01(Rest.), *info@hotel-birke.de*, Fax (0431) 5331333, ⇌ – 🛗, ⅍ Zim, 📺 📞 ⇌ 🅿 – 🏋 25. AE ⑩ VISA
Waldesruh *(geschl. Samstag - Sonntag) (nur Abendessen)* **Menu** à la carte 20/31,50 – **59 Zim** ⊑ 71/130 – 94/154.
- Privat geführtes Klinkerhaus mit persönlicher Atmosphäre und in Mahagoni eingerichteten Zimmern. Der Schöne Wald direkt hinter dem Hotel lädt zu Spaziergängen ein. Legeres Ambiente im Restaurant Waldesruh - gegenüber dem Hotel gelegen.

In Kiel-Holtenau :

Waffenschmiede, Friedrich-Voss-Ufer 4, ✉ 24159, ℰ (0431) 36 96 90, *info@hotel-waffenschmiede.de*, Fax (0431) 363994, ≤, 🍴 – ⅍ Zim, 📺 📞 🅿 AE ⑩ VISA   **R r**
geschl. 20. Dez. - 10. Jan. – **Menu** à la carte 18/32 – **13 Zim** ⊑ 55/65 – 75/110.
- Direkt am Nord-Ostsee-Kanal, teils mit herrlichem Blick auf die vorbeifahrenden Schiffe, liegen die hellen, neuzeitlichen, teilweise mit Stilmöbeln bestückten Zimmer. Das Restaurant mit Gartenterrasse hat man zur Wasserseite hin angelegt.

In Kiel-Wellsee *über ③ : 5 km :*

Sporthotel Avantage, Braunstr. 40 (Gewerbegebiet), ✉ 24145, ℰ (0431) 71 79 80, *info@sporthotel-avantage.de*, Fax (0431) 7179820, 🍴, ⇌, ⅍(Halle) – 📺 📞 🅿 AE ① ⑩ VISA
Menu *(geschl. Freitag - Sonntag) (nur Abendessen)* à la carte 15,50/27 – **18 Zim** ⊑ 59/72 – 74/98 - (Erweiterung : 17 Zim bis Dez. 2002).
- Paradies für Sportler : Das Tenniscenter-Hotel beherbergt helle, freundliche Zimmer mit guter Technik und Blick auf die Tennisplätze. Golfplätze und Joggingpfade in der Nähe. Beim Essen blickt man direkt auf die Sportanlagen.

KIEL

In Achterwehr West : 10 km über ⑤ und BAB 210 :

XX **Beckmanns Gasthof** mit Zim, Dorfstr. 16, ⊠ 24239, ℘ (04340) 43 51, Fax (04340) 4383, 🍽 – 📺 🅿 ⓜ 𝗩𝗜𝗦𝗔
Menu (geschl. Montag - Dienstag)(wochentags nur Abendessen) à la carte 32,50/40 – **8 Zim** ⊇ 50 – 80.
◆ Gemütliches Restaurant in begrüntem Klinker-Landhaus. Wer's kuschelig mag, verzehrt die kreativen Saisongerichte am Kamin, auf Schläfrige warten Wurzelholz-möblierte Zimmer.

In Altenholz-Klausdorf über ⑦ : 8 km :

🏨 **Wormeck Hotel Kronsberg** 🅼, Kronsberg 31, ⊠ 24161, ℘ (0431) 3 29 00, info@wormeck.de, Fax (0431) 3290100, 🍽, Massage, 🅵🅶, ≦s, 🔲, 🌺 – 🛗, ⇔ Zim, ≣ Zim, 📺 📞 🕭 🚗 🅿 – 🛎 50. 🄰🄴 ① ⓜ 𝗩𝗜𝗦𝗔 🎴
Menu (geschl. Samstag - Sonntag) (nur Abendessen) à la carte 28/41,50 – **40 Zim** ⊇ 98/128 – 138/168.
◆ Moderner Klinker-Bau mit blauen Ziegeln und verglastem Aufzug. Internet, Pay-TV und große Schreibplätze mit guter Technik auf allen Zimmern. Zwei Suiten mit Stilmobiliar. Das helle Restaurant mit elegantem Touch bietet einen schönen Blick in den Garten.

In Molfsee Süd-West : 8 km über ④ in Richtung Neumünster :

🏨 **Bärenkrug** (mit Gästehaus), Hamburger Chaussee 10 (B 4), ⊠ 24113, ℘ (04347) 7 12 00, info@baerenkrug.de, Fax (04347) 712013, 🍽, ≦s – ⇔ Zim, 📺 📞 🕭 🅿 🄰🄴 ① ⓜ 𝗩𝗜𝗦𝗔
geschl. 23. Dez. - 2. Jan. – **Menu** (Montag - Freitag nur Abendessen) à la carte 21,50/35 – **32 Zim** ⊇ 62/68 – 95/105.
◆ Beim Einrichten der wohnlichen Zimmer legte man besonderen Wert auf Behaglichkeit : Geschmackvoll karierte oder geblümte Stoffe unterstreichen den Landhausstil. Nettes, ländlich-rustikales Restaurant mit offenem, gekacheltem Kamin.

In Molfsee-Rammsee Süd-West : 5 km über ④ :

X **Drathenhof**, Hamburger Landstr. 99 (beim Freilichtmuseum), ⊠ 24113, ℘ (0431) 65 08 89, drathenhof@t-online.de, Fax (0431) 650723, 🍽 – 🅿 ⓜ 𝗩𝗜𝗦𝗔
geschl. 1. - 22. Jan., Sonn- und Feiertage abends, Montag – **Menu** à la carte 16/35.
◆ In einem ehemaligen Bauernhaus von 1740 befindet sich dieses Restaurant. Die rustikalen Räume sind mit holsteinischen Kacheln oder Holz verziert.

In Raisdorf-Vogelsang über ② : 10 km :

🏨 **Rosenheim,** Preetzer Str. 1, ⊠ 24223, ℘ (04307) 83 80, info@hotel-rosenheim.de, Fax (04307) 838111, 🍽, ≦s, 🌺 – 🛗, ⇔ Zim, 📺 📞 🕭 🚗 🅿 – 🛎 30. ① ⓜ 𝗩𝗜𝗦𝗔 𝗝𝗖𝗕
Menu à la carte 20/34 – **41 Zim** ⊇ 54/59 – 90/100.
◆ Jedes der geräumigen Zimmer ist mit hellen, soliden Möbeln eingerichtet und hat einen Modemanschluß ; die Zimmer im Haupthaus besitzen rustikale Eichenmöbel. Rustikalgediegenes Restaurant.

KINDING Bayern 🟦419 🟦420 S 18 – 2 900 Ew – Höhe 374 m.
Berlin 482 – München 107 – Augsburg 110 – Ingolstadt 34 – Nürnberg 62 – Regensburg 61.

🍴 **Krone,** Marktplatz 14, ⊠ 85125, ℘ (08467) 2 68, krone-kinding@t-online.de, Fax (08467) 729, Biergarten – 📺 🅿 ⓜ 𝗩𝗜𝗦𝗔
geschl. Mitte Okt. - Mitte Nov. – **Menu** à la carte 12/24 – **25 Zim** ⊇ 34/38 – 50/58.
◆ In der Nähe des Rhein-Main-Donau-Kanals und des Altmühltals : Direkt am Marktplatz befindet sich dieser typische bayerische Dorfgasthof mit gepflegten und behaglichen Zimmern. Zum Restaurant gehören ländliche Gaststuben und ein Wintergarten.

In Enkering Süd-West : 1,5 km :

🏨 **Zum Bräu,** Rumburgstr. 1a, ⊠ 85125, ℘ (08467) 85 00, info@hotel-zum-braeu.de, Fax (08467) 85057, 🍽 – 🛗 📺 📞 🕭 🅿 – 🛎 50. ⓜ
geschl. 19. - 25. Dez. – **Menu** à la carte 12/25 – **17 Zim** ⊇ 41/45 – 65/70.
◆ Eine empfehlenswerte Adresse : Die Zimmer dieses renovierten Landgasthofs verfügen über ein ausreichendes Platzangebot, sind gut eingerichtet und haben komfortable Bäder. Der Kachelofen verbreitet in dem rustikalen Restaurant eine gemütliche Atmosphäre.

KINHEIM Rheinland-Pfalz 417 Q 5 – 1 000 Ew – Höhe 105 m – *Erholungsort*.
Berlin 694 – Mainz 127 – Trier 54 – Bernkastel-Kues 14 – Wittlich 15.

🏨 **Pohl-Zum Rosenberg**, Moselweinstr. 3 (B 53), ✉ 54538, ✆ (06532) 21 96, *info@hotel-pohl.de*, Fax (06532) 1054, ≤, 🍴, ≦s – ⚞ Zim, 🔲, 🚗 – ⛰ Rest, 🅿️
geschl. 10. Jan. - 7. Feb. – **Menu** *(geschl. Nov. - Mai Donnerstag)* à la carte 14/27,50 –
31 Zim ⊇ 36/44 – 64/78 – ½ P 14.
  ♦ Hier erwartet Sie ein älteres, direkt an der Mosel gelegenes Hotel. Die Zimmer sind teils mit weißen, teils mit dunklen Möbeln eingerichtet und bieten zeitgemäßen Komfort. Eine Terrasse mit Moselblick ergänzt das gepflegte Restaurant.

KIPFENBERG Bayern 419 420 T 18 – 5 600 Ew – Höhe 400 m – *Erholungsort*.
🛈 *Tourist-Information*, Marktplatz 2, ✉ 85110, ✆ (08465) 94 10 41, *tourist info@kipfenberg.de*, Fax (08465) 941043.
Berlin 490 – München 102 – Augsburg 105 – Ingolstadt 28 – Nürnberg 69.

In Kipfenberg-Arnsberg Süd-West : 5 km :

🏨 **Landgasthof zum Raben**, Schloßleite 1, ✉ 85110, ✆ (08465) 9 40 40, *zum-raben*
@t-online.de, Fax (08465) 900450, 🍴, ≦s – ⚞ Zim, 🅿️ – ⛰ 20. ⛰ Rest
geschl. Jan. 3 Wochen – **Menu** à la carte 12/22,50 – **28 Zim** ⊇ 36/50 – 52/64 – ½ P 10.
  ♦ Ein netter Landgasthof im Herzen des Naturparks Altmühltal mit soliden Zimmern, Wellnessbereich und vielen Möglichkeiten zur Freizeitgestaltung in der näheren Umgebung. Ländlich gestaltetes Restaurant.

In Kipfenberg-Pfahldorf West : 6 km :

🏨 **Landhotel Geyer** ⚘ (mit Gästehäusern), Alte Hauptstr. 10, ✉ 85110, ✆ (08465)
90 50 11, *info@landhotel-geyer.de*, Fax (08465) 3396, 🍴, ≦s, 🚗 – 🛗 🔲 ⟺ 🅿️ 🅰🅴
🆎 🆘 VISA
geschl. 15. Nov. - 15. Dez. – **Menu** *(geschl. Donnerstagmittag)* à la carte 11,50/24 – **50 Zim**
⊇ 34/36 – 52/56 – ½ P 12.
  ♦ Seit Generationen befindet sich der Landgasthof im Altmühltal in Familienbesitz. Die Zimmer sind funktionell, größtenteils mit Eichenmöbeln eingerichtet, teils mit Kochnische. Galeräume mit hellen, rustikalen Holzmöbeln, gepolsterten Bänken und Kachelofen.

In Kipfenberg-Schambach Süd-West : 7 km :

🏨 **Zur Linde** ⚘ (mit Gästehaus), Bachweg 2, ✉ 85110, ✆ (08465) 9 41 50, *info@zur-linde-schambachtal.de*, Fax (08465) 941540, 🍴, 🚗 – 🛗, ⚞ Zim, 🔲 ⟺ 🅿️ 🅰🅴 🆘 VISA
geschl. 1. - 28. Feb. – **Menu** *(geschl. Mittwoch, Dez. - Feb. Montag - Mittwoch)* à la carte
14/26 – **24 Zim** ⊇ 28/37 – 60/76.
  ♦ Mitten im Grünen, im Schambachtal, liegt dieses Landhotel - ehemals ein landwirtschaftlicher Betrieb. Sie beziehen kürzlich renovierte, wohnliche Zimmer. Rustikales, in mehrere Räume unterteiltes Restaurant.

KIRCHBERG AN DER JAGST Baden-Württemberg 419 S 13 – 4 500 Ew – Höhe 390 m.
Berlin 535 – Suttgart 106 – Ansbach 53 – Crailsheim 16 – Rothenburg ob der Tauber 27.

🏨 **Landhotel Kirchberg**, Eichenweg 2, ✉ 74592, ✆ (07954) 9 88 80, *landhotelkirchberg@t-online.de*, Fax (07954) 988888, ≤, 🍴 – ⚞ Zim, 🔲 🅿️ – ⛰ 30. 🆘 VISA
Menu à la carte 17/29 – **17 Zim** ⊇ 56/60 – 80.
  ♦ Solide Zimmer mit Hotelmobiliar in heller Eiche und technisch komplett ausgestattete Tagungseinrichtungen zählen zu den Annehmlichkeiten dieses familiengeführten Hauses. Große Fenster sorgen dafür, daß viel Licht in die Räume des Restaurants einfällt.

KIRCHDORF KREIS MÜHLDORF AM INN Bayern 420 V 20 – 1 200 Ew – Höhe 428 m.
Berlin 624 – München 50 – Bad Reichenhall 91 – Mühldorf am Inn 31.

✕✕ **Christian's Restaurant-Gasthof Grainer**, Dorfstr. 1, ✉ 83527, ✆ (08072) 85 10,
ॐ *christians-restaurant@t-online.de*, Fax (08072) 3304 – 🅿️
geschl. Montag - Dienstag – **Menu** *(wochentags nur Abendessen)* (Tischbestellung erforderlich, bemerkenswerte Weinkarte) 39/59,50 ₰.
  ♦ Romantisch und nobel speisen bei Kerzenschein und umgeben von König-Ludwig-Devotionalien : Freuen Sie sich auf ein Überraschungsmenü mit Genüssen einer kreativen Küche.
Spez. Saiblingterrine mit bayerischen Flußkrebsen. Kalbsbries mit Trüffel gespickt in der Schweinsblase pochiert. Topfenknödel mit Zwetschgenröster und Birnen-Sauerrahmeis.

KIRCHEN (SIEG) Rheinland-Pfalz siehe Betzdorf.

KIRCHENLAMITZ
Bayern 418 420 P 19 – 4 700 Ew – Höhe 590 m.
Berlin 337 – München 270 – Hof 20 – Bayreuth 45 – Weiden in der Oberpfalz 69.

In Kirchenlamitz-Fahrenbühl *Nord-Ost : 5 km :*

Jagdschloß Fahrenbühl ⌂, ✉ 95158, ✆ (09284) 3 64, Fax (09284) 358, ⇌, ☐, ⚞, ⌂, TV, P, AE, MC, VISA
geschl. Nov. – **Menu** (Restaurant nur für Hausgäste) – **15 Zim** ⌂ 29/40 – 43/62 – ½ P 9.
♦ Das ehemalige Jagdschloß mit der holzvertäfelten Fassade ist heute eine Hotelpension, in der sich wegen des dazugehörigen Reiterhofs auch Pferdefreunde wohlfühlen werden.

KIRCHENSITTENBACH
Bayern siehe Hersbruck.

KIRCHHAM
Bayern 420 U 23 – 2 300 Ew – Höhe 335 m – Erholungsort.
₪ Gästeinformation, Rathaus, Kirchplatz 3, ✉ 94148, ✆ (08533) 96 48 16, Fax (08533) 964825.
Berlin 634 – München 145 – Passau 34 – Salzburg 107.

Haslinger Hof ⌂, Ed 1 (Nord-Ost : 1,5 km), ✉ 94148, ✆ (08531) 29 50, info@haslinger-hof.de, Fax (08531) 295200, ⚞, Biergarten, Massage, ⇌, ⚞ – |≡|, ⇌ Rest, TV, ⇌, P – ⚐ 50
Menu à la carte 12/25,50 – **143 Zim** ⌂ 39/57 – 51/84.
♦ Ein ehemaliges Hofgut mit Hotelanlage. Die Zimmer verfügen über verschiedene Kategorien und Einrichtungsstile. Großes Angebot an Freizeitaktivitäten für Jung und Alt. Urig-rustikale Restaurants, z.T. mit Selbstbedienung.

KIRCHHEIM
Hessen 417 418 N 12 – 4 200 Ew – Höhe 245 m.
₪ Touristik-Service, Hauptstr. 2a, ✉ 36275, ✆ (06625) 1 94 33, info@kirchheim.de, Fax (06625) 919596.
Berlin 417 – Wiesbaden 156 – Kassel 65 – Gießen 76 – Fulda 42.

Hattenberg garni, Am Hattenberg 1, ✉ 36275, ✆ (06625) 9 22 60, info@eydt-kirchheim.de, Fax (06625) 922684, ⚞ – |≡|, ⇌ TV, ⚐, P – ⚐ 110. MC VISA
45 Zim ⌂ 60 – 86.
♦ Ob auf der Durchreise, im Urlaub oder bei einer Tagung : Das moderne Hotel mit den komfortablen, modern eingerichteten Zimmern verspricht einen erholsamen Aufenthalt.

Eydt, Hauptstr. 19, ✉ 36275, ✆ (06625) 9 22 50, info@eydt-kirchheim.de, Fax (06625) 922570, ⚞, TV, ⚐, P – ⚐ 80. MC VISA
Menu à la carte 17,50/29 – **60 Zim** ⌂ 42/54 – 68/80.
♦ Behagliche, zeitgemäße Zimmer und ein freundlicher Service kennzeichnen dieses Hotel, in dem man auf Tagungsgäste und Urlauber gleichermaßen eingestellt ist.

An der Autobahnausfahrt *Süd : 1 km :*

Roadhouse Kirchheim, ✉ 36275 Kirchheim, ✆ (06625) 10 80, info@roadhouse.bestwestern.de, Fax (06625) 8656, ≤, ⚞, 【♨】, ⇌, ☐, ⚞ – ⇌ Zim, ≡ Rest, TV, ⚐, ⚐, P – ⚐ 70. AE ⓄMC VISA JCB
Menu à la carte 16/28 – ⌂ 10 – **140 Zim** 56/63 – 72/79.
♦ Das größte Motel Deutschlands : Ihr Auto parkt direkt vor der Tür der gepflegten und funktionell eingerichteten Zimmer dieses Hotels, das auf Durchreisende spezialisiert ist. Das Restaurant teilt sich in einen à la carte- und einen Selbstbedienungsbereich.

KIRCHHEIM UNTER TECK
Baden-Württemberg 419 U 12 – 39.000 Ew – Höhe 311 m.
⛳ Kirchheim-Wendlingen, Schulerberg 1(Nord-West : 3 km), ✆ (07024) 92 08 20 ; ⛳ Ohmden, Am Golfplatz (Ost : 5 km), ✆ (07023) 74 26 63.
₪ Kirchheim-Info, Max-Eyth-Str. 15, ✉ 73230, ✆ (07021) 30 27, tourist@kirchheim-teck.de, Fax (07021) 480538.
Berlin 622 – Stuttgart 38 – Göppingen 19 – Reutlingen 30 – Ulm (Donau) 59.

Zum Fuchsen, Schlierbacher Str. 28, ✉ 73230, ✆ (07021) 57 80, hotel-fuchsen-kirchheim@t-online.de, Fax (07021) 578444, ⚞, ⇌ – |≡|, ⇌ Zim, TV, ⚐, P – ⚐ 60. AE Ⓞ MC VISA JCB
Menu (geschl. Sonntagabend) à la carte 19,50/37 – **80 Zim** ⌂ 79/98 – 96/142.
♦ Das moderne, sehr gut geführte Hotel mit wohnlichen Zimmern, die in Größe und Einrichtung variieren, begrüßt seine Gäste mit einer großzügigen, lichtdurchfluteten Lobby. Der große, unterteilte Restaurantbereich ist teils rustikal, teils klassisch eingerichtet.

KIRCHHEIM UNTER TECK

Ateckhotel, Eichendorffstr. 99, ⌧ 73230, ℘ (07021) 8 00 80, *ateckhotel@t-online.de*, Fax (07021) 800888, 佘, Massage, ≘ – 🛗, ⇔ Zim, 📺 ✆ ♿ ⇔ 🅿 – 🔏 50. 🆎 ⓞ ⓜ 𝖵𝖨𝖲𝖠
Menu *(geschl. Freitag - Sonntag)(nur Abendessen)* à la carte 17,50/29 – **52 Zim** ⇌ 74/95 – 90/120.
  ♦ Eine freundliche Atmosphäre erwartet Sie in diesem Tagungshotel mit wohnlichen, geschmackvoll ausgestatteten Zimmern, nur 10 Gehminuten vom Zentrum entfernt. Neuzeitliches Restaurant im Bistro-Stil - mit frischen Farben gestaltet.

Stadthotel Waldhorn, Am Marktplatz 8, ⌧ 73230, ℘ (07021) 9 22 40, Fax (07021) 922450, 佘 – 🛗, ⇔ Zim, 📺 ✆. 🆎 ⓞ ⓜ 𝖵𝖨𝖲𝖠
Menu *(geschl. Freitag - Samstagmittag)* à la carte 15/33,50 – **17 Zim** ⇌ 75/80 – 85/95.
  ♦ In dem restaurierten Fachwerkhaus a. d. 16. Jh. entstand - nach neuem Innenausbau - ein Hotel mit komfortablen Zimmern in solidem Naturholz. Gemütliche Gaststuben bilden das Restaurant.

Schwarzer Adler, Alleenstr. 108, ⌧ 73230, ℘ (07021) 48 62 10, *schwarzer-adler-kirchheim@freecall.de*, Fax (07021) 71985, 佘 – 🛗, ⇔ Zim, 📺 ✆ ⇔ 🅿. ⓜ 𝖵𝖨𝖲𝖠
geschl. Jan. – **Menu** *(geschl. Samstag - Sonntag, Okt. - Mai Samstag, Sonntagabend)* à la carte 20,50/40 – **30 Zim** ⇌ 63/70 – 75/90.
  ♦ Übernachten Sie in der ältesten Herberge Kirchheims : Ein tadellos geführter und gepflegter Gasthof, der mit hellem Naturholz möblierte Zimmer für seine Gäste bereithält. Im Restaurant sitzen Sie in rustikalen Nischen auf fellgepolsterten Bänken.

Tafelhaus, Alleenstr. 79, ⌧ 73230, ℘ (07021) 73 53 00, Fax (07021) 735303, 佘
geschl. über Pfingsten 2 Wochen, Dienstag - Mittwoch, Samstagmittag – **Menu** à la carte 22/46.
  ♦ Das Interieur des Hauses ist geprägt von schlichter, moderner Eleganz in hellen Farben. Aufgetischt wird eine regionale und internationale, marktorientierte Küche.

In Kirchheim-Nabern *Süd-Ost : 6 km* :

Arthotel Billie Strauss, Weilheimer Str. 20, ⌧ 73230, ℘ (07021) 95 05 90, *info@arthotelbilliestrauss.de*, Fax (07021) 53242, 佘 – 📺 🅿 – 🔏 20. 🆎
geschl. 23. Dez. - 6. Jan. – **Menu** *(geschl. Mittwoch - Donnerstag)(nur Abendessen)* à la carte 24,50/34,50 – ⇌ 8 – **14 Zim** 90/120 – 105/155.
  ♦ Das ehemalige Bauernhof hat ein architektonisch interessantes Innenleben bekommen : individuell mit modernen Designermöbeln und kräftigen Farbakzenten gestaltete Zimmer. Ein mit Liebe zum Detail restauriertes Fachwerkhaus beherbergt die Weinstube. Kunstgalerie !

In Ohmden *Ost : 6 km* :

Landgasthof am Königsweg mit Zim, Hauptstr. 58, ⌧ 73275, ℘ (07023) 20 41, Fax (07023) 8266, 佘 – 📺 ✆ ⇔. 🆎 ⓜ 𝖵𝖨𝖲𝖠
Menu *(geschl. über Fasching 1 Woche, über Pfingsten 1 Woche, Montag - Dienstagmittag, Samstagmittag)* à la carte 32/55 – **7 Zim** ⇌ 70/80 – 100/120.
  ♦ Eine gelungene Verbindung von Alt und Neu finden Sie in diesem renovierten Fachwerkhaus von 1672 : So setzen moderne Einrichtungselemente interessante Akzente.

KIRCHHEIMBOLANDEN
Rheinland-Pfalz **417** QR 8 – 7 300 Ew – Höhe 285 m – Erholungsort.
🛈 Donnersberg-Touristik-Verband, Uhlandstr. 2, ⌧ 67292, ℘ (06352) 17 12, *donnersberg-touristik@t-online.de*, Fax (06352) 710262.
Berlin 610 – Mainz 50 – Bad Kreuznach 43 – Mannheim 58 – Kaiserslautern 36.

Parkhotel Schillerhain ⚘, Schillerhain 1, ⌧ 67292, ℘ (06352) 71 20, *info@schillerhain.de*, Fax (06352) 712100, 佘, 🎾 – 🛗, ⇔ Zim, 📺 ⇔ 🅿 – 🔏 30. 🆎 ⓞ ⓜ 𝖵𝖨𝖲𝖠
geschl. Jan. 3 Wochen – **Menu** *(geschl. Nov. - April Sonntagabend, Freitag)* à la carte 14,50/31,50 – **22 Zim** ⇌ 57/69 – 85 – ½ P 17.
  ♦ Der reizvolle Park und die an ein Schlößchen erinnernde Architektur haben ihren besonderen Charme. Die wohnlichen Zimmer versprechen einen gelungenen Aufenthalt. Sie speisen im Parkrestaurant oder im gemütlich-rustikalen Weinstübchen.

Braun garni, Uhlandstr. 1, ⌧ 67292, ℘ (06352) 4 00 60, *info@hotelbraun.de*, Fax (06352) 400699, ≘, 🎾 – 🛗 ⇔ 📺 ⇔ 🅿 – 🔏 20. 🆎 ⓞ ⓜ 𝖵𝖨𝖲𝖠
40 Zim ⇌ 45/51 – 72.
  ♦ Eine praktische Übernachtungsadresse : Das Hotel ist zentral gelegen, gut geführt und bietet seinen Gästen frisch renovierte Zimmer zu einem angemessenen Preis.

KIRCHHEIMBOLANDEN

In Dannenfels-Bastenhaus Süd-West : 9 km – Erholungsort :

🏨 **Bastenhaus**, ⌂ 67814, ℘ (06357) 97 59 00, hotel-bastenhaus@t-online.de, Fax (06357) 97590300, ≤, 😊, 🍴, 🚗 – 🛗, ⚡ Zim, 📺 ⚡ 📞 – 🅿 40. 🆎 🌐 VISA
geschl. Jan. 3 Wochen – **Menu** (geschl. Sonntagabend) à la carte 16/36 – **37 Zim** ⚏ 40/50 – 70/84 – ½ P 15.
♦ Erholung in der Pfalz : Ein gediegener, gewachsener Gasthof mit wohnlichen Zimmern in einer schönen Umgebung mit zahlreichen Freizeitangeboten. Auch für Tagungen geeignet. Eine große Terrasse ergänzt das ländlich-rustikale Restaurant.

KIRCHHUNDEM Nordrhein-Westfalen ४१७ M 8 – 13 000 Ew – Höhe 308 m.
Berlin 532 – Düsseldorf 136 – Siegen 34 – Meschede 51 – Olpe 22.

In Kirchhundem-Heinsberg Süd : 8 km :

🏨 **Schwermer** 🌿 (mit Gästehaus), Talstr. 60, ⌂ 57399, ℘ (02723) 76 38, info@hotel-schwermer.de, Fax (02723) 73300, 🍴, 🚗 – ⚡ Zim, 📺 📞 – 🅿 30. 🌐
Menu à la carte 18/37,50 – **25 Zim** ⚏ 44/52 – 74/90.
♦ Im Herzen des Naturparks Rothaargebirge erwartet Sie ein gut geführter Familienbetrieb mit solide eingerichteten Zimmern, zahlreichen Freizeitangeboten und einem "Heuhotel". Nettes, ländlich eingerichtetes Restaurant.

KIRCHLINTELN Niedersachsen ४१५ H 11 – 10 500 Ew – Höhe 40 m.
Berlin 354 – Hannover 89 – Bremen 46 – Rotenburg (Wümme) 28.

In Kirchlinteln-Kreepen Nord-Ost : 5 km :

🏨 **Heitmann's Gasthof**, Kreepener Hauptstr. 4, ⌂ 27308, ℘ (04236) 9 40 00, heitmannsgasthof@t-online.de, Fax (04236) 94002, Biergarten – ⚡ Zim, 📺 📞 – 🅿 40. 🌐 VISA
geschl. Anfang Jan. 2 Wochen, Juli - Aug. 2 Wochen – **Menu** (geschl. Montagmittag, Dienstag) à la carte 15,50/32 – **10 Zim** ⚏ 38/42 – 58/64.
♦ Das Hotel liegt in ländlicher Umgebung und ist im regionstypischen Klinkerstil gebaut. Im Inneren warten nette, mit Kirschmobiliar ausgestattete Räume. Helles Restaurant mit Wintergarten.

KIRCHZARTEN Baden-Württemberg ४१९ W 7 – 9400 Ew – Höhe 392 m – Luftkurort.
Ausflugsziel : Hirschsprung★ Süd-Ost : 10 km (im Höllental).
⛳ Kirchzarten, Krüttweg 1, ℘ (07661) 9 84 70.
🅘 Tourist-Information, Hauptstr. 24, ⌂ 79199, ℘ (07661) 39 39, Fax (07661) 39345.
Berlin 800 – Stuttgart 177 – Freiburg im Breisgau 9 – Donaueschingen 54.

🏨 **Sonne**, Hauptstr. 28, ⌂ 79199, ℘ (07661) 90 19 90, info@sonne-kirchzarten.de, Fax (07661) 7535, 🍴 – ⚡ 📺 📞 🆎 ⓓ 🌐 VISA
geschl. 1. - 10. Feb., 10. - 24. Nov. – **Menu** (geschl. Freitag - Samstagmittag) à la carte 17,50/35,30 – **24 Zim** ⚏ 48/55 – 70/118 – ½ P 16.
♦ Hier ist man gut aufgehoben : In dem traditionsreichen Schwarzwald-Gasthof, einem sympathischen Ferienhotel, kümmert sich die Inhaber-Familie selbst um das Wohl der Gäste. Holzgetäfelte Wände und rustikale Holztische und -stühle erwarten Sie im Restaurant.

🏨 **Zur Krone**, Hauptstr. 44, ⌂ 79199, ℘ (07661) 42 15, gasthof-hotel-krone@t-online.de, Fax (07661) 2457, 🍴, 🍴 – 📺 ⚡ 📞 🚫 Zim
geschl. 10. Jan. - 5. Feb. – **Menu** (geschl. Mittwoch - Donnerstagmittag) à la carte 15,50/42 – **11 Zim** ⚏ 33/44 – 53/62 – ½ P 14.
♦ Ein gepflegter, familiengeführter Landgasthof mit soliden, mit rustikalen Eichenholzmöbeln eingerichteten Zimmern, der auf eine 250-jährige Tradition zurückblicken kann. Ländliche, rustikal ausgestattete Gaststube.

🍴🍴 **Zum Rössle** 🌿 mit Zim, Dietenbach 1 (Süd : 1 km), ⌂ 79199, ℘ (07661) 22 40, Fax (07661) 980022, 🍴, (Gasthof a.d. 18. Jh.) – 📺 📞 🚫
Menu (geschl. Montag - Dienstag, Mai - Sept. Montag) à la carte 26/43,50 – **6 Zim** ⚏ 38 – 69.
♦ Der idyllische Landgasthof verfügt über eine historische Bauernstube mit niederer Decke und einen eleganteren Nebenraum. Ansprechende Karte mit mediterranem Einschlag.

In Kirchzarten-Burg-Höfen Ost : 1 km :

🏨 **Schlegelhof** 🌿, Höfener Str. 92, ⌂ 79199, ℘ (07661) 50 51, info@schlegelhof.de, Fax (07661) 62312, 🍴, 🍴 – 📺 📞 🌐 VISA 🚫
Menu (geschl. März 2 Wochen, Nov. 1 Woche, Mittwoch) (wochentags nur Abendessen) (Tischbestellung ratsam) à la carte 23,50/41,50 – **10 Zim** ⚏ 60/67 – 78/115.
♦ Freuen Sie sich auf ein ruhiges, gemütliches Gasthaus mit sehr gepflegten, wohnlichen Zimmern und einem reichhaltigen Frühstücksbuffet mit "Bio-Ecke". In hellem, freundlichem Ambiente verwöhnt man Sie mit schmackhaften Speisen.

KIRCHZARTEN

In Stegen-Eschbach *Nord : 4 km :*

XXX **Landhotel Reckenberg** ⚘ mit Zim, Reckenbergstr. 2, ✉ 79252, ℘ (07661) 6 11 12, *reckenberg@t-online.de, Fax (07661) 61221,* 🌳, 🌿 – 🚭 Zim, 📺 🅿 ① **ⓜ VISA**
geschl. Feb. 3. Wochen, Anfang Nov. 1 Woche – **Menu** *(geschl. Dienstag - Mittwochmittag)* 20 (mittags)/50 à la carte 35,50/46 – **7 Zim** ⊊ 45/60 – 75/110 – ½ P 20.
♦ Das gediegen-rustikale Restaurant lädt zum Speisen und Verweilen ein. Aromatische Kräuter geben der regionaltypischen und französischen Küche eine besondere Note.

KIRKEL *Saarland* **417** *S 5 – 9100 Ew – Höhe 240 m.*
Berlin 690 – Saarbrücken 24 – Homburg/Saar 10 – Kaiserslautern 48.

In Kirkel-Neuhäusel :

🏨 **Ressmann's Residence** Ⓜ, Kaiserstr. 87, ✉ 66459, ℘ (06849) 9 00 00, *ressmann-kirkel@t-online.de, Fax (06849) 900012* – 🚭 Zim, 📺 📞 🅿 **ⓜ VISA**
Menu *(geschl. über Fasching 1 Woche, Samstagmittag, Dienstag)* à la carte 33/45 – **20 Zim** ⊊ 57/67 – 77.
♦ Der Hotelbau aus den 90er Jahren bietet freundlich und modern eingerichtete Gästezimmer, die Ihren Ansprüchen an eine funktionelle Unterkunft gerecht werden. Gediegen-elegant präsentiert sich das Restaurant.

XX **Rützelerie Geiß**, Brunnenstraße, ✉ 66459, ℘ (06849) 13 81, *Fax (06849) 91371* – 🅿 **ⓜ VISA**
geschl. März 2 Wochen, Aug., Sonntag - Montag – **Menu** *(nur Abendessen)* à la carte 32/49.
♦ In einer ehemaligen Scheune hat man auf zwei Ebenen ein Restaurant in rustikal-komfortabler Art eingerichtet. Man erfreut Sie mit einer gehobenen französischen Küche.

KIRN *Rheinland-Pfalz* **417** *Q 6 – 9400 Ew – Höhe 200 m.*
Ausflugsziel : *Schloß Dhaun (Lage★) Nord-Ost : 5 km.*
🛈 *Stadtverwaltung, Kirchstraße 3, ✉ 55606, ℘ (06752) 9 34 00, stadtmarketing@kirn.de, Fax (06752) 934030.*
Berlin 649 – Mainz 76 – Bad Kreuznach 37 – Trier 77 – Idar-Oberstein 16.

🏨 **Parkhotel**, Kallenfelser Str. 40, ✉ 55606, ℘ (06752) 9 50 90, *info@parkhotel-kirn.de, Fax (06752) 950911,* 🌳, 🌿 – 📺 🅿 **ⓜ VISA**, ⨯ Rest
Menu *(geschl. Montagmittag) (Jan. nur Abendessen)* à la carte 19/36 – **16 Zim** ⊊ 50 – 80.
♦ Im südlichen Hunsrück liegt dieses gepflegte Haus. In den meisten Zimmern unterstreichen geschmackvolle Stoffe den Landhausstil des Hotels. Holz, ein nettes Dekor und eine harmonische Farbgestaltung machen das Restaurant gemütlich.

In Bruschied-Rudolfshaus *Nord-West : 9 km :*

🏨 **Forellenhof** ⚘, ✉ 55606, ℘ (06544) 3 73, *info@hotel-forellenhof.de, Fax (06544) 1080,* 🌳 – 🚭 Zim, 📺 ⇌ 🅿 🔷 ① **ⓜ VISA**, ⨯ Rest
geschl. Jan. - Feb. – **Menu** *(geschl. April - Sept. Montagmittag, Okt. - März Montag)* à la carte 18/35,50 – **30 Zim** ⊊ 47/52 – 77/87 – ½ P 16.
♦ Hier fühlen sich nicht nur Angler wohl : Umgeben von Wiesen, Wald und Wasser finden Erholungsuchende eine geeignete Bleibe. Guter Ausgangspunkt für Wanderungen und Radtouren. Schöne Terrasse am Teich.

KIRRWEILER *Rheinland-Pfalz siehe Maikammer.*

KIRSCHAU *Sachsen* **418** *M 27 – 2300 Ew – Höhe 310 m.*
Berlin 228 – Dresden 54 – Görlitz 47 – Bautzen 11.

🏨 **Romantik Hotel Zum Weber** Ⓜ, Bautzener Str. 20, ✉ 02681, ℘ (03592) 52 00, *hotel@zum-weber.de, Fax (03592) 520599,* Biergarten, ⇌ – 📶 📺 📞 🅿 – 🔔 50. 🔷 ① **ⓜ VISA**
Schlemmerzimmer *(geschl. 6. - 13. Jan., 18. - 31. Aug., Sonntag - Montag) (nur Abendessen)* **Menu** à la carte 33,50/42,50 – **Weberstube** *(geschl. Sonntag)* **Menu** à la carte 19/27,50 – **Al Forno** *(italienische Küche) (geschl. Montag) (wochentags nur Abendessen)* **Menu** à la carte 19/25,50 – **37 Zim** ⊊ 70/105 – 80/115, 5 Suiten.
♦ In den 20er Jahren baute der Architekt M. H. Kühne in Anlehnung an den sächsischen Barock ein Hotel, aus dem ein anspruchsvolles Domizil mit persönlicher Atmosphäre wurde. Stilvoll : das kleine Schlemmerzimmer. Die gemütliche Weberstube ist das Hauptrestaurant.

KISSINGEN, BAD Bayern 418 420 P 14 – 24 300 Ew – Höhe 201 m – Mineral- und Moorheilbad.
Ausflugsziel : Schloß Aschach : Graf-Luxburg-Museum★ 7 km über ① (Mai - Okt. Fahrten mit hist. Postkutsche).

🛧 Bad Kissingen, Euerdorfer Str. 11 (über ④), ℘ (0971) 36 08.

🛈 Kur- und Tourist-Info, Am Kurgarten 1, ⊠ 97688, ℘ (0971) 8 04 82 11, touris mus@badkissingen.de, Fax (0971) 8048239.

Berlin 480 ③ – München 329 ④ – Fulda 62 ⑤ – Bamberg 81 ③ – Würzburg 61 ④

BAD KISSINGEN

Bahnhofstraße	4
Berliner Platz	6
Brunnengasse	7
Dapperstraße	8
Hemmerichstraße	12
Kirchgasse	14
Kurhausstraße	
Ludwigbrücke	15
Ludwigstraße	16
Marktplatz	17
Martin-Luther-Straße	21
Münchner Straße	22
Obere Marktstraße	23
Prinzregentenstraße	25
Rathausplatz	26
Schönbornstraße	28
Spitalgasse	29
Theaterplatz	30
Theresienstraße	31
Untere Marktstraße	32
Von-der-Tann-Straße	33
Von-Hessing-Straße	34

Achtung,

die Stadt ist in drei Kurzonen unterteilt, die von 22⁰⁰ Uhr bis 6⁰⁰ Uhr mit dem Auto untereinander nicht erreichbar sind. Kurzone: Ost, West, Süd Jede ist in dieser Zeit nur über die ausgeschilderte Zufahrt zu erreichen.

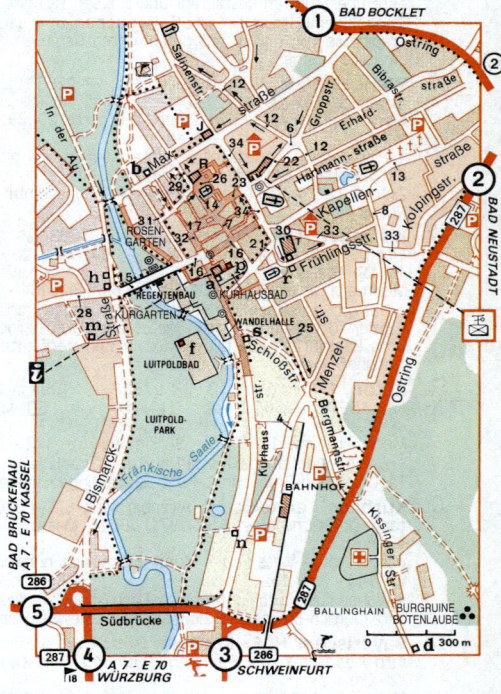

🏛 **Steigenberger Kurhaushotel** ⑤, Am Kurgarten 3, ⊠ 97688, ℘ (0971) 8 04 10, bad-kissingen@steigenberger.de, Fax (0971) 8041597, 😀, Massage, direkter Zugang zum Kurhausbad, ⊆s, ⊠, ☞, ⌘ – 🛗, ⇌ Zim, 🍴 Rest, 📺 📞 ⚙ 🚗 – 🔥 60. 🅰🅴 ⓞ ⓜⓞ 🆅🅸🆂🅰 🅹🅲🅱. ⚙ Rest
a
Menu à la carte 29/43,50 – **113 Zim** ⊆ 130/155 – 170/250 – ½ P 32.
♦ Hinter der modernen Fassade pflegt man in zeitgemäßer Tradition eines klassischen Grandhotels : großzügige Lobby, elegante Zimmer und professioneller Service. Restaurant mit klassischem Rahmen.

🏛 **Bristol-Hotel** ⑤, Bismarckstr. 8, ⊠ 97688, ℘ (0971) 82 40, bristol.hotel@t-online.de, Fax (0971) 8245824, 😀, Massage, ⚲, 🔥, ⊆s, ⊠, ☞, ⌘ – 🛗, ⇌ Zim, 📺 🚗 🅿 – 🔥 50. 🅰🅴 ⓜⓞ 🆅🅸🆂🅰 ⚙
h
Menu (geschl. Montag) à la carte 24,50/38,50 – **47 Zim** ⊆ 72/140 – 130/150, 10 Suiten – ½ P 21.
♦ Ein stilvolles Kurhotel mit geräumigen, hell und wohnlich-komfortabel ausgestatteten Zimmern. Das harmonische Interieur schafft eine Atmosphäre zum Wohlfühlen und Entspannen. Schöne Stuckdecken zieren das klassisch-elegante Restaurant.

🏛 **Frankenland** ⑤, Frühlingstr. 11, ⊠ 97688, ℘ (0971) 8 10, info@hotel-franken land.de, Fax (0971) 812810, 😀, Massage, ⚲, 🔥, 🔥, ⊆s, ⊠, ☞ – 🛗 📺 📞 🚗 – 🔥 380. 🅰🅴 ⓜⓞ 🆅🅸🆂🅰 ⚙ Rest
r
Rôtisserie : Menu à la carte 20/30 – **Frankenland-Stuben : Menu** à la carte 18/26 – **400 Zim** ⊆ 62/100 – 100/132 – ½ P 18.
♦ Ein neuzeitliches Hotel mit großem Hallenbereich und komfortablen, geschmackvoll eingerichteten Zimmern. Genießen Sie die Angebote der luxuriösen Badelandschaft Aqua-Well. Zeitlos : die Rôtisserie. Urig geht's in den Frankenland-Stuben zu.

KISSINGEN, BAD

Laudensacks Parkhotel, Kurhausstr. 28, ⊠ 97688, ℘ (0971) 7 22 40, *laudensacks-parkhotel@t-online.de*, Fax (0971) 722444, 🍽, Massage, 🛠, ⇌, 🏊 – 🛗 📺 🅿 ⇔ 🅿 🅰🅴
💿 🆎 💳 🆓
n
geschl. 17. Dez. - 25. Jan. – **Menu** *(geschl. Sonntag - Montag) (nur Abendessen)* 34/64 und à la carte ♀ – **21 Zim** ⇌ 72/95 – 120/150 – ½ P 25.
• Luxus und Romantik : Eine Villa, umgeben von einem Park mit Teich, lädt Sie ein, Ihre Seele baumeln zu lassen - stilvolle Zimmer tragen ihren Teil dazu bei. Ansprechendes Ambiente überzeugt im Restaurant und auf der Terrasse.
Spez. Steinbutt mit Kartoffelschuppen und sautierten Flußkrebsen. Carré und Crépinette vom Lamm mit geschmorten Gemüsen. Rehrücken mit Gänseleberkern und zweierlei Sellerie.

Weisses Haus 🍃, Kurhausstr. 11a, ⊠ 97688, ℘ (0971) 7 27 30, *weisseshaushotel @gmx.de*, Fax (0971) 727374 – 🛗 📺 🅿 💿 🆎 💳, 🍽 Rest
s
Menu *(geschl. Mitte Jan. - Feb.)* à la carte 20/29 – **25 Zim** ⇌ 42/71 – 90/130 – ½ P 14.
• Hier gefallen der stilvoll-elegante Rahmen und die Ausstattung : In dem gepflegten Patrizierhaus erwarten Sie mit Antiquitäten und individuellen Details gestaltete Zimmer. Das Interieur des Restaurants ist abgestimmt auf den villenartigen Charakter des Hotels.

Kissinger Hof, Bismarckstr. 14, ⊠ 97688, ℘ (0971) 92 70, *ehgeka@t-online.de*, Fax (0971) 927555, 🍽, Massage, 🛠, ⇌, 🏊 – 🛗, 🍽 Rest, 📺 📞 ⇔ 🅿 – 🔔 30. 🅰🅴 💿 🆎 💳, 🍽
h
Menu à la carte 15/27 – **91 Zim** ⇌ 62/78 – 104 – ½ P 14.
• Das große, zeitgemäße Stadthotel mit langer Tradition - hier kurte schon der "Eiserne Kanzler" Otto von Bismarck - bietet einen großzügigen Hallenbereich und solide Zimmer. Vom Restaurant aus blicken Sie in den gepflegten Garten und den romantischen Innenhof.

Rixen, Frühlingstr. 18, ⊠ 97688, ℘ (0971) 82 30, *rixen-hotel@t-online.de*, Fax (0971) 823600, ⇌ – 🛗, 🍽 Zim, 📺 📞 🅿 – 🔔 60. 🅰🅴 💿 🆎 💳, 🍽 Rest
r
Menu à la carte 13,50/29 – **94 Zim** ⇌ 75 – 122 – ½ P 16.
• Wenige Minuten vom Kurpark und den Kuranlagen entfernt finden Sie dieses neuzeitliche Tagungs- und Gruppenhotel mit zeitlos eingerichteten, komfortablen Zimmern.

Kurhaus Tanneck 🍃, Altenbergweg 6, ⊠ 97688, ℘ (0971) 7 16 00, *kurhaus_tanneck@t-online.de*, Fax (0971) 68614, Massage, 🛠, ⇌, 🌳, 🏊 – 🛗 📺 🅿 🆎, 🍽 Rest
m
geschl. Nov. - Mitte Feb. – **Menu** *(Restaurant nur für Hausgäste)* – **48 Zim** ⇌ 45/75 – 80/140 – ½ P 15.
• Wohnen und kuren unter einem Dach ist auch in diesem Haus mit dem gepflegten Ambiente möglich. Die meisten Zimmer haben einen eigenen Balkon ; Diätküche wird angeboten.

Bayerischer Hof - Kurheim Dösch 🍃, Maxstr. 9, ⊠ 97688, ℘ (0971) 8 04 50, *info@doesch-kg.de*, Fax (0971) 8045133, Massage, 🛠, 🏊 – 🛗 📺 📞 🅿 🅰🅴 🆎, 🍽 Zim
b
Menu *(geschl. Mitte Jan.- Feb., Donnerstag)* à la carte 16/29 – **60 Zim** ⇌ 47/53 – 74/86 – ½ P 16.
• Ein familiengeführtes Haus mit soliden Zimmern, alle mit eigenem Balkon. Für Gesundheitsbewußte gibt es die hauseigene Badeabteilung mit einem med. Bademeister und Masseur. Mit dunklem Holz getäfelte Wände und dunkle Möbel gestalten das Hotelrestaurant.

Casino-Restaurant "le jeton", im Luitpold-Park 1, ⊠ 97688, ℘ (0971) 40 81, Fax (0971) 97109, 🍽 – 🅿 🅰🅴 🆎 💳
f
geschl. Nov., Dienstag – **Menu** *(wochentags nur Abendessen)* à la carte 22/37.
• Im Kurhausrestaurant mit Café - durch ein großes Zierfischaquarium voneinander getrennt - können Sie aus einem umfangreichen Angebot an internationalen Gerichten wählen.

Kissinger Stüble, Am Kurgarten 1, ⊠ 97688, ℘ (0971) 8 04 15 40, *bad-kissingen @steigenberger.de*, Fax (0971) 8041597, 🍽 – 🍽. 🅰🅴 💿 🆎 💳 🆓
p
geschl. Nov.- April Mittwoch - Donnerstag – **Menu** à la carte 16/32,50.
• Im gemütlichen, rustikalen Restaurant des Steigenberger Kurhaushotels werden fränkische Spezialitäten und gutbürgerliche Speisen serviert.

In Bad Kissingen-Reiterswiesen :

Am Ballinghain, Kissinger Str. 129, ⊠ 97688, ℘ (0971) 27 63, Fax (0971) 2495 – 📺 ⇔ 🅿
d
geschl. Feb. – **Menu** *(geschl. Sonntag) (nur Abendessen) (Restaurant nur für Hausgäste)* – **10 Zim** ⇌ 40 – 66/69 – ½ P 12.
• Ein sympathisches kleines Haus mit Pensionscharakter, gut gepflegt und gut geführt. Genießen Sie die Lage am Waldrand oberhalb von Bad Kissingen.

KISSLEGG Baden-Württemberg 419 420 W 13 – 8600 Ew – Höhe 650 m – Luftkurort.
🛈 Gäste- und Kulturamt, Neues Schloß, ⊠ 88353, ℘ (07563) 93 61 42, tourist@kisslegg.de, Fax (07563) 936199.
Berlin 697 – Stuttgart 185 – Konstanz 100 – Kempten (Allgäu) 46 – Ulm (Donau) 93 – Bregenz 42.

Gasthof Ochsen (mit Gästehaus), Herrenstr. 21, ⊠ 88353, ℘ (07563) 9 10 90, info@ochsen-kisslegg.de, Fax (07563) 910950, ≘s – 🛗, 🔄 Zim, 📺 ⇌ 🅿 🝳 🝳 🝳
Menu à la carte 11/24 – **34 Zim** ⊇ 31/40 – 47/61 – ½ P 11.
♦ Hier hat Gastlichkeit Tradition : ein Landgasthof im Allgäu mit solide eingerichteten Zimmern. Die kinderfreundliche und familiäre Atmosphäre wird Sie überzeugen.

KITTENDORF Mecklenburg-Vorpommern siehe Stavenhagen.

KITZINGEN Bayern 419 420 Q 14 – 21000 Ew – Höhe 187 m.
🛇 Kitzingen, Larson Barracks, ℘ (09321) 49 56.
🛈 Tourist-Information, Schrannenstr. 1, ⊠ 97318, ℘ (09321) 92 00 19, tourist@stadt-kitzingen.de, Fax (09321) 21146.
Berlin 482 – München 263 – Würzburg 22 – Bamberg 80 – Nürnberg 92.

Esbach-Hof, Repperndorfer Str. 3 (B 8), ⊠ 97318, ℘ (09321) 22 09 00, hotel@esbachhof.de, Fax (09321) 2209091, 🍴, Biergarten – 🛗 📺 ⇌ 🅿 – 🝳 30. 🝳 🝳 🝳 🝳
geschl. über Fasching 1 Woche – **Menu** à la carte 16/27 – **32 Zim** ⊇ 64/84 – 85.
♦ Teils kürzlich renovierte Zimmer mit zeitgemäßem Standard bietet dieser gut geführte Familienbetrieb. In wenigen Gehminuten erreichen Sie die Innenstadt. Gemütliche Gasträume im fränkischen Stil.

In Sulzfeld Süd-West : 4 km :

Zum Stern (mit Gästehaus), Pointstr. 5, ⊠ 97320, ℘ (09321) 1 33 50, gasthof_zum_stern@t-online.de, Fax (09321) 133510, 🍴 – 📺 🅿 – 🝳 20. ⇌ Zim
Menu (geschl. Anfang Jan. 2 Wochen, Aug. 2 Wochen, Montagmittag, Dienstag - Mittwochmittag) à la carte 12/32 – **25 Zim** ⊇ 25/40 – 46/55 – ½ P 15.
♦ Mitten im fränkischen Weinland liegt dieser historische Gasthof : das Haupthaus ist ein Fachwerkbau aus dem 15. Jh. Die Zimmer hier und im Gästehaus sind solide ausgestattet. Rustikale Gasträume.

KLEINBLITTERSDORF Saarland siehe Saarbrücken.

KLEINICH Rheinland-Pfalz 417 Q 5 – 200 Ew – Höhe 420 m.
Berlin 662 – Mainz 98 – Trier 60 – Bernkastel-Kues 18 – Birkenfeld 35.

Landhaus Arnoth (mit Gästehäusern), Auf dem Pütz, ⊠ 54483, ℘ (06536) 9 39 90, info@landhaus-arnoth.de, Fax (06536) 1217, 🍴, ≘s, 🝳 – 🅿 – 🝳 30. 🝳 🝳 🝳 Rest
Menu (geschl. Montag - Dienstag) (wochentags nur Abendessen) à la carte 24/36 – **24 Zim** ⊇ 55/80 – 75/100.
♦ Das Landhaus im Hunsrück vom Beginn des 19. Jh. wurde liebevoll restauriert und so finden die Gäste jetzt ein Hotel mit einer individuellen Einrichtung. Antiquitäten schmücken das Restaurant. Bilderausstellung !

KLEINMACHNOW Brandenburg 416 418 I 23 – 11800 Ew – Höhe 60 m.
Siehe Stadtplan Berlin (Umgebungsplan).
Berlin 34 – Potsdam 15 – Brandenburg 66.

Astron M, Zehlendorfer Damm 190, ⊠ 14532, ℘ (033203) 4 90, berlin-potsdam@astron-hotels.de, Fax (033203) 49900, 🍴, ≘s – 🛗, 🔄 Zim, 🝳 Rest, 📺 ⇌ 🝳 ⇌ 🅿 – 🝳 150. 🝳 🝳 🝳 🝳 🝳
Menu à la carte 26/38 – ⊇ 13 – **243 Zim** 79/165 – 89/175.   AV   c
♦ Ein modernes, technisch gut ausgestattetes Hotel vor den Toren Berlins, das besonders auf die Bedürfnisse von Geschäftsreisenden zugeschnitten ist. Mit großem Tagungsbereich.

In Kleinmachnow-Dreilinden West : 3 km, nahe der BAB-Ausfahrt Kleinmachnow-Dreilinden :

Ibis Dreilinden, Heinrich-Hertz-Str. 1a, ⊠ 14532, ℘ (033203) 80 30, h2768@accor-hotels.com, Fax (033203) 803155, 🍴 – 🛗, 🔄 Zim, 🝳 📺 ⇌ 🅿 🝳 🝳 🝳 🝳
Menu (nur Abendessen) à la carte 🝳 9 – **81 Zim** 49.
♦ Der gewohnte Ibis-Standard : Die Zimmer sind gepflegt, einheitlich gestaltet, mit hellen, funktionellen Holzmöbeln eingerichtet und bieten ein gutes Preis-Leistungs-Verhältnis.

KLEIN SCHWECHTEN Sachsen-Anhalt 416 H 19 – 600 Ew – Höhe 34 m.
Berlin 146 – Magdeburg 79 – Schwerin 125 – Stendal 17 – Wolfsburg 107.

In Klein Schwechten-Ziegenhagen Nord-West : 5 km :

Gose, Am Eichengrund 1 (B 189), ⌧ 39579, ℘ (039328) 5 14 18, raststaette-gose@t
-online.de, Fax (039328) 258, ☎ ☜ 🄋 – 🄶 50. 🆎 🆖 VISA
Menu à la carte 14/26 – **16 Zim** ⊊ 38/45 – 54/65.
◆ Eine empfehlenswerte Übernachtungsadresse : Die mit Kirschholzmobiliar eingerichteten, neuzeitlichen Zimmer sind technisch gut ausgestattet und wohnlich. Das Restaurant : einfach-rustikal.

KLEINWALSERTAL Österreich 419 420 X 14 – Österreichisches Hoheitsgebiet, wirtschaftlich der Bundesrepublik Deutschland angeschlossen – 5 000 Ew – Wintersport : 1 100/2 000 m ⥙2 ⥼34 ⥰.

Sehenswert : Tal★.

Hotels und Restaurants : Außerhalb der Saison variable Schließungszeiten.

🛈 Kleinwalsertal Tourismus, Hirschegg, im Walserhaus, ⌧ 87568, ℘ (08329) 5 11 40, info@kleinwalsertal.com, Fax (08329) 511421.

🛈 Kleinwalsertal Tourismus, Mittelberg, Walserstr. 89, ⌧ 87569, ℘ (08329) 51 14 19, Fax (08329) 6602.

🛈 Kleinwalsertal Tourismus, Riezlern, Walserstr. 54, ⌧ 87567, ℘ (08329) 51 14 18, Fax (08329) 6603.

Kempten (Allgäu) 48 – Oberstdorf 12.

In Riezlern – Höhe 1 100 m :

Jagdhof, Walserstr. 27, ⌧ 87567, ℘ (08329) 5 60 30, jagdhof@online-service.de, Fax (08329) 3348, ⌂, Massage, 🛁, ☎, ⌇, ⌧, ⌖ – ⌽, ⌲ Rest, 🄣 ⌇ 🄋
Menu *(nur Abendessen)* (Restaurant nur für Hausgäste) à la carte 19/31 – **45 Zim** (nur ½ P) 75/100 – 110/170.
◆ Außer der reizvollen Umgebung erwartet Sie hier ein gut geführtes Hotel mit freundlichem Service, komfortablen Zimmern in 3 Kategorien und einer herrlichen Badelandschaft.

Almhof Rupp ⌇, Walserstr. 83, ⌧ 87567, ℘ (08329) 50 04, info@almhof-rupp.de, Fax (08329) 3273, ≤, ⌂, Massage, ♨, ⌇, ⌧ – ⌽ ⌲ 🄣 🄋 Rest
geschl. 24. April - 27. Mai, 3. Nov. - 20. Dez. – **Menu** (geschl. Montag) (nur Abendessen) (Tischbestellung erforderlich) à la carte 20,50/39 ⦖ – **30 Zim** ⊊ 75 – 109/159 – ½ P 18.
◆ Der alpenländische Gasthof bietet seinen Gästen Ruhe und Entspannung in ländlich-gediegener Atmosphäre : behagliche Zimmer, großer Wellnessbereich und die frische Bergluft. In der netten Walserstube serviert man sorgfältig und schmackhaft Zubereitetes.

Riezler Hof, Walserstr. 57, ⌧ 87567, ℘ (08329) 53 77, riezlerhof@t-online.de, Fax (08329) 537750, ☎ – ⌽ 🄣 🄋 🄋 🄖 VISA
geschl. 20. April - 15. Mai, Nov. - 15. Dez. – **Menu** (geschl. Mitte Mai - Okt. Mittwoch) à la carte 21/35 – **27 Zim** ⊊ 60/105 – 140/150 – ½ P 18.
◆ Ein guter Ausgangspunkt für vielfältige Aktivitäten ist dieses Hotel im Herzen des Ortes. Sie übernachten in geräumigen, technisch und sanitär gut ausgestatteten Zimmern. Heller Holzboden und holzgetäfelte Wände machen das Restaurant gemütlich.

Alpenhof Jäger, Unterwestegg 17, ⌧ 87567, ℘ (08329) 67 65, alpenhof.jaeger@aon.at, Fax (08329) 3812, ≤, ⌂, ☎, ⌖ – ⌲ Zim, 🄣 🄋 🄖 ⌇
geschl. 22. Juni - 20. Juli, 23. Nov. - 14. Dez. – **Menu** (geschl. Dienstag, ausser Saison Montag - Dienstag)(nur Abendessen) à la carte 20,50/39 ⦖ – **12 Zim** ⊊ 43/67 – 82/108 – ½ P 16.
◆ Behaglich wohnen mit Tradition : Das ehemalige Bauernhaus von 1690 wurde liebevoll restauriert, ein neuer Anbau fügt sich harmonisch in das Ensemble ein. Das nett dekorierte Restaurant ist im historischen Gebäudeteil untergebracht.

Wagner, Walserstr. 1, ⌧ 87567, ℘ (08329) 52 48, info@hotel-wagner.de, Fax (08329) 3266, ≤, ☎, ⌇, ⌖, ⌗ – 🄣 ⌇ 🄋 🄋 ⌇ Rest
geschl. 8. April - Mitte Mai, 5. Nov. - 15. Dez. – **Menu** (nur Abendessen) (Restaurant nur für Hausgäste) – **22 Zim** (nur ½ p) 65/71 – 116/134.
◆ Direkt am Waldrand, wenige Minuten vom Ortskern entfernt, liegt das gemütlich-rustikale Landgasthaus, das sich gut als Ausgangspunkt für vielfältige Urlaubsaktivitäten eignet.

Scharnagl's Alpenhof ⌇ mit Zim, Zwerwalder. 28, ⌧ 87567, ℘ (08329) 52 76, alpenhof@scharnagls.de, Fax (08329) 52763, ⌂, ⌖ – 🄣 🄋
geschl. 3. Nov. - 4. Dez. – **Menu** (geschl. Mittwoch - Donnerstagmittag) à la carte 21/35 ⦖ – **5 Zim** ⊊ 41/57 – 68/108 – ½ P 16.
◆ Lassen Sie sich in der nostalgischen Atmosphäre von Kirschs Guter Stube die schmackhafte, gehobene Regionalküche des Patrons und ausgesuchte Weine schmecken.

KLEINWALSERTAL

In Riezlern-Egg – West : 1 km :

Erlebach, Eggstr. 21, ✉ 87567, ℘ (08329) 5 16 90, *hotel-erlebach@t-online.de*, Fax (08329) 3444, ≤, 佘, Massage, ≦s, ⬚, – 🛗 TV ⇔ P. ℅ Rest
geschl. Mitte April - Mitte Mai, Mitte Nov. - Mitte Dez. – **Menu** *(ausser Saison Garni)* (Restaurant nur für Hausgäste) – **47 Zim** (nur ½P) 82/87 – 156/182.

♦ Der große Alpengasthof lockt mit einem "Wellness-Himmel" : Bäder, Massagen, Sauna, Tepidarium - lassen Sie sich in der Badelandschaft von Kopf bis Fuß verwöhnen.

In Hirschegg – Höhe 1 125 m :

Ifen-Hotel, Oberseitestr. 6, ✉ 87568, ℘ (08329) 5 07 10, *office@ifen-hotel.com*, Fax (08329) 3475, ≤, 佘, Massage, 🛁, ≦s, ⬚, ⚞ – 🛗 TV ✆ ⇔ P – 🛋 80. ℅ Rest
geschl. Mitte Nov. - Mitte Dez. – **Menu** *(nur Abendessen)* à la carte 32,50/43 – **61 Zim** ⊇ 69/94 – 162/218, 6 Suiten

♦ Die "Perle des Kleinwalsertals" - das individuell geführte Alpenhotel in schöner Lage empfängt Sie mit einem stilvollen Ambiente und elegant-gemütlichen Zimmern. Gediegenelegantes Restaurant mit altem Kachelofen.

Walserhof, Walserstr. 11, ✉ 87568, ℘ (08329) 56 84, *walserhof@aon.at*, Fax (08329) 5938, ≤, 佘, Massage, 🛁, ≦s, ⬚, ⚞ – 🛗 TV P – 🛋 20. ⓪. ℅ Rest
geschl. 2. Nov. - 15. Dez. – **Menu** à la carte 19/35 – **41 Zim** ⊇ 76/93 – 152/200, 5 Suiten – ½ P 13.

♦ Für Liebhaber rustikal-gemütlicher Einrichtung ! Wohnliche Zimmer, ein Wellnessbereich und die hübsche Gartenanlage sorgen für einen erholsamen Aufenthalt. Helles Holz und ein gepflegtes Dekor verleihen dem Restaurant alpenländischen Charme.

Gemma, Schwarzwasserlatstr. 21, ✉ 87568, ℘ (08329) 53 60, *info.hotel-gemma @aon.at*, Fax (08329) 5360300, ≤, Massage, ≦s, ⬚, ⚞ – 🛗 TV ✆ ⇔ P. ⓪ VISA. ℅ Rest
geschl. Anfang Nov. - Mitte Dez. – **Menu** *(nur Abendessen)* (Restaurant nur für Hausgäste) – **26 Zim** (nur ½ P) 62/79 – 108/158.

♦ Ein alpenländischer Gasthof in ruhiger Lage oberhalb des Ortes : Hinter der typischen, holzverkleideten Fassade erwarten die Gäste gepflegte, rustikal eingerichtete Zimmer.

Sonnenberg, Am Berg 26, ✉ 87568, ℘ (08329) 54 33, *info@sonnenberg-kleinwalsertal.de*, Fax (08329) 543333, ≤ Kleinwalsertal, (Bauernhaus a.d. 16. Jh.), ≦s, ⬚, ⚞ – TV P. ℅ Rest
geschl. Mitte April - Mitte Mai, Ende Okt. - Mitte Dez. – **Menu** *(geschl. Mittwoch) (nur Abendessen)* (Restaurant nur für Hausgäste) – **17 Zim** (nur ½ P) 83/99 – 162/174.

♦ Ursprüngliches Kleinwalsertal-Ambiente hat sich in dem alten Bauernhaus erhalten : knarrende Dielen, Bauernmöbel, Antiquitäten, gute Bergluft und eine hübsche Gartenanlage.

Adler (mit Gästehaus), Walserstr. 51, ✉ 87568, ℘ (08329) 5 42 40, *adler@utanet.at*, Fax (08329) 3621, ≤, 佘, ≦s – TV P. ⓪ VISA
geschl. 27. April - 29. Mai, 2. Nov. - 20. Dez. – **Menu** *(geschl. Mittwoch) (nur Abendessen)* à la carte 17/35 – **21 Zim** ⊇ 34/77 – 50/124 – ½ P 11.

♦ Ein Gasthof im Zentrum mit familiärer Atmosphäre. Besonders zu empfehlen sind die geräumigen Zimmer im Anbau mit Parkettboden und rustikalem Eichenmobiliar. Auch 3-Bettzimmer. Gemütliche Gaststuben.

In Mittelberg – Höhe 1 220 m :

R. Leitner, Walserstr. 55, ✉ 87569, ℘ (08329) 57 88, *info@hotel-leitner.de*, Fax (08329) 578839, ≤, Massage, ≦s, ⬚, ⚞ – 🛗, ⥂ Zim, TV P. ℅
geschl. 20. April - 14. Mai, 6. Nov. - 15. Dez. – **Menu** *(geschl. Sonntag) (nur Abendessen)* (Restaurant nur für Hausgäste) – **33 Zim** ⊇ 72/102 – 118/180, 7 Suiten – ½ P 11.

♦ Individuell eingerichtete Zimmer, ein mit Zirbelholz getäfeltes Restaurant und ein Schwimmbad mit Panoramablick : Erholung und Entspannung in gediegener Atmosphäre.

IFA-Hotel Alpenrose, Walserstr. 46, ✉ 87569, ℘ (08329) 3 36 40, *ifa-alpenrose@ifa-mail.de*, Fax (08329) 3364888, 🛁, ≦s, ⬚, ⥂ ⚞ 🎿 ⚞ P. ℅
geschl. 20. Nov. - 20. Dez. – **Menu** *(nur Abendessen)* (Restaurant nur für Hausgäste) – **99 Zim** (nur ½ P) 101/119 – 116/176.

♦ Moderne und behagliche Zimmer erwarten Sie in dem Alpengasthof mit den roten, im Sommer blumengeschmückten Balkonen. Fragen Sie auch nach den Familienzimmern für 4 Personen.

KLEINWALSERTAL

Lärchenhof, Schützabühl 2, ✉ 87569, ℰ (08329) 65 56, naturhotel.laerchenhof@aon.at, Fax (08329) 6500, ₤ð, ☎, ⚞ – ⇔ 🅣 ⚞ 🅿 ※
geschl. nach Ostern 6 Wochen, Anfang Nov. - 20. Dez. – **Menu** *(geschl. Dienstag) (nur Abendessen)* (Restaurant nur für Hausgäste) – **24 Zim** ⚞ 70/80 – 110/152.
♦ Auf 1250 m Höhe, inmitten der schönen Bergwelt, finden Sie ein Hotel, das nach baubiologischen Grundsätzen gestaltet wurde : Resultat ist ein gemütliches Haus zum Wohlfühlen.

✕ **Schwendle,** Schwendlestr. 5, ✉ 87569, ℰ (08329) 59 88, Fax (08329) 20430, ≤ Kleinwalsertal, ⚞ – 🅿
geschl. 28. April - 23. Mai, Nov. - Mitte Dez., Montag - Dienstagmittag – **Menu** à la carte 14,50/27,50.
♦ Die Freunde einer deftigen, bodenständigen Küche kommen in diesem ländlich-rustikalen Gasthof auf ihre Kosten. Man reicht eine wechselnde Tageskarte.

In Mittelberg-Höfle Süd : 2 km, Zufahrt über die Straße nach Baad :

IFA-Hotel Alpenhof Wildental ⚘, Höfle 8, ✉ 87569, ℰ (08329) 6 54 40, ifa-wildental@ifa-mail.de, Fax (08329) 65448, ≤, ⚞, Massage, ☎, ⚟, ⚞ – 🛉, ⇔ Zim, 🅣 🅿 ※
geschl. 10. Nov. - 15. Dez. – **Menu** 13,50/23,50 und à la carte – **57 Zim** (nur ½ P) 100/134 – 174/268.
♦ Gepflegte Zimmer mit ländlichen Naturholzmöbeln und der große, ansprechende Wellnessbereich mit vielfältigen Angeboten werden auch anspruchsvolle Gäste zufriedenstellen. Helles Holz unterstreicht den regionalen Charakter des Restaurants.

KLEIN WITTENSEE Schleswig-Holstein siehe Eckernförde.

KLEINZERLANG Brandenburg 416 G 22 – 320 Ew – Höhe 59 m.
Berlin 100 – Potsdam 107 – Neubrandenburg 58.

Steigenberger Marina Wolfsbruch 🅜 ⚘, Im Wolfsbruch, ✉ 16831, ℰ (033921) 87, service@marina-wolfsbruch.de, Fax (033921) 88845, ⚞, ☎, ⚟, ⚞, ⚞ Bootsanleger – 🛉, ⇔ Zim, 🅣 ⚞ & ⚞ 🅿 – ⚞ 220. ⚞ ⓞ ⚞ 𝐕𝐈𝐒𝐀 JCB
Menu à la carte 21/32,50 – **211 Zim** ⚞ 104 – 134, 6 Suiten – ½ P 18.
♦ Auf richtigem Kurs sind Sie in diesem Hotel eines Sporthafens der Mecklenburger Seenplatte : freuen Sie sich auf moderne, wohnliche Zimmer und eine schöne Badelandschaft. Beim Speisen blicken Sie auf das lebendige Treiben im Yachthafen.

Lindengarten, Dorfstr. 33, ✉ 16831, ℰ (033921) 76 80, pension.lindengarten@t-online.de, Fax (033921) 76819, Biergarten, ☎, ⚞, ※ – 🅣 🅿 – ⚞ 25. ⚞ 𝐕𝐈𝐒𝐀
Menu à la carte 13,50/19,50 – **23 Zim** ⚞ 40/55 – 65, 3 Suiten.
♦ Erkunden Sie die Rheinsberger Seenplatte von dieser gepflegten Hotelpension aus. Solide und wohnlich eingerichtete Zimmer und diverse Möglichkeiten zur Freizeitgestaltung.

KLETTGAU Baden-Württemberg 419 X 9 – 7500 Ew – Höhe 420 m.
Berlin 793 – Stuttgart 163 – Freiburg im Breisgau 79 – Donaueschingen 43 – Schaffhausen 37.

In Klettgau-Griessen :

✕✕ **Landgasthof Mange,** Kirchstr. 2, ✉ 79771, ℰ (07742) 54 17, Fax (07742) 3169, ⚞ 🅿 ⚞ ⓞ 𝐕𝐈𝐒𝐀
geschl. 3. - 6. Okt., Dienstag – **Menu** *(wochentags nur Abendessen)* à la carte 19/39.
♦ Modern und leicht elegant zeigt sich die ganz in hellem Holz gehaltene Inneneinrichtung dieses Landgasthofs. Das Küchenrepertoire reicht von regional bis mediterran.

KLEVE Nordrhein-Westfalen 417 K 2 – 50 000 Ew – Höhe 46 m.
🅸₁₈ Bedburg-Hau, Schloß Moyland (Süd-Ost : 8 km), ℰ (02824) 9 52 50.
ADAC, Tiergartenstr. 2.
Berlin 599 – Düsseldorf 99 – Emmerich 11 – Nijmegen 23 – Wesel 43.

Cleve 🅜, Tichelstr. 11, ✉ 47533, ℰ (02821) 71 70, info@hotel-cleve.de, Fax (02821) 717100, ⚞, ☎, ⚟ – 🛉, ⇔ Zim, ▤ Zim, 🅣 ⚞ & ⚞ – ⚞ 100. ⚞ ⓞ ⚞
Menu à la carte 22/39 – **Augenblick** *(geschl. Montag - Dienstag) (nur Abendessen)* **Menu** à la carte 26/41 – **117 Zim** ⚞ 80 – 110, 7 Suiten.
♦ Ein Haus mit Komfort : Suiten mit Designermöbeln, funktionelle Zimmer, schwarz-weiß gekachelte Bäder und ein freundlicher Service versprechen Erholung. Angrenzend an die große Hotelbar : das Restaurant im Bistrostil. Im 6. Stock : ein besonderer "Augenblick".

KLEVE

- **Parkhotel Schweizerhaus**, Materborner Allee 3, ⊠ 47533, ℰ (02821) 80 70, info @schweizerhaus.de, Fax (02821) 807100, 🍽, Biergarten – 📶, ⟵⟶ Zim, 📺 📞 📬 – 🚗 150. 🅰🅴 ⓘ ⓜⓞ 𝗩𝗜𝗦𝗔. ⌀ Rest
  Menu (Aug. - Mitte Sept. nur Abendessen) à la carte 19/37 – **136 Zim** ⊇ 50/72 – 70/90.
  • Ein Tagungshotel, in dem die Gäste mit mahagonifarbenen Holzmöbeln eingerichtete Zimmer erwarten. Fragen Sie nach den Räumen im neueren Anbau. Ein Inventar aus dunklem Holz und hübsch gedeckte Tische finden Sie in den Schweizer Stuben.

- **Heek** garni, Lindenallee 37, ⊠ 47533, ℰ (02821) 7 26 30, hotel-heek@12move.de, Fax (02821) 12198 – 📶 ⟵⟶ 📺 📞 📬. 🅰🅴 ⓘ ⓜⓞ 𝗩𝗜𝗦𝗔 𝗝𝗖𝗕
  33 Zim ⊇ 53 – 82.
  • Solide und gepflegte Zimmer, die mit Kirschbaumholzmobiliar ausgestattet sind, bietet dieses Stadthotel mit der roten Klinkerfassade.

KLINGENBERG AM MAIN
Bayern 417 419 Q 11 – 6 500 Ew – Höhe 141 m – Erholungsort.
🛈 Kultur- und Verkehrsbüro, Bahnhofstr. 3, ⊠ 63911, ℰ (09372) 92 12 59, Fax (09372) 12354.
Berlin 576 – München 354 – Würzburg 81 – Amorbach 18 – Aschaffenburg 29.

- **Schöne Aussicht** (mit Gästehaus), Bahnhofstr. 18 (am linken Mainufer), ⊠ 63911, ℰ (09372) 93 03 00, info@hotel-schoene-aussicht.com, Fax (09372) 9303090, ≤ – 📶 📺 ⟵⟶ 📬 – 🚗 20. 🅰🅴 ⓜⓞ 𝗩𝗜𝗦𝗔. ⌀
  geschl. 15. Dez. - 15. Jan. – **Menu** (geschl. Donnerstagmittag, Freitagmittag) à la carte 20/36 – **26 Zim** ⊇ 47/55 – 74/80 – ½ P 15.
  • Ein tadellos geführter Familienbetrieb im Ortszentrum an der Mainbrücke mit praktischen Zimmern - im Gästehaus verfügen alle Zimmer zur Flußseite über einen Balkon. Eine mit Pflanzen geschmückte Mainterrasse ergänzt das bürgerliche Restaurant.

- **Zum Alten Rentamt** (Holland), Hauptstr. 25a, ⊠ 63911, ℰ (09372) 26 50, ingo.holland@altes-rentamt.de, Fax (09372) 2977, 🍽 – 🅰🅴 ⓘ ⓜⓞ 𝗩𝗜𝗦𝗔. ⌀
  geschl. über Fasching 1 Woche, Mitte Aug. - Anfang Sept., Montag - Dienstag – **Menu** (Mittwoch - Freitag nur Abendessen) 50/88 und à la carte.
  • Geschmackvolles Ambiente : In dem historischen Stadthaus mit rustikal-elegantem Restaurant verwöhnt der Chef seine Gäste mit einer neuen, kreativen Küche auf klassischer Basis.
  Spez. Dorade Royal mit Piment und Jasminblüten gebraten. Rehbockmedaillons mit Morcheln und Kakaojus. Flüssiger Schokoladenkuchen mit gesalzenem Karameleis.

In Klingenberg-Röllfeld Süd : 2 km :

- **Paradeismühle** ⌀, Paradeismühle 1 (Ost : 2 km), ⊠ 63911, ℰ (09372) 25 87, reception@hotel-paradeismuehle.de, Fax (09372) 1587, 🍽, Wildgehege, ≋s, 🅹, 🌳 – 📺 ⟵⟶ 📬 – 🚗 25. 🅰🅴 ⓘ ⓜⓞ 𝗩𝗜𝗦𝗔
  Menu à la carte 19,50/30 – **38 Zim** ⊇ 41/49 – 70/85 – ½ P 15.
  • Mitten im Spessart liegt dieses Hotelensemble. Um ein altes Fachwerkhaus gruppieren sich einige Neubauten, in denen komfortable Zimmer - teils mit Stilmöbeln - auf Sie warten. Rustikale Stuben - von einfach bis gediegen - bieten eine gemütliche Atmosphäre.

KLINGENTHAL
Sachsen 418 420 O 21 – 11 000 Ew – Höhe 540 m.
🛈 Tourist-Information, Schloßstr. 3, ⊠ 08248, ℰ (037467) 6 48 32, Fax (037467) 64825.
Berlin 337 – Dresden 169 – Chemnitz 86 – Plauen 43.

- **Zum Döhlerwald**, Markneukirchner Str. 80, ⊠ 08248, ℰ (037467) 2 21 09, info@doehlerwald.de, Fax (037467) 28716, 🍽, ≋s – 📺 📬 𝗩𝗜𝗦𝗔
  Menu (geschl. Mittwoch) à la carte 12/17 – **10 Zim** ⊇ 30/40 – 50.
  • Ein freundlicher, familiär geführter Gasthof mit gepflegten Zimmern, die einfachen Komfort bieten. Viele Ausflugsmöglichkeiten in der Umgebung. Restaurant mit ländlich-rustikaler Ausstattung.

- **Zur Alten Schule**, Schulgasse 4, ⊠ 08248, ℰ (037467) 2 68 72, info@gast-in-klingenthal.de, Fax (037467) 20298, Biergarten
  geschl. Anfang März 1 Woche, Anfang Nov. 1 Woche – **Menu** à la carte 15/25.
  • Die alte Volksschule wurde liebevoll rekonstruiert und derb-rustikal eingerichtet. Auf der Speisekarte in Form einer Zeitung finden sich regionale und internationale Gerichte.

In Zwota Süd-West : 2,5 km :

- **Gasthof Zwota**, Klingenthaler Str. 56, ⊠ 08267, ℰ (037467) 56 70, gasthof.zwota @t-online.de, Fax (037467) 56767, 🍽, ≋s, 🅹 (Gebühr) – 📺 📬
  Menu à la carte 13/23 – **36 Zim** ⊇ 35/45 – 46/80 – ½ P 9.
  • Ein Landgasthof im Vogtland. Mit skandinavischen Kiefernholzmöbeln eingerichtete Zimmer verbreiten eine wohnliche Atmosphäre. Verkehrsgünstige Lage zu vielen Ausflugszielen. Rustikaler Gastraum.

KLINK Mecklenburg-Vorpommern siehe Waren (Müritz).

KLIPPHAUSEN Sachsen siehe Wilsdruff.

KLOETZE Sachsen-Anhalt 416 418 I 17 – 7 000 Ew – Höhe 60 m.
Berlin 222 – Magdeburg 82 – Salzwedel 30.

🏠 **Braunschweiger Hof,** Neustädter Str. 49, ✉ 38486, ℰ (03909) 4 11 13, braunsch
weiger-hof@gmx.de, Fax (03909) 41114, Biergarten – 📺 📞 🅿 🆎 ⓞ ⓜⓔ 💳
Menu (geschl. Sonntagabend - Montagmittag) à la carte 18/31 – **14 Zim** ⊇ 49/65 –
65/100.
♦ Hinter der für die Region typischen roten Backsteinfassade dieses Landgasthofs finden
Sie gepflegte und funktionell eingerichtete Zimmer. Ein liebevolles Dekor macht das gedie-
gen-rustikale Restaurant gemütlich.

🏠 **Alte Schmiede** garni, Neustädter Str. 37, ✉ 38486, ℰ (03909) 4 24 77, hotel
schmiede@aol.com, Fax (03909) 42488 – 📺 🆎 ⓞ ⓜⓔ 💳
15 Zim ⊇ 34/40 – 50/55.
♦ Einheitlich mit neuzeitlichen Naturholzmöbeln ausgestattete Zimmer hält dieses kleine
Hotel in einem Fachwerkhaus für seine Besucher bereit.

KLOSTERLAUSNITZ, BAD Thüringen 418 N 19 – 3 700 Ew – Höhe 325 m – Heilbad.
🛈 Kurverwaltung, Hermann-Sachse-Str. 44, ✉ 07639, ℰ (036601) 8 00 50, Fax (036601)
80051.
Berlin 235 – Erfurt 68 – Gera 27.

🏠 **Zu den drei Schwänen,** Köstritzer Str. 13, ✉ 07639, ℰ (036601) 4 11 22, info@
dreischwaene.de, Fax (036601) 80158, 🌳, Biergarten – ⇐ Zim, 📺 🅿 🆎
ⓜⓔ 💳
Menu (geschl. Montagmittag) à la carte 18/27 – **13 Zim** ⊇ 50/53 – 75/77 – ½ P 8.
♦ Ein Anwesen mit Familientradition am Klosterteich. In dem freundlichen, an alter Stelle
wieder erbauten Landhotel mit den soliden Gästezimmern läßt es sich gut übernachten.
Neuzeitliches Restaurant mit Blick auf den Teich.

In Tautenhain Ost : 4 km :

🏠 **Zur Kanone** (mit Gästehaus), Dorfstr. 3, ✉ 07639, ℰ (036601) 4 05 11, info@zur-
kanone.de, Fax (036601) 40515, 🌳 – 📺 🅿 ⓜⓔ 💳
Menu (geschl. Donnerstagmittag) à la carte 11,50/22,50 – **29 Zim** ⊇ 41 – 60.
♦ Ein modernes Gästehaus ergänzt heute das traditionelle Fachwerkhaus. Sie wohnen in
einheitlich mit hellbraunen Holzmöbeln gut eingerichteten Zimmern mit zeitgemäßem Kom-
fort. Das gepflegte Restaurant mit zwei netten Nebenzimmern befindet sich im Haupthaus.

KLOSTER ZINNA Brandenburg siehe Jüterbog.

KLÜTZ Mecklenburg-Vorpommern 415 416 E 17 – 3 500 Ew – Höhe 9 m.
🛈 Fremdenverkehrs- und Informationszentrum, Schloßstr. 34, ✉ 23948, ℰ (038825)
2 22 95, Fax (038825) 22288.
Berlin 246 – Schwerin 43 – Lübeck 40 – Rostock 77.

In Klütz-Stellshagen Süd-West : 7 km :

🏠 **Gutshaus Stellshagen** 🌿, Lindenstr. 1, ✉ 23948, ℰ (038825) 4 40, info@guts
haus-stellshagen.de, Fax (038825) 44333, ☕, 🌳 – ⇐ 📞 🅿 – �️ 80. ⓜⓔ 💳
Menu 12 (nur vegetarisches Buffet) – **42 Zim** ⊇ 75/85 – 90/110.
♦ Ein Bio- und Gesundheitshotel in einem Herrensitz mit Parkanlage. Im Haupthaus und in
den Gästehäusern gibt es schöne Zimmer im Landhausstil. Mit Naturheilpraxis. In dem klas-
sisch eingerichteten Nichtraucherrestaurant bietet man ein vegetarisches Buffet.

KNITTELSHEIM Rheinland-Pfalz siehe Bellheim.

KNITTLINGEN Baden-Württemberg 419 S 10 – 7 300 Ew – Höhe 195 m.
Berlin 637 – Stuttgart 49 – Karlsruhe 32 – Heilbronn 50 – Pforzheim 23.

🏠 **Postillion** garni, Stuttgarter Str. 27, ✉ 75438, ℰ (07043) 3 18 58, Fax (07043) 33288
– 📺 🚗 🆎 ⓜⓔ 💳
12 Zim ⊇ 42/60 – 62/85.
♦ Das nette kleine Hotel mit Fachwerkfassade läßt die Zeit der Postkutschen aufleben. Die
liebevoll eingerichteten Zimmer mit behaglicher Atmosphäre bieten Funktionalität.

KNÜLLWALD Hessen 417 418 N 12 – 3 500 Ew – Höhe 265 m.
Berlin 426 – Wiesbaden 180 – Kassel 49 – Fulda 59 – Bad Hersfeld 27 – Marburg 75.

In Knüllwald-Rengshausen – *Luftkurort* :

Sonneck 🌿, Zu den einzelnen Bäumen 13, ✉ 34593, ℘ (05685) 9 99 57, Fax (05685) 9995601, ≤, 🍴, Massage, ≘s, 🏊, 🎾 – 🛗, ⇋ Zim, 📺 📞 & 🚗 🅿 – 🛎 70. 🆎 🆚 VISA
geschl. Jan. 2 Wochen – **Menu** à la carte 15/28 – **62 Zim** ⇌ 39/58 – 62/84 – ½ P 9.
◆ Gut geeignet für Tagungen oder – durch die Nähe zur Autobahn A7 – für einen Zwischenstop ist dieses ruhig gelegene Haus mit gepflegten, wohnlichen Zimmern. Die Panoramafenster des Restaurants erlauben einen Blick in die reizvolle Umgebung.

KOBERN-GONDORF Rheinland-Pfalz 417 P 6 – 3 300 Ew – Höhe 70 m
Tourist und Kultur, Kirchstr. 1 (Kobern), ✉ 56330, ℘ (02607) 1 94 33, Fax (02607) 4045.
Berlin 612 – Mainz 100 – Koblenz 23 – Trier 117 – Cochem 33.

Simonis, Marktplatz 4 (Kobern), ✉ 56330, ℘ (02607) 2 03, Fax (02607) 204, 🍴 – 📺 ⇋ Rest
geschl. 2. - 28. Jan. – **Menu** *(geschl. Montag)* à la carte 19/35 – **17 Zim** ⇌ 55/77 – 89/99.
◆ Ein bürgerlich-gediegenes Haus am Marktplatz des Moselstädtchens. Im Sommer verlockt der romantische Innenhof mit Weinlaube zum Verweilen. Viele Ausflugsmöglichkeiten.

Marais, Auf der Ruine Oberburg (Nord : 2 km, an der Matthiaskapelle), ✉ 56330, ℘ (02607) 86 11, jp@jp-marais.de, Fax (02607) 961807, ≤ Moseltal, 🍴 – 🅿. 🆎 🆚 VISA
geschl. Mitte Jan. - Mitte Feb., Montag - Dienstag – **Menu** *(wochentags nur Abendessen)* (Tischbestellung ratsam) à la carte 34/44.
◆ Das kleine Restaurant hat man in einem Turm der Ruine Oberburg eingerichtet. Ein hohes, weiß gestrichenes Gewölbe gibt dem Raum eine elegante Note.

Alte Mühle Thomas Höreth, Mühlental 17 (Kobern), ✉ 56330, ℘ (02607) 64 74, hoereth@kobern.de, Fax (02607) 6848, 🍴 – 🅿. 🆚 VISA
geschl. Feb. – **Menu** *(Montag - Freitag nur Abendessen)* (Tischbestellung ratsam) à la carte 26/47 (ab April 2003 Gästehaus mit 10 Z).
◆ Elf nette, gemütliche Weinstuben mit blanken Tischen machen die historische Mühle von 1026 zu einer originellen Adresse - ein rustikales Ensemble von Natursteinhäusern.

KOBLENZ Rheinland-Pfalz 417 O 6 – 108 000 Ew – Höhe 60 m.
Sehenswert : *Deutsches Eck*★ ≤★ DY.
Ausflugsziele : *Festung Ehrenbreitstein*★ *(Terrasse* ≤★*)* X – *Rheintal*★★★ *(von Koblenz bis Bingen)* – *Moseltal*★★★ *(von Koblenz bis Trier)* über ⑥ – *Schloß Stolzenfels (Einrichtung*★*)* Süd : 6 km über ④.
🏌 Bad Ems, Denzerheide (Ost : 9 km über ②), ℘ (02603) 65 41.
🛈 Tourist-Information, Bahnhofplatz 17, ✉ 56068, ℘ (0261) 3 13 04, info-hbf@touristik-koblenz.de, Fax (0261) 1004388.
ADAC, Hohenzollernstr. 34.
Berlin 600 ⑧ – Mainz 100 ⑤ – Bonn 63 ⑧ – Wiesbaden 102 ⑤

Stadtpläne siehe nächste Seiten

Mercure, Julius-Wegeler-Str. 6, ✉ 56068, ℘ (0261) 13 60, h2004@accor-hotels.com, Fax (0261) 1361199, ≤, 🍴, 🏋, ≘s – 🛗, ⇋ Zim, 🎥 📺 📞 & – 🛎 100. 🆎 ⓞ 🆚 VISA JCB. ⇋ Rest   DZ c
Menu 24 à la carte 20/40 – **168 Zim** ⇌ 119/134 – 145/160.
◆ Hier erwartet die Gäste ein modernes Stadt- und Tagungshotel mit vollklimatisierten, zeitlos-eleganten Zimmern, in denen die Farben Blau und Gelb frische Akzente setzen.

Brenner garni, Rizzastr. 20, ✉ 56068, ℘ (0261) 91 57 80, go@hotel-brenner.de, Fax (0261) 36278 – 🛗 ⇋ 📺 🚗 – 🛎 15. 🆎 ⓞ 🆚 VISA   CZ d
24 Zim ⇌ 74/86 – 95/130.
◆ Mit hellen Stilmöbeln gestaltet ist dieses zentral gelegene Haus, handgemalte Blumenornamente zieren Decken und Wände. Im Sommer können die Gäste den schönen Garten genießen.

Kleiner Riesen 🌿 garni, Kaiserin-Augusta-Anlagen 18, ✉ 56068, ℘ (0261) 30 34 60, Fax (0261) 160725, ≤ – 🛗 ⇋ 📺 🚗. 🆎 ⓞ 🆚 VISA JCB   DZ a
28 Zim ⇌ 75/93 – 93/103.
◆ Ein gediegen eingerichtetes Haus mit soliden Zimmern direkt am Rhein. Genießen Sie am Morgen vom Frühstückszimmer aus den Blick auf den Fluß.

KOBLENZ

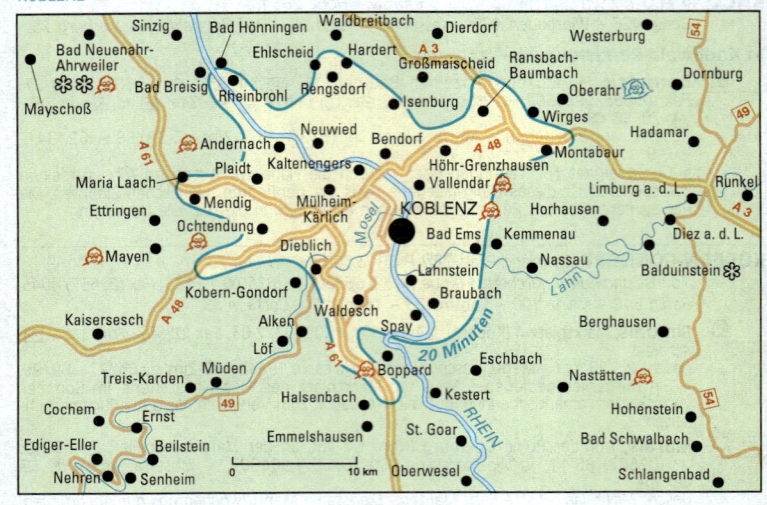

🏨 **Continental-Pfälzer Hof** M, Bahnhofsplatz 1, ✉ 56068, ℘ (0261) 3 01 60, *info@contihotel.de*, Fax (0261) 301610, 🞜 – 📶 📺 📞 🚗 – 🛎 30. AE ⓘ ⓜ VISA JCB
geschl. 20. Dez. - 20. Jan. – **Menu** *(geschl. 20. Dez. - 1. März, Sonntagabend - Montag)*
à la carte 17,50/26 – **35 Zim** ⇌ 65/80 – 80/90.   CZ n
 ♦ Am Bahnhof liegt das neuzeitliche Hotel mit praktisch ausgestatteten Zimmern. Lärmstopfenster sorgen trotz der zentralen Lage für einen ungestörten Schlaf. Im Restaurant Bossa Nova serviert man deutsche und brasilianische Spezialitäten.

🏨 **Trierer Hof** garni, Clemensstr. 1, ✉ 56068, ℘ (0261) 1 00 60, *rezeption@hotel-triererhof-koblenz.de*, Fax (0261) 1006100 – 📶 ⤢ 📺 📞 🚗 – 🛎. AE ⓘ ⓜ VISA JCB   DY h
36 Zim ⇌ 57/70 – 80/99.
 ♦ Das traditionsreiche Haus aus dem Jahr 1786 wurde 1992 renoviert und bietet zeitgemäß ausgestattete Zimmer und den persönlichen Service eines privat geführten Stadthotels.

🏨 **Hohenstaufen** garni, Emil-Schüller-Str. 41, ✉ 56068, ℘ (0261) 3 01 40, *hotel.hohenstaufen.koblenz@t-online.de*, Fax (0261) 3014444 – 📶 ⤢ 📺 – 🛎 20. AE ⓘ ⓜ VISA
53 Zim ⇌ 54/69 – 105.   CZ s
 ♦ Ein zentral gelegenes Stadthotel mit unterschiedlich eingerichteten Zimmern - teils in rustikaler Eiche, teils mit moderner Ausstattung - und freundlicher Atmosphäre.

🏨 **Hamm** garni, St.-Josef-Str. 32, ✉ 56068, ℘ (0261) 30 32 10, *hammkoblenz@aol.com*, Fax (0261) 3032160 – 📶 ⤢ 📺 📞 🚗 – 🛎 15. AE ⓘ ⓜ VISA JCB   CZ u
32 Zim ⇌ 54/67 – 75/93.
 ♦ Das familiengeführte Stadthotel hält für seine Gäste praktisch eingerichtete Zimmer bereit. Am Morgen wählen Sie von einem reichhaltigen Frühstücksbuffet.

🏨 **Kornpforte** garni, Kornpfortstr. 11, ✉ 56068, ℘ (0261) 3 11 74, Fax (0261) 31176
📺 🚗   DY s
geschl. 23. Dez. - 10. Jan. – **19 Zim** ⇌ 38/55 – 65/80.
 ♦ Eine gepflegte und preiswerte Übernachtungsadresse in der Altstadt mit Zimmern, die in Größe und Einrichtung variieren. Das Frühstück serviert man in der rustikalen Weinstube.

🍴🍴 **Loup de Mer,** Neustadt 12 (Schloßrondell), ✉ 56068, ℘ (0261) 1 61 38, *loupdm@yahoo.de*, Fax (0261) 9114546, 🌸 – AE ⓘ ⓜ VISA   DY t
geschl. Juni, Sonntag – **Menu** *(nur Abendessen)* (überwiegend Fischgerichte) à la carte 29/49.
 ♦ Die offene Küche und eine Bildergalerie sind für die Gäste eine interessante Abwechslung. Im Sommer sitzt es sich besonders nett auf der lauschigen Hofterrasse.

🍴 **Löffel's Keller,** Mehlgasse 14, ✉ 56068, ℘ (0261) 1 00 47 15, *info@loeffels-keller.de*, Fax (0261) 1004716. ⓜ VISA   CY k
geschl. 22. Juni - 18. Aug., 21. Dez. - 5. Jan., Sonntag - Montag – **Menu** *(nur Abendessen)* à la carte 29/45.
 ♦ Im rustikalen Ambiente dreier aufwendig restaurierter Gewölbekeller aus dem 13. Jh. kann man das kleine, häufig wechselnde Angebot an Gerichten der leichten Küche probieren.

KOBLENZ

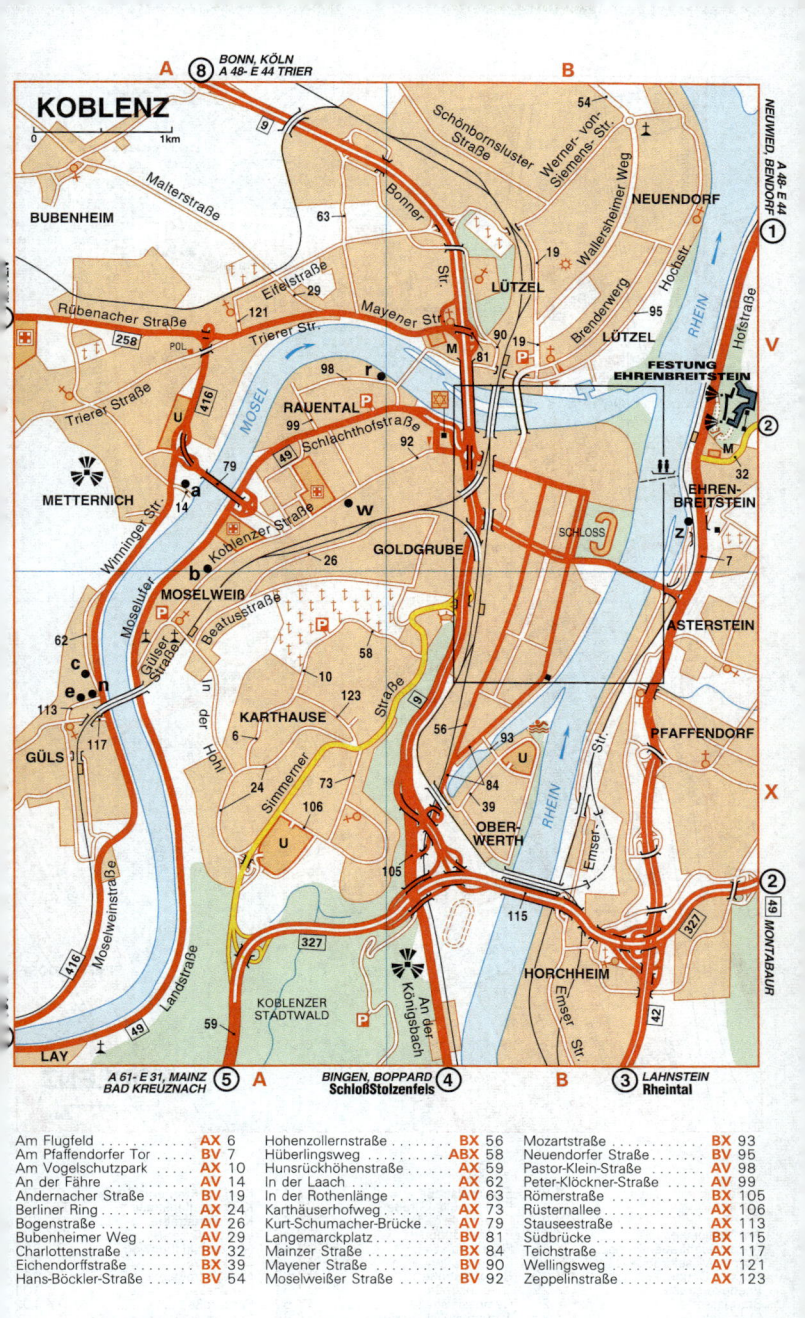

Am Flugfeld	AX 6	Hohenzollernstraße	BX 56	Mozartstraße	BX 93
Am Pfaffendorfer Tor	BV 7	Hüberlingsweg	ABX 58	Neuendorfer Straße	BV 95
Am Vogelschutzpark	AX 10	Hunsrückhöhenstraße	AX 59	Pastor-Klein-Straße	AV 98
An der Fähre	AV 14	In der Laach	AX 62	Peter-Klöckner-Straße	AX 99
Andernacher Straße	BV 19	In der Rothenlänge	AV 63	Römerstraße	BX 105
Berliner Ring	AX 24	Karthäuserhofweg	AV 73	Rüsternallee	AX 106
Bogenstraße	AV 26	Kurt-Schumacher-Brücke	AV 79	Stauseestraße	AX 113
Bubenheimer Weg	AV 29	Langemarckplatz	BV 81	Südbrücke	BX 115
Charlottenstraße	BV 32	Mainzer Straße	BX 84	Teichstraße	AX 117
Eichendorffstraße	BX 39	Mayener Straße	BV 90	Wellingsweg	AX 121
Hans-Böckler-Straße	BV 54	Moselweißer Straße	BV 92	Zeppelinstraße	AX 123

Unsere Hotel-, Reiseführer und Straßenkarten ergänzen sich.
Benutzen Sie sie zusammen.

801

Street	Ref
Altengraben	CY 3
Altlöhrtor	CY 4
Am Plan	CY 9
Am Wöllershof	CY 12
An der Liebfrauenkirche	CY 15
An der Moselbrücke	CY 17
Auf der Danne	CY 20
Baedekerstraße	CY 22
Braugasse	DY 27
Burgstraße	CY 31
Clemensplatz	DY 35
Cusanusstraße	CZ 36
Danziger Freiheit	DY 38
Eltzerhofstraße	DY 41
Emil-Schüller-Straße	CZ 43
Entenpfuhl	CDY 44
Firmungstraße	DY 46
Florinsmarkt	CDY 47
Florinspfaffengasse	DY 48
Gerichtsstraße	DY 50
Görgenstraße	CY 51
Gymnasialstraße	DY 52
Januarius-Zick-Straße	DZ 65
Johannes-Müller-Straße	CZ 66
Josef-Görres-Platz	DY 68
Julius-Wegeler-Straße	DZ 69
Kardinal-Krementz-Straße	CZ 72
Kastorpfaffenstraße	DY 76
Kornpfortstraße	DY 78
Löhrstraße	CY
Markenbildchenweg	CZ 86
Marktstraße	CY 87
Neversstraße	CZ 96
Pfuhlgasse	CY 101
Poststraße	DY 102
Schlossstraße	CDY
Simmerner Straße	CZ 112
Viktoriastraße	CY
Weißer Gasse	CY 120

KOBLENZ

In Koblenz-Ehrenbreitstein :

🏨 Diehls Hotel, Am Pfaffendorfer Tor 10 (B 42) (Zufahrt über Emser Straße), ✉ 56077, ℰ (0261) 9 70 70, info@diehls-hotel.de, Fax (0261) 9707213, ≤ Rhein, 😊, ≦s, 🔲 – 🛗, 🐾 Zim, 📺 ✆ &. 🅿 – 🔔 120. ⅢE ⓄⅯⓄ VISA JCB
BV z
Menu à la carte 25,50/42,50 – **60 Zim** ⌨ 86/97 – 113/139.
♦ Wohnen mit Blick aufs Deutsche Eck : Die meisten Zimmer des Hotels mit klassischem Rahmen liegen zur Rheinseite, sind unterschiedlich möbliert und komfortabel ausgestattet. Gediegen-elegantes Restaurant mit schöner Aussicht auf den Fluß.

In Koblenz-Güls :

🏨 Avantgarde, Stauseestr. 27, ✉ 56072, ℰ (0261) 46 09 00, hotel.avantgarde@web.de, Fax (0261) 4609040, 😊 – 📺 ✆ 🅿 – 🔔 50. ⅢE ⓂⓄ VISA
AX e
Menu (geschl. Sonntag) à la carte 15,50/24,50 – **20 Zim** ⌨ 60/80 – 95/105.
♦ Modernes Ambiente und zeitgemäßer Komfort zeichnen die gut ausgestatteten Zimmer dieses neueren Hotels aus. Mit funktionellen Tagungsmöglichkeiten. Neuzeitlich gestaltetes Hotelrestaurant.

🏨 Gülser Weinstube, Moselweinstr. 3 (B 416), ✉ 56072, ℰ (0261) 98 86 40, info@hotelguelserweinstube.de, Fax (0261) 9886428, 😊 – 📺 ✆ 🅿 – 🔔 30. ⅢE ⓂⓄ VISA JCB
AX c
Menu (Montag - Donnerstag nur Abendessen) à la carte 15/28 – **14 Zim** ⌨ 40/50 – 85.
♦ Das idyllische Hotel liegt direkt an der Mosel. Gepflegte und solide Zimmer, die mit zeitgemäßen Holzmöbeln eingerichtet sind, erwarten die Gäste. Die entspannte Atmosphäre einer typischen Weinstube umgibt Sie beim Speisen.

🏨 Weinhaus Kreuter, Stauseestr. 31 (an der B 416), ✉ 56072, ℰ (0261) 94 14 70, hotel-kreuter@t-online.de, Fax (0261) 48327, 😊 – 📺 🅿 – 🔔 50. ⅢE ⓂⓄ VISA
AX n
Menu (geschl. 18. Dez. - 25. Jan., Freitag, Sept. - Okt. Donnerstag) à la carte 17/28 – **32 Zim** ⌨ 45/67 – 72/100.
♦ Das Hotel ist nur durch die Uferstraße von der Mosel getrennt. Solide ausgestattete Zimmer - teils mit rustikaler Eiche, teils mit neueren Holzmöbeln - stehen für Sie bereit. Rustikales Restaurant mit Kachelofen.

In Koblenz-Metternich :

🏨 Fährhaus am Stausee 🦆, An der Fähre 3, ✉ 56072, ℰ (0261) 92 72 90, faehrhaus.stausee@t-online.de, Fax (0261) 9272990, ≤, 😊 – 📺 ✆ 🅿 – 🔔 50. ⅢE Ⓞ ⓂⓄ VISA JCB
AV a
geschl. 22. - 30. Dez. – **Menu** (geschl. Montag) à la carte 21,50/38 – **20 Zim** ⌨ 44/54 – 67/84.
♦ Funktionell und wohnlich zugleich ist die Einrichtung der gepflegten Zimmer dieses Hotels an der Mosel. Die familiäre Führung gibt dem Haus seine besondere Atmosphäre. Eine blumengeschmückte Terrasse mit Blick auf den Fluß ergänzt das Restaurant.

In Koblenz-Moselweiß :

🏨 Zum Schwarzen Bären, Koblenzer Str. 35, ✉ 56073, ℰ (0261) 4 60 27 00, zumschwarzenbaeren@gmx.de, Fax (0261) 4602713, 😊 – 🐾 Zim, 📺 🅿. ⅢE ⓂⓄ VISA JCB
AV b
geschl. über Karneval 1 Woche, Juli 3 Wochen – **Menu** (geschl. Sonntagabend - Montag) à la carte 17,50/38 – **23 Zim** ⌨ 54/62 – 84/98.
♦ Das traditionsreiche Haus wurde im Jahr 1810 gegründet und seither als Familienbetrieb geführt. Nach Modernisierungen entstanden zeitlos eingerichtete Zimmer. Bürgerlich ist das Ambiente in der Gaststube.

In Koblenz-Rauental :

🏨 Contel Ⓜ, Pastor-Klein-Str. 19, ✉ 56073, ℰ (0261) 4 06 50, hotel@contel-koblenz.de, Fax (0261) 4065188, 😊, ≦s, 🚗 – 🛗, 🐾 Zim, 📺 ✆ ⇔ 🅿 – 🔔 170. ⅢE Ⓞ ⓂⓄ VISA JCB. 🛞 Rest
AV r
Menu à la carte 17/31 – ⌨ 10 – **185 Zim** 70/75 – 75/90.
♦ Das fällt aus dem Rahmen ! Hinter der farbenfrohen Fassade des Neubaus von 1995 verbergen sich individuell gestaltete Zimmer verschiedener Kategorien mit modernem Komfort. Allerei Zierat schmückt das Restaurant.

🏨 Scholz, Moselweinstr. 121, ✉ 56073, ℰ (0261) 9 42 60, mail@hotelscholz.de, Fax (0261) 942626 – 🛗, 🐾 Zim, 📺 ✆ 🅿 – 🔔 40. ⅢE Ⓞ ⓂⓄ VISA JCB
BV w
geschl. 24. Dez. - 5. Jan. – **Menu** (geschl. Samstag - Sonntag) à la carte 14/26 – **65 Zim** ⌨ 49 – 74.
♦ Mit schlichten, hellen Holzmöbeln eingerichtete Zimmer finden Sie in dem gepflegten Hotel. Morgens gibt es ein reichhaltiges Frühstücksbuffet. Viel helles Holz gibt dem Restaurant eine ländliche Note.

KOCHEL AM SEE Bayern 419 420 X 18 – 4 200 Ew – Höhe 605 m – Luftkurort – Wintersport : 610/1 760 m ⟨5 3 ⟩.

Ausflugsziele : *Walchensee★ (Süd : 9 km) – Herzogstand Gipfel ※★★ (Süd-West : 13,5 km, mit Sessellift ab Walchensee).*

🛈 *Tourist-Info, Kalmbachstr. 11, ⊠ 82431, ℘ (08851) 3 38, info@kochel.de, Fax (08851) 5588.*

Berlin 658 – München 70 – Garmisch-Partenkirchen 35 – Bad Tölz 23.

🏨 **Zur Post,** Schmied-von-Kochel-Platz 6, ⊠ 82431, ℘ (08851) 9 24 10, *info@post hotel-kochel.de, Fax (08851) 924150,* 🌳, Biergarten – 🛗, ↔ Zim, 📺 ✆ ⇌ 🅿 – 🔔 40.
Ⓐ🅴 ⓂⓄ 𝖵𝖨𝖲𝖠
Menu à la carte 16/30 – **25 Zim** ⊇ 55/56 – 84/94 – ½ P 16.
♦ Ein hübscher alpenländischer Landgasthof mit bemalter und - im Sommer - blumengeschmückter Fassade. Die Gästezimmer sind wohnlich im Landhausstil eingerichtet. Rustikale Gaststuben.

🏨 **Seehotel Grauer Bär,** Mittenwalder Str. 82 (B 11, Süd-West : 2 km), ⊠ 82431, ℘ (08851) 9 25 00, *grauer-baer@t-online.de, Fax (08851) 925015,* ≤ Kochelsee, 🌳, 🏖, 🌲 – 📺 ⇌ 🅿 Ⓐ🅴 ⓂⓄ 𝖵𝖨𝖲𝖠
geschl. 7. Jan. - Feb. – **Menu** *(geschl. Mittwoch)* à la carte 17/31 – **30 Zim** ⊇ 47/52 – 78/98 – ½ P 16.
♦ Hier werden Sie morgens vom Plätschern des Kochelsees geweckt : Direkt am Ufer - mit eigenem Strandbad - liegt dieses Hotel mit wohnlich-rustikalen Zimmern und Appartements. Restaurant und Terrasse bieten einen schönen Blick auf den See.

🏨 **Herzogstand,** Herzogstandweg 3, ⊠ 82431, ℘ (08851) 3 24, *anfrage@herzogstan* ⇌ *d.de, Fax (08851) 1066,* Biergarten, 🌲 – 📺 ⇌ 🅿 ⓂⓄ 𝖵𝖨𝖲𝖠
April - Okt. – **Menu** *(geschl. Dienstag) (nur Abendessen) (Restaurant nur für Hausgäste)* à la carte 13/21,50 – **12 Zim** ⊇ 32/44 – 68/80 – ½ P 12.
♦ Erholung in reizvoller Umgebung : Teils mit hellen Holzmöbeln, teils mit bemalten Bauernmöbeln sind die wohnlichen Zimmer dieses bayerischen Landgasthofs eingerichtet.

🍴 **Waltraud,** Bahnhofstr. 20, ⊠ 82431, ℘ (08851) 3 33, *gasthof-waltraud@t-online.de, Fax (08851) 5219,* 🌳 – 📺 🅿 – 🔔 25
Menu *(geschl. 15. Jan. - Feb., Dienstag)* à la carte 14/24 – **26 Zim** ⊇ 34/39 – 57/67 – ½ P 13.
♦ Einfache, aber praktisch eingerichtete und gepflegte Zimmer findet man in diesem Landgasthof im oberbayerischen Voralpengebiet zu einem guten Preis-Leistungs-Verhältnis. Sie speisen in der ländlichen Gaststube oder im bürgerlichen Restaurant.

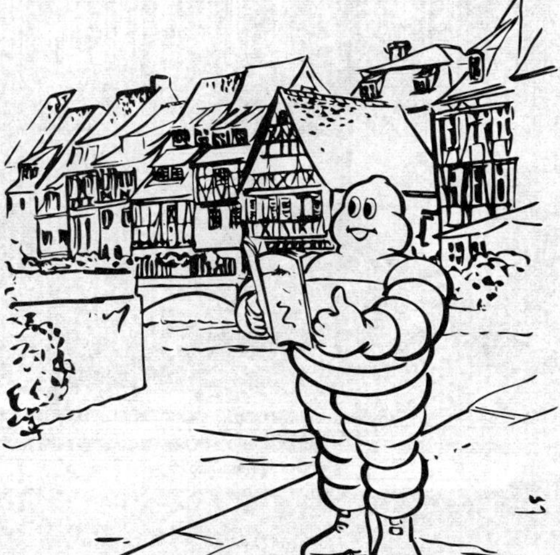

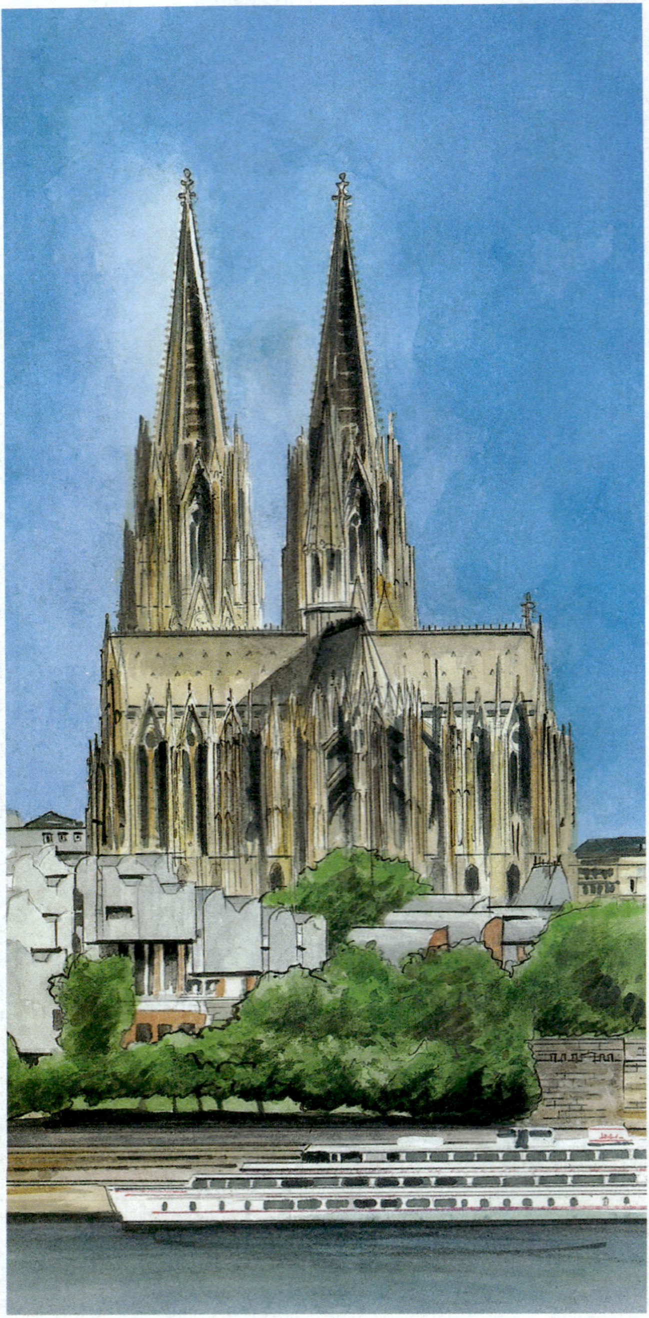

KÖLN

Nordrhein-Westfalen **417** N 4 – 1 017 700 Ew – Höhe 65 m

Berlin 566 – Düsseldorf 39 – Bonn 32 ⑥ – Aachen 69 ⑨ – Essen 68

PRAKTISCHE HINWEISE

🛈 Köln Tourismus, Unter Fettenhennen 19 ✉ 50667, ✆ (0221) 22 13 04 00, koelntourismus@stadt-koeln.de, Fax (0221) 22120410
ADAC, Luxemburger Str. 169
✈ Köln-Bonn in Wahn (über ⑤ : 17 km), ✆ (02203) 4 00
🚗 Köln-Deutz, Leichlinger Straße S vis-à-vis Messe
Messe- und Ausstellungsgelände S, ✆ (0221) 82 10, Fax (0221) 8212574

📷 📷 Köln-Marienburg, Schillingsrotterweg T, ✆ (0261) 38 40 53
📷 Köln-Roggendorf, Parallelweg 1 (über ① : 16 km), ✆ (0221) 78 40 18
📷 Köln-Porz-Wahn, Urbanusstraße (über ⑤ : 19 km, Richtung Niederkassel), ✆ (02203) 96 14 57
📷 Köln-Wahn, Frankfurter Str. 320 T, ✆ (02203) 6 23 34
📷 Leverkusen, Am Hirschfuß 2 R, ✆ (0214) 4 75 51
📷 Bergisch Gladbach-Refrath (über ③ : 17 km), ✆ (02204) 9 27 60
📷 Pulheim Gut Lärchenhof (über ⑩ : 19 km und Stommeln), ✆ (02238) 92 39 00
📷 📷 Pulheim Velderhof (über ⑩ : 20 km und Stommeln), ✆ (02238) 92 39 40
📷 Bergheim-Fliesteden, Am Alten Fliess (über ⑨ : 17 km über Brauweiler und Glessen), ✆ (02238) 9 44 10

HAUPTSEHENSWÜRDIGKEITEN

Sehenswert : Dom★★★ (Dreikönigsschrein★★★, Gotische Fenster★ im linken Seitenschiff, Gerokreuz★, Marienkapelle : Altar der Stadtpatrone★★★, Chorgestühl★, Domschatzkammer★) GY – Römisch-Germanisches Museum★★ (Dionysosmosaik★, Römische Glassammlung★★) GY M¹ – Wallraf-Richartz-Museum-Fondation Corboud★★ GZ M¹² – Museum Ludwig★★ (Agfa-Foto-Historama) GY M² – Diözesan-Museum★ GY M³ – Schnütgen-Museum★★ GZ M⁴ – Museum für Ostasiatische Kunst★★ S M⁵ – Museum für Angewandte Kunst★ GYZ M⁶ – St. Maria Lyskirchen (Fresken★★) FX – St. Severin (Innenraum★) FX – St. Pantaleon (Lettner★) EX – St. Aposteln (Chorabschluß★) EV K – St. Ursula (Goldene Kammer★) FU – St. Kunibert (Chorfenster★) FU – St. Maria-Königin (Glasfenster★) T D – St. Maria im Kapitol★ (Romanische Holztür★, Dreikonchenchor★) GZ – St. Gereon★ (Dekagon★) EV – Imhoff-Stollwerk-Museum★ FX – Altes Rathaus★ GZ – Botanischer Garten Flora★ S B.

KÖLN S. 2 — STRASSENVERZEICHNIS STADTPLAN KÖLN

Straße	Seite		Nr.
Aachener Straße	S. 3	S	
Agrippina-Ufer	S. 3	S	2
Albertusstraße	S. 4	EV	
Alter Markt	S. 5	GZ	
Am Bayenturm	S. 4	FX	3
Am Hof	S. 5	GY	
Am Leystapel	S. 5	GZ	4
Am Malzbüchel	S. 5	GZ	5
Amsterdamer Straße	S. 3	RS	
An den Dominikanern	S. 5	GY	8
An der Malzmühle	S. 4	FX	9
An der Rechtschule	S. 5	GY	
An der Schanz	S. 3	S	12
Annostraße	S. 4	FX	
An St. Agatha	S. 5	GZ	
An St. Katharinen	S. 4	FX	14
Apostelnstraße	S. 4	EV	15
Auf dem Berlich	S. 4	EV	
Augustinerstraße	S. 5	GZ	19
Barbarossaplatz	S. 4	EX	
Bayenstraße	S. 4	FX	
Bechergasse	S. 5	GZ	22
Bergischer Ring	S. 3	S	23
Bergisch-Gladbacher-Straße	S. 3	R	24
Berliner Straße	S. 3	S	25
Bischofsgarten-Str.	S. 5	GY	26
Blaubach	S. 4	FX	28
Boltensternstraße	S. 3	S	29
Bonner Str.	S. 4	FX	
Breite Straße	S. 5	GY	
Bremerhavener Str.	S. 3	R	30
Brückenstraße	S. 5	GZ	32
Brühler Straße	S. 3	T	
Buchheimer Ring	S. 3	R	33
Burgmauer	S. 5	GY	
Butzweiler Straße	S. 3	S	34
Cäcilienstraße	S. 5	GZ	
Christophstraße	S. 4	EV	
Clevischer Ring	S. 3	S	35
Deutzer Brücke	S. 4	FU	
Domstraße	S. 4	FU	
Dompropst-Ketzer-Str.	S. 5	GY	38
Drususgasse	S. 5	GY	39
Dürener Straße	S. 3	S	
Ebertplatz	S. 4	FU	
Ehrenfeldgürtel	S. 3	S	40
Ehrenstraße	S. 4	EV	
Eifelstraße	S. 4	EX	
Eigelstein	S. 4	FU	
Eintrachtstraße	S. 4	FU	
Erftstraße	S. 4	EU	
Follerstraße	S. 4	FX	
Frankfurter Straße	S. 3	S	
Gereonstraße	S. 4	EV	
Gladbacher Straße	S. 4	EU	48
Glockengasse	S. 5	GZ	50
Goldgasse	S. 5	GY	
Große Budengasse	S. 5	GZ	52
Große Neugasse	S. 5	GZ	53
Gürzenichstraße	S. 5	GZ	55
Gustav-Heinemann-Ufer	S. 3	T	56
Habsburgerring	S. 4	EV	57
Hahnenstraße	S. 4	EV	
Hansaring	S. 4	EFU	
Hauptstraße	S. 3	T	
Heinrich-Böll-Platz	S. 5	GY	58
Heumarkt	S. 5	GZ	
Hohenstaufenring	S. 4	EX	
Hohenzollernbrücke	S. 4	GY	
Hohenzollernring	S. 4	EV	
Hohe Pforte	S. 4	FX	
Hohe Straße	S. 5	GYZ	
Holzmarkt	S. 4	FX	
Im Sionstal	S. 4	FX	
Industriestraße	S. 3	R	59
Innere Kanalstraße	S. 3	S	60
Jahnstraße	S. 4	EX	
Kaiser-Wilhelm-Ring	S. 4	EV	62
Kalker Hauptstraße	S. 3	S	63
Kapellenstraße	S. 3	S	64
Kardinal-Frings-Str.	S. 4	EV	65
Karolingerring	S. 4	FX	66
Kattenbug	S. 4	EV	67
Kleine Budengasse	S. 5	GZ	68
Kleine Witschgasse	S. 4	FX	69
Klettenberggürtel	S. 3	T	70
Kölner Straße	S. 3	T	
Komödienstraße	S. 5	GY	71
Konrad-Adenauer-Ufer	S. 5	GY	
Krefelder Straße	S. 4	FU	
Kurt-Hackenberg-Platz	S. 5	GY	72
Kyotostraße	S. 4	EU	
Luxemburger Straße	S. 4	EX	
Machabäerstraße	S. 4	FU	
Martinstraße	S. 5	GZ	
Marzellenstraße	S. 5	GY	
Mathiasstraße	S. 4	FX	74
Mauenheimer Gürtel	S. 3	R	75
Mauritiussteinweg	S. 4	EVX	
Maybachstraße	S. 4	EU	
Mechtildisstraße	S. 4	FX	76
Mercatorstraße	S. 3	R	77
Militärringstraße	S. 4	RST	
Minoritenstraße	S. 5	GZ	79
Mittelstraße	S. 4	EV	
Mühlenbach	S. 4	FX	
Mülheimer Brücke	S. 3	S	85
Mülheimer Straße	S. 3	R	
Neue Weyerstraße	S. 4	EX	
Neumarkt	S. 4	EV	
Neusser Landstraße	S. 3	R	
Neusser Straße	S. 4	FU	86
Niederländer Ufer	S. 3	S	87
Niehler Straße	S. 3	R	88
Nord-Süd-Fahrt	S. 5	GZ	
Obenmarspforten	S. 5	GZ	90
Offenbachplatz	S. 5	GZ	
Olpener Straße	S. 3	S	
Opladener Straße	S. 3	S	91
Ostheimer Straße	S. 3	S	92
Parkgürtel	S. 3	S	93
Perlengraben	S. 4	FX	
Pfälzer Straße	S. 4	EX	96
Pfälzischer Ring	S. 3	S	97
Pipinstraße	S. 5	GZ	
Poststraße	S. 4	EX	
Quatermarkt	S. 5	GZ	99
Richmodstraße	S. 4	EV	100
Riehler Straße	S. 4	FU	102
Rösrather Straße	S. 3	S	103
Roonstraße	S. 4	EX	104
Rothgerberbach	S. 4	EFX	
Sachsenring	S. 4	EX	
Salierring	S. 4	EX	
Sankt-Apern-Straße	S. 4	EV	108
Schildergasse	S. 5	GZ	
Severinstraße	S. 4	FX	
Severinswall	S. 4	FX	
Stadtautobahn	S. 3	R	109
Stadtwaldgürtel	S. 3	S	110
Stolkgasse	S. 5	GY	
Tel-Aviv-Straße	S. 4	FX	111
Theodor-Heuss-Ring	S. 4	FU	
Trierer Straße	S. 4	EX	
Tunisstraße	S. 5	GY	
Turiner Straße	S. 4	FU	
Ubierring	S. 4	FX	
Ulrichgasse	S. 4	FX	
Universitätsstraße	S. 3	S	113
Unter Goldschmied	S. 5	GZ	114
Unter Sachsenhausen	S. 5	GY	115
Ursulastraße	S. 4	FU	116
Venloer Straße	S. 3	R	
Victoriastraße	S. 4	FU	117
Volksgartenstraße	S. 4	EX	
Vorgebirgstraße	S. 4	EX	
Waisenhausgasse	S. 4	EX	
Weidengasse	S. 4	FU	
Zeppelinstraße	S. 4	EV	118
Zeughausstraße	S. 4	EV	122
Zoobrücke	S. 3	S	123
Zülpicher Straße	S. 3	S	124

Messe-Preise: siehe S. 10 Foires et salons: voir p. 24
Fairs: see p. 38 Fiere: vedere p. 52

Excelsior Hotel Ernst, Domplatz, ✉ 50667, ✆ (0221) 27 01, *ehe@excelsior hotelernst.de*, Fax (0221) 135150, 🛋, 🍴 – 🛗 🖃 📺 📞 – 🔔 80. 🅰🅴 ⓘ 🆗 VISA JCB
GY a
Menu siehe Rest. **Hanse-Stube und Taku** separat erwähnt – **152 Zim** ⊇ 210/285 – 280/380, 25 Suiten.

♦ Erste Adresse in Köln, direkt gegenüber dem Dom. Traditionsreiches Haus mit stilvoll eingerichteten Zimmern. Sehr schöne Eingangshalle in Marmor. Piano Bar.

Im Wasserturm 🦢, Kaygasse 2, ✉ 50676, ✆ (0221) 2 00 80, *info@hotel-im-wasserturm.de*, Fax (0221) 2008888, 🌴, Dachgartenterrasse mit ≤ Köln, 🍴 – 🛗, 🚺 Zim, 🖃 Rest, 📺 📞 ⟺ – 🔔 130. 🅰🅴 ⓘ 🆗 VISA JCB 🛞 Rest
FX c
Menu à la carte 49/65,50 – ⊇ 18 – **88 Zim** 165/255 – 200/305, 7 Suiten.

♦ Imposanter Ziegelbau - zu seiner Zeit größter Wasserturm Europas - am Zentrumsrand, ruhig gelegen. Beeindruckend vor allem die 11 m hohe Halle. Zeitloser Designer-Stil. Beim Speisen in der 11. Etage blicken Sie über die Rheinmetropole.

Dom Hotel 🦢, Domkloster 2a, ✉ 50667, ✆ (0221) 2 02 40, *gm1304@lemeridien.com*, Fax (0221) 2024444, 🌴 – 🛗, 🚺 Zim, 📺 📞 – 🔔 60. 🅰🅴 ⓘ 🆗 VISA JCB. 🛞 Rest
GY d
Menu à la carte 37/46 – ⊇ 19 – **123 Zim** 215/355 – 270/510.

♦ Tradition und vielleicht auch ein Stück Nostalgie erwarten hier den Besucher. Das stilvolle Grandhotel der Belle Epoque hat seinen Preis, dafür den Dom zum Greifen nah. Im Restaurant unterstreichen Rattanmöbel und Palmen das mediterran gedachte Flair.

KÖLN S. 3

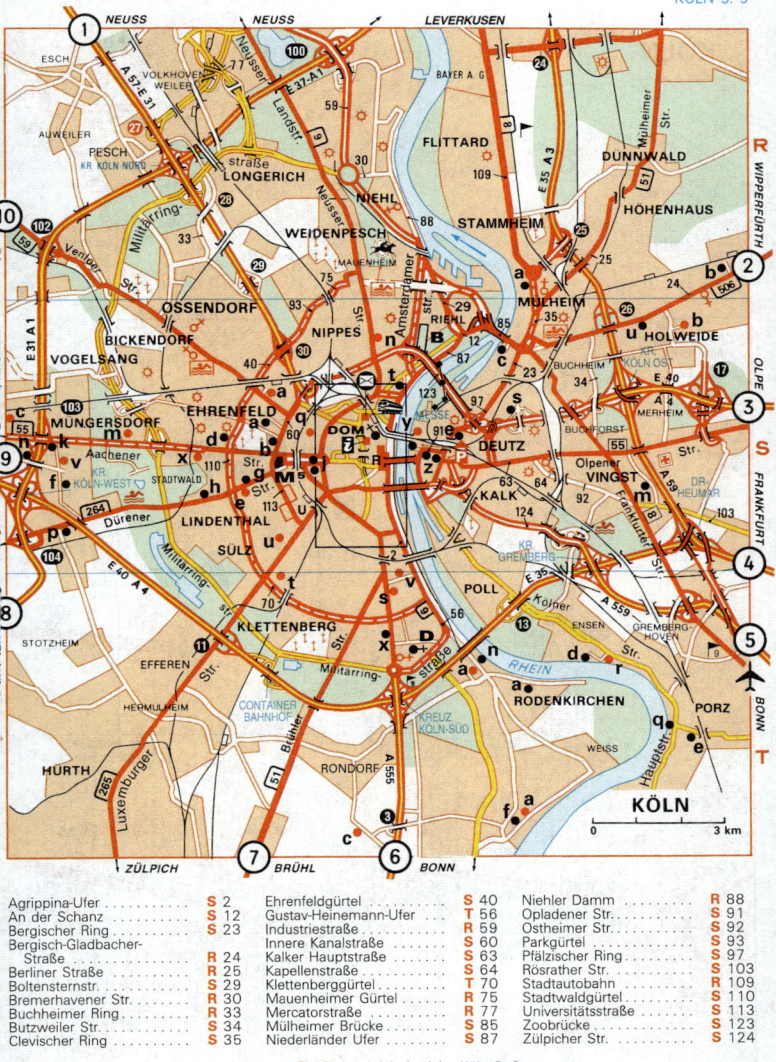

Street	Ref
Agrippina-Ufer	S 2
An der Schanz	S 12
Bergischer Ring	S 23
Bergisch-Gladbacher-Straße	R 24
Berliner Straße	R 25
Boltensternstr.	S 29
Bremerhavener Str.	R 30
Buchheimer Ring	R 33
Butzweiler Str.	S 34
Clevischer Ring	S 35
Ehrenfeldgürtel	S 40
Gustav-Heinemann-Ufer	T 56
Industriestraße	R 59
Innere Kanalstraße	S 60
Kalker Hauptstraße	S 63
Kapellenstraße	S 64
Klettenberggürtel	T 70
Mauenheimer Gürtel	R 75
Mercatorstraße	R 77
Mülheimer Brücke	S 85
Niederländer Ufer	S 87
Niehler Damm	R 88
Opladener Str.	S 91
Ostheimer Str.	S 92
Parkgürtel	S 93
Pfälzischer Ring	S 97
Rösrather Str.	S 103
Stadtautobahn	R 109
Stadtwaldgürtel	S 110
Universitätsstraße	S 113
Zoobrücke	S 123
Zülpicher Str.	S 124

Straßenverzeichnis siehe Köln S. 2

Renaissance, Magnusstr. 20, ✉ 50672, ☎ (0221) 2 03 40, sales.cologne@renaissancehotels.com, Fax (0221) 2034777, 🏊, Massage, ≋, 🔲 – 📞, ✵ Zim, 🔳 TV 📞 ⚿, 🚗 – 🅿 220. AE ⓓ ⓜ VISA JCB — EV b
Raffael : Menu à la carte 26/41 – *Valentino* : Menu à la carte 24/33 – ⊇ 17 – **236 Zim** 175/355 – 205/395.
♦ Mit einer intim wirkenden Hotelhalle in warmen Farben empfängt Sie Ihre Residenz. Die schönen Zimmer überzeugen mit Komfort, Wohnlichkeit und Eleganz. Ein gehobenes Ambiente und ein ansprechendes Couvert kennzeichnen das Raffael. Bistroähnlich : das Valentino.

KÖLN S. 4

KÖLN

0   200 m

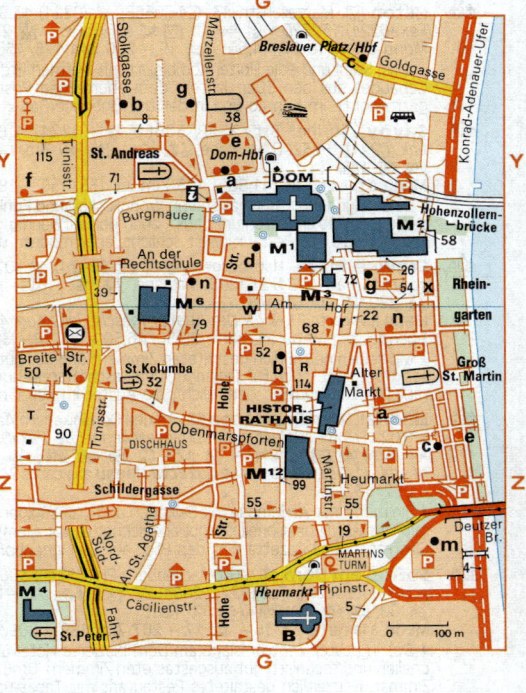

KÖLN

Am Bayenturm	**FX** 3
Am Leystapel	**GZ** 4
Am Malzbüchel	**GZ** 5
An den Dominikanern	**GY** 6
An der Malzmühle	**FX** 9
An St-Katharinen	**FX** 14
Apostelnstraße	**EV** 15
Auf dem Berlich	**EV** 16
Augustinerstraße	**GZ** 19
Bechergasse	**GZ** 22
Bischofsgarten- Straße	**GY** 26
Blaubach	**FX** 28
Breite Straße	**GZ**
Brückenstraße	**GZ** 32
Dompropst- Ketzer-Straße	**GY** 38
Drususgasse	**GZ** 39
Ehrenstraße	**EV**
Eigelstein	**FU**
Gladbacher Straße	**EU** 48
Glockengasse	**GZ** 50
Große Budengasse	**GZ** 52
Große Neugasse	**GY** 54
Gürzenichstraße	**GZ** 55
Habsburgerring	**EV** 57
Hahnenstraße	**EV**
Heinrich-Böll-Platz	**GZ** 58
Hohenstaufenring	**EX**
Hohenzollernring	**EV**
Hohe Straße	**GYZ**
Kaiser-Wilhelm Ring	**EV** 62
Kardinal-Frings- Straße	**GZ** 65
Karolingerring	**FX** 66
Kattenbug	**EV** 67
Kleine Budengasse	**GZ** 68
Kleine Witschgasse	**FX** 69
Komödienstraße	**GY** 71
Kurt-Hackenberg- Platz	**GY** 72
Mathiasstraße	**FX** 74
Mechtildisstraße	**FX** 76
Minoritenstraße	**GZ** 79
Mittelstraße	**EV**
Neumarkt	**EV**
Neusser Straße	**FU** 86
Offenbachplatz	**GZ** 90
Pfälzer Straße	**EX** 96
Quatermarkt	**GZ** 99
Richmodstraße	**EV** 100
Riehler Straße	**FU** 102
Roonstraße	**EX** 104
Sankt-Apern-Straße	**EV** 108
Schildergasse	**GZ**
Severinstraße	**FX**
Tel-Aviv-Straße	**FX** 111
Unter Goldschmied	**GZ** 114
Unter Sachsenhausen	**GY** 115
Ursulastraße	**FU** 116
Victoriastraße	**FU** 117
Zeppelinstraße	**EV** 118
Zeughausstraße	**EV** 122

Straßenverzeichnis siehe Köln S.2

Maritim M, Heumarkt 20, ✉ 50667, ✆ (0221) 2 02 70, info.kol@maritim.de, Fax (0221) 2027826, 😊, Massage, 🏋, ≋, 🏊, – 📶, ✽ Zim, 📺 📞 🚗 – 🚌 1600. ᴀᴇ ⓞ ⓜⓞ 💳 JCB.
GZ m
Bellevue : Menu à la carte 37/57 – **La Galerie** (geschl. Juli - Aug. 4 Wochen, Sonntag - Montag) (nur Abendessen) **Menu** à la carte 24/38,50 – ⊇ 15 – **454 Zim** 169/199 – 189/219, 28 Suiten.
 ♦ Das Dach aus Glas, der Boden aus Granit : Die Eingangshalle gilt als architektonisches Glanzstück. In diesem Hotel mit Boulevard-Charakter darf flaniert werden. Einen Blick auf Rhein und Altstadt bietet das Bellevue. In der glasüberdachten Halle : La Galerie.

Jolly Hotel Media Park M, Im Mediapark 8b, ✉ 50670, ✆ (0221) 2 71 50, Fax (0221) 2715999, 😊, 🏋, ≋, – 📶, ✽ Zim, 📺 📞 🚗 – 🚌 200. ᴀᴇ ⓞ ⓜⓞ 💳.
EU a
Menu (italienische Küche) à la carte 27/37 – **214 Zim** ⊇ 165 – 200.
 ♦ Ein zentral gelegenes, neues Hotel mit eleganten Zimmern. Die technische Ausstattung ist modern und bietet von Klimaanlage über Fax bis zum Hosenbügler viele Annehmlichkeiten. Zur Halle hin offenes Restaurant mit Showküche und italienischer Atmosphäre.

Dorint Kongress-Hotel, Helenenstr. 14, ✉ 50667, ✆ (0221) 27 50, info.cgnjun@dorint.com, Fax (0221) 2751301, Massage, ≋, 🏊, – 📶, ✽ Zim, 📺 📞 🚗 – 🚌 500. ᴀᴇ ⓞ ⓜⓞ 💳 JCB. ✽ Rest
EV p
Menu 26 (mittags) à la carte 31/45,50 – ⊇ 17 – **284 Zim** 172 – 184, 12 Suiten.
 ♦ Einen eindrucksvollen Blick auf den Dom hat man vom 12. Stock des Hotels. Hoch über den Dächern von Köln kann getagt oder im hauseigenen Club getanzt werden. Restaurant in klassischer Art.

KÖLN S. 6

Hilton M, Marzellenstr. 13, ⊠ 50668, ℰ (0221) 13 07 10, *info_cologne@hilton.com*, Fax (0221) 130720 – 📳 ⋙ 🔲 📺 ✆ & 🚗 🅿 – 🏛 250. ﹍ ⓞ ⓜⓞ 𝘝𝘐𝘚𝘈 𝘑𝘤𝘣. 💥 Rest
Menu à la carte 27/44,50 – ♋ 19 – **296 Zim** 175/455 – 200/480. **GY g**
◆ Glas, Stahl und edle Hölzer kombiniert mit warmen Erdtönen bestimmen den Stil dieses Gebäudes aus den 50er Jahren, dem ehemaligen Postscheckamt der Stadt. Erlebnisgastronomie im Konrad und in der trendigen Ice Bar.

Savoy, Turiner Str. 9, ⊠ 50668, ℰ (0221) 1 62 30, *office@hotelsavoy.de*, Fax (0221) 1623200, Massage, 🛁, 🈂 – 📳, ⋙ Zim, 🔲 Zim, 📺 ✆ 🚗 🅿 – 🏛 70. ﹍ ⓞ ⓜⓞ 𝘝𝘐𝘚𝘈
Menu à la carte 26/41,50 – **103 Zim** ♋ 135/155 – 187. **FU s**
◆ Eine gelungene Kombination von Wohnlichkeit und Funktionalität macht die Zimmer dieser komfortablen Unterkunft aus - auch der aufwendig gestaltete Wellnessbereich überzeugt. Diva's Bar Restaurant ist schlicht, aber modern und freundlich eingerichtet.

Crowne Plaza, Habsburgerring 9, ⊠ 50674, ℰ (0221) 22 80, *info@crowneplaza-koeln.de*, Fax (0221) 251206, Massage, 🛁, 🈂, 🔲 – 📳, ⋙ Zim, 🔲 📺 ✆ & 🚗 – 🏛 220. ﹍ ⓞ ⓜⓞ 𝘝𝘐𝘚𝘈 𝘑𝘤𝘣. 💥 Rest **S**
Menu à la carte 23/37 – **Die Auster** (geschl. Juli - Aug. 4 Wochen, Sonntag - Montag)(nur Abendessen) **Menu** à la carte 28,50/46,50 – ♋ 18 – **301 Zim** 180/230 – 205/255.
◆ Mit seinen neuzeitlich gestalteten Zimmern und der guten Verkehrsanbindung stellt dieses große Hotel auch für Tagungen und Geschäftsreisende eine ideale Adresse dar. Restaurant mit Lunchbuffet. Gemütlich : die Auster im Keller des Hauses. Meeresspezialitäten.

Lindner Dom Residence M, An den Dominikanern 4a/Eingang Stolkgasse, ⊠ 50668, ℰ (0221) 1 64 40, *info.domresidence@lindner.de*, Fax (0221) 1644440, 🛁, 🈂, 🔲 – 📳, ⋙ Zim, 🔲 📺 ✆ 🚗 – 🏛 120. ﹍ ⓞ ⓜⓞ 𝘝𝘐𝘚𝘈 𝘑𝘤𝘣 **GY b**
geschl. 21. Dez. - 2. Jan. – **La Gazetta** : **Menu** à la carte 24/33 – ♋ 16 – **194 Zim** 242/332 – 262/332.
◆ Ein moderner Atriumbau mit Balkonen und großzügiger Verglasung. Zimmer der 7. Etage mit Terrasse ! Funktionelles Mobiliar zeichnet es vor allem als Businesshotel aus. Eine große Glasfront im La Gazetta gibt den Blick auf den Innenhof frei.

Sofitel am Dom M, Kurt-Hackenberg-Platz 1, ⊠ 50667, ℰ (0221) 2 06 30, *h1306@accor-hotels.com*, Fax (0221) 2063527, 🍴, 🛁, 🈂 – 📳, ⋙ Zim, 🔲 📺 ✆ & 🚗 – 🏛 80. ﹍ ⓞ ⓜⓞ 𝘝𝘐𝘚𝘈 𝘑𝘤𝘣
Menu à la carte 28/36 – ♋ 17 – **207 Zim** 189 – 209/259. **GY g**
◆ Das in bester Zentrumslage am Dom plazierte Hotel überzeugt mit modernen, funktionellen und technisch gut ausgestatteten Zimmern. Großzügig : die Suiten und die Deluxe-Zimmer. Neuzeitlich gestaltetes Restaurant mit Tapas-Bar.

Holiday Inn (mit Gästehaus), Belfortstr. 9, ⊠ 50668, ℰ (0221) 7 72 10, *belfortstrasse@eventhotels.com*, Fax (0221) 7721259, 🍴, 🈂 – 📳, ⋙ Zim, 🔲 📺 ✆ & 🅿 – 🏛 70. ﹍ ⓞ ⓜⓞ 𝘝𝘐𝘚𝘈 𝘑𝘤𝘣
Menu à la carte 23/37 – **120 Zim** ♋ 147/197 – 173/223. **FU b**
◆ Besonders attraktiv ist dieses Haus durch seine Nähe zur Innenstadt und zur Messe. Alle Zimmer wurden kürzlich renoviert und wissen nun mit moderner Möblierung zu gefallen. Eine klassische Einrichtung und ein gutes Couvert erwarten Sie im Restaurant Quirinal.

Dorint, Friesenstr. 44, ⊠ 50670, ℰ (0221) 1 61 40, *info.cgncol@dorint.com*, Fax (0221) 1614100, 🍴 – 📳, ⋙ Zim, 📺 ✆ & 🚗 – 🏛 160. ﹍ ⓞ ⓜⓞ 𝘝𝘐𝘚𝘈 𝘑𝘤𝘣
Menu à la carte 22,50/34 – ♋ 14 – **103 Zim** 120/136 – 135/148. **EV n**
◆ Geräumiger Eingangs- und Hallenbereich mit gut besetzter Rezeption. Renovierte Zimmer, zeitgemäß eingerichtet. Moderne Tagungstechnik in variablen Räumlichkeiten.

Mercure Severinshof, Severinstr. 199, ⊠ 50676, ℰ (0221) 2 01 30, *h1206@accor-hotels.com*, Fax (0221) 2013666, 🍴, 🈂 – 📳, ⋙ Zim, 🔲 Zim, 📺 ✆ 🚗 – 🏛 160. ﹍ ⓞ ⓜⓞ 𝘝𝘐𝘚𝘈. 💥 Rest **FX a**
Menu à la carte 21,50/35 – **252 Zim** ♋ 141/186 – 179/204, 6 Suiten.
◆ Gepflegtes Geschäfts- und Tagungshotel, zentrumsnah gelegen. Einheitlich gestaltete Zimmer - komfortabler : die Club-Zimmer der 4. und 5. Etage. Großer Barbereich.

Lyskirchen, Filzengraben 26, ⊠ 50676, ℰ (0221) 2 09 70, *lyskirchen@eventhotels.com*, Fax (0221) 2097718, 🈂, 🔲 –, ⋙ Zim, 📺 ✆ & 🚗 – 🏛 25. ﹍ ⓞ ⓜⓞ 𝘝𝘐𝘚𝘈
geschl. 21. Dez. - 2. Jan. – **Menu** (geschl. 29. Juli - 11. Aug., Samstagmittag, Sonn- und Feiertage) à la carte 22,50/33,50 – **103 Zim** ♋ 118/175 – 150/225. **FX u**
◆ Das umsichtig renovierte Hotel liegt mitten im historischen Rheinviertel. Die Zimmer hat man mit zeitgemäßem Mobiliar - meist in hellem Holz - funktionell eingerichtet. Gepflegtes Restaurant mit klassischem Touch.

Ascot garni, Hohenzollernring 95, ⊠ 50672, ℰ (0221) 9 52 96 50, *info@ascot.bestwestern.de*, Fax (0221) 952965100, 🈂 – 📳, ⋙ Zim, 📺 ✆. ﹍ ⓞ ⓜⓞ 𝘝𝘐𝘚𝘈 **EV a**
geschl. 22. Dez. - 1. Jan. – **46 Zim** ♋ 106/148 – 125/220.
◆ Ein Stadthaus mit Altbaufassade beherbergt das Hotel. Die Inneneinrichtung ist in englischem Landhausstil gehalten. Kinos, Theater und Geschäfte in unmittelbarer Nähe.

KÖLN S. 7

🏨 **Classic Hotel Harmonie** M, Ursulaplatz 13, ✉ 50668, ✆ (0221) 1 65 70, *harmonie@classic-hotels.com, Fax (0221) 1657200* – 🛗 ✻ 🖃 📺 ⚒ 🚗 🅿. 🆎 ① ◍ VISA JCB
72 Zim ≡ 95 – 115.   FU g
♦ In dem schön restaurierten ehemaligen Kloster umgibt den Gast ein ungezwungenes Ambiente mit italienischem Flair. Moderne Möbel und warme Mittelmeertöne bestimmen das Bild.

🏨 **Mauritius** garni, Mauritiuskirchplatz 3, ✉ 50676, ✆ (0221) 92 41 30, *info@mauritius-ht.de, Fax (0221) 92413333*, (Thermenlandschaft), Massage, 🛁, ⛟, 🏊 (geheizt), 🌳 – 🛗 📺 ⚒ 🚗. 🆎 ① ◍ VISA
59 Zim ≡ 100/130 – 130/151.   EX c
♦ Helle, modern und wohnlich gestaltete Zimmer bilden die Grundlage für einen gelungenen Aufenthalt in diesem Haus. Eine Besonderheit ist der 3500 qm große Thermenbereich.

🏨 **Viktoria** garni, Worringer Str. 23, ✉ 50668, ✆ (0221) 9 73 17 20, *hotel@hotelviktoria.com, Fax (0221) 727067* – 🛗 ✻ 📺 ⚒ 🅿. 🆎 ① ◍ VISA. ✂   S t
geschl. 24. Dez. - 1. Jan., über Ostern – **47 Zim** ≡ 90 – 113.
♦ Das Hotel verbirgt sich hinter der prächtigen Fassade eines Jugendstilhauses. Es wurde 1905 als Musikhistorisches Museum errichtet. Eleganter Atrium-Frühstücksraum.

🏨 **Astron** M, Holzmarkt 47, ✉ 50676, ✆ (0221) 2 72 28 80, *koeln@astron-hotels.de, Fax (0221) 272288100*, ⛟ – 🛗, ✻ Zim, 📺 ⚒ ♿ 🚗 – 🏛 100. 🆎 ① ◍ VISA JCB
✂ Rest   FX d
Menu à la carte 22/38 – ≡ 13 – **205 Zim** 125 – 145.
♦ In der Nähe der Severinsbrücke ist im Jahre 2002 dieses moderne Hotel eröffnet worden. Die Zimmer überzeugen mit klaren Linien, funktionellen Möbeln und Marmorschreibtischen. Das modern eingerichtete Restaurant hat zum Innenhof hin einen kleinen Wintergarten.

🏨 **Novotel City**, Bayenstr. 51, ✉ 50678, ✆ (0221) 80 14 70, *h3127@accor-hotels.com, Fax (0221) 80147148*, 🍽, 🛁, ⛟ – 🛗, ✻ Zim, 📺 ⚒ ♿ 🚗 – 🏛 150. 🆎 ① ◍ VISA JCB   FX n
Menu à la carte 22/36 – ≡ 14 – **222 Zim** 115 – 130.
♦ Ein neugebautes Hotel mit dem gewohnten Novotel-Standard : funktionelle Zimmer, die mit hellen Naturholzmöbeln modern eingerichtet sind, erwarten die Gäste.

🏨 **Four Points Hotel Central**, Breslauer Platz 2, ✉ 50668, ✆ (0221) 1 65 10, *fourpoints.koeln@arabellasheraton.com, Fax (0221) 1651333* – 🛗, ✻ Zim, 🖃 📺 ⚒ – 🏛 20. 🆎 ① ◍ VISA   GY c
Menu à la carte 17,50/29 – **116 Zim** ≡ 150 – 170, 5 Suiten.
♦ Zum Dom oder in die lebhafte Altstadt - all dies ist in nur wenigen Gehminuten zu erreichen. Dezente Eleganz und guter Komfort : das Richtige für Geschäftsreisende.

🏨 **Senats Hotel**, Unter Goldschmied 9, ✉ 50667, ✆ (0221) 2 06 20, *info@senats-hotel.de, Fax (0221) 2062200* – 🛗, ✻ Zim, 📺 ⚒ – 🏛 230. 🆎 ◍ VISA JCB   GZ b
geschl. 23. Dez. - 3. Jan. – **Falstaff** (geschl. Samstagmittag, Sonn- u. Feiertage) **Menu** à la carte 22/42 – **29 Zim** ≡ 79/92 – 115/124.
♦ Durch einen modern anmutenden Hallenbereich mit weit geschwungener, denkmalgeschützter Treppe gelangen Sie in zeitgemäße Zimmer. Aperitif- und Bierbar. Hell und freundlich eingerichtetes Restaurant mit leicht rustikalem Touch.

🏨 **Cristall** garni, Ursulaplatz 9, ✉ 50668, ✆ (0221) 1 63 00, *hotelcristall@t-online.de, Fax (0221) 1630333* – 🛗 ✻ 🖃 📺 ⚒ 🅿. 🆎 ① ◍ VISA JCB. ✂   FU r
84 Zim ≡ 102 – 133.
♦ Formenreiches Interieur verwöhnt an diesem Ort das Auge. Wer Designermöbel schätzt, ist hier an der richtigen Adresse. Sitzen Sie Probe in einem der ausgefallenen Sessel !

🏨 **Coellner Hof**, Hansaring 100, ✉ 50670, ✆ (0221) 1 66 60, *info@coellnerhof.de, Fax (0221) 1666166* – 🛗, ✻ Zim, 🖃 Rest, ⚒ 🚗 – 🏛 30. 🆎 ① ◍ VISA   FU k
Menu (geschl. Samstag - Sonntag) (nur Abendessen) à la carte 17/38 – **70 Zim** ≡ 82/90 – 105.
♦ Rustikal oder lieber modern? Dieses zentrumsnahe Hotel verfügt über individuell eingerichtete Zimmer. Gepflegtes Haus unter guter Führung mit persönlicher Note. Ein geschmackvolles Holzdekor ziert das Restaurant.

🏨 **Euro Garden Cologne** garni, Domstr. 10, ✉ 50668, ✆ (0221) 1 64 90, *info@eurotels.de, Fax (0221) 1649333*, ⛟ – 🛗 ✻ 📺 🚗 – 🏛 40. 🆎 ① ◍ VISA   FU a
85 Zim ≡ 115 – 145.
♦ Ordentliches und empfehlenswertes Hotel, unweit des Zentrums der Domstadt. Ein ansprechendes Frühstücksbuffet in stilvollem Gastraum läßt den müden Gast munter werden.

🏨 **Königshof** garni, Richartzstr. 14, ✉ 50667, ✆ (0221) 2 57 87 71, *hotel@hotelkoenigshof.com, Fax (0221) 2578762* – 🛗 ✻ 📺 ⚒. 🆎 ① ◍ VISA JCB   GY n
82 Zim ≡ 80/115 – 110/166.
♦ Nur wenige Schritte vom Kölner Dom und der Einkaufsmeile entfernt liegt das tadellos geführte Hotel. Getreu seinem Namen darf sich hier jeder Gast als König fühlen.

KÖLN S. 8

Esplanade garni, Hohenstaufenring 56, ✉ 50674, ☎ (0221) 9 21 55 70, info@
e-splana.de, Fax (0221) 216822 – 📶 ✱ TV 📶 AE ① ⓜ VISA JCB   EX a
geschl. 20. Dez. - 2. Jan. – **33 Zim** ⌘ 85/105 – 105/116.
  ◆ Extravagante Ausstattung in modern-nüchternem Design. Einige Zimmer mit Balkon und Blick auf den Dom oder den Boulevard. Interessante Glasfassade mit noblem Eingang.

Antik Hotel Bristol garni, Kaiser-Wilhelm-Ring 48, ✉ 50672, ☎ (0221) 13 98 50, hotel@antik-hotel-bristol.de, Fax (0221) 131495 – 📶 ✱ TV 📶 ♿ AE ① ⓜ
VISA JCB   EU m
geschl. 21. Dez. - 2. Jan. – **44 Zim** ⌘ 88/110 – 120/166.
  ◆ Träumen Sie von einer Nacht im Himmelbett? In diesem netten, gepflegten Hotel hat man antikes Mobiliar verschiedener Stilarten, u. a. Empire-Stil, zusammengetragen.

Santo 📶, Dagobertstr. 22, ✉ 50668, ☎ (0221) 9 13 97 70, info@hotelsanto.de, Fax (0221) 913977777 – 📶 ✱ TV ♿ ⇔ 🅿 AE ① ⓜ VISA JCB   FU c
69 Zim ⌘ 128 – 149.
  ◆ Ein ungewöhnliches Hotel : Edle Hölzer, Natursteinböden und ein für dieses Haus entworfenes Lichtsystem verschmelzen zu einem avantgardistischen Wohnkonzept mit Komfort.

Hopper St. Antonius 📶, Dagobertstr. 32, ✉ 50668, ☎ (0221) 1 66 00 (Hotel) 1 30 00 69(Rest.), st.antonius@hopper.de, Fax (0221) 1660166, 🍴, 🞕 – 📶, ✱ Zim, TV ♿ ♿ ⇔ – 🛠 15. AE ① ⓜ VISA   FU n
Spitz im Hopper (geschl. Samstagmittag, Sonntagmittag) **Menu** à la carte 25/35,50 –
54 Zim ⌘ 100/130 – 140/250, 5 Suiten.
  ◆ Hier werden historische Bausubstanz und klassische Moderne verbunden. Das denkmalgeschützte Gebäude verfügt über Zimmer mit Teakholzmöbeln in puristischem Design. Sie speisen in schlichtem, bistroartigem Ambiente.

Hopper 📶, Brüsseler Str. 26, ✉ 50674, ☎ (0221) 92 44 00, hotel@hopper.de, Fax (0221) 924406, 🍴, 🞕 – 📶, ✱ Zim, TV ♿ ⇔. AE ① ⓜ VISA JCB   S j
geschl. 20. Dez. - 1. Jan, über Ostern, über Pfingsten – **Menu** (geschl. Samstagmittag) à la carte 22,50/32 – **49 Zim** ⌘ 90/100 – 120/130.
  ◆ Außen : klösterlicher Charme, innen : pure Ästhetik und schlichte Eleganz. Unkonventionelle Unterkunft mit Marmorbad und Parkettboden. Sauna und Bar im Gewölbe-Keller. Blickfang in dem im Bistrostil gehaltenen Restaurant ist ein eindrucksvolles Altar-Gemälde.

Astor garni, Friesenwall 68, ✉ 50672, ☎ (0221) 20 71 20, astorhotel@t-online.de, Fax (0221) 253106, 🞕 – 📶 ✱ TV AE ① ⓜ VISA JCB. ✽   EV y
geschl. 22. Dez. - 6. Jan. – **51 Zim** ⌘ 85/105 – 115/155.
  ◆ Hier wohnen Sie mitten im Kölner Geschehen ! Rund um das Hotel viele Shops, reiches gastronomisches Angebot. Freundlicher Frühstücksraum, geschmackvoll eingerichtete Zimmer.

Altera Pars, Thieboldsgasse 133, ✉ 50676, ☎ (0221) 27 23 30, info@alteraparskoeln.de, Fax (0221) 2723366 – TV ♿ AE ① ⓜ VISA   EV t
Menu (geschl. Aug., Sonntag) (italienische Küche) à la carte 23/44 – **13 Zim** ⌘ 77/112 – 127/201.
  ◆ Freundlich und geschmackvoll mit modernen Korbmöbeln und hübschen Stoffen eingerichtete Zimmer erwarten die Gäste dieses funktionellen und leicht eleganten Hotels. Das Restaurant präsentiert sich im Bistrostil.

CityClass Hotel Caprice garni, Auf dem Rothenberg 7, ✉ 50667, ☎ (0221) 92 05 40, cityclass@cityclass.de, Fax (0221) 92054100, 🞕 – 📶 ✱ TV ♿ AE ① ⓜ
VISA   GZ c
53 Zim ⌘ 105/115 – 135.
  ◆ Die Lage direkt in der Kölner Altstadt macht das Hotel zu einem idealen Ausgangspunkt für Erkundungstouren. Guter Standard, neuzeitliche Zimmer.

Leonet garni, Rubensstr. 33, ✉ 50676, ☎ (0221) 27 23 00, leonetkoeln@netcologne.de, Fax (0221) 210893, 🞕 – 📶 ✱ TV ♿ 🅿 – 🛠 20. AE ⓜ VISA JCB   EX s
78 Zim ⌘ 85/100 – 115.
  ◆ Nach ausgiebiger Sightseeing-Tour kann man sich hier gut ausruhen. Kleines Wellness-Center, unterschiedlich gestaltete neuzeitliche Zimmer, großes Frühstücksbuffet.

Ibis Barbarossaplatz, Neue Weyerstr. 4, ✉ 50676, ☎ (0221) 2 09 60, h1449@
accor-hotels.com, Fax (0221) 2096199 – 📶, ✱ Zim, ▬ Zim, TV ♿ ⇔ – 🛠 25. AE ① ⓜ VISA JCB   EX d
Menu (nur Abendessen) à la carte 15/23 – ⌘ 8 – **208 Zim** 63/97.
  ◆ Standardisiertes Gruppenhotel mit zweckmäßiger und zeitgemäßer Ausstattung. Man empfängt die Gäste mit einem einladenden Hallenbereich und einer Bistrobar.

Metropol garni, Hansaring 14, ✉ 50670, ☎ (0221) 13 33 77, hotel-metropol@t-online.de, Fax (0221) 138307 – 📶 TV AE ⓜ VISA   EU m
geschl. 22. Dez. - 2. Jan. – **27 Zim** ⌘ 65/75 – 98.
  ◆ Das kleine Stadthotel ist mit dem PKW schnell vom Autobahnring aus zu erreichen. Eine Tiefgarage gibt es gleich nebenan. Die einheitlich möblierten Zimmer sind gepflegt.

KÖLN S. 9

Kolpinghaus International, St.-Apern-Str. 32, ✉ 50667, ℘ (0221) 2 09 30, webmaster@kolpinghaus-international.de, Fax (0221) 2093254 – 🛗, ↔ Zim, 📺 ✆ 🅿 – 🔒 110. AE ① ⓜ VISA
EV q
Menu à la carte 19/37 – **77 Zim** ⇌ 70/77 – 102.
• An dieser Stelle im Zentrum der Stadt hat Adolf Kolping Mitte des letzten Jahrhunderts gelebt und gewirkt. Auch heute noch eine gut zu empfehlende und wohnliche Adresse. Restaurant in neuzeitlicher Aufmachung.

Ludwig garni, Brandenburger Str. 24, ✉ 50668, ℘ (0221) 16 05 40, hotel@hotel ludwig.com, Fax (0221) 16054444 – 🛗 ↔ 📺 🚗. AE ① ⓜ VISA JCB
FU x
geschl. 23. Dez. - 3. Jan. – **55 Zim** ⇌ 75/85 – 100.
• Das Hotel befindet sich in nächster Nähe zum Stadtzentrum. Die Messe erreicht man bequem mit der Rheinfähre. Größtenteils renovierte Zimmer mit funktioneller Einrichtung.

XXXX **Hanse Stube** - Excelsior Hotel Ernst, Dompropst-Ketzer-Str. 2, ✉ 50667, ℘ (0221) 2 70 34 02, ehe@excelsiorhotelernst.de, Fax (0221) 135150, 🌣 – ▣. AE ① ⓜ VISA JCB. ⚜
GY e
Menu 31 (mittags) à la carte 48/63 ⚜.
• Für einen Aufenthalt in stilvoller Atmosphäre empfiehlt sich das elegante Restaurant, in dem Ihnen die gut ausgebildete Servicebrigade kreative französische Gerichte serviert.

XXX **Börsen-Restaurant Maître** (Schäfer), Unter Sachsenhausen 10, ✉ 50667, ℘ (0221) 13 30 21, Fax (0221) 133040 – ▣. AE ① ⓜ VISA. ⚜
EV r
ॐ geschl. Mitte - Ende April, Aug. - Sept. 4 Wochen, Samstagmittag, Sonn- und Feiertage – **Menu** à la carte 50/64 ⚜ – **Börsen-Stube** (geschl. Samstagabend, Sonn- und Feiertage) **Menu** 25 à la carte 29/40.
• Im Haus der IHK findet man das stilvoll und elegant eingerichtete Restaurant, in dem man die Gäste mit einer feinen, kreativen Küche auf klassischer Basis verwöhnt. Eine schlichtere Alternative : die Börsenstube im Keller.
Spez. Bretonischer Steinbutt mit Hummer und dicken Bohnen. Milchkalbsfilet mit karamelisierter Gänsestopfleber und Rouenaiser Sauce. Gewürz-Kaffeemousse mit Aprikosenparfait und Orangen-Baumkuchen.

XXX **Ambiance**, Komödienstr. 50, ✉ 50667, ℘ (0221) 9 22 76 52 – AE ① ⓜ VISA
geschl. Aug. 3 Wochen, Samstag, Sonn- und Feiertage – **Menu** 37 (mittags)/69 à la carte 49/63.
GY f
• In dem Stadthaus mit dem klassisch-eleganten Restaurant erwarten die Gäste liebevoll gedeckte Tische, ein freundlicher und aufmerksamer Service sowie eine kreative Küche.

XXX **Grande Milano**, Hohenstaufenring 29, ✉ 50674, ℘ (0221) 24 21 21, Fax (0221) 244846, 🌣 – ▣. AE ① ⓜ VISA JCB
EX v
geschl. Mitte - Ende Juli, Samstagmittag, Sonntag – **Menu** (italienische Küche) à la carte 36/54 – **Pinot di Pinot :** **Menu** 12,50 (mittags) à la carte 17/28.
• In dem eleganten italienischen Restaurant nehmen Sie an ansprechend eingedeckten Tischen Platz - Besonderheit des gehobenen Speisenangebots sind Trüffel. Legere, bistrotypische Atmosphäre im Pinot di Pinot.

XX **Domerie**, Buttermarkt 42, ✉ 50667, ℘ (0221) 2 57 40 44, stefanruessel@t-online.de, Fax (0221) 2574269 – ⚜
GZ e
geschl. 1. - 15. Jan., über Karneval, Montag (ausser Messen) – **Menu** (wochentags nur Abendessen) (im Winter nur Abendessen) à la carte 30/43.
• Die Innenausstattung mit schönen Deckenverzierungen und alten Stilmöbeln läßt das Essen in dem Stadthaus a. d. 15. Jh. zum Erlebnis werden. Sommerterrasse mit Blick zum Rhein.

XX **Fischers**, Hohenstaufenring 53, ✉ 50674, ℘ (0221) 3 10 84 70, info@fischers-wein. com, Fax (0221) 31084789, 🌣 – 🔒 40. ⓜ VISA
EX n
geschl. 27. Dez. - 10. Jan., Samstagmittag, Sonn- und Feiertage – **Menu** à la carte 29,50/ 42 ⚜.
• Mit 500 Weinsorten auf der Karte hat man sich hier vor allem dem Genuß des Rebensaftes verschrieben. Aber auch die Tafelfreuden kommen nicht zu kurz : crossover Küche.

XX **Capricorn i Aries**, Alteburger Str. 34, ✉ 50678, ℘ (0221) 32 31 82, Fax (0221) 323182
FX m
ॐ geschl. über Karneval – **Menu** (nur Abendessen) (Tischbestellung erforderlich) 60/97 und à la carte ⚜.
• Schlicht, edel und elegant ist das winzige Restaurant, in dem Weiß die vorherrschende Farbe ist. Speisen einer kreativen Küche werden auf kostbarem Geschirr präsentiert.
Spez. Melonensüppchen mit Languste (Sommer). Taubenbrust mit Wirsing. Orangentarte.

XX **Alfredo**, Tunisstr. 3, ✉ 50667, ℘ (0221) 2 57 73 80, info@ristorante-alfredo.com, Fax (0221) 2577380 – AE
GZ k
geschl. Juli - Aug. 3 Wochen, Samstagmittag, Sonntag – **Menu** (Tischbestellung ratsam) à la carte 37/51.
• Italienische Tradition in Köln : Schon in 2. Generation erfreut man in dem kleinen, wohnlichen Restaurant die Gäste mit wechselnden Gerichten der gehobenen italienischen Küche.

KÖLN S. 10

XX **Bizim**, Weidengasse 47, ⊠ 50668, ℘ (0221) 13 15 81, Fax (0221) 131581 – AE ⓪ ⓸⃝
VISA. ℘
FU d
geschl. Feb. 2 Wochen, Aug. - Sept. 3 Wochen, Samstagmittag, Sonntag - Montag – **Menu**
(türkische Küche, abends Tischbestellung ratsam) 29 (mittags) à la carte 36,50/50,50.
♦ Das türkische Restaurant liegt mitten im multikulturellen Zentrum der Domstadt. Das Flair
überträgt sich auch auf die Küche : Türkische Gerichte, die erlebenswert sind !

XX **Em Krützche**, Am Frankenturm 1, ⊠ 50667, ℘ (0221) 2 58 08 39, info@em-
kruetzche.de, Fax (0221) 253417, ☂ – AE ⓪ ⓸⃝ VISA
GY x
geschl. Karwoche, Montag – **Menu** (abends Tischbestellung ratsam) à la carte 28,50/43,50.
♦ Schon seit über 400 Jahren werden hier Gäste bewirtet. Das Altstadthaus unterteilt sich
in verschiedene Stuben und Nischen. Traditionell geführter Familienbetrieb.

XX **Taku** - Excelsior Hotel Ernst, Domplatz, ⊠ 50667, ℘ (0221) 2 70 39 10,
Fax (0221) 135150 – 🍽, AE ⓪ ⓸⃝ VISA. ℘ Rest
GY a
geschl. Aug. - Sept. 4 Wochen, Montag, Samstagmittag, Sonntagmittag – **Menu** à la carte
38,50/62 ☘.
♦ Schlicht und edel ist das elegante Ambiente in diesem Haus der asiatischen Genüsse. Ein
gläserner Laufsteg und ein in den Boden eingelassenes Aquarium sind tolle eye-catcher.

XX **Bosporus**, Weidengasse 36, ⊠ 50668, ℘ (0221) 12 52 65, restaurant.bosporus@t-
online.de, Fax (0221) 9123829, ☂ – AE ⓪ ⓸⃝ VISA
FU v
geschl. Sonntagmittag – **Menu** (türkische Küche) à la carte 23,82/36,50.
♦ Ein Hauch von 1001 Nacht weht über das klassische Interieur, ein Duft von türkischen
Delikatessen liegt in der Luft. Das Bosporus verbindet Köln mit dem Orient.

XX **Hofbräustuben**, Am Hof 12 (1. Etage), ⊠ 50667, ℘ (0221) 2 61 32 60, gastronomie
@frueh.de, Fax (0221) 2613299 – ⓸⃝ VISA JCB
GZ w
Menu à la carte 15,50/29.
♦ Blick auf den Dom, typisch-regionale Küche und dazu ein Kölsch. All das hält das Restau-
rant in den ehemaligen Wohnräumen der Familie Früh bereit. Gemütlich-altdeutsch !

X **Le Moissonnier**, Krefelder Str. 25, ⊠ 50670, ℘ (0221) 72 94 79, Fax (0221) 7325461,
ꙮ (typisches franz. Bistro)
FU e
geschl. 24. Dez. - 3. Jan., über Ostern 1 Woche, Aug. - Sept. 3 Wochen, Sonntag - Montag,
Feiertage mittags – **Menu** (Tischbestellung ratsam) à la carte 39/57,50.
♦ Wie Gott in Frankreich fühlt man sich in diesem originellen Jugendstil-Bistro. Die kreativen
Schöpfungen raffiniertester französischer Kochkunst tun ihr übriges.
Spez. Foie gras Maison. Pigeonneau rôti. Petit bisquit au chocolat.

X **Heising and Adelmann**, Friesenstr. 58, ⊠ 50670, ℘ (0221) 1 30 94 24, info@
heising-und-adelmann.de, Fax (0221) 1309425, ☂ –
EV n
geschl. Samstagmittag, Sonn- und Feiertage – **Menu** à la carte 26/39 ☘.
♦ Das lebendige, trendige Restaurant im angesagten Bistrostil mit schöner Terrasse ser-
viert seinen Besuchern in entspannter Atmosphäre eine moderne internationale Küche.

X **Klehn's**, Kleiner Griechenmarkt 23, ⊠ 50676, ℘ (0221) 2 57 60 25, wlklhn@aol.com,
Fax (0221) 2576170 – AE ⓪ ⓸⃝ VISA
EX b
geschl. Aug. - Sept. 3 Wochen, Sonntag - Montag – **Menu** à la carte 28/44,50.
♦ Ein kleines Bistro-Restaurant, in dem helle, freundliche Farben dominieren. Die Tische
werden nett eingedeckt, den Service macht die Chefin mit Natürlichkeit und Kompetenz.

X **Jan's Restaurant**, Venloer Str. 30, ⊠ 50672, ℘ (0221) 5 10 39 99, jansrestaurant
@aol.com, Fax (0221) 5104727 – AE
S q
geschl. 1. - 15. Jan., Montag, Samstagmittag, Sonntagmittag – **Menu** à la carte 30/41.
♦ Das kleine Restaurant ist in einer Nebenstraße der Kölner Innenstadt zu finden. Hier wird
auf Tischen im Bistro-Stil gehobene internationale Küche serviert.

X **Daitokai**, Kattenbug 2, ⊠ 50667, ℘ (0221) 12 00 48, Fax (0221) 1392989 – 🍽, AE ⓪
⓸⃝ VISA JCB. ℘
EV e
geschl. Montag - Dienstagmittag – **Menu** (japanische Küche) 23 (mittags) à la carte
35/49,50.
♦ Eßkultur mit Stäbchen und Atmosphäre im Nippon-Stil. Im Daitokai zelebrieren die Köche
am Teppan-Yaki ihre Fingerfertigkeit. Das japanische Restaurant liegt im Zentrum.

Kölsche Wirtschaften

X **Peters Brauhaus**, Mühlengasse 1, ⊠ 50667, ℘ (0221) 2 57 39 50, peters-brauhaus
@netcologne.de, Fax (0221) 2573962, ☂ – ℘
GZ n
Menu à la carte 15,50/25.
♦ Rustikale Gaststätte mit Tradition. Hier lohnt sich das Umschauen : Jeder Raum hat seinen
eigenen Charakter ; u. a. eine farbenprächtige Glasdecke. Deftiges Essen zum Kölsch.

X **Höhn's Dom Brauerei Ausschank**, Goltsteinstr. 83 (Bayenthal), ⊠ 50968, ℘ (0221)
3 48 12 93, m.k.hoehn@t-online.de, Fax (0221) 3978572
T v
Menu à la carte 19,50/32,50.
♦ Auf den nach alter Sitte blankgescheuerten Holztischen wird bürgerliche Küche aus der
Region und natürlich das obligatorische Kölsch gereicht. Gemütlich und sättigend !

KÖLN S. 11

- ※ **Gaffel-Haus**, Alter Markt 20, ✉ 50667, ℘ (0221) 2 57 76 92, info@gaffel-shop.de, Fax (0221) 253879, 🍴 – AE ⑩ VISA GZ a
  Menu à la carte 16,50/34.
  ♦ Die mittelalterliche Handwerksvereinigung der Gaffeln setzte sich einst für Freiheit und Selbstbestimmung der Stadt Köln ein. Historisch-uriges Kleinod in der Altstadt.

- ※ **Brauhaus Sion**, Unter Taschenmacher 5, ✉ 50667, ℘ (0221) 2 57 85 40, info@brauhaus-sion.de, Fax (0221) 2582081, 🍴 – AE ⑩ ⓜ VISA GZ r
  Menu à la carte 14,50/24.
  ♦ Große Räumlichkeiten, u. a. mit Faßdauben und Hopfensäcken an den Wänden. Nach geschwungener Kugel auf der hauseigenen Kegelbahn schmeckt das Kölsch nochmal so gut.

- ※ **Früh am Dom**, Am Hof 12, ✉ 50667, ℘ (0221) 2 61 32 11, gastronomie@frueh.de, Fax (0221) 2613299, Biergarten GY w
  Menu à la carte 16,50/31.
  ♦ Traditionelles Brauhaus aus dem Jahre 1904. Für kölsche Gastlichkeit sorgen damals wie heute die Köbese. Seit kurzem ist der einstige Braukeller für Durstige zugänglich.

- ※ **Alt Köln Am Dom**, Trankgasse 7, ✉ 50667, ℘ (0221) 13 74 71, Fax (0221) 136885 – AE ⑩ ⓜ VISA JCB GY a
  Menu à la carte 16/30.
  ♦ "Himmel un Äd met jebrodener Blootwoosch" - auf gut kölsch gesagt - ist nur eine der rheinischen Originalitäten, die dieser auf drei Etagen angelegte Großbetrieb bietet.

In Köln-Bayenthal :

- ※※ **Loup de Mer**, Bonner Str. 289, ✉ 50968, ℘ (0221) 3 40 03 30, loup_de_mer@t-online.de, Fax (0221) 3400332 – AE ⓜ VISA T s
  geschl. Sonntag - Montagmittag – **Menu** (Donnerstag - Samstag nur Abendessen) (überwiegend Fischgerichte) à la carte 26/55.
  ♦ Für Fischfreunde ist diese klassisch gehaltene Restaurant genau die richtige Adresse! Blickfang sind die seit kurzem ausgestellten wechselnden Bilder.

In Köln-Braunsfeld :

- 🏨 **Regent** garni, Melatengürtel 15, ✉ 50933, ℘ (0221) 5 49 90, info@hotelregent.de, Fax (0221) 5499998, 🍴 – 🛗 ⇔ 📺 ✆ 🅿 – 🔒 80. AE ⑩ ⓜ VISA S d
  geschl. 24. Dez. - 1. Jan. – ⌂ 14 – **120 Zim** 108/124 – 129/144, 5 Suiten.
  ♦ An einem der äußeren Stadtringe von Köln gelegen. Funktionelle Zimmer mit neuzeitlich-gehobenem Standard. Zum Frühstück u. a. 18 Sorten Konfitüre!

- ※ **Brasserie Marienbild**, Aachener Str. 561, ✉ 50933, ℘ (0221) 9 45 86 30, info@marienbild.com, Fax (0221) 9458631, 🍴 – AE ⓜ VISA S x
  Menu à la carte 24/36,50 ♀.
  ♦ Das historische Gasthaus beherbergt eine vollständig renovierte Brauereigaststätte mit französischem Touch und internationaler Küche.

In Köln-Brück über Olpener Str. S :

- 🏨 **Silencium** garni, Olpener Str. 1031, ✉ 51109, ℘ (0221) 89 90 40, info@silencium.de, Fax (0221) 8990489 – 🛗 ⇔ 📺 ✆ 🅿 – 🔒 25. AE ⑩ ⓜ VISA
  geschl. 20. Dez. - 4. Jan., über Ostern – **70 Zim** ⌂ 95/120 – 125/150.
  ♦ Das Hotel liegt leicht zur Straße versetzt, ein alter Baumbestand auf großem Grundstück schließt sich an. Neuzeitlich gestaltete Zimmer verteilen sich auf Haupthaus und Anbau.

- ※※ **Zur alten Schule**, Olpener Str. 928, ✉ 51109, ℘ (0221) 84 48 88, Fax (0721) 844808, 🍴 – AE ⓜ VISA
  geschl. Juli - Aug. 3 Wochen, Sonntag - Montag – **Menu** (nur Abendessen) à la carte 31/42.
  ♦ Ein hübsches 1821 im Fachwerkstil erbautes Nebengebäude des alten Schulhauses. Das nette Restaurant besticht durch geschmackvolle Dekorationen. Gemütlicher Gewölbekeller.

- ※※ **Gut Wistorfs** mit Zim, Olpenerstr. 845, ✉ 51109, ℘ (0221) 8 80 47 90, joergkinne @hotmail.com, Fax (0221) 88047910, 🍴 – 📺 ✆ 🅿 – 🔒 20. AE ⓜ VISA
  Menu (geschl. Montag) à la carte 21,50/39,50 – **13 Zim** ⌂ 80 – 105/125.
  ♦ Das Restaurant mit bürgerlicher Ausstattung liegt zum Innenhof des ehemaligen Guts-hofes von 1668 hin, wo sich auch die Terrasse befindet.

In Köln-Buchforst :

- 🏨 **Kosmos**, Waldecker Str. 11, ✉ 51065, ℘ (0221) 6 70 90, email@kosmos-hotel-koeln.de, Fax (0221) 6709321, ≦s, 🖅 – 🛗, ⇔ Zim, 🗏 📺 ✆ 🅿 – 🔒 120. AE ⑩ ⓜ VISA S s
  geschl. 20. Dez. - 7. Jan. – **Menu** (nur Abendessen) à la carte 20,50/34 – **161 Zim** ⌂ 98/113 – 137/156.
  ♦ Modernes Konferenzhotel - komfortabel wohnen, multimedial tagen. Messe- und Tagungsgäste können nach den Strapazen des Tages an der Bar oder in der Sauna relaxen.

817

KÖLN S. 12

In Köln-Dellbrück über ②:

Uhu garni, Dellbrücker Hauptstr. 201, ✉ 51069, ✆ (0221) 6 89 34 10, post@hotel-uhu.de, Fax (0221) 68934155 – 🕻 ⊱ 📺 🚗 – 🚗 15. AE ① ◎ VISA JCB   R b
35 Zim ⚞ 65/85 – 85/110.
♦ Nach einer kompletten Renovierung erstrahlt diese praktische Übernachtungsadresse im neuen Glanz. Helle, frische Farben dominieren in den Zimmern und im Frühstücksraum.

Ihr Hotel garni, Bergisch Gladbacher Str. 1109, ✉ 51069, ✆ (0221) 9 68 19 30, Fax (0221) 96819330 – 🕻 ⊱ 📺 ✆ ⚓ 🚗 P. AE ◎ VISA. ⚟
17 Zim ⚞ 61/77 – 69/87.
♦ Ein neueres Hotel mit modern eingerichteten, wohnlichen Zimmern und einem reichhaltigen Frühstücksbuffet, das den Start in den Tag erleichtert.

In Köln-Deutz:

Hyatt Regency, Kennedy-Ufer 2a, ✉ 50679, ✆ (0221) 8 28 12 34, cologne@hyatt.de, Fax (0221) 8281370, ≤, Biergarten, Massage, 🛁, ⚞, 🏊, – 🕻, ⊱ Zim, 🔲 📺 ✆ 🚗 – 🚗 260. AE ① ◎ VISA JCB – 🚗   S y
Graugans (euro-asiatische Küche) (geschl. Mitte Juli - Anfang Aug., Samstagmittag, Sonntag) **Menu** 28 (mittags) à la carte 46/64 ♀ – **Glashaus** (italienische Küche) **Menu** 28 (mittags) à la carte 38,50/48,50 – ⚞ 18 – **288 Zim** 165/280 – 190/305, 14 Suiten.
♦ Das Ende der 80er Jahre erbaute Hotel liegt direkt am Rhein. Durch einen großzügigen Hallenbereich gelangen Sie in komfortabel ausgestattete Zimmer. Leicht elegant wirkt das Graugans. Das Glashaus hat man galerieartig angelegt.

Dorint An der Messe M, Deutz-Mülheimer-Str. 22, ✉ 50679, ✆ (0221) 80 19 00, info.cgnmes@dorint.com, Fax (0221) 80190800, ⚟, Massage, 🛁, ⚞, 🏊, – 🕻, ⊱ Zim, 🔲 📺 ✆ 🚗 – 🚗 260. AE ① ◎ VISA JCB. ⚟ Rest   S e
L'Adresse (geschl. Sonntag - Montag) (nur Abendessen) **Menu** 46/75 à la carte 35,50/56 – **Bell Arte** (nur Mittagessen) **Menu** à la carte 24/29,50 – ⚞ 17 – **313 Zim** 161/301 – 181/321, 31 Suiten.
♦ Moderne Eleganz und eine gute technische Ausstattung bieten Ihnen die Zimmer des neuen Hotels direkt gegenüber dem Messeeingang. Mit großzügigem Wellnessbereich. Schlicht-elegantes Ambiente im L'Adresse. Das Bell Arte: hell und freundlich.

Inselhotel M garni, Constantinstr. 96, ✉ 50679, ✆ (0221) 8 80 34 50, hotel@insel-koeln.de, Fax (0221) 8803490 – 🕻, ⊱ Zim, 📺 ✆ AE ① ◎ VISA. ⚟   S z
42 Zim ⚞ 75/95 – 110/120.
♦ Das Hotel liegt gegenüber dem Deutzer Bahnhof, unweit von Messegelände und dem Veranstaltungszentrum Köln-Arena. Solide und funktionell ausgestattete Zimmer.

Ilbertz M garni, Mindener Str. 6, ✉ 50679, ✆ (0221) 8 29 59 20, hotel@hotel-ilbertz.de, Fax (0221) 829592155 – 🕻 ⊱ 🔲 📺 ✆ 🚗. AE ① ◎ VISA   S z
26 Zim ⚞ 69/102 – 90/174.
♦ Eine nette, tadellos unterhaltene Übernachtungsadresse. Gäste beziehen hier gepflegte, neuzeitlich gestaltete Zimmer mit hellem Kirschbaummobiliar und guter Technik.

Der Messeturm, Kennedy-Ufer (18. Etage), ✉ 50679, ✆ (0221) 88 10 08, Fax (0221) 818575, ≤ Köln – 🕻 🔲 – 🚗 30. AE ① ◎ VISA. ⚟   S y
geschl. 5. - 25. Aug., Mittwoch, Samstagmittag – **Menu** 25 (mittags) à la carte 36,50/45,50.
♦ Ein Lift bringt Sie direkt in den 16. Stock, zwei Etagen gehen Sie zu Fuß. Das Aussichtsrestaurant in dem 1926 - 1928 erbauten Messeturm belohnt mit einem schönen Blick.

In Köln-Ehrenfeld:

Holiday Inn City West M, Innere Kanalstr. 15, ✉ 50823, ✆ (0221) 5 70 10, city-west@eventhotels.com, Fax (0221) 5701999, 🛁, ⚞ – 🕻, ⊱ Zim, 🔲 📺 ✆ 🚗 P. – 🚗 180. AE ① ◎ VISA JCB   S b
Menu à la carte 25/44,50 – **205 Zim** ⚞ 158/218 – 188/228.
♦ Ein verkehrsgünstig gelegenes Quartier findet man in diesem modernen Glaskomplex, der mit funktionellen Möbeln und klaren Linien für Geschäftsreisende wie geschaffen ist. Großzügig geschnittenes Restaurant mit raumhohen Fenstern.

Imperial, Barthelstr. 93, ✉ 50823, ✆ (0221) 51 70 57, imperial@hotel-imperial-cologne.com, Fax (0221) 520993, ⚞ – 🕻, ⊱ Zim, 🔲 📺 ✆ 🚗 – 🚗 25. AE ① ◎ VISA JCB. ⚟ Rest   S a
Menu (geschl. 23. Dez. - 3. Jan., Freitag - Sonntag) à la carte 19/34 – **35 Zim** ⚞ 102/144 – 153/230.
♦ Das Haus liegt in einem Wohngebiet am äußeren Innenstadtring, verkehrsgünstig. Solide eingerichtete Zimmer, überwiegend in Mahagoni gehalten. Gepflegter Rahmen. Gediegenes Restaurant.

Amando, Klarastr. 2, ✉ 50823, ✆ (0221) 5 62 60 65, Fax (0221) 5949642 – ① ◎ VISA
geschl. Sonntag – **Menu** (nur Abendessen) à la carte 34/47 ♀.   S a
♦ Gelbe Wände, ein edler Holzboden und Spiegel bestimmen das Ambiente in diesem modernen Restaurant. Ein aufmerksames Team, geleitet von der Patronne, kümmert sich um Sie.

In Köln-Holweide :

Bergischer Hof garni, Bergisch Gladbacher Str. 406 (B 506), ✉ 51067, ℰ (0221) 96 37 90, info@bergischer-hof.com, Fax (0221) 639085 – 📶 ✲ 📺 🚗 🅿 AE ⓞ ⓜ VISA JCB
S u
geschl. 23. Dez. - 1. Jan. – **56 Zim** ⌸ 72/92 – 92/118.
♦ Ein verkehrsgünstig gelegenes Hotel mit gepflegten Zimmern, die Standardkomfort bieten. Das Frühstück gibt es in einem rustikalen, holzverkleideten Frühstücksraum.

Isenburg, Johann-Bensberg-Str. 49, ✉ 51067, ℰ (0221) 69 59 09, Fax (0221) 698703, 🍽
S b
geschl. Karneval, Mitte Juli - Mitte Aug., 20. - 31. Okt., Weihnachten, Samstagmittag, Sonntag - Montag – **Menu** (Tischbestellung ratsam) 34 (mittags) à la carte 33,50/49.
♦ Besuchen Sie dieses efeuumrankte Gemäuer der einstigen Wasserburg. In dem festlich-feudalen Restaurant offeriert man eine gehobene Küche. Im Sommer : nette Terrasse.

In Köln-Immendorf :

Bitzerhof mit Zim, Immendorfer Hauptstr. 21, ✉ 50997, ℰ (02236) 6 19 21, welcome@bitzerhof.de, Fax (02236) 62987, 🍽 – 📺 🅿 AE ⓜ VISA JCB. ✲ Zim T c
Menu (Tischbestellung ratsam) à la carte 30,50/46,50 – **3 Zim** ⌸ 77 – 100.
♦ Der Gutshof von 1821 liegt in der Ortsmitte. Rustikales Mobiliar und Landhausromantik machen Appetit auf das vielseitige Angebot des Restaurants. Nette Gartenterrasse !

In Köln-Junkersdorf :

Brenner'scher Hof ⌇, Wilhelm-von-Capitaine-Str. 15, ✉ 50858, ℰ (0221) 9 48 60 00, hotel@brennerscher-hof.de, Fax (0221) 94860010 – 📶 📺 🍽 🚗 – 🔔 25. AE ⓞ ⓜ VISA
S f
Galloria (griechische Küche) (geschl. Montag) (nur Abendessen) **Menu** à la carte 20/34 –
Pino's Osteria (italienische Küche) (nur Abendessen) **Menu** à la carte 17/36 – **Anno Pomm** (nur Kartoffelgerichte) **Menu** à la carte 17/27 – **42 Zim** ⌸ 135/150 – 160/200, 7 Suiten.
♦ Sehr wohnlich und individuell ! Das Anwesen aus dem Jahre 1754 überzeugt mit südländischem Flair : italienische Stilmöbel, Terracottaboden und Kaminzimmer. Im Stil eines kleinen Bistros : das Galloria. Zum schönen Innenhof hin liegt Pino's Osteria.

Dorint Hotel 🅼, Aachener Str. 1059, ✉ 50858, ℰ (0221) 4 89 80, info.cgnbud@dorint.com, Fax (0221) 48981000 – 📶, ✲ Zim, 🖥 📺 🍽 & 🚗 – 🔔 80. AE ⓞ ⓜ VISA JCB. ✲ Rest
S k
Menu à la carte 18,50/30,50 – ⌸ 13 – **145 Zim** 97 – 107.
♦ Ein modernes Hotel in verkehrsgünstiger Lage. Funktionelle, mit Queen-Size und Twin-Betten ausgestattete Zimmer ; schallisolierte Fenster sorgen für eine ungestörte Nachtruhe.

Vogelsanger Stübchen, Vogelsanger Weg 28, ✉ 50858, ℰ (0221) 48 14 78, 🍽. AE ⓜ
S v
geschl. nach Karneval 2 Wochen, Mitte - Ende Sept., Sonntag - Montag – **Menu** (Tischbestellung ratsam) à la carte 32,50/43,50.
♦ Das Restaurant befindet sich in einer älteren Villa in einer Seitenstraße im Ortsteil Junkersdorf. Helle, klassische Einrichtung, ansprechendes Dekor. Internationale Küche.

In Köln-Klettenberg :

Steinmetz, Gottesweg 165, ✉ 50939, ℰ (0221) 44 79 34, steinmetzcgn@aol.com, Fax (0221) 2406883, 🍽
T t
geschl. über Karneval, Aug. - Sept. 2 Wochen, Montag – **Menu** (nur Abendessen) à la carte 30/36,50.
♦ Die ehemalige Jugendstil-Weinstube wurde behutsam in ein modernes Bistro verwandelt, in dem eine kleine Speisekarte und eine große Weinauswahl auf Sie warten.

In Köln-Lindenthal :

Queens Hotel, Dürener Str. 287, ✉ 50935, ℰ (0221) 4 67 60, sales-managerqkoeln @queensgruppe.de, Fax (0221) 433765, Biergarten – 📶, ✲ Zim, 🖥 📺 🍽 & 🚗 🅿 – 🔔 250. AE ⓞ ⓜ VISA
S h
Menu à la carte 22,50/37 – ⌸ 15 – **147 Zim** 116/132 – 146/162.
♦ Das Haus liegt direkt am Kölner Stadtwaldweiher - Komfort prägt das Interieur. Auch Geschäftsreisende schätzen die funktionelle Ausstattung der Gästezimmer.

Bremer, Dürener Str. 225, ✉ 50931, ℰ (0221) 4 06 80, Fax (0221) 406810, 🍽, 🏊 – 📶 📺 🚗
S g
geschl. 23. Dez. - 5. Jan., 17. - 22. April, 6. - 10. Juni (Hotel) – **Menu** (geschl. 31. Juli - 14. Sept., Montag - Dienstag) (nur Abendessen) à la carte 27/45 – **Bremer's einfach Kölsch : Menu** à la carte 19/31 – **70 Zim** ⌸ 80/90 – 98/105.
♦ In der Nähe des Kölner Stadtwaldes und unweit der Universitätskliniken. Unterschiedlich eingerichtete, solide Zimmer stehen zum Einzug bereit. Klassisch eingerichtetes Restaurant mit leicht elegantem Rahmen. Als Bistro angelegt : Bremer's einfach Kölsch.

KÖLN S. 14

XX **Bruno Lucchesi,** Dürener Str. 218, ⌧ 50931, ℘ (0221) 40 80 22, Fax (0221) 4009897 – 🍽. AE ⓘ ⓘ VISA. ※
geschl. 20. Juli - 5. Aug., Montag (ausser Messen) – **Menu** à la carte 37/48,50.
S e
• Der Name des Restaurants läßt bereits das italienische Speisenangebot vermuten. Hell, freundlich und leicht elegant präsentiert sich das Interieur.

In Köln-Marienburg :

🏨 **Marienburger Bonotel,** Bonner Str. 478, ⌧ 50968, ℘ (0221) 3 70 21 00, info@bonotel.de, Fax (0221) 3702132, ⇔ – 🛗, ✲ Zim, 📺 ⇔ 🅿 – 🎴 40. AE ⓘ ⓘ VISA JCB
Menu à la carte 19/41,50 – **93 Zim** ⊑ 99 – 125.
T x
• Gut geführte Tagungs- und Geschäftsadresse mit neuzeitlich gehobenem Standard. Die Zimmer sind mit hellen Naturholzmöbeln einheitlich eingerichtet. Verkehrsgünstige Lage. Essen wird in der Piano Lounge serviert.

In Köln-Marsdorf :

🏨 **Novotel Köln-West,** Horbeller Str. 1, ⌧ 50858, ℘ (02234) 51 40, h0705@accor-hotels.com, Fax (02234) 514106, 🍴, Biergarten, 🏊, ⇔, 🏊, 🔲 – 🛗, ✲ Zim, 📺 ✆ & 🅿 – 🎴 120. AE ⓘ ⓘ VISA JCB
S p
Menu à la carte 20/33 – ⊑ 13 – **199 Zim** 101 – 112.
• Das Hotel liegt kurz hinter der Autobahnausfahrt Frechen. Neu renovierte Zimmer, praktisch-sachlich. Im Garten befindet sich ein Swimmingpool mit Sonnenterrasse.

In Köln-Merheim :

🏨 **Servatius** garni, Servatiusstr. 73, ⌧ 51109, ℘ (0221) 89 00 30, info@hotel-servatius.com, Fax (0221) 8900399 – 🛗, ✲ Zim, 📺 ✆ 🅿 – 🎴 15. AE ⓘ ⓘ VISA
S m
geschl. 21. Dez. - 5. Jan. – **38 Zim** ⊑ 69/77 – 89.
• 1999 neu eröffnetes Hotel in ehemaligem Bürogebäude mit hellen, freundlichen Zimmern des gehobenen Standards. Schnelle direkte Verbindungen mit der Bahn ins Zentrum.

In Köln-Mülheim :

🏨 **Park Plaza** 📍, Clevischer Ring 121, ⌧ 51063, ℘ (0221) 9 64 70, ppcinfo@parkplazahotels.de, Fax (0221) 9647100, 🏊, ⇔ – 🛗, ✲ Zim, 🍽 Rest, 📺 ✆ & ⇔ – 🎴 140. AE ⓘ ⓘ VISA JCB
R a
Menu à la carte 22/39,50 – **188 Zim** ⊑ 130/160 – 170/200.
• Die moderne Architektur des neuen Hotels schafft eine Verbindung von Backstein und Glasflächen. Die sehr funktionellen Zimmer sind nicht nur für Geschäftsleute interessant. Das neuzeitliche Restaurant ist zur Halle hin offen.

🏨 **The New Yorker** 📍 garni, Deutz-Mühlheimer Str. 204, ⌧ 51063, ℘ (0221) 4 73 30, reservation@thenewyorker.de, Fax (0221) 4733100, 🏊, ⇔ – 🛗 ✲ Zim 📺 ✆. AE ⓘ ⓘ VISA JCB
S c
geschl. 22. Dez. - 4. Jan – ⊑ 12 – **40 Zim** 105/125.
• Ein modern gestyltes, im Industriegebiet gelegenes Hotel, das relativ ruhiges Wohnen ermöglicht. Die de Luxe Zimmer sind großzügig und mit zweifarbigem Parkett ausgelegt.

In Köln-Müngersdorf :

XX **Remise Zilligen,** Wendelinstr. 48, ⌧ 50933, ℘ (0221) 4 91 18 81, Fax (0221) 4911881, 🍴 – ⓘ VISA
S m
geschl. 20. - 31. Okt., Montag, Samstagmittag, Sonntagmittag – **Menu** 21 (mittags) à la carte 26/40.
• Im Nebengebäude eines alten Gutshofs finden Sie das rustikal-romantische Restaurant mit kleiner Empore und Innenhofterrasse. Aufgetischt wird eine internationale Küche.

In Köln-Nippes :

XX **Paul's Restaurant,** Bülowstr. 2, ⌧ 50733, ℘ (0221) 76 68 39, pauls-restaurant@t-online.de, Fax (0221) 766839 – ⓘ
S n
geschl. über Karneval 1 Woche, Aug. 2 Wochen, Montag – **Menu** (nur Abendessen) (Tischbestellung ratsam) à la carte 38,50/46 ♀.
• Gediegen-rustikal präsentiert sich das Innere dieses älteren Stadthauses. Besucher freuen sich auf ein kreatives Repertoire an Speisen.

In Köln-Porz :

🏨 **Lemp** 📍 garni, Bahnhofstr. 44, ⌧ 51143, ℘ (02203) 9 54 40, info@hotel-lemp.com, Fax (02203) 9544400 – 🛗 ✲ 📺 ✆ ⇔ 🅿 AE ⓘ ⓘ VISA JCB. ※
T e
41 Zim ⊑ 85 – 95.
• An der Stadtbahnlinie liegt das neuzeitlich-moderne Hotel. Die Zimmer sind mit hellen zeitgemäßen Ahornmöbeln funktionell eingerichtet. Mit kleinem Bistro.

🏨 **Mercure** garni, Hauptstr. 369, ⌧ 51143, ℘ (02203) 5 50 36, h2018@accor-hotels.com, Fax (02203) 55931 – 🛗 ✲ ⇔ – 🎴 60. AE ⓘ ⓘ VISA
T q
59 Zim ⊑ 95/118 – 119/138.
• Die direkte Lage am Rhein lädt ein zu einem Spaziergang mit Blick auf den Dom. Die funktionell ausgestatteten Zimmer verfügen teilweise über eine Terrasse.

In Köln-Porz-Grengel über ⑤ : 16 km und die A 59 :

Holiday Inn M, Waldstr. 255 (am Flughafen Köln/Bonn), ✉ 51147, ℘ (02203) 56 10, reservation.hikoeln-bonn@queensgruppe.de, Fax (02203) 5619, Biergarten – |≡|, ⋙ Zim,
🏢 📺 🍴 & 🅿 – 🛋 120. 🆎 ① ⓜ◎ VISA JCB
Menu à la carte 26/40 – 😀 15 – **177 Zim** 149 – 184.

♦ Nur 500 m vom Flughafen entfernt. Hier können Flug-Reisende zwischenlanden und wieder auftanken. Dazu dienen die wohnlichen Zimmer sowie die Atmosphäre der Münchhausen Bar.

Spiegel, Hermann-Löns-Str. 122, ✉ 51147, ℘ (02203) 96 64 40, info@hotel-spiegel.de, Fax (02203) 695653, 😀, 🏃 – ⋙ Zim, 📺 🍴 ⟺ 🅿 – 🛋 30. 🆎 ⓜ◎ VISA JCB
Menu (geschl. Juli 3 Wochen, Freitag - Samstagmittag, Sonntagabend) à la carte 25,50/45,50 – **27 Zim** 😀 60/95 – 92/120.

♦ Gepflegter und gut geführter Betrieb der Familie Spiegel. Die funktionellen Zimmer sorgen für Entspannung nach einem anstrengenden Tag. Neu gestalteter öffentlicher Bereich. Kleines Restaurant mit mediterranem Flair. Reizvolle Terrasse im Grünen.

In Köln - Porz-Langel Süd : 17 km über Hauptstr. T :

XXX **Zur Tant** (Hütter), Rheinbergstr. 49, ✉ 51143, ℘ (02203) 8 18 83, Fax (02203) 87327,
≤, 😀 – 🅿. 🆎 ① VISA
geschl. 17. Feb. - 4. März, Ende Okt. 1 Woche, Donnerstag – **Menu** à la carte 42/57 ♀ –
Hütter's Piccolo (geschl. Donnerstag) **Menu** à la carte 25/33,50.

♦ Das Restaurant ist in einem hübschen Fachwerkhaus untergebracht. Eine große Fensterfront ermöglicht dem Gast einen schönen Blick auf den Rhein. Hütter's Piccolo ist ein neuzeitliches Bistro - ein paar Stufen über dem Zur Tant.
Spez. Das Beste vom Kalbskopf mit Wurzelgemüsesalat. Rehcrépinette mit Holundersauce und Spitzkohl. Gefüllte Topfenknödel mit Aprikosen und Mohneis.

In Köln - Porz-Wahn über ⑤ : 17 km und die A 59 :

Geisler garni, Frankfurter Str. 172, ✉ 51147, ℘ (02203) 99 00 80, info@hotel-geisler.de, Fax (02203) 99008300, 🏃 – |≡| 📺 🅿 – 🛋 30. ⓜ◎ VISA
51 Zim 😀 60/75 – 85/95.

♦ Familienbetrieb mit einheitlich in Mahagoni eingerichteten Zimmern. Einladendes Frühstücksbuffet und hauseigenes Café mit Konditoreispezialitäten.

In Köln - Porz-Wahnheide über ⑤ : 17 km und die A 59 :

Zur Quelle (mit Gästehaus), Heidestr. 246, ✉ 51147, ℘ (02203) 9 64 70, info@hotel-zur-quelle.de, Fax (02203) 9647317, 😀 – |≡| 📺 🍴 ⟺ 🅿. 🆎 ⓜ◎ VISA
Menu à la carte 14,50/31,50 – **120 Zim** 😀 65/85 – 95/115.

♦ Gut gepflegt, solide eingerichtet und von ausreichendem Platzangebot sind die Zimmer dieses Hotels. Verkehrsgünstige Lage nahe der Autobahn und des Flughafens. In mehrere Stuben unterteilt ist das bürgerliche Hotelrestaurant.

Karsten garni, Linder Weg 4, ✉ 51147, ℘ (02203) 96 61 90, horst.frieben@t-online.de, Fax (02203) 9661950, 🏃 – ⋙ 📺 ⟺ 🅿. 🆎 ① ⓜ◎ VISA
24 Zim 😀 60/75 – 80/95.

♦ Ob nach Köln oder ins Bergische Land - das funktionelle Hotel ist ein guter Ausgangspunkt für vielfältige Ziele. Freundliche, helle Zimmer zu vernünftigen Preisen.

In Köln - Porz-Westhoven :

Ambiente garni, Oberstr. 53, ✉ 51149, ℘ (02203) 91 18 60, info@hotel-ambiente-koeln.de, Fax (02203) 9118636 – |≡| 📺 🅿 – 🛋 25. 🆎 ① ⓜ◎ VISA JCB. ⋙   T d
geschl. Weihnachten - Anfang Jan. – **27 Zim** 😀 72/97 – 92/127.

♦ In einem Wohngebiet liegt dieses Hotel mit praktischer Zimmerausstattung. Nicht weit vom Haus verläuft die Anbindung mit öffentlichen Verkehrsmitteln an das Stadtzentrum.

XX **Bon ami**, Aggerweg 17 (Ensen), ✉ 51149, ℘ (02203) 1 34 88, bon-ami@gmx.de, Fax (02203) 12740 – 🆎 ① ⓜ◎ VISA   T r
geschl. über Karneval, Aug. - Sept. 2 Wochen, Montag – **Menu** (wochentags nur Abendessen) (Tischbestellung ratsam) 41/58 und à la carte ♀.

♦ Ein kleines, elegantes Restaurant, in dem die charmante Chefin kompetent den freundlichen Service leitet. Die kleine Karte lädt zu einer spannenden Entdeckungsreise ein.

In Köln-Rheinkassel Nord : 15 km über Neusser Landstr. R :

Rheinkasseler Hof, Amandusstr. 6, ✉ 50769, ℘ (0221) 70 92 70, rheinkasseler-hof@t-online.de, Fax (0221) 701073, 😀, 🍴 – |≡| 📺 🍴 🅿 – 🛋 30. 🆎 ⓜ◎ VISA
Menu (geschl. 1. - 6. Jan., Freitag) (wochentags nur Abendessen) à la carte 32/43 – **47 Zim** 😀 85/100 – 115, 6 Suiten.

♦ Das dunkelrote Klinkergebäude beherbergt ein Hotel mit geschmackvollen Zimmern, die mit solidem Mobiliar eingerichtet sind und zeitgemäßen Komfort bieten. Das Restaurant ist als Wintergarten angelegt.

KÖLN S. 16

In Köln-Rodenkirchen :

Atrium-Rheinhotel garni (mit Gästehaus), Karlstr. 2, ✉ 50996, ℰ (0221) 93 57 20, *reservierung@atrium-rheinhotel.de, Fax (0221) 93572222,* ⚞ – 🕮 ⥈ TV 🕻 ⇆ – 🏊 15. AE ① ⓜ VISA JCB 🐾 Rest
T n
geschl. 24. Dez. - 1. Jan. – 🛌 12 – **68 Zim** 86/114 – 117/158.
- In einem der stillen Gäßchen des ehemaligen Fischerdorfes Rodenkirchen liegt das Hotel nahe dem Rheinufer. Sie wählen zwischen komfortablen und einfacheren Zimmern.

Rheinblick garni, Uferstr. 20, ✉ 50996, ℰ (0221) 39 12 82, *Fax (0221) 392139,* ≼, ⚞, 🖼, – TV ⇆. AE ① ⓜ VISA
T a
16 Zim 🛌 65/80 – 85/90.
- Nomen est Omen : Im Wintergarten können Sie beim Frühstück den Blick auf den Rhein genießen ! Die restaurierte Villa mit familiärer Atmosphäre ist eine empfehlenswerte Adresse.

Antica Osteria, Wilhelmstr. 35a, ✉ 50996, ℰ (0221) 9 35 23 23, *Fax (0221) 9352324* AE ⓜ VISA
T a
geschl. Montag – **Menu** (italienische Küche) à la carte 30/40.
- Freigelegtes Mauerwerk und schöner Steinfußboden kombiniert mit gelben Farbtönen geben den Räumlichkeiten ihren ganz eigenen, nostalgisch-romantisch gefärbten Charme.

In Köln-Sülz :

Selini, Berrenrather Str. 196, ✉ 50937, ℰ (0221) 2 83 99 12, *info@ristorante-selini.de, Fax (0221) 2839912 –* AE ⓜ VISA 🐾
S u
geschl. Samstagmittag, Sonn- und Feiertage mittags – **Menu** (italienische Küche) à la carte 34/45,50.
- In dem an eine Taverne erinnernden Restaurant mit Rauhputzwänden und Wand- und Deckenmalereien erwarten Sie ein mediterranes Ambiente und eine klassische italienische Küche.

In Köln-Sürth :

Falderhof , Falderstr. 29, ✉ 50999, ℰ (02236) 96 69 90 (Hotel), 6 87 16 (Rest.), *info@falderhof.de, Fax (02236) 966998,* ⚞ – TV 🕻 P – 🏊 40. AE ① ⓜ VISA
T f
geschl. 21. Dez. - 5. Jan. – **Altes Fachwerkhaus** *(geschl. 27. Dez. - 12. Jan.)* **Menu** à la carte 20/30 – **33 Zim** 🛌 85/95 – 115.
- Eine der ältesten Gutshofanlagen im Kölner Bezirk. Die restaurierten Gebäude empfangen die Gäste mit geschmackvoller Einrichtung. Ruhige Zimmer zum Innenhof oder Garten. Im Alten Fachwerkhaus umgibt Sie ein rustikales Ambiente. Gartenterrasse !

Da Bruno, Sürther Hauptstr. 157, ✉ 50999, ℰ (02236) 6 93 85, *Fax (02236) 961253* – AE ⓜ VISA 🐾
T a
geschl. Montag – **Menu** *(nur Abendessen)* (italienische Küche) à la carte 47/76 ♀.
- Schwarz-weiß gefliester Boden und moderne Bilder sorgen für eine stimmungsvolle Atmosphäre. Der Patron trägt seine italienischen Empfehlungen mit Vorliebe mündlich vor. **Spez.** Jakobsmuscheln mit Shiitake-Pilzen und Zitronensauce. Loup de mer mit Basilikumsauce und Auberginen-Tomatenstrudel. Estragonsorbet mit Olivenöl.

In Köln-Weiden :

Garten-Hotel garni, Königsberger Str. 5, ✉ 50858, ℰ (02234) 4 08 70, *gartenhotel@t-online.de, Fax (02234) 408787,* 🌿 – 🕮 ⥈ TV ⇆. AE ⓜ VISA JCB
S n
geschl. 23. Dez. - 2. Jan. – **33 Zim** 🛌 67/72 – 98/103.
- Der Name des Hotels verspricht nicht zuviel : An das Haus schließt sich ein idyllischer Garten in ruhiger Lage an. Das reichhaltige Buffet erlaubt einen guten Start in den Tag.

Ischia mit Zim, Bahnstr. 12, ✉ 50858, ℰ (02234) 7 86 54, *Fax (02234) 75490 –* TV. AE ⓜ VISA
S c
Menu (italienische Küche) à la carte 30/47 – **5 Zim** 🛌 75 – 85/105.
- Einen schönen Blick in den Garten bietet dieses italienische Restaurant mit Terrakottaböden und leicht mediterranem Ambiente. Mit Zimmern im Landhausstil.

In Köln-Worringen Nord : *18 km über die B 9* R :

Matheisen, In der Lohn 45, ✉ 50769, ℰ (0221) 9 78 00 20, *info@hotel-matheisen.de, Fax (0221) 9780026 –* TV P. AE ① ⓜ VISA JCB
Menu *(geschl. Aug. - Sept. 2 Wochen, Samstagmittag, Mittwoch)* à la carte 15/32 – **12 Zim** 🛌 46 – 77.
- Der kleine Ort liegt zwischen Köln und Düsseldorf. Familiäres Hotel mit rosa Fassade in einer Einbahnstraße des Dorfzentrums. Einige Zimmer im Landhausstil. Das Restaurant : teils rustikal mit Holzbalken, teils heller und neuzeitlicher.

KÖNGEN Baden-Württemberg 419 T 12 – 9000 Ew – Höhe 280 m.
Berlin 626 – Stuttgart 26 – Reutlingen 28 – Ulm (Donau) 67.

Schwanen (mit Gästehaus), Schwanenstr. 1, ⊠ 73257, ℰ (07024) 9 72 50, schwanen-koengen@t-online.de, Fax (07024) 97256 – 📶 📺 ✆ 🅿 – 🔔 40. 🆎 ⓘ 🔴 VISA
geschl. 1. - 6. Jan. – **Menu** (geschl. Sonntagabend - Montag) à la carte 22/39 – **45 Zim** ⊇ 55/68 – 85/90.
♦ Ein freundlicher, zuvorkommender Service und solide eingerichtete Gästezimmer mit zeitgemäßem Komfort zeichnen dieses familiengeführte Hotel im Neckartal aus. In klassisch-gediegenem Ambiente serviert man sorgfältig und schmackhaft Zubereitetes.

Die in diesem Führer angegebenen Preise folgen
der Entwicklung der allgemeinen Lebenshaltungskosten.
Lassen Sie sich bei der Zimmerreservierung den endgültigen
Preis vom Hotelier mitteilen.

KÖNIG, BAD Hessen 417 419 Q 11 – 9500 Ew – Höhe 183 m – Heilbad.
🅱 Brombachtal, Am Golfplatz 1 (West : 4 km), ℰ (06063) 5 74 47.
🛈 Kurgesellschaft, Elisabethstr. 13, ⊠ 64732, ℰ (06063) 5 78 50, Fax (06063) 578560.
Berlin 584 – Wiesbaden 85 – Mannheim 71 – Aschaffenburg 44 – Darmstadt 40 – Heidelberg 65.

Büchner, Frankfurter Str. 6 (Eingang Schwimmbadstraße), ⊠ 64732, ℰ (06063) 5 00 50, info@hotel-buechner.de, Fax (06063) 57101, 🏊, 🎿, 🐎 – 📺 ✆ 🅿 – 🔔 25. 🆎 🔴 VISA
Menu (geschl. Okt., Mittwochabend - Donnerstag) à la carte 17,50/41 – **31 Zim** ⊇ 39/80 – 74/100 – ½ P 15.
♦ In einer kleinen, hauseigenen Parkanlage liegt dieser Gasthof mit Hotelanbau. Die Zimmer sind geräumig und geschmackvoll mit soliden, hellen Naturholzmöbeln eingerichtet. Gediegenes Hotelrestaurant.

Mümlingtal garni, Waldstr. 22, ⊠ 64732, ℰ (06063) 50 90, hotel-muemlingtal@t-online.de, Fax (06063) 509213, Massage, 🏊, 🎿, 🐎, 🎾, 🏊, 🐎 – 📶 📺 🅿 – 🔔 25. 🆎 🔴 VISA. 🎿
38 Zim ⊇ 38/59 – 66/92.
♦ Ein Ferienhotel im Landhausstil mit wohnlichen Zimmern, die teils mit rustikalen Eichenmöbeln, teils - im Gästehaus - mit helleren, zeitlosen Möbeln eingerichtet sind.

In Bad König-Momart Süd-Ost : 2 km über Weyprechtstraße :

Zur Post, Hauswiesenweg 16, ⊠ 64732, ℰ (06063) 15 10, zurpost-momart@t-online.de, Fax (06063) 3785, ≤, 🎿, 🐎 – 📺 🅿 🔴 🆎
Menu (geschl. Montag) à la carte 12/26 – **11 Zim** ⊇ 30/36 – 52 – ½ P 9.
♦ Seit sechs Generationen in Familienbesitz ist dieser historische Gasthof, der zeitweise auch als Poststation diente. Heute erwarten wohnliche, gepflegte Zimmer die Gäste. Bäuerliche Geräte schaffen in den rustikalen Gaststuben ein ländliches Ambiente.

KÖNIGSBACH-STEIN Baden-Württemberg 419 T 9 – 10000 Ew – Höhe 192 m.
🅱 Königsbach-Stein, Hofgut Johannesthal (Nord : 3 km), ℰ (07232) 80 98 60.
Berlin 647 – Stuttgart 65 – Karlsruhe 25 – Pforzheim 16.

Im Ortsteil Königsbach :

Europäischer Hof, Steiner Str. 100, ⊠ 75203, ℰ (07232) 8 09 80, Fax (07232) 809850 – 📺 🐎 🅿 – 🔔 30. 🆎 ⓘ 🔴 VISA
geschl. über Fasching 2 Wochen, Juli - Aug. 3 Wochen – **Menu** (geschl. Samstagmittag, Sonntagabend - Montag) (abends Tischbestellung ratsam) à la carte 31/46 – **20 Zim** ⊇ 50 – 85.
♦ Solide, sauber und gepflegt ist die Ausstattung dieses Gasthofs im Landhausstil, der am Ortsrand in einem Wohngebiet liegt. Auch für Tagungen geeignet. Restaurant in gediegenländlicher Aufmachung.

Im Ortsteil Stein :

Landgasthof Krone, Königsbacher Str. 2, ⊠ 75203, ℰ (07232) 3 04 20, hotel-krone-stein@s-direktnet.de, Fax (07232) 304242 – ⇌ Zim, 📺 ✆ 🅿 – 🔔 30. 🔴 VISA
Menu à la carte 28/38,50 – **20 Zim** ⊇ 54 – 89.
♦ Gastlichkeit wird groß geschrieben in diesem Fachwerkgasthof aus dem Jahr 1831. Anfang der 90er Jahre wurde das Haus renoviert und verfügt jetzt über wohnliche Zimmer. Gemütlich-rustikales Restaurant.

KÖNIGSBRONN Baden-Württemberg 419 420 T 14 – 7 800 Ew – Höhe 500 m – Erholungsort
– Wintersport : ⛷.

Berlin 572 – Stuttgart 90 – Augsburg 106 – Aalen 14 – Heidenheim an der Brenz 9.

In Königsbronn-Zang Süd-West : 6 km :

Landgasthof Löwen mit Zim, Struthstr. 17, ✉ 89551, ☎ (07328) 9 62 70, loewen-zang@t-online.de, Fax (07328) 962710, 😊, 🐴, ✵ – 📺 🅿 ✪ VISA
geschl. Ende Aug.- Anfang Sept. – **Menu** (geschl. Dienstag - Mittwochmittag) à la carte 20/38 – **8 Zim** ⊇ 40 – 65 – ½ P 10.
* In dem soliden Landgasthof verwöhnt man die Gäste mit einer schmackhaft zubereiteten regionalen Küche. Verschiedene rustikale Stuben schaffen ein nettes Umfeld.

KÖNIGSBRUNN Bayern 419 420 V 16 – 20 500 Ew – Höhe 520 m.

📅 Lechfeld, Föllstr. 32a, ☎ (08231) 3 26 37 ; 📅 Königsbrunn, Benzstr. 23, ☎ (08231) 3 42 04.

Berlin 572 – München 66 – Augsburg 14 – Ulm (Donau) 94.

Arkadenhof M garni, Rathausstr. 2, ✉ 86343, ☎ (08231) 9 68 30, hotelarkadenhof@t-online.de, Fax (08231) 86020, 🛏 – 📵 ⇿ 📺 📞 🖇 🅿 – 🏛 40. 🅰 ① ✪ VISA
geschl. 20. - 31. Dez. – **60 Zim** ⊇ 66/85 – 79/100, 3 Suiten.
* Im Süden von Augsburg finden Sie dieses 1998 neu erbaute Haus mit modern und funktionell ausgestatteten Zimmern, die guten Komfort bieten. Auch Familienzimmer vorhanden.

KÖNIGSDORF Bayern 419 420 W 18 – 2 100 Ew – Höhe 625 m.

📅 Beuerberg, Gut Sterz (West : 5 km), ☎ (08179) 6 17.

Berlin 633 – München 45 – Garmisch-Partenkirchen 54 – Weilheim 29 – Bad Tölz 11.

Posthotel Hofherr (mit 🅶 Gasthof), Hauptstr. 31 (B 11), ✉ 82549, ☎ (08179) 50 90, mail@posthotel-hofherr.de, Fax (08179) 659, Biergarten, 🛏 – 📵 ⇿ 📺 📞 🅿 – 🏛 80. ① ✪ VISA
Menu à la carte 14,50/30 – **60 Zim** ⊇ 46/82 – 87/103.
* Die soliden, gepflegten Zimmer des alpenländischen Gasthofs verteilen sich auf 3 Bauabschnitte - alle mit Balkon/Terrasse. Moderne Tagungsräume sind vorhanden. Gaststuben mit gemütlich-rustikalem Charakter.

KÖNIGSFELD IM SCHWARZWALD Baden-Württemberg 419 V 9 – 6 000 Ew – Höhe 761 m
– Heilklimatischer Kurort – Kneippkurort – Wintersport : ⛷.

📅 Königsfeld-Martinsweiler, Angelmoos 20, ☎ (07725) 9 39 60.

🛈 Tourist-Information, Friedrichstr. 5, ✉ 78126, ☎ (07725) 80 09 45, Fax (07725) 800944.

Berlin 752 – Stuttgart 126 – Freiburg im Breisgau 79 – Triberg 19 – Villingen-Schwenningen 13 – Schramberg 71.

Fewotel Schwarzwald Treff 🌳 (mit Gästehäusern), Klimspark, ✉ 78126, ☎ (07725) 80 80, reservierung@schwarzwaldtreff.de, Fax (07725) 808808, 😊, Massage, 🛏, 🏊, 🐴, ✵ (Halle) – 📵 🚺 🅿 – 🏛 100. 🅰 ① ✪ VISA. ✵ Rest
Menu à la carte 21/35,50 – **124 Zim** ⊇ 85/100 – 144/173.
* Die Hotelanlage in einem Park besteht aus dem Haupthaus und 8 restaurierten Villen mit funktionellen Zimmern und Ferienwohnungen. Sommers wie winters diverse Freizeitangebote. Das Restaurant unterteilt sich in verschiedene Stuben.

KÖNIGSHOFEN, BAD Bayern 418 420 P 15 – 7 100 Ew – Höhe 277 m – Heilbad.

🛈 Kurverwaltung, Am Kurzentrum 1, ✉ 97631, ☎ (09761) 9 12 00, tourismus@bad-koenigshofen.de, Fax (09761) 912040.

Berlin 381 – München 296 – Coburg 49 – Bamberg 61 – Fulda 82.

Schlundhaus mit Zim, Marktplatz 25, ✉ 97631, ☎ (09761) 15 62, Fax (09761) 1562 – 📺. 🅰 ① ✪ VISA JCB
geschl. nach Pfingsten 2 Wochen – **Menu** (geschl. Dienstag) à la carte 14/25 – **6 Zim** ⊇ 40 – 65/75.
* Das Richtige für einen gemütlichen Abend ist dieses historische Gasthaus a. d. 16. Jh. mit seinem ländlich-rustikalen Ambiente. Gepflegte Übernachtungsmöglichkeit !

KÖNIGSLUTTER AM ELM Niedersachsen 416 418 J 16 – 16 700 Ew – Höhe 125 m.

Sehenswert : Ehemalige Abteikirche★ (Plastik der Hauptapsis★★, Nördlicher Kreuzgangflügel★).

🛈 Fremdenverkehrsamt, Am Markt 1, Rathaus, ✉ 38154, ☎ (05353) 91 21 29, fremdenverkehrsamt@koenigslutter.de, Fax (05353) 912155.

Berlin 204 – Hannover 85 – Magdeburg 74 – Braunschweig 22 – Wolfsburg 23.

KÖNIGSLUTTER AM ELM

🏠 **Kärntner Stub'n,** Fallersleber Str. 23, ✉ 38154, ℘ (05353) 9 54 60, *info@kaerntner-stubn.de, Fax (05353) 954695* – 📺 🅿 AE 🆎 VISA
geschl. 26. Dez. - 6. Jan. – **Menu** à la carte 15,50/28 – **23 Zim** ⇌ 43/57 – 72/82.
♦ Der Chef des Hauses ist gebürtiger Kärntner und so bekam die älteste Gaststätte Königslutters ihren Namen. Es erwarten Sie gepflegte und zeitgemäße, teils einfache Zimmer. Holzdecke und Jagdtrophäen gestalten das Restaurant ländlich-rustikal.

In Königslutter-Bornum *West : 5 km über die B 1 :*

🏠 **Lindenhof,** Im Winkel 23, ✉ 38154, ℘ (05353) 92 00, *lindenhof.alfred@t-online.de, Fax (05353) 92020* – ⊁ Zim, 📺 🚗 🅿 AE 🆎 VISA
Menu *(geschl. 12. Juli - 3. Aug.)* à la carte 18/28 – **17 Zim** ⇌ 49 – 66/71.
♦ Tradition verpflichtet : Gepflegte und solide eingerichtete Zimmer finden die Gäste in dem schönen Fachwerkgasthof, der sich seit 1894 in Familienbesitz befindet. Wie in der guten Stube sitzt man in dem Restaurant - allerlei Nostalgisches dient als Dekor.

KÖNIGSTEIN Bayern 419 420 R 18 – 1 800 Ew – Höhe 500 m – Erholungsort.
🏌 Königstein, Namsreuth 7 (Süd-Ost : 2 km), ℘ (09665) 9 14 40.
🛈 *Tourismusverein, Oberer Markt 20 (Rathaus),* ✉ 92281, ℘ (09665) 17 64, Fax (09665) 913130.
Berlin 407 – München 202 – Nürnberg 54 – Bayreuth 52 – Amberg 29.

🏠 **Wilder Mann,** Oberer Markt 1, ✉ 92281, ℘ (09665) 9 15 90, *info@wilder-mann.de, Fax (09665) 9159100,* 🍽, 🛋, ⛲ – 🛗 📺 📞 🚗 🆎 VISA
Menu *(geschl. 7. Jan. - 15. Feb.)* à la carte 12,50/29,50 – **30 Zim** ⇌ 31/48 – 48/83 – ½ P 9.
♦ Ein engagiert geführter, traditionsreicher Gasthof in Familienbesitz. Fragen Sie nach einem der neuen Zimmer im wohnlichen Landhausstil. Gepflegter Wellnessbereich. Im neo-rustikalen Restaurant schafft der Kachelofen eine behagliche Atmosphäre.

🏡 **Zur Post,** Marktplatz 2, ✉ 92281, ℘ (09665) 7 41, *gasthof.post@web.de, Fax (09665) 953187,* 🍽 – 📺 🚗 🆎 VISA
Menu *(geschl. 5. Jan.- 5. Feb.)* à la carte 10/22 – **17 Zim** ⇌ 23/27 – 45/53 – ½ P 5.
♦ Ein freundlicher, familiengeführter Landgasthof mit wohnlichen Zimmern zu einem guten Preis-Leistungs-Verhältnis erwartet Sie im Zentrum des Ortes. Das Restaurant ist eine ländliche Gaststube.

In Edelsfeld *Süd-Ost : 7,5 km über die B 85 in Richtung Amberg :*

🏠 **Goldener Greif,** Sulzbacher Str. 5, ✉ 92265, ℘ (09665) 9 14 90, *heldrichggg@t-online.de, Fax (09665) 9149100,* 🍽, 🛋, ⛲ – 🛗, 🗼 Zim, 📺 🅿 🆎 🕐 🆎 VISA
Menu *(geschl. Dienstag - Mittwochmittag)* à la carte 10,50/27,50 – **25 Zim** ⇌ 35/45 – 45/59 – ½ P 10.
♦ Der Landgasthof in der Oberpfalz befindet sich seit acht Generationen in Familienbesitz. Wohnliche Zimmer, sauber und gepflegt, erwarten die Gäste. Ländliches Restaurant mit Sitznischen.

In Hirschbach *Süd-West : 10 km in Richtung Hersbruck :*

🏡 **Goldener Hirsch,** Hirschbacher Dorfplatz 1, ✉ 92275, ℘ (09152) 98 63 00, *gasthof@goldenerhirsch.de, Fax (09152) 986301,* 🍽, *(Gasthof a.d.J. 1630),* ⛲ – 📺 🅿 🕐
geschl. 13. Jan. - 8. März – **Menu** *(geschl. Montag)* à la carte 7,50/16 – **16 Zim** ⇌ 18/20 – 35/40 – ½ P 7.
♦ Ein schöner, historischer Fachwerkgasthof mit solide eingerichteten Zimmern. Genießen Sie die reizvolle Natur der Frankenalb und die diversen Freizeitmöglichkeiten. Bürgerlich-rustikal zeigt sich die Gaststube.

KÖNIGSTEIN Sachsen 418 N 26 – 3 200 Ew – Höhe 120 m.
🛈 *Touristinformation, Schreiberberg 2 (Haus des Gastes),* ✉ 01824, ℘ (035021) 6 82 61, Fax (035021) 68887.
Berlin 226 – Dresden 33 – Chemnitz 101 – Görlitz 87.

In Struppen-Weissig *Nord-West : 7,5 km :*

🏠 **Rathener Hof** 🌿, Rathener Str. 7d, ✉ 01796, ℘ (035021) 7 20, *post@rathener-hof.de, Fax (035021) 72444,* ≤, 🍽, ⛲ – 🛗 📺 🅿 – 🛋 40. 🆎 VISA
Menu à la carte 15/33,50 – **29 Zim** ⇌ 50/57 – 89/94 – ½ P 14.
♦ Sächsische Gastlichkeit und ein Blick auf die Sächsische Schweiz erwarten die Gäste dieses renovierten, kleinen Landgasthofs mit solide ausgestatteten Zimmern. Panoramarestaurant mit Blick auf das Elbsandsteingebirge.

Lesen Sie die Einleitung, sie ist der Schlüssel zu diesem Führer.

KÖNIGSTEIN IM TAUNUS
Hessen ⁴¹⁷ P 9 – 17 500 Ew – Höhe 362 m – Heilklimatischer Kurort.

Sehenswert : *Burgruine*★.

🛈 Kur- und Stadtinformation, Kurparkpassage, Hauptstr. 21, ✉ 61462, ✆ (06174) 20 22 51, info@koenigstein.de, Fax (06174) 202284.

Berlin 542 – Wiesbaden 27 – Frankfurt am Main 24 – Bad Homburg vor der Höhe 14 – Limburg an der Lahn 40.

🏨🏨 **Sonnenhof** ⚘, Falkensteiner Str. 9, ✉ 61462, ✆ (06174) 2 90 80, *sonnenhof-koenigstein@t-online.de*, Fax (06174) 290875, ≤, 🌳, 🌿, 💈 – 📺 🅿 – 🔒 40. AE ① ⓒ 𝐕𝐈𝐒𝐀
Menu (bemerkenswerte Weinkarte) 19 (mittags) à la carte 32/54 – **43 Zim** ⊐ 99/124 – 140/185 – ½ P 22.

◆ Das ehemalige Palais des Baron Rothschild liegt inmitten eines neun Hektar großen Naturparks und bietet den Gästen teils stilvoll, teils praktisch eingerichtete Zimmer. Sie speisen in der Sonnenstube oder im freundlichen, lichten Pavillon-Restaurant.

🏨 **Königshof** garni, Wiesbadener Str. 30, ✉ 61462, ✆ (06174) 2 90 70, *hotel-koenigshof@gmx.de*, Fax (06174) 290752, 💈 – 📺 📞 🅿 – 🔒 30. AE ① ⓒ 𝐕𝐈𝐒𝐀 JCB
geschl. Ende Juli - Anfang Aug., 21. Dez. - 6. Jan. – **26 Zim** ⊐ 100/110 – 110/139.

◆ Eine nette Übernachtungsadresse, ruhig und zentral gelegen, in der mahagonifarbenes Mobiliar das Interieur dominiert. Mit geräumigen und technisch gut ausgestatteten Zimmern.

🏨 **Zum Hirsch** ⚘ garni, Burgweg 2, ✉ 61462, ✆ (06174) 50 34, Fax (06174) 5019 – 📺. ⓒ
geschl. Weihnachten - Anfang Jan. – **25 Zim** ⊐ 45/70 – 85/110.

◆ Funktionell eingerichtete Zimmer mit einfachem Komfort bietet dieses saubere und gepflegte Hotel im Zentrum des Ortes seinen Besuchern.

✕✕ **Limoncello da Luigi**, Falkensteiner Str. 28 (im Sportpark), ✉ 61462, ✆ (06174) 36 09, *info@restaurant-limoncello.de*, Fax (06174) 932997, 🌳 – AE ⓒ 𝐕𝐈𝐒𝐀
Menu à la carte 23/45,50.

◆ Ein ungewöhnliches Ambiente : Im 1. Stock eines Sportparks - mit Blick in die Halle - lädt dieses rustikal-mediterrane Restaurant zum Genuß italienischer Spezialitäten ein.

In Königstein-Falkenstein Nord-Ost : 2 km :

🏨🏨🏨 **Kempinski Hotel Falkenstein** ⚘, Debusweg 6, ✉ 61462, ✆ (06174) 9 00, *info@kempinski-falkenstein.com*, Fax (06174) 909090, ≤, 🌳, Massage, 🅵6, 💈, ⛲, 🅡, 🌿
– 🛗, ⇌ Zim, 🗏 📺 📞 🅿 – 🔒 30. AE ① ⓒ 𝐕𝐈𝐒𝐀 JCB. ✼ Rest
Menu à la carte 40/54 ♀ – ⊐ 18 – **62 Zim** 169/309 – 229/329, 18 Suiten.

◆ Dieses Hotel hält, was der Name Kempinski verspricht : ein beeindruckendes Anwesen mit Park, Zimmer und Suiten mit klassischem Interieur, kurzum ein Ambiente zum Wohlfühlen. Elegant-komfortabel gestaltetes Restaurant.

In Königstein-Schneidhain Süd-West : 1,5 km :

✕✕ **Tristan**, Wiesbadener Str. 216 a, ✉ 61462, ✆ (06174) 92 85 25, *info@restaurant-tristan.de*, Fax (06174) 968880 – AE ⓒ 𝐕𝐈𝐒𝐀
geschl. Juli 2 Wochen, Montag – **Menu** (wochentags nur Abendessen) à la carte 28/41.

◆ Mediterrane Leichtigkeit kombiniert mit afrikanischen Elementen macht hier den Charme des Interieurs aus. Den Service leitet leger und gekonnt die Chefin des Hauses.

KÖNIGSWINTER
Nordrhein-Westfalen ⁴¹⁷ N 5 – 39 000 Ew – Höhe 60 m.

Ausflugsziel : *Siebengebirge*★ : *Burgruine Drachenfels*★ (nur zu Fuß, mit Zahnradbahn oder Kutsche erreichbar) ✼ ★★.

🛈 Tourismus-Siebengebirge, Drachenfelsstr. 11, ✉ 53639, ✆ (02223) 91 77 11, info@siebengebirge.com, Fax (02223) 917720.

Berlin 597 – Düsseldorf 83 – Bonn 10 – Koblenz 57 – Siegburg 20.

🏨🏨🏨 **Maritim**, Rheinallee 3, ✉ 53639, ✆ (02223) 70 70, *info.kwi@maritim.de*, Fax (02223) 707811, ≤, 🌳, 🅵6, 💈, ⛲ – 🛗, ⇌ Zim, 🗏 📺 📞 ⇌ – 🔒 330. AE ①
ⓒ 𝐕𝐈𝐒𝐀 JCB. ✼ Rest
Menu à la carte 35/46 – ⊐ 13 – **248 Zim** 103/208 – 138/244, 32 Suiten.

◆ Direkt am Rheinufer liegt das mondäne Hotel aus dem Jahr 1988. Einheitlich eingerichtete Zimmer mit zeitgemäßem Komfort und ein moderner Tagungsbereich stehen zur Verfügung. Gediegene Eleganz umgibt Sie in dem Hotelrestaurant.

Auf dem Petersberg Nord-Ost : 3 km :

🏨🏨🏨 **Gästehaus Petersberg** M ⚘, ✉ 53639 Königswinter, ✆ (02223) 7 40, *info@petersberg.steigenberger.de*, Fax (02223) 74443, ≤ Rheintal, 🌳, Massage, 🛎, 💈, ⛲
– 🛗, ⇌ Zim, 🗏 Rest, 📺 📞 ⇌ – 🔒 350. AE ① ⓒ 𝐕𝐈𝐒𝐀 JCB. ✼ Rest
Rheinterrassen (Tischbestellung ratsam) *(nur Abendessen)* **Menu** à la carte 43/59 –
Bistro (Nov.- März nur Mittagessen) **Menu** à la carte 27/32 – **99 Zim** ⊐ 170/195 – 250/275, 12 Suiten.

◆ Eine repräsentative Residenz in herrlicher Lage mit Blick ins Rheintal : Wohnen Sie wie ein Staatsgast in dem geschichtsträchtigen Gästehaus mit dem Flair eines Grandhotels. Im Restaurant Rheinterrassen umfängt Sie eine Atmosphäre gediegener Eleganz.

KÖNIGSWINTER

In Königswinter-Margarethenhöhe *Ost : 5 km :*

Im Hagen ⟨⟩, Oelbergringweg 45, ✉ 53639, ✆ (02223) 9 21 30, Fax (02223) 921399, ≤, 🌳 – TV ✆ P – 🔒 40. AE ⓘ ⓜ VISA
Menu *(geschl. Freitag)* à la carte 22/35 – **17 Zim** 🛏 46/70 – 82/97.
 ♦ Erholung am Waldrand : Praktisch eingerichtete und gut gepflegte Zimmer hält dieses kleine, mit Holzbalkonen geschmückte Hotel für seine Gäste bereit. Gediegen zeigt sich das Restaurant.

In Königswinter-Oberdollendorf *Nord : 2,5 km :*

XX **Tour de France**, Malteser Str. 19, ✉ 53639, ✆ (02223) 2 40 58, webmaster@restauranttourdefrance.de, Fax (02223) 4121, 🌳 – ⓜ VISA
geschl. über Karneval 2 Wochen, Okt. 2 Wochen, Montag – **Menu** *(wochentags nur Abendessen)* (Tischbestellung ratsam) à la carte 27,50/42,50.
 ♦ Der Name sagt es bereits : Das nett dekorierte, rustikale Restaurant mit Fachwerk und offenem Kamin lädt Sie ein auf eine Reise durch Frankreich. Wechselnde Bilderausstellung !

X **Bauernschenke**, Heisterbacher Str. 123, ✉ 53639, ✆ (02223) 2 12 82, kontakt@bauernschenke.de, Fax (02223) 909246, 🌳 – AE ⓘ ⓜ VISA
geschl. Juli 2 Wochen, Montag – **Menu** à la carte 13/25,50.
 ♦ In dem historischen Gasthaus am alten Marktplatz kommen die Freunde einer gutbürgerlichen, am Markt orientierten Küche und dazu passender Weine auf ihre Kosten.

In Königswinter-Stieldorf *Nord : 8 km :*

XX **Gasthaus Sutorius**, Oelinghovener Str. 7, ✉ 53639, ✆ (02244) 91 22 40, gasthaus@sutorius.de, Fax (02244) 912241, 🌳 – P. ⓜ VISA, ⁂
geschl. Sonntagabend - Montag – **Menu** *(wochentags nur Abendessen)* (Tischbestellung ratsam) à la carte 29/42.
 ♦ Seit über 200 Jahren in Familienbesitz : Das Fachwerkgasthaus verwöhnt seine Gäste in rustikaler Atmosphäre mit frisch zubereiteten regionalen und internationalen Speisen.

KÖNIGS WUSTERHAUSEN *Brandenburg* 416 418 *J 24 – 18 000 Ew – Höhe 51 m.*

🅸 *Tourist-Information, Am Bahnhof,* ✉ 15711, ✆ (03375) 2 52 019, Fax (03375) 252028.
Berlin 38 – Potsdam 57 – Cottbus 107 – Frankfurt (Oder) 70.

Brandenburg garni, Karl-Liebknecht-Str. 10, ✉ 15711, ✆ (03375) 67 60, post@hotel-brandenburg-kw.de, Fax (03375) 676166 – 🛗 TV ✆ 🚗 P – 🔒 15. AE ⓘ ⓜ VISA
geschl. Weihnachten - Neujahr – **34 Zim** 🛏 50/62 – 62/78.
 ♦ Ein neugebautes Hotel mit ausreichend großen, funktionell eingerichteten Zimmern. Freuen Sie sich auf ein reichhaltiges Frühstücksbuffet.

KÖSEN, BAD *Sachsen-Anhalt* 418 *M 19 – 7 000 Ew – Höhe 115 m.*

Sehenswert : *Soleförderanlage*★.
🅸 *Touristinformation, Naumburger Str. 13b,* ✉ 06628, ✆ (034463) 2 82 89, Fax (034463) 28280.
Berlin 229 – Magdeburg 144 – Leipzig 68 – Gera 62 – Weimar 42.

Villa Ilske ⟨⟩, Ilskeweg 2, ✉ 06628, ✆ (034463) 36 60, villa-ilske@t-online.de, Fax (034463) 36620, ≤ Bad Kösen und Saale, 🌳 – TV P. AE ⓜ VISA
Menu *(geschl. 6. - 19. Jan.)* à la carte 14/21 – **16 Zim** 🛏 41/55 – 68/78 – ½ P 11.
 ♦ Die denkmalgeschützte, renovierte Jugendstilvilla liegt oberhalb der Stadt in einem weitläufigen Waldgarten. Die Zimmer sind gepflegt und praktisch ausgestattet. Das Restaurant hat man als Wintergarten angelegt.

Berghotel Wilhelmsburg ⟨⟩, Eckartsbergaer Str. 20 (Nord-West : 2,5 km), ✉ 06628, ✆ (034463) 36 70, wilhelmsburg@t-online.de, Fax (034463) 36720, ≤ Bad Kösen und Saale, 🌳, ⛱, 🎳 – 🔒 30. AE ⓘ ⓜ VISA
Menu à la carte 14,50/22 – **39 Zim** 🛏 46/52 – 56/95 – ½ P 12.
 ♦ Umgeben von Wäldern und Weinbergen finden Sie dieses Hotel mit der burggähnlichen Architektur und sauberen, gepflegten Zimmern mit unterschiedlicher, solider Einrichtung. Im Restaurant genießen Sie den Blick ins Saaletal. Einladende Innenhofterrasse !

Zum Wehrdamm, Loreleypromenade 3, ✉ 06628, ✆ (034463) 2 84 05, hotel@wehrdamm.de, Fax (034463) 28396, 🌳 – TV P.
geschl. Jan. – **Menu** à la carte 10/19 – **8 Zim** 🛏 40/45 – 60/75 – ½ P 10.
 ♦ Im Herzen des Ortes, direkt am Saalewehr, liegt dieses Haus mit den ordentlichen, mit Eichenholzmöbeln eingerichteten Zimmern, die ein gutes Preis-Leistungs-Verhältnis bieten. Die Terrasse an der Saale ergänzt das rustikale Restaurant.

KÖSEN, BAD

In Kreipitzsch *Süd : 5 km :*

🏛️ **Rittergut** M ⚑, Dorfstr. 65, ✉ 06628, ☎ (034466) 60 00, *hotelrittergut@t-online.de*, Fax (034466) 60050, ≤ Saaletal mit Burg Saaleck und Rudelsburg, 🍽, 🛏, 🚗 – 📺 🅿 – 🎯 30. ⓜ 🆅 JCB
Menu *(geschl. Nov. - April Montag) (Nov. - April nur Abendessen)* à la carte 16/23 – **20 Zim** ⊠ 40/45 – 70 – ½ P 14.

♦ Der ehemalige Gutshof über dem Saaletal wurde komplett umgebaut und renoviert. Die Zimmer sind geräumig und mit dunklen, rustikalen Holzmöbeln ausgestattet. Eine Gewölbedecke ziert das rustikal gestaltete Restaurant.

KÖSSEN *Österreich* 420 *W 21 – 3 600 Ew – Höhe 591 m – Wintersport : 600/1 700 m* ⛷7 ⛷.

🚠 Kössen, Moserbergweg 60 (Ost : 6 km), ☎ (05375) 62 85 35.
🛈 *Tourismusverband Kössen-Schwendt, Dorf 15,* ✉ *A-6345,* ☎ *(05375) 62 87, Fax (05375) 6989.*
Wien 358 – Kitzbühel 29 – Bad Reichenhall 55 – München 111.

Auf dem Moserberg *Ost : 6 km, Richtung Reit im Winkl, dann links ab :*

🏨 **Peternhof** ⚑, Moserbergweg 60, ✉ A-6345 Kössen, ☎ (05375) 62 85, *info@peternhof.com*, Fax (05375) 6944, ≤ Reit im Winkl, Kaisergebirge und Unterberg, 🍽, Massage, 🎱, ♨, ≘s, 🏊, 🚗, ⛳(Halle), 🎿 – 🛗 📺 ⇔ 🅿
geschl. 3. Nov.- 14. Dez. – **Menu** à la carte 16/30 – **153 Zim** ⊠ 76/90 – 152/166, 30 Suiten – ½ P 10.

♦ Ein Ferienhotel im alpenländischen Stil. Sie wohnen in teils praktisch, teils elegant ausgestatteten Zimmern im Landhausstil. Entspannen Sie in der Saunalandschaft ! Sie speisen in rustikal-eleganten alpenländischen Stuben oder im gediegenen Speisesaal.

In Kössen-Kranzach *West : 6 km :*

🏨 **Seehof and Panorama**, Kranzach 20, ✉ A-6344 Walchsee, ☎ (05374) 56 61, *panorama@seehof.com*, Fax (05374) 5665, ≤, 🍽, Massage, 🎱, ♨, ≘s, 🏊 (geheizt), 🏊, 🚗, ⛳(Halle), 🎿 – 🛗, 🚭 Rest, 📺 ⇔ 🅿 – 🎯 35
geschl. 4. Nov. - 18. Dez. – **Menu** à la carte 18/30 – **165 Zim** ⊠ 72/91 – 144/152, 30 Suiten – ½ P 7.

♦ Komfortable Ferienhotels mit ansprechender Saunalandschaft und leicht variierenden Zimmern. Seit 2001 gehört ein drittes Hotel zu diesem Komplex : die neue Seeresidenz.

In Walchsee *West : 7 km :*

🏛️ **Schick**, Johannesstr. 1, ✉ A-6344, ☎ (05374) 53 31, *info@hotelschick.com*, Fax (05374) 5331550, 🍽, Massage, ♨, ≘s, 🏊, 🚗, ⛳(Halle) – 🛗, 🚭 Zim, 📺 ⇔ 🅿 – 🎯 50. ⓘ ⓜ 🆅
geschl. 17. März - 16. April, 27. Okt. - 30. Nov. – **Menu** à la carte 22/30 – **100 Zim** ⊠ 85/120 – 154/208 – ½ P 9.

♦ Ein schöner alpenländischer Gasthof, liebevoll dekoriert und mit Kurzentrum fürs Wohlbefinden. Besonders die Zimmer im Anbau vermitteln ein Ambiente stilvoller Behaglichkeit. Holzgetäfelte Wände und ein nettes Dekor machen das Restaurant gemütlich.

KÖSTRITZ, BAD *Thüringen* 418 *N 20 – 3 500 Ew – Höhe 299 m.*
Berlin 238 – Erfurt 89 – Gera 8 – Jena 44 – Plauen 61 – Zwickau 51.

🏛️ **Goldner Loewe**, Heinrich-Schütz-Str. 5, ✉ 07586, ☎ (036605) 3 80, *goldner-loewe@t-online.de*, Fax (036605) 38100, ≘s, ⛳ – 🛗, 🚭 Zim, 📺 📞 ♿ 🅿 – 🎯 130. ⒶⒺ ⓘ ⓜ 🆅
Menu à la carte 19/28 – **35 Zim** ⊠ 65/80 – 80/95.

♦ Ein altes Jugendstilhaus mit schön gestalteter Fassade wurde umfassend renoviert und mit modernem Komfort versehen. Handgearbeitete Stilmöbel geben den Zimmern ihren Reiz. Herzstück des Restaurants ist das Kaminzimmer mit der schön gearbeiteten Feuerstelle.

🏛️ **Schlosshotel**, Julius-Sturm-Platz 9 (B 7), ✉ 07586, ☎ (036605) 3 30, *schlosshotel_bad-koestritz@t-online.de*, Fax (036605) 33333, 🍽, ≘s – 🛗, 🚭 Zim, 📺 📞 ♿ 🅿 – 🎯 100. ⒶⒺ ⓘ ⓜ 🆅
Menu à la carte 17/31 – **84 Zim** ⊠ 59 – 72.

♦ Direkt an einem Park liegt dieses moderne Hotel. Behagliche, mit hellen Naturholzmöbeln eingerichtete Zimmer bieten zeitgemäßen Komfort und ein gutes Raumangebot. Großes Restaurant mit gepolsterten Sitzbänken.

KÖTSCHLITZ *Sachsen-Anhalt siehe Günthersdorf*

KÖTZTING Bayern 420 S 22 – 7 500 Ew – Höhe 408 m – Kneippkurort.
🛈 Kurverwaltung und Tourist-Information, Herrenstr. 10, ✉ 93444, ℘ (09941) 60 21 50, tourist@koeetzting.de, Fax (09941) 602155.
Berlin 496 – München 189 – Regensburg 78 – Passau 104 – Cham 23 – Deggendorf 46.

🏨 **Amberger Hof**, Torstr. 2, ✉ 93444, ℘ (09941) 95 00, amberger-hof@t-online.de, Fax (09941) 950110, Massage, ≦, 🛏 Zim, 🍴, 📺, 🅿, AE ⓞ VISA
geschl. 11. - 25. Jan. – **Menu** à la carte 11,50/22 – **34 Zim** ⊇ 26/43 – 46/66 – ½ P 9.
◆ Ein gepflegtes Hotel im Bayerischen Wald mit solide eingerichteten Zimmern. In der hauseigenen Kneippbadeabteilung können Sie etwas für Ihre Gesundheit tun. Restaurant in rustikal-gediegenem Stil.

In Kötzting-Liebenstein Nord : 7 km in Richtung Ramsried : – Höhe 650 m

🏨 **Bayerwaldhof** ⬧, Liebenstein 25, ✉ 93444, ℘ (09941) 94 79 50, info@bayerwaldhof.de, Fax (09941) 9479530, ≼, 🍴, ≧, 🅿, 🛏, 🥾 (Halle) – 🛗 📺 🅿. ⚜ Rest
Menu à la carte 15,50/26,50 – **60 Zim** ⊇ 49/65 – 98/160 – ½ P 7.
◆ Der Gasthof im Landhausstil liegt direkt am Waldrand ; er bietet seinen Gästen wohnliche Zimmer in verschiedenen Kategorien und einen ansprechenden Wellnessbereich. Eine helle Holztäfelung gibt den Restaurant-Stuben ihren alpenländischen Charme.

KOHLGRUB, BAD Bayern 419 420 W 17 – 2 200 Ew – Höhe 815 m – Moorheilbad – Wintersport : 820/1 406 m ≰4 ⚞.
🛈 Kurverwaltung im Haus der Kurgäste, Hauptstr. 27, ✉ 82433, ℘ (08845) 7 42 20, bad.kohlgrub@gaponline.de, Fax (08845) 742244.
Berlin 668 – München 83 – Garmisch-Partenkirchen 32 – Kempten (Allgäu) 78 – Landsberg am Lech 51.

🏨 **Pfeffermühle** ⬧, Trillerweg 10, ✉ 82433, ℘ (08845) 7 40 60, info@hotel-restaurant-pfeffermuehle.de, Fax (08845) 1047, 🍴 – 📺 🅿.
geschl. Anfang Nov. - Weihnachten, Jan. 3 Wochen, Juli 1 Woche – **Menu** (geschl. Donnerstag) à la carte 18,50/34 (auch vegetarische Gerichte) – **8 Zim** ⊇ 34 – 67 – ½ P 14.
◆ Zu jeder Jahreszeit einen erholsamen Aufenthalt verspricht das kleine alpenländischrustikale Hotel mit den gepflegten, mit dunklen Holzmöbeln gestalteten Zimmern. Rustikales, nett dekoriertes Restaurant.

KOHREN-SAHLIS Sachsen 418 M 21 – 2 200 Ew – Höhe 255 m.
Berlin 231 – Dresden 117 – Chemnitz 39 – Altenburg 21 – Leipzig 43 – Zwickau 54.

In Kohren-Sahlis-Terpitz Ost : 2 km :

🏨 **Elisenhof** ⬧, ✉ 04655, ℘ (034344) 6 14 39, info@hotel-elisenhof.de, Fax (034344) 62815, 🍴 – 📺 🅿. AE ⓞ VISA
Menu (geschl. Jan.) à la carte 14,50/22,50 – **8 Zim** ⊇ 50/60 – 70/80.
◆ Der Neubau aus dem Jahr 1992 paßt sich harmonisch in das bestehende Vierseitbauernhof-Ensemble ein und beherbergt ein kleines Hotel mit wohnlichen Zimmern. Holzgetäfelte Wände und Decken und ein offener Kamin geben dem Restaurant seinen rustikalen Charme.

KOLBERMOOR Bayern 420 W 20 – 16 000 Ew – Höhe 465 m.
Berlin 641 – München 68 – Bad Reichenhall 80 – Rosenheim 5.

🏨 **Heider** (mit Gästehaus), Rosenheimer Str. 35, ✉ 83059, ℘ (08031) 9 60 76, Fax (08031) 91410, 🍴 – 🛗 🛏 📺 🅿. ⓞ VISA. ⚜ Zim
geschl. Anfang - Mitte Jan. – **Menu** (geschl. Freitag) (nur Abendessen) (Restaurant nur für Hausgäste) – **32 Zim** ⊇ 48/52 – 77, 3 Suiten.
◆ Ein sehr freundlich und engagiert geführter Familienbetrieb mit solide ausgestatteten Zimmern und einigen Appartements mit Küchenzeile.

KOLKWITZ Brandenburg siehe Cottbus.

KOLLNBURG Bayern 420 S 22 – 2 900 Ew – Höhe 670 m – Erholungsort – Wintersport : 600/1 000 m ≰2 ⚞.
🛈 Tourist-Information, Schulstr. 1, ✉ 94262, ℘ (09942) 94 12 14, tourist-info@kollnburg.de, Fax (09942) 94 12 99.
Berlin 510 – München 177 – Regensburg 75 – Passau 85 – Cham 30 – Deggendorf 34.

🏨 **Burggasthof** (mit Gästehaus), Burgstr. 11, ✉ 94262, ℘ (09942) 9 43 50, info@burggasthof-hauptmann.de, Fax (09942) 7146, ≼, 🍴, ≧, 🛏 – 📺 🅿. ⓞ VISA
geschl. 12. Nov. - 10. Dez. – **Menu** (geschl. Nov. - Mai Dienstag) à la carte 10/22 – **21 Zim** ⊇ 22/29 – 42/51 – ½ P 10.
◆ Im Naturpark Bayerischer Wald finden Sie diese ländliche Pension. Im Haupthaus sind die Zimmer sauber und einfach eingerichtet, im Gästehaus bieten sie mehr Komfort. Schlichte, ländliche Gaststube.

KONKEN Rheinland-Pfalz siehe Kusel.

KONSTANZ Baden-Württemberg 419 X 11 – 78 000 Ew – Höhe 407 m.
  Sehenswert : *Lage*★ – *Seeufer*★ – *Münster*★ (*Türflügel*★, *Heiliges Grab*★) Y.
  Ausflugsziel : *Insel Mainau*★★ über ② : 7 km.
  ⌯ Allensbach-Langenrain, Hofgut Kargegg 1 (Nord-West : 15 km), ℘ (07533) 9 30 30.
  🛈 Tourist-Information, Bahnhofplatz 13, ✉ 78462, ℘ (07531) 13 30 30, info@ti.konstanz.de, Fax (07531) 133060 – **ADAC**, Wollmatinger Str. 6.
  Berlin 763 ② – Stuttgart 180 ① – Bregenz 62 ③ – Ulm (Donau) 146 ① – Zürich 76 ④

KONSTANZ

Augustinerplatz	Z
Bahnhofplatz	Z 2
Bahnhofstraße	Z 3
Benediktinerplatz	Y 4
Bodanplatz	Z
Bodanstraße	Z
Brauneggerstraße	Y
Emmishoferstraße	Z 5
Gartenstraße	Y 8
Glärnischstraße	Y 9
Gottlieber Str.	Z 12
Hafenstraße	Z
Hussenstraße	Z 13
Inselgasse	Y
Kanzleistraße	Z 17
Katzgasse	Y 18
Konzilstraße	YZ
Kreuzlinger Str.	Z 20
Lutherplatz	Z
Mainaustraße	Y 22
Marktstätte	Z 23
Münsterplatz	Y
Munzgasse	Z 25
Neugasse	Z 26
Obere Laube	Z
Obermarkt	Z 28
Paradiesstraße	Z 29
Rheinsteig	Y
Rheinbrücke	Y
Rheingutstraße	Y
Rosgartenstraße	Z 32
St-Stephans-Platz	Z 33
Schottenstraße	Y
Schützenstraße	Z 35
Seestraße	Y 36
Spanierstraße	Y 38
Theodor-Heuss-Str.	Y 39
Torgasse	Y 42
Untere Laube	Z
Webersteig	Y
Wessenbergstraße	Z 43
Wissenstraße	Z
Zollernstraße	Z 45

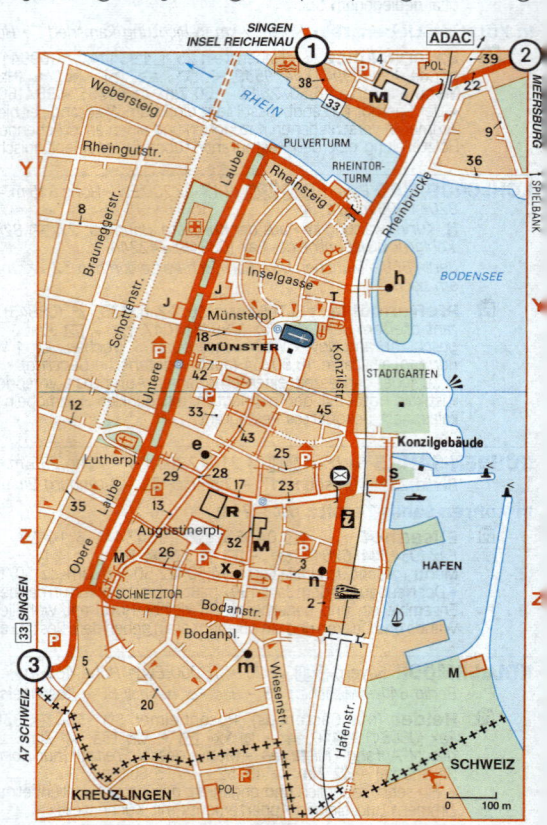

🏨 **Steigenberger Inselhotel**, Auf der Insel 1, ✉ 78462, ℘ (07531) 12 50, *konstanz@steigenberger.de*, Fax (07531) 125250, ≤ Bodensee, 😇, ≘s, 🎰, 🏖 – 📶, ⅙ Zim, 📺 🅿 – 🅰 150. AE ⓓ ⓜⓞ VISA JCB
Y h
Seerestaurant (geschl. Nov. - März) **Menu** à la carte 30/49 – **Dominikanerstube** : Menu à la carte 27/38 – **102 Zim** ⌂ 132/184 – 200/255 – ½ P 35.
  ♦ Sind Sie reif für die Insel? Lassen Sie sich von der reizvollen Lage dieses stilvollen Hotels verzaubern. Besonders imposant : der Kreuzgang des ehemaligen Klosters. Elegantes Restaurant und herrliche Seeterrasse !

🏨 **Mercure Halm** Ⓜ, Bahnhofplatz 6, ✉ 78462, ℘ (07531) 12 10, *h2827@accor-hotels.com*, Fax (07531) 21803, ≘s – 📶, ⅙ Zim, 📺 📞 – 🅰 80. AE ⓓ ⓜⓞ VISA. 🛇 Rest
Z n
Menu à la carte 22,50/36 – **99 Zim** ⌂ 105/126 – 140/163, 3 Suiten – ½ P 19.
  ♦ In dem klassischen Stadthaus finden die Gäste ein Hotel mit gediegen-elegantem Ambiente. Die Zimmer bieten den erwarteten zeitgemäßen Komfort. Für Veranstaltungen eignet sich der beeindruckende Maurische Saal !

KONSTANZ

🏨 Parkhotel am See ⑆, Seestr. 25a, ✉ 78464, ✆ (07531) 89 90, info@parkhotel-am-see.de, Fax (07531) 899400, ≤, 🌳, 🍴 – 📶 📺 🚗 – 🔒 30. AE ⓘ ⓜ VISA
Menu (geschl. Nov. – März Sonntagabend – Dienstag) à la carte 26/36,50 – **39 Zim** ⌖ 100/128 – 151/185, 6 Suiten – ½ P 20.
über ②
• Direkt an der autofreien Uferpromenade zwischen Casino und Yachthafen liegt dieses Hotel im Landhausstil. Alle gepflegten Zimmer haben einen eigenen Balkon oder eine Terrasse. Helles, freundliches Restaurant mit vorgelagerter Seeterrasse.

🏨 Buchner Hof garni, Buchnerstr.6, ✉ 78464, ✆ (07531) 8 10 20, buchner-hof@t-online.de, Fax (07531) 810240, 🍴 – 📺 🚗 📶 AE ⓘ ⓜ VISA
über ②
geschl. 20. Dez. - 10. Jan. – **13 Zim** ⌖ 70/80 – 85/110.
• Ein Hotel in ruhiger Wohnlage - wenige Minuten vom See und der Altstadt entfernt. Die meisten Zimmer hat man mit hellen Holzmöbeln eingerichtet und funktionell ausgestattet.

🏨 Barbarossa, Obermarkt 8, ✉ 78462, ✆ (07531) 12 89 90, wiedemann@barbarossa-hotel.com, Fax (07531) 12899700, 🌳 – 📶, 🍴 Zim, 📺 AE ⓘ ⓜ VISA   Z e
Menu à la carte 15,50/32,50 – **56 Zim** ⌖ 38/62 – 85/105 – ½ P 18.
• Das Hotel in dem historischen Stadthaus bietet Zimmer mit unterschiedlichem Komfort von solide über modern bis hin zu historischen Zimmern mit Stilmöbeln und Stuckdecken. Dunkles Holz und bleiverglaste Fenster geben dem Restaurant ein historisches Flair.

🏨 Bayrischer Hof garni, Rosgartenstr. 30, ✉ 78462, ✆ (07531) 1 30 40, info@bayerischer-hof-konstanz.de, Fax (07531) 130413 – 📶 🍴 📺 📞 ⓜ VISA. ⚸   Z x
geschl. 23. Dez. - 7. Jan. – **23 Zim** ⌖ 72/85 – 115/135.
• Hinter der Fassade des klassischen Stadthauses stehen funktionelle, gepflegte Zimmer für die Gäste bereit. Beginnen Sie den Tag im reich dekorierten Frühstücksraum.

🏨 Hirschen garni, Bodanplatz 9, ✉ 78462, ✆ (07531) 12 82 60, info@hirschen-konstanz.de, Fax (07531) 1282650 – 📺 📞 📶 ⓜ VISA. ⚸   Z m
geschl. 22. Dez. - 13. Jan. – **33 Zim** ⌖ 62/82 – 95/113.
• Ein zentral gelegenes, gut gepflegtes Stadthotel, das seinen Gästen ausreichend große, saubere und praktisch ausgestattete Zimmer mit Eichenmobiliar bietet.

🍴🍴🍴 Seehotel Siber ⑆ mit Zim, Seestr. 25, ✉ 78464, ✆ (07531) 9 96 69 90, seehotel.siber@t-online.de, Fax (07531) 99669933, ≤, 🌳 – 📺 📞 🚗 📶 AE ⓘ ⓜ VISA
geschl. über Fastnacht 2 Wochen – **Menu** (bemerkenswerte Weinkarte) 42 (mittags) à la carte 60/85 ⚰ – ⌖ 18 – **12 Zim** 170 – 240.
• Stilvolle Eleganz empfängt Sie in dieser modernisierten Jugendstilvilla. Das Restaurant und auch die Terrasse mit Blick auf den See sind Oasen der Gastlichkeit.
Spez. Eingelegte Rotbarbe mit Seppiolini und Krustentier-Gazpacho. Konfiertes Kalbsfilet mit gebratener Gänseleber und Kalbsschwanzpraline. Baumkuchen-Pastetchen mit Mascarponecreme und Walderdbeeren.

🍴🍴 Casino-Restaurant, Seestr. 21, ✉ 78464, ✆ (07531) 81 57 65, restaurant@spielbank-konstanz.de, Fax (07531) 815770, 🌳 – 📶 AE ⓘ ⓜ VISA JCB. ⚸
Menu (nur Abendessen) à la carte 26/55.
über ②
• Nicht allein die Magie des Spiels erwartet Sie im Casino, sondern auch ein gediegen-elegantes Restaurant. Wenn Sie auf der Terrasse Platz nehmen, haben Sie den See vor Augen.

🍴 Konzil-Gaststätten, Hafenstr. 2, ✉ 78462, ✆ (07531) 2 12 21, konzil@t-online.de, Fax (07531) 17467, Terrasse mit ≤ Bodensee und Hafen – 🔒 350. ⓜ VISA   Z s
geschl. Jan. – **Menu** à la carte 22/35.
• Essen und Tagen in historischem Ambiente : Gutbürgerliches und Fischgerichte serviert man in dieser Gaststätte mit dem saalartigen Restaurant und der schönen Terrasse am Hafen.

In Konstanz-Dettingen Nord-West : 10 km über ① – Erholungsort :

🏨 Landhotel Traube garni, Kapitän-Romer-Str. 9b, ✉ 78465, ✆ (07533) 9 32 20, info @landhoteltraube.de, Fax (07533) 932244 – 📶 📺 🚗 📞 – 🔒 30. AE ⓘ ⓜ VISA
20 Zim ⌖ 36/48 – 72/78.
• Einfache, aber gepflegte Zimmer zu einem guten Preis-Leistungs-Verhältnis bietet dieser freundliche, familiengeführte Landgasthof.

In Konstanz-Staad über ② : 4 km :

🍴🍴 Staader Fährhaus, Fischerstr. 30, ✉ 78464, ✆ (07531) 3 31 18, mail@staader-faehrhaus.de, Fax (07531) 33118, 🌳 – AE ⓘ ⓜ VISA JCB
geschl. über Fastnacht 1 Woche, Ende Sept. - Anfang Okt., Dienstag - Mittwochmittag – **Menu** 19,50 (mittags)/23,50 à la carte 26/48.
• Das kleine, hell und rustikal eingerichtete Restaurant mit Blick auf Meersburg hat sein Domizil im renovierten historischen Fährhaus am Segelhafen gefunden.

KONSTANZ

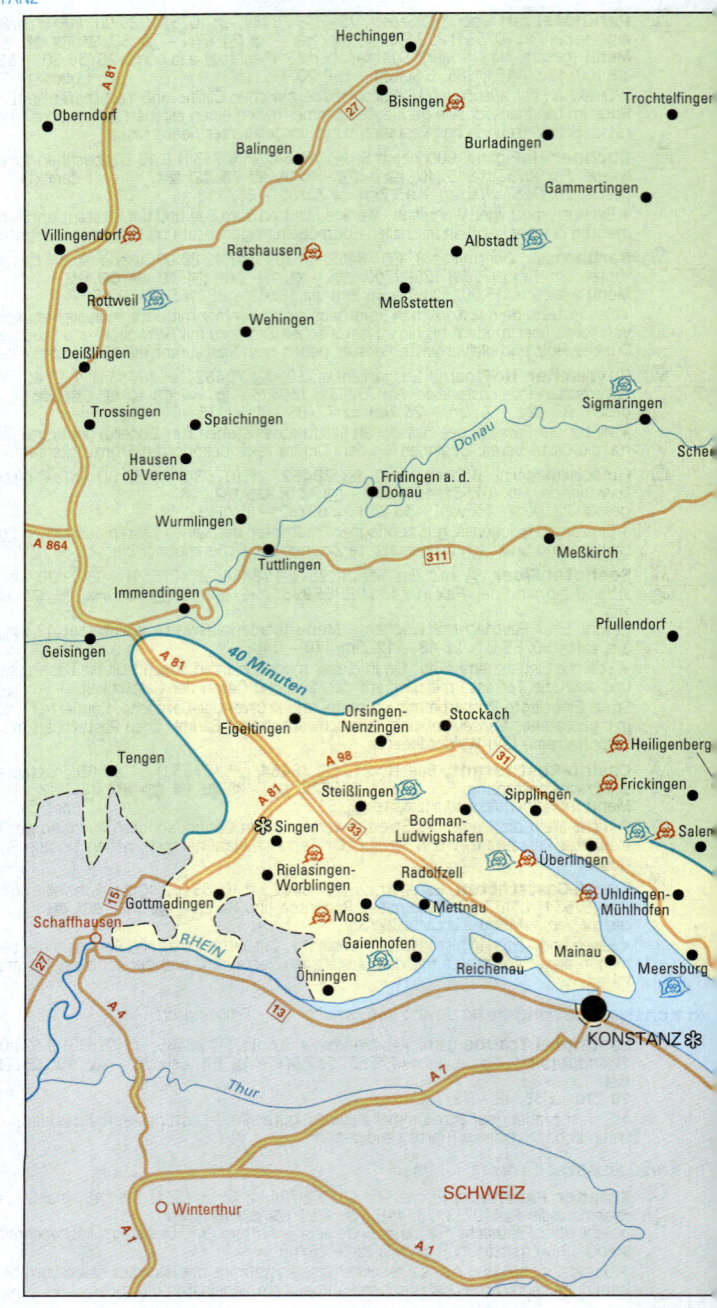

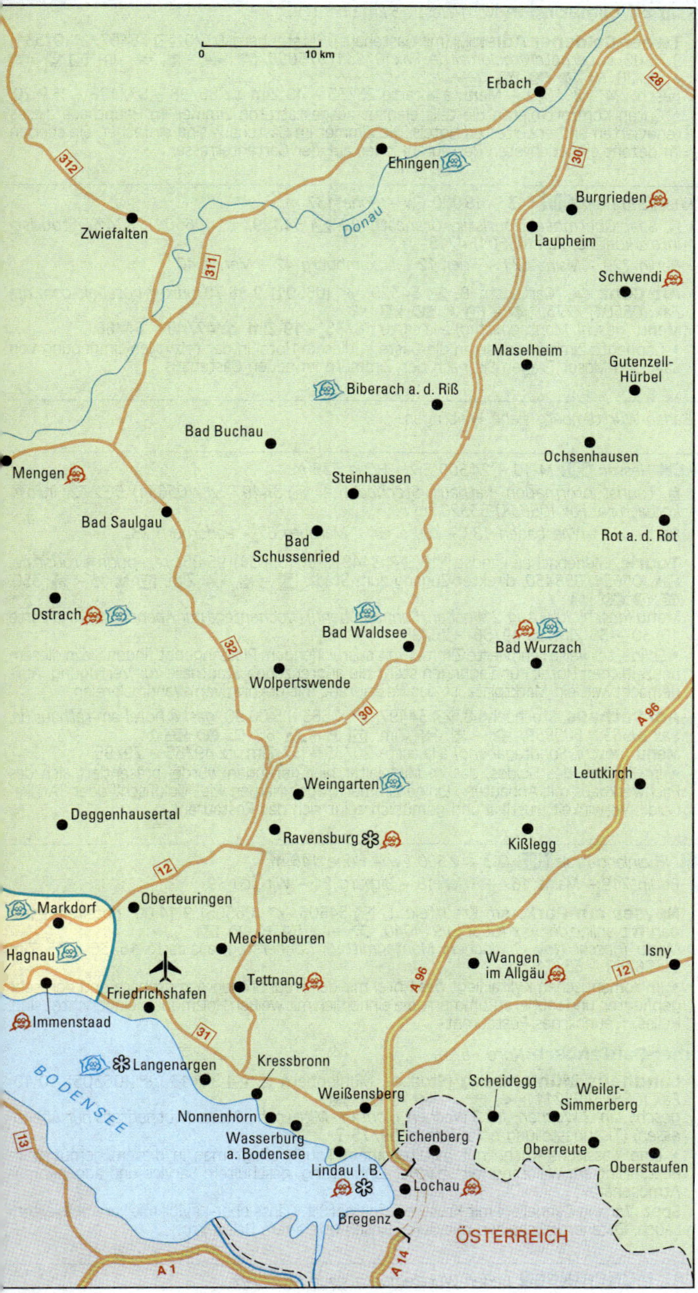
0
10 km
Erbach
28
Ehingen
312
30
Burgrieden
Donau
Laupheim
Zwiefalten
311
Schwendi
Maselheim
Gutenzell-
Hürbel
Biberach a. d. Riß
Bad Buchau
Ochsenhausen
Mengen
Steinhausen
Bad Saulgau
Rot a. d. Rot
Bad
Schussenried
Ostrach
Bad Waldsee
Bad Wurzach
32
Wolpertswende
30
A 96
Leutkirch
Weingarten
Deggenhausertal
Ravensburg
Kißlegg
12
Oberteuringen
Markdorf
Meckenbeuren
Isny
Hagnau
Wangen
im Allgäu
A 96
12
Tettnang
Friedrichshafen
Immenstaad
31
Langenargen
Kressbronn
BODENSEE
Scheidegg
Weißensberg
Weiler-
Simmerberg
Nonnenhorn
13
Wasserburg
a. Bodensee
Eichenberg
Oberreute
Oberstaufen
Lindau I. B.
Lochau
Bregenz
ÖSTERREICH
A 1
A 14

KONSTANZ

In Konstanz-Wollmatingen *Nord-West : 5 km über ① :*

🏨 **Tweer-Goldener Adler** M (mit Gästehaus), Fürstenbergstr. 70, ⊠ 78467, ℘ (07531) 9 75 00, tweerhotel@goldmail.de, Fax (07531) 975090, 🍴, 🐎 – 🛗, 🚭 Zim, 📺 📞 🚗 – 🏊 20. AE ① ⓜⓞ VISA JCB
geschl. 24. - 28. Dez. – **Menu** à la carte 25/35 – **49 Zim** ⊇ 86/98 – 97/128 – ½ P 20.
• Guten Komfort bieten die teils elegant ausgestatteten Zimmer im Haupthaus dieses renovierten und erweiterten Hotels. Die Zimmer im Gästehaus sind einfacher. Sie speisen im dezent eingerichteten Restaurant oder auf der Gartenterrasse.

KONZ *Rheinland-Pfalz* 417 *Q 3 – 18 000 Ew – Höhe 137 m.*

🛈 *Saar-Obermosel-Touristik, Granastr. 22 ⊠ 54329, ℘ (06501) 1 94 33, tourist-info@konz.de, Fax (06501) 4718.*
Berlin 729 – Mainz 171 – Trier 12 – Luxembourg 42 – Merzig 40.

🏨 **Alt Conz** 🌿, Gartenstr. 8, ⊠ 54329, ℘ (06501) 9 36 70, info@hotel-alt-conz.de, Fax (06501) 7775, 🍴 – 📺 🅿 ⓜⓞ VISA 🚭
Menu *(geschl. Montagmittag)* à la carte 16/35 – **19 Zim** ⊇ 47/49 – 64/66.
• Gepflegte Zimmer erwarten die Gäste in diesem Hotel in der reizvollen Umgebung von Saar und Mosel. Fragen Sie nach den Zimmern im neuen Gästehaus.

KORB *Baden-Württemberg siehe Waiblingen.*

KORBACH *Hessen* 417 *M 10 – 24 500 Ew – Höhe 379 m.*

🛈 *Tourist-Information, Rathaus, Stechbahn 1, ⊠ 34497, ℘ (05631) 5 32 32, info@korbach.de, Fax (05631) 53320.*
Berlin 447 – Wiesbaden 187 – Kassel 64 – Marburg 67 – Paderborn 73.

🏨 **Touric**, Medebacher Landstr. 10, ⊠ 34497, ℘ (05631) 95 85, rezeption@touric.de, Fax (05631) 958450, direkter Zugang zum Städt. 🏊 – 🛗, 🚭 Zim, 📺 📞 🅿 – 🏊 350. AE ① ⓜⓞ VISA
Menu *(geschl. Juli - Aug. 2 Wochen, Sonntagabend) (wochentags nur Abendessen)* à la carte 16/30 – **36 Zim** ⊇ 49/56 – 76/85.
• Solide, teilweise renovierte Zimmer mit ausreichendem Platzangebot finden Sie in diesem neuzeitlichen Hotel. Für Tagungen steht die angrenzende Stadthalle zur Verfügung. Aufgemacht wie ein Marktplatz ist das Restaurant mit dekorativen Wandmalereien.

🏨 **Am Rathaus**, Stechbahn 8, ⊠ 34497, ℘ (05631) 5 00 90, gast@hotel-am-rathaus.de, Fax (05631) 500959, 🍴 – 🛗, 📺 🅿 – 🏊 60. AE ⓜⓞ VISA
Menu *(geschl. Sonntagabend)* à la carte 20/35 – **37 Zim** ⊇ 49/66 – 79/95.
• Im Zeichen des Goldes, das im Mittelalter hier gefunden wurde, präsentiert sich das Fachwerkhaus mit Anbauten : Einige Zimmer tragen Namen wie "Goldfisch" oder "Afrika-Gold". Verwinkelt, rustikal und gemütlich zeigt sich das Restaurant.

KORDEL *Rheinland-Pfalz* 417 *Q 3 – 2 500 Ew – Höhe 145 m.*
Berlin 719 – Mainz 167 – Trier 18 – Bitburg 21 – Wittlich 39.

🏨 **Neyses am Park**, Am Kreuzfeld 1, ⊠ 54306, ℘ (06505) 9 14 00, hotelneysesampark@t-online.de, Fax (06505) 914040, 🍴 – 🛗 📺 🅿 ⓜⓞ VISA
Menu *(geschl. Nov. 3 Wochen, Montagmittag, Donnerstag)* à la carte 16/36 – **15 Zim** ⊇ 36/38 – 65/71.
• Im romantischen Kylltal liegt das Hotel mit der freundlichen Atmosphäre und den sehr gepflegten und sauberen Zimmern, die einheitlich mit weißen Holzmöbeln eingerichtet sind. Helles, freundliches Restaurant.

In Zemmer-Daufenbach *Nord : 5 km :*

🍴🍴 **Landhaus Mühlenberg** (Stoebe), Mühlenberg 2, ⊠ 54313, ℘ (06505) 10 10, ✿ Fax (06505) 952111, ≤, 🍴 – 🚭 Zim, 🅿 ⓜⓞ VISA
geschl. Jan. 2 Wochen, Juli 2 Wochen, Montag - Mittwoch – **Menu** *(wochentags nur Abendessen)* (Tischbestellung erforderlich) 59/75 ♀.
• Eine klassische Küche mit mediterranem Touch pflegt man in diesem gemütlichen Restaurant am Waldrand mit stilvoller Einrichtung, geschultem Service und angenehmer Atmosphäre.
Spez. Wirsing-Cannelloni mit Krustentieren gefüllt. Gänseleber-Ravioli mit karamelisiertem Lauch. Entenbrustscheiben mit Curry-Linsen und altem Balsamico.

KORNTAL-MÜNCHINGEN *Baden-Württemberg siehe Stuttgart.*

KORNWESTHEIM Baden-Württemberg 419 T 11 – 28 000 Ew – Höhe 297 m.
- Neckartal, Aldinger Straße (Ost : 1 km), ℘ (07141) 87 13 19.
- Eastleighstraße.
Berlin 622 – Stuttgart 13 – Heilbronn 41 – Ludwigsburg 5 – Pforzheim 47.

Zum Hasen, Christofstr. 22, ✉ 70806, ℘ (07154) 81 35 00, Fax (07154) 813870 – 📺 🅿. ⓄⓈ 𝒱𝐼𝒮𝒜
Menu (geschl. Aug. 3 Wochen, 24. Dez. - 4. Jan., Montag) à la carte 15/31 – **24 Zim** ⌂ 48 – 58/62.
• Ein gestandener, familiengeführter schwäbischer Gasthof mit betont rustikalem Ambiente : Die gepflegten Zimmer sind mit solidem Eichenholzmobiliar eingerichtet. Das Restaurant ist in gemütliche kleine Garträume mit ländlichem Charakter unterteilt.

KORSCHENBROICH Nordrhein-Westfalen siehe Mönchengladbach.

KORSWANDT Mecklenburg-Vorpommern siehe Usedom (Insel).

KOSEROW Mecklenburg-Vorpommern siehe Usedom (Insel).

KRÄHBERG Hessen siehe Beerfelden.

KRAIBURG AM INN Bayern 420 V 21 – 3 300 Ew – Höhe 450 m.
- Schloß Guttenburg (Nord-Ost : 3 km), ℘ (08638) 88 74 88.
Berlin 650 – München 78 – Bad Reichenhall 77 – Landshut 67 – Rosenheim 53 – Salzburg 92 – Altötting 30.

Hardthaus, Marktplatz 31, ✉ 84559, ℘ (08638) 7 30 67, info@hardthaus.de, Fax (08638) 73068, 🍴 – ⓄⓈ 𝒱𝐼𝒮𝒜
geschl. Feb. 1 Woche, Aug. 2 Wochen, Montag - Dienstag – **Menu** (nur Abendessen) à la carte 31/49.
• Schmackhafte Küche und originelles Ambiente : Die alten Regale und die antike Registrierkasse erinnern daran, daß das Restaurant früher mal ein Kolonialwarengeschäft war.

KRAKOW AM SEE Mecklenburg-Vorpommern 416 F 20 – 3 500 Ew – Höhe 60 m – Luftkurort.
- Serrahn, Dobbiner Weg 24 (Nord-Ost : 8 km), ℘ (038456) 6 52 80.
Berlin 170 – Schwerin 74 – Rostock 63 – Neubrandenburg 84.

In Krakow-Seegrube Nord-Ost : 4,5 km :

Ich weiß ein Haus am See (Laumen) 🍴 mit Zim, Altes Forsthaus 2, ✉ 18292, ℘ (038457) 2 32 73, einhausamsee@t-online.de, Fax (038457) 23274, ≤, 🚗, 🌳 – ⥌ Zim, 📺 🅿.
Menu (geschl. Montag, Nov. - Feb. Sonntag - Montag) (nur Abendessen) (Tischbestellung ratsam, bemerkenswerte Weinkarte) 55/77 à la carte 44/51,50 ⚹ – **10 Zim** ⌂ 100/115 – 110/130.
• Malerisch am Ufer eines Sees liegt das Restaurant im eleganten Landhausstil, das die Gäste mit kompetentem Service und Gerichten der klassisch französischen Küche überzeugt.
Spez. Mecklenburger Fische mit Oliven-Joghurt-Sauce und Artischockenpüree. Mit schwarzen Nüssen und Entenleber gefüllte Wildentencrêpinette. Blaubeersoufflé mit Kumquatconfit.

KRAUSCHWITZ Sachsen 418 L 28 – 3 000 Ew – Höhe 110 m.
Berlin 163 – Dresden 121 – Cottbus 41 – Bautzen 58 – Görlitz 54 – Lubsko 85.

Fürst-Pückler-Hotel 🅼, Görlitzer Str. 26, ✉ 02957, ℘ (035771) 5 70, info@fuerst-pueckler-hotel.de, Fax (035771) 57199, 🍴 – |≡|, ⥌ Zim, 📺 📞🅿 – 🔑 25. 🅰🅴 ⓄⓋⓈ 𝒱𝐼𝒮𝒜
Menu à la carte 18/29 – **45 Zim** ⌂ 57 – 77/87.
• Viele Ausflugsmöglichkeiten gibt es in der Umgebung dieses neugebauten Hotels zwischen Elbsandsteingebirge und Spreewald. Komfortable, mit hellen Möbeln eingerichtete Zimmer. Warme Orange- und Rottöne setzen Akzente im Restaurant.

KRAUSNICK Brandenburg 418 J 25 – 500 Ew – Höhe 64 m.
Berlin 77 – Potsdam 111 – Cottbus 71 – Frankfurt (Oder) 66.

Landhotel Krausnick 🍴, Dorfstr. 94, ✉ 15910, ℘ (035472) 6 10, info@landhotel-krausnick.de, Fax (035472) 61122, 🍴, Biergarten, 🚗 – 📺 ♿🅿. – 🔑 50. 🅰🅴 ⓄⓋⓈ 𝒱𝐼𝒮𝒜
Menu à la carte 14/21,50 – **38 Zim** ⌂ 46 – 72.
• Ein neuerbautes Hotel im Unterspreewald. Gepflegte, mit kirschbaumfarbenen Möbeln eingerichtete Zimmer mit ausreichendem Platzangebot warten auf die Gäste. Bei schönem Wetter ergänzen Terrasse und Biergarten das helle Restaurant.

KREFELD Nordrhein-Westfalen 407 M 3 – 238 000 Ew – Höhe 40 m.

🏌 Krefeld-Linn, Eltweg 2 Y, ℘ (02151) 57 00 71 ; 🏌 Krefeld-Bockum, Stadtwald, Hüttenallee 188 Y, ℘ (02151) 59 02 43 ; 🏌 Krefeld-Traar, An der Elfrather Mühle 145 (Nord : 5 km Richtung Traar-Elfrath), ℘ (02151) 4 96 90.

🛈 Stadtmarketing, Rathaus, Von-der-Leyen-Platz 1, ⊠ 47798, ℘ (02151) 86 15 01, fb17@krefeld.de, Fax (02151) 861510 – **ADAC,** Friedrichsplatz 14.

Berlin 571 ① – Düsseldorf 28 ④ – Eindhoven 86 ⑦ – Essen 38 ②

Stadtplan siehe gegenüberliegende Seite

🏨🏨🏨 **Dorint Parkhotel Krefelder Hof** ⌂, Uerdinger Str. 245, ⊠ 47800, ℘ (02151) 58 40, info.krepar@dorint.com, Fax (02151) 584900, 🍽, ⇌, 🏊, 🌳 – 🛗, ⇆ Zim, 📺 📞 🚗 🅿 – 🔔 110. AE ⓘ ⓞ VISA JCB   Y a
Grand Cru (geschl. Juli - Aug. 4 Wochen, Sonntag) (nur Abendessen) **Menu** à la carte 35,50/55 – **Brasserie La Provence : Menu** à la carte 25/40,50 – ⊇ 14 – **153 Zim** 124/219 – 158/253, 4 Suiten.
♦ Die geschmackvoll-gediegene Einrichtung zieht sich durch alle Bereiche des Hotels : Von der Lobby bis in die komfortablen Zimmer umgibt Sie eine behagliche Atmosphäre. Nehmen Sie Platz im Grand Cru oder auf den Terrassen mit Blick im den kleinen Park.

🏨 **Garden Hotel** garni, Schönwasserstr. 12a, ⊠ 47800, ℘ (02151) 53 52 30, info@gardenhotel.de, Fax (02151) 53523999 – 🛗 ⇆ 📺 📞 🚗 🅿 AE ⓘ ⓞ VISA   Y v
geschl. 19. Dez. - 4. Jan. – **51 Zim** ⊇ 74/94 – 99/109.
♦ Ein Wohn- und Geschäftshochhaus : Die gut gepflegten, wohnlichen Zimmer befinden sich in den oberen drei Etagen. Vom Frühstücksraum hat man einen schönen Blick über die Stadt.

XX **Villa Medici** mit Zim, Schönwasserstr. 73, ⊠ 47800, ℘ (02151) 5 06 60, villa-medici@t-online.de, Fax (02151) 506650, 🍽 – 📺 🅿 AE ⓘ ⓞ VISA   Y n
geschl. Juli 3 Wochen – **Menu** (geschl. Samstag) (italienische Küche) à la carte 28,50/49 – **9 Zim** ⊇ 65 – 90.
♦ Sie werden von dieser restaurierten Villa angetan sein : Prächtiges Parkett, schön gedeckte Tische und eine Gartenterrasse schaffen ein kultiviertes Ambiente.

XX **Koperpot,** Rheinstr. 30, ⊠ 47799, ℘ (02151) 61 48 14, Fax (02151) 601824, 🍽 – ⓘ ⓞ VISA   Z a
geschl. Jan. 2 Wochen, Juli - Aug. 2 Wochen, Samstagmittag, Sonntag - Montagmittag – **Menu** à la carte 27/36.
♦ Delfter Kacheln und Kupfergeräte schmücken die rustikale, altdeutsche Gaststätte mit der großen Theke, den Sitznischen und den dunklen, holzgetäfelten Wänden.

X **Et Bröckske,** Marktstr. 41, ⊠ 47798, ℘ (02151) 2 97 40, Fax (02151) 20279, 🍽 – ⓞ VISA   Z s
Menu à la carte 18/29,50.
♦ Deftige Genüsse, eine reichhaltige Auswahl an Gerichten der bürgerlichen Küche und Krefelder Altbier erwarten die Gäste dieser Brauereigaststätte.

In Krefeld-Bockum :

🏨 **Alte Post** garni, Uerdinger Str. 550a, ⊠ 47800, ℘ (02151) 5 88 40, info@alte-post-krefeld.de, Fax (02151) 500888 – 🛗 ⇆ 📺 🚗 🅿 AE ⓘ ⓞ VISA   Y c
geschl. 23. Dez. - 5. Jan. – **33 Zim** ⊇ 56/64 – 86/97.
♦ Eine praktische Übernachtungsadresse, die mit gepflegten, wohnlichen Zimmern, einem reichhaltigen Frühstücksbuffet und einem freundlichen Service zu überzeugen weiß.

🏨 **Benger,** Uerdinger Str. 620, ⊠ 47800, ℘ (02151) 9 55 40, Fax (02151) 955444 – 📺 🚗 🅿 AE ⓘ ⓞ VISA   Y f
Menu (geschl. Samstag) à la carte 16/33 – **20 Zim** ⊇ 56 – 82.
♦ Tradition und familiäre Gastlichkeit erwarten die Gäste in diesem fast 300 Jahre alten Haus, dessen gepflegte Zimmer einfachen, aber zeitgemäßen Komfort bieten. Bleiverglaste Fenster und holzgetäfelte Wände zieren die ländlich-rustikale Gaststätte.

In Krefeld-Fichtenhain Süd : 2,5 km, über Gladbacher Straße und Oberschlesienstraße Y :

🏨🏨 **Tryp** M, Europark Fichtenhain A 1, ⊠ 47807, ℘ (02151) 83 60, tryp.krefeld@solmelia.com, Fax (02151) 836444, 🍽, ⇌ – 🛗, ⇆ Zim, 📺 & 🅿 – 🔔 80. AE ⓘ ⓞ VISA JCB. ⁂ Rest
Menu à la carte 20/35 – **96 Zim** ⊇ 92/103 – 103/122.
♦ Dieses neue, moderne Hotel liegt etwas außerhalb in einem Gewerbegebiet und bietet seinen Gästen modern und funktionell mit Buchenholzmöbeln eingerichtete Zimmer.

In Krefeld-Linn :

XX **Winkmannshof,** Albert-Steeger-Str. 19, ⊠ 47809, ℘ (02151) 57 14 66, Fax (02151) 572394, 🍽 – ⓞ VISA   Y e
geschl. Montag – **Menu** à la carte 34,50/44.
♦ Das geschmackvoll renovierte ehemalige Bauernhaus a. d. 18. Jh. mit Restaurant, Bistro und Terrasse überzeugt seine Gäste mit einer marktorientierten Küche.

KREFELD

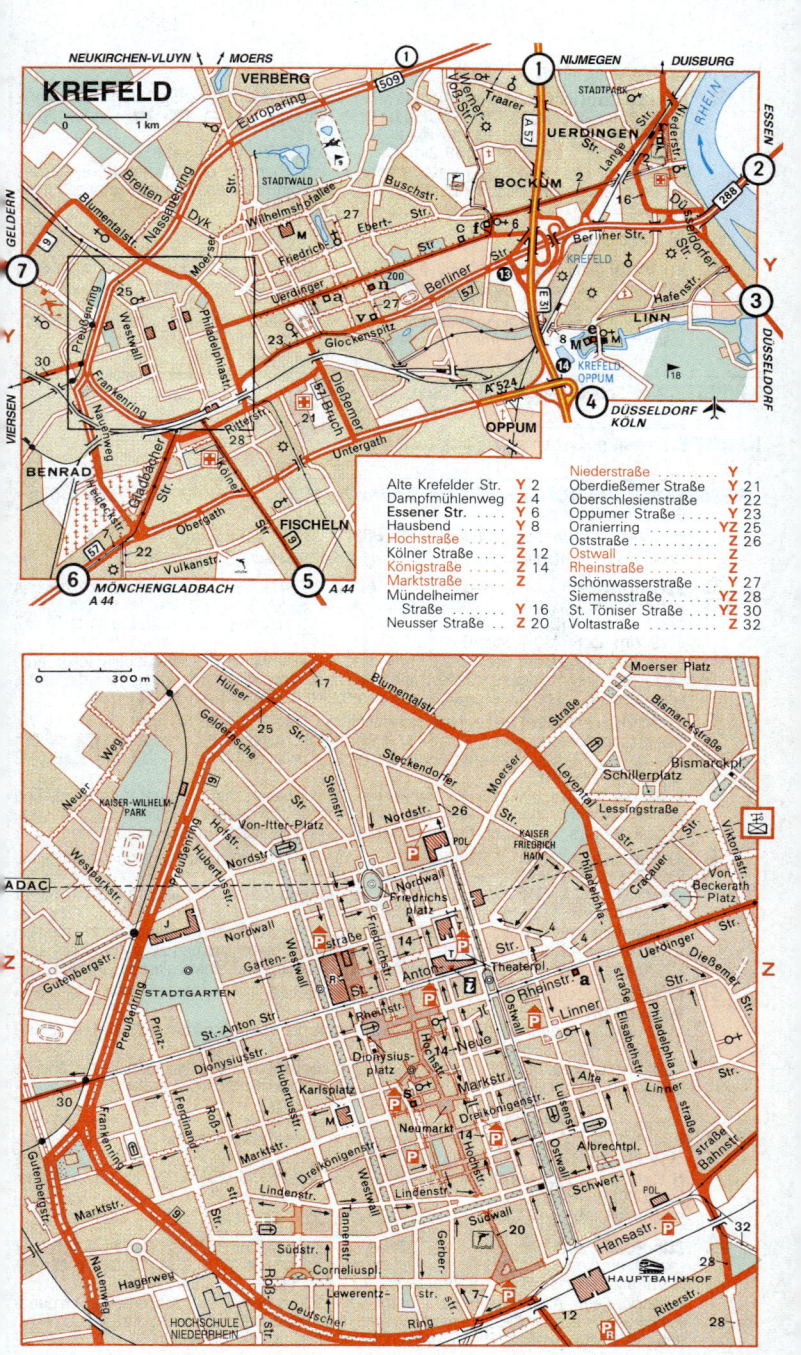

Street	Ref
Alte Krefelder Str.	Y 2
Dampfmühlenweg	Z 4
Essener Str.	Y 6
Hausbend	Y 8
Hochstraße	Z
Kölner Straße	Z 12
Königstraße	Z 14
Marktstraße	Z
Mündelheimer Straße	Y 16
Neusser Straße	Z 20
Niederstraße	Y
Oberdießemer Straße	Y 21
Oberschlesienstraße	Y 22
Oppumer Straße	Y 23
Oranierring	YZ 25
Oststraße	Z 26
Ostwall	Z
Rheinstraße	Z
Schönwasserstraße	Y 27
Siemensstraße	YZ 28
St. Töniser Straße	YZ 30
Voltastraße	Z 32

837

KREFELD

In Krefeld-Traar Nord-Ost : 5 km, über die B 509 Y :

Dorint Country-Hotel M, Elfrather Weg 5, ⊠ 47802, ℰ (02151) 95 60, info.krecou@dorint.com, Fax (02151) 956100, 余, Massage, 🎧, ≦s, 🖂, 🖈 – 📳 ⇔ 🔟 📞 ⟪, ⇐⟫ 🅿 – 🛣 130. 🖭 ⓪ 🐵 🌃 ⏵⟫ ⸭ Rest
Menu à la carte 26/45 ₤ – **155 Zim** ⊇ 132/203 – 168/219, 4 Suiten.
- Sachliche Glas- und Stahlkonstruktionen beherrschen die öffentlichen Bereiche des Hotels. In angenehmem Kontrast dazu stehen die komfortablen, wohnlich eingerichteten Zimmer.

In Krefeld-Uerdingen :

Imperial garni, Bahnhofstr. 60a, ⊠ 47829, ℰ (02151) 4 92 80, info@imperialhotel.de, Fax (02151) 492849 – 📳 🔟. 🐵 🌃   Y r
geschl. 25. Dez. - 2. Jan. – **26 Zim** ⊇ 55/60 – 75.
- Gegenüber dem Uerdinger Bahnhof findet man dieses bürgerliche Hotel mit sauberen, solide eingerichteten Zimmern, die einen einfachen Komfort bieten.

KREIPITZSCH Sachsen-Anhalt siehe Kösen, Bad.

KREMPE Schleswig-Holstein siehe Glückstadt.

KRESSBRONN AM BODENSEE Baden-Württemberg 419 X 12 – 7 400 Ew – Höhe 410 m – Erholungsort.

B Tourist-Information, Im Bahnhof, ⊠ 88079, ℰ (07543) 9 66 50, Fax (07543) 966515.
Berlin 731 – Stuttgart 170 – *Konstanz* 41 – Ravensburg 23 – Bregenz 19.

Strandhotel ⊗, Uferweg 5, ⊠ 88079, ℰ (07543) 9 61 00, strandhotel.kressbronn @t-online.de, Fax (07543) 7002, ≤, 余, ▲s – 📳, ⇔ Rest, 🔟 ⇐⟫ 🅿 🖭 🐵 🌃
geschl. 3. Jan. - 10. März – **Menu** (geschl. Okt. - Ostern Montag - Dienstag) à la carte 25/37 – **29 Zim** ⊇ 66/80 – 95/100.
- Ein Hotel direkt am See : Die Zimmer sind mit mahagonifarbenen Möbeln solide ausgestattet, ein hoteleigener Badestrand und ein schöner Alpenblick warten auf die Gäste. Eine hübsche Seeterrasse ergänzt das unterteilte Restaurant mit Fensterfront.

Teddybärenhotel Peterhof, Nonnenbacher Weg 33, ⊠ 88079, ℰ (07543) 9 62 70, info@teddybaerenhotel.de, Fax (07543) 962733, Biergarten – 🔟 📞 🅿. 🖭 🐵 🌃 ❧ Zim
geschl. Jan. - Feb. – **Menu** (geschl. Donnerstag) à la carte 17,50/37 – **17 Zim** ⊇ 60/68 – 92/110 – ½ P 18.
- Wie der Name schon sagt, ist man hier in bäriger Gesellschaft : Im gesamten Haus und auch in den wohnlichen Zimmern begrüßt Sie eine Vielzahl dieser kuscheligen Zeitgenossen. Teddybären als Dekoration finden sich natürlich im rustikalen Hotelrestaurant.

Krone, Hauptstr. 41, ⊠ 88079, ℰ (07543) 9 60 80, krone-kressbronn@t-online.de, Fax (07543) 960815, Biergarten, 🌲, 🖈 – 🔟 ⇐⟫ 🅿
geschl. Ende Okt. - Mitte Nov., 24. Dez. - 6. Jan. – **Menu** (geschl. Mittwoch) à la carte 14/31 – **21 Zim** ⊇ 55/75 – 54/90 – ½ P 11.
- Dieser Gasthof mit Anbau und Gästehaus kann auf eine über dreihundertjährige Tradition zurückblicken. Die unterschiedlich gestalteten Zimmer bieten zeitgemäßen Komfort. Ländlich-rustikale Gaststube mit Kaminofen, Holztäfelungen und bleiverglasten Fenstern.

Seehof ⊗, Seestr. 25, ⊠ 88079, ℰ (07543) 9 63 60, Fax (07543) 963640, ≤, 🖈 – ⇔ Rest, 🔟 🅿
März - Okt. – **Menu** (nur Abendessen) (Restaurant nur für Hausgäste) – **15 Zim** ⊇ 45/69 – 78/84 – ½ P 15.
- Eine nette, kleine Urlaubsadresse, ca. 500 m oberhalb des Sees gelegen. Gut gepflegte und solide eingerichtete Gästezimmer und ein schönes Grundstück erwarten Sie.

KREUTH Bayern 420 X 19 – 3 700 Ew – Höhe 786 m – Heilklimatischer Kurort – Wintersport : 800/1 600 m ⦃ 5 ⦄.

B Kurverwaltung, Nördl. Hauptstr. 3, ⊠ 83708, ℰ (08029) 18 19, info@kreuth.de, Fax (08029) 1828.
Berlin 652 – München 63 – *Garmisch-Partenkirchen* 64 – Bad Tölz 29 – Miesbach 28.

Zur Post, Nördl. Hauptstr. 5, ⊠ 83708, ℰ (08029) 9 95 50, reservierung@hotel-zur-post-kreuth.de, Fax (08029) 322, Biergarten, ≦s, 🖈 – 📳 🔟 🅿 – 🛣 70. 🖭 ⓪ 🐵 🌃
Menu à la carte 16/33 – **78 Zim** ⊇ 55/70 – 84/116 – ½ P 13.
- Der gepflegte Alpengasthof beherbergt hinter seiner bemalten Fassade hell und freundlich eingerichtete Zimmer, die neueren sind im Landhausstil gestaltet. Mehrere Räume bilden das stilvoll-rustikale Restaurant - das Herzstück ist die Zirbelstube.

KREUTH

In Kreuth-Scharling Nord : 2 km :

※ **Gasthaus Zum Hirschberg,** Nördliche Hauptstr. 89, ⊠ 83708, ℘ (08029) 3 15, *gasthaushirschberg@t-online.de*, Fax (08029) 997802, 🍴 – 🅿. 🆎 *VISA*
geschl. 10. - 22. Juni, 27. Okt. - 9. Nov., Montag - Dienstag - **Menu** à la carte 24/41.
◆ In dem alpenländischen Gasthaus mit den rustikalen Stuben bewirtet man Sie mit einer vorwiegend regionalen Küche, die aber auch einige internationale Gerichte bereithält.

In Kreuth-Weißach Nord : 6 km :

🏨 **Parkresidenz Bachmair Weissach** M, Wiesseer Str. 1, ⊠ 83700 Rottach-Weißach, ℘ (08022) 27 80, *info@parkresidenz.com*, Fax (08022) 278550, 🍴, Biergarten, Massage, 🆘, 🏊, – 📧, 💱 Zim, 📺 📞 ♿ 🚗 🅿 – 🛄 80. 🅰🅴 ⓞ 🆎 *VISA*
Menu à la carte 17,50/31,50 – **Laurenzi-Keller** (geschl. Montag - Dienstag) (wochentags nur Abendessen) à la carte 26,50/35 – **60 Zim** ⌑ 119/204 – 145/230 – ½ P 29.
◆ An eine Seniorenresidenz angeschlossenes Hotel im gehobenen alpenländischen Stil mit wohnlich-eleganten Zimmern und luxuriösem, orientalisch inspiriertem Wellnessbereich. Nette, rustikale Stuben bilden das Restaurant. Stilvoll-gediegen : der Laurenzi-Keller.

KREUZAU Nordrhein-Westfalen siehe Düren.

KREUZNACH, BAD Rheinland-Pfalz 417 Q 7 – 44 000 Ew – Höhe 105 m – Heilbad.
Sehenswert : Römerhalle★ *(Fußboden-Mosaiken★★)* Y **M**.
🛪 St. Johann, Hofgut Wißberg (Ost : 14 km), ℘ (06701) 81 11.
🛈 Touristinformation, Kurhausstr. 28, ⊠ 55543, ℘ (0671) 8 36 00 50, *kreuznach-info@t-online.de*, Fax (0671) 8360085.
🛈 Stadtinformation, Am Europaplatz, ⊠ 55543, ℘ (0671) 8 45 91 47.
ADAC, Kreuzstr. 15.
Berlin 612 ② – Mainz 45 ① – Idar-Oberstein 50 ⑤ – Kaiserslautern 56 ④ – Koblenz 81 ① – Worms 55 ①

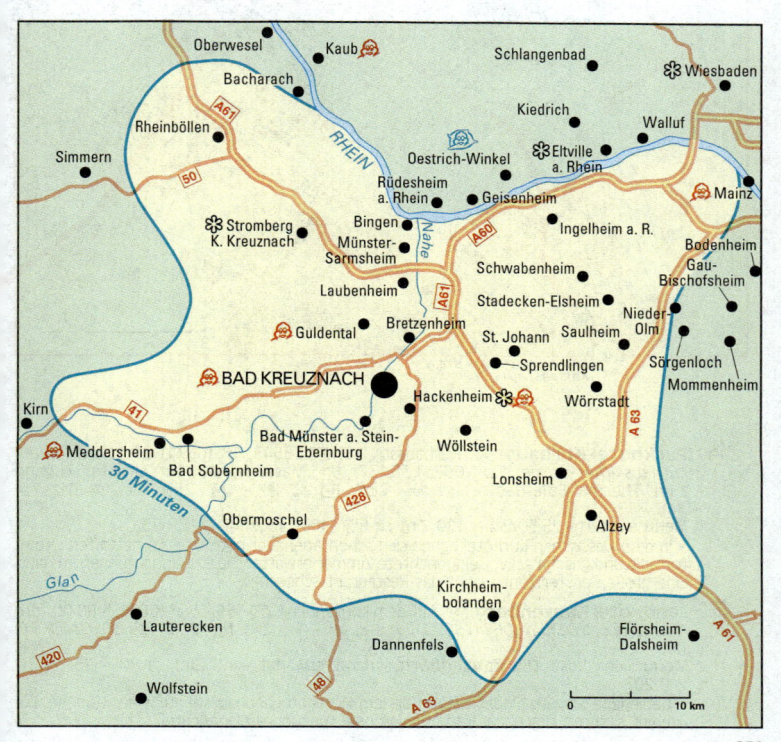

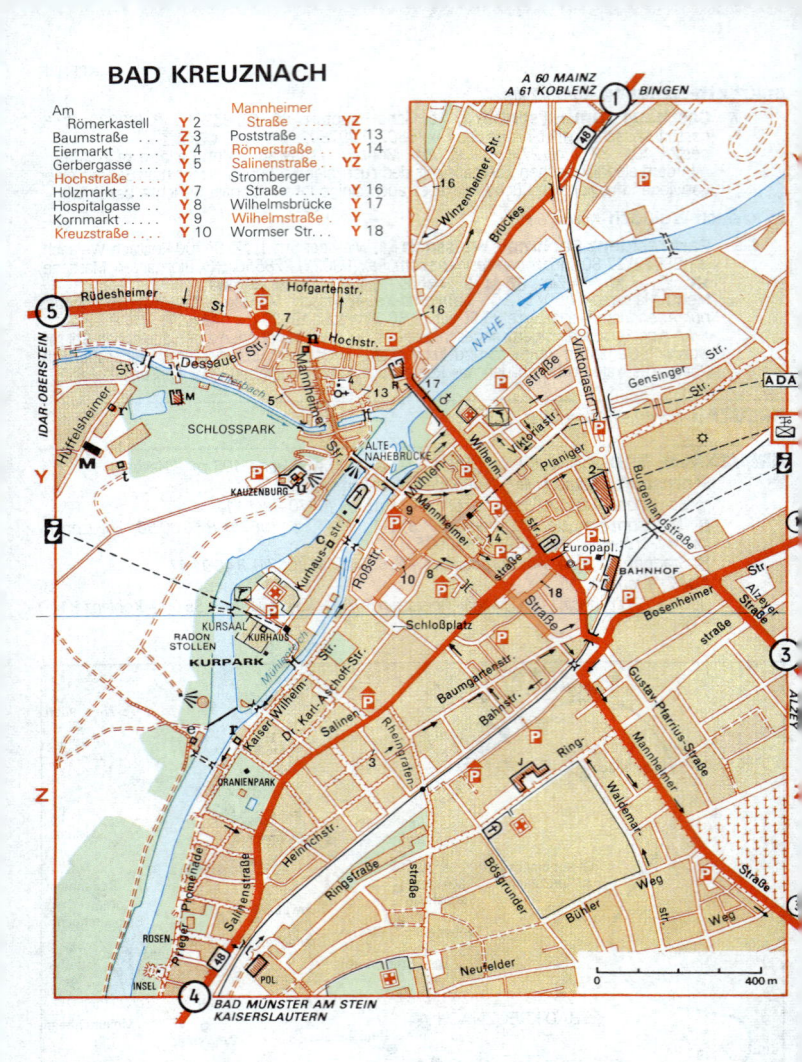

BAD KREUZNACH

Am Römerkastell	Y 2		Mannheimer Straße	YZ
Baumstraße	Z 3		Poststraße	Y 13
Eiermarkt	Y 4		Römerstraße	Y 14
Gerbergasse	Y 5		Salinenstraße	YZ
Hochstraße	Y		Stromberger Straße	Y 16
Holzmarkt	Y 7		Wilhelmsbrücke	Y 17
Hospitalgasse	Y 8		Wilhelmstraße	Y
Kornmarkt	Y 9		Wormser Str.	Y 18
Kreuzstraße	Y 10			

Parkhotel-Kurhaus, Kurhausstr. 28, ⊠ 55543, ℘ (0671) 80 20, *parkhotel-kurhaus@net-art.de*, Fax (0671) 35477, 🍴, Massage, ≦s, 🌿 direkter Zugang zum Thermal-Sole-Bad – 🛗, ⚲ Zim, TV 📞 P – 🅰 250. AE ① 💳 VISA JCB
Menu à la carte 25,50/34 – **120 Zim** ⊇ 85/110 – 130/140 – ½ P 25.
♦ In dem klassischen Kurhotel haben sich schon Adenauer und DeGaulle getroffen : Komfortable und geschmackvoll eingerichtete Zimmer erwarten Sie. Kureinrichtungen im Haus. Eine große Fensterfront macht das Restaurant schön hell.

Landhotel Kauzenberg, Auf dem Kauzenberg, ⊠ 55545, ℘ (0671) 3 80 00, *info@kauzenburg.de*, Fax (0671) 3800124, ≦s, 🌿 – ⚲ Zim, TV 📞 P – 🅰 30. AE ① 💳 VISA
Menu siehe Rest. *Die Kauzenburg* separat erwähnt – **45 Zim** ⊇ 80 – 95/115 – ½ P 20.
♦ Gediegene Eleganz findet man in diesem Hotel im Landhausstil auf einer Anhöhe. Die Zimmer sind mit kirschbaumfarbenen Möbeln funktionell eingerichtet.

KREUZNACH, BAD

Insel-Stuben, Kurhausstr. 10, ⌧ 55543, ℰ (0671) 83 79 90, insel.flairhotel@t-online.de, Fax (0671) 8379955, 🍽 – 📶, 🍴 Zim, 📺 🅿 – 🚗 20. ⓜ 🆅🅸🆂🅰 🅹🅲🅱   Y c
geschl. 20. Dez. - 7. Jan. – **Menu** (geschl. Sonn- und Feiertage) (nur Abendessen) à la carte 19,50/29,50 – **22 Zim** ⇌ 62/70 – 94/99.
• Seit drei Generationen in Familienbesitz: Das Hotel liegt ruhig in der Nähe des Kurparks und erwartet seine Gäste mit wohnlich gestalteten Zimmern. Gepflegtes Restaurant mit vorgebautem Wintergarten.

Der Quellenhof, Nachtigallenweg 2, ⌧ 55543, ℰ (0671) 83 83 30, Fax (0671) 35218, ≤, 🍽, 🍴s, 🌊, 🌳 – 🚗 🅿 ⓞ ⓜ 🆅🅸🆂🅰 🍴 Zim   Z e
Menu à la carte 21/30 – **36 Zim** ⇌ 57/67 – 108/123 – ½ P 13.
• Am verkehrsfreien Ufer der Nahe, umgeben von Bäumen, liegt dieses Kurhotel. Das Ambiente ist stilvoll, die Zimmer sind gut gepflegt und wohnlich. Gediegenes Restaurant mit Blick auf die Nahe.

Engel im Salinental garni, Heinrich-Held-Str. 10, ⌧ 55543, ℰ (0671) 38 10, info@badkreuznach-hotelengel.de, Fax (0671) 43805, 🍴s – 📶 🍴 📺 🅿 – 🚗 25. 🅰🅴 ⓞ ⓜ 🆅🅸🆂🅰 🅹🅲🅱. 🚭   über ④
28 Zim ⇌ 52/55 – 76/95.
• Ein gepflegter, neuzeitlicher Hotelbau mit solide eingerichteten Zimmern. Hotelbar, Kaminecke und - bei schönem Wetter - die Terrasse laden zum gemütlichen Verweilen ein.

Victoria, garni, Kaiser-Wilhelm-Str. 16, ⌧ 55543, ℰ (0671) 84 45 00, Fax (0671) 8445010 – 📶 📺 🚗 – 🚗 20. 🅰🅴 ⓜ 🆅🅸🆂🅰 🅹🅲🅱   Z r
21 Zim ⇌ 55/77 – 95/110.
• Ein neues Stadthotel im Kurviertel mit schöner Terrasse direkt an der Nahe. Die Zimmer sind mit modernen naturfarbenen Holzmöbeln funktionell eingerichtet.

Im Gütchen, Hüffelsheimer Str. 1, ⌧ 55545, ℰ (0671) 4 26 26, restaurant-im-guetchen@emailone.de, Fax (0671) 480435, 🍽 – 🅿.   Y r
geschl. Dienstag – **Menu** (wochentags nur Abendessen) 53/75 und à la carte 33,50/45,50 ♀.
• Alt und Neu, geschulter Service und eine klassische Küche mit modernen Anklängen gehen in diesem ehemaligen Hofgut a. d. 18. Jh. eine gelungene Verbindung miteinander ein.

Die Kauzenburg, Auf dem Kauzenberg, ⌧ 55545, ℰ (0671) 3 80 00, info@kauzenburg.de, Fax (0671) 3800124, ≤ Bad Kreuznach, 🍽 – 🅿. 🅰🅴 ⓞ ⓜ 🆅🅸🆂🅰   Y u
Menu à la carte 24/35.
• Das moderne Restaurant mit Aussichtsterrasse befindet sich in einem Neubau an der alten Burgruine. Im 800 Jahre alten Gewölbe veranstaltet man Rittermahle.

Weinwelt im Dienheimer Hof, Mannheimer Str. 6, ⌧ 55545, ℰ 9 20 08 11, Fax (0671) 9200811, 🍽   Y n
geschl. über Fastnacht 1 Woche, Ende Aug. 1 Woche, Sonntag – **Menu** (nur Abendessen) à la carte 21/45 ♀.
• Gemütliches Ambiente in einem Renaissancebau a. d. 15. Jh. : Man bewirtet die einkehrenden Gäste dieser Weinstube an blanken, dunklen Holztischen.

In Hackenheim Süd-Ost : 2 km über Mannheimer Straße Z :

Metzlers Gasthof, Hauptstr. 69, ⌧ 55546, ℰ (0671) 6 53 12, Fax (0671) 65310, 🍽 – 🅿. 🅰🅴 ⓜ
geschl. Juli - Aug. 4 Wochen, Sonntagabend - Dienstag – **Menu** (wochentags nur Abendessen) à la carte 27,50/44,50 – **Weinstube** (geschl. Anfang - Mitte Aug., Montag - Dienstagmittag) **Menu** à la carte 25,50/40.
• Eine Atmosphäre gediegener Eleganz erwartet Sie in diesem Restaurant, in dem man Sie mit einer internationalen Küche, die sich ihrer klassischen Wurzeln bewußt ist, verwöhnt. Einfacheren Genüssen kann man in der gemütlichen, rustikalen Weinstube frönen.
Spez. Gegrillte Jakobsmuscheln und Langostino mit Passionsfruchtvinaigrette. St. Petersfisch mit Garnelenkruste und Safransauce. Täubchen und Gänseleber im Strudelteig mit Rotweinschalotten.

MICHELIN-REIFENWERKE KGaA. ⌧ 55543 Bad Kreuznach Michelinstraße 1 (über Gensinger Straße), ℰ (0671) 85 50 Fax (0671) 8551523.

KREUZTAL Nordrhein-Westfalen ⓘⓘⓘ N 7 – 30 100 Ew – Höhe 310 m.
🛫 Kreuztal, Berghäuser Weg (Ost : 3 km), ℰ (02732) 5 94 70.
Berlin 574 – Düsseldorf 120 – Siegen 12 – Hagen 78 – Köln 83.

Keller, Siegener Str. 33, ⌧ 57223, ℰ (02732) 5 95 70, info@keller-kreuztal.de, Fax (02732) 595757 – 📺 📞 🅿. 🅰🅴 ⓜ 🆅🅸🆂🅰
Menu à la carte 19,50/38 – **15 Zim** ⇌ 50/65 – 75/100.
• Ein hübscher Siegerländer Landgasthof, der kürzlich renoviert wurde und seine Gäste nun mit solide eingerichteten, wohnlichen Zimmern mit zeitgemäßem Komfort begrüßt. Gediegen-rustikales, geschmackvoll dekoriertes Restaurant.

KREUZTAL

In Kreuztal-Krombach *Nord-West : 5 km :*

Zum Anker, Hagener Str. 290, ⌧ 57223, ℰ (02732) 8 95 50, *hotel.zum.anker@t-on line.de*, Fax (02732) 895533 – 📺 ✆ ⇌ 🅿 – 🕭 25. 🟠 VISA
Menu *(geschl. Montag)* à la carte 16,50/40 – **18 Zim** ⌂ 50/70 – 90/108.
◆ Hinter der mit Schieferschindeln verkleideten Fassade dieses gepflegten Landgasthofs erwarten die Gäste freundliche Zimmer mit zeitgemäßer Ausstattung. Das leicht elegante Restaurant hat einen rustikalen Touch.

KREUZWERTHEIM *Bayern siehe Wertheim.*

KRIFTEL *Hessen siehe Hofheim am Taunus.*

KRÖV *Rheinland-Pfalz* **417** *Q 5 – 2 500 Ew – Höhe 105 m – Erholungsort.*

🛈 *Tourist-Information, Robert-Schuman-Str. 63, ⌧ 54536, ℰ (06541) 94 86, tourist info.kroev@t-online.de, Fax (06541) 6799.*

Berlin 678 – Mainz 131 – *Trier* 58 – Bernkastel-Kues 18 – Wittlich 19.

Springiersbacher Hof (mit Gästehaus), Robert-Schuman-Str. 44, ⌧ 54536, ℰ (06541) 14 51, *webmaster@springiersbacher-hof.de*, Fax (06541) 4238, 🌳, ⇌s, 🐎 – ↮ Zim, 📺 🅿
geschl. 3. Jan.- 1. März – **Menu** *(geschl. Anfang Nov. - Ende März Montag - Donnerstag)* à la carte 16/30 – **27 Zim** ⌂ 48/50 – 76 – ½ P 13.
◆ Die familiengeführte Hotel-Pension in dem hübschen Moselort hält für ihre Besucher behagliche Zimmer bereit, wobei die im Gästehaus besonders zu empfehlen sind. Ein Kachelofen verbreitet eine gemütliche Atmosphäre im Restaurant.

Ratskeller (mit Gästehaus), Robert-Schuman-Str. 49, ⌧ 54536, ℰ (06541) 99 97, *info @ratskeller-kroev.de*, Fax (06541) 3202 – 🛗 📺 🅿 🟠 VISA
geschl. 5. Jan. - 10. Feb. – **Menu** *(geschl. Dienstagmittag, Nov. - März Dienstag)* à la carte 14,50/28 – **30 Zim** ⌂ 38/42 – 68/78 – ½ P 13.
◆ Typisch für die Mosel ist die Schieferbruchfassade dieses traditionsreichen Gasthofs. Das Haus ist gut geführt und gepflegt, die Zimmer sind solide eingerichtet. Gediegen-rustikales Restaurant mit gepolsterten Sitzbänken und Nischen.

KRONACH *Bayern* **418 420** *P 17 – 18 300 Ew – Höhe 325 m.*

Sehenswert *: Festung Rosenberg (Fränkische Galerie).*

🏌₉ *Küps-Oberlangenstadt, Gut Nagel, (Süd-West : 6 km), ℰ (09264) 88 12.*

🛈 *Fremdenverkehrsbüro, Marktplatz 5, ⌧ 96317, ℰ (09261) 9 72 36, info@kronach.de, Fax (09261) 97310.*

Berlin 352 – München 279 – *Coburg* 33 – Bayreuth 44 – Bamberg 58.

Bauer (mit Gästehaus), Kulmbacher Str. 7, ⌧ 96317, ℰ (09261) 9 40 58, *bauershotel@t-online.de*, Fax (09261) 52298, 🌳 – 📺 ✆ 🅿 🟠 ⓪ 🟠 VISA 🎝 Rest
Menu *(geschl. 1. - 6. Jan., 10. - 17. Aug., Samstagmittag, Sonntagabend)* à la carte 17/35,50 – **18 Zim** ⌂ 48/54 – 73/75.
◆ Der gut geführte Gasthof am Rande der Altstadt bietet solide, einheitlich mit Kirschbaummöbeln eingerichtete Zimmer mit einem ordentlichen Platzangebot. In bürgerlich-rustikalen Stuben serviert man eine gehobene regionale Küche.

In Kronach-Gehülz *West : 5 km :*

Pension Elke ♨ garni, Zollbrunn 68a (Gehülz-Süd), ⌧ 96317, ℰ (09261) 6 01 20, Fax (09261) 601223, ⇌s, – 📺 🅿 🎝
11 Zim ⌂ 30/35 – 50.
◆ Einfachen, aber zeitgemäßen Komfort findet man in den Zimmern dieser gepflegten Pension im Frankenwald. Man bietet ein gutes Preis-Leistungs-Verhältnis.

In Marktrodach-Unterrodach *Ost : 7 km :*

Flößerhof ♨ (mit Gästehäusern), Kreuzbergstr. 35, ⌧ 96364, ℰ (09261) 6 06 10, *info@floesserhof.de*, Fax (09261) 606162, 🌳, Massage, 🏋, ⇌s, 🅢, 🐎 – 📺 ✆ 🅿 – 🕭 40. 🟠 🟠 VISA JCB
Menu à la carte 18/33 – **53 Zim** ⌂ 45/70 – 65/90.
◆ Die geschmackvollen, wohnlichen Zimmer dieses neueren Hotels sind unterschiedlich in der Größe, man bietet auch Familienzimmer und Ferienwohnungen an. Holztäfelungen, gepolsterte Sitzbänke und ein Kamin verleihen dem Restaurant rustikalen Charme.

KRONACH

In Stockheim-Haig Nord-West : 7 km :

Landgasthof Detsch mit Zim, Coburger Str. 9, ⊠ 96342, ℘ (09261) 6 24 90, *land gasthof-detsch.haig@t-online.de*, Fax (09261) 624919, 🍽, 🐎, 🏖 – TV 📞 P. 🅾️ 🆗 VISA. ※ Zim
Menu *(geschl. über Fasching, Aug. 2 Wochen, Sonntagabend - Montag) (wochentags nur Abendessen)* à la carte 19/30 – **9 Zim** ⊇ 35/38 – 55.
• Freuen Sie sich auf eine sorgfältig zubereitete gutbürgerliche Küche mit regionalen Einflüssen, für deren Zubereitung u. a. Produkte vom eigenen Bauernhof verwendet werden.

KRONBERG IM TAUNUS Hessen ⁴¹⁷ P 9 – 18 000 Ew – Höhe 257 m – Luftkurort.
🏌 *Kronberg/Taunus, Schloß Friedrichshof,* ℘ (06173) 14 26.
🛈 *Verkehrs- und Kulturamt, Rathaus, Katharinenstr. 7,* ⊠ 61476, ℘ (06173) 70 32 20, *kulturamt@kronberg.de*, Fax (06173) 703200.
Berlin 540 – Wiesbaden 28 – Frankfurt am Main 17 – Bad Homburg vor der Höhe 13 – Limburg an der Lahn 43.

🏨🏨🏨 **Schlosshotel** ⚑, Hainstr. 25, ⊠ 61476, ℘ (06173) 7 01 01, *info@schlosshotel-kronberg.de*, Fax (06173) 701267, ← Schloßpark, 🍽 – 🛗, 🛀 Zim, TV 📞 P. – 🎱 60. 🅰🅴 🅾️ 🆗 VISA JCB
Menu à la carte 43,50/61 ♀ – ⊇ 19 – **58 Zim** 205/260 – 280/420, 7 Suiten.
• Luxus im Schloß der Kaiserin Friedrich : Wertvolle Antiquitäten, die erlesene Ausstattung und ein Service, der keine Wünsche offen läßt, machen den Aufenthalt zum Erlebnis. Klassisch gestaltetes Restaurant mit herrschaftlichem Rahmen.

🏨 **Concorde Hotel Viktoria** M ⚑ garni, Viktoriastr. 7, ⊠ 61476, ℘ (06173) 9 21 00, *viktoria@concorde-hotels.de*, Fax (06173) 921050, 🏖, 🐎 – 🛗 🛀 TV 📞 ⇔ P. – 🎱 15. 🅰🅴 🅾️ 🆗 VISA. ※
42 Zim ⊇ 108/207 – 215, 3 Suiten.
• Ein gut geführtes Hotel mit hell und modern eingerichteten Zimmern, die auch technisch gut ausgestattet sind. Im Sommer kann man das Frühstück auf der Terrasse genießen.

🏨 **Kronberger Hof**, Bleichstr. 12, ⊠ 61476, ℘ (06173) 70 90 60, *info@kronberger-hof.de*, Fax (06173) 5905, 🍽 – TV 📞 P. – 🎱 30. 🅰🅴 🆗 VISA JCB. ※ Zim
Menu *(geschl. Juli 3 Wochen, Samstag)* à la carte 18/30,50 – **10 Zim** ⊇ 65/80 – 105/115.
• In der Nähe des Stadtparks finden Sie dieses gepflegte Hotel mit den hell und wohnlich gestalteten Zimmern und dem freundlichen Service. Schlichtes Hotelrestaurant im rustikalen Stil.

Zum Grünen Wald, Friedrich-Ebert-Str. 19, ⊠ 61476, ℘ (06173) 20 11, Fax (06173) 2012, 🍽 – 🅰🅴 🆗 VISA JCB
Menu à la carte 38/49.
• Eine gute Weinauswahl und Spezialitäten einer überwiegend internationalen Küche erwarten Sie in dem ländlich eingerichteten, gepflegten Gasthof in der Innenstadt.

KROZINGEN, BAD Baden-Württemberg ⁴¹⁹ W 7 – 15 000 Ew – Höhe 233 m – Heilbad.
🛈 *Tourist-Information, Herbert-Hellmann-Allee 12 (Kurgebiet),* ⊠ 79189, ℘ (07633) 40 08 63, *tourist.info@bad-krozingen.de*, Fax (07633) 400822.
Berlin 816 – Stuttgart 217 – Freiburg im Breisgau 18 – Basel 63.

🏨 **Hofmann zur Mühle** ⚑ garni, Litschgistr. 6, ⊠ 79189, ℘ (07633) 9 08 85 90, *info@hotel-hofmann.de*, Fax (07633) 9088599, Massage, 🏖, 🐎 – 🛀 TV ⇔ P. 🅰🅴 🅾️ 🆗 VISA JCB
23 Zim ⊇ 46/82 – 88/108.
• Eine gepflegte Adresse mit solide und wohnlich eingerichteten Zimmern. Genießen Sie den Garten mit idyllischem Bächlein und Liegewiese sowie die Angebote der Beautyfarm.

🏨 **Biedermeier** ⚑ garni, In den Mühlenmatten 12, ⊠ 79189, ℘ (07633) 91 03 00, *info@hotel-biedermeier.de*, Fax (07633) 910340, 🏋, 🏖, 🐎 – TV P. 🆗 VISA
geschl. Mitte Dez. - Feb. – **24 Zim** ⊇ 34/50 – 56/80.
• Die Antiquitäten aus der Biedermeierzeit, die einige Bereiche des Hauses schmücken, haben ihm auch seinen Namen gegeben. Man findet solide Ein- und Zwei-Zimmerappartements.

🏨 **Batzenberger Hof**, Freiburger Str. 2 (B 3), ⊠ 79189, ℘ (07633) 9 08 98 90, Fax (07633) 90898990, 🍽 – TV P. 🆗 VISA
Menu *(geschl. Sonntag) (nur Abendessen)* à la carte 26,50/32,50 – **20 Zim** ⊇ 38/48 – 77.
• Ein ländlicher Gasthof an der Durchgangsstraße im Ortszentrum, der für seine Gäste praktische Zimmer, teils mit kleinen Sitzecken, bereithält. Das etwas unterteilte Restaurant ist mit hellen Holzmöbeln eingerichtet.

KROZINGEN, BAD

Im Kurgebiet :

Barthel's Hotellerie an den Thermen, Thürachstr. 1, ✉ 79189, ℘ (07633) 1 00 50, hotel-barthel@t-online.de, Fax (07633) 100550, 😊, 🌳 – 🛗, ⇜ Zim, 📺 📞 – 🏊 20. 🆎 ⓞ ⓜⓞ 💳
Menu (geschl. Dienstag) à la carte 21/42 – **36 Zim** ⌂ 66/72 – 100/136 – ½ P 20.
• Direkt am Kurpark mit seinem schönen alten Baumbestand liegt das familiengeführte Haus, dessen komfortable Zimmer mit hellen Holzmöbeln wohnlich gestaltet sind. Gepflegtes, freundliches Restaurant.

Sonnengarten garni, Herbert-Hellmann-Allee 20, ✉ 79189, ℘ (07633) 95 80 90, info@hotel-sonnengarten.de, Fax (07633) 9580922, Massage, ≋, 🌳 – ⇜ 📺 ♿ 📞 ⓜⓞ 💳 ✂
18 Zim ⌂ 55/75 – 100.
• Einen erholsamen Aufenthalt verspricht dieses Hotel inmitten eines romantischen Gartens. Die Zimmer sind mit hellen Holzmöbeln eingerichtet und haben meist auch Sitzecken.

Ott, Thürachstr. 3, ✉ 79189, ℘ (07633) 4 00 60, hotel.ott@t-online.de, Fax (07633) 400610, 😊, Massage, 🌳 – 🛗 📺 📞 – 🏊 30. ⓜⓞ 💳
geschl. 15. Dez. - 1. Feb – **Menu** (geschl. Sonntagabend - Montag) à la carte 17,50/29 – **43 Zim** ⌂ 40/70 – 82/1112 – ½ P 15.
• Ein Hotel mit wohnlichen Zimmern, das ein guter Ausgangspunkt für Ausflüge in die Umgebung ist - aber auch die Liegewiese am Haus bietet die nötige Entspannung. Warme Gelb- und Grüntöne tragen zum Landhaus-Charakter des Restaurants bei.

In Bad Krozingen-Biengen Nord-West : 3 km :

Krone, Hauptstr. 18, ✉ 79189, ℘ (07633) 39 66, krone-biengen@t-online.de, Fax (07633) 806083, 😊 – 📞 ⓜⓞ 💳
geschl. Feb. 1 Woche, Nov. 1 Woche, Montag – **Menu** à la carte 23/44.
• In diesem gemütlichen, ländlich-rustikalen Gasthaus mit der hübschen Hofterrasse erwarten Sie sorgfältig zubereitete Gerichte einer überwiegend regionalen Küche.

In Bad Krozingen-Schmidhofen Süd : 3,5 km :

Zum Storchen (Helfesrieder) mit Zim, Felix- und Nabor-Str. 2, ✉ 79189, ℘ (07633) 53 29, Fax (07633) 7019, 😊 – 📺 📞
geschl. vor Fastnacht 2 Wochen, Anfang - Mitte Sept. 2 Wochen – **Menu** (geschl. Montag - Dienstag) (abends Tischbestellung ratsam) à la carte 34/54 ♀ – **3 Zim** ⌂ 45 – 65.
• Ein historischer, einfacher ländlicher Gasthof mit liebevoll restaurierter Gaststube, in der der Chef seine Gäste mit einer geradlinigen klassischen Küche verwöhnt.
Spez. Terrine von Gänsestopfleber mit Quittenconfit und Brioche. Wolfsbarsch mit Ofentomaten und weißem Tomatenschaum. Baekeoffe vom Ochsenschwanz.

KRÜN Bayern 419 420 X 17 – 2 000 Ew – Höhe 875 m – Erholungsort – Wintersport : 900/1 200 m ✦1 ✦.

🏛 Verkehrsamt und Tourismus-Information, Schöttlkarspitzstr. 15 (im Rathaus), ✉ 82494, ℘ (08825) 10 94, Fax (08825) 2244.
Berlin 683 – München 96 – Garmisch-Partenkirchen 17 – Mittenwald 8.

Alpenhof, Edelweißstr. 11, ✉ 82494, ℘ (08825) 92 02 40, hotel@alpenhof-kruen.de, Fax (08825) 1016, ≤ Karwendel- und Wettersteinmassiv, ≋, 🏊, 🌳 – 📺 📞 ♿ 🚗 📞 🆎 💳 ✂ Rest
geschl. 23. März - 11. April, 5. Nov. - 15. Dez. – **Menu** (geschl. Sonntag) (Restaurant nur für Hausgäste) 11/15 – **40 Zim** ⌂ 40/50 – 75/95 – ½ P 7.
• Sommers wie winters eine gute Urlaubsadresse ist dieser von einem hübschen Garten umgebene gepflegte alpenländische Gasthof mit den wohnlich-rustikalen Zimmern.

In Krün-Barmsee West : 2 km :

Barmsee, Am Barmsee 9, ✉ 82494, ℘ (08825) 20 34, barmseekriner@t-online.de, Fax (08825) 879, ≤ Karwendel- und Wettersteinmassiv, ≋, 🐕, 🌳 ✦ – 📺 🚗 📞
geschl. 21. Okt. - 20. Dez. – **Menu** (Restaurant nur für Hausgäste) à la carte 14/26 – **24 Zim** ⌂ 31/40 – 62/78 – ½ P 10.
• Die Nähe zu zwei natürlichen Bergseen, von denen einer zum Baden genutzt wird, macht das alpenländische Ferienhotel mit den rustikalen, teils geräumigen Zimmern interessant.

In Krün-Klais Süd-West : 4 km :

Post, Bahnhofstr. 7, ✉ 82493, ℘ (08823) 22 19, postklais@aol.com, Fax (08823) 94055, 😊, Biergarten, ✦ – 🚗 📞 ⓜⓞ
geschl. 17. März - 30. April, 3. Nov. - 19. Dez. – **Menu** (geschl. Montag - Dienstag, ausser Feiertage) à la carte 16/27,50 – **10 Zim** ⌂ 23/42 – 60/80 – ½ P 10.
• Übernachten Sie in einer der ältesten Poststationen im Werdenfelser Land. Der gepflegte Gasthof bietet geräumige Zimmer, die wohnlich eingerichtet sind. Gemütliche Gaststuben mit Polsterbänken und schmiedeeisernen Einrichtungselementen.

KRÜN

An der Straße nach Schloß Elmau Süd-West : 5 km, über Klais (Gebührenpflichtige Zufahrt) :

🏨 Schlosshotel Kranzbach ⌂, Kranzbach 1, ✉ 82493 Krün-Klais, ✆ (08823) 9 25 20, info@schlosshotel-kranzbach.de, Fax (08823) 925292, ≤ Wetterstein und Zugspitze, 🌳, Biergarten, Massage, 🛁, ≋, 🌲 – 🔋 📺 ☎ 🅿 – 🔒 50. ÆE ⓜ 🆅🅸🆂🅰. ✻ Rest
Menu (geschl. 12. - 26. Nov.) à la carte 18/30 – **51 Zim** ⇌ 60/85 – 120/132 – ½ P 10.
♦ In dem restaurierten Schloß von 1913 im schottischen Landhausstil finden Sie komfortable Zimmer, teils mit Stilmöbeln bestückt, und einen neuen Wellnessbereich. Hotelrestaurant mit rustikaler Möblierung.

KRUMBACH Bayern ᐊᐅ V 15 – 11 000 Ew – Höhe 512 m.
Berlin 596 – München 124 – Augsburg 49 – Memmingen 38 – Ulm (Donau) 41.

🏨 Traubenbräu, Marktplatz 14, ✉ 86381, ✆ (08282) 20 93, traube@krumbach.de, Fax (08282) 5873 – 📺 ⇌ 🅿 – 🔒 40. ⓜ 🆅🅸🆂🅰
Menu (geschl. Jan. - April Samstag) à la carte 15/27 – **12 Zim** ⇌ 40/55 – 65/72.
♦ In diesem ländlichen Brauereigasthof mit Zimmern im zeitlosen Stil pflegt man eine bayerisch-schwäbische Wirtshaus-Tradition, in der sich der Gast wohlfühlen kann. Rustikale Gaststube mit bleiverglasten Fenstern.

🏨 Diem (mit Gästehaus), Kirchenstr. 5, ✉ 86381, ✆ (08282) 8 88 20, info@gasthof-diem.de, Fax (08282) 888250, 🌳, ≋ – ⇌ 🅿 – 🔒 20. ⓜ 🆅🅸🆂🅰
Menu à la carte 12,50/30 (auch vegetarische Gerichte) – **37 Zim** ⇌ 35/42 – 58/83.
♦ Hier erwartet die Besucher ein engagiert geführter Gasthof mit solide eingerichteten Räumen. Für Langzeitgäste gibt es auch Zimmer mit einer Küchenzeile. Produkte aus der hauseigenen Metzgerei bestimmen das Speiseangebot.

🏨 Falk, Heinrich-Sinz-Str. 4, ✉ 86381, ✆ (08282) 20 11, falk@krumbach.de, Fax (08282) 2024, Biergarten, ⇌ 🅿 – 🔒 40. ÆE 🆅🅸🆂🅰
Menu (geschl. Aug. 2 Wochen) à la carte 11/22,50 – **18 Zim** ⇌ 35/55 – 60/70.
♦ Wohnlich und praktisch zeigen sich die freundlichen Zimmer mit Naturholzmöblierung in diesem hübschen Gasthof mit Metzgerei und Bäckerei. Sie speisen in der ländlich-rustikalen Gaststätte.

✕ Gasthof Stern, Babenhauser Str. 20, ✉ 86381, ✆ (08282) 8 15 34, Fax (08282) 829173, 🌳 – 🅿 ⓜ 🆅🅸🆂🅰
geschl. Montag – **Menu** à la carte 12/28.
♦ Am Ortsrand steht dieser alte Fachwerkgasthof mit geschmackvoll restaurierter Gaststube und einem schönen Biergarten. Blanke Tische sorgen für rustikalen Charme.

KRUMMHÖRN Niedersachsen ᐊᐅ F 5 – 13 400 Ew – Höhe 5 m.
🅱 Touristik-GmbH, Zur Hauener Hooge 15 (Greetsiel), ✉ 26736, ✆ (04926) 9 18 80, Fax (04926) 2029.
Berlin 528 – Hannover 265 – Emden 14 – Groningen 112.

In Krummhörn-Greetsiel – Erholungsort :

🏨 Landhaus Steinfeld ⌂, Kleinbahnstr. 16, ✉ 26736, ✆ (04926) 9 18 10, hotel@landhaus-steinfeld.de, Fax (04926) 918146, ≋, 🏊, 🌲 – 📺 🅿
geschl. 5. Jan. -15. Feb., 3. Nov. - 19. Dez. – **Menu** (geschl. Sonntag - Montag) (nur Abendessen) (Restaurant nur für Hausgäste) à la carte 28/49 – **25 Zim** ⇌ 90/100 – 135/195.
♦ Genießen Sie die Natur Ostfrieslands in einer ediegenen Atmosphäre : Ein typischer friesischer Gutshof mit weitläufiger Gartenanlage wurde zum komfortablen Hotel umgestaltet.

🏨 Witthus ⌂ (mit Gästehaus), Kattrepel 7, ✉ 26736, ✆ (04926) 9 20 00, info@witthus.de, Fax (04926) 920092, 🌳 – 📺 🅿 ⓜ 🆅🅸🆂🅰 ✻
geschl. Mitte Nov. - Mitte Dez. – **Menu** (geschl. Nov. - April Montag, Dienstag - Donnerstag nur Abendessen) à la carte 20,50/38 – **16 Zim** ⇌ 65/93 – 88/137.
♦ In dem malerischen Fischerdorf begrüßt Sie dieses kleine Landhotel im friesischen Stil mit wohnlichen Zimmern, die mit Farben in Pastelltönen individuell gestaltet sind. Im gemütlichen Restaurant sitzt man am Kaminofen oder auf der Gartenterrasse.

🏨 Der Romantik-Hof, Ankerstr. 4, ✉ 26736, ✆ (04926) 91 21 51, romantik-hof-greetsiel@t-online.de, Fax (04926) 912153, 🌳, 🌲 – ⇌ Zim, 📺 🅿 ✻ Rest
Menu (Montag - Freitag nur Abendessen) à la carte 21,50/39,50 – **13 Zim** ⇌ 77 – 100/130 – ½ P 12.
♦ Wie zu Hause fühlen sollen sich die Gäste des neueröffneten Klinkerhauses. Die geräumigen Zimmer sind im Landhausstil mit einem Hauch Romantik bequem eingerichtet. Das gemütlich-rustikale Schwalbennest und die elegantere Schlemmerinsel bilden das Restaurant.

🏨 Landhaus Zum Deichgraf garni, Ankerstr. 6, ✉ 26736, ✆ (04926) 9 21 20, kaiser-greetsiel@t-online.de, Fax (04926) 921229, 🌲 – ⇌ 📺 🅿
geschl. Nov. - 10. **10 Zim** ⇌ 47/62 – 78/104.
♦ Ein neugebautes Friesenhaus mit einer behaglichen Einrichtung : Landhausmöbel und hübsche Stoffe in kräftigen Farben schmücken die netten Zimmer.

KUCHELMISS — Mecklenburg-Vorpommern 416 E 21 – 880 Ew – Höhe 60 m.
Berlin 160 – Schwerin 78 – Rostock 50 – Neubrandenburg 84.

In Kuchelmiss-Serrahn Süd : 3 km :

Landhaus am Serrahner See ⌂, Dobbiner Weg 24, ✉ 18292, ℘ (038456) 6 50, serrahn@vandervalk.de, Fax (038456) 65255, 🌳, Biergarten, 🎾, ≘s, ⌂, ♨, ✗, 🐎 – TV P – 🔒 50. AE ⓘ ⓞ VISA
Menu (geschl. Mitte Jan. - Feb.) à la carte 16/35 – **32 Zim** ⊑ 60/70 – 90.

♦ Landschaftlich reizvoll an den Krakower Seen liegt das rustikal-gemütliche, renovierte alte Landhaus mit neuem Gästehaus. Die wohnlichen Zimmer bieten zeitgemäßen Komfort. Das Restaurant : mal gediegener mit hübsch gedeckten Tischen, mal rustikaler.

KÜHLUNGSBORN — Mecklenburg-Vorpommern 415 416 D 19 – 7 300 Ew – Höhe 2 m – Seebad.
🐎 Wittenbeck, Straße zur Kühlung 4 (Süd-Ost : 3 km), ℘ (038293) 75 75.
🛈 Touristik-Information, Ostseeallee 19, ✉ 18225, ℘ (038293) 84 90, Fax (038293) 84930.

Berlin 251 – Schwerin 70 – Rostock 31 – Wismar 39.

Ostseehotel M, Zur Seebrücke 1, ✉ 18225, ℘ (038293) 41 50, ostseehotel@tc-hotels.de, Fax (038293) 415555, 🌳, Massage, ≘s, ⌂, ⊡, ♨ – 🛗, ⇔ Zim, TV ☎ & ⇔ P – 🔒 80. AE ⓘ ⓞ VISA. ✗ Rest
Menu à la carte 25/35 – **110 Zim** ⊑ 106/160 – 135/181, 6 Suiten – ½ P 20.

♦ Das Hotel steht an der Seebrücke und hat ein elegantes Interieur mit lichtdurchflutetem Eingangsbereich und Zimmereinrichtungen mit edlen Hölzern und Farben in Naturtönen. Restaurant mit Showküche - mit Korbmöbeln und freundlichen Farben eingerichtet.

Aquamarin M, Hermannstr. 33, ✉ 18225, ℘ (038293) 40 20, hotel-aquamarin@t-online.de, Fax (038293) 40277, 🌳, ≘s, ⊡ – 🛗, ⇔ Zim, TV ⇔ P – 🔒 25. ⓞ VISA. ✗ Rest
Menu (Montag - Freitag nur Abendessen) à la carte 19/30 – **77 Zim** ⊑ 80/90 – 120/131 – ½ P 17.

♦ Das neue Hotel erinnert mit dem Türmchen und der Fassade an die klassische Bäderarchitektur. Die wohnlich und gediegen gestalteten Zimmer bieten ein großzügiges Platzangebot. Das große, helle Restaurant mit dem eleganten Mobiliar ist zur Halle hin offen.

Neptun Hotel M (mit Gästehaus), Strandstr. 37, ✉ 18225, ℘ (038293) 6 30, neptunhotel@t-online.de, Fax (038293) 63299, 🌳, ≘s – TV P – 🔒 40. AE ⓞ VISA
Menu (geschl. Jan.) (nur Abendessen) à la carte 23/35 – **40 Zim** ⊑ 98/113 – 100/138 – ½ P 18.

♦ Das Jugendstilgebäude an der Haupteinkaufsstraße wurde in ein zeitgemäßes Hotel mit maritimen Details und stilvoll mit dunklem Kirschholz eingerichteten Zimmern verwandelt. Ein imposanter Buffetschrank trennt das eigentliche Restaurant vom einfacheren Bistro.

Residenz Waldkrone M, Tannenstr. 4, ✉ 18225, ℘ (038293) 40 00, waldkrone@t-online.de, Fax (038293) 40011, 🌳, ≘s – 🛗, ⇔ Zim, TV ☎ & P – 🔒 20. AE ⓞ VISA
Menu (geschl. Nov.) à la carte 19,50/34 – **44 Zim** ⊑ 70/90 – 95/105 – ½ P 14.

♦ Zwei Türmchen sind die Wahrzeichen dieses Hotels an der Strandpromenade. Die gepflegten Zimmer sind teils mit Stilmöbeln, teils mit rustikaleren Möbeln wohnlich eingerichtet. Bürgerlich-gediegenes Restaurant, ergänzt durch einen hellen Wintergarten.

Schweriner Hof M, Ostseeallee 46, ✉ 18225, ℘ (038293) 7 90, mail@schwerinerhof.com, Fax (038293) 79410, ≘s – 🛗, ⇔ Zim, TV ☎ P – 🔒 15. AE ⓞ VISA. ✗
Menu (nur Abendessen) à la carte 19/32 – **38 Zim** ⊑ 89/99 – 79/140, 3 Suiten.

♦ Direkt am Wasser liegt das Hotel, das 1993 nach der Restaurierung wieder eröffnet wurde. Besonders die Zimmer im Anbau wirken durch die kräftigen Farben sehr wohnlich. Rustikal-gemütlich ist das Restaurant Skagen gehalten.

Strandhotel Sonnenburg, Ostseeallee 15, ✉ 18225, ℘ (038293) 83 90, feine.adresse@strandhotelsonnenburg.de, Fax (038293) 83913, 🌳, ≘s – 🛗, ⇔ Zim, TV ⇔ P. AE ⓞ VISA. ✗ Rest
Menu à la carte 17/34 – **29 Zim** ⊑ 71/85 – 93/100 – ½ P 13.

♦ Das Hotel liegt an der Strandpromenade und erwartet seine Gäste mit liebevoll und individuell eingerichteten Zimmern, in denen Pinienholzmöbel und zarte Farben dominieren. Das Restaurant mit dunklen Bistrostühlen befindet sich in einem Wintergarten.

Strandblick M, Ostseeallee 6, ✉ 18225, ℘ (038293) 6 33, strandblick@ringhotels.de, Fax (038293) 63500, 🌳, ≘s – 🛗 TV ☎ & P – 🔒 35. AE ⓘ ⓞ VISA. ✗
Menu (nur Abendessen) à la carte 22/33 – **40 Zim** ⊑ 80/115 – 95/135, 4 Suiten – ½ P 18.

♦ Die schöne, erweiterte Jugendstilvilla ist nur durch eine Straße von der Ostsee getrennt. Sie wohnen in sehr gepflegten, mit solidem Mobiliar bequem ausgestatteten Zimmern. Hell und modern gestaltetes Restaurant Strandauster.

KÜHLUNGSBORN

🏨 **Westfalia** garni, Ostseeallee 17, ✉ 18225, ☎ (038293) 1 21 95, info@westfalia-kue
hlungsborn.de, Fax (038293) 12196, 🌳 – 📶 ⇔ 📺 🅿 ✂
geschl. Dez. - Jan. – **14 Zim** ⇌ 78 – 102/130.
  • Hier wohnt man in der "1. Reihe" an der Ostsee : Alle Zimmer dieser Jugendstilvilla mit Garten haben einen Balkon oder eine Loggia zur Seeseite und sind gediegen eingerichtet.

🏨 **Rosenhof**, Poststr. 18, ✉ 18225, ☎ (038293) 7 86, rosenhof@kuehlungsborn.de,
Fax (038293) 78787, 🍽, 🛋, 🌳 – 📶, 🍴 Rest, 📺 📞 ⇔ 🅿 🅰🅴 ⓞ ⓜ ⓥⓘⓢⓐ ⒿⒸⒷ
Menu (wochentags nur Abendessen) à la carte 16/36 – **48 Zim** ⇌ 60/70 – 78/98 –
½ P 13.
  • Die alte Villa mit der verspielten, rosafarbenen Fassade bildet mit zwei Anbauten ein ansprechendes Ensemble, in dem sehr individuell gestaltete Zimmer auf die Gäste warten.

🏨 **Edison** Ⓜ ✂, Dünenstr. 15, ✉ 18225, ☎ (038293) 4 20, info@hotel-edison.de,
Fax (038293) 42111, 🍽, 🛋 – 📶, ⇔ Zim, 🍴 Rest, 📺 📞 ♿ 🅿 – ⛑ 50. 🅰🅴 ⓜ ⓥⓘⓢⓐ
Menu (wochentags nur Abendessen) à la carte 16/33 – **37 Zim** ⇌ 69/79 – 89/99 –
½ P 15.
  • Hier kann man anheuern, wenn man neues Design mag : Der Hotelbau ist einem Schiff nachempfunden, klare Linien, kräftige Farben und modernes Mobiliar bestimmen die Einrichtung. Grün und Blau dominieren in dem hellen Restaurant mit Pavillonanbau.

🏨 **Am Strand**, Ostseeallee 16, ✉ 18225, ☎ (038293) 8 00, hotel-am-strand@kuehlung sborn-online.de, Fax (038293) 80118, 🍽, 🧖, 🛋 – 📶 📺 🅿 – ⛑ 20. 🅰🅴 ⓞ ⓜ ⓥⓘⓢⓐ ⒿⒸⒷ
Menu (ausser Saison Montag - Freitag nur Abendessen) à la carte 16/31 – **38 Zim**
⇌ 60/80 – 77/125 – ½ P 15.
  • Teils wohnlich mit Rattanmöbeln und bunten Polstern, teils funktioneller mit kirschbaumfarbenem Mobiliar eingerichtete Zimmer erwarten Sie in dem Hotel zwischen Meer und Wald. Das Restaurant zeigt sich teils leicht elegant, teils gemütlich mit maritimem Dekor.

🏨 **Poseidon**, Hermannstr. 6, ✉ 18225, ☎ (038293) 8 92 80, hotel-poseidon@gmx.de,
Fax (038293) 8928130, 🍽 – 📺 🅿 🅰🅴 ⓜ ⓥⓘⓢⓐ
geschl. Nov. – **Menu** à la carte 13/21 – **34 Zim** ⇌ 54 – 84/102 – ½ P 11.
  • Das alte, hübsch renovierte Hotel, das an die klassische Bäderarchitektur erinnert, liegt im Zentrum des Ortes und hält zeitgemäß und solide ausgestattete Zimmer bereit. Mit dunklem Holz und geblümten Polstern gestaltetes Restaurant.

🍴 **Brunshöver Möhl**, An der Mühle 3, ✉ 18225, ☎ (038293) 9 37, Fax (038293) 13153,
🍽 – 🅿 🅰🅴 ⓞ ⓜ ⓥⓘⓢⓐ
geschl. Okt. - April Montag – **Menu** (Okt. - April wochentags nur Abendessen) à la carte 20/28.
  • In der renovierten alten Windmühle am Ortsrand hat man auf zwei Ebenen ein rustikales Restaurant eingerichtet - ein engagierter Service kümmert sich um das Wohl der Gäste.

In Wittenbeck Süd-Ost : 3 km :

🏨 **Landhotel Wittenbeck** ✂, Straße zur Kühlung 21a, ✉ 18209, ☎ (038293) 8 92 30,
landhotel-wittenbeck@m-vp.de, Fax (038293) 892333, 🍽, 🛋, 🌊, 🌳 – 📺 🅿 – ⛑ 40.
🅰🅴 ⓜ ⓥⓘⓢⓐ ✂
Menu à la carte 13/24 – **45 Zim** ⇌ 60/75 – 85 – ½ P 14.
  • Die Zimmer des neugebauten Hotels im Landhausstil sind alle mit Kiefernmöbeln eingerichtet und sehr gepflegt. Man bietet auch Pauschalangebote für Vereinsreisen. Das Hotelrestaurant ist mit dunkeln Polsterstühlen rustikal gestaltet.

KÜPS Bayern 𝟜𝟙𝟠 𝟜𝟚𝟘 P 17 – 7 500 Ew – Höhe 299 m.
  Berlin 355 – München 278 – Coburg 33 – Bayreuth 50 – Hof 59 – Bamberg 52.

🍴🍴 **Werners Restaurant**, Griesring 16, ✉ 96328, ☎ (09264) 64 46, Fax (09264) 7850,
🍽
geschl. Juni 2 Wochen, Juli 1 Woche, Sonntag – **Menu** (nur Abendessen) à la carte 22/34.
  • Hier kocht der Chef selbst sorgfältig zubereitete Gerichte der internationalen Küche, die den Gästen in dem hübschen, mit Kochbüchern dekorierten Restaurant serviert werden.

In Küps-Oberlangenstadt : West : 1 km :

🏨 **Hubertus**, Hubertusstr. 6, ✉ 96328, ☎ (09264) 96 00, info@hubertus-online.de,
Fax (09264) 96055, ≤, 🍽, 🌊, 🌳 – ⇔ Zim, 📺 🅿 – ⛑ 40. ⓞ ⓜ ⓥⓘⓢⓐ
geschl. 3. - 13. Jan. – **Menu** (geschl. Sonntagabend) (wochentags nur Abendessen) à la carte 21/34,50 – **24 Zim** ⇌ 42 – 69.
  • Übernachten in der Fränkischen Schweiz : In diesem freundlichen, gepflegten Hotel stehen teils neuzeitlich ausgestattete Gästezimmer mit hellem Holzmobiliar zum Einzug bereit. Zeitlos gestaltetes Restaurant.

KÜRTEN Nordrhein-Westfalen **417** M 5 – 17 000 Ew – Höhe 250 m – Luftkurort.
  ₁₈ Kürten, Johannesberg 13, ℘ (02268) 89 89.
  Berlin 565 – Düsseldorf 62 – Köln 35 – Lüdenscheid 47.

In Kürten-Hungenbach Süd-West : 2 km :

Gut Hungenbach ⑤, ✉ 51515, ℘ (02268) 60 71, Fax (02268) 6073, ଲ, ೫ – ↔ Zim, ⊡ ⇔ ℡ – 🛆 35
geschl. 24. Dez. - Ende Jan. – **Menu** (geschl. Montag) à la carte 21/32,50 – **36 Zim** ⊃ 84/120 – 135/185.
  ◆ Hier wird die Vergangenheit lebendig : eine restaurierte Gutsanlage mit einem Ensemble von historischen Fachwerkhäusern a. d. 17. und 18. Jh. Fachwerk, unverputztes Mauerwerk und eine rustikale Einrichtung prägen das Restaurant.

KUESTEN Niedersachsen siehe Lüchow.

KUFSTEIN Österreich **420** X 20 – 15 000 Ew – Höhe 500 m – Wintersport : 515/1 600 m ≰2 ⚞.

  Sehenswert : Festung : Lage★, ≤★, Kaiserturm★.

  Ausflugsziel : Ursprungpaß-Straße★ (von Kufstein nach Bayrischzell).

  🛈 Tourismusverband, Unterer Stadtplatz 8, ✉A-6330, ℘ (05372) 6 22 07, kufstein@netway.at, Fax (05372) 61455.

  Wien 401 – Innsbruck 72 – Bad Reichenhall 77 – München 90 – Salzburg 106.

Alpenrose ⑤, Weißachstr. 47, ✉ A-6330, ℘ (05372) 6 21 22, alpenrose.telser@kufnet.at, Fax (05372) 621227, ଲ, ≘s – ⧫, ↔ Zim, ⊡ ⇔ ℡ – 🛆 30. 🆎 ⓞ ⓜⓞ 💳
geschl. über Ostern 2 Wochen – **Menu** 18 à la carte 21/39 – **22 Zim** ⊃ 63/83 – 110/130 – ½ P 21.
  ◆ Ein engagiert und freundlich geführter Alpengasthof, der von ländlicher Eleganz geprägt ist. Die komfortablen Zimmer sind im Landhausstil eingerichtet. In dem gediegenen Restaurant nehmen Sie unter einer schönen Holzdecke Platz.

Andreas Hofer, Georg-Pirmoser-Str. 8, ✉ A-6330, ℘ (05372) 69 80, sappl@andreas-hofer.com, Fax (05372) 698090, ଲ – ⧫, ↔ Zim, ⊡ ⇔ ℡ – 🛆 50. 🆎 ⓞ ⓜⓞ 💳. ೫ Rest
Menu (geschl. Sonntag) à la carte 17/34 – **95 Zim** ⊃ 58/65 – 100/110 – ½ P 15.
  ◆ In der Stadtmitte findet man dieses familiengeführte Hotel. Die gepflegten Zimmer sind teils großzügig im Zuschnitt und mit dunklem Holzmobiliar solide eingerichtet. Das Restaurant zeigt sich rustikal.

Zum Bären, Salurner Str. 36, ✉ A-6330, ℘ (05372) 6 22 29, hotelbaeren.kufstein@tirol.com, Fax (05372) 636894, ଲ, ≘s, ⛱ – ⧫ ⊡ ⇔ ℡ – 🛆 30. ⓜⓞ 💳
Menu (geschl. Sonn- und Feiertage) à la carte 13,50/27,50 – **33 Zim** ⊃ 49/56 – 77/95 – ½ P 14.
  ◆ Der alpenländische Gasthof am Ortsrand erwartet die Gäste mit soliden, teils geräumigen Zimmern - die meisten sind mit älteren, dunklen Eichenholzmöbeln eingerichtet. Teil des rustikalen Restaurants ist eine nette kleine Stube.

Goldener Löwe, Oberer Stadtplatz 14, ✉ A-6330, ℘ (05372) 6 21 81, goldener.loewe@kufnet.at, Fax (05372) 621818 – ⧫ ⊡ ⇔. 🆎 ⓞ 💳 ⒿⒸⒷ
geschl. April 2 Wochen – **Menu** à la carte 14,50/32 – **40 Zim** ⊃ 44/54 – 76 – ½ P 12.
  ◆ Hinter der hellgelben Fassade des Gasthofs im Zentrum hält man für die Gäste saubere und gepflegte Zimmer bereit, die alle mit soliden, dunklen Möbeln ausgestattet sind. Gaststube mit gepolsterten Sitzbänken und holzgetäfelten Wänden.

Gasthof Felsenkeller ⑤, Kienbergstr. 35, ✉ A-6330, ℘ (05372) 6 27 84, hotel@felsenkeller.at, Fax (05372) 62544, ଲ – ⧫ ⊡ ℡.
geschl. April, Nov. – **Menu** (geschl. Montag - Dienstag) à la carte 13/24 – **23 Zim** ⊃ 33/53 – 62/70 – ½ P 12.
  ◆ Am Fuß des majestätischen Kaisergebirges liegt dieser nette Gasthof im Tiroler Stil. In rustikalen Zimmern mit Balkon und Sitzecke finden Sie die Ruhe, die Sie suchen. Landestypisch gestalteter, gemütlicher Restaurantbereich.

KULMBACH Bayern **418 420** P 18 – 30 000 Ew – Höhe 306 m.

  Sehenswert : Plassenburg★ (Schöner Hof★★, Zinnfigurenmuseum★) BX.

  Thurnau, Petershof 1 (Süd-West : 14 km), ℘ (09228) 3 19.

  🛈 Tourist Service, Sutte 2 (Stadthalle)✉ 95326, ℘ (09221) 9 58 80, Fax (09221) 958844.

  Berlin 355 ① – München 257 ① – Coburg 46 ③ – Bayreuth 22 ② – Bamberg 60 ② – Hof 49 ①

KULMBACH

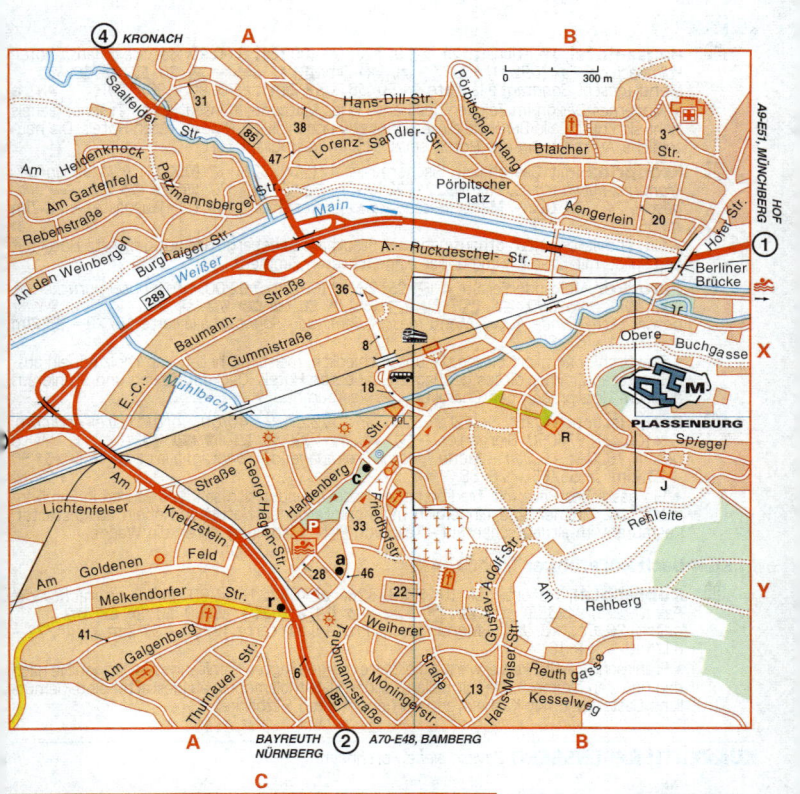

Street	Grid	No.
Albert-Schweitzer-Straße	BX	3
Am Weiherdamm	CZ	5
Bayreuther Straße	AY	6
EKU-Straße	AX	8
Fischergasse	CZ	12
Friedrich Schönauer-Straße	BY	13
Fritz-Hornschuch-Straße	CZ	14
Gasfabrikgäßchen	CZ	15
Grabenstraße	CZ	17
Hans-Hacker-Straße	AX	18
Heinrich-von-Stephan-Straße	CZ	19
Herm.-Limmer-Straße	BX	20
Holzmarkt	CZ	
Jean-Paul-Straße	BY	22
Kirchwehr	CZ	24
Kressenstein	CZ	
Langgasse	CZ	
Luitpoldstraße	AY	28
Marktplatz	CZ	
Metzdorfer Straße	AX	31
Pestalozzistraße	AY	33
Pörbitscher Weg	CZ	34
Reichelstraße	AX	36
Rentsamtsgäßchen	CZ	37
Rosenkrantzstr	AX	38
Röthleinsberg	CZ	39
Spitalgasse	CZ	40
Stettiner-Straße	AY	41
Unteres Stadtgäßchen	CZ	43
Wilhelm-Meußdoerffer-Straße	AY	46
Ziegelhüttener Straße	AX	47

849

KULMBACH

Hansa-Hotel, Weltrichstr. 2a, ⊠ 95326, ℘ (09221) 6 00 90, service@hansa-hotel-kulmbach.de, Fax (09221) 66887 – 🏢, ⇔ Zim, 📺 📞 🚗 – 🔒 20. 🆎 ⓞ 🌐 🆅🆂🅰
Menu (geschl. Sonntag) à la carte 21,50/36 – **32 Zim** ⊆ 70/90 – 90/120.   AY a
• Modernes Design im Zeichen der Hanse : Das Motiv des hanseatischen Treppengiebels zieht sich durch alle Bereiche dieses innovativ und inidividuell gestalteten Hotels. Die neuzeitliche Aufmachung des Hotels setzt sich im Restaurant fort.

Kronprinz (mit Gästehaus), Fischergasse 4, ⊠ 95326, ℘ (09221) 9 21 80, info@kronprinz-kulmbach.de, Fax (09221) 921836 – 📺 📞 – 🔒 20. 🆎 ⓞ 🌐 🆅🆂🅰 🅹🅲🅱 ✂
geschl. 24. - 28. Dez. – **Menu** (geschl. Montag) (Restaurant nur für Hausgäste) – **22 Zim** ⊆ 56/77 – 95/128.   CZ n
• Ein renoviertes Altstadthaus nahe der Stadthalle beherbergt das gut geführte Hotel mit den solide mit Kirschbaummobiliar eingerichteten Zimmern.

Purucker, Melkendorfer Str. 4, ⊠ 95326, ℘ (09221) 9 02 00, info@hotel-purucker.de, Fax (09221) 902090, ☎, 🔲 – 🏢 📺 🚗 🅿 🆎 ⓞ 🌐 🆅🆂🅰 ✂ Zim   AY r
geschl. Mitte - Ende Aug. – **Menu** (geschl. Samstag - Sonntag) à la carte 16/29 – **23 Zim** ⊆ 42/64 – 69/96.
• Praktischen Komfort bieten die unterschiedlich, meist mit hellen Naturholzmöbeln ausgestatteten Zimmer dieses gepflegten, sauberen Hotels. Deckentäfelung und Stühle aus dunklem Holz prägen den Charakter des Restaurants.

Ertl, Hardenbergstr. 3, ⊠ 95326, ℘ (09221) 97 40 00, info@hotel-ertl.com, Fax (09221) 974050, Biergarten – 📺 🚗 🅿 – 🔒 30. 🆎 ⓞ 🌐 🆅🆂🅰   AY c
geschl. 18. Dez. - 6. Jan. – **Menu** (geschl. Freitagabend - Sonntag) à la carte 15,50/31,50 – **23 Zim** ⊆ 55/65 – 78/88.
• Ein gastliches Haus mit Tradition : Das Hotel befindet sich seit 120 Jahren in Familienbesitz. Die Zimmer sind einheitlich mit honigfarbenen Naturholzmöbeln ausgestattet. Restaurant im altdeutschen Stil - Teile von Ritterrüstungen zieren die Wände.

In Kulmbach-Höferänger über ④ : 4 km :

Dobrachtal, Höferänger 10, ⊠ 95326, ℘ (09221) 94 20, info@dobrachtal.de, Fax (09221) 942355, 🌿, ☎, 🔲, 🌿 – 🏢 📺 🚗 🅿 – 🔒 60. 🆎 ⓞ 🌐 🆅🆂🅰
geschl. 20. Dez. - 5. Jan. – **Menu** (geschl. Freitag) à la carte 18/34 – **57 Zim** ⊆ 44/72 – 81/110 – ½ P 16.
• Fränkische Gastlichkeit erwartet die Gäste des gepflegten Familienhotels. Fragen Sie nach den neueren Zimmern, die mit hellen, soliden Naturholzmöbeln ausgestattet sind. Gemütliche Gaststuben mit Kachelöfen und gepolsterten Sitzbänken.

KUNREUTH-REGENSBERG Bayern siehe Forchheim.

KUPFERZELL Baden-Württemberg 🔢 S 13 – 5 000 Ew – Höhe 345 m.
Berlin 555 – Stuttgart 85 – Heilbronn 46 – Schwäbisch Hall 17 – Würzburg 91.

In Kupferzell-Eschental Süd-Ost : 6 km :

Landgasthof Krone, Hauptstr. 40, ⊠ 74635, ℘ (07944) 6 70, info@krone-eschental.de, Fax (07944) 6767, 🌿, ☎, 🔲 – 🏢 📺 📞 ♿ 🅿 – 🔒 40. ⓞ 🌐 🆅🆂🅰 🅹🅲🅱
geschl. über Fasching 1 Woche, Aug. 2 Wochen – **Menu** à la carte 15/30 – **54 Zim** ⊆ 38/51 – 84.
• Dieser freundliche Landgasthof im Hohenlohischen begrüßt seine Gäste mit komfortablen Zimmern, die teils im Landhausstil, teils mit modernen Naturholzmöbeln eingerichtet sind. Zum Speisen stehen ein rustikales Restaurant und zwei nette Stübchen zur Wahl.

KUPPENHEIM Baden-Württemberg 🔢 T 8 – 6 200 Ew – Höhe 126 m.
Berlin 698 – Stuttgart 98 – Karlsruhe 27 – Baden-Baden 12 – Rastatt 5,5.

Blume, Rheinstr. 7, ⊠ 76456, ℘ (07222) 9 47 80, lorenz@blume-kuppenheim.de, Fax (07222) 947880, 🌿 – 📺 🅿 🔒
geschl. Weihnachten - 6. Jan., Ende Juli - Anfang Aug. 2 Wochen – **Menu** (geschl. Montag) à la carte 15,50/32 – **15 Zim** ⊆ 40/43 – 60/73.
• Ein familiär geführter Betrieb im Ortszentrum : In dem hübschen Gasthof erwarten Sie teils ältere, teils aber auch neuere Zimmer mit heller, solider Möblierung. Ländlich-rustikal ist das Ambiente in der nett dekorierten Gaststube.

Ochsen, Friedrichstr. 53, ⊠ 76456, ℘ (07222) 4 15 30, Fax (07222) 48750, 🌿 – 🅿
🌐 🆅🆂🅰 ✂
geschl. 5. - 18. März, 29. Juli - 19. Aug., Sonntag - Montag – **Menu** à la carte 17,50/31,50.
• Recht gemütlich und gediegen wirkt das rustikal-bürgerliche Restaurant, das sich in dem hübschen Gasthof mit der rosafarbenen Fassade befindet.

KUPPENHEIM

In Kuppenheim-Oberndorf *Süd-Ost : 2 km :*

Raub's Restaurant mit Zim, Hauptstr. 41, ✉ 76456, ✆ (07225) 7 56 23, *info@raubs-restaurant.de*, Fax (07225) 79378, 🍴, – 📺 🅿 𝗩𝗜𝗦𝗔 ✶ Zim
geschl. über Fastnacht 1 Woche, Anfang Sept. 1 Woche, Sonntag - Montag – **Menu** (bemerkenswerte Weinkarte) à la carte 50/66 ♀ – **Kreuz-Stübl** : **Menu** 23,50/45,50 à la carte 29/45 – **5 Zim** ⚏ 57/92 – 97/120.
 ♦ Passend zum Stil des kleinen Restaurants - hier dominieren Schwarzweißtöne, Gemälde setzen farbige Akzente - kreiert man eine modern interpretierte klassische Küche. Im Kreuz-Stübl serviert man eine sorgfältig zubereitete badische Küche. Gepflegte Zimmer.
Spez. Gegrillter Schwertfisch und marinierter Pulpo mit Safranfenchel. Rehbockrücken mit glasierten Nektarinen und Pfifferling-Tortellini. Granité von Weinbergpfirsichen und Prosecco mit Himbeeren.

KUSEL *Rheinland-Pfalz* **417** *R 6 – 6 000 Ew – Höhe 240 m.*
Berlin 682 – Mainz 107 – Saarbrücken 72 – Trier 84 – Kaiserslautern 40.

In Blaubach *Nord-Ost : 2 km :*

Reweschnier ⚜, Kuseler Str. 5, ✉ 66689, ✆ (06381) 92 38 00, *info@reweschnier.de*, Fax (06381) 923880, 🍴, 🛎, 🚗 – ✶ Zim, 📺 ⟺ 🅿 – 🔔 30. ⓄⒸ ⓂⓄ 𝗩𝗜𝗦𝗔 ✶
geschl. Anfang - Mitte Jan. – **Menu** à la carte 16/38 – **29 Zim** ⚏ 44/60 – 74/90.
 ♦ Ein persönlich geführter Familienbetrieb : Der gepflegte Landgasthof empfängt die Gäste mit soliden, mit hellen Holzmöbeln und kleinem Sitzbereich eingerichteten Zimmern. Im Restaurant erwartet Sie ein bürgerlich-rustikales Ambiente.

KYRITZ *Brandenburg* **416** *H 21 – 9 200 Ew – Höhe 34 m.*
 🛈 *Fremdenverkehrsverein, Maxim-Gorki Str. 32, ✉ 16866, ✆ (033971) 5 23 31, Fax (033971) 73729.*
Berlin 96 – Potsdam 85 – Schwerin 113.

Waldschlösschen ⚜, Seestr. 110 (Ost : 3 km), ✉ 16866, ✆ (033971) 3 07 80, *waldschloesschen-kyritz@t-online.de*, Fax (033971) 30789, Biergarten – 📺 ⚑ 🅿 ⓂⓄ 𝗩𝗜𝗦𝗔
geschl. Mitte - Ende Jan. – **Menu** *(geschl. Nov. - April Montagmittag, Dienstagmittag)* à la carte 16/28 – **12 Zim** ⚏ 41/56 – 62/87 – ½ P 11.
 ♦ Eine idyllische Sommerfrische : Das 1906 erbaute Hotel wurde saniert und begrüßt Sie mit teils modern, teils rustikal gestalteten Zimmern mit guter technischer Ausstattung.

Landhaus Muth (mit Gästehäusern), Pritzwalker Str. 40, ✉ 16866, ✆ (033971) 7 15 12, Fax (033971) 71513, 🍴, 🚗 – 📺 🅿 – 🔔 15. 🅰🅴 ⓄⒸ ⓂⓄ 𝗩𝗜𝗦𝗔
Menu *(geschl. Sonntag)* *(nur Abendessen)* à la carte 16,50/24,50 – **19 Zim** ⚏ 45/50 – 67 – ½ P 10.
 ♦ Ein kleines Hotel nahe der Kyritzer Seenkette : Die wohnlichen, mit dunklen Holzmöbeln eingerichteten Zimmer verteilen sich auf drei Häuser eines ehemaligen Bauernhofs. Freigelegte Holzbalken, Bilder und Grünpflanzen schmücken das Restaurant.

In Bantikow *Ost : 12 km über Wusterhausen :*

Am Untersee ⚜, Dorfstr. 48, ✉ 16868, ✆ (033979) 1 45 90, *info@hotel-am-untersee.de*, Fax (033979) 14622, 🍴, 🛎, 🚴, – 📺 🅿 – 🔔 25. 🅰🅴 ⓂⓄ 𝗩𝗜𝗦𝗔
Menu à la carte 13,50/19 – **36 Zim** ⚏ 41 – 62 – ½ P 10.
 ♦ Die reizvolle Lage am See zeichnet das ehemalige Ferienheim aus. Die Zimmer sind mit soliden Polsterbetten und hellen Holzmöbeln schlicht ausgestattet. Rustikale Einrichtungselemente und die schöne Seeterrasse prägen das Restaurant.

LAASPHE, BAD *Nordrhein-Westfalen* **417** *N 9 – 16 000 Ew – Höhe 335 m – Kneippheilbad.*
 🛈 *Tourismus, Kur und Stadtentwicklung, Wilhelmsplatz 3, ✉ 57334, ✆ (02752) 8 98, badlaasphe@t-online.de, Fax (02752) 7789.*
Berlin 489 – Düsseldorf 174 – Siegen 34 – Kassel 108 – Marburg 43.

In Bad Laasphe-Feudingen *West : 9 km :*

Landhotel Doerr, Sieg-Lahn-Str. 8, ✉ 57334, ✆ (02754) 37 00, *info@landhotel-doerr.de*, Fax (02754) 370100, 🍴, Massage, 🛎, 🏊, 🚗 – 📶 ✶ Zim, 📺 🅿 – 🔔 60. 🅰🅴 ⓄⒸ ⓂⓄ 𝗩𝗜𝗦𝗔 ✶ Rest
Menu à la carte 27/41 – **42 Zim** ⚏ 65/80 – 130/160.
 ♦ Ansprechende Zimmer in warmem Holz sorgen mit einem guten Platzangebot für Komfort. Sehr schön : der neue, aufwendig gestaltete Wellness- und Beauty-Bereich ! Eine sehr gemütliche Atmosphäre herrscht im holzverkleideten Restaurant.

LAASPHE, BAD

Lahntal-Hotel, Sieg-Lahn-Str. 23, ⊠ 57334, ℘ (02754) 12 85, info@lahntalhotel.de, Fax (02754) 1286, ≘s – 🛗, 🚭 Zim, 📺 ✆ 🅿 – 🔥 80. 🆎 ⓄⒹ 💳 VISA. ⋘
Menu (geschl. Dienstag) à la carte 22/42 – **23 Zim** ⇄ 49/69 – 98/138 – ½ P 15.
• Hinter einem attraktiven Äußeren findet der Gast die Annehmlichkeiten eines neuzeitlichen Hotels - wohnliche Zimmer mit viel Platz schaffen Ihnen ein Zuhause auf Zeit. Ansprechend dekoriert zeigt sich das Restaurant.

Im Auerbachtal ⌂, Wiesenweg 5, ⊠ 57334, ℘ (02754) 37 58 80, auerbachtal@t-online.de, Fax (02754) 3758888, ≘s, 🞒, 🐎 – 🚭 📺 🅿 – 🔥 20. ⋘
geschl. 23. Jan. – **Menu** (geschl. Sonntag) (nur Abendessen) (Restaurant nur für Hausgäste) – **16 Zim** ⇄ 38/41 – 72/78.
• Sind Sie auf der Suche nach einer funktionellen Bleibe, die Sie auf Ihrer Durchreise oder auch für länger beherbergt? Eine familiäre Atmosphäre rundet Ihren Besuch ab.

In Bad Laasphe-Glashütte West : 14 km über Bad Laasphe-Volkholz :

Jagdhof Glashütte ⌂, Clashütter Str. 20, ⊠ 57334, ℘ (02754) 39 90, info@jagdhof-glashuette.de, Fax (02754) 399222, 🍽, Massage, ≘s, 🞒, 🐎 – 🛗 📺 ✆ 🅿 – 🔥 70
Menu siehe Rest. **Ars Vivendi** separat erwähnt – **Jagdhof Stuben** : Menu à la carte 24,50/43,50 – **29 Zim** ⇄ 127/158 – 226/346, 3 Suiten – ½ P 25.
• Eine Einrichtung im alpenländischen Stil, Wohnlichkeit und ein gutes Platzangebot ermöglichen dem Gast komfortables Logieren. Ländliche Eleganz bietet man in den Maisonetten. Mehrere rustikale Stuben verbreiten eine gemütliche Atmosphäre.

Ars Vivendi - Hotel Jagdhof Glashütte, Glashütter Str. 20, ⊠ 57334, ℘ (02754) 39 90, info@jagdhof-glashuette.de, Fax (02754) 399222 – 🅿.
geschl. 21. - 29. Jan., 5. - 27. Aug., Sonntag - Montag – **Menu** (nur Abendessen) (Tischbestellung ratsam) 74/89 à la carte 48/62.
• Aufwendig und edel ist alles in diesem Restaurant : die kreative Zubereitung der feinen Speisen, der geschulte Service sowie das durch neo-barocke Opulenz geprägte Ambiente.
Spez. Sautierte Jakobsmuscheln mit warmem Salat von Zuckerschoten und Papaya. Bresse Taube mit zweierlei Sellerie. Fencheltarte mit Orangensalat und Weinschaumeis.

LAATZEN Niedersachsen siehe Hannover.

LABOE Schleswig-Holstein 𝟜𝟙𝟝 𝟜𝟙𝟞 C 14 – 5 100 Ew – Höhe 5 m – Seebad.

Sehenswert : Marine-Ehrenmal★ (Turm ≤★★).
🛈 Kurbetrieb, Strandstr. 25, ⊠ 24235, ℘ (04343) 42 75 53, Fax (04343) 1781.
Berlin 366 – Kiel 18 – Schönberg 13.

Seeterrassen, Strandstr. 86, ⊠ 24235, ℘ (04343) 60 70, info@seeterrassen-laboe.de, Fax (04343) 60770, 🍽, ≘s – 🛗 📺 🅿. 🆎 ⓄⒹ 💳 VISA. ⋘ Zim
geschl. Dez. - Jan. – **Menu** à la carte 15/26 – **40 Zim** ⇄ 42/45 – 64/88.
• Mit einem Interieur im zeitlosen Stil wird Ihr vorübergehender Wohnsitz den Ansprüchen an ein praktisches Domizil gerecht. Die Strandnähe gehört zu den Vorzügen des Hauses. Im Restaurant ermöglicht Ihnen die Fensterfront einen Blick auf die Kieler Förde.

In Stein Nord-Ost : 4 km :

Bruhn's Deichhotel ⌂, Dorfring 36, ⊠ 24235, ℘ (04343) 49 50, info@bruhns-deichhotel.de, Fax (04343) 495299, ≤ Kieler Förde, 🍽, ≘s – 🚭 Zim, 📺 ✆ ⟿ 🅿.
geschl. 20. Jan. - 27. Feb., Okt. - Nov. 2 Wochen – **Menu** (geschl. Sept. - April Montag, Dienstag - Freitag nur Abendessen) à la carte 24/40 – **35 Zim** ⇄ 80/85 – 105/115, 5 Suiten – ½ P 20.
• Großzügige Zimmer mit Küchenzeile und Balkon sowie eine sinnvolle Ausstattung machen einfaches Übernachten zu bequemem Wohnen. Die Nähe zum Meer spricht für sich. Wer Fisch mag, kommt im Restaurant mit Aussicht auf seine Kosten.

LADBERGEN Nordrhein-Westfalen 𝟜𝟙𝟟 J 7 – 6 450 Ew – Höhe 50 m.

Berlin 456 – Düsseldorf 149 – Nordhorn 79 – Bielefeld 83 – Enschede 66 – Münster (Westfalen) 28 – Osnabrück 33.

Zur Post (mit Gästehaus), Dorfstr. 11, ⊠ 49549, ℘ (05485) 9 39 30, haug@gastwirt.de, Fax (05485) 939392, 🍽, 🐎 – 📺 ✆ ⟿ 🅿 – 🔥 20. 🆎 Ⓞ ⓄⒹ 💳 VISA
Menu (geschl. Montagmittag) 22/35 à la carte 28/35,50 ♀ – **25 Zim** ⇄ 65 – 75/103.
• Das westfälische Gasthaus aus dem 17. Jh. ist mit unterschiedlichen, teils antiken Holzmöbeln bestückt. Eine gute Technik gehört zur zeitgemäßen und praktischen Ausstattung. Geschmack und gute Produkte kennzeichnen die Küche des Hauses.

LADBERGEN

XXX **Rolinck's Alte Mühle,** Mühlenstr. 17, ⊠ 49549, ℘ (05485) 14 84, Fax (05485) 831173, 😃 – 🅿 AE ⓜ VISA
geschl. Anfang - Mitte Jan., Dienstag, Samstagmittag – **Menu** à la carte 27/52.
♦ An den aufwendig eingedeckten Tischen des rustikal-elegant eingerichteten Restaurants serviert man Ihnen klassische Zubereitungen aus dem Reich der Köche.

XX **Waldhaus an de Miälkwellen** mit Zim, Grevener Str. 43, ⊠ 49549, ℘ (05485) 9 39 90, info@waldhaus-ladbergen.de, Fax (05485) 939993, 😃, 🛒 – 📺 ♻ & – 🅰 100. AE ⓞ ⓜ VISA
Menu à la carte 17/29 – **7 Zim** ⊇ 45/55 – 70/85.
♦ Wo sich einst Bauern zum Frühschoppen trafen, nehmen Sie nun in gepflegten Räumlichkeiten ein schmackhaftes Mahl ein - aus einem regionalen Repertoire ausgewählt.

LADENBURG Baden-Württemberg 👁👁👁 R 9 – 12 000 Ew – Höhe 98 m.
🅱 Stadtinformation, Dr.-Carl-Benz-Platz 1, ⊠ 68526, ℘ (06203) 92 26 03, info@ladenburg.de, Fax (06203) 924709.
Berlin 618 – Stuttgart 130 – Mannheim 15 – Heidelberg 13 – Mainz 82.

🏨 **Nestor** 🅼, Benzstr. 21, ⊠ 68526, ℘ (06203) 93 90, nestor-hotel-ladenburg@t-online.de, Fax (06203) 939113, 😃, 🚭 – 🛗, 🔀 Zim, 🖿 📺 ♻ & ⇔ 🅿 – 🅰 120. AE ⓞ ⓜ VISA. 🎀 Rest
Menu à la carte 24/36,50 – **128 Zim** ⊇ 99/154 – 125/180.
♦ Hinter neuzeitlicher Fassade beziehen Sie eines der geräumigen Quartiere. Eine sinnvolle Gestaltung macht Ihr Zimmer zu einem Ort, an dem Sie gerne verweilen.

🏨 **Cronberger Hof** 🌿 garni, Cronbergergasse 10, ⊠ 68526, ℘ (06203) 9 26 10, Fax (06203) 926150 – 📺 ⇔. AE ⓞ ⓜ VISA
20 Zim ⊇ 70/75 – 95.
♦ Funktionell mit hellem Mobiliar eingerichtet und mit technischen Annehmlichkeiten versehen, bietet Ihnen dieses Domizil alles, was Sie während Ihres Aufenthalts brauchen.

🏨 **Im Lustgarten,** Kirchenstr. 6, ⊠ 68526, ℘ (06203) 9 51 60, Fax (06203) 951636, 😃 – 🅿 AE ⓞ ⓜ VISA. 🎀
geschl. Dez. - Jan. 3 Wochen, Juli - Aug. 4 Wochen – **Menu** (geschl. Freitag, Sonn- und Feiertage) (nur Abendessen) à la carte 16/31 – **19 Zim** ⊇ 36/60 – 54/78.
♦ Die Zimmer Ihrer Herberge präsentieren sich in unterschiedlichen Stilarten. Von hier aus erreichen Sie bequem die charmanten Gassen der historischen Altstadt. Natursteinwände geben dem Restaurant ein rustikales Flair.

X **Zur Sackpfeife,** Kirchenstr. 45, ⊠ 68526, ℘ (06203) 31 45, Fax (06203) 3145, 😃. ⓜ VISA
geschl. 22. Dez. - 10. Jan., Samstagmittag, Sonn- und Feiertage – **Menu** (abends Tischbestellung ratsam) à la carte 26,50/38.
♦ Die urige Weinstube dieses historischen Fachwerkhauses aus dem Jahre 1598 bietet sich für eine genußvolle Rast an. Auch der lauschige Innenhof ist sehenswert.

LAER, BAD Niedersachsen 👁👁 J 8 – 9 200 Ew – Höhe 79 m – Sole-Heilbad.
🅱 Tourist-Information, Glandorfer Str. 5, ⊠ 49196, ℘ (05424) 29 11 88, Fax (05424) 291189.
Berlin 419 – Hannover 141 – Bielefeld 37 – Münster (Westfalen) 39 – Bad Rothenfelde 5,5.

🏨 **Haus Große Kettler,** Remseder Str. 1 (am Kurpark), ⊠ 49196, ℘ (05424) 80 70, hotel@haus-grosse-kettler.de, Fax (05424) 80777, 😃, 🚭, 🏊, 🛒 – 🛗 📺 🅿 – 🅰 50. AE ⓜ VISA. 🎀 Rest
Menu à la carte 15/27 – **31 Zim** ⊇ 41/56 – 70/82 – ½ P 6.
♦ Sind Sie auf der Durchreise oder planen Sie einen längeren Besuch? Praktische Zimmer in neuzeitlichem Stil, meist mit Balkon, eignen sich als vorübergehendes Zuhause. Holzbalken und rustikales Inventar unterstreichen den ländlichen Charakter des Restaurants.

🏨 **Landhaus Meyer zum Alten Borgloh,** Iburger Str. 23, ⊠ 49196, ℘ (05424) 2 92 10, meyer.zum.alten.borgloh@t-online.de, Fax (05424) 292155, 🚭, 🛒 – 📺 ♻ 🅿. AE ⓜ VISA. 🎀 Rest
Menu (Restaurant nur für Hausgäste) – **22 Zim** ⊇ 36/41 – 62/72 – ½ P 8.
♦ Sie logieren in einer gepflegten Bleibe : entweder hinter einer netten Klinkerfassade - die Zimmer erreichen Sie über eine alte Holztreppe - oder alternativ im neueren Anbau.

🏨 **Storck,** Paulbrink 4, ⊠ 49196, ℘ (05424) 90 08, rezeption@hotel-storck.de, Fax (05424) 7944, 😃, 🚭, 🏊 – 🛗 📺 🅿. 🎀
Menu (geschl. Montag) à la carte 14,50/22,50 – **20 Zim** ⊇ 35/40 – 70.
♦ Die Gästezimmer dieser Unterkunft sorgen mit einer funktionellen Ausstattung für Ihr Wohlbefinden - in der verkehrsberuhigten Zone im Zentrum des Ortes plaziert. Charmant wirkt das Restaurant des 200-jährigen Fachwerkhauses.

LAGE (LIPPE) Nordrhein-Westfalen 417 K 10 – 33 500 Ew – Höhe 103 m.
- Lage, Ottenhauser Str. 100 (Süd : 2 km), ℘ (05232) 6 80 49.
Berlin 388 – Düsseldorf 189 – Bielefeld 21 – Detmold 9 – Hannover 106.

In Lage-Stapelage Süd-West : 7 km – Luftkurort :

Haus Berkenkamp, Im Heßkamp 50 (über Billinghauser Straße), ✉ 32791, ℘ (05232) 7 11 78, hausberkenkamp@t-online.de, Fax (05232) 961033, 🐎, 🚗 – 📺 🅿
geschl. 16. Okt. - 2. Nov. – **Menu** (Restaurant nur für Hausgäste) – **20 Zim** ⇌ 37/40 – 60/64.
• Der ehemalige Bauernhof aus dem 19. Jh. wurde zu einem modernen Pensionsbetrieb mit familiärem Flair umfunktioniert - umgeben von Feld, Wald und Garten.

LAHNAU Hessen siehe Wetzlar.

LAHNSTEIN Rheinland-Pfalz 417 P 6 – 20 000 Ew – Höhe 70 m.
🛈 Tourist-Information, Stadthallenpassage, ✉ 56112, ℘ (02621) 91 41 71, Fax (02621) 914340.
Berlin 596 – Mainz 102 – Koblenz 9 – Bad Ems 13.

Dorint Hotel Rhein Lahn, im Kurzentrum (Süd-Ost : 3,5 km), ✉ 56112, ℘ (02621) 91 20, info.znvrhe@dorint.com, Fax (02621) 912101, Panorama-Café und Restaurant (15. Etage) mit ≤ Rhein und Lahntal, Massage, ⚕, 🐠, ⛱ (geheizt), 🏊, 🚗 – 🛗, ⚓ Zim, 📺 📞 ⇌ 🅿 🅰 300. 🅰 ⓞ ⓘ 𝖵𝖨𝖲𝖠. 🍽 Rest
Menu à la carte 25/41,50 – **227 Zim** ⇌ 108/173 – 136/201, 13 Suiten – ½ P 23.
• Auf einem bewaldeten Bergrücken wartet das Hochhaus-Hotel auf Ihren Besuch. Ein neuzeitliches Interieur sowie wohltuende Ruhe gehören zu den Vorzügen dieser Adresse. Einen visuellen Genuß beschert Ihnen die Lage des Restaurants in der 15. Etage.

Bock, Westallee 11, ✉ 56112, ℘ (02621) 26 61, hotel-restaurant-bock@t-online.de, Fax (02621) 2721, 🍽 – 📺 🅰 ⓞ ⓘ 𝖵𝖨𝖲𝖠
Menu (geschl. Montag) à la carte 20,50/34 – **14 Zim** ⇌ 40 – 70.
• Mit einem zeitgemäßen Innenleben schafft Ihr gastliches Quartier die Basis für geruhsames Wohnen. Bei Ihrer Ausflugsplanung steht man Ihnen gerne mit einem Rat zur Seite. In gepflegten Räumlichkeiten hält man für Hungrige ein Plätzchen bereit.

LAHR (SCHWARZWALD) Baden-Württemberg 419 U 7 – 42 000 Ew – Höhe 168 m.
Ausflugsziel : Ettenheimmünster★, Süd-Ost : 18 km.
- Lahr-Reichenbach, Gereut 9 (Ost : 4 km), ℘ (07821) 7 72 27.
🛈 KulTourBüro, Altes Rathaus, Kaiserstr. 1, ✉ 77933, ℘ (07821) 95 02 10, lahr info@lahr.de Fax (07821) 950212.
Berlin 767 – Stuttgart 168 – Karlsruhe 96 – Offenburg 26 – Freiburg im Breisgau 54.

Schulz, Alte Bahnhofstr. 6, ✉ 77933, ℘ (07821) 91 50, hotel-schulz@t-online.de, Fax (07821) 22674, 🍽 – 🛗, ⚓ 📞 ⇌ 🅿 🅰 ⓞ ⓘ 𝖵𝖨𝖲𝖠 𝖩𝖢𝖡
Menu (geschl. Samstagmittag) 12,50/35 à la carte 25,50/37,50 – **36 Zim** ⇌ 55/62 – 75/89.
• Sind Sie auf der Durchreise und suchen nach einer netten Unterkunft? Ihr Zuhause für unterwegs wird Sie in praktisch ausgestatteten Räumen beherbergen. Bürgerlich gestaltetes Restaurant.

Schwanen, Gärtnerstr. 1, ✉ 77933, ℘ (07821) 91 20, hotel@schwanen-lahr.de, Fax (07821) 912320, 🍽 – 🛗, ⚓ Zim, 📺 🅿 🅰 ⓞ ⓘ 𝖵𝖨𝖲𝖠 𝖩𝖢𝖡
Menu (geschl. Sonntag) à la carte 20,50/37 – **57 Zim** ⇌ 60 – 85.
• Mit einer soliden und funktionellen Einrichtung präsentieren sich die Zimmer als behagliche Behausung - geeignet für einen kurzen oder auch längeren Besuch. Ein neuzeitlicher, unaufdringlicher Stil gestaltet das Innenleben des Restaurants.

Am Westend, Schwarzwaldstr. 97, ✉ 77933, ℘ (07821) 9 50 40, hotelamwestend @t-online.de, Fax (07821) 950495, 🍽, 🐎 – 🛗, ⚓ Zim, 📺 📞 ⇌ 🅿 ⓘ 𝖵𝖨𝖲𝖠
gesch. 24. Dez. - 6. Jan. – **Menu** (geschl. Sonntag) (nur Abendessen) à la carte 15,50/21,50 – **34 Zim** ⇌ 60 – 80/85.
• Eine gut gepflegte und saubere Behausung auf Zeit. Die Gästezimmer Ihres Domizils sind mit unterschiedlichem Mobiliar bestückt - teils neuzeitlich in der Aufmachung.

Zum Löwen, Obertorstr. 5, ✉ 77933, ℘ (07821) 2 30 22, Fax (07821) 1514, (Fachwerkhaus a.d. 18. Jh.) – 📺 ⇌ 🅰 60. 🅰 ⓞ ⓘ 𝖵𝖨𝖲𝖠
geschl. 22. Dez. - 7. Jan. – **Menu** (geschl. Aug. 2 Wochen, Sonntag) à la carte 17/34 – **30 Zim** ⇌ 56/61 – 76.
• Sie wohnen im Herzen der Stadt - direkt am Anfang der Fußgängerzone. In der gepflegten Herberge stehen auch einige neu gestaltete Gästezimmer für Sie zur Verfügung. Gepflegte Gastlichkeit findet man im Restaurant.

LAHR (SCHWARZWALD)

In Lahr-Reichenbach Ost : 3,5 km – Erholungsort :

Adler (Fehrenbacher), Reichenbacher Hauptstr. 18 (B 415), ⊠ 77933, ℘ (07821) 90 63 90, adler@adler-lahr.de, Fax (07821) 9063933, 😤 – 📺 ✆ ⇔ 🅿 – 🛦 20. 🖭 ⓦ 𝒱𝐼𝑆𝐴, ❀ Zim
geschl. 24. Feb. - 12. März – **Menu** (geschl. Montag - Dienstag) à la carte 34,50/53,50 ₧ – **24 Zim** ⊇ 58/78 – 118.
♦ Sie beziehen ein Quartier mit gepflegtem Inventar und gutem Platzangebot, meist mit Balkon versehen - teils bewohnen Sie auch neuere Zimmer mit Parkettboden. In typisch badisch-gemütlichem Ambiente serviert man eine ausgezeichnete Küche. Hübsche Terrasse.
Spez. Gänseleberterrine mit Brioche. Lotte-Gambasröllchen im Kartoffelmantel gebacken mit Chicorée. Gebratener Steinbutt mit Gemüsen der Provence und Basilikumbutter.

An der Straße nach Sulz Süd : 2 km :

Dammenmühle (mit 3 Gästehäusern), ⊠ 77933 Lahr-Sulz, ℘ (07821) 9 39 30, dammenmuehle@t-online.de, Fax (07821) 939393, 😤, ⚓ (geheizt), 🚗 – 📺 🅿 ⓦ 𝒱𝐼𝑆𝐴
Menu (geschl. Montag) à la carte 14/27 – **18 Zim** ⊇ 42/62 – 80/110.
♦ Je nach Gästehaus zeigen sich die Zimmer mal neuzeitlich mit hellem Holzmobiliar und bequemer Sitzgelegenheit, mal als "Schwarzwaldzimmer" mit rustikaler Note. Verschiedene schöne Räume und eine Gartenwirtschaft am See komplettieren die Gastronomie.

LAICHINGEN Baden-Württemberg **419** U 13 – 9 100 Ew – Höhe 756 m – Wintersport : 750/810m, ⚡2 ⛷.
🛈 Berlin 635 – Stuttgart 79 – Reutlingen 46 – Ulm (Donau) 33.

Krehl, Radstr. 7, ⊠ 89150, ℘ (07333) 9 66 50, fam.hettinger@hotel-krehl.de, Fax (07333) 966511, 😤, ⇔ – 🛗 ⇼ 📺 ✆ 🅿 – 🛦 40. ⓘ ⓦ 𝒱𝐼𝑆𝐴
Menu (geschl. Samstag - Sonntag) à la carte 19/30 – **30 Zim** ⊇ 37/52 – 63/67 – ½ P 14.
♦ Renovierte Zimmer mit sinnvollem Interieur sorgen für ein behagliches Ambiente in Ihrem Zuhause auf Zeit. Für längeren Aufenthalt bietet sich eine der Ferienwohnungen an. Gemütlich gestaltet - teils mit Zirbelholz - zeigt sich das Restaurant.

LALENDORF Mecklenburg-Vorpommern siehe Güstrow.

LAM Bayern **420** S 23 – 3 000 Ew – Höhe 576 m – Luftkurort – Wintersport : 520/620 m ⛷.
🛈 Tourist-Info, Marktplatz 1, ⊠ 93462, ℘ (09943) 777, Fax (09943) 8177.
Berlin 513 – München 196 – Passau 94 – Cham 39 – Deggendorf 53.

Steigenberger, Himmelreich 13, ⊠ 93462, ℘ (09943) 3 70, lam@steigenberger.de, Fax (09943) 8191, ≼, 😤, Massage, ♣, 𝑓₆, ⇔, ⚓ (geheizt), 🖼, 🚗, ❀ (Halle) Squash – 🛗, ⇼ Zim, 📺 🛋 ⇔ 🅿 – 🛦 80. 🖭 ⓘ ⓦ 𝒱𝐼𝑆𝐴 𝐽𝐶𝐵. ❀ Rest
Menu à la carte 23,50/34,50 – **173 Zim** ⊇ 79/84 – 126/152 – ½ P 22.
♦ Geschmackvolles Landhausmobiliar bestimmt den Stil der Gästezimmer dieses kultivierten Hauses. Einen visuellen Reiz stellt der Blick vom Hang auf die umliegende Region dar. Ein neuzeitliches Flair - teils mit eleganter Note - prägt das Hotelrestaurant.

Das Bayerwald (mit Gästehäusern), Arberstr. 73, ⊠ 93462, ℘ (09943) 95 30, das.bayerwald@lam.de, Fax (09943) 8366, 😤, Massage, ⇔, 🖼, 🚗, ⇼ Rest, 📺 ⇔ 🅿 – 🛦 50. 🖭 ⓦ 𝒱𝐼𝑆𝐴
geschl. 1. - 15. Dez. – **Menu** (geschl. Sonntagabend) à la carte 12,50/31,50 – **52 Zim** ⊇ 36/48 – 68/107 – ½ P 13.
♦ In zeitlosem Stil gehalten, bieten Ihnen die verschiedenen Gästehäuser dieser familiär geführten Herberge eine sympathische Alternative zu Ihren eigenen vier Wänden. Bürgerlich gestaltet zeigt sich das Restaurant.

Sonnbichl, Lambacher Str. 31, ⊠ 93462, ℘ (09943) 7 33, sonnbichl@lam.de, Fax (09943) 8249, ≼, 😤, ⇔, 🚗 – 🛗, ⇼ Zim, 📺 🅿 ❀ Rest
geschl. Mitte Nov. - Mitte Dez. – **Menu** (geschl. Montag) à la carte 14,50/24,50 – **45 Zim** ⊇ 40/65 – 70/72 – ½ P 12.
♦ Den ländlichen Charakter der Umgebung finden Sie in den Zimmern Ihrer Herberge wieder - in einheitlichem Stil möbliert und meist mit Balkon zur Sonnenseite hin versehen. Im Restaurant wählen Sie am besten einen Tisch mit Blick ins Tal.

LAMPERTHEIM Hessen **417 419** R 9 – 31 500 Ew – Höhe 96 m.
Berlin 605 – Wiesbaden 78 – Mannheim 27 – Darmstadt 42 – Worms 11.

Deutsches Haus, Kaiserstr. 47, ⊠ 68623, ℘ (06206) 93 60, hotel-deutsches-haus @t-online.de, Fax (06206) 936100, 😤 – 🛗, ⇼ Zim, 📺 🅿 – 🛦 20. ⓦ 𝒱𝐼𝑆𝐴
geschl. Anfang Jan. 1 Woche – **Menu** (geschl. Freitag - Samstagmittag) à la carte 20/32 – **31 Zim** ⊇ 46/50 – 67.
♦ Welches Zimmer Sie auch wählen, Sie sind stets in einem ordentlichen Quartier untergebracht - auch die älteren, einfacheren Räume in der oberen Etage sind praktisch gestaltet. Mit dunklem Holz ist das Restaurant behaglich ausgestattet.

LAMPERTHEIM

XX Waldschlöss'l, Neuschloßstr. 12a, ✉ 68623, ℘ (06206) 5 12 21, chris@kanal42.de, Fax (06206) 12630, 斎 – 占 🅿 🅰🅴 ⓜⓞ 𝐕𝐈𝐒𝐀
geschl. Feb. 2 Wochen, Samstagmittag, Sonntag - Montag - **Menu** à la carte 19/42 ♀.
♦ Die Einrichtung mit viel Holz und ein nettes Dekor geben diesem Restaurant seinen ländlichen Charakter - nach dem Vorbild von "Omas guter Stube" gestaltet.

In Lampertheim-Hüttenfeld Ost : 9 km :

🏠 Kurpfalz, Lampertheimer Str. 26, ✉ 68623, ℘ (06256) 3 42, hotel-kurpfalz@gmx.de, Fax (06256) 524, Biergarten – 📺 ⇔ 🅿 – 🔏 30. ① ⓜⓞ 𝐕𝐈𝐒𝐀
Menu (geschl. Dienstag) à la carte 15,50/34 – **8 Zim** ⇌ 35/44 – 65.
♦ Renovierte Zimmer in freundlichem Design gewähren Ihnen eine erholsame Zeit. Ein neuzeitliches Inventar sowie eine bequeme Sitzgruppe tragen zu Ihrem Wohlbefinden bei. Zum Essen empfängt man Sie in modernem Ambiente.

LANDAU AN DER ISAR Bayern 𝟰𝟮𝟬 T 22 – 11 500 Ew – Höhe 390 m.

🚆 Landau (Süd-Ost : 4 km), ℘ (09951) 59 91 11.
Berlin 566 – München 115 – Regensburg 77 – Deggendorf 31 – Landshut 46 – Straubing 28.

🏠 Aparthotel Isar Park M garni, Straubinger Str. 36, ✉ 94405, ℘ (09951) 9 81 90, Fax (09951) 981931 – 📶 📺 ✆ 🅿 ⓜⓞ 𝐕𝐈𝐒𝐀
15 Zim ⇌ 41 – 71.
♦ Möchten Sie auch unterwegs die Wohnlichkeit Ihres eigenen Heims nicht missen? Sie werden die solide wie auch geschmackvolle Möblierung Ihrer Unterkunft schätzen.

🏠 Gästehaus Numberger garni, Dr.-Aicher-Str. 2, ✉ 94405, ℘ (09951) 9 80 20, Fax (09951) 9802200, (ehemalige Villa), 斎 – ⇆ 📺 ⇔ 🅿 🅰🅴 ⓜⓞ 𝐕𝐈𝐒𝐀. ⋇
19 Zim ⇌ 35/44 – 60/69.
♦ Sie wohnen in einer kleinen Villa oberhalb der Altstadt. Hübsch gestaltete Zimmer und ein herrlicher Garten tragen viel zum Charme des Hauses bei.

LANDAU IN DER PFALZ Rheinland-Pfalz 𝟰𝟭𝟳 𝟰𝟭𝟵 S 8 – 42 500 Ew – Höhe 188 m.

Sehenswert : Stiftskirche★ – Ringstraßen★.
Ausflugsziele : Annweiler am Trifels : Trifels★★ (Lage★★, ≤★★), West : 16 km – Eußerthal : Klosterkirche★, Nord-West : 15 km.
🚆 🚆 Essingen-Dreihof, Dreihof 9 (Ost : 7 km über Offenbach), ℘ (06348) 6 15 02 37.
🅱 Büro für Tourismus, Rathaus, Marktstr. 50, ✉ 76829, ℘ (06341) 1 31 81, Fax (06341) 13195.
ADAC, Waffenstr. 14.
Berlin 668 – Mainz 109 – Karlsruhe 38 – Mannheim 50 – Pirmasens 45 – Wissembourg 25.

🏨 Parkhotel M, Mahlastr. 1 (an der Festhalle), ✉ 76829, ℘ (06341) 14 50, info@parkhotel-landau.de, Fax (06341) 145444, 斎, Massage, 🎔, ≦s, 🞐 – 📶 ⇆ Zim, 📺 ✆ 占 ⇔ – 🔏 50. 🅰🅴 ⓜⓞ 𝐕𝐈𝐒𝐀
Menu à la carte 24/35 – **78 Zim** ⇌ 79/88 – 107/130.
♦ Eine moderne Halle empfängt Sie in Ihrem Zuhause auf Zeit. Die Zimmer überzeugen durch ihre Funktionalität - mit einer Ausstattung, die auch erfolgreiches Arbeiten zulässt. Im ersten Stock befindet sich das einladend gestaltete Restaurant.

X Raddegaggl Stubb, Industriestr. 9, ✉ 76829, ℘ (06341) 8 71 57, Fax (06341) 898534, 斎
Menu à la carte 17/32.
♦ Die Pfäzer Weinstube lädt zu einer Rast in gemütlichem Ambiente ein. Gutbürgerliches sorgt für eine Stärkung - der Hauswein rundet Ihre Mahlzeit gelungen ab.

In Landau-Arzheim West : 4 km :

X Weinstube Hahn, Arzheimer Hauptstr. 50, ✉ 76829, ℘ (06341) 3 31 44, Fax (06341) 948776, 斎 – 🅿
geschl. Anfang Aug. 2 Wochen, Weihnachten - Neujahr, Dienstag - Mittwoch - **Menu** (nur Abendessen) à la carte 17/25.
♦ Die nette Adresse mit rustikalem Flair weiß Besucher mit Deftigem nach Pfälzer Art zu verköstigen - als Stammlokal oder als willkommene Abwechslung auf Ihrer Reise.

In Landau-Godramstein Nord-West : 4 km :

X Beat Lutz, Bahnhofstr. 28, ✉ 76829, ℘ (06341) 6 03 33, info@beatlutz.de, Fax (06341) 960590, 斎 – 🅿
geschl. 1. - 10. Jan., 15. Juli - 1. Aug., Montag - Dienstagmittag – **Menu** (Tischbestellung ratsam) 14,50/22 à la carte 25/41 ♀.
♦ Geschmack und eine sorgfältige Zubereitung kennzeichnen dieses gastliche Haus. Sie genießen eine gehobene Küche mit mediterranen und regionalen Einflüssen.

LANDAU IN DER PFALZ

In Landau-Nußdorf *Nord-West : 3 km :*

Landhaus Herrenberg, Lindenbergstr. 72, ✉ 76829, ℘ (06341) 9 63 33, info@landhaus-herrenberg.de, Fax (06341) 96334, 😀 – 📺 🅿 – 🛋 20. 🆎 Zim
Menu *(geschl. Feb., Donnerstag) (nur Abendessen)* à la carte 28/35 – **9 Zim** 🛏 60/80 – 90/110.
♦ Ein attraktives Inventar in hellem Naturholz, eine sinnvolle Technik und ein gutes Platzangebot zählen zu den Annehmlichkeiten, die diese Herberge für Sie bereithält. Sie essen in freundlich gestalteten Räumlichkeiten mit mediterraner Note.

In Landau-Queichheim *Ost : 2 km :*

✕✕ **Provencal**, Queichheimer Hauptstr. 136, ✉ 76829, ℘ (06341) 95 25 52, provencal-landau@t-online.de, Fax (06341) 50711 – 🅿 🆎 ⓞ 𝐕𝐈𝐒𝐀 ✽
geschl. Montag – **Menu** *(Tischbestellung ratsam)* à la carte 26,50/41.
♦ Eine kleines, gepflegtes Restaurant, das Sie bei einem wohltuenden Essen zur Ruhe kommen läßt. Man bittet den Gast mit dem Angebot einer internationalen Küche zu Tisch.

In Bornheim *Nord-Ost : 5,5 km :*

Zur Weinlaube 🌿 garni, Wiesenstr. 31, ✉ 76879, ℘ (06348) 15 84, info@pension-zur-weinlaube.de, Fax (06348) 5153, 🛁, 🚗, 📺 🚙 🅿 ✽
18 Zim 🛏 42/48 – 55/80.
♦ Eine individuelle Einrichtung und die funktionelle Machart machen die Zimmer Ihrer Herberge aus. Ein sympathisches Flair unterstreicht den Charme des kleinen Winzerdorfes.

LANDESBERGEN *Niedersachsen* 🗺 415 417 *I 11 – 2 800 Ew – Höhe 28 m.*
Berlin 342 – Hannover 59 – Nienburg 12 – Bremen 73.

In Landesbergen-Brokeloh *Ost : 6 km :*

Der Dreschhof 🌿, Brokeloher Dorfstr. 23, ✉ 31628, ℘ (05027) 9 80 80, Fax (05027) 980855, 😀 – 📺 🅿 – 🛋 25. 🆎
Menu *(geschl. 27. Dez. - 10. Jan., Dienstag) (Okt. - April Montag - Freitag nur Abendessen)* à la carte 14,50/30,50 – **25 Zim** 🛏 36/64 – 67/87.
♦ Ein schöner alter Gasthof - gepflegt und sauber - dient Ihnen vorübergehend als Zuhause. Die Mehrzahl der Zimmer zeigt sich in rustikaler Gestaltung. Das Restaurant ist eine schlichte Gaststube in ländlichem Stil.

LANDSBERG AM LECH *Bayern* 🗺 419 420 *V 16 – 26 000 Ew – Höhe 580 m.*
Sehenswert : *Lage★ – Marktplatz★.*
🏌 *Schloß Igling (Nord-West : 7 km), ℘ (08248) 18 93.*
🛈 *Kultur- und Fremdenverkehrsamt, Historisches Rathaus, Hauptplatz 152, ✉ 86899, ℘ (08191) 12 82 46, Fax (08191) 128160.*
Berlin 597 – München 57 – Augsburg 41 – Kempten (Allgäu) 68 – Garmisch-Partenkirchen 78.

Mercure 🅼 garni, Graf-Zeppelin-Str. 6 (nahe der BAB-Ausfahrt Landsberg Nord), ✉ 86899, ℘ (08191) 9 29 00, h2842@accor-hotels.com, Fax (08191) 9290444 – 🛗, ✽ Zim, 📺 ♿ 🅿 – 🛋 120. 🆎 ⓞ 𝐕𝐈𝐒𝐀 JCB
107 Zim 🛏 78/97 – 99/118.
♦ Die verkehrsgünstige Lage, eine neuzeitliche Ausstattung und das gute Platzangebot in den Zimmern sind Annehmlichkeiten, die nicht nur Tagungsgäste ansprechen.

Goggl garni, Hubert-von-Herkomerstr. 20, ✉ 86899, ℘ (08191) 32 40, hotelgoggl@t-online.de, Fax (08191) 324100, 🛁 – 🛗 ✽ 📺 🚙 – 🛋 30. 🆎 ⓞ 𝐕𝐈𝐒𝐀
65 Zim 🛏 52/75 – 72/100.
♦ Das Hotel fügt sich harmonisch in die Häuserreihe am großen Rathausplatz im Zentrum der Stadt. Ihr Quartier ist mit hellem Naturholz bestückt - teils mit französischen Betten.

Landhotel Endhart garni, Erpftinger Str. 19, ✉ 86899, ℘ (08191) 9 29 30, info@landhotel-endhart.de, Fax (08191) 32346 – 📺 🚙 🅿 ⓞ 𝐕𝐈𝐒𝐀
16 Zim 🛏 36/50 – 55/65.
♦ Hinter einer netten Fassade mit ländlichem Touch finden Reisende ein wohnliches Plätzchen. Das kleine Domizil am Stadtrand überzeugt mit einem gepflegten Rahmen.

Landsberger Hof garni, Weilheimer Str. 5, ✉ 86899, ℘ (08191) 3 20 20, Fax (08191) 3202100, 🚗 – 📺 🚙 🅿 🆎 ⓞ 𝐕𝐈𝐒𝐀
33 Zim 🛏 31/70 – 64/90.
♦ Das Haus empfängt Sie mit Gastlichkeit und familiärer Atmosphäre. Die praktische Gestaltung der Zimmer ermöglicht dem Gast einen entspannten Aufenthalt.

✕ **Zederbräu**, Hauptplatz 155, ✉ 86899, ℘ (08191) 4 22 41, zedergmbh@t-online.de, Fax (08191) 944122, 😀 ⓞ 𝐕𝐈𝐒𝐀
Menu à la carte 15/29.
♦ Möchten Sie in urig-gemütlichem Ambiente speisen - ganz in Holz gehalten? Oder bevorzugen Sie einen der großen bayerntypischen Tische, die zu geselliger Runde einladen?

LANDSBERG AM LECH

In Landsberg-Pitzling Süd : 5 km :

Pension Aufeld garni, Aufeldstr. 3, ⊠ 86899, ℘ (08191) 9 47 50, pension.aufeld@t-online.de, Fax (08191) 947550, 🛁, ≦s, 🐢 – 📺 🅿. 🆗 VISA. ⋇
20 Zim ⊇ 35/40 – 48/58.
♦ Die freundlichen Gästezimmer dieser Adresse werden den Ansprüchen der Besucher an eine funktionelle Bleibe gerecht. Nett : der ländliche Charakter des ganzen Hauses.

LANDSHUT Bayern **420** U 20 – 59 000 Ew – Höhe 393 m.

Sehenswert : St. Martinskirche★ (Turm★★) Z – "Altstadt"★ Z.

🏌 Furth-Arth, Oberlippach 2 (Nord-Ost : 9 km über B 299), ℘ (08704) 83 78.

🛈 Verkehrsverein, Altstadt 315, ⊠ 84028, ℘ (0871) 92 20 50, Fax (0871) 89275.

ADAC, Kirchgasse 250.

Berlin 556 ② – *München* 75 ⑤ – *Regensburg* 75 ② – Ingolstadt 83 ① – Salzburg 128 ③.

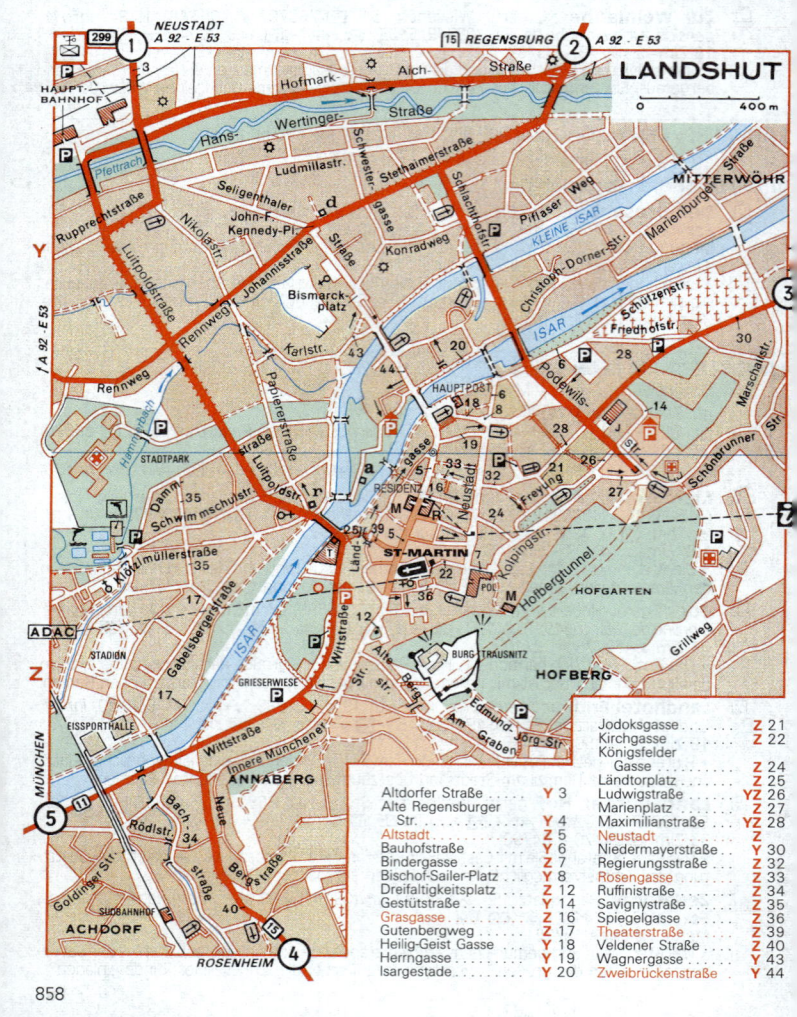

Altdorfer Straße ..... Y 3	Jodoksgasse .... Z 21
Alte Regensburger	Kirchgasse .... Z 22
Str. .... Y 4	Königsfelder
Altstadt .... Z 5	Gasse .... Z 24
Bauhofstraße .... Y 6	Ländtorplatz .... Z 25
Bindergasse .... Z 7	Ludwigstraße ...... YZ 26
Bischof-Sailer-Platz .. Y 8	Marienplatz .... Z
Dreifaltigkeitsplatz .. Z 12	Maximilianstraße ... YZ 28
Gestütstraße .... Y 14	Neustadt .... Z
Grasgasse .... Z 16	Niedermayerstraße .. Y 30
Gutenbergweg ...... Z 17	Regierungsstraße .. Z 32
Heilig-Geist Gasse ... Y 18	Rosengasse .... Z 33
Herrngasse .... Y 19	Ruffinistraße ...... Z 34
Isargestade .... Y 20	Savignystraße ..... Z 35
	Spiegelgasse ...... Z 36
	Theaterstraße ..... Z 39
	Veldener Straße ... Z 40
	Wagnergasse ...... Y 43
	Zweibrückenstraße . Y 44

LANDSHUT

Romantik Hotel Fürstenhof, Stethaimer Str. 3, ✉ 84034, ☏ (0871) 9 25 50, *fuerstenhof@romantikhotels.com*, Fax (0871) 925544, 🍽, 🛏 – ✶ Zim, 📺 📞 ⟸ 🅿 ▲
⊙ 🆗 VISA Y d
Menu *(geschl. Sonntag)* à la carte 37/50 ♀ – **24 Zim** ⇌ 82/100 – 103/140.
♦ Mit seinem liebenswerten Interieur wird diese Residenz zu einer ansprechenden Behausung auf Zeit. Die Zimmer schaffen die Basis für Ihr Wohlbefinden in fremder Umgebung. Stilvolles Ambiente und feine Kreationen in Herzogstüberl und Fürstenzimmer.
Spez. Marinierte Semmelknödelscheiben mit geräucherter Entenbrust. Lammrücken mit Tomaten-Couscous. Holunderblütencrème mit Feigenkompott.

Life Style, Flurstr. 2 (B 299), ✉ 84032, ☏ (0871) 9 72 70, *lifestylehotel@t-online.de*, Fax (0871) 972727, 🛏 – 📶, ✶ Zim, 📺 📞 ♿ ⟸ 🅿 – ▲ 80. ⊙ 🆗 VISA JCB
✶ Rest über ①
Menu *(Restaurant nur für Hausgäste)* – **54 Zim** ⇌ 72/115 – 98/140, 4 Suiten.
♦ Frisches, neuzeitliches Design bestimmt das Innenleben Ihres Domizils - eine optisch reizvolle Alternative für erholsame Tage. Auch "Wohnbüros" stehen zur Verfügung.

Lindner Hotel Kaiserhof, Papiererstr. 2, ✉ 84034, ☏ (0871) 68 70, *info.kaiserhof@lindner.de*, Fax (0871) 687403, 🍽, 🧖, 🛏 – 📶, ✶ Zim, 📺 📞 ⟸ – ▲ 140. ⊙ 🆗 VISA JCB Z r
Menu 22 (Lunchbuffet) à la carte 24/39,50 – **147 Zim** ⇌ 119/162 – 148/191.
♦ Ihr vorübergehender Wohnsitz ist direkt an der Isar plaziert, nur zwei Gehminuten von der Innenstadt entfernt. Renovierte Zimmer - "Economy" oder "Business" - beherbergen Sie. Neuzeitliche Räumlichkeiten stehen für Ihre Bewirtung bereit.

Gasthof zur Insel 🌿, Badstr. 16, ✉ 84028, ☏ (0871) 92 31 60, *hotel.zurinsel@gmx.de*, Fax (0871) 9231636, Biergarten – 📺 🅿 ⊙ 🆗 VISA Z a
geschl. 23. Dez. - 6. Jan. – **Menu** à la carte 12,50/29,50 – **15 Zim** ⇌ 55/70 – 70/95.
♦ Ihr Quartier ist mit einer rustikalen Einrichtung versehen - dem bayerischen Stil des Gasthofs angepaßt. Die Vorzüge einer ruhigen Innenstadtlage sprechen für sich. Von der Brotzeit bis zur ganzen Mahlzeit - die Küche präsentiert den Charakter der Region.

XX **Bernlochner**, Ländtorplatz 3, ✉ 84028, ☏ (0871) 8 99 90, *info@bernlochner.com*, Fax (0871) 89994, 🍽 – ▲ 160 Z T
Menu à la carte 18,50/35,50.
♦ Eine bewußt einfache Küche - jedoch mit Geschmack zubereitet - sorgt für genußvolle Stunden. Ein leicht moderner Touch und rustikale Elemente prägen das Interieur.

In Landshut-Löschenbrand West : 2,5 km über Rennweg Y :

Landshuter Hof, Löschenbrandstr. 23, ✉ 84032, ☏ (0871) 96 27 20, *landshuterhof@t-online.de*, Fax (0871) 9627237, 🍽 – ✶ Zim, 📺 📞 ⟸ 🅿 – ▲ 30. ✶
Menu *(geschl. Mitte - Ende Aug., Montagmittag, Dienstag)* à la carte 16,50/34 – **25 Zim** ⇌ 57/72 – 85/115.
♦ Sind Sie auf der Suche nach einer freundlichen Bleibe mit praktischer Ausstattung? Solide gestaltete Räume schaffen ein behagliches Umfeld für kurzes oder langes Verweilen. Die freundliche Gaststube zeigt sich in einer neo-rustikalen Aufmachung.

In Landshut-Schönbrunn über ③ : 2 km :

Schloß Schönbrunn, Schönbrunn 1, ✉ 84036, ☏ (0871) 9 52 20, *hotel-schoenbrunn@t-online.de*, Fax (0871) 9522222, Biergarten – 📶 📺 📞 🅿 – ▲ 50. ⊙ 🆗 VISA JCB
Menu *(geschl. Dienstag)* à la carte 16/36 – **33 Zim** ⇌ 72/82 – 99/109.
♦ Im modernisierten Schloß von 1690 bilden gepflegte Gastlichkeit, neuzeitlicher Hotelkomfort und ein Hauch Nostalgie einen ansprechenden Rahmen zum Wohnen. Mit seinen elegant-rustikalen Räumlichkeiten hat das Restaurant ein einladendes Ambiente zu bieten.

LANDSTUHL Rheinland-Pfalz **417** R 6 – 9 900 Ew – Höhe 248 m – *Erholungsort*.
Berlin 660 – Mainz 100 – *Saarbrücken* 54 – Kaiserslautern 17.

Landhaus Schattner M garni, Kaiserstr. 143, ✉ 66849, ☏ (06371) 91 23 45, *info@hotel-landhaus-schattner.de*, Fax (06371) 16249 – 📶 ✶ 📺 📞 🅿 ⊙ 🆗 VISA
35 Zim ⇌ 51/61 – 80/85.
♦ Hinter einem ansprechenden Äußeren lädt auch das Interieur zum Verweilen ein : Ein hübscher Landhausstil, Wohnlichkeit und eine gute Technik kennzeichnen die Zimmer.

Schloss Hotel 🌿, Burgweg 10, ✉ 66849, ☏ (06371) 9 21 40, *schlosshotel.landstuhl@t-online.de*, Fax (06371) 921429, 🍽, 🛏 – 📶 📺 🅿 – ▲ 40. ⊙ 🆗 VISA ✶ Zim
Menu à la carte 17/37 – **39 Zim** ⇌ 50/62 – 85/95.
♦ Die Gästezimmer Ihrer Unterkunft präsentieren sich mit einem sinnvollen Innenleben. Nahe dem Stadtzentrum gelegen, bietet das Haus dennoch die nötige Ruhe. Ein gepflegtes Ambiente verspricht erholsame Stunden im Restaurant.

LANDSTUHL

Moorbad garni, Hauptstr.39, ⊠ 66849, ℰ (06371) 1 40 66, hotel-moorbad@t-online.de, Fax (06371) 17990 – 📶 📺 ⚙ 🅿 🅰🅴 ⓞ 🆎 🆅🆂🅰. ✄
24 Zim ⊇ 67/70 – 87.
♦ Ein enges Sträßchen führt Sie zu Ihrem auserwählten Domizil. Das villenartige ehemalige Moorbadkurheim dient nun mit soliden Quartieren Erholungsuchenden als Unterkunft.

Christine garni (mit Gästehäusern), Kaiserstr. 3, ⊠ 66849, ℰ (06371) 90 20, christine-hotel@t-online.de, Fax (06371) 902222 – 📶 📺 ⚙ 🅿 🅰🅴 ⓞ 🆎 🆅🆂🅰. ✄
111 Zim ⊇ 55/70 – 80/95.
♦ Die Ausstattung in hellem Naturholz gibt Ihrer Bleibe eine rustikale Note. Sollten Sie Ihr Refugium einmal verlassen wollen, bietet sich die Umgebung für Wanderungen an.

LANGDORF
Bayern **420** S 23 – 2 000 Ew – Höhe 675 m – Erholungsort – Wintersport : 650/700 m ⛷.

🛈 Tourist-Information, Rathaus, Hauptstr. 8, ⊠ 94264, ℰ (09921) 94 11 13, Fax (09921) 941120.
Berlin 527 – München 175 – *Passau* 64 – Cham 55 – Deggendorf 32.

Zur Post, Regener Str. 2, ⊠ 94264, ℰ (09921) 8 82 80, info@langdorf-zurpost.de, Fax (09921) 882828, Biergarten, Wildgehege, ⇔, 🏊, 🐎 – 📶, ⤍ Rest, 📺 ⇐ 🅿. 20. 🅰🅴 ⓞ 🆎 🆅🆂🅰. ✄
geschl. 15. Nov. - 25. Dez. – **Menu** (geschl. Dienstag) à la carte 12/25 – **45 Zim** ⊇ 45/50 – 62/92 – ½ P 3.
♦ Neben Zimmern in komfortabler Machart – funktionell und wohnlich eingerichtet – steht für den Reisenden auch eine einfachere Variante bereit. Dezente Cremetöne dominieren im Restaurant.

LANGELSHEIM
Niedersachsen **418** K 14 – 14 400 Ew – Höhe 212 m.
🛈 Tourist Information, in Wolfshagen, Im Tölletal 21, ⊠ 38685, ℰ (05326) 40 88, Fax (05326) 70 14.
Berlin 255 – *Hannover* 81 – Braunschweig 41 – Göttingen 71 – Goslar 9.

In Langelsheim-Wolfshagen Süd : 3 km – Höhe 300 m – Luftkurort :

Wolfshof (mit Gästehäusern), Kreuzallee 22, ⊠ 38685, ℰ (05326) 79 90, der.wolfshof@t-online.de, Fax (05326) 799119, ≤, 🍴, Massage, ⇔, 🏊, 🐎, 🐴 (Halle) – 📶, ⤍ Zim, 📺 🅿 – 🔒 20. 🅰🅴 ⓞ 🆎 🆅🆂🅰. ✄ Rest
Menu à la carte 22,50/32,50 – **50 Zim** ⊇ 59/77 – 95/122 – ½ P 18.
♦ Für Ihre Beherbergung stehen verschiedene Gästehäuser und mehrere Zimmertypen zur Verfügung. Eine moderne und gepflegte Unterkunft nach Ihren Vorstellungen ! Internationale Gerichte bestimmen das Repertoire der Köche.

Berghotel (mit Gästehaus), Heimbergstr. 1, ⊠ 38685, ℰ (05326) 40 62, berghotel-wolfshagen@t-online.de, Fax (05326) 4432, 🍴, ⇔ – 📶 📺 🅿 – 🔒 50. 🆎
Menu à la carte 16,50/30,50 – **51 Zim** ⊇ 50/66 – 79/93 – ½ P 15.
♦ Die Zimmer des Hotels wurden kürzlich renoviert und sind nun mit zeitlosem Kirschholzmobiliar bestückt. Die familiäre Führung trägt zum Behagen der Gäste bei. Der Kamin und eine rustikale Note prägen die Räume des Restaurants.

LANGEN
Hessen **417** Q 10 – 36 000 Ew – Höhe 142 m.
Berlin 557 – Wiesbaden 42 – *Frankfurt am Main* 22 – Darmstadt 14 – Mainz 36.

Steigenberger MAXX Hotel 🅼, Robert-Bosch-Str. 26 (Industriegebiet), ⊠ 63225, ℰ (06103) 97 20, frankfurt-langen@maxx-hotels.com, Fax (06103) 972555, ⇔ – 📶, ⤍ Zim, 📺 ⇐ – 🔒 60. 🅰🅴 ⓞ 🆎 🆅🆂🅰. ✄ Rest
Menu (geschl. 23. Dez. - 3. Jan., Samstagmittag, Sonntagmittag) à la carte 23/40 – ⊇ 13 – **205 Zim** 119 – 139.
♦ Der typische, amerikanische Stil des Hauses empfängt Sie bereits in der Lobby. Accessoires wie Fotografien und Plakate sowie warme Farbtöne begleiten Sie bis in Ihr Zimmer. Im Bistro-Ambiente nehmen Sie Gerichte aus der Tex-Mex-Küche zu sich.

Victoria 🅼, Rheinstr. 25, ⊠ 63225, ℰ (06103) 50 50, info@victoria-park.de, Fax (06103) 505100, ⇔ – 📶, ⤍ Zim, 📺 ⚙ ♿ ⇐ – 🔒 40. 🅰🅴 🆎 🆅🆂🅰 🆓🅲🅱
Menu (geschl. Sonntag) à la carte 28/45 – ⊇ 15 – **100 Zim** 99/219.
♦ "Gold", "Silber" oder "Bronze"? Die Gemächer Ihrer Residenz sind in Ihrer neuzeitlichen und funktionellen Gestaltung stets auf die Bedürfnisse der Gäste abgestimmt. In ansprechendem Umfeld wird hier gehobene Bistro-Küche serviert.

Achat 🅼, Robert-Bosch-Str. 58 (Industriegebiet), ⊠ 63225, ℰ (06103) 75 60, langen@achat-hotel.de, Fax (06103) 756999 – 📶, ⤍ Zim, 📺 ⇐ 🅿 🅰🅴 ⓞ 🆎 🆅🆂🅰. ✄
Menu (geschl. Samstag) à la carte 17/29 – ⊇ 11 – **179 Zim** 99/149 – 109/159, 10 Suiten.
♦ Ob Sie auf der Durchreise sind oder als Langzeitgast ein Quartier beziehen – neuzeitliches Inventar, Funktionalität und eine kleine Kochecke werden Ihren Ansprüchen gerecht. Das Restaurant präsentiert sich mit einem frischen Bistro-Stil.

LANGEN

Zum Haferkasten, Wilhelm-Leuschner-Platz 13, ⊠ 63225, ℘ (06103) 2 22 59, Fax (06103) 29540, 🌳 – AE ⓪ ⓜ ⓥⓘⓢⓐ
geschl. Donnerstag – **Menu** à la carte 19/40,50 ♀.
* Das Innere des Fachwerkhauses aus dem 16. Jh. ist geprägt durch eine ländlich-rustikale Einrichtung. Eine internationale Tageskarte ergänzt das bürgerliche Angebot.

Nahe der Straße nach Dieburg Ost : 2 km :

Merzenmühle, Außerhalb 12, ⊠ 63225, ℘ (06103) 5 35 33, merzenmuehle@compuserve.com, Fax (06103) 53655, 🌳 – 🅿. AE ⓪ ⓜ ⓥⓘⓢⓐ ⓙⓒⓑ
geschl. Samstagmittag, Sonntagabend - Montag – **Menu** à la carte 26/41.
* Das hübsche Fachwerkhaus stimmt Sie mit gemütlichem Ambiente auf Genüsse aus Küche und Keller ein. Lassen Sie sich Appetit auf eine klassisch-gehobene Auswahl machen.

LANGEN BRÜTZ Mecklenburg-Vorpommern siehe Schwerin.

LANGENARGEN Baden-Württemberg **419** X 12 – 7100 Ew – Höhe 398 m – Erholungsort.
🛈 Tourist-Information, Obere Seestr. 2/1, ⊠ 88085, ℘ (07543) 93 30 92, Fax (07543) 4696.
Berlin 726 – Stuttgart 175 – Konstanz 40 – Ravensburg 27 – Bregenz 24.

Engel, Marktplatz 3, ⊠ 88085, ℘ (07543) 9 34 40, hotel-engel-la@t-online.de, Fax (07543) 9344100, 🌳, 🐚, 🐕, – 🛗 📺 ⟺ ⓪ ⓜ ⓥⓘⓢⓐ ⓙⓒⓑ
geschl. 23. Dez. - 15. März – **Menu** (geschl. Nov. - Dez. Mittwoch) à la carte 15,50/40 – **35 Zim** ⊊ 67/105 – 124/128, 4 Suiten – ½ P 16.
* Sie logieren im Zentrum des Ortes, in unmittelbarer Nähe zum See - von Ihrem Balkon aus nur einen Katzensprung entfernt. Die Zimmer bieten Ihnen ein wohnliches Umfeld. Das Restaurant hat einen zum Ufer gelegenen Wintergarten mit Terrasse.

Löwen, Obere Seestr. 4, ⊠ 88085, ℘ (07543) 30 10, info@loewen-langenargen.de, Fax (07543) 30151, ≤, 🌳 – 🛗, ⥼ Rest, 📺 ⟺ 🅿 – 🔒 20. AE ⓪ ⓜ ⓥⓘⓢⓐ ⓙⓒⓑ
geschl. Jan. - Feb. – **Menu** (geschl. März - Juni und Okt. Dienstag, Nov. - Dez. Montag - Dienstag) à la carte 18/31 – **27 Zim** ⊊ 73/110 – 104/134 – ½ P 17.
* Verschiedene Zimmerkategorien bieten Ihnen teilweise Seesicht und/oder Balkon. Die sinnvoll ausgestatteten Räume verfügen alle über einen Wohnbereich mit Küchenzeile. Beim Tafeln in gepflegten Räumlichkeiten gewährt man Ihnen einen Blick auf den Hafen.

Seeterrasse ⁂, Obere Seestr. 52, ⊠ 88085, ℘ (07543) 9 32 90, hotel@hotel-seeterrasse.de, Fax (07543) 932960, ≤, 🌳, ⟰ (geheizt), 🐟 – 🛗 ⥼ 📺 ⟺ – 🔒 25. ⁂
April - Okt. – **Menu** (abends Tischbestellung erforderlich) à la carte 19/38 – **42 Zim** ⊊ 72/87 – 114/154 – ½ P 15.
* Ihr vorübergehendes Zuhause überzeugt mit Gastlichkeit, behaglichem Ambiente und einem zeitgemäßen Innenleben. See und Berge bilden die umgebende Landschaft. Hell und freundlich wirkt das Restaurant.

Schiff, Marktplatz 1, ⊠ 88085, ℘ (07543) 9 33 80, hotel-schiff@arcor.de, Fax (07543) 9338111, 🌳, 🌳, 🐚 – 🛗, ⥼ Zim, 📺 ⓪ ⓜ ⓥⓘⓢⓐ
geschl. 20. Okt. - 15. März – **Menu** (geschl. Donnerstagmittag) à la carte 18/34 – **49 Zim** ⊊ 60/75 – 95/160 – ½ P 12.
* Die Zimmer Ihres Domizils unterscheiden sich in Größe und Möblierung. Einzel-, Doppel- und Dreibettzimmer sind stets mit einem funktionellen Inventar versehen. Lindgrün und Altrosa sind die dominierenden Farben im Speisesaal.

Seeperle, Untere Seestr. 46, ⊠ 88085, ℘ (07543) 9 33 60, seeperle@stsb-online.de, Fax (07543) 9336111 – 📺 ⓜ ⓥⓘⓢⓐ. ⁂ Zim
geschl. Anfang - Mitte Nov. – **Menu** (nur Abendessen) (Restaurant nur für Hausgäste) – **15 Zim** ⊊ 77 – 92/102.
* Das kleine Refugium zeigt sich dem Gast mit einer freundlichen Fassade und neuzeitlichem Inneren. Ein gutes Platzangebot bereichert den Wohnkomfort Ihres Quartiers.

Klett, Obere Seestr. 15, ⊠ 88085, ℘ (07543) 22 10, klett@hotel-klett.de, Fax (07543) 912377, ≤, 🌳 – 📺. ⓜ ⓥⓘⓢⓐ. ⁂ Zim
geschl. 6. Jan. - Feb., Ende Okt. - Mitte Nov. – **Menu** (geschl. Montag) (nur Abendessen) à la carte 16/30 – **17 Zim** ⊊ 65 – 75/105.
* Wohnlich, sauber und funktionell - so wünschen sich Reisende ihren vorübergehenden Wohnsitz. Diese behagliche Adresse schafft die Basis für erholsame Urlaubstage. Gepflegtes Restaurant mit Terrasse und Seeblick.

Im Winkel ⁂ garni, Im Winkel 9, ⊠ 88085, ℘ (07543) 93 40 10, hotel.imwinkel@t-online.de, Fax (07543) 49587, 🐚, 🌳 – 📺 🅿. ⁂
März - Okt. – **10 Zim** ⊊ 64 – 82/110.
* Eine nette kleine Bleibe mit Pensionscharakter bietet dem Besucher modern eingerichtete Zimmer zum Schlafen und Verweilen. Nehmen Sie Ihr Frühstück im schönen Garten ein.

LANGENARGEN

Strand-Café garni (mit Gästehaus Charlotte), Obere Seestr. 32, ✉ 88085, ☎ (07543) 9 32 00, Fax (07543) 932040, ≤, 😊 – TV 🚗 P. ① ⓘ VISA. 🍽
geschl. Jan. – **16 Zim** ☐ 55/80 – 110.
♦ Die gepflegten Zimmer Ihres Domizils sind durch ein individuelles Interieur gekennzeichnet - auch im Gästehaus Charlotte steht bis unters Dach Raum zum Wohnen bereit.

Adler (Karr) mit Zim, Oberdorfer Str. 11, ✉ 88085, ☎ (07543) 30 90, karr.hotel.adler@t-online.de, Fax (07543) 30950, 😊 – 🍽 Zim, TV P. AE ① ⓘ VISA. 🍽 Zim
Menu (geschl. Sonntag - Montagmittag, Nov. – Mai Sonntag - Montag) 36/65 und à la carte ♀ – **15 Zim** ☐ 58/75 – 85/95 – ½ P 26.
♦ Lassen Sie sich an einem der ansprechend eingedeckten Tische ein leckeres Mahl im französischen Stil servieren - ein mit Liebe zum Detail gestaltetes Ambiente umgibt Sie. **Spez.** Bouillabaisse von Bodenseefischen. Variation von Bodenseefischen. Lammrücken mit zweierlei Bohnen und Basilikum-Gnocchi.

Schloß Montfort, Untere Seestr. 3, ✉ 88085, ☎ (07543) 91 27 12, vemax@t-online.de, Fax (07543) 912714, 😊 – 🚗 120. ⓘ VISA
geschl. 6. Jan. – 1. März – **Menu** (geschl. Montag) (nur Abendessen) à la carte 26/34.
♦ Das Fürstenschlößchen wurde 1866 im maurischen Stil erbaut. In stilvollen Räumen und auf der Seeterrasse bittet man Sie zu Tisch - mit Internationalem und Regionalem.

In Langenargen-Oberdorf Nord-Ost : 3 km :

Hirsch, Ortsstr. 1, ✉ 88085, ☎ (07543) 9 30 30, gasthof_hirsch@t-online.de, Fax (07543) 1620, 😊 – TV P. ⓘ VISA. 🍽
geschl. Feb. – **Menu** (geschl. Montag) (wochentags nur Abendessen) à la carte 15/28 – **24 Zim** ☐ 42/55 – 72/85 – ½ P 15.
♦ Der dörfliche Gasthof spiegelt mit seinem rustikalen Stil den Charakter der Landschaft wider. Die Zimmer des Hauses bieten Ihnen die Vorzüge einer praktischen Bleibe. In den Räumen des Restaurants spüren die Gäste ein sympathisches ländliches Flair.

In Langenargen-Schwedi Nord-West : 2 km :

Schwedi, Schwedi 1, ✉ 88085, ☎ (07543) 93 49 50, hotel-schwedi@t-online.de, Fax (07543) 93495100, ≤, 😊, 🚗, 🌊, 😊 – 🛗 TV P. ⓘ VISA
Feb. - Okt. – **Menu** (geschl. Dienstag) à la carte 16/33 – **30 Zim** ☐ 55/90 – 96/130 – ½ P 17.
♦ Die Gästezimmer dieses hübsch gelegenen Hotels unterscheiden sich in Größe und Einrichtung - meist mit Rattanmöbeln, solide wie auch wohnlich gestaltet. Das unterteilte Restaurant mit Gartenterrasse liegt zur Seeseite hin.

LANGENAU Baden-Württemberg 419 420 U 14 – 11 600 Ew – Höhe 467 m.
Berlin 603 – Stuttgart 86 – Augsburg 71 – Ulm (Donau) 18.

Lobinger Hotel Weisses Ross, Hindenburgstr. 29, ✉ 89129, ☎ (07345) 80 10, mail@lobinger-hotels.de, Fax (07345) 801551, 😊 – 🛗, 🍽 Zim, TV 🚗 P. – 🚗 80. AE ⓘ VISA
Menu (Restaurant nur für Hausgäste) – **75 Zim** ☐ 69/82 – 77/97.
♦ Auch wenn Sie nicht privat hier verweilen, können Sie dennoch das Geschäftliche mit dem Angenehmen verbinden - das sinnvolle Interieur des Hauses trägt dazu bei.

Zum Bad, Burghof 11, ✉ 89129, ☎ (07345) 9 60 00, haege.bad@t-online.de, Fax (07345) 960050, 😊 – 🛗 TV 🚗 P. – 🚗 50. ⓘ VISA. 🍽
geschl. Ende Juli - Anfang Aug. – **Menu** (geschl. Montag) à la carte 13/25 – **21 Zim** ☐ 38/44 – 59/67.
♦ Beziehen Sie ein Quartier dieser zeitgemäßen Herberge. Die gepflegten Räume sind mit hellem Mobiliar eingerichtet - auch einige neue Doppelzimmer stehen nun für Sie bereit. Gediegenes Restaurant mit leicht rustikaler Einrichtung.

Pflug garni, Hindenburgstr.56, ✉ 89129, ☎ (07345) 95 00, Fax (07345) 950150 – 🛗 TV P. ① ⓘ VISA. 🍽
geschl. 24. Dez. - 6. Jan. – **26 Zim** ☐ 32/37 – 57/60.
♦ Die Zimmer Ihrer Behausung präsentieren sich in einheitlicher Gestaltung : eine nette Einrichtung in ländlichem Stil schafft ein angenehmes Umfeld.

LANGENBURG Baden-Württemberg 419 420 S 13 – 1 900 Ew – Höhe 439 m.
Berlin 576 – Stuttgart 91 – Würzburg 81 – Ansbach 96 – Heilbronn 78.

Zur Post, Hauptstr. 55, ✉ 74595, ☎ (07905) 54 32, ziegler-michels@t-online.de, Fax (07905) 5547 – TV 🚗 P
geschl. Ende Dez. - Anfang Feb. – **Menu** (geschl. Sonntagabend - Montag) à la carte 15,50/34 – **13 Zim** ☐ 38/50 – 57/62.
♦ Hier finden Sie auf Ihrer Durchreise ein gepflegtes Plätzchen zum Schlafen - Ihr kleines Domizil ist teils mit rustikalen Bauernmöbeln bestückt, teils mit schlichtem Inventar. In der Alten Poststube kommt Regionales auf den Tisch.

LANGENFELD Nordrhein-Westfalen 417 M 4 – 56 000 Ew – Höhe 45 m.

🚉 Langenfeld, Katzbergstr. 21 (West : 2 km Richtung Monheim), ℘ (02173) 91 97 41.
Berlin 556 – Düsseldorf 22 – Aachen 92 – Köln 26 – Solingen 13.

🏨 **Romantik Hotel Gravenberg,** Elberfelder Str. 45 (B 229, Nord-Ost : 4 km), ✉ 40764,
℘ (02173) 9 22 00, gravenberg@romantikhotels.com, Fax (02173) 22777, 🌳, Damwild-
gehege, 🛋, 🏊, 🌿 – ✂ TV 📞 🅿 – 🔔 30. AE ① ◎ VISA
geschl. 21. Dez. - 5. Jan. – **Menu** (geschl. Aug. 3 Wochen, Sonntagabend - Montag) à la carte
30/40 ♀ – **48 Zim** ⌂ 85/125 – 128/147.
• Hinter schmucker Fassade präsentieren sich individuelle Landhaus-Zimmer : von gedie-
gener Eiche bis hin zu einer komfortablen Variante. Schön : die große Badelandschaft.
Verschiedene gemütliche Gaststuben bilden das Herzstück des Hauses.

In Langenfeld-Reusrath Süd : 4 km :

🏨 **Landhotel Lohmann,** Opladener Str. 19 (B 8), ✉ 40764, ℘ (02173) 9 16 10,
Fax (02173) 14543, 🌿 – ✂ Zim, TV 🅿 – 🔔 50. AE ① ◎ VISA
Menu (geschl. Aug. 3 Wochen, Mittwoch) à la carte 18/34 – **28 Zim** ⌂ 75 – 100/115.
• Vom Bett bis zum Badezimmer zeigt sich Ihr Quartier in einer soliden Machart. Die
Großstadtnähe sowie die Vorzüge eines kleinen Ortes sprechen für diese Adresse. Man
bietet dem Gast eine regionale wie auch internationale Küche.

LANGENHAGEN Niedersachsen siehe Hannover.

LANGENWEISSBACH Sachsen 418 420 O 21 – 3 100 Ew – Höhe 350 m.
Berlin 288 – Dresden 117 – Chemnitz 31 – Plauen 48 – Zwickau 14.

In Langenweißbach-Weißbach Süd-West : 3 km :

🏨 **Landhotel Schnorrbusch** ♨, Schulstr. 9, ✉ 08134, ℘ (037603) 32 20, land
hotel-schnorrbusch@t-online.de, Fax (037603) 3046 – TV 🅿 – 🔔 30. AE ◎ VISA 🍴
Menu à la carte 11,50/20 – **20 Zim** ⌂ 46 – 62/72.
• Mit seiner dörflichen Umgebung stellt Ihr Quartier ein nettes Fleckchen zum Übernachten
dar. Gut ausgestattete Räume schaffen die Basis für einen erholsamen Besuch. Im Restau-
rant erwartet Sie ein gepflegtes Ambiente.

LANGEOOG (Insel) Niedersachsen 415 E 6 – 2 100 Ew – Seeheilbad – Insel der Ostfriesischen
Inselgruppe, Autos nicht zugelassen.
⛴ von Esens-Bensersiel (ca. 45 min), ℘ (04971) 9 28 90.
🛈 Kurverwaltung, Hauptstr. 28, ✉ 26465, ℘ (04972) 69 30, kurverwaltung@langeoog
.de, Fax (04972) 693116.
ab Fährhafen Bensersiel : Berlin 525 – Hannover 266 – Emden 57 – Aurich/Ostfriesland
28 – Wilhelmshaven 54.

🏨 **La Villa** ♨, Vormann-Otten-Weg 12, ✉ 26465, ℘ (04972) 7 77, hotel.lavilla@t-on
line.de, Fax (04972) 1390, 🛋, 🌿 – TV 🅿 – 🔔 10. 🍴 Rest
geschl. Dez. – **Menu** (nur Abendessen) (Restaurant nur für Hausgäste) – **10 Zim** ⌂ 62/73
– 124/146 – ½ P 27.
• Eine Kombination von Wohnlichkeit und Funktionalität bestimmt das Innenleben dieses
Domizils. Teilweise verfügen die Zimmer über einen kleinen Wohnraum - für mehr Komfort.

🏨 **Feuerschiff** ♨ garni (mit Gästehaus), Hauptstr. 9, ✉ 26465, ℘ (04972) 69 70,
feuerschiff-langeoog@t-online.de, Fax (04972) 69797, 🏋, 🛋, 🌿 – 🛗, ✂ Zim, TV 📞.
◎ VISA
56 Zim ⌂ 65/95 – 110/170.
• Die "Feuerschiff-Flotte" setzt sich aus mehreren Häusern zusammen - im "Unterdeck"
mit einem Galerie-Gang verbunden. Eine ständige Bilderausstellung schmückt das Hotel.

🏨 **Flörke** ♨, Hauptstr. 17, ✉ 26465, ℘ (04972) 9 22 00, gerda-spies@hotel-floerke.de,
Fax (04972) 1690, 🛋, 🌿 – 🛗 TV. 🍴 Rest
Mitte März - Okt. – **Menu** (nur Abendessen) (Restaurant nur für Hausgäste) – **50 Zim**
⌂ 65/75 – 110/120 – ½ P 16.
• Sind Sie reif für die Insel? "Einkehren, wohnen und sich wohlfühlen" - so lautet das Motto
des Hauses. Eine sinnvolle Ausstattung bildet die Grundlage für streßfreies Wohnen.

🏨 **Inselhotel** ♨, Barkhausenstr. 2, ✉ 26453, ℘ (04972) 9 69 70, urlaub@inselhotel-
langeoog.de, Fax (04972) 969788, 🛋 – 🛗 TV. ◎
Menu (geschl. Mittwoch) (nur Abendessen) à la carte 17,50/28,50 – **47 Zim** ⌂ 74/78 –
110/130 – ½ P 16.
• Ihr vorübergehender Wohnsitz überzeugt Sie mit Annehmlichkeiten, die Sie von einem
praktischen Feriendomizil erwarten - Appartements bieten Platz für die ganze Familie. Im
Kurhausstil gestaltet zeigt sich das Restaurant.

LANGEOOG (Insel)

Lamberti, Hauptstr. 31, ⊠ 26465, ℰ (04972) 9 10 70, lamberti@hotel-lamberti.de, Fax (04972) 910770, 🍴, ≘s – 📺, 🅰🅴 ⓞ ⓜⓢ 𝗩𝗜𝗦𝗔
Menu à la carte 16/39 – **18 Zim** ⊇ 85 – 120 – ½ P 19.
  ♦ Das gastliche Quartier beendet Ihre Suche nach einer ruhig gelegenen Unterkunft. Eine kleine Sitzecke ergänzt die praktische Ausstattung der Gästezimmer. Ein gediegenes Ambiente mit leichtem Bistro-Charakter erwartet Sie im Restaurant.

LANGERRINGEN Bayern siehe Schwabmünchen.

LANKE Brandenburg siehe Bernau.

Bei verspäteter Anreise, nach 18 Uhr, ist es sicherer,
Ihre Zimmerreservierung zu bestätigen.

LAUBACH Hessen **417** O 10 – 10500 Ew – Höhe 250 m – Luftkurort.
  🛈 Kultur- und Tourismusbüro, Friedrichstr. 11 (Rathaus), ⊠ 35321, ℰ (06405) 92 13 21, Fax (06405) 921313.
  Berlin 478 – Wiesbaden 101 – Frankfurt am Main 71 – Gießen 28.

Waldhaus, An der Ringelshöhe 7 (B 276, Richtung Mücke, Ost : 2 km), ⊠ 35321, ℰ (06405) 9 14 00, 0640591400-0001@t-online.de, Fax (06405) 914044, 🍴, ≘s, 🏊, 🌳 – ⚕ 📺 🅿 – 🔧 40. 🅰🅴 ⓜⓢ 𝗩𝗜𝗦𝗔
Menu (geschl. Sonntagabend) à la carte 20/33 – **31 Zim** ⊇ 49/62 – 79/87 – ½ P 15.
  ♦ Eine zeitgemäße Gestaltung kennzeichnet das Innenleben Ihres Quartiers - teils mit Südbalkon und Wohnecke, eine hübsche Parkanlage umgibt das Hotel mit frischem Grün. Restaurant mit gemütlich-rustikaler Atmosphäre.

Landgasthaus Waldschenke, Tunnelstr. 42 (B 276, Richtung Mücke, Ost : 4,5 km), ⊠ 35321, ℰ (06405) 61 10, landgasthaus-waldschenke@t-online.de, Fax (06405) 500155, 🍴 – 🅿. 🅰🅴 ⓜⓢ 𝗩𝗜𝗦𝗔 𝗝𝗖𝗕
geschl. über Fasching 2 Wochen, Mitte - Ende Okt., Montag, Sept. - April Montag - Dienstagmittag – **Menu** à la carte 18/32,50.
  ♦ Nette Stuben laden zum Verweilen in rustikalem Rahmen ein. Mit sorgfältigen Zubereitungen einer internationalen Küche widmet man sich dem leiblichen Wohl des Gastes.

Laubacher Wald mit Zim, (Nahe der B 276, Richtung Schotten, Ost : 3 km), ⊠ 35321, ℰ (06405) 9 10 00, laubacherwald@t-online.de, Fax (06405) 910050, 🍴, 🌳 – 📺 🅿. ⓞ ⓜⓢ 𝗩𝗜𝗦𝗔
Menu (geschl. Dienstag) à la carte 19/39 – **10 Zim** ⊇ 40 – 55/65 – ½ P 10.
  ♦ "Hessen à la carte" und das "Hessenessen" gewähren Ihnen einen Eindruck vom Geschmack der Region. Viel helles Holz schafft eine ländliche Atmosphäre im Raum.

In Laubach-Gonterskirchen Süd-Ost : 4 km :

Tannenhof, mit Zim, Am Giebel 1, ⊠ 35321, ℰ (06405) 9 15 00, Fax (06405) 915020, ≤, 🍴, 🌳 – ⇌ Zim, 📺 🅿. ⓞ ⓜⓢ 𝗩𝗜𝗦𝗔. 🚭 Zim
Menu (geschl. Montag) à la carte 15,50/34,50 – **9 Zim** ⊇ 35/45 – 67/75 – ½ P 13.
  ♦ Am Rande des Dorfes empfängt Sie eine hübsche Fassade mit Natursteintürmchen, im Inneren tragen Holzbalken zum rustikalen Flair bei. Ein vielseitiges Angebot steht zur Wahl.

In Laubach-Münster West : 5,5 km :

Zum Hirsch, Licher Str. 32, ⊠ 35321, ℰ (06405) 14 56, Fax (06405) 7467, Biergarten, ≘s 🌳 – 📺 🅿 – 🔧 20. ⓞ ⓜⓢ 𝗩𝗜𝗦𝗔. 🚭 Rest
geschl. 6. - 22. Jan., 21. Juli - 6. Aug. – **Menu** (geschl. Montag) à la carte 13/23 – **18 Zim** ⊇ 26/36 – 54/59 – ½ P 11.
  ♦ Eine familiäre Note prägt den Charakter des Hauses. In behaglichen Zimmern schlafen sich sowohl Urlauber als auch Geschäftsreisende fit für den nächsten Tag. Ländlich-rustikale Restauranträume stehen bereit.

LAUBEN Bayern siehe Kempten.

LAUBENHEIM Rheinland-Pfalz siehe Bingen.

LAUCHRINGEN Baden-Württemberg siehe Waldshut-Tiengen.

LAUCHSTÄDT, BAD Sachsen-Anhalt 418 L 19 – 5 100 Ew – Höhe 117 m.

🛈 Fremdenverkehrsbüro, Querfurter Str. 5a, ✉ 06246, ✆ (034635) 2 16 34, fremden
verkehr@stadt-bad-lauchstaedt.de, Fax (034635) 21635.
Berlin 185 – Magdeburg 100 – *Leipzig 11* – Halle (Saale) 15 – Merseburg 13.

Kurpark-Hotel ⌕ garni, Parkstr. 15, ✉ 06246, ✆ (034635) 90 90,
Fax (034635) 90022 – ⌕⌕ TV ♿ P – ⌕ 50. AE ⓞ ⑩ VISA
32 Zim ⌕ 49/55 – 70.
♦ Die stilvollen Gemächer Ihres Domizils tragen die Namen bedeutsamer Persönlichkeiten, die in der ehemaligen Kurstadt zu Gast waren – wählen Sie eines der wohnlichen Quartiere.

LAUDA-KÖNIGSHOFEN Baden-Württemberg 419 R 13 – 14 700 Ew – Höhe 192 m.

Berlin 535 – Stuttgart 120 – *Würzburg 40* – Bad Mergentheim 12.

Ratskeller, Josef-Schmitt-Str. 17 (Lauda), ✉ 97922, ✆ (09343) 6 20 70, *ratskeller-lauda
@t-online.de*, Fax (09343) 620716, Biergarten – ⌕⌕ TV ♿ ⇌ – ⌕ 25. AE ⓞ ⑩ VISA. ⌕ Zim
geschl. Aug. 2 Wochen, 21. – 25. Dez. – **Menu** (geschl. Montagmittag) 26/50 à la carte
18/33,50 ⓈⓈ – **11 Zim** ⌕ 42/46 – 69/80.
♦ Eine zeitgemäße Ausstattung mit hellem Mobiliar macht die Zimmer dieser gastlichen Station zu einem Ort, an dem man auch gerne länger verweilt. Die Küche bietet gekonnt zubereitete regionale Leckerbissen.

Landhaus Gemmrig mit Zim, Hauptstr. 68 (Königshofen), ✉ 97922, ✆ (09343) 70 51,
Fax (09343) 7053, ⌕, ⇌ – TV P
geschl. 1. – 10. Jan., Aug. 1 Woche – **Menu** (geschl. Sonntagabend - Montag) à la carte
13,50/25,50 *(auch vegetarische Gerichte)* – **5 Zim** ⌕ 32/54 – 57/60.
♦ Ein netter Familienbetrieb : Der Chef kocht für die Gäste Regionales und Internationales, die Chefin kümmert sich um den engagierten Service.

In Lauda-Königshofen - Beckstein Süd-West : 2 km ab Königshofen über die B 292 – Erholungsort :

Adler, Weinstr. 24, ✉ 97922, ✆ (09343) 20 71, *info@hotel-adler-beckstein.de*,
Fax (09343) 8907, ⌕, ⇌ – TV P – ⌕ 30. ⑩ VISA
Menu à la carte 13/31,50 – **26 Zim** ⌕ 34/36 – 52/62.
♦ Traditioneller Gastlichkeit verpflichtet, beherbergt das Hotel seine Besucher in solide eingerichteten Räumen. Mit neuem, schön gestaltetem kleinem Wellnessbereich im UG. Gediegenes Restaurant und urige Weinstube mit Gewölbe und Kachelofen.

Gästehaus Birgit ⌕ garni, Am Nonnenberg 12, ✉ 97922, ✆ (09343) 9 98, *info@hotelbirgit.de*, Fax (09343) 990, ⇌ – ⌕⌕ TV ⇌ P. ⑩ VISA
geschl. Jan. – **16 Zim** ⌕ 41 – 58/62.
♦ Das Interieur des kleinen Hotels in schöner, ruhiger Lage unterhalb der Weinberge ist im rustikalen Stil gehalten. Bekannte Becksteiner Weinlagen geben den Zimmern ihre Namen.

LAUDENBACH Bayern 417 419 Q 11 – 1 200 Ew – Höhe 129 m.

Berlin 580 – München 358 – *Würzburg 51* – Amorbach 14 – Aschaffenburg 32.

Romantik Hotel Zur Krone, Obernburger Str. 4, ✉ 63925, ✆ (09372) 24 82,
romantikhotel.krone.laudenbach@t-online.de, Fax (09372) 10112, ⌕, (Gasthof a.d.J. 1726) – ⌕, ⌕⌕ Zim, TV P. AE ⓞ ⑩ VISA JCB
Menu (geschl. Feb. - März 3 Wochen, Aug. 2 Wochen, Montagmittag, Dienstagmittag, Donnerstagmittag, Freitagmittag) à la carte 27/43 – **16 Zim** ⌕ 55/64 – 87/168, 8 Suiten.
♦ Der Gasthof aus dem 18. Jh. bietet Ihnen eine angenehme Behausung. Fragen Sie nach den renovierten Zimmern - dort wartet ein wohnliches Plätzchen auf Sie. Urtümliche Gemütlichkeit umgibt den Gast in den bäuerlichen Stuben. Gartenterrasse.

Goldner Engel, Miltenberger Str. 5, ✉ 63925, ✆ (09372) 9 99 30, *goldner-engel@t-online.de*, Fax (09372) 999340 – TV P. AE ⑩ VISA
geschl. 1. – 16. Jan., über Fasching – **Menu** (geschl. Mittwoch) à la carte 20/41 – **10 Zim** ⌕ 36 – 61.
♦ Beziehen Sie ein fränkisches Fachwerkhaus inmitten eines kleinen Dorfes - hier müssen Sie nicht auf die familiäre und behagliche Atmosphäre Ihres eigenen Zuhauses verzichten. Ein gehobenes Angebot ergänzt die bürgerlich ausgelegte Speisekarte.

LAUENAU Niedersachsen 417 418 J 12 – 3 700 Ew – Höhe 140 m.

Berlin 322 – *Hannover 39* – Bielefeld 77 – Hameln 30.

An der B 442, nahe der A 2, Abfahrt Lauenau Nord-West : 2 km :

Montana Ⓜ garni, Hanomagstr. 1 (Autohof), ✉ 31867, ✆ (05043) 9 11 90, *lauenau@hotel-montana.de*, Fax (05043) 9119100 – ⌕⌕ TV ♿ ⇌ P – ⌕ 20. AE ⑩ VISA
⌕ 53 **Zim** 44 – 58.
♦ Die gute Verkehrsanbindung sorgt für eine bequeme Rast auf Ihrer Reise, eine sinnvolle technische Ausstattung macht das Haus zu einer geeigneten Adresse für Geschäftsreisende.

LAUF AN DER PEGNITZ — Bayern 419 420 R 17 – 26 000 Ew – Höhe 310 m.

🛈 Verkehrsamt, Urlasstr. 22 (Rathaus), ✉ 91207, ✆ (09123) 18 41 13, info@stadt.lauf .de, Fax (09123) 184184.
Berlin 417 – München 173 – Nürnberg 20 – Bayreuth 62.

Zur Post 🅼, Friedensplatz 8, ✉ 91207, ✆ (09123) 95 90, posthotel-lauf@t-online.de, Fax (09123) 959400, Biergarten – 🛗 📺 ✆ 🅿 – 🏋 AE ① ⓜ VISA
geschl. 1. - 10. Jan. – **Menu** (geschl. Montag) à la carte 16/32 – **40 Zim** ⊇ 64 - 87.
◆ In unmittelbarer Nähe zum Zentrum des Städtchens findet sich eine Unterkunft, die mit ihren gepflegten und neuzeitlich ausgestatteten Gästezimmern überzeugt. Ein holzgetäfelter Raum beherbergt das Restaurant.

Altes Rathaus, Marktplatz 1, ✉ 91207, ✆ (09123) 27 00, Fax (09123) 984406, 🍴 – AE ① ⓜ VISA
geschl. Montag – **Menu** à la carte 18/29.
◆ Ein hübsches historisches Haus - mitten auf dem Marktplatz gelegen - lädt zu einem Besuch ein. Hier bittet man den Gast mit heimischen Zubereitungen zu Tisch.

An der Straße nach Altdorf Süd : 2,5 km :

Waldgasthof Am Letten, Letten 13, ✉ 91207 Lauf an der Pegnitz, ✆ (09123) 95 30, Fax (09123) 2064, 🍴, Biergarten, ⊆s, 🐎 – 🛗 📺 🅿 – 🏋 70
geschl. 23. Dez. - 6. Jan. – **Menu** (geschl. Sonn- und Feiertage) à la carte 19/33 – **52 Zim** ⊇ 64 - 87.
◆ Hübsch am Waldrand plaziert und doch in recht verkehrsgünstiger Lage präsentiert sich Ihnen ein Domizil mit hellen Naturholz-Zimmern. Ländlicher Charme umgibt Sie in gemütlichen Gasträumen.

LAUFENBURG (BADEN) — Baden-Württemberg 419 X 8 – 8 300 Ew – Höhe 337 m.

🛈 Kultur- und Verkehrsamt, Hauptstr. 30, ✉ 79725, ✆ (07763) 8 06 51, kulturamt.ver kehrsamt@laufenburg-baden.de, Fax (07763) 80625.
Berlin 812 – Stuttgart 195 – Freiburg im Breisgau 83 – Waldshut-Tiengen 15 – Basel 39.

Rebstock, Hauptstr. 16, ✉ 79725, ✆ (07763) 9 21 70, hotel.rebstock@t-online.de, Fax (07763) 921792, ≤Rhein, 🍴 – ⇥ Zim, 📺 🚗. ⓜ VISA
geschl. 24. Dez. - Anfang Jan. – **Menu** (geschl. Aug. - Sept. 2 Wochen, Samstag, Sonntagabend) à la carte 16,50/37,50 – **22 Zim** ⊇ 41/50 - 58/82.
◆ Das Stadthaus aus dem 16. Jh. hält stets eine praktische Unterkunft für Reisende bereit. Die Zimmer unterscheiden sich nach Lage und Größe - teils mit Blick zum Rhein. Allerlei Schmackhaftes bietet das typisch badische Restaurant.

Alte Post mit Zim, Andelsbachstr. 6, ✉ 79725, ✆ (07763) 9 24 00, info@alte-post-laufenburg.de, Fax (07763) 924040, 🍴 – 📺 🅿 ⓜ VISA
Menu (geschl. Montag) à la carte 19/37,50 – **9 Zim** ⊇ 45/52 - 80/90.
◆ Die Gemächer Ihres kleinen Refugiums sind mit modernem Mobiliar hell und freundlich eingerichtet. Eine Kombination von Wohnlichkeit und Funktionalität sorgt für Behagen. Gemütliche Galaräume und ein lichtdurchfluteter Wintergarten laden ein.

In Laufenburg-Luttingen Ost : 2,5 km :

Kranz, Luttinger Str. 22 (B 34), ✉ 79725, ✆ (07763) 9 39 90, tspehl@t-online.de, Fax (07763) 939929, 🍴 – ⇥ Zim, 📺 ✆ 🚗 🅿. ⓜ VISA
geschl. Jan. 3 Wochen – **Menu** (geschl. Dienstag - Mittwoch) à la carte 18/32 – **15 Zim** ⊇ 38/48 - 60/80.
◆ Seit mehreren Generationen trägt die Gastlichkeit dieser Adresse zur Zufriedenheit der Besucher bei. Die Zimmer Ihres Quartiers zeichnen sich durch ein solides Interieur aus.

LAUFFEN AM NECKAR — Baden-Württemberg 419 S 11 – 9 000 Ew – Höhe 172 m.

Berlin 613 – Stuttgart 49 – Heilbronn 10 – Ludwigsburg 33.

Elefanten, Bahnhofstr. 12, ✉ 74348, ✆ (07133) 9 50 80, info@hotel.elefanten.de, Fax (07133) 950829, 🍴 – 📺 ✆ AE ① ⓜ VISA
geschl. 1. - 20. Jan. – **Menu** (geschl. Freitag) à la carte 25/42 – **12 Zim** ⊇ 60/70 - 90/100.
◆ Die Residenz Ihrer Wahl steht für Qualität und Service. Schallschutzfenster gewähren Ihnen auch im Zentrum des Ortes eine erholsame Nachtruhe. Im Restaurant mit dem leicht eleganten Touch erwartet Sie ein freundlicher Service.

LAUINGEN AN DER DONAU — Bayern 419 420 U 15 – 10 000 Ew – Höhe 439 m.

Berlin 550 – München 113 – Augsburg 59 – Donauwörth 31 – Ulm (Donau) 48.

Kannenkeller, Dillinger Str. 26 (B 16), ✉ 89415, ✆ (09072) 70 70, info@hotel-kannenk eller.de, Fax (09072) 707707, Biergarten – 📺 ✆ ♿ 🚗 🅿 – 🏋 30. AE ① ⓜ VISA JCB
Menu (geschl. Freitag) à la carte 15/33 – **26 Zim** ⊇ 65/80 - 90.
◆ Hinter einer modernen Fassade empfängt Sie ursprünglicher schwäbischer Charme. Die Zimmer überzeugen ihre Bewohner mit den Vorzügen eines zeitgemäßen Standards. Das Restaurant lockt mit großer Fensterfront und luftiger Atmosphäre.

LAUMERSHEIM Rheinland-Pfalz 417 419 R 8 – 900 Ew – Höhe 110 m.
Berlin 626 – Mainz 68 – Mannheim 25 – Kaiserslautern 41.

⊗ **Zum Weißen Lamm,** Hauptstr. 38, ✉ 67229, ℘ (06238) 92 91 43, Fax (06238) 929143, 🍽
geschl. Feb. - März 2 Wochen, Okt. - Nov. 2 Wochen, Dienstag - Mittwoch – **Menu** (Montag - Freitag nur Abendessen) à la carte 24,50/37,50.
• Die gepflegte bürgerliche Stube spiegelt den ländlichen Charakter des kleinen Weindorfes wider. Für Ihre Verköstigung sorgt eine internationale und regionale Küche.

LAUPHEIM Baden-Württemberg 419 420 V 13 – 18 000 Ew – Höhe 515 m.
Berlin 637 – Stuttgart 118 – Konstanz 136 – Ulm (Donau) 26 – Ravensburg 62.

🏨 **Laupheimer Hof,** Rabenstr. 13, ✉ 88471, ℘ (07392) 97 50, info@laupheimer-hof.de, Fax (07392) 975222, Biergarten – 📺 📞 🅿 – 🔏 15. ⚙ ⊚ 📇 𝒱𝐼𝒮𝒜
Menu (geschl. Samstagmittag) à la carte 19/35 – **32 Zim** ⊇ 69/74 – 82/92.
• Das Stadthaus mit Fachwerkfassade befindet sich im Zentrum des Ortes. Einheitlich mit solidem Naturholz bestückt, zeigen sich die Zimmer als nettes Quartier. Hell und freundlich wirkt das einladende Restaurant.

LAUSICK, BAD Sachsen 418 M 21 – 9 100 Ew – Höhe 176 m – Heilbad.
🛈 Kurverwaltung, Straße der Einheit 17, ✉ 04651, ℘ (034345) 1 94 33, info@bad lausick.de, Fax (034345) 22466.
Berlin 228 – Dresden 92 – Leipzig 39 – Chemnitz 50 – Zwickau 63.

🏨 **Michels Kurhotel** ⌂, Badstr. 35, ✉ 04651, ℘ (034345) 3 21 00, kurhotelbad lausick@michelshotels.de, Fax (034345) 32200, Massage, ♨, 𝐿6, ≤s, ⊠, ℘ – 📱, ⇔ Zim, 📺 📞 & ⟺ 🅿 – 🔏 150. ⚙ ⊚ 📇 𝒱𝐼𝒮𝒜 Rest
Menu (Restaurant nur für Hausgäste) – **120 Zim** ⊇ 80/95 – 102, 5 Suiten – ½ P 13.
• Das Interieur Ihrer Bleibe präsentiert sich in neuzeitlicher wie auch funktioneller Machart. Eine gute Technik zählt ebenso zu den Annehmlichkeiten wie das gepflegte Ambiente.

🏨 **Ränker Am Kurpark** ⌂, Badstr. 36, ✉ 04651, ℘ (034345) 70 70, info@hotel-bad-lausick.de, Fax (034345) 70788, 🍽, (ehemalige Villa) – ⇔ Zim, 📺 📞 🅿 – 🔏 15. 📇 𝒱𝐼𝒮𝒜
Menu à la carte 16/23 – **21 Zim** ⊇ 44/50 – 65 – ½ P 15.
• Die einstige Villa Maria fungiert nach ihrem Wiederaufbau nun in modernem Design als Stätte der Erholung - für Privatpersonen wie auch geschäftlich Reisende geeignet. Angenehm hell eingerichtet zeigt sich das Restaurant.

LAUTENBACH (ORTENAUKREIS) Baden-Württemberg 419 U 8 – 1 900 Ew – Höhe 210 m – Luftkurort.
Sehenswert : Wallfahrtskirche Mariä Himmelfahrt (Hochaltar★).
🛈 Verkehrsamt, Hauptstr. 48, ✉ 77794, ℘ (07802) 92 59 50, info@lautenbach renchtal.de, Fax (07802) 925959.
Berlin 742 – Stuttgart 143 – Karlsruhe 72 – Offenburg 19 – Strasbourg 33.

🏨 **Sonne** (mit Gästehaus Sonnenhof und Sternen), Hauptstr. 51 (B 28), ✉ 77794, ℘ (07802) 9 27 60, info@sonne-lautenbach, Fax (07802) 927662, 🍽, 🚗 – 📱 📺 ⟺ 🅿 – 🔏 25. ⊚ 📇 𝒱𝐼𝒮𝒜
Menu (geschl. Mittwoch) à la carte 13,50/31,50 – **50 Zim** ⊇ 31/39 – 64/78 – ½ P 15.
• Sie haben die Wahl : Haupthaus und zwei Gästehäuser stehen mit soliden Quartieren für Sie bereit. Wenn Sie's besonders wohnlich mögen, fragen Sie nach den Zimmern im Sonnenhof. Eine hübsche Stube im Schwarzwälder Stil steht zu Ihrer Bewirtung bereit.

Auf dem Sohlberg Nord-Ost : 6 km – Höhe 780 m

⊗ **Berggasthaus Wandersruh** ⌂, Sohlbergstr. 34, ✉ 77794 Lautenbach, ℘ (07802) 24 73, wandersruh@t-online.de, Fax (07802) 50915, ≤ Schwarzwald und Rheinebene, 🍽, ⊠, 🚗 – 📺 🅿 – 🔏 20. ℘
geschl. Jan. - Feb. – **Menu** (geschl. Dienstag) à la carte 15,50/23,50 – **21 Zim** ⊇ 24/30 – 48/56 – ½ P 9.
• Ihr Refugium macht seinem Namen alle Ehre. Ehemals landwirtschaftlich genutzt, dient das Anwesen nun Ihrer Beherbergung - die umgebende Landschaft tut ihr übriges. Eine ländlich-schlichte Einkehrmöglichkeit finden Sie in der Gaststube.

LAUTER Sachsen 418 420 O 22 – 5 100 Ew – Höhe 480 m.
Berlin 299 – Dresden 113 – Chemnitz 40 – Plauen 56 – Zwickau 30.

Außerhalb Süd-Osten : 2 km :

Danelchristelgut, Antonsthaler Str. 44, ⊠ 08312, ℘ (03771) 70 47 50, post@danelchristelgut.de, Fax (03771) 70475159, ≤, Biergarten, Massage, ≘s, 🐎 – TV 📞 ℗ – 🛁 40. 🞋
Menu à la carte 14,50/24 – **37 Zim** ⊇ 45/55 – 60/67 – ½ P 12.
 • Aus alt mach neu : zeitgemäßer Hotelkomfort erwartet die Besucher dieser geschichtlichen Adresse seit der gründlichen Verjüngungskur des ehemaligen Bauernguts. Das Restaurant in der oberen Etage gewährt Ihnen einen herrlichen Panoramablick.

LAUTERBACH Baden-Württemberg 419 V 9 – 3 300 Ew – Höhe 575 m – Luftkurort – Wintersport : 800/900 m ⛷.

🛈 Kurverwaltung, Schramberger Str. 5 (Rathaus), ⊠ 78730, ℘ (07422) 94 97 29, Fax (07422) 949740.
Berlin 734 – Stuttgart 122 – Freiburg im Breisgau 61 – Freudenstadt 41 – Offenburg 55 – Schramberg 4.

Tannenhof, Schramberger Str. 61, ⊠ 78730, ℘ (07422) 94 90 20, info@tannenhof-lauterbach.de, Fax (07422) 3775, 🍴 – 🛗 TV ℗ – 🛁 30. 🞋
geschl. 26. Dez. - 6. Jan. – **Menu** (geschl. Samstag, Sonntagabend) (wochentags nur Abendessen) à la carte 16,50/33,50 – **35 Zim** ⊇ 48/60 – 75/80.
 • Sind Sie auf der Suche nach einem vorübergehenden Zuhause? Ob auf der Durchreise oder auf Erkundungstour im Schwarzwald - hier finden Sie eine praktische Bleibe.

LAUTERBACH Hessen 417 O 12 – 15 000 Ew – Höhe 296 m – Luftkurort.
🏌 Lauterbach, Schloß Sickendorf (West : 4 km), ℘ (06641) 9 61 30.
🛈 Verkehrsbüro, Rathaus, Marktplatz 14, ⊠ 36341, ℘ (06641) 18 41 12, info@lauterbach-hessen.de, Fax (06641) 184167.
Berlin 457 – Wiesbaden 151 – Fulda 24 – Gießen 68 – Kassel 110.

Schubert, Kanalstr. 12, ⊠ 36341, ℘ (06641) 9 60 70, hotel-schubert@t-online.de, Fax (06641) 5171, Biergarten – ⇌ Zim, ■ Rest, TV ℗ – 🛁 25. AE ① 🞋 VISA. 🞋 Rest
Menu (geschl. Jan. 1 Woche, Juli - Aug. 3 Wochen, Sonntagabend - Montag) à la carte 23/43 – **33 Zim** ⊇ 58/86 – 95/134 – ½ P 23.
 • Mitten im Ort, direkt an der Lauter, lädt Ihr Domizil zum Verweilen ein. Individualität und Wohnlichkeit kennzeichnen Ihre Gemächer - teils mit kräftigen Farben dekoriert. Für Speis und Trank : Restaurant und Weinstube.

In Lauterbach-Maar Nord-West : 3 km :

Jägerhof (mit Gästehaus), Hauptstr. 9, ⊠ 36341, ℘ (06641) 9 65 60, schmidt@jaegerhof-maar.de, Fax (06641) 62132, Biergarten – TV 📞 ℗ – 🛁 30. AE 🞋 VISA
Menu (geschl. Anfang Jan. 1 Woche) à la carte 15/32,50 – **28 Zim** ⊇ 45/48 – 65/70 – ½ P 15.
 • Die Gästezimmer schaffen mit einem soliden, praktischen Interieur die Grundlage für eine wohltuende Beherbergung, die Sie privat wie auch auf Geschäftsreise schätzen werden. Mit Holz vertäfeltes, gediegenes Restaurant.

LAUTERBERG, BAD Niedersachsen 418 L 15 – 13 000 Ew – Höhe 300 m – Kneippheilbad – Schrothkurort.
🛈 Tourist-Information, Ritscherstr. 4 (Haus des Gastes), ⊠ 37431, ℘ (05524) 9 20 40, info@badlauterberg.de, Fax (05524) 5506.
Berlin 272 – Hannover 116 – Erfurt 104 – Göttingen 49 – Braunschweig 87.

Revita, Sebastian-Kneipp-Promenade, ⊠ 37431, ℘ (05524) 8 31, revita-hotel@t-online.de, Fax (05524) 80412, 🍴, Massage, ♨, ₤δ, ₤, ≘s, 🞋, 🞋(Halle) – 🛗, ⇌ Zim, TV & 🞋 ⇔ ℗ – 🛁 500. 🞋 Rest
Dachgarten (geschl. Sonntag - Montag)(nur Abendessen) **Menu** à la carte 28/41,50 –
Kurpark : **Menu** à la carte 17/29,50 – **240 Zim** ⊇ 92/108 – 140/154, 13 Suiten – ½ P 13.
 • Eine stilvolle Halle stimmt Sie auf Ihre vorübergehende Residenz ein. Sie wohnen luxuriös mit viel Platz im Landhausstil oder in einfacheren Zimmern. Das Dachgarten-Restaurant ist leicht rustikal. Klassisch ausgestattet zeigt sich das Kurpark-Restaurant.

LAUTERECKEN Rheinland-Pfalz 417 R 6 – 2 300 Ew – Höhe 165 m.
Berlin 649 – Mainz 83 – Bad Kreuznach 40 – Kaiserslautern 32 – Saarbrücken 85.

Pfälzer Hof, Hauptstr. 12, ✉ 67742, ℘ (06382) 73 38, info@pfaelzer-hof.de, Fax (06382) 6652, ⇔ – ⇐ 🅿
Menu (geschl. 20. Nov. - 4. Dez., Donnerstag, Sonntagabend) (wochentags nur Abendessen) à la carte 13/29 – **19 Zim** ⊇ 45 – 50/66 – ½ P 9.
♦ Zimmer mit dunklem Mobiliar stellen Ihre Behausung auf Zeit dar. Mit ihrer Gestaltung werden die Räume Ihren Ansprüchen an ein nettes und gepflegtes Quartier gerecht. Beim Essen umgibt Sie ursprünglicher Gaststubencharakter.

LAUTERSTEIN Baden-Württemberg 419 420 T 13 – 3 000 Ew – Höhe 542 m.
Berlin 589 – Stuttgart 60 – Göppingen 20 – Heidenheim an der Brenz 20.

In Lauterstein-Weissenstein :

Silberdistel garni, Kreuzbergstr. 32, ✉ 73111, ℘ (07332) 37 32, Fax (07332) 3736 – 📺 🅿
11 Zim ⊇ 37/45 – 54/65.
♦ "Klein, aber fein" - so lautet das Motto dieser Pension. Ein solides Inventar aus hellem Naturholz unterstreicht das zeitgemäße Innenleben Ihrer Herberge.

Linde, Im Städtle 17, ✉ 73111, ℘ (07332) 53 69, Fax (07332) 3951, 😊 – 🅿
geschl. Juni 2 Wochen, Montag – **Menu** à la carte 16,50/30.
♦ Der nette Landgasthof ist geprägt von seiner dörflichen Umgebung. Eine rustikale Einrichtung, ein einfaches Couvert und das breite Speiseangebot kennzeichnen das Restaurant.

LEBACH Saarland 417 R 4 – 23 400 Ew – Höhe 275 m.
Berlin 722 – Saarbrücken 26 – Saarlouis 19 – St. Wendel 28 – Trier 72.

Locanda Grappolo d'Oro, Mottener Str. 94 (B 268) (Gewerbegebiet, West : 2 km), ✉ 66822, ℘ (06881) 33 39, Fax (06881) 53523, 😊 – 🅿 🆗 VISA
geschl. über Fasching 2 Wochen, Aug. 2 Wochen, Montag, Samstagmittag – **Menu** (italienische Küche) à la carte 30/44.
♦ Ein neuzeitlich-elegantes Ambiente kennzeichnet die kulinarische Adresse. Schon der Name des Hauses weist darauf hin, daß italienische Gerichte serviert werden.

LECK Schleswig-Holstein 415 B 10 – 7 700 Ew – Höhe 6 m.
🄻 Stadum, Hof Berg 3 (Süd-Ost : 7 km), ℘ (04662) 7 05 77.
Berlin 453 – Kiel 110 – Sylt (Westerland) 36 – Flensburg 33 – Husum 36 – Niebüll 11.

Deutsches Haus (mit Gästehäusern), Hauptstr. 8 (B 199), ✉ 25917, ℘ (04662) 8 71 10, Fax (04662) 7341 – 📺 🅿 AE 🆗 VISA
Menu à la carte 15/24,50 – **46 Zim** ⊇ 35 – 60.
♦ Beziehen Sie eines der funktionellen Quartiere dieses Hotels. Angenehmes Logieren ermöglichen Ihnen auch die hübschen Zimmer im Gästehaus Nordfriesland. Schlicht gestaltete Räume bilden den Rahmen für Ihren Besuch im Restaurant.

In Enge-Sande Süd : 4 km :

Dörpskrog - De ole Stuuv mit Zim, Dorfstr. 28 (Enge), ✉ 25917, ℘ (04662) 31 90, Fax (04662) 3195 – 📺 🅿 – 🔔 150. 🆗 VISA
geschl. März - April 2 Wochen, Okt. 2 Wochen – **Menu** (geschl. Montag) (wochentags nur Abendessen) à la carte 21/32 – **7 Zim** ⊇ 42/70 – 70/90.
♦ Möchten Sie sich mal wieder auswärts bekochen lassen? In stilvollem Umfeld stellt man Ihnen das Programm der Köche vor - regional wie auch international ausgerichtet.

LEER Niedersachsen 415 G 6 – 35 000 Ew – Höhe 7 m.
🄱 Verkehrsbüro, Rathausstr. 1, ✉ 26789, ℘ (0491) 9 78 25 00, info@leer.de, Fax (0491) 9782511.
Berlin 495 – Hannover 234 – Emden 31 – Groningen 69 – Oldenburg 63.

Frisia M garni, Bahnhofsring 16, ✉ 26789, ℘ (0491) 9 28 40, frisia@frisia.bestwestern.de, Fax (0491) 9284400, ⇔ – 📶 📺 ⚒ ♿ 🅿 – 🔔 30. AE ⓞ 🆗 VISA 😊
78 Zim ⊇ 75 – 99/122.
♦ Welches Zimmer Sie auch wählen, man bietet Ihnen stets ein sinnvolles Interieur in neuzeitlichem Stil, kombiniert mit einem guten Platzangebot - teils mit Glaserker versehen.

Ostfriesen Hof, Groninger Str. 109, ✉ 26789, ℘ (0491) 6 09 10, hotel.ostfriesen.hof@t-online.de, Fax (0491) 6091199, ⇔, 🄸 – 📶 📺 ⚒ ♿ 🅿 – 🔔 160. AE ⓞ 🆗 VISA JCB 😊
Menu à la carte 21/35 – **60 Zim** ⊇ 56/79 – 87/105.
♦ Direkt am Deich steht für Reisende eine gastliche Unterkunft bereit - funktionell und zeitgemäß bestückt. Kleinere Zimmer finden Sie unter dem Dach.

LEER

Zur Waage und Börse, Neue Str. 1, ⌂ 26789, ℘ (0491) 6 22 44, Fax (0491) 4665, geschl. 1. - 15. Jan., 16. - 30. Okt., Montag - Dienstag – **Menu** (Tischbestellung ratsam) à la carte 26,50/35.
 ♦ Am Hafen wartet ein nettes kleines Restaurant auf Ihren Besuch. Umgeben von friesischem Flair stellt man Ihnen gut zubereitete regionale und überregionale Speisen zur Wahl.

Nahe der B 70 in Richtung Papenburg Süd-Ost : 4,5 km :

Lange, Zum Schöpfwerk 3, ⌂ 26789, ℘ (0491) 91 92 80, info@hotel-lange-leer.de, Fax 0491) 9192816, ≤, 🍴, ⛔, 🏊 – 🛗 TV 🚗 P – 🅿 50. AE ⓘ ⓒ VISA
Menu à la carte 16/32 – **48 Zim** ⊆ 55/72 – 87/100.
 ♦ Das behagliche Refugium - am Flußlauf von Ems und Leda plaziert - beherbergt den Durchreisenden wie auch den länger Verweilenden wahlweise schlichter oder komfortabel. Eine schöne Terrasse am Nebenarm der Leda ergänzt das weiß eingerichtete Restaurant.

LEESE Niedersachsen 415 I 11 – 1 900 Ew – Höhe 30 m.
Berlin 336 – Hannover 54 – Bremen 80 – Minden 30.

Asche, Loccumer Str. 35, ⌂ 31633, ℘ (05761) 9 02 60, office@hotel-asche-leese.de, Fax (05761) 7770, 🍴 – 🛗 TV 🚗 P – 🅿 40. AE ⓒ VISA JCB
geschl. 22. Dez. - 15. Jan. - **Menu** (geschl. Freitag) à la carte 18,50/32 – **14 Zim** ⊆ 49/60 – 72/90.
 ♦ In Ihrem kleinen Refugium erwartet Sie eine zeitgemäße Unterbringung - mit den Annehmlichkeiten, die Sie sich von einem sinnvoll ausgestatteten Domizil wünschen. Helles Holz gibt dem Restaurant einen gemütlichen Charakter.

LEGDEN Nordrhein-Westfalen 417 J 5 – 5 800 Ew – Höhe 71 m.
Berlin 525 – Düsseldorf 113 – Nordhorn 55 – Münster (Westfalen) 49.

Hermannshöhe, Haulingort 30 (B 474, Süd-Ost : 1 km), ⌂ 48739, ℘ (02566) 9 30 00, info@landhotel-hermannshoehe.de, Fax (02566) 930060, 🍴, ⛔, 🏊 – 🛗 TV P – 🅿 160. AE ⓒ VISA
Menu (geschl. Mittwoch) à la carte 15,50/33,50 – **39 Zim** ⊆ 45/55 – 55/95.
 ♦ Wenn Sie auf die Behaglichkeit Ihres eigenen Zuhauses nicht verzichten möchten, beziehen Sie eines dieser Quartiere. Der Blick auf Wiesen und Felder bereichert Ihren Besuch. Im Restaurant der ehemaligen Zollstation finden Gäste herzliche Aufnahme.

LEHMKUHLEN Schleswig-Holstein siehe Preetz.

LEHNIN Brandenburg 416 418 J 22 – 3 500 Ew – Höhe 52 m.
Berlin 65 – Potsdam 26 – Brandenburg 23.

Markgraf, Friedensstr. 13, ⌂ 14797, ℘ (03382) 76 50, info@hotel-markgraf.de, Fax (03382) 765430 – 🛗, ⥇ Zim, TV 📞 P – 🅿 55. AE ⓒ VISA
Menu à la carte 13/27 – **40 Zim** ⊆ 60 – 72.
 ♦ Hinter einer ansprechenden Fassade erwartet Sie eine solide wie auch wohnliche Behausung auf Zeit. Die meist neuzeitliche Ausstattung trägt zu Ihrem Wohlbefinden bei. Eine Reihe österreichischer Gerichte ergänzt das bürgerliche Repertoire der Küche.

In Nahmitz Nord-West : 2 km, am Klostersee :

Am Klostersee ⦿, ⌂ 14797, ℘ (03382) 7 32 20, Fax (03382) 7322301, ≤, 🍴, ⛔ – ⥇ Zim, TV P – 🅿 50. AE ⓒ VISA
Menu à la carte 16/24 – **30 Zim** ⊆ 48/53 – 68/83.
 ♦ Die Lage des Hauses am Wasser, der gepflegte Garten und ein attraktives Innenleben kennzeichnen Ihren vorübergehenden Wohnsitz. Erkunden Sie die umgebende Seenlandschaft. Sehr gepflegt wirkt das großzügige Restaurant.

Schreiben Sie uns...
Ihre Meinung, sei es Lob oder Kritik, ist stets willkommen.
Jeder Ihrer Hinweise wird durch unsere Inspektoren sorgfältig
in den betroffen Hotels und Restaurants überprüft.Dank
Ihrer Mithilfe wird Der Roten Michelin-Führer
immer aktueller und vollständiger.
Vielen Dank im voraus !

LEHRTE Niedersachsen 415 416 417 418 / 13 – 41 500 Ew – Höhe 66 m.
Berlin 268 – Hannover 22 – Braunschweig 47 – Celle 33.

Median M, Zum Blauen See 3 (an der B 443), ✉ 31275, ✆ (05132) 8 29 00, info@median-hotel.de, Fax (05132) 8290555, 🍽, ☎ – 📶, ⇆ Zim, 📺 ✆ 📠 – 🅿 150. 🆎 ⓘ ⓜ 🆅 JCB
Menu (geschl. Sonntag)(nur Abendessen) à la carte 22,50/37 – **Maximilian's** : Menu 18,40 (nur Buffet) – ⊑ 10 – **142 Zim** 64/84 – 87/146, 5 Suiten.
♦ Die Kategorien "Standard", "Business" und "Superior" sowie Suiten schaffen die Basis für komfortables Wohnen und erfolgreiches Arbeiten - ganz nach Ihren Vorstellungen. Speisen mit mediterranem Touch im Vivaldi. Neu : Das Buffet-Restaurant Maximilian's.

In Lehrte-Ahlten Süd-West : 4 km :

Landhotel Behre garni, Zum Großen Freien 3, ✉ 31275, ✆ (05132) 8 67 80, info@landhotel-behre.de, Fax (05132) 867814, 🍽, ⇆ 📺 ✆ 📠 – 🅿 40. 🆎 ⓘ ⓜ 🆅, ✳
30 Zim ⊑ 62/72 – 94.
♦ Einige Bereiche dieses ehemaligen Bauernhofs hat man zu einem netten Landhotel umgebaut. Hinter der regionstypischen Klinkerfassade verbergen sich solide, wohnliche Zimmer.

Trend Hotel M garni, Raiffeisenstr. 18, ✉ 31275, ✆ (05132) 8 69 10, trend-hotel@t-online.de, Fax (05132) 869170, ☎ – 📶 📺 ✆ 📠 – 🅿 20. ⓜ 🆅, ✳
56 Zim ⊑ 55/72 – 82/88.
♦ Die verkehrsgünstige Lage macht das Haus zu einer geeigneten Adresse für Geschäftsreisende. Die Zimmer überzeugen mit einer neuzeitlichen wie auch funktionellen Gestaltung.

LEICHLINGEN Nordrhein-Westfalen 417 M 5 – 27 000 Ew – Höhe 60 m.
Berlin 556 – Düsseldorf 31 – Köln 23 – Solingen 11.

In Leichlingen-Witzhelden Ost : 8,5 km :

XXX **Landhaus Lorenzet**, Neuenhof 1, ✉ 42799, ✆ (02174) 3 86 86, landhauslorenzet@aol.com, Fax (02174) 39518, 🍽 – 📠. 🆎 ⓘ ⓜ 🆅
Menu à la carte 23/43.
♦ Hinter einer hübschen Schindelfassade nimmt der Gast an einem der gut eingedeckten Tische Platz. Umgeben von einem gepflegten Ambiente genießen Sie internationale Küche.

LEIMEN Baden-Württemberg 417 419 R 10 – 25 000 Ew – Höhe 120 m.
Berlin 634 – Stuttgart 109 – Mannheim 25 – Heidelberg 7 – Bruchsal 28.

Engelhorn M garni, Ernst-Naujoks-Str. 2, ✉ 69181, ✆ (06224) 70 70, Fax (06224) 707200 – 📶 📺 ✆ ⇆ 📠 – 🅿 40. 🆎 ⓘ ⓜ 🆅 ✳
geschl. 22. Dez. - 7. Jan. – **40 Zim** ⊑ 70/85 – 90/110.
♦ Die gelungene Kombination von Funktionalität und Wohnlichkeit wird Ihnen zusagen - im Urlaub wie auch auf der Durchreise. Sie beziehen hier stets ein neuzeitliches Quartier.

Kurpfalz-Residenz und Markgrafen, Markgrafenstr. 2, ✉ 69181, ✆ (06224) 70 80, kurpfalz-residenz@t-online.de, Fax (06224) 708114, 🍽, ☎ – 📶, ⇆ Zim, 📺 ✆ 🅫 📠 – 🅿 50. 🆎 ⓜ 🆅
Menu (geschl. Samstag - Sonntagmittag) à la carte 20,50/37 – **154 Zim** ⊑ 75 – 95, 10 Suiten.
♦ Mit einer sinnvollen Gestaltung und einem guten Platzangebot ermöglichen Ihnen die Zimmer Ihres Domizils privates Wohnen - mit den Annehmlichkeiten eines Hotels. Im Pfalzgrafen speist man in gediegenem Umfeld.

Zum Bären, Rathausstr. 20, ✉ 69181, ✆ (06224) 98 10, hotel.baeren@t-online.de, Fax (06224) 981222, 🍽 – 📶, ⇆ Zim, 📺 ✆ 📠 – 🅿 20. ⓜ 🆅. ✳
geschl. 23. Dez. - 7. Jan. – **Menu** (geschl. Montag) à la carte 17/33 – **26 Zim** ⊑ 67/75 – 90/100.
♦ Einer langen Familientradition verpflichtet, bietet man dem Gast erholsame Tage in behaglicher Atmosphäre. Die Zimmer präsentieren sich Ihnen als praktische Unterkunft. In hell gestalteten Räumlichkeiten serviert man Ihnen ein Essen nach bürgerlicher Art.

Seipel garni, Bürgermeister-Weidemaier-Str. 26 (Am Sportpark), ✉ 69181, ✆ (06224) 98 20, info@hotelseipel.de, Fax (06224) 982222 – 📶 📺 ✆ ⇆ 📠. 🆎 ⓘ ⓜ 🆅
geschl. 22. Dez. - 7. Jan. – **23 Zim** ⊑ 75 – 86/90.
♦ Gepflegte Gemächer in wohnlicher Aufmachung sollen Ihnen auf der Reise Ihr Zuhause ersetzen. Die praktische Ausstattung trägt dazu bei, daß es Ihnen an nichts fehlt.

Herrenberg garni, Bremer Str. 7, ✉ 69181, ✆ (06224) 9 70 60, mkformula-trikes@t-online.de, Fax (06224) 74289 – ⇆ 📺 📠. 🆎 ⓘ ⓜ 🆅
16 Zim ⊑ 50 – 75.
♦ Eine familiäre Note kennzeichnet das Innenleben Ihrer kleinen Residenz. Besucher von nah und fern finden in gemütlichen Gästezimmern ein Plätzchen zum Wohlfühlen.

LEIMEN

Seeger's Weinstube, Joh.-Reidel-Str. 2, ✉ 69181, ℘ (06224) 7 14 96, Fax (06224) 72400, ⸺ – 💳 VISA
geschl. Mitte Juli - Mitte Aug., Samstagmittag, Dienstag – **Menu** à la carte 18/36.
♦ In der netten, rustikal-bürgerlichen Stube verleben Sie so manch schöne Stunde - bei regionaler Bewirtung. Dunkles Holz unterstreicht den bäuerlichen Stil der Einrichtung.

Weinstube Jägerlust, Rohrbacher Str. 101, ✉ 69181, ℘ (06224) 7 72 07, Fax (06224) 78363, ⸺ – ⸺
geschl. Weihnachten - Mitte Jan., Mitte Aug. - Mitte Sept., Samstag - Montag – **Menu** (nur Abendessen) (Tischbestellung erforderlich) à la carte 23/37.
♦ Der richtige Ort für geselliges Beisammensein. Das überschaubare Angebot an regionalen Speisen wird ergänzt durch Empfehlungen des Tages - dazu ein guter Tropfen.

In Leimen-Lingental Ost : 3 km :

Lingentaler Hof, Kastanienweg 2, ✉ 69181, ℘ (06224) 9 70 10, hotellingentalerhof@t-online.de, Fax (06224) 970119, ≤, ⸺ – 📺 ♿ 🅿 💳 ⸺ Zim
geschl. Jan. 2 Wochen, Aug. 3 Wochen – **Menu** (geschl. Sonntagabend - Montag) à la carte 20/35 – **15 Zim** ⸺ 55/60 – 78.
♦ Das kleine Hotel ist oberhalb des Ortes auf einer Anhöhe plaziert. Zwischen Feldern und Wiesen beziehen Sie ein Quartier, das mit seinen gepflegten Zimmern überzeugt. Unaufdringlich gestaltete Restauranträume laden zum Verweilen ein.

LEINEFELDE Thüringen 418 L 14 – 15 000 Ew – Höhe 347 m.
🛈 Bürgerbüro, Bahnhofstr. 43 (Rathaus), ✉ 37327, ℘ (03605) 50 54 01, stadt-leinefelde@t-online.de, Fax (03605) 505499.
Berlin 300 – Erfurt 82 – Göttingen 43 – Nordhausen 40.

In Reifenstein Süd-Ost : 5 km :

Reifenstein M, Am Sonder, ✉ 37355, ℘ (036076) 4 70, info@hotel-reifenstein.de, Fax (036076) 47202, ≤, ⸺, Biergarten, 🚿 – 📺 ♿ 🅿 – 🏊 120. AE ⓘ 💳 VISA
Menu (Montag - Freitag nur Abendessen) à la carte 15/24,50 – **43 Zim** ⸺ 47/56 – 82.
♦ Die neuzeitliche Ausstattung und eine gute Technik zählen zu den Annehmlichkeiten, die Reisende von dieser vorübergehenden Behausung erwarten dürfen. Modern gibt sich das Ambiente im Restaurant.

LEINFELDEN-ECHTERDINGEN Baden-Württemberg siehe Stuttgart.

LEINGARTEN Baden-Württemberg siehe Heilbronn.

LEINSWEILER Rheinland-Pfalz 417 419 S 8 – 450 Ew – Höhe 260 m – Erholungsort.
🛈 Büro für Tourismus, Rathaus, ✉ 76829, ℘ (06345) 35 31, Fax (06345) 2457.
Berlin 673 – Mainz 122 – Karlsruhe 52 – Wissembourg 20 – Landau in der Pfalz 9.

Leinsweiler Hof, An der Straße nach Eschbach (Süd : 1 km), ✉ 76829, ℘ (06345) 40 90, info@leinsweilerhof.de, Fax (06345) 3614, ≤ Weinberge und Rheinebene, ⸺, 🚿, ⸺, ⸺ – ⸺ Zim, 📺 🅿 – 🏊 50. AE 💳 VISA ⸺ Rest
geschl. 3. - 20. Jan. – **Menu** (geschl. Sonntagabend) à la carte 24,50/40 – **67 Zim** ⸺ 73 – 107/127 – ½ P 23.
♦ Solides Interieur und gutes Platzangebot machen einfaches Übernachten zu behaglichem Wohnen. Im Gästehaus steht eine kleinere Zimmervariante zur Wahl. Räume im rustikalen Stil und eine Gartenterrasse ermöglichen es dem Gast, in nettem Rahmen zu speisen.

Castell, Hauptstr. 32, ✉ 76829, ℘ (06345) 70 03, castell.leinsweiler@t-online.de, Fax (06345) 7004, ⸺ – 📺 ♿ 🅿 💳 VISA
Menu (geschl. Dienstag) 17 (mittags) à la carte 28,50/39 – **16 Zim** ⸺ 53/56 – 87/91 – ½ P 18.
♦ Hinter einer modernen Fassade bietet man erholungsuchenden Gästen ein sinnvoll ausgestattetes Plätzchen zum Logieren - angesiedelt in einem kleinen idyllischen Weinort. Ein neuzeitliches Ambiente empfängt Sie im hell gehaltenen Restaurant.

Rebmann, Weinstr. 8, ✉ 76829, ℘ (06345) 25 30, hotel-rebmann@t-online.de, Fax (06345) 7728, ⸺ – 📺 ⓘ 💳 VISA
Menu (geschl. Nov.- Feb. Mittwoch) à la carte 20,50/40,50 – **11 Zim** ⸺ 47/55 – 73/130 – ½ P 16.
♦ Ob neuzeitlich-funktionell oder etwas einfacher in rustikaler Eiche - Sie beziehen immer eine gepflegte Unterkunft. Starten Sie von hier aus Ihre Wander- oder Radtour. Das gemütliche Innenleben des Restaurants spiegelt den Charakter des Winzerdorfes wider.

LEIPE Brandenburg siehe Burg/Spreewald.

LEIPHEIM Bayern 419 420 U 14 – 6 500 Ew – Höhe 470 m.
Berlin 574 – München 117 – Stuttgart 105 – Augsburg 58 – Günzburg 5 – Ulm (Donau) 24.

Zur Post, Bahnhofstr. 6, ⊠ 89340, ℘ (08221) 27 70, gasthof-post@t-online.de, Fax (08221) 277200, 😚 – |≋|, ✿ Zim, 🆃🆅 ⇌ 🄿 – 🄰 60. 🄰🄴 ① ⓦ 🆅🅸🆂🄰
Menu à la carte 13/28 – **47 Zim** ⊃ 48 – 80.
◆ Die Gästezimmer Ihrer Herberge unterscheiden sich in Größe und Möblierung - sie präsentieren sich Ihnen stets als funktionelles Quartier auf Ihrer Reise. Helle Farbtöne und moderne Einrichtung im Restaurant.

Landgasthof Waldvogel, Grüner Weg 1, ⊠ 89340, ℘ (08221) 2 79 70, landgasthof@wald-vogel.de, Fax (08221) 279734, Biergarten – ✿ 🆃🆅 ✆ 🄿 – 🄰 50. 🄰🄴 ① ⓦ 🆅🅸🆂🄰
Menu à la carte 14,50/28 – **32 Zim** ⊃ 44 – 67.
◆ Ein ländliches Flair prägt das Innenleben Ihres Refugiums. Sympathisch wie auch zeitgemäß gestaltete Zimmer ersetzen Ihnen vorübergehend Ihre eigenen vier Wände. Gemütlich, schwäbisch, freundlich - nach diesem Motto arbeitet das Restaurant.

An der Autobahn A 8 Richtung Augsburg :

7-Schwaben Rasthaus und Motel 🄼, ⊠ 89340 Leipheim, ℘ (08221) 2 78 00, leipheim@tank.rast.de, Fax (08221) 2780243, 😚 – |≋|, ✿ Zim, 🆃🆅 ♿ 🄿 – 🄰 30. 🄰🄴 ⓦ 🆅🅸🆂🄰
Menu à la carte 13/23 – **62 Zim** ⊃ 69 – 92.
◆ Nach einer bequemen Anreise stehen zweckmäßige Zimmer für Ihren Einzug bereit. Mit einer praktischen Ausstattung wird man den Ansprüchen der Gäste gerecht.

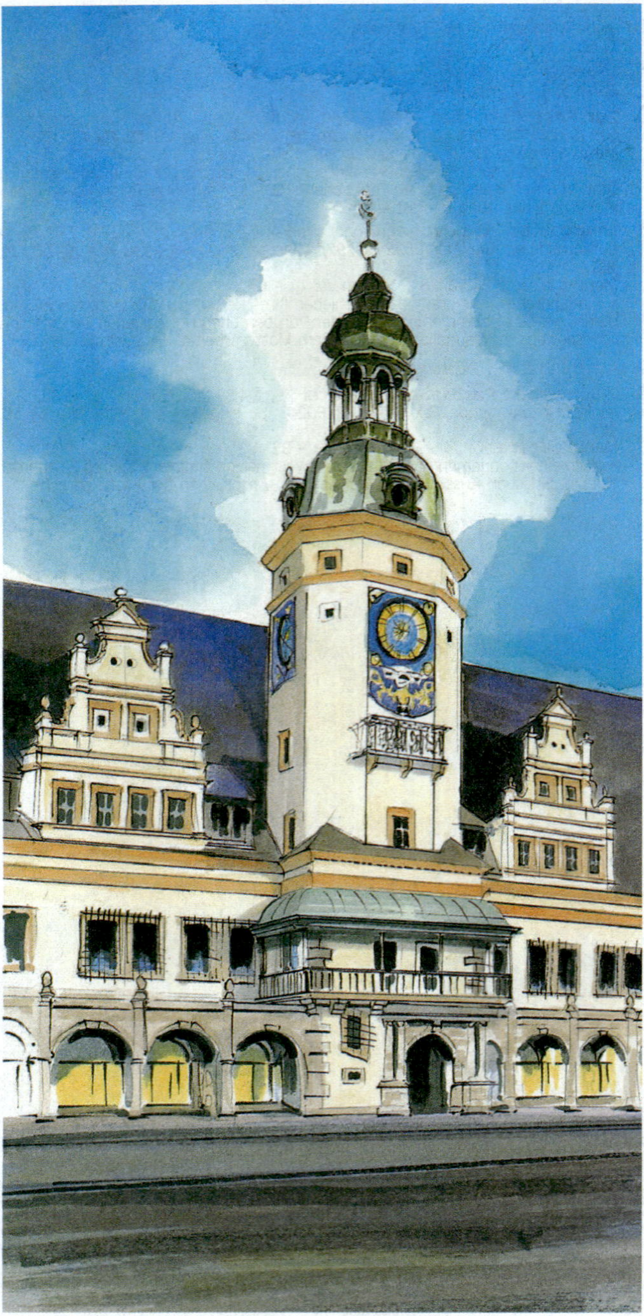

LEIPZIG

Sachsen 418 *L 21 – 500 000 Ew – Höhe 118 m*

Berlin 180 ⑨ *– Dresden 109* ④ *– Erfurt 126* ⑨

PRAKTISCHE HINWEISE

🛈 *Tourist Service, Richard-Wagner-Str. 1* ✉ *04109,* ℘ *(0341) 7 10 42 60, info@lts-leipzig.de, Fax (0341) 7104271*
ADAC, *Augustusplatz 5/6*

✈ *Leipzig-Halle (über* ⑨ *: 15 km),* ℘ *(0341) 22 40*
Neue Messe, Messe Allee 1, ✉ *04356,* ℘ *(0341) 67 80, Fax (0341) 6788762*
🚆 *Leipzig-Seehausen, Bergweg 10* U *(An der neuen Messe),* ℘ *(0341) 5 21 74 42*
🚆 *Markkleeberg, Mühlweg (Süd : 9 km über* ⑤*),* ℘ *(0341) 3 58 26 86*
🚆 *Machern, Plagwitzer Weg (Ost : 15 km über* ④*),* ℘ *(034292) 6 80 32*
🚆 *Noitzsch (Nord : 29 km über* ② *und Hohenprießnitz),* ℘ *(034242) 5 03 02*

Sehenswert : *Altes Rathaus*★ BY *– Alte Börse*★ *(Naschmarkt)* BY *– Museum der bildenden Künste*★★ BY **M³** *– Thomaskirche*★ BZ *– Grassi-Museum (Museum für Kunsthandwerk*★*, Museum für Völkerkunde*★*, Musikinstrumenten-Museum*★*)* CZ *– Ägyptisches Museum* BZ **M¹**.

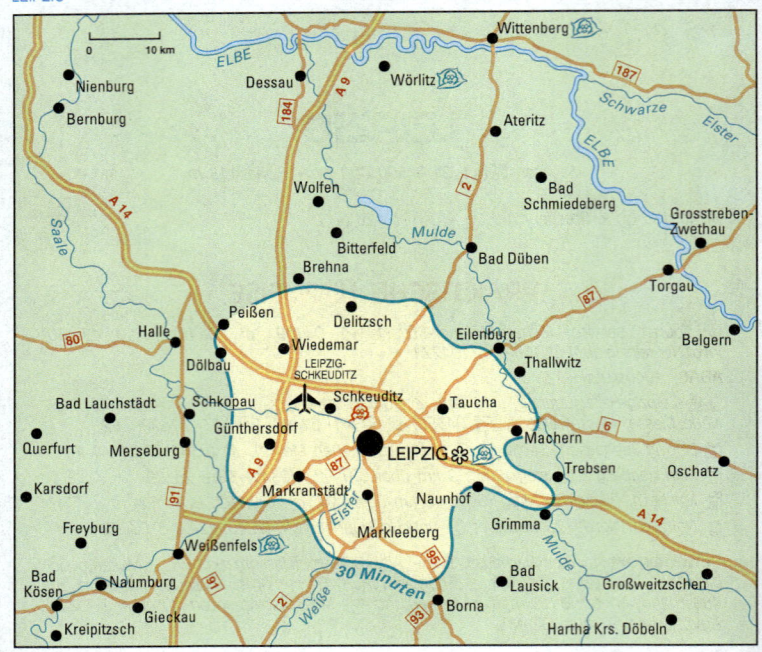

LEIPZIG

Fürstenhof, Tröndlinring 8, ⊠ 04105, ℘ (0341) 14 00, *fuerstenhof.leipzig@arabella sheraton.com*, Fax (0341) 1403700, 🌹, Massage, 🏋, ☎, 🏊, – 🛗, ⇐ Zim, 📺 📺 ✆ 🚗 – 🅿 60. ⓐⓔ ① ⓜ ⓞ 🆅🅸🆂🅰 🅹🅲🅱. ✂ Rest   BY c
Menu *(geschl. Sonntag) (nur Abendessen)* à la carte 36/49 ♀ – 🖶 19 – **92 Zim** 210/280 – 235/305, 4 Suiten.
◆ Hinter der Fassade des klassizistischen Patrizierpalais von 1770 erwartet Sie ein Interieur von luxuriöser Eleganz und exquisitem Service. Badelandschaft. Mit edlem Dekor und wertvollem Meublement gefällt das Restaurant.

Marriott Ⓜ, Am Hallischen Tor 1, ⊠ 04109, ℘ (0341) 9 65 30, *leipzig.marriott@marriotthotels.com*, Fax (0341) 9653999, 🏋, ☎, 🏊, – 🛗, ⇐ Zim, 📺 📺 ✆ 🚗 – 🅿 220. ⓐⓔ ① ⓜ ⓞ 🆅🅸🆂🅰   BY n
Menu à la carte 29/38 – **231 Zim** 🖶 115 – 131, 6 Suiten.
◆ Im Herzen der Stadt bewohnen Sie Zimmer, die an Komfort, Behaglichkeit und Technik nichts vermissen lassen : Alle mit Internet, Modemanschluß und Anrufbeantworter. Allie's American Grille bietet Kulinarisches für jeden Geschmack.

Inter-Continental, Gerberstr. 15, ⊠ 04105, ℘ (0341) 98 80, *leipzig@interconti.com*, Fax (0341) 9881229, Biergarten, Massage, ☎, 🏊, – 🛗, ⇐ Zim, 📺 📺 ✆ 🚗 🅿 – 🅿 360. ⓐⓔ ① ⓜ ⓞ 🆅🅸🆂🅰 🅹🅲🅱. ✂ Rest   BY a
Menu à la carte 30/44 – **Yamato** (japanische Küche) **Menu** 20/70 und à la carte – 🖶 16 – **447 Zim** 130/180 – 150/200, 3 Suiten.
◆ Hier können Sie mit dem Hubschrauber landen, um in den luxuriösen Zimmern zu nächtigen. Die Clubzimmer sind in ihrer Technik speziell auf Geschäftsleute zugeschnitten. Das Restaurant wartet in schlichter Eleganz auf Sie. Japanische Köstlichkeiten im Yamato.

Renaissance Ⓜ, Großer Brockhaus 3, ⊠ 04103, ℘ (0341) 1 29 20, *renaissance.leipzig@renaissancehotels.com*, Fax (0341) 1290800, 🏋, ☎, 🏊, – 🛗, ⇐ Zim, 📺 📺 ✆ 🚗 – 🅿 360. ⓐⓔ ① ⓜ ⓞ 🆅🅸🆂🅰 🅹🅲🅱   DY a
Menu 18 (Lunchbuffet) à la carte 27/36,50 – **356 Zim** 🖶 105/149 – 119/163.
◆ Kulturliebhaber sind hier richtig : Die weltberühmte Oper und das Gewandhaus liegen direkt beim Hotel mit den soliden Kirschbaummöbeln, Marmorbädern und sehr guter Technik. Im eleganten Bistrostil genießen Sie Internationales mit asiatischem Einfluß.

LEIPZIG

Baalsdorfer Straße	**V** 44
Berliner Straße	**V** 45
Breite Straße	**V** 47
Chemnitzer Straße	**V** 48
Eisenbahnstraße	**V** 50
Engelsdorfer Straße	**V** 51
Erich-Zeigner-Allee	**V** 52
Hauptstraße	**V** 53
Kieler Straße	**U** 55
Liebertwolkwitzer Straße	**V** 56
Lindenthaler Straße	**U** 58
Merseburger Straße	**V** 59
Philipp-Rosenthal-Str.	**V** 60
Zweinaundorfer Straße	**V** 64

🏨 **Victor's Residenz** M, Georgiring 13, ✉ 04103, ℰ (0341) 6 86 60, *info.leipzig@victors.de*, Fax (0341) 6866899, Biergarten – 🛗, 🛏 Zim, 📺 📞 ♿ 🚗 🅿 – 🚪 80. 🆎 ⓞ ⓜⓒ 𝗩𝗜𝗦𝗔
CY e
Menu à la carte 21/39,50 – **101 Zim** ⋥ 90/165 – 105/180.
◆ Komfort und Moderne machen das historische Haus - ergänzt durch einen neuen Anbau - zu einem attraktiven Refugium, das den Ansprüchen von heute gerecht wird. Das Restaurant zeigt sich ganz chic im Pariser Brasserie-Stil.

🏨 **Dorint** M, Stephanstr. 6, ✉ 04103, ℰ (0341) 9 77 79 00, *info.lejlei@dorint.com*, Fax (0341) 9779100, Biergarten, 🚿 – 🛗, 🛏 Zim, 📺 📞 ♿ 🚗 – 🚪 150. 🆎 ⓞ ⓜⓒ 𝗩𝗜𝗦𝗔 𝐉𝐂𝐁
DZ n
Menu à la carte 24/42 – ⋥ 14 – **177 Zim** 92/149.
◆ Auffällig ragt die verspiegelte Glassäule des Hotels in den Himmel. Dahinter verbergen sich in Kirschbaum und warmen Farben gehaltene Zimmer mit funktionellen Schreibtischen. Das Restaurant ist durch eine Glasfront von der Hotelhalle getrennt.

Map: Leipzig city center

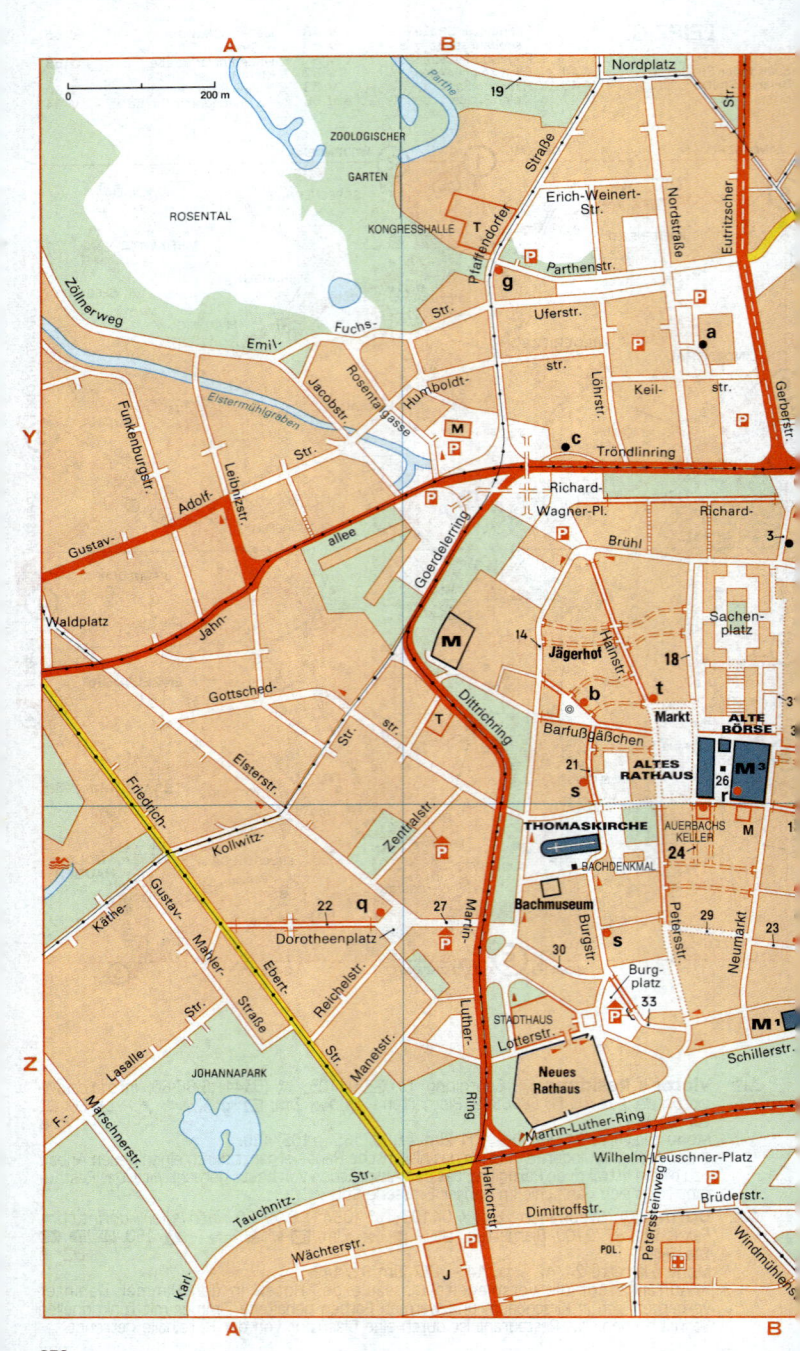

Scale: 0 — 200 m

Grid references
A, B (top and bottom)
Y, Z (left side)

Parks and green areas
- ROSENTAL
- ZOOLOGISCHER GARTEN
- JOHANNAPARK

Notable buildings and landmarks
- KONGRESSHALLE
- Jägerhof
- ALTE BÖRSE
- ALTES RATHAUS
- Markt
- THOMASKIRCHE
- BACHDENKMAL
- Bachmuseum
- AUERBACHS KELLER
- STADTHAUS
- Neues Rathaus
- Sachsenplatz
- Burgplatz

Streets and places
- Nordplatz
- Pfaffendorfer Straße
- Erich-Weinert-Str.
- Nordstraße
- Eutritzscher Str.
- Parthenstr.
- Uferstr.
- Löhrstr.
- Keilstr.
- Gerberstr.
- Zöllnerweg
- Emil-Fuchs-Str.
- Jacobstr.
- Rosentalgasse
- Humboldtstr.
- Elstermühlgraben
- Tröndlinring
- Richard-Wagner-Pl.
- Brühl
- Richardstr.
- Funkenburgstr.
- Leibnizstr.
- Adolf-...-allee
- Goerdelerring
- Hainstr.
- Gustav-Adolf-Str.
- Jahnallee
- Waldplatz
- Gottschedstr.
- Dittrichring
- Barfußgäßchen
- Elsterstr.
- Zentralstr.
- Petersstr.
- Neumarkt
- Friedrich-Ebert-Str.
- Kollwitzstr.
- Käthe-Kollwitz-Str.
- Gustav-Mahler-Str.
- Reichelstr.
- Maneitstr.
- Dorotheenplatz
- Martin-Luther-Ring
- Burgstr.
- Lotterstr.
- Schillerstr.
- Lasallestr.
- Marschnerstr.
- Karl-...-str.
- Tauchnitzstr.
- Wächterstr.
- Harkortstr.
- Dimitroffstr.
- Wilhelm-Leuschner-Platz
- Brüderstr.
- Petersteinweg
- Windmühlenstr.

Labeled markers
19, g, a, c, M, T, 14, b, t, 18, 3, M³, 26, r, s, 21, M, 24, 29, 23, 22, q, 27, 30, s, 33, M¹, J, POL.

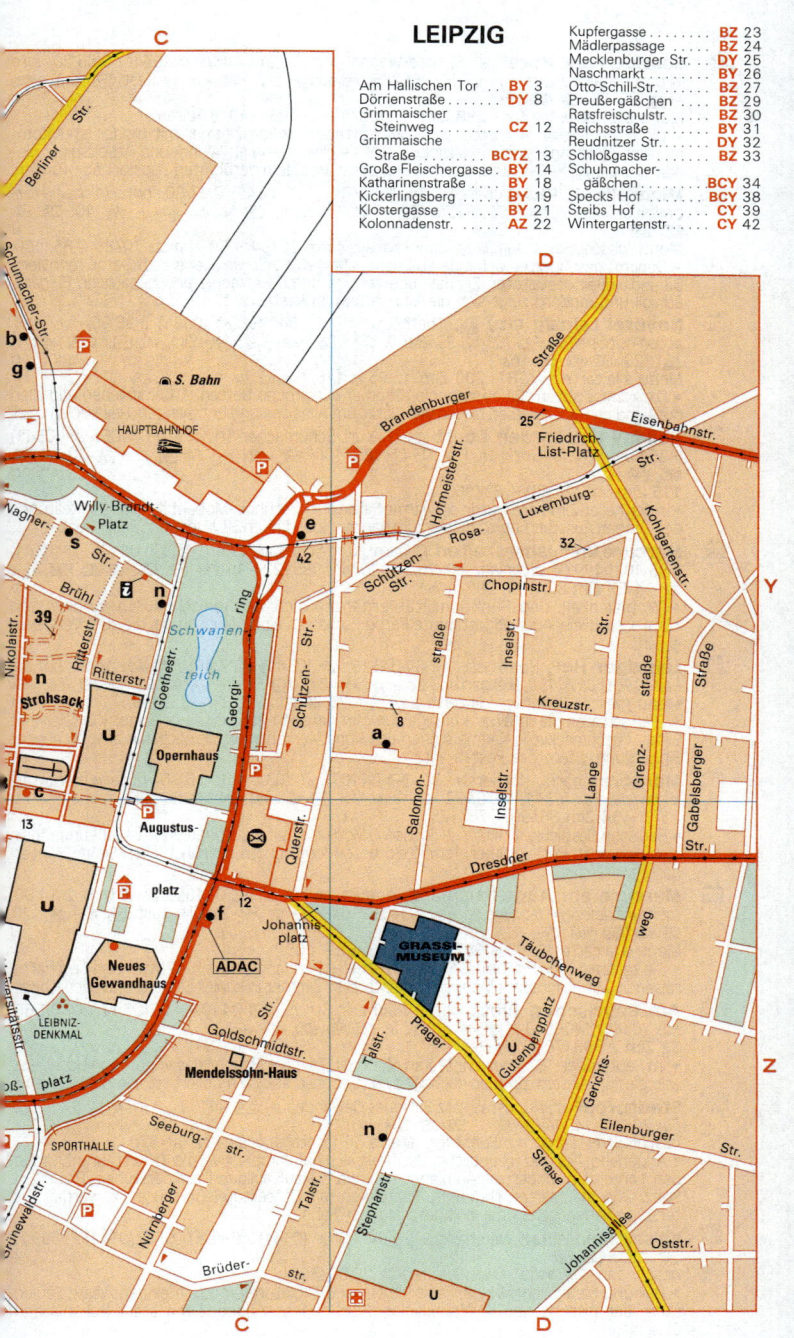

LEIPZIG

Am Hallischen Tor	**BY** 3		Kupfergasse	**BZ** 23
Dörrienstraße	**DY** 8		Mädlerpassage	**BZ** 24
Grimmaischer Steinweg	**CZ** 12		Mecklenburger Str.	**DY** 25
Grimmaische Straße	**BCYZ** 13		Naschmarkt	**BY** 26
Große Fleischergasse	**BY** 14		Otto-Schill-Str.	**BZ** 27
Katharinenstraße	**BY** 18		Preußergäßchen	**BZ** 29
Kickerlingsberg	**BY** 19		Ratsfreischulstr.	**BZ** 30
Klostergasse	**BY** 21		Reichsstraße	**BY** 31
Kolonnadenstr.	**AZ** 22		Reudnitzer Str.	**DY** 32
			Schloßgasse	**BZ** 33
			Schuhmachergäßchen	**BCY** 34
			Specks Hof	**BCY** 38
			Steibs Hof	**CY** 39
			Wintergartenstr.	**CY** 42

LEIPZIG

Seaside Park Hotel M, Richard-Wagner-Str. 7, ✉ 04109, ℘ (0341) 9 85 20, *info@parkhotelleipzig.de*, Fax (0341) 9852750, Massage, ☎ – 📶 ⇌ 🍽 Rest, 📺 ✆ ♿ 🚗 – 🅰 80. 🆎 ⓞ ⓒ VISA JCB
CY s
Menu à la carte 19/36 – **288 Zim** ☑ 105/125 – 126/140, 5 Suiten.
◆ Die einzelnen, im Art déco Stil ausgestatteten großen Zimmer mit modernster Kommunikationstechnik sind so konzipiert, daß sie gleichzeitig als Wohn- und Arbeitsplatz dienen. Das elegante Restaurant Orient Express wurde dem berühmten Zug nachempfunden.

Michaelis M, Paul-Gruner-Str. 44, ✉ 04107, ℘ (0341) 2 67 80, *hotel.michaelis@t-online.de*, Fax (0341) 2678100, 🍽 – 📶 ⇌ Zim, 📺 ✆ ♿ 🚗 – 🅰 40. 🆎 ⓞ ⓒ VISA
V u
Menu *(geschl. Samstagmittag, Sonntag)* à la carte 25/34 – **59 Zim** ☑ 70/85 – 85/100.
◆ Denkmalgeschütztes Gebäude aus dem Jahr 1907, mit viel Liebe zum Detail renoviert. Die individuell gestalteten Zimmer überzeugen durch Harmonie und behagliche Eleganz. Stilvoll und modern zeigt sich die Einrichtung im Restaurant.

Novotel Leipzig City M, Goethestr. 11, ✉ 04109, ℘ (0341) 9 95 80, *h1784@accor-hotels.com*, Fax (0341) 9958200, 🍽, 🏊, ☎ – 📶 ⇌ Zim, 🍽 📺 ✆ ♿ 🚗 – 🅰 120. 🆎 ⓞ ⓒ VISA
CY n
Menu à la carte 17/38 – **200 Zim** ☑ 93 – 116.
◆ Die komfortablen "Blue Harmonie"-Zimmer mit großen Betten, Arbeitsflächen und allen notwendigen Anschlüssen bieten viel Platz zum Arbeiten und Entspannen. Helle Holzmöbel.

Holiday Inn Garden Court garni, Kurt-Schumacher-Str. 3, ✉ 04105, ℘ (0341) 1 25 10, *info@hi-leipzig.de*, Fax (0341) 1251100, ☎ – 📶 ⇌ 🍽 📺 🅿 – 🅰 20. 🆎 ⓞ ⓒ VISA
CY g
115 Zim ☑ 72/150 – 82/160.
◆ In den hellen Zimmern wurde die warme Farbe der Kirschholz-Möbel mit zarten Pastelltönen der übrigen Ausstattung kombiniert. Im ganzen Hotel finden Sie Kunst von Peter Kuckei.

Mercure Vier Jahreszeiten M garni, Kurt-Schumacher-Str. 23, ✉ 04105, ℘ (0341) 9 85 10, *h4997@accor-hotels.com*, Fax (0341) 985122 – 📶 ⇌ 📺. 🆎 ⓞ ⓒ VISA JCB
☑ 13 **67 Zim** 80/115 – 92/145.
CY b
◆ Wohnlichkeit und Funktionalität ergänzen sich harmonisch durch modernsten Komfort. Aufeinander abgestimmte Farben schaffen eine Atmosphäre, die zum Verweilen einlädt.

Leipziger Hof, Hedwigstr. 1, ✉ 04315, ℘ (0341) 6 97 40, *info@leipziger-hof.de*, Fax (0341) 6974150, Biergarten, ☎ – 📶 ⇌ Zim, 📺 ✆ 🅿 – 🅰 45. 🆎 ⓞ ⓒ VISA JCB
V t
Menu *(geschl. Sonntag)* à la carte 23/37 – **73 Zim** ☑ 73/85 – 85/165.
◆ Hier schlafen Sie in einer Kunstgalerie : Im ganzen Haus zeigen Leipziger Künstler ihre Bilder. Geschmackvolle Räume stehen den Kunstwerken in nichts nach. Mit ansprechender Einrichtung glänzt das Restaurant.

Markgraf garni, Körnerstr. 36, ✉ 04107, ℘ (0341) 30 30 30, *hotel@markgraf-leipzig.de*, Fax (0341) 3030399, ☎ – 📶 ⇌ 📺 ✆ 🚗. 🆎 ⓞ ⓒ VISA
V u
☑ 9 – **54 Zim** 65/90 – 75/125.
◆ Badische Gastlichkeit mitten in Sachsen : Moderne, mit Blautönen und Kirschbaummöbeln wohnlich gestaltete Zimmer vermitteln besonderen Charme. Frühstücken Sie im Wintergarten.

Mercure am Augustusplatz, Augustusplatz 5, ✉ 04109, ℘ (0341) 2 14 60, *mercure_leipzig@t-online.de*, Fax (0341) 9604916 – 📶 ⇌ Zim, 🍽 Rest, 📺 🅿 – 🅰 120. 🆎 ⓞ ⓒ VISA JCB
CZ f
Menu à la carte 18/28 – **283 Zim** ☑ 72/87 – 105.
◆ Die zentrale Lage macht das Hotel zum idealen Ausgangspunkt für Privat- und Geschäftsreisende. Mit hellgrauem Mobiliar ausgestattete Zimmer in kühler Eleganz und Sachlichkeit.

Am Bayrischen Platz garni, Paul-List-Str. 5, ✉ 04103, ℘ (0341) 14 08 60, Fax (0341) 1408648 – 📶 ✆ 📺 ✆ 🅿. 🆎 ⓞ ⓒ VISA
V z
32 Zim ☑ 56/76 – 76/96.
◆ Im September 1874 bewohnte Karl Marx mit Tochter Eleanor das villenartige Hotel. Wer will, darf in diesem Zimmer nächtigen, das ebenso stilvoll möbliert ist wie die übrigen.

Stadtpfeiffer, Augustusplatz 8 (Neues Gewandhaus), ✉ 04109, ℘ (0341) 2 17 89 20, Fax (0341) 1494470, 🍽 – 🆎 ⓒ VISA
CZ
geschl. Samstagmittag, Sonntag – **Menu** 30 (mittags) à la carte 40/57.
◆ Angenehm hell und freundlich präsentiert sich das komplett verglaste Restaurant. Umgeben von einem modernen Ambiente nehmen Sie auf soliden Designerstühlen Platz.
Spez. Roh marinierter Thunfisch. Rehrücken mit Gänsestopflebersauce. Lauwarmer Bitterschokoladenkuchen mit halbgeschlagener Sahne.

Kaiser Maximilian, Neumarkt 9, ✉ 04109, ℘ (0341) 9 98 69 00, Fax (0341) 9986901, 🍽 – 🆎 ⓒ VISA
BZ a
geschl. Jan. 1 Woche – **Menu** à la carte 28,50/38 ♀.
◆ Hell und freundlich wirkt der mit Bildern und Skulpturen modern eingerichtete Säulenraum der historischen Kaufhausanlage. Gehobenes Angebot mit stark italienischem Einschlag.

LEIPZIG

Auerbachs Keller, Grimmaische Str. 2 (Mädler-Passage), ✉ 04109, ℘ (0341) 21 61 00, info@auerbachs-keller-leipzig.de, Fax (0341) 2161011 – AE ① ⓜ VISA
Historische Weinstuben (geschl. Sonntag) (nur Abendessen) **Menu** 36/62 und à la carte 30,50/41 – **Großer Keller :** Menu à la carte 17/38,50. BYZ
• Seit 1525 werden hier Gäste bewirtet, unter anderem auch Goethe, der sich hier zu seinem Faust inspirieren ließ. Klassisches und Gutbürgerliches in besonderem Flair. Der Magier Faust ritt in der Weinstube auf einem Fass. Jugendstil-Atmosphäre im Großen Keller.

La Cachette, Pfaffendorfer Str. 26, ✉ 04105, ℘ (0341) 5 62 98 67, Fax (0341) 5629869, 🍽 – AE ① ⓜ VISA. ⚹
geschl. Jan. 2 Wochen, Sonntagabend - Montag – **Menu** à la carte 26/39. BY g
• Holzinventar, warme Farben und Werke des Künstlers Alfons Mucha verleihen diesem gastlichen Kleinod den passenden Rahmen für entspannte Stunden.

Medici, Nikolaikirchhof 5, ✉ 04109, ℘ (0341) 2 11 38 78, Fax (0341) 9839399 – AE ① ⓜ VISA JCB ☸
geschl. Sonntag – **Menu** à la carte 33,50/43 ☸. CY c
• Im Schatten der ehrwürdigen Nikolaikirche finden Sie gehobene mediterrane Kreativ-Küche in modernem Bistroambiente. Eine Stahlkonstruktion trägt die Empore und tafelnde Gäste.

Coffe Baum, Kleine Fleischergasse 4, ✉ 04109, ℘ (0341) 9 61 00 61, coffe-baum@t-online.de, Fax (0341) 9610030, 🍽 – ♿, AE ⓜ VISA BY b
Lusatia (1. Etage) (geschl. Aug., Sonntagabend) **Menu** à la carte 29,50/39 – **Lehmannsche Stube und Schuhmannzimmer : Menu** à la carte 17/27,50.
• Das original erhaltene Gasthaus aus dem Jahre 1546 erhielt als eines der ersten Häuser die Lizenz, Kaffee und Schokolade zu verkaufen. Bürgerliche Küche und Kaffeemuseum ! Im blaugetäfelten Lusatia erleben Sie historische Atmosphäre.

Classico, Nikolaistr. 16, ✉ 04109, ℘ (0341) 2 11 13 55, Fax (0341) 2156685, 🍽 – AE ① ⓜ VISA
geschl. Sonntag – **Menu** (italienische Küche) à la carte 27/42,50. CY n
• Von der Straße aus sieht man das in einem Passagehof liegende, hell und freundlich aufgemachte Restaurant nur schwer. Gehobene italienische Küche mit sehr guter Weinauswahl.

Apels Garten, Kolonnadenstr. 2, ✉ 04109, ℘ (0341) 9 60 77 77, mueller@apels-garten.de, Fax (0341) 9607779, 🍽 – 🎗 30. AE ⓜ VISA AZ q
geschl. Sonn- und Feiertage abends – **Menu** à la carte 14/24,50.
• Traditionsreiches Restaurant mit sächsischer Küche nach historischen Rezepten. Aktionswochen wie "Schlemmern mit Lämmern" bereichern das Angebot. Zahlreiche Puppen als Deko !

Weinstock, Marktplatz 7, ✉ 04109, ℘ (0341) 14 06 06 06, Fax (0341) 14060607, 🍽 – AE ① ⓜ VISA JCB BY t
Menu à la carte 19/36.
• Weinstube mit künstlerischem Ambiente, untergebracht in einem Bankhaus aus dem 16. Jh. Rustikal-regionale Küche unter 400 Jahre altem Kreuzgewölbe.

Thüringer Hof, Burgstr. 19, ✉ 04109, ℘ (0341) 9 94 49 99, reservierung@thueringer-hof.de, Fax (0341) 9944933, 🍽 – AE ⓜ VISA BZ s
Menu à la carte 15,50/26,50.
• Der 1454 erbaute Betrieb zählt zu den ältesten Biergaststätten der Stadt und bietet Deftiges wie "Thüringer Rostbratwurst." Sein modernes Gesicht zeigt das Haus im Innenhof.

Paulaner, Klostergasse 3, ✉ 04109, ℘ (0341) 2 11 31 15, info-paulanerleipzig@t-online.de, Fax (0341) 2117289, 🍽 – 🎗 120. AE ① ⓜ VISA JCB BY s
Menu à la carte 14/26.
• Im Bierstüberl trifft man sich zu frisch gezapftem Weißbier und knuspriger Schweinshaxe. Im Kaffeestüberl fühlt man sich bei Apfelstrudel wie in einer Alt Münchner "Kuchl".

Mövenpick, Naschmarkt 1, ✉ 04109, ℘ (0341) 2 11 77 22, restaurant.leipzig-naschmarkt@moevenpick.com, Fax (0341) 2114810, 🍽 – AE ① ⓜ VISA BY r
Menu à la carte 16/31 ☸.
• Naschen am Naschmarkt : Wählen Sie in der weitläufigen Restaurant-Landschaft ganz nach ihrem Geschmack die bewährten internationalen und Schweizer Mövenpick-Spezialitäten aus !

In Leipzig-Breitenfeld Nord-West : 8 km :

Breitenfelder Hof 🅜 ⚹, Lindenallee 8, ✉ 04158, ℘ (0341) 4 65 10, info@breitenfelderhof.de, Fax (0341) 4651133, 🍽, 🍴, ⚹ Zim, 📺 ✆ 🅿 – 🎗 120. AE ① ⓜ VISA U z
geschl. 21. Dez. - 6. Jan. – **Gustav's** (geschl. Sonntag) **Menu** à la carte 21/29 – ☲ 13 – **75 Zim** 69/82.
• Stilvoll eingerichtetes Landhotel mit Villa im weitläufigen Park. Ganzheitliches Wohlfühl-Konzept mit Heißluftballonstarts ab Haus, Bogenschießen, Badminton und Wettangeln. In der angrenzenden renovierten Villa befindet sich das Restaurant Gustav's.

LEIPZIG

In Leipzig-Connewitz :

Leonardo Hotel und Residenz M, Windscheidstr. 21, ✉ 04277, ℘ (0341) 3 03 30 (Hotel) 3 03 35 14 (Rest.), info@hotel-leonardo.de, Fax (0341) 3033555, 😤, 🛌 – 📶, ❧ Zim, 🍴 Rest, 📺 📞 ♿ 🚗 – 🔒 30. 🅰🅴 ① ◯◯ 🆅🅸🆂🅰 🅹🅲🅱
Mona Lisa *(geschl. Samstagmittag, Sonntag)* **Menu** à la carte 21/37 – **53 Zim** ☐ 85 – 100, 3 Suiten.
V v

♦ King-Size-Betten, große Schreibtische mit Granitarbeitsplatten und Granit-Bäder versprühen einen Hauch von Luxus. Zimmer mit italienischen Stilmöbeln elegant eingerichtet. Mona Lisa besticht durch feines italienisches Ambiente.

In Leipzig-Eutritzsch :

Vivaldi M garni, Wittenberger Str. 87, ✉ 04129, ℘ (0341) 9 03 60, info@hotel-vivaldi.de, Fax (0341) 9036234 – 📶 ❧ 📺 🚗 – 🔒 25. 🅰🅴 ① ◯◯ 🆅🅸🆂🅰 🅹🅲🅱   U p
107 Zim ☐ 65/85 – 75/95.

♦ Vom Empfang bis in die Zimmer präsentiert sich Ihr Domizil in neuzeitlicher Machart mit leicht italienischem Flair. Innenstadt und Neue Messe sind bequem zu erreichen.

In Leipzig-Gohlis :

De Saxe, Gohliser Str. 25, ✉ 04155, ℘ (0341) 5 93 80, hoteldesaxe@aol.com, Fax (0341) 5938299 – 📶 📺 📞 ♿ ◯◯ 🆅🅸🆂🅰 ✂
V d
Menu à la carte 14,50/25 – **33 Zim** ☐ 52/62 – 64/67.

♦ Nutzen Sie die günstige Lage des Hauses zu einem Entdeckungsbummel in die Historie Leipzigs. Die aparten Zimmer sind überwiegend mit honigfarbenen Kirschholzmöbeln gestaltet. Sächsische Ursprünglichkeit mit internationalem Flair erlebt man im Restaurant.

Die heiteren Restaurants im Gohliser Schlößchen, Menckestr. 23, ✉ 04155, ℘ (0341) 58 56 10, info@gohliser-schloesschen.de, Fax (0341) 5856120, 😤 – ❧, 🅰🅴 ① ◯◯ 🆅🅸🆂🅰 ✂
V c
geschl. Montagabend, Sonntagabend – **Menu** à la carte 31/42.

♦ Mauern aus dem Jahre 1756 umgeben den eleganten Steinsaal mit seinem schön restaurierten Kreuzgewölbe, die Orangerie und das Arkadencoffee mit Zugang zum Barockgarten.

Schaarschmidt's, Coppistr. 32, ✉ 04157, ℘ (0341) 9 12 05 17, schaarschmidts@t-online.de, Fax (0341) 9120517, 😤 – ◯◯ 🆅🅸🆂🅰   U m
Menu *(wochentags nur Abendessen)* (Tischbestellung ratsam) à la carte 17/40.

♦ Bücherwände und Bilder zieren dieses urige Restaurant und geben ihm eine gemütliche Atmosphäre. Man serviert Speisen einer sächsischen und internationalen Küche.

La Mirabelle, Gohliser Str. 11, ✉ 04105, ℘ (0341) 5 90 29 81, Fax (0341) 5902981, 😤 – ◯◯ 🆅🅸🆂🅰
V a
geschl. Samstagmittag – **Menu** à la carte 17,50/32.

♦ Im Untergeschoß dieses älteren Stadthauses bilden dunkles Holz und Bistrostil ein nettes Ambiente zum Einkehren. Freundlich serviert man Ihnen eine französische Küche.

In Leipzig-Grosszschocher :

Windorf, Ernst-Meier-Str. 1, ✉ 04249, ℘ (0341) 4 27 70, info@windorf.bestwestern.de, Fax (0341) 4277222, 😤 – 📶, ❧ Zim, 📺 📞 ♿ – 🔒 55. 🅰🅴 ① ◯◯ 🆅🅸🆂🅰 🅹🅲🅱
Menu à la carte 17/28,50 – **91 Zim** ☐ 51/70 – 59/80.
V n

♦ Die hellen, sympathischen Zimmer mit einheitlicher Naturholzmöblierung sind großzügig geschnitten. Die großen Schreibtische besitzen alle nötigen Anschlüsse. Das Restaurant mit Wintergarten wartet mit regionalen und internationalen Gerichten auf.

In Leipzig-Leutzsch :

Lindner Hotel M, Hans-Driesch-Str. 27, ✉ 04179, ℘ (0341) 4 47 80, info.leipzig@lindner.de, Fax (0341) 4478478, 😤, 🛌, ☎ – 📶, ❧ Zim, 📺 📞 🚗 – 🔒 120. 🅰🅴 ◯◯ 🆅🅸🆂🅰 🅹🅲🅱
V f
Menu *(geschl. 27. Dez. - 7. Jan.)* à la carte 25,50/39,50 – **200 Zim** ☐ 97/145 – 117/165, 15 Suiten.

♦ Moderne, gut zu empfehlende Tagungsadresse, mit Wurzelholzmobiliar hochwertig und solide eingerichtet. Sehr gute Technik, markante Glaskonstruktion im Hallenbereich. Helles Restaurant, elegant und freundlich im Bistrostil eingerichtet.

In Leipzig-Lindenau :

Lindenau, Georg-Schwarz-Str. 33, ✉ 04177, ℘ (0341) 4 48 03 10, info@hotel-lindenau.de, Fax (0341) 4480300, – 📶, ❧ Zim, 📺 📞 📞 – 🔒 25. ◯◯ 🆅🅸🆂🅰   V r
Menu *(geschl. Samstag - Sonntag)(nur Abendessen)* à la carte 15/25 – **52 Zim** ☐ 60 – 70/80.

♦ Das familiäre Hotel mitten in der pulsierenden Messestadt verwöhnt Sie mit gediegenem Luxus. Wohnliche geräumige Zimmer, teils mit Wurzelholz, teils mit Kirschholz möbliert. Das Restaurant ist in zarten Pastelltönen gehalten.

LEIPZIG

Merseburger Hof, Merseburger Str. 107, ⌧ 04177, ℘ (0341) 4 77 44 62, *rhertwig@aol.com*, Fax (0341) 4774413, Biergarten – 🛗, 🛌 Zim, 📺 ⚐ 🅿 🆎 ⓘ ⓜ 💳 🆎
Menu (geschl. Sonntagabend) à la carte 17/26,50 – **50 Zim** 72/80 – 100. V p
♦ Das im neoklassizistischen Stil errichtete Gebäude beherbergt solide, zeitgemäß möblierte Zimmer unterschiedlicher Größe, die die Basis für einen erholsamen Aufenthalt bilden. Das Restaurant ist in bürgerlichem Stil eingerichtet.

In Leipzig-Paunsdorf :

Ramada Treff Hotel M, Schongauer Str. 39, ⌧ 04329, ℘ (0341) 25 40, *leipzig@ramada-treff.de*, Fax (0341) 2541550, 🌳, Massage, ≤s – 🛗, 🛌 Zim, 🖃 📺 ⚐ ♿ 🅿 – 🔔 600. 🆎 ⓘ ⓜ 💳
Menu à la carte 19,50/33 – 🍽 13 – **291 Zim** 67/77. V e
♦ Solide neuzeitliche helle Möbel und kleine Sitzecken mit rot und blau gestreiften Polstermöbeln. Die geschmackvollen Zimmer werden durch neuzeitliche Technik komplettiert.

In Leipzig-Portitz :

Accento M, Taucher Str. 260, ⌧ 04349, ℘ (0341) 9 26 20, *welcome@accento-hotel.de*, Fax (0341) 9262100, 🌳, ≤s – 🛗, 🛌 Zim, 🖃 Rest, 📺 ⚐ 🚗 🅿 – 🔔 60. 🆎 ⓘ ⓜ 💳 🆎
geschl. 21. Dez. - 3. Jan. – **Menu** à la carte 17,50/28,50 – 🍽 13 – **113 Zim** 82/112. U n
♦ Stilvolles Wohnen mit Farbe und Form : Moderne Akzente setzen nicht nur die farbenfroh gestreiften Polstermöbel der Designer-Einrichtung. Alle Zimmer mit Modem/Faxanschluß. Klares Design mit geometrischen Formen prägt auch das helle Restaurant.

In Leipzig-Probstheida :

Parkhotel Diani M, Connewitzer Str. 19, ⌧ 04289, ℘ (0341) 8 67 40, *parkhotel-diani@t-online.de*, Fax (0341) 8674250, 🌳, ≤s, 🐾 – 🛗, 🛌 Zim, 📺 ⚐ 🚗 🅿 – 🔔 30. 🆎 ⓘ ⓜ 💳
Menu à la carte 21,50/39 – **71 Zim** 🍽 66/77 – 88/99. V q
♦ Gemütliche, fast familiäre Villa inmitten alter Bäume in zentraler Lage nahe des Völkerschlachtdenkmals. Helle, freundliche Naturholzmöblierung mit moderner Technik und Safe. Rustikal-elegantes Restaurant mit Bierklause und Wintergarten.

In Leipzig-Reudnitz :

Berlin garni, Riebeckstr. 30, ⌧ 04317, ℘ (0341) 2 67 30 00, *hotel-berlin-leipzig@t-online.de*, Fax (0341) 2673280 – 🛗 🛌 📺 – 🔔 20. 🆎 ⓘ ⓜ 💳 V x
51 Zim 🍽 60/70 – 64/80.
♦ Komfortable, geräumige Zimmer mit hellen Naturholzmöbeln liegen zentral unweit der Prager Straße. Öffentliche Verkehrsmittel führen auf kürzestem Weg in die Innenstadt.

In Leipzig-Rückmarsdorf West : 12 km über ⑦ :

3 Linden, Kastanienweg 11, ⌧ 04178, ℘ (0341) 9 41 01 24, *hotel3linden@aol.com*, Fax (0341) 9410129, Biergarten – 🛗, 🛌 Zim, 📺 🅿 – 🔔 30. 🆎 ⓘ ⓜ 💳 🆎
Menu (Montag - Freitag nur Abendessen) à la carte 15/29 – **40 Zim** 🍽 59/75 – 70/85.
♦ Wohlfühlen und kreativ arbeiten im gemütlichen Hotel am Rand der Messe- und Kulturstadt. Zimmer mit roséfarbenen und hellgrauen Möbeln eingerichtet. Mehrere Bowlingbahnen ! In der Gaststätte Zum Pferdestall verwöhnt man Sie mit sächsischen Gerichten.

In Leipzig-Schönefeld :

Stottmeister, Kohlweg 45, ⌧ 04347, ℘ (0341) 2 31 10 67, Fax (0341) 2323456, 🌳 ⚐ – 🅿 – 🔔 40 V y
Menu à la carte 13/24.
♦ Hier speisen Sie beim zweifachen Europameister im Ringen, Horst Stottmeister, gutbürgerliche, preiswerte Küche. Das moderne Restaurant wurde 1927 als Vereinshaus erbaut.

In Leipzig-Seehausen :

Im Sachsenpark M, Walter-Köhn-Str. 3, ⌧ 04356, ℘ (0341) 5 25 20, *info@sachsenparkhotel.de*, Fax (0341) 5252528, 🌳, ≤s – 🛗, 🛌 Zim, 🖃 Zim, 📺 ⚐ ♿ 🅿 – 🔔 60. 🆎 ⓘ ⓜ 💳 U h
Menu (geschl. 24. Dez. - 7. Jan.) à la carte 18/32 – **112 Zim** 🍽 72/87 – 82/117.
♦ Interessant für Messebesucher : Das Haus mit den hellen Holzmöbeln ist nur 100 Meter vom Sachsenpark und 500 Meter vom Golfplatz entfernt. Greenfee-Ermäßigung für Hotelgäste ! Helles, neuzeitliches Restaurant.

In Leipzig-Stötteritz :

Balance Hotel Alte Messe M, Breslauer Str. 33, ⌧ 04299, ℘ (0341) 8 67 90, *info@balance-hotel-leipzig.de*, Fax (0341) 8679444, 🌳, ≤s – 🛗, 🛌 Zim, 🖃 Rest, 📺 ⚐ ♿ 🚗 – 🔔 25. 🆎 ⓘ ⓜ 💳 🆎 V m
Menu à la carte 17/30 – 🍽 12 – **126 Zim** 59/89 – 69/99, 9 Suiten.
♦ Zentrumsnah, im ruhigen Gründerzeitviertel unweit des Völkerschlachtdenkmals liegen komfortabel und großzügig geschnittene Zimmer und Suiten mit hellen Naturholzmöbeln.

LEIPZIG

Leipzig-Wiederitzsch Nord : 7 km :

Astron M, Fuggerstr. 2, ✉ 04158, ℘ (0341) 5 25 10, *leipzig@astron-hotels.de*, Fax (0341) 5251300, 16, 🚭 – 📱, ⇶ Zim, 📺 📞 ♿ 🚗 – 🏛 220. 🅰 ⓞ ⓜ 💳
Menu à la carte 19/33 – **308 Zim** 🛏 89 – 100.   U x
♦ Wie alle Astron Hotels ist auch dieses Haus auf die besonderen Wünsche der Geschäftsreisenden abgestimmt. Helles Holz und warme Orangetöne prägen die individuellen Zimmer.

Hiemann M, Delitzscher Landstr. 75, ✉ 04158, ℘ (0341) 5 25 30, *info@hotel-hiemann.de*, Fax (0341) 5253154, 😊, 🚭 – 📱, ⇶ Zim, 📺 📞 ♿ 🚗 📠 – 🏛 25. 🅰 ⓞ ⓜ 💳
Menu à la carte 16,50/30,50 – **37 Zim** 🛏 59/69 – 77/92.   U v
♦ Familiäres Hotel mit sechs arbeitsfreundlichen Maisonetten und komfortablen Zimmern. Eingefärbte Rattanmöbel und interessante Skulpturen verleihen dem Haus besonderen Charme. Modern gestaltetes Restaurant mit viel Grün und luftig-leichter Atmosphäre.

Achat M garni, Salzhandelsstr. 2, ✉ 04158, ℘ (0341) 5 24 60, *leipzig@achat-hotel.de*, Fax (0341) 5246999 – 📱 ⇶ 📺 📞 ♿ 📠 – 🏛 30. 🅰 ⓞ ⓜ 💳 🇯
🛏 11 – **99 Zim** 59/104 – 69/114.   U r
♦ Sympathische, farbenfrohe Zimmer mit hellem Kirschholz. Für Langzeitgäste stehen zum Wohnen mit Hotelkomfort Boardingzimmer mit Kochgelegenheit und Kühlschrank zur Verfügung.

Papilio, Delitzscher Landstr. 100, ✉ 04158, ℘ (0341) 52 61 10, *info@hotel-papilio.de*, Fax (0341) 5261110, 🚭 – ⇶ Zim, 📺 📞 📠 – 🏛 20. 🅰 ⓞ ⓜ 💳
Menu (geschl. 23. - 28. Dez.) (nur Abendessen) (Restaurant nur für Hausgäste) à la carte   U s
15,50/28 – **30 Zim** 🛏 57/64 – 72/97.
♦ Fröhlich wie ein Schmetterling fühlen Sie sich im schönen Garten des Hotels. Mit Kirsch-, Fichtenholz und Pastellfarben gemütlich gestaltete Zimmer, teils mit Bauernmöbeln.

In Markkleeberg Süd : 8 km über ⑤ :

Markkleeberger Hof M, Städtelner Str. 122, ✉ 04416, ℘ (034299) 1 20, *markkleeberger-hof@cc-hotels.de*, Fax (034299) 12222, 🚭 – 📱 ⇶ 📺 📞 📠 – 🏛 40. 🅰 ⓞ ⓜ 💳 🇯
Menu (geschl. Montag) à la carte 15/23 – **62 Zim** 🛏 51/62 – 61/75.
♦ Südlich von Leipzig finden Sie helle, neuzeitlich-funktionelle Zimmer mit Kirschholzmöblierung und guter Technik. Große Schreibflächen mit modernen Anschlüssen. Restaurant im südamerikanischen Stil mit ebensolcher Küche.

In Markkleeberg-Wachau Süd-Ost : 8 km, über Prager Straße V :

Atlanta Hotel M, Südring 21, ✉ 04416, ℘ (034297) 8 40, *info@atlanta-hotel.de*, Fax (034297) 84999, 🚭 – 📱 ⇶ Zim, 📺 📞 ♿ 📠 – 🏛 250. 🅰 ⓞ ⓜ 💳
Menu à la carte 21/34,50 – **197 Zim** 🛏 59/68 – 75/83, 6 Suiten.
♦ Wunderschöne Parklandschaften wie der agra Park liegen hier ganz in der Nähe. Alle Zimmer und Suiten sind modern eingerichtet und verfügen über ein Carrara-Marmorbadezimmer. Modern gestylt zeigt sich auch der Restaurantbereich.

In Markranstädt Süd-West : 13 km über ⑥ :

Advena Park Hotel, Krakauer Str. 49, ✉ 04420, ℘ (034205) 6 00, *park.hotel.leipzig@advenahotels.com*, Fax (034205) 60200, 😊, 🚭 – 📱 ⇶ Zim, 📺 ♿ 📠 – 🏛 100. 🅰 ⓞ ⓜ 💳
Menu à la carte 18,50/30,50 – **57 Zim** 🛏 75/80 – 85/95.
♦ Elegantes Pinienholz mit aktuellem Blauprofil fügt sich in den modernen Zimmern mit den dazu passenden Blautönen des Teppichbodens zu einem harmonischen Gesamtbild.

LEIWEN Rheinland-Pfalz **417** Q 4 – 1700 Ew – Höhe 114 m.
Berlin 705 – Mainz 142 – Trier 40 – Bernkastel-Kues 29.

Wappen von Leiwen, Klostergartenstr. 52, ✉ 54340, ℘ (06507) 35 79, Fax (06507) 3579, 😊 – 📺 📠 ⓜ
Menu (geschl. Anfang Feb. 1 Woche, Nov. - April Dienstag) (nur Abendessen) à la carte 16/29 – **14 Zim** 🛏 31 – 57.
♦ Die Zimmer sind mit neuzeitlichem Mobiliar bestückt und bieten dem Gast ein gutes Platzangebot sowie eine freundliche Atmosphäre - die Basis für erholsames Wohnen. Modern und farbenfroh gibt sich das Restaurant.

Außerhalb Ost : 2,5 km :

Zummethof 🏞, Panoramaweg 1, ✉ 54340 Leiwen, ℘ (06507) 9 35 50, *info@hotel-zummethof.de*, Fax (06507) 935544, ≤ Trittenheim und Moselschleife, 😊, 🚭, 🏊 – 📺 📠 – 🏛 60. 🅰 ⓜ 💳 🇯
geschl. 24. Dez. - 7. März – **Menu** à la carte 16/32,50 – **25 Zim** 🛏 37/45 – 58/74.
♦ Mit Funktionalität und Behaglichkeit wird diese Herberge den Ansprüchen des Gastes an sein vorübergehendes Zuhause gerecht - hoch über den Weinbergen plaziert. Eine gepflegte Atmosphäre mit rustikaler Note bietet das Restaurant mit Terrasse.

LEMBERG
Rheinland-Pfalz 417 419 S 6 – 4 000 Ew – Höhe 320 m – Erholungsort.
Berlin 689 – Mainz 129 – Saarbrücken 68 – Pirmasens 5,5 – Landau in der Pfalz 42.

Gasthaus Neupert mit Zim, Hauptstr. 2, ⊠ 66969, ℘ (06331) 6 98 60, gasthaus-neupert@aol.com, Fax (06331) 40936, 😊 – ⊡ 🅿 🕮 ⓘ ⓜⓞ 🆅🅸🆂🅰. ⛛
geschl. Jan. 2 Wochen, Juli 2 Wochen – **Menu** (geschl. Montag) à la carte 13,50/24,50 – **7 Zim** ⊇ 30/34 – 40/49 – ½ P 11.
♦ Die gutbürgerliche Küche sorgt mittags wie auch am Abend für eine solide Bewirtung. Die ländlich-schlichte Aufmachung des Raumes entspricht dem Charakter der Region.

LEMBRUCH
Niedersachsen 415 I 9 – 900 Ew – Höhe 40 m – Erholungsort.
Berlin 407 – Hannover 119 – Bielefeld 88 – Bremen 77 – Osnabrück 42.

Seeblick 🦢, Birkenallee 41, ⊠ 49459, ℘ (05447) 9 95 80, info@hotel-seeblick-duemmersee.de, Fax (05447) 1441, ≤, 😊, 😊, 🅃, 🐎 – 🛗, ⛛ Zim, ⊡ 📞 ⇔ 🅿 – 🛋 30. 🕮 ⓜⓞ 🆅🅸🆂🅰
geschl. 2. - 13. Jan. – **Menu** à la carte 24/34,50 – **28 Zim** ⊇ 55/70 – 82/123 – ½ P 20.
♦ Auf der Suche nach einem praktischen Quartier werden Sie hier eine sympathische Behausung auf Zeit finden - die Zimmer haben meist einen Balkon, teils Blick auf den See. Herzstück des Hauses ist das leicht rustikale Restaurant.

Seeschlößchen, Große Str. 73, ⊠ 49459, ℘ (05447) 9 94 40, Fax (05447) 1796, 😊, 😊 – ⊡ ⇔ 🅿 – 🛋 100. 🕮 ⓘ ⓜⓞ 🆅🅸🆂🅰
Menu à la carte 20/38 – **20 Zim** ⊇ 56/62 – 80/88 – ½ P 15.
♦ Eine rustikale Einrichtung gestaltet das Innenleben Ihres Domizils - die zeitgemäße Ausstattung der Zimmer trägt zum bequemen Wohnen der Besucher bei. Dunkles Holz prägt die gediegene Note des Restaurants.

Landhaus Götker (Eickhoff), Tiemanns Hof 1, ⊠ 49459, ℘ (05447) 12 57, info@landhaus.goetker.de, Fax (05447) 1057, 😊 – 🅿 🕮 ⓘ ⓜⓞ 🆅🅸🆂🅰
geschl. 2. - 20. Jan., Okt. 2 Wochen, Montag - Dienstag – **Menu** (bemerkenswerte Weinkarte) à la carte 41,50/56,50 ℽ.
♦ Rustikale Eleganz prägt das Interieur des ehemaligen Bauernhauses. Hier genießen Sie sorgfältig zubereitete Gerichte einer französischen Küche mit regionalen Akzenten.
Spez. Norddeutsche "Anti-Pasti". Sauerbraten von der Diepholzer Moorschnucke. Stippmilch mit frischen Beeren.

LEMFÖRDE
Niedersachsen 415 I 9 – 2 100 Ew – Höhe 44 m.
Berlin 389 – Hannover 126 – Bielefeld 83 – Bremen 84 – Osnabrück 36.

In Lemförde-Stemshorn Süd-West : 2,5 km Richtung Osnabrück :

Tiemann's Hotel, An der Brücke 26, ⊠ 49448, ℘ (05443) 99 90, tiemanns.hotel@t-online.de, Fax (05443) 99950, 😊, 😊 – ⛛ Zim, ⊡ 📞 🅿 – 🛋 40. 🕮 ⓘ ⓜⓞ 🆅🅸🆂🅰
geschl. Anfang Jan. 1 Woche, Ende Juli 1 Woche – **Menu** (geschl. Samstagmittag, Sonntagabend) à la carte 25,50/37,50 – **27 Zim** ⊇ 52/62 – 82/92.
♦ Eine individuelle, wohnliche Einrichtung kennzeichnet die Zimmer Ihrer Unterkunft : teils modern, teils etwas älter möbliert. Draußen : ein kleiner Garten und die Terrasse. Im Restaurant dürfen Sie sich von der Qualität der regionalen Küche überzeugen lassen.

LEMGO
Nordrhein-Westfalen 417 J 10 – 43 000 Ew – Höhe 98 m.
Sehenswert : Altstadt★ (Rathaus★★, Junkerhaus★).
🛈 Lemgo-Information, Am historischen Marktplatz, ⊠ 32657, ℘ (05261) 9 88 70, info@lemgo-marketing.de, Fax (05261) 988729.
Berlin 372 – Düsseldorf 198 – Bielefeld 33 – Detmold 12 – Hannover 88.

Lemgoer Hof, Detmolder Weg 14 (B 238), ⊠ 32657, ℘ (05261) 9 76 70, reception@lemgoer-hof.de, Fax (05261) 976720 – ⛛ ⊡ 🅿 🕮 ⓘ ⓜⓞ 🆅🅸🆂🅰 🅹🅲🅱
geschl. 20. Dez. - 5. Jan. – **Menu** (nur Abendessen)(Restaurant nur für Hausgäste) – **16 Zim** ⊇ 57/68 – 79/89.
♦ Mit einem sinnvollen Innenleben präsentiert sich das gastliche Haus als vorübergehender Wohnsitz für Reisende. Für den längeren Besuch steht eine Ferienwohnung bereit.

In Lemgo-Kirchheide Nord : 8 km :

Im Borke (mit Gästehaus), Salzufler Str. 132, ⊠ 32657, ℘ (05266) 16 91, info@hotel-im-borke.de, Fax (05266) 1231, 😊, 🐎 – 🛗 ⊡ 📞 🅿 – 🛋 60. ⓜⓞ 🆅🅸🆂🅰 🅹🅲🅱
Menu (geschl. Mittwochmittag, Donnerstagmittag) à la carte 19/29 – **36 Zim** ⊇ 45/49 – 72/82.
♦ Sie logieren in einem der beiden Gästehäuser, die um einen schönen parkähnlichen Garten angelegt sind. Solides Mobiliar ist Teil der funktionellen Einrichtung der Zimmer. Das Restaurant gewährt Ihnen gemütliche Stunden in behaglichem Ambiente.

LEMGO

In Lemgo-Matorf *Nord : 5,5 km :*

Gasthof Hartmann - Hotel An der Ilse, Vlothoer Str. 77, ⌧ 32657, ✆ (05266) 80 90, info@hotel-an-der-ilse.de, Fax (05266) 1071, Biergarten, ⚒, ⬜, ☞ – ⫟, ⇆ Zim, TV & P – 🛏 100. AE ⓘ ⓜ VISA
Menu *(geschl. Aug. 2 Wochen, Montagmittag, Dienstag)* à la carte 12,50/37 – **37 Zim** ⊇ 39/48 – 61/66.

♦ Gepflegte und praktisch ausgestattete Zimmer - größtenteils mit Balkon versehen - stehen Ihnen auf der Durchreise wie auch für einen längeren Aufenthalt zur Verfügung. In gediegener Atmosphäre kommen Freunde bürgerlicher Speisen auf ihre Kosten.

LENGEFELD KREIS MARIENBERG *Sachsen* 418 *N 23 – 4 000 Ew – Höhe 514 m.*
Berlin 274 – Dresden 68 – Chemnitz 31 – Chomutov 47.

In Lengefeld-Obervorwerk *Süd-West : 1,5 km :*

Waldesruh, Obervorwerk 1, ⌧ 09514, ✆ (037367) 30 90, hotel.waldesruh.lengefeld @t-online.de, Fax (037367) 309252, 🍴, ☞ – TV P. AE ⓘ ⓜ VISA
Menu à la carte 14/34,50 – **23 Zim** ⊇ 45/51 – 68/78.

♦ Die zeitgemäßen Quartiere des Hauses sind im Stil einheitlich mit hellen Holzmöbeln eingerichtet - eine Besonderheit ist die Benennung nach Orten des Erzgebirges. Rustikale Gasträume, dem Charakter der Region angepaßt.

LENGENFELD (VOGTLAND) *Sachsen* 418 420 *O 21 – 8 800 Ew – Höhe 387 m.*
Berlin 298 – Dresden 132 – Gera 50 – Klingenthal 31 – Plauen 22 – Zwickau 22.

Lengenfelder Hof M, Auerbacher Str. 2, ⌧ 08485, ✆ (037606) 87 70, hotel_lengenfeld_hof@t-online.de, Fax (037606) 2243, 🍴, ⚒ – ⫟, ⇆ Zim, TV P – 🛏 120. AE ⓘ ⓜ VISA
Menu à la carte 11/19 – **30 Zim** ⊇ 41 – 56.

♦ Im Zentrum des kleinen Ortes wartet ein praktisches Refugium auf Ihren Besuch. Mit Annehmlichkeiten der heutigen Zeit ersetzt man Ihnen für einige Tage Ihr Zuhause. Im schlicht gestalteten Restaurant werden Sie freundlich bewirtet.

LENGERICH *Nordrhein-Westfalen* 417 *J 7 – 23 000 Ew – Höhe 80 m.*

🛈 *Verkehrsamt, Rathausplatz 1, ⌧ 49525, ✆ (05481) 8 24 22, Fax (05481) 7880.*
Berlin 438 – Düsseldorf 173 – Bielefeld 57 – Nordhorn 74 – Münster (Westfalen) 39 – Osnabrück 17.

Zur Mühle, Tecklenburger Str. 29, ⌧ 49525, ✆ (05481) 9 44 70, info@lengerich-hotel.de, Fax (05481) 944717, 🍴 – TV ✆ P. 🛏 50. AE ⓘ ⓜ VISA
Menu *(nur Abendessen)* à la carte 13/27 – **27 Zim** ⊇ 60 – 86.

♦ Der Gasthof beherbergt gepflegte, funktionell ausgestattete Fremdenzimmer, die teils über einen Balkon verfügen. Fragen Sie nach den neuen, geräumigeren Zimmern.

Hinterding mit Zim, Bahnhofstr. 72, ⌧ 49525, ✆ (05481) 9 42 40, hotel-hinterding @t-online.de, Fax (05481) 942421, 🍴 – ⇆ Zim, TV ✆ P. AE ⓘ ⓜ VISA. 🍴
geschl. Aug. - Sept. 3 Wochen, 23. - 31. Dez. – **Menu** *(geschl. Donnerstag) (Montag - Freitag nur Abendessen)* (Tischbestellung ratsam) à la carte 38/54 ⚑ – **6 Zim** ⊇ 67 – 98/107.

♦ Hinter den Mauern der modernisierten Villa verwöhnt Sie der aufmerksame Service mit sorgfältigen Kreationen einer klassischen Küche - ein Hauch Eleganz umgibt Sie.

Spez. Gugelhupf von Entenmastleber mit Gewürztraminergelee. Matrosengericht von Steinbutt und Jakobsmuscheln. Rehrücken mit heller Pfeffersauce.

LENGGRIES *Bayern* 419 420 *W 18 – 9 100 Ew – Höhe 679 m – Luftkurort – Wintersport : 680/1 700 m ⸺ 1 ⸺ 19 ⸺.*

🛈 *Gästeinformation, Rathausplatz 2, ⌧ 83661, ✆ (08042) 50 08 20, info@lenggries.de, Fax (08042) 500840.*
Berlin 649 – München 60 – Garmisch-Partenkirchen 62 – Bad Tölz 9 – Innsbruck 88.

Four Points Hotel Brauneck, Münchner Str. 25, ⌧ 83661, ✆ (08042) 50 20, four points.brauneck@arabellasheraton.com, Fax (08042) 4224, ≤, Biergarten, ⚒ – ⫟, ⇆ Zim, TV ⇌ P – 🛏 160. AE ⓘ ⓜ VISA JCB
geschl. 7. - 21. Juni – **Menu** à la carte 17,50/40 – **109 Zim** ⊇ 123/135 – 133/145, 5 Suiten – ½ P 23.

♦ Solide Zimmer mit alpenländischem Naturholzmobiliar und einem guten Platzangebot tragen mit ihrem modernen Wohnkomfort zur Zufriedenheit der Gäste bei. Bayerische Schmankerln sowie internationale Gerichte gibt's im Restaurant.

LENGGRIES

Altwirt, Marktstr. 13, ⊠ 83661, ℘ (08042) 80 85, altwirt-lenggries@t-online.de, Fax (08042) 5357, 😊, 🍴 – 😊 Zim, 📺 📞 🅿
geschl. Mitte Nov. - 20. Dez. – **Menu** (geschl. Montag) à la carte 17,50/31 – **20 Zim** ☑ 42/61 – 69 – ½ P 8.

• Im Herzen des Ortes weckt eine hübsch bemalte Fassade die Vorfreude auf das gastliche Innenleben. Sie logieren in liebevoll restaurierten und modernisierten Räumlichkeiten. Im Restaurant herrschen Herzlichkeit und Gemütlichkeit.

Alpenrose garni, Brauneckstr. 1, ⊠ 83661, ℘ (08042) 9 15 50, alpenrose@lenggries.de, Fax (08042) 4994, 🍴, 🌿 – 😊 📺 🅿 ⓜ 💳
geschl. 20. Nov. - 6. Dez. – **21 Zim** ☑ 42/44 – 57/66.

• Die ländliche Machart dieser familienfreundlichen Adresse spiegelt den Charakter der Region wider. Funktionalität kennzeichnet die Innenausstattung der Gästezimmer.

In Lenggries-Schlegldorf Nord-West : 5 km :

Schweizer Wirt, ⊠ 83661, ℘ (08042) 89 02, schweizerwirt@t-online.de, Fax (08042) 3483, 😊 – 🅿 ⒶⒺ ① ⓜ 💳
geschl. Montag - Dienstag – **Menu** à la carte 22,50/40,50 ♀.

• Der ehemalige Bauernhof von 1632 beherbergt eine nette Gaststube für gemütliches Verweilen. Mit Geschmack zubereitete Speisen lassen Sie einheimische Lebensart erfahren.

LENNESTADT Nordrhein-Westfalen **417** M 8 – 28 000 Ew – Höhe 285 m.

🛈 Fremdenverkehrsamt, Rathaus, Helmut-Kumpf-Str. 25 (Altenhundem), ⊠ 57368, ℘ (02723) 60 88 00, rathaus@lennestadt.de, Fax (02723) 608802.
Berlin 526 – Düsseldorf 130 – Siegen 42 – Meschede 48 – Olpe 19.

In Lennestadt-Altenhundem :

Cordial, Hundemstr. 93 (B 517), ⊠ 57368, ℘ (02723) 67 71 00, service@hotel-cordial.de, Fax (02723) 677101, 😊, 🍴 – 🛗, 😊 Zim, 📺 📞 🅿 – 🔔 60. ⓜ 💳 ⒿⒸⒷ
Menu (geschl. Juli 2 Wochen, Sonntagabend - Montagmittag) à la carte 18/34 – **29 Zim** ☑ 41/52 – 82/164.

• In der ehemaligen Villa vereinen sich Altes und Neues zu einem gelungenen Rahmen. Behaglich wie auch neuzeitlich gestaltete Hotelzimmer ermöglichen Ihnen angenehme Tage. Im Kaminzimmer werden Sie mit Speis und Trank versorgt.

In Lennestadt-Bilstein Süd-West : 6 km ab Altenhundem :

Faerber-Luig, Freiheit 42 (B 55), ⊠ 57368, ℘ (02721) 98 30, faerber-luig@t-online.de, Fax (02721) 983299, 🛁, 🍴, 🏊 – 🛗 📺 📞 🅿 – 🔔 80. ⒶⒺ ⓜ 💳
Menu à la carte 23/45,50 – **86 Zim** ☑ 65/85 – 100/126.

• Seit dem Jahre 1828 paßt man sich mit ständigen Erweiterungen den wachsenden Ansprüchen der heutigen Zeit an. Gäste wählen zwischen einfacheren und modernen Zimmern. Gemütlichkeit macht sich in den rustikalen Räumlichkeiten des Restaurants breit.

In Lennestadt-Bonzel West : 9 km ab Altenhundem :

Haus Kramer, Bonzeler Str. 7, ⊠ 57368, ℘ (02721) 9 84 20, Fax (02721) 984220, 😊, 🍴, 🏊, 🌿 – 🛗, 😊 Zim, 📺 🅿 – 🔔 20. ⒶⒺ ⓜ 💳
Menu (geschl. Montag) à la carte 16,50/28,50 – **21 Zim** ☑ 41 – 74/76.

• Das Haus präsentiert sich als vorübergehendes Zuhause auf Ihrer Reise. Auch für längere Zeit steht ein solides Quartier mit zeitgemäßem Inventar für Sie bereit. Bürgerlich gestaltetes Restaurant.

In Lennestadt-Halberbracht Nord-Ost : 7 km ab Altenhundem :

Eickhoff's Landgasthof mit Zim, Am Kickenberg 10, ⊠ 57368, ℘ (02721) 8 13 58, info@eickhoffs-halberbracht.de, Fax (02721) 81438, ≤, 😊 – 📺 🅿 ① ⓜ 💳 ❧ Rest
geschl. Mitte - Ende Okt. – **Menu** (geschl. Mittwoch) à la carte 23/37 **5 Zim** ☑ 33 – 60.

• Diese familiengeführte Adresse teilt sich in eine einfache Gaststube, ein rustikal-bürgerliches Nebenzimmer und ein neuzeitlicheres Restaurant mit Sicht ins Tal. Terrasse !

In Lennestadt-Kirchveischede Süd-West : 7 km ab Altenhundem :

Landhotel Laarmann, Westfälische Str. 52 (B 55), ⊠ 57368, ℘ (02721) 98 50 30, landhotel.laarmann@t-online.de, Fax (02721) 9850355, 😊, 🍴 – 📺 🅿 – 🔔 30. ⒶⒺ ①
ⓜ 💳
Menu à la carte 25/43 – **20 Zim** ☑ 41/54 – 72/92.

• Eine gepflegte Möblierung und die praktische Ausstattung der Gästezimmer machen dieses ländliche Haus zu einer sympathischen Unterkunft. Ein gutes Couvert bereichert das leicht rustikale Ambiente des Restaurants.

LENNESTADT

In Lennestadt-Oedingen *Nord-Ost : 11 km ab Altenhundem :*

Haus Buckmann ⌂, Rosenweg 10, ✉ 57368, ☏ (02725) 9 55 00, *hotel-buckmann
@t-online.de, Fax (02725) 7340*, 🍴, ⇌, TV, 🛏, ⇌, 🅿, 🔧 40. AE ⓞ VISA
Menu *(geschl. 1. - 5. Jan., Aug. 2 Wochen, Mittwoch) (Montag - Freitag nur Abendessen)*
à la carte 20,50/33,50 – **16 Zim** ⇌ 43/46 – 80/92.
  • Ein schönes Landhaus bietet Ihnen seine Dienste an. Hier wohnen Sie entweder in renovierten Zimmern mit hellem Naturholzmobiliar oder Sie beziehen ein schlichteres Quartier. Die rustikalen Stuben stellen eine kulinarische Bereicherung der Gegend dar.

In Lennestadt-Saalhausen *Ost : 8 km ab Altenhundem – Luftkurort :*

Haus Hilmeke ⌂, Störmecke (Ost : 2 km, Richtung Schmallenberg), ✉ 57368,
☏ (02723) 9 14 10, *post@haus-hilmeke.de, Fax (02723) 80016*, ≤, 🍴, ⇌, 🞋, 🛏 –
🛗 TV ⇌ 🅿 🔧
geschl. 4. - 13. Aug., 10. Nov. - 26. Dez. – **Menu** *(Abendessen nur für Hausgäste)* à la carte
19/33 – **30 Zim** ⇌ 57/77 – 86/144 – ½ P 9.
  • Die Zimmer Ihrer Herberge unterscheiden sich in Größe und Einrichtung : mal wohnlich und funktionell, mal einfacher – oder modern und geräumig in der Appartement-Ausführung. Vom Restaurant aus hat man einen schönen Blick ins Grüne.

LENNINGEN *Baden-Württemberg* **419** *U 12 – 9 400 Ew – Höhe 530 m – Wintersport : 700/870 m
⚡3.*
Berlin 631 – Stuttgart *49 – Reutlingen 27 – Ulm (Donau) 66.*

In Lenningen-Unterlenningen :

Lindenhof, Kirchheimer Str. 29, ✉ 73252, ☏ (07026) 29 30, Fax *(07026) 7473*
– 🅿.
geschl. Feb. 1 Woche, Aug. 2 Wochen, Montag - Dienstag – **Menu** à la carte
20,50/36,50.
  • Das gepflegte Interieur dieses Lokals bildet einen netten Rahmen zum Speisen. Die Küche wird mit einem bürgerlichen Repertoire auch Ihren Zuspruch finden.

LENZKIRCH *Baden-Württemberg* **419** *W 8 – 5 000 Ew – Höhe 810 m – Heilklimatischer Kurort
– Wintersport : 800/1 192 m ⚡3 🎿.*
🅱 *Kur und Touristik, Am Kurpark 2, ✉79853, ☏ (07653) 6 84 39, info@lenzkirch.de,
Fax (07653) 68420..*
Berlin 788 – Stuttgart 158 – Freiburg im Breisgau *40 – Donaueschingen 35.*

In Lenzkirch-Kappel *Nord-Ost : 3 km – Luftkurort :*

Straub (mit Gästehaus), Neustädter Str. 3, ✉ 79853, ☏ (07653) 64 08,
Fax (07653) 9429, ≤, 🍴, ⇌, 🞋 – 🛗, 🞋 Rest, TV ♿ ⇌ 🅿 ⓞ VISA
geschl. Mitte Nov. - 20. Dez. – **Menu** *(geschl. Samstag)* à la carte 13/32 – **33 Zim** ⇌ 24/41
– 82 – ½ P 12.
  • Die heimeligen Zimmer Ihres Domizils stehen für eine erholsame Beherbergung. Für einen längeren Aufenthalt bieten sich die Appartements mit kleiner Küche an. Gemütliche Bauern-Gaststuben mit schlicht eingedeckten Tischen.

In Lenzkirch-Raitenbuch *West : 4 km :*

Grüner Baum ⌂, Raitenbucher Str. 17, ✉ 79853, ☏ (07653) 2 63, *gruener-baum
@t-online.de, Fax (07653) 466*, ≤, 🞋 – TV ⇌ 🅿 ⓞ VISA
geschl. 15. - 30. März, Nov. - 15. Dez. – **Menu** *(geschl. Montag)* à la carte 16/29 – **15 Zim**
⇌ 34/38 – 60/66 – ½ P 13.
  • Vom Durchreisenden bis zum Langzeitgast findet hier jeder ein passendes Quartier. Die idyllische Landschaft des Hochschwarzwaldes gewährt Ihnen Abstand vom Alltagsstreß. Familiäre Gastlichkeit umgibt Sie beim Essen.

In Lenzkirch-Saig *Nord-West : 7 km – Heilklimatischer Kurort :*
🅱 *Kur- und Touristikbüro, Dorfplatz 9, ✉ 79853, ☏ (07653) 96 20 40, Fax (07653) 962042.*

Saigerhöh ⌂, Saiger Höhe 8, ✉ 79853, ☏ (07653) 68 50, *info@saigerhoeh.de,
Fax (07653) 741*, ≤, 🍴, Massage, ⚕, 🛁, ⇌, 🞋, 🞋, 🍴 (Halle) – 🛗, 🞋 Zim, TV 🛏
⇌ 🅿 – 🔧 90. AE ⓞ ⓞ VISA
Menu à la carte 22,50/39 – **103 Zim** ⇌ 75/115 – 136/185, 16 Suiten – ½ P 8.
  • Möchten Sie auch in den Ferien die Behaglichkeit Ihres eigenen Zuhauses nicht missen? Gemütliche Zimmer oder großzügige Appartements werden Ihren Ansprüchen gerecht. Verschiedene Restaurantbereiche, teils mit schönem Ausblick.

LENZKIRCH

Ochsen, Dorfplatz 1, ✉ 79853, ℰ (07653) 9 00 10, hotel.ochsen@t-online.de, Fax (07653) 900170, 🌳, 🍴, 🔲, 🚗, ✕ – 🛏 TV 🚙 P. AE ⓘ ⓜ VISA
geschl. 3. Nov. - 19. Dez. – **Menu** à la carte 15/33 – **35 Zim** ⌚ 49/61 – 76/114 – ½ P 15.

  ♦ Ob Sie im Schwarzwaldhaus aus dem 17. Jh. oder im neueren Anbau wohnen - Ihre Unterkunft zeigt sich in praktischer Gestaltung. Einige der Zimmer verfügen über einen Balkon. Die im Originalstil erhaltene Stube strahlt wohlige Gemütlichkeit aus.

Hochfirst, Dorfplatz 5, ✉ 79853, ℰ (07653) 7 51, hotel-hochfirst@t-online.de, Fax (07653) 505, 🌳, 🍴, 🔲, 🚗 – ⅝ Rest, TV P. 🛏 VISA
geschl. 2. Nov. - 20. Dez. – **Menu** (geschl. Mittwoch - Donnerstag) (nur Abendessen) (Restaurant nur für Hausgäste) – **22 Zim** ⌚ 42/59 – 66/120 – ½ P 12.

  ♦ Liebevolle Pflege und eine behutsame Modernisierung sind die Grundlage für das nette Ambiente Ihres Refugiums. Eine Gartenterrasse lädt zum Verweilen ein.

Sporthotel Sonnhalde ⟨⟩, Hochfirstweg 24, ✉ 79853, ℰ (07653) 6 80 80, info@sporthotel-sonnhalde.de, Fax (07653) 6808100, ≤, 🌳, 🍴, 🔲, 🚗 – TV P – 🛏 50. ⓜ VISA
Menu (geschl. Sonntagabend - Montag) à la carte 12,50/27 – **38 Zim** ⌚ 50/73 – 94/125 – ½ P 16.

  ♦ Die renovierten Zimmer Ihrer Bleibe sind im rustikalen Stil eingerichtet - nach Süden oder zum Wald hin gelegen. Sinnvolles Inventar trägt zu Ihrem Wohlbefinden bei. Restaurant und Stube locken mit Gemütlichkeit und Panoramablick.

LEONBERG Baden-Württemberg **419** T 11 – 44 000 Ew – Höhe 385 m.

  ℹ Stadtmarketing, Bahnhofstr. 57, ✉ 71229, ℰ (07152) 9 90 22 10, stadtmarketing@leonberg.de, Fax (07152) 9902290.
  Berlin 631 – <u>Stuttgart</u> 15 – Heilbronn 55 – Pforzheim 33 – Tübingen 43.

Amber, Römerstr. 102, ✉ 71229, ℰ (07152) 30 33, leonberg@amber-hotels.de, Fax (07152) 303499, 🌳, 🍴 – ⅝, ⅖ Zim, TV 🚗 P – 🛏 90. AE ⓘ ⓜ VISA JCB
Menu à la carte 15,50/26,50 – **144 Zim** ⌚ 77/97 – 97/117.

  ♦ Zentral und doch verkehrsgünstig gelegen sowie mit einer praktischen Ausstattung versehen, ist diese Herberge für private und geschäftliche Reisen gleichermaßen geeignet. Das saalartige Restaurant liegt im Erdgeschoß des Hochhauses.

In Leonberg-Eltingen West : 1,5 km :

Hirsch (mit Gästehäusern), Hindenburgstr. 1, ✉ 71229, ℰ (07152) 9 76 60, hotel-hirsch-leonberg@t-online.de, Fax (07152) 976688, 🍴 – ⅝, ⅖ Zim, TV ✆ P – 🛏 50. AE ⓘ ⓜ VISA
Menu à la carte 22/35 (auch vegetarische Gerichte) – **61 Zim** ⌚ 65/85 – 90/115.

  ♦ Ihrer Unterbringung dienen die Gästehäuser dieser Adresse. Die Zimmer - teils dunkel, teils hell möbliert - stehen mit einem praktischen Inventar für Ihren Einzug bereit. Rustikales Ambiente kennzeichnet Restaurant und Weinstube mit Innenhof.

Kirchner, Leonberger Str. 14, ✉ 71229, ℰ (07152) 6 06 30, info@hotel-kirchner.de, Fax (07152) 606360, 🌳 – ⅝ 🔲 ✆ P – 🛏 50. AE ⓘ ⓜ VISA ⅝ Rest
Menu (geschl. 9. - 31. Aug., Freitag - Samstagmittag) à la carte 16/30 – **37 Zim** ⌚ 55/73 – 75/100.

  ♦ Ein zeitgemäßes Innenleben ermöglicht Ihnen entspanntes Wohnen in Ihrem Zuhause auf Zeit - als "Stützpunkt" für Ihre Ausflüge im Schwabenland oder auf der Geschäftsreise. Hell und einladend zeigt sich das renovierte Restaurant.

In Leonberg-Ramtel Ost : 1,5 km :

Eiss, Neue Ramtelstr. 28, ✉ 71229, ℰ (07152) 94 40, reception@hoteleiss.de, Fax (07152) 944440, 🌳, 🏋, 🍴 – ⅝, ⅖ Zim, TV ✆ 🚗 P – 🛏 110. AE ⓘ ⓜ VISA JCB
Menu à la carte 18/41 – **83 Zim** ⌚ 70/87 – 87/102.

  ♦ Vom Bad bis zur Minibar finden Sie in Ihren praktischen Gemächern alles, was Sie als tagender oder privater Gast von einem sinnvoll gestalteten Domizil erwarten. Eine bürgerliche Gestaltung mit rustikaler Note bildet den Rahmen im Restaurant.

In Renningen Süd-West : 6,5 km :

Walker, Rutesheimer Str. 62, ✉ 71272, ℰ (07159) 92 58 50, Fax (07159) 7455 – ⅝, ⅖ Zim, TV ✆ 🚗 P – 🛏 45. AE ⓘ ⓜ VISA
Menu (geschl. Sonntag) à la carte 26,50/41,50 – **23 Zim** ⌚ 70/90 – 90/110.

  ♦ Die Gästezimmer des Hotels überzeugen mit den Annehmlichkeiten einer neuzeitlichen Unterkunft - für den gehobenen Anspruch wählen Sie eine der attraktiven Suiten. Restaurant mit Wintergarten.

LEUN Hessen **417** O 9 – 5 200 Ew – Höhe 140 m.
Berlin 524 – Wiesbaden 82 – Frankfurt am Main 77 – Gießen 27.

In Leun-Biskirchen Süd-West : 5 km :

🏨 **Landhotel Adler** 🦢 garni, Am Hain 13, ✉ 35638, ☎ (06473) 9 29 20, info@land hotel-adler.t-online.de, Fax (06473) 929292 – 🛗 ✦ 📺 ✆ 🛁 🅿 – 🚪 20. 🆎 ⓜ 🆅🆂🅰 ⚡
21 Zim ⇌ 44/52 – 72/88.
♦ In ruhiger ländlicher Lage oberhalb des Ortes, hat Ihre Suche nach einem netten Plätzchen ein Ende. Ein wohnlicher Landhausstil und Funktionalität prägen das Interieur.

LEUTERSHAUSEN Bayern **419 420** S 15 – 5 200 Ew – Höhe 420 m.
Berlin 500 – München 199 – Nürnberg 76 – Rothenburg ob der Tauber 20 – Würzburg 85 – Ansbach 12.

🏨 **Neue Post** (mit Gästehaus), Mühlweg 1, ✉ 91578, ☎ (09823) 89 11, gasthof.neue-post@t-online.de, Fax (09823) 8268, Biergarten – ✦ Zim, 📺 🅿 ⚡ Zim
Menu (geschl. 1. - 6. Jan., Dienstag) à la carte 11,50/25 – **14 Zim** ⇌ 29/34 – 41/57.
♦ Im Gästehaus des traditionsreichen Gasthofs beherbergt man seine Besucher in behaglichen Zimmern - ideal für eine Übernachtung oder auch für längeres Verweilen.

LEUTKIRCH Baden-Württemberg **419 420** W 14 – 23 000 Ew – Höhe 655 m.
🛈 Gästeamt, Gänsbühl 6, ✉ 88299, ☎ (07561) 8 71 54, Fax (07561) 87186.
Berlin 681 – Stuttgart 171 – Konstanz 108 – Kempten (Allgäu) 31 – Ulm (Donau) 79 – Bregenz 50.

🏨 **Linde**, Lindenstr. 1, ✉ 88299, ☎ (07561) 24 15, hotel-linde-leutkirch@t-online.de, Fax (07561) 70230 – 📺. ⓜ 🆅🆂🅰
Menu (geschl. Samstag - Sonntag) (nur Abendessen) (Restaurant nur für Hausgäste) – **8 Zim** ⇌ 45/57 – 67/77.
♦ Eine nette kleine Adresse - mit Liebe zum Detail bestückt - präsentiert sich Reisenden als charmante Herberge. Das Bemühen um den Gast trägt zu Ihrem Wohlbefinden bei.

🏨 **Zum Rad**, Obere Vorstadtstr. 5, ✉ 88299, ☎ (07561) 9 85 60, hotel_rad@t-online.de, Fax (07561) 2067 – 📺 ✆ ⚡
Menu (geschl. März 1 Woche, Freitag) à la carte 15/31 – **22 Zim** ⇌ 44 – 51/76.
♦ Annehmlichkeiten wie solides Mobiliar, ein gutes Platzangebot und eine praktische Ausstattung machen das zeitgemäße Innenleben Ihres Quartiers aus. Die rustikale Aufmachung gibt dem Restaurant ein ursprüngliches Flair.

🏨 **Brauerei-Gasthof Mohren**, Wangener Str. 1, ✉ 88299, ☎ (07561) 9 85 70, gast hofmohren@t-online.de, Fax (07561) 985727, 🌳 – 📺 🅿. ⓜ 🆅🆂🅰
Menu (geschl. Dienstag) à la carte 16/26,50 – **10 Zim** ⇌ 40 – 65.
♦ Teils neuzeitlich, teils mit bäuerlichem Mobiliar bestückt, dienen die renovierten Zimmer dieses typischen kleinen Brauerei-Gasthofs als vorübergehendes Heim. Viel Holz und ein Kachelofen sorgen für ein behagliches Ambiente im Restaurant.

LEVERKUSEN Nordrhein-Westfalen **417** M 4 – 165 000 Ew – Höhe 45 m.
✈ Köln, Am Hirschfuß 2 (Süd : 3 km über die B 8), ☎ (0214) 4 75 51.
ADAC, Dönhoffstr. 40.
Berlin 567 ③ – Düsseldorf 30 ① – Köln 16 ⑥ – Wuppertal 41 ①

Stadtpläne siehe nächste Seiten

🏨 **Ramada**, Am Büchelter Hof 11, ✉ 51373, ☎ (0214) 38 30, rhi.zoalk.info@marriott.com, Fax (0214) 383700, 🌳, ≋, 🌊 – 🛗 ✦ Zim, 🍽 📺 ✆ 🅿 – 🚪 110. 🆎 ⓞ ⓜ 🆅🆂🅰 🅹🅲🅱
v h
Menu à la carte 20,50/38 – ⇌ 11 – **200 Zim** 94.
♦ Neben Tagungsgästen werden auch privat Reisende die Vorzüge dieses Hotels schätzen. Das Inventar der Gästezimmer wird den Ansprüchen der heutigen Zeit gerecht. Restaurant auf zwei Ebenen.

In Leverkusen-Fettehenne über ④ : 8 km :

🏨 **Fettehenne** garni, Berliner Str. 40 (B 51), ✉ 51377, ☎ (0214) 9 10 43, Fax (0214) 91045, 🌊, 🌳 – 📺 ⚡ 🅿. ⓜ 🆅🆂🅰. ⚡
37 Zim ⇌ 54/72 – 77/92.
♦ Wenn Sie keinen besonderen Wert auf großen Luxus legen, beziehen Sie eines der funktionellen Quartiere dieses Refugiums - in ländlicher Umgebung plaziert.

LEVERKUSEN

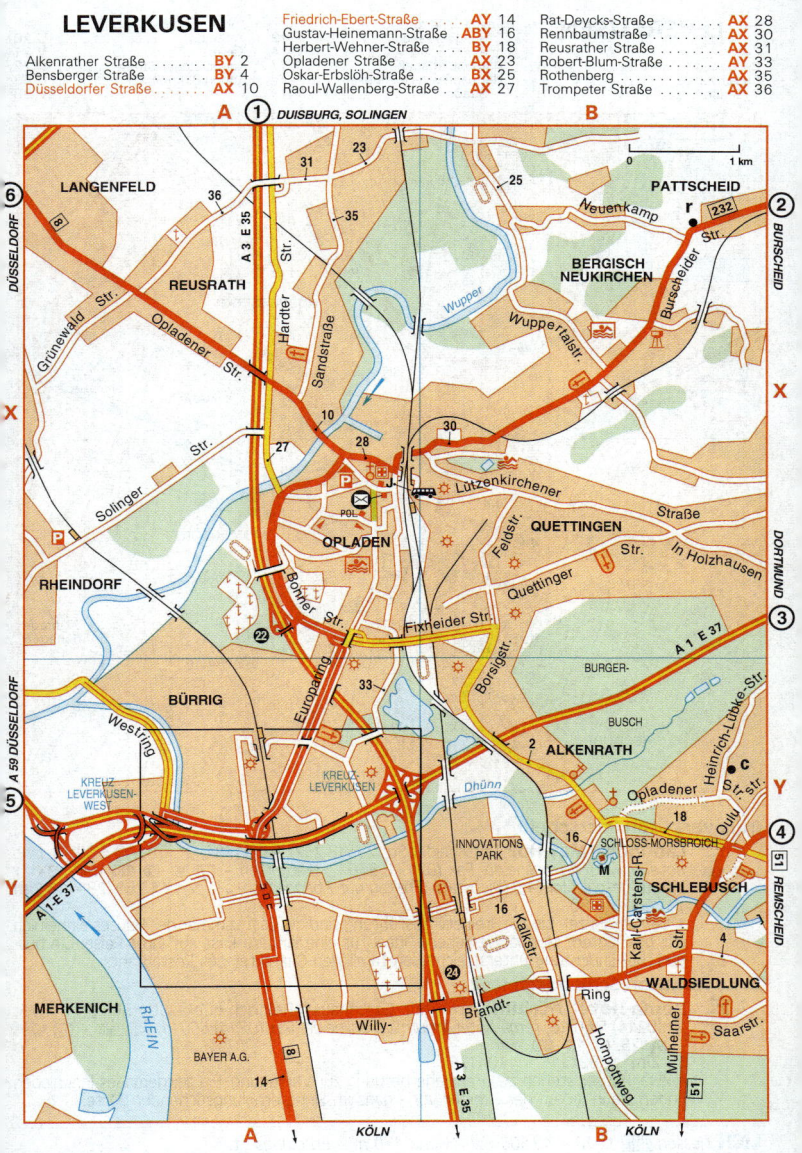

Alkenrather Straße	**BY** 2
Bensberger Straße	**BY** 4
Düsseldorfer Straße	**AX** 10
Friedrich-Ebert-Straße	**AY** 14
Gustav-Heinemann-Straße	**ABY** 16
Herbert-Wehner-Straße	**BY** 18
Opladener Straße	**AX** 23
Oskar-Erbslöh-Straße	**BX** 25
Raoul-Wallenberg-Straße	**AX** 27
Rat-Deycks-Straße	**AX** 28
Rennbaumstraße	**AX** 30
Reusrather Straße	**AX** 31
Robert-Blum-Straße	**AY** 33
Rothenberg	**AX** 35
Trompeter Straße	**AX** 36

In Leverkusen-Küppersteg :

Lindner Hotel BayArena M, Bismarckstr. 118 (am Stadion), ⊠ 51373, ℘ (0214) 8 66 30, *info.bayarena@lindner.de*, Fax (0214) 8663866, 【δ, ≦s, – ⊫, ✻ Zim, ■ TV ℘ U r
& ℗ – 🕭 110. AE ⓘ ⓜⓞ VISA JCB
geschl. 21. Dez. - 4. Jan. – **Menu** à la carte 23/33 – ⊇ 15 – **121 Zim** 126/181 – 151/206, 12 Suiten.

♦ Das erste Stadion-Hotel Deutschlands zeigt sich seinen Besuchern als ''Logenplatz für Business und Sport''. Die neuzeitliche Technik der Zimmer läßt keine Wünsche offen. Die Karte mit Angeboten der amerikanischen Snack-Küche macht Appetit.

LEVERKUSEN

Breidenbachstraße	V 6
Carl-Leverkus-Straße	V 8
Friedlieb-Ferdinand-Runge-Straße	V 12
Friedrich-Ebert-Straße	V 14
Hardenbergstraße	U 17
Hermann-von-Helmholtz-Straße	V 19
Johannisburger Straße	U 20
Kaiserstraße	V 21
Küppersteger Straße	V 22
Robert-Blum-Straße	U 33
Wiesdorfer Straße	V 38

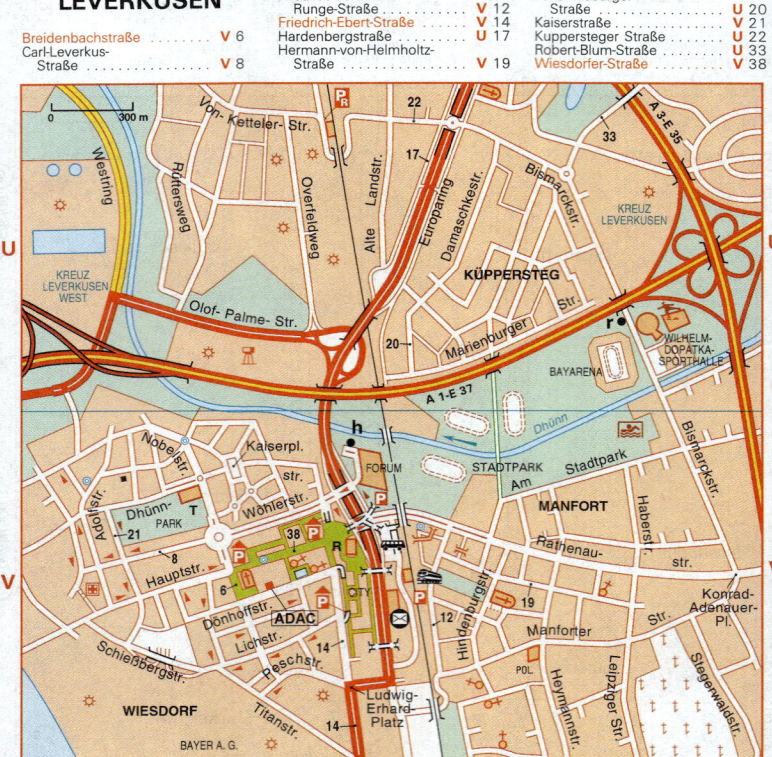

In Leverkusen-Pattscheid :

Landhotel May-Hof, Burscheider Str. 285 (B 232), ⊠ 51381, ℘ (02171) 3 09 39, land hotel-mayhof@t-online.de, Fax (02171) 33872, Biergarten – TV P. ⓘ ⓜⓞ VISA BX r
Menu (geschl. Montag) (Dienstag - Freitag nur Abendessen) à la carte 13,50/28 – **16 Zim** ⌂ 35/50 – 80.
♦ Von der Einzel- bis zur Dreibett-Ausführung sind die Gästezimmer des Hauses einheitlich mit gepflegtem Mobiliar versehen - ideal für eine längere Rast auf Ihrer Reise. Die bürgerliche Einrichtung unterstreicht den familiären Charakter des Restaurants.

In Leverkusen-Schlebusch :

Rema-Hotel Atrium garni (mit Gästehaus), Heinrich-Lübke-Str. 36, ⊠ 51375, ℘ (0214) 5 60 10, rema-hotel-atrium@t-online.de, Fax (0214) 56011, ⓕ, ≋ – TV ☏ P.
– 🛆 25. AE ⓘ ⓜⓞ VISA BY c
55 Zim ⌂ 82/115 – 110/175.
♦ Zwei Häuser stehen zu Ihrer Beherbergung zur Verfügung. Ein zeitgemäßes Innenleben finden Sie in jedem der Zimmer vor - ganz im Sinne erholungsuchender Gäste.

LICH Hessen 𝟜𝟙𝟟 O 10 – 12 500 Ew – Höhe 170 m – Erholungsort.
Ausflugziel : Ehemaliges Kloster Arnsburg★ : Ruine der Kirche★ Süd-West : 4 km.
🏌 Lich, Hofgut Kolnhausen, ℘ (06404) 9 10 71.
Berlin 492 – Wiesbaden 87 – *Frankfurt am Main* 57 – Gießen 13 – Bad Hersfeld 90.

Ambiente M, Hungener Str. 46, ⊠ 35423, ℘ (06404) 9 15 00, ambienteh@aol.com, Fax (06404) 915050, ☕ – ⚒ Zim, TV ☏ P. ⓜⓞ VISA
Amici (geschl. Sonntagabend) **Menu** à la carte 16/33 – **19 Zim** ⌂ 64/69 – 87/97.
♦ Hell, freundlich und funktionell - so stellt sich Ihnen Ihr vorübergehendes Zuhause vor. Wahlweise logieren Sie in einem Zimmer des modernen Motel-Bereiches. Die Räume des Restaurants sind geprägt durch das nette, legere Ambiente eines Bistros.

LICH

In Lich-Arnsburg Süd-West : 4 km :

🏨 **Landhaus Klosterwald**, an der B 488, ✉ 35423, ℘ (06404) 91 01 33, *landhaus-klosterwald@t-online.de*, Fax (06404) 910134, 🍽, 🛏 – ⇔ Rest, 📺 📞 ♿ 🅿 – 🛎 60. 🆎 ⓘ 🆎 *VISA*
Menu *(geschl. Montagmittag)* à la carte 14/39 – **18 Zim** ⊇ 62/67 – 90/98.
♦ Wohnlicher Landhausstil kombiniert mit neuzeitlicher Ausstattung - das erwartet Sie im Inneren dieser ansprechenden Bleibe. Die Räume verfügen meist über Balkon oder Terrasse. In rustikalem Outfit zeigt sich das Restaurant.

🏨 **Alte Klostermühle** 🌳, ✉ 35423, ℘ (06404) 9 19 00, *klostermuehle-arnsburg@t-online.de*, Fax (06404) 919091, 🍽 – ⇔ 📺 🅿 – 🛎 20. 🆎 ⓘ 🆎 *VISA*. ※ Rest
Menu à la carte 19,50/42,50 – **26 Zim** ⊇ 48/70 – 90/123.
♦ Sie residieren im ehemaligen Bursenbau, inmitten der schönen alten Anlage des Klosters Arnsburg - verschiedene Stile kennzeichnen die Einrichtung Ihrer Gemächer. Uriges Ambiente, teils mit Natursteinwänden, charakterisiert die Restauranträume.

LICHTE Thüringen 418 420 O 17 – 2 300 Ew – Höhe 630 m.
Berlin 316 – Erfurt 88 – Coburg 49 – Suhl 43.

🏨 **Am Kleeberg**, Saalfelder Str. 115 (B 281), ✉ 98739, ℘ (036701) 26 10, *hotel.kleeberg@t-online.de*, Fax (036701) 26128, Biergarten, 🛏 – 📺 📞 🅿 🆎 *VISA*
Menu à la carte 10/21 – **20 Zim** ⊇ 25/30 – 40/50.
♦ Ob Sie alleine oder mit der Familie unterwegs sind - Zimmer, Appartement oder Ferienwohnung ermöglichen Ihnen eine Beherbergung nach Ihren persönlichen Vorstellungen. Sie speisen in einer schlichten Gaststube.

LICHTENAU Baden-Württemberg 419 T 7 – 4 300 Ew – Höhe 129 m.
Berlin 723 – Stuttgart 122 – Karlsruhe 52 – Strasbourg 31 – Baden-Baden 28.

In Lichtenau-Scherzheim Süd : 2,5 km :

🏨 **Zum Rössel** 🌳, Rösselstr. 6, ✉ 77839, ℘ (07227) 9 59 50, *roessel-scherzheim@t-online.de*, Fax (07227) 959550, 🍽, 🌳 – 🛗 📺 📞 🅿 – 🛎 40. 🆎 🆎 *VISA*
Menu *(geschl. über Fastnacht 1 Woche, Dienstag)* à la carte 17/34 – **18 Zim** ⊇ 47 – 70.
♦ Nehmen Sie die Vorzüge der angenehmen Lage am Ortsrand sowie des behaglichen Interieurs in Anspruch - eine neuzeitliche Technik zählt ebenfalls zu den Annehmlichkeiten. Umgeben von ländlichem Ambiente essen Sie in der unterteilten Gaststube.

🏨 **Gasthaus Blume** (mit Gästehaus), Landstr. 18 (B 36), ✉ 77839, ℘ (07227) 97 96 80, *blume-scherzheim@t-online.de*, Fax (07227) 9796868, 🍽 – ⇔ Zim, 📺 📞 🚗 🅿 🆎 ⓘ 🆎 *VISA*
Menu *(geschl. Mittwoch)* à la carte 13,50/38 – **36 Zim** ⊇ 45 – 78/80.
♦ Die Möblierung der praktisch gestalteten Zimmer ist teils in hellem, teils in dunklem Holz gehalten. Lärmschutzfenster gewähren dem Gast eine wohltuende Nachtruhe. Schlichtes Restaurant mit großem Saal.

LICHTENAU Nordrhein-Westfalen 417 L 10 – 9 200 Ew – Höhe 308 m.
Berlin 447 – Düsseldorf 186 – Kassel 70 – Marburg 118 – Paderborn 17.

In Lichtenau-Herbram-Wald Nord-Ost : 9 km :

🏨 **Hubertushof** 🌳, Hubertusweg 5, ✉ 33165, ℘ (05259) 8 00 90, *info@silencehotel-hubertushof.de*, Fax (05259) 800999, 🍽, 🛏, 🌳, 🌳 – ⇔ Zim, 📺 🅿 – 🛎 30. 🆎 ⓘ 🆎 *VISA*
geschl. Anfang Jan. 1 Woche – **Menu** à la carte 17/31,50 – **50 Zim** ⊇ 59/65 – 82/90.
♦ Ungstört arbeiten oder nur entspannen? Am Waldrand auf einer Anhöhe plaziert, stellt diese Adresse Ihnen nette Zimmer im Landhaus-Look zur Verfügung. Kräftige Farben zieren Restaurant und Jägerstube.

In Lichtenau-Kleinenberg Süd-Ost : 7 km :

✕ **Landgasthof zur Niedermühle** 🌳 mit Zim, Niedermühlenweg 7, ✉ 33165, ℘ (05647) 2 52, 🍽 – 🅿 🆎
geschl. Ende Jan. - Anfang Feb. – **Menu** *(geschl. Donnerstag, Samstagmittag)* à la carte 16/31 – **7 Zim** ⊇ 32/39 – 60/68.
♦ In rustikalen Gaststuben bewirtet man Sie mit regionaler Küche. Alternativ treffen Sie sich in der gemütlichen Mühlenstube am Kachelofen oder am Stammtisch.

LICHTENBERG Bayern siehe Steben, Bad.

LICHTENFELS
Bayern 418 420 *P 17 – 21 500 Ew – Höhe 272 m.*

Ausflugsziele: *Wallfahrtskirche Vierzehnheiligen*★★ *(Nothelfer-Altar*★★*) Süd: 5 km – Kloster Banz (ehem. Klosterkirche*★*, Terrasse* ≤★*) Süd-West: 6 km.*

🛈 *Städt. Verkehrsamt, Marktplatz 1,* ⊠ *96215,* ℘ *(09571) 79 50, Fax (09571) 795192.*
Berlin 372 – München 268 – Coburg 18 – Bayreuth 53 – Bamberg 33.

Preussischer Hof, Bamberger Str. 30, ⊠ 96215, ℘ (09571) 50 15, *preussischer.hof@t-online.de, Fax (09571) 2802,* ≤s – 🛗, 🞒 Zim, 📺 🅿 – 🏛 20. 🆎 VISA
geschl. 24. - 28. Dez. – **Menu** *(geschl. Mitte Juli - Anfang Aug., Freitag) à la carte 13/28* – **38 Zim** ⊐ 37/56 – 57/69.

♦ Das Hotelteam steht für Gastlichkeit und persönliches Interesse an Ihrem Wohlbefinden. Sie wählen zwischen neuzeitlichen Zimmern und einer schlichteren Variante. Ein ländlicher Rahmen bestimmt den Charakter des gastronomischen Bereichs.

City-Hotel garni, Bahnhofsplatz 5, ⊠ 96215, ℘ (09571) 9 24 30, *lichtenfels@hermes-hotels.de, Fax (09571) 924340 –* 🛗 🞒 📺 🅿 ⓞ 🆎 VISA
26 Zim ⊐ 42 – 65.

♦ Hinter Sandstein-Mauern warten wohnliche Gästezimmer auf Ihren Besuch. Zeitgemäßes Mobiliar und eine praktische Ausstattung werden Ihren Ansprüchen gerecht.

In Lichtenfels-Reundorf *Süd-West : 5 km :*

Müller 🞒, Kloster-Banz-Str. 4, ⊠ 96215, ℘ (09571) 60 21, Fax (09571) 70947, 🞒, ≤s, 🞒 – 📺 🅿 🆎 VISA 🞒 Zim
geschl. Ende Okt. - Mitte Nov. – **Menu** *(geschl. Mittwoch - Donnerstag) à la carte 11/21* – **40 Zim** ⊐ 29/32 – 50/56.

♦ Die ruhige Lage des Gasthofs am Ortsrand und seine familiäre Atmosphäre tragen zu Ihrem Wohlbefinden bei - ein netter Hausgarten lädt zum Entspannen im Freien ein. In rustikal gehaltenen Räumlichkeiten nehmen Sie an einfach eingedeckten Tischen Platz.

In Michelau *Nord-Ost : 5 km :*

Spitzenpfeil 🞒, Alte Poststr. 4 (beim Hallenbad), ⊠ 96247, ℘ (09571) 8 80 81, *hspitzenpfeil@t-online.de, Fax (09571) 83630,* 🞒 – 📺 🞒 🅿 🆎 🞒 Zim
geschl. Mitte Jan. 1 Woche – **Menu** *(geschl. Montag) à la carte 11/22 –* **18 Zim** ⊐ 30/37 – 46/58.

♦ Das kleine Hotel bietet seinen Besuchern neuzeitlich eingerichtete Zimmer mit allem, was eine Übernachtung oder auch längeres Verweilen angenehm macht. Ein ländliches Flair bestimmt das Innenleben der Gaststube.

In Marktzeuln *Nord-Ost : 9 km :*

Mainblick 🞒, Schwürbitzer Str. 25, ⊠ 96275, ℘ (09574) 30 33, Fax (09574) 4005, ≤, 🞒, ≤s, 🞒 – 📺 🅿 ⓞ 🆎 VISA 🞒 Zim
Menu *(geschl. Nov. - April Sonntagabend) à la carte 13/35 –* **18 Zim** ⊐ 35/39 – 54/76.

♦ Gepflegte Gästezimmer stellen Ihre vorübergehende Behausung dar. Städte und Landschaften der näheren Umgebung präsentieren sich als sehenswerte Ausflugsziele. Ein gediegenes Ambiente umgibt den Gast beim Speisen.

LICHTENSTEIN
Baden-Württemberg 419 *U 11 – 8 200 Ew – Höhe 565 m – Wintersport: 700/820 m* ≤4 🞒.
Berlin 687 – Stuttgart 51 – Reutlingen 16 – Sigmaringen 48.

In Lichtenstein-Honau :

Forellenhof Rössle, Heerstr. 20 (B 312), ⊠ 72805, ℘ (07129) 9 29 70, *info@forellenhofroessle.de, Fax (07129) 929750,* 🞒 – 🛗, 🞒 Zim, 📺 🅿 – 🏛 60
geschl. 13. - 17. Jan. – **Menu** *à la carte 18/34 –* **30 Zim** ⊐ 47/54 – 68/83 – ½ P 15.

♦ Sie logieren in rustikaler Eiche oder beziehen ein Quartier in hellem Naturholz. Wohnlichkeit und eine funktionelle Ausstattung überzeugen Sie von Ihrem Zuhause auf Zeit. Nett dekoriertes Restaurant mit vielen Forellenspezialitäten.

Adler (mit Gästehaus Herzog Ulrich), Heerstr. 26 (B 312), ⊠ 72805, ℘ (07129) 40 41, *Fax (07129) 60220,* 🞒, 🞒, ≤s, 🞒 – 🛗 🞒 📺 🅿 – 🏛 100
Menu *à la carte 16/39 –* **65 Zim** ⊐ 38/62 – 54/92 – ½ P 18.

♦ Ihr Domizil zeigt sich als Stätte schwäbischer Gastlichkeit. Unterschiedlich möblierte Zimmer mit praktischem Inventar gewähren Ihnen einen erholsamen Aufenthalt. Verschiedene gemütliche Räumlichkeiten bilden den gastronomischen Bereich.

LIEBENSTEIN, BAD Thüringen 418 N 15 – 4 200 Ew – Höhe 310 m.

B Kurverwaltung, Herzog-Georg-Str. 64, ⊠ 36448, ℰ (036961) 5 61 12, Fax (036961) 56124.

Berlin 377 – Erfurt 71 – Eisenach 25 – Bad Hersfeld 50 – Fulda 70.

- **Fröbelhof** ⚘ garni, Heinrich-Mann-Str. 34, ⊠ 36448, ℰ (036961) 5 10, info@froebelhof.de, Fax (036961) 51277, direkter Zugang zum Hallenbad der Heinrich-Mann-Klinik, ≈ – ⚞ TV ⚟ P – 🛦 60. ⊙
  geschl. Nov. – **34 Zim** ⚏ 47/52 – 84/94.
  ◆ "Entspannen in historischen Gemäuern" - nach diesem Motto werden Gäste in dem ehemaligen Gutshof mit Innenhofgarten beherbergt. Die Zimmer überzeugen mit Funktionalität.

LIEBENZELL, BAD Baden-Württemberg 419 T 10 – 9 200 Ew – Höhe 321 m – Heilbad und Luftkurort.

🕼 Bad Liebenzell-Monakam, ℰ (07052) 9 32 50.

B Kurverwaltung, Kurhausdamm 4, ⊠ 75378, ℰ (07052) 40 80, Fax (07052) 408108.

Berlin 666 – Stuttgart 46 – Karlsruhe 47 – Pforzheim 19 – Calw 7,5.

- **Kronen-Hotel** ⚘, Badweg 7, ⊠ 75378, ℰ (07052) 40 90, kronenhotel@t-online.de, Fax (07052) 409420, ⚞, ≋, ⛯, – 🛉 ⚞ Zim, TV ⚟ P – 🛦 35
  Menu à la carte 19/43 – **41 Zim** ⚏ 58/81 – 98/158 – ½ P 15.
  ◆ Sie möchten nicht auf die Behaglichkeit Ihrer eigenen vier Wände verzichten? Mit wohnlich ausgestatteten Gästezimmern stellt Ihre Residenz eine bequeme Alternative dar. Das rustikale Interieur mit einem Hauch Eleganz schafft ein schönes Umfeld im Restaurant.

- **Thermen-Hotel**, Am Kurpark, ⊠ 75378, ℰ (07052) 92 80, info@thermenhotel.de, Fax (07052) 928100, ⚞, ≋ – 🛉 ⚞ Zim, TV ⚟ ⚠ P – 🛦 70. ⊙ ⓂⒸ 𝓥𝓘𝓢𝓐
  Menu à la carte 22/37 – **22 Zim** ⚏ 78 – 113, 3 Suiten – ½ P 13.
  ◆ Eine hübsche, blumengeschmückte Balkonfassade ist Blickfang des Fachwerkhauses. Solide Zimmer sowie die Lage am Kurpark zählen zu den Vorzügen dieser Adresse. Ein hell eingerichteter Raum mit kleinem Vorbau dient als Restaurant.

- **Waldhotel-Post** ⚘, Hölderlinstr. 1, ⊠ 75378, ℰ (07052) 9 32 00, empfang@waldhotelpost.de, Fax (07052) 932099, ≼, ⚞, ≋, ⛯, – 🛉 ⚞ Zim, TV ⚟ P – 🛦 25.
  ⓂⒸ 𝓥𝓘𝓢𝓐. ⚟ Rest
  Menu à la carte 19/33,50 – **47 Zim** ⚏ 46/69 – 87/118 – ½ P 14.
  ◆ Ob zum Tagen oder für einen erholsamen Urlaub - Zimmer in "Komfort"- und "Standard"-Ausführung präsentieren sich dem Gast als solide gestaltete Unterkunft. Helles Holz kennzeichnet die Einrichtung des Restaurants.

- **Am Bad-Wald** ⚘ garni, Reuchlinweg 19, ⊠ 75378, ℰ (07052) 92 70, hotelambad-wald@t-online.de, Fax (07052) 3014, ≼, ≋, ⛯, – 🛉 TV ⚟. ⓂⒸ 𝓥𝓘𝓢𝓐
  geschl. 25. Nov. – 25. Dez. – **38 Zim** ⚏ 29/34 – 56/67.
  ◆ Die Zimmer Ihres Domizils sind mit solidem Holzmobiliar bestückt - teils trägt ein kleiner Wohnbereich zum bequemen Verweilen der Erholungsuchenden bei.

- **Koch** garni, Sonnenweg 3, ⊠ 75378, ℰ (07052) 13 06, gaestehauskoch@t-online.de, Fax (07052) 3345, ≋, ⚞ – TV ⚟ ⓂⒸ 𝓥𝓘𝓢𝓐. ⚟
  geschl. Dez. - Jan. – **16 Zim** ⚏ 26/40 – 60.
  ◆ Suchen Sie einen behaglichen Rahmen für angenehme Ferientage oder für eine Übernachtung auf der Durchreise? Frisch renovierte Räume werden Ihren Ansprüchen gerecht.

LIEDERBACH AM TAUNUS Hessen 417 P 9 – 7 300 Ew – Höhe 120 m.

Berlin 551 – Wiesbaden 23 – Frankfurt am Main 24 – Limburg an der Lahn 51.

- **Liederbacher Hof** garni, Höchster Str. 9 (Eingang Taunusstraße), ⊠ 65835, ℰ (069) 3 39 96 60, Fax (069) 33996623 – ⚞ TV ⚟. ⓂⒸ 𝓥𝓘𝓢𝓐
  geschl. 17. Dez. - 6. Jan. – **20 Zim** ⚏ 92/105 – 133.
  ◆ Hinter einem schlichten Äußeren verbergen sich helle, wohnliche Zimmer - in Naturholz eingerichtet. Zeitgemäßer Komfort prägt Ihre sympathische Behausung.

LIESER Rheinland-Pfalz 417 Q 5 – 1 300 Ew – Höhe 107 m.

Berlin 680 – Mainz 117 – Trier 44 – Bernkastel-Kues 4 – Wittlich 14.

- **Weinhaus Stettler** garni, Moselstr. 41, ⊠ 54470, ℰ (06531) 23 96, weinhaus.stettler@t-online.de, Fax (06531) 7325, Massage, ≋ – TV ⚟ ⓂⒸ 𝓥𝓘𝓢𝓐
  16 Zim ⚏ 46 – 70/80.
  ◆ Ihre kleine Bleibe präsentiert sich mit solide gestalteten Zimmern als vorübergehende Alternative zu Ihrem eigenen Zuhause. Mehr Platz finden Sie in einem der Appartements.

LILIENTHAL Niedersachsen siehe Bremen.

LIMBACH Rheinland-Pfalz siehe Hachenburg.

LIMBACH-OBERFROHNA Sachsen 418 N 22 – 27500 Ew – Höhe 365 m.
🛈 Stadtinformation, Rathausplatz 1, ✉ 09212, ☏ (03722) 78178, post@limbach-oberfrohna.de, Fax (03722) 78303.
Berlin 269 – Dresden 83 – Chemnitz 13 – Plauen 82 – Gera 64 – Leipzig 74.

Lay-Haus ⌂, Markt 3, ✉ 09212, ☏ (03722) 7 37 60, info@lay-hotel.de, Fax (03722) 737699, 🍴 – 📶, ⚡ Zim, 📺 ☏ 🅿 – 🔨 60. ㏂ ① ㎡ VISA
Menu à la carte 14,50/30 – **48 Zim** ⊆ 50/58 – 70.
◆ Nach der vollständigen Rekonstruktion des alten Gemäuers finden sich auch heute noch Relikte der damaligen Zeit. Gemütliche Gästezimmer stehen zum Logieren bereit. Restaurant mit antiker Holzdecke und in Schiefer gehauenem Felsenkeller.

LIMBURG AN DER LAHN Hessen 417 O 8 – 35 000 Ew – Höhe 118 m.
Sehenswert : Dom★ (Lage★★) A – Friedhofterrasse ⬉★ – Diözesanmuseum★ A M1 – Altstadt★.
Ausflugsziel : Burg Runkel★ (Lage★★) Ost : 7 km.
🛈 Verkehrsverein, Hospitalstr. 2, ✉ 65549, ☏ (06431) 61 66, Fax (06431) 3293.
Berlin 551 ① – Wiesbaden 52 ② – Koblenz 57 ④ – Gießen 56 ① – Frankfurt am Main 74 ② – Siegen 70 ①

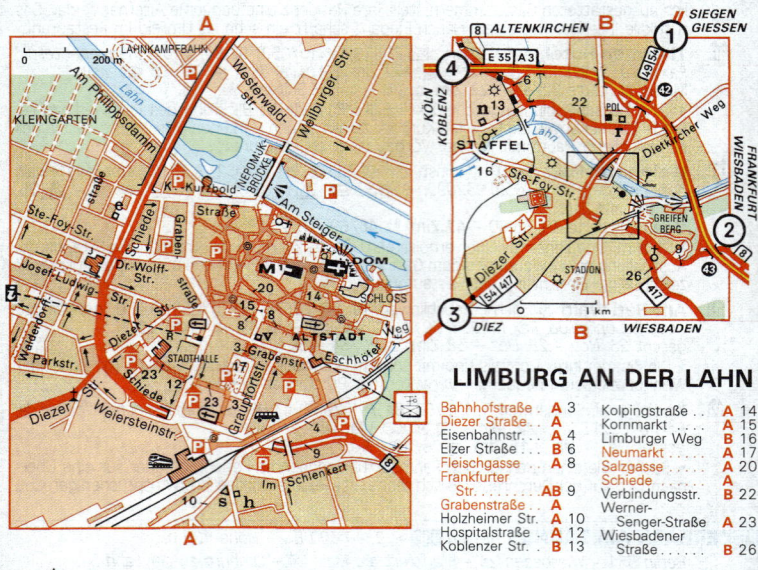

LIMBURG AN DER LAHN

Bahnhofstraße	A	3
Diezer Straße	A	
Eisenbahnstr.	A	4
Elzer Straße	B	6
Fleischgasse	A	8
Frankfurter Str.	AB	9
Grabenstraße	A	
Holzheimer Str.	A	10
Hospitalstraße	A	12
Koblenzer Str.	B	13
Kolpingstraße	A	14
Kornmarkt	A	15
Limburger Weg	B	16
Neumarkt	A	17
Salzgasse	A	20
Schiede	A	
Verbindungsstr.	B	22
Werner-Senger-Straße	A	23
Wiesbadener Straße	B	26

DOM Hotel 🅼, Grabenstr. 57, ✉ 65549, ☏ (06431) 90 10, info@domhotel.net, Fax (06431) 6856 –📶, ⚡ Zim, 🍴 Rest, 📺 ☏ 🅿 – 🔨 70. ㏂ ① ㎡ VISA. ⚡ Rest A v
geschl. Weihnachten - Anfang Jan. – **de Prusse** (geschl. Weihnachten - Anfang Jan., Juli - Aug. 3 Wochen, Sonntagabend - Montagmittag) **Menu** à la carte 23/40,50 – **45 Zim** ⊆ 76/102 – 102/130.
◆ Eine elegante Ausstattung kennzeichnet die Zimmer Ihrer Residenz. Die Kombination klassizistischer und moderner Elemente formt ein Ambiente zeitloser Ästhetik. Schon für das Auge ein Genuß : das elegante Restaurant de Prusse.

Romantik Hotel Zimmermann, Blumenröder Str. 1, ✉ 65549, ☏ (06431) 46 11, zimmermann@romantikhotels.com, Fax (06431) 41314 – ⚡ 📺 ☏ 🅿. ㏂ ① ㎡ VISA. ⚡ Rest A h
geschl. 20. Dez. - 5. Jan. – **Menu** (geschl. Samstag - Sonntag) (nur Abendessen) (Restaurant nur für Hausgäste) – **24 Zim** ⊆ 80/115 – 85/165.
◆ Mit englischen Stilmöbeln unterschiedlich eingerichtete Zimmer vermitteln einen Hauch von Luxus. Ein außergewöhnliches Frühstück - am Tisch serviert - begeistert am Morgen.

LIMBURG AN DER LAHN

Mercure M garni, Schiede 10, ✉ 65549, ☎ (06431) 20 70, h2836@accor-hotels.com, Fax (06431) 207444 – |≡| ⥼ TV ♿ ⇔ P. – ▲ 60. AE ① ◎ VISA
□ 11 – **100 Zim** 76/94 – 91/109.
A e

♦ Mit sachlich gestalteten Zimmern - in einem einheitlichen Stil gehalten - bietet Ihnen diese Adresse die Annehmlichkeiten, die Sie von einem neuzeitlichen Hotel erwarten.

Montana garni, Am Schlag 19, ✉ 65549, ☎ (06431) 2 19 20, limburg@hotel-montana.de, Fax (06431) 219255 – ⥼ TV ☏ ♿ P. – ▲ 15. ① ◎ VISA. ⥺
– **52 Zim** □ 50 – 70.
B r

♦ Mit Naturholzmöbeln zeitgemäß eingerichtete Zimmer stellen Ihren vorübergehenden Wohnsitz dar. Moderne Technik ermöglicht Ihnen auch erfolgreiches Arbeiten.

Martin, Holzheimer Str. 2, ✉ 65549, ☎ (06431) 9 48 40, info@hotel-martin.de, Fax (06431) 43185 – |≡| TV ⇔ P. AE ① ◎ VISA
Menu (geschl. 28. Dez. - 26. Jan., Sonntag) (nur Abendessen) à la carte 18/36 ♀ – **30 Zim** □ 48/66 – 72/81.
A s

♦ Die gepflegten Zimmer dieses Hotels zeigen sich dem Gast als behagliches Plätzchen - für eine Übernachtung auf der Durchreise oder auch einen längeren Aufenthalt.

In Limburg-Staffel Nord-West : 3 km :

Alt-Staffel, Koblenzer Str. 56, ✉ 65556, ☎ (06431) 9 19 10, Fax (06431) 919191 – TV ⇔ P. AE ① ◎ VISA
Menu (geschl. Sonntagabend - Montagmittag) à la carte 13/27 – **17 Zim** □ 45/50 – 65.
B n

♦ Wenn Sie keinen besonderen Wert auf großen Luxus legen, werden Sie die Unterbringung in diesem Domizil schätzen - Sie beziehen ein einfaches und gepflegtes Quartier. Ein ländlich-schlichter Stil bestimmt den Charakter der Gaststuben.

LIMBURGERHOF Rheinland-Pfalz 417 419 R 9 – 10 600 Ew – Höhe 95 m.

☏ ☏ Limburgerhof, Birkenweg (Süd : 2 km), ☎ (06236) 47 94 94.
Berlin 635 – Mainz 84 – Mannheim 13 – Kaiserslautern 63 – Speyer 16.

Residenz Limburgerhof M, Rheingönheimer Weg 1, ✉ 67117, ☎ (06236) 47 10, info@residenz-limburgerhof.de, Fax (06236) 471100, Biergarten – |≡| ⥼ Zim, TV ☏ ⇔ P. – ▲ 50. AE ① ◎ VISA. ⥺ Rest
Menu (geschl. Sonntag) (nur Abendessen) à la carte 16/30 – **133 Zim** □ 82/100 – 107.

♦ Neuzeitlich möbliert und auch technisch der heutigen Zeit angepaßt, sind die funktionellen Zimmer des Hauses für private und geschäftliche Besuche gleichermaßen geeignet. Ein freundliches Ambiente in modernem Design erwartet den Gast im Restaurant.

LINDAU IM BODENSEE Bayern 419 X 13 – 24 000 Ew – Höhe 400 m.

Sehenswert : Hafen mit Römerschanze ⇐★ Z.
Ausflugsziel : Deutsche Alpenstraße★★★ (von Lindau bis Berchtesgaden).

☏ Lindau, Am Schönbühl 5 (über ①), ☎ (08382) 9 61 70 ; ☏ Weißensberg (Nord : 7 km über ①), ☎ (08389) 8 91 90.

⇔ Lindau-Reutin, Ladestraße.

🛈 Verkehrsverein, Ludwigstr. 68, ✉ 88131, ☎ (08382) 26 00 30, info@lindautourismus.de, Fax (08382) 260026.
Berlin 722 ① – München 180 ① – Konstanz 59 ③ – Ravensburg 33 ③ – Ulm (Donau) 123 ① – Bregenz 10 ②

Stadtplan siehe gegenüberliegende Seite

Auf der Insel :

Bayerischer Hof, Seepromenade, ✉ 88131, ☎ (08382) 91 50, bayerischerhof-lindau@t-online.de, Fax (08382) 915591, Massage, ⇌, ⊠ (geheizt), ⥺ – |≡| TV ⇔ P. – ▲ 180. AE ① ◎ VISA. ⥺ b
Menu (nur Abendessen) à la carte 23/44 – **100 Zim** □ 106/188 – 140/279 – ½ P 24.
Z b

♦ Reif für die Insel? Mit dem See und einer schönen Bergkulisse direkt vor der Tür ermöglicht Ihnen diese Residenz komfortables Wohnen von luxuriös bis gediegen-elegant. Klassisch und stilvoll das Restaurant mit herrlichem Ausblick.

Reutemann-Seegarten ⥺, Seepromenade, ✉ 88131, ☎ (08382) 91 50, hotel@bayerischerhof-lindau.de, Fax (08382) 915591, ⇐, ⥺, Massage, ⇌, ⊠ (geheizt), ⥺ –
|≡| TV ⇔ P. AE ① ◎ VISA
geschl. Jan. - März – **Menu** à la carte 23/45 – **64 Zim** □ 71/119 – 111/201 – ½ P 24.
Z k

♦ Gepflegte Räumlichkeiten im klassischen Stil dienen der Beherbergung erholungsuchender Gäste. Genießen Sie das besondere Flair der angrenzenden Hafenpromenade. Im klassischen Restaurant und auf der Terrasse speisen Sie mit Aussicht.

897

LINDAU IM BODENSEE

Aeschacher Ufer	X	2
Anheggerstraße	X	5
Bäckergässele	Y	8
Bahnhofplatz	Z	
B.d. Heidenmauer	Y	15
Bindergasse	Z	18
Bregenzer Straße	X	21
Brettermarkt	Y	24
Cramergasse	Y	27
Dammgasse	Z	30
Europaplatz	X	31
Fischergasse	Z	33
Giebelbachstraße	X	36
Hafenplatz	Z	38
In der Grub	Y	
Inselgraben	Z	41
Kirchplatz	Y	47
Köchlinstraße	X	50
Kolpingstraße	Y	51
Langenweg	X	53
Lotzbeckpark	X	56
Maximilianstraße	YZ	
Paradiesplatz	Y	62
Reichsplatz	Z	65
Reutiner Straße	X	69
Rickenbacher Straße	XZ	72
Schafgasse	Y	80
Schmiedgasse	Y	80
Schönauer Straße	X	82
Schrannenplatz	Y	83
Seepromenade	Z	85
Stiftsplatz	YZ	87
Thierschbrücke	Y	90
Vordere Metzgerg.	Z	92

🏨 **Lindauer Hof** ⊗, Seepromenade, ✉ 88131, ✆ (08382) 40 64, info@lindauer-hof.de, Fax (08382) 24203, 🍴 – 🛗 📺 📞 ♿ 🅰🅴 🔘 VISA JCB **Z y**
Menu à la carte 18/37 – **30 Zim** ⊇ 75/97 – 133/195 – ½ P 25.
◆ Ein neuzeitlicher Rahmen empfängt Sie in Ihrem Urlaubsdomizil - wohnliche Zimmer tragen zu Ihrem Wohlbefinden bei. Die Nähe zum See spricht für sich selbst. In der ersten Etage des Hauses werden Sie drinnen wie auch draußen gastlich bewirtet.

🏨 **Helvetia** ⊗, Seepromenade 3, ✉ 88131, ✆ (08382) 91 30, info@hotel-helvetia.com, Fax (08382) 4004, ≤, 🍴, ⇔s, 🔲 – 🛗, ✳ Zim, 📺 📞 – 🔔 25 **Z x**
Menu (geschl. Ende Okt. - Anfang März) à la carte 18/36 – **53 Zim** ⊇ 75/130 – 100/200 – ½ P 20.
◆ Die Gästezimmer Ihrer Herberge schaffen die Basis für erholsame Tage. Zur Ausstattung gehören Kiefernmobiliar, Rattan oder auch ein Himmelbett - ganz nach Ihrem Wunsch. Freundliches Dekor prägt das Restaurant, tolle Aussicht auf der Terrasse.

LINDAU IM BODENSEE

- **Brugger** garni, Bei der Heidenmauer 11, ✉ 88131, ℰ (08382) 9 34 10, hotel.garni.
brugger@t-online.de, Fax (08382) 4133 – 📺 🚗 AE ① ◎ VISA   Y r
geschl. 8. - 28. Dez. – **23 Zim** 🛏 47/58 – 85/88.
  ◆ Ein Innenleben mit rustikaler Note verleiht den Zimmern dieses Hotels ein behagliches Ambiente. Die zentrale Lage läßt Sie sehenswerte Fleckchen der Insel bequem erreichen.

- **Insel-Hotel** ⚘ garni, Maximilianstr. 42, ✉ 88131, ℰ (08382) 50 17, welcome@insel
-hotel-lindau.de, Fax (08382) 6756 – 📶 📺 📞 🚗 AE ① ◎ VISA JCB   Z a
26 Zim 🛏 56/80 – 105/110.
  ◆ Ruhig und dennoch mitten im Geschehen des Stadtzentrums gelegen, wird diese Adresse Ihren Vorstellungen von einem praktischen Quartier entsprechen.

- ✕ **Alte Post** mit Zim, Fischergasse 3, ✉ 88131, ℰ (08382) 9 34 60, info@alte-post-lin
dau.de, Fax (08382) 934646 – 📺 ◎ VISA   Y s
geschl. 20. Dez. - 15. März – **Menu** à la carte 16/29 – **12 Zim** 🛏 43/66 – 107.
  ◆ Freundliche, farbige Stoffe und eine dunkle Täfelung zieren das Interieur der Gaststuben. In rustikalem Umfeld wählen Sie von einer bürgerlich ausgelegten Speisekarte.

- ✕ **Zum Sünfzen**, Maximilianstr. 1, ✉ 88131, ℰ (08382) 58 65, welcome@insel-hotel-
lindau.de, Fax (08382) 4951, 🌳 – AE ① ◎ VISA JCB   Z v
Menu à la carte 14/34.
  ◆ Sie speisen hinter historischen Mauern - erbaut im 14. Jh. Sowohl die Aufmachung der gastlichen Station als auch das Repertoire der Köche sind bürgerlich.

In Lindau-Aeschach :

- **Am Rehberg** ⚘ garni, Am Rehberg 29, ✉ 88131, ℰ (8382) 33 29, hotel.am.reh
berg@t-online.de, Fax (08382) 3576, ⇌, 🔲, 🌳 – 📺 🅿 VISA 🛇   X u
geschl. 7. Jan. - Mitte März – **18 Zim** 🛏 65/82 – 86/128.
  ◆ Die Zimmer und Zweiraum-Appartements dieser Adresse - teils mit stilvoller Möblierung - stellen stets ein solides wie auch wohnliches Refugium für schöne Urlaubstage dar.

- **Café Ebner** garni, Friedrichshafener Str. 19, ✉ 88131, ℰ (08382) 9 30 70, hotel-cafe-
ebner@t-online.de, Fax (08382) 930740, 🌳 – 🍽 📺 🚗 🅿 AE ① ◎ VISA JCB
18 Zim 🛏 48/65 – 82/97.   X z
  ◆ Ob Sie einen kurzen oder einen längeren Besuch planen - der komplett modernisierte Altbau steht mit neuzeitlichen Räumen in einheitlichem Stil zu Ihrer Beherbergung bereit.

- **Am Holdereggenpark**, Giebelbachstr. 1, ✉ 88131, ℰ (08382) 60 66,
Fax (08382) 5679 – 📺 🚗 🅿 🛇   X a
April - Okt. – **Menu** (geschl. Sonntag) (nur Abendessen) (Restaurant nur für Hausgäste) – **29 Zim** 🛏 44/67 – 72/89 – ½ P 13.
  ◆ Sympathische Zimmer mit zeitgemäßem Inventar präsentieren sich Ihnen als Zuhause auf Zeit. Daneben ist Ihre Bleibe ein geeigneter Ausgangsort für abwechslungsreiche Ausflüge.

In Lindau-Hoyren :

- **Villino** (Fischer) ⚘, Hoyerberg 34, ✉ 88131, ℰ (08382) 9 34 50, hotel.villino@t-on
line.de, Fax (08382) 934512, 🌳, Massage, ⇌ – 📺 🅿 ◎ VISA   X r
geschl. 10. - 30. Jan. – **Menu** (geschl. Montag) (nur Abendessen) (Tischbestellung ratsam) à la carte 51/66 – **16 Zim** 🛏 100 – 140/230.
  ◆ In einer schönen Gartenanlage mit Terrasse erwartet Sie ein Ort mit Ausstrahlung. Angenehme Farben und geschmackvolles Landhaus-Mobiliar prägen die Zimmer dieses Hotels. "La Cucina dei sensi" nennt sich die Küche, Form und Farbe der Räume sind ein Genuß. **Spez.** Asiatische Vorspeisenvariation. Gebratene Riesengarnelen mit hausgemachten Trüffel-Spaghettini. Lammrücken mit Kräuter-Senf-Kruste und zweierlei Paprikarisotto.

- 🍴🍴🍴 **Hoyerberg Schlössle**, Hoyerbergstr. 64 (auf dem Hoyerberg), ✉ 88131, ℰ (08382)
2 52 95, info@hoyerbergschloessle.de, Fax (08382) 1837, ≤ Bodensee und Alpen, 🌳 –
🅿 AE ① ◎ VISA   X e
geschl. Feb., Montag - Dienstagmittag – **Menu** (Tischbestellung ratsam, bemerkenswerte Weinkarte) à la carte 40,50/53,50.
  ◆ Ein nettes Dekor und ein Hauch Eleganz prägen das Innenleben dieser einzigartig gelegenen kulinarischen Adresse. Von der Terrasse schweift der Blick über Alpen und See.

In Lindau-Reutin :

- **Reulein** ⚘ garni, Steigstr. 28, ✉ 88131, ℰ (08382) 9 64 50, hotel-reulein@t-online.de,
Fax (08382) 75262, ≤, 🛁, 🌳 – 🍽 📺 🅿 AE ◎ VISA   X s
geschl. 20. Dez. - 1. Feb. – **26 Zim** 🛏 74/95 – 111/148.
  ◆ Eine solide Ausstattung sowie ein gutes Platzangebot kennzeichnen die Zimmer Ihres vorübergehenden Zuhauses - Die meisten gewähren Ihnen einen schönen Blick zum See.

- **Freihof**, Freihofstr. 2, ✉ 88131, ℰ (08382) 96 98 70, info@freihof-lindau.de,
Fax (08382) 9698778, 🌳 – 🚗   X x
Menu à la carte 17/34 – **15 Zim** 🛏 57/63 – 95 – ½ P 18.
  ◆ Der modernisierte Gasthof aus dem Jahre 1912 empfängt Sie heute mit einer freundlichen gelben Fassade. Die neuzeitlichen, hellen Gästezimmer schätzen auch Geschäftsreisende. Das Restaurant : mal hell und freundlich mit Parkett, mal rustikal oder leicht gehoben.

LINDAU IM BODENSEE

In Lindau-Bad Schachen :

Bad Schachen, Bad Schachen 1, ✉ 88131, ℘ (08382) 29 80, *info@bad schachen.de*, Fax (08382) 25390, ≤ Bodensee, Lindau und Alpen, 斧, Massage, ♨, ⊇ (geheizt), 🞄, 🞄, 斧, ℵ – 🛗 📺 🚗 🅿 – 🚲 120. AE ⓞ VISA JCB. ※ Rest
11. April - 12. Okt. – **Menu** à la carte 33/43 – **125 Zim** ⊇ 115/161 – 176/238, 4 Suiten
– ½ P 34.   X d
  • Dieses Haus gehört zur aussterbenden Spezies der alten, klassischen Grandhotels. Badeanstalt und Park mit dem Charme vergangener Tage. Zimmer mit unterschiedlichem Komfort. Im Speisesaal serviert man Ihnen internationale Gerichte. Terrasse unter Kastanien !

Lindenhof, Dennenmoosstr. 3, ✉ 88131, ℘ (08382) 9 31 90, *info@lindenhof hotel.de*, Fax (08382) 931931, 斧, ⓘs, 🞄, 斧 – 📺 🅿. AE ⓞ VISA   X c
geschl. 10. Nov. - 1. März – **Bellini Garten** *(geschl. Montag) (nur Abendessen)* **Menu** à la carte 24/35 – **19 Zim** ⊇ 57/89 – 100/130 – ½ P 18.
  • In den Räumen des ehemaligen Wohnhauses hat Ihre Suche nach einem ruhigen Fleckchen ein Ende. Auch die Einrichtung wird Ihren Vorstellungen entsprechen. Gartenterrasse. Hell und freundlich gestaltetes Restaurant.

Parkhotel Eden garni, Schachener Str. 143, ✉ 88131, ℘ (08382) 58 16, *park hotel.eden@t-online.de*, Fax (08382) 23730 – 🛗 📺 🅿. AE ⓞ VISA. ※   X t
März - Okt. – **26 Zim** ⊇ 45/60 – 82/95.
  • In einem ruhigen Wohngebiet plaziert - umgeben von Villen, steht eine nette Adresse für Ihren Einzug bereit. Die gepflegten Gästezimmer sind einheitlich in Eiche gehalten.

Schachener Hof mit Zim, Schachener Str. 76, ✉ 88131, ℘ (08382) 31 16, *info @schachenerhof-lindau.de*, Fax (08382) 5495, 斧 – 📺 🅿. AE ⓞ VISA   X v
geschl. 2. Jan. - 7. Feb. – **Menu** *(geschl. Dienstag - Mittwoch) (wochentags nur Abendessen)* 25/49 und à la carte – **9 Zim** ⊇ 76 – 88/97.
  • Schmackhaft zubereitete Produkte machen das Können der Köche aus - regional-internationale Kreationen sind das Ergebnis - freundlicher Service.

In Weißensberg *Nord : 6 km über* ① :

Weißensberger Stuben, Kirchstr. 42, ✉ 88138, ℘ (08389) 12 96, Fax (08389) 617, 斧 – 🅿.
geschl. März 2 Wochen, Okt. 2 Wochen, Montag - Dienstag – **Menu** à la carte 13/28.
  • Wer ein schlichtes Ambiente schätzt, wird gerne in den Räumlichkeiten dieser gastronomischen Stätte verweilen. Bürgerliches wird hier mit Geschmack zubereitet.

Auf dem Golfplatz Weißensberg *Nord-Ost : 8 km über* ① :

Golfhotel Bodensee, Lampertsweiler 51, ✉ 88138 Weißensberg, ℘ (08389) 8 91 00, *info@golfhotel-bodensee.de*, Fax (08389) 89142, ≤, 斧, Massage, ⓘs, 🞄 – 🛗 📺 🚲 🅿 – 🚲 20. ⓘ ⓞ VISA
geschl. Jan. - Feb. – **Menu** à la carte 31/43,50 – **28 Zim** ⊇ 87/97 – 138/148, 4 Suiten – ½ P 25.
  • Auch auf Nicht-Golfer wartet hinter einem attraktiven Äußeren ein nettes Innenleben - inmitten des Golfplatzes gelegen. Funktionalität prägt den Stil der Zimmer. Das gepflegte Interieur des Restaurants schafft das passende Umfeld zum Speisen.

In Hergensweiler-Stockenweiler *Nord-Ost : 12 km über die B 12 in Richtung Isny* :

Lanz, Stockenweiler 32 (B 12), ✉ 88138, ℘ (08388) 2 43, Fax (08388) 982581 – 🅿. AE ⓞ VISA
geschl. über Pfingsten 2 Wochen, Mittwoch - Donnerstag – **Menu** *(nur Abendessen)* à la carte 43/53.
  • Moderne Eleganz prägt die drei ineinander übergehenden Stuben - kräftige Farben setzen Akzente. Aus der Küche kommt Klassisches mit asiatischen Einflüssen.

LINDBERG *Bayern siehe Zwiesel.*

LINDENFELS *Hessen* 417 419 *Q 10 – 5 300 Ew – Höhe 364 m – Heilklimatischer Kurort.*
🛈 *Kur- und Touristikservice, Burgstr. 37, ✉ 64678, ℘ (06255) 24 25, lindenfels.touris tik@hessennet.de, Fax (06255) 30645.*
Berlin 592 – Wiesbaden 86 – Mannheim 52 – Darmstadt 46.

Waldschlösschen, Nibelungenstr. 102, ✉ 64678, ℘ (06255) 24 60, *waldschloessch enlindenfels@t-online.de*, Fax (06255) 2016, 斧 – 📺 🚗 🅿
geschl. 3. - 28. Nov. – **Menu** *(geschl. Montag)* à la carte 21/36 – **13 Zim** ⊇ 40/60 – 80/95 – ½ P 12.
  • Behaglichkeit und eine zeitgemäße Einrichtung sind die Grundlage für erholsame Urlaubstage. Der Naturpark Bergstraße-Odenwald lädt zu reizvollen Ausflügen ein. Ein sympathisches rustikales Ambiente sorgt im Restaurant für gemütliches Einkehren.

LINDENFELS

In Lindenfels-Winkel Nord-West : 3 km :

Wiesengrund, Talstr. 3, ⊠ 64678, ℘ (06255) 9 60 10, info@hotel-wiesengrund.de, Fax (06255) 960160, 龠, ≘s, ☒, 澑 – TV ⇔ P – 🏂 30. ⓘ ⓜ VISA
geschl. Mitte Jan. - Anfang Feb. – **Menu** (geschl. Mittwoch) à la carte 11,50/25,50 – **35 Zim** ⊑ 41/45 – 64/70 – ½ P 10.
♦ Sinnvoll ausgestattet, in rustikaler Machart, präsentiert sich Ihr Domizil als Zuhause für unterwegs - ob Sie nur auf der Durchreise sind oder einen längeren Besuch planen. Bürgerliches Restaurant.

In Lindenfels-Winterkasten Nord : 6 km :

Landhaus Sonne garni, Bismarckturmstr. 24, ⊠ 64678, ℘ (06255) 25 23, holaso@holaso.de, Fax (06255) 2586, ≤, ≘s, ☒, 澑 – TV ✆ P. ⋇
9 Zim ⊑ 62/72 – 77/92.
♦ Neben einer zeitgemäßen und wohnlichen Ausstattung der Zimmer zählt ein unverbaubarer Fernblick über die Landschaft zu den Annehmlichkeiten Ihres kleinen Refugiums.

LINDLAR Nordrhein-Westfalen **417** M 6 – 22 500 Ew – Höhe 246 m.
᷂ Lindlar-Hommerich, Schloß Georghausen (Süd-West : 8 km), ℘ (02207) 49 38.
🅱 LindlarTouristik, Am Marktplatz 1, ⊠ 51789, ℘ (02266) 9 64 07, info@gemeinde-lindlar.de, Fax (02266) 470543.
Berlin 583 – Düsseldorf 73 – Gummersbach 25 – Köln 32 – Wipperfürth 13.

Zum Holländer, Kölner Str. 6, ⊠ 51789, ℘ (02266) 47 19 10, hotel.zumhollaender@t-online.de, Fax (02266) 44388 – TV P – 🏂 30. ⓜ VISA JCB
Menu à la carte 19/32 – **12 Zim** ⊑ 55/60 – 70/75.
♦ Auf Ihrer Erkundungstour durch das Bergische Land wird diese praktische Herberge Ihren Ansprüchen an eine vorübergehende Behausung gerecht. Ein rustikaler Charakter bestimmt das Ambiente des Restaurants.

In Lindlar-Schmitzhöhe Süd-West : 9 km :

Landhaus Bleeker, Hochstr. 19, ⊠ 51789, ℘ (02207) 91 91 90, info@hotel-bleeker.de, Fax (02207) 81252, 龠 – ⇌ Zim, TV ✆ ⇔ P – 🏂 25. ⒶⒺ ⓘ ⓜ VISA
Menu à la carte 19/39 – **23 Zim** ⊑ 49/57 – 85/114.
♦ Die Gästezimmer Ihrer Bleibe unterscheiden sich in Zuschnitt und Art des Mobiliars - teils Eiche, teils Kiefer. Ein praktisches Inventar trägt zu Ihrem Wohlbefinden bei. Im Restaurant : ländliche Einrichtung und ein schlichtes Couvert.

LINGEN Niedersachsen **415** I 5 – 56 000 Ew – Höhe 33 m.
᷂ Altenlingen, Gut Beversundern, ℘ (0591) 6 38 37.
🅱 Städt. Verkehrsbüro, Rathaus, Elisabethstr. 14, ⊠ 49808, ℘ (0591) 9 14 41 44, Fax (0591) 9144149.
Berlin 498 – Hannover 204 – Nordhorn 21 – Bremen 135 – Enschede 47 – Osnabrück 65.

Parkhotel, Marienstr. 29, ⊠ 49808, ℘ (0591) 91 21 60, Fax (0591) 54455, 龠, ≘s – ⌷ TV P – 🏂 60. ⒶⒺ ⓘ ⓜ VISA
Menu à la carte 18,50/37 – **31 Zim** ⊑ 65/73 – 84/98.
♦ Solides Mobiliar, eine sinnvolle Ausstattung sowie eine gute Technik machen das Haus zu einer Unterkunft, die für privat Reisende und Tagende gleichermaßen geeignet ist. Sie essen in gepflegten Räumlichkeiten an gut eingedeckten Tischen.

Hutmachers Deele, Grosse Str. 12, ⊠ 49808, ℘ (0591) 9 66 38 88, hlaschet@t-online.de, Fax (0591) 9663887 – ⒶⒺ ⓘ ⓜ VISA
geschl. Dienstag – **Menu** 22 à la carte 27/35.
♦ Das gemütliche, in Nischen unterteilte Restaurant ist in einem der ältesten Gebäude der Stadt untergebracht : einem Fachwerkhaus von 1790. Gekocht wird schmackhaft und solide.

In Lingen-Darme Süd : 4,5 km, Richtung Emsbüren :

Am Wasserfall, Am Wasserfall 2 (Hanekenfähr), ⊠ 49808, ℘ (0591) 80 90, info@hotel-am-wasserfall.de, Fax (0591) 2278, ≤, 龠, ≘s – ⌷ TV ✆ ⇔ P – 🏂 200. ⒶⒺ ⓘ ⓜ
Fährrestaurant : Menu à la carte 22/47 – **Zur Lachstreppe** (Montag - Freitag nur Abendessen) **Menu** à la carte 16,50/29 – **61 Zim** ⊑ 45/69 – 74/79.
♦ Hinter einem architektonisch ansprechenden Äußeren erwartet Sie ein Quartier, das die Annehmlichkeiten der heutigen Zeit für Sie bereithält - mit Blick auf die Ems. Im Fährrestaurant kommen Sie in den Genuß einer internationalen Küche.

LINGEN

In Lingen-Schepsdorf *Süd-West : 3 km über Lindenstraße Richtung Nordhorn :*

Hubertushof, Nordhorner Str. 18, ⊠ 49808, ℘ (0591) 91 29 20, Fax (0591) 9129290, 😊, 🍴 – 📺 📞 🅿 – 🔒 50, ⓘ ⓒ VISA. ✂
geschl. Juli - Aug. 3 Wochen – **Menu** *(geschl. Sonntagabend) à la carte* 14/29 – **40 Zim** 🛏 42/59 – 70/80.
◆ Gepflegte Gemächer in einer soliden Gestaltung ersetzen Ihnen für einige Zeit Ihre eigenen vier Wände. Erkunden Sie die umgebende Emslandschaft auf hoteleigenen Fahrrädern. Schlicht und gut unterhalten : das Restaurant.

LINKENHEIM-HOCHSTETTEN *Baden-Württemberg* 419 *S 9 – 10 000 Ew – Höhe 109 m.*
Berlin 656 – Stuttgart 89 – Karlsruhe *15 – Mannheim 50 – Mainz 122 – Landau in der Pfalz 49.*

Auf der Insel Rott *Nord-West : 4,5 km, über Hochstetten :*

Waldfrieden 😊, Insel Rott 2, ⊠ 76351 Linkenheim-Hochstetten, ℘ (07247) 17 79, 🍴 – 📺 🅿.
Menu *(geschl. Feb. 3 Wochen, Sept. 2 Wochen, Montag - Dienstag) (überwiegend Fischgerichte) à la carte* 10/14 – **10 Zim** 🛏 40/46 – 64.
◆ Ein hübsches Türmchen unterstreicht das ansprechende Äußere Ihres vorübergehenden Wohnsitzes. Hier beherbergt man Reisende in behaglichen Gästezimmern. Ein Restaurant im ländlichen Stil lädt zum Einkehren ein.

LINNICH *Nordrhein-Westfalen* 417 *N 2 – 13 000 Ew – Höhe 67 m.*
Berlin 610 – Düsseldorf *59 –* Aachen *37 – Köln 76.*

Rheinischer Hof, Rurstr. 21, ⊠ 52441, ℘ (02462) 10 32, rheinischer-hof@t-online.de, Fax (02462) 7137, 🍴 – ⓘ ⓒ VISA
geschl. Mitte Juli - Mitte Aug., Montag - Dienstag – **Menu** *à la carte* 19/33.
◆ Bürgerlich gestaltete Räumlichkeiten mit einer klassischen Note tragen zu einem netten Aufenthalt bei. Man bittet Sie mit einem internationalen Speiseangebot zu Tisch.

Waldrestaurant Ivenhain, Ivenhain (Ost : 1,5 km), ⊠ 52441, ℘ (02462) 90 51 26, invenhain@web.de, Fax (02462) 905128 – 🅿. ⓘ ⓒ VISA. ✂
geschl. über Karneval, Juli - Aug. 3 Wochen, Donnerstag – **Menu** *à la carte* 23/44.
◆ Die rustikale Adresse stellt für hungrige Gäste ein nettes Plätzchen zum Rasten dar. Mit einem bürgerlichen Programm widmet sich die Küche des Hauses Ihrer Verköstigung.

LINSENGERICHT *Hessen siehe Gelnhausen.*

LINSTOW *Mecklenburg-Vorpommern* 416 *F 21 – 180 Ew – Höhe 69 m.*
Berlin 163 – Schwerin *92 – Rostock 60 – Neubrandenburg 70.*

Van der Valk Resort 📺, Krakower Chaussee 1, ⊠ 18292, ℘ (038457) 70, linstow@vandervalk.de, Fax (038457) 24565, 🍴, 🏊, 🔲, 🌡, ✂ (Halle) – 🛗 ⚿ 📺 📞 ⚓ 🅿 – 🔒 700, 🅰 ⓘ ⓒ VISA
Menu à la carte 17,50/26 – **94 Zim** 🛏 70 – 90.
◆ Eine beeindruckende Anlage mit schöner und großzügiger Badelandschaft. Ob Zimmer oder Ferienwohnung - es erwartet Sie stets zeitgemäßer Wohnkomfort. A la carte-Restaurant und verschiedene Themenrestaurants.

LIPPETAL *Nordrhein-Westfalen* 417 *K 8 – 11 000 Ew – Höhe 64 m.*
🛈 Lippetal-Lippborg, Ebbeckeweg 3 (West : 9 km), ℘ (02527) 81 91.
Berlin 453 – Düsseldorf 131 – Arnsberg *42 –* Bielefeld *78 – Dortmund 62 – Paderborn 47 – Soest 16.*

In Lippetal-Lippborg :

Gasthof Willenbrink mit Zim, Hauptstr. 10, ⊠ 59510, ℘ (02527) 2 08, gasthof@willenbrink.de, Fax (02527) 1402, 🍴 – ✂ Zim, 📺 🅿. ✂ Zim
geschl. 23. Dez. - 5. Jan., 28. Juli - 22. Aug. – **Menu** *(geschl. Montag, Feiertage) (nur Abendessen) à la carte* 21,50/36 – **6 Zim** 🛏 45 – 70.
◆ Hinter einer urtümlichen Fachwerkfassade kommen Sie in den Genuß regionaler Kreationen. Hier werden gute Produkte zu Gerichten mit viel Geschmack verarbeitet.

LIPPSPRINGE, BAD
Nordrhein-Westfalen **417** K 10 – 15 500 Ew – Höhe 123 m – Heilbad – Heilklimatischer Kurort.

🏌 🏌 Bad Lippspringe, Sennne 1 (West : 2 km), ℰ (05252) 5 37 94.

🛈 Tourist-Information, Marktplatz, ✉ 33175, ℰ (05252) 2 62 62, info@bad lippspringe.de, Fax (05252) 26266.

Berlin 385 – Düsseldorf 179 – Bielefeld 54 – Detmold 18 – Hannover 103 – Paderborn 9.

Park Hotel, Peter-Hartmann-Allee 4, ✉ 33175, ℰ (05252) 96 30, info@park hotel-lippspringe.bestwestern.de, Fax (05252) 963111, 😀, Massage, 🌡, 🏊 – 🛗, 🛌 Zim, 📺 ✆ 🅿 – 🔔 160. 🅰🅴 ⓘ 🆎 🆅🅸🆂🅰 ❌ Rest
Menu à la carte 21/33 – ☕ 12 – **100 Zim** 72/115 – 114/136 – ½ P 20.

• Mit solider Möblierung und guter Technik versehen, bieten Ihnen die großzügig geschnittenen Zimmer die Annehmlichkeiten einer neuzeitlichen Unterkunft. Wellnessbereich. Verschiedene Restauranträume erwarten Ihren Besuch.

Vital Hotel Ⓜ, Schwimmbadstr. 14, ✉ 33175, ℰ (05252) 96 41 00, reception@vital-hotel.de, Fax (05252) 964170, Massage, 🛀, 🌡, 🏊, 🏊 (Therme), 🛋 – 🛗, 🛌 Zim, 📺 🏊 ✆ 🅿 – 🔔 110. 🅰🅴 ⓘ 🆎 🆅🅸🆂🅰
Menu à la carte 17/29 – **108 Zim** ☕ 90/95 – 115 – ½ P 15.

• Wohnlichkeit und ein gutes Platzangebot kennzeichen das Innenleben Ihrer Behausung. Die moderne Ausstattung der Zimmer wird den Ansprüchen von heute gerecht. Im Restaurant haben Sie einen Blick auf das Geschehen im Thermalbad.

Gästehaus Scherf ⌘ garni (mit Gästehaus), Arminiusstr. 23, ✉ 33175, ℰ (05252) 20 40, kscherf@aol.com, Fax (05252) 204188, 🌡, 🏊, 🛋 – 🛗 📺 ✆ 🚗 🅿 🅰🅴 ⓘ 🆎 🆅🅸🆂🅰
58 Zim ☕ 50/95 – 75/105.

• Stammhaus, Gästehaus sowie die neue "Residenz" stellen dem Gast Zimmer in verschiedenen Ausführungen zur Wahl : elegant, wohnlich oder eine schlichtere Variante.

LIPPSTADT
Nordrhein-Westfalen **417** K 9 – 70 000 Ew – Höhe 77 m.

🏌 Lippstadt-Bad Waldliesborn, Gut Mentzelsfelde (Nord : 3 km), ℰ (02941) 81 01 10.

✈ bei Büren-Ahden, (Süd-Ost : 17 km über Geseke), ℰ (02955) 7 70.

🛈 Städt. Verkehrsverein, Rathaus, Lange Str. 14, ✉ 59555, ℰ (02941) 5 85 15, Fax (02941) 79717.

🛈 Kurverwaltung (Haus der Kurgäste), Bad Waldliesborn, Quellenstr. 72, ✉ 59559, ℰ (02941) 80 01234.

Berlin 436 – Düsseldorf 142 – Bielefeld 55 – Meschede 43 – Paderborn 31.

Lippe Residenz Ⓜ, Lipper Tor 1, ✉ 59555, ℰ (02941) 98 90, info@lippe-residenz.de, Fax (02941) 989529, 😀, Biergarten – 🛗, 🛌 Zim, ▪ Rest, 📺 🛀 🅿 – 🔔 80. 🅰🅴 ⓘ 🆎 🆅🅸🆂🅰
Menu à la carte 22,50/37 – **80 Zim** ☕ 95/105 – 133.

• Solide möbliert, funktionell sowie farblich hübsch gestaltet - so zeigen sich die Zimmer Ihres Domizils. Ob privat oder als Tagungsgast - hier Sie finden den passenden Rahmen. Beim Essen haben Sie die Wahl : Bistro oder Restaurant.

Lippischer Hof, Cappelstr. 3, ✉ 59555, ℰ (02941) 9 72 20, checkin@lippischer-hof-nrw.de, Fax (02941) 9722499 – 🛗, 🛌 Zim, 📺 ✆ 🛀 🚗 – 🔔 80. 🅰🅴 ⓘ 🆎 🆅🅸🆂🅰 🅹🅲🅱
Menu (geschl. Freitag - Samstag, Sonn- und Feiertage) (nur Abendessen) (Restaurant nur für Hausgäste) – **49 Zim** ☕ 80/91 – 99.

• Die Zimmer dieses Hotels sind in einheitlichem Stil eingerichtet, praktisch und neuzeitlich in der Ausstattung. Zu den Vorzügen des Hauses zählt zudem die zentrale Lage.

Fellini, Cappelstr. 44a, ✉ 59555, ℰ (02941) 92 41 50, Fax (02941) 910542, 😀 – 🆎 🆅🅸🆂🅰 ❌
geschl. Sonntag – **Menu** (nur Abendessen) (italienische Küche) à la carte 26/42.

• Das Restaurant ist in einem Fachwerkhaus aus dem 18. Jh. untergebracht und gefällt mit neuzeitlich-eleganter Aufmachung. Blickfang ist die offene Küche.

Drei Kronen mit Zim, Marktstr. 2, ✉ 59555, ℰ (02941) 31 18, info@drei-kronen-lippstadt.de, Fax (02941) 59557 – 📺 🅿 – 🔔 50. 🅰🅴 ⓘ 🆎 🆅🅸🆂🅰 ❌
geschl. Juli - Aug. 2 Wochen – **Menu** (geschl. Montag, Samstagmittag) 23/39 à la carte 22/44 – **9 Zim** ☕ 59/62 – 80/82.

• Freundlich gestaltete Räumlichkeiten stellen ein schönes Ambiente für genußvolle Stunden dar. Man serviert Ihnen sorgfältig Zubereitetes nach internationaler Art.

In Lippstadt-Bad Waldliesborn Nord : 5 km – Heilbad :

Jonathan, Parkstr. 13, ✉ 59556, ℰ (02941) 88 80, info@hotel-jonathan.de, Fax (02941) 82310, 😀, Biergarten – 📺 🅿 – 🔔 25. 🅰🅴 ⓘ 🆎 🆅🅸🆂🅰
Menu (geschl. Montagmittag) à la carte 17/34,50 – **62 Zim** ☕ 56/62 – 98.

• Die Gästezimmer sich auf das ursprüngliche Hotel und zwei neuere Anbauten. Sinnvoll bestückt, eignet sich Ihr Refugium auch für längere Besuche. Das Restaurant : eine nette rustikale Adresse.

LIPPSTADT

Kurhotel Provinzial, Im Eichholz 1, ✉ 59556, ✆ (02941) 95 50, info@kurhotel-provinzial.com, Fax (02941) 955455, 🍽 – 📶, ⚡ Zim, 📺 ☎ 🅿 – 🛋 115. AE ⓘ VISA
Menu à la carte 16/37 – **65 Zim** ⊇ 60/80 – 93/113 – ½ P 13.
♦ Direkt am Kurpark liegt diese gepflegte Adresse, die Reisende mit einem funktionellen Quartier überzeugt. Jedes der Zimmer verfügt über einen Balkon. Holzmobiliar und eine integrierte Theke geben dem Restaurant einen rustikalen Touch.

Parkhotel Ortkemper, Im Kreuzkamp 10, ✉ 59556, ✆ (02941) 88 20, park hotel.ortkemper@t-online.de, Fax (02941) 88240, 🍽, 🐕, ☎ – 📶 📺 ♿ 🅿 – 🛋 40. VISA, 🚭 Rest
Menu à la carte 16/31 – **45 Zim** ⊇ 42 – 64/68.
♦ Direkt am Kurpark plaziert, gewährt Ihnen Ihr Domizil einen geruhsamen Aufenthalt. Die Räume sind mit hellem Mobiliar eingerichtet und mit einem zeitgemäßen Inventar versehen. Dunkle Holzbalken geben dem Restaurant einen gemütlichen Charakter.

Hubertushof, Holzstr. 8, ✉ 59556, ✆ (02941) 85 40, Fax (02941) 82585, 🍽 – 📺 ☎ 🅿 – 🛋 120. ⓘ 🚭
geschl. 20. Dez. – 10. Jan. – Menu (geschl. Montag, im Winter Sonntagabend - Montag) à la carte 18/32 – **14 Zim** ⊇ 45 – 80 – ½ P 15.
♦ Sind Sie auf der Suche nach einer praktischen Unterkunft für unterwegs? Gepflegte Zimmer schaffen die Basis für einen erholsamen Besuch - in verkehrsgünstiger Lage. Eichengebälk aus dem 17. Jh. schmückt das rustikale Interieur des Restaurants.

LIST Schleswig-Holstein siehe Sylt (Insel).

LOBENSTEIN Thüringen 418 420 O 18 – 7 500 Ew – Höhe 560 m – Moorheilbad.
🛈 Fremdenverkehrsamt, Graben 18, ✉ 07356, ✆ (036651) 25 43, Fax (036651) 2543.
Berlin 296 – Erfurt 143 – Coburg 74 – Plauen 55 – Hof 33.

Markt-Stuben, Markt 24, ✉ 07356, ✆ (036651) 82 70, Fax (036651) 82727, 🍽 – 📺 AE ⓘ ⓘ VISA
geschl. Feb. 2 Wochen – Menu (geschl. Sonntagabend) à la carte 12,50/26,50 – **13 Zim** ⊇ 40/45 – 70/75 – ½ P 10.
♦ Die Zimmer Ihres vorübergehenden Wohnsitzes präsentieren sich teils im ländlich-rustikalen Stil, teils in modernem Design - stets in praktischer Machart. Die schlicht gestaltete Gaststube hält für Einkehrende ein nettes Plätzchen bereit.

Schwarzer Adler, Wurzbacher Str. 1 (B 90), ✉ 07356, ✆ (036651) 8 89 29, Fax (036651) 88931, ☎ – 📺 🅿 – 🛋 15. AE ⓘ ⓘ VISA
Menu à la carte 14/22,50 – **16 Zim** ⊇ 37/42 – 62/80 – ½ P 8.
♦ Das historische Gebäude - von Grund auf neu gestaltet - hat sich das Wohlbefinden Reisender zum Ziel gemacht. Ein Bustransfer steht für Ausflüge zur Verfügung. Grünpflanzen schmücken das Restaurant.

LOCHAU Österreich siehe Bregenz.

LODDIN Mecklenburg-Vorpommern siehe Usedom (Insel).

LÖBAU Sachsen 418 M 28 – 17 000 Ew – Höhe 260 m.
🛈 Löbau-Information, Altmarkt 1, ✉ 02708, ✆ (03585) 45 04 50, Fax (03585)450452.
Berlin 220 – Dresden 84 – Görlitz 25 – Bautzen 21.

Stadt Löbau, Elisenstr. 1, ✉ 02708, ✆ (03585) 86 18 30, hotel-stadt-loebau@t-online.de, Fax (03585) 862086 – 📺 – 🛋 30. AE ⓘ VISA
Menu à la carte 12/21 – **35 Zim** ⊇ 50 – 68.
♦ Sie beziehen ein zeitgemäßes Quartier - mal in dunklem, mal in hellem Holz eingerichtet. Die Gastlichkeit des familiär geführten Hauses werden auch Sie schätzen. Sehr gepflegt zeigt sich das bürgerlich gestaltete Restaurant.

Auf dem Rotstein Ost : 6 km über die B 6 – Höhe 455 m :

Berghotel Rotstein, ✉ 02894 Sohland, ✆ (035828) 7 07 77, Fax (035828) 70777, ≤, 🍽, 🐕 – 📺 🅿 – 🛋 45. AE ⓘ
Menu à la carte 13/19 – **18 Zim** ⊇ 35 – 50.
♦ Ihr Refugium befindet sich auf einer der schönsten Erhebungen der Oberlausitz. Kinderfreundlichkeit und ein funktionelles Innenleben zeichnen das Haus aus. Lassen Sie sich in zwangloser, familiärer Atmosphäre zum Speisen nieder.

LÖBAU

In Schönbach Süd-West : 7,5 km :

Kretscham, Löbauer Str. 1, ⊠ 02708, ℘ (035872) 36 50, kretscham_schoenbach@t-online.de, Fax (035872) 36555, 壽 – 📺 🅿 🕮 VISA
Menu à la carte 8/16,50 – **11 Zim** ⊊ 31 – 47.
♦ Ob auf der Durchreise oder als Urlauber - hier steht ein praktisches Quartier für Sie bereit. Der sympathische Landgasthof wartet mit behaglichen Zimmern auf Ihren Besuch. Im ländlich eingerichteten Restaurant freuen sich Gaumen und Geldbeutel.

LÖCHGAU Baden-Württemberg **419** S 11 – 5 000 Ew – Höhe 260 m.
Berlin 615 – Stuttgart 32 – Ludwigsburg 25 – Pforzheim 37.

Zur Krone, Hauptstr. 63, ⊠ 74369, ℘ (07143) 1 82 17, Fax (07143) 961558, 壽
geschl. Mittwoch, Samstagmittag – **Menu** à la carte 23/34.
♦ Hinter historischen Mauern verbirgt sich ein gemütliches Ambiente - Holzbalken und ein nettes Dekor zieren den Raum. Man bewirtet Sie nach regionaler oder internationaler Art.

LÖF Rheinland-Pfalz **417** P 6 – 2 100 Ew – Höhe 85 m.
Berlin 619 – Mainz 94 – Koblenz 30 – Trier 112 – Cochem 26.

In Löf-Kattenes :

Langen (mit Gästehaus), Oberdorfstr. 6, ⊠ 56332, ℘ (02605) 45 75, hotel.langen@t-online.de, Fax (02605) 4348, 壽, 龠 – 📺 🅿 🕮 ⓘ 🕮 VISA JCB, ⚙ Zim
geschl. Weihnachten - Anfang Jan., März – **Menu** (geschl. Dienstagmittag) à la carte 13/24 – **27 Zim** ⊊ 26/31 – 46/52.
♦ Freundliche Gästezimmer mit Balkon stellen Ihre Behausung auf Zeit dar. Sie werden diese Herberge als Ausgangspunkt für vielfältige Ausflüge im Moseltal schätzen. Räumlichkeiten in schlichter Gestaltung bieten sich zum Einkehren an.

LÖFFINGEN Baden-Württemberg **419** W 9 – 7 500 Ew – Höhe 802 m – Erholungsort – Wintersport : 800/900 m ⚡1 ⚜.
🅱 Tourist-Information, Rathausplatz 14, ⊠ 79843, ℘ (07654) 4 00, Fax (07654) 77250.
Berlin 762 – Stuttgart 139 – Freiburg im Breisgau 47 – Donaueschingen 16 – Schaffhausen 51.

In Löffingen-Reiselfingen Süd : 3,5 km :

Schwarzwaldgasthof Sternen ⚙, Mühlezielstr. 5, ⊠ 79843, ℘ (07654) 3 41, Fax (07654) 7363, 壽, 龠 – 📺 🅿 🕮 VISA
geschl. März 2 Wochen – **Menu** (geschl. Mittwoch - Donnerstag) à la carte 24/38 – **12 Zim** ⊊ 26/30 – 52/60 – ½ P 11.
♦ Hinter der ländlichen Fassade dieser Adresse beziehen Sie ein nettes Quartier. Zimmer in rustikalem Stil präsentieren sich dem Gast als heimeliges Plätzchen. Wählen Sie zum Speisen die urige Stube des Hauses - viel Holz schafft eine gemütliche Atmosphäre.

LÖHNBERG Hessen siehe Weilburg.

LÖHNE Nordrhein-Westfalen **417** J 10 – 39 000 Ew – Höhe 60 m.
🚉 Löhne, Auf dem Stickdorn 63 (Süd-Ost : 10 km Richtung Exter), ℘ (05228) 70 50.
Berlin 370 – Düsseldorf 208 – Bielefeld 39 – Hannover 85 – Herford 12 – Osnabrück 53.

Schewe ⚙, Dickendorner Weg 48 (Ort), ⊠ 32584, ℘ (05732) 9 80 30, hotel-schewe@t-online.de, Fax (05732) 980399, Biergarten – ⚙ Zim, 📺 ☎ 🅿 🕮 🕮 VISA
geschl. Jan. 1 Woche – **Menu** (geschl. Freitagmittag, Samstagmittag, Sonntagmittag) à la carte 24/42 – **25 Zim** ⊊ 42/49 – 70/75.
♦ Gepflegte Gästezimmer mit einer sinnvollen Ausstattung bieten Ihnen die Annehmlichkeiten, die Sie von einer zeitgemäßen Unterkunft erwarten - für eine Nacht oder länger. Elegant-rustikal präsentiert sich die Einrichtung des Restaurants.

LÖNINGEN Niedersachsen **415** H 7 – 14 000 Ew – Höhe 35 m.
🅱 Touristinformation, Langenstr. 38, ⊠ 49624, ℘ (05432) 8 03 70, touristinfo@loeningen.de, Fax (05432) 803727.
Berlin 290 – Bremen 88 – Nordhorn 65 – Enschede 101 – Osnabrück 60 – Hannover 170.

Rüwe ⚙, Parkstr. 15, ⊠ 49624, ℘ (05432) 9 42 00, hotel-restaurant.ruewe@t-online.de, Fax (05432) 942011, 壽 – ⚙ Zim, 📺 ☎ – 🛣 30. VISA ⚙ Zim
geschl. Anfang Jan. 1 Woche – **Menu** (geschl. Montag) à la carte 20/30,50 – **10 Zim** ⊊ 45/55 – 70/85.
♦ Parkettboden und eine freundliche Einrichtung geben den Zimmern dieses netten Hauses einen wohnlichen Charakter. Den modernen Hotelkomfort werden Sie schätzen. Helle Farbtöne dominieren im Restaurant.

LÖNINGEN

Le Cha Cha Cha, Langenstr. 53, ✉ 49624, ℰ (05432) 5 85 60, info@lechachacha.de, Fax (05432) 58562, 🍴 – 🅿 – 🛋 360. ⦾ ⦿ VISA. ✵
geschl. Montag - Dienstagmittag – **Menu** à la carte 28/41 ♀ – **Flo's Bistro : Menu** à la carte 20,50/35.

◆ Helle Farben, ein Kachelofen und gut eingedeckte Tische prägen das Innenleben dieses Lokals. Ein klassisches Angebot an Gerichten steht zur Wahl. Flo's Bistro mit modernem Ambiente.

LÖRRACH Baden-Württemberg 419 X 7 – 46 000 Ew – Höhe 294 m.

Ausflugsziel : Burg Röttelnꞏ, Nord : 3 km.

🚗 Bahnhofstraße.

🛈 Touristinformation im Burghof, Herrenstr. 5, ✉ 79539, ℰ (07621) 9 40 89 13, ticket@burghof.com, Fax (07621) 9408914.

ADAC, Bahnhofsplatz 2.

Berlin 862 – Stuttgart 265 – Freiburg im Breisgau 70 – Basel 9 – Donaueschingen 96 – Zürich 83.

Villa Elben ⚭ garni, Hünerbergweg 26, ✉ 79539, ℰ (07621) 20 66, info@villa-elben.de, Fax (07621) 43280, ≤, 🌳, – 🛗 ≋ TV 🅿 ⛉ ⦾ ⦿ VISA JCB
34 Zim ⚌ 62/75 – 77/95.

◆ Ob Sie in der schönen Villa mit Park Ihr Quartier beziehen oder im neueren Hotelanbau wohnen, man beherbergt Sie in funktionellen Räumen - teils mit stilvollem Mobiliar.

Parkhotel David garni, Turmstr. 24, ✉ 79539, ℰ (07621) 3 04 10, info@parkhotel-david.de, Fax (07621) 88827 – 🛗 ≋ TV 🅿 🛋 40. ⛉ ⦾ ⦿ VISA JCB
37 Zim ⚌ 65/70 – 85/90.

◆ Im Zentrum der Stadt finden Sie eine Beherbergung, die mit einer neuzeitlichen Gestaltung den Ansprüchen von Tagenden wie auch privat Reisenden gerecht wird.

Stadt-Hotel garni, Weinbrennerstr. 2, ✉ 79539, ℰ (07621) 4 00 90, info@stadthotel-loerrach.de, Fax (07621) 400966 – 🛗 ≋ TV ☎ 🚗. ⛉ ⦾ ⦿ VISA
30 Zim ⚌ 60/75 – 80/105.

◆ Sie logieren in behaglichen Doppelzimmern - einheitlich in Mahagoni gehalten und praktisch ausgestattet. Für mehr Komfort wählen Sie eines der beiden Appartements.

Meyerhof Ⓜ garni, Basler Str. 162, ✉ 79539, ℰ (07621) 9 34 30, Fax (07621) 934343 – 🛗 ≋ TV ☎ 🚗. ⛉ ⦾ ⦿ VISA. ✵
31 Zim ⚌ 65/70 – 90/100.

◆ Ihre Bleibe befindet sich in verkehrsberuhigter Innenstadtlage. Die Zimmer unterscheiden sich in Zuschnitt und Art des Mobiliars - alle mit solidem und gepflegtem Inventar.

Zum Kranz mit Zim, Basler Str. 90 (B 317), ✉ 79540, ℰ (07621) 8 90 83, info@kranz-loerrach.de, Fax (07621) 14843, 🍴 – ⛉ ⦾ ⦿ VISA
Menu (geschl. Sonntag - Montagmittag) (Tischbestellung ratsam) à la carte 27,50/43,50 – **9 Zim** ⚌ 50/60 – 80/92.

◆ Die Karte lockt mit Klassischem sowie mit Gerichten der Saison - hier schmeckt man die sorfältige Verarbeitung guter Produkte. Ein engagierter Service berät Sie gerne.

Am Burghof Ⓜ mit Zim, Herrenstr. 3, ✉ 79539, ℰ (07621) 94 03 80, burghof.restaurant@t-online.de, Fax (07621) 9403838, 🍴 – 🛗 TV ☎ 🚗. ⛉ ⦿ VISA. ✵ Zim
Menu (geschl. Sonntag) à la carte 23/39 – **8 Zim** ⚌ 69/85 – 98/110.

◆ Im ersten Stock des Hauses lassen Sie sich in modernem Ambiente zum Speisen nieder. Auf den Tisch kommen internationale Zubereitungen.

In Lörrach-Brombach Nord-Ost : 4 km :

Sporthotel Impulsiv, Beim Haagensteg 5 (im Freizeitcenter), ✉ 79541, ℰ (07621) 95 41 10, impulsiv.loerrach@t-online.de, Fax (07621) 9541139, 🏋, ≋, ✵(Halle) Squash – ≋ TV ☎ 🅿. ⛉ ⦾ ⦿ VISA
Menu (geschl. Montag) (nur Abendessen) à la carte 15/26 **21 Zim** ⚌ 60/67 – 80/85.

◆ Eine neuzeitliche Einrichtung und Funktionalität kennzeichnen die Zimmer Ihres vorübergehenden Wohnsitzes - teils mit Parkettboden, teils auch mit kleiner Terrasse.

In Lörrach-Haagen Nord-Ost : 3,5 km :

Burgschenke Rötteln, in der Burg Rötteln, ✉ 79541, ℰ (07621) 5 21 41, burgschenke@t-online.de, Fax (07621) 52108, ≤, 🍴, Biergarten – 🅿. ⦿ VISA
geschl. über Fastnacht 2 Wochen, Sonntag - Montag – **Menu** 35/48 à la carte 25/43,50.
◆ Gemütlich dekorierte Garträume laden zum Verweilen ein. Internationales läßt verschiedene Geschmäcker auf Ihre Kosten kommen - eine gute Auswahl an Weinen bereichert Ihr Mahl.

LÖRRACH

An der B 316 Süd-Ost : 4 km :

XX **Landgasthaus Waidhof**, ✉ 79594 Inzlingen, ℘ (07621) 26 29, Fax (07621) 166265, 🍴 – 🅿. 🆎
geschl. Feb. 2 Wochen, Juli 2 Wochen, Samstagmittag, Sonntagabend - Montag – **Menu** à la carte 33,50/49.
♦ Klassisch gestaltete Räumlichkeiten schaffen das passende Umfeld für gemütliche Stunden. An einem der gut eingedeckten Tische speisen Sie nach internationaler Art.

In Inzlingen Süd-Ost : 6 km :

🏨 **Krone** Ⓜ (mit Gästehaus), Riehenstr. 92, ✉ 79594, ℘ (07621) 22 26, info@krone-inzlingen.de, Fax (07621) 2245, 🍴 – 🛏 Zim, 📺 ℡ 🅿 – 🛐 25. 🅰🅴 🆎 🆅🅸🆂🅰
Menu (geschl. Montag) à la carte 24/37,50 – **23 Zim** ⊇ 50/65 – 79/90.
♦ Ein individuelles Interieur, ein neuzeitlicher Stil sowie die gute technische Ausstattung machen aus einfachem Übernachten einen behaglichen Aufenthalt. Sie speisen in bürgerlichem Ambiente oder unter freiem Himmel.

XXX **Inzlinger Wasserschloß** (mit Gästehaus), Riehenstr. 5, ✉ 79594, ℘ (07621) 4 70 57, Fax (07621) 13555, 🍴 – 📺 🅿. 🆎 🆅🅸🆂🅰
Menu (geschl. Ende Feb. - Mitte März, Dienstag - Mittwoch) (Tischbestellung ratsam) 56/81 und à la carte – **Schloss Beitzle** (geschl. Ende Feb. - Mitte März, Dienstag - Mittwoch) **Menu** à la carte 32/45 – **12 Zim** ⊇ 57 – 93.
♦ Hinter historischen Mauern aus dem 15. Jh. - umgeben von einem Wassergraben - tischt man Ihnen internationale Speisen auf. Eine elegante Note bereichert den gepflegten Rahmen. Das Schloss Beitzle ist ein rustikales Kellerrestaurant.

LÖWENSTEIN Baden-Württemberg 419 S 12 – 3 000 Ew – Höhe 384 m – Erholungsort.
Berlin 595 – Stuttgart 38 – Heilbronn 18 – Schwäbisch Hall 30.

X **Lamm** mit Zim, Maybachstr. 43, ✉ 74245, ℘ (07130) 40 19 50, assenheimer-lamm-loewenstein@t-online.de, Fax (07130) 514 – 📺 🅿
geschl. Jan. 1 Woche, Aug. 2 Wochen – **Menu** (geschl. Montag) 14,50 à la carte 19/32 – **8 Zim** ⊇ 40 – 60.
♦ Ein familiär geführter Landgasthof im Zentrum des Weinorts. Im ländlichen Rahmen der mit Polsterbänken und -stühlen ausgestatteten Gaststube pflegt man eine regionale Küche.

LOHBERG Bayern 420 S 23 – 2 100 Ew – Höhe 650 m – Erholungsort – Wintersport : 550/1456 🎿.
🅱 Tourist-Information, Rathausweg 1a, ✉ 93470, ℘ (09943) 94 13 13, tourist@lohberg.de, Fax (09943) 941314.
Berlin 519 – München 205 – Passau 88 – Cham 44 – Deggendorf 62.

In Lohberg-Altlohberghütte Ost : 3 km in Richtung Bayerisch-Eisenstein – Höhe 900 m :

🏨 **Berghotel Kapitän Goltz** 🦢, ✉ 93470, ℘ (09943) 13 87, kapitaen-goltz@t-online.de, Fax (09943) 2236, ≤, 🍴, 🎱, 🛋, 🐎 – 📺 🅿. 🅰🅴 ⓞ 🆎 🆅🅸🆂🅰
Menu à la carte 16/31 – **13 Zim** ⊇ 27/30 – 42/54 – ½ P 9.
♦ Ein kleines Refugium mit Zimmern in Südhanglage steht zum Einzug bereit. Wählen Sie zwischen solide gestalteten Räumen in hellem Naturholz und einer einfacheren Variante. Helle Holztäfelung und Kachelofen machen das Restaurant behaglich.

In Lohberg-Silbersbach Nord-West : 6 km in Richtung Lam :

🏨 **Osserhotel** 🦢, Silbersbach 12, ✉ 93470, ℘ (09943) 9 40 60, info@osserhotel.de, Fax (09943) 2881, ≤, 🍴, Wildgehege, 🛋, 🔲, 🐎 – 🛏 Zim, 📺 🅿. ✂ Rest
geschl. 23. März - 16. April, 27. Okt. - 24. Dez. – **Menu** (nur Abendessen) (Restaurant nur für Hausgäste) – **39 Zim** ⊇ 43/45 – 76/88.
♦ Im Gästehaus wie auch im Stammhaus steht ein behagliches Plätzchen für Sie bereit. Die Lage des Hauses verspricht erholsame Ruhe. Sie speisen unter einem Ziegelgewölbe.

LOHMAR Nordrhein-Westfalen 417 N 5 – 26 800 Ew – Höhe 75 m.
🅱 Lohmar-Wahlscheid, Schloss Auel (Nord-Ost : 9 km), ℘ (02206) 86 62 59.
Berlin 587 – Düsseldorf 63 – Bonn 16 – Siegburg 5 – Köln 23.

In Lohmar-Wahlscheid Nord-Ost : 4 km :

🏨 **Landhotel Naafs-Häuschen**, an der B 484 (Nord-Ost : 2 km), ✉ 53797, ℘ (02206) 60 80, reception@naaf.de, Fax (02206) 608100, 🍴, Biergarten, 🛋, 🐎 – 📺 ℡ 🅿 – 🛐 50. 🅰🅴 ⓞ 🆎 🆅🅸🆂🅰 ✂ Zim
Menu à la carte 22,50/41 – **44 Zim** ⊇ 95/105 – 125.
♦ Ob Sie alleine reisen oder mit der Familie, ins geschäftlich oder privat - sinnvoll ausgestattete Gästezimmer in zeitgemäßer Machart bieten stets den passenden Rahmen. Ein Teil des Restaurants befindet sich im ehemaligen Kuhstall.

LOHMAR

Aggertal-Hotel Zur alten Linde, Bartholomäusstr. 8, ⊠ 53797, ℰ (02206) 9 59 30, *aggertalhotelzuraltenlinde@t-online.de*, Fax (02206) 959345, 🍴, 🛏, 🚗 – 📺 📞 🅿 – 🔒 40. AE ⓞ ⓜ VISA JCB. ❀ Rest
geschl. Juli – Aug. 2 Wochen – **Menu** *(geschl. Sonn- und Feiertage, Montagmittag)* à la carte 24,50/50 – **27 Zim** ⊇ 100/115 – 115/145.
  ◆ "Sympathische Tradition für anspruchsvolle Gäste" ist das Motto des Hauses. Gepflegte Zimmer mit einer soliden Technik ersetzen für einige Zeit Ihre eigenen vier Wände. In rustikalem Ambiente bittet man seine Gäste zu Tisch.

Haus Säemann, Am alten Rathaus 17, ⊠ 53797, ℰ (02206) 8 30 11, *info@haus-saemann.de.de*, Fax (02206) 83017, Biergarten – 📺 🚗 🅿 AE ⓞ ⓜ
Menu *(geschl. Montag)* à la carte 19,50/34 – **15 Zim** ⊇ 55/80 – 80.
  ◆ Sind Sie auf der Durchreise und suchen nach einer bequemen Unterkunft? Mit ihrem praktischen Inventar ermöglichen Ihnen die Zimmer einen netten Besuch. Im ersten Stock begrüßt Sie ein gediegenes Restaurant.

LOHME *Mecklenburg-Vorpommern siehe Rügen (Insel).*

LOHMEN KREIS SÄCHSISCHE SCHWEIZ *Sachsen* 418 *N 26 – 3 200 Ew – Höhe 237 m.*
Berlin 220 – Dresden 27 – Pirna 7.

Landhaus Nicolai, Basteistr. 122, ⊠ 01847, ℰ (03501) 5 81 20, *landhaus-nicolai@sachsenhotels.de*, Fax (03501) 581288 – ❀ Zim, 📺 📞 ⚓ 🅿 AE ⓜ VISA
Menu à la carte 15/26 – **39 Zim** ⊇ 54 – 76/80.
  ◆ Die neuzeitliche Einrichtung dieses ansprechenden Urlaubsdomizils sorgt für komfortables Wohnen – die Gästezimmer im Erdgeschoß verfügen über eine Sonnenterrasse. In freundlichem Design gestaltet, empfängt Sie die Nicolaistube.

LOHNE *Niedersachsen* 415 *I 8 – 20 200 Ew – Höhe 34 m.*
Berlin 409 – Hannover 123 – Bremen 80 – Oldenburg 61 – Osnabrück 50.

Business garni, Am Bahnhof 12, ⊠ 49393, ℰ (04442) 9 34 30, *info@lohne-business-hotel.de*, Fax (04442) 934310 – ❀ 📺 📞 🅿 – 🔒 25. ⓜ VISA
⊇ 7 – **37 Zim** 43 – 51.
  ◆ Das Hotelteam ist stets bemüht, Ihren Ansprüchen an eine moderne Unterkunft gerecht zu werden. Nette, zeitgemäße Zimmer schaffen die Basis für einen gelungenen Aufenthalt.

Wilke mit Zim, Brinkstr. 43, ⊠ 49393, ℰ (04442) 7 33 70, *info@hotel-wilke.de*, Fax (04442) 73372 – 📺 📞 🅿 AE ⓜ VISA. ❀ Rest
Menu *(geschl. Donnerstag) (nur Abendessen)* à la carte 20,50/32 – **5 Zim** ⊇ 41 – 57.
  ◆ Freunde der bürgerlichen Küche werden in schlicht gestalteten Räumlichkeiten ganz nach ihren Vorstellungen verköstigt. Beschließen Sie den Tag mit einem leckeren Essen.

LOHR AM MAIN *Bayern* 417 *Q 12 – 17 000 Ew – Höhe 162 m.*
🛈 *Tourist-Information, Schloßplatz 5,* ⊠ *97816,* ℰ *(09352) 84 84 60, Fax (09352) 8488460.*
Berlin 521 – München 321 – Würzburg 56 – Aschaffenburg 35 – Bad Kissingen 51.

Bundschuh (mit Gästehaus), Am Kaibach 7, ⊠ 97816, ℰ (09352) 8 76 10, *email@hotelbundschuh.de*, Fax (09352) 876139, 🚗 – ⌺, ❀ Zim, 📺 📞 🚗 🅿 AE ⓞ ⓜ VISA
❀
geschl. 22. Dez. – 15. Jan. – **Menu** *(geschl. Sonntag) (nur Abendessen)* (Restaurant nur für Hausgäste) – **34 Zim** ⊇ 58/75 – 84/102.
  ◆ Unterschiedlich in Größe und Einrichtung, mal in Naturholz, mal mehr rustikal oder auch neuzeitlich hell – so präsentieren sich die Zimmer Ihrer Herberge.

In Lohr-Sendelbach *Süd-Ost : 1 km :*

Zur alten Post, Steinfelder Str. 1, ⊠ 97816, ℰ (09352) 8 75 20, *landhotelpost@aol.com*, Fax (09352) 875224, Biergarten – 📺 🅿 AE ⓜ VISA
geschl. Jan. 3 Wochen – **Menu** *(geschl. Montagmittag, Mittwoch)* à la carte 19/35 – **Postillion-Stuben** (Tischbestellung erforderlich) *(geschl. Mittwoch) (nur Abendessen)*
Menu à la carte 31,50/47 – **12 Zim** ⊇ 43/56 – 72/82.
  ◆ Auf Ihrer Reise durch den Spessart finden Sie hier eine praktische Behausung. Einfache Gästezimmer in einheitlicher Aufmachung stehen Ihnen zur Verfügung. Lassen Sie sich im rustikalen Ambiente der Gaststube zu einer Rast nieder. Gehobene Küche im Stüberl.

LOHR AM MAIN

In Lohr-Wombach *Süd : 2 km :*

🏨 **Spessarttor** (mit Gästehaus), Wombacher Str. 140, ⊠ 97816, ℘ (09352) 8 73 30, Fax (09352) 873344, 🍽 – ⇆ Zim, 📺 ✆ 🅿 🆎 ⓞ 🆎 🆅🅸🆂🅰
Menu *(geschl. Feb. 2 Wochen, Aug. 3 Wochen, Montag - Dienstag)* à la carte 20/31 – **35 Zim** ⊋ 48/60 – 72/85.
♦ Die helle Landhaus-Möblierung macht die Zimmer des Hotels zu einer wohnlichen Bleibe, im Gästehaus beziehen Sie ein etwas schlichteres Quartier - zeitgemäß bestückt. Ein ländlich-rustikales Flair prägt das Innenleben des Restaurants.

LOICHING *Bayern siehe Dingolfing.*

LONGUICH *Rheinland-Pfalz* 417 *Q 4 – 1 200 Ew – Höhe 150 m.*
Berlin 709 – Mainz 140 – Trier *15.*

🏨 **Zur Linde** (mit Gästehaus), Cerisierstr. 10, ⊠ 54340, ℘ (06502) 55 82, Fax (06502) 7817, 🍽 – 📺 🅿
geschl. Feb. 2 Wochen – **Menu** *(geschl. Montag)* à la carte 17/30 – **13 Zim** ⊋ 35 – 55 – ½ P 13.
♦ Am Rande des Ortes steht für Reisende eine saubere und praktische Unterkunft bereit. Dörfliche Atmosphäre und die Nähe zu Trier sind Vorzüge dieses kleinen Weinortes. Farbige Wände und Stühle im Landhausstil prägen das Interieur des Restaurants.

Die in diesem Führer angegebenen Preise folgen
der Entwicklung der allgemeinen Lebenshaltungskosten.
Lassen Sie sich bei der Zimmerreservierung den endgültigen
Preis vom Hotelier mitteilen.

LONSHEIM *Rheinland-Pfalz siehe Alzey.*

LORCH *Baden-Württemberg* 419 *T 13 – 9 200 Ew – Höhe 288 m.*
🏌 *Lorch, Hetzenhof 7, ℘ (07172) 9 18 00.*
Berlin 592 – Stuttgart *45 – Göppingen 18 – Schwäbisch Gmünd 8.*

🏨 **Sonne,** Stuttgarter Str. 5, ⊠ 73547, ℘ (07172) 73 73, Fax (07172) 8377, Biergarten – 📺 🅿 🆎
Menu *(geschl. 15. Okt. - 15. Nov., Freitag) (Montag - Donnerstag nur Abendessen)* à la carte 19/36 – **27 Zim** ⊋ 35/45 – 55/75.
♦ Die zentrale Lage macht dieses Haus für Feriengäste ebenso interessant wie für Geschäftsreisende. Der Fachwerk-Gasthof von 1724 beherbergt Sie in praktischen Zimmern. Zum Essen nehmen Sie Platz in einem der ländlich gestalteten Räume.

LORSCH *Hessen* 417 419 *R 9 – 12 100 Ew – Höhe 100 m.*
Sehenswert *: Königshalle★.*
🛈 *Kultur- und Verkehrsamt, Marktplatz 1, ⊠ 64653, ℘ (06251) 5 96 74 00, Fax (06251) 5967400.*
Berlin 595 – Wiesbaden 65 – Mannheim *35 – Darmstadt 29 – Heidelberg 34 – Worms 15.*

✕✕✕ **Zum Schwanen,** Nibelungenstr. 52, ⊠ 64653, ℘ (06251) 5 22 53, Fax (06251) 588842, 🍽 – 🆎
geschl. Jan. 1 Woche, Juni 1 Woche, Okt. 1 Woche, Montag – **Menu** *(wochentags nur Abendessen)* (Tischbestellung ratsam) à la carte 32/44.
♦ Dunkles Holz und ein nettes Dekor tragen zum elegant-rustikalen Interieur dieser Adresse bei. Eine gehobene Küche versorgt Sie am Abend mit einem leckeren Mahl.

LOSHEIM *Saarland* 417 *R 4 – 16 500 Ew – Höhe 300 m – Erholungsort.*
Berlin 745 – Saarbrücken *58 –* Trier *40 – Luxembourg 55.*

Am Stausee *Nord : 1 km :*

🏨 **Seehotel** 🦢, Zum Stausee 202, ⊠ 66679 Losheim, ℘ (06872) 6 00 80, info@seehotel-losheim.de, Fax (06872) 600811, ≤, 🍽, ≋ – 🛗, ⇆ Zim, 📺 🅿 – 🅰 50. 🆎 🆎 🆅🅸🆂🅰
Menu à la carte 16/33 – **42 Zim** ⊋ 50/65 – 80/85 – ½ P 13.
♦ Mobiliar und technische Ausstattung werden Ihren Ansprüchen an ein funktionelles Domizil gerecht. Die leicht erhöhte Lage gewährt Ihnen einen schönen Ausblick. Gediegenes Restaurant und gemütliche Bauernstube.

LOSSBURG
Baden-Württemberg 419 U 9 – 6 900 Ew – Höhe 666 m – Luftkurort – Wintersport : 650/800 m ≰1 ⩘.

🛈 Lossburg-Information, Hauptstr. 46 (Kinzig-Haus), ✉ 72290, ℰ (07446) 9 50 60, lossburg-information@lossburg.de, Fax (07446) 950610.

Berlin 718 – Stuttgart 100 – Karlsruhe 86 – Freudenstadt 8,5 – Villingen-Schwenningen 60.

Hirsch, Hauptstr. 5, ✉ 72290, ℰ (07446) 9 50 50, hirsch.lossburg@t-online.de, Fax (07446) 950555, Biergarten – 🛗 TV 📞 ➪ 🅿 ⓶ VISA
geschl. 3. - 24. Jan. – **Menu** à la carte 16,50/30,50 – **34 Zim** ⌇ 48/65 – 73/95 – ½ P 14.

♦ Kürzlich renovierte Zimmer im Landhausstil oder geräumige Quartiere in hellem oder dunklem Holz dienen Ihrer Beherbergung - solide und funktionell in der Gestaltung. Ein charmantes Ambiente umgibt Sie beim Speisen.

In Lossburg-Oedenwald West : 3 km :

Adrionshof ⬱, ✉ 72290, ℰ (07446) 95 60 60, mail@adrionshof.de, Fax (07446) 9560629, Massage, ⇌, 🞎, 🞏 – TV ➪ 🅿
geschl. Mitte Okt. - Nov. – **Menu** à la carte 15/30,50 – **19 Zim** ⌇ 37/40 – 68/72 – ½ P 12.

♦ Ein hübsches Refugium in regionstypischem Stil bietet sich mit seinem sinnvollen Innenleben für geruhsame Urlaubstage an - seit kurzem auch mit kleinem Wellnessbereich. Ländlich-schlicht : der Charakter des Restaurants.

In Lossburg-Rodt :

Landhaus Hohenrodt ⬱, Obere Schulstr. 20, ✉ 72290, ℰ (07446) 9 55 00, info@hohenrodt.de, Fax (07446) 955060, 🞏 – TV 🅿 ⓶ VISA ⊘ Rest
geschl. 15. - 31. Jan. – **Menu** (Restaurant nur für Hausgäste) – **34 Zim** ⌇ 36 – 66 – ½ P 11.

♦ Das Haus präsentiert sich als Feriendomizil, in dem sich auch kleine Gäste wohlfühlen. Die für den Landstrich typische Gastlichkeit trägt zum Behagen der Besucher bei.

LUCKENWALDE
Brandenburg 416 418 J 23 – 22 500 Ew – Höhe 51 m.

🛈 Tourist-Information, Markt 12, ✉ 14943, ℰ (03371) 63 21 12, Fax (03371) 632112.

Berlin 58 – Potsdam 45 – Brandenburg 74 – Cottbus 108 – Dessau 96.

Vierseithof M, Haag 20 (Eingang Am Herrenhaus), ✉ 14943, ℰ (03371) 6 26 80, info@vierseithof.com, Fax (03371) 626868, 🞏, ⇌, 🞎 – ⋈ Zim, TV 📞 & 🅿 – 🏛 50. �️ ⓵ ⓶ VISA
Menu à la carte 23/36 – **Weberstube : Menu** à la carte 21,50/27,50 – **43 Zim** ⌇ 45/75 – 60/105.

♦ Die frühere Tuchfabrik im preußischen Barock verbindet Tradition und Moderne zu gelungener Wohnkultur. Eine Sammlung zeitgenössischer Kunst macht das Haus noch interessanter. Schönes Restaurant mit historischer Kappendecke und moderner Kunst.

Luckenwalder Hof, Dahmer Str. 34, ✉ 14943, ℰ (03371) 61 01 45, Fax (03371) 610146, 🞏 – ⋈ Zim, TV 📞 🅿 ⏷ ⓵ ⓶ VISA JCB ⊘ Rest
Menu (geschl. 23. Dez - 12. Jan., Samstag - Sonntag) (nur Abendessen) à la carte 20/36 – **19 Zim** ⌇ 48/64 – 74.

♦ Logieren in märkisch-ländlichem Ambiente : das ehemalige Wohnhaus aus dem ausgehenden 19. Jh. steht heute - nach Rekonstruktion und Umbau - Reisenden zur Beherbergung offen. Das kleine Restaurant im Bistro-Stil bietet eine überschaubare Auswahl an Gerichten.

Märkischer Hof, Poststr. 8, ✉ 14943, ℰ (03371) 60 40, mail@maerkischerhof.de, Fax (03371) 604444, 🛗, ⋈ Zim, TV & 🅿 – 🏛 40. ⏷ ⓶ VISA
Menu (nur Abendessen) (Restaurant nur für Hausgäste) – **49 Zim** ⌇ 50/60 – 66/70.

♦ Mit hellem, funktionellem Mobiliar bestückt, tragen die Gästezimmer des Etagenhotels zu einem entspannten und zufriedenen Aufenthalt der Besucher bei.

Pelikan, Puschkinstr. 27 (Eingang Goethestraße), ✉ 14943, ℰ (03371) 61 29 96, hotel.pelikan@t-online.de, Fax (03371) 612996 – TV 🅿 ⏷ ⓵ ⓶ VISA
geschl. 24. Dez. - 1. Jan. – **Menu** (geschl. Freitag - Sonntag) (nur Abendessen) (Restaurant nur für Hausgäste) – **19 Zim** ⌇ 47 – 67.

♦ Zum soliden wie auch neuzeitlichen Inventar der Räume gehören gepflegte Möbel ebenso wie eine gute Technik - die Annehmlichkeiten einer funktionellen Bleibe sind Ihnen gewiß.

LUCKENWALDE

in Luckenwalde-Kolzenburg Süd : 3,5 km :

Zum Eichenkranz, Unter den Eichen 1, ✉ 14943, ☏ (03371) 61 07 29, info@hoteleichenkranz.de, Fax (03371) 610730, 😊 – ⚡ Zim, 📺 🅿 – 🔒 30. 🆗 VISA
Menu (geschl. Montag) à la carte 14/24 – **21 Zim** ⚏ 49 – 70.
  ◆ Ein typisch märkisches Örtchen lädt zum Verweilen ein. Die Kombination von zeitgemäßer Ausstattung und Gemütlichkeit prägt das Interieur Ihrer vorübergehenden Behausung. Helles Restaurant mit ländlichem Charakter.

LÜDORF Mecklenburg-Vorpommern 416 F 22 – 500 Ew – Höhe 70 m.
Berlin 144 – Schwerin 104 – Neubrandenburg 69 – Waren (Müritz) 26.

Gutshaus Lüdorf ⚜, Rondell 7, ✉ 17207, ☏ (039931) 84 00, info@gutshaus-ludorf.de, Fax (039931) 84620, 😊, ⚡ – ⚡ Zim, 🅿 – 🔒 30. 🆗 VISA 🚫 Rest
geschl. 7. Jan. - 28. Feb. – **Menu** (Oktober - April nur Abendessen) à la carte 21/36 – **18 Zim** ⚏ 67/76 – 98/125 – ½ P 23.
  ◆ Der hübsche Backsteinbau aus dem 17. Jh. - in seinem äußeren Erscheinungsbild nahezu unverändert - läßt Sie auch im Inneren den Charme vergangener Tage spüren. Klassische und rustikale Elemente bilden im Restaurant einen stilvollen Rahmen.

In Lüdorf-Zielow Süd : 3,5 km :

Seehof Zielow ⚜, Seeufer 11, ✉ 17207, ☏ (039923) 70 20, info@seehof-zielow.de, Fax (039923) 70244, 😊, Massage, 🏋, ☎, 🔲, 🐎, 🏇, 🏊 – ⚡ Zim, 📺 ✉ 🅿 ⓘ 🆗 VISA
Menu à la carte 15/25 – **26 Zim** ⚏ 50/70 – 85/110, 6 Suiten.
  ◆ Die Lage an der Müritz, die dörfliche Umgebung sowie wohnliche Gemächer in zeitgemäßem Stil ermöglichen Ihnen erholsame Urlaubstage auf einem schönen Anwesen. In gediegenen Räumlichkeiten nehmen Sie Ihr Essen ein.

LUDWIGSBURG Baden-Württemberg 419 T 11 – 85 000 Ew – Höhe 292 m.
Sehenswert: Blühendes Barock : Schloß★, Park★ (Märchengarten★★) Y.
⛳ Ludwigsburg, Schloß Monrepos, ☏ (07141) 22 00 30.
🛈 Touristinformation, Wilhelmstr. 10, ✉ 71638, ☏ (07141) 9 10 22 52, info@lust.ludwigsburg.de, Fax (07141) 9102774.
ADAC, Heinkelstr. 1.
Berlin 617 ⑥ – Stuttgart 15 ③ – Heilbronn 36 ⑥ – Karlsruhe 86 ④

Stadtpläne siehe nächste Seiten

Nestor 📍, Stuttgarter Str. 35/2, ✉ 71638, ☏ (07141) 96 70, nestor-hotel-ludwigsburg@t-online.de, Fax (07141) 967113, 😊, 🏋, ☎ – 📶, ⚡ Zim, 🔳 📺 ✉ 🅿 – 🔒 180. AE ⓘ 🆗 VISA   Z n
Menu à la carte 21/38 – **151 Zim** ⚏ 135/149 – 161/175.
  ◆ Die Kombination von Alt und Neu macht den Reiz dieser Residenz aus. Hinter denkmalgeschützter Backsteinfassade logieren Sie in modern ausgestatteten Gemächern. Ansprechend gestyltes Hotelrestaurant und Wintergarten.

Favorit garni, Gartenstr. 18, ✉ 71638, ☏ (07141) 97 67 70, info@hotel-favorit.de, Fax (07141) 902991, ☎ – 📶 📺 ⚡ ⇔ – 🔒 20. AE ⓘ 🆗 VISA JCB   Y r
geschl. 22. Dez. - 6. Jan. – **88 Zim** ⚏ 70/120 – 95/135.
  ◆ Auf der Suche nach einer gepflegten Unterkunft werden Sie in diesem Hotel fündig. Geschäftsreisende können den Business-Service des Hauses in Anspruch nehmen.

Westend, Friedrich-List-Str. 26, ✉ 71636, ☏ (07141) 45 17 10, Fax (07141) 4517129 – 📺 ✉, AE ⓘ 🆗 VISA, 🚫 Zim   Z d
Menu (geschl. Juli 3 Wochen, Freitagabend - Samstag, Sonntagabend) à la carte 27,50/35 – **15 Zim** ⚏ 56/58 – 74/76.
  ◆ In einem Wohngebiet am Stadtrand hält man für Reisende einfache, gut gepflegte Zimmer zum Verweilen bereit - schon seit 27 Jahren unter gleicher, familiärer Führung. Kürzlich renoviert : das Restaurant.

Alte Sonne, Bei der kath. Kirche 3, ✉ 71634, ☏ (07141) 92 52 31, office@alte-sonne.de, Fax (07141) 902635 – 🚫 🏋, – 🔒 40. AE ⓘ 🆗 VISA   Y n
geschl. Aug. 3 Wochen, Sonntag - Montag, Feiertage – **Menu** 66/77 à la carte 45/57.
  ◆ Zwischen Marktplatz und Residenzschloß liegt in einem alten Stadthaus das helle, elegante Restaurant mit der kreativen Küche und dem aufmerksamen Service.

Post-Cantz, Eberhardstr. 6, ✉ 71634, ☏ (07141) 92 35 63, info@post-cantz.de, Fax (07141) 905607 – AE ⓘ 🆗 VISA   Y e
geschl. über Fasching 1 Woche, Juli 2 Wochen, Mittwoch - Donnerstag – **Menu** à la carte 23/37.
  ◆ Ein gutes Couvert sowie die gepflegte Einrichtung in bürgerlich-rustikalem Stil prägen das Interieur dieser Adresse. Man bekocht Sie von regional bis international.

911

LUDWIGSBURG

Beihinger Straße	**V** 9	Friesenstraße	**X** 28	Monrepostraße	**V** 64
Bottwartalstraße	**V** 17	Gänsfußallee	**X** 29	Neckarstraße	**X** 68
Egloshemier Straße	**X** 19	Hauptstraße	**X** 32	Schlieffenstraße	**X** 84
		Hohenzollernstraße	**X** 35	Südliche-Alleen-Straße	**X** 89
		Ludwigsburger Straße	**X** 53	Talallee	**V** 90
		Möglinger Straße	**X** 59	Uferstraße	**V** 94

In Ludwigsburg-Hoheneck :

Hoheneck, Uferstraße (beim Heilbad), ✉ 71642, ℘ (07141) 5 11 33, Fax (07141) 52077, 🍴 – 📺 🅿 🅰🅾 🆅🅸🆂🅰 ⚡. **V** s geschl. 20. Dez. - 7. Jan. – **Menu** (geschl. Samstag - Sonntag) (nur Abendessen) (Restaurant nur für Hausgäste) – **15 Zim** ≋ 62 – 90/95.

♦ Das Innenleben dieses Domizils wird den Ansprüchen des Gastes an eine praktische und gepflegte Unterkunft gerecht. Hinter dem Haus befindet sich ein schöner Garten.

In Ludwigsburg-Pflugfelden

Stahl, Dorfstr. 4, ✉ 71636, ℘ (07141) 4 41 10, info@hotelstahl.de, Fax (07141) 441142 – 📶 📺 🍴 🚗 – 🅰 15. 🅰🅴 ⓘ 🅾 🆅🅸🆂🅰 **X** e
Zum goldenen Pflug geschl. Samstagmittag, Sonntagabend) **Menu** à la carte 23/32 – **24 Zim** ≋ 75 – 99.

♦ Unweit der Autobahn und nur wenige Autominuten von der Innenstadt entfernt, finden Sie hier ein Quartier mit zeitgemäßem Komfort, das Ihnen zusagen wird. In rustikalem Rahmen widmet man sich Ihrem leiblichen Wohl.

Beim Schloß Monrepos :

Schlosshotel Monrepos ⬙, Domäne Monrepos 22, ✉ 71634, ℘ (07141) 30 20, info@schlosshotel-monrepos.de, Fax (07141) 302200, 🍴, ≋, ⬛, 🍴 – 📶, ⚡ Zim, 📺
🍴 🅿 – 🅰 120. 🅰🅴 ⓘ 🅾 🆅🅸🆂🅰 🅹🅲🅱
Gutsschänke : Menu à la carte 32/41 – ≋ 12 – **80 Zim** 95/120 – 100/145.

♦ Nur wenige Schritte vom Seeschloß entfernt liegt das Hotel ruhig und zurückgezogen. Die Zimmer sind entweder im Landhausstil oder mit italienischen Möbeln ausgestattet. Als Restaurant dient die historische Gutsschenke mit rustikalem Interieur.

LUDWIGSBURG

Alleenstraße	Z 4	Heinrich-Schweitzer-Straße	Y 33
Arsenalstraße	Y 7	Hindenburgstraße	Z 34
Bahnhofstraße	Z 8	Hohenzollernstraße	Y 35
Belschnerstraße	Z 12	Holzmarkt	Y 37
Bietigheimer Straße	Y 13	Hospitalstraße	Y 38
Bogenstraße	Y 14	Imbröderstraße	Y 39
Eberhardstraße	Y 18	Kaffeeberg	Y 42
Friedenstraße	Y 24	Kaiserstraße	Y 43
Friedrich-Ebert- Straße	Z 27	Kirchstraße	Y 44
Gänsfußallee	Z 29	Königsallee	Z 48
Gartenstraße	Y 31	Körnerstraße	Y 49
		Leonberger Straße	Z 50
		Marienstraße	Y 55
		Markplatz	Y 58

Mömpelgardstraße	Y 60
Mörikestraße	YZ 63
Myliusstraße	Z 65
Pflugfelder Straße	Z 69
Richard-Wagner-Straße	Z 74
Schillerplatz	Y 79
Schillerstraße	Y 80
Schlachthofstraße	Y 83
Schützenstraße	Y 85
Seestraße	YZ
Solitudeallee	Z 88
Untere-Reithaus-Straße	Y 96
Wilhelm-Keil-Straße	Y 99

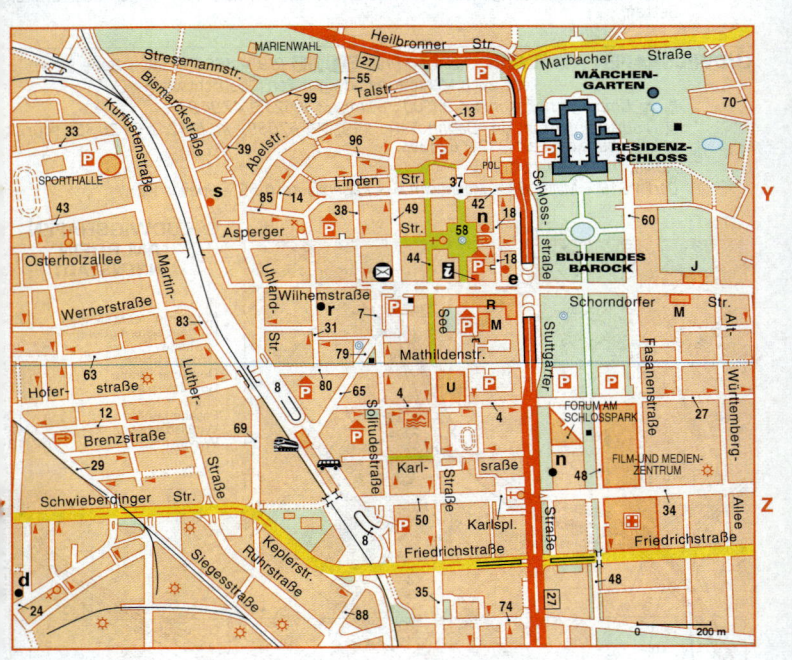

In Freiberg am Neckar Nord : 4 km über Beihinger Str. V :

Am Wasen garni, Wasenstr. 7, ✉ 71691, ℘ (07141) 2 74 70, Fax (07141) 274767 – ⛔ TV ✆ ⇐, AE ⓜ◎ VISA
25 Zim ⊇ 58/64 — 82/92.
♦ Das Innenleben des 1993 eröffneten Hauses bietet den Gästen zahlreiche Annehmlichkeiten. Zeitgemäße Zimmer mit guter Technik ermöglichen erfolgreiches Arbeiten.

Rössle, Benninger Str. 11, ✉ 71691, ℘ (07141) 2 74 90, info@roessle-freiberg.de, Fax (07141) 270739 – TV ⇐ P. ⓜ◎ VISA
Menu (geschl. 9. - 30. Aug., Freitag - Samstagmittag) à la carte 15/30 – **25 Zim** ⊇ 41/46 – 61/75.
♦ Ob auf der Durchreise oder für längeres Verweilen - ein behagliches Quartier wartet auf Sie. Die familiäre Gastlichkeit des Hauses trägt zu einem gelungenen Aufenthalt bei. In der Küche waltet der "Maultaschenweltmeister"!

Schwabenstuben, Marktplatz 5, ✉ 71691, ℘ (07141) 7 50 37, Fax (07141) 75038, ⌘ – AE ⓪ ⓜ◎ VISA
geschl. Jan. - Feb. 2 Wochen, Aug. 3 Wochen, Montag, Samstagmittag – **Menu** à la carte 19/47.
♦ In freundlichem Ambiente mit klassisch-zeitlosem Touch lassen Sie sich an einem der gepflegt eingedeckten Tische nieder. Die Karte ist bürgerlich wie auch saisonal ausgelegt.

LUDWIGSFELDE Brandenburg 416 J 23 – 22 900 Ew – Höhe 45 m.
Berlin 29 – Potsdam 17 – Brandenburg 60 – Luckenwalde 33.

In Ludwigsfelde-Löwenbruch Ost : 4,5 km :

Landhotel Löwenbruch, Dorfstr. 3, ✉ 14974, ℘ (03378) 8 62 70, landhotel-loewenbruch@hotels-mit-herz.de, Fax (03378) 862777, 💥, 🍴s - 🛇 Zim, 📺 📶 ⚓ 🅿 – 🔼 30. 🆎 VISA
Menu à la carte 12/21 – **30 Zim** 🛏 59/80 – 70/90.
♦ Auf dem Lande und doch ganz in der Nähe von Berlin - sowohl für Geschäftsleute als auch für Urlauber ein günstiger Standort. Sie ruhen in normalen, langen oder breiten Betten.

LUDWIGSHAFEN AM RHEIN Rheinland-Pfalz 417 419 R 9 – 166 000 Ew – Höhe 92 m.
Siehe auch Mannheim-Ludwigshafen (Übersichtsplan).

🏌 🎿 Limburgerhof, Kohlhof 9 (Süd : 8 km), ℘ (06236) 47 94 94.
🛈 Tourist-Information, Bahnhofstr. 119, ✉ 67059, ℘ (0621) 51 20 35, tourist info@lubege.de, Fax (0621) 624295.
ADAC, Theaterplatz 10.
Berlin 615 – Mainz 82 – Mannheim 6 – Kaiserslautern 55 – Speyer 22.

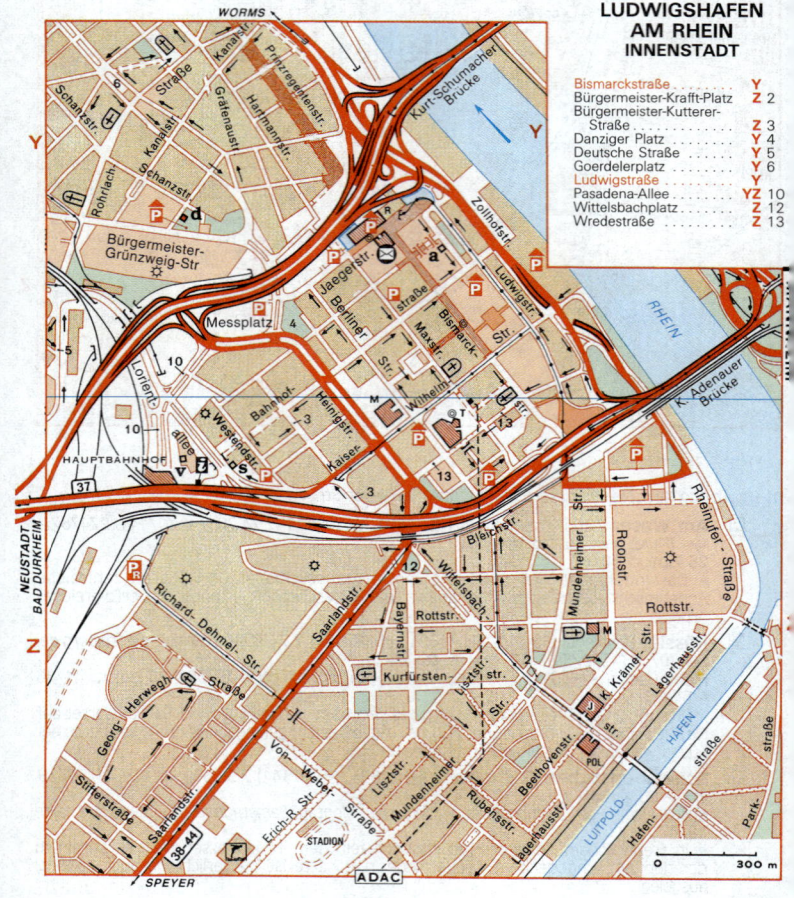

LUDWIGSHAFEN AM RHEIN INNENSTADT

Straße	Planquadrat
Bismarckstraße	Y
Bürgermeister-Krafft-Platz	Z 2
Bürgermeister-Kutterer-Straße	Z 3
Danziger Platz	Y 4
Deutsche Straße	Y 5
Goerdelerplatz	Y 6
Ludwigstraße	
Pasadena-Allee	YZ 10
Wittelsbachplatz	Z 12
Wredestraße	Z 13

LUDWIGSHAFEN AM RHEIN

Ramada M, Pasadena Allee 4, ✉ 67059, ℰ (0621) 5 95 10, *ram.zoelw.reservations @marriott.com*, Fax (0621) 511913, 🍴, 😊, 🏊, – 🛗, ↔ Zim, 🗐 📺 📞 ♿ 🚗 🅿 – 🔑 110. 🆎 ⓄⓄ ⓄⓄ 𝘝𝘐𝘚𝘈
Menu à la carte 23/39,50 – ☕ 14 – **192 Zim** 95/118, 3 Suiten.   Z v

• Solides Mobiliar und eine sinnvolle Ausstattung gestalten Ihr Refugium zu einem wohnlichen Plätzchen - eine neuzeitliche Technik trägt zum angenehmen Logieren bei. Das Landhaus-Restaurant verfügt über ein gemütliches Innenleben.

Europa Hotel, Am Ludwigsplatz 5, ✉ 67059, ℰ (0621) 5 98 70, *info@europa-hotel.com*, Fax (0621) 5987122, 😊, 🏊, – 🛗, ↔ Zim, 🗐 📺 📞 🚗 – 🔑 250. 🆎 Ⓞ ⓄⓄ ⓄⓄ 𝘝𝘐𝘚𝘈 𝘑𝘊𝘉   Y a
Menu *(geschl. Samstag - Sonntag)* à la carte 27/34 – **113 Zim** ☕ 106/123 – 155.

• Im Zentrum der Stadt finden Reisende eine Unterkunft, die mit einem praktischen Interieur überzeugt. Die Zimmer unterscheiden sich durch den Stil ihrer Möblierung. Sympathische Atmosphäre begegnet Ihnen im Restaurant Windrose.

Excelsior garni, Lorientallee 16, ✉ 67059, ℰ (0621) 5 98 50, *info@excelsior-hotel-ludwigshafen.de*, Fax (0621) 5985500 – 🛗 ↔ 📺 🚗 🅿 – 🔑 35. 🆎 Ⓞ ⓄⓄ 𝘝𝘐𝘚𝘈
160 Zim ☕ 45/65 – 60/80.   Z s

• Ob Sie die "Standard"- oder die "Club"-Variante wählen, Sie bewohnen stets zeitgemäß eingerichtete Zimmer. "Economy"-Räume stellen eine gepflegte, einfachere Alternative dar.

XX Marly, Welserstr. 25, ✉ 67063, ℰ (0621) 5 20 78 00, Fax (0621) 5207801, 🍴 – 🏊   Y d
geschl. Juli 2 Wochen, Samstagmittag, Sonntag – **Menu** à la carte 31,50/41,50.

• Die schlichte Gestaltung in modernem Stil unterstreicht das mediterrane Flair dieser kulinarischen Adresse. Eine italienisch angehauchte Küche darf hier nicht fehlen.

Folgende Häuser finden Sie auf dem Stadtplan Mannheim-Ludwigshafen :

In Ludwigshafen-Friesenheim :

Ebert Park Hotel M garni, Kopernikusstr. 67, ✉ 67063, ℰ (0621) 6 90 60, *ebert-park-hotel.ludwigshafen@t-online.de*, Fax (0621) 6906601 – 🛗 📺 🅿 🆎 Ⓞ ⓄⓄ 𝘝𝘐𝘚𝘈 𝘑𝘊𝘉
🚫   BV a
geschl. 19. Dez. - 2. Jan. – **92 Zim** ☕ 67/69 – 80/85.

• Wenn Sie keinen besonderen Wert auf großen Luxus legen, werden Sie sowohl den sachlichen Stil als auch die praktische Ausstattung der Gästezimmer schätzen.

In Ludwigshafen-Gartenstadt :

Gartenstadt, Maudacher Str. 188, ✉ 67065, ℰ (0621) 55 10 51, Fax (0621) 551054, 😊, 🏊 – 🛗, ↔ Zim, 📺 🚗 🅿 🆎 Ⓞ ⓄⓄ 𝘝𝘐𝘚𝘈 🚫 Rest   BV h
Menu *(nur Abendessen)* (Restaurant nur für Hausgäste) – **50 Zim** ☕ 63/68 – 85/90.

• Meist hell und neuzeitlich möbliert und stets mit einem funktionellen Inventar versehen - so präsentieren sich Ihnen die Zimmer Ihrer vorübergehenden Behausung.

In Altrip *Süd-Ost : 10 km über Rheingönheim und Hoher Weg* BCV :

Darstein 🌿, Zum Strandhotel 10 (im Naherholungsgebiet Blaue Adria), ✉ 67122, ℰ (06236) 44 40, *hotel@hotel-darstein.de*, Fax (06236) 444140, ≤, 🍴, 🌳 – ↔ Rest, 📺 📞 ♿ 🚗 🅿 – 🔑 180. 🆎 Ⓞ ⓄⓄ 𝘝𝘐𝘚𝘈
geschl. Anfang Jan. 1 Woche – **Menu** *(geschl. April - Sept. Montagmittag, Dienstagmittag, Okt. - März Sonntagabend - Dienstagmittag)* à la carte 20/38 – **17 Zim** ☕ 40/51 – 80/100.

• In einem Naherholungsgebiet liegt das Haus direkt am See. Die meisten Zimmer sind mit rustikalen Eichenmöbeln bestückt, einige verfügen über einen Balkon. Restaurant mit neuem Wintergarten, der sich zur Seeterrasse umfunktionieren läßt.

LUDWIGSLUST Mecklenburg-Vorpommern 416 G 18 – 12 800 Ew – Höhe 36 m.

Sehenswert : Schloß★ (Goldener Saal★) – Stadtkirche★ – Schloßpark★.

🇮 *Ludwigslust-Information, Schloßstr.36,* ✉ *19288,* ℰ *(03874) 52 62 51, Fax (03874) 526109.*

Berlin 180 – Schwerin 38 – Güstrow 98 – Hamburg 118.

Landhotel de Weimar M, Schloßstr. 15 (Zufahrt über Gartenstraße), ✉ 19288, ℰ (03874) 41 80, *info@landhotel-de-weimar.de*, Fax (03874) 418190, 🍴 – 🛗, ↔ Zim, 📺 📞 ♿ 🅿 – 🔑 20. 🆎 Ⓞ ⓄⓄ 𝘝𝘐𝘚𝘈 🚫 Rest
Ambiente *(geschl. im Winter Sonntagabend)* **Menu** à la carte 26/43 – **51 Zim** ☕ 59/70 – 76/93.

• Das ehemalige Palais der Fürstin von Weimar lädt zum Residieren in gediegenen Gemächern ein - die Zimmer im historischen Altbau sind mit Stilmöbeln bestückt. Schön und originell : das Restaurant Ambiente ist der glasüberdachte Innenhof des Hauses.

LUDWIGSLUST

Erbprinz, Schweriner Str. 38, ✉ 19288, ✆ (03874) 25040, hotel-erbprinz@freenet.de, Fax (03874) 29160, 🍴, Fs, ≘s, – ⌘, ⇔ Zim, TV P – 🔒 60. AE ⓘ ⓜ VISA
Menu à la carte 19/28 – **40 Zim** ⚏ 46/62 – 70/99.
♦ Hier wurde eine Wurstfabrik zur komfortablen Bleibe umfunktioniert. Vom Einzelzimmer bis zum Appartement stellt man Ihnen gepflegte Räume zur Verfügung. Nett gestaltetes Restaurant mit elegantem Salon.

Mecklenburger Hof, Lindenstr. 40, ✉ 19288, ✆ (03874) 41 00, mecklenburger-hof@t-online.de, Fax (03874) 410100, 🍴 – ⌘, ⇔ Zim, TV P – 🔒 40. AE ⓓ ⓜ VISA
Menu à la carte 18/36 – **37 Zim** ⚏ 47/85 – 70/100.
♦ Hinter den Mauern des 200-jährigen Stadthauses finden sich alle Voraussetzungen für einen erholsamen Aufenthalt. Die Zimmer verfügen über zeitgemäßen Komfort. Die elegante Note im Restaurant schafft eine angenehme Atmosphäre zum Speisen.

LUDWIGSSTADT Bayern 418 420 O 18 – 4 100 Ew – Höhe 444 m – Erholungsort – Wintersport : 500/700 m ⛷3 ⛷.
Berlin 317 – München 310 – Coburg 55 – Bayreuth 75 – Bamberg 89.

In Ludwigsstadt-Lauenstein Nord : 3 km :

Posthotel Lauenstein, Orlamünder Str. 2, ✉ 96337, ✆ (09263) 9 91 30, Fax (09263) 991399, ≤, 🍴, Massage, ≘s, 🔲 – ⌘ P – 🔒 20. ⓓ ⓜ VISA
Menu à la carte 17/33 – **26 Zim** ⚏ 40/52 – 60/80 – ½ P 13.
♦ Lassen Sie sich von thüringisch-fränkischer Gastlichkeit umgeben. Solides Holzmobiliar prägt das Inventar der Zimmer - mit Balkon und teilweise mit Wohnecke versehen. Rustikales Ambiente bietet das großzügige Restaurant.

Burghotel Lauenstein ♨, Burgstr. 4, ✉ 96337, ✆ (09263) 94 30, anfrage@burghotel-lauenstein.de, Fax (09263) 94336, ≤, 🍴 – ⌘ TV P. ⓓ ⓜ VISA
geschl. Feb. – **Menu** (geschl. Montag) à la carte 14/29 – **19 Zim** ⚏ 25/41 – 42/72 – ½ P 13.
♦ Wo einst Ritter ein- und ausgingen, bezieht heute der Urlaubsgast sein Quartier. Das Nebengebäude der Burg stellt Ihnen praktische Gemächer zur Verfügung. Gönnen Sie sich eine wohltuende Rast im ländlichen Ambiente des Restaurants!

LÜBBECKE Nordrhein-Westfalen 417 J 9 – 26 000 Ew – Höhe 110 m.
Berlin 373 – Düsseldorf 215 – Bielefeld 42 – Bremen 105 – Hannover 95 – Osnabrück 45.

Quellenhof ♨, Obernfelder Allee 1, ✉ 32312, ✆ (05741) 3 40 60, quellenhof-kleffmann@web.de, Fax (05741) 340659, 🍴, 🐟 – ⌘, ⇔ Zim, TV ✆ P – 🔒 40. ⓜ VISA
🐟 Zim
geschl. 17. Juli - 3. Aug. – **Menu** (geschl. Freitag, Sonntagabend) à la carte 20/32 – **24 Zim** ⚏ 60/76 – 106/125.
♦ Eine nette Adresse für den Urlaub oder auf der Durchreise. Rustikal eingerichtete Gästezimmer in funktioneller Machart unterstreichen das ländliche Flair Ihres Domizils. Viel Holz gibt dem Restaurant einen warmen, gemütlichen Charakter. Terrasse.

LÜBBEN Brandenburg 418 K 25 – 15 100 Ew – Höhe 53 m – Erholungsort.
🛈 Spreewaldinformation, Ernst-von-Houwald-Damm 15, ✉ 15907, ✆ (03546) 30 90, Fax (03546) 2543.
Berlin 84 – Potsdam 99 – Cottbus 53.

Spreeufer, Hinter der Mauer 4, ✉ 15907, ✆ (03546) 2 72 60, info@hotel-spreeufer.de, Fax (03546) 272634 – TV P. ⓜ VISA
Menu à la carte 14/21 – **23 Zim** ⚏ 48/65 – 62/95 – ½ P 12.
♦ Im Haupthaus wie auch im Nebenhaus stehen sinnvoll gestaltete Zimmer für Ihren Einzug bereit - teils mit neuzeitlicher Einrichtung, teils in einfacherer Variante.

Schlossrestaurant Lübben, Ernst-von-Houwald-Damm 14, ✉ 15907, ✆ (03546) 40 78, buchholz-arno@t-online.de, Fax (03546) 182521, 🍴 – AE ⓜ VISA
geschl. Montag – **Menu** à la carte 19/30.
♦ Alte Grundmauern beherbergen Räumlichkeiten in modernem Design. Typisches Spreewälder Essen kombiniert man hier mit internationalen Einflüssen - dazu ein guter Wein.

In Niewitz-Rickshausen West : 8 km :

Spreewald-Park-Hotel M ♨, ✉ 15910, ✆ (035474) 2 70, spreewaldparkhotel@randervalle.de, Fax (035474) 27444, 🍴, ≘s – ⌘, ⇔ Zim, TV ✆ & P – 🔒 220. AE ⓜ
VISA
Menu à la carte 17/27 – **100 Zim** ⚏ 50/60 – 76, 5 Suiten.
♦ Helle, neuzeitliche Möbel machen die Zimmer dieser Residenz zu einem wohnlichen Quartier - mit den Annehmlichkeiten, die Sie sich auf Ihrer Reise wünschen. Mediterrane Farben sind im Restaurant vorherrschend.

LÜBBENAU Brandenburg ⁴¹⁸ K 25 – 17 200 Ew – Höhe 54 m – Erholungsort.
  Sehenswert: *St. Nicolai*★.
  Ausflugsziel: *Spreewald*★★ *(Freilandmuseum Lehde*★, *per Kahn).*
  🛈 *Fremdenverkehrsverein, Ehm-Welk-Str. 15,* ⊠ *03222,* ℘ *(03542) 36 68, Fax (03542) 46770.*
  Berlin 95 – Potsdam 113 – Cottbus 35.

- **Schloß Lübbenau** ⌂, Schloßbezirk 6, ⊠ 03222, ℘ (03542) 87 30, *hotel@schloss-luebbenau.de, Fax (03542) 873666,* 🌳 – 📶 📺 ✆ 🅿 – 🔒 60. 🅰🅴 ⓜⓞ 𝚅𝙸𝚂𝙰
  geschl. 3. - 30. Jan. – **Menu** à la carte 27/38 **– 46 Zim** ⌑ 82/84 – 104/134 – ½ P 22.
  ◆ Historische Elemente begleiten Sie durch das Schloß aus dem Jahre 1839 – von der Fassade bis zum Interieur. Freuen Sie sich auf bequemes Logieren in gut bestückten Räumen. Im Restaurant umgibt Sie ein klassisches Schloß-Ambiente.

- **Spreewaldeck**, Dammstr. 31, ⊠ 03222, ℘ (03542) 8 90 10, *spreewaldeck@t-online.de, Fax (03542) 890110 –* 📶, 🍽 Rest, 📺 🅿 – 🔒 50. 🅰🅴 ⓜⓞ 𝚅𝙸𝚂𝙰
  Menu à la carte 12/30 **– 27 Zim** ⌑ 60/70 – 90/100 – ½ P 12.
  ◆ Solide, in einheitlichem Stil ausgestattete Zimmer ersetzen Ihnen vorübergehend Ihre eigenen vier Wände. Erkunden Sie den Spreewald per Kahnfahrt oder beim Wandern. Ein ländlich-rustikales Ambiente bestimmt das Innenleben des Restaurants.

In Lübbenau-Groß Beuchow Süd-West : 3 km :

- **Treff Landhaushotel** 🅼, LPG-Straße (Nahe der A 13), ⊠ 03222, ℘ (03542) 87 50, *landhaushotel@t-online.de, Fax (03542) 875125, Biergarten –* 📶, ⚐ Zim, 📺 ✆ 🅿 – 🔒 60. ⓜⓞ 𝚅𝙸𝚂𝙰
  Menu *(nur Abendessen)* à la carte 15,50/23,50 **– 90 Zim** ⌑ 63/68 – 86/98.
  ◆ Ob Sie alleine oder mit der Familie anreisen, ob privat oder geschäftlich – Räume in funktioneller Gestaltung stellen stets eine passende Unterkunft für Ihren Besuch dar.

LÜBBOW Niedersachsen siehe Lüchow.

LÜBECK Schleswig-Holstein ⁴¹⁵ ⁴¹⁶ E 16 – 215 300 Ew – Höhe 15 m.
  Sehenswert: *Altstadt*★★★ – *Holstentor*★★ Y – *Marienkirche*★★ Y – *Haus der Schiffergesellschaft*★ *(Innenausstattung*★★)X E – *Rathaus*★ Y R – *Heiligen-Geist-Hospital*★ X – *St.-Annen-Museum*★ Z M1 – *Burgtor*★ X – *Füchtingshof*★ Y S – *Jakobikirche*★ *(Orgel*★★) X K – *Katharinenkirche*★ *(Figurenreihe*★ *von Barlach)* Y – *Petrikirche (Turm* ≤★) Y A – *Dom (Triumphkreuzanlage*★) Z.
  🔗 ⁱ⁸ Lübeck-Travemünde, Kowitzberg 41 *(über Kaiserallee C)*, ℘ (04502) 7 40 18 ;
  ⁱ⁹ Stockelsdorf-Curau, Malkendorfer Weg 18 *(Nord-West : 10 km)*, ℘ (04505) 59 40 81 ;
  ²⁷ Warnsdorf, Schloßstr. 14 *(West : 3 km ab Travemünde)*, (04502) 7 77 70.
  🛈 *Tourist-Service, Breite Str. 62,* ⊠ *23552,* ℘ *(01805) 88 22 33, marketing@luebeck-tourismus.de, Fax (0451) 1225419.*
  🛈 *Tourist-Information im Hauptbahnhof* ⊠ *23558,* ℘ *(0451) 86 46 75, Fax (0451) 704890.*
  ADAC, Katharinenstr. 11.
  Berlin 263 ③ *– Kiel 92* ⑥ *– Schwerin 66* ④ *– Neumünster 58* ⑥ *– Hamburg 66* ⑤

Stadtpläne siehe nächste Seiten

- **Radisson SAS Senator Hotel** 🅼, Willy-Brandt-Allee 6, ⊠ 23554, ℘ (0451) 14 20, *info.luebeck@radissonsas.com, Fax (0451) 1422222,* 🌳, Massage, ≘s, 🏊 – 📶, ⚐ Zim, 🍽 📺 ✆ 🅿 🚗 – 🔒 240. 🅰🅴 ⓞ ⓜⓞ 𝚅𝙸𝚂𝙰 𝙹𝙲𝙱   Y s
  Nautilo *(geschl. Sonntag)* **Menu** à la carte 24/32 – **Kogge** : **Menu** à la carte 18/26 – ⌑ 15 **– 224 Zim** 115/155 – 140/180.
  ◆ Unweit des Holstentors liegt der moderne Klinkerbau mit der Trave vor Anker. In der Business Class sind Geschäftsleute bestens aufgehoben. Alle Zimmer mit Internetzugang. Das Nautilo ist ein im Bistrostil eingerichtetes Restaurant. Die Kogge gibt sich rustikal.

- **Scandic** 🅼, Travemünder Allee 3, ⊠ 23568, ℘ (0451) 3 70 60, *info.luebeck@scandic-hotels.com, Fax (0451) 3706666,* 🌳, 🏋, ≘s, 🏊 – 📶, ⚐ Zim, 🍽 📺 ✆ 🅿 🚗 – 🔒 220. 🅰🅴 ⓞ ⓜⓞ 𝚅𝙸𝚂𝙰, ⚐ Rest   X a
  Menu à la carte 26/43 – ⌑ 15 **– 158 Zim** 110/136 – 136/162, 3 Suiten.
  ◆ Einige Zimmer mit Blick auf die Altstadt oder den Park. Funktionell für Business eingerichtet. Für mehr Platz fragen Sie nach den Komfortzimmern. Allergikerzimmer vorhanden. Großes Restaurant mit Blick ins Grüne.

- **Kaiserhof** *(mit Gästehaus)*, Kronsforder Allee 11, ⊠ 23560, ℘ (0451) 70 33 01, *service@kaiserhof-luebeck.de, Fax (0451) 795083,* 🏋, ≘s, 🏊 – 📶 📺 🅿 – 🔒 20. 🅰🅴 ⓞ ⓜⓞ 𝚅𝙸𝚂𝙰   V f
  Menu *(nur Abendessen)* à la carte 23/48 **– 60 Zim** ⌑ 72/92 – 98/128, 6 Suiten.
  ◆ Wenige Minuten von der City entfernt beeindrucken restaurierte Patrizierhäuser mit geschmackvoller Einrichtung. Besondere Note : Schallgeschützter Raum für Musiker. Nobles Ambiente umgibt Sie im Restaurant.

LÜBECK

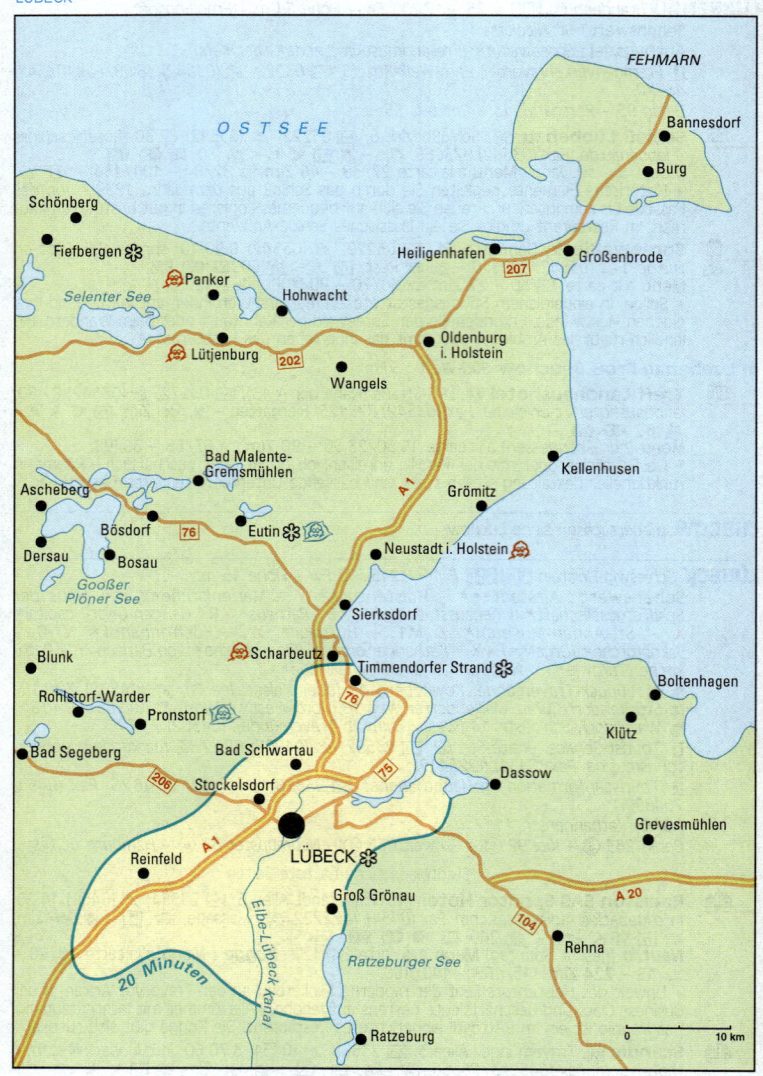

Mövenpick Hotel M, Willy-Brandt-Allee 1, ✉ 23554, ✆ (0451) 1 50 40, hotel.lue
beck@moevenpick.com, Fax (0451) 1504111, 🍽 – 🛏, ⚟ Zim, 🍴 Rest, 📺 ✆ ♿ 🅿
🏢 250. AE ⓪ ⓜⓒ VISA JCB   V s
Menu à la carte 22/32 ♀ – ⚏ 14
197 Zim 96/139 – 116/159, 3 Suiten.
  ♦ Geschäftsleute finden hier gerne ein Heim auf Zeit : Die helle Farbgebung der
  Zimmer vertreibt den Streß des Tages und Klaviermusik in der Bar bringt Sie auf andere
  Gedanken. In der hellen Restaurant-Atmosphäre genießt man das typische Mövenpick-
  Angebot.

LÜBECK
UND UMGEBUNG

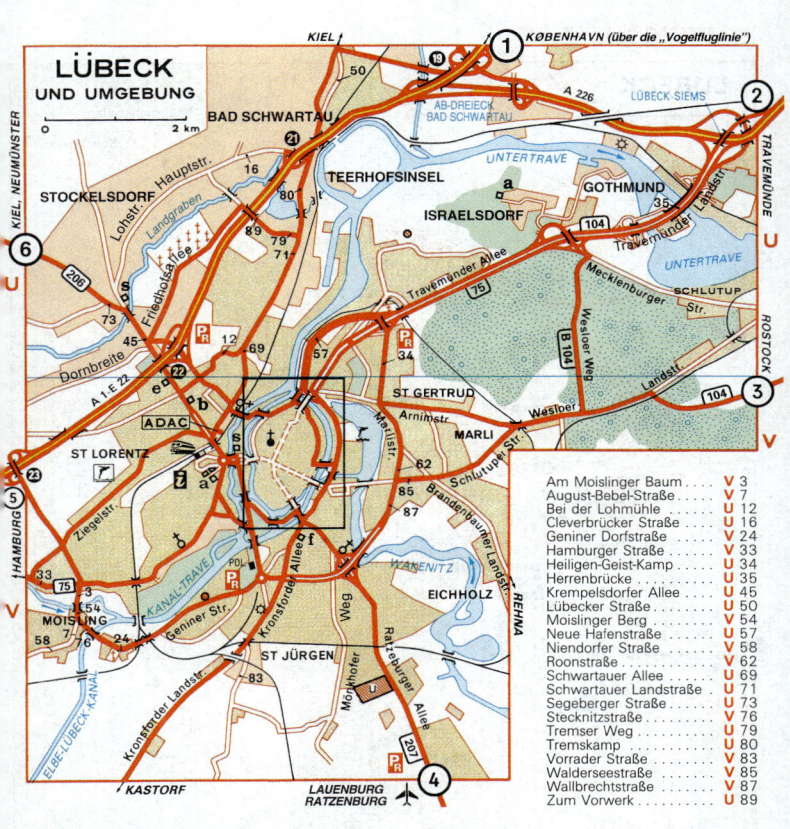

Straße	Ref
Am Moislinger Baum	V 3
August-Bebel-Straße	V 7
Bei der Lohmühle	U 12
Cleverbrücker Straße	U 16
Geniner Dorfstraße	V 24
Hamburger Straße	V 33
Heiligen-Geist-Kamp	U 34
Herrenbrücke	U 35
Krempelsdorfer Allee	U 45
Lübecker Straße	U 50
Moislinger Berg	V 54
Neue Hafenstraße	U 57
Niendorfer Straße	V 58
Roonstraße	V 62
Schwartauer Allee	V 69
Schwartauer Landstraße	U 71
Segeberger Straße	V 73
Stecknitzstraße	V 76
Tremser Weg	U 79
Tremskamp	U 80
Vorrader Straße	V 83
Walderseestraße	V 85
Wallbrechtstraße	V 87
Zum Vorwerk	U 89

🏨 **Excelsior** garni, Hansestr. 3, ✉ 23558, ℘ (0451) 8 80 90, info@hotel-excelsior-luebeck.de, Fax (0451) 880999 – 📶 ⚒ 📺 📞 🚗 🅿 – 🔒 40. AE ⓘ ⓜⓞ VISA   V a
60 Zim ⌂ 58/80 – 78/108.
♦ Verkehrsgünstig gegenüber dem Bahnhof sind hier drei Stadthäuser zu einer Unterkunft verbunden. Unterschiedlich möblierte Zimmer. Morgenstärkung bietet das Buffet.

🏨 **Lindenhof** garni, Lindenstr. 1a, ✉ 23558, ℘ (0451) 87 21 00, info@lindenhof-luebeck.de, Fax (0451) 8721066 – 📶 ⚒ 📺 📞 🚗. AE ⓘ ⓜⓞ VISA   V a
62 Zim ⌂ 62/85 – 82/108.
♦ Praktische Adresse mit gutem Preis-Leistungs-Verhältnis unmittelbar am Bahnhof. Aufenthaltsraum und Kinderecke vermitteln eine persönliche Atmosphäre. Kleine Abendkarte.

🏨 **Jensen**, An der Obertrave 4, ✉ 23552, ℘ (0451) 70 24 90, jensen@ringhotels.de, Fax (0451) 73386, ✎ – 📶 📺 📞 🚗. AE ⓘ ⓜⓞ VISA JCB   Y k
Menu à la carte 21/38 – **42 Zim** ⌂ 65/85 – 85/108.
♦ Im "historischen Dreieck" zwischen Trave, Holstentor und Salzspeicher ist das Patrizierhaus seit 1307 in den Händen von Kaufleuten und Gastwirten. Zeitgemäße Zimmer. Das kajütenähnliche Restaurant erinnert an die bewegte Geschichte der Seefahrer.

🏨 **Klassik Altstadt Hotel** garni, Fischergrube 52, ✉ 23552, ℘ (0451) 70 29 80, info@klassik-altstadt-hotel.de, Fax (0451) 73778 – ⚒ 📺 📞 🅿. AE ⓘ ⓜⓞ VISA   X n
28 Zim ⌂ 44/96 – 75/128.
♦ "Berühmte Künstler unter einem Dach": In den Doppelzimmern werden Lübecker Künstler dargestellt, in den Einzelzimmern finden sich verschiedene Reiseberichte.

🏨 **Park Hotel** garni, Lindenplatz 2, ✉ 23554, ℘ (0451) 87 19 70, info@parkhotel-luebeck.de, Fax (0451) 8719729 – ⚒ 📺 🚗. AE ⓘ ⓜⓞ VISA JCB   V a
18 Zim ⌂ 55/80 – 77/110.
♦ Die Jugendstil-Villa befindet sich zwischen Holstentor und Bahnhof. Nach dem süßen Genuss von Marzipan und Rotspon schlafen Sie hier in wohnlichen, gepflegten vier Wänden.

Verkehrsberuhigte Altstadt

LÜBECK

Balauerfohr .... Y 10	Klingenberg .... Y	Rehderbrücke .... Y 61
Beckerbrube .... Y	Königstraße .... XY	Rosengarten .... Y 63
Breite Straße .... Y	Kohlmarkt .... Y 42	Sandstraße .... Y 64
Fleischhauerstraße .... Y	Langer	St-Annen-
Fünfhausen .... Y 23	Lohberg .... X 48	Straße .... Z 65
Große Burgstraße .... X 28	Marktplatz .... Y 53	Schlumacherstraße .... Y 66
Große Petersgrube .... Y 31	Mühlenstraße .... Y	Schmiedestraße .... Y 67
Holstenstraße .... Y 36	Mühlentorbrücke .... Z 56	Tünkenhagen .... Y 81
Hüxstraße .... Y	Pferdemarkt .... Y 59	Wahmstraße .... Y

LÜBECK-TRAVEMÜNDE

Am Fahrenberg	3
Am Lotsenberg	4
Auf dem Baggersand	5
Bertlingstraße	6
Brodtener Kirchsteig	7
Fallreep	8
Godewind	9
Kirchenstraße	12
Kurgartenstraße	
Mecklenburger Landstraße	13
Mittschiffs	15
Parkallee	16
Steuerbord	17
Vorderreihe	18

Die Hotelbesitzer sind gegenüber den Lesern dieses Führers Verpflichtungen eingegangen. Zeigen Sie deshalb dem Hotelier Ihren Michelin-Führer des laufenden Jahres.

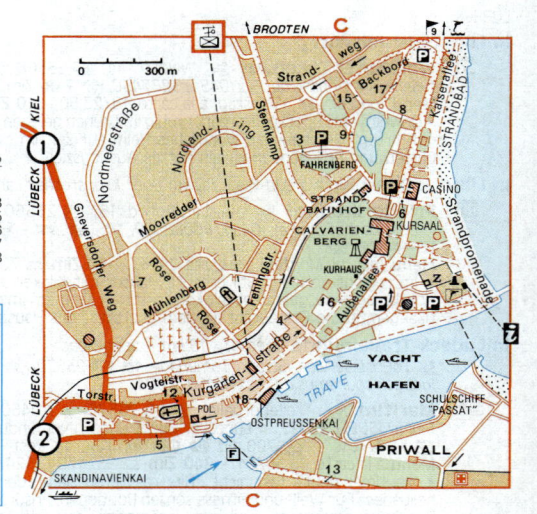

🏠 **Ibis** M garni, Fackenburger Allee 54, ✉ 23554, ℰ (0451) 4 00 40, h2205@accor-hotels.com, Fax (0451) 4004444 – 🏢 ✲ 📺 📞 ⇔. 🅰🅴 ⓪ ✉ VISA JCB   V b
☐ 8 – **85 Zim** 54 – 65.
   ◆ Modern ausgestatteter Neubau an einer Straße Richtung Autobahn : Guter Ausgangspunkt für Geschäfts- oder Freizeitreisende. Frühstücksbuffet, für Spätaufsteher bis 12 Uhr.

🏠 **Zum Ratsherrn**, Herrendamm 2, ✉ 23556, ℰ (0451) 4 33 39, Fax (0451) 4791662, ♨ – ✲ Zim, 📺 🅿 🅰🅴 ⓪ ✉ VISA JCB   UV e
Menu à la carte 16/34 – **30 Zim** ☐ 55 – 70.
   ◆ Unweit der Autobahn-Abfahrt. Im Untergeschoss hat man Familienzimmer mit kleiner Terrasse. Bei schönem Wetter kann im Innenhof auf der Gartenterrasse gefrühstückt werden.

XXX **Wullenwever** (Petermann), Beckergrube 71, ✉ 23552, ℰ (0451) 70 43 33, restaurant@wullenwever.de, Fax (0451) 7063607, ♨ – ✲. 🅰🅴 ⓪ VISA. ✲   Y s
geschl. Anfang - Mitte April, Mitte - Ende Okt., Sonntag - Montag – **Menu** (nur Abendessen) (Tischbestellung ratsam) 55/80 à la carte 37/63 ⚲.
   ◆ Roy Petermann heißt der lübsche Koch-König, der im Patrizierhaus aus dem 16. Jh. kreative Gaumenfreuden zubereitet. Klassischer Rahmen und lauschige Innenhof-Terrasse.
Spez. Vorspeisenvariation "Wullenwever". Gemüse-Gerstenrisotto mit Hummercarpaccio. Ochsenschwanz in Spätburgunder geschmort mit Gewürzschalotten.

XX **Schiffergesellschaft**, Breite Str. 2, ✉ 23552, ℰ (0451) 7 67 76, schiffergesellschaft@t-online.de, Fax (0451) 73279 – ✉ VISA   X E
Menu (Tischbestellung ratsam) à la carte 26/39,50.
   ◆ Die sehenswerte Gaststätte von 1535 ist eine Lübecker Institution und Treffpunkt der Schiffergesellschaft. Viele Andenken erinnern an die Geschichte der Lübecker Seefahrt.

XX **Das kleine Restaurant**, An der Untertrave 39, ✉ 23552, ℰ (0451) 70 59 59, dklrest@aol.com, Fax (0451) 705959 – 🅰🅴 ⓪ ✉   X c
geschl. Sonntag – **Menu** (nur Abendessen) 30/42 à la carte 36/45.
   ◆ Direkt an der Drehbrücke am Hansahafen steht das Backsteinhaus aus der Zeit um 1600. In rustikalem Flair überrascht der Patron mit zehngängigen Menüs zu günstigem Preis.

XX **Zimmermann's Lübecker Hanse**, Kolk 7, ✉ 23552, ℰ (0451) 7 80 54, Fax (0451) 71326 – 🅰🅴 ⓪ ✉ VISA   Y a
geschl. Jan. 1 Woche, Samstag - Sonntag – **Menu** (Tischbestellung ratsam) à la carte 22/37.
   ◆ Zwischen alten Holzbalken und knarrenden Dielen unterhalten sich Lachs und Steinbeisser : Lesen Sie die fischreiche Karte, die auch noch anderes enthält.

LÜBECK

In Lübeck-Israelsdorf :

Waldhotel Twiehaus, Waldstr. 41, ⊠ 23568, ℰ (0451) 39 87 40, waldhotel.twiehaus@t-online.de, Fax (0451) 3987430, 斎 - ⇔ Zim, 📺 ⚘ ⚶ 🅿 ⚘ Zim U a
Menu (geschl. Jan., Dienstag) à la carte 18/25,50 - **10 Zim** ⊇ 62 - 85.
♦ Unweit vom Lübecker Tierpark - ruhig im Grünen gelegen - findet der Besucher im familiär geführten Gästehaus ein wohnliches Heim auf Zeit im Landhausstil. Das Restaurant mit Garten und Grillabenden ist ein nettes Ausflugsziel.

In Lübeck-Oberbüssau *Süd-West : 8 km über Kronsforder Landstrasse* V :

Friederikenhof 🅼, Langjohrd 15, ⊠ 23560, ℰ (0451) 80 08 80, mail@friederikenhof.de, Fax (0451) 80088100, 斎, ⚶, ⇔ - ⇔ Zim, 📺 ⚘ ⚘ ⚶ 🅿 - 🛆 40.
🅰🅴 ⓞ ⓞⓞ 🆅🅸🆂🅰
Menu (geschl. Montag) à la carte 21/37 - **30 Zim** ⊇ 70/80 - 90/105, 3 Suiten.
♦ Im regionstypischen Stil erbaute Häuser mit Klinkerfassade bilden diese neuzeitliche Hotelanlage - ausgestattet mit komfortablen Zimmern im modernen Landhausstil. Das rustikal-gemütliche Restaurant ist dem Charakter des Hauses angepaßt.

In Lübeck-Travemünde *über ② : 19 km – Seeheilbad* :

🛈 Tourist-Service, Strandpromenade 1b, ⊠ 23570, ℰ (01805) 88 22 33, marketing@luebeck-tourismus.de, Fax (04502) 804159

Maritim, Trelleborgallee 2, ⊠ 23570, ℰ (04502) 8 90, info.trv@maritim.de, Fax (04502) 892020, ≤ Lübecker Bucht und Travemündung, 斎, ⚶, ⊠ - 🛗, ⇔ Zim, 📺 ⚘ ⚶ ⚘ - 🛆 700. 🅰🅴 ⓞ ⓞⓞ 🆅🅸🆂🅰 🅹🅲🅱 ⚘ Rest C z
Menu à la carte 23,50/51 - **240 Zim** ⊇ 93/179 - 124/208, 10 Suiten - ½ P 23.
♦ Maritimer geht's fast nicht : Hier residieren Sie an der Strandpromenade des Ostseeheilbades : Für Well- und Fitness sorgen Boutiquen, Frisör, Schönheitsfarm und Kegelbahn. Das Ostseerestaurant serviert zu internationalen Gerichten freie Sicht auf die weite See.

In Stockelsdorf :

Lübecker Hof 🅼, Ahrensböker Str. 4, ⊠ 23617, ℰ (0451) 49 07 07, info@luebeckerhof.bestwestern.de, Fax (0451) 4946112, 斎, Massage, ⚶ - 🛗, ⇔ Zim, 📺 ⚘ ⚶
- 🛆 150. 🅰🅴 ⓞ ⓞⓞ 🆅🅸🆂🅰 U s
Menu à la carte 20/28 - **113 Zim** ⊇ 77/90 - 90/103.
♦ Vielleicht stand das Holstentor bei diesem runden Hotel-Turm aus Ziegelstein Modell. Vor den Toren Lübecks residiert man in klassischem Landhausstil. Gartenanlage mit Teich. Das Hotelrestaurant zeigt leicht mediterranes Ambiente.

LÜCHOW *Niedersachsen* 415 416 *H 17 – 10 000 Ew – Höhe 18 m.*

🛈 Tourist-Information im Amtshaus, Theodor-Körner-Str. 4, ⊠ 29439, ℰ (05841) 12 62 49, Fax (05841) 126281.
Berlin 190 – Hannover 138 – Schwerin 98 – Lüneburg 66 – Braunschweig 125.

Katerberg 🅼, Bergstr. 6, ⊠ 29439, ℰ (05841) 9 77 60, hotel-katerberg@t-online.de, Fax (05841) 977660, ⚘, ⇔ Zim, 📺 ⚘ 🅿 - 🛆 40. 🅰🅴 ⓞ ⓞⓞ 🆅🅸🆂🅰
Menu (geschl. 22. Dez. - 7. Jan., Sonntag - Montag) (nur Abendessen) à la carte 16/32 - **27 Zim** ⊇ 33/41 - 70.
♦ Eine freundliche Einrichtung in modernem Design prägt das Innenleben dieses Domizil - vom Empfang bis zu Ihrem Zimmer. Technisch wird man den Ansprüchen von heute gerecht. Südliches Flair verbreitet die Farbgestaltung des Restaurants Le Buffet.

Alte Post, Kirchstr. 15, ⊠ 29439, ℰ (05841) 9 75 40, Fax (05841) 5048, 斎 - ⇔ Zim, 📺 ⚘ 🅰🅴 ⓞⓞ 🆅🅸🆂🅰 - **Menu** (geschl. Okt., Dienstag) (nur Abendessen) à la carte 24,50/35,50 - **14 Zim** ⊇ 46/61 - 76.
♦ In einer Seitenstraße der Innenstadt finden Reisende ein vorübergehendes Zuhause. Hinter der Fachwerkfassade verbergen sich liebevoll eingerichtete Gästezimmer. In einem behaglichen Umfeld mit hübschem Dekor läßt sich der Gast zum Speisen nieder.

Ratskeller, Lange Str. 56, ⊠ 29439, ℰ (05841) 55 10, Fax (05841) 5518 - 📺 🅿
Menu (geschl. Samstagmittag, Sonntagabend) à la carte 16,50/30,50 - **12 Zim** ⊇ 27/42 - 47/62.
♦ Die Gästezimmer dieser kleinen Herberge - unterschiedlich in Zuschnitt und Art des Mobiliars - stellen ein praktisches Quartier mit solider Ausstattung dar. Der rustikale Stil des Restaurants schafft ein gemütliches Ambiente.

In Küsten-Lübeln *West : 4 km* :

Avoeßel (mit Gästehaus), ⊠ 29482, ℰ (05841) 93 40, Fax (05841) 93444, 斎, (Restauriertes Fachwerkhaus a.d.J. 1874), ⚶ - 📺 🅿 🅰🅴 ⓞ ⓞⓞ 🆅🅸🆂🅰 ⚘ Rest
Menu (geschl. Jan., Sonntagabend - Montag) à la carte 21/47 - **25 Zim** ⊇ 45/79 - 84/94 - ½ P 15.
♦ Das doppelstöckige wendländische Fachwerkhaus liegt in einem typischen Rundlingsdorf. Der einstige Bauernhof verbindet überlieferte Gemütlichkeit mit zeitgemäßem Wohnen. Mit behaglicher Ländlichkeit präsentiert sich das Restaurant.

LÜCHOW

In Lübbow-Dangenstorf Süd : 9 km :

🏠 **Landgasthof Rieger,** Dörpstroat 33, ⊠ 29488, ℘ (05883) 6 38, *landgasthof-rieger@t-online.de*, Fax (05883) 1330, 🍴, 🏋, 🛏, 🚗 – ✄ Zim, 📺 🕭 🚗 🅿 🆎 ⓞ ⓜⓢ
Menu *(im Winter Montag - Freitag nur Abendessen)* à la carte 16,50/25 – **12 Zim** ⊇ 35/42 – 66/72.
  • Das ehemalige Bauernhaus überzeugt seine Besucher mit gepflegter Gastlichkeit und einer heimeligen Atmosphäre, die Ihnen den ursprünglichen Charme des Hauses vermittelt. Freigelegtes Fachwerk unterstreicht den ländlichen Rahmen des Restaurants.

LÜDENSCHEID Nordrhein-Westfalen 417 M 6 – 80 000 Ew – Höhe 420 m.

🏌 *Schalksmühle-Gelstern, Gelstern 2 (Nord : 5 km Richtung Heedfeld),* ℘ *(02351) 5 18 19.*
ADAC, *Knapper Str. 26.*
Berlin 523 – Düsseldorf 76 – Hagen 30 – Dortmund 47 – Siegen 59.

🏨 **Mercure,** Parkstr. 66 (am Stadtpark), ⊠ 58509, ℘ (02351) 15 60, *h2927@accor-hotels.com*, Fax (02351) 39157, 🍴, 🛏, 🏊, – 🛗, ✄ Zim, 📺 🕭 🚗 🅿 – 🔔 180. 🆎 ⓞ ⓜⓢ 🌐 🗲 Rest
Menu à la carte 22/35,50 – **169 Zim** ⊇ 112/124 – 134/144, 6 Suiten.
  • Das funktionelle Inventar der kürzlich renovierten Zimmer schätzen Tagungsgäste und Privatreisende gleichermaßen. Zwei Zimmerkategorien - teils mit Balkon - stehen zur Wahl.

LÜDINGHAUSEN Nordrhein-Westfalen 417 K 6 – 22 000 Ew – Höhe 50 m.

Ausflugsziel : *Wasserburg Vischering ★ (Nord : 1 km).*
🛈 *Verkehrsverein, Münsterstr. 37,* ⊠ *59348,* ℘ *(02591) 7 80 08, Fax (02591)78010.*
Berlin 482 – Düsseldorf 95 – Dortmund 37 – Münster (Westfalen) 28.

🏠 **Borgmann,** Münsterstr. 17, ⊠ 59348, ℘ (02591) 9 18 10, Fax (02591) 918130, Biergarten – 📺 🆎 ⓞ ⓜⓢ 🌐
Menu *(geschl. Sonntag) (nur Abendessen)* à la carte 21/33 – **14 Zim** ⊇ 45/50 – 75/80.
  • Einst als Scheune genutzt, dient diese Adresse heute der Beherbung von Besuchern. Ein Gästehaus ergänzt das Hotel mit wohnlichen Räumen - teils im Landhausstil. Fachwerkbalken, Kacheln und Klinker bestimmen den altdeutschen Charakter der Gaststuben.

LÜGDE Nordrhein-Westfalen 417 K 11 – 12 000 Ew – Höhe 106 m.

🛈 *Tourist-Information, Vordere Str. 81,* ⊠ *32676,* ℘ *(05281) 7 80 29, Fax (05281) 979643.*
Berlin 352 – Düsseldorf 219 – Hannover 70 – Detmold 32 – Paderborn 49.

🏠 **Berggasthaus Kempenhof** 🌿, Am Golfplatz 1 (West : 1,5 km), ⊠ 32676, ℘ (05281) 86 47, *hotelkempenhof@aol.com*, Fax (05281) 5637, ≤, 🍴, 🛏, 🏋 – ✄ Zim, 📺 🚗 🅿 🌐 🗲
Menu à la carte 14/32 – **13 Zim** ⊇ 33/36 – 57/62.
  • Modernisierte Zimmer sowie die attraktive Lage bieten Ihnen die Annehmlichkeiten, die Sie sich für erholsame Urlaubstage - oder auch nur auf der Durchreise - wünschen. Ein Kamin und die nette Dekoration zieren die Räumlichkeiten des Restaurants.

In Lügde-Elbrinxen Süd : 6,5 km :

🏠 **Landhotel Lippischer Hof,** Untere Dorfstr. 3, ⊠ 32676, ℘ (05283) 98 70, *info@lippischerhof.de*, Fax (05283) 987189, 🛏 – 🛗 📺 🅿 – 🔔 80. 🌐 🗲
Menu à la carte 15/24,50 – **34 Zim** ⊇ 45/51 – 77/85.
  • "Unterwegs zu Hause sein" - so lautet das Motto dieses gepflegten Domizils. Sie beziehen nette Zimmer - teils neuzeitlich mit hellem Holz und Rattanmobiliar bestückt. Restaurant, Bierstube wie auch die Bauernstube sind Teil einer vielseitigen Gastlichkeit.

LÜNEBURG Niedersachsen 415 416 G 15 – 68 000 Ew – Höhe 17 m – Sole- und Moorkurbetrieb.

Sehenswert : *Rathaus★★ (Große Ratsstube★★)* Y R *– Am Sande★ (Stadtplatz)* Z *– Wasserviertel : ehemaliges Brauhaus★* Y F.
Ausflugsziel : *Kloster Lüne (Teppichmuseum★) über ① : 2 km.*
🏌 🏌 *Lüdersburg, Lüdersburger Str. 21 (Nord-Ost : 16 km über ①),* ℘ *(04153) 6 97 00 ;*
🏌 *St. Dionys, Widukindweg (Nord : 11 km über ①),* ℘ *(04133) 21 33 11 ;* 🏌 🏌 *Adendorf, Scharnbecker Weg 25 (Nord : 5 km über ①), (04131) 70 78 77.*
🛈 *Verkehrsverein (Rathaus), Am Markt,* ⊠ *21335,* ℘ *(04131) 2 07 66 20, Fax (04131) 2076644.*
ADAC, *Bei der St. Lambertikirche 9.*
Berlin 270 ① – Hannover 124 ③ – Hamburg 58 ① – Braunschweig 116 ③ – Bremen 132 ①

LÜNEBURG

Altenbrücker Damm	Y	2
Altenbrückertor-Straße	Z	3
Am Markt	Y	5
Am Ochsenmarkt	Y	6
Am Sande	Z	
Am Schifferwall	Y	7
Am Werder	Y	8
An den Brodbänken	Y	9
An den Reeperbahnen	Z	10
An der Münze	Y	12
Auf dem Meere	Y	14
Bahnhofstraße	Y	16
Bardowicker Str.	Y	
Bei der Abtspferdetränke	Y	18
B. d. St. Johanniskirche	Z	19
Beim Benedikt	YZ	21
Bockelmannstraße	Y	24
Egersdorffstraße	Y	27
Görgesstraße	Y	28
Grapengießerstraße	Z	
Große Bäckerstraße	Y	30
Kaufhausstraße	Y	32
Kleine Bäckerstraße	Z	34
Kuhstraße	Z	35
Lüner Str	Y	36
Neue Torstraße	Y	38
Reitende-Diener-Str.	Y	40
Rosenstraße	Y	42
Rotehahnstraße	Y	43
Rote Str.	Y	
Schießgrabenstraße	YZ	44
Schröderstraße	YZ	45
Sülfmeisterstraße	Z	46
Uelzner Str.	Z	47
Vor dem Bardowicker Tore	Y	48
Waagestraße	Y	49

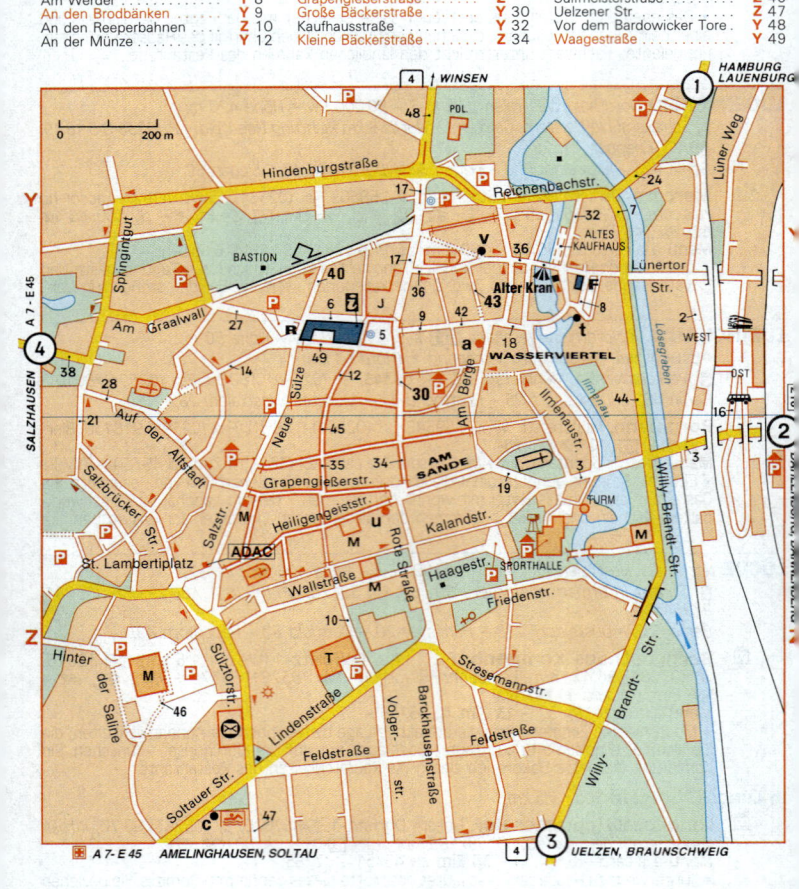

Bergström (mit Gästehaus), Bei der Lüner Mühle, ⊠ 21335, ℰ (04131) 30 80, *info@bergstroem.de*, Fax (04131) 308499, ≤, 🍴, 🛁, ≦s, ☒, – ⌷, 🛌 Zim, 📺 📞 🛗 🚗 🅿 – 🏛 240. 🆎 ⓘ 🆘 🆚 Y t
Menu à la carte 22/34 – 🍽 13 – **123 Zim** 107/127 – 127/147.
♦ Die Gemächer Ihrer vorübergehenden Residenz überzeugen Sie mit einer geschmackvollen Einrichtung und guter Technik. Reizvoll : die Lage direkt an der Ilmenau. Die Brasserie verbindet kulinarische Elemente aus Restaurant, Bistro und Bäckerei.

Seminaris, Soltauer Str. 3, ⊠ 21335, ℰ (04131) 71 30, *lueneburg@seminaris.de*, Fax (04131) 713727, 🍴, direkter Zugang zum Kurzentrum – ⌷, 🛌 Zim, 🗏 Rest, 📺 📞 🚗 – 🏛 200. 🆎 ⓘ 🆘 🆚 ✂ Rest Z c
Menu à la carte 19/33 – **185 Zim** 🍽 82/96 – 119, 6 Suiten – ½ P 17.
♦ Besucher schätzen die Zimmer dieses Hauses wegen ihrer funktionellen Ausstattung und Pflege wegen. Tagungsgäste werden sich in den Business-Suiten gut aufgehoben fühlen.

LÜNEBURG

Residenz, Munstermannskamp 10, ✉ 21335, ☎ (04131) 75 99 10, info@residenzhotel.de, Fax (04131) 7599175, 🍽 – 🛗, ↭ Zim, 📺 📞 ⇌ 🅿 – 🔒 20. 🅰 ⓘ 🅾 VISA JCB
über Uelzener Straße Z
Menu (geschl. Sonntag) à la carte 27/43 – **30 Zim** ⊇ 82/95 – 98/123 – ½ P 19.
• Die Zimmer dieser Adresse sind mit einem soliden Mobiliar bestückt und bieten Ihnen mit ihrer praktischen Ausstattung alles, was Sie während Ihres Aufenthalts brauchen. Helles, auf zwei Ebenen angelegtes Restaurant.

Bremer Hof ⌂, Lüner Str. 12, ✉ 21335, ☎ (04131) 22 40, hotel-bremerhof@luenecom.de, Fax (04131) 224224 – 🛗, ↭ Zim, 📺 📞 🅿 🅰 ⓘ 🅾 VISA JCB Y v
Menu à la carte 22,50/35,50 – **57 Zim** ⊇ 59/100 – 83/126.
• Im Haupthaus wie auch im Gästehaus Tilly stehen zeitgemäße Quartiere zum Einzug bereit - wohnlich, mit Sitzecke versehen, teils auch mit freigelegten Holzbalken. Eine historische Balkendecke unterstreicht den gemütlichen Rahmen der Alten Gaststube.

Zum Heidkrug (Röhm) mit Zim, Am Berge 5, ✉ 21335, ☎ (04131) 2 41 60, heidkrug@zumheidkrug.de, Fax (04131) 241620, 🍽 – 📺 🅾 VISA Y a
geschl. Jan. 2 Wochen, Juli - Aug. 3 Wochen – **Menu** (geschl. Sonntag - Montag) à la carte 34,50/42,50 – **7 Zim** ⊇ 58/72 – 82/94.
• Der gotische Backsteinbau aus dem 15. Jh. beherbergt eine gastronomische Stätte mit geschmackvollem Interieur. Klassische Kreationen überzeugen Sie vom Können der Köche.
Spez. Gegrilltes Gemüse mit gebratenen Langustinen. Etouffé Taube mit Blutwurst und Selleriecreme. Grießknödel mit Vanille-Trüffeleis.

Ratskeller, Am Markt 1, ✉ 21335, ☎ (04131) 3 17 57, Fax (04131) 34526 – 🅰 🅾 VISA Y R
geschl. 9. - 22. Jan., Mittwochabend – **Menu** à la carte 14/29,50.
• Vom Ratsweinkeller a. d. J. 1328 mit Kreuzgewölbe zum elegant-rustikalen Restaurant. Geblieben ist die Gemütlichkeit, in der man gerne bei einem guten Essen verweilt.

Kronen-Brauhaus, Heiligengeiststr. 39, ✉ 21335, ☎ (04131) 71 32 00, kronenbrauhaus@seminaris.de, Fax (04131) 41861, (Brauerei-Gaststätte mit Museum), Biergarten – 🅰 ⓘ 🅾 VISA Z u
Menu à la carte 19/31.
• Hinter den mittelalterlichen Fassaden des Gebäudeensembles verbergen sich urig-rustikale Räume, in denen man seit über 500 Jahren Gastlichkeit pflegt. Mit Museum.

In Brietlingen über ① : 10 km :

Landhotel Franck, An der alten Salzstraße 31b (B 209), ✉ 21382, ☎ (04133) 4 00 90, info@landhotel-franck.de, Fax (04133) 400933, 🍽, ⚓, 🏊, 🌳, 🎾 – 📺 📞 ⇌ 🅿 – 🔒 150. 🅰 ⓘ 🅾 VISA
Menu à la carte 17/37,50 – **34 Zim** ⊇ 45/70 – 75/95 – ½ P 15.
• Seit 1922 hat sich Ihr vorübergehendes Zuhause vom einfachen Landgasthof zu einem zeitgemäßen Hotel entwickelt - ein Teil der Zimmer präsentiert sich frisch renoviert. Ob Kutscher-, Biedermeier- oder Jägerstube - ländliches Flair bestimmt die Optik der Räume.

In Deutsch-Evern über ③ : 7 km :

Niedersachsen, Bahnhofstr. 1, ✉ 21407, ☎ (04131) 7 93 74, hausniedersachsen@gmx.de, Fax (04131) 79726, 🍽 – 🅿 ⓘ 🅾 VISA
geschl. Donnerstag – **Menu** à la carte 15/31.
• Die Verbundenheit zur heimischen Landwirtschaft spiegelt sich im kulinarischen Angebot des Hauses wider. Draußen lockt eine hübsche Gartenterrasse.

In Embsen Süd-West : 10 km über Soltauer Straße Z :

Stumpf (mit Gästehaus), Ringstr. 6, ✉ 21409, ☎ (04134) 2 15, Fax (04134) 8343, 🍽, ⇌, ⚓, 🌳 – 📺 ⇌ 🅿 – 🔒 15. ↭ Zim
Menu (geschl. Montagmittag) à la carte 13,50/22 – **11 Zim** ⊇ 36 – 67.
• Ein regionstypischen Stil erbauter Gasthof stellt Ihnen auf der Durchreise oder auch für einen längeren Besuch sinnvoll ausgestattete Zimmer zur Verfügung. Rustikale Gaststube mit einer Sammlung historischer Waffen und Gebrauchsgegenstände.

In Reinstorf Ost : 13 km über Altenbrückertor-Straße Z :

Hof Reinstorf ⌂, Alte Schulstr. 6, ✉ 21400, ☎ (04137) 80 90, info@hotel-reinstorf.de (04137) 809100, Massage, 🦶, ⚓, 🏊, 🌳 – 🛗, ↭ Zim, 📺 ⇌ 🅿 – 🔒 200. 🅰 ⓘ 🅾 VISA
Vitus (geschl. Jan. 2 Wochen, Juli 2 Wochen, Sonntagabend - Dienstag) (Mittwoch - Freitag nur Abendessen) **Menu** à la carte 39/53 ⚘ – ⊇ 13 – **90 Zim** 67 – 99 – ½ P 19.
• Ob Sie im Alten Gutshaus aus dem 19. Jh. Ihr Quartier beziehen oder im Neubau wohnen, individuell und freundlich gestaltete Zimmer stellen Ihr ganz persönliches Refugium dar. Das Vitus befindet sich in den alten Mauern des umgebauten Gutshofs.

925

LÜNEN Nordrhein-Westfalen 417 L 6 – 90 000 Ew – Höhe 45 m.
Berlin 481 – Düsseldorf 84 – Dortmund 15 – Münster (Westfalen) 50.

🏨 **Am Stadtpark,** Kurt-Schumacher-Str. 43, ✉ 44532, ℘ (02306) 2 01 00, hotel-am-stadtpark@riepe.com, Fax (02306) 201055, 🌳, ♨, ≋, ⬜ – 📶, ⇜ Zim, 📺 📞 🚗 ⇔
🅿 – 🏛 300. AE ① ⓒ VISA
Menu à la carte 22/37 – **90 Zim** ⊊ 82/104 – 104/112, 4 Suiten.
♦ Solide und funktionell eingerichtete Zimmer sorgen dafür, daß Sie sich hier wohlfühlen. Auch eines der neuen Gemächer beherbergt Sie ganz nach Ihren Vorstellungen. Das Restaurant mit Wintergarten-Anbau zeigt sich in neuzeitlicher Gestaltung.

Beim Schloß Schwansbell Süd-Ost : 2 km über Kurt-Schumacher-Straße :
XX **Schwansbell,** Schwansbeller Weg 32, ✉ 44532 Lünen, ℘ (02306) 20 68 10, kunstgalerie.lauter@t-online.de, Fax (02306) 23454, 🌳 – 🍽 🅿 ⓒ VISA
geschl. Montag - Dienstag – **Menu** (wochentags nur Abendessen) 25 und à la carte 33/44.
♦ "Der Maler, der kocht" frischt mit Eigenkreationen das marktorientierte kulinarische Programm auf. Gemälde des Chefs schmücken die modern gestalteten Räumlichkeiten.

LÜSSE Brandenburg siehe Belzig.

LÜTJENBURG Schleswig-Holstein 415 416 D 15 – 6 000 Ew – Höhe 25 m – Luftkurort.
🏌 Hohwachter Bucht (Nord-Ost : 3 km), ℘ (04381) 96 90.
🅱 Touristinformation, Markt 4, ✉ 24321, ℘ (04381) 41 99 41, Fax (04381) 419943.
Berlin 326 – Kiel 34 – Lübeck 85 – Neumünster 56 – Oldenburg in Holstein 21.

🏨 **Ostseeblick** ⌘, Am Bismarckturm 3, ✉ 24321, ℘ (04381) 9 06 50, info@hotel-ostseeblick.de, Fax (04381) 7240, ≤, 🌳, ≋, ⬜ – ⇜ Zim, 📺 🅿 ⓒ VISA
geschl. 15. Feb. - 5. März – **Menu** (geschl. Nov. - April Montag - Dienstag) à la carte 24/33 – **30 Zim** ⊊ 52/64 – 82/92, 6 Suiten – ½ P 13.
♦ Oberhalb des Ortes plaziert, gewährt Ihnen diese Adresse erholsame Tage in praktisch ausgestatteten Räumen. Eine Küchenzeile zählt zu den Annehmlichkeiten Ihres Quartiers. Im Bismarckturm lassen Sie sich in unaufdringlichem Ambiente zum Speisen nieder.

In Panker Nord : 4,5 km in Richtung Schönberg :
XX **Ole Liese** ⌘ mit Zim, ✉ 24321, ℘ (04381) 9 06 90, info@ole-liese.de, Fax (04381) 906920, 🌳 – 📺 🅿
geschl. 3. - 27. Nov. – **Menu** (geschl. Montag - Dienstagmittag, Nov. - Mai Montag - Dienstag) (Nov. - Mai Mittwoch - Freitag nur Abendessen) à la carte 32/46 – **7 Zim** ⊊ 95/105 – 105/130.
♦ Der Gasthof aus dem Jahre 1797 präsentiert sich seinen Besuchern als kulinarischer Rastplatz. Produkte der Region wie auch der Saison bilden die Grundlage der Küche.

X **Forsthaus Hessenstein,** beim Hessenstein (West : 3 km), ✉ 24321, ℘ (04381) 94 16, Fax (04381) 418943, 🌳 – 🅿
geschl. Nov., Montag, Okt. - April Montag - Dienstag – **Menu** (wochentags nur Abendessen) à la carte 23/39.
♦ Im idyllisch einsam am Waldrand gelegenen Jagdhaus serviert man eine schmackhafte regionale, teils auch deftige Küche. Eine ständige Bilderausstellung ziert das Restaurant.

LÜTJENSEE Schleswig-Holstein 415 416 F 15 – 2 500 Ew – Höhe 50 m.
🏌 Großensee, Hamburger Str. 29 (Süd : 5 km), ℘ (04154) 64 73 ; 🏌 Lütjensee, Hof Bornbek (Süd : 2 km), ℘ (04154) 78 31.
Berlin 268 – Kiel 85 – Hamburg 39 – Lübeck 43.

🏨 **Fischerklause** ⌘, Am See 1, ✉ 22952, ℘ (04154) 79 22 00, info@fischerklause-luetjensee.de, Fax (04154) 792234, ≤ Lütjensee, 🌳 – 📺 🅿 ⓒ VISA
Menu (geschl. Donnerstag) à la carte 21/40 – **15 Zim** ⊊ 52/62 – 72/87.
♦ In idyllischer Lage direkt am See findet der Erholungsuchende ein Refugium, das ihm auf sympathische Art und Weise vorübergehend sein Zuhause ersetzt. Gepflegte, klassische Einrichtung im Restaurant, Seeterrasse.

XX **Forsthaus Seebergen** ⌘ (mit Gästehaus), Seebergen 9, ✉ 22952, ℘ (04154) 7 92 90, info@forsthaus-seebergen.de, Fax (04154) 70645, ≤, 🌳 – 📺 🅿 – 🏛 25. AE ① ⓒ VISA
Menu (geschl. Jan. - Nov. Montag) à la carte 30/51 – **11 Zim** ⊊ 35/63 – 55/90.
♦ Laden Sie zum Speisen ein rustikal-gemütliches Ambiente vor oder mögen Sie es lieber elegant? Zum Tafeln an frischer Luft : die schöne Terrasse am Seeufer.

XX **Seehof** ⌘ (mit Gästehaus), Seeredder 19, ✉ 22952, ℘ (04154) 7 00 70, info@seehof-luetjensee.de, Fax (04154) 700730, ≤, 🌳, Damwildgehege, 🐎 – 📺 🅿 ⓒ VISA
Menu à la carte 20/40,50 – **6 Zim** ⊊ 50 – 100.
♦ Die klassische Aufmachung des Restaurants, das gute Couvert sowie das freundliche Personal tragen zu einem gelungenen Aufenthalt bei. Gartenterrasse am See mit schönem Blick.

LUHDEN Niedersachsen 417 J 11 – 1060 Ew – Höhe 80 m.
Berlin 341 – Hannover 58 – Hameln 26 – Minden 19.

In Luhden-Schermbeck West : 2 km :

✕ **Landhaus Schinken-Kruse**, Steinbrink 10, ✉ 31711, ℘ (05722) 44 04, info@schinkenkruse.de, Fax (05722) 906505, 🌺 – 🅿, AE ① ⓜ VISA
geschl. Montag – **Menu** à la carte 16,50/28,50.
♦ Oberhalb des Ortes steht dieses alte Bauernhaus, in dem sich schon vor langer Zeit Glasbläser mit Schinken stärkten. Hohe, rustikal-gediegene Räumlichkeiten bilden das Umfeld.

LUISENTHAL Thüringen 418 N 16 – 1600 Ew – Höhe 420 m.
Berlin 338 – Erfurt 47 – Bad Hersfeld 115 – Coburg 78.

🏨 **Waldhotel Berghof** 🌿, Langenburgstr. 18, ✉ 99885, ℘ (03624) 37 70, info@waldhotel-berghof.de, Fax (03624) 377444, 🌺, ≘s, 🐎, ✕, – 🛗, ⇔ Zim, TV 🛆 🅿.
🏛 120. AE ⓜ VISA
Menu à la carte 18,50/23 – **105 Zim** ⊇ 65/80 – 92/112 – ½ P 13.
♦ In ansprechender Waldrandlage läßt man Sie für einige Zeit dem Alltagsstreß entkommen. Ihre Unterkunft überzeugt Sie mit einem funktionellen und behaglichen Innenleben. Für eine nette Atmosphäre im Restaurant sorgt die Thüringer Gastfreundschaft.

LUPENDORF Mecklenburg-Vorpommern 416 F 21 – 290 Ew – Höhe 60 m.
Berlin 184 – Schwerin 109 – Neubrandenburg 57 – Waren (Müritz) 19.

In Lupendorf-Ulrichshusen Süd-West : 3 km :

🏨 **Schloß Ulrichshusen** 🌿, Seestr. 14, ✉ 17194, ℘ (039953) 79 00, info@gut-ulrichshusen.de, Fax (039953) 79099, 🌺, 🐎 – 🛗 TV 🍴 🅿
geschl. Jan. - März – **Am Burggraben** : **Menu** à la carte 14/22 – **26 Zim** ⊇ 85/100 – 90/110.
♦ Zu Gast auf einem Anwesen aus dem 15. Jh. in malerischer Seelage. Hinter alten Schloßmauern vermitteln hochwertig eingerichtete Gemächer Wohnlichkeit und ländliche Eleganz. Backsteinwände und Steinboden betonen den rustikalen Charakter des Restaurants.

LYCHEN Brandenburg 416 G 23 – 4000 Ew – Höhe 85 m.
🛈 Fremdenverkehrsverein, Fürstenberger Str. 11a, ✉ 17279, ℘ (039888) 22 55, fremdenverkehrsverein@lychen.de, Fax (039888) 4178.
Berlin 97 – Potsdam 125 – Neubrandenburg 59 – Rostock 167 – Sczecin 103.

🏨 **Seehotel Lindenhof** 🌿, Lindenhof 1, ✉ 17279, ℘ (039888) 6 43 10, mail@seehotel-lindenhof.de, Fax (039888) 64311, ≤, 🌺, 🍽, 🐎 – TV 🅿 ⨯ Rest
Menu à la carte 16/30,50 – **13 Zim** ⊇ 60 – 95/120.
♦ Eine individuelle Möblierung in rustikaler oder moderner Machart ermöglicht dem Gast bequemes Wohnen. Die Lage auf einer Halbinsel im Wurlsee ist sehr idyllisch. Eine Fensterfront läßt viel Licht in das Restaurant und gewährt einen Blick zum See.

MAASHOLM Schleswig-Holstein 415 B 13 – 650 Ew – Höhe 5 m – Erholungsort.
Berlin 418 – Kiel 70 – Flensburg 36 – Schleswig 68.

✕ **Schunta** 🌿 (mit Gästehaus Maasholm), Hauptstr. 38, ✉ 24404, ℘ (04642) 9 65 60 (Rest.) 60 42 (Hotel), info@restaurant-schunta.de, Fax (04642) 965618 – TV 🅿
Menu (geschl. Nov. - Ostern Montag) à la carte 22/38 – **14 Zim** ⊇ 51 – 82 – ½ P 15.
♦ In dem kleinen Klinkerhaus am Hafen verwöhnt man Sie in einem ländlichen Ambiente mit regionaler Küche. Auf der Karte finden sich überwiegend Fischgerichte und Saisonales.

MACHERN Sachsen 418 L 21 – 8000 Ew – Höhe 170 m.
Berlin 199 – Dresden 100 – Leipzig 21 – Chemnitz 95 – Dessau 81 – Halle 51.

🏨 **Kavalierhaus**, Schloßplatz 2, ✉ 04827, ℘ (034292) 80 90, info@kavalierhaus.de, Fax (034292) 80933, 🌺, 🏋, ≘s – 🛗 TV 🍴 🅿 – 🏛 70. AE ⓜ VISA
Menu à la carte 16/29 – **47 Zim** ⊇ 50/65 – 80/85.
♦ Das Herrenhaus von Schloß Machern wurde wieder aufgebaut und erstrahlt jetzt in neuem Glanz. Man beherbergt seine Gäste in individuellen, modernen Zimmern. Restaurant mit Blick auf den Schloßpark.

MAGDEBURG
Sachsen-Anhalt 416 418 J 18 – 231 000 Ew – Höhe 55 m.

Sehenswert : Dom★★★ (Paradiesportal : Standbilder★★, Bronzetumba★, Thronendes Herrscherpaar★, Alabasterkanzel★, Statue★ des Hl. Mauritius) – Kloster Unser Lieben Frauen★★ (Klosterkirche★, Kreuzgang★) – Johanniskirche (Rundblick vom Turm★★) – Elbauenpark ★ (Jahrtausendturm★★).

Magdeburg, Herrenkrug 4 (Nord-Ost : 5 km über ②, an der Pferderennbahn), ℰ (0391) 81 83 80.

Tourist-Information, Ernst-Reuter-Allee 12, ✉ 39104, ℰ (0391) 5 40 49 00, info@magdeburg-tourist.de, Fax (0391) 5404910.

ADAC, Breiter Weg 114a. – Berlin 151 ① – Braunschweig 89 ⑤ – Dessau 63 ②

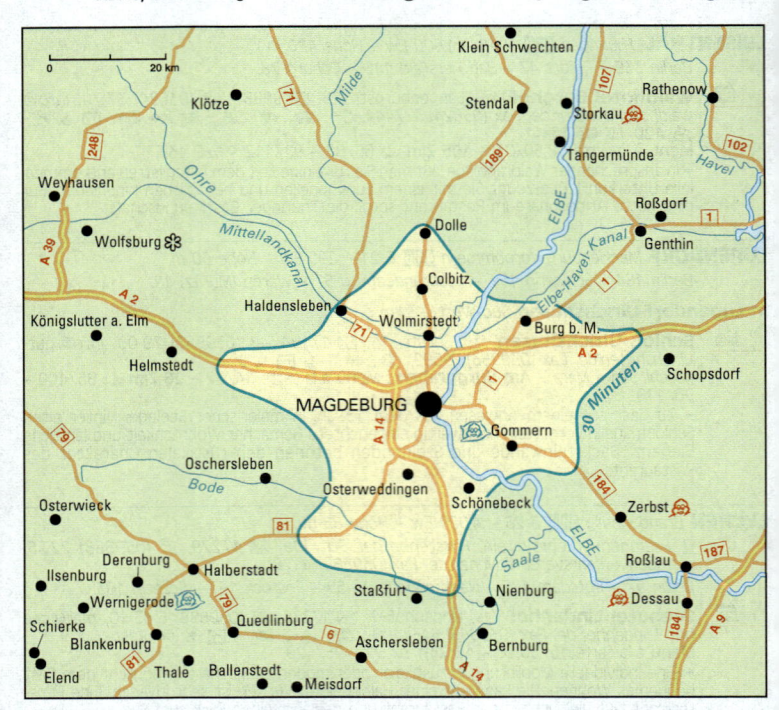

Maritim M, Otto-von-Guericke-Str. 87, ✉ 39104, ℰ (0391) 5 94 90, info.mag@maritim.de, Fax (0391) 5949990, ₤₅, ≘s, ⊡, – ⫯, ⨯ Zim, ▦ TV ℰ ₤ ⇔ – 🕭 900. AE ⓘ ⓜ VISA JCB
Y e
Menu à la carte 28/40 ♀ – ⊡ 13 – **514 Zim** 107/157 – 136/186, 3 Suiten.
◆ Die Geschäftswelt findet hier eine ideale Kombination von Tagen und Wohnen. Das Haus mit der imposanten Atrium-Halle strahlt modernen und eleganten Komfort aus. Neuzeitliches Restaurant mit großem Lunchbuffett.

Herrenkrug Parkhotel ⚘, Herrenkrug 3, ✉ 39114, ℰ (0391) 8 50 80, herrenkrug_hotel@t-online.de, Fax (0391) 8508501, ⛲, ₤₅, ≘s, ⊡, 🐎 – ⫯, ⨯ Zim, ▦ TV ℰ ₤ ⤧ ₽ – 🕭 200. AE ⓘ ⓜ VISA über Herrenkrugstraße R
Die Saison : Menu à la carte 29/48 – ⊡ 14 – **147 Zim** 104/144 – 124/164.
◆ Im schönen Herrenkrug-Park liegt dieses geschmackvoll gestaltete Hotel. Die Zimmer bestechen durch ihre Großzügigkeit sowie eine elegante, individuelle Einrichtung. Jugendstil-Architektur im Restaurant Die Saison.

Ratswaage M, Ratswaageplatz 1, ✉ 39104, ℰ (0391) 5 92 60, hotel@ratswaage.de, Fax (0391) 5619615, ⛲, ≘s, ⊡ – ⫯, ⨯ Zim, ▦ Rest, TV ℰ ₤ ⇔ – 🕭 270. AE ⓘ ⓜ VISA
Y a
Menu à la carte 16,50/31 – ⊡ 11 – **174 Zim** 100 – 117, 7 Suiten.
◆ Der 1994 erweiterte Hotelkomplex ist eine Mischung aus Neubau und sanier tem, zum Teil unter Denkmalschutz stehendem Altbau. Die Zimmer bieten den Gästen modernen Komfort.

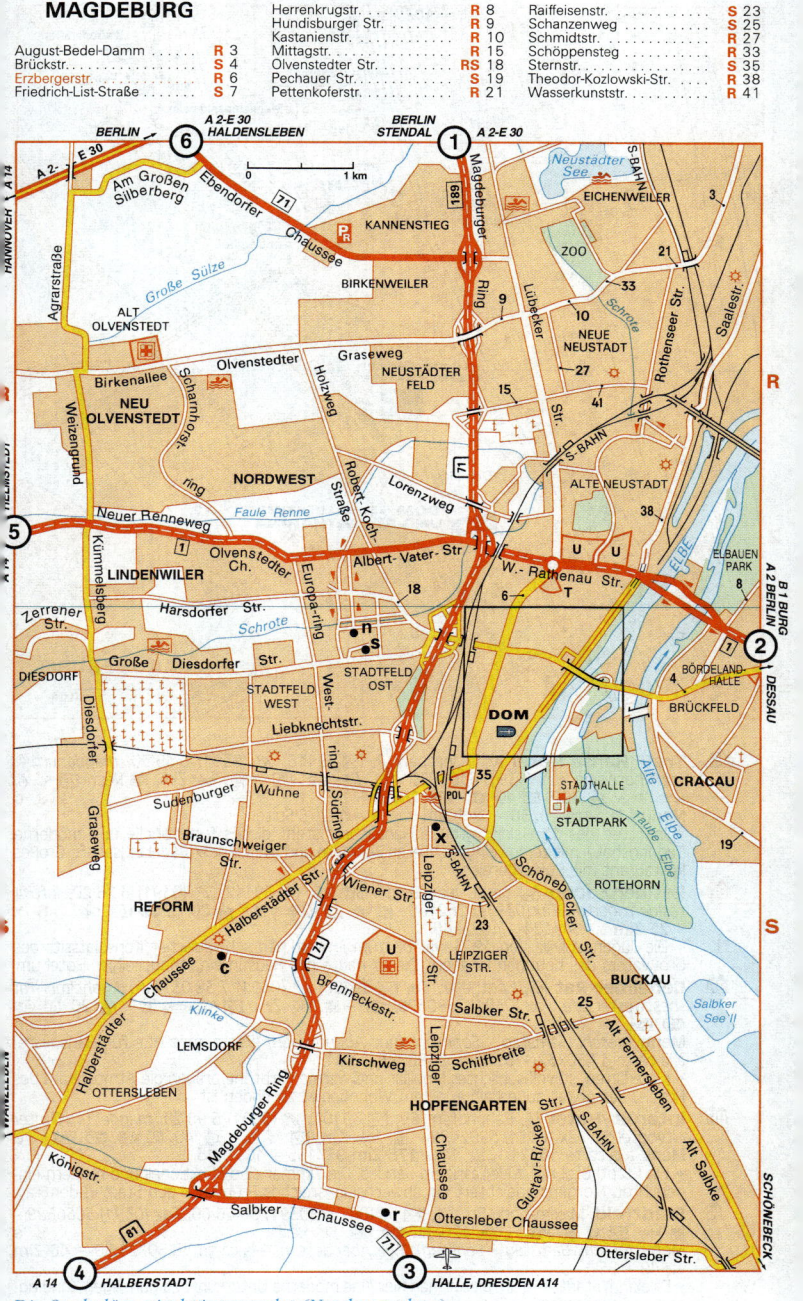

MAGDEBURG

August-Bedel-Damm	**R**	3
Brückstr.	**S**	4
Erzbergerstr.	**RS**	6
Friedrich-List-Straße	**R**	7
Herrenkrugstr.	**R**	8
Hundisburger Str.	**R**	9
Kastanienstr.	**R**	10
Mittagstr.	**R**	15
Olvenstedter Str.	**RS**	18
Pechauer Str.	**S**	19
Pettenkoferstr.	**R**	21
Raiffeisenstr.	**S**	23
Schanzenweg	**S**	25
Schmidtstr.	**R**	27
Schöppensteg	**R**	33
Sternstr.	**R**	35
Theodor-Kozlowski-Str.	**R**	38
Wasserkunststr.	**R**	41

Die Stadtpläne sind eingenordet (Norden = oben).

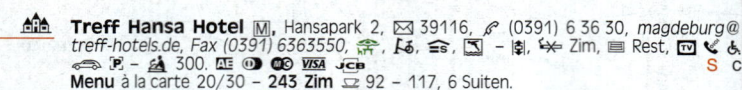

🏨 **Treff Hansa Hotel** M, Hansapark 2, ✉ 39116, ☎ (0391) 6 36 30, *magdeburg@ treff-hotels.de*, Fax (0391) 6363550, 🌴, 🏊, ⓈⓈ, 🏊 – 🛗, ❆ Zim, 🟥 Rest, 📺 🚗 ♿ 🚗 P – 🅿 300. AE ⓄⒹ MⓄ VISA JCB S c
Menu à la carte 20/30 – **243 Zim** ⊐ 92 – 117, 6 Suiten.
• Inmitten des 12 Hektar großen Hansaparks steht dieses funktionelle und moderne Tagungshotel mit zeitlos eingerichteten Zimmern und einladender Badelandschaft. Großes Restaurant mit Buffetbereich.

🏨 **Residenz Joop** ⌕ garni, Jean-Burger-Str. 16, ✉ 39112, ☎ (0391) 6 26 20, *info@ residenzjoop.de*, Fax (0391) 6262100 – 🛗 ❆ Zim 📺 🚗 ⇔ P – 🅿 20. AE ⓄⒹ MⓄ VISA. ❆ – **25 Zim** ⊐ 84/124 – 102/146. S x
• Die Jugendstilvilla von 1903 war bis zum II. Weltkrieg schwedischer Konsulatssitz des Großvaters des heutigen Inhabers. Dieser baute das Haus in ein schnuckeliges Hotel um.

🏨 **Geheimer Rat** M, Goethestr. 38, ✉ 39108, ☎ (0391) 7 38 03, *info@geheimer-rat -bestwestern.de*, Fax (0391) 7380599, ⓈⓈ – 🛗, ❆ Zim, 📺 🚗 ⇔ P – 🅿 20. AE ⓄⒹ MⓄ VISA. ❆ Rest S n
Menu (geschl. Samstag - Sonntag) (nur Abendessen) (Restaurant nur für Hausgäste) à la carte 17,50/32 – **65 Zim** ⊐ 88/93 – 104.
• Klare Linien, stilvoll-schlichtes Mobiliar und warme Farbtöne prägen die Atmosphäre des Hotels, das etwas außerhalb in einem Wohngebiet zu finden ist.

🏨 **InterCityHotel** M, Bahnhofstr. 69, ✉ 39104, ☎ (0391) 5 96 20, *magdeburg@inter cityhotel.de*, Fax (0391) 5962499 – 🛗, ❆ Zim, 📺 🚗 ⇔ 🚗 – 🅿 40. AE ⓄⒹ MⓄ VISA Y d
Menu à la carte 16/21 – ⊐ 11 – **175 Zim** 95/105 – 105/115.
• Ein Stadthotel mit zuverlässigem Service. Die Zimmer sind funktionell und modern eingerichtet. Morgens erleichtert ein abwechslungsreiches Frühstück den Start in den Tag.

🏨 **Stadtfeld**, Maxim-Gorki-Str. 31, ✉ 39108, ☎ (0391) 50 66 60, Fax (0391) 5066699 – 🛗 ❆ Zim 📺 🚗 ♿ 🚗 – 🅿 120. AE MⓄ VISA. ❆ Rest S s
Menu (geschl. Samstag - Sonntag) (nur Abendessen) à la carte 13,50/21,50 – **46 Zim** ⊐ 49 – 65.
• Direkt im Stadtzentrum bietet man hier eine moderne Unterkunft zu günstigen Konditionen. Im Dachgeschoß befindet sich ein großer Konferenzsaal mit entsprechender Technik.

MAGDEBURG

Merkur, Kometenweg 69, ✉ 39118, ℘ (0391) 62 86 80, Fax (0391) 6286826, 🍽 – 🛗
📺 📞 🅿 – 🚗 20. ⓐ ⓜ 💳
S r
Menu (geschl. Sonntag) à la carte 19/28 – **14 Zim** ⛁ 57 – 72.

♦ Die Architektur des Hauses wirkt durch den extravaganten Atriumstil attraktiv. Die Hotelzimmer befinden sich in der vierten Etage und bestechen durch tadellose Pflege.

Ratskeller, Alter Markt, ✉ 39104, ℘ (0391) 5 68 23 23, ratskeller@t-online.de, Fax (0391) 5682399 – 🍽 ⓐ ⓞ ⓜ 💳
Y R
Menu à la carte 15/24.

♦ Schon alleine das beeindruckende Kreuzgewölbe des Kellerrestaurants ist sehenswert. Auch die Küche wird Sie mit ihren gutbürgerlichen Spezialitäten nicht enttäuschen.

In Magdeburg-Ebendorf Nord-West : 7 km über Ebendorfer Chaussee R :

Astron 🅼, Olvenstedter Str. 2a, ✉ 39179, ℘ (039203) 7 00, magdeburg@astron-hotels.com, Fax (039203) 70100, 🍽 – 🛗, ⚥ Zim, 📺 📞 🅿 – 🚗 120. ⓐ ⓞ ⓜ 💳
Menu à la carte 19/34 – ⛁ 12 – **143 Zim** 65.

♦ Die verkehrsgünstige Anbindung ist nur ein Punkt, der das Hotel zu einer attraktiven Adresse für private und geschäftliche Aufenthalte macht. Zeitlos gestaltete Zimmer.

In Magdeburg-Prester Süd-Ost : 3 km über Pechauer Straße S :

Alt Prester, Alt Prester 102, ✉ 39114, ℘ (0391) 8 19 30, info@hotel-alt-prester.de, Fax (0391) 8193118, Biergarten – 🛗, ⚥ Zim, 📺 🅿 – 🚗 30. ⓐ ⓜ 💳
Menu à la carte 13/26 – **30 Zim** ⛁ 50/64 – 69/89.

♦ Ruhig gelegenes, 1995 im Fachwerkstil erbautes Hotel. Die Zimmer präsentieren sich gleichermaßen mit rustikaler Möblierung und guter Pflege.

Damm-Mühle, Alt Prester 1, ✉ 39114, ℘ (0391) 8 11 02 20, info@dammühle.de, Fax (0391) 8110235, 🍽, Biergarten – ⓐ ⓜ 💳
geschl. 27. Dez. - 5. Jan., Sonntagabend – **Menu** à la carte 21,50/34.

♦ Bis 1964 wurde in der 1267 erbauten Mühle noch Mehl gemahlen. Nach der Wende hat man in den historischen Mauern ein gemütliches Restaurant auf zwei Ebenen eingerichtet.

In Barleben über ① : 8 km :

Mercure Hotel Sachsen-Anhalt 🅼, Ebendorfer Str., ✉ 39179, ℘ (039203) 9 90, h2134@accor-hotels.com, Fax (039203) 61373, 🍽 – 🛗, ⚥ Zim, 📺 📞 🅿 – 🚗 80. ⓐ ⓞ ⓜ 💳 Rest
Menu à la carte 12/20 – ⛁ 10 – **119 Zim** 65 – 69.

♦ Beziehen Sie Quartier in einem der modern mit Kirschholzmöbeln ausgestatteten Zimmer und genießen Sie einen ungestörten Aufenthalt in dem gut geführten Kettenhotel. Im Restaurant Zum Auerhahn zieren gewaltige Jagdtrophäen die Wände.

MAHLBERG Baden-Württemberg ⁴¹⁹ V 7 – 3 300 Ew – Höhe 170 m.
Berlin 771 – Stuttgart 173 – Freiburg im Breisgau 40 – Karlsruhe 98 – Strasbourg 51.

Löwen, Karl-Kromer-Str. 8, ✉ 77972, ℘ (07825) 10 06, Fax (07825) 2830, 🍽 – ⚥ Zim, 📺 ⓞ 🅿 – 🚗 30. ⓐ ⓞ 💳
Menu (geschl. 1. - 7. Jan., Samstagmittag, Sonntag) à la carte 31/40 – **26 Zim** ⛁ 60/70 – 90/100.

♦ Das schmucke Landhaus, seit Mitte der 90er Jahre im Besitz der Wirtsfamilie Regelmann, präsentiert sich seinen Gästen mit ländlich eingerichteten Zimmern. Gaststätte mit neo-rustikaler Einrichtung.

MAHLOW Brandenburg ⁴¹⁶ ⁴¹⁸ I 24 – 4 900 Ew – Höhe 60 m.
🛖 Mahlow, Kiefernweg, ℘ (03379) 37 05 95.
Berlin 19 – Potsdam 30 – Frankfurt/Oder 86 – Dresden 178.

Airporthotel Fontane 🅼, Jonas-Lie-Str. 5 (B 96), ✉ 15831, ℘ (03379) 20 40, hotelinfo@airporthotel-fontane.de, Fax (03379) 204200, 🏋, 🍽 – 🛗, ⚥ Zim, 🍴 Rest, 📺 📞 ⓞ 🅿 – 🚗 320. ⓐ ⓞ ⓜ 💳 ᴊᴄʙ
Menu à la carte 17/34 – ⛁ 11 – **174 Zim** 75/120 – 90/145, 6 Suiten.

♦ Vor allem Tagungs- und Geschäftsgäste schätzen das in einem neuen Wohngebiet plazierte Hotel. Annehmlichkeiten sind hier : ein modernes Interieur und gute Schallisolierung. Freundliche Farben und modernes Design geben dem Restaurant seinen Bistro-Charakter.

MAIERHÖFEN Bayern siehe Isny.

MAIKAMMER Rheinland-Pfalz 417 419 S 8 – 4 250 Ew – Höhe 180 m – Erholungsort.
  Sehenswert: Alsterweilerer Kapelle (Flügelaltar★).
  Ausflugsziel: Kalmit★ (※★★) Nord-West : 6 km.
  🛈 Büro für Tourismus, Johannes-Damm-Str. 11, ✉ 67487, ✆ (06321) 58 99 17, Fax (06321) 589916.
  Berlin 657 – Mainz 101 – Mannheim 42 – Landau in der Pfalz 15 – Neustadt an der Weinstraße 6.

  Immenhof (mit Gästehaus), Immengartenstr. 26, ✉ 67487, ✆ (06321) 95 50, info@hotel-immenhof.de, Fax (06321) 955200, 🍽, 🍴, ⌂, 🛏 – 🛗 📺 & 🅿 – 🔔 30. AE ⓞ ⓒ VISA
  Menu à la carte 16,50/30 – **51 Zim** ⌂ 54/70 – 78/88 – ½ P 15.
  ♦ Am Rande des idyllischen Weinortes erwartet Sie ein traditionsreiches Haus, in dem Gäste ausreichend Platz zur Ruhe und Erholung finden. Reservieren Sie in der Residenz ! Rustikales Restaurant mit Wintergartenanbau.

  Goldener Ochsen, Marktstr. 4, ✉ 67487, ✆ (06321) 5 81 01, ochsenmaikammer@aol.com, Fax (06321) 58673, 🍽 – 🛗 📺 🅿 – 🔔 20. VISA
  geschl. Mitte Dez. - Ende Jan. – **Menu** (geschl. Donnerstag - Freitagmittag) à la carte 17/36 – **24 Zim** ⌂ 40/47 – 68/73 – ½ P 17.
  ♦ Seit über 70 Jahren ist dieser Gasthof mit einfachen, aber nett gestalteten Zimmern in Familienbesitz. Durch die Lage in der Ortsmitte ist er ein idealer Ausgangspunkt. Gemütliche Gaststube mit Kachelofen und Holzdecke.

Außerhalb West : 2,5 km :

  Waldhaus Wilhelm ⚜, Kalmithöhenstr. 6, ✉ 67487, ✆ (06321) 5 80 44, info@waldhaus-wilhelm.de, Fax (06321) 58564, 🍽 – 📺 🅿 ⓞ ⓒ VISA
  Menu (geschl. Montag, Dez. - Feb. Sonntagabend - Montag) à la carte 16,50/41 – **22 Zim** ⌂ 39/50 – 78/88 – ½ P 17.
  ♦ Am Waldrand, wo die Weinberge nahtlos in den Pfälzerwald übergehen, finden Sie dieses idyllische Plätzchen. Genießen Sie in gepflegten Zimmern die Ruhe der Natur.

In Kirrweiler Ost : 2,5 km :

  Zum Schwanen, Hauptstr. 3, ✉ 67489, ✆ (06321) 5 80 68, Fax (06321) 58521 – 📺 ⌂ 🅿 ※ Zim
  geschl. Mitte Jan. - Mitte Feb. – **Menu** (geschl. Montagmittag, Mittwoch - Donnerstagmittag) à la carte 13/28 – **17 Zim** ⌂ 31 – 56 – ½ P 12.
  ♦ Mitten im Dorf - umgeben von Weinbergen - steht dieses liebenswerte und gepflegte Haus - ein Ort, an dem man sich dank der familären Atmosphäre sofort geborgen fühlen kann. Gemütlichems Restaurant.

  Sebastian garni, Hauptstr. 77, ✉ 67489, ✆ (06321) 5 99 76, Fax (06321) 57200, 🍽 – 📺 ⌂ 🅿 ※
  13 Zim ⌂ 42/62 – 66/85.
  ♦ Ob nur für eine Nacht oder einen längeren Ferienaufenthalt : Diese ruhig gelegene Familienpension gewinnt aufgrund einer tadellosen Führung eine ganz persönliche Note.

MAINAU (Insel) Baden-Württemberg 419 W 11 – Insel im Bodensee (tagsüber für PKW gesperrt, Eintrittspreis bis 18 Uhr Euro 10.-, Nov.- Feb. Euro 5,30 ; ab 18 Uhr Zufahrt mit Reservierung für Restaurantgäste kostenlos möglich) – Höhe 426 m.
  Sehenswert : "Blumeninsel"★★.
  Berlin 764 – Stuttgart 191 – Konstanz 9 – Singen (Hohentwiel) 34.

  ✕ **Schwedenschenke**, ✉ 78465, ✆ (07531) 30 31 56, bankett@mainau.de, Fax (07531) 303167, 🍽 – 🅿 AE ⓞ ⓒ VISA
  geschl. 7. Jan. - 14. März, Nov. - Jan. Sonntagabend - Montag – **Menu** à la carte 24/35,50.
  ♦ Im paradiesischen Garten der Blumeninsel Mainau heißt man die Gäste auch gastronomisch herzlich willkommen. Vielfältig ist die Auswahl, die Küche und Keller zu bieten haben.

MAINBERNHEIM Bayern siehe Iphofen.

MAINHARDT Baden-Württemberg 419 S 12 – 5 400 Ew – Höhe 500 m – Luftkurort.
  Berlin 566 – Stuttgart 59 – Heilbronn 35 – Schwäbisch Hall 16.

In Mainhardt-Bubenorbis Ost : 4 km :

  ✕ **Land-Gasthof Sonne** mit Zim, Haller Str. 3, ✉ 74535, ✆ (07903) 23 92, Fax (07903) 7783, Biergarten – 📺 🅿 ⓒ VISA
  Menu (geschl. Montag) à la carte 15,50/24 – **6 Zim** ⌂ 35 – 65.
  ♦ Der ländlichen Umgebung angepaßt zeigt sich das Innenleben dieses Lokals : Das gemütlich-rustikale Ambiente und eine regionale Speisenauswahl passen gut zusammen.

MAINHARDT

In Mainhardt-Stock Ost : 2,5 km :

🏨 **Löwen** (mit Gästehaus), Stock 15 (an der B 14), ⊠ 74535, ℘ (07903) 93 10, Fax (07903) 1498, 🍽, 🛋 – 🛗 TV 🐕 🚗 🅿 – 🎿 80. AE ◉ VISA
Menu à la carte 14,50/26,50 – **43 Zim** ☐ 44 – 71.

◆ In bequemer Nähe zur Bundesstraße 14 erwartet dieses Hotel - umgeben von einer seenreichen Hügellandschaft - Sie mit gut ausgestatteten, wohnlich wirkenden Zimmern. Bilder und Holztäfelungen sorgen in den Gaststuben für eine nette Atmosphäre.

MAINTAL Hessen **417** P 10 – 40 000 Ew – Höhe 95 m.
Berlin 537 – Wiesbaden 53 – Frankfurt am Main 12.

In Maintal-Dörnigheim :

🏨 **Zum Schiffchen** ⚓, Untergasse 21, ⊠ 63477, ℘ (06181) 9 40 60, zumschiffchen @t-online.de, Fax (06181) 940616, ≤, 🍽 – TV 🐕 🅿 ◉ VISA
geschl. 23. Dez. - 2. Jan. – **Menu** (geschl. Ende Juli - Anfang Aug., Samstag, Sonntagabend) (wochentags nur Abendessen) à la carte 22/40 – **29 Zim** ☐ 51/67 – 84.

◆ Von außen wirkt das direkt am Main gelegene Hotel eher unscheinbar. Im Inneren überrascht es dagegen mit einer geschmackvollen und individuellen Ausstattung. Restaurant mit schöner Terrasse zum Main.

🏨 **Irmchen** garni, Berliner Str. 4, ⊠ 63477, ℘ (06181) 4 30 00, hotel-irmchen@t-on line.de, Fax (06181) 430043, – 🛗 TV 🚗 🅿 AE ◉ VISA
22 Zim ☐ 68/70 – 82/87.

◆ In diesem entzückenden kleinen Hotel können sich Gäste wie zu Hause fühlen. Stilvolles Interieur sorgt in dem ehemaligen Wohnhaus für ein elegantes Ambiente.

XXX **Hessler** mit Zim, Am Bootshafen 4, ⊠ 63477, ℘ (06181) 4 30 30, info@hesslers.de, ❀ Fax (06181) 430333, 🍽 – ✄ Rest,, 🍴 Rest, TV 🅿 AE ◉ VISA JCB
geschl. 1. - 14. Jan., Juli 2 Wochen – **Menu** (geschl. Montag - Dienstag) (Tischbestellung ratsam) (bemerkenswerte Weinkarte) 62,50/95 und à la carte ♀ – ☐ 8 – **6 Zim** 93/125 – 125/146.

◆ In ihrem eleganten Refugium frönt Doris-Katharina Hessler ihrer Leidenschaft für die gute Küche und verwöhnt anspruchsvolle Gaumen mit französischen Edel-Kompositionen.
Spez. Gebeizter Bonito mit asiatischem Pesto und Glasnudelsalat. Gegrillter Hummer mit Kokos-Curry-Schaum. Rehrücken mit Walnusskruste und Kirsch-Ingwersauce.

MAINZ 🄻 Rheinland-Pfalz **417** Q 8 – 188 000 Ew – Höhe 82 m.
Sehenswert : Gutenberg-Museum★★ (Gutenberg-Bibel★★★) Z M1 – Leichhof ≤★★ auf den Dom Z – Dom★ (Grabdenkmäler der Erzbischöfe★, Kreuzgang★) – Mittelrheinisches Landesmuseum★ Z M3 – Römisch-Germanisches Museum★ BV M2 – Ignaz kirche (Kreuzigungsgruppe★) BY – Stefanskirche (Chagall-Fenster★★ Kreuzgang★) ABY.
Ausstellungsgelände Stadtpark BY, ℘ (06131) 8 10 44.

🛈 Touristik Centrale, Brückenturm am Rathaus, ⊠ 55116, ℘ (06131) 28 62 10, Fax (06131) 2862155.
ADAC, Große Langgasse 3a.
Berlin 568 ② – Frankfurt am Main 42 ② – Bad Kreuznach 44 ⑦ – Mannheim 82 ⑤ – Wiesbaden 13 ⑧

Stadtplan siehe nächste Seite

🏨🏨 **Hyatt Regency** 🄼, Malakoff-Terrasse 1, ⊠ 55116, ℘ (06131) 73 12 34, mainz@ hyatt.com, Fax (06131) 731235, 🍽, 🏋, Massage, 🛋, 🛟 – 🛗, ✄ Zim, 🏢 TV 🐕 🕭 🚗 – 🎿 250. AE ◉ ◉ VISA JCB. ✄ Rest BY s
Menu à la carte 31/49 – ☐ 17 – **268 Zim** 160/250 – 185/275, 3 Suiten.

◆ Oberhalb des Rheins thront dieses exklusive Hotel, das sich mit niveauvoller Wohlfühlatmosphäre präsentiert - basierend auf moderner Eleganz und gutem Komfort. Großzügiges Restaurant mit Showküche, edlen, hellen Hölzern und großen Fenstern zum Rhein.

🏨🏨 **Hilton** (mit Rheingoldhalle), Rheinstr. 68, ⊠ 55116, ℘ (06131) 24 50, sales_mainz@ hilton.com, Fax (06131) 245589, ≤, 🍽, Massage, 🏋, 🛋 – 🛗 – ✄ Zim, 🏢 TV 🐕 🕭 🚗 – 🎿 350. AE ◉ ◉ VISA. ✄ Rest Z k
Römische Weinstube : Menu à la carte 16,50/37 – **Brasserie** (geschl. Juli - Aug. 3 Wochen, Montag - Dienstag, Samstagmittag) **Menu** à la carte 27,50/41,50 – ☐ 18 – **433 Zim** 179/259 – 199/279.

◆ Egal, ob man als Tagungsgast, Geschäftsreisender oder Kurzurlauber den Weg in das bekannte Kettenhotel findet, das anspruchsvolle Domizil erfüllt die Wünsche jedes Gastes. Römische Weinstube mit Buffet. In der 1. Etage : Brasserie mit schönem Rheinblick.

933

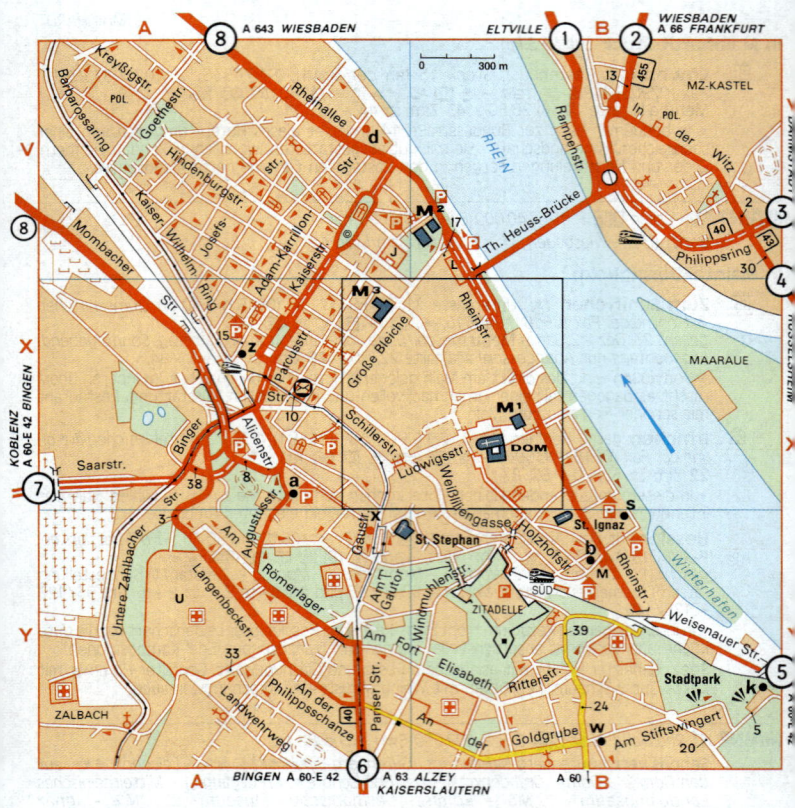

MAINZ

Street	Ref	No
Admiral-Scheer-Str.	BV	2
Am Linsenberg	AY	3
An der Favorite	BY	5
Augustinerstr.	Z	6
Augustusstr.	AX	8
Bahnhofstr.	AX	10
Bischofsplatz	Z	12
Boelckestr.	BV	13
Bonifaziusstr.	AX	15
Christofsstr.	Z	16
Deutschhaus-Platz	BV	17
Fischtorstr.	Z	21
Flachsmarktstr.	Z	
Göttelmannstr.	BY	20
Große Bleiche	Z	
Gutenbergplatz	Z	23
Hechtsheimer-Str.	BY	24
Höfchen	Z	26
Karmeliterstr.	Z	27
Kirschgarten	Z	29
Kostheimer Landstr.	BV	30
Liebfrauenplatz	Z	32
Ludwigsstr.	Z	
Markt	Z	
Obere Zahlbacher Straße	AY	33
Peter-Altmeier-Allee	Z	35
Quintinsstr.	Z	36
Römerwall	AX	38
Salvatorstr.	Z	39
Schillerstr.	Z	
Schofferstr.	Z	40
Schusterstr.	Z	
Zeughausgasse	Z	43

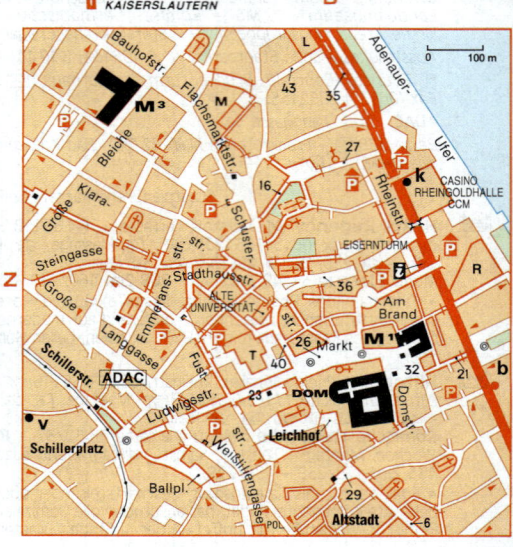

934

MAINZ

City Hilton M, Münsterstr. 11, ✉ 55116, ✆ (06131) 27 80, sales_mainz@hilton.com, Fax (06131) 278567, 😊 – 📞, ✯ Zim, ▭ 📺 ♥ ᇔ – 🔒 75. 🅰 ⓘ 🎗 🅥🅸🅂🅐 Z v
Menu à la carte 23,50/39,50 – ☐ 18 – **127 Zim** 179/259 – 199/279.
♦ Neben der direkten Citylage in unmittelbarer Nähe zur Fußgängerzone gehören großer Komfort sowie eine behagliche Atmosphäre zu den Pluspunkten dieses modernen Grandhotels. Gediegenes, zur Halle hin offenes Restaurant.

Favorite Parkhotel M, Karl-Weiser-Str. 1, ✉ 55131, ✆ (06131) 8 01 50, empfang @favorite-mainz.de, Fax (06131) 8015420, ≼, 🍽, Biergarten, ≋s, 🏊, – 📞, ✯ Zim, 📺 ♥ ᇔ – 🔒 110. 🅐🅔 ⓘ BY k
Menu (geschl. Sonntagabend - Montag) à la carte 31/49 – **Woitraub** (nur Abendessen) **Menu** à la carte 22/31 – **45 Zim** ☐ 117/130 – 158/173, 3 Suiten.
♦ Neben der schönen Parklage und dem stilvollen Ambiente zieht es die Stammgäste vor allem wegen der familiären Atmosphäre hierher. Mit ansprechender Badelandschaft. Gediegenes Restaurant im 1. OG mit Blick auf Rhein und Stadt. Rustikales Ambiente im Woitraub.

Dorint M, Augustusstr. 6, ✉ 55131, ✆ (06131) 95 40, info.qmzmai@dorint.com, Fax (06131) 954100, 😊, 🎯, ≋s, 🏊, – 📞, ✯ Zim, ▭ 📺 ♥ ♿ – 🔒 120. 🅐🅔 ⓘ 🎗 🅥🅸🅂🅐 🅙🅒🅑. ✯ Rest AX a
Bajazzo (geschl. 29. Juli - 18. Aug, Montagabend) **Menu** à la carte 27/34 ♀ – **Weinstube Kasematten** (geschl. 1. - 28. Juli, Samstag - Sonntag) **Menu** à la carte 21,50/29 – ☐ 17 – **217 Zim** 144/189 – 164/208.
♦ Moderne Architektur und Einrichtung bilden zu den denkmalgeschützten Gewölbe aus dem 17. Jh. im Inneren des Hauses einen reizvollen Kontrast. Bajazzo : neuzeitlich-elegantes Hotelrestaurant. Moderne, schlichte Rustikalität finden Sie im Gewölbe der Weinstube.

Hammer garni, Bahnhofplatz 6, ✉ 55116, ✆ (06131) 96 52 80, info@hotel-hammer .com, Fax (06131) 9652888, ≋s – 📞, ✯ Zim, 📺 ♥ ᇔ – 🔒 30. 🅐🅔 ⓘ 🎗 🅥🅸🅂🅐 🅙🅒🅑 geschl. 23. Dez. - 1. Jan. – **40 Zim** ☐ 71/98 – 86/128. AX z
♦ Zugreisende empfängt man direkt am Hauptbahnhof, denn das Haus mit seinen gepflegten und modernen Zimmern ist nur zwei Gehminuten von der Intercity-Station entfernt.

Stiftswingert garni, Am Stiftswingert 4, ✉ 55131, ✆ (06131) 98 26 40, hotel-stift swingert@t-online.de, Fax (06131) 832478 – 📺 ♥ 🅿. 🅐🅔 ⓘ 🎗 🅥🅸🅂🅐 🅙🅒🅑 BY w
30 Zim ☐ 76 – 123.
♦ Das empfehlenswerte Hotel wird von der Besitzerin persönlich und liebevoll geführt. Die Zimmer sind mit Kirschbaummöbeln, gepflegten Bädern und guter Technik ausgestattet.

Ibis garni, Holzstr. 2 /Ecke Rheinstraße (B 9), ✉ 55116, ✆ (06131) 24 70, h1084@ accor-hotels.com, Fax (06131) 234126 – 📞 ✯ ▭ 📺 ♥ ♿ ᇔ – 🔒 60. 🅐🅔 ⓘ 🎗 🅥🅸🅂🅐 – **144 Zim** 73 – 81. BY b
♦ Das Haus nahe der Altstadt erhielt erst kürzlich eine Schönheitskur : Die praktischen Zimmer wurden renoviert, sind jetzt funktionell, hell und freundlich.

Alte Patrone, Am Judensand 63, ✉ 55122, ✆ (06131) 38 46 38, restaurant@alte -patrone.de, Fax (06131) 384653, 😊, Biergarten, 🅿 – 🔒 110. 🎗 🅥🅸🅂🅐 geschl. Anfang - Mitte Jan., Juli, Montag – **Menu** à la carte 30/43. über Saarstr. X
♦ Am Rand der City offeriert man Ihnen in einer früheren Patronen-Fabrik in moderner Wintergartenatmosphäre Kreationen, bei denen sich der Patron an den Jahreszeiten orientiert.

Lagallerie, Gaustr. 29, ✉ 55116, ✆ (06131) 57 31 34, Fax (06131) 573165, 😊 geschl. 1. - 15. Jan, über Fastnacht, Aug. 2 Wochen, Sonntag - Montag, Feiertage – **Menu** à la carte 31/43,50. AY x
♦ Eine Hommage an Marc Chagall, dessen einzigartige Fenster in der Stephanskirche gegenüber zu bewundern sind. Im sympathischen Bistro zieren Drucke von ihm die Wände.

Geberts Weinstuben, Frauenlobstr. 94, ✉ 55116, ✆ (06131) 61 16 19, info@ geberts-weinstuben.de, Fax (06131) 611662, 😊 – 🅐🅔 ⓘ 🎗 🅥🅸🅂🅐 🅙🅒🅑 AV d
geschl. Juli - Aug. 3 Wochen, Samstag - Sonntagmittag – **Menu** à la carte 23,50/38.
♦ In dem behaglich-gemütlichen Restaurant mit Weinstubencharakter fühlen sich Gäste geborgen. Neben einer umfangreichen Weinkarte serviert man regionale Spezialitäten.

Weinhaus Schreiner, Rheinstr. 38, ✉ 55116, ✆ (06131) 22 57 20, Fax (06131) 698036, 😊 – 🅐🅔 ⓘ 🎗 🅥🅸🅂🅐 Z b
geschl. Juli - Aug. 2 Wochen, Sonn- und Feiertage, Juni - Sept. Samstagabend - Sonntag – **Menu** (Montag - Freitag nur Abendessen) à la carte 16/29.
♦ Oberhalb des Rheins finden hungrige Gäste dieses nette rustikale Weinhaus. Gerne offeriert Ihnen der Hausherr seine Karte, die sich stark an der jeweiligen Saison orientiert.

In Mainz-Bretzenheim über ⑥ : 3 km :

Novotel, Haifa Allee 8, ✉ 55128, ✆ (06131) 93 42 40, h0495@accor-hotels.com, Fax (06131) 93424444, 😊, 🏊, – 📞, ✯ Zim, 📺 ♥ 🅿 – 🔒 180. 🅐🅔 ⓘ 🎗 🅥🅸🅂🅐 🅙🅒🅑 **Menu** à la carte 15/34 – **121 Zim** ☐ 86 – 110.
♦ Hotel in der Nähe der Autobahnausfahrt Lerchenberg. Alle Gästezimmer dieses modernen Hotels sind funktionell und mit neuzeitlichem Komfort ausgestattet. Großzügiges, zur Hotelhalle hin offenes Restaurant.

MAINZ

Römerstein, Draiser Str. 136f, ⊠ 55128, ℘ (06131) 93 66 60, *hotel-roemerstein@t-online.de*, Fax (06131) 9355335, 🍴, 🛏 – ⚿ Zim, 📺 ✆ 🅿. 🆎 ⓓ ⓜ 💳 JCB
Menu *(geschl. Juli, Samstag, Sonntagabend) (wochentags nur Abendessen)* à la carte 13,50/24,50 – **25 Zim** ⇌ 66/80 – 93/104.
• Blickfang der ruhig in einer Sackgasse gelegenen Hotels ist zweifelsfrei der knallrote Eingangsbereich. Dahinter verbergen sich nette und gepflegte Zimmer. Helles, freundliches Restaurant mit herrlichem Blick in den Garten.

In Mainz-Finthen über ⑦ : 7 km :

Atrium 🅼, Flugplatzstr. 44, ⊠ 55126, ℘ (06131) 49 10, *info@atrium-mainz.de*, Fax (06131) 491128, 🍴, Massage, 🛏, 🔲, 🌿 – 🛗, ⚿ Zim, 📺 ✆ 🅿 – 🔔 60. 🆎 ⓓ ⓜ 💳. ※ Rest
geschl. 20. Dez. - 6. Jan. – **Menu** *(geschl. Sonntag)* à la carte 25/40 – **71 Zim** ⇌ 133/169 – 158/194.
• Mitten im Grünen und doch verkehrsgünstig gelegen, bietet das komfortable, geschmackvoll eingerichtete Hotel ideale Unterkunft für Individual-, Geschäfts- und Tagungsreisende. Küche mit mediterranen Akzenten im neu gestalteten Restaurant.

Stein's Traube, Poststr. 4, ⊠ 55126, ℘ (06131) 4 02 49, *peter.stein@steins-traube.de*, Fax (06131) 219652, 🍴 – ⓜ 💳
geschl. Ende Feb. - Anfang März, Ende Juli - Mitte Aug., Montag – **Menu** à la carte 22/36.
• Man fühlt sich auf Anhieb wohl in dem Steinhaus, das früher einmal ein Gasthof war. Heute überrascht das Restaurant bei feinen regionalen Spezialitäten mit modernem Stil.

Gänsthaler's Kuchlmasterei, Kurmainzstr. 35, ⊠ 55126, ℘ (06131) 47 42 75, Fax (06131) 474278, 🍴 – ⓜ 💳 JCB
geschl. Mitte - Ende Okt., Samstagmittag, Sonntag - Montag – **Menu** à la carte 24/39 – **Veltliner u. Co.** : **Menu** à la carte 17,50/29.
• Ländliches Flair verkörpert dieses Lokal, in dem man die Gäste mit wohlschmeckenden Spezialitäten, die sich an der Saison und der Region orientieren, bewirtet. Freigelegtes Mauerwerk, ein Ofen und ländliches Dekor zieren die Weinscheune Veltliner u. Co.

In Mainz-Kastel :

Alina garni, Wiesbadener Str. 124 (B 42), ⊠ 55252, ℘ (06134) 29 50, Fax (06134) 69312 – 🛗 📺 ♿ 🅿. 🆎 ⓜ 💳   über ①
geschl. Weihnachten - Anfang Jan. – **46 Zim** ⇌ 62 – 82.
• Hinter der modernen Fassade mit auffallend roten Fensterrahmen können Sie in netten Zimmern übernachten. Morgens erleichtert ein leckeres Frühstück den Start in den Tag.

In Mainz-Weisenau Süd-Ost : 3 km über ⑤ und Wormser Straße :

Bristol Hotel Mainz, Friedrich-Ebert-Str. 20, ⊠ 55130, ℘ (06131) 80 60, *bristol.mainz@guennewig.de*, Fax (06131) 806100, 🛏, 🔲 – 🛗, ⚿ Zim, 📺 ✆ 🅿 – 🔔 80. 🆎 ⓓ ⓜ 💳 JCB. ※ Rest
Menu *(nur Abendessen) (Restaurant nur für Hausgäste)* – **75 Zim** ⇌ 101/125 – 113/141.
• Besonders Tagungsgäste schätzen die Annehmlichkeiten dieses Hauses : optimale Verkehrsanbindung, zeitgemäßer Komfort sowie ein kleiner Freizeitbereich zum Entspannen.

Quartier 65 🅼 garni, Wormser Str. 65, ⊠ 55130, ℘ (06131) 27 76 00, *mainz@quartier65.de*, Fax (06131) 2776020 – ⚿ 📺 ✆ 🅿. 🆎 ⓓ ⓜ 💳
6 Zim ⇌ 82 – 98.
• Klare Linien und ein auf das Wesentliche reduziertes Design machen das von Max Dudler entworfene Hotel mit sechs Zimmern und Bar zu einer Lieblingsadresse für Individualisten.

In Ginsheim-Gustavsburg über ④ : 9 km :

Alte Post garni, Dr.-Hermann-Str. 28 (Gustavsburg), ⊠ 65462, ℘ (06134) 7 55 50, *info@alte-post-garni.de*, Fax (06134) 52645, 🛏, 🔲 – 🛗 📺 ✆ 🅿. 🆎 ⓓ ⓜ 💳. ※
geschl. 22. Dez. - 8. Jan. – **38 Zim** ⇌ 50/85 – 70/95.
• Das Haus wird Sie mit einer familiären Behaglichkeit empfangen. Mit individuellem Service und wohnlichem Komfort wollen Ihre Gastgeber Ihren Aufenthalt bequem gestalten.

In Bodenheim über ⑤ : 9 km :

Landhotel Battenheimer Hof, Rheinstr. 2, ⊠ 55294, ℘ (06135) 70 90, Fax (06135) 70950, 🍴 – 📺 🅿 – 🔔 35. 🆎 ⓓ ⓜ 💳
geschl. 20. Dez. - 10. Jan. – **Menu** *(geschl. Montag) (nur Abendessen)* à la carte 15/25 – **27 Zim** ⇌ 50/75 – 69/75.
• Mit viel Engagement halten die Gastgeber ihren schmucken Gutshof, auf dem es ständig Neues zu entdecken gibt, gut auf Kurs. Heller, freundlicher Frühstückspavillon. Die rustikalen Kellerräume der Gutsschänke bilden den Rahmen für gemütliche Stunden.

MAINZ

In Gau-Bischofsheim *über ⑥ : 10 km :*

XXX **Weingut Nack**, Pfarrstr. 13, ⊠ 55296, ℘ (06135) 30 43, Fax (06135) 8382 – 🅿 🖭 ① 🚳 VISA JCB
geschl. Dienstag – **Menu** *(wochentags nur Abendessen)* à la carte 28,50/42.
♦ Schon von außen ist das prächtige Fachwerk-Weingut eine Augenweide. Das geschmackvolle Restaurant im Kellergewölbe bewirtet Sie mit klassischen Saisongerichten.

In Nieder-Olm *über ⑥ : 10 km :*

🏨 **Becker** ⑤, Backhausstr. 12, ⊠ 55268, ℘ (06136) 75 55, info@hotel-becker.de, Fax (06136) 7500, 🍽 – 📺 🅿 🖭 🚳 VISA
Menu *(geschl. 28. April - 18. Mai) (wochentags nur Abendessen)* à la carte 15/31 – **12 Zim** ⊇ 66 – 81.
♦ Diese besonders nette Adresse finden Sie im alten Ortskern. Bei der ländlichen Einrichtung wurde viel Wert auf Individualität und guten Geschmack gelegt. Ländlich-gestaltetes Restaurant.

In Stadecken-Elsheim *über ⑦ : 13 km :*

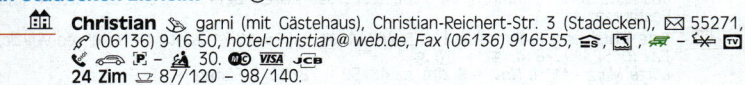

🏨 **Christian** ⑤ garni *(mit Gästehaus)*, Christian-Reichert-Str. 3 (Stadecken), ⊠ 55271, ℘ (06136) 9 16 50, hotel-christian@web.de, Fax (06136) 916555, 🍽, 🛆, 🛋 – 🛋 📺 ℡ ⇔ 🅿 – 🔬 30. 🚳 VISA JCB
24 Zim ⊇ 87/120 – 98/140.
♦ Bei der Gestaltung legte man viel Wert auf exquisiten Stil des Interieurs. Schöne Stoffe und italienische Möbel sind ebenso vorhanden wie moderne Bäder. Mit hübschem Garten.

MAISACH Bayern ███ ███ V 17 – 10 000 Ew – Höhe 516 m.
🖈 Rottbach, Weiherhaus 5 (Nord : 6 km), ℘ (08135) 9 32 90.
Berlin 606 – München 41 – Augsburg 43 – Landsberg am Lech 44.

In Maisach-Überacker *Nord : 3 km :*

XX **Gasthof Widmann**, Bergstr. 4, ⊠ 82216, ℘ (08135) 4 85, Fax (08135) 939528 – ⇔ 🅿 🛋
geschl. 27. Dez. - 10. Jan., 12. Aug. - 7. Sept., Sonntag - Montag – **Menu** *(nur Abendessen)* *(Tischbestellung erforderlich)* 38/65 und à la carte.
♦ Die engagierte Wirtin steht hier selbst am Herd und verwöhnt ihre zahlreichen Gäste in einem Rahmen ländlicher Eleganz mit klassischen, mediterran angehauchten Speisen.

MALCHOW Mecklenburg-Vorpommern ███ F 21 – 8 000 Ew – Höhe 88 m.
🖈 🖈 Göhren-Lebbin, Fleesensee (West : 8 km), ℘ (039932) 8 04 00.
🛈 Verkehrsverein, An der Drehbrücke, ⊠ 17213, ℘ (039932) 8 31 86, Fax (039932) 83125.
Berlin 148 – Schwerin 77 – Neubrandenburg 74 – Rostock 79.

🏨 **Sporthotel**, Schulstr. 6, ⊠ 17213, ℘ (039932) 8 90, sporthotel.malchow@t-online.de, Fax (039932) 89222, Biergarten, 🔬, 🍽, ※(Halle) – 🛗 📺 🅿 – 🔬 20. 🖭 🚳 VISA
Menu *(nur Abendessen, Mai - Sept. Freitag - Sonntag auch Mittagessen)* à la carte 17/27 – **40 Zim** ⊇ 47/56 – 77/82 – ½ P 16.
♦ Erst im Dezember 1995 entstand am Ortsrand dieser moderne Hotelkomplex mit angeschlossener Tennishalle. Übernachtungsgästen bietet man neuzeitliche Zimmer. Freundlich gestaltetes Restaurant und nette Terrasse.

🏨 **Insel-Hotel**, An der Drehbrücke, ⊠ 17213, ℘ (039932) 86 00, Fax (039932) 86030, 🍽 – 📺 ℡ 🅿
Menu à la carte 12/24 – **16 Zim** ⊇ 46/59 – 62/76.
♦ Im denkmalgeschützten Bereich der Insel, der Altstadt Malchows, steht direkt an der Drehbrücke dies gut geführte Hotel. Manche der solide ausgestatteten Zimmer haben Seeblick. Blanke Holztische und bequeme Polsterstühle erwarten Sie im Restaurant.

🏨 **Am Fleesensee** ⑤, Strandstr. 4a, ⊠ 17213, ℘ (039932) 16 30, haf.pagel@t-online.de, Fax (039932) 16310, 🍽, 🛆 – 📺 ℡ 🅿 🚳 VISA. ※ Rest
geschl. 2. - 26. Jan. – **Menu** à la carte 13/34 – **11 Zim** ⊇ 41/55 – 62/77.
♦ In unmittelbarer Nähe zum See liegt dieses hübsche Landhaus. Ob Sie für einen längeren Urlaub oder nur für eine Nacht hier absteigen - Sie werden sich bestimmt wohlfühlen. Kleines Restaurant mit herrlichem Blick auf den Fleesensee.

MALENTE-GREMSMÜHLEN, BAD Schleswig-Holstein 415 416 D 15 – 11 000 Ew – Höhe 35 m
– Kneippheilbad – heilklimatischer Kurort.
 🛈 Tourismus-Service, Bahnhofstr. 3, ✉ 23714, ℰ (04523) 9 89 90, Fax (04523) 989999.
Berlin 306 – Kiel 41 – Lübeck 55 – Oldenburg in Holstein 36.

🏨 **Dieksee** ⚓, Diekseepromenade 13, ✉ 23714, ℰ (04523) 99 50, info@hoteldieksee.de,
Fax (04523) 995200, ≤, Massage, ☎, 🔲, 🎣 – 🛗, 📺 ✆ 🚗 🅿 – 🔔 30. ⑳
VISA
geschl. Mitte Jan. - Mitte März – **Menu** à la carte 20,50/38 – **70 Zim** ⊇ 67/79 – 97/120
– ½ P 15.
♦ Langjährige Familientradition prägt die individuelle Gastlichkeit dieses komfortablen
Hotels, das durch seine exponierte Lage an der Seepromenade besticht. Gepflegtes
Ambiente im Restaurant mit schöner Gartenterrasse.

🏨 **Weißer Hof,** Voßstr. 45, ✉ 23714, ℰ (04523) 9 92 50, info@weisser-hof.de,
Fax (04523) 6899, ☀, ☎, 🔲, 🎣 – 🛗, ⟵ Zim, 📺 🅿 ⑳ **VISA**. ⚙ Rest
geschl. Nov. - Anfang März – **18 Zim** ⊇ 65/95 – 116/144 – ½ P 20.
♦ Aus drei Gebäuden besteht das hübsche Fachwerklandhaus mit schönem Garten
und Terrasse. Sie wohnen in gepflegten, teils mit Kirschbaummöbeln und Balkon
ausgestatteten Zimmern. Im Haupttrakt des Hotels befindet sich das nette kleine
Restaurant.

🏨 **See-Villa** garni, Frahmsallee 11, ✉ 23714, ℰ (04523) 18 71, kontakt@hotel-see-villa.de,
Fax (04523) 997814, ☎ – 📺 🅿
Mitte März - Mitte Nov. – **9 Zim** ⊇ 46/52 – 78/88, 3 Suiten.
♦ Eintreten und sich wohlfühlen. In der Villa aus der Jahrhundertwende erwarten Sie
eine erholsame Atmosphäre mit Garten und ein Komfort, wie man ihn sich im Urlaub
wünscht.

Ihre Meinung über die von uns empfohlenen Restaurants,
deren Spezialitäten sowie die angebotenen regionalen Weine,
interessiert uns sehr

MALLERSDORF-PFAFFENBERG Bayern 420 T 20 – 6 000 Ew – Höhe 411 m.
Berlin 529 – München 100 – Regensburg 41 – Landshut 31 – Straubing 28.

Im Ortsteil Steinrain :

🏨 **Steinrain,** ✉ 84066, ℰ (08772) 3 66, Fax (08772) 91056, ☀ – 📺 🚗 🅿
⑳ **VISA**
geschl. 27. Dez. - 6. Jan., Aug. 2 Wochen – **Menu** (geschl. Freitag - Samstag) (nur Abend-
essen) à la carte 12/24 – **17 Zim** ⊇ 26/35 – 50/60.
♦ Hinter der etwas schmucklos wirkenden Fassade überrascht das kleine Hotel mit Zim-
mern, die zwar einfach sind, aber mit geschmackvollen Bauernmöbeln eingerichtet wurden.
Hübsche rustikale Gaststube mit regionaler Küche.

MALTERDINGEN Baden-Württemberg siehe Riegel.

MANDELBACHTAL Saarland 417 S 5 – 11 800 Ew – Höhe 240 m.
Berlin 698 – Saarbrücken 24 – Sarreguemines 23 – Zweibrücken 24.

In Mandelbachtal-Gräfinthal : Süd-West : 4 km ab Mandelbachtal-Ormesheim :

🍴 **Gräfinthaler Hof,** Gräfinthal 6, ✉ 66399, ℰ (06804) 9 11 00, Fax (06804) 91101, ☀
– 🅿 ⑳ **VISA**
geschl. Montag, Okt. - April Montag - Dienstag – **Menu** à la carte 19/33.
♦ Eine ganz innige Beziehung hat der Chef des Hauses zu seinem Lokal. Denn : Schon in
der vierten Generation ist der urgemütliche Gasthof in Familienbesitz.

MANDERSCHEID Rheinland-Pfalz 417 P 4 – 1 300 Ew – Höhe 388 m – Heilklimatischer Kurort
und Kneippkurort.
Sehenswert : ≤★★ (vom Pavillon Kaisertempel) – Niederburg★, ≤★.
🛈 Kurverwaltung Tourist-Information, Grafenstr.23, ✉ 54531, ℰ (06572) 92 15 49,
manderscheid@eifel-portal.de, Fax (06572) 921551.
Berlin 679 – Mainz 168 – Trier 62 – Bonn 98 – Koblenz 78.

🏨 **Haus Burgblick** ⚓, garni, Klosterstr. 18, ✉ 54531, ℰ (06572) 7 84, Fax (06572) 784,
≤, 🎣 – 🅿 ⑳ ⚙
Ende Feb. - Anfang Nov. – **22 Zim** ⊇ 28/33 – 49/51.
♦ Umgeben von Tannen- und Buchenwäldern, ist dieser saubere und mit viel
Engagement geführte Familienbetrieb mit schöner Aussicht eine praktische
Übernachtungsadresse.

MANNHEIM *Baden-Württemberg* 417 419 *R 9 – 322 000 Ew – Höhe 95 m.*

Sehenswert : *Städtische Kunsthalle*★★ DZ **M1** – *Landesmuseum für Technik und Arbeit*★ CV – *Städtisches Reiß-Museum*★ *(im Zeughaus)* CY **M2** – *Museum für Archäologie und Völkerkunde*★ *(Völkerkundliche Abteilung*★*, Benin-Sammlung*★*)* CY **M3** – *Museum für Kunst-, Stadt- und Theatergeschichte im Reiß-Museum (Porzellan- und Fayancesammlung*★*)* CY **M2** – *Jesuitenkirche*★ CZ.

Viernheim, Alte Mannheimer Str. 3 DU*, ℰ (06204) 6 07 00* ; *Heddesheim, Gut Neuzenhof (Ost : 7 km über ③), ℰ (06204) 9 76 90.*

Ausstellungsgelände CV*, ℰ (0621) 42 50 90, Fax (0621) 4250934.*

🛈 *Tourist-Information, Willy-Brandt-Platz 3,* ✉ *68161, ℰ (0621) 10 10 12, info@tourist mannheim.de, Fax (0621) 24141.*

ADAC, *Am Friedensplatz 6.*

Berlin 614 ② – Stuttgart 133 ④ – Frankfurt am Main 79 ② – Strasbourg 145 ④

Stadtpläne siehe nächste Seiten

Dorint Kongress Hotel M, *Friedrichsring 6,* ✉ *68161, ℰ (0621) 1 25 10, info.mh gman@dorint.com, Fax (0621) 1251100,* Massage, ≘s, – 🛗, ⇔ Zim, 🖃 📺 📞 ♿ ⇔ – 🔏 450. AE ① ⓂⓄ VISA JCB
Menu à la carte 31/43 – ⊇ 16 – **287 Zim** 145/225 – 165/245, 5 Suiten. DZ x

♦ Die Hotelhalle empfängt den Gast mit Großzügigkeit und modernem Stil. Diese Annehmlichkeiten setzen sich in den komfortabel ausgestatteten Zimmern des Hauses fort. Lichtdurchflutetes, neuzeitlich gestyltes Restaurant.

Maritim Parkhotel, *Friedrichsplatz 2,* ✉ *68165, ℰ (0621) 1 58 80, info.man@ maritim.de, Fax (0621) 1588800,* Massage, ≘s, 🔲 – 🛗, ⇔ Zim, 📺 📞 ⇔ – 🔏 120. AE ① ⓂⓄ VISA JCB. ✤ Rest DZ y
Menu *(geschl. Juli - Aug.)* à la carte 30/39 – **Papageno** *(geschl. Juni - Sept. Montag)* **Menu** à la carte 24/36 – ⊇ 14 – **173 Zim** 119/188 – 137/211, 3 Suiten.

♦ Nach Renovierungen erstrahlt das um die Jahrhundertwende im Jugendstil erbaute Hotel in neuem Glanz : Das Interieur entspricht jetzt größtenteils modernem Komfort. Klassisches Restaurant mit schönem Kreuzgewölbe. Das Papageno ist ein gemütliches Kellerlokal.

Delta Park Hotel, *Keplerstr. 24,* ✉ *68165, ℰ (0621) 4 45 10, info@delta-park.best western.de, Fax (0621) 4451888,* ☕ – 🛗, ⇔ Zim, 📺 📞 ⇔ – 🔏 130. AE ① ⓂⓄ VISA JCB. ✤ DZ c
Menu *(geschl. 27. - 31. Dez., Samstagabend, Sonntagabend)* à la carte 23/37 – ⊇ 15 – **130 Zim** 120/205 – 140/225, 4 Suiten.

♦ Im Herzen der Quadratestadt machen die zentrale Lage und die moderne Ausstattung sowie der Komfort das Haus als Business- und Tagungshotel gleichermaßen interessant. Helles Restaurant mit schönem Wintergarten.

Steigenberger Mannheimer Hof, *Augustaanlage 4,* ✉ *68165, ℰ (0621) 4 00 50, mannheim@steigenberger.de, Fax (0621) 4005190,* ☕ – 🛗, ⇔ Zim, 📺 📞 ⇔ – 🔏 190. AE ① ⓂⓄ VISA JCB. ✤ Rest DZ n
Menu à la carte 26/48 – **168 Zim** ⊇ 165/195 – 190/220.

♦ Direkt an der Augustaanlage liegt das traditionsreiche Hotel mit schönem Atriumgarten. Das Interieur gibt sich komfortabel mit eleganten Details. Rustikal gestaltetes Restaurant.

Holiday Inn, *N 6,3,* ✉ *68161, ℰ (0621) 1 07 10, reservation.himannheim@queens gruppe.de, Fax (0621) 1071167,* ☕, 🎾, ≘s, 🔲 – 🛗, ⇔ Zim, 🖃 📺 📞 ♿ – 🔏 120. AE ① ⓂⓄ VISA JCB DZ p
Menu à la carte 21/38 – **146 Zim** ⊇ 160/185 – 195/220.

♦ Im Mannheim City Center an der Kunststraße, einem modernen Atriumbau, finden Sie hinter der Klinkerfassade neu renovierte Zimmer, die über zeitgemäßen Standard verfügen. Großes Restaurant zum Innenhof.

Wartburg, *F 4,4 - 11,* ✉ *68159, ℰ (0621) 12 00 90, info@hotel-wartburg.com, Fax (0621) 12009444* – 🛗, ⇔ Zim, 📺 📞 ⇔ – 🔏 130. AE ① ⓂⓄ VISA JCB
CY k
Menu *(geschl. Sonn- und Feiertage abends)* à la carte 20/34,50 – **130 Zim** ⊇ 88/107 – 92/107.

♦ Schon beim Betreten des Hotels umfängt den Gast eine wohltuende Atmosphäre. Sämtliche Räume, inklusive Zimmer, wurden Ende der 90er Jahre komfortabel renoviert.

Augusta-Hotel, *Augustaanlage 43,* ✉ *68165, ℰ (0621) 4 20 70, hotel.augusta.man nheim@t-online.de, Fax (0621) 4207199* – 🛗, ⇔ Zim, 📺 – 🔏 30. AE ① ⓂⓄ VISA
CV c
Menu *(geschl. Samstag, Sonn- und Feiertage)* *(nur Abendessen)* à la carte 21/40 – ⊇ 13 – **106 Zim** 70/93 – 83/103.

♦ Das Ambiente, das das Domizil am Tor zur City geschaffen hat, ist komfortabel und gediegen. Mahagonihölzer begleiten den Besucher durchs ganze Haus. Im Keller lockt die gemütliche Mannemer Stub : Holzdecke, bemalte Wände und Schnitzereien.

MANNHEIM

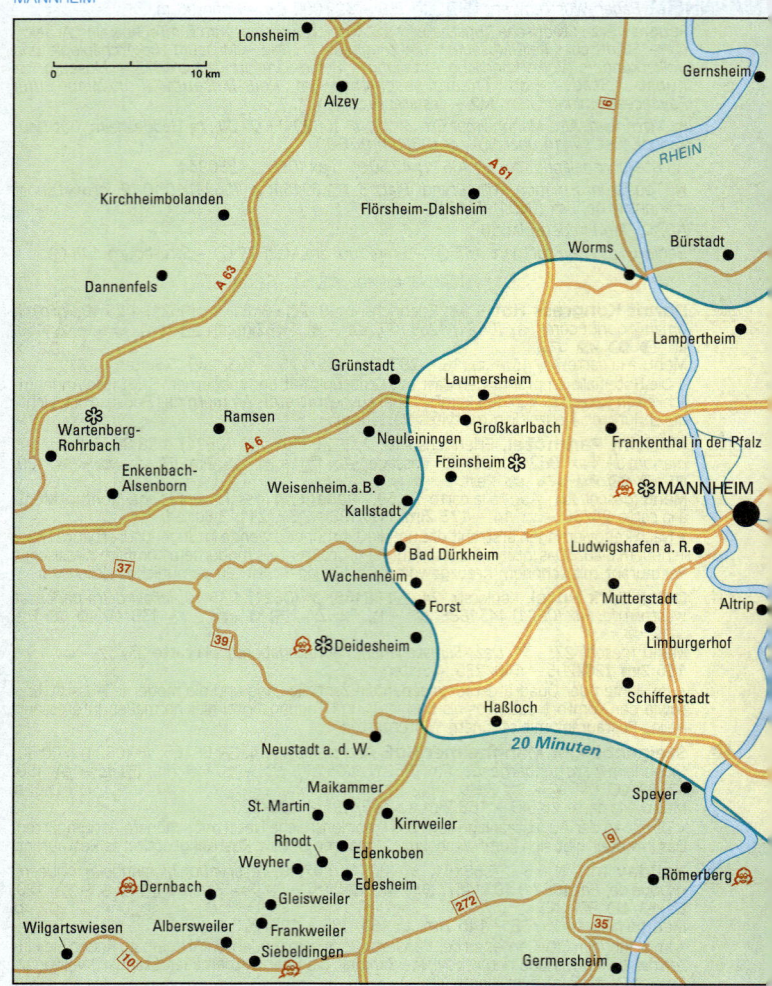

🏨 **Novotel,** Am Friedensplatz 1, ✉ 68165, ℘ (0621) 4 23 40, h0496@accor-hotels.com, Fax (0621) 417343, 🍴, ♨, 🐕 – 📶, ⇌ Zim, ▦ Rest, TV ✆ & 🅿 – 🔔 200. AE ⓘ ⓜ VISA JCB CV t
Menu à la carte 19/33 – ⊃ 13 – **180 Zim** 99/127 – 111/149.
♦ Die Geschäftswelt findet hier die ideale Kombination aus Tagen und Wohnen - alles unter einem Dach. Aber auch viele Gruppenreisende schätzen diese praktisch-moderne Adresse.

🏨 **Tulip Inn,** C 7,9 - 11, ✉ 68159, ℘ (0621) 1 59 20, info@ hotel-mannheim.com, Fax (0621) 22248, 🍴 – 📶, ⇌ Zim, TV ⇌ – 🔔 a 10. AE ⓘ ⓜ VISA CY a
Menu (geschl. Samstagabend, Sonntagabend) à la carte 16/31 – ⊃ 11 – **162 Zim** 105/110 – 114.
♦ Das Anfang der 90er Jahre erbaute und kürzlich renovierte Hotel verfügt über funktionelle und gepflegte Zimmer, die besonders auf Geschäftsreisende zugeschnitten sind.

MANNHEIM

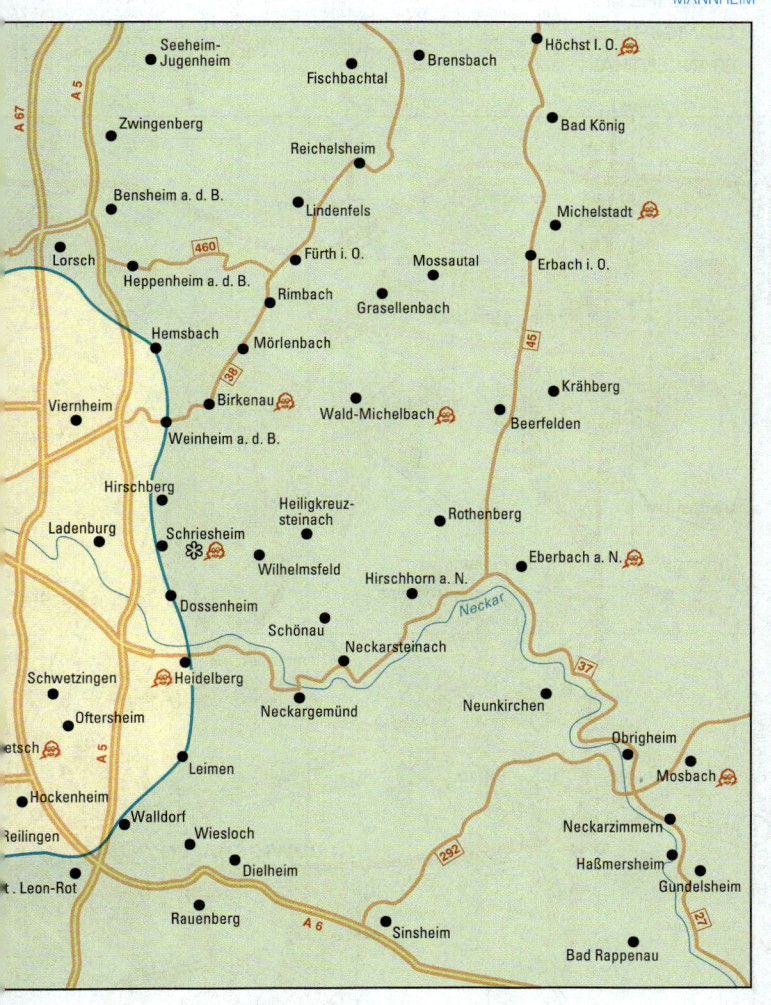

🏨 **Mack** garni, Mozartstr. 14, ✉ 68161, ☎ (0621) 1 24 20, *hotelmack@t-online.de*,
Fax (0621) 1242399   DY **a**
🛗 ✳ TV 🚗. AE ① ⓜⓒ VISA
50 Zim ⇌ 64/74 – 90/100.
• Eine gepflegte Oase der Gastlichkeit erwartet Sie in diesem schon von außen ansprechenden alten Stadthaus mit Türmchen. Individuelle Einrichtung und leckeres Frühstücksbuffet.

🏨 **Am Bismarck** garni, Bismarckplatz 9, ✉ 68165, ☎ (0621) 40 30 96, *info@hotel-am
-bismarck.de*, Fax (0621) 444605   DZ **m**
– 🛗 TV 📞 AE ① ⓜⓒ VISA. ✳
50 Zim ⇌ 85 – 110.
• Ein engagiert geführter Familienbetrieb mit persönlicher Atmosphäre. Tadellos gepflegte Zimmer, in denen man sich dank des wohnlichen Charakters sofort wohlfühlen kann.

941

MANNHEIM
LUDWIGSHAFEN
FRANKENTHAL

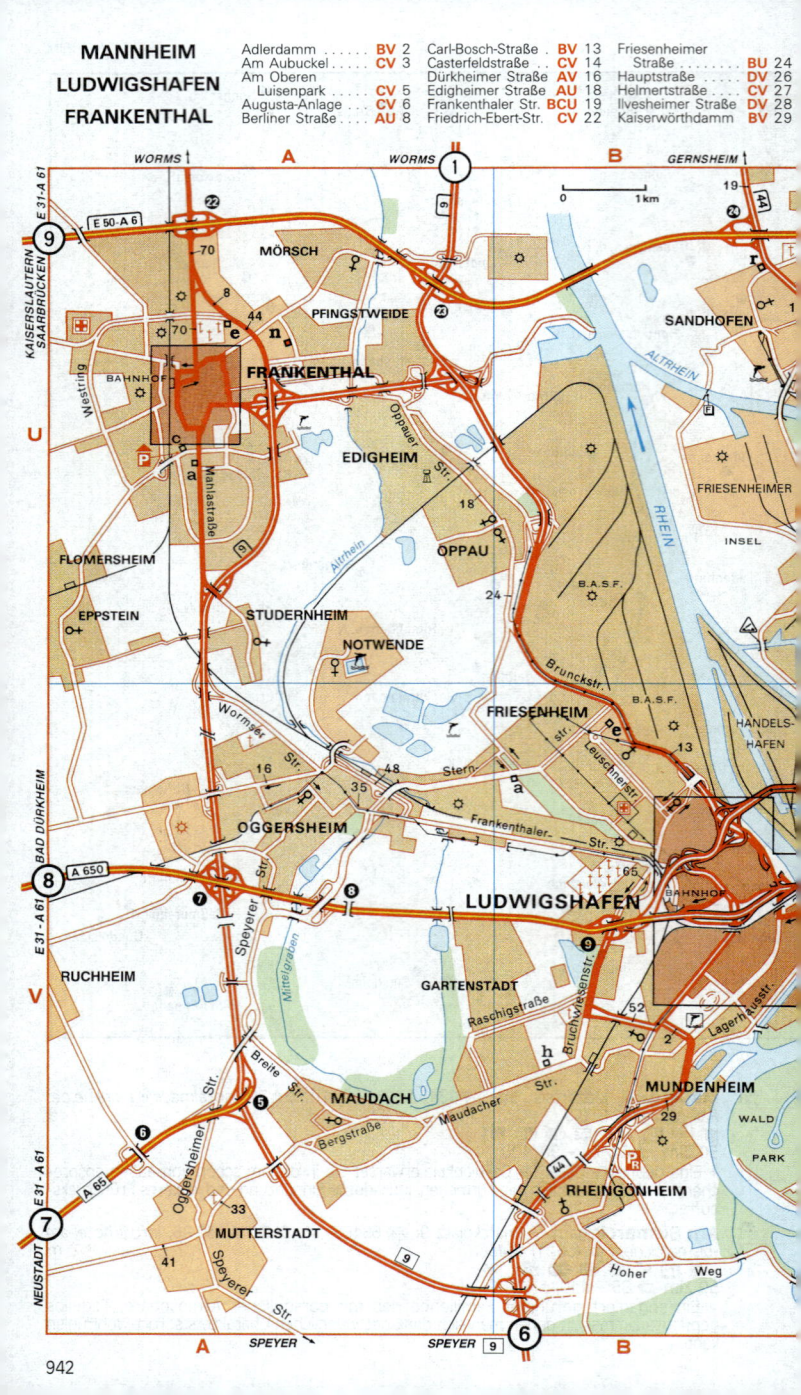

Adlerdamm	BV 2	Carl-Bosch-Straße	BV 13	Friesenheimer Straße	BU 24
Am Aubuckel	CV 3	Casterfeldstraße	CV 14	Hauptstraße	DV 26
Am Oberen Luisenpark	CV 5	Dürkheimer Straße	AV 16	Helmertstraße	CV 27
Augusta-Anlage	CV 6	Edigheimer Straße	AU 18	Ilvesheimer Straße	DV 28
Berliner Straße	AU 8	Frankenthaler Str.	BCU 19	Kaiserwörthdamm	BV 29
		Friedrich-Ebert-Str.	CV 22		

Street	Ref	Street	Ref	Street	Ref	Street	Ref
Ludwigshafener Str.	AV 33	Ostring	AU 44	Schubertstraße	CV 57	Untermühlaustr.	CU 64
Luzenbergstraße	CU 34	Prälat-Caire-Str.	AV 48	Schwabenstraße	DV 58	Valentin-Bauer-Straße	BV 65
Mannheimer Str.	AV 35	Röntgenstraße	CV 50	Seckenheimer Hauptstraße	DV 60	Waldhofstraße	CU 66
Möhlstraße	CV 37	Rollbühlstraße	CU 51	Theodor-Heuss-Anlage	CV 63	Wingertsbuckel	DV 68
Morchfeldstraße	CV 40	Schänzeldamm	BV 52			Wormser Straße	AU 70
Neustadter Straße	AV 41	Schienenstraße	CU 54				

MANNHEIM

Bismarckplatz	DZ 10	Goethestraße	DY 25
Dalbergstraße	CY 15	Heidelberger Str.	DZ
Freherstraße	CY 20	Kaiserring	DZ
Friedrichsplatz	DZ 23	Konrad-Adenauer-Brücke	CZ 30
		Kurpfalzbrücke	DY 31
		Kurpfalzstraße	CDYZ
		Moltkestraße	DZ 38
Planken	CDYZ	Reichskanzler-Müller-Str.	DZ 49
Schanzenstraße	CY 53	Schloßgartenstraße	CZ 56
Seilerstraße	CY 61	Spatzenbrücke	CY 62
Willy-Brandt-Platz	DZ 67		

🏨 **Central** garni, Kaiserring 26, ✉ 68161, ✆ (0621) 1 23 00, *centralhotelmannheim@t-online.de*, Fax (0621) 1230100 – 🛗 📺 🚗. AE ⓘ ⓜⓞ VISA. ⌘
34 Zim ⊇ 76 – 96.
DZ **b**
◆ Einfache, aber geschmackvolle Zimmer garantieren einen behaglichen Aufenthalt. Morgens genießen Sie vom ansprechenden Frühstücksraum aus das Treiben auf der Straße.

🏨 **Wegener** garni, Tattersallstr. 16, ✉ 68165, ✆ (0621) 4 40 90, *info@hotel-wegener.de*, Fax (0621) 406948 – 🛗 ⚡ 📺. VISA
48 Zim ⊇ 48/88 – 78/128.
DZ **a**
◆ In guter Lage zwischen Bahnhof, Rosengarten und Fußgängerzone betreibt Familie Wegener mit Eifer ihr gepflegtes Hotel. Die Zimmer sind einfach, aber wohnlich gestaltet.

XXX **Da Gianni**, R 7,34, ✉ 68161, ✆ (0621) 2 03 26, Fax (0621) 25771 – 🍽. AE ⓜⓞ. ⌘
⌘ *geschl. Aug. 3 Wochen, Montag, Feiertage* – **Menu** (Tischbestellung ratsam, italienische Küche) 49/61.
DZ **f**
◆ Cucina italiana, fein und phantasievoll zubereitet. Allerdings von einem deutschen Könner : Wolfgang Staudenmaier verwöhnt im eleganten Ambiente mit vorzüglichen Gaumenfreuden.
Spez. Risotto mit Pesto und Hummer. Wolfsbarsch aus dem Ofen mit Artischocken. Rehrücken mit Chianti Classico.

MANNHEIM

XX **Kopenhagen,** Friedrichsring 4, ✉ 68161, ℘ (0621) 1 48 70, Fax (0621) 155169 – 🖃.
🖭 ① ⓂⓈ 𝑉𝐼𝑆𝐴 %
DZ z
geschl. Sonn- und Feiertage – **Menu** (Tischbestellung ratsam) 30/68 à la carte 34/69.
   ◆ Schon seit vielen Jahren widmet sich die Besitzerfamilie dem Wohlbefinden ihrer Gäste. Eine Geste, die besonders die Stammgäste des gediegenen Restaurants zu schätzen wissen.

XX **Doblers Restaurant L'Epi d'or,** H 7,3, ✉ 68159, ℘ (0621) 1 43 97, n.dobler@
ॐ   doblers.de, Fax (0621) 20513 – ① ⓂⓈ 𝑉𝐼𝑆𝐴. %
CY c
geschl. Juni 3 Wochen, Samstagmittag, Sonntag - Montag – **Menu** à la carte 42/56 ♀.
   ◆ Im Untergeschoß eines mehrstöckigen Wohnhauses trägt die charmante Gastgeberin freundlich und souverän die köstlichen saisionalen Kreationen ihres Mannes auf.
   Spez. Jakobsmuscheln mit Aprikosenchutney. Gebratener Loup de mer mit Safran-Lavendelsauce. Rücken vom Salzwiesenlamm mit mediterranem Gemüse.

XX **Grissini,** M 3,6, ✉ 68161, ℘ (0621) 1 56 57 24, ristorante.grissini@gmx.de, Fax (0621) 4296109 – 🖭 ⓂⓈ 𝑉𝐼𝑆𝐴. %
CZ r
geschl. Pfingsten 1 Woche, Aug. 2 Wochen, Samstagmittag, Sonntag – **Menu** (italienische Küche) (Tischbestellung ratsam) à la carte 43/51.
   ◆ Eine moderne Ambiance verbunden mit einer kulinarischen Reise nach Italien macht dieses Restaurant zu einer interessanten Stätte genußvoller Gastlichkeit.

XX **Martin,** Lange Rötterstr. 53, ✉ 68167, ℘ (0621) 33 38 14, Fax (0621) 335242, 🍴 –
🍷   🖭 ⓂⓈ 𝑉𝐼𝑆𝐴. %
CV a
geschl. 25. Aug. - 17. Sept., Montag, Samstagmittag – **Menu** (überwiegend Fischgerichte) 15 (mittags)/56 à la carte 25/52.
   ◆ Ein tadellos geführter Familienbetrieb : Service, Gästebetreuung und Küche entsprechen den Wünschen eines anspruchsvollen Publikums. Spezialität : Fischgerichte.

X **Saigon,** Goethestr. 4, ✉ 68161, ℘ (0621) 1 46 04, Fax (0621) 23156 – 🖭 ① ⓂⓈ 𝑉𝐼𝑆𝐴
JCB
DYZ s
Menu (wochentags nur Abendessen) (vietnamesische Küche) à la carte 23/35.
   ◆ In unmittelbarer Nähe zum Nationaltheater lockt das Restaurant auf zwei Ebenen mit wohlschmeckenden Zubereitungen aus dem Fernen Osten.

X **Henninger's Gutsschänke,** T 6,28, ✉ 68161, ℘ (0621) 1 49 12, Fax (06322) 66405, (Pfälzer Weinstube) – 🖭 ⓂⓈ 𝑉𝐼𝑆𝐴. %
DY u
Menu (nur Abendessen) à la carte 16/34.
   ◆ In dem urig-rustikalen Weinlokal zeigt die Speisekarte keine exotischen Kreationen, sondern bietet vielmehr eine bodenständige Hausmannskost und deftige Vesper.

In Mannheim-Feudenheim :

XX **Zum Ochsen** mit Zim, Hauptstr. 70, ✉ 68259, ℘ (0621) 79 95 50, mail@ochsen-mannheim.de, Fax (0621) 7995533, 🍴 – 📺 🅿. ① ⓂⓈ 𝑉𝐼𝑆𝐴
DV x
geschl. Jan. - Feb. – **Menu** (abends Tischbestellung ratsam) à la carte 21/37 – **12 Zim**
⊇ 69/74 – 86/96.
   ◆ 1632 begann die Geschichte dieses Gasthofs - dem ältesten der Stadt. So präsentieren sich die rustikalen Räume teils im Charme der alten Zeit und mit regionalen Spezialitäten.

In Mannheim-Neckarau :

🏨 **Steubenhof** Ⓜ, Steubenstr. 66, ✉ 68199, ℘ (0621) 81 91 00, info@steubenhof.de, Fax (0621) 81910181, 🍴, ≘s – 📶, ↯ Zim, 📺 📞 & 🚗 – 🔒 40. 🖭 ① ⓂⓈ
𝑉𝐼𝑆𝐴
CV s
Menu (geschl. Samstag - Sonntag) à la carte 22/34 – **82 Zim** ⊇ 115/125 – 135/145.
   ◆ Für Geschäftsreisende bietet sich dieses neue Hotel an : Die Zimmer sind modern und solide ausgestattet und verfügen über die nötigen technischen Anschlüsse und Schreibflächen.

In Mannheim-Sandhofen :

🏨 **Weber-Hotel,** Frankenthaler Str. 85 (B 44), ✉ 68307, ℘ (0621) 7 70 10, reception @weber-hotel.de, Fax (0621) 7701113, 𝐿𝑏, ≘s – 📶, ↯ Zim, 📺 📞 & 🅿 – 🔒 50. 🖭
① ⓂⓈ 𝑉𝐼𝑆𝐴. % Rest
BU r
Menu siehe Rest. **Reblaus** separat erwähnt – **140 Zim** ⊇ 55/108 – 109/135.
   ◆ In verschiedenen Bauabschnitten entstand dieses sympathische Haus am Verkehrsknotenpunkt von A6 und B44. Besonders zu empfehlen sind die eleganten Zimmer im neuen Landhaus.

XX **Reblaus** - Weber-Hotel, Frankenthaler Str. 85 (B 44), ✉ 68307, ℘ (0621) 78 77 91, restaurant-reblaus@t-online.de, Fax (0621) 772200, 🍴 – 🅿. ① ⓂⓈ 𝑉𝐼𝑆𝐴. %
BU r
geschl. Aug. 2 Wochen, Samstagmittag, Sonn- und Feiertage – **Menu** à la carte 26/42.
   ◆ Bevor sich der Gast dem Kulinarischen widmet, nimmt er die optisch ansprechende Dekoration wahr : Zahllose Teddybären und Häkeldeckchen schmücken das Lokal.

MANNHEIM

In Mannheim-Seckenheim :

🏨 **Löwen,** Seckenheimer Hauptstr. 159 (B 37), ✉ 68239, ℰ (0621) 4 80 80, info@loewen-seckenheim.de, Fax (0621) 4814154, 🌳 – 🛗, ↯ Zim, 📺 ✆ ♿ 🅿 – 🛋 30. ⓄⒺ 𝗩𝗜𝗦𝗔
DV b
geschl. 21. Dez. - 5. Jan. – **Menu** (geschl. Aug. 3 Wochen, Montagmittag, Samstagmittag, Sonn- und Feiertage) à la carte 17/38 – **62 Zim** ⇌ 64/89 – 90/115.
◆ Tadellos geführter Familienbetrieb. Besonders zu empfehlen sind die Zimmer im Neubau. Komfort wie wohnliche Einrichtung und Hosenbügler sind hier selbstverständlich. Restaurant mit ländlichem Charakter.

MARBACH AM NECKAR Baden-Württemberg 𝟰𝟭𝟵 T 11 – 14 800 Ew – Höhe 229 m.

ℹ Tourist-Information, Marktstr. 23, ✉ 71672, ℰ (07144) 10 20, touristik@schillerstadt-marbach.de, Fax (07144) 102202.
Berlin 610 – Stuttgart 33 – Heilbronn 32 – Ludwigsburg 8,5.

🏨 **Art Hotel** 🅼 garni, Günterstr. 2, ✉ 71672, ℰ (07144) 8 44 40, info@arthotel-marbach.de, Fax (07144) 844413 – 🛗 ↯ 📺 ✆ 🚗 – 🛋 15. ⒶⒺ ⓄⒺ 𝗩𝗜𝗦𝗔
23 Zim ⇌ 68/82 – 93/107.
◆ Zu dem historischen Städtchen ist das modern gestylte Hotel ein interessanter Kontrast. Die Zimmer verfügen über helles Holzmobiliar und als Schränke fungieren Metallgitter.

🏨 **Parkhotel Schillerhöhe** 🌳 garni, Schillerhöhe 14, ✉ 71672, ℰ (07144) 90 50, info@parkhotel-schillerhoehe.de, Fax (07144) 90588 – 🛗 ↯ 📺 ✆ ♿ 🚗 🅿 𝗩𝗜𝗦𝗔
geschl. 23. Dez. - 6. Jan. – **56 Z** ⇌ 62/95 – 89/155.
◆ Das Hotel liegt ruhig in einem Wohngebiet. Es bietet gepflegten Komfort mit praktischen, zeitlos eingerichteten Räumen. Besonders schön sind die neuen Zimmer in der 3. Etage.

✕ **Schillerhöhe,** Schillerhöhe 12, ✉ 71672, ℰ (07144) 8 55 90, info@schillerhoehe.net, Fax (07144) 855920, 🌳 – 🅿 – 🛋 30. ⒶⒺ ⓄⒹ ⓄⒺ 𝗩𝗜𝗦𝗔
geschl. Montag – **Menu** à la carte 20,50/33.
◆ Das helle, freundlich eingerichtete Restaurant schließt sich an die Stadthalle an. Der nette Service serviert Internationales und auch einige regionale Gerichte.

In Benningen Nord-West : 2 km :

🏨 **Mühle** 🌳 garni, Ostlandstr. 2 (Zufahrt über Neckargasse), ✉ 71726, ℰ (07144) 50 21, hotelmuehle@aol.com, Fax (07144) 4166 – 📺 ✆ 🅿 ⒶⒺ ⓄⒺ 𝗩𝗜𝗦𝗔
20 Zim ⇌ 50/55 – 80.
◆ Das Fachwerk-Steinhaus aus dem 17. Jh. liegt ruhig in einer Seitenstraße unweit des Neckars. Die Zimmer des gut geführten Hotels sind solide und wohnlich eingerichtet.

MARBURG Hessen 𝟰𝟭𝟳 N 10 – 80 000 Ew – Höhe 180 m.

Sehenswert : Elisabethkirche★★ (Kunstwerke★★★ : Elisabethschrein★★) BY – Marktplatz★ AY – Schloß★ AY – Museum für Kulturgeschichte★ (im Schloß) AY.
Ausflugsziel : Spiegelslustturm ⇐★, Ost : 9 km.
⛳ Cölbe-Bernsdorf, Maximilianshof 35 (Nord : 8 km über ①), ℰ (06427) 9 20 40.
ℹ Tourist-Information, Pilgrimstein 26, ✉ 35037, ℰ (06421) 9 91 20, Fax (06421) 991212.
Berlin 473 ② – Wiesbaden 121 ② – Gießen 30 ② – Kassel 93 ① – Paderborn 140 ① – Siegen 81 ②

Stadtpläne siehe nächste Seiten

🏨 **Vila Vita Hotel Rosenpark** 🅼, Rosenstr. 18, ✉ 35037, ℰ (06421) 6 00 50, info@rosenpark.com, Fax (06421) 6005100, 🌳, Massage, ♨, 🛁, 🛋 – 🛗 ↯ Zim, 📺 ✆ ♿ 🚗 – 🛋 120. ⒶⒺ ⓄⒹ ⓄⒺ 𝗩𝗜𝗦𝗔 ⌘
BY b
Menu siehe Rest. **Belle Etage** separat erwähnt – **Rosenkavalier :** Menu à la carte 31/41 – **Zirbelstube** (geschl. Sonntag - Montag) (nur Abendessen) **Menu** à la carte 22/33 – **109 Zim** ⇌ 150/170 – 190/210, 18 Suiten.
◆ Es gibt Orte, die vergessen lassen, daß es Zustände wie Hektik und Streß gibt. Genießen Sie die luxuriöse Modernität des Hotels mit anprechendem Wellnessbereich. Eine schöne runde Atrium-Halle beherbergt das Rosenkavalier - hier dominieren vornehme Gelbtöne.

🏨 **Sorat** 🅼, Pilgrimstein 29, ✉ 35037, ℰ (06421) 91 80, marburg@sorat-hotels.com, Fax (06421) 918444, 🌳, 🛁, 🛋 – 🛗 ↯ Zim, 📺 ✆ ♿ – 🛋 190. ⒶⒺ ⓄⒹ ⓄⒺ 𝗩𝗜𝗦𝗔 JCB
AY s
Menu à la carte 22/35 – **146 Zim** ⇌ 97/127 – 117/147.
◆ Hell, modern und einladend wirken die Zimmer wie auch die Bäder des direkt im Lahn-Center befindlichen Hotels. Morgens starten Sie mit einem leckeren Frühstück in den Tag. Klare Linien und ein Hauch 50er Jahre bestimmen die Ambiance des Restaurants.

MARBURG

Europäischer Hof, Elisabethstr. 12, ✉ 35037, ✆ (06421) 69 60 (Hotel) 6 22 55 (Rest.), info@europaeischer-hof-marburg.de, Fax (06421) 66404 – 🛗, ⚞ Zim, 📺 🚗 P – 🏋 25.
AE ⓘ ⓜ VISA JCB   BY a
Atelier (italienische Küche) *(geschl. Aug. 3 Wochen)* **Menu** à la carte 21/39,50 – **100 Zim** ⌧ 62/123 – 86/153, 5 Suiten.
◆ Hinter der schlichten Fassade dieses Stadthauses finden Gäste in teils einfacheren und teils gediegenen "de Luxe"-Zimmern ein behagliches Zuhause auf Zeit. Im gepflegten Atelier : Kulinarisches aus Bella Italia.

Landhaus La Villa garni, Sylvester-Jordan-Str. 22, ✉ 35039, ✆ (06421) 17 50 70, Fax (06421) 1750720 – ⚞ 📺 ⚞ P. AE ⓘ ⓜ VISA. ⚞
geschl. Weihnachten - Anfang Jan. – **15 Zim** ⌧ 72/77 – 87/97.
◆ Liebevoll gestaltetes kleines Hotel : wohnliche Zimmer im Landhausstil mit schönen Bädern und ein freundlicher Frühstücksraum mit unvergleichlicher Buffetauswahl erwarten Sie.   über Kurt-Schumacher Brücke BZ *und* Weintrautstraße

Waldecker Hof garni, Bahnhofstr. 23, ✉ 35037, ✆ (06421) 6 00 90, waldeckerhof@t-online.de, Fax (06421) 600959, ⚞, ⚞, – 🛗 ⚞ 📺 ⚞. AE ⓘ ⓜ VISA JCB
42 Zim ⌧ 71/91 – 92/122.   BY d
◆ In zentraler Lage am Bahnhof steht das persönlich geführte Haus. Die Zimmer sind unterschiedlich eingerichtet – von Mahagoni über helle Eiche bis hin zu dunklem Holzmobilar.

Belle Etage - Vila Vita Hotel Rosenpark, Rosenstr. 18 (1. Etage), ✉ 35037, ✆ (06421) 6 00 50, info@rosenpark.com, Fax (06421) 6005100 – 🛗 ≣ 🚗. AE ⓘ ⓜ VISA. ⚞
geschl. 6. - 28. Jan., 28. Juli - 26. Aug., Sonntagabend - Dienstag – **Menu** *(wochentags nur Abendessen)* 54/72 und à la carte ⚞.   BY b
◆ Über eine schmiedeeiserne Treppe gelangen Sie in die im Halbrund angelegte, mit Malereien verzierte Empore. In edlem Ambiente genießen Sie eine ausgezeichnete kreative Küche.
Spez. Steinbutt mit Schnittlauchbutter und Stampfkartoffeln. Dialog von Perlhuhn und Langostino mit Limonenrisotto. Terrine von Panna Cotta und Erdbeeren.

MARBURG

Straße	Ref
Bahnhofstraße	BY 4
Barfüßerstraße	AY
Bunsenstraße	BY 9
Deutschhausstraße	BY 10
Elisabethstraße	BY 12
Erlenring	BZ 13
Firmaneistraße	AY 14
Hirschberg	AY 24
Jägerstraße	BZ 25
Ketzerbach	BY 28
Kurt-Schumacher-Brücke	BZ 34
Lutherischer Kirchhof	AY 36
Marktgasse	AY 39
Neustadt	AY 41
Nicolaistraße	AY 41
Robert-Koch-Straße	BZ 49
Schulstraße	BZ 55
Steinweg	AY 56
Universitätsstraße	AY
Wettergasse	AY 62
Wilhelm-Röpke-Straße	BZ 63

XX **Das kleine Restaurant**, Barfüßertor 25 (am Wilhelmsplatz), ✉ 35037, ✆ (06421) 2 22 93, *das-kleine-restaurant@t-online.de, Fax (06421) 51495* – ⓘ ◎ 𝗩𝗜𝗦𝗔 über Universitätsstraße BZ
geschl. Juli 2 Wochen, Montag – **Menu** à la carte 26/36,50.
♦ In diesem modernen Restaurant, das im eleganten französischen Bistro-Stil eingerichtet ist, bietet man ein ansprechendes Angebot an internationalen Gerichten.

XX **Alter Ritter**, Steinweg 44, ✉ 35037, ✆ (06421) 6 28 38, *adlerritter@t-online.de, Fax (06421) 66720*, 🌳 – 🆎 ⓘ ◎ 𝗩𝗜𝗦𝗔   BY c
Menu à la carte 23,50/34.
♦ Von außen ein klassizistisches Stadthaus, im Inneren ein neuzeitliches, behagliches Restaurant mit kirschfarbenem Mobiliar. Regionale und internationale Gerichte.

X **Zur Sonne** mit Zim, Markt 14, ✉ 35037, ✆ (06421) 1 71 90, *Fax (06421) 171940*, 🌳 – 🚗 🆎 ◎ 𝗩𝗜𝗦𝗔   AY n
Menu *(geschl. Montag - Dienstagmittag)* à la carte 17,50/29,50 – **9 Zim** ☑ 41/63 – 77/87.
♦ Eine originelle Stätte der gemütlichen Gastlichkeit, wo vor langer Zeit schon die Brüder Grimm einkehrten. Heute verwöhnt man die Gäste mit Regionalem und Internationalem.

X **Milano**, Biegenstr. 19, ✉ 35037, ✆ (06421) 2 24 88, *Fax (06421) 22495* – 🆎 ⓘ ◎   BZ e
geschl. 9. - 23. Juli, Dienstag – **Menu** (italienische Küche) à la carte 20/35.
♦ Gemütlich mit rustikalem Touch sind die Stuben des Ristorante. Am Herd steht "Mamma italiana" persönlich und kocht Spezialitäten aus ihrer südlichen Heimat.

In Marburg-Gisselberg über ② : 5 km :

🏨 **Fasanerie** 🌳, Zur Fasanerie 15, ✉ 35043, ✆ (06421) 9 74 10, *info@hotel-fasanerie.de, Fax (06421) 974177*, ≤, 🌳, 🛋, 🐎 – ⊁ Zim, 📺 📞 ♿ ⇔ 🅿 – 🔔 45. 🆎 ◎ 𝗩𝗜𝗦𝗔 JCB
Menu *(geschl. 20. Dez. - 5. Jan., Sonntagabend, Freitag) (Montag - Donnerstag nur Abendessen)* à la carte 16,50/29,50 – **40 Zim** ☑ 55/88 – 83/120.
♦ Ein nettes Landhaushotel mit über 40-jähriger Tradition. Geschmackvolle Zimmer, besonders die im Obergeschoß des Neubaus, tragen zu einem angenehmen Aufenthalt bei.

MARBURG

In Marburg-Michelbach Nord-West : 7 km über Ketzerbach BY :

🏨 **Stümpelstal** ⌂, Stümpelstal 2, ✉ 35041, ☏ (06420) 90 70, stuempelstal@aol.com, Fax (06420) 514, 🍴, 🐴 – 📺 🛌 🅿 – 🔒 80. ⓄⒹ 💳
Menu (geschl. Sonntag) (nur Abendessen) à la carte 18,50/34 – **55 Zim** ⌂ 41/62 – 65/94.
♦ Wer nach einer anstrengenden Reise oder nach einem ereignisreichen Tag sein müdes Haupt betten möchte, findet in diesem gut ausgestatteten Hotel die nötige Ruhe. Gemütliches Restaurant mit offenem Kamin.

In Marburg - Wehrshausen-Dammühle West : 5 km über Barfüßertor BZ :

🏨 **Dammühle** ⌂ (mit Gästehaus), Dammühlenstr. 1, ✉ 35041, ☏ (06421) 9 35 60, dammuehle@t-online.de, Fax (06421) 36118, 🍴, 🐴 – 🚿 Zim, 📺 🛎 🛌 🅿 – 🔒 70. ⓄⒹ 💳
Menu (geschl. Freitagmittag) à la carte 15/30 – **21 Zim** ⌂ 50/60 – 85/90.
♦ Idyllisch gelegener Fachwerkgasthof, der aus einer Mühle a. d. 14. Jh. entstanden ist. Die Zimmer sind solide und wohnlich gestaltet. Mit Biergarten, Minigolf und Spielplatz. Derb-rustikale Gaststube.

In Ebsdorfergrund-Frauenberg über ② : 8 km :

🏨 **Zur Burgruine** ⌂ (mit Gästehaus), Cappeler Str. 10, ✉ 35085, ☏ (06424) 13 79, Fax (06424) 4472, Biergarten, 🛋 – 📺 🅿 – 🔒 40. ⓄⒹ 💳
Menu (geschl. Montag) à la carte 17/36,50 – **34 Zim** ⌂ 34/44 – 78/100.
♦ Ob als Urlauber, Durchreisender, Wanderer oder als Fahrradtourist unterwegs - hier stellt man seinen Gästen gepflegte bürgerliche Zimmer zur Verfügung. Getäfelte Gaststuben mit Kachelofen und nostalgischem Charme.

In Weimar-Wolfshausen über ② : 10 km :

🏨 **Bellevue** (mit Gästehaus), Hauptstr. 30 (nahe der B 3), ✉ 35096, ☏ (06421) 7 90 90, ringhotel-bellevue@gmx.de, Fax (06421) 790915, ≤, 🍴, Biergarten, 🛋, 🐴 – 📶, 🚿 Zim, 📺 🛎 ♿ 🅿 – 🔒 30. ⒶⒺ ⓄⒹ ⓄⒸ 💳
Menu à la carte 26/45 – **51 Zim** ⌂ 68/72 – 100/140.
♦ Auch anspruchsvolle Gäste fühlen sich im Haus von Familie Horn wohl. Denn : Geboten werden Zimmer von gemütlichem Standard bis hin zu gehobenem Komfort. Restaurant mit Blick über das Lahntal.

MARGETSHÖCHHEIM Bayern siehe Würzburg.

MARIA LAACH Rheinland-Pfalz **417** O 5 – Höhe 285 m – Benediktiner-Abtei.
Sehenswert : Abteikirche★ (Paradies★).
Berlin 617 – Mainz 121 – Koblenz 31 – Bonn 51 – Mayen 13.

🏨 **Seehotel Maria Laach** ⌂, Am Laacher See, ✉ 56653, ☏ (02652) 58 40, seehotel @maria-laach.de, Fax (02652) 584522, ≤, 🍴, 🛋, 🔲, 🐴 – 📶, 🚿 Zim, 🛌 🅿 – 🔒 90. ⒶⒺ ⓄⒹ 💳
Menu à la carte 28/41 – **69 Zim** ⌂ 77/105 – 128/184.
♦ Die herrliche Lage, moderner, funktioneller Komfort sowie der direkte Blick auf die Benediktinerabtei und den Laacher See gehören zu den Vorzügen dieses Hotels. Hell, modern und freundlich sind die Räumlichkeiten des Restaurants gestaltet.

MARIENBERG Sachsen **418** O 23 – 12 300 Ew – Höhe 600 m.
🛈 Gäste-Info, Am Frischen Brunnen 1, ✉ 09496, ☏ (03735) 9 05 14, info@bergstadt-marienberg.de, Fax (03735) 90565.
Berlin 280 – Dresden 94 – Chemnitz 30 – Chomutov 31 – Leipzig 111 – Zwickau 62.

🏨 **Weißes Roß**, Annaberger Str. 12, ✉ 09496, ☏ (03735) 6 80 00, weisses-ross@ erzgebirgshotels.de, Fax (03735) 680077, Biergarten, 🛋 – 📶, 🚿 Zim, 📺 ♿ 🅿 – 🔒 30. ⒶⒺ ⓄⒹ 💳 JCB
Menu à la carte 15/31 – **50 Zim** ⌂ 60/65 – 90/95.
♦ Das im Ortskern gelegene Hotel ist ein begehrter Platz für eine erholsame Zwischenstation oder einen Kurzurlaub. Italienische Stilmöbel untermalen den Charme dieses Logis. Neuzeitliches Restaurant und rustikaler Gewölbekeller.

In Pobershau Süd-Ost : 6 km über die B 171 bei Rittersgrün nach der Brücke rechts ab :

🏨 **Schwarzbeerschänke**, Hinterer Grund 2, ✉ 09496, ☏ (03735) 9 19 10, schwarz beerschaenke@pobershau.de, Fax (03735) 919199, 🍴, 🛋, 🔲, 🐴 – 🚿 Zim, 📺 ♿ 🅿 – 🔒 30. ⒶⒺ ⓄⒹ 💳
Menu à la carte 16/28 – **34 Zim** ⌂ 39/44 – 68/88.
♦ Idylle pur : In der würzigen Luft des Erzgebirges, umgeben von rauschenden Tannen, empfängt dieses gemütliche Landhaus seine Gäste mit nett ausgestatteten Zimmern. Ländliche Gaststuben.

MARIENBERG, BAD Rheinland-Pfalz 👁 O 7 – 6 400 Ew – Höhe 500 m – Kneippheilbad – Luftkurort – Wintersport : 500/572 m ⚡1 🎿.
  🛈 Tourist-Information, Wilhelmstr. 10, ⊠ 56470, ℘ (02661) 70 31, Fax (02661) 931747.
  Berlin 557 – Mainz 102 – Siegen 38 – Limburg an der Lahn 43.

🏨 Kur- und Tagungshotel Wildpark ⚐, Kurallee (am Wildpark, West : 1 km),
⊠ 56470, ℘ (02661) 62 20, info@wildpark-hotel.de, Fax (02661) 622404, ≤, 🌳, Massage, ♨, 🏊, ≘s, 🔲, 🐎 – 🛗 📺 📞 ⇔ 🅿 – 🔏 30. 🅰🅴 🆗 🆅🅸🆂🅰
Menu à la carte 18/32 – **51 Zim** ⊇ 72/79 – 90/115.
   ◆ Sehr ruhig am Waldrand gelegen, schafft das inhabergeführte Haus eine familiäre Atmosphäre, in der man sich gleich wohlfühlt. Die Zimmer präsentieren sich im wohnlichen Look. Restaurant mit Balkonterrasse.

🏠 Kristall ⚐, Goethestr. 21, ⊠ 56470, ℘ (02661) 9 57 60, info@kristallcafe.de, Fax (02661) 957650, ≤, 🌳, 🐎 – 🛗, 🚷 Rest, 📺 📞 🆗 🆅🅸🆂🅰. 🚷 Rest
Menu à la carte 19,50/31,50 – **20 Zim** ⊇ 46/52 – 85/105 – ½ P 14.
   ◆ Das Haus wirkt durch den alpenländischen Baustil und die hübsche Balkonbepflanzung auf anreisende Gäste gleich einladend. Die Rustikalität findet im Inneren ihre Fortsetzung. Gediegenes Restaurant im altdeutschen Stil.

MARIENHEIDE Nordrhein-Westfalen 👁 M 6 – 14 000 Ew – Höhe 317 m.
  Berlin 561 – Düsseldorf 74 – Gummersbach 10 – Lüdenscheid 31 – Wipperfürth 12.

In Marienheide-Rodt Süd-Ost : 3 km :

🏨 Landhaus Wirth ⚐, Friesenstr. 8 (B 256), ⊠ 51709, ℘ (02264) 2 70, info@landhaus-wirth.de, Fax (02264) 2788, 🌳, ≘s, 🔲, 🐎 – 🚷 📺 🅿 – 🔏 50. 🅰🅴 ⓞ 🆗 🆅🅸🆂🅰
Im Krug (geschl. Samstagmittag, Sonntagabend) **Menu** à la carte 23/43 – **53 Zim** ⊇ 72/92 – 98/125.
   ◆ Mit viel Engagement führt die Besitzerfamilie ihren Betrieb. Harmonische Ländlichkeit zeichnet die zum Teil renovierten Gästezimmer aus. Geschmackvolles ländliches Ambiente und hübsche Dekorationen im Restaurant.

MARIENTHAL Rheinland-Pfalz siehe Hamm (Sieg).

MARIENTHAL, KLOSTER Hessen siehe Geisenheim.

MARKDORF Baden-Württemberg 👁 W 12 – 12 300 Ew – Höhe 453 m.
  🛈 Tourist-Information, Marktstr. 1, ⊠ 88677, ℘ (07544) 50 02 90, info@gehrenberg bodensee.de, Fax (07544) 500289.
  Berlin 719 – Stuttgart 197 – Konstanz 23 – Friedrichshafen 16 – Ravensburg 20.

🏨 Wirthshof Ⓜ garni, Steibensteig 10 (B 33, Ost : 1 km Richtung Ravensburg, beim Campingplatz), ⊠ 88677, ℘ (07544) 5 09 90, info@hotel-wirtshof.de, Fax (07544) 5099222, 🌳, ≘s, 🔲 (geheizt), 🐎 – 🛗 🚷 📺 📞 🅿 – 🔏 30. 🆗 🆅🅸🆂🅰. 🚷
geschl. 22. Dez. - 1. Jan. – **22 Zim** ⊇ 76/93 – 85/127.
   ◆ Die unterschiedlichen Themenzimmer des Hauses wurden nach Regionen oder berühmten Personen gestaltet - mit wohnlichem, mediterran wirkendem Ambiente. Schöne Saunalandschaft.

MARKERSDORF KREIS GOERLITZ Sachsen siehe Görlitz.

MARKGRÖNINGEN Baden-Württemberg 👁 T 11 – 13 800 Ew – Höhe 286 m.
  Sehenswert : Rathaus★.
  Berlin 621 – Stuttgart 20 – Heilbronn 39 – Pforzheim 33.

🍴 Striffler's Herrenküferei ⚐ mit Zim, Marktplatz 2, ⊠ 71706, ℘ (07145) 9 30 50, info@herrenkueferei.de, Fax (07145) 930525, 🌳 – 📺 📞 ⓞ 🆗 🆅🅸🆂🅰
Menu (geschl. Sonntag) à la carte 34/46 – **9 Zim** ⊇ 80 – 100.
   ◆ Ein sehr schön gestaltetes Haus aus dem Jahr 1414. Grünliche Polster, gelbe Vorhänge und hübsche Dekorationen schaffen im Restaurant eine freundliche Atmosphäre.

MARKKLEEBERG Sachsen siehe Leipzig.

MARKLOHE Niedersachsen siehe Nienburg (Weser).

MARKNEUKIRCHEN *Sachsen* 418 420 *P 20 – 7 500 Ew – Höhe 468 m.*
Berlin 328 – Dresden 177 – Hof 35 – Plauen 28.

Berggasthof Heiterer Blick, Oberer Berg 54, ⌧ 08258, ℰ (037422) 26 95, message@heiter-blick.de, Fax (037422) 45818, ≤, 濘 – TV P. AE ⓘ ⓜ VISA
Menu à la carte 12,50/26 – **7 Zim** ⌂ 45 – 54/64.
♦ Abseits von Lärm und Streß, inmitten der reizvollen vogtländischen Landschaft finden Sie in diesem netten Landhotel auch für einen längeren Aufenthalt ein geeignetes Logis. Musikinstrumente zieren die ländlich gestaltete Gaststube.

MARKRANSTÄDT *Sachsen siehe Leipzig.*

MARKTBREIT *Bayern* 419 420 *Q 14 – 3 800 Ew – Höhe 191 m.*
Sehenswert : *Maintor und Rathaus★.*
Berlin 491 – München 272 – Würzburg 28 – Ansbach 58 – Bamberg 89.

Löwen (mit Gästehaus), Marktstr. 8, ⌧ 97340, ℰ (09332) 5 05 40, info@loewen-marktbreit.de, Fax (09332) 9438, 濘, (Gasthof a.d.J. 1450) – 涂 Rest, TV 涂 涂 – 涂 30. AE ⓘ ⓜ VISA. 涂 Rest
Menu (geschl. Nov. - März Montag, 15. Jan. - 15. Feb. Montag - Dienstag) à la carte 15/29 – **31 Zim** ⌂ 56 – 74/87.
♦ In den historischen Gemäuern des 1450 erbauten Fachwerkhauses können Sie eines der Romantikzimmer buchen, dann erwachen Sie am Morgen in den weichen Federn eines Himmelbettes. Den einkehrenden Gast erwarten gemütliche historische Gaststuben.

Alter Esel, Marktstr. 10, ⌧ 97340, ℰ (09332) 59 07 91, alter-esel@t-online.de, Fax (09332) 590792 – 涂
geschl. Jan. 2 Wochen, Aug. 2 Wochen, Montag - Dienstag – **Menu** (nur Abendessen) (Tischbestellung ratsam) à la carte 18/26.
♦ Auf zwei Etagen bewirtet man den Gast in einem gewollt schlichten Ambiente. Das kleine, ansprechende Angebot überzeugt mit guten Produkten und viel Geschmack.

MARKT ERLBACH *Bayern* 419 420 *R 15 – 4 000 Ew – Höhe 382 m.*
Berlin 476 – München 208 – Nürnberg 40 – Bamberg 70 – Würzburg 80.

In Markt Erlbach-Linden *West : 6 km :*

Zum Stern, Hauptstr. 60, ⌧ 91459, ℰ (09106) 8 91, info@gasthof-zumstern.de, Fax (09106) 6666, 濘, 涂, 涂 – TV P
geschl. Feb. – **Menu** (geschl. Mittwoch, Nov. - März Dienstag - Mittwoch) à la carte 10/21,50 – **17 Zim** ⌂ 25/36 – 42/64.
♦ Tipptopp gepflegte Gästezimmer treffen Sie in diesem Fachwerk-Gasthof am Ende des Ortes an. Sie sind praktisch eingerichtet, verfügen aber über ausreichenden Komfort. Rustikale Gaststuben mit Kachelofen und Holzdecke.

MARKTHEIDENFELD *Bayern* 417 419 *Q 12 – 10 300 Ew – Höhe 153 m.*
Marktheidenfeld, Eichenfürst (West : 2 km), ℰ (09391) 84 35.
☐ Fremdenverkehrsamt, Luitpoldstr. 17, Rathaus, ⌧ 97828, ℰ (09391) 50 04 41, Fax (09391) 79 40.
Berlin 533 – München 322 – Würzburg 32 – Aschaffenburg 46.

Anker garni, Obertorstr. 6, ⌧ 97828, ℰ (09391) 6 00 40, info@hotel-anker.de, Fax (09391) 600477 – 涂 涂 TV 涂 涂 P. – 涂 35. AE ⓜ VISA JCB
39 Zim ⌂ 62/85 – 99/120.
♦ Seit über 100 Jahren befindet sich das gut geführte Haus mit ruhigem Innenhof in Familienbesitz. Die Zimmer sind alle unterschiedlich, teils mit Antiquitäten eingerichtet.

Zum Löwen, Marktplatz 3, ⌧ 97828, ℰ (09391) 15 71, info@loewen-marktheidenfeld.de, Fax (09391) 1721 – TV 涂. ⓜ VISA
Menu (geschl. Nov. 2 Wochen, Mittwoch) à la carte 14/26 – **30 Zim** ⌂ 37/50 – 60/77.
♦ Direkt am Marktplatz gelegen, stehen hier Hausgästen rustikal-behagliche Zimmer mit Eichenmöbeln und freundlich gemusterten Vorhängen für erholsame Aufenthalte zur Verfügung. Gemütliches Ambiente in der hübsch dekorierten Gaststube.

Mainblick, Mainkai 11, ⌧ 97828, ℰ (09391) 9 86 50, mainblick@t-online.de, Fax (09391) 986544, 濘 – TV 涂. AE ⓜ VISA
Menu (geschl. 7. Jan. - 7. Feb., Montag) à la carte 18/28 – **18 Zim** ⌂ 45/48 – 63/70.
♦ Ein Mix aus modernem und rustikalem Stil finden Übernachtungsgäste hinter den dicken Mauern des direkt am Mainufer stehenden Gasthofs der Familie Eberlein. Neo-rustikales Ambiente im Restaurant.

MARKTHEIDENFELD

Zur schönen Aussicht, Brückenstr. 8, ⌧ 97828, ℘ (09391) 9 85 50, *info@hotel aussicht.de*, Fax (09391) 3722 – 📳 📺 🚗 🅿 ⓜ 🆅🆂🅰 🆓🆒🅱
Menu à la carte 17/31 – **52 Zim** 🛏 56/79 – 77/99.
• Die Besitzerfamilie fühlt sich den Ansprüchen ihrer Gäste verpflichtet und bietet nach Renovierungs- und Umbauarbeiten eine moderne, gepflegte Wohnkultur. Herzstück des Hauses sind die rustikalen Gaststuben im fränkischen Stil.

Weinhaus Anker, Obertorstr. 13, ⌧ 97828, ℘ (09391) 91 25 80, *weinhaus-anker @t-online.de*, Fax (09391) 912581 – 🅰🅴 🅾 🆅🆂🅰 🆓🆒🅱
Menu à la carte 28,50/39,50.
• Komplett renoviert, steht das Haus nun wieder für Gäste offen. Ein ländlicher Rahmen mit Parkett und Holzdecke prägt das Interieur - man kocht international.

MARKTLEUGAST Bayern 418 420 P 18 – 4 100 Ew – Höhe 555 m.
Berlin 336 – München 261 – *Coburg* 63 – Hof 32 – Kulmbach 19 – Bayreuth 33.

In Marktleugast-Hermes *Süd-West : 4 km :*

Landgasthof Haueis 🌿 (mit Gästehäusern), Hermes 1, ⌧ 95352, ℘ (09255) 2 45, Fax (09255) 7263, 🍽, 🌿 – 📺 🚗 🅿 – 🏛 20. 🅰🅴 🅾 ⓜ 🆅🆂🅰
geschl. 10. Jan. - 28. Feb. – **Menu** à la carte 10/31 – **35 Zim** 🛏 32/34 – 52/54.
• Abseits von Fernstraßen ist dieser einfache Gasthof eine Ruhe-Insel bayerischer Gastlichkeit. Originell : Manche Zimmer sind mit bemalten Bauernmöbeln eingerichtet. Gaststube mit gemütlicher, ungezwungener Atmosphäre.

MARKT NORDHEIM Bayern 419 420 R 15 – 1 100 Ew – Höhe 325 m.
Berlin 475 – München 231 – *Würzburg* 51 – Nürnberg 68 – Stuttgart 178.

In Markt Nordheim-Ulsenheim *Süd-West : 7 km :*

Schwarzen Adler, Ulsenheim 97, ⌧ 91478, ℘ (09842) 82 06, *info@frankenurlaub.de*, Fax (09842) 7800, 🍽 – 📺 📞 🅿 ⓜ
Menu (geschl. Jan. 1 Woche, Aug. 2 Wochen, Montag, Okt. - Feb. Montag, Mittwoch) à la carte 13/24,50 – **12 Zim** 🛏 27/30 – 48.
• Das alte Gasthaus aus dem 17. Jh. beherbergt funktionelle Zimmer in verschiedenen Stilrichtungen. Auch die überschaubare Größe des Hauses zählt zu den Annehmlichkeiten. Gaststube im ländlichen Stil.

MARKTOBERDORF Bayern 419 420 W 15 – 18 000 Ew – Höhe 758 m – Erholungsort.
Berlin 638 – München 99 – *Kempten (Allgäu)* 28 – Füssen 29 – Kaufbeuren 13.

Sepp, Bahnhofstr. 13, ⌧ 87616, ℘ (08342) 70 90, *kontakt@allgaeu-hotel-sepp.de*, Fax (08342) 709100, 🍽, 🛎, 🌿 – 📳 📺 📞 🅿 – 🏛 50. ⓜ 🆅🆂🅰 ✂
Menu (geschl. 15. - 30. Aug., Samstag, Sonntagabend) à la carte 15,50/33 – **60 Zim** 🛏 48/64 – 71/84 – ½ P 58.
• Das Haus ist ein Familienunternehmen mit 100-jähriger Tradition. Zimmer mit unterschiedlicher Einrichtung, immer funktionell sowie technisch gut ausgestattet. Unterteiltes Restaurant mit Wintergarten und netter Terrasse.

St. Martin garni, Wiesenstr. 21, ⌧ 87616, ℘ (08342) 9 62 60, *hotelstmartin@aol.com*, Fax (08342) 962696, 🛎 – 📳 ✂ 📺 📞 🅿 ⓜ 🆅🆂🅰 ✂
27 Zim 🛏 46/49 – 71/82.
• Sympathisches kleines Hotel. Die gepflegten Zimmer sind mit Naturholzmöbeln solide eingerichtet und bieten wohnlichen Komfort. Im Dachgeschoß größere Appartements.

MARKTREDWITZ Bayern 420 P 20 – 19 000 Ew – Höhe 539 m.
🛈 Tourist Information, Markt 29, ⌧ 95615, ℘ (09231) 50 11 28, Fax (09231) 501129.
Berlin 365 – München 288 – *Weiden in der Oberpfalz* 47 – Bayreuth 54 – Hof 48.

Marktredwitzer Hof, Am Bahnhof, ⌧ 95615, ℘ (09231) 95 60, *info@meisterbauers-privathotels.de*, Fax (09231) 956150, 🍽 – 📳, ✂ Zim, 📺 📞 🅿 – 🏛 40. 🅰🅴 🅾 ⓜ 🆅🆂🅰 🆓🆒🅱
Menu à la carte 16/32 – **50 Zim** 🛏 46/69 – 69/99.
• Direkt am Bahnhof finden Gäste hier teils einfachere und ältere Zimmer, aber auch moderne, mit floralen Stoffen und warmen Farben dekorierte Räume. Orientalischer Saunakeller ! Vielseitiges gastronomisches Angebot.

Bairischer Hof, Markt 40, ⌧ 95615, ℘ (09231) 6 20 11, *info@bairischer-hof.de*, Fax (09231) 63550, 🍽 – 📳, ✂ Zim, 📺 🅿 – 🏛 60. 🅰🅴 🅾 ⓜ 🆅🆂🅰
Menu à la carte 13,50/21,50 – **55 Zim** 🛏 47/72 – 72/102.
• Inmitten der belebten Fußgängerzone der Altstadt verbergen sich hinter der hellblauen Fassade schlichte Zimmer, die durch Pflege und Sauberkeit bestechen. Ländliche Restauranträume, teils mit Kreuzgewölbe.

MARKTRODACH *Bayern siehe Kronach.*

MARKTSCHELLENBERG *Bayern* 420 *W 23 – 1 800 Ew – Höhe 480 m – Heilklimatischer Kurort – Wintersport : 800/1 000 m.*
 fl *Verkehrsamt, Salzburger Str. 2,* ✉ *83487,* ☏ *(08650) 98 88 30, info-schellenberg@berchtesgaden.de, Fax (08650) 988831.*
 Berlin 734 – München 144 – Bad Reichenhall 22 – Salzburg 13 – Berchtesgaden 10.

Am Eingang der Almbachklamm *Süd : 3 km über die B 305 :*
 Zur Kugelmühle ⌂ *mit Zim, Kugelmühlweg 18,* ✉ *83487 Marktschellenberg,* ☏ *(08650) 4 61, info@gasthaus-kugelmuehle.de, Fax (08650) 416, ≤,* – *Zim,* tv **P.** **MC.** *Zim*
 geschl. Nov. - 25. Dez., 10. Jan. - 1. März – **Menu** *(geschl. April - Okt. Montagabend, Dienstagabend) à la carte 11,50/27* – **7 Zim** ⌂ *40 – 60/80.*
 ♦ *Am Eingang zur wildromantischen Almbachklamm finden Sie dieses idyllische, einsam gelegene Gasthaus mit urbayerischer Gemütlichkeit und regionalen Schmankerln.*

MARKT SCHWABEN *Bayern* 420 *V 19 – 9 700 Ew – Höhe 509 m.*
 Berlin 599 – München 24 – Erding 13.

 Georgenhof, *Bahnhofstr. 39,* ✉ *85570,* ☏ *(08121) 92 00, Fax (08121) 92060, Biergarten* – |‡|, – *Zim,* tv **P.** 30. AE MC VISA
 geschl. 23. Dez. - 3. Jan. – **Menu** *(geschl. Samstagmittag) à la carte 16/33* – **35 Zim** ⌂ *70/95 – 105/155.*
 ♦ *Direkt am Bahnhof liegt das 1992 erbaute Hotel. In den geschmackvollen Zimmern sorgt ein harmonisches Zusammenspiel von Farben und Materialien für ein stilvolles Ambiente. Restaurant im Stil einer Taverne mit italienischer Küche.*

MARKTZEULN *Bayern siehe Lichtenfels.*

MARL *Nordrhein-Westfalen* 417 *L 5 – 92 000 Ew – Höhe 62 m.*
 Berlin 521 – Düsseldorf 72 – Gelsenkirchen 17 – Gladbeck 12 – Münster (Westfalen) 62 – Recklinghausen 10.

In Marl-Hüls :
 Loemühle ⌂, *Loemühlenweg 221,* ✉ *45770,* ☏ *(02365) 4 14 50, hotelloemuehle@web.de, Fax (02365) 4145199,* , *Massage,* ≘, ⌂ *(geheizt),* ⌂ – *Zim,* tv **P.** 40. AE ⓞ MC VISA
 Menu *à la carte 17/38* – **53 Zim** ⌂ *41/85 – 72/125.*
 ♦ *In einer parkähnlichen Landschaft an einem See finden Sie in den verwinkelten Fachwerkhäusern unterschiedlich gestaltete, meist mit bäuerlichen Möbeln eingerichtete Zimmer. Derb-rustikales Restaurant mit großem Kamin und schöner Gartenterrasse.*

MARLOFFSTEIN *Bayern siehe Erlangen.*

MARNE *Schleswig-Holstein* 415 *E 11 – 6 000 Ew – Höhe 3 m.*
 Berlin 378 – Kiel 110 – Cuxhaven 97 – Flensburg 111 – Hamburg 95 – Neumünster 77.

 Gerson, *Königstr. 45 (B 5),* ✉ *25709,* ☏ *(04851) 5 34, Fax (04851) 2011* – tv **P.** AE MC VISA.
 geschl. 24. Dez. - 10. Jan. – **Menu** *(geschl. Sonntag) (nur Abendessen) à la carte 13/27* – **10 Zim** ⌂ *41/43 – 65.*
 ♦ *Mit schlichten und tadellos gepflegten Zimmern empfängt die engagierte Gastgeberin ihre Besucher in dem Gasthof mit roter Klinkerfassade. Kleines, einfaches Angebot im Restaurant mit Kachelofen.*

MARQUARTSTEIN *Bayern* 420 *W 21 – 3 400 Ew – Höhe 545 m – Luftkurort – Wintersport : 600/1 200 m.*
 fl *Verkehrsamt, Bahnhofstr. 3,* ✉ *83250,* ☏ *(08641) 82 36, Fax (08641) 61701.*
 Berlin 686 – München 96 – Bad Reichenhall 50 – Salzburg 55 – Traunstein 23 – Rosenheim 37.

 Gästehaus am Schnappen ⌂ *garni, Freiweidacher Str. 32,* ✉ *83250,* ☏ *(08641) 82 29, Fax (08641) 8421, ≤,* ⌂ *(geheizt),* – **P.**
 geschl. Nov. - 26. Dez. – **13 Zim** ⌂ *26/36 – 46/62.*
 ♦ *Mal richtig abschalten? Dann sind Sie in dieser unkomplizierten und freundlich geführten Familienpension im alpenländischen Stil richtig untergebracht.*

MARQUARTSTEIN

Prinzregent, Loitshauser Str. 5, ✉ 83250, ✆ (08641) 9 74 70, gasthof.prinzregent@t-online.de, Fax (08641) 974727, 😊, 🍴, ⇔ TV P. ⦿⦿ VISA
geschl. Mitte - Ende Nov. – **Menu** (geschl. Montagabend, Dienstagabend) à la carte 12,80/24,20 – **15 Zim** ⊇ 37/40 – 55/65.
• Umgeben von einer herrlichen Bergkulisse, gewährt Ihnen dieser bayerische Gasthof mit seinen wohnlichen Gastzimmern einen erholsamen Aufenthalt. In den hübsch dekorierten Stuben serviert man Regionales.

In Marquartstein-Pettendorf Nord : 2 km Richtung Grassau :

Weßnerhof, Pettendorf 11, ✉ 83250, ✆ (08641) 9 78 40, info@wessnerhof.de, Fax (08641) 61962, Biergarten, 🍴 – 🛗 ⇔ TV P. ⦿⦿ VISA ⚘
Menu (geschl. Mittwoch) à la carte 13/28 – **40 Zim** ⊇ 38/43 – 70/74 – ½ P 13.
• Lassen Sie sich verzaubern von der landschaftlichen Schönheit des Chiemgaus und kehren Sie ein in diesen stattlichen Gasthof mit seinen gemütlichen Zimmern. Hübsche alpenländische Gaststube mit Produkten der hauseigenen Metzgerei.

MARSBERG Nordrhein-Westfalen 417 L 10 – 22 500 Ew – Höhe 255 m.

Berlin 450 – Düsseldorf 185 – Kassel 66 – Brilon 22 – Paderborn 44.

In Marsberg-Helminghausen Süd-West : 14 km, an der Diemeltalsperre :

Seehotel Sonnengruss garni, Am See 3, ✉ 34431, ✆ (02991) 9 63 60, Fax (02991) 963696, ≤, ≘s, 🔲 – ⇔ TV P. – 🛋 40
geschl. 1. Dez. - 15. Jan. – **18 Zim** ⊇ 49 – 56/78.
• Das unweit der Staumauer gelegene Haus mit schönem Blick auf den Diemelsee verfügt über geräumige, in dunkler oder heller Eiche eingerichtete Zimmer.

MARXZELL Baden-Württemberg siehe Herrenalb, Bad.

MASELHEIM Baden-Württemberg siehe Biberach an der Riss..

MASSERBERG Thüringen 418 420 O 16 – 3 000 Ew – Höhe 803 m – Wintersport : 650/841 m ≰1 ⚘.

🛈 Masserberg-Information, Hauptstr. 37, ✉ 98666, ✆ (036870) 5 70 15, info@masserberg.de, Fax (036870) 57028.
Berlin 343 – Erfurt 63 – Coburg 37 – Saalfeld 51 – Suhl 36.

Rennsteig M ⚘, Am Badehaus 1, ✉ 98666, ✆ (036870) 80, info@hotel-rennsteig.com, Fax (036870) 8388, 😊, freier Zugang zum Badehaus – 🛗 ⇔ Zim, TV ✆ & P. – 🛋 120. ⦿ ⦿ ⦿⦿ VISA ⚘ Rest
Menu à la carte 22,50/27,50 – **92 Zim** (nur ½ P) 75/90 – 116/148, 3 Suiten.
• Die großzügige, moderne Hotelarchitektur mit Zusammenspiel mit einer schnörkellosen, geradlinigen Ausstattung tragen zu einem erholsamen Aufenthalt im Thüringer Wald bei. Gepflegt und neuzeitlich gestylt zeigt sich das Restaurant des Hauses.

Haus Oberland ⚘, Rennsteigstr. 2, ✉ 98666, ✆ (036870) 21 70, Fax (036870) 217217, 😊, 🗲, ≘s – ⇔ Zim, TV P. – 🛋 20. ⦿ ⦿ ⦿⦿ VISA
Menu à la carte 13,50/20 – **25 Zim** ⊇ 36 – 59/64 – ½ P 10.
• Mit regionstypischer Schieferfassade und neuzeitlichem Anbau fügt sich dieses Hotel in die Thüringer Landschaft ein. Praktische Zimmer sind ein weiterer Pluspunkt des Hauses. Im Restaurant können Sie am Kaminfeuer den Tag ausklingen lassen.

MASSWEILER Rheinland-Pfalz 417 S 6 – 1 100 Ew – Höhe 340 m.

Berlin 682 – Mainz 138 – Saarbrücken 59 – Pirmasens 15 – Zweibrücken 23 – Kaiserslautern 48.

Borst (mit Gästehaus), Luitpoldstr. 4, ✉ 66506, ✆ (06334) 14 31, harryborst@restaurant-borst.de, Fax (06334) 984502, 😊 – TV. ⚘
geschl. Ende Dez. - Anfang Jan., Juli 3 Wochen – **Menu** (geschl. Montag - Dienstag) 15/60 und à la carte ♀ – **6 Zim** ⊇ 36/44 – 62/106.
• Seit vielen Jahren schon widmen sich Harry und Monika Borst dem Wohlbefinden ihrer Gäste. In der kleinen Küche des netten Gasthofs entstehen wohlschmeckende Klassiker.

MAUERSTETTEN Bayern siehe Kaufbeuren.

MAULBRONN Baden-Württemberg **419** S 10 – 6 200 Ew – Höhe 250 m.

Sehenswert: *Ehemaliges Zisterzienserkloster*★★ *(Kreuzgang*★★, *Brunnenkapelle*★★, *Klosterräume*★★, *Klosterkirche*★, *Herrenrefektorium*★*).*

Berlin 642 – Stuttgart 45 – Karlsruhe 37 – Heilbronn 55 – Pforzheim 20.

Klosterpost (mit Gästehaus), Frankfurter Str. 2, ✉ 75433, ℘ (07043) 10 80, *hotel-klosterpost@t-online.de, Fax (07043) 108299,* 🌿 – 📺 📞 👥 🚗 – 🏨 30. AE ⓘ ◎ VISA
Menu *(geschl. Mitte Nov. - März Sonntagabend - Montag)* à la carte 15/42 – **38 Zim** ⇌ 59/79 – 89/99.
  ♦ Wo vor über 700 Jahren schon Mönche ihr Haupt betteten, stehen den Gästen heute Zimmer mit neuzeitlichem Standard und solider Naturholzmöblierung zur Verfügung. Unterteilte Gaststuben mit ländlicher Ausstattung.

MAUTH Bayern **420** T 24 – 2 800 Ew – Höhe 820 m – Erholungsort – Wintersport : 820/1 341 m ≰ 1 ≱.

🛈 *Gäste-Information, Mühlweg 2, ✉ 94151, ℘ (08557) 96 00 85, Fax (08557) 960015.*

Berlin 536 – München 211 – Passau 43 – Grafenau 21.

In Mauth-Finsterau Nord : 5 km – Höhe 998 m

Bärnriegel 🌿 (mit Gästehaus), Halbwaldstr. 32, ✉ 94151, ℘ (08557) 9 60 20, *baernriegel@t-online.de, Fax (08557) 960249,* ≼, 🌿, 🍺, – 📺 📞 ⚙ Zim
geschl. 10. Nov. - 15. Dez. – **Menu** *(geschl. Dienstagmittag)* à la carte 12/26,50 – **26 Zim** ⇌ 50 – 68/74 – ½ P 10.
  ♦ Ein schmucker Gasthof, der sich dank guter Führung seit vielen Jahren zahlreicher Stammgäste erfreut. Besonders zu empfehlen sind die rustikal gestalteten Zimmer im Gästehaus. Ländliche Gaststuben mit Holzdecken und Kachelofen.

MAYEN Rheinland-Pfalz **417** O 5 – 20 000 Ew – Höhe 240 m.

Ausflugsziel : *Schloß Bürresheim*★ Nord-West : 5 km.

🛈 *Tourist-Information (im alten Rathaus), Am Marktplatz, ✉ 56727, ℘ (02651) 90 30 04, touristinfo@mayen.de, Fax (02651) 903009.*

Berlin 625 – Mainz 126 – Koblenz 35 – Bonn 63 – Trier 99.

Maifelder Hof, Polcher Str. 74, ✉ 56727, ℘ (02651) 9 60 40, *Fax (02651) 76558,* Biergarten – 📺 🚗 📞 ⓘ ◎ VISA. ✂
Menu *(geschl. 23. Dez. - 3. Jan., Samstag) (wochentags nur Abendessen)* à la carte 18/31 – **13 Zim** ⇌ 42/55 – 75/90.
  ♦ In der vulkanischen Osteifel empfängt Sie Familie Rathscheck mit herzlicher Gastlichkeit und bittet Sie mit rustikalen oder modernen Zimmern zur nächtlichen Ruhe.

Katzenberg garni, Koblenzer Str. 174, ✉ 56727, ℘ (02651) 4 35 85, *hotelkatzenberg@t-online.de, Fax (02651) 48855,* 🌿 – 🍴 📺 📞 AE ⓘ ◎ VISA. ✂
24 Zim ⇌ 48/85 – 70/95.
  ♦ Hinter der Fassade mit dem großen Katzengemälde verbergen sich schlichte, tipptopp gepflegte Gästezimmer, von denen besonders die in der oberen Etage zu empfehlen sind.

Zur Traube garni, Bäckerstr. 6, ✉ 56727, ℘ (02651) 9 60 10, *Fax (02651) 72187* – 📺 🚗. ⓘ ◎ VISA
12 Zim ⇌ 39/46 – 67/72.
  ♦ Dieses zentral, direkt am Marktplatz gelegene kleine Hotel verfügt über praktische Zimmer, die mit hellem, gepflegtem Eichenmobiliar bestückt sind.

Zum Alten Fritz, Koblenzer Str. 56, ✉ 56727, ℘ (02651) 4 32 72, *hotel.alter.fritz@t-online.de, Fax (02651) 41629* – 📺 🚗 📞 ⓘ ◎ VISA
Menu *(geschl. 5. - 14. März, 20. Juli - 15. Aug., Dienstag) (wochentags nur Abendessen)* à la carte 16,50/29,50 – **11 Zim** ⇌ 38 – 68.
  ♦ Nach gründlicher Renovierung zeigen sich die Zimmer im neuen Kleid : Landhausmöbel kombiniert mit hübschen Gardinen und moderne Bäder sorgen für einen zeitgemäßen Komfort. Rustikale Gaststube und nostalgisches Restaurant.

In Mayen-Kürrenberg West : 7 km Richtung Nürburgring – Höhe 525 m – Erholungsort :

Wasserspiel, Im Weiherhölzchen 7, ✉ 56727, ℘ (02651) 30 81, *Fax (02651) 5233,* ≼, 🌿 – 📺 📞 ◎ VISA
geschl. 3. - 18. Jan. – **Menu** *(geschl. Dienstag)* à la carte 20/37 – **18 Zim** ⇌ 38/45 – 54/72.
  ♦ Schon alleine der Einfamilienhaus-Charakter des Hotels trägt dazu bei, daß man sich als Gast hier wohlfühlen kann - gepflegte Zimmer runden das Bild ab. Restaurant mit Blick auf die Eifelberge.

MAYSCHOSS Rheinland-Pfalz 417 O 5 – 1 100 Ew – Höhe 141 m.
  Berlin 628 – Mainz 158 – Bonn 35 – Koblenz 56 – Adenau 22.

  Zur Saffenburg, Ahr-Rotwein-Str. 43 (B 267), ✉ 53508, ✆ (02643) 83 92, zur-saffenburg@mayschoss.de, Fax (02643) 8100, 😀, ⇔ 🅿. 🏠 Rest
  geschl. 15. Dez. - Jan. – **Menu** (geschl. Mittwoch) à la carte 20/37 – **16 Zim** ⇆ 38/45 – 67/70.
  ♦ Hinter dem nett anzusehenden Landgasthof fließt die Ahr. Die Gäste nächtigen in gepflegten, mit Naturholzmöbeln eingerichteten Zimmern. Eine gemütliche Gaststube mit Kachelofen und ein lauschiger Garten erwarten Sie.

In Mayschoß-Laach :

  Die Lochmühle, Ahr-Rotwein-Str. 62 (B 267), ✉ 53508, ✆ (02643) 80 80, hotel-lochmuehle@t-online.de, Fax (02643) 808445, ≤, 🛋, ⇔s, ☐, ☐ - 🛗 📺 ⇔ 🅿 - 🚗 60
  AE ① ⦿ VISA
  Menu à la carte 23/43 – **104 Zim** ⇆ 66/78 – 105/126.
  ♦ Man empfängt seine Gäste in reizvoller Umgebung und lädt zur Nachtruhe in gepflegte Räume ein. Fragen Sie bei Ihrer Reservierung nach den Zimmern im Anbau. Gediegenes Restaurant mit Zirbelholznischen.

MECKENBEUREN Baden-Württemberg 419 W 12 – 9 900 Ew – Höhe 417 m.
  Berlin 712 – Stuttgart 158 – Konstanz 40 – Ravensburg 11 – Bregenz 32.

In Meckenbeuren-Madenreute Nord-Ost : 5 km über Liebenau :

  Jägerhaus, Madenreute 13, ✉ 88074, ✆ (07542) 9 45 50 (Hotel) 46 32 (Rest.), info@jaegerhaus-hotel.de, Fax (07542) 945556, 😀, ⇔s – 🛗, ⇔ Zim, 📺 🅿. ⦿ VISA
  Menu (geschl. Mittwoch) (Montag - Freitag nur Abendessen) à la carte 14,50/29 – **38 Zim** ⇆ 48/77 – 68/92.
  ♦ Eingebettet in die ländliche Beschaulichkeit des Bodenseeumlands, bietet Ihnen das gepflegte Haus mit Balkonfassade in einheitlich gestalteten Zimmern die gesuchte Erholung. Fachwerkgasthof mit ländlichem Restaurant.

MECKENHEIM Nordrhein-Westfalen 417 O 5 – 24 200 Ew – Höhe 160 m.
  Berlin 612 – Düsseldorf 94 – Bonn 19 – Koblenz 65.

  ZweiLinden garni, Merler Str. 1, ✉ 53340, ✆ (02225) 9 42 00, info@zweilinden.de, Fax (02225) 942040 – ⇔ 📺 ✆ ⇃ 🅿 - 🚗 30. AE ① ⦿ VISA
  19 Zim ⇆ 62/80 – 80/90.
  ♦ Der engagiert geführte Familienbetrieb empfängt seine Gäste mit einem liebevoll gestalteten Vorgarten und setzt diese Linie in den modernen, zeitlosen Zimmern fort.

MECKLENBURGISCHE SEENPLATTE Mecklenburg-Vorpommern 416 F 20 bis F 22.
  Sehenswert : Seenplatte★★★ zwischen Elbe-Lübeck-Kanal und der Uckermark mit über 1000 Seen – Müritz-Nationalpark★.

MEDDERSHEIM Rheinland-Pfalz siehe Sobernheim, Bad.

MEDEBACH Nordrhein-Westfalen 417 M 10 – 8 000 Ew – Höhe 411 m.
  Berlin 463 – Düsseldorf 195 – Arnsberg 66 – Kassel 76 – Marburg 61 – Paderborn 89 – Siegen 101.

  Brombach mit Zim, Oberstr. 6, ✉ 59964, ✆ (02982) 85 70, hotel-brombach@t-online.de, Fax (02982) 3452, 😀 – 🛗 📺 ⇔ 🅿 - 🚗 20. AE ① ⦿ VISA
  Menu (geschl. Mittwoch) à la carte 16,50/32,50 – **9 Zim** ⇆ 23/26 – 46/52.
  ♦ In den üppig dekorierten Räumlichkeiten mit Wohnzimmercharakter gehört der aufmerksame Service der Gastgeber und ihres Teams zu den Annehmlichkeiten.

In Medebach-Küstelberg Nord-West : 8,5 km :

  Schloßberghotel ⊗, Im Siepen 1, ✉ 59964, ✆ (02981) 9 29 10, schlossberg-hotel@t-online.de, Fax (02981) 929120, ≤, 😀, ⇔s, ☐, ☞ – 🛗 📺 ✆ 🅿. ⦿ 🏠
  geschl. Mitte Nov. - Mitte Dez. – **Menu** (geschl. Montag) à la carte 16/28 – **16 Zim** ⇆ 40/45 – 80.
  ♦ In einem verschwiegenen Winkel des Hochsauerlandes fügt sich das blumengeschmückte Haus mit seinen zum Teil neuzeitlichen Zimmern in die bergige Landschaft ein. Bürgerlich-rustikales Restaurant.

MEERANE
Sachsen 418 N 21 – 19 000 Ew – Höhe 320 m.
Berlin 246 – Dresden 114 – Chemnitz 41 – Gera 38 – Zwickau 18 – Leipzig 67.

Meerane M, An der Hohen Str. 3 (Gewerbegebiet), ⊠ 08393, ℘ (03764) 59 10, info@hotel-meerane.de, Fax (03764) 591591, 🍴, Massage, 🏋, ≋ – 📶, ↔ Zim, 📺 ✆ 🕭 🚗 🅿 – 🔔 140. AE ① ⦿ VISA
Menu 14,50 (Buffet) à la carte 16/30 – **137 Zim** ⇆ 100 – 125/160, 20 Suiten.
• Der mehrgeschossige moderne Hotelbau mit seinem imposanten Granit-Entrée stellt dem Gast Zimmer in neuzeitlich-wohnlichem Stil mit einem Hauch von Exklusivität zur Verfügung. Zeitgemäßes Restaurant : beruhigende Blautöne kombiniert mit hellem Braun.

Schwanefeld M, Schwanefelder Str. 22, ⊠ 08393, ℘ (03764) 40 50, info@schwanefeld.de, Fax (03764) 405606, 🍴, 🏋, ≋ – 📶, ↔ Zim, 📺 ✆ 🕭 🅿 – 🔔 180. AE ① ⦿ VISA JCB
Menu à la carte 15/37 – **50 Zim** ⇆ 70/90 – 90/110.
• An ein kleines Dorf erinnert die an einem lauschigen Innenhof plazierte Anlage aus einem Fachwerkhaus a. d. 17. Jh. und einem Neubau. Gepflegte, teils neu renovierte Zimmer. Die Gaststuben befinden sich im historischen Fachwerkgasthof.

Zur Eiche, Karl-Schiefer-Str. 32, ⊠ 08393, ℘ (03764) 41 80, webmaster@eiche-meerane.de, Fax (03764) 4669, Biergarten – 📺 ⦿ VISA
Menu à la carte 12/18,50 – **16 Zim** ⇆ 35/48 – 52/62.
• Hinter der schon etwas älter wirkenden Backsteinfassade mit spitzem Turmaufbau verbergen sich Zimmer, die – wie auch die Bäder – mit neuzeitlichem Komfort ausgestattet sind. Helles, schlichtes Mobiliar bestimmt den Einrichtungsstil des Lokals.

MEERBUSCH
Nordrhein-Westfalen siehe Düsseldorf.

MEERSBURG
Baden-Württemberg 419 W 11 – 5 500 Ew – Höhe 444 m – Erholungsort.
Sehenswert : Oberstadt (Marktplatz★ B, Steigstraße★ A) – Neues Schloß (Terrasse ≼★)
AB – 🅱 Gästeinformation, Kirchstr. 4, ⊠ 88709, ℘ (07532) 43 11 10, info@meersburg.de, Fax (07532) 431120.
Berlin 730 ① – Stuttgart 191 ① – Konstanz 12 ② – Freiburg im Breisgau 143 ① – Ravensburg 31 ① – Bregenz 48 ①

MEERSBURG

Bismarckplatz	A 2
Bleicheplatz	B 3
Burgweganlage	A 5
Daisendorfer Straße	A 6
Kirchplatz	A 7
Kirchstraße	B 8
Marktplatz	B 9
Schloßplatz	B 12
Seepromenade	A 13
Seminarstraße	B 14
Spitalgasse	A 15
Steigstraße	A
Uhldinger Straße	A 16
Unterstadtstraße	A
Vorburggasse	B 18

Pour les grands voyages d'affaires ou de tourisme Guide MICHELIN rouge : EUROPE.

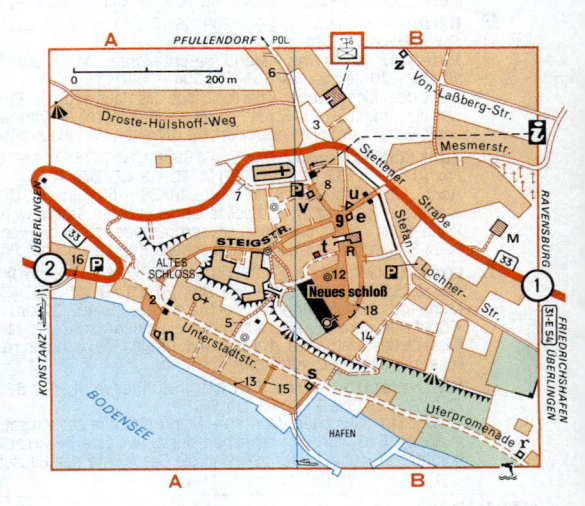

Romantik Hotel Residenz am See M, Uferpromenade 11, ⊠ 88709, ℘ (07532) 8 00 40, residenz@romantikhotels.com, Fax (07532) 800470, ≼, 🍴, 🚗 – 📶, ↔ Zim, 📺 ✆ 🕭 🚗 🅿, ≋ Zim B r
Menu (geschl. Dienstag) à la carte 41/58 (auch vegetarisches Menu) ₽ – **23 Zim** ⇆ 77/99 – 130/184 – ½ P 29.
• Nach einer aufwendigen Renovierungsphase erstrahlt das Haus in neuem Glanz : Warme, kräftige Farben, stimmige Details kombiniert mit schönen Stoffen prägen die Atmosphäre. Sonnige Gelbtöne, elegante Sitzmöbel und moderne Kunst schmücken das Restaurant.

MEERSBURG

- **3 Stuben** (mit Gästehaus), Kirchstr. 7, ⌧ 88709, ℘ (07532) 8 00 90 (Hotel) 44 69 49 (Rest.), hotel3stuben@t-online.de, Fax (07532) 1367, ⌸ – ⌽ ⌺ ⌻ ⌼ ⌽ – ⌾ 20. ⌦ ⌧ ⌦ ⌦ Zim
  geschl. 15. Dez. - 1. März. – **Menu** (geschl. Weihnachten, Jan. - 15. Feb., Sonntag) (nur Abendessen) à la carte 42/53 – **31 Zim** ⌧ 75/95 – 123/145 – ½ P 26.
  • Im schön restaurierten Fachwerkhaus stellen die charmanten Gastgeberinnen eine gelungene Symbiose aus dem historischen Bau und modernem Landhausstil her. Neuzeitliche Eleganz prägt das Restaurant.

- **Villa Seeschau** ⌦ ⌸ garni, Von-Laßberg-Str. 12, ⌧ 88709, ℘ (07532) 43 44 90 rezeption@hotel-seeschau.de, Fax (07532) 434499, ≤ Bodensee, Massage, ⌸, ⌦ – ⌽ ⌾ ⌦ ⌦ ⌧ ⌦ ⌦ ⌦ ⌦ ⌦
  geschl. 28. Dez. - 31. Jan. – **18 Zim** ⌧ 79 – 95/135.
  • Inmitten der Weinberge ist hier ein neues Haus entstanden, das mit 18 individuellen, im mediterranen Stil gestalteten Zimmern, teils mit Blick auf den See, zu überzeugen weiß

- **Villa Bellevue** ⌸ garni, Am Rosenhag 5, ⌧ 88709, ℘ (07532) 97 70, Fax (07532) 1367 ≤, ⌦ – ⌾ ⌦ ⌦ ⌦ ⌦ ⌦ . über Stefan-Lochner-Straße
  März - Mitte Okt. – **12 Zim** ⌧ 72/95 – 108/125.
  • Wenige Gehminuten von der Altstadt steht dieses individuell geführte kleine Hotel Schöne, teils elegante, teils rustikalere Zimmer gehören zu den Annehmlichkeiten des Hauses.

- **Seehotel Off** ⌸, Uferpromenade 51, ⌧ 88709, ℘ (07532) 4 47 40, info@hotel off.mbo.de, Fax (07532) 447444, ≤, ⌦, Massage – ⌽ ⌾ ⌦ ⌦ ⌦ ⌦ ⌦
  geschl. 2. Jan. - 1. Feb. – **Menu** à la carte 22/40 – **21 Zim** ⌧ 52/90 – 89/127 – ½ P 20
  • Direkt an der Uferpromenade gelegen. Gäste freuen sich hier über gemütliche Zimmer, deren komfortable Bäder teils mit Erlebnisduschen ausgestattet sind. Restaurant mit Panoramafenstern zum See. über Uferpromenade

- **Terrassenhotel Weißhaar** ⌸, Stefan-Lochner-Str. 24, ⌧ 88709, ℘ (07532) 4 50 40, Fax (07532) 450445, ≤ Bodensee, ⌦ – ⌾ ⌦ ⌦ ⌦ ⌦ Rest
  Menu (geschl. Mitte Nov. - Mitte März) à la carte 26/41 – **27 Zim** ⌧ 86/97 – 102/113 – ½ P 18. über Stefan-Lochner-Straße
  • Von sämtlichen, mit gepflegten Kirschbaummöbeln eingerichteten Zimmern des hoch über dem Bodensee thronenden Hotels hat man eine herrliche Sicht auf das "Schwäbische Meer". Gediegenes Restaurant mit schöner Gartenterrasse.

- **Bären**, Marktplatz 11, ⌧ 88709, ℘ (07532) 4 32 20, gasthofzumbaeren@t-online.de, Fax (07532) 432244, ⌦ – ⌾ ⌦ ⌦
  Mitte März - Mitte Nov. – **Menu** (geschl. Montag, März - Juni Montag - Dienstag) à la carte 19/28 – **20 Zim** ⌧ 48/55 – 78/104 – ½ P 17.
  • Mit dem Meersburger Obertor bildet das Haus a. d. 17. Jh. ein bekanntes Ensemble : Es war auf jedem 20 DM-Schein zu sehen. Man bietet ein Zimmer-Potpourri von modern bis antik. Ein weißer Kachelofen ziert die mit alten Wirtshausmöbeln eingerichtete Gaststube.

- **Zum Schiff**, Bismarckplatz 5, ⌧ 88709, ℘ (07532) 4 50 00, info@hotelzumschiff.de, Fax (07532) 1537, ≤, ⌦ – ⌾ ⌦ ⌦ ⌦ ⌦ ⌦ ⌦ ⌦
  April - Ende Okt. – **Menu** à la carte 14/28 – **50 Zim** ⌧ 70/80 – 70/103 – ½ P 15.
  • In dieser gepflegten und solide eingerichteten Stätte wohnen die Gäste in der ersten Reihe. Denn : Nur die schmale Uferpromenade trennt Sie von den glitzernden Wellen des Sees. Saalartiges Restaurant und schöne Terrasse an der Promenade.

- **Löwen**, Marktplatz 2, ⌧ 88709, ℘ (07532) 4 30 40, info@hotel-loewen-meersburg.de, Fax (07532) 430410, ⌦ – ⌦ Zim, ⌾ ⌦ ⌦ ⌦ ⌦ ⌦
  Menu (geschl. Nov. - April Mittwoch) à la carte 25/40 – **21 Zim** ⌧ 52/75 – 85/118 – ½ P 20.
  • Geht man durch die Altstadt und erreicht den Marktplatz, fällt die schmucke, bewachsene Fassade des Gasthofs a. d. 15. Jh. auf. Fragen Sie nach den renovierten Zimmern ! Gemütliche, mit Zirbelholz vertäfelte Gaststube.

- **Winzerstube zum Becher**, Höllgasse 4, ⌧ 88709, ℘ (07532) 90 09, Fax (07532) 1699 – ⌦ ⌦ ⌦ ⌦
  geschl. Jan. 3 Wochen, Montag – **Menu** (Tischbestellung ratsam) à la carte 22/40,50.
  • Anno 1610 wurden hier schon durstige Gäste bewirtet ! Seit 1887 ist die rustikalgemütliche Stube, in der vieles an die Geschichte des Hauses erinnert, in Familienbesitz.

MEESIGER Mecklenburg-Vorpommern ⌦⌦⌦ E 22 – 280 Ew – Höhe 38 m.
Berlin 181 – Schwerin 130 – Neubrandenburg 47 – Güstrow 68 – Stralsund 71.

- **Gravelotte** ⌸, Am Kummerower See (Nord-West : 2 km), ⌧ 17111, ℘ (039994) 72 10, info@hotel-gravelotte.de, Fax (039994) 721127, ⌦, Massage, ⌸, ⌦, ⌦, ⌦ – ⌽ ⌾ ⌦ ⌦ – ⌾ 40. ⌦ ⌦ ⌦ ⌦
  Menu à la carte 15/24,50 – **38 Zim** ⌧ 57/77 – 62/118.
  • Das schön am Kummerower See gelegene, 1997 umfassend renovierte Hotel bietet seinen Gästen neben behaglichen, modern gestalteten Zimmern auch einen hübschen Wellnessbereich. Großes, freundlich gestaltetes Restaurant.

MEHRING Rheinland-Pfalz 417 Q 4 – 2 400 Ew – Höhe 122 m.
🛈 Touristikverein, Bachstr. 47, ✉ 54346, ✆ (06502) 14 13, touristinfo-mehring@t-online.de, Fax (06502) 1253.
Berlin 714 – Mainz 153 – *Trier* 20 – Bernkastel-Kues 40.

Weinhaus Molitor garni (mit Wein- und Bierstube), Maximinstr. 9, ✉ 54346, ✆ (06502) 27 88, Fax (06502) 988822, 🍴 – ≨ TV 🚗 P. 🅼🅾
geschl. Jan. - Feb. - **11 Zim** ⊑ 34 – 62/65.
♦ Wie zu Hause fühlen sich Gäste in dem privat geführten Hotel in den Weinbergen. Mit moselländischer Gastlichkeit beherbergt man Sie in gepflegten, preislich attraktiven Räumen.

In Pölich Ost : 3 km :

Pölicher Held, Hauptstr. 5 (B 53), ✉ 54340, ✆ (06507) 9 36 00, Fax (06507) 936011, ≤, 🍴 – ⇔ P.
geschl. 24. Dez.- 15. Feb. – **Menu** (geschl. Montag) à la carte 13/25 – **9 Zim** ⊑ 30 – 41/47.
♦ Mit viel Engagement führt die Besitzerfamilie ihr kleines Hotel. Erneuerungen und Renovierungen werden durchgeführt. Eine tadellose Pflege gehört zur Selbstverständlichkeit. Restaurant mit großer Fensterfront zur Mosel.

MEHRING KREIS ALTÖTTING Bayern 420 V 22 – 2 100 Ew – Höhe 126 m.
Berlin 632 – München 103 – *Bad Reichenhall* 70 – Passau 84.

In Mehring-Hohenwart Nord : 1,5 km :

Schwarz, Hohenwart 10, ✉ 84561, ✆ (08677) 9 84 00, gasthof.schwarz@vr-web.de, Fax (08677) 1440, 🍴 – ≨ Zim, TV 📞 P. – 🅰 200. 🅼🅾 🆅🅸🆂🅰
Menu (geschl. Karwoche, Aug. 3 Wochen, Dienstag) à la carte 13/31 – **28 Zim** ⊑ 39/46 – 57/67.
♦ Gepflegt fügt sich der schmucke Gasthof in die bayerische Dorfkulisse ein. Ob rustikal, modern oder helles Naturholz, die Zimmer bieten ein gepflegtes Heim auf Zeit. Hübsch dekorierte Gaststuben.

MEHRSTETTEN Baden-Württemberg siehe Münsingen.

MEINERZHAGEN Nordrhein-Westfalen 417 M 6 – 23 200 Ew – Höhe 385 m – Wintersport : 400/500 m ≰3 ⚡.
🅸18 Kierspe-Varmert, Woeste 2 (West : 9 km an der B 237), ✆ (02359) 29 02 15.
🛈 Verkehrsamt, Bahnhofstr. 11, ✉ 58540, ✆ (02354) 7 71 32, ordnungsamt@meinerzhagen.de, Fax (02354) 77220.
Berlin 543 – *Düsseldorf* 78 – Lüdenscheid 19 – Olpe 21 – Siegen 47.

✗ **La Provence,** Kirchstr. 11, ✉ 58540, ✆ (02354) 1 21 06, info@la-provence-meinerzhagen.de, Fax (02354) 779568, 🍴 – 🅰🅴 ⓞ 🅼🅾 🆅🅸🆂🅰
geschl. 23. Juli - 5. Aug., Montag – **Menu** à la carte 20/31.
♦ Die Gastgeberin zelebriert, wie der Name schon sagt, ihre Küche mit ihrer Leidenschaft zur Provence. So versprühen auch die Räumlichkeiten teilweise dieses südländische Flair.

MEININGEN Thüringen 418 420 O 15 – 23 400 Ew – Höhe 286 m.
🛈 Tourist-Information, Bernhardstr. 6, ✉ 98617, ✆ (03693) 4 46 50, Fax (03693) 446544.
Berlin 371 – *Erfurt* 80 – Coburg 69 – Fulda 63.

Romantik Hotel Sächsischer Hof, Georgstr. 1, ✉ 98617, ✆ (03693) 45 70, saechsischer-hof@romantikhotels.de, Fax (03693) 457401, 🍴 – 📶, ≨ Zim, TV 📞 P. – 🅰 60. 🅰🅴 ⓞ 🅼🅾 🆅🅸🆂🅰 ⚜
Posthalterei (geschl. 14. - 27. Juli) **Menu** à la carte 25,50/37 – **Post-Schenke** : Menu à la carte 14/22 – **40 Zim** ⊑ 71/93 – 95/133, 3 Suiten.
♦ Ein geschichtsträchtiges Haus : 1802 als Logierhaus erbaut, auch als Poststation der Fürsten von Thurn und Taxis genutzt, ist es heute ein elegantes, stilvolles Domizil. Ländliche Posthalterei mit Gewölbedecke. Blanke Tische in der rustikalen Post-Schenke.

Schloß Landsberg, Landsberger Str. 150 (Nord-West : 3 km), ✉ 98617, ✆ (03693) 4 40 90, castle-landsberg@t-online.de, Fax (03693) 440944, ≤, 🍴 – 📶 TV 📞 P. – 🅰 20. 🅰🅴 ⓞ 🅼🅾 🆅🅸🆂🅰
Menu à la carte 24/32,50 – **20 Zim** ⊑ 70/105 – 90/115, 7 Suiten.
♦ Ein Schloß im gotischen Stil a. d. J. 1840. In den Zimmern mit antikem Mobiliar - teilweise auch Himmelbetten - ist die feudale Vergangenheit allgegenwärtig. Stilvolles Restaurant im historischen Rittersaal.

MEININGEN

Ernestiner Hof garni, Ernestinerstr. 9, ⊠ 98617, ℰ (03693) 47 80 53
Fax (03693) 478055 – 🛗 ⚡ 📺 AE ⓪ ⓜ VISA JCB
16 Zim ⊇ 58/64 – 84/94.
 • Rosafarbene Zuckerbäcker-Villa in barocker Architektur im Schatten der Bäume eine idyllischen Gärtchens. Individuelle Zimmer mit ansprechenden Marmorbädern.

Im Kaiserpark, Günther-Raphael-Str. 9, ⊠ 98617, ℰ (03693) 81 57 00, hotel-im
kaiserpark@t-online.de, Fax (03693) 815740 – 🛗 ⚡ 📺 ⇔ 🅿 – 🔺 65. ⓜ VISA
⚡ Rest
Menu (geschl. Sonntag) à la carte 10/20 – **37 Zim** ⊇ 42/50 – 70/75.
 • Integriert in ein 1993 erbautes Wohn- und Geschäftshaus, verfügt das persönlich geführte Etagenhotel über einheitlich neuzeitlich eingerichtete Zimmer. Marmortische und ein Schachbrett-Boden tragen zum modernen, leicht eleganten Ambiente des Restaurants bei.

Schlundhaus (mit Gästehaus), Schlundgasse 4, ⊠ 98617, ℰ (03693) 81 38 38
Fax (03693) 813839, 🍽 – 🛗 📺 📞 ⇔ – 🔺 80. AE ⓪ ⓜ VISA
Menu à la carte 14/21 – **20 Zim** ⊇ 55/70 – 75/85.
 • Hinter der alten Natursteinfassade mit prächtigem Holzerker bieten wohnlich einge richtete und hübsch dekorierte Zimmer Gewähr für einen erholsamen Aufenthalt. Histo rische Gaststube mit geschnitzter Holzbar und blanken Tischen.

Die im Michelin-Führer
verwendeten Zeichen und Symbole haben-
*dünn oder **fett** gedruckt, **rot** oder schwarz -*
jeweils eine andere Bedeutung.
Lesen Sie daher die Erklärungen aufmerksam durch.

MEISDORF Sachsen-Anhalt **418** K 17 – 1 200 Ew – Höhe 150 m.
 📍 Schloß Meisdorf, Petersberger Trift 33, ℰ (034743) 9 84 50.
 🅱 Fremdenverkehrsverein, Hauptstr. 31, ⊠ 06463, ℰ (034743) 82 00.
Berlin 213 – Magdeburg 62 – Quedlinburg 19.

Parkhotel Schloß Meisdorf ⚘ (mit Gästehäusern), Allee 5, ⊠ 06463, ℰ (034743)
9 80, info@parkhotel-schloss-meisdorf.de, Fax (034743) 98222, 🍽, ⚡, 🞇, 🞂, ⚡ –
⚡ Zim, 📺 🅿 – 🔺 80. AE ⓪ ⓜ VISA
Menu à la carte 19/27 – **Château Neuf** (geschl. Montag - Dienstag) (Mittwoch - Freitag nur Abendessen) **Menu** à la carte 31/37 – **72 Zim** ⊇ 59/99 – 99/139.
 • Schön gelegen in einem Park mit Wiese und Terrasse, vereinen sich im Schloß und in den Gästehäusern heute Historie und Tradition mit zeitgemäßem Komfort im gediegenen Stil. Im Château Neuf : gepflegte Räumlichkeiten und klassischer Einrichtungsstil.

MEISSEN Sachsen **418** M 24 – 30 000 Ew – Höhe 110 m.
Sehenswert : Staatliche Porzellanmanufaktur★ AZ – Albrechtsburg★ AX – Dom★ (Grabplatten★ in der Fürstenkapelle, Laienaltar★, Stifterfiguren★★) AX.
 🅱 Tourist-Information, Markt 3, ⊠ 01662, ℰ (03521) 4 19 40, Fax (03521) 419419.
Berlin 194 ① – Dresden 23 ② – Chemnitz 61 ④ – Leipzig 85 ⑤.

Stadtpläne siehe nächste Seiten

Mercure Grand Hotel 🅼, Hafenstr. 27, ⊠ 01662, ℰ (03521) 7 22 50, h1699@
accor-hotels.com, Fax (03521) 722904, 🍽, Massage, ⚡, 🞇 – 🛗, ⚡ Zim, 📺 ⇔ 🅿
– 🔺 60. AE ⓪ ⓜ VISA JCB   BX a
Menu à la carte 23/36 – ⊇ 13 – **97 Zim** 94 – 104, 5 Suiten.
 • Schon durch die herrliche Lage an der Elbe gehört diese Türmchen-Villa zu einer der bevorzugten Logis-Adressen der Stadt. Das elegante Interieur trägt seinen Teil dazu bei. Rustikal-elegantes Restaurant mit schöner Aussichtsterrasse.

Goldener Löwe, Heinrichplatz 6, ⊠ 01662, ℰ (03521) 4 11 10, goldener-loewe@
meissen-hotels.com, Fax (03521) 4111444, 🍽 – 🛗, ⚡ Zim, 📺 📞 – 🔺 30. AE ⓜ
VISA (ab Frühjahr 2003 wieder geöffnet)   ABY t
Menu à la carte 15/29 – **36 Zim** ⊇ 60/80 – 100/150.
 • Im Herzen der Altstadt wurde dieses ehemals einfache Haus aus seinem Dornröschen-schlaf geweckt : Zusammenpassendes Interieur strahlt heute Eleganz und Stil aus. Restaurant mit schönem englischem Kamin, ansprechenden Wandmalereien und Kronleuchtern.

960

MEISSEN

- **Burgkeller**, Domplatz 11, ✉ 01662, ☎ (03521) 4 14 00, *burgkeller@meissen-hotel.com*, Fax (03521) 41404, ≼ Meissen, 🍴, Biergarten – 📶 TV ❦ 🅿 – 🛋 60. AE ⓞ ⓜⓞ 𝗩𝗜𝗦𝗔
AX u
Menu *(geschl. 7. - 20. Jan.)* à la carte 14,50/30 – **10 Zim** ⊆ 60/95 – 100/150.
 ◆ Schon das Entrée dieser historischen und gastlichen Stätte betont den Komfort, den das Haus zu bieten hat - fortgesetzt in den eleganten Zimmern, die nichts vermissen lassen. Klassisches Restaurant mit schönem Blick über die Stadt und großer Terrasse.

- **Am Markt-Residenz**, An der Frauenkirche 1, ✉ 01662, ☎ (03521) 4 15 10, *residenz@meissen-hotel.com*, Fax (03521) 415151 – 📶, ❦ Zim, TV ❦. AE ⓜⓞ 𝗩𝗜𝗦𝗔
AY e
Menu à la carte 14/26 – **37 Zim** ⊆ 55/70 – 85/115.
 ◆ Die zwei Stadthäuser sind Teil der historischen Altstadt. Die Residenz bietet den neuzeitlicheren Rahmen, das Stammhaus überzeugt ebenfalls mit gut eingerichteten Zimmern. In der Residenz ein zeitgemäßes Café, im Hotel am Markt das leicht rustikale Restaurant.

- **Andree** M, Ferdinandstr. 2, ✉ 01662, ☎ (03521) 75 50, *info@hotel-andree.de*, Fax (03521) 755130, 🍴 – 📶, ❦ Zim, TV ❦ & 🅿 – 🛋 30. AE ⓞ ⓜⓞ 𝗩𝗜𝗦𝗔
CX m
Menu *(geschl. Sonntag) (nur Abendessen)* à la carte 13,50/36 – **86 Zim** ⊆ 58/88 – 76/112.
 ◆ Dieses verkehrsgünstig und trotzdem ruhig in einem Gewerbegebiet gelegene Hotel sehen Reisende als eine bequeme und gut geführte Übernachtungsadresse. Schlicht gestaltetes Restaurant mit Buffet.

- **Goldgrund** (mit Tagungshaus Waldschlösschen), Goldgrund 14, ✉ 01662, ☎ (03521) 4 79 30, *hotelgoldgrund.meissen@t-online.de*, Fax (03521) 479344, 🍴 – ❦ Zim, 🅿 – 🛋 70. AE ⓞ ⓜⓞ 𝗩𝗜𝗦𝗔
AZ d
Waldschlösschen : **Menu** à la carte 12/18,50 – **22 Zim** ⊆ 45/50 – 55/85.
 ◆ Ein steiler Fußweg führt die Gäste zu ihrem etwas hinter Bäumen versteckten Domizil. Dort warten zeitlose, mit Kirschbaummöbeln eingerichtete Zimmer auf die Gäste. Ungefähr 300 m entfernt liegt das schlicht-rustikale Restaurant in einem Waldstück.

- **Ross**, Grossenhainer Str. 9, ✉ 01662, ☎ (03521) 75 10, *minotel.ross@s-direktnet.de*, Fax (03521) 751999, 🍴, 🈳 – 📶, ❦ Zim, TV ❦ ⇐ 🅿 – 🛋 40. AE ⓞ ⓜⓞ 𝗩𝗜𝗦𝗔 JCB. ❦ Rest
BY b
Menu à la carte 17/22 – **40 Zim** ⊆ 60/80 – 80/120.
 ◆ Anno 1898 noch Ausspanne mit Hufschmiede für Handelskaufleute : Heute finden Sie hinter den historischen Mauern gegenüber dem Bahnhof moderne, gepflegte Zimmer. Grüne Wolkengardinen und Grünpflanzen sorgen im Restaurant für eine freundliche Atmosphäre.

- **Romantik Restaurant Vincenz Richter**, An der Frauenkirche 12, ✉ 01662, ☎ (03521) 45 32 85, *restaurant@vincenz-richter.de*, Fax (03521) 453763, 🍴, (Weinstube in einem historischen Gebäude a.d.J. 1523) – ❦. AE ⓞ ⓜⓞ 𝗩𝗜𝗦𝗔
AY f
geschl. 4. - 22. Jan., Sonntagabend - Montag – **Menu** *(Tischbestellung ratsam)* à la carte 20/29.
 ◆ Der Reiz des Tuchmacherzunfthauses von 1523 überträgt sich unmittelbar. Zahlreiche historische Gerätschaften und Bilder schmücken die urige Gaststube. Mit Innenhofterrasse.

In Weinböhla *Nord-Ost : 11 km über Niederauer Straße* CX :

- **Elbland Hotel** M, Dresdner Str. 93, ✉ 01689, ☎ (035243) 4 00, *elblandhotel@t-online.de*, Fax (035243) 40400, 🍴, 𝐈₆, 🈳 – 📶, ❦ Zim, TV ❦ & 🅿 – 🛋 60. AE ⓞ ⓜⓞ 𝗩𝗜𝗦𝗔
Menu à la carte 18/27 – **76 Zim** ⊆ 60 – 90.
 ◆ Modernes Hotel an der Sächsischen Weinstraße, guter Ausgangspunkt für Ausflüge. Sie übernachten in gut ausgestatteten und geschickt geschnittenen Zimmern. Restaurant im Stil eines französischen Bistros.

- **Waldhotel** ⊛, Forststr. 66, ✉ 01689, ☎ (035243) 4 10, *waldhotel-weinboehla@t-online.de*, Fax (035243) 41418, 🍴, 🈳, 🐎, ❦(Halle) – 📶, ❦ Zim, TV ❦ 🅿 – 🛋 120. AE ⓞ ⓜⓞ 𝗩𝗜𝗦𝗔
Menu à la carte 17/37 – **114 Zim** ⊆ 75/99 – 115/130.
 ◆ Schon der Name deutet darauf hin : In ruhiger Lage, umgeben von Wiesen und Bäumen liegt dieses neugebaute Hotel. In den modernen Zimmern läßt es sich bestens entspannen. Neuzeitlich gestaltetes Restaurant.

- **Laubenhöhe**, Köhlerstr. 77, ✉ 01689, ☎ (035243) 3 61 83, *restaurant@laubenhoehe.de*, Fax (035243) 36151, ≼, 🍴 – ❦
geschl. Montag – **Menu** 16/29 à la carte 17/33.
 ◆ Die Laubenhöhe hat dank der Besitzerfamilie Krause ihren rustikalen Charakter bewahrt. Genießen Sie in dieser ansprechenden Umgebung Gutes aus Küche und Keller.

LEIPZIG
OSCHATZ

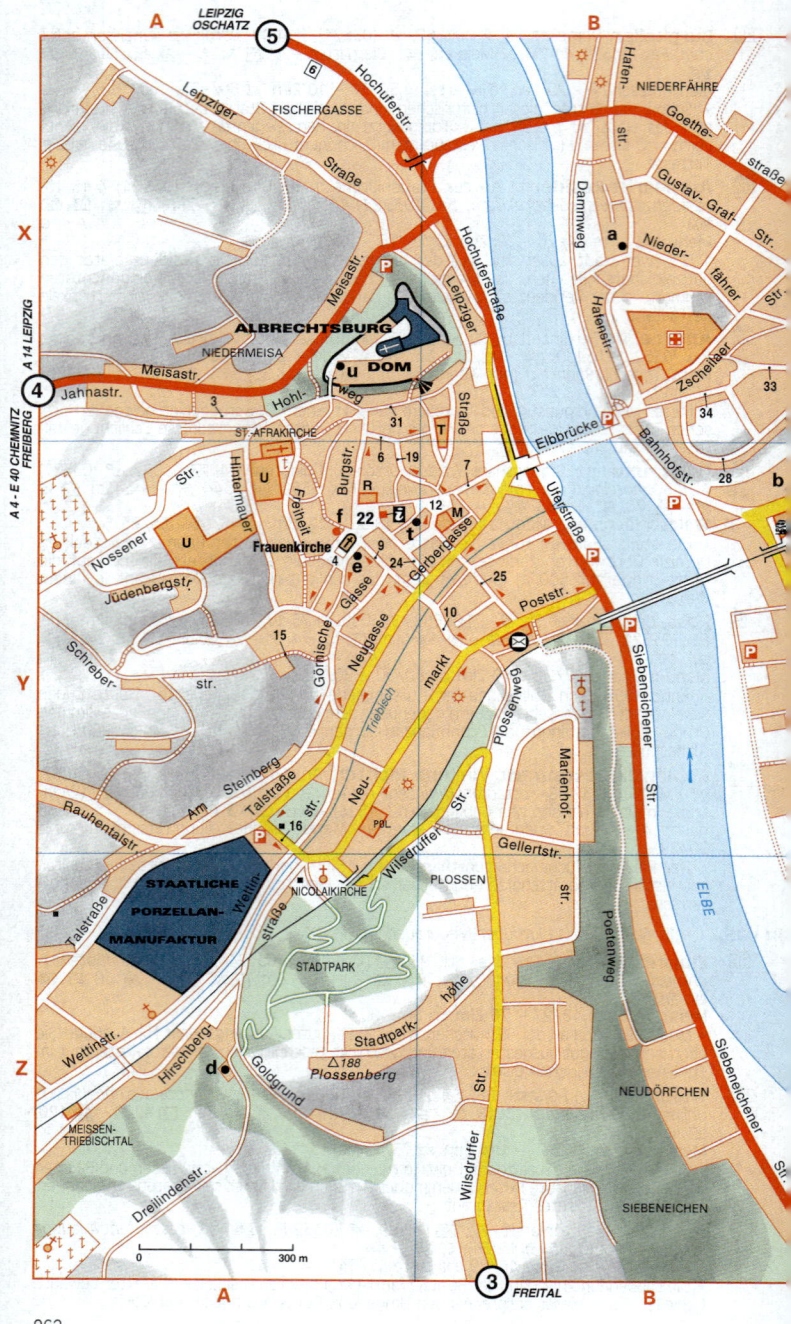

NIEDERFÄHRE

Hochuferstr.
Leipziger Straße
FISCHERGASSE
Hafenstr.
Goethestraße
Gustav-Graf-Str.
Dammweg
Niederfähre
Hafenstr.
Meisastr.
ALBRECHTSBURG
NIEDERMEISA
Leipziger Straße
Hochuferstraße
DOM
Zscheilaer Bahnhofstr.
A 14 LEIPZIG
A 4 · E 40 CHEMNITZ FREIBERG
Jahnastr.
Meisastr.
Hohlweg
ST-AFRAKIRCHE
Elbbrücke
Uferstraße
Hintermauer
Burgstr.
Nossener Str.
Freiheit
Frauenkirche
Gerbergasse
Jüdenbergstr.
Görlitsche Gasse
Neugasse
Poststr.
Schreberstr.
Triebisch
markt
Plossenweg
Siebeneichener Str.
ELBE
Am Steinberg
Talstraße
Neustr.
Wilsdruffer Str.
Marienhof str.
Gellertstr.
Rauhentalstr.
STAATLICHE PORZELLAN-MANUFAKTUR
Wettinstraße
NICOLAIKIRCHE
PLOSSEN
Poetenweg
Talstraße
STADTPARK
Wettinstr.
Hirschberg
Goldgrund
Stadtpark-höhe
△188 Plossenberg
NEUDÖRFCHEN
MEISSEN-TRIEBISCHTAL
Dreilindenstr.
Wilsdruffer Str.
Siebeneichener Str.
SIEBENEICHEN

0 300 m

FREITAL

962

MEISSEN

Street	Grid	No.
Am Lommatzscher Tor	AX	3
Am Steinberg	AY	
An der Frauenkirche	AY	4
Baderberg	AXY	6
Bahnhofstraße	BY	
Bergstraße	CZ	
Brauhausstraße	CY	
Burgstraße	AY	
Dammweg	BX	
Dreilindenstr.	AZ	
Dresdener Str.	CYZ	
Elbbrücke	BXY	
Elbstraße	BY	7
Fabrikstraße	CX	
Fleischergasse	AY	9
Freiheit	AY	
Gabelstraße	CZ	
Gartenstraße	CX	
Gellertstraße	BY	
Gerbergasse	BY	
Görnische Gasse	AY	
Goethestraße	BX	
Goldgrund	AZ	
Großenhainer Str.	CXY	
Gustav-Graf-Str.	BX	
Hafenstraße	BCX	
Hahnemannspl.	BY	10
Heinrich-Freitäger-Straße	CX	
Heinrichsplatz	BY	12
Herbert-Böhme-Str.	CY	13
Hintermauer	AY	
Hirschbergstraße	AZ	
Hochuferstraße	ABX	
Hohlweg	AX	
Jahnastraße	AX	
Joachimstal	CX	
Jüdenbergstr.	AY	
Justusstufen	AY	15
Karlberg	CYZ	
Kerstingstraße	AY	16
Kirchgasse	CY	18
Kurt-Hein-Straße	CY	
Leipziger Straße	ABX	
Loosestraße	CY	
Lorenzgasse	AY	19
Lutherplatz	CY	21
Marienhofstraße	BY	
Markt	AY	22
Marktgasse	ABY	24
Martinstraße	BY	25
Meisastraße	AX	
Melzerstraße	CX	
Moritzburger Platz	CY	27
Neugasse	AY	
Neumarkt	AY	
Niederauer Straße	CX	
Niederfährer Str.	BCZ	
Niederspaarer Str.	CZ	
Nossener Str.	AY	
Plossenweg	BY	
Poetenweg	BZ	
Poststraße	BY	28
Ratsweinberg	CY	
Robert-Koch-Platz	CY	30
Rosa-Luxemburg-Str.	CX	
Rote Gasse	CZ	
Schloßberg	AX	31
Schreberstraße	AY	
Siebeneichener Str.	BYZ	
Stadtparkhöhe	ABZ	
Talstraße	AYZ	
Teichstraße	CZ	
Uferstraße	BY	
Vorbrücker Straße	BCX	33
Weinberggasse	BX	34
Werdermannstr.	CX	
Wettinstraße	AYZ	
Wildsdruffer Str.	BYZ	
Zaschendorfer Str.	CY	
Zscheilaer Str.	BCX	

963

MELDORF Schleswig-Holstein 415 D 11 – 7 600 Ew – Höhe 6 m.
  🛈 Tourist- und Service-Center, Nordermarkt 10, ✉ 25704, ℘ (04832) 9 78 00, meldorn tourismus@t-online.de, Fax (04832) 978020.
  Berlin 385 – Kiel 93 – Cuxhaven 108 – Flensburg 94 – Hamburg 95 – Neumünster 72.

  🏨 **Zur Linde** (mit Gästehaus), Südermarkt 1, ✉ 25704, ℘ (04832) 9 59 50, linde meldorf@t-online.de, Fax (04832) 43 12, 🍽 – 📺 – 🅿 100. 🆎 ⓞ ⓜⓔ 🆅🅸🆂🅰
  Menu à la carte 21/37 – **17 Zim** ⚯ 50/55 – 72/80.
  ◆ Die Vorzüge des kleinen Hotels mit der gepflegten Fassade liegen in der zentralen Lage direkt am Meldorfer Dom, einfachen, aber gepflegten Zimmern und der familiären Führung. Ländliche Gaststube und gediegenes Restaurant.

MELLE Niedersachsen 417 J 9 – 48 000 Ew – Höhe 80 m – Kurort (Solbad).
  🛈 Tourist-Information, Rathaus, Markt 22, ✉ 49324, ℘ (05422) 96 53 12, Fax (05422) 965320.
  Berlin 399 – Hannover 115 – Bielefeld 39 – Münster (Westfalen) 80 – Osnabrück 26.

  🏨🏨 **Melle** M, Wellingholzhausener Str. 7 (an der BAB-Ausfahrt Melle-West), ✉ 49324, ℘ (05422) 9 62 40, info@hotel-melle.de, Fax (05422) 9624444, 🍽, 🛋 – 🛗, 🚻 Zim, 📺 ✆ 🛋 🅿 – 🅿 240. 🆎 ⓞ ⓜⓔ 🆅🅸🆂🅰
  Menu à la carte 20/28 – **118 Zim** ⚯ 70/75 – 80/85.
  ◆ Das im Landhausstil erbaute Hotel verbindet Behaglichkeit mit modernem Komfort. Technisch auf dem neuesten Stand und verkehrsgünstig gelegen, wird Sie das Haus überzeugen. Großzügiges Restaurant mit modernem Ambiente.

  ✕✕ **Heimathof**, Friedr.-Ludwig-Jahn-Str. 10 (im Erholungszentrum am Grönenberg), ✉ 49324, ℘ (05422) 55 61, Fax (05422) 959068, 🍽 – 🅿. ⓜⓔ
  geschl. Feb., Montag – **Menu** à la carte 20,50/33,50.
  ◆ Das in einem Museumsdorf gelegene Restaurant finden Sie in einem urigen Fachwerkhaus aus dem Jahr 1620. Im Inneren erwartet Sie eine gemütlich-rustikale Atmosphäre.

In Melle-Riemsloh Süd-Ost : 7 km :

  🏨 **Alt Riemsloh**, Alt-Riemsloh 51, ✉ 49328, ℘ (05226) 55 44, Fax (05226) 1556, 🍽, 🛋 – 📺 ✆ 🛋 🅿 – 🅿 50. ⓜⓔ 🛇
  Menu (geschl. Freitag - Samstag) (nur Abendessen) à la carte 16,50/27 – **11 Zim** ⚯ 37 – 62.
  ◆ Schlichte, einheitlich eingerichtete Zimmer finden Gäste vor, wenn sie in diesem Gasthof Station machen. Er ist einfach zu finden, da er mitten im Dorf steht.

In Melle - Westerhausen Nord-West : 6 km :

  🏨 **Gasthaus Hubertus** M, Westerhausener Str. 50, ✉ 49324, ℘ (05422) 9 82 90, gast haus-hubertus@t-online.de, Fax (05422) 982929 – 🚻 Zim, 📺 ✆ 🛋 🅿 – 🅿 100. ⓜⓔ 🆅🅸🆂🅰
  Menu (geschl. Juli - Aug. 2 Wochen, Mittwoch, Samstagmittag) à la carte 18,50/27,50 – **27 Zim** ⚯ 38/48 – 68/76.
  ◆ Ein neuer Klinkeranbau ergänzt das ursprüngliche, ländliche Gasthaus - hier finden Sie moderne Zimmer mit gutem Platzangebot und neuzeitlicher Technik. Eine schlichte Aufmachung in ländlichem Stil kennzeichnet die Räume des Restaurants.

MELLINGHAUSEN Niedersachsen siehe Sulingen.

MELLRICHSTADT Bayern 418 420 O 14 – 6 800 Ew – Höhe 270 m.
  🛈 Stadt- und Touristinformation, Marktplatz 2, ✉ 97638, ℘ (09776) 92 41, Fax (09776) 7342.
  Berlin 392 – München 359 – Fulda 57 – Bamberg 89 – Würzburg 91.

  🏨🏨 **Sturm** (mit Gästehäuser), Ignaz-Reder-Str. 3, ✉ 97638, ℘ (09776) 8 18 00, info@ho tel-sturm.com, Fax (09776) 818040, 🍽, 🛋, 🍺 – 🛗, 🚻 Zim, 📺 ✆ 🛋 🅿 – 🅿 30. 🆎 ⓜⓔ 🆅🅸🆂🅰. 🛇 Rest
  geschl. 3. - 12. Jan. – **Menu** (geschl. Sonntag) à la carte 16,50/36 – **48 Zim** ⚯ 51/66 – 62/86.
  ◆ Hübsche, wohnliche Räume, die man im Landhausstil eingerichtet hat, erwarten Sie in diesem am Stadtrand gelegenen Hotel, wenn Sie nach den renovierten Zimmern fragen. Modern-rustikales Restaurant mit großen Panoramafenstern.

In Oberstreu-Mittelstreu Süd-West : 4 km :

  🏨 **Gästehaus Storath** garni, Hauptstr. 18 (B 19), ✉ 97640, ℘ (09773) 50 17, Fax (09773) 890199 – 📺 🅿. 🆎 ⓜⓔ 🆅🅸🆂🅰
  13 Zim ⚯ 33 – 47.
  ◆ Mit zeitgemäßen, rustikal angehauchten Zimmern heißt die Wirtsfamilie Sie willkommen. Morgens wird ein appetitliches Buffet mit Wurst aus der eigenen Metzgerei gerichtet.

MELSUNGEN — Hessen 417 418 M 12 – 15 000 Ew – Höhe 182 m – Luftkurort.

Sehenswert : Rathaus★ – Fachwerkhäuser★.

🛈 Tourist-Info, Kasseler Str. 44, ✉ 34212, ✆ (05661) 92 11 00, tourist-info@melsungen.de, Fax (05661) 921112.
Berlin 407 – Wiesbaden 198 – *Kassel* 30 – Bad Hersfeld 45.

Sonnenhof garni, Franz-Gleim-Str. 11, ✉ 34212, ✆ (05661) 73 89 99, sonnenhof-meg@t-online.de, Fax (05661) 738998 – 📶, 🛌 Zim, 📺 📞 🅿 – 🛎 60. 💳 VISA
geschl. 22. Dez. - 6. Jan. – **24 Zim** ⊇ 58/83 – 83/98.
◆ Einst war die ehemalige Villa Wohnsitz des Bürgermeisters, doch seit 1963 fungiert sie als gastlicher Ort. Behagliche Zimmer sorgen dafür, daß man sich hier wohl fühlen kann.

Comfort Hotel M garni, Am Bürstöß 2a (an der B 253), ✉ 34212, ✆ (05661) 73 91 00, comfortmelsungen@yahoo.de, Fax (05661) 739299 – 🛌 📺 📞 🅿 – 🛎 40. 🆎 ⓘ 💳 VISA
99 Zim ⊇ 66 – 76.
◆ 1995 wurde das Hotel vor den Toren der historischen Altstadt errichtet. Mit moderner und praktischer Einrichtung ist das Haus eine bequeme Übernachtungsadresse.

Frank Schicker-Alte Apotheke, Brückenstr. 5, ✉ 34212, ✆ (05661) 73 81 18, info@alte-apotheke-melsungen.de, Fax (05661) 738112, 🌿 – 🎋
geschl. Sonntag - Montag – **Menu** (nur Abendessen) 35/75 und à la carte ⚲ – *das Bistro* (geschl. Sonntagabend - Montagmittag) (auch Mittagessen) **Menu** 24 und à la carte.
◆ Umgeben vom Charme einer Apothekeneinrichtung mit ihrem Sammelsurium alter Medikamentenflaschen, tischt man mit Geschick zubereitete Speisen auf. Schöne Innenhofterrasse. Im modernen Pavillon : das Bistro mit Designerinterieur in Edelstahl, Chrom und Holz.
Spez. Bretonischer Steinbutt mit Kartoffel-Thymianfondue. Praline vom Kalb mit süßsaurer Tomatenmarmelade und Zucchini-Lasagne. Ricotta-Soufflé mit Himbeer-Pinienkernsalat und Chili-Vanilleeis.

MEMMELSDORF — Bayern 420 Q 16 – 8 000 Ew – Höhe 285 m.
Berlin 398 – München 240 – *Coburg* 47 – Bamberg 7.

Brauerei-Gasthof Drei Kronen (mit Gästehaus), Hauptstr. 19, ✉ 96117, ✆ (0951) 94 43 30, dreikronen@t-online.de, Fax (0951) 9443366, 🌿 – 🛌 Zim, 📺 📞 🅿 – 🛎 30.
🆎 💳 VISA JCB
Menu (geschl. Sonntagabend - Montagmittag) à la carte 15/26 – **27 Zim** ⊇ 45/65 – 65/95.
◆ Mitten im Dorf erwartet dieser gestandene Gasthof seine Gäste. Mit Liebe zum Detail und Sinn für Farben und Möbel hat die Wirtsfamilie eine gemütliche Herberge geschaffen. Hübsch dekorierte, ländliche Gaststuben.

MEMMINGEN — Bayern 419 420 W 14 – 41 000 Ew – Höhe 595 m.

Sehenswert : Pfarrkirche St. Martin (Chorgestühl★) Y.

🏌 18 Gut Westerhart (Süd-West : 3 km über Bodenseestr.), ✆ (08331) 7 10 16.
🛈 Stadtinformation, Marktplatz 3, ✉ 87700, ✆ (08331) 85 01 72, info@memmingen.de, Fax (08331) 850178.
Berlin 661 ⑤ – München 114 ② – *Kempten (Allgäu)* 35 ③ – Augsburg 95 ② – Bregenz 74 ④ – Ulm (Donau) 55 ⑤

Stadtplan siehe nächste Seite

Falken garni, Roßmarkt 3, ✉ 87700, ✆ (08331) 9 45 10, info@hotel-falken-memmingen.com, Fax (08331) 9451500 – 📶 🛌 📺 📞 🛋 🆎 ⓘ 💳 VISA 🎋 Z v
geschl. Ende Dez. - Anfang Jan., Aug. – **39 Zim** ⊇ 65/85 – 100/110.
◆ Behagliches, rustikales Ambiente verspricht dieses gepflegte Etagenhotel am Roßmarkt. Ein Grund, weshalb viele Reisende zu immer wiederkehrenden Stammgästen wurden.

Parkhotel, Ulmer Str. 7, ✉ 87700, ✆ (08331) 93 20, parkhotel-memmingen@gmx.de, Fax (08331) 48439, Biergarten, 🌿 – 📶, 🛌 Zim, 📺 📞 – 🛎 30. 🆎 💳 VISA
JCB   Y r
Schwarzer Ochsen (geschl. Sonntagabend) **Menu** à la carte 16/28 – **89 Zim** ⊇ 71/78 – 97/107.
◆ Im Herzen der Altstadt und mit der angrenzenden Stadthalle verbunden, ist das Haus guter Ausgangspunkt für Ihre Unternehmungen. Es erwarten Sie praktisch ausgestattete Zimmer. Schwarzer Ochsen : im alpenländischen Stil.

Weisses Ross, Kalchstr. 16, ✉ 87700, ✆ (08331) 93 60, info@hotelweissesross.de, Fax (08331) 936150, 🌿 – 📶, 🛌 Zim, 📺 📞 🛋 – 🛎 40. 🆎 💳 VISA   Y e
Menu à la carte 17/37,50 – **52 Zim** ⊇ 51/66 – 80/102.
◆ Das gepflegte Gebäude in der Altstadt ist 1590 erstmals urkundlich erwähnt. Heute ist es ein zeitgemäßes Hotel. Besonders schön und sehr groß sind die neu gestalteten Zimmer. Der historische Bacchus-Keller bietet einen schönen Rahmen für Feiern.

MEMMINGEN

Am Kuhberg	**Y** 2	Hallhof	**YZ** 17	Maximilianstraße	**YZ** 30
Am Luginsland	**Y** 3	Herrenstraße	**YZ** 18	Ratzengraben	**Y** 34
An der Hohen Wacht	**Z** 5	Hirschgasse	**Z** 19	Roßmarkt	**Z** 35
An der Kaserne	**Z** 6	Kalchstraße	**Y** 20	Salzstraße	**YZ** 36
An der Mauer	**Z** 7	Königsgraben	**YZ** 21	St.-Joseph-Kirchplatz	**Z** 37
Augsburger Straße	**Y** 8	Kohlschanzstraße	**Y** 22	Schleiferplatz	**Z** 39
Baumstraße	**Z** 10	Kramerstraße	**Z** 23	Schrannenplatz	**Z** 41
Buxheimer Straße	**Y** 14	Kreuzstraße	**Z** 24	Steinbogenstraße	**Z** 43
Donaustraße	**Y** 15	Kuttelgasse	**Z** 25	Weberstraße	**Z** 49
Frauenkirchplatz	**Z** 16	Lindauer Straße	**Z** 26	Weinmarkt	**YZ** 50
		Lindentorstraße	**Z** 27	Westertorplatz	**Z** 51
		Marktplatz	**Y** 28	Zangmeisterstraße	**Y** 52
		Martin-Luther-Platz	**Y** 29	Zellerbachstraße	**Z** 53

*Die in diesem Führer angegebenen Preise folgen
der Entwicklung der allgemeinen Lebenshaltungskosten.
Lassen Sie sich bei der Zimmerreservierung den endgültigen
Preis vom Hotelier mitteilen.*

MEMMINGEN

XX Lug ins Land, Rennweg 14, ✉ 87700, ☏ (08331) 29 32, Fax (08331) 834681 – 🅿. AE ⓄⓋ
Y n
geschl. 1. - 7. Jan., über Pfingsten 1 Woche, Aug. 3 Wochen, Sonntag - Montag – **Menu** (nur Abendessen) 31/48 und à la carte.
♦ Sinn für Gastlichkeit und guten Geschmack sind die Kennzeichen dieses kleinen Restaurants mit mediterran angehauchter Einrichtung und einer offenen Küche.

XX Weinstube Weber am Bach, Untere Bachgasse 2, ✉ 87700, ☏ (08331) 24 14, breckel-mm@t-online.de, Fax (08331) 495658, 🍴 – ⓄⓋ VISA
Z c
Menu (Tischbestellung ratsam) 39 à la carte 26/44.
♦ Im Herzen der Stadt erwartet Sie diese geschichtsträchtige Stätte, die schon 1320 gastliche Einkehr war und somit als das älteste Weinhaus Memmingens gilt.

In Buxheim über Buxheimer Str. Y : 4,5 km :

🏨 **Weiherhaus** ⚜, Am Weiherhaus 13, ✉ 87740, ☏ (08331) 7 21 23, weiherhaus@t-online.de, Fax (08331) 73935, 🍴 – 📺 🅿. 🛁 30. AE ⓄⓋ VISA. ❄ Zim
Menu (geschl. 2. - 15. Jan., Montag) à la carte 14/25 – **8 Zim** ⇌ 47 – 70.
♦ Schwäbische Gastlichkeit wird in diesem Quartier groß geschrieben. Wer hier logiert, schläft in netten, mit Möbeln aus warmem Naturholz eingerichteten Zimmern. Hausgemachte Maultaschen nach altem Rezept sind der Klassiker in den gemütlichen Gaststuben.

In Hawangen über ② : 5 km, in Benningen links ab :

X **D'Rescht** (Oehler), Bahnhofstr. 63 (Richtung Stephansried), ✉ 87749, ☏ (08332) 2 69, fo_drescht@yahoo.de, Fax (08332) 5383 – 🅿.
geschl. Dienstag – **Menu** (wochentags nur Abendessen) 34/55 und à la carte ⓥ.
♦ Das rote Backsteinhaus am Ende des Ortes war einmal der Bahnhof. Moderner Purismus, wechselnde Kunstausstellungen und kreative Küche prägen heute das Ambiente des Restaurants.
Spez. Lauwarmer Gazpachosalat mit Rotbarbe und Brennessel-Ravioli. Pochiertes Rinderfilet im Zitronengrassud mit süß-saurem Gemüse. Gebackene Erdbeerravioli mit Minzeis und Krokantsabayon.

MENDEN Nordrhein-Westfalen ⁴¹⁷ L 7 – 56 900 Ew – Höhe 145 m.
Berlin 488 – Düsseldorf 77 – Arnsberg 33 – Dortmund 34 – Iserlohn 12.

🏨 **Central** garni, Unnaer Str. 33, ✉ 58706, ☏ (02373) 92 84 50, empfang@hotel-central-menden.de, Fax (02373) 5531 – 📧 📺 📞 ⇌ 🅿. AE ⓄⓋ VISA
geschl. Weihnachten - Neujahr – **16 Zim** ⇌ 52/60 – 77.
♦ Zentral in der Mitte des Ortes gelegen, ist das persönlich geführte Hotel garni ideal für den Geschäftsreisenden. Freundliche Zimmer mit hellem Eiche-Mobiliar.

MENDIG Rheinland-Pfalz ⁴¹⁷ O 5 – 8 500 Ew – Höhe 200 m.
Berlin 621 – Mainz 118 – Koblenz 33 – Bonn 58.

🏨 **Hansa**, Laacher-See-Str. 11, ✉ 56743, ☏ (02652) 9 70 80, info@mendighansahotel.de, Fax (02652) 970813, 🍴, 🛁, 🍴 – 📺 📞 🛁 ⇌ 🅿. AE ⓄⓋ VISA
geschl. 15. Dez. - 1. März – **Menu** (geschl. Donnerstag) à la carte 13/25 – **21 Zim** ⇌ 45/55 – 70/80.
♦ Alle Gästezimmer des familiär geführten Hotels sind mit soliden, dunklen Möbeln eingerichtet. Im Untergeschoß lädt eine kleine, gepflegte Sauna zum Entspannen ein. Restaurant mit Blick in den hübschen Garten.

MENGEN Baden-Württemberg ⁴¹⁹ V 12 – 9 500 Ew – Höhe 560 m.
Berlin 690 – Stuttgart 116 – Konstanz 73 – Freiburg im Breisgau 138 – Ulm (Donau) 72 – Bregenz 89.

🏨 **Zum Lamm** 🅼, Hauptstr. 131 (B 311), ✉ 88512, ☏ (07572) 7 66 10, info@gasthof-zumlamm.de, Fax (07572) 766123, 🍴 – 📧 ❄ Zim, 📺 📞 ⇌ 🅿. 🛁 15. ⓄⓋ VISA
Menu à la carte 17,50/30,50 – **10 Zim** ⇌ 46/48 – 67/82.
♦ Ende der 90er Jahre wurde der alte Gasthof abgerissen und neu aufgebaut. Und das Ergebnis kann sich sehen lassen : Tadellose Zimmer - bestückt mit hübschen Kirschbaummöbeln. Neuzeitliches Bistro-Restaurant mit Wintergarten.

🏨 **Rebstock**, Hauptstr. 93 (B 311), ✉ 88512, ☏ (07572) 7 66 80, rebmengen@t-online.de, Fax (07572) 766837, 🍴 – 📺 📞 🅿. ⓄⓋ VISA
geschl. 24. Dez. - 5. Jan., Mai 2 Wochen – **Menu** (geschl. Samstagmittag, Montag) à la carte 23/38 – **10 Zim** ⇌ 45/50 – 78.
♦ Familie Lindner hat in den letzten Jahren kräftig renoviert. Jetzt übernachten Gäste hinter der schmucken weißgrauen Barock-Fachwerkfassade in zeitgemäß gestalteten Zimmern. Restaurant in rustikaler Aufmachung mit saisonal geprägter regionaler Küche.

MENGERSKIRCHEN Hessen siehe Weilburg.

MENGKOFEN KREIS DINGOLFING Bayern 420 T 21 – 4 700 Ew – Höhe 393 m.
Berlin 556 – München 106 – Regensburg 65 – Dingolfing 10 – Passau 80.

Zur Post, Hauptstr. 20, ✉ 84152, ☎ (08733) 9 22 70, info@hotel-zur-post-mengkofen.de, Fax (08733) 9227170, 🍽, 🍴 – 🛗, ↯ Zim, 📺 ☎ 🅿 – 🛎 80. 🅰🅴 ⓜ🅾 🆅🅸🆂🅰
Menu (geschl. Montag - Dienstagmittag) à la carte 27,50/34 – **30 Zim** ⌧ 65 – 98.
• Das historische Gasthaus, einst Posthalterei, in dem schon Napoleon und Sissi einkehrten, wurde 1995 neu eröffnet. Man nächtigt in modernen Zimmern mit ansprechenden Stil Designer-Stühle, moderne Kunst und schmackhafte Gerichte erwarten Sie im Restaurant

MEPPEN Niedersachsen 415 H 5 – 35 000 Ew – Höhe 20 m.
🏌 Gut Düneburg, (Nord-West : 14 km), ☎ (05932) 7 27 40.
🛈 Tourist Information, Markt 4, ✉ 49716, ☎ (05931) 15 31 06, Fax (05931) 153330.
Berlin 504 – Hannover 240 – Nordhorn 43 – Bremen 129 – Groningen 96 – Osnabrück 85.

Poeker (mit Gästehäusern), Herzog-Arenbergstr. 15, ✉ 49716, ☎ (05931) 49 10, info@hotel-poeker.de, Fax (05931) 491100, 🍽, 🌳 – 🛗, ↯ Zim, 📺 ☎ 🅿 – 🛎 60. 🅰🅴 ⓞ ⓜ🅾 🆅🅸🆂🅰 🅹🅲🅱
Menu à la carte 17/28 – **58 Zim** ⌧ 45/60 – 70/100.
• Bei Ihrer Bestellung sollten Sie unbedingt darauf achten, daß man Ihnen eines der neueren Zimmer reserviert. Die sind wohnlich mit Kirsch- oder Naturholzmöbeln eingerichtet.

Altstadt Hotel garni, Nicolaus-Augustin-Str. 3, ✉ 49716, ☎ (05931) 9 32 00, info@altstadt-hotel-meppen.de, Fax (05931) 932041 – 🛗 📺 🅿. ⓜ🅾 🆅🅸🆂🅰
15 Zim ⌧ 43/53 – 70/75.
• Am Rande der Altstadt steht das 1993 erbaute Hotel mit moderner Klinkerfassade. Es wird von der Inhaberin charmant geführt und verfügt über ansprechende Zimmer.

Parkhotel 🌳, Lilienstr. 21 (nahe der Freilichtbühne), ✉ 49716, ☎ (05931) 9 79 00, info@parkhotel-meppen.de, Fax (05931) 979050, 🍽 – 🛗 📺 🅿 – 🛎 90. 🅰🅴 ⓞ ⓜ🅾 🆅🅸🆂🅰 🅹🅲🅱
Menu (geschl. 1. -12. Jan., Sonntag) (nur Abendessen) à la carte 17/35 – **25 Zim** ⌧ 53/55 – 70/85.
• Ganz in der Nähe der Freilichtbühne liegt am Wald dieses familiengeführte Hotel. Es empfiehlt sich, eines der modernisierten, individuell eingerichteten Zimmer zu reservieren. Unterteiltes, rustikales Restaurant mit kleinem Kaminzimmer.

Schmidt 🌳, Markt 17, ✉ 49716, ☎ (05931) 9 81 00, info@hotel-schmidt-meppen.de, Fax (05931) 981010, 🍽 – 🛗, ↯ Zim, 📺 🅿. 🅰🅴 ⓞ ⓜ🅾 🆅🅸🆂🅰
Menu à la carte 16,50/31,50 – **18 Zim** ⌧ 40/48 – 75/85.
• Eingegliedert in eine Häuserzeile, fügt sich das schmale Klinkerhaus gut in die Fußgängerzone ein. Im Inneren finden Sie gepflegte Zimmer - besonders hübsch : die Fürstensuite. Nettes Restaurant mit gemütlichen Nischen.

MERCHING Bayern siehe Mering.

MERGENTHEIM, BAD Baden-Württemberg 419 R 13 – 22 000 Ew – Höhe 210 m – Heilbad.
Ausflugsziel : Stuppach : Pfarrkirche (Stuppacher Madonna)★★ von Grünewald) Süd : 6 km.
🏌 Igersheim, Erlenbachtal 36, ☎ (07931) 56 11 09.
🛈 Kultur- und Verkehrsamt, Marktplatz 3, ✉ 97980, ☎ (07931) 5 71 31, tourismus@badmergentheim.de, Fax (07931) 57300.
Berlin 539 – Stuttgart 117 – Würzburg 46 – Ansbach 78 – Heilbronn 75.

Victoria, Poststr. 2, ✉ 97980, ☎ (07931) 59 30, hotel-victoria@t-online.de, Fax (07931) 593500, 🍽, Massage, 🍴 – 🛗, ↯ Zim, 📺 ☎ 🚗 🅿 – 🛎 75. 🅰🅴 ⓞ ⓜ🅾 🆅🅸🆂🅰 🅹🅲🅱 ⌘ Rest
geschl. Mitte Dez. - Mitte Jan. – **Menu** siehe Rest. **Zirbelstube** separat erwähnt ⚥ – **Vinothek** (geschl. Sonntagmittag) **Menu** à la carte 23/33 – **78 Zim** ⌧ 78/93 – 99, 3 Suiten – ½ P 24.
• Geschmackvolle Möbel, edle Stoffe und luxuriöse Marmorbäder geben den Zimmern und Suiten des komfortablen Hotels eine persönliche Note. Die Vinothek ist im Stil eines kleinen Marktplatzes gestaltet - mit offener Showküche. Nette Terrasse !

Bundschu, Cronbergstr. 15, ✉ 97980, ☎ (07931) 93 30, info@hotel-bundschu.de, Fax (07931) 933633, 🍽, 🌳 – ↯ Zim, 📺 ☎ 🅿 – 🛎 20. 🅰🅴 ⓞ ⓜ🅾 🆅🅸🆂🅰
geschl. 1. - 15. Jan. – **Menu** (geschl. Montag) à la carte 21,50/41,50 – **50 Zim** ⌧ 56/76 – 78/100 – ½ P 19.
• Das von Familie Bundschu geführte Hotel liegt ruhig inmitten eines Wohngebiets. Man bietet mit zeitgemäßem Komfort ausgestattete Zimmer, die meist hell gefliese Bäder haben. Restaurant mit mediterranem Flair und Gartenterrasse.

MERGENTHEIM, BAD

Alte Münze garni, Münzgasse 12, ✉ 97980, ✆ (07931) 56 60, *altemuenze@aol.com, Fax (07931) 566222* – 🛗 TV ♿ ⇌. AE ⓘ ◉ VISA
32 Zim ⇌ 45/76 – 76.
♦ Direkt am Deutschordensschloß befindet sich das 1993 neuerbaute Hotel. Hinter seiner rosafarbenen Fassade schlummern Sie in freundlich eingerichteten Zimmern.

XXX **Zirbelstube** - Hotel Victoria, Poststr. 2, ✉ 97980, ✆ (07931) 59 36 07, *Fax (07931) 593500* – ⇌. AE ⓘ ◉ VISA. ※
geschl. Sonn- und Feiertage – **Menu** *(nur Abendessen)* à la carte 54/62.
♦ Mit dunklem Zirbelholz raumhoch vertäfelte Wände, ein alter Kachelofen, schöne Gemälde und aufwendig eingedeckte Tische bestimmen das elegante Ambiente des Restaurants.
Spez. Hohenloher Landgockel und Gänseleber mit Löwenzahn. Lammrückenmedaillons mit Artischockenböden und Topinambur-Ragout. Ravioli von Jakobsbirnen mit Aceto Balsamico und Weinschaumeis.

X **Brauereigasthof Klotzbücher,** Boxberger Str. 6, ✉ 97980, ✆ (07931) 59 34 00, *Fax (07931) 562928*, Biergarten – P
Menu *(nur Abendessen)* à la carte 15/23.
♦ Ende der 90er Jahre wurde nach längerer Renovierung diese alte Brauereigaststätte wieder eröffnet. Den rustikalen Stil hat man beibehalten, die Brauerei stillgelegt.

In Bad Mergentheim-Edelfingen *Nord-West : 4 km über B 290 Richtung Tauberbischofsheim :*

Edelfinger Hof M, Landstr. 12 (B 290), ✉ 97980, ✆ (07931) 95 80, *mail@edelfinger-hof.de, Fax (07931) 958222*, ⇌, ⇌, 🛗 TV ✆ P – 🔒 80. ◉ VISA
Menu à la carte 16,50/30 – **48 Zim** ⇌ 51/65 – 80/95.
♦ Der kürzlich eröffnete Landgasthof liegt am Ortsrand. Im Inneren überzeugen moderne und geräumige Gästezimmer mit den Annehmlichkeiten der heutigen Zeit. Rustikales Restaurant mit großem Kachelofen.

In Bad Mergentheim-Markelsheim *Süd-Ost : 6 km über B 19 Richtung Rothenburg – Erholungsort :*

Weinstube Lochner, Hauptstr. 39, ✉ 97980, ✆ (07931) 93 90, *weinstube-lochner@t-online.de, Fax (07931) 939193*, ⇌, ⇌, 🛗, 🛗 TV ✆ P – 🔒 40. ◉ VISA
Menu *(geschl. Montag)* à la carte 15,50/32 – **55 Zim** ⇌ 44/56 – 78/95 – ½ P 15.
♦ An einem netten Dorfplatz gelegen, finden Sie in diesem gepflegten Domizil sicher einen ruhigen Schlaf. Die Zimmer sind unterschiedlich eingerichtet und sehr gepflegt. Zinnaccessoires und geschnitzte Bilder sorgen in der Gaststube für rustikale Gemütlichkeit.

Gästehaus Birgit M ⇌ garni, Scheuertorstr. 25, ✉ 97980, ✆ (07931) 9 09 00, *gaestehaus.birgit@t-online.de, Fax (07931) 909040*, ⇌, ⇌ – ⇌ TV ✆ P – 🔒 20. ◉ VISA. ※
15 Zim ⇌ 40 – 66.
♦ Umgeben von einem gepflegten Garten, strahlt das Haus etwas Privates aus. Hell, mit frischen bunten Farben versehen, eignen sich die Zimmer auch für einen längeren Aufenthalt.

Taubertal, Weikersheimer Str. 3, ✉ 97980, ✆ (07931) 9 09 40, *hoteltaubertal@gmx.de, Fax (07931) 909422*, ⇌ – TV P
Menu *(geschl. Mitte - Ende Jan., Dienstag) (wochentags nur Abendessen)* à la carte 16/25 – **9 Zim** ⇌ 36 – 69/75 – ½ P 15.
♦ Das nette kleine Landhotel bietet freundliche Zimmer mit einheitlicher, heller Einrichtung. Ein guter Standort für Ausflüge in die reizvolle Umgebung. Gepflegtes Restaurant mit schön gedeckten Tischen.

X **Schurk,** Hauptstr. 57, ✉ 97980, ✆ (07931) 21 32, *weinstubeschurk@aol.com, Fax (07931) 46600*, ⇌ – ⇌ P. ◉ VISA
geschl. Feb. 2 Wochen, Mittwoch – **Menu** *(wochentags nur Abendessen)* à la carte 15/25.
♦ Erfreuen Sie sich an der gemütlich-rustikalen Atmosphäre dieser wohligen Gaststube. Im Sommer sitzt man schön in der mit Teakholzmöbeln bestückten Weinlaube.

In Bad Mergentheim-Neunkirchen *Süd : 2 km über B 290 Richtung Crailsheim :*

Landgasthof Rummler ⇌ *(mit Gästehaus)*, Althäuser Str. 18, ✉ 97980, ✆ (07931) 48 29 10, *info@landgasthof-rummler.de, Fax (07931) 4829140*, Biergarten, ⇌ – TV ⇌ P. AE ◉ VISA. ※ Zim
geschl. 23. Dez. - 5. Jan., 25. Aug.- 6. Sept. – **Menu** *(geschl. Montag)* à la carte 16/29 – **9 Zim** ⇌ 38 – 68 – ½ P 12.
♦ Seit über 90 Jahren schätzt man die Angebote des Landgasthofs. Die Zimmer im Gästehaus sind gepflegt, mit hellen Naturholzmöbeln eingerichtet und bieten einfachen Komfort. Ländliche Gaststuben und lauschiger Biergarten.

MERING Bayern 419 420 V 16 – 9 100 Ew – Höhe 526 m.
 ⓘ *Tegernbach, Kapellenweg 1 (Ost : 7 km), ℰ (08202) 90 32 65.*
 Berlin 576 – München 53 – Augsburg 17 – Landsberg am Lech 29.

In Merching-Steinach Süd-Ost : 6 km :

 🏠 **Dominikus Hof** garni, Kapellenweg 1, ✉ 86504, ℰ (08202) 9 60 90, Fax (08202) 960940, 🚗, 🐎 – ⇔ Zim, 📺 🚗 🅿
 18 Zim ⇌ 35/50 – 53/63.
 ◆ Hier können Sie Bauernhofluft schnuppern. Denn : Neben der netten Pension bewirtschaftet die Familie auch noch einen landwirtschaftlichen Betrieb mit Pferden und Schweinen.

MERKLINGEN Baden-Württemberg 419 U 13 – 1 600 Ew – Höhe 699 m.
 Berlin 629 – Stuttgart 73 – Reutlingen 53 – Ulm (Donau) 26.

 🏠 **Ochsen,** Hauptstr. 12, ✉ 89188, ℰ (07337) 9 61 80, ochsen-merklingen@t-online.de, Fax (07337) 9618200, 🚗, 🌳 – ⇔ Zim, 📺 🚗 🅿 🆗 VISA
 geschl. Mitte - Ende Juni, Mitte - Ende Nov. – **Menu** *(geschl. Sonntag - Montagmittag)* à la carte 14/29 – **18 Zim** ⇌ 53/70 – 83/110.
 ◆ Die Wurzeln des Gasthofs und seiner Besitzerfamilie gehen bis zum Jahre 1823 zurück. Besonders schön und geschmackvoll sind die Zimmer in der zweiten Etage. Bürgerliche Gaststube mit gemütlichem Kachelofen.

In Berghülen Süd : 8 km :

 🏠 **Ochsen,** Blaubeurer Str. 14, ✉ 89180, ℰ (07344) 9 60 90, info@ochsen-berghuelen.de, Fax (07344) 960960, 😊, 🈂, 🌳 – 🛗, ⇔ Zim, 📺 🚗 🅿 – 🎪 25. ᴀᴇ 🆗 VISA. 🏃
 Menu *(geschl. 13. - 27. Aug., Montag)* à la carte 13/24 – **41 Zim** ⇌ 38/40 – 50/67.
 ◆ Unweit der A 8 ist der Gasthof für Urlauber auf dem Weg in den Süden oder auch für Geschäftsreisende eine ideale Adresse. Besonders empfehlenswert sind die Zimmer im Anbau. Rustikale Gaststuben mit freundlichem Service.

MERSEBURG Sachsen-Anhalt 418 L 19 – 40 000 Ew – Höhe 86 m.
 Sehenswert : *Dom*★★ *(Kanzel*★*, Bronzegrabplatte*★ *König Rudolfs).*
 🅱 *Tourist-Information, Burgstr. 5, ✉ 06217, ℰ (03461) 21 41 70, Fax (03461) 214177.*
 Berlin 189 – Magdeburg 104 – Leipzig 27 – Halle (Saale) 16 – Weimar 79.

 🏨 **Radisson SAS** Ⓜ, Oberaltenburg 4, ✉ 06217, ℰ (03461) 4 52 00, reservations.merseburg@radissonsas.com, Fax (03461) 452100, 🚗, 🈂 – 🛗, ⇔ Zim, 📧 📺 ℭ 🚗 🅿 – 🎪 120. ᴀᴇ ⓞ 🆗 VISA JCB. 🏃 Rest
 Menu à la carte 20/35 – ⇌ 12 – **134 Zim** 73/90, 4 Suiten.
 ◆ Das Zech'sche Palais, ein ehrwürdiges Barockgebäude, wurde in den 90er Jahren komplett renoviert, erweitert und zu einem komfortablen Hotel umgebaut. Modernes, zur Halle hin offenes Restaurant.

 🏨 **Stadt Merseburg** Ⓜ, Christianenstr. 25, ✉ 06217, ℰ (03461) 35 00, direktion@hotel-stadt-merseburg.de, Fax (03461) 350100, 🚗, 🈂, 🈂 – 🛗, ⇔ Zim, 📺 ℭ 🚗 🅿 – 🎪 50. ᴀᴇ ⓞ 🆗 VISA JCB
 Menu à la carte 18/36 – **74 Zim** ⇌ 72/85 – 82/95, 3 Suiten.
 ◆ Am Rande der Innenstadt steht dieses neuerbaute Hotel. In den komfortablen Räumen fühlen sich Geschäfts- sowie Privatreisende gleichermaßen wohl. Modernes Restaurant mit Wintergarten.

 🏠 **C'est la vie** garni, König-Heinrich-Str. 47, ✉ 06217, ℰ (03461) 20 44 20, Fax (03461) 204444 – 📺 🅿
 geschl. 23. - 31. Dez – **10 Zim** ⇌ 42/50 – 62/70.
 ◆ Gepflegt gibt sich die persönlich geführte Pension, die erst kürzlich durch einen Anbau erweitert wurde. Morgens wird ein appetitliches Frühstücksbuffet arrangiert.

 🏠 **Check-Inn,** Dorfstr. 12 (Ost : 1,5 km, nahe der B 181), ✉ 06217, ℰ (03461) 44 70, check-inn@t-online.de, Fax (03461) 447120, 🚗 – 🛗, ⇔ Zim, 📺 🚗 🅿 – 🎪 40. ᴀᴇ 🆗 VISA
 Menu à la carte 14,50/23 – **52 Zim** ⇌ 66 – 87.
 ◆ Etwas außerhalb der Stadt, in einem Wohngebiet, finden Gäste hinter der neuzeitlichen Fassade praktische Zimmer, deren Möblierung pfiffig durchdacht ist.

MERTESDORF Rheinland-Pfalz siehe Trier.

MERZENICH Nordrhein-Westfalen ⒄ N 3 – 9 400 Ew – Höhe 54 m.
Berlin 608 – Düsseldorf 69 – Aachen 37 – Düren 6 – Köln 37.

XX **Fuhs-Schöne Aussicht**, Schöne Aussicht 18 (B 264), ⊠ 52399, ℘ (02421) 7 36 35, Fax (02421) 75689, 斎 – ℙ
geschl. Juli - Aug. 3 Wochen, Dienstag – **Menu** (wochentags nur Abendessen) (Tischbestellung ratsam) à la carte 33/45.
♦ Eine hübsche Blumendeko und ein anspruchsvolles Couvert geben dem rustikalen Restaurant sein sympathisches Ambiente. Gekocht wird international mit mediterranem Akzent.

MERZIG Saarland ⒄ R 3 – 31 000 Ew – Höhe 174 m.
🛈 Fremdenverkehrsamt, Poststr. 12, ⊠ 66663, ℘ (06861) 7 21 20, tourist@merzig.de, Fax (06861) 839679.
Berlin 746 – Saarbrücken 47 – Luxembourg 56 – Saarlouis 21 – Trier 49.

🏨 **Roemer** Ⓜ, Schankstr. 2, ⊠ 66663, ℘ (06861) 9 33 90, info@roemer-merzig.de, Fax (06861) 933950, Biergarten – ⓘ, ⇔ Zim, ⓣⓥ ℙ – ⚿ 80. ⓐⓔ ⓜⓞ ⓥⓘⓢⓐ
Menu (geschl. Samstagmittag) à la carte 18,50/26,50 – **42 Zim** ⌑ 53/58 – 80/88.
♦ Hier verbinden sich Historie und Moderne auf harmonische Art und Weise. Schon 1871 als Stadthotel erbaut, 1995 modernisiert und 2000 zu einer komfortablen Herberge erweitert. Stilvolles Restaurant mit gemütlichem Ambiente.

🏨 **Merll-Rieff**, Schankstr. 27, ⊠ 66663, ℘ (06861) 93 95 20, Fax (06861) 9395226 – ⓣⓥ ℙ ⓐⓔ ⓞ ⓜⓞ ⓥⓘⓢⓐ
Menu (geschl. Sonntagabend, Mittwoch) à la carte 14/39 – **12 Zim** ⌑ 40/50 – 55/75.
♦ Reisende, die im Herzen der Stadt an der unteren Saar eine Übernachtungsmöglichkeit suchen, finden hier ein schlichtes und praktisch gestaltetes Logis. Rustikal gestaltetes Restaurant.

MESCHEDE Nordrhein-Westfalen ⒄ L 8 – 34 500 Ew – Höhe 262 m.
🛈 Touristik-Information, Franz-Stahlmecke-Platz 2, ⊠ 59872, ℘ (0291) 20 52 77, Fax (0291) 205135.
Berlin 481 – Düsseldorf 150 – Arnsberg 19 – Brilon 22 – Lippstadt 43 – Siegen 97.

🏨 **Welcome Hotel Hennesee Residenz** Ⓜ, Berghausen 14 (am Hennesee), ⊠ 58872, ℘ (0291) 2 00 00, info@hennesee-residenz.de, Fax (0291) 2000100, 斎, Biergarten, ≘s, ⛱ – ⓘ, ⇔ Zim, ⓣⓥ ℰ ♿ ℙ – ⚿ 200. ⓐⓔ ⓜⓞ ⓥⓘⓢⓐ
Menu à la carte 22/45 – **116 Zim** ⌑ 75/95 – 100/145, 3 Suiten – ½ P 18.
♦ Dem komplett renovierten, denkmalgeschützten Altbau wurde ein moderner Hotel-, Freizeit- und Tagungsbereich angegliedert - auch für Geschäftsleute eine geeignete Adresse. Restaurant im Altbau mit original Parkettboden und modernisiertem Interieur.

🏨 **Hennedamm**, Am Stadtpark 6, ⊠ 59872, ℘ (0291) 9 96 00, info@hennedamm-hotel.de, Fax (0291) 996060, 斎, ≘s, ⛱, ⛱ – ⓘ, ⇔ Zim, ⓣⓥ ℰ ℙ – ⚿ 30. ⓐⓔ ⓜⓞ ⓥⓘⓢⓐ
geschl. 20. Dez. - 6. Jan. – **Menu** à la carte 16,50/37 – **34 Zim** ⌑ 48/75 – 77/100.
♦ Schön gelegenes Haus, umgeben von Bäumen und unweit vom Ufer des Hennesees. Ende der 90er Jahre renoviert und durch einen Neubau ergänzt, bietet es ansprechenden Komfort. Rustikales Restaurant und heller Wintergarten.

XX **Von Korff** mit Zim, Le-Puy-Str. 19, ⊠ 59872, ℘ (0291) 9 91 40, info@hotelvonkorff.de, Fax (0291) 991424, 斎 – ⇔ Zim, ⓣⓥ ℰ ℙ – ⚿ 30. ⓐⓔ ⓞ ⓜⓞ ⓥⓘⓢⓐ
à la carte 16,50/35 – **6 Zim** ⌑ 55/80 – 80/110.
♦ Hans-Georg von Korff empfängt seine Gäste in seinem hell und elegant gestalteten Restaurant. Wein-Genießer können bei ihm erlesene Bordeaux-Kostbarkeiten entdecken.

In Meschede-Freienohl Nord-West : 10 km :

🏨 **Luckai**, Christine-Koch-Str. 11, ⊠ 59872, ℘ (02903) 9 75 20, info@hotel-luckai.de, Fax (02903) 975252, 斎 – ⇔ Zim, ⓣⓥ ℰ ℙ – ⚿ 40. ⓐⓔ ⓜⓞ ⓥⓘⓢⓐ. ⚒ Rest
Menu (geschl. Mittwoch) à la carte 17/34 – **13 Zim** ⌑ 43/50 – 73/78.
♦ Unweit der Autobahnausfahrt steht in einer Wohngegend diese Übernachtungsmöglichkeit. Die Zimmer sind größtenteils mit schönen Landhausmöbeln eingerichtet. Teils modern, teils rustikal eingerichtetes Restaurant mit Terrasse.

In Meschede-Grevenstein Süd-West : 13,5 km – Wintersport : 450/600 m ⚞1 :

🏨 **Gasthof Becker** ⚘, Burgstr. 9, ⊠ 59872, ℘ (02934) 9 60 10, klaus.vogtland@t-online.de, Fax (02934) 1606, 斎 – ⓣⓥ ℰ ℙ – ⚿ 20. ⓐⓔ ⓞ ⓜⓞ ⓥⓘⓢⓐ
Menu à la carte 18,50/36,50 – **8 Zim** ⌑ 51 – 77.
♦ Dieser Gasthof wirkt durch das gut erhaltene Fachwerk und die Schieferbedachung gemütlich einladend. Auch die hübsch hergerichteten Zimmer stehen dem in nichts nach. Schwere, alte Eichenbalken zieren das rustikale Restaurant.

MESCHEDE

In Meschede-Olpe West : 9 km :

Landgasthof Hütter, Freienohler Str. 31, ⊠ 59872, ℘ (02903) 96 00, hotelland gasthofhuetter@t-online.de, Fax (02903) 960111, 🐝, 🍴 – ⇔ Zim, 📺 ✆ ⇔ 🅿. 🚗 VISA
Menu (geschl. Freitag) à la carte 16,50/41 – **12 Zim** ⊇ 44 – 75.
• Seit fast 200 Jahren fröhnt die Besitzerfamilie ihrer Leidenschaft als Gastwirte. In den hübsch mit dunklen Eichenholzmöbeln ausgestatteten Zimmern träumt es sich wunderbar. Schöne Gartenterrasse mit Teichlandschaft.

MESEKENHAGEN Mecklenburg-Vorpommern siehe Greifswald.

MESPELBRUNN Bayern ❹❶❼ Q 11 – 2 400 Ew – Höhe 269 m – Erholungsort.
🛈 Fremdenverkehrsverein, Hauptstr. 164, ⊠ 63875, ℘ (06092) 3 19, info.mespelbrunn@t-online.de, Fax (06092) 5537.
Berlin 561 – München 342 – Würzburg 62 – Aschaffenburg 16.

Schloss-Hotel ⌂, Schlossallee 25, ⊠ 63875, ℘ (06092) 60 80, info@schlosshotel-mespelbrunn.de, Fax (06092) 608100, 🐝, 🍴 – 📶 📺 🅿 – 🔔 50. 🆎 🚗 VISA
Menu à la carte 14/27 – **42 Zim** ⊇ 60/65 – 85/145.
• In einer ruhigen Nebenstraße erwartet Sie das liebevoll restaurierte Fachwerkhaus aus dem Jahre 1910 mit individuell, meist rustikal eingerichteten Zimmern. Das Restaurant wurde berühmt als das "Wirtshaus im Spessart".

Zum Engel, Hauptstr. 268, ⊠ 63875, ℘ (06092) 9 73 80, hotelzumengel@aol.com, Fax (06092) 973839, 🐝, 🍴, 🍴 – 📶 📺 ✆ ⇔ 🅿 – 🔔 20. 🚗 VISA. ⇔ Zim
Menu (geschl. Nov. - April Montag) à la carte 13/30 – **23 Zim** ⊇ 48/70 – 79/97 – ½ P 11.
• Ende der 90er Jahre wurde das von einem herrlichen Garten umgebene Hotel innen wie außen aufwendig renoviert und mit komfortablen Zimmern und modernen Bädern ausgestattet. Ländliche Gaststube mit grünem Kachelofen.

MESSKIRCH Baden-Württemberg ❹❶❾ W 11 – 8 600 Ew – Höhe 605 m.
🛈 Tourist-Information, Schloßstr. 1, ⊠ 88605, ℘ (07575) 2 06 46, info@messkirch.de, Fax (07575) 4732.
Berlin 708 – Stuttgart 118 – Konstanz 55 – Freiburg im Breisgau 119 – Ulm (Donau) 91.

In Messkirch-Menningen Nord-Ost : 5 km :

Zum Adler Leitishofen, Leitishofen 35 (B 311), ⊠ 88605, ℘ (07575) 31 57, gasthof-adler-leitishofen@t-online.de, Fax (07575) 4756, 🐝, 🍴 – 📺 ⇔ 🅿. 🚗 VISA
geschl. Anfang - Mitte Jan. – **Menu** (geschl. Dienstag) à la carte 20/31 – **15 Zim** ⊇ 39/45 – 60/70.
• Verkehrsgünstig gelegen, bietet dieser Gasthof seinen Besuchern ein gepflegtes Logis. Die praktischen Zimmer wirken dank bunter Stoffaccessoires freundlich und hell. Zeitgemäße, rustikale Gaststuben.

MESSSTETTEN Baden-Württemberg ❹❶❾ V 10 – 10 500 Ew – Höhe 907 m.
Berlin 736 – Stuttgart 91 – Konstanz 88 – Albstadt 8 – Sigmaringen 35 – Villingen-Schwenningen 65.

Schwane, Hauptstr. 11, ⊠ 72469, ℘ (07431) 9 49 40, hotel.schwane@t-online.de, Fax (07431) 949494, 🐝 – 📶 📺 🅿 – 🔔 40. 🆎 ◑ 🚗 VISA
geschl. Aug. 2 Wochen – **Menu** (geschl. Freitagabend - Samstagmittag) à la carte 26/35 – **22 Zim** ⊇ 51/64 – 82.
• Besonders Geschäftsreisende schätzen diesen renovierten Gasthof, in dem man eine gelungene Symbiose aus alter Tradition und schlichter Moderne geschaffen hat. Sachlich mit hellem Holz zeitgemäß eingerichtetes Restaurant.

In Messstetten-Hartheim Süd-West : 3 km :

Lammstuben, Römerstr. 2, ⊠ 72469, ℘ (07579) 6 21, Fax (07579) 2460 – 🅿. 🚗 VISA
geschl. 19. Feb. - 5. März, 5. - 26. Juli, Dienstag - Mittwochmittag – **Menu** à la carte 20/34.
• Ein Ort voller Charme und Charakter : Die drei Gaststuben sind liebe- und stilvoll gestaltet mit Kachelofen, teils bemalten Holzdecken und aufwendig verkleideten Wänden.

METELEN Nordrhein-Westfalen **417** J 5 – 6 100 Ew – Höhe 58 m.

🛈 Touristinformation, Sendplatz 18, Rathaus, ⌧ 48629, ℰ (02556) 89 22, Fax (02556) 8944.

Berlin 497 – Düsseldorf 136 – Nordhorn 46 – Enschede 30 – Münster (Westfalen) 42 – Osnabrück 69.

XX **Pfefferkörnchen**, Viehtor 2, ⌧ 48629, ℰ (02556) 13 99, 😐 – 🅿. 🆎 ① ⓜ 𝒱𝐼𝒮𝒜 geschl. Anfang Jan. 1 Woche, Ende Aug. 2 Wochen, Dienstag – **Menu** (wochentags nur Abendessen) (Tischbestellung ratsam) à la carte 26/38.
 • Hinter der ehrwürdigen Fassade des Gasthofs bereitet der Patron seine schmackhafte Küche zu. Der Stil des Lokals kombiniert den eines englischen Pubs mit Jugendstilelementen.

METTINGEN Nordrhein-Westfalen **415** J 7 – 10 000 Ew – Höhe 90 m.

Berlin 450 – Düsseldorf 185 – Nordhorn 63 – Bielefeld 71 – Bremen 132 – Enschede 75 – Osnabrück 21.

🏨 **Romantik Hotel Telsemeyer** 🌿, Markt 6, ⌧ 49497, ℰ (05452) 91 10, telsemeyer@romantikhotels.com, Fax (05452) 911121, 😐, 🌊 – 📶, ⇉ Zim, 📺 📞 🔄 ⇒ – 🔒 80. 🆎 ① ⓜ 𝒱𝐼𝒮𝒜. ⓧ Zim
Menu à la carte 21/43 – **50 Zim** ⌧ 63/95 – 90/145.
 • Man empfängt Sie mit einem eleganten Entrée - ein Stil, der sich auch in den individuellen Zimmern fortsetzt. Auch noch einige einfachere, ältere Räume sind vorhanden. Freundliches Restaurant mit Innenhofterrasse.

METTLACH Saarland **417** R 3 – 12 500 Ew – Höhe 165 m.

Ausflugsziel : Cloef ⇐★★, West : 7 km.

🛈 Tourist Information, Freiherr-vom-Stein-Str. 64, ⌧ 66693, ℰ (06864) 83 34, tourist@mettlach.de, Fax (06864) 8329.

Berlin 754 – Saarbrücken 55 – Trier 43 – Saarlouis 29.

🏨 **Saarpark** 🅼, Bahnhofstr. 31 (B 51), ⌧ 66693, ℰ (06864) 92 00, info@hotel-saarpark.de, Fax (06864) 920299, 😐, 🎿, ⓢ – 📶, ⇉ Zim, 📺 📞 ⇒ 🅿 – 🔒 140. 🆎 ⓜ 𝒱𝐼𝒮𝒜
Menu à la carte 21,50/48 – **50 Zim** ⌧ 70/110 – 118/144, 5 Suiten.
 • Ob Tagungsgast, Durchreisender oder Urlauber - hier läßt es sich in den schön und modern eingerichteten Zimmern wunderbar entspannen und träumen. Allergikerzimmer. Pastellfarben und Rattanmöbel geben dem Restaurant einen mediterranen Touch.

🏨 **Zum Schwan** (mit Gästehaus), Freiherr-vom-Stein-Str. 34, ⌧ 66693, ℰ (06864) 9 11 60, info@zum-schwan.mettlach.de, Fax (06864) 911618, 😐 – 📶 📺 🅿. ⓜ 𝒱𝐼𝒮𝒜. ⓧ Rest
Menu à la carte 16,50/30,50 – **21 Zim** ⌧ 57 – 72/82.
 • Am Anfang der Fußgängerzone steht dieses persönlich geführte kleine Hotel. Ein gepflegtes Haus mit solide eingerichteten Zimmern, die auch über moderne Bäder verfügen. Ein Restaurant im bürgerlich-rustikalen Stil mit legerer Atmosphäre.

🏨 **Haus Schons** garni, von-Boch-Liebig-Str. 1, ⌧ 66693, ℰ (06864) 12 14, info@hotel-haus-schons.de, Fax (06864) 7557 – 📺 🅿
geschl. 1. - 5. Jan. – **9 Zim** ⌧ 40/50 – 65.
 • Direkt an der Saarbrücke gelegen. Dank der privaten und persönlichen Umgebung fühlt man sich hier fast wie zu Hause. Saubere, gepflegte Einfachheit zu fairen Preisen.

In Mettlach-Orscholz Nord-West : 6 km : – Luftkurort

🏨 **Zur Saarschleife** (mit Gästehaus), Cloefstr. 44, ⌧ 66693, ℰ (06865) 17 90, info@hotel-saarschleife.de, Fax (06865) 17930, 😐, Biergarten, ⓢ, 🌊, 🌳, ⓧ – 📶, ⇉ Zim, 📺 🔄 ⇒ 🅿 – 🔒 60. 🆎 ① ⓜ 𝒱𝐼𝒮𝒜
geschl. Feb. 3 Wochen – **Menu** (geschl. Nov. - März Montag) 26,50 à la carte 26/43 – **49 Zim** ⌧ 50/81 – 90/108.
 • In der Mitte des Dorfes an der Straße nach Nennig finden Reisende in diesem Hotel eine ansprechende Übernachtungsmöglichkeit. Besonders nett : Die Landhauszimmer im Gästehaus. Rustikales, gemütliches Ambiente im Restaurant.

METTMANN Nordrhein-Westfalen **417** M 4 – 40 000 Ew – Höhe 131 m.

🏌 Mettmann, Obschwarzbach 4 (Nord-Ost : 6 km), ℰ (02058) 9 22 40.

Berlin 540 – Düsseldorf 12 – Essen 33 – Wuppertal 16.

🏨 **Comfort Hotel** garni, Schwarzbachstr. 22, ⌧ 40822, ℰ (02104) 9 27 20, comforthotelmettmann@compuserve.com, Fax (02104) 927252 – 📶 ⇉ 📺 ⇒. 🆎 ① ⓜ 𝒱𝐼𝒮𝒜
47 Zim ⌧ 72/92 – 93/113.
 • Nur fünf Minuten Fußweg von der Altstadt entfernt, ist in einem modernen Stadthaus dieses Etagenhotel mit praktischen Zimmern untergebracht. Appetitliches Frühstücksbuffet.

METTMANN

An der B 7 West : 3 km :

Gut Höhne, Düsseldorfer Str. 253, ✉ 40822 Mettmann, ℘ (02104) 77 80, info
@guthoehne.de, Fax (02104) 778778, 余, Massage, 15, ≘s, ⌇, 🞎, ⚞, ⚒ – 📳,
⥬ Zim, 📺 📞 🅿 – 🚗 120. 🆎 ⓞ ⓶ 🅅🄸🅂🄰
Gutshofrestaurant : Menu à la carte 26/44 – **Tenne** (nur Abendessen) **Menu** à la carte
26/36 – **135 Zim** ⇌ 90/105 – 150/185, 5 Suiten.
♦ 1760 aus Feldbrandziegeln und Eichenfachwerk erbautes Gut. Mit viel Aufwand wird es
immer wieder renoviert und besticht durch üppige Dekorationen. Mit großer Badeland-
schaft. Rustikales Gutshofrestaurant mit Sitznischen. Zentrum der Tenne ist eine große
Theke.

METTNAU (Halbinsel) Baden-Württemberg siehe Radolfzell.

METZINGEN Baden-Württemberg **419** U 11 – 20 000 Ew – Höhe 350 m.
Berlin 673 – *Stuttgart* 34 – Reutlingen 8 – Ulm (Donau) 79.

Schwanen, Bei der Martinskirche 10, ✉ 72555, ℘ (07123) 94 60, info@ schwanen-
metzingen.de, Fax (07123) 946100, Biergarten – 📳, ⥬ Zim, 📺 📞 🅿 – 🚗 70. 🆎 ⓞ ⓶
🅅🄸🅂🄰
Menu à la carte 22/41 – **64 Zim** ⇌ 65/100 – 83/150.
♦ Ein gut geführtes, bodenständiges Haus in der Ortsmitte, gleich neben der Kirche. Man-
che Zimmer überraschen mit supermodernem und edlem Designer-Mobiliar. Hübsch deko-
riertes, gemütlich-rustikales Restaurant.

In Metzingen-Glems Süd : 4 km :

Stausee-Hotel, Unterer Hof 3 (am Stausee, West : 1,5 km), ✉ 72555, ℘ (07123)
9 23 60, info@stausee-hotel.de, Fax (07123) 923663, ≤ Stausee und Schwäbische Alb,
余 – 📳 📺 📞 🅿 – 🚗 40. 🆎 ⓞ ⓶ 🅅🄸🅂🄰
Menu (geschl. Sonntagabend) à la carte 22/41 – **20 Zim** ⇌ 55/70 – 90/110.
♦ Am Fuße der Schwäbischen Alb und direkt an das Ufer des Glemser Stausees gebaut,
besticht das Haus durch eine gepflegte und frisch renovierte Innenausstattung. Neu gestal-
tetes Restaurant mit schöner Sicht zum See und auf die Alb.

Waldhorn, Neuhauser Str. 32, ✉ 72555, ℘ (07123) 9 63 50, info@gasthof-
waldhorn-metzingen.de, Fax (07123) 963511 – ⚘ 🅿 ⓞ ⓶ 🅅🄸🅂🄰 ⚒ Zim
geschl. Feb. 1 Woche, Aug. 3 Wochen – **Menu** (geschl. Dienstag) à la carte 16/31 – **8 Zim**
⇌ 45 – 75.
♦ Fast alle Zimmer dieses traditionsreichen Familiengasthofs sind mit wohnlichen Möbeln
bestückt und garantieren dank der würzigen Luft der Schwäbischen Alb einen guten Schlaf.
Mit gepflegten ländlichen Wirtshausstuben.

In Grafenberg Nord-Ost : 5 km :

Gasthaus Krone, Bergstr. 48, ✉ 72661, ℘ (07123) 3 13 03, Fax (07123) 32491, 余
– 🅿
geschl. Feb. 1 Woche, Aug. 2 Wochen, Montag – **Menu** à la carte 14,50/29.
♦ Der Gasthof ist ein gestandener Familienbetrieb, in dem der Rahmen bewußt einfach
gehalten wurde. Auf der Karte findet sich Bodenständiges aus der bürgerlich-regionalen
Küche.

MEURO Brandenburg **418** L 25 – 470 Ew – Höhe 130 m.
Berlin 134 – Potsdam 143 – *Cottbus* 42 – Dresden 64 – Görlitz 113.

Landhaus Meuro, Drochower Str. 4, ✉ 01994, ℘ (035754) 74 40,
Fax (035754) 74424, 余, ⚒ – 📳, ⥬ Zim, 📺 🅿 – 🚗 30. 🆎 ⓞ ⓶ 🅅🄸🅂🄰 🄹🄲🄱 ⚒ Rest
Menu (Montag - Freitag nur Abendessen) à la carte 17/29 – **16 Zim** ⇌ 80 – 115.
♦ Ein prächtiger Herrensitz, der an die Südstaaten und an "Vom Winde verweht" erinnert.
Von den erfrischend eleganten Zimmern blickt man auf die grünen Wiesen der Umgebung.
Restaurant mit stilvollem Ambiente.

MEUSELBACH-SCHWARZMÜHLE Thüringen **418 420** O 17 – 1 800 Ew – Höhe 550 m.
Berlin 320 – *Erfurt* 57 – Coburg 55 – Suhl 61.

Im Ortsteil Schwarzmühle :

Waldfrieden, Mellenbacher Str. 2, ✉ 98746, ℘ (036705) 6 10 00, post@thueringen
hotels.de, Fax (036705) 61013, 余, ≘s, ⚒ – ⥬ Zim, 📺 🅿 – 🚗 30. 🆎 ⓶ 🅅🄸🅂🄰 🄹🄲🄱
Menu (Montag - Freitag nur Abendessen) à la carte 13/28 – **20 Zim** ⇌ 46/60 – 64/80.
♦ Etwas erhöht am Hang gelegen, steht dieses 1903 im Thüringer Landhausstil erbaute
Hotel. Bunte, florale Stoffe verleihen den solide eingerichteten Zimmern Farbe. Mehrfach
unterteilte, holzvertäfelte Gaststuben mit ansprechender Dekoration.

MEUSELWITZ Thüringen 418 M 20 – 10 500 Ew – Höhe 197 m.
Berlin 218 – Erfurt 96 – Gera 31 – Zwickau 46.

🏠 **Zur Börse**, Friedrich-Naumann-Str. 1, ✉ 04610, ℘ (03448) 80 31, Fax (03448) 8032,
🍽 – 📺 🅿 🆎 🅾 🆅🅸🆂🅰
geschl. 6. - 27. Juli – **Menu** (geschl. Sonntagabend - Montagmittag) à la carte 11/17 –
10 Zim ⇆ 36/41 – 51/62.
◆ In der Ortsmitte, gleich beim Marktplatz, finden Reisende hier eine solide und gepflegte Übernachtungsmöglichkeit. Das Haus wird von der Wirtsfamilie persönlich geführt. Ländliche Gaststuben mit preiswertem Angebot.

MICHELAU Bayern siehe Lichtenfels.

Bei verspäteter Anreise, nach 18 Uhr, ist es sicherer,
Ihre Zimmerreservierung zu bestätigen.

MICHELSTADT Hessen 417 419 Q 11 – 19 500 Ew – Höhe 208 m.
Sehenswert : *Rathaus*★.
Ausflugsziel : *Jagdschloß Eulbach : Park*★ Ost : 9 km.
🏌 Vielbrunn, Ohrnbachtalstr. 7 (Nord-Ost : 14 km), ℘ (06066) 12 45.
🛈 Tourist-Information, Marktplatz 1, ✉ 64720, ℘ (06061) 7 41 46, Fax (06061) 706147.
Berlin 592 – Wiesbaden 92 – Mannheim 66 – Aschaffenburg 51 – Darmstadt 47 – Würzburg 99.

🏨 **Drei Hasen**, Braunstr. 5, ✉ 64720, ℘ (06061) 7 10 17, dreihasen@t-online.de,
Fax (06061) 72596, Biergarten – 📺 🅿 – 🔔 20. 🆎 🅾 🆎 🆅🅸🆂🅰. ⚜ Zim
geschl. 1. - 24. Jan., 20. - 27. Juli – **Menu** (geschl. Montag) à la carte 14/29 – **21 Zim** ⇆ 49 – 82.
◆ Das gut geführte Haus liegt ganz in der Nähe des historischen Marktplatzes und blickt auf eine jahrhundertelange Tradition zurück. Wohnliche und gepflegte Zimmer. Rustikale Gaststuben mit reicher Dekoration.

🏠 **Mark Michelstadt** garni, Friedrich-Ebert-Str. 83, ✉ 64720, ℘ (06061) 7 00 40,
city.hotel.mark.michelstadt@planet-interkom.de, Fax (06061) 12269 – 📶 ⚜ 📺 🅿 🆎 🅾
🆎 🆅🅸🆂🅰
51 Zim ⇆ 55/70 – 85.
◆ Verkehrsgünstig an der Kreuzung der B45 und B47 gelegen, wartet das Haus mit praktischen Zimmern auf, die zeitgemäßem Komfort entsprechen.

In Michelstadt-Vielbrunn *Nord-Ost : 13,5 km – Luftkurort :*

🏠 **Talblick** garni, Ohrnbachtalstr. 61, ✉ 64720, ℘ (06066) 2 15, info@hotel-talblick.de,
Fax (06066) 1673, 🍽 – 📺 🅿 🆎 🆅🅸🆂🅰. ⚜
geschl. Nov. – **14 Zim** ⇆ 26/40 – 52/75.
◆ Eine bekannte Adresse am Ort, da das Haus neben einem Hotel mit gepflegten wohnlichen Zimmern auch noch ein Café mit leckeren Kuchen und Torten beherbergt.

🍴🍴 **Geiersmühle** ⚘, mit Zim, Im Ohrnbachtal (Ost : 2 km), ✉ 64720, ℘ (06066) 7 21,
geiersmuehle@t-online.de, Fax (06066) 920126, 🍽, 🛋 – 📺 🅿.
Menu (geschl. Montag - Dienstag) (Mittwoch - Freitag nur Abendessen) à la carte 28/42 – **8 Zim** ⇆ 50 – 80 – ½ P 20.
◆ In der Geiersmühle wird Gästen ein heimeliger Rahmen mit Kachelofen und Hirnholzparkett geboten. Die Wirtin leitet charmant den Service, der Hausherr waltet am Küchenherd.

In Michelstadt - Weiten-Gesäß *Nord-Ost : 6 km – Luftkurort :*

🏠 **Berghof** ⚘, Dorfstr. 106, ✉ 64720, ℘ (06061) 37 01, Fax (06061) 73508, ≼, 🍽, 🌲
– 📺 🚗 🅿 – 🔔 20. 🆎 🅾 🆎 🆅🅸🆂🅰
geschl. Mitte Feb. - Mitte März – **Menu** (geschl. Dienstag) à la carte 17/36 – **16 Zim**
⇆ 39/50 – 70 – ½ P 11.
◆ Abseits der Hauptstraße liegt ruhig das Hotel Berghof mit großzügig geschnittenen Zimmern, die alle dank der persönlichen Führung auch tadellos gepflegt sind. Ländliche Gaststuben mit Aussichtsterrasse.

MICHENDORF Brandenburg siehe Potsdam.

MIDDELHAGEN Mecklenburg-Vorpommern siehe Rügen (Insel).

MIESBACH Bayern 420 W 19 – 10 300 Ew – Höhe 686 m.
Berlin 644 – München 56 – Garmisch-Partenkirchen 77 – Salzburg 101 – Bad Tölz 23 – Rosenheim 29.

Bayerischer Hof, Oskar-von-Miller-Str. 2, ✉ 83714, ℘ (08025) 28 80, info@bayerischerhof-online.de, Fax (08025) 288288, 😊, Biergarten – 🛗, 😊 Zim, 📺 📞 🅿 – 🚗 260. 🆎 ⓘ ⓜⓢ 𝑽𝑰𝑺𝑨 JCB
Da Vinci : Menu à la carte 25/41 – **Spitzweg :** Menu à la carte 23/38 – **134 Zim** ☐ 110/130 – 130/170.
• Tagungsgäste und Urlauber fühlen sich in dem 1992 im bayerischen Landhausstil erbauten Hotel gleichermaßen wohl. Man schätzt die ansprechende Einrichtung des Hauses. Im Da Vinci empfängt Sie ein helles, mediterran gestaltetes Ambiente. Rustikal : das Spitzweg.

MIESITZ Thüringen siehe Triptis.

MILTENBERG Bayern 417 419 Q 11 – 9 800 Ew – Höhe 127 m.
Sehenswert : Marktplatz★.
🏌 Eichenbühl-Guggenberg, Ortstraße (Süd-Ost : 15 km), ℘ (09378) 7 89.
🛈 Tourist Information, Rathaus, Engelplatz 69, ✉ 63897, ℘ (09371) 40 41 19, Fax (09371) 404105.
Berlin 566 – München 347 – Würzburg 69 – Aschaffenburg 44 – Heidelberg 78 – Heilbronn 84.

Brauerei Keller, Hauptstr. 66, ✉ 63897, ℘ (09371) 50 80, brauerei-keller@t-online.de, Fax (09371) 508100 – 🛗 📺 🚗 – 🚗 60. ⓜⓢ 𝑽𝑰𝑺𝑨
Menu (geschl. Montag) à la carte 20/35 – **32 Zim** ☐ 55/58 – 86/88.
• Im Herzen der mittelalterlichen Stadt steht der gepflegte Gasthof a. d. J. 1590 mit Zimmern, die teils mit Kirsch-, teils mit Eichenholzmöbeln ansprechend eingerichtet sind. Großer gastronomischer Bereich, teils rustikal, teils bürgerlich gestaltet.

Mildenburg, Mainstr. 77, ✉ 63897, ℘ (09371) 27 33, Fax (09371) 80227, ≤, 😊 – 📺 🅎 ⓘ ⓜⓢ 𝑽𝑰𝑺𝑨
Menu (geschl. Montag) à la carte 13/29 – **13 Zim** ☐ 35/48 – 70/78.
• Nur wenige Schritte vom mittelalterlichen Stadtkern entfernt übernachten Sie in individuell eingerichteten Zimmern, die gepflegt und teilweise neu renoviert sind. Unterteiltes Restaurant mit Blick auf den Main.

Hopfengarten, Ankergasse 16, ✉ 63897, ℘ (09371) 9 73 70, info@flairhotel-hopfengarten.de, Fax (09371) 69758, 😊 – 😊 Zim, 📺. ⓜⓢ 𝑽𝑰𝑺𝑨
Menu (geschl. über Fasching 2 Wochen, Nov. 2 Wochen, Dienstag - Mittwochmittag) à la carte 19/29 – **14 Zim** ☐ 36/60 – 68/99.
• Reisende, die im Zentrum von Miltenberg eine praktische Übernachtungsadresse suchen, kommen in dem persönlich geführten Gasthof sicher auf ihre Kosten.

MINDELHEIM Bayern 419 420 V 15 – 14 100 Ew – Höhe 600 m.
🛈 Verkehrsbüro, Maximilianstr. 27, ✉ 87719, ℘ (08261) 73 73 00, verkehrsbuero@mindelheim.de, Fax (08261) 737929.
Berlin 614 – München 86 – Augsburg 69 – Kempten (Allgäu) 69 – Memmingen 28 – Ulm (Donau) 66.

Alte Post, Maximilianstr. 39, ✉ 87719, ℘ (08261) 76 07 60, info@hotel-alte-post.de, Fax (08261) 7607676, 😊, 🍴 – 🛗, 😊 Zim, 📺 🚗 🅿 – 🚗 35. 🆎 ⓜⓢ 𝑽𝑰𝑺𝑨
Menu à la carte 17/30 – **42 Zim** ☐ 44/56 – 62/82.
• Nach umfangreicher Sanierung und Renovierung wurde das Gasthaus mit seiner 380-jährigen Geschichte 1998 neu eröffnet. Es überrascht mit modernen und komfortablen Zimmern. Schönes, klassisches Restaurant mit Parkett, Biedermeiersofas und dunklen Polsterstühlen.

Stern, Frundsbergstr. 17, ✉ 87719, ℘ (08261) 50 55, Fax (08261) 1803, 😊 – 📺 🚗 🅿 – 🚗 60. ⓜⓢ 𝑽𝑰𝑺𝑨
Menu (geschl. Aug., Samstag, Sonntagabend) à la carte 14/24 – **55 Zim** ☐ 40/50 – 65/70.
• Durch Anbauten immer wieder erweiterter Gasthof. Man beherbergt seine Gäste in ländlich eingerichteten Zimmern, die mit gepflegten Bädern ausgestattet sind. Unterteilte, rustikale Gaststuben.

Weberhaus, Mühlgasse 1 (1. Etage), ✉ 87719, ℘ (08261) 36 35, weberhaus.mn@t-online.de, Fax (08261) 21534, 😊 – 🆎 ⓜⓢ 𝑽𝑰𝑺𝑨
geschl. März 1 Woche, Sept. 1 Woche, Montag - Dienstag – **Menu** à la carte 22/36 – **Weberstube** (geschl. Dienstag) **Menu** à la carte 18/31.
• Romantisch schmiegt sich das historische und mit Blumen geschmückte Gasthaus an das Ufer der Mindel. Helles Holz und nette Dekorationen im Restaurant in der ersten Etage. Die holzvertäfelte Weberstube empfängt Sie mit ländlich-rustikalem Ambiente.

MINDEN

MINDEN Nordrhein-Westfalen 417 J 10 – 89 000 Ew – Höhe 46 m.
Sehenswert : *Dom*★ *(Westwerk*★★, *Domschatzkammer*★ *mit Bronze-Kruzifix*★★*)* T – *Schachtschleuse*★★ R – *Wasserstraßenkreuz*★ R.
🛈 *Tourist-Information, Domstr. 2,* ✉ *32423,* ☎ *(0571) 8 29 06 59, Fax (0571) 8290663.*
ADAC, Königstr. 105.
Berlin 353 ② – Düsseldorf 220 ② – *Bielefeld* 54 ② – Bremen 100 ① – Hannover 72 ②
– Osnabrück 81 ③

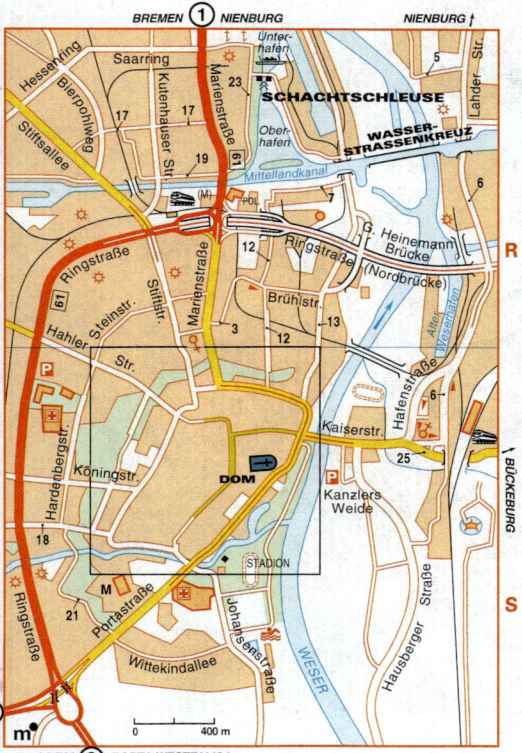

MINDEN

Straße		Nr.
Bierpohlweg	R	
Bleichstraße	R	3
Brühlstraße	R	
Flußstraße	R	5
Friedrich-Wilhelm-Straße	RS	6
Fuldastraße	R	7
Goebenstraße	R	12
Gustav-Heinemann-Brücke	R	
Hafenstraße	R	
Hardenbergstraße	S	
Hausberger Straße	S	
Hermannstraße	S	13
Johansenstraße	S	
Kaiserstraße	R	
Karolingerring	R	17
Kutenhauser Straße	R	
Marienstraße	R	
Portastraße	R	
Ringstraße	RS	
Rodenbecker Straße	S	18
Ruhrstraße	R	19
Saarring	R	
Simeonsglacis	S	21
Steinstraße	R	
Stiftsallee	R	
Stiftstraße	R	
Sympherstraße	R	23
Viktoriastraße	R	25
Wittekindallee	S	

🏨 **Holiday Inn,** Lindenstr. 52, ✉ 32423, ☎ (0571) 8 70 60, himinden@aol.com, Fax (0571) 8706160, 🌿, 🍴 – 🛗, ⤢ Zim, 🍽 Rest, 📺 📞 ♿ 🅿 – 🅰 130. AE ⓘ ⓜⓞ VISA JCB
Menu à la carte 18/31 – ⤢ 14 – **101 Zim** 103/115 – 115/130.   U e
♦ Im Herzen der Stadt lädt Sie das bekannte Kettenhotel zum Besuch ein. Besonders Geschäftsreisende bevorzugen diese komfortable und elegant angehauchte Adresse.

🏨 **Victoria** M, Markt 11, ✉ 32423, ☎ (0571) 97 31 00, info@victoriahotel-minden.de, Fax (0571) 9731090 – 🛗, ⤢ Zim, 📺 📞 ⤢ – 🅰 60. AE ⓜⓞ VISA   U v
Menu à la carte 27,50/52 – **32 Zim** ⤢ 90/145 – 115/170.
♦ Was der schöne Eingang verspricht, hält das ganze Haus : Ein moderner, kultivierter Einrichtungsstil und guter Komfort sind in diesem vollständig renovierten Hotel zu Hause. Gepflegte Tischkultur und klassische Einrichtungselemente im Restaurant.

🏨 **Bad Minden,** Portastr. 36, ✉ 32429, ☎ (0571) 9 56 33 00, hotel@badminden.de, Fax (0571) 9563369, Biergarten, Massage, 🎿, ♿, ⤢ – ⤢ Zim, 📺 📞 🅿 – 🅰 100. AE ⓘ ⓜⓞ VISA. ✳ Zim   S m
Menu (geschl. Samstagmittag) à la carte 16/41 – **30 Zim** ⤢ 59/74 – 87/98.
♦ Am Rande der Innenstadt ist dieses persönlich geführte Hotel besonders bei Tagungsgästen sehr beliebt. Man beherbergt seine Gäste in solide ausgestatteten Zimmern. Hell und freundlich - mit mediterraner Note - zeigt sich das bistroähnliche Restaurant.

MINDEN

Bäckerstraße	T
Domstraße	U 2
Fischerallee	T 4
Goebenstraße	T 12
Greisenbruchstraße	T 13
Hahler Straße	T
Hohestr.	U 14
Hufschmiede	T 15
Kaiserstraße	T 17
Kampstraße	T
Kleiner Domhof	T 18
Markt	TU
Obermarktstraße	U
Opferstraße	U 23
Papenmarkt	U 24
Poststraße	U 25
Scharn	U
Simeonstraße	U 27
Tonhallenstraße	U 28
Umradstraße	U 29
Vinckestraße	U 30

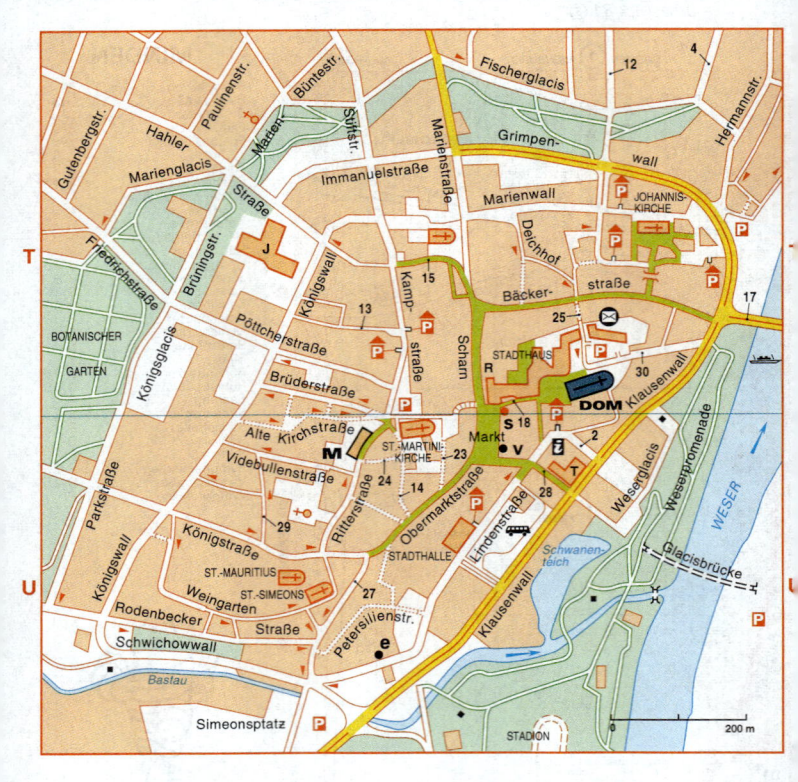

Altes Gasthaus Grotehof, Wettinerallee 14, ✉ 32429, ☎ (0571) 5 04 50, info@grotehof.de, Fax (0571) 5045150, 😊, 🛁, ≋ – 📶, ↔ Zim, 📺 📞 🅿 – 🚗 40. ᴀᴇ ⓘ
◎◎ 𝑽𝑰𝑺𝑨   über ③, Südring rechts ab
Menu *(nur Abendessen)* à la carte 20/42 – **34 Zim** ⇄ 62/86 – 86/110.
• Aus dem ehemaligen Bauernhof wurde nach umfangreichen Renovierungsarbeiten ein stilvolles, rustikal-elegantes Haus. Allerdings sollten Sie eines der neuen Zimmer reservieren ! Holzbalken und Backsteinwände geben dem Restaurant ein rustikales Gepräge.

Ristorante La Scala, Markt 6, ✉ 32423, ☎ (0571) 8 29 20 00, 😊 – **◎◎**
𝑽𝑰𝑺𝑨   TU s
geschl. Dienstag – **Menu** (italienische Küche) à la carte 21/32.
• Eine Passage führt zu diesem Restaurant, das bei Besuchern Urlaubserinnerungen wach werden läßt. Charmant serviert die Signora Spezialitäten ihrer italienischen Heimat.

MITTELBERG Österreich siehe Kleinwalsertal.

Die Erläuterungen in der Einleitung helfen Ihnen,
*Ihren **Roten Michelin-Führer** effektiver zu nutzen.*

MITTENAAR Hessen **417** N 9 – 5 000 Ew – Höhe 230 m.
Berlin 526 – Wiesbaden 126 – Siegen 41 – Gießen 47 – Limburg an der Lahn 58.

In Mittenaar-Ballersbach :

Berghof, Bergstr. 4, ⌧ 35756, ℘ (02772) 6 20 55, berghof-mittenaar@t-online.de, Fax (02772) 64186, 😊 – 🈂 – 📺 🆗 🅿️ 🅰🅴 🆗 .
Menu (geschl. Sonntag) (nur Abendessen) à la carte 16,50/30 – **15 Zim** ⇌ 38/40 – 70/80.
 • Inmitten des herrlichen Naturschutzgebietes "Hörre", umgeben von Laub- und Nadelwäldern, finden Sie in diesem persönlich geführten Haus Ruhe und Erholung. Restaurant mit Gartenterrasse.

In Mittenaar-Bicken :

Thielmann, Wiesenstr. 5, ⌧ 35756, ℘ (02772) 65 90 20, info@hotel-thielmann.de, Fax (02772) 6590244, 😊 – 🛏 Zim, 📺 🆗 🅿️ – 🅰 25. 🅰🅴 ⓞ 🆗 🆅🅸🆂🅰. 🛏 Zim
Menu (geschl. Samstagmittag, Sonntagabend) à la carte 23/32 – **18 Zim** ⇌ 40/50 – 56/87.
 • Abseits vom Verkehr, in einer landschaftlich wunderschönen Gegend liegt einladend das familiengeführte Hotel. Es besitzt wohnliche, individuell eingerichtete Zimmer. Gediegenes, in Hessen- und Walliser-Stube unterteiltes Restaurant.

MITTENWALD Bayern **419 420** X 17 – 8 100 Ew – Höhe 913 m – Luftkurort – Wintersport : 913/2 244 m ⛷1 ⛷7 ⛷.
Sehenswert : Häuser am Obermarkt mit Freskenmalerei★★.
Ausflugsziel : Karwendel, Höhe 2 244 m, 10 Min. mit ⛷, ≤ ★★.
🛈 Kurverwaltung, Dammkarstr. 3, ⌧ 82481, ℘ (08823) 3 39 81, Fax (08823) 2701.
ADAC, Am Brunnstein 2.
Berlin 698 – München 103 – Garmisch-Partenkirchen 23 – Innsbruck 37.

Post, Karwendelstr. 14, ⌧ 82481, ℘ (08823) 9 38 23 33, posthotel-mittenwald@onlinehome.de, Fax (08823) 9382999, 😊, Massage, ♨, 🈂, 🏊, 🞤 – 🛗, 🛏 Zim, 📺 🆗 🅿️ 🅰 60. 🆗 🆅🅸🆂🅰
Menu (geschl. Mitte Nov. - Mitte Dez.) à la carte 12,50/31,50 – **81 Zim** ⇌ 50/75 – 100/140, 6 Suiten – ½ P 16.
 • Sie werden dem Charme dieser früheren Posthalterei aus dem Jahre 1632 bald erliegen : Fragen Sie nach den renovierten, mit Naturholzmöbeln ansprechend eingerichteten Zimmern. Unterteilter Restaurantbereich im ländlich-rustikalen Stil.

Rieger, Dekan-Karl-Platz 28, ⌧ 82481, ℘ (08823) 9 25 00, info@hotel-rieger.de, Fax (08823) 9250250, ≤, 😊, 🈂, 🏊, 🞤 – Rest, 📺 🆗 🅿️ 🅰🅴 🆗 🆅🅸🆂🅰.
geschl. Ende Okt. - Mitte Dez. – **Menu** à la carte 18/34 – **45 Zim** ⇌ 54/57 – 100/130, 4 Suiten – ½ P 12.
 • Zentral im Ortskern gelegen : Dieses nette Hotel wurde im typischen Stil der Landschaft erbaut. Hübsche, ländlich eingerichtete Zimmer, die teils Balkone haben. Elegante Rustikalität prägt das Ambiente der beiden Restauranträume.

Alpengasthof Gröbl-Alm, Gröblalm (Nord : 2 km), ⌧ 82481, ℘ (08823) 2921, ≤ Mittenwald und Karwendel, 😊, 🈂, 🞤
🛗 📺 🅿️ 🆅🅸🆂🅰
geschl. Nov. - 20. Dez. – **Menu** (geschl. Montag) à la carte 14,50/28,50 – **31 Zim** ⇌ 52 – 62/87.
 • In schöner Hanglage oberhalb von Mittenwald steht dieser typisch bayerische Berggasthof. Dank der ruhigen Lage werden Sie in den wohnlichen Zimmern sicher gut schlafen ! Ländliche Gasträume und große Sonnenterrasse.

Alpenrose, Obermarkt 1, ⌧ 82481, ℘ (08823) 9 27 00, alpenrose.mittenwals@t-online.de, Fax (08823) 3720, 🈂 – 📺 🆗 🅿️ 🅰🅴 ⓞ 🆗 🆅🅸🆂🅰 🅹🅲🅱
Menu à la carte 14/28 – **18 Zim** ⇌ 28/50 – 83/90 – ½ P 9.
 • Die für Mittenwald typische Barockfassade mit Lüftlmalerei wirkt schon von außen sehr einladend. In manchen der gepflegten Zimmer stehen bemalte Bauernmöbel. Urig-rustikales Restaurant im Stil einer typischen bayerischen Gaststube.

Pension Hofmann garni (mit Gästehaus), Partenkirchner Str. 25, ⌧ 82481, ℘ (08823) 9 23 40, hofmann-pension@t-online.de, Fax (08823) 923440, 🞤 – 📺 🅿️ 🛏
geschl. Nov. - 20. Dez. – **12 Zim** ⇌ 39 – 77.
 • Ein ungezwungener Ferienaufenthalt in legerer Atmosphäre ist Urlaubern in dieser einfachen Pension sicher. In wenigen Minuten erreicht man von hier aus den Ortskern.

XX Arnspitze, Innsbrucker Str. 68, ⌧ 82481, ℘ (08823) 24 25, wipfelder@arnspitze-mittenwald.de, Fax (08823) 2450, 😊 – 🅿️ 🅰🅴
geschl. 24. März - 16. April, 27. Okt. - 18. Dez., Dienstag - Mittwochmittag – **Menu** 22/36 à la carte 24/36.
 • Dunkles Holzmobiliar und hübsch gedeckte Tische erwarten Sie in dem Restaurant am südlichen Ortsende. Auf der Karte findet sich ein internationales Angebot.

MITTENWALD

Am Lautersee *Süd-West über Leutascher Straße : 3 km (Zufahrt nur für Hotelgäste) :*

Lautersee, ⌧ 82481 Mittenwald, ℘ (08823) 10 17, info@hotel-lautersee.de, Fax (08823) 5246, ≤ See und Karwendel, 架, 🐾, 🐎 – ⋇ Zim, 📺 🖻
geschl. nach Ostern 3 Wochen, Anfang Nov. - 20. Dez. – **Menu** à la carte 16/32 – **9 Zim** ⌑ 44/61 – 100/108 – ½ P 18.
♦ Eine Oase der Ruhe in idyllischer Lage : Wohnliche Zimmer im Landhausstil erwarten Sie in dem Hotel direkt am See, das nur mit einer Sondergenehmigung für PKWs erreichbar ist. Solides Restaurant im ländlich-rustikalen Stil und schöne Terrasse.

MITTERTEICH *Bayern* 420 Q 20 – 7 500 Ew – Höhe 518 m.
Berlin 371 – München 238 – Weiden in der Oberpfalz 35 – Bayreuth 67 – Hof 61.

Miratel M, Gottlieb-Daimler-Str. 6 (Süd-West : 1 km, nahe der BAB-Ausfahrt Mitterteich-Süd), ⌧ 95666, ℘ (09633) 9 23 20, info@hotel-miratel.de, Fax (09633) 923111, 架 – 🏢, ⋇ Zim, 📺 Rest, 📺 ℡ 🖻 – 🔒 60. 🆎 ◉ ◍ 𝑽𝑰𝑺𝑨
Menu à la carte 13/24 – **38 Zim** ⌑ 41 – 67.
♦ Direkt an der BAB 93 an einem Autohof gelegen, garantiert das moderne Hotel den Gästen einen gepflegten Standard zu einem guten Preis-Leistungs-Verhältnis. Restaurant mit 24-Stunden-Service.

MITTWEIDA *Sachsen* 418 N 22 – 17 500 Ew – Höhe 250 m.
🛈 *Mittweida-Information, Rochlitzer Str. 3,* ⌧ *09648,* ℘ *(03727) 96 73 50, fremden verkehrsamt@mittweida.de, Fax (03727) 967185.*
Berlin 244 – Dresden 58 – Chemnitz 21 – Gera 87 – Leipzig 76.

In Mittweida-Lauenhain *Nord-West : 3 Km :*

Waldhaus Lauenhain, An der Talsperre 10 (Ost : 3 km), ⌧ 09648, ℘ (03727) 62 61 90, info@waldhaus-lauenhain.de, Fax (03727) 6261941, 架, ≋ – ⋇ Zim, 📺 – 🔒 40. ◍ 𝑽𝑰𝑺𝑨
Menu *(geschl. Nov. - April Mittwochmittag)* à la carte 12/23 – **24 Zim** ⌑ 40/50 – 55/70.
♦ Die Tradition des Hauses an der Zschopautalsperre wird von den Gästen geschätzt : Das Haus ist seit über 70 Jahren in Familienhand. Im Anbau hält man gepflegte Zimmer bereit. Rustikal gestaltetes Restaurant.

MITWITZ *Bayern* 418 420 P 17 – 3 000 Ew – Höhe 313 m.
Berlin 360 – München 285 – Coburg 23 – Bayreuth 47 – Bamberg 57 – Hof 65.

Wasserschloss, Ludwig-Freiherr-von-Württzburg-Str. 14, ⌧ 96268, ℘ (09266) 96 70, hotel-wasserschloss@t-online.de, Fax (09266) 8751, 架, ≋ – 🏢, ⋇ Zim, 📺 🖻 – 🔒 100. ◍ 𝑽𝑰𝑺𝑨
geschl. Anfang Jan. 2 Wochen – **Menu** *(geschl. Montag)* à la carte 12/25 – **40 Zim** ⌑ 37/42 – 39/65.
♦ Den Namen hat der rustikale Gasthof von dem gegenüberliegenden historischen Wasserschloß aus dem 13. Jh. Es erwarten Sie solide Zimmer und ein neuer Wellness-Bereich. Essen serviert man in verschiedenen rustikalen Gaststuben und dem Wintergarten.

In Mitwitz-Bächlein *Nord-Ost : 4 km :*

Waldhotel Bächlein, ⌧ 96268, ℘ (09266) 96 00, waldhotel-baechlein @t-online.de, Fax (09266) 96060, 架, ≋, 🔲, 🐎, 🐾 – ⋇ 📺 🖻 – 🔒 100. 🆎 ◍ 𝑽𝑰𝑺𝑨
Menu à la carte 16/30 – **68 Zim** ⌑ 48/80 – 77/102.
♦ Mitten im Dorf, einem Naturschutzgebiet gelegen, finden Gäste hier Ruhe und Erholung. Besonders zu empfehlen sind die Zimmer im kleinen Gästehaus und im Haupthaus. Regionales serviert man in der gemütlichen Gaststube.

MÖCKMÜHL *Baden-Württemberg* 417 419 S 12 – 7 000 Ew – Höhe 179 m.
Berlin 582 – Stuttgart 77 – Würzburg 85 – Heilbronn 35.

In Möckmühl-Korb *Nord-Ost : 6 km :*

Krone, Widderner Str. 2, ⌧ 74219, ℘ (06298) 9 24 90, Fax (06298) 924949, 架 – 📺 🖻. ◍ 𝑽𝑰𝑺𝑨
Menu *(geschl. Mittwoch)* à la carte 14/27 – **11 Zim** ⌑ 35 – 50.
♦ Mit seiner auffallenden Ochsenblut-Fassade fällt der schmucke Gasthof sofort ins Auge. Dahinter beherbergt man seine Gäste in hübschen, teils mit Fachwerk versehenen Zimmern. Einfach und rustikal ist die Einrichtung in den zwei behaglichen Gaststuben.

MÖCKMÜHL

In Roigheim Nord : 6 km :

Hägele, Gartenstr. 6, ✉ 74255, ☎ (06298) 52 05, *restaurant-haegele@t-online.de*, Fax (06298) 5535, 🌺 – **P**. ◉ VISA. ※
geschl. über Fasching, Montag, Samstagmittag – **Menu** à la carte 15/32.
♦ Seit nun schon fast 20 Jahren empfängt Hausherr Edgar Hägele Gäste in seinem Lokal gleich hinter dem Bahnhof – der Service liegt in den bewährten Händen seiner Frau.

MÖGLINGEN Baden-Württemberg 419 T 11 – 10 500 Ew – Höhe 270 m.

Berlin 618 – Stuttgart 19 – Heilbronn 38 – Karlsruhe 70 – Pforzheim 38.

Zur Traube, Rathausplatz 5, ✉ 71696, ☎ (07141) 2 44 70, Fax (07141) 244740, 🌺 – 📞 📺 ☎ ⟲. ÆE ◉ VISA
Menu (geschl. Samstagmittag, Sonntagmittag) à la carte 14/24 – **18 Zim** ⇌ 59 – 76.
♦ Gäste schätzen vor allem die zentrale Lage in der Ortsmitte beim Rathaus. In dem familiengeführten Gasthof erwartet Sie ein freundlicher Service. Kleines Restaurant mit hübscher Terrasse zum Rathausplatz.

MÖHNESEE Nordrhein-Westfalen 417 L 8 – 11 100 Ew – Höhe 244 m.

Sehenswert : *10 km langer Stausee★ zwischen Haarstrang und Arnsberger Wald.*

🏌 Möhnesee-Völlinghausen, Frankenufer 13, ☎ (02925) 49 35.

🛈 *Tourist-information (in Möhnesee-Körbecke), Küerbiker Str. 1,* ✉ 59519, ☎ (02924) 4 97, *info@moehnesee.de*, Fax (02924) 1771.

Berlin 471 – Düsseldorf 122 – Arnsberg 12 – Soest 10.

In Möhnesee-Delecke :

Haus Delecke (mit 🏨 Gästehaus), Linkstr. 12, ✉ 59519, ☎ (02924) 80 90, *info@haus-delecke.de*, Fax (02924) 80967, ≤, 🌺, **ℒ₆**, 🐎, ※(Halle) – 📞, ↔ Zim, 📺 ☎ **P**. – 🔔 100. ÆE ◉ VISA
Menu à la carte 29/43 – **39 Zim** ⇌ 57/99 – 103/149 – ½ P 20.
♦ Die beeindruckende, direkt an den See gebaute Villa ist umgeben von einem wunderschönen Park mit altem Baumbestand. Die Zimmer bestückte man teils mit gediegenem Stilmobiliar. Klassische Restauranträume mit stilvollem Dekor.

In Möhnesee-Körbecke :

Haus Griese, Seestr. 5 (am Freizeitpark), ✉ 59519, ☎ (02924) 98 20, *haus.griese@soest-online.de*, Fax (02924) 982170, ≤, 🌺 – 📺 ☎ **P**. – 🔔 130. ÆE ◉ ◉ VISA JCB
Menu (geschl. Feb. 2 Wochen, Aug. 2 Wochen, Donnerstag, Sonntagabend) à la carte 24/39 – **36 Zim** ⇌ 51/70 – 93/128 – ½ P 18.
♦ Unweit des Möhnesees ist das Haus eine gute Station für Freunde von Sport und Erholung : Radfahren, Segeln und vieles mehr bietet sich an. Reservieren Sie Ihr Zimmer im Neubau ! Mit hellem, zeitgemäß gestaltetem Restaurant.

MÖHRENDORF Bayern siehe Erlangen.

MÖLLN Schleswig-Holstein 415 416 F 16 – 18 000 Ew – Höhe 19 m – Kneippkurort.

Sehenswert : *Seenlandschaft (Schmalsee★).*

🏌 Grambek, Schloßstr. 21 (Süd : 7 km), ☎ (04542) 84 14 74.

🛈 *Kurverwaltung, Hindenburgstraße,* ✉ 23879, ☎ (04542) 70 90, *ferien@moelln.de*, Fax (04542) 88656.

Berlin 248 – Kiel 112 – Schwerin 59 – Lübeck 29 – Hamburg 55.

Quellenhof, Hindenburgstr. 16, ✉ 23879, ☎ (04542) 30 28, *quellenhof-moelln @quellenhof-moelln.de*, Fax (04542) 7226, 🌺 – ▬ Rest, 📺 **P** – 🔔 130. ÆE ◉ ◉ VISA
Menu à la carte 15/30 – **18 Zim** ⇌ 50/55 – 78/88 – ½ P 11.
♦ Oberhalb der Stadt auf dem Klüschenberg und unmittelbar am Kurzentrum gelegen, bietet man seinen Gästen Zimmer, die Anfang der 90er Jahre zeitgemäß ausgestattet wurden.

Beim Wasserkrüger garni, Wasserkrüger Weg 115, ✉ 23879, ☎ (04542) 70 91, *hotelenzz@aol.com*, Fax (04542) 1811, 🚘, 🐎 – ↔ 📺 ☎ **P**. ◉ VISA
⇌ 7 – **30 Zim** 35/42 – 51/60.
♦ 1992 erbautes Hotel mit unterschiedlichen Zimmereinrichtungen, die aber eines gemeinsam haben : Dank schallisolierter Fenster garantieren sie einen ruhigen Schlaf.

MÖMBRIS
Bayern 417 P 11 – 11 500 Ew – Höhe 175 m.
Berlin 534 – München 358 – Frankfurt am Main 45 – Aschaffenburg 15 – Fulda 83.

Ölmühle, Markthof 2, ⊠ 63776, ℰ (06029) 95 00, oelmuehle@t-online.de, Fax (06029) 950509, ㈜, – ❙, TV, ⇔ – ⚿ 30. ΑΕ ⓞ ⓜⓞ VISA
Menu (geschl. Anfang Jan. 2 Wochen, Sonntag) à la carte 27/39 – **26 Zim** ⇌ 45/55 – 62/92.

♦ Direkt am Marktplatz mit romantischem Blick auf das sich drehende Mühlrad der Mömbriser Ölmühle begrüßt man hier mit einer individuellen Einrichtung seine Gäste. Restaurant mit Ausstattung im Landhausstil.

MÖNCHBERG
Bayern 417 419 Q 11 – 2 200 Ew – Höhe 252 m – Luftkurort.
Berlin 574 – München 351 – Würzburg 75 – Aschaffenburg 32 – Miltenberg 13.

Schmitt ⚘, Urbanusstr. 12, ⊠ 63933, ℰ (09374) 20 90, info@hotel-schmitt.de, Fax (09374) 209250, ≤, ㈜, ≦s, ⊠, ☞, ※ – ❙ ⥻ TV P – ⚿ 30. ΑΕ ⓜⓞ VISA. ※ Zim
geschl. 8. Jan. - Mitte Feb. – **Menu** (geschl. Nov. - März Montag - Dienstag) à la carte 25/35 – **40 Zim** ⇌ 46/56 – 76/90 – ½ P 13.

♦ Besonders hübsch ist die ruhige Lage dieses Hotels in einem 25000 qm großen Park mit Teich. Hier beziehen Sie wohnliche Zimmer mit neuzeitlicher, solider Einrichtung. Helles, freundliches Restaurant mit netter Terrasse.

Zur Krone, Mühlweg 7, ⊠ 63933, ℰ (09374) 5 39, info@krone-moenchberg.de, Fax (09374) 539, ☞ – P. ※ Zim
Menu (geschl. Feb., Donnerstag, Sonntagabend) à la carte 10/21 – **28 Zim** ⇌ 28/39 – 51/68 – ½ P 9.

♦ Ein einfacher, gepflegter Landgasthof, in dem sich Gäste wie zu Hause fühlen können. Tadellose Zimmer, die mit zeitgemäßen, geschmackvollen Möbeln eingerichtet sind.

MÖNCHENGLADBACH
Nordrhein-Westfalen 417 M 3 – 270 000 Ew – Höhe 50 m.
Sehenswert : Städt. Museum Abteiberg★ Y M.

🏊 Korschenbroich, Schloß Myllendonk (über ② : 5 km), ℰ (02161) 64 10 49 ;
🏊 Mönchengladbach-Wanlo, Kuckumer Str. 61 (über ⑤ : 13 km), ℰ (02166) 95 49 54 ;
🏊 🏊 Korschenbroich, Rittergut Birkhof (über ② : 16 km), ℰ (02131) 51 06 60.
✈ Düsseldorf Express Airport (Nord-Ost : 6 km, über Krefelder Straße), ℰ (02161) 68 98 31, Fax (02161) 689822.
🛈 Verkehrsverein, Bismarckstr. 23, ⊠ 41061, ℰ (02161) 2 20 01, Fax (02161) 274222.
ADAC, Bismarckstr. 17.
Berlin 585 ① – Düsseldorf 38 ① – Aachen 64 ⑤ – Duisburg 50 ① – Eindhoven 88 ⑧ – Köln 63 ⑤ – Maastricht 81 ⑦

Stadtpläne siehe nächste Seiten

Dorint Parkhotel, Hohenzollernstr. 5, ⊠ 41061, ℰ (02161) 89 30, info.mglmoe@dorint.com, Fax (02161) 87231, ㈜, ≦s, ⊠ – ❙, ⥻ Zim, TV ⚘ ⇔ P – ⚿ 100. ΑΕ ⓞ ⓜⓞ VISA
Y a
Menu (geschl. 27. Dez. - 5. Jan.) à la carte 23/45 – ⇌ 16 – **162 Zim** 113/244 – 123/254, 5 Suiten.

♦ In dem etwas nüchtern wirkenden Flachdachbau aus den 60er Jahren verbirgt sich ein ansprechendes Ambiente. Viele Zimmer wurden kürzlich mit großem Geschick renoviert. Helles Wintergarten-Restaurant mit schönen Korbstühlen.

Holiday Inn, Speicker Str. 49, ⊠ 41061, ℰ (02161) 93 80, Fax (02161) 938807, ≦s, ⊠ – ❙, ⥻ Zim, TV ⚘ ⚘ – ⚿ 120. ΑΕ ⓞ ⓜⓞ VISA JCB
Y b
Menu à la carte 24/31 – ⇌ 15 – **126 Zim** 115/157 – 145/187.

♦ Vom bekannten Kettenhotel am Rande der Altstadt blickt man direkt auf die Benediktinerabtei. Es bietet seinen Gästen nach einigen Umbauten nun noch mehr zeitgemäßen Komfort.

Amadeo garni, Waldhauser Str. 122, ⊠ 41061, ℰ (02161) 92 66 30, hotelamadeo@t-online.de, Fax (02161) 9266340, ≦s – ❙ ⥻ ⇔ P – ⚿ 30. ΑΕ ⓞ ⓜⓞ VISA. ※
67 Zim ⇌ 69/76 – 84/92.
Y n

♦ Dem Gast werden in dem zentral gelegenen Hotel modern ausgestattete Zimmer geboten. Morgens sorgt ein heller freundlicher Frühstücksraum für einen guten Start in den Tag.

Michelangelo, Lüpertzender Str. 133, ⊠ 41061, ℰ (02161) 20 85 83, Fax (02161) 208583, ㈜ – ΑΕ ⓞ ⓜⓞ VISA
Y c
geschl. Dienstag – **Menu** (italienische Küche) à la carte 23/36.

♦ Das im Zentrum gelegene Ristorante ist ein würdiger Vertreter der klassischen italienischen Küche. Genießen Sie, gut betreut durch das Personal, die entspannte Atmosphäre.

MÖNCHEN-GLADBACH

Aachener Straße	X 2
Dohler Straße	X 20
Gingterstraße	X 26
Grevenbroicher Str.	X 30
Großheide	X 31
Hardterbroicher Straße	X 32
Konstantinstraße	X 36
Korschenbroicher Straße	X 37
Künkelstraße	X 38
Metzenweg	X 46
Monschauer Straße	X 47
Neußer Straße	X 50
Nordring	X 52
Reststrauch	X 58
Stapper Weg	X 68
Stationsweg	X 70
Waldnieler Straße	X 82
Wickrather Straße	X 83
Willicher Damm	X 87
Zeppelinstraße	X 88

Benachrichtigen Sie sofort das Hotel, wenn Sie ein bestelltes Zimmer nicht belegen können

In Mönchengladbach-Hardt über ⑦ :

Lindenhof, Vorster Str. 535, ⊠ 41169, ℘ (02161) 55 93 40, Fax (02161) 56259966 – 📺 🚗 🅿.
Menu *(geschl. Sonntag - Montag) (nur Abendessen)* à la carte 28/53 – **16 Zim** ⊆ 53/77 – 72/121.
♦ Seit fast 100 Jahren befindet sich der historische Lindenhof in der Hand der Familie Kasteel, die ihren Gästen eine stilvolle Übernachtungsmöglichkeit bietet. Nettes, gediegen-rustikales Restaurant mit wohlschmeckender klassischer Küche.

In Mönchengladbach-Rheydt :

Coenen, Giesenkirchener Str. 41 (B 230), ⊠ 41238, ℘ (02166) 1 60 06, *hotelcoenen@t-online.de*, Fax (02166) 186795, 😊, 🍴 – 🛗, ⇔ Zim, 📺 📞 🚗 🅿 – 🛤 50. 🖭 ⓞ 🐯 🆅🆂🅰.
X u
geschl. 22. Dez. - 5. Jan., Aug. 2 Wochen – **Jürgen's Restaurant** *(geschl. Mittwoch) (wochentags nur Abendessen)* **Menu** à la carte 43/55 – **Bierstube** *(geschl. Mittwoch) (wochentags nur Abendessen)* **Menu** à la carte 24/31 – **50 Zim** ⊆ 92/105 – 106/142.
♦ Komfortabel sind alle Zimmer des persönlich geführten Hotels eingerichtet. Kleine Unterschiede gibt es lediglich in der Größe. Genießen Sie den schönen Garten. Jürgen's Restaurant mit stilvoll eingedeckten Tischen. Deftig-rustikal gibt sich die Bierstube.

Rheydter Residenz, Lehwaldstr. 27, ⊠ 41236, ℘ (02166) 6 29 60, *rheydter residenz@aol.com*, Fax (02166) 629699, 😊 – 🛗 📺 ♿ 🚗 – 🛤 30. 🖭 ⓞ 🐯 🆅🆂🅰. 🍴 Rest
Z s
Bistro Casa Bonita *(geschl. 26. Juli - 31. Aug., 20. Dez. - 4. Jan., Samstag, Sonn- und Feiertage) (nur Abendessen)* **Menu** à la carte 15/27 – **22 Zim** ⊆ 64/89 – 86/110.
♦ In einer ruhigen Seitenstraße finden Sie das schon von außen sehr gepflegte Hotel mit seiner Jugendstilfassade. Man wohnt in Zimmern, die teils mit Antiquitäten bestückt sind. Restaurant im Bistrostil mit internationaler und spanischer Küche.

Elisenhof 🌳, Klusenstr. 97 (in Hockstein), ⊠ 41239, ℘ (02166) 93 30, *info@elisenhof.de*, Fax (02166) 933400, 😊, 🏊 – 🛗, ⇔ Zim, 📺 🚗 🅿 – 🛤 60. 🖭 ⓞ 🐯 🆅🆂🅰.
Menu à la carte 19/33 – **66 Zim** ⊆ 82/97 – 112/128.
X a
♦ Ruhig im Grünen und trotzdem nah zur Autobahn liegt dieses seit 1871 in Familienbesitz befindliche Hotel, in dem man Tradition und Moderne miteinander verbunden hat. Gediegenes Restaurant mit neuerem Wintergarten.

MÖNCHEN-GLADBACH RHEYDT

Straße	Ref
Alter Markt	Y 3
Bachstraße	Z 4
Bahnhofstraße	Z 6
Berliner Platz	Y 7
Bismarckplatz	Y 8
Bismarckstraße	Y
Bonnenbroicher Str.	Z 10
Brandenberger Str.	Z 12
Buscherstraße	Y 13
Bylandtstraße	Y 14
Croonsallee	Y 16
Dahlener Straße	Z 17
Düsseldorfer Straße	Z 21
Eickener Straße	Y
Endepohlstraße	Z 23
Friedrich-Ebert-Str.	Z
Friedrichstraße	Y 24
Goebenstraße	Y 27
Gracht	Y 29
Grevenbroicher Str.	Y 30
Hauptstraße	Z 33
Hindenburgstraße	Y 34
Limitenstraße	Y 40
Lüpertzender Straße	Y 42
Marienstraße	Y 43
Marktstraße	Y 45
Moses-Stern-Straße	Z 48
Mozartstraße	Y 49
Odenkirchener Str.	Z 53
Otto-Saffran-Straße	Z 54
Rathausstraße	Y 56
Rathenaustraße	Y 57
Richard-Wagner-Str.	YZ 60
Sandradstraße	Y 62
Schmölderstraße	Z 63
Sittardstraße	Y 66
Speicker Straße	Y 67
Stepgesstraße	Y 71
Stresemannstraße	Z 72
Ückelhofer Straße	Z 74
Viersener Straße	Y 77
Volksgartenstraße	Y 80
Waldhausener Str.	Y
Wickrather Straße	Z 83
Wilhelm-Schiffer-Straße	Z 84
Wilhelm-Strauß-Straße	Z 85

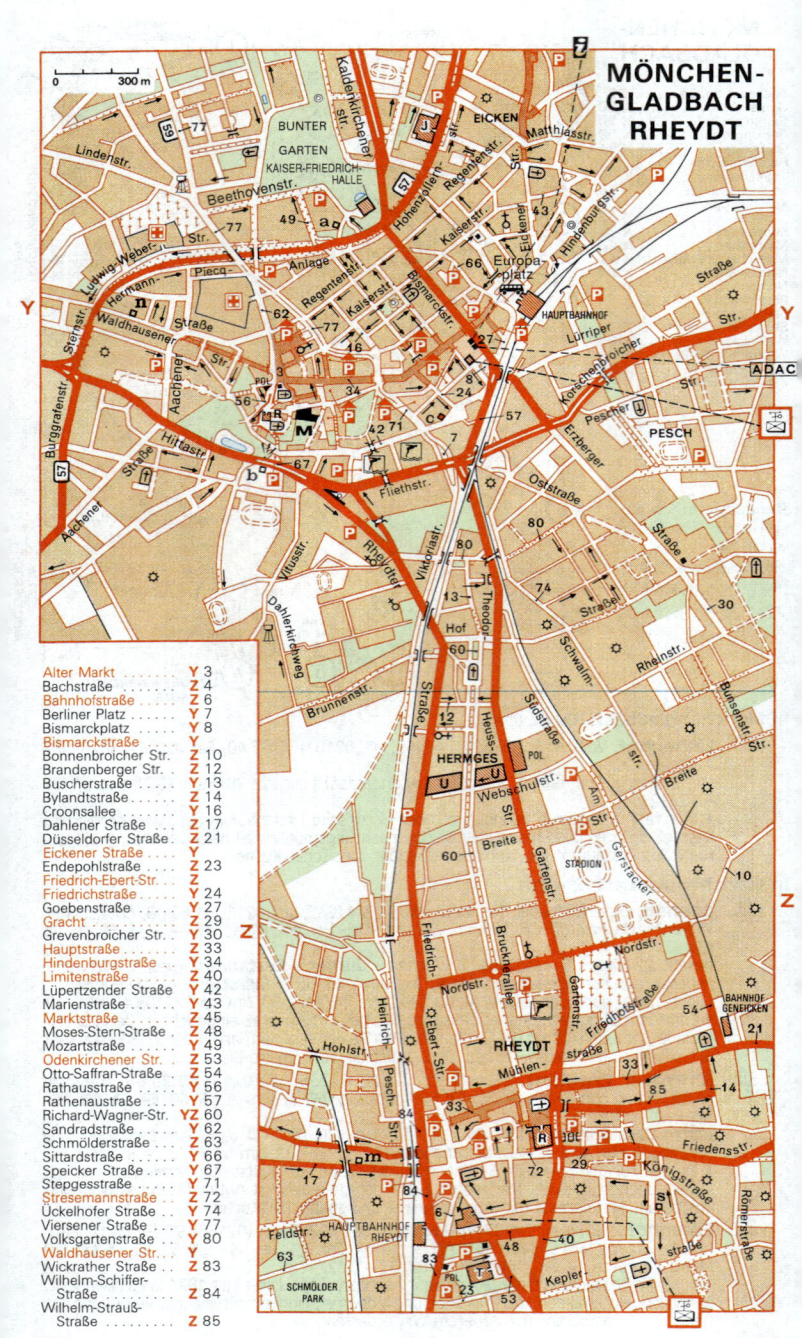

MÖNCHENGLADBACH

Spickhofen, Dahlener Str. 88, ✉ 41239, ℰ (02166) 25 50, Fax (02166) 255155 – 🕿
📺 🅿 – 🛄 30. 🆎 ⓘ 🚇 🆅🅸🆂🅰   Z m
Menu à la carte 18/31 – **42 Zim** ⇄ 51/70 – 65/85.
• Das schon von außen rustikal wirkende Hotel blickt auf eine über 100-jährige Familientradition zurück. Die Zimmer sind einheitlich mit dunklen Mahagoni-Möbeln eingerichtet. Der Hausherr persönlich steht am Herd und kocht für seine Gäste bürgerliche Gerichte.

In Korschenbroich-Kleinenbroich über ② : 7 km :

Gästehaus Bienefeld 🐾 garni, Im Kamp 5, ✉ 41352, ℰ (02161) 99 83 00, info @bienefeld-hotel.de, Fax (02161) 9983099 – 📺 ⇌ 🅿 ⓘ 🚇 🆅🅸🆂🅰 🅹🅲🅱. 🛇
geschl. 13. - 30. Juli – **13 Zim** ⇄ 55/65 – 92/105.
• Familie Bienefeld führt ihre in einem Wohngebiet gelegene Pension mit viel Engagement. Man bietet den Gästen Zimmer, die alle mit soliden Kirschbaummöbeln eingerichtet sind.

Zur Traube, Haus-Randerath-Str. 15, ✉ 41352, ℰ (02161) 67 04 04, Fax (02161) 670010, 🍽 – 🅿 🆎 ⓘ 🚇 🆅🅸🆂🅰
geschl. Anfang Jan. 2 Wochen, Juli - Aug. 3 Wochen, Mittwoch – **Menu** à la carte 23/37.
• Die historische Stätte war schon 1386 eine beliebte Einkehr. Im Sinne der ehrwürdigen Tradition, verbunden mit den Raffinessen der Moderne, wird das Lokal bis heute geführt.

In Korschenbroich-Steinhausen über ② : 7 km in Richtung Liedberg :

Gasthaus Stappen, Steinhausen 39, ✉ 41352, ℰ (02166) 8 82 26, mail@gasthaus -stappen.de, Fax (02166) 859242, Biergarten – 🅿
geschl. 17. Feb. - 7. März, 25. Aug. - 11. Sept., Dienstag – **Menu** (wochentags nur Abendessen) 27/38 à la carte 20/31.
• Das helle Restaurant ist mit Parkettfußboden und Jagdutensilien nett gestaltet - hier umsorgt Sie ein aufmerksamer Service mit Internationalem. Biergarten hinter dem Haus.

MÖRFELDEN-WALLDORF Hessen 𝟦𝟷𝟩 Q 9 – 30 000 Ew – Höhe 95 m.
Berlin 556 – Wiesbaden 35 – Frankfurt am Main 24 – Darmstadt 19.

Im Stadtteil Mörfelden :

Astron 🄼, Hessenring 9, ✉ 64546, ℰ (06105) 20 40, frankfurt-moerfelden@astron -hotels.com, Fax (06105) 204100, 🍽, 🛁, 🏊 – 🛗, 🛇 Zim, 📺 🎧 & ⇌ 🅿 – 🛄 300.
🆎 ⓘ 🚇 🆅🅸🆂🅰 🅹🅲🅱
Menu à la carte 26,50/43,50 – ⇄ 15 – **299 Zim** 100/192.
• Besonders Geschäftsreisende schätzen das moderne, Ende der 90er Jahre erbaute Hotel. Gut durchdachte Zimmereinrichtungen sorgen für einen schönen Aufenthalt.

Im Stadtteil Walldorf :

Zum Löwen garni, Langstr. 68, ✉ 64546, ℰ (06105) 94 90, hotel-loewen@t-online.de, Fax (06105) 949144, 🏊, 🛁 – 🛗 🛇 📺 🎧 🅿 – 🛄 45. 🆎 ⓘ 🚇 🆅🅸🆂🅰
55 Zim ⇄ 80/115 – 90/130.
• Seit 1843 befindet sich das Hotel in Familienbesitz. Man hat 1990 wieder renoviert - das Haupthaus kürzlich sogar abgerissen und neu erbaut, um mehr Komfort zu bieten.

Airport Domizil-Hotel 🄼 garni, Nordendstr. 4a, ✉ 64546, ℰ (06105) 95 70, info @airport-domizil-hotel.com, Fax (06105) 957222 – 🛗 🛇 📺 🎧 ⇌, 🆎 ⓘ 🚇 🆅🅸🆂🅰 🅹🅲🅱
⇄ 11 – **65 Zim** 90/150 – 120/190.
• Die Zimmer sind zwar schlicht eingerichtet, jedoch mit allem ausgestattet, was der Geschäftsreisende braucht. Das Frühstücksbuffet sorgt für einen angenehmen Start in den Tag.

Comfort Inn 🄼 garni, Am Zollstock 10, ✉ 64546, ℰ (06105) 70 50, ciffmairport @gmx.de, Fax (06105) 70580 – 🛗 🛇 📺 🎧 🅿 – 🛄 40. 🆎 ⓘ 🚇 🆅🅸🆂🅰 🅹🅲🅱
39 Zim ⇄ 72/92 – 90/112.
• Zehn Minuten beträgt die Fahrzeit zum Frankfurter Flughafen, auch BAB-Anschlüsse sind in direkter Nähe - für viele Gäste ein Grund, in diesem gepflegten Haus zu logieren.

MÖRLENBACH Hessen 𝟦𝟷𝟩 𝟦𝟷𝟫 R 10 – 9 200 Ew – Höhe 160 m.
Berlin 611 – Wiesbaden 81 – Mannheim 35 – Darmstadt 45 – Heidelberg 28.

In Mörlenbach-Juhöhe Nord-West : 5 km – Erholungsort :

Waldschenke Fuhr 🐾, Auf der Juhöhe 25, ✉ 69509, ℰ (06252) 49 67, Fax (06252) 68376, ≤, 🍽 – 🛗 📺 & 🅿
Menu (geschl. Montag - Dienstag) à la carte 14/28 – **18 Zim** ⇄ 38/42 – 68/78.
• Idyllisch liegt das Haus mit seinem architektonisch gelungenen Anbau erhöht am Waldrand. Es bietet neben netten, ländlich eingerichteten Zimmern einen herrlichen Blick. Ob im Lokal oder auf der Terrasse : Auf den Tisch kommt Regionales.

MÖRNSHEIM Bayern 419 420 T 17 – 2 000 Ew – Höhe 420 m.
Berlin 511 – München 127 – Augsburg 72 – Ingolstadt 47 – Nürnberg 86.

Lindenhof (mit Gästehaus), Marktstr. 25, ⊠ 91804, ℰ (09145) 8 38 00, Fax (09145) 7159, 😊 – 📺 ⇔ 🅿 Æ ⓘ ✱ 𝒱𝐼𝒮𝒜
geschl. Mitte - Ende Jan. - **Menu** (geschl. Dienstag, Nov. - April Montagabend - Dienstag) à la carte 15,50/36 – **15 Zim** ⊑ 35/45 – 55/65.
♦ Einladend und ansprechend wirkt das Gästehaus schon von außen. Auch Innen enttäuscht es nicht : Nette, im Landhausstil eingerichtete Zimmer, teils mit freigelegtem Fachwerk. Kamine, Holzvertäfelungen und ländliche Dekorationen machen die Gaststuben gemütlich.

Zum Brunnen, Brunnenplatz 1, ⊠ 91804, ℰ (09145) 71 27, info@gailachtal.de, Fax (09145) 1079, 😊 – 📺 ✱
geschl. Nov. - **Menu** (geschl. Mittwoch) à la carte 12/22 – **8 Zim** ⊑ 30 – 47.
♦ In der Ortsmitte steht dieser persönlich geführte Gasthof. Gäste werden in einfachen, aber gepflegten mit Eichenmöbeln ausgestatteten Zimmern untergebracht. Mittelpunkt der Gaststube ist der Gemütlichkeit ausstrahlende Kachelofen.

MOERS Nordrhein-Westfalen 417 L 3 – 108 000 Ew – Höhe 29 m.
🏌 ⓕ Neukirchen-Vluyn, Bergschenweg 71 (Süd-West : 6 km Richtung Niep), ℰ (02845) 2 80 51 ; 🏌 Kamp-Lintfort, Kirchstr. 164 (Nord-West : 10 km), ℰ (02842) 48 33.
🛈 Stadtinformation, Unterwallstr. 9, ⊠ 47441, ℰ (02841) 20 17 77, info@moers.de, Fax (02841) 201721.
Berlin 556 – Düsseldorf 41 – Duisburg 12 – Krefeld 17.

Kurlbaum, Burgstr. 7 (1. Etage), ⊠ 47441, ℰ (02841) 2 72 00, Fax (02841) 22355 – Æ
geschl. Aug. 3 Wochen, Dienstag - **Menu** (Samstag - Montag nur Abendessen) (Tischbestellung ratsam) à la carte 33/44.
♦ Klare Linien und der unübersehbare Hang zu modernem Designer-Interieur bestimmen die Ambiance dieser kulinarischen Adresse in der Fußgängerzone.

In Moers-Asberg :

Moerser Hof garni, Römerstr. 464, ⊠ 47441, ℰ (02841) 9 52 10, info@hotel-moerser-hof.de, Fax (02841) 952144 – 🛗 📺 ✱ ⇔ 🅿 Æ ✱ 𝒱𝐼𝒮𝒜 𝒥𝒞𝐵
33 Zim ⊑ 59/61 – 71/74.
♦ Der Besitzer des Hotels ist Architekt von Beruf. Nach seinen Plänen wurde das 100 Jahre alte Haus in den 90er Jahren umgebaut. Schlichte, praktische Gestaltung prägt den Stil.

In Moers-Repelen Nord : 3,5 km :

Zur Linde, An der Linde 2, ⊠ 47445, ℰ (02841) 97 60, info@hotel-zur-linde.de, Fax (02841) 97666, 😊 – 📺 – 🛗 ✱ 📺 ✱ ⇔ 🅿 Æ ✱ 𝒱𝐼𝒮𝒜 ✱ Zim
Menu à la carte 21/40 ♀ – ⊑ 9 – **52 Zim** ⊑ 80/110 – 95/125, 6 Suiten.
♦ Mit Engagement führen die Gastgeber das Haus mit der rustikal-gemütlichen Einrichtung. In letzter Zeit wurde viel umgebaut und erweitert, um mehr Komfort bieten zu können. Mehrere Gaststuben, teils mit nostalgischem Charme.

In Moers-Schwafheim Süd : 4 km :

Schwarzer Adler, Düsseldorfer Str. 309 (B 57), ⊠ 47447, ℰ (02841) 38 21, hotel-schwarzer-adler@t-online.de, Fax (02841) 34630, 😊 – 🛗, ✱ Zim, 📺 ✱ 🅿 – 🛎 30. Æ ✱ 𝒱𝐼𝒮𝒜
Menu (geschl. Montagmittag) à la carte 19/38 – **39 Zim** ⊑ 54/59 – 74/87.
♦ Am Ortsausgang steht dieser Klinkerbau - ein Teil davon war früher eine Poststation. Besonders nett wohnt man in den neueren Zimmern im Anbau mit elegant wirkendem Mobiliar.

MOHLSDORF Thüringen siehe Greiz.

MOLBERGEN Niedersachsen 415 H 7 – 5 000 Ew – Höhe 32 m.
Berlin 453 – Hannover 189 – Nordhorn 85 – Bremen 76.

Thole-Vorwerk, Cloppenburger Str. 4, ⊠ 49696, ℰ (04475) 9 49 50, thole.vorwerk@ewetel.net, Fax (04475) 949535 – 📺 🅿 Æ ✱ 𝒱𝐼𝒮𝒜
Menu (geschl. Juli 2 Wochen, Montagmittag, Samstagmittag) (bemerkenswerte Weinkarte) à la carte 17/31 – **10 Zim** ⊑ 26/37 – 50/60.
♦ Roter Klinkergasthof in der Dorfmitte : Der Familienbetrieb bietet Zimmer an, die Ende der 90er Jahre mit Kirschbaummöbeln neu eingerichtet wurden. Ländlich-rustikales Restaurant mit gutbürgerlicher Küche.

MOLBERGEN

In Molbergen-Dwergte *Nord : 3 km :*

※ **Zum Dorfkrug** 🌿 mit Zim, Molberger Str. 1, ✉ 49696, ✆ (04475) 18 07, Fax (04475) 5394, 🍴, 🎱, 🚻 – 📺 🅿 🆎 ⓜ 💳 ※ Rest
geschl. Juli - Aug. 2 Wochen - **Menu** *(geschl. Montag)* à la carte 16/28 – **6 Zim** ☒ 35 – 50.
♦ In Anlehnung an niedersächsische Tradition sind die Räume mit offenem Kamin, Hirschgeweihen und Klinkern zum gemütlichen Verweilen gestaltet.

MOLFSEE *Schleswig-Holstein siehe Kiel.*

MOMMENHEIM *Rheinland-Pfalz siehe Nierstein.*

MONHEIM *Nordrhein-Westfalen* **417** *M 4 – 44 000 Ew – Höhe 40 m.*
Berlin 567 – Düsseldorf *23 –* Aachen *88 –* Köln *28 – Solingen 19.*

🏨 **Gethmann**, An d'r Kapell 4, ✉ 40789, ✆ (02173) 59 80, info@gethmann.de, Fax (02173) 52368, 🍴, ⇤ Zim, 📺 ✆ 🅿 ⓜ 💳
Zum Vater Rhein *(geschl. Jan. 1 Woche)* **Menu** à la carte 15,50/34,50 – **20 Zim** ☒ 70/80 – 100/120.
♦ Schon in der siebten Generation ist das ansprechende Haus im Besitz der Familie Gethmann. 1994 wurde komplett umgebaut und modernisiert ; die Zimmer sind stilvoll eingerichtet. Teils gediegen, teils rustikaler gibt sich das Restaurant Zum Vater Rhein.

🏨 **Achat** Ⓜ garni, Delitzscher Str. 1, ✉ 40789, ✆ (02173) 33 03 80, monheim@achat-hotel.de, Fax (02173) 33038999 – 🛗 ⇤ 📺 ✆ 🅿 🆎 ⓞ ⓜ 💳 ⓙ
☒ 11 – **83 Zim** 79 – 84.
♦ Nah am Zentrum und gut erreichbar, zeichnet sich das moderne Hotel durch eine schlichte und neuzeitliche Einrichtung aus, was besonders Geschäfts- und Durchreisende schätzen.

In Monheim-Baumberg *Nord : 3 km :*

🏨 **Sporthotel**, Sandstr. 84, ✉ 40789, ✆ (02173) 68 80, info@sporthotel-baumberg.de, Fax (02173) 688110 – 📺 🅿 🆎 ⓞ ⓜ 💳 ⓙ ※
Menu *(nur Abendessen)* à la carte 16/34,50 – **40 Zim** ☒ 70/98 – 98/120.
♦ Direkt an einem See gelegenes Hotel mit gepflegten Zimmern, die solide mit rustikalem Eichenholzmobiliar eingerichtet sind. Bowling- und Kegelbahnen sorgen für Entspannung.

MONREPOS (Schloss) *Baden-Württemberg siehe Ludwigsburg.*

MONSCHAU *Nordrhein-Westfalen* **417** *O 2 – 12 600 Ew – Höhe 405 m.*
Sehenswert : Fachwerkhäuser★★ – Rotes Haus★ – Friedhofkapelle ⇐★.
Ausflugsziel : ⇐★★ vom oberen Aussichtsplatz an der B 258, Nord-West : 2 km.
🛈 *Monschau Touristik, Stadtstr. 1, ✉ 52156, ✆ (02472) 33 00, touristik@monschau.de, Fax (02472) 4534.*
Berlin 649 – Düsseldorf 110 – Aachen *49 – Düren 43 – Euskirchen 53.*

🏨 **Carat**, Laufenstr. 82, ✉ 52156, ✆ (02472) 8 60, info@carathotel.de, Fax (02472) 86199, 🍴, 🚻, 🏊, – 🛗, ⇤ Zim, 📺 🅿 – 🔔 100. 🆎 ⓞ ⓜ 💳 ※ Rest
Menu à la carte 20,50/33 – **100 Zim** ☒ 75 – 96.
♦ Aus einer ehemaligen Tuchfabrik mit Natursteinfassade und einem Anbau entstand Anfang der 90er Jahre ein modernes Tagungshotel mit hellen, funktionell eingerichteten Zimmern. Bürgerliche Gerichte aus nah und fern bietet man den Gästen im Restaurant.

🏨 **Lindenhof** garni, Laufenstr. 77, ✉ 52156, ✆ (02472) 41 86, info@lindenhof.de, Fax (02472) 3134 – ⇤ 📺 🅿 ⓜ 💳 ※
13 Zim ☒ 45/53 – 65/79.
♦ In diesem gut geführten Haus können sich Gäste auf Reisen fast wie zu Hause fühlen. Denn : Der private Charakter zieht sich durch alle Räume dieser Unterkunft.

XXX **Remise** (Corona), Stadtstr. 14, ✉ 52156, ✆ (02472) 80 08 00, Fax (02472) 8008020 –
😊 ⓜ 💳 ※
geschl. Ende Feb. - Mitte März, Ende Okt. - Mitte Nov., Dienstag – **Menu** *(nur Abendessen)* 50/90 und à la carte ⚘ – **Altes Getreidehaus** *(auch Mittagessen)* **Menu** à la carte 19,50/33,50.
♦ Hinter der hübschen Fachwerkfassade des ehemaligen Getreidespeichers prägt klassische Eleganz das Ambiente. Geschult serviert man im Remise feine Kreationen der Saison. Das Alte Getreidehaus bietet eine eher regionale Küche in entspannter Atmosphäre.
Spez. Gelierte Hummerminestrone mit gegrilltem Hummermedaillon. Bries und Hirn vom Milchlamm im Strudelteig mit Weinbergschnecken. Aachener Kaiserkrone von Schokolade und Feigensenf.

MONSCHAU

Alte Herrlichkeit, Stadtstr. 7, ⌧ 52156, ℰ (02472) 22 84, info@alteherrlichkeit.de, Fax (02472) 4962 – AE ⓂⓈ VISA
geschl. März 2 Wochen, Juli 2 Wochen, Nov. 2 Wochen, Montag - Dienstag – **Menu** à la carte 18/40.
♦ Das alte Stadthaus mit der Schindelfassade, seit 1919 in Familienbesitz, liegt in einer verkehrsberuhigten Zone der Innenstadt - gediegen präsentiert sich das Interieur.

Schnabuleum, Laufenstr. 118, ⌧ 52156, ℰ (02472) 90 98 40, info@senfmuehle.de, Fax (02472) 5999, 🍴, AE ⓂⓈ VISA
geschl. Montag – **Menu** à la carte 20/35.
♦ In einem Bruchsteinhaus neben der Senfmühle und dem Senfmuseum finden Sie dieses nostalgische Restaurant. Der köstliche Senf verfeinert einige der Speisen auf der Karte.

MONTABAUR
Rheinland-Pfalz ▨▨▨ O 7 – 13 000 Ew – Höhe 230 m.

🅱 Westerwald Touristik-Service, Kirchstr. 48a, ⌧ 56410, ℰ (02602) 3 00 10, info@westerwald-touristik.de, Fax (02602) 300115.

Berlin 571 – Mainz 71 – Koblenz 34 – Bann 80 – Limburg an der Lahn 22.

Am Peterstor garni, Peterstorstr. 1, ⌧ 56410, ℰ (02602) 16 07 20, info@hotel-peterstor.de, Fax (02602) 160730 – 📶 📺 ✆ 🅿 – 🔒 30. ⓂⓈ VISA
16 Zim ⌧ 55/64 – 90.
♦ In der Ortsmitte am Anfang der Fußgängerzone bietet das Haus - auch dank seines wohnlichen Charakters - alle Annehmlichkeiten für einen schönen Aufenthalt in dieser Stadt.

An der Autobahn A 3 Nord-Ost : 4,5 km, Richtung Frankfurt :

Heiligenroth, ⌧ 56412 Heiligenroth, ℰ (02602) 10 30, Fax (02602) 103460, 🍴 – 📶, ⇐ Zim, 📺 ♿ ⇐ 🅿 – 🔒 45. AE ⓞ ⓂⓈ VISA JCB
Menu à la carte 18/32,50 – ⌧ 9 – **30 Zim** 70/84 – 100.
♦ Wenn Sie nach langer Reisezeit einen geruhsamen Zwischenstop gönnen möchten, bietet sich dieses moderne und funktionelle Hotel an der BAB 3 bestens an. Das im Bistro-Stil eingerichtete Restaurant ist 365 Tage im Jahr rund um die Uhr für Sie da !

In Wirges Nord-West : 5 km :

Paffhausen, Bahnhofstr. 100, ⌧ 56422, ℰ (02602) 9 42 10, info@hotel-paffhausen.de, Fax (02602) 9421110, 🍴, 🍺 – ⇐ Zim, 📺 ♿ 🅿 – 🔒 120. AE ⓂⓈ VISA
Menu à la carte 20/38 – **32 Zim** ⌧ 55/68 – 78/98.
♦ Übernachtungsgäste logieren hier in funktionell eingerichteten Zimmern. Im Neubau verfügen sie über Balkone und wirken durch großflächige Fenster hell und freundlich. Restaurant mit gediegenem Ambiente.

MOOS
Baden-Württemberg siehe Radolfzell.

MORAAS
Mecklenburg-Vorpommern siehe Hagenow.

MORBACH/HUNSRÜCK
Rheinland-Pfalz ▨▨▨ Q 5 – 11 000 Ew – Höhe 450 m – Luftkurort.
Ausflugsziel : Hunsrück-Höhenstraße★.

🅱 Tourist-Information, Unterer Markt 1, ⌧ 54497, ℰ (06533) 7 11 17, touristinfo.morbach@t-online.de, Fax (06533) 3003.

Berlin 669 – Mainz 107 – Trier 48 – Bernkastel-Kues 17 – Birkenfeld 21.

St. Michael, Bernkasteler Str. 3, ⌧ 54497, ℰ (06533) 9 59 60, info@hotel-st-michael.de, Fax (06533) 9596500, 🍴 – 📶 📺 ✆ 🅿 – 🔒 80. AE ⓞ ⓂⓈ VISA
Menu à la carte 15/32 – **56 Zim** ⌧ 45/55 – 90 – ½ P 10.
♦ Immer wieder haben die Besitzer ihr Haus in den letzten Jahren renoviert. Man bietet ein ansprechendes Logis mit zeitgemäßen Zimmern, die mit hellen Möbeln ausgestattet sind. Leicht rustikales Restaurant mit gediegenem Ambiente.

Landhaus am Kirschbaum Ⓜ 🌿, Am Kirschbaum 55a, ⌧ 54497, ℰ (06533) 9 39 50, info@landhausamkirschbaum.de, Fax (06533) 939522, 🍴, 🍺, 🍻 – ⇐ Zim, 📺 ✆ 🅿 ⓂⓈ VISA 🚭 Rest
Menu (geschl. 17. - 25. Dez.) (nur Abendessen) (Restaurant nur für Hausgäste) – **20 Zim** ⌧ 40/50 – 70/80 – ½ P 13.
♦ In sehr ruhiger Lage finden Sie dieses tadellos gepflegte Haus, das erst vor wenigen Jahren gebaut und eröffnet wurde. Die Zimmer sind teils wohnlich, teils sachlich modern.

MORBACH/HUNSRÜCK

In Horbruch Nord-Ost : 12 km über die B 327 :

Historische Schloßmühle (mit Gästehaus), ⊠ 55483, ℘ (06543) 40 41, info@historische-schlossmuehle.de, Fax (06543) 3178, 斎, 疣 – ℗ – 15. ⛅
geschl. 2. - 16. Jan. – **Menu** (geschl. Montag) (wochentags nur Abendessen) 38/65 à la carte 34/49 (auch vegetarisches Menu) – **18 Zim** ⊊ 60/105 – 99/149 – ½ P 29.
• Ein edles Refugium ! Schon bei der Ankunft entführt Sie die Schloßmühle a. d. 17. Jh. in eine Welt voller Romantik. Sanfte Farben und Himmelbetten tragen ihren Teil dazu bei. Schön dekoriertes Restaurant auf zwei Ebenen im alten Mühlenraum.

MORITZBURG Sachsen **418** M 25 – 8 000 Ew – Höhe 200 m.
Sehenswert : Schloß Moritzburg★.
🛈 Tourist-Information, Schlossallee 3b, ⊠ 01468, ℘ (035207) 85 40, moritzburg touristinfo@t-online.de, Fax (035207) 85420.
Berlin 181 – Dresden 16 – Cottbus 85 – Meißen 16.

In Moritzburg-Boxdorf Süd : 4 km :

Baumwiese Ⓜ, Dresdner Str. 2, ⊠ 01468, ℘ (0351) 8 32 50, info@baumwiese.de, Fax (0351) 8325252, Biergarten, 斎 – 🛗, ⥄ Zim, 📺 ℘ ℗ – 50. 🎫 ⓞ 🎫
Zollernstube (nur Abendessen) **Menu** à la carte 25/34 – **Gaststube** : **Menu** à la carte 19/30 – **39 Zim** ⊊ 85/95 – 110/130.
• Große Schreibtische mit ISDN-Anlage und Faxanschluß ermöglichen bequemes Arbeiten in dem mit dunklem Holz möblierten modernen Hotelanbau des alten historischen Gasthauses. Zollernstube mit schwarzer Täfelung und klassischem, rustikal-elegantem Ambiente.

MORSBACH Nordrhein-Westfalen **417** N 7 – 10 500 Ew – Höhe 250 m.
Ausflugsziel : Wasserschloß Crottorf★ Nord-Ost : 10 km.
Berlin 587 – Düsseldorf 107 – Bonn 63 – Siegen 33 – Köln 70.

Goldener Acker , Zum goldenen Acker 44, ⊠ 51597, ℘ (02294) 80 24, hotel-goldener-adler@t-online.de, Fax (02294) 7375, 斎, 疣 – 📺 ℗ – 40. 🎫 ⓞ 🎫 🎫
Menu (geschl. Montagabend) à la carte 25/34 – **33 Zim** ⊊ 60/70 – 80/90.
• Ein nettes Landhotel im südöstlichen Zipfel des Naturparks Bergisches Land. Es erfreut Gäste mit hübschen Landhauszimmern und lockt morgens mit einem appetitlichen Frühstück. Mit hellem, neuzeitlichem Restaurant und gemütlich-rustikaler Stube.

MORSUM Schleswig-Holstein siehe Sylt (Insel).

MOSBACH Baden-Württemberg **417 419** R 11 – 25 000 Ew – Höhe 151 m.
🛈 Tourist-Information, Am Marktplatz 4, ⊠ 74821, ℘ (06261) 9 18 80, tourist.info@mosbach.de, Fax (06261) 918815.
Berlin 587 – Stuttgart 87 – Mannheim 79 – Heidelberg 45 – Heilbronn 33.

Zum Amtsstüble, Lohrtalweg 1, ⊠ 74821, ℘ (06261) 9 34 60, info@amtstueble.de, Fax (06261) 934610, 斎 – 🛗, ⥄ Zim, 📺 ℘ ⚓ ℗ – 60. 🎫 ⓞ 🎫
Menu (geschl. über Fastnacht 2 Wochen, Aug. 2 Wochen, Montag) à la carte 14/32 – **50 Zim** ⊊ 65 – 93.
• Im Zentrum des kleinen Ortes liegt das behagliche Hotel. Die vor nicht allzu langer Zeit renovierten Zimmer verfügen über zeitgemäßen Komfort und gute technische Ausstattung.

In Mosbach-Neckarelz Süd-West : 4 km :

Lindenhof, Martin-Luther-Str. 3, ⊠ 74821, ℘ (06261) 6 00 66, Fax (06261) 975252, 斎 – 📺 ℘ ⚓ ℗ 🎫 🎫 ⛅
geschl. Aug. 2 Wochen – **Menu** (geschl. Mittwoch) à la carte 19/26 – **20 Zim** ⊊ 45 – 60/70 – ½ P 12.
• Gäste, die keinen aufwendigen Komfort suchen, sind hier an der richtigen Adresse : Ein gepflegter, einfacher Betrieb, der von der Besitzer-Familie persönlich geführt wird.

In Mosbach-Nüstenbach Nord-West : 4 km :

Landgasthof zum Ochsen, Im Weiler 6, ⊠ 74821, ℘ (06261) 1 54 28, Fax (06261) 893645, 斎 – ⛅
geschl. Ende Aug. 2 Wochen, Dienstag – **Menu** (wochentags nur Abendessen) (Tischbestellung ratsam) à la carte 23/39.
• Erlesenes Landhausinterieur gibt den Ton an in diesem Restaurant mit Weinstube. Stilvolle Accessoires runden das Bild ab und machen das Tafeln zu einem besonderen Vergnügen.

MOSELTAL Rheinland-Pfalz 417 R 3 bis O 6.
Sehenswert: Tal★★★ von Trier bis Koblenz (Details siehe unter den erwähnten Mosel-Orten).

MOSSAUTAL Hessen 417 419 R 10 – 2 600 Ew – Höhe 390 m – Erholungsort.
Berlin 592 – Wiesbaden 99 – Mannheim 55 – Beerfelden 12 – Darmstadt 59.

In Mossautal-Güttersbach:

Zentlinde ⑤, Hüttenthaler Str. 37, ✉ 64756, ✆ (06062) 20 80, hotel.zentlinde@t-online.de, Fax (06062) 5900, 🍽, Massage, ≘s, 🅂, – 🛗, ↔ Rest, 📺 ⇔ 🅿 – 🛆 35. ⑳ 🆅🆂🅰 🛠 Zim
geschl. 4. – 14. Jan. – **Menu** (geschl. Montag) à la carte 15,50/25 – **35 Zim** ⊇ 55 – 100 – ½ P 11.
♦ In dem Familienbetrieb steht man seit 1830 ganz im Dienste des Gastes. Eine Tradition, auf die man nicht ohne Stolz zurückblickt. Sie logieren in einfachen, adretten Zimmern. Das mehrfach unterteilte und großzügige Restaurant gibt sich rustikal und zwanglos.

Haus Schönblick ⑤, Hüttenthaler Str. 30, ✉ 64756, ✆ (06062) 53 80, hotel.haus schoenblick@t-online.de, Fax (06062) 61242, 🍽, Biergarten, Massage, ≘s, 🐎 – ↔ 📺 ⇔ 🅿 – 🛆 35. ⑳ 🆅🆂🅰
geschl. Jan. – **Menu** (geschl. Montag – Dienstag) à la carte 15/26 – **39 Zim** ⊇ 33/45 – 62/74 – ½ P 11.
♦ Eine schlichte Übernachtungsmöglichkeit im Herzen des Odenwalds. Nach umfangreichen Renovierungen ist das komplette Haus jetzt auf neuestem Stand. Rustikaler Gastraum mit großen Fenstern und Blick ins Grüne.

In Mossautal-Obermossau:

Brauerei-Gasthof Schmucker, Hauptstr. 91, ✉ 64756, ✆ (06061) 9 41 10, Fax (06061) 2861, Biergarten, ⛱ (geheizt), 🐎, 🛠 – ↔ Zim, 📺 🅿 – 🛆 25. 🅰🅴 ⑳ 🆅🆂🅰
Menu (geschl. Montag) à la carte 15/22 – **25 Zim** ⊇ 47 – 73.
♦ Rustikale Gasthof-Atmosphäre umgibt Sie in dieser gastlichen Stätte auf dem Gelände der Privat-Brauerei Schmucker. In den Zimmern finden Sie bemaltes Bauernmobiliar vor. Ländliche Gaststube.

MOTTEN Bayern 417 418 O 13 – 1 800 Ew – Höhe 450 m.
Berlin 469 – München 358 – Fulda 19 – Würzburg 93.

In Motten-Speicherz Süd: 7 km:

Zum Biber (mit Gästehaus), Hauptstr. 15 (B 27), ✉ 97786, ✆ (09748) 9 12 20, info @gasthof-zum-biber.de, Fax (09748) 912266, 🐎, – 🍽 Rest, 📺 ⇔ 🅿 – 🛆 35. 🅰🅴 ⑳ ⑳ 🆅🆂🅰
geschl. 7. – 30. Jan. – **Menu** à la carte 13/23 – **43 Zim** ⊇ 29/35 – 50/58.
♦ 1771 wurde dieser solide Gasthof durch die Stadt Brückenau errichtet und seit 1878 ist er Eigentum der Familie Ziegler. Viele zufriedene Gäste hat man seither beherbergt. Mit rustikalem, mehrfach unterteiltem Restaurantbereich.

MOTZEN Brandenburg siehe Teupitz

MUCH Nordrhein-Westfalen 417 N 6 – 13 900 Ew – Höhe 195 m.
📗 Much, Burg Overbach, ✆ (02245) 55 50.
Berlin 580 – Düsseldorf 77 – Bonn 33 – Köln 40.

In Much-Bövingen Nord-West: 3 km:

activotel 🅼, Bövingen 129 (Gewerbegebiet), ✉ 53804, ✆ (02245) 60 80, info@ activotel.de, Fax (02245) 608100, <, 🍽, 🎾, ≘s, 🅂, 🐎, 🛠 (Halle) – 🛗, ↔ Zim, 📺 🛠 🅿 – 🛆 130. 🅰🅴 ⓘ ⑳ 🆅🆂🅰
Menu à la carte 22/35 – **115 Zim** ⊇ 87/122 – 128/162.
♦ Anfang der 90er Jahre wurde inmitten der sanften Hügel des Bergischen Landes das moderne Hotel mit seinem außergewöhnlichen und imposanten Freizeitbereich errichtet.

MÜCKE Hessen 417 O 11 – 9 500 Ew – Höhe 300 m.
Berlin 461 – Wiesbaden 107 – Marburg 63 – Alsfeld 31 – Gießen 28.

In Mücke-Atzenhain:

Zur Linde, Lehnheimer Str. 2, ✉ 35325, ✆ (06401) 64 65, Fax (06401) 6495, ≘s, 🐎 – ⇔ 🅿
Menu (geschl. Sonntagabend) à la carte 13/21 – **22 Zim** ⊇ 31/40 – 62.
♦ Am Rande des beschaulichen Dörfchens steht seit vielen Jahren die Linde. Ein typischer Familienbetrieb : Sauber und gepflegt, mit einfachen, aber heimelig wirkenden Gastzimmern. Um einen hellgrünen Kachelofen herum bittet man hier die Gäste zu Tisch.

MÜCKE

In Mücke-Flensungen :

- **Landhotel Gärtner,** Bahnhofstr. 116, ✉ 35325, ℘ (06400) 9 59 90, info@land
hotel-gaertner.de, Fax (06400) 9599142, Biergarten, 🌳 – 📺 🚗 🅿 – 🛋 100. 🌐
VISA
Menu (geschl. Montagabend) à la carte 18/29 – **18 Zim** ⇆ 46/60 – 69/90.
  • Der solide Familienbetrieb hält gepflegte, praktisch eingerichtete Zimmer für Sie bereit. Ein neuzeitlicher Anbau ergänzt seit kurzem den ursprünglichen Gasthof. In schlichtrustikaler Aufmachung präsentieren sich die Gaststuben.

MÜDEN Rheinland-Pfalz siehe Treis-Karden.

MÜHLDORF AM INN Bayern 420 V 21 – 16 000 Ew – Höhe 383 m.
  🏌 Pleiskirchen (Ost : 10 km), ℘ (08635) 70 89 03.
  Berlin 611 – München 80 – Regensburg 114 – Landshut 57 – Passau 95 – Salzburg 77.

- **Bastei** (mit Gästehaus), Münchener Str. 69 (Altmühldorf), ✉ 84453, ℘ (08631) 3 67 80,
info@hotel-bastei.de, Fax (08631) 367810 – 🛗, ⚟ Zim, 📺 & 🅿 – 🛋 25. 🅰🅴 🌐
VISA
Menu à la carte 13/26 – **35 Zim** ⇆ 40/42 – 54/62.
  • Suchen Sie eine gepflegte Übernachtungsmöglichkeit für unterwegs? Haupthaus, Gästehaus und ein neuerer Anbau beherbergen funktionelle Quartiere.

MÜHLENBACH Baden-Württemberg 419 V 8 – 1 600 Ew – Höhe 260 m – Erholungsort.
Berlin 778 – Stuttgart 139 – Freiburg im Breisgau 43 – Offenburg 32 – Freudenstadt 53.

- **Zum Ochsen,** Hauptstr. 27, ✉ 77796, ℘ (07832) 22 43, gasthaus.ochsen@arcor.de,
Fax (07832) 6239, 🍽 – 📺 🅿 🌐 VISA, ⚟
geschl. Feb. 3 Wochen – **Menu** (geschl. Dienstag - Mittwochmittag) à la carte 18/36 –
11 Zim ⇆ 35 – 58/64 – ½ P 11.
  • Die Zimmer dieses familiär geführten Hauses sind mit hellen Holzmöbeln solide eingerichtet. Die Lage ist recht ruhig, abseits der Durchgangsstraße. Zum Speisen begeben Sie sich in eine ländliche Gaststube.

MÜHLHAUSEN Thüringen 418 M 15 – 38 000 Ew – Höhe 253 m.
Sehenswert : Altstadt★ (Stadtmauer★, Kirche St. Marien★).
🛈 Tourist-Information, Ratsstr. 20, ✉ 99974, ℘ (03601) 45 23 21, Fax (03601) 452316.
Berlin 301 – Erfurt 54 – Eisenach 32 – Kassel 103.

- **Mirage** M garni, Karl-Marx-Str. 9, ✉ 99974, ℘ (03601) 43 90, info@mirage-hotel.de,
Fax (03601) 439100 – 🛗 ⚟ 📺 🍴 & 🚗 – 🛋 60. 🅰🅴 ⓞ 🌐 VISA
77 Zim ⇆ 56/61 – 70/82.
  • Hinter einer neuzeitlichen Fassade schaffen funktionelle Gästezimmer die Basis für einen erholsamen Aufenthalt. Bahnhof und Altstadtkern liegen ganz in der Nähe.

- **Brauhaus Zum Löwen,** Kornmarkt 3, ✉ 99974, ℘ (03601) 47 10, info@brauhaus
-zum-loewen.de, Fax (03601) 471222, 🌳 – 🛗, ⚟ Rest, 📺 🅿 – 🛋 40. 🅰🅴 ⓞ 🌐
VISA
Menu à la carte 13,50/24 – **33 Zim** ⇆ 50/60 – 70/90.
  • Mit hellen, zeitlosen Hotelmöbeln sind die Zimmer dieses im Ortskern gelegenen Hauses behaglich eingerichtet. In ein paar Minuten sind Sie von hier aus im Grünen. Blickfang im Restaurant sind die kupfernen Braukessel, die heute noch in Gebrauch sind.

- ✕ **Zum Nachbarn,** Steinweg 65, ✉ 99974, ℘ (03601) 81 25 13, Fax (03601) 812513 –
🅰🅴 ⓞ 🌐 VISA
Menu à la carte 13/23.
  • Ein nettes Fachwerkhaus in der Fußgängerzone der Stadt beherbergt diese gastliche Adresse. Für Ihre Bewirtung stehen regionale wie auch internationale Gerichte zur Auswahl.

In Rodeberg-Struth West : 12 km über die B 249 :

- **Zur grünen Linde,** Lange Str. 93, ✉ 99976, ℘ (036026) 9 02 04, gruene-linde-
struth@web.de, Fax (036026) 90050, 🌳 – 📺 🅿 🅰🅴 ⓞ 🌐 VISA
Menu (geschl. Montagmittag, Dienstagmittag, Freitag) à la carte 13/18 – **10 Zim** ⇆ 31/35
– 48/55.
  • Auf dem hinteren Teil des Grundstücks liegt das pensionsartige Gästehaus mit solide gestalteten Zimmern. Auch die persönliche Atmosphäre spricht für das kleine Hotel. Der Kachelofen gibt dem schlichten Restaurant den Charakter einer ländlichen Gaststube.

MÜHLHEIM AM MAIN Hessen 417 P 10 – 24 500 Ew – Höhe 105 m.
Berlin 537 – Wiesbaden 51 – *Frankfurt am Main* 15 – Hanau 8.

In Mühlheim-Lämmerspiel *Süd-Ost : 5 km :*

Landhaus Waitz, Bischof-Ketteler-Str. 26, ✉ 63165, ℘ (06108) 60 60, *willkommen @hotel-waitz.de*, Fax (06108) 606488, 🍴 – 🛗, ✻ Zim, 📺 📞 ⇔ 🅿 – 🔒 140. 🆎 ⓘ
🐄 VISA
geschl. 23. Dez. - 4. Jan. - **Menu** *(geschl. 27. Dez. - 6. Jan.) (wochentags nur Abendessen)* 34,50/68 à la carte 28/45 – **25 Zim** ⚏ 90/135 – 125/180.
   • Diese mit mehreren Gebäuden großzügig angelegte Residenz besticht durch ländliche Eleganz. Sie wohnen in sehr individuell und unterschiedlich eingerichteten Zimmern. Verschiedene Restauranträume, teils im eleganten Landhausstil, mit Gartenterrasse.

MÜHLTAL Hessen siehe Darmstadt.

MÜLHEIM AN DER RUHR Nordrhein-Westfalen 417 L 4 – 177 000 Ew – Höhe 40 m.
⛳18 *Mülheim-Selbeck (Süd : 7 km über ①), ℘ (0208) 48 36 07* ; ⛳5 *Mülheim, Gut Raffelberg, Akazienallee 84, ℘ (0208) 5 80 56 90*.
🛈 *City-Shop, Hans-Böckler-Platz (im Forum-City-Mülheim),* ✉ 45468, ℘ *(0208) 4 55 80 80, Fax (0208) 4558088*.
ADAC, *Löhstr. 6*.
Berlin 539 – *Düsseldorf* 36 ① – Duisburg 9 ② – Essen 10 – Oberhausen 5,5.

Stadtplan siehe gegenüberliegende Seite

Thiesmann M, Dimbeck 56, ✉ 45470, ℘ (0208) 30 68 90, *hotel-thiesmann@t-online.de*, Fax (0208) 3068990, 🍴, 🛏, 🌳 – 🛗, ✻ Zim, 📺 📞 ⇔ 🅿 – 🔒 30. 🆎 ⓘ
VISA   Z e
Menu *(geschl. Sonn- und Feiertage) (nur Abendessen)* à la carte 18/32 – **34 Zim** ⚏ 81/102 – 99/150.
   • Auch anspruchsvolle Gäste werden in dem komfortablen und modernen Hotel zufrieden sein. Um dem gerecht zu werden, ist Familie Thiesmann mit viel Engagement stets präsent. Großes, rustikal gestaltetes Restaurant.

Clipper Hotel M garni, Hans-Böckler-Platz 19 (Forum-City-Center), ✉ 45468, ℘ (0208) 30 86 30, *info@clipper-hotels.de*, Fax (0208) 30863113, 🛏, – 🛗 ✻ 📺 – 🔒 15. 🆎 ⓘ
🐄 VISA   Y c
51 Zim ⚏ 85 – 110.
   • Hoch über den Dächern der Stadt im 5. Stock des Forum City Mülheim, einem Büro- und Einkaufszentrum, begrüßt man die Besucher mit komfortablen, modern gestalteten Zimmern.

Gartenhotel Luisental M garni, Troostrstr. 2, ✉ 45468, ℘ (0208) 99 21 40, *info @gartenhotel-luisental.de*, Fax (0208) 9921440 – 🛗 ✻ 📺 ⇔. 🆎 🐄 VISA   Z a
20 Zim ⚏ 80/125 – 90/150.
   • Architektonisch gelungen fügt sich das moderne Hotel in die aus Patrizierhäusern bestehende Nachbarschaft ein und lädt seine Gäste mit attraktiven Zimmern zum Bleiben ein.

Friederike garni, Friedrichstr. 32, ✉ 45468, ℘ (0208) 99 21 50, *info@hotel-friederike.de*, Fax (0208) 9921545, 🌳 – 📺. 🆎 🐄 VISA   Z f
25 Zim ⚏ 60/110 – 80/125.
   • In einer stilvollen Stadtvilla mit parkähnlichem Garten heißen Ihre Gastgeber Sie willkommen. Klein, aber fein und gepflegt gibt sich der Rahmen des ganzen Hauses.

Noy garni, Schloßstr. 28, ✉ 45468, ℘ (0208) 4 50 50, *info@hotelnoy.de*, Fax (0208) 4505300 – 🛗 📺 📞 – 🔒 50. 🆎 ⓘ 🐄 VISA JCB. ✻   Y a
⚏ 10 – **50 Zim** 67/93 – 102/121.
   • Im Herzen der Stadt, unmittelbar in der Fußgängerzone, liegt dieses neuzeitliche Hotel. Sie nächtigen in solide gestalteten Zimmern und erfahren einen freundlichen Service.

Am Ruhrufer, Dohne 74, ✉ 45468, ℘ (0208) 99 18 50, *info@hotel-am-ruhrufer.de*, Fax (0208) 9918599, ≤, 🍴 – 🛗, ✻ Zim, 📺 📞 🅿 – 🔒 35. 🆎 🐄 VISA. ✻ Rest
Müller-Flora *(geschl. 20. Dez. - Mitte Januar, Freitag - Sonntag und Feiertage) (nur Abendessen)* **Menu** à la carte 23/38 – **48 Zim** ⚏ 90 – 110.   Z c
   • Wenn Sie sich anläßlich eines Mülheim-Aufenthalts für dieses Hotel entscheiden, logieren Sie direkt an der Ruhr und schön im Grünen. Die Zimmer entsprechen solidem Standard. In einem Nebengebäude finden Sie das rustikale Lokal mit Sonnenterrasse.

Am Schloß Broich garni, Am Schloß Broich 27, ✉ 45473, ℘ (0208) 99 30 80, *rezeption@hotel-broich.de*, Fax (0208) 9930850 – 🛗 📺 ⇔. 🆎 🐄 VISA   Y v
26 Zim ⚏ 60/65 – 86.
   • Vorzüge dieses Hauses sind sicherlich die zentrale Lage und das gepflegte Ambiente. Frühaufsteher aufgepaßt ! Bereits ab 6 Uhr serviert man Ihnen ein leckeres Frühstück !

MÜLHEIM
AN DER RUHR

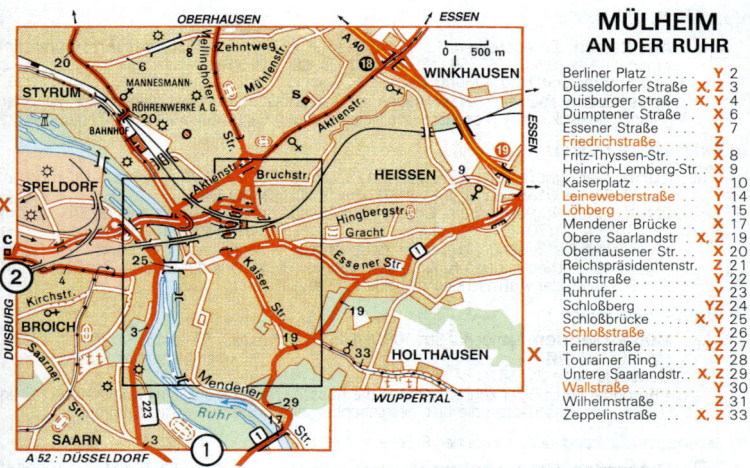

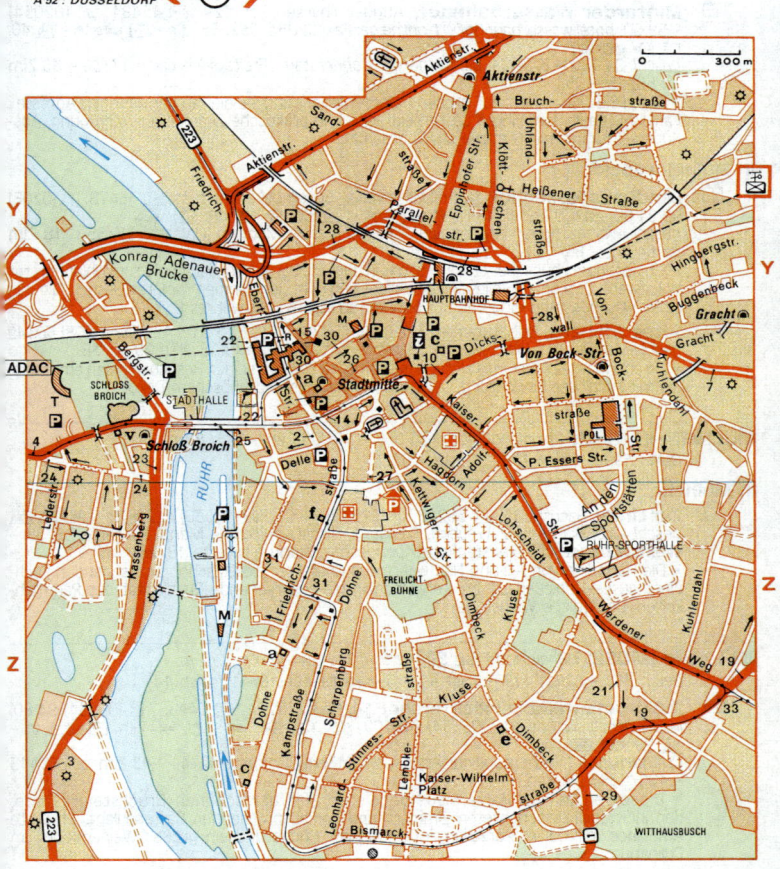

Berliner Platz		Y 2
Düsseldorfer Straße		X, Z 3
Duisburger Straße		X, Y 4
Dümptener Straße		X 6
Essener Straße		Y 7
Friedrichstraße		Z
Fritz-Thyssen-Str.		X 8
Heinrich-Lemberg-Str.		X 9
Kaiserplatz		Y 10
Leineweberstraße		Y 14
Löhberg		Y 15
Mendener Brücke		X 17
Obere Saarlandstr.		Y, Z 19
Oberhausener Str.		X 20
Reichspräsidentenstr.		Z 21
Ruhrstraße		Y 22
Ruhrufer		Y 23
Schloßberg		YZ 24
Schloßbrücke		X, Z 25
Schloßstraße		Y 26
Teinerstraße		YZ 27
Tourainer Ring		Y 28
Untere Saarlandstr.		X, Z 29
Wallstraße		Y 30
Wilhelmstraße		Z 31
Zeppelinstraße		X, Z 33

MÜLHEIM AN DER RUHR

Am Kamin, Striepensweg 62, ✉ 45473, ☎ (0208) 76 00 36, info@restaurantamkamin.de, Fax (0208) 760769, 🍽 – 🅿 AE ① ⓜ VISA JCB X s
geschl. Samstagmittag – **Menu** à la carte 26/41.
◆ Das hübsche Fachwerkhaus, umgeben von sattem Grün, erwartet seine Gäste mit einer gemütlich-rustikalen Atmosphäre und einer schönen Gartenterrasse mit offenem Kamin.

In Mülheim-Dümpten:

Kuhn, Mellinghofer Str. 277, ✉ 45475, ☎ (0208) 79 00 10, info@hotel-kuhn.de, Fax (0208) 7900168, 🍽, 🔲 – 🛗 TV ⟵ 🅿 AE ① ⓜ VISA
Distel (geschl. Aug. 3 Wochen, Sonntag) (nur Abendessen) **Menu** à la carte 19/34 – **65 Zim** ☑ 40/65 – 50/70.   siehe Stadtplan Oberhausen   X a
◆ Geschickt für Reisende, die einen Zwischenstop einlegen möchten. Denn : Der familiengeführte Betrieb mit den funktionellen Zimmern liegt nahe der BAB 40. Das Restaurant Distel in rustikaler Aufmachung mit schöner Holztäfelung.

In Mülheim-Menden:

Müller-Menden, Mendener Str. 109, ✉ 45470, ☎ (0208) 37 40 15, Fax (0208) 37933, 🍽 – 🅿 ⓜ VISA   über Mendener Straße   X
Menu à la carte 21/34.
◆ Besonders Ausflügler kehren gerne in das hübsche Fachwerklokal mit seinen unterteilten Stuben ein. Sie schätzen die hier herrschende gemütliche und nette Stimmung.

In Mülheim-Mintard über Mendener Brücke X:

Mintarder Wasserbahnhof, August-Thyssen-Str. 129, ✉ 45481, ☎ (02054) 9 59 50, hotel.wasserbahnhof@t-online.de, Fax (02054) 959555, 🍽 – TV ⟵ 🅿 – 🎱 40. AE ① ⓜ VISA
geschl. 24. Dez. - 6. Jan. – **Menu** (geschl. Donnerstag - Freitag) à la carte 17/36 – **33 Zim** ☑ 69/75 – 95.
◆ Wenn Sie wenig Wert auf großen Komfort legen, sind Sie hier an der richtigen Adresse : Familie Schmitz stellt ihren Gästen einfache und praktische Zimmer zur Verfügung. Ausflugsrestaurant mit Terrasse am Ruhrdamm.

In Mülheim-Speldorf:

Landhaus Sassenhof ⚘ (mit Gästehaus), Schellhockerbruch 21, ✉ 45478, ☎ (0208) 99 91 80, Fax (0208) 51465, 🍽 – TV 🅿 – 🎱 30. AE ① ⓜ VISA JCB
geschl. Weihnachten - Anfang Jan. – **Menu** (geschl. Montag) à la carte 17/35 – **18 Zim** ☑ 64/82 – 86/120.
◆ Ein besonders hübsches Landhaus, das in unmittelbarer Nachbarschaft zum Uhlenhorster Wald steht. Geschmackvolles Mobiliar bildet den richtigen Rahmen für Ihren Besuch. Die von altem Baumbestand eingerahmte Sonnenterrasse ist ein wahres Idyll.

Altes Zollhaus, Duisburger Str. 228, ✉ 45478, ☎ (0208) 5 03 49, Fax (0208) 50349
geschl. 31. Dez. - 5. Jan., Montag, Samstagmittag – **Menu** à la carte 29,50/38.   X c
◆ Ein charmantes Ambiente bietet das ehemalige Zollhaus seinen Besuchern. Man empfängt Sie mit rustikaler Einrichtung, stilvollen Accessoires und hübschem Dekor.

MÜLHEIM-KÄRLICH Rheinland-Pfalz ⁴⁰⁷ O 6 – 10 000 Ew – Höhe 80 m.
Berlin 599 – Mainz 109 – Koblenz 10.

In Mülheim:

Zur Linde, Bachstr. 12, ✉ 56218, ☎ (02630) 41 30, Fax (02630) 4129, 🍽 – 🅿 ⓜ VISA
geschl. über Karneval 2 Wochen, Dienstag, Samstagmittag – **Menu** à la carte 25/38 – **Weinstube** (geschl. Dienstag)(nur Abendessen) **Menu** à la carte 18/23.
◆ Die Harmonie von Alt und Neu wahrt den Charakter dieses schön anzusehenden Fachwerkhauses. Genießen Sie bei Kerzenschein die ansprechende Rustikalität der Räumlichkeiten. Gemütliche Weinstube.

MÜLHEIM (MOSEL) Rheinland-Pfalz ⁴⁰⁷ Q 5 – 900 Ew – Höhe 110 m.
Berlin 681 – Mainz 119 – Trier 44 – Bernkastel-Kues 6 – Wittlich 14.

Weinromantikhotel Richtershof Ⓜ, Hauptstr. 81, ✉ 54486, ☎ (06534) 94 80, info@richtershof.de, Fax (06534) 948100, 🍽, ℉, 🍽, 🌿 – 🛗, 🚿 Zim, TV ✆ & 🅿 – 🎱 20. ⓜ VISA
Culinarium R (wochentags nur Abendessen) **Menu** à la carte 32/41 – **43 Zim** ☑ 85/115 – 120/150, 3 Suiten.
◆ Dieses ehemalige Herrenhaus begeistert mit der schönen Bruchsteinfassade, den individuell eingerichteten Zimmern und der ansprechenden Gartenanlage. Elegante Ambiance mit edlem Porzellan, internationale Küche und ein großes Weinangebot im Culinarium.

MÜLHEIM (MOSEL)

🏨 **Landhaus Schiffmann** (mit Gästehaus), Veldenzer Str. 49a, ✉ 54486, ✆ (06534) 9 39 40, info@landhaus-schiffmann.de, Fax (06534) 18201, ≤, Massage, ≘s, 🐎 – ⥂ 📺 🅿, ❀
geschl. Dez. – **Menu** (Restaurant nur für Hausgäste) – **26 Zim** ⮕ 61 – 92.
◆ Mal richtig ausspannen: Umrahmt von 7000 Quadratmetern Liegewiese, ist das gediegene, im Landhausstil gebaute Hotel eine empfehlenswerte Adresse mit wohnlichen Zimmern.

MÜLLHEIM Baden-Württemberg ⁴¹⁹ W 6 – 18 000 Ew – Höhe 230 m.

🛈 Touristik-Information, Werderstr. 48, ✉ 79379, ✆ (07631) 40 70, Fax (07631) 16654.
Berlin 831 – Stuttgart 238 – Freiburg im Breisgau 33 – Basel 41 – Mulhouse 26.

🏨 **Alte Post,** an der B 3, ✉ 79379, ✆ (07631) 1 78 70, info@alte-post.net, Fax (07631) 178787, 🍽 – ⥂ Zim, 📺 ✆ ⇐⇒ 🅿 – 🔔 50. ① ⓜ 💳
Menu à la carte 26/41 (auch vegetarisches Menu) – **50 Zim** ⮕ 51/77 – 80/105.
◆ "Gastlichkeit im Einklang mit der Natur" lautet das Motto des renovierten historischen Gasthofs. Reservieren Sie eines der neueren Zimmer mit hübschen Weichholzmöbeln. Gemütlich-gediegene Gaststuben mit Holztäfelung und Kachelofen sowie schöner Gartenterrasse.

🏨 **Gästehaus im Weingarten** 🍃, garni (Appartementhotel), Kochmatt 8, ✉ 79379, ✆ (07631) 3 69 40, info@app-hotel-im-weingarten.de, Fax (07631) 369425, ≤, ≘s, 🔲, 🐎 – 📺 ♿ ⇐⇒ 🅿
14 Zim ⮕ 50/60 – 75/80.
◆ Fast wie zu Hause können Sie sich in diesem familiär geführten Hotel fühlen. Der private Charakter mit ländlicher Zeitlosigkeit zieht sich wie ein roter Faden durchs Haus.

🏨 **Bauer** (mit Gästehaus), Eisenbahnstr. 2, ✉ 79379, ✆ (07631) 24 62, info@hotel bauer.de, Fax (07631) 4073, 🍽, 🐎 – ♿ 📺 ⇐⇒ 🅿 ⓜ 💳
geschl. 21. Dez. – 8. Jan. – **Menu** (geschl. Samstagmittag, Sonntag) à la carte 16/28 –
⮕ 8 – **59 Zim** 46 – 73/81.
◆ Ein einfaches, zeitloses Hotel, in dem auch Familien mit Kindern sehr gut aufgehoben sind: Babybettchen, Babyphon und Wickeltisch stehen auf Wunsch bereit. Freundlich-familiärer Service und typische ländliche Gaststuben.

In Müllheim-Britzingen Nord-Ost: 5 km – Erholungsort:

🍴 **Zur Krone** mit Zim, Markgräfler Str. 32, ✉ 79379, ✆ (07631) 20 46, kronebritzingen@aol.com, Fax (07631) 15442, 🍽 – 🅿 ⓜ
geschl. Montag – **Menu** à la carte 16/26 – **8 Zim** ⮕ 39 – 46/60.
◆ Nach einem Spaziergang durch die umliegenden Weinberge bietet sich dieser bürgerliche Gasthof geradezu für eine stärkende Einkehr an. Aufgetischt wird Regionaltypisches.

🍴 **Landgasthof Hirschen** mit Zim, Markgräfler Str. 22, ✉ 79379, ✆ (07631) 54 57 – 🅿
geschl. 24. Dez. – 8. Jan., Dienstag – Mittwochmittag – **Menu** 12 à la carte 17/32 – **4 Zim** ⮕ 30 – 50.
◆ Eine solide zubereitete bürgerliche Küche zu einem günstigen Preis ist ein guter Grund, in dieses rustikale, mit Jagdtrophäen geschmückte Restaurant einzukehren.

In Müllheim-Feldberg Süd-Ost: 6 km:

🍴 **Ochsen** mit Zim, Bürgelnstr. 32, ✉ 79379, ✆ (07631) 35 03, Fax (07631) 10935, 🍽, (Landgasthof a.d.J. 1763), ≘s, 🐎 – 🅿 ⓜ 💳
geschl. Jan. 2 Wochen – **Menu** (geschl. Donnerstag) à la carte 19/37 ⓎVariablen – **7 Zim** ⮕ 42/55 – 62/85.
◆ Blickfang in der rustikalen Stube des typischen Markgräfler Gasthofs ist ein grüner Kachelofen – um ihn gruppieren sich die Tische. Mit hübschem Garten und ländlichen Zimmern.

MÜNCHBERG Bayern ⁴¹⁸ ⁴²⁰ P 19 – 12 500 Ew – Höhe 553 m.

🛈 Fremdenverkehrsamt, Ludwigstr. 15 (Rathaus), ✉ 95213, ✆ (09251) 8 74 12, Fax (09251) 87424.
Berlin 323 – München 266 – Hof 21 – Bayreuth 37.

🏨 **Seehotel Hintere Höhe** 🍃, Hintere Höhe 7, ✉ 95213, ✆ (09251) 9 46 10, seehotel@muenchberg.net, Fax (09251) 3976, ≤, 🍽, ≘s, 🐎 – ⥂ Zim, 📺 ⇐⇒ 🅿
🔔 80. ㏂ ① ⓜ 💳. ❀
Menu (geschl. Freitag) à la carte 16/30 – **33 Zim** ⮕ 55/65 – 95.
◆ Umgeben von Wiesen und Wäldern und mit einem kleinen See vor der Tür, bietet dieses Haus bestimmt die nötige Ruhe zum Relaxen. Solide Zimmer, meist mit Balkonen. Gediegenes Restaurant und gemütliche Gaststube mit Kachelofen.

MÜNCHBERG

Braunschweiger Hof, Bahnhofstr. 13, ⊠ 95213, ℘ (09251) 9 94 00, *braunschweiger-hof@t-online.de, Fax (09251) 6404* – 📺 🛌 🅿 ⓘ ⦿ VISA
geschl. Mitte - Ende Jan. 2 Wochen – **Menu** à la carte 14/27 – **21 Zim** ⌑ 36/49 – 62/72.
• Seit über einem Jahrhundert ein Ort der gepflegten Gastlichkeit. Heute sorgt sich Besitzerfamilie Klein mit viel Engagement um das Wohl ihrer Besucher. Heimelig und gemütlich ist die gepflegte Atmosphäre des Lokals.

Roßner, Kulmbacher Str. 16, ⊠ 95213, ℘ (09251) 15 10, *Fax (09251) 80662* – 🛗, ⇔ Zim, 📺 ⦁ 🛌, ⓘ ⦿ VISA
Menu *(geschl. Anfang Aug. 2 Wochen, Sonntagabend - Montagmittag)* à la carte 17/31 – **25 Zim** ⌑ 41/57 – 59/72.
• Ob für eine Fahrtunterbrechung auf der Strecke Berlin-München, einen längeren Aufenthalt oder aus anderen Gründen - Gäste sind in dem familiengeführten Haus gut aufgehoben. Rustikale Gediegenheit in der Gaststätte, gekocht wird regional.

In Sparneck *Süd-Ost : 7 km :*

Waldhotel Heimatliebe ⑤, ⊠ 95234, ℘ (09251) 9 95 90, *heimatliebe@heimatliebe.de, Fax (09251) 7598*, 🍽, ⇔, 🚴 – ⇔ 📺 🛌 🅿 – 🎪 40. 🅰🅴 ⓘ ⦿ VISA
Menu *(geschl. Montagmittag)* à la carte 17/33 – **25 Zim** ⌑ 51/56 – 77/92 – ½ P 16.
• Auf einem kleinen Hügel am nördlichen Teil des Waldsteines liegt herrlich ruhig das gepflegte Hotel mit der romantischen Fassade und dem markanten Türmchen. Das unterteilte Restaurant ist teils bürgerlich, teils gediegen eingerichtet. Schöne Gartenterrasse.

MÜNCHEBERG *Brandenburg* 416 418 *| 26 – 6 000 Ew – Höhe 120 m.*

🛈 *Stadtinformation, Ernst-Thälmann-Str. 101,* ⊠ 15374, ℘ (033432) 7 09 31, *Fax (033432) 81143.*
Berlin 55 – Potsdam 79 – Frankfurt (Oder) 37 – Eberswalde 60.

Landhotel Sternthaler, Poststr. 6, ⊠ 15374, ℘ (033432) 8 94 40, *info@landhotelsternthaler.de, Fax (033432) 89443*, 🍽 – ⇔ 📺 – 🎪 20. ⦿ VISA
Menu *(geschl. Anfang Jan. 1 Woche, Montag)* à la carte 21/26 – **13 Zim** ⌑ 45 – 75.
• Hinter der roten Backsteinfassade verbergen sich schlicht möblierte Zimmer, die durch nette Accessoires, blumige Bettwäsche und Vorhänge freundlich wirken. Leicht nostalgisch angehauchtes Restaurant mit Spitzendecken und pastellfarbener Tapete.

Mönchsberg ⑤, Florastr. 25c, ⊠ 15374, ℘ (033432) 3 67, *familie.schober@t-online.de, Fax (033432) 505*, 🍽, 🚴 – 📺 ⦁ 🅿 ⦿ VISA, ⋇
geschl. 20. Dez. - 2. Jan. – **Menu** *(nur Abendessen)* à la carte 14/20 – **10 Zim** ⌑ 49 – 67.
• Der Gästehaustrakt wurde Anfang der 90er Jahre neu errichtet. Die Zimmer sind mit unterschiedlichem Schlafzimmermobiliar oder Polsterbetten sowie modernen Bädern ausgestattet.

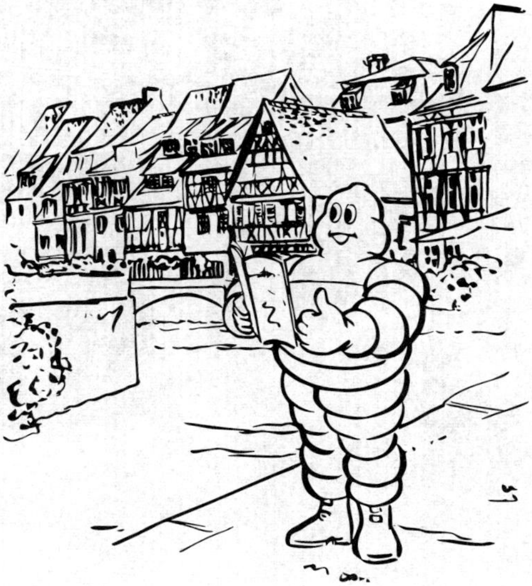

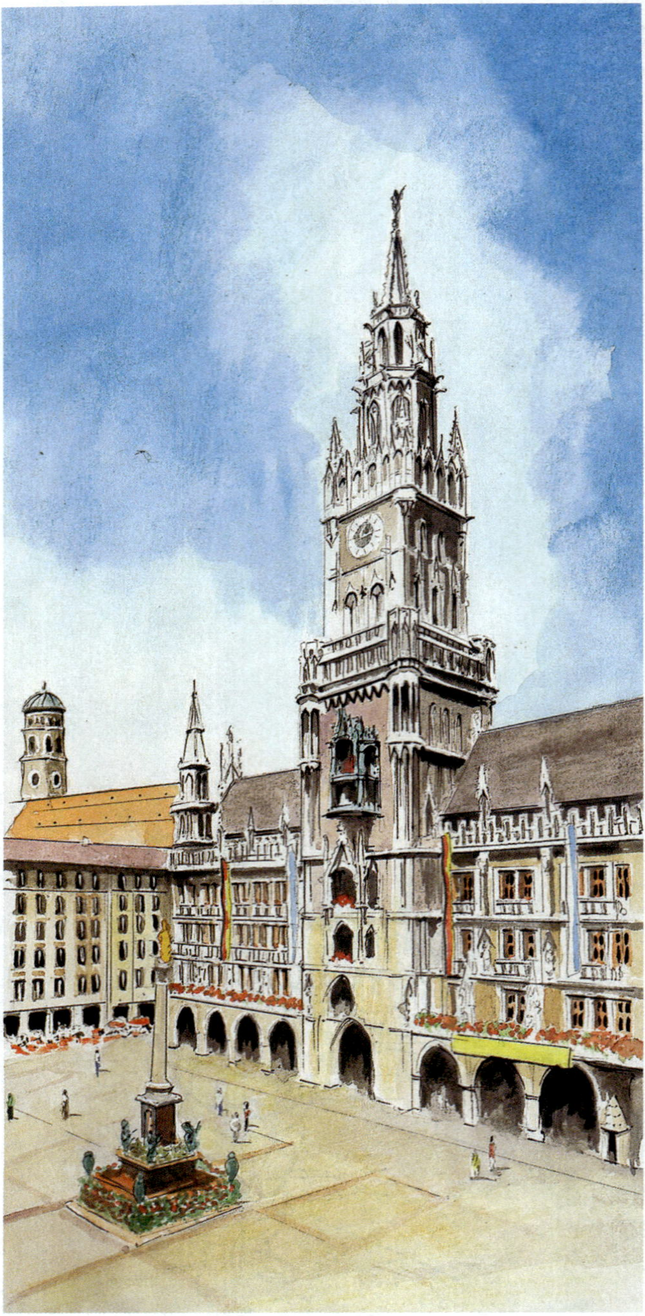

MÜNCHEN

L Bayern 419 420 V 18 – 1 300 000 Ew – Höhe 520 m

Berlin 586 ② – Innsbruck 162 ⑤ – Nürnberg 165 ② – Salzburg 140 ② – Stuttgart 222 ⑨

Umgebungskarte	S. 2
Alphabetisches Verzeichnis der Hotels und Restaurants ...	S. 3 bis 5
Stadtplan München :	
München und Umgebung	S. 6 und 7
Innenstadt und Stadtteile	S. 8 und 9
Zentrum	S. 10 und 11
Straßenverzeichnis	S. 12
Hotels und Restaurants.................................	S. 13 bis 28

PRAKTISCHE HINWEISE

🛈 *Tourist Information am Hauptbahnhof, Bahnhofsplatz* JY, ✉ 80335, ℘ (089) 2 33 03 00, tourismus@ems.muenchen.de, Fax (089) 23330233

🛈 *Tourist Information am Marienplatz, Neues Rathaus,* KZ, ✉ 80331, ℘ (089) 2 33 03 00, Fax (089) 23330233

ADAC, *Sendlinger-Tor-Platz 9*

🏌 *München-Thalkirchen, Zentralländstr. 40* CT, ℘ (089) 7 23 13 04

🏌 *München-Riem, Graf-Lehndorff Str. 36 (Ost : 10 km über ③),* ℘ (089) 94 50 08 00

🏌 *Aschheim, Fasanenweg 10 (Nord-Ost : 14 km, über B471),* ℘ (089) 9 90 24 20

🏌 *Straßlach, Tölzerstraße (Süd : 17 km, über Geiselgasteigstraße.),* ℘ (08170) 9 29 18 11

🏌 *Eschenried, Kurfürstenweg 10 (Nord-West : 16 km),* ℘ (08131) 5 67 40

🏌 *Eschenhof, Kurfürstenweg 13 (Nord-West : 16 km),* ℘ (08131) 56 74 56

🏌 *Olching, Feuersstr. 89 (Nord-West : 22 km, über ⑨),* ℘ (08142) 4 82 90

🏌 *Dachau, An der Floßlände 1 (Nord-West : 20 km, über B304),* ℘ (08131) 1 08 79

🏌 *Eichenried, Münchener Str. 57 (Nord-Ost : 24 km, über B388),* ℘ (08123) 9 30 80

✈ *Flughafen Franz-Josef Strauß (Nord-Ost : 29 km, über ②),* ℘ (089) 9 75 00. *City Air Terminal, Arnulfstraße, (Hauptbahnhof Nordseite)*

🚗 *Ostbahnhof, Friedenstraße* HX

Messe München GmbH Messegelände (über ③), ✉ 81823, ℘ (089) 9 49 01, Fax (089) 94909

MÜNCHEN S. 2

HAUPTSEHENSWÜRDIGKEITEN

Museen, Galerien, Sammlungen : *Alte Pinakothek*★★★ KY – *Deutsches Museum*★★★ LZ – *Bayerisches Nationalmuseum*★★ LY M⁵ – *Nymphenburg*★★ BS *(Schloß*★, *Schönheitengalerie König Ludwig I.*★, *Park*★, *Amalienburg*★★, *Botanischer Garten*★★*)* – *Neue Pinakothek*★★ KY – *Münchner Stadtmuseum*★ *(Moriskentänzer*★★*)* KZ M⁷ – *Galerie im Lenbachhaus*★ JY M⁴ – *Antikensammlungen*★ JY M³ – *Glyptothek*★ JY M² – *Deutsches Jagd- und Fischereimuseum*★ KZ M¹ – *Residenz*★★ *(Schatzkammer*★★, *Altes Residenztheater*★, *Residenzmuseum*★★*)* KY

Parks, Gärten, Seen : *Englischer Garten*★ *(Monopteros* ≤★*)* LY – *Tierpark Hellabrunn*★ CT – *Olympiapark (Olympiaturm* ✼★★★*)* CR.

Gebäude, Straßen, Plätze : *Die Altstadt*★★ KYZ – *Frauenkirche*★ *(Turm* ≤★, *Prunkkenotaph Kaiser Ludwigs des Bayern*★*)* KZ – *Marienplatz*★ KZ – *Asamkirche*★ KZ – *Michaelskirche*★ KYZ **B** – *Theatinerkirche*★ KY **V**.

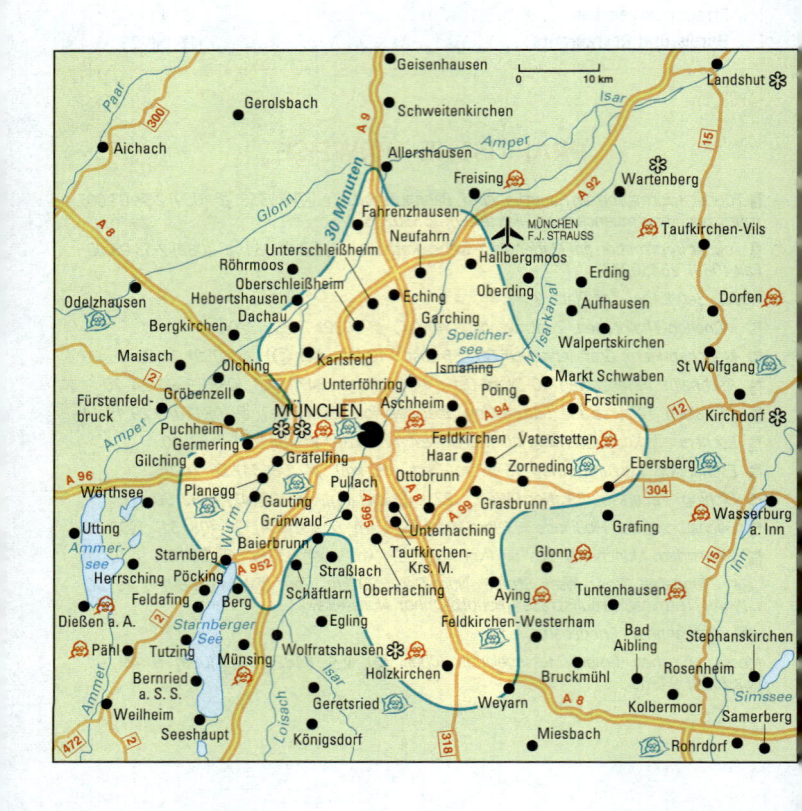

Alphabetisches Verzeichnis der Hotels und Restaurants
Liste alphabétique des hôtels et restaurants

A

- S. 16 Acanthus
- S. 23 Acetaia
- S. 20 Acquarello
- S. 15 Admiral
- S. 27 Aigner
- S. 18 Albarone
- S. 26 Al Pino
- S. 21 Al Gallo Nero
- S. 28 Alter Wirt
- S. 19 Altes Hackerhaus
- S. 17 Am Marstall
- S. 26 Am Moosfeld
- S. 20 Am Ostpark
- S. 17 Andi
- S. 16 Apollo
- S. 20 ArabellaSheraton Grand Hotel
- S. 14 ArabellaSheraton Westpark
- S. 26 Astron
- S. 15 Astron Hotel Deutscher Kaiser
- S. 27 Astron Suite-Hotel
- S. 15 Atrium
- S. 19 Augustiner Gaststätten
- S. 18 Austernkeller

B

- S. 27 Bauer
- S. 13 Bayerischer Hof
- S. 25 Bei Grazia
- S. 25 Bistro Terrine
- S. 23 Blutenburg
- S. 20 Bogenhauser Hof
- S. 17 Boettner's
- S. 16 Brack
- S. 19 Bratwurstherzl

C

- S. 15 Carat-Hotel
- S. 26 Carmen
- S. 21 Carpe Diem
- S. 21 Casale
- S. 16 Concorde
- S. 22 Conviva
- S. 24 Cosmopolitan
- S. 22 Country Inn München Ost
- S. 22 Country Inn Frankfurter Ring
- S. 16 Cristal

D

- S. 18 Dallmayr
- S. 16 Daniel
- S. 24 Der Katzlmacher
- S. 19 Der Tisch
- S. 22 Dolce Sosta
- S. 15 Domus
- S. 14 Drei Löwen
- S. 15 Drei Löwen Residenz
- S. 18 Dukatz

E

- S. 23 Econtel
- S. 23 Edelweiss Parkhotel
- S. 14 Eden-Hotel-Wolff
- S. 17 Ederer
- S. 15 Erzgießerei-Europe
- S. 16 Europäischer Hof
- S. 13 Excelsior
- S. 14 Exquisit

F – G

- S. 27 Feringapark
- S. 28 Foresta Verde
- S. 28 Forsthaus Wörnbrunn
- S. 21 Forum Hotel
- S. 24 Four Points Hotel München Olympiapark
- S. 23 Freisinger Hof
- S. 18 Galleria
- S. 28 Gästehaus Gross
- S. 17 Gasthaus Glockenbach
- S. 27 Golden Leaf Hotel

H

- S. 28 Hachinger Hof
- S. 17 Halali

MÜNCHEN S. 4

- S. 25 Heigl
- S. 21 Hilton City
- S. 27 Holiday Inn
- S. 24 Holiday Inn City Nord
- S. 25 Holiday Inn München-Süd
- S. 27 Huber
- S. 17 Hunsinger's Pacific

I – J

- S. 28 Ibis
- S. 25 Il Borgo
- S. 22 Il Sorriso
- S. 28 Inn Side Residence-Hotel
- S. 15 Intercity-Hotel
- S. 14 International de Ville
- S. 23 Jagdschloss

K

- S. 25 K+K Hotel am Harras
- S. 21 Käfer Schänke
- S. 13 Kempinski Hotel Vier Jahreszeiten
- S. 14 King's Hotel
- S. 15 King's Hotel Center
- S. 13 Königshof
- S. 22 Königstein
- S. 15 Kraft
- S. 23 Kriemhild

L

- S. 18 La Cantinella
- S. 21 La Vigna
- S. 26 Lechnerhof
- S. 18 Lenbach
- S. 13 Le Méridien
- S. 24 Leopold
- S. 19 Löwenbräukeller
- S. 17 Luitpold
- S. 20 Lutter

M

- S. 13 Mandarin Oriental
- S. 24 Mariott-Hotel
- S. 13 Maritim

- S. 21 Massimiliano
- S. 22 Mayerhof
- S. 16 Meier
- S. 22 Mercure (Neu Perlach)
- S. 24 Mercure (Schwabing)
- S. 16 Mercure Altstadt
- S. 14 Mercure City
- S. 18 Mövenpick-Restaurant Grappa's
- S. 17 Müller

N

- S. 18 Nymphenburger Hof

O

- S. 26 Obermaier
- S. 25 Olympiaturm-Drehrestaurant
- S. 16 Olympic

P

- S. 20 Palace
- S. 13 Park Hilton
- S. 24 Park Plaza
- S. 26 Pegasus
- S. 14 Platzl
- S. 16 Präsident
- S. 21 Preysing
- S. 20 Prinz
- S. 20 Prinzregent am Friedensengel

R

- S. 19 Ratskeller
- S. 24 Renaissance Hotel
- S. 21 Ritzi
- S. 26 Romantik Hotel Insel Mühle
- S. 20 Rothof
- S. 22 Rue Des Halles

S

- S. 16 Schlicker
- S. 23 Schlosswirtschaft zur Schwaige

- S. 28 Schreiberhof
- S. 27 Schrenkhof
- S. 25 Seehaus
- S. 25 Sollner Hof
- S. 25 Spago
- S. 19 Spatenhaus an der Oper
- S. 14 Stadthotel Asam

T

- S. 28 Tannenhof
- S. 24 Tantris
- S. 27 Tele-Hotel
- S. 19 Tokami
- S. 14 Torbräu
- S. 15 Tryp

U – V

- S. 17 Uhland
- S. 26 Villa Solln
- S. 23 Villa Waldperlach
- S. 21 Vinaiolo

W

- S. 17 Wallis
- S. 23 Weichandhof
- S. 18 Weinhaus Neuner
- S. 19 Weisses Bräuhaus
- S. 27 Wiesbacher
- S. 19 Wirtshaus zum Straubinger

Z

- S. 18 Zum Alten Markt
- S. 19 Zum Franziskaner
- S. 22 Zum Huterer
- S. 19 Zum Klösterl
- S. 24 Zur Goldenen Gans
- S. 23 Zur Post

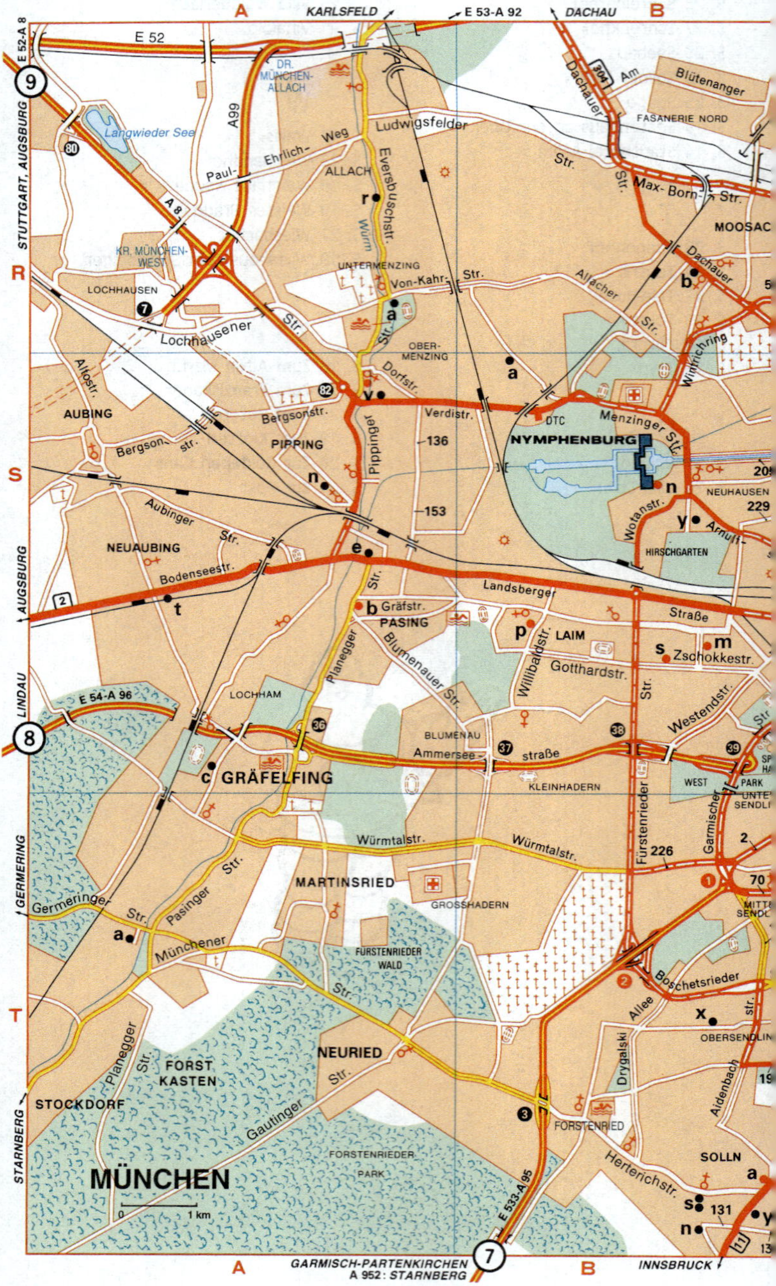
A
KARLSFELD
E 53-A 92
DACHAU
B
E 52
E 52-A 8
9
STUTTGART, AUGSBURG
DR. MÜNCHEN-ALLACH
Langwieder See
80
A99
Paul-Ehrlich-Weg
Ludwigsfelder
Str.
ALLACH
Eversbuschstr.
Würm
r
304
Am
Blütenanger
FASANERIE NORD
Dachauer
Str.
Max-Born-Str.
MOOSAC
A 8
KR. MÜNCHEN-WEST
UNTERMENZING
Von-Kahr-Str.
Dachauer
b
Allacher
Str.
R
LOCHHAUSEN
7
Lochhausener Str.
a
OBER-MENZING
Dorfstr.
Wintrichring
a
Altostr.
AUBING
82
y
Bergsonstr.
Verdistr.
DTC
Menzinger Str.
Bergsonstr.
PIPPING
Pippinger
136
NYMPHENBURG
S
n
n
NEUHAUSEN
153
Wotanstr.
y
Arnulf-
Aubinger Str.
NEUAUBING
e
HIRSCHGARTEN
Bodenseestr.
Str.
Landsberger
2
t
AUGSBURG
b
Gräfstr.
PASING
Straße
Blumenauer Str.
p
LAIM
s
Zschokkestr.
m
LINDAU
E 54-A 96
Planegger
Willibaldstr.
Gotthardstr.
Str.
Westendstr.
LOCHHAM
8
36
BLUMENAU
38
Ammersee-
37
straße
39
c
GRÄFELFING
KLEINHADERN
WEST
PARK
Würmtalstr.
Würmtalstr.
Fürstenrieder
Garmischer
226
GERMERING
MARTINSRIED
1
70
Germeringer Str.
GROSSHADERN
Pasinger Str.
a
Münchener
FÜRSTENRIEDER WALD
2
Boschetsrieder
T
Str.
Allee
x
OBERSENDLIN
Planegger Str.
FORST KASTEN
NEURIED
Str.
Drygalski
Aidenbach
STOCKDORF
3
FORSTENRIED
Gautinger
STARNBERG
FORSTENRIEDER PARK
SOLLN
MÜNCHEN
Herterichstr.
a
0
1 km
E 533-A 95
s
131
n
y
11
7
A
GARMISCH-PARTENKIRCHEN
A 952: STARNBERG
B
INNSBRUCK

MÜNCHEN S. 7

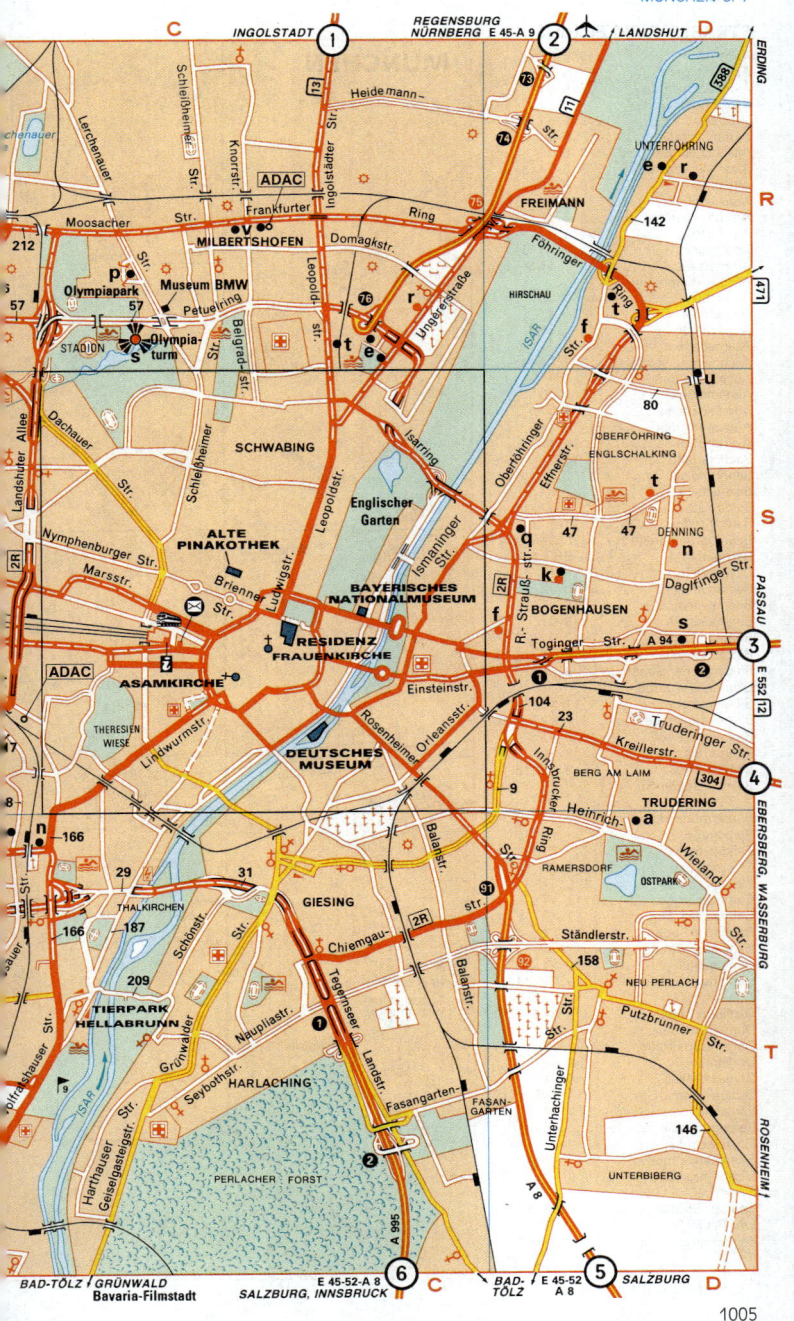

MÜNCHEN S. 8

STRASSENVERZEICHNIS

Straße	Seite	Feld
Ackermannstraße	S. 8	FU
Adalbertstraße	S. 9	GU
Aidenbachstraße	S. 6	BT
Albert-Roßhaupter-Straße	S. 6	BT 2
Albrechtstraße	S. 8	EU
Allacher Straße	S. 6	BR
Alter Messeplatz	S. 8	EX 3
Altostraße	S. 6	AS
Amalienstraße	S. 11	KY
Am Blütenanger	S. 6	BR
Am Gasteig	S. 11	LZ 4
Amiraplatz	S. 11	KY 6
Ammerseestraße	S. 6	ABS
An der Hauptfeuerwache	S. 10	JZ 7
Arcisstraße	S. 10	JY
Arnulfstraße	S. 8	EV
Asamstraße	S. 9	GX
Aschheimer Straße	S. 7	DS 9
Aubinger Straße	S. 6	AS
Auenstraße	S. 9	GX
Auerfeldstraße	S. 9	GX
Augustenstraße	S. 10	JY
Aventinstraße	S. 11	KZ
Baaderstraße	S. 11	KLZ
Bahnhofplatz	S. 10	JY
Balanstraße	S. 7	CT
Baldeplatz	S. 9	GX 14
Barer Straße	S. 10-11	JKY
Baumgartnerstraße	S. 8	EX 17
Bavariaring	S. 8	EFX
Bayerstraße	S. 10	JY
Beethovenplatz	S. 10	JZ
Beethovenstraße	S. 10	JZ 20
Belgradstraße	S. 9	GU
Berg-am-Laim-Str.	S. 7	DS 23
Bergsonstraße	S. 6	AS
Biedersteiner Straße	S. 9	HU 25
Blumenauer Straße	S. 6	AS
Blumenstraße	S. 11	KZ
Blutenburgstraße	S. 8	EV
Bodenseestraße	S. 6	AS
Bonner Platz	S. 9	GU
Bonner Straße	S. 9	GU 26
Boschetsrieder Str.	S. 6	BT
Brienner Straße	S. 10-11	JKY
Brudermühlstraße	S. 7	CT 29
Burgstraße	S. 11	KZ 30
Candidstraße	S. 7	CT 31
Chiemgaustraße	S. 7	CT
Clemensstraße	S. 9	GU
Corneliusbrücke	S. 11	KZ
Corneliusstraße	S. 11	KZ
Dachauer Straße	S. 10	JY
Daglfinger Straße	S. 7	DS
Damenstiftstraße	S. 10	JZ 32
Denninger Straße	S. 9	HV 34
Dienerstraße	S. 11	KZ 36
Dietlindenstraße	S. 9	GHU
Domagkstraße	S. 7	CR
Dom-Pedro-Straße	S. 8	EU
Dorfstraße	S. 6	AS
Drygalski-Allee	S. 6	BT
Eduard-Schmid-Str.	S. 11	KLZ
Effnerstraße	S. 7	DS
Ehrengutstraße	S. 8	FX
Einsteinstraße	S. 9	HX
Eisenmannstraße	S. 11	KZ 39
Elisabethstraße	S. 8	FGU
Elisenstraße	S. 10	JY
Elsässer Straße	S. 9	HX 42
Emil-Riedel-Straße	S. 9	HV 45
Englschalkinger Str.	S. 7	DS 47

Fortsetzung
siehe München S. 10-11 und 12

MÜNCHEN S. 9

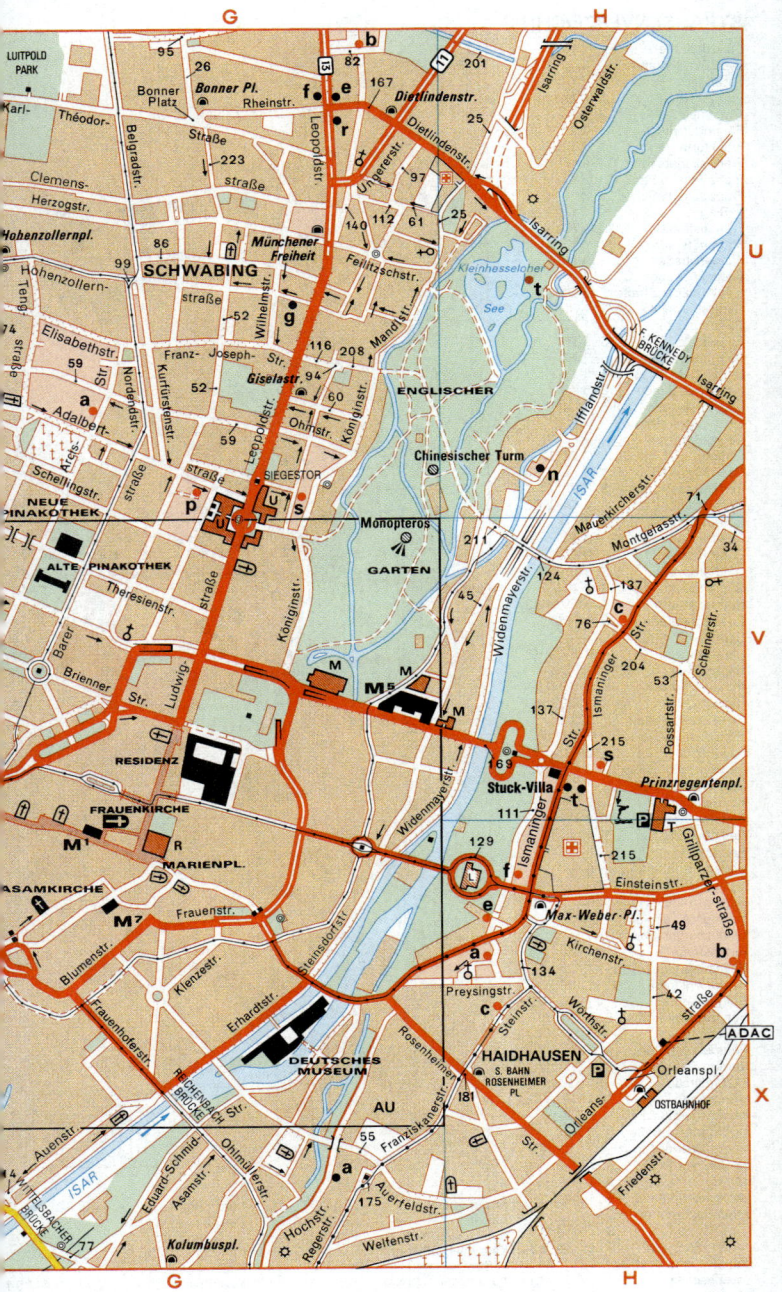

1007

MÜNCHEN S. 10

STRASSENVERZEICHNIS

Straße	Seite	Feld	Nr.
Erhardtstraße	S. 11	KLZ	
Eversbuschstraße	S. 6	AR	
Fasangartenstraße	S. 7	CDT	
Feilitzschstraße	S. 9	GU	
Flurstraße	S. 9	HX	49
Föhringer Ring	S. 7	DR	
Frankfurter Ring	S. 7	CR	
Franziskanerstraße	S. 9	GX	
Franz-Joseph-Straße	S. 9	GU	
Franz-Joseph-Strauß-Ring	S. 11	LY	50
Frauenstraße	S. 11	KZ	
Fraunhoferstraße	S. 11	KZ	
Friedenstraße	S. 9	HX	
Friedrichstraße	S. 9	GU	52
Fürstenrieder Straße	S. 6	BST	
Gabelsbergerstr.	S. 10-11	JKY	
Gärtnerplatz	S. 11	KZ	
Galileiplatz	S. 9	HV	53
Ganghoferstraße	S. 8	EX	
Garmischer Straße	S. 6	BST	
Gautinger Straße	S. 6	AT	
Gebsattelstraße	S. 9	GX	55
Geiselgasteigstraße	S. 7	CT	
Georg-Brauchle-Ring	S. 7	BCR	57
Georgenstraße	S. 8-9	FGU	59
Germeringer Straße	S. 6	AT	
Giselastraße	S. 9	GU	60
Görresstraße	S. 8	FU	
Goethestraße	S. 10	JZ	
Gohrenstraße	S. 9	GU	61
Gotthardstraße	S. 6	BS	
Gräfstraße	S. 6	AS	
Grasserstraße	S. 8	EV	63
Grillparzerstraße	S. 9	HX	
Grünwalder Straße	S. 7	CT	
Hackerbrücke	S. 8	EV	65
Häberlstraße	S. 10	JZ	
Hanauer Straße	S. 7	CR	66
Hansastraße	S. 7	CS	68
Hans-Sachs-Straße	S. 11	KZ	
Harthauser Straße	S. 7	CT	
Haydnstraße	S. 10	JZ	
Heckenstallerstraße	S. 6	BT	70
Heidemannstraße	S. 7	CR	
Heimeranstraße	S. 8	EV	
Heinrich-Wieland-Str.	S. 7	DT	
Herkomerplatz	S. 9	HU	71
Herrnstraße	S. 11	LZ	
Herterichstraße	S. 6	BT	
Herzog-Heinrich-Str.	S. 10	JZ	
Herzogstraße	S. 9	GU	
Herzog-Wilhelm-Str.	S. 10	JZ	
Hiltenspergerstraße	S. 8-9	FGU	74
Hirtenstraße	S. 10	JY	
Hochstraße	S. 11	LZ	
Hofgartenstraße	S. 11	KY	
Hofgraben	S. 11	KZ	75
Hohenzollernstraße	S. 9	GU	
Holzstraße	S. 10	JZ	
Hompeschstraße	S. 9	HV	76
Humboldtstraße	S. 9	GX	77
Ickstattstraße	S. 11	KZ	
Ifflandstraße	S. 9	HU	
Infanteriestraße	S. 8	FU	
Ingolstädter Straße	S. 7	CR	
Innere Wiener Str.	S. 11	LZ	79
Innsbrucker Ring	S. 7	DST	
Isarring	S. 9	HU	
Ismaninger Straße	S. 9	HVX	
Johanneskirchner Straße	S. 7	DS	80
Johann-Fichte-Str.	S. 9	GU	82
John-F.-Kennedy-Br.	S. 9	HU	
Josephsplatz	S. 8	FU	83
Kaiser-Ludwigs-Pl.	S. 10	JZ	
Kaiserstraße	S. 9	GU	86
Kapuzinerstraße	S. 10	JZ	
Kardinal-Faulhaber-Straße	S. 11	KY	88
Karlsplatz (Stachus)	S. 10	JY	91
Karlstraße	S. 10	JY	
Karl-Theodor-Straße	S. 9	GU	
Karolinenplatz	S. 11	KY	
Kaufingerstraße	S. 11	KZ	
Kirchenstraße	S. 9	HX	
Kißkaltplatz	S. 9	GU	94

1008

MÜNCHEN S. 11

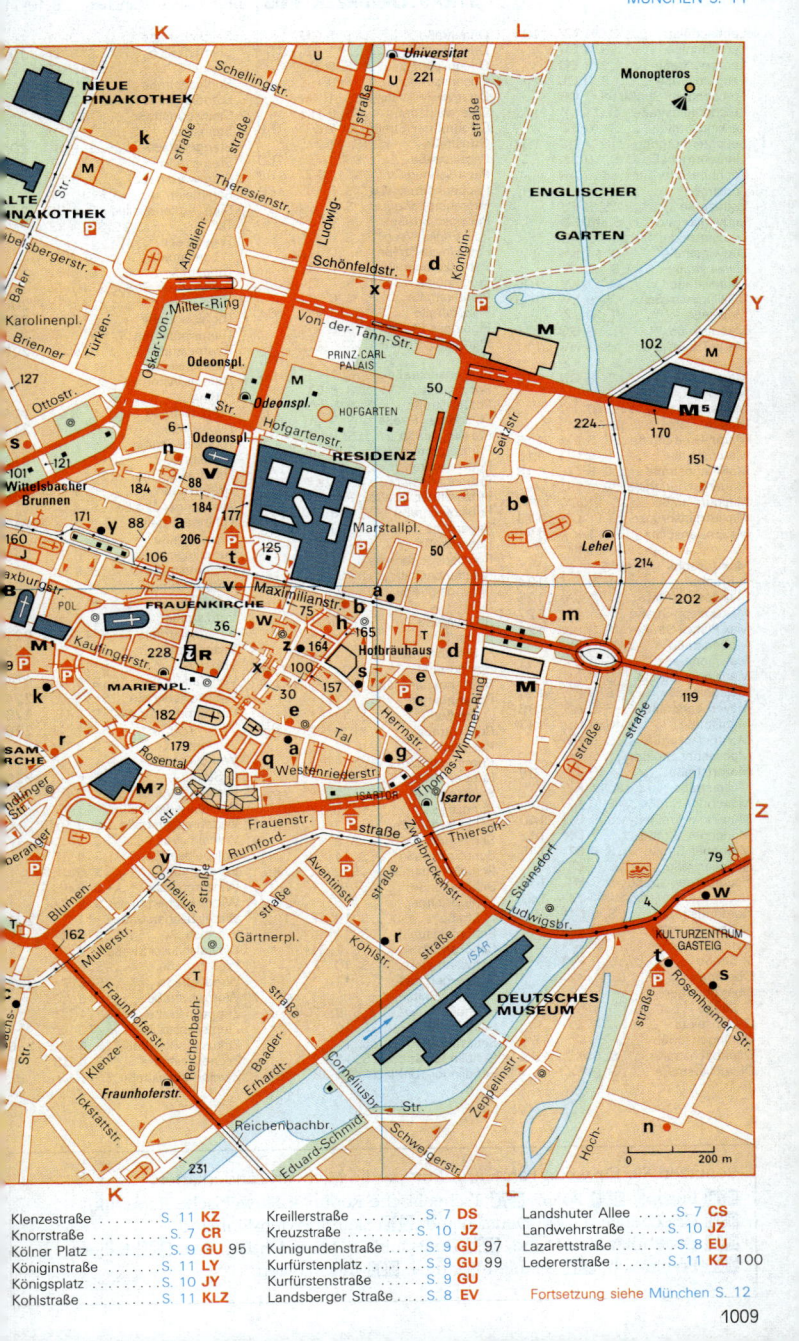

Klenzestraße	S. 11 KZ	Kreillerstraße	S. 7 DS	Landshuter Allee	S. 7 CS
Knorrstraße	S. 7 CR	Kreuzstraße	S. 10 JZ	Landwehrstraße	S. 10 JZ
Kölner Platz	S. 9 GU 95	Kunigundenstraße	S. 9 GU 97	Lazarettstraße	S. 8 EU
Königinstraße	S. 11 LY	Kurfürstenplatz	S. 9 GU 99	Ledererstraße	S. 11 KZ 100
Königsplatz	S. 10 JY	Kurfürstenstraße	S. 9 GU		
Kohlstraße	S. 11 KLZ	Landsberger Straße	S. 8 EV	Fortsetzung siehe München S. 12	

1009

STRASSENVERZEICHNIS (Anfang siehe München S. 8-10-11)

Name	Seite	Feld	Nr.
Lenbachplatz	S. 11	KY	101
Leonrodplatz	S. 8	EU	
Leonrodstraße	S. 8	EU	
Leopoldstraße	S. 9	GU	
Lerchenauer Str.	S. 7	CR	
Lerchenfeldstraße	S. 11	LY	102
Lessingstraße	S. 10	JZ	
Leuchtenbergring	S. 7	DS	104
Lindwurmstraße	S. 10	JZ	
Lochhausener Str.	S. 6	AR	
Loristraße	S. 8	EUV	
Lothstraße	S. 8	FU	
Ludwigsbrücke	S. 11	LZ	
Ludwigsfelder Straße	S. 6	ABR	
Ludwigstraße	S. 11	KY	
Luisenstraße	S. 10	JY	
Maffeistraße	S. 11	KY	106
Maillingerstraße	S. 8	EV	109
Maistraße	S. 10	JZ	
Mandlstraße	S. 9	GU	
Maria-Theresia-Str.	S. 9	HV	111
Marienplatz	S. 11	KZ	
Marschallstraße	S. 9	GU	112
Marsplatz	S. 8	EV	
Marsstraße	S. 10	JY	
Marstallplatz	S. 11	KLY	
Martin-Greif-Straße	S. 8	EX	115
Martiusstraße	S. 9	GU	116
Maßmannstraße	S. 8	FU	118
Mauerkircherstraße	S. 9	HUV	
Maxburgstraße	S. 11	KY	
Maximiliansbrücke	S. 11	LZ	119
Maximiliansplatz	S. 11	KY	121
Maximilianstraße	S. 11	KYZ	
Max-Josephs-Brücke	S. 9	HV	124
Max-Joseph-Platz	S. 11	KY	125
Max-Joseph-Straße	S. 11	KY	127
Max-Planck-Straße	S. 9	HX	129
Meiserstraße	S. 10	JY	
Melchiorstraße	S. 6	BT	131
Menzinger Straße	S. 6	BS	
Metzgerstraße	S. 9	HX	134
Meyerbeerstraße	S. 6	AS	136
Möhlstraße	S. 9	HV	137
Montgelasstraße	S. 9	HUV	
Moosacher Straße	S. 7	CR	
Mozartstraße	S. 10	JZ	138
Müllerstraße	S. 11	KZ	
Münchner Straße	S. 6	AT	
Münchner Freiheit	S. 9	GU	140
Münchner Straße	S. 7	DR	142
Murnauer Straße	S. 6	BT	145
Naupliastraße	S. 7	CT	
Neubiberger Straße	S. 7	DT	146
Neuhauser Straße	S. 11	JZ	147
Nordendstraße	S. 9	GU	
Nußbaumstraße	S. 10	JZ	
Nymphenburger Straße	S. 8	EUV	
Oberanger	S. 11	KZ	
Oberföhringer Straße	S. 7	DRS	
Odeonsplatz	S. 11	KY	
Oettingenstraße	S. 11	LY	151
Offenbachstraße	S. 6	AS	153
Ohlmüllerstraße	S. 9	GX	
Ohmstraße	S. 9	GU	
Orlandostraße	S. 11	KZ	157
Orleansplatz	S. 9	HX	
Orleansstraße	S. 9	HX	
Oskar-von-Miller-Ring	S. 11	KY	
Osterwaldstraße	S. 9	HU	
Ottobrunner Straße	S. 7	DT	158
Ottostraße	S. 11	KY	
Pacellistraße	S. 11	KY	160
Papa-Schmid-Str.	S. 11	KZ	162
Pappenheimstraße	S. 8	EV	163
Passauerstraße	S. 7	CT	
Pasinger Straße	S. 6	AR	
Paul-Ehrlich-Weg	S. 6	AR	
Paul-Heyse-Straße	S. 10	JZ	
Pettenkoferstraße	S. 10	JZ	
Petuelring	S. 7	CR	
Pfeuferstraße	S. 8	EX	
Pfisterstraße	S. 11	KZ	164
Pippinger Straße	S. 6	ARS	
Planegger Straße	S. 6	AS	
Platzl	S. 11	KZ	165
Plinganserstraße	S. 7	CT	166
Poccistraße	S. 8	EX	
Possartstraße	S. 9	HV	
Potsdamer Straße	S. 9	GU	167
Preysingstraße	S. 9	HX	
Prinzregentenbrücke	S. 9	HV	169
Prinzregentenstr.	S. 11	LY	170
Promenadeplatz	S. 11	KY	171
Putzbrunner Straße	S. 7	DT	
Radlkoferstraße	S. 8	EX	174
Regerplatz	S. 9	GX	175
Regerstraße	S. 9	GX	
Reichenbachbrücke	S. 11	KZ	
Reichenbachstr.	S. 11	KZ	
Reisingerstraße	S. 10	JZ	
Residenzstraße	S. 11	KY	177
Rheinstraße	S. 9	GU	
Richard-Strauß-Straße	S. 7	DS	
Rindermarkt	S. 11	KZ	179
Rosenheimer Platz	S. 9	HX	181
Rosenheimer Straße	S. 11	LZ	
Rosenstraße	S. 11	KZ	182
Rosental	S. 11	KZ	
Rumfordstraße	S. 11	KZ	
Ruppertstraße	S. 8	EFX	
Salvatorstraße	S. 11	KY	184
Sandstraße	S. 10	JY	
Schäftlarnstraße	S. 7	CT	187
Scheinerstraße	S. 9	HV	
Schellingstraße	S. 11	KY	
Schießstättstraße	S. 8	EX	189
Schillerstraße	S. 10	JZ	
Schleißheimer Straße	S. 10	JY	192
Schönfeldstraße	S. 11	KLY	
Schönstraße	S. 7	CT	
Schwanthalerstr.	S. 10	JZ	
Schweigerstraße	S. 11	LZ	
Schwere-Reiter-Straße	S. 8	EFU	
Seidlstraße	S. 10	JY	
Seitzstraße	S. 11	LY	
Sendlinger Straße	S. 11	KZ	
Sendlinger-Tor-Platz	S. 10	JZ	194
Seybothstraße	S. 7	CT	
Siemensallee	S. 6	BT	19
Sonnenstraße	S. 10	JZ	
Sophienstraße	S. 10	JY	
Ständlerstraße	S. 7	DT	
Steinsdorfstraße	S. 11	LZ	
Steinstraße	S. 9	HX	
Stengelstraße	S. 9	HU	20
Sternstraße	S. 11	LZ	202
Sternwartstraße	S. 9	HV	204
Stiglmaierplatz	S. 11	JY	
Südl. Auffahrtsallee	S. 6	BS	205
Tal	S. 11	KZ	
Tegernseer Landstraße	S. 7	CT	
Tengstraße	S. 9	GU	
Thalkirchner Straße	S. 10	JZ	
Theatinerstraße	S. 11	KY	206
Theresienhöhe	S. 8	EX	207
Theresienstraße	S. 10-11	JK	
Thiemestraße	S. 9	GU	208
Thierschstraße	S. 11	LZ	
Thomas-Wimmer-Ring	S. 11	LZ	
Tierparkstraße	S. 7	CT	209
Tivolistraße	S. 9	HV	211
Töginger Straße	S. 7	DS	
Triebstraße	S. 7	CR	212
Triftstraße	S. 11	LY	214
Trogerstraße	S. 9	HVX	215
Truderinger Straße	S. 7	DS	
Tübinger Straße	S. 6-7	BCS	217
Türkenstraße	S. 11	KY	
Tumblingerstraße	S. 8	FX	218
Ungererstraße	S. 9	GU	
Unterhachinger Straße	S. 7	DT	
Verdistraße	S. 6	ABS	
Veterinärstraße	S. 11	LY	221
Viktoriastraße	S. 9	GU	223
Von-der-Tann-Str.	S. 11	KLY	
Von-Karl-Straße	S. 6	ABR	
Wagmüllerstraße	S. 11	LY	224
Waldfriedhofstraße	S. 6	BT	226
Weinstraße	S. 11	KZ	228
Welfenstraße	S. 9	GX	
Wendl-Dietrich-Straße	S. 6	BS	229
Westendstraße	S. 6	BS	
Westenriederstraße	S. 11	KZ	
Widenmayerstraße	S. 9	GHV	
Wilhelmstraße	S. 9	GU	
Willibaldstraße	S. 6	BS	
Wintrichring	S. 6	BRS	
Winzererstraße	S. 8	FU	
Wittelsbacherbrücke	S. 9	GX	
Wittelsbacherstraße	S. 11	KZ	231
Wörthstraße	S. 9	HX	
Wolfratshauser Straße	S. 7	CT	
Wotanstraße	S. 6	BS	
Wredestraße	S. 8	EV	232
Würmtalstraße	S. 6	ABT	
Zeppelinstraße	S. 11	LZ	
Ziemssenstraße	S. 10	JZ	
Zirkus-Krone-Straße	S. 8	EV	236
Zschokkestraße	S. 6	BS	
Zweibrückenstraße	S. 11	LZ	

Benutzen Sie für weite Fahrten in Europa die **Michelin-Länderkarten**:
970 Europa, **974** Polen, **976** Tschechische Republik-Slowakische Republik,
980 Griechenland, **984** Deutschland, **985** Skandinavien-Finnland,
986 Großbritannien-Irland, **987** Deutschland-Österreich-Benelux, **988** Italien,
989 Frankreich, **990** Spanien-Portugal, **991** Jugoslawien.

MÜNCHEN S. 13

Bayerischer Hof, Promenadeplatz 2, ✉ 80333, ℘ (089) 2 12 00, info@bayerischer
hof.de, Fax (089) 2120906, 🌳, Massage, ≦s, ⊠ – 🛗, ⇌ Zim, 🍴 Rest, 📺 📞 🛁 🚗
– 🏛 1200. 🅰🅴 ⓘ ⓜⓞ 🆅🅸🆂🅰 🆭
KY y
Garden-Restaurant (Tischbestellung ratsam) **Menu** à la carte 43/69 – **Trader Vic's**
(polynesische Küche) (nur Abendessen) **Menu** à la carte 28/48 – **Palais Keller** (bayerisches
Bierlokal) **Menu** à la carte 20/34 – ⇆ 21 – **395 Zim** 150/230 – 235/385, 47 Suiten.

♦ Privat geführtes, traditionsreiches Grandhotel, das hohen Komfort mit persönlichem
Charme vereint : rustikal, nostalgisch oder modern - je nach Zimmertyp. Elegantes Garden-
Restaurant mit klassischer Küche. Südsee-Flair im Trader Vic's.

Mandarin Oriental, Neuturmstr. 1, ✉ 80331, ℘ (089) 29 09 80, momuc-reserva
tion@mohg.com, Fax (089) 222539, 🌳, ⇌ 📺 🚗 – 🏛 40. 🅰🅴 ⓘ ⓜⓞ 🆅🅸🆂🅰
🆭
KZ s
Mark's (geschl. Sonntag - Montag) (nur Abendessen) **Menu** à la carte 45/70 ♀ – **Mark's
Corner** (Dienstag - Samstag nur Mittagessen) **Menu** 28 (mittags) à la carte 34,50/46 –
⇆ 24 – **73 Zim** 280/370 – 330/420, 6 Suiten.

♦ Auch wenn sich das ehemalige Ballhaus zum Luxushotel wandelte - die glanzvolle Aus-
strahlung blieb erhalten. Von der Dachterrasse mit Pool sieht man bis zu den Alpen ! Eine
Marmortreppe führt zum stilvoll-eleganten Mark's. Mark's Corner als Lunch-Treffpunkt.

Königshof, Karlsplatz 25, ✉ 80335, ℘ (089) 55 13 60, koenigshof-muenchen@
geisel-hotels.de, Fax (089) 55136113, 🛁, ≦s – 🛗, ⇌ Zim, 📞 🚗 – 🏛 80. 🅰🅴
ⓘ ⓜⓞ 🆅🅸🆂🅰 🆭
JY s
Menu (geschl. 1. - 13. Jan., 10. Aug. - 15. Sept., Sonntag - Montag) (Tischbestellung ratsam)
(bemerkenswerte Weinkarte) à la carte 44/69 ♀ – ⇆ 21 – **87 Zim** 215/245 – 260/350,
8 Suiten.

♦ Ganz im Stil der traditionsreichen Grandhotels legt man hier, in direkter Nähe zum
Stachus, besonderen Wert auf klassische Eleganz und einen persönlichen Service. Die
klassische Küche des edlen Restaurants genießt man an runden Tischen mit schönem
Couvert.
Spez. Glasierte Gänseleber in Koriander-Sauternes-Sud mit Shii Take und Spinat. Gebratener
Steinbutt mit Frühlingslauch und Physalis. Gratinierter Lammrücken mit gefüllten Gemü-
sepralinen und Olivenöl.

Park Hilton M, Am Tucherpark 7, ✉ 80538, ℘ (089) 3 84 50, sales_munich-park@
hilton.com, Fax (089) 38452588, Biergarten, Massage, ≦s, ⊠ – 🛗, ⇌ Zim, 🍴 📺 📞 🛁
🚗 – 🏛 690. 🅰🅴 ⓘ ⓜⓞ 🆅🅸🆂🅰 🆭
HU n
Menu à la carte 31,50/42 – **Tse Yang** (chinesische Küche) (geschl. Montag) **Menu**
à la carte 24/44 – ⇆ 19 – **479 Zim** 209/390 – 209/440, 3 Suiten.

♦ Vor allem wegen seiner ruhigen Lage am Englischen Garten, der grünen Lunge Münchens,
ist dieses Haus, das im Jahr 2000 aufwendig renoviert wurde, sehr beliebt. Restaurant Tivoli
im Bistrostil mit internationaler Küche und Buffet.

Le Méridien M, Bayerstr. 41, ✉ 80335, ℘ (089) 2 42 20, info.muenchen@lemeri
dien.com, Fax (089) 24221111, 🌳, Massage, 🛁, ≦s, ⊠ – 🛗, ⇌ Zim, 🍴 📺 📞 🛁 🚗
– 🏛 160. 🅰🅴 ⓘ ⓜⓞ 🆅🅸🆂🅰 🆭
JZ w
Menu à la carte 30/52 ♀ – ⇆ 19 – **381 Zim** 245/375 – 245/375, 9 Suiten.

♦ Schlichte Eleganz begleitet Sie von der Lobby bis in die Zimmer dieses modernen Hotels
- klare Linien und edle Materialien finden sich überall im Haus. Vom Restaurant aus blicken
Sie durch eine große Fensterfront auf den schönen, bewachsenen Innenhof.

Kempinski Hotel Vier Jahreszeiten, Maximilianstr. 17, ✉ 80539, ℘ (089) 2 12 50,
reservations.vierjahreszeiten@kempinski.com, Fax (089) 21252000, Massage, ≦s, ⊠ –
🛗, ⇌ Zim, 🍴 📞 🚗 – 🏛 220. 🅰🅴 ⓘ ⓜⓞ 🆅🅸🆂🅰 🆭
LZ a
Menu à la carte 40/55 – ⇆ 25 – **316 Zim** 300/450 – 345/495, 51 Suiten.

♦ Seit 1858 genießen Gäste aus aller Welt das Flair der Grand Hotels, dessen elegante
Zimmer den Charme der Vergangenheit harmonisch mit dem Komfort der Gegenwart ver-
binden. Mit Blick auf die Maximilianstraße speist man im Bistrorestaurant.

Excelsior, Schützenstr. 11, ✉ 80335, ℘ (089) 55 13 70, excelsior-muenchen@
geisel-hotels.de, Fax (089) 55137121, 🌳 – 🛗, ⇌ Zim, 📺 📞 – 🏛 25. 🅰🅴 ⓘ ⓜⓞ
🆭
JY c
Vinothek : Menu à la carte 31/36 – ⇆ 16 – **113 Zim** 150/190 – 190/230.

♦ Vielleicht liegt es am elegant-rustikalen Ambiente des Foyers und der Zimmer, daß man
sich mitten in der pulsierend-lebendigen City wie auf einem stillen Landsitz fühlt. Ländlich-
rustikale Vinothek mit bemaltem Kreuzgewölbe.

Maritim M, Goethestr. 7, ✉ 80336, ℘ (089) 55 23 50, info.mun@maritim.de,
Fax (089) 55235900, 🌳, ≦s, ⊠ – 🛗, ⇌ Zim, 🍴 📺 📞 🚗 – 🏛 250. 🅰🅴 ⓘ ⓜⓞ 🆅🅸🆂🅰
🆭
JZ z
Menu à la carte 25/37,50 – ⇆ 17 – **339 Zim** 150/182 – 172/204, 11 Suiten.

♦ Nahem beim Deutschen Theater, dem Stachus und der Theresienwiese genießt man
angenehmen Komfort in geschmackvoll-elegant gestalteten Zimmern. Die Restaurants
Rôtisserie und Bistro sorgen für das leibliche Wohlbefinden der Gäste.

1011

MÜNCHEN S. 14

ArabellaSheraton Westpark, Garmischer Str. 2, ⊠ 80339, ℰ (089) 5 19 60, *westpark@arabellasheraton.com*, Fax (089) 51963000, 🍽, ≘s, 🖼 – 🛗, ⇔ Zim, 🔲 📺 📞 🕭 ⇔ – 🔏 70. 🖭 ⓘ ⓜ 🆅🆂🅰 🅹🅲🅱
CS
geschl. 20. Dez. – 6. Jan. – **Menu** à la carte 25/39,50 – ⇌ 16 – **258 Zim** 130/175 – 155/200, 6 Suiten.
  ♦ Modernes Hotel, das nicht nur in seiner Wellness-Oase eine Wohlfühl-Atmosphäre schaffen will, sondern auch in den mit modernster Kommunikationstechnik versehenen Zimmern. Im Restaurant umgibt Sie ein elegantes Ambiente.

Eden-Hotel-Wolff, Arnulfstr. 4, ⊠ 80335, ℰ (089) 55 11 50, *info@ehw.de*, Fax (089) 55115555 – 🛗, ⇔ Zim, 📺 📞 ⇔ – 🔏 140. 🖭 ⓘ ⓜ 🆅🆂🅰 🅹🅲🅱 *JY p*
Menu à la carte 19,50/35 – **210 Zim** ⇌ 131/146 – 169/185.
  ♦ Entspannen in traditionsreichem, elegantem Ambiente - mitten in der "Weltstadt mit Herz". Sieben Zimmer sind für Allergiker geeignet und wurden mit Parkettboden ausgelegt. Bayerische Schmankerln oder Internationales : rustikal geht es in der Zirbelstube zu.

King's Hotel garni, Dachauer Str. 13, ⊠ 80335, ℰ (089) 55 18 70, *1stclass@kingshotels.de*, Fax (089) 55187300, ≘s – 🛗 ⇔ 🔲 📺 📞 ⇔ 🅿 – 🔏 30. 🖭 ⓘ ⓜ 🆅🆂🅰 🅹🅲🅱 *JY l*
86 Zim ⇌ 130/150 – 160/175, 6 Suiten.
  ♦ Holz, wohin das Auge blickt : Die romantische Eleganz des Naturbaustoffs vereint sich mit alpenländischem Stil : Jedes Zimmer besitzt ein Himmelbett mit Baldachin!

Exquisit garni, Pettenkoferstr. 3, ⊠ 80336, ℰ (089) 5 51 99 00, *info@hotel-exquisit.com*, Fax (089) 55199499, ≘s – 🛗 ⇔ 📺 🕭 ⇔ – 🔏 30. 🖭 ⓘ ⓜ 🆅🆂🅰 *JZ s*
geschl. 24. – 27. Dez. – **50 Zim** ⇌ 115/160 – 160/195, 5 Suiten.
  ♦ Im Herzen der Innenstadt liegt das mit dunklen Mahagoni-Möbeln wohnlich und doch funktionell eingerichtete Haus. Marienplatz, Stachus und Festwiese sind zu Fuß erreichbar.

Platzl, Sparkassenstr. 10, ⊠ 80331, ℰ (089) 23 70 30, *info@platzl.de*, Fax (089) 23703800, 🅵🅶, ≘s – 🛗, ⇔ Zim, 📺 📞 🕭 ⇔ – 🔏 60. 🖭 ⓘ ⓜ 🆅🆂🅰 *KZ z*
Pfistermühle *(geschl. Sonntag)* **Menu** à la carte 25/41 – **Ayingers** : **Menu** à la carte 17/33 – **167 Zim** ⇌ 106/157 – 169/240.
  ♦ Behagliche Zimmer im traditionellen bayerischen Stil, mitten in der historischen Altstadt. Kurze Wege zum Marienplatz mit dem berühmten Glockenspiel und Viktualienmarkt. Altmünchner Flair im Gewölbe der Pfistermühle. Ayingers mit gediegener Wirtshauskultur.

Drei Löwen garni, Schillerstr. 8, ⊠ 80336, ℰ (089) 55 10 40, *hotel-drei-loewen-muc @t-online.de*, Fax (089) 55104905 – 🛗 ⇔ 📺 – 🔏 15. 🖭 ⓘ ⓜ 🆅🆂🅰 🅹🅲🅱 *JZ g*
97 Zim ⇌ 105/130 – 140/150, 3 Suiten.
  ♦ In der Stadtmitte, nahe dem Hauptbahnhof, findet man hier ein freundliches Domizil. Die modernen Zimmer wurden kürzlich komplett umgebaut und renoviert.

Stadthotel Asam, Josephspitalstr. 3, ⊠ 80331, ℰ (089) 2309700, *info@hotel-asam.de*, Fax (089) 2309797 – 🛗 ⇔ 📺 🕭 ⇔. 🖭 ⓘ ⓜ 🆅🆂🅰 *JZ a*
Menu *(geschl. Samstagmittag, Sonntag)* à la carte 25/33 – ⇌ 12 – **25 Zim** 129/145 – 158/174, 9 Suiten.
  ♦ Ein kleines, luxuriös angehauchtes Haus der sympathischen und legeren Art. Es verfügt über Zimmer, die mit vielen Details sehr stil- und geschmackvoll ausgestattet sind.

International de Ville 🅼, Schillerstr. 10, ⊠ 80336, ℰ (089) 8 90 53 70, *reservierung@deville-muenchen.de*, Fax (089) 89053737 – 🛗, ⇔ Zim, 📺 📞 – 🔏 60. 🖭 ⓜ 🆅🆂🅰 *JZ g*
Menu *(geschl. Sonntag)* à la carte 17/25,50 – **89 Zim** ⇌ 103 – 133.
  ♦ Im Jahr 2000 öffnete hier ein neues Domizil für City-Liebhaber seine Pforten : ein chic eingerichtetes Haus im mediterranen Provence-Stil mit altem Innenhof und Vinothek. Eleganter mediterraner Stil im Restaurant.

Torbräu, Tal 41, ⊠ 80331, ℰ (089) 24 23 40 (Hotel) 22 80 75 23 (Rest.), *info@torbraeu.de*, Fax (089) 24234235 – 🛗, ⇔ Zim,, 🔲 Zim, 📺 📞 ⇔ 🅿 – 🔏 30. 🖭 🆅🆂🅰 🅹🅲🅱 *LZ g*
La Famiglia *(italienische Küche)* **Menu** à la carte 29,50/38 – **92 Zim** ⇌ 125/155 – 160/220, 3 Suiten.
  ♦ Der historische Bau aus dem 15. Jh. soll das älteste Hotel der Stadt sein. Gepflegte Zimmer mit gutem Platzangebot, fragen Sie an heißen Tagen nach solchen mit Klimaanlage. Toskanisches Flair und italienische Küche im terracotta-gefliesten La Famiglia.

Mercure City 🅼, Senefelder Str. 9, ⊠ 80336, ℰ (089) 55 13 20, *h0878@accor-hotels.com*, Fax (089) 596444, Biergarten – 🛗 ⇔ 🔲 📺 🕭 ⇔ – 🔏 50. 🖭 ⓘ ⓜ 🆅🆂🅰 🅹🅲🅱 *JZ v*
Menu à la carte 17,50/33 – **167 Zim** ⇌ 130 – 163.
  ♦ Großzügige Zimmer in zentraler Lage zu Innenstadt und Hauptbahnhof. Idealer Ausgangspunkt für Geschäftsreisende und Besucher, die die Landeshauptstadt erkunden möchten.

MÜNCHEN S. 15

🏨 **Erzgießerei-Europe,** Erzgießereistr. 15, ✉ 80335, ☎ (089) 12 68 20, *erz1europe @aol.com, Fax (089) 1236198,* 🌿 – 🕴, ⚡ Zim, 📺 ℅ 🚗 – 🔒 40. AE ⓘ ⓜ VISA JCB
❀ Rest JY a
Menu *(geschl. Samstag - Sonntagmittag)* à la carte 22,50/32 – **106 Zim** ⚏ 95 – 115.
◆ Eine "Insel der Ruhe" mitten im hektischen Treiben der Großstadt. Das Frühstück wird im Sommer im Garten serviert. Sie wohnen in zeitgemäßen Zimmern. Rustikal-gemütliches kleines Restaurant.

🏨 **King's Hotel Center** garni, Marsstr. 15, ✉ 80335, ☎ (089) 51 55 30, *center@ kingshotels.de, Fax (089) 51553300* – 🕴 ⚡ 📺 ℅ ♿ 🚗. AE ⓘ ⓜ VISA JY b
⚏ **11 – 90 Zim** 90/135 – 110/165.
◆ Dieses Hotel bietet den passenden Rahmen für einen romantischen Aufenthalt in der Bayern-Metropole. Denn : Hier nächtigen alle Gäste in aufwendig gearbeiteten Himmelbetten.

🏨 **Drei Löwen Residenz** garni, Aldolf-Kolping-Str. 11, ✉ 80336, ☎ (089) 55 10 40, *hotel-drei-loewen-muc@t-online.de, Fax (089) 55104905* – 🕴 ⚡ 📺 ℅. AE ⓘ ⓜ VISA JCB JZ d
63 Zim ⚏ 90/115 – 125.
◆ Wenige Schritte von dem Hotel Drei Löwen befindet sich die Schwester-Residenz gleichen Namens. Freundliche, wohnliche Einrichtung mit Einbaumöbeln in Vogelaugen-Ahorn.

🏨 **Astron Hotel Deutscher Kaiser** M garni, Arnulfstr. 2, ✉ 80335, ☎ (089) 5 45 30, *astroncity@aol.com, Fax (089) 54532255* – 🕴 ⚡ 📺 ℅ 🚗 – 🔒 80. AE ⓘ ⓜ VISA JCB JY r
⚏ 15 – **174 Zim** 124.
◆ Das auf Ansprüche von Geschäftsreisenden abgestimmte Hotel liegt an der Nordseite des Hauptbahnhofs. Helle Zimmer mit großen Schreibtischen und Entspannungssesseln.

🏨 **Intercity-Hotel,** Bayerstr. 10, ✉ 80335, ☎ (089) 54 55 60, *reservierung@intercity -hotel.de, Fax (089) 54556610* – 🕴, ⚡ Zim, 📺 ℅ – 🔒 85. AE ⓘ ⓜ VISA JCB JY u
Menu *(geschl. Aug. 2 Wochen, 26. Dez. - 7. Jan., Sonntag, ausser Messen)* à la carte 22,50/33 ⚇ – **200 Zim** ⚏ 110 – 142, 4 Suiten.
◆ Direkt im Hauptbahnhof mit kurzen Wegen in die Innenstadt und zum Oktoberfest. Behagliche Zimmer, je nach Vorliebe in moderner Eleganz oder im oberbayerischen Stil.

🏨 **Atrium** M garni, Landwehrstr. 59, ✉ 80336, ☎ (089) 51 41 90, *info@atrium-muenchen.bestwestern.de, Fax (089) 535066* – 🕴 ⚡ 📺 ℅ 🚗 – 🔒 25. AE ⓘ ⓜ VISA JCB JZ k
162 Zim ⚏ 142 – 172.
◆ Marmor und Spiegel prägen die Halle des renovierten Hauses. Die Zimmer sind mit Naturholzmöbeln gestaltet und technisch solide ausgestattet. Kleiner, begrünter Innenhof.

🏨 **Admiral** garni, Kohlstr. 9, ✉ 80469, ☎ (089) 21 63 50, *info@hotel-admiral.de, Fax (089) 293674* – 🕴 ⚡ 📺 ℅. AE ⓘ ⓜ VISA LZ r
33 Zim ⚏ 160 – 190.
◆ Seekrank wird man im Admiral bestimmt niemand : Die individuellen Zimmer sind mit soliden, modern-eleganten Holz- und Polstermöbeln bestückt. Kleiner Garten mit Terrasse.

🏨 **Tryp** M, Paul-Heyse-Str. 24, ✉ 80336, ☎ (089) 51 49 00, *tryp.muenchen@schmelia. com, Fax (089) 51490701,* 🌿, ʃ₆, ≘ – 🕴, ⚡ Zim, 📺 ♿ 🚗 – 🔒 35. AE ⓘ ⓜ VISA JCB. ❀ Rest JZ c
Menu *(geschl. Samstag, Sonn- und Feiertage)* à la carte 19/39 – **201 Zim** ⚏ 97/136 – 110/147.
◆ Ein neuzeitlicher Hotelbau in Zentrumsnähe. Fragen Sie nach den kürzlich renovierten Zimmern mit hellen Naturholzmöbeln und guter technischer Ausstattung. Kleines Restaurantangebot mit spanischen Akzenten.

🏨 **Domus** garni, St.-Anna-Str. 31, ✉ 80538, ☎ (089) 22 17 04, *Fax (089) 2285359* – 🕴 ⚡ 📺 ℅ 🚗. AE ⓘ ⓜ VISA LY b
geschl. 23. - 27. Dez. – **45 Zim** ⚏ 105/118 – 128/135.
◆ Eingebettet zwischen Maximilian- und Prinzregentenstraße, startet man von diesem geschmackvoll eingerichteten Haus, um Kunst, Kultur und Einkaufsmöglichkeiten zu entdecken.

🏨 **Carat-Hotel** M garni, Lindwurmstr. 13, ✉ 80337, ☎ (089) 23 03 80, *infa-m@carat -hotel.de, Fax (089) 23038199* – 🕴 ⚡ 📺 ℅ 🚗 – 🔒 15. AE ⓘ ⓜ VISA JZ f
70 Zim ⚏ 107/117 – 137/152.
◆ Ausstrahlung, Behaglichkeit und Atmosphäre - die Zimmer des neuzeitlichen Hauses bieten Ihnen den Komfort, der das Reisen erleichtert, größtenteils mit Klimaanlage.

🏨 **Kraft** garni, Schillerstr. 49, ✉ 80336, ☎ (089) 59 48 23, *kraft.hotel@t-online.de, Fax (089) 5503856* – 🕴 ⚡ 📺 ℅. AE ⓘ ⓜ VISA JCB JZ y
geschl. 23. - 26. Dez. – **33 Zim** ⚏ 80 – 95.
◆ Wohnliches Haus, teils mit Stilmobiliar, in zentraler Lage im Universitäts-Klinik-Viertel. Bahnhof, Festwiese, öffentliche Verkehrsmittel und Zentrum erreicht man bequem.

1013

MÜNCHEN S. 16

Concorde garni, Herrnstr. 38, ✉ 80539, ℘ (089) 22 45 15, *info@concorde-muenchen.de*, Fax (089) 2283282 – 🕮 📺 ✆ 🚗. AE ⓘ ⓜ VISA
geschl. Weihnachten - Anfang Jan. – **71 Zim** ⊆ 98 – 128.
LZ c
* "Unterwegs zu Hause" soll man sich in diesem charmanten Innenstadthotel fühlen. Bei der Einrichtung wählt man zwischen dunkler Eiche, hellen Farben oder Wurzelholz-Design.

Cristal M garni, Schwanthalerstr. 36, ✉ 80336, ℘ (089) 55 11 10, *info@cristal.bestwestern.de*, Fax (089) 55111992 – 🕮 ✳ 📺 ✆ 🚗 – 🏛 75. AE ⓘ ⓜ VISA
100 Zim ⊆ 130 – 155.
JZ h
* Zwischen Oktoberfestwiese und Hauptbahnhof liegt dieses moderne Hotel, dessen renovierte Zimmer eine gepflegte Standardeinrichtung bieten.

Mercure Altstadt M garni, Hotterstr. 4, ✉ 80331, ℘ (089) 23 25 90, *h3709@accor-hotels.com*, Fax (089) 23259127 – 🕮 ✳ 📺 ✆ 🚗. AE ⓜ VISA JCB. ✗
⊆ 13 – **74 Zim** 89/147 – 109/196.
KZ k
* Die sehr zentrale und doch ruhige Lage macht den Reiz dieses komplett renovierten Hotels aus. Sie wohnen in funktionell ausgestatteten Gästezimmern.

Apollo garni, Mittererstr. 7, ✉ 80336, ℘ (089) 53 95 31, *info@apollohotel.de*, Fax (089) 534033 – 🕮 📺 🚗. 🅿. AE ⓘ ⓜ VISA
74 Zim ⊆ 82 – 99.
JZ r
* Großzügig geschnittene, mit Mahagoni wohnlich eingerichtete Räume befinden sich inmitten des Geschehens der Weltstadt, zentral zwischen Messegelände und Hauptbahnhof.

Präsident M garni, Schwanthalerstr. 20, ✉ 80336, ℘ (089) 5 49 00 60, *hotel.praesident@t-online.de*, Fax (089) 54900628 – 🕮 ✳ 📺 ✆ – 🏛 15. AE ⓘ ⓜ VISA JCB
42 Zim ⊆ 79/84 – 89.
JZ q
* Für Theaterfreunde ist dieses komplett umgebaute Hotel ideal : Schräg gegenüber liegt das Deutsche Theater. Moderne, neuzeitliche Zimmer mit hellen Naturholzmöbeln.

Schlicker garni, Tal 8, ✉ 80331, ℘ (089) 2 42 88 70, *schlicker-munich@t-online.de*, Fax (089) 296059 – 🕮 📺 ✆ 🅿. AE ⓘ ⓜ VISA
geschl. 23. Dez. - 7. Jan. – **69 Zim** ⊆ 78/105 – 105/180.
KZ a
* Altstadtbau aus dem 16. Jahrhundert ; in Sichtweite des Rathauses mit dem weltberühmten Glockenspiel. Behagliches Hotel mit zeitgemäßem Komfort. Zimmer elegant bis großzügig.

Meier M garni, Schützenstr. 12, ✉ 80335, ℘ (089) 5 49 03 40, *info@hotel-meier.de*, Fax (089) 549034340 – 🕮 ✳ 📺 ✆. AE ⓘ ⓜ VISA JCB
geschl. 23. - 26. Dez. – **50 Zim** ⊆ 87 – 115.
JY x
* Ende der 90er Jahre wurde das gesamte Haus neu gestaltet und bietet seinen Besuchern dadurch unaufdringliche Gastlichkeit - abgerundet durch ein schönes Frühstücksbuffet.

Europäischer Hof garni, Bayerstr. 31, ✉ 80335, ℘ (089) 55 15 10, *info@heh.de*, Fax (089) 55151222 – 🕮 ✳ 📺 ✆ 🚗 🅿 – 🏛 20. AE ⓘ ⓜ VISA JCB
148 Zim ⊆ 97/147 – 112/167.
JZ b
* Direkt gegenüber dem Hauptbahnhof sollen drei verschiedene Zimmerkategorien jedem Geschmack gerecht werden und einen erholsamen und individuellen Aufenthalt ermöglichen.

Olympic garni, Hans-Sachs-Str. 4, ✉ 80469, ℘ (089) 23 18 90, Fax (089) 23189199 – 📺 🚗. AE ⓘ ⓜ VISA
38 Zim ⊆ 90/120 – 130.
KZ c
* Die meisten, teils Biedermeier-möblierten Zimmer liegen an ruhigen, grünen Innenhöfen. Viktualienmarkt, Marienplatz, Theater, Deutsches Museum und U-Bahn ganz in der Nähe.

Daniel garni, Sonnenstr. 5, ✉ 80331, ℘ (089) 54 82 40, *info@hotel-daniel.de*, Fax (089) 553420 – 🕮 ✳ 📺 ✆ – 🏛 20. AE ⓜ VISA JCB
81 Zim ⊆ 79/105 – 108/137.
JZ m
* Wohnlich-moderne Zimmer direkt am Stachus : Von hier aus kann man bequem zu Shoppingtouren in die Innenstadt starten. Zugänge zum Münchner Verkehrsverbund neben dem Hotel.

Acanthus garni, An der Hauptfeuerwache 14, ✉ 80331, ℘ (089) 23 18 80, *acanthus@t-online.de*, Fax (089) 2607364 – 🕮 📺 🚗. AE ⓘ ⓜ VISA JCB
geschl. 23. Dez. - 1. Jan. – **36 Zim** ⊆ 85/95 – 105.
JZ n
* Besonderes Interieur in verschiedenen Stilarten : Wahlweise wohnt man im englischen Stil mit Antiquitäten und gemusterten Tapeten oder in modernen, cremefarbenen Tönen.

Brack garni, Lindwurmstr. 153, ✉ 80337, ℘ (089) 7 47 25 50, *hotel_brack@t-online.de*, Fax (089) 74725599 – 🕮 ✳ 📺 ✆. AE ⓘ ⓜ VISA JCB
50 Zim ⊆ 81/118 – 107/174.
EX b
* An einer der schönsten Alleen der Innenstadt liegt dieses familiengeführte Hotel mit den geschmackvollen Zimmern. Theresienwiese und Messehallen sind bequem zu Fuß erreichbar.

MÜNCHEN S. 17

🏨 **Andi** garni, Landwehrstr. 33, ✉ 80336, ℰ (089) 5 52 55 60, *comfort-hotel-andi@t-online.de*, *Fax (089) 55255666* – 🛗 📺 🅿. 🆎 ⓞ ⓜⓞ 🆅🅸🆂🅰 JCB   JZ u
geschl. 21. Dez.- 2. Jan. – **30 Zim** ⌸ 85/105 – 95/151.
♦ München auf kurzen Wegen kennenlernen : Hauptbahnhof, Messegelände, Fußgängerzone und Einkaufszentren sind nicht weit. Dennoch ruhig sind die geräumigen, gepflegten Zimmer.

🏨 **Müller** garni, Fliegenstr. 4, ✉ 80337, ℰ (089) 2 32 38 60, *Fax (089) 268624* – 🛗 ⇜ 📺 ✆ 🅿. 🆎 ⓞ ⓜⓞ 🆅🅸🆂🅰   JZ p
geschl. 23. Dez. - 6. Jan. – **44 Zim** ⌸ 79/89 – 99/109.
♦ Beim Sendlinger Tor, schräg gegenüber der Matthäuskirche, befindet sich das Hotel mit den neu gestalteten Zimmern, dem persönlichen Service und der behaglichen Atmosphäre.

🏨 **Luitpold** garni, Schützenstr. 14 (Eingang Luitpoldstraße), ✉ 80335, ℰ (089) 59 44 61, *hotel-luitpold@t-online.de*, *Fax (089) 554520* – 🛗 📺. 🆎 ⓜⓞ 🆅🅸🆂🅰 JCB   JY x
41 Zim ⌸ 67/98 – 87/150.
♦ Ein gemütliches Domizil auf Zeit sind die im Landhausstil eingerichteten Räume. Das familiengeführte, individuell gestaltete Haus steht direkt an der Fußgängerzone.

🏨 **Uhland** garni, Uhlandstr. 1, ✉ 80336, ℰ (089) 54 33 50, *info@hotel-uhland.de*, *Fax (089) 54335250*, (ehemalige Villa) – 🛗 📺 ✆ 🅿. 🆎 ⓞ ⓜⓞ 🆅🅸🆂🅰 JCB   JZ x
25 Zim ⌸ 72/120 – 80/165.
♦ Hinter der 100-jährigen Neu-Renaissance-Fassade im grünen Villenviertel an der Theresienwiese warten sowohl modernes Wasserbett und Gäste-PC als auch rustikale Bauernmöbel.

🏨 **Wallis** garni, Schwanthalerstr. 8, ✉ 80336, ℰ (089) 5 49 02 90, *hotel.wallis@t-online.de*, *Fax (089) 54902928* – 🛗 ⇜ 📺 ✆. 🆎 ⓞ ⓜⓞ 🆅🅸🆂🅰 JCB   JZ t
54 Zim ⌸ 77/87 – 87/118.
♦ Kürzer geht's nicht : Liebhaber der Schauspielkunst wohnen gleich gegenüber vom Deutschen Theater und wählen zwischen modernen Business- oder bayerisch-bemalten Möbeln.

XXX **Am Marstall,** Maximilianstr. 16, ✉ 80539, ℰ (089) 29 16 55 11, *info@restaurant-am-marstall.com*, *Fax (089) 29165512* – 🆎 ⓞ ⓜⓞ 🆅🅸🆂🅰. ⚜   KZ b
ॐ *geschl. Aug., Sonntag - Montag* – **Menu** à la carte 53/84 ⚜.
♦ Hell, modern, auf zwei Etagen : Im Erdgeschoß Bistrobereich, im ersten Stock in puristischer Eleganz das untertelbare Restaurant. Klassische Küche mit kreativen Momenten.
Spez. Tellersülze vom Kaninchen mit Gänsestopfleberroulade und grünem Spargel. Bretonische Rotbarbe mit dreierlei Paprikasaucen und Kartoffelpüree. Gebratene Dombes Entenbrust mit Honig-Thymiansauce und Schupfnudeln.

XX **Boettner's,** Pfisterstr. 9, ✉ 80331, ℰ (089) 22 12 10, *Fax (089) 29162024*, 🌿 – 🍽.
🆎 ⓞ ⓜⓞ 🆅🅸🆂🅰   KZ h
geschl. 15. April - 15. Sept. Samstag - Sonntag, 15. Sept. - 15. April Sonntag – **Menu** (Tischbestellung ratsam) 31 (mittags) à la carte 39/68.
♦ Die Institution Boettner findet man im Orlando-Block. Sie speisen in Räumen mit elegant-klassischer Ausstattung, teils mit alter, dunkler Holztäfelung. Klassische Küche.

XX **Halali,** Schönfeldstr. 22, ✉ 80539, ℰ (089) 28 59 09, *Fax (089) 282786* – 🆎 ⓜⓞ 🆅🅸🆂🅰
geschl. Aug., Samstagmittag, Sonn- und Feiertage – **Menu** (Tischbestellung ratsam) 21,50 (mittags) à la carte 35,50/49.   LY x
♦ Zur Jagd bläst in dem getäfelten, blumengeschmückten Lokal niemand mehr - Wildgerichte werden trotzdem noch serviert. Danach lustwandelt man im Hof- oder Englischen Garten.

XX **Gasthaus Glockenbach** (Ederer), Kapuzinerstr. 29, ✉ 80337, ℰ (089) 53 40 43, *Fax (089) 534043*, (ehemalige altbayerische Bierstube) – 🆎 ⓜⓞ 🆅🅸🆂🅰   FX e
ॐ *geschl. 24. - 31. Dez., Aug. 2 Wochen, Sonntag - Montag, Feiertage* – **Menu** (Tischbestellung erforderlich) 23 (mittags) à la carte 42/56.
♦ Die ehemalige Bierstube vereint südlich der Stadtmitte moderne Kunst, Gewölbe, roten Steinboden und Holztäfelung zur Kulisse für Karl Ederers feine, unkomplizierte Küche.
Spez. Sushi von bayerischen Fischen. Bio-Huhn mit Kräutern gebraten und jungen Gemüsen. Schokoladenpastete mit Beeren.

XX **Ederer,** Kardinal-Faulhaber-Str. 10, ✉ 80333, ℰ (089) 24 23 13 10, *Fax (089) 24231312* – 🍽. 🆎 ⓜⓞ 🆅🅸🆂🅰   KY a
geschl. Sonn- und Feiertage – **Menu** (Tischbestellung ratsam) 58 à la carte 36,50/52.
♦ Umgeben von noblen Geschäften der Fünf Höfe trifft man sich hier im modernen schlicht-schicken Ambiente. Ein interessanter, stark frequentierter Ort mit aufmerksamem Service.

XX **Hunsinger's Pacific,** Maximiliansplatz 5, ✉ 80333, ℰ (089) 55 02 97 41, *Fax (089) 55029742* – 🍽. 🆎 ⓞ ⓜⓞ 🆅🅸🆂🅰 JCB   KY s
geschl. Samstagmittag, Sonntagmittag, Feiertage, Mai - Okt. Sonntag ganztags – **Menu** (asiatisch-pazifische Küche) à la carte 28/40.
♦ Im früheren Aubergine holt Werner Hunsinger den Pazifik in die mit Illusionsmalerei luftig-leicht bemalten, Lüster-beleuchteten vier Wände. International mit Asia-Touch !

MÜNCHEN S. 18

XX Austernkeller
Stollbergstr. 11, ✉ 80539, ℘ (089) 29 87 87, Fax (089) 223166 – AE ① ◍ VISA JCB
LZ e
geschl. 23. - 26. Dez. – **Menu** (nur Abendessen) (Tischbestellung ratsam) à la carte 30/49.
• Wer sich für Krustentiere und frisch gefischte Meeresbewohner begeistert, begibt sich am besten in dieses denkmalgeschützte, mit Porzellantellern geschmückte Kellergewölbe.

XX Dallmayr
Dienerstr. 14 (1. Etage), ✉ 80331, ℘ (089) 2 13 51 00, gastro@dallmayr.de, Fax (089) 2135443 – 🛗 ⇔ 🍴 AE ① ◍ VISA JCB
KZ w
geschl. Montag - Mittwoch ab 19 Uhr, Donnerstag - Freitag ab 20 Uhr, Samstag ab 16 Uhr, Sonn- und Feiertage – **Menu** à la carte 33/50.
• Das Restaurant des bekannten Delikatessen-Hauses, das schon Kaiser und Königshäuser belieferte, hat sich Frische und Naturbelassenheit der Produkte zur Philosophie gemacht.

XX Nymphenburger Hof
Nymphenburger Str. 24, ✉ 80335, ℘ (089) 1 23 38 30, Fax (089) 1233852, 🌿 – AE ◍ VISA 🚫
EV a
geschl. 23. Dez. - 15. Jan., Montag, Samstagmittag, Sonn- und Feiertage – **Menu** 18 (mittags) à la carte 28/49.
• Helles, freundliches Restaurant mit Terrasse, pastellfarbener Einrichtung mit viel Blumenschmuck und klassisch-gehobener, regional und österreichisch beeinflußter Karte.

XX Lenbach
Ottostr. 6, ✉ 80333, ℘ (089) 5 49 13 00, info@lenbach.de, Fax (089) 54913075, 🌿 – AE ① ◍ VISA
JY c
geschl. Sonn- und Feiertage – **Menu** à la carte 30,50/48,50.
• Star-Architekt Sir Terence Conran gestaltete die Räume im Lenbach Palais. Das Konzept : Trendige Gastronomie im XXL-Format auf 2200 qm mit Sushi-Bar und modernem Restaurant.

XX Galleria
Sparkassenstr. 11/Ecke Ledererstr., ✉ 80331, ℘ (089) 29 79 95, info@ristorante-galleria.de, Fax (089) 2913653 – 🍴 AE ① ◍ VISA
KZ x
geschl. 1. - 10. Jan., 10. - 20. Aug., Sonntag (ausser Messen und Dez.) – **Menu** (Tischbestellung ratsam) (italienische Küche) à la carte 32,50/42,50.
• Fast schon in intimem Rahmen speist man hier zwischen farbenfrohem, warmem Dekor und wechselnden Bildern. Das Repertoire basiert auf klassischen italienischen Leckerbissen.

XX Weinhaus Neuner
Herzogspitalstr. 8, ✉ 80331, ℘ (089) 2 60 39 54, weinhaus-neuner@t-online.de, Fax (089) 266933 – AE ◍ VISA JCB
JZ e
geschl. Aug. 1 Woche, Sonn- und Feiertage – **Menu** à la carte 24,50/36,50.
• Als Münchens "Ältestes Weinhaus" bezeichnet sich dieser Bau mit dem Kreuzgewölbe. Wer sich vom Anblick seines Tellers losreißen kann, betrachtet sehenswerte Wandgemälde.

XX Albarone
Stollbergstr. 22, ✉ 80539, ℘ (089) 29 16 86 87, g.mayrhofer@t-online.de, Fax (089) 29166887, 🌿 – AE ◍ VISA
LZ d
geschl. 23. Dez. - 7. Jan., Aug. 2 Wochen, Samstagmittag, Sonn- und Feiertage – **Menu** (italienische Küche) à la carte 32,50/40,50.
• Helles Stadthaus nahe dem Hofbräuhaus, dem man auf den ersten Blick nicht ansieht, daß es ein schlicht-elegantes italienisches Restaurant beherbergt. Mit Innenhofterrasse.

XX La Cantinella
Schönfeldstr. 15a, ✉ 80539, ℘ (089) 28 53 57, Fax (089) 285357, 🌿 – AE ◍ VISA
LY d
geschl. 15. Aug. - 1. Sept., Sonntag – **Menu** (italienische Küche) 18 (mittags) à la carte 28,50/37,50.
• Nicht weit vom Englischen Garten servieren die drei Brüder Somma in gemütlichem Ambiente mit südländischer Gastfreundschaft leichte klassisch-italienische Spezialitäten.

XX Mövenpick-Restaurant Grappa's
Lenbachplatz 8 (1. Etage), ✉ 80333, ℘ (089) 5 45 94 90, restaurant.muenchen@moevenpick.com, Fax (089) 54594930, 🌿 – ⇔ 🍴 – 🛗 200. AE ① ◍ VISA
JY e
geschl. Sonn- und Feiertage – **Menu** à la carte 22/38,50.
• Im Künstlerhaus befindet sich diese Filiale mit internationalen Gaumenfreuden im Crossover-Stil. Tabakfans fühlen sich in der Zigarrenlounge mit begehbarem Humidor wohl.

X Dukatz
Salvatorplatz 1, ✉ 80333, ℘ (089) 2 91 96 00, info@dukatz.de, Fax (089) 29196028
KY n
geschl. Sonntag – **Menu** (Tischbestellung ratsam) à la carte 21,50/35,50.
• Wer eine Alternative zu Brauerei-Lokalen sucht, wird im Literaturhaus fündig : Auf zwei Ebenen wird unter schönem Kreuzgewölbe mediterran gefärbte, schmackhafte Küche serviert.

X Zum Alten Markt
Dreifaltigkeitsplatz 3, ✉ 80331, ℘ (089) 29 99 95, lehner.gastro@zumaltenmarkt.de, Fax (089) 2285078, 🌿 –
KZ q
geschl. Sonn- und Feiertage – **Menu** (abends Tischbestellung ratsam) à la carte 23,50/36.
• Die üppige Holzvertäfelung im Stil einer Südtiroler Ratsherrenstube, die teilweise authentisch und mehr als 400 Jahre alt ist, macht das Lokal am Viktualienmarkt gemütlich.

MÜNCHEN S. 19

✗ **Ratskeller**, Marienplatz 8, ⌂ 80331, ℘ (089) 2 19 98 90, info@ratskeller.com, Fax (089) 21998930, 🍽 – AE MC VISA JCB **KZ R**
Menu à la carte 16/38.
 • Im historischen Rathaus bestellt man hier deftige bayerische und fränkische Schmankerln. Verschiedene Räume, Nischen und Kachelöfen sorgen für rustikale Kuscheligkeit.

✗ **Der Tisch**, Nymphenburger Str. 1, ⌂ 80335, ℘ (089) 55 71 54, cmoebus@freenet.de, Fax (089) 55029033, 🍽 **JY d**
geschl. Sept. 2 Wochen, Samstag, Sonn- und Feiertage – **Menu** (Tischbestellung ratsam) 30 à la carte 20,50/27,50.
 • Ein beliebtes kleines, im Bistro-Stil eingerichtetes Lokal. Die Betreiber sind zwei junge Leute, die mit Spaß und Engagement bei der Arbeit sind. Preiswerter Mittagstisch.

✗ **Zum Klösterl**, St.-Anna-Str. 2, ⌂ 80538, ℘ (089) 22 50 86, zum-kloesterl@t-online.de, Fax (089) 29161864 – MC VISA **LZ m**
geschl. Sonn- und Feiertage – **Menu** (nur Abendessen) (Tischbestellung ratsam) à la carte 19,50/36,50.
 • Theaterbesucher treffen sich nach der Vorstellung gerne in der gemütlichen, im altdeutschen Stil mit viel Holz dekorierten Gaststube oder den Räumen in der oberen Etage.

✗ **Tokami**, Theresienstr. 54, ⌂ 80333, ℘ (089) 28 98 67 60, Fax (089) 28986760 – 🖼. AE MC VISA **KY k**
Menu (japanische Küche) à la carte 28/42.
 • Passend zum klassisch-japanischen Angebot mit Sushi-Schwerpunkt besticht die Einrichtung dieses japanischen Restaurants durch geometrische Formen und klare Linien.

✗ **Wirtshaus Zum Straubinger**, Blumenstr. 5, ⌂ 80331, ℘ (089) 2 32 38 30, info@zumstraubinger.de, Fax (089) 23238320, Biergarten – AE MC VISA **KZ v**
Menu à la carte 16,50/31,50.
 • Uriger Treffpunkt in der Nähe des Viktualienmarktes. Trotz der kürzlichen umfangreichen Renovierung blieb der gemütliche Wirtshaus-Charakter dieses Lokals erhalten.

Brauerei-Gaststätten :

✗ **Spatenhaus an der Oper**, Residenzstr. 12, ⌂ 80333, ℘ (089) 2 90 70 60, spatenhaus@kuffler-gastronomie.de, Fax (089) 2913054, 🍽 – AE MC VISA **KY t**
Menu à la carte 23,50/43.
 • Das mehr als 100 Jahre alte Stadthaus beherbergt in der ersten Etage unterschiedliche gemütliche Stuben. Das Erdgeschoß ist ebenfalls im alpenländischen Stil gehalten.

✗ **Weisses Bräuhaus**, Tal 7, ⌂ 80331, ℘ (089) 29 98 75, Fax (089) 29013815, 🍽 – 🏛 30 **KZ e**
Menu à la carte 17/22,50.
 • Um 1900 erbautes Altstadthaus, das von außen mit seiner schönen Fassade erfreut, im Innern mit authentischen regionalen Spezialitäten und gemütlicher Einrichtung.

✗ **Augustiner Gaststätten**, Neuhauser Str. 27, ⌂ 80331, ℘ (089) 23 18 32 57, augustinerstammhaus@jahoo.de, Fax (089) 2605379, 🍽 – AE ① MC VISA JCB **JZ w**
Menu à la carte 15/30.
 • Bis 1885 wurde im Stammhaus der Augustiner noch Bier gebraut. Arkadengarten und Muschelsaal zählen zu den Baudenkmälern des Münchner Jugendstils. Mit schönem Biergarten.

✗ **Altes Hackerhaus**, Sendlinger Str. 14, ⌂ 80331, ℘ (089) 2 60 50 26, hackerhaus@aol.com, Fax (089) 2605027, 🍽 – AE ① MC VISA JCB **KZ r**
Menu à la carte 16/29.
 • Das Hackerhaus hat viele Gesichter : Den lebhaften Biergarten zur Straße, den überdachten Innenhof für Romantiker, die Rats- und zünftige Gaststube und das Schäfflergewölbe.

✗ **Zum Franziskaner**, Perusastr. 5, ⌂ 80333, ℘ (089) 2 31 81 20, zum.franziskaner@t-online.de, Fax (089) 23181244, 🍽 – 🖼 Rest. AE ① MC VISA **KYZ v**
Menu à la carte 16,50/33.
 • Traditionelle Gastlichkeit in weiträumigen Stuben, nahe der Hauptpost : Weiß-blaue Schmankerln von der hausgemachten Weißwurst bis zum Fisch aus bayerischen Gewässern.

✗ **Bratwurstherzl**, Dreifaltigkeitsplatz 1 (am Viktualienmarkt), ⌂ 80331, ℘ (089) 29 51 13, mail@bratwurstherzl.de, Fax (089) 29163751, Biergarten – AE ① MC VISA **KZ q**
geschl. Sonn- und Feiertage – **Menu** à la carte 13,50/22,50.
 • Selbstgemachte Rostbratwürste vom Buchenholzgrill sind hier der Hit : "Einsteiger" bekommen sechs Stück, "Fortgeschrittene" acht. "Profis" wird gleich ein Dutzend serviert.

✗ **Löwenbräukeller**, Nymphenburger Str. 2, ⌂ 80335, ℘ (089) 52 60 21, Fax (089) 528933, Biergarten – AE MC VISA **JY y**
Menu à la carte 16/29.
 • Wer sich in die Höhle des Löwen wagt, wird prompt belohnt : Zu den Attraktionen zählen nicht nur der riesige Biergarten, sondern auch die Spezialitäten aus bayerischer Küche.

1017

MÜNCHEN S. 20

In München-Allach :

Lutter garni, Eversbuschstr. 109, ⊠ 80999, ℘ (089) 8 12 70 04, *hotel-lutter@t-on line.de*, Fax (089) 8129584 – ⌘ TV P. ⊙ VISA ⌘
AR r
geschl. 20. Dez. - 7. Jan. – **26 Zim** ⌑ 67/75 – 75/82.
• Ein Zuhause für unterwegs ist das Hotel im Nord-Westen Münchens, auch für einen längeren Aufenthalt eine Wohn-Alternative. Frühstücken kann man im lichten Wintergarten.

In München-Au :

Prinz M, Hochstr. 45, ⊠ 81541, ℘ (089) 4 41 40 80 (Hotel) 44 14 19 10 (Rest.), *contact@hotel-prinz.de*, Fax (089) 41408333 – ⌘ ⌘ TV ⌘ Rest
GX a
Louis (geschl. Aug.3 Wochen, Samstag - Sonntag) (nur Abendessen) **Menu** 31/36 und à la carte – ⌑ 13 – **40 Zim** ⌑ 105/165 – 115/195.
• In den modernen Zimmern dieser netten Adresse finden Sie, was Sie unterwegs benötigen. In regelmäßigem Wechsel stellen Künstler zeitgenössische Werke aus. Eine neuzeitliche Einrichtung und klare Linien geben dem Restaurant seinen Bistro-Charakter.

In München-Berg am Laim :

Am Ostpark garni, Michaeliburgstr. 21, ⊠ 81671, ℘ (089) 49 10 13, *hotel-ostpark @t-online.de*, Fax (089) 491016, ⌘ – ⌘ ⌘ TV ⌘ ⌘ ⌘ ⌘ P. Æ ⓘ ⓜ VISA
DT a
geschl. Weihnachten - 6. Jan. – **21 Zim** ⌑ 79/98 – 98/121.
• Die grüne Oase, nach der das Haus mit den soliden hellen Naturholzmöbeln benannt wurde, liegt direkt vor der Tür. Hier gibt es noch klassischen Service mit Frühstückskarte !

In München-Bogenhausen :

ArabellaSheraton Grand Hotel M, Arabellastr. 6, ⊠ 81925, ℘ (089) 9 26 40, *grandhotel.muenchen@arabellasheraton.com*, Fax (089) 92648109, ≤, Biergarten, Massage, ⌘, ≘s, ⌘ – ⌘ ⌘ Zim, ▥ TV ⌘ ⌘ – ⌘ 650. Æ ⓘ ⓜ VISA ⌘
DS q
Die Ente vom Lehel (geschl. 5. - 25. Aug., Sonntag - Montag) (nur Abendessen) **Menu** 39 à la carte 44,50/61,50 – **Paulaner's** (geschl. Samstagmittag, Sonn- und Feiertage mittags) **Menu** à la carte 18,50/33 – ⌑ 21 – **643 Zim** 195/389 – 220/393, 14 Suiten.
• Renoviertes Grandhotel mit imposantem Hallenbereich und sehr gut eingerichteten Zimmern. Vis-à-vis : Der Arabellapark mit Boutiquen, Bistros, Kinos und Nightclub. Eine lebendige Atmosphäre empfängt Sie in der eleganten, zur Halle hin offenen Ente vom Lehel.

Palace M, Trogerstr. 21, ⊠ 81675, ℘ (089) 41 97 10, *palace@kuffler-gastronomie.de*, Fax (089) 41971819, ⌘, ≘s, ⌘ – ⌘ ⌘ Zim, TV ⌘ ⌘ – ⌘ 30. Æ ⓘ ⓜ VISA ⌘
HV t
Menu à la carte 33/47 – ⌑ 15 – **72 Zim** 155/180 – 200/230, 3 Suiten.
• Elegantes, hochwertig ausgestattetes Haus : Alle Zimmer mit Louis-Seize-Stilmöbeln, teils mit Parkett. Bei Sonne lohnt sich ein Besuch der Dachterrasse oder des Gartens. Ebenso stilvoll-elegant wie das Hotel ist auch das Palace-Restaurant eingerichtet.

Prinzregent am Friedensengel garni, Ismaninger Str. 42, ⊠ 81675, ℘ (089) 41 60 50, *friedensengel@prinzregent.de*, Fax (089) 41605466, ≘s – ⌘ ⌘ TV ⌘ ⌘ – ⌘ 35. Æ ⓘ ⓜ VISA
HV t
geschl. 24. Dez. - 5. Jan. – **64 Zim** ⌑ 169/185 – 200/215.
• Nach der Nacht im alpenländischen Naturholzbett frühstückt man inmitten schöner Täfelung oder im Wintergarten und spaziert danach in nur fünf Minuten zum Englischen Garten.

Rothof garni, Denninger Str. 114, ⊠ 81925, ℘ (089) 9 10 09 50, *rothof@t-online.de*, Fax (089) 915066, ⌘ – ⌘ ⌘ TV ⌘ Æ ⓘ ⓜ VISA
DS k
geschl. 22. Dez. - 7. Jan. – **37 Zim** ⌑ 121/141 – 172/212.
• Arbeiten und Sport treiben : Geräumige Zimmer mit moderner Technik liegen unter einem Dach mit Tennisschule und -plätzen. Zum Regenerieren wartet die Sauna.

Bogenhauser Hof, Ismaninger Str. 85, ⊠ 81675, ℘ (089) 98 55 86, *bogenhauserhof@t-online.de*, Fax (089) 9810221, ⌘, (ehemaliges Jagdhaus a.d.J. 1825) – Æ ⓘ ⓜ VISA
HV c
geschl. 24. Dez. - 8. Jan., über Ostern 2 Wochen, Sonn- und Feiertage – **Menu** (Tischbestellung ratsam) à la carte 41,50/65.
• Ein Klassiker der Münchner Gastronomie ist dieses Jagdhaus aus dem Jahr 1825 mit seiner gehobenen klassischen Küche, die man auch im idyllischen Sommergarten genießen kann.

Acquarello, Mühlbaurstr. 36, ⊠ 81677, ℘ (089) 4 70 48 48, Fax (089) 476464, ⌘ – Æ ⓜ ⌘
DS f
geschl. 1. - 4. Jan., Samstagmittag, Sonntagmittag, Feiertage mittags – **Menu** (italienische Küche) 27 (mittags) à la carte 39/67.
• Küchenchef Waldemar Gollans kreative, feinfühlige italienische Küche setzt auf interessante Kontraste. Zart bemalte Wände verleihen dem Ristorante ein mediterranes Ambiente.
Spez. Vitello Tonnato. Ravioli di noci con burro e parmigiano. Brasato al Barolo con purea di sedano.

MÜNCHEN S. 21

XX Käfer Schänke, Prinzregentenstr. 73, ⊠ 81675, ℘ (089) 4 16 82 47, *kaefer schaenke@feinkost-kaefer.de, Fax (089) 4168623,* 🍽 – ℡ ① ⓪ 𝗩𝗜𝗦𝗔 JCB HV s
geschl. Sonn- und Feiertage – **Menu** (Tischbestellung erforderlich) 28 (mittags) à la carte 35/52.
• Neben dem gemütlichen Restaurant sind vor allem die verschieden dekorierten Stüberln sehenswert : So speist man z. B. in der Meissner-Stube inmitten von 300 Porzellanteilen !

XX Carpe Diem, Denningerstr. 112, ⊠ 81925, ℘ (089) 91 06 90 50, *Fax (089) 91069059,* 🍽 – ♿ ℡ ① ⓪ 𝗩𝗜𝗦𝗔 ⌘ DS k
geschl. Sonntag – **Menu** (italienische Küche) à la carte 31/42.
• Ein rot-weißer Baldachin geleitet Sie in das Reich von Salvatore Pavone : Elegant mediterranes Ambiente, freundlicher Service und Feines aus der Frischeküche Italiens.

In München-Denning :

XX Casale, Ostpreußenstr. 42, ⊠ 81927, ℘ (089) 93 62 68, *Fax (089) 9306722,* 🍽 – ℡ ① ⓪ 𝗩𝗜𝗦𝗔 JCB DS n
Menu (italienische Küche) 41 à la carte 35/47.
• Klassische italienische Küche erwartet Sie in diesem hellen, freundlichen Restaurant mit Wintergartenterrasse, dessen fröhliche Bilder südländische Lebenslust versprühen.

In München-Englschalking :

XX La Vigna, Wilhelm-Dieß-Weg 2, ⊠ 81927, ℘ (089) 93 14 16, *Fax (089) 93933132,* 🍽 – ℡ ① ⓪ 𝗩𝗜𝗦𝗔 DS t
geschl. Samstagmittag – **Menu** (italienische Küche) 24 (mittags) à la carte 37/40,50.
• Im Osten der Landeshauptstadt kocht Cosimo Ruggiero italienische Leckerbissen für seine Gäste, die in einem modernen Bistro-Ambiente mit Parkettboden tafeln.

In München-Haidhausen :

🏨 Hilton City, Rosenheimer Str. 15, ⊠ 81667, ℘ (089) 4 80 40, *sales_munich-city@ hilton.com, Fax (089) 48044804,* 🍽 – 📶 ⟷ Zim, 📺 ⓥ ♿ ⬌ – 🔔 180. ℡ ① ⓪ 𝗩𝗜𝗦𝗔 JCB LZ s
Menu à la carte 29/42 – ⌂ 19 – **481 Zim** 209/350 – 209/375, 4 Suiten.
• Neben Philharmonie und Gasteig Kulturzentrum liegt dieses Haus, das durch die funktionellen Zimmer vor allem auf die Bedürfnisse von Geschäftsreisenden zugeschnitten ist. Restaurant im alpenländischen Stil mit teils regionaler, teils internationaler Küche.

🏨 Preysing garni, Preysingstr. 1, ⊠ 81667, ℘ (089) 45 84 50, *Fax (089) 45845444,* 🛏, 🏊 – 📶 📺 ⓥ ⬌ – 🔔 15. ℡ ① ⓪ 𝗩𝗜𝗦𝗔 LZ w
geschl. 22. Dez. - 6. Jan. – **76 Zim** ⌂ 130/176 – 180/193, 5 Suiten.
• Mit viel Liebe zum Detail eingerichtete Zimmer mit moderner Naturholzmöblierung. Nach den Strapazen des Tages bringen Schwimmbad, Whirlpool und Sauna Entspannung.

🏨 Forum Hotel, Hochstr. 3, ⊠ 81669, ℘ (089) 4 80 30, *muchb@interconti.com, Fax (089) 4488277,* 🛏, 🏊 – 📶 ⟷ Zim, 📺 ⓥ – 🔔 380. ℡ ① ⓪ 𝗩𝗜𝗦𝗔 ⌘ Rest
Menu à la carte 22,50/34 – ⌂ 18 – **580 Zim** 190/295 – 205/310, 12 Suiten. LZ t
• Modernes Tagungshotel mit geräumigen Zimmern, soliden Möbeln und einem großzügigen Freizeitbereich. Das neue, 2600 Quadratmeter große Konferenzzentrum faßt 2000 Gäste. Modernes Restaurant mit europäisch-asiatischer Karte.

🏠 Ritzi, Maria-Theresia-Str. 2a, ⊠ 81675, ℘ (089) 4 19 50 30, *office@hotelritzi.de, Fax (089) 41950350* – 📺 ⓥ ℡ ① ⓪ 𝗩𝗜𝗦𝗔 HX f
Menu à la carte 25/35 – **25 Zim** ⌂ 98/135 – 150.
• Cosmopolitischer Wind direkt am Isarufer. Kein Zimmer gleicht dem anderen : Wohnen Sie im karibischen, afrikanischen, skandinavischen, chinesischen oder Art déco-Interieur. Im legeren Bistro ist crossover das kulinarische Motto.

XXX Massimiliano, Rablstr. 10, ⊠ 81669, ℘ (089) 4 48 44 77, *massimiliano-muenchen@t -online.de, Fax (089) 4484405,* 🍽 – ℡ ① ⓪ 𝗩𝗜𝗦𝗔 LZ n
geschl. Samstagmittag – **Menu** 22 (mittags) à la carte 41/56.
• In elegantem Ambiente und inmitten einer Fülle "echter" Reproduktionen bekannter Gemälde werden den Gästen Gerichte der klassisch-mediterranen Küche serviert.

XX Al Gallo Nero, Grillparzerstr. 1, ⊠ 81675, ℘ (089) 4 70 54 72, *Fax (089) 4701321,* 🍽 – ℡ ⓪ 𝗩𝗜𝗦𝗔 HX b
geschl. Samstagmittag, Sonntag – **Menu** (italienische Küche) 21 (mittags) à la carte 32,50/43,50.
• Schon beim Betreten des Lokals spürt man trotz der gemütlichen, rustikalen Einrichtung den italienischen Charme, der in der Luft liegt. Serviert wird eine authentische cucina.

X Vinaiolo, Steinstr. 42, ⊠ 81667, ℘ (089) 48 95 03 56, *Fax (089) 48068011* – ⓪ 𝗩𝗜𝗦𝗔
❀ *geschl. Montagmittag* – **Menu** (abends Tischbestellung erforderlich, italienische Küche) à la carte 33/41 ♀. HX c
• Das wechselnde Speiserepertoire orientiert sich ganz am Markt. Die Weine werden in den original vorhandenen, restaurierten Schränken der ehemaligen Apotheke präsentiert.
Spez. Schiaccata di patate con gambas e vinegrate di erba cipollina. Carpaccio d'anatra con radici di prezzemolo fritte. Coda di bue farcita di pane e olive con patate.

1019

MÜNCHEN S. 22

✕ **Zum Huterer,** Grütznerstr. 8 (am Wiener Platz), ✉ 81667, ℘ (089) 4 89 12 87, Fax (089) 4891497, Biergarten. ✵
geschl. Montag, Sonn- und Feiertage – **Menu** *(nur Abendessen)* à la carte 29/39.   HX e
 • In rustikal-gemütlicher Holztäfelung gibt's in diesem kleinen Wirtshaus deftige Schmankerln und Leckerbissen aus der italienisch angehauchten, internationalen Küche.

✕ **Rue Des Halles,** Steinstr. 18, ✉ 81667, ℘ (089) 48 56 75, *bernhard.le.port@t-online.de, Fax (089) 43987378,* (Restaurant im Bistrostil) – ◐◉ 𝗩𝗜𝗦𝗔 JCB   HX a
Menu *(nur Abendessen)* (Tischbestellung ratsam) à la carte 32/45.
 • Das klassizistische Stadthaus in einer Seitenstraße ist eine nette, solide Adresse. Das typische französische Angebot wird den Gästen auf Tafeln präsentiert.

In München-Johanneskirchen :

🏨 **Country Inn München Ost** M, Musenbergstr. 25, ✉ 81929, ℘ (089) 95 72 90, *info-joki@countryinns.de, Fax (089) 95729400,* 𝐋𝟦, 🈂 – 🛗 ⇌ 📺 ✆ ⇌ – 🅰 15. ㏂ ◐ ◉ 𝗩𝗜𝗦𝗔 JCB. ✵ Rest   DS u
Menu *(nur Abendessen)* à la carte 16/30 – ⇌ 11 – **167 Zim** 135/145.
 • "Mehr Gemütlichkeit" im wohnlichen Landhausstil will dieses Ex-Boarding-House, dessen Zimmer teils Kitchenetten besitzen, Gästen angedeihen lassen. Mit Fitnesscenter.

In München-Laim :

✕✕ **Dolce Sosta,** Willibaldstr. 24, ✉ 80689, ℘ (089) 54 64 37 37, Fax (089) 54643736, 🌿 – 𝐏. ㏂ 𝗩𝗜𝗦𝗔   BS p
geschl. Sonntag – **Menu** (italienische Küche) à la carte 28,50/38.
 • Bayerisch-getäfelte Wände harmonieren mit südlich-mediterranem Terracottaboden. Die italienischen Leckerbissen genießt man im Sommer auf der frisch renovierten Terrasse.

✕✕ **Conviva,** Friedenheimer Str. 59a, ✉ 80686, ℘ (089) 54 77 99 00, Fax (089) 54779993, 🌿 – ◐ ◉ 𝗩𝗜𝗦𝗔   BS m
geschl. Samstagmittag, Sonn- und Feiertage – **Menu** (abends Tischbestellung erforderlich) 11 (mittags)/48 (abends).
 • Modernes Bistro-Restaurant mit ungewöhnlichem Background : Behinderte arbeiten dem Küchenchef zu und werden so fit für's Berufsleben. Günstige Mittagskarte !

✕✕ **Il Sorriso,** Gotthartstr. 8, ✉ 80686, ℘ (089) 5 80 31 70, Fax (089) 5803170, 🌿 – 𝐏. ㏂ ◐ ◉ 𝗩𝗜𝗦𝗔 JCB – **Menu** à la carte 22/35.   BS s
geschl. Sonntag –
 • Netter Italiener im Erdgeschoß eines kleinen Hochhauses nicht weit von Hirschgarten und Nymphenburger Schloß. Man tafelt in südländischer, Pflanzen-begrünter Atmosphäre.

In München-Milbertshofen :

🏨 **Country Inn Frankfurter Ring** M garni, Frankfurter Ring 20, ✉ 80807, ℘ (089) 35 71 70, *info-frari@countryinns.de, Fax (089) 35717755* – 🛗 ⇌ 📺 ✆ ⇌, ㏂ ◐ ◉ 𝗩𝗜𝗦𝗔 JCB   CR r
⇌ 11 – **81 Zim** 125/135.
 • Warme Farbtöne, gemütlich karierte Ohrensessel und Naturholzmöbel prägen den typischen Landhausstil nicht weit vom Olympiapark. Alle Zimmer haben Fax- und Modemanschluß.

🏨 **Königstein** garni, Frankfurter Ring 28, ✉ 80807, ℘ (089) 35 03 60, *info@hotel-koenigstein-muenchen.de, Fax (089) 35036100* – 🛗 ⇌ 📺 ⇌ 𝐏. ◐ ◉ 𝗩𝗜𝗦𝗔 JCB
geschl. 20. Dez. - 6. Jan. – **42 Zim** ⇌ 88/103 – 113.   CR v
 • Eine nette Übernachtungsadresse mit funktionellen, einheitlich mit hellen Einbaumöbeln ausgestatteten Zimmern. In der Nähe liegen Olympiapark und Englischer Garten.

In München-Moosach :

🏨 **Mayerhof** garni, Dachauer Str. 421, ✉ 80992, ℘ (089) 14 36 60, *info@hotel-mayerhof-muenchen.de, Fax (089) 1402417* – 🛗 ⇌ 📺 ⇌ – 🅰 20. ㏂ ◐ ◉ 𝗩𝗜𝗦𝗔 JCB   BR b
70 Zim ⇌ 110/125 – 135/150.
 • Zwischen Olympiapark und Nymphenburger Schloß legt man Wert auf persönlichen Service. Die komfortablen, großzügig ausgestatteten Zimmer sind optimal lärmgedämmt.

In München-Neu Perlach :

🏨 **Mercure,** Karl-Marx-Ring 87, ✉ 81735, ℘ (089) 6 32 70, *h1374@accor-hotels.com, Fax (089) 6327407,* 🌿, 𝐋𝟦, 🈂, 🅂 – 🛗 ⇌ Zim, 🔲 📺 ✆ ⇌ 𝐏 – 🅰 120. ㏂ ◐ ◉ 𝗩𝗜𝗦𝗔 JCB   über Ständlerstraße DT
Menu à la carte 18/33 – **185 Zim** ⇌ 129 – 149, 4 Suiten.
 • Das "mit allen Münchner Wassern gewaschene" Hotelteam verrät die Geheimtips der Stadt ! Jedes der mit soliden Kirschbaummöbeln ausgestatteten Zimmer hat eine Klimaanlage.

MÜNCHEN S. 23

🏨 **Villa Waldperlach** M garni, Putzbrunner Str. 250 (Waldperlach), ✉ 81739, ℘ (089) 6 60 03 00, Fax (089) 66003066 – 📶 ⇔ 📺 ✆ ⇌. 🅰🅴 ① ⓜⓞ 🆅🅸🆂🅰
21 Zim ☑ 80 – 95/100.   über Putzbrunner Straße DT
  ♦ Alle Zimmer in modernen Eiche-Natur-Möbeln gehalten, mit großen Schreibtischen und sehr guter Technik. Die meisten Räume im oberen Stock haben wohnliche Holzbalkendecken.

In München-Nymphenburg :

🏨 **Kriemhild** garni, Guntherstr. 16, ✉ 80639, ℘ (089) 1 71 11 70, hotel@kriemhild.de, Fax (089) 17111755 – 📺 🅿. 🅰🅴 ⓜⓞ 🆅🅸🆂🅰 🆂🅲🅱
17 Zim ☑ 62/82 – 94/114.   BS y
  ♦ Bei Münchens größtem Biergarten liegt die kleine, familiäre Hotelpension. Die meisten Zimmer sind mit hellen Erlenholzmöbeln eingerichtet und technisch gut ausgestattet.

✖✖ **Acetaia**, Nymphenburger Str. 215, ✉ 80639, ℘ (089) 13 92 90 77, Fax (089) 13929078, 🌳 – ⓜⓞ 🆅🅸🆂🅰   CS a
geschl. Samstagmittag – **Menu** (italienische Küche) 22 (mittags) à la carte 36/43.
  ♦ Im rustikalen italienischen Ambiente setzen Kronleuchter, Mosaikfußboden, stilvoll eingedeckte Tische und ein gut funktionierender Service noble Akzente. Mit schöner Terrasse.

✖✖ **Schloßwirtschaft zur Schwaige**, Schloß Nymphenburg Eingang 30, ✉ 80638, ℘ (089) 17 44 21, Fax (089) 1784101, Biergarten – 🅿. 🅰🅴 ⓜⓞ 🆅🅸🆂🅰 🆂🅲🅱   BS n
Menu à la carte 16/35,50.
  ♦ Wie ein herrschaftlicher Schloßbewohner fühlt man sich, wenn man im Seitenflügel des Nymphenburger Schlosses tafelt. Die Küche schlägt den Bogen von regional zu international.

In München-Oberföhring :

✖ **Freisinger Hof** mit Zim, Oberföhringer Str. 189, ✉ 81925, ℘ (089) 95 23 02, freisinger.hof@t-online.de, Fax (089) 9578516, Biergarten – 📺 ✆ 🅿. 🅰🅴 ① ⓜⓞ 🆅🅸🆂🅰
Menu à la carte 23,50/41 – **13 Zim** ☑ 98/115 – 130/160.   DR f
  ♦ Das Wirtshaus von 1875 hat trotz Renovierung weder Charme noch Charakter eingebüßt. Man kocht ausschließlich regional. Die neu geschaffenen Zimmer passen im Stil zum Haus.

In München-Obermenzing :

🏨 **Edelweiss Parkhotel**, Menzinger Str. 103, ✉ 80997, ℘ (089) 8 11 10 01 (Hotel), 81 08 90 00 (Rest.), info@edelweiss-parkhotel.de, Fax (089) 81039982, 🌳 – 📺 ✆ 🅿. 🅰🅴 ①
ⓜⓞ 🆅🅸🆂🅰 🆂🅲🅱. ✆ Zim   BS a
La Rotonda (italienische Küche) **Menu** à la carte 24/37 – **30 Zim** ☑ 75/85 – 95.
  ♦ In einem ruhigen Wohngebiet liegt dieses frisch renovierte Haus, dessen Zimmer teils mit Parkett, angenehmer Farbgestaltung und Möbeln im Landhausstil zu gefallen wissen. Im lichtdurchfluteten Anbau befindet sich das Restaurant La Rotonda.

🏨 **Jagdschloss**, Alte Allee 21, ✉ 81245, ℘ (089) 82 08 20, jagdschloss@t-online.de, Fax (089) 82082100, Biergarten – 📺 ✆ ⇌. ① ⓜⓞ 🆅🅸🆂🅰   AS n
Menu à la carte 15/28 – 🍴 8 – **26 Zim** 65 – 90.
  ♦ Nach langer liebevoller Planung und Renovierung strahlt das 100 Jahre alte urbayerische Prachtstück wieder in neuem Glanz - auch für die Gäste der praktisch-modernen Zimmer. Schlichte, urige Gaststuben.

🏨 **Blutenburg** garni, Verdistr. 130, ✉ 81247, ℘ (089) 8 91 24 20, info@hotel-blutenburg.de, Fax (089) 89124242 – ⇔ 📺 ⇌ 🅿. 🅰🅴 ⓜⓞ 🆅🅸🆂🅰   AS v
19 Zim ☑ 70/85 – 82/103.
  ♦ Schloßliebhaber aufgepaßt : Dieses Etagenhotel liegt ganz in der Nähe der Blutenburg und auch zum Nymphenburger Schloß hat man es nicht weit. Einige Zimmer haben Terrassen.

✖ **Weichandhof**, Betzenweg 81, ✉ 81247, ℘ (089) 8 91 16 00, info@weichandhof.de, Fax (089) 89116012, 🌳 – ⇔ 🅿. 🅰🅴 ⓜⓞ 🆅🅸🆂🅰 🆂🅲🅱   AS v
geschl. Samstag – **Menu** (Tischbestellung ratsam) à la carte 15/29,50.
  ♦ Ein hübscher Landgasthof im typisch bayerischen Stil mit mehreren rustikal-gemütlichen Gaststuben. Im Sommer ist die Gartenterrasse ein beliebtes Ausflugsziel der Münchner.

In München-Pasing :

🏨 **Econtel** M garni, Bodenseestr. 227, ✉ 81243, ℘ (089) 87 18 90, info@econtel.de, Fax (089) 87189400 – 📶 ⇔ 📺 ✆ ⇌ – 🛗 70. 🅰🅴 ⓜⓞ 🆅🅸🆂🅰 🆂🅲🅱   AS t
☑ 10 – **69 Zim** 70 – 74.
  ♦ Ein modernes, funktionelles Hotel. Die gepflegten Zimmer sind recht groß, hell und auf die Bedürfnisse von Geschäftsreisenden zugeschnitten.

🏨 **Zur Post**, Bodenseestr. 4a, ✉ 81241, ℘ (089) 89 69 50, info@hotel-zur-post.com, Fax (089) 89695126, Biergarten – 📶 ⇔ Zim, 📺 ⇌ – 🛗 120. 🅰🅴 ① ⓜⓞ 🆅🅸🆂🅰   AS e
Menu à la carte 16/35 – **95 Zim** ☑ 85/109 – 102/165.
  ♦ In diesem renovierten ehemaligen Gasthof schläft man in hell eingerichteten Zimmern. Die Naturholz-Möbel im rustikalen Landhausstil verbreiten eine freundliche Atmosphäre.

1021

MÜNCHEN S. 24

XX **Zur Goldenen Gans,** Planegger Str. 31, ⊠ 81241, ℘ (089) 83 70 33, Fax (089) 8204680, 㐷 – 🅿. ⓞ ⓞ 𝗩𝗜𝗦𝗔 AS b
geschl. Montag – **Menu** *à la carte 27/36.*
• Bayerischer Landgasthof mit regionalem Speisenangebot. Das große Restaurant ist in sich unterteilt und mit Holz, Spiegeln und Bildern gemütlich-rustikal eingerichtet.

In München-Schwabing :

Marriott-Hotel [M], Berliner Str. 93, ⊠ 80805, ℘ (089) 36 00 20, *mhrs.mucno. event.booking@marriotthotels.com, Fax (089) 36002200, Massage,* 𝑓𝘴, ≘s, 🖼 – 🛉, ⚤ Zim, 🔲 🖳 🕊 𝑙 – 🛋 300. ⍺⍷ ⓞ ⓞ 𝗩𝗜𝗦𝗔 CR e
Menu à la carte 25/37 – ⊑ 18 – **348 Zim** 179/209, 18 Suiten.
• Im Grandhotel-Stil präsentiert sich dieses Haus mit modern ausgestatteter Konferenzetage. Die kürzlich renovierten Zimmer sind wohnlich mit blumigen Stoffen dekoriert. American Style Restaurant mit schönem, großem Buffet und Showküche.

Holiday Inn City Nord, Leopoldstr. 194, ⊠ 80804, ℘ (089) 38 17 90, *info@muenchen.holidayinn-queens.de, Fax (089) 38179888,* 㐷, ≘s, 🖼 – 🛉, ⚤ Zim, 🔲 🕊 㽞 – 🛋 320. ⍺⍷ ⓞ ⓞ 𝗩𝗜𝗦𝗔 JCB CR t
Menu à la carte 26/45 – ⊑ 18 – **365 Zim** 140/220.
• Im Künstler- und Unterhaltungsviertel liegt das moderne Businesshotel mit vielen Annehmlichkeiten wie Römischem Bad, Sauna, Solarium, Massage, Poolbar und Sonnenterrasse.

Renaissance Hotel, Theodor-Dombart-Str. 4 (Ecke Berliner Straße), ⊠ 80805, ℘ (089) 36 09 90, *rhi.mucbr.dos@renaissancehotels.com, Fax (089) 360996900,* 㐷, ≘s – 🛉, ⚤ Zim, 🔲 🕊 㽞 – 🛋 30. ⍺⍷ ⓞ ⓞ 𝗩𝗜𝗦𝗔 JCB CR e
Menu à la carte 23/35 – ⊑ 15 – **260 Zim** 133, 87 Suiten.
• In der Nähe des Englischen Gartens und des Olympiastadions. Wohnliche Zimmer und elegante Suiten bieten hohes Maß an Komfort. Zum Entspannen lädt die "Erholungsoase" ein. Restaurant im Brasserie-Stil mit großer Bartheke.

Four Points Hotel München Olympiapark, Helene-Mayer-Ring 12, ⊠ 80809, ℘ (089) 35 75 10, *fourpoints.olympiapark@arabellasheraton.com, Fax (089) 35751800,* 㐷 – 🛉, ⚤ Zim, 🔲 🕊 🅿 – 🛋 30. ⍺⍷ ⓞ ⓞ 𝗩𝗜𝗦𝗔 CR p
geschl. 22. Dez. - 6. Jan. – **Menu** *(geschl. Sonntag)* à la carte 20,50/33,50 – **105 Zim** ⊑ 140/165 – 173/198.
• Hier wohnt man mitten im Olympiapark ! Zu aktuellen Sportereignissen, aber auch zu kulturellen Highlights sind es nur wenige Schritte. Elegant-funktionelle Zimmer erwarten Sie !

Cosmopolitan [M] garni, Hohenzollernstr. 5, ⊠ 80801, ℘ (089) 38 38 10, *cosmopolitan-hotel@cosmopolitan-hotel.de, Fax (089) 38381111* – 🛉 ⚤ 🔲 🕊 㽞. ⍺⍷ ⓞ ⓞ 𝗩𝗜𝗦𝗔 JCB GU g
71 Zim ⊑ 100/130 – 110/130.
• "Frisch und weltoffen wie die Gäste" sieht sich das Hotel im Herzen von Schwabing. Modernes Interieur mit Designermöbeln und zeitgemäßer technischer Ausstattung.

Park Plaza garni, Leopoldstr. 132, ⊠ 80804, ℘ (089) 3 61 95 70, *ppmuenchen@parkplazahotels.de, Fax (089) 361957604* – 🛉 ⚤ 🔲 㽞. ⍺⍷ ⓞ ⓞ 𝗩𝗜𝗦𝗔 GU e
161 Zim ⊑ 95/161 – 120/196, 5 Suiten.
• Wenn Sie hier absteigen, sind Sie mitten im Geschehen : Direkt an der berühmten Schwabinger Leopoldstraße bietet man modernen Komfort, zu dem schallisolierte Fenster gehören.

Mercure garni, Leopoldstr. 120, ⊠ 80802, ℘ (089) 3 89 99 30, *h1104@accor-hotels.com, Fax (089) 349344* – 🛉 ⚤ 🔲 㽞. ⍺⍷ ⓞ ⓞ 𝗩𝗜𝗦𝗔 JCB GU r
65 Zim ⊑ 93/128 – 130/150.
• Unweit des Englischen Gartens und nahe bei Alt-Schwabing mit seinen Kabaretts und Bier-Pubs findet man funktionelle Zimmer, die typischen Mercure-Standard bieten.

Leopold, Leopoldstr. 119, ⊠ 80804, ℘ (089) 36 04 30, *hotel-leopold@t-online.de, Fax (089) 36043150,* 㐷, ≘s – 🛉, ⚤ Zim, 🔲 🕊 㽞 – 🛋 20. ⍺⍷ ⓞ ⓞ 𝗩𝗜𝗦𝗔 JCB GU f
geschl. 23. - 30. Dez. – **Menu** à la carte 18/35 – **75 Zim** ⊑ 95/140 – 125/165.
• Traditionsreiches, seit Generationen familiär geführtes Hotel mit Charme, mitten im Künstlerviertel Schwabing. Fragen Sie nach Zimmern mit Blick auf den idyllischen Garten.

XXXX ❀❀ **Tantris,** Johann-Fichte-Str. 7, ⊠ 80805, ℘ (089) 3 61 95 90, *tantris@t-online.de, Fax (089) 3618469,* 㐷 – 🅿. ⍺⍷ ⓞ ⓞ 𝗩𝗜𝗦𝗔 ⚤ GU b
geschl. Jan. 1 Woche, Sonntag - Montag, Feiertage – **Menu** (Tischbestellung ratsam) 58 (mittags)/123 (abends) à la carte 55/89 ⓘ.
• Adresse Nr. 1 für Münchens Gourmets ist der von Fabeltieren bewachte, avantgardistische schwarz-orange Genußtempel, in dem Hans Haas innovativ-klassische Genüsse zaubert.
Spez. Forellenfilet mit Apfel, Sellerie und Holunderblütenfond. Gebratene Gänseleber mit Balsamico-Kirschen. Schokoladen-Mille-feuille mit Kokoscreme und Ananas.

Der Katzlmacher, Kaulbachstr. 48, ✉ 80539, ☎ (089) 34 81 29, Fax (089) 331104, 🍽 – ⓜⓒ 𝑉𝐼𝑆𝐴 – GU s
geschl. Samstag - Sonntag – **Menu** (italienische Küche) à la carte 30,50/42.
 • Hier serviert man typisch Italienisches in gemütlich-rustikalem Ambiente. Besucher nehmen an gut eingedeckten Tischen Platz - auf gepolsterten Stühlen und in netten Nischen.

Olympiaturm-Drehrestaurant, Spiridon-Louis-Ring 7, ✉ 80809, ☎ (089) 30 66 85 85, drehrestaurant@haberl.de, Fax (089) 30668588, ✳ München und Voralpenlandschaft (❚, Gebühr), □ 𝔸𝔼 ⓞ ⓜⓒ 𝑉𝐼𝑆𝐴 𝐽𝐶𝐵, ✕ CR s
Menu (15. Okt. - 15. April Montag - Freitag nur Abendessen) (abends Tischbestellung erforderlich) 32 (mittags) à la carte 39/47.
 • Tolle Aussicht in 182 m Höhe! Zum Essen sollte man sich mindestens 50 Min. Zeit nehmen: So lange braucht das bildergeschmückte Restaurant, bis es einmal die Runde gemacht hat!

Il Borgo, Georgenstr. 144, ✉ 80797, ☎ (089) 1 29 21 19, Fax (089) 12391575 – 𝑉𝐼𝑆𝐴 𝐽𝐶𝐵 FU e
geschl. Samstagmittag, Sonntag, Feiertage mittags – **Menu** (italienische Küche) à la carte 28/34.
 • Unweit vom Josephsplatz läßt sich's in lockerer Atmosphäre im gehobenen Bistrostil italienisch tafeln. Große Spiegel und bunte Kacheln schmücken die Wände.

Seehaus, Kleinhesselohe 3, ✉ 80802, ☎ (089) 3 81 61 30, seehaus@kuffler-gastronomie.de, Fax (089) 341803, ≤, 🍽, Biergarten – ❚. 𝔸𝔼 ⓞ ⓜⓒ 𝑉𝐼𝑆𝐴 HU t
Menu à la carte 23,50/42,50.
 • In diesem Idyll am Kleinhesseloher See tischt man Internationales und Bürgerliches auf. Besonders beliebt ist die hübsche Seeterrasse.

Spago, Neureutherstr. 15, ✉ 80799, ☎ (089) 2 71 24 06, spago@spago.de, Fax (089) 2780448, 🍽 – ❚ 𝔸𝔼 ⓞ ⓜⓒ 𝑉𝐼𝑆𝐴 GU a
geschl. Sonntag – **Menu** (italienische Küche) à la carte 25/35.
 • Prominente Künstler und Schauspieler geben sich hier zuweilen die Klinke in die Hand, aber auch "Normalbürger" schätzen die italienisch-mediterranen Köstlichkeiten.

Bistro Terrine, Amalienstr. 89 (Amalien-Passage), ✉ 80799, ☎ (089) 28 17 80, terrine.bistro@t-online.de, Fax (089) 2809316, 🍽 – 𝔸𝔼 ⓜⓒ 𝑉𝐼𝑆𝐴 GU p
geschl. Anfang Jan. 1 Woche, Montagmittag, Samstagmittag, Sonn- und Feiertage – **Menu** (abends Tischbestellung ratsam) 23 (mittags) à la carte 31,50/44 ♀.
 • Original französisches Bistro-Flair prägt das Restaurant mit seinen Jugendstil-Lampen. Klassisch-französische Karte mit günstigem marktfrischem Tagesangebot.

Bei Grazia, Ungererstr. 161, ✉ 80805, ☎ (089) 36 69 31, Fax (089) 30000811 – 𝔸𝔼 ⓜⓒ 𝑉𝐼𝑆𝐴 CR r
geschl. Samstag - Sonntag – **Menu** (Tischbestellung ratsam) (italienische Küche) à la carte 27/34.
 • Fliesenboden, rosa Tischwäsche und verschnörkelte Spiegel bestimmen das Ambiente in dem italienischen Restaurant. Der Service liegt in den Händen der netten Wirtin.

In München-Sendling:

Holiday Inn München-Süd, Kistlerhofstr. 142, ✉ 81379, ☎ (089) 78 00 20, holiday-inn-muenchen-sued@t-online.de, Fax (089) 78002672, Biergarten, Massage, 𝟣ₛ, ≘, ◻ – ❚, ⇌ Zim, □ 🅿 ⇦ – 🔔 90. 𝔸𝔼 ⓞ ⓜⓒ 𝑉𝐼𝑆𝐴 𝐽𝐶𝐵 BT x
Menu à la carte 28,50/38 – ♁ 16 – **320 Zim** 149/180 – 181/231.
 • Modernes Business-Hotel mit renovierten Konferenzräumen. Business-Center mit Internet-Zugang, Kopierer, PC und Drucker. Alle Zimmer mit Balkon und Klimaanlage.

K+K Hotel am Harras, Albert-Rosshaupter-Str. 4, ✉ 81369, ☎ (089) 74 64 00, info@kkhotels.de, Fax (089) 7212820 – ❚ ⇌ 📺 ✆ ⇦. 𝔸𝔼 ⓞ ⓜⓒ 𝑉𝐼𝑆𝐴 𝐽𝐶𝐵 CT n
Menu (Restaurant nur für Hausgäste) **106 Zim** ♁ 140/210 – 165/235.
 • Zu den Vorzügen des Hauses zählt neben modernem Hotelkomfort und behaglichem Ambiente auch die verkehrsgünstige Lage, die eine bequeme Anreise mit Auto und Bahn ermöglicht.

In München-Solln:

Heigl garni, Bleibtreustr. 15, ✉ 81479, ☎ (089) 7 49 83 70, hotelheigl@t-online.de, Fax (089) 7900971 – 📺 ✆ ❚. 𝔸𝔼 ⓞ ⓜⓒ 𝑉𝐼𝑆𝐴 𝐽𝐶𝐵 BT s
38 Zim ♁ 70/92 – 95/105.
 • Einige Zimmer dieses netten Hauses präsentieren sich im alpenländischen Landhausstil. Besonders empfehlenswert: die ruhig zum Garten gelegenen Räume.

Sollner Hof garni, Herterichstr. 63, ✉ 81479, ☎ (089) 7 49 82 90, sollnerhof@t-online.de, Fax (089) 7900394 – 📺 ⇦ ❚. 𝔸𝔼 ⓞ ⓜⓒ 𝑉𝐼𝑆𝐴 𝐽𝐶𝐵 BT s
29 Zim ♁ 72/99 – 88/102.
 • Teils nostalgisch, teils im alpenländischen Stil eingerichtet sind die Zimmer dieses Gasthofs, der schon seit mehreren Generationen in Familienbesitz ist.

MÜNCHEN S. 26

Pegasus garni, Wolfratshauser Str. 211, ⌂ 81479, ℰ (089) 7 49 15 30, *hotel.pegasus-muenchen@t-online.de, Fax (089) 7912970*, 🛎 – 📺 ⇔ 🅿. AE ⑩ VISA JCB BT y
22 Zim 🍴 76/105 – 85/160.

♦ Mit der S-Bahn ist man von dem renovierten, praktisch möblierten Quartier schnell und bequem mitten im Stadtzentrum. Auf die Bedürfnisse von Geschäftsreisenden zugeschnitten.

Villa Solln 🌳 garni, Wilhelm-Leibl-Str. 16, ⌂ 81479, ℰ (089) 7 49 82 80, *villasolln@t-online.de, Fax (089) 7900428* – 📺 ⇔ 🅿. AE ⑩ VISA JCB. ✂ BT n
20 Zim 🍴 70/80 – 92/97.

♦ Das Schwesterhaus des Sollner Hofs liegt recht ruhig nahe des Forstenrieder Parks. Die Zimmer sind alle mit Erlenmobiliar bestückt – in Schreinerarbeit hergestellt.

XX Al Pino, Frans-Hals-Str. 3, ⌂ 81479, ℰ (089) 79 98 85, *Fax (089) 799872*, 🌿 – 🅿. AE ⑩ VISA BT a
geschl. Samstagmittag – **Menu** (italienische Küche) à la carte 28/43.

♦ Am südlichen Stadtrand findet man das in hellen, freundlichen Farben gehaltene Ristorante, die Wände zieren große Porträts. Achten Sie auf die mündlichen Empfehlungen.

In München-Trudering :

Am Moosfeld (mit Gästehäusern), Am Moosfeld 35, ⌂ 81829, ℰ (089) 42 91 90, *ammoosfeld@aol.com, Fax (089) 424662*, 🏋, 🛎, 🏊 – 📶 ✂, 🍴 Rest, 📺 ℰ ⇔ 🅿 – 🎯 30. AE ⑩ VISA über ④
Menu *(geschl. Samstagmittag)* à la carte 18,50/34,50 – **170 Zim** 🍴 107 – 133.

♦ Die auf drei Häuser verteilten Zimmer sind idealer Ausgangspunkt für Geschäftsreisende und Stadtentdecker – sie sind großzügig, sehr gepflegt und komfortabel. Gemütliche Kaminstube.

Obermaier garni, Truderinger Str. 304b, ⌂ 81825, ℰ (089) 42 00 14 99, *hotel obermaier@t-online.de, Fax (089) 426400* – 📶 📺 ℰ ♿ 🅿. AE ⓪ ⑩ VISA JCB. ✂
53 Zim 🍴 80/90 – 110/125. über Truderinger Str. DS

♦ Über 300 Jahre altes honigfarbenes Fichtenholz und Ziegelböden verleihen dem einstigen Bauernhof, in dem schon Wilhelm Busch übernachtete, eine heimelige Atmosphäre.

In München-Untermenzing :

Romantik Hotel Insel Mühle, Von-Kahr-Str. 87, ⌂ 80999, ℰ (089) 8 10 10, *insel-muehle@t-online.de, Fax (089) 8120571*, 🌿, Biergarten, 🌲 – 📺 ♿ ⇔ 🅿 – 🎯 30. ⓪ ⑩ VISA JCB AR a
Menu *(geschl. Sonn- und Feiertage)* 18 (mittags) à la carte 31/44 – **37 Zim** 🍴 98/108 – 141/200.

♦ Leider klappert die Mühle aus dem 16. Jh. am rauschenden Bach nicht mehr – dafür kann man jetzt hier wohnen : In romantischem Ambiente mit Naturholzmöbeln im Landhausstil. Gemütliches Restaurant mit schöner Terrasse an der Würm.

In München-Untersendling :

Carmen, Hansastr. 146, ⌂ 81373, ℰ (089) 7 43 14 10, *hotel-carmen@t-online.de, Fax (089) 743141428* – 📶, ✂ Zim, 📺 ℰ – 🎯 25. AE ⓪ ⑩ VISA JCB CT d
Menu *(geschl. Samstagmittag, Sonntagmittag)* (asiatische Küche) à la carte 16/21 – **63 Zim** 🍴 126/133 – 163.

♦ Sechs U-Bahnminuten vom Zentrum entfernt, direkt am Westpark, verbringt man die Nacht in hell-freundlichen Zimmern, bevor morgens das Frühstücksbuffet mit Bio-Ecke lockt.

In München-Zamdorf :

Astron, Eggenfeldener Str. 100, ⌂ 81929, ℰ (089) 99 34 50, *muenchen-neuemesse @astron-hotels.de, Fax (089) 99345400*, 🌿, 🏋, 🛎 – 📶, ✂ Zim, 📺 ℰ ♿ ⇔ – 🎯 150. AE ⓪ ⑩ VISA DS s
Menu à la carte 23/33,50 – 🍴 14 – **253 Zim** 140 – 154.

♦ Modernes Tagungshotel, fünf Minuten von der Neuen Messe entfernt – mit großen Schreibtischen und guter technischer Ausstattung speziell auf Geschäftsreisende zugeschnitten.

In Unterföhring :

Lechnerhof 🅼 garni (mit Gästehaus), Eichenweg 4, ⌂ 85774, ℰ (089) 95 82 80, *hotel.lechnerhof@t-online.de, Fax (089) 95828140*, 🏋, 🛎, 🌲 – 📶 ✂ ℰ 🅿 – 🎯 50. AE ⓪ ⑩ VISA JCB DR e
54 Zim 🍴 105/130 – 140/185.

♦ Von dem stilvollen Landgut-Hotel mit persönlicher Atmosphäre und wohnlichen Zimmern kann man direkt in Münchens grüne Lunge joggen. Hübscher Frühstücksraum mit Kreuzgewölbe.

MÜNCHEN S. 27

Feringapark, Feringastr. 2, ⌧ 85774, ℰ (089) 95 71 60, *frontoffice@feringapark-hotels.com*, Fax (089) 95716111, 霜 – 劇, ⥲ Zim, TV ✆ ⇔ ℙ – 🄰 70. ㏐ ⓘ ⓜⓔ 𝒱𝐼𝒮𝒜 JCB
DR t
Menu *(geschl. 24. Dez. - 6. Jan.)* à la carte 17,50/37 – **125 Zim** ⌚ 112/133 – 145.
♦ Das auf Tagungen und Seminare ausgerichtete Hotel mit dem angeschlossenen Büro-Suite-Hotel für Langzeitgäste bietet auch im Zimmerbereich alles, was das Tagen erleichtert.

Tele-Hotel, Bahnhofstr. 15, ⌧ 85774, ℰ (089) 9 58 46 50, *tele-hotel@t-online.de*, Fax (089) 958465550, 霜 – 劇 TV ⇔ ℙ. ㏐ ⓘ ⓜⓔ 𝒱𝐼𝒮𝒜
DR r
Menu *(geschl. 24. Dez. - 5. Jan., Samstag)* à la carte 17/30,50 – **59 Zim** ⌚ 88/108 – 105/130.
♦ Jede Art von Reisendem wird in diesem mit viel Liebe zum Detail eingerichteten Hotel mit den neuzeitlichen Zimmern ein Zuhause für unterwegs finden.

In Unterhaching *Süd : 10 km über Tegernseer Landstraße und B 13* CT :

Holiday Inn Ⓜ, Inselkammer Str. 7, ⌧ 82008, ℰ (089) 66 69 10, *info@holiday-inn-muenchen.de*, Fax (089) 66691602, Biergarten, 🇱🇦, ⥳ – 劇, ⥲ Zim, ▦ Rest, TV ✆ ⇔ ℙ – 🄰 220. ㏐ ⓘ ⓜⓔ 𝒱𝐼𝒮𝒜 JCB
Menu à la carte 25/37 – ⌚ 16 – **270 Zim** 130/156 – 156/184, 3 Suiten.
♦ Weite Wege kann man sich hier sparen : Ob Meeting, Seminar, Konferenz oder Ausstellungen, dank variabel gestaltbarer Räume ist alles möglich. Komfortable, neuzeitliche Zimmer.

Schrenkhof garni, Leonhardsweg 6, ⌧ 82008, ℰ (089) 6 10 09 10, *hotel-schrenkhof@t-online.de*, Fax (089) 61009150, ⥳ – 劇 TV ℙ – 🄰 35. ㏐ ⓘ ⓜⓔ 𝒱𝐼𝒮𝒜
geschl. Weihnachten - Anfang Jan., über Ostern – ⌚ 8 – **25 Zim** 100/119 – 130/154.
♦ Kunstvolle antike Holztäfelung und Holzstuckdecken nach historischen Vorlagen aus dem Vinschgau prägen den Stil - genießen Sie die alpenländische Wohnkultur des Hauses.

Astron Suite-Hotel Ⓜ garni, Leipziger Str.1, ⌧ 82008, ℰ (089) 66 55 20, *muenchen-unterhaching@astron-hotels.com*, Fax (089) 66552200, ⥳ – 劇 ⥲ TV ✆ ⇔ ℙ. ㏐ ⓘ ⓜⓔ 𝒱𝐼𝒮𝒜
⌚ 14 – **80 Zim** ⌚ 114 – 128.
♦ Die Helligkeit, die man beim Betreten der Atriumhalle empfindet, setzt sich in den funktionellen Suiten fort, die "mehr Raum, mehr Komfort und mehr City" bieten sollen.

Huber garni, Kirchfeldstr. 8, ⌧ 82008, ℰ (089) 61 04 00, *info@hotelhuber.de*, Fax (089) 6113842, ⥳, ⌀, ⚘, ⚚ – 劇 ⥲ TV ℙ – 🄰 20. ㏐ ⓜⓔ 𝒱𝐼𝒮𝒜. ⚘
geschl. 21. Dez. - 6. Jan. – **70 Zim** ⌚ 70/90 – 105/150.
♦ Hinter der hellen Glasfront des Frühstücksraums beginnt die Liegewiese mit kleiner Terrasse, denn das Haus mit den meist rustikal eingerichteten Zimmern liegt im Grünen.

In Haar *Süd-Ost : 12 km über ④* :

Wiesbacher, Waldluststr. 25, ⌧ 85540, ℰ (089) 4 56 04 40, *hotel@wiesbacher.de*, Fax (089) 45604460, 霜, Zugang zum öffentlichen ⌀, ⥳ – 劇, ⥲ Zim, TV ✆ ℙ – 🄰 20. ㏐ ⓜⓔ 𝒱𝐼𝒮𝒜
geschl. 22. Dez. - 6. Jan. – **Menu** *(geschl. Sonn- und Feiertage) (nur Abendessen)* à la carte 20/36 – **32 Zim** ⌚ 76/89 – 89/115.
♦ Persönlich geführtes Hotel mit praktischen Zimmern. Nettes Bonbon im Sommer : Gäste haben über die Terrasse kostenlosen Zugang zum Haarer Freibad ! Finnische Sauna zum relaxen. Nettes Restaurant mit rustikalen Holzbalken und Terracottaböden.

In Ottobrunn *Süd-Ost : 12 km über Neubiberger Straße* DT :

Golden Leaf Hotel, Rosenheimer Landstr. 91, ⌧ 85521, ℰ (089) 6 11 01 00 (Hotel), 66 56 03 29 (Rest.), *glo@golden-leaf-hotel.de*, Fax (089) 611010800 – 劇 ⥲ TV ✆ ⇔ ℙ – 🄰 35. ㏐ ⓜⓔ
Asia Palace : Menu à la carte 23/35 – **54 Zim** ⌚ 99/105 – 105.
♦ Verkehrsgünstig gelegenes Hotel mit harmonisch möblierten Zimmern. Gut ausgestattete Appartements versprechen auch für längere Mietdauer Komfort. Im Asia Palace : ein großes Angebot an asiatischen Gerichten.

Aigner garni, Rosenheimer Landstr. 118, ⌧ 85521, ℰ (089) 60 81 70, *info@hotel aigner.de*, Fax (089) 6083213 – 劇 ⥲ TV ⇔ ℙ. ㏐ ⓜⓔ 𝒱𝐼𝒮𝒜
geschl. 23. Dez. - 2. Jan. – **73 Zim** ⌚ 95/115 – 115/130.
♦ Freundliches Haus, ansprechend mit rot-braunen Holzmöbeln möblierte Zimmer und rustikal getäfelter Frühstücksraum. Eine Bushaltestelle befindet sich vor dem Hotel.

In Feldkirchen *über ③ : 10 km* :

Bauer, Münchner Str. 6, ⌧ 85622, ℰ (089) 9 09 80, *info@bauerhotel.de*, Fax (098) 9098414, 霜, ⥳, ⌀ – 劇, ⥲ Zim, TV ✆ ⇔ ℙ – 🄰 200. ㏐ ⓘ ⓜⓔ 𝒱𝐼𝒮𝒜
Menu *(geschl. 27. Dez. - 6. Jan.)* à la carte 19/35,50 – **100 Zim** ⌚ 109/119 – 139.
♦ Frisches grünes Karo oder lieber edles Rot-Gold? Farben und Stoffe tragen das ihre dazu bei, daß kein Zimmer dem anderen gleicht – Großzügigkeit und Komfort ist allen gemein. Gediegener Restaurantbereich mit gemütlichen Stuben.

1025

MÜNCHEN S. 28

Ibis M, Otto-Lilienthal-Ring 2 (Gewerbegebiet Süd, Nahe der A 94 Ausfahrt Feldkirchen-Ost), ⊠ 85622, ℘ (089) 93 92 90, h3292@accor-hotels.com, Fax (089) 93929502 – 🛗, 😊 Zim, 📺 📞 ♿ ⟶ 🅿 🝰 ⓞ ⓜ VISA
Menu (geschl. Samstagmittag, Sonntagmittag) à la carte 16/23 – 🍽 8 – **100 Zim** 65.
♦ Das kürzlich eröffnete Hotel liegt verkehrsgünstig in einem kleinen Gewerbegebiet. Die Zimmer sind funktionell, sehr sauber und verfügen über eine gute Schallisolierung.

In Aschheim über ③ : 13 km und Riem :

Schreiberhof M, Erdinger Str. 2, ⊠ 85609, ℘ (089) 90 00 60, Fax (089) 90006459, 🍴, 🎿, 🌡 – 🛗, 😊 Zim, 📺 📞 ♿ ⟶ 🅿 – 🔬 90. 🝰 ⓞ ⓜ VISA
geschl. 23. Dez. - 7. Jan. - **Alte Gaststube** : **Menu** à la carte 27/42,50 – **87 Zim** 🍽 116/177 – 156/213.
♦ Die elegant-großzügigen, funktionellen Zimmer verfügen über geschmackvolle Natursteinbäder. Im lichtdurchfluteten Wintergarten läßt es sich in außergewöhnlichem Rahmen tagen. Gemütliche Alte Gaststube mit guter internationaler und regionaler Küche.

Gästehaus Gross garni, Ismaninger Str. 9a, ⊠ 85609, ℘ (089) 9 04 40 84, Fax (089) 9045214 – 📺 🝰 ⓞ ⓜ VISA 😊
15 Zim 🍽 65/90 – 90/115.
♦ Nette, familiengeführte Adresse im Nordosten der Stadt. Behagliche, geräumige Zimmer im Landhausstil mit soliden, schweren Naturholzmöbeln und teils schräger Holzdecke.

In Aschheim-Dornach über ③ : 11 km und Riem :

Inn Side Residence-Hotel M, Humboldtstr. 12 (Gewerbegebiet-West), ⊠ 85609, ℘ (089) 94 00 50, muenchen@innside.de, Fax (089) 94005299, 🍴, 🎿, 🌡 – 🛗, 😊 Zim, 🍽 Rest, 📺 📞 ⟶ 🅿 – 🔬 80. 🝰 ⓞ ⓜ VISA ⒿⒸⒷ
Menu (geschl. Samstagmittag, Sonntagmittag) à la carte 23/42 – 🍽 14 – **134 Zim** 135/155 – 155/175.
♦ Interessant designte Räume mit außergewöhnlichen Gestaltungsideen : unter anderem freistehende Glasduschen. Lassen Sie sich von originellen Kunstobjekten inspirieren ! Das Bistronat Pappagallo bietet eine Cross-Over-Küche mit asiatischem Schwerpunkt.

In Grünwald Süd : 13 km über Geiselgasteigstraße CT :

Tannenhof garni, Marktplatz 3, ⊠ 82031, ℘ (089) 6 41 89 60, info@tannenhof-gruenwald.de, Fax (089) 6415608 – 😊 📺 🅿 🝰 ⓞ ⓜ VISA
geschl. 20. Dez. - 6. Jan. – **21 Zim** 🍽 85/100 – 105/120.
♦ Die individuelle Einrichtung der schönen, modernisierten weißen Jugendstilvilla wurde von der Besitzerin mit viel Liebe passend zum Stil des Hauses ausgewählt.

Alter Wirt, Marktplatz 1, ⊠ 82031, ℘ (089) 6 41 93 40, info@alterwirt.de, Fax (089) 64193499, 🍴 – 🛗, 😊 Zim, 📺 📞 ⟶ 🅿 – 🔬 60. 🝰 ⓜ VISA
Menu à la carte 17/33,50 – **52 Zim** 🍽 75/105 – 100/140.
♦ Gestandener Landgasthof, der nach ökologischen Gesichtspunkten geführt wird und Einklang mit der Natur anstrebt. Die Zimmer sind solide und mit Naturholzmöbeln eingerichtet. Rustikales, mehrfach unterteiltes Restaurant mit viel Holz und gemütlichem Kachelofen.

Foresta Verde, Marktplatz 9, ⊠ 82031, ℘ (089) 6 41 18 57, Fax (089) 6414258, 🍴 – ⓜ VISA
geschl. Sonntag, Feiertage mittags – **Menu** 20 (mittags) à la carte 33/40,50.
♦ Sicher werden auch Sie sich bei Ihrem Besuch für das französische Bistro-Ambiente, den charmanten Service der Gastgeberin sowie die Köstlichkeiten der Küche begeistern.

Forsthaus Wörnbrunn, Wörnbrunn 1 (Grünwalder Forst, Ost : 2,5 km), ⊠ 82031, ℘ (089) 6 41 82 80, forsthaus@woernbrunn.de, Fax (089) 6413968, Biergarten – 🅿 – 🔬 40. 🝰 ⓜ VISA
Menu à la carte 19/43.
♦ Einen Pfadfinder braucht man nicht, um das Haus im Wald zu finden, aber die Ruhe vor der Hektik der Stadt, die rustikalen Stuben und regionale Schmankerln wecken neue Kräfte.

In Oberhaching Süd : 14 km über ⑥ :

Hachinger Hof 🌳, Pfarrer-Socher-Str. 39, ⊠ 82041, ℘ (089) 61 37 80, info@hachinger-hof.de, Fax (089) 61378200, 🎿, 🌡 – 🛗, 😊 Zim, 📺 📞 ⟶ 🅿 🝰 ⓞ ⓜ VISA ⒿⒸⒷ 😊 Rest
geschl. 24. Dez. - 6. Jan. – **Menu** (nur Abendessen) à la carte 16/30,50 – **75 Zim** 🍽 65/100 – 77/120.
♦ Zwischen Stadt und Natur liegt der Hachinger Hof in voralpenländischer Umgebung. Solide rustikale Eichen- und gekalkte Naturholzmöbel. Familiär geführt. Landhausstil ! Restaurant mit ländlicher Einrichtung, in mehrere gemütliche Stuben unterteilt.

München-Flughafen siehe Freising

1026

MÜNDER AM DEISTER, BAD
Niedersachsen 417 418 J 12 – 20 700 Ew – Höhe 120 m – Heilbad.

Bad Münder, Hannoversche Straße, ℘ (05042) 38 69.

1 Tourist-Information, Hannoversche Str. 14a, ✉ 31848, ℘ (05042) 92 98 04, info@bad-muender.de, Fax (05042) 929805.

Berlin 317 – Hannover 35 – Hameln 16 – Hildesheim 38.

Kastanienhof, Am Stadtbahnhof 11 (am Süntel), ✉ 31848, ℘ (05042) 9 32 70, hot.kastanienhof@aol.com, Fax (05042) 3885, 😊, ≋, 🔲, 🐴 – ⬚, ⤴ Zim, 📺 🚗 🅿 – 🎿 30. 🎫 VISA
Menu à la carte 20/35 – ☲ 11 – **40 Zim** 78/98 – 87/127 – ½ P 14.
♦ Mit viel Liebe zum Detail wurde das nette Landhotel von seinen Besitzern gestaltet. Geschmackvolles Mobiliar kombiniert mit passenden Farbtönen vervollständigt das Bild. Restaurant mit Wintergarten.

In Bad Münder-Klein Süntel Süd-West : 9 km Richtung Hameln :

Landhaus zur schönen Aussicht, Klein-Sünteler-Str. 6, ✉ 31848, ℘ (05042) 9 55 90, Fax (05042) 955966, ≤, 😊, 🐴 – ⤴ Zim, 📺 📞 🚗 🅿 VISA
geschl. Nov. 2 Wochen – **Menu** (geschl. Dienstag) à la carte 18/38 – **17 Zim** ☲ 51/54 – 65/75 – ½ P 13.
♦ Über Generationen schon, nämlich seit 1860, betreibt Familie Meder diesen sympathischen Gasthof. Die mit dunklem Holz gestalteten Zimmer laden zum gemütlichen Aufenthalt ein. Schöne, mit Weinreben bewachsene Gartenterrasse.

MÜNNERSTADT
Bayern 418 420 P 14 – 8500 Ew – Höhe 234 m.
Sehenswert : Stadtpfarrkirche (Werke★ von Veit Stoss und Riemenschneider).

Rindhof (Nord-Ost : 11 km), ℘ (09766) 16 01.

1 Tourismusbüro, Marktplatz 1, ✉ 97702, ℘ (09733) 81 05 28, tourist-info@muennerstadt.de, Fax (09733) 810545.

Berlin 417 – München 331 – Fulda 71 – Bamberg 86 – Schweinfurt 29.

Tilman, Riemenschneiderstr. 42, ✉ 97702, ℘ (09733) 8 13 30, hotel-tilman@gmx.de, Fax (09733) 813366, 😊 – 📺 🚗 🅿 – 🎿 30. 🎫 VISA
Menu (geschl. Sonntagabend) à la carte 13/26 – **21 Zim** ☲ 30/38 – 50/61.
♦ Sämtliche Zimmer des kleinen Hotels sind einheitlich mit soliden zeitlosen Holzmöbeln ausgestattet. Sportlich Ambitionierte finden in unmittelbarer Nähe ein Fitness-Center. Freundlich mit vielen Rosé- und Fliedertönen gibt sich das Restaurant.

Gasthof Hellmig, Meiningerstr. 1, ✉ 97702, ℘ (09733) 8 18 50, Fax (09733) 818523, 😊 – 📺. 🎫
geschl. Aug. 3 Wochen – **Menu** (geschl. Dienstag) à la carte 11/21 – **9 Zim** ☲ 27/29 – 48/52.
♦ Wenn Sie keine allzu großen Ansprüche haben, sind Sie in diesem schlichten, aber sehr gepflegten Gasthof genau richtig. Auch Busreisende sind herzlich willkommen. Mit netter, einfacher Gaststätte.

MÜNSING
Bayern 419 420 W 18 – 3600 Ew – Höhe 666 m.
Berlin 623 – München 36 – Garmisch-Partenkirchen 57 – Bad Tölz 23 – Weilheim 40.

Gasthaus Limm, Hauptstr. 29, ✉ 82541, ℘ (08177) 4 11, gasthaus.limm@t-online.de, Fax (08177) 9337818, 😊 – 🅿. 🎫 ⚡
geschl. Aug. - Sept. 3 Wochen, Weihnachten - Neujahr, Mittwoch, Sonntagabend – **Menu** à la carte 18,50/36.
♦ Ländliche, regionale Küche in einem Rahmen rustikaler, bayerischer Gemütlichkeit bietet dieser traditionsreiche Gasthof mit Metzgerei seinen Gästen.

In Münsing-Ambach Süd-West : 5 km :

Landhotel Huber am See, Holzbergstr. 7, ✉ 82541, ℘ (08177) 93 20, info@landhotel-huber.de, Fax (08177) 932222, 😊, 🎿, ≋, 🚲, 🐴 – ⬚ 📺 📞 & 🚗 🅿 – 🎿 25. 🎫 🎫 VISA
Menu à la carte 15/36,50 – **42 Zim** ☲ 45/75 – 75/112 – ½ P 18.
♦ Ein gemütliches, alpenländisches Landhaus am See mit einem eigenen Strandbad. Besonders zu empfehlen sind die neueren und netten Zimmer im Anbau. Neo-rustikales Restaurant und traditionelle Gaststube.

In Münsing-St. Heinrich Süd-West : 10 km :

Schöntag, Beuerberger Str. 7, ✉ 82541, ℘ (08801) 9 06 10, hotel.schoentag@t-online.de, Fax (08801) 906133, 😊, ≋ – 📺 🅿. 🎫 🎫 VISA
Menu à la carte 14/25 – **14 Zim** ☲ 51/65 – 85/90.
♦ Ein gut geführter Familienbetrieb im landestypischen Stil mit wohnlich eingerichteten Zimmern, einige davon mit Balkon. Guter Ausgangspunkt für zahlreiche Freizeitaktivitäten. Ländliches Restaurant und Saloon im Western-Stil!

1027

MÜNSINGEN
Baden-Württemberg **419** U 12 – 14 000 Ew – Höhe 707 m – Wintersport : 700/850 m ≤ 8 ✦.

🛈 Tourist Information, Rathaus, Bachwiesenstr. 7, ✉ 72525, ☎ (07381) 18 21 45, Fax (07381) 182101.

Berlin 657 – *Stuttgart* 58 – Reutlingen 32 – Ulm (Donau) 51.

- **Herrmann** (mit Gästehaus), Am Marktplatz 1, ✉ 72525, ☎ (07381) 1 82 60, info@hotelherrmann.de, Fax (07381) 6282, 🌿, 🍽 – 📺 ⚿ ☎ 🅿 – 🛄 15. ⓒ💳 VISA
  Menu à la carte 21,50/33 – **33 Zim** ⇆ 39/48 – 66/85 – ½ P 14.
  • Seit vier Generationen befindet sich dieser schwäbische Gasthof mit seiner schönen Fachwerkfassade in Familienbesitz. Größtenteils neuzeitlich gestaltete Zimmer. Unterteilte Gaststuben, teils mit elegantem Touch, und schmackhafte regionale Küche.

In Münsingen-Gundelfingen Süd : 13 km :

- **Wittstaig**, Wittstaig 10, ✉ 72525, ☎ (07383) 9 49 60, mail@hotel-wittstaig.de, Fax (07383) 949699, 🌿, 🍽, 🏊, 🎾, 🛶 – 📺 🅿
  geschl. Mitte Jan. - Mitte Feb. – **Menu** (geschl. Dienstag) à la carte 13/28 – **27 Zim** ⇆ 33/41 – 56/66 – ½ P 12.
  • Das sympathische Landgasthaus kann auf eine fast 500-jährige Geschichte zurückblicken. Die Zimmer im Gästeanbau sind wohnlich und tadellos gepflegt. Bürgerlich-rustikale Gaststube.

MÜNSTER AM STEIN - EBERNBURG, BAD
Rheinland-Pfalz **417** Q 7 – 4 200 Ew – Höhe 120 m – Heilbad – Heilklimatischer Kurort.

Sehenswert : Rheingrafenstein★★, ≼★ – Kurpark★.

⛳ Ebernburg, Drei Buchen (Süd-West : 2 km), ☎ (06708) 21 45.

🛈 Verkehrsverein, Berliner Str. 60, ✉ 55583, ☎ (06708) 64 17 80, Fax (06708) 6417899.

Berlin 617 – Mainz 51 – *Bad Kreuznach* 6 – Kaiserslautern 52.

- **Am Kurpark** 🌿, Kurhausstr.10, ✉ 55583, ☎ (06708) 62 90 00, info@kirchners-hotel.de, Fax (06708) 6290029, Massage, 🍽, 🛶 – 📺 🅿 ☎
  geschl. 6. Jan. - Feb., Nov. - 22. Dez. – **Menu** (nur Abendessen) (Restaurant nur für Hausgäste) – **30 Zim** ⇆ 36/53 – 83/103 – ½ P 15.
  • Klassisches, mit elegantem Touch versehenes Familienhotel inmitten des Kurviertels. Auch dank seiner ruhigen Lage der ideale Platz, um den Alltag abzustreifen.

- **Naheschlößchen**, Berliner Str. 69, ✉ 55583, ☎ (06708) 66 10 31, kontakt@naheschloesschen.de, Fax (06708) 661032, 🌿 – 📺 🅿 – 🛄 20. ⓒ💳 VISA
  geschl. Jan. – **Menu** (geschl. Montag) à la carte 18/32 – **16 Zim** ⇆ 39/43 – 66/73 – ½ P 17.
  • Gepflegte, mit einfacheren Landhausmöbeln gestaltete Zimmer und ein leckeres Frühstücksbuffet, angerichtet auf einer alten Kutsche, sorgen für einen erfreulichen Aufenthalt. Rustikale Weinstube und neuzeitlicheres Restaurant.

- **Gästehaus Weingut Rapp** 🌿 garni, Schloßgartenstr. 100 (Ebernburg), ✉ 55583, ☎ (06708) 23 12, info@weingut-rapp.de, Fax (06708) 3074, 🛶 – 🅿 ☎
  12 Zim ⇆ 36 – 55.
  • Umgeben von Wiesen und Feldern, liegt das Weingut mit Gästehaus an der Straße nach Nordheim. Familie Rapp beherbergt ihre Gäste in ländlich eingerichteten Zimmern.

- **Haus Lorenz** 🌿, Kapitän-Lorenz-Ufer 18, ✉ 55583, ☎ (06708) 18 41, Fax (06708) 1281, ≼, 🌿, 🛶 – 🛶. ✿
  geschl. 29. Dez. - 20. Jan. – **Menu** (geschl. Dienstag) à la carte 18/32 – **16 Zim** ⇆ 35/42 – 65 – ½ P 11.
  • Das einfache und schlicht eingerichtete Haus von Familie Lorenz besticht durch seine schöne Lage direkt am waldreichen Rheingrafenstein. Besonders einladend ist im Sommer die idyllisch gelegene Terrasse.

MÜNSTER (WESTFALEN)
Nordrhein-Westfalen **417** K 6 – 280 000 Ew – Höhe 62 m.

Sehenswert : Prinzipalmarkt★ YZ – Dom★ (Domkammer★★, astronomische Uhr★, Sakramentskapelle★) Y **M2** – Rathaus (Friedenssaal★) YZ – Residenz-Schloß★ Y – Landesmuseum für Kunst und Kulturgeschichte★ (Altarbilder★★) YZ **M1** – Lambertikirche (Turm★) Y – Westfälisches Museum für Naturkunde★ (Planetarium★) X **M3**.

Ausflugsziel : Wasserschloß Hülshoff★ (West : 9 km, über Albert-Schweitzer-Str. E).

⛳ Münster-Wilkinghege, Steinfurter Str. 448 X, ☎ (0251) 21 40 90 ; ⛳ Münster-Tinnen, Am Kattwinkel 244 (Süd-West : 10 km über Kappenberger Damm X), ☎ (02536) 3 30 10 11.

✈ bei Greven, Nord : 31 km über ⑤ und die A 1, ☎ (02571) 50 30.

Ausstellungsgelände Halle Münsterland X, ☎ (0251) 6 60 00, Fax (0251) 6600121.

🛈 Münster Marketing, Klemensstr. 10, ✉ 48143, ☎ (0251) 4 92 27 10, tourismus@stadtmuenster.de, Fax (0251) 4927743.

ADAC, Weseler Str. 539 X.

Berlin 480 ② – Düsseldorf 124 ④ – *Nordhorn* 75 ⑤ – Bielefeld 87 ② – Dortmund 70 ④ – Enschede 64 ⑤ – Essen 86 ④.

MÜNSTER

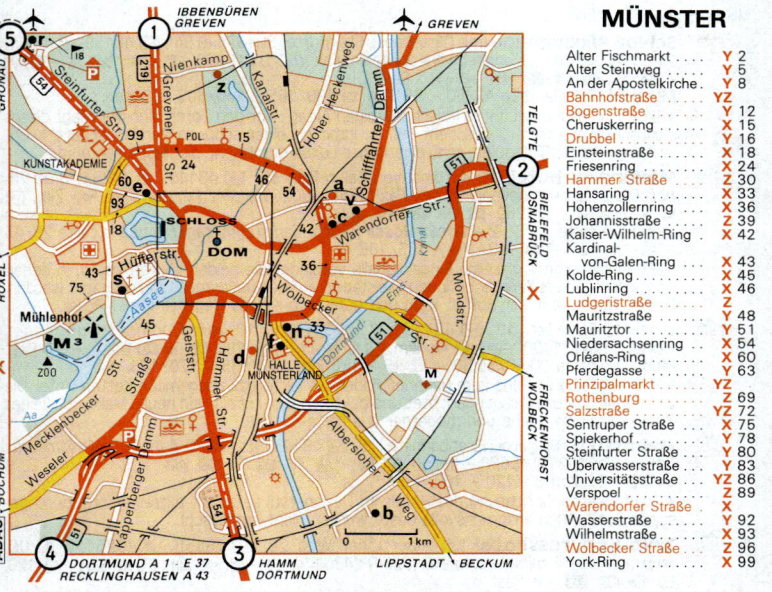

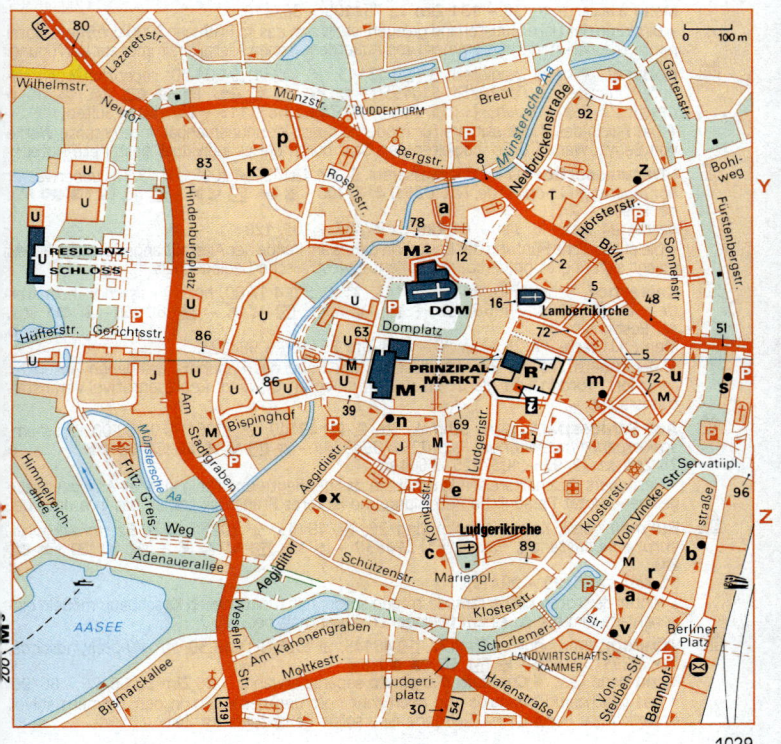

Alter Fischmarkt	Y	2
Alter Steinweg	Y	5
An der Apostelkirche	Y	8
Bahnhofstraße	YZ	
Bogenstraße	Y	12
Cheruskerring	X	15
Drubbel	Y	16
Einsteinstraße	X	18
Friesenring	X	24
Hammer Straße	Z	30
Hansaring	X	33
Hohenzollernring	X	36
Johannisstraße	Z	
Kaiser-Wilhelm-Ring	X	42
Kardinal-von-Galen-Ring	X	43
Kolde-Ring	X	45
Lublinring	X	46
Ludgeristraße	Z	
Mauritzstraße	X	48
Mauritztor	Y	51
Niedersachsenring	X	54
Orléans-Ring	X	60
Pferdegasse	Y	63
Prinzipalmarkt	YZ	
Rothenburg	Z	69
Salzstraße	YZ	72
Sentruper Straße	X	75
Spiekerhof	Y	78
Steinfurter Straße	X	80
Überwasserstraße	Y	83
Universitätsstraße	YZ	86
Verspoel	Z	
Warendorfer Straße	X	
Wasserstraße	Y	92
Wilhelmstraße	Y	93
Wolbecker Straße	Z	96
York-Ring	X	99

MÜNSTER (WESTFALEN)

Schloß Wilkinghege (mit Gästehaus), Steinfurter Str. 374 (B 54), ✉ 48159, ℰ (0251) 21 30 45, schloss_wilkinghege@t-online.de, Fax (0251) 212898, 佘, 渝, ※, ॢ — TV P — 🏛 30. AE ① ⓜ JCB. ※ Rest   X r
Menu 58/72 à la carte 42/60 — **35 Zim** ⇌ 100/165 — 140/305, 9 Suiten.
  ♦ Eine Insel des Verwöhnens im schnellebigen Alltag : Vor den Toren Münsters liegt dieses exklusive Wasserschloß aus dem 16. Jh. inmitten einer schönen Parklandschaft. Kronleuchter, Stuck, Blattgold - schwelgerischer Luxus durchzieht die Restauranträume.

Mövenpick Hotel M, Kardinal-von-Galen-Ring 65, ✉ 48149, ℰ (0251) 8 90 20, hotel.muenster@moevenpick.com, Fax (0251) 8902616, 佘, ℟, ≲ — ⓘ, ⇌ Zim, TV ℰ ℰ ⇌ — 🏛 260. AE ① ⓜ VISA JCB   X s
Menu à la carte 17/35 ℣ — **Chesa Rössli** (geschl. Samstagmittag) Menu à la carte 29/43 — ⇌ 14 — **224 Zim** 128/143 — 153/168.
  ♦ Eine interessante gläserne Eingangshalle verbindet die beiden Klinkerbauten, in denen sich ansprechende Zimmer befinden, die ständig auf den neuesten Stand gebracht werden. Großes Restaurant mit Buffet. Klein und gemütlich ist das elegante Chesa Rössli.

Dorint M, Engelstr. 39, ✉ 48143, ℰ (0251) 4 17 10, info.fmomue@dorint.com, Fax (0251) 4171100, ≲ — ⓘ, ⇌ Zim, TV ℰ ℰ ⇌ — 🏛 180. AE ① ⓜ VISA JCB. ※ Rest
Menu à la carte 20,50/35,50 — ⇌ 15 — **156 Zim** 150/165 — 170/185.   Z v
  ♦ In unmittelbarer Nähe zum Bahnhof finden Sie leicht das zeitgemäße Ketten-Hotel. Die Zimmer sind neuzeitlich eingerichtet und bekamen erst kürzlich ein neues Make-up. Kleines Bistro mit Show-Küche und moderner à la carte-Bereich.

Mauritzhof M garni, Eisenbahnstr. 15, ✉ 48143, ℰ (0251) 4 17 20, info@mauritzhof.de, Fax (0251) 46686 — ⓘ, ⇌ TV ℰ — 🏛 30. AE ① ⓜ VISA   Z s
⇌ 12 — **39 Zim** 85/120 — 100/135.
  ♦ Die moderne Einrichtung des Hotels im Designerstil setzt auf extravagante, durchgestylte Optik. Auch anspruchsvolle Gäste werden nicht enttäuscht.

Tryp Kongresshotel M, Albersloher Weg 28, ✉ 48155, ℰ (0251) 1 42 00, tryp.muenster@solmelia.com, Fax (0251) 1420444, ≲ — ⓘ, ⇌ Zim, TV ℰ ℰ P — 🏛 120. AE ① ⓜ VISA. ※ Rest   X f
Menu à la carte 16/36 — **131 Zim** ⇌ 75/105 — 86/116.
  ♦ Direkt an der Halle Münsterland gelegen, stellt sich das im Frühjahr 2000 eröffnete Hotel mit funktionell-modernen Zimmern vor. Außerdem stehen Allergikerzimmer zur Verfügung.

Central M garni, Aegidiistr. 1, ✉ 48143, ℰ (0251) 51 01 50, reception@central-hotel-muenster.de, Fax (0251) 5101550 — ⓘ ⇌ ℰ ℰ ℰ AE ① ⓜ VISA   Z n
geschl. 22. Dez. - 2. Jan., 1. - 15. Aug. — **20 Zim** ⇌ 85/115 — 95/130, 4 Suiten.
  ♦ Das Faible des Hotelbesitzers für moderne Kunst ist unübersehbar. Interessante Werke von Beuys, Warhol & Co. begleiten den Gast durch dieses individuell gestaltete Hotel.

Überwasserhof garni, Überwasserstr. 3, ✉ 48143, ℰ (0251) 4 17 70, ueberwasserhof.muenster@t-online.de, Fax (0251) 4177100 — ⓘ ⇌ TV ℰ P — 🏛 40. AE ① ⓜ VISA. ※ Rest   Y k
geschl. 24. Dez. - 6. Jan. — **61 Zim** ⇌ 77/87 — 103/128.
  ♦ Die persönliche Führung der Besitzerin dieses am Rande der Altstadt angesiedelten Hotels macht sich lobend bemerkbar : gepflegte, westfälische Gediegenheit.

Kaiserhof, Bahnhofstr. 14, ✉ 48143, ℰ (0251) 4 17 80, hotel@kaiserhof-muenster.de, Fax (0251) 4178666, ≲ — ⓘ, ⇌ Zim, TV ℰ P — 🏛 60. AE ① ⓜ VISA. ※ Rest   Z b
Menu à la carte 17/29 — ⇌ 10 — **108 Zim** 75/100 — 98/123.
  ♦ Der größte Teil der Zimmer dieses in der Nähe des Bahnhofs gelegenen Hotels ist renoviert worden und glänzt im neuen, stilvollen Gewand. Repräsentative Veranstaltungsräume.

Am Schlosspark garni, Schmale Str. 2, ✉ 48149, ℰ (0251) 8 99 82 00, hotel-am-schlosspark@muenster.de, Fax (0251) 8998244 — ⓘ TV ℰ P. AE ① ⓜ VISA   X e
28 Zim ⇌ 79/95 — 103/125, 3 Suiten.
  ♦ Besonders Geschäftsreisende schätzen das gepflegte und ruhig in einer Anliegerstraße gelegene Hotel. Persönliche Betreuung und leckeres Frühstück tragen das ihre dazu bei.

Europa garni, Kaiser-Wilhelm-Ring 26, ✉ 48145, ℰ (0251) 3 70 62, info@hotel-europa-muenster.de, Fax (0251) 394339 — ⓘ ⇌ TV ℰ ℰ P — 🏛 40. AE ① ⓜ VISA   X c
61 Zim ⇌ 85/99 — 99/135.
  ♦ Hinter der roten Klinkerfassade tragen solide, mit funktionellen Kirschbaummöbeln eingerichtete Zimmer zu einem gelungenen Aufenthalt bei.

Windsor, Warendorfer Str. 177, ✉ 48145, ℰ (0251) 13 13 30, info@hotelwindsor.de, Fax (0251) 391610 — ⓘ TV ℰ AE ① ⓜ VISA   X v
Menu siehe Rest. **Il Cuchiaio D'argento** separat erwähnt — **26 Zim** ⇌ 66/76 — 86/96.
  ♦ Das gleichzeitig zwanglos und doch sehr nett und besonders in den Zimmern stilvoll eingerichtete Hotel ist für Reisende eine solide Behausung auf Zeit.

MÜNSTER (WESTFALEN)

Kolping M, Aegidiistr. 21, ✉ 48143, ℰ (0251) 4 81 20, *reservierung@kolping-tagungshotel.net*, Fax (0251) 4812123 – 🛗, ↭ Zim, TV 📞 ♿ 🚗 – 🏛 120. AE ⓘ ⓞ VISA
Z x
Menu *(geschl. Sonntagabend)* à la carte 16/29 – **107 Zim** 🛏 82/97 – 106/116.
• Rund fünf Gehminuten vom Prinzipalmarkt entfernt finden Reisende, die keinen allzu großen Wert auf Luxus legen, eine geeignete, praktische Übernachtungsadresse. Helles, modern gestaltetes Restaurant.

Conti garni, Berliner Platz 2a, ✉ 48143, ℰ (0251) 8 46 92 80, *info@hotel-conti-muenster.de*, Fax (0251) 51711 – 🛗 TV 📞 ♿ 🅿 – 🏛 20. AE ⓘ ⓞ VISA
Z r
80 Zim 🛏 65/80 – 85/99.
• Nach einer kompletten Renovierung empfiehlt sich das siebenstöckige Stadthaus als praktische Unterkunft mit soliden, recht geräumigen Zimmern und nettem Frühstücksraum.

Feldmann, An der Clemenskirche 14, ✉ 48143, ℰ (0251) 41 44 90, Fax (0251) 4144910 – 🛗 TV. AE ⓞ VISA
Z m
Menu *(geschl. 4. - 31. Aug., Sonn - und Feiertage)* à la carte 20/39 – **25 Zim** 🛏 64/99 – 84/139.
• Stilmöbel und goldene Messingbetten gehören zu den Einrichtungselementen des bürgerlich geführten Familienbetriebs an der Clemenskirche. Restaurant im altdeutschen Stil.

Windthorst garni, Windthorststr. 19, ✉ 48143, ℰ (0251) 48 45 90, *info@hotel-windthorst.de*, Fax (0251) 4845913 – 🛗 ↭ TV. AE ⓘ ⓞ VISA 🚗
Z a
20 Zim 🛏 80/99 – 107/114.
• Dieses nette Hotel erstreckt sich über vier Etagen eines Wohn- und Geschäftshauses. Es ist tadellos gepflegt und wird deshalb auch gerne von Geschäftsreisenden angesteuert.

Hansa-Haus garni, Albersloher Weg 1, ✉ 48155, ℰ (0251) 60 92 50, *info@hotel-hansa-haus.de*, Fax (0251) 6092535, 🛋 – TV. ⓞ VISA
X n
geschl. 20. Dez. - 6. Jan. – **19 Zim** 🛏 54/60 – 77/92.
• Mit Engagement wird das kleine Hotel geführt. So wird immer wieder renoviert. Erst kürzlich war, für einen noch besseren Start in den Tag, der Frühstücksraum an der Reihe.

Martinihof garni, Hörster Str. 25, ✉ 48143, ℰ (0251) 41 86 20, *martinihof@t-online.de*, Fax (0251) 54743 – 🛗 TV 🅿 – 🏛 15. ⓘ ⓞ VISA
Y z
geschl. Aug. – **56 Zim** 🛏 40/65 – 64/94.
• Zimmer in unterschiedlichen Kategorien finden Sie in dem verkehrsgünstig gelegenen, gut gepflegten Hotel. Ob einfach oder komfortabler, der Gast entscheidet je nach Anspruch.

XX **Villa Medici**, Ostmarktstr. 15, ✉ 48145, ℰ (0251) 3 42 18, Fax (0251) 393094
geschl. Jan. 2 Wochen, Aug. 2 Wochen, Sonntag - Montag – **Menu** *(nur Abendessen)* (italienische Küche) à la carte 38/46,50.
X a
• Mit seiner kulinarischen Institution versucht Carmelo Caputo, seinen Gästen die italienische Lebens- und Genußart nahezubringen. Akzente setzen moderne Einrichtungselemente.

XX **Kleines Restaurant im Oer'schen Hof**, Königsstr. 42, ✉ 48143, ℰ (0251) 4 84 10 83, Fax (0251) 42061, 🛋
Z c
geschl. Sonntag - Montag – **Menu** à la carte 30/43,50.
• Ein altes Klinkerhaus stellt den Rahmen für Ihre Mahlzeit dar. Auf drei Etagen hat man hier mit rustikalem Mobiliar und modernen Gemälden ein kultiviertes Ambiente geschaffen.

XX **Il Cucchiaio d'argento** - Hotel Windsor, Warendorfer Str. 177, ✉ 48145, ℰ (0251) 39 20 45, 🛋 – AE ⓞ VISA
X v
geschl. Juli - Aug. 2 Wochen, Samstagmittag, Montag – **Menu** (italienische Küche) à la carte 23,50/39.
• Als echter italienischer Familienbetrieb verwöhnen die Gebrüder Rinando ihre Gäste mit typischen Spezialitäten aus der sizilianischen Heimat.

X **Giverny**, Hötteweg 9 (Königspassage), ✉ 48143, ℰ (0251) 51 14 35, *info@restaurantgiverny.de*, Fax (0251) 511752, 🛋 – ⓞ VISA
Z e
geschl. Sonntag - Montag – **Menu** à la carte 31/43.
• So ein bißchen "Savoir vivre" breitet sich in dem kleinen, frankophilen Restaurant in der Fußgängerzone aus. Im Angebot : Klassische französische Spezialitäten.

X **Wienburg** 🌲 mit Zim, Kanalstr. 237, ✉ 48147, ℰ (0251) 2 01 28 00, Fax (0251) 2012815, 🛋, Biergarten – TV 🅿 – 🏛 15. AE ⓘ ⓞ VISA
X z
Menu *(geschl. Montag)* à la carte 18/40 – **14 Zim** 🛏 52 – 85.
• Etwas außerhalb steht der westfälische Klinkergasthof. Er besticht durch die gemütliche Atmosphäre, zu der auch ein großer offener Kamin beiträgt. Mit schöner Gartenterrasse.

X **Tokio Acacia**, Friedrich-Ebert-Platz 2, ✉ 48153, ℰ (0251) 52 79 95, *acatokyo@t-online.de*, Fax (0251) 533525 – AE ⓞ VISA ↭
X d
geschl. 23. Dez. - 7. Jan., Ostern 2 Wochen, Aug. 3 Wochen, Sonn- und Feiertage, Montag – **Menu** *(nur Abendessen)* (japanische Küche) 28/42.
• Hinter der unscheinbaren Fassade würde man eher eine simple Kneipe erwarten, nicht aber ein unverkennbar im japanischen Stil eingerichtetes Restaurant.

MÜNSTER (WESTFALEN)

Brauerei-Gaststätten :

Altes Gasthaus Leve, Alter Steinweg 37, ✉ 48143, ✆ (0251) 4 55 95, leve@gasthaus-leve.de, Fax (0251) 57837
geschl. Montag – **Menu** à la carte 13,50/26. Z u
* Ein westfälisches Original : Gegründet 1607 und somit das älteste Lokal der Stadt. Mit viel Gespür wurden die gemütlichen Bierstuben nach dem Krieg neu aufgebaut.

Wielers-Kleiner Kiepenkerl, Spiekerhof 47, ✉ 48143, ✆ (0251) 4 34 16, info@kleiner-kiepenkerl.de, Fax (0251) 43417, 🍽 – AE ⓘ MC VISA
geschl. Montag – **Menu** à la carte 17,50/34. Y a
* Gemütlich sitzt es sich in dem urigen Lokal - die vielen Gäste beweisen es ! Und es ist schwer zu entscheiden, ob lieber drinnen oder auf der interessanten Boulevard-Terrasse.

Pinkus Müller, Kreuzstr. 4, ✉ 48143, ✆ (0251) 4 51 51, info@pinkus-mueller.de, Fax (0251) 57136, (Historisches Studentenlokal)
geschl. Sonn- und Feiertage – **Menu** (westfälische und münstersche Spezialitäten) à la carte 16,50/34. Y p
* Legere Atmosphäre herrscht in dieser traditionsreichen Brauereigaststätte. Treten Sie ein und genießen Sie Speis, Trank und Geselligkeit an langen, eingekerbten Holztischen.

In Münster-Amelsbüren über ③ : 11 km :

Davert Jagdhaus, Wiemannstr. 4, ✉ 48163, ✆ (02501) 5 80 58, freiberger@davert-jagdhaus.de, Fax (02501) 58059, 🍽 – P. AE ⓘ MC VISA
geschl. Anfang Jan. 1 Woche, Aug. 3 Wochen, Montag - Dienstag – **Menu** 25 (mittags) à la carte 25/47.
* Jagdtrophäen und Zierat schmücken die stilvollen, altdeutsch-rustikalen Räume des Restaurants in dem ehemaligen Jagdhaus. Mit sehr schöner Gartenterrasse.

In Münster-Gremmendorf :

Münnich (mit Gästehaus), Heeremansweg 11, ✉ 48167, ✆ (0251) 6 18 70, Fax (0251) 6187199, 🍽, Biergarten – 🛗, ↔ Zim, TV 🕻 P – 🛎 50. AE MC VISA
Menu à la carte 14/27 – **70 Zim** ☐ 55 – 75. X b
* Erholsamen Schlaf finden Sie bestimmt, wenn Sie sich hier einquartieren. Denn : Das Haus liegt im Grünen in einer verkehrsberuhigten Zone. Reservieren Sie im Gästehaus. Nach umfangreicher Renovierung glänzt der Restaurantbereich jetzt in neuem Gewand.

In Münster-Handorf über ② : 7 km :

Romantik Hotel Hof zur Linde (mit Gästehaus), Handorfer Werseufer 1, ✉ 48157, ✆ (0251) 3 27 50, hof-zur-linde@t-online.de, Fax (0251) 328209, 🍽, 🏊, 🐎 – 🛗, ↔ Zim, TV 🕻 P – 🛎 30. AE ⓘ MC VISA. ⚘ Zim
geschl. 23. - 26. Dez. – **Menu** 43/65,50 à la carte 37/49 – **47 Zim** ☐ 88/98 – 120/139, 7 Suiten.
* Das bezaubernde Haus in einer Gartenanlage am Werseufer wird Sie begeistern. Geschmackvolle, individuell gestaltete Zimmer stehen dem warmherzigen Empfang in nichts nach. Jede der liebevoll gestalteten Restaurantstuben hat ihren ganz besonderen Charme.

Landhaus Eggert 🌿, Zur Haskenau 81 (Nord : 5 km über Dorbaumstraße), ✉ 48157, ✆ (0251) 32 80 40, landhauseggert@ringhotels.de, Fax (0251) 3280459, 🍽, 🏊, 🐎 – ↔ Zim, TV P – 🛎 40. AE ⓘ MC VISA
Menu à la carte 28/43 – **38 Zim** ☐ 75/95 – 110/130, 3 Suiten – ½ P 20.
* Versteckt zwischen Wiesen und Wäldern, befindet sich in einem Naturschutzgebiet - erfreut das traditionsreiche Anwesen durch eine tadellose Führung und wohnliche Zimmer. Restauranträume von klassisch-stilvoll bis urig-rustikal.

In Münster-Hiltrup über ③ : 6 km

Krautkrämer 🌿, Zum Hiltruper See 173 (Süd : 2,5 km), ✉ 48165, ✆ (02501) 80 50, info@krautkraemer.de, Fax (02501) 805104, ≤, 🍽, 🏊, 🔲, 🐎 – 🛗 TV 🕻 P – 🛎 100. AE ⓘ MC VISA. ⚘ Rest
geschl. 22. - 27. Dez. – **Menu** 35/76 à la carte 38/53 – ☐ 15 – **72 Zim** 100/120 – 125/145, 4 Suiten.
* Direkt am kleinen Hiltruper See logieren Sie in einem persönlich geführten Hotel mit wohnlichen Landhauszimmern, die durch beste Pflege auffallen. Elegant-rustikale Einrichtungselemente bestimmen das Ambiente des Restaurants.

Zur Prinzenbrücke, Osttor 16, ✉ 48165, ✆ (02501) 4 49 70 (Hotel), 1 69 14 (Rest.), prinzenbruecke@hotel-zur-prinzenbruecke.de, Fax (02501) 449797, 🍽 – 🛗, ↔ Zim, TV 🕻 P – 🛎 40. AE ⓘ MC VISA
geschl. 23. Dez. - 2. Jan. (Hotel) – **Bella Italia :** **Menu** à la carte 17/35 – **36 Zim** ☐ 56/72 – 82/92.
* Das Haus besticht durch seine verkehrsgünstige und dennoch ruhige Lage unmittelbar am Dortmund-Emskanal. Sämtliche Zimmer sind mit modernen, funktionellen Möbeln eingerichtet.

MÜNSTER (WESTFALEN)

Ambiente garni, Marktallee 44, ⊠ 48165, ℘ (02501) 2 77 60, info@hotel-ambiente-muenster.de, Fax (02501) 277610 – |𝐬| ⇆ TV ✆ 🅿 AE ⓞ ⓜⓞ VISA
21 Zim ⊇ 64/69 – 84/95.
♦ In der ersten Etage eines Geschäftshauses erwartet Sie ein gepflegtes, 1997 grundlegend renoviertes kleines Hotel. Helle, freundliche Farben sorgen für eine nette Stimmung.

Landgraf, Thierstr. 26, ⊠ 48165, ℘ (02501) 12 36, hotellandgraf@t-online.de, Fax (02501) 3473, 🍴 – TV 🅿 AE ⓞ VISA
Menu (geschl. Montag) à la carte 27/41 – **10 Zim** ⊇ 55 – 80.
♦ Ein Klinkerbau im Landhausstil, von der sympathischen Besitzerin persönlich geführt. Sie finden hier tipptopp gepflegte Räume vor - eine solide Behausung für unterwegs. Auf ländliche Rustikalität setzt man in dem unterteilten Lokal. Mit schöner Terrasse.

In Münster-Roxel West : 6,5 km über Einsteinstraße X, vor der Autobahn links ab :

Parkhotel Schloss Hohenfeld ⚜ (mit Gästehaus), Dingbängerweg 400, ⊠ 48161, ℘ (02534) 80 80, info@parkhotel-hohenfeld.de, Fax (02534) 7114, 🍴, ≦s, ▣, 🐎 – |𝐬|, ⇆ Zim, TV 🅿 – 🔒 140. AE ⓞ ⓜⓞ VISA ⚹ Rest
Menu (geschl. 23. - 27. Dez.) à la carte 26/38 – ⊇ 11 – **97 Zim** 69/86 – 89/104.
♦ Dieses Logis macht seinem Namen alle Ehre : Ein herrlicher Park mit altem Baumbestand rahmt das Anwesen ein. Achten Sie auf eine Reservierung im neuen Anbau oder im Landhaus. Elegant-rustikales Restaurant und schöne Gartenterrasse.

Bakenhof (mit Gästehaus), Roxeler Str. 376 (Ost : 2,5 km), ⊠ 48163, ℘ (0251) 87 12 10, Fax (0251) 8712170, 🍴 – ⇆ Zim, ✆ 🅿 – 🔒 30. AE ⓜⓞ VISA ⚹
Menu (geschl. Montag) à la carte 18/32 – **20 Zim** ⊇ 67/75 – 90/95.
♦ Mit seinem neuen Gästehaus ist dieser gewachsene Familienbetrieb in der Lage, seinen Besuchern komfortabel ausgestattete Zimmer mit modernen Naturholzmöbeln anzubieten. Das Restaurant befindet sich im Stammhaus des Hotels.

MÜNSTEREIFEL, BAD
Nordrhein-Westfalen **417** O 4 – 19 000 Ew – Höhe 290 m – Kneippheilbad.

Sehenswert : Ehemalige Stadtbefestigung★.

🏌 Bad Münstereifel-Stockert, Moselweg 4 (Nord-West : 3 km), ℘ (02253) 27 14.
🛈 Kurverwaltung, Langenhecke 2, ⊠ 53902, ℘ (02253) 50 51 82, Fax (02253) 505183.
Berlin 621 – Düsseldorf 91 – *Bonn* 42 – *Aachen* 74 – Düren 43 – Köln 50.

Golf Hotel Beuer, Roderter Kirchweg 1 (B 51), ⊠ 53902, ℘ (02253) 54 59 80, golf-hotel-breuer@t-online.de, Fax (02253) 5459884, ≤ Bad Münstereifel, 🍴, ≦s, ▣, 🐎 – ⇆ Zim, TV 🅿
Menu à la carte 26/42 – **26 Zim** ⊇ 83/97 – 106/145 – ½ P 18.
♦ Moderner Landhausstil wie gelaugtem, hellem Naturholz prägt den Stil dieses zeitgemäßkomfortablen Hauses. Die meisten der Zimmer bieten einen schönen Blick auf die Altstadt. Rustikales Restaurant mit schöner Terrasse.

Erftschlösschen garni, Unnaustr. 8, ⊠ 53902, ℘ (02253) 54 58 80, mail@erftschloesschen.de, Fax (02253) 545881 – TV ✆ 🅿 AE ⓞ ⓜⓞ VISA
13 Zim ⊇ 48/55 – 75.
♦ Farblich unterschiedlich gestaltete Themenzimmer machen den Reiz dieser Herberge aus. Der Rahmen Ihrer Unterkunft ist rustikal, Fachwerk wurde auch im Innenraum verwendet.

Landgasthaus Steinsmühle mit Zim, Kölner Str. 122, ⊠ 53902, ℘ (02253) 95 06 11, steinsmuehle@t-online.de, Fax (02253) 950620, 🍴 – TV ✆ 🅿 AE ⓞ ⓜⓞ VISA
Menu (wochentags nur Abendessen) à la carte 24/34 – **5 Zim** ⊇ 52 – 98 – ½ P 18.
♦ Freigelegte Ziegel- und Bruchsteinwände erzeugen ein romantisches Ambiente in dieser Wassermühle aus dem 15. Jh. Die Hans-Sachs-Stube wird nur durch Kerzenlicht erhellt.

Burgrestaurant Thomas, Burg 1, ⊠ 53902, ℘ (02253) 54 54 53, info@burggastronomie.de, Fax (02253) 545453, 🍴 – 🅿 AE ⓞ VISA
geschl. 15. Jan. - 15. Feb. - **Menu** à la carte 25/33.
♦ In einer ehemaligen Burg hat man dieses Restaurant mit hellem Mobiliar und schlichtem Dekor eingerichtet. Eine Terrasse mit schöner Aussicht bietet weitere Plätze.

In Bad Münstereifel - Eicherscheid Süd : 3 km :

Café Oberfollmühle, Ahrweiler Str. 41, ⊠ 53902, ℘ (02253) 79 04, 🍴, 🐎 – TV ⇆ 🅿
Menu (geschl. Nov. - März Mittwoch) à la carte 16/24 – **8 Zim** ⊇ 50 – 77 – ½ P 13.
♦ Mit viel Engagement führt Familie Krey ihr Hotel. Immer wieder wird umgebaut, renoviert und investiert. Es erwarten Sie gepflegte, zeitlose und großzügig geschnittene Zimmer. Aparte Gediegenheit prägt das Restaurant.

MÜNSTER-SARMSHEIM Rheinland-Pfalz siehe Bingen.

MÜNSTERTAL Baden-Württemberg 419 W 7 – 5000 Ew – Höhe 400 m – Luftkurort – Wintersport : 800/1300 m ⟋5 ⟍.
Sehenswert : St. Trudpert (Kirchenschiff★, Kanzel★).
Ausflugsziel : Belchen ※★★★ Süd : 18 km.
🛈 Touristinformation, Wasen 47, ⊠ 79244, ℘ (07636) 7 07 30, Fax (07636) 70748.
Berlin 826 – Stuttgart 229 – *Freiburg im Breisgau 30* – *Basel 65*.

In Untermünstertal :

🏠 **Adler-Stube,** Münster 59, ⊠ 79244, ℘ (07636) 2 34, adlerstube@ringhotels.de, Fax (07636) 7390, 🍽, 🐾, ⛱ – ↔ Zim, 📺 🅿 🅰🅴 ① ◎◎ 𝐕𝐈𝐒𝐀
Menu (geschl. Dienstag) à la carte 24/40 – **19 Zim** ⊆ 56/64 – 86/110 – ½ P 20.
♦ Die Chronik des Gasthofs kann man durch Klosteraufzeichnungen bis 1655 zurückverfolgen. Natürlich ist man heute auf dem Stand der Zeit und bietet moderne Landhauszimmer. Gemütlich-ländliche Gaststuben.

✕✕ **Schmidt's Gasthof zum Löwen,** Wasen 54, ⊠ 79244, ℘ (07636) 5 42, Fax (07636) 77919, 🍽 – 🅿 ◎◎ 𝐕𝐈𝐒𝐀
geschl. 20. Jan. - 28. Feb., Dienstag - Mittwoch – **Menu** 36/48 à la carte 29/46.
♦ In dem hübschen Schwarzwaldgasthof bereitet man badische Spezialitäten zu, die in rustikal-elegantem Ambiente oder auf der schönen Gartenterrasse serviert werden.

In Obermünstertal :

🏠🏠 **Romantik Hotel Spielweg** ⌁ (mit Gästehäusern), Spielweg 61, ⊠ 79244, ℘ (07636) 7 09 77, fuchs@spielweg.de, Fax (07636) 70966, 🍽, (Schwarzwaldgasthof), Massage, ⛱, ⌇ (geheizt), 🞵, 🐾, ✕ – 📶 📺 ✆ ⇌ 🅿 – 🅰 15. 🅰🅴 ① ◎◎ 𝐕𝐈𝐒𝐀
Menu (geschl. Montag - Dienstag) (Tischbestellung ratsam) 38,50/50 à la carte 30/47 –
42 Zim ⊆ 70/120 – 120/240, 5 Suiten – ½ P 36.
♦ In phantastischer Lage oberhalb des Tals führt Familie Fuchs seit Generationen ihren schönen Landgasthof. Fragen Sie nach den Zimmern im Stammhaus oder in der Sonnhalde. Rustikal-gemütliche Gaststube mit Kachelofen und liebevoller Dekoration.

🏠 **Landgasthaus zur Linde,** Krumlinden 13, ⊠ 79244, ℘ (07636) 4 47, kontakt@ landgasthaus.de, Fax (07636) 1632, 🍽 – 📺 🅿 ◎◎ 𝐕𝐈𝐒𝐀. ✕ Rest
Menu (geschl. Nov. - April Montag) à la carte 21/33 – **15 Zim** ⊆ 45/70 – 86/152 –
½ P 22.
♦ Eine nette Atmosphäre herrscht in diesem historischen Landgasthof aus dem 17. Jh. Freuen Sie sich auf gemütliche, individuell gestaltete Landhauszimmer. Anheimelnde Stuben und eine hübsche Terrasse am Wildbach.

MULFINGEN Baden-Württemberg 419 R 13 – 3400 Ew – Höhe 250 m.
Berlin 564 – Stuttgart 100 – *Würzburg 67* – *Heilbronn 68* – *Schwäbisch Hall 39*.

In Mulfingen-Ailringen Nord-West : 7,5 km :

🏠 **Altes Amtshaus** Ⓜ ⌁, Kirchbergweg 3, ⊠ 74673, ℘ (07937) 97 00, info@ altesamtshaus.de, Fax (07937) 97030 – ≣ Rest, 📺 ✆ 🅿 – 🅰 40. 🅰🅴 ① ◎◎ 𝐕𝐈𝐒𝐀 𝐉𝐂𝐁
Menu (geschl. Anfang Jan. 2 Wochen, Montag - Dienstag) (wochentags nur Abendessen) à la carte 37/51,50 ⚑ – **22 Zim** ⊆ 65/90 – 110/120.
♦ Sie werden in dem Renaissancebau mit Fachwerkfassade, einem ehemaligen Sitz der Deutschordenritter aus dem 16. Jh., mit modernen Zimmern empfangen. In dem klassischen, modern akzentuierten Restaurant im alten Gewölbekeller bietet man kreative Kulinarik.
Spez. Sardinen-Fenchelterrine mit pochiertem Kalbsfilet und Stopfleber. Milchlammkeule mit sauren Bärlauchrädle und Spitzmorcheln (Frühjahr). Gebrannte Espressocreme mit Thymian-Zwetschgen und Sesam-Krokanteis.

In Mulfingen-Heimhausen Süd : 4 km :

🏠 **Jagstmühle** ⌁, Jagstmühlenweg 10, ⊠ 74673, ℘ (07938) 9 03 00, Fax (07938) 7569, 🍽, 🐾 – 📺 ⇌ 🅿 – 🅰 10. 🅰🅴 ① ◎◎ 𝐕𝐈𝐒𝐀 𝐉𝐂𝐁
Menu (Montag - Freitag nur Abendessen) à la carte 17/30 – **21 Zim** ⊆ 68 – 78.
♦ Die idyllische Lage im Jagsttal sowie die geschichtsträchtige Vergangenheit der alten Wassermühle kennzeichnen das gelungen restaurierte und geschmackvoll eingerichtete Haus. Ländliche Gaststuben und schöne Terrasse zum Fluß.

MUNKMARSCH Schleswig-Holstein siehe Sylt (Insel).

MUNSTER Niedersachsen 415 416 H 14 – 18 000 Ew – Höhe 73 m.

🇬 Munster, Kohlenbissen (Ost : 6 km), ℘ (05192) 22 43.

🛈 Touristinformation, Wilh.-Bockelmann.Str. 32, ✉ 29633, ℘ (05192) 13 02 48, Fax (05192) 130215.

Berlin 267 – Hannover 92 – Hamburg 78 – Bremen 106 – Lüneburg 48.

Residenzia Hotel Grenadier M garni, Rehrhoferweg 121, ✉ 29633, ℘ (05192) 9 83 80, residenzia@t-online.de, Fax (05192) 983838 – ⁂ TV & P – 🔒 25. AE ⓞ VISA
28 Zim ⯀ 46 – 77.

♦ Das ehemalige Offizierskasino präsentiert sich seit Ende der 90er Jahre in neuem Gewand. Gäste profitieren von der Großzügigkeit der Zimmer, die modern gestaltet sind.

Kaiserhof, Breloher Str. 50, ✉ 29633, ℘ (05192) 50 22, Fax (05192) 7079, Biergarten, ⁂, 🍴 – TV 🚗 P – 🔒 80. AE ⓞ ⓞⓞ VISA. ⁂
Menu (geschl. Montag) à la carte 13,50/28 – **20 Zim** ⯀ 35/42 – 65/75.

♦ In diesem gepflegten Hotel finden Reisende eine solide Behausung auf Zeit. Entweder sind die Zimmer mit creme-grauem, zeitgemäßem oder rustikalem Mobiliar bestückt.

MURNAU Bayern 419 420 W 17 – 11 800 Ew – Höhe 700 m – Luftkurort.

🛈 Verkehrsamt, Kohlgruber Str. 1, ✉ 82418, ℘ (08841) 6 14 10, verkehrsamt@murnau.de, Fax (08841) 614121.

Berlin 656 – München 70 – Garmisch-Partenkirchen 25 – Weilheim 20.

Alpenhof Murnau ⑤, Ramsachstr. 8, ✉ 82418, ℘ (08841) 49 10, info@alpenhof-murnau.com, Fax (08841) 491100, ≤ Ammergauer Alpen und Estergebirge, ⁂, 🛁, ⁂, ⁂ (geheizt), ⓘ, 🍴 – 🏨, ⁂ Zim, TV & ⁂, ⁂ – 🔒 120. AE ⓞ ⓞⓞ VISA JCB
Reiterzimmer (geschl. 14. Jan. - März, Sonntag - Montag) (nur Abendessen) **Menu** 75 à la carte 46/62 – **Hofmann's** : **Menu** 39/46 à la carte 35/46 – **77 Zim** ⯀ 120/197 – 167/260 – ½ P 39.

♦ Das attraktive Urlaubsdomizil überzeugt mit wohnlichem Komfort im Landhausstil, einem großzügigen Freizeitbereich und Aussicht auf die Voralpenlandschaft. Elegant-rustikal zeigt sich das Reiterzimmer - mit Fensterfront zum Garten. Ländlich : das Hofmann's.

Angerbräu, Untermarkt 44, ✉ 82418, ℘ (08841) 62 58 76, info@angerbraeu.de, Fax (08841) 625877 – 🏨 TV ✿ P. ⓞⓞ VISA. ⁂ Zim
Menu à la carte 12,50/27 – **26 Zim** ⯀ 55/85 – 90/100.

♦ Das kürzlich eröffnete Hotel bietet seinen Besuchern wohnliche Zimmer, zu deren Annehmlichkeiten ein gutes Platzangebot und eine gute technische Ausstattung gehören. Im bayerischen Stil präsentiert sich das Restaurant.

Gästehaus Steigenberger ⑤, garni, Ramsachstr. 10, ✉ 82418, ℘ (08841) 22 69, steigenberger@foni.net, Fax (08841) 90218, ≤, ⁂, 🍴, ⁂ – TV ⁂ P. ⓞⓞ VISA
14 Zim ⯀ 41/56 – 77.

♦ Gemütliche Zimmer im alpenländischen Stil, teils mit kleiner Küchenzeile ausgestattet, sorgen dafür, daß Sie sich auch bei einem längeren Ferienaufenthalt wohlfühlen.

Klausenhof am Kurpark, Burggraben 10, ✉ 82418, ℘ (08841) 6 11 60, klausenhof@gedik.de, Fax (08841) 5043, ⁂, ⁂ – 🏨 ⁂ TV ✿ ⁂ P – 🔒 20. AE ⓞⓞ VISA. ⁂ Zim
Menu à la carte 15/29 – **25 Zim** ⯀ 50/61 – 79/110 – ½ P 13.

♦ Ein gut geführter Familienbetrieb in der Ortsmitte beim Kurhaus gelegen. Hinter der im Sommer mit Blumen geschmückten Fassade sind zeitlose, gepflegte Zimmer zu finden. Einfache bayerische Gastlichkeit erwartet Sie in den mehrfach unterteilten Gasträumen.

Griesbräu, Obermarkt 37, ✉ 82418, ℘ (08841) 14 22, info@griesbraeu.de, Fax (08841) 3913, (Hausbrauerei) – 🏨, ⁂ Zim, TV P. AE ⓞⓞ VISA. ⁂ Zim
Menu à la carte 13/22 – **13 Zim** ⯀ 40/45 – 70.

♦ Wenn Sie keinen Wert auf großen Luxus legen, sind Sie in diesem traditionellen Gasthof richtig : Einfache, aber zum Teil neu gemachte Zimmer und ein netter Innenhof. Serviert wird Selbstgebrautes mit bayerischen Schmankerln.

MURR AN DER MURR Baden-Württemberg 419 T 11 – 5 800 Ew – Höhe 202 m.

Berlin 607 – Stuttgart 30 – Heilbronn 32 – Ludwigsburg 11.

Trollinger, Dorfplatz 2, ✉ 71711, ℘ (07144) 20 84 76, trollinger@tesionmail.de, Fax (07144) 281836, ⁂ – AE ⓞ ⓞⓞ VISA
geschl. Aug. 3 Wochen, Montag – **Menu** à la carte 21/37.

♦ In einem Wohn- und Geschäftshaus am neuen Marktplatz können Sie im freundlichen Ambiente des Restaurants eine zeitgemäße regionale und auch internationale Küche kennenlernen.

1035

MURRHARDT Baden-Württemberg 419 T 12 – 14 300 Ew – Höhe 291 m – Erholungsort.
  Sehenswert : Stadtkirche (Walterichskapelle★).
  ⓘ ⓘ Oberot, Marhördt 16 (Nord : 6 km), ☏ (07977) 91 02 77.
  ℹ Tourist-Information, Marktplatz 10, ✉ 71540, ☏ (07192) 21 30, Fax (07192) 5283.
  Berlin 576 – Stuttgart 55 – Heilbronn 41 – Schwäbisch Gmünd 34 – Schwäbisch Hall 34.

In Murrhardt-Fornsbach Ost : 6 km :

🏠 **Landgasthof Krone,** Rathausplatz 3, ✉ 71540, ☏ (07192) 54 01, Fax (07192) 20761, 🍽 – 📺 🅿 AE ⓜ VISA
geschl. 28. Feb. - 7. März, 2. - 17. Juni – **Menu** (geschl. Montag - Dienstag) à la carte 15/27 – **8 Zim** ⚌ 33/35 – 60/70.
  ◆ Sind Sie auf der Durchreise oder suchen Sie Erholung? Familie Rudi Pfitzer hat sich in ihrem Gasthof in der Ortsmitte mit gepflegten, praktischen Zimmern auf Sie eingestellt. Ländliche Gaststube.

MUSKAU, BAD Sachsen 418 L 28 – 3 800 Ew – Höhe 110 m – Moorbad.
  Sehenswert : Muskauer Park★★.
  Berlin 161 – Dresden 111 – Cottbus 40 – Görlitz 63.

🏠 **Am Schloßbrunnen,** Köbelner Str. 68, ✉ 02953, ☏ (035771) 52 30, hotel@schlossbrunnen.de, Fax (035771) 52350, 🍽 – 📺 🅿 AE ⓜ VISA
Menu à la carte 14,50/25 – **13 Zim** ⚌ 40/45 – 55/67 – ½ P 12.
  ◆ Abseits von Hektik und doch verkehrsgünstig liegt dieses neu erbaute Hotel. Die persönliche Führung und die gute Pflege machen das Haus zu einem beliebten Ziel. Gäste aus nah und fern schätzen die bürgerliche Atmosphäre des einfachen Lokals.

MUTTERSTADT Rheinland-Pfalz 417 419 R 9 – 12 800 Ew – Höhe 95 m.
  Berlin 629 – Mainz 77 – Mannheim 14 – Kaiserslautern 58 – Speyer 22.

🏠 **Ebnet,** Neustadter Str. 53, ✉ 67112, ☏ (06234) 9 46 00, info@hotel-ebnet.de, Fax (06234) 946060, 🍽 – ⚘ Zim, 📺 ☏ 🅿 ⓜ VISA ⚫
geschl. 1. - 18. Jan. – **Menu** (geschl. Donnerstag - Freitagmittag, Samstagmittag) à la carte 20/32 – **22 Zim** ⚌ 42/51 – 72/78.
  ◆ Die meisten Zimmer dieses kleinen Hotels wurden in den letzten Jahren renoviert. Sie sind modern-funktionell eingerichtet und verfügen auch über dementsprechende Bäder. Nette Gastfreundschaft und ein aufmerksames Team erwarten Sie in dem legeren Restaurant.

NAGOLD Baden-Württemberg 419 U 10 – 22 300 Ew – Höhe 411 m.
  ⛳ Bondorf, Domäne Niederreutin (Süd-Ost : 8 km), ☏ (07457) 9 44 90.
  Berlin 675 – Stuttgart 52 – Karlsruhe 81 – Tübingen 34 – Freudenstadt 39.

🏨 **Adler,** Badgasse 1, ✉ 72202, ☏ (07452) 86 90 00, Fax (07452) 86900200 – 📺 🚗 🅿 ⓘ 25. AE ⓜ
Menu (geschl. Montag) à la carte 15/41 – **22 Zim** ⚌ 56 – 90/100.
  ◆ Ob Sie auf der Durchreise sind oder länger bleiben möchten - Sie werden stets ein behagliches Plätzchen finden. Funktionalität und eine gute Technik werden Sie überzeugen. Im Restaurant des denkmalgeschützten Fachwerkhauses finden Sie ein nettes Ambiente.

🍴🍴 **Alte Post,** Bahnhofstr. 2 (1. Etage), ✉ 72202, ☏ (07452) 8 45 00, Fax (07452) 845050 – 🅿 ⓘ ⓜ VISA
geschl. Anfang Jan. 2 Wochen, Aug. 3 Wochen, Montag – **Menu** à la carte 36/52 – **Kutscherstube :** Menu à la carte 24/40.
  ◆ Hinter der Fachwerkfassade des historischen Hauses von 1697 nehmen Sie an einem der gut eingedeckten Tische Platz. Freuen Sie sich auf eine klassisch zubereitete Mahlzeit. "Rustikal, schwäbisch, ungezwungen" - so erleben Sie die Kutscherstube.

🍴 **Burg,** Burgstr. 2, ✉ 72202, ☏ (07452) 37 35, info@restaurant-burg.de, Fax (07452) 66291, Biergarten – ⚘ ⓜ VISA
geschl. nach Pfingsten 2 Wochen, Montagabend - Dienstag – **Menu** 25 à la carte 20/32.
  ◆ Das Interieur der gastlichen Station zeigt sich in schlichter, bürgerlicher Gestaltung. Freunden regionaler Speisen wird das kulinarische Repertoire zusagen.

🍴 **Ostaria da Gino,** Querstr. 3, ✉ 72202, ☏ (07452) 6 66 10, dagino.nagold@t-online.de, Fax (07452) 818170 – ⓜ VISA
geschl. Anfang Jan. 1 Woche, Sonntag – **Menu** (italienische Küche) (Tischbestellung ratsam) à la carte 29/45.
  ◆ Frische und gute Produkte bilden die Grundlage der klassischen italienischen Küche des Hauses. Eine kleine Tafel und mündliche Empfehlungen ersetzen die Karte.

NAGOLD

In Nagold-Pfrondorf *Nord : 4,5 km :*

Pfrondorfer Mühle, an der B 463, ⊠ 72202, ℘ (07452) 8 40 00, Fax (07452) 840048, 🍽, 🌳, ⚒ – ⊁ Zim, 📺 ✆ 🅿 – 🛋 30. AE ⓞ 🆗 VISA JCB
geschl. 1. - 15. Jan. – **Menu** à la carte 18,50/42 – **21 Zim** ⊃ 60/65 – 90/100.
♦ Eine ehemalige Mühle mit modernem Anbau stellt Ihre vorübergehende Behausung dar. Alle älteren Zimmer des Hotels wurden kürzlich frisch renoviert und wohnlich gestaltet. Helles Holz macht die Gaststube so gemütlich.

NAHETAL-WALDAU Thüringen 418 420 O 16 – 900 Ew – Höhe 420 m – Erholungsort.
Berlin 344 – Erfurt 72 – Coburg 40 – Suhl 23.

Weidmannsruh, Hauptstr. 74 (im OT Waldau), ⊠ 98667, ℘ (036878) 6 03 92, Fax (036878) 20844, Biergarten – 📺 🅿. 🆗
Menu (geschl. Montagmittag) à la carte 11/17 – **8 Zim** ⊃ 31 – 46.
♦ Hinter einer hübschen Fachwerkfront beherbergt die kleine Pension praktische, mit soliden Naturholzmöbeln wohnlich eingerichtete Gästezimmer. Das Restaurant ist eine ländliche Gaststube mit Parkettfußboden und Holzmobiliar.

NAHMITZ Brandenburg siehe Lehnin.

NAILA Bayern 418 420 P 19 – 8 500 Ew – Höhe 511 m – Wintersport : 500/600 m ⚡1 🎿.
🛈 Tourismus Service, Marktplatz 12, ⊠ 95119, ℘ (09282) 68 29, ferienregion@selbitztal.de, Fax (09282) 6868.
Berlin 314 – München 288 – Hof 22 – Bayreuth 59.

Grüner Baum, Marktplatz 5, ⊠ 95119, ℘ (09282) 96 39 50, info@gruener-baum-naila.de, Fax (09282) 7356, 🍽, ☕ – ⊁ Zim, 📺 🚗 🅿. 🆗 VISA JCB
geschl. 25. Aug. - 15. Sept. – **Menu** (geschl. Donnerstag) à la carte 13/25 – **29 Zim** ⊃ 40/45 – 57/64 – ½ P 10.
♦ Auf der Suche nach einer sinnvoll gestalteten Bleibe für unterwegs wird Sie dieses Domizil überzeugen. Funktionalität und ein solides Inventar prägen das Innenleben. Ländlichkeit bestimmt den Charakter des Restaurants.

In Naila-Culmitzhammer *Süd-West : 4 km :*

Gutshof Culmitzhammer, Culmitzhammer 23, ⊠ 95119, ℘ (09282) 9 81 10, gutshof culitzhammer@ringhotels.de, Fax (09282) 9811200, 🍽, – 📺 🅿 – 🛋 15. AE ⓞ 🆗 VISA
Menu à la carte 14,50/26 – **25 Zim** ⊃ 47/67 – 87/107.
♦ Vom Einzelzimmer - mit französischen Betten - bis zum Familienappartement steht in der modernisierten ehemaligen Hammerschmiede eine passende Unterkunft für Sie bereit. Das gemütlich-rustikale Umfeld des Restaurants lädt zum Verweilen ein.

In Naila-Culmitz *Süd-West : 5 km :*

Zur Mühle 🌿, Zur Mühle 6, ⊠ 95119, ℘ (09282) 63 61, Fax (09282) 6384, 🍽, 🌳 – 📺 🚗 🅿. 🆗
Menu (geschl. Mitte Okt. - Anfang Nov., Montag) à la carte 10,50/16 – **14 Zim** ⊃ 26 – 51 – ½ P 8.
♦ Suchen Sie ein ruhiges Fleckchen, das Ihnen sympathische Behaglichkeit bietet? Gepflegte Gästezimmer stehen füt Sie zum Einzug bereit. Schlichte, rustikale Gaststube mit Kachelofen.

NAKENSTORF Mecklenburg-Vorpommern siehe Neukloster.

NASSAU Rheinland-Pfalz 417 P 7 – 5 300 Ew – Höhe 80 m – Luftkurort.
🛈 Touristik Nassauer Land, Schloßstr. 6, ⊠ 56377, ℘ (02604) 97 02 30, Fax (02604) 970224.
Berlin 581 – Mainz 57 – Koblenz 27 – Limburg an der Lahn 49 – Wiesbaden 52.

Am Rosengarten garni, Dr.-Haupt-Weg 4, ⊠ 56377, ℘ (02604) 9 53 70, mail@hotel-ruettgers-klein.de, Fax (02604) 953730 – ⊁ 📺 🅿. 🆗 VISA
15 Zim ⊃ 30/60 – 58/66.
♦ Bei dieser Adresse handelt es sich um eine kleine Hotel-Pension, die mit Gastlichkeit und einem soliden Interieur die Basis für einen erholsamen Besuch schafft.

Landhotel Mühlbach, Bezirksstr. 20, ⊠ 56377, ℘ (02604) 9 53 10, info@land hotel-muehlbach.com, Fax (02604) 953127, 🍽 – 📺 🅿.
geschl. 30. Jan. - 11. Feb. – **Menu** (geschl. Dienstag) (Nov. - Ostern wochentags nur Abendessen) à la carte 22,50/35 – **14 Zim** ⊃ 41/57 – 67/78 – ½ P 16.
♦ Hinter einer Fachwerkfassade von1651 läßt man den Gast Individualität spüren : jedes der Zimmer ist nach einem anderen Motto gestaltet - stets gemütlich in der Ausstattung. Behagliche Ecken finden Sie im Restaurant.

NASSAU

In Hömberg *Nord-West : 4 km Richtung Montabaur :*

Taunusblick, Nassauer Str. 5, ✉ 56379, ✆ (02604) 9 43 80, *Fax (02604) 9438125*, ≤, 🍴, ≦s, 🔲, 🚗, – 📺 🅿 ⚫ 💳 *VISA*
geschl. vor Ostern 1 Woche, Juli 2 Wochen, Mitte - Ende Nov. – **Menu** *(geschl. Montag)* à la carte 18/29 – **21 Zim** 🛏 34/40 – 62/68.
◆ In dörflicher Umgebung steht eine gepflegte Unterkunft für Ihre Sie bereit - ein geeigneter Ausgangsort für Unternehmungslustige. Der Name verspricht eine schöne Aussicht. In einer ländlich anmutenden Stube werden Sie bewirtet.

NASTÄTTEN *Rheinland-Pfalz* **417** *P 7 – 3 300 Ew – Höhe 250 m.*
Berlin 585 – Mainz 46 – Koblenz 35 – Limburg an der Lahn 34 – Wiesbaden 41.

Oranien 🍴, Oranienstr. 10, ✉ 56355, ✆ (06772) 10 35, *hotel.oranien@t-online.de*, *Fax (06772) 2962*, 🍴, ≦s, 🔲, – 📺 🚗 🅿 – 🛁 80. 🔲 ⚫ 💳 *VISA*
geschl. Jan. 2 Wochen, Juli 2 Wochen – **Menu** *(geschl. Montag)* à la carte 17/32 – **16 Zim** 🛏 35/50 – 65/90.
◆ In sonniger Südhanglage, umgeben von Laub- und Nadelwäldern findet der Reisende eine praktisch ausgestattete Behausung auf Zeit. Die Umgebung lädt zum Wandern ein. Qualität und eine sorgfältige Zubereitung machen die Küche des Hauses aus.

NAUHEIM, BAD *Hessen* **417** *O 10 – 28 000 Ew – Höhe 145 m – Heilbad.*
Ausflugsziel : *Burg Münzenberg★, Nord : 13 km.*

⛳ *Bad Nauheim, Am Golfplatz,* ✆ *(06032) 21 53 ;* 🐎 🐎 *Friedberg, Am Löwenhof (Süd : 5 km Richtung Ockstadt),* ✆ *(06031) 99 27.*
🅱 *Bad Nauheim Information, In den Kurkolonnade 1,* ✉ *61231,* ✆ *(06032) 92 99 22, Fax (06032) 929923.*
Berlin 507 – Wiesbaden 64 – Frankfurt am Main 38 – Gießen 31.

Spöttel, Luisenstr. 5, ✉ 61231, ✆ (06032) 9 30 40, *spoettel@t-online.de*, *Fax (06032) 930459* – 🍴, 📺 ☎ 🅿 ⚫ 💳 *VISA*. 🍴 Rest
Menu *(Restaurant nur für Hausgäste)* – **34 Zim** 🛏 58/88 – 90/122 – ½ P 14.
◆ Hinter einer schmucken, mit Erkern verzierten Fassade präsentiert man dem Gast Zimmer in individueller Gestaltung - wahlweise auch in stilvoller Komfort-Variante.

✕ **Elsass**, Mittelstr. 17, ✉ 61231, ✆ (06032) 12 10 – 🔲 ⚫ 💳 *VISA*
geschl. 1. - 5. Jan., Juni 2 Wochen, Dienstag – **Menu** *(wochentags nur Abendessen)* 27.
◆ Im Zentrum des Ortes liegt dieses nette, kleine Restaurant, in dem man Sie an hübsch eingedeckten Tischen mit klassischer Küche bewirtet.

In Bad Nauheim-Steinfurth *Nord : 3 km :*

Herrenhaus von Löw (mit Gästehaus), Steinfurther Hauptstr. 36, ✉ 61231, ✆ (06032) 9 69 50, *Fax (06032) 969550*, 🍴, ≦s – 🍴 Zim, 📺 🅿 – 🛁 15. 🔲 ⚫ 💳 *VISA*
geschl. Anfang Jan. 1 Woche – **Menu** *(geschl. Sonntag) (nur Abendessen)* à la carte 35,50/42,50 – **20 Zim** 🛏 105 – 129.
◆ In dem Herrenhaus aus dem 19. Jh. erleben Sie den Charme vergangener Tage, ohne auf Komfort verzichten zu müssen. Schöne Stoffe und Farben schaffen ein besonderes Interieur. Das alte Gewölbe des Hauses bildet einen attraktiven Rahmen für genußvolle Stunden.

In Bad Nauheim-Schwalheim *Süd-Ost : 3 km :*

✕✕ **Brunnenwärterhaus**, Am Sauerbrunnen, ✉ 61231, ✆ (06032) 70 08 70, *brunnen waerterhaus@web.de, Fax (06032) 700871*, 🍴, Biergarten – 🅿 ⚫ 💳 *VISA*
geschl. Anfang Jan. 1 Woche, Sept. – Okt. 2 Wochen, Montag - Dienstag – **Menu** *(wochentags nur Abendessen)* (Tischbestellung ratsam) à la carte 28,50/36,50.
◆ Das Anwesen mit bewegter Vergangenheit - einst Produktionsstätte des Schwalheimer Mineralwassers - dient heute Ihrer Bewirtung mit Speisen einer gehobenen Küche.

NAUMBURG *Hessen* **417** *M 11 – 6 000 Ew – Höhe 280 m – Kneippkurort.*
🅱 *Kur- und Verkehrsverwaltung, Hattenhäuser Weg 10, ✉ 34311,* ✆ *(05625) 79 09 13, kurverwaltung@naumburg.kgrz-kassel.de, Fax (05625) 925904.*
Berlin 420 – Wiesbaden 218 – Kassel 36 – Korbach 27 – Fritzlar 17.

Weinrich, Bahnhofstr. 7, ✉ 34311, ✆ (05625) 2 23, *info@hotel-weinrich.de*, *Fax (05625) 7321*, Massage, 🍴, 🚗 – 🍴 Zim, 📺 ☎ 🅿 🔲 ⚫ 💳 *VISA*. 🍴 Zim
geschl. 1. - 25. Okt. – **Menu** *(geschl. Mittwoch)* à la carte 17,50/26 – **17 Zim** 🛏 40/60 – 70/80 – ½ P 15.
◆ In gepflegtem Ambiente erwartet den Besucher ein Zimmer in funktioneller Machart - ob Sie auf der Durchreise sind oder für ein paar Tage dem Alltag entfliehen möchten.

NAUMBURG

In Naumburg-Heimarshausen *Süd-Ost : 9 km :*

- **Ferienhof Schneider**, Kirschhäuserstr. 7, ⊠ 34311, ℘ (05622) 91 51 12, info@landhotel-schneider.de, Fax (05622) 915113, 斎, ⇔, 㴱, ※, ※ (Halle) – 📺 🅿
 geschl. Anfang Jan. - Anfang Feb. – **Menu** (geschl. Nov. - Feb. Montag) à la carte 15/25,50 – **30 Zim** ⊆ 35/41 – 64/76 – ½ P 10.
 ♦ Das großzügige Anwesen mit angegliedertem Bauernhof stellt für große und kleine Gäste ein einladendes Urlaubsdomizil mit vielseitigen Freizeitangeboten dar. Eine Kinderkarte und Seniorengerichte ergänzen das Repertoire der Küche.

NAUMBURG Sachsen-Anhalt 418 M 19 – 31 400 Ew – Höhe 108 m.

Sehenswert : *Dom St. Peter und Paul*★★ (*Naumburger Stifterfiguren*★★★, *Westlettner*★★) – *St. Wenzel*★.

Ausflugsziele : Freyburg : *Schloß Neuenburg*★ (*Doppelkapelle*★, *Kapitele*★) Nord : 6 km – Schulpforta : *Panstermühle*★ Süd-West : 3 km – Bad Kösen : *Soleförderanlage*★, *Lage von Rudelsburg und Burg Saaleck*★ Süd-West : 7 km.

🛈 Tourist- und Tagungsservice, Markt 6, ⊠ 06618, ℘ (03445) 20 16 14, Fax (03445) 266047.

Berlin 223 – Magdeburg 135 – *Leipzig* 62 – Weimar 49.

- **Stadt Aachen**, Markt 11, ⊠ 06618, ℘ (03445) 24 70, post@hotel-stadt-aachen.de, Fax (03445) 247130 – 📶 📺 ♨. 🆎 ⓞ ⓜ🅲 💳
 Menu à la carte 17/27 – **40 Zim** ⊆ 55/70 – 85/95.
 ♦ Das renovierte Stadthaus fügt sich harmonisch in die Reihe ansprechender Bürgerhäuser ein. Hier, im Herzen der Stadt, stehen hübsch eingerichtete Räume zum Einzug bereit. In den Stuben des Carolus Magnus herrscht historisches Ambiente.

- **Kaiserhof**, Bahnhofstr. 35, ⊠ 06618, ℘ (03445) 24 40, kaiserhof@center-hotels.de, Fax (03445) 244100, 斎 – 📶, ⇔ Zim, 📺 ♨ 👌 🅿 – 🚗 60. 🆎 ⓞ ⓜ🅲 💳 🅹🅲🅱
 Menu à la carte 13,50/19 – **80 Zim** ⊆ 56 – 80.
 ♦ Solides Mobiliar in zeitgemäßer Gestaltung und ein gutes Platzangebot machen einfaches Übernachten zu bequemem Wohnen - verkehrsgünstig in der Nähe des Bahnhofs.

- **Zur Alten Schmiede**, Lindenring 36, ⊠ 06618, ℘ (03445) 2 43 60, hotel_zur_alten_schmiede@t-online.de, Fax (03445) 243666, 斎, ⇔ – 📶 📺 ♨ – 🚗 80. 🆎 ⓜ🅲 💳
 Menu (geschl. Sonntag) (Nov. - April nur Abendessen) à la carte 16/19,50 – **41 Zim** ⊆ 51/59 – 72/82.
 ♦ Wo vor langer Zeit eine Huf- und Wagenschmiede betrieben wurde, hat man auf historischem Fundament nach modernen Gesichtspunkten einen Hotelneubau errichtet. Das Restaurant ist mit alten Werkzeugen dekoriert.

- **Ratskeller**, Markt 1, ⊠ 06618, ℘ (03445) 20 20 63, Fax (03445) 230285, 斎 – 🆎 ⓜ🅲 💳 🅹🅲🅱
 geschl. Anfang Jan. 1 Woche, Sonntagabend – **Menu** à la carte 15/24.
 ♦ Mit Gewölbe, Nischen und Stammtisch präsentiert sich dem Gast ein gemütliches Ambiente hinter historischen Mauern. Regionale und internationale Speisen stehen zur Wahl.

NAUNHOF Sachsen 418 M 21 – 6 300 Ew – Höhe 130 m.
Berlin 203 – Dresden 95 – *Leipzig* 27.

- **Carolinenhof**, Bahnhofstr. 32, ⊠ 04683, ℘ (034293) 6 13 00, carolinenhof@snafu.de, Fax (034293) 30835, 斎, ⇔ – 📶, ⇔ Zim, 📺 ♨ 🚗 – 🚗 30. 🆎 ⓜ🅲 💳
 Menu (Nov. - März Montag - Freitag nur Abendessen) à la carte 11,50/22 – **33 Zim** ⊆ 38/54 – 51/74.
 ♦ Sind Sie auf der Suche nach einer zeitgemäßen Unterbringung? Im Gasthof wie auch im neuzeitlicheren Hotelanbau stellt man Ihnen solide ausgestattete Quartiere zur Verfügung.

NAURATH / WALD Rheinland-Pfalz siehe Trittenheim.

NEBEL Schleswig-Holstein siehe Amrum (Insel).

NECKARGEMÜND Baden-Württemberg 417 419 R 10 – 14 500 Ew – Höhe 124 m.
Ausflugsziel : Dilsberg : *Burg* (*Turm* ❀★) Nord-Ost : 5 km.

🏌 Lobbach-Lobenfeld, Am Biddersbacher Hof (Süd-Ost : 10 km), ℘ (06226) 95 21 10.

🛈 Tourist-Information, Hauptstr. 25, ⊠ 69151, ℘ (06223) 35 53, touristikinformation@neckargemuend.de, Fax (06223) 804280.

Berlin 635 – Stuttgart 107 – *Mannheim* 41 – Heidelberg 10 – Heilbronn 53.

NECKARGEMÜND

In Neckargemünd-Dilsberg *Nord-Ost : 4,5 km :*

Zur Sonne, Obere Str. 14, ✉ 69151, ☎ (06223) 22 10, *zursonne.dilsberg@t-online.de*, Fax (06223) 6452, 🍴 AE MC VISA
geschl. 3. - 20. Feb. - **Menu** à la carte 21,50/34,50.
• Rustikale Stuben mit kleinen Tischen schaffen ein nettes Umfeld für Ihren Besuch. Die meisten Gerichte serviert man Ihnen auf Wunsch auch als kleine Portion.

In Neckargemünd-Rainbach *Ost : 2 km :*

Landgasthof Die Rainbach, Ortsstr. 9, ✉ 69151, ☎ (06223) 24 55, *info@rainbach.de*, Fax (06223) 71491, 🍴, Biergarten – P. MC VISA
Menu à la carte 21,50/41.
• Gastlichkeit und eine schöne Terrasse zum Neckarufer haben diesen Gasthof bekannt gemacht - auch Sie werden den Charme der behaglich gestalteten Räume mögen.

In Neckargemünd-Waldhilsbach *Süd-West : 5 km :*

Zum Rössl mit Zim, Heidelberger Str. 15, ✉ 69151, ☎ (06223) 26 65, *hauck_roessel@t-online.de*, Fax (06223) 6859, 🍴, ⇄ Zim, TV ⇐ P
geschl. Mitte - Ende Juli - **Menu** *(geschl. Montag - Dienstag)* à la carte 15,50/35 – **15 Zim** ⇄ 38/46 – 58/68.
• Wenn Sie eine unkomplizierte Küche bevorzugen, wird man Sie hier ganz nach Ihrem Geschmack bewirten - klassisch oder regional ausgelegt.

NECKARSTEINACH Hessen 417 419 R 10 – 4 000 Ew – Höhe 127 m.
Berlin 639 – Wiesbaden 111 – Mannheim 45 – Heidelberg 14 – Heilbronn 57.

Vierburgeneck, Heiterswiesenweg 11 (Süd-West : 1 km, B 37), ✉ 69239, ☎ (06229) 5 42, Fax (06229) 396, ≤, 🍴, ⇄ Zim, TV ⇐ P
geschl. 20. Dez. - 5. Feb. - **Menu** *(geschl. Dienstag) (nur Abendessen)* à la carte 16/30 – **17 Zim** ⇄ 59 – 84.
• Nutzen Sie diese praktische Bleibe als Ausgangsort für Ausflüge. Die nahe gelegenen Burgen, auf die bereits der Name hinweist, zählen zu den Sehenswürdigkeiten der Region. Schlichtes Restaurant mit Terrasse über dem Neckar.

NECKARSULM Baden-Württemberg 417 419 S 11 – 23 000 Ew – Höhe 150 m.
Berlin 590 – Stuttgart 59 – Heilbronn 5,5 – Mannheim 78 – Würzburg 106.

Mercure M, Heiner-Fleischmann-Str. 8, ✉ 74172, ☎ (07132) 91 00, *h2840@accor-hotels.com*, Fax (07132) 910444 – 📶, ⇄ Zim, TV ⇐ & P – 🔒 60. AE ⓞ MC VISA JCB
Menu *(geschl. Samstag - Sonntag)* à la carte 20/39 – ⇄ 13 – **96 Zim** 85 – 100.
• Businesshotel in einem Industriegebiet. Die Zimmer sind gepflegt, mit Kirschbaummöbeln einheitlich eingerichtet, bieten ausreichend Platz und sind technisch gut ausgestattet. Im Restaurant mit dunkler Rattanbestuhlung erwartet Sie eine offene Showküche.

Nestor, Sulmstr. 2, ✉ 74172, ☎ (07132) 38 80, *nestor-hotel-neckarsulm@t-online.de*, Fax (07132) 388113, 🍴, ⇌ ⇄ Zim, TV & ⇐ P – 🔒 150. AE ⓞ MC VISA
Menu à la carte 22,50/32,50 – **84 Zim** ⇄ 115 – 141.
• Kürzlich renovierte Gästezimmer in neuzeitlicher Machart stellen Ihr vorübergehendes Zuhause dar. Die zentrale Lage zählt ebenfalls zu den Vorzügen dieses Hotels. Restaurant Le Velo mit ansprechendem, freundlichem Ambiente.

An der Linde, Stuttgarter Str. 11, ✉ 74172, ☎ (07132) 9 86 60, *info@an-der-linde.de*, Fax (07132) 9866222, ⇐ – TV P – 🔒 20. AE MC VISA
geschl. Anfang Jan. 1 Woche – **Menu** *(geschl. Samstag - Sonntag)* à la carte 22/38 ♀ – **28 Zim** ⇄ 55/80 – 89/99.
• Im gepflegten Rahmen dieses Domizils finden Reisende eine sympathische Unterkunft für einen Zwischenstop - man überzeugt Sie mit einem funktionellen Innenleben. Im nett dekorierten Restaurant leitet die Chefin engagiert den Service.

Villa Sulmana ⚘ garni (mit Gästehaus), Ganzhornstr. 21, ✉ 74172, ☎ (07132) 9 36 00, Fax (07132) 936066 – 📶 TV P. MC VISA. ❀
40 Zim ⇄ 66/81 – 79/91.
• Ein nettes Schlafquartier steht dem Gast dieses Hauses zur Verfügung. Die Nebenstraßenlage sorgt für einen geruhsamen Aufenthalt. Auch Appartements mit Kochgelegenheit.

Ballei, Deutschordensplatz, ✉ 74172, ☎ (07132) 60 11, Fax (07132) 37713, 🍴 – P. 🔒 70. AE ⓞ MC VISA
geschl. Anfang Jan. 1 Woche, Montag – **Menu** 20 à la carte 16,50/35.
• Das moderne Stadthallenrestaurant ist mit kräftigen Farben ansprechend gestaltet. Im Mittelpunkt liegt die Glas- und Stahlkonstruktion des bepflanzten Lichthofs.

NECKARWESTHEIM – Baden-Württemberg 419 S 11 – 3 500 Ew – Höhe 266 m.

🚗 Neckarwestheim, Schloß Liebenstein (Süd : 2 km), ℘ (07133) 9 87 80.
Berlin 602 – Stuttgart 38 – Heilbronn 13 – Ludwigsburg 25.

Schloßhotel Liebenstein ⊗, Süd : 2 km, ✉ 74382, ℘ (07133) 9 89 90, info@liebenstein.com, Fax (07133) 6045, ≤, 😊, (Renaissancekapelle a.d.J. 1600) – 🛗, ⇌ Zim, 📺 🅿 – 🔒 75. 🆎 ⓞ ⓜⓞ 🆅🆂🅰
geschl. 26. Dez. - 6. Jan. – **Kurfürst** (nur Abendessen) **Menu** à la carte 22/36 – **Lazuli** (geschl. Samstag - Sonntag) (nur Abendessen) **Menu** à la carte 32/62 – **24 Zim** ⇌ 80/120 – 115/165.
◆ Als Teil einer beeindruckenden Schloßanlage wartet Ihre Residenz mit einem unverwechselbaren Ambiente auf. Zimmer verschiedener Kategorien bieten Komfort nach Maß. Im Kurfürst sitzt man unter einer schönen Holzdecke. Lazuli mit schönem, bemaltem Kreuzgewölbe.

Am Markt garni, Marktplatz 2, ✉ 74382, ℘ (07133) 9 81 00, Fax (07133) 14423 – 🛗 ⇌ 📺 ⟵ 🆎 ⓜⓞ 🆅🆂🅰
18 Zim ⇌ 50/55 – 70.
◆ Ihre Unterkunft befindet sich am neugestalteten Marktplatz. Das gut geführte Hotel mit den gepflegten und solide möblierten Zimmern wird gerne von Geschäftsreisenden genutzt.

NECKARZIMMERN – Baden-Württemberg 417 419 S 11 – 1 650 Ew – Höhe 151 m.

Sehenswert : Burg Hornberg (Turm ≤ ★).
Berlin 593 – Stuttgart 80 – Mannheim 79 – Heilbronn 25 – Mosbach 8.

Burg Hornberg ⊗, ✉ 74865, ℘ (06261) 9 24 60, info@burg-hotel-hornberg.de, Fax (06261) 924644, ≤ Neckartal, 😊, (Burg Götz von Berlichingen) – 📺 🅿 – 🔒 40. ⓜⓞ 🆅🆂🅰
geschl. 27. Dez. - 20. Jan. – **Menu** à la carte 24/42 – **24 Zim** ⇌ 83/87 – 116/130.
◆ Der Charme alter Burgmauern und der Komfort von heute machen die historische Anlage zu einer ansprechenden Herberge. Sie beziehen eines der neu renovierten Zimmer. Im ehemaligen Pferdestall der Burg nehmen Sie zum Speisen Platz.

NEHREN – Rheinland-Pfalz 417 P 5 – 100 Ew – Höhe 90 m.

Berlin 662 – Mainz 120 – Trier 79 – Koblenz 63.

Quartier Andre, Moselstr. 2, ✉ 56820, ℘ (02673) 40 15, andre-nehren@t-online.de, Fax (02673) 4168, 😊, ⚘ – 📺 🅿 🆎 ⓞ ⓜⓞ 🆅🆂🅰. ⇌ Rest
geschl. 3. Jan. - 15. März, 10. Nov. - 20. Dez. – **Menu** (geschl. Dienstag) 13/20 à la carte 16/30 – **13 Zim** ⇌ 40/50 – 65.
◆ Die nette kleine Adresse verfügt neben zeitgemäßen Zimmern mit einem guten Platzangebot über Ferienappartements, in denen auch kleine Familien bequem logieren. Freundlich wirkt das Restaurant mit großer Fensterfront.

NELLINGEN – Baden-Württemberg 419 U 13 – 1 600 Ew – Höhe 680 m.

Berlin 631 – Stuttgart 75 – Göppingen 41 – Ulm 28.

Landgasthof Krone (mit Gästehaus), Aicher Str. 7, ✉ 89191, ℘ (07337) 9 69 60, landgasthof-krone-alb@t-online.de, Fax (07337) 969696, ⚘ – 🛗, ⇌ Zim, 📺 🅿 – 🔒 50. ⓜⓞ 🆅🆂🅰
geschl. 24. Dez. - 1. Jan. – **Menu** (geschl. 23. Dez. - 10. Jan., Sonn- und Feiertage) à la carte 15/27 – **40 Zim** ⇌ 30/49 – 52/70.
◆ Auf das Haupthaus und zwei Gästehäuser verteilt, stehen hier wohnliche wie auch funktionelle Zimmer für Sie bereit, in denen man gerne ein Wochenende verbringt. Eine gemütliche Einkehr bei regionstypischer Kost ermöglicht man Ihnen im Restaurant.

NENNDORF, BAD – Niedersachsen 415 417 I 12 – 10 700 Ew – Höhe 70 m – Heilbad.

🛈 Tourist-Information, Am Thermalbad 1, ✉ 31542, ℘ (05723) 34 49, Fax (05723) 1435.
Berlin 315 – Hannover 33 – Bielefeld 85 – Osnabrück 115.

Die Villa, Kramerstr. 4, ✉ 31542, ℘ (05723) 94 61 70, dietz@villabadnenndorf.de, Fax (05723) 946188, 😊, – 🛗, ⇌ Zim, 📺 ✆ 🅿 – 🔒 15. 🆎 ⓜⓞ 🆅🆂🅰. ⇌ Zim
geschl. Jan. 2 Wochen, Juli 3 Wochen – **Menu** (geschl. Sonntag) (nur Abendessen) à la carte 28/45 – **15 Zim** ⇌ 65/85 – 100/120 – ½ P 20.
◆ Eine hübsche Fassade kennzeichnet das Äußere der restaurierten Villa aus dem 19. Jh., eine stilvolle Einrichtung und alle gewohnten Annehmlichkeiten prägen das Interieur. Sie speisen mit Niveau im kultivierten Umfeld des Restaurants.

NENNDORF, BAD

Tallymann, Hauptstr. 59, ⊠ 31542, ℘ (05723) 61 67, tallymann@t-online.de, Fax (05723) 707869, Massage, ≘s, ⊠ – 🛗, ⇔ Zim, ▥ Rest, ⊡ 🕻 & 🅿 – 🛧 55. 🆎 ⓄⒸ VISA
Menu à la carte 25/38 – **52 Zim** ⊆ 56/64 – 92/99.
• Urlauber freuen sich auf bequemes Wohnen in sinnvoll und zeitgemäß gestalteten Zimmern, Geschäftsreisende schätzen die Business-Rooms, Tagende arbeiten mit moderner Technik. Schiffsdekor prägt das Ambiente des Restaurants.

Harms ⌾, Gartenstr. 5, ⊠ 31542, ℘ (05723) 95 00, info@hotel-harms.de, Fax (05723) 950280, Massage, ♨, ≘s, ⊠, ☞ – 🛗, ⇔ Zim, ⊡ 🅿 🆎 Ⓞ ⒸⒺ VISA. ⇞ Rest
Menu (Restaurant nur für Hausgäste) – **41 Zim** ⊆ 46/62 – 71/98 – ½ P 12.
• Sie haben die Wahl zwischen Einzel- und Doppelzimmer, Appartements und Ferienwohnungen. Hell und freundlich eingerichtet, stellt Ihr Zimmer ein solides Quartier dar.

Schaumburg-Diana (mit Gästehäusern), Rodenberger Allee 28, ⊠ 31542, ℘ (05723) 50 94, schaumburg-diana@t-online.de, Fax (05723) 3585, ☞ – ⇔ Zim, ⊡ 🅿 🆎 Ⓞ ⒸⒺ VISA. ⇞ Rest
geschl. 23. Dez. - 2. Jan. – **Menu** (Restaurant nur für Hausgäste) – **40 Zim** ⊆ 59/90 – 98/113.
• Stamm-, Garten- und Gästehaus bilden die Hotelanlage, die Ihnen mit funktionellen Zimmern vorübergehend Ihr eigenes Zuhause ersetzt. Ein Garten umschließt die Häuser.

In Bad Nenndorf-Riepen Nord-West : 4,5 km über die B 65 :

Schmiedegasthaus Gehrke ⌾ (mit Gästhaus), Riepener Str. 21, ⊠ 31542, ℘ (05725) 9 44 10, info@schmiedegasthaus.de, Fax (05725) 944141, ⇞ – ⊡ 🕻 ➾ 🅿 – 🛧 100. 🆎 Ⓞ VISA
Menu siehe Rest. **La Forge** separat erwähnt – **Schmiederestaurant** (geschl. Montag) **Menu** à la carte 17/35 – **19 Zim** ⊆ 40/88 – 72/140 – ½ P 23.
• Ob Sie eine Unterkunft mit praktischer Einrichtung beziehen oder die Komfort-Variante wählen - jedes der Gästezimmer überzeugt mit seiner soliden und gepflegten Machart. Freuen Sie sich auf das gediegene Ambiente und die gutbürgerliche Küche dieser Adresse.

XXX **La Forge** (Gehrke) - Schmiedegasthaus Gehrke, Riepener Str. 21, ⊠ 31542, ℘ (05725) 9 44 10, info@schmiedegasthaus.de, Fax (05725) 944141 – 🅿 🆎 Ⓞ VISA. ⇞
ⓈⓈ geschl. Jan. 2 Wochen, Juli - Aug. 3 Wochen, Montag - Dienstag – **Menu** (nur Abendessen) (Tischbestellung ratsam)(bemerkenswerte Weinkarte) 62/90 ⌾.
• In dieser Stätte lassen Feinschmecker den Tag genußvoll ausklingen : feine Speisen einer französisch orientierten Küche werden Sie vom Können der Köche überzeugen.
Spez. Torte von Gänsestopfleber und Rotwurst mit gebratenen Zimtäpfeln. Schaumburger Milchzicklein mit Rosmarin und Zwiebelravioli. Welfenspeise im Baumkuchenmantel mit Sauerrahmeis.

NENTERSHAUSEN Hessen siehe Sontra.

NEPPERMIN Mecklenburg-Vorpommern siehe Usedom (Insel).

NERESHEIM Baden-Württemberg 419 420 T 14 – 8 000 Ew – Höhe 500 m – Erholungsort.
Sehenswert : Klosterkirche★.
🏌 Neresheim, Hofgut Hochstatt (Süd : 3 km), ℘ (07326) 56 49.
Berlin 533 – Stuttgart 100 – Augsburg 78 – Aalen 26 – Heidenheim an der Brenz 21 – Nürnberg 111.

In Neresheim-Ohmenheim Nord : 3 km :

Landhotel Zur Kanne, Brühlstr. 2, ⊠ 73450, ℘ (07326) 80 80, zur-kanne@landidyll.de, Fax (07326) 80880, ⇞, ≘s, ⇞ – 🛗 ⇔ ⊡ ➾ 🅿 – 🛧 35. 🆎 Ⓞ ⒸⒺ VISA JCB
Menu à la carte 17/28 – **56 Zim** ⊆ 44/57 – 63/82 – ½ P 15.
• Ob auf einer Tagung oder privat - ein freundlicher Gastgeber wird Ihnen stets mit Rat und Tat zur Seite stehen. Funktionelle Zimmer sorgen für einen gelungenen Aufenthalt. Restaurant mit fünf Gasträumen im rustikalen Stil.

NESSELWANG Bayern 419 420 X 15 – 3 500 Ew – Höhe 865 m – Luftkurort – Wintersport : 900/1 600 m ⌀5 ⌾.
🅱 Tourist-Information, Lindenstr. 16, ⊠ 87484, ℘ (08361) 92 30 40, info@nesselwang.de, Fax (08361) 923044.
Berlin 658 – München 120 – Kempten (Allgäu) 25 – Füssen 17.

Alpenrose ⌾, Jupiterstr. 9, ⊠ 87484, ℘ (08361) 9 20 40, info@alpenrose.de, Fax (08361) 920440, ≘s, ☞ – 🛗, ⇔ Zim, ⊡ ➾ 🅿 – 🛧 35. 🆎 Ⓞ ⒸⒺ VISA
Menu (geschl. Nov. - 22. Dez., Donnerstag) (nur Abendessen für Hausgäste) – **25 Zim** ⊆ 56/82 – 77/107 – ½ P 15.
• Hinter alpenländischer Fassade stehen sympathische Quartiere zum Einzug bereit. Wellness-Angebote runden Ihren Aufenthalt auf entspannende Art und Weise ab.

NESSELWANG

🏨 **Brauerei-Gasthof Post,** Hauptstr. 25, ✉ 87484, ℘ (08361) 3 09 10, info@hotel-
post-nesselwang.de, Fax (08361) 30973, Biergarten, Brauereimuseum – 📺 🚗 🅿
🌐 VISA
Menu à la carte 13/26 – **22 Zim** ⊇ 49/62 – 78/84 – ½ P 15.
♦ Das historische Haus präsentiert sich dem Gast als liebenswertes Familienhotel mit alter Tradition. Gepflegte Zimmer in solider Machart dienen Ihrer Beherbergung. In der gemütlichen Stube begleitet selbstgebrautes Bier die Mahlzeiten.

NETPHEN Nordrhein-Westfalen **417** N 8 – 25 600 Ew – Höhe 250 m.
🛈 Verkehrsbüro, Lahnstr. 47, ✉ 57250, ℘ (02738) 60 31 11, info@netphen.de, Fax (02738) 603125.
Berlin 525 – Düsseldorf 138 – Siegen 9.

Bei der Lahnquelle Süd-Ost : 17,5 km über Netphen-Deuz – Höhe 610 m

🏨 **Forsthaus Lahnquelle** ⚘, Lahnhof 1, ✉ 57250 Netphen, ℘ (02737) 2 41, Fax (02737) 243, ≤, 🌳, ⛱ – ⛘ Zim, 📺 📞 🅿 – 🛎 60. ⅏ 🌐 VISA
Menu à la carte 16,50/35,50 – **23 Zim** ⊇ 44/50 – 80/90 – ½ P 16.
♦ Die ruhige Waldlage und freundliche Zimmer mit zeitgemäßem Interieur zählen zu den Vorzügen des Hauses. Mit einem Langschläfer-Frühstücksbüffet starten Sie gut in den Tag. Das Restaurant ist in Stuben unterteilt, und hat eine hübsche Kaminecke.

NETTETAL Nordrhein-Westfalen **417** M 2 – 41 000 Ew – Höhe 46 m.
⛳ Nettetal-Hinsbeck, An Haus Bey 16 (Nord : 3 km), ℘ (02153) 9 19 70.
Berlin 591 – Düsseldorf 53 – Krefeld 24 – Mönchengladbach 24 – Venlo 15.

In Nettetal-Hinsbeck – Erholungsort :

🏨 **Haus Josten,** Wankumer Str. 3, ✉ 41334, ℘ (02153) 9 16 70, info@hoteljosten.de, Fax (02153) 13188, 🌳 – ⛘ Zim, 📺 🅿 – 🛎 50. ⅏ 🌐 VISA
Menu (geschl. Mittwoch) (wochentags nur Abendessen) à la carte 19/33 – **18 Zim** ⊇ 62/68 – 77/90.
♦ Einheitlich in rustikaler Eiche eingerichtet, bieten die Gästezimmer neben Behaglichkeit auch Funktionalität in Form von Schreibgelegenheiten, Ablagen und guter Technik. Ein nettes Ambiente im bürgerlich-rustikalen Stil erwartet Sie im Restaurant.

XXX **La Mairie im Haus Bey** (Eickes), An Haus Bey 16 (Golfplatz), ✉ 41334, ℘ (02153) 91 97 20, weickes@t-online.de, Fax (02153) 919766, 🌳 – 🅿. 🛎 15. ⅏ 🌐 VISA. ⛘
geschl. Jan. 2 Wochen, Montag - Dienstag – **Menu** 58/79,50 und à la carte ⚘ – **Bistro L'Annexe** (geschl. Okt. - April Montag) **Menu** à la carte 23,50/32.
♦ In dem schön renovierten Rittersitz von 1605 bittet man den Gast mit feiner Küche zu Tisch. Ob französisch oder regional - Geschmack und Sorgfalt prägen Ihr Mahl. Gegenüber liegt das Bistro, in dem leicht und regional gekocht wird.
Spez. Lasagne von Hummer und Steinbutt mit rotem Curryschaum. Ochsenschwanztörtchen im Chicoréeblatt mit kandiertem Weißkohl. Glasiertes Spanferkel mit Speck-Spitzkohl.

XX **Sonneck,** Schloßstr. 61, ✉ 41334, ℘ (02153) 41 57, Fax (02153) 409188, 🌳 – 🅿. 🌐
VISA
geschl. Feb. 2 Wochen, Okt. 2 Wochen, Dienstag – **Menu** à la carte 26/40,50.
♦ Steht Ihnen der Sinn nach einem guten Essen in sympathischem Ambiente? Die Zubereitungen der bürgerlichen Regionalküche werden bestimmt auch Ihren Zuspruch finden.

In Nettetal-Leuth – Erholungsort :

🏨 **Leuther Mühle,** Hinsbecker Str. 34 (B 509), ✉ 41334, ℘ (02157) 13 20 61, lenssen@leuther-muehle.de, Fax (02157) 132527, 🌳, 🌲 – ⛘ Zim, 📺 📞 🅿 – 🛎 30. ⅏ 🌐
VISA JCB. ⛘
Menu à la carte 32/56,50 – **26 Zim** ⊇ 62/72 – 87/98.
♦ Auf dem Anwesen der restaurierten Mühle hat man in einem sich harmonisch einfügenden Anbau behaglich wie auch neuzeitlich gestaltete Zimmer für Reisende eingerichtet. Sie speisen im Restaurant mit Blick auf das guterhaltene Mahlwerk.

In Nettetal-Lobberich :

🏨 **Zum Schänzchen,** Am Schänzchen 5 (südlich der BAB-Ausfahrt), ✉ 41334, ℘ (02153) 91 57 10, hotelzumschaenzchen@t-online.de, Fax (02153) 915742 – 📺 📞 🚗 🅿 –
🛎 50. ⅏ 🌐 VISA
Menu (geschl. Mitte Juli - Anfang Aug., Montag) à la carte 18/35 – **21 Zim** ⊇ 46 – 76.
♦ Die Gästezimmer Ihres Domizils verfügen über eine solide Möblierung und ein gutes Platzangebot. Die zeitgemäße Technik ermöglicht Geschäftsreisenden erfolgreiches Arbeiten. In bürgerlicher Gestaltung präsentieren sich die Räumlichkeiten des Restaurants.

1043

NETTETAL

Haus am Rieth, Reinersstr. 5, ⌧ 41334, ℘ (02153) 8 01 00, *hotelhausamrieth@aol.com*, Fax (02153) 801020, 😃, 🏊 – ⇔ Zim, 📺 ⇔ 🅿 ⓪ 🆅🅸🆂🅰. 🗶
Menu *(geschl. Freitag - Sonntag) (nur Abendessen)* (Restaurant nur für Hausgäste) – **21 Zim** ☲ 48 – 75.
♦ Suchen Sie eine nette Bleibe für eine Nacht oder planen Sie einen längeren Besuch? Die neuzeitliche Ausstattung der Zimmer trägt zu einem erholsamen Aufenthalt bei.

Burg Ingenhoven, Burgstr. 10, ⌧ 41334, ℘ (02153) 91 25 25, *thomas-rosenwasser@t-online.de*, Fax (02153) 912526, 🍽 – 🅿
geschl. über Karneval, Montag – **Menu** à la carte 20/32,50.
♦ Hinter den Mauern der Burganlage aus dem 15. Jh. verbirgt sich ein stilvolles, elegantes Ambiente. Zubereitungen der deutschen wie auch internationalen Küche prägen die Karte.

Ihre Meinung über die von uns empfohlenen Restaurants,
deren Spezialitäten sowie die angebotenen regionalen Weine,
interessiert uns sehr.

NETZEN *Brandenburg siehe Brandenburg.*

NEU ANSPACH Hessen 🔲 *P 9* – 13 000 Ew – Höhe 390 m.
Berlin 531 – Wiesbaden 61 – *Frankfurt am Main* 31.

In Neu Anspach-Westerfeld :

Landhotel Velte, Usinger Str. 38, ⌧ 61267, ℘ (06081) 91 79 00, *info@landhotel-velte.de*, Fax (06081) 687472, 🍽 – ⇔ Zim, 📺 📞 🅿. 🆁🅴 ⓪ 🆅🅸🆂🅰 🅹🅲🅱. 🗶 Zim
geschl. 29. Dez. - 6. Jan. – **Menu** *(geschl. Sonntagabend - Montag) (wochentags nur Abendessen)* à la carte 13/23 – **15 Zim** ☲ 45/60 – 82/95.
♦ Mit modern eingerichteten Gästezimmern stellt diese gastliche Adresse eine ansprechende Behausung auf Zeit dar - für Geschäftsreisende ebenso wie für Urlauber. Ein schlicht-rustikales Restaurant steht zur Einkehr bereit.

NEUBERG *Hessen siehe Erlensee.*

NEUBRANDENBURG Mecklenburg-Vorpommern 🔲 *F 23* – 70 000 Ew – Höhe 19 m.
Sehenswert: *Stadtbefestigung*★★.
Ausflugsziele: *Feldberger Seenlandschaft*★ – *Neustrelitz (Schloßpark*★, *Orangerie-Malereien*★).
🏌 Gross Nemerow, Bornmühle 35 (Süd : 13 km über ③), (0395) 4 22 74 14.
🛈 Tourist-Information, Marktplatz 1, ⌧ 17033, ℘ (0395) 1 94 33, *nd-info@vznb.de*, Fax (0395) 5667661.
ADAC, Demminer Str. 10.
Berlin 142 ③ – Schwerin 149 ④ – Rostock 103 ④ – Stralsund 99 ① – Szczecin 99 ②

Stadtpläne siehe nächste Seiten

Radisson SAS, Treptower Str. 1, ⌧ 17033, ℘ (0395) 5 58 60, *info.neubrandenburg@radissonsas.com*, Fax (0395) 5586625 – 🛗, ⇔ Zim, 🍽 Zim, 📺 📞 ♿ 🅿 – 🚗 70. 🆁🅴 ⓓ ⓪ 🆅🅸🆂🅰 🅹🅲🅱
Menu à la carte 23/35 – **190 Zim** ☲ 73/120 – 88/120.   AY a
♦ Ihre Residenz stellt Ihnen funktionell wie auch modern eingerichtete Gästezimmer zur Verfügung. Auch die zentrale Lage zählt zu den Vorzügen des Hauses. Modernes Restaurant mit Show-Küche.

Am Ring, Große Krauthöferstr. 1, ⌧ 17033, ℘ (0395) 55 60, *business@hotel-am-ring.de*, Fax (0395) 5562682, 😃 – 🛗, ⇔ Zim, 📺 🅿 – 🚗 150. 🆁🅴 ⓪ 🆅🅸🆂🅰   BY b
Menu *(geschl. Sonntagabend)* à la carte 15/27,50 – **145 Zim** ☲ 70 – 85.
♦ In den Quartieren Ihres vorübergehenden Zuhauses erwarten Sie die Annehmlichkeiten der heutigen Zeit. Ein Shuttleservice zum Bahnhof erleichtert das Reisen. Neuzeitliches Design prägt das Interieur des Restaurants.

Sankt Georg, Sankt Georg 6, ⌧ 17033, ℘ (0395) 5 44 37 88, *st.georg@infokom.de*, Fax (0395) 5607050, Biergarten, 😃 – ⇔ Zim, 📺 📞 🅿 – 🚗 20. 🆁🅴 ⓓ ⓪ 🆅🅸🆂🅰
über ④
Menu à la carte 14/26 – **20 Zim** ☲ 51/70 – 62/85.
♦ Das regionstypisch im Klinkerstil erbaute Haus verfügt über unterschiedlich möblierte, teils große, teils kleine Gästezimmer. Stadtzentrum und See sind gut zu Fuß erreichbar. Ein gepflegtes, neuzeitliches Umfeld erwartet den Besucher im Restaurant.

NEUBRANDENBURG

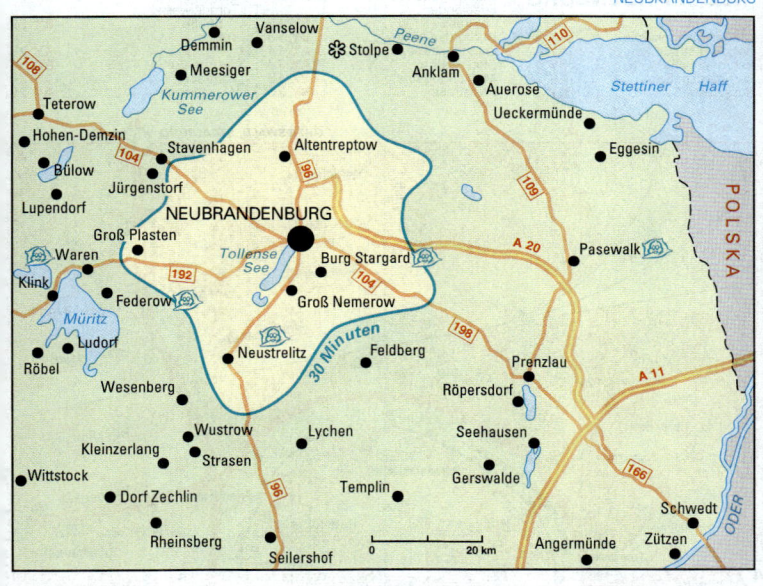

Weinert garni, Ziegelbergstr. 23, ✉ 17033, ✆ (0395) 58 12 30, h_weinert@infokom.de, Fax (0395) 5812311 – 📺 ♿ 🅿 – 🔔 20. AE ① ◎ VISA BY d
18 Zim ⊇ 50 – 64.
♦ Das gepflegte Haus widmet sich mit einem soliden Innenleben für einige Zeit Ihrer Beherbergung. Morgens sorgt ein appetitliches Frühstück für einen guten Tagesbeginn.

In Trollenhagen-Hellfeld *Nord : 4,5 km über ①* :

Hellfeld, Hellfelder Str. 15, ✉ 17039, ✆ (0395) 42 98 10, info@hotel-hellfeld.de, Fax (0395) 42981139, 🌳 – ⚝ Zim, 📺 ♿ 🅿 – 🔔 60. AE ① ◎ VISA JCB. ※ Rest
Menu à la carte 14/29 – **30 Zim** ⊇ 48/55 – 64/70.
♦ Zimmer in zeitgemäßer Gestaltung präsentieren sich dem Gast als behagliche Unterkunft - ob Sie sich auf der Durchreise befinden oder einen längeren Aufenthalt planen.

In Burg Stargard *Süd-Ost : 10 km über ③* :

Zur Burg, Markt 10, ✉ 17094, ✆ (039603) 26 50, hotel.zbg@infokom.de, Fax (039603) 26555, 🌳 – ⚝ Zim, 📺 ♿ – 🔔 20. AE ① ◎ VISA
Menu à la carte 15/42 – **24 Zim** ⊇ 49/60 – 72/92.
♦ Eine wohnliche Einrichtung, ein gutes Platzangebot und eine moderne Technik bestimmen das Innenleben der Zimmer - auch die Ausstattung mit Kinderbett ist möglich. Einladend wirkt die rustikale Gestaltung des Restaurants.

Marienhof, Marie-Hager-Str. 1, ✉ 17094, ✆ (039603) 25 50, hotel-marienhof@web.de, Fax (039603) 25531, 🌳 – ⚝ Zim, 📺 ♿ 🅿 – 🔔 30. AE ① ◎ VISA
Menu à la carte 17/24 – **25 Zim** ⊇ 49/54 – 65/72.
♦ Solide eingerichtete Gästezimmer in neuzeitlicher Machart versprechen einen schönen Aufenthalt. Sie werden die Funktionalität Ihres Domizils schätzen. Ein nettes Plätzchen zum Speisen finden Sie in der hellen, freundlichen Kornkammer.

In Gross Nemerow *Süd : 13 km über ③* :

Bornmühle ≤, Bornmühle 35 (westlich der B 96), ✉ 17094, ✆ (039605) 6 00, info@bornmuehle.com, Fax (039605) 60399, 🌳, ≘s, 🏊, 🎾 – 🛗, ⚝ Zim, 📺 📞 ♿ 🅿 – 🔔 55. AE ① ◎ VISA. ※ Rest
Menu à la carte 25/35,50 – **63 Zim** ⊇ 70/80 – 90/105.
♦ Das Haus befindet sich inmitten einer mecklenburgischen Parklandschaft am schönen Tollensee. Der wohnliche Charakter zieht sich von der Halle bis in Ihr Zimmer. Eine elegante Einrichtung und ein gutes Couvert bilden den Rahmen des Restaurants.

NEUBRANDENBURG

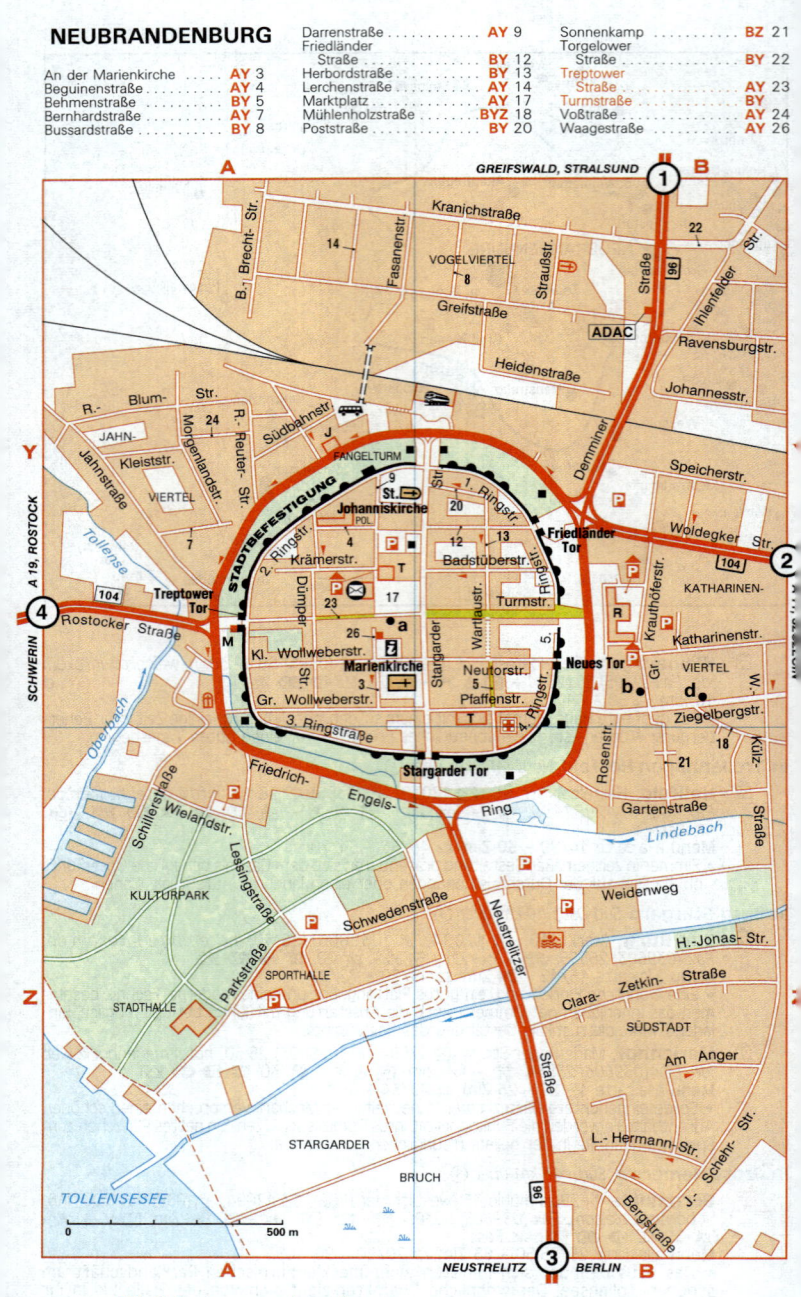

An der Marienkirche	**AY** 3	Darrenstraße	**AY** 9	Sonnenkamp	**BZ** 21
Beguinenstraße	**AY** 4	Friedländer Straße	**BY** 12	Torgelower Straße	**BY** 22
Behmenstraße	**BY** 5	Herbordstraße	**BY** 13	Treptower Straße	**AY** 23
Bernhardstraße	**AY** 7	Lerchenstraße	**AY** 14	Turmstraße	**BY**
Bussardstraße	**BY** 8	Marktplatz	**AY** 17	Voßstraße	**AY** 24
		Mühlenholzstraße	**BYZ** 18	Waagestraße	**AY** 26
		Poststraße	**BY** 20		

Jährlich eine neue Ausgabe,
Aktuellste Informationen, jährlich für Sie!

NEUBRUNN Bayern 417 419 Q 13 – 2 200 Ew – Höhe 290 m.
Berlin 524 – München 300 – Würzburg 25 – Wertheim 14.

In Neubrunn-Böttigheim Süd-West : 5 km :

Berghof 🐾, Neubrunner Weg 17, ✉ 97277, ℰ (09349) 12 48, berghof-boettigheim
@t-online.de, Fax (09349) 1469, ≼, 🍽, 🍴, – 📺 🅿 ÆE ⓓ ⓜⓞ VISA
geschl. 14. Jan. - 7. Feb., 25. Juni - 5. Juli – **Menu** (geschl. Montag) à la carte 13/22 – **13 Zim**
⌑ 33 – 58.
  ◆ In netter, ruhiger Lage auf einer Anhöhe befindet sich eine kleine Herberge, in der
  sich mit gepflegten Quartieren und heimischem Brauchtum um Ihr Wohl bemüht.
  Einfache Speisen und eine gastliche Atmosphäre bestimmen den Charakter des
  Restaurants.

NEUBULACH Baden-Württemberg 419 U 10 – 5 300 Ew – Höhe 584 m – Luftkurort.
🛈 Teinachtal-Touristik, Rathaus, Marktplatz 13, ✉ 75387, ℰ (07053) 96 95 10,
info@neubulach.de, Fax (07053) 6416.
Berlin 670 – Stuttgart 57 – Karlsruhe 64 – Freudenstadt 41 – Calw 10.

In Neubulach-Bad Teinach Station Nord-Ost : 3 km Richtung Calw, über Altbulach :

Teinachtal Ⓜ (mit Gästehaus), Neubulacher Str. 1, ✉ 75385 Bad Teinach-Station,
ℰ (07053) 9 26 57 03, info@hotelteinachtal.de, Fax (07053) 9265727, Biergarten – 📶,
↔ Zim, 📺 ✆ 🅿 – 🔱 25. ⓜⓞ VISA
Menu à la carte 14/32,50 – **27 Zim** ⌑ 30/40 – 48/65.
  ◆ Ehemals ein Bürogebäude, dient diese Adresse heute der Beherbergung Reisender. Funk-
  tionelle, mit Naturholzmöbeln modern eingerichtete Zimmer sprechen für das Haus.
  Restaurant in neuzeitlichem Stil.

In Neubulach-Martinsmoos Süd-West : 5 km :

Schwarzwaldhof, Wildbader Str. 28, ✉ 75387, ℰ (07055) 73 55, schwarzwaldhof
@gmx.de, Fax (07055) 2233, 🍽, 🍴, – 📺 🅿 ⓜⓞ Zim
geschl. 19. Feb. - 13. März, 13. Okt. - 13. Nov. – **Menu** (geschl. Dienstag) à la carte 14/23
– **14 Zim** ⌑ 29/35 – 52/56 – ½ P 9.
  ◆ Im Gästehaus befindlichen Zimmer bieten Ihnen die Basis für erholsames Verweilen.
  Nutzen Sie diese Adresse als Ausgangsort für ausgedehnte Wanderungen und Radtouren.
  Sympathische, ländlich-rustikale Gaststube.

In Neubulach-Oberhaugstett Süd-West : 1 km :

Löwen, Hauptstr. 21, ✉ 75387, ℰ (07053) 9 69 30, loewen-gasthof@t-online.de,
Fax (07053) 969349, 🍽, 🍴, – ↔ 📺 ⇔ 🅿 ⓜⓞ VISA
geschl. Feb. 3. Wochen – **Menu** (geschl. Dienstagabend) à la carte 14,50/25 – **18 Zim**
⌑ 30/32 – 55/57 – ½ P 10.
  ◆ Suchen Sie eine funktionelle Bleibe für unterwegs oder ein komfortables Quartier für
  einen längeren Aufenthalt? "Normale" Zimmer wie auch bequeme Appartements stehen
  zur Wahl. Gemütlichkeit prägt das Innenleben der Gaststube.

NEUBURG AM INN Bayern 420 U 24 – 4 000 Ew – Höhe 339 m.
Berlin 617 – München 165 – Passau 11 – Landshut 122 – Salzburg 106 – Straubing 85.

Schloss Neuburg 🐾, Am Burgberg 5, ✉ 94127, ℰ (08507) 91 10 00, info@
schlossneuburg.de, Fax (08507) 911911, 🍽 – 📶, ↔ Zim, 📺 ✆ & ⇔ 🅿 – 🔱 120. ÆE
ⓓ ⓜⓞ VISA
Menu à la carte 24/34 – **34 Zim** ⌑ 85 – 145.
  ◆ Sorgfältige Renovierungsarbeiten haben aus der Burg aus dem 11. Jh. wieder zu einem
  Schmuckstück der Region gemacht. Ihre Gemächer überzeugen mit Behaglichkeit und guter
  Technik. Ein stilvolles Ambiente überzeugt im Restaurant aus dem 15. Jh.

NEUBURG AM RHEIN Rheinland Pfalz 419 T 8 – 2 500 Ew – Höhe 110 m.
Berlin 686 – Mainz 140 – Karlsruhe 20 – Mannheim 70 – Stuttgart 94.

XX **Gasthaus zum Sternen** mit Zim, Rheinstr. 7, ✉ 76776, ℰ (07273) 12 53, info@
hotel-zum-sternen.de, Fax (07273) 1000, 🍽 – 📺 ✆ 🅿 – 🔱 50. ÆE ⓜⓞ VISA
🛇
Menu (geschl. Donnerstag, Samstagmittag) à la carte 25/36 – **7 Zim** ⌑ 75 –
95/125.
  ◆ Eingerahmt von Altrheinarmen liegt dieses schmucke Gasthaus in einem Schiffer-
  und Fischerort. Freundliche, kultivierte Restauranträume und wohnliche Zimmer erwarten
  Sie.

NEUBURG AN DER DONAU Bayern 419 420 T 17 – 28 400 Ew – Höhe 403 m.

Sehenswert: Hofkirche (Stuckdecke★, Barockaltar★).

🛫 Rohrenfeld (Ost : 7 km), ℘ (08431) 4 41 18.

🛈 Tourist-Information, Residenzstr. A 65, ⌧ 86633, ℘ (08431) 5 52 40, tourismus@neuburg-donau.de, Fax (08431) 55242.

Berlin 532 – München 95 – Augsburg 52 – Ingolstadt 22 – Ulm (Donau) 124.

Am Fluss M garni, Ingolstadter Str. 2, ⌧ 86633, ℘ (08431) 6 76 80, hotel-am-fluss@t-online.de, Fax (08431) 676830, ⇌, 🐎 – 📺 ✆ ♿ 🚗 – ⚐ 30. ⚡ ⚆ 𝘝𝘐𝘚𝘈
23 Zim ⇌ 62/69 – 87/105.
• Eine Kombination von moderner Architektur, freundlichen Farben und Gastlichkeit zeichnet dieses Haus an der Donau aus. Ein kurzer Spaziergang führt Sie in die Altstadt.

Bergbauer, Fünfzehnerstr. 11, ⌧ 86633, ℘ (08431) 61 68 90, info@hotel-bergbauer.de, Fax (08431) 47090, 🐎, ⇌ – 🚭 Zim, 📺. ⚆ 𝘝𝘐𝘚𝘈
Menu (geschl. Weihnachten - Silvester, Freitag) (wochentags nur Abendessen) à la carte 17/35 – **22 Zim** ⇌ 44/58 – 75/85.
• Klare Linien, ein moderner Stil und eine warme Atmosphäre hinter einer schlichten Fassade - so präsentiert sich dem Reisenden seine vorübergehende Behausung. Neuzeitlicher Landhausstil dominiert im Restaurant.

In Neuburg-Bergen Nord-West : 8 km :

Zum Klosterbräu, Kirchplatz 1, ⌧ 86633, ℘ (08431) 6 77 50, boehm@zum-klosterbraeu.de, Fax (08431) 41120, 🐎, ⇌, 🐎 – 🛗, 🚭 Zim, 📺 ✆ 🚗 P – ⚐ 40. ⚆ 𝘝𝘐𝘚𝘈
geschl. 23. Dez. - 3. Jan. – **Menu** (geschl. Sonntagabend - Montag) à la carte 14,50/34,50 – **24 Zim** ⇌ 50/59 – 70/86.
• Im Klosterhof wie auch im Gästehaus vermittelt man Ihnen das Gefühl, willkommen zu sein. Sinnvoll gestaltete und gepflegte Zimmer tragen das ihre dazu bei. Altbayerische Gaststuben mit schöner Innenhofterrasse.

In Neuburg-Bittenbrunn Nord-West : 2 km :

Kirchbaur Hof, Monheimer Str. 119, ⌧ 86633, ℘ (08431) 61 99 80, info@hotel-kirchbaur.de, Fax (08431) 41122, 🐎, 🐎 – 📺 🚗 P – ⚐ 40. ⚆ 𝘝𝘐𝘚𝘈
geschl. 27. Dez. - 4. Jan. – **Menu** (geschl. Samstag, Sonntagabend) (Montag - Freitag nur Abendessen) à la carte 15,50/29 – **30 Zim** ⇌ 45/60 – 80/95.
• Der ehemalige Bauernhof dient nun als traditioneller Landgasthof Ihrer Beherbergung. Die Behaglichkeit der Räume sorgt dafür, daß Sie sich auch unterwegs wohlfühlen. Ein besonderes Flair vermitteln die gemütliche Bauernstube und die Gartenterrasse.

NEUDROSSENFELD Bayern 420 P 18 – 3 000 Ew – Höhe 340 m.

Berlin 359 – München 241 – Coburg 58 – Bayreuth 10 – Bamberg 55.

Schmitt's Restaurant, Schloßplatz 2, ⌧ 95512, ℘ (09203) 6 83 68, info@schloss-neudrossenfeld.de, Fax (09203) 68367, ≤, 🐎 – ⚐ 50. ⚆ 𝘝𝘐𝘚𝘈
geschl. Sonntagabend - Montag – **Menu** (Dienstag - Freitag nur Abendessen) à la carte 26,50/42,50 – **Bistro** (geschl. Sonntagabend - Montag) (Dienstag - Freitag nur Abendessen) **Menu** à la carte 17/30.
• Nehmen Sie Platz an einem der ansprechend eingedeckten Tische, unter dem Kreuzgewölbe des Raumes oder im Sommer auf der schönen Gartenterrasse. Gekocht wird regional. Das Bistro bewirtet den Gast mit einer einfacheren Auswahl heimischer Speisen.

Im Ortsteil Altdrossenfeld Süd : 1 km :

Brauerei-Gasthof Schnupp (mit Gästehaus), ⌧ 95512, ℘ (09203) 99 20, Fax (09203) 99250, 🐎 – 📺 🚗 P – ⚐ 50.
Menu (geschl. Freitag) à la carte 12,50/17,50 – **27 Zim** ⇌ 44/65 – 80/120.
• Wenn Sie Wert legen auf eine gemütliche, familiäre Atmosphäre, finden Sie hier eine Unterkunft ganz nach Ihren Vorstellungen - im Gästehaus wie auch im alten Brauhof. Herzhafte Brotzeiten und fränkische Spezialitäten schmecken mit oder ohne Bier.

NEUENAHR-AHRWEILER, BAD Rheinland-Pfalz 417 O 5 – 28 100 Ew – Höhe 92 m – Heilbad.

Sehenswert : Ahrweiler : Altstadt★.

🛫 Bad Neuenahr-Ahrweiler, Remagener Weg (Nord-Ost : 5 km über Landskroner Str. BY), ℘ (02641) 95 09 50.

🛈 Tourismus und Service, Bad Neuenahr, Felix-Rütten-Str. 2, ⌧ 53474 ℘ (02641) 9 77 30, info@wohlsein356.de, Fax (02641) 977373.

🛈 Kur- und Verkehrsverein, Ahrweiler, Marktplatz 21, ⌧ 53474, ℘ (02641) 97 73 50, Fax (02641) 900261.

Berlin 624 ② – Mainz 147 ③ – Bonn 31 ② – Koblenz 56 ③

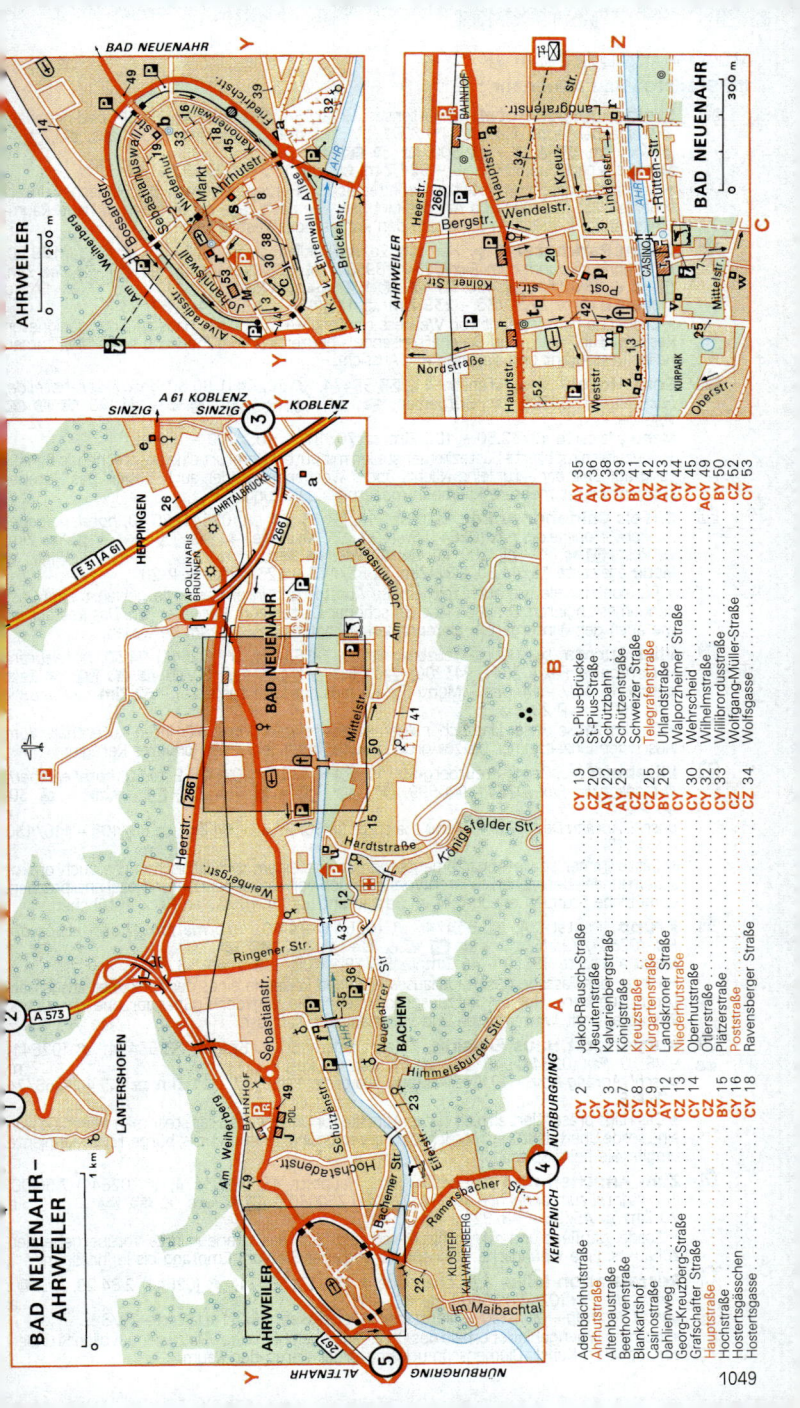

BAD NEUENAHR-AHRWEILER

Adenbachhutstraße		
Ahrhutstraße	CY 2	
Altenbaustraße	CY 3	
Beethovenstraße	CY 7	
Blankartshof	CY 8	
Casinostraße	CY 9	
Dahlienweg	AY 12	
Georg-Kreuzberg-Straße	CZ 13	
Grafschafter Straße	CY 14	
Hauptstraße	BY 15	
Hochstraße	CY 16	
Hostertsgässchen	CY 18	
Hostertsgasse		
Jakob-Rausch-Straße	CY 19	
Jesuitenstraße	CZ 20	
Kalvarienbergstraße	AY 22	
Königstraße	AY 23	
Kreuzstraße	CZ 25	
Kurgartenstraße		
Landskroner Straße	BY 26	
Niederhutstraße		
Oberhutstraße	CY 30	
Otterstraße	CZ 32	
Platzerstraße	CY 33	
Poststraße	CZ 34	
Ravensberger Straße		
St-Pius-Brücke	AY 35	
St-Pius-Straße	AY 36	
Schützbahn	CY 38	
Schützenstraße	CY 39	
Schweizer Straße	BY 41	
Telegrafenstraße	CZ 42	
Uhlandstraße	AY 43	
Walporzheimer Straße	CY 44	
Wehrscheid	CY 45	
Wilhelmstraße	ACY 49	
Willibrordusstraße	BY 50	
Wolfgang-Müller-Straße	CZ 52	
Wolfsgasse	CY 53	

1049

NEUENAHR-AHRWEILER, BAD
Im Stadtteil Bad Neuenahr :

Steigenberger Hotel, Kurgartenstr. 1, ✉ 53474, ℘ (02641) 94 10, bad-neuenahr @steigenberger.de, Fax (02641) 7001, 🌴, direkter Zugang zum Bäderhaus, ≘s, 🔲 – 📶, 🖧 Zim, 🏠 & 🅿 – 🔔 300. ⅍ 🟠 ⅏ 🆅🅸🆂🅰 🄹🄲🄱
Menu à la carte 28,50/35,50 – **224 Zim** ⇌ 105/135 – 175/200 – ½ P 30.   CZ

♦ Der große klassische Hotelbau befindet sich im Herzen der Stadt. Die Gemächer unterscheiden sich in Größe und Art des Mobiliars - je nach Lage der Zimmer im Haus. Räumlichkeiten im klassischen Stil bilden den Rahmen des Restaurants.

Dorint Parkhotel 🅼 ⅍, Hardtstr. 2a/Am Dahliengarten, ✉ 53474, ℘ (02641) 89 50 info.cgnneu@dorint.com, Fax (02641) 895817, ≤, 🌴, Massage, ✚, ≘s, 🔲 – 📶, 🔀 Zim 📺 🖧 🚗 🅿 – 🔔 420. ⅍ 🟠 ⅏ 🆅🅸🆂🅰 ⅍ Rest   BY
Menu à la carte 22,50/35 – **239 Zim** ⇌ 115/174 – 155/214 – ½ P 23.

♦ Das vielseitige Angebot von Wellness bis Kongreß macht das Haus zu einer geeigneten Residenz für Privat- und Geschäftsreisende - neuzeitlich vom Empfang bis in die Zimmer. Helles Restaurant und Terrasse mit Aussicht.

Seta Hotel, Landgrafenstr. 41, ✉ 53474, ℘ (02641) 80 30, info@setahotel.de Fax (02641) 803399, 🌴, Biergarten, ≘s, 🚗 – 📶, 🔀 Zim, 📺 🖧 – 🔔 120. ⅍ 🟠 ⅏ 🆅🅸🆂🅰, ⅍ Rest   CZ
Menu à la carte 19/32,50 – **105 Zim** ⇌ 70/105 – 105/200 – ½ P 18.

♦ Neuzeitlich möblierte Gästezimmer stellen mit gutem Komfort eine ansprechende Behausung auf Zeit dar - für eine Nacht, übers Wochenende oder auch länger. Das Hotelrestaurant bietet mehrere Räume in moderner Gestaltung.

Giffels Goldener Anker, Mittelstr. 14, ✉ 53474, ℘ (02641) 80 40, hotel_goldener _anker@t-online.de, Fax (02641) 804400, 🌴, Massage, ✚, ≘s, 🔲 – 📶, 🔀 Zim 🍽 Rest, 📺 🖧 🅿 – 🔔 200. ⅍ 🟠 ⅏ 🆅🅸🆂🅰 ⅍ Rest   CZ w
Menu à la carte 19/44,50 – **82 Zim** ⇌ 85/113 – 123/179 – ½ P 20.

♦ Die funktionelle wie auch zeitgemäße Ausstattung Ihrer Herberge gewährt dem Gast bequemes Logieren. Draußen lädt ein schöner Garten zum Verweilen ein. Das Restaurant wie auch der Wintergarten bieten Ihnen ein nettes Umfeld zum Verweilen.

Villa Aurora ⅍, Georg-Kreuzbergstr. 8, ✉ 53474, ℘ (02641) 94 30, hotelaurora @t-online.de, Fax (02641) 943200, ≘s, 🚗 – 📶 📺 🖧 🅿 – 🔔 20. ⅍ 🟠 ⅏ 🆅🅸🆂🅰. ⅍ Rest geschl. 15. Nov. - 14. Dez. – **Menu** (Restaurant nur für Hausgäste) – **52 Zim** ⇌ 63/88 – 120/160 – ½ P 20.   CZ z

♦ Das Ensemble dreier klassischer Villen ist das stilvolle Domizil für Ihren Aufenthalt. Vom lauschigen Einzelzimmer bis zur großen Suite findet jeder sein privates Refugium.

Elisabeth ⅍, Georg-Kreuzbergstr. 11, ✉ 53474, ℘ (02641) 9 40 60, hotel-elisabeth @t-online.de, Fax (02641) 940699, 🌴, ≘s, 🔲 – 📶, 🔀 Zim, 📺 🚗 🅿 – 🔔 30. ⅍ Rest   CZ j
geschl. Anfang Dez. - Feb. – **Menu** à la carte 21,50/27,50 – **64 Zim** ⇌ 60/105 – 110/130 – ½ P 15.

♦ Gästezimmer sowie Appartements werden mit einem sympathischen wie auch praktischem Innenleben sicherlich Ihren Vorstellungen von einem gepflegten Hotel entsprechen. Gemütliche Stunden erleben Sie im Restaurant und im rustikalen Häckselstübchen.

Krupp, Poststr. 4, ✉ 53474, ℘ (02641) 94 40, information@hotel-krupp.de, Fax (02641) 79316, 🌴 – 📶 📺 🖧 🅿 – 🔔 120. ⅏ 🆅🅸🆂🅰   CZ t
Menu à la carte 15/29 – **46 Zim** ⇌ 59/79 – 108/138 – ½ P 16.

♦ Hinter der Fassade des Stadthauses beziehen Reisende eines der funkionell ausgestatteten Quartiere. Nur ein Katzensprung trennt Sie von der Fußgängerzone des Ortes. Restaurant mit Wintergarten und vorgelagerter Terrasse.

Kurpension Haus Ernsing, Telegrafenstr. 30 (1. Etage), ✉ 53474, ℘ (02641) 9 48 70, Fax (02641) 948721 – 📶. ⅏. ⅍ Rest   CZ m
geschl. Anfang Nov. - 19. Dez. – **Menu** à la carte 13,50/27 – **21 Zim** ⇌ 42/44 – 68/74 – ½ P 8.

♦ Das Haus präsentiert sich als nette Adresse für unterwegs. Hier stellt man seinen Gästen eine solide Übernachtungsmöglichkeit zur Verfügung. Ein schlichtes, bürgerliches Ambiente umgibt Sie beim Speisen.

Zum Ännchen und Ahrbella garni, Hauptstr. 45, ✉ 53474, ℘ (02641) 7 50 00, info@hotel-zum-aennchen.de, Fax (02641) 750030 – 📺 🖧 🚗 🅿. ⅏ 🆅🅸🆂🅰   CZ a
20 Zim ⇌ 45/55 – 78/82.

♦ Solide, gepflegt und sympathisch - so zeigt sich das Interieur Ihres vorübergehenden Zuhauses. Eine freundliche Atmosphäre begleitet Sie vom Empfang bis in Ihr Zimmer.

Restauration Idille, Am Johannisberg 101, ✉ 53474, ℘ (02641) 2 84 29, idille@t -online.de, Fax (02641) 25009, 🌴 – 🅿   BY a
geschl. Montag - Dienstag – **Menu** (nur Abendessen) 26/31 à la carte 29/38.

♦ In einem Wohngebiet oberhalb des Ortes lädt eine ehemalige Villa zu genußvollen Stunden ein. Moderne Kunst, Blumenschmuck und Bilder zieren den Raum.

NEUENAHR-AHRWEILER, BAD

Milano da Gianni, Kreuzstr. 8c, ⊠ 53474, ℘ (02641) 2 43 75 – 🆎 ⓘ 🆎 𝕍𝕀𝕊𝔸
geschl. Juli - Aug. 4 Wochen – **Menu** (italienische Küche) à la carte 22/36. CZ p
♦ Der Name verrät es bereits : hier kocht man italienisch - orientiert an den Produkten der Saison. Auf der Karte finden natürlich auch Freunde von Pizza und Pasta das Richtige.

Im Stadtteil Ahrweiler :

Hohenzollern an der Ahr ⚜, Am Silberberg 50, ⊠ 53474, ℘ (02641) 97 30, *info@hohenzollern.com, Fax (02641) 5997*, ≤ Ahrtal, 🍽 – 📶, 🛌 Zim, 📺 ☏ 🅿 – 🏛 20. 🆎 ⓘ 🆎 𝕍𝕀𝕊𝔸 über ⑤
Menu à la carte 29/50,50 – **25 Zim** ⊇ 60/75 – 100/135 – ½ P 24.
♦ In den Weinbergen oberhalb der Stadt finden Erholungsuchende ein ruhiges Fleckchen. Ihr Refugium hält ansprechende Zimmer in zeitgemäßer Machart für Sie bereit. An manchen Tischen genießen Sie beim Speisen einen reizvollen Blick ins Tal.

Rodderhof, Oberhutstr. 48, ⊠ 53474, ℘ (02641) 39 90, *hotel@rodderhof.de, Fax (02641) 399333*, 🛀, 🈴, 🌿 – 📶 📺 ⇌ 🅿 – 🏛 20. 🆎 ⓘ 🆎 𝕍𝕀𝕊𝔸. ✂ Rest
Menu (geschl. Sonntag) (nur Abendessen) (Restaurant nur für Hausgäste) – **50 Zim** ⊇ 67/72 – 103/118 – ½ P 18. CY c
♦ Sie logieren in einem Teil des ehemaligen Klosterguts - an der Stadtmauer gelegen. Eine funktionelle Ausstattung und ein gutes Platzangebot tragen zum bequemen Wohnen bei.

Schützenhof garni, Schützenstr. 1, ⊠ 53474, ℘ (02641) 9 02 83, *hotel.schuetzenhof@ngi.de, Fax (02641) 902840* – 🅿 🆎 𝕍𝕀𝕊𝔸. ✂ CY a
14 Zim ⊇ 50/55 – 75/85.
♦ Wenn Sie Ihre Behausung einmal verlassen möchten, erreichen Sie von hier aus in wenigen Minuten den Rotweinwanderweg oder den Radwanderweg entlang der Ahr.

Avenida garni, Schützenstr. 136, ⊠ 53474, ℘ (02641) 33 66, *hotelavenida@aol.com, Fax (02641) 36068*, 🌿 – 📺 🅿 🆎 🆎 𝕍𝕀𝕊𝔸 AY f
geschl. Weihnachten - Neujahr – **27 Zim** ⊇ 50/60 – 80/110.
♦ Ob Sie eines der Zimmer beziehen oder einen längeren Aufenthalt in einem Appartement planen - Ihre Unterkunft hat stets ein solides und gepflegtes Interieur zu bieten.

Zum Ännchen garni, Niederhutstr. 11, ⊠ 53474, ℘ (02641) 9 77 70, *Fax (02641) 977799* – 📶 📺 🅿 🆎 𝕍𝕀𝕊𝔸 CY b
23 Zim ⊇ 47 – 70.
♦ Ihr vorübergehendes Zuhause liegt innerhalb der alten Stadtmauer, direkt an einem der Tore in der Fußgängerzone. Praktische Zimmer dienen Ihrer Beherbergung.

Prümer Hof, Markt 12, ⊠ 53474, ℘ (02641) 47 57, *Fax (02641) 901218*, 🍽 – 🆎 𝕍𝕀𝕊𝔸 CY r
geschl. Feb. 2 Wochen, Juli - Aug. 2 Wochen, Montag - Dienstagmittag – **Menu** 26/36 à la carte 22,50/35.
♦ Das renovierte Fachwerkhaus verfügt über gemütliche Räumlichkeiten mit Empore, in denen man Einkehrende mit internationalen Speisen zu Tisch bittet.

Eifelstube, Ahrhutstr. 26, ⊠ 53474, ℘ (02641) 3 48 50, *Fax (02641) 36022* – 🆎 𝕍𝕀𝕊𝔸 CY s
geschl. nach Karneval 2 Wochen, Dienstag - Mittwoch – **Menu** à la carte 18/33,50.
♦ Rustikale Stuben präsentieren sich als sympathisches Plätzchen zum Speisen und Verweilen. Internationale und regionale Angebote prägen das Programm der Küche.

Im Stadtteil Heimersheim über ③ :

Freudenreich im Weinhaus Nelles mit Zim, Göppinger Str. 13, ⊠ 53474, ℘ (02641) 68 68, *Fax (02641) 1463*, 🍽 – 📺 🅿 🆎. ✂
geschl. Juli - Aug. 2 Wochen – **Menu** (geschl. Montag - Dienstag) (wochentags nur Abendessen) 23,50 à la carte 26/39 – **6 Zim** ⊇ 42 – 67.
♦ In modernem Ambiente nehmen Sie an einem der gut eingedeckten Tische Platz. Die angegliederte Weinausstellung gewährt Ihnen Einblicke in die Kunst der Kellerei.

Im Stadtteil Heppingen :

Steinheuers Restaurant Zur Alten Post mit Zim, Landskroner Str. 110 (Eingang Konsumgasse), ⊠ 53474, ℘ (02641) 9 48 60, *steinheuers.restaurant@t-online.de, Fax (02641) 948610*, 🍽 – 📺 🅿 🆎 ⓘ 🆎 𝕍𝕀𝕊𝔸. ✂ Zim BY e
Menu (geschl. Juli 3 Wochen, Dienstag - Mittwochmittag) 75/110 à la carte 64/79 ♀ –
Landgasthof Poststuben (geschl. Dienstag - Mittwochmittag) **Menu** à la carte 27/42 –
11 Zim ⊇ 80 – 120/140.
♦ Viel Geschmack, Sorgfalt und ein eigener Stil kennzeichnen das saisonale Repertoire der Köche. Umgeben von gediegener Eleganz serviert man Ihnen ein appetitanregendes Mahl. Im Landgasthof Poststuben bietet man dem Gast eine verfeinerte Regionalküche an.
Spez. Variation von der Gänsestopfleber. Steinbutt in Olivenöl gegart mit Kalbskopf-Balsamico. Eifeler Reh mit Pfefferkruste und Pfifferlingen.

NEUENAHR-AHRWEILER, BAD

Im Stadtteil Lohrsdorf *über Landskroner Straße* BY, *am Golfplatz Nord-Ost : 5 km :*

X **Köhlerhof,** Remagener Weg, ✉ 53474, ℘ (02641) 66 93, *golfkoehlerhof@aol.com*
Fax (02641) 6693, 斧 – 🅿. ⌘
geschl. 22. Dez. - 1. Feb., Nov. - März Montag - Dienstag, April - Okt. Montag – **Menu**
(Tischbestellung ratsam) à la carte 24,50/36,50.
 • Das Landhaus auf dem Gelände des Golfplatzes steht ganz im Dienste des Gastes. Mit
 internationalen Gerichten und einer guten Weinauswahl widmet man sich Ihrer Verköstigung.

Im Stadtteil Walporzheim *über* ⑤ *: 1 km ab Ahrweiler :*

XXX **Romantik Restaurant Brogsitter's Sanct Peter,** Walporzheimer Str. 134 (⊠
267), ✉ 53474, ℘ (02641) 97 71 50, *sanct-peter@romantik.com*, Fax (02641) 977525
斧 – 🅿 – 🔔 35. ⓀⒺ ⓞ ⓒⓞ 𝗩𝗜𝗦𝗔. ⌘
Brogsitter *(geschl. Donnerstag, Sonntagmittag)* **Menu** à la carte 52/70,50 ⓨ – **Weinkirche** *(geschl. Donnerstag)* **Menu** 29 (mittags) à la carte 38,50/62.
 • Die traditionsreichen Mauern des Brogsitters empfangen Sie mit zeitloser Eleganz - ein
 gemütliches, mit Zirbelholz geschmücktes Ambiente. Gekocht wird hier kreativ. Die Weinkirche zeigt sich mit Holzbalken und Empore im rustikalen Stil des 13. Jh.

NEUENBURG *Baden-Württemberg* **419** W 6 – 11 100 Ew – Höhe 231 m.
🅑 *Tourist-Information, Rathausplatz 5,* ✉ 79395, ℘ (07631) 79 11 11, *touristik@neuenburg.de,* Fax (07631) 7913111.
Berlin 831 – Stuttgart 232 – *Freiburg im Breisgau* 39 – Basel 35 – Mulhouse 20.

🏨 **Krone,** Breisacher Str. 1, ✉ 79395, ℘ (07631) 7 03 90, *info@krone-neuenburg.de,*
Fax (07631) 703979, 斧 – 🛗, ⌑ Zim, 📺 📞 🚗 🅿. ⓞ ⓒⓞ 𝗩𝗜𝗦𝗔
Menu *(geschl. Ende Okt. - Anfang Nov., Mittwoch)* à la carte 15/33 – **37 Zim** ⌧ 52/62
– 77/89.
 • Ob Sie alleine reisen oder mit der Familie, vom Ein- bis zum Vierbettzimmer steht stets
 das richtige Quartier für Sie zur Verfügung - gepflegt und zeitlos eingerichtet. Das ländliche
 Restaurant überzeugt mit badischer Gemütlichkeit.

🏨 **Anika,** Freiburger Str. 2a, ✉ 79395, ℘ (07631) 7 90 90, *info@hotel-anika.de,*
Fax (07631) 73956, 斧 – ⌑ Zim, 📺 📞 🚗 🅿. ⓀⒺ ⓒⓞ 𝗩𝗜𝗦𝗔 ᴊᴄʙ. ⌘ Rest
geschl. 27. Dez. - 15. Jan. – **Menu** *(nur Abendessen)* à la carte 16/30 – **30 Zim** ⌧ 49/58
– 71/82.
 • Ob Urlaub oder Geschäftsreise, ob für eine Nacht oder einen längeren Aufenthalt -
 gepflegte und praktisch eingerichtete Gästezimmer stehen zur Verfügung. Eine helle Einrichtung mit elegantem Touch bestimmt den Stil des Restaurants.

XX **Blauel's Restaurant** mit Zim, Zähringer Str. 13, ✉ 79395, ℘ (07631) 7 96 66,
ⓧ *blauels-restaurant@t-online.de,* Fax (07631) 79667, 斧 – ⌑ Zim, 📺 🅿. ⓒⓞ
geschl. über Fastnacht 1 Woche, Aug. 3 Wochen – **Menu** *(geschl. Sonntag - Montag, Feiertage mittags)* (Tischbestellung ratsam) 26 (mittags) à la carte 37,50/55 ⓨ – **4 Zim**
⌧ 50/55 – 80/85.
 • Hier finden Sie einen individuell und modern gestalteten Ort für Ihre Tafelfreuden :
 Qualität, Geschmack und gute Zubereitung sind die Grundlagen dieser kreativen Saisonküche.
Spez. Mediterrane Fischsuppe. Steinbutt mit Kartoffelkruste und Pfifferlingrisotto. Lammrücken mit gegrillter Zucchini und Kräuterjus.

NEUENDETTELSAU *Bayern* **419 420** S 16 – 7 000 Ew – Höhe 440 m.
Berlin 467 – München 187 – *Nürnberg* 44 – Ansbach 19.

🏨 **Sonne** (mit Gästehaus), Hauptstr. 43, ✉ 91564, ℘ (09874) 50 80, *hotel-gasthof-
sonne@t-online.de,* Fax (09874) 50818, 斧 – 🛗 📺 📞 🚗 🅿 – 🔔 100. ⓀⒺ ⓒⓞ 𝗩𝗜𝗦𝗔 ᴊᴄʙ. ⌘
geschl. Aug. – **Menu** à la carte 15/32 – **37 Zim** ⌧ 35/54 – 60/85.
 • Ob im Stammhaus oder im Gästehaus - Sie bewohnen stets ein behagliches und gepflegtes
 Quartier. Hier verbringt man auch gerne mal einen gemütlichen Fernsehabend. Das rustikale
 Restaurant ist das Herzstück des Hauses.

In Petersaurach-Gleizendorf *Nord-West : 7 km :*

🏨 **Scherzer** ⌘, Am Anger 2, ✉ 91580, ℘ (09872) 9 71 30, *info@landhotel-scherzer.de,*
Fax (09872) 971318, 斧, ☰ – ⌑ Zim, 📺 🚗 🅿 – 🔔 20. ⓀⒺ ⓞ ⓒⓞ 𝗩𝗜𝗦𝗔. ⌘
Menu *(geschl. Jan., Freitag)* à la carte 13/24 – **20 Zim** ⌧ 55/67 – 80/99.
 • Seit 1905 in Familienbesitz, wurde das Haus fortlaufend modernisiert. Man stellt dem
 Gast die Annehmlichkeiten zur Verfügung, die er von einer funktionellen Bleibe erwartet.
 Im ländlichen Ambiente des schlichten Restaurants lassen Sie sich zum Speisen nieder.

NEUENKIRCHEN *Mecklenburg-Vorpommern siehe Greifswald.*

NEUENKIRCHEN KREIS SOLTAU-FALLINGBOSTEL
Niedersachsen 415 416 G 13 – 5 600 Ew – Höhe 68 m – Luftkurort.

🛈 Tourist-Information, Kirchstr. 9, ✉ 29643, ℘ (05195) 51 39, Fax (05195) 5128.

Berlin 331 – Hannover 90 – Hamburg 77 – Bremen 71 – Lüneburg 62.

In Neuenkirchen-Tewel Nord-West : 6 km :

Landhaus Tewel mit Zim, Dorfstr. 17 (B 71), ✉ 29643, ℘ (05195) 18 57, landhaus-tewel@t-online.de, Fax (05195) 2746, 🌳 – 📺 🅿 AE ① ⑩ VISA
geschl. Jan. – **Menu** (geschl. Montag, Nov.- Juni Montag - Dienstag) (Nov. – Juni nur Abendessen) à la carte 21/35,50 – **7 Zim** ⇌ 40 – 50/60.

• Heidschnuckengerichte und frischer Fisch stehen ganz oben auf dem Speiseplan dieser gastlichen Station - auch auf der Suche nach Deftigem zum Abendbrot werden Sie fündig.

NEUENKIRCHEN KREIS STEINFURT
Nordrhein-Westfalen 417 J 6 – 12 000 Ew – Höhe 64 m.

Berlin 482 – Düsseldorf 180 – Nordhorn 45 – Enschede 37 – Münster (Westfalen) 43 – Osnabrück 54.

Margareta garni, Josefstr. 12, ✉ 48485, ℘ (05973) 9 45 00, Fax (05973) 945025 – 📺. ⑩
14 Zim ⇌ 60 – 82.

• Hinter einem unscheinbaren Äußeren verbergen sich wohnliche Zimmer mit dunklem Mobiliar und funktioneller Ausstattung. Auch die zentrale Lage zählt zu den Vorzügen des Hauses.

Kleines Restaurant Thies, Sutrum-Harum 9 (Nord-Ost : 1,5 km), ✉ 48485, ℘ (05973) 27 09, info@kleines-restaurant-thies.de, Fax (05973) 780, 🌳 – 🅿
geschl. Ende März - Anfang April, Mitte Juli - Anfang Aug. 2 Wochen, Montag - Dienstag – **Menu** (nur Abendessen) (Tischbestellung ratsam)/48 à la carte 25,50/47.

• Hier kocht man mit Sorgfalt und viel Geschmack ! Eine mediterrane Note macht das gehobene Speiseangebot aus - warme Farbtöne prägen die rustikal-elegante Einrichtung.

NEUENRADE
Nordrhein-Westfalen 417 M 7 – 12 000 Ew – Höhe 324 m.

Berlin 521 – Düsseldorf 103 – Arnsberg 31 – Iserlohn 22 – Werdohl 6.

Kaisergarten, Hinterm Wall 15, ✉ 58809, ℘ (02392) 6 10 15, info@hotel-kaisergarten.de, Fax (02392) 61052, 🌳, 🚿 – 📺 🅿 – 🔔 300. AE ① ⑩ VISA JCB
Menu (geschl. Dienstagmittag) à la carte 15,50/37 – **9 Zim** ⇌ 48 – 77.

• Bleiben Sie nur für eine Nacht oder planen Sie einen längeren Besuch ? Solide gestaltete Gästezimmer schaffen die Basis für eine erholsame Zeit. Gepflegte Gastlichkeit erwartet Sie im Restaurant.

NEUENSTEIN
Hessen 417 418 N 12 – 3 200 Ew – Höhe 400 m.

Berlin 418 – Wiesbaden 166 – Kassel 57 – Bad Hersfeld 11 – Fulda 53.

In Neuenstein-Aua :

Landgasthof Hess, Geistalstr. 8, ✉ 36286, ℘ (06677) 9 20 80, hotel-hess@t-online.de, Fax (06677) 1322, 🌳, 🚿, 🚿 – 📱, 📺 Zim, 📺 📞 ♿ 🚗 🅿 – 🔔 50. AE ① ⑩ VISA
Menu à la carte 15/37 – **47 Zim** ⇌ 43/68 – 58/100.

• Ob Sie im neuen Anbau ein Quartier beziehen oder eines der Zimmer im Stammhaus bevorzugen - Sie werden stets eine solide Unterkunft vorfinden. Verschiedene Stuben mit einer behaglichen Einrichtung stehen für Ihre Bewirtung bereit.

NEUENWEG
Baden-Württemberg 419 W 7 – 380 Ew – Höhe 750 m – Erholungsort – Wintersport : 800/1 414 m ≰2 ✦.

Berlin 818 – Stuttgart 259 – Freiburg im Breisgau 49 – Basel 49 – Müllheim 21.

Gretherhof, Dorfplatz 4, ✉ 79691, ℘ (07673) 74 50, info@gretherhof.de, Fax (07673) 283, 🌳 – 📱, 📺 Zim, 📺 ⑩ VISA
Menu (geschl. Mitte Feb. 2 Wochen, Nov. - März Montag) 11/33 und à la carte – **17 Zim** ⇌ 52/70 – 50/80.

• Eine solide Möblierung kennzeichnet die Zimmer dieses familiengeführten Betriebs. Auch wohnliche Appartements mit Küchenzeile stehen zur Wahl. Regionstypisch dekoriert zeigt sich das Restaurant.

NEUENWEG

In Bürchau Süd : 3 km – Wintersport : ≰1 – Erholungsort :

🏨 **Berggasthof Sonnhalde** ⍟ (mit Gästehaus), Untere Sonnhalde 37, ✉ 79683, ℘ (07629) 2 60, sonnhalde-buerchau@t-online.de, Fax (07629) 1737, ≤, 斎, 🔲, 🐎 ⚓ – 🐎 🅿 ⓞⓑ
geschl. 20. Nov. - 19. Dez. – **Menu** (geschl. Montag - Dienstag) à la carte 16/42,50 – **20 Zim** ⌾ 32/48 – 62/82 – ½ P 8.
◆ Abseits vom Verkehrslärm finden Reisende ein wohnliches Plätzchen zum Logieren. Verschiedene Aktionswochen bringen Ihnen die reizvolle Landschaft näher. Zum Essen nehmen Sie Platz in einer der ländlich eingerichteten Stuben.

NEUFAHRN BEI FREISING Bayern 419 420 V 18 – 14 500 Ew – Höhe 463 m.
Berlin 569 – München 23 – Regensburg 106 – Landshut 55.

🏨 **Maisberger**, Bahnhofstr. 54 (am S-Bahnhof), ✉ 85375, ℘ (08165) 9 99 00, info@hotel-maisberger.de, Fax (08165) 999090, Biergarten, 🛋 – 🛗 📺 🅿 – 🔬 20. 🅰🅴 ⓞ ⓑ 𝓥𝓘𝓢𝓐
Menu (geschl. Montag) à la carte 14,50/28 – **57 Zim** ⌾ 62/82 – 82/102.
◆ Mit einer harmonischen Verbindung aus zeitgemäßem Wohnkomfort und traditioneller Gastlichkeit überzeugt man den Besucher dieses Hauses - seit 1924 in Familienbesitz. Wenn Sie's schlicht mögen, werden Sie das unaufdringliche Ambiente des Restaurants schätzen

NEUFAHRN IN NIEDERBAYERN Bayern 420 T 20 – 3 300 Ew – Höhe 404 m.
Berlin 526 – München 94 – Regensburg 38 – Ingolstadt 74 – Landshut 22.

🏨 **Schloßhotel Neufahrn** (mit Gästehaus), Schloßweg 2, ✉ 84088, ℘ (08773) 70 90, message@schlosshotel-neufahrn.de, Fax (08773) 1559, 斎, 🛋, 🐎 – 📺 ℄ 🅿 – 🔬 80 🅰🅴 ⓞ ⓑ 𝓥𝓘𝓢𝓐
geschl. Anfang Jan. 1 Woche – **Menu** (geschl. Sonntagabend) à la carte 25,50/41 – **60 Zim** ⌾ 75/95 – 95/115.
◆ Zimmer stehen dem Gast sowohl im ehemaligen Herrensitz aus dem 14. Jh. als auch im Gästehaus zur Verfügung - teils hell und neuzeitlich möbliert, teils auch mit Himmelbetten. Das Restaurant : schöne Räumlichkeiten mit Gewölbe und eine Innenhofterrasse.

NEUFELD Schleswig-Holstein siehe Brunsbüttel.

NEUFFEN Baden-Württemberg 419 U 12 – 5 000 Ew – Höhe 405 m.
Ausflugsziel : Hohenneuffen : Burgruine★ (※★), Ost : 12 km.
Berlin 636 – Stuttgart 42 – Reutlingen 17 – Ulm (Donau) 70.

✕ **Traube** (mit Zim. und Gästehaus), Hauptstr. 24, ✉ 72639, ℘ (07025) 9 20 90, Fax (07025) 920929, 斎, 🛋 – 📺 ℄ 🅿 🅰🅴 ⓞ ⓑ 𝓥𝓘𝓢𝓐
geschl. 22. Dez. - 6. Jan. – **Menu** (geschl. Freitagabend - Samstag, Sonntagabend) à la carte 22/38 – **12 Zim** ⌾ 50/65 – 80/85.
◆ Sie wohnen in geräumigen Gästezimmern mit heller Naturholzmöblierung und guter Technik - alternativ beziehen Sie eine schlichtere Variante im Haupthaus. Mit ländlich-regionalen Räumlichkeiten erwartet Sie das Restaurant.

NEUHARDENBERG Brandenburg 416 418 I 26 – 3 100 Ew – Höhe 30 m.
Berlin 71 – Potsdam 114 – Frankfurt (Oder) 43 – Eberswalde 45.

🏛 **Schloss Neuhardenberg** 🅼, Schinkelplatz, ✉ 15320, ℘ (033476) 60 00, hotel@schlossneuhardenberg.de, Fax (033476) 600800, 斎, 🛋, 🐎 – 🛗, ↔ Zim, 📺 ℄ 🚹 🅿 – 🔬 200. 🅰🅴 ⓞ ⓑ 𝓥𝓘𝓢𝓐
Brennerei (geschl. Montag - Dienstag) **Menu** à la carte 17/26 – **56 Zim** ⌾ 140/150 – 155/165.
◆ In einer weitläufigen Parkanlage aus dem 18. Jh. dienen verschiedene Nebengebäude des klassizistischen Schlosses mit Komfort und schlichter Eleganz Ihrer Beherbergung. Betont ländlich und rustikal präsentiert sich die Brennerei.

In Neuhardenberg-Wulkow Süd : 3 km :

🏛 **Parkhotel Schloß Wulkow** ⍟ (mit 🏛 Remise), Hauptstr. 24, ✉ 15320, ℘ (033476) 5 80, parkhotel-schloss-wulkow@t-online.de, Fax (033476) 58444, 斎, 🛋, 🐎, ※ – 🛗, ↔ Zim, 📺 ℄ 🚹 – 🔬 80. 🅰🅴 ⓞ ⓑ 𝓥𝓘𝓢𝓐
Menu à la carte 28/41 – **48 Zim** ⌾ 50/71 – 76/116.
◆ Hinter der ansprechenden Fassade des ehemaligen Gutes und Herrensitzes ergänzen sich neuzeitlicher Komfort und traditionelle Gastlichkeit zu funktionellem und bequemem Wohnen. Speisen wie ein Fürst können Sie im gediegen eingerichteten Restaurant.

NEUHARLINGERSIEL
Niedersachsen 415 E 7 – 1 200 Ew – Höhe 2 m – Nordseeheilbad.

🛈 Kurverwaltung, Edo-Edzards-Str. 1, ✉ 26427, ℘ (04974) 18 80, Fax (04974) 788.
Berlin 517 – Hannover 257 – *Emden* 58 – Oldenburg 87 – Wilhelmshaven 46.

🏨 **Mingers** (mit Gästehaus), Am Hafen - West 1, ✉ 26427, ℘ (04974) 91 30, info@mingers-hotel.de, Fax (04974) 91321, ≤, 🍴, – 🛗 📺 ⇔ 🅿 💳 VISA
Anfang März - Anfang Nov. – **Menu** à la carte 18/38 – **31 Zim** ⇌ 46/63 – 86/106.
◆ Sind Sie auf der Suche nach einem soliden wie auch funktionellen Quartier? Krabbenkutter und hübsche regionstypische Häuser prägen das Bild rund um Ihr Domizil. Einen Blick auf den Hafen hat man vom Restaurant aus.

🏨 **Janssen's Hotel** (mit Gästehaus), Am Hafen - West 7, ✉ 26427, ℘ (04974) 9 19 50, hafenhotel@aol.com, Fax (04974) 702, ≤, 🍴, – 🛗 📺 🅿 🆎 💳 VISA. 🞸
geschl. 1. - 25. Dez., 8. Jan. - 10. Feb. – **Menu** *(geschl. Donnerstag)* à la carte 18/34 – **27 Zim** ⇌ 56/69 – 90/96 – ½ P 15.
◆ Eine zeitgemäße, behagliche Einrichtung macht die Zimmer dieser Adresse zu einer sympathischen Behausung auf Zeit - der kleine Fischereihafen direkt vor der Tür. Das Restaurant ist im friesischen Stil gestaltet.

🏨 **Rodenbäck**, Am Hafen - Ost 2, ✉ 26427, ℘ (04974) 2 25, info@rodenbaeck.de, Fax (04974) 833, ≤ – 🅿. 🞸 Zim
geschl. 1. - 26. Dez. – **Menu** *(geschl. Montag)* à la carte 16/28,50 – **13 Zim** ⇌ 38/70 – 70/80.
◆ Vom Einzelzimmer bis zum Appartement findet der Gast hier Räume nach Maß. Die zentrale Lage der Häuser gewährt Ihnen einen Eindruck vom bunten Treiben am Hafen. Mit wohltuender ostfriesischer Atmosphäre lockt das Restaurant.

XX **Poggenstool** mit Zim, Addenhausen 1, ✉ 26427, ℘ (04974) 9 19 10, amke-kuehner @t-online.de, Fax (04974) 919120, 🍴, – ⇔ 📺 🅿. 🞸 Zim
gesch. Anfang Jan. - Anfang Feb. – **Menu** *(geschl. Montagabend - Dienstag)* à la carte 22,50/38 – **7 Zim** ⇌ 48/56 – 86/105 – ½ P 15.
◆ Gemütlich gestaltete Räumlichkeiten mit einem rustikalen Touch bilden den passenden Rahmen für genußvolle Stunden. Man bekocht Sie mit internationalen Speisen.

NEUHAUS AM RENNWEG
Thüringen 418 420 O 17 – 6 500 Ew – Höhe 835 m – Erholungsort – Wintersport : ≰2 🎿.

🛈 Touristinformation, Marktstr. 3, ✉ 98724, ℘ (03679) 72 20 61, neuhaus-am-rennweg@t-online.de, Fax (03679) 700228.
Berlin 321 – Erfurt 109 – *Coburg* 44 – Fulda 168.

🏨 **Schieferhof**, Eisfelder Str. 26, ✉ 98724, ℘ (03679) 77 40, schieferhof@t-online.de, Fax (03679) 774100, 🍴, 🈺 – 🛗, 🞸 Zim, 📺 📞 🅿 – 🔔 60. 🆎 💳 VISA
Menu à la carte 20/33 – **38 Zim** ⇌ 68/90 – 86/110 – ½ P 15.
◆ Zur attraktiven Ausstattung Ihrer Residenz gehören neben der Möblierung im wohnlichen Landhausstil auch gute Seminarräume zum erfolgreichen Arbeiten unterwegs. Fachwerkbalken und ein hübsches Dekor kennzeichnen das Innenleben des Restaurants.

🏨 **Rennsteighotel Herrnberger Hof**, Eisfelder Str. 44, ✉ 98724, ℘ (03679) 7 92 00, rennsteighotel@t-online.de, Fax (03679) 792099, 🍴, 🈺 – 🛗, 🞸 Zim, 📺 📞 🅿 – 🔔 30. 🆎 💳 VISA
Menu à la carte 14,50/24 – **23 Zim** ⇌ 49/64 – 75/90.
◆ Ein neuzeitliches Domizil in einer reizvollen Landschaft verspricht Reisenden erholsame Urlaubstage. Das Haus liegt unmittelbar am Höhenwanderweg des Thüringer Waldes. Auf zwei Ebenen werden Sie im rustikalen Restaurant bewirtet.

🏨 **An der alten Porzelline**, Eisfelder Str. 16, ✉ 98724, ℘ (03679) 72 40 41, alte.por zelline@aol.com, Fax (03679) 724044, 🈺, 🏊 – 📺 🅿. 🆎 💳 VISA
Menu *(nur Abendessen)* à la carte 13/24,50 – **22 Zim** ⇌ 40/43 – 68.
◆ Wo einst eine Porzellanmanufaktur betrieben wurde, widmet man sich heute Ihrer Beherbergung. Zeitgemäß präsentieren sich die Zimmer des Hauses.

NEUHAUSEN AUF DEN FILDERN
Baden-Württemberg 419 T 11 – 10 300 Ew – Höhe 280 m.
Berlin 648 – *Stuttgart* 21 – Esslingen 10 – Göppingen 36 – Reutlingen 27 – Tübingen 36.

XX **Ochsen**, Kirchstr. 12, ✉ 73765, ℘ (07158) 6 70 16, Fax (07158) 67016, 🍴 – 💳 VISA
geschl. 28. Mai - 15. Juni, Montag - Dienstag – **Menu** à la carte 16,50/37,50.
◆ Eine gelungene Symbiose aus alt und neu wurde hier geschaffen : Außen Fachwerk aus dem 17. Jh., innen modernes Interieur - das bereitet einen gemütlichen Rahmen zum Speisen.

NEUHOF Hessen 417 418 O 12 – 10 500 Ew – Höhe 275 m.
Berlin 464 – Wiesbaden 133 – Fulda 14 – Frankfurt am Main 89.

In Kalbach-Grashof Süd : 8 km über Kalbach - Mittelkalbach :

Landhotel Grashof ⊛, (mit Gästehaus), Grashof 4, ✉ 36148, ℘ (06655) 97 70, hotel@grashof.de, Fax (06655) 97755, Biergarten, 😊, 🐎 – ⇔ TV ✆ 🅿 – 🎓 60. 🅰🅴 🆅🅸🆂🅰
Menu à la carte 15/29 – **37 Zim** ⊑ 45/53 – 72/76 – ½ P 15.
♦ Das Besondere an diesem waldnah gelegenen Hotel ist das neue Gästehaus mit wohnlichen Zimmern, verbunden durch eine schön bepflanzte Orangerie. Gute Tagungsmöglichkeiten. Natürlich und einladend wirkt das Restaurant.

NEUHUETTEN Rheinland-Pfalz siehe Hermeskeil.

NEU-ISENBURG Hessen siehe Frankfurt am Main.

NEU KALISS Mecklenburg-Vorpommern 416 G 17 – 2 000 Ew – Höhe 10 m.
Berlin 216 – Schwerin 63 – Dannenberg 18 – Stendal 82.

In Neu Kaliß-Heiddorf :

Eichenhof, Ludwigsluster Str. 2, ✉ 19294, ℘ (038758) 31 50, hotel_eichenhof@t-online.de, Fax (038758) 31592, ≤, 😊, 🔲, – ⇔ Zim, TV ✆ 🅿 – 🎓 120
Menu à la carte 17/34 – **38 Zim** ⊑ 46/71 – 87/100.
♦ Ein neuerer Anbau ergänzt den ursprünglichen Gasthof. Naturholz und warme, freundliche Farben schaffen ein wohnliches Ambiente in den teils großzügigen Gästezimmern. Ein Wintergarten mit Glasfront zur Straße hin erweitert das Restaurant um einige nette Plätze

NEUKIRCHEN (ERZGEBIRGE) Sachsen siehe Chemnitz.

NEUKIRCHEN BEIM HL. BLUT Bayern 420 S 22 – 4 200 Ew – Höhe 490 m – Wintersport 670/1 050 m ≤3 ⛷.
🄱 Tourist-Information, Marktplatz 10, ✉ 93453, ℘ (09947) 94 08 21, info@neukirchen-online.de, Fax (09947) 940844.
Berlin 505 – München 208 – Passau 108 – Cham 30 – Zwiesel 46.

In Neukirchen b.Hl.Blut-Mais Süd : 3 km in Richtung Lam :

Burghotel Am Hohen Bogen ⊛, Kühberg 31, ✉ 93453, ℘ (09947) 20 10, mihog-burghotel@t-online.de, Fax (09947) 201293, ≤, 😊, Massage, 🄵🅖, 😊, 🔲, 🔲, 🐎, 🍴 – 🛗, ⇔ Zim, TV ✆ 🏓 🚗 🅿 – 🎓 50. 🅰🅴 ⓞ 🅼🅲 🆅🅸🆂🅰 🅹🅲🅱. ❄ Rest
Menu à la carte 21/32,50 – **125 Zim** ⊑ 63 – 96 – ½ P 11.
♦ Ob Einzelzimmer, Familienzimmer oder Suite - Sie wählen ein Quartier ganz nach Ihren Vorstellungen. Die ruhige Lage oberhalb des Dorfes ermöglicht erholsames Logieren. Verschiedene Räume in aufwendiger Gestaltung stehen als Restaurant bereit.

NEUKIRCHEN (KNÜLLGEBIRGE) Hessen 417 N 12 – 8 000 Ew – Höhe 260 m – Kneipp- und Luftkurort.
🄱 Kurverwaltung, Am Rathaus 10, ✉ 34626, ℘ (06694) 80 80, kurverwaltung@neukirchen.com, Fax (06694) 80838.
Berlin 436 – Wiesbaden 148 – Kassel 74 – Bad Hersfeld 33 – Marburg 52.

Landhotel Combecher, Kurhessenstr. 32 (B 454), ✉ 34626, ℘ (06694) 97 80, hotelcombecher@vr-web.de, Fax (06694) 978200, 😊, Massage, 🄵🅖, 🄰, 😊, 🐎 – ⇔ Zim, TV ✆ 🚗 🅿 – 🎓 50. 🅰🅴 ⓞ 🅼🅲 🆅🅸🆂🅰
geschl. 5. - 12. Jan. - **Menu** (geschl. Nov. – März Sonntagabend) à la carte 16/33 – **38 Zim** ⊑ 33/49 – 49/78 – ½ P 11.
♦ Sie wohnen in einem Haus mit Geschichte. Seit 1750 in Familienbesitz, dient diese Adresse auch heute noch Ihrer Beherbergung - ergänzt durch einen neueren Anbau. Zum Essen bittet man Sie in das rustikale Restaurant.

NEUKLOSTER Mecklenburg-Vorpommern 415 416 E 19 – 5 000 Ew – Höhe 30 m.
Berlin 223 – Schwerin 46 – Rostock 44 – Lübeck 77 – Sternberg 27 – Hamburg 148.

In Nakenstorf Süd : 2,5 km :

Seehotel ⊛, Seestr. 1, ✉ 23992, ℘ (038422) 2 54 45, seehotelamneuklostersee@t-online.de, Fax (038422) 25630, 😊, 😊, 🄰, 🐎, ❄, 🐴, Bootssteg – TV 🅿. 🅼🅲
Menu à la carte 18/34 – **15 Zim** ⊑ 80/90 – 90/110 – ½ P 20.
♦ Eine nette Adresse, die vor allem Naturliebhaber und ruhesuchende Urlauber schätzen. Mit schlichtem, modernem Mobiliar eingerichtete Zimmer stehen zum Einzug bereit.

NEULEININGEN Rheinland-Pfalz siehe Grünstadt.

NEULINGEN Baden-Württemberg siehe Pforzheim.

NEUMAGEN-DHRON Rheinland-Pfalz ⓐⓘ⑦ Q 4 – 2 700 Ew – Höhe 120 m.
🛈 Tourist-Information, Hinterburg 8a, ⌧ 54347, ℘ (06507) 65 55, Fax (06507) 6550.
Berlin 695 – Mainz 133 – Trier 40 – Bernkastel-Kues 20.

🏨 **Gutshotel Reichsgraf von Kesselstatt** ⌲, Balduinstr. 1, ⌧ 54347, ℘ (06507) 20 35, info@gutshotel-kesselstatt.de, Fax (06507) 5644, ≤, 🍴, ≋s, 🔲, 🌳, ※ – 📺 🅿. AE ⓞ 🆗 VISA JCB
geschl. Anfang Jan. - Anfang Feb. – **Menu** (geschl. Nov. - März Montag) (Dienstag - Freitag nur Abendessen) à la carte 26,50/42,50 – **18 Zim** ⚎ 66/75 – 85/138 – ½ P 21.
♦ Das zu dem ehemaligen Weingut gehörende Anwesen stellt für Erholungsuchende ein attraktives Refugium dar. Gepflegte Räume im Landhausstil zählen zu den Vorzügen des Hauses. Eine leicht elegante Note unterstreicht das Ambiente des Restaurants.

🏨 **Zum Anker**, Moselstr. 14, ⌧ 54347, ℘ (06507) 63 97, hotelzumanker@t-online.de, Fax (06507) 6399, 🍴 – 📺 🅿. AE ⓞ 🆗 VISA
geschl. 3. Jan. - 15. Feb. – **Menu** (geschl. Nov. - März Mittwoch) à la carte 17/35,50 – **15 Zim** ⚎ 30/46 – 57/60 – ½ P 17.
♦ Hinter einer hübschen Fassade stehen sympathische und gut unterhaltene Gästezimmer zum Einzug bereit - teils mit Balkon und einem reizvollen Blick auf die Mosel. Sie tafeln auf der lauschigen Terrasse oder in der gemütlichen Stube.

🏨 **Zur Post** (mit Gästehaus), Römerstr. 79, ⌧ 54347, ℘ (06507) 21 14, info@moselhotel-post.de, Fax (06507) 6535, 🍴 – 📺 ⚍ 🅿. 🆗 VISA. ※ Rest
geschl. Feb. – **Menu** (geschl. Montag - Dienstag) (wochentags nur Abendessen) à la carte 17/29 – **16 Zim** ⚎ 30/38 – 51/60 – ½ P 11.
♦ Planen Sie ein Wochenende im ältesten Weinort Deutschlands? Der ursprüngliche Gasthof wie auch das Gästehaus bieten Ihnen dafür die passende Unterkunft. Gediegen-bürgerliches Restaurant.

NEUMARKT IN DER OBERPFALZ Bayern ⓐⓘ⑨ ⓐ②⓪ S 18 – 40 000 Ew – Höhe 429 m.
🏌 Neumarkt, Herrnhof 1 (Nord-West : 3 km), ℘ (09188) 39 79 ; 🏌 Velburg-Unterwiesenacker (Ost : 12 km), ℘ (09182) 93 95 55 ; 🏌 🏌 Pilsach, Hilzhofen 23 (Ost : 12 km), ℘ (09186) 13 52.
🛈 Tourist-Information, Rathauspassage, ⌧ 92318, ℘ (09181) 1 94 33, Fax (09181) 255198.
Berlin 454 – München 138 – Nürnberg 47 – Amberg 40 – Regensburg 72.

🏨 **Lehmeier**, Obere Marktstr. 12, ⌧ 92318, ℘ (09181) 2 57 30, info@hotel-lehmeier.de, Fax (09181) 257337, 🍴 – ⇜ Zim, 📺 ⚍ – 🔔, AE ⓞ 🆗 VISA
Menu (geschl. Anfang Jan. 2 Wochen, Dienstag) à la carte 15,50/33 – **19 Zim** ⚎ 57/65 – 75/85.
♦ Zimmer in neuzeitlichem Stil vermitteln dem Gast das Gefühl, gut aufgehoben zu sein. Die technische Ausstattung der Zimmer ermöglicht Ihnen auch erfolgreiches Arbeiten. Gemütliches Restaurant, im hinteren Teil mit Gewölbedecke.

🏨 **Dietmayr**, Bahnhofstr. 4, ⌧ 92318, ℘ (09181) 2 58 70, kontakt@hotelgasthofdietmayr.de, Fax (09181) 258749, 🍴 – 🔔, ⇜ Zim, 📺 ⚍ 🅿. AE ⓞ 🆗 VISA. ※
geschl. 27. Dez. - 7. Jan. – **Menu** (geschl. 17. Aug. - 1. Sept., Dienstag) à la carte 12,50/29,50 – **24 Zim** ⚎ 50/65 – 70/85.
♦ Die renovierten Gästezimmer Ihrer vorübergehenden Behausung überzeugen Sie mit zahlreichen Bequemlichkeiten - vom Hosenbügler bis zum PC-Anschluß. In rustikalen Räumlichkeiten ist das Restaurant untergebracht.

🏨 **Mehl** ⌲, Viehmarkt 20, ⌧ 92318, ℘ (09181) 29 20, info@hotel-mehl.de, Fax (09181) 292110, 🍴 – 🔔, ⇜ Zim, 📺 ⚍ 🅿. AE ⓞ 🆗 VISA. ※ Rest
Menu (geschl. 1. Jan. - 21. Jan., 12. Aug. - 1. Sept., Sonntagabend - Dienstagmittag) à la carte 23/40 – **24 Zim** ⚎ 55/62 – 72/92.
♦ Das teilweise neugestaltete Haus bietet nicht nur Geschäftsreisenden einen Platz zum Abschalten, auch Kurzurlauber und Fahrrad-Touristen starten von hier aus reizvolle Touren. Ein charmantes Ambiente und eine gute Küche charakterisieren das Restaurant.

🏨 **Nürnberger Hof**, Nürnberger Str. 28a, ⌧ 92318, ℘ (09181) 4 84 00, Fax (09181) 44467 – ⇜ Zim, 📺 ⚍ 🅿. 🆗 VISA. ※ Rest
Menu (geschl. 24. Dez. - 10. Jan., Sonntag) (nur Abendessen) à la carte 16,50/26,50 – **58 Zim** ⚎ 50 – 72/80.
♦ Stammhaus wie auch der Anbau dieser Adresse stellen dem Reisenden Zimmer in solider Gestaltung zur Verfügung - viele der Räume sind mit Balkon versehen.

NEUMÜNSTER Schleswig-Holstein 415 416 D 13 – 82 000 Ew – Höhe 22 m.
🏌 Aukrug-Bargfeld, Zum Glasberg 9 (West : 15 km über ⑤), ℘ (04873) 5 95.
🛈 Tourist-Information, Großflecken 34a (Pavillon), ✉ 24534, ℘ (04321) 4 32 80
Fax (04321) 202399.
ADAC, Großflecken 71.
Berlin 330 ③ – Kiel 39 ⑥ – Flensburg 100 ⑥ – Hamburg 66 ⑤ – Lübeck 58 ③

NEUMÜNSTER

Am Teich	Z 2
Anscharstraße	Y 3
Bismarckstraße	Y 4
Brachenfelder Straße	YZ 5
Friesenstraße	Z 6
Gänsemarkt	Z 7
Goethestraße	Y 8
Großflecken	Z 9
Holstenstraße	Z
Kaiserstraße	YZ 12
Klaus-Groth-Straße	Y 13
Kleinflecken	Z 14
Kuhberg	Y 16
Lütjenstraße	Z 18
Marienstraße	YZ 19
Max-Johannsen-Brücke	Y 20
Parkstraße	Y 24
Sauerbruchstraße	Y 25
Schleusberg	Z 26
Schützenstraße	Z 28
Warmsdorfstraße	Z

NEUMÜNSTER

- **Hotelchen am Teich** M garni, Am Teich 5, ⊠ 24534, ℘ (04321) 4 90 40, service
  @pressekeller.de, Fax (04321) 490444 – 🕿 ⇔ 📺 ✆ ♿ 🅿 🖭 ⓘ ⓜ 🆅🆂🅰 Z a
  16 Zim ⊂ 76/86 – 108.
  - Stilvoll-modern gestaltete, großzügige Zimmer mit rustikalem Touch machen mit vielen kleinen Annehmlichkeiten einfaches Übernachten zu bequemem Wohnen.

- **Prisma** M, Max-Johannsen-Brücke 1, ⊠ 24537, ℘ (04321) 90 40, info@hotel-
  prisma.bestwestern.de, Fax (04321) 904444, 🌳, 🏋, ⊆s – 🕿, ⇔ Zim, 📺 ✆ ♿ 🅿 –
  🅰 150. 🖭 ⓘ ⓜ 🆅🆂🅰 🅹🅲🅱. 🍴 Rest Y b
  Menu à la carte 17/30 – **93 Zim** ⊂ 94/114 – 119/130.
  - Ein Aufenthalt in den Räumlichkeiten dieser neuzeitlichen Herberge bietet sich für Stress-geplagte, Arbeitstiere, Großstädter und Landbewohner gleichermaßen an. Das moderne Design des Restaurants unterstreicht den Rahmen des Hauses.

- **Neues Parkhotel** garni, Parkstr. 29, ⊠ 24534, ℘ (04321) 94 06, neues_parkhotel
  @t-online.de, Fax (04321) 43020 – 🕿 ⇔ 📺 ✆ ⇐ 🅿 – 🅰 30. 🖭 ⓘ
  ⓜ 🆅🆂🅰 Y f
  54 Zim ⊂ 66/82 – 87/102.
  - Mitten im Zentrum der Stadt plaziert, vereint Ihr Domizil die wichtigen Vorzüge eines guten City-Hotels, von denen Geschäftsleute wie auch Privatreisende profitieren.

- **Firzlaff's Hotel** garni, Rendsburger Str. 183 (B 205), ⊠ 24537, ℘ (04321) 9 07 80,
  hotel-firzlaff@t-online.de, Fax (04321) 54248 – 📺 🅿 ⓜ 🆅🆂🅰 Y x
  18 Zim ⊂ 47/57 – 67/80.
  - Sachlich eingerichtete Zimmer in funktioneller Machart stehen in sympathischer Atmosphäre für Sie bereit - ob Sie auf der Durchreise sind oder einen längeren Besuch planen.

- XX **Am Kamin,** Probstenstr. 13, ⊠ 24534, ℘ (04321) 4 28 53, Fax (04321) 42919 – 🖭
  ⓜ 🆅🆂🅰 Z d
  geschl. Sonn- und Feiertage – **Menu** 32/57 und à la carte.
  - Klein, gemütlich-rustikal und hübsch dekoriert - so präsentiert sich das Interieur dieser gastronomischen Stätte. Internationale Zubereitungen überzeugen den Besucher.

- XX **Pressekeller,** Cänsemarkt 1, ⊠ 24534, ℘ (04321) 4 23 93, service@pressekeller.de,
  Fax (04321) 48141, 🌳 – 🅰 100. 🖭 ⓘ ⓜ 🆅🆂🅰 YZ c
  geschl. Sonntagabend – **Menu** à la carte 19/37.
  - Eine nette, gepflegte und gut eingerichtete Adresse freut sich darauf, Sie als Gast bewirten zu dürfen. Mit einer internationalen Küche trifft man sicher auch Ihren Geschmack.

In Neumünster-Einfeld über ① : 3 km :

- XX **Zur Alten Schanze,** Einfelder Schanze 96 (am See, Nord : 2,5 km), ⊠ 24536,
  ℘ (04321) 95 95 80, mader-zur-alten-schanze@t-online.de, Fax (04321) 959582, 🌳 –
  🅿 🖭 ⓜ 🆅🆂🅰
  Menu à la carte 21/36.
  - Unter historischem Reetdach nehmen Sie in einer rustikalen Stube Platz. Neben kleinen Gerichten und Herzhaftem dürfen auf der Karte auch beliebte Stammgerichte nicht fehlen.

In Neumünster-Gadeland über ③ : 3,5 km :

- **Kühl** (mit Gästehaus), Segeberger Str. 74 (B 205), ⊠ 24539, ℘ (04321) 70 80, info@
  hotel-kuehl.de, Fax (04321) 70880 – 📺 ⇐ 🅿 ⓜ 🆅🆂🅰
  Menu (geschl. Sonn- und Feiertage) (nur Abendessen) à la carte 14/28 – **30 Zim** ⊂ 45/50 – 65/70.
  - In Ihrer vorübergehenden Bleibe stehen einheitlich gestaltete Gästezimmer mit solidem Mobiliar und einer funktionellen Ausstattung zum Einzug bereit. Ein behagliches Ambiente mit rustikaler Note umgibt Sie beim Speisen.

NEUNBURG VORM WALD Bayern 🆘 R 21 – 7300 Ew – Höhe 398 m – Erholungsort.
🅱 🅱 Rötz, Hillstedt 40 (Ost : 9 km), ℘ (09976) 180.
Berlin 456 – München 175 – Regensburg 56 – Cham 35 – Nürnberg 105.

In Neunburg vorm Wald-Hofenstetten West : 9 km in Richtung Schwarzenfeld, in Fuhrn links abbiegen :

- **Landhotel Birkenhof** M 🛏, ⊠ 92431, ℘ (09439) 95 00, info@landhotel-birken
  hof.de, Fax (09439) 950150, ≤ Oberpfälzer Seenlandschaft, 🌳, 🏋, ⊆s, 🅇, 🍴 – 🕿,
  ⇔ Zim, ✆ ♿ ⇐ 🅿 – 🅰 80. 🖭 ⓜ 🆅🆂🅰. 🍴 Rest
  Menu à la carte 19,50/32,90 – **78 Zim** ⊂ 55/65 – 83/104, 4 Suiten – ½ P 19.
  - Hinter einem architektonisch ansprechenden Äußeren verbirgt sich ein ebenso attraktives Innenleben - hierzu zählen ein wohnlicher Landhausstil und ein gutes Platzangebot. In schöner Umgebung serviert man Ihnen sorgfältig zubereitete Speisen.

NEUNKIRCHEN Baden-Württemberg 417 419 R 11 – 1 500 Ew – Höhe 350 m.
Berlin 605 – Stuttgart 92 – Mannheim 55 – Heidelberg 34 – Heilbronn 40 – Mosbach 15

Stumpf, Zeilweg 16, ✉ 74867, ✆ (06262) 9 22 90, info@hotel-stumpf.de, Fax (06262) 9229100, ≤, 😊, 🐕, 🌊, ✗ – 🍴 📺 🅿 – 🏛 30. 🅰🅴 🅾 🆒 🆅🅸🆂🅰 ✗ Rest
Menu à la carte 20,50/34 (auch vegetarische Gerichte) – **48 Zim** ⌑ 62/92 – 108/161
♦ Der persönliche Service und die Einrichtungen des Hotels ermöglichen Ihnen einen behaglichen Aufenthalt. Draußen lockt ein schöner Garten. Im Restaurant umsorgt man Sie in netter Atmosphäre.

NEUNKIRCHEN/SAAR Saarland 417 R 5 – 52 000 Ew – Höhe 255 m.
Berlin 690 – Saarbrücken 22 – Homburg/Saar 15 – Idar-Oberstein 60 – Kaiserslautern 51

In Neunkirchen-Kohlhof Süd-Ost : 5 km :

Hostellerie Bacher mit Zim, Limbacher Str. 2, ✉ 66539, ✆ (06821) 3 13 14, Fax (06821) 33465, 😊, ≤, 🌊 – 📺 📞 ♿ ⇔ 🅿 – 🏛 40. 🅰🅴 🅾 🆒 🆅🅸🆂🅰
Menu (geschl. Juli - Aug. 3 Wochen, Sonntag - Montag) (Tischbestellung ratsam, bemerkenswerte Weinkarte) 30/86 und à la carte – **15 Zim** ⌑ 44/62 – 82/113.
♦ Freuen Sie sich auf eine klassische Küche mit viel Geschmack. Die stilvolle Einrichtung und das aufwendige Couvert bilden einen vornehmen Rahmen.
Spez. Geräucherte Gänsestopfleber mit buntem Pfeffer und Apfel-Ananassalat. Taubenkotelett mit Trüffel und brauner Zwiebelsauce. Variation von der Schokolade.

NEUNKIRCHEN-SEELSCHEID Nordrhein-Westfalen 417 N 6 – 17 000 Ew – Höhe 180 m.
Berlin 598 – Düsseldorf 81 – Bonn 24 – Köln 40.

Im Ortsteil Neunkirchen :

Kurfürst, Hauptstr. 13, ✉ 53819, ✆ (02247) 30 80, hotel-kurfuerst@debitel.net, Fax (02247) 30888, 😊, 🍴, 🌊 – 📺 🅿 – 🏛 80. 🅰🅴 🅾 🆒 🆅🅸🆂🅰
Menu à la carte 18,50/35 – **22 Zim** ⌑ 46/52 – 78.
♦ Im Anbau dieses hübschen Bruchsteinhauses warten gepflegte Gästezimmer auf Ihren Besuch. Praktisch gestaltet, stellen Sie einen geeigneten Ort zum vorübergehenden Wohnen dar. Ein rustikales Interieur prägt die verschiedenen Räume des Restaurants.

NEUPETERSHAIN Brandenburg 418 L 26 – 2 200 Ew – Höhe 95 m.
Berlin 152 – Potsdam 160 – Cottbus 22 – Dresden 79.

In Neupetershain-Nord Nord : 2 km :

Zum Gutshof, Karl-Marx-Str. 6, ✉ 03103, ✆ (035751) 25 60, zumgutshof@t-online.de, Fax (035751) 25680, Biergarten – ⇔ Zim, 📺 🅿 – 🏛 20. 🅰🅴 🅾 🆒 🆅🅸🆂🅰
Menu à la carte 14/25 – **33 Zim** ⌑ 52 – 73/94.
♦ Ein geschmackvoller Landhausstil und ein praktisches Inventar prägen diese Herberge. Das Gästehaus ergänzt mit einer kleineren Variante das Angebot an Zimmern. Eine dezente, aber nette Aufmachung schafft ein behagliches Ambiente im Restaurant.

NEUPOTZ Rheinland-Pfalz 419 S 8 – 1 600 Ew – Höhe 110 m.
Berlin 665 – Mainz 123 – Karlsruhe 23 – Landau 23 – Mannheim 52.

Zum Lamm mit Zim, Hauptstr. 7, ✉ 76777, ✆ (07272) 28 09, Fax (07272) 77230 – 📺 🅿
Menu (geschl. Weihnachten - Anfang Jan., Juli 3 Wochen, Dienstag, Sonn- und Feiertage abends) (Tischbestellung ratsam) à la carte 20/34 – **7 Zim** ⌑ 24/28 – 50/54.
♦ Die Küche dieses sympathischen kleinen Lokals bietet alles von bürgerlich bis gehoben. Frische Produkte werden mit Sorgfalt und Geschmack zu einem guten Essen verarbeitet.

NEURIED Baden-Württemberg 419 U 7 – 7 700 Ew – Höhe 148 m.
Berlin 755 – Stuttgart 156 – Karlsruhe 85 – Lahr 21 – Offenburg 11 – Strasbourg 19 – Freiburg im Breisgau 59.

In Neuried-Altenheim : Nord : 2 km :

Ratsstüble, Kirchstr. 38, ✉ 77743, ✆ (07807) 9 28 60, strosack@ratsstueble.de, Fax (07807) 928655, 😊, 🍴 – ⇔ Zim, 📺 🅿
Menu (geschl. März 2 Wochen, Aug. 2 Wochen, Sonntag) (nur Abendessen) à la carte 14,50/28 – **31 Zim** ⌑ 33/36 – 55.
♦ Sind Sie auf der Durchreise und suchen nach einer praktischen Unterkunft? Hier finden Sie eine günstige Übernachtungsadresse mit solide ausgestatteten Zimmern. Die gemütliche Gaststube ist auch bei Einheimischen beliebt.

NEURUPPIN
Brandenburg **416** *H 22 – 33 000 Ew – Höhe 47 m.*

🛈 *Tourismus-, Informations- und Servicezentrum, Bürger Bahnhof, Karl-Marx-Str. 1, ✉ 16816, ℰ (03391) 4 54 60, Fax (03391) 454666.*
Berlin 76 – Potsdam 75 – Brandenburg 90.

Altes Kasino-Hotel am See, Seeufer 11, ✉ 16816, ℰ (03391) 30 59, golde@ruppiner-land.de, Fax (03391) 358684, ≤, 🍴 – ⚄ Zim, 📺 🅿 – 🔔 30. ⊡ ⓞ 🆗 VISA
Menu à la carte 14/26 – **20 Zim** ⚏ 50/75 – 77/100.
 ♦ Mit den Annehmlichkeiten eines neuzeitlichen Hotels schafft das "Ufer-Idyll" - direkt am längsten See Brandenburgs plaziert - die Basis für erholsame Urlaubstage. Im Restaurant erwartet Sie ein gediegenes Ambiente.

Zum alten Siechenhospital, Siechenstr. 4, ✉ 16816, ℰ (03391) 65 08 00, lettow @up-hus.de, Fax (03391) 652050, 🍴 – 📺 🅿
Weinstube Up Hus (geschl. 27. - 30. Dez., 2. - 7. Jan., Montagmittag) **Menu** à la carte 15/24,50 – **17 Zim** ⚏ 40/50 – 60/75.
 ♦ Wohnlichkeit und Funktionalität kennzeichnen die Zimmer Ihres Domizils. Im ehemaligen Armenhaus finden Sie noch drei ursprüngliche Quartiere zwischen alten Fachwerkbalken. Im Restaurant spürt man den ursprünglichen Charme des alten Gemäuers.

In Neuruppin-Alt Ruppin Nord-Ost : 4,5 km :

Am Alten Rhin, Friedrich-Engels-Str. 12, ✉ 16827, ℰ (03391) 76 50, hotel.amaltenrhin@t-online.de, Fax (03391) 76515, 🍴, 🍴 – 📺 📞 🐾 🅿 – 🔔 100. ⊡ ⓞ 🆗 VISA
Menu à la carte 16,50/27 – **38 Zim** ⚏ 55/63 – 63/89.
 ♦ Ob Einzel- oder Doppelzimmer, Maisonette oder Familienzimmer, man stellt Ihnen stets ein behagliches Zuhause auf Zeit zur Verfügung - von rustikal bis neuzeitlich. Leicht rustikal zeigt sich die Einrichtung des Restaurants.

NEUSÄSS
Bayern **419 420** *U 16 – 20 000 Ew – Höhe 525 m.*
Berlin 561 – München 75 – Augsburg 7 – Ulm (Donau) 89.

In Neusäß-Steppach Süd : 2 km :

Brauereigasthof Fuchs, Alte Reichsstr. 10, ✉ 86356, ℰ (0821) 48 09 20, brauereigasthoffuchs@t-online.de, Fax (0821) 48699194, 🍴, Biergarten – 📺 🅿 🆗 VISA
Menu (geschl. 26. Dez. - 10. Jan.) à la carte 14/24 – **32 Zim** ⚏ 70 – 90.
 ♦ Seit Mitte des 17. Jh. existiert der Familienbetrieb im Herzen des Ortes. Traditionelle Gastlichkeit und nette Fremdenzimmer werden Ihren Zuspruch finden. Gepflegte Weine und Biere aus der eigenen Brauerei runden Ihre Mahlzeit ab.

NEUSS
Nordrhein-Westfalen **417** *M 4 – 150 000 Ew – Höhe 40 m.*
Sehenswert : St. Quirinus-Münster★ CY.
Ausflugsziel : Schloß Dyck★ Süd-West : 9 km über ③.

🏌 🏌 Korschenbroich, Rittergut Birkhof (West : 9 km über Rheydter Str. und Büttgen), ℰ (02131) 51 06 60 ; 🏌 🏌 Neuss-Norf, Am Golfplatz (Süd-Ost : 4 km über ①), ℰ (02137) 9 19 10.

🛈 Tourist-Information, Büchel 6 (Rathausarkaden), ✉ 41460, ℰ (02131) 4 03 77 95, tourist-information@neusserttgmbh.de, Fax (02131) 4037797.

ADAC, Glockhammer 27.
Berlin 563 ④ – Düsseldorf 12 – Köln 38 ① – Krefeld 20 ④ – Mönchengladbach 21 ④

Stadtpläne siehe nächste Seiten

Swissôtel ⚘, Rheinallee 1, ✉ 41460, ℰ (02131) 77 00, emailus.duessedorf@swissotel.com, Fax (02131) 771367, ≤, 🍴, 🍴, 🔲 – 🛗, ⚄ Zim, 🍴 📺 📞 ⇌ 🅿 – 🔔 1000. ⊡ ⓞ 🆗 VISA JCB. ✳ Rest **BX b**
Menu à la carte 27,50/40 – ⚏ 16 – **246 Zim** 151/192 – 176/217.
 ♦ In den renovierten Zimmern hat man mit Wohnkomfort mit den Annehmlichkeiten der heutigen Zeit kombiniert. Business-Zimmer ermöglichen auch unterwegs erfolgreiches Arbeiten. Ein klassisches, gepflegtes Interieur bildet den Rahmen für genußvolles Verweilen.

Dorint Am Rosengarten M, Selikumer Str. 25, ✉ 41460, ℰ (02131) 26 20, info.dusneu@dorint.com, Fax (02131) 262100, 🍴, 🍴, 🔲 – 🛗, ⚄ Zim, 🍴 📺 📞 🐾 ⇌ 🅿 – 🔔 120. ⊡ ⓞ 🆗 VISA JCB **CZ s**
Menu (geschl. Okt. - April Montag) à la carte 25/39 – **Nobber's Eck** (geschl. 18. Juli - 31. Aug., Sonntag) (nur Abendessen) **Menu** à la carte 16/28 – **209 Zim** ⚏ 135/222 – 165/250.
 ♦ Ein modernes und wohnliches Innenleben - kombiniert mit einer guten Technik - macht Ihr vorübergehendes Zuhause zu einer ansprechenden Adresse, privat oder zum Tagen. Kulinarisch orientiert man sich an der mediterranen Küche.

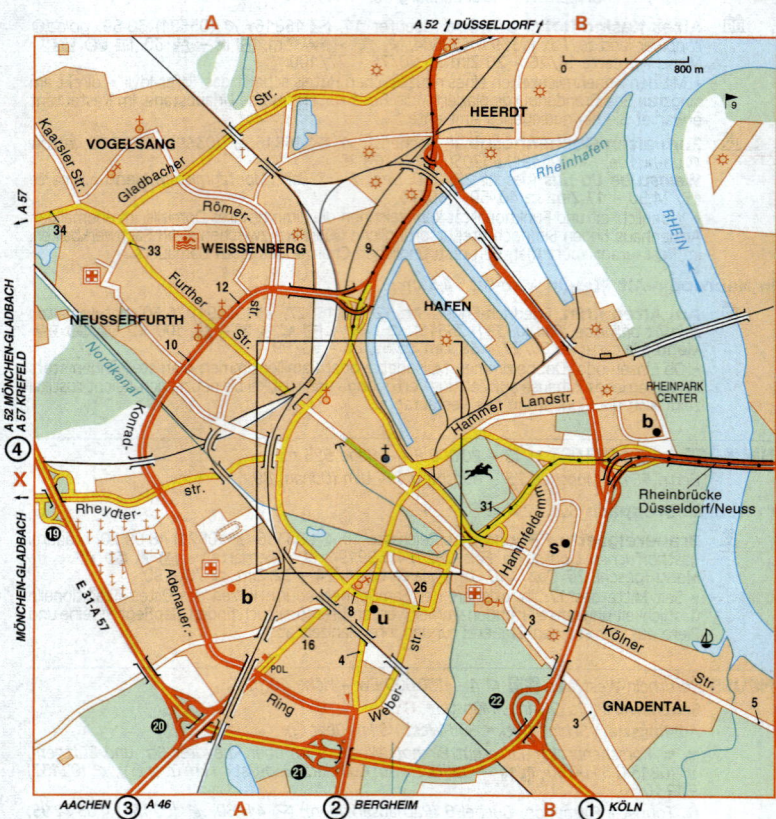

NEUSS

Berghäuschens Weg	BX 3	Burgunder Straße	BX 6	Jülicher Landstraße	AX 16
Bergheimer Straße	AX 4	Dreikönigenstraße	AX 8	Schillerstraße	BX 26
Bonner Straße	BX 5	Düsseldorfer Straße	ABX 9	Stresemannallee	BX 31
		Engelbertstraße	AX 10	Venloer Straße	AX 33
		Fesserstraße	AX 12	Viersener Straße	AX 34

🏨 **Holiday Inn** M, Anton-Kux-Str. 1, ✉ 41460, ✆ (02131) 18 40, *neuss@holiday-inn-hotel.de*, Fax (02131) 184184, 🍴, 🛎 – 🛗 ✻ Zim, 📺 📞 ♿ 🚗 – 🚌 120. AE ① ⓜ
VISA JCB. ⚔ Rest
BX s
Menu à la carte 22/36 – ⚏ 15 – **220 Zim** 115/175, 43 Suiten.
♦ Gepflegte Zimmer mit neuzeitlichem Mobiliar - teils sehr großzügig geschnitten - stehen zum Einzug bereit. Der Geschäftsreisende findet stets einen Platz zum Arbeiten.

🏨 **Parkhotel Viktoria** garni, Kaiser-Friedrich-Str. 2, ✉ 41460, ✆ (02131) 2 39 90, *hotel-viktoria-neuss@t-online.de*, Fax (02131) 2399100 – 🛗 ✻ 📺 ♿ 🚗. AE ① ⓜ
VISA JCB
CZ e
75 Zim ⚏ 92/117 – 115/160.
♦ Verkehrsgünstig zwischen den Metropolen Düsseldorf und Köln gelegen, stellt dieses Domizil freundliche und sinnvoll gestaltete Zimmer für den Reisenden bereit.

🏨 **Mercure** garni, Krefelder Str. 1, ✉ 41460, ✆ (02131) 27 80 01, *h4998@accor-hotels.com*, Fax (02131) 278243, 🛎, 🔲 – 🛗 ✻ 📺 🚗 – 🚌 30. AE ① ⓜ
VISA JCB
CY a
⚏ 13 – **75 Zim** 85/140 – 100/180.
♦ Modern in schwarzen und violetten Tönen möbliert sowie technisch gut ausgestattet präsentieren sich die Gästezimmer Ihrer Herberge als nette Behausung auf Zeit.

NEUSS

An der Obererft	CZ 2
Buchel	CY
Bergheimerstraße	CZ 4
Danziger Straße	CY 7
Friedrichstraße	CZ
Further Straße	CY
Glockhammer	CY 13
Jülicherstraße	CZ 15
Krefelder Straße	CY
Am Konvent	CY
Marienkirchchplatz	CY 18
Münsterplatz	CY 20
Neustraße	CZ 21
Niederstraße	CY 22
Platz am Niedertor	CY 23
Rheinwallgraben	CY 24
Rheydterstraße	CY 25
Sebastianusstraße	CY 28

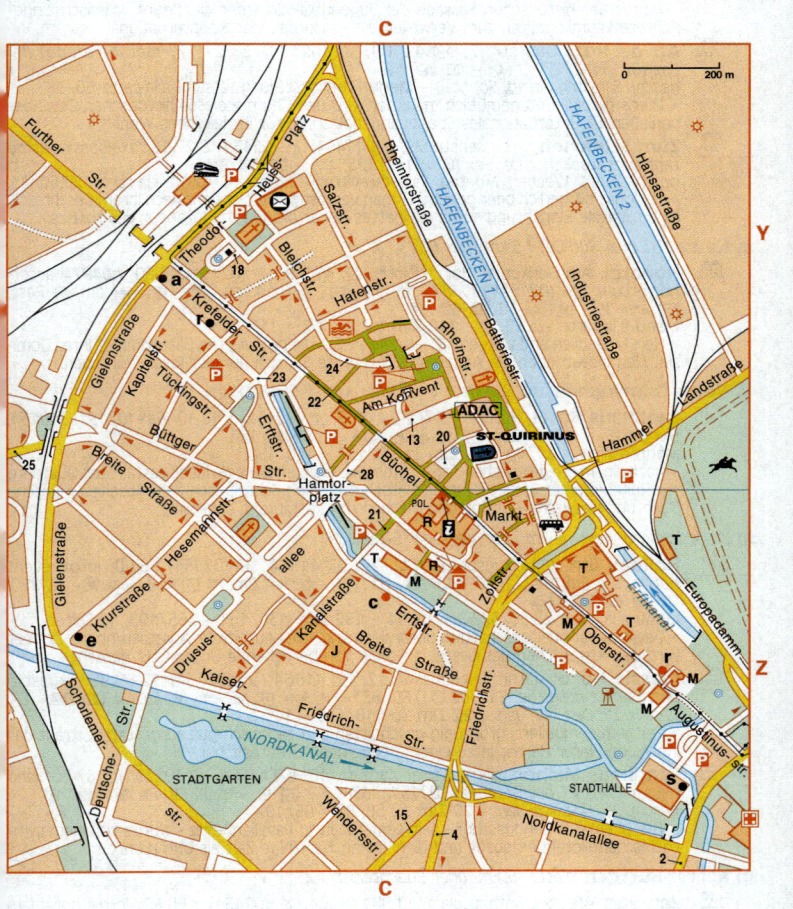

Tulip Inn City Hotel garni, Adolf-Flecken-Str. 18, ⌧ 41460, ℘ (02131) 22 70, reservation@city-hotel-neuss.de, Fax (02131) 227111 – 🛗 ⚡ 📺 🚗. AE ⓪
MC VISA
CY r
50 Zim ⊑ 86/91 – 107/148.
♦ Sind Sie auf der Suche nach einer gepflegten Unterkunft in zeitgemäßer Machart? Hauptbahnhof, Einkaufsmeile und die Sehenswürdigkeiten der Stadt sind zu Fuß erreichbar.

Haus Hahn garni, Bergheimer Str. 125, ⌧ 41464, ℘ (02131) 9 41 80, Fax (02131) 43908 – 📺 🅿 ⓪ MC VISA
AX u
geschl. Juli 3 Wochen, Ende Dez. - Anfang Jan.
15 Zim ⊑ 57/70 – 87.
♦ Solide und funktionell bestückt, stellt diese kleine Adresse ein behagliches Quartier zum vorübergehenden Wohnen dar - die persönliche Atmosphäre wird Ihnen gefallen.

NEUSS

XXX **Tiefenbachers Herzog von Burgund,** Erftstr. 88, ✉ 41460, ✆ (02131) 2 35 52, tiefenbacher@lieven.de, Fax (02131) 271301, ☆ – AE ⓂⓄ ✖   **CZ c**
geschl. über Karneval 1 Woche, Samstagmittag, Sonntag – **Menu** (abends Tischbestellung ratsam) 19,50 (mittags) à la carte 48/53,50.
• Hinter der historischen Fassade der Jugendstil-Villa laden gepflegte, klassisch eingerichtete Räumlichkeiten zum Verweilen ein - man bekocht Sie international.

XX **An de Poz,** Oberstr. 7, ✉ 41460, ✆ (02131) 27 27 77, mail@andepoz.de, Fax (02131) 272777, ☆ – AE ⓂⓄ VISA   **CZ r**
geschl. Samstagmittag, Sonntag – **Menu** (Tischbestellung ratsam) à la carte 30/38.
• Wer's rustikal und gemütlich mag, der wird den Charme dieses historischen Gewölbes genießen. Ein internationales Speiseangebot sorgt für Ihr leibliches Wohl.

XX **Zum Stübchen,** Preussenstr. 73, ✉ 41464, ✆ (02131) 8 22 16, axelbuss@restaurant-zum-stuebchen.de, Fax (02131) 82325, ☆ – AE ⓂⓄ VISA   **AX b**
geschl. Juni 2 Wochen, Montag, Samstagmittag – **Menu** 34/42,50 à la carte 25,50/43.
• Regional, bürgerlich oder gehoben - man verköstigt Sie hier ganz nach Ihrem Geschmack. Eine rustikale Einrichtung sowie ein nettes Dekor prägen das Interieur des Hauses.

In Neuss-Erfttal *Süd-Ost : 5 km über* ①

🏨 **Novotel,** Am Derikumer Hof 1 (Norf), ✉ 41469, ✆ (02131) 13 80, h0497@accorhotels.com, Fax (02131) 120687, ☆, ℱ₆, ≋, ☒ (geheizt), ☞ – ⌷, ☆ Zim, ■ Rest, 📺 ≪ 🅿 – 🄰 80. AE ① ⓂⓄ VISA
Menu à la carte 20/32,50 – **110 Zim** ⌓ 92/102 – 115/125.
• Hell, freundlich und zeitgemäß - so zeigen sich die renovierten Gästezimmer Ihres Domizils. Man bietet Ihnen die Annehmlichkeiten, die Sie sich auf der Reise wünschen.

In Neuss-Grimlinghausen *Süd-Ost : 6 km über Kölner Straße* **BX** :

🏨 **Landhaus Hotel,** Hüsenstr. 17, ✉ 41468, ✆ (02131) 3 10 10, Fax (02131) 310151, Biergarten – ⌷, ☆ Zim, 📺 ≪ & 🅿 – 🄰 30. AE ⓂⓄ VISA
Menu à la carte 21/40 – **29 Zim** ⌓ 90/150 – 110/180.
• Nach einem ereignisreichen Tag läßt man Sie in einem der individuell gestalteten Quartiere zur Ruhe kommen. Jedes Zimmer bietet auch einen Schreibtisch zum Arbeiten. Hübsche Deko und klassische Ausstattung machen das Restaurant behaglich.

In Kaarst *Nord-West : 6 km über Viersener Straße* **AX** :

🏨 **Holiday Inn** Ⓜ, Königsberger Str. 20, ✉ 41564, ✆ (02131) 96 90, info@eventhotels.com, Fax (02131) 969445, ☆, ≋, ☒ – ⌷, ☆ Zim, ■ 📺 ≪ & ☞ 🅿 – 🄰 280. AE ① ⓂⓄ VISA JCB
Menu à la carte 22,50/32,50 – ⌓ 14 – **192 Zim** 130/151 – 165/195, 12 Suiten.
• Ob Sie privat oder geschäftlich unterwegs sind - die neuzeitliche Ausstattung der Zimmer wird den Ansprüchen des Gastes an seine vorübergehende Unterkunft gerecht.

🏨 **Classic Hotel** garni, Friedensstr. 12, ✉ 41564, ✆ (02131) 12 88 80, skgastropersonal@t-online.de, Fax (02131) 601833 – ⌷ ☆ 📺 ≪ ☞ 🅿. AE ① ⓂⓄ VISA
geschl. 22. Dez. - 7. Jan. – **22 Zim** ⌓ 116/135 – 146.
• Zeitgemäß möbliert, großzügig geschnitten und technisch gut ausgestattet, trägt das Innenleben Ihrer Herberge zu einem bequemen Aufenthalt bei.

🏨 **Landhaus Michels** garni, Kaiser-Karl-Str. 10, ✉ 41564, ✆ (02131) 7 67 80, landhaus.michels@t-online.de, Fax (02131) 767819 – 📺 ≪ ☞ 🅿. AE ① ⓂⓄ VISA. ✖
geschl. 22. Dez. - 6. Jan. – **20 Zim** ⌓ 58/80 – 85/102.
• Der ehemalige Landgasthof - seit dem 18. Jh. in Familienbesitz - wurde zu einem sympathischen Hotel umgebaut und dient Ihnen für einige Zeit als Unterkunft.

In Kaarst-Büttgen *West : 5 km über Rheydterstr.* **AX** :

🏨 **Jan van Werth,** Rathausplatz 20, ✉ 41564, ✆ (02131) 7 58 80, info@hotel-jan-van-werth.de, Fax (02131) 511433, ☆ – ⌷ 📺 ≪ 🅿 – 🄰 20
geschl. 23. Dez. - 6. Jan. – **Menu** (geschl. Sonntag) (nur Abendessen) à la carte 15,50/23,50 – **28 Zim** ⌓ 51/59 – 79.
• Ihr vorübergehendes Heim stellt Ihnen verschiedene Zimmergrößen zur Verfügung, die ganz Ihren Bedürfnissen gerecht werden - stets funktionell und solide gestaltet. Zum Eingangsbereich hin offenes Restaurant.

NEUSTADT AM RÜBENBERGE *Niedersachsen* **415 416 418** *I 12 – 44 000 Ew – Höhe 35 m.*
🏌 *Neustadt-Mardorf, Vor der Mühle 10 (West : 12 km),* ✆ *(05036) 2778.*
Berlin 307 – Hannover 25 – Bremen 90 – Celle 58 – Hamburg 149.

🏨 **Neustädter Hof** garni, Königsberger Str. 43, ✉ 31535, ✆ (05032) 8 91 40, neustaedter-hof@t-online.de, Fax (05032) 63000 – ⌷ ☆ 📺 ≪ 🅿 – 🄰 25. AE ① ⓂⓄ VISA
geschl. 20. Dez. - 5. Jan. – **28 Zim** ⌓ 52/79 – 82/109.
• Eine moderne Einrichtung und die behagliche Atmosphäre dieses gut geführten Hauses tragen dazu bei, daß Sie auch auf Ihrer Reise ein nettes Ambiente umgibt.

NEUSTADT AM RÜBENBERGE

Scheve, Marktstr. 21, ⊠ 31535, ℘ (05032) 9 51 60, hotelscheve@aol.com, Fax (05032) 951695, 😊 – 📺 🅿️ 🅰🅴 🆘 🆅🅸🆂🅰
Menu (geschl. Juli 3 Wochen, Sonntagabend - Montagmittag) à la carte 29/43 – **23 Zim** ☑ 58/58 – 65/104.

♦ Durch seine verkehrsgünstige Lage ist das Haus für Geschäftsleute eine praktische Adresse. Privatreisende schätzen das Quartier als Ausgangsort für Ausflüge. Bürgerlich gestaltete Räumlichkeiten laden die Hungrigen zur Einkehr ein.

NEUSTADT AN DER AISCH Bayern 419 420 R 15 – 13 000 Ew – Höhe 292 m.

🅘 Tourist-Information, Marktplatz 5, ⊠ 91413, ℘ (09161) 6 66 14, Fax (09161) 66615.
Berlin 458 – München 217 – Nürnberg 49 – Bamberg 53 – Würzburg 67.

Allee-Hotel garni, Alleestr. 14 (B 8/470), ⊠ 91413, ℘ (09161) 8 95 50, info@allee-hotel.de, Fax (09161) 895589 – 📺 🅿️ – 🅰 20. 🆘 🆅🅸🆂🅰
24 Zim ☑ 60 – 88.

♦ Hell und freundlich möblierte Zimmer mit klassischem Gepräge finden Sie in dem ehemaligen Schulhaus aus dem 19. Jh. - das Frühstück nehmen Sie in der schönen Orangerie ein.

In Dietersheim-Oberroßbach Süd : 6 km :

Fiedler (mit Gästehaus), Oberroßbach 3, ⊠ 91463, ℘ (09161) 24 25, fiedler@wirtshausnet.de, Fax (09161) 61259, 😊, 🈁, – Rest, 📺 🅿️ – 🅰 15. 🆘 🆅🅸🆂🅰 🅹🅲🅱
Menu (geschl. Sonntagabend, Mittwoch) à la carte 14/29 – **23 Zim** ☑ 42 – 64 – ½ P 13.

♦ Freuen Sie sich auf eine familiäre Adresse, deren überschaubare Größe und sinnvolle Ausstattung Sie schätzen werden. Die ruhige Umgebung ermöglicht Ihnen erholsamen Schlaf. In unaufdringlichem Ambiente bittet man seine Gäste zu Tisch.

NEUSTADT AN DER DONAU Bayern 420 T 19 – 12 000 Ew – Höhe 355 m.

🅖 Bad Gögging, Heiligenstätter Straße (Nord-Ost : 5 km), ℘ (0160) 4 40 83 68.
🅘 Kurverwaltung, Heiligstädter Str. 5 (Bad Gögging), ⊠ 93333, ℘ (09445) 9 57 50, info.bad.goegging@t-online.de, Fax (09445) 957533.
Berlin 525 – München 90 – Regensburg 52 – Ingolstadt 33 – Landshut 48.

Gigl, Herzog-Ludwig-Str. 6 (B 299), ⊠ 93333, ℘ (09445) 96 70, gasthof@gigl.de, Fax (09445) 96740 – 📺 🅿️
geschl. 27. Dez. - 5. Jan. – **Menu** (geschl. 27. Dez. - 11. Jan., 1. - 16. Aug., Freitag - Samstag) à la carte 10/21 – **22 Zim** ☑ 23/29 – 38/46.

♦ Gastlichkeit ist die Grundlage dieses echt bayerischen Familienbetriebes. Die Gästezimmer präsentieren sich dem Besucher als behagliche Übernachtungsmöglichkeit. Bürgerliches Restaurant und rustikale Stube.

In Neustadt-Bad Gögging Nord-Ost : 4 km – Heilbad :

Marc Aurel, Heiligenstädter Str. 36, ⊠ 93333, ℘ (09445) 95 80, info@marc-aurel.de, Fax (09445) 958444, 😊, Massage, ♨, 🈁, ⛱ (Thermal), ⛱, 🌿 – 📺 🅿️ – 🅰 70. 🅰🅴 🆀 🆘 🆅🅸🆂🅰, ※ Rest
Menu à la carte 22,50/38,50 – **165 Zim** ☑ 100/110 – 150/190, 16 Suiten – ½ P 26.

♦ Zimmer verschiedener Kategorien bieten Ihnen Wohnkomfort mit eleganter Note. Diverse Wellness-Arrangements gewähren Ihnen einen Eindruck von den Angeboten Ihrer Residenz. Der römische Stil als architektonisches Leitthema findet sich auch in den Restaurants.

Sporthotel Vier Jahreszeiten, Kaiser-Augustus-Str. 36, ⊠ 93333, ℘ (09445) 9 80, info@vierjahreszeiten.net, Fax (09445) 98888, 😊, (mit Gesundheitszentrum), Massage, ♨, 🈁, ⛱ (Thermal), ⛱, 🌿 – 📺 🅿️ – 🅰 55. 🅰🅴 🆘 🆅🅸🆂🅰, ※ Rest
Menu à la carte 23/34 – **200 Zim** ☑ 110/130 – 156/255 – ½ P 21.

♦ Die Gemächer Ihres Domizils überzeugen mit einer klassischen, zeitlosen Einrichtung und einer guten Technik, die Ihnen komfortables Logieren ermöglicht. Im Restaurant wählen Sie zwischen eleganten und gemütlich-rustikalen Räumen.

Eisvogel, An der Abens 20, ⊠ 93333, ℘ (09445) 96 90, info@hotel-eisvogel.de, Fax (09445) 8475, 😊, Massage, ♨, 🈁, 🌿 – 📺 🅿️ – 🅰 30. 🅰🅴 🆀 🆘 🆅🅸🆂🅰, ※ Zim
Menu (geschl. Montagmittag) à la carte 14/40 – **34 Zim** ☑ 50/90 – 120/140 – ½ P 22.

♦ "Wohnen nach Maß" - so lautet das Motto Ihres Quartiers : verschiedene Zimmerkategorien - von funktionell bis komfortabel - stehen dem Gast zur Wahl. Der gastronomische Bereich des Hauses ist in nette, holzvertäfelte Stuben unterteilt.

NEUSTADT AN DER ORLA Thüringen 418 N 19 – 9 400 Ew – Höhe 300 m.

8 Kultur- und Fremdenverkehrsamt, Markt 1, Rathaus, ⊠ 07806, ℘ (036481) 8 51 21, info@neustadtanderorla.de, Fax (036481) 85104.
Berlin 262 – Erfurt 97 – Gera 47 – Triptis 8 – Jena 30.

Schloßberg, Ernst-Thälmann-Str. 62, ⊠ 07806, ℘ (036481) 6 60, info@ringhotel-schlossberg.de, Fax (036481) 66100 – |≡|, ⇔ Zim, 📺 ✆ 🅿 – 🔔 40. ㏂ ⓞ ⓦ 𝚟𝚒𝚜𝚊. ✂ Rest
Menu à la carte 17,50/36 – **31 Zim** ⊇ 65/70 – 95/105.
  ◆ Moderner Kern in historischem Mantel : im denkmalgeschützten Altstadtkern gelegen, ermöglicht Ihnen dieses Haus eine zeitgemäße Beherbergung. Eine freundliche Aufmachung in neuzeitlichem Design bestimmt das Innere des Restaurants.

Stadt Neustadt, Ernst-Thälmann-Str. 1, ⊠ 07806, ℘ (036481) 2 27 49, info@hotel-stadt-neustadt.de, Fax (036481) 23929, 🍽, Biergarten, ≘ – 📺 🅿 – 🔔 30. ㏂ ⓦ 𝚟𝚒𝚜𝚊 𝙹𝙲𝙱
Menu à la carte 11,50/18 – **24 Zim** ⊇ 36/47 – 52/57.
  ◆ Ob Sie nur auf der Durchreise sind oder ein paar Tage bleiben möchten - nahe der historischen Altstadt wartet eine sympathische Adresse auf Ihren Besuch. Aus hellem Holz ist die Einrichtung des Restaurants gefertigt.

NEUSTADT AN DER SAALE, BAD Bayern 418 420 P 14 – 16 000 Ew – Höhe 234 m – Heilbad.

🏌 Münnerstadt, Rindhof 1 (Süd-Ost : 8 km), ℘ (09766) 16 01.
8 Kurverwaltung, Löhriether Str. 2 (Kurviertel), ⊠ 97616, ℘ (09771) 13 84, info@tourismus-nes.de, Fax (09771) 991158.
Berlin 406 – München 344 – Fulda 58 – Bamberg 86 – Würzburg 76.

Kur- und Schloßhotel ♦, Kurhausstr. 37 (Kurviertel), ⊠ 97616, ℘ (09771) 6 16 10, hotel-schloss-neuhaus@t-online.de, Fax (09771) 2533, 🍽 – |≡|, ⇔ Zim, 📺 & ⇔ 🅿 – 🔔 60. ㏂ ⓞ ⓦ 𝚟𝚒𝚜𝚊 𝙹𝙲𝙱
Menu à la carte 18,50/37 – **13 Zim** ⊇ 65/75 – 95/145, 3 Suiten – ½ P 18.
  ◆ Das Interieur des ehemaligen Kurschlosses bietet dem Gast eine zeitgemäße Ausstattung - meist im klassischen Stil gehalten - sowie eine gute Technik. Das teils rustikale, teils elegante Restaurant wird durch die Terrasse am Schloßpark ergänzt.

Da Rosario, Schweinfurter Str. 4, ⊠ 97616, ℘ (09771) 6 24 10, Fax (09771) 624140, Biergarten – ⇔ Zim, 📺 ⇔ 🅿 – 🔔 40. ㏂ ⓦ 𝚟𝚒𝚜𝚊
Menu à la carte 12/36 – **22 Zim** ⊇ 41/46 – 61/76.
  ◆ Ihre vorübergehende Unterkunft verfügt über Zimmer verschiedener Kategorien, die Ihren Vorstellungen von einer soliden und funktionellen Beherbergung gerecht werden. Gepflegter Restaurantbereich in neuzeitlicher Gestaltung.

Fränkischer Hof, Spörleinstr. 3, ⊠ 97616, ℘ (09771) 6 10 70, hotelfraenkischerhof@t-online.de, Fax (09771) 994452, 🍽 – 📺 ✆ 🅿 ㏂ ⓦ 𝚟𝚒𝚜𝚊
Menu (geschl. Mittwochmittag) à la carte 15,50/27 – **11 Zim** ⊇ 44/49 – 70/80.
  ◆ Sie finden das traditionsreiche Fachwerkhaus aus dem 16. Jh. in verkehrsberuhigter Zone im Herzen der historischen Altstadt. Die Zimmer präsentieren sich in wohnlichem Stil. Ein Ambiente mit rustikalem Touch erwartet Sie im Restaurant mit Innenhofterrasse.

Stadthotel Geis, An der Stadthalle 6, ⊠ 97616, ℘ (09771) 9 19 80, info@stadthotel-geis.de, Fax (09771) 919850 – ⇔ Zim, 📺 ⇔ 🅿 – 🔔 40. ㏂ ⓦ 𝚟𝚒𝚜𝚊
Menu (nur Abendessen) à la carte 11/17 – **33 Zim** ⊇ 30/44 – 62.
  ◆ Die Zimmer Ihres Domizils sind durch eine unterschiedliche Möblierung sowie eine komplette Ausstattung gekennzeichnet - stets solide und gepflegt.

NEUSTADT AN DER WALDNAAB Bayern 420 Q 20 – 6 000 Ew – Höhe 408 m.

Berlin 402 – München 210 – Weiden in der Oberpfalz 7 – Bayreuth 60 – Nürnberg 105 – Regensburg 87.

Am Hofgarten Ⓜ, Knorrstr. 18, ⊠ 92660, ℘ (09602) 92 10, Fax (09602) 8548, ≘ – |≡|, ⇔ Zim, 📺 ✆ & ⇔ 🅿 – 🔔 15. ㏂ ⓞ ⓦ 𝚟𝚒𝚜𝚊. ✂ Rest
Menu (geschl. Freitag - Sonntag) (nur Abendessen) à la carte 16/25,50 – **27 Zim** ⊇ 48/54 – 62/75.
  ◆ Einheitlich gestaltete Zimmer, sinnvoll bestückt und mit neuzeitlicher Technik versehen, stehen zum Einzug bereit - privat oder für ein Seminar ein passendes Quartier.

Grader garni, Freyung 39, ⊠ 92660, ℘ (09602) 9 41 80, rezeption@hotel-grader.de, Fax (09602) 2842 – |≡|, ⇔ Zim, 📺 ✆ ⇔ 🅿 – 🔔 20. ㏂ ⓦ 𝚟𝚒𝚜𝚊
44 Zim ⊇ 36/59 – 56/64.
  ◆ Sind Sie auf der Suche nach einer charmanten Adresse, die sich mit freundlichen Zimmern Ihrer Beherbergung widmet? Die hübsche Jugendstilvilla wartet auf Ihren Besuch.

NEUSTADT AN DER WEINSTRASSE
Rheinland-Pfalz 417 419 R 8 – 56 000 Ew – Höhe 140 m.

Sehenswert : Altstadt★ – Marktplatz★ – Stiftskirche★.

⛳ Neustadt-Geinsheim, Im Lochbusch (Süd-Ost : 10 km), ℘ (06327) 9 74 20.

🛈 Tourist-Information, Hetzelplatz 1, ⌧ 67433, ℘ (06321) 92 68 92, touristinfo@neustadt.pfalzcom, Fax (06321) 926891.

ADAC, Europastr. 1.

Berlin 650 – Mainz 94 – Mannheim 35 – Kaiserslautern 36 – Karlsruhe 56 – Wissembourg 46.

Ramada Treff Page Hotel, Exterstr. 2, ⌧ 67433, ℘ (06321) 89 80, neustadt@ramada-treff.de, Fax (06321) 898150, 斎, 蚣 – 園, 铰 Zim, 📺 ⟲ 🅿 – 🔒 120. 🅰🅴 ⓘ 🅼🅲 🆅🅸🆂🅰
Menu (nur Abendessen) à la carte 18/35 – **123 Zim** ⌂ 87/98 – 110/121, 7 Suiten.
◆ Sie haben die Wahl : Ihr vorübergehendes Refugium bietet Ihnen ''Komfort''- oder ''Deluxe''-Zimmer sowie Suiten an - stets gepflegt und sinnvoll ausgestattet.

Brezel, Rathausstr. 32, ⌧ 67433, ℘ (06321) 48 19 71, brezel.braun@t-online.de, Fax (06321) 481972, 斎 – 🅼🅲 🆅🅸🆂🅰
geschl. Feb. 1 Woche, Juni 2 Wochen, Dienstag - Mittwochmittag – **Menu** 25,50 à la carte 26/42,50.
◆ Nach behutsamer Restaurierung nehmen nun Gäste hinter der Fachwerkfassade dieses Baudenkmals aus dem Jahre 1700 Platz. Mit schöner Innenhofterrasse.

Zwockelsbrück, Bergstr. 1, ⌧ 67434, ℘ (06321) 35 41 40, Fax (06321) 84193, 斎, (Weinstube) 🅿. 🅼🅲 🆅🅸🆂🅰
geschl. Mitte Juli - Anfang Aug., Sonntag - Montag – **Menu** (nur Abendessen) à la carte 21,50/35,50.
◆ Steht Ihnen der Sinn nach einem gelungenen Abend in einer netten, schlicht gestalteten Weinstube? Ein Tagesangebot ergänzt die kleine Speisekarte.

In Neustadt-Diedesfeld Süd-West : 4 km :

Becker's Gut, Weinstr. 507, ⌧ 67434, ℘ (06321) 21 95, beckersgut@t-online.de, Fax (06321) 2101, 斎 – 🅿. 🅰🅴 ⓘ 🅼🅲 🆅🅸🆂🅰 ⌘
geschl. über Ostern 2 Wochen, Ende Okt. 2 Wochen, Montag - Dienstag, Samstagmittag, Sonntagmittag – **Menu** (Tischbestellung ratsam) à la carte 32,50/46,50.
◆ Diese gastronomische Station ist Teil eines ehemaligen Weinguts. Das Kreuzgewölbe, das freundliche Ambiente und ein mediterraner Touch bilden den Rahmen.

In Neustadt-Gimmeldingen Nord : 3 km – Erholungsort :

Mugler's Kutscherhaus, Peter-Koch-Str. 47, ⌧ 67435, ℘ (06321) 6 63 62, muglers.kutscherhaus.atzler@t-online.de, Fax (06321) 600588
geschl. über Fasching 1 Woche, Juni 1 Woche, Montag – **Menu** (nur Abendessen) à la carte 18/29,40.
◆ Typisch für das Weindorf ist dieses hübsche Winzerhaus von 1773 in der Altstadt. Urige Räume laden zu gemütlichem Verweilen bei einem guten Tropfen und einer Mahlzeit ein.

In Neustadt-Haardt Nord : 2 km – Erholungsort :

Tenner ⌘ garni (mit Gästehaus), Mandelring 216, ⌧ 67433, ℘ (06321) 96 60, hotel tenner@t-online.de, Fax (06321) 966100, 蚣, 🅆, 𐂱 – 📺 ⟲ 🅿 – 🔒 25. 🅰🅴 🅼🅲 🆅🅸🆂🅰
32 Zim ⌂ 87/92 – 98.
◆ Gepflegte, solide eingerichtete Zimmer und ein umgebender kleiner Park machen dieses Domizil zu einer sympathischen Behausung auf Zeit.

In Neustadt-Hambach Süd-West : 3 km :

Burgschänke-Rittersberg ⌘ mit Zim, beim Hambacher Schloß, ⌧ 67434, ℘ (06321) 3 99 00, info@hotel-rittersberg.de, Fax (06321) 32799, ≤ Rheinebene, 斎 – 🅿 – 🔒 30. 🅼🅲 🆅🅸🆂🅰 ⌘
geschl. Jan. 2 Wochen, Juli 2 Wochen – **Menu** (geschl. Donnerstag) à la carte 16/36 – **5 Zim** ⌂ 44/49 – 57/63.
◆ Am Rande des Pfälzer Waldes gelegen, gewährt man Ihnen beim Speisen eine herrliche Aussicht. Man bittet Sie in bürgerlichem oder neuzeitlichem Ambiente zu Tisch.

In Neustadt-Mussbach Nord-Ost : 2 km :

Weinstube Eselsburg, Kurpfalzstr. 62, ⌧ 67435, ℘ (06321) 6 69 84, wiedemann@eselsburg.de, Fax (06321) 60919, 斎 – 🅼🅲 🆅🅸🆂🅰
geschl. 24. Dez. - Mitte Jan., Sonntag - Dienstag – **Menu** (nur Abendessen) (Tischbestellung ratsam) à la carte 20,50/31.
◆ Gastlichkeit und ein nettes Umfeld erwarten Einkehrende beim Besuch dieser urigen Adresse. Das Speisenangebot unterstreicht den rustikalen Charakter der Stube.

NEUSTADT AN DER WIED Rheinland-Pfalz 417 O 6 – 6 500 Ew – Höhe 165 m.

🛈 Tourist-Information, im Bürgerhaus, Raiffeisenstr. 9, ✉ 53577, ✆ (02683) 93 05 10, neustadt-wied@t-online.de, Fax (02683) 930515.
Berlin 617 – Mainz 123 – Bonn 68 – Köln 65 – Limburg an der Lahn 64 – Koblenz 49.

An der Autobahn A 3 Süd : 4,5 km :

🏨 **Rasthaus-Motel Fernthal**, ✉ 53577 Neustadt/Wied, ✆ (02683) 9 86 30, Fax (02683) 986354, ≤, Massage – ⚞ Zim, 📺 🅿. ⓘ 🐵 VISA JCB. ⚞ Rest
Menu à la carte 18,50/30,50 – **27 Zim** 49/75 – 80.
  • Auf Ihrer Reise haben Sie hier die Möglichkeit, eine längere Rast einzulegen. Es stehen dem Gast einheitlich gestaltete, hell möblierte Zimmer zur Verfügung.

NEUSTADT BEI COBURG Bayern 418 420 P 17 – 17 000 Ew – Höhe 344 m.

Berlin 358 – München 296 – Coburg 17 – Bayreuth 68 – Bamberg 61.

🏨 **Am Markt** 🅼 garni, Markt 3, ✆ (09568) 92 02 20, info@hotelgarni-am-markt.de, Fax (09568) 920229 – 📶 ⚞ 📺 ✆ 🅿. – 🛗 25. ⒶⒺ ⓘ 🐵 VISA
20 Zim ⇆ 40/50 – 82/87.
  • In der Fußgängerzone der Stadt befindet sich Ihr vorübergehendes Zuhause. Der klare, neuzeitliche Stil des renovierten Stadthauses wird Ihren Vorstellungen entsprechen.

🍴 **Beim Thomas**, Wilhelmstr. 2, ✉ 96465, ✆ (09568) 66 68, Fax (09568) 891132 – 🐵 VISA
geschl. Sept., Sonntag – **Menu** (nur Abendessen) à la carte 20,50/30.
  • Räumlichkeiten mit rustikaler Note bieten dem Besucher einen gemütlichen Platz. Die Einrichtung aus Holz schafft eine behagliche Atmosphäre beim abendlichen Aufenthalt.

In Neustadt-Fürth am Berg Süd-Ost : 7 km :

🏨 **Grenzgasthof** (mit Gästehaus), Allee 37, ✉ 96465, ✆ (09568) 9 42 80, info@grenzgasthof.de, Fax (09568) 942899, ≦s, 🐟 – 📶 📺 🅿. – 🛗 100. ⒶⒺ 🐵 VISA
Menu à la carte 12/28 – **57 Zim** 30/50 – 50/80.
  • Das Hotel an der ehemaligen Grenze – markiert durch einen Grenzstein vor dem Haus – ist stets bemüht, dem Gast in den beiden Häusern eine erholsame Zeit zu ermöglichen. Das mehrfach unterteilte Restaurant präsentiert sich in rustikaler Aufmachung.

In Neustadt-Wellmersdorf Süd : 5 km :

🏨 **Heidehof** ⚞, Wellmersdorfer Str. 50, ✉ 96465, ✆ (09568) 8 90 70, Fax (09568) 890740, 🌳, 🐟 – ⚞ Zim, 📺 ⟺ 🅿. ⒶⒺ 🐵 VISA. ⚞ Zim
Menu (geschl. Sonntag) à la carte 12/24 – **38 Zim** 30/40 – 54/62.
  • Individuell möblierte Zimmer - teils wohnlich, teils sachlich - ersetzen Ihnen für einige Zeit Ihr Zuhause. Das Hotel liegt verkehrsgünstig zu beliebten Ausflugszielen. Sie speisen in nett dekorierten Räumen mit ländlichem Charme.

NEUSTADT (DOSSE) Brandenburg 416 H 21 – 3 400 Ew – Höhe 34 m.

Berlin 91 – Potsdam 78 – Schwerin 128 – Stendal 71.

🏨 **Parkhotel St. Georg**, Prinz-von-Homburg-Str. 35, ✉ 16845, ✆ (033970) 9 70, Fax (033970) 9740, 🌳, Massage, 🎮, ≦s – 📺 ⚞ 🅿. – 🛗 20. ⒶⒺ ⓘ 🐵 VISA
Menu à la carte 13/22 – **16 Zim** ⇆ 50/55 – 70/76.
  • Gästezimmer mit einer soliden wie auch funktionellen Einrichtung widmen sich Ihrer Beherbergung. Die familiäre Atmosphäre dieses kleinen Refugiums wird Ihren Zuspruch finden. Ein gediegenes Ambiente kennzeichnet das Interieur des Restaurants.

NEUSTADT-GLEWE Mecklenburg-Vorpommern 416 F 18 – 7 600 Ew – Höhe 35 m.

Berlin 170 – Schwerin 33 – Ludwigslust 10 – Uelzen 94.

🏨 **Grand Hotel Mercure** (mit Gästehaus), Schloßfreiheit 1, ✉ 19306, ✆ (038757) 53 20, h2926@accor-hotels.com, Fax (038757) 53299, 🌳, ≦s, 🐟 – 📶 ⚞ Zim, 📺 🅿. – 🛗 50. ⒶⒺ ⓘ 🐵 VISA
Menu à la carte 19/27 – ⇆ 13 – **42 Zim** 68/73 – 81/87, 3 Suiten.
  • Das Barockschloß aus dem 17. Jh. glänzt mit prächtigen Stukkaturen. Hinter der attraktiven Fassade beziehen Sie Zimmer mit elegantem Touch - teils mit Antiquitäten bestückt. Das Restaurant befindet sich im Gewölbekeller des Hauses.

*Die in diesem Führer angegebenen Preise folgen
der Entwicklung der allgemeinen Lebenshaltungskosten.
Lassen Sie sich bei der Zimmerreservierung den endgültigen
Preis vom Hotelier mitteilen.*

NEUSTADT (HARZ) Thüringen L 16 – 1400 Ew – Höhe 350 m – Erholungsort.
Berlin 259 – Erfurt 74 – Blankenburg 37 – Göttingen 77 – Halle 100 – Nordhausen 10.

Neustädter Hof (mit Residenz Kronberg), Burgstr. 17, ✉ 99762, ℘ (036331) 90 90, reservierung@landhotel-neustaedter-hof.de, Fax (036331) 909100, 🍴, Massage, ⚓,
🚗 – 📶 TV 📞 🛁 🅿 – 🏛 50. AE ① ◎ VISA
Menu à la carte 21,50/31,50 – **47 Zim** ⇌ 58/75 – 70/95 – ½ P 13.
♦ Ob Sie im Stammhaus oder im Gästehaus untergebracht sind - Sie werden stets ein solide ausgestattetes Quartier vorfinden - teils mit freigelegten Holzbalken versehen. Der gastronomische Bereich teilt sich in die Harzer Stuben und die Thüringer Stuben.

NEUSTADT IN HOLSTEIN Schleswig-Holstein D 16 – 14 300 Ew – Höhe 4 m – Seebad.
📍 📍 Gut Beusloe, Baumallee 14 (Nord-Ost : 3 km), ℘ (04561) 81 40.
🛈 Tourismus-Service, Dünenweg 7, (in Pelzerhaken), ✉ 23730, ℘ (04561) 70 11, Fax (04561) 7013.
Berlin 296 – Kiel 60 – Lübeck 42 – Oldenburg in Holstein 21.

In Neustadt-Pelzerhaken Ost : 5 km :

Seehotel Eichenhain ⚘, Eichenhain 2, ✉ 23730, ℘ (04561) 5 37 30, eichenhain @t-online.de, Fax (04561) 537373, ≤, 🍴, ⛱, 🏊, 🚗 – TV 📞 AE ◎ VISA
geschl. 10. - 30. Nov. - **Menu** (geschl. Jan. - Feb.) 29,50 à la carte 27,50/46 – **20 Zim** ⇌ 70/150 – 90/120 – ½ P 21.
♦ Ihre Herberge verfügt über praktische Zimmer, alle mit Balkon versehen, teils mit Blick aufs Meer. Eine schöne Gartenanlage zur Ostsee hin bildet den Übergang zum Strand. Klassisch-maritim eingerichtet, bietet Ihnen das Restaurant ein nettes Ambiente.

Eos, Pelzerhakener Str. 43, ✉ 23730, ℘ (04561) 5 13 33, hotel_eos@t-online.de, Fax (04561) 7971, 🍴, ⚓, 🚗 – TV 📞 AE ◎ VISA
geschl. Mitte - Ende Jan., Mitte Nov. 1 Woche – **Menu** (Nov. - März Garni) (geschl. Montag) (Dienstag - Freitag nur Abendessen) à la carte 15/23,50 – **22 Zim** ⇌ 43/50 – 66/90 – ½ P 13.
♦ Ob Sie in einem der Zimmer wohnen oder eine Ferienwohnung beziehen - Sie dürfen sich stets auf eine neuzeitliche und gut möblierte Behausung auf Zeit freuen. Eine nette Terrasse zum Graten hin ergänzt das gepflegte Restaurant.

NEUSTADT IN SACHSEN Sachsen M 26 – 11 300 Ew – Höhe 333 m.
🛈 Tourismus- und Servicezentrum, Johann-Sebastian-Bach-Str. 15, ✉ 01844, ℘ (03596) 5 87 50, neustadthalle@t-online.de, Fax (03596) 587556.
Berlin 217 – Dresden 39 – Bautzen 28.

Parkhotel Neustadt, Johann-Sebastian-Bach-Str. 20, ✉ 01844, ℘ (03596) 56 20, info@parkhotel-neustadt.de, Fax (03596) 562500 – 📶, ✻ Zim, TV 📞 🛁 – 🏛 50. AE ◎ ◎ VISA
Menu (nur Abendessen) à la carte 15,50/25 – **51 Zim** ⇌ 53/64 – 69/92.
♦ Eine zeitgemäße Holzmöblierung und funktionelles Inventar machen die Gästezimmer des Hauses zu einer sinnvollen Unterkunft für einen kurzen oder längeren Urlaub.

NEUSTRELITZ Mecklenburg-Vorpommern F 23 – 23 300 Ew – Höhe 76 m.
🛈 Stadtinformation, Markt 1, ✉ 17235, ℘ (03981) 25 31 19, Fax (03981) 205443.
Berlin 114 – Schwerin 177 – Neubrandenburg 27.

Schlossgarten, Tiergartenstr. 15, ✉ 17235, ℘ (03981) 2 45 00, info@hotel-schlossgarten.de, Fax (03981) 245050, 🍴, 🚗 – ✻ Zim, TV 📞 📞 – 🏛 15. AE ◎ VISA
Menu (geschl. 2. - 17. Jan., Sonntag) (nur Abendessen) à la carte 18/30 – **24 Zim** ⇌ 55/64 – 77/89.
♦ Das historische Haus im Zentrum der Stadt präsentiert sich dem Besucher als ansprechend ausgestattetes Quartier - die Zimmer sind teilweise zum Garten hin gelegen. Stilvoll eingerichtete Räumlichkeiten beherbergen das Restaurant.

Park Hotel Fasanerie M, Karbe-Wagner-Str. 59, ✉ 17235, ℘ (03981) 4 89 00, hotel @parkhotel-neustrelitz.de, Fax (03981) 443553, 🍴, ⚓ – 📶, ✻ Zim, TV 📞 📞 – 🏛 80. AE ① ◎ VISA
Menu à la carte 16/26 – **67 Zim** ⇌ 70 – 90.
♦ Ihr Domizil befindet sich am Rande der Stadt, in einem Parkgrundstück der ehemaligen Fasanerie. Geschäftlich Reisende finden zum Arbeiten die geeignete Technik. Warme Farben machen das Restaurant recht gemütlich.

Pinus garni, Ernst-Moritz-Arndt-Str. 55, ✉ 17235, ℘ (03981) 44 53 50, e-mail@hotel-pinus.de, Fax (03981) 445352 – 📶 ✻ TV 📞 AE ① ◎ VISA
23 Zim ⇌ 50/55 – 70.
♦ Sind Sie auf der Suche nach einer soliden Herberge für unterwegs? Die Lage in einem Wohngebiet und ein praktisches Innenleben zählen zu den Vorzügen des Hauses.

NEUSTRELITZ

Haegert, Zierker Str. 44, ⊠ 17235, ℘ (03981) 20 03 05, Fax (03981) 203157, Biergarten – 📺 ⇔ 🅿. 💳
Menu (geschl. 20. Dez. - 20. Jan., Sonntag) (nur Abendessen) à la carte 15/22 – **26 Zim** ⊇ 45/55 – 60/75.
  ♦ Der einfache Komfort dieser gut unterhaltenen Unterkunft wird Ihren Vorstellungen von einer schlichten und preiswerten Übernachtungsmöglichkeit gerecht.

NEUTRAUBLING Bayern siehe Regensburg.

NEU-ULM Bayern 419 420 U 14 – 50.000 Ew – Höhe 468 m.
Stadtplan siehe Ulm (Donau).
🏌 Neu-Ulm, Steinhäuslesweg 9, ℘ (0731) 72 49 37.
🅱 Tourist-Information, (Ulm), Münsterplatz 50, Stadthaus, ⊠ 89073, ℘ (0731) 1 61 28 30, Fax (0731) 1611641.
ADAC, (Ulm), Neue Str. 40.
Berlin 616 – München 138 ① – Stuttgart 96 ⑥ – Augsburg 80 ①

Mövenpick Hotel ⌂, Silcherstr. 40 (Edwin-Scharff-Haus), ⊠ 89231, ℘ (0731) 8 01 10, hotel.neu-ulm@moevenpick.com, Fax (0731) 85967, ≤, 舄, 🖻 – 🛗, ⇌ Zim, 📺 📞 & ⇔ 🅿 – 🔏 450. 🆎 ⓘ 🆗 💳 ⏝ X e
Menu à la carte 18/36 – ⊇ 13 – **135 Zim** 109/129 – 129/149.
  ♦ Neben "normalen" Zimmern kann der Gast auch eine "Wohlfühl"- oder eine "Fitness"-Variante wählen. In der Executive-Etage ermöglicht man Geschäftsleuten effizientes Arbeiten. Der gastronomische Bereich ist über die erste Etage mit dem Hotel verbunden.

Römer Villa, Parkstr. 1, ⊠ 89231, ℘ (0731) 80 00 40, roemer-villa@t-online.de, Fax (0731) 8000450, 舄, ⇌s – 📺 ⇔ 🅿 – 🔏 35. 🆎 🆗 💳 X b
Menu (geschl. Sonntagabend) à la carte 18/32 – **23 Zim** ⊇ 88 – 118.
  ♦ Eine gepflegte Halle empfängt Sie in Ihrem vorübergehenden Zuhause. Zeitgemäß bestückt, stellen die Zimmer der ehemaligen Stadtvilla ein behagliches Refugium dar. Sie speisen im gediegenen Rahmen des Restaurants oder im Wintergarten.

City-Hotel garni, Ludwigstr. 27, ⊠ 89231, ℘ (0731) 97 45 20, rezeption@cityhotel-neu-ulm.de, Fax (0731) 9745299 – 🛗 📺 🅿. 🆎 ⓘ 🆗 💳 ⏝ X r
geschl. 24. Dez. - 6. Jan. – **20 Zim** ⊇ 60/77 – 80/98.
  ♦ Sie beziehen ein funktionelles Quartier, das mit seiner guten Technik überzeugt. Durch die zentrale Lage des Hauses erreichen Sie sehenswerte Orte der Stadt bequem zu Fuß.

Deckert garni, Karlstr. 11, ⊠ 89231, ℘ (0731) 7 60 81, Fax (0731) 76081 – 📺 ⇔ X s
geschl. 20. Dez. - 7. Jan. – **17 Zim** ⊇ 49 – 72.
  ♦ Sehr gepflegte, schlicht möblierte Gästezimmer in familiärer Atmosphäre bieten sich als Übernachtungsadresse auf Ihrer Durchreise an.

Stephans-Stuben, Bahnhofstr. 65, ⊠ 89231, ℘ (0731) 72 38 72, Fax (0731) 723872 🆎 ⓘ 🆗 💳 X t
geschl. über Pfingsten 1 Woche, Aug. 3 Wochen, Montag, Samstagmittag – **Menu** à la carte 21/42.
  ♦ Das neu gestaltete Interieur dieses Stadthauses zeigt sich im mediterranen Stil. Die Küche bereitet Ihre Speisen mit Sorgfalt und Geschmack zu.

Glacis, Schützenstr. 72, ⊠ 89231, ℘ (0731) 8 68 43, Fax (0731) 86844, 舄 – 🅿. 🆎 ⓘ 🆗 💳 X u
geschl. Sonntagabend - Dienstag – **Menu** à la carte 16,50/35.
  ♦ Sie haben die Wahl zwischen dem klassischen Rahmen der ehemaligen Villa und dem neuzeitlichen Ambiente des Pavillonanbaus. Man stellt Ihnen ein breites Angebot an Speisen vor.

In Neu-Ulm-Pfuhl Nord-Ost : 3 km über Augsburger Straße X :

Sonnenkeller, Leipheimer Str. 97, ⊠ 89233, ℘ (0731) 7 17 70, info@hotel-sonnenkeller.de, Fax (0731) 717760 – 🛗 📺 📞 ⇔ 🅿 – 🔏 20. 🆎 🆗 💳
Hong Kong (chinesische Küche) **Menu** à la carte 14/23 – **41 Zim** ⊇ 45/65 – 60/78.
  ♦ Am Stadtrand gelegen und dennoch verkehrsgünstig zum Zentrum der Stadt, präsentiert sich diese Adresse als gepflegtes, praktisches Zuhause auf Zeit. Eine gute Einrichtung in zeitlosem Stil bestimmt das Interieur des Hong Kong.

In Neu-Ulm-Reutti Süd-Ost : 6,5 km über Reuttier Straße X :

Landhof Meinl, Marbacher Str. 4, ⊠ 89233, ℘ (0731) 7 05 20, info@landhof-meinl.de, Fax (0731) 7052222, 舄, Massage, ⇌s, 🞺 – 🛗, ⇌ Zim, 📺 📞 🅿 – 🔏 15. 🆎 ⓘ 🆗 💳. 🞻 Rest
geschl. 23. Dez. - 10. Jan. – **Menu** (geschl. Sonntag) (nur Abendessen) à la carte 20/35 – **30 Zim** ⊇ 77 – 95/110.
  ♦ Gepflegte Zimmer, mit einer guten Technik und modernen Elementen versehen, bilden die Basis für erholsame Tage - etwas außerhalb, aber dennoch verkehrsgünstig gelegen. Das kleine Restaurant, in Holz gehalten, bietet dem Gast eine gemütliche Atmosphäre.

NEU-ULM

In Neu-Ulm-Schwaighofen über Reuttier Straße X :

🏨 **Zur Post**, Reuttier Str. 172, ✉ 89233, ℘ (0731) 9 76 70, info@post-schwaighofen.de, Fax (0731) 9767100, 🍴 – 📶 📺 ✆ 🚗 🅿 – 🏋 25. AE ⓂⓄ VISA
geschl. 1. - 3. Jan., 1. - 15. Aug. – **Menu** (geschl. Freitag - Samstagmittag) à la carte 15,50/35 – **28 Zim** ⊆ 72 – 92.

◆ 1994 wurde der traditionsreiche Gasthof durch einen Hotelanbau ergänzt. Schreibplatz, Faxanschluß und Minibar zählen zu den Annehmlichkeiten dieser neuzeitlichen Adresse. Ländlich-rustikal wirkt die Einrichtung des Restaurants.

NEUWEILER Baden-Württemberg 𝟜𝟙𝟡 U 9 – 3 000 Ew – Höhe 640 m – Wintersport : ⛷.
Berlin 679 – Stuttgart 66 – Karlsruhe 68 – Pforzheim 41 – Freudenstadt 36.

In Neuweiler-Oberkollwangen Nord-Ost : 3 km :

🏨 **Landhotel Talblick** ⑤, Breitenberger Str. 15, ✉ 75389, ℘ (07055) 9 28 80, info @landhotel-talblick.de, Fax (07055) 928840, Massage, ≘s, 🔲, 🍴 – 🚷 Zim, 📺 🅿
geschl. Mitte Nov. - Mitte Dez. – **Menu** (geschl. Montag) à la carte 15/30 – **16 Zim** ⊆ 35 – 70/80.

◆ Passend zur ländlichen Gegend des Nördlichen Schwarzwaldes empfängt man Reisende mit einem wohnlichen, rustikalen Ambiente - ein ruhiges Plätzchen in Waldnähe. Ein offener Kamin ziert das rustikale Restaurant.

NEUWIED Rheinland-Pfalz 𝟜𝟙𝟟 O 6 – 70 000 Ew – Höhe 62 m.
⛳ Neuwied, Gut Burghof, ℘ (02622) 8 35 23.
🛈 Tourismusbüro, Engerser Landstr. 17, ✉ 56564, ℘ (02631) 80 22 60, stadtverwaltung@neuwied.de, Fax (02631) 802801.
Berlin 600 – Mainz 114 – Koblenz 18 – Bonn 54.

🏨 **Stadtpark-Hotel** garni, Heddesdorfer Str. 84, ✉ 56564, ℘ (02631) 3 23 33, Fax (02631) 32332 – 📺 🅿 AE ⓄⓂⓄ VISA
10 Zim ⊆ 50/54 – 72/80.

◆ Neuzeitlich gestaltet und mit funktionellem Inventar bestückt, präsentieren sich die Gästezimmer Ihrer Behausung auf Zeit - Vorzüge bietet auch die citynahe Lage.

In Neuwied-Engers Ost : 7 km :

🏨 **Euro-Hotel Fink**, Werner-Egk-Str. 2, ✉ 56566, ℘ (02622) 92 80 (Hotel) 92 82 00 (Rest.), info@euro-hotel-fink.de, Fax (02622) 5857 – 📶 📺 🅿
geschl. 20. Dez. - 10. Jan. – **Menu** (geschl. Juli 3 Wochen, Freitag) (wochentags nur Abendessen) à la carte 14/31,50 – **65 Zim** ⊆ 30/45 – 66/70.

◆ Ob Sie im neueren Anbau wohnen oder im Stammhaus eines der praktischen Quartiere beziehen - Zimmer verschiedener Kategorien stehen zur Verfügung.

In Neuwied-Segendorf Nord : 5,5 km :

XX **Fischer - Hellmeier** mit Zim, Austr. 2, ✉ 56567, ℘ (02631) 5 35 24, Fax (02631) 958367, 🍴, 🚗 – 📺 🅿 AE VISA
Menu (geschl. über Karneval 2 Wochen, Donnerstag, Okt. - April Sonntagabend) à la carte 24,50/38 – **9 Zim** ⊆ 40 – 70.

◆ In neuzeitlich gestalteten Räumlichkeiten lassen Sie sich an einem der ansprechend eingedeckten Tische nieder - der Chef des Hauses leitet freundlich den Service.

NEUZELLE Brandenburg siehe Eisenhüttenstadt.

NIDDA Hessen 𝟜𝟙𝟟 O 11 – 18 200 Ew – Höhe 150 m.
🛈 Kurverwaltung, Quellenstr. 2 (Bad Salzhausen), ✉ 63667, ℘ (06043) 9 63 30, Fax (06043) 963350.
Berlin 512 – Wiesbaden 88 – Frankfurt am Main 64 – Gießen 43.

In Nidda-Bad Salzhausen – Heilbad :

🏨 **Jäger** ⑤, Kurstr. 9, ✉ 63667, ℘ (06043) 40 20, info@hotel-jaeger.com, Fax (06043) 402100, 🍴, 🎾, ≘s – 📶, 🍽 Rest, 📺 ✆ 🚗 🅿 – 🏋 40. AE Ⓞ ⓂⓄ VISA
Menu 20 (mittags) à la carte 30/52 ♀ – **29 Zim** ⊆ 80/106 – 128/150.

◆ Hinter einer netten Fassade empfängt Sie eine gepflegte Halle in Ihrem vorübergehenden Domizil. Dezent elegante, geschmackvolle Zimmer zählen zu den Vorzügen des Hauses. Eine klassische Einrichtung und ein gutes Couvert geben dem Restaurant seinen Reiz.

NIDDERAU Hessen 417 P 10 – 15 000 Ew – Höhe 182 m.
  Berlin 526 – Wiesbaden 60 – Frankfurt am Main 30 – Gießen 52.

In Nidderau-Heldenbergen

🏠 **Zum Adler** (mit Gästehaus), Windecker Str. 2, ⌧ 61130, ℘ (06187) 92 70, Fax (06187) 927223 – 🛗 📺 🚗 🅿 ⦾ 💳. 🐕 Zim
geschl. 27. Dez. - 7. Jan. – **Menu** (geschl. Ende Juli - Anfang Aug., Freitag) à la carte 13,50/34 – **39 Zim** ⌑ 47/57 – 72/87.
  ♦ Hell und neuzeitlich eingerichtet, teils mit Wurzelholz - ob im Haupthaus oder im Gästehaus, es erwartet Sie stets eine solide und gut unterhaltene Unterkunft. Ihr Essen nehmen Sie in ländlichem Ambiente zu sich, serviert von freundlichen Mitarbeitern.

NIDEGGEN Nordrhein-Westfalen 417 N 3 – 10 000 Ew – Höhe 325 m.
  Sehenswert : Burg ≤ ★.
  Berlin 621 – Düsseldorf 91 – Aachen 51 – Düren 14 – Euskirchen 25 – Monschau 30.

XX **Burg Nideggen,** Kirchgasse 10, ⌧ 52385, ℘ (02427) 12 52, info@burg-nideggen.com, Fax (02427) 6979, ≤, 🍽 – 🅿 – 🔔 100. 🆎 ⦾ 💳. 🐕
geschl. Montag – **Menu** à la carte 27/43.
  ♦ Besucher der mittelalterlichen Burg - Wahrzeichen der Stadt - stärken sich in den behaglichen Räumen dieser Gaststätte und genießen einen schönen Blick.

NIEBLUM Schleswig-Holstein siehe Föhr (Insel).

NIEDERAULA Hessen 417 418 N 12 – 6 100 Ew – Höhe 210 m.
  Berlin 419 – Wiesbaden 158 – Kassel 70 – Fulda 35 – Bad Hersfeld 11.

XX **Schlitzer Hof** mit Zim, Hauptstr. 1 (B 62), ⌧ 36272, ℘ (06625) 33 41, Fax (06625) 3355 – 📺 🚗 🅿 ⦾ 💳
Menu (geschl. Montag - Dienstagmittag) à la carte 20/40 – **9 Zim** ⌑ 39/50 – 70/90.
  ♦ Verschiedene rustikale Stuben prägen den Charakter des Restaurants - freigelegtes Fachwerk, Kamin und offener Herd tragen zu einem gemütlichen Ambiente bei. Nette Zimmer.

NIEDERDORFELDEN Hessen siehe Vilbel, Bad.

NIEDERFINOW Brandenburg siehe Eberswalde.

NIEDERFISCHBACH Rheinland-Pfalz 417 N 7 – 4 700 Ew – Höhe 270 m.
  Berlin 578 – Mainz 169 – Siegen 14 – Olpe 29.

🏠 **Fuchshof,** Siegener Str. 22, ⌧ 57572, ℘ (02734) 54 77, Fax (02734) 60948, 🍽, 🛌,
📺 – 📺 🅿 ⦾ 💳
geschl. 23. - 29. Dez. – **Menu** (geschl. Samstagmittag, Sonntagabend) à la carte 16/40 – **18 Zim** ⌑ 40/58 – 80/100.
  ♦ Mit neuzeitlich eingerichteten Zimmern wird diese Adresse Ihren Ansprüchen an eine funktionelle Herberge gerecht. Die familiäre Führung des Hauses wird Ihren Zuspruch finden. In der Pilsstube und im Restaurant wird man Sie nach bürgerlicher Art bewirten.

In Niederfischbach-Fischbacherhütte Süd-West : 2 km :

🏠 **Landhotel Bähner** 🐕, Konrad-Adenauer-Str. 26, ⌧ 57572, ℘ (02734) 57 90, info@hotel-baehner.de, Fax (02734) 579399, ≤, 🍽, 🛌, 📺, 🚿 – 🛌 Zim, 📺 📞 🚗 🅿
– 🔔 50. 🆎 ⦿ ⦾ 💳. 🐕 Rest
Menu à la carte 21/38 – **37 Zim** ⌑ 50/70 – 95.
  ♦ Ihr vorübergehendes Zuhause befindet sich in ruhiger Waldrandlage. Ländliches Flair und zeitgemäßer Komfort machen den Reiz dieser sympathischen Unterkunft aus. Freundlich und einladend wirkt das Restaurant mit Panoramafenstern.

NIEDERGURIG Sachsen siehe Bautzen.

Die im Michelin-Führer
verwendeten Zeichen und Symbole haben-
dünn oder fett gedruckt, rot oder schwarz -
jeweils eine andere Bedeutung.
Lesen Sie daher die Erklärungen aufmerksam durch.

NIEDERKASSEL Nordrhein-Westfalen 417 N 5 – 28 000 Ew – Höhe 50 m.

🗎 Niederkassel-Uckendorf, Heerstraße, ℘ (02208) 9 48 00.
Berlin 585 – Düsseldorf 67 – Bonn 15 – Köln 23.

In Niederkassel-Mondorf Süd-Ost : 6 km :

🏠 **Zur Börsch**, Oberdorfstr. 30, ⊠ 53859, ℘ (0228) 97 17 20, Fax (0228) 452010, 🍽 – 📺 ⌕ 🅿 ℗ 🆅 ✂
geschl. Aug. 3 Wochen – **Menu** (geschl. Donnerstag, Montagmittag, Samstagmittag) à la carte 17/30 – **14 Zim** ⊐ 47/58 – 72/77.
♦ In der Nähe des Sport-Yacht-Hafens hat man ein gastliches Quartier für Reisende eingerichtet. Dem Besucher stehen neuzeitlich gestaltete Fremdenzimmer zur Verfügung. Rustikales, in Nischen unterteiltes Restaurant.

In Niederkassel-Rheidt Süd : 2 km :

🍴🍴 **Wagner's Restaurant**, Marktstr. 11, ⊠ 53859, ℘ (02208) 7 27 00, Fax (02208) 73127, 🍽 – 🅿.
ॐ
geschl. über Karneval 2 Wochen, Sept. 2 Wochen, Montag - Dienstag – **Menu** à la carte 51/66 ₰.
♦ Hinter einer alten Fachwerkfassade bittet man Sie in rustikal-gemütlichem Umfeld zu Tisch. Ein geschultes Team serviert Ihnen eine klassische Küche mit modernen Elementen. **Spez.** Hummer-Carpaccio mit Kartoffel-Pulpo-Salat und Langustinenstrudel. Steinbutt unter schwarzem Trüffel mit Gänsestopfleberknödeln. Glasierte Aprikosentarte mit Vanilleeis und süßem Basilikum-Pistou.

In Niederkassel-Uckendorf : Nord-Ost : 2 km :

🏯 **Clostermanns Hof** 🅼 🌿, Heerstraße, ⊠ 53859, ℘ (02208) 9 48 00, info@clostermannshof.de, Fax (02208) 9480100, 🍽, Massage, 🛌, ⊇, 🗎 – 🛗, ✂ Zim, 📺 ⌕ 🅿 – 🏛 90. 🆎 ① ⓜ 🆅 JCB
geschl. 1.- 4. Jan. - **Alte Präsenz : Menu** à la carte 36/49 – **66 Zim** ⊐ 125 – 145.
♦ Geräumig und gepflegt sowie mit Stilmobiliar bestückt - so präsentiert man Ihnen die Gemächer Ihrer Residenz. Auch eine gute Technik zählt zu den Vorzügen des Hauses. Farbgestaltung, Stoffe und Mobiliar geben dem Restaurant eine besondere Note.

NIEDERMÜLSEN Sachsen siehe Zwickau.

NIEDERNBERG Bayern 417 419 Q 11 – 4 600 Ew – Höhe 130 m.

Berlin 563 – München 375 – Frankfurt am Main 50 – Aschaffenburg 12 – Würzburg 97.

🏯 **Seehotel** 🅼 🌿, Leerweg, ⊠ 63843, ℘ (06028) 99 90, mail@seehotel-niedernberg.de, Fax (06028) 999222, 🍽, ⊇, 🏊, 🎾 – 🛗, ✂ Zim, 🖥 Rest, 📺 ⌕ ⚓ 🅿 – 🏛 80. 🆎 ① ⓜ 🆅
Menu 25 à la carte 22/32 – **Osteria Don Giovanni** (italienische Küche) (geschl. Montag - Dienstag) (nur Abendessen) **Menu** à la carte 30/44 – ⊐ 10 – **45 Zim** 85/175, 3 Suiten.
♦ In idyllischer Lage am Ufer eines Sees verbinden sich dörflicher Stil und modernes Ambiente zu ansprechendem Wohnkomfort - verteilt auf mehrere Häuser. Elegant sind die Räume des Restaurants. Im Stil einer italienischen Weinstube eingerichtet : die Osteria.

NIEDERNHALL Baden-Württemberg 419 S 12 – 3 600 Ew – Höhe 202 m.

Berlin 568 – Stuttgart 89 – Würzburg 77 – Heilbronn 58 – Schwäbisch Hall 30.

🏠 **Rössle**, Hauptstr. 12, ⊠ 74676, ℘ (07940) 98 36 60, info@landhotel-roessle.de, Fax (07940) 9836640, 🍽 – 📺 🅿.
🐞 **Menu** (geschl. Jan. 2 Wochen, Mittwoch) à la carte 24/39 – **21 Zim** ⊐ 51 – 72.
♦ Das Fachwerkhaus aus dem 18. Jh. empfängt den Gast mit einem solide wie auch funktionell gestalteten Quartier. Die Zimmer sind geräumig und technisch gut ausgestattet. Ländlich-gemütliches Restaurant mit schönem Fachwerk.

NIEDERNHAUSEN Hessen 417 P 8 – 13 500 Ew – Höhe 259 m.

Berlin 556 – Wiesbaden 14 – Frankfurt am Main 47 – Limburg an der Lahn 41.

🏠 **Garni**, Am Schäfersbergs 2, ⊠ 65527, ℘ (06127) 10 82, Fax (06127) 1770 – 📺 🅿 ⓜ 🆅
10 Zim ⊐ 56 – 77.
♦ Eine helle, neuzeitliche Möblierung und ein sinnvolles Inventar machen diese Adresse zu einer geeigneten Unterkunft auf einer privaten oder geschäftlichen Reise.

NIEDERNHAUSEN

In Niedernhausen-Engenhahn *Nord-West : 6 km :*

Wildpark-Hotel, Trompeterstr. 21, ⊠ 65527, ℰ (06128) 97 40, *wildparkhotel-niedernhausen@t-online.de*, Fax (06128) 73874, 🍽, 🛋 – 📺 🚗 🅿 – 🔒 50. 𝔸𝔼 ⓞ ⓒⓞ 𝕍𝕀𝕊𝔸
geschl. 27. Dez. - Anfang Jan. – **Menu** *(geschl. Samstag, Sonntagabend)* à la carte 19/35 – **39 Zim** ⚏ 50/88 – 75/95.
♦ Die Lage in einem ruhigen Wohngebiet, die umgebende Waldlandschaft sowie ein vorübergehendes Zuhause in funktioneller Gestaltung versprechen dem Gast eine erholsame Zeit. Rustikales Restaurant mit dunklem Holz und hellen, apricotfarbenen Wänden.

Nahe der Autobahn *Süd : 2 km :*

Ramada Hotel Micador, Zum Grauen Stein 1, ⊠ 65527 Niedernhausen, ℰ (06127) 90 10, *niedernhausen@ramada-treff.de*, Fax (06127) 901641, 🍽, direkter Zugang zum Rhein-Main-Theater, 🛋 – 🛗, ⚜ Zim, 🍴 Rest, 📺 📞 ♿ 🚗 🅿 – 🔒 300. 𝔸𝔼 ⓞ ⓒⓞ 𝕍𝕀𝕊𝔸. ⚜ Rest
Menu à la carte 22/35 – **187 Zim** ⚏ 120 – 132.
♦ Funktionalität und gute Technik, ein modernes Ambiente und eine günstige Verkehrsanbindung zählen zu den Annehmlichkeiten, mit denen man die Gäste des Hauses überzeugt.

NIEDER-OLM *Rheinland-Pfalz siehe Mainz.*

NIEDERSTETTEN *Baden-Württemberg* 419 420 *R 13 – 3 000 Ew – Höhe 307 m.*
Berlin 553 – Stuttgart 127 – Würzburg 50 – Crailsheim 37 – Bad Mergentheim 21.

Krone, Marktplatz 3, ⊠ 97996, ℰ (07932) 89 90, *info@hotelgasthofkrone.de*, Fax (07932) 89960, 🍽, 🛋 – 🛗, ⚜ Zim, 📺 📞 – 🔒 40. 𝔸𝔼 ⓞ ⓒⓞ 𝕍𝕀𝕊𝔸
Menu à la carte 17/35 – **32 Zim** ⚏ 51/59 – 82/92.
♦ Im Zentrum des kleinen Ortes finden Reisende eine wohnliche Behausung. Nach dem kürzlichen Umbau zeigt sich Ihr Domizil in modernisierter Form. Die Restauranträume gefallen mit modernem Inventar und schönen Farben.

NIEDERSTOTZINGEN *Baden-Württemberg* 419 420 *U 14 – 4 200 Ew – Höhe 450 m.*
Berlin 566 – Stuttgart 96 – Augsburg 64 – Heidenheim an der Brenz 30 – Ulm (Donau) 38.

Krone, Im Städtle 9, ⊠ 89168, ℰ (07325) 92 39 80, Fax (07325) 9239850, 🍽 – 📺 🚗 🅿 – 🔒 80. ⓒⓞ 𝕍𝕀𝕊𝔸
Menu *(geschl. Donnerstag)* à la carte 11,50/22 – **29 Zim** ⚏ 38/42 – 60/65.
♦ Mit zeitlosem Mobiliar eingerichtet, bieten Ihnen die Gästezimmer dieses Hauses eine solide Unterkunft. Drei neue Zimmer befinden sich unter dem Dach. Bürgerlich-schlicht zeigt sich das Ambiente im Hotelrestaurant.

In Niederstotzingen-Oberstotzingen :

Vila Vita Schlosshotel Oberstotzingen, Stettener Str. 37, ⊠ 89168, ℰ (07325) 10 30, *info@vilavitaschlosshotel.de*, Fax (07325) 10370, 🍽, Biergarten, 🛋, 🐴, ⚜ – 📺 📞 🅿 – 🔒 55. 𝔸𝔼 ⓞ ⓒⓞ 𝕍𝕀𝕊𝔸 𝒥𝒞𝐵. ⚜ Rest
Vogelherd *(geschl. 1. - 27. Jan., Sonntag - Montag)* **Menu** à la carte 38/56 – **Schenke** *(geschl. Mittwoch)* **Menu** à la carte 17/34 – ⚏ 14 – **17 Zim** 118/138 – 152/205.
♦ Hinter den Mauern des ehemaligen Herrenhauses um 1609 prägt gediegene Eleganz den Rahmen. Die beiden Torhäuschen an der Schloßeinfahrt beherbergen rustikale Appartements. Das Vogelherd lockt mit der privaten Atmosphäre des eleganten Schloßgewölbes.

NIEDERWINKLING *Bayern siehe Bogen.*

NIEDERWÜRSCHNITZ *Sachsen siehe Stollberg.*

NIEFERN-ÖSCHELBRONN *Baden-Württemberg* 419 *T 10 – 11 300 Ew – Höhe 228 m.*
Berlin 659 – Stuttgart 47 – Karlsruhe 37 – Pforzheim 7.

Im Ortsteil Niefern :

Krone, Schloßstr. 1, ⊠ 75223, ℰ (07233) 70 70, *info@krone-pforzheim.de*, Fax (07233) 70799, 🍽 – 🛗, ⚜ Zim, 📺 🚗 🅿 – 🔒 40. 𝔸𝔼 ⓞ ⓒⓞ 𝕍𝕀𝕊𝔸. ⚜ Rest
geschl. 27. Dez.- 5. Jan. – **Menu** *(geschl. Samstag, Sonntagabend)* à la carte 20/38 – **60 Zim** ⚏ 66/81 – 91/96.
♦ Mit zeitgemäßem Mobiliar bestückt, präsentieren sich die Gästezimmer Ihrer Herberge als funktionelles Quartier. Auch für Tagungen steht die nötige Technik bereit. Das gepflegte Ambiente des Restaurants lädt zum Verweilen ein.

NIEHEIM
Nordrhein-Westfalen **417** K 11 – 7 500 Ew – Höhe 183 m.
Berlin 376 – Düsseldorf 203 – Hannover 94 – Hameln 48 – Kassel 90 – Detmold 29.

- **Berghof**, Piepenborn 17, ⊠ 33039, ℘ (05274) 3 42, hotel-berghof.nieheim@t-online.de, Fax (05274) 1242, ≤, 😊, 🐸 – ⇔ 📺 ✆ ☎ 🅿 🅰🅴 ① ⓂⓄ 🆅🅸🆂🅰 ※ Zim geschl. Okt. 3 Wochen – **Menu** (geschl. Montag) à la carte 14/26 – **19 Zim** ⊆ 33/38 – 66.
  - ♦ Sinnvoll ausgestattete Gästezimmer mit solidem Holzmobiliar stehen zum Einzug bereit. Auf dem eigenen Kinderspielplatz können sich die kleinen Gäste austoben. Bürgerliches Restaurant mit schönem Blick auf den Ort.

NIENBURG
Sachsen-Anhalt **418** K 19 – 4 900 Ew – Höhe 79 m.
Berlin 160 – Magdeburg 40 – Leipzig 82 – Bernburg 6 – Dessau 37.

- **Zum Löwen**, Schloßstr. 27, ⊠ 06429, ℘ (034721) 2 22 34, loewe-ms@t-online.de, Fax (034721) 22851, 😊 – 📺 ✆ 🅿 – 🎿 35. 🅰🅴 ⓂⓄ 🆅🅸🆂🅰
  Menu à la carte 13/26 – **25 Zim** ⊆ 48 – 69.
  - ♦ Das traditionsreiche Haus aus dem 18. Jh. zeigt sich als solide geführter Familienbetrieb. Reisende bewohnen gepflegte und zeitgemäße Zimmer. Hübsch gedeckte Tische laden ein, im Restaurant Platz zu nehmen.

NIENBURG (WESER)
Niedersachsen **415** **417** I 11 – 32 000 Ew – Höhe 25 m.
🛈 Mittelweser-Touristik, Lange Str. 18, ⊠ 31582, ℘ (05021) 8 73 54, Fax (05021) 917029.
Berlin 334 – Hannover 57 – Bremen 63 – Bielefeld 103.

- **Weserschlößchen**, Mühlenstr. 20, ⊠ 31582, ℘ (05021) 6 20 81, info@weser schloesschen.de, Fax (05021) 63257, ≤, 😊, ☎ – 🛗, ⇔ Zim, 📺 ✆ & 🅿 – 🎿 280. 🅰🅴 ⓂⓄ 🆅🅸🆂🅰
  Menu à la carte 21/33 – **50 Zim** ⊆ 65/70 – 85/90.
  - ♦ Dem "Theater auf dem Hornwerk" angegliedert, wird Ihr funktionelles Domizil am Weserufer zu einer geeigneten Adresse für Tagungen, aber auch für private Besuche. Das Restaurant - über zwei Ebenen angelegt - stellt eine Brücke zwischen Hotel und Theater dar.

- **Zum Kanzler** (mit Gästehaus), Lange Str. 63, ⊠ 31582, ℘ (05021) 9 79 20, info@kanzler-nienburg.de, Fax (05021) 979230, 😊 – 📺 ✆ ☎ – 🎿 25. 🅰🅴 ⓂⓄ 🆅🅸🆂🅰
  Menu à la carte 16/30 – **23 Zim** ⊆ 50 – 75.
  - ♦ Im Zentrum der Stadt, in der Fußgängerzone, liegt dieses ältere Stadthaus. Im Inneren hat man moderne Gästezimmer eingerichtet - einige neue befinden sich im Gästehaus. Gepflegte, leicht rustikal gestaltete Räumlichkeiten dienen als Restaurant - mit Terrasse.

In Marklohe-Neulohe Nord-West : 11 km Richtung Bremen :

- **Neuloher Hof** mit Zim, Bremer Str. 26 (B 6), ⊠ 31608, ℘ (05022) 94 49 90, info@neuloher-hof.de, Fax (05022) 9449944, 😊 – 📺 🅿 – 🎿 60. 🅰🅴 ① ⓂⓄ 🆅🅸🆂🅰 ※ Zim
  Menu (geschl. Donnerstag) à la carte 16,50/37,50 – **4 Zim** ⊆ 38 – 55.
  - ♦ Ob zum Mittagstisch oder am Abend, zu Kaffee und Kuchen oder für Feierlichkeiten - die bürgerlichen Räumlichkeiten dieser Adresse laden zum Besuchen ein.

NIENSTÄDT
Niedersachsen siehe Stadthagen.

NIERSTEIN
Rheinland-Pfalz **417** **419** Q 9 – 7 000 Ew – Höhe 85 m.
🛈 Mommenheim, Am Golfplatz 1 (Nord-West : 8 km), ℘ (06138) 9 20 20.
Berlin 578 – Mainz 20 – Frankfurt am Main 53 – Bad Kreuznach 39 – Worms 28 – Darmstadt 23.

- **Wein- und Parkhotel** 🅼, An der Kaiserlinde 1, ⊠ 55283, ℘ (06133) 50 80, info@weinundparkhotel.de, Fax (06133) 508333, 😊, 🇫🇸, Massage, ☎, 🏊 – 🛗, ⇔ Zim, 🍽 ✆ ☎ 🅿 – 🎿 160. 🅰🅴 ① ⓂⓄ 🆅🅸🆂🅰
  Menu à la carte 24,50/40,50 – **55 Zim** ⊆ 115/140 – 150/180.
  - ♦ Funktionalität und ein gutes Platzangebot - kombiniert mit dem wohnlich-eleganten Stil eines toskanischen Landhauses - bestimmen das Innenleben dieser Residenz. Im Restaurant am Heyl'schen Garten haben Weine der Region ihren festen Platz auf der Karte.

- **Villa Spiegelberg** ⚜ garni, Hinter Saal 21, ⊠ 55283, ℘ (06133) 51 45, villa@karriereplus.com, Fax (06133) 57432, ≤, 😊 – 📺 ✆ 🅿 – 🎿 25. ※
  geschl. Ostern, Weihnachten – **11 Zim** ⊆ 72/80 – 100/125.
  - ♦ In einem parkähnlichen Garten plaziert, dient dieses Refugium der Beherbergung Erholungsuchender. Private Atmosphäre und gediegenes Ambiente entsprechen Ihren Vorstellungen.

NIERSTEIN

In Mommenheim *Nord-West : 8 km :*

Zum Storchennest, Wiesgartenstr. 3, ⊠ 55278, ℘ (06138) 12 33, Fax (06138) 1240, 🐴, 🐴, 🐴 – TV 🛏 P. AE ◎ ✪ VISA
geschl. Jan. 2 Wochen, Ende Juli - Anfang Aug. – **Menu** (geschl. Montag - Dienstagmittag) à la carte 12/25 – **22 Zim** ⊇ 40 – 60.
 • Mit dem sympathischen, rustikalen Ambiente des traditionsreichen Landgasthofs vermittelt man Reisenden und Urlaubern das Gefühl, gut aufgehoben zu sein. Im Restaurant wird man mit ländlicher Gemütlichkeit verwöhnt.

NIESTETAL *Hessen siehe Kassel.*

NIEWITZ *Brandenburg siehe Lübben.*

NITTEL *Rheinland-Pfalz* **417** *R 3 – 1 700 Ew – Höhe 160 m.*
Berlin 744 – Mainz 187 – *Trier 26* – Luxembourg 32 – Saarburg 20.

Zum Mühlengarten, Uferstr. 5 (B 419), ⊠ 54453, ℘ (06584) 9 14 20, Fax (06584) 914242, 🐴, Biergarten, 🛏, 🐴 – TV P. AE ◎ ✪ VISA
geschl. 15. Jan. - 15. Feb. – **Menu** (geschl. Montag) à la carte 14/30 – **24 Zim** ⊇ 36 – 54.
 • Zeitgemäß ausgestattete und solide in Eiche möblierte Zimmer stehen zum Einzug bereit. Die Lage des Hauses an der Mosel lädt zu interessanten Schiffsausflügen ein. Großzügig und hell ist das Restaurant mit Wintergarten.

NITTENAU *Bayern* **420** *S 20 – 8.900 Ew – Höhe 350 m.*
🛈 Touristikbüro, Hauptstr. 14, ⊠ 93149, ℘ (09436) 90 27 33, Fax (09436) 902732.
Berlin 474 – München 158 – *Regensburg 38* – Amberg 49 – Cham 36.

Aumüller, Brucker Str. 7, ⊠ 93149, ℘ (09436) 5 34, hotel@aumueller.net, Fax (09436) 2433, 🐴, 🐴 – ⟷ Zim, TV P – 🔔 80. ◎ ✪ VISA
Menu (geschl. Sonntagabend) (wochentags nur Abendessen) à la carte 29/37 – **Stüberl** : **Menu** à la carte 16/29 – **37 Zim** ⊇ 41/54 – 69/82.
 • Mit ihrer neuzeitlichen und individuellen Gestaltung werden die Gästezimmer dieser Adresse Ihren Ansprüchen an eine funktionelle wie auch wohnliche Unterkunft gerecht. Ein stilvolles Ambiente und gut eingedeckte Tische prägen das Interieur des Restaurants.

NÖRDLINGEN *Bayern* **419 420** *T 15 – 21 000 Ew – Höhe 430 m.*
Sehenswert : *St.-Georg-Kirche★ (Magdalenen-Statue★) – Stadtmauer★ – Stadtmuseum★* M1 – Rieskrater-Museum★ M2.
🛈 Verkehrsamt, Marktplatz 2, ⊠ 86720, ℘ (09081) 8 41 16, Fax (09081) 84113.
Berlin 514 ① – München 128 ② – *Augsburg 72* ② – Nürnberg 92 ① – Stuttgart 112 ④ – Ulm (Donau) 82 ③.

Stadtplan siehe gegenüberliegende Seite

Astron Hotel Klösterle 🅼, Beim Klösterle 1, ⊠ 86720, ℘ (09081) 8 70 80, noerdlingen@astron-hotels.de, Fax (09081) 8708100, 🐴, 🛁, 🛏 – 🛗, ⟷ Zim, TV 📞 – 🔔 300. AE ◎ ✪ VISA JCB
Menu à la carte 26/33 – ⊇ 12 – **98 Zim** 118.   v
 • An das ehemalige Franziskaner Kloster wurde diese moderne Herberge angegliedert. Das ansprechend gestaltete Innenleben ist auf die Wünsche des Geschäftsreisenden abgestimmt. Ein Kachelofen und viel Holz schaffen eine behagliche Atmosphäre im Restaurant.

Sonne, Marktplatz 3, ⊠ 86720, ℘ (09081) 50 67, kaiserhof-hotel-sonne@t-online.de, Fax (09081) 23999, 🐴 – TV P – 🔔 30. ✪ VISA. ✻ Rest   n
geschl. Nov. 2 Wochen – **Menu** (geschl. Mai - Okt. Mittwochabend, Sonntagabend, Nov. - April Mittwoch, Sonntagabend) à la carte 14/26 – **29 Zim** ⊇ 55/75 – 75/120.
 • Es erwartet Sie traditionsreiche Gastlichkeit im Herzen von Nördlingen. Wohnlich wie auch funktionell bestückte Zimmer - teils mit Himmelbett - stehen für Reisende bereit. Ländliches Umfeld bietet das Restaurant, pure Gemütlichkeit der Gewölbekeller.

Am Ring, Bürgermeister-Reiger-Str. 14, ⊠ 86720, ℘ (09081) 29 00 30, hotelamring @t-online.de, Fax (09081) 23170, 🐴 – 🛗, ⟷ Zim, TV 📞 🛏 P – 🔔 40. AE ◎ ✪ VISA JCB   e
Menu (geschl. Sonntagabend) à la carte 20/31 – **39 Zim** ⊇ 50/62 – 75/82.
 • Gute Pflege, ein solides Inventar sowie die zentrale Lage in Bahnhofs- und Innenstadtnähe zählen zu den Annehmlichkeiten dieses Hotels. Mit neo-rustikaler, bürgerlicher Einrichtung gefällt das Restaurant.

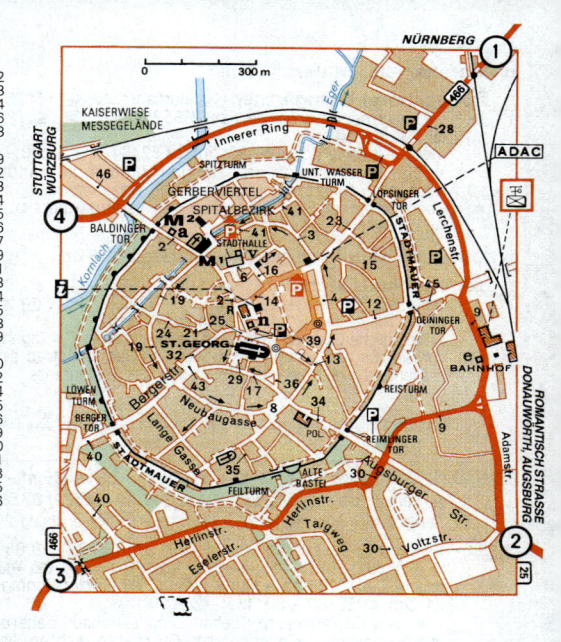

NÖRDLINGEN

Baldinger Straße	2
Bauhofgasse	3
Bei den Kornschrannen	4
Beim Klösterle	6
Brettermarkt	8
Bürgermeister-Reiger-Straße	9
Deininger Straße	12
Drehergasse	13
Eisengasse	14
Frauengasse	15
Hafenmarkt	16
Hallgasse	17
Herrengasse	19
Kreuzgasse	21
Löpsinger Straße	23
Luckengasse	24
Marktplatz	25
Nürnberger Straße	28
Obstmarkt	29
Oskar-Mayer-Straße	30
Polizeigasse	32
Reimlinger Straße	34
Salvatorgasse	35
Schäfflesmarkt	36
Schrannenstraße	39
Ulmer Straße	40
Vordere Gerbergasse	41
Weinmarkt	43
Wemdinger Straße	45
Würzburger Straße	46

🏨 **Goldene Rose** garni, Baldinger Str. 42, ✉ 86720, ✆ (09081) 8 60 19, *b.gress@goldene-rose-noerdlingen.de*, Fax (09081) 24591 – 📺 🅿 🆎 *VISA* a
17 Zim ⊇ 35/45 – 55/70.
♦ Unterschiedlich in Größe und Mobiliar, präsentieren sich die Gästezimmer Ihres Domizils mal mit Bauernmobiliar, mal in Naturholz oder mit neuzeitlicherer Einrichtung.

XX **Meyer's Keller**, Marienhöhe 8, ✉ 86720, ✆ (09081) 44 93, *meyers.keller@t-online.de*, Fax (09081) 24931, 🌿 – 🅿 🆎 🆎 *VISA* über Oskar-Mayer-Straße
geschl. Feb. 2 Wochen, Montag - Dienstagmittag – **Menu** 30/79 à la carte 33/44 ♀ –
Bierstüble : (geschl. Montag - Dienstagmittag) **Menu** à la carte 19/35.
♦ Parkettboden, moderne Kunst, der Jahreszeit entsprechende Dekorationen bestimmen den Charakter des Raumes - im Biergarten sitzen Sie unter 100jährigen Linden und Kastanien. Im Bierstüble serviert man Ihnen Regionales, mit Geschmack zubereitet.

Lesen Sie die Einleitung, sie ist der Schlüssel zu diesem Führer.

NÖRTEN-HARDENBERG Niedersachsen 𝟦𝟣𝟩 𝟦𝟣𝟪 L 13 – 8 800 Ew – Höhe 140 m.
Berlin 328 – Hannover 109 – Kassel 57 – Göttingen 11 – Braunschweig 96.

🏨 **Burghotel Hardenberg** 🌿, Im Hinterhaus 11a, ✉ 37176, ✆ (05503) 98 10, *info@burghotel-hardenberg.de*, Fax (05503) 981666, 🌿, 🐎, – 🛗, ✦ Zim, 📺 📞 🅿 – 🔔 60. 🆎 🅾 🆎 *VISA*. 🛠 Rest
Novalis (geschl. Sonntag - Montag) **Menu** à la carte 37/46 – **Keilerschänke** (geschl. Dienstag - Mittwoch) (Donnerstag - Samstag nur Abendessen) **Menu** à la carte 18/26 –
44 Zim ⊇ 100/140 – 145/180.
♦ Am Fuße der Burgruine - um einen schönen Hof gruppiert - bilden ein langgestreckter Fachwerkbau und die ehemalige Mühle das Ensemble dieses stilvoll-neuzeitlichen Refugiums. Eleganz und Komfort im Novalis. Die Keilerschänke : ein geschmackvoll-uriges Lokal.

NOHFELDEN Saarland 𝟦𝟣𝟩 R 5 – 11 500 Ew – Höhe 350 m.
🏌 Nohfelden-Eisen, Heidehof (Nord-West : 5 km), ✆ (06852) 99 14 70.
🛈 Verkehrsamt, An der Burg, ✉ 66625, ✆ (06852) 88 52 51, *kultur-touristik@nohfelden.de*, Fax (06852) 802239.
Berlin 702 – Saarbrücken 54 – Trier 58 – Kaiserslautern 59 – Wiesbaden 117.

NOHFELDEN

In Nohfelden-Bosen West : 8,5 km :

Seehotel Weingärtner, Bostalstr. 12, ⌂ 66625, ℘ (06852) 88 90, seehotel-weingaertner@t-online.de, Fax (06852) 81651, 🍴, ⇌, 🌊, 🌳, ❌, – 📶 TV P – 🏨 80. AE ⓘ ⓜⓢ VISA
Menu à la carte 19/40 – **99 Zim** ⌂ 52/84 – 102/140 – ½ P 18.
• Ob Sie eines der großzügigen Zimmer im Landhausstil beziehen oder ein neuzeitlich-funktionelles Quartier, ob Urlauber oder Tagungsgast - ein freundliches Team erwartet Sie. Der geräumige Restaurantbereich des Hauses bietet rustikales Ambiente.

In Nohfelden-Neunkirchen/Nahe Süd-West : 7,5 km :

Landhaus Mörsdorf, Nahestr. 41, ⌂ 66625, ℘ (06852) 9 01 20, hotellandhaus moersdorf@t-online.de, Fax (06852) 901290, 🍴, – TV P – 🏨 25. AE ⓘ ⓜⓢ VISA
Menu à la carte 16/34 – **17 Zim** ⌂ 47 – 67.
• Behagliche Gästezimmer sowie Räumlichkeiten für Tagungen im kleineren Kreise stehen für Sie zur Verfügung. Das hoteleigene Biotop lädt zu einem Spaziergang ein. Gepflegt präsentiert sich Ihnen das Innenleben des Restaurants.

Lesen Sie die Einleitung, sie ist der Schlüssel zu diesem Führer.

NONNENHORN Bayern 419 X 12 – 1 500 Ew – Höhe 406 m – Luftkurort.

🛈 Verkehrsamt, Seehalde 2, ⌂ 88149, ℘ (08382) 82 50, Fax (08382) 89076.
Berlin 730 – München 187 – *Konstanz* 77 – Ravensburg 25 – Bregenz 17.

Seewirt, Seestr. 15, ⌂ 88149, ℘ (08382) 98 85 00, info@hotel-seewirt.de, Fax (08382) 89333, 🍴, ⇌, 🌳 – 📶 TV ⇔ P. ⓜⓢ VISA
geschl. Dez. - 19. Feb. – **Menu** (geschl. Okt. - März Montag - Dienstag) à la carte 18/41 – **31 Zim** ⌂ 50/80 – 80/135 – ½ P 20.
• In den Gästehäusern Seehaus und Landhaus beherbergt man Reisende in solide wie auch sinnvoll eingerichteten Quartieren. Achten Sie auf Angebote für Vor- und Nachsaison. Mehrere Restaurants und eine Caféterrasse am See erwarten Ihren Besuch.

Haus am See (mit Gästehaus), Uferstr. 23, ⌂ 88149, ℘ (08382) 98 85 10, mail @haus-am-see-nonnenhorn.de, Fax (08382) 9885175, ≤, 🍴, 🛥, 🌳 – TV P. ⓜⓢ VISA ❌ Rest
geschl. Mitte Nov. - Ende Feb. – **Menu** (geschl. Mittwoch) à la carte 24/35 – **26 Zim** ⌂ 50/60 – 81/111 – ½ P 19.
• Zeitgemäß ausgestattete Zimmer, verteilt auf Haupt- und Gästehaus, sowie die ruhige Lage ermöglichen Ihnen geruhsame Tage. Ein Garten verbindet das Grundstück mit dem See. Klassisch gestaltetes Restaurant mit Gartenterrasse.

Zur Kapelle, Kapellenplatz 3, ⌂ 88149, ℘ (08382) 82 74, info@witzigmann-kapelle.de, Fax (08382) 89181, 🍴, 🌳 – TV P. ⓜⓢ VISA
geschl. Feb. – **Menu** à la carte 15/28 – **17 Zim** ⌂ 39/55 – 58/86 – ½ P 18.
• Das seit Jahrzehnten in Familienbesitz befindliche Haus überzeugt seine Besucher mit zeitgemäßem Komfort, guter Pflege und einer geschätzten privaten Atmosphäre. In gemütlichen Governmenträumen finden Sie zu zweit oder für Feierlichkeiten das passende Ambiente.

Zum Torkel, Seehalde 14, ⌂ 88149, ℘ (08382) 9 86 20, hotel-zum-torkel@gmx.de, Fax (08382) 986262, 🍴, 🌳 – P. ❌ Zim
geschl. 7. Jan. - 15. Feb. – **Menu** (geschl. Mittwochmittag, Okt. - April Mittwoch) à la carte 21/33 – **23 Zim** ⌂ 40/55 – 76/90 – ½ P 14.
• Mitten im hübschen Weindorf gelegen, freut sich der ländliche Familienbetrieb auf Ihren Besuch. Vom Badespaß bis zum Ausflug in die Schweiz bietet die Gegend viel Abwechslung. In sympathischen, rustikal gestalteten Gaststuben bittet man Sie zu Tisch.

NONNWEILER Saarland 417 R 4 – 9 200 Ew – Höhe 375 m – Heilklimatischer Kurort.
Berlin 712 – Saarbrücken 50 – *Trier* 45 – Kaiserslautern 75.

In Nonnweiler-Sitzerath West : 4 km :

Landgasthof Paulus, Prälat-Faber-Str. 2, ⌂ 66620, ℘ (06873) 9 10 11, info@landgasthof-paulus.de, Fax (06873) 91191, 🍴 – P. ⓜⓢ VISA
geschl. Montag - Dienstag – **Menu** à la carte 28/42 ⓥ.
• Von einem echten Weinkenner umsorgt, kommen Sie in den Genuss edler Qualitätsprodukte. Ein modern-eleganter Landhausstil prägt das ehemalige Bauernhaus mit Vinothek.

NORDDORF Schleswig-Holstein siehe Amrum (Insel).

NORDEN Niedersachsen ᠘᠑᠕ F 5 – 26 500 Ew – Höhe 3 m.

⛴ von Norden-Norddeich nach Norderney (Autofähre) und ⛴ nach Juist, ℰ (04931) 987124, Fax (04931) 987131.

🛈 Kurverwaltung, Dörper Weg 22, (Norddeich) ✉ 26506, ℰ (04931) 9 86 02, Fax (04931) 986220.

Berlin 531 – Hannover 268 – Emden 44 – Oldenburg 97 – Wilhelmshaven 78.

🏨 **Reichshof** (mit Gästehäusern), Neuer Weg 53, ✉ 26506, ℰ (04931) 17 50, reichshof @t-online.de, Fax (04931) 17575, 🌿, 🐎, 🏊 – 🛗, 🚭 Zim, 📺 📞 🚗 🅿 – 🔔 200. 🅐🅔 ⓘ 🆎 VISA
Menu à la carte 16/38 – **40 Zim** 🛏 47/67 – 87/123, 3 Suiten – ½ P 12.
♦ Sie wohnen in den bewährten Zimmern des Hauses oder beziehen eines der neugestalteten – verschiedene Saunen und das Sabiamed ergänzen Ihr Erholungsprogramm. Viel Holz und eine rustikale Balkendecke sorgen in den getäfelten Stuben für Gemütlichkeit.

🏨 **Apart-Hotel** M garni, Norddeicher Str. 86, ✉ 26506, ℰ (04931) 95 78 00, service @hotel-moewchen.de, Fax (04931) 957801, 🐎, – 🛗, 🚭 Zim, 📺 ♿ 🚗 🅿 – 🔔 60. ⓘ 🆎 VISA
31 Zim 🛏 54/70 – 85/100.
♦ Das Hotel ist ein Klinkerbau der modernen Art. Hier finden Sie funktionelle Zimmer, einheitlich in neuzeitlichem Stil gestaltet und teils mit Balkon versehen.

In Norden-Norddeich Nord-West : 4,5 km – Seebad :

🏨 **Regina Maris** 🌿, Badestr. 7c, ✉ 26506, ℰ (04931) 1 89 30, rezeption@hotelregina maris.de, Fax (04931) 189375, 🌿, 🐎, 🏊 – 🛗 🚭 Zim, 📺 📞 🅿, 🅐🅔 🆎 VISA. 🌿
Menu (geschl. ausser Saison Montag) à la carte 19/33 – **Qulinaris** (geschl. Nov. 3 Wochen, Montag - Mittwoch)(nur Abendessen) **Menu** à la carte 34/48 – **62 Zim** 🛏 65/75 – 100/128, 6 Suiten – ½ P 17.
♦ In einem Wohngebiet, direkt am Deich gelegen, stehen die soliden wie auch wohnlichen Zimmer des Ferienhotels für Ihren Einzug bereit – teils mit Blick auf Wasser und Watt. Ein elegantes Ambiente und anspruchsvolle Tischkultur im Qulinaris.

🏨 **Fährhaus,** Hafenstr. 1, ✉ 26506, ℰ (04931) 9 88 77, info@hotel-faehrhaus-nord deich.de, Fax (04931) 988788, <, 🐎, 🚭 Zim, 📺 🚗 🅿
geschl. Mitte Nov. - Mitte Dez. – **Menu** à la carte 22/36 – **40 Zim** 🛏 51/62 – 87/108.
♦ Durchreisende wie auch Urlauber beziehen freundliche Zimmer in wohnlicher Machart. Nur wenige Schritte entfernt locken der Strand und das bunte Treiben im Hafen. Schlichtes Restaurant mit schönem Ausblick.

NORDENHAM Niedersachsen ᠘᠑᠕ F 9 – 29 500 Ew – Höhe 2 m.

🛈 Marketing und Touristik, Marktplatz 7, ✉ 26954, ℰ (04731) 9 36 40, info@norden ham.net, Fax (04731) 936446.

Berlin 464 – Hannover 200 – Cuxhaven 51 – Bremen 71 – Bremerhaven 7 – Oldenburg 54.

🏨 **Am Markt,** Marktstr. 12, ✉ 26954, ℰ (04731) 9 37 20, hotel-am-markt@t-online.de, Fax (04731) 937255, 🐎 – 🛗, 🚭 Zim, 📺 📞 ♿ 🚗 – 🔔 50. 🅐🅔 ⓘ 🆎 VISA
Menu à la carte 17/33 – **44 Zim** 🛏 56/74 – 99/118, 3 Suiten.
♦ Das neuzeitliche und funktionelle Innenleben dieses Innenstadt-Domizils werden Sie sowohl auf geschäftlicher als auch auf privater Reise schätzen. Für nette Stunden in behaglichem Ambiente sorgen Restaurant und Bistro.

🏨 **Aits** garni, Bahnhofstr. 120, ✉ 26954, ℰ (04731) 9 98 20, Fax (04731) 9982400 – 📺 🚗 🅿 🅐🅔 🆎 VISA
20 Zim 🛏 42 – 65.
♦ Sind Sie auf der Suche nach einer gepflegten Adresse für unterwegs? Schlicht wie auch praktisch ausgestattet, bietet Ihnen das Haus alles Notwendige für Ihren Aufenthalt.

In Nordenham-Abbehausen Süd-West : 4,5 km :

🏨 **Landhotel Butjadinger Tor** (mit Gästehaus), Butjadinger Str. 67, ✉ 26954, ℰ (04731) 9 38 80, butjadinger-tor@t-online.de, Fax (04731) 938888, 🌿 – 🚭 Zim, 📺 📞 🅿 – 🔔 60. 🅐🅔 🆎 VISA
Menu à la carte 24/32 – **28 Zim** 🛏 45/55 – 65/80.
♦ Praktische Gästezimmer ersetzen Ihnen vorübergehend Ihr eigenes Zuhause. Mit dem Oldtimer-Kleinbus oder der Butjenter Bahn lernen Sie die Gegend kennen. Die Gastronomie des Hauses bringt Ihnen das Flair der Nordsee näher.

NORDENHAM

In Nordenham-Tettens *Nord : 10 km :*

%% **Landhaus Tettens,** Am Dorfbrunnen 17, ⊠ 26954, ℘ (04731) 3 94 24, Fax (04731) 31740, 😊 – 🅿.
geschl. 1. - 14. Jan., Montag – **Menu** à la carte 19/34.
* 1737 als eines der ältesten Gebäude im Ort erbaut, dient das ehemalige Bauernhaus heute Ihrer Bewirtung - rustikal-elegant, dem friesischen Charakter des Hauses entsprechend.

NORDERNEY (Insel) *Niedersachsen* 415 *E 5 – 6 500 Ew – Seeheilbad – Insel der Ostfriesischen Inselgruppe, eingeschränkter Kfz-Verkehr.*

🏌 Norderney, Am Golfplatz 2 (Ost : 5 km), ℘ (04932) 92 71 56.
⚓ am Leuchtturm, ℘ (04932) 24 55, Fax (04932) 2455.
🚢 von Norddeich (ca. 1h), ℘ (04932) 91 30, Fax (04932) 9131310.
ℹ Touristinfo, Bülowallee 5, ⊠ 26548, ℘ (04932) 9 18 50, Fax (04932) 82494.
Ab Fährhafen Norddeich : Berlin 537 – Hannover 272 – Emden *44 – Aurich/Ostfriedland 31.*

🏛 **Strandhotel an der Georgshöhe** ⚘, Kaiserstr. 24, ⊠ 26548, ℘ (04932) 89 80, info@georgshoehe.de, Fax (04932) 898200, ≤, 😊, Massage, ょ, ≘s, ⊠, 🅢, 🚴, %(Halle) – 🛗, 🛏 Rest, 📺 ♨ 🅿 ⅍ Zim
geschl. 6. Jan. 1. - 12. Feb., 1. - 26. Dez. – **Menu** à la carte 23/41 – **95 Zim** ⊇ 54/141 – 143/184, 13 Suiten – ½ P 20.
* Eine moderne Ausstattung sowie eine harmonische Farbgestaltung kennzeichnen die Zimmer dieser Residenz - Ihrem Wohlbefinden dienen Sport- und Wellness-Einrichtungen. Ein neuzeitlich-gediegenes Ambiente erwartet den Gast des Restaurants.

🏛 **Villa Ney** Ⓜ ⚘, Gartenstr. 59, ⊠ 26548, ℘ (04932) 91 70, info@villa-ney.de, Fax (04932) 919731, ≘s – 🛗 📺 ♨ 🅐🅔 ① 🅒🅞 VISA
geschl. Jan. 2 Wochen, Dez. 2 Wochen – **Menu** *(nur Abendessen)* (Restaurant nur für Hausgäste) – **14 Zim** ⊇ 100/130 – 165/195, 10 Suiten.
* Hinter einer modernen Fassade - architektonisch einer Villa nachempfunden - verbergen sich individuell eingerichtete Gemächer, die Übernachten zu angenehmem Wohnen machen.

🏛 **Haus am Meer** ⚘ (mit Gästehäusern), Kaiserstr. 3, ⊠ 26548, ℘ (04932) 89 30, info@hotel-haus-am-meer.de, Fax (04932) 3673, ≤, ≘s, 🅢 – 🛗 📺 ♨ 🖙 🅿 🅒🅞
Menu *(nur Abendessen)* (Restaurant nur für Hausgäste) – ⊇ 10 – **43 Zim** 60/110 – 100/194, 4 Suiten.
* "Rodehuus" und "Wittehuus" bilden zusammen diese ansprechende Urlaubsadresse direkt an der Strandpromenade. Ein geschmackvoller Landhausstil prägt das Interieur des Hauses.

🏛 **Inselhotel Vier Jahreszeiten,** Herrenpfad 25, ⊠ 26548, ℘ (04932) 89 40, Fax (04932) 1460, 😊, Massage, ≘s, 🅢 – 🛗 📺 🅐🅔 ① 🅒🅞 VISA
Menu à la carte 22/36 – **91 Zim** ⊇ 80/98 – 140, 3 Suiten – ½ P 21.
* Hinter einer historischen Fassade stehen zwei verschiedene Zimmertypen zur Beherbergung bereit - stets wohnlich und solide in hellem Holz möbliert. Freundlich gestaltet, präsentiert sich das Restaurant im friesischen Stil.

🏛 **Inselhotel König** (mit Gästehaus), Bülowallee 8, ⊠ 26548, ℘ (04932) 80 10, info@inselhotel-koenig.de, Fax (04932) 801125, 😊, ≘s – 🛗, ⅍ Zim, 📺 ① 🅒🅞 VISA
geschl. 21. Nov. - 21. Dez. – **Menu** à la carte 18/31 – **92 Zim** ⊇ 80/90 – 120/140 – ½ P 17.
* Das hübsche, traditionsreiche Haus aus dem Jahre 1868 verbindet den Charme des alten Seebades mit den heutigen Vorstellungen von Komfort und Ausstattung. Hell und modern ist die Einrichtung des Restaurants.

🏛 **Golf-Hotel** ⚘, Am Golfplatz 1 (Ost : 5 km), ⊠ 26548, ℘ (04932) 89 60, info@golf-hotel-norderney.de, Fax (04932) 89666, ≤, 😊, ≘s, 🅢, 🚴, % – 📺 ♨ 🖙 🅿
Menu à la carte 20/33 – **31 Zim** ⊇ 94/104 – 157/177, 3 Suiten – ½ P 18.
* Eingebettet in eine schöne Dünenlandschaft, erwartet Sie hier eine Oase der Ruhe. Nicht nur Golfer schätzen die wohnlichen Zimmer - teils mit Balkon zur Nordsee. Großes, klassisch eingerichtetes Restaurant.

🏛 **Strandhotel Pique** ⚘, Am Weststrand 4, ⊠ 26548, ℘ (04932) 9 39 30, hotel-pique@t-online.de, Fax (04932) 939393, 😊, ≘s, 🅢 – 🛗 📺 🅿
Menu *(geschl. 7. Jan. - 15. Feb., 1. Nov. - 26. Dez., Dienstag)* à la carte 19/40 – **21 Zim** ⊇ 69/49 – 132/157, 3 Suiten.
* Behagliche Gästezimmer, eine persönliche Atmosphäre und die schöne Lage am Strand machen das Haus zu einem geeigneten Domizil für Ihren Urlaub. Das Restaurant ist in gemütliche Nischen unterteilt, die Terrasse blickt auf die See.

NORDERNEY (Insel)

Belvedere am Meer garni (mit Appartementhaus), Viktoriastr. 13, ✉ 26548, ℰ (04932) 9 23 90, Fax (04932) 83590, <, ≦s, ⌧, 🐾, – TV ⇔ 🅿 ✗
April - Mitte Okt. – **21 Zim** ⇌ 90/135 – 140/170.
 • Hinter den Mauern der Villa aus dem Jahre 1870 erwarten Sie individuelle Zimmer, in den Appartements des Gästehauses ein Hauch Eleganz - nach modernen Aspekten gestaltet.

Friese (mit Gästehaus), Friedrichstr. 34, ✉ 26548, ℰ (04932) 80 20, Fax (04932) 80234, ≦s – ⌊⌋ ⚡ TV ✗ Zim
geschl. 10. Jan. - 13. März, 6. - 26. Dez. – **Menu** (geschl. Mittwoch) à la carte 17/36 – **76 Zim** ⇌ 53/58 – 95/123, 3 Suiten – ½ P 13.
 • Das Gästehaus "up Anner Siet" ergänzt mit großzügig gestalteten sowie hell und freundlich möblierten Fremdenzimmern das ursprüngliche Hotel - beide zentral gelegen. Unterteilt in verschiedene Räume, zeigt sich das Restaurant in rustikaler Aufmachung.

Lenz, Benekestr. 3, ✉ 26548, ℰ (04932) 22 03, volker.lenz@gmx.de, Fax (04932) 990745 – ⓞ ⓜⓞ 𝚅𝙸𝚂𝙰
geschl. Mitte Jan. - Mitte Feb., Montag – **Menu** (nur Abendessen) (Tischbestellung ratsam) à la carte 25/42.
 • Zum Speisen nehmen Sie im freundlichen Ambiente dieser gastlichen Adresse Platz - passend zur Gegend im friesischen Stil gehalten. Fisch bildet den Schwerpunkt der Küche.

NORDERSTEDT Schleswig-Holstein 415 416 E 14 – 71 000 Ew – Höhe 26 m.
ADAC, Berliner Allee 38 (Herold-Center).
Berlin 309 – Kiel 79 – Hamburg 26 – Itzehoe 58 – Lübeck 69.

Park-Hotel M garni, Buckhörner Moor 100, ✉ 22846, ℰ (040) 52 65 60, parkhotel-norderstedt@t-online.de, Fax (040) 52656400, ≦s – ⌊⌋ ⚡ TV ✗ ⇔ 🅿 – 🛎 100. 𝙰𝙴 ⓞ ⓜⓞ 𝚅𝙸𝚂𝙰
78 Zim ⇌ 80/95 – 102
 • Mit einer großzügig wirkenden, ansprechend dekorierten Halle empfängt Sie dieses komfortable Haus. Die Zimmer sind teils modern-sachlich, teils wohnlicher gestaltet.

Avalon Hotel, Segeberger Chaussee 45 (B 432), ✉ 22850, ℰ (040) 5 29 90 00, norderstedt@avalon-hotels.com, Fax (040) 52990019, 🌿 – ⌊⌋, ⚡ Zim, TV ✗ 🔄 ⇔ 🅿 – 🛎 30. 𝙰𝙴 ⓞ ⓜⓞ 𝚅𝙸𝚂𝙰
Menu (nur Abendessen) à la carte 16,50/28 – ⇌ 10 – **68 Zim** 109/120 – 130/140.
 • Ein sinnvoll gestaltetes Innenleben kennzeichnet Ihr vorübergehendes Heim. Auch zum Arbeiten findet sich ein geeigneter Platz, teils mit Fax- und Modemanschluß. Freundliche, gemütliche Bistro-Atmosphäre im Restaurant mit Gartenterrasse.

Friesenhof M garni, Segeberger Chaussee 84 a/b, ✉ 22850, ℰ (040) 52 99 20, direktion@friesen-hof.de, Fax (040) 52992100 – ⌊⌋ ⚡ TV ✗ ⇔ 🅿 – 🛎 25. 𝙰𝙴 ⓞ ⓜⓞ 𝚅𝙸𝚂𝙰 𝙹𝙲𝙱
47 Zim ⇌ 75/97 – 98/120.
 • Hinter einer modernen Fassade begrüßt man Sie mit friesischer Gastlichkeit und dem Komfort von heute. Ein unterirdischer Gang verbindet das Haupthaus mit dem Gästehaus.

Nordic M garni, Ulzburger Str. 387, ✉ 22846, ℰ (040) 5 26 85 80, Fax (040) 5266708, 🐾 – TV ✗ 🅿 – 🛎 15. 𝙰𝙴 ⓞ ⓜⓞ 𝚅𝙸𝚂𝙰
30 Zim ⇌ 70/80 – 85/95.
 • Hell und zeitgemäß wie auch funktionell eingerichtete Zimmer stehen zum Einzug bereit. Auch die Nähe zu Hamburg zählt zu den Annehmlichkeiten Ihres Domizils.

In Norderstedt-Garstedt :

Heuberg garni (mit Gästehaus), Kahlenkamp 2/Ecke Niendorfer Straße, ✉ 22848, ℰ (040) 52 80 70, info@hotel-heuberg.de, Fax (040) 5238067 – ⌊⌋ ⚡ TV ⇔ 🅿 – 🛎 15. 𝙰𝙴 ⓞ ⓜⓞ 𝚅𝙸𝚂𝙰 𝙹𝙲𝙱
48 Zim ⇌ 70/80 – 85/100.
 • Beziehen Sie eines der neu eingerichteten Zimmer. Das behagliche Ambiente und ein freundliches Team machen diese solide Adresse zu einer geeigneten Unterkunft auf Reisen.

Maromme garni, Marommer Str. 58, ✉ 22850, ℰ (040) 52 10 90, Fax (040) 5210930, 🐾 – ⚡ TV ✗ 🅿. 𝙰𝙴 ⓞ 𝚅𝙸𝚂𝙰
18 Zim ⇌ 65/70 – 81/90.
 • Sind Sie auf der Suche nach einem gepflegten Quartier für unterwegs? Einheitlich mit dunklem Mobiliar bestückt, präsentieren sich die Zimmer als solide Behausung.

In Norderstedt-Glashütte :

Norderstedt garni, Tangstedter Landstr. 508, ✉ 22851, ℰ (040) 52 99 90, norderstedt@ccl-hotels.com, Fax (040) 52999299 – ⌊⌋ ⚡ TV ✗ 🔄 ⇔ – 🛎 20. 𝙰𝙴 ⓞ ⓜⓞ 𝚅𝙸𝚂𝙰
27 Zim ⇌ 60/90 – 78/118.
 • Hinter neuzeitlicher Fassade verbirgt sich eine Kombination von Wohnlichkeit und Funktionalität. Auch die familiäre Atmosphäre im Haus trägt zu Ihrem Wohlbefinden bei.

NORDERSTEDT

🏠 **Zur Glashütte**, Segeberger Chaussee 309 (B 432), ✉ 22851, ✆ (040) 5 29 86 60, Fax (040) 52986635, 🔲 – 📺 🚗 🅿️ 🆗 VISA
Menu (geschl. Juli, Mittwoch) (wochentags nur Abendessen) à la carte 16/26 – **16 Zim** ⚏ 45 – 72.
• Verkehrsgünstig vor den Toren Hamburgs und nahe dem Naturschutzgebiet des Wittmoors gelegen, überzeugt diese Adresse Geschäftsreisende wie auch Urlauber. Der gastronomische Bereich teilt sich in ein ländliches Restaurant und eine nette Schänke.

In Norderstedt-Harksheide :

🏰 **Schmöker Hof**, Oststr. 18, ✉ 22844, ✆ (040) 52 60 70, info@schmoekerhof.bestwestern.de, Fax (040) 5262231, Biergarten, 🛋 – 🛗, ⇌ Zim, 📺 📞 🚗 🅿️ – 🏛 100. AE ⓘ 🆗 VISA
Menu à la carte 24/38 – ⚏ 10 – **122 Zim** 82/98 – 95/106, 4 Suiten.
• Individuell gestaltete Quartiere verschiedener Kategorien stehen zur Wahl. Allergikerzimmer sowie Zimmer mit moderner Kommunikationstechnik ergänzen seit kurzem das Angebot. Den Restaurantbereich des Hauses erreichen Sie durch den Innenhof.

NORDHAUSEN Thüringen 418 L 16 – 47 000 Ew – Höhe 247 m.
🛈 Tourist-Information, Bahnhofsplatz 6, ✉ 99734, ✆ (03631) 90 21 54, Fax (03631) 902153.
ADAC, Grimmelallee 48.
Berlin 261 – *Erfurt* 74 – Göttingen 86 – Halle 91.

🏠 **Handelshof** Ⓜ garni, Bahnhofstr. 12, ✉ 99734, ✆ (03631) 62 50, handelshof-ndh@t-online.de, Fax (03631) 625100 – 🛗 ⇌ 📺 📞 🅿️ – 🏛 30. AE 🆗 VISA
43 Zim ⚏ 54/65 – 72/88.
• Zentral gelegen - Bahnhof und Fußgängerzone in unmittelbarer Nähe - finden Übernachtungsgäste wie auch Urlauber ein freundliches Quartier mit gutem Platzangebot.

In Werther Süd-West : 3,5 km :

🏠 **Zur Hoffnung**, an der B 80, ✉ 99735, ✆ (03631) 60 12 16, hotel-zur-hoffnung@t-online.de, Fax (03631) 600826, 🌳, 🛋 – 🛗, ⇌ Rest, 📺 📞 🚗 🅿️ – 🏛 120. ✳
Menu à la carte 13,50/24 – **50 Zim** ⚏ 38/53 – 61/63.
• Die Gästezimmer dieses soliden Familienbetriebes stellen in Ihrer praktischen Machart eine geeignete Unterkunft auf Ihrer Durchreise dar. Nehmen Sie Platz im rustikalen Ambiente des Restaurants.

NORDHEIM Bayern siehe Volkach.

NORDHORN Niedersachsen 415 I 5 – 52 000 Ew – Höhe 22 m.
🛈 Verkehrsverein, Firnhaberstr. 17, ✉ 48529, ✆ (05921) 8 03 90, info@vvv-nordhorn.de, Fax (05921) 803939.
ADAC, Firnhaber Str. 17.
Berlin 502 – Hannover 224 – Bremen 155 – Groningen 113 – Münster (Westfalen) 73.

Stadtplan siehe gegenüberliegende Seite

🏨 **Am Stadtring**, Stadtring 31, ✉ 48527, ✆ (05921) 8 83 30, info@hotel-am-stadtring.de, Fax (05921) 75391, 🛋 – 🛗, ⇌ Zim, 📺 📞 🚗 🅿️ – 🏛 60. AE ⓘ 🆗 VISA
Menu à la carte 22/35 – **60 Zim** ⚏ 46/81 – 56/112.
• "Nicht daheim und doch zu Hause" - so lautet die Philosophie dieses Hotels. Für Ihre Beherbergung stehen teils frisch renovierte Zimmer in neuzeitlichem Stil zur Verfügung. Zur Gastronomie des Hauses zählen die Orangerie und das Kaminstübchen.

🏠 **Eichentor**, Bernhard-Niehues-Str. 12, ✉ 48529, ✆ (05921) 8 98 60, hotel-eichentor@t-online.de, Fax (05921) 77948, 🛋, 🔲 – 🛗 📺 📞 🅿️ – 🏛 50. AE ⓘ 🆗 VISA JCB
Menu (geschl. Samstag, Sonn- und Feiertage) (nur Abendessen) à la carte 17/31 – **47 Zim** ⚏ 45/65 – 68/90.
• Gäste des Hauses werden sowohl die zentrale Lage als auch das gepflegte Interieur schätzen. Die technische Ausstattung ermöglicht auch erfolgreiches Arbeiten unterwegs. In einem netten, rustikalen Stil sind die Räumlichkeiten des Restaurants gehalten.

XX **Kleines Sandhookhaus**, Sandhook 34, ✉ 48531, ✆ (05921) 3 29 46, sandhookhaus@t-online.de, Fax (05921) 330048, 🌳 – AE ⓘ 🆗 VISA. ✳
geschl. Montag – **Menu** (nur Abendessen) à la carte 20/36.
• Hinter der Klinkerfassade des kleinen gastlichen Hauses verbirgt sich ein helles, freundliches Ambiente, in dem man gerne verweilt. Fisch und Internationales prägen die Karte.

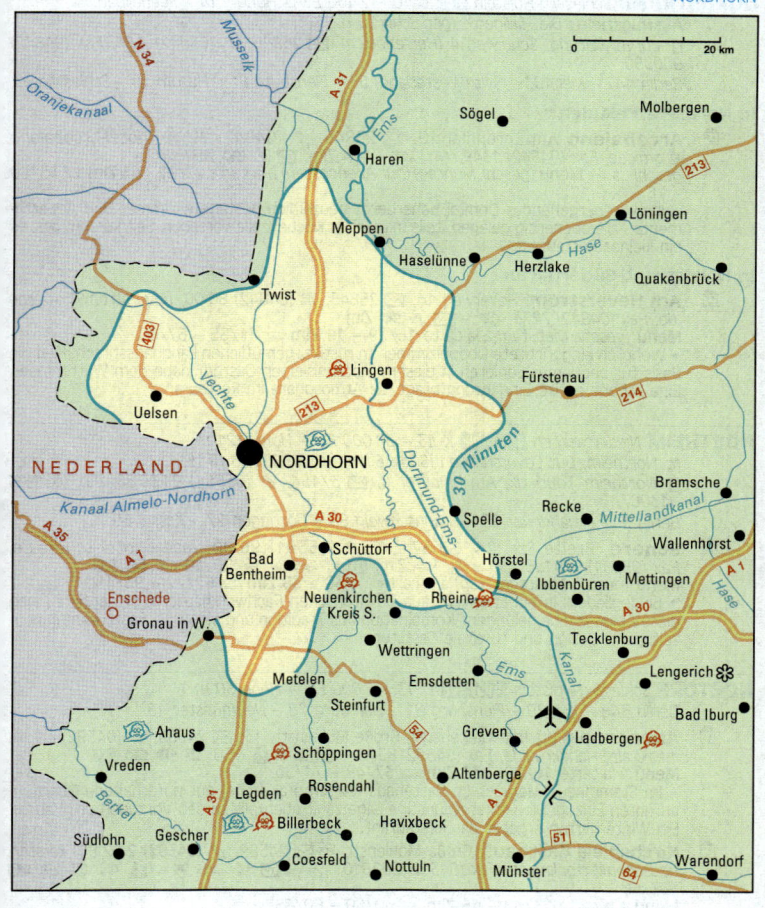

Ihre Meinung über die von uns empfohlenen Restaurants, deren Spezialitäten sowie die angebotenen regionalen Weine, interessiert uns sehr

---

NORDRACH Baden-Württemberg 419 U 8 – 2 000 Ew – Höhe 300 m – Luftkurort.

🛈 Gäste-Info, Im Dorf 26, ✉ 77787, ☎ (07838) 92 99 21, Fax (07838) 929924.

Berlin 776 – Stuttgart 130 – Karlsruhe 106 – Lahr 23 – Offenburg 28 – Freudenstadt 39.

Stube, Im Dorf 28, ✉ 77787, ☎ (07838) 2 02, Fax (07838) 927892, 🍽 – 📺 🅿

geschl. Jan. 3 Wochen – **Menu** (geschl. Dienstagabend - Mittwoch) à la carte 15/31 – **11 Zim** ⊇ 28 – 45/50 – ½ P 11.

◆ Ländlichkeit prägt das Innenleben des Hauses. Gut unterhalten - und teils mit Balkon versehen - zeigen sich die Zimmer als geeignete Übernachtungsmöglichkeit. Das Restaurant ist eine rustikale Gaststube.

NORDSTRAND Schleswig-Holstein 415 C 10 – 2 400 Ew – Höhe 1 m – Seeheilbad.
Ausflugsziele : *Die Halligen*★ *(per Schiff).*
🛈 Kurverwaltung, Schulweg 4 (Herrendeich), ✉ 25845, ℘ (04842) 4 54, Fax (04842) 900990.
Berlin 447 – Kiel 103 – Sylt (Westerland) 53 – Flensburg 61 – Husum 19 – Schleswig 53.

In Nordstrand-Süden :

🏨 **Arcobaleno** Am Ehrenmal 10, ✉ 25845, ℘ (04842) 82 12, hotel-arcobaleno @gmx.de, Fax (04842) 1349, 😊, 🍴 – 🛌 Zim, 📺 📞 ⓶ VISA 💺
geschl. Jan. – **Menu** *(geschl. Montag) (nur Abendessen)* à la carte 17/22 – **13 Zim** 🍽 45/60 – 76 – ½ P 12.
 • Ihr vorübergehendes Domizil beherbergt neuzeitlich gestaltete Zimmer und Appartements - alle ebenerdig gelegen, teils mit kleiner Küchenzeile versehen. Seit kurzem gibt es ein kleines Restaurant.

In Nordstrand-Süderhafen :

🏨 **Am Heverstrom,** Heverweg 14, ✉ 25845, ℘ (04842) 80 00, heverstrom@t-online .de, Fax (04842) 7273, 😊 – 📺 📞 💺 Zim
Menu *(geschl. Dienstag)* à la carte 16/29 – **11 Zim** 🍽 41/55 – 57/85.
 • Wohnlich eingerichtete Doppelzimmer im rustikal-gemütlichen Landhausstil schaffen die Basis für bequemes Logieren in diesem modernisierten Gasthof nahe dem Wattenmeer. Eine schöne antike Einrichtung prägt die Atmosphäre im Restaurant.

NORTHEIM Niedersachsen 417 418 K 13 – 34 000 Ew – Höhe 121 m.
🏌 Northeim, Gut Levershausen (Süd : 6 km), ℘ (05551) 6 19 15.
🛈 Northeim Touristik, Am Münster 6, ✉ 37154, ℘ (05551) 91 30 66, Fax (05551) 913067.
Berlin 317 – Hannover 99 – Braunschweig 85 – Göttingen 27 – Kassel 69.

🏨 **Schere,** Breite Str. 24, ✉ 37154, ℘ (05551) 96 90, mail@hotel-schere.de, Fax (05551) 969196, 😊 – 🛗, 🛌 Zim, 📺 📞 ⇐ – 🅰 20. AE ① ⓶ VISA
Menu *(geschl. Montagmittag)* à la carte 15/30 – **38 Zim** 🍽 62/77 – 93/150.
 • Eingegliedert in ein Ensemble aus 7 historischen Fachwerkhäusern, präsentiert Ihnen diese Adresse eine gelungene Kombination aus Tradition und Moderne. Restaurant in neuzeitlichem Design und rustikale Gaststube.

NORTORF Schleswig-Holstein 415 416 D 13 – 7 000 Ew – Höhe 30 m.
Berlin 348 – Kiel 29 – Flensburg 81 – Hamburg 78 – Neumünster 16.

🏨 **Alter Landkrug** (mit Gästehaus), Große Mühlenstr. 13, ✉ 24589, ℘ (04392) 44 14, info@alter-landkrug.de, Fax (04392) 8302 – 📺 📞 – 🅰 150. AE ① ⓶ VISA
Menu à la carte 16/26 – **32 Zim** 🍽 37/48 – 74/90.
 • Im Stammhaus wie auch im Gästehaus warten praktisch, gut unterhaltene Quartiere auf Ihren Einzug. Die verkehrsgünstige Lage zählt ebenfalls zu den Vorzügen des Hauses. Ein Wintergarten ergänzt das Restaurant.

🏨 **Kirchspiels Gasthaus,** Große Mühlenstr. 9, ✉ 24589, ℘ (04392) 2 02 80, karsten. heeschen@t-online.de, Fax (04392) 202810, 😊 – 📺 📞 ⇐ 📞 – 🅰 40. AE ① ⓶ VISA 💺
Menu à la carte 23/39 – **15 Zim** 🍽 40/60 – 60/85.
 • Solide und funktionell bestückt, ersetzen die Gästezimmer dieser Herberge vorübergehend Ihr eigenes Zuhause. Attraktive Ausflugsziele liegen ganz in Ihrer Nähe. Der Restaurantbereich des Hauses - ganz in Holz gehalten - bietet jedem ein nettes Plätzchen.

NOSSENTINER HÜTTE Mecklenburg-Vorpommern 416 F 21 – 650 Ew – Höhe 80 m.
Berlin 154 – Schwerin 78 – Güstrow 41 – Wittstock 51.

In Nossentiner Hütte-Sparow Süd-West : 5 km :

🏨 **Gutshof Sparow** 🌳 (mit Gästehäusern), ✉ 17214, ℘ (039927) 76 20, gutshof.sp arow@t-online.de, Fax (039927) 76299, 😊, Massage, 🛁, 🏊, 🍴, 🎾 (Halle) Squash , Badminton – 🛗, 🛌 Zim, 🍽 Rest, 📺 📞 📞 – 🅰 30. AE ⓶ VISA
Menu à la carte 15/32 – **41 Zim** 🍽 60/70 – 85/95, 24 Suiten.
 • Komfortables Wohnen mitten im Park. Das Zentrum dieser attraktiven Anlage bildet das alte Gutshaus - umgeben von mehreren hübschen Fachwerkhäusern mit Appartements. Das Restaurant : teils gemütlich mit viel Holz, teils als Wintergarten mit Rattanstühlen.

NOTHWEILER Rheinland-Pfalz siehe Rumbach.

NOTTULN Nordrhein-Westfalen 417 K 6 – 18 000 Ew – Höhe 95 m.

Berlin 499 – Düsseldorf 106 – Nordhorn 85 – Enschede 65 – Münster (Westfalen) 19.

Steverburg, Baumberge 6 (Nord-Ost : 3 km), ⊠ 48301, ℘ (02502) 94 30, Fax (02502) 9876, 🎄 – ⇌ Zim, 📺 🅿 – 🔔 20. ⓞ 🆅🅸🆂🅰. ⛔ Rest
Menu (geschl. Donnerstag) à la carte 20/40 – **21 Zim** ☑ 57/67 – 83/98.

• Das Haus mit hübscher Natursteinfassade und Turmanbau wirkt wie ein kleines Schlösschen - mit geschmackvollem Innenleben. Auf einer Anhöhe am Waldrand plaziert. Das Interieur des Restaurants : gediegene Aufmachung mit elegantem Touch.

In Nottuln-Schapdetten Ost : 5 km :

Landhaus Schapdetten, Roxeler Str. 7, ⊠ 48301, ℘ (02509) 9 90 50, info@landhaus-schapdetten.de, Fax (02509) 990533, 🎄 – ⇌ Zim, 📺 🅿 – 🔔 30. ⒶⒺ ⓞ 🆅🅸🆂🅰
Menu à la carte 15/33 – **19 Zim** ☑ 41/64 – 71/95.

• Auch nach der Modernisierung prägen die ursprünglichen Mauern aus Baumberger Sandstein den Charakter des Hauses. Sie bewohnen gepflegte Zimmer oder Familienappartements. Naturstein und offener Kamin tragen zur gemütlichen Atmosphäre der Gaststuben bei.

Zur alten Post 🎋, Roxeler Str. 5, ⊠ 48301, ℘ (02509) 9 91 90, altepost-schapdetten@t-online.de, Fax (02509) 991919, Biergarten – 📺 🛏 🅿 – 🔔 15. ⒶⒺ ⓞ 🆅🅸🆂🅰
Menu (geschl. Dienstag) à la carte 15/28 – **26 Zim** ☑ 34/37 – 55/68.

• Reisende finden hier - am Südhang der Baumberge - gepflegte und funktionelle Gästezimmer. Die Landschaft bietet gute Wander- und Radwandermöglichkeiten. In bürgerlichem Ambiente widmet man sich aufmerksam Ihrer Bewirtung.

In Nottuln-Stevern Nord-Ost : 2 km :

Gasthaus Stevertal mit Zim, Stevern 36, ⊠ 48301, ℘ (02502) 9 40 10, Fax (02502) 940149, 🎄 – 🛏 🅿 – 🔔 60
Menu (bemerkenswerte Weinkarte) à la carte 16/38 – **7 Zim** ☑ 42 – 75.

• Hinter der hübschen Fassade aus dem hier typischen Sandstein bittet man Sie in rustikalgemütlichem Umfeld zu Tisch. Ein guter Tropfen bereichert Ihr Mahl.

NÜMBRECHT Nordrhein-Westfalen 417 N 6 – 17 000 Ew – Höhe 280 m – Heilklimatischer Kurort.

🅱 Kur- und Gästeinformation, Lindchenweg 1, ⊠ 51588, ℘ (02293) 5 18, Fax (02293) 510.

Berlin 576 – Düsseldorf 91 – Bonn 49 – Waldbröl 8 – Köln 53.

Park-Hotel 🎋, Parkstr. 3, ⊠ 51588, ℘ (02293) 30 30, Fax (02293) 303365, 🎄, Massage, ≘s, 🏊, ⚽(Halle) – 🛗, ⇌ Zim, 📺 🛏 🅿 – 🔔 160. ⒶⒺ ⓞ 🆅🅸🆂🅰
Menu à la carte 22/39 – **89 Zim** ☑ 85/110 – 120/145 – ½ P 16.

• Die neuzeitliche Gestaltung der Zimmer - teils frisch renoviert - schätzen sowohl Geschäftsleute als auch Urlauber. Verschiedene Arrangements gehören zum Angebot des Hauses. Eine vielseitige Gastronomie bietet für jeden Appetit das Passende.

Oliver's Gasthaus (Berfelz) mit Zim, Hauptstr. 52, ⊠ 51588, ℘ (02293) 9 11 10, o.berfelz@ndh.net, Fax (02293) 91118, 🎄 – ⇌ Rest, 📺 ⚿ 🅿. ⒶⒺ ⓞ 🆅🅸🆂🅰 🅹🅲🅱
geschl. über Karneval 1 Woche, Aug. - Sept. 2 Wochen – **Menu** (geschl. Montag - Dienstagmittag) 25 (mittags) à la carte 44,50/58 ♀ – **4 Zim** ☑ 85/110 – 100/135.

• Freigelegtes Mauerwerk, Holzboden und eine gemütliche Atmosphäre prägen das gepflegte Interieur des Hauses. Gekonnt serviert man Ihnen Klassisches mit mediterranem Touch.

Spez. Gebratene Kaninchenleber mit Lavendel und Pfifferlingen (Saison). Rehnüsschen mit Preiselbeercrêpes und Wirsing. Lakritze-Eisparfait mit Limonen und Limonensirup.

NÜRBURG Rheinland-Pfalz 417 O 4 – 200 Ew – Höhe 610 m – Luftkurort.

Sehenswert : Burg ✲ ★.
Ausflugsziel : Nürburgring★ (Sammlung Mythos Nürburgring★).
Berlin 644 – Mainz 152 – Aachen 133 – Bonn 56 – Mayen 26 – Wittlich 57.

Dorint 📺, Am Nürburgring, ⊠ 53520, ℘ (02691) 30 90, info.znvnue@dorint.com, Fax (02691) 309460, ≤, 🎄, ≘s, 🏊, – 🛗 📺 ⚿ 🛏 🅿 – 🔔 800. ⒶⒺ ⓞ ⓜⓒ 🆅🅸🆂🅰 🅹🅲🅱
Menu à la carte 24/42 – **207 Zim** ☑ 135/180 – 162/220, 3 Suiten.

• Direkt an der Rennstrecke gelegen, stellt das moderne Hotel Ihre Poleposition am Nürburgring dar. Hier sind Erholungsuchende genauso willkommen wie Anhänger des Motorsports. Im Restaurant können Sie einen wohltuenden Boxenstop einlegen.

NÜRBURG

Am Tiergarten, Kirchweg 4, ✉ 53520, ℘ (02691) 9 22 00, info@am-tiergarten.de, Fax (02691) 7911, 😊 – ❄ Zim, 📺 📞 🅿 – 🔔 15. 🆎 ⓞ 📧 VISA
Menu (geschl. 23. - 28. Dez.) (italienische Küche) à la carte 18/35 – **35 Zim** ⌂ 60/65 – 80/115.
♦ Durch die Nähe zur Rennstrecke stellt diese neuzeitlich gestaltete Adresse natürlich auch für Sportbegeisterte eine geeignete Behausung auf Zeit dar. Gemütliche Nischen und ein Wintergarten bilden den gastronomischen Bereich.

Zur Burg (mit Gästehaus), Burgstr. 4, ✉ 53520, ℘ (02691) 75 75, hotelzurburg daniels@t-online.de, Fax (02691) 7911, 😊, 🍽 – 📺 🅿 – 🔔 20. 🆎 ⓞ 📧 VISA
geschl. 20. Nov. - 1. Jan. – **Menu** (geschl. Montag) à la carte 15/28 – **35 Zim** ⌂ 41/62 – 65/95.
♦ Haupthaus wie auch Gästehaus beherbergen Sie in funktionell gestalteten Zimmern. Die Nähe zum Nürburgring und zur Burg zählen zu den Vorzügen des Hauses.

NÜRNBERG Bayern 419 420 R 17 – 490 000 Ew – Höhe 300 m.

Sehenswert : Germanisches Nationalmuseum★★★ JZ – St.-Sebalduskirche★ (Kunstwerke★★) JY – Stadtbefestigung★ – Dürerhaus★ JY – Schöner Brunnen★ JY C – St.-Lorenz-Kirche★ (Engelsgruß★★, Gotischer Kelch★★) JZ – Kaiserburg (Sinwellturm ≤★) JY – Frauenkirche★ JY E – Verkehrsmuseum (DB-Museum★) JZ M4 – Dokumentationszentrum Reichsparteitaggelände★ GX.

🏌 Am Reichswald (über Kraftshofer Hauptstr. BS), ℘ (0911) 30 57 30 ; 🏌 Fürth, Vacher Str. 261, ℘ (0911) 75 75 22.
✈ Nürnberg BS, ℘ (0911) 9 37 00.
Messezentrum BT, ℘ (0911) 8 60 60, Fax (0911) 8606228.
🛈 Tourist-Information, Königstr. 93, ✉ 90402, ℘ (0911) 2 33 61 32, Fax (0911) 2336166.
🛈 Tourist-Information, Hauptmarkt 18, ✉ 90403, ℘ (0911) 2 33 61 35, Fax (0911) 2336166.
ADAC, Äußere Sulzbacher Str. 98.
Berlin 432 ⑤ – München 165 ⑦ – Frankfurt am Main 226 ① – Leipzig 276 ⑤ – Stuttgart 205 ⑧ – Würzburg 110 ①

Stadtpläne siehe nächste Seiten

ArabellaSheraton Hotel Carlton 🅼, Eilgutstr. 15, ✉ 90443, ℘ (0911) 2 00 30, info@carlton-nuernberg.de, Fax (0911) 2003111, 😊, Massage, 🛁, 🍽 – 📶, ❄ Zim, 📧 📺 📞 ♿ ⇔ 🅿 – 🔔 180. 🆎 ⓞ 📧 VISA JCB
Menu à la carte 29/43 – ⌂ 15 – **166 Zim** 142/210 – 195/285.   JZ f
♦ Ein Name, der verpflichtet ! Hinter der neuzeitlichen Fassade des kürzlich erbauten Hotels garantieren Gemächer verschiedener Kategorien Komfort und eine gute Technik. Mit seinem modernen Interieur ist das Restaurant dem Stil des neuen Hotels angepaßt.

Le Méridien Grand-Hotel, Bahnhofstr. 1, ✉ 90402, ℘ (0911) 2 32 20, lemeridien @grand-hotel.de, Fax (0911) 2322444, 🍽 – 📶, ❄ Zim, 📧 📺 📞 ⇔ – 🔔 120. 🆎 ⓞ 📧 VISA JCB
Menu à la carte 30/50 – ⌂ 15 – **186 Zim** 120/215 – 175/275, 5 Suiten.   KZ d
♦ Vor 100 Jahren wurde das prachtvolle Herrschaftshaus mit Hopfenspeicher zur Luxusherberge umgebaut : Elegante Zimmer mit Jugendstilelementen und Marmorbädern. Imposante Halle. Spiegelnder Marmor, Säulen und geschliffenes Spiegelglas im Hotel-Restaurant.

Maritim, Frauentorgraben 11, ✉ 90443, ℘ (0911) 2 36 30, info.nur@maritim.de, Fax (0911) 2363823, 🍽, 🏊 – 📶, ❄ Zim, 📧 📺 📞 ⇔ – 🔔 500. 🆎 ⓞ 📧 VISA JCB
Menu à la carte 28/45 – ⌂ 14 – **316 Zim** 143/240 – 161/274, 3 Suiten.   JZ e
♦ Wohnlich-komfortables Domizil mit großzügigem Rahmen, nur einen Steinwurf von der schönen Altstadt entfernt. Saal mit Bühne und flexibler Tanzfläche für 860 Personen. Das holzgetäfelte Restaurant ist edel-rustikal.

Congress Hotel Mercure, Münchener Str. 283, ✉ 90471, ℘ (0911) 9 46 50, h2924@accor-hotels.com, Fax (0911) 9465777, 😊, Biergarten, 🛁, 🍽 – 📶, ❄ Zim, 📧 📺 📞 🅿 – 🔔 120. 🆎 ⓞ 📧 VISA, ❄ Rest   BT y
Menu à la carte 28/41 – **144 Zim** ⌂ 115/130 – 143/158.
♦ Hinter dem funktionellen Tagungshotel breitet sich der Park am Dutzendteich aus. Reservieren Sie eines der renovierten Zimmer in hellem Buchenholz mit großen Schreibtischen. Modernes Restaurant mit Blick ins Grüne.

Atrium Hotel, Münchener Str. 25, ✉ 90478, ℘ (0911) 4 74 80, info@atrium-nuernberg.de, Fax (0911) 4748420, 😊, 🍽, 🏊 – 📶, ❄ Zim, 📧 Rest, 📺 📞 ♿ ⇔ 🅿 – 🔔 180. 🆎 ⓞ 📧 VISA JCB
Menu à la carte 26/42 – **187 Zim** ⌂ 125/155 – 160/200.   GX g
♦ In der weitläufigen Gartenanlage des Luitpoldhains gelegen. Reservieren Sie hier eines der geräumig-praktischen Zimmer mit Balkon und Park-Blick. Spielplatz für kleine Gäste. Das Angebot des klassischen Hotel-Restaurants Rotisserie Médoc ist international.

1086

NÜRNBERG

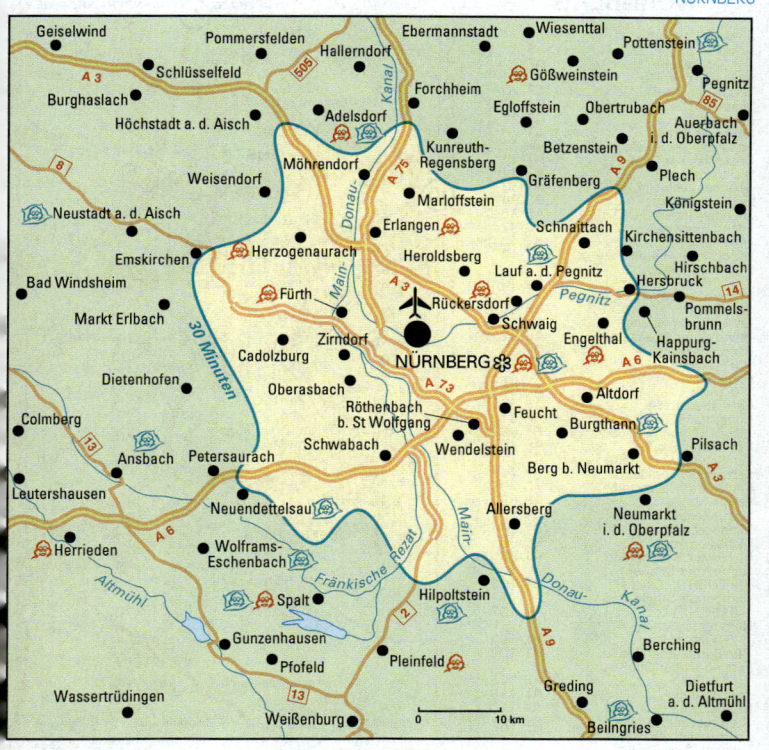

Loew's Merkur, Pillenreuther Str. 1, ✉ 90459, ✆ (0911) 99 43 30, *hotelmerkur@t-online.de, Fax (0911) 99433666*, 😊, 🍽 – 🛗 ✱ TV 📞 ♿ P – 🔔 60. AE ⓘ ⓜ VISA JCB
FX a
Menu à la carte 21/36 – **220 Zim** ⊃ 100/160 – 115/200.
♦ Das Hotel befindet sich in verkehrsgünstiger Lage am Bahnhof. Ob in Buche, Kirsche oder Mahagoni : hier stehen verschiedene Holzarten zur Auswahl. Zimmer praktisch bis modern. In gediegenem Rahmen kann man hier in zwangloser Atmosphäre den Hunger stillen.

Wöhrdersee Hotel Mercure, Dürrenhofstr. 8, ✉ 90402, ✆ (0911) 9 94 90, *h1141@accor-hotels.com, Fax (0911) 9949444*, 😊, 🏋, 😊 – 🛗, ✱ Zim, 📺 TV 📞 ♿ 🚗 – 🔔 100. AE ⓘ ⓜ VISA JCB
GV a
Menu à la carte 22,50/36 – **145 Zim** ⊃ 115/130 – 138/153.
♦ Unweit vom See residieren Sie in typischer Mercure-Atmosphäre. Die Zimmer sind auf den Geschäftsreisenden zugeschnitten und mit moderner Technik versehen. Lady Rooms. Das Restaurant schließt sich offen zur Hotel-Halle an.

Agneshof 🅼 garni, Agnesgasse 10, ✉ 90403, ✆ (0911) 21 44 40, *info@agneshof-nuernberg.de, Fax (0911) 21444144*, 😊 – 🛗 ✱ TV 📞 ♿ 🚗 – 🔔 20. AE ⓘ ⓜ VISA
JY c
74 Zim ⊃ 80/100 – 95/125.
♦ Mitten in der historischen Altstadt wohnt man hier in neuzeitlichen Räumen : Die meisten gehen zu den Gartenhöfen, einige haben Balkon oder Terrasse mit Blick zur Kaiserburg.

Victoria 🅼 garni, Königstr. 80, ✉ 90402, ✆ (0911) 2 40 50, *mail@hotelvictoria.de, Fax (0911) 227432* – 🛗 ✱ TV 📞 P – 🔔 20. AE ⓘ ⓜ VISA JCB
KZ x
66 Zim ⊃ 74/109 – 99/129.
♦ Das Stadthaus mit der schönen Natursteinfassade bietet ein gepflegtes Heim auf Zeit gleich neben dem Museum für Kunst und Design. Zum Inventar gehören helle Naturholzmöbel.

1087

NÜRNBERG

Äußere Sulzbacher Straße	BS	4
Am Europakanal	AS	7
Ansbacher Straße	AT	14
Beuthener Straße	CT	20
Bierweg	BS	21
Bingstraße	CS	23
Breslauer Straße	CT	26
Cadolzburger Straße	AS	27
Deutenbacher Straße	AT	31
Dianastraße	BT	32
Eibacher Hauptstraße	AT	33
Eichendorffstraße	BS	34
Erlanger Straße (FÜRTH)	AS	36
Erlenstegenstraße	CS	37
Finkenbrunn	BT	40
Fischbacher Hauptstraße	CT	41
Fronmüllerstraße (FÜRTH)		44
Fürther Straße (ZIRNDORF)	AS	45
Gebersdorfer Straße	AS	47
Gründlacher Straße	AS	52
Hauptstraße (FEUCHT)	CT	54
Hauptstraße (STEIN)	AT	55
Heilstättenstraße	AS	56
Hügelstraße	AS	61
Julius-Loßmann-Straße	BT	65
Karl-Martell-Straße	AS	70
Karl-Schönleben-Straße	CT	71
Katzwanger Straße	BT	74
Kraftshofer Hauptstraße	BS	79
Leyher Straße	AS	83
Löwenberger Straße	CT	85
Minervastraße	BT	94
Moritzbergstraße	CS	96
Mühlhofer Hauptstraße	AT	98
Nürnberger Straße (FEUCHT)	CT	100
Nürnberger Straße (FÜRTH)	AS	102
Nürnberger Straße (STEIN)	AT	103
Otto-Bärnreuther-Straße	BT	108
Poppenreuther Straße (FÜRTH)	AS	115
Rednitzstraße	AT	119
Reichelsdorfer Hauptstr.	AT	120
Saarbrückener Straße	BT	122
Schmausenbuckstraße	CS	126
Schwabacher Straße (FÜRTH)	AS	128
Schwabacher Straße (FEUCHT)	CT	130
Schwabacher Straße (ZIRNDORF)	AS	131
Seeackerstraße	AS	133
Siedlerstraße	AS	134
Sigmundstraße	AS	135
Stadenstraße	CS	136
Valznerweiherstraße	CS	145
Wallensteinstraße	AS	150
Weißenburger Straße	AT	153
Wetzendorfer Straße	AS	155
Würzburger Straße	AS	159

Die Stadtpläne sind eingenordet (Norden = oben)

🏨 **Am Heideloffplatz** garni, Heideloffplatz 9, ✉ 90478, ✆ (0911) 94 45 30, *hotel.heideloffplatz@t-online.de*, Fax (0911) 4469661 - 📶 ✳ 📺 ✆ 🅿 - 🔒 15. AE ⓓ ⓜⓞ VISA JCB
FX t
geschl. 24. Dez. - Anfang Jan. – **32 Zim** ⛌ 100/135 – 115/150.
♦ Gediegen-wohnliche Unterkunft zum Wohlfühlen mit Möblierung in Kirschbaum. Das ausgiebige Frühstücksbuffet erlaubt einen guten Start in den Tag.

🏨 **Dürer-Hotel** 🅼 garni, Neutormauer 32, ✉ 90403, ✆ (0911) 2 14 66 50, *duerer-hotel@altstadthotels.com*, Fax (0911) 214665555, ⛺ - 📶 ✳ 📺 ✆ 🚗 - 🔒 30.
AE ⓓ ⓜⓞ VISA
JY r
107 Zim ⛌ 100/120 – 120.
♦ Der Hotelname verweist auf die Lage am Albrecht-Dürer-Haus. Das gut geführte Hotel hält für den Besucher neuzeitliche, mit hellem Naturholz eingerichtete Zimmer bereit.

Avenue garni, Josephsplatz 10, ✉ 90403, ✆ (0911) 24 40 00, *avenue-hotel@t-on line.de*, Fax (0911) 243600 – 📶 ✖ 📺 ✆ 🅿 – 🛁 20. AE ⓘ ⓜ ⓞ VISA JCB JZ c
geschl. Ende Dez. - Anfang Jan. – **41 Zim** ⊇ 77/115 – 110/155.
 ♦ Eine empfehlenswerte Adresse im Herzen der Nürnberger Altstadt. Einheitlich ausgestattete, gediegene Zimmer mit dem Komfort, den Sie auch auf Reisen genießen möchten.

Rema-Hotel garni, Kaulbachstr. 1, ✉ 90408, ✆ (0911) 3 65 70, *h4999@accor-hotels.com*, Fax (0911) 3657488, ≋ – 📶 ✖ 📺 ♿ 🚗 ⇔. AE ⓘ ⓜ ⓞ VISA JCB EU b
⊇ 13 – **121 Zim** 95 – 110.
 ♦ Suchen Sie nach einer funktionellen Herberge in der Innenstadt von Nürnberg? Eine solide Einrichtung in neuzeitlichem Stil und die verkehrsgünstige Lage überzeugen den Gast.

NÜRNBERG

Allersberger Straße	**FGX**
Äußere Cramer-Klett-Straße	**GV** 3
Am Messehaus	**GU** 8
Beuthener Straße	**GX** 20
Celtisstraße	**EX** 28
Deumentenstraße	**GU** 29
Endterstraße	**EX** 35
Fürther Straße	**DV**
Galgenhofstraße	**FX** 46
Gostenhofer Hauptstr.	**DV** 49
Himpfelshofstr.	**DV** 59
Hinterm Bahnhof	**FX** 60
Jitzhak-Rabin-Str.	**GX** 63
Knauerstraße	**DVX** 76
Kressengartenstr.	**GV** 81
Leyher Straße	**DV** 83
Marienbader Str.	**GX** 86
Maxfeldstraße	**FU** 91
Maximilianstraße	**DV** 93
Obere Kanalstr.	**DV** 104
Poppenreuther Str.	**DU** 113
Schafhofstraße	**GU** 123
Scheurlstraße	**FGX** 124
Schuckertstraße	**EX** 127
Schweiggerstraße	**GX** 132
Steinbühler Straße	**EX** 137
Südliche Fürther Str.	**DV** 139
Tafelfeldstraße	**EX** 141
Teutoburger Straße	**GU** 142
Tunnelstraße	**EX** 144
Wallensteinstraße	**DX** 150
Wassertorstraße	**GV** 152
Wöhrder Hauptstr.	**GV** 157
Wöhrder Talübergang	**GV** 158
Zufuhrstraße	**EX** 160

F
G
U
V
X
Großreuther Str.
Kilianstraße
BAHNHOF NORDOST
Kieslingstr.
122
GROSSREUTH h. d. V.
Nordostbahnhof
Leipziger Platz
Rollnerstr.
Schopenhauerstr.
Nordring
Merianstr.
Bayreuther Str.
Thumenberger weg
Mommsenstr.
SCHOPPERSHOF
Hintermayrstr.
Stadtpark
GÄRTEN h. d. V.
Friedenstr.
STADTPARK
d
Elbinger
e
Oedenberger
142
Steinplatten-
Weg
a
14
Äußere
Schoppershof
Welser-
Bismarckstr.
Löbleinstr.
Am Stadtpark
29
8
Hardenbergstr.
straße
OST-BAHNHOF
91
RENNWEG
Bismarck-
str.
n
ST. JOBST
Rollnerstr.
Pirckheimerstraße
Rennweg
Sulzbacher-
ADAC
Wöhrder See
Dr.-Gustav-
Heinemann-
Str.
Äußere
4 R
Bayreuther
Sulzbacher
GÄRTEN b/W
Bartholomäusstr.
Ostendstr.
3
157
WÖHRD
S-BAHNHOF OSTRING
Cheruskerstr.
Keßlerstr.
157
152
158
Wöhrder See
Prinzregentenufer
Ostendstr.
straße
Pegnitz
WÖHRDER WIESE
a
81
Tullnaustr.
Gleißhammer-
Str.
Marienstr.
Bahnhofstr.
Dürrenhofstr.
S-BAHNHOF
ZERZABELSHOF
Bahnhofstr.
SCHLOSS
Burger-
Stephanstr.
Goldbach
HAUPTBAHNHOF
Regensburger
Str.
Zerzabelshofstr.
Passauer
TAFELHOF
ST. PETER
Zerzabelshofstr.
60
t
124
Str.
str.
86
a
46
Allersberger
Harsdörfferstr.
GLEISSHAMMER
Pillenreuther
132
W.
Spaeth-
Scharrer-
Regensburger
Ben-Gurion-Ring
Wölckernstr.
Holzgartenstr.
Str.
Hainstr.
Waldluststr.
GALGENHOF
Str.
GLEISSHAMMER
Gudrunstr.
Wodanstr.
g
Schultheißallee
Str.
Straße
MEISTERSINGER HALLE
4
Schönweißstr.
Allersberger Str.
Nornenstr.
Münchener
LUITPOLDHAIN
str.
63
NORISRING
Bayern-
Hiroshimapl.
Volksfest-platz
Großer Dutzendteich
20
Sperberstr.
Str.
ZEPPELIN-WIESE
Frankenstr.
4 R
Frankenstr.
VOLKSPARK DUTZENDTEICH
Frankenstr.
Münchener
FRANKEN-STADION
Str.
Katzwanger
Str.
8
Kleiner Dutzendteich
Hasenbuck
F
G

NÜRNBERG

Viva M garni, Sandstr. 4, ✉ 90443, ℘ (0911) 2 40 00, viva.hotel@t-online.de, Fax (0911) 2400499, ₤₆, ≋s – |≋| ⇔ TV ✆ ⬥ ⇔ – ⚐ 40. AE ① ⓤ VISA JCB   HZ n
153 Zim ⇌ 110/132 – 140, 4 Suiten.
• Hinter der verspiegelten Fassade des modernen Gebäudes zeigt sich ein sympathisches Innenleben aus warmem Holz und frischen Farben. Schreibtische mit Fax- und Modemanschluss.

Prinzregent garni, Prinzregentenufer 11, ✉ 90489, ℘ (0911) 58 81 88, info@prinzregent.net, Fax (0911) 556235 – |≋| ⇔ TV ✆ AE ① ⓤ VISA JCB   KZ a
geschl. 23. Dez. - 6. Jan. – **37 Zim** ⇌ 51/97 – 77/128.
• Das Stadthaus aus der Jahrhundertwende ist am Ufer der Pegnitz etabliert. Behaglichkeit ist hier kein Fremdwort. Die vierte Etage ist ausnahmslos Nichtrauchern vorbehalten.

Am Jakobsmarkt garni, Schottengasse 5, ✉ 90402, ℘ (0911) 2 00 70, info@hotel-am-jakobsmarkt.de, Fax (0911) 2007200, ≋s – |≋| ⇔ TV P. AE ① ⓤ VISA JCB   HZ h
geschl. 23. Dez. - 3. Jan. – ⇌ 9 – **77 Zim** 83/91 – 106/115.
• Zimmer teils funktionell im Hauptgebäude, teils rustikal in ein Fachwerkhaus integriert. Netter Frühstücksraum mit großer Glasfront und lecker bestücktem Buffet.

Romantik Hotel Am Josephsplatz garni, Josephsplatz 30, ✉ 90403, ℘ (0911) 21 44 70, josephsplatz@romantikhotels.com, Fax (0911) 21447200, ≋s – |≋| ⇔ TV. AE ⓤ VISA JCB   JZ k
geschl. 24. Dez. - 6. Jan. – **36 Zim** ⇌ 82/110 – 108/126, 4 Suiten.
• Renoviertes Haus aus dem Jahre 1675. Ob rustikal, elegant oder italienisch - hier ist fast jeder Stil - auch ein romantisches Hochzeitszimmer - zu haben. Sonnendachterrasse.

Drei Raben garni, Königstr. 63, ✉ 90402, ℘ (0911) 27 43 80, hotel-drei-raben@t-online.de, Fax (0911) 232611 – |≋| ⇔ TV ✆. AE ① ⓤ VISA JCB   JKZ v
25 Zim ⇌ 80 – 135.
• Lauschen Sie den Nürnberger Mythen : Die individuellen Themenzimmer in diesem Sandsteingebäude zeugen von der Stadtgeschichte. Ein Zimmer mit freistehender Badewanne.

InterCityHotel M, Eilgutstr. 8, ✉ 90443, ℘ (0911) 2 47 80, nuernberg@intercityhotel.de, Fax (0911) 2478999 – |≋|, ⇔ Zim, TV ✆ ⬥ – ⚐ 50. AE ① ⓤ VISA JCB   JZ d
Menu (geschl. Samstag - Sonntag) (nur Abendessen) à la carte 15/18,50 – ⇌ 12 – **158 Zim** 104/152 – 119/188.
• Idealer Ausgangspunkt für alle Aktivitäten ist dieses moderne Business Hotel der Steigenberger Gruppe. Gut gepflegte und funktionell gestaltete Räumlichkeiten.

Weinhaus Steichele, Knorrstr. 2, ✉ 90402, ℘ (0911) 20 22 80, hotelsteichele@steichele.de, Fax (0911) 221914, ⛱ – |≋| TV P. AE ① ⓤ VISA   HZ x
Menu (geschl. Sonn- und Feiertage abends) à la carte 16/32 – **49 Zim** ⇌ 62/72 – 90.
• Altes Stadthaus mit fränkischem Charme. Der Familienbetrieb führt individuell eingerichtete Zimmer. Hellgrün getäfelter, eleganter Frühstücksraum. Seit Generationen wird das stimmungsvolle, urige Restaurant gerne besucht.

NÜRNBERG

Äußere Laufer Gasse	**KY** 5
Albrecht-Dürer-Str.	**JY** 6
An der Fleischbrücke	**JY** 10
An der Karlsbrücke	**JY** 13
Bahnhofsplatz	**KZ** 16
Beckschlagergasse	**KY** 17
Bergstraße	**JY** 18
Bischof-Meiser-Str.	**JY** 24
Breite Gasse	**JZ**

NÜRNBERG

Maximilian Ⓜ (Appartement-Hotel), Obere Kanalstr. 11, ✉ 90429, ☎ (0911) 9 29 50, maximilian@deraghotels.de, Fax (0911) 9295610, Biergarten, 🚗 – 🛗, ⚡ Zim, 📺 📞 ☎
AE ① ⓂⓄ VISA. ℅ Rest **DV** a
Menu (geschl. Samstag) (nur Abendessen) à la carte 16/29 – **69 Zim** ⚏ 83/120 – 109/170.
♦ Das wohnliche Domizil bietet berufsbedingten Ortswechslern außer Zimmern auch Appartements mit speziell auf längere Aufenthalte abgestimmtem Komplettservice. Maximilians modernes Bistrorant zeigt sich im schlicht-eleganten Stil.

Findelgasse . . . . **JZ** 38	Königstorgraben . . . . **KZ** 77	Obstmarkt . . . . **JY** 107
Grübelstraße . . . . **KY** 50	Königstraße . . . . **JZ** 78	Pfannenschmiedsgasse . . . **JZ** 110
Hans-Sachs-Gasse . . . . **JY** 53	Lessingstraße . . . . **JZ** 82	Prinzregentenufer . . . . **KZ** 116
Henkersteg . . . . **JY** 58	Lorenzer Str. . . . . **KZ** 84	Rathausplatz . . . . **JY** 117
Inn.-Cramer-Klett-Str. . . . . . **KY** 62	Ludwigstraße . . . . **HZ**	Richard-Wagner-
Johannesgasse . . . . **KZ** 64	Luitpoldstraße . . . . **JZ** 86	Platz . . . . **JZ** 121
Kaiserstraße . . . . **JZ** 67	Marientorgraben . . . . **KZ** 87	Schlotfegergasse . . . . **HZ** 125
Karolinenstraße . . . . **JZ**	Maxbrücke . . . . **JY** 90	Steubenbrücke . . . . **KY** 138
K.-Grillenberger-	Mohrengasse . . . . **HYZ** 95	Tafelhofstraße . . . . **JZ** 142
Straße . . . . **HZ** 69	Museumsbrücke . . . . **JY** 99	Vordere Ledergasse . . . . . . **HZ** 144
Karlstraße . . . . **JY** 72	Obere Krämersgasse . . . . . **JY** 105	Vordere Sterngasse . . . . **JZ** 149
Katharinengasse . . . . **KZ** 73	Obere Wörthstraße . . . . **JZ** 106	Weißgerbergasse . . . . **JY** 154

1093

NÜRNBERG

Marienbad garni, Eilgutstr. 5, ✉ 90443, ℘ (0911) 20 31 47, info@hotel-marienbad.de, Fax (0911) 204260 – 🕿 📺 🚗 🅿 AE ① ◉ VISA JCB
54 Zim ⊇ 88/98 – 128/158. JZ y
◆ Familiär und persönlich geführtes Quartier. In Eiche oder Kirsche gehaltenes Meublement. Das große Frühstücksbuffet macht müde Gäste wieder munter. Preiswert und wohnlich!

Burghotel-Großes Haus garni, Lammsgasse 3, ✉ 90403, ℘ (0911) 23 88 90, burg-hotel@altstadthotels.com, Fax (0911) 23889100, 🕿, 🅢 – 🕿 ⥅ 📺 ✆ – 🖂 15. AE ① ◉ VISA
57 Zim ⊇ 75/120 – 100/170. JY k
◆ Das Burghotel im Herzen der Altstadt ist nicht nur für Ritter reserviert. Mit viel Liebe zum Detail ausgestattetes rustikales Domizil, fränkisch geprägt und gemütlich!

Garden-Hotel garni, Vordere Ledergasse 12, ✉ 90403, ℘ (0911) 20 50 60, garden-hotel@altstadthotels.com, Fax (0911) 2050660 – 🕿 ⥅ 📺 ✆. AE ① ◉ VISA JCB
33 Zim ⊇ 67/88 – 90/116. HZ v
◆ In der Stadtmitte finden Reisende hier eine praktisch-neuzeitliche Unterkunft. Farbenfroh dekorierter Frühstücksraum mit Dachterrasse und abwechslungsreichem Frühstücksbuffet.

Hamburg garni, Hasstr. 3, ✉ 90431, ℘ (0911) 31 89 90, Fax (0911) 312589 – 🕿 📺. AE ① ◉ VISA
geschl. 22. Dez. - 6. Jan. – **26 Zim** ⊇ 62/96 – 78/130. DV e
◆ Hinter der grünen Fassade weht hanseatischer Wind: Das Frühstücksbuffet wird auf einem Kahn ausgerichtet. Sachlich-nüchterne Zimmer mit rustikaler Note und Rüsternmobilar.

Klughardt 🍃 garni, Tauroggenstr. 40, ✉ 90491, ℘ (0911) 91 98 80, klughardt.hotel@t-online.de, Fax (0911) 595989 – ⥅ 📺 ✆ 🅿 AE ① ◉ VISA JCB
geschl. 24. Dez. - 6. Jan. – **33 Zim** ⊇ 64/70 – 87. GU n
◆ In diesem gepflegten Familienbetrieb läßt es sich wohlfühlen und in Ruhe ausschlafen. Jedes Zimmer für sich hat seinen eigenen Stil und ist farblich anders gestaltet.

Merian, Unschlittplatz 7, ✉ 90403, ℘ (0911) 2 14 66 90, merian-hotel@t-online.de, Fax (0911) 21466920 – 📺 🚗. AE ◉ VISA
Menu siehe Rest. **Opatija** separat erwähnt – **21 Zim** ⊇ 90/110 – 115/130. JY x
◆ Kleiner Platz nahe der Pegnitz. In diesem ehemaligen Wohnhaus aus Naturstein ist wohnliche Hotellerie etabliert. Zimmer mit dunklen Holzmöbeln und praktischer Ausstattung.

Cristal garni, Willibaldstr. 7, ✉ 90491, ℘ (0911) 95 11 90, info@hotelcristal.de, Fax (0911) 95119270, 🕿 – 🕿 ⥅ 📺 ✆ 🚗 🅿 AE ① ◉ VISA JCB
46 Zim ⊇ 60/77 – 70/88. GU d
◆ Die nahegelegene U-Bahn garantiert eine schnelle Verbindung zur Altstadt. Behagliche Zimmer, teils mit Modem- und Faxanschluss. Heller Frühstücksraum auf mehreren Ebenen.

Fackelmann garni, Essenweinstr. 10, ✉ 90443, ℘ (0911) 20 68 40, info@hotel-fackelmann.de, Fax (0911) 2068460, 🕿 – 🕿 ⥅ 📺 ✆. AE ◉ VISA
geschl. 24. Dez. - 6. Jan. – **34 Zim** ⊇ 75/105 – 85/125. JZ g
◆ In wenigen Gehminuten erreichen Sie von hier die Altstadt. Das Stadthotel mit familiärer Atmosphäre bietet kirschbaummöblierte Zimmer in verschiedenen Größen.

Ibis-Am Plärrer, Steinbühler Str. 2, ✉ 90443, ℘ (0911) 2 37 10, h0888@accor-hotels.com, Fax (0911) 223319 – 🕿, ⥅ Zim, 📺 ✆ 🕁 🚗 – 🖂 60. AE ① ◉ VISA
Menu à la carte 15,50/24 – ⊇ 9 – **155 Zim** 49 – 61. HZ s
◆ Das Hochhaus hält für Nürnberg-Besucher Ibis-Standard bereit: In sachlichem Ambiente schlafen Sie hier in sinnvoll eingerichteten Zimmern mit kompletter Technik.

Ibis-Marientor garni, Königstorgraben 9, ✉ 90402, ℘ (0911) 2 40 90, h1608@accor-hotels.com, Fax (0911) 2409413 – 🕿 ⥅ 📺 🕁 🚗 – 🖂 25. AE ① ◉ VISA JCB
⊇ 9 – **152 Zim** 59/67 – 71/79. KZ c
◆ Keine Fahrt ins Blaue erwartet Sie hinter der blauen, modernen Fassade des Kettenhotels: Funktionelle, lichte Räumlichkeiten mit dem erforderlichen Equipment.

Burghotel-Stammhaus garni, Schildgasse 14, ✉ 90403, ℘ (0911) 20 30 40, nuernberg@burghotel-stamm.de, Fax (0911) 226503, 🅢 – 🕿 📺 ✆. AE ① ◉ VISA JCB
22 Zim ⊇ 59/79 – 89/99. JY a
◆ Gediegene Hotellerie am Fuße der Kaiserburg! Fragen Sie nach einem der Zimmer mit Balkon. Behaglicher Raum zum Frühstücken, im Sommer speist man auf der Terrasse.

Burgschmiet garni, Burgschmietstr. 8, ✉ 90419, ℘ (0911) 93 33 60, burgschmiet@odn.de, Fax (0911) 9333620 – 🕿 ⥅ 📺 🚗. AE ◉ VISA
38 Zim ⊇ 59/89 – 79/109. JY t
◆ Jakob D. Burgschmiet war um die Mitte des 19. Jh. Erzgießer und Bildhauer. Heute wird unter seinem Namen ein familiär-gemütliches Hotel betrieben.

NÜRNBERG

🏠 **Westend** garni, Karl-Martell-Str. 42, ✉ 90431, ℘ (0911) 93 98 60, info@hotel
westend.de, Fax (0911) 9398655 – 📺 🅿. 🆎 ⓜ 💳   AS e
geschl. 23. Dez. - 7. Jan. – **30 Zim** ⊇ 55/73 – 90/115.
♦ Gute Verkehrsanbindung zu Autobahn, Flughafen und Messe. In diesem Familienbetrieb
bezieht der Reisende neuzeitliche Zimmer. Heller Frühstücksbereich mit Wintergartenan-
bau.

✕✕ **Essigbrätlein** (Köthe), Weinmarkt 3, ✉ 90403, ℘ (0911) 22 51 31,
🟢 Fax (0911) 2369885 – 🆎 ⓞ ⓜ 💳   JY z
geschl. 24. Dez. - 1. Jan., über Ostern, Aug. 1 Woche, Sonntag - Montag – **Menu** (Tisch-
bestellung ratsam) 37 (mittags)/79 (abends) und à la carte ♈.
♦ Original erhaltenes Gasthaus aus dem Jahre 1550 mit nostalgischem Innenleben. Andree
Koethe zaubert hier seinen eigenen Stil auf die Teller : ambitionierte neue Kochkunst!
Spez. Rote Bete mit Kümmelkaramel. Gegrilltes Lamm mit schwarzen Bohnen. Kräuter-
biskuit mit Pfeffereis.

✕✕ **Da Claudio,** Hauptmarkt 16, ✉ 90403, ℘ (0911) 20 47 52, tiziano@daclaudio.de,
Fax (0911) 2059553, 🌣 – 🆎 ⓞ ⓜ 💳   JY d
geschl. Sonntag - Sonntagmittag – **Menu** (italienische Küche) à la carte 23/41.
♦ Eine große Schiefertafel wird dem Gast zum ausgiebigen Studium an den Tisch getragen,
wo ihn dann die Qual der italienischen Auswahl plagt. Postmodern angehauchtes Ristorante.

✕✕ **Quo vadis,** Elbinger Str. 28, ✉ 90491, ℘ (0911) 51 55 53, Fax (0911) 5109033, 🌣
– 🆎 ⓜ 💳   GU e
geschl. Aug., Montag – **Menu** (Tischbestellung ratsam, italienische Küche) à la carte 27/37.
♦ Pasta, Pesce und vor allem Pizza serviert man in diesem alten Natursteinhaus. Das rustikal-
mediterrane Flair tröstet über den ausgefallenen Italien-Urlaub hinweg.

✕✕ **Opatija** -im Hotel Merian, Unschlittplatz 7, ✉ 90403, ℘ (0911) 22 71 96, opatija-
restaurant@web.de, Fax (0911) 21466920, 🌣 – 🆎 ⓜ 💳   JY x
Menu à la carte 22/45.
♦ Ein hübscher Ziehbrunnen und Lindenbäume stehen vor der Tür. Und dahinter begrüßt
Sie freundlich ein helles Restaurant, die Küche schlägt den Bogen von Franken zum Balkan.

✕ **Sebald,** Weinmarkt 14, ✉ 90403, ℘ (0911) 38 13 03, info@restaurant-sebald.de,
Fax (0911) 346313, 🌣   JY v
geschl. Sonntagmittag – **Menu** à la carte 27/37 ♈.
♦ Eine lockere Atmosphäre empfängt Sie in diesem Altstadthaus. Dazu tragen die gelb
marmorierten Wände und die moderne Ausstattung bei - mit Bistrobereich.

✕ **Goldenes Posthorn,** Glöckleinsgasse 2, ✉ 90403, ℘ (0911) 22 51 53, goldenes-
posthorn@t-online.de, Fax (0911) 2418283, 🌣 – 🆎 ⓞ ⓜ 💳 JCB   JY b
geschl. Jan. - Nov. Sonntag – **Menu** à la carte 24,50/38,50.
♦ Deutschlands älteste Weinstube - von 1498 - ist mit einigen wertvollen Antiquitäten und
Gemälden bestückt. In den kleinen urigen Stuben schmaust man fränkische Leckereien.

✕ **Zum Sudhaus,** Bergstr. 20, ✉ 90403, ℘ (0911) 20 43 14, sudhaus.hexenhaus@t-
online.de, Fax (0911) 2418373, 🌣 – 🆎 ⓞ ⓜ 💳   JY n
geschl. Sonntag – **Menu** à la carte 26/37,50.
♦ Die große Brauglocke hängt im Mittelpunkt des kulinarischen Geschehens : hierzu zählen
fränkische sowie internationale Gaumenfreuden. Rustikal-gemütliches Fachwerkflair.

✕ **Ishihara,** Schottengasse 3, ✉ 90402, ℘ (0911) 22 63 95, Fax (0911) 2059957 – 🆎 ⓞ
ⓜ 💳 JCB, ⌘   HZ h
geschl. Sonntag – **Menu** (japanische Küche) à la carte 27/38,50.
♦ Wollten Sie schon immer mal lernen, mit Stäbchen zu essen? Dann probieren Sie hier
von der Kochkunst fernöstlicher Meister. Restaurant im japanischen Teehausstil.

✕ **Wonka,** Johannisstr. 38, ✉ 90419, ℘ (0911) 39 62 15, Fax (0911) 396256, 🌣 – 🆎
ⓜ 💳 JCB   DEV w
geschl. über Ostern, Aug. 2 Wochen, Samstagmittag, Sonntag - Montagmittag – **Menu**
29/49 à la carte 30/35.
♦ Das Restaurant ist modern im Bistro-Stil eingerichtet. Hier serviert man Ihnen Gerichte
einer internationalen Küche. Im Innenhof finden Sie auch eine kleine Terrasse.

✕ **Koch und Kellner,** Obere Seitenstr. 4, ✉ 90429, ℘ (0911) 26 61 66,
Fax (0911) 266766   DV n
geschl. 24. Dez. - 12. Jan., Juli - Aug. 3 Wochen, Sonntag - Montag – **Menu** à la carte
31/39,50 ♈.
♦ In diesem Wein-Bistro rührt Koch Stefan Wagner auf moderne Art und Weise in den
Töpfen. Kellner Frank Mackert serviert zu den Gerichten die passenden Weine.

✕ **Domus Austria,** Schottengasse 1, ✉ 90402, ℘ (0911) 2 11 03 88,
Fax (0911) 2110391 – ⓜ 💳   HZ h
geschl. Jan. 1 Woche, Mitte - Ende Juli, Sonntag - Montag, Dez. Montag – **Menu** à la carte
20/25 ♈.
♦ Das Restaurant befindet sich in einem kleinen Fachwerkhäuschen in der Altstadt. Rustikale
Einrichtung und Holzbalken erhalten auch im Inneren den ursprünglichen Charakter.

1095

NÜRNBERG

Nassauer Keller, Karolinenstr. 2, ✉ 90402, ☏ (0911) 22 59 67, *Fax (0911) 225962* – AE ① ⓂⒸ VISA
geschl. Sonntag (ausser Messen) – **Menu** à la carte 15/30.   JZ u

♦ Das in einem Turm gelegene Restaurant ist eine Nürnberger Institution! Hier gilt es, die niedrige Tür und die steile Kellertreppe zu bezwingen. Das Gewölbe ist aus dem 13. Jh.

Nürnberger Bratwurst-Lokale:

Historische Bratwurstküche Zum Gulden Stern, Zirkelschmiedsgasse 26, ✉ 90402, ☏ (0911) 2 05 92 88, *info@bratwurstkueche.de, Fax (0911) 2059298*, 🌤 – AE ① ⓂⒸ VISA
Menu à la carte 12/16.   HZ h

♦ Die älteste Bratwurstküche der Welt, von 1419, gibt Ihnen Einblick ins späte Mittelalter Albrecht Dürers, der hier zu Gast war. Die Nürnberger Wurst gibt's vom Buchenholzrost.

Bratwursthäusle, Rathausplatz 1, ✉ 90403, ☏ (0911) 22 76 95, *info@bratwursthaeusle.de, Fax (0911) 227645*, 🌤 –
geschl. Sonn- und Feiertage – **Menu** à la carte 10,50/19.   JY s

♦ Falls Sie genug von Lebkuchen und Weihnachtsmarkttrummel haben, können Sie es sich in diesem rustikalen Backsteinhaus bei Bratwurst und Sauerkraut gemütlich machen.

Das Bratwurstglöcklein, im Handwerkerhof, ✉ 90402, ☏ (0911) 22 76 25, *info@bratwurstgloecklein.de, Fax (0911) 227645*, 🌤 –   KZ z
geschl. 31. Dez. - 14. März, Sonn- und Feiertage – **Menu** à la carte 10,50/17.

♦ Kleines Fachwerkhaus im sehenswerten Nürnberger Handwerkerhof. Zum Bier oder Frankenwein servieren die Damen im Dirndl deftige fränkische Schmankerln und natürlich Bratwürste!

In Nürnberg-Altenfurt:

Ramada-Treff, Oelser Str. 2, ✉ 90475, ☏ (0911) 9 84 64 90, *nuernberg@ramada-treff.de, Fax (0911) 984649500*, 🌤, ☎ – 📳, ℅ Zim, 📺 ✆ ♿ 🅿 – 🚗 100. AE ① ⓂⒸ VISA JCB ℅ Rest   CT z
Menu à la carte 19/34 – **70 Zim** ☒ 103 – 115.

♦ Am Rande des Nürnberger Reichswaldes liegt dieses Domizil natur- aber auch messenah. Die Gästezimmer sind gediegen im englischen Landhausstil eingerichtet. Mit Biergarten. Das Restaurant: mehrere gemütliche Stuben im Landhausstil.

Nürnberger Trichter garni, Löwenberger Str. 147, ✉ 90475, ☏ (0911) 8 33 50, *nuernberger-trichter@freenet.de, Fax (0911) 835880*, ☎ – ℅ 📺 ✆ 🅿. ① ⓂⒸ VISA   CT a
37 Zim ☒ 72/103 – 92/123.

♦ Gleich im Eingangsbereich wird hier die Bedeutung des Nürnberger Trichters illustriert. Unterschiedlich möblierte Räume, teils mit Bauernmöbeln. Nette, gepflegte Adresse!

In Nürnberg-Boxdorf über Erlanger Straße BS : 9 km :

Schindlerhof (mit Gästehaus), Steinacher Str. 6, ✉ 90427, ☏ (0911) 9 30 20, *hotel@schindlerhof.de, Fax (0911) 9302620*, 🌤, ☎ – ℅ Zim, 📺 ✆ 🚗 🅿 – 🚗 80. AE ① ⓂⒸ VISA JCB
Menu à la carte 26/39 – **95 Zim** ☒ 120/130 – 150/160.

♦ Ein ehemaliger Bauernhof auf dem Lande : Idyllische Zimmer teils im rustikalen Stil, teils modern. Das Kreativzentrum sorgt für den Gleichklang von Geist und Gefühl. Eine Mischung aus Tradition und Moderne im Restaurant, der Innenhof mit Grill.

In Nürnberg-Buch:

Gasthof Bammes, Bucher Hauptstr. 63, ✉ 90427, ☏ (0911) 9 38 95 20, *bammes@t-online.de, Fax (0911) 9389530*, 🌤 – 🅿. ⓂⒸ VISA   BS g
geschl. 2. - 27. Jan., Montag – **Menu** à la carte 21,50/38.

♦ Dieser fränkische Gasthof unterteilt sich in verschiedene Stuben mit ländlichem Ambiente. Teils unterstreicht eine rustikale Holzbalkendecke den Charakter des Restaurants.

In Nürnberg-Eibach:

Arotel, Eibacher Hauptstr. 135, ✉ 90451, ☏ (0911) 9 62 90, *arotel-hotel@t-online.de, Fax (0911) 6493052*, Biergarten, ☎ – 📳, ℅ Zim, 🍽 Rest, 📺 ✆ 🚗 🅿 – 🚗 65. ① ⓂⒸ VISA JCB   AT a
Menu à la carte 21/31,50 – **72 Zim** ☒ 105/120 – 130/155.

♦ Das architektonische Konzept des Hauses entspricht einem Flachbau im amerikanischen Stil. Reservieren Sie eines der gediegenen Zimmer zum Innenhof. Holz und Kupfer dominieren. Im Restaurant gibt Kiefernholz den Ton an.

NÜRNBERG

Am Hafen garni, Isarstr. 37 (Gewerbegebiet Eibach), ⊠ 90451, ℰ (0911) 6 49 30 78, *hotel.am.hafen.nbg@freenet.de*, Fax (0911) 644778, ≦ – ⇔ 📺 🅿 🖭 ⓘ ⓕ 𝘝𝘐𝘚𝘈 𝘑𝘊𝘉

BT r

geschl. 24. Dez. – 13. Jan. – **27 Zim** ⊇ 57 – 80/118.
 ♦ In 15 Minuten erreichen Sie von hier sowohl das Messezentrum als auch die Innenstadt. Im kleinen familiär geführten Hotel übernachten Sie in Mahagoni-Möbeln.

In Nürnberg-Erlenstegen :

Erlenstegen garni, Äußere Sulzbacher Str. 157, ⊠ 90491, ℰ (0911) 59 10 33, *info@hotel-erlenstegen.de*, Fax (0911) 591036 – 📱 ⇔ 📺 ⓒ 🅿 🖭 ⓕ 𝘝𝘐𝘚𝘈

GU a

40 Zim ⊇ 70 – 95.
 ♦ Funktionelles Heim auf Zeit mit einheitlich ausgestatteten Zimmern, einige mit Modem-Anschluß. Das kräftige Blau des Teppichs paßt gut zu den dunkelbraunen Möbeln.

In Nürnberg-Fischbach :

Fischbacher Stuben garni, Hutbergstr. 2b, ⊠ 90475, ℰ (0911) 83 10 11, *hotel-fischbacher-stuben@t-online.de*, Fax (0911) 832473 – 📺 ⇔ 🅿 🖭 ⓘ ⓕ 𝘝𝘐𝘚𝘈, ⚜

CT s

12 Zim ⊇ 70/95 – 90/105.
 ♦ Kleines Landhaus im neuzeitlichen Stil, ein Familienbetrieb mit wohnlichen, in hellem Holz ausgestatteten Räumen. In einigen Zimmern befinden sich Betten in Übergröße.

Schelhorn, Am Schloßpark 2, ⊠ 90475, ℰ (0911) 83 24 24, *h.schelhorn@t-online.de*, Fax (0911) 9837398, 🍽 – 🅿 🖭 ⓘ ⓕ 𝘝𝘐𝘚𝘈

CT u

geschl. Jan. 2 Wochen, Ende Aug. - Anfang Sept., Montag – **Menu** à la carte 30,50/46.
 ♦ Elegant-klassische Lokalität mit wechselnder Bilderausstellung. Hier finden Sie den idealen Rahmen für große und kleine Feiern und eine internationale Speisekarte.

In Nürnberg-Flughafen :

Mövenpick Hotel M garni, Flughafenstr. 100, ⊠ 90411, ℰ (0911) 3 50 10, *hotel.nuernberg-airport@moevenpick.com*, Fax (0911) 3501350, ≦ – 📱 ⇔ 🖥 📺 ⓒ ♿ ⇔ – ⚓ 150. 🖭 ⓘ ⓕ 𝘝𝘐𝘚𝘈 𝘑𝘊𝘉, ⚜ Rest

BS c

⊇ 14 – **150 Zim** 120/130 – 140/150.
 ♦ Die U-Bahn bringt Sie direkt vor die Hoteltür. Unweit des Flughafens nimmt Sie hier das neuzeitlich ausgestattete Domizil unter seine Fittiche. An Schreibtische wurde gedacht.

In Nürnberg-Großreuth bei Schweinau :

Romantik Hotel Rottner M, Winterstr. 17, ⊠ 90431, ℰ (0911) 65 84 80, *info@rottner-hotel.de*, Fax (0911) 65848203 – 📱 ⇔ Zim, 📺 ⓒ ♿ ⇔ 🅿 – ⚓ 30. 🖭 ⓘ ⓕ 𝘝𝘐𝘚𝘈

AS r

geschl. 27. Dez. - 8. Jan. – **Menu** siehe Rest. **Gasthaus Rottner** separat erwähnt – **37 Zim** ⊇ 105/133 – 140/155.
 ♦ Der Hotelneubau beherbergt ein niveauvolles, modernes Innenleben, im Design harmonisch aufeinander abgestimmt. Sehenswert auch die runden Badezimmer.

Gasthaus Rottner – Romantik Hotel Rottner, Winterstr. 15, ⊠ 90431, ℰ (0911) 61 20 32, *info@rottner-hotel.de*, Fax (0911) 613759, 🍽 – 🅿 🖭 ⓘ ⓕ 𝘝𝘐𝘚𝘈

AS r

geschl. 27. Dez. - 8. Jan., Samstagmittag, Sonn- und Feiertage – **Menu** (Tischbestellung ratsam) à la carte 38,50/57.
 ♦ In urigen Stuben mit lauschigen Nischen vereinen sich Historie und Genuß. Letzteren verschaffen französische, regional beeinflußte Köstlichkeiten. Gartenterrasse mit Grill.

In Nürnberg-Kornburg :

Weißes Lamm (mit Gästehaus), Flockenstr. 2, ⊠ 90455, ℰ (09129) 2 81 60, *hotel weisseslamm@aol.com*, Fax (09129) 281635, 🍽 – 📺 ⓒ 🅿 ⓕ 𝘝𝘐𝘚𝘈

BT a

geschl. Anfang Jan. 1 Woche, Juli - Aug. 3 Wochen – **Menu** (geschl. Freitag) à la carte 13/32 – **32 Zim** ⊇ 32/39 – 54/62.
 ♦ Der fränkische Gasthof ist seit 1732 in Familienbesitz und wurde 1979 im rustikalen Stil mit zeitgemäßem Komfort neu gestaltet. Hauseigene Metzgerei. Die Wirtsstube ist rustikal-gediegen eingerichtet und mit viel Liebe zum Detail dekoriert.

In Nürnberg-Kraftshof Nord : 7 km über Erlanger Straße und Kraftshofer Hauptstraße BS :

Schwarzer Adler, Kraftshofer Hauptstr. 166, ⊠ 90427, ℰ (0911) 30 58 58, *schwarzer-adler@mail.com*, Fax (0911) 305867, 🍽 – 🖭 ⓘ ⓕ 𝘝𝘐𝘚𝘈

Menu (Tischbestellung ratsam) 32 (mittags)/65/77 und à la carte.
 ♦ Das Restaurant verbirgt sich in einem historischen fränkischen Gasthof aus dem 18. Jh. und ist elegant-rustikal eingerichtet. Auf den Tisch kommt leichte, klassische Küche.

Alte Post, Kraftshofer Hauptstr. 164, ⊠ 90427, ℰ (0911) 30 58 63, *info@altepost.net*, Fax (0911) 305654, 🍽 – 🖭 ⓘ ⓕ 𝘝𝘐𝘚𝘈

Menu à la carte 23/34,50.
 ♦ Urgemütlich : ein altfränkischer Gasthof mit behaglichen Stuben. Beim Essen haben Sie die Qual der Wahl : fränkisch deftig, bayerische Schmankerln und internationale Küche.

NÜRNBERG

In Nürnberg-Langwasser :

Arvena Park, Görlitzer Str. 51, ⊠ 90473, ℰ (0911) 8 92 20, info@arvenapark.de
Fax (0911) 8922115, ≘s – 🏢, 🛌 Zim, 🍽 Rest, 📺 📞 🅿 – 🔒 300. AE ⓪ ◎◎
VISA JCB
CT
geschl. 22. Dez. - 5. Jan. – **Arve** (geschl. Aug., Samstagmittag, Sonn- und Feiertage) **Menu**
à la carte 28/43 – **242 Zim** ☑ 103/117 – 133/147, 5 Suiten.
* Unweit der Messe erwartet dieses Hotel Geschäftsreisende mit funktionell-nüchternem
Mobiliar. Anlagen für Tennis, Golf, Kegeln und Jogging befinden sich ganz in der Nähe.
Zirbelholzgetäfelte Wände bestimmen den Rahmen im Restaurant Arve.

Novotel Nürnberg am Messezentrum, Münchener Str. 340, ⊠ 90471, ℰ (0911)
8 12 60, h0498@accor-hotels.com, Fax (0911) 8126137, 🍽, ≘s, 🏊 (geheizt), 🌳 – 🏢
🛌 Zim, 📺 📞 & 🅿 – 🔒 170. AE ⓪ ◎◎ VISA
BT
Menu à la carte 22/32 – **117 Zim** ☑ 102 – 128.
* Während Sie die nahegelegene Messe besuchen, erfreuen sich Ihre Kinder auf dem hotel-
eigenen Spielplatz ; auf Wunsch Babysitter. Standardgemäß ausgestattetes Domizil.

In Nürnberg-Laufamholz :

Park-Hotel 🌿 garni, Brandstr. 64, ⊠ 90482, ℰ (0911) 95 07 00, sigel-park-hotel@
-online.de, Fax (0911) 9507070, 🌳 – 📺 📞 🅿 AE ◎◎ VISA JCB
CS
geschl. Ende Dez. - Anfang Jan. – **21 Zim** ☑ 65/85 – 85/110.
* Kein zuvielversprechender Name : der Familienbetrieb liegt hübsch in einem parkähnlichen
Garten. Nette Übernachtungsadresse für Geschäftsreisende. Mit engagiertem Service.

Landgasthof zur Krone, Moritzbergstr. 29, ⊠ 90482, ℰ (0911) 50 25 28
Fax (0911) 502528, 🍽 – AE ◎◎ VISA, 🛌
CS
geschl. Freitagmittag – **Menu** (böhmische Küche) à la carte 18/29.
* Fränkischer Sandsteinbau mit gemütlichem Interieur. Die vielen Sammlerstücke aus dem
Böhmischen hat man hübsch dekoriert. Passend dazu werden böhmische Spezialitäten
serviert.

In Nürnberg-Reutles über Erlanger Straße BS : 11 km :

Höfler (mit Gästehaus), Reutleser Str. 61, ⊠ 90427, ℰ (0911) 9 30 39 60, info@
hotel-hoefler.de, Fax (0911) 93039699, 🍽, ≘s, 🏊, 🌳 – 📺 📞 ⇔ 🅿 – 🔒 25. AE ⓪
◎◎ VISA. 🛌
geschl. Weihnachten - 6. Jan. – **Menu** (geschl. Samstag - Sonntag) à la carte 14/33 – **35 Zim**
☑ 75/105 – 90/125.
* Neuerbautes, gemütliches Familienhotel im fränkischen Stil. Hier findet der Gast seine
Ruhe in rustikal möblierten Räumlichkeiten, überwiegend in Fichtenholz. Billiardtisch ! Holz-
getäfeltes Restaurant mit Kachelofen.

Käferstein garni, Reutleser Str. 67, ⊠ 90427, ℰ (0911) 93 69 30, Fax (0911) 9369399
≘s, 🍽 – 🛌 📺 📞 ⇔ 🅿 AE ⓪ ◎◎ VISA
geschl. 24. Dez. - 1. Jan. – **42 Zim** ☑ 67/110 – 95/130.
* Das Haus im Grünen bietet Reisenden eine entspannende Rast in behaglich bis nüchtern
eingerichteten Zimmern. Jogger finden Auslauf im nahegelegenen Wald. Tischtennisraum

In Nürnberg-Schnepfenreuth :

Sperber, Bamberger Str. 6, ⊠ 90425, ℰ (0911) 3 00 29 29, info@restaurant-
sperber.de, Fax (0911) 3002930, 🍽 – 🅿 AE ⓪ ◎◎ VISA
BS
geschl. Montagabend, Samstagmittag, Sonntag – **Menu** à la carte 26/42.
* Ein modernes Bankgebäude beherbergt das Restaurant - im Inneren ebenfalls neuzeitlich
gestaltet und in warmen Farben gehalten. Gute Weine ergänzen das internationale
Angebot.

In Nürnberg-Schweinau :

Gatto Rosso, Hintere Marktstr. 48, ⊠ 90441, ℰ (0911) 66 68 78, Fax (0911) 6219574
🍽 – AE ◎◎ VISA JCB
DX
geschl. Samstagmittag, Sonntag – **Menu** (italienische Küche) à la carte 21,50/36,50.
* Die hübsche Fachwerkfassade aus dem 17. Jh. ist ein Blickfang ! Fisch und Fleisch, aber
auch Pasta und Pizza gehören zur "Beute" der Roten Katze.

In Nürnberg-Thon :

Kreuzeck (mit Anbau), Schnepfenreuther Weg 1/Ecke Erlanger Straße (B 4)
⊠ 90425, ℰ (0911) 3 49 61, info@hotel-kreuzeck.de, Fax (0911) 383304, 🍽 – 📺 ⇔
🅿 AE ⓪ ◎◎ VISA JCB. 🛌
BS
Menu (geschl. 24. Dez. - 6. Jan., Sonntag) à la carte 14,50/25 – **30 Zim** ☑ 50/90 – 65/120
* Verkehrsgünstige Lage, nicht weit vom Flughafen entfernt. Das Hotel beherbergt unter-
schiedliche Zimmer, von der einfach gehaltenen Ausstattung bis hin zum gehobenen
Komfort. Gediegenes Ambiente im Restaurant.

NÜRNBERG

In Nürnberg-Worzeldorf :

Zirbelstube mit Zim, Friedr.-Overbeck-Str. 1, ✉ 90455, ☎ (0911) 99 88 20, kunkel.
zirbelstube@t-online.de, Fax (0911) 9988220, 😊 – 📺 📞 🌐 VISA BT z
geschl. Jan. 2 Wochen, Juli - Aug. 2 Wochen – **Menu** (geschl. Sonntag - Montagmittag)
21/48 à la carte 26/38,50 – **8 Zim** ⊇ 75/85 – 95/115.
  ◆ Rustikal geht es in diesem modernisierten fränkischen Gasthaus zu ! Wer nach den regionalen und internationalen Leckerbissen müde ist, findet hier auch eine Schlafstätte.

In Nürnberg-Zerzabelshof :

Hilton M, Valznerweiherstr. 200, ✉ 90480, ☎ (0911) 4 02 90, info_nuernberg@hilton.com, Fax (0911) 4029666, 😊, 🏋, ⇔, 🏊, ※(Halle) Sportpark – 🛗, 🚭 Zim, 🖥 📺 ✆ & 📞 – 🔔 180. 🅰🅴 ① 🆗 VISA JCB   CS u
Menu à la carte 22/40 – **152 Zim** ⊇ 120/200 – 145/225.
  ◆ Der vorübergehende Wohnsitz für Reisende ist funktionell auf Tagungsgäste zugeschnitten. Wohnliche Zimmer mit Schreibtischen und Internetanschluß erleichtern das Arbeiten.

In Nürnberg-Ziegelstein :

Alpha garni, Ziegelsteinstr. 197, ✉ 90411, ☎ (0911) 95 24 50, info@hotel-alpha.de, Fax (0911) 9524545 – 🛗 📺 ⇐ 📞 🅰🅴 ① 🆗 VISA JCB   BS x
24 Zim ⊇ 56/75 – 67/88.
  ◆ Vom relativ ruhig gelegenen Hotel erreichen Sie in wenigen Minuten den Flughafen. Das helle Holzmobiliar verschafft eine anheimelnde Atmosphäre. Reichhaltiges Frühstück !

NÜRTINGEN Baden-Württemberg **419** U 12 – 36 700 Ew – Höhe 291 m.
Berlin 633 – Stuttgart 37 – Reutlingen 21 – Ulm (Donau) 66.

Am Schlossberg, Europastr. 13, ✉ 72622, ☎ (07022) 70 40, info@schlossberg.bestwestern.de, Fax (07022) 704343, 😊, 🏋, ⇔, 🏊 – 🛗, 🚭 Zim, 🖥 📺 ✆ ⇐ 🔔 240. 🅰🅴 ① 🆗 VISA JCB
Menu (geschl. Sonntagabend - Montag) à la carte 17/32 – ⊇ 12 – **163 Zim** 104/112 – 129/135.
  ◆ Hinter einer neuzeitlichen Fassade beziehen Sie eines der sinnvoll ausgestatteten Quartiere. Tagende und privat Reisende schätzen diese zeitgemäße Adresse. Das Restaurant erwartet seine Besucher zu netten Stunden in freundlichem Ambiente.

Pflum (mit Gästehaus), Steingrabenstr. 6, ✉ 72622, ☎ (07022) 92 80, hotel-pflum@t-online.de, Fax (07022) 928150, 😊, ⇔ – 📺 ✆ 📞 🆗 VISA
Menu (geschl. Anfang Jan. 1 Woche, Aug. 3 Wochen, Samstag) à la carte 21/37 – **44 Zim** ⊇ 52/63 – 75/85.
  ◆ In solider Gestaltung präsentieren sich die Zimmer des Hotels wie auch des gegenüberliegenden neuen Gästehauses - im alten Stadtkern gelegen. Bürgerliches Restaurant mit schöner Terrasse.

Vetter ⚬, Marienstr. 59, ✉ 72622, ☎ (07022) 9 21 60, info@hotel-vetter.de, Fax (07022) 32617 – 🛗, 🚭 Zim, 📺 ⇐ 📞 🅰🅴 ① 🆗 VISA. ※ Rest
geschl. Ende Dez. - Anfang Jan. – **Menu** (geschl. Freitag - Sonntag) (nur Abendessen) (Restaurant nur für Hausgäste) à la carte 31/63 – **39 Zim** ⊇ 51/63 – 81/84.
  ◆ Ihr vorübergehendes Domizil befindet sich in einem Wohngebiet außerhalb des Zentrums. Praktisch eingerichtet und gepflegt zeigen sich die Gästezimmer des Hauses.

Valentino, Heiligkreuzstr. 18, ✉ 72622, ☎ (07022) 3 11 14, rosario.polizzi@t-online.de, Fax (07022) 36715, 😊 – 📞 🅰🅴 ① 🆗 VISA
geschl. Samstagmittag – **Menu** (italienische Küche) à la carte 25/38.
  ◆ Das unter Denkmalschutz stehende Haus - ursprünglich als Brauereigasthof erbaut - präsentiert sich heute modern und bistroähnlich. Sie wählen aus einem italienischen Angebot.

In Nürtingen-Hardt Nord-West : 3 km :

Ulrichshöhe, Herzog-Ulrich-Str. 14, ✉ 72622, ☎ (07022) 5 23 36, Fax (07022) 54940, ≤, 😊 – 📞
geschl. 27. Dez. - Mitte Jan., Ende Aug. - Anfang Sept., Sonntag - Montag – **Menu** (abends Tischbestellung ratsam) 63/83 à la carte 49/66 ♀.
  ◆ Freuen Sie sich auf ein gutes Essen - marktorientiert und nach klassischer Art gekocht. Ein elegantes Interieur trägt zu einem angenehmen Besuch bei. Im Sommer mit Terrasse.
Spez. Terrine von der Gänsestopfleber mit Brioche. Lammcarré mit Kruste von wildem Thymian. Soufflé von Edelbitterschokolade mit hausgemachtem Eis.

NÜRTINGEN

In Nürtingen-Neckarhausen West : 3 km :

🏠 **Kiefer** garni, Neckartailfinger Str. 26/1, ✉ 72622, ✆ (07022) 95 35 30, mmkiefer01@aol.com, Fax (07022) 9535332 – 📺 🅿 AE ① ⓒ VISA
20 Zim ⊇ 44 – 67.
 • Auf der Suche nach einer soliden und gut unterhaltenen Adresse für unterwegs werden Sie hier fündig - äußerlich wie auch im Inneren zeitgemäß gestaltet.

In Wolfschlugen Nord-West : 4,5 km :

🏠 **Reinhardtshof** 🍃 garni, Reinhardtstr. 13, ✉ 72649, ✆ (07022) 5 67 31, reinhardtshof@t-online.de, Fax (07022) 54153 – ⇔ 📺 ⇌ 🅿 AE ⓒ VISA ⚡
geschl. Aug. 3 Wochen – **14 Zim** ⊇ 64/66 – 88.
 • Gepflegt, funktionell, freundlich - so präsentieren sich die Gästezimmer dieser Herberge. Auch die ruhige Lage in einem Wohngebiet zählt zu den Annehmlichkeiten des Hauses.

In Großbettlingen Süd-West : 5 km :

🏠 **Bauer,** Nürtinger Straße 41, ✉ 72663, ✆ (07022) 9 44 10, Fax (07022) 45729 – 📺 🅿 ⓒ VISA
geschl. 1. - 10. Jan. – **Menu** (geschl. Samstagmittag, Sonn- und Feiertage abends) à la carte 15/30 – **18 Zim** ⊇ 45 – 70.
 • Das modernisierte Gasthaus im Zentrum des Ortes stellt eine zeitgemäße und praktische Übernachtungsmöglichkeit für Reisende dar. Die Gaststube mit Stammtisch und Kachelofen wirkt gemütlich.

OBERAHR Rheinland-Pfalz 𝟰𝟭𝟳 O 7 – 750 Ew – Höhe 356 m.
Berlin 578 – Mainz 89 – Koblenz 41.

🏠 **Villa Moritz** garni, Hauptstr. 3, ✉ 56414, ✆ (02602) 95 18 22, info.landhotel@villamoritz.de, Fax (02602) 80092, ⇌ – 📺 🅿 AE ① ⓒ VISA JCB
10 Zim ⊇ 48 – 78/82.
 • Aus einer ehemaligen Pension entstand hier ein hübsches kleines Hotel, dessen Zimmer sämtlich im Landhausstil eingerichtet und in warmen Erdtönen gehalten sind.

OBERAMMERGAU Bayern 𝟰𝟭𝟵 𝟰𝟮𝟬 X 17 – 5 000 Ew – Höhe 834 m – Luftkurort – Wintersport 850/1 700 m ⛷1 ⛷9 ⛷.
Ausflugsziel : Schloß Linderhof★★, (Schloßpark★★), Süd-West : 10 km.
🅱 Verkehrs- und Reisebüro, Eugen-Papst-Str. 9a, ✉ 82487, ✆ (08822) 9 23 10, Fax (08822) 923190.
Berlin 678 – München 92 – Garmisch-Partenkirchen 19 – Landsberg am Lech 59.

🏨 **Wittelsbach,** Dorfstr. 21, ✉ 82487, ✆ (08822) 9 28 00, info@hotelwittelsbach.de, Fax (08822) 9280100 – 📶 📺 🅿 ⓒ VISA JCB
geschl. Jan. 1 Woche, Nov. – **Menu** (nur Abendessen) à la carte 16/24 – **46 Zim** ⊇ 56 – 82 – ½ P 13.
 • Bereits seit Jahrzehnten kümmert sich die Wirtsfamilie in dem hübschen, am Dorfplatz gelegenen Hotel um Urlauber. Heute wohnt man in netten, komfortablen Zimmern. Im ersten Stock des im Alpenstil erbauten Hauses befindet sich das Restaurant.

🏨 **Parkhotel Sonnenhof,** König-Ludwig-Str. 12, ✉ 82487, ✆ (08822) 91 30, info@parkhotel-sonnenhof.de, Fax (08822) 3047, 🌳, 🏋, 🏊, – 📶 ⇔ 📺 🅿 – 🔑 20. AE ① ⓒ VISA JCB ⚡ Rest
Menu (nur Abendessen) à la carte 20/37 – **62 Zim** ⊇ 67/80 – 124 – ½ P 10.
 • Das Hotel liegt schön vor imposanter Bergkulisse und an einem kleinen Fluß. Sie werden in netten, praktischen Quartieren mit hellen Naturholzmöbeln untergebracht. Bayerische Gemütlichkeit im Restaurant.

🏠 **Alte Post,** Dorfstr. 19, ✉ 82487, ✆ (08822) 91 00, altepost@ogau.de, Fax (08822) 910100, 🌳 – 📶 ⇔ Zim, 📺 ⇌ 🅿 AE ① ⓒ VISA JCB
geschl. Nov. - 17. Dez. – **Menu** à la carte 14/27 – **32 Zim** ⊇ 43/54 – 71/81 – ½ P 11.
 • Mit Lüftlmalerei und grünen Fensterläden paßt das Traditionshaus wunderbar in das Bild des Ortskerns. Die Gäste wohnen in hübschen Zimmern mit Stuck- oder Holzdecken. Zum Essen begibt man sich in die gemütlichen, mit Kachelofen bestückten Stuben.

🏠 **Landhaus Feldmeier,** Ettaler Str. 29, ✉ 82487, ✆ (08822) 30 11, hotel.feldmeier@gaponline.de, Fax (08822) 6631, 🌳, 🏋, ⇌ – 📶 ⇔ 📺 🅿 ⚡ Rest
geschl. Nov. - 20. Dez. – **Menu** (geschl. Dienstag) (nur Abendessen) à la carte 19/25 – **21 Zim** ⊇ 50/65 – 80/95 – ½ P 15.
 • Oberbayerische Holzbalkengiebel und Geranienschmuck kennzeichnen den Neubau, dessen Zimmer entweder über Balkon oder Terrasse verfügen und wohnlich bestückt sind. Hell und rustikal zeigt sich die Gaststube.

OBERAMMERGAU

🏨 **Turmwirt,** Ettaler Str. 2, ✉ 82487, ℘ (08822) 9 26 00, turmwirt@minotel.de, Fax (08822) 1437 – 🛏 Zim, 📺 🍽 – 🚻 20. AE ⓞ ⓜ VISA JCB
geschl. 7. - 27. Jan., 3. März - 6. April – **Menu** à la carte 14/31 – **22 Zim** ⇔ 67 – 88/98 – ½ P 14.
♦ In gemütlicher Umgebung wohnen und sich verwöhnen lassen ist das Grundprinzip des traditionsreichen und rustikal gestalteten Hauses, das seinen Ursprung im 18. Jh. begründet. Eine anheimelnde Atmosphäre herrscht im Restaurant.

🏨 **Antonia** ⚘ garni, Freikorpstr. 5, ✉ 82487, ℘ (08822) 9 20 10, hotelantonia@t-online.de, Fax (08822) 920144, ⚒, 🐎 – 🛏 📺 🍽 AE ⓜ VISA. ⚘
geschl. Nov. – **15 Zim** ⇔ 38/52 – 76/78.
♦ Um seinen Besuchern einen erholsamen Aufenthalt zu bieten, wurde das Haus von Ihren Gastgebern mit modernem Komfort und zeitgemäß-hellem Mobiliar eingerichtet.

🏨 **Pension Enzianhof** garni, Ettaler Str. 33, ✉ 82487, ℘ (08822) 2 15, info@enzianhof.de, Fax (08822) 4169, 🐎 – 📺 🍽. ⚘
geschl. nach Ostern 2 Wochen, Nov. 2 Wochen – **16 Zim** ⇔ 26/34 – 47/52.
♦ Wenn Sie Lust auf ein einfaches, aber nettes und sympathisches Quartier haben, werden Sie diese kleine Pension mögen. Fragen Sie nach einem Zimmer mit Balkon oder Terrasse!

OBERASBACH Bayern 419 420 R 16 – 15 300 Ew – Höhe 295 m.
Siehe Nürnberg (Umgebungsplan).
Berlin 451 – München 174 – Nürnberg 15 – Würzburg 108.

🏨 **Jesch** garni, Am Rathaus 5, ✉ 90522, ℘ (0911) 96 98 60, hotel.jesch@web.de, Fax (0911) 9698699, 🧖, – 🛗 🛏 📺 🍴 🚗 🍽 – 🚻 20. AE ⓞ ⓜ VISA   **AS** a
35 Zim ⇔ 52/70 – 65/80.
♦ Nicht weit entfernt von der Messestadt können Sie hier bequem übernachten. Zu den angebotenen Annehmlichkeiten zählen Allergikermatratzen, überlange Betten und Faxanschlüsse.

OBERAUDORF Bayern 420 X 20 – 5000 Ew – Höhe 482 m – Luftkurort – Wintersport : 500/1 300 m ⚲ 20 ⚞.
🛈 Kur- und Verkehrsamt, Kufsteiner Str. 6, ✉ 83080, ℘ (08033) 3 01 20, Fax (08033) 30129.
Berlin 672 – München 81 – Bad Reichenhall 95 – Rosenheim 28 – Innsbruck 82.

🏨 **Sporthotel Wilder Kaiser,** Naunspitzstr. 1, ✉ 83080, ℘ (08033) 92 50, info@wilder-kaiser.de, Fax (08033) 3106, 🌳, 🧖, ⚒, 🏊, 🐎 – 🛗 🛏 Zim, 📺 🍴 🍽 – 🚻 45. AE ⓜ VISA. ⚘
Menu à la carte 14/29 – **97 Zim** ⇔ 44/54 – 66/72 – ½ P 9.
♦ In diesem großzügig angelegten Hotelbau am Ortsrand sind Sie gut aufgehoben, wenn Sie neben Erholung auch den Ausgleich durch sportliche Betätigung und Nachtleben suchen. Vom Panoramarestaurant aus überblickt man das wildromantische Kaisergebirge.

🏨 **Ochsenwirt** ⚘, Carl-Hagen-Str. 14, ✉ 83080, ℘ (08033) 3 07 90, info@ochsenwirt.com, Fax (08033) 3079140, Biergarten, ⚒, 🐎 – 📺 🍴 🍽 AE ⓜ VISA JCB
Menu (geschl. Nov., Mitte Sept. - Mitte Juli Dienstag) à la carte 14/30 – **24 Zim** ⇔ 35/40 – 61/73 – ½ P 11.
♦ Der liebenswerte Gasthof ist ein gelungenes Beispiel bayerischer Gastronomietradition. Die Unterbringung der Gäste erfolgt in behaglichen Zimmern, zumeist mit Balkon. Stüberl und Restaurant wirken mit Holzverkleidung und Kachelofen urgemütlich.

🏨 **Bayerischer Hof** ⚘, Sudelfeldstr. 12, ✉ 83080, ℘ (08033) 9 23 50, mbwolf@aol.com, Fax (08033) 4391, 🌳, 🐎 – 📺 🍽. ⚘
geschl. Nov. – **Menu** (geschl. Dienstag) à la carte 13/30 – **14 Zim** ⇔ 33/36 – 54/76 – ½ P 11.
♦ Das hübsche Hotel in ruhiger Ortsrandlage vermittelt seinen Besuchern das Gefühl, stets herzlich willkommen zu sein. Die netten, ländlichen Zimmer tragen das ihre dazu bei. Im Restaurant und in der Bauernstube kehren Einheimische wie Urlauber gerne ein.

🏨 **Am Rathaus-Ratskeller,** Kufsteiner Str. 4, ✉ 83080, ℘ (08033) 14 70, Fax (08033) 4456, 🐎 – 📺 🚗
geschl. Ende Nov. - Weihnachten – **Menu** (geschl. Mittwoch, im Winter Mittwoch - Donnerstag) à la carte 16/30 – **11 Zim** ⇔ 40 – 60 – ½ P 10.
♦ Hinter der hölzernen Balkonfassade des typischen Alpenhauses erwarten Sie geräumige Hotelzimmer, die mit dunklen Eichenmöbeln bestückt sind. Ruhige Südlage! Nettes Restaurant, in dem Stammgäste mit sonnigem Biergarten.

XX **Alpenhotel Bernhard's** mit Zim, Marienplatz 2, ✉ 83080, ℘ (08033) 3 05 70, alpenhotel-bernhards@t-online.de, Fax (08033) 305715, 🌳 – 📺 🚗 🍽 ⓜ VISA JCB
Menu (geschl. Donnerstag) à la carte 21/38 – **12 Zim** ⇔ 60/62 – ½ P 12.
♦ Die Küche führt seit 1999 Peter Bernhard, seine Frau leitet freundlich und kompetent den Service. Genießen Sie internationale und Schweizer Küche in sympathischem Ambiente.

OBERAUDORF

Im Ortsteil Niederaudorf Nord : 2 km :

Alpenhof, Rosenheimer Str. 97, ✉ 83080, ✆ (08033) 30 81 80, alpenhof-oberaudorf
@t-online.de, Fax (08033) 4424, ≤, 龠, 舞 – TV ⇔ P ◑◐ VISA
geschl. 25. Nov. - 4. Dez. – **Menu** (geschl. Donnerstag) à la carte 15/27 – **16 Zim** ⇌ 4⁵
– 70/74 – ½ P 11.
  ♦ Dieses kleine, feine Hotel ist eine charmante Adresse für alle, die das Landleben lieben
  Nette Zimmer, der Obstgarten vorm Haus, das alles strahlt echte Natürlichkeit aus. Anspre
  chende Einrichtung im regionalen Stil charakterisiert das Restaurant.

An der Straße nach Bayrischzell Nord-West : 10 km :

Alpengasthof Feuriger Tatzlwurm ⊗, (mit Gästehäusern), ✉ 83080 Oberaudorf
✆ (08034) 3 00 80, info@tatzlwurm.de, Fax (08034) 300838, ≤ Kaisergebirge, ♨, ≘s
– ⇎ 쥁, TV P – 丞 30. ◑◐ VISA
Menu à la carte 15/35 – **53 Zim** ⇌ 38/70 – 76/118 – ½ P 16.
  ♦ Aufs Haupthaus und verschiedene Gästehäuser verteilen sich die Fremdenzimmer des
  Hauses mit dem lustigen Namen. Allen gleich sind Wohnlichkeit und Behaglichkeit. Beim
  Essen sitzen Sie in gemütlichen Stuben.

OBERAULA Hessen **417 418** N 12 – 3 700 Ew – Höhe 320 m – Luftkurort.
🄱 Oberaula-Hausen, Am Golfplatz, ✆ (06628) 15 73.
Berlin 425 – Wiesbaden 165 – Kassel 73 – Bad Hersfeld 22 – Fulda 50.

Zum Stern, Hersfelder Str. 1 (B 454), ✉ 36280, ✆ (06628) 9 20 20, info@hotelzum
stern.de, Fax (06628) 920235, 龠, Massage, ≘s, ◻, 舞, ✖(Halle) – ⫤, ⇎ Zim, TV ✆
& ⇔ P – 丞 80. 啊 ◑◐ VISA JCB. ✖ Zim
Menu à la carte 16/33 – **68 Zim** ⇌ 42/58 – 72/95 – ½ P 13.
  ♦ Gepflegt wirkt das schmucke Fachwerkhaus mit hübschem Garten schon bei der Ankunft
  Der Eindruck setzt sich innen fort, denn die Zimmer sind im Landhausstil eingerichtet. Ein
  Grill-Pavillon ergänzt das bürgerlich ausgestattete Restaurant.

OBERAURACH Bayern siehe Eltmann.

OBERBOIHINGEN Baden-Württemberg **419** U 12 – 4 500 Ew – Höhe 285 m.
Berlin 630 – Stuttgart 34 – Göppingen 26 – Reutlingen 25 – Ulm (Donau) 70.

Zur Linde, Nürtinger Str. 24, ✉ 72644, ✆ (07022) 6 11 68, info@linde-oberboihinge
n.de, Fax (07022) 61768, 龠 – P
geschl. Jan. 2 Wochen, Aug. 2 Wochen, Montag – **Menu** à la carte 17/38.
  ♦ Geschultes Personal in Küche und Service ist ein Garant für einen schönen Aufenthalt
  Man bietet Ihnen eine große kulinarische Auswahl, mit Geschmack und Sorgfalt zubereitet.

OBERDERDINGEN Baden-Württemberg **419** S 10 – 9 000 Ew – Höhe 161 m.
Berlin 633 – Stuttgart 56 – Karlsruhe 33 – Heilbronn 40 – Pforzheim 27.

Müllers Restaurant, Brettener Str. 37, ✉ 75038, ✆ (07045) 24 71,
Fax (07045) 200192, 龠 – ⇎. ◑ ◐ VISA
geschl. Anfang Jan. 1 Woche, Mitte Aug. 1 Woche, Montag, Samstagmittag – **Menu**
à la carte 17/35.
  ♦ Freigelegtes Fachwerk bestimmt den Stil des Hauses mit Scheunenanbau aus dem Jahre
  1777. Ein nettes Dekor bildet den passenden Rahmen für ein schönes Essen.

OBERDING Bayern siehe Freising.

OBERELSBACH Bayern **418 420** O 14 – 4 000 Ew – Höhe 420 m – Wintersport : 🎿.
🄱 Informationszetrum, Unterelsbacher Straße, ✉ 97656, ✆ (09774) 92 40, Fax (09774)
92 41.
Berlin 410 – München 325 – Fulda 52 – Bamberg 99 – Würzburg 90.

In Oberelsbach-Unterelsbach Süd-Ost : 2,5 km :

Hubertus-Diana ⊗, Röderweg 9, ✉ 97656, ✆ (09774) 85 80 80, sport-ferien-
hotel@web.de, Fax (09774) 1793, 龠, Massage, ♨, ≘s, ◻, 舞, ✖(Halle) – TV P
geschl. 10. - 31. Jan. – **Menu** (geschl. Mittwoch) (nur Abendessen) à la carte 17/26 – **18 Zim**
⇌ 46/57 – 62/84, 4 Suiten – ½ P 15.
  ♦ Das Sport- und Ferienhotel besteht aus zwei unterschiedlichen Gebäuden und einer weit-
  läufigen Garten- und Freizeitanlage. In den Zimmern umgibt Sie rustikales Ambiente. Ihre
  Mahlzeiten nehmen Sie im schlicht dekorierten Restaurant ein.

OBERGÜNZBURG — Bayern 419 420 W 15 – 6 100 Ew – Höhe 737 m.
Berlin 652 – München 111 – Kempten (Allgäu) 19 – Memmingen 36.

Goldener Hirsch mit Zim, Marktplatz 4, ⌂ 87634, ℘ (08372) 74 80, Fax (08372) 8480, 斄 – 阝, ⇔ Zim, TV, 占 50. ◉◉ VISA. ⋈ Zim
geschl. nach Fasching 2 Wochen – **Menu** (geschl. Montag) à la carte 18/37 – **5 Zim** ⊇ 41 – 66.
♦ Gemütlich sitzt man in der netten Gaststube mit Holztäfelung und grünem Kachelofen - im Museumsstüble bestaunen Sie Sammlerstücke eines aus dem Ort stammenden Kapitäns.

OBERHACHING — Bayern siehe München.

OBERHARMERSBACH — Baden-Württemberg 419 U 8 – 2 500 Ew – Höhe 300 m – Luftkurort.
🛈 Tourist-Information in der Reichstalhalle, Talstr. 60, ⌂ 77784, ℘ (07837) 2 77, tourist info.oberharmersbach@t-online.de, Fax (07837) 678.
Berlin 750 – Stuttgart 126 – Karlsruhe 105 – Freudenstadt 35 – Offenburg 30 – Freiburg im Breisgau 63.

Zur Stube, Dorf 32, ⌂ 77784, ℘ (07837) 2 07, info@zur-stube.de, Fax (07837) 494, 斄, 斄 – 阝, ⇔ Zim, TV 占 ℗ – 占 80. ◉◉ VISA. ⋈ Zim
geschl. 7. Jan. - 12. Feb. – **Menu** (geschl. Montag - Dienstag) à la carte 19/34 – **45 Zim** ⊇ 43 – 70/88 – ½ P 10.
♦ In diesem Haus, um das sich viele Geschichten ranken, wird traditionelle Schwarzwälder Gastlichkeit hochgehalten. Alle Bereiche des Hotels sind zeitgemäß eingerichtet. Viel helles Holz und liebevolles Dekor erzeugen in der Gaststube eine nette Atmosphäre.

Grünwinkel, Grünwinkel 5, ⌂ 77784, ℘ (07837) 16 11, hotel.gruenwinkel@t-online.de, Fax (07837) 1613, 斄, ⇌ – 阝 TV 占 ℗. ⋈
geschl. 7. - 31. Jan. – **Menu** à la carte 19/28 – **52 Zim** (nur ½ P) 60/65 – 100/110.
♦ Unterschiedlich geschnitten und in heller Eiche eingerichtet zeigen sich die Zimmer dieser Herberge. Kleine Sitzecken und Schreibmöglichkeiten zählen zum praktischen Inventar. Nehmen Sie Platz in einem mit heller Holztäfelung gemütlich gestalteten Restaurant.

Schwarzwald-Idyll ⌂, Obertal 50 (Nord : 4 km), ⌂ 77784, ℘ (07837) 9 29 90, schwarzwald-idyll@t-online.de, Fax (07837) 929915, 斄 – 阝, ⇔ Zim, TV ℗ – 占 25. ⌷ ◉ ◉◉ VISA. ⋈ Zim
geschl. 11. - 20. Jan., 18. Nov. - 9. Dez. – **Menu** (geschl. Dienstag, Okt. - April Montagabend - Dienstag) à la carte 16/35 – **25 Zim** ⊇ 22/40 – 40/69 – ½ P 11.
♦ Der Name des Hauses spricht für sich ! Am Ende eines Tales gelegen, finden Sie hier ein schlichtes, aber sympathisches und gut gepflegtes Quartier in schöner Umgebung. Zwei hübsch gestaltete Gaststuben stehen zur Einkehr bereit.

OBERHAUSEN — Nordrhein-Westfalen 417 L 4 – 228 000 Ew – Höhe 45 m.
Sehenswert : Gasometer★ X – Rheinisches Industriemuseum★ Y.
🛈 Golfcenter, Jacobistr. 35 V, ℘ (0208) 6 09 04 05.
🛈 Tourismus Marketing, Willy-Brandt-Platz 2, ⌂ 46045, ℘ (0208) 82 45 70, Fax (0208) 8245711.
ADAC, Lessingstr. 2 (Buschhausen).
Berlin 536 ① – Düsseldorf 35 – Duisburg 10 – Essen 12 – Mülheim an der Ruhr 6.

Stadtplan siehe nächste Seite

Residenz Oberhausen M, Hermann-Albertz-Str. 69, ⌂ 46045, ℘ (0208) 8 20 80(Hotel) 8 20 83 50(Rest.), info@residenz-oberhausen.de, Fax (0208) 8208150, 🎔 – 阝 TV ✆ ⇌ ℗ – 占 40. ⌷ ◉ ◉◉ VISA   Z a
Menu (geschl. Samstag - Sonntag) à la carte 19/32 – **97 Zim** ⊇ 95/106 – 130, 5 Suiten.
♦ Funktionalität gepaart mit Wohnlichkeit kennzeichnet dieses Stadthotel. Die Zimmer, Studios und Suiten sind alle mit Kitchenette und Arbeitsbereich sinnvoll ausgerüstet.

Astron M, Düppelstr. 2, ⌂ 46045, ℘ (0208) 8 24 40, oberhausen@astron-hotels.de, Fax (0208) 8244200, ⇌ – 阝, ⇔ Zim, ≡ TV ✆ 占 ⇌ – 占 150. ⌷ ◉ ◉◉ VISA   Z n
Menu à la carte 25/36,50 – ⊇ 13 – **172 Zim** 95/112.
♦ Durch den Einsatz heller, farbenfroher Stoffe ist es gelungen, den Zimmern dieses Hotels ein wohnliches Gesicht zu geben. Zum Relaxen stehen Sauna- und Dampfbad bereit.

Tryp, Centroallee 280, ⌂ 46047, ℘ (0208) 8 20 20, tryp.oberhausen@solmelia.com, Fax (0208) 8202444, 斄 – 阝, ⇔ Zim, TV ✆ 占 ℗ – 占 40. ⌷ ◉ ◉◉ VISA JCB. ⋈ Rest   X b
Menu (geschl. Sonntag) à la carte 18/34 – ⊇ 11 – **140 Zim** 83/98 – 94/124.
♦ Über 200 Geschäfte finden Sie im benachbarten CentrO ! Vom Einkaufen ausruhen können Sie dann in den funktionellen und nett ausgestatteten Übernachtungszimmern des Hotels.

OBERHAUSEN

Street	Grid
Alleestraße	X 2
Bahnhofstraße	V 3
Biefangstraße	V 6
Bottroper Straße	V 7
Buschhausener Straße	X, Y 8
Christian-Steger-Straße	Z 9
Concordiastraße	X, Z 10
Dorstener Straße	V 13
Duisburger Straße	X 14
Elsässer Straße	Z 15
Erzbergerstraße	V 16
Falkensteinstraße	X 17
Friedensplatz	Y 19
Frintroper Straße	X 20
Gerichtstraße	Z 21
Holtener Straße	V 24
Kapellenstraße	V 28
Kirchhellener Straße	V 29
Königstraße	V 32
Langemarktstraße	Z 33
Marktstraße	Z
Mellinghofer Straße	V 36
Mülheimer Straße	X 37
Neumühler Straße	V 40
Oberhauser Straße	X 41
Obermeidericher Straße	X 43
Osterfelder Straße	V 44
Poststraße	Z 46
Postweg	V 47
Prälat-Wirtz-Straße	Z 49
Ruhrorter Straße	X 50
Sterkrader Straße	V 51
Sterkrader Straße (BOTTROP)	V 52
Willy-Brandt-Platz	Y 55
Wilmsstraße	X 57

1104

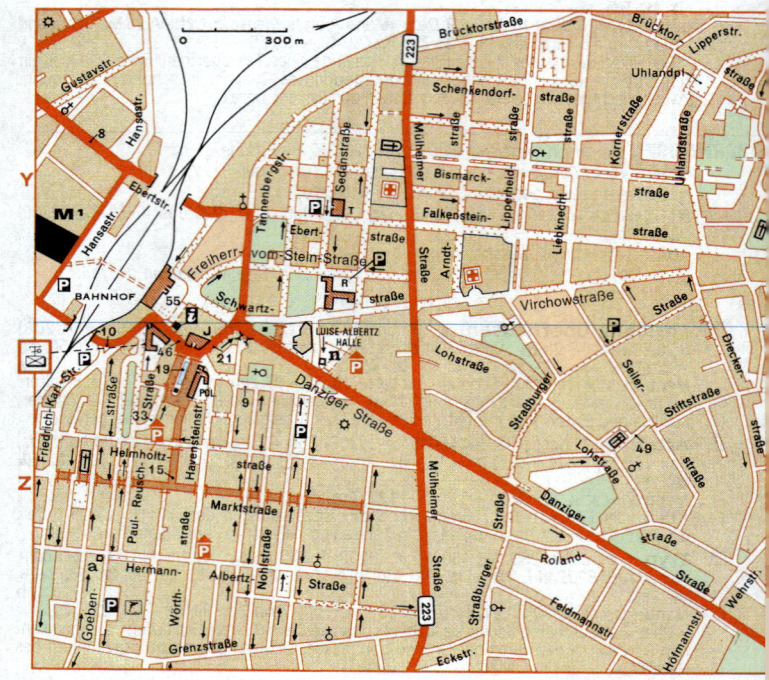

OBERHAUSEN

Haus Hagemann, Buschhausener Str. 84, ✉ 46049, ℘ (0208) 8 57 50, *hotel-haus-hagemann@t-online.de*, Fax (0208) 8575199 – TV P. AE ⓘ ⓜ VISA JCB   X c
Menu *(geschl. 23. Dez. - 5. Jan., Juli - Aug. 3 Wochen, Sonntag) (nur Abendessen)* à la carte 15/28 – **23 Zim** ⊇ 53/68 – 77/100.
  ◆ Die Grundmauern des Eckhauses stammen a. d. J. 1868. Man stellt seinen Gästen hier im Herzen des Ruhrgebietes eine solide Übernachtungsmöglichkeit zur Verfügung. Bürgerliches Restaurant mit schlichtem Ambiente.

n Oberhausen-Osterfeld :

Parkhotel, Teutoburger Str. 156, ✉ 46119, ℘ (0208) 6 90 20, *info@parkhotel-oberhausen.bestwestern.de*, Fax (0208) 6902158, ⇔ – ⌷, ⥅ Zim, ▭ Rest, TV 📞 – P. – 🛇 80. AE ⓘ ⓜ VISA   V s
Menu *(geschl. 24. Dez. - 6. Jan., Mitte Juli - Mitte Aug., Sonn- und Feiertage)* à la carte 24/36 – ⊇ 11 – **82 Zim** 70/95 – 85/125.
  ◆ Diese privat geführte Adresse legt viel Wert auf persönliche Betreuung der Gäste. Fragen Sie nach einem der kürzlich renovierten Zimmer, die zeitlos schön gestaltet sind. Elegante Einrichtung und internationale Küche im Restaurant.

n Oberhausen-Schmachtendorf *Nord-West : 11 km über Weseler Straße* V :

Gerlach-Thiemann, Buchenweg 14, ✉ 46147, ℘ (0208) 62 09 00, *hotel@gerlach-thiemann.de*, Fax (0208) 62090200, 🌳, ⇔ – ⌷, ⥅ Zim, TV 📞 P. – 🛇 30. AE ⓘ ⓜ VISA
Menu *(geschl. Montagmittag)* à la carte 20/35 – **21 Zim** ⊇ 80 – 100.
  ◆ Modern und funktionell, aber doch nicht ungewöhnlich sind die Zimmer, die der Gast in diesem Hause vorfindet. Lassen Sie sich von qualifiziertem Personal begrüßen und umsorgen. Im schön gestalteten Restaurant nimmt man sich Ihrer kulinarischen Bedürfnisse an.

OBERHOF Thüringen 418 N 16 – *1 800 Ew* – *Höhe 830 m* – *Wintersport : 700/880 ⛷ 2, 🎿*.
🛈 Kurverwaltung, Crawinkler Str. 2, ✉ 98559, ℘ (036842) 26 90, *information@oberhof.de*, Fax (036842) 26920.
Berlin 337 – *Erfurt 58* – Bamberg 106 – Eisenach 53.

Sporthotel ⤻, Am Harzwald 1, ✉ 98559, ℘ (036842) 28 60, *info@sporthotel-oberhof.de*, Fax (036842) 22595, 🌳, ⮭, ⇔, ✱ – TV P – 🛇 60. AE ⓘ ⓜ VISA ✱ Rest
Menu à la carte 13/19 – **63 Zim** ⊇ 50 – 68/78 – ½ P 13.
  ◆ Unmittelbar am berühmten Rennsteig gelegen, verbindet das neu gestaltete Haus wohltuenden Komfort mit einem umfassenden Wander-, Sport- und Freizeitangebot. Einen Einblick in die Thüringer Eßkultur gewährt man Ihnen im Hotelrestaurant.

OBERKIRCH Baden-Württemberg 419 U 8 – *20 000 Ew* – *Höhe 194 m* – *Erholungsort*.
🛈 Tourist-Information, Eisenbahnstr. 1, ✉ 77704, ℘ (07802) 8 22 41, Fax (07802) 82179.
Berlin 739 – *Stuttgart 140* – *Karlsruhe 76* – Offenburg 16 – Strasbourg 30.

Romantik Hotel Zur Oberen Linde, Hauptstr. 25, ✉ 77704, ℘ (07802) 80 20, *obere-linde@romantikhotels.de*, Fax (07802) 3030, 🌳, ⮭ – ⌷, ⥅ Zim, TV 📞 P – 🛇 150. AE ⓘ ⓜ VISA
Menu à la carte 24/41 – **37 Zim** ⊇ 65/90 – 95/120 – ½ P 23.
  ◆ Zwei prächtige, durch einen Gang verbundene Fachwerkhäuser warten auf Besucher. Mit Stilmöbeln, teils mit Himmelbetten und allerlei netten Details überraschen die Zimmer. Die gehobene Küche und die anheimelnde Atmosphäre harmonieren vortrefflich miteinander.

Pflug, Fernacher Platz 1, ✉ 77704, ℘ (07802) 92 90, *hotel-pflug@t-online.de*, Fax (07802) 929300, 🌳, – ⌷, ⥅ Zim, TV P. – 🛇 40. ⓜ VISA
geschl. nach Fastnacht 3 Wochen – **Menu** *(geschl. Mittwoch - Donnerstagmittag)* à la carte 17/30 – **35 Zim** ⊇ 45/58 – 68/86 – ½ P 16.
  ◆ Der gestandene Gasthof wurde in der Vergangenheit umgebaut und erweitert, so daß man seinen Gästen heute eine zeitgemäße und schöne Bleibe bieten kann. Im Restaurant spürt man eine behagliche, fast intime Atmosphäre.

Pfauen, Josef-Geldreich-Str. 18, ✉ 77704, ℘ (07802) 9 39 40, Fax (07802) 4529, 🌳 – ⥅ Zim, ⮭ ⇔ P. – 🛇 20. AE ⓘ ⓜ VISA
geschl. Jan. 3 Wochen – **Menu** *(geschl. Mittwoch)* à la carte 16/30 – **10 Zim** ⊇ 34/40 – 59/65.
  ◆ Freuen Sie sich auf gepflegte Gastlichkeit in dem hübschen Betrieb, der am südlichen Rand der Stadt liegt. Die romantischen Gassen des Ortes erreichen Sie in wenigen Minuten. Holzdecken und Kachelofen verschönern die Gaststube.

1105

OBERKIRCH

XX **Haus am Berg** mit Zim, Am Rebhof 5 (Zufahrt über Privatweg), ✉ 77704
    ℘ (07802) 47 01, Fax (07802) 2953, ≤ Oberkirch und Renchtal, 🍴, 🐎 – TV P
    ⓜ VISA
geschl. Feb. 2 Wochen, Nov. 2 Wochen – **Menu** (geschl. Dienstag, Nov. - März Montag
Dienstag) 16/48 à la carte 21/42 – **Badische Stube** (geschl. Dienstag, Nov. - März Montag
- Dienstag) **Menu** à la carte 14/31 – **9 Zim** ⊇ 34/49 – 58/84 – ½ P 19.
    ◆ Das von Weinbergen umgebene Haus am Waldrand bietet vorwiegend Regionalküche. Von
der großen Freiterrasse aus schweift der Blick bei gutem Wetter bis nach Straßburg. Weniger aufwendig zubereitete, schmackhafte Speisen in der Badischen Stube.

X **Schwanen**, Eisenbahnstr. 3, ✉ 77704, ℘ (07802) 22 20, Fax (07802) 91252, 🍴 – P
    ⓜ VISA
geschl. Mitte Nov. 2 Wochen, Montag – **Menu** à la carte 15/30.
    ◆ Der traditionsreiche Gasthof könnte genau das Richtige für Sie sein, wenn Ihnen der
Sinn nach einem gesunden Essen steht. Es gibt u. a. über 40 Salatgerichte auf der
Karte !

In Oberkirch-Nußbach West : 6 km :

🏠 **Rose** , Herztal 88 (im Ortsteil Herztal), ✉ 77704, ℘ (07805) 9 55 50
Fax (07805) 955559, 🍴, 🐎 – TV P. ⓜ VISA
geschl. Feb. - März 4 Wochen, Ende Aug. 2 Wochen – **Menu** (geschl. Montagmittag, Dienstag
- Mittwochmittag) à la carte 16/33 – **16 Zim** ⊇ 38/44 – 68/78 – ½ P 14.
    ◆ In der Rose werden Sie aufgenommen wie ein Familienmitglied. Damit Sie sich rundum
wohlfühlen können, haben Ihre Gastgeber die Zimmer mit hellem Holz wohnlich gestaltet.
Das Restaurant strahlt Gemütlichkeit aus.

In Oberkirch-Ödsbach Süd : 3 km :

🏨 **Waldhotel Grüner Baum** , Alm 33, ✉ 77704, ℘ (07802) 80 90, info@waldhotel-gruener-baum.de, Fax (07802) 80988, 🍴, Massage, 🏋, ≘s, 🗖, 🐎, ℀ – 📶 TV ✆
⇔ P – 🔬 40. 🅰 ⓞ ⓜ JCB
Menu à la carte 21/44 – **52 Zim** ⊇ 58/88 – 85/149 – ½ P 25.
    ◆ Eingebettet in die Wald- und Wiesenlandschaft des mittleren Schwarzwalds liegt diese
Hotelanlage. Auf den Zimmern finden Sie Kirsch- und Eichenmöbel und meist einen Balkon.
Sehr schön sitzt man im elegant angehauchten Restaurant.

In Oberkirch-Ringelbach Nord : 4 km :

🏠 **Landhotel Salmen**, Weinstr. 10, ✉ 77704, ℘ (07802) 44 29, landhotel-salmen@t-online.de, Fax (07802) 5449, 🍴, ≘s, 🗖 – 📶 TV P. ⓜ VISA. ℀ Rest
geschl. über Fastnacht 2 Wochen, 23. - 27. Dez. – **Menu** (geschl. Donnerstag) (wochentags
nur Abendessen) à la carte 13/30 – **33 Zim** ⊇ 37/50 – 62/90 – ½ P 14.
    ◆ Der Gasthof mit Stammhaus und Neubau fällt durch seinen hübschen hellgelben Anstrich
und die braunen Fensterläden auf. Die Zimmer im Neubau sind etwas größer und komfortabler. Im Restaurant setzt sich der nette Stil des Hauses fort.

OBERKOCHEN Baden-Württemberg **419 420** T 14 – 8 000 Ew – Höhe 495 m.
Berlin 566 – Stuttgart 85 – Augsburg 112 – Aalen 9 – Ulm (Donau) 66.

🏨 **Am Rathaus** , Eugen-Bolz-Platz 2, ✉ 73447, ℘ (07364) 9 63 30, hotelamrathaus
@gmx.de, Fax (07364) 5955, 🍴 – 📶 TV ✆ ⇔ P – 🔬 100. 🅰 ⓞ ⓜ
VISA
geschl. 27. Dez. - 5. Jan. – **Menu** (geschl. Aug. 2 Wochen, Freitag - Samstagmittag) à la carte
19/29 ♀ – **40 Zim** ⊇ 56/72 – 78/100.
    ◆ Die zentrale Lage im Ort ist einer der Vorzüge dieses Hotels. Der Großteil der Übernachtungszimmer ist geschmackvoll mit hellem Holz oder Korbmöbeln eingerichtet. Nett
dekoriertes, auf zwei Ebenen angelegtes Restaurant.

OBER-MÖRLEN Hessen **417** O 10 – 6 000 Ew – Höhe 190 m.
Berlin 507 – Wiesbaden 69 – Frankfurt am Main 37 – Gießen 22.

In Ober-Mörlen-Ziegenberg Süd-West : 6 km :

🏨 **Landhaus Lindenhof Möckel** (mit Gästehaus), Usinger Str. 146 (B 275), ✉ 61239,
℘ (06002) 99 00, Fax (06002) 990152, 🍴, 🐎 – 📶 TV P – 🔬 80. 🅰 ⓜ
VISA. ℀
Menu à la carte 27/44 – ⊇ 10 – **21 Zim** 36/59 – 64/78.
    ◆ Bei Ihrer Unterbringung haben Sie die Wahl zwischen dem Haupthaus, das im Landhausstil
ausgestattet ist und dem Gästehaus, in dem Sie zeitloses Eichenmobiliar umgibt. Ein fast
edler Landhauscharakter bestimmt den Rahmen des Restaurants.

OBERMOSCHEL Rheinland-Pfalz 417 Q 7 – 1 150 Ew – Höhe 187 m.
Berlin 620 – Mainz 63 – Bad Kreuznach 21 – Kaiserslautern 46.

Burg-Hotel ⚐, ✉ 67823, ℘ (06362) 9 21 00, Fax (06362) 921013, ≤ Obermoschel, ⇌s, 🏊, 🐎 – ⇝ Zim, 📺 ✆ ⟺ 🅿 – 🔔 30. ◼ VISA
geschl. 23. Dez. - 24. Jan. – **Menu** (geschl. Montagmittag) à la carte 16/28 – **20 Zim** ⇌ 36/45 – 58/80.

• Etwas erhöht über der kleinsten Stadt der Pfalz liegt dieses schlichte, familiär geführte Haus. Reservieren Sie eines der talwärts gelegenen Zimmer mit Balkon.

OBERNBURG Bayern 417 419 Q 11 – 8 000 Ew – Höhe 127 m.
Berlin 569 – München 356 – Frankfurt am Main 58 – Darmstadt 47 – Würzburg 80 – Aschaffenburg 20.

Zum Anker (mit Gästehäusern), Mainstr. 3, ✉ 63785, ℘ (06022) 6 16 70, deckelmann-obernburg@t-online.de, Fax (06022) 616760, 🌳, (Fachwerkhaus a. d. 16. Jh.) – ⇝ Zim, 📺 🅿 – 🔔 20. ◼ ⓞ ◼ VISA
Menu (geschl. Sonntagabend) à la carte 17/35 – **31 Zim** ⇌ 55/63 – 79/87.

• Der sympathische Gasthof ist im Zentrum des Ortes plaziert. Das hübsche Fachwerkhaus sowie zwei Gästehäuser bieten dem Besucher ein solides Quartier. In den Restauranträumen spüren Sie die das Flair eines denkmalgeschützten Hauses.

OBERNDORF Baden-Württemberg 419 V 9 – 13 800 Ew – Höhe 506 m.
Berlin 709 – Stuttgart 80 – Konstanz 103 – Rottweil 18 – Freudenstadt 36.

Wasserfall (mit Gästehaus), Lindenstr. 60, ✉ 78727, ℘ (07423) 92 80, Fax (07423) 928113, 🌳, ⇌s, – 🛗, ⇝ Zim, 📺 ✆ ⓞ ◼ VISA
geschl. Anfang Aug. 3 Wochen – **Menu** (geschl. Freitag - Samstag) à la carte 15/34 – **40 Zim** ⇌ 45/65 – 67/85.

• Hier faßt die ganze Familie mit an ! Der sympathische Gasthof mit Dépendance ist am Waldrand plaziert - Sie schlafen in hellen, freundlichen Zimmern mit Naturholzmobiliar. Restaurant mit großer Fensterfront.

OBERNKIRCHEN Niedersachsen siehe Bückeburg.

OBERNZELL Bayern 420 U 24 – 3 900 Ew – Höhe 294 m – Erholungsort.
🛈 Tourist-Information, Rathaus, Marktplatz 42, ✉ 94130, ℘ (08591) 9 11 61 19, Fax (08591) 9116150.
Berlin 624 – München 193 – Passau 17.

Fohlenhof ⚐ (mit Gästehäusern), Matzenberger Str. 36, ✉ 94130, ℘ (08591) 91 65, fohlen-hof@t-online.de, Fax (08591) 9166, ≤, 🌳, ⇌s, 🏊, 🐎, ✖ – ⇝ Zim, 📺 🅿 ◼ ⓞ ◼ VISA, ⚐ Rest
Menu (wochentags nur Abendessen) à la carte 17/26 – **88 Zim** ⇌ 38 – 69.

• Neuzeitliche Zimmer, solide eingerichtet und mit guter Technik versehen, machen einfaches Übernachten zum behaglichen Verweilen. Das alles mit Blick auf die Donau ! Unter dem historischen Backsteingewölbe des Restaurants befand sich früher der Pferdestall.

In Obernzell-Erlau Nord-West : 6 km :

Zum Edlhof, Edlhofstr. 10 (B 388), ✉ 94130, ℘ (08591) 4 66, Fax (08591) 522, Biergarten, 🐎 – 📺 🅿 ⚐ Zim
geschl. Jan. – **Menu** (geschl. Dienstag) à la carte 12/23 – **15 Zim** ⇌ 28/32 – 47/52 – ½ P 8.

• Hier finden Erholungsuchende und Freunde ländlicher Schlichtheit, was sie suchen ! Das Haus ist nett, tadellos unterhalten und liegt genau am Radweg Passau - Wien. Rustikales Restaurant mit schattigem Biergarten.

OBER-RAMSTADT Hessen 417 419 Q 10 – 15 000 Ew – Höhe 200 m.
Berlin 571 – Wiesbaden 58 – Frankfurt am Main 53 – Mannheim 56 – Darmstadt 8,5.

Hessischer Hof, Schulstr. 14, ✉ 64372, ℘ (06154) 6 34 70, hessischerhof.ober-ramstadt@t-online.de, Fax (06154) 634750, 🌳, (ehemalige Zehntscheune a.d. 17. Jh.) – 🛗, ⇝ Zim, 📺 ✆ ⟺ 🅿 – 🔔 50. ◼ ◼
geschl. 4. - 25. Aug., 27. Dez. - 5. Jan. – **Menu** (geschl. Freitag - Samstagmittag) à la carte 16/30 – **22 Zim** ⇌ 45/52 – 80/92.

• Die interessante farbliche Gestaltung und die aparten Möbel machen aus den Zimmern der modernisierten Zehntscheune wohnliche Gemächer, in die man gerne "heimkommt". Zeitlos ist die Einrichtung des gastronomischen Bereichs.

OBER-RAMSTADT

In Ober-Ramstadt-Modau *Süd : 4 km :*

Zur Krone, Kirchstr. 39, ⊠ 64372, ℘ (06154) 6 33 20, *landhotel.schaller@t-online.de*
Fax (06154) 52859, 🍴, 🛋 – 📶, ⥤ Zim, 📺 ☎ 🅿 – 🔒 35. 🆎 ⓞ ⓜ VISA JCB
Menu *(geschl. Samstag, Sonn- und Feiertage)* à la carte 28/41 – **35 Zim** ⊇ 45/55 – 80/90
♦ Sie finden dieses familiär geführte Haus in einem ruhigen Ortsteil. Helle, mit leichten Holz möblierte Zimmer ermöglichen Ihnen gemütliches und entspanntes Wohnen. Mit bleiverglasten Fenstern hat man dem Restaurant einen elegant-rustikalen Anstrich gegeben.

OBERREUTE *Bayern* 419 420 *X 13 – 1 400 Ew – Höhe 860 m.*

🛈 Gästeamt, Hauptstr. 34, ⊠ 88179, ℘ (08357) 12 33, Fax (08357) 8707.
Berlin 718 – München 179 – *Konstanz* 95 – Lindau 31 – Bregenz 29.

Martinshöhe ⚘, Freibadweg 4, ⊠ 88179, ℘ (08387) 13 13, *martinshoehe@aol.com*
Fax (08387) 2883, ≤, 🍴, 🌳 – 📺 🚗 🅿 ⓜ VISA
geschl. 1. Nov. - 20. Dez. – **Menu** *(geschl. Dienstag) (wochentags nur Abendessen)* à la carte 15/25 – **12 Zim** ⊇ 30/35 – 50/55 – ½ P 15.
♦ Suchen Sie ein einfaches, ländliches "Zuhause auf Zeit" im Allgäu? Dann sind Sie hier bestimmt an der richtigen Adresse. Gepflegte, hübsche Zimmer, zum Teil mit Balkon. Im Restaurant finden Sie ein ländliches Ambiente.

OBERRIED *Baden-Württemberg* 419 *W 7 – 2 700 Ew – Höhe 455 m – Erholungsort – Wintersport 650/1 300 m ≰8 ✦.*

Ausflugsziel : *Schauinsland* ≤★.

🛈 Tourist-Info, Klosterplatz 4, ⊠ 79254, ℘ (07661) 93 05 66, *tourist-info@oberried.de*
Fax (07661) 930588.
Berlin 804 – Stuttgart 182 – *Freiburg im Breisgau* 13 – Donaueschingen 59 – Basel 67

Zum Hirschen (mit Gästehaus), Hauptstr. 5, ⊠ 79254, ℘ (07661) 90 29 30, *hirschen-oberried@t-online.de*, Fax (07661) 902950, 🌳 – 📺 🚗 🅿 – 🔒
geschl. Nov. 3 Wochen – **Menu** *(geschl. Donnerstag - Freitagmittag)* à la carte 13/34 – **14 Zim** ⊇ 40/42 – 63/72.
♦ Abseits vom Verkehrslärm finden Reisende hier eine gemütliche Unterkunft. Auf markierten Wanderwegen zum Schauinsland und Feldberg lernen Sie die herrliche Landschaft kennen. Das in Stuben unterteilte Restaurant befindet sich im über 300 Jahre alten Stammhaus.

In Oberried-Hofsgrund *Süd-West : 11 km :*

Die Halde ⚘, Halde 2 – Höhe 1120 m, ⊠ 79254, ℘ (07602) 9 44 70, *info@halde.com*
Fax (07602) 944741, ≤ Feldberg und Schauinsland, 🍴, 🏋, 🛋, ◻, 🌳 – 📶, ⥤ Zim
📺 ☎ 🚗 🅿 – 🔒 35
Menu à la carte 24/36 – **38 Zim** ⊇ 79/123 – 118/168 – ½ P 23.
♦ Sie beziehen harmonisch mit heimischem Holz ausgestattete Räumlichkeiten im neueren Anbau des originalgetreu sanierten, denkmalgeschützten Hauses im Schwarzwaldstil. Im alten Teil des Hauses befinden sich die drei gemütlichen, rustikalen Stuben.

In Oberried-Weilersbach *Nord-Ost : 1 km :*

Zum Schützen ⚘, Weilersbacher Str. 7, ⊠ 79254, ℘ (07661) 9 84 30, *hotel-schuetzen@aol.com*, Fax (07661) 984318, 🍴, 🌳 – 📺 🚗 🅿 ⓜ VISA
geschl. 7. - 31. Jan. – **Menu** *(geschl. Dienstag - Mittwochmittag)* à la carte 16/30 – **16 Zim** ⊇ 40/45 – 62/68 – ½ P 14.
♦ An der Stelle des Gasthauses stand jahrhundertelang eine Getreidemühle. Heute stellen Ihre Gastgeber Ihnen mit Kiefernhölzern gut ausgestattete Fremdenzimmer zur Verfügung. Verschiedene Stuben laden zum Speisen ein.

Am Notschrei *Süd : 11,5 km, Richtung Todtnau :*

Waldhotel am Notschrei ⚘, Freiburger Str. 56, ⊠ 79254 Oberried, ℘ (07602) 9 42 00, *waldhotelamnotschrei@t-online.de*, Fax (07602) 9420111, 🍴, 🛋, ◻, 🌳 – 📶
📺 🚗 🅿 – 🔒 30. 🆎 ⓞ ⓜ VISA
Menu à la carte 19/27 – **29 Zim** ⊇ 62/72 – 110/115, 5 Suiten – ½ P 19.
♦ Moderne, bequeme Zimmer und die bezaubernde Landschaft des Hochschwarzwalds sprechen für dieses Hotel. Übrigens : die Notschrei-Loipe (60 km) beginnt direkt am Haus !

OBERRÖBLINGEN *Sachsen-Anhalt siehe Sangerhausen.*

OBERSCHLEISSHEIM Bayern 419 420 V 18 – 11 000 Ew – Höhe 477 m.

Sehenswert : Schloß Schleißheim★.

Berlin 575 – München 17 – Regensburg 112 – Augsburg 64 – Ingolstadt 67 – Landshut 62.

Blauer Karpfen garni, Dachauer Str. 1 (B 471), ✉ 85764, ✆ (089) 3 15 71 50, Fax (089) 31571550 – 🔋 📺 🚗 🅿 🆎 🆎 🆎
37 Zim ☑ 64/80 – 82/100.

♦ Hier im Norden Münchens finden Sie eine Alternative zur Hektik der Großstadt. Ob Sie als Geschäftsreisender oder Tourist kommen, eine nette Unterbringung ist Ihnen gewiß.

In Oberschleißheim-Lustheim Ost : 1 km :

Zum Kurfürst (mit Gästehäusern), Kapellenweg 5, ✉ 85764, ✆ (089) 31 57 90, Fax (089) 31579400, ☕, ≘s, 🏊, – 🔋 📺 📞 🚗 🅿 – 🔔 35. 🆎 ⓞ 🆎 🆎 🆎 🆎 % Rest
Menu (geschl. 1. - 15. Jan., Aug. 2 Wochen) à la carte 16/39 – **95 Zim** ☑ 73/103 – 98/133.

♦ Im Haupthaus und im Nebengebäude wohnen Sie in ruhigen, großzügig möblierten Gästezimmern mit allem notwendigen Komfort. Die Schloßanlagen sind nur einen Steinwurf entfernt. Die beiden Gaststuben des Hauses sind ansprechend mit Holz dekoriert.

OBERSCHÖNAU Thüringen 418 N 15 – 1 000 Ew – Höhe 600 m.

Berlin 359 – Erfurt 67 – Gotha 42 – Suhl 17.

Berghotel Simon ⚜, Am Hermannsberg 13, ✉ 98587, ✆ (036847) 3 03 28, info @berghotel-simon.de, Fax (036847) 33625, ☕, ≘s, 🐾, – 📺 🚗 🅿 – 🔔 20. 🆎 🆎 🆎
geschl. Nov. – **Menu** à la carte 11/20 – **34 Zim** ☑ 35/40 – 50/62 – ½ P 8.

♦ In ruhiger Hanglage erwartet Sie dieses sympathische Urlaubsdomizil. Die netten Landhaus-Zimmer machen das Übernachten hier zu einem rundum gelungenen Erlebnis. Besonders hübsch ist die Dekoration im Restaurant.

OBERSTAUFEN Bayern 419 420 X 14 – 7 100 Ew – Höhe 791 m – Schrothheilbad – Heilklimatischer Kurort – Wintersport : 740/1 800 m ✶1 ✶36 ✶.

🅱 Oberstaufen-Steibis, In der Au 5, ✆ (08386) 85 29 ; 🅱 Oberstaufen, Buflings 1, ✆ (08386) 93 92 50.

🅱 Kurverwaltung, Hugo-von-Königsegg-Str. 8, ✉ 87534, ✆ (08386) 9 30 00, info@oberstaufen.de, Fax (08386) 930020.

Berlin 735 – München 161 – Konstanz 107 – Kempten (Allgäu) 37 – Ravensburg 53 – Bregenz 43.

Lindner Parkhotel, Argenstr. 1, ✉ 87534, ✆ (08386) 70 30, info.parkhotel@lindner.de, Fax (08386) 703704, Massage, ✚, 🏋, ≘s, 🏊, 🐾 – 🔋, 💤 Zim, 📺 🚗 🅿 🆎 🆎 🆎 🆎 %
Menu à la carte 25/42 – **91 Zim** ☑ 92/129 – 172/192, 5 Suiten – ½ P 14.

♦ "Anspruchsvoller Landhausstil", so könnte man das Leitmotiv des Hauses nennen, denn ländliche Eleganz dominiert in den individuell zugeschnittenen Zimmern und Suiten. Der gastronomische Bereich ist teils elegant und teils rustikal mit viel Holz und Kachelöfen.

Allgäu Sonne ⚜ (mit Gästehäusern), Stießberg 1, ✉ 87534, ✆ (08386) 70 20, info @allgaeu-sonne.de, Fax (08386) 7826, ≤ Weißachtal, Steibis und Hochgrat, ☕, Massage, ✚, 🏋, ≘s, 🏊, 🏊, 🐾 – 🔋 📺 🚗 🅿 – 🔔 25. 🆎 ⓞ 🆎 🆎 %
Menu à la carte 28/38 – **162 Zim** ☑ 86/151 – 160/246, 3 Suiten – ½ P 20.

♦ Die große und elegante Halle stimmt auf einen schönen Besuch ein ! Fragen Sie nach einem der renovierten Zimmer, in denen edle Materialien und dezente Farben vorherrschen. Wertvoll dekoriert präsentieren sich Gaststube und Restaurant.

Kurhotel Rosen Alp ⚜, Am Lohacker 5, ✉ 87534, ✆ (08386) 70 60, hotel.rosen alp@t-online.de, Fax (08386) 706435, Massage, ✚, 🏋, 🏋, ≘s, 🏊 (geheizt), 🏊, 🐾 – 🔋, 💤 Zim, 📺 📞 ♿ 🚗 🅿 – 🔔 20. ⓞ 🆎 🆎 %
geschl. 15. Nov. - 24. Dez. – **Menu** (Restaurant nur für Hausgäste) à la carte 22/35 – **79 Zim** ☑ 79/118 – 154/184, 7 Suiten – ½ P 16.

♦ Mit hübsch gemusterten Stoffen und kräftig gefärbten Polstermöbeln hat man in den Zimmern Akzente gesetzt. Darüber hinaus überzeugen auch der Rahmen und die Lage des Hauses.

Concordia, In Pfalzen 8, ✉ 87534, ✆ (08386) 48 40, info@concordia-hotel.de, Fax (08386) 484130, Massage, ✚, 🏋, 🏋, ≘s, 🏊, 🐾 – 🔋, 💤 Zim, 📺 🚗 % Rest
Menu (Restaurant nur für Hausgäste) à la carte 23/34 – **67 Zim** ☑ 80/95 – 153/158 – ½ P 10.

♦ Kur und Regeneration, Fitness, Wellness und Urlaubsflair sind die Attribute dieses Hauses. Sie sind untergebracht in exklusiven Landhaus-Zimmern mit Balkon oder Terrasse.

OBERSTAUFEN

🏨 Kur- und Ferienhotel Alpenkönig, Kalzhofer Str. 25, ✉ 87534, ℘ (08386) 9 34 50, info@hotel-alpenkoenig.de, Fax (08386) 4344, Massage, ≘s, ⊠, ⌠ – ⫞ 🆃🆅 🕻 ⇔ 🅿. ✗
geschl. 18. Nov. - 25. Dez. – **Menu** (geschl. Dienstag - Mittwoch) à la carte 21/31 – **21 Zim** ⇆ 74/87 – 132/174 – ½ P 16.
◆ Nach regionstypischem Vorbild hat man dieses neue, familiengeführte Haus im alpenländischen Stil erbaut. Mit wohnlichem Komfort und guter Technik überzeugen die Zimmer. Gepflegte Restauranträume mit neuzeitlich-rustikalem Ambiente.

🏨 Sonneck 🌲, Am Kühlen Grund 1, ✉ 87534, ℘ (08386) 49 00, kurlaub@t-online.de, Fax (08386) 490850, Massage, ⩲, 𝟔, ≘s, ⊠, ⌠ – ⫞, 🆅🆆 Zim, 🆃🆅 🕻 ⇔ 🅿. 🆀🅼 🆅🅸🆂🅰
Menu (Restaurant nur für Hausgäste) – **64 Zim** ⇆ 71/89 – 128/134, 3 Suiten – ½ P 19
◆ Legeres Wohnen in nettem Ambiente wird hier großgeschrieben. Auf über 300 qm Wellness-Bereich tauchen Sie ein in die Erlebniswelt fernöstlicher Heilwissenschaften.

🏨 Bayerischer Hof, Hochgratstr. 2, ✉ 87534, ℘ (08386) 49 50, info@bayer-hof.de, Fax (08386) 495414, ⩙, Massage, ⩲, ≘s, ⊠, ⌠ – ⫞ 🆃🆅 ⇔ 🅿. 🅰🅴 ① 🆀🅼 🆅🅸🆂🅰 ✗ Rest
Menu (geschl. Aug. 2 Wochen, Dienstag - Mittwochmittag) à la carte 22/37 – **62 Zim** ⇆ 51/82 – 118/174, 6 Suiten - (Erweiterung : Gästehaus mit 23 Zim bis Frühjahr 2003)
◆ Durch die geschmackvoll gestaltete kleine Empfangshalle betreten Sie Ihr Urlaubsdomizil. Die Zimmer sind wohnlich und gut eingerichtet. Sehr schön : das Felsenhallenbad ! Die Allgäuer Stube lockt mit ländlichem Flair.

🏨 Kurhotel Hirsch garni, Kalzofer Str. 4, ✉ 87534, ℘ (08386) 49 10, info@kurhotel-hirsch.de, Fax (08386) 491144, Massage, ≘s, ⊠, ⌠ – ⫞ 🆃🆅 ⇔ 🅿.
36 Zim ⇆ 64/92 – 118/134.
◆ "Chic - charmant - sympathisch" so sieht man sich im Hotel Hirsch. Übernachtungszimmer mit Flair und Komfort sind die Grundlage für schöne Kur- und Ferientage.

🏨 Adler (mit Gästehaus), Kirchplatz 6, ✉ 87534, ℘ (08386) 9 32 10, info@adler-oberstaufen.de, Fax (08386) 4763, ⩙, Massage, ≘s, ⌠ – 🆃🆅 🅿. – 🏇 15. 🅰🅴 🆀🅼 🆅🅸🆂🅰
geschl. 20. Nov. - 20. Dez. – **Menu** à la carte 20/33 – **28 Zim** ⇆ 45/71 – 90/130 – ½ P 16.
◆ Das Traditionshaus, seit 1574 in ruhiger, zentraler Lage inmitten des Ortes, verbindet das Flair vergangener Zeiten mit Komfort und Anspruch der Moderne. In drei geschmackvoll eingerichteten Stuben serviert man regionaltypische Gerichte.

🏠 Kurhotel Hochbühl 🌲 garni, Auf der Höh 12, ✉ 87534, ℘ (08386) 9 35 40, info@hochbuehl.de, Fax (08386) 935499, Massage, ≘s, ⊠, ⌠ – 🆃🆅 🅿.
21 Zim ⇆ 57/75 – 98/110.
◆ Wenn Sie eine schlichte und doch wohnliche Unterkunft suchen, könnte dieses Kurhotel genau das Richtige für Sie sein. Man heißt Sie in netten, rustikalen Räumen willkommen.

🏠 Kur- und Ferienhotel Alpenhof garni, Gottfried-Resl-Weg 8, ✉ 87534, ℘ (08386) 48 50, alpenhof@t-online.de, Fax (08386) 2251, Massage, ≘s, ⌠ – 🆃🆅 🅿. 🅰🅴 🆀🅼 🆅🅸🆂🅰 🅹🅲🅱. ✗
geschl. 1. - 25. Dez. – **31 Zim** ⇆ 42/79 – 78/116.
◆ Haupthaus und Dependance sind unterirdisch miteinander verbunden. Mit geführten Wanderungen, Frühschoppen, Musical-Arrangements u. ä. hat Langeweile keine Chance.

✗ Postürmle, Bahnhofplatz 4, ✉ 87534, ℘ (08386) 74 12, Fax (08386) 1882 – 🆀🅼 🆅🅸🆂🅰
geschl. Juni 2 Wochen, Dez. 2 Wochen, Dienstag – **Menu** (nur Abendessen) (Tischbestellung ratsam) à la carte 24/48.
◆ Klein, aber fein ist das Miniaturrestaurant mit Vinothek. In nettem, sehr privatem Ambiente werden Sie hier mit Kreationen einer klassisch-internationalen Küche verwöhnt.

✗ Ambiente, Kalzhofer Str. 22, ✉ 87534, ℘ (08386) 74 78 – 🅿. 🆀🅼
geschl. Juni 3 Wochen, Dez. 2 Wochen, Montag – **Menu** (wochentags nur Abendessen) à la carte 20/34.
◆ Das Restaurant ist in ein Geschäftshaus am Rande des Ortes integriert - ein heller, reichlich dekorierter Raum. Die offene Küche ermöglicht dem Gast interessante Einblicke.

In Oberstaufen-Buflings Nord : 1,5 km :

🏨 Kur- und Sporthotel Engel, Buflings 3, ✉ 87534, ℘ (08386) 70 90, kur-sporthotel-engel@t-online.de, Fax (08386) 709482, ≤, ⩙, Massage, ⩲, 𝟔, 🏊, ≘s, ⊠, ⌠, ✗, 🍴 – ⫞ 🆅🆆 Rest, 🆃🆅 🅿. ⇔ 🅿. – 🏇 30. ✗ Rest
geschl. Mitte Nov. - Mitte Dez. – **Menu** (geschl. Montag - Dienstag) à la carte 15/33 – **54 Zim** ⇆ 63/113 – 140/182 – ½ P 15.
◆ Seit 150 Jahren befindet sich der Gasthof in Familienbesitz und seither wurde beständig vergrößert und verschönert. Besonders hübsch : die neuen Zimmer mit Kachelofen ! Holzdecken und weißgekalkte Wände schaffen ein stimmungsvolles Ambiente im Restaurant.

OBERSTAUFEN

In Oberstaufen-Bad Rain *Ost : 1,5 km :*

Alpengasthof Bad Rain ⊗, (mit Gästehaus), Hinterstaufen 9, ⊠ 87534, ℘ (08386) 9 32 40, *info@bad-rain.de, Fax (08386) 932499*, 佘, Massage, ♣, ⇔, 国, 雫 – ⅍ Rest, ℡ ⇔ 🅿
geschl. Mitte Nov. - Mitte Dez. – **Menu** à la carte 14/33 *(auch Diät)* – **25 Zim** ⇌ 48/63 – 106/140 – ½ P 15.
♦ Ein Gästehaus mit hübscher Balkonfassade aus Holz ergänzt den für die Region typischen Gasthof. Die Zimmer sind mit Holzmobiliar in rustikalem Stil eingerichtet. Kleine gemütliche Stuben bilden den gastronomischen Bereich des Hauses.

In Oberstaufen-Thalkirchdorf *Ost : 6 km – Erholungsort :*

Traube ⊗, Kirchdorfer Str. 12, ⊠ 87534, ℘ (08325) 92 00, *hotel.traube@t-online.de, Fax (08325) 92039*, 佘, 国, 雫 – ℡ ⇔ 🅿 🆎 ⓞ 🆚
geschl. Mitte Nov. - Mitte Dez. – **Menu** *(geschl. Dienstag)* à la carte 22/33 – **28 Zim** ⇌ 54/75 – 80/110 – ½ P 17.
♦ Das Hotel mit der auffällig schönen Fachwerkfassade aus dem 18. Jh. diente zeitweise als Krämerladen. Heute bietet man hübsch eingerichtete Zimmer und lauschige Eckchen. Der gastronomische Bereich besteht aus Stube und Speisesaal.

In Oberstaufen-Weißach *Süd : 2 km :*

Königshof (mit Gästehaus), Mühlenstr. 16, ⊠ 87534, ℘ (08386) 49 30, *info@koenigshof.de, Fax (08386) 493125*, Massage, ♣, ♨, ⇔, 国, 雫 – ⓘ ⅍ ℡ ⇔ 🅿 🆎 ⓞ 🆎 🆚, ⅍ Rest
Menu à la carte 23/36 – **95 Zim** ⇌ 62/99 – 124/174 – ½ P 13.
♦ Alle Zimmer in diesem Hotel sind mit Balkon oder Terrasse ausgestattet, so daß Sie die einmalige Landschaft nie aus den Augen verlieren. Wellnessbereich im Gästehaus. Ein rustikales Restaurant steht den Gästen zur Verfügung.

In Oberstaufen-Willis *West : 1,5 km :*

Bergkristall ⊗, Willis 8, ⊠ 87534, ℘ (08386) 91 10, *wellness@bergkristall.de, Fax (08386) 911150*, ≤ Weissachtal und Allgäuer Berge, 佘, ⇔, 国, 雫 – ⓘ ⅍ Zim, ℡ ℓ ⇔ 🅿 🆎 🆚, ⅍ Rest
Menu à la carte 17/39 – **34 Zim** ⇌ 54/72 – 108/190 – ½ P 17.
♦ Hier oben, in privilegierter Hanglage finden Sie ein nettes Quartier, in dem Ihre Gastgeber verschiedene Zimmertypen bereitstellen, die durch ihre Wohnlichkeit überzeugen. Das Restaurant ist freundlich im Landhausstil eingerichtet.

OBERSTDORF *Bayern* 419 420 *X 14 – 11 000 Ew – Höhe 815 m – Heilklimatischer Kurort – Kneippkurort – Wintersport : 843/2 200 m ≰3 ≰26 ≰.*
Ausflugsziele : Nebelhorn ✻✻ *30 min mit* ≼ *und Sessellift – Breitachklamm*✻✻ *Süd-West : 7 km – Fellhorn*✻✻ ✻✻.
⛳ *Oberstdorf-Gruben, Gebrgoide 2 (Süd : 2 km), ℘ (08322) 28 95.*
🛈 *Tourist-Information, Marktplatz 7, ⊠ 87561, ℘ (08322) 70 00, info@oberstdorf.de, Fax (08322) 700236.*
Berlin 737 – München 165 – Kempten (Allgäu) 39 – Immenstadt im Allgäu 20.

Parkhotel Frank ⊗, Sachsenweg 11, ⊠ 87561, ℘ (08322) 70 60, *info@parkhotel-frank.de, Fax (08322) 706286*, ≤, 佘, Massage, ♣, ⅙, ♨, ⇔, 国, 雫 – ⓘ ⅍ Zim, ℡ ℓ ⇔ 🅿 – 🔬 50. ⅍
Menu à la carte 33/51 – **72 Zim** ⇌ 95/155 – 206/246, 5 Suiten – ½ P 15.
♦ Ländliche Eleganz prägt das Erscheinungsbild des stattlichen Hauses vor grandioser Bergkulisse. In bequemen Zimmern mit einem Hauch von Luxus logieren auch Prominente gern. Der Restaurantbereich ist zweigeteilt, einmal rustikaler, einmal eleganter.

Exquisit ⊗, Prinzenstr. 17, ⊠ 87561, ℘ (08322) 9 63 30, *hotel.exquisit@t-online.de, Fax (08322) 963360*, ≤, Massage, ♣, ♨, ⇔, 国, 雫 – ⓘ ℡ 🅿 – 🔬 30. 🆎 ⓞ 🆚, ⅍ Rest
geschl. 5. Nov. - 19. Dez. – **Menu** *(geschl. Dienstag) (nur Abendessen)* (Restaurant nur für Hausgäste) 30 und à la carte – **36 Zim** ⇌ 81/145 – 135/219 – ½ P 18.
♦ Der Name ist Programm - alle Zimmer und Suiten dieses Hotels sind anspruchsvoll und mit viel Liebe zum Detail eingerichtet. Hervorzuheben ist auch der freundliche Service.

Kur- und Ferienhotel Filser ⊗, Freibergstr. 15, ⊠ 87561, ℘ (08322) 70 80, *info@filserhotel.de, Fax (08322) 708530*, 佘, Massage, ♣, ⅙, ♨, ⇔, 国, 雫 – ⓘ ℡ ⇔ 🅿, ⅍ Rest
Menu à la carte 19/31 – **102 Zim** ⇌ 62/84 – 123/184, 3 Suiten – ½ P 15.
♦ Ob in der Kaminhalle, im Wintergarten oder in den angenehm eingerichteten Gästezimmern - überall genießen Sie das Flair und die Wohnkultur dieses sympathischen Hauses. Im Restaurant erleben Sie ein Stück bayerischer Lebensart.

1111

OBERSTDORF

Alpenhof M., Fellhornstr. 36, ⊠ 87561, ℘ (08322) 9 60 20, info@alpenhof oberstdorf.de, Fax (08322) 960218, 㟠, Massage, ≦s, ⊠, 🐾 – 🛗, ⁕ Zim, 📺 ☏ ⇔ 🅿. ⁕ Rest
geschl. Mitte Nov.- Mitte Dez. – **Menu** (wochentags nur Abendessen) à la carte 23/36 – **36 Zim** ⇌ 84/135 – 180/198, 5 Suiten – ½ P 18.
◆ Der Platz, an dem das komfortable neuerbaute Hotel steht, wurde wegen seiner bevorzugten Lage früher vom Haus Thurn und Taxis als Sommerdomizil genutzt. Das Hotelrestaurant ist großzügig geschnitten und mit hellen Möbeln einladend gestaltet worden.

Wittelsbacher Hof ⌂, Prinzenstr. 24, ⊠ 87561, ℘ (08322) 60 50, info@wittel bacherhof.de, Fax (08322) 605300, ≤, 㟠, Massage, ⊼ (geheizt), ⊠, 🐾 – 🛗 📺 ⇔ 🅿. – 🛎 60. 🅰🅴 ① ⓜⓞ 🆅🅸🆂🅰. ⁕ Rest
geschl. 6. April - 8. Mai, 27. Okt. - 18. Dez. – **Menu** à la carte 23/32 – **84 Zim** ⇌ 76/82 – 92/126, 10 Suiten – ½ P 19.
◆ Individuelle Gastlichkeit in traditionsreicher Umgebung und die gediegene Einrichtung sind Punkte, die schon seit Jahrzehnten von den Stammgästen des Hauses geschätzt werden. Im lichtdurchfluteten Speisesaal fällt der Blick ins Grüne.

Adler, Fuggerstr. 1, ⊠ 87561, ℘ (08322) 9 61 00, adler@online-service.de Fax (08322) 8187, 㟠 – 📺 ⇔ 🅿. 🅰🅴 ⓜⓞ 🆅🅸🆂🅰
geschl. 16. Nov. - 17. Dez. – **Menu** (geschl. 3. Nov. - 17. Dez., Dienstag) à la carte 18/37 – **33 Zim** ⇌ 60/80 – 120/140 – ½ P 16.
◆ Die Zimmer dieser traditionsbewußten Herberge erwarten Sie mit dunklem oder hellem Eichenmobiliar. Es stehen zwei exklusive Hochzeitszimmer mit Kachelofen zur Verfügung. Das hübsch dekorierte Restaurant gewährt einen Einblick in die hiesigen Eßgewohnheiten.

Geldernhaus ⌂ garni, Lorettostr. 16, ⊠ 87561, ℘ (08322) 97 75 70, geldernhaus @allgaeu.org, Fax (08322) 9775730, ≦s, 🐾 – ⁕ 📺 ☏ ⇔ 🅿.
11 Zim ⇌ 77/84 – 112/122.
◆ Das Haus ist der ehemalige Feriensitz einer gräflichen Familie - das merkt man ! Alle Zimmer sind farblich aufeinander abgestimmt und edel im Laura-Ashley-Stil eingerichtet.

Waldesruhe ⌂, Alte Walserstr. 20, ⊠ 87561, ℘ (08322) 60 10, info@waldesruhe com, Fax (08322) 601100, ≤ Allgäuer Alpen, 㟠, 🇫🇷, ≦s, ⊠, 🐾 – 🛗 📺 🅿. – 🛎 20. 🅰🅴 ⓜⓞ 🆅🅸🆂🅰
Menu à la carte 16/30 – **38 Zim** ⇌ 68/95 – 136/166 – ½ P 17.
◆ Erlebte Bergidylle finden Sie hier, an "aussichtsreicher Stelle". Ihre Gastgeber halten Zimmer in unterschiedlichen Kategorien, von einfach bis komfortabel, für Sie bereit. Zum Tal hin liegt das Restaurant mit schönem Blick.

Mohren, Marktplatz 6, ⊠ 87561, ℘ (08322) 91 20, info@hotel-mohren.de, Fax (08322) 912444, 㟠, ≦s – 🛗, ⁕ Zim, 📺 ☏ ♿ ⇔ – 🛎 30. 🅰🅴 ⓜⓞ 🆅🅸🆂🅰
Menu à la carte 22/37 – **51 Zim** ⇌ 95/125 – 180/240 – ½ P 20.
◆ Sie finden den modernisierten Gasthof direkt am Marktplatz. Die Inneneinrichtung des Hauses ist neuzeitlich, es gibt sogar Zimmer mit CD-Stereoanlage. Recht großzügig, mit integriertem Thekenbereich, zeigt sich das Restaurant.

Haus Wiese ⌂ garni, Stillachstr. 4a, ⊠ 87561, ℘ (08322) 30 30, info@hauswiese.de, Fax (08322) 3135, ≤, ≦s, ⊠, 🐾 – 📺 ⇔ 🅿. ⁕
11 Zim ⇌ 54/72 – 87/98.
◆ Am Ortsrand liegt das Landhaus mit der gemütlich-rustikalen Einrichtung an einem Flüßchen. Wenn Sie im Urlaub einen familiären Rahmen schätzen, sind Sie hier genau richtig.

Scheibenhaus ⌂ garni, Scheibenstr. 1, ⊠ 87561, ℘ (08322) 95 93 02, ashhorlach er@t-online.de, Fax (08322) 95336, 🐾 – ⁕ 📺 ☏ 🅿.
geschl. April, Nov. – **8 Zim** ⇌ 60 – 76/124.
◆ Gastfreundschaft wird hier wörtlich verstanden : viele liebenswerte Details wie freie Getränke und selbstgebackener Kuchen zum Frühstück unterscheiden das Haus von der Masse.

Sporthotel Menning ⌂ garni, Oeschlesweg 18, ⊠ 87561, ℘ (08322) 9 60 90, hotel-menning@t-online.de, Fax (08322) 8532, ≦s, ⊠, 🐾 – 🛗 📺 ⇔ 🅿. 🅰🅴
22 Zim ⇌ 40/80 – 80/104.
◆ Am Haus endet die Straße und Wanderwege und Loipen nehmen ihren Anfang. Für Sie beginnt der Urlaub in behaglichen Landhauszimmern oder im schnuckeligen Alpenchalet.

Landhaus Thomas ⌂ garni, Weststr. 49, ⊠ 87561, ℘ (08322) 42 47, Fax (08322) 8601, ≦s, 🐾 – 📺 ⇔. ⁕
13 Zim ⇌ 40/60 – 66/84.
◆ Zu fairen Preisen finden Sie in diesem, nach traditioneller Art erbauten Landhaus großzügige und sehr solide eingerichtete Zimmer. Bemerkenswert : die gute Pflege !

Kappeler-Haus ⌂ garni, Am Seeler 2, ⊠ 87561, ℘ (08322) 9 68 60, info@kappe er-haus.de, Fax (08322) 968613, ≤, ⊼ (geheizt), 🐾 – 🛗 ⇔ 🅿. 🅰🅴 ⓜⓞ 🆅🅸🆂🅰. ⁕
48 Zim ⇌ 40/70 – 72/115.
◆ Nach umfangreichen Renovierungsarbeiten stehen hier geräumige und komfortable Zimmer zum Einzug bereit. Von Ihrem Balkon aus schweift der Blick über das herrliche Panorama.

OBERSTDORF

Kurparkhotel garni, Prinzstr. 1, ✉ 87561, ℰ (08322) 9 65 60, kurparkhotel-oberstdorf@oberallgaeu.cc, Fax (08322) 965619, ≤, ⌂, TV, P, ✲
geschl. 26. April - 8. Mai, Nov. - 16. Dez. – **23 Zim** ⌂ 44/51 – 78/92.
♦ Dunkel gebeiztes Eichenholz und offene Stützbalken geben den Gästezimmern ihr nettes, gemütliches Gepräge. Hübsche, helle Stoffe vermitteln eine frische Atmosphäre.

Königliches Jagdhaus, Ludwigstr. 13, ✉ 87561, ℰ (08322) 98 73 80, info@koenigliches-jagdhaus.de, Fax (08322) 987381, ☼, Biergarten – P, ◍, VISA
geschl. Ende April 2 Wochen, Nov. 3 Wochen, Montag – **Menu** (wochentags nur Abendessen) 25/48 à la carte 28/40.
♦ Mit wertvollen Möbeln sind die rustikal-eleganten, ganz in Holz gehaltenen Stuben ausgestattet worden. Hier finden Sie den passenden Rahmen für eine gute Regionalküche.

Maximilians, Freibergstr. 21, ✉ 87561, ℰ (08322) 9 67 80, info@maximilians-restaurant.com, Fax (08322) 967843, ☼ – P.
geschl. Mai - Juni 3 Wochen, Nov. 3 Wochen, Sonntag – **Menu** (nur Abendessen) 25/60 à la carte 35/52.
♦ Eine elegante Note umgibt Sie in dieser kulinarischen Stätte. Feine Tischkultur und stimmiges Ambiente begleiten eine saisonal beeinflußte, gehobene Küche.

In Oberstdorf-Birgsau Süd : 9,5 km, in Richtung Fellhornbahn – Höhe 960 m

Birgsauer Hof ☼, Birgsau 9, ✉ 87561, ℰ (08322) 9 69 00, info@birgsauer-hof.de, Fax (08322) 969060, ≤ Allgäuer Alpen, ☼, ⌂, ▣, ⎈, – ⎸, TV, ✆, P, ✲ Zim
geschl. Mitte Nov. - Mitte Dez. – **Menu** (geschl. Freitag) à la carte 15/29 – **28 Zim** ⌂ 52 – 117 – ½ P 16.
♦ In diesem idyllisch im Stillachtal gelegenen Hotel kann man seinen Gästen nach umfangreicher Renovierung wohnlich-funktionale, tadellos gepflegte Landhaus-Zimmer anbieten. In liebevoll im alpenländischen Stil eingerichteten Gaststuben werden Sie bewirtet.

In Oberstdorf-Kornau West : 4 km – Höhe 940 m

Nebelhornblick ☼, Kornau 49, ✉ 87561, ℰ (08322) 9 64 20, silence@hotel-nebelhornblick.de, Fax (08322) 964250, ≤ Allgäuer Alpen, Massage, ₴, ⌂, ▣, ⎈, – ⎸, ✲ Rest, TV, ⎈, P, – ⎊ 20. ✲ Rest
geschl. 5. Nov. - 15. Dez. – **Menu** (nur Abendessen) (Restaurant nur für Hausgäste) – **36 Zim** ⌂ 65/70 – 110/150 – ½ P 18.
♦ In luftiger Höhe, auf 940 m, finden Sie im liebenswerten Bauerndorf Kornau ein Plätzchen inmitten unverfälschter Natur. Ihr Quartier ist behaglich eingerichtet.

In Oberstdorf-Tiefenbach Nord-West : 6 km – Höhe 900 m

Alpenhotel Tiefenbach ☼, Falkenstr. 15, ✉ 87561, ℰ (08322) 70 20, info@alpenhotel-tiefenbach.de, Fax (08322) 702222, ≤, ☼, Massage, ♨, ₴, ⌂, ▣, ⎈, ⎇ – ⎸, TV, ⎈, P, – ⎊ 25. ☒ ◍ VISA, ✲ Rest
Menu (Restaurant nur für Hausgäste) – **82 Zim** ⌂ 99/105 – 180/198, 24 Suiten – ½ P 15.
♦ Am Waldrand liegt der neuzeitliche Hotelbau mit den ansprechend ausgestatteten Zimmern und Suiten. Ihr Pferd wohnt gratis nebenan, im Stall der weitläufigen Reitanlage.

Bergruh ☼, Im Ebnat 2, ✉ 87561, ℰ (08322) 91 90, info@hotel-bergruh.de, Fax (08322) 919200, ≤, ☼, ⌂, ⎇ – TV, ⎈, P/94, – ⎊ 20. ✲ Rest
Menu à la carte 29/35 – **40 Zim** ⌂ 41/59 – 88/94, 8 Suiten – ½ P 15.
♦ Sind Sie auf der Suche nach einem behaglichen Refugium in einer malerischen Landschaft? Sie haben es gefunden - in schönen Zimmern, die durch warmes Holz wohnlich wirken. Rustikal-gemütlich ist der Rahmen im Restaurant des Hotels.

OBERSTENFELD Baden-Württemberg **419** S 11 – 7 400 Ew – Höhe 227 m.
Berlin 600 – Stuttgart 44 – Heilbronn 18 – Schwäbisch Hall 49.

Zum Ochsen, Großbottwarer Str. 31, ✉ 71720, ℰ (07062) 93 90, info@hotel-gasthof-zum-ochsen.de, Fax (07062) 939444, ☼, ⌂ – ⎸, ✲ TV, ⎈, P, – ⎊ 30. ☒ ◍ ◍ VISA
geschl. 1. - 8. Jan. – **Menu** (geschl. Dienstag) à la carte 22/41 ♀ – **30 Zim** ⌂ 41/61 – 73/102.
♦ In der Mitte des liebevoll restaurierten Ortskerns liegt der Traditionsgasthof, in dem eine ungezwungene, familiäre Atmosphäre herrscht. Besonders gemütlich : die Dachzimmer. In verschiedenen Stuben serviert man unter anderem Leckeres aus eigener Metzgerei.

OBERSTREU Bayern siehe Mellrichstadt.

OBERTEURINGEN Baden-Württemberg 419 W 12 – 4 100 Ew – Höhe 449 m – Erholungsort
🛈 Tourist-Information, St.-Martin-Platz 9 (Rathaus), ✉ 88094, ℘ (07546) 2 99 25, Fax (07546) 29988.
Berlin 712 – Stuttgart 174 – Konstanz 35 – Friedrichshafen 11.

In Oberteuringen-Bitzenhofen Nord-West : 2 km :

Am Obstgarten M, Gehrenbergstr. 16/1, ✉ 88094, ℘ (07546) 92 20, info@am-obstgarten.de, Fax (07546) 92288, ≤, 😀, ≋, 🐴 – 📶, 🛏 Zim, 📺 🎵 🕭 🖶 – 🏛 60 AE ⓜ VISA, %
Menu (geschl. Jan., Donnerstag, Nov. - April Mittwoch - Donnerstag) (wochentags nur Abendessen) à la carte 15/31 – **33 Zim** ⋍ 41/68 – 69/79 – ½ P 13.
♦ Inmitten der Obstwiesen, die dem Haus seinen Namen gaben, findet der Erholungsuchende Ruhe und Entspannung. Sie schlafen in netten Zimmern mit Parkettboden. In neo-rustikaler Aufmachung zeigt sich das Restaurant.

OBERTHAL Saarland 417 R 5 – 6 300 Ew – Höhe 300 m.
Berlin 710 – Saarbrücken 48 – Trier 68 – Idar-Oberstein 39 – St. Wendel 9.

In Oberthal - Steinberg-Deckenhardt Nord-Ost : 5 km :

Zum Blauen Fuchs, Walhausener Str. 1, ✉ 66649, ℘ (06852) 67 40, Fax (06852) 81303, 😀 – 🅿 ⓜ VISA
geschl. Jan. 1 Woche, Juli 1 Woche, Montag - Dienstag – **Menu** (wochentags nur Abendessen) (Tischbestellung ratsam) à la carte 37/48.
♦ Helle Farben, Bilder und gediegenes Landhausmobiliar bestimmen das Ambiente in dieser kleinen gastronomischen Stätte. In der Küche wird ein ambitionierter Stil gepflegt.

OBERTHULBA Bayern 417 418 420 P 13 – 4 400 Ew – Höhe 270 m.
Berlin 491 – München 327 – Fulda 52 – Bad Kissingen 9,5 – Würzburg 59.

Rhöner Land, Zum Weißen Kreuz 20, ✉ 97723, ℘ (09736) 70 70, hotelhoenerland@t-online.de, Fax (09736) 707444, 😀, ≋, 🐴 – 📺 🎵 🕭 🖶 – 🏛 40. AE ⓜ VISA. % Rest
Menu à la carte 16/30 – **27 Zim** ⋍ 48/61 – 63/91.
♦ Ein neuzeitliches Haus, das gern als Tagungsziel in der Mitte Deutschlands genutzt wird. Die Übernachtungszimmer sind praktisch und bieten komplette Technik. Ein breitgefächertes Speiseangebot charakterisiert das modern gestaltete Restaurant.

OBERTRUBACH Bayern 420 Q 18 – 2 200 Ew – Höhe 420 m – Erholungsort.
🛈 Touristinformation, Teichstr. 5, ✉ 91286, ℘ (09245) 9 88 13, obertrubach@trubachtal.com, Fax (09245) 98820.
Berlin 400 – München 206 – Nürnberg 41 – Forchheim 28 – Bayreuth 44.

Alte Post, Trubachtalstr. 1, ✉ 91286, ℘ (09245) 3 22, familie@postritter.de, Fax (09245) 690, 😀, 🐴 – 📶, 🛏 Zim, 🅿 ⓜ
Menu (geschl. Jan., Okt. - April Mittwoch) à la carte 11/22 – **33 Zim** ⋍ 25/33 – 45/50 – ½ P 8.
♦ Der gestandene Gasthof ist alter Familienbesitz und wird auch heute noch ausschließlich von der Familie Ritter geführt. Zum Teil verfügen die bequemen Zimmer über Balkone. Sie essen in einer sympathisch-einfachen Stube.

In Obertrubach-Bärnfels Nord : 2,5 km :

Drei Linden (mit Gästehaus), ✉ 91286, ℘ (09245) 91 88, info@drei-linden.com, Fax (09245) 409, 😀, 🐴 – 🖶 🅿
geschl. Feb. – **Menu** (geschl. im Winter Donnerstag) à la carte 10,50/22 – **36 Zim** ⋍ 29 – 50 – ½ P 8.
♦ Im Haupthaus und dem gegenüberliegenden Gästehaus stehen sinnvoll bestückte, rustikale Gästezimmer zum Einzug bereit. Man organisiert Ausflüge mit persönlicher Betreuung. Das Restaurant ist im Landhausstil ausgestattet worden.

OBERTSHAUSEN Hessen 417 P 10 – 24 000 Ew – Höhe 100 m.
Berlin 543 – Wiesbaden 59 – Frankfurt am Main 20 – Aschaffenburg 30.

Park-Hotel, Münchener Str. 12, ✉ 63179, ℘ (06104) 9 50 20, Fax (06104) 950299, 😀 – 📺 🎵 🖶 – 🏛 40. AE ⓞ ⓜ VISA. % Zim
Menu (geschl. Samstagmittag, Sonntagabend) à la carte 22/35 – **40 Zim** ⋍ 66 – 76/97.
♦ Ob Sie privat oder geschäftlich in diesem Haus weilen, moderne, mit hellblau eingefärbten Möbeln ausgestattete Quartiere sorgen für einen erholsamen Aufenthalt. Die Lederstubb ist ein liebevoll dekoriertes Speise-Lokal.

OBERTSHAUSEN

Haus Dornheim garni, Bieberer Str. 141, ✉ 63179, ℘ (06104) 9 50 50, Fax (06104) 45022 – 📺 🅿 🆎 ⓞ ⓜⓔ 🆅🆂🅰
17 Zim ⊆ 54/77 – 77/88.
 • Unweit der großen Messezentren des Rhein-Main-Gebietes beziehen Sie hier ein schlichtes Quartier, in dem man auf nichts verzichten muß, was das Leben auf Reisen erleichtert.

OBERURSEL (Taunus) Hessen 417 P 9 – 44 000 Ew – Höhe 225 m.
Berlin 533 – Wiesbaden 47 – Frankfurt am Main 14 – Bad Homburg vor der Höhe 4.

Mövenpick M, Zimmersmühlenweg 35 (Gewerbegebiet), ✉ 61440, ℘ (06171) 50 00, hotel.oberursel@moevenpick.com, Fax (06171) 500600, 🍽, Massage, 🎐, 🛋 – 🛗, ✻ Zim, 🖃 📺 📞 🖧 🚗 – 🔥 220. 🆎 ⓞ ⓜⓔ 🆅🆂🅰 🆇🅲🅱
Menu à la carte 16/42 – ⊆ 14 – **177 Zim** 125/225 – 150/250.
 • Alle Gästezimmer dieses modernen Hotels sind farblich schön gestaltet und bieten guten Komfort. Man hat auch zwei Zimmer mit Wasserbetten für Allergiker im Programm. Ruhige Erdtöne geben dem Restaurant seine leicht elegante Atmosphäre.

Parkhotel Waldlust, Hohemarkstr. 168, ✉ 61440, ℘ (06171) 92 00, info@waldlust.de, Fax (06171) 26627, 🍽, 🌳 – 🛗, ✻ Zim, 📺 📞 🚗 🅿 – 🔥 90. 🆎 ⓜⓔ 🆅🆂🅰
geschl. 23. Dez. – 1. Jan. – **Menu** (geschl. Sonn- und Feiertage) à la carte 19/41 – **105 Zim** ⊆ 87/98 – 127/159.
 • Das Hotel liegt in dem umgebenden Park eingebettet. Es stehen Zimmer in verschiedenen Kategorien zur Verfügung, von einfach bis stilvoll. Sie tafeln in den geschmackvoll eingerichteten Räumen des unterteilten Restaurants.

1969 - Deiana, Am Marktplatz 6, ✉ 61440, ℘ (06171) 5 27 55, Fax (06171) 52571, 🍽 – 🆎 ⓞ ⓜⓔ 🆅🆂🅰
geschl. Weihnachten, Ostern, Sonntag – **Menu** (italienische Küche) à la carte 42/59.
 • Gehen Sie mit auf eine kulinarische Reise in den sonnigen Süden ! In zeitloser Umgebung serviert man Ihnen eine klassisch italienische Küche auf hohem Niveau.

In Oberursel-Oberstedten :

Sonnenhof garni, Weinbergstr. 94, ✉ 61440, ℘ (06172) 96 29 30, info@hotel-sonnenhof-oberursel.de, Fax (06172) 301272, 🌳 – 📺 🅿 ⓜⓔ 🆅🆂🅰 🆇🅲🅱 ✻
15 Zim ⊆ 66/72 – 85/95.
 • Hier heißt man Sie in gepflegten, freundlichen Zimmern willkommen. Ihr Frühstück nehmen Sie im lichtdurchfluteten Rundbau ein - dem neuesten Bauabschnitt des Hauses.

OBERWESEL Rheinland-Pfalz 417 P 7 – 3 500 Ew – Höhe 70 m.
Sehenswert : Liebfrauenkirche★.
Ausflugsziel : Burg Schönburg★ Süd : 2 km.
🛈 Tourist Information, Rathausstr. 3, ✉ 55430, ℘ (06744) 71 06 24, info@oberwesel.de, Fax (06744) 1540.
Berlin 621 – Mainz 56 – Bad Kreuznach 42 – Koblenz 49 – Bingen 21.

Burghotel Auf Schönburg, Schönburg (Süd : 2 km) – Höhe 300 m, ✉ 55430, ℘ (06744) 9 39 30, huettl@hotel-schoenburg.com, Fax (06744) 1613, ≤, 🍽 – 🛗 📺 🅿 – 🔥 20. ⓜⓔ 🆅🆂🅰. ✻ Zim
geschl. 1. Jan. – 27. März – **Menu** (geschl. Montag) à la carte 35/54 – **22 Zim** ⊆ 90/130 – 145/210.
 • Dies ist ein Hotel, das einen eigenen, ganz unverwechselbaren Charme besitzt. In Turmzimmern und Kemenaten wird hier die Romantik des 11. Jahrhunderts wieder lebendig. Wo früher Ritter tafelten, kann man heute in stilvollem Rahmen speisen.

Weinhaus Weiler M, Marktplatz 4, ✉ 55430, ℘ (06744) 70 03, weinhausweiler@t-online.de, Fax (06744) 930520, 🍽 – 📺 🅿 🆎 ⓜⓔ 🆅🆂🅰
geschl. Mitte Dez. – Mitte Feb. – **Menu** (geschl. Dienstagabend, Donnerstag) à la carte 20/35 – **10 Zim** ⊆ 45/65 – 65/90.
 • Besonders nett können Sie in diesem kleinen Familienbetrieb übernachten. Es stehen liebevoll dekorierte und individuell ausgestattete Landhaus-Quartiere zum Einzug bereit. Im früheren Weinhaus finden Sie ein im altdeutschen Stil eingerichtetes Restaurant.

Römerkrug mit Zim, Marktplatz 1, ✉ 55430, ℘ (06744) 70 91, roemerkrug@web.de, Fax (06744) 1677, 🍽 – 📺 🆎 ⓜⓔ 🆅🆂🅰
geschl. Jan. – **Menu** (geschl. Mittwoch) à la carte 21/37 – **7 Zim** ⊆ 45/60 – 75/110.
 • Eines der malerischen alten Häuser am Marktplatz beherbergt das Restaurant, das in der Art einer Weinstube gestaltet ist. Die regionale Küche paßt zum Stil des Hauses.

OBERWESEL

In Oberwesel-Dellhofen Süd-West : 2,5 km :

Gasthaus Stahl ⑤, Am Talblick 6, ⊠ 55430, ℘ (06744) 4 16, info@gasthaus-stahl.de, Fax (06744) 8861, 佘, 邞 – ⇔ Zim, 📺 🅿. 🆎 VISA
geschl. Mitte Dez. - Feb. – **Menu** (geschl. Mittwoch) (nur Eigenbau-Weine) à la carte 13/25 – **18 Zim** ⊆ 43/45 – 65/80.
♦ Bei der Ausstattung der Zimmer dieser sympathischen Adresse hat man darauf geachtet, modernen Komfort mit ländlichem Ambiente zu vereinen - dies ist gut gelungen ! Nette Gaststube, hier gibt es Wein aus eigenem Anbau.

Zum Kronprinzen (mit Gästehaus), Rheinhöhenstr. 43, ⊠ 55430, ℘ (06744) 9 43 19, info@zumkronprinzen.de, Fax (06744) 94317, Biergarten – 📺 🅿. 🆎 VISA
geschl. nach Karneval 2 Wochen – **Menu** (geschl. Montag) à la carte 20/35 – **16 Zim** ⊆ 35/48 – 68/76.
♦ Die ehemalige kleine Familienpension hat sich durch bauliche Erweiterungen zu einem sauberen, gut unterhaltenen Hotel mit wohnlichen Zimmern entwickelt. Das Restaurant hat man in einem pavillonartigen Anbau eingerichtet - große Fenster machen es schön hell.

OBERWIESENTHAL Sachsen 418 420 O 22 – 3 000 Ew – Höhe 914 m – Kurort – Wintersport, 914/1214 m ≰1 ⇃5 ⇂.

Ausflugsziele : Annaberg-Buchholz (St. Annen-Kirche★★ : Schöne Pforte★★, Kanzel★, Bergaltar★) Nord : 24 km – Fichtelberg★ (1214 m) ⚜ ★ (auch mit Schwebebahn erreichbar) Nord : 3 km – Schwarzenberg : Pfarrkirche St. Georg★ Nord-West : 26 km.

🏛 Tourist-Information, Bahnhofstr. 10, ⊠ 09484, ℘ (037348) 12 80, tourist-info@oberwiesenthal.de, Fax (037348) 12857.

Berlin 317 – Dresden 125 – Chemnitz 53 – Plauen 110.

Sachsenbaude ⑤, Fichtelbergstr. 4 (auf dem Fichtelberg, West : 3 km), ⊠ 09484, ℘ (037348) 13 90, info@sachsenbaude.de, Fax (037348) 139140, ≤, 佘, ≦s, 🗆, 邞, ※ – 🛗, ⇔ Zim, 📺 ⸙ 烝 ⇔ 🅿 – 🔔 15. 🆎 ⓘ 🆎 VISA
Loipenklause : **Menu** à la carte 15/27 – **31 Zim** ⊆ 136/156 – 150/170, 16 Suiten – ½ P 19.
♦ In diesem aus Naturstein erbauten Hotel bewohnen Sie Zimmer und Suiten, die mit modernem Stilmobiliar bestückt und recht geräumig sind. Ungezwungen und gemütlich geht's in der Loipenklause zu.

Vier Jahreszeiten ⑤, Annaberger Str. 83, ⊠ 09484, ℘ (037348) 1 80, hotelvierjahreszeiten@t-online.de, Fax (037348) 7326, ≦s, 邞 – 🛗 ⇔ 📺 ⸙ ⟊ ⇔ 🅿 – 🔔 150. 🆎 ⓘ 🆎 VISA
Menu à la carte 15/29 – **100 Zim** ⊆ 67/90 – 98/121 – ½ P 14.
♦ In dieser gepflegten und wohnlichen Bleibe fühlen sich auch anspruchsvolle Gäste wohl. Reservieren Sie eine der "Supersuiten" mit gutem Platzangebot, Whirlpool und Dampfbad ! Um die kulinarischen Bedürfnisse der Gäste kümmert man sich in zwei Restauranträumen.

Birkenhof ⑤, Vierenstr. 18, ⊠ 09484, ℘ (037348) 1 40, info@birkenhof.bestwestern.de, Fax (037348) 14444, ≤, 佘, 🗼, ≦s – 🛗, ⇔ Zim, 📺 ⸙ ⟊ 🅿 – 🔔 200. 🆎 ⓘ 🆎 VISA
Menu à la carte 16/27 – **184 Zim** ⊆ 67/76 – 87/103, 5 Suiten – ½ P 14.
♦ Am nördlichen Ortsrand liegt der mehrgeschossige Hotelbau. Aus einigen der bequem und zeitgemäß ausgestatteten Zimmer haben Sie einen schönen Blick auf den Keilberg. Zwei gastliche Stuben stehen zur Auswahl.

Panorama ⑤, Vierenstr. 11, ⊠ 09484, ℘ (037348) 7 80, mail@panorama-ring-hotel.de, Fax (037348) 78100, ≤, 佘, ⚛, ≦s, 🗆, 邞 – 🛗, ⇔ Zim, 📺 ⟊ 🅿 – 🔔 100. 🆎 ⓘ 🆎 VISA. ※ Rest
Menu à la carte 17/25 – **124 Zim** ⊆ 72/77 – 94/104, 24 Suiten – ½ P 15.
♦ Im Sommer logieren Sie im Grünen, im Winter im Weißen, und das obwohl das Hotel nur 800 m von der Stadt entfernt ist. Ideal : es gibt einen Friseursalon im Haus ! Deftige Küche des Erzgebirges und aus Böhmen steht auf dem Speiseplan des Schönjungfrundes.

Rotgießerhaus ⑤, Böhmische Str. 8, ⊠ 09484, ℘ (037348) 13 10, rotgiesserhaus@t-online.de, Fax (037348) 13130, ≦s – 🛗, ⇔ Zim, 📺 ⟊. 🆎 ⓘ 🆎 VISA
geschl. April 2 Wochen, Nov. 2 Wochen – **Menu** (geschl. Mittwochmittag) à la carte 13/25 – **22 Zim** ⊆ 46/59 – 87/133 – ½ P 13.
♦ Das älteste Steinhaus von Oberwiesenthal ist ein historisches Schmuckstück und wird von Familie Schnitzlein familiär geführt. Sehr gepflegte und nette Gästezimmer ! Alte Werkzeuge zieren die Wände des gemütlichen Restaurants.

Fichtelberghaus ⑤, Fichtelbergstr. 8 (auf dem Fichtelberg, West : 3,5 km), ⊠ 09484, ℘ (037348) 12 30, info@hotel-fichtelberghaus.de, Fax (037348) 12345, ≤Erzgebirge, 佘, 🗼, ≦s – 🛗 ⸙ ⇔ 🅿. 🆎 ⓘ 🆎 VISA
Menu à la carte 15,50/26 – **28 Zim** ⊆ 50 – 80.
♦ Wenn Sie ganz hoch hinaus wollen, dann ist dies die richtige Adresse für Sie ! Es schläft sich gut in den wohnlichen Zimmern auf dem 1214 m hohen Gipfel des Fichtelbergs. Im Restaurant sollten Sie unbedingt einen Fenstertisch nehmen !

OBERWIESENTHAL

- **Am Kirchberg**, Annaberger Str. 9, ⊠ 09484, ℘ (037348) 12 90, hotel-am-kirchberg
  @t-online.de, Fax (037348) 8486 – ⇆ Zim, 📺 – 🛁 20. 🆗
  Menu (nur Abendessen) à la carte 15/25 – **25 Zim** ⊇ 43 – 65/70 – ½ P 12.
  • Geschäftsreisende, Tagungsgäste und Urlauber finden in diesem sympathischen Domizil eine herzliche Aufnahme. Die Gästezimmer sind nicht allzu groß, aber sehr gepflegt. Freigelegte Natursteinwände geben dem Restaurant ein uriges Ambiente.

OBERWOLFACH Baden-Württemberg **419** V 8 – 2 700 Ew – Höhe 280 m – Luftkurort.
  🛈 Tourist-Information, Sportplatzstr. 9, ⊠ 77709 Oberwolfach-Kirche, ℘ (07834) 95 13, Fax (07834) 47744.
  Berlin 753 – Stuttgart 139 – Freiburg im Breisgau 60 – Freudenstadt 40 – Offenburg 42.

In Oberwolfach-Kirche :

- **Drei Könige**, Wolftalstr. 28, ⊠ 77709, ℘ (07834) 8 38 00, hotel-3koenige@t-online.de, Fax (07834) 8380285, 🍽, 🌿 – 📶, ⇆ Zim, 📺 📞 🚗 🅿 – 🛁 40. 🆎 ⓞ 🆗
  VISA. 🛇
  Menu à la carte 16/27 – **50 Zim** ⊇ 50/65 – 70/80, 3 Suiten – ½ P 13.
  • Schwarzwaldstil prägt den Charakter dieses Hauses, das im schönen Wolftal liegt. Fragen Sie nach den neueren und größeren Zimmern im seitlichen Anbau ! Ländliches Ambiente herrscht in der Gaststube.

- **Schacher** 🛇, Alte Str. 2a, ⊠ 77709, ℘ (07834) 60 13, hotel-cafe@hotel-schacher.de, Fax (07834) 867466, 🍽, 🌿 – 📶 ⇆ 📺 🅿. 🆗 **VISA**. 🛇 Zim
  Menu (nur Abendessen) (Restaurant nur für Hausgäste) – **15 Zim** ⊇ 45 – 75 – ½ P 13.
  • Hübsche Holzbalkone schmücken die Fassade des Hauses. Im Inneren umgibt den Gast gepflegte Gediegenheit. Zur Kaffeestunde lockt das Café mit selbstgebackenem Kuchen.

In Oberwolfach-Walke :

- **Hirschen**, Schwarzwaldstr. 2, ⊠ 77709, ℘ (07834) 83 70, hirschen@landidyll.de, Fax (07834) 6775, 🍽, 🈺, 🌿 – 📶, ⇆ Zim, 📺 📞 🅿 – 🛁 25. 🆎 ⓞ 🆗 **VISA**
  geschl. 12. - 26. Jan. – **Menu** (geschl. Montag) à la carte 19/36 – **40 Zim** ⊇ 46/56 – 68/88 – ½ P 13.
  • Verschiedene Holzarten unterstreichen das reizvolle Landhotel-Ambiente der Gästezimmer. Mit dezent gemusterten Polstergruppen hat man farbliche Akzente gesetzt. Vornehme rote Polsterstühle und ein gutes Couvert geben dem Restaurant einen festlichen Anstrich.

- **Zum Walkenstein**, Burgfelsen 1, ⊠ 77709, ℘ (07834) 3 95, info@walkenstein.de, Fax (07834) 4670, 🍽, 🈺, 🌿 – 📶, ⇆ Zim, 📺 🚗 🅿
  Menu (geschl. Dienstag) à la carte 15/26 – **30 Zim** ⊇ 38 – 60 – ½ P 10.
  • In wald- und wiesenreicher Umgebung liegt das Hotel mit Stammhaus und Anbauten. Im Haus zeigt man eine Mineraliensammlung mit zum Teil seltenen Exponaten. In der Gaststube reicht man badische Küche, herzhaftes Vesper und hausgemachte Kuchen.

OBING Bayern **420** V 21 – 3 500 Ew – Höhe 564 m.
  Berlin 647 – München 72 – Bad Reichenhall 62 – Rosenheim 31 – Salzburg 70 – Passau 123.

- **Oberwirt**, Kienberger Str. 14, ⊠ 83119, ℘ (08624) 42 96, info@oberwirt.de, Fax (08624) 2979, 🍽, Biergarten, 🈺, 🅿, 🌿 – 📶 📺 🚗 🅿 – 🛁 30. 🆗 **VISA** **JCB**.
  🛇 Zim
  Menu (geschl. 10. - 31. Okt., Mittwoch) à la carte 18/33 – **50 Zim** ⊇ 47/55 – 67/76 – ½ P 16.
  • Besonders auffällig ist an diesem Gasthof die bezaubernde Lage am See. Auch die Zimmer sind nett, mit Kiefern- oder bemalten Bauernmöbeln ausstaffiert und technisch komplett. Urgemütlich und für den Landstrich typisch ist das Restaurant mit Tiroler Stube.

In Obing-Großbergham Süd-Ost : 2,5 km :

- **Landgasthof Griessee** 🛇, ⊠ 83119, ℘ (08624) 22 80, info@griessee.de, Fax (08624) 2900, 🍽, 🅿, 🌿 – 🚗 🅿
  geschl. 10. Jan. - 20. Feb. – **Menu** (geschl. Nov. - März Montag) à la carte 13/24 – **26 Zim** ⊇ 27/40 – 39/52 – ½ P 9.
  • Der Namengeber des Hotels ist einer der wärmsten Badeseen Bayerns und liegt nur 15 Gehminuten entfernt. Sie schlafen in netten Zimmern, teils mit Blick in den schönen Garten. Ihr Essen serviert man Ihnen in einer gepflegten Gaststube.

OBRIGHEIM Baden-Württemberg 417 419 R 11 – 5 500 Ew – Höhe 134 m.
Berlin 594 – Stuttgart 85 – Mannheim 72 – Eberbach am Neckar 24 – Heidelberg 39 – Heilbronn 31 – Mosbach 6.

Wilder Mann, Hauptstr. 22, ⊠ 74847, ℘ (06261) 97 51, Fax (06261) 7803, ≘, ⌧ – ⌁ TV ✆ P. ℗ VISA
geschl. 25. Dez. - 15. Jan. – **Menu** (geschl. Freitag - Samstag) à la carte 13,50/20 – **36 Zim** ⊇ 42/62 – 70/90.
• Verkehrsgünstig liegt das Haus an der Hauptstraße des Ortes. Das Interieur ist durchweg rustikal gehalten, die Zimmer sind teilweise mit bemaltem Bauernmobiliar bestückt.

Die im Michelin-Führer
verwendeten Zeichen und Symbole haben -
*dünn oder **fett** gedruckt, rot oder schwarz -*
jeweils eine andere Bedeutung.
Lesen Sie daher die Erklärungen aufmerksam durch.

OCHSENFURT Bayern 419 420 Q 14 – 12 000 Ew – Höhe 187 m.
Sehenswert : Ehemalige Stadtbefestigung★ mit Toren und Anlagen.
🛈 Tourist-Information, Hauptstr. 39, ⊠ 97199, ℘ (09331) 58 55, info@ochsenfurt.com, Fax (09331) 7493.
Berlin 497 – München 278 – Würzburg 22 – Ansbach 59 – Bamberg 95.

Zum Bären, Hauptstr. 74, ⊠ 97199, ℘ (09331) 86 60, info@gasthof-baeren-ochsenfurt.de, Fax (09331) 866405, 🌺 – TV ✆ P. – 🎄 40. ℗ ℗ ℗ VISA
Menu (geschl. Feb. 2 Wochen, Montag) (wochentags nur Abendessen) à la carte 17/30 – **26 Zim** ⊇ 57 – 75.
• "Gastlichkeit in alten Mauern" möchte man Ihnen hier vermitteln. Dazu gehören Übernachtungszimmer, die neuzeitlich und funktionell eingerichtet sind. Zum Essen nehmen Sie Platz hinter gemütlichen Sprossenfenstern.

Zum Schmied, Hauptstr. 26, ⊠ 97199, ℘ (09331) 24 38, info@hotel-schmied.de, Fax (09331) 20203 – TV ✆ ℗ ℗ VISA
Menu à la carte 16/30 – **19 Zim** ⊇ 40 – 50/60.
• Ein Stück "fränkische Altstadtromantik" erleben Sie in den verträumten Ecken und Winkeln dieser Herberge, die nach dem sagenumwobenen "Schmied von Ochsenfurt" benannt ist. Man ißt im Restaurant, in der Weinstube und im Sommer in der malerischen Straßenlaube.

Nahe der Straße nach Marktbreit Ost : 2,5 km :

Wald- und Sporthotel Polisina, Marktbreiter Str. 265, ⊠ 97199 Ochsenfurt, ℘ (09331) 84 40, hotel-polisina@t-online.de, Fax (09331) 7603, 🌺, Massage, ≘, ⌧, 🌊, ✗ – ⌁ TV ✆ P. – 🎄 120. ℗ ℗ ℗ VISA. ✗ Rest
Menu à la carte 25/48 – **93 Zim** ⊇ 80/95 – 118/135.
• Abseits der Ortschaft finden Sie hier eine Unterkunft mit Landhauscharakter. Das Stammhaus ist sehr solide möbliert, im Anbau hat man leichteres Mobiliar bevorzugt. Der gastronomische Bereich des Hauses wird von Holzgebälk gemütlich unterteilt.

In Sommerhausen Nord-West : 6 km über die B 13 :

Ritter Jörg, Maingasse 14, ⊠ 97286, ℘ (09333) 9 73 00, info@ritter-joerg.de, Fax (09333) 9730230 – TV P.
geschl. 27. Dez. - 17. Jan. – **Menu** (geschl. Montag - Dienstag) (Mittwoch - Freitag nur Abendessen) à la carte 16/33 – **22 Zim** ⊇ 47/62 – 74/85.
• Zwischen den beiden Stadttoren liegt das Hotel und Weinhaus, in dem man sich der Tradition ebenso verpflichtet fühlt, wie den Ansprüchen des Geschäftsreisenden von Heute. Alte Holzbalken machen Stube und Restaurant gemütlich.

Zum Weinkrug garni, Steingraben 5, ⊠ 97286, ℘ (09333) 9 04 70, info@zum-weinkrug.de, Fax (09333) 904710 – TV ✆ P. ℗ VISA
15 Zim ⊇ 45 – 62/80.
• Ein schmuckes, kleines Neubauhotel vor dem Tor der alten Stadtmauer. Ihre vier Wände sind praktisch mit rustikalen Eichenmöbeln ausgestattet, einige auch mit Balkon.

Philipp mit Zim, Hauptstr. 12, ⊠ 97286, ℘ (09333) 14 06, info@restaurant-philipp.de, Fax (09333) 902250 – TV. ℗
Menu (geschl. Montag - Dienstag) (Mittwoch - Freitag nur Abendessen) (Tischbestellung erforderlich) 49/64 und à la carte – **3 Zim** ⊇ 62/87 – 92/130.
• Zurückhaltende Eleganz bestimmt den Stil dieses aufwendig restaurierten Fachwerk-Bürgerhauses aus der Renaissance. Der Küchenstil ist klassisch, mit regionalen Akzenten.

OCHSENHAUSEN
Baden-Württemberg **419 420** V 13 – 8 700 Ew – Höhe 609 m – Erholungsort.
🛈 Verkehrsamt, Marktplatz 1, ✉ 88416, ℘ (07352) 92 20 26, stadt@ochsenhausen.de, Fax (07352) 922019.
Berlin 658 – Stuttgart 139 – Konstanz 150 – Ravensburg 55 – Ulm (Donau) 47 – Memmingen 22.

🏨 **Mohren**, Grenzenstr. 4, ✉ 88416, ℘ (07352) 92 60, mohren@ringhotels.de, Fax (07352) 926100, Massage, 🍽 – 🛗, ✶ Zim, 📺 ✆ 🚗 🅿 – 🕍 80. 🆎 ⓞ 🆘 𝗩𝗜𝗦𝗔
Menu à la carte 22/44 – **28 Zim** ⇆ 65/78 – 85/125 – ½ P 15.
• Die Zimmer dieses Hotels erfüllen neuzeitliche Komfort-Ansprüche. Wenn Sie es noch großzügiger wünschen, nehmen Sie eine der zwei Suiten mit integrierter Sauna. Der Restaurantbereich gliedert sich in halbrunde Nischen.

In Gutenzell-Hürbel Nord-Ost : 6 km :

🏨 **Klosterhof** ⌂ (mit Gästehaus), Schloßbezirk 2 (Gutenzell), ✉ 88484, ℘ (07352) 9 23 30, klosterhofgutenzell@t-online.de, Fax (07352) 7779, 🍽 – 📺 🚗 🅿 – 🕍 20. 🆘 𝗩𝗜𝗦𝗔
Menu (geschl. über Fasching 1 Woche, Montag) à la carte 15/37 – **16 Zim** ⇆ 38/45 – 69/75.
• Dieses gastliche Haus hat als Torgaststätte eine lange zurückreichende Tradition. Versäumen Sie nicht, sich das gegenüberliegende Kloster mit seiner Barockkirche anzuschauen! Für Liebhaber der schwäbischen Kochkunst wird im Restaurant gesorgt.

OCHTENDUNG
Rheinland-Pfalz **417** O 6 – 4 200 Ew – Höhe 190 m.
Berlin 609 – Mainz 110 – Koblenz 20 – Mayen 13.

🍴 **Gutshof Arosa** mit Zim, Koblenzer Str. 2 (B 258), ✉ 56299, ℘ (02625) 44 71, hotelarosa@t-online.de, Fax (02625) 5261, 🍽 – 📺 🅿 🆎 🆘 𝗩𝗜𝗦𝗔 🅹
geschl. Juli - Aug. 2 Wochen – **Menu** (geschl. Montag) à la carte 22/36 – **11 Zim** ⇆ 39 – 78.
• Freuen Sie sich auf ein leckeres Essen ! Was hier auf den Tisch kommt, wurde nach deutschen und internationalen Rezepturen mit Geschmack und Sorgfalt zubereitet.

OCKFEN
Rheinland-Pfalz **417** R 3 – 600 Ew – Höhe 160 m.
Berlin 742 – Mainz 173 – Trier 29 – Saarburg 5.

🏨 **Klostermühle**, Hauptstr. 1, ✉ 54441, ℘ (06581) 9 29 30, hotel@bockstein.de, Fax (06581) 929320, 🍽, 🍽 , 🍽 – ≡ Rest, 📺 & 🚗 🅿
geschl. 6. - 31. Jan. – **Menu** (geschl. Dienstag) à la carte 14/26 – **22 Zim** ⇆ 39/50 – 61/70.
• Wenn Sie eine sympathische Unterkunft in ländlicher Umgebung suchen, können Sie hier nichts falsch machen. Die Zimmer sind einfach aber funktionell und gut gepflegt. Die Küche des Weingut-Hotels ist bodenständig.

ODELZHAUSEN
Bayern **419 420** V 17 – 3 000 Ew – Höhe 507 m.
🏌 Gut Todtenried, (Süd : 2 km) ℘ (08134) 9 98 80.
Berlin 590 – München 46 – Augsburg 30 – Donauwörth 65 – Ingolstadt 77.

🏨 **Schloßhotel-Schloßbräustüberl** (mit Gästehaus), Am Schloßberg 3, ✉ 85235, ℘ (08134) 65 98 (Hotel) 9 98 71 00 (Rest.), info@schlosshotel-odelzhausen.de, Fax (08134) 5193, 🍽, 🍽, 🅾, 🍽 – ✶ Zim, 📺 🅿
Menu à la carte 16/28 – **15 Zim** ⇆ 70/83 – 95/115.
• Im Schloßhotel erleben Sie moderne Inneneinrichtung im Designerstil mit fernöstlichem Gewand. Das Gutshaus vermittelt mit Landhaus- und Korbmöbeln eine nette Atmosphäre. Bayerisch-stilvolle Lebensart pflegt man im Restaurant im ehemaligem Sudhaus.

🏨 **Staffler** garni, Hauptstr. 3, ✉ 85235, ℘ (08134) 60 06, Fax (08134) 7737 – 📺 ✆ 🅿. 🆎 🆘 𝗩𝗜𝗦𝗔
geschl. 20. Dez. - 10. Jan., über Pfingsten – **28 Zim** ⇆ 49/52 – 67/72.
• Egal ob Sie geschäftlich oder privat unterwegs sind, hier finden Sie in großzügigen Zimmern eine behagliche Übernachtungsmöglichkeit. Praktisch : Einkaufscenter im Haus !

ODENTHAL
Nordrhein-Westfalen **417** M 5 – 13 500 Ew – Höhe 80 m.
Ausflugsziel : Odenthal-Altenberg : Altenberger Dom (Buntglasfenster★) Nord : 3 km.
Berlin 553 – Düsseldorf 49 – Köln 18.

🏨 **Zur Post** 🅼, Altenberger-Dom-Str. 23, ✉ 51519, ℘ (02202) 97 77 80, info@hotel-restaurant-zur-post.de, Fax (02202) 9777849, 🍽 – ✶ Zim, 📺 ✆ 🅿 – 🕍 80. 🆎 ⓞ 🆘 𝗩𝗜𝗦𝗔 🅹
Menu (geschl. Donnerstag) à la carte 30/48 – **Postschänke** (geschl. Donnerstag, Samstagmittag, Sonntagmittag) **Menu** à la carte 23/32 – **17 Zim** ⇆ 74/100 – 108/144.
• In harmonischer Ergänzung zum Stammhaus wurde die Gastronomie um einen Hotel-Neubau erweitert. Hier beherbergt man Gäste in freundlichen, nett eingerichteten Zimmern. Die Gaststuben wurden im bergischen Stil gestaltet.

ODENTHAL

In Odenthal-Altenberg Nord : 2,5 km :

Altenberger Hof ﹩, (mit Gästehaus Torschänke), Eugen-Heinen-Platz 7, ✉ 51519, ℘ (02174) 49 70, altenberger-hof@t-online.de, Fax (02174) 497123, 斎 – |≑|, ✻ Zim, ▯ ≼ ℙ – 🔒 60. 🆎 ① ◎ VISA
Menu à la carte 40/53 – **38 Zim** ⇌ 86/142 – 118/182.

♦ In unterschiedlichen Farben behaglich ausgestattete, wohnliche Zimmer machen den Reiz des Haupthauses aus. Die Räume des Gästehauses sind etwas schlichter gestaltet. Viel Holz, Kachelöfen und offener Kamin sorgen im Restaurant für Stimmung.

ÖHNINGEN Baden-Württemberg ❹❶❾ X 10 – 3 600 Ew – Höhe 440 m – Erholungsort.
🅘 Tourist-Information, Klosterplatz 1, ✉ 78337, ℘ (07735) 8 19 20, Fax (07735) 81930
Berlin 800 – Stuttgart 168 – Konstanz 34 – Singen (Hohentwiel) 16 – Zürich 61 – Schaffhausen 22.

In Öhningen-Schienen Nord : 2,5 km in Richtung Radolfzell :

Falconera, Zum Mühlental 1, ✉ 78337, ℘ (07735) 23 40, Fax (07735) 2350, 斎 – ℙ. ◎ VISA
geschl. Dienstag - Mittwochmittag – **Menu** à la carte 29/36.

♦ Am Ortsrand liegt die ehemalige Mühle an einem Bachlauf. Im Inneren fügen sich der offene Kamin, Holzbalken und Steinfußboden zu einem attraktiven Landhaus-Ambiente zusammen.

In Öhningen-Wangen Ost : 3 km in Richtung Radolfzell :

Residenz am See ﹩, Seeweg 2, ✉ 78337, ℘ (07735) 9 30 00, residenzamsee@t-online.de, Fax (07735) 930020, ≼, 斎, Biergarten, ⚓, ⛵ Bootssteg – ✻ Zim, ▯ ℙ. 🆎 ◎ VISA
Menu (geschl. Jan. - Feb., Montag) à la carte 27/44 – **12 Zim** ⇌ 77/98 – 100/140 – ½ P 25.

♦ Gepflegte und neuzeitlich eingerichtete Gästezimmer sprechen ebenso für dieses Domizil wie die schöne Lage auf der Halbinsel Höri, direkt am Seeufer. Ein eleganter Touch und freundliche, warme Farben prägen das Restaurant mit Terrasse.

Adler, Kirchplatz 6, ✉ 78337, ℘ (07735) 7 24, Fax (07735) 8759, 斎, ⚓, ⛵ – ▯ ℙ. 🆎 ◎ VISA
geschl. Feb. 2 Wochen, Nov. 2 Wochen – **Menu** (geschl. Aug. - Sept. Donnerstagmittag, Okt. - Juli Donnerstag) à la carte 16/29 – **16 Zim** ⇌ 40/50 – 74 – ½ P 13.

♦ Wenn Sie die Ferienhalbinsel Höri kennenlernen möchten, ist diese schlichte Bleibe ein netter Ausgangspunkt. Sie wohnen in praktischen Zimmern, teils mit Balkon. Bürgerliches Restaurant.

ÖHRINGEN Baden-Württemberg ❹❶❾ S 12 – 21 700 Ew – Höhe 230 m.
Sehenswert : Ehemalige Stiftskirche★ (Margarethen-Altar★).
🅢 Friedrichsruhe (Nord : 6 km), ℘ (07941) 92 08 10.
🅘 Hauptamt, Rathaus, Marktplatz 15, ✉ 74613, ℘ (07941) 6 81 18, Fax (07941) 68222
Berlin 568 – Stuttgart 66 – Heilbronn 28 – Schwäbisch Hall 29.

Württemberger Hof ﹩, Karlsvorstadt 4, ✉ 74613, ℘ (07941) 9 20 00, info@wuerttemberger-hof.de, Fax (07941) 920080, ⇔ – |≑|, ✻ Zim, ▯ ≼ ﻭ, ⇔ ℙ – 🔒 100. 🆎 ① ◎ VISA
Menu à la carte 23/38 – **52 Zim** ⇌ 76/81 – 91/117.

♦ Die ruhige Lage an der Fußgängerzone des mittelalterlichen Stadtkerns ist einer der Vorzüge des Hauses. Wählen Sie ein Zimmer im Haupthaus, denn diese sind schön renoviert. Restaurant mit elegantem Gourmetstüberl und Kutscherstube.

In Friedrichsruhe Nord : 6 km :

Wald- und Schloßhotel Friedrichsruhe ﹩, ✉ 74639 Zweiflingen, ℘ (07941) 6 08 70, hotel@friedrichsruhe.de, Fax (07941) 61468, 斎, Massage, ⇔, ⍑, ⎕, ⛵, ❀, 🅢 – |≑| ▯ ≼ ⇔ ℙ – 🔒 60. 🆎 ① ◎ VISA JCB
Menu (geschl. Montag - Dienstag) 80/110 à la carte 50/76 ♀ – **Jägerstube** : **Menu** à la carte 29/36 – **43 Zim** ⇌ 100/195 – 160/235, 12 Suiten.

♦ Die Schloßanlage im Park verwöhnt ihre Besucher mit Luxus und Noblesse. Stuckdecken und Antiquitäten, aber auch gehobener Landhausstil machen den Aufenthalt zum Erlebnis. Herrschaftliches Ambiente und gekonnt zubereitete klassische Küche im Restaurant.
Spez. Tiramisu von Gänseleber und Wachteln mit Apfel-Estragon-Chutney. Navarin von bretonischem Hummer mit bunten Rübchen und Perlzwiebeln. Ganze Barbarie Ente in der Salzkruste gegart (in zwei Gängen serviert).

OELDE
Nordrhein-Westfalen **417** K 8 – 27 500 Ew – Höhe 98 m.
Berlin 430 – Düsseldorf 137 – Bielefeld 51 – Beckum 13 – Gütersloh 23 – Lippstadt 29.

Mühlenkamp, Geiststr. 36, ⊠ 59302, ℘ (02522) 9 35 60, hotel.muehlenkamp@t-on line.de, Fax (02522) 935645 – 🛗 📺 🚗 🅿 AE ⓪ ⓜ VISA
geschl. 22. Dez. - 6. Jan. – **Menu** (geschl. Samstag) à la carte 21/35 – **30 Zim** ⊇ 57/70 – 80/95.
♦ Man bemüht sich, in diesem Haus seinen Gästen nicht nur einen Platz zum Schlafen zu bieten, sondern gemütliche Wohnquartiere mit einem guten Platzangebot. Das klassische Restaurant lockt mit schönem Couvert.

Engbert garni, Lange Str. 24, ⊠ 59302, ℘ (02522) 9 33 90, info@hotelengbert.de, Fax (02522) 933939 – 🛗 ⚜ 📺 🚗 🅿 AE ⓪ ⓜ VISA
geschl. Dez. - Jan. 2 Wochen – **35 Zim** ⊇ 52/67 – 77/90.
♦ Dieses moderne Stadthotel hält solide und wohnlich ausgestattete Übernachtungsmöglichkeiten für Sie bereit. Vor der Tür finden Sie zahlreiche Geschäfte und Boutiquen.

In Oelde-Lette Nord : 6,5 km :

Westermann, Clarholzer Str. 26, ⊠ 59302, ℘ (05245) 8 70 20, info@hotel-westermann.de, Fax (05245) 870215, 㴘, ⚜ – 🛗 📺 🅿 – 🔔 30. AE ⓜ VISA
Menu (wochentags nur Abendessen) à la carte 15/25 – **45 Zim** ⊇ 42/45 – 72/74.
♦ Ob Sie sich in den älteren Zimmern mit Kachelfußboden oder in den neueren mit Korkboden einquartieren, stets finden Sie eine blitzsaubere und gut geführte Unterkunft. Ländlich-einfaches Restaurant mit ebensolcher Küche.

In Oelde-Stromberg Süd-Ost : 5 km – Erholungsort :

Zur Post, Münsterstr. 16, ⊠ 59302, ℘ (02529) 2 46, Fax (02529) 7162 – 📺 🚗 🅿 AE ⓪ ⓜ VISA, ⚜ Rest
geschl. Mitte Juli - Anfang Aug. – **Menu** (geschl. Montag) (nur Abendessen) à la carte 13/23 – **16 Zim** ⊇ 32 – 64.
♦ Wenn Sie auf Luxus verzichten können, werden Sie hier einen geeigneten Aufenthalt finden. Sie schlafen in praktischen Zimmern, überwiegend mit Schleiflackmobiliar.

OER-ERKENSCHWICK
Nordrhein-Westfalen **417** L 5 – 28 000 Ew – Höhe 85 m.
Berlin 502 – Düsseldorf 74 – Dortmund 29 – Münster (Westfalen) 64 – Recklinghausen 5.

Stimbergpark ⚘, Am Stimbergpark 78, ⊠ 45739, ℘ (02368) 98 40, stimbergpark@t-online.de, Fax (02368) 58206, ≤, 㴘, ≊ – ⚜ Zim, 📺 🅿 – 🔔 350. AE ⓜ VISA
Menu à la carte 18/30 – **86 Zim** ⊇ 50/60 – 75/85.
♦ Das neuzeitliche Hotel liegt am Südrand des Naturparks "Hohe Mark". Die Gästezimmer verfügen über zeitgemäßen Komfort und zum Teil sogar über Videotechnik.

Giebelhof, Friedrichstr. 5, ⊠ 45739, ℘ (02368) 91 00, giebelhof@t-online.de, Fax (02368) 910222, Biergarten, ≊ – 🛗 ⚜ Zim, 📺 ✆ 🅿 – 🔔 40. AE ⓜ VISA JCB
Menu à la carte 18/37 – **33 Zim** ⊇ 58/68 – 83/90.
♦ Hinter der Giebelfassade des Hotels überzeugen praktisch mit kirschfarbenem Holz eingerichtete Räumlichkeiten. Man arrangiert Ihnen hier gerne einen Musical-Besuch! Im Gebäude direkt gegenüber dem Hotel befindet sich das Restaurant.

OESTRICH-WINKEL
Hessen **417** P 8 – 12 000 Ew – Höhe 90 m.
🛈 Tourist-Information, An der Basilika 11a, ⊠ 65375 Oestrich-Winkel-Mittelheim, ℘ (06723) 1 94 33, info@oestrich-winkel.de, Fax (06723) 995555.
Berlin 588 – Wiesbaden 21 – Bad Kreuznach 65 – Koblenz 74 – Mainz 24.

Im Stadtteil Oestrich :

Grüner Baum, Rheingaustr. 45, ⊠ 65375, ℘ (06723) 16 20, Fax (06723) 88343, 㴘 – AE ⓜ VISA
geschl. 1. - 20. Jan., Donnerstag - Freitagmittag – **Menu** à la carte 19/31.
♦ Ein Fachwerkhaus von 1632 mit schöner, teils bewachsener Fassade. Der Chef steht hier selbst in der Küche, die Chefin leitet freundlich und versiert den Service.

Im Stadtteil Winkel :

Nägler am Rhein, Hauptstr. 1, ⊠ 65375, ℘ (06723) 9 90 20, hotel-naegler@t-online.de, Fax (06723) 990280, ≤ Rhein und Ingelheim, 㴘, ≊ – 🛗 ⚜ Zim, 📺 🅿 – 🔔 80. AE ⓪ ⓜ VISA JCB
Menu (geschl. Anfang Jan. 1 Woche) à la carte 24/38 – ⊇ 10 – **42 Zim** 67/79 – 87/107.
♦ Inmitten der Weinberge und direkt am Fluß besitzt dieses Haus durch seine privilegierte Lage. Die Zimmer sind unterschiedlich groß, jedoch nie eng und hübsch eingerichtet. Ein stilvolles Ambiente erwartet Sie in den Restaurants Bellevue und Le Petit Gourmet.

OESTRICH-WINKEL

F. B. Schönleber, Hauptstr. 1b, ⊠ 65375, ℘ (06723) 9 17 60, info@fb-schoenleber.de, Fax (06723) 4759, 😀 – TV P. ⓄⓄ VISA. ⅍ Zim
geschl. Mitte Dez. - Mitte Jan. – **Menu** (geschl. Montag - Dienstag) (Weinstube ab 16 Uhr geöffnet ; kleines Speisenangebot) – **17 Zim** ⊇ 52 – 72/82.
♦ Wohnen im Wein- und Sektgut! Sympathische, schlicht gestaltete Zimmer, bestens unterhalten und teilweise mit Balkon und Rheinblick, stehen zum Einzug bereit. Bei der Gestaltung der Weinstube wurde 200 Jahre altes Fichtenholz verwendet.

Gutsausschank Brentanohaus, Am Lindenplatz 2, ⊠ 65375, ℘ (06723) 74 26, brentanohaus@aol.com, Fax (06723) 87496, 😀 – P.
geschl. 27. Dez. - 31. Jan., Donnerstag, Okt. - März Mittwoch - Donnerstag – **Menu** (Okt. - März Montag - Freitag nur Abendessen) à la carte 22/33.
♦ Das Gutshaus aus dem Jahre 1751 ist heute noch der Sitz der Familie Brentano. Der als Restaurant genutzte Teil des Hauses ist freundlich gestaltet mit schöner Gartenterrasse.

Gutsrestaurant Schloß Vollrads, (Nord : 2 km), ⊠ 65375, ℘ (06723) 52 70, Fax (06723) 998227, 😀 – P. ⓄⓄ VISA
geschl. Anfang Jan. 2 Wochen, Nov. 2 Wochen, Mittwoch – **Menu** à la carte 25/36.
♦ Das Restaurant des repräsentativen Schlosses ist in einem Wintergarten-Anbau untergebracht. Dort und im Sommer auf der Gartenterrasse werden Sie freundlich umsorgt.

Im Stadtteil Hallgarten :

Zum Rebhang 🌿, Rebhangstr. 53 (Siedlung Rebhang), ⊠ 65375, ℘ (06723) 21 66, info@hotel-zum-rebhang.de, Fax (06723) 1813, ≤ Rheintal, 😀, 🌳 – TV P.
Menu (geschl. Mitte Jan. - Mitte Feb., Donnerstag) à la carte 16/33 – **14 Zim** ⊇ 45/55 – 80/90.
♦ Der Stadtteil Hallgarten liegt auf den Höhen des Rheingaus und bietet romantische Ausblicke. Sie wohnen in zeitgemäß bestückten Zimmern inmitten der schönen Landschaft. Gäste, die es gediegen mögen, fühlen sich in den Restauranträumen wohl.

ÖSTRINGEN Baden-Württemberg ◪◪◪ S 10 – 10 500 Ew – Höhe 165 m.
🏌 🏌 Östringen-Tiefenbach, Birkenhof (Süd-Ost : 12 km), ℘ (07259) 8683.
Berlin 630 – Stuttgart 97 – Karlsruhe 45 – Heilbronn 45 – Mannheim 44.

In Östringen-Tiefenbach Süd-Ost : 12 km :

Kreuzberghof 🌿, Am Kreuzbergsee, ⊠ 76684, ℘ (07259) 9 11 00, kontakt@kreuzberghof.de, Fax (07259) 911013, 😀, ≘s – ⓵ TV 📞 P – 🔒 120. ⒶⒺ ⓄⓄ VISA. ⅍ Zim
Menu à la carte 16/34 – **40 Zim** ⊇ 60/105 – 80/125.
♦ Dies Hotel besticht durch seine reizende Lage an einem kleinen See. Ihre Unterbringung erfolgt in gemütlich und wohnlich ausgestatteten, teilweise renovierten Zimmern. Weitläufig und einladend zeigt sich das neo-rustikale Restaurant.

Weinforum Heitlinger, Am Mühlberg, ⊠ 76684, ℘ (07259) 9 11 20, info@heitlinger-wein.de, Fax (07259) 911299, 😀, (Weingut) – P. – 🔒 30. ⓄⒾ ⓄⓄ VISA
geschl. 23. Dez. - 17. Jan. – **Menu** (Montag - Freitag nur Abendessen) (nur Eigenbauweine) à la carte 21/35 ⚝.
♦ Man verspricht Ihnen hier "Landgastronomie im Zeitgeist" ! Die Ausstattung kombiniert Modernes mit Antiquitäten, verschiedene Künstler zeigen ihr Können im Kulturforum.

ÖTISHEIM Baden-Württemberg ◪◪◪ T 10 – 4 600 Ew – Höhe 247 m.
Berlin 637 – Stuttgart 43 – Karlsruhe 46 – Heilbronn 69.

Krone, Maulbronner Str. 11, ⊠ 75443, ℘ (07041) 28 07, Fax (07041) 861521, 😀 – 👪 Zim, TV 📞 P. ⓄⓄ VISA. ⅍ Zim
geschl. Jan. 2 Wochen, Aug. 3 Wochen – **Menu** (geschl. Sonntagabend - Montag) à la carte 19/26 – **17 Zim** ⊇ 36/37 – 58/60.
♦ Die Krone befindet sich seit 1869 in Familienbesitz und wird von Familie Münchinger - Fachleuten von Kindesbeinen an - engagiert und liebenswürdig bewirtschaftet. Als ländliche Gastwirtschaft mit Stammtisch zeigt sich das Restaurant.

Sternenschanz, Gottlob-Linck-Str. 1, ⊠ 75443, ℘ (07041) 66 67, Fax (07041) 862155, 😀 – P. ⓄⓄ VISA
geschl. über Fasching 1 Woche, Aug. 3 Wochen, Dienstag – **Menu** à la carte 17/34.
♦ Fein, bodenständig und marktfrisch ist die Küche mit der man Sie hier bewirtet. Beim Essen umgibt Sie die behagliche Stimmung einer Gaststube mit Kachelofen.

OEVENUM Schleswig-Holstein siehe Föhr (Insel).

OEVERSEE Schleswig-Holstein siehe Flensburg.

OEYNHAUSEN, BAD Nordrhein-Westfalen ᴅᴀᴢ J 10 – 52 000 Ew – Höhe 71 m – Heilbad.
ᴛ₁₈ Löhne, Auf dem Stickdorn 63 (Süd : 6 km Richtung Exter), ℘ (05228) 70 50.
🛈 Tourist-Information, Verkehrshaus, Am Kurpark ⊠ 32545, ℘ (05731) 13 17 00, Fax (05731) 131717.
Berlin 362 – Düsseldorf 211 – Bielefeld 37 – Bremen 116 – Hannover 79 – Osnabrück 62.

Königshof ⑊, Am Kurpark 5, ⊠ 32545, ℘ (05731) 24 60, Fax (05731) 246154, 😌 – 🛗 📺 🄿 – 🔨 60. ⊙ⓄVISA. ⏣ Rest
Menu (geschl. Jan., Sonntag - Montag) (nur Abendessen) à la carte 33/44 – ☷ 11 – **70 Zim** 46/62 – 62/87, 3 Suiten.
♦ Sie betreten das Haus durch eine ausgesprochen repräsentative Empfangshalle. Auf den Zimmern umgibt den Gast schlichte bis elegant angehauchte Atmosphäre. Einen Kontrast zum restlichen Hotel bildet das moderne Restaurant.

Mercure am Kurpark Ⓜ ⑊ garni, Morsbachallee 1, ⊠ 32545, ℘ (05731) 25 70, h2835@accor-hotels.com, Fax (05731) 257444 – 🛗 ⏣ 🍴 Zim, 📺 📡 🕭 ⟺ 🄿 – 🔨 80. ⒶⒺ ⊙ ⓌⓄ VISA JCB
144 Zim ☷ 93/103 – 121/131, 3 Suiten.
♦ Alles ist sehr modern in diesem Haus, das durch einen Glasgang mit dem Kaiserpalais verbunden ist. Sie schlafen in Zimmern, die technisch stark und hübsch gestaltet sind.

Mercure Ⓜ garni, Königstr. 3, ⊠ 32545, ℘ (05731) 2 58 90, h2091@accor-hotels.com, Fax (05731) 258999, 😌 – 🛗 ⏣ 📺 📡 🕭 ⟺ – 🔨 30. ⒶⒺ ⊙ ⓌⓄ VISA
57 Zim ☷ 80 – 107.
♦ Hier wohnt man sehr zentral und nur wenige Schritte von der belebten Fußgängerzone entfernt. Geschäftsleute schätzen das Haus auch wegen seiner guten technischen Anschlüsse.

Stickdorn, Kaiser-Wilhelm-Platz 17, ⊠ 32545, ℘ (05731) 1 75 70, info@hotel-stickdorn.de, Fax (05731) 175740, 😌, 😌 – ⏣ Zim, 📺 📡 ⟺ 🄿 – 🔨 20. ⒶⒺ ⓌⓄ VISA
Menu (nur Abendessen) à la carte 24/34 – **25 Zim** ☷ 70/90 – 84/100.
♦ Im Haupthaus sowie in der Dependance wurden die meisten Zimmer mit gekalkten Naturholzmöbeln ausgerüstet und in hellen Erdtönen gestrichen. Hübsch : das Toskana-Zimmer ! Restaurant und Hotelbar bildet ein kommunikativer und gemütlicher Treffpunkt !

Brunnenhof garni, Brunnenstr. 8, ⊠ 32545, ℘ (05731) 2 11 11, hotelbrunnenhof@hotelbrunnenhof.de, Fax (05731) 21148 – 📺 🄿. ⒶⒺ ⓌⓄ VISA JCB
28 Zim ☷ 55/65 – 72/75.
♦ Eine besonders praktische und verkehrsgünstige Bleibe finden Sie hier. Kurpark, Bahnhof und auch die "Bummel-Meile" des Ortes sind bequem zu Fuß zu erreichen.

Nahe der B 61 Nord-Ost : 2,5 km :

Hahnenkamp, Alte Reichsstr. 4, ⊠ 32549 Bad Oeynhausen, ℘ (05731) 7 57 40, hahnenkamp@t-online.de, Fax (05731) 757475, Biergarten, 😌 – ⏣ Zim, 📺 📡 🄿 – 🔨 60. ⒶⒺ ⊙ ⓌⓄ VISA
Menu à la carte 15/36 – **35 Zim** ☷ 65/97 – 106/122 – ½ P 13.
♦ Etwas außerhalb liegt das Hotel, schön von einem alten Baumbestand umgeben. Alle Übernachtungszimmer sind mit zeitgemäßem, komfortablem Mobiliar bestückt worden. Im Kaminzimmer gibt's Bürgerliches, im Sansibar afrikanische Küche.

In Bad Oeynhausen-Bergkirchen Nord : 9,5 km :

Wittekindsquelle, Bergkirchener Str. 476, ⊠ 32549, ℘ (05734) 9 10 00, info@wittekindsquelle.de, Fax (05734) 910091, 😌, Biergarten – ⏣ Zim, 📺 📡 🄿 – 🔨 30. ⒶⒺ ⊙ ⓌⓄ VISA
Menu à la carte 22/46 – **24 Zim** ☷ 69/79 – 109 – ½ P 19.
♦ Gut ausgeruht erwachen Sie in Ihrem mit viel Liebe ausgestatteten Zimmer. Hübsche Accessoires und Korbsitzgruppen machen Ihr Domizil zum vorübergehenden "Heim". Elegantes Restaurant und rustikale Stube.

In Bad Oeynhausen-Lohe Süd : 2 km :

Trollinger Hof, Detmolder Str. 89, ⊠ 32545, ℘ (05731) 7 95 70, trollingerhof@t-online.de, Fax (05731) 795710, 😌 – 📺 📡 🄿 – 🔨 15. ⓌⓄ VISA
Menu (geschl. Donnerstag) à la carte 19/34 – **20 Zim** ☷ 60/66 – 76/100 – ½ P 15.
♦ Am südlichen Rand des Ortes finden Sie in diesem neuzeitlichen Hotel eine praktische Bleibe. Die Zimmer bieten solide Technik und eine behagliche Atmosphäre. Klinkerwände und nette Accessoires erzeugen im Restaurant eine gemütliche Stimmung.

OFFENBACH Hessen ᴅᴀᴢ P 10 – 117 000 Ew – Höhe 100 m.
Sehenswert : Deutsches Ledermuseum★★ **Z M1**.
Messehalle Z, ℘ (069) 8 29 75 50.
🛈 Stadtinformation, Salzgäßchen 1, ⊠ 63065, ℘ (069) 80 65 20 52, info@offenbach.de, Fax (069) 80653199.
ADAC, Frankfurter Str. 74.
Berlin 543 – Wiesbaden 44 – Frankfurt am Main 8 – Darmstadt 28 – Würzburg 116.

OFFENBACH

Beethovenstraße	**Y**	3
Bieberer Straße	**Z**	5
Buchhügelallee	**Y**	6
Carl-Ulrich-Brücke	**X**	7
Dieburger Straße	**X**	9
Friedhofstraße	**X**	10
Friedrichsring	**Y**	12
Gabelsbergerstraße	**Y**	13
Haydnstraße	**Y**	20
Hessenring	**Y**	21
Isenburgring	**Y**	25
Kaiserleibrücke	**X**	28
Offenbacher Landstraße	**Y**	33
Senefelderstraße	**Y**	35
Starkenburgring	**Y**	38

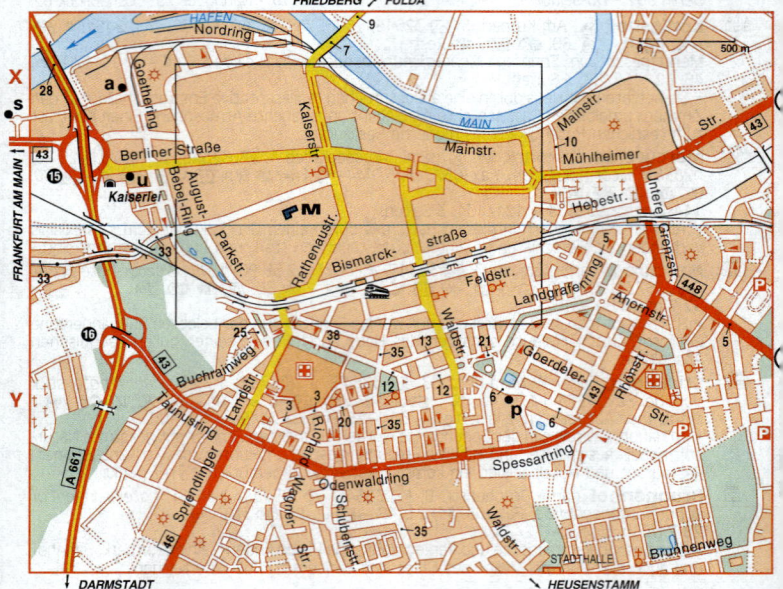

🏨 **ArabellaSheraton am Büsing Palais** M, Berliner Str. 111, ✉ 63065, ✆ (069) 82 99 90, *buesingpalais@arabellashotels.com, Fax (069) 82999800*, 🍴, Massage, 🏋, ≋ – 🛗, ✷ Zim, 📺 🎧 ♿ 🚗 – 🅿 240. AE ⓞ ⓜⓞ VISA
Menu à la carte 29/42 – **221 Zim** ⌧ 175/321 – 211/321. **Z c**
  ◆ Modernes Cityhotel, das in das Gebäude einer alten Schwimmhalle integriert wurde und dessen Zimmer farbenfroh gestaltet und mit modernster Technik versehen sind. "Entertain Dine" ist das Motto des gastronomischen Bereichs.

🏨 **Scandic Hotel**, Kaiserleistr. 45, ✉ 63067, ✆ (069) 8 06 10, *info.offenbach@scandic-hotels.com, Fax (069) 8061666*, ≋, 🎬 – 🛗, ✷ Zim, 📺 🎧 ♿ 🚗 – 🅿 130. AE ⓞ ⓜⓞ VISA JCB, ✷ Rest – **Menu** à la carte 23/37 – **251 Zim** 135 – 165. **X s**
  ◆ Der imposante runde Hochhausbau beherbergt funktionelle Zimmer, auch für Allergiker. Ideale Voraussetzungen bietet das Haus für Konferenzen und Tagungen. Zwei Restaurants in hellen, frischen Farben.

🏨 **Park Plaza** M, Ernst-Griesheimer-Platz 7, ✉ 63071, ✆ (069) 80 90 50, *ppoffenbach@parkplazahotels.de, Fax (069) 80905555*, 🏋, ≋ – 🛗, ✷ Zim, 📺 🎧 ♿ 🚗 – 🅿 80. AE ⓞ ⓜⓞ VISA – **Menu** à la carte 22/38 – **150 Zim** ⌧ 130/195 – 160/240. **Y p**
  ◆ Vorteilhaft wurde die Architektur des früheren Schlachthofs von 1904 mit modernem Innendesign verbunden. Klare Linien und warme Erdtöne dominieren - auch in den Zimmern. Das Hotelrestaurant ist im historischen Teil des Gebäudes untergebracht.

🏨 **Yimpas Hotel Bismarckhof** garni, Bismarckstr. 99, ✉ 63065, ✆ (069) 8 00 85 90, *yimpas-hotel@yimpas-hotel.de, Fax (069) 80085999* – 🛗 ✷ 📺 🚗 – 🅿 20. AE ⓞ ⓜⓞ VISA
50 Zim ⌧ 72/140 – 85/190. **Z s**
  ◆ Nach einer Komplettrenovierung präsentieren sich alle Übernachtungszimmer des Stadthotels mit einheitlicher, weißer Möblierung und vollständiger technischer Ausstattung.

🏨 **Novotel**, Strahlenberger Str. 12, ✉ 63067, ✆ (069) 82 00 40, *h0499@accor-hotels.com, Fax (069) 82004126*, 🍴, 🏊 (geheizt), 🌳 – 🛗, ✷ Zim, 📺 Rest, 📺 🎧 P – 🅿 200. AE ⓞ ⓜⓞ VISA JCB – **Menu** à la carte 20/32 – ⌧ 13 – **119 Zim** 91/120 – 107/136. **X u**
  ◆ Geschäftsreisende und Familien sind hier gleichermaßen willkommen. Funktionell ausgestattete Zimmer in freundlichem Design zählen zu den Annehmlichkeiten des modernen Hotels. Ebenfalls neuzeitlich zeigt sich das Le Jardin - von 6 bis 24 Uhr geöffnet.

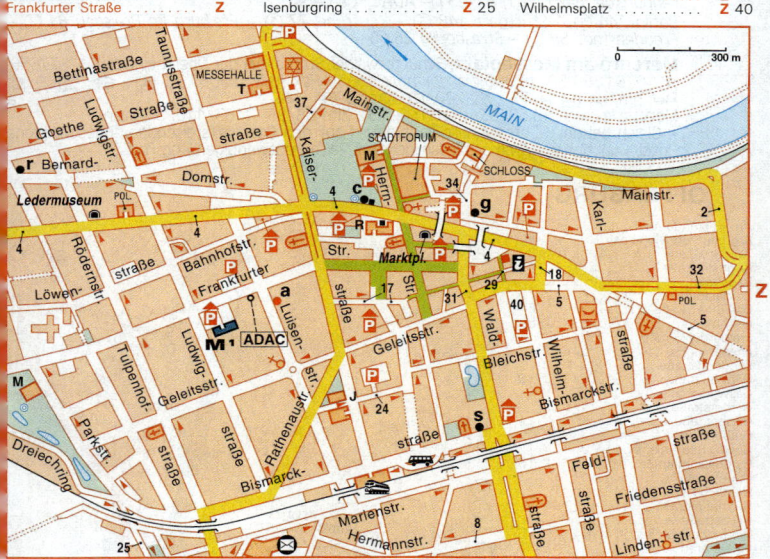

OFFENBACH

Arthur-Zitscher-Straße ...... Z 2	Goethering .... Z 15	Kaiserstraße .... Z
Berliner Straße .... Z 4	Geleitsstraße .... Z	Kleiner Biergrund .... Z 29
Bieberer Straße .... Z 5	Große Marktstraße ...... Z 17	Marktplatz .... Z 31
Christian-Pleß-Straße ...... Z 8	Großer Biergrund .... Z 18	Mathildenstraße .... Z 32
Frankfurter Straße .... Z	Herrnstraße .... Z	Schloßstraße .... Z 34
	Hospitalstraße .... Z 24	Speyerstraße .... Z 37
	Isenburgring .... Z 25	Waldstraße .... Z
		Wilhelmsplatz .... Z 40

🏨 **Graf** garni, Ziegelstr. 6, ✉ 63065, ✆ (069) 8 00 85 10, info@hotel-graf.de, Fax (069) 80085151 – 🛗 ⚡ 📺 🚗 – 🔒 40. AE ① ⓜ VISA JCB. Z g
geschl. Weihnachten - Anfang Jan. – **32 Zim** ☞ 69/79 – 87/97.
 ♦ Ein nettes, gepflegtes Hotel mit schlichtem Rahmen und wohnlichen Räumen, die mit hellem Naturholzmobiliar und unterschiedlich gefärbten Stoffen eingerichtet sind.

🏨 **Ibis**, Kaiserleistr. 4, ✉ 63067, ✆ (069) 82 90 40, h1739@accor-hotels.com, Fax (069) 82904333 – 🛗 ⚡ Zim, 📺 📞 ♿ 🚗 – 🔒 40. AE ① ⓜ VISA JCB. ⌀ Rest X a
Menu (nur Abendessen) à la carte 18/29 – ☞ 8 – **131 Zim** 65.
 ♦ Rund um die Uhr werden Sie hier freundlich empfangen! Wenn die Pflicht besonders zeitig ruft, können Sie schon ab 4 Uhr morgens ein kleines Frühstück bekommen.

🏨 **Hansa** garni, Bernardstr. 101, ✉ 63067, ✆ (069) 82 98 50, Fax (069) 823218 – 🛗 📺 ♿. AE ① ⓜ VISA Z r
22 Zim ☞ 52/70 – 80.
 ♦ Zentrumsnah liegt das Etagenhotel in einer Wohngegend. In schlichten Zimmern, die mit hellen Eichen- oder Kiefernmöbeln bestückt sind finden Sie eine praktische Bleibe.

🍴 **Dino**, Luisenstr. 63, ✉ 63067, ✆ (069) 88 46 45, info@ristorante-dino.de, Fax (069) 883395, 🌿 – ① ⓜ VISA Z a
geschl. 7. - 20. April, Samstagmittag, Sonntag – **Menu** (italienische Küche) à la carte 23/43.
 ♦ Freuen Sie sich auf eine "cucina classica italiana", die mit Geschmack und Sorgfalt zubereitet wird! Die meisten Rezepte stammen aus der Heimat des Patrons : aus Norditalien.

In Offenbach-Bürgel Nord-Ost : 2 km über Mainstraße X :

🍴 **Zur Post** mit Zim, Offenbacher Str. 33, ✉ 63075, ✆ (069) 86 13 37, info@die-post-in-buergel.de, Fax (069) 864198, 🌿 – 🚗 P. ⓜ VISA. ⌀ Zim
Menu (geschl. Anfang Jan. 1 Woche, Juli 2 Wochen, Sonntagabend - Montag, Samstagmittag) à la carte 19/37 – **8 Zim** ☞ 52/67 – 84/94.
 ♦ Hier wird bürgerlich-regional gekocht. Der rustikale Charakter des in Stuben und Nischen unterteilten Restaurants paßt gut zum ländlichen Speisenangebot.

1125

OFFENBURG Baden-Württemberg **419** U 7 – 57 000 Ew – Höhe 165 m.
   Sehenswert: Hl.-Kreuz-Kirche★ BY.
   Messegelände Oberrheinhalle, Messeplatz, ℘ (0781) 9 22 60, Fax (0781) 922677.
   B *Stadtinformation, Fischmarkt 2,* ⊠ 77652, ℘ (0781) 82 20 00, buergerbuero@offenburg.de, Fax (0781) 827251 – **ADAC**, *Gerberstr. 2.*
   Berlin 744 ③ – Stuttgart 148 ③ – Karlsruhe 77 ③ – Freiburg im Breisgau 64 ③ – Freudenstadt 58 ① – Strasbourg 26 ③

🏨 **Mercure am Messeplatz**, Schutterwälder Str. 1a (bei der Oberrheinhalle), ⊠ 77656, ℘ (0781) 50 50, h2906@accor-hotels.com, Fax (0781) 505513, 余, ≘s, ⊠ – ⌽, ⇌ Zim, 🖥 TV 🕭 P – 🕭 200. AE ① ⓂⓄ VISA JCB   AZ a
   Menu à la carte 18,50/33 – ⊊ 13 – **132 Zim** 88/95 – 103/110, 5 Suiten.
   ♦ Gleich bei der Oberrheinhalle liegt dieses auf den Geschäftsreisenden zugeschnittene Hotel. Funktionelle Zimmer bieten den auf Reisen notwendigen Komfort.

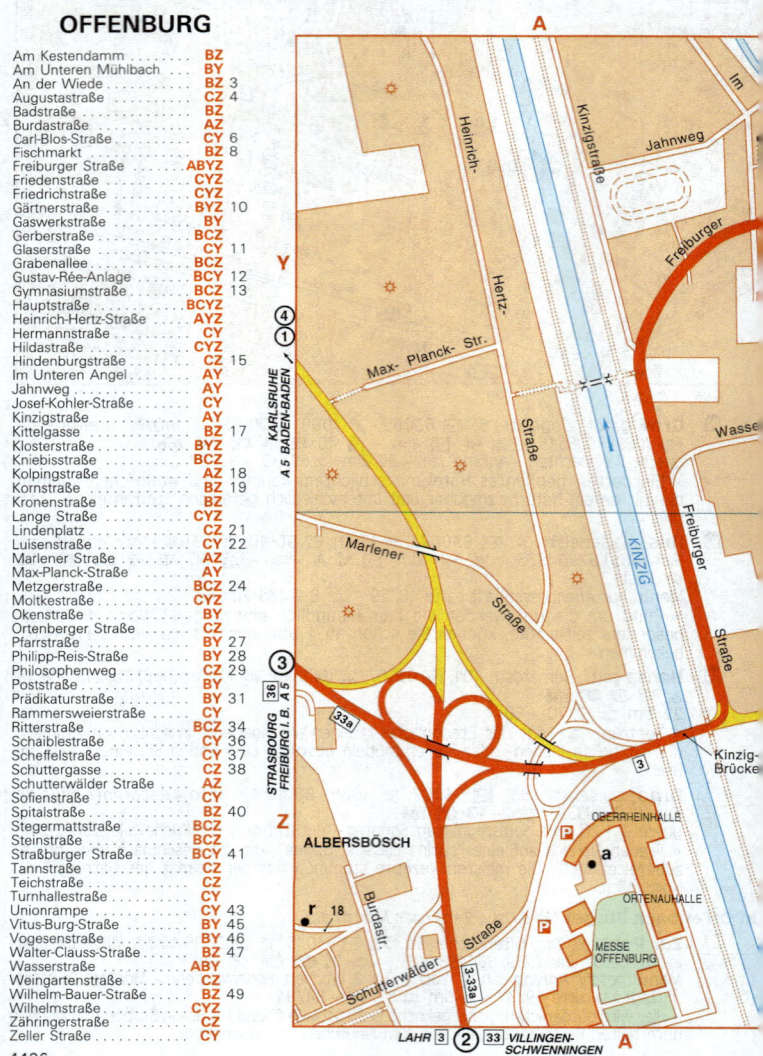

OFFENBURG

Straße	Feld	Nr.
Am Kestendamm	**BZ**	
Am Unteren Mühlbach	**BY**	
An der Wiede	**BZ**	3
Augustastraße	**CZ**	4
Badstraße	**BZ**	
Burdastraße	**AZ**	
Carl-Blos-Straße	**CY**	6
Fischmarkt	**BZ**	8
Freiburger Straße	**ABYZ**	
Friedenstraße	**CYZ**	
Friedrichstraße	**CYZ**	
Gärtnerstraße	**BYZ**	10
Gaswerkstraße	**BY**	
Gerberstraße	**BCZ**	
Glaserstraße	**CY**	11
Grabenallee	**BCZ**	
Gustav-Rée-Anlage	**BCY**	12
Gymnasiumstraße	**BCZ**	13
Hauptstraße	**BCYZ**	
Heinrich-Hertz-Straße	**AYZ**	
Hermannstraße	**CY**	
Hildastraße	**CYZ**	
Hindenburgstraße	**CZ**	15
Im Unteren Angel	**AY**	
Jahnweg	**AY**	
Josef-Kohler-Straße	**CY**	
Kinzigstraße	**AY**	
Kittelgasse	**BZ**	17
Klosterstraße	**BYZ**	
Kniebisstraße	**BCZ**	
Kolpingstraße	**AZ**	18
Kornstraße	**BZ**	19
Kronenstraße	**BZ**	
Lange Straße	**CYZ**	
Lindenplatz	**CZ**	21
Luisenstraße	**CY**	22
Marlener Straße	**AZ**	
Max-Planck-Straße	**AY**	
Metzgerstraße	**BCZ**	24
Moltkestraße	**CYZ**	
Okenstraße	**BY**	
Ortenberger Straße	**CZ**	
Pfarrstraße	**BY**	27
Philipp-Reis-Straße	**BY**	28
Philosophenweg	**CZ**	29
Poststraße	**BY**	
Prädikaturstraße	**BY**	31
Rammersweierstraße	**CY**	
Ritterstraße	**BCZ**	34
Schaiblestraße	**CY**	36
Scheffelstraße	**CY**	37
Schuttergasse	**CZ**	38
Schutterwälder Straße	**AZ**	
Sofienstraße	**CY**	
Spitalstraße	**BZ**	40
Stegermattstraße	**BCZ**	
Steinstraße	**CY**	
Straßburger Straße	**BCY**	41
Tannstraße	**CZ**	
Teichstraße	**CZ**	
Turnhallestraße	**CY**	
Unionrampe	**CY**	43
Vitus-Burg-Straße	**BY**	45
Vogesenstraße	**BY**	46
Walter-Clauss-Straße	**BZ**	47
Wasserstraße	**ABY**	
Weingartenstraße	**CZ**	
Wilhelm-Bauer-Straße	**BZ**	49
Wilhelmstraße	**CYZ**	
Zähringerstraße	**CZ**	
Zeller Straße	**CY**	

OFFENBURG

🏨 **Golden Tulip Hotel Palmengarten** (mit Gästehaus), Okenstr. 15, ✉ 77652, 𝒫 (0781) 20 80, info@hotel-palmengarten.com, Fax (0781) 208100, 🍽 , ≋s – 🛗, ⇌ Zim, 📺 ✆ 🅿 – 🏛 120. AE ⓘ ⓜ VISA
BY g
Menu à la carte 20/31,50 – **79 Zim** 🛏 99/132 – 119/148.
♦ Eine neuzeitliche Adresse – wohnlich und praktisch gestaltet. Zu der Ausstattung der Zimmer gehören auch ordentliche Schreibflächen und Sitzgelegenheiten. Gepflegtes Restaurant mit internationaler Küche.

🏨 **Central** garni, Poststr. 5, ✉ 77652, 𝒫 (0781) 7 20 04, info@centralhotel-offenburg.de, Fax (0781) 25598 – ⇌ 📺 ✆ 🅿. AE ⓜ VISA
BY b
geschl. 20. Dez. - 6. Jan. – **20 Zim** 🛏 55/75 – 70/100.
♦ Gute Parkmöglichkeiten und die citynahe Lage machen das Stadthaus mit der hübschen Fassade zu einer attraktiven Übernachtungsadresse für Geschäftsleute und Privatreisende.

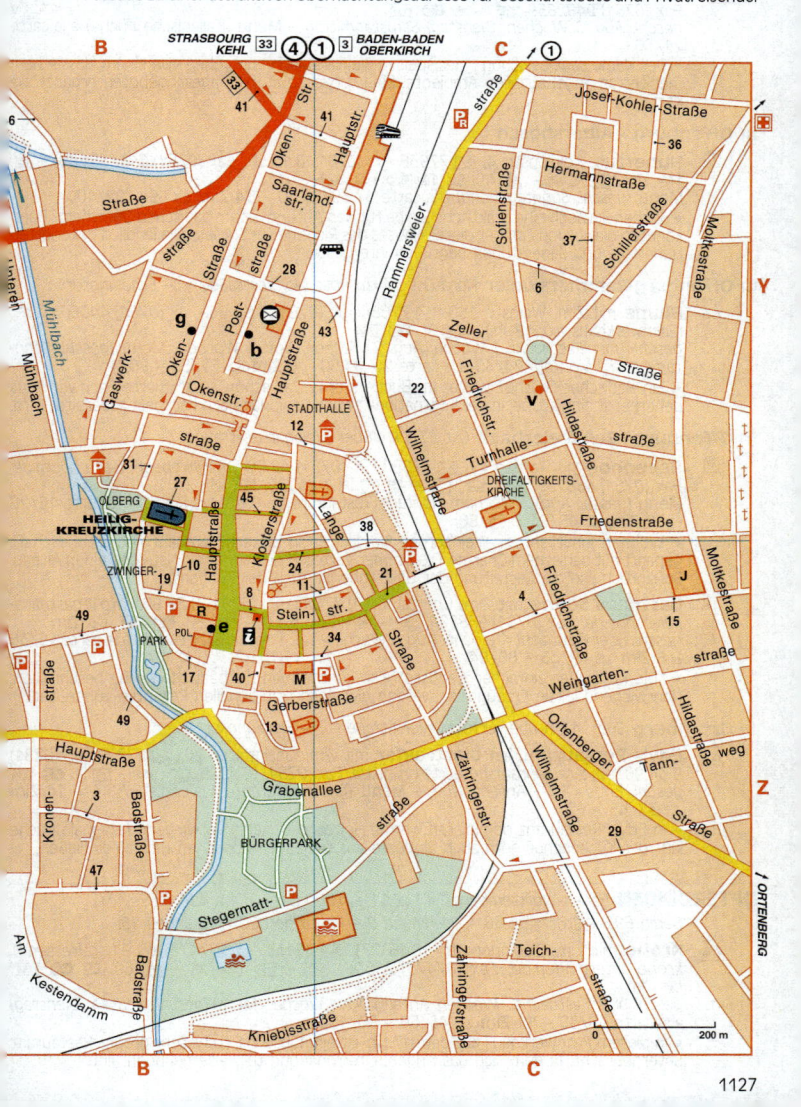

1127

OFFENBURG

Sonne, Hauptstr. 94, ✉ 77652, ℘ (0781) 93 21 60, info@hotel-sonne-offenburg.de, Fax (0781) 9321640 – ⇔ Zim, TV ⇔. AE ◉ VISA BZ e
Menu siehe **Beck's Restaurant** separat erwähnt – **32 Zim** ⇌ 38/73 – 53/118.
• Hier haben Sie die Qual der Wahl ! Entweder die komfortableren Zimmer im Anbau, oder die Zimmer im Haupthaus mit knarrenden Dielen und sehenswerten Biedermeiermöbeln.

Beck's Restaurant - Hotel Sonne, Hauptstr. 94, ✉ 77652, ℘ (0781) 7 37 88, sonne@becksmanschmeckts.de, Fax (0781) 73798, 🍽 – ◉ VISA BZ a
geschl. Sonntag - Montag – **Menu** à la carte 24/36 ⚜.
• Zwei verschiedene Bereiche, einmal rustikal, einmal elegant, stehen zum Speisen zur Verfügung. Gekonnt zubereitete Leckereien aus aller Herren Länder werden hier gereicht.

Vesuvio, Hildastr. 4, ✉ 77654, ℘ (0781) 3 74 74, il-nuovo-vesuvio@web.de, Fax (0781) 9482659, 🍽 – P. ◉ VISA CY v
geschl. Aug. 3 Wochen, Dienstag, Samstagmittag – **Menu** (italienische Küche) à la carte 21/36.
• Der Name sagt es schon : hier speisen Sie italienisch - umgeben von einem klassischen, mediterran angehauchten Ambiente. Eine große Tafel mit Tagesangeboten ergänzt die Karte.

In Offenburg - Albersbösch

Hubertus, Kolpingstr. 4, ✉ 77656, ℘ (0781) 6 13 50, Fax (0781) 613535, 🍽 – 📶, ⇔ Zim, TV ☎ P. – 🏃 40. AE ◉ VISA JCB AZ r
Menu (geschl. Sonntagabend) à la carte 17,50/29,50 – **34 Zim** ⇌ 69 – 92/100.
• Suchen Sie noch eine praktische Bleibe für den Aufenthalt am badischen Oberrhein? Dann könnten die soliden Zimmer dieses Hauses das Richtige für Sie sein. Die ländlich dekorierten Hubertus- und Jägerstuben begrüßen ihre Gäste.

In Offenburg-Rammersweier Nord-Ost : 3 km über Moltkestraße CY – Erholungsort :

Blume mit Zim, Weinstr. 160, ✉ 77654, ℘ (0781) 3 36 66, Fax (0781) 440603, 🍽, (Fachwerkhaus a.d. 18.Jh.) – TV P. ◉ VISA
geschl. über Fastnacht 1 Woche, Aug. 2 Wochen, Nov. 1 Woche – **Menu** (geschl. Sonntagabend - Montag) 24/39 à la carte 26/41,50 – **6 Zim** ⇌ 52/58 – 80.
• Ein Badischer Gasthof wie er im Buche steht ! Das schön ausstaffierte Fachwerkhaus beherbergt eine Küche, in der Internationales und Regionales schmackhaft zubereitet wird.

In Offenburg - Zell-Weierbach Ost : 3,5 km über Weingartenstraße CZ :

Rebenhof 🍃, Talweg 42, ✉ 77654, ℘ (0781) 46 80, info@rebenhof-offenburg.de, Fax (0781) 468135, 🍽, ≤s, 🏊 – 📶 TV P. – 🏃 25. ◉ VISA
Menu (geschl. Aug. 2 Wochen, Montag) (Restaurant im Gasthaus Riedle) à la carte 16/28 – **40 Zim** ⇌ 45/53 – 64/80.
• Wohnen inmitten der Weinberge ! Sie treffen in diesem Haus auf Gastfreundschaft gepaart mit badischem Charme. Die Zimmer verteilen sich auf einen Neu- und einen Altbau. So ländlich wie die Gestaltung der Gaststube ist auch der Küchenstil.

Gasthaus Sonne mit Zim, Obertal 1, ✉ 77654, ℘ (0781) 9 38 80, info@gasthaus-zur-sonne.de, Fax (0781) 938899, 🍽 – ⇔ Zim, TV P. – 🏃 60. ◉ VISA. ⇔ Zim
geschl. über Fastnacht 1 Woche, Aug. 1 Woche – **Menu** (geschl. Mittwoch) à la carte 19/36 – **6 Zim** ⇌ 49/55 – 80/84.
• "Die Kunst der einfachen Genüsse" - so könnte man die badische Küche beschreiben. Überwiegend lokale Erzeugnisse werden hier nach traditionellen Rezepten zubereitet.

In Ortenberg Süd : 4 km über Ortenberger Straße CZ – Erholungsort :

Edy's Restaurant im Glattfelder mit Zim, Kinzigtalstr. 20, ✉ 77799, ℘ (0781) 9 34 90, edys-restaurant-hotel@t-online.de, Fax (0781) 934929, 🍽, 🍴 – TV P. ◉ VISA
geschl. Ende Okt. - Anfang Nov. – **Menu** (geschl. Montag) à la carte 27/44 – **14 Zim** ⇌ 32/45 – 62.
• In Edy's Restaurant dominieren warme Holztöne. In seine vorwiegend regionale Küche läßt der Küchenmeister gern auch Einflüsse aus seiner französischen Heimat einfließen.

OFTERDINGEN Baden-Württemberg **419** U 11 – 4500 Ew – Höhe 424 m.
Berlin 692 – Stuttgart 56 – Hechingen 9 – Reutlingen 20 – Tübingen 15.

Krone mit Zim, Tübinger Str. 10 (B 27), ✉ 72131, ℘ (07473) 63 91, gutessen@krone-ofterdingen.de, Fax (07473) 25596, 🍽 – TV ⇔ P. – 🏃 60. AE ◉ VISA. ⇔ Zim
geschl. über Fastnacht 2 Wochen, Anfang Okt. 1 Woche – **Menu** (geschl. Montag - Dienstag) à la carte 19/38 – **11 Zim** ⇌ 45/50 – 90/100.
• In diesem Fachwerkhaus aus dem 17. Jh. ist ein hübsches, nicht sehr großes Restaurant untergebracht, in dem sich das Angebot regional und teilweise gehoben gibt.

OFTERSCHWANG Bayern siehe Sonthofen.

OFTERSHEIM Baden-Württemberg 417 419 R 9 – 10 600 Ew – Höhe 102 m.
  ᴎ₈ Oftersheim, an der B 291 (Süd-Ost : 2 km), ℘ (06202) 5 63 90.
  Berlin 625 – Stuttgart 119 – Mannheim 21 – Heidelberg 11 – Speyer 17.

In Oftersheim-Hardtwaldsiedlung Süd : 1 km über die B 291 :

XX **Landhof,** Am Fuhrmannsweg 1, ⊠ 68723, ℘ (06202) 5 13 76, Fax (06202) 53297, ⌂ – 🅿.
  geschl. Aug., Montag - Dienstag – **Menu** (wochentags nur Abendessen) (Tischbestellung ratsam) à la carte 17/38.
  ♦ Rustikal-elegant ist die Ausstattung in diesem Haus, das durch seine großzügige Auslegung auch Gruppen Platz bietet. Die Karte enthält internationale und bürgerliche Speisen.

OHLSTADT Bayern 419 420 X 17 – 3 300 Ew – Höhe 644 m – Erholungsort.
  🛈 Verkehrsamt, Rathausplatz 1, ⊠ 82441, ℘ (08841) 74 80, verkehrsamt@ohlstadt.de, Fax (08841) 671244.
  Berlin 658 – München 69 – Garmisch-Partenkirchen 21.

🏨 **Alpengasthof Ohlstadt** ⏎, Weichser Str. 5, ⊠ 82441, ℘ (08841) 67070, alpen gasthof@t-online.de, Fax (08841) 670766, ⌂, ⇐s, ⊡, 🌿 – 📺 🅿. 🆎 VISA
  geschl. 1. Nov. - 20. Dez. – **Menu** à la carte 13/25 – **30 Zim** ⇆ 40/56 – 66/92 – ½ P 12.
  ♦ Umgeben von herrlicher Bergkulisse liegt der Alpengasthof am Waldrand. Die Zimmer sind nett mit Naturholz bestückt und bieten wahlweise Balkon oder Terrasse. Die Küche des Alpengasthofs ist mit der heimatlichen Region verwurzelt.

OHMDEN Baden-Württemberg siehe Kirchheim unter Teck.

OHRDRUF Thüringen 418 N 16 – 6 400 Ew – Höhe 360 m.
  Berlin 335 – Erfurt 43 – Eisenach 42 – Gotha 18 – Suhl 31 – Weimar 60.

🏨 **Schlossgartenpassage,** Arnstädter Str. 10, ⊠ 99885, ℘ (03624) 31 47 82, gaest ehaus-tobias@t-online.de, Fax (03624) 312354, ⌂, ⇐s – 📺 🅿
  Menu (geschl. Sonntag, Donnerstag) (nur Abendessen) à la carte 12/20 – **22 Zim** ⇆ 34/39 – 49.
  ♦ In den Gebäuden einer ehemaligen Spielwarenfabrik, die sich um einen Innenhof gruppieren, befindet sich heute das familiengeführte Hotel mit schlicht gestalteten Zimmern. Im Restaurant sind Sie von verspieltem Dekor umgeben.

OLCHING Bayern 419 420 V 17 – 24 000 Ew – Höhe 503 m.
  ᴎ₈ Olching, Feursstr. 89, ℘ (08142) 4 82 90.
  Berlin 595 – München 36 – Augsburg 48 – Dachau 13.

🏨 **Schiller,** Nöscherstr. 20, ⊠ 82140, ℘ (08142) 47 30, anfrage@hotel-schiller.de, Fax (08142) 473399, ⌂, 🆔, ⇐s, ⊡, 🌿 – 📶, ⇔ Zim, 📺 📞 ⇌ 🅿 – 🔏 30. 🆎 ①
🍽 VISA JCB
  geschl. 22. Dez. - 2. Jan. – **Menu** (Montag - Freitag nur Abendessen) à la carte 18/39 –
  57 Zim ⇆ 57/105 – 90/120.
  ♦ Vor den Toren der "Weltstadt mit Herz" beziehen Sie hier ein Quartier, das angenehmes Wohnen möglich macht. Sie schlafen in unterschiedlich großen, funktionellen Zimmern. Besonders schön sitzt man am Kachelofen des rustikalen Restaurants.

🏨 **Am Krone-Park** garni, Kemeterstr. 55 (Neu-Esting), ⊠ 82140, ℘ (08142) 29 20, Fax (08142) 18706 – ⇔ 📺 🅿 – 🔏 20. 🆎 ① 🍽 VISA
  38 Zim ⇆ 51 – 82.
  ♦ Warme Holztöne begleiten Sie im ganzen Haus. Die Gästezimmer sind wohnlich und funktionell gestaltet. Besonders empfehlenswert : die Zimmer mit Erker oder Balkon.

OLDENBURG Niedersachsen 415 G 8 – 155 000 Ew – Höhe 7 m.
  Sehenswert : Schloßgarten★ Y – Stadtmuseum★ X M1.
  ᴎ₉ Tweelbäke-Ost, Hatter Landstr. 34 (Süd-Ost : 7 km), ℘ (04481) 88 55.
  🛈 Oldenburg Tourismus und Marketing, Wallstr. 14, ⊠ 26122, ℘ (0441) 3 61 61 30, info @oldenburg-tourist.de, Fax (0441) 36161350.
  ADAC, Donnerschweer Str. 237.
  Berlin 432 ② – Hannover 171 ② – Bremen 46 ② – Bremerhaven 58 ① – Groningen 132 ④ – Osnabrück 105 ③

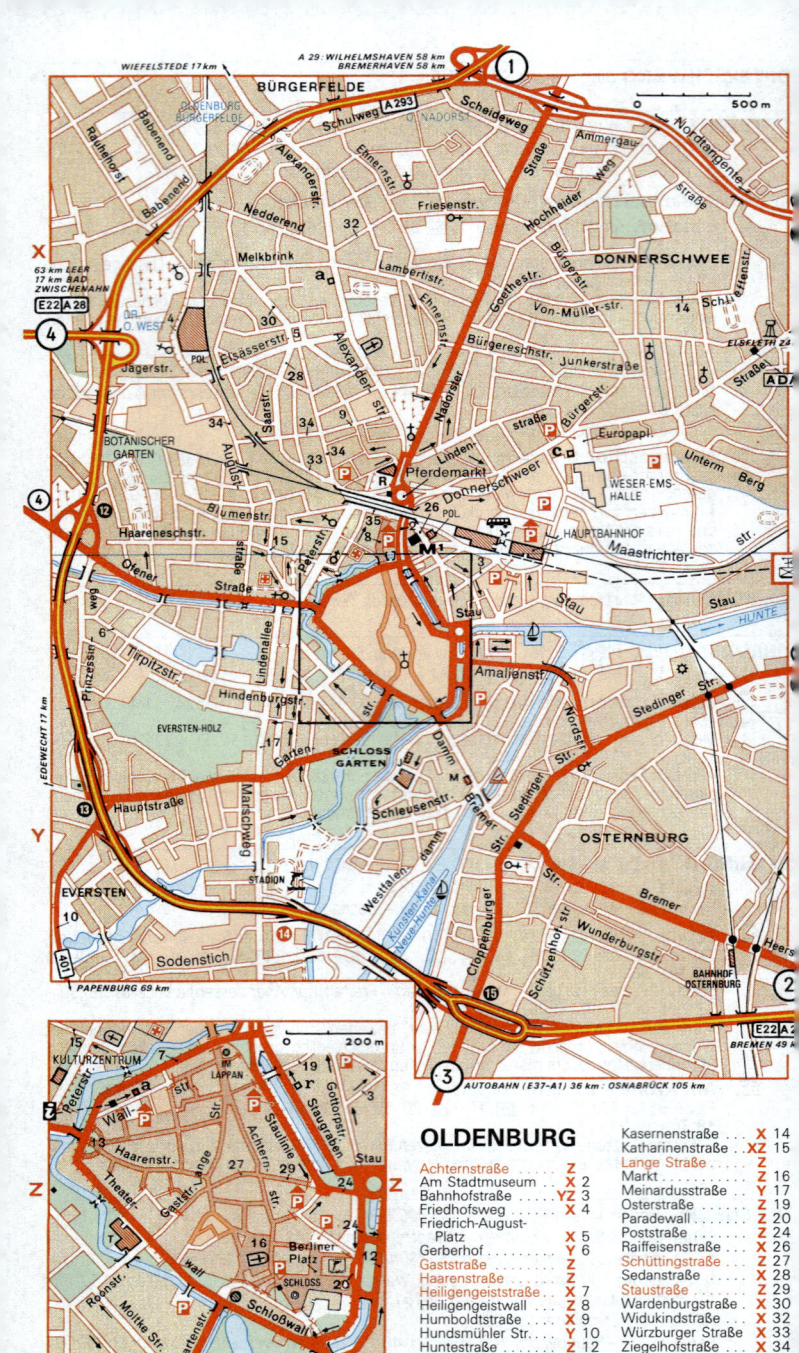

OLDENBURG

Street	Ref
Achternstraße	Z
Am Stadtmuseum	X 2
Bahnhofstraße	YZ 3
Friedhofsweg	X 4
Friedrich-August-Platz	X 5
Gerberhof	Y 6
Gaststraße	Z
Haarenstraße	Z
Heiligengeiststraße	X 7
Heiligengeistwall	X 8
Humboldtstraße	X 9
Hundsmühler Str.	Y 10
Huntestraße	Z 12
Julius-Mosen-Platz	Z 13
Kasernenstraße	X 14
Katharinenstraße	XZ 15
Lange Straße	Z
Markt	Z
Meinardusstraße	Y 16
Osterstraße	Y 17
Paradewall	Z 19
Poststraße	Z 20
Raiffeisenstraße	Z 24
Schüttingstraße	Z 26
Sedanstraße	Z 27
Staustraße	Z 28
Wardenburgstraße	Z 29
Widukindstraße	X 30
Würzburger Straße	X 32
Ziegelhofstraße	X 33
91er Straße	X 34
	X 35

OLDENBURG

City-Club-Hotel, Europaplatz 4, ✉ 26123, ℰ (0441) 80 80, info@cch-info.de, Fax (0441) 808100, 😊, ⛌, 🏊 – 🛗, ⟷ Zim, 📺 ✆ ♿ 🅿 – 🛎 160. 🆎 ① ⓜⓞ 𝗩𝗜𝗦𝗔 𝗝𝗖𝗕. ✂
Menu à la carte 18/31 – **88 Zim** ⇌ 98 – 125.
X c

♦ Ob Sie auf Geschäftsreise oder privat unterwegs sind, in einem der solide eingerichteten Zimmer dieses direkt am Europaplatz gelegenen Hauses finden Sie ein nettes Plätzchen. Fast klassisch gibt sich die Einrichtung des Restaurants.

Antares Hotel garni, Staugraben 8, ✉ 26122, ℰ (0441) 9 22 50, info@antares-hotel.info, Fax (0441) 9225100, ⛌ – 🛗 ⟷ 📺 ✆ ⇌ 🅿. 🆎 ① ⓜⓞ 𝗩𝗜𝗦𝗔 𝗝𝗖𝗕. ✂   Z r
51 Zim ⇌ 80/100 – 110, 6 Suiten.

♦ Namensgeber des Hotels ist der hellste Stern im Skorpion. Das Haus liegt verkehrsgünstig in der Nähe des Bahnhofs und bietet seinen Besuchern zeitgemäßen Komfort.

Alexander garni, Alexanderstr. 107, ✉ 26121, ℰ (0441) 9 80 20, info@alexander-hotel.info, Fax (0441) 9802100, ⛌ – 🛗 ⟷ 📺 ✆ ⇌ 🅿 – 🛎 60. 🆎 ① ⓜⓞ 𝗩𝗜𝗦𝗔 𝗝𝗖𝗕. ✂
61 Zim ⇌ 60/75 – 85/100.
X a

♦ Die beiden Trakte des neuzeitlichen Hotels sind durch einen überdachten Gang miteinander verbunden. Fragen Sie nach einem der Zimmer im Neubau mit hübschem Glaserker!

Le Journal, Wallstr. 13, ✉ 26122, ℰ (0441) 1 31 28, Fax (0441) 25292, (Bistrorestaurant) – 🆎 ① ⓜⓞ 𝗩𝗜𝗦𝗔. ✂   Z a
geschl. Sonntag - Montag – **Menu** (nur Abendessen) (Tischbestellung ratsam) 35/45 und à la carte.

♦ Ein Bistro mit Atmosphäre! Vorne sind Stehtische, hinten sitzt man gemütlich an gut eingedeckten Tischen. Die Menüs und à la carte-Gerichte werden auf Tafeln angeboten.

In Oldenburg-Etzhorn Nord : 4 km über Nadorster- und Ekernstraße X :

Etzhorner Krug, Butjadinger Str. 341, ✉ 26125, ℰ (0441) 3 61 67 00, post@etzhornerkrug.de, Fax (0441) 36167099, Biergarten – 🛗, ⟷ Zim, 📺 ✆ 🅿 – 🛎 100
Menu (geschl. 1. - 11. Jan.) à la carte 19/35 – **30 Zim** ⇌ 46/65 – 82/93.

♦ In einem ländlichen Vorort der Stadt steht dieses Hotel mit der neuzeitlichen Klinkerfassade. Wohnliche, helle und geräumige Zimmer ersetzen Ihnen vorübergehend Ihr Zuhause. Das Restaurant ist mit schweren, blanken Tischen im typischen Gasthof-Stil gehalten.

An der Straße nach Rastede Nord : 6 km über Nadorster Straße X :

Der Patentkrug mit Zim, Wilhelmshavener Heerstr. 359, ✉ 26125 Oldenburg, ℰ (0441) 3 94 71, Fax (0441) 391038, 😊 – 📺 🅿 – 🛎 100. ⟷ Zim
Menu (geschl. Sonntagabend - Montag) à la carte 20/36 – **5 Zim** ⇌ 44 – 67/77.

♦ Das Ambiente des Restaurants geht in die klassische Richtung. Auf der Speisekarte erwartet Sie ein breitgefächertes Repertoire internationaler und bürgerlicher Gerichte.

OLDENBURG IN HOLSTEIN Schleswig-Holstein 𝟰𝟭𝟱 𝟰𝟭𝟲 D 16 – 9 800 Ew – Höhe 4 m.
Berlin 321 – Kiel 55 – Lübeck 66 – Neustadt in Holstein 21.

Zur Eule garni, Hopfenmarkt 1, ✉ 23758, ℰ (04361) 4 99 70, hotelzureule@gmx.de, Fax (04361) 4997202 – 📺 🅿. 🆎 ⓜⓞ 𝗩𝗜𝗦𝗔
geschl. Mitte Dez. - Mitte Jan. – **23 Zim** ⇌ 50/65 – 70/85.

♦ Ein familiär geführtes Hotel, das im traditionellen Stil mit rotem Backstein und Fachwerk gebaut ist. Die Zimmer bieten einfachen Komfort und sind sehr gepflegt.

OLFEN Nordrhein-Westfalen 𝟰𝟭𝟳 K 6 – 9 700 Ew – Höhe 40 m.
Berlin 490 – Düsseldorf 80 – Münster (Westfalen) 37 – Recklinghausen 19.

Zum Steverstrand, Lüdinghauser Str. 31, ✉ 59399, ℰ (02595) 30 77, Fax (02595) 3070, 😊 – 🛗 📺 🅿 – 🛎 60. ⓜⓞ 𝗩𝗜𝗦𝗔. ✂
geschl. 1.- 14. Jan., Juli 2 Wochen – **Menu** (geschl. Montag) à la carte 21/41 – **10 Zim** ⇌ 47 – 84.

♦ Der neuzeitliche Gasthof stellt Ihnen für Ihren Aufenthalt geräumige Zimmer mit Balkon zur Verfügung. Am Haus beginnen Wanderwege und "Pättkespfade" durchs Münsterland. Den Mittelpunkt des gediegenen Restaurantbereichs bildet ein gemauerter Springbrunnen.

In Olfen-Kökelsum Nord-West : 2 km :

Füchtelner Mühle, Kökelsum 66, ✉ 59399, ℰ (02595) 4 30, Fax (02595) 430, 😊 – 🅿
geschl. Jan. - Feb. Montag - Freitag, März - Dez. Montag - Dienstag – **Menu** (Mittwoch - Freitag nur Abendessen) à la carte 24/37.

♦ Rustikale Eleganz bestimmt die Räumlichkeiten dieser gastlichen Stätte. Aus der Küche kommen internationale Spezialitäten sowie einige westfälische Traditionsgerichte.

OLPE / BIGGESEE Nordrhein-Westfalen 417 M 7 – 25 000 Ew – Höhe 350 m.

🛈 Verkehrsamt, Rathaus, Franziskanerstr. 6, ✉ 57462, ✆ (02761) 83 12 29, Fax (02761) 832229.

Berlin 559 – Düsseldorf 114 – Siegen 30 – Hagen 62 – Köln 75 – Meschede 63.

🏨 **Koch's Hotel**, Bruchstr. 16, ✉ 57462, ✆ (02761) 8 25 20, info@kochs-hotel.de, Fax (02761) 825299 – 📺 ☎ 🅿 – 🛎 80. AE ⓘ ⓜ VISA. ⌘ Rest
Menu (geschl. Aug. 3 Wochen, Samstagmittag, Sonntag) à la carte 23/41 – **25 Zim** ⚏ 73/83 – 96/118.
• Helle, wohnliche Zimmer mit gutem Komfortangebot sorgen dafür, daß Sie sich wie zu Hause fühlen. Reservieren Sie eines der neueren Zimmer, wenn Sie mehr Platz benötigen! Das Restaurant Altes Olpe ist neo-rustikal gestaltet.

🏠 **Zum Schwanen**, Westfälische Str. 26, ✉ 57462, ✆ (02761) 9 38 90, info@schwanen-olpe.de, Fax (02761) 938948 – ⌘ ⌘ Zim, 📺 ⌘ 🅿. AE ⓜ VISA. ⌘ Zim
Menu (geschl. Sonntag - Montagmittag) à la carte 15/31 – **24 Zim** ⚏ 68/72 – 88/92.
• Das schmucke Stadthaus mit dem Schieferdach ist nur etwa 5 Gehminuten vom Biggesee entfernt. Sie beziehen behagliche, mit Eichenmöbeln bestückte Räume. Im Restaurant geht's rustikal zu! Die Wirtin nimmt sich Zeit persönlich für ihre Gäste zu kochen.

In Olpe-Oberveischede Nord-Ost : 10 km :

🏨 **Landhotel Sangermann**, Veischeder Str. 13 (nahe der B 55), ✉ 57462, ✆ (02722) 81 65, info@sangermann.de, Fax (02722) 89100 – 📺 🅿 – 🛎 40. ⓜ VISA
Menu (geschl. Montagmittag) à la carte 21,50/28,50 – **16 Zim** ⚏ 41/46 – 78/90.
• Das Haus empfiehlt sich als Landhotel in reizvoller dörflicher Lage. Gäste werden in großzügigen Hotelzimmern mit moderner Einrichtung und komfortablen Betten untergebracht.

OLSBERG Nordrhein-Westfalen 417 L 9 – 16 000 Ew – Höhe 333 m – Kneippkurort – Wintersport : 480/780 m ≰3 ≴.

🛈 Olsberg-Touristik, Haus des Gastes, Ruhrstr. 32, ✉ 59939, ✆ (02962) 9 73 70, Fax (02962) 973737.

Berlin 479 – Düsseldorf 167 – Arnsberg 36 – Kassel 99 – Marburg 81 – Paderborn 58.

🏨 **Kurpark Villa** M ⌘, Mühlenufer 4a, ✉ 59939, ✆ (02962) 9 79 70, kurparkvilla@t-online.de, Fax (02962) 979797, ⌘, ⌘ – ⌘ 📺 ☎ 🅿. ⓜ VISA. ⌘ Rest
Menu (geschl. Dienstag) in the evening 19/30 – **20 Zim** ⚏ 52/99 – 104/176 – ½ P 16.
• Ob im Hubertus-Salon am prasselnden Kamin, oder in den modern-elegant ausgestatteten Zimmern, überall in diesem Haus umgibt den Gast ein Hauch von Luxus. Ihre Mahlzeiten nehmen Sie im lichtdurchfluteten Wintergarten-Restaurant ein.

🏨 **Am See**, Carls-Aue-Str. 36, ✉ 59939, ✆ (02962) 27 76, Fax (02962) 6836, ≤, ⌘, ⌘, 🏊 (Gebühr), ⌘ – ⌘, ⌘ Zim, 📺 🅿
geschl. 15. Nov. - 15. Dez. – **Menu** (geschl. Donnerstag) à la carte 19/25 – **34 Zim** ⚏ 45/68 – 77/108.
• Schon bei der Anfahrt fällt das schöne Fachwerkhaus mit dem dunklen Schindeldach ins Auge. Die Zimmer sind nett eingerichtet und haben zum Teil Sprossenfenster und Seeblick. Nehmen Sie zum Essen Platz auf Louis XV Stühlen !

In Olsberg-Bigge West : 2 km :

🍴 **Schettel** mit Zim, Hauptstr. 52, ✉ 59939, ✆ (02962) 18 32, Fax (02962) 6721, ⌘ – 📺 🅿. AE ⓘ ⓜ VISA. ⌘
geschl. Aug. 2 Wochen – **Menu** (geschl. Dienstag) à la carte 20/33 – **10 Zim** ⚏ 35/44 – 70/74.
• Hier kocht der Wirt aus Leidenschaft ! Die Früchte seiner Arbeit serviert man Ihnen in der rustikal eingerichteten Bauernstube oder im gut eingedeckten klassischen Restaurant.

OLZHEIM Rheinland-Pfalz 417 P 3 – 380 Ew – Höhe 550 m.

Berlin 664 – Mainz 204 – Trier 65 – Bonn 89.

🏠 **Haus Feldmaus** ⌘, Knaufspescher Str. 14, ✉ 54597, ✆ (06552) 9 92 20, info@feldmaus.de, Fax (06552) 992222, ⌘, ⌘, ⌘ – ⌘ Rest, 📺 🅿. ⓜ VISA
Menu (geschl. Sonntag - Montag) (nur Abendessen) (überwiegend vegetarische Gerichte) à la carte 17/27 – **10 Zim** ⚏ 40/85 – 78/98.
• Wenn Sie eine außergewöhnliche Adresse zum Übernachten suchen, werden Sie hier fündig ! Alle Zimmer stehen unter einem Motto und sind individuell gestaltet. Mit Galerie. Das Restaurant bietet ausschließlich Vollwertküche, vegetarisch oder mit Fleisch.

OPPENAU Baden-Württemberg **419** U 8 – 5 400 Ew – Höhe 270 m – Luftkurort.

🛈 Tourist-Information, Allmendplatz 3, ✉ 77728, ℘ (07804) 91 08 30, info@oppenau.de, Fax (07804) 910832.
Berlin 750 – Stuttgart 150 – Karlsruhe 79 – Offenburg 26 – Strasbourg 40.

Rebstock, Straßburger Str. 13 (B 28), ✉ 77728, ℘ (07804) 97 80, rezeption@rebstock-oppenau.de, Fax (07804) 978200, 🍽, 🌳 – TV 📞 ⓜ VISA ⚡ Zim
Menu (geschl. März 1 Woche, Okt. 3 Wochen, Dienstag) à la carte 15/34 – **16 Zim** ⊇ 35 – 65 – ½ P 13.
◆ Seit 1856 kümmert sich die Wirtsfamilie in ihrem hübschen Fachwerkhaus um das Wohl der Gäste. Wählen Sie eines der rückwärtig gelegenen Zimmer. Bürgerlich : das Restaurant.

In Oppenau-Kalikutt West : 5 km über Ramsbach – Höhe 600 m

Höhenhotel Kalikutt ♨, ✉ 77728, ℘ (07804) 4 50, info@kalikutt.de, Fax (07804) 45222, ≤ Schwarzwald, 🍽, ≋, 🌳 – 📶 TV 🚗 📞 – 🚌 20. ⓜ VISA
geschl. 10. – 24. Dez. – **Menu** à la carte 16/35 – **29 Zim** ⊇ 47 – 70/100 – ½ P 17.
◆ Zu jeder Jahreszeit gefällt die herrliche Landschaft hier oben auf der Anhöhe. Sie schlafen in praktischen Gästezimmern, die alle mit Balkon ausgestattet sind. Das Restaurant wurde mit Holzbalken und Rauhputz ansprechend gestaltet.

In Oppenau-Lierbach Nord-Ost : 3,5 km :

Blume ♨, Rotenbachstr. 1, ✉ 77728, ℘ (07804) 30 04, blume-lierbach@t-online.de, Fax (07804) 3017, 🍽, ≋, 🌳 – TV 🚗 📞 AE ⓜ VISA
geschl. 2. – 23. Feb. – **Menu** (geschl. Donnerstag) à la carte 15/28 – **10 Zim** ⊇ 40 – 70/80 – ½ P 14.
◆ Der Gasthof ist einer der ältesten im romantischen Lierbachtal. Trotzdem brauchen Sie auf zeitgemäßen Komfort nicht zu verzichten. In der Nähe : der Allerheiligen-Wasserfall. Schwarzwälder Gemütlichkeit finden Sie in der Gaststube.

In Oppenau-Löcherberg Süd : 5 km :

Erdrichshof, Schwarzwaldstr. 57 (B 28), ✉ 77728, ℘ (07804) 9 79 80, info@erdrichshof.de, Fax (07804) 979898, 🍽, ≋, 🏊, 🌳 – ⚡ Zim, TV 🚗 📞 – 🚌 10. AE ① ⓜ VISA ⚡
Menu à la carte 22/40 – **15 Zim** ⊇ 55/60 – 96/120 – ½ P 19.
◆ "Erholung und Entspannung unter ehrwürdigen Schwarzwalddächern" verspricht dieses Haus seinen Besuchern. Unterschiedliche Zimmer stehen zur Wahl, zum Teil auch mit Balkon. Traditioneller, nett dekorierter Gastraum.

OPPENHEIM Rheinland-Pfalz **417 419** Q 9 – 7 000 Ew – Höhe 100 m.
Sehenswert : Katharinenkirche★.

🛈 Tourist- und Festspielbüro, Rathaus, Merianstr. 2, ✉ 55276, ℘ (06133) 49 09 14, stadt-öppenheim@t-online.de, Fax (06133) 490929.
Berlin 580 – Mainz 23 – Frankfurt am Main 55 – Bad Kreuznach 41 – Worms 26.

Kurpfalz, Wormser Str. 2, ✉ 55276, ℘ (06133) 9 49 40, kurpfalz@hotel-oppenheim-rhein.com, Fax (06133) 949494 – TV 🚗 – 🚌 40. AE ① ⓜ VISA
Menu à la carte 25/47 – **16 Zim** ⊇ 48/68 – 75/85.
◆ Eine lange Geschichte hat das schmucke, weiße Stadthaus geprägt, denn bis zum Jahre 1800 war hier die Landschreiberei untergebracht. Heute vermietet man individuelle Zimmer. Sie speisen im liebevoll eingerichteten Landvogtzimmer.

ORANIENBURG Brandenburg **416** H 23 – 29 000 Ew – Höhe 36 m.

⛳ Stolpe, Am Golfplatz 1 (Süd : 11 km), ℘ (03303) 54 92 14.
🛈 Touristen-Information, Bernauer Str. 52, ✉ 16515, ℘ (03301) 70 48 33, Fax (03301) 704834.
Berlin 38 – Potsdam 57 – Frankfurt (Oder) 112.

Stadthotel M, André-Pican-Str. 23, ✉ 16515, ℘ (03301) 69 00, info@stadthotel-oranienburg.de, Fax (03301) 690999, 🍽, ≋ – 📶, ⚡ Zim, ≡ TV 📞 ♿ 📞 – 🚌 70. AE ⓜ VISA
Menu (geschl. Sonntag) à la carte 18/29 – **59 Zim** ⊇ 65/70 – 80/85.
◆ Die reizvolle märkische Seenlandschaft ist immer eine Reise wert ! In diesem Haus finden Sie eine modern gestaltete, freundliche Bleibe für die Dauer Ihres Aufenthaltes. Im Restaurant präsentiert man ständig Ausstellungen begabter Künstler.

ORB, BAD Hessen 417 P 12 – 10 000 Ew – Höhe 170 m – Heilbad.

🖈 Jossgrund, Hindenburgstr. 7 (Süd-Ost : 10 km Richtung Lettgenbrunn), ℰ (06059) 9 05 50.

🛈 Verkehrsbüro, Am Untertorplatz, ✉ 63619, ℰ (06052) 10 16, Fax (06052) 3155.

Berlin 504 – Wiesbaden 99 – Fulda 54 – Frankfurt am Main 55 – Würzburg 80.

🏨 **Steigenberger** ⬩, Horststr. 1, ✉ 63619, ℰ (06052) 8 80, badorb@steigenberger.de, Fax (06052) 88135, 🍴, direkter Zugang zum Leopold-Koch-Bad – 🛗 ⥋ 📺 📞 ⊛ 🅿 – 🛋 180. ⌀ ① ⓜ 𝖵𝖨𝖲𝖠. 🍽 Rest
Menu à la carte 25/37 – **103 Zim** ⇄ 105/110 – 187/202, 6 Suiten.
• Schon im großzügigen Entrée spürt man die Ruhe und Gediegenheit, die den Charakter des Hauses ausmachen. Sie beziehen gepflegte Zimmer mit gutem Platzangebot. Das Restaurant ist gediegen, mit einem Hauch von Eleganz.

🏨 **Lorösch**, Sauerbornstr. 14, ✉ 63619, ℰ (06052) 9 15 50, hotel-loroesch@t-online.de, Fax (06052) 6549, 🍴, Massage, ♨, ⥼ – 🛗, ⥋ Zim, 📺 ⌀ ⊛ 🅿 – 🛋. 🍽 Rest
geschl. Anfang Dez. 1 Woche – **Menu** à la carte 20/33 – **29 Zim** ⇄ 62/90 – 105/149 – ½ P 16.
• Nur wenige Meter vom Kurpark entfernt beziehen Sie unterschiedlich gestaltete, individuell möblierte Zimmer, zum größten Teil mit Balkon, der Ihnen die Natur näherbringt. Gediegenes Restaurant im Café-Stil.

🏨 **Rheinland,** Lindenallee 36, ✉ 63619, ℰ (06052) 9 14 90, hotel_rheinland@t-online.de, Fax (06052) 914988, Massage, ⥼ – 🛗 📺 ⊛ 🅿 – 🛋 25. ⌀ ① ⓜ 𝖵𝖨𝖲𝖠. 🍽 Rest
geschl. Mitte Jan. - Ende Feb., Mitte Nov. - Mitte Dez. – **Menu** (Restaurant nur für Hausgäste) – **36 Zim** ⇄ 50/65 – 90/110 – ½ P 12.
• Weiß, mit hellgrünen Markisen präsentiert sich die Front dieses neuzeitlichen Hauses. Die Zimmer empfehlen sich mit honigfarbenem Mobiliar und weißen oder beigen Bädern.

ORSINGEN-NENZINGEN Baden-Württemberg 419 W 10 – 2 400 Ew – Höhe 450 m.

🖈 🖈 Schloß Langenstein, ℰ (07774) 5 06 51.

Berlin 734 – Stuttgart 155 – Konstanz 34 – Freiburg im Breisgau 107 – Ulm (Donau) 117.

🏨 **Landgasthof Ritter,** Stockacher Str. 69 (B 31, Nenzingen), ✉ 78359, ℰ (07771) 21 14, ritter.nenzingen@t-online.de, Fax (07771) 5769, 🍴, ⥼ – 🛗 📺 🅿. ⌀ ⓜ 𝖵𝖨𝖲𝖠
geschl. über Fastnacht 2 Wochen, Nov. 2 Wochen – **Menu** (geschl. Dienstag - Mittwochmittag) à la carte 18/31 – **21 Zim** ⇄ 36/42 – 72/76.
• Bereits in der fünften Generation wird der Landgasthof von Familie Kerber geführt. Sie stellt Ihnen freundliche und praktische Übernachtungsmöglichkeiten zur Verfügung. Gepflegtes, ländliches Restaurant.

ORTENBERG Baden-Württemberg siehe Offenburg.

OSCHATZ Sachsen 418 M 23 – 17 600 Ew – Höhe 127 m.

🛈 Oschatz-Information, Neuer Markt 2, ✉ 04758, ℰ (03435) 97 02 42, oschatz-info@oschatz.org.

Berlin 163 – Dresden 68 – Leipzig 58 – Meissen 33 – Chemnitz 64 – Wittenberg 91.

🏨 **Gasthaus Zum Schwan,** Sporerstr. 2 (am Neumarkt), ✉ 04758, ℰ (03435) 97 53 00, schwan.oschatz@t-online.de, Fax (03435) 975599, 🍴 – 🛗, ⥋ Zim, 📺 🅿 – 🛋 80. ⌀ ① ⓜ 𝖵𝖨𝖲𝖠
Menu à la carte 15/29 – **15 Zim** ⇄ 55 – 75.
• Dieser Gasthof aus dem 15. Jh. ist Zeuge einer langen Tradition. Stilsicher mit Liebe zum Detail eingerichtete Zimmer ermöglichen behagliches und kultiviertes Wohnen. Zwei Restaurantstuben in schön restaurierten Räumlichkeiten.

OSCHERSLEBEN Sachsen-Anhalt 418 J 17 – 17 200 Ew – Höhe 85 m.

Berlin 194 – Magdeburg 36 – Bernburg 48 – Halberstadt 22 – Wolfenbüttel 57.

🏨 **Motopark** 🅼, Motopark Allee 20 (Ost : 2 km, an der Rennstrecke), ✉ 39387, ℰ (03949) 92 09 20, hotel@motopark.de, Fax (03949) 920900, 🍴, ⥼ – 🛗, ⥋ Zim, 📺 📞 🅿 – 🛋 180. ⌀ ① ⓜ 𝖵𝖨𝖲𝖠
Menu à la carte 17/27 – **95 Zim** ⇄ 78/90 – 110/130.
• Hier buchen Sie die "Pole Position"! Motorsportfans tauchen ein in die prickelnde Atmosphäre des Rennsports, sei es in den modernen Zimmern, oder in der "Sky Lounge". Nach dem Rennfahrer Graf Berghe von Trips ist das moderne Restaurant benannt.

OSNABRÜCK Niedersachsen 415 417 J 8 – 166 000 Ew – Höhe 65 m.

Sehenswert : Rathaus (Friedenssaal★) Y R – Marienkirche (Passionsaltar★) Y B.

🛧 Lotte (West : 11 km über ⑤), ℰ (05404) 52 96 ; 🛧 Ostercappeln-Venne (Nord-Ost : 19 km über ⑥ und B218), ℰ (05476) 2 00 ; 🛧 Gut Arenshorst (Nord-Ost : 21 km über ① und Ostercappeln), ℰ (05471) 95 25 20.

✈ bei Greven, Süd-West : 34 km über ⑤, die A 30 und A 1, ℰ (02571) 50 30.

🛈 Tourist-Information, Krahnstr. 58, ✉ 49074, ℰ (0541) 3 23 22 02, Fax (0541) 3232709.

ADAC, Kurt-Schumacher-Damm 16.

Berlin 424 ② – Hannover 141 ② – *Bielefeld* 50 ③ – Bremen 121 ⑥ – Enschede 91 ⑤ – Münster (Westfalen) 57 ⑤

Stadtplan siehe nächste Seite

Steigenberger Hotel Remarque M, Natruper-Tor-Wall 1, ✉ 49076, ℰ (0541) 6 09 60, *info@hotelremarque.de*, Fax (0541) 6096600, 佘, ≘s – 🛗, ⇔ Zim, 🍴 Rest, 📺 ⓥ ⇔ – 🕭 250. 🖭 ⓞ ⓜ 🚾 🇯🇨🇧   Y b
♀Vila Real (geschl. Jan. 3 Wochen, Aug. 3 Wochen, Sonntag - Montag) (nur Abendessen) Menu à la carte 47/57 – **Remarque's Küche & Wein** : Menu à la carte 24/35 – 🖂 14 – **156 Zim** 106/141 – 174/154, 3 Suiten.

◆ Moderne Möbel und eine in warmen Erdtönen gehaltene Atmosphäre erwarten Sie in diesem neugebauten Hotel. In allen Zimmern hängen gerahmte Briefe des Dichters. Elegantmediterran das Vila Real im Wintergarten.

Walhalla ⊛ (mit Gästehaus), Bierstr. 24, ✉ 49074, ℰ (0541) 3 49 10, *walhalla@hotel-walhalla.de*, Fax (0541) 3491144, (Renoviertes Fachwerkhaus a.d. 17. Jh.), Biergarten, ≘s – 🛗, ⇔ Zim, 📺 ⓥ ⇔ – 🕭 30. 🖭 ⓞ ⓜ 🚾 🇯🇨🇧   Y n
Menu à la carte 22/37 – **66 Zim** 🖂 77/94 – 100/107.

◆ Geschichte erleben : das historische Stadthaus hat in seinen ehrwürdigen Mauern schon zahlreiche Politiker und gekrönte Häupter aus aller Herren Länder beherbergt. Sehr einladend und gemütlich wirkt das Restaurant mit Holzfußboden und Gemälden.

Advena Hotel Hohenzollern M, Theodor-Heuss-Platz 5, ✉ 49074, ℰ (0541) 3 31 70, *hohenzollern.osnabrueck@advenahotels.com*, Fax (0541) 3317351 – 🛗, ⇔ Zim, 📺 ⓥ ♦ 🅟 – 🕭 80. 🖭 ⓞ ⓜ 🚾   Z f
Menu à la carte 20/37 – **113 Zim** 🖂 68/93 – 97/145.

◆ Nach einer Komplettrenovierung zeigt sich der Großteil der Gästezimmer im Haus mit hellen, modernen Möbeln. Kräftige Farben auf Böden und Wänden setzen Akzente. Neuzeitlich eingerichtetes Restaurant.

Westerkamp, Bremer Str. 120, ✉ 49084, ℰ (0541) 9 77 70, *westerkamp@westerkamp.de*, Fax (0541) 707621, 佘, ≘s – 🛗, ⇔ Zim, 📺 ⓥ ⇔ 🅟 – 🕭 80. 🖭 ⓞ ⓜ 🚾   X a
Menu à la carte 20/33 – **47 Zim** 🖂 50/99 – 100/110.

◆ Ein modernes Hotel, das durch praktische und doch wohnliche Zimmer zu überzeugen weiß. Auch in den Tagungsräumen ist man technisch auf dem neuesten Stand. Das Restaurant wirkt stilvoll-gemütlich.

Landhaus Osterhaus garni, Bramstr. 109a, ✉ 49090, ℰ (0541) 9 62 12 31, *info@hotel-osterhaus.de*, Fax (0541) 65820 – 📺 ⓥ 🅟 🖭 ⓞ ⓜ 🚾. ⇔
14 Zim 🖂 72 – 100.   über ⑥, rechts ab Richtung Haste

◆ Großzügig geschnittene, wohnliche Appartements mit eleganter Einrichtung, funktionellem Arbeitsplatz und Kitchenette machen das Wohnen hier zum komfortablen Logieren.

Kulmbacher Hof garni, Schloßwall 67, ✉ 49074, ℰ (0541) 3 57 00, *service@kulmbacher-hof.de*, Fax (0541) 357020 – 🛗 ⇔ Zim ⓥ 🅟 – 🕭 40. 🖭 ⓞ ⓜ 🚾   Z t
42 Zim 🖂 52/73 – 75/105.

◆ Ein besonderer Blickfang ist die Sammlung alter Motorräder, die in der Hotelhalle ausgestellt sind. Zum Übernachten stehen Zimmer in Eiche oder hellem Holz zur Wahl. Ein engagiertes Mitarbeiterteam erwartet Sie im gemütlichen Kulmbacher Keller.

Klute, Lotter Str. 30, ✉ 49078, ℰ (0541) 40 91 20, *info@hotel-klute.de*, Fax (0541) 4091248 – 📺 ⓥ 🅟 – 🕭 15. 🖭 ⓞ ⓜ 🚾 🇯🇨🇧   Y h
Menu *(geschl. Sonn- und Feiertage) (nur Abendessen)* à la carte 24/37 – **20 Zim** 🖂 55/90 – 85/110.

◆ Unweit des Heger Tors finden Sie in diesem Haus eine neuzeitliche, familiär geführte Unterkunft. Ausflüge in die historische Altstadt kann man von hier aus zu Fuß unternehmen. Schön eingerichtetes Restaurant mit Kachelofen.

Residenz garni, Johannisstr. 138, ✉ 49074, ℰ (0541) 50 52 50, *resosna@aol.com*, Fax (0541) 50525555 – 🛗 📺. 🖭 ⓜ 🚾. ⇔   Z m
geschl. 24. Dez. - 2. Jan. – **22 Zim** 🖂 64/72 – 82/92.

◆ Freundlich und gediegen wirken die Gästezimmer des kleinen Stadthotels, das unter deutsch-kanadischer Leitung steht. Die verkehrsgünstige Lage spricht für sich.

OSNABRÜCK

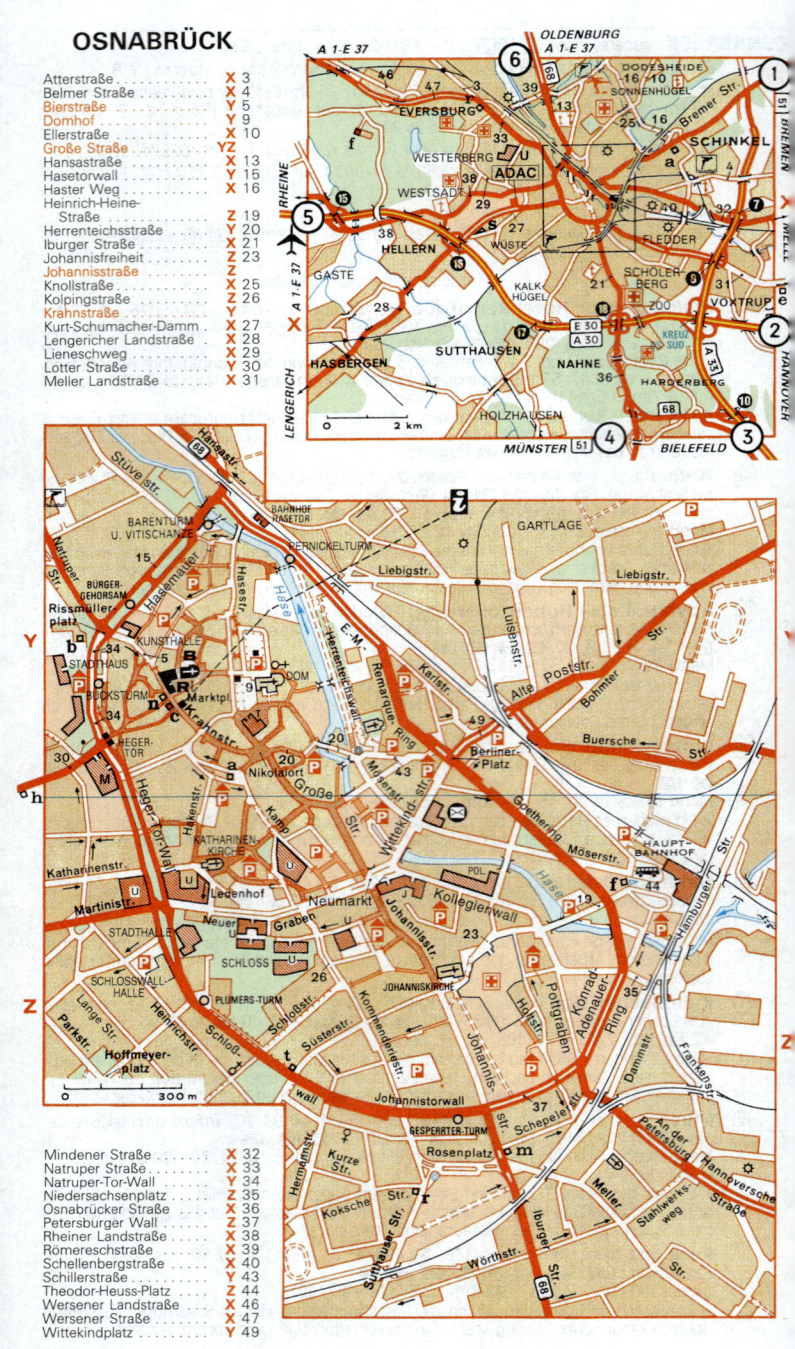

Atterstraße	X	3
Belmer Straße	X	4
Bierstraße	Y	5
Domhof	Y	9
Ellerstraße	X	10
Große Straße	YZ	
Hansastraße	X	13
Hasetorwall	Y	15
Haster Weg	X	16
Heinrich-Heine-Straße	Z	19
Herrenteichsstraße	Y	20
Iburger Straße	X	21
Johannisfreiheit	Z	23
Johannisstraße	Z	
Knollstraße	X	25
Kolpingstraße	Z	26
Krahnstraße	Y	
Kurt-Schumacher-Damm	X	27
Lengericher Landstraße	X	28
Lieneschweg	X	29
Lotter Straße	Y	30
Meller Landstraße	X	31
Mindener Straße	X	32
Natruper Straße	X	33
Natruper-Tor-Wall	Y	34
Niedersachsenplatz	Z	35
Osnabrücker Straße	X	36
Petersburger Wall	Z	37
Rheiner Landstraße	X	38
Römereschstraße	X	39
Schellenbergstraße	X	40
Schillerstraße	Y	43
Theodor-Heuss-Platz	X	44
Werserner Landstraße	X	46
Werserner Straße	X	47
Wittekindplatz	Y	49

1136

OSNABRÜCK

Nikolai garni, Kamp 1, ⊠ 49074, ℘ (0541) 33 13 00, hotelnikolai@aol.com, Fax (0541) 3313088 – 📶 ⥉ 📺 📞 ⚭ – 🅿 15. 🆎 ⓞ ⓜⓔ 🆅🅸🆂🅰 🅹🅲🅱 Y a
31 Zim ⊋ 77/84 – 95/108.
• Über den von einem Glasdach bespannten Innenhof erreichen Sie die Zimmer des Etagenhotels. Ob Sie arbeiten oder sich ausruhen wollen - hier finden Sie das passende Umfeld.

Welp, Natruper Str. 227, ⊠ 49090, ℘ (0541) 91 30 70, rezeption@hotel-welp.de, Fax (0541) 9130734, 🍴 – 📶 ⥉ 📺 📞 ⥂ 🅿 🆎 X r
Menu (geschl. 23. Dez.- 6. Jan., Samstag - Sonntag) (nur Abendessen) à la carte 20/33 – **23 Zim** ⊋ 53/61 – 72/79.
• Das Haus liegt am Grüngürtel der Stadt und dient somit als Ausgangspunkt für zahlreiche Aktivitäten. Ausruhen können Sie in den Zimmern, die dafür wie geschaffen sind. Im Keller des Hauses befindet sich ein rustikales Restaurant.

Westermann, Koksche Str. 1, ⊠ 49080, ℘ (0541) 98 11 40 (Hotel), 8 60 21 11 (Rest.), Fax (0541) 9811466 – 📶, ⥉ Zim, 📺 ⥂ 🅿 ⓞ ⓜⓔ 🆅🅸🆂🅰 ⊗ Rest Z r
Pfeffermühle (geschl. Sonntag) (nur Abendessen) **Menu** à la carte 16/23 – **52 Zim** ⊋ 55/60 – 80/85.
• Ob Sie eine gute Adresse für den geschäftlichen Aufenthalt suchen oder das beschauliche Umland erkunden wollen, für jeden Bedarf bietet man Ihnen hier das passende Zimmer. Die Pfeffermühle ist ein Kellerlokal mit Thekenbereich und neuzeitlicher Aufmachung.

Ibis, Blumenhaller Weg 152, ⊠ 49078, ℘ (0541) 4 04 90, h0787@accor-hotels.com, Fax (0541) 41945, 🍴 – 📶, ⥉ Zim, 📺 📞 ⚭ 🅿 – 🅿 120. 🆎 ⓞ ⓜⓔ 🆅🅸🆂🅰 🅹🅲🅱 ⊗ Rest
Menu (geschl. Samstagmittag, Sonntagmittag) à la carte 15/34 – ⊋ 9 – **96 Zim** 56. X s
• Die gute Anbindung an die Autobahn und die zahlreichen Parkplätze machen das Haus zu einer beliebten Übernachtungsadresse für Geschäftsreisende und Tagungsgäste.

XXX **La Vie**, Krahnstr. 1, ⊠ 49074, ℘ (0541) 33 11 50, info@restaurant-lavie.de, Fax (0541) 432615, 🍴 – ≡ 🅿 🆎 ⓞ ⓜⓔ 🆅🅸🆂🅰 ⊗ Y c
₷ geschl. Anfang Jan. 2 Wochen, Juli - Aug. 3 Wochen, Sonntag - Montag – **Menu** (nur Abendessen) (Tischbestellung ratsam, bemerkenswerte Weinkarte) 40/80 à la carte 42/59 🍷 –
Bistro Steinwerk : **Menu** à la carte 14/29.
• Außen klassizistisches Bürgerhaus, innen das Zusammenspiel warmer Farben und eleganter Akzente - in der Küche bereichern kreative Elemente die ansonsten klassische Karte. Im Bistro deckt man den rustikalen Tisch mit einer modernen Regionalküche.
Spez. Mild geräucherte Rotbarbe mit Tomatensalat und Ziegenkäsebrot. Gebratene Seezunge mit Jakobsmuscheln und Artischockenragout. Kalbsfilet mit Schneckencreme im Blätterteig und Salatbuttersauce.

In Osnabrück-Atter :

XX **Gensch**, Zum Flugplatz 85, ⊠ 49076, ℘ (0541) 12 68 81, Fax (0541) 126881, ≼, 🍴 – 🅿 🆎 ⓞ 🆅🅸🆂🅰 ⊗ X f
geschl. Juli 2 Wochen, Montag, Donnerstagabend, Samstagmittag – **Menu** à la carte 23/46.
• Wenn Sie über den Tellerrand schauen, können Sie beim Essen die Geschehnisse auf der Start- und Landebahn des angrenzenden Sportflugplatzes beobachten.

In Osnabrück-Voxtrup :

Haus Rahenkamp, Meller Landstr. 106, ⊠ 49086, ℘ (0541) 38 69 71, Fax (0541) 388116 – 📺 ⥂ 🅿 – 🅿 250 X e
Menu (geschl. Freitag, Sonntag) (nur Abendessen) à la carte 13/19 – **16 Zim** ⊋ 36/41 – 57/60.
• Die im ersten und zweiten Stock des Gasthofs untergebrachten, in Mahagoni nett eingerichteten Zimmer sind fast alle mit neuem Holzboden ausgestattet worden. Für Hungrige : Restaurant und Schänke.

In Belm-Vehrte über ① : 12 km :

Kortlüke, Venner Str. 5, ⊠ 49191, ℘ (05406) 8 35 00, info@hotel-kortlueke.de, Fax (05406) 835029, 🍴, ⊗ – 📶 📺 🅿 – 🅿 150. 🆎 ⓜⓔ 🆅🅸🆂🅰
Menu (geschl. Dienstag) à la carte 13/28 – **20 Zim** ⊋ 43 – 66.
• Das familiär geführte Haus liegt ruhig in landschaftlich schöner Lage an den Ausläufern des Wiehengebirges. Die Gästezimmer sind mit soliden Eichenmöbeln bestückt.

OSTBEVERN Nordrhein-Westfalen siehe Telgte.

OSTEN Niedersachsen 415 E 11 – 1 900 Ew – Höhe 2 m – Erholungsort.
Berlin 377 – Hannover 206 – Cuxhaven 47 – Bremerhaven 56 – Hamburg 85 – Stade 28.

Fährkrug 🐦, Deichstr. 1, ⊠ 21756, ℘ (04771) 39 22, rezeption@faehrkrug.de, Fax (04771) 2338, ≼, 🍴 Bootssteg – 📺 ⥂ 🅿 – 🅿 25. 🆎 ⓜⓔ 🆅🅸🆂🅰
geschl. Anfang - Mitte Jan. – **Menu** à la carte 15/36 – **12 Zim** ⊋ 41/44 – 65/70 – ½ P 12.
• Malerisch liegt der Fährkrug direkt an der Oste. Einige der schlicht ausgestatteten Zimmer haben Balkone mit Blick auf Fluß und historische Schwebefähre. Im Restaurant reservieren Sie am besten einen Fenstertisch.

OSTERBURG Sachsen-Anhalt 416 H 19 – 9 500 Ew – Höhe 36 m.
Berlin 148 – Schwerin 114 – Magdeburg 84 – Salzwedel 55.

Zum Reichskanzler, Stendaler Str. 10, ⊠ 39606, ℘ (03937) 8 20 82, Fax (03937) 85489 – 📺 📞 – 🚗 60. 🅰🅴 ⓂⓄ 🆅🅸🆂🅰 🄹🄲🄱
Menu à la carte 11/18 – **15 Zim** ⇌ 35/40 – 45/50.
  ♦ Schon der Reichskanzler Otto von Bismarck machte hier Rast, um zu essen und seine Pferde wechseln zu lassen. Heute beherbergt man hier Gäste in praktischen Fremdenzimmern. Das Restaurant ist nett im bürgerlichen Stil gestaltet.

OSTERBURKEN Baden-Württemberg 419 R 12 – 5 000 Ew – Höhe 247 m.
🅱 🅵 Ravenstein-Merchingen, Kaiserhöhe (Süd-Ost : 6 km) ℘ (06297) 3 99.
Berlin 561 – Stuttgart 91 – Würzburg 66 – Heilbronn 49.

Märchenwald 📲, Boschstr. 14 (Nord-Ost : 2 km, nahe der B 292), ⊠ 74706, ℘ (06291) 6 42 00, info@hotelmaerchenwald.de, Fax (06291) 642040, 🍴, 🛏s, 🌳 – ⇌ Zim, 📺 📞 📞 – 🚗 30. ⓞ ⓂⓄ 🆅🅸🆂🅰
Menu (geschl. über Fasching 2 Wochen, Sonntagabend - Montagmittag, Samstagmittag) à la carte 15/28 – **20 Zim** ⇌ 44/50 – 75/82.
  ♦ Bereits an der Rezeption umgibt Sie heller Landhausstil mit Sitzgruppen und Kachelofen. Auch in den Zimmern finden sich Möbel aus Naturholz oder bemaltem Holz. Das Restaurant wirkt freundlich durch helle Farben und gemusterte Polsterstühle.

OSTERHOFEN Bayern 420 T 23 – 11 000 Ew – Höhe 320 m.
Ausflugsziel : Klosterkirche★ in Osterhofen - Altenmarkt (Süd-West : 1 km).
Berlin 579 – München 152 – Passau 38 – Deggendorf 27 – Straubing 41.

Pirkl, Altstadt 1, ⊠ 94486, ℘ (09932) 12 76, Fax (09932) 4900 – 📺 🚗, ⓂⓄ 🆅🅸🆂🅰
geschl. 24. Dez. - 7. Jan., 5. - 20. Aug. – **Menu** (geschl. Montag) à la carte 14/25 – **17 Zim** ⇌ 28/40 – 56/66.
  ♦ Unweit des Marktplatzes finden Sie hier ein Stück typisch niederbayerischer Gastlichkeit. Einfache, solide möblierte und sehr gut gepflegte Zimmer stehen zum Einzug bereit. Gaststube mit schönem, weiß getünchtem Gewölbe.

OSTERHOLZ-SCHARMBECK Niedersachsen 415 G 10 – 33 000 Ew – Höhe 20 m.
🅱 Garlstedt, Am Golfplatz 10 (Nord-West : 9 km), ℘ (04795) 4 17 ; 🅱 Bremen, Wölpscher Str. 4 (West : 16 km über Schwanewede), ℘ (0421) 6 09 53 31.
Berlin 409 – Hannover 144 – Bremen 25 – Bremerhaven 45.

Tivoli (mit Gästehaus), Beckstr. 2, ⊠ 27711, ℘ (04791) 80 50, info@hotel-tivoli.de, Fax (04791) 80560, 🍴, ⇌ Zim, 📺 📞 📞 – 🚗 120. ⓞ ⓂⓄ 🆅🅸🆂🅰
Menu (geschl. Sonntag) (nur Abendessen) à la carte 13/28 – **51 Zim** ⇌ 40/45 – 65/70.
  ♦ Der neuzeitliche rote Klinkerbau zeichnet sich durch seine ruhige Lage in einer Seitenstraße aus. Zum Übernachten stellt man Ihnen sinnvoll eingerichtete Räume zur Verfügung. Ein bürgerlich gestaltetes Restaurant steht zu Ihrer Bewirtung bereit.

An der Straße nach Worpswede Süd-Ost : 3 km :

Tietjen's Hütte 📲 mit Zim, An der Hamme 1, ⊠ 27711 Osterholz-Scharmbeck, ℘ (04791) 9 22 00, Fax (04791) 922036, 🍴 Bootssteg – 📺 📞 – 🚗 20. 🅰🅴 ⓞ ⓂⓄ 🆅🅸🆂🅰
Menu (geschl. Montag) à la carte 20/36 – **9 Zim** ⇌ 67 – 100/105.
  ♦ Harmonisch fügt sich das reetgedeckte Friesenhaus in die Landschaft ein. Das Interieur gliedert sich in zwei Bereiche : die rustikale Moordiele und das elegantere Restaurant.

OSTERODE AM HARZ Niedersachsen 418 K 14 – 28 000 Ew – Höhe 230 m.
🅱 Tourist-Information, Dörgestr. 40 (bei der Stadthalle), ⊠ 37520, ℘ (05522) 68 55, Fax (05522) 75491.
Berlin 316 – Hannover 98 – Braunschweig 81 – Göttingen 48 – Goslar 30.

Börgener garni, Hoelemannpromenade 10a, ⊠ 37520, ℘ (05522) 9 09 90, Fax (05522) 909913 – ⇌ 📺 📞 📞 ⓂⓄ 🆅🅸🆂🅰. 📲
21 Zim ⇌ 44/75 – 63/110.
  ♦ Zeitgemäß mit solidem Mobiliar bestückt zeigen sich die Gästezimmer dieses familiengeführten Domizils - eine wohnliche wie auch praktische Übernachtungsadresse.

Tiroler Stuben, Scheerenberger Str. 45 (B 498), ⊠ 37520, ℘ (05522) 20 22, Fax (05522) 920184, 📲 – 📺 📞 – 🚗 40. 🅰🅴 ⓞ ⓂⓄ 🆅🅸🆂🅰
Menu (geschl. Mittwoch, Sonntag) (nur Abendessen) à la carte 12/17 – **12 Zim** ⇌ 28 – 46.
  ♦ Man nennt die Stadt auch "das Tor zum Südharz". Für Erkundungen dieser schönen Umgebung bietet sich dieses Hotel mit seinen hübschen Zirbelholz-Zimmern an. In rustikalgemütliche Stuben unterteiltes, alpenländisches Restaurant.

OSTERODE AM HARZ

In Osterode-Lerbach *Nord-Ost : 5 km – Erholungsort :*

Sauerbrey, Friedrich-Ebert-Str. 129, ✉ 37520, ℘ (05522) 5 09 30, *info@hotel-sauerbrey.de*, Fax (05522) 509350, 🌳, ≦s, 🔲, 🐎 – 🛗, ⚿ Zim, 📺 📞 🚗 🅿 – 🔔 25. 𝔸𝔼 ⓘ ⓜⓞ 𝕍𝕀𝕊𝔸
Menu à la carte 16/29 – **31 Zim** ☐ 64/77 – 92/105.
• Das Hotel mit Anbauten, die zum Teil mit Holz verkleidet sind, liegt am Fuß eines Hügels. Sie wohnen zwischen unterschiedlich geschnittenen Zimmern, die solide möbliert sind. Wandbilder und ein offener Kamin zieren das gediegene kleine Restaurant.

In Osterode-Riefensbeek *Nord-Ost : 12 km – Erholungsort :*

Landhaus Meyer, Sösetalstr. 23 (B 498), ✉ 37520, ℘ (05522) 38 37, *landhaus-meyer@t-online.de*, Fax (05522) 76060, 🌳, 🐎 – 📺 🅿. 𝔸𝔼 ⓘ ⓜⓞ 𝕍𝕀𝕊𝔸 𝕁ℂ𝔹
geschl. 10. - 30. Nov. – **Menu** à la carte 14/27 – **9 Zim** ☐ 40 – 60.
• Hinter dem hübschen Holzhaus erstrecken sich ausgedehnte Laub- und Nadelwälder. Man vermietet nur wenige, aber geräumige und gut ausgestattete Zimmer. Das Restaurant besteht aus zwei netten, kleinen Stuben.

OSTERWEDDINGEN *Sachsen-Anhalt* **418** *J 18 – 1 300 Ew – Höhe 72 m.*
Berlin 165 – Magdeburg 12 – Halberstadt 59.

Schwarzer Adler, Dorfstr. 2, ✉ 39171, ℘ (039205) 65 20, *schwarzeradler@hotel-osterweddingen.de*, Fax (039205) 6528, 🌳, ≦s – ⚿ Zim, 📺 📞 🅿 – 🔔 40. 𝔸𝔼 𝕍𝕀𝕊𝔸. 🍴
Menu (geschl. 23. Dez. - 3. Jan., Sonntag) (nur Abendessen) à la carte 14/21 – **15 Zim** ☐ 49/56 – 62/75.
• Das Gästehaus, in dem sich die Zimmer befinden, gehört zu einer liebevoll renovierten ehemaligen Molkerei. Die ruhige Lage in einer Nebenstaße garantiert erholsamen Schlaf. Verpflegt werden Sie im kleinen Hotelrestaurant.

OSTERWIECK *Sachsen-Anhalt* **418** *K 16 – 5 000 Ew – Höhe 230 m.*
Berlin 235 – Magdeburg 83 – Goslar 32.

Brauner Hirsch, Stephanikirchgasse 1, ✉ 38835, ℘ (039421) 79 50, *hotel-brauner hirsch@t-online.de*, Fax (039421) 79599, 🌳, ≦s – ⚿ Zim, 📺 📞 🅿. ⓜⓞ 𝕍𝕀𝕊𝔸
Menu à la carte 16/25 – **24 Zim** ☐ 45 – 80/88.
• Mit Sinn fürs Detail wurde hier ein altes, verwinkeltes Fachwerkgebäude in ein nettes Hotel verwandelt, das modernen Ansprüchen an behagliches Wohnen genügt. Im ersten Stock des Hauses befindet sich das schlichte Restaurant.

OSTFILDERN *Baden-Württemberg* **419** *T 11 – 28 000 Ew – Höhe 420 m.*
Berlin 644 – Stuttgart 19 – Göppingen 39 – Reutlingen 35 – Ulm (Donau) 76.

In Ostfildern-Kemnat

Am Brunnen 🅼 garni, Heumadener Str. 19, ✉ 73760, ℘ (0711) 16 77 70, *info@hotelambrunnen.de*, Fax (0711) 1677799 – 🛗 ⚿ 📺 📞 🚗 🅿. 𝔸𝔼 ⓘ ⓜⓞ 𝕍𝕀𝕊𝔸. 🍴
22 Zim ☐ 79 – 99.
• Das moderne Hotel bietet Reisenden komfortable, mit honigfarbenen Möbeln, Schreibtisch und teilweise mit Sitzgruppen gut ausgestattete Gästezimmer.

Kemnater Hof, Sillenbucher Straße, ✉ 73760, ℘ (0711) 4 51 04 50, *hotel@kemnaterhof.de*, Fax (0711) 45104577, Biergarten – 🛗, ⚿ Zim, 📺 📞 🅿 – 🔔 20. 𝔸𝔼 ⓘ ⓜⓞ 𝕍𝕀𝕊𝔸 𝕁ℂ𝔹
Menu (geschl. 1. - 7. Jan., Samstagmittag) à la carte 16/28 – **28 Zim** ☐ 66/99 – 88/111.
• Unmittelbar am Stadtrand von Stuttgart können Sie hier von den Vorzügen einer beschaulichen Kleinstadt profitieren. Sie wohnen in praktischen, technisch kompletten Zimmern. Restaurant mit schwäbischer Küche.

In Ostfildern-Nellingen :

Filderhotel 🍃, In den Anlagen 1, ✉ 73760, ℘ (0711) 3 40 19 50, *filderhotel@t-online.de*, Fax (0711) 34019555, 🌳 – 🛗, ⚿ Zim, 🍽 Rest, 📺 📞 ♿ 🚗 🅿. 𝔸𝔼 ⓘ ⓜⓞ 𝕍𝕀𝕊𝔸
Menu (geschl. Aug., Freitag - Samstag) (wochentags nur Abendessen) à la carte 21/35 – **45 Zim** ☐ 83/97 – 104/125.
• Verschiedene Zimmertypen von unterschiedlicher Größe stehen zu Ihrer Beherbergung bereit. Diese sind alle mit hellen Möbeln nett und bequem eingerichtet. Zur Hotelhalle offenes Restaurant.

Adler garni (mit Gästehaus), Rinnenbachstr. 4, ✉ 73760, ℘ (0711) 3 41 14 24, Fax (0711) 3412767 – 📺 🅿. 𝔸𝔼 ⓜⓞ 𝕍𝕀𝕊𝔸. 🍴
geschl. 28. Juli - 26. Aug. – **25 Zim** ☐ 55/60 – 60/75.
• Ein freundliches kleines Hotel mit Anbau. Vom Rahmen her ist dieses Haus schlicht, die Übernachtungszimmer sind praktisch möbliert und sehr gut gepflegt.

OSTFILDERN

In Ostfildern-Ruit :

Hirsch Hotel Gehrung, Stuttgarter Str. 7, ✉ 73760, ℘ (0711) 44 13 00, info@
hirsch-hotel-gehrung.de, Fax (0711) 44130444 – 📳 📺 ✆ ⇌ 🅿 – 🛦 30. 🝙 ⓞ ⓞ VISA
✄ Rest
Menu (geschl. Sonntag) à la carte 21/35 – **60 Zim** ⊇ 66/92 – 105/120.
◆ "Wohnen im Hotel - sich wohlfühlen wie zu Hause" - so lautet das Motto dieses Domizils.
Solide, mit hellen Holzmöbeln bestückte und teils recht geräumige Zimmer laden ein. Gediegenes Restaurant und echt schwäbische Stube.

In Ostfildern-Scharnhausen :

Parkhotel Ostfildern M, Kreuzbrunnenstr. 103 (Scharnhauser Park), ✉ 73760,
℘ (0711) 3 41 68 80, kickbusch@parkhotel-ostfildern.de, Fax (0711) 341688430, 🍴, 🛋
– 📳, ⇔ Zim, 📺 ✆ ⇌ 🅿 – 🛦 80. 🝙 ⓞ ⓞ VISA
Menu à la carte 22/33 – **51 Zim** ⊇ 75 – 100.
◆ Gegenüber dem ehemaligen Gelände der Landesgartenschau ist dieses moderne Hotel plaziert. Im Inneren überzeugen freundliche, funktionelle Zimmer besonders Geschäftsreisende.

Lamm, Plieninger Str. 3a, ✉ 73760, ℘ (07158) 1 70 60, hotel.lamm@t-online.de,
Fax (07158) 170644, 🍴, 🛋 – 📳, ⇔ Zim, 📺 ✆ ⇌ 🅿 – 🛦 40. 🝙 ⓞ VISA JCB
Menu à la carte 19/37 – **32 Zim** ⊇ 57/95 – 75/115.
◆ Ein Hotelneubau, der von einer seit acht Generationen in der Gastronomie tätigen Familie geleitet wird. Praktische Zimmer mit unterschiedlichem Platzangebot erwarten Sie. Ein Wintergartenanbau sorgt im Restaurant für eine lichte Atmosphäre.

OSTHEIM VOR DER RHÖN Bayern 418 420 O 14 – 3 900 Ew – Höhe 306 m – Luftkurort
🛈 Tourismusbüro, Im Schlößchen 5, ✉ 97645, ℘ (09777) 18 50, Fax (09777) 3245.
Berlin 399 – München 365 – Fulda 52.

Landhotel Thüringer Hof ⟲, Kleiner Burgweg 10, ✉ 97645, ℘ (09777) 9 12 10,
lhthhof@aol.com, Fax (09777) 1700, 🍴, 🛋, 🛎 – 📺 🕭 🅿. 🝙 ⓞ ⓞ VISA
Menu à la carte 14/32 – **58 Zim** ⊇ 43/48 – 60/75 – ½ P 11.
◆ Ruhig, mit Blick über die herbe Kulturlandschaft der Rhön liegt das Haus am Ortsrand. Besonders empfehlenswert sind die Eckzimmer, deren Bäder mit Wanne bestückt sind. Zeitlos gestaltetes Restaurant mit großem Kachelofen.

OSTRACH Baden-Württemberg 419 W 12 – 5 200 Ew – Höhe 620 m.
Berlin 700 – Stuttgart 128 – Konstanz 69 – Ravensburg 33 – Ulm (Donau) 83 – Freiburg im Breisgau 144.

Landhotel zum Hirsch, Hauptstr. 27, ✉ 88356, ℘ (07585) 6 01, ermler@land-
hotel-hirsch.de, Fax (07585) 3159, 🍴, 🛎 – 📳 📺 ⇌ 🅿. ⓞ VISA
geschl. Anfang Nov. 1 Woche – **Menu** (geschl. Freitag) à la carte 19/32 – **16 Zim**
⊇ 45 – 70.
◆ Ein Landgasthof wie er im Buche steht ! Familiär und herzlich ist die Führung, als Gast wird man in netten, ländlichen Zimmern mit freigelegten Balken untergebracht. Im Restaurant kehren Sie ein, wenn Sie eine tadellos zubereitete Regionalküche schätzen.

OTTENHÖFEN IM SCHWARZWALD Baden-Württemberg 419 U 8 – 3 500 Ew – Höhe 311 m – Luftkurort.
Ausflugsziel : Allerheiligen : Lage★ - Wasserfälle★ Süd-Ost : 7 km.
🛈 Tourist-Information, Großmatt 15, ✉ 77883, ℘ (07842) 8 04 44, Fax (07842) 80445.
Berlin 736 – Stuttgart 137 – Karlsruhe 64 – Freudenstadt 28 – Baden-Baden 43.

Pension Breig ⟲ garni, Zieselmatt 10, ✉ 77883, ℘ (07842) 25 65, Fax (07842) 3974,
🛋 – 📺 🅿. ⓞ VISA ✄
9 Zim ⊇ 32/36 – 66/71.
◆ Eine kleine, nette Pension im Herzen des mittleren Schwarzwaldes. Das schmucke Haus beherbergt nur wenige Zimmer, doch die sind geräumig, gepflegt und meist mit Balkon.

OTTERBERG Rheinland-Pfalz 417 R 7 – 5 300 Ew – Höhe 230 m.
Berlin 644 – Mainz 76 – Saarbrücken 71 – Kaiserslautern 9.

Otterberger Hof, Hauptstr. 25, ✉ 67697, ℘ (06301) 71 59 59, laufer@hotel-
otterberger-hof.de, Fax (06301) 715969, 🍴 – 📳, ⇔ Zim, 📺 ✆ 🕭 🅿 – 🛦 60. 🝙 ⓞ
VISA
Menu à la carte 16/28 – **27 Zim** ⊇ 49/66 – 59/80.
◆ Hellgelb gestrichene, nette Zimmer bilden den Ausgangspunkt für vielfältige Aktivitäten in dieser waldreichen Gegend, in die sich das aufwendig restaurierte Hotel gut einfügt. Mediterran gestaltetes Restaurant und Stube mit Sandsteingewölbe.

OTTERNDORF Niedersachsen 415 E 10 – 6 900 Ew – Höhe 5 m – Erholungsort.
🛈 Tourist-Information, Rathaus, Rathausplatz, ⌧ 21762, ℘ (04751) 91 91 31, touristik @otterndorf.de, Fax (04751) 919114.
Berlin 402 – Hannover 217 – Cuxhaven 18 – Bremerhaven 40 – Hamburg 113.

Am Medemufer M, Goethestr. 15, ⌧ 21762, ℘ (04751) 9 99 90, info@hotel-am-medemufer.de, Fax (04751) 999944, 🍽 – 🛗, ⥁ Zim, 📺 ✆ ⚙ 🅿 – 🔒 20. 🅰🅴 ⦿ VISA. ⥁
Menu à la carte 19/30 – **26 Zim** ⊂ 49/59 – 75/88.
♦ Mediterranes Ambiente an der Nordseeküste? Warum nicht, denn : Helle, warme Farben kombiniert mit Terracotta und Erlenparkett lassen in diesem Haus die Sonne scheinen. Neuzeitliches Landhausmobiliar prägt das Innere des Restaurants.

Eibsen's Hotel garni, Marktstr. 33 (B 73), ⌧ 21762, ℘ (04751) 27 73, Fax (04751) 4179 – 📺 🅿.
19 Zim ⊂ 46/60 – 69/80.
♦ Im Haupthaus - im Fachwerkstil erbaut - sowie in den Nebengebäuden stehen einladende Zimmer, oft mit abgetrenntem Wohnraum ausgestattet, zum Einzug bereit.

Ratskeller, Rathausplatz 1 (B 73), ⌧ 21762, ℘ (04751) 38 11, Fax (04751) 999715, 🍽 – ⦿ ⦿ VISA. ⥁ Rest
geschl. Feb., Dienstag – **Menu** à la carte 19/37.
♦ Das schön verputzte Kreuzgewölbe gibt diesem Lokal im alten Rathaus des Ortes sein besonderes Flair. Die Einrichtung ist elegant-rustikal, die Karte birgt Internationales.

OTTOBEUREN Bayern 419 420 W 14 – 8 000 Ew – Höhe 660 m – Kneippkurort.
Sehenswert : Klosterkirche★★★ (Vierung★★★, Chor★★, Chorgestühl★★, Chororgel★★).
🏌 Hofgut Boschach (Süd : 3 km), ℘ (08332) 13 10.
🛈 Touristikamt, Marktplatz 14, ⌧ 87724, ℘ (08332) 92 19 50, Fax (08332) 921992.
Berlin 672 – München 110 – Kempten (Allgäu) 40 – Bregenz 85 – Ulm (Donau) 66.

Gästehaus am Mühlbach garni, Luitpoldstr. 75, ⌧ 87724, ℘ (08332) 9 20 50, info @garni-muehlbach.com, Fax (08332) 8595 – 🛗 ⥁ 📺 ⦿. 🅰🅴 ⦿ VISA
20 Zim ⊂ 49/56 – 66/83.
♦ Der neuzeitliche Hotelbau ist halbkreisförmig angelegt, so daß sich die gut eingerichteten Zimmer zu dem innen gelegenen, hübschen Garten mit Teich orientieren.

Kurhotel St. Ulrich ⚘, Bannwaldweg 10, ⌧ 87724, ℘ (08332) 92 35 20, info@ kneipp-und-kur.de, Fax (08332) 9235270, ≤, Massge., ♨ ♁ ⇌ ⊠ 🐴 – 🛗, ⥁ Zim, 📺 🅿. ⦿ VISA. ⥁ Rest
geschl. Dez. - Feb. – **Menu** (Restaurant nur für Hausgäste) – **32 Zim** ⊂ 45/65 – 80 – ½ P 10.
♦ Das Haus liegt etwas oberhalb des kleinen Ortes, in ruhiger Lage am Waldrand. Reisende beziehen Quartier in solide ausgestatteten, teils rustikal möblierten Zimmern.

Mohren, Marktplatz 1, ⌧ 87724, ℘ (08332) 9 21 30, richardkaulitz.jun.mohren@t-online.de, Fax (08332) 921349, 🍽 – 📺 🅿. 🅰🅴 ⦿ ⦿ VISA
Menu à la carte 14/27 – **10 Zim** ⊂ 37/40 – 67/70.
♦ Seit über 400 Jahren steht das nette kleine Giebelhaus am historischen Marktplatz des Ortes. Hinter der bläulichen Fassade hat man solide, wohnliche Zimmer eingerichtet. Eine ländliche Einrichtung mit hellem Holz und Kachelofen macht das Restaurant gemütlich.

OTTOBRUNN Bayern siehe München.

OVERATH Nordrhein-Westfalen 417 N 5 – 24 300 Ew – Höhe 92 m.
🏌 Overath-Steinenbrück, Bücheler Str. 2 (Nord-West : 5 km), ℘ (02204) 9 76 00.
Berlin 583 – Düsseldorf 60 – Bonn 31 – Köln 25.

In Overath-Immekeppel Nord-West : 7 km :

Sülztaler Hof mit Zim, Lindlarer Str. 83, ⌧ 51491, ℘ (02204) 9 75 00, Fax (02204) 975050, 🍽 – 📺 ✆ 🅿. 🅰🅴 ⦿ ⦿ VISA. ⥁ Zim
Menu (geschl. Dienstag - Mittwochmittag) à la carte 38/57 – **15 Zim** ⊂ 80/140 – 130/195.
♦ Umgeben von einem Hauch Nostalgie speist man klassisch in "Wohnzimmer". Sehr empfehlenswert sind die neuen Zimmer, stilvoll eingerichtet mit exklusiven Bädern.

In Overath-Klef Nord-Ost : 2 km :

Lüdenbach, Klef 99 (B 55), ⌧ 51491, ℘ (02206) 9 53 80, luedenbach@t-online.de, Fax (02206) 81602, 🍽, ⇌, 🐴 – 📺 ✆ ⦿ 🅿. ⦿ VISA. ⥁ Zim
geschl. Juli - Aug. 3 Wochen – **Menu** (geschl. Montag) (Dienstag - Freitag nur Abendessen) à la carte 15/30 – **28 Zim** ⊂ 54/65 – 80/86.
♦ Ein Pluspunkt dieses Hauses ist die Nähe zur Autobahn in Richtung des Messezentrums Köln. Die Zimmer sind einfach und praktisch gestaltet, sehr sauber und nie eng.

OVERATH

In Overath-Marialinden Ost : 3 km :

XX **Sonne** mit Zim, An der Sonne 10, ✉ 51491, ℰ (02206) 91 10 27, speisen@sonne-das-restaurant.de, Fax (02206) 911029, 🍴 – 📺 **P. ⓜ ⓥⓘⓢⓐ**
geschl. Jan. 2 Wochen, Aug. 3 Wochen – **Menu** (geschl. Montag - Dienstag) (wochentags nur Abendessen) à la carte 36/54 – **4 Zim** ⚏ 65 – 75.
• Das hübsche Fachwerkhaus beherbergt ein unterteiltes Restaurant, das im vorderen Teil rustikal, im hinteren Teil elegant mit Parkett und hellen Landhausmöbeln bestückt ist.

OY-MITTELBERG
Bayern ⚿⚿⚿ X 15 – 4350 Ew – Höhe 960 m – Luft- und Kneippkurort – Wintersport : 950/1200 m ⚜2 ⚞.
🛈 Tourismusbüro, Wertacher Str. 11, ✉ 87466, ℰ (08366) 207, Fax (08366) 1427.
Berlin 710 – München 124 – Kempten (Allgäu) 23 – Füssen 22.

Im Ortsteil Oy :

Löwen, Hauptstr. 12, ✉ 87466, ℰ (08366) 2 12, loewenoy@aol.com, Fax (08366) 9116, Biergarten – 📺 🚗 **P.** – ♨ 30. **ⓜ ⓥⓘⓢⓐ**
geschl. Anfang - Mitte Nov. – **Menu** (geschl. Mittwoch) à la carte 13/34 – **17 Zim** ⚏ 31 – 52/56 – ½ P 8.
• Der typische Allgäuer Gasthof befindet sich im Ortszentrum. Seine Fremdenzimmer sind schlicht und praktisch ausgestattet und verfügen meistens über Balkone.

Im Ortsteil Mittelberg :

🏨 **Die Mittelburg** ⚘, Mittelburgweg 1, ✉ 87466, ℰ (08366) 1 80, info@mittelburg info, Fax (08366) 1835, ≤, 🍴, Massage, ≠, ♨, ≘s, 🔲, 🐎 – 📺 🚗 **P. ⓜ ⓥⓘⓢⓐ**. ⚘ Rest
geschl. 5. Nov. - 15. Dez. – **Menu** à la carte 19/33 – **30 Zim** ⚏ 68/73 – 100/154 – ½ P 10.
• Aufmerksamer Service und aufwendige Innenausstattung fügen sich zu einem harmonischen Bild. Empfehlenswert : die beiden Wintergarten-Zimmer mit Blick auf die Zugspitze. Die Räumlichkeiten des Restaurants sind gediegen-elegant gestaltet.

🏨 **Gasthof Rose** ⚘, Dorfbrunnenstr. 10, ✉ 87466, ℰ (08366) 9 82 00, rose-allgaeu @t-online.de, Fax (08366) 982010, Biergarten – 📺 **P. ⓜ**
geschl. Anfang Nov. - Mitte Dez. – **Menu** (geschl. Montag - Dienstagmittag) à la carte 13,50/30 – **15 Zim** ⚏ 35/39 – 64/72 – ½ P 11.
• Dieser Familienbetrieb blickt auf eine lange Tradition zurück. Da hier immer renoviert und verbessert wurde, kann man heute schöne, in hellem Holz gehaltene Zimmer anbieten. In der Gaststube sitzt man unter rustikalen Deckenbalken.

OYBIN
Sachsen ⚿⚿⚿ N 28 – 1900 Ew – Höhe 450 m – Luftkurort.
Berlin 276 – Dresden 100 – Görlitz 42 – Bautzen 55 – Praha 145.

🏨 **Zum Berg Oybin**, Friedrich-Engels-Str. 34, ✉ 02797, ℰ (035844) 73 20, Fax (035844) 73299, 🍴 – 📺 **P**
Menu à la carte 11/18 – **21 Zim** ⚏ 30/40 – 47/60 – ½ P 8.
• Das 1996 von Grund auf renovierte Haus liegt direkt am Fuß des Sandsteinbergs Oybin. Sie finden hier gut gepflegte Zimmer mit ausreichend Platz. Das Restaurant ist im schlichten Stil eingerichtet und mit Grünpflanzen dekoriert.

OYTEN
Niedersachsen siehe Bremen.

PADERBORN
Nordrhein-Westfalen ⚿⚿⚿ K 10 – 138400 Ew – Höhe 119 m.
Sehenswert : Dom★ Z – Diözesanmuseum (Imadmadonna★) Z M1 – Rathaus★ Z.
🏌 🏌 Bad Lippspringe, Senne 1 (Nord : 8 km), ℰ (05252) 5 37 94 ; 🏌 Salzkotten-Thüle, Im Nordfeld 25 (West : 10 km), ℰ (05258) 64 98.
✈ bei Büren-Ahden, Süd-West : 20 km über ④, ℰ (02955) 7 70.
🛈 Verkehrsverein - Tourist-Information, Marienplatz 2a, ✉ 33098, ℰ (05251) 88 29 80, Fax (05251) 882990.
ADAC, Kamp 9.
Berlin 429 ⑤ – Düsseldorf 167 ④ – Bielefeld 47 ⑤ – Dortmund 101 ④ – Hannover 143 ⑥ – Kassel 92 ④

Stadtplan siehe gegenüberliegende Seite

🏨 **Arosa**, Westernmauer 38, ✉ 33098, ℰ (05251) 12 80, info@arosa.bestwestern.de, Fax (05251) 128806, ≘s, 🔲 – 🛗, 🔀 Zim, 🔳 📺 ✆ 🚗 **P.** – ♨ 120. **ⒶⒺ ① ⓜ ⓥⓘⓢⓐ**
⚘ Rest   Z s
Menu à la carte 24/37 – ⚏ 12 – **100 Zim** 71/130 – 120/154, 3 Suiten.
• Zeitgemäßen Komfort finden Sie in dem tadellos geführten Hotel mit stilvollem Empfangsbereich und modern gestalteten Zimmern. Mit technisch gut ausgestattetem Tagungsbereich. Das gepflegte Restaurant mit der großen Fensterfront befindet sich im 1. Stock.

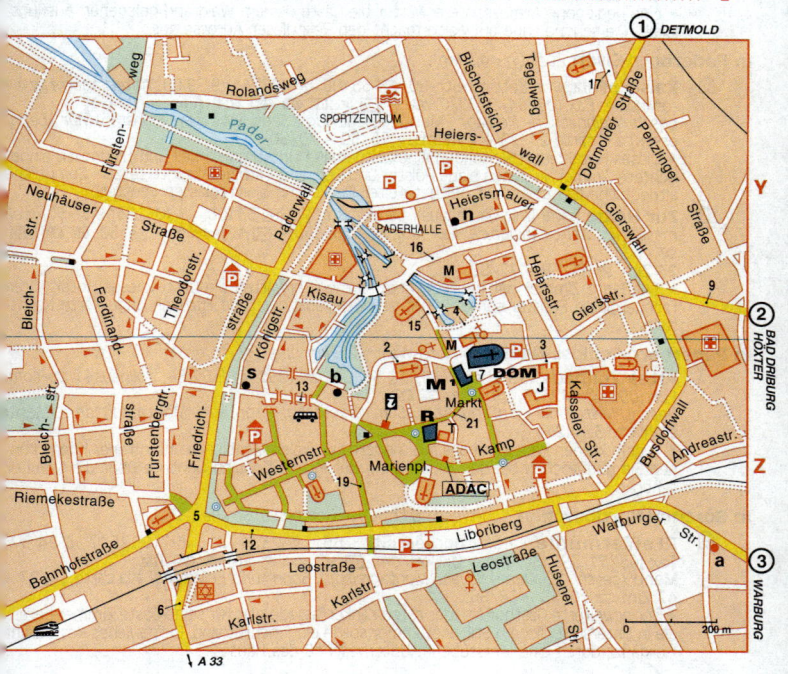

PADERBORN

Am Abdinghof	Z 2	Borchener Straße	Z 6
Am Bogen	Z 3	Domplatz	Z 7
Am Rothoborn	Y 4	Driburger Straße	Z 9
Am Westerntor	Z 5	Kamp	Z
		Königstraße	YZ
		Le-Mans-Wall	Z 12
Marienstraße	Z 13	Rosenstraße	Z 19
Michaelstraße	Y 15	Schildern	Z 21
Mühlenstraße	Y 16	Westernstraße	Z
Nordstraße	Y 17		

🏨 **StadtHaus** M, Hathumarstr. 22, ✉ 33098, ℘ (05251) 1 88 99 10, *info@hotel-stadthaus.de*, Fax (05251) 188991555, 🛋 – 🛗, 🛁 Zim, 📺 ℡ – 🅿 15. ✲ Rest   Y n
Menu *(geschl. Samstagmittag, Sonntag)* à la carte 16/29 – **20 Zim** ⊇ 78/94 – 94/107.
♦ Das renovierte Stadthaus beherbergt ein geschmackvolles kleines Businesshotel, in dem schöne Hölzer und warme Farbtöne eine solide-elegante Atmosphäre schaffen. Restaurant im Bistrostil.

🏨 **Gerold** M, Dr.-Rörig-Damm 170, ✉ 33100, ℘ (05251) 1 44 50, *rezeption@hotel-gerold.de*, Fax (05251) 144544, 🌳, 🛋 – 🛗 📺 ℡ 🅿 – 🅿 60. AE ⓞ VISA. ✲
Menu *(wochentags nur Abendessen)* à la carte 16/31 – **40 Zim** ⊇ 70/75 – 90/95.
♦ Das komfortable Hotel wurde Ende der neunziger Jahre modernisiert und erweitert. Zahlreiche Wandmalereien schmücken die Räume und verleihen dem Haus eine individuelle Note. Rustikal gestaltetes Abendrestaurant.   über Nordstraße   Y

🏨 **Galerie-Hotel Abdinghof**, Bachstr. 1, ✉ 33098, ℘ (05251) 1 22 40, *reception@galerie-hotel.de*, Fax (05251) 122419, 🌳 – 📺 🚗. AE ⓞ VISA   Z b
La Petite Galerie : Menu à la carte 27/38 – **12 Zim** ⊇ 73 – 85/88.
♦ Das alte Haus mit der spätgotischen Giebelfront hat eine über 400-jährige Geschichte. Neben gepflegten, wohnlichen Zimmern erwartet den Gast eine ständige Bilderausstellung. Kleines Restaurant im rustikalen Landhausstil.

XXX **Balthasar** (Simon) mit Zim, Warburger Str. 28, ✉ 33098, ℘ (05251) 2 44 48, *schlotzig @restaurant-balthasar.de*, Fax (05251) 24458, 🌳 – 🛗 📺 ℡ 🅿. AE ⓞ VISA   Z a
✿ geschl. 1. - 10. Jan., Montag, Samstagmittag – **Menu** 30 (mittags)/90 (abends) à la carte 44/57 ⊈ – **2 Zim** ⊇ 99 – 128.
♦ Aufmerksam, aber stets unaufdringlich serviert man Ihnen feine, schmackhafte Zubereitungen einer französische Küche - aufgefrischt durch einen eigenen Stil.
Spez. Hummer und gebackener Kalbskopf mit Champagner-Linsen. Bresse Taubenbrust in Himbeeressig mit geschmorten Schalotten. Crème brûlée mit Walderdbeeren und Schokoladensorbet.

PADERBORN

※ **Zu den Fischteichen,** Dubelohstr. 92, ✉ 33102, ✆ (05251) 3 32 36, info@restaurant-fischteichen.de, Fax (05251) 37366, 🍽 – P. – 🏛 80. AE ①
®® VISA　　　　　　　　　　　　　　　　　　　　　　　　　　　über Fürstenweg　Y
geschl. Donnerstag – **Menu** à la carte 27/40.
◆ Eine gediegene Atmosphäre erwartet die Gäste des am Waldrand gelegenen Ausflugslokals. Die schöne Lage am Teich macht den Reiz dieser Adresse aus.

In Paderborn-Elsen über ⑤ : 4,5 km :

🏠 **Kaiserpfalz,** von-Ketteler-Str. 20, ✉ 33106, ✆ (05254) 9 79 00, hotel.kaiserpfalz@t-online.de, Fax (05254) 979070, ⇌ – 📺 P. AE ① ®® VISA JCB
geschl. Weihnachten - Neujahr – **Menu** (geschl. Aug. - Sept. 3 Wochen, Samstag) (nur Abendessen) à la carte 21/29 – **26 Zim** ⌑ 55/60 – 70/80.
◆ Dieses Hotel bietet Reisenden eine zeitgemäße Unterkunft : hell und freundlich eingerichtete Zimmer, in denen blaue Polster und Teppiche farbige Akzente setzen. Gemütliche altdeutsche Gaststube mit holzgetäfelter Decke und bleiverglasten Fenstern.

🏠 **Zur Heide** garni (mit Gästehaus), Sander Str. 37, ✉ 33106, ✆ (05254) 9 56 50, webmaster@hotel-zur-heide.de, Fax (05254) 9565950 – 📺 ✆ ⇌ P. – 🏛 50. AE ®® VISA
☒
23 Zim ⌑ 51/58 – 72/80.
◆ Gepflegte Zimmer mit neuzeitlichem Interieur erwarten die Gäste dieses Hotels. Dreifachverglaste Fenster sorgen trotz verkehrsgünstiger Lage für eine ungestörte Nachtruhe.

In Paderborn-Schloss Neuhaus Nord-West : 2,5 km über ⑤ :

※ **Altes Zollhaus,** Schlossstr. 33, ✉ 33104, ✆ (05254) 8 52 88, zollhaus1@aol.com, Fax (05254) 942315, 🍽 – P. AE ®®
geschl. Mitte Juli - Anfang Aug., Samstagmittag, Sonntag - Montagmittag – **Menu** à la carte 32/42.
◆ In dem kleinen Fachwerkhaus mit modern-rustikalem Ambiente und offener Küche können Sie den Köchen bei der Zubereitung der internationalen Gerichte über die Schulter sehen.

In Borchen-Nordborchen Süd-West : 6 km über Borchener Straße Z

🏠 **Pfeffermühle,** Paderborner Str. 66, ✉ 33178, ✆ (05251) 3 94 97, Fax (05251) 399130, 🍽 – 📶, ⇌ Zim, 📺 ✆ ⇌ P. AE ① ®® VISA
Menu (geschl. 20. Dez. - 8. Jan., Montagmittag, Sonn- und Feiertage) à la carte 14/27 – **42 Zim** ⌑ 50/65 – 68/86.
◆ Der erweiterte Gasthof mit der roten Klinkerfassade hält für seine Gäste Zimmer bereit, die in unterschiedlichem Stil, aber immer solide eingerichtet sind. Bürgerliches Restaurant - ergänzt durch eine Bierstube im Untergeschoß des Hauses.

PAEHL Bayern siehe Weilheim.

PÄWESIN Brandenburg 416 I 22 – 680 Ew – Höhe 31 m.
Berlin 61 – Potsdam 38 – Brandenburg 19.

In Päwesin-Bollmannsruh West : 3 km :

🏛 **Bollmannsruh am Beetzsee** M 🐾, Bollmannsruh Nr. 10, ✉ 14778, ✆ (033838) 47 90, hotel.bollmannsruh@avendahotels.com, Fax (033838) 479100, 🍽, Biergarten, ⇌, 🏊, 🚣, ※ Segelschule – 📶, ⇌ Zim, 📺 ✆ ♿ P. – 🏛 120. AE ① ®® VISA
Menu à la carte 19,50/36,50 – **79 Zim** ⌑ 67/77 – 97.
◆ Das moderne Hotel besticht nicht nur durch die Lage am See, sondern auch durch geräumige und zeitgemäß ausgestattete Zimmer, in denen maritime Designelemente Akzente setzen. In dem neuzeitlichen Restaurant blicken Sie durch eine große Glasfront auf den See.

PALLING Bayern 420 V 21 – 3 100 Ew – Höhe 531 m.
Berlin 666 – München 92 – Bad Reichenhall 49 – Rosenheim 64.

🏛 **Michlwirt,** Steinerstr. 1, ✉ 83349, ✆ (08629) 9 88 10, michlwirt@t-online.de, Fax (08629) 988181, ⇌ – 📶 📺 ⇌ P. – 🏛 20. ®® VISA
geschl. 6.- 19. Jan., 8. - 28. Sept. – **Menu** (geschl. Sonntag) à la carte 12/23 – **42 Zim** ⌑ 33/41 – 55/67.
◆ Ein gestandener Gasthof mit gepflegten, wohnlich im rustikalen Landhausstil eingerichteten Zimmern, die zeitgemäßen Komfort zu einem guten Preis-Leistungs-Verhältnis bieten. Sie speisen in gemütlichen Gaststuben mit Holztäfelung und Kachelöfen.

PANKER Schleswig-Holstein siehe Lütjenburg.

PAPENBURG Niedersachsen 415 G 6 – 35 000 Ew – Höhe 5 m.

🛪 Papenburg-Aschendorf, Gutshofstr. 141 (Süd : 4 km), ℘ (04961) 9 98 00.

🛈 Fremdenverkehrsverein, Rathausstr. 2, ✉ 26871, ℘ (04961) 83 96 11, Fax (04961) 839612.

Berlin 513 – Hannover 240 – Emden 47 – Groningen 67 – Lingen 68 – Oldenburg 69.

Alte Werft M, Ölmühlenweg 1, ✉ 26871, ℘ (04961) 92 00, reception@hotel-alte-werft.de, Fax (04961) 920100, Biergarten, ⌘, ≘s – 🗐, ↔ Zim, 📺 ⚫ & 🅿 – 🔺 500.
AE ⓘ ⓜ VISA
Graf Goetzen (nur Abendessen) **Menu** à la carte 30/43 – *Schnürboden* : **Menu** à la carte 19/36 – **80 Zim** ⇌ 89/106 – 131/147, 4 Suiten - (Erweiterung : 42 Zim bis Sommer 2003).
♦ Durch die Verbindung von alter Industrie- mit neuer Hotel-Architektur entstand eine Herberge mit individuellem Charme und sehr komfortablen, geschmackvoll gestalteten Zimmern. Die alte Werfthalle bildet den Rahmen für das elegante Restaurant Graf Goetzen.

Stadt Papenburg, Am Stadtpark 25, ✉ 26871, ℘ (04961) 9 18 20, info@comfort.de, Fax (04961) 3471, ⌘, ≘s – 🗐, ↔ Zim, 📺 🅿 – 🔺 50. AE ⓘ ⓜ VISA
Menu à la carte 17/38 – **50 Zim** ⇌ 70 – 90.
♦ Vom Grün des Stadtparks umgeben ist dieser neuere Hotelbau mit gepflegten Zimmern, die einheitlich mit mahagonifarbenen Möbeln eingerichtet sind.

PAPPENHEIM Bayern 419 420 T 16 – 4500 Ew – Höhe 410 m – Luftkurort.

🛈 Fremdenverkehrsbüro, Stadtvogteigasse 1 (Haus des Gastes), ✉ 91788, ℘ (09143) 6 06 66, fremdenverkehr@pappenheim.de, Fax (09143) 60667.

Berlin 499 – München 134 – Augsburg 77 – Nürnberg 72 – Ulm (Donau) 113.

Sonne, Deisinger Str. 20, ✉ 91788, ℘ (09143) 8 31 40, Fax (09143) 831450, ⌘ – ↔ 📺
geschl. 5. - 22. Jan., Ende Okt. - Anfang Nov. – **Menu** (geschl. Sonntagabend - Montag) à la carte 14/22 – **12 Zim** ⇌ 33 – 72.
♦ Ein traditionsreicher Gasthof im Altmühltal, der 1983 nach einem Brand neu aufgebaut wurde und die Gäste mit einfachen, aber geräumigen und gepflegten Zimmern erwartet. Ländlich-bayerische Gaststuben mit holzgetäfelten Wänden und gemütlichem Kachelofen.

PARCHIM Mecklenburg-Vorpommern 416 F 19 – 20 000 Ew – Höhe 46 m.

🛈 Stadtinformation, Lindenstr. 38, ✉ 19370, ℘ (03871) 21 28 43, stadt.parchim@parchim.de, Fax (03871) 212843.

Berlin 163 – Schwerin 43 – Güstrow 75.

Stadtkrug, Apothekenstr. 12, ✉ 19370, ℘ (03871) 6 23 00 (Hotel) 22 63 21 (Rest.), hotel-stadtkrug-parchim@t-online.de, Fax (03871) 264446, ⌘ – ↔ Zim, 📺 AE ⓜ VISA. ✂ Rest
Menu à la carte 10/22 – **25 Zim** ⇌ 45/49 – 61/64.
♦ Auf eine über 250jährige Geschichte kann dieses rote Klinkergebäude zurückblicken. Die sehr gepflegten, wohnlichen Zimmer sind mit soliden, zeitlosen Holzmöbeln eingerichtet. Rustikales, mit dunklem Inventar ausgestattetes Restaurant.

Stadt Hamburg, Lange Str. 87, ✉ 19370, ℘ (03871) 6 20 40, Fax (03871) 620413 – 📺 ⚫ 🅿 ⓜ VISA. ✂ Rest
Menu à la carte 14/20 – **16 Zim** ⇌ 41/45 – 52/62.
♦ Gepflegtes Übernachten zu einem angemessenen Preis : Solide präsentieren sich die Gästezimmer dieses klassischen Stadthauses mit Anbau. Bilder von Hamburg zieren das kleine, im Bistrostil eingerichtete Restaurant.

✗ **Gambrinus** mit Zim, Bauhofstr. 13, ✉ 19370, ℘ (03871) 21 25 80, hotel-gambrinus @web.de, Fax (03871) 212856, Biergarten – 📺 🅿 ⓜ ✂
Menu à la carte 14/25 – **8 Zim** ⇌ 43/45 – 50/65.
♦ Hinter der roten Fachwerkfassade des Hauses aus dem Jahr 1799 erwartet Sie ein in drei Stuben unterteiltes Restaurant mit freundlichem Service und internationalem Angebot.

In Spornitz Süd-West : 9 km :

Landhotel Spornitz, An der B 191, ✉ 19372, ℘ (038726) 8 80, landhotel-spornitz @m-vp.de, Fax (038726) 88490, ⌘, ⌘, ≘s – 🗐, ↔ Zim, 📼 Rest, 📺 ⚫ & 🅿 – 🔺 120. AE ⓘ ⓜ VISA
Menu à la carte 14/27 – **70 Zim** ⇌ 72 – 86.
♦ Ein engagiert geführtes neueres Hotel mit soliden, wohnlichen Zimmern, die z.T. über einen separaten Wohnbereich verfügen. Die kleinen Gäste freuen sich über ein Spielzimmer. Das Restaurant zeigt sich teils gemütlich-rustikal, teils etwas gediegener.

PARSBERG Bayern 419 420 S 19 – 6 000 Ew – Höhe 550 m.
Berlin 477 – München 137 – Regensburg 47 – Ingolstadt 63 – Nürnberg 64.

Zum Hirschen, Dr.-Schrettenbrunner-Str. 1, ✉ 92331, ✆ (09492) 60 60, ferstl@zum-hirschen.de, Fax (09492) 606222, 🍴, ⇌, – |⚑|, ⇝ Zim, 📺 ⚒ – 🅿 50. ⚫ VISA
geschl. 23. - 26. Dez. – **Menu** (geschl. Sonntagabend) à la carte 18/33 – **40 Zim** ⊇ 50/75 – 80/95.
  ♦ Oberpfälzer Lebensart : In dem traditionellen Gasthof erwarten Sie wohnlich mit hellem Eichen- oder Kirschmobiliar eingerichtete Zimmer mit zeitgemäßem Komfort. Das unterteilte Restaurant ist teils gediegen, teils eleganter gestaltet.

Hirschenhof, Brauhausstr. 6, ✉ 92331, ✆ (09492) 9 42 70, ferstl@zum-hirschen.de, Fax (09492) 606444, Biergarten, 🎢 – |⚑| 📺 ⚒ ⇒ 🅿 – 🅿 100. ⚫ VISA
geschl. 23. Dez. - 6. Jan., über Ostern – **Menu** à la carte 13/23 – **37 Zim** ⊇ 60/65 – 80/85.
  ♦ In dem komplett renovierten Altbau mit modernem Erweiterungsbau findet man praktische Zimmer, Ferienwohnungen, moderne Tagungsräume und einen Spiel- und Freizeitgarten.

PASEWALK Mecklenburg-Vorpommern 416 F 25 – 13 000 Ew – Höhe 12 m.
🛈 Stadtinformation, Am Markt 2, ✉ 17309, ✆ (03973) 21 39 95, stadtinfo-pasewalk@t-online.de, Fax (03973) 213972.
Berlin 134 – Schwerin 208 – Neubrandenburg 59 – Szczecin 40.

Pasewalk 🅼 ⚘, Dargitzer Str. 26, ✉ 17309, ✆ (03973) 22 20, info@hotelpasewalk.de, Fax (03973) 222200, ⇌, ▨, ⇌, ⚒ – |⚑| 📺 ⚒ 🅿 – 🅿 60. ⚫ ⚫ VISA
Menu à la carte 19/33 – **73 Zim** ⊇ 62/67 – 90/95.
  ♦ Etwas außerhalb liegt dieses komfortable Hotel mit modern und funktionell eingerichteten Zimmern und diversen Extras wie Bowling, Tennis, Kosmetikstudio und Streichelzoo. Teils gemütlich und rustikal, teils urig ist das Restaurant eingerichtet.

Villa Knobelsdorff ⚘, Ringstr. 121, ✉ 17309, ✆ (03973) 2 09 10, kontakt@villa-knobelsdorff.de, Fax (03973) 209110, Biergarten – 📺 ⚒ ⇒ 🅿 – 🅿 20. ⚫ ⚫ VISA
Menu à la carte 13/31 – **18 Zim** ⊇ 45/55 – 70/75.
  ♦ Eine Villa a. d. J. 1896 : Zunächst als Wohnhaus genutzt, wurde sie 1996 nach kompletter Renovierung als Hotel wiedereröffnet und bietet Ihnen zeitgemäße Zimmer. Das Restaurant im Untergeschoß empfängt Sie mit rustikaler Atmosphäre - teils Gewölbedecke.

PASSAU Bayern 420 U 24 – 50 000 Ew – Höhe 290 m.
Sehenswert : Lage★★ am Zusammenfluß von Inn, Donau und Ilz (Dreiflußeck★) B – Dom (Apsis★★) B – Glasmuseum★★ B M2.
Ausflugsziele : Veste Oberhaus B ≤★★ auf die Stadt – Bayerische Ostmarkstraße ★ (bis Weiden in der Oberpfalz).
🏌 Thyrnau-Raßbach (Nord-Ost : 9 km über ②), ✆ (08501) 9 13 13.
🛈 Passau Tourismus, Rathausplatz 3, ✉ 94032, ✆ (0851) 95 59 80, Fax (0851) 35107.
ADAC, Brunngasse 5.
Berlin 607 ⑦ – München 192 ⑦ – Landshut 119 ⑤ – Linz 110 ④ – Regensburg 118 ⑦ – Salzburg 142 ⑤

Stadtpläne siehe nächste Seiten

Holiday Inn, Bahnhofstr. 24, ✉ 94032, ✆ (0851) 5 90 00, hotel@holiday-inn-passau.com, Fax (0851) 5900529, ≤, 🍴, Massage, ⇌, ▨ – |⚑| ⇝ Zim, ▬ 📺 ⚒ ⚒ ⇒ – 🅿 250. ⚫ ⚫ ⚫ VISA. ⚒ Rest
Menu à la carte 21/36 – ⊇ 14 – **129 Zim** 97/123 – 122/148. A d
  ♦ Ein modernes Stadthotel mit großzügigem Empfangs- und Lobbybereich und einheitlich gestalteten Zimmern mit zeitgemäßem Komfort, die sich nur in der Größe leicht unterscheiden.

König garni (mit Gästehaus), Untere Donaulände 1, ✉ 94032, ✆ (0851) 38 50, info@hotel-koenig.de, Fax (0851) 385460, ≤, ⇌ – |⚑| ⇝ 📺 ⚒ ⚒ ⇒ – 🅿 25. ⚫ ⚫ ⚫ VISA
61 Zim ⊇ 63/71 – 96/126. A t
  ♦ Am Ufer der Donau liegt dieses gut geführte Hotel mit stilvoll-gediegener Atmosphäre. Die Zimmer im Haupthaus sind leicht elegant, die im Gästehaus moderner eingerichtet.

Residenz garni, Fritz-Schäffer-Promenade, ✉ 94032, ✆ (0851) 98 90 20, austen@t-online.de, Fax (0851) 98902200, ≤ – |⚑| ⇝ 📺. ⚫ ⚫ ⚫ VISA JCB B c
geschl. Jan. - Feb. – **50 Zim** ⊇ 72/80 – 91/112.
  ♦ Das traditionsreiche Hotel, dessen Wurzeln ins 15. Jh. zurückreichen, am Rand der Altstadt und am Donau-Ufer gelegen, erwartet Sie mit gut ausgestatteten, wohnlichen Zimmern.

0
20 km
ČESKÁ REPUBLIKA
ÖSTERREICH
Úhlava
Otava
Vltava
Neukirchen b. Hl. B.
Rimbach
Lam
Grafenwiesen
Lohberg
27
Drachselsried
Bayerisch Eisenstein
Viechtach
Schwarzen
Bodenmais
Großer Regen
85
Teisnach
Kollnburg
Lindberg
Langdorf
Regen
Zwiesel
11
Frauenau
Regen
Bernried
Bischofsmais
Spiegelau
11
St. Oswald
Mauth
4
Grafenau
Hohenau
Deggendorf
Schönberg
Haidmuhle
A 92
A 3
Zenting
Ringelai
Freyung
Hengersberg
12
Plattling
Isar
Röhrnbach
Tittling
Waldkirchen
Osterhofen
85
DONAU
Büchlberg
Hauzenberg
Vils
Vilshofen
Windorf
Thyrnau
Aldersbach
Obernzell
PASSAU
30 Minuten
DONAU
Fürstenzell
A 3
Neuburg a. I.
Schärding
Bad Birnbach
Ruhstorf
Griesbach i. R.
Rott
Pocking
Rotthalmünster
Bad Füssing
Kirchham
Stubenberg
12
20
Simbach a. I.
INN
148
A 8
141
Braunau

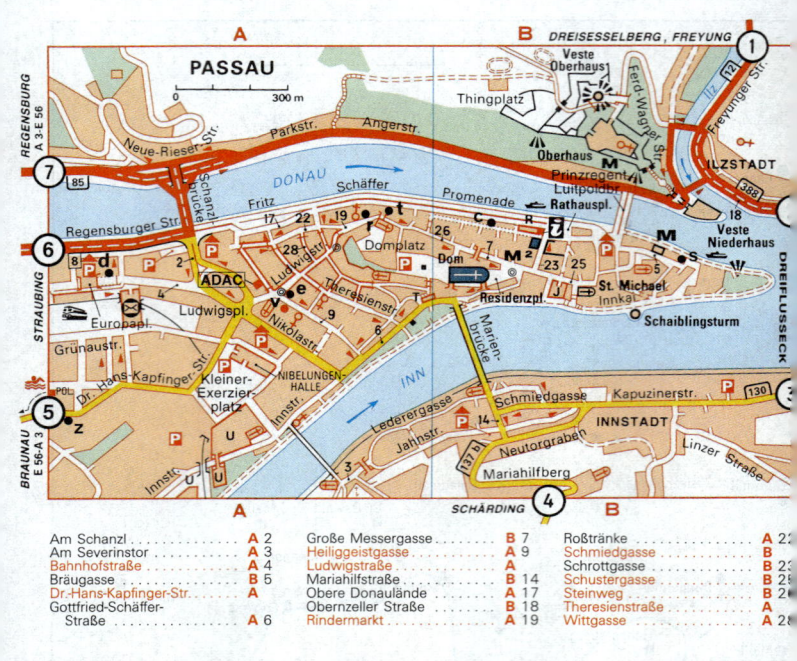

Am Schanzl	**A** 2	Große Messergasse	**B** 7	Roßtränke ... **A** 22
Am Severinstor	**A** 3	Heiliggeistgasse	**A** 9	Schmiedgasse ... **B**
Bahnhofstraße	**A** 4	Ludwigstraße	**A**	Schrottgasse ... **B** 23
Bräugasse	**B** 5	Mariahilfstraße	**B** 14	Schustergasse ... **B** 25
Dr.-Hans-Kapfinger-Str.	**A**	Obere Donaulände	**A** 17	Steinweg ... **B** 26
Gottfried-Schäffer-		Oberzeller Straße	**B** 18	Theresienstraße ... **A**
Straße	**A** 6	Rindermarkt	**B** 19	Wittgasse ... **A** 28

🏨 **Weisser Hase**, Ludwigstr. 23, ✉ 94032, ℘ (0851) 9 21 10, info@weisser-hase.de
Fax (0851) 9211100, 🛋 – 🛗, ⚞ Zim, 📺 ♿ 🚗 – 🔔 100. 🅰🅴 ⓘ ⓜⓞ
🆅🅸🆂🅰 🅹🅲🅱 **A**
geschl. 5. - 31. Jan. – **Menu** (nur Abendessen) à la carte 21/38 – **108 Zim** ⌸ 88 – 140
♦ Zeitgemäßes Wohnen in alten Mauern : Solide eingerichtete und gepflegte Zimmer in verschiedenen Kategorien hält das gut geführte Hotel in der Altstadt für seine Gäste bereit. Klassisch-gepflegtes Restaurant in der 1. Etage des Hauses.

🏨 **Am Fernsehturm**, Neuburgerstr. 79 (B 388/12), ✉ 94036, ℘ (0851) 9 51 80 fernsehturm@t-online.de, Fax (0851) 9518100, 🌿, Biergarten, 🛋 – 🛗, ⚞ Zim, 📺 🚗
🅿 – 🔔 60. 🅰🅴 ⓘ ⓜⓞ 🆅🅸🆂🅰 🅹🅲🅱   über ⑤
Menu (nur Abendessen) à la carte 17/28 – **64 Zim** ⌸ 60/85 – 85/115.
♦ Am Stadtrand findet man diesen modernen Hotelbau, in dem funktionell und zeitgemäß mit hellen Holzmöbeln ausgestattete Zimmer auf Sie warten. Mit neuzeitlichem Tagungsbereich. Restaurant in bistroartiger Aufmachung.

🏨 **Passauer Wolf**, Rindermarkt 6, ✉ 94032, ℘ (0851) 9 31 51 10, Fax (0851) 9315150
🚗 ⪡ – 🛗 📺 ⚞ 🚗 – 🔔 30. 🅰🅴 ⓘ ⓜⓞ 🆅🅸🆂🅰 🅹🅲🅱 **A**
Menu (geschl. Samstagmittag, Sonntag) 23/46 à la carte 25/40 – **40 Zim** ⌸ 64/82 – 95/144.
♦ Zwischen Donau-Ufer und Fußgängerzone findet man dieses traditionsreiche Haus. Solide eingerichtete Zimmer mit unterschiedlichem Zuschnitt erwarten die Gäste. Das Restaurant mit Landhausambiente bietet einen schönen Blick auf den Fluß.

🏨 **Wilder Mann**, Rathausplatz, ✉ 94032, ℘ (0851) 3 50 71 (Hotel), 3 50 75 (Rest.), info
🚗 @rotel.de, Fax (0851) 31712, 🌿 – 🛗 📺 🅰🅴 ⓜⓞ 🆅🅸🆂🅰 **B** M²
Menu (geschl. Jan.) à la carte 25/43 – ⌸ 9 – **48 Zim** 37/40 – 60/154.
♦ Teils mit bemalten Bauernmöbeln, teils mit Antiquitäten eingerichtet sind die Zimmer des restaurierten Patrizierhauses, das auch prominente Gäste beherbergte. Glasmuseum. In der 5. Etage findet man das Restaurant im bäuerlichen Barockstil.

🏨 **Altstadt-Hotel** 🐾 (mit Gästehaus), Bräugasse 5 (am Dreiflüsseeck), ✉ 94032, ℘ (0851) 33 70, info@altstadt-hotel.de, Fax (0851) 337100, ⪡, 🌿 – 🛗, ⚞ Zim, 📺
🚗 – 🔔 65. 🅰🅴 ⓘ ⓜⓞ 🆅🅸🆂🅰 **B**
Menu (geschl. Nov. 2 Wochen) à la carte 18,50/38 – **54 Zim** ⌸ 55/86 – 77/125.
♦ Ein engagiert geführtes Hotel mit aufgrund der historischen Bausubstanz unterschiedlich geschnittenen Zimmern, z.T. mit Holzbalkendecke. Solide und geschmackvoll eingerichtet. Angenehme Farben und hübsche Stoffe prägen das neo-rustikal gestaltete Restaurant.

PASSAU

Spitzberg garni, Neuburger Str. 29 (B 12/388), ⊠ 94032, ℰ (0851) 95 54 80, *info
@ hotel-spitzberg.de*, Fax (0851) 9554848, ≘s – 📺 🚗. 🖭 ⓘ 💳 VISA   A z
29 Zim ⇌ 45/55 – 70/80.
   • Mit rustikalem Eichenholzmobiliar sind die gepflegten Zimmer dieser gut geführten Pension, die oberhalb der Altstadt liegt, eingerichtet. Mit Familienzimmern.

✕ **Heilig-Geist-Stift-Schenke**, Heiliggeistgasse 4, ⊠ 94032, ℰ (0851) 26 07,
Fax (0851) 35387, 🍽 – 🖭 💳 VISA   A v
geschl. 6. Jan. - 1. Feb., Mittwoch – **Menu** à la carte 14/27.
   • Stunden in urig-gemütlicher Atmosphäre : eine rustikale Schenke a. d. J. 1358 mit Gewölbedecke und Holztäfelung, einem Keller mit offenem Kamin und einem weinberankten Garten.

In Passau-Haidenhof über ⑤ : 3 km :

Dreiflüssehof, Danziger Str. 42, ⊠ 94036, ℰ (0851) 7 20 40, *info@dreifluessehof.de*,
Fax (0851) 72478, 🍽 – 🛗, ⇔ Zim, 📺 📞 🚗 🅿 – 🛎 15. 🖭 ⓘ 💳 VISA JCB
Menu *(geschl. Sonntag - Montagmittag)* à la carte 13,50/29 – **67 Zim** ⇌ 46/55 – 68/75.
   • Ein gut unterhaltener Familienbetrieb : Der Gasthof liegt in einem Vorort und überzeugt mit geräumigen, gepflegten Zimmern, die praktisch und gediegen eingerichtet sind. Gemütlich-rustikal wirkt das Restaurant mit Nischen, holzgetäfelten Wänden und Kachelofen.

In Passau-Kohlbruck über ⑤ : 3 km :

Albrecht garni, Kohlbruck 18 (B 388/12), ⊠ 94036, ℰ (0851) 95 99 60, *info@hotel-albrecht.de*, Fax (0851) 9599640, ⇔ 📺 📞 🚗 🅿. 🖭 💳 VISA. 🌿
36 Zim ⇌ 48 – 75.
   • Gepflegtes und gut geführtes Hotel am Stadtrand mit teils neuzeitlich-modern, teils rustikal ausgestatteten Zimmern. Das Frühstücksbuffet erleichtert den Start in den Tag.

PATTENSEN Niedersachsen 📙📙📙 J 13 – 14 000 Ew – Höhe 75 m.
Berlin 290 – Hannover 12 – Hameln 36 – Hildesheim 23.

Leine-Hotel, Schöneberger Str. 43, ⊠ 30982, ℰ (05101) 91 80, *info@leinehotel.de*,
Fax (05101) 13367, ≘s – 🛗, ⇔ Zim, 📺 & 🅿 – 🛎 60. 🖭 ⓘ 💳 VISA
Menu *(geschl. Sonntag) (nur Abendessen)* 23,50 à la carte 25/35 – **80 Zim** ⇌ 74/91 – 115/148.
   • In einem neueren roten Klinkergebäude am Ortsrand ist dieses Hotel untergebracht. Mit dunklen Holzmöbeln solide und gediegen eingerichtete Zimmer erwarten den Gast. Das Restaurant im Untergeschoß hat man mit hellem Holz rustikal gestaltet.

Zur Linde, Göttinger Str. 14, ⊠ 30982, ℰ (05101) 9 98 70, *info@die-linde.de*,
Fax (05101) 998711, 🍽 – 📺 📞 🅿 – 🛎 100. 🖭 ⓘ 💳 VISA
Menu à la carte 19/33 – **38 Zim** ⇌ 52/70 – 85.
   • Nachdem der alte Gasthof ein Raub der Flammen wurde, hat man 1986 an gleicher Stelle ein neues Haus im Fachwerkstil errichtet, das solide Zimmer für die Gäste bereithält. Kleine rustikale Gaststuben bilden das Restaurant.

PEGNITZ Bayern 📙 Q 18 – 15 200 Ew – Höhe 424 m – *Erholungsort*.
🛈 Touristinformation, Hauptstr. 37, ⊠ 91257, ℰ (09241) 7 23 11, Fax (09241) 72310.
Berlin 381 – München 206 – Nürnberg 56 – Bayreuth 27 – Bamberg 67 – Weiden in der Oberpfalz 55.

Pflaums Posthotel, Nürnberger Str. 8, ⊠ 91257, ℰ (09241) 72 50, *info@ppp.com*,
Fax (09241) 80404, 🍽, Massage, 🎾, ≘s, 🏊, 🐎 – 🛗, ⇔ Zim, 📺 📞 🚗 🅿 – 🛎 80.
🖭 ⓘ 💳 VISA
Menu (abends Tischbestellung ratsam) 70/90 – **Posthalter-Stube** : Menu 36 – ⇌ 18 – **25 Suiten** 100/195 – 150/200.
   • Hinter der regionstypischen Fachwerkfassade werden Suiten nicht eingerichtet, sondern inszeniert : von futuristisch über opulent bis hin zum Designerstil. Kunstsammlungen. Kräftige Farben, moderne Kunst und ein aufwendiges Couvert prägen das Restaurant.

In Pegnitz-Hollenberg Nord-West : 6 km :

Landgasthof Schatz 🐾, Hollenberg 1, ⊠ 91257, ℰ (09241) 21 49, *landgasthof-schatz@t-online.de*, Fax (09241) 5074, 🍽, ≘s, 🐎 – 📺 🚗 🅿
geschl. 2. Nov. - 5. Dez., Mitte - Ende Jan. – **Menu** *(geschl. Montag)* à la carte 10/19 – **16 Zim** ⇌ 34 – 62.
   • Umgeben von Wiesen liegt dieser gut geführte Landgasthof mit einfachen, aber gepflegten Zimmern. Die schöne Umgebung bietet sommers wie winters viele Ausflugsmöglichkeiten. Ländliche Gaststuben.

PEINE Niedersachsen 416 418 J 14 – 50 100 Ew – Höhe 67 m.
  ଟ Edemissen, Dahlkampsweg (Nord : 8 km), ℘ (05176) 9 01 12.
  ☐ Verkehrsverein, Bahnhofsplatz 1 (im Bahnhof), ⊠ 31224, ℘ (05171) 4 82 00, vv
  @peine.de, Fax (05171) 48201.
  Berlin 249 – Hannover 45 – Braunschweig 28 – Hildesheim 32.

  Quality Hotel M, Ammerweg 1 (nahe BAB-Abfahrt Peine), ⊠ 31228, ℘ (05171) 99 59
  info@quality-hotel.peine.de, Fax (05171) 995288, 佘 – 🛗, ⇔ Zim, ≣ Rest, 📺 ✆ ら
  – 🕍 50. 匹 ① ◯◯ VISA
  Menu à la carte 17/28 – **98 Zim** ⊆ 79/97 – 97/122.
  ◆ Eine praktische Übernachtungsadresse mit frisch renovierten und ausreichend großen
  Zimmern, die besonders attraktiv für Geschäftsreisende sind.

  Am Herzberg, Am Herzberg 18, ⊠ 31224, ℘ (05171) 69 90, Fax (05171) 48448, ⇐
  – ⇔ Zim, 📺 ⇐ 🅿. ◯◯ VISA. ⋙
  Menu (geschl. Juli - Aug. 3 Wochen, Freitag) (nur Abendessen) (Restaurant nur für Haus-
  gäste) – **22 Zim** ⊆ 48/69 – 75/92.
  ◆ Das gepflegte Haus liegt an einer Parkanlage, nahe der Autobahn. Gäste beziehen saubere
  Zimmer, die einen einfachen Komfort bieten.

In Peine-Esslinghausen Nord-Ost : 2 km :

  Am Steinkamp, August-Bebel-Str. 7, ⊠ 31224, ℘ (05171) 7 66 80
  Fax (05171) 766810, 佘 – ⇔ Zim, 📺 🅿 – 🕍 15. ◯◯ VISA. ⋙
  Menu (geschl. 27. Juli - 10. Aug., Sonntag) (nur Abendessen) à la carte 17/23 – **12 Zim**
  ⊆ 50/62 – 75.
  ◆ Ein neu gebautes ländliches Hotel mit geräumigen und gepflegten Zimmern - einheitlich
  mit soliden dunklen Holzmöbeln ausgestattet und zeitgemäß im Komfort.

In Peine-Stederdorf Nord : 3 km :

  Schönau, Peiner Str. 17 (B 444), ⊠ 31228, ℘ (05171) 99 80, hotel-schoenau@t-on
  line.de, Fax (05171) 998166 – 🛗 📺 ✆ 🅿 – 🕍 200. 匹 ① ◯◯ VISA. ⋙ Rest
  geschl. 27. Dez. - 7. Jan. – **Menu** (geschl. Sonntag) à la carte 22,50/38 – **48 Zim** ⊆ 66/80
  – 90/100.
  ◆ Hier erwartet ein engagiert geführtes Hotel mit Landhausflair und geschmackvoll ein-
  gerichteten und technisch gut ausgestatteten Zimmern die Gäste. Mit großem Tagungs-
  bereich. Restaurant in hellen, freundlichen Farben, mit leicht elegantem Touch
  "Bilderzimmer".

In Wendeburg-Rüper Nord-Ost : 9 km :

  Zum Jägerheim (mit Gästehaus), Meerdorfer Str. 40, ⊠ 38176, ℘ (05303) 9 22 80
  info@jaegerheimrueper.de, Fax (05303) 9228100, ≋, ⛱ – 🛗, ⇔ Zim, 📺 ✆ ら ⇐
  🅿 – 🕍 60. 匹 ① ◯◯ VISA
  Menu (geschl. 1. - 15. Jan., Montag) à la carte 14/26 – **48 Zim** ⊆ 33/46 – 62/75.
  ◆ Der gewachsene, familiengeführte Landgasthof hält für seine Besucher saubere und
  gepflegte Zimmer bereit, die mit soliden Möbeln eingerichtet sind.

PEISSEN Sachsen-Anhalt siehe Halle (Saale).

PEITING Bayern 419 420 W 16 – 12 000 Ew – Höhe 718 m – Erholungsort.
  ☐ Verkehrsamt, Ammergauer Str. 2, ⊠ 86971, ℘ (08861) 65 35, touristinfo.peiting@t-
  online.de, Fax (08861) 59140.
  Berlin 626 – München 87 – Garmisch-Partenkirchen 50 – Kempten (Allgäu) 58 – Landsberg
  am Lech 30 – Füssen 33.

  Alpenhotel Pfaffenwinkel, Hauptplatz 10, ⊠ 86971, ℘ (08861) 2 52 60, info@
  hotelpfaffenwinkel.de, Fax (08861) 252627 – ⇔ Zim, 📺 ✆ ⇐ 🅿. 匹 ◯◯ VISA JCB
  Menu (nur Abendessen) (Restaurant nur für Hausgäste) à la carte 13/22 – **15 Zim**
  ⊆ 42/46 – 67/77 – ½ P 10.
  ◆ In der Ortsmitte liegt dieser nette alpenländische Gasthof. Durch einen aufwendig
  getäfelten Eingangsbereich gelangen Sie in wohnliche Zimmer mit massiven Naturholz-
  möbeln.

  Dragoner (mit Gästehaus), Ammergauer Str. 11 (B 23), ⊠ 86971, ℘ (08861) 2 50 70,
  hotel-dragoner@t-online.de, Fax (08861) 2507280, 佘, ≋ – 🛗 📺 ⇐ 🅿 – 🕍 30. 匹
  ① ◯◯ VISA JCB
  Menu à la carte 13/26 – **51 Zim** ⊆ 41/51 – 68/83 – ½ P 9.
  ◆ Ein familiengeführter bayerischer Landgasthof mit unterschiedlich eingerichteten Zim-
  mern - teils rustikal, teils neuzeitlich -, gut gepflegt und mit einfachem Komfort. Geweihe
  zieren die Wände der ländlichen Gaststuben.

PELLWORM (Insel) Schleswig Holstein 415 C 9 – 1 200 Ew – Höhe 1 m – Seebad – Insel der Nordfriesischen Inselgruppe.

🚢 von Nordstrand-Strucklahnungshoern (ca. 40 min). Für PKW Voranmeldung bei Neuer Pellwormer Dampfschiffahrtsgesellschaft, ℘ (04844) 7 53, Fax (04844) 354.

🛈 Kurverwaltung, Uthlandestr. 2, ✉ 25849, ℘ (04844) 1 89 40, info@pellworm.de, Fax (04844) 18944..

ab Nordstrand : Berlin 449 – Kiel 111 – Sylt 55 – Husum 23 – Schleswig 61.

Kiek ut na't Schlut ⌂, Hooger Fähre 6, ✉ 25849, ℘ (04844) 90 90, kiekutnf@aol.com, Fax (04844) 90940, 🍴, 🛋, 🌳 – 🛗, 🚿 Zim, 📺 🅿 ⓜ
Menu (geschl. Nov. – März, Montag) à la carte 16/26 – **19 Zim** ☕ 38/49 – 60/82.
♦ Eine gute Adresse für ruhebedürftige Nordseeurlauber : Gut gepflegte und wohnliche Zimmer. Vom Frühstücksraum in der obersten Etage genießen Sie den Blick aufs Meer. Viel Holz gibt dem Restaurant seinen bürgerlich-rustikalen Charakter.

PENTLING Bayern siehe Regensburg.

PENZBERG Bayern 419 420 W 18 – 14 000 Ew – Höhe 596 m.

⛳ Iffeldorf, Gut Rettenberg (Nord-West : 3 km), ℘ (08856) 92 55 55.
Berlin 640 – München 53 – Garmisch-Partenkirchen 43 – Bad Tölz 19 – Weilheim 25.

Stadthotel Berggeist M, Bahnhofstr. 47, ✉ 82377, ℘ (08856) 80 10 (Hotel), 78 99 (Rest.), info@hotel-berggeist.de, Fax (08856) 81913, 🍴, 🛋 – 🛗 📺 📞 🚗 🅿 – 🔒 40. ⓐⓔ ⓜ 🆅🅸🆂🅰
Menu à la carte 12/26 – **45 Zim** ☕ 64/69 – 90.
♦ Aus einer kleinen Gaststätte wurde ein modernes Stadthotel : Zartgrüne Holzmöbel mit dunkelgrünen Akzenten schaffen in den Zimmern eine wohnliche Atmosphäre. Schlicht gestaltetes Restaurant.

PERL Saarland 417 R 3 – 6 500 Ew – Höhe 254 m.

Ausflugsziel : Nennig : Römische Villa (Mosaikfußboden ★★) Nord : 9 km.
Berlin 767 – Saarbrücken 68 – Trier 45 – Luxembourg 32 – Saarlouis 47.

Hammes, Hubertus-von-Nell-Str. 15, ✉ 66706, ℘ (06867) 9 10 30, info@hotel-hammes.de, Fax (06867) 910333 – 🚿 Zim, 📺 🅿 ⓐⓔ ⓜ 🆅🅸🆂🅰
geschl. 30. Juli - 9. Aug., 10. - 20. Nov. – **Menu** (geschl. Mittwoch, Nov. - April Mittwoch, Samstagmittag) à la carte 17/33 – **12 Zim** ☕ 46/50 – 64/68.
♦ Der engagiert geführte, modernisierte Gasthof liegt in der Ortsmitte und empfängt seine Besucher mit wohnlichen, zeitlos mit hellen Naturholzmöbeln eingerichteten Zimmern. Restaurant mit rustikalem Charakter.

In Perl-Nennig Nord : 10 km :

Victor's Residenz Hotel Schloss Berg - Die Villa M ⌂, Schloßhof 9, ✉ 66706, ℘ (06866) 7 90, info.nennig@victors.de, Fax (06866) 79100, ≤, Massage, ♨, 🅵🆂, 🛋, 🌊, 🍴 – 🛗, 🚿 Zim, 📺 📞 🅿 – 🔒 180. ⓐⓔ ⓜ 🆅🅸🆂🅰
Die Scheune : Menu à la carte 15/33 – **103 Zim** ☕ 99/160 – 130/190.
♦ Die elegante Hotelanlage glänzt mit schönen Zimmern in italienisch-mediterranem Design. Freuen Sie sich auf einen edlen Rahmen und einen großzügigen Wellnessbereich. Die rustikale Scheune ist in einem separaten Gebäude unterhalb des Schosses untergebracht.

Zur Traube, Bübingerstr. 16, ✉ 66706, ℘ (06866) 3 49, Fax (06866) 150018, 🍴 – 📺 📞 🚗 🅿 ⓐⓔ ⓜ 🆅🅸🆂🅰 ⚹ Rest
geschl. Ende Dez. - Mitte Jan. – **Menu** (geschl. Samstag) à la carte 15/31 – **12 Zim** ☕ 42/55 – 58/74.
♦ Hier kehrt man gerne ein : Ein engagiert geführter Gasthof, der seine Gäste mit gepflegten, solide ausgestatteten Zimmern mit zeitgemäßem Komfort begrüßt. Ländliches Restaurant mit gut eingedeckten Tischen.

XXXX **Schloss Berg** ⌂ mit Zim, Schloßhof 7, ✉ 66706, ℘ (06866) 7 91 18, info@schlossberg-nennig.de, Fax (06866) 79458, ≤, 🍴 – 🛗 🚿 📺 🅿 ⓐⓔ ⓞ ⓜ 🆅🅸🆂🅰
❀❀ geschl. Jan. 3 Wochen, Juni - Juli 3 Wochen, Montag - Dienstag – **Menu** 90/110 à la carte 68/89 ♀ – **17 Zim** ☕ 130/160 – 160/190.
♦ Hier zelebriert man Haute Cuisine in herrschaftlichem Ambiente : Lassen Sie sich von den Kreationen Christian Baus verwöhnen und übernachten Sie in einem der stilvollen Zimmer.
Spez. Thunfisch in der Gewürz-Pfefferkruste mit Kräutersalat und Langustine. Sauté und Beignet von Froschschenkeln mit Senfkörnerjus. Kalbshaxe mit Perigord-Trüffel und Sellerie.

PERL

In Perl-Sinz *Nord : 9 km :*

Birkenhof, Saarbrücker Str. 9, ✉ 66706, ℘ (06866) 2 02, Fax (06866) 1212, 佘 – [
P. ⓜⓒ VISA
geschl. über Fastnacht 1 Woche – **Menu** *(geschl. 17. Feb. - 4. März, Dienstag)* à la carte
15/33 – **8 Zim** ⌑ 38 – 56.
  • Die Zimmer des gepflegten Landgasthofs sind mit soliden Naturholzmöbeln, hübsche
  Stoffen und freundlichen Farben ansprechend gestaltet und schaffen ein freundliche
  Ambiente. Nettes Restaurant im Landhausstil.

PERLEBERG Brandenburg ⓶⓵⓺ G 19 – 14 000 Ew – Höhe 31 m.
Berlin 146 – Potsdam 125 – Schwerin 75 – Stendal 61.

Deutscher Kaiser, Bäckerstr. 18, ✉ 19348, ℘ (03876) 7 91 40, *info@hot
deutscherkaiser.de,* Fax (03876) 791479, 佘 – ⋇ Zim, 📺 ⇌ P. – 🕴 30. ⒶⒺ ⓞ ⓜ
VISA JCB
Menu à la carte 21/35 – **25 Zim** ⌑ 52 – 61/77.
  • Die Gäste des historischen Stadthauses erwarten geschmackvoll mit Stilmöbeln einge
  richtete Zimmer. Die Räume im neueren Anbau sind einfacher und praktisch ausgestatte
  Kleines Restaurant mit Parkettfußboden und Stilmöbeln.

Unsere Hotel-, Reiseführer und Straßenkarten ergänzen sich.
Benutzen Sie sie zusammen.

PETERSAURACH *Bayern siehe Neuendettelsau.*

PETERSHAGEN Nordrhein-Westfalen ⓶⓵⓹ I 10 – 26 000 Ew – Höhe 45 m.
Berlin 355 – Düsseldorf 230 – Bielefeld 67 – Bremen 90 – Hannover 82 – Osnabrück 8

Romantik Hotel Schloß Petershagen 🦢, ✉ 32469, ℘ (05707) 9 31 30
schloss-petershagen@t-online.de, Fax (05707) 93145, ≤, 佘, ⌂ (geheizt), 🌳, ✻ –
P. – 🕴 80. ⒶⒺ ⓞ ⓜⓒ VISA
Menu *(Nov.- März Montag - Freitag nur Abendessen)* à la carte 29,50/41 – **15 Zim**
⌑ 73/84 – 128/145.
  • Stilvoll und doch wohnlich präsentiert sich das Hotel an der Weser mit klassische
  Einrichtung. Stuckdecken, Antiquitäten und alte Gemälde schaffen ein fürstliche
  Ambiente. Kristallüster und Stilmöbel schmücken die klassisch-eleganten Restau
  ranträume.

In Petershagen-Heisterholz *Süd : 2 km :*

Waldhotel Morhoff, Forststr. 1, ✉ 32469, ℘ (05707) 9 30 30, *info@waldhotel
morhoff.de,* Fax (05707) 2207, 佘 – 📺 ✆ P. – 🕴 200. ⓜⓒ
Menu *(geschl. Montagmittag)* à la carte 18,50/30 – **23 Zim** ⌑ 44 – 72.
  • Ein sehr gepflegter und gut geführter Gasthof. Die Zimmer sind einheitlich mit hellen
  soliden Naturholzmöbeln ausgestattet und bieten einen zeitgemäßen Komfort. Rustika
  gibt sich die gemütliche Gaststube.

PETERSHAGEN-EGGERSDORF Brandenburg ⓶⓵⓺ ⓶⓵⓼ I 25 – 5 500 Ew – Höhe 50 m.
Berlin 28 – Potsdam 59 – Eberswalde 44 – Frankfurt (Oder) 81.

Im Ortsteil Eggersdorf *Nord : 2 km :*

Landhaus Villago Ⓜ, Altlandsberger Chaussee 88, ✉ 15345, ℘ (03341) 46 90, *info
@villago.de,* Fax (03341) 469469, 佘, ♨, ≘s, ⌂, 🦢, 🌳 – ⌚ 📺 ✆ & P. – 🕴 50.
ⒶⒺ ⓜⓒ VISA
Menu à la carte 18/31 – **61 Zim** ⌑ 82/102 – 102/118.
  • Ein Tagungshotel am Bötzsee mit unkonventioneller Innengestaltung : In dem
  individuell eingerichteten Zimmern dominieren warme Naturtöne und südländische Stile
  lemente. Blanke Holztische, warme Farben und Dekorationen im Ethnostil prägen das
  Restaurant.

Landgasthof zum Mühlenteich Ⓜ, Karl-Marx-Str. 32, ✉ 15345, ℘ (03341)
4 26 60, *landgasthof@landgasthof.de,* Fax (03341) 426666, 佘 – ⌚ 📺 ✆ P. – 🕴 130.
ⒶⒺ ⓜⓒ VISA
Menu 21/31 à la carte 19/37 – **20 Zim** ⌑ 58/80 – 73/100.
  • Ein gut geführtes Haus mit einer Einrichtung im zeitlos-modernen Landhausstil. Die Zim
  mer sind teils mit bemalten Bauernmöbeln, teils mit hellen Naturholzmöbeln ausgestattet.
  Ein gemütlicher, runder Kachelofen ziert das rustikale Restaurant.

ETERSTAL-GRIESBACH, BAD Baden-Württemberg 419 U 8 – 3 000 Ew – Höhe 400 m – Heilbad – Kneippkurort – Wintersport : 700/800 m ⛷ 1 ⛷.
🛈 Kurverwaltung, Schwarzwaldstr. 11, ⌧ 77740, ℘ (07806) 79 33, kurverwaltung@bad-peterstal-griesbach.de, Fax (07806) 7950.
Berlin 737 – Stuttgart 115 – *Karlsruhe* 88 – Offenburg 34 – Strasbourg 48 – Freudenstadt 24.

In Ortsteil Bad Peterstal :

Hirsch, Insel 1, ⌧ 77740, ℘ (07806) 9 84 05 00, info@hot-hirsch.de, Fax 9840555, 🖼
– 🛗 📺 🅿 🛈 🆘 VISA
geschl. Mitte Nov. - Mitte Dez. – **Menu** à la carte 16/31 – **41 Zim** ⌧ 37/57 – 68/78, 8 Suiten – ½ P 14.
• Das typische Schwarzwaldhotel begrüßt Sie im Sommer mit einer blumengeschmückten Fassade. Die Zimmer sind unterschiedlich eingerichtet, bieten aber stets zeitgemäßen Komfort. Rustikale Eleganz umgibt die Gäste in dem gemütlichen, gediegenen Restaurant.

Hubertus garni, Insel 3, ⌧ 77740, ℘ (07806) 5 95, info@hotel-hubertus-peterstal.de, Fax (07806) 409, 🛈, 🖼, 🚿 – 📺 🚗 🅿.
geschl. Nov. - Anfang Dez. – **14 Zim** ⌧ 28/33 – 46/62.
• Ein gut gepflegtes und sehr sauberes Haus mit unterschiedlich, aber gediegen eingerichteten Gästezimmern und einem Garten mit Liegewiese.

In Ortsteil Bad Griesbach :

Dollenberg 🛈, Dollenberg 3, ⌧ 77740, ℘ (07806) 7 80, info@dollenberg.de, Fax (07806) 1272, ≼, 🍴, - Massage, 🏊, 🏋, 🧖, ⋐, 🖼, 🚿, ⭒ – 🛗 📺 🛎 🎾 🚗 🅿 – 🚘 100. 🛎 Rest
Menu siehe Rest. **Le Pavillon** separat erwähnt – **Kaminstube :** Menu 17/42 à la carte 27/49 – **Bauernstube :** Menu à la carte 21/28 – **88 Zim** ⌧ 85/120 – 134/230, 8 Suiten – ½ P 15.
• Von ländlicher Eleganz geprägt ist das stilvoll ausgestattete, luxuriöse Hotel mit Parkanlage. Malerisch : die Lage auf einer Schwarzwaldhöhe. Viel Holz, ein offener Kamin und ansprechend eingedeckte Tische verbreiten elegante Gemütlichkeit in der Kaminstube.

Adlerbad (mit Gästehaus), Kniebisstr. 55, ⌧ 77740, ℘ (07806) 9 89 30, hotel@adlerbad.de, Fax (07806) 8421, 🍴, Massage, 🏊, 🏋, ⋐ – 🛗, 🛎 Rest, 📺 🎾 🚗 🅿.
🆘 VISA
geschl. 18. Nov. - 15. Dez. – **Menu** (geschl. Mittwoch) à la carte 20/39 – **30 Zim** ⌧ 39/58 – 72/102 – ½ P 16.
• Ein hübsches Fachwerkhotel im Schwarzwaldstil mit freundlichem Service und gepflegten Zimmern, die teils zeitlos, teils im Landhausstil eingerichtet sind. Gemütliches Restaurant, teils rustikal, teils leicht elegant.

Döttelbacher Mühle, Kniebisstr. 8, ⌧ 77740, ℘ (07806) 9 92 60, info@doettelbacher-muehle.de, Fax (07806) 1319, 🍴 – 📺 🚗 🅿. 🆘 VISA
geschl. Mitte Nov. - Mitte Dez. – **Menu** (geschl. Dienstag) à la carte 15,50/27 – **12 Zim** ⌧ 36 – 60/72 – ½ P 11.
• Solide und wohnliche Zimmer, die meist mit hellen Eichenholzmöbeln eingerichtet sind, erwarten Sie in dem Gasthof mit Balkonfassade. Unterteilte Gaststuben mit gemütlich-rustikaler Atmosphäre.

Kimmig, Kniebisstr. 57, ⌧ 77740, ℘ (07806) 99 29 90, info@hotel-kimmig.de, Fax (07806) 1059 – 🛗 📺 🚗 🅿. 🛈 🆘 VISA
geschl. Mitte - Ende Jan. – **Menu** (geschl. Donnerstag) à la carte 17/32 – **12 Zim** ⌧ 37/40 – 64/74 – ½ P 13.
• Praktisch mit hellen Holzmöbeln eingerichtete, geräumige Zimmer finden Sie in diesem gestandenen familiengeführten Gasthof mit Balkonfassade. Restaurant mit Café-Charakter.

Le Pavillon - Hotel Dollenberg, Dollenberg 3, ⌧ 77740, ℘ (07806) 7 80, info@dollenberg.de, Fax (07806) 12 72 – 🆎 🛈 VISA JCB. 🛎
geschl. 14. - 28. Aug., Dienstag - Mittwoch – **Menu** 47 (mittags)/78 à la carte 46/60 ₤.
• Ein halbrunder Anbau mit großen Fenstern beherbergt dieses Restaurant - ein edles Couvert, geschmackvolle Polsterstühle und ein aufmerksamer Service bestimmen die Atmosphäre.
Spez. Gebratene Taubenbrust mit mariniertem Spargel. Rehrücken mit Aromaten gebraten und Selleriepüree. Warmer Schokoladenfondant mit weissem Schokoladeneis.

Außerhalb Süd-Ost : 5 km über die Straße nach Wolfach :

Waldhotel Palmspring 🛈, Palmspring 1, ⌧ 77740 Bad Peterstal-Griesbach, ℘ (07806) 3 01, info@palmspring.de, Fax (07806) 910788, ≼, 🍴, ⋐, 🚿, 🛎 – 📺 🅿.
🆎 🆘 VISA
geschl. 7. Jan. - 8. Feb. – **Menu** (geschl. Dienstag) à la carte 18/33 – **19 Zim** ⌧ 40/53 – 61/82 – ½ P 14.
• Sommers wie winters ein gutes Quartier : Ein hübsches Schwarzwaldhaus direkt am Waldrand. Die Zimmer sind mit solidem Mobiliar ausgestattet und haben meist Balkone. Ländliches Restaurant mit Terrasse.

PETTENDORF Bayern siehe Regensburg.

PFAFFENWEILER Baden-Württemberg **419** W 7 – 2 650 Ew – Höhe 252 m.
  Berlin 811 – Stuttgart 213 – Freiburg im Breisgau 14 – Basel 66.

XXX **Zehner's Stube**, Weinstr. 39, ⊠ 79292, ℰ (07664) 62 25, Fax (07664) 61624, (eh
maliges Rathaus a.d.J. 1575) – 🅿. ⓪ⓢ 𝕍𝕀𝕊𝔸
geschl. Montag - Dienstagmittag – **Menu** à la carte 44/60 ₤ – **Weinstube** (geschl. Monta
(nur Abendessen) **Menu** à la carte 25/36.
  ◆ Stilvoll speisen in historischen Mauern : in dem hellen, klassisch eingerichteten Restaura
  mit schönem Kreuzgewölbe verwöhnt man die Gäste mit einer französischen Küche. I
  Untergeschoß liegt die ländlich-einfache Weinstube.
  Spez. Gänseleber-Kaninchengalantine mit Salatbouquet. Gebratener Steinbutt auf ligu
  sche Art. Saltimbocca vom Lammrücken mit Gemüsepotpourri.

PFALZGRAFENWEILER Baden-Württemberg **419** U 9 – 7 000 Ew – Höhe 635 m – Luftkuro
  🛈 Gästeinformation, Am Marktplatz, ⊠ 72285, ℰ (07445) 85 90 01, info@pfalzgrafe
  weiler.de, Fax (07445) 859002.
  Berlin 697 – Stuttgart 76 – Karlsruhe 87 – Tübingen 57 – Freudenstadt 16.

🏛 **Thome's Schwanen**, Marktplatz 1, ⊠ 72285, ℰ (07445) 85 80 70, mail@thome
schwanen.de, Fax (07445) 85807400, 🍴 – 📶 ❦ 📺 ✆ 🅿. – 🔔 30. 𝔸𝔼 ⓪ⓢ 𝕍𝕀𝕊𝔸
Menu (geschl. Aug. 3 Wochen) (Donnerstag - Samstag nur Abendessen) à la carte 13/2
– **37 Zim** ⊇ 40/51 – 68/78 – ½ P 13.
  ◆ Der bodenständige, modernisierte Gasthof im Ortskern mit der weiß-gelben Fassac
  erwartet seine Gäste mit gepflegten Zimmern. Auch Businesszimmer. Restaurant m
  gepolsterten Sitzbänken und holzgetäfelten Decken.

In Pfalzgrafenweiler-Herzogsweiler Süd-West : 4 km :

🏛 **Sonnenschein** (mit Gästehaus), Birkenbuschweg 11, ⊠ 72285, ℰ (07445) 85 80 4
hotel-sonnenschein@online.de, Fax (07445) 8580420, 🍴 – 📺 ⇔ 🅿.
geschl. Anfang Nov. - Mitte Dez. – **Menu** (geschl. Mittwoch) à la carte 13/22 – **31 Zim** ⊇ 3
– 58 – ½ P 8.
  ◆ Erholung im Schwarzwald : Der familiengeführte ländliche Gasthof am Ortseingang emp
  fängt seine Gäste mit solide eingerichteten und gut gepflegten Zimmern. Bürgerlich gesta
  tetes Restaurant.

In Pfalzgrafenweiler-Kälberbronn West : 7 km :

🏨 **Schwanen** ⌇, Große Tannenstr. 10, ⊠ 72285, ℰ (07445) 18 80, info@hotel
schwanen.de, Fax (07445) 18899, 🍴, ⛲, 🏊, 🍴 – 📶 ❦ 📺 ♿ 🅿. – 🔔 60
Menu (geschl. Anfang Nov. - Anfang Dez.) à la carte 21/38 – **60 Zim** ⊇ 70/82 – 126/14
– ½ P 18.
  ◆ Wohnliche Zimmer - teils mit Wurzelholz, teils mit rustikaler Eiche - ein moderner Wel
  nessbereich und eine freundliche Atmosphäre finden sich in dem Schwarzwaldgasthof. Di
  rustikalen Gaststuben strahlen Gemütlichkeit aus.

🏨 **Waldsägmühle** ⌇, an der Straße nach Durrweiler (Süd-Ost : 2 km), ⊠ 7228!
ℰ (07445) 8 51 50, waldsaegmuehle@t-online.de, Fax (07445) 6750, 🍴, ⛲, 🏊, 🍴
– 📶 📺 🅿. – 🔔 40. ⓪ⓢ 𝕍𝕀𝕊𝔸
geschl. Anfang Jan. - Anfang Feb. – **Menu** (geschl. Sonntagabend - Montagmittag) 15/2
(mittags) à la carte 23/49 – **38 Zim** ⊇ 58/70 – 95/118 – ½ P 22.
  ◆ Ein hübscher, von Wald umgebener Schwarzwaldgasthof : solide eingerichtete
  wohnliche Zimmer mit gutem Platzangebot warten auf die erholungsuchende
  Gäste. In rustikal-elegantem Ambiente serviert man schmackhafte, sorgfältig zubereitet
  Speisen.

PFARRWEISACH Bayern siehe Ebern.

PFATTER Bayern **420** T 21 – 2 700 Ew – Höhe 325 m.
  Berlin 518 – München 142 – Regensburg 23 – Cham 59 – Straubing 20.

🏛 **Landgasthof Fischer**, Haidauer Str. 22, ⊠ 93102, ℰ (09481) 3 26, stehr.k@v¤
web.de, Fax (09481) 1779, 🍴 – 📺 🅿. ✻ Rest
geschl. 27. Dez. - 10. Jan. – **Menu** (geschl. Montagmittag, Mittwoch, Sonntagabend
à la carte 11/27 – **36 Zim** ⊇ 26/28 – 46/55.
  ◆ Am Bayerischen Wald liegt der Gasthof, in dessen soliden Zimmern - teils mit bemalte
  Bauernmöbeln, teils mit hellen Möbeln ausgestattet - es sich behaglich wohnen läßt. In de
  rustikalen Stuben dominieren helles Holz und blaue Stoffe.

PFINZTAL Baden-Württemberg **419** T 9 – 16 200 Ew – Höhe 160 m.
Berlin 651 – Stuttgart 65 – Karlsruhe 15 – Pforzheim 21.

In Pfinztal-Berghausen :

Zur Linde, An der Jöhlinger Str. 1 (B 293), ⊠ 76327, ℰ (0721) 94 64 90, hotel-linde
-berghausen@t-online.de, Fax (0721) 463630 – 📺. ❀
Menu (geschl. Sonntagabend, Dienstagabend, Samstagmittag) à la carte 21/33 – **17 Zim**
⊇ 52/62 – 72/75.
♦ Schlicht und praktisch sind die Zimmer in diesem gut geführten Hotel in der Ortsmitte eingerichtet. Sie verfügen über ein ausreichendes Platzangebot und zeitgemäßen Komfort. Das gepflegte Restaurant ist im bürgerlichen Stil gestaltet.

In Pfinztal-Söllingen :

Villa Hammerschmiede [M], Hauptstr. 162 (B 10), ⊠ 76327, ℰ (07240) 60 10, info
@villa-hammerschmiede.de, Fax (07240) 60160, 🍽, ≘s, 🏊, 🐎, – 🛗 📺 📞 🚗 🅿 –
🔬 40. 🆎 ⓘ 🆗 🆅🆂🅰
Menu à la carte 44/70 – ⊇ 15 – **30 Zim** 110/180 – 160/230, 3 Suiten.
♦ Mit Liebe zum Detail sind alle Bereiche der sorgfältig restaurierten Villa mit neuerem Anbau gestaltet. Außer stilvollen Zimmern und Suiten lockt die luxuriöse Badelandschaft. In eleganten Landhausstuben oder im lichten Pavillon genießen Sie klassische Küche.
Spez. Lauwarme Ochsenbäckchen mit Bratkartoffelsalat und Flußkrebsen. Gebratener Heilbutt mit geschmortem Kalbsschwanz und Spinatgnocchi. Rhabarberschlupfer mit eingelegten Rosinen und Rhabarbereis.

PFOFELD Bayern siehe Gunzenhausen.

PFORZHEIM Baden-Württemberg **419** T 10 – 118 000 Ew – Höhe 280 m.
Sehenswert : Schmuckmuseum★ AY **M1**.
🐴 Ölbronn-Dürrn, Karlshäuser Hof (Nord : 9 km über ①), ℰ (07237) 91 00.
🛈 Tourist-Information, Marktplatz 1, ⊠ 75175, ℰ (07231) 1 45 45 60, Fax (07231) 1454570.
ADAC, Julius-Moser-Str. 1, (Gewerbegebiet, über ⑤).
Berlin 662 ⑤ – Stuttgart 53 ② – Karlsruhe 31 ⑤ – Heilbronn 82 ②

Stadtplan siehe nächste Seite

Parkhotel [M], Deimlingstr. 36, ⊠ 75175, ℰ (07231) 16 10, info@parkhotel-
pforzheim.de, Fax (07231) 161690, 🍽, Massage, 🛁, ≘s – 🛗, 🔆 Zim, 🍴 📺 📞 🚗
– 🔬 150. 🆎 ⓘ 🆗 🆅🆂🅰 🆑🅲🅱 BY e
Menu à la carte 24/40 – **144 Zim** ⊇ 89/116 – 140/145.
♦ Hinter der architektonisch interessanten Fassade des modernen Hotels finden Sie helle, wohnliche Räume. Durch die Nähe zur Stadthalle geeignet für Veranstaltungen aller Art. Das Restaurant : neuzeitlich mit elegantem Touch.

Royal, Wilferdinger Str. 64, ⊠ 75179, ℰ (07231) 1 42 50 (Hotel), 31 22 40 (Restaurant),
info@hotel-royal-pforzheim.de, Fax (07231) 142599, 🍽 – 🛗, 🔆 Zim, 📺 🚗 🅿 – 🔬 30.
🆎 ⓘ 🆗 🆅🆂🅰 über ⑤
Menu (geschl. Sonntag) (italienische Küche) à la carte 18/31 – **43 Zim** ⊇ 75/80 – 87/100.
♦ Zeitgemäßen Komfort bieten die praktisch und mit eingefärbtem Holzmobiliar einheitlich und solide ausgestatteten Zimmer dieses gut geführten Hauses am Rande der Stadt. Klassisch-modernes Restaurant mit gepflegtem Dekor.

Hasenmayer, Heinrich-Wieland-Allee 105 (B 294), ⊠ 75177, ℰ (07231) 31 10,
info@hotel-hasenmayer.de, Fax (07231) 311345 – 🛗, 🔆 Zim, 📺 📞 🅿.
🆗 🆅🆂🅰 über ①
geschl. 23. Dez. - 4. Jan. – **Menu** (geschl. Sonn- und Feiertage abends) à la carte 13/24 –
44 Zim ⊇ 45/58 – 72/80.
♦ Ein gut geführter Familienbetrieb : In dem gepflegten Hotel am Stadtrand hält man zeitgemäß mit solidem Mobiliar eingerichtete Zimmer für die Gäste bereit. Restaurant in schlichter, ländlicher Aufmachung.

Goldener Bock, Eberstrinstr. 1, ⊠ 75177, ℰ (07231) 10 51 23, Fax (07231) 1559118
– 🆎 ⓘ 🆗 🆅🆂🅰 AX b
geschl. 27. Dez. - 10. Jan., Juli - Aug. 3 Wochen, Donnerstag - Freitagmittag – **Menu** (abends Tischbestellung ratsam) à la carte 21/34.
♦ In dem gepflegten, ländlichen Lokal mit der bürgerlich-rustikalen Ausstattung nehmen die Besucher an ordentlich eingedeckten Tischen Platz.

Landgasthof Seehaus, Tiefenbronner Str. 201 (Süd-Ost : 3 km), ⊠ 75175,
ℰ (07231) 65 11 85, seehaus-pforzheim@t-online.de, Fax (07231) 651570, 🍽, Biergarten – 🅿 – 🔬 15. 🆗 🆅🆂🅰 über Tiefenbronner Straße BY
geschl. 27. Jan. - 27. Feb., Montag – **Menu** à la carte 17/38.
♦ Seine Lage an Wald und See macht das Restaurant in dem ehemaligen markgräflichen Jagdhaus zu einem netten Ausflugslokal - mit Wintergartenanbau.

PFORZHEIM

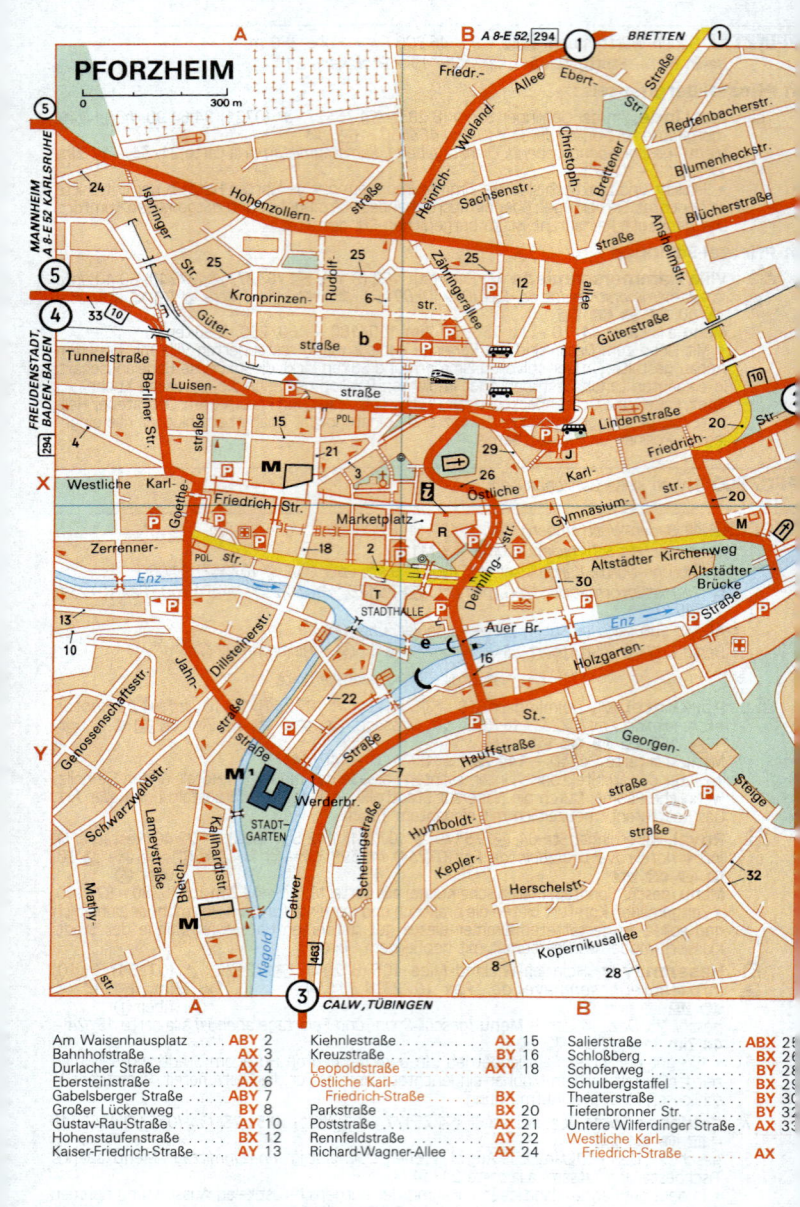

Am Waisenhausplatz	**ABY** 2	Kiehnlestraße	**AX** 15	Salierstraße	**ABX** 25
Bahnhofstraße	**AX** 3	Kreuzstraße	**BY** 16	Schloßberg	**BX** 26
Durlacher Straße	**AX** 4	Leopoldstraße	**AXY** 18	Schoferweg	**BY** 28
Ebersteinstraße	**AX** 6	Östliche Karl-		Schulbergstaffel	**BX** 29
Gabelsberger Straße	**ABY** 7	Friedrich-Straße	**BX**	Theaterstraße	**BY** 30
Großer Lückenweg	**BY** 8	Parkstraße	**BX** 20	Tiefenbronner Str.	**BY** 32
Gustav-Rau-Straße	**AY** 10	Poststraße	**AY** 21	Untere Wilferdinger Straße	**AX** 33
Hohenstaufenstraße	**BX** 12	Rennfeldstraße	**AY** 22	Westliche Karl-	
Kaiser-Friedrich-Straße	**AY** 13	Richard-Wagner-Allee	**AX** 24	Friedrich-Straße	**AX**

In Pforzheim-Brötzingen über ④ :

✗✗ **Silberburg,** Dietlinger Str. 27, ✉ 75179, ℰ (07231) 44 11 59, Fax (07231) 465404 – AE ⓞ VISA
geschl. Aug. 3 Wochen, Montag - Dienstagmittag – **Menu** à la carte 35/49.
♦ Das Restaurant mit den hübsch gedeckten Tischen und dem freundlichen Service hält eine Speiseauswahl einer klassischen Küche für Sie bereit.

PFORZHEIM

Pyramide, Dietlinger Str. 25, ✉ 75179, ℘ (07231) 44 17 54, andreas@restaurant-pyramide.de, Fax (07231) 467261 – ⓐⓔ ⓞ ⓜⓞ 𝐕𝐈𝐒𝐀
geschl. Jan. 2 Wochen, Aug. 3 Wochen, Montag – **Menu** (wochentags nur Abendessen) à la carte 34/47.
♦ In dem gemütlichen Ambiente dieses kleinen Restaurants erwarten Sie eine private Atmosphäre und ein kleines, aber ansprechendes Angebot an marktorientierten Speisen.

An der Straße nach Huchenfeld über ③ : 4 km :

Hoheneck, Huchenfelder Str. 70, ✉ 75181 Pforzheim, ℘ (07231) 7 16 33, Fax (07231) 767941, 🍽 – 🅿 – 🛏 80. ⓐⓔ ⓞ ⓜⓞ 𝐕𝐈𝐒𝐀
Menu à la carte 28/44.
♦ Ein gepflegter Gasthof oberhalb der Stadt : Man kann in den teils klassisch, teils leicht rustikal gestalteten Räumen aus einem breiten Angebot gutbürgerlicher Gerichte wählen.

In Birkenfeld über ④ : 6,5 km :

Zur Sonne mit Zim, Dietlinger Str. 134, ✉ 75217, ℘ (07231) 48 98 60, Fax (07231) 489867 – 📺 🅿. ✳ Rest
geschl. Aug. – **Menu** (geschl. Mittwochabend - Donnerstag) à la carte 26/38 – **4 Zim** 🛏 45 – 70.
♦ Eine internationale und regionale Küche bietet man den Gästen dieses gemütlichen, hübsch dekorierten Restaurants. Gepflegte Zimmer laden zum Übernachten ein.

In Neulingen-Bauschlott über ① : 10 km :

Goldener Ochsen, Brettener Str. 1, ✉ 75245, ℘ (07237) 2 25, Fax (07237) 1898, 🍽 – 📺 ⇌ 🅿 – 🛏 50. ⓜⓞ 𝐕𝐈𝐒𝐀
Menu (geschl. Montagmittag, Donnerstag) à la carte 19/33 – **24 Zim** 🛏 32/45 – 62/75.
♦ Ein gestandener Landgasthof mit soliden, praktischen Zimmern erwartet Sie in landschaftlich reizvoller Lage zwischen Pforzheim und Heilbronn. Komfortabler : die neuen Zimmer. Sie speisen in ländlichen Gaststuben mit rustikalem Mobiliar oder im Biergarten.

In Wimsheim Süd-Ost : 12 km über St.-Georgen-Steige **BY** :

Widmann, Austr. 48, ✉ 71299, ℘ (07044) 4 13 23, Fax (07044) 950040, 🍽 – 🅿. ⓐⓔ ⓜⓞ
geschl. Jan. 1 Woche, Aug. 2 Wochen, Montag – **Menu** à la carte 18/35 – **Le Gourmet** (nur Abendessen) **Menu** à la carte 35/43.
♦ Wenn Sie eine bürgerliche Küche bevorzugen, sind Sie in dieser rustikalen Gaststube mit Thekenbereich und einfach gedeckten Tischen richtig aufgehoben. Das Le Gourmet ist eine modern gestaltete kleine Stube.

PFRONTEN Bayern **419 420** X 15 – 8 400 Ew – Höhe 850 m – Luftkurort – Wintersport : 840/1 840 m ⛷1 ⛷10 ⛷.
Hotels und Restaurants : Außerhalb der Saison variable Schließungszeiten.
🛈 Kur- und Verkehrsamt, Haus des Gastes, Pfronten-Ried, Vilstalstraße 2, ✉ 87459, ℘ (08363) 6 98 88, info@pfronten.de, Fax (08363) 69866.
Berlin 664 – München 131 – *Kempten (Allgäu)* 33 – Füssen 12.

In Pfronten-Dorf :

Bavaria 🐾, Kienbergstr. 62, ✉ 87459, ℘ (08363) 90 20, bavaria-pfronten@t-online.de, Fax (08363) 902222, ≤, 🍽, Massage, ⚕, 🛏, 🏊 (geheizt), 🞎, 🐎 – 📧 📺 ⇌ 🅿 – 🛏 60. ⓐⓔ ⓞ ⓜⓞ 𝐕𝐈𝐒𝐀 𝐉𝐂𝐁
Menu à la carte 24/40 – **Schankwirtschaft** (wochentags nur Abendessen) **Menu** à la carte 17/32 – **48 Zim** 🛏 78/83 – 146/186, 3 Suiten – ½ P 15.
♦ In dem engagiert geführten Landhotel im alpenländischen Stil werden wohnliche Zimmer und ein guter Freizeitbereich Ihren Ansprüchen gerecht. Manche Zimmer auch mit Kamin. Alpenländisches Restaurant mit Kachelofen. Urig-bäuerlicher Stil in der Schankwirtschaft.

Alpenhotel Krone 🅼, Tiroler Str. 29, ✉ 87459, ℘ (08363) 6 90 50, alpenhotel.krone@t-online.de, Fax (08363) 6905555, Biergarten – 📧, ✳ Zim, 📺 ☏ ⇌ 🅿 – 🛏 25. ⓐⓔ ⓞ ⓜⓞ 𝐕𝐈𝐒𝐀. ✳ Rest
Menu à la carte 16/29 – **32 Zim** 🛏 67/75 – 93/105 – ½ P 18.
♦ Hinter der bemalten Fassade dieses Alpengasthofs mit himmelblauen Fensterläden finden Sie modern eingerichtete Zimmer mit Parkettfußboden und zeitgemäßem Komfort. Das Restaurant ist nach Renovierung rustikal und ländlich gestaltet.

Christina 🐾 garni, Kienbergstr. 56, ✉ 87459, ℘ (08363) 60 01, hotel-christina@t-online.de, Fax (08363) 6003, 🛏, 🞎, 🐎 – ✳ 📺 ⇌ 🅿
geschl. Anfang – Ende Nov. – **19 Zim** 🛏 51/54 – 79/93.
♦ Viele Sammlerstücke und Antiquitäten prägen das Ambiente dieses engagiert geführten und mit Liebe zum Detail eingerichteten Hauses mit individuellen, wohnlichen Zimmern.

PFRONTEN

Haus Achtal garni, Brentenjochstr. 4, ✉ 87459, ☎ (08363) 83 29, *info@hotel achtal.de*, Fax (08363) 928811, ≤, ≋, ▢, ☞ – ₧, ⌘
geschl. 12. Nov. - 3. Dez. – **15 Zim** ⊇ 25/33 – 55/61.
♦ In ruhiger Lage am Eingang des idyllischen Achtals finden Sie das familiengeführte, alpenländische Haus mit solide gestalteten Zimmern, z.T. mit Sitzecken.

In Pfronten-Halden :

Zugspitzblick garni, Edelsbergweg 71, ✉ 87459, ☎ (08363) 9 10 10
Fax (08363) 910199, ≤ Zugspitze und Pfronten, ≋, ⌬ (geheizt), ▢, ☞ – ▣ ⇦ ₧ VISA
geschl. 30. März - 12. April, 27. April - 11. Mai, 19. Okt.- 20. Dez. – **50 Zim** ⊇ 25/51 – 55/75
♦ Genießen Sie die ruhige Hanglage und den Blick übers Pfrontener Tal : In dem Alpenhotel wählen Sie zwischen komfortablen Appartements mit Kochnische und einfacheren Zimmern.

In Pfronten-Heitlern :

Am Kurpark , Schlickestr. 11, ✉ 87459, ☎ (08363) 81 12, *hotelkurpark@t-online.de*, Fax (08363) 73298, 🍴, ≋, ☞ – ↮ Zim, ▣ ⇦ ₧
geschl. Nov. - 17. Dez. – **Menu** *(geschl. Samstag)* à la carte 19,50/33 – **11 Zim** ⊇ 55/58 – 110/124.
♦ Der gemütliche Gasthof wurde im Jahr 2000 komplett renoviert und begrüßt Sie mit gepflegten, zeitgemäß und gemütlich eingerichteten Doppelzimmern. Das hübsche Restaurant hat man mit viel Holz im alpenländischen Stil gestaltet.

In Pfronten-Meilingen :

Berghof , Falkensteinweg 13, ✉ 87459, ☎ (08363) 9 11 30, *info@berghof-pfronten.de*, Fax (08363) 911325, ≤ Pfronten mit Kienberg, Breitenberg und Edelsberg, 🍴, Massage, ♣, ♨, ≋, ▢, – ▯ ▣ ⚓ ⇦ ₧ – 🏋 15. ⓞⓑ
Menu à la carte 15/39 – **44 Zim** ⊇ 64/96 – 102/150 – ½ P 10.
♦ Komfort und alpenländische Gemütlichkeit : Hell und freundlich wirkt die Halle mit dem Kamin, die Zimmer sind wohnlich gestaltet, der Wellnessbereich lädt zum Entspannen ein, Ländlich-rustikal gibt sich das mehrfach unterteilte Restaurant.

In der Sonne , Neuer Weg 14, ✉ 87459, ☎ (08363) 50 10, Fax (08363) 6839, 🍴, Massage, ♣, ♨, ≋, ☞ – ▣ ⇦ ₧
geschl. 5. Nov.- 15. Dez. – **Menu** *(geschl. Dienstag)* à la carte 15/28 – **20 Zim** ⊇ 38 – 54/66 – ½ P 11.
♦ Die Zimmer dieses Familienhotels sind einfach eingerichtet, die Appartements im Nebenhaus sind moderner ausgestattet und haben zum Teil separate Wohnräume. Sie speisen im rustikalen Restaurant oder auf der Terrasse mit schönem Ausblick.

In Pfronten-Obermeilingen :

Berghotel Schloßanger-Alp , Am Schloßanger 1 – Höhe 1 130 m, ✉ 87459, ☎ (08363) 91 45 50, *ebert@schlossanger.de*, Fax (08363) 91455555, ≤ Tiroler Berge, 🍴, Massage, ≋, ▢, ☞ ⇦ ₧ – 🏋 15. ⓞⓑ VISA
Menu à la carte 20/58 – **30 Zim** ⊇ 76 – 120/200, 6 Suiten – ½ P 18.
♦ Das Richtige für Ruhebedürftige ist dieser alpenländische Gasthof mit seiner idyllischen Lage in 1130 m Höhe. Geschmackvoll eingerichtete Zimmer im Landhausstil erwarten Sie. In rustikal-gemütlichen Räumen tischt man Ihnen sorgfältig Zubereitetes auf.

Burghotel auf dem Falkenstein , Falkenstein 1 – Höhe 1 277 m, ✉ 87459, ☎ (08363) 91 45 40, *schlachter@online-service.de*, Fax (08363) 9145444, ≤ Alpen, 🍴, ≋, – ▣ ⇦ ₧ – 🏋 20. ⓞⓑ VISA
Menu à la carte 22/38 – **9 Zim** ⊇ 69/76 – 112/138 – ½ P 18.
♦ In malerischer Berglage unterhalb der Burg finden Sie ein wohnliches Domizil im Landhausstil. Die Zimmer haben nette Wohnbereiche und teils auch Kochnischen. Rustikales Restaurant mit gepolsterten Sitzbänken und Kachelofen. Pavillon mit schöner Aussicht.

In Pfronten-Steinach :

Chesa Bader garni, Enzianstr. 12, ✉ 87459, ☎ (08363) 83 96, *chesabader@freenet.de*, Fax (08363) 8696, ≋, ▢, ☞ – ▣ ⇦ ₧
10 Zim ⊇ 46/56 – 74/94, 3 Suiten.
♦ Diese familiengeführte Pension hat man in einem Chalet mit rustikal-behaglichem Innenleben untergebracht - Zimmer teils mit Kamin. Wanderwege und Loipen sind in der Nähe.

Pfrontener Hof, Tiroler Str. 174, ✉ 87459, ☎ (08363) 9 14 00, Fax (08363) 914039, ⇦ , 🍴, ☞ – ⇦ ₧
geschl. Nov. - Mitte Dez. – **Menu** *(geschl. Mittwoch)* à la carte 13/29 – **19 Zim** ⊇ 35 – 52/58 – ½ P 11.
♦ Ein Hotel mit Tradition : Das hübsche alpenländische Haus mit den zeitgemäß ausgestatteten Zimmern liegt direkt an der Talstation der Breitenbergbahn. Gediegene Restauranträume.

PFULLENDORF – Baden-Württemberg 419 W 11 – 13 100 Ew – Höhe 650 m.

🛈 Verkehrsamt, Kirchplatz 1, ⌂ 88630, ✆ (07552) 25 11 31, verkehrsamt@stadt-pfullendorf.de, Fax (07552) 931130.
Berlin 707 – Stuttgart 123 – *Konstanz 60* – Freiburg im Breisgau 137 – Ulm (Donau) 92.

Adler Ⓜ (mit Gästehaus), Heiligenberger Str. 20, ⌂ 88630, ✆ (07552) 9 20 90, info@adler-hotel.de, Fax (07552) 9209800, 😀 – 🛗, ⚜ Zim, 📺 📞 🅿 – 🔒 70. AE ⓞ ⓜ VISA JCB
Menu (geschl. Sonntagabend) (wochentags nur Abendessen) à la carte 13/26 – **48 Zim** ⇌ 53/70 – 76/105.
 ♦ Ob im Haupthaus oder im Gästehaus : Die Zimmer des engagiert geführten Hotels sind einheitlich mit modernen, hellen Holzmöbeln eingerichtet und auch technisch gut ausgestattet. Rustikales Restaurant mit schöner Holzdecke.

Krone, Hauptstr. 18, ⌂ 88630, ✆ (07552) 9 21 70, info@hotel-krone.de, Fax (07552) 921734 – 📺 🅿 AE ⓞ ⓜ VISA
geschl. 22. Dez. - 10. Jan. – **Menu** (geschl. Samstagmittag, Sonntagmittag) à la carte 20/31 – **23 Zim** ⇌ 44/53 – 75/85.
 ♦ Hinter der schönen Fachwerkfassade dieses zentral gelegenen Gasthofs a. d. 16. Jh. erwarten Sie unterschiedlich eingerichtete, wohnliche und solide Zimmer mit Parkettfußboden. Ländliches Restaurant mit schöner Holztäfelung und Parkett.

Stadtblick garni, Am Pfarröschle 2/1, ⌂ 88630, ✆ (07552) 60 03, Fax (07552) 4555 – 📺 🅿 ⓜ VISA. ⚜
geschl. über Fastnacht 1 Woche, Weihnachten - Anfang Jan. – **14 Zim** ⇌ 45/47 – 74/77.
 ♦ Oberhalb der Stadt liegt die kleine, schon etwas ältere Pension mit gut gepflegten und mit grünlich eingefärbten Holzmöbeln eingerichteten Zimmern.

PFULLINGEN – Baden-Württemberg 419 U 11 – 16 000 Ew – Höhe 426 m.
Berlin 680 – *Stuttgart 43* – Reutlingen 4 – Ulm (Donau) 78.

Engelhardt ⚜ garni, Hauffstr. 111, ⌂ 72793, ✆ (07121) 9 92 00, info@hotel-engelhardt.de, Fax (07121) 9920222, 😀 – 🛗 ⚜ 📺 📞 🅿 – 🔒 30. AE ⓞ ⓜ VISA
55 Zim ⇌ 58/70 – 78/90.
 ♦ Ein gut geführtes Tagungs- und Businesshotel mit funktionellen Zimmern, zu deren Annehmlichkeiten eine gute Technik und ordentliche Schreibtische gehören.

PFUNGSTADT – Hessen 417 419 Q 9 – 25 000 Ew – Höhe 103 m.
Berlin 579 – Wiesbaden 52 – *Frankfurt am Main 46* – Darmstadt 10 – Mannheim 45.

Restaurant VM, Borngasse 16 (Zentrum am Rathaus), ⌂ 64319, ✆ (06157) 8 54 40, Fax (06157) 86268, 😀
geschl. Anfang Jan. 2 Wochen, Samstagmittag, Sonntag - Montag – **Menu** (Tischbestellung ratsam) 20 (mittags) à la carte 28/50.
 ♦ In dem modernen, kleinen Restaurant oder auf der winzigen Terrasse bewirtet man die Gäste mit sorgfältig und schmackhaft zubereiteten Gerichten der internationalen Küche.

PIDING – Bayern 420 W 22 – 5 200 Ew – Höhe 457 m – Luftkurort.
🛈 Verkehrsamt, Petersplatz 2, ⌂ 83451, ✆ (08651) 38 60, Fax (08651) 63447.
Berlin 718 – München 128 – *Bad Reichenhall 9* – Salzburg 13.

Lohmayr Stub'n, Salzburger Str. 13, ⌂ 83451, ✆ (08651) 71 44 78, Fax (08651) 768852, 😀 – 🅿 ⓞ ⓜ VISA
geschl. März - April 3 Wochen, Dienstag - Mittwoch – **Menu** à la carte 21/41.
 ♦ Das ländliche Restaurant besteht aus drei rustikal ausgestatteten Stuben und bietet in netter Atmosphäre eine Auswahl an regionalen Gerichten und einige mediterrane Speisen.

In Piding-Högl *Nord : 4 km :*

Berg- und Sporthotel Neubichler Alm ⚜, Neubichl 5 – Höhe 800 m, ⌂ 83451, ✆ (08656) 7 00 90, info@neubichler-alm.de, Fax (08656) 1233, ≤ Salzburg und Berchtesgadener Land, 😀, Massage, 🔆, 😀, 🔳, 🏊, ⚜ 🎿, Squash – 🛗 ⚜ 📺 👤 🐾 🚗 🅿 ⓜ VISA
Menu à la carte 19/34 – **50 Zim** ⇌ 81 – 115/129 – ½ P 9.
 ♦ Ideal für Familien ist das idyllisch oberhalb von Salzburg inmitten von Wiesen gelegene Hotel mit praktischen (Familien-)Zimmern und Kinderbetreuung. Viele Freizeitangebote. Rustikales Restaurant mit Wintergarten und schöner Terrasse.

PIESPORT
Rheinland-Pfalz 417 Q 4 – 2 100 Ew – Höhe 130 m.
Berlin 693 – Mainz 135 – Trier 43 – Bernkastel-Kues 18 – Wittlich 26.

Winzerhof M garni, Bahnhofstr. 8a, ✉ 54498, ℘ (06507) 9 25 20, hotel-winzerhof-piesport@t-online.de, Fax (06507) 925252 – TV 📞 🚗 P. AE ⓞ ⓜ VISA
12 Zim 😊 50/53 – 76/88.
♦ In dem kleinen Weinort erwartet Sie ein gut geführtes, neuzeitliches Hotel, dessen Zimmer geschmackvoll mit solidem, zeitgemäßem Kirschbaummobiliar eingerichtet sind.

PILSACH
Bayern 419 420 S 18 – 2 600 Ew – Höhe 440 m.
Berlin 454 – München 144 – Nürnberg 40 – Amberg 36 – Ingolstadt 70 – Regensburg 72

Gasthof Am Schloss, Litzloher Str. 8, ✉ 92367, ℘ (09181) 3 00 21, Fax (09181) 3403, 🍴 – TV P. – 🛏 20. AE ⓜ VISA. ℅ Zim
geschl. 4. - 19. Aug. – **Menu** (geschl. Dienstag) à la carte 12/31 – **16 Zim** 😊 37/44 – 52/58
♦ Mitten im Ort, in der Nähe des Schlosses, liegt der ländliche Gasthof mit funktionellen Zimmern, die mit hellen Eichenmöbeln ausgestattet sind. Pflanzen und moderne Bilder zieren das ländliche Restaurant.

PINNEBERG
Schleswig-Holstein 415 416 F 13 – 39 000 Ew – Höhe 11 m.
🏌 Pinneberg, Weidenhof, Mühlenstr. 140, ℘ (04101) 51 18 30 ; 🏌 Tangstedt, Gut Wulfsmühle (Nord-Ost : 6 km), ℘ (04101) 58 67 77 ; 🏌 Prisdorf, Peiner Hag (Nord-West : 4 km), ℘ (04101) 7 37 90.
ADAC, Elmshorner Str. 73.
Berlin 305 – Kiel 89 – Hamburg 23 – Bremen 128 – Hannover 173.

Thesdorfer Hof garni, Rellinger Str. 35, ✉ 25421, ℘ (04101) 5 45 40, empfang@thesdorferhof.de, Fax (04101) 545454, 😊 – TV 📞 P. – 🛏 30. AE ⓞ ⓜ VISA
22 Zim 😊 66/81 – 77/102.
♦ In dem 1993 erbauten Hotel im Landhausstil finden Sie mit solidem, zeitlosem Kirschholzmobiliar eingerichtete Zimmer. Der Frühstücksraum dient gleichzeitig als Tagescafé.

Cap Polonio ♨, Fahltskamp 48, ✉ 25421, ℘ (04101) 53 30, info@cap-polonio.de, Fax (04101) 533190, 🍴 – 🛗, ℅ Zim, TV 📞 & P. – 🛏 120. AE ⓜ VISA
Menu à la carte 24/34 – **64 Zim** 😊 64/84 – 88/109.
♦ Die Zimmer des Hotels, dem ein alter Schnelldampfer seinen Namen gab, sind teils älter und mit dunklen Holzmöbeln, teils in Kirsche oder auch neuzeitlich ausgestattet. Restaurant mit dem Originalinventar des Speisesaals des namengebenden Schiffes.

Zur Landdrostei, Dingstätte 23, ✉ 25421, ℘ (04101) 20 77 72, Fax (04101) 592200, 🍴 – AE ⓜ VISA
geschl. Montag – **Menu** 26/36 à la carte 30/34.
♦ Das Restaurant liegt im Keller eines ehemaligen Palais am Rathausplatz. Eine ständig wechselnde Bilderausstellung verschiedener Künstler bietet optische Reize.

PIRMASENS
Rheinland-Pfalz 417 419 S 6 – 49 200 Ew – Höhe 368 m.
Messegelände Wasgauhalle, ℘ (06331) 6 40 41, Fax (06331) 65758.
ADAC, Schloßstr. 6.
Berlin 683 ① – Mainz 122 ① – Saarbrücken 62 ① – Landau in der Pfalz 46 ② – Kaiserslautern 36 ①

Stadtplan siehe gegenüberliegende Seite

Lindner Hotel Landauer Tor garni, Landauer Str. 7, ✉ 66953, ℘ (06331) 2 46 40, info@landauertor@lindner.de, Fax (06331) 246444 – 🛗 TV 📞 P. – 🛏 30. AE ⓞ ⓜ VISA JCB. ℅ Rest
27 Zim 😊 59/85 – 70/100.

n

♦ Ein modernes, solide geführtes Etagenhotel im Zentrum, dessen Zimmer mit hellgrau oder blau eingefärbten Holzmöbeln wohnlich eingerichtet sind.

Ciccio, Zeppelinstr. 2, ✉ 66953, ℘ (06331) 7 54 00, Fax (06331) 77876 – AE ⓞ ⓜ VISA

a

geschl. Montag – **Menu** (italienische Küche) à la carte 26/41.
♦ Helles und freundliches Restaurant im klassischen Stil : Die Angebote der gehobenen italienischen Küche präsentiert man auf einer Tafel, dazu noch mündliche Empfehlungen.

In Pirmasens-Winzeln West : 4 km über Winzler Straße oder Arnulfstraße :

Kunz, Bottenbacher Str. 74, ✉ 66954, ℘ (06331) 87 50, info@hotel-kunz.de, Fax (06331) 875125, 🍴, 🏊, 🌲 – ℅ Zim, P. – 🛏 100. AE ⓞ ⓜ VISA
geschl. 22. Dez. - 6. Jan. – **Menu** (geschl. 5.- 22. Juli, Freitagmittag, Samstagmittag) 22/48 à la carte 22/39 – **48 Zim** 😊 42/62 – 72/82.
♦ Gepflegte und individuell eingerichtete Zimmer mit guter technischer Ausstattung und ausreichend Platz hält das komfortable Hotel mit persönlicher Atmosphäre für Sie bereit. Sehr behaglich ist das klassisch gestaltete Restaurant.

PIRMASENS

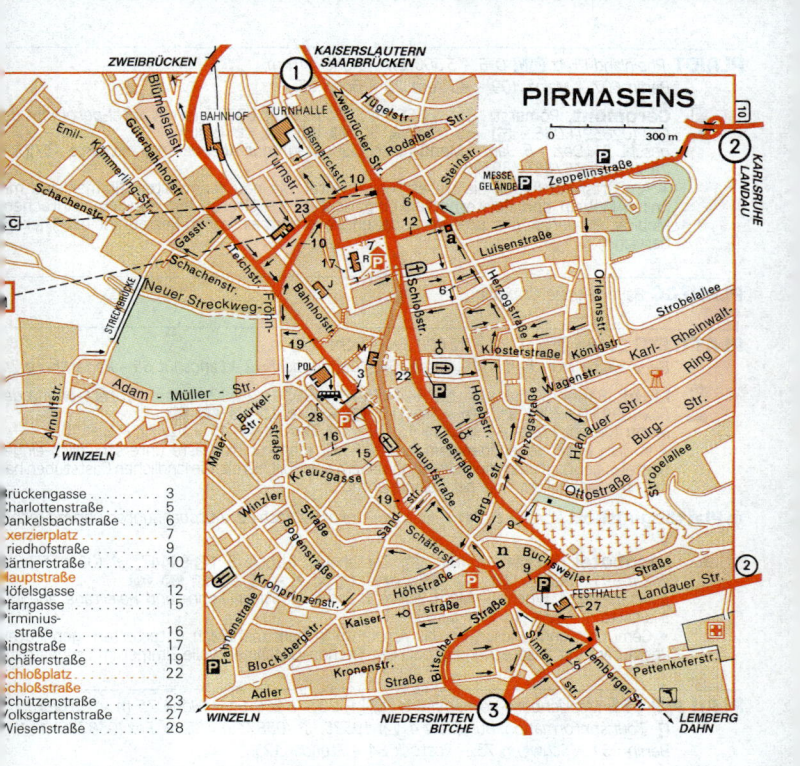

Brückengasse 3
Charlottenstraße 5
Dankelsbachstraße 6
Exerzierplatz 7
Friedhofstraße 9
Gärtnerstraße 10
Hauptstraße
Höfelsgasse 12
Marrgasse 15
Pirminius-
straße 16
Ringstraße 17
Schäferstraße 19
Schloßplatz 22
Schloßstraße
Schützenstraße 23
Volksgartenstraße 27
Wiesenstraße 28

*Die Erläuterungen in der Einleitung helfen Ihnen,
Ihren Roten Michelin-Führer effektiver zu nutzen.*

PIRNA Sachsen 418 N 25 – 42 000 Ew – Höhe 120 m.
🛈 Touristservice, Am Markt 7, ✉ 01796, ℘ (03501) 4 65 70, Fax (03501) 465715.
Berlin 213 – *Dresden* 20 – Chemnitz 91 – Görlitz 97.

Romantik Hotel Deutsches Haus, Niedere Burgstr. 1, ✉ 01796, ℘ (03501)
44 34 40, deutsches-haus@romantikhotels.com, Fax (03501) 528104, 🍴 – 🛗, ⚹ Zim,
📺 ✆ 🅿 – 🔔 35. AE ⓞ VISA
Menu *(April - Okt. Montag - Freitag nur Abendessen, Nov. - März nur Abendessen)* à la carte
16/29 – **40 Zim** ⚏ 62/72 – 88/98 – (Wiedereröffnung nach Renovierung : Jan. 2003).
♦ Der schöne Renaissancebau im historischen Stadtkern begrüßt Sie mit wohnlichen Zimmern, die mit bemalten Bauernmöbeln, Naturholzmobiliar oder Stilmöbeln eingerichtet sind.
Gediegene Gaststuben, Gewölbekeller und Gartenrestaurant im Innenhof.

Pirna'scher Hof, Am Markt 4, ✉ 01796, ℘ (03501) 4 43 80, pirnascher-hof@t-on
line.de, Fax (03501) 44380, 🍴 – 📺. AE ⓞ VISA
Menu à la carte 15/27 – **22 Zim** ⚏ 48/60 – 68/75.
♦ Hinter der barocken Fassade des Altstadthotels erwarten Sie unterschiedlich große Zimmer mit moderner Einrichtung. Freigelegte Holzbalken schaffen ein wohnliches Ambiente.
Stilvolles Galerierestaurant und nette kleine Innenhofterrasse.

In Pirna-Zehista Süd-West : 2,5 km :

Zur Post 🅼 (mit 🍽 Gasthof), Liebstädter Str. 30, ✉ 01796, ℘ (03501) 55 00, info
@hotel-zur-post-pirna.de, Fax (03501) 527712, 🍴, 🔄, 🏊 – 🛗 📺 ✆ ♿ 🅿 – 🔔 80.
AE ⓞ ⓞ VISA
Menu à la carte 10/24 – **64 Zim** ⚏ 40/67 – 51/90.
♦ Ein gestandener, gepflegter Gasthof : Die Zimmer im Neubau sind geräumig, gut und
wohnlich ausgestattet, die im renovierten Haupthaus sind etwas einfacher im Komfort. Sie
speisen in der rustikalen Gaststube oder im neueren Restaurantteil.

PLAIDT Rheinland-Pfalz ❹❶❼ O 6 – 5500 Ew – Höhe 110 m.
Berlin 607 – Mainz 109 – Koblenz 20 – Bonn 63.

🏨 **Geromont**, Römerstr. 3a, ✉ 56637, ℰ (02632) 60 55, info@hotel-geromont.de
Fax (02632) 6066 – 📺 ⇌ 🅿 – 🔒 50. ⓞ ⓒ𝑬 𝑽𝑰𝑺𝑨. ✂ Rest
geschl. 23. Dez. - 5. Jan. - **Menu** (geschl. Sonntag) (nur Abendessen) à la carte 13/25 –
28 Zim ⊇ 45/48 – 69/72.
♦ Am Ortsrand finden Sie dieses ruhige Hotel. Die neu renovierten Zimmer sind mit hellen Möbeln und Polsterbetten eingerichtet, die älteren mit dunklem, einfachen Mobiliar. Bürgerlich und preiswert speisen Sie in dem einfachen Restaurant mit Thekenbereich.

PLANEGG Bayern siehe Gräfelfing.

PLATTLING Bayern ❹❷❿ T 22 – 12000 Ew – Höhe 320 m.
Berlin 566 – München 134 – Passau 54 – Deggendorf 12 – Landshut 65 – Regensburg 71

🏨 **Liebl**, Bahnhofsplatz 3, ✉ 94447, ℰ (09931) 24 12, hotel-liebl@t-online.de
Fax (09931) 6709, 🍽, ⇌s – ✂ Zim, 📺 ⇌ 🅿 – 🔒 50. ⓒ𝑬 𝑽𝑰𝑺𝑨
Menu (geschl. Freitag) à la carte 13/29 – **22 Zim** ⊇ 41/45 – 62/72 – ½ P 10.
♦ In dem Hotel gegenüber dem Bahnhof hält man für die Gäste unterschiedlich eingerichtete, gepflegte Zimmer mit zeitgemäßem Komfort bereit. Die ländlichen Gaststuben hat man mit viel hellem Holz nett eingerichtet.

In Plattling-Altholz Nord-Ost : 7 km Richtung Pankofen, nach der Autobahnunterführung rechts ab :

✕✕ **Landhotel Hutter** ⟲ (mit 🏨 Gästehaus), Altholz 6, ✉ 94447, ℰ (0991) 73 20
Fax (0991) 382887, 🍽, ⇌s, 🏊, 🎾 – 📺 ⌥ 🅿 – 🔒 50. 𝑽𝑰𝑺𝑨
geschl. Aug. 1 Woche – **Menu** (geschl. Samstagmittag, Sonn- und Feiertage abends) à la carte 19/32 – **11 Zim** ⊇ 65 – 120.
♦ Gemütlich und ländlich ist das Ambiente in dem mehrfach unterteilten, gepflegten Restaurant mit ansprechend gedeckten Tischen. Geschmackvolle Zimmer im Landhausstil.

PLAU AM SEE Mecklenburg-Vorpommern ❹❶❻ F 20 – 6200 Ew – Höhe 75 m – Luftkurort.
🛈 Touristinformation, Burgplatz 4, ✉ 19395, ℰ (038735) 4 56 78, Fax (038735) 41421
Berlin 151 – Schwerin 73 – Rostock 84 – Stendal 123.

🏨🏨 **Parkhotel Klüschenberg** ⟲, Klüschenberg 14, ✉ 19395, ℰ (038735) 4 43 79, info@klueschenberg.de, Fax (038735) 44371, 🍽 – 📶 📺 🅿 – 🔒 100. ⓒ𝑬 𝑽𝑰𝑺𝑨
Menu à la carte 16/28 – **68 Zim** ⊇ 59/64 – 69/93 – ½ P 15.
♦ Ein hübsches Hotel in einem kleinen Park am Rand der Innenstadt : Frisch wirken die in verschiedenen hellen Farben gestalteten Zimmer, die alle wohnlich und komfortabel sind. Dezente Farben und eine fast klassische Einrichtung prägen das Restaurant.

In Plau-Plötzenhöhe Süd-Ost : 1,5 km :

🏨 **Strandhotel**, Seestr. 6, ✉ 19395, ℰ (038735) 81 10, Fax (038735) 81170, 🍽 – 📺
🅿 – 🔒 70. ⓒ𝑬 𝑽𝑰𝑺𝑨
Menu (geschl. Okt. - März Mittwoch) à la carte 13/25 – **20 Zim** ⊇ 45/53 – 70/78 –
½ P 16.
♦ Das Haus liegt direkt am See, die weiß-gelbe Fassade erinnert an die klassische Bäderarchitektur. Die Zimmer sind wohnlich eingerichtet und bieten zeitgemäßen Komfort. Helles, saalartiges Hotelrestaurant mit geblümten Vorhängen und verspielter Dekoration.

In Plau-Seelust Süd : 4 km :

🏨🏨 **Seehotel** ⟲ (mit Gästehaus), Hermann-Niemann-Str. 6, ✉ 19395, ℰ (038735) 8 40,
seehotel-plau@t-online.de, Fax (038735) 84166, ≤, 🍽, ⇌s, 🏖, 🎾 – ✂ Zim, 📺 🅿
– 🔒 50. ⓞ ⓒ𝑬 𝑽𝑰𝑺𝑨
Menu à la carte 15/33 – **83 Zim** ⊇ 63/69 – 95/110 – ½ P 16.
♦ Eine Ferienanlage mit Gästehaus und kleinen Appartementhäusern, die sich für Gruppen und Tagungen gleichermaßen eignet. Solide möblierte, funktionelle Zimmer stehen bereit. Ein Wintergarten mit Korbstühlen und Klinkerwänden ergänzt das neuzeitliche Restaurant.

🏨 **Seeresidenz Gesundbrunn** ⟲, Hermann-Niemann-Str. 11, ✉ 19395, ℰ (038735)
81 40, Fax (038735) 81427, 🎾 – ✂ Zim, 📺 🅿 𝑨𝑬 ⓒ𝑬 𝑽𝑰𝑺𝑨
Menu à la carte 16/32 – **18 Zim** ⊇ 69/75 – 67/95 – ½ P 15.
♦ Eine gediegene, gut geführte Hotel-Pension in einer schönen renovierten Villa am See mit wohnlichen Zimmern, die größtenteils mit Stilmöbeln eingerichtet sind. Gediegenes Restaurant mit Terrasse zum See.

PLAU AM SEE

In Plau-Quetzin Nord : 4 km :

Landhotel Rosenhof, August-Bebel-Str. 10, ⌧ 19395, ℰ (038735) 8 90, land hotel_rosenhof@t-online.de, Fax (038735) 89189, Biergarten, Bootssteg – 20.
Menu à la carte 15/25 – **31 Zim** 45/71 – 75/88 – ½ P 15.
• Auf den Fundamenten des ehemaligen Bauernhofs entstand ein nettes Hotel. Die geräumigen Zimmer verteilen sich auf zwei Häuser mit Fachwerkfassade und sind solide eingerichtet. Eine nette Terrasse im Innenhof ergänzt das neurustikal ausgestattete Restaurant.

In Bad Stuer Süd-Ost : 11 km :

Stuersche Hintermühle (mit Gästehäusern), Seeufer 6, ⌧ 17209, ℰ (039924) 7 20, seehotel-badstuer@t-online.de, Fax (039924) 7247, – – 50.
Menu à la carte 14/27 – **58 Zim** 52 – 74/84 – ½ P 15.
• Die idyllische Lage im Wald sowie die solide und wohnlich eingerichteten Zimmer machen die reetgedeckte Mühle und die zwei Landhäuser zu einem empfehlenswerten Feriendomizil. Schlicht und neuzeitlich eingerichtetes Hotelrestaurant.

PLAUEN Sachsen 418 420 O 20 – 71000 Ew – Höhe 350 m.

🛈 Tourist-Information, Unterer Graben 1 (Rathaus), ⌧ 08523, ℰ (03741) 1 94 33, touristinfo@plauen.de, Fax (03741) 2911059.
ADAC, Schulstr. 1.
Berlin 291 – Dresden 151 – Gera 54 – Chemnitz 80 – Erfurt 144 – Bayreuth 105.

Alexandra, Bahnhofstr. 17, ⌧ 08523, ℰ (03741) 22 14 14, hotel_alexandra@t-online.de, Fax (03741) 226747, – – Zim, – 60.
Menu à la carte 14/26 – **72 Zim** 69/76 – 78/104.
• Stadthotel mit 140jähriger Tradition : Nach der Renovierung erwarten Sie hier ausreichend geräumige, mit Stilmöbeln in verschiedenen Farbtönen gestaltete Zimmer. Rosatöne und Kristall-Lüster prägen das klassische Restaurant.

Am Theater, Theaterstr. 7, ⌧ 08523, ℰ (03741) 12 10, info@hotel-am-theater.de, Fax (03741) 121444, – Zim, – 80.
Menu à la carte 16/31 – **118 Zim** 59/67 – 67/82.
• Im Stadtzentrum findet man dieses Hotel mit solide ausgestatteten Zimmern, in denen Polster und Dekorationsstoffe farblich aufeinander abgestimmt sind. Das Wirtshaus ist mit hellem Holz vertäfelt, ein Kachelofen strahlt Gemütlichkeit aus.

Country Inn and Suites, Straßberger Str. 37, ⌧ 08523, ℰ (03741) 25 20, info-plauen@countryinns.de, Fax (03741) 252100, – – Zim, – 65.
Menu à la carte 19/31 – **62 Zim** 61/86 – 66/91.
• Solide-elegant ist die Ausstattung dieses Hotels in Zentrumsnähe. Die Zimmer sind geschmackvoll gestaltet, ausreichend groß und haben einen Arbeitsplatz mit Fax und Modem. Das Restaurant empfängt Sie mit einer hellen und freundlichen Atmosphäre.

Parkhotel, Rädelstr. 18, ⌧ 08523, ℰ (03741) 2 00 60, parkhotel-plauen@saxonia.net, Fax (03741) 200660, Biergarten – – 20.
Menu à la carte 16/23 – **17 Zim** 45/64 – 75/85.
• Ein stilvolles Ambiente erwartet Sie in der 1994 komplett renovierten Villa a. d. J. 1868. Die Zimmer sind mit hellgrünen, gediegenen Möbel wohnlich ausgestattet. Sie speisen in einer rustikalen Stube mit Holzkohlegrill, im Restaurant oder im Biergarten.

City Hotel, Neundorfer Str. 23, ⌧ 08523, ℰ (03741) 1 52 30, info@city-flair-hotel.de, Fax (03741) 152399 – – Zim, – 20.
Menu à la carte 14/24 – **23 Zim** 45/61 – 66/76.
• Im Zentrum liegt das renovierte alte Stadthaus mit moderner Einrichtung : Zimmer mit in verschiedenen Farben abgesetztem Naturholz und zeitgemäßen Sanitäreinrichtungen. Rustikales, nett dekoriertes Restaurant.

In Plauen-Jößnitz Nord : 6 km :

Landhotel zur Warth, Steinsdorfer Str. 8, ⌧ 08547, ℰ (03741) 5 71 10, zurwarth@aol.com, Fax (03741) 57115, Biergarten, – – – Zim, – 30.
Menu à la carte 14/25 – **26 Zim** 56/58 – 72/77.
• Behaglich ist die Ausstattung des neueren Hotels : Die geschmackvollen Gästezimmer sind mit hellen, leicht rustikalen Holzmöbeln eingerichtet, die größeren haben eine Sitzecke. Helles Restaurant mit Blick in den Garten und gemütlicher Kutscherstube.

PLAUEN

In Plauen-Neundorf West : 4,5 km :

Ambiente ⑤, Schulstr. 23, ✉ 08527, ℘ (03741) 4 23 30, hotel.ambiente.plauen@planet-interkom.de, Fax (03741) 4233205, Biergarten – TV P – ⚒ 25. AE ⓪ VISA
Menu à la carte 13/24 – **21 Zim** ⌂ 43/50 – 59/70.

• Eine solide Übernachtungsadresse : In einem Vorort-Wohngebiet finden Sie gepflegte, funktionell mit hell eingefärbten Möbeln eingerichtete Zimmer. Gepflegtes Restaurant mit Wintergartenanbau.

In Plauen-Zwoschwitz Nord-West : 5 km :

Gasthof Zwoschwitz, Talstr. 1, ✉ 08525, ℘ (03741) 30 06 80, landhotel@iz-plauen.de, Fax (03741) 30068218, Biergarten – ⇥ Zim, TV ℘ P. AE ⓪ ⓒ VISA
Menu (geschl. Juli 2 Wochen, Sonntagabend - Montagmittag) à la carte 11/25 – **20 Zim** ⌂ 44/47 – 65/70.

• Solide Zimmer und ein freundlicher Service erwarten die Gäste des gewachsenen Gasthofs in der Dorfmitte. Zum Angebot zählen auch Kegelbahn und Spielplatz. Parkett, gepolsterte Bänke und Stühle sowie frische, türkise Farbakzente gestalten das Restaurant.

PLECH Bayern 419 420 R 18 – 1 200 Ew – Höhe 461 m – Erholungsort.

🐚 Velden, Gerhelm 1 (Süd : 8 km), ℘ (09152) 3 98.
Berlin 394 – München 192 – Nürnberg 50 – Bayreuth 40.

In Plech-Bernheck Nord-Ost : 2,5 km :

Veldensteiner Forst ⑤, ✉ 91287, ℘ (09244) 98 11 11, info@veldensteiner-forst.de, Fax (09244) 981189, 🌳, ⇐, ☒, 🌾 – ⥮, ⇥ Zim, TV ⇐ P – ⚒ 40. ⓒ VISA. ⚘
geschl. Mitte Feb. - Mitte März – **Menu** (geschl. Montag) à la carte 14/28 – **32 Zim** ⌂ 40/50 – 75/80 – ½ P 15.

• Ruhig und idyllisch von Wiesen umgeben ist das gepflegte, familiengeführte Ferienhotel. Die meisten Zimmer sind mit Möbeln im Landhausstil ausgestattet. Mit Kinderspielplatz. Ländliche Gaststuben - teils gediegen und leicht elegant, teils rustikal.

PLEINFELD Bayern 419 420 S 16 – 7 500 Ew – Höhe 371 m.

🐚 Ellingen, Zollmühle 1 (Süd : 3 km), ℘ (09141) 39 76.
🛈 Verkehrsbüro, Marktplatz 11, ✉ 91785, ℘ (09144) 92 00 70, tourismuspleinfeld@gmx.de, Fax (09144) 92 00 60.
Berlin 473 – München 140 – Nürnberg 49 – Ingolstadt 60 – Donauwörth 49.

Zum Blauen Bock, Brückenstr. 5, ✉ 91785, ℘ (09144) 18 51, Fax (09144) 8277 –
TV P. ⚘ Zim
Menu (geschl. Mittwoch) à la carte 11/16 – **14 Zim** ⌂ 30/42 – 48/50.

• Der gestandene Gasthof ist seit 1875 in Familienbesitz. Hier finden Sie eine herzliche Atmosphäre und praktische Zimmer. Die kleinen Gäste freuen sich über die Spielwiese. Ländlich-rustikale Gaststube mit einer Einrichtung aus hellem Naturholz.

Landgasthof Siebenkäs, Kirchenstr. 1, ✉ 91785, ℘ (09144) 82 82, info@landgasthof-siebenkaes.de, Fax (09144) 8307, 🌳 – ⓒ VISA
geschl. Jan. 1 Woche, Aug. 2 Wochen, Montag, Okt. - April Sonntagabend - Montag – **Menu** à la carte 25/37.

• Landhaus-Flair und ein freundlicher Service empfangen Sie in dem hübschen Restaurant mit der frischen regionalen Küche, die sich an den Angeboten der Saison orientiert.

PLEISWEILER-OBERHOFEN Rheinland-Pfalz siehe Bergzabern, Bad.

PLETTENBERG Nordrhein-Westfalen 417 M 7 – 30 000 Ew – Höhe 210 m.

Berlin 526 – Düsseldorf 117 – Arnsberg 35 – Hagen 50 – Lüdenscheid 23 – Olpe 29.

Haus Battenfeld, Landemerter Weg 1, ✉ 58840, ℘ (02391) 92 87 40, info@haus-battenfeld.de, Fax (02391) 928746, 🌳, 🌾 – TV ℘ ♿ P – ⚒ 25. ⓒ VISA
⚘ Rest
Menu (geschl. Montagmittag) à la carte 18/34 – **27 Zim** ⌂ 45/55 – 80.

• Am Ortsrand liegt dieser Gasthof mit einfachen, aber funktionell eingerichteten Zimmern, einem kleinen Tagungsbereich und Kegelbahn. Helles Naturholzmobiliar und Kupfergeräte geben dem Restaurant seinen ländlichen Charakter.

PLIEZHAUSEN Baden-Württemberg **419** U 11 – 6 700 Ew – Höhe 350 m.
Berlin 672 – [Stuttgart](#) 37 – Reutlingen 8,5 – Ulm (Donau) 80.

Schönbuch ⚘, Lichtensteinstr. 45, ✉ 72124, ☎ (07127) 97 50, hoerz@hotel-schoenbuch.de, Fax (07127) 975100, ≤ Schwäbische Alb, 🍴, 🔲, 🐢, – 🛗 📺 📞 🚗 🅿
– 🐴 90. 🆎 ⓘ ⓜ 💳
geschl. 1. - 7. Jan. – **Menu** (geschl. Aug. 2 Wochen, Sonntagabend, Feiertage) 26/50
à la carte 29/48 – **31 Zim** ⇆ 80/87 – 118.
♦ Eine solide Unterkunft am Naturpark Schönbuch mit großzügiger Halle und gepflegten Zimmern - mit hellen oder dunklen Eichenmöbeln ausgestattet, oft mit kleinem Wohnbereich. Das neu gestaltete Restaurant ist mit blauen Polstern und hellem Holz gestaltet.

PLOCHINGEN Baden-Württemberg **419** T 12 – 13 800 Ew – Höhe 276 m.
Berlin 623 – [Stuttgart](#) 25 – Göppingen 20 – Reutlingen 36 – Ulm (Donau) 70.

Princess, Widdumstr. 3, ✉ 73207, ☎ (07153) 60 50, reception@hotel-princess.de, Fax (07153) 605499 – 🛗 📺 📞 🚗 – 🐴 20. 🆎 ⓘ ⓜ 💳 🎴, ※ Rest
geschl. 21. Dez. - 10. Jan. – **Menu** (geschl. Freitag - Samstag) (nur Abendessen) à la carte 17/25 – **45 Zim** ⇆ 64/94 – 94/109.
♦ Ein neues, zeitgemäß ausgestattetes Hotel mit bequem und solide eingerichteten Zimmern, einem modernen Tagungsbereich und guter Verkehrsanbindung. Kleines Hotelrestaurant im neuzeitlichen Bistrostil.

Brauhaus zum Waldhorn, Neckarstr. 25, ✉ 73207, ☎ (07153) 7 27 00, Fax (07153) 898815, 🍴, Biergarten – 🅿
Menu à la carte 18/35.
♦ In einem Teil der ehemaligen Brauerei wurde diese rustikale Gaststätte mit einer großen Theke eingerichtet. Für Festlichkeiten steht ein Saal für 350 Personen zur Verfügung.

In Plochingen-Stumpenhof Nord-Ost : 3 km Richtung Schorndorf :

Stumpenhof, Am Stumpenhof 1, ✉ 73207, ☎ (07153) 2 24 25, stumpenhof.waegerle@t-online.de, Fax (07153) 76375 – 🅿
geschl. über Fastnacht 1 Woche, Montag - Dienstag – **Menu** (Tischbestellung ratsam) à la carte 23/39.
♦ Das hübsch dekorierte, bürgerlich-rustikale Restaurant ist in mehrere Gaststuben unterteilt. Man bewirtet die Gäste mit einer schmackhaften und vielfältigen regionalen Küche.

In Altbach Nord-West : 3 km :

Altbacher Hof (mit Gästehaus), Kirchstr. 11, ✉ 73776, ☎ (07153) 70 70 (Hotel) 70 71 00 (Rest.), webmaster@altbacherhof.de, Fax (07153) 25072, 🍴, – 🛗, ⇌ Zim, 📺
📞 🚗 🅿 🆎 ⓘ ⓜ 💳
geschl. 24. Dez. - 6. Jan. – **Ulrichstuben** (geschl. Freitag - Samstag) (nur Abendessen) **Menu** à la carte 20/37 – **86 Zim** ⇆ 60/85 – 80/110.
♦ Gepflegt und gut geführt ist dieses Hotel mit Zimmern, die mit soliden Holzmöbeln eingerichtet sind. Die Räume im Gästehaus sind etwas einfacher ausgestattet. Fliesenboden, Holztäfelung und rustikale Stühle prägen die Ulrichstuben.

In Deizisau West : 3 km :

Ochsen, Sirnauer Str. 1, ✉ 73779, ☎ (07153) 2 79 45, Fax (07153) 896035, Biergarten – 🅿
geschl. 23. Dez. - 4. Jan., 1. - 20. Aug., Sonntagabend - Montag – **Menu** à la carte 15/31.
♦ Im Zentrum findet man die ländliche Wirtschaft mit einem rustikalen Thekenraum, in dem das Essen an blanken Holztischen serviert wird. Mit Nebenzimmer für Extras.

PLÜDERHAUSEN Baden-Württemberg siehe Schorndorf.

POBERSHAU Sachsen siehe Marienberg.

POCKING Bayern **420** U 23 – 12 000 Ew – Höhe 323 m.
Berlin 625 – München 149 – [Passau](#) 25 – Landshut 102 – Salzburg 112.

Pockinger Hof, Klosterstr. 13, ✉ 94060, ☎ (08531) 90 70, info@hotel-pockingerhof.de, Fax (08531) 8881, 🍴, – 🛗 📺 🅿
Menu à la carte 11/24 – **45 Zim** ⇆ 36/38 – 55/57 – ½ P 6.
♦ Bayerische Gastlichkeit : eine ländliche Übernachtungsadresse mit solide eingerichteten Zimmern, die alle über einen Balkon verfügen. Sie speisen im lichten Wintergarten oder in der rustikalen Gaststube mit historischem Gewölbe.

PÖCKING Bayern 419 420 W 17 – 5 200 Ew – Höhe 672 m.
Berlin 618 – München 32 – Augsburg 71 – Garmisch-Partenkirchen 65.

 Kefer garni, Hindenburgstr. 12, ⊠ 82343, ℘ (08157) 9 31 70, info@hotel-kefer.de, Fax (08157) 931737, ≘s, 🐾 – TV 🅿 AE ⓜ VISA
22 Zim ⌑ 39/65 – 70/76.
  • Oberhalb des Ortes liegt diese Villa mit Anbau, in der man in ländlich eingerichteten Zimmern übernachtet und beim Frühstück den Blick in den schönen Garten genießen kann.

In Pöcking-Possenhofen Süd-Ost : 1,5 km :

 Forsthaus am See ⚓, Am See 1, ⊠ 82343, ℘ (08157) 9 30 10, kontakt@forsthaus-am-see.de, Fax (08157) 4292, ≤, 🍽, Bootssteg – 🛗 TV 🚗 🅿 – 🔒 20. AE ⓜ VISA
Menu à la carte 26/47 – **21 Zim** ⌑ 100/125 – 120/150.
  • Die herrliche Lage direkt am Ufer des Starnberger Sees, gepflegte Zimmer im alpenländischen Stil und ein kleiner Segelhafen machen den Reiz dieser Adresse aus. Nettes, gemütlich-ländliches Restaurant mit schöner Gartenterrasse.

In Pöcking-Niederpöcking Nord-Ost : 2 km :

 La Villa ⚓, Ferdinand-von-Miller-Str. 39, ⊠ 82343, ℘ (08151) 7 70 60, info@lavilla.de, Fax (08151) 770699, ≤, ≘s, 🐾 – 🛗 TV 📞 🅿 – 🔒 60. AE ⓜ VISA. 🎯
geschl. 23. Dez. – 6. Jan. – **Menu** (Restaurant nur für Hausgäste) – **24 Zim** ⌑ 126 – 177.
  • Das geschmackvolle Hotel, das sich auf Tagungen spezialisiert hat, überzeugt durch seine idyllische Lage am See und elegant im italienischen Landhausstil eingerichtete Zimmer.

PÖLICH Rheinland-Pfalz siehe Mehring.

PÖSSNECK Thüringen 418 N 18 – 14 500 Ew – Höhe 220 m.
Berlin 283 – Erfurt 75 – Gera 45 – Hof 73 – Jena 36 – Saalfeld 20.

 Villa Altenburg, Straße des Friedens 49, ⊠ 07381, ℘ (03647) 42 20 01, Fax (03647) 422002, 🍽, ≘s, 🟦, 🐾 – ⇄ Zim, TV 📞 🅿 – 🔒 20. ⓜ VISA
Menu (wochentags nur Abendessen) à la carte 15/24 – **14 Zim** ⌑ 40/60 – 65/85.
  • In der imposanten Villa a. d. J. 1928 - in einem kleinen Park gelegen - finden Sie teils gediegen-elegant mit antiken Möbeln ausgestattete, teils einfacher gestaltete Zimmer. Stilvolles Restaurant mit schönem Parkettfußboden und teils holzgetäfelten Wänden.

POHLHEIM Hessen siehe Gießen.

POING Bayern 420 V 19 – 9 500 Ew – Höhe 517 m.
Berlin 599 – München 21 – Landshut 58 – Salzburg 150.

 Poinger Hof M, Gruber Str. 40, ⊠ 85586, ℘ (08121) 98 80, info@poinger-hof.de, Fax (08121) 988188, 🍽, ≘s, 🟦 – ⇄ Zim, TV 📞 🚗 🅿 – 🔒 90. AE ⓜ VISA
Menu à la carte 18/33 – **58 Zim** ⌑ 87 – 110.
  • Ein neues Hotel im Industrie- und Geschäftsviertel : Ein moderner Glaslift bringt die Gäste von der Halle in die funktionellen, gepflegten Zimmer. Gemütliches Restaurant mit gediegener Ausstattung.

POLLE Niedersachsen 407 K 12 – 1 300 Ew – Höhe 100 m – Erholungsort.
🏌18 🏌9 Polle, Weißenfelder Mühle 2, ℘ (05535) 88 42.
🛈 Verkehrsverein, Haus des Gastes, Amtsstr. 4a, ⊠ 37647, ℘ (05535) 4 11, info@polle-weser.de, Fax (05535) 411.
Berlin 349 – Hannover 80 – Detmold 44 – Hameln 38 – Kassel 88.

✕ **Graf Everstein**, Amtsstr. 6, ⊠ 37647, ℘ (05535) 99 97 80, Fax (05535) 999781, ← Weserbergland, 🍽 – 🅿 AE ⓜ VISA
geschl. Dienstagabend – **Menu** à la carte 24/35.
  • Das Restaurant ist teils in der historischen Unterburg mit schönem Kreuzgewölbe untergebracht, teils im Anbau mit Sicht auf die Weser. Gutbürgerliche und internationale Küche.

POMMELSBRUNN Bayern siehe Hersbruck.

POMMERSFELDEN — Bayern 419 420 Q 16 – 2 400 Ew – Höhe 269 m.

Sehenswert : Schloß★ : Treppenhaus★.
Berlin 430 – München 216 – Nürnberg 47 – Bamberg 21 – Würzburg 74.

Schlosshotel ⑤, Schloss 1, ⊠ 96178, ℘ (09548) 6 80, hoteldorn@aol.com, Fax (09548) 68100, 佘, ≘s, ⬜, 🐎, ⚒ – ⫼, ⇔ Zim, ⓣⱽ ✆ ⱷ – ⵉ 100. Ⓐⓔ ⓜⓞ ⱽ︎ⱵA JCB
Menu à la carte 17/45 – **87 Zim** ⏁ 42/54 – 52/82, 3 Suiten.
◆ In den Nebengebäuden des imposanten Schlosses Weißenstein von 1718 hat man ein Domizil mit zeitgemäßem Komfort geschaffen - umgeben von einem schönen Schloßpark. In mehrere Stuben unterteiltes Restaurant.

In Pommersfelden-Limbach Süd : 1,5 km :

Volland, Limbach 63, ⊠ 96178, ℘ (09548) 2 81, Fax (09548) 921181 – ⱷ
geschl. 19. Mai - 19. Juni – **Menu** (geschl. Montag - Dienstag) à la carte 9/17 – **12 Zim** ⏁ 22/25 – 31/38.
◆ Der solide fränkische Gasthof mit gepflegten, mit hellen Holzmöbeln solide eingerichteten Zimmern bietet Ihnen gute Übernachtungsmöglichkeiten zu fairen Preisen. Holztäfelung, Fliesenboden und rustikale Stühle sorgen für ein ländliches Umfeld beim Speisen.

POPPENHAUSEN/WASSERKUPPE — Hessen 417 418 420 O 13 – 2 700 Ew – Höhe 446 m – Luftkurort.

🛈 Tourist-Information, Von-Steinrück-Platz 1, ⊠ 36163, ℘ (06658) 96 00 13, info@poppenhausen-wasserkuppe.de, Fax (06658) 960013.
Berlin 462 – Wiesbaden 201 – Fulda 17 – Gersfeld 7,5.

Hof Wasserkuppe garni, Pferdskopfstr. 3, ⊠ 36163, ℘ (06658) 98 10, hotelhof wasserkuppe@t-online.de, Fax (06658) 1635, ≘s, ⬜ – ⱷ
18 Zim ⏁ 36/44 – 64/88.
◆ Landhaushotel mit Tradition : Das liebevoll dekorierte Haus hält Zimmer unterschiedlichen Zuschnitts bereit, die mit Naturholzmöbeln nett eingerichtet sind.

An der B 458 Nord-Ost : 8 km Richtung Tann :

Grabenhöfchen, an der B 458, ⊠ 36163 Poppenhausen, ℘ (06658) 3 16, Fax (06658) 1698, ≘s, 🐎 – ⓣⱽ ⱷ – ⵉ 25
Menu à la carte 14/25 – **18 Zim** ⏁ 41 – 67 – ½ P 13.
◆ Gepflegte und solide ausgestattete Zimmer mit einfachem, aber zeitgemäßem Komfort finden Sie in dem etwas außerhalb des Ortes gelegenen Gasthof. Zeitlos wirken Einrichtung und Aufmachung des Hotelrestaurants - mit verputztem Kaminofen.

PORTA WESTFALICA — Nordrhein-Westfalen 417 J 10 – 35 800 Ew – Höhe 50 m.

🛈 Tourist-Information, Haus des Gastes, Kempstr. 6, ⊠ 32457, ℘ (0571) 79 12 80, Fax (0571) 791279.
Berlin 356 – Düsseldorf 214 – Bielefeld 44 – Bremen 106 – Hannover 71 – Osnabrück 75.

In Porta Westfalica-Lohfeld :

Landhaus Edler, Lohfelder Str. 281, ⊠ 32457, ℘ (05706) 9 40 20, landhaus-edler @t-online.de, Fax (05706) 940250, 佘 – ⇔ Zim, ⓣⱽ ✆ ⱷ – ⵉ 50. ⓜⓞ ⱽ︎ⱵA
Menu (geschl. Donnerstag) à la carte 19/34 – **15 Zim** ⏁ 67/77 – 69/102 – ½ P 11.
◆ Ein Gasthof mit Tradition : Das Klinker-Fachwerkhaus mit hölzernen Pferdeköpfen am Giebel überzeugt mit individuell und wohnlich eingerichteten Zimmern. Gediegen-ländlich und leicht rustikal zeigt sich das Restaurant.

POTSDAM — L Brandenburg 416 418 I 23 – 129 000 Ew – Höhe 40 m.

Sehenswert : Schloß und Park Sanssouci★★★ AX (Neues Palais★★, Chinesisches Teehaus★★, Neue Kammern★, Schloß Charlottenhof★, Römische Bäder : Innengestaltung★, Friedenskirche : Mosaik★, Neue Orangerie : Raffaelsaal★) – Schloß Cecilienhof★ BX (Neuer Garten★★, Marmorpalais★) – Nikolaikirche★ - Marstall (Filmmuseum★) BY – Dampfmaschinenhaus (Moschee)★AY – Holländisches Viertel★BX – Brandenburger Tor★AXY – Charlottenstraße★ ABXY – Jägervorstadt★ (Jägertor★)AX – Russische Kolonie Alexandrowka★BX – Glienicker Brücke★ (1 km über ①) – Park und Schloss Babelsberg★★CX.

🐦 🐦 Kemnitz, Schmiedeweg 1 (West : 20 km über Phöben), ℘ (03327) 6 6370 ; 🐦 Tremmen, Trammer Landstraße (Nord-West : 27 km), ℘ (033233) 8 02 44 ; 🐦 🐦 Wildenbruch, Großer Seddiner See (Süd : 16 km), ℘ (033205) 73 20.

🛈 Potsdam-Information, Friedrich-Ebert-Str. 5, ⊠ 14467, ℘ (0331) 27 55 80, Fax (0331) 2755899.

ADAC, Jägerallee 16.
Berlin 31 ② – Brandenburg 38 ④ – Frankfurt (Oder) 121 ③ – Leipzig 141 ③

POTSDAM

Alleestraße	BX
Am Alten Markt	BY 6
Am Kanal	BY
Am Neuen Garten	BX
Am Schragen	BX 7
Auf dem Kiewitt	AY
Babelsberger Straße	BCY
Bassinplatz	BX
Behlertstraße	BCX
Benkerstraße	BX 15
Berliner Straße	BCX
Bornstedter Straße	AX 18
Brandenburger Straße	ABX
Brauhausberg	BY 19
Breite Straße	ABY
Charlottenstraße	ABY
Dortustraße	AXY
Ebräerstraße	BY 21
Feuerbachstraße	AY
Französische Straße	BY 25
Friedrich-Ebert-Straße	BXY
Friedrich-Engels-Straße	BCY
Geschwister-Scholl-Straße	AY 26
Gregor-Mendel-Straße	AX
Gutenbergstraße	ABX
Hans-Thoma-Straße	BX
Hebbelstraße	BX
Hegelallee	ABX
Helene-Lange-Straße	BX
Heinrich-Mann-Allee	BY
Hermann-Elflein-Straße	AX 31
Humboldtbrücke	CX
Humboldtring	CY
Jägerallee	AX
Jägerstraße	BX
Kurfürstenstraße	BX
Lange Brücke	BY
Leiblstraße	BX
Leipziger Straße	BY
Lennéstraße	AY
Lindenstraße	AXY
Luisenplatz	AY 42
Mangerstraße	CX
Mittelstraße	BX
Mühlenbergweg	AX 48
Nuthestraße	CY 51
Pappelallee	AX
Platz der Einheit	BY 54
Reiterweg	BX
Ruinenbergstraße	AX
Schillerplatz	AY
Schloßstraße	BY 60
Schopenhauerstraße	AXY
Sierfertstraße	BY 64
Voltaireweg	AX
Weinbergstraße	AX
Wilhelm-Staab-Straße	BY 67
Yorckstraße	BY
Zeppelinstraße	AY

🏨 **Dorint Sanssouci** Ⓜ, Jägerallee 20, ✉ 14469, ☎ (0331) 27 40, *info.xxppot@dorint.com*, Fax (0331) 2741000, 🍴, Massage, 🏋, ≋, 🏊, – 🛗, ✳ Zim, 📺 ❦ 🕭
🚗 🅿 – 🛗 450. 🅰🅴 ⓓ ⓜⓞ 💳 JCB   AX r
Menu à la carte 32/41 – ⊑ 16
292 Zim 115/165 – 135/185, 4 Suiten.
 ♦ Zwischen Schloß Sanssouci und dem historischen Stadtkern liegt dieses großzügig konzipierte Komforthotel mit klaren Formen, betont modernem Ambiente und kühler Eleganz.

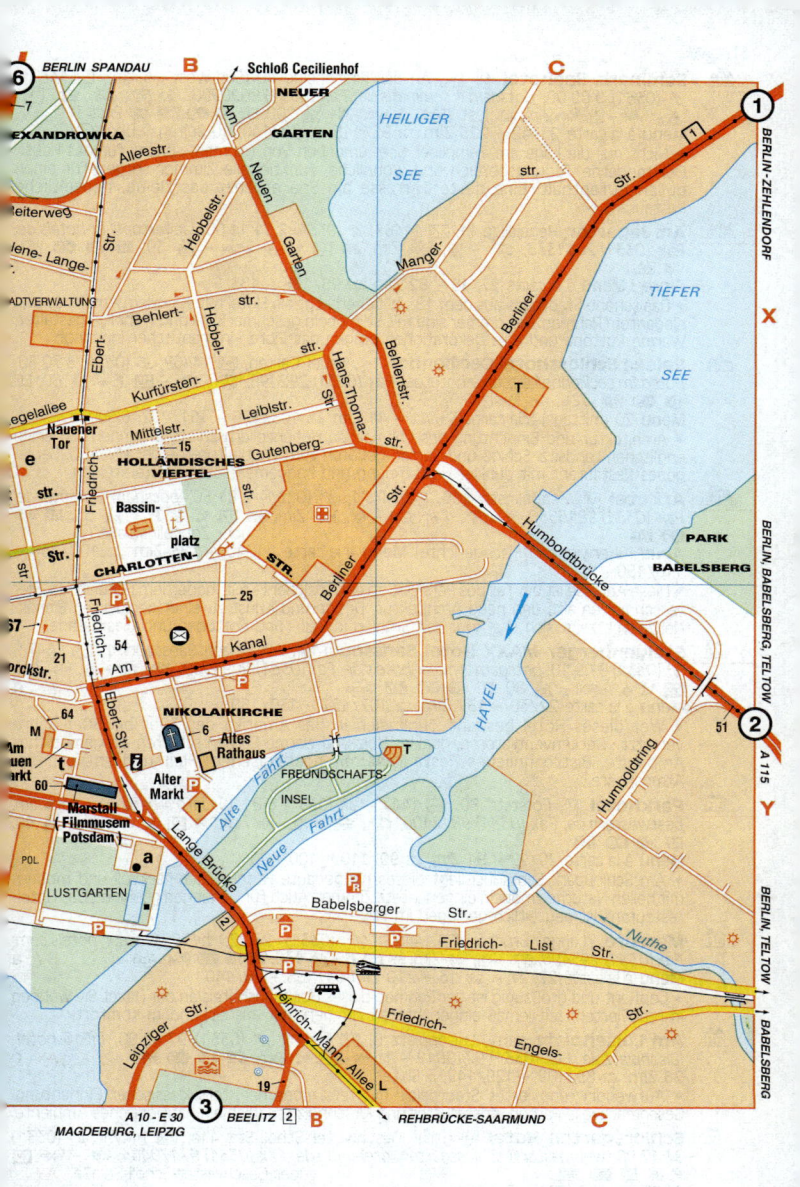

🏠 **Bayrisches Haus** ⚜, Im Wildpark 1 (Süd-West : 6 km), ✉ 14471, 📞 (0331) 5 50 50, info@bayrisches-haus.de, Fax (0331) 5505560, 🌿 , Massage, ≋, 🚗 – 🔌 Zim, 📺 📞 ♿ ₱ – 🏛 50. AE ⓜ VISA JCB. ⚜ Rest   über ④
Menu à la carte 25/38 – *Friedrich Wilhelm* (geschl. 6. Jan. - Feb., Juli, Montag - Dienstag) (nur Abendessen) **Menu** 54/87 à la carte 43/54 – **31 Zim** ⌂ 114/155 – 150/200.
◆ Dieses Haus im romantischen Wildpark baute der Preußenkönig 1847 für seine Gattin. Heute ist es Teil eines luxuriösen Hotels mit elegantem Ambiente. Das Restaurant liegt im Erdgeschoß des historischen Gebäudeteils. Klassisch : Friedrich Wilhelm.

POTSDAM

Seminaris Seehotel M, An der Pirschheide 40 (Süd-West : 5 km), ✉ 14471, ℘ (0331) 9 09 00, *potsdam@seminaris.de*, Fax (0331) 9090900, ≤, 斎, ♣6, ≦s, 🖽, 🐎, – 劇, ⇝ Zim, ⊟ 📺 ℰ 🕭 P - 🚗 200. 🖭 ℗ ◎ VISA. ℅ Rest
Menu à la carte 25/42 – **225 Zim** ⇆ 95/115 – 130/140, 10 Suiten. über ④
♦ Nicht nur die Lage am Templiner See, umgeben von Bäumen, spricht für das Haus : Der moderne Tagungsbereich und wohnliche, funktionelle Zimmer sorgen für einen guten Aufenthalt. Eine nette Terrasse am See ergänzt das kleine, neuzeitliche Restaurant.

Am Jägertor, Hegelallee 11, ✉ 14467, ℘ (0331) 2 01 11 00, *jaegertor@tc-hotels.de*, Fax (0331) 2011333, 斎, – 劇, ⇝ Zim, ⊟ 📺 ℰ 🕭 ⇝ – 🚗 30. 🖭 ℗ ◎ VISA. ℅ Rest **AX** f
Fiore : **Menu** à la carte 27/45 – **62 Zim** ⇆ 96/135 – 155.
♦ Das schöne Stadthaus aus dem 18. Jh. beherbergt ein Hotel mit stilvollem Ambiente und elegantem Rahmen. Die Zimmer sind mit Stilmöbeln geschmackvoll und wohnlich gestaltet. Warme Rottöne und edle Dekorationen prägen das Fiore - romantischer Innenhof.

Relexa Schlosshotel Cecilienhof, Neuer Garten, ✉ 14469, ℘ (0331) 3 70 50, *potsdam.cecilienhof@relexa-hotel.de*, Fax (0331) 292498, 斎, ≦s – 📺 P. – 🚗 60. 🖭 ℗ ◎ VISA JCB. ℅ Rest **BX**
Menu 29 (mittags) à la carte 36/41 – **41 Zim** ⇆ 105/136 – 151/202, 6 Suiten.
♦ Architektur und Einrichtung des ehemaligen Hohenzollernschlosses erinnern an einen englischen Landsitz. Schloß und Garten gehören zum Weltkulturerbe der UNESCO. Gediegenes Restaurant mit dunkler Holztäfelung und bequemen roten Polsterstühlen.

Art'otel M, Zeppelinstr. 136, ✉ 14471, ℘ (0331) 9 81 50, *potsdam@artotel.de*, Fax (0331) 9815555, ≤, 斎, ♣6, ≦s – 劇, ⇝ Zim, ⊟ 📺 ℰ 🕭 P – 🚗 55. 🖭 ℗ ◎ VISA über Zeppelinstraße ④
Aqua (überwiegend Fischgerichte) **Menu** à la carte 21/40 – **123 Zim** ⇆ 100/130 – 110/150.
♦ Diese Adresse ist ein Teil des Persius-Getreidespeichers - mit modernem Hotelanbau. Hier verschmelzen alte und neue Architektur, Design und Kunst zu einer geglückten Einheit. Neuzeitlich zeigt sich das Aqua mit Stühlen in Gelb- und Rottönen und Glasfassade.

Steigenberger MAXX Hotel Sanssouci M, Allee nach Sanssouci 1, ✉ 14471, ℘ (0331) 9 09 10, *potsdam@maxx-hotels.de*, Fax (0331) 9091909, 斎, ≦s – 劇, ⇝ Zim, 📺 ℰ 🕭 ⇝ – 🚗 80. 🖭 ℗ ◎ VISA JCB **AXY** n
Menu à la carte 22/30 – **137 Zim** ⇆ 107/127 – 130/150.
♦ Wer dieses Hotel besucht, fühlt sich in das Amerika der 30er bis 50er Jahre versetzt : Deckenventilatoren, dunkles Holz und warme Farben schaffen ein gemütliches Ambiente. Bistroähnliches Restaurant mit nostalgischem Flair und entspannter Atmosphäre.

Parkhotel M, Forststr. 80, ✉ 14471, ℘ (0331) 9 81 20, *info@parkhotel-potsdam. bestwestern.de*, Fax (0331) 9812100, 斎, ≦s – 劇, ⇝ Zim, ⊟ 📺 🕭 ⇝ P – 🚗 40. 🖭 ℗ ◎ VISA über ④
Menu à la carte 20/27 – **91 Zim** ⇆ 90/110 – 100/120.
♦ Am Schloßpark Sanssouci liegt dieses neugebaute Hotel. Geschmackvoll und modern mit hellen Naturholzmöbeln eingerichtete Zimmer. Auch für Tagungen geeignet. Das Hotelrestaurant ist neuzeitlich-gediegen im Stil.

Mercure, Lange Brücke, ✉ 14467, ℘ (0331) 27 22, *h1582@accor-hotels.com*, Fax (0331) 293496, 斎, – P – ⇝ Zim, ⊟ 📺 – 🚗 130. 🖭 ℗ ◎ VISA JCB **BY** a
Menu à la carte 22/27 – ⇆ 13 – **210 Zim** 91/135 – 96/140.
♦ Gepflegt und großzügig ist der Rahmen dieses Hochhaushotels an der Havel. Sie wohnen in renovierten, zeitgemäß eingerichteten Zimmern mit ausreichendem Komfort.

Am Luisenplatz garni, Luisenplatz 5, ✉ 14471, ℘ (0331) 97 19 00, *info@hotel-luisenplatz.de*, Fax (0331) 9719019 – 劇 ⇝ 📺 ℰ ⇝. 🖭 ℗ ◎ VISA **AY** c
25 Zim ⇆ 89/109 – 129/149, 3 Suiten.
♦ Aufwendig renoviertes Stadtpalais mit teils moderner, teils klassischer Einrichtung. Geschmackvolle Farben, Kristallüster und Kirschholz schaffen ein harmonisches Ambiente.

Schlossgarten Hotel M garni, Geschwister-Scholl-Str. 41a, ✉ 14471, ℘ (0331) 97 17 00, *webmaster@schlossgartenhotel-garni.de*, Fax (0331) 97170404, ⇝ – ⇝ 📺 ℰ. 🖭 ◎ VISA über Geschwister-Scholl-Straße **AY**
17 Zim ⇆ 70/77 – 86/96.
♦ Ein privat geführtes, neugebautes Hotel mit einer individuellen, teils etwas verspielten Einrichtung, dabei aber funktionell und technisch gut ausgestattet.

Mark Brandenburg, Heinrich-Mann-Allee 71, ✉ 14478, ℘ (0331) 88 82 30, Fax (0331) 8882344 – 📺 ℰ P. ◎ VISA. ℅ Rest über Heinrich-Mann-Allee **BY**
Menu (geschl. Sonntag) (nur Abendessen) à la carte 12/23 – **17 Zim** ⇆ 45/58 – 75/90.
♦ Gepflegte und solide eingerichtete Zimmer erwarten die Gäste in diesem Hotel mit zeitgemäßem Standard. Ein reichhaltiges Frühstücksbuffet erleichtert den Start in den Tag. Kellerlokal in schlichter, rustikaler Aufmachung.

1170

POTSDAM

Altstadt, Dortustr. 10, ⊠ 14467, ℘ (0331) 28 49 90, *rezeption@hotel-altstadt-potsdam.de*, *Fax (0331) 2849930*, 斎 – TV. AE ⓜⓔ VISA **AX b**
Menu à la carte 15/26 – **29 Zim** ⊇ 75 – 98.

• Im Herzen der Altstadt findet man dieses renovierte Stadthaus mit hellen, freundlich eingerichteten Zimmern, die einen zeitgemäßen Standard bieten. Restaurant mit Café-Charakter.

Speckers Gaststätte Zur Ratswaage, Am neuen Markt 10, ⊠ 14467, ℘ (0331) 2 80 43 11, *Fax (0331) 2804319*, 斎 – AE ⓜⓔ **BY t**
geschl. Jan. 2 Wochen, Sonntag - Montag – **Menu** 25 (mittags) à la carte 45/53.

• Eine innovativ-klassische Küche pflegt man in dem komplett sanierten, 200 Jahre alten Stadthaus mit den hohen Räumen und der schlichten, modernen Einrichtung.

Juliette, Jägerstr. 39, ⊠ 14467, ℘ (0331) 2 70 17 91, *Fax (0331) 2705389* – ⓞ ⓜⓔ VISA **BX e**
Menu (französische Küche) 35/60 und à la carte.

• In dem kleinen Fachwerkhaus am Rande des Holländischen Viertels mit der gemütlichen, rustikalen Ausstattung serviert man Gerichte der klassischen französischen Küche.

Pino, Weinbergstr. 7, ⊠ 14469, ℘ (0331) 2 70 30 30, 斎 **AX d**
geschl. Samstagmittag, Sonntag – **Menu** (italienische Küche) à la carte 30/37. ⅍ Rest

• Unverputzte Backsteinwände und eine schlichte Einrichtung in Trattoriastil geben dem Restaurant mit der klassischen italienischen Küche eine authentische Atmosphäre.

In Potsdam-Babelsberg *über ② und R.-Breitscheid-Straße : 3 km* :

Am Griebnitzsee M, Rudolf-Breitscheid-Str. 190, ⊠ 14482, ℘ (0331) 7 09 10, *griebnitzsee@seminaris.de*, *Fax (0331) 709111*, ≤, 斎 – ⧫, ⇄ Zim, TV & ⇔ – 🔏 50. AE ⓞ ⓜⓔ VISA ⅍ Rest
Menu à la carte 25/33 – **40 Zim** ⊇ 95/109 – 116/130, - (Erweiterung : 50 Zim bis Frühjahr 2003).

• Das neuere Hotel in schöner Lage am See beherbergt helle, moderne und technisch gut ausgestattete Zimmer - besonders für Seminare und Tagungen geeignet. Von dem neuzeitlichen, leicht eleganten Restaurant aus blicken Sie auf den See.

Zur Alten Rennbahn, Lessingstr. 35, ⊠ 14482, ℘ (0331) 74 79 80, *Fax (0331) 7479818*, 斎, ☎ – ⧫ TV ✆ – 🔏 25. ⓜⓔ VISA
Menu à la carte 17/24 – **14 Zim** ⊇ 67/75 – 90/113.

• Das Hotel liegt in einem Villenviertel mit viel Grün und verbreitet eine gediegene und komfortable Atmosphäre. Die Gäste wohnen in hellen, gut ausgestatteten Zimmern. Das Hotelrestaurant ist klein, gepflegt und solide ausgestattet.

In Potsdam-Bornstedt *über Pappelallee* **AX** :

Kranich ⅍ garni, Kirschallee 57, ⊠ 14469, ℘ (0331) 5 05 36 92, *Fax (0331) 5053694* – ⇄ TV ℗. ⓜⓔ VISA
17 Zim ⊇ 55 – 71.

• Eine zeitgemäße Hotelpension mit wohnlichen Zimmern, die mit dunklen Stilmöbeln und farblich aufeinander abgestimmten Stoffen geschmackvoll eingerichtet sind.

In Potsdam-Drewitz *über ② und Nuthestraße : 4 km* :

Ascot-Bristol M, Asta Nielsen Str. 2, ⊠ 14480, ℘ (0331) 6 69 10, *info@ascot-bristol.de*, *Fax (0331) 6691200*, 斎, ☎ – ⧫, ⇄ Zim, ☰ Rest, TV ✆ & ⇔ ℗ – 🔏 45. AE ⓞ ⓜⓔ VISA JCB
Menu à la carte 20/34 – **94 Zim** ⊇ 105/112 – 130/150, 5 Suiten.

• Ein neues Hotel mit guter, stilvoller Einrichtung : warme Farben, moderne Naturholzmöbel und nette Details schaffen ein behagliches Ambiente. Behindertengerechte Einrichtungen. Restaurant im modernen Bistrostil mit offener Küche - Kaminzimmer mit Bibliothek.

In Potsdam-Hermannswerder *Süd : 3,5 km über Leipziger Straße* **BY** *und Templiner Straße* :

Inselhotel M ⅍, Hermannswerder, ⊠ 14473, ℘ (0331) 2 32 00, *inselhotel.potsdam@t-online.de*, *Fax (0331) 2320100*, 斎, ☎, 🗆, 斎 – ⧫, ⇄ Zim, TV ✆ & ℗ – 🔏 120. AE ⓞ ⓜⓔ VISA JCB
Menu à la carte 23/33 – **86 Zim** ⊇ 93/110 – 105/129, 4 Suiten.

• Auf der idyllischen Insel Hermannswerder liegt dieses moderne Tagungs- und Businesshotel mit einem gepflegten Eingangsbereich sowie funktionellen und wohnlichen Zimmern. Zeitlos modern und leicht elegant gestaltet ist das Restaurant Fontane.

POTSDAM

In Golm über ⑤ : 7 km :

Landhotel Potsdam M, Reiherbergstr. 33, ⊠ 14476, ℰ (0331) 60 11 90, info@
landhotel-potsdam.de, Fax (0331) 60119500, 🍴 – 🛗, 🛏 Zim, 📺 📞 🚻 🅿 – 🔔 40. 🅰🅴
🌐 VISA
Menu à la carte 22/31 – **58 Zim** ☐ 72/87 – 98/112.
• Das moderne Haus im gepflegten Landhausstil überzeugt durch den wohnlichen Rahmen und die geschmackvoll eingerichteten, technisch gut ausgestatteten Zimmer. An schön gedeckten Tischen speist man im freundlichen Restaurant mit kleinem Wintergartenvorbau.

In Ferch Süd-West : 12 km über Leipziger Straße BY und Templiner Straße :

Haus am See ⊗, Neue Scheune 19, ⊠ 14548, ℰ (033209) 7 09 55, hotelhausamsee@gmx.de, Fax (033209) 70496, 🍴 – 📺 🅿 – 🔔 25. VISA. ✻
Menu (geschl. Jan.) à la carte 15/26 – **21 Zim** ☐ 62/67 – 72/92.
• Hier überzeugt nicht nur die idyllische Lage, sondern auch die gepflegten, mit dunklen Stilmöbeln und aufeinander abgestimmten Stoffen ausgestatteten Zimmer im neuen Hotelbau. Großes Restaurant mit Kamin und gediegenem Ambiente. Terrasse am See.

In Michendorf über ③ : 12 km :

Tryp M, Potsdamer Str. 96 (B 2), ⊠ 14552, ℰ (033205) 7 80, tryp.potsdam@solmelia.com, Fax (033205) 78444, 🍴, 🌊 – 🛗, 🛏 Zim, 📺 📞 🚻 🅿 – 🔔 150. 🅰🅴 ⓞ
🌐
VISA JCB
Menu à la carte 21/32 – **125 Zim** ☐ 92/103 – 103/114.
• Hell und solide mit Naturholzmöbeln eingerichtete Zimmer in drei Kategorien, die auch technisch gut ausgestattet sind, erwarten die Gäste dieses neueren Hotels. Im Stil einer Bodega präsentiert sich das Hotelrestaurant.

In Wildenbruch über ③ und B 2 : 15 km :

Am Wald, Luckenwalder Str. 4, ⊠ 14552, ℰ (033205) 71 60, hotelawald@aol.com, Fax (033205) 46841, 🍴 – 🛏 Zim, 📺 📞 🅿 – 🔔 40. ⓞ 🌐 VISA
Menu à la carte 18/28 – **18 Zim** ☐ 55 – 75.
• Etwas außerhalb des Ortes liegt dieses Haus mit einem gepflegten Eingangsbereich und soliden, mit hellen Kiefernmöbeln ausgestatteten Zimmern. Restaurant mit gediegenem Ambiente.

Zur Linde, Kunersdorfer Str. 1, ⊠ 14552, ℰ (033205) 6 23 79, linde_wildenbruch@t-online.de, Fax (033205) 45640, 🍴, Biergarten – 🌐. ✻
geschl. Feb. 3 Wochen, Nov. 3 Wochen, Mittwoch – **Menu** à la carte 19/29.
• Ein regional-bürgerliches Speiseangebot und viele Sonderaktionen erwarten die Gäste des rustikal aufgemachten, ländlichen Gasthofs in der Dorfmitte neben der Kirche.

POTTENSTEIN Bayern 420 Q 18 – 5 600 Ew – Höhe 368 m – Luftkurort.
Ausflugsziel : Fränkische Schweiz★★.
🏌 Pottenstein, Weidenloh 40 (Süd : 2 km), ℰ (09243) 92 92 10.
🛈 Verkehrsbüro, Forchheimer Str. 1, ⊠ 91278, ℰ (09243) 7 08 41, Fax (09243) 70840.
Berlin 395 – München 212 – Nürnberg 67 – Bayreuth 40 – Bamberg 51.

Schwan ⊗ garni, Am Kurzentrum 6, ⊠ 91278, ℰ (09243) 98 10, ferienhotel-schwan@pottenstein.de, Fax (09243) 7351, direkter Zugang zum Erlebnisbad – 🛗 📺 🅿 – 🔔 25. 🅰🅴 🌐 VISA. ✻
geschl. Mitte Jan. - 10. Feb. – **26 Zim** ☐ 41/45 – 72/80.
• Eine solide Übernachtungsmöglichkeit mit zeitgemäßem Komfort bietet dieses gepflegte Hotel am Ortsrand. Sie beziehen gut und modern eingerichtete Zimmer.

Bruckmayers Gästehaus M garni, Am Stadtgraben 1, ⊠ 91278, ℰ (09243) 92 44 50, Fax (09243) 924414 – 🛏 📺 📞 🅿. 🌐 VISA
12 Zim ☐ 44 – 68.
• Moderne und auch technisch gut ausgestattete Zimmer und einen gepflegten Frühstücksraum hält dieses gut geführte, neu renovierte Gästehaus in der Ortsmitte für Sie bereit.

In Pottenstein-Kirchenbirkig Süd : 4 km :

Bauernschmitt, St.-Johannes-Str. 25, ⊠ 91278, ℰ (09243) 98 90, bauernschmitt@t-online.de, Fax (09243) 98945, 🍴, 🌊 – 📺 ⇌ 🅿. 🅰🅴 🌐 VISA
geschl. Mitte Nov. - Mitte Dez. – **Menu** (geschl. Dez.- März Donnerstag) à la carte 12/25 – **25 Zim** ☐ 29/34 – 49/58 – ½ P 10.
• Ein fränkischer Landgasthof mit geräumigen, gut eingerichteten Zimmern - teils mit separatem Wohnraum - und einem schönen, großen Garten, der zum Verweilen einlädt. Das Restaurant gibt sich ländlich-rustikal.

PREETZ *Schleswig-Holstein* 415 416 *D 14 – 15 000 Ew – Höhe 34 m – Erholungsort.*
🛈 *Tourist Information, Garnkorb 2,* ✉ *24211,* ℰ *(04342) 22 07, Fax (04342) 5698.*
Berlin 327 – Kiel 16 – Lübeck 68 – Puttgarden 82.

In Lehmkuhlen-Dammdorf *Nord-Ost : 2 km :*

🏠 **Neeth**, Preetzer Str. 1, ✉ 24211, ℰ (04342) 8 23 74, *neeth@t-online.de*, Fax (04342) 84749, 🍽 – ⇌ Zim, 📺 📞 🅿
Menu à la carte 22/35 – **15 Zim** 🛏 52/80 – 75/110 – ½ P 16.
   ♦ Gute Basis für Ausflüge in die Holsteinische Schweiz : Wohnliche, mit Landhausmöbeln gestaltete Zimmer erwarten Sie in dem Hotel mit roter Klinkerfassade und grünem Ziegeldach. Ein offener Kamin und eine Kaffeekannensammlung zieren das Restaurant.

In Schellhorn *Süd-West : in Richtung Plön : 1 km :*

🏠 **Landhaus Hahn** 🌿 (mit Gästehaus), Am Berg 12, ✉ 24211, ℰ (04342) 8 60 01, *hecht@landhaus-hahn.de*, Fax (04342) 82791, 🍽, 🌳 – 📺 📞 🅿 – 🎩 100. ⓔ ⓞ ⓜ VISA
Menu à la carte 19/35 – **30 Zim** 🛏 50/57 – 75/95.
   ♦ In dem im Landhausstil erbauten Hotel finden Durchreisende und Urlauber ein gepflegtes Quartier. Der Naturpark Holsteinische Schweiz bietet vielfältige Freizeitmöglichkeiten. Eine zur Halle hin offene Brasserie ergänzt das gediegene Restaurant.

PRENZLAU *Brandenburg* 416 *G 25 – 22 000 Ew – Höhe 20 m.*
🛈 *Stadtinformation, Dominikanerkloster, Uckerwiek 813,* ✉ *17291,* ℰ *(03984) 86 51 40, stadtinfo@dominikanerkloster-prenzlau.de, Fax (03984) 865149.*
Berlin 110 – Potsdam 147 – Neubrandenburg 54 – Szczecin 83.

🏠 **Overdiek**, Baustr. 33, ✉ 17291, ℰ (03984) 85 66 00, *hotel.overdiek@t-online.de*, Fax (03984) 856666 – 🛗 📺 🅿 – 🎩 15. ⓔ ⓞ ⓜ VISA
Menu à la carte 13,50/23 – **27 Zim** 🛏 45/50 – 70.
   ♦ Unterschiedlich große Zimmer, die mit hellen, neuen Stilmöbeln freundlich eingerichtet sind, findet man in dem Stadthotel in der Ortsmitte. Rustikale Gaststätte mit Pub-Atmosphäre.

🏠 **Wendenkönig**, Neubrandenburger Str. 66, ✉ 17291, ℰ (03984) 86 00, *mail@hotel-wendenkoenig.de*, Fax (03984) 860151, 🍽, 🌳 – ⇌ Zim, 📺 📞 🅿 – 🎩 20. ⓔ ⓜ VISA
Menu (Montag - Freitag nur Abendessen) à la carte 15/25 – **42 Zim** 🛏 40/50 – 60/70.
   ♦ Das neuere Hotel bietet Ihnen nicht nur zeitgemäß mit hellem oder weiß eingefärbtem Naturholz eingerichtete Zimmer, sondern auch einen schönen Garten mit Feuchtbiotop. Bei gutem Wetter ergänzt die Terrasse das rustikale, nett dekorierte Restaurant.

In Röpersdorf *Süd-West : 3 km :*

🏠 **Schilfland**, Straße am Uckersee 27, ✉ 17291 Nordwestuckermark, ℰ (03984) 67 48, *schilfland@t-online.de*, Fax (03984) 800837, 🍽, 🌳 – ⇌ Zim, 📺 📞 🅿 – 🎩 20. ⓔ ⓜ VISA
Menu (geschl. Feb., Nov.- März Sonntagabend) à la carte 13/23 – **20 Zim** 🛏 45/55 – 65/88.
   ♦ Unweit vom Ufer des Unteruckersees befindet sich dieses Hotel im Landhausstil. Die Zimmer sind mit hellen Kiefernmöbeln freundlich eingerichtet. Familienzimmer. Viele Fischgerichte zu fairen Preisen findet man auf der Speisekarte des Restaurants.

In Seehausen *Süd : 17 km :*

🏨 **Seehotel Huberhof** 🌿, Dorfstr. 49, ✉ 17291, ℰ (039863) 60 20, *info@seehotel-huberhof.de*, Fax (039863) 60210, 🍽, 🛝, 🟰, 🌳 – ⇌ Zim, 📺 ♿ 🅿 – 🎩 30. ⓔ ⓜ VISA
geschl. 4. Jan. - 1. Feb. - **Menu** à la carte 18,50/27 – **25 Zim** 🛏 39/44 – 62/82.
   ♦ Man wohnt in einem alten, renovierten Bauernhaus mit neuem Hotelanbau. Die Lage direkt am Oberuckersee und die wohnlichen Zimmer machen es zu einer guten Übernachtungsadresse. In den gemütlichen Gaststuben sorgen alte Bauernmöbel für ein rustikales Ambiente.

PREROW *Mecklenburg-Vorpommern* 416 *C 21 – 1 800 Ew – Höhe 3 m – Seebad.*
🛈 *Kur- und Tourismusbetrieb, Gemeindeplatz 1,* ✉ *18375,* ℰ *(038233) 61 00, Fax (038233) 61020.*
Berlin 276 – Schwerin 150 – Rostock 63.

🏨 **Bernstein** 🌿, Buchenstr. 42, ✉ 18375, ℰ (038233) 6 40 00, *bernstein@tc-hotels.de*, Fax (038233) 64466, 🍽, 🛝, 🟰, 🏊 (beheizt), 🎾 – 🛗, ⇌ Zim, 📺 ♿ 🅿 – 🎩 15. ⓔ ⓜ VISA. 🌿 Rest
Mitte März - Okt. - **Menu** à la carte 20/37 – **127 Zim** 🛏 97/149 – 126/162 – ½ P 15.
   ♦ Am Ortsrand in einer schönen Anlage mit italienischem Garten liegt das renovierte Hotel im Landhausstil. Die wohnlichen Zimmer verbreiten mediterranes Flair. Ein Gartenrestaurant in einem Pavillon am Pool ergänzt das Restaurant Turmstube.

PREROW

🏨 **Waldschlösschen** (mit Gästehäusern), Bernsteinweg 4, ✉ 18375, ✆ (038233) 61 70, info@waldschloesschen-prerow.de, Fax (038233) 403, 🌳, Massage, ≘s, ⬜, 🐴 – ⊱ Zim, 📺 🅿 🕮 ⓜ🅢 🆅🅸🆂🅰
geschl. Jan. 3 Wochen – **Menu** (nur Abendessen) (bemerkenswerte Weinkarte) à la carte 26/40 – **33 Zim** ⊇ 100/120 – 115/135 – ½ P 22.
• Die verschieden eingerichteten, komfortablen Zimmer verteilen sich auf eine renovierte Fachwerkvilla sowie ein altes und ein neues Gartenhaus in einem kleinen Park. Klassisch gestaltetes Restaurant mit leicht elegantem Touch.

🏨 **Störtebeker** ⌖, Mühlenstr. 2, ✉ 18375, ✆ (038233) 70 20, Fax (038233) 70215 – 📺 & 🅿
geschl. Jan. – **Menu** à la carte 15/23 – **10 Zim** ⊇ 45/60 – 80 – ½ P 13.
• Eine nette, kleine Pension mit wohnlichen Zimmern, die mit hellen, zeitlosen Holzmöbeln gut eingerichtet sind und alle über Balkon, Loggia oder Terrasse verfügen. Das helle, freundliche Restaurant befindet sich in einem Wintergartenanbau.

In Wieck a. d. Darss Süd : 4 km :

🏨 **Haferland** ⌖, Bauernreihe 5a, ✉ 18375, ✆ (038233) 6 80, info@hotelhaferland.de, Fax (038233) 68220, 🌳, Massage, ≘s, 🐴 – 🛗 ⊱ 📺 & 🅿 – 🔒 40. ⓞ 🆅🅸🆂🅰
Menu (geschl. Nov.- April Montag) (Nov. - April nur Abendessen) à la carte 27/36 – **50 Zim** ⊇ 79/115 – 98/138.
• Drei neugebaute Reetdachhäuser im für die Region typischen Stil in schöner Lage am Bodden beherbergen die sehr wohnlichen Zimmer mit der Einrichtung im Landhausstil. In gemütlichem Ambiente tischt ein engagierter Service schmackhafte regionale Speisen auf.

PREUSSISCH OLDENDORF Nordrhein-Westfalen **417** J 9 – 13 500 Ew – Höhe 72 m – Luftkurort.

🅱 Touristik, Rathausstr. 3, ✉ 32361, ✆ (05742) 93 11 30, pr.oldendorf@t-online.de, Fax (05742) 5680.
Berlin 383 – Düsseldorf 225 – Bielefeld 40 – Bremen 110 – Osnabrück 35.

In Büscherheide Süd : 4 km :

🏨 **Lindenhof,** Büscherheide 11, ✉ 32361, ✆ (05742) 42 86, info@lindenhof-buescherheide.de, Fax (05742) 920223, 🌳, – 📺 ⇌ 🅿 ⌖ Zim
Menu (geschl. Mittwoch) à la carte 15/26 – **11 Zim** ⊇ 36 – 62.
• Ein Haus mit Tradition : seit 1894 gibt es den ländlichen Gasthof. Man wohnt in sauberen und ordentlich gepflegten Zimmern, die mit rustikalen Eichenmöbeln eingerichtet sind. Zur Wahl stehen eine Bierstube mit blanken Holztischen und ein ländliches Restaurant.

PRICHSENSTADT Bayern **419 420** Q 15 – 3 000 Ew – Höhe 278 m.
Sehenswert : Hauptstraße ★ mit Fachwerkhäusern.
Berlin 466 – München 254 – Würzburg 42 – Schweinfurt 32 – Nürnberg 82.

🏨 **Zum goldenen Adler,** Karlsplatz 10, ✉ 97357, ✆ (09383) 60 31, Fax (09383) 6032, Biergarten – 📺 ⇌ – 🔒 60. 🅰🅴 ⓞ ⓜ🅢 🆅🅸🆂🅰
geschl. Feb., 14. - 25. Aug. – **Menu** (geschl. Mittwoch, Nov. - März Mittwoch - Donnerstag) à la carte 16/34 – **6 Zim** ⊇ 31 – 44.
• An einem kleinen Dorfplatz liegt der hübsche, gut geführte Gasthof mit der gelben Fassade. Die hell eingerichteten Zimmer bieten einen zeitgemäßen Standard. Gemütlich ist das rustikale Restaurant mit den gepolsterten Sitzbänken und Nischen.

🏨 **Zum Storch,** Luitpoldstr. 7, ✉ 97357, ✆ (09383) 65 87, Fax (09383) 6717, 🌳, (Gasthof a.d.J. 1658) – 📺 🅿 ⓜ🅢 🆅🅸🆂🅰
geschl. Jan. – **Menu** (geschl. Dienstag, Nov. - März Montag - Dienstag) à la carte 14/22 – **9 Zim** ⊇ 35/40 – 50/55.
• Fränkische Atmosphäre mit Tradition : seit über 300 Jahren gibt es diesen Gasthof mit eigenem Weingut. Sie wohnen in mit rustikalen Naturholzmöbeln eingerichteten Zimmern. Gemütliche Gaststuben und der malerische Winzerhof laden zum Verweilen ein.

In Prichsenstadt-Neuses am Sand Nord : 5 km :

🏨 **Landhotel Neuses,** ✉ 97357, ✆ (09383) 71 55, info@landhotel-neuses-sand.de, Fax (09383) 6556, 🌳 – 📺 ⇌ 🅿 – 🔒 15. 🅰🅴 ⓜ🅢 🆅🅸🆂🅰
Menu (geschl. Dienstag - Mittwochmittag) à la carte 13,50/31 – **9 Zim** ⊇ 39/41 – 57.
• Hinter der Natursteinfassade dieses Gasthofs erwarten Sie freundlich ausgestattete Zimmer mit einfachem, zeitgemäßem Komfort. Mit Appartements. Nett dekoriert zeigen sich die ländlich-rustikalen Gaststuben.

PRIEN AM CHIEMSEE Bayern 420 W 21 – 10 100 Ew – Höhe 531 m – Luftkurort – Kneippkurort.

Sehenswert : Chiemsee★ (Überfahrt zu Herren- und Fraueninsel) – Schloß Herrenchiemsee★★.

Prien, Bauernberg 5, ℘ (08051) 6 22 15.

Kur- und Tourismusbüro, Alte Rathausstr. 11, ⊠ 83209, ℘ (08051) 6 90 50, info@tourismus.prien.de, Fax (08051) 690540.

Berlin 656 – München 85 – Bad Reichenhall 58 – Salzburg 64 – Wasserburg am Inn 27 – Rosenheim 23.

Golf-Hotel garni, Erlenweg 16, ⊠ 83209, ℘ (08051) 69 40, info@reinhart-hotels.de, Fax (08051) 694100, Massage, ≘s, ⊠, 雩 – 劇 ⇔ 呕 P – 益 30. 〇 ① ⑩ ❻ 娜 扊
geschl. Jan. - Ostern, 20. Okt. - Mitte Dez. – **39 Zim** ⊇ 85//110 – 90/125.
♦ In Seenähe finden Sie das gepflegte Hotel, das nach Renovierung wohnliche Zimmer im gehobenen Landhausstil mit soliden Naturholzmöbeln und geschmackvollen Stoffen bietet.

Reinhart , Seepromenade, ⊠ 83209, ℘ (08051) 69 40 (Hotel) 40 25 (Rest.), info@reinhart-hotels.de, Fax (08051) 694100, <, 氣, 雩 – 劇, ⇔ Zim, 呕 P. 〇 ① ⑩ ❻ 娜 扊
geschl. 10. Jan. - 30. März, 1. Nov. - 10. Dez. – **Menu** à la carte 17/33 – **23 Zim** ⊇ 85/110 – 90/125 – ½ P 18.
♦ Das Hotel liegt am See, die Einrichtung der Zimmer ist unterschiedlich und reicht von praktisch mit älterem Mobiliar bis hin zu rustikal-wohnlich im Landhausstil. Gemütliches Restaurant mit wintergartenähnlichem Anbau im Caféstil.

Neuer am See, Seestr. 104, ⊠ 83209, ℘ (08051) 60 99 60, info@neuer-am-see.de, Fax (08051) 6099644, 氣 – 劇, ⇔ Zim, 呕 ☎ ♦ P. ⑩ 娜
geschl. Feb. – **Menu** (geschl. Okt.- April Dienstag) à la carte 15/34 – **31 Zim** ⊇ 43/61 – 75/91.
♦ Ein empfehlenswerter Familienbetrieb : Die ehemalige Pension wurde zu einem modernen, gut ausgestatteten Hotel mit wohnlich eingerichteten Zimmern im ländlichen Stil erweitert. Restaurant teils als rustikale Gaststube, teils als zeitgemäß gestaltetes Café.

Bayerischer Hof, Bernauer Str. 3, ⊠ 83209, ℘ (08051) 60 30, hotel_bayerischer_hof@t-online.de, Fax (08051) 62917, 氣 – 劇, ⇔ Zim, 呕 ☎ P. 〇 ⑩ ❻ 娜 Rest
geschl. 20. Jan. - 2. Feb. – **Menu** (geschl. Nov., Montag) à la carte 17/33 – **46 Zim** ⊇ 52/84 – 82/92 – ½ P 16.
♦ Der gepflegte Gasthof mit der weiß-gelben Fassade liegt in der Ortsmitte. Solide und gediegen wirken die mit Eichenholzmöbeln bestückten Zimmer und Appartements. Kachelöfen und Holzbalken machen die ländlich-rustikalen Galeriesträume gemütlich.

XX **Mühlberger**, Bernauer Str. 40, ⊠ 83209, ℘ (08051) 96 68 88, info@muehlberger-
ಟ restaurant.de, Fax (08051) 309274 – P. ⑩
geschl. über Fasching 2 Wochen, Okt. 2 Wochen, Dienstag - Mittwochmittag – **Menu** 25 (mittags)/54 à la carte 33/49 ℧.
♦ An edel gedeckten Tischen können Sie in diesem Restaurant im geschmackvollen alpenländischen Stil eine kleine, aber feine Auswahl der klassischen Küche genießen.
Spez. Marinierte Pfifferlinge mit Knödelscheiben und Radicchio. Steinbutt mit grünem Spargel und Champagnersauce. Lammkotelett mit breiten Bohnen und Olivensauce.

In Prien-Harras Süd-Ost : 4 km :

Yachthotel Chiemsee , Harrasser Str. 49, ⊠ 83209, ℘ (08051) 69 60, Infos@yachthotel.de, Fax (08051) 5171, < Chiemsee und Herrenchiemsee, 氣, Massage, ♣, ♠, ≘s, ⊠, ♠₆, 雩 Yachthafen – 劇 呕 ☎ P – 益 135. 〇 ① ⑩ ❻ 娜
Menu à la carte 28/42 – **102 Zim** ⊇ 121/141 – 151/171, 5 Suiten – ½ P 25.
♦ Die idyllische Lage direkt am See und dem kleinen Yachthafen wird Erholungsuchende überzeugen. Die Zimmer sind solide und gediegen, aber eher praktisch eingerichtet. Sie wählen zwischen dem stilvollen Seerestaurant, der Seeterrasse und dem Zirbelstüberl.

PRITZWALK Brandenburg 416 G 20 – 12 000 Ew – Höhe 85 m.
Berlin 123 – Potsdam 115 – Schwerin 84 – Rostock 120.

Pritzwalker Hof, Havelberger Str. 59, ⊠ 16928, ℘ (03395) 30 20 04, Fax (03395) 302003 – 呕 P. – 益 100. 〇 ⑩ ❻ 娜
Menu (geschl. Sonntagabend) à la carte 13,50/23 – **9 Zim** ⊇ 49/51 – 65.
♦ Gut geführt und gepflegt präsentiert sich dieser renovierte Gasthof mit modern ausgestatteten Zimmern, die einen zeitgemäßen Standard bieten. Gepflegte Gaststube mit großem Thekenbereich.

Waldhotel Forsthaus Hainholz , Hainholz 2 (Nord-Ost : 1,5 km), ⊠ 16928, ℘ (03395) 30 47 47, info@prignitz-hotels.com, Fax (03395) 302795, 氣 – 呕 P – 益 20. ⑩ 娜
geschl. Feb. – **Menu** à la carte 12/21 – **9 Zim** ⊇ 44/49 – 62/67.
♦ Ein schönes Fachwerkhaus in idyllischer Waldlage mitten im Naturpark Hainholz, in dem man zu angemessenen Preisen in gepflegten und geräumigen Zimmern wohnt. Besonders im Sommer ist dieses Lokal ein beliebtes Ausflugsrestaurant.

PRITZWALK

※ **Alte Mälzerei**, Meyenburger Tor 3, ✉ 16928, ℰ (03395) 31 02 84, Fax (03395) 306093, Biergarten – **P**. **⓮㊎**
geschl. Montag – **Menu** à la carte 19/29.
♦ Die Brauereigaststätte liegt im alten Malzlager, dem das Kreuzgewölbe a. d. 18. Jh. - teils mit Ziegelstein, teils verputzt - eine urig-rustikale Atmosphäre gibt.

In Falkenhagen Nord : 8,5 km :

🏨 **Falkenhagen**, Rapshagener Str. 2 (Gewerbegebiet), ✉ 16928, ℰ (033986) 8 21 23, info@prignitz-hotels.com, Fax (033986) 82125, 🍴 – 📺 ✆ **P** – 🔒 40. ⓐ ⓞ ⓮㊎ **VISA**
Menu à la carte 12/21 – **45 Zim** 🛏 44/50 – 62/67.
♦ Eine solide Übernachtungsadresse : Fragen Sie nach den neueren Zimmern, die mit hell eingefärbten Holzmöbeln funktionell und mit zeitgemäßem Komfort eingerichtet sind. Bürgerliches Restaurant.

Michelin bringt keine Schilder an den empfohlenen Hotels und Restaurants an.

PRONSTORF Schleswig-Holstein siehe Segeberg, Bad.

PRÜM Rheinland-Pfalz **417** P 3 – 6000 Ew – Höhe 442 m – Luftkurort.
🏌 Burbach, Lietzenhof (Süd : 18 km Richtung Neustraßburg), ℰ (06553) 20 07.
🛈 Tourist-Information Prümer Land, Hahnplatz 1, ✉ 54595, ℰ (06551) 94 32 07, ti@pruem.de, Fax (06551) 7640.
Berlin 674 – Mainz 196 – Trier 57 – Köln 104 – Liège 104.

🏨 **Landhotel am Wenzelbach**, Kreuzweg 30, ✉ 54595, ℰ (06551) 9 53 80, landhotel@wenzelbach.de, Fax (06551) 953839, 🍴 – ⥅ Zim, 📺 & **P**. ⓐ ⓞ ⓮㊎ **VISA**. ⁂ Rest
geschl. Ende Okt. - Mitte Nov. – **Menu** (geschl. Donnerstag - Freitagmittag) à la carte 19/32 – **17 Zim** 🛏 53 – 80 – ½ P 14.
♦ Am Ortsrand findet man diesen schiefergedeckten Eifeler Gasthof mit unterschiedlich eingerichteten Zimmern (teils rustikal, teils im Bauernstil, teils modern). Restaurant im Landhausstil - ergänzt durch eine nostalgische Gaststube.

🏨 **Tannenhof**, Am Kurpark 2, ✉ 54595, ℰ (06551) 1 47 70, tannenhof.pruem@t-online.de, Fax (06551) 854, 🍴, 🔲, 🏊, – 📺 **P**. ⓞ ⓮㊎ **VISA** 🇯🇨🇧
Menu (geschl. Sonntagabend - Montagmittag) à la carte 14/28 – **24 Zim** 🛏 39/41 – 57/62 – ½ P 13.
♦ Die Zimmer dieses Gasthofs, der etwas oberhalb des Ortes am Waldrand liegt, sind renoviert worden und überzeugen nun mit einer zeitgemäßen Einrichtung. Das Restaurant teilt sich in einen ländlichen Raum mit Theke und einen soliden Speisesaal.

🏨 **Haus am Kurpark** garni, Teichstr. 27, ✉ 54595, ℰ (06551) 9 50 20, Fax (06551) 6097, 🏊, 🔲, 🏊, – 📺 🚗. ⓐ ⓞ ⓮㊎. ⁂
12 Zim 🛏 38/45 – 58/63.
♦ In der Nähe des Kurzentrums befindet sich dieses einfache, familiengeführte Haus, das mit Sauberkeit und Pflege überzeugt - praktische Zimmer.

In Prüm-Held Süd : 1,5 km :

🏨 **Zur Held**, Rommersheimer Held 3, ✉ 54595, ℰ (06551) 9 81 00, hotel-zur-held@t-online.de, Fax (06551) 7427, 🍴, 🏊, 🏊, – 📺 **P**. ⓮㊎ **VISA**
geschl. Anfang Aug. 2 Wochen, Okt. 1 Woche – **Menu** (geschl. Sonntagabend - Montag) à la carte 19/30,50 – **9 Zim** 🛏 47 – 75.
♦ Ein gepflegtes, gut geführtes Haus, das etwas außerhalb des Ortes liegt. Man wohnt in geräumigen Zimmern, die mit soliden, hellen Holzmöbeln und Sitzecken ausgestattet sind. Ländliche Gaststuben - Obstler aus hauseigener Brennerei.

An der B 410 Ost : 5 km :

🏨 **Schoos**, Baselt 7, ✉ 54597 Fleringen, ℰ (06558) 9 25 40, hotel-schoos@die-eifel.de, Fax (06558) 925455, 🍴, Damwildgehege, 🏊, 🔲, 🏊, – 🛗 📺 **P** – 🔒 40. ⓐ ⓞ ⓮㊎ **VISA**. ⁂ Zim
Menu (geschl. Anfang - Mitte Jan.) à la carte 14/32 – **32 Zim** 🛏 54/67 – 86/94.
♦ Die meisten Zimmer des gut geführten Hotels sind mit hellem Kiefernholzmobiliar eingerichtet. Die kleinen Gäste freuen sich über den Garten mit Spielplatz und das Tiergehege. Hübsch dekorierte und solide bestuhlte Gaststätte.

PUCHHEIM Bayern siehe Germering.

PÜTTLINGEN Saarland ◫ S 4 – 20 800 Ew – Höhe 310 m.
Berlin 727 – Saarbrücken 19 – Saarlouis 17.

XXX **Zum Schwan,** Derler Str. 34, ✉ 66346, ℰ (06898) 6 19 74, koschine@gasthaus-zumschwan.de, Fax (06898) 61974 – ⌧ ⓞ ⌧ ⌧
geschl. Dienstag – **Menu** (wochentags nur Abendessen) à la carte 38/57 – **Bistro** (auch Mittagessen) **Menu** à la carte 21/31.
  ♦ Großzügige Eleganz prägt das mit Bildern dekorierte Restaurant mit den aufwendig gedeckten Tischen und bequemen Ledersesseln. Der Chef bereitet Gerichte der klassischen Küche. Die ehemalige Gaststube hat man im Bistrostil eingerichtet.

PULHEIM Nordrhein-Westfalen ◫ M 4 – 49 000 Ew – Höhe 45 m.
🏌 Pulheim, Velderhof (Nord : 9 km über Stommeln), ℰ (02238) 92 39 40 ; 🏌 Pulheim, Gut Lärchenhof (Nord : 7 km über Stommeln), ℰ (02238) 92 39 00.
Berlin 573 – Düsseldorf 37 – Aachen 72 – Köln 13 – Mönchengladbach 43.

🏨 **Ascari** Ⓜ, Jakobstraße, ✉ 50259, ℰ (02238) 80 40, cologne@hotel-ascari.de, Fax (02238) 804140, 🍽 – 🛗, 🚿 Zim, 📺 📞 ♿ ⇔ 🅿 – 🔒 60. ⌧ ⓞ ⌧
⌧ ⌧
Menu (geschl. Samstagmittag) à la carte 26/41 – **73 Zim** ⇌ 108/118 – 138/148.
  ♦ Vor den Toren Kölns findet man das neue Businesshotel mit modern, komfortabel und technisch gut ausgestatteten Zimmern, in denen blaue Teppichböden und Polster Akzente setzen. Zeitlos-elegantes Restaurant und Bierstube mit Theke und blanken Holztischen.

In Pulheim-Brauweiler Süd : 5 km :

🏨 **Abtei-Park-Hotel** garni, Bernhardstr. 50, ✉ 50259, ℰ (02234) 8 10 58, parkhotel @brauweiler.net, Fax (02234) 89232 – 🛗 🚿 📺, ⌧ ⓞ ⌧ ⌧, ✂
41 Zim ⇌ 67/91 – 86/118.
  ♦ Das Etagenhotel ist in ein Einkaufszentrum integriert und verfügt über solide ausgestattete Zimmer mit dunklem, etwas älterem Holzmobiliar.

In Pulheim-Dansweiler Süd-West : 6 km über Brauweiler :

XX **Landhaus Ville,** Friedenstr. 10, ✉ 50259, ℰ (02234) 8 33 45, Fax (02234) 208853 – ⌧ ⌧
geschl. Montag – Dienstag, Samstagmittag – **Menu** (Tischbestellung ratsam) 30 (mittags)/78 à la carte 56/62.
  ♦ In dem Restaurant mit der klassisch-eleganten Einrichtung schmücken Bilder die unverputzten Backsteinwände. Man präsentiert Ihnen Speisen der klassisch französischen Küche.

Am Golfplatz Nord : 7 km, Richtung Stommeler Busch :

XX **Gut Lärchenhof,** Hahnenstraße (im Golf-Club), ✉ 50259 Pulheim, ℰ (02238) 92 31 00, Fax (02238) 9231030, 🍽 – 🅿 – 🔒 20. ⌧ ⓞ ⌧ ⌧. ✂
geschl. über Karneval – **Menu** (bemerkenswerte Weinkarte) à la carte 42/53.
  ♦ Hohe Räume, bequeme Polsterstühle und der Blick auf den Golfkurs prägen das stilvolle Ambiente des Restaurants, in dem man eine klassische Küche mit modernen Akzenten bietet.
Spez. Variation vom Thunfisch. Jakobsmuscheln mit Karotten-Sternanispüree. Geschmorte Kalbshalsroulade mit Sellerie und Trüffel.

PULLACH Bayern ◫ ◫ V 18 – 8 200 Ew – Höhe 582 m.
Berlin 598 – München 12 – Augsburg 72 – Garmisch-Partenkirchen 77.

🏨 **Seitner Hof** garni, Habenschadenstr. 4, ✉ 82049, ℰ (089) 74 43 20, info@seitner hof.de, Fax (089) 74432100, 🍽 – 🛗 🚿 📺 📞 ♿ ⇔ 🅿 – 🔒 20. ⌧ ⌧ ⌧
geschl. 23. Dez. – 6. Jan. – **38 Zim** ⇌ 100 – 120/145.
  ♦ Sehr wohnlich und geschmackvoll mit hellen Landhausmöbeln und farblich harmonierenden edlen Stoffen sind die Zimmer in dem ehemaligen Bauernhof gestaltet.

XX **Hofer's Restaurant,** Habenschadenstr. 4a, ✉ 82049, ℰ (089) 79 36 06 44, hubert .hofer@web.de, Fax (089) 79360645 🅿. ⌧ ⌧ ⌧
geschl. 23. Dez. - 7. Jan., 18. - 28. April, Sonntag, Feiertage – **Menu** (nur Abendessen) (Tischbestellung ratsam) à la carte 26/35.
  ♦ Das Restaurant befindet sich in einem kleinen, alpenländischen Chalet und ist sehr gemütlich mit hellem Holz vertäfelt und hübsch dekoriert. Man kocht im französischen Stil.

PULSNITZ Sachsen **418** M 26 – 6 800 Ew – Höhe 230 m.

🖪 Pulsnitz-Information, Haus des Gastes, Am Markt 3, ✉ 01896, ℰ (035955) 4 42 46, Fax (035955) 44246.

Berlin 186 – Dresden 35 – Bautzen 33 – Cottbus 82.

In Pulsnitz-Friedersdorf Nord-West : 2 km :

- **Waldblick**, Königsbrücker Str. 119, ✉ 01896, ℰ (035955) 74 50, mail@waldblick-pulsnitz.de, Fax (035955) 44770, 🍽, 🌳 – 📺 📞 🅿 ⓘ VISA
  Menu à la carte 13/25 – **26 Zim** ⊊ 41 – 67.
  ◆ Praktische und gepflegte Zimmer, die mit dunklen Eichenholzmöbeln solide eingerichtet sind, bietet man den Gästen in dem familiengeführten Gasthof. Ein Wintergartenanbau ergänzt das mit bequemen Sitzbänken ausgestattete Restaurant.

PUTBUS Mecklenburg-Vorpommern siehe Rügen (Insel).

PYRMONT, BAD Niedersachsen **417** K 11 – 23 000 Ew – Höhe 114 m – Heilbad.

Sehenswert : Kurpark★.

📍₁₈ Lügde, Auf dem Winzenberg (Süd : 4 km) ℰ (05281) 93 20 90 ; 📍₁₈ 📍₉ Aerzen, Schloß Schwöbber (Nord : 16 km), ℰ (05154) 98 70.

🖪 Touristinformation, Europa-Platz 1, ✉ 31812, ℰ (05281) 94 05 11, info@bad pyrmont.de, Fax (05281) 940555.

Berlin 351 – Hannover 69 – Bielefeld 58 – Hildesheim 70 – Paderborn 54.

- **Steigenberger** ⚜, Heiligenangerstr. 2, ✉ 31812, ℰ (05281) 15 02, bad-pyrmont@steigenberger.de, Fax (05281) 152020, 🍽, Massage, ♨, 📶, ≦s, 🔲, 🌳 – 🛗 ⇌ 📺 📞 ♿ 🚗 – 🔺 90. 🅰🅴 ① ⓘ VISA JCB. ⌘ Rest
  Menu à la carte 28/37 – **151 Zim** ⊊ 130/165 – 212/232, 3 Suiten – ½ P 15.
  ◆ Der Jugendstilbau überzeugt mit einem komfortablen Innenleben, einem guten Freizeitbereich und seiner zentralen, ruhigen Lage am Kurpark. Sehenswert : der Fürstensaal. Halbrund angelegtes Restaurant mit lichtdurchflutetem Atrium und Wintergartenatmosphäre.

- **Landhaus Stukenbrock** ⚜, Erdfällenstraße (Nord : 1 km über Bahnhofstr.), ✉ 31812, ℰ (05281) 9 34 40, info@landhaus-stukenbrock.de, Fax (05281) 934434, ≤, 🍽, ≦s – ⇌ Zim, 📺 📞 🅿 ⓘ VISA
  geschl. Mitte Nov. - Mitte Dez. – **Menu** (geschl. Montagmittag, Dienstag - Mittwochmittag) à la carte 21/36 – **11 Zim** ⊊ 64/96 – 102/155 – ½ P 21.
  ◆ Das Richtige für Erholungsuchende : ein ruhig gelegenes, gepflegtes Fachwerkhotel im Landhausstil mit gemütlichen und wohnlichen Zimmern mit zeitgemäßem Komfort. Die Panoramaterrasse mit Blick auf Bad Pyrmont ergänzt das hübsch gestaltete Restaurant.

- **Bergkurpark** ⚜, Ockelstr. 11, ✉ 31812, ℰ (05281) 40 01, info@bergkurpark.de, Fax (05281) 4004, 🍽, Massage, ♨, ≦s, 🔲, 🌳 – 🛗 📺 📞 🅰🅴 ⓘ VISA
  Menu à la carte 23/37 – **49 Zim** ⊊ 65/99 – 96/190 – ½ P 15.
  ◆ Ein Hotel mit leicht nostalgischem Charme : Ein gediegenes Haus im Grünen mit solide eingerichteten Zimmern in verschiedenen Kategorien. Das Restaurant ist zum Wald hin gelegen und klassisch in der Aufmachung. Schöne Terrasse.

- **Kaiserhof** garni, Kirchstr. 1, ✉ 31812, ℰ (05281) 9 56 20, webmaster@kaiserhof pyrmont.de, Fax (05281) 956262 – 🛗 ⇌ 📺 – 🔺 20. ⓘ VISA
  geschl. 2. Nov. - 7. Dez. – **48 Zim** ⊊ 59/101 – 79/110.
  ◆ Das schöne Art déco-Hotelgebäude wurde liebevoll und stilgerecht renoviert : geschmackvoll gestaltete Zimmer und ein freundlicher Frühstücksraum mit Korbsesseln erwarten Sie.

- **Zur Krone** garni, Brunnenstr. 41, ✉ 31812, ℰ (05281) 60 62 00, krone-pyrmont@t-online.de, Fax (05281) 3747 – ⇌ 📺 📞 ⓘ VISA
  15 Zim ⊊ 38/60 – 70/88.
  ◆ Schon Goethe soll hier logiert haben : ein kleines Hotel mit privater und wohnlicher Atmosphäre in der Fußgängerzone. Solide, mit hellen Kiefernmöbeln eingerichtete Zimmer.

- XX **Alte Villa Schlossblick** mit Zim, Kirchstr. 23, ✉ 31812, ℰ (05281) 9 56 60, alte-villa-schlossblick@t-online.de, Fax (05281) 9566113, 🍽, 🌳 – 📺 📞 🅰🅴 ⓘ VISA
  geschl. 7. Jan. - 8. Feb. – **Menu** (geschl. Montag) à la carte 21/32 – **13 Zim** ⊊ 35/53 – 70/82 – ½ P 12.
  ◆ Eine 1894 erbaute Villa beherbergt dieses hell und modern wirkende Restaurant mit schönem Parkettboden und hübsch gedeckten Tischen. Meist mit Stilmobilar bestückte Zimmer.

QUAKENBRÜCK Niedersachsen 415 H 7 – 12 000 Ew – Höhe 40 m.

🛈 Stadt Quakenbrück, Markt 5, ✉ 49610, ℘ (05431) 90 46 49, Fax (05431) 904650.
Berlin 430 – Hannover 144 – Nordhorn 84 – Bremen 90 – Osnabrück 50.

Niedersachsen, St. Antoniort 2, ✉ 49610, ℘ (05431) 9 47 70, hotelniedersachsen
@hasetal.de, Fax (05431) 947720 – TV 📺 P. AE ① ⓜ VISA
Menu (geschl. Samstag - Sonntag) (nur Abendessen) (Restaurant nur für Hausgäste) –
15 Zim ⌒ 47/58 – 72/87.

♦ Ihre Gastgeber halten teils mit älteren Möbeln, teils in hellem Naturholz eingerichtete
Zimmer für Sie bereit, deren Platzangebot unterschiedlich, aber immer ausreichend ist.

QUEDLINBURG Sachsen-Anhalt 418 K 17 – 23 800 Ew – Höhe 122 m.

Sehenswert : Markt★ – Altstadt★ (Fachwerkhäuser) – Schloßberg★ – Stiftskirche
St.Servatius★★ (Kapitelle★, Krypta★★ mit Fresken★, Domschatz★★) – Schloßmuseum★.
Ausflugsziele : Gernrode : Stiftskirche St. Cyriak★ (Skulptur "Heiliges Grab"★) Süd : 7 km
– Halberstadt : St. Stephan-Dom★★ (Lettner★, Triumphkreuzgruppe★, Domschatz★★)
Nord-West : 14 km – Bodetal★★ (Roßtrappe★★, ≤★★★) Süd-West : 9 km.

🛈 Quedlinburg-Information, Markt 2, ✉ 06484, ℘ (03946) 90 56 24, q.t.m@t-online.de,
Fax (03946) 905629.
Berlin 208 – Magdeburg 56 – Erfurt 133 – Halle 76.

Schlossmühle M, Kaiser-Otto-Str. 28, ✉ 06484, ℘ (03946) 78 70, qlbsm@t-online.de,
Fax (03946) 787419, 🌿, 📶 – 📲, 😴 Zim, TV 📞 & P. – 🏛 70. AE ① ⓜ VISA
Menu (im Winter nur Abendessen) à la carte 22/32 – **70 Zim** ⌒ 65/86 – 97/124.

♦ Die ehemalige Propsteimühle am Fuß des Schloßbergs besteht aus einem historischen
Teil und einem neuen Anbau. Einige der Zimmer haben Fachwerk- und Bruchsteinwände.
Das Restaurant ist im Halbrund gebaut und mit einer versenkbaren Fensterfront
versehen.

Romantik Hotel Am Brühl, Billungstr. 11, ✉ 06484, ℘ (03946) 9 61 80, hotelam
bruehl@t-online.de, Fax (03946) 9618246, 🌿, 📶 – 📲, 😴 Zim, TV 📞 P. – 🏛 50. AE
① ⓜ VISA. ℅
Menu (nur Abendessen) à la carte 24/34 – **47 Zim** ⌒ 80/85 – 100/135.

♦ Nach liebevoller Restauration blieben die Fassaden des Gutshofs erhalten. Die Zimmer
sind individuell in einem schönen toskanischen Stil gestaltet und teilweise handbemalt. Ter-
racottaboden und Landhaus-Accessoires verbreiten südliche Stimmung im Restaurant.

Romantik Hotel Theophano, Markt 14, ✉ 06484, ℘ (03946) 9 63 00, theophano
@t-online.de, Fax (03946) 963036 – 😴 Zim, TV P. AE ① ⓜ VISA JCB
Weinkeller (geschl. 7. - 31. Jan., Sonntag, Nov.- März Sonntag - Montag) (nur Abendessen)
Menu à la carte 21/32 – **22 Zim** ⌒ 62/93 – 93/113.

♦ Besonders hübsch ist in diesem Haus der Zimmerbereich : Alle sind liebevoll in Pastell und
mit schönen Dekostoffen eingerichtet, viele mit Baldachin-Betten und netten Details. In
den Gewölben des Fachwerkgemäuers ist das Weinkeller-Restaurant untergebracht.

Zum Bär, Markt 8, ✉ 06484, ℘ (03946) 77 70, info@hotelzumbaer.de,
Fax (03946) 700268, 🌿 – 😴 Zim, TV P. – 🏛 40
Menu (geschl. Jan.) à la carte 17/29 – **50 Zim** ⌒ 65/75 – 90/115.

♦ Im Zentrum der historischen Altstadt liegt dieses 250 Jahre alte Haus, dem mit moder-
nem Wohnkomfort, schönen Möbeln und hübschen Stoffen neues Leben eingehaucht
wurde. Im Restaurant speiste bereits Johann Wolfgang von Goethe !

Zur Goldenen Sonne, Steinweg 11, ✉ 06484, ℘ (03946) 9 62 50, info@hotelzur
goldenensonne.de, Fax (03946) 962530, Biergarten – 😴 Zim, TV 📞 P. – 🏛 40. AE
ⓜ VISA
Menu à la carte 14/32 – **27 Zim** ⌒ 46/58 – 67/82.

♦ Harmonisch fügt sich das Baudenkmal in das Fachwerk-Ensemble der Altstadt ein. Großen
Luxus suchen Sie im Inneren vergebens, es erwarten Sie nette, solide Zimmer. Rustikale
Aufmachung mit bleiverglasten Fenstern und dunklem Holz im Restaurant.

QUERFURT Sachsen-Anhalt 418 L 18 – 10 100 Ew – Höhe 177 m.

🛈 Stadtinformation, Markt 14, ✉ 06268, ℘ (034771) 2 37 99, Fax (034771) 23798.
Berlin 205 – Magdeburg 103 – Leipzig 60 – Merseburg 33 – Halle (Saale) 35 – Naumburg 33.

Querfurter Hof M, Merseburger Str. 5, ✉ 06268, ℘ (034771) 52 40, info@
querfurterhof.de, Fax (034771) 524199, 📶 – 📲, 😴 Zim, TV 📞 P. – 🏛 35. AE ① ⓜ
VISA JCB
Menu à la carte 16/25 – **25 Zim** ⌒ 51/68 – 75/88.

♦ Ein neuerbautes Hotel im Herzen der Altstadt. Ausgewogene Farbkompositionen und
angenehme Materialien wie Ahorn, Rosenholz und Edelstahl finden sich im ganzen Haus.
Blaue Polsterstühle und helle Wandfarben beherrschen den Stil im Hotelrestaurant.

QUERFURT

Zur Sonne, Freimarkt 4, ⌧ 06268, ☏ (034771) 2 31 56, Fax (034771) 44332, Biergarten – 📺 ✆ 🚗. AE ⓪ ⓸ VISA – **Menu** (geschl. Sonntagabend - Montagmittag) à la carte 13/26 – **18 Zim** ⌂ 45/50 – 61/65.
♦ Das schmucke, gelb gestrichene Haus stammt aus dem 17. Jh. und wurde 1998 behutsam restauriert. Ihr besonderes Flair erhalten die Zimmer durch freigelegte Natursteinwände. Das Restaurant überrascht mit Deckengewölbe und offenem Mauerwerk.

QUERN Schleswig-Holstein 415 B 13 – 1 350 Ew – Höhe 47 m.
Berlin 442 – Kiel 80 – Flensburg 25 – Schleswig 48.

In Quern-Nübelfeld Nord : 3,5 km :

Landhaus Schütt mit Zim, Nübelfeld 34 (nahe der B 199), ⌧ 24972, ☏ (04632) 8 43 18, info@landhaus-schuett.de, Fax (04632) 843131, 🌳 – 📺 🅿. AE ⓪ ⓸ VISA geschl. 10. - 31. Jan. – **Menu** (geschl. Montag - Dienstagmittag) à la carte 25/42 – **8 Zim** ⌂ 30/35 – 60/70.
♦ Hinter der unauffälligen Fassade verbirgt sich ein elegant ausgestattetes Restaurant. An schön gedeckten Tischen serviert man Ihnen eine moderne internationale Küche.

QUICKBORN Schleswig-Holstein 415 416 E 13 – 18 500 Ew – Höhe 25 m.
⛳ Quickborn-Renzel, Pinneberger Str. 81 (Süd-West : 3 km), ☏ (04106) 8 18 00 ; ⛳ Tangstedt, Gut Wulfsmühle (Süd-West : 8 km), ☏ (04101) 58 67 77.
Berlin 309 – Kiel 76 – Hamburg 33 – Itzehoe 45.

Romantik Hotel Jagdhaus Waldfrieden, Kieler Straße (B 4, Nord : 3 km), ⌧ 25451, ☏ (04106) 6 10 20, waldfrieden@romantikhotels.com, Fax (04106) 69196, 🌳, 🌲 – 📺 ✆ 🚗 🅿 – 🔔 30. AE ⓪ ⓸ VISA
Menu (geschl. Montagmittag) 20 (mittags) à la carte 34/50 – **26 Zim** ⌂ 75/95 – 128/154.
♦ Die ehemalige Privatvilla eines angesehenen Reeders hat sich ihren ursprünglichen Charme bewahrt. Vom Empfang bis in die Zimmer erwartet Sie stilvolle Wohnkultur. Edelrustikales Kaminrestaurant und verglaste Veranda mit herrlichem Blick in den Park.

Sport-Hotel Quickborn, Harksheider Weg 258, ⌧ 25451, ☏ (04106) 6 36 70, Fax (04106) 67195, 🌳, ≘s – 📺 🅿 – 🔔 30. AE ⓪ ⓸ VISA JCB
geschl. 27. - 30. Dez. – **Menu** à la carte 27/38 – **27 Zim** ⌂ 69/84 – 92/97.
♦ Praktisch, tadellos gepflegt und mit zeitlosen Kirschholzmöbeln ausgestattet zeigen sich die Zimmer dieses Hauses. Schöne, zur Seeseite gelegene Tagungsräume. Modern eingerichtetes Restaurant.

RABEN STEINFELD Mecklenburg-Vorpommern siehe Schwerin.

RABENAU Sachsen siehe Freital.

RADEBEUL Sachsen 418 M 24 – 35 000 Ew – Höhe 106 m.
Siehe auch Umgebungsplan Dresden.
🛈 Tourist-Information, Pestalozzistr. 6a, ⌧ 01445, ☏ (0351) 8 31 19 05, Fax (0351) 8311902.
Berlin 190 – Dresden 7 – Chemnitz 70 – Leipzig 110.

Steigenberger Parkhotel 📺 🐾, Nizzastr. 55, ⌧ 01445, ☏ (0351) 8 32 10, dresden@steigenberger.de, Fax (0351) 8321445, 🌳, Massage, 🎾, ≘s, 🏊 – 🛗, ⇌ Zim, 🍽 Rest, 📺 ✆ 🚗 – 🔔 220. AE ⓪ ⓸ VISA   U v
Menu à la carte 21/43 ♀ – ⌂ 15 – **200 Zim** 135/165 – 155/165, 11 Suiten.
♦ Wohnlich, elegant und auch funktionell in ihrer Gestaltung sind die Zimmer dieser großzügigen Hotelanlage. Für Langzeitgäste gibt es den Villenpark. Schöne Badelandschaft. Moderne Kunst und eine klassisch-zeitgemäße Einrichtung prägen das Restaurant.

Landhotel Lindenau, Moritzburger Str. 91, ⌧ 01445, ☏ (0351) 83 92 30, Fax (0351) 8392391, Biergarten – 🛗, ⇌ Zim, 📺 🚗 – 🔔 35. AE ⓪ ⓸ VISA   über ⑧ Meißner Straße
Menu à la carte 23/37 – **27 Zim** ⌂ 60/69 – 80/110, 4 Suiten.
♦ Das Traditionshaus aus dem 19. Jahrhundert wurde nach aufwendiger Sanierung zum Landhotel mit stilvoll-klassisch möblierten Zimmern, in denen warme Farbtöne dominieren. Im historischen Teil des Landhotels liegt das mit dunklem Eichenholz getäfelte Restaurant.

Goldener Anker, Altkötzschenbroda 61, ⌧ 01445, ☏ (0351) 8 39 90 10, Fax (0351) 8399067, Biergarten – 🛗, ⇌ Zim, 📺 🚗 – 🔔 90. AE ⓪ ⓸ VISA
Menu à la carte 16/23 – **60 Zim** ⌂ 65/75 – 80/90.
♦ Dem komplett renovierten Gasthaus schließt sich ein Hotelneubau in Atriumbauweise an. Eine Kombination von antiken und modernen Elementen gibt den Zimmern eine besondere Note. Restaurant im Bistrostil mit Innenhofterrasse und sehenswertem historischem Ballsaal.

RADEBEUL

Sorgenfrei 🐕, Augustusweg 48, ✉ 01445, ✆ (0351) 8 93 33 30, mail@hotel-sorg
enfrei.de, Fax (0351) 8304522 – 📺 🍴 🅿️ AE ① ⓜ VISA   U h
Menu *(nur Abendessen)* à la carte 34,50/45 – **14 Zim** ⊊ 73/85 – 123/140.
- Mitten in einem der schönsten Weingüter der Lößnitz : Herrenhaus von 1789 mit eleganten Zimmern. Kostbare Wandmalereien, Sandsteinböden und Holzdielen schmücken das Anwesen. Im Festsaal mit Stuckdecke und Kristallüstern speist man in festlichem Ambiente.

RADEBURG Sachsen 418 M 25 – 5 000 Ew – Höhe 121 m.

Berlin 173 – Dresden 22 – Meißen 18.

Deutsches Haus, Heinrich-Zille-Str. 5, ✉ 01471, ✆ (035208) 95 10, Fax (035208) 2014, Biergarten – 📺 🍴 🚗 🅿️ AE ⓜ VISA
Menu à la carte 10,50/19,50 – **18 Zim** ⊊ 41 – 54.
- Ein sympathisches Haus, schon in der dritten Generation im Familienbesitz. Sie werden in gut gepflegten, praktischen Zimmern mit genügend Platz untergebracht. Gemütliches Restaurant ; im vorderen Bereich typisch sächsische Bierschenke.

Radeburger Hof, Großenhainer Str. 39, ✉ 01471, ✆ (035208) 8 80, Fax (035208) 88450, ⇌ – 🛗, 🚫 Zim, 📺 🅿️ – 🔔 40. AE ⓜ VISA
Menu *(nur Abendessen)* (Restaurant nur für Hausgäste) – **60 Zim** ⊊ 45/60 – 65/75.
- In den einheitlich geschnittenen Gästezimmern der früheren Bürogebäudes finden Sie ein praktisches Zuhause auf Zeit. Günstig : gute Parkmöglichkeiten auch für Busse !

In Radeburg-Berbisdorf Süd : 3 km :

Landgasthof Berbisdorf, Hauptstr. 38, ✉ 01471, ✆ (035208) 20 27, wetzig.land gasthof.berbisdorf@t-online.de, Fax (035208) 2866, 🌳 – 📺 🅿️ AE ⓜ VISA
Menu à la carte 14,50/27,50 – **12 Zim** ⊊ 49/57 – 72/92.
- Von außen wirkt dieser Gasthof etwas unscheinbar, er überrascht jedoch mit geräumigen, mit hellem Naturholz eingerichteten und technisch komplett ausgestatteten Zimmern. Ländlich-schlichtes Restaurant und hübsche Weinstube.

RADEVORMWALD Nordrhein-Westfalen 417 M 6 – 23 800 Ew – Höhe 367 m.

Berlin 540 – Düsseldorf 64 – Hagen 27 – Lüdenscheid 22 – Remscheid 13.

Park-Hotel garni, Telegrafenstr. 18, ✉ 42477, ✆ (02195) 4 00 52, park-hotel-rade @t-online.de, Fax (02195) 40054 – 📺 🅿️ ① ⓜ VISA 🐕
geschl. Ende Dez. 2 Wochen – **14 Zim** ⊊ 62/67 – 67/90.
- Eine nette und sehr gut geführte Adresse. Die Gästezimmer sind einheitlich mit solidem, hellgrauem Mobiliar ausgerüstet und bieten zeitgemäßen Standardkomfort.

Außerhalb Nord-Ost : 3 km an der B 483, Richtung Schwelm :

Zur Hufschmiede (mit Gästehaus), Neuenhof 1, ✉ 42477 Radevormwald, ✆ (02195) 82 38, Fax (02195) 8742, 🌳, ⇌, 🎳 – 🚫 Zim, 📺 🍴 🚗 🅿️ ⓜ VISA. 🚫 Zim
geschl. Aug. 3 Wochen, 20. - 30. Dez. – **Menu** *(geschl. Donnerstag - Samstagmittag)* à la carte 20/36,50 – **20 Zim** ⊊ 62/72 – 84/113.
- Alle Zimmer befinden sich im Gästehaus, das an einer Seitenstraße zum Wald liegt. Sie sind nett und praktisch eingerichtet und bieten einen Blick ins Grüne. Rustikal gestaltete Gaststuben.

RADOLFZELL Baden-Württemberg 419 W 10 – 28 600 Ew – Höhe 400 m – Kneippkurort.

🏌 Steißlingen-Wiechs, Brunnenstr. 4 (Nord-West : 8 km), ✆ (07738) 71 96.
🛈 Tourist-Information, Bahnhofplatz 2, ✉ 78315, ✆ (07732) 8 15 00, Fax (07732) 81510.
Berlin 747 – Stuttgart 163 – Konstanz 23 – Singen (Hohentwiel) 11 – Zürich 91.

Am Stadtgarten garni, Höllturmpassage 2, ✉ 78315, ✆ (07732) 9 24 60, info@ hotel-am-stadtgarten.de, Fax (07732) 924646 – 🛗 🚫 🅿️. AE ① ⓜ VISA JCB
geschl. 22. Dez. - 2. Jan. – **31 Zim** ⊊ 67/75 – 105/127.
- Nur fünf Minuten vom See entfernt, finden Sie hier einen idealen Ausgangsort für Ihre Aktivitäten. Sie schlafen in modernen, mit kräftigen Farben hübsch gestalteten Räumen.

Zur Schmiede, Friedrich-Werber-Str. 22, ✉ 78315, ✆ (07732) 9 91 40, info@ zur-schmiede@.com, Fax (07732) 991450 – 🛗, 🚫 Zim, 🚗 🅿️ AE ⓜ VISA JCB 🚫
geschl. 13. Dez. - 6. Jan. – **28 Zim** ⊊ 62/67 – 79/82.
- Helle, freundliche Zimmer mit Balkon stehen zum Einzug bereit. Fragen Sie nach den Eckzimmern, die besonders geräumig ausgefallen sind. Frühstück im schönen Wintergarten !

RADOLFZELL
Auf der Halbinsel Mettnau :

Art Villa M garni, Rebsteig 2/2, ⊠ 78315, ℘ (07732) 9 44 40, koegel@artvilla.de, Fax (07732) 944410, ≤, ⇌, ♣ – 📶 ❄ 📺 ✆ ⇌. 🅿 VISA
geschl. Jan. – **9 Zim** ☐ 105/140 – 130/190.
• Gehen Sie auf die Reise ! Die Zimmer sind nach Städten benannt und entsprechend dem dortigen Stil eingerichtet. Also auf nach Tokio, Siena, Avignon ! Ständige Bilderausstellung.

Iris am See garni, Rebsteig 2, ⊠ 78315, ℘ (07732) 9 47 00, info@hotelirisamsee.de, Fax (07732) 947030 – 📺 🅿. 🅿 VISA
geschl. 15. Dez. - Jan. – **17 Zim** ☐ 52/82 – 90/102.
• Das hübsche Haus liegt direkt am Mettnau-Park. In den Zimmern findet man teils helles Naturholz, teils Eiche rustikal. Fragen Sie nach einem Balkonzimmer mit Seeblick !

Mettnau-Stube, Strandbadstr. 23, ⊠ 78315, ℘ (07732) 1 36 44, info@mettnaustube.de, Fax (07732) 14205, 🌿 – 🅿. 🅿 VISA
geschl. 15. Okt. - 7. Nov., Montag - Dienstagmittag – **Menu** à la carte 21/30.
• Neo-rustikale Einrichtung und nette Dekoration charakterisieren dieses Restaurant. Die Küchenchefin hat sich auf die Zubereitung von Fisch aus dem nahen See spezialisiert.

In Radolfzell-Böhringen *Nord-West : 3,5 km :*

Gut Rickelshausen M garni, Nahe der Straße nach Singen, ⊠ 78315, ℘ (07732) 98 17 30, info@gut-rickelshausen.de, Fax (07732) 9817327, ✱ – 📺 🅿. 🅿 VISA
geschl. Jan. – **11 Zim** ☐ 59/84 – 99.
• Der ehemalige Gutshof im schönen Park wurde umgebaut und modernisiert. Die Zimmer sind funktionell und mit Parkett, hellen Hölzern und kräftigen Farben wohnlich gestaltet.

In Radolfzell-Möggingen *Nord-Ost : 3 Km :*

Gasthaus zu Möggingen mit Zim, Liggeringer Str. 7, ⊠ 78315, ℘ (07732) 1 38 37, galerie.vaihinger@t-online.de, Fax (07732) 12570, 🌿 – ❄ Zim,
geschl. Ende Jan. - Mitte Feb. – **Menu** (geschl. Dienstag) (wochentags nur Abendessen) à la carte 23,50/32,50 – **4 Zim** ☐ 45 – 75.
• Eine originelle Adresse, denn wo sonst kann man sich in einem Gasthof a. d. 18. Jh. beim Essen dem Genuß von wechselnden Ausstellungen zeitgenössischer Kunst hingeben ?

In Radolfzell-Güttingen *Nord : 4,5 km :*

Adler-Gästehaus Sonnhalde, Schloßbergstr. 1, ⊠ 78315, ℘ (07732) 1 50 20, info@landgasthaus-adler.de, Fax (07732) 150250, ≤, 🌿, ⇌, ♣, ✱ – 📶 📺 🅿. ❄ Zim
geschl. Jan. – **Menu** (geschl. Dienstag) à la carte 13,50/33 – **28 Zim** ☐ 35/45 – 65/85 – ½ P 12.
• Wenn Sie ein rustikales Ambiente bevorzugen, sind Sie hier richtig. Sie wählen zwischen einer Zimmereinrichtung in hellem Naturholz oder mit bemalten Bauernmöbeln. Dunkles Holz dominiert in der schlichten, ländlichen Gaststube.

In Moos *Süd-West : 4 km :*

Gottfried, Böhringer Str. 1, ⊠ 78345, ℘ (07732) 9 24 20, hotel.gottfried@t-online.de, Fax (07732) 52502, 🌿, ⇌, ◩, ♣ – ❄ Zim, 📺 ✆ ⇌ 🅿. 🅰🅴 🅿 VISA
Menu (geschl. 2. - 26. Jan., Donnerstag - Freitagmittag) 22/55 à la carte 26,50/42,50 ♀ – **18 Zim** ☐ 64/75 – 98/130 – ½ P 20.
• Individuell gestaltete Zimmer, wie das Gartenzimmer mit bepflanzter Dachterrasse oder das Golfer-Zimmer, stehen für Besucher zum Einzug bereit. Hell und klassisch gibt sich das Restaurant mit der schmackhaften regionalen Küche.

Gasthaus Schiff (mit Gästehaus), Hafenstr. 1, ⊠ 78345, ℘ (07732) 9 90 80, gasthaus@schiff-moos.de, Fax (07732) 990899, 🌿 – 📺 ✆ 🅿. 🅰🅴 🅿 VISA
Menu (geschl. Okt. - Nov. 3 Wochen, Montag - Dienstagmittag) à la carte 15/27,50 – **21 Zim** ☐ 35/51 – 58/78.
• Aus Haupthaus und Gästehaus besteht dieses Hotel, das im reizvollen Fischerdorf Moos beheimatet ist. Die Nähe zum See ermöglicht diverse Wassersportaktivitäten. Bürgerliches Restaurant und Terrasse mit Seeblick.

RAESFELD *Nordrhein-Westfalen* 🔢 *K 4 – 10 000 Ew – Höhe 50 m.*
Berlin 528 – Düsseldorf 75 – Borken 9 – Dorsten 16 – Wesel 23.

Landhaus Keller, Weseler Str. 71, ⊠ 46348, ℘ (02865) 6 08 50, hotel-keller@t-online.de, Fax (02865) 608550, 🌿 – 📶 ❄ 📺 ✆ ♣, 🅿 – 🔔 80. 🅰🅴 ⓞ 🅿 VISA
Menu à la carte 24/41 – **31 Zim** ☐ 69/110 – 99/155.
• Im Inneren des schönen Klinkerbaus hat man mit der Kombination von Landhausmobiliar und Antiquitäten sowie wertvollen Stoffen eine besondere Atmosphäre geschaffen. Heiterer toskanischer Landhausstil umgibt Sie beim Speisen im Restaurant.

RAESFELD

🏠 **Haus Epping,** Weseler Str. 5, ✉ 46348, ℰ (02865) 70 21, info@hotel-epping.de, Fax (02865) 1723, 🍴 – 📺 🄿 – 🅜 80. 🄰🄴 ⓘ 🆆🆂🅰 🅹🅲🅱 ❄ Zim
Menu (geschl. Dienstag) à la carte 17/30,50 – **11 Zim** ⊑ 40/45 – 65.
 ♦ Im Zentrum des Städtchens liegt dieses kleine Hotel mit den zeitlosen, praktisch ausgestatteten Fremdenzimmern. Gute Verkehrsanbindung.

XX **Freiheiter Hof,** Freiheit 6, ✉ 46348, ℰ (02865) 67 81, info@freiheiter-hof.de, Fax (02865) 958910, 🍴 – 🄿 🄰🄴 ⓘ 🆆🆂🅰 🅹🅲🅱
geschl. Dienstag – **Menu** à la carte 20,50/38.
 ♦ Ein alter Bauernhof wurde komplett umgebaut und beherbergt nun ein im altdeutschen Stil eingerichtetes Restaurant. Den Mittelpunkt des Raumes bildet der offene Kamin.

RAHDEN Nordrhein-Westfalen 415 I 9 – 14 000 Ew – Höhe 43 m.
 🛈 Wagenfeld, Oppenweher Str. 83 (Nord : 12 km), ℰ (05444) 9 89 90.
 Berlin 370 – Düsseldorf 231 – Bielefeld 60 – Bremen 91 – Hannover 101 – Osnabrück 88.

🏠 **Westfalen Hof,** Rudolf-Diesel-Str. 13, ✉ 32369, ℰ (05771) 9 70 00, westfalen-hof @t-online.de, Fax (05771) 5539, 🍴, Massage, 🛋, ⊒, ❄(Halle) – ❄ Zim, 📺 🄿 – 🅜 100. 🄰🄴 ⓘ 🆆🆂🅰
Menu à la carte 18/32 – **29 Zim** ⊑ 59 – 89.
 ♦ Sie betreten das Haus durch eine mit kanadischer Kiefer schön vertäfelte Halle. Die Übernachtungszimmer überzeugen durch Funktionalität und solide Möblierung. Schweizer Stuben und Mühlen-Restaurant mit elegant-rustikaler Ausstattung.

RAIN AM LECH Bayern 420 T 16 – 7 500 Ew – Höhe 406 m.
 Berlin 532 – München 109 – Augsburg 52 – Ingolstadt 46 – Nürnberg 104 – Ulm (Donau) 90.

🏨 **Dehner Blumen Hotel** 🅼, Bahnhofstr. 19, ✉ 86641, ℰ (09090) 7 60, info@ dehner-hotel.com, Fax (09090) 76400, 🍴, 🅵🆂, 🛋 – 🛗, ❄ Zim, 📺 ✆ ♿ 🚗 🄿 – 🅜 200. 🄰🄴 ⓘ 🆆🆂🅰
Menu à la carte 24,50/35 – **95 Zim** ⊑ 72/81 – 99/107, 3 Suiten.
 ♦ Nicht nur Gartencenter sind Dehners Metier - dieses geschmackvolle Refugium mit seinen Landhaus-Zimmern und Marmorbädern beweist, daß er auch etwas von Hotels versteht. Ein Kachelofen und Vorhänge mit Rosenmuster prägen den Stil des Restaurants.

RAISDORF Schleswig-Holstein siehe Kiel.

RAMSAU Bayern 420 X 22 – 1 800 Ew – Höhe 669 m – Heilklimatischer Kurort – Wintersport : 670/1 400 m ✦6 ⛷.
 Ausflugsziele : Schwarzbachwachtstraße : ≤★★, Nord : 7 km – Hintersee★ West : 5 km.
 🛈 Kurverwaltung, Im Tal 2, ✉ 83486, ℰ (08657) 98 89 20, Fax (08657) 772.
 Berlin 732 – München 138 – Bad Reichenhall 21 – Berchtesgaden 11.

🏨 **Rehlegg** ⚓, Holzengasse 16, ✉ 83486, ℰ (08657) 9 88 40, info@rehlegg.de, Fax (08657) 9884444, ≤, 🍴, 🛋, ⊒ (geheizt), ⊠, ⌐, ❄ – 🛗, ❄ Zim, 📺 ✆ 🄿 – 🅜 35. 🄰🄴 ⓘ 🆆🆂🅰
Menu à la carte 25/39 – **61 Zim** ⊑ 79 – 135/160 – ½ P 22.
 ♦ Nach einer kompletten Renovierung zeigt sich der Zimmerbereich des Hauses im neuen Gewand. Alle Räume sind mit Landhausmobiliar eingerichtet und mit Balkonen versehen. Stilvolles Restaurant mit Empore und schöner Holzdecke.

🍴 **Oberwirt** (mit Gästehaus), Im Tal 86, ✉ 83486, ℰ (08657) 2 25, Fax (08657) 1381, Biergarten, ⌐ – 🛗 📺 🄿
geschl. Nov. - 20. Dez. – **Menu** (geschl. Montag) à la carte 12/23 – **26 Zim** ⊑ 45 – 69/75.
 ♦ Im Jahre 1500 wurde der Gasthof vom Stift Berchtesgaden erbaut. Seither beherbergen man in den ehrwürdigen Mauern inmitten der faszinierenden Bergwelt Reisende und Urlauber. Restaurant mit sehenswerter Lärchenholzdecke und gemütlichem Kachelofen.

An der Alpenstraße Nord : 5 km :

🏠 **Hindenburglinde,** Alpenstr. 66 – Höhe 850 m, ✉ 83486 Ramsau, ℰ (08657) 5 50, hindenburglinde@t-online.de, Fax (08657) 1347, ≤ Hochkalter, Watzmann, Reiter-Alpe, 🍴 – 📺 🄿 🄰🄴 ⓘ 🆆🆂🅰
geschl. Nov. - 15. Dez. – **Menu** (geschl. April, Dienstagabend - Mittwoch) à la carte 14/28 – **18 Zim** ⊑ 32/45 – 52/84 – ½ P 13.
 ♦ Das hübsche, im alpenländischen Stil erbaute Haus liegt direkt an der Deutschen Alpenstraße. Ihre Gastgeber erwarten Sie mit sympathischen, wohnlich ausgestatteten Quartieren. Rustikales Lokal mit Wintergarten.

RAMSAU

An der Straße nach Loipl Nord : 6 km :

Nutzkaser ⟨⟩, Am Gseng 10 – Höhe 1 100 m, ✉ 83486 Ramsau, ℘ (08657) 3 88, hotel-nutzkaser@t-online.de, Fax (08657) 659, ≼ Watzmann und Hochkalter, 🍴, ≘s, ≼
– 🛗 TV ⇌ P.
geschl. Mitte Nov. - Mitte Dez. – **Menu** à la carte 13,50/26 – **23 Zim** ⌸ 56/77 – 76/118
– ½ P 15.

◆ Ein neuzeitlicher, im traditionellen Stil erbauter Berggasthof, dessen Interieur durch alpenländische Gemütlichkeit und wohnliches Ambiente zu überzeugen weiß. Eine behagliche Atmosphäre strahlen das Panoramarestaurant und das Kaminstüber'l aus.

RAMSEN Rheinland-Pfalz **417** R 8 – 2 800 Ew – Höhe 330 m.

Berlin 630 – Mainz 57 – Mannheim 47 – Kaiserslautern 23.

Landgasthof Forelle, Am Eiswoog (Süd-West : 4 km), ✉ 67305, ℘ (06356) 3 42, info@landgasthof-forelle.de, Fax (06356) 5245, ≼, 🍴, Biergarten – P. – 🛏 15
ⓜ VISA
geschl. Montag – **Menu** à la carte 24,50/35.

◆ Seit einer Renovierung im Jahre 1997 kann man hier Räumlichkeiten für jeden Anlaß anbieten : die wunderschöne Seeterrasse, das Kaminzimmer oder den eleganten Grünen Salon.

RAMSTEIN-MIESENBACH Rheinland-Pfalz **417** R 6 – 8 700 Ew – Höhe 262 m.

Berlin 662 – Mainz 100 – Saarbrücken 56 – Kaiserslautern 19.

Landgasthof Pirsch, Auf der Pirsch 12 (Ramstein), ✉ 66877, ℘ (06371) 59 30, hotel-pirsch@t-online.de, Fax (06371) 593199 – 🛗 TV AE ⓘ ⓜ VISA. ⋇
Menu (geschl. Juli 3 Wochen, Sonntag) (nur Abendessen) à la carte 16,50/29,50 – **37 Zim**
⌸ 50/75 – 80.

◆ Die verkehrsgünstige Lage sowie die zeitlos gestalteten Zimmer im Haupt- und Gästehaus machen dieses Hotel zu einer beliebten Übernachtungsadresse für Reisende.

Ramsteiner Hof, Miesenbacher Str. 26 (Ramstein), ✉ 66877, ℘ (06371) 97 20, info@ramsteiner-hof.de, Fax (06371) 57600 – TV ⇌ P. AE ⓘ ⓜ VISA. ⋇
Menu (geschl. Samstag, Sonntagabend) à la carte 17/32 – **25 Zim** ⌸ 60/85 – 80/95.

◆ Seit 1879 befindet sich der im 18. Jh. erbaute Gasthof in Familienbesitz. Kürzlich wurde er um sieben Zimmer erweitert, die gute Bäder mit Glasduschen und Granitboden bieten. Einladend und gemütlich wirkt das rustikale Restaurant.

RANDERSACKER Bayern **417 419 420** Q 13 – 3 600 Ew – Höhe 178 m.

Berlin 498 – München 278 – Würzburg 8 – Ansbach 71.

Bären (mit Gästehaus), Würzburger Str. 6 (B 13), ✉ 97236, ℘ (0931) 7 05 10, Fax (0931) 706415, 🍴 – TV ℘ P. – 🛏 20. ⓜ VISA
geschl. 17. Feb. - 10. März, 18. Aug. - 4. Sept. – **Menu** (geschl. Sonntagabend) à la carte 20,50/28,50 – **23 Zim** ⌸ 50/57 – 76/96.

◆ Die Zimmer des traditionsreichen, mit Efeu bewachsenen Gasthofs verteilen sich auf das Haupt- und Gästehaus. Sie sind alle zeitgemäß und nett ausgestattet. Ursprünglich und romantisch präsentieren sich Gasträume und Gartenwirtschaft.

Zum Löwen, Ochsenfurter Str. 4 (B 13), ✉ 97236, ℘ (0931) 7 05 50, Fax (0931) 7055222, 🍴 – 🛗 TV ℘ ⇌ P. AE ⓘ ⓜ VISA
geschl. 22. Dez. - 6. Jan. – **Menu** (geschl. 13. Aug. - 1. Sept., Dienstag, jeden letzten Sonntag im Monat) (Montag - Freitag nur Abendessen) à la carte 12,50/29 – **31 Zim** ⌸ 40/55 – 65/80.

◆ Eingebettet in die Weinbaugemeinde liegt der historisch gewachsene Gasthof, der auf Grund seiner Lage gerne von Urlaubern und Weinliebhabern angesteuert wird. Holzdecken, Kachelofen und Schnitzereien bilden den Rahmen für eine zünftige Einkehr.

Krönlein, Krönlein 5, ✉ 97236, ℘ (0931) 70 28 20, fuhrmann-kroenlein@t-online.de, Fax (0931) 708259 – TV ℘ ⇌ P. – 🛏 15. ⋇ Rest
geschl. 21. Dez. - 12. Jan. – **Menu** (geschl. Sonntag, Okt. - März Samstag - Sonntag) (nur Abendessen) à la carte 16,50/25,50 – **14 Zim** ⌸ 40/59 – 59/76.

◆ Hinter einer Stahl- und Glasfassade verbergen sich nette, im Dachgeschoß holzvertäfelte Gästezimmer. Besonders empfehlenswert : die drei von außen zugänglichen Zimmer.

RANSBACH-BAUMBACH
Rheinland-Pfalz 417 O 7 – 7000 Ew – Höhe 300 m.
Berlin 580 – Mainz 92 – Koblenz 31 – Bonn 72 – Limburg an der Lahn 31.

- **Sporthotel Kannenbäckerland**, Zur Fuchshohl (beim Tennisplatz), ✉ 56235, ℘ (02623) 8 82 00, Fax (02623) 882060, 佘, Massage, ₺, ≦, ☒, ※(Halle) – ⇌ TV P – 益 25. AE ① MC VISA – **Menu** à la carte 16,50/31,50 – **25 Zim** ☑ 51/85 – 75/118.
  ♦ Driving Range, Tennishallen und -plätze sowie Fitnessgeräte garantieren hier die sportliche Abwechslung. Für Ruhe sorgen solide, teils zum Wald hin gelegene Zimmer.

- **Eisbach**, Schulstr. 2, ✉ 56235, ℘ (02623) 88 13 30, info@hotel-eisbach.de, Fax (02623) 8813398, 佘 – TV P – 益 35. AE ① MC VISA
  Menu à la carte 17/29 – **29 Zim** ☑ 38/55 – 69/110.
  ♦ Seit Jahren schon ist dieses Haus eine Institution in dem beschaulichen Städtchen. Nach umfassender Renovierung zeigen sich die Zimmer farbenfroh und gemütlich. Die Wände der traditionsreichen Gaststube sind mit über hundert Jahre alten Wandmalereien verziert.

- **Gala**, Rheinstr. 103 (Stadthalle), ✉ 56235, ℘ (02623) 45 41, rgala@onlinehome.de, Fax (02623) 4481, 佘 – P – 益 300. AE ① MC VISA
  geschl. Juli - Aug. 3 Wochen, Montag, Samstagmittag – **Menu** à la carte 18,50/40.
  ♦ Im Gebäude der Stadthalle finden Sie diese gastliche Stätte. Helle, moderne Einrichtungsgegenstände prägen das Ambiente, Säulen und Blumendekoration runden das Bild ab.

RANTUM
Schleswig-Holstein siehe Sylt (Insel)

RAPPENAU, BAD
Baden-Württemberg 417 419 S 11 – 20000 Ew – Höhe 265 m – Soleheilbad.
ฅ Bad Rappenau-Zimmerhof, Ehrenbergstr. 25 (Nord-Ost : 2km), ℘ (07264) 36 66.
🛈 Verkehrsamt, Salinenstr. 22, ✉ 74906, ℘ (07264) 1 26, Fax (07264) 86182.
Berlin 605 – Stuttgart 74 – Mannheim 70 – Heilbronn 22 – Würzburg 122.

- **Häffner Bräu**, Salinenstr. 24, ✉ 74906, ℘ (07264) 80 50, Fax (07264) 805119, 佘, ≦ – ⫴ TV ⇌ P – 益 40. AE ① MC VISA
  geschl. 20. Dez. - 10. Jan. – **Menu** (geschl. Freitag) à la carte 17,50/33,50 – **62 Zim** ☑ 54/74 – 114 – ½ P 15.
  ♦ In hundert Jahren hat sich das Haus an der ruhigen Kurpromenade von einer einfachen Wirtschaft zu einem praktischen Hotel mit rustikal eingerichteten Zimmern gemausert. Mit Restaurant und Bierstube.

- **Dominikaner**, Babstadter Str. 23, ✉ 74906, ℘ (07264) 21 00, dominikanerteam@gmx.de, Fax (07264) 2103, 佘 – TV. MC VISA
  Menu à la carte 16/33 – **11 Zim** ☑ 47/60 – 80/85 – ½ P 14.
  ♦ Hinter den hübschen Fachwerkmauern des zentral gelegenen Hotels verbergen sich zeitgemäße, mit hellem Mobiliar praktisch eingerichtete Gästezimmer. Restaurant mit bürgerlich-gemütlicher Einrichtung.

In Bad Rappenau-Heinsheim Nord-Ost : 6 km :

- **Schloß Heinsheim**, Gundelsheimerstr. 36, ✉ 74906, ℘ (07264) 9 50 30 (Hotel) 9 50 60 (Rest.), hotelschlossheinsheim@t-online.de, Fax (07264) 4208, 佘, (Herrensitz a.d.J. 1721), ℥, ☒ – ⫴ TV P – 益 60. AE ① MC VISA
  geschl. 20. Dez. - 1. Feb. – **Menu** (geschl. 1. Jan. - 15. Feb., Montag - Dienstag) à la carte 23,50/43 – **42 Zim** ☑ 60/90 – 85/150 – ½ P 30.
  ♦ Im Schloßteil des Herrenhauses sind die Gästezimmer sehr großzügig und stilvoll gehalten, im ehemaligen Stallbereich etwas einfacher. Mit sehenswerter Kapelle im schönen Park. Im Restaurant dominiert rustikale Eleganz.

RASTATT
Baden-Württemberg 419 T 8 – 45900 Ew – Höhe 123 m.
Sehenswert : Schloß★ (Erinnerungsstätte für die Freiheitsbewegungen in der deutschen Geschichte★) AYZ.
Ausflugsziel : Schloß Favorite★★ (Innenausstattung★★), über ② : 5 km.
ฅ Rastatt-Plittersdorf, Im Teilergrund 1 (West : 7 km), ℘ (07222) 15 42 09.
🛈 Stadtinformation, Herrenstr. 18 (im Schloß), ✉ 76437, ℘ (07222) 97 24 62, Fax (07222) 972118.
Berlin 696 ① – Stuttgart 97 ① – Karlsruhe 24 ① – Baden-Baden 13 ③ – Strasbourg 61 ④

Stadtplan siehe nächste Seite

- **Schwert**, Herrenstr. 3a, ✉ 76437, ℘ (07222) 76 80, ringhotel.schwert@t-online.de, Fax (07222) 768120, (im Barockstil erbautes Haus mit modernem Interieur) – ⫴ ⇌ Zim, TV ℣ & P – 益 30. AE ① MC VISA
  AZ a
  Sigi's Restaurant (geschl. 1. - 17. Jan., 4. - 17. Aug., Freitagmittag, Samstagmittag, Sonntag) **Menu** à la carte 29,50/51 – **50 Zim** ☑ 81/96 – 106/138.
  ♦ Harmonisch fügt sich das stattliche Hotelgebäude in das Erscheinungsbild der Barockstadt ein. Das modern gehaltene Interieur bildet dazu einen reizvollen Kontrast. Sigi's Restaurant mit neuzeitlichem Ambiente.

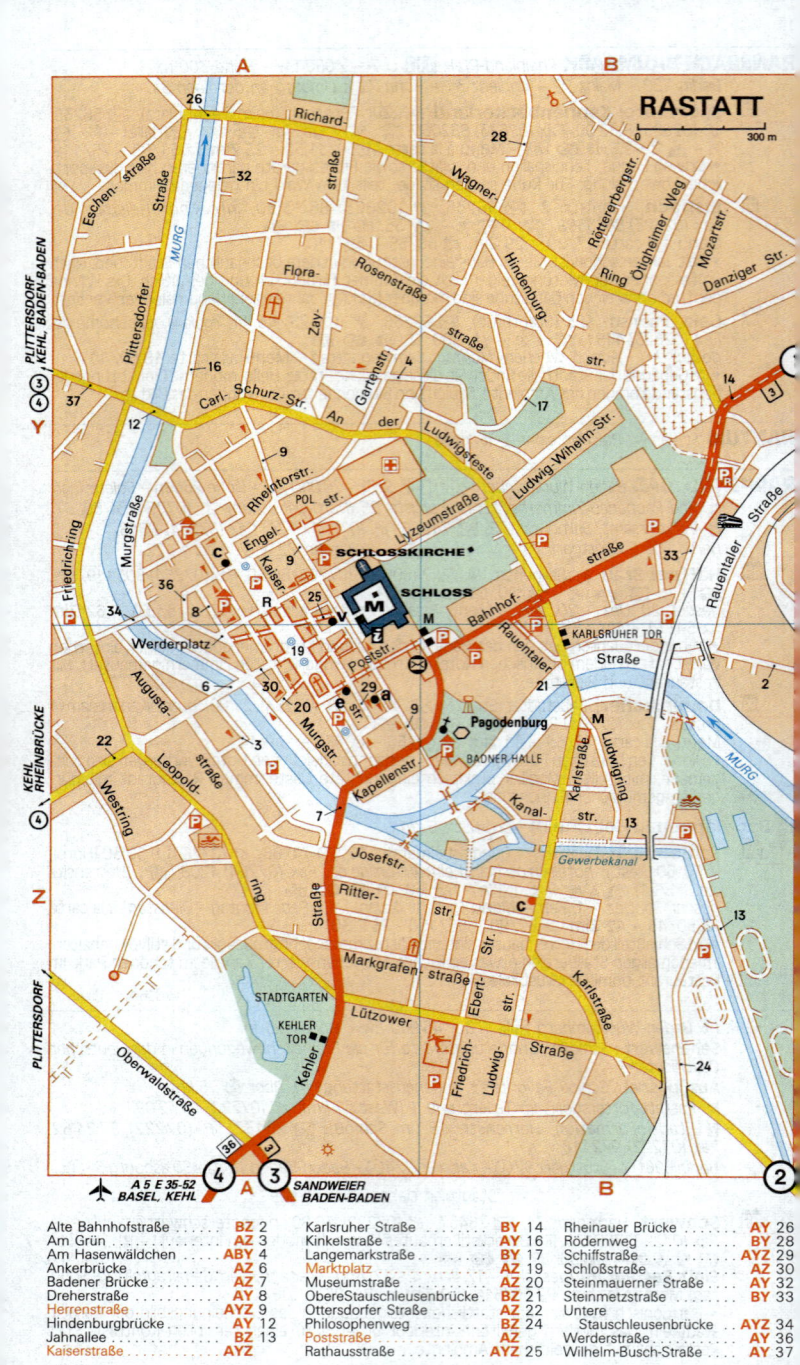

RASTATT

Alte Bahnhofstraße		BZ 2
Am Grün		AZ 3
Am Hasenwäldchen		ABY 4
Ankerbrücke		AZ 6
Badener Brücke		AZ 7
Dreherstraße		AY 8
Herrenstraße		AYZ 9
Hindenburgbrücke		AY 12
Jahnallee		BZ 13
Kaiserstraße		AYZ
Karlsruher Straße		BY 14
Kinkelstraße		AY 16
Langemarktstraße		BY 17
Marktplatz		AZ 19
Museumstraße		AZ 20
ObereStauschleusenbrücke		BZ 21
Ottersdorfer Straße		AZ 22
Philosophenweg		AY 24
Poststraße		AZ
Rathausstraße		AZ 25
Rheinauer Brücke		AY 26
Rödernweg		BY 28
Schiffstraße		AYZ 29
Schloßstraße		AZ 30
Steinmauerner Straße		AZ 32
Steinmetzstraße		BY 33
Untere Stauschleusenbrücke		AYZ 34
Werderstraße		AY 36
Wilhelm-Busch-Straße		AY 37

1186

RASTATT

Zum Engel (mit Gästehaus), Kaiserstr. 65, ✉ 76437, ℘ (07222) 7 79 80, hotel-engel-rastatt@t-online.de, Fax (07222) 779877, ⇌ – ⌘, ↭ Zim, TV 🚗 P. AE ① ⓜ VISA JCB
AY c
Menu (geschl. Samstag - Sonntag) à la carte 16/22,50 – **20 Zim** ⌕ 60 – 70/78.

* Die Zimmer dieser Adresse verteilen sich auf das hübsche, gelb gestrichene Gasthaus mit grünen Fensterläden und den angrenzenden Neubau. Fragen Sie nach Zimmern zum Innenhof! Pferdebilder zieren das Restaurant mit dem kleinen, regionalen Angebot.

Zum Schiff garni, Poststr. 2, ✉ 76437, ℘ (07222) 77 20, zumschiff.rastatt@t-online.de, Fax (07222) 772127, ⇌ – ⌘ ↭ TV P. ⓜ VISA JCB. ✲ AZ e
geschl. 19. Dez. - 10. Jan. – **22 Zim** ⌕ 51/56 – 71/80.

* Praktische und zum Teil renovierte Zimmer sowie ein sehr hübscher, mit Kachelofen und hellen Polstern ausgestatteter Frühstücksraum erwarten hier die Gäste.

Am Schloß, Schloßstr. 15, ✉ 76437, ℘ (07222) 9 71 70, Fax (07222) 971771 – TV ⓜ VISA
AYZ v
Menu (geschl. Ende Dez. 1 Woche, Samstag) à la carte 18/31,50 – **18 Zim** ⌕ 49/59 – 68/77.

* Vis-à-vis des Schloßportals befindet sich dieses gepflegte, zartgelb gestrichene Gebäude, das seinen Besuchern neuzeitliche Zimmer mit gutem Raumangebot offeriert. An der Ecke befindet sich der Eingang zum ländlich-rustikalen Restaurant.

Phönix garni, Dr.-Schleyer-Str. 12, ✉ 76437, ℘ (07222) 6 99 80, info@hotelphoenix.de, Fax (07222) 924932, ✲ – TV ⌘ P. ⓜ VISA   über Wilhelm-Busch-Straße AY
15 Zim ⌕ 49 – 66/72.

* In einer ruhigen Stadtrandlage finden Sie diese Hotelpension mit schlichten, weiß eingerichteten Quartieren. Zum Zentrum sind es nur fünf Autominuten.

Zum Storchennest, Karlstr. 24, ✉ 76437, ℘ (07222) 3 22 60, Fax (07222) 32267, ⇌ – P. ⓜ VISA
BZ c
geschl. Donnerstag – **Menu** à la carte 22,50/32.

* Eine seriöse, traditionelle Gaststätte, bürgerlich-rustikal von der Aufmachung und in eine gepflegte Stube und einen Veranstaltungsbereich unterteilt.

RASTEDE Niedersachsen 415 G 8 – 20 000 Ew – Höhe 20 m – Luftkurort.

ᛒ Rastede-Wemkendorf (Nord-West : 3 km), ℘ (04402) 72 40.

🛈 Tourist-Information, Oldenburger Str. 271, ✉ 26180, ℘ (04402) 93 98 23, touristinformation-rastede@bruns-reisen.com, Fax (04402) 1004.

Berlin 445 – Hannover 181 – Bremen 58 – Wilhelmshaven 44 – Oldenburg 11.

Schlosspark-Hotel Hof von Oldenburg (mit Gästehäusern), Oldenburger Str. 199, ✉ 26180, ℘ (04402) 9 27 90, info@schlosspark-hotel.de, Fax (04402) 927912, ⇌ – ↭ Zim, TV P. – 🛋 35. ⓜ VISA
Menu à la carte 13/29 – **46 Zim** ⌕ 37/45 – 64/76.

* Direkt am Schloßpark des Luftkurortes und doch verkehrsgünstig liegt dieser Neubau mit Gästehäusern. Sehr ansprechend sind die neu geschaffenen Zimmer im modernen Stil. Unterteiltes Restaurant, teils moderner Wintergarten, teils gediegen-bürgerlich.

Am Ellernteich ✲ garni, Mühlenstr. 43, ✉ 26180, ℘ (04402) 9 24 10, hotel_am_ellernteich@t-online.de, Fax (04402) 924192, ⇌, ✲ – ↭ TV ⌘ P. – 🛋 20. AE ①
ⓜ VISA
10 Zim ⌕ 52/60 – 78/92.

* Angenehm und individuell wurden die Zimmer in dem ehemaligen Schulhaus gestaltet. Zwei Klassenzimmer dienen als Frühstücks- und Tagungsräume. Besonders freundliche Betreuung!

Das weiße Haus mit Zim, Südender Str. 1, ✉ 26180, ℘ (04402) 32 43, Fax (04402) 84726, ⇌ – P.
geschl. 1. - 8. Jan. – **Menu** (geschl. Donnerstag) (Montag - Mittwoch nur Abendessen) (Tischbestellung ratsam) 24 (mittags) à la carte 31,50/46 ♀ – **3 Zim** ⌕ 45/65 – 76/105.

* Das schöne, reetgedeckte Ammerländer Bauernhaus von 1892 empfiehlt sich mit gediegenem Interieur und schmackhafter Küche mit regionalen Akzenten. Hübsche Übernachtungszimmer!

In Rastede-Kleibrok Nord-West : 2 km :

Zum Zollhaus, Kleibroker Str. 139, ✉ 26180, ℘ (04402) 9 38 10, info@zumzollhaus.de, Fax (04402) 938119, ⇌ – TV ⌘ 🚗 P. – 🛋 50. AE ① ⓜ VISA
Menu à la carte 18/31 – **32 Zim** ⌕ 52 – 78.

* Etwas außerhalb am Waldrand finden Sie dieses Landhotel. Die Zimmer sind zeitlos mit Kirschmobiliar gestaltet und technisch gut ausgestattet. Das Restaurant ist teils gediegen, teils eher rustikal eingerichtet.

RATHEN (KURORT) Sachsen 418 N 26 – 500 Ew – Höhe 120 m – Zufahrt nur mit Sondergenehmigung oder Zimmerreservierungsbestätigung..
Berlin 226 – *Dresden* 37 – Pirna 18.

- **Erbgericht** ⌘, ⌂ 01824, ℘ (035024) 77 30, hotel@erbgericht-rathen.de, Fax (035024) 773377, ≤, 🍴, ≘s, 🏊, – 🛗 📺 P – 🔔 60. ✶ Zim
geschl. Jan. – **Menu** (geschl. Montagmittag) à la carte 15,50/27 – **34 Zim** ⊇ 41/51 – 72/112 – ½ P 13.
  ♦ Hier finden Sie eine nette Unterkunft im Herzen des Elbsandsteingebirges. Die Zimmer sind in hellen Erdtönen gehalten und teils mit hübschen Sitzgruppen bestückt. Ein bemaltes Gewölbe schmückt den Restaurantraum. Schöne Terrasse über der Elbe.

- **Amselgrundschlösschen** ⌘, Amselweg 3, ⌂ 01824, ℘ (035024) 7 43 33, amselgrund@sachsenhotels.de, Fax (035024) 74444, 🍴, ≘s – 🛗 📺 ♿ P – 🔔 40. AE ⓜ VISA
Menu à la carte 14/24,50 – **40 Zim** ⊇ 58 – 78/100 – ½ P 13.
  ♦ Im Amselgrund, am Fuße der Bastei, wird dieses Hotel nun schon über drei Generationen als Familienbetrieb geführt. Sie werden in netten, wohnlichen Zimmern untergebracht. Mit zwei hellen, rustikalen Restauranträumen.

RATHENOW Brandenburg 416 418 I 21 – 28 000 Ew – Höhe 26 m.
🏌 Semlin, Ferchesarer Str. 8 (Nord-Ost : 9 km), ℘ (03385) 55 40.
Berlin 91 – Potsdam 78 – *Magdeburg* 85 – Brandenburg 32 – Stendal 39.

- **Fürstenhof**, Bahnhofstr. 13, ⌂ 14712, ℘ (03385) 55 80 00, Fax (03385) 558080 – 🛗 📺 P – 🔔 30. AE ⓜ VISA
geschl. 23. Dez. - 6. Jan. – **Menu** (geschl. Sonntag) (nur Abendessen) à la carte 17,50/28 – **45 Zim** ⊇ 50/60 – 80/110.
  ♦ Ein geschmackvoll restauriertes Stadthaus mit schönem Eckturm. Die Zimmer wurden mit Kirschmöbeln bestückt, ergänzt durch antike Stücke verschiedener Stilrichtungen. Hohe Stuckdecken, Kronleuchter und Gemälde prägen das gediegene Ambiente des Restaurants.

In Rathenow-Semlin Nord-Ost : 6 km :

- **Golf und Landhotel Semlin** M ⌘, Ferchesarer Str. 8 b, ⌂ 14712, ℘ (03385) 55 40, info@golfhotelsemlin.de, Fax (03385) 554400, 🍴, Massage, 🎿, ≘s, 🏊, ✶, 🏌 – 🛗 ⸺ Zim,, 🍽 Rest, 📺 ✆ 🚗 P – 🔔 50. AE ⓞ ⓜ VISA. ✶ Rest
Menu à la carte 21/34 – **75 Zim** ⊇ 95 – 135, 3 Suiten.
  ♦ Der Hallenbereich dieses Hauses ist repräsentativ im Pavillonstil gestaltet. Bei der Zimmereinrichtung dominieren sehr solide Landhausmöbel und farblich abgestimmte Stoffe. Im Restaurant geben große Fenster den Blick auf die Golfanlage und den Wald frei.

- **Antik-Hotel The Cottage**, Dorfstr. 15, ⌂ 14712, ℘ (03385) 53 00 53, rauxloh@antik-cottage.de, Fax (03385) 530030, ≘s, ✶ – ⸺ Zim, 📺 P. AE ⓞ ⓜ VISA. ✶ Rest
Menu (wochentags nur Abendessen) à la carte 12,50/26,50 – **14 Zim** ⊇ 50/60 – 80.
  ♦ Liebhaber des englischen Landhausstils fühlen sich hier "very British". Die individuellen Zimmer sind mit Antiquitäten eingerichtet und vermitteln die Atmosphäre der Insel. Im kleinen Restaurant fühlt man sich wie im Wohnzimmer eines englischen Herrenhauses.

In Bützer Süd : 8 km :

- **Bading** ⌘ garni, Havelstr. 17b, ⌂ 14715, ℘ (03386) 2 70 40, Fax (03386) 270451 – ⸺ 📺 ✆ P. ⓜ VISA
geschl. 23. Dez. - 3. Jan. – **12 Zim** ⊇ 52 – 77.
  ♦ In einem ruhigen Innenhof gelegen, stellt dieses Haus im Klinkerbaustil eine ansprechende Unterkunft dar. Gut und funktionell eingerichtete Zimmer mit modernen Bädern warten.

RATINGEN Nordrhein-Westfalen 417 M 4 – 91 800 Ew – Höhe 70 m.
🏌 Ratingen-Homberg, Grevenmühle (Ost : 7 km), ℘ (02102) 9 59 50 ; 🏌 🏌 Heiligenhaus, Höseler Str. 147, (Nord-Ost : 7 km), ℘ (02056) 9 33 70 ; 🏌 Ratingen, Rommeljansweg 12 (Ost : 2 km), ℘ (02102) 8 10 92.
🛈 Kultur- und Verkehrsamt, Minoritenstr. 2, ⌂ 40878, ℘ (02102) 98 25 35, stadt@ratingen.de, Fax (02102) 98398.
Berlin 552 – *Düsseldorf* 13 – Duisburg 19 – Essen 22.

- **Haus Kronenthal**, Brachter Str. 85, ⌂ 40882, ℘ (02102) 8 50 80 (Hotel), 8 11 20 (Rest.), hotel.kronenthal@t-online.de, Fax (02102) 850850, 🍴 – 🛗, ⸺ Zim, 📺 ✆ ♿ 🚗 P – 🔔 40. AE ⓞ ⓜ VISA
Menu (geschl. Montag) à la carte 18,50/32,50 – **30 Zim** ⊇ 80 – 99/129.
  ♦ Kirschbaumfarbenes Mobiliar in Einbauweise überzeugt in den Zimmern dieses Familienbetriebs. Nett auch der Frühstücksraum, der von alten Bäumen umgeben ist.

RATINGEN

- 🏨 **Altenkamp** garni, Marktplatz 17, ✉ 40878, ✆ (02102) 9 90 20, *info@hotel-altenkamp.de*, Fax (02102) 21217 – 📶 📺 🍴 🚗 – 🔑 30. AE ① ⓜ VISA JCB
  25 Zim ⌧ 98/113 – 128/148.
  ♦ Mitten in der Fußgängerzone finden Sie hier ein praktisches Quartier. Die Zimmer sind solide und schlicht gestaltet und bieten die nötige Ruhe.

- 🏨 **Astoria** garni, Mülheimer Str. 72, ✉ 40878, ✆ (02102) 8 56 70, *info@astoria-online.de*, Fax (02102) 856777 – 📶 📺 P. AE ① ⓜ VISA. ⁂
  geschl. 20. Dez. - 7. Jan. – **25 Zim** ⌧ 79/99 – 99/159.
  ♦ Das schmucke Stadthaus bietet seinen Gästen in verkehrsgünstiger Lage praktisch ausgestattete und mit mahagonifarbenen Möbeln bestückte Übernachtungsmöglichkeiten.

- 🏨 **Allgäuer Hof**, Beethovenstr. 24, ✉ 40878, ✆ (02102) 9 54 10, *allgaeuerhof-ratingen@t-online.de*, Fax (02102) 954123 – 📶, ⁂ Zim, 📺 🚗 P. – 🔑 15. AE ① ⓜ VISA
  geschl. 24. Dez. - 8. Jan. – **Menu** (geschl. Aug. 3 Wochen, Samstag) à la carte 22,50/38,50
  – **14 Zim** ⌧ 65/99 – 95/127.
  ♦ Geschäftsleute, Durchreisende und Messebesucher finden in dieser Herberge praktisch eingerichtete Zimmer, die wie das ganze Haus tadellos gepflegt sind. Rustikales Restaurant mit Kachelofen.

- ✖✖ **Haus zum Haus**, Mühlenkämpchen, ✉ 40878, ✆ (02102) 2 25 86, *hauszhaus@aol.com*, Fax (02102) 702508, 🌳 – P. AE ① ⓜ VISA
  geschl. Jan. 1 Woche, Samstag – **Menu** (Juni - Aug. wochentags nur Abendessen) à la carte 34,50/43,50.
  ♦ Speisen wie die Rittersleut! Trotz Zugeständnissen an die Bedürfnisse der heutigen Zeit ist in der Wasserburg a. d. 13. Jh. noch die Atmosphäre vergangener Zeiten zu spüren.

In Ratingen-Lintorf Nord : 4 km :

- ✖ **Gut Porz**, Hülsenbergweg 10, ✉ 40885, ✆ (02102) 93 40 80, Fax (02102) 934084, 🌳 – P.
  geschl. 30. Dez. - 18. Jan., Dienstag – **Menu** (wochentags nur Abendessen) à la carte 25/36 ₽.
  ♦ Aufmerksame Damen unter Leitung der Chefin bedienen Sie im Lokal, das auf zwei Ebenen verteilt ist. Das Haus ist älter, der neue Wintergarten bildet einen reizvollen Kontrast.

In Ratingen-Tiefenbroich Nord-West : 2 km :

- 🏨 **Inn Side** M, Am Schimmersfeld 9, ✉ 40880, ✆ (02102) 42 70, *ratingen@innside.de*, Fax (02102) 427427, 🌳, 🏋, 🏊 – 📶, ⁂ Zim, 📺 🍴 & P. – 🔑 90. AE ① ⓜ VISA
  Menu (geschl. Samstagmittag, Sonntagmittag) à la carte 21/43 – **137 Zim** ⌧ 146 – 180.
  ♦ Modern gestylt zeigen sich Zimmer und Suiten in diesem großzügig angelegten Neubau. Die Bäder mit Glasdusche und Edelstahlbecken sind teils offen in die Zimmer integriert. Modern-elegantes, bistroähnlich gestaltetes Restaurant mit euro-asiatischen Gerichten.

- 🏨 **Villa Ratingen**, Sohlstättenstr. 66, ✉ 40880, ✆ (02102) 5 40 80, *villa-ratingen@gmx.de*, Fax (02102) 540810 – ⁂ Zim, 🍽 📺 🍴 P. AE ① ⓜ VISA
  Menu (geschl. Samstag - Sonntagmittag) (italienische Küche) à la carte 29,50/43,50 –
  31 Zim ⌧ 90/140 – 140/200.
  ♦ Individuell regulierbare Klimaanlage und französische Betten sind einige der Annehmlichkeiten dieser neuzeitlichen Adresse. Gute Bäder mit Lautsprecher ! Das schlicht eingerichtete Restaurant erwartet Sie mit Gerichten aus Bella Italia.

In Ratingen-West West : 3 km :

- 🏨 **relexa Hotel** M, Berliner Str. 95, ✉ 40880, ✆ (02102) 45 80, *duesseldorf-ratingen@relexa-hotel.de*, Fax (02102) 458599, 🌳, 🏊 – 📶, ⁂ Zim, 🍽 Rest, 📺 🍴 & 🚗 P.
  – 🔑 120. AE ① ⓜ VISA JCB. ⁂ Rest
  Menu à la carte 23/39 – **168 Zim** ⌧ 91/155 – 101/185.
  ♦ In diesem Tagungs- und Geschäftshotel können Sie sich nach getaner Arbeit in Zimmer zurückziehen, die durch eine Mischung aus Behaglichkeit und Funktionalität überzeugen. Die Brasserie mit karierten Polstern und orangenen Fensterdekorationen wirkt gemütlich.

- 🏨 **Holiday Inn** M, Broichhofstr. 3, ✉ 40880, ✆ (02102) 45 60, *info.hiratingen@queensgruppe.de*, Fax (02102) 456444, 🌳, 🏊, 🏊 (geheizt), 🏊, 🏌 – ⁂ Zim, 🍽 📺 🍴
  P. – 🔑 150. AE ① ⓜ VISA JCB
  Menu à la carte 19/36,50 – ⌧ 16 – **199 Zim** 120/151.
  ♦ Die Pluspunkte dieses Hauses sind unter anderem die Nähe zum Rhein-Ruhr-Flughafen und zum Messegelände. In Zimmern in netten, modern eingerichteten Räumen. Modernes Ambiente erwartet Sie im Restaurant Le Cygne.

Beim Autobahnkreuz Breitscheid Nord : 5 km, Ausfahrt Mülheim :

- 🏨 **Dorint Hotel** M, An der Pönt 50, ✉ 40885 Ratingen-Breitscheid, ✆ (02102) 91 85, *info.dusrat@dorint.com*, Fax (02102) 918900 – 📶, ⁂ Zim, 🍽 Rest, 📺 🍴 & 🚗 P. –
  🔑 80. AE ① ⓜ VISA JCB
  Menu à la carte 20,50/30,50 – ⌧ 13 – **118 Zim** 87/150 – 97/155.
  ♦ Durch ihre Funktionalität und die guten, meist am Fenster positionierten Schreibtische sind die Zimmer dieses Hauses besonders für einen Geschäftsaufenthalt geeignet. Helles Restaurant mit offener Küche.

RATINGEN

Novotel Düsseldorf-Airport, Lintorfer Weg 75, ✉ 40885 Ratingen-Breitscheid, ℰ (02102) 18 70, h0487@accor-hotels.com, Fax (02102) 18418, 🍴, ≋, ≋ (geheizt), 🌳 – 🛗, ⇔ Zim, 🖿 TV 📞 ⚿ 🅿 – 🚗 120. AE ⓘ MC VISA
Menu à la carte 21/32 – **119 Zim** 🍴 114 – 136.
• Einheitlich ausgestattete Zimmer in funktioneller Machart mit Modemanschluß und großer Arbeitsfläche stellen vor allem für Geschäftsleute ein geeignetes Quartier dar.

RATSHAUSEN Baden-Württemberg 419 V 10 – 650 Ew – Höhe 665 m.

Berlin 725 – Stuttgart 91 – Konstanz 101 – Villingen-Schwenningen 33 – Sigmaringen 48.

Adler, Hohnerstr. 3, ✉ 72365, ℰ (07427) 22 60, adler-ratshausen@t-online.de, Fax (07427) 914959, 🍴 – 🅿
geschl. Aug. 2 Wochen, Montag - Dienstag - **Menu** à la carte 20/42 ♀.
• Seit 1811 hat man den zünftigen Charakter der Dorfwirtschaft erhalten können. Freuen Sie sich auf ein sorgfältig und schmackhaft zubereitetes Essen aus regionalen Produkten.

RATTENBERG Bayern 420 S 22 – 1 800 Ew – Höhe 570 m – Erholungsort.

🛈 Tourist-Information, Dorfplatz 15, ✉ 94371, ℰ (09963) 94 10 30, Fax (09963) 941033.
Berlin 506 – München 153 – Regensburg 71 – Cham 25 – Deggendorf 43 – Straubing 33.

Posthotel, Dorfplatz 2, ✉ 94371, ℰ (09963) 95 00, info@posthotel-rattenberg.de, Fax (09963) 950222, 🍴, ≋, ≋, 🌳 – 🛗, ⇔ Zim, TV 📞 🅿 – 🚗 40. AE MC VISA
Menu à la carte 15/31 – **54 Zim** 🍴 41 – 68/81 – ½ P 11.
• Historisch gesehen ist dies das älteste Wirtshaus des Ortes. Heute präsentiert sich Ihnen ein Haus mit modernem Standard. Fragen Sie nach den kürzlich renovierten Zimmern! Eine gewölbte Holzdecke und bleiverglaste Scheiben schmücken die rustikalen Gaststuben.

RATZEBURG Schleswig-Holstein 415 416 E 16 – 13 000 Ew – Höhe 16 m – Luftkurort.

Sehenswert: Ratzeburger See★ (Aussichtsturm am Ostufer ≤★) – Dom★ (Hochaltarbild★).

🛈 Ratzeburg-Information, Schloßwiese 7, ✉ 23909, ℰ (04541) 85 85 65, info@ratzeburg.de, Fax (04541) 5327.
Berlin 240 – Kiel 107 – Lübeck 23 – Schwerin 46 – Hamburg 68.

Der Seehof, Lüneburger Damm 1, ✉ 23909, ℰ (04541) 86 01 01, reservierung@der-seehof.de, Fax (04541) 860102, ≤, 🍴, ≋, ⚓, 🌳 Bootssteg – 🛗 TV ⚿ 🅿 – 🚗 100. AE ⓘ MC VISA JCB
Menu à la carte 23/41 – **45 Zim** 🍴 63/114 – 87/138 – ½ P 19.
• Die Zimmer im Haupthaus sind eher schlicht eingerichtet, die im seitlichen Anbau sind modern und wohnlich und verfügen über Balkon oder eine kleine Terrasse. Restaurant mit Wintergarten und schöner Terrasse am See.

Wittlers Hotel-Gästehaus Cäcilie ≫, Große Kreuzstr. 11, ✉ 23909, ℰ (04541) 32 04, info@wittlers-hotel.de, Fax (04541) 3815 – 🛗, ⇔ Zim, TV ⇔ 🅿 – 🚗 60. MC VISA
Menu à la carte 18/33 – **30 Zim** 🍴 57/67 – 82/113 – ½ P 12.
• Dieses Hotel liegt mitten auf der Insel, am historischen Domviertel. Freundliche, teils recht großzügige Zimmer stehen im Haupthaus wie im Gästehaus zum Einzug bereit. Kristallüster und eine liebevolle Dekoration machen den Charme des kleinen Restaurants aus.

In Schmilau-Farchau Süd : 4 km :

Farchauer Mühle ≫, Farchauer Mühle 6, ✉ 23909, ℰ (04541) 8 60 00, anfrage@farchauer-muehle.de, Fax (04541) 860086, 🍴, ≋, 🌳 – ⇔ Zim, TV 🅿 – 🚗 20. AE ⓘ MC VISA
Menu (geschl. Feb.) à la carte 20/31 – **19 Zim** 🍴 55/65 – 75/110 – ½ P 16.
• Besonders hübsch an diesem Haus, einer alten Wassermühle mit Anbau, ist die Lage an See und Teich. In solide eingerichteten Quartieren genießt man die Ruhe der Natur. Die rustikale Einrichtung des Restaurants harmoniert mit der ländlichen Gegend.

In Fredeburg Süd-West : 5,5 km :

Fredenkrug, Am Wildpark 5 (B 207), ✉ 23909, ℰ (04541) 35 55, fredenkrug@t-online.de, Fax (04541) 4555, 🍴, 🌳 – ⇔ 🅿 – 🚗 50. MC VISA
Menu à la carte 15,50/26 – **15 Zim** 🍴 36/42 – 59/71 – ½ P 12.
• Leicht zurückversetzt liegt dieser solide geführte Familienbetrieb an einer Bundesstraße. Seit 1358 ist man Schankwirtschaft und Herberge. Die Zimmer sind hell und praktisch. Ländliche Gemütlichkeit erwartet den hungrigen Gast im Restaurant.

RAUENBERG Baden-Württemberg 417 419 S 10 – 6 100 Ew – Höhe 130 m.
Berlin 631 – Stuttgart 99 – Mannheim 37 – Heidelberg 22 – Heilbronn 47 – Karlsruhe 45.

Winzerhof, Bahnhofstr. 4, ⌧ 69231, ℘ (06222) 95 20, winzerhof@ringhotels.de, Fax (06222) 952350, 斎, Massage, ≦s, ☒, 舞 – ⫯, ⋈ Zim, ⊡ ⋖ ⟶ P – 益 200.
AE ⓘ ⓞ⓪ VISA
Menu à la carte 24,50/43 ♀ – **Martins Gute Stube** (Tischbestellung erforderlich) (geschl. Sonntag - Montag, Feiertage, 23. Dez. - 31. Jan., 14. - 26. April, 2. - 13. Juni, 24. Juli - 6. Sept., 3. - 8. Nov.) (nur Abendessen) **Menu** 35/65 und à la carte 36/48,50 – **86 Zim** ⌴ 80/110 – 110/160 – ½ P 20.
♦ In einer Nebenstraße liegt der über Jahrzehnte gewachsene Gasthof, der sich heute als gestandenes Hotel präsentiert. Fragen Sie nach einem Zimmer im italienischen Stil ! Rustikales Restaurant mit breitem Repertoire. Elegantes Ambiente in Martins Gute Stube.

Gutshof M, Suttenweg 1, ⌧ 69231, ℘ (06222) 95 10, gutshof-menges@t-online.de, Fax (06222) 951100, 斎 – ⫯, ⋈ Zim, ⊡ ⋖ ⎈ P ⓞ⓪ VISA. ⋆
geschl. Jan. 2 Wochen, Aug. 3 Wochen – **Menu** (geschl. Samstag, Sonn- und Feiertage) (nur Abendessen) à la carte 20/35,50 – **30 Zim** ⌴ 75/95 – 100/110.
♦ Umgeben von romantischen Weinbergen finden Sie hier Hotel, Weinstube und Weingut unter einem Dach. Die Zimmer sind elegant und funktionell mit soliden Möbeln bestückt. Helles, rustikales Restaurant.

Kraski, Hohenaspen 58 (Gewerbegebiet), ⌧ 69231, ℘ (06222) 6 15 70, info@hotel-kraski.de, Fax (06222) 615755, 斎, ≦s – ⋈ Zim, ⊡ ⋖ ⎈ P – 益 15. ⓞ⓪ VISA. ⋆
geschl. 22. Dez. - 7. Jan. – **Menu** (geschl. 29. Juli - 15. Aug., Samstag - Sonntag) (nur Abendessen) à la carte 21,50/35 – **27 Zim** ⌴ 70/76 – 90/98.
♦ Bei der Planung dieses Hauses hat man sich an den Bedürfnissen von Geschäftsreisenden orientiert. So bietet man ruhige Zimmer mit allen nötigen Anschlüssen in günstiger Lage. Das Restaurant ist zeitlos und gediegen eingerichtet.

RAUHENEBRACH Bayern 419 420 Q 15 – 3 200 Ew – Höhe 310 m.
Berlin 431 – München 251 – Coburg 70 – Nürnberg 82 – Würzburg 59 – Bamberg 28.

In Rauhenebrach-Schindelsee :

Gasthaus Hofmann ⋟ mit Zim, Schindelsee 1, ⌧ 96181, ℘ (09549) 9 87 60, info@schindelsee.de, Fax (09549) 987627 – ⊡ P
geschl. Jan. 3 Wochen – **Menu** (geschl. Dienstag - Mittwochmittag, Nov.- Ostern Dienstag - Mittwoch) à la carte 16,50/34 ♀ – **9 Zim** ⌴ 19/30 – 42/48.
♦ Ein Landgasthof aus dem Bilderbuch ! Freuen Sie sich auf eine ländliche Küche, die auf zum Teil selbsterzeugte Produkte zurückgreift und stets gekonnt zubereitet wird.

RAUNHEIM Hessen siehe Rüsselsheim.

RAUSCHENBERG Hessen 417 N 10 – 4 500 Ew – Höhe 282 m – Luftkurort.
Berlin 456 – Wiesbaden 140 – Marburg 20 – Kassel 72.

Schöne Aussicht, an der B 3 (Nord-West : 3,5 km), ⌧ 35282, ℘ (06425) 9 24 20, gerhardboucsein@aol.com, Fax (06425) 924212, 斎, ≦s, ☒, ⋈ – ⋈ Rest, ⊡ ⟶ P – 益 80. AE ⓘ ⓞ⓪ VISA. ⋆ Rest
geschl. 10. Jan. - 24. Feb., 15. - 29. Juli – **Menu** (geschl. Montag) à la carte 16,50/29 – **12 Zim** ⌴ 40/45 – 72 – ½ P 9.
♦ Das Haupthaus, in Fachwerkbauweise und mit Türmchen, liegt direkt an der Straße. Die solide und praktisch möblierten Zimmer befinden sich im ruhigen, zurückversetzten Anbau. Dunkles, mahagonifarbenes Holz gibt dem Restaurant sein gediegenes Gepräge.

RAVENSBURG Baden-Württemberg 419 W 12 – 47 000 Ew – Höhe 430 m.
Sehenswert : Liebfrauenkirche (Kopie der "Ravensburger Schutzmantelmadonna"★★).
🅱 Ravensburg, Hofgut Okatreute (Nord-West : 7 km), ℘ (0751) 99 88.
🅱 Tourist Information, Kirchstr. 16, ⌧ 88212, ℘ (0751) 8 23 24, Fax (0751) 82466.
ADAC, Jahnstr. 26.
Berlin 696 – Stuttgart 147 – Konstanz 43 – München 183 – Ulm (Donau) 86 – Bregenz 41.

Romantik Hotel Waldhorn (Bouley) (mit Gästehaus), Marienplatz 15, ⌧ 88212, ℘ (0751) 3 61 20, bouley@waldhorn.de, Fax (0751) 3612100, 斎 – ⫯, ⋈ Zim, ⊡ ⋖ ⟶ – 益 80. AE ⓘ ⓞ⓪ VISA JCB
Menu (geschl. über Weihnachten, Sonntag - Montag) (Tischbestellung ratsam, bemerkenswerte Weinkarte) 32 (mittags) à la carte 48/64 ♀ – **30 Zim** ⌴ 95 – 108/145, 3 Suiten.
♦ In der Fußgängerzone der historischen Altstadt steht das denkmalgeschützte Hotel mit neuerem Anbau. Zeitgemäß gestaltete Zimmer und moderne Appartements erwarten Sie. Gediegen-gemütliches Ambiente im Restaurant mit asiatisch inspirierter klassischer Küche.
Spez. Rotbarben-Lasagne mit Sauerampfer und Krabben. Grüne Spargel-Dubarry mit Entenbrust und Tripmadam. Ganzes Perlhuhn in zwei Gängen serviert (2 Pers.).

RAVENSBURG

Rebgarten M garni, Zwergerstr. 7, ✉ 88214, ☏ (0751) 36 23 30, *hotel-rebgarten@t-online.de*, Fax (0751) 36233110, ⌂, ⇌ – 🛏 TV ☎ ≡ 🅿 – 🅐 30. AE ⓜ VISA JCB
geschl. Weihnachten - Anfang Jan. – **30 Zim** ⌂ 71/75 – 91/95.
• Wenn Sie ein neuzeitliches Quartier in der Innenstadt suchen, sind Sie hier an der richtigen Adresse. Es stehen gut eingerichtete Zimmer in drei verschiedenen Größen bereit.

Obertor, Marktstr. 67, ✉ 88212, ☏ (0751) 3 66 70, *mail@hotelobertor.de*, Fax (0751) 3667200, 🍴, ⇌ – 🛏 TV 🅿 AE ⓞ ⓜ VISA
Menu (geschl. 1. - 7. Jan., 26. Juli - 14. Aug., Dienstag, Sonntag) (nur Abendessen) à la carte 20,50/38 – **30 Zim** ⌂ 65/72 – 94/130.
• Nach einer Renovierung bietet man den Gästen in dem historischen Haus jetzt sympathische, teilweise mit Antiquitäten und hübschen gestreiften Tapeten ausstaffierte Zimmer an. Gemütliches Restaurant mit Holzvertäfelung und nettem Dekor.

Weinstube Rebleutehaus – Romantik Hotel Waldhorn, Schulgasse 15, ✉ 88212, ☏ (0751) 3 61 20, *bouley@waldhorn.de*, Fax (0751) 3612100 – AE ⓜ VISA JCB
geschl. über Weihnachten, Juli - Aug. Sonntag – **Menu** à la carte 21,50/41 ♀.
• Unter einer beeindruckenden alten Holzdecke sitzt man in der ehemaligen Zunftstube der Rebleute von 1469. Hier werden regionale Produkte schmackhaft zubereitet.

RECHBERGHAUSEN Baden-Württemberg **419** T 12 – 5 300 Ew – Höhe 323 m.
Berlin 605 – *Stuttgart* 41 – Göppingen 4 – Aalen 44.

Zum Roten Ochsen, Hauptstr. 49, ✉ 73098, ☏ (07161) 5 13 93, *andreasvillbrandt@tiscalinet.de*, Fax (07161) 51078
geschl. Montag – **Menu** (nur Abendessen) à la carte 21,50/32,50.
• Ein gestandener schwäbischer Gasthof mit solide in Mahagoni eingerichtetem Restaurant und großem Saal mit bemalter Gewölbedecke für Extras.

RECHENBERG-BIENENMÜHLE Sachsen **418** N 24 – 1 200 Ew – Höhe 620 m – Erholungsort – Wintersport : 600/805 m ⚡1 ⚡.
Berlin 242 – *Dresden* 51 – Altenberg 20 – Chomutov 62 – Teplice 37.

In Rechenberg-Bienenmühle-Holzhau Ost : 3 km :.
🛈 Fremdenverkehrsamt, Bergstr. 9, ✉ 09623, ☏ (037327) 15 04, Fax (037327) 1619

Lindenhof ≼, Bergstr. 4, ✉ 09623, ☏ (037327) 8 20, *webmaster@lindenhof-holzhau.de*, Fax (037327) 7395, 🍴, ⌂, ⇌, ≈ – 🛏 TV 🅿 – 🅐 100. AE ⓜ VISA
Menu à la carte 19/29,50 – **60 Zim** ⌂ 47/56 – 72/92, 3 Suiten – ½ P 18.
• Eingebettet in die reizvolle Landschaft des Erzgebirges liegt die im Fachwerkstil erbaute Hotelanlage. Man bietet ein großes Angebot an Wellness- und Ayurveda-Anwendungen. Das Hotelrestaurant ist mit hellem Holz gemütlich eingerichtet.

Berghotel Talblick ≼, Alte Str. 144, ✉ 09623, ☏ (037327) 74 16, *hotel.talblick@t-online.de*, Fax (037327) 7429, ≤, 🍴, ⇌, ≈ – ¼ Zim, TV 🅿 – 🅐 20. AE ⓜ VISA
geschl. März, Nov. – **Menu** (Montag - Freitag nur Abendessen) à la carte 13,50/27 – **26 Zim** ⌂ 56 – 92 – ½ P 12.
• Die schöne Hanglage ist einer der Pluspunkte dieses Hauses. Im Inneren finden Sie praktisch ausgestattete Zimmer, sechs davon in der angrenzenden Dependance. Mit rustikalem, erzgebirgisch dekoriertem Restaurantbereich.

RECHTENBACH Bayern **417** Q 12 – 1 100 Ew – Höhe 335 m.
Berlin 528 – München 327 – *Würzburg* 63 – Aschaffenburg 29.

An der B 26 West : 3,5 km :

Bischborner Hof mit Zim, an der B 26, ✉ 97843 Neuhütten, ☏ (09352) 8 71 90, Fax (09352) 871921, 🍴, Biergarten – 🅿 AE ⓜ VISA
geschl. 1. - 8. Jan. – **Menu** (geschl. Montag) à la carte 17,50/44 – **8 Zim** ⌂ 41 – 53.
• Wo einst die Fahrgäste der Postkutsche mit Speis und Trank bewirtet wurden, kehrt man heutzutage ein, um sich mit internationaler und bürgerlicher Kost zu stärken.

RECKE Nordrhein-Westfalen **415** I 7 – 11 000 Ew – Höhe 60 m.
Berlin 458 – Düsseldorf 183 – *Nordhorn* 59 – *Bielefeld* 73 – Bremen 140 – Enschede 70 – Osnabrück 40.

Altes Gasthaus Greve ≼, Markt 1, ✉ 49509, ☏ (05453) 30 99, *altesgasthausgreve@t-online.de*, Fax (05453) 3689, 🍴 – TV ≡ 🅿 ⓜ VISA
Menu (geschl. Montagmittag) à la carte 17/26,50 – **17 Zim** ⌂ 36/39 – 64/69.
• Am Marktplatz gelegen, ist das Fachwerk-Hotel eine zentrale und doch ruhige Herberge. Die Zimmer sind teils neuzeitlich-funtionell, teils mit älteren Möbeln eingerichtet. Rustikalbürgerliches Restaurant mit Kaminzimmer und Bauernstube.

RECKLINGHAUSEN Nordrhein-Westfalen **417** L 5 – 127 000 Ew – Höhe 76 m.

Sehenswert: Ikonenmuseum★★ X M1.

🛫 Recklinghausen, Bockholter Str. 475 (über ⑥), ℰ (02361) 9 34 20 – **ADAC,** Martinistr. 11.
Berlin 508 ④ – *Düsseldorf 63* ④ – Bochum 17 ④ – Dortmund 28 ③ – Gelsenkirchen 20 ④ – Münster (Westfalen) 63 ⑦

🏨 **Parkhotel Engelsburg** garni, Augustinessstr. 10, ⊠ 45657, ℰ (02361) 20 10,
Rez@engelsburg.bestwestern.de, Fax (02361) 201120, ⇌s – 📶 ⚡ TV ♦ ♿ ⌲ – 🅿 40.
AE ⓘ ⓜⓞ VISA
X c
65 Zim ⊇ 109/114 – 129/135, 5 Suiten.
♦ Wohnen im kurfürstlichen Palais von 1701 ! Nostalgischer Charme und moderne Funktionalität verbinden sich in den elegant im englischen Stil eingerichteten Zimmern harmonisch.

RECKLINGHAUSEN

Am Lohtor	**X** 2	Kemnastraße	**Z** 23
Augustinessstr.	**X** 4	Kirchplatz	**X** 24
Börster Weg	**Y** 6	Klosterstraße	**X** 26
Bockholter Straße	**Z** 7	Kunibertistraße	**X** 27
Breite Straße	**X**	Kurfürstenwall	**X** 28
Buddestraße	**Y** 9	Löhrhof	**X**
Grafenwall	**Y** 12	Markt	**X**
Große Geldstraße	**X** 13	Martinistraße	**X** 30
Heilig-Geist-Straße	**X** 15	Münsterstraße	**X** 33
Hillen	**Z** 16	Ossenbergweg	**X** 34
Hinsbergstraße	**Y** 18	Reitzensteinstr.	**Z** 36
Holzmarkt	**X** 19	Schaumburgstraße	**X** 37
Im Romberg	**Y** 20	Springstraße	**X** 39
Josef-Wulff-Straße	**Y** 22	Steinstraße	**X** 40
		Steintor	**X** 42
		Viehtor	**X** 43
		Wickingstraße	**Y** 44

1193

RECKLINGHAUSEN

- **Landhaus Scherrer,** Bockholter Str. 385 (Nord-West : 3 km), ⊠ 45659, ℘ (02361) 1 03 30, landhaus_scherrer_gmbh@t-online.de, Fax (02361) 103317, 斎 – 쓪 Zim, 🔟 ✔ 🅿 🖭 ⓞ ⓬ 🆅🅸🆂🅰. ⅍ Rest   über Bockholter Str.   YZ
  Menu (geschl. Sonntag) (nur Abendessen) à la carte 22,50/39 – **12 Zim** ⊇ 70/80 – 90/100.
  ◆ Früher wurde in dem schönen Backsteinbau die Schulbank gedrückt - heute wohnt man im Hotelanbau in schönen Zimmern mit gepflegtem, honigfarben gebeiztem Landhaus-Mobiliar. Klassisch und stilvoll eingerichtetes Restaurant.

- **Mercure Barbarossa** garni, Löhrhof 8, ⊠ 45657, ℘ (02361) 93 12 30, mercure-recklinghausen@t-online.de, Fax (02361) 57051 – 🛗 쓪 🔟 – 🔑 30. 🖭 ⓞ ⓬ 🆅🅸🆂🅰 X
  ⊇ 11 – **66 Zim** 72/90 – 82/100.
  ◆ In Bahnhofsnähe bietet man Ihnen hier ein zeitgemäß ausgestattetes Quartier mit Kirschbaum-Zimmern, in denen Sie sich Kaffee und Tee selbst zubereiten können.

- **Albers** 🅼, Markt 3, ⊠ 45657, ℘ (02361) 9 51 60, service@gasthof-albers.de, Fax (02361) 951611, 斎 – 🛗, 쓪 Rest, 🔟 ✔. ⓬ 🆅🅸🆂🅰   X
  Menu à la carte 16,50/30 – **16 Zim** ⊇ 55 – 85.
  ◆ Im modernen Hotelanbau des historischen Gasthofs mit Stufengiebel stehen nette Übernachtungszimmer zum Einzug bereit, die nicht sehr groß, aber wohnlich eingerichtet sind. Vorne im Lokal dunkles Holz und urige Stimmung, im Anbau helles Naturholz und Kachelofen.

- **Altes Brauhaus,** Dortmunder Str. 16, ⊠ 45665, ℘ (02361) 4 63 23, Fax (02361) 46579 – 🔑 🖭 ⓬ 🆅🅸🆂🅰   Z
  geschl. Jan. 2 Wochen, Juli - Aug. 3 Wochen, Samstagmittag, Montag - Dienstagmittag
  Menu à la carte 21,50/37.
  ◆ Sehr gepflegt und nett dekoriert präsentiert sich diese Gaststätte in der Ortsmitte. Das engagierte Pächterehepaar bewirtet Sie mit einer internationalen Speisenauswahl.

REDWITZ AN DER RODACH Bayern 󠁕󠁕󠁕 P 17 – 3 500 Ew – Höhe 293 m.
Berlin 362 – München 258 – Coburg 29 – Bamberg 47.

- **Rösch,** Gries 19, ⊠ 96257, ℘ (09574) 6 33 20, info@hotel-roesch.de, Fax (09574) 633233, 斎, 🦀 – 쓪 Zim, 🔟 🅿. ⅍ Rest
  geschl. 20. Dez. - 6. Jan. – **Menu** (geschl. Samstag - Sonntag) (nur Abendessen) à la carte 22,50/25,50 – **17 Zim** ⊇ 46 – 72.
  ◆ Von altem Baumbestand umgeben liegt das Hotel etwas oberhalb der Straße. Man schläft hier in blitzsauberen, solide eingerichteten Zimmern mit gutem Platzangebot. Ländlich und einfach ist die Ausstattung des Restaurants.

REES Nordrhein-Westfalen 󠁕󠁕󠁕 K 3 – 21 700 Ew – Höhe 20 m.
🅱 Bürger Service, Markt 1 (Rathaus), ⊠46459, ℘ (02851) 5 12 00, reesinfo@stadt-rees.de, Fax (02851) 51205.
Berlin 580 – Düsseldorf 87 – Arnhem 49 – Wesel 24.

- **Lindner Hotel Rheinpark** 🅼, Vor dem Rheintor 15, ⊠ 46459, ℘ (02851) 58 80, info.rheinpark@lindner.de, Fax (02851) 5881588, ≤, 斎, 🝪 – 🛗, 쓪 Zim, 🍴 Rest, 🔟 ✔ 🚗 🅿 – 🔑 45. 🖭 ⓞ ⓬ 🆅🅸🆂🅰 🅹🅲🅱. ⅍ Rest
  Menu à la carte 22/27,50 – ⊇ 13 – **60 Zim** 89/104 – 114/124.
  ◆ Neues, modernes Hotel am Rheinufer : Die komfortablen Zimmer sind mit Erlenmöbeln eingerichtet, blaue Stoffe und Polster setzen angenehme Akzente. Gute technische Ausstattung. Restaurant im Bistrostil mit schöner Rheinterrasse.

- **Rheinhotel Dresen** garni, Markt 6, ⊠ 46459, ℘ (02851) 12 55, Fax (02851) 2838, ≤ Rhein – 쓪 🔟
  12 Zim ⊇ 40/45 – 70/80.
  ◆ Das Haus liegt direkt am Ufer des Niederrheins und überzeugt seine Besucher mit wohnlichen Zimmern, die teils in Eiche, teils in Pinie möbliert sind.

- **Op de Poort,** Vor dem Rheintor 5, ⊠ 46459, ℘ (02851) 74 22, opdepoort@aol.com, Fax (02851) 917720, ≤ Rhein, 斎 – 🅿.
  geschl. 27. Dez. - 16. Feb., Montag - Dienstag, ausser Feiertage – **Menu** (Tischbestellung ratsam) 22 (mittags) à la carte 26/42.
  ◆ Mit Blick auf den Fluß genießt man hier ein schmackhaft zubereitetes internationales Essen. Der freundlich-legere, familiäre Service rundet den Besuch ab.

In Rees-Grietherort Nord-West : 8 km :

- **Inselgasthof Nass** 🦀 mit Zim, Grietherort 1, ⊠ 46459, ℘ (02851) 63 24, Fax (02851) 6015, ≤, 斎 – 🔟 🅿. ⓬. ⅍
  Menu (geschl. Montag) (überwiegend Fischgerichte) à la carte 21,50/40 – **8 Zim** ⊇ 36 – 72/95.
  ◆ Umschlungen von Altrheinarmen liegt das Restaurant in typisch niederrheinischer Landschaft. Reservieren Sie einen der schön eingedeckten Fenstertische !

REES

In Rees-Reeserward *Nord-West : 4 km :*

XX **Landhaus Drei Raben,** Reeserward 5, ✉ 46459, ℘ (02851) 18 52, 🌣 – P
geschl. Montag - Dienstag – **Menu** à la carte 24,50/48,50.
♦ Hier wurde ein hübsches ehemaliges Bauernhaus erweitert und umgebaut. Eine helle, ländliche Einrichtung mit Parkettböden und rötlichen Wänden lädt zum Verweilen ein.

REGEN Bayern 420 T 23 – 12 000 Ew – Höhe 536 m – Erholungsort – Wintersport : ⛷.
🛈 Touristinformation, Schulgasse 2, ✉ 94209, ℘ (09921) 29 29, Fax (09921) 60433.
Berlin 529 – München 169 – *Passau 59* – Cham 49 – Landshut 100.

Wieshof, Poschetsrieder Str. 2, ✉ 94209, ℘ (09921) 97 01 60, hotelwieshof@t-onli
ne.de, Fax (09921) 9701697, 🌣 – 📺 P. 🅰🅴 🅾 VISA
Menu (geschl. Sonntagabend) à la carte 12,50/28,50 – **14 Zim** ⇌ 32 – 64.
♦ Verkehrsgünstig oberhalb des Bahnhofs gelegen, stellt dieser Gasthof eine nette Übernachtungsadresse dar, deren Zimmer praktisch und sauber eingerichtet sind. Kürzlich renovierte Gaststube.

In Regen-Schweinhütt *Nord-Ost : 5 km Richtung Bayrisch Eisenstein :*

Landhotel Mühl, Köpplgasse 1 (B 11), ✉ 94209, ℘ (09921) 95 60, info@landhotel
-muehl@.de, Fax (09921) 95656, 🌣, 🅵🆂, 🈳 – 🚿 📺 P. 🅰🅴 🅾 VISA
geschl. Nov. - 6. Dez. – **Menu** (geschl. Jan. - Feb. Dienstag) à la carte 14,50/27,50 – **33 Zim**
⇌ 42/51 – 69/82 – ½ P 12.
♦ Alles, was die Freizeit abwechslungsreich macht, gibt es hier : Erholung findet man in der herrlichen Natur, für Unterhaltung sorgt regelmäßig der "Singende Musikantenwirt". Ländlich und gemütlich ist die Aufmachung des gastronomischen Bereichs.

REGENSBURG Bayern 420 S 20 – 146 000 Ew – Höhe 339 m.
Sehenswert : Dom★ (Glasgemälde★★) E – Alter Kornmarkt★ E – Alte Kapelle★ E – Städt.
Museum★ E M1 – St. Emmeram★ (Grabmal★ der Königin Hemma) D – Diözesanmuseum★
E – St. Jakobskirche (romanisches Portal★) A – Steinerne Brücke (⩽★) E – Haidplatz★ D
– Altes Rathaus★ D – **Ausflugsziel :** Walhalla★ Ost : 11 km über Walhalla-Allee B.
⛳ Jagdschloß Thiergarten (über : 13 km), ℘ (09403) 5 05 ; ⛳ Sinzing (Süd-West : 6 km
über ⑤ A), ℘ (0941) 3 78 61 00.
🛈 Tourist-Information, Altes Rathaus, ✉ 93047, ℘ (0941) 5 07 44 10, Fax (0941)
5074419 – **ADAC,** Luitpoldstr. 2.
Berlin 489 ⑤ – München 122 ④ – Nürnberg 100 ④ – Passau 115 ③

Stadtpläne siehe nächste Seiten

Sorat Insel-Hotel M, Müllerstr. 7, ✉ 93059, ℘ (0941) 8 10 40, regensburg@sorat
-hotels.com, Fax (0941) 8104444, ⩽, 🌣, 🈳 – 🚿, ✻ Zim, 📺 ☏ ♿ ⌘ – 🛄 70. 🅰🅴
🅾 🆆 VISA JCB A r
Brandner (geschl. Sonntag) **Menu** à la carte 28,50/45 – **75 Zim** ⇌ 109/147 – 144/190.
♦ Genießen Sie den Blick auf Regensburg im denkmalgeschützten Hotel, einer alten Manufaktur, die über einem Donauarm liegt. Komfortable Zimmer in klassisch-moderner Gestaltung. Brandner mit elegant-gediegenem Ambiente und Panoramablick auf den Dom.

Courtyard by Marriott M, Bamberger Str. 28, ✉ 93053, ℘ (0941) 8 10 10, cy.z
pmcy.sales.mgr@marriott.com, Fax (0941) 84047, 🌣, 🈳 – 🚿, ✻ Zim, ▪ 📺 ☏ P –
🛄 130. 🅰🅴 🅾 🆆 VISA JCB über ⑥
Menu à la carte 21/33 – ⇌ 13 – **125 Zim** 90/96.
♦ Nah beim historischen Stadtkern gelegen, bietet das moderne Hotel seinen Gästen funktionell-elegante Zimmer, zum Teil mit Blick auf den Dom. Terrasse am Donauufer !

Avia-Hotel, Frankenstr. 1, ✉ 93059, ℘ (0941) 4 09 80, info@avia-hotel.de,
Fax (0941) 4098100, 🌣 – 🚿, ✻ Zim, 📺 ☏ ⌘ P – 🛄 60. 🅰🅴 🅾 🆆 VISA JCB B c
Menu (geschl. 27. Dez. - 6. Jan.) à la carte 22/36,50 – **60 Zim** ⇌ 88 – 97.
♦ Geschmackvoll eingerichtete Zimmer, teils auch mit einfacherem Standard, und ein guter Service versprechen einen erholsamen Aufenthalt. Auch für Tagungen geeignet. Bürgerlich-gediegenes Restaurant.

Park-Hotel Maximilian, Maximilianstr. 28, ✉ 93047, ℘ (0941) 5 68 50, reception
@maximilian-hotel.de, Fax (0941) 52942, 🌣 – 🚿, ✻ Zim, 📺 ☏ ⌘ – 🛄 70. 🅰🅴 🅾
🆆 VISA JCB E f
Locanda Botticelli (italienische Küche) (geschl. Sonn- und Feiertage) **Menu** à la carte
21,50/33,50 – **High Fish** (geschl. Montag) (nur Abendessen) **Menu** à la carte 19,50/30,50
– **52 Zim** ⇌ 120 – 145/165.
♦ Prunkvolles Domizil um 1891 mit Neo-Rokoko-Fassade, das unterschiedliche, teils geräumige Zimmer bietet. Nur wenige Schritte zum historischen Teil der Stadt. Rustikale Locanda Botticelli in einem Pavillon. Kellerlokal High Fish mit mediterraner Wandmalerei.

REGENSBURG

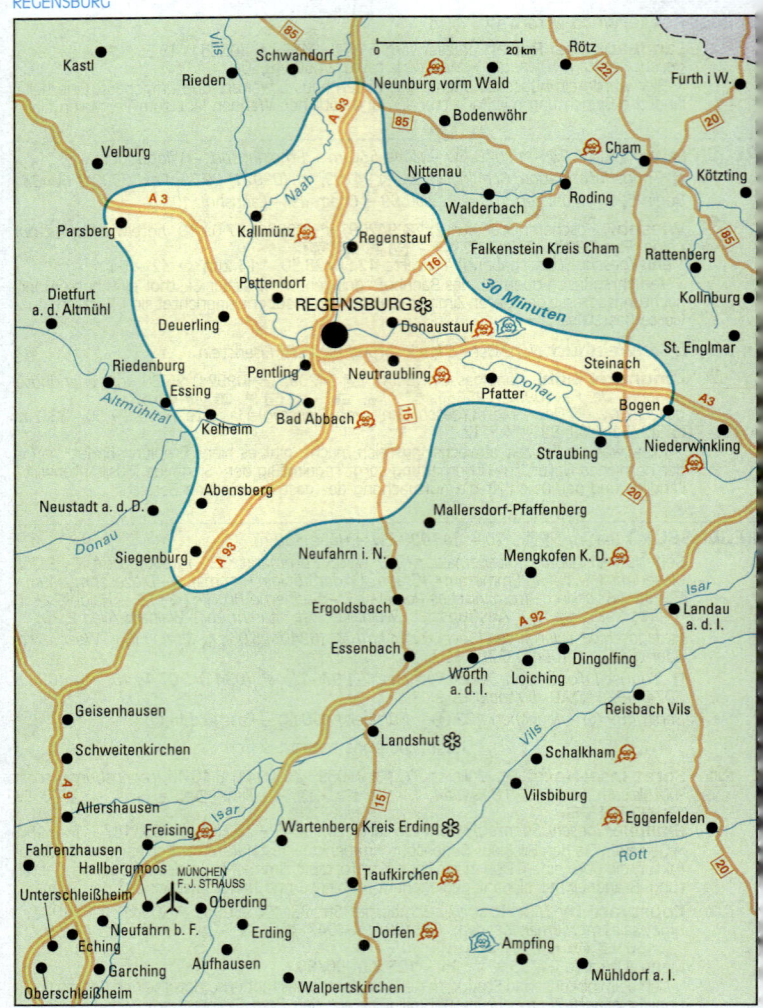

Bischofshof am Dom, Krauterermarkt 3, ✉ 93047, ☏ (0941) 5 84 60 (Hotel) 5 94 10 10 (Rest.), info@hotel-bischofshof.de, Fax (0941) 5846146, Biergarten – 🛗, ✸ Zim, 📺 ☏ 🚗. 🆎 ⓞ 🅜 🆅🅸🆂🅰   E r
Menu à la carte 16,50/34,50 – **55 Zim** ⚏ 67/97 – 119/132.
 ♦ Die Lage zwischen Porta Praetoria und dem Dom betont den geschichtlichen Charakter der einstigen Bischofsresidenz. Den Gast erwarten romantische Gemächer im Landhausstil. Unterteilte Gaststuben, teils elegant-gemütlich, teils bürgerlich.

Altstadthotel Arch garni, Haidplatz 4, ✉ 93047, ☏ (0941) 5 86 60, arch@onlineh ome.de, Fax (0941) 5866168 – 🛗 ✸ 📺 ☏ – 🅰 25. 🆎 ⓞ 🅜 🆅🅸🆂🅰 🅹🅲🅱   D n
65 Zim ⚏ 67/97 – 90/110.
 ♦ Ein Haus mit Vergangenheit : Das schöne, modernisierte Patrizierhaus a. d. 12. Jh. liegt in der Fußgängerzone. Fragen Sie nach den komfortablen Dachbalkenzimmern.

REGENSBURG

Street	Grid
Adolf-Schmetzer-Str.	B 2
Albertstraße	A 3
Altdorfer Straße	A 4
Arnulfsplatz	A 5
Bismarckplatz	A 6
Dr.-Johann-Maier-Straße	A 10
Gumpelzhaimerstraße	A 18
Hermann-Geib-Straße	B 19
Landshuter Straße	B 22
Liskircherstraße	A 23
Luitpoldstraße	B 26
Margaretenstraße	A 27
Platz der Einheit	A 31
Protzenweiherbrücke	AB 32
Schottenstraße	A 37
Stadtamhof	A 38
Stobäusplatz	B 39
Walhalla Allee	B 45
Weißgerbergraben	A 49

🏨 **Hansa Apart-Hotel** M, Friedenstr. 7, ⊠ 93051, ℰ (0941) 9 92 90 (Hotel) 79 32 76 (Rest.), *hansa.hotel@t-online.de*, Fax (0941) 9929095, 🍽 – 🛗, ⇌ Zim, 📺 ✆ ⇌ – 🅿 55. ⓐ ⓞ ⓜ⓸ VISA JCB A a
Il Pescatore (italienische Küche) *(geschl. Sonntag)* Menu à la carte 21/35,50 – **121 Zim** ⌸ 80/115 – 100/136, 20 Suiten.
 ♦ Ob ein privater Aufenthalt oder ein Geschäftsbesuch - die Räume dieses Hauses bieten eine harmonische und ideenreiche Innenausstattung mit Business-Service. Klassisch ausgestattetes Restaurant.

🏨 **Atrium** garni, Gewerbepark D 90, ⊠ 93059, ℰ (0941) 4 02 80, *info@atrium-regensburg.bestwestern.de*, Fax (0941) 49172 – 🛗 ⇌ 📺 ✆ 🅿 – 🅿 100. ⓐ ⓞ ⓜ⓸ VISA
96 Zim ⌸ 88 – 97.   über ①
 ♦ Das moderne Hotel für Geschäftsreisende liegt in einem Gewerbegebiet. Funktionelle Zimmer mit zeitgemäßer Ausstattung und ein moderner Tagungsbereich runden das Angebot ab.

🏨 **Kaiserhof** garni, Kramgasse 10, ⊠ 93047, ℰ (0941) 58 53 50, *info@kaiserhof-am-dom.de*, Fax (0941) 5853595 – 🛗 📺. ⓐ ⓞ ⓜ⓸ VISA   E t
30 Zim ⌸ 55/70 – 89/118.
 ♦ Hier wohnen Sie mit Blick auf die Zwillingstürme des Doms in freundlichen Räumen. Der Frühstücksraum befindet sich in der Hauskapelle aus dem 14. Jh. mit hoher Gewölbedecke.

🏨 **Münchner Hof** 🍃, Tändlergasse 9, ⊠ 93047, ℰ (0941) 5 84 40 (Hotel) 5 99 73 63 (Rest.), *info@muenchner-hof.de*, Fax (0941) 561709 – 🛗, ⇌ Zim, 📺 ✆ – 🅿 25. ⓜ⓸ VISA D d
Menu à la carte 14,50/34 – **53 Zim** ⌸ 62/77 – 85/100.
 ♦ Die Kombination von gotischen Bögen und stilvollem Komfort hinter mittelalterlichen Mauern verleihen einigen Zimmern einen historischen Touch und einen persönlichen Stil. Rustikale Gaststätte mit gemütlicher Gründerzeit-Atmosphäre.

1197

REGENSBURG

Brückstraße	E 7	Goldene-Bären-Straße	D 17	Neue-Waag-Gasse	D 2
Domgarten	E 12	Goliathstraße	DE	Neupfarrplatz	DE
Fröhliche-Türken-		Haidplatz	D	Pfauengasse	E 3
Str.	E 15	Königsstraße	E 21	Rathausplatz	D 3
Gesandtenstraße	D	Landshuter Straße	E 22	Thundorfer Straße	E 4
		Ludwigstraße	D 24	Viereimergasse	E 4
		Luitpoldstraße	E 26	Weiße-Hahnen-Gasse	E 4
		Maximilianstraße	E	Weiße-Lilien-Straße	E 4

Rosenpalais (von Walderdorff), Minoritenweg 20 (1. Etage), ✉ 93047, ☎ (0941) 5 99 75 79, restaurant@rosenpalais.de, Fax (0941) 5997580, 🍽 – 💳 VISA B a
geschl. Weihnachten, 1. - 10. Jan., Sonn- und Feiertage, Montag – **Menu** 38/75 à la carte 41/55 ♀ – **Bistro** (geschl. Sonn- und Feiertage, Montag) **Menu** à la carte 22,50/34,50.
◆ Im geschmackvollen Barock-Ambiente des Stadtpalais aus dem 18. Jh. bietet man eine kreative französische Küche sowie ein umfangreiches Angebot an Weinen. Das Bistro mit integrierter Bar befindet sich im Erdgeschoß des Rosenpalais.
Spez. Salat von Palmherzen mit Flußkrebsen und Soja-Pfifferlingen. Pochierter Rehrücken mit Oliven-Kirschragout und altem Balsamico. Mohnsoufflé mit Cassisfeigen und Basilikumeis.

David, Watmarkt 5 (5. Etage), ✉ 93047, ☎ (0941) 56 18 58, Fax (0941) 51618, 🍽
⟦⟧ AE ⓘ 💳 VISA E v
geschl. Sonntag - Montag – **Menu** (nur Abendessen) à la carte 35/48.
◆ Im fünften Stock des historischen Goliathhauses speist man in romantischem Ambiente. Internationale Küche mit französischen und italienischen Einflüssen. Schöne Dachterrasse.

REGENSBURG

Hagens Auberge, Badstr. 54, ⌧ 93059, ℘ (0941) 8 44 13, *hagens-auberge@t-onl ine.de*, Fax (0941) 84414, 🍽 – 🆎 ① ⓦ VISA
geschl. Sonntag – **Menu** *(nur Abendessen)* à la carte 25/40.
♦ In einer Seitenstraße auf der Donauinsel gelegenes, rustikal gehaltenes Restaurant mit gemütlichem Ambiente. Die Küche bietet Internationales, französisch inspiriert.

A c

Brauerei Kneitinger, Arnulfsplatz 3, ⌧ 93047, ℘ (0941) 5 24 55, *brauereigaststa ettekneitinger@t-online.de*, Fax (0941) 5999982, (Brauereigaststätte)
Menu à la carte 10,50/21,50.
♦ Steht Ihnen der Sinn nach einer rustikalen Gaststube? Passend zum Ambiente der mit dunklem Holz ausgestatteten Räume werden hier Brotzeiten und regionale Speisen gereicht.

A h

In Regensburg-Irl über ② : 7 km in Richtung Straubing :

Held (mit Gästehaus), Irl 11, ⌧ 93055, ℘ (09401) 94 20, *richardheld@t-online.de*, Fax (09401) 7682, Biergarten, 🛏, 🅿 – 🛗 🛜 📺 🚗 🅿 – 🚗 80. 🆎 ⓦ VISA
geschl. 23. - 30. Dez. – **Menu** à la carte 13,50/28,50 – **80 Zim** ⌘ 50/75 – 95/110.
♦ In zwei Generationen vom Gasthof zum Hotel gereift, bietet das Haus familiäre Gastlichkeit. Die Zimmer sind gepflegt und neuzeitlich mit rustikalen Eichenmöbeln eingerichtet. Ländlich-rustikale Gaststuben.

In Regensburg-Wutzlhofen über ① und Chamer Straße : 5 km :

Götzfried, Wutzlhofen 1, ⌧ 93057, ℘ (0941) 6 96 10, *service@hotel-goetzfried.de*, Fax (0941) 6961343, 🍽 – 🛗, 🛜 Zim, 📺 📞 🅿 – 🚗 80. 🆎 ① ⓦ VISA. ✄ Zim
Menu *(geschl. 23. - 27. Dez., Montag)* à la carte 15/32 – **52 Zim** ⌘ 55/65 – 75/90.
♦ Im gewachsenen Gasthof erwartet Sie ein herzlicher Empfang, man stimmt Sie auf einen gemütlichen, erholsamen Aufenthalt ein. Die Zimmer sind praktisch ausgestattet.

In Pentling über ④ : 5 km bei der BAB-Ausfahrt Regensburg-Süd :

NH Regensburg Hotel, An der Steinernen Bank 10, ⌧ 93080, ℘ (09405) 3 30, *nhre gensburg@nh-hotels.de*, Fax (09405) 33410, Biergarten, 🛏 – 🛗, 🛜 Zim, 📺 ♿ 🚗 🅿 – 🚗 300. 🆎 ① ⓦ VISA. ✄ Rest
Menu à la carte 16,50/33,50 – ⌘ 10 – **223 Zim** ⌘ 60/65 – 75/80.
♦ Am Rand von Regensburg gelegen, stellt das Haus besonders für geschäftliche Aufenthalte eine ideale Herberge dar. Zeitgemäße Zimmer erleichtern das Leben unterwegs.

In Pettendorf-Mariaort über ⑥ : 7 km :

Krieger, Heerbergstr. 3 (an der B 8), ⌧ 93186, ℘ (0941) 8 10 80 (Hotel) 8 42 78 (Rest.), *gasthof@gasthofkrieger.de*, Fax (0941) 8108180, ≤, Biergarten – 🛗 📺 🚗 🅿 – 🚗 100. ⓦ VISA
geschl. 24. Dez. - 7. Jan. – **Menu** *(geschl. Aug. - Sept. 2 Wochen, Mittwoch)* à la carte 13/26,50 – **27 Zim** ⌘ 31/47 – 52/72.
♦ Lauschig an der Mündung der Naab in die Donau gelegen, besticht diese Herberge durch Natur pur. Man wohnt in Zimmern, die mit rustikalen Eichenmöbeln eingerichtet sind. Rustikal-gemütlicher Gasthof mit historischem Säulengewölbe.

In Pettendorf-Adlersberg über ⑥ : 8 km auf der B 8, in Richtung Pettendorf :

Prösslbräu 🐾, Dominikanerinnenstr. 2, ⌧ 93186, ℘ (09404) 18 22, Fax (09404) 5233, (Brauereigasthof in einer ehemaligen Klosteranlage a.d. 13.Jh.) Biergarten – 🅿
geschl. 22. Dez. - 15. Jan. – **Menu** *(geschl. Montag)* à la carte 12,50/20,50 – **14 Zim** ⌘ 30 – 45.
♦ In der urigen Familienbrauerei, unterteilt in verschiedene Stuben, erwarten Sie typisch bayerische Bierspezialitäten und regionale Küche in gemütlich-rustikalem Ambiente.

In Donaustauf Ost : 9 km, Richtung Walhalla B :

Forsters Gasthof Zur Post, Maxstr. 43, ⌧ 93093, ℘ (09403) 91 00, *hotel@fors ters.info*, Fax (09403) 910910, 🍽 – 🛗, 🛜 Zim, 📺 📞 🅿 – 🚗 140. 🆎 ① ⓦ VISA JCB
Menu *(geschl. 17. Feb. - 5. März, 11. - 27. Aug., Montag)* à la carte 16,50/33,50 – **48 Zim** ⌘ 60/65 – 75/95.
♦ Freuen Sie sich auf einen gastlichen Empfang in idyllischer Umgebung. Die Räume des Gasthofs sind ansprechend und wohnlich mit Naturholz im Landhausstil eingerichtet. Unterteiltes Restaurant, teils leicht elegant, teils rustikal.

Walhalla 🐾, Ludwigstr. 37, ⌧ 93093, ℘ (09403) 9 50 60, *walhallahotel@web.de*, Fax (09403) 950613, 🍽 – 🛗 📺 🚗 🅿 ① ⓦ VISA
geschl. 22. Dez. - 2. Jan. – **Menu** *(geschl. Donnerstag)* (Restaurant nur für Hausgäste) – **21 Zim** ⌘ 32/40 – 52/58.
♦ Die von 1830 bis 1842 erbaute Ruhmeshalle gab der Hotel seinen Namen. Nett dekorierte Gästezimmer stehen hier zum Einzug bereit. Bei schönem Wetter lockt die hübsche Terrasse.

REGENSBURG

In Neutraubling *Süd-Ost : 10 km über ② in Richtung Straubing :*

Am See M (mit Gästehaus), Teichstr. 6, ✉ 93073, ℘ (09401) 94 60, *hotel-am-see@-online.de*, Fax (09401) 946222, 🌳 – 📶, ⇌ Zim, 🍽 Rest, 📺 📞 ♿ 🅿 – 🚪 80. 🅰🅴 ⓿ 𝗩𝗜𝗦𝗔 𝗝𝗖𝗕
Menu *(geschl. Aug. 3 Wochen, Montag)* à la carte 18,50/34,50 ♀ – **40 Zim** ⊃ 61/86 – 91/111.
• Der freundliche Service sorgt für einen netten Aufenthalt. Sie wohnen im Landhausst. mit hellem Naturholz in sehr gepflegtem Ambiente - ob privat oder geschäftlich. Restauran mit Kamin oder Seestüberl mit Kachelofen, alles ländlich-modern gestaltet.

REGENSTAUF *Bayern* 𝟰𝟮𝟬 *S 20 – 15 000 Ew – Höhe 346 m.*

🛈 *Fremdenverkehrsamt, Bahnhofstr. 15,* ✉ *93128,* ℘ *(09402) 50 90, fremdenverkehrs amt@regenstauf.de, Fax (09402) 50917.*
Berlin 474 – München 136 – Regensburg 19 – Nürnberg 110.

In Regenstauf-Heilinghausen *Nord-Ost : 8 km im Regental :*

Landgasthof Heilinghausen, Alte Regenstr. 5, ✉ 93128, ℘ (09402) 42 38 Fax (09402) 4238, Biergarten – 🅿. 🅰🅴 ⓿
geschl. Nov. 1 Woche, Dienstag – **Menu** à la carte 18/31.
• Direkt an der Straße liegt dieser traditionelle bayerische Landgasthof. In der rustikal-gemütlichen Gaststube bewirtet man Sie mit internationalen und regionaler Gerichten.

REHBURG-LOCCUM *Niedersachsen* 𝟰𝟭𝟱 𝟰𝟭𝟳 *I 11 – 9 800 Ew – Höhe 60 m.*

🏌 🏌 *Mardorf, Vor der Mühle 10 (Ost : 5 km),* ℘ *(05036) 27 78 ;* 🏌 *Rehburg-Loccum, Hormannshausen,* ℘ *(05766) 9 30 17.*
Berlin 328 – Hannover 47 – Bremen 89 – Minden 28.

Rodes Hotel, Marktstr. 22 (Ortsteil Loccum), ✉ 31547, ℘ (05766) 2 38, *rodes-hote l@t-omline.de,* Fax (05766) 7132, 🌳 – 📺 ⇌ 🅿
geschl. 20. Dez. - 10. Jan. – **Menu** *(geschl. Freitag)* à la carte 13,50/34 – **23 Zim** ⊃ 42/48 – 65/74.
• Gastliche Tradition wird in dem Klinkergasthof bereits seit 400 Jahren hochgehalten. In Zimmern mit neuzeitlichem oder nostalgischem Charme wohnt man individuell und ruhig. Restaurant im altdeutschen Stil.

REHLINGEN-SIERSBURG *Saarland* 𝟰𝟭𝟳 *R 4 – 10 000 Ew – Höhe 180 m.*

Berlin 736 – Saarbrücken 37 – Luxembourg 66 – Trier 63.

In Rehlingen-Siersburg - Eimersdorf *Nord : 2 km, ab Siersburg :*

Niedmühle, Niedtalstr. 13, ✉ 66780, ℘ (06835) 6 74 50, *info@restaurant-niedmue hle.de,* Fax (06835) 6070450, 🌳 – 🅿. ⇌
geschl. 1. - 7. Jan., Juni – Juli 3 Wochen, Okt. 1 Woche, Montag, Samstagmittag – **Menu** à la carte 28/39.
• Unverputzte Backsteinwände und freigelegte Holzbalken sorgen im Restaurant für eine urige Atmosphäre. Der gastronomische Bereich wurde um einen Wintergarten erweitert.

In Rehlingen-Siersburg - Niedaltdorf *Süd-West : 8 km, ab Siersburg :*

Olive - Zur Naturtropfsteinhöhle, Neunkircher Str. 10, ✉ 66780, ℘ (06833) 3 77, *restaurantolive@aol.com,* Fax (06833) 1730071, 🌳 – 🅿. 🅰🅴 ⓿ 𝗩𝗜𝗦𝗔 ⇌
geschl. Anfang Jan. 2 Wochen, Montag, Mittwochabend – **Menu** à la carte 24,50/41.
• Nachdem dieses Lokal vor kurzem komplett renoviert wurde, paart sich hier das Moderne mit dem Rustikalen. Mediterrane Farben harmonieren mit dem Angebot der Küche.

REHNA *Mecklenburg-Vorpommern* 𝟰𝟭𝟱 𝟰𝟭𝟲 *E 17 – 2 800 Ew – Höhe 15 m.*
Berlin 237 – Schwerin 35 – Lübeck 32 – Ratzeburg 25 – Wismar 46.

Stadt Hamburg, Markt 5 (B 104), ✉ 19217, ℘ (038872) 5 33 11, Fax (038872) 51632, 🌳 – 📺 ⇌ 🅿. ⓿ 𝗩𝗜𝗦𝗔
Menu à la carte 12,50/23,50 – **15 Zim** ⊃ 36/42 – 52/62.
• Schon von weitem fällt die rote Fachwerkfassade des Hotels ins Auge. Früher war das Haus eine Ausspanne mit Übernachtungsmöglichkeit, heute bietet man praktische Zimmer. In der Gaststube geht es ländlich zu.

REICHELSHEIM
Hessen 417 419 Q 10 – 9 400 Ew – Höhe 216 m – Luftkurort.

🛈 Tourist-Information, Bismarkstr. 43, ⌧ 64385, ℘ (06164) 5 08 26, touristinfo@reichelsheim.de, Fax (06164) 50833.

Berlin 585 – Wiesbaden 84 – Mannheim 53 – Darmstadt 36.

Treusch im Schwanen, Rathausplatz 2, ⌧ 64385, ℘ (06164) 22 26, info@treuschs-schwanen.com, Fax (06164) 809, 🍴 – 🅿 – 🏛 25. 🆎 ⓘ ⓜⓞ 𝕍𝕀𝕊𝔸
geschl. Mitte Jan. - Ende Feb., Donnerstag – **Menu** (Montag - Freitag nur Abendessen) (bemerkenswerte Weinkarte) à la carte 26/46 (auch vegetarisches Menu) – **Johanns-Stube** (geschl. über Fastnacht 2 Wochen, Donnerstag) **Menu** à la carte 14/30,50.
 • Elegant und rustikal ist die Ausstattung des Restaurants in diesem Gasthaus. Aus der Küche kommt ein ansprechendes Angebot an regionalen und gehobenen Gerichten. In der rustikalen Johanns-Stube hat man sich ganz auf die regionale Kost spezialisiert.

In Reichelsheim-Eberbach Nord-West : 1,5 km :

Ferienhotel Landhaus Lortz ⌘, Ortstr. 3, ⌧ 64385, ℘ (06164) 49 69, Fax (06164) 55528, ≤, ≘s, ⬜, 🌳 – 📺 🅿 ⓜⓞ. ✂
Menu (geschl. Montag - Dienstag) (nur Abendessen) (Restaurant nur für Hausgäste) à la carte 19/22,50 – **17 Zim** ⌧ 32/39 – 60/70 – ½ P 14.
 • Eine Urlaubsadresse im Grünen, in der die Gäste recht geräumige, mit hübschen Weichholzmöbeln und kleiner Küchenzeile sinnvoll ausgestattete Zimmer vorfinden.

In Reichelsheim-Erzbach Süd-Ost : 6,5 km :

Berghof, Forststr. 44, ⌧ 64385, ℘ (06164) 20 95, berghof.erzbach@t-online.de, Fax (06164) 55298, 🍴, ≘s, ⬜, 🌳 – 🛗 📺 🅿 – 🏛 20
Menu (geschl. Montag) à la carte 15/31 – **30 Zim** ⌧ 37/45 – 68/76 – ½ P 11.
 • Dieser gestandene Familienbetrieb liegt landschaftlich schön, eingerahmt von Obstwiesen. Sie werden in Zimmern untergebracht, die teilweise in massiver Eiche gehalten sind. Holzvertäfelte Gaststuben.

REICHENAU (Insel)
Baden-Württemberg 419 W 11 – 5 000 Ew – Höhe 398 m – Erholungsort.
Sehenswert : In Oberzell : Stiftskirche St. Georg (Wandgemälde★★) – In Mittelzell : Münster★ (Münsterschatz★).

🛈 Tourist-Information, Pirminstr. 145, ⌧ 78479, ℘ (07534) 9 20 70, Fax (07534) 920777.

Berlin 763 – Stuttgart 181 – Konstanz 12 – Singen (Hohentwiel) 29.

Im Ortsteil Mittelzell :

Seehotel Seeschau ⌘, An der Schiffslände 8, ⌧ 78479, ℘ (07534) 2 57, seeschau@mdo.de, Fax (07534) 7264, ≤, 🍴 – 🛗 📺 ☎ 🅿 🆎 ⓘ ⓜⓞ 𝕍𝕀𝕊𝔸
Menu à la carte 22/42 ⌨ – **23 Zim** ⌧ 98/140 – 128/180 – ½ P 26.
 • Zarte Pastelltöne und weiße Stilmöbel geben den Zimmern ihr unverwechselbares Gepräge. Ein Großteil der ansprechenden Marmorbäder ist mit Whirlwanne ausgestattet. Essen kann man im eleganten Le Gourmet, in der Kaminstube oder auf der schönen Seeterrasse.

Mohren, Pirminstr. 141, ⌧ 78479, ℘ (07534) 9 94 40, hotel@mohren-bodensee.de, Fax (07534) 9944610, 🍴 – 🛗, ✂ Zim, 📺 🅿 – 🏛 40. 🆎 ⓘ ⓜⓞ 𝕍𝕀𝕊𝔸
geschl. Jan. - Mitte Feb. – **Menu** (geschl. Sonntag) à la carte 21,50/30,50 – **37 Zim** ⌧ 85 – 120/133 – ½ P 20.
 • Das gemütliche Stammhaus, ein Gasthof aus dem 17. Jh., und der neuzeitliche Anbau sind einladend hellgelb gestrichen und überzeugen mit soliden und komfortablen Zimmern. Restaurant teils im Landhausstil, teils ländlich-rustikal.

Strandhotel Löchnerhaus ⌘, An der Schiffslände 12, ⌧ 78479, ℘ (07534) 80 30, strandhotel-reichenau@t-online.de, Fax (07534) 582, ≤, 🍴, 🐾, 🌳 Bootssteg – 🛗, ✂ Zim, ⚙ 🅿 – 🏛 60. 🆎 ⓘ ⓜⓞ 𝕍𝕀𝕊𝔸. ✂
März - Okt. – **Menu** à la carte 25/40 – **40 Zim** ⌧ 71/100 – 125/155.
 • Auf der sonnigen Südseite der Insel liegt der klassische Hotelbau direkt am Wasser. Im Inneren erwarten Sie rustikal in Eiche eingerichtete Zimmer in verschiedenen Größen. Restaurant mit großer Fensterfront zum See und schöner Seeterrasse.

Im Ortsteil Oberzell :

Kreuz, Zelleleweg 4, ⌧ 78479, ℘ (07534) 3 32, kreuz-reichenau@t-online.de, Fax (07534) 1460, 🍴 – 📺 🅿 ⓜⓞ 𝕍𝕀𝕊𝔸
geschl. 23. Dez. - 10. Jan., über Fastnacht 1 Woche, Ende Okt. - Mitte Nov. – **Menu** (geschl. Montag, Donnerstag) à la carte 14,50/29,50 – **12 Zim** ⌧ 35/62 – 78/82.
 • Freundliche, teilweise mit Balkon ausgestattete Gästezimmer stehen in dieser gut gepflegten und familiär geführten Herberge für Sie bereit. Ländlich gestaltete Gaststube.

REICHENBACH Sachsen 418 M 28 – 3 500 Ew – Höhe 258 m.
Berlin 217 – Dresden 96 – Görlitz 14 – Zittau 32.

Reichenbacher Hof, Oberreichenbach 8a (B 6), ✉ 02894, ℘ (035828) 7 50, ringhotel-reichenbach@t-online.de, Fax (035828) 75235, 🍴, Massage, 🛎, ≋, ♨,
✗ – 🛗, 🛏 Zim, 📺 🅿 – 🅰 150. AE ⓓ ⓒ VISA
Menu à la carte 16,50/22,50 – **47 Zim** ⊇ 65/72 – 85/90.
◆ Diese praktische Herberge sorgt mit gut eingerichteten Naturholz-Zimmern dafür, da
Sie die niederschlesische Region der Oberlausitz in guter Erinnerung behalten. Rustika
gestaltete Gaststuben.

REICHENBACH (VOGTLAND) Sachsen 418 420 O 20 – 25 000 Ew – Höhe 377 m.
Berlin 289 – Dresden 118 – Gera 45 – Plauen 26.

Burgberg Hotel M 🌿, Am Burgberg 2, ✉ 08468, ℘ (03765) 78 00, info@bur
berg-hotel.de, Fax (03765) 780111, 🍴, ≋ – 🛗, 🛏 Zim, 📺 🅿 – 🅰 35. AE ⓓ ⓒ
VISA. ✗
Menu (geschl. Sonntag) (nur Abendessen) à la carte 13/23,50 – **29 Zim** ⊇ 62/72 – 72/9
◆ Mitten im Grünen finden Sie hier ein Zuhause auf Zeit. Der schmucke weiße Hotelba
bietet Ihnen wohnliche Zimmer in angenehmen Farben und mit zeitgemäßen Bädern. Da
Interieur des Restaurants ist gepflegt und gediegen.

REICHENHALL, BAD Bayern 420 W 22 – 18 100 Ew – Höhe 470 m – Heilbad – Wintersport
470/1 600 m ⛷1 ⛷2 ⛸.
🛈 Kur- und Verkehrsverein, Wittelsbacherstr. 15, ✉ 83435, ℘ (08651) 60 63 03
info@bad-reichenhall.de, Fax (08651) 606311.
Berlin 723 ① – München 136 ① – Berchtesgaden 20 ② – Salzburg 19 ①

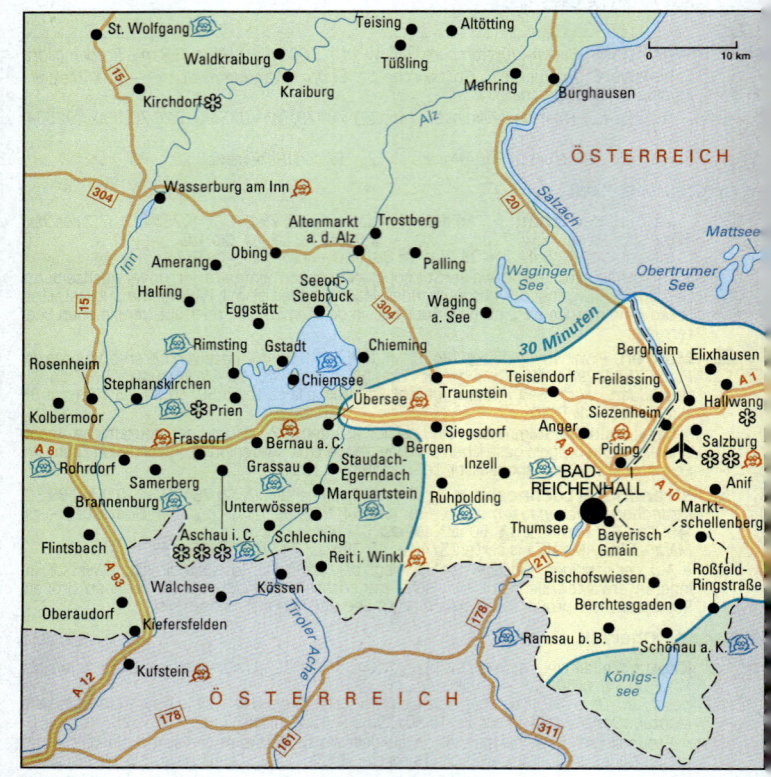

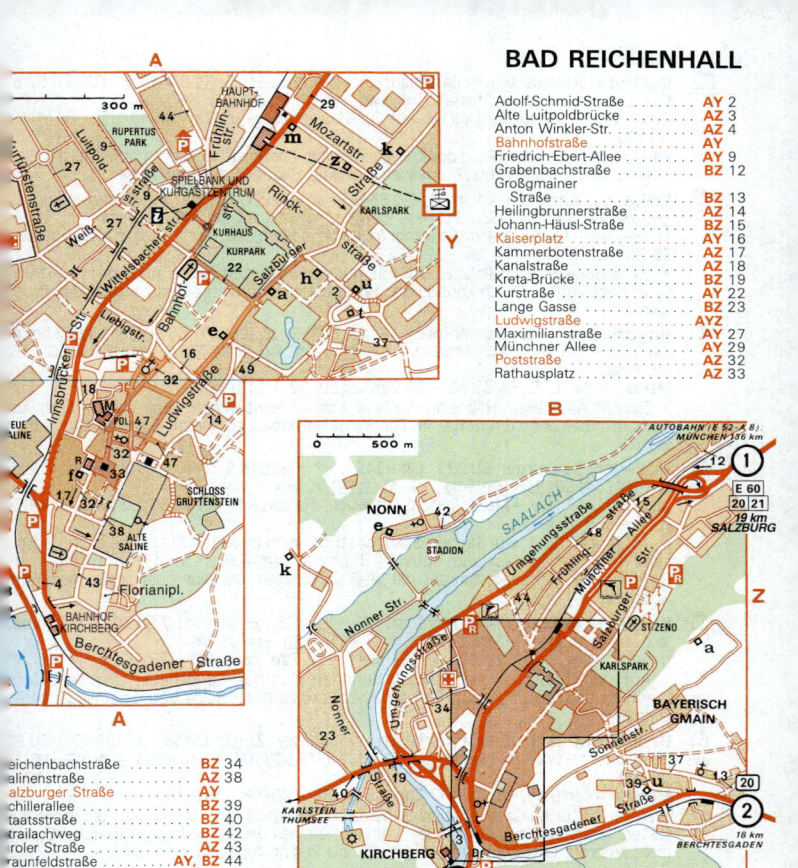

BAD REICHENHALL

Adolf-Schmid-Straße	**AY** 2
Alte Luitpoldbrücke	**AZ** 3
Anton Winkler-Str.	**AZ** 4
Bahnhofstraße	**AY**
Friedrich-Ebert-Allee	**AY** 9
Grabenbachstraße	**BZ** 12
Großmainer Straße	**BZ** 13
Heilingbrunnerstraße	**AZ** 14
Johann-Häusl-Straße	**BZ** 15
Kaiserplatz	**AY** 16
Kammerbotenstraße	**AZ** 17
Kanalstraße	**AZ** 18
Kreta-Brücke	**BZ** 19
Kurstraße	**AY** 22
Lange Gasse	**BZ** 23
Ludwigstraße	**AYZ**
Maximilianstraße	**AY** 27
Münchner Allee	**AY** 29
Poststraße	**AZ** 32
Rathausplatz	**AZ** 33

eichenbachstraße	**BZ** 34
alinenstraße	**AZ** 38
alzburger Straße	**AY**
chillerallee	**BZ** 39
taatsstraße	**BZ** 40
trailachweg	**BZ** 42
roler Straße	**BZ** 43
raunfeldstraße	**AY, BZ** 44
urnergasse	**AZ** 47
oglthennstraße	**BZ** 48
Visbacherstraße	**AY** 49

Steigenberger Axelmannstein ⚜, Salzburger Str. 2, ✉ 83435, ☏ (08651) 77 70, bad-reichenhall@steigenberger.de, Fax (08651) 5932, 🌳, Massage, ♨, ≘s, 🏊, 🎾, %
– 🛗, 🛌 Zim, 📺 🚗 🅿 – 🔒 100. AE ⓞ ⓜ VISA JCB. % Rest **AY a**
Parkrestaurant (nur Abendessen) **Menu** à la carte 29/42 ₽ – **Axel-Stüberl** : Menu à la carte 16/25 – **151 Zim** ⚬ 145/180 – 260/300, 8 Suiten.
♦ Neuzeitlich-elegante Zimmer und ein kultiviertes Grandhotel-Ambiente machen hier einfaches Wohnen zum anspruchsvollen Logieren. Herrlicher Park mit kleinem Badesee ! Elegantes Parkrestaurant mit aufwendig gedeckten Tischen. Rustikales Axel-Stüberl.

Parkhotel Luisenbad ⚜, Ludwigstr. 33, ✉ 83435, ☏ (08651) 60 40, luisenbad@parkhotel.de, Fax (08651) 62928, 🌳, Massage, ♨, ≘s, 🏊, 🎾 – 🛗, 🛌 Rest, 📺 🚗 🅿 – 🔒 80. ⓞ ⓜ VISA. % Rest **AY e**
geschl. 10. Jan. - 7. Feb. – **Menu** à la carte 23/36,50 – **80 Zim** ⚬ 72/121 – 113/173 – ½ P 23.
♦ Seit über achtzig Jahren ist das exklusive Haus in den Händen der Familie Herkommer. Gediegene Zimmer, netter Service und der schöne Garten machen es zu einem zweiten Zuhause. Vielfältiger gastronomischer Bereich.

Sonnenbichl ⚜, Adolf-Schmid-Str. 2, ✉ 83435, ☏ (08651) 7 80 80, hotel@sonnenbichlhotel.de, Fax (08651) 780859, ≘s, 🎾 – 🛗 📺 🚗 🅿 AE ⓜ VISA. % Rest **AY h**
Menu (geschl. Samstagabend - Sonntag) (nur Abendessen) (Restaurant nur für Hausgäste) – **38 Zim** ⚬ 44/60 – 78/90 – ½ P 13.
♦ Durch seine ideale Lage im Bayerischen Staatsbad empfiehlt sich dieses Hotel für Ihren Erholungs- oder Kuraufenthalt. Die behaglichen Zimmer sind meist mit Balkon bestückt.

REICHENHALL, BAD

Kurhotel Alpina (mit Gästehaus), Adolf-Schmid-Str. 5, ⌂ 83435, ℘ (08651) 97 5
Fax (08651) 65393, ≤, Massage, ⚕, 🚭, – 🛗 TV P ⓦ VISA ※
Feb. - Okt. – **Menu** *(Restaurant nur für Hausgäste)* – **65 Zim** ⊇ 49/85 – 89/118 AY
½ P 10.
♦ Die stattliche Villa am Rand des Kurgebietes lädt ihre Besucher in sympathische, mit Eich
oder Kirsche eingerichtete Zimmer ein. Schöner Blick auf die Bergkulisse.

Erika , Adolf-Schmid-Str. 3, ⌂ 83435, ℘ (08651) 9 53 60, *hotel-pension-erika*@
gmx.de, Fax (08651) 9536200, ≤ – 🛗 TV ☏ 🚗 P AE ⓦ VISA ※ Rest AY
März - Okt. – **Menu** *(geschl. Sonntag) (nur Abendessen)* (Restaurant nur für Hausgäste)
33 Zim ⊇ 46/68 – 84/96 – ½ P 12.
♦ Die schöne Villa im Palazzo-Stil mit hübschem Garten blickt auf eine 100-jährige
Geschichte zurück. Durch kontinuierliche Renovierungen bietet man zeitgemäßen Wohn
komfort.

Bayerischer Hof, Bahnhofplatz 14, ⌂ 83435, ℘ (08651) 60 90, *info@bay-hof.d*
Fax (08651) 609111, ⛱, Massage, ≘s, ▣, – 🛗, ⇔ Rest, TV ♿ 🚗 AE ⓞ ⓦ VIS
※ Rest AY
Menu à la carte 15,50/32,50 – **60 Zim** ⊇ 60/80 – 119/139 – ½ P 15.
♦ Zumeist mit hellem Holz eingerichtete Zimmer ermöglichen einen entspannten Au
enthalt. In der obersten Etage, im Panorama-Hallenbad, schwimmt man mit Blick auf d
Berge.

Hofwirt, Salzburger Str. 21, ⌂ 83435, ℘ (08651) 9 83 80, *hofwirt@t-online.d*
Fax (08651) 983836, ⛱ – 🛗, ⇔ Rest, TV P VISA AY
geschl. 8. - 19. Nov. – **Menu** *(geschl. Mittwoch)* à la carte 13,50/29,50 – **21 Zim** ⊇ 41/5
– 78 – ½ P 12.
♦ Im Jahre 1983 wurde der Stadtgasthof in liebevoller Kleinarbeit stilgerech
renoviert. Seither ist die hübsche Fassade mit Reliefs und Fensterläden ei
Blickfang. Gepflegtes Restaurant mit weiß verputztem Gewölbe oder schön vertäfelte
Holzdecke.

Kurhotel Mozart garni, Mozartstr. 8, ⌂ 83435, ℘ (08651) 7 80 30, *hotel_mozar*
@t-online.de, Fax (08651) 62415, 🚭 – 🛗 ⇔ TV 🚗 P ※ AY
geschl. 1. Nov. - 20. Dez., 7. Jan. - 1. März – **27 Zim** ⊇ 30/41 – 67/82.
♦ Auf dem hübschen Grundstück befinden sich das Haupthaus, eine renoviert
Stadtvilla, und das umgebaute Gartenhaus, das Mozarteum. Beide bieten gut eingerichtet
Zimmer.

Brauerei-Gasthof Bürgerbräu, Waaggasse 2, ⌂ 83435, ℘ (08651) 60 8
hotel.buergerbraeu@t-online.de, Fax (08651) 608504, Biergarten – 🛗 TV AE ⓞ
ⓦ VISA AZ
Menu à la carte 13/28,50 – **32 Zim** ⊇ 54/66 – 90/98 – ½ P 13.
♦ Dieser stattliche Gasthof mit den bemalten Außenwänden wurde über die Jahre zur
festen Bestandteil des Stadtbildes. Wählen Sie eines der besonders geräumigen Eckzim
mer ! Mehrere Gaststuben mit uriger, für die Region typischer Atmosphäre.

In Bad Reichenhall-Karlstein : *über Staatsstraße* BZ :

Karlsteiner Stuben , Staufenstr. 18, ⌂ 83435, ℘ (08651) 98 00, *karlsteine*
stuben@t-online.de, Fax (08651) 61250, ⛱ – TV P ⓦ VISA
geschl. 1. - 28. Nov. – **Menu** *(geschl. 13. Jan. - 1. März, Dienstag)* à la carte 17/30 – **35 Zim**
⊇ 36/48 – 58/65 – ½ P 12.
♦ Das Haus im alpenländischen Stil liegt ruhig vor beeindruckender Bergkulisse. Man ver
mietet praktische Zimmer, eine Thaisuite und eine Almhütte. Mit exotischem Thai-Garter
Restaurant mit Thai-Deko und -Küche sowie regionalen Speisen.

In Bad Reichenhall-Nonn :

Neu-Meran , ⌂ 83435, ℘ (08651) 40 78, *hotelneumeran@aol.com*
Fax (08651) 78520, ≤ Untersberg und Predigtstuhl, ⛱, ≘s, ▣ , 🚭 – TV P
ⓦ VISA BZ
geschl. Mitte Jan. - Mitte Feb., Mitte - Ende Nov. – **Menu** *(geschl. Dienstag - Mittwoch*
(bemerkenswerte Weinkarte) à la carte 17/40,50 – **18 Zim** ⊇ 57/77 – 114/164
½ P 18.
♦ Wirklich traumhaft ist die Lage dieses Gasthofs am Waldrand auf einer Anhöhe. Im Innerer
finden Sie eine elegant-wohnliche Einrichtung und eine Atmosphäre zum Wohlfühler
Alpenländisches Restaurant mit Holzdecke und rundem Kachelofen.

Landhotel Sonnleiten , ⌂ 83435, ℘ (08651) 6 10 09, *service@landhotel-sonn*
leiten.de, Fax (08651) 68585, ≤, 🚭 – TV P ※ Rest BZ
Menu *(nur Abendessen)* (Restaurant nur für Hausgäste) – **9 Zim** ⊇ 53/61 – 68/80.
♦ Über eine steile Zufahrt erreichen Sie das an den Hang gebaute, klein
Landhotel. Solide Zimmer zu vernünftigen Preisen sind Argumente, die für das Hau
sprechen.

REICHENHALL, BAD

Am Thumsee West : 5 km über Staatsstraße BZ :

Haus Seeblick, Thumsee 10, ⊠ 83435 Bad Reichenhall, ℘ (08651) 9 86 30, holzner@hotel-seeblick.de, Fax (08651) 986388, ≤ Thumsee und Ristfeucht-Horn, Massage, ₣₆, ≘ₛ, ⊠, ♨, ※, ⅍ – ᚑ, ᙌ Rest, ⊡ ℮ ⇔ ℙ. ⅍ Rest
geschl. Anfang Nov. - Mitte Dez. – **Menu** (geschl. Sonntagmittag) (Restaurant nur für Hausgäste) – **51 Zim** ⊇ 41/66 – 82/112 – ½ P 14.
  ◆ Auf drei verschiedene, allesamt romantisch gelegene Häuser verteilen sich die Gästezimmer dieser angenehmen Adresse. Die Einrichtung ist meist in massivem Naturholz gehalten.

XX **Landgasthof Madlbauer** mit Zim, Thumsee 2, ⊠ 83435 Bad Reichenhall, ℘ (08651) 22 96, Fax (08651) 68920, ≤, ㍿, ♨ – ᙌ ℙ. ⅍
geschl. Nov. - Mitte Dez. – **Menu** (geschl. Mittwoch) à la carte 20/36 – **5 Zim** ⊇ 35 – 65.
  ◆ Direkt an den See gebaut, besticht dieser 300 Jahre alte Gasthof mit seiner Lage. Sie wählen von einer Speisekarte, die vorwiegend Gerichte aus der heimischen Region enthält.

In Bayerisch Gmain :

Klosterhof, Steilhofweg 19, ⊠ 83457, ℘ (08651) 9 82 50, hotel.klosterhof@t-online.de, Fax (08651) 66211, ≤, ㍿, ≘ₛ, ♨ – ⊡ ℙ. ⓜ◎ 𝗩𝗜𝗦𝗔 BZ a
geschl. 10. Jan. - 9. Feb., 12. - 30. Nov. – **Menu** (geschl. Montag - Dienstagmittag) à la carte 18/34,50 – **12 Zim** ⊇ 56/88 – 95/135 – ½ P 15.
  ◆ Ohne direkte Nachbarschaft liegt das Haus in einmaliger Umgebung. Reservieren Sie ein Zimmer in der 3. Nachtage, diese sind besonders komfortabel und haben Bäder mit Whirlwanne. Ländliche Gaststuben und stilvollesRestaurant.

Amberger, Schillerallee 5, ⊠ 83457, ℘ (08651) 9 86 50, amberger.hotel@t-online.de, Fax (08651) 986512, ≘ₛ, ⊠, ♨ – ᙌ Zim, ⊡ ⇔ ℙ. ⓜ◎ 𝗩𝗜𝗦𝗔. ⅍ Rest BZ u
geschl. Nov. - 25. Dez. – **Menu** (geschl. Samstag - Sonntag) (nur Abendessen) (Restaurant nur für Hausgäste) – **18 Zim** ⊇ 35/48 – 66/90 – ½ P 12.
  ◆ Ein kleines, aber tadellos gepflegtes Hotel, in dem man seine Gäste herzlich willkommen heißt. In den praktischen Zimmern oder Appartements fühlt man sich schnell heimisch.

REICHSHOF Nordrhein-Westfalen 𝟰𝟭𝟳 N 7 – 20 000 Ew – Höhe 300 m.

🚅 Reichshof, Hasseler Str. 2, ℘ (02297) 71 31.
🛈 Kurverwaltung, Barbarossastr. 5 (in Reichshof-Eckenhagen), ⊠ 51580, ℘ (02265) 90 70, kurverwaltung@reichshof-online.com, Fax (02265) 356.
Berlin 574 – Düsseldorf 97 – Bonn 87 – Olpe 22 – Siegen 38 – Köln 63.

In Reichshof-Eckenhagen – Heilklimatischer Kurort – Wintersport : 400/500 m ⛷1 ⛸ :

XX **Le Gourmet - unter den Linden,** Bergstr. 3, ⊠ 51580, ℘ (02265) 2 30, Fax (02265) 980700, ㍿ – ℙ
geschl. Mitte - Ende Jan., Aug. 2 Wochen, Montag - Dienstag – **Menu** (wochentags nur Abendessen) (Tischbestellung ratsam) à la carte 35,50/49 ⓣ.
  ◆ Hinter der Fassade des Landhauses mit Fachwerk erwartet Sie ein gepflegtes Restaurant mit hellem Steinboden und schön gedeckten Tischen. Alte Schreibmaschinen zieren den Raum.

In Reichshof-Hespert :

X **Ballebäuschen,** Hasseler Str. 10, ⊠ 51580, ℘ (02265) 93 94, Fax (02265) 8773, Biergarten – ℙ. 𝗩𝗜𝗦𝗔
geschl. Dienstag – **Menu** à la carte 19/36.
  ◆ Hinter der Giebelfront verbirgt sich ein nettes Lokal, dessen verschiedene, mit Bildern und Antiquitäten dekorierte Bereiche durch Glasscheiben voneinander getrennt sind.

In Reichshof-Wildbergerhütte :

Landhaus Wuttke, Crottorfer Str. 57, ⊠ 51580, ℘ (02297) 9 10 50, Fax (02297) 7828, ㍿, ≘ₛ – ⊡ ℙ – ⛨ 30. ⓜ◎ 𝗩𝗜𝗦𝗔
geschl. Ende Aug. - Mitte Sept. – **Menu** (geschl. Sonntagabend) à la carte 18,50/34 – **21 Zim** ⊇ 51 – 85 – ½ P 15.
  ◆ Eingebettet in eine sanfte Hügellandschaft, empfängt Sie diese familiär geführte Herberge mit ihren soliden, in heller oder dunkler Eiche eingerichteten Zimmern. Das Restaurant ist bürgerlich gestaltet.

REIFENSTEIN Thüringen siehe Leinefelde.

REIL Rheinland-Pfalz 417 P 5 – 1 300 Ew – Höhe 110 m.
Berlin 673 – Mainz 110 – *Trier 62* – Bernkastel-Kues 34 – Cochem 47.

🏠 **Reiler Hof** (mit Gasthof zur Traube), Moselstr. 27, ✉ 56861, ℘ (06542) 26 29, info@reiler-hof.de, Fax (06542) 1490, ≤, 😊 – ⥼ Zim, ⇔ 🅿 AE ⓘ ⓄⒸ VISA
geschl. Mitte Nov. - Mitte Feb. – **Menu** à la carte 15/29 – **25 Zim** ⊇ 39 – 52/72 – ½ P 11.
  ♦ Aus zwei Fachwerkhäusern besteht das Hotel, das direkt an der Moselpromenade liegt. Sie beziehen Quartier in wohnlichen, im Landhausstil eingerichteten Räumlichkeiten. Teils Rustikalität mit elegantem Touch, teils ländliche Gemütlichkeit in den Gaststuben.

Der Rote *MICHELIN-Hotelführer* : *EUROPE*
für Geschäftsreisende und Touristen.

REILINGEN Baden-Württemberg siehe Hockenheim.

REINBEK Schleswig-Holstein 415 416 F 14 – 26 000 Ew – Höhe 22 m.
🏌 Escheburg, Am Soll 3 (Süd-Ost : 8 km über die B 5); ℘ (04152) 8 32 04 ; 🏌 Wentorf, Golfstr. 2 (Süd : 2 km), ℘ (040) 72 97 80 66 ; 🏌 Dassendorf, Am Riesenbett (Süd-Ost : 7 km), ℘ (04104) 61 20.
Berlin 272 – Kiel 113 – *Hamburg 30* – Lübeck 56.

🏨 **Waldhaus Reinbek** 🌿, Loddenallee 2, ✉ 21465, ℘ (040) 72 75 20, waldhaus@waldhaus.de, Fax (040) 72752100, 😊, Massage, ℔, ≦, 🍷 – 📶, ⥼ Zim, 🔲 📺 📞 ♿ ⇔ 🅿 – 🔔 85. AE ⓘ ⓄⒸ
Menu à la carte 26,50/41 – ⊇ 15 – **50 Zim** 112/130 – 130/160.
  ♦ Mit viel Geschmack und Gefühl für kultivierte Lebensart wurden die Zimmer und Suiten dieses Domizils gestaltet. Teils im vornehmen Landhausstil, teils modern gestylt. Südliches Flair mit Rattanstühlen in der Orangerie sowie einige rustikalere Stuben.

🏨 **Sachsenwald-Hotel,** Hamburger Str. 4, ✉ 21465, ℘ (040) 72 76 10, Fax (040) 72761215, ≦ – 📶, ⥼ Zim, 📺 ♿ ⇔ – 🔔 250. AE ⓄⒸ VISA
Menu (geschl. Samstagmittag, Sonntag) à la carte 18/29 – **64 Zim** ⊇ 74 – 103.
  ♦ Die Zimmer dieses vorwiegend als Geschäftshotel genutzten Hauses sind mit dunklen Möbeln funktionell bestückt worden. Sie bieten ausreichend Platz und einen kleinen Balkon. Restaurant im Stil eines englischen Pubs.

REINFELD Schleswig-Holstein 415 416 E 15 – 8 000 Ew – Höhe 17 m.
Berlin 291 – Kiel 66 – *Lübeck 18* – *Hamburg 57*.

🏠 **Seeblick** garni, Ahrensböker Str. 4, ✉ 23858, ℘ (04533) 79 90 90, Fax (04533) 5610, ≦, 🍷 – 📺 ⇔ 🅿 ⓄⒸ VISA
19 Zim ⊇ 34/40 – 46/60.
  ♦ In unmittelbarer Waldnähe liegt das weiße Haus oberhalb des Herrenteiches. Die Übernachtungszimmer sind solide ausgestattet und besonders gut gepflegt.

🏠 **Stadt Reinfeld,** Bischofsteicher Weg 1, ✉ 23858, ℘ (04533) 20 32 03, info@hotel-stadt-reinfeld.de, Fax (04533) 203251 – 📺 📞 🅿 – 🔔 35. AE ⓄⒸ VISA
Menu à la carte 13/21 – **16 Zim** ⊇ 45/49 – 63/73.
  ♦ Ein hübsches Eckhaus mit Türmchen verspricht schon von außen eine nette Beherbergung. In den Zimmern bietet man dem Gast eine zeitgemäße Hotelmöblierung. Modernes Restaurant mit Cafécharakter.

REINHARDSHAGEN Hessen 417 418 L 12 – 5 300 Ew – Höhe 114 m – Luftkurort.
Berlin 375 – Wiesbaden 246 – *Kassel 34* – Hann. Münden 11 – Höxter 53.

In Reinhardshagen-Veckerhagen :

🏠 **Peter,** Untere Weserstr. 2, ✉ 34359, ℘ (05544) 10 38, Fax (05544) 7216, ≤, 😊, 🍷 – 📺 🅿 ⓘ ⓄⒸ VISA
geschl. 2. - 16. Jan. – **Menu** (geschl. Donnerstag, ausser Feiertage) à la carte 14/28 – **14 Zim** ⊇ 40/44 – 62/80.
  ♦ Am Ufer der hier noch jungen Weser, direkt am Fähranleger, beziehen Sie ein schlichtes, mit Eichenmöbeln sinnvoll bestücktes Quartier. Restaurant im altdeutschen Stil.

REINSTORF Niedersachsen siehe Lüneburg.

REISBACH / VILS Bayern 420 U 21 – 7500 Ew – Höhe 405 m.

🛆 Reisbach, Grünbach (Nord-Ost : 7 km), ℰ (08734) 70 35.
🖪 Marktverwaltung, Rathaus, Landauer Str. 18, ⊠ 94419, ℰ (08734) 4 90, Fax (08734) 4950.
Berlin 582 – München 112 – Regensburg 85 – Landshut 40.

Schlappinger Hof, Marktplatz 40, ⊠ 94419, ℰ (08734) 9 21 10, info@schlappinger-hof.de, Fax (08734) 921192, Biergarten – 📺 🄿 🆗 𝕍𝕀𝕊𝔸
geschl. 1. - 20. Jan. – **Menu** (geschl. Mittwoch) à la carte 13,50/32 – **26 Zim** ⇌ 33/41 – 54/64.
♦ Der hübsche, gelb gestrichene Gasthof mit der langen Tradition wurde 1983 umfassend modernisiert. Heimelige Zimmer, teils mit freigelegten Balken, garantieren schöne Träume. Gaststube mit Kreuzgewölbe.

REIT IM WINKL Bayern 420 W 21 – 3500 Ew – Höhe 700 m – Luftkurort – Wintersport : 700/1800 m ⛷21 ⛷.

Sehenswert : Oberbayrische Häuser★.

🛆 Reit im Winkl-Kössen (Nord-West : 2 km, Richtung Birnbach), ℰ (0043-5375) 62 85 35.
🖪 Tourist-Information, Rathausplatz 1, ⊠ 83242, ℰ (08640) 8 00 20, Fax (08640) 80029.
Berlin 696 – München 111 – Bad Reichenhall 50 – Rosenheim 52 – Kitzbühel 35.

Unterwirt, Kirchplatz 2, ⊠ 83242, ℰ (08640) 80 10, unterwirt@unterwirt.de, Fax (08640) 801150, 🍽, 🄵🅶, 🄴🅂, 🄹 (geheizt), 🄲, 🌲 – 🛗 📺 ⇌ 🄿 – 🄰 30
Menu à la carte 23,50/43 – **71 Zim** ⇌ 82/116 – 163/231.
♦ Der gewachsene Gasthof mit der bemalten Fassade verfügt über eine große Bandbreite verschieden ausgestatteter Zimmer. Bemerkenswerter Wellness-Park ; schöner Garten. Dunkles Holz, solide Möbel und Bilder prägen das Ambiente des unterteilten Restaurants.

Steinbacher Hof ⦙, Steinbachweg 10 (Ortsteil Blindau), ⊠ 83242, ℰ (08640) 80 70, info@steinbacherhof.de, Fax (08640) 807100, ≤, 🍽, Massage, 🄴🅂, 🄲, 🌲 – 🛗, ⇌ Zim, 📺 ⇌ 🄿 🆗 𝕍𝕀𝕊𝔸
geschl. Anfang Nov. - Mitte Dez. – **Menu** à la carte 17,50/37,50 – **54 Zim** ⇌ 56/74 – 98/120 – ½ P 19.
♦ Bei der Reservierung sollten Sie darauf achten, eins der renovierten, im Landhausstil ausgestatteten Zimmer zu verlangen. Bemerkenswert ist die einsame Lage des Hauses. Das Restaurant und die gemütlichen Stuben strahlen bodenständige Behaglichkeit aus.

Gästehaus am Hauchen garni, Am Hauchen 5, ⊠ 83242, ℰ (08640) 87 74, Fax (08640) 410, 🄴🅂, 🄲 – 📺 🄿 🍽
geschl. Nov. - 15. Dez. – **26 Zim** ⇌ 40/69 – 80/90.
♦ Aus zwei Häusern besteht diese nette Adresse. Vor herrlichem Alpenpanorama finden Sie hier ein praktisches Quartier mit älteren, aber blitzblank gepflegten Möbeln.

Sonnwinkl ⦙ garni, Kaiserweg 12, ⊠ 83242, ℰ (08640) 9 84 70, info@sonnwinkel.de, Fax (08640) 984750, 🄴🅂, 🄲 – 📺 🄿 🍽
geschl. Nov. - 15. Dez. – **22 Zim** ⇌ 34/49 – 62/93.
♦ Fast alle der nett gestalteten Zimmer dieser Pension verfügen über Balkon oder Terrasse. Wenn Sie eine familiäre Atmosphäre suchen, sind Sie hier genau richtig.

Klauser's Weinstube mit Zim, Birnbacher Str. 8, ⊠ 83242, ℰ (08640) 84 24, klauser.restaurant@t-online.de, Fax (08640) 8464, 🍽 – 📺 🄿 🆗
geschl. 22. April - 10 Mai, Nov. - 18. Dez. – **Menu** (geschl. Montag) (Dienstag - Freitag nur Abendessen) à la carte 25,50/49 ♇ – **2 Zim** ⇌ 46 – 66.
♦ Am Dorfrand finden Sie dieses Lokal, das mit gemütlicher, alpenländischer Atmosphäre lockt. Auf den schön gedeckten Tisch kommen bayerische und gehobene Küche.

Zirbelstube, Am Hauchen 5, ⊠ 83242, ℰ (08640) 79 79 60, zirbelstube@t-online.de, Fax (08640) 797969, 🍽 – 🄿
geschl. 24. März - 23. Mai, 20. Okt. - 19. Dez., Juni - Okt. Mittwoch – **Menu** (abends Tischbestellung ratsam) à la carte 13/32.
♦ Schon von außen künden bleiverglaste Fenster und blumengeschmückte Balkone von der traditionellen Gestaltung der Innenräume dieses für den Landstrich typischen Restaurants.

REKEN Nordrhein-Westfalen 417 K 5 – 13000 Ew – Höhe 65 m.

🛆 Reken, Uhlenberg 8, ℰ (02864) 7 23 72.
Berlin 528 – Düsseldorf 83 – Bocholt 33 – Dorsten 22 – Münster (Westfalen) 53.

In Reken - Groß-Reken Nord : 2 km :

Schmelting, Velener Str. 3, ⊠ 48734, ℰ (02864) 3 11, Fax (02864) 1395, 🍽, Damwildgehege – 📺 ⇌ 🄿 🄰🄴 🆗 𝕍𝕀𝕊𝔸
geschl. 28. Juli - 8. Aug., 23. Dez. - 10. Jan. – **Menu** (geschl. Freitag) à la carte 14,50/30,50 – **22 Zim** ⇌ 34 – 65.
♦ Zeitloses, mahagonifarbenes Mobiliar wurde bei der Ausstattung der Zimmer dieses Hotels verwendet, das sich bereits seit sechs Generationen im Familienbesitz befindet. Jagdtrophäen und andere waidmännische Utensilien schmücken die Wände des Restaurants.

RELLINGEN Schleswig-Holstein 415 416 F 13 – 14 000 Ew – Höhe 12 m.
Berlin 304 – Kiel 92 – Hamburg 22 – Bremen 124 – Hannover 168.

In Rellingen-Krupunder Süd-Ost : 5 km :

🏨 **Fuchsbau,** Altonaer Str. 357, ⊠ 25462, ℰ (04101) 3 82 50, mail@hotel-fuchsbau.de
Fax (04101) 33952, 🍽 – ⇌ Zim, 📺 ☎ 🅿 – 🔒 30. ᴁ ⦿ ⦿ 𝐕𝐈𝐒𝐀
Menu (geschl. Sonn- und Feiertage) (nur Abendessen) à la carte 20,50/32,50 – **40 Zir**
⇌ 65/70 – 85/90.   siehe Stadtplan Hamburg S. 3   R
• Der Fuchsbau liegt citynah und doch fernab der Großstadthektik. Sie wohnen bequer
in ansprechend gestalteten Räumlichkeiten, teilweise mit Stilmobiliar. Restaurant mit schö
ner Gartenterrasse.

REMAGEN Rheinland-Pfalz 417 O 5 – 16 800 Ew – Höhe 65 m.
🛈 Touristinformation, Kirchstr. 6, ⊠ 53424, ℰ (02642) 2 01 87, Fax (02642) 20127.
Berlin 610 – Mainz 142 – Bonn 19 – Koblenz 38.

In Remagen-Rolandswerth Nord : 14 km, auf dem Rodderberg, Anfahrt über Bonn-Mehler
Richtung Wachtberg, Zufahrt für PKW Samstag und Sonntag bis 19 Uhr gesperrt

🍴🍴🍴 **Rolandsbogen,** ⊠ 53424 Remagen, ℰ (02228) 3 72, info@rolandsbogen.de
Fax (02228) 8423, ≤ Rhein und Siebengebirge, 🍽 – 🅿 – 🔒 30. ᴁ ⦿ ⦿
𝐕𝐈𝐒𝐀 JCB
geschl. 1. Jan. - 15. Feb., Montag - Dienstag – **Menu** 23 (mittags) à la carte 34,50/43 ƒ
• Die meisten Plätze im Restaurant bieten einen herrlichen Ausblick. Das Interieur ist auf
wendig, wie auch das Couvert, und die Küche überrascht mit klassischen Kreationen.

REMCHINGEN Baden-Württemberg 419 T 9 – 11 000 Ew – Höhe 162 m.
Berlin 673 – Stuttgart 54 – Karlsruhe 21 – Pforzheim 14.

In Remchingen-Wilferdingen :

🏨 **Zum Hirsch,** Hauptstr. 23, ⊠ 75196, ℰ (07232) 7 96 36, kontakt@hirsch-remchin
en.de, Fax (07232) 79638, 🍽 – ⇌ Zim, 📺 ☎ 🅿 ᴁ ⦿ 𝐕𝐈𝐒𝐀
Menu (geschl. Freitag) (nur Abendessen) à la carte 16/27 – **14 Zim** ⇌ 49/54
74/79.
• Ein solider, gepflegter Gasthof mit Fachwerkfassade. Das kleine Hotel stellt dem Gas
mit heller Eiche möblierte Zimmer zur Verfügung. Nette Gartenanlage mit Terrasse. Bür
gerliches Restaurant und hübsch dekorierter Gewölbekeller.

REMSCHEID Nordrhein-Westfalen 417 M 5 – 123 000 Ew – Höhe 366 m.
🛈 Tourist-Information, Theodor-Heuss-Platz 1 (Rathaus), ⊠ 42853, ℰ (02191) 16 33 9C
remscheid@str.de, Fax (02191) 163286.
ADAC, Fastenrathstr. 1.
Berlin 535 ② – Düsseldorf 40 ③ – Köln 43 ② – Lüdenscheid 35 ① – Solingen 12 ③
Wuppertal 12 ④

Stadtplan siehe gegenüberliegende Seite

🏨 **Dorint** M, Jägerwald 4 (Industriegebiet Jägerwald, Nähe BAB-Ausfahrt Remscheid)
⊠ 42897, ℰ (02191) 6 07 10, info.cgnrem@dorint.com, Fax (02191) 6071100 – 🖃
⇌ Zim, 📺 ☎ 🔒 ⇌ 🅿 – 🔒 95. ᴁ ⦿ ⦿ 𝐕𝐈𝐒𝐀 JCB   über ② : 3 km
Menu à la carte 29/33,50 – ⇌ 12 – **116 Zim** 77 – 97.
• Behagliche, farblich abgestimmte Einrichtung und komplette technische Ausstattung
sind die Annehmlichkeiten, die das Haus vor allem für Geschäftsleute attraktiv macht. Im
Restaurant setzen Terracottaboden, Naturholz und bunte Stoffe südliche Akzente.

🏨 **Noll** garni, Alleestr. 85, ⊠ 42853, ℰ (02191) 4 70 00, info@hotel-noll.de
Fax (02191) 470013 – 🖃 📺 ⇌ ᴁ ⦿ ⦿ 𝐕𝐈𝐒𝐀
22 Zim ⇌ 60/70 – 80.
• Mitten in der Fußgängerzone, in bester Einkaufslage, finden Sie hier ein nettes Quartie
mit gediegen eingerichteten, teils mit Stilmöbeln ausgestatteten Gästezimmern.

🍴🍴 **Concordia** (Heldmann), Brüderstr. 56, ⊠ 42853, ℰ (02191) 29 19 41, restaurant
🍽 concordia@t-online.de, Fax (02191) 21915, 🍽, 🌿 – 🅿 – 🔒 50. ⦿
geschl. Jan. 1 Woche, Aug. - Sept. 4 Wochen, Samstagmittag, Sonntag - Montag, Feiertage
– **Menu** à la carte 41/53 ♀.
• Freuen Sie sich auf ein feines Essen! Im stilvollen Ambiente der mit Stuck und Kris
tallüstern geschmückten Villa mit kleinem Park kocht man aromatische internationale
Menus.
Spez. Tintenfischravioli mit gebratener Rotbarbe und Avocadomus. Gefüllte Wildenten
keule mit Gänseleber im Wirsingblatt. Pfirsichknödel mit Himbeermark und Vanilleeis.

REMSCHEID

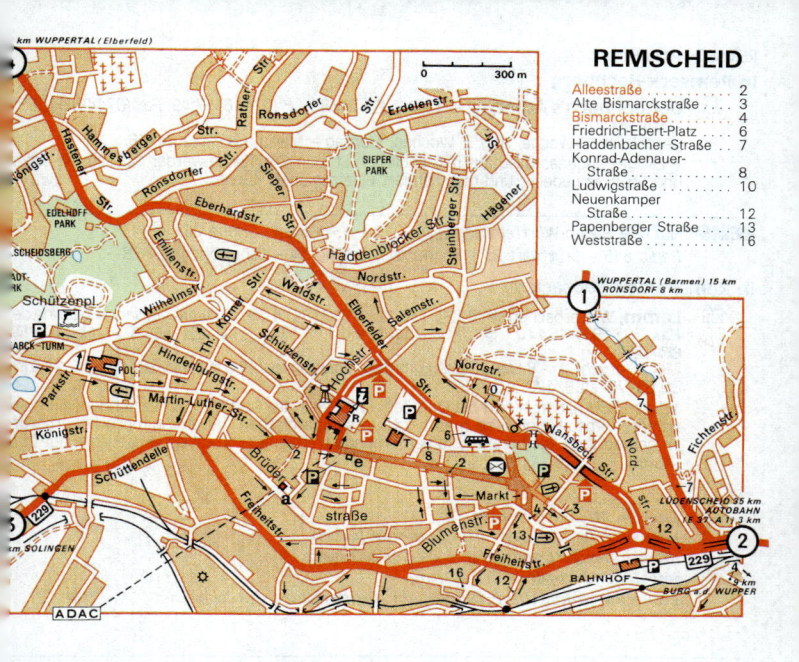

Alleestraße	2
Alte Bismarckstraße	3
Bismarckstraße	4
Friedrich-Ebert-Platz	6
Haddenbacher Straße	7
Konrad-Adenauer-Straße	8
Ludwigstraße	10
Neuenkamper Straße	12
Papenberger Straße	13
Weststraße	16

An der Autobahn A 1 *Ostseite, Süd-Ost : 6 km :*

BAB Motel Remscheid, Talsperre 1, ✉ 42859 Remscheid, ℘ (02191) 90 30, Fax (02191) 903333, 😀 – 📶, ⇄ Zim, 📺 ✆ 🅿 – 🛎 100. 🅰🅴 ⓘ 🆎 🆅🅸🆂🅰
Menu à la carte 17/31 – **39 Zim** ⚌ 80/85 – 99.
 ♦ Dieses an der Autobahn gelegene Hotel ist ein geeigneter Ort, um die Reise zu unterbrechen. Von den hinteren Zimmern aus hat man einen schönen Blick auf die Talsperre.

In Remscheid-Lüttringhausen *über ① : 6 km :*

Fischer (mit Gästehaus), Lüttringhauser Str. 131 (B 51), ✉ 42899, ℘ (02191) 9 56 30, info@hotel-fischer-remscheid.de, Fax (02191) 956399, 😀, ⇄s – 📶, ⇄ Zim, 📺 ✆ 🅿 – 🛎 20. 🅰🅴 ⓘ 🆎 🆅🅸🆂🅰 ⇄ Zim
Menu *(geschl. 22. Dez. - 3. Jan., Dienstagmittag, Samstagmittag)* à la carte 20,50/34 – **48 Zim** ⚌ 56/81 – 78/115.
 ♦ Die beiden Häuser, aus denen das Hotel besteht, liegen auf einem begrünten Grundstück. Wählen Sie zum Übernachten das großzügige und komfortable Gästehaus ! Restaurant mit behaglichem Ambiente.

Kromberg (mit Gästehaus), Kreuzbergstr. 24, ✉ 42899, ℘ (02191) 59 00 31, hotel-kromberg@t-online.de, Fax (02191) 51869 – 📺 ⇄ 🅿. 🅰🅴 ⓘ 🆎 🆅🅸🆂🅰
geschl. 27. Dez. - 5. Jan. – **Menu** *(geschl. Freitagmittag, Samstagmittag)* à la carte 17,50/29 – **17 Zim** ⚌ 51/56 – 82.
 ♦ Typisch für das Bergische Land ist die schieferverkleidete Fassade mit den grünen Fensterläden. Hier und im 200 Meter entfernten Gästehaus wohnt man in soliden Zimmern. Helle Farben und viel Eichenholz prägen das Restaurant.

REMSECK AM NECKAR Baden-Württemberg **419** T 11 – 16 300 Ew – Höhe 212 m.
Berlin 625 – *Stuttgart* 17 – Heilbronn 44 – Nürnberg 198.

In Remseck-Aldingen :

Schiff, Neckarstr. 1, ✉ 71686, ℘ (07146) 9 05 40, info@restaurant-schiff.de, Fax (07146) 91616 – 🅿. 🆎 🆅🅸🆂🅰
geschl. Aug. 2. Wochen, Mittwoch - Donnerstag – **Menu** à la carte 23/41.
 ♦ Ein netter, ländlicher Gasthof mit Metzgerei : Die Gaststube ist holzvertäfelt, man sitzt in kleinen Nischen. Der freundliche Service serviert Gerichte der regionalen Küche.

REMSECK AM NECKAR

In Remseck-Hochberg:

XX **Gengenbach's Adler**, Am Schloß 2, ⊠ 71686, ℘ (07146) 57 49, Fax (07146) 990651
– 🐵 VISA
geschl. Jan. 1 Woche, Aug. 2 Wochen, Montag – **Menu** à la carte 24/36.
• Ein gestandenes Gasthaus mit ländlichen Stuben. Die Tische werden hübsch mit Silber und Stoff eingedeckt und man serviert eine regionale Küche.

REMSHALDEN Baden-Württemberg ᴀ₁₉ T 12 – 13 000 Ew – Höhe 267 m.
Berlin 615 – *Stuttgart* 23 – Schwäbisch Gmünd 34 – Schwäbisch Hall 58.

In Remshalden-Hebsack:

🏨 **Lamm**, Winterbacher Str. 1, ⊠ 73630, ℘ (07181) 4 50 61, lamm.hebsack@t-online.de
Fax (07181) 45410, 🍽, (Gasthaus a.d.J. 1792) – 📶 TV 📞 📧 – 🛋 30. ᴀᴇ
🐵 VISA
Menu (geschl. 1. - 8. Jan., Samstagmittag, Sonntagabend) à la carte 28/43,50 – **23 Zim**
⊇ 65/78 – 88/120.
• Seit 1880 hat man sich hier mit Leib und Seele der Gastronomie verschrieben. In der früheren Poststation wird man heute in sympathischen, hellen Zimmern beherbergt. Im gemütlichen Restaurant kommen Freunde traditionell schwäbischer Gerichte auf ihre Kosten.

Die im Michelin-Führer
verwendeten Zeichen und Symbole haben -
*dünn oder **fett** gedruckt, rot oder schwarz -*
jeweils eine andere Bedeutung.
Lesen Sie daher die Erklärungen aufmerksam durch.

RENCHEN Baden-Württemberg ᴀ₁₉ U 8 – 6 000 Ew – Höhe 144 m.
Berlin 731 – Stuttgart 132 – *Karlsruhe* 61 – Offenburg 15 – Strasbourg 29 – Baden-Baden 38.

In Renchen-Erlach Süd : 2 km :

X **Drei Könige**, Erlacher Str. 1, ⊠ 77871, ℘ (07843) 22 87, Fax (07843) 2268, 🍽 – 📧
– 🛋 40
geschl. Juni 2 Wochen, Mittwoch – **Menu** à la carte 18,50/32.
• Mit hellem Holz getäfelte Wände sowie gepolsterte Sitzbänke und Stühle schaffen in dem Landgasthaus eine gemütliche Atmosphäre. Mit regionaler und internationaler Küche.

In Renchen-Ulm Ost : 3 km :

X **Bauhöfers Braustüberl** mit Zim, Ullenburgstr. 16, ⊠ 77871, ℘ (07843) 6 95,
Fax (07843) 97017, Biergarten – 📧
geschl. Nov. 3 Wochen – **Menu** (geschl. Donnerstag) à la carte 15/27 – **5 Zim** ⊇ 35 – 65.
• In diesem Lokal können Sie ein Stück echter badischer Brauhaus-Gemütlichkeit erleben. Die Küche bietet eine einfache Speisenauswahl, ergänzt durch Tagesempfehlungen.

RENDSBURG Schleswig-Holstein ᴀ₁₅ ᴀ₁₆ D 12 – 31 000 Ew – Höhe 7 m.
Sehenswert: *Eisenbahnhochbrücke*★ B.
🏌 Sorgbrück, An der B 77 (Nord-West : 8 km über ⑤), ℘ (04336) 99 91 11.
🛈 Tourist-Information, Altstädter Markt, ⊠ 24768, ℘ (04331) 2 11 20, rendsburg@ tourist-information.de, Fax (04331) 23369.
Berlin 368 ③ – *Kiel* 36 ② – Neumünster 38 ③ – Schleswig 30 ⑤

Stadtpläne siehe nächste Seiten

🏨 **Hansen**, Bismarckstr. 29, ⊠ 24768, ℘ (04331) 5 90 00, hotel.hansen@t-online.de,
Fax (04331) 21647 – TV 🍽 – 🛋 60. ᴀᴇ ◉ 🐵 VISA   B n
Menu (geschl. Sonntag) (geschl. Mitte Juli - Mitte Aug.) à la carte 18/29 – **25 Zim** ⊇ 49/52
– 75/80.
• Etwas versteckt liegt diese kleine Adresse am Stadtrand. Der Reisende wird in schlichten, aber nett möblierten und mit guten Schreibtischen bestückten Zimmern untergebracht. Freundlich mit Blautönen gestaltetes Restaurant.

RENDSBURG

Am Holstentor .... **DYZ**	Berlinerstraße .... **DZ** 7	Mühlenstraße .... **DY**
Bahnhofstraße .... **DZ**	Gerhardstraße .... **CY**	Provianthausstraße .... **DZ** 23
Am Gymnasium .... **DZ** 3	Hohe Straße .... **CDY**	Röhlingsplatz .... **DZ** 25
An der Marienkirche .... **DY** 6	Holsteinerstraße .... **CY** 15	Schiffbrückenplatz .... **CY** 27
	Jungfernstieg .... **DZ** 18	Schleifmühlen-
	Materialhof-	straße .... **DY** 28
	straße .... **DZ** 20	Thormannplatz .... **C**

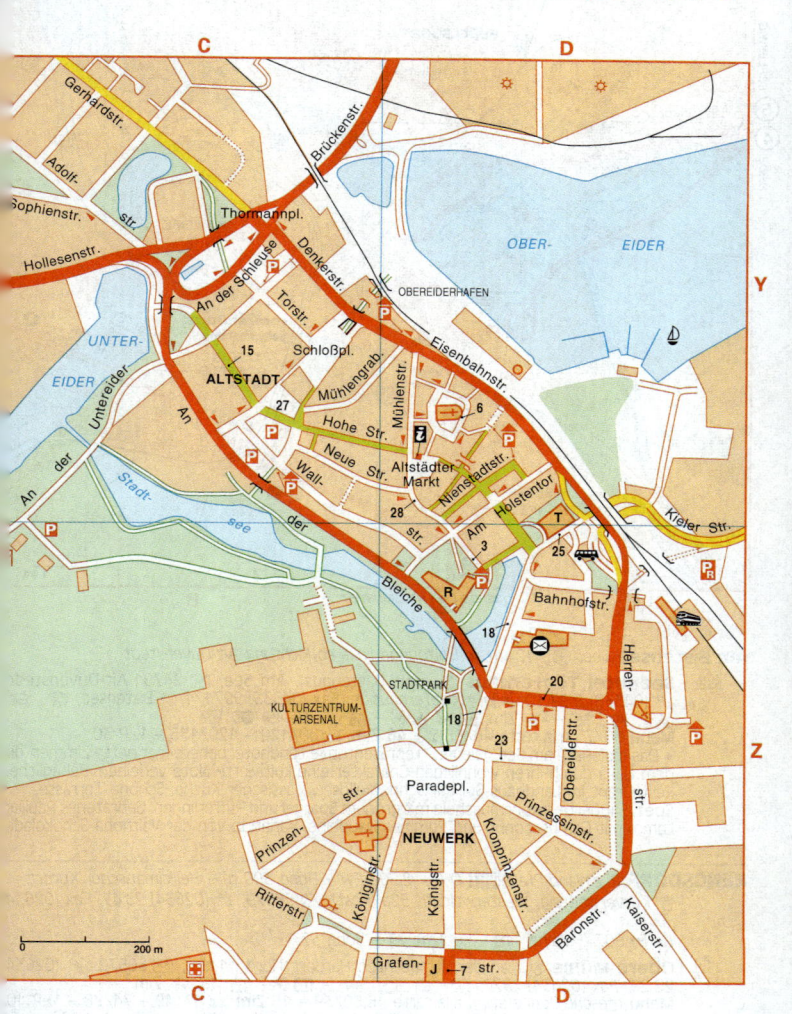

n Büdelsdorf über ① : 4 km :

Heidehof M garni, Hollerstr. 130 (B 203), ✉ 24782, ✆ (04331) 34 30, *heidehof-hotel@t-online.de*, Fax (04331) 343444, 🛠 ☎ - 🛗 ✳ 📺 ♻ ♿ 🅿 - 🔑 70. 🆎 ⓜ ⓞ 𝐕𝐈𝐒𝐀

108 Zim ⊇ 72/82 – 103/140, 4 Suiten.

♦ Geräumig und komfortabel wohnen Sie in diesem modernen Haus, das mit einer Verbindung aus Wohnlichkeit und Funktionalität Geschäftsleute und Urlauber gleichermaßen anspricht.

1211

RENDSBURG

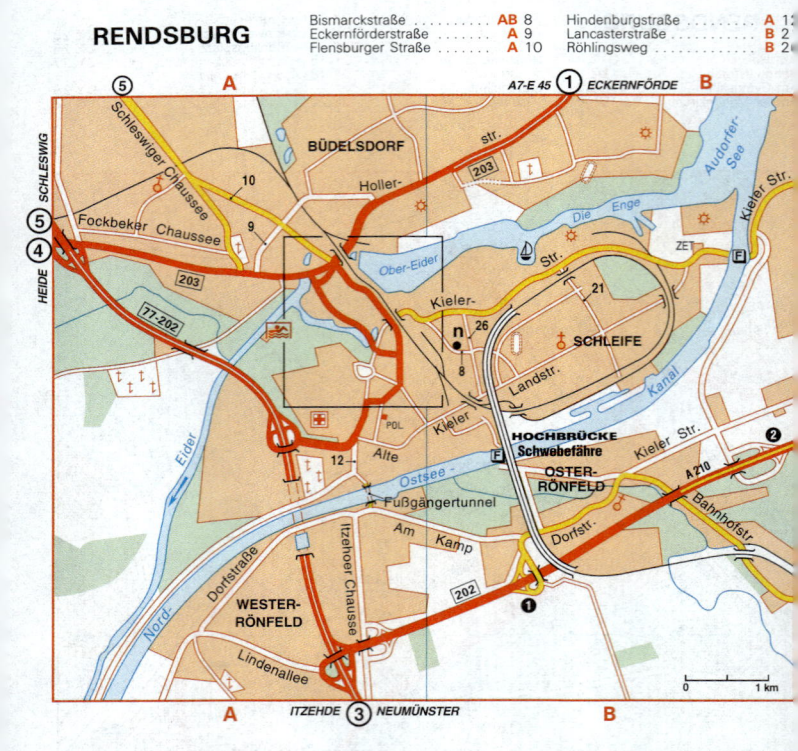

Bismarckstraße	**AB** 8	Hindenburgstraße	**A** 1.
Eckernförderstraße	**A** 9	Lancasterstraße	**B** 2
Flensburger Straße	**A** 10	Röhlingsweg	**B** 2

Am Bistensee über ① : *12 km, in Holzbunge links ab Richtung Alt-Duvenstedt* :

Seehotel Töpferhaus ⌘ (mit Gästehaus), Am See, ⌧ 24791 Alt-Duvenstedt
℘ (04338) 9 97 10, info@toepferhaus.de, Fax (04338) 997171, ≤ Bistensee, ⌂, ⌂
⌂, ⌂, ⌘ – ⌘ Zim, ⌘ ⌘ ⌘ ⌘ ⌘ – ⌘ 75. ⌘ ⌘ ⌘ ⌘
Menu 50/75 à la carte 46/68 ⌘ – **46 Zim** ⌘ 80/120 – 120/175 – ½ P 30.
 • Das malerisch am See gelegene repräsentative Landhotel beherbergt nette Zimmer, die
dem Haus durch ihren wohnlichen Charakter eine kultivierte Note verleihen. Behagliche:
Restaurant im Landhaus-Stil mit schnörkelloser, klassischer Küche. Schöne Terrasse.
Spez. Sautierte Jakobsmuscheln mit grünem Spargel und Pfifferlingen. Gebratenes Pauilla
Lamm mit Gemüseconfit und Pommes Dauphine. Variation von der Valrhona Schokolade

RENGSDORF *Rheinland-Pfalz* **417** *O 6 – 2 500 Ew – Höhe 300 m – Heilklimatischer Kurort.*
i Kurverwaltung, Westerwaldstr. 32a (Post), ⌧ 56579, ℘ (02634) 23 41, Fax (02634)
7706.
Berlin 607 – Mainz 118 – Koblenz 25 – Bonn 57.

Obere Mühle ⌘, *an der Straße nach Hardert (Nord : 1 km)*, ⌧ 56579, ℘ (02634)
22 29, Fax (02634) 7577, ⌂, ⌂, ⌘, ⌘ – ⌘ ⌘ – ⌘ 15. ⌘ Zim
Menu (geschl. Donnerstag) à la carte 16,50/39 – **15 Zim** ⌘ 37/49 – 74/98 – ½ P 10
 • Wunderbar liegt das 1648 erstmals als Mehlmühle erwähnte Anwesen eingebettet in einer
Rhododendronpark. Die meisten der schlichten Zimmer bieten einen schönen Ausblick. Natur
steinboden und Holzbalken geben dem Restaurant seinen behaglichen Charakter.

In Hardert *Nord-Ost : 3 km – Luftkurort* :

Zur Post ⌘, Mittelstr. 13, ⌧ 56579, ℘ (02634) 27 27, Fax (02634) 2729, ⌂ – ⌘
geschl. Mitte Nov. - Mitte Dez., nach Karneval 2 Wochen – **Menu** *(geschl. Mittwoch*
à la carte 15,50/32 – **11 Zim** ⌘ 26/36 – 52/64.
 • Sehr gepflegt und sauber ist die Einrichtung im Zimmerbereich dieses Hauses. Fragen
Sie nach einem Raum mit Balkon oder Blick auf den schönen Garten mit altem Baumbestand
Gediegen-altdeutsch eingerichtetes Restaurant.

RENNEROD Rheinland-Pfalz 417 O 8 – 3 800 Ew – Höhe 450 m.
Berlin 551 – Mainz 87 – Siegen 87 – Limburg an der Lahn 28.

🏠 **Röttger**, Hauptstr. 50, ✉ 56477, ✆ (02664) 9 93 60, hotel-roettger@ww-touristik.de, Fax (02664) 90453 – 📺 🍴 🅿 🏧 VISA
Menu (geschl. Sonntagabend - Montag) à la carte 19/41,50 – **Gourmetstübchen** (geschl. Sonntagabend - Montag) **Menu** à la carte 27/46 – **14 Zim** ⊊ 40/51 – 67/82.
  ◆ Das kleine Hotel mit den rustikalen Zimmern ist ein guter Ausgangspunkt, um die Landschaft des Hohen Westerwaldes bei Wanderungen oder Radtouren kennenzulernen. Ländliche Atmosphäre im Restaurant. Elegantes Ambiente im Gourmetstübchen.

🍴 **Ratsstube** (mit Gästehaus), Hauptstr. 54 (1. Etage), ✉ 56477, ✆ (02664) 66 35, Fax (02664) 90156 – 📶 📺 🅿 🛇 Zim
geschl. Juli - Aug. 3 Wochen – **Menu** (geschl. Samstag, Sonntagabend) à la carte 15/31 – **6 Zim** ⊊ 48 – 75.
  ◆ Im Erdgeschoß des Hauses befindet sich eine Metzgerei, deren Produkte Sie auf der Speisekarte des gemütlichen Gaststübchens wiederfinden. Nette Eichenzimmer.

RENNINGEN Baden-Württemberg siehe Leonberg.

REURIETH Thüringen 418 420 O 15 – 1 100 Ew – Höhe 380 m.
Berlin 381 – Erfurt 89 – Coburg 39.

In Reurieth-Trostadt Nord-West : 1 km :

🏠 **Landhotel Klostermühle** 🌿, Dorfstr. 2, ✉ 98646, ✆ (036873) 2 46 90, info@landhotel-klostermuehle.de, Fax (036873) 22142, 🌳 – 🛇 Zim, 📺 ✆ 🅿 – 🏧 30
Menu (geschl. Montag) à la carte 14,50/22,50 – **17 Zim** ⊊ 30/45 – 47/62.
  ◆ Mühlenromantik pur ! Eine hübsche Getreidemühle aus dem 19. Jh. mit gepflastertem Innenhof und Zimmern, deren moderne Naturholzeinrichtung durch alte Möbelstücke ergänzt wird. Ländliche Gaststuben.

REUTLINGEN Baden-Württemberg 419 U 11 – 109 000 Ew – Höhe 382 m.
ℹ Tourist - Information, Listplatz 1, ✉ 72764, ✆ (07121) 3 03 26 22, Fax (07121) 339590.
ADAC, Lederstr. 102.
Berlin 676 ④ – Stuttgart 39 ① – Pforzheim 77 ① – Ulm (Donau) 75 ①

Stadtplan siehe nächste Seite

🏨 **Fürstenhof** garni, Kaiserpassage 5, ✉ 72764, ✆ (07121) 31 80, fuerstenhof-reutlingen@t-online.de, Fax (07121) 318318, 🍴, 🏊 – 📶 🛇 📺 ✆ ♿ 🍴 🅿 – 🏧 40. 🅰 ⓞ 🍴 VISA
51 Zim ⊊ 75/95 – 113. BZ c
  ◆ Die Zimmer dieses Stadthotels sind mit hellen Teppichen und Vorhangstoffen sowie mit dunklem Wurzelholzmobiliar ansprechend und freundlich ausgestattet worden.

🏨 **Fora-Hotel**, Am Echazufer 22, ✉ 72764, ✆ (07121) 92 40, Fax (07121) 924444, 🌳, 🍴 – 📶, 🛇 Zim, 📺 ✆ ♿ 🍴 🅿 – 🏧 160. 🅰 ⓞ 🍴 VISA JCB BZ a
Menu (geschl. Sonntag) à la carte 21/33 – **156 Zim** ⊊ 94/105 – 110/121.
  ◆ Sie betreten das Haus durch einen großzügig gestalteten Hallenbereich. In den Zimmern findet man einheitliches, hellgraues Mobiliar und eine gute Technik vor. Helles, modern gestaltetes Restaurant auf drei Ebenen.

🏨 **Württemberger Hof** garni, Kaiserstr. 3, ✉ 72764, ✆ (07121) 1 70 56, info@hotel-wuerttemberger-hof.de, Fax (07121) 44385 – 📶 📺 🅿 🅰 ⓞ 🍴 VISA AY r
50 Zim ⊊ 60/80 – 80/110.
  ◆ Nach einer gründlichen Renovierung erstrahlt alles in neuem Glanz. Solide, mit Vogelaugenahorn möblierte Zimmer mit schönen Bädern ermöglichen bequemes Wohnen.

🏠 **Hotel Achalm** 🌿, Auf der Achalm, ✉ 72766 Reutlingen, ✆ (07121) 48 20, info@achalm-reutlingen.de, Fax (07121) 482100, ≤ Reutlingen und Schwäbische Alb, 🌳 – 🛇 Zim, 📺 ✆ 🅿 – 🏧 140. 🅰 🍴 VISA 🛇 Zim über ①
geschl. Jan. - Feb. 4 Wochen – **Menu** siehe Rest. **Achalm** separat erwähnt – **46 Zim** ⊊ 59/75 – 76/103.
  ◆ Hier überzeugen nicht nur die schöne Lage und die Aussicht, sondern auch die gepflegten sowie zeitgemäß und technisch gut ausgestatteten Zimmer des neu renovierten Hotels.

🍴🍴 **Restaurant Achalm** – Hotel Achalm, Auf der Achalm, ✉ 72766 Reutlingen, ✆ (07121) 48 24 82, info@achalm-reutlingen.de, Fax (07121) 482488, ≤ Reutlingen und Schwäbische Alb, 🌳 – 🅿 🅰 🍴 VISA über ①
geschl. Jan. - Feb. 4 Wochen, Montag – **Menu** à la carte 17/36 ♀.
  ◆ Freunde modernen Designs werden sich in dieser lichten Konstruktion aus Stahl, Glas und Holz wohlfühlen. Die abwechslungsreiche Küche und die schöne Aussicht tun ein übriges.

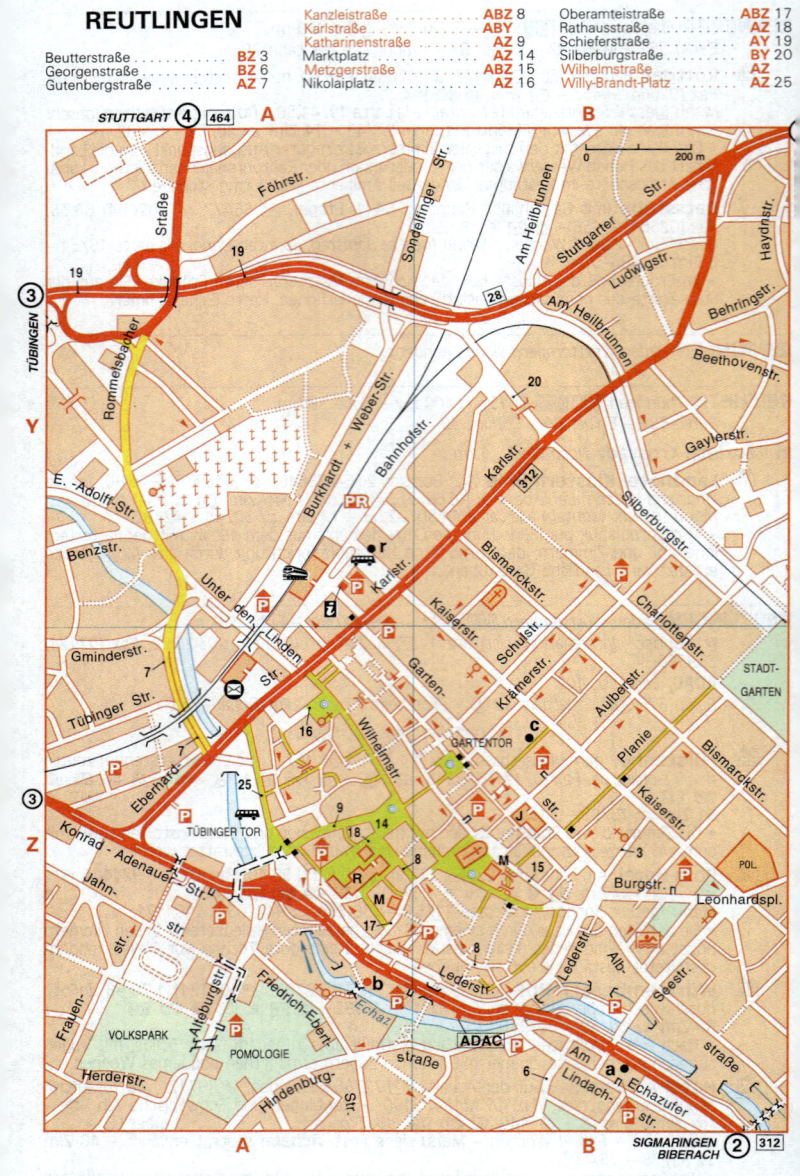

REUTLINGEN

Beutterstraße	**BZ** 3	Kanzleistraße	**ABZ** 8
Georgenstraße	**BZ** 6	Karlstraße	**ABY**
Gutenbergstraße	**AZ** 7	Katharinenstraße	**AZ** 9
		Marktplatz	**AZ** 14
		Metzgerstraße	**ABZ** 15
		Nikolaiplatz	**AZ** 16
Oberamteistraße	**ABZ** 17		
Rathausstraße	**AZ** 18		
Schieferstraße	**AY** 19		
Silberburgstraße	**BY** 20		
Wilhelmstraße	**AZ**		
Willy-Brandt-Platz	**AZ** 25		

※※ **Alte Mühle**, Frankonenweg 8, ✉ 72764, ✆ (07121) 30 02 47, Fax (07121) 371813,
🌳 – AE ⓘ ⓜⓒ VISA   AZ b
geschl. Mitte - Ende Feb., Mitte - Ende Aug., Sonntagabend – **Menu** à la carte
28/43,50 ₰.
♦ An einem kleinen Bach liegt die historische Mühle aus dem 15. Jh., in der man
auf zwei Ebenen ein gediegen-rustikales Restaurant eingerichtet hat. Mit internationaler
Küche.

REUTLINGEN

In Reutlingen-Betzingen über ③ : 4 km :

🏨 **Fortuna**, Carl-Zeiss-Str. 75 (nahe der B 28), ✉ 72770, ℰ (07121) 58 40 (Hotel), 58 41 77 (Rest.), *fortuna-reutlingen@fortuna-hotel.de*, Fax (07121) 584113, 😊, ⌁ – 🛗, ⇌ Zim, 📺 🅿 – 🔔 150. 🅰🅴 ⓞ 🅞🅞 🆅🅸🆂🅰
Menu *(geschl. Sonn- und Feiertage)* à la carte 16/31 – **100 Zim** ⌦ 65/88 – 93.
♦ Je nach Geschmack können Sie hier in hell mit Naturholz oder dunkel mit Mahagoni eingerichtete Zimmern absteigen. Großzügiger Tagungsbereich mit kompletter Technik.

✕✕ **La Commedia**, Ernst-Abbé-Str. 20 (Industriegebiet), ✉ 72770, ℰ (07121) 57 97 36, Fax (07121) 579458 – 🛗 🅿 🅰🅴 ⓞ 🅞🅞 🆅🅸🆂🅰
geschl. Montag – **Menu** *(italienische Küche)* à la carte 23,50/42 ♀.
♦ Ein gepflegtes, mit schwarzen Lederpolstern gestaltetes Restaurant in der 2. Etage eines Autohauses. Man bietet einige klassische Gerichte, vorwiegend aber italienische Küche.

RHEDA-WIEDENBRÜCK Nordrhein-Westfalen **417** K 8 – 38 000 Ew – Höhe 73 m.
Berlin 418 – Düsseldorf 151 – *Bielefeld* 37 – Münster (Westfalen) 54 – Paderborn 36.

Im Stadtteil Rheda :

🏨 **Hotel am Doktorplatz** garni, Berliner Str. 19, ✉ 33378, ℰ (05242) 9 42 50, *info@hotel-am-doktorplatz.de*, Fax (05242) 942579 – 🛗 🔳 📺 📞 🅿 – 🔔 20. 🅞🅞 🆅🅸🆂🅰
18 Zim ⌦ 62/87 – 102/108.
♦ Die meisten Zimmer dieses sympathischen Klinker-Fachwerkhauses sind in zartgelben Tönen gestrichen. Hübsche Vorhangstoffe und Polstersessel unterstreichen das nette Ambiente.

🏨 **Reuter**, Bleichstr. 3, ✉ 33378, ℰ (05242) 9 45 20, *info@hotelreuter.de*, Fax (05242) 945244, 😊 – 🛗, ⇌ Zim, 📺 📞 🅿 – 🔔 15. 🅰🅴 🅞🅞 🆅🅸🆂🅰
Menu *(geschl. Freitag - Samstagmittag)* à la carte 22/43 – **36 Zim** ⌦ 48/75 – 102.
♦ Das Fachwerkhaus mit dem modernen Anbau bietet Zimmer in verschiedenen Größen, die ansprechend farblich abgesetzt sind und teilweise renoviert wurden. Restaurant mit Wintergarten, Art déco-Einrichtung und schmackhafter Küche.

Im Stadtteil Wiedenbrück :

🏨 **Sonne** Ⓜ garni, Hauptstr. 31, ✉ 33378, ℰ (05242) 9 37 10, *post@hotelsonne.de*, Fax (05242) 937171, ⌁ – 🛗, ⇌ Zim, 📺 📞 🅿 🅰🅴 ⓞ 🅞🅞 🆅🅸🆂🅰. ✀
geschl. 20. Dez. - Anfang Jan. – **21 Zim** ⌦ 75 – 95/115.
♦ Komfortable, in angenehmen Erdtönen gehaltene Gästezimmer und ein luftiger Frühstücksraum mit Terrasse und Rattanstühlen sind die Pluspunkte dieser hübschen Villa.

🏨 **Romantik Hotel Ratskeller**, Markt 11 (Eingang auch Lange Straße), ✉ 33378, ℰ (05242) 92 10, *ratskeller@romantikhotels.com*, Fax (05242) 921100, 😊, ⌁ – 🛗, ⇌ Zim, 📺 📞 ⇌ – 🔔 20. 🅰🅴 ⓞ 🅞🅞 🆅🅸🆂🅰 🅹🅲🅱
Menu *(geschl. Anfang Jan. 1 Woche)* à la carte 27/42,50 – **34 Zim** ⌦ 70/93 – 102/139.
♦ Eines der schönsten Fachwerkhäuser am Ort enthält Zimmer, die, bedingt durch die mittelalterliche Architektur, unterschiedlich geschnitten, aber sehr hübsch eingerichtet sind. Historische, rustikale Gasträume laden ein, unter uralten Eichenbalken zu tafeln.

RHEDE Nordrhein-Westfalen **417** K 4 – 18 500 Ew – Höhe 32 m.
🅱 Touristinformation, Rathausplatz 9, ✉ 46414, ℰ (02872) 93 01 00, *tourist@rhede.de*, Fax (02872) 93049100.
Berlin 553 – *Düsseldorf* 82 – Bocholt 8 – Enschede 54 – Münster (Westfalen) 75.

In Rhede-Krechting Süd : 2,5 km :

🏨 **Zur alten Post** (mit Gästehaus), Krommerter Str. 6, ✉ 46414, ℰ (02872) 9 27 30, *info@hotel-elbers.de*, Fax (02872) 7562, 😊, Massage, ⌁ – 📺 📞 ♿ 🅿 – 🔔 60. 🅰🅴 🅞🅞 🆅🅸🆂🅰
Menu *(wochentags nur Abendessen)* à la carte 15/32 – **18 Zim** ⌦ 44/51 – 70/82.
♦ Der für die Gegend typische Klinkerbau liegt in der Mitte des Dorfes. Im Gästehaus stehen sehr solide, mit Buchenholz und stabilen Schreibtischen bestückte Zimmer bereit.

RHEINAU Baden-Württemberg **419** U 7 – 10 400 Ew – Höhe 132 m.
Berlin 730 – Stuttgart 134 – *Karlsruhe* 59 – Strasbourg 23 – Offenburg 34.

In Rheinau-Diersheim Süd-West : 3 km :

🏨 **La Provence** garni, Hanauer Str. 1, ✉ 77866, ℰ (07844) 4 70 15, Fax (07844) 47663, 😊 – 📺 ⇌ 🅿 🅰🅴 🅞🅞 🆅🅸🆂🅰
geschl. 20. Dez. - 10. Jan. – **12 Zim** ⌦ 39/49 – 61/67.
♦ Französisches Flair, auch diesseits der Grenze, macht sich in diesem kleinen Hotel breit, das nett und verspielt eingerichtet ist und von der Chefin charmant geleitet wird.

RHEINAU

In Rheinau-Linx Süd-West : 6 km :

✗ **Grüner Baum**, Tullastr. 30 (B 36), ⊠ 77866, ℰ (07853) 3 58, gruenerbaumlinx@t-online.de, Fax (07853) 17458, 🍽 – 🅿 🕮 VISA
geschl. 13. Jan. - 10. Feb., 2. - 5. März, Sonntagabend - Montag – **Menu** à la carte 16,50/32
♦ Familie Velluzz heißt Sie in dem 1761 erbauten Fachwerkhaus willkommen Man serviert Ihnen internationale Küche, begleitet von Weinen aus der Heimat oder dem Elsaß.

RHEINBÖLLEN Rheinland-Pfalz **417** P 7 – 3 700 Ew – Höhe 360 m.

Berlin 622 – Mainz 52 – Bad Kreuznach 27 – Koblenz 51.

🏨 **Landhaus Elbert**, Am Alten Bahnhof 1, ⊠ 55494, ℰ (06764) 90 00, info@landhaus-elbert.de, Fax (06764) 90033 – 📺 🅿 – 🔧 60. 🕮 ⓞ 🕮 VISA
Menu (geschl. Montag) à la carte 18/31,50 – **38 Zim** ⊇ 46 – 83.
♦ Unweit der Autobahnausfahrt gelegen, bietet sich dieses Haus für eine Rast an Sie wählen zwischen rustikalen Zimmern im Nebenhaus oder modernen, geräumigen im Haupthaus.

RHEINBROHL Rheinland-Pfalz **417** O 6 – 4 000 Ew – Höhe 65 m.

Berlin 613 – Mainz 124 – Koblenz 31 – Bonn 37.

✗ **Klauke's Krug**, Kirchstr. 11, ⊠ 56598, ℰ (02635) 24 14, Fax (02635) 5295, Biergarten – 🕮 ⓞ 🕮 VISA
geschl. März 3 Wochen, Dienstag – **Menu** à la carte 22/35.
♦ Ganz in der Nähe des Rathauses finden Sie dieses Haus, wo man in ländlich-rustikaler Gaststuben eine bürgerliche, mit Einflüssen der Region durchsetzte Küche serviert.

RHEINE Nordrhein-Westfalen **415 417** J 6 – 76 000 Ew – Höhe 45 m.

🛝 🛝 Rheine, Gut Winterbrock (Süd : 8 km über die B 481 und Mesum), ℰ (05975) 94 90
🛈 Verkehrsverein, Bahnhofstr. 14, ⊠ 48431, ℰ (05971) 5 40 55, Fax (05971) 52988.
ADAC, Tiefe Str. 32.
Berlin 470 – Düsseldorf 166 – Nordhorn 39 – Enschede 45 – Münster (Westfalen) 45 – Osnabrück 46.

🏨 **City Club Hotel** [M] 🍃, Humboldtplatz 8, ⊠ 48429, ℰ (05971) 8 08 00, info@cch-rheine.de, Fax (05971) 8080155, 🍽 – 🛗, 🚭 Zim, 📺 🕻 🅿 – 🔧 400. 🕮 ⓞ 🕮 VISA
Menu (geschl. Sonntagabend) (Juli - Aug. nur Abendessen) à la carte 17,50/31,50 – **58 Zim** ⊇ 74/87 – 102/113.
♦ Hier finden Sie alles, was das Leben auf Reisen erleichtert ! Die Zimmer entsprechen mit solider, ansprechend wohnlicher und funktioneller Machart neuzeitlichen Anforderungen. Restaurant in der Stadthalle, durch einen Gang mit dem Hotel verbunden.

🏨 **Zum Alten Brunnen** (mit Gästehäusern), Dreierwalder Str. 25, ⊠ 48429, ℰ (05971) 96 17 15, kontakt@zumaltenbrunnen.de, Fax (05971) 9617166, 🍽 – 🚭 Zim, 📺 🕻 ⇔ 🅿 🕮 VISA
geschl. 24. Dez. - 7. Jan. – **Menu** (geschl. Sonntag) (nur Abendessen) à la carte 21/42,50 – **17 Zim** ⊇ 66/108 – 85/163.
♦ Zum Übernachten bietet man seinen Gästen ein Potpourri der verschiedensten Räume von der eleganten Suite über antik eingerichtete Zimmer bis hin zum funktionellen Quartier. Kleine, rustikal eingerichtete Gaststube und schönes Gartenrestaurant.

🏨 **Lücke**, Heilig-Geist-Platz 1, ⊠ 48431, ℰ (05971) 1 61 80, info@hotel-luecke.de, Fax (05971) 161816, 🍴 – 🛗, 🚭 Zim, 📺 ⇔ 🅿 – 🔧 50. 🕮 ⓞ 🕮 VISA
geschl. 22. Dez. - 4. Jan. – **Menu** (geschl. Sonn- und Feiertage) (nur Abendessen) à la carte 18,50/38 – **39 Zim** ⊇ 71/79 – 95/105.
♦ Direkt am Ufer der Ems liegt diese Adresse relativ ruhig und doch zentral. Die schlichten, jedoch geräumigen Zimmer auf der Rückseite des Hauses blicken auf den Fluß. Bürgerlich-rustikal ist die Einrichtung im Hotelrestaurant.

🏨 **Freye** 🍃 garni, Emsstr. 1a, ⊠ 48431, ℰ (05971) 89 92 60, hotel-freye@t-online.de, Fax (05971) 8992616 – 📺. 🕮 VISA
geschl. 20. Dez. - 8. Jan. – **15 Zim** ⊇ 49/59 – 69/79.
♦ Nach einer umfangreichen Renovierung sind nun fast alle Zimmer des Etagenhotels mit neuzeitlichen und praktischen Möbeln aus Kirschholz ausgerüstet worden.

✗ **Beesten**, Eichenstr. 3, ⊠ 48431, ℰ (05971) 32 53, info@restaurant-beesten.de, Fax (05971) 915389, 🍽 – 🅿. 🕮 VISA
Jan. 2 Wochen, Aug. 3 Wochen, Donnerstag – **Menu** à la carte 23,50/39,50.
♦ Ein Vorstadtlokal, das sich zu einem schlichten, bürgerlichen Restaurant mit schmackhafter, teils baden-württembergischer, teils internationaler Küche gemausert hat.

In Rheine-Elte Süd-Ost : 7,5 km :

Zum Splenterkotten (mit Gästehäusern), Ludgerusring 44, ⊠ 48432, ℘ (05975) 2 85, info@splenterkotten.de, Fax (05975) 3947, Biergarten – 📺 🅿
geschl. 26. Feb. - 2. März, 22. Okt. - 2. Nov. – **Menu** (geschl. Montag - Dienstag) à la carte 18,50/32,50 – **5 Zim** ⊇ 45 – 75.

• Unter dem schweren, alten Gebälk der Galträume macht sich Gemütlichkeit breit. Das Münsterländer Bauernhaus von 1764 hat einen festen Platz in der Historie des Dorfes.

In Rheine-Mesum Süd-Ost : 7 km :

Altes Gasthaus Borcharding mit Zim, Alte Bahnhofstr. 13, ⊠ 48432, ℘ (05975) 12 70, Fax (05975) 3507, 🌳 – 📺 🅿 – 🔸 40. 🆎 ⓘ 🆎 VISA JCB. 🌸
geschl. Jan. 1 Woche, April 2 Wochen – **Menu** (geschl. Donnerstag - Freitagmittag, Samstagmittag) (bemerkenswerte Weinkarte) à la carte 22/35,50 – **9 Zim** ⊇ 42/63 – 63/90.

• Um den verglasten Innenhof des westfälischen Gasthofs von 1712 herum gruppieren sich verschiedene teils rustikale, teils mit Stilmöbeln eingerichtete schöne Stuben.

Mesumer Landhaus, Emsdettener Damm 151 (B 481), ⊠ 48432, ℘ (05975) 2 41, Fax (05975) 3625, 🌳 – 🅿 ⓘ 🆎 VISA
geschl. Montag – **Menu** à la carte 22,50/35,50.

• Im Inneren des großzügigen Klinkerbaus befindet sich ein klassisch gehaltenes Restaurant, dessen Tische sehr hübsch eingedeckt werden. Gekocht wird bürgerlich bis gehoben.

In Spelle Nord-Ost : 12 km :

Krone M, Bernard-Krone-Str. 15, ⊠ 48480, ℘ (05977) 9 39 20, info@krone-hotel-spelle.de, Fax (05977) 939292 – 📱 ⇔ Zim, 📺 ✆ & 🅿 – 🔸 120. 🆎 🆎 VISA
Menu (geschl. Juli, Samstagmittag, Montag) à la carte 16,50/28 – **28 Zim** ⊇ 50 – 70.

• Auf drei Etagen verteilen sich die Gästezimmer dieses Hauses, bei deren Ausstattung viel Wert auf harmonische Farbgebung und zeitgemäße Funktionalität gelegt wurde. Das Ambiente im Restaurant ist von gepflegter Rustikalität geprägt.

RHEINFELDEN Baden-Württemberg ₄₁₉ X 7 – 28 000 Ew – Höhe 283 m.
Berlin 838 – Stuttgart 284 – Freiburg im Breisgau 84 – Bad Säckingen 15 – Basel 19.

Oberrhein garni, Werderstr. 13, ⊠ 79618, ℘ (07623) 7 21 10, hotel-garni-oberrhein @t-online.de, Fax (07623) 721150 – 📱 ⇔ 📺 ✆ ⇔. 🆎 VISA
21 Zim ⊇ 53/63 – 80.

• In einer ruhigen Seitenstraße liegt das Etagen-Garni. Die Zimmer unterscheiden sich im Schnitt, sind teils renoviert und mit Naturholz, teils mit dunklerem Holz eingerichtet.

I Fratelli, Rheinbrückstr. 8, ⊠ 79618, ℘ (07623) 3 02 54, Fax (07623) 719523, 🌳 – 🅿 🆎 VISA
geschl. über Fastnacht 1 Woche, Aug. 2 Wochen, Montag – **Menu** (abends Tischbestellung ratsam) (italienische Küche) à la carte 24,50/49,50.

• Die Brüder Lamano kümmern sich mit einer frischen und schmackhaften Küche um das Wohl ihrer Gäste. Schön gestaltete Räumlichkeiten, Gewölbekeller und Rheinterrasse.

In Rheinfelden-Eichsel Nord : 6 km :

Landgasthaus Maien 🌱, Maienplatz 2, ⊠ 79618, ℘ (07623) 7 21 50, info@gasthaus-maien.de, Fax (07623) 721530, ≤, 🌳, Biergarten – 📱 ⇔ Zim, 📺 ✆ ⇔ 🅿 – 🔸 60. 🆎 ⓘ 🆎 VISA
Menu (geschl. 17. Feb. - 8. März, Freitag) à la carte 16/35 – **21 Zim** ⊇ 47/52 – 73/97.

• Der Hotelanbau schließt sich an das historische Stammhaus an. Hier befinden sich die Gästezimmer, die hübsch in Eiche oder Wurzelholz möbliert sind, teils mit Sitzgruppe. 1749 erhielt das Gasthaus die Berechtigung, Speis und Trank auszuschenken.

Café Elke, Saaleweg 8, ⊠ 79618, ℘ (07623) 44 37, cafe.elke@t-online.de, Fax (07623) 40550, 🌳 – 🅿 – 🔸 30. 🆎 VISA
geschl. Montag - Dienstag – **Menu** à la carte 21/34 (auch vegetarische Gerichte) ♀.

• Über die Höhen des Jura bis hin zu den Schweizer Alpen reicht der Blick von den Räumen und der Gartenterrasse dieses Lokals. Reservieren Sie einen Fenstertisch !

In Rheinfelden-Riedmatt Nord-Ost : 5 km :

Storchen, Brombachstr. 3 (B 34), ⊠ 79618, ℘ (07623) 7 51 10, alexandras-storchen hotel@t-online.de, Fax (07623) 7511299, 🌳 – 📱 ⇔ Zim, 📺 ⇔ 🅿 🆎 VISA
Menu (geschl. Donnerstagmittag, Freitag - Samstagmittag) à la carte 22/41 ♀ – **31 Zim** ⊇ 55/60 – 80/85.

• Landhausmobiliar dominiert im größten Teil der wohnlichen Zimmer des engagiert geführten Hauses. Die restlichen haben ältere, gepflegte Möbel und sind neu gestrichen worden. Teils gediegen-rustikal, teils mit mediterranem Touch präsentiert sich das Restaurant.

RHEINSBERG Brandenburg **416** G 22 – 5 500 Ew – Höhe 56 m – Erholungsort.
　　Sehenswert : Schloß Rheinsberg★.
　　🛈 Tourist-Information, Markt (Kavalierhaus), ✉ 16831, ℘ (033931) 20 59, Fax (033931) 34704.
　　Berlin 88 – Potsdam 125 – Neubrandenburg 70.

🏨 **Schlosshotel Deutsches Haus**, Seestr. 13, ✉ 16831, ℘ (033931) 3 90 59 Fax (033931) 39063, 🌤 – 🛗, ✲ Zim, 🍽 Rest, 📺 – 🔑 30
　　Menu (bemerkenswerte Weinkarte) à la carte 23/31 – **28 Zim** ⊊ 65/75 – 100 – ½ P 18
　　• Eine ehemalige Umspannstation, in der schon Friedrich Wilhelm logierte. In den Zimmern erinnert nichts mehr an diese Zeit, denn hier ist alles freundlich und modern gestaltet Modernes Bistro und stilvoll-elegantes Restaurant (in den Sommermonaten).

🏨 **Der Seehof** (mit Gästehaus), Seestr. 18, ✉ 16831, ℘ (033931) 40 30, seehof-rheinsberg@t-online.de, Fax (033931) 40399, 🌤 – 📺 📞 – 🔑 20. 🆎 ◉ 𝑽𝑰𝑺𝑨
　　Menu (Nov. - März Montag - Donnerstag nur Abendessen) à la carte 23/35 – **19 Zim** ⊊ 60/80 – 80/130 – ½ P 20.
　　• Das Ackerbürgerhaus von 1750 wurde unter Erhaltung seines Charakters modernisiert Das Interieur ist größtenteils im Landhausstil geschmackvoll gestylt worden. Verschiedene gastronomische Bereiche vom Bistro bis zum klassischen Restaurant.

✂ **Ratskeller**, Markt 1, ✉ 16831, ℘ (033931) 22 64, Fax (033931) 38058, 🌤 – 🆎 ◉ 𝑽𝑰𝑺𝑨
　　Menu à la carte 15/30.
　　• Auf zwei Etagen bewirtet man in dem stattlichen gelb gestrichenen Gebäude in der Ortsmitte seine Gäste. Das Erdgeschoß ist rustikal, der erste Stock eher modern gehalten

RHEINTAL Rheinland-Pfalz **417** P 6, 7.
　　Sehenswert : Tal★★★ von Bingen bis Koblenz (Details siehe unter den erwähnten Rhein-Orten).

RHODT UNTER RIETBURG Rheinland-Pfalz siehe Edenkoben.

RIEDEN Bayern siehe Füssen.

RIEDEN KREIS AMBERG-SULZBACH Bayern **420** S 19 – 2 500 Ew – Höhe 365 m.
　　Berlin 448 – München 165 – Regensburg 47 – Nürnberg 74 – Weiden i. d. Oberpfalz 62

In Rieden-Kreuth Süd-West : 2 km :

🏨 **Gut Matheshof** M 🌤, ✉ 92286, ℘ (09624) 91 90, info@gut-matheshof.de, Fax (09624) 9192828, 🌤, ⚐, ⚑ (Halle) – 🛗, ✲ Zim, 📺 ⚒ ⚐ 🅿 – 🔑 230. 🆎 ◉ 𝑽𝑰𝑺𝑨
　　Menu à la carte 17/28,50 – **130 Zim** ⊊ 56/66 – 76/96.
　　• Von luxuriös bis rustikal wird man hier allen Wünschen seiner Gäste nach zeitgemäßer Unterbringung gerecht. Angegliedert ist das modernste Pferdesportzentrum Ostbayerns Zur Waldseite hin liegt das ländliche Restaurant der weitläufigen Anlage.

RIEDENBURG Bayern **419 420** T 19 – 5 600 Ew – Höhe 354 m – Luftkurort.
　　🛈 Tourist-Information, Marktplatz 1, ✉ 93339, ℘ (09442) 90 50 00, tourismus@riedenburg.de, Fax (09442) 905002.
　　Berlin 510 – München 132 – Regensburg 45 – Ingolstadt 33 – Nürnberg 96.

In Riedenburg-Obereggersberg West : 4 km :

🏨 **Schloß Eggersberg** 🌤, ✉ 93339, ℘ (09442) 9 18 70, Fax (09442) 918787, ≤, 🌤, 🍽 – 🅿 – 🔑 30
　　geschl. Jan. - Feb. – **Menu** (geschl. Sonntagabend - Montag) à la carte 17,50/30 – **15 Zim** ⊊ 55/70 – 70/125.
　　• Wohnen im Schloß ! Die Zimmer des ehrwürdigen Gemäuers sind teils sehr groß und individuell mit antiken Möbeln eingerichtet. Im Haus ist auch das Hofmark-Museum untergebracht. Gemütlich und rustikal speist man im Restaurant mit Jagd- und Reitdekor.

RIEGEL Baden-Württemberg **419** V 7 – 3 400 Ew – Höhe 183 m.
　　Berlin 796 – Stuttgart 187 – Freiburg im Breisgau 27 – Offenburg 45.

🏨 **Riegeler Hof** (mit Gästehaus), Hauptstr. 69, ✉ 79359, ℘ (07642) 68 50, hotel-riegelerhof@aol.com, Fax (07642) 68568, 🌤 – ✲ Zim, 📺 🅿 🆎 ◉ ◎ 𝑽𝑰𝑺𝑨
　　Menu (geschl. Montagmittag) à la carte 21,50/39,50 – **55 Zim** ⊊ 47/57 – 70/80.
　　• Das schmucke Städtchen liegt in einer Reblandschaft am Kaiserstuhl. Ihr Quartier bietet Ihnen nett möblierte, zum Teil recht geräumige Übernachtungszimmer mit Balkon. Die Gasträume sind ganz mit hellem Holz im alpenländischen Stil verkleidet worden.

RIEGEL

🏠 **Zum Rebstock,** Hauptstr. 37, ✉ 79359, ℘ (07642) 10 26, rebstockhotel@t-online.de, Fax (07642) 3766, 🍽 – 📺 📞 AE ⓜ VISA
Menu (geschl. Jan., Donnerstag, Sonntagabend) (wochentags nur Abendessen) à la carte 15,50/30,50 – **16 Zim** ⊇ 45 – 65.
◆ Geschäftsreisende wie auch Urlauber schätzen diesen familiär geführten Gasthof. Sie schlafen in solide ausgestatteten Gästezimmern mit ausreichend Platz. Ländlich gestaltetes Restaurant.

In Malterdingen Ost : 2 km :

🏠 **Landhaus Keller** ⚘, Gartenstr. 21, ✉ 79364, ℘ (07644) 13 88, Fax (07644) 4146, 🍽 – ⇌ Zim, 📺 📞 ⇌ 📞 – 🍴 20. AE ⓜ VISA. ⇌ Zim
geschl. Juli - Aug. 3 Wochen – **Menu** (geschl. Samstagmittag, Sonntag) à la carte 26,50/43,50 – **16 Zim** ⊇ 64/92 – 88/120.
◆ Perfekt sind die verschiedenen Stilmöbel dieses geschmackvollen Domizils in die Räume eingepaßt. Frische und Farbigkeit der individuellen Zimmer überzeugen auf ganzer Linie. In einem separaten Gebäude befindet sich das in Nischen unterteilte Restaurant.

RIELASINGEN-WORBLINGEN Baden-Württemberg siehe Singen (Hohentwiel).

RIENECK Bayern 417 418 P 12 – 2 200 Ew – Höhe 170 m – Erholungsort.
Berlin 512 – München 325 – Würzburg 47 – Fulda 72.

🏠 **Gut Dürnhof,** Burgsinner Str. 3 (Nord : 1 km), ✉ 97794, ℘ (09354) 10 01, info@gut-duernhof.de, Fax (09354) 1512, 🍽, ⇌, 🔲, 🍽, 🐎 (Halle) – ⇌ Zim, 📺 ⇌ 📞 – 🍴 25. AE ⓜ VISA. ⇌ Rest
Menu (geschl. 15. - 25. Dez.) (Nov. - März Montag - Freitag nur Abendessen) à la carte 17/30,50 – **26 Zim** ⊇ 54/74 – 89/121 – ½ P 20.
◆ Die Natur ist hier Dauergast ! Die schöne Lage am See und die angegliederte Landwirtschaft machen den Reiz dieses Hauses aus. Die Zimmer sind teils einfach, teils komfortabler. Nette Gartenterrasse am kleinen See.

RIESA AN DER ELBE Sachsen 418 M 23 – 48 000 Ew – Höhe 120 m.
Berlin 192 – Dresden 65 – Leipzig 62 – Meißen 27.

🏠 **Mercure** garni, Bahnhofstr. 40, ✉ 01587, ℘ (03525) 70 90, mercure-riesa@t-online.de, Fax (03525) 70 99 99 – 📶, ⇌ Zim, 🔲 📺 📞 ♿ 📞 – 🍴 60. AE ⓜ VISA
⊇ 12 – **104 Zim** 66/81 – 77/92, 4 Suiten.
◆ Dem Hotel sieht man seine Plattenbau-Vergangenheit nicht an. Im Zentrum der Stadt ist ein komfortables Haus mit bequem und ansprechend gestalteten Zimmern entstanden.

🏠 **Wettiner Hof,** Hohe Str. 4, ✉ 01587, ℘ (03525) 71 80, info@wettiner-hof.de, Fax (03525) 718222, 🍽 – 📶 📺 ⇌ 📞 – 🍴 15. AE ⓜ VISA
Menu (Juni - Aug. nur Abendessen) à la carte 15/26 – **43 Zim** ⊇ 59 – 79.
◆ Namengeber für das moderne Hotel ist das Geschlecht der Wettiner. Sie finden hier solide und farblich angenehm gestaltete Zimmer mit viel Tageslicht und Balkonen. Bogenfenster und schwarze Bestuhlung tragen zum klassischen Charakter des Lokals bei.

🏠 **Sachsenhof,** Hauptstr. 65, ✉ 01587, ℘ (03525) 73 36 29, Fax (03525) 730167, 🍽 – 📺 📞 AE ⓜ VISA
Menu (geschl. Sonntagabend, Montagabend) à la carte 14/20,50 – **14 Zim** ⊇ 46 – 62.
◆ Seit 1993 kann man hier wieder übernachten, nachdem der Hotelbetrieb 1947 eingestellt werden mußte. Ihre Gastgeber, engagierte Hoteliers, laden Sie in behagliche Zimmer ein. Alte niederländische Stilelemente wie Utrechter Fayencefliesen prägen die Gasträume.

In Roederau - Bobersen-Moritz Nord-Ost : 3,5 km :

🏠 **Moritz an der Elbe** ⚘, Dorfstr. 1, ✉ 01619, ℘ (03525) 76 11 11, hotel-moritz@t-online.de, Fax (03525) 761114, 🍽 – 📶, ⇌ Zim, 📺 ♿ 📞 – 🍴 40. ⓜ VISA. ⇌ Rest
Menu à la carte 11,50/27,50 – **40 Zim** ⊇ 51/55 – 81/85.
◆ Strenge Symmetrie und futuristische Accessoires innen und außen kennzeichnen die moderne Architektur im Kontrast zu ihrer ländlichen Umgebung. Schöne, meist farbige Bäder. Das Ambiente des Restaurants wird von südlichen Farben und modernen Sitzmöbeln bestimmt.

RIESSERSEE Bayern siehe Garmisch-Partenkirchen.

RIETBERG Nordrhein-Westfalen **417** K 9 – 24 000 Ew – Höhe 83 m.
  Berlin 423 – Düsseldorf 160 – Bielefeld 44 – Münster (Westfalen) 63 – Paderborn 27.

In Rietberg-Mastholte Süd-West : 7 km :

XX **Domschenke** (Sittinger), Lippstädter Str. 1, ⌂ 33397, ℘ (02944) 3 18,
  Fax (02944) 6931 – **P**
  geschl. 1. - 8. Jan., 12. - 27. April, 1. - 19. Aug., Samstagmittag, Dienstag - **Menu** (abends Tischbestellung ratsam) 20 (mittags) à la carte 37,50/45 ♀.
  ◆ Teils gelbe, teils bunte Polster und schön gedeckte Tische dominieren in den Räumen der kulinarischen Adresse. Der Küchenchef kombiniert Französisches mit deutschen Elementen.
  Spez. Langustinenkrapfen mit Vanillebutter und Linsen. Steinbutt mit Auberginenconfit und Safransauce. Soufflé von Valrhona Schokolade mit weißem Schokoladeneis.

RIETHNORDHAUSEN Thüringen **418** M 17 – 1 100 Ew – Höhe 192 m.
  Berlin 275 – Erfurt 16 – Gotha 37 – Nordhausen 58 – Weimar 34.

⌂ **Landvogt** M, Erfurter Str. 29, ⌂ 99195, ℘ (036204) 58 80, hotel.landvogt@t-online.de, Fax (036204) 52513, Biergarten, ⇌ – ≠ Zim, TV P – 🛋 25. AE ◎ VISA
  Menu (wochentags nur Abendessen) à la carte 15/24 – **16 Zim** ⌂ 46/49 – 50/67.
  ◆ Idyllisch liegt das Fachwerkhaus mit modernen Anbauten an einer Kastanienallee. In zeitgemäßen und gut gepflegten Zimmern finden Sie ein nettes Zuhause für unterwegs. Der Chef persönlich führt in der Küche Regie.

RIEZLERN Österreich siehe Kleinwalsertal.

RIMBACH Bayern **420** S 22 – 2 000 Ew – Höhe 560 m – Erholungsort.
  ℹ Tourist-Information, Hohenbogenstr. 10, ⌂ 93485, ℘ (09941) 89 31, tourist@gemeinde-rimbach.de, Fax (09941) 7292.
  Berlin 505 – München 202 – Passau 102 – Cham 20 – Deggendorf 53.

⌂⌂ **Bayerischer Hof**, Dorfstr. 32, ⌂ 93485, ℘ (09941) 23 14, info@bayrischerhof-rimbach.de, Fax (09941) 2315, ⌆, ⇌, ▢, ≠ – ⌁, ≠ Zim, TV P – 🛋 80. AE ◎
  Menu à la carte 20/32,50 – **180 Zim** ⌂ 51/80 – 80/100, 6 Suiten.
  ◆ Großes Hotel im alpenländischen Stil in der Ortsmitte mit ländlich-rustikal gestalteten Zimmern und einem originellen Wellnessbereich. Geräumiges Restaurant mit heller Holztäfelung.

RIMBACH Hessen siehe Fürth im Odenwald.

RIMPAR Bayern **417 419 420** Q 13 – 7 000 Ew – Höhe 224 m.
  Berlin 501 – München 285 – Würzburg 13 – Nürnberg 90 – Schweinfurt 35.

X **Schloßgaststätte**, im Schloß Grumbach, ⌂ 97222, ℘ (09365) 38 44, Fax (09365) 4193, ⌆
  geschl. 9. - 26. Juni, Mittwoch - **Menu** à la carte 17/24,50.
  ◆ Das hübsche weiße Jagdschlößchen von 1603 mit Rundturm beherbergt in einem Flügel das Restaurant, das mit dem gut erhaltenen Kreuzgewölbe besonders urig und gemütlich wirkt.

RIMSTING Bayern **420** W 21 – 3 200 Ew – Höhe 563 m – Luftkurort.
  Sehenswert : Chiemsee★.
  ℹ Verkehrsamt, Rathaus, Schulstr. 4, ⌂ 83253, ℘ (08051) 68 76 21, Fax (08051) 687630.
  Berlin 653 – München 87 – Bad Reichenhall 61 – Wasserburg am Inn 24 – Rosenheim 20.

In Rimsting-Greimharting Süd-West : 4 km – Höhe 668 m :

⌂ **Der Weingarten** ⌆ (mit Gästehaus), Ratzingerhöhe, ⌂ 83253, ℘ (08051) 17 75, o.a.weingarten@t-online.de, Fax (08051) 63517, ≤ Voralpenlandschaft, Chiemsee und Alpen, ⌆, ⇌, ⌅ – ≠ Zim, TV ⚙ ≠ ⌘ P ◎ VISA. ≠ Zim
  Menu (geschl. Nov. - 15. Dez., Freitag) à la carte 15,50/24,50 – **20 Zim** ⌂ 32/40 – 59/80 – ½ P 11.
  ◆ Die reizvolle erhöhte Lage des Berggasthofs stimmt einen schon bei der Ankunft auf einen schönen Aufenthalt ein. Sympathische Zimmer mit Balkon oder Terrasse. Das Restaurant ist ganz im einheimischen Stil eingerichtet.

RIMSTING

In Rimsting-Schafwaschen Nord-Ost : 1 km, am Chiemsee :

Seehof, Schafwaschen 6, ⊠ 83253, ℘ (08051) 16 97, gasthof-seehof@t-online.de, Fax (08051) 1698, ≤, 🍽, 🌳, 🌿 – 🚗 P
geschl. März 2 Wochen, Nov. 3 Wochen – **Menu** (geschl. Dienstag) à la carte 12,50/22 – **16 Zim** ⊇ 25/35 – 63/76.
  • Eine Urlaubsadresse in günstiger Lage zum See. Sie können in diesem ländlichen Domizil einfache Zimmer erwarten, die jedoch praktisch und gut unterhalten sind. Landestypische Gaststube mit Kachelofen.

RINGELAI Bayern **420** T 24 – 960 Ew – Höhe 410 m – Erholungsort.
Berlin 535 – München 209 – Passau 35 – Regensburg 138.

Wolfsteiner Ohe, Perlesreuter Str. 5, ⊠ 94160, ℘ (08555) 9 70 00, wolfsteiner@t-online.de, Fax (08555) 8242, 🍽, 🛏, 🔲, 🌿 – 📺 P
geschl. Nov. 3 Wochen – **Menu** (geschl. Nov. - März Montagmittag) à la carte 12,50/24,50 – **30 Zim** ⊇ 37/41 – 79/85 – ½ P 11.
  • "Gastlichkeit mit Herz" lautet der Wahlspruch von Familie Koller, die ihre Gäste mit wohnlichen Räumen erwartet. Fragen Sie nach einem der renovierten Zimmer ! In den rustikalen Restaurants widmet man sich der bayerischen Schmankerlküche.

RINGGAU Hessen **418** M 14 – 3 600 Ew – Höhe 300 m.
Berlin 382 – Wiesbaden 211 – Kassel 52 – Bad Hersfeld 47 – Göttingen 65.

In Ringgau-Datterode Nord-West : 6 km (ab Netra) :

Fasanenhof, mit Zim, Hasselbach 28, ⊠ 37296, ℘ (05658) 13 14, fasanenhof@gmx.de, Fax (05658) 8440, 🍽, 🌿 – ⇔ Zim, 📺 P. ℰ 🕮 ⓘ 𝘔𝘖 𝘝𝘐𝘚𝘈
Menu (geschl. Anfang - Mitte Feb., Montag) à la carte 15,50/25,50 – **7 Zim** ⊇ 36 – 55/59.
  • Zum Essen läßt man sich hier in bürgerlich gestalteten Räumlichkeiten nieder. Aus der Küche kommen internationale Gerichte und einige nordhessische Spezialitäten.

RINGSHEIM Baden-Württemberg **419** V 7 – 2 000 Ew – Höhe 166 m.
Berlin 776 – Stuttgart 170 – Freiburg im Breisgau 35 – Offenburg 35.

Heckenrose, Bundesstr. 22 (B 3), ⊠ 77975, ℘ (07822) 10 81, info@hotel-heckenrose.de, Fax (07822) 3764, 🍽 – 🛗 📺 P – 🔧 20. 🕮 𝘔𝘖 𝘝𝘐𝘚𝘈
Menu (geschl. Montagmittag, Samstagmittag) à la carte 21,50/34,50 – **26 Zim** ⊇ 47/55 – 72/78.
  • Jedes Zimmer ist hier anders. Allen gemeinsam ist eine wohnliche Einrichtung und eine angenehme Farbgebung. Manche verfügen auch über Balkone. Bürgerlich gestaltetes Restaurant.

RINTELN Niedersachsen **417** J 11 – 29 000 Ew – Höhe 55 m.
🛈 Tourist-Information, Marktplatz 7, ⊠ 31737, ℘ (05751) 92 58 33, tourist@rinteln.de, Fax (05751) 925834.
Berlin 342 – Hannover 60 – Bielefeld 61 – Hameln 27 – Osnabrück 91.

Der Waldkater, Waldkaterallee 27, ⊠ 31737, ℘ (05751) 1 79 80, info@waldkater.com, Fax (05751) 179883, 🍽, Hausbrauerei, 🛏 – 🛗, ⇔ Zim, 📺 ℰ 🌿 – 🔧 80. 🕮 ⓘ 𝘔𝘖 𝘝𝘐𝘚𝘈
Menu à la carte 24/36 – **31 Zim** ⊇ 82/92 – 108/123.
  • Umgeben von hundertjährigen Buchen liegt das im Fachwerkstil erbaute Hotel mit schönem Blick über Rinteln. Die Zimmer sind alle in dunkler Kirsche solide eingerichtet. Rustikalgemütliche Hausbrauerei mit großen Kupferkesseln und dunklem Holz.

Stadt Kassel, Klosterstr. 1, ⊠ 31737, ℘ (05751) 9 50 40, info@hotel-stadtkassel.de, Fax (05751) 44066, Biergarten – 🛗, ⇔ Zim, 📺 P – 🔧 25. 🕮 ⓘ 𝘔𝘖 𝘝𝘐𝘚𝘈
Menu à la carte 15/33 – **50 Zim** ⊇ 39/54 – 67/82.
  • Mitten in der historischen Altstadt finden Sie hier eine gut geführte Herberge mit reizenden Ausblicken auf die umliegenden Baudenkmäler und zeitgemäß bestückten Gästezimmern. Urige Eichenbalken zieren die Altdeutsche Bierstube von 1721.

In Rinteln-Todenmann Nord-West : 3 km – Erholungsort :

Altes Zollhaus, Hauptstr. 5, ⊠ 31737, ℘ (05751) 9 71 80, info@altes-zollhaus-rinteln.de, Fax (05751) 7761, 🍽, 🛏, 🌿 – 📺 P – 🔧 50. 🕮 ⓘ 𝘔𝘖 𝘝𝘐𝘚𝘈, 🌿
Menu à la carte 23/43 – **21 Zim** ⊇ 53/87 – 78/113 – ½ P 17.
  • Das Haupthaus wurde 1804 von Wilhelm von Hessen als Zollstation erbaut. Hier und im modernen Anbau beziehen Gäste in gut eingerichteten, zeitgemäßen Räumen ihr Quartier. Gedrechselte Holzsäulen und ein offener Kamin geben dem Lokal ein rustikales Ambiente.

RIPPOLDSAU-SCHAPBACH, BAD
Baden-Württemberg **419** U 8 – 2 400 Ew – Höhe 564 m – Heilbad – Luftkurort.

冒 Tourist-Information, Kurhausstr. 2 (Bad Rippoldsau), ⊠ 77776, ℘ (07440) 91 39 40, info@bad-rippoldsau-schapbach.de, Fax (07440) 9139494.
Berlin 732 – Stuttgart 106 – Karlsruhe 97 – Offenburg 55 – Freudenstadt 15.

Im Ortsteil Bad Rippoldsau :

Kranz, Reichenbachstr. 2, ⊠ 77776, ℘ (07440) 91 39 00, hotel@kranz-rippoldsau.de, Fax (07440) 511, 佘, ≘s, ⬜, 屌, ※ – ╞╡ ᴛᵥ & ℘ – 📐 20. 𝗩𝗜𝗦𝗔
Menu à la carte 24/43 – **26 Zim** ⌧ 52/70 – 92/98 – ½ P 18.
• Hinter dem blumengeschmückten Walmdachgiebel empfängt Sie gediegene Ländlichkeit. Ihr Quartier ist bestens gepflegt und überzeugt mit solider Ausstattung. Unterteilter gastronomischer Bereich mit Bauernstube, Speisesaal und Café.

Landhotel Rosengarten, Fürstenbergstr. 46, ⊠ 77776, ℘ (07440) 2 36, landhotel.rosengarten@t-online.de, Fax (07440) 586, 佘 – ╞╡ ᴛᵥ ℘
Menu (geschl. Nov.) à la carte 22/38,50 ⟨ – **12 Zim** ⌧ 39/46 – 62/88 – ½ P 16.
• Die engagierte Wirtsfamilie hat sich vorgenommen, daß Gäste sich hier wie zu Hause fühlen sollen. Dazu trägt die schöne, modern-gediegene Einrichtung im ganzen Haus bei. Restaurant mit hohen Holzdecken, großen Fenstern, floralen Stoffen und türkisen Polstern.

Zum letzten G'stehr, Wolftalstr. 17, ⊠ 77776, ℘ (07440) 7 14, schroedergstehr@t-online.de, Fax (07440) 715, 佘 – ╞╡ ᴛᵥ ℘ – 📐 15
geschl. 15. - 31. Jan. – **Menu** (geschl. Dienstag) à la carte 16/37 – **18 Zim** ⌧ 34/40 - 62/70 – ½ P 14.
• Dieses Haus hat sich im Lauf der Jahrzehnte vom einfachen Holzflößer-Gasthof zum stattlichen Hotel gewandelt. Zu Fuß oder mit dem Rad erkunden Sie die herrliche Landschaft. Blümchenvorhänge, Bilder und Schnitzereien machen den Charme der Flößer-Stube aus.

Klösterle Hof, Klösterleweg 2, ⊠ 77776, ℘ (07440) 2 15, kloesterle-hof@t-online.de, Fax (07440) 623, 佘 – ᴛᵥ ℘ ⓪ 𝗩𝗜𝗦𝗔. ※
geschl. 10. - 31. Jan. – **Menu** (geschl. Montag) à la carte 21/32 – **10 Zim** ⌧ 36/60 – 60/90 – ½ P 16.
• Das 400 Jahre alte Gebäude gehörte einstmals zum Kloster. Hier hat man ein wohnliches ländliches Refugium geschaffen, in dem man sich als Gast gut aufgehoben fühlt. Gemütliche, rustikale Gaststube.

Im Ortsteil Schapbach Süd : 10 km :

Ochsenwirtshof, Wolfacher Str. 21 (Süd-West : 1,5 km), ⊠ 77776, ℘ (07839) 91 97 98, hotel-ochsenwirtshof@t-online.de, Fax (07839) 1268, 佘, ⬜, 屌 – ᴛᵥ ℘
Menu (geschl. Dez. - April Dienstag) à la carte 17/36 – **17 Zim** ⌧ 40/50 – 70 – ½ P 14.
• Das traditionelle Haus mit dem Natursteinsockel liegt mitten im Grünen und bietet seinen Gästen sonnige, gepflegte Zimmer. Schöne Wanderwege direkt am Hotel. Nette Gaststuben mit ländlichem Charakter und hübscher Terrasse.

Sonne, Dorfstr. 31, ⊠ 77776, ℘ (07839) 2 22, info@sonne-freudenstadt.de, Fax (07839) 1265, 屌 – ᴛᵥ ℘ ⓪
Menu (geschl. Montag) à la carte 17/29 – **17 Zim** ⌧ 32/36 – 52/56 – ½ P 10.
• Herzlich werden Sie von der Sonnenwirtin empfangen. Dank der herrlichen Landschaft gibt es hier viel zu entdecken. Petrijünger angeln im eigenen Wildbach. Gastraum und Bauernstube mit heller, freundlicher Atmosphäre.

Adler, Dorfstr. 6, ⊠ 77776, ℘ (07839) 2 15, Fax (07839) 1385, 屌 – ℘
geschl. 27. Okt. - 15. Dez. – **Menu** (geschl. Mittwochabend - Donnerstag) à la carte 14/28 – **9 Zim** ⌧ 23/30 – 45/65 – ½ P 8.
• Ein gewachsener Gasthof, dem auch heute noch ein landwirtschaftlicher Betrieb angegliedert ist. In einfacher, aber gepflegter Umgebung genießt man hier das Landleben. Jagdtrophäen schmücken die rustikale Gaststube.

Im Ortsteil Bad Rippoldsau-Wildschapbach Nord-West : 3 km ab Schapbach :

Grüner Baum, Wildschapbachstr. 15, ⊠ 77776, ℘ (07839) 2 18, Fax (07839) 919655, 佘 – ᴛᵥ ℘ ⓪ 𝗩𝗜𝗦𝗔. ※ Zim
geschl. Jan. 3 Wochen – **Menu** (geschl. Montagmittag, Dienstag) à la carte 17/33 – **8 Zim** ⌧ 29 – 48 – ½ P 9.
• Seit 1872 ist dieses Haus, das sich so hübsch an einen grünen Hügel schmiegt im Familienbesitz. Wenn Sie eine sympathische Unterkunft mit Herz suchen, sind Sie hier richtig. Die einfache, heimische Küche ist hier Trumpf.

RITTERSDORF Rheinland-Pfalz siehe Bitburg.

RIVERIS Rheinland-Pfalz siehe Waldrach.

RODACH, BAD Bayern 418 420 O 16 – 6 700 Ew – Höhe 320 m – Heilbad.
🛈 Gästeinformation, Schloßplatz 5, ✉ 96476, ✆ (09564) 1 94 33, gaesteinfo@bad rodach-info.de, Fax (09564) 921106.
Berlin 368 – München 300 – Coburg 18.

Kurhotel am Thermalbad ⚭, Kurring 2, ✉ 96476, ✆ (09564) 9 23 00, kurhotel @kurhotel-bad-rodach.de, Fax (09564) 9230400, ≤, 🍴, Massage, 🏊 – 🛗, ⇄ Zim, 📺 📞 – 🛋 60. AE ⓘ ⓜ VISA. ⇄ Zim
Menu (geschl. 7. - 21. Jan.) à la carte 19/35 – **51 Zim** ⌂ 54/60 – 88/96 – ½ P 15.
♦ Zwischen Kurpark und Kurgarten gelegen, finden Sie dieses Hotel, das Ihnen mit wohnlichen Zimmern einen gelungenen Urlaub ermöglicht. Reservieren Sie eins der neueren Zimmer! Restaurant mit Wintergartenanbau.

In Bad Rodach-Gauerstadt Süd-Ost : 4,5 km :

Landgasthof Wacker, Billmuthäuser Str. 1, ✉ 96476, ✆ (09564) 9 23 84, land gasthofwacker@gmx.de, Fax (09564) 3211, Biergarten, 🏊 – 📺 📞 ⓜ
geschl. Mitte Jan. - Anfang Feb. 3 Wochen – **Menu** (geschl. Mittwoch) à la carte 10/24 – **12 Zim** ⌂ 32/37 – 54/58.
♦ Der Gasthof, 1523 erstmals urkundlich erwähnt, ist einer der ältesten im Coburger Land. Sie schlafen in einfachen, mit älteren Möbeln ordentlich eingerichteten Räumen. Ihr Essen serviert man Ihnen im ländlich gestalteten Speiseraum.

In Bad Rodach-Heldritt Nord-Ost : 3 km :

Tannleite ⚭, Obere Tannleite 4, ✉ 96476, ✆ (09564) 7 44, Fax (09564) 744, 🍴 – ⇄ Zim, 📺 📞
Menu (geschl. Mitte Nov. - Mitte Dez., Mittwoch) (nur Abendessen) à la carte 12/17 – **13 Zim** ⌂ 26/29 – 44/48.
♦ Wenn Sie eine sehr private Unterkunft mit Pensionscharakter schätzen, sind Sie hier gut aufgehoben. Ruhige, praktisch möblierte Zimmer warten auf Ihren Einzug.

RODALBEN Rheinland-Pfalz 417 S 6 – 7 800 Ew – Höhe 260 m.
🛈 Tourist-Information, Am Rathaus 9, ✉ 66976, ✆ (06331) 23 41 80, Fax (06331) 234105.
Berlin 678 – Mainz 119 – Saarbrücken 71 – Pirmasens 6 – Kaiserslautern 32.

Zum Grünen Kranz, Pirmasenser Str. 2, ✉ 66976, ✆ (06331) 2 31 70, info@bolds kranz.de, Fax (06331) 231730, 🍴 – 📺 ✆ 📞 ⓘ ⓜ VISA
Menu (geschl. Dienstagmittag, Donnerstag) à la carte 20/37 – **19 Zim** ⌂ 35/45 – 64/75.
♦ Pfälzer Idylle wohin das Auge schaut - weitab von der Großstadt beziehen Sie hier ein ruhiges Domizil, in dem man Sie in verschiedenen, nett eingerichteten Zimmern empfängt. An sehr schön eingedeckten Tischen sitzt man im Restaurant des Hauses.

Pfälzer Hof, Hauptstr. 108, ✉ 66976, ✆ (06331) 1 71 23, bold-pfaelzerhof@t-on line.de, Fax (06331) 16389 – 📺 ⇆ 📞 – 🛋 50. AE ⓘ ⓜ VISA. ⇄
geschl. Anfang - Mitte Juli – **Menu** (geschl. Sonntagabend - Montag) à la carte 14/30 – **8 Zim** ⌂ 39 – 62.
♦ Solide mit hellem Holz ausgestattete Zimmer kennzeichnen diese Adresse. Spazierrouten und der bekannte Felsenwanderweg beginnen in der Nähe des Hauses.

RODEBERG Thüringen siehe Mühlhausen.

RODGAU Hessen 417 P 10 – 41 000 Ew – Höhe 128 m.
Berlin 542 – Wiesbaden 54 – Frankfurt am Main 25 – Aschaffenburg 27.

Im Stadtteil Nieder-Roden :

Weiland, Borsigstr. 15 (Industriegebiet Süd), ✉ 63110, ✆ (06106) 8 71 70, Fax (06106) 871750, 🍴 – 🛗 📺 ⇆ 📞 – 🛋 30. ⓘ ⓜ VISA
Menu (geschl. Samstag, Sonntagabend) (wochentags nur Abendessen) à la carte 16/35 – **30 Zim** ⌂ 67 – 93.
♦ Die verkehrsgünstige Lage und die Nähe zu Frankfurt machen das Haus mit den praktisch gestalteten Zimmern bei geschäftlich und privat Reisenden besonders beliebt. Gemütlicher Mittelpunkt des großzügigen Gastraums ist ein weißer Kachelofen.

Die in diesem Führer angegebenen Preise folgen
der Entwicklung der allgemeinen Lebenshaltungskosten.
Lassen Sie sich bei der Zimmerreservierung den endgültigen
Preis vom Hotelier mitteilen.

RODING Bayern 420 S 21 – 11 500 Ew – Höhe 370 m.
  🛈 Tourismusbüro, Schulstr. 15, ✉ 93426, ℘ (09461) 94 18 15, Fax (09461) 941860.
  Berlin 486 – München 163 – Regensburg 46 – Amberg 62 – Cham 15 – Straubing 39.

In Roding-Neubäu Nord-West : 9 km über die B 85 :

🏠 **Am See** ♨, Seestr. 1, ✉ 93426, ℘ (09469) 3 41, a.u.k.schiessl@t-online.de, Fax (09469) 403, ≤, 🍽, 🌐, 🔲, 🚗 – 📺 ⚊ 🅿 – 🏊 50. ⊙ 🆅🅸🆂🅰
  Menu (geschl. Montagmittag) à la carte 11/25 – **49 Zim** ⚊ 33 – 50/62 – ½ P 7.
  ♦ Direkt am See liegt dieses im traditionellen Stil erbaute Haus. Zur Wahl stehen moderne Gästezimmer, die praktisch ausgestattet und sämtlich mit Balkon versehen sind. Das rustikale Restaurant und das romantische Antoniusstüberl stehen zur Einkehr bereit.

RÖBEL (MÜRITZ) Mecklenburg-Vorpommern 416 F 21 – 6 000 Ew – Höhe 85 m.
  🛈 Touristinformation (Im Haus des Gastes), Straße der deutschen Einheit 7, ✉ 17207, ℘ (039931) 5 06 51, Fax (039931) 50651.
  Berlin 140 – Schwerin 105 – Neubrandenburg 64.

🏠 **Landhaus Müritzgarten** ♨ garni, Seebadstr. 45, ✉ 17207, ℘ (039931) 88 10, Fax (039931) 881113, 🌐 – ✤ 📺 ⚊ 🅿 ✤
  Mitte März - Okt. – **40 Zim** ⚊ 65/85 – 90/110.
  ♦ Komfortable Ländlichkeit: Zwei Häuser im Landhausstil und vier Blockhäuser hat man hier wohnlich gestaltet. Ein engagiertes Serviceteam kümmert sich um die Belange der Gäste.

🏠 **Seelust** ♨, Seebadstr. 33a, ✉ 17207, ℘ (039931) 58 30, info@hotel-seelust.de, Fax (039931) 53493, 🌐, 🚗 – 🗄 📺 ⚊ 🅿 – 🏊 20. ⊙ 🆅🅸🆂🅰 Zim
  geschl. Mitte Jan. - Ende Feb. – **Menu** à la carte 15/27 – **26 Zim** ⚊ 68/82 – 79/98 – ½ P 15.
  ♦ Direkt am See liegt dieses Feriendomizil mit der modernen Ausstattung. Seit mehr als hundert Jahren hat das Haus den Fremdenverkehr im Ort entscheidend mitgeprägt. Restauranträume und die schöne Terrasse am See laden zum Verweilen ein.

🏠 **Seestern** ♨, Müritzpromenade, ✉ 17207, ℘ (039931) 5 80 30, Fax (039931) 580339, 🌐 – 🗄 📺 🅿 ⊙ 🆅🅸🆂🅰
  geschl. Mitte Jan. - Ende Feb. – **Menu** à la carte 19/26 – **27 Zim** ⚊ 45 – 67/88 – ½ P 15.
  ♦ Auf einer kleinen Landzunge liegt dies Hotel von drei Seiten von Wasser umgeben. Wählen Sie eines der Maisonette-Zimmer mit schöner Aussicht auf den See. Schlicht und freundlich ist die Aufmachung des Restaurants. Terrasse am See.

🏠 **Müritzterrasse**, Strasse der deutschen Einheit 27, ✉ 17207, ℘ (039931) 89 10, roger.ahrent@t-online.de, Fax (039931) 89126, 🌐 – 📺 🅿 ⊙ 🆅🅸🆂🅰
  geschl. Jan. - Mitte März – **Menu** à la carte 13/23 – **13 Zim** ⚊ 50/60 – 60/80.
  ♦ Helle, mit solidem Eichenmobiliar eingerichtete Räumlichkeiten werden zu Ihrem vorübergehenden Zuhause. Von den meisten Zimmern aus schaut man übers Wasser. Lichtdurchflutetes Restaurant mit Zugang zur Terrasse am See.

RÖDELSEE Bayern siehe Iphofen.

RÖDENTAL Bayern siehe Coburg.

ROEDERAU Sachsen siehe Riesa.

RÖDERMARK Hessen 417 Q 10 – 27 000 Ew – Höhe 141 m.
  Berlin 550 – Wiesbaden 54 – Frankfurt am Main 21 – Darmstadt 25 – Aschaffenburg 30.

In Rödermark-Bulau :

🏠 **Odenwaldblick**, Bulauweg 27, ✉ 63322, ℘ (06074) 8 74 40, hgensert@aol.com, Fax (06074) 8744140 – ✤ Zim, 📺 ⚊ 🅿 🅰🅴 ⊙ ⊙ 🆅🅸🆂🅰
  Menu (geschl. Jan. 1 Woche, Dienstag) (Montag - Freitag nur Abendessen) à la carte 15/29 – **24 Zim** ⚊ 60/80 – 80/95.
  ♦ Sie haben die Wahl : mit hellen Holzmöbeln solide eingerichtete oder mit handbemalten Bauernmöbeln bestückte Zimmer. Allen gemeinsam ist die hervorragende Pflege. Reich dekoriertes und trotz des großzügigen Zuschnitts gemütlich wirkendes Lokal.

In Rödermark - Ober-Roden :

🏠 **Eichenhof** ♨, Carl-Zeiss-Str. 30 (Industriegebiet), ✉ 63322, ℘ (06074) 9 40 41, Fax (06074) 94044, 🌐, Biergarten, 🚗 – 🗄 📺 🅿 – 🏊 25. 🅰🅴 ⊙ 🆅🅸🆂🅰
  Menu (geschl. Samstagmittag) à la carte 20/41 – **37 Zim** ⚊ 65 – 102.
  ♦ Behaglich und ansprechend eingerichtete Zimmer, die fast alle einen Balkon haben und technisch gut bestückt sind, warten auf Ihren Einzug. Eine helle Holzverkleidung und gemütliche Sitznischen prägen den Charakter des Restaurants.

RÖHRMOOS Bayern 419 V 18 – 5 900 Ew – Höhe 506 m.
Berlin 573 – München 29 – Dachau 12.

In Röhrmoos-Großinzemoos Nord-West 2 km :
Landgasthof Brummer mit Zim, Indersdorfer Str. 51, ✉ 85244, ℘ (08139) 72 70, info@landgasthof-brummer.de, Fax (08139) 8790, Biergarten – TV P. ⦿ VISA. ⚡ Zim geschl. 6. - 20. Jan., Aug. 2 Wochen – **Menu** (geschl. Montag) à la carte 15/35 – **13 Zim** ⊂ 38/72 – 55/100.
  ◆ Eichenholzmöbel, Deckenbalken und ein Kachelofen geben dem Gasthof eine rustikale Note. Wählen Sie aus einem bürgerlichen Angebot mit regionalen und internationalen Gerichten.

RÖHRNBACH Bayern 420 T 24 – 4 700 Ew – Höhe 436 m – Erholungsort.
🛈 Tourismusbüro, Rathausplatz 1, ✉ 94133, ℘ (08582) 96 09 40, tourismus@roehrnbach.de, Fax (08582) 960992.
Berlin 539 – München 199 – Passau 23 – Freyung 12.

Jagdhof ≫, Marktplatz 11, ✉ 94133, ℘ (08582) 97 00, info@jagdhof-roehrnbach.de, Fax (08582) 970222, ☕, ⛊, ☄ (geheizt), ⛱, ✦ – ⛩ TV ⚙ P.
geschl. 5. Nov. - 18. Dez., März 2 Wochen – **Menu** à la carte 13/26 – **65 Zim** ⊂ 38/51 – 75/95 – ½ P 8.
  ◆ Die großzügige Hotelanlage liegt mitten im Ort. Da die gepflegten Gästezimmer alle nach hinten, zum schönen Garten mit Pool liegen, sind Ihnen ruhige Nächte sicher. Die gemütliche Gaststube wartet mit behaglichem Kachelofen und bayerischer Atmosphäre.

RÖMERBERG Rheinland-Pfalz siehe Speyer.

RÖMHILD Thüringen 418 420 O 15 – 1 800 Ew – Höhe 305 m.
Berlin 384 – Erfurt 93 – Coburg 43.

Zum Hirsch, Heurichtstr. 32, ✉ 98631, ℘ (036948) 86 80, hotel-hirsch-prediger@t-online.de, Fax (036948) 868333, ☕, ⛊ – ⛩, ⚡ Zim, TV & P – ⚜ 40. AE ⦿ VISA
Menu à la carte 14/26 – **25 Zim** ⊂ 40/45 – 70/80 – ½ P 15.
  ◆ Im Grenzland zwischen Thüringen und Bayern findet man diesen zeitgemäßen Gasthof mit meist recht geräumigen, praktischen Zimmern. Wellnessbereich mit Rasulbad. Schlichtes Restaurant mit bürgerlicher Küche.

In Römhild-Waldhaus Ost : 4 km :
Waldhaus, Am Sandbrunnen 10, ✉ 98631, ℘ (036948) 8 01 47, Fax (036948) 80148, Biergarten – ⚡ Zim, TV P. ⦿
Menu (geschl. Montagmittag) à la carte 13/22 – **17 Zim** ⊂ 37/40 – 50/68.
  ◆ Im Jahr 1993 ist das sympathische Haus komplett rekonstruiert worden. Besonders empfehlenswert sind die Turmzimmer, die neben solider Möblierung auch ausreichend Platz bieten. Schlicht und leicht rustikal ist die Einrichtung des Restaurants.

RÖPERSDORF Brandenburg siehe Prenzlau.

RÖSRATH Nordrhein-Westfalen 417 N 5 – 22 000 Ew – Höhe 72 m.
Berlin 584 – Düsseldorf 56 – Bonn 24 – Siegburg 12 – Köln 16.

XXX Klostermühle, Zum Eulenbroicher Auel 15, ✉ 51503, ℘ (02205) 47 58, Fax (02205) 87868, ☕ – P. ⦿
geschl. Anfang Jan. 1 Woche, Juli - Aug. 2 Wochen, Montag - Dienstag – **Menu** (bemerkenswerte Weinkarte) à la carte 33/48.
  ◆ Die alte Mühle - im Fachwerkstil erbaut - besticht mit rustikalem Interieur, das von freigelegtem Mauerwerk und dem offenen Kamin geprägt wird. Schön eingedeckte Tische !

ROETGEN Nordrhein-Westfalen 417 O 2 – 8 000 Ew – Höhe 420 m.
Berlin 648 – Düsseldorf 96 – Aachen 34 – Liège 59 – Monschau 15 – Köln 85.

XX Zum genagelten Stein mit Zim, Bundesstr. 2 (B 258), ✉ 52159, ℘ (02471) 92 09 90, info@zumgenageltenstein.de, Fax (02471) 9209920, ☕, ✦ – TV P. ⦿ ⚙ VISA
geschl. Nov. 1 Woche – **Menu** (geschl. Donnerstag, Sonntagabend) à la carte 38/53 – **5 Zim** ⊂ 70/80 – 90/115.
  ◆ Das Haus wurde nach einem Grenzstein benannt, der bereits 1516 Erwähnung fand. Im Restaurant, das ganz in Pastelltönen gehalten ist, speist man vorwiegend französisch.

ROETGEN

XX **Gut Marienbildchen** mit Zim, Münsterbildchen 3 (B 258, Nord : 2 km), ✉ 52159, ℘ (02471) 25 23, Fax (02471) 921643, 🍴 – 📺 🅿. 🆎 ⓞ 💳 ✂ Zim
geschl. Mai 1 Woche, Mitte Juli - Mitte Aug. – **Menu** (geschl. Sonntag - Montagmittag) à la carte 21/40 – **7 Zim** ⚏ 48/60 – 65/85.
• Hier wurde renoviert und ein Wintergarten angebaut ! Das Lokal lockt nun mit rustikalelegenter Einrichtung und netter Dekoration. Die Küche arbeitet mit regionalen Produkten.

RÖTHENBACH BEI ST. WOLFGANG Bayern siehe Wendelstein.

RÖTZ Bayern 420 R 21 – 3 600 Ew – Höhe 453 m.

🏌 🏌 Rötz, Hillstett 40 (West : 2 km), ℘ (09976) 1 80.
Berlin 459 – München 204 – Regensburg 67 – Amberg 56 – Cham 25 – Weiden in der Oberpfalz 56.

In Rötz-Bauhof Nord-West : 3 km in Richtung Neunburg v. W., am Ortsende rechts :

🏨 **Bergfried** ♨, ✉ 92444, ℘ (09976) 9 40 00, info@hotel-bergfried.de, Fax (09976) 9400399, ≤ Bayerischer Wald, Biergarten, ≘s, 🞴 – 📺 ⇔ 🅿. 🆎 ⓞ ⓞ 💳
geschl. Anfang Feb. 1 Woche, Mitte Nov. 1 Woche – **Menu** (geschl. Nov.- März Samstag) à la carte 13/22 – **24 Zim** ⚏ 30/36 – 48/56 – ½ P 7.
• Erhöht liegt das Haus direkt am Waldrand. In dieser netten Herberge organisiert man für naturverbundene Gäste gern geführte Wanderungen oder eine Schlittenpartie. Ob Restaurant mit Kachelofen oder Wintergarten - überall sitzt's sich gemütlich.

In Rötz-Grassersdorf Nord : 3 km, nahe der B 22 :

🏕 **Landgasthof Henghuber** ♨, ✉ 92444, ℘ (09976) 14 13, Fax (09976) 1547, 🍴, 🞴 – 📺 ⇔ 🅿. ✂ Rest
Menu (geschl. Anfang Okt. 2 Wochen, Freitagmittag) à la carte 12/19 – **16 Zim** ⚏ 18/25 – 36/50.
• Eine einfache, ländliche Adresse, die man auf Grund ihrer komplett eingerichteten, tipptopp gepflegten Zimmer und der sehr günstigen Preise gut empfehlen kann. Nette ländliche Gaststube.

In Rötz-Hillstett West : 4 km in Richtung Seebarn :

🏛 **Die Wutzschleife** Ⓜ ♨, ✉ 92444, ℘ (09976) 1 80, info@wutzschleife.com, Fax (09976) 18180, ≤, 🍴, Biergarten, Massage, ≘s, 🔲, 🞴, ✂(Halle), 🏌 – 🛗, ✂ Zim, 📺 ✆ 🅿 – 🔓 110. 🆎 ⓞ ⓞ 💳
Menu à la carte 24/41 – **70 Zim** ⚏ 101/159 – 160/276 – ½ P 13.
• Man betritt das ungewöhnliche Haus durch eine imposante Halle, die über zwei Etagen reicht. Schöne, individuelle Zimmer in verschiedenen Kategorien und großes Freizeitangebot ! Vielfältiger gastronomischer Bereich, von rustikal bis edel in der Gestaltung.

In Winklarn-Muschenried Nord : 10 km in Richtung Oberviechtach :

🏨 **Seeschmied** ♨ (mit Gästehaus), Lettenstr. 6, ✉ 92559, ℘ (09676) 2 41, info@seeschmied.de, Fax (09676) 1240, 🍴, 🔲, 🞴, ✂ – 📺 🅿. ✂
geschl. Jan. - Feb. 3 Wochen – **Menu** (geschl. Montag) à la carte 13/28 – **15 Zim** ⚏ 26/32 – 50/60 – ½ P 9.
• Im ruhigen Gästehaus stellen Ihre Gastgeber Ihnen liebevoll gestaltete, in freundlichen Farben gestrichene Zimmer zur Verfügung. Schönes Hallenbad und neue Tennisanlage ! Farbenfroh gestaltet und nett dekoriert präsentiert sich das Hotelrestaurant.

ROGGENBURG Bayern 420 V 14 – 2 500 Ew – Höhe 541 m.

Berlin 637 – München 132 – Augsburg 61 – Neu-Ulm 24.

🏛 **Klostergasthof Roggenburg** Ⓜ ♨, Klosterstr. 2, ✉ 89297, ℘ (07300) 92 19 20, klostergasthof@kloster-roggenburg.de, Fax (07300) 92192129, 🍴 – 🛗, ✂ Zim, 📺 ✆ ⇔ 🅿 – 🔓 400. 🆎 ⓞ ⓞ 💳 🆎
Gourmet-Restaurant : Menu à la carte 22/32 – **Gaststube** : Menu à la carte 16/34 – **16 Zim** ⚏ 49 – 79.
• Das Hotel ist an ein großes Bildungszentrum angeschlossen. Parkettboden und teure Materialien geben den gut ausgestatteten Zimmern einen eleganten Touch. Helles, freundliches Gourmet-Restaurant mit netter Terrasse. Holz und blanke Tische prägen die Gaststube.

ROHLSTORF-WARDER Schleswig-Holstein siehe Bad Segeberg.

ROHRDORF Bayern 420 W 20 – 4 100 Ew – Höhe 472 m.
Berlin 657 – München 69 – Bad Reichenhall 71 – Passau 178 – Rosenheim 10 – Salzburg 73 – Innsbruck 110.

Zur Post (mit 2 Gästehäusern), Dorfplatz 14, ⊠ 83101, ℘ (08032) 18 30, hotel@post-rohrdorf.de, Fax (08032) 5844, 😊, Biergarten – 🛗 📺 🛆 🅿 – 🛋 120. AE ① ⓜⓔ VISA
Menu à la carte 12/27 – **109 Zim** ⊆ 66 – 80.
♦ Die einladende, traditionell mit Malereien gestaltete Fassade des Gasthofs ist aus dem Ortsbild nicht mehr wegzudenken. Nette Zimmer, größtenteils in Naturholz, stehen bereit. Behagliche, holzverkleidete Gaststuben mit Metzgerei.

Christl garni, Anzengruberstr. 10, ⊠ 83101, ℘ (08032) 9 56 50, info@hotel-christl.de, Fax (08032) 956566 – 📺 ✆ 🅿. ⓜⓔ VISA JCB
27 Zim ⊆ 43/48 – 62/70.
♦ Besonders für Gäste, die auf der Durchreise sind, ist dieses verkehrsgünstig gelegene Hotel mit ausschließlich ebenerdigen Zimmern eine gute Station für eine Rast.

ROIGHEIM Baden-Württemberg siehe Möckmühl.

ROMANTISCHE STRASSE Baden-Württemberg und Bayern 419 420 Q 13 bis X 16.
Sehenswert : Strecke ★★ von Würzburg bis Füssen (Details siehe unter den erwähnten Orten entlang der Strecke).

ROMROD Hessen siehe Alsfeld.

RONNENBERG Niedersachsen siehe Hannover.

RONSHAUSEN Hessen 417 418 N 13 – 2 700 Ew – Höhe 210 m – Luftkurort.
🛈 Verkehrsamt, Haus des Gastes, Eisenacher Str. 20, ⊠ 36217, ℘ (06622) 92 31 19, Fax (06622) 923120.
Berlin 391 – Wiesbaden 189 – Kassel 65 – Bad Hersfeld 26.

Waldhotel Marbach 🌲, Berliner Str. 7, ⊠ 36217, ℘ (06622) 9 21 40, info@waldhotel-marbach.de, Fax (06622) 921410, 😊, 🛀, 🏊, 🎾 – 🛗, 🚭 Zim, 📺 📞 🅿 – 🛋 70. AE ① ⓜⓔ VISA
Menu (geschl. 27. Okt. - 2. Nov.) à la carte 15/33 – **37 Zim** ⊆ 45/55 – 70/85 – ½ P 14.
♦ Gepflegte nordhessische Gastlichkeit und familiäre Führung zeichnen dieses Haus aus. Neben gut eingerichteten Zimmern locken diverse Freizeiteinrichtungen. Der Restaurantbereich ist unterteilt und bürgerlich bis rustikal gehalten.

ROSBACH Hessen siehe Friedberg/Hessen.

ROSENBERG Baden-Württemberg 419 420 S 14 – 2 400 Ew – Höhe 520 m.
Berlin 558 – Stuttgart 92 – Aalen 30 – Ansbach 64 – Schwäbisch Hall 28.

Landgasthof Adler (Bauer) mit Zim, Ellwanger Str. 15, ⊠ 73494, ℘ (07967) 5 13, Fax (07967) 710300, 😊 – 🚭 Zim, 📺 📞 🅿. 🌾
geschl. Jan. 3 Wochen, Aug. 3 Wochen – **Menu** (geschl. Donnerstag - Freitag) (Tischbestellung ratsam) 24/75 à la carte 25/56 ₰ – **15 Zim** ⊆ 60/85 – 100, 3 Suiten.
♦ Eine nicht alltägliche kulinarische Adresse ! Das von innen modern gestaltete Haus bietet Ihnen eine schnörkellose, regional beeinflußte Küche, die kaum Wünsche offen läßt.
Spez. Getrüffelte Kutteln mit Räucheraal und Schmorzwiebeln. Bresse Taubenbrust mit Steinpilzen und gefülltem Wirsing. Warmer Zitronen-Quarkauflauf mit Marillenkompott und Rahmeis.

ROSENDAHL Nordrhein-Westfalen 417 J 5 – 9 500 Ew – Höhe 112 m.
Berlin 504 – Düsseldorf 120 – Nordhorn 64 – Münster (Westfalen) 53.

In Rosendahl-Osterwick :

Zur Post, Fabianus-Kirchplatz 1, ⊠ 48720, ℘ (02547) 9 30 30, info@zurposthotel.de, Fax (02547) 560, 😊 – 📺 ✆ 📞 🅿 – 🛋 80
Menu (geschl. Sonntagabends) à la carte 12/30 – **17 Zim** ⊆ 38/43 – 66/86.
♦ Direkt am Dorfplatz und neben der Kirche finden Sie dieses typische Münsterländer Gasthaus mit Anbauten. Die Mehrzahl der Zimmer sind rustikal in Eiche eingerichtet. Gemütliche Gaststube mit großem, altem Kamin.

ROSENGARTEN Niedersachsen 415 416 F 13 – 11 000 Ew – Höhe 85 m.
Berlin 298 – Hannover 140 – Hamburg 28 – Buchholz in der Nordheide 8 – Bremen 90.

In Rosengarten-Nenndorf :

Rosenhof ⓢ, Rußweg 6, ✉ 21224, ℘ (04108) 71 81, Fax (04108) 7512, 🌳, 🍴 – 📺 ☏ 🅿 – 🅰 50. 🆎 🌐
Menu (wochentags nur Abendessen) à la carte 19/30 – **10 Zim** ☒ 46 – 77/80.
♦ Das Haus mit dem schönen Namen stellt seinen Gästen zehn solide ausgestattete Übernachtungszimmer zur Verfügung. Genießen Sie auch den netten Garten mit Teich und Bachlauf. Bilder, Pflanzen und Zierat schmücken das Restaurant.

In Rosengarten-Sieversen :

Holst, Hauptstr. 29, ✉ 21224, ℘ (04108) 59 10, rhholst@t-online.de, Fax (04108) 591298, 🌳, Massage, ℔, ≘s, 🔲, 🎾 – 🛗, ≫ Zim, 📺 🅿 – 🅰 60. 🆎 ⓞ ⓜ 🆅🅸🆂🅰
Menu à la carte 24/36 – **72 Zim** ☒ 95 – 120.
♦ Hier läßt es sich gut wohnen und tagen ! Man bietet seinen Gästen gut eingerichtete Zimmer, Suiten mit Wasserbett oder Whirlwanne und eine schöne Saunalandschaft. In der Kamin-Stuuv wird internationale Kulinarik gepflegt.

In Rosengarten-Tötensen :

Rosengarten, Woxdorfer Weg 2, ✉ 21224, ℘ (04108) 59 50, info@hrr-online.de, Fax (04108) 1877, 🌳, ≘s, 📺 ☏ 🅿 – 🅰 30. 🆎 ⓞ ⓜ 🆅🅸🆂🅰
Menu à la carte 20/33 – **30 Zim** ☒ 62/74 – 87.
♦ Nur zwanzig Kilometer südlich von Hamburg liegt dieses verkehrstechnisch gut angeschlossene Hotel. Zeitgemäße Gästezimmer und eine kleine Suite erwarten Sie. Das Wintergarten-Restaurant wirkt durch Naturholz warm und rustikal.

ROSENHEIM Bayern 420 W 20 – 59 000 Ew – Höhe 451 m.
🏌 🏌 Höslwang, Kronberg 3 (Nord-Ost : 20 km), ℘ (08075) 7 14.
🅱 Touristinfo, Kufsteiner Straße 4, ✉ 83022, ℘ (08031) 3 65 90 61, touristinfo@rosenheim.de, Fax (08031) 3 65 90 60.
ADAC, Salinstr. 12.
Berlin 658 – München 70 – Bad Reichenhall 77 – Insbruck 108 – Salzburg 82.

Parkhotel Crombach, Kufsteiner Str. 2, ✉ 83022, ℘ (08031) 35 80, info@parkhotel-crombach.de, Fax (08031) 33727, 🌳 – 🛗, ≫ Zim, 📺 ☏ 🅿 – 🅰 75. 🆎 ⓞ ⓜ 🆅🅸🆂🅰
Menu (geschl. Jan. 1 Woche, Sonntag) à la carte 20/40 – **62 Zim** ☒ 78/89 – 115/125.
♦ Gemütlich und ruhig wohnen in der Mitte des oberbayerischen Städtchens. Das Interieur des Hauses ist gediegen, draußen lädt ein weitläufiger Park zum Spaziergang ein. Restaurant mit hübscher Gartenterrasse.

Panorama Cityhotel garni, Brixstr. 3, ✉ 83022, ℘ (08031) 30 60, rosenheim@panoramacityhotel.de, Fax (08031) 306415 – 🛗 ≫ 📺 ☏ ℥ – 🅰 70. 🆎 ⓞ ⓜ 🆅🅸🆂🅰 🅹🅲🅱
89 Zim ☒ 90 – 110.
♦ In der Stadtmitte gelegenes Haus mit ansprechendem Rahmen. Sie wohnen in soliden, teils mit Sitzgruppen ausgestatteten Räumen, Frühstück serviert man im Wintergarten.

Weinhaus zur historischen Weinlände, Weinstr. 2, ✉ 83022, ℘ (08031) 1 27 75, Fax (08031) 37468 – 🅰 40. 🆎 ⓞ ⓜ 🆅🅸🆂🅰
geschl. Mitte Aug. - Mitte Sept., Samstagmittag, Sonn- und Feiertage – **Menu** à la carte 20/33.
♦ Aus drei gemütlichen Stuben besteht dieses Restaurant. Das Angebot, das man seinen Gästen offeriert, ist breitgefächert und umfaßt auch regionale Gerichte.

In Rosenheim-Heilig Blut Süd : 3 km über die B 15 Richtung Autobahn :

Fortuna, Hochplattenstr. 42, ✉ 83026, ℘ (08031) 61 63 63, fortuna.ro@t-online.de, Fax (08031) 61636400, 🌳 – 📺 ☏ 🅿 🆎 ⓞ ⓜ 🆅🅸🆂🅰
Menu (geschl. Sept. 1 Woche, Dienstag) (italienische Küche) à la carte 20/34 – **17 Zim** ☒ 49/64 – 70/93.
♦ Die familiäre Führung und das Engagement der Wirtsfamilie machen dieses Haus zu einer netten Bleibe in dörflicher Umgebung. Schlichte, praktische Zimmer. Restaurant mit Wintergarten und vorgelagerter Terrasse.

In Stephanskirchen-Baierbach Ost : 7,5 km :

Gocklwirt mit Zim, Am Weinberg 9, ✉ 83071, ℘ (08036) 12 15, whubergw@aol.com, Fax (08036) 1705, 🌳 – ≫ Rest, 📺 🅿
geschl. 7. - 27. Jan. – **Menu** (ab 13 Uhr geöffnet, geschl. Montag - Dienstag) à la carte 17/39 – **3 Zim** ☒ 70.
♦ Ein Ausflugslokal mit Minigolf, einer Sammlung von landwirtschaftlichen Maschinen und Antiquitäten. Aus der Küche kommen Gerichte aus der Region, aber auch Internationales.

ROSSBACH Rheinland-Pfalz 417 O 6 – 1 400 Ew – Höhe 113 m – Luftkurort.
Berlin 619 – Mainz 132 – Bonn 65 – Koblenz 42.

Strand-Café, Neustadter Str. 9, ⊠ 53547, ℘ (02638) 9 33 90, info@strand-cafe.de, Fax (02638) 933939, 😀, 🍽 – 📺 ✆ 🅿 – 🛎 20. ⓜ
Menu à la carte 18,50/29 – **22 Zim** ⚏ 35/48 – 59/84 – ½ P 10.

* Die meisten Gästezimmer des hübsch im Tal der Wied gelegenen Hauses verfügen über Balkon oder Terrasse. Fragen Sie nach einem der neu renovierten Zimmer ! Restaurant mit Wintergarten und Blick auf den Fluß.

Zur Post, Wiedtalstr. 55, ⊠ 53547, ℘ (02638) 2 80, Fax (02638) 946160, 😀, Biergarten, 🍽 – ⇄ Zim, 📺 ⇐ 🅿 ❀ Zim
geschl. Jan. 2 Wochen – **Menu** (geschl. Anfang Aug. 2 Wochen, Dienstag) à la carte 18/32 – **15 Zim** ⚏ 25/31 – 48/56 – ½ P 8.

* Das Haus mit der hübschen Fachwerkfassade blickt auf eine lange Tradition zurück. Im Inneren ist es hell und freundlich eingerichtet, drei Zimmer im Landhausstil. Ländliche Gemütlichkeit erleben Sie in der Gaststube.

ROSSDORF Sachsen-Anhalt siehe Genthin.

ROSSFELD-RINGSTRASSE Bayern siehe Berchtesgaden.

ROSSHAUPTEN Bayern 419 420 X 16 – 2 100 Ew – Höhe 816 m – Wintersport : 800/1 000 m ⚹2 ⚘.

🛈 Verkehrsamt, Hauptstr. 10, ⊠ 87672, ℘ (08367) 3 64, info@rosshaupten.de, Fax (08367) 1267.
Berlin 657 – München 118 – Kempten 55 – Füssen 11 – Marktoberdorf 18.

Kaufmann ⚘, Füssener Str. 44, ⊠ 87672, ℘ (08367) 9 12 30, info@hotel-kaufmann.com, Fax (08367) 1223, ≤, 😀, ✿, 🍽 – ⇄ Zim, 📺 ✆ ⇐ 🅿 – 🛎 25. 🅰 ⓜ 🆅
geschl. 15. Jan. - 20. Feb. – **Menu** (geschl. Montagmittag) à la carte 16/32 – **22 Zim** ⚏ 59/79 – 97/138 – ½ P 19.

* Eingebettet in die herrliche Allgäuer Landschaft überzeugt das Hotel einerseits durch seine Lage, andererseits durch hübsche und wohnlich eingerichtete Gästezimmer. Restaurant im alpenländischen Stil und elegant wirkender Wintergarten.

In Roßhaupten-Vordersulzberg West : 4 km :

Haflinger Hof ⚘, Vordersulzberg 1, ⊠ 87672, ℘ (08364) 9 84 80, haflingerhof@t-online.de, Fax (08364) 984828, ≤, 😀, 🍽, 🐎 – 📺 🅿.
Menu (geschl. außer Saison Dienstag - Mittwoch) à la carte 15/28 – **9 Zim** ⚏ 50 – 60/68.

* Besonders Pferdeliebhaber kommen in dem ehemaligen Bauernhof mit Haflingerzucht auf ihre Kosten. Man wohnt in gemütlich-rustikalen, teils im Bauernstil gehaltenen Räumen. Optischer Mittelpunkt der anheimelnden Gaststube ist der weiße Kachelofen.

ROSSLAU Sachsen-Anhalt 418 K 20 – 14 000 Ew – Höhe 66 m.
Berlin 120 – Magdeburg 57 – Leipzig 72 – Dessau 7.

Astra, Hauptstr. 128, ⊠ 06862, ℘ (034901) 6 20, astra-hotel-rosslau@t-online.de, Fax (034901) 62100, ⇐ – 📳, ⇄ Zim, 📺 ✆ ⇐ 🅿 – 🛎 60. ⓜ 🆅
Menu à la carte 14/24 – **52 Zim** ⚏ 56/69 – 69/86.

* Ein neuzeitlich gestaltetes Hotel im Zentrum, in dem man einheitlich und funktionell eingerichtete Zimmer für die Gäste bereit hält. Mit Tagungsmöglichkeiten. Hell und freundlich wirkendes Restaurant.

ROSTOCK Mecklenburg-Vorpommern 416 D 20 – 200 000 Ew – Höhe 14 m.

Sehenswert : Marienkirche★★ (Astronomische Uhr★★, Bronzetaufkessel★, Turm ✵★) CX
– Schiffahrtsmuseum★ CX M1 – Kulturhistorisches Museum★ BX M2 (Dreikönigs-Altar★).
Ausflugsziele : Bad Doberan über ⑤ : 17 km, Münster★★ (Altar★, Triumphkreuz★, Sakramentshaus★) – Fischland-Darß und Zingst★ über ① : 60 km.

✈ Rostock-Laage (über ③ : 30 km) ℘ (038454) 3 13 36.
🚢 Rostock-Krummendorf, Straße zum Überseehafen AT.
🛈 Tourist-Information, Neuer Markt 3, ⊠ 18055, ℘ (0381) 3 81 22 22, touristinfo@rostock.de, Fax (0381) 3812602.
ADAC, Trelleborger Str. 1 (Lütten-Klein).
Berlin 222 ③ – Schwerin 89 ⑤ – Lübeck 117 ⑤ – Stralsund 69 ①

ROSTOCK

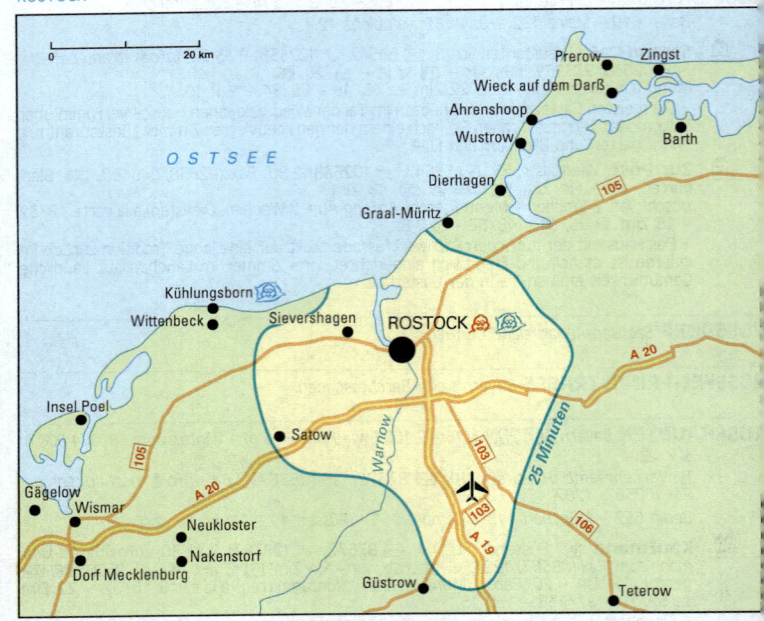

Steigenberger Hotel Sonne M, Neuer Markt 2, ⌀ 18055, ℘ (0381) 4 97 30, inf
@ hotel-sonne-rostock.de, Fax (0381) 4973351, ⇌ – |⚜|, ⇷ Zim, TV ☎ & ⇔ – 🏛 180
Æ ⓘ ⓜ VISA JCB
CX
Menu à la carte 24/33 – **Alte Apotheke (Weinstube)** (geschl. 2. - 20. Jan., Sonntag
Montag) (nur Abendessen) **Menu** à la carte 14/24 – ⌕ 12 – **124 Zim** 107/129 – 115/155
10 Suiten.
♦ Zum sonnigen Erlebnis wird Ihr Aufenthalt nicht nur durch lichte Räume, teils mit Blick
auf Altstadt und Hafen, sondern auch durch stilvolle Kirsch-Möbel und moderne Technik
Modernes Restaurant mit Pianobar. Gemütliche Atmosphäre in der Alten Apotheke.

Courtyard by Marriott M, Kröpeliner/Schwaansche Str. 6, ⌀ 18055, ℘ (0381)
4 97 00, courtyard-hotel-rostock@t-online.de, Fax (0381) 4970700, 🛋, ⇌ – |⚜|, ⇷ Zim
▦ TV ☎ & ⇔ – 🏛 120. Æ ⓘ ⓜ VISA JCB
BX r
Menu à la carte 95/125 – ⌕ **150 Zim** – 107/135.
♦ Erholen Sie sich in geräumigen, mit dunklem Holz modern-elegant möblierten Zimmern
die mit großen Schreibtischen und der nötigen Technik auch Platz zum Arbeiten bieten
Das Restaurant Fischer's Fritze bietet vorwiegend Fischgerichte.

InterCityHotel M, Herwegstr. 51, ⌀ 18055, ℘ (0381) 4 95 00, rostock@inte
cityhotel.de, Fax (0381) 4950999 – |⚜|, ⇷ Zim, TV ☎ & 🅿 – 🏛 70. Æ ⓜ VISA. ⅍ Rest
Menu (geschl. Sonntagabend) (Mitte Juni - Ende Aug. nur Abendessen) à la carte 16/26
– **174 Zim** ⌕ 85/110 – 101/126.
AU b
♦ Unweit vom Hauptbahnhof wohnen Sie in funktionellen Zimmern mit hellem Mobiliar. Der
Hotelausweis gilt gleichzeitig für den öffentlichen Nahverkehr. Wochenend-Arrangements

Ibis, Warnowufer 42, ⌀ 18057, ℘ (0381) 24 22 10, h2208@accor-hotels.com
Fax (0381) 24221444, Biergarten – |⚜|, ⇷ Zim, ▦ TV ☎ & ⇔ 🅿 – 🏛 60. Æ ⓘ
ⓜ VISA
AU r
Menu (nur Abendessen) à la carte 16/23 – ⌕ 9 – **91 Zim** 55 – 67.
♦ Am Stadthafen der historischen Handelsstadt können Sie an großen Scheibtischen
bequem arbeiten oder sich in den freundlichen, hell möblierten Zimmern einfach nu
erholen.

Amberg 13, Amberg 13, ⌀ 18055, ℘ (0381) 4 90 62 62, info@altstadtrestaurant.de
Fax (0381) 4906260, ⇌. Æ ⓜ VISA
CX a
geschl. Montag – **Menu** (nur Abendessen) à la carte 23/33.
♦ Das Restaurant in der Altstadt zeigt sich im freundlichen Bistro-Stil - helle, farbige Wände
zieren den Raum. Hier machen die Köche selbst den Service.

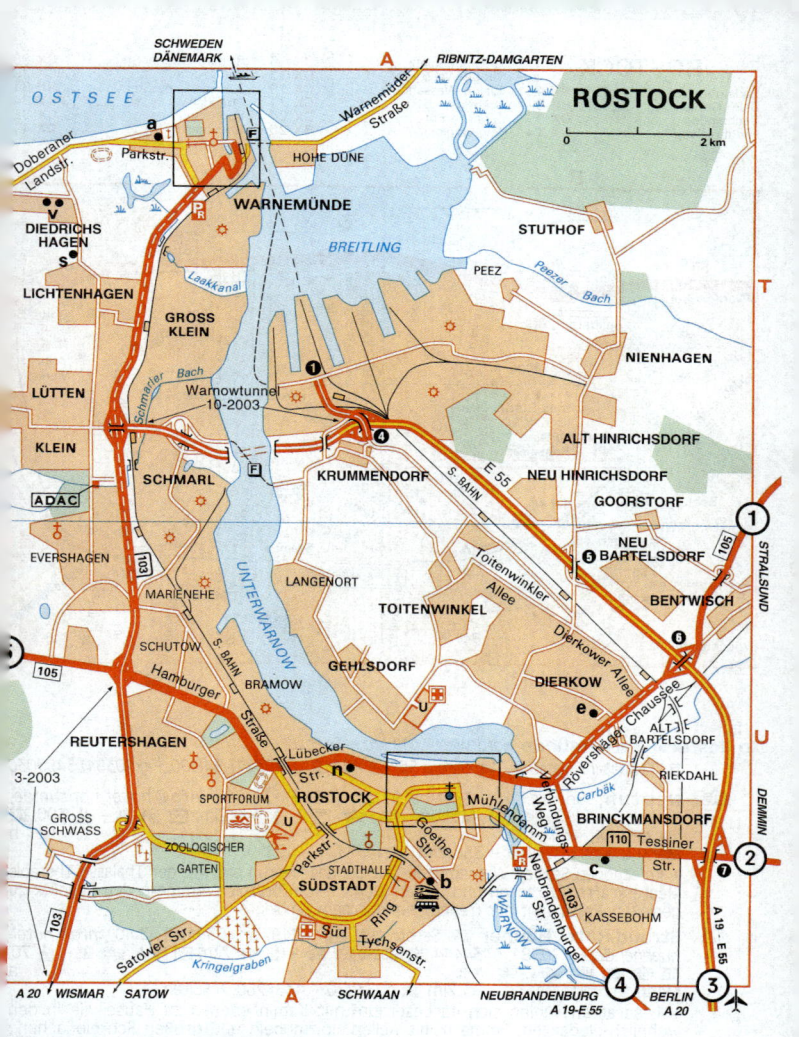

In Rostock-Brinckmansdorf Ost : 2,5 km :

Trihotel-Am Schweizer Wald M, Tessiner Str. 103, ✉ 18055, ☎ (0381) 6 59 70, *trihotelamschweizerwald@t-online.de*, Fax (0381) 6597600, 🍴, (Kleinkunstbühne "Spot"), 🛏, ☐ – 🛗, 🍽 Zim, 📺 ♿ 🚗 🅿 – 🔔 140. 🅰🅴 ⓘ 🆗 VISA   AU c
Menu à la carte 17/31 – **101 Zim** ☐ 88/102 – 116/148, 3 Suiten.

♦ Die Kleinkunstbühne im Keller lockt mit Kabarett, Pantomime, Musik und Shows! Fragen Sie nach dem Captains Room ; Seemanns- oder Managerzimmer mit großen Schreibflächen. Helles Restaurant mit Wintergarten.

In Rostock-Dierkow :

Landhaus Dierkow, Gutenbergstr. 5, ✉ 18146, ☎ (0381) 6 58 00, *harnack@land haus-dierkow.de*, Fax (0381) 6580100 – 📺 📞 🚗 🅿 – 🔔 40. 🆗 VISA   AU e
geschl. 22. - 26. Dez. – **Menu** (nur Abendessen) à la carte 14/24 – **45 Zim** ☐ 56/61 – 77/80.

♦ Das im Landhausstil gebaute Hotel verfügt über Gästezimmer, die modern und wohnlich ausgestattet sind. Auch die freundliche Atmosphäre lädt zum Verweilen ein. Rustikales, mit viel Holz geschmücktes Restaurant.

ROSTOCK

Badstüberstr. **BX** 4	Gertrudenplatz **BX** 16	Richard-Wagner-Str. **CX** 28
Beim Grünen Tor **BX** 8	Große Wasserstr. **CX** 17	Rungestr. **BCX** 29
Buchbinderstr. **CX** 9	Kleine Wasserstr. **CX** 19	Schwaansche Str. **BX** 31
Friedhofsweg **BX** 14	Krämerstr. **CX** 21	Strandstr. **BCX** 34
	Mönchentor **CX** 24	Vogelsang **CX** 38
	Pädagogienstr. **BX** 26	Wendenstr. **CX** 41

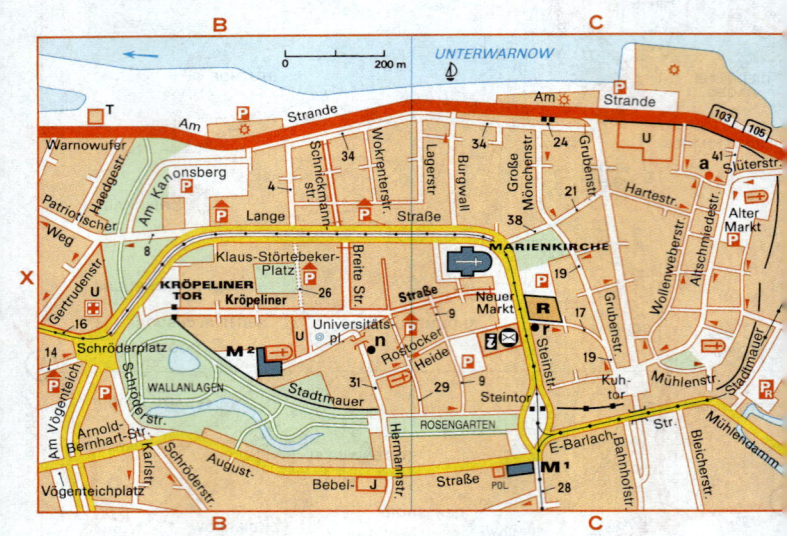

In Rostock-Warnemünde Nord-West : 11 km – Seebad.

🛈 *Tourist-Information, Am Strom 59, ✉ 18119, ℘ (0381) 5 48 00, Fax (0381) 5480030*

🏨🏨🏨 **Neptun**, Seestr. 19, ✉ 18119, ℘ (0381) 77 70, *info@hotel-neptun.de*, Fax (0381) 54023, ≤, 佘, Massage, 🛋, 🏊, – 🛗, 🚭 Zim, 📺 🕳 🅿 – 🔔 300. 🅰🅴 ⓘ 🆎 🆅🅸🆂🅰 ❀ Rest
Menu à la carte 26/45 – **338 Zim** ⛁ 145/171 – 196. **DY h**

♦ Im schönen Seebad Warnemünde lädt Sie das Neptun ein, mit der Thalasso-Therapie Meereskräfte zu tanken und in den elegant-komfortablen Zimmern den Seeblick zu genießen. Restaurant mit freundlich-modernem Ambiente.

🏨🏨🏨 **Strand-Hotel Hübner** 🅼, Seestr. 12, ✉ 18119, ℘ (0381) 5 43 40, *info@hotel-huebner.de*, Fax (0381) 5434444, ≤, Massage, 🏊 – 🛗, 🚭 Zim, 📺 🕳 🚗 🅿 – 🔔 70. 🅰🅴 ⓘ 🆎 🆅🅸🆂🅰 🆓🅲🅱 ❀ Rest
Menu à la carte 21/31 – **95 Zim** ⛁ 105/170 – 135/260, 6 Suiten. **DY a**

♦ Leseratten fühlen sich im Leseraum mit Kamin ebenso zu Hause wie in den wohnlich-eleganten Zimmern mit hellen Holzmöbeln und großen Schreibflächen ; teils mit Meerblick ! Helles, maritimes Restaurant mit saisonorientiertem internationalem Angebot.

🏨🏨🏨 **Warnemünder Hof** ♨, Stolteraer Weg 8 (in Diedrichshagen, West : 2 km), ✉ 18119, ℘ (0381) 5 43 00, *info@warnemuender-hof.de*, Fax (0381) 5430444, 佘, 🏊, 🚲 – 🛗, 🚭 Zim, 📺 🕳 🅿 – 🔔 70. 🅰🅴 ⓘ 🆎 🆅🅸🆂🅰
Menu à la carte 20/36 – **91 Zim** ⛁ 98/106 – 113/128 – ½ P 16. **AT v**

♦ Das reetgedeckte Landhaus mit neuerem Anbau beherbergt Sie in behaglichen Zimmern mit dunklem Kirschholz oder auch im Romantik- oder Hochzeitszimmer mit bemalten Bauernmöbeln. Das Restaurant befindet sich im Stammhaus - mit hellem Wintergarten.

🏨🏨 **Hanse Hotel** 🅼, Parkstr. 51, ✉ 18119, ℘ (0381) 54 50, *info@hanse.bestwestern.de*, Fax (0381) 5453006, 佘, 🏊, 🚲 – 🛗, 🚭 Zim, 📺 🕳 🅿 – 🔔 60. 🅰🅴 🆎 🆅🅸🆂🅰
Menu à la carte 19/33 – **72 Zim** ⛁ 75/100 – 115/130 – ½ P 17. **AT a**

♦ Wohnen Sie direkt hinter dem Deich und genießen Sie den Blick aufs Meer, der sich von den meisten der mit modernen Holzmöbeln bestückten Räumen bietet. Mit Kinderspielzimmer ! Hotelrestaurant mit leicht maritimem Touch.

WARNEMÜNDE

Alexandrinen-Straße	**DYZ** 2
Alte Bahnhofstr.	**DZ**
Am Bahnhof	**DYZ**
Am Leuchtturm	**DY** 3
Am Markt	**DZ**
Am Passagierkai	**DZ**
Am Strom	**DYZ**
Anastasiastr.	**DY** 5
Beethovenstr.	**DZ** 7
Dänische Str.	**DYZ**
Friedrich-Franz-Straße	**DY** 12
Fritz-Reuter-Straße	**DZ**
Georginenplatz	**DY** 14
Heinrich-Heine-Straße	**DY**
John-Brinkmann-Straße	**DZ** 17
Kirchenplatz	**DY** 19
Kirchenstraße	**DY** 21
Kirchnerstr.	**DZ**
Kurhausstr.	**DY**
Laakstr.	**DZ**
Mühlenstr.	**DYZ**
Parkstr.	**DZ**
Poststr.	**DZ**
Richard-Wagner-Straße	**DZ**
Rostocker Str.	**DZ**
Schillerstr.	**DY** 29
Schwarzer Weg	**DZ** 32
Seepromenade	**DY**
Seestr.	**DY**
Wachtlerstr.	**DY** 36

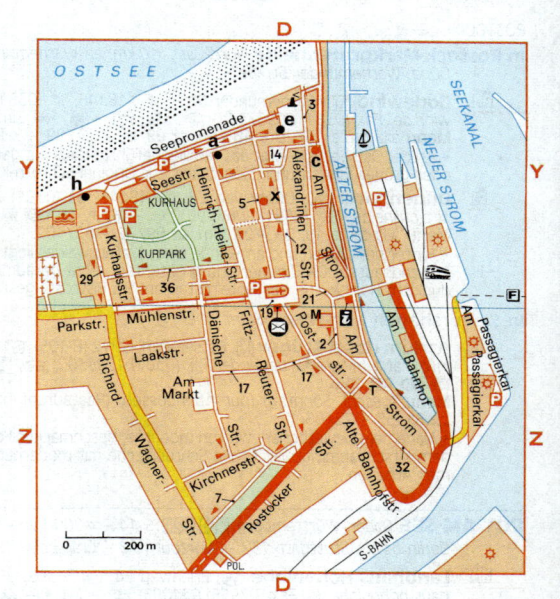

Am Leuchtturm Ⓜ, Am Leuchtturm 16, ⊠ 18119, ℘ (0381) 5 43 70, *hotel-am-leuchtturm@t-online.de*, Fax (0381) 548510, 🍴 – 📶, ⤨ Zim, TV ♿ – 🛋 25. AE ⓘ ⓜⓔ VISA. ⚒

DY e

Menu *(Jan. - April Montag - Freitag nur Abendessen)* à la carte 20/40 – **35 Zim** ⊆ 110/130 – 135/180 – ½ P 18.

♦ Gegenüber vom Leuchtturm wohnen Sie nahe der See in sympatischen gelb-blau gehaltenen Zimmern mit honigfarbenen Holzmöbeln. Die Appartements besitzen eine kleine Küchenzeile. Restaurant im Bistrostil.

Landhotel Immenbarg ⚘, Groß-Kleiner-Weg 19 (in Diedrichshagen, West : 2 km), ⊠ 18109, ℘ (0381) 77 69 30, *landhotel-immenbarg@t-online.de*, Fax (0381) 7769355, 🍴 – 📶 ♿ ⤨ – 🛋 20. AE ⓜⓔ VISA. ⚒ Rest

AT s

geschl. 5. - 31. Jan. – **Menu** *(geschl. Montag - Dienstag) (Mittwoch - Freitag nur Abendessen)* à la carte 27/36 – **25 Zim** ⊆ 60/76 – 96/116.

♦ Nicht weit von der Ostsee warten großzügige, wohnliche Zimmer mit hellem Holz und geschmackvollen Stoffen. Auch Drei-Bett-Suiten oder Maisonette-Ferienwohnungen sind zu haben ! Ländlich-gemütliches Ambiente im Restaurant.

Landhaus Frommke ⚘ garni, Stolteraer Weg 3 (in Diedrichshagen, West : 2 km), ⊠ 18119, ℘ (0381) 5 19 19 04, Fax (0381) 5191905, 🍴, 🔲, 🐎 – TV P. AE ⓜⓔ VISA

AT v

9 Zim ⊆ 65/75 – 90.

♦ Landhaus mit hübschem Garten und soliden Kirschbaummöbeln. Den Sandstrand erreicht man in zehn Minuten zu Fuß. Wem das Meer zu stürmisch ist, der erfrischt sich im Schwimmbad.

Il Ristorante, Am Strom 107 (1. Etage), ⊠ 18119, ℘ (0381) 5 26 74, *info@restaurant-atlantic.de*, Fax (0381) 52605 – AE ⓜⓔ VISA

DY c

Menu *(nur Abendessen)* (italienische Küche) à la carte 25/35.

♦ Speisen Sie mit reizvollem Ausblick auf den Hafen : Das Restaurant mit allerlei italienischen Leckerbissen liegt in der ersten Etage, das Bistro mit Pizza-Angebot im Parterre.

Die Gartenlaube, Anastasiastr. 24, ⊠ 18119, ℘ (0381) 5 26 61, Fax (0381) 52661, 🍴 – AE ⓜⓔ VISA

DY x

geschl. Sonntag – **Menu** *(nur Abendessen)* à la carte 33/46.

♦ Nostalgie-Fans finden hinter der bemalten Fassade ihren Meister : Essen Sie international in einer Kulisse aus urigen Deko-Stücken und sitzen Sie auf alten Kirchenbänken.

ROSTOCK

In Rostock-Markgrafenheide Nord-Ost : 16 km, ab Warnemünde mit Fähre und über Hohe Düne, Warnemünder Straße :

Godewind M, Warnemünder Str. 5, ✉ 18146, ℘ (0381) 60 95 70, info@hotel-gode wind.de, Fax (0381) 60957111, 😊, ⇌, 🏊 – 🛗, ⇌ Zim, TV ☏ P – 🅰 20. ⓂⓄ VISA
Menu à la carte 16/26 – **48 Zim** ⇌ 69/80 – 79/99 – ½ P 15.
* An der Ostseeküste liegt das familiengeführte Haus mit gemütlich-ländlicher blau-weißer oder grüner Einrichtung. Möglichkeit zur Original-Schroth-Kur ! Restaurant im Pavillon.

Dünenhotel ⚓, Dünenweg 28, ✉ 18146, ℘ (0381) 2 06 60, dünenhotel.niendorf @t-online.de, Fax (0381) 2066199, 😊 – TV P. AE ⓂⓄ VISA
Menu à la carte 19/29 – **23 Zim** ⇌ 59/72 – 82/102.
* Hinter den Dünen und am Rande eines Kiefernwaldes liegt dieses schmucke weiße Hotel im Landhausstil. Die Zimmer sind größtenteils recht geräumig und solide eingerichtet. Mit dunklem Holz wurde das Hotelrestaurant im Bistrostil gestaltet.

In Sievershagen Nord-West : 8 km über ⑤ :

Atrium Hotel Krüger M, Ostsee-Park-Str. 2 (B 105), ✉ 18069, ℘ (0381) 1 28 82 00, info@atrium-hotel-krueger.de, Fax (0381) 1288300, ⇌, 🏊 – 🛗 ⇌ TV & P – 🅰 20 AE ⓂⓄ VISA JCB
Menu (geschl. Sonntag) (nur Abendessen) (Restaurant nur für Hausgäste) – **59 Zim** ⇌ 51/55 – 72/88.
* Nahe dem Gewerbepark warten moderne, geschmackvoll eingerichtete Zimmer mit solidem Kirschbaummobiliar. Große Schreibtische mit moderner Technik ermöglichen bequemes Arbeiten.

ROT AM SEE
Baden-Württemberg 419 420 S 14 – 4200 Ew – Höhe 419 m.
Berlin 532 – Stuttgart 132 – *Würzburg* 78 – Crailsheim 18 – Nürnberg 110.

Landhaus Hohenlohe ⚓, Erlenweg 24, ✉ 74585, ℘ (07955) 9 31 00, info@land haus-hohenlohe.de, Fax (07955) 931093, 😊 – TV P – 🅰 35. ⓂⓄ VISA
geschl. Anfang - Mitte Jan., Mitte - Ende Aug. – **Casalinga** (geschl. Montag - Dienstag) (nur Abendessen) **Menu** 50/56 und à la carte – **Cafénädle** (geschl. Montag) **Menu** à la carte 18/30 – **25 Zim** ⇌ 43/50 – 57/65 – ½ P 18.
* Die Zimmer verteilen sich auf Haupt- und Gästehaus und sind teils mit neuzeitlichen Möbeln im Landhausstil, teils mit älterem Mobiliar solide und wohnlich eingerichtet. Klassisches Ambiente im Casalinga. Cafénädle mit sorgfältig zubereiteter Hohenloher Küche.

Gasthof Lamm, Kirchgasse 18, ✉ 74585, ℘ (07955) 23 44, lamm-rotamsee@t-or line.de, Fax (07955) 2384, 😊, 🌿 – TV ⇌ P. ⓄⓂⓄ VISA
geschl. 25. Okt. - 4. Nov. – **Menu** (geschl. Donnerstag) à la carte 14/26 – **11 Zim** ⇌ 35/40 – 52/60.
* Ihr vorübergehendes Zuhause liegt in der Mitte des Dorfes. Die Zimmer des Landgasthofs sind mit soliden, unterschiedlichen Naturholzmöbeln ausgestattet. Ländliches Ambiente empfängt Sie im Restaurant.

ROT AN DER ROT
Baden-Württemberg 419 420 V 14 – 3800 Ew – Höhe 604 m.
Berlin 667 – Stuttgart 149 – *Konstanz* 135 – Ravensburg 46 – Ulm (Donau) 58 – Memmingen 17.

Landhotel Seefelder, Theodor-Her-Str. 11, ✉ 88430, ℘ (08395) 9 40 00, land hotel-rot@t-online.de, Fax (08395) 940050, 😊, ⇌, 🌿 – TV ⇌ P – 🅰 60. AE Ⓞ ⓂⓄ VISA
Menu (geschl. Jan. 2 Wochen, Montag) à la carte 16/31 – **20 Zim** ⇌ 49/51 – 75/86.
* In dem freundlichen Hotel, das an der oberschwäbischen Barockstraße liegt, erwarten Sie Ihre Gastgeber mit recht geräumigen, praktischen Zimmern, meist mit Balkon. Der Klosterkeller ist ein mit viel hellem Holz nett gestaltetes Lokal.

ROTENBURG AN DER FULDA
Hessen 417 418 N 13 – 15000 Ew – Höhe 198 m – Luftkurort.
🛈 Verkehrs- und Kulturamt, Marktplatz 15 (Rathaus), ✉ 36199, ℘ (06623) 55 55, Fax (06623) 933153.
Berlin 402 – Wiesbaden 187 – *Kassel* 56 – Bad Hersfeld 20.

Rodenberg ⚓, Heinz-Meise-Str. 98, ✉ 36199, ℘ (06623) 88 11 00, Fax (06623) 888410, ≤, 😊, Massage, ♨, ᒼ₆, ⇌, 🏊 (geheizt), 🏊, ※(Halle) – 🛗, ⇌ Zim, TV ☏ & ⇌ P – 🅰 160. AE Ⓞ ⓂⓄ VISA
Zinne : Menu à la carte 27/44 – **98 Zim** ⇌ 97/112 – 141/152, 10 Suiten – ½ P 16.
* Wohnlich-komfortable Zimmer im Landhausstil, eine imposante Eingangshalle und ein sehenswerter Badebereich sprechen für dieses Hotel, das ruhig oberhalb des Ortes liegt. Die Zinne ist ebenfalls im gediegenen Landhausstil gestaltet.

ROTENBURG AN DER FULDA

Posthotel Rotenburg M, Poststr. 20, ✉ 36199, ℰ (06623) 93 10, info@post hotel-rotenburg.de, Fax (06623) 931415, 😊 – 🛗, ⇔ Zim, 📺 📞 ⇔ 🅿 – 🚗 140. ஊ ① ◉ VISA
Menu à la carte 16/31 – **68 Zim** ⇌ 59 – 86.

◆ Der Zimmerbereich dieses City-Hotels ist einheitlich gestaltet. Kirschbaummöbel harmonieren gut mit blauen Teppichen und Polstersesseln, auch die Größe der Räume stimmt.

Landhaus Silbertanne ⌂, Am Wäldchen 2, ✉ 36199, ℰ (06623) 9 22 00, hotel. silbertanne@t-online.de, Fax (06623) 922099, 😊 – ⇔ Zim, 📺 📞 🅿 – 🚗 25. ஊ ① ◉ VISA JCB
geschl. 6. - 24. Jan. – **Menu** (geschl. Sonntagabend) à la carte 23/40 – **25 Zim** ⇌ 50/60 – 77/100 – ½ P 15.

◆ Mitten im Grünen liegt dieses Haus, in dem nicht nur Urlauber ein Quartier finden. Geschäftsreisende haben gute Arbeitsmöglichkeiten durch ISDN-, Fax- und Modemanschluß. Rustikal gestaltetes Restaurant.

ROTENBURG (WÜMME) Niedersachsen **415** G 12 – 21 700 Ew – Höhe 28 m.

🏌 Scheessel-Westerholz, Hof Emmen (Nord : 5 km), ℰ (04263) 9 30 10.
🛈 Informations-Büro, Große Str. 1, Rathaus, ✉ 27356, ℰ (04261) 7 11 00, tib@rotenburg-wuemme.de, Fax (04261) 71147.
Berlin 352 – Hannover 107 – Bremen 51 – Hamburg 79.

Landhaus Wachtelhof, Gerberstr. 6, ✉ 27356, ℰ (04261) 85 30, info@wachtelhof.de, Fax (04261) 853200, 😊, Massage, ≘s, ⬜, 🌳 – 🛗, ⇔ Zim, 📺 📞 ⇔ 🅿 – 🚗 100. ஊ ① ◉ VISA. 🌿 Rest
Menu (bemerkenswerte Weinkarte) 31 (mittags) à la carte 38/56 – **36 Zim** ⇌ 140 – 180/200 (Bis Frühjahr 2003 neuer Wellnessbereich).

◆ Bei der Ausstattung dieses Hauses wurde an nichts gespart : Möbel aus Pinie, Bäder aus Carrara-Marmor und reizende Accessoires fügen sich zu einem geschmackvollen Ganzen. Nobles Landhausambiente im Restaurant und Wintergarten. Mit schöner Gartenterrasse.

In Rotenburg-Waffensen West : 6 km :

Lerchenkrug, Am Lerchenkrug 6 (B 75), ✉ 27356, ℰ (04268) 3 43, info@lerchenkrug.de, Fax (04268) 1546, 😊 – 🅿 ① ◉ VISA
geschl. 1. - 9. Jan., 7. - 21. Juli, Montag - Dienstag – **Menu** à la carte 22/36.

◆ Schon 1822 erwähnte eine Chronik das idyllisch gelegene Haus als einen Ort der Romantik. Auch heute empfängt Sie ein aufmerksames Team in gepflegt-rustikalen Räumlichkeiten.

In Bothel Süd-Ost : 8 km :

Botheler Landhaus, Hemsbünder Str. 13, ✉ 27386, ℰ (04266) 15 17, info@botheler-landhaus.de, Fax (04266) 1517, 😊 – 🅿 ஊ ① ◉ VISA
geschl. Sonntag - Montag – **Menu** (nur Abendessen) (Tischbestellung ratsam) à la carte 30/45.

◆ Unter den dicken Holzbalken des 300 Jahre alten, reetgedeckten Hauses sitzt man besonders gemütlich. Im Winter prasselt ein Kamin, im Sommer ißt man draußen unter Obstbäumen.

In Hellwege Süd-West : 15 km :

Prüser's Gasthof (mit Gästehäusern), Dorfstr. 5, ✉ 27367, ℰ (04264) 99 90, pruesers-gasthof@t-online.de, Fax (04264) 99945, 😊, ≘s, ⬜, 🎯 – 🛗, ⇔ Zim, 📺 📞 ♿ 🅿 – 🚗 60. ◉ VISA
geschl. 2. - 8. Jan. – **Menu** (geschl. Dienstagmittag) à la carte 17/34 – **56 Zim** ⇌ 42/47 – 73/79.

◆ Im Jahre 2000 wurde eine hübsche, großzügige Badelandschaft eingeweiht. Seither gibt es auch einige neue Zimmer, die in ihrer modernen Machart sehr empfehlenswert sind. Freundliche Farben prägen die Atmosphäre im neu gestalteten, zeitgemäßen Restaurant.

ROTH AN DER OUR Rheinland-Pfalz **417** Q 2 – 280 Ew – Höhe 220 m.
Berlin 733 – Mainz 202 – Trier 50 – Bitburg 29 – Ettelbruck 18 – Luxembourg 47.

Ourtaler Hof, Ourtalstr. 27, ✉ 54675, ℰ (06566) 2 18, burger@ourtaler-hof.de, Fax (06566) 1444, 😊, 🌳 – 📺 🅿 ◉ VISA
geschl. 22. Dez. - Mitte Feb. – **Menu** à la carte 15/28 – **24 Zim** ⇌ 31/39 – 57/68.

◆ Ganz im Grünen liegt dieses Hotel, nur wenige hundert Meter von der luxemburgischen Grenze entfernt. Reservieren Sie eines der neueren Zimmer im Gästehaus ! Die Restauranträume sind gediegen gestaltet, teils im altdeutschen Stil.

ROTHENBERG (ODENWALDKREIS) Hessen 417 419 R 10 – 2 500 Ew – Höhe 450 m

Erholungsort.

Berlin 616 – Wiesbaden 118 – Mannheim 53 – Frankfurt am Main 87 – Heidelberg 31 – Heilbronn 74.

🏨 **Gasthof Hirsch**, Schulstr. 3, ✉ 64757, ℘ (06275) 9 13 00, hirsch@hirsch-hotel.de
Fax (06275) 913016, 🌳, ♨, ☞ – 📶, 📺 📞 – 🛏 40. AE ⦿ ⦾ VISA
Menu (geschl. Montag - Dienstag) à la carte 13/36 – **30 Zim** ☐ 43/54 – 67/88 – ½ P 18.
♦ Bei der Einrichtung der individuell gestalteten Gästezimmer wurden natürliche Materialien wie unbehandeltes Holz und Kork verwendet. Einige Zimmer auch mit Luftfilteranlage. Das Restaurant mit großer Theke erinnert an eine dörfliche Gaststätte.

ROTHENBUCH Bayern 417 Q 12 – 2 000 Ew – Höhe 360 m.

Berlin 542 – München 345 – Würzburg 66 – Frankfurt am Main 68.

🏨 **Schloßhotel Rothenbuch**, ✉ 63860, ℘ (06094) 94 40, office@schloss-rothen-buch.de, Fax (06094) 944444, 🌳, ☞, 🌲 – 📶, 📺 📞 – 🛏 50. AE VISA
geschl. Anfang Jan. 1 Woche, Mitte Aug. 2 Wochen – **Menu** à la carte 23,50/39,50 – **38 Zim** ☐ 62/100 – 95/189.
♦ In dem kurfürstlichen Jagdschloß aus dem 16. Jh. wurde ursprüngliche Bausubstanz mit den Annehmlichkeiten der heutigen Zeit verbunden. Zimmer mit antiken oder modernen Möbeln. Einen Hauch von mittelalterlichem Ambiente verspürt man im Restaurant.

ROTHENBURG OB DER TAUBER Bayern 419 420 R 14 – 12 000 Ew – Höhe 425 m.

Sehenswert: Mittelalterliches Stadtbild★★★ – Rathaus★ (Turm ≤★) Y R – Kalkturm ≤★ Z – St.- Jakobskirche (Hl.-Blut-Altar★★) Y – Spital★ Z – Spitaltor★ – Stadtmauer★ YZ
Ausflugsziel: Detwang : Kirche (Kreuzaltar★) 2 km über ④.

🛈 Tourist-Information, Marktplatz 2, ✉ 91541, ℘ (09861) 4 04 92, info@rothenburg.de, Fax (09861) 86807.

Berlin 500 ② – München 236 ② – Würzburg 69 ① – Ansbach 35 ② – Stuttgart 134 ③

Stadtplan siehe gegenüberliegende Seite

🏨 **Eisenhut** (mit Gästehaus), Herrngasse 3, ✉ 91541, ℘ (09861) 70 50, hotel@eisenhut.com, Fax (09861) 70545 – 📶, ☞ Zim, 📺 🚗 – 🛏 45. AE ⦿ ⦾ VISA JCB
🌸 Rest
geschl. 3. Jan. - 1. März – **Menu** 25/58 à la carte 30/40 – ☐ 15 – **79 Zim** 111/170 – 155/250 – ½ P 25.
♦ Das historische Patrizierhaus aus dem 15. Jh. fügt sich wunderbar in das mittelalterliche Stadtbild ein. Im Inneren herrscht stilvolle Eleganz in allen Zimmern und Suiten. Wandgemälde, Natursteinbögen und Holzvertäfelung im Restaurant. Sehr schöne Terrasse.

🏨 **Romantik Hotel Markusturm**, Rödergasse 1, ✉ 91541, ℘ (09861) 9 42 80, info@markusturm.de, Fax (09861) 9428113 – ☞ Zim, 📺 🚗 📞. AE ⦿ ⦾ VISA JCB
Menu (geschl. Mitte Jan. - Mitte Feb., Dienstag) (nur Abendessen) à la carte 24/35 – **25 Zim** ☐ 90/130 – 125/200.
♦ Hinter den altehrwürdigen Mauern des ehemaligen Zollhauses beherbergt man seit vielen Generationen Gäste aus aller Welt in geschmackvoll und individuell eingerichteten Zimmern.

🏨 **Burg-Hotel** ⊛ garni, Klostergasse 1, ✉ 91541, ℘ (09861) 9 48 90, burghotel.rothenburg@t-online.de, Fax (09861) 948940, ≤ Taubertal – ☞ 📺 🚗. AE ⦿ ⦾ VISA JCB
15 Zim ☐ 90/130 – 120/180.
♦ Elegant und ansprechend präsentieren sich die Zimmer des kleinen, aber feinen Hauses an der Stadtmauer. Auch von außen besticht das historische Gebäude mit hübschen Details.

🏨 **Tilman Riemenschneider**, Georgengasse 11, ✉ 91541, ℘ (09861) 97 90, hotel@tilman-riemenschneider.de, Fax (09861) 2979, 🌳, ♨ – 📶 📺 🚗 – 🛏 25. AE ⦿ ⦾ VISA JCB
Menu à la carte 20/43 – **60 Zim** ☐ 95/155 – 115/205 – ½ P 16.
♦ In einer der malerischen Gassen des Städtchens finden Sie diese nette Herberge, in Sie gemütliche Gästezimmer mit zumeist bäuerlich bemalten Möbeln vorfinden. Rustikaler Restaurantbereich mit Nischen, Kachelofen und Wandgemälden.

🏨 **Reichs-Küchenmeister** (mit Gästehaus), Kirchplatz 8, ✉ 91541, ℘ (09861) 97 00, hotel@reichskuechenmeister.com, Fax (09861) 970409, 🌳, ♨ – 📶 ☞ 📺 🚗 📞. ⦾ VISA JCB
Menu à la carte 16/36 – **50 Zim** ☐ 65/100 – 75/135 – ½ P 17.
♦ Sie beziehen Quartier in einem historischen Stadthaus. Unterschiedliche, aber immer wohnliche und solide Einrichtungselemente tragen zu einem gelungenen Aufenthalt bei. Weiß gekalkte Wände und Butzenscheiben machen den Charme der Gaststube aus.

ROTHENBURG OB DER TAUBER

Georgengasse	Y 4	Milchmarkt	Y 17
Grüner Markt	Y 5	Obere Schmiedgasse	Z 18
Hafengasse	YZ 6	Pfarrgasse	Y 19
Herrngasse	Y 7	Pfeifersgäßchen	Y 20
Heugasse	Y 8	Rödergasse	Y
Kapellenplatz	Y 9	Spitalgasse	Z 21
Kirchgasse	Y 10	Untere Schmiedgasse	Z 23
Kirchplatz	Y 12	Vorm Würzburger Tor	Y 24
Markt	Y 15		
Marktplatz	Y 16		

Mittermeier, Vorm Würzburger Tor 9, ✉ 91541, ℘ (09861) 9 45 40, info@mittermeier.rothenburg.de, Fax (09861) 945494, 斉, ≘s, ⌧ – 劇, ⇥ Zim, 📺 ⇔ 🅿 AE ① ⓂⓄ VISA
  Y v
Menu (geschl. Sonntag) 24/45 und à la carte ♀ – **27 Zim** ⊇ 55/80 – 140 – ½ P 24.

♦ Schlafen Sie doch mal in "Afrika" oder "Spanien"! So heißen zwei der individuell ausgestatteten Zimmer und Suiten dieses hübschen Domizils. Ein junger, frischer Landhausstil dominiert in den Restauranträumen. Man kocht mit Geschmack und Sorgfalt.

Meistertrunk, Herrngasse 26, ✉ 91541, ℘ (09861) 60 77, meistertrunk-hotel@t-online.de, Fax (09861) 1253, 斉 – 劇 📺 🅿 AE ① ⓂⓄ VISA JCB
  Y n
Menu (geschl. Anfang Jan. - Mitte Feb.) à la carte 20/31 – **15 Zim** ⊇ 50/70 – 80/150 – ½ P 20.

♦ Eines der ältesten Patrizierhäuser der Stadt, benannt nach der Heldentat des Bürgermeisters Nusch. Sie schlafen in wohnlichen Zimmern, die meist über große Bäder verfügen. Blickfang im Restaurant sind der Kachelofen und antike Türzargen. Schöne Gartenterrasse.

Merian garni, Ansbacher Str. 42, ✉ 91541, ℘ (09861) 8 75 90, info@hotel-merian.bestwestern.de, Fax (09861) 86787 – 劇 ⇥ 📺 🅿 AE ① ⓂⓄ VISA JCB. ✼
  Z p
40 Zim ⊇ 68 – 94/124.

♦ Wenn Sie eine funktionelle Adresse suchen, die auch Geschäftsreisenden den gewünschten technischen Komfort bietet, sind Sie in diesem Etagenhotel gut aufgehoben.

ROTHENBURG OB DER TAUBER

Hornburg garni, Hornburgweg 28, ✉ 91541, ℰ (09861) 84 80, hotelhornburg@t-online.de, Fax (09861) 5570, 🌳 – 😊 Zim, 📺. 🆎 ⓜ 𝖵𝖨𝖲𝖠 Y k
10 Zim ⇌ 49/64 – 69/95.
  ♦ Eine charmante kleine Jugendstilvilla mit individuellen, farblich sehr angenehm gestalteten Zimmern zu fairen Preisen und einem ganz entzückenden Frühstücksraum.

Glocke, Am Plönlein 1, ✉ 91541, ℰ (09861) 95 89 90, glocke.rothenburg@t-online.de, Fax (09861) 9589922 – 😊 Zim, 📺 ⇐ – 🏛 20. 🆎 ⓞ ⓜ 𝖵𝖨𝖲𝖠 JCB. 💫 Rest Z z
geschl. 22. Dez. - 7. Jan. – **Menu** (geschl. Sonntagabend) à la carte 14/35 – **24 Zim** ⇌ 61/77 – 87/103.
  ♦ Das Haus besteht aus drei miteinander verbundenen Gebäuden. Achten Sie bei Ihrer Reservierung darauf, einem der renovierten Zimmer im vorderen Teil den Vorzug zu geben. Kachelofen und Holzbalken machen das Restaurant gemütlich.

Gerberhaus garni, Spitalgasse 25, ✉ 91541, ℰ (09861) 9 49 00, gerberhaus@t-online.de, Fax (09861) 86555 – 📺 ⇐. ⓜ 𝖵𝖨𝖲𝖠 JCB Z h
20 Zim ⇌ 56/69 – 69/89.
  ♦ Von der hübschen Fassade bis zum blühenden Garten ein durch und durch sympathisches Haus ! Die Zimmer wie auch der Frühstücksraum sind in Naturholz eingerichtet.

Zum Rappen, Vorm Würzburger Tor 6, ✉ 91541, ℰ (09861) 9 57 10, info@hotel-rappen.com, Fax (09861) 6076 – 📶 📺 🅿 – 🏛 130. 🆎 ⓞ ⓜ 𝖵𝖨𝖲𝖠 JCB Y r
Menu à la carte 16/33 – **35 Zim** ⇌ 70/100 – 86/128 – ½ P 15.
  ♦ Seit Jahrhunderten ist der Rappen ein beliebtes Nachtlager für Reisende und ihre Gespanne. In zwei verschiedenen Häusern bietet man komfortable und auch einfachere Zimmer. Das ländliche Restaurant ist in dem älteren der beiden Gebäude untergebracht.

Goldenes Fass, Ansbacher Str. 39, ✉ 91541, ℰ (09861) 9 45 00, hotel@goldenes-fass.com, Fax (09861) 8371, Biergarten – 😊 Zim, 📺 📞 🅿. 🆎 ⓞ ⓜ 𝖵𝖨𝖲𝖠 JCB Z s
Menu (geschl. Nov., Montagmittag, Dienstagmittag) (Jan. - März nur Abendessen) à la carte 15/29 – **30 Zim** ⇌ 58/89 – 87/114 – ½ P 14.
  ♦ Vor den Toren der Altstadt liegt das Hotel verkehrsgünstig an der Durchgangsstraße. Im Villenstil erbaut, beherbergt es zeitgemäß und wohnlich ausgestattete Räumlichkeiten. Rustikales Restaurant mit bürgerlich-regionaler Küche.

Bayerischer Hof, Ansbacher Str. 21, ✉ 91541, ℰ (09861) 60 63, info@bayerischer hof.com, Fax (09861) 86561, 🌳 – 📺 ⓜ 𝖵𝖨𝖲𝖠 Z u
geschl. Jan. - Anfang Feb. – **Menu** (geschl. Jan. - Mitte Feb., Donnerstag, Sonntagabend) à la carte 15/25 – **9 Zim** ⇌ 42/60 – 64/74 – ½ P 13.
  ♦ Zwei spitze Giebel geben dem Haus mit der frischen altrosa Putzfassade sein unverwechselbares Gesicht. Im Inneren überzeugt es mit Schlichtheit und praktischer Gestaltung. Ein warmer Parkettboden und helle Holzvertäfelung schmücken das Lokal.

Schranne, Schrannenplatz 6, ✉ 91541, ℰ (09861) 9 55 00, hotelschranne@t-online.de, Fax (09861) 9550150, 🌳 – 📶 📺 🅿. 🆎 ⓞ ⓜ 𝖵𝖨𝖲𝖠 JCB Y a
Menu à la carte 14/27 – **49 Zim** ⇌ 38/66 – 64/105 – ½ P 13.
  ♦ Das Haus mit der roten Fassade diente in früheren Zeiten einer Adelsfamilie als Wohnsitz. Heute beherbergt man Gäste in Zimmern, die mit Eiche oder Zirbelkiefer bestückt sind.

Spitzweg garni, Paradeisgasse 2, ✉ 91541, ℰ (09861) 9 42 90, info@hotel-spitzweg.de, Fax (09861) 1412, (Haus a.d.J. 1536) – 📺 🅿. 🆎 ⓜ 𝖵𝖨𝖲𝖠 Y g
10 Zim ⇌ 60/65 – 80/85.
  ♦ Viele Details in diesem behutsam restaurierten Haus erinnern an den Rothenburger Maler Spitzweg. Zum Schlafen legen Sie sich in hübsch bemalte Bauernbetten.

Klosterstüble 🍴, Heringsbronnengasse 5, ✉ 91541, ℰ (09861) 67 74, hotel@klosterstueble.de, Fax (09861) 6474, 🌳 – 📺. ⓜ 𝖵𝖨𝖲𝖠 JCB YZ c
Menu (geschl. Jan. - Feb., Montag) à la carte 16/32 – **13 Zim** ⇌ 58 – 91/96 – ½ P 17.
  ♦ Besonders wohnliche Zimmer, zum Teil im alpenländischen Stil mit Holzvertäfelung, finden Sie in diesem kleinen, im ausgehenden Mittelalter erbauten Hotel. Die Wände der Gaststube zieren lustige Malereien.

Linde, Vorm Würzburger Tor 12, ✉ 91541, ℰ (09861) 9 46 90, info@hotel-linde-rothenburg.de, Fax (09861) 9469690 – 📶 📺 🅿. 🆎 ⓞ ⓜ 𝖵𝖨𝖲𝖠 JCB Y b
geschl. Mitte Jan. - Feb. – **Menu** (geschl. Dienstag) à la carte 14/32 – **27 Zim** ⇌ 42/52 – 52/80 – ½ P 11.
  ♦ Ganz in der Nähe des Würzburger Tores liegt dieses Haus, in dem man Ihnen praktische Zimmer vermietet, die mit älterer, aber gut gepflegter Einrichtung versehen sind. Mehrfach unterteiltes, rustikal ausgestattetes Restaurant.

Zum Greifen, Obere Schmiedgasse 5, ✉ 91541, ℰ (09861) 22 81, info@gasthof-greifen.rothenburg.de, Fax (09861) 86374, 🌳 – 🅿. 🆎 ⓜ 𝖵𝖨𝖲𝖠 JCB YZ f
geschl. 22. Dez. - 25. Jan. – **Menu** (geschl. Sonntagabend) à la carte 13/26 – **16 Zim** ⇌ 38/48 – 60/82 – ½ P 11.
  ♦ Ein schön geschwungener Giebel und rot-weiße Fensterläden bestimmen das äußere Erscheinungsbild des Gasthofs. Innen warten große, gut gepflegte Gästezimmer. Nett und rustikal gestaltete Governmenträume, in denen man zu günstigen Preisen essen kann.

ROTHENBURG OB DER TAUBER

Louvre (Reiser), Klingengasse 15, ✉ 91541, ℘ (09861) 8 78 09, *restaurant@louvre. rothenburg.de*, Fax (09861) 4881, 😊 – 🏛 15. 🆎 ⓜ 💳   Y t
geschl. Sonntag - Montag – **Menu** *(nur Abendessen)* 35/78 und à la carte ♀.
 • Wie eine Liaison aus Alt und Neu wirkt das 500 Jahre alte Haus. Am Herd Maître Reiser, der beim Kochen seiner Kreativität freien Lauf läßt. Wechselnde Bilderausstellungen.
Spez. Zweierlei von Nantaiser Ente mit Balsamico-Kirschen. Kaninchen- und Lammfilet im Speckmantel mit Bohnensalsa. Buttermilch-Crème-brûlée mit Ananas-Curry-Sorbet.

Baumeisterhaus, Obere Schmiedgasse 3, ✉ 91541, ℘ (09861) 9 47 00, Fax (09861) 86871 – 🆎 ⓞ ⓜ 💳 JCB   YZ f
Menu à la carte 16/27.
 • Gegenüber dem Rathaus wurde 1596 dieses Juwel der Renaissance erbaut. Jeder Stein zeugt von Historie und Ihr Aufenthalt in dem ehrwürdigen Haus wird zur Reise durch die Zeit.

In Rothenburg-Detwang über ④ : 3 km :

Schwarzes Lamm, Detwang 21, ✉ 91541, ℘ (09861) 67 27, *info@hotelschwarzes lamm-rothenburg.de*, Fax (09861) 86899, 😊 – 📺 ⬛ 🅿 ⓜ 💳
geschl. 10. Jan. - Ende Feb. – **Menu** *(geschl. Montag)* à la carte 11,50/25 – **30 Zim** ⇌ 47/50 – 65/70 – ½ P 14.
 • Im Dreißigjährigen Krieg erfüllte der Gasthof seine Funktion als Hauptquartier des Feldherrn Piccolomini. Heute geht es zum Glück friedlich zu in den nett bestückten Zimmern. Fränkische Gaststube mit Kachelofen.

In Steinsfeld-Bettwar über ④ : 5 km :

Alte Schreinerei, Bettwar 52, ✉ 91628, ℘ (09861) 15 41, *alte.schreinerei@t-on line.de*, Fax (09861) 86710, 😊 – 📺 🅿
geschl. Jan. – **Menu** *(geschl. Donnerstag)* à la carte 10/24 – **12 Zim** ⇌ 25/27 – 39/54.
 • Das Haus macht seinem Namen alle Ehre! In den Zimmern finden sich solide, vom Schreiner angefertigte Möbel aus behaglich wirkenden, hellen Hölzern. Holz, alte Schreinerwerkzeuge und ein Kachelofen prägen das Restaurant.

In Steinsfeld-Hartershofen über ① : 7 km :

Zum Schwan, Hartershofen 39, ✉ 91628, ℘ (09861) 33 87, *zumschwan-schaumann @t-online.de*, Fax (09861) 3087, 😊 – 📺 ⬛ 🅿 ⓜ 💳
geschl. über Fasching 2 Wochen, Nov. 1 Woche – **Menu** *(geschl. Dienstag)* à la carte 12/28 – **14 Zim** ⇌ 27/35 – 42/55.
 • Eine schmucke gelbe Fassade mit Fachwerk-Erker lädt ein, eines der frisch renovierten und praktisch ausgestatteten Gästezimmer des 1874 erbauten Gasthofs zu beziehen. Ländlich-schlicht gestaltetes Restaurant.

In Steinsfeld-Reichelshofen über ① : 7 km :

Landwehrbräu (mit Gästehaus), Reichelshofen 8, ✉ 91628, ℘ (09865) 98 90, *hotel@landwehr-braeu.de*, Fax (09865) 989686, 😊 – 🛗 📺 ✆ ⬛ 🅿 – 🏛 30. 🆎 ⓞ ⓜ 💳
geschl. 5. - 30. Jan. – **Menu** à la carte 18/34 ♀ – **37 Zim** ⇌ 57/63 – 75/90 – ½ P 19.
 • Seit 1387 existiert dieses schöne Fachwerkgebäude. Seither ist viel passiert, in den Zimmern dieser Herberge hat man für seine Gäste Wohnlichkeit mit Komfort kombiniert. Vier verschiedene Galerieräume von rustikal bis Biedermeier stehen zur Verfügung.

In Windelsbach-Linden Nord-Ost : 7 km über Schweinsdorfer Straße Y :

Gasthof Linden-Gästehaus Keitel 🌲, Linden 25, ✉ 91635, ℘ (09861) 9 43 30, *galin@t-online.de*, Fax (09861) 943333, 😊, 🐎 – 📺 ⬛ 🅿 – 🏛 25. ⓜ 💳
geschl. 28. Dez. - 6. Jan., Anfang Aug. 2 Wochen – **Menu** *(geschl. Montag)* à la carte 11/24 – **18 Zim** ⇌ 22/28 – 43/48 – ½ P 9.
 • Ein gestandener Dorfgasthof mit neu gebautem, nur eine Minute entferntem Gästehaus. In schlichten, aber behaglichen Zimmern erleben Sie hier eine ländliche Idylle. Helles, freundlich in blau und rosa dekoriertes Restaurant.

In Windelsbach Nord-Ost : 9 km über Schweinsdorfer Straße Y :

Landhaus Lebert 🌲 mit Zim, Schloßstr. 8, ✉ 91635, ℘ (09867) 95 70, *info@ landhaus-lebert.de*, Fax (09867) 9567, 😊 – ⃝ Zim, 📺 🅿 🆎 ⓜ 💳
geschl. Ende Aug. - Anfang Sept., Montag, Dienstagmittag – **Menu** à la carte 19/38 – **10 Zim** ⇌ 33/50 – 42/75 – ½ P 13.
 • Aus einem bäuerlichen Anwesen entstand 1970 dieser schöne Dorfgasthof. Hier kocht man international und regional, stets schmackhaft und mit guten, meist heimischen Produkten.

1239

ROTHENFELDE, BAD Niedersachsen 417 J 8 – 6 900 Ew – Höhe 112 m – Heilbad.

B Kur- und Touristik, Am Kurpark 12, ⊠ 49214, ℘ (05424) 18 75, Fax (05424) 69351.
Berlin 414 – Hannover 135 – Bielefeld 31 – Münster (Westfalen) 45 – Osnabrück 25.

Drei Birken, Birkenstr. 3, ⊠ 49214, ℘ (05424) 64 20, Fax (05424) 64289, 佘, Massage, ♣, ≘s, ⌧, 溽 – ≡, ⇔ Zim, ⊡ & ₪ – 益 30. ⊡ ⓞ ⓒ VISA
Menu (geschl. Jan. - Feb.) à la carte 17/35 – **42 Zim** ⊇ 54/62 – 70/100 – ½ P 10.

♦ Ein zeitgemäßes Kur- und Urlaubshotel, das Ihnen größtenteils geräumige Zimmer und eine komplette Badeabteilung mit Schönheitsfarm zur Verfügung stellt. Restaurant mit verschiedenen gemütlichen Stuben.

Dreyer garni, Salinenstr. 7, ⊠ 49214, ℘ (05424) 2 19 00, hotel-dreyer@surf2000.de, Fax (05424) 219029 – ⇔ ⊡ ⓒ VISA. ⋘
geschl. Ende Jan. - Anfang Feb. – **16 Zim** ⊇ 38/44 – 58/64.

♦ Gegenüber der Saline liegt dieses neuzeitliche Haus, in dem man Ihnen helle, zum größten Teil renovierte Zimmer anbietet. Eine Küche steht jederzeit zur Benutzung bereit.

ROTTACH-EGERN Bayern 420 W 19 – 5 500 Ew – Höhe 731 m – Heilklimatischer Kurort - Wintersport : 740/1 700 m ≴1 ≴3 ≵.

B Kuramt, Nördliche Hauptstr. 9 (Rathaus), ⊠ 83700, ℘ (08022) 67 13 41, info@rotach-egern.de, Fax (08022) 671347.
Berlin 645 – München 56 – Garmisch-Partenkirchen 81 – Bad Tölz 22 – Miesbach 21.

Dorint Seehotel Überfahrt ⑤, Überfahrtstr. 10, ⊠ 83700, ℘ (08022) 66 90, info.mucteg@dorint.com, Fax (08022) 6691000, ≤ See und Berge, 佘, Massage, ⌘, ≘s, ⌧ (geheizt), ⌧, 🞈, 溽 – ≡, ⇔ Zim, ⊟ ⊡ ≤ & ⚹ ⇔ – 益 60. ⊡ ⓞ ⓒ VISA JCB. ⋘ Rest
Herbert Schönberner (geschl. 23. Feb. - 12. März, 27. Juli - 27. Aug., Sonntag - Montag) (nur Abendessen) **Menu** à la carte 38/73 – **Egerner Bucht :** Menu à la carte 34/46 – **188 Zim** ⊇ 230/305 – 280/355, 22 Suiten – ½ P 38.

♦ Exklusivität in Stil und Design direkt am See! Edle Einzelstücke und Sonderanfertigungen aus aller Welt bilden eine elegante Einheit. Mit luxuriösem Spa. Klassische Küche im opulenten Schönberner. Egerner Bucht mit anspruchsvollem Ambiente und Blick zum See.

Bachmair am See ⑤, Seestr. 47, ⊠ 83700, ℘ (08022) 27 20, reservierung@bachmair.de, Fax (08022) 272790, ≤, 佘, Massage, ♣, ⌘, ≘s, ⌧ (geheizt), ⌧, 溽 – ❚ ⊡ ≤ ⚹ ⇔ ₪ – 益 140. ⊡ ⓞ ⓒ VISA JCB
Menu à la carte 36/58 (auch Diät) – **288 Zim** (nur ½ P) 125/175 – 220/269, 12 Suiten.

♦ Das aus mehreren Gebäuden bestehende Traditionshotel in dem schönen Park besticht durch seine filmreife Lage sowie durch gemütliche Zimmer und Suiten von höchster Eleganz. Diverse Restaurants, von rustikal-bayerisch bis elegant, stehen zur Verfügung.

Park-Hotel Egerner Hof M ⑤, Aribostr. 19, ⊠ 83700, ℘ (08022) 66 60, egho@aol.com, Fax (08022) 666200, ≤, 佘, Massage, ≘s, ⌧, 溽 – ❚ ⊡ ≤ & ⇔ ₪ – 益 55. ⋘ Rest
Dichterstub'n (geschl. Dienstag) (nur Abendessen) **Menu** à la carte 50/68 – **Hubertusstüberl-St. Florian :** Menu à la carte 32/44 – **93 Zim** ⊇ 119/138 – 183/244, 18 Suiten – ½ P 28.

♦ Der gediegene Landhausstil mit hübschen floralen Stoffen erzeugt in dem Urlaubshotel eine heitere Atmosphäre mit viel Charme und behaglicher Wohnkultur. Rustikal-elegante Dichterstub'n. Gemütliches Hubertusstüberl und St. Florian mit freundlichem Ambiente.

Gästehaus Haltmair garni, Seestr. 35, ⊠ 83700, ℘ (08022) 27 50, info@haltmair.de, Fax (08022) 27564, ≤, ≘s, – ❚ ⊡ ⇔ ₪
42 Zim ⊇ 41/98 – 98/113.

♦ Dieses Haus liegt eingebettet in eine schöne Gartenanlage am See. Der Zimmerbereich überzeugt mit einem wohnlichen Landhausstil und freundlicher farblicher Gestaltung.

Reuther ⑤ garni (mit Gästehaus), Salitererweg 6, ⊠ 83700, ℘ (08022) 2 40 24, info@hotel-reuther.de, Fax (08022) 24026, 溽 – ⊡ ₪ ⓒ VISA. ⋘
26 Zim ⊇ 40/60 – 75/95.

♦ Gediegene Rustikalität bestimmt den Stil des Gästehauses in zentraler und doch ruhiger Lage. Die Zimmer sind teils mit Eichenmöbeln, teils mit Naturholz eingerichtet.

Seerose ⑤ garni, Stielerstr. 13, ⊠ 83700, ℘ (08022) 92 43 00, hotel-seerose@t-online.de, Fax (08022) 24846, 溽 – ❚ ⊡ ₪
geschl. Nov. - 20. Dez. – **19 Zim** ⊇ 52 – 82/89.

♦ Ein hübsches, im traditionellen Stil - mit Balkonfassade - erbautes Haus, das Sie mit rustikalen Zimmern und einem gemütlichen Frühstücksraum mit Kachelofen erwartet.

ROTTENBUCH Bayern 419 420 W 16 – 1 700 Ew – Höhe 763 m – Erholungsort.

Sehenswert : Mariä-Geburts-Kirche★.
Ausflugsziele : Wies (Kirche★★) Süd-West : 12 km – Echelsbacher Brücke★ Süd : 3 km.
🛈 Touristik-Informations-Büro, Klosterhof 36, ⊠ 82401 ℘ (08867) 14 64, tourist info@rottenbuch.de, Fax (08867) 1858.
Berlin 644 – München 70 – Garmisch-Partenkirchen 39 – Landsberg am Lech 40.

Café am Tor garni, Klosterhof 1, ⊠ 82401, ℘ (08867) 92 10 40, Fax (08867) 921040 – **P**
geschl. Mitte Nov. - Mitte Dez. – **10 Zim** ⊇ 31 – 62.
♦ Wenn Sie eine blitzsaubere und nette Übernachtungsmöglichkeit suchen, werden Sie hier fündig ! Frisch renovierte, helle Zimmer stehen zum Einzug für Sie bereit.

In Rottenbuch-Moos Nord-West : 2 km :

Moosbeck-Alm 🦌, Moos 38, ⊠ 82401, ℘ (08867) 9 12 00, hotel.moosbeck-alm@t -online.de, Fax (08867) 912020, 😀, 🏊 (geheizt), 🐎, 🍴 – 📺 🚗 **P**
geschl. 15. - 30. Jan., 15. Nov. - 15. Dez. – **Menu** (geschl. Nov. - März Dienstag) à la carte 16/26 – **20 Zim** ⊇ 40/45 – 72/76 – ½ P 15.
♦ Umgeben von Wiesen und Wäldern liegt das nette Hotel in sonniger Alleinlage. Mit Antiquitäten bestückte Zimmer und die schöne Gartenterrasse machen den Charme des Hauses aus. Essen serviert man in der rustikalen König-Ludwig-Stube oder im lichten Wintergarten.

ROTTENBURG AM NECKAR Baden-Württemberg 419 U 10 – 43 000 Ew – Höhe 349 m.

🏌 🏌 Starzach-Sulzau, Schloß Weitenburg (West : 11 km), ℘ (07472) 80 61.
🛈 Amt für Tourismus, Marktplatz 18 (Rathaus), ⊠ 72108, ℘ (07472) 91 62 36, info@wtg-rottenburg.de, Fax (07472) 916233.
Berlin 682 – Stuttgart 55 – Freudenstadt 47 – Reutlingen 26 – Villingen-Schwenningen 76.

Convita 🅼, Röntgenstr. 38 (im Industriegebiet), ⊠ 72108, ℘ (07472) 92 90, info@hotel-convita.de, Fax (07472) 929888, 😀 – 🛗, 🛏 Zim, 📺 📞 🚗 **P** – 🛎 100. 🅰🅴 ⓘ 🅼🅾 🆅🅸🆂🅰
Menu (geschl. Samstagmittag, Sonntagabend) à la carte 23/34 – **63 Zim** ⊇ 83/85 – 102/110.
♦ Modern und farblich angenehm abgestimmt wie die Eingangshalle sind auch die Zimmer in diesem Haus. In den geschmackvollen Suiten umgibt Sie ein Hauch von Luxus. Das elegante Restaurant lockt mit niveauvollem Ambiente.

Martinshof, Eugen-Bolz-Platz 5, ⊠ 72108, ℘ (07472) 91 99 40, martinshof-ro@t-online.de, Fax (07472) 24691 – 🛗, 🛏 Zim, ▦ Rest, 📺 📞 🚗 – 🛎 130. 🅰🅴 ⓘ 🅼🅾 🆅🅸🆂🅰, 🍴
geschl. 3. - 27. Aug. – **Menu** (geschl. Sonntagabend - Montag) à la carte 22/35 – **34 Zim** ⊇ 49/55 – 78.
♦ Nach kompletten Renovierung vermietet man hier Gästezimmer, die technisch auf einem guten Stand sind und mit gemaserten Holzmöbeln nett eingerichtet wurden. Solide Holzpolster und eine neuzeitlich-schlichte Ausstattung kennzeichnen das Restaurant.

Württemberger Hof (mit Gästehaus), Tübinger Str.14, ⊠ 72108, ℘ (07472) 9 63 60, info@wuerttembergerhof.de, Fax (07472) 43340 – 🛏 Zim, 📺 📞 **P**. 🅼🅾 🆅🅸🆂🅰. 🍴 Zim
Menu (geschl. Donnerstag, Sonntagabend) à la carte 18/33 – **17 Zim** ⊇ 50/55 – 78/84.
♦ Links vom Neckar, kurz hinter dem Ortseingang, liegt der renovierte Gasthof. Ihre Gastgeberinnen stellen Ihnen bequeme, in hellem Holz gehaltene Zimmer zur Verfügung. Gemütliches, im Stil einer "guten Stube" dekoriertes Restaurant.

ROTTENDORF Bayern siehe Würzburg.

ROTTHALMÜNSTER Bayern 420 U 23 – 4 400 Ew – Höhe 359 m.

Berlin 636 – München 148 – Passau 36 – Salzburg 110.

In Rotthalmünster-Asbach Nord-West : 4 km :

Klosterhof St. Benedikt 🦌, Hauptstr. 52, ⊠ 94094, ℘ (08533) 20 40 (Hotel) 18 59 (Rest.), info@kloster-asbach.de, Fax (08533) 20444, Biergarten, 🐎 – 📺 **P** – 🛎 60. 🍴 Rest
geschl. Jan. - Feb. – **Menu** (geschl. Jan., Montag) à la carte 12/24 – **24 Zim** ⊇ 33/40 – 56/59.
♦ Wohnen im ehemaligen Benediktinerkloster a. d. 11. Jh. ! Die Zimmer befinden sich teils in den Mönchsklausen und haben eine zeitlose Ausstattung. Teil des Nationalmuseums. Ein schönes Gewölbe, Holzböden und Stuckarbeiten prägen den Stil des Restaurants.

ROTTWEIL Baden-Württemberg **419** V 9 – 25 000 Ew – Höhe 600 m.

Sehenswert: Hauptstraße ≼* – Heiligkreuzmünster (Retabel*) – Dominikanermuseum (Orpheus-Mosaik *, Sammlung schwäbischer Plastiken *) – Kapellenturm (Turm*) Altstadt*.

Ausflugsziel: Dreifaltigkeitskirche* (*✻*) Süd-Ost : 20 km.

🛈 Tourist-Information, Hauptstr. 21, ✉ 78628, ℘ (0741) 49 42 80, tourist information@rottweil.de, Fax (0741) 494373.

Berlin 724 – Stuttgart 98 – Konstanz 87 – Offenburg 83 – Tübingen 59 – Donaueschingen 33.

🏨 **Johanniterbad** ⚘, Johannsergasse 12, ✉ 78628, ℘ (0741) 53 07 00, johanniterbad@ringhotels.de, Fax (0741) 41273, 🍴 – 🛗, ⇌ Zim, 📺 ☎ 🅿 – 🔔 30. 🅰🅴 ① ◯ 🆅🅸🆂🅰
geschl. 2. - 17. Jan – **Menu** (geschl. Aug. 1 Woche, Sonntagabend - Montagmittag) à la carte 22/37 – **36 Zim** ⚏ 57/75 – 86/107.
◆ Ursprünglich war das Haus die Badestube der Herren von St. Johann, später entwickelte es sich zum Gästehaus. Reservieren Sie eines der geräumigen Zimmer im Altbau ! Das Restaurant empfängt Sie mit gediegener Behaglichkeit. Schöne Gartenterrasse.

🏨 **Sailer** Ⓜ garni, Karlstraße 3, ✉ 78628, ℘ (0741) 9 42 33 66, info@hotel-sailer.de, Fax (0741) 9423377 – 🛗 ⇌ 📺 ☎ 🅿 🅰🅴 ◯ 🆅🅸🆂🅰
– **18 Zim** ⚏ 56/76 – 81/136.
◆ Eine neuzeitliche Adresse, die sehr farbenfroh gestaltet ist. Moderne Zimmer in drei verschiedenen Kategorien, von economy bis deluxe, stehen den Gästen zur Verfügung.

🏨 **Romantik Hotel Haus zum Sternen**, Hauptstr. 60, ✉ 78628, ℘ (0741) 5 33 00, sternen@romantikhotels.com, Fax (0741) 533030, 🍴, (Haus a.d. 14. Jh.) – ⇌ Zim, 📺 ☎ – 🔔 15. 🅰🅴 ◯ 🆅🅸🆂🅰
Menu (geschl. Jan. 1 Woche, Montag) (wochentags nur Abendessen) à la carte 22/35 – **11 Zim** ⚏ 51/80 – 95/125.
◆ Das Patrizierhaus aus dem 14. Jh. hat Zimmer, die alle unterschiedlich mit Antiquitäten aus verschiedenen Epochen, vom Barock bis zum Klassizismus, eingerichtet sind. Restaurant und sehenswertes Gotisches Stüble mit historischem Ambiente.

🏨 **Bären**, Hochmaurenstr. 1, ✉ 78628, ℘ (0741) 17 46 00, info@baeren-rottweil.de, Fax (0741) 1746040, 🍴, ☎ – 🛗, ⇌ Zim, 📺 ☎ 🅿 – 🔔 20. 🅰🅴 ◯ 🆅🅸🆂🅰 🅹🅲🅱
geschl. 23. Dez. - 6. Jan. – **Menu** (geschl. Samstag, Sonntagabend) à la carte 21/36 – **25 Zim** ⚏ 76/80 – 82/110.
◆ Das Wappentier ziert die beige-weiße Fassade des Hotels, dessen Zimmer teils praktisch rustikal, teils neuzeitlich ausgestattet sind, und das sehr gepflegt wirkt. Holzvertäfelung und bürgerlich-rustikale Einrichtung im Restaurant.

🏨 **Park-Hotel**, Königstr. 21, ✉ 78628, ℘ (0741) 5 34 30, info@parkhotel-rottweil.de, Fax (0741) 534330, 🍴 – ⇌ Zim, 📺 ◯ 🆅🅸🆂🅰 ⚘
geschl. 24. Dez. - 7. Jan. – **Menu** (geschl. 1. - 15. Juni, Samstag, Sonn- und Feiertage) à la carte 21/33 – **15 Zim** ⚏ 48/68 – 85/98.
◆ Das Hotel ist in einem hübschen Stadthaus mit Ecktürmchen untergebracht. Sie übernachten in gepflegten Räumen, die teils über kleine Sitzgruppen verfügen. Gemütliche Bacchusstube im Stil einer Weinstube.

🍽🍽🍽 **Villa Duttenhofer**, Königstr. 1, ✉ 78628, ℘ (0741) 4 31 05, restaurant@villaduttenhofer.de, Fax (0741) 41595 – 🅿 ① ◯ 🆅🅸🆂🅰
L'Etoile (geschl. Juli - Aug., Sonntag - Montag) (nur Abendessen) (Tischbestellung erforderlich) **Menu** 46/68 und à la carte – **Weinstube/Pavillon** (geschl. Sept. 2 Wochen, Montag) **Menu** à la carte 20/43.
◆ Im 1. Stock der im Jugendstil erbauten Villa Duttenhofer befindet sich das elegante Restaurant L'Etoile, wo Sie ein freundliches Team mit mediterranen Speisen bewirtet. Im Erdgeschoß sind die gemütliche Weinstube und ein lichtdurchfluteter Pavillon beheimatet.

In Deißlingen Süd : 9 km in Richtung Schwenningen :

🏨 **Hirt**, Oberhofenstr. 5, ✉ 78652, ℘ (07420) 9 29 10, Fax (07420) 9291333, 🍴 – 📺 ☎ ☎ 🅿 – 🔔 40. 🅰🅴 ① ◯ 🆅🅸🆂🅰
Menu (geschl. Aug. 2 Wochen, Sonntagabend) à la carte 14,50/28 – **36 Zim** ⚏ 26/49 – 56/72.
◆ Egal, ob Sie als Urlauber oder Geschäftsreisender kommen, in den solide, teils mit Wurzelholz möblierten Zimmern finden Sie ein nettes Zuhause auf Zeit.

In Zimmern-Horgen Süd-West : 7,5 km in Richtung Hausen – Erholungsort :

🍽🍽 **Linde Post** ⚘ mit Zim, Alte Hausener Str. 8, ✉ 78658, ℘ (0741) 3 33 33, lindepost@lindepost.de, Fax (0741) 32294, ⇌ Zim, 📺 🅿 🆅🅸🆂🅰
Menu (geschl. Donnerstag) à la carte 22/43 – **7 Zim** ⚏ 46 – 76.
◆ Angenehme Farbgebung, hübsche Stoffe und moderne Bilder machen den mediterranen Charme dieses Lokals aus. Das Essen ist teils regional, teils gehoben. Wohnliche Zimmer.

RUBKOW Mecklenburg-Vorpommern siehe Anklam.

UBOW Mecklenburg-Vorpommern 416 E 18 – 200 Ew – Höhe 37 m.
Berlin 223 – Schwerin 21 – Güstrow 47 – Lübeck 82 – Rostock 67.

In Rubow-Flessenow West : 7,5 km :

Seewisch ⟨⟩, Am Schweriner See 1d, ⌧ 19067, ℘ (03866) 4 61 10, info@seewisch.de, Fax (03866) 4611166, 🍽, ⇌ – ⭑ Zim, TV P – 🔑 20. ⓜ VISA
geschl. 6. – 17. Jan. – **Menu** à la carte 21/30 – **25 Zim** ⌒ 55/75 – 80/120 – ½ P 16.
♦ Das Innere des mit Rotklinkern und Fachwerk neu gebauten Hotels in schöner Lage am See ist leicht rustikal gehalten. Die Zimmer sind hell und freundlich. Nettes, ländliches Restaurant mit Kachelofen.

UDERSBERG Baden-Württemberg 419 T 12 – 9 600 Ew – Höhe 278 m.
Berlin 600 – Stuttgart 43 – Heilbronn 47 – Göppingen 37.

In Rudersberg-Schlechtbach Süd : 1 km :

Sonne (mit Gasthof), Heilbronner Str. 70, ⌧ 73635, ℘ (07183) 30 59 20, info@sonne-rudersberg.de, Fax (07183) 30592444, 🍽, 🛁, ⇌, 🏊 – |🛗|, ⭑ Zim, TV 📞 P – 🔑 50. ⓜ VISA
geschl. 1. – 12. März – **Menu** (geschl. Freitag) à la carte 13/30 – **43 Zim** ⌒ 36/72 – 57/82.
♦ Hier haben Sie die Wahl : schlichte, rustikal eingerichtete Zimmer im Gasthof oder neuzeitlich und praktisch gestaltete Räumlichkeiten im modernen Gästehaus. Gaststuben mit einer leicht rustikalen Einrichtung in dunklem Holz.

UDOLSTADT Thüringen 418 N 18 – 28 000 Ew – Höhe 209 m.
Sehenswert : Schloss Heidecksburg★ (Säle im Rocaille-Stil★★).
🛈 Tourist-Information, Marktstr. 57, ⌧ 07407, ℘ (03672) 42 45 43, ru-info@saale-net.de, Fax (03672) 431286.
Berlin 284 – Erfurt 48 – Coburg 79 – Suhl 65.

Adler garni, Markt 17, ⌧ 07407, ℘ (03672) 44 03, webmaster@adler-rudolstadt.de, Fax (03672) 440444, 🍽 – ⭑ Zim, TV 📞 P – 🔑 20. ⓜ VISA
29 Zim ⌒ 46/60 – 80/90.
♦ Harmonisch in das Ensemble des alten Marktes eingebunden, bot das Haus von 1601 schon Goethe ein stilvolles Logis. Altes Parkett und schöne Möbel laden zum Verweilen ein.

Thüringer Hof, Bahnhofsgasse 3 (an der B 85/88), ⌧ 07407, ℘ (03672) 41 24 22, Fax (03672) 412423 – TV. ⓞ ⓜ VISA JCB
Menu (geschl. Sonntagabend) à la carte 15/20 – **15 Zim** ⌒ 43/52 – 50/65.
♦ Ein altes Stadthaus wurde renoviert und bietet nun ausreichend große, mit honigfarbenem, zeitlosem Mobiliar eingerichtete Gästezimmer. Dunkle Holzvertäfelung nach altdeutscher Art prägt das Ambiente des Restaurants.

Am Marienturm Süd-Ost : 3 km :

Panoramahotel Marienturm ⟨⟩, Marienturm 1, ⌧ 07407, ℘ (03672) 4 32 70, info@hotel-marienturm.de, Fax (03672) 432785, ≤ Rudolstadt und Saaletal, 🍽, ⇌ – ⭑ Zim, TV 📞 ♿ P – 🔑 30. AE ⓜ VISA
Menu à la carte 17/34 – **29 Zim** ⌒ 51/59 – 80/96.
♦ Seit Jahren ist der Marienturm mit der Aussichtsterrasse ein beliebtes Ausflugsziel. Nach der Wende wurde das Logierhaus modernisiert und ein neuer Hotelkomplex angebaut. Das Restaurant auf zwei Ebenen, am Herd steht der Chef persönlich.

In Rudolstadt-Mörla West : 1 km :

Hodes ⟨⟩ (mit Gästehaus), Mörla Nr. 1, ⌧ 07407, ℘ (03672) 41 01 01, Fax (03672) 424568, Biergarten – ⭑ Zim, TV P – 🔑 50. AE ⓞ ⓜ VISA
Menu à la carte 11/17 – **15 Zim** ⌒ 40/45 – 60/65.
♦ Die Zimmer dieser ländlichen Adresse verteilen sich auf das vorgelagerte Gästehaus und das Haupthaus. Die Ausstattung ist einheitlich mit hellen Naturholzmöbeln.

In Uhlstädt-Weißen Nord-Ost : 9 km :

Kains Hof ⟨⟩, Weißen Nr. 19, ⌧ 07407, ℘ (036742) 6 11 30, Fax (036742) 61011, 🍽 – TV 📞 P. ⓜ VISA
geschl. Jan. – **Menu** (Okt. – April Montag – Donnerstag nur Abendessen) à la carte 16/27 – **15 Zim** ⌒ 41 – 58/62.
♦ Das ehemalige landwirtschaftliche Anwesen im Fachwerkstil gruppiert sich um einen hübschen Innenhof mit Terrasse. Im Inneren überzeugt die gemütlich-rustikale Einrichtung. Restaurant mit viel dunklem Holz und hübscher Wintergarten.

RÜCKERSDORF Bayern 419 420 R 17 – 4 000 Ew – Höhe 326 m.
Berlin 422 – München 174 – Nürnberg 17 – Bayreuth 67.

XX **Roter Ochse,** Hauptstr. 57 (B 14), ✉ 90607, ℘ (0911) 5 75 57 50, info@roteochse.de, Fax (0911) 5755751, 🌺 – ⤫ P. ◉◉ VISA
geschl. 10. - 24. Juni, Dienstag, Sonntag – **Menu** à la carte 26/42.
• Mit rustikalem Charme und schönem Holzboden präsentiert sich die Gaststube des denmalgeschützten Gasthofs a. d. 17. Jh. Freuen Sie sich auf eine schmackhafte Küche.

RÜCKHOLZ Bayern siehe Seeg.

RÜDESHEIM AM RHEIN Hessen 417 Q 7 – 10 000 Ew – Höhe 85 m.
Ausflugsziel: Kloster Eberbach★★ (Weinkeltern★★).
🛈 Tourist Information, Geisenheimer Str. 22, ✉ 65385, ℘ (06722) 90 61 50, Fax (06722) 3485.
Berlin 592 – Wiesbaden 31 – Bad Kreuznach 70 – Koblenz 65 – Mainz 34.

🏨 **Rüdesheimer Schloss** M, Steingasse 10, ✉ 65385, ℘ (06722) 9 05 00, ruedesheimer-schloss@t-online.de, Fax (06722) 47960, 🌺 – ⌘ TV 📞 🕭 ⇔ P. – 🛋 50. AE ◉ ◉◉ VISA JCB
geschl. Weihnachten - Anfang Jan. – **Menu** (geschl. Weihnachten - Ende Jan.) (bemerkenswertes Angebot Rheingauer Weine) à la carte 16/32 ♀ – **21 Zim** ⇌ 95/105 115/135.
• Ein reizvoller Kontrast ergibt sich aus der Kombination von Architektur aus dem Jahr 1729 und der Einrichtung mit modernen Designermöbeln. Zentral und nah am Rhein gelegen. Der gastronomische Bereich ist im Stil einer historischen Weinstube gestaltet.

🏨 **Central-Hotel,** Kirchstr. 6, ✉ 65385, ℘ (06722) 91 20, centralhotel@t-online.de, Fax (06722) 2807 – ⌘, ⤫ Zim, TV ⇔ P. – 🛋 15. AE ◉ ◉◉ VISA
geschl. 20. Dez. - Mitte März – **Menu** (geschl. Nov.- März Donnerstag) (wochentags nur Abendessen) à la carte 17/33 – **50 Zim** ⇌ 66/82 – 90/148.
• Aus einer Weinkellerei entstanden, bietet das Haus heute Reisenden eine nette Unterkunft in modernen, mit zeitgemäßer Ausstattung versehenen Räumlichkeiten. Restaurant mit offenem Kamin und bleiverglasten Fenstern.

🏨 **Trapp,** Kirchstr. 7, ✉ 65385, ℘ (06722) 9 11 40, hotel-trapp@t-online.de, Fax (06722) 47745 – ⌘ TV 📞 ⇔ P. – 🛋 15. ◉◉ VISA JCB. ✻ Rest
11. März - 19. Dez. – **Entenstube** (wochentags nur Abendessen) **Menu** à la carte 18/40 – **38 Zim** ⇌ 65/85 – 95/130.
• Im Zentrum des romantischen Städtchens finden Sie hier mit rustikaler Eiche oder hellen Holzmöbeln ausgestattete und sehr gut unterhaltene Quartiere. "Viel Ambiente rund um die Ente": das Federvieh findet man in der Entenstube als Deko und in Topf und Pfanne.

🏨 **Zum Bären,** Schmidtstr. 24, ✉ 65385, ℘ (06722) 9 02 50, info@zumbaeren.de, Fax (06722) 902513 – ⌘ TV ⇔ P. – 🛋 20. ◉◉ VISA
geschl. März – **Menu** (geschl. Sonntagabend, Nov. - Mai Sonntagabend - Montag) à la carte 16/30 – **24 Zim** ⇌ 66/95 – 86/160.
• Im Jahre 1997 wurde das Hotel komplett umgebaut. Die neu entstandenen Zimmer unterscheiden sich im Zuschnitt, ansonsten sind sie einheitlich mit hellem Holz bestückt. Rustikaler Restaurantbereich.

🏨 **Traube-Aumüller,** Rheinstr. 6, ✉ 65385, ℘ (06722) 91 40, hotel@traubeaumueller.com, Fax (06722) 1573, 🌺, ≋, 🏊 – ⌘, ⤫ Zim, TV ⇔ – 🛋 25. AE ◉ ◉◉ VISA JCB. ✻ Rest
geschl. 20. Dez. - Feb. – **Menu** à la carte 16/37 – **122 Zim** ⇌ 55/105 – 90/140.
• Nur die Uferstraße und die Bahnlinie trennen die beiden miteinander verbundenen Hotelbauten vom Rhein. Helle, gut gepflegte Gästezimmer stehen zum Einzug bereit. Zwei Restaurants mit Blick auf den Rhein.

🏨 **Felsenkeller,** Oberstr. 39, ✉ 65385, ℘ (06722) 9 42 50, felsenkeller@ruedesheim-rhein.com, Fax (06722) 47202, 🌺 – ⌘ TV 📞 P. AE ◉◉ VISA JCB. ✻ Rest
April - Okt. – **Menu** à la carte 17/43 – **60 Zim** ⇌ 60/92 – 77/128.
• Unweit der weltberühmten Drosselgasse liegt dieses teils im Fachwerkstil gebaute Hotel. Sie werden in schlichten, aber praktischen Räumen gut untergebracht. Großzügig geschnittenes, rustikal eingerichtetes Restaurant und hübsche Terrasse.

🏨 **Rheinhotel** garni, Kaiserstr. 1, ✉ 65385, ℘ (06722) 90 30, info@rheinhotel-ruedesheim.de, Fax (06722) 903199, ≋, 🏊 – ⌘ TV 📞 P. – 🛋 30. AE ◉ ◉◉ VISA JCB
geschl. 23. Dez. - 15. März – **22 Z** ⇌ 68/82 – 84/94.
• Familiengeführtes Hotel im Herzen der Rheinstadt: zeitgemäß ausgestattete Zimmer und ein netter Frühstücksraum im Stil einer Weinstube stehen für die Gäste bereit.

RÜDESHEIM AM RHEIN

Rüdesheimer Hof, Geisenheimer Str. 1, ⌧ 65385, ℘ (06722) 9 11 90, *ruedesheimerhof@t-online.de*, Fax (06722) 48194, 🍴 – 📶 📺 🅿 🎫 ⓞ ⓜ 💳
geschl. Mitte Dez. - 1. März – **Menu** à la carte 15/27 – **38 Zim** ⇌ 62/65 – 77/92.
♦ Der größte Teil der Übernachtungszimmer des Hauses wurde renoviert und weiß nun mit hellem Naturholzmobiliar oder weiß eingefärbten Möbeln zu gefallen. Man ißt in der heimeligen Bauernstube oder im Kaminzimmer mit gemütlichem Ambiente.

Außerhalb *Nord-West : 5 km über die Straße zum Niederwald-Denkmal :*

Jagdschloss Niederwald 🌲 (mit Gästehaus), Am Niederwald 1, ⌧ 65385 Rüdesheim, ℘ (06722) 7 10 60, *jnrued@aol.com*, Fax (06722) 7106666, 🍴, ⇌s, ⊠, 🏖, 🎾 – 📶, ⇌ Zim, 📺 📞 🚗 🅿 – 🎫 65. 🎫 ⓞ ⓜ 💳
Menu à la carte 19/42 – **52 Zim** ⇌ 84/95 – 133/145.
♦ Ruhig logiert man im prächtigen ehemaligen Jagdschloß der Fürsten von Nassau, hier oben auf dem Niederwald. Das Weinstädtchen Rüdesheim liegt Ihnen dabei zu Füßen. Zeitlos-elegantes Ambiente im Restaurant und schöner Gartenterrasse.

In Rüdesheim-Assmannshausen *Nord-West : 5 km :*

Krone Assmannshausen, Rheinuferstr. 10, ⌧ 65385, ℘ (06722) 40 30, *krone-ass@t-online.de*, Fax (06722) 3049, ≤, 🍴, ⊠ (geheizt), ⇌ – 📶, ⇌ Zim, 📺 📞 🚗 🅿 – 🎫 60. 🎫 ⓞ ⓜ 💳 🚂
Menu (bemerkenswerte Weinkarte) 25 (mittags)/75 à la carte 40/60 – ⇌ 13 – **65 Zim** 90/150 – 140/210, 5 Suiten.
♦ Luxuriöse Zimmer, individuell eingerichtet und mit Antiquitäten bestückt, warten in dem türmchenverzierten Hotel aus dem 16. Jh. auf Besucher. Aufwendig gestaltete Bäder! Speisen Sie im klassischen Restaurant oder auf der glyzinienberankten Terrasse.

Alte Bauernschänke (mit Gästehaus), Niederwaldstr. 23, ⌧ 65385, ℘ (06722) 4 99 90, *altebauernschaenke@t-online.de*, Fax (06722) 47912, 🍴, (Fachwerkhaus a.d.J. 1408) – 📶 📺 – 🎫 30. 🎫 ⓜ 💳
Mitte März - Mitte Nov. – **Menu** à la carte 16/31 – **53 Zim** ⇌ 57/91 – 80/108.
♦ Die Bauernschänke ist das Herzstück eines aus fünf Häusern bestehenden historischen Ensembles. Wohnliche, teils renovierte Zimmer. Die geschwärzten Deckenbalken und viele liebevolle Details machen den Charme der Gaststuben aus. Mit lauschiger Laubenterrasse.

Schön, Rheinuferstr. 3, ⌧ 65385, ℘ (06722) 9 06 66 00, *schoen-wein@t-online.de*, Fax (06722) 9066650, ≤, 🍴 – 📶, ⇌ Zim, 📺 🚗 🅿 ⓜ 💳
März - Okt. – **Menu** à la carte 23/35 – **25 Zim** ⇌ 50/65 – 80/110.
♦ Das vormals als Wechselstation für Treidelpferde genutzte Haus bietet Reisenden heute nette Zimmer, fast alle mit Rheinblick und Sonnenbalkon oder Zugang zum Garten. Rustikales Restaurant und schattige Wein-Laubenterrasse.

Unter den Linden, Rheinallee 1, ⌧ 65385, ℘ (06722) 22 88, *unter-den-linden@gmx.de*, Fax (06722) 47201, ≤, 🍴 – 📺 🚗 🅿 ⓜ 💳
Mitte März - Anfang Nov. – **Menu** à la carte 18/30 – **28 Zim** ⇌ 42/60 – 72/100.
♦ Direkt hinterm Haus beginnen die Weinberge, so daß der Blick, je nach Lage Ihres Zimmers, entweder dorthin oder zum nahegelegenen Fluß schweift. Ein besonderes Vergnügen ist es, an warmen Tagen auf der zum Teil überdachten Laubenterrasse zu sitzen.

Ewige Lampe (mit Gästehaus Haus Resi), Niederwaldstr. 14, ⌧ 65385, ℘ (06722) 24 17, Fax (06722) 48459 – 🚗
geschl. 3. Jan. - 27. Feb. – **Menu** (*geschl. Dienstag*) à la carte 16/30 – **21 Zim** ⇌ 40/55 – 70/80.
♦ Ein einfacher, aber gepflegter und nett geführter Familienbetrieb, bestehend aus Haupt- und Gästehaus. Die Zimmer sind teils mit Bauernmöbeln bestückt, einige auch mit Balkon.

In Rüdesheim-Presberg *Nord : 13 km :*

Haus Grolochblick 🌲, Schulstr. 8, ⌧ 65385, ℘ (06726) 7 38, Fax (06726) 81050, ≤, 🍴 – 🅿
geschl. Dez. - Jan. – **Menu** (Restaurant nur für Hausgäste) – **18 Zim** ⇌ 23/28 – 43.
♦ Dieses Haus liegt in einer ruhigen Seitenstraße auf den Höhen des Rheingaugebirges. Wenn Sie ein blitzsauberes, preiswertes Quartier suchen, sind Sie hier richtig.

RÜGEN (Insel) *Mecklenburg-Vorpommern* **416** *C 23,24 – Seebad – Größte Insel Deutschlands, durch ca. 2,5 km langen Damm mit dem Festland verbunden.*
Sehenswert : *Gesamtbild*★ *der Insel mit Badeorten*★ *Binz, Sellin, Babe und Göhren – Putbus*★ *(Circus*★*, Theater*★*, Schlosspark*★*) – Jagdschloss Granitz*★ *(≤*★★*) – Kap Arkona*★ *(≤*★★*) – Stubbenkammer : Königsstuhl*★★*.
🏌 🏌 *Karnitz, Zum Golfplatz (Süd-West : 10 km ab Bergen),* ℘ *(038304) 1 24 20.*
🚗 *in Sassnitz, am Fährhafen.*
⛴ *Fährlinie Sassnitz-Trelleborg,* ℘ *(038392) 6 41 80.*
ab Bergen : Berlin 249 – Schwerin 186 – Greifswald 60 – Stralsund 28.

RÜGEN (Insel)

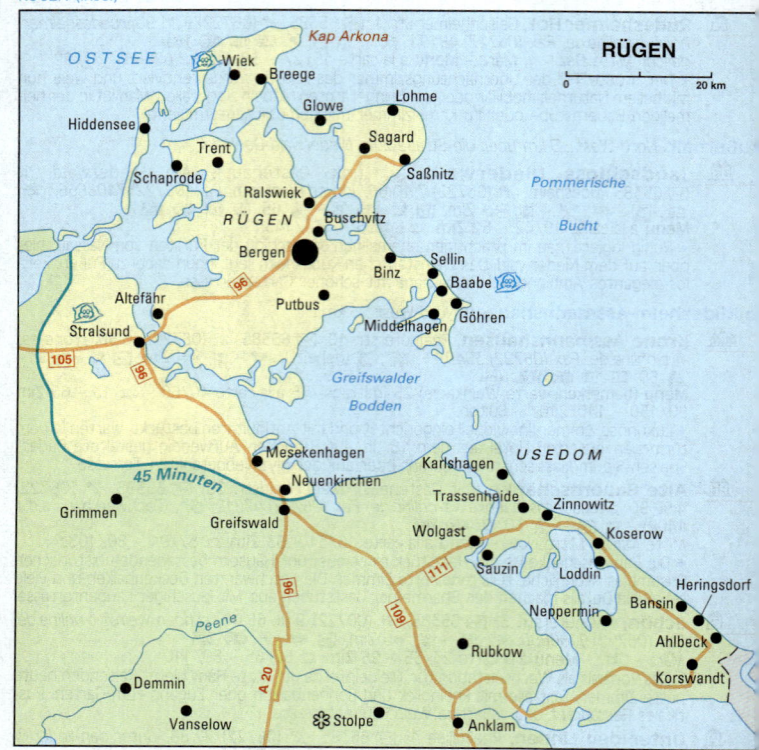

Altefähr – 800 Ew.
Nach Bergen 23 km.

🏨 **Sundblick** garni, Fährberg 8b, ✉ 18573, ✆ (038306) 71 30, Fax (038306) 7131, 🈺
☒ – 📺 VISA ✳
10 Zim ⇌ 46/55 – 70.
♦ Die nette Lage direkt am kleinen Hafen des Ortes und die hübschen, mit frisch wirkender blau-weißen Möbeln eingerichteten Zimmer sprechen für dieses Hotel.

Baabe – 900 Ew – Höhe 25 m – Seebad.
🅱 Kurverwaltung, Fritz-Worm-Str. 1, ✉ 18586, ✆ (038303) 14 20, Fax (038303) 14299.
Nach Bergen 20 km.

🏨 **Solthus am See** ≫, Bollwerkstr. 1, ✉ 18586, ✆ (038303) 8 71 60, info@solthus.de, Fax (038303) 871699, ≤, 🈺, Massage, 🈺, ☒, 🐢 – ✳ Zim, 📺 ✆ ♿ 🅿 – ♨ 30. AE
ⓄD ⓂⒸ VISA
Menu (wochentags nur Abendessen) à la carte 30/37 – **39 Zim** ⇌ 100/118 – 135/153
– ½ P 26.
♦ Die Bauweise des neuen reetgedeckten Hauses mit Landhauseinrichtung am kleinen Hafen zwischen Selliner See und Rügischem Bodden nimmt die Traditionen der Region auf. Gepflegt-rustikales Ambiente im mit Holzbohlen und Feldsteinwänden unterteilten Restaurant.

🏨 **Villa Granitz** Ⓜ garni, Birkenallee 17, ✉ 18586, ✆ (038303) 14 10, villa-granitz@t
-online.de, Fax (038303) 14144 – ✳ 📺 ♿ 🅿
April - Okt. – **60 Zim** ⇌ 64/69 – 76/90, 4 Suiten.
♦ 1994 wurde das Hotel nach dem Vorbild der Rügener Seebäder-Architektur erbaut. Farblich angenehm gestaltete Zimmer und ein hübscher Wintergarten zeichnen das Haus aus.

RÜGEN (Insel)

Strandhotel, Strandstr. 24, ⊠ 18586, ℘ (038303) 1 50, *strandhotel@t-online.de*, Fax (038303) 15150, 斉, ⇔ – ⇔ Zim, 📺 🅿 ✾ Rest
Menu *(Nov. - März nur Abendessen)* à la carte 14/30 – **45 Zim** 🖃 60/70 – 75/85 – ½ P 15.
◆ Aus Alt- und Neubau setzt sich das Hotel mit dem hübschen roten Dach zusammen. Im Inneren finden Sie solide honigfarbene Möbel und ein gutes Platzangebot. Vorgelagerter Restaurantraum mit großer Fensterfront.

Strandallee, Strandstr. 18, ⊠ 18586, ℘ (038303) 14 40, *hotel-strandallee@t-online.de*, Fax (038303) 14419, 斉, ⇔ – ⇔ Zim, 📺 🅿 ✾ Rest
Menu *(geschl. Nov.) (nur Abendessen)* à la carte 13/22 – **30 Zim** 🖃 53 – 76/95 – ½ P 12.
◆ Ungefähr 200 Meter vom Strand entfernt liegt das weiße, aus zwei Häusern bestehende Hotel zwischen Bäumen. Hausgäste können die angeschlossene Wassersportschule nutzen. Das Restaurant hat einen Wintergarten bekommen und wirkt dadurch hell und einladend.

ergen – 16 000 Ew – Höhe 60 m.
🛈 *Touristeninformation, Markt 23, ⊠ 18528, ℘ (03838) 25 60 95, touristeninformation@stadt-bergen-auf-ruegen.de, Fax (03838) 256096.*

Ramada Treff Hotel 📖, Stralsunder Chaussee 1, ⊠ 18528, ℘ (03838) 81 50, *bergen@ramada-treff.de*, Fax (03838) 815500, 斉, 🏋, ⇔ – 🛗, ⇔ Zim, 📺 📞 ♿ ⇌ 🅿 – 🔔 150. 🖭 ⓞ ⓘ 🆅🅸🆂🅰 ✾ Rest
Menu à la carte 21/28 – **154 Zim** 🖃 82 – 120 – ½ P 15.
◆ Das große, zweiflügelige Stadthotel spricht mit seiner funktionellen Ausstattung Urlauber wie Tagungsgäste an. Wählen Sie ein Zimmer zur Rückseite, mit Blick auf den Teich. In einem verglasten, lichten Rundbau ist das Restaurant untergebracht.

Romantik Hotel Kaufmannshof 📖, Bahnhofstr. 6, ⊠ 18528, ℘ (03838) 8 04 50, *kaufmannshof@romantikhotels.com*, Fax (03838) 804545, Biergarten, ⇔ – ⇔ Zim, 📺 📞 🅿 – 🔔 20. 🖭 ⓞ 🆅🅸🆂🅰
Menu à la carte 18/32 – **18 Zim** 🖃 58/85 – 85/120 – ½ P 18.
◆ Schöne Zimmer, mit spanischen Möbeln und in geschmackvollen Farben eingerichtet, sowie ein Mode- und Geschenkartikelgeschäft gehören zu den Annehmlichkeiten des Hauses. Mit viel Holz, Spiegelwänden und nostalgischen Accessoires wurde das Restaurant gestaltet.

Rugard 🌿, Rugardweg 10, ⊠ 18528, ℘ (03838) 2 01 90, *rezeption@rugard.de*, Fax (03838) 201919, 斉, ⇔ – 🛗, ⇔ Zim, 📺 📞 🅿 – 🔔 30. ⓘ 🆅🅸🆂🅰
Menu à la carte 18/25 – **22 Zim** 🖃 54 – 87.
◆ Auf einer kleinen Anhöhe liegt das im traditionellen norddeutschen Stil gebaute Haus unter großen Bäumen. Das Interieur überzeugt mit dunkel gebeiztem Kirschmobiliar. Eine nette Atmosphäre erhält das Restaurant durch Terrakottafliesen und helles Naturholz.

Binz – 5 200 Ew – Höhe 5 m – Seebad.
🛈 *Kurverwaltung, Heinrich-Heine Str. 7, ⊠ 18609, ℘ (038393) 14 81 48, kv-binz@t-online.de, Fax (038393) 148145.*
Nach Bergen 13 km.

Kempinski Resort Hotel Bel Air 📖 🌿, Strandpromenade 7, ⊠ 18609, ℘ (038393) 1 50, *ruegen.reservation@kempinski.com*, Fax (038393) 15555, 斉, 🏋, Massage, ⇔s, 🏊, ⛱ – 🛗, ⇔ Zim, 📺 📞 ♿ ⇌ – 🔔 60. 🖭 ⓞ ⓘ 🆅🅸🆂🅰 🆂🅲🅱
Ruiani Gourmet *(geschl. Sonntag - Montag) (nur Abendessen)* **Menu** 40/77 – **Ruiani Terrasse : Menu** à la carte 33/44 – **122 Zim** 🖃 140/240 – 170/270, 4 Suiten – ½ P 31.
◆ Schöne, aus vier Gebäuden bestehende Hotelanlage, die nur durch einen schmalen Grünstreifen vom Strand getrennt ist. Luxus und Eleganz prägen die Innenräume des Hauses. Dezente Eleganz im Ruiani Gourmet. Ruiani Terrasse mit dunklem Holzboden und Rattanstühlen.

Kurhaus Binz, Strandpromenade 27, ⊠ 18609, ℘ (038393) 66 50, *kurhaus-binz@tc-hotels.de*, Fax (038393) 665555, 斉, Massage, ♨, ⇔s, 🏊 (geheizt), ⛱ – 🛗, ⇔ Zim, 🍽 📺 📞 ♿ ⇌ 🅿 – 🔔 200. 🖭 ⓞ ⓘ 🆅🅸🆂🅰 ✾ Rest
Menu à la carte 32/48 – **Surf'n Turf** *(geschl. Okt. - April)* **Menu** à la carte 26/41 – **126 Zim** 🖃 126/210 – 166/225, 6 Suiten.
◆ Hinter der aufwendig renovierten Fassade dieses imposanten Baus aus dem Ende des 19. Jh. überzeugen Komfort, mediterranes Flair sowie ein großzügiger Freizeitbereich. Das Restaurant mit klassischem, stilvollem Rahmen befindet sich im 1. Stock.

Dorint Strandhotel 📖, Strandpromenade 58, ⊠ 18609, ℘ (038393) 4 30, *info.zsibin@dorint.com*, Fax (038393) 43100, 斉, Massage, ⇔s, ⛱, ⛱ – 🛗, ⇔ Zim, 🍽 📺 📞 ♿ ⇌ 🅿 – 🔔 15. 🖭 ⓞ ⓘ 🆅🅸🆂🅰 🆂🅲🅱
Menu *(nur Abendessen)* à la carte 35/49 – 🖃 16 – **63 Zim** 139/159 – 149/219, 46 Suiten – ½ P 25.
◆ Direkt am Strand liegt der Neubau, dessen Zimmer durch ihre Farbgestaltung und gekalkte Naturholzmöbel ein südländisches Flair erhalten haben. Mit großzügigem Wellnessbereich. Mediterrane Atmosphäre auch im Restaurant mit Showküche.

RÜGEN (Insel)

Arkona Strandhotel M, Strandpromenade 59, ✉ 18609, ☎ (038393) 5 70, hot
arkona@aol.com, Fax (038393) 57777, ≤, 🍴, Massage, 🏋, ≋, – 🛗 TV 📞 ⇐ 🅿
🏛 135. AE ⓘ VISA JCB. ℅ Rest
Menu à la carte 18/39 – **196 Zim** ☑ 110 – 180 – ½ P 20.
• Urlaubshotel mit weißer Fassade und großzügigem Rahmen. Die Gästezimmer sind ei
heitlich gestaltet, zum Relaxen bietet sich die Badelandschaft mit Schönheitsfarm an. D
Restaurant ist zur Halle hin offen, weitläufig und luftig.

Seehotel Binz-Therme M, Strandpromenade 76, ✉ 18609, ☎ (038393) 60, in
@binz-therme.de, Fax (038393) 61500, 🍴, Massage, 🏋, ≋, 🏊 – 🛗, ⇔ Zim, TV •
🅿 ⇐ 🏛 200. AE ⓘ ⓘⓞ VISA. ℅ Rest
Menu à la carte 26/40 – **143 Zim** ☑ 115 – 155/190, 6 Suiten – ½ P 20.
• Nur der Küstenschutzwald trennt diese komfortable Hotel- und Ferie
wohnungsanlage von der Ostsee. In der Badeabteilung sprudelt eine Solequelle aus 122
Metern Tiefe! Blau und gelb gepolsterte Holzstühle setzen farbliche Akzente im Hote
restaurant.

Rugard Strandhotel, Strandpromenade 62, ✉ 18609, ☎ (038393) 5 6
Fax (038393) 56666 – 🛗 TV 🅿 – 🏛 20. AE ⓘⓞ VISA JCB. ℅ Rest
Menu à la carte 16/30 – **191 Zim** ☑ 80/110 – 140/170, 10 Suiten – ½ P 20.
• Direkt an der langgezogenen Binzer Bucht liegt der frischrenovierte Hotelbau mit Ba
konfassade. Ein eleganter Eingangsbereich und gediegene Landhauszimmer sprechen fü
sich. Dachgarten-Restaurant im 5. Stock mit schönem Blick auf die Ostsee.

Vier Jahreszeiten, Zeppelinstr. 8, ✉ 18609, ☎ (038393) 5 00, ps@hotel-vie
jahreszeiten.de, Fax (038393) 50450 – 🛗 TV 🅿 – 🏛 60. AE ⓘ ⓘⓞ VISA. ℅ Rest
Orangerie (nur Abendessen) **Menu** à la carte 29/39 ♀ – **70 Zim** ☑ 90/110 – 110/17
3 Suiten – ½ P 20.
• Klassische, mit italienischen Stilmöbeln eingerichtete Quartiere erwarten Sie in diese
Haus. Fragen Sie nach einem Zimmer mit offenem Kamin, Balkon oder Loggia. In der mode
nen Orangerie dominieren die Farben Rot und Gelb.

Imperial ⓢ garni, Strandpromenade 20, ✉ 18609, ☎ (038393) 13 80, hotel_imperi
@t-online.de, Fax (038393) 13813, ≤ – 🛗 TV 🅿 AE ⓘⓞ VISA
27 Zim ☑ 70/90 – 100/130.
• An der Strandpromenade und doch relativ ruhig steht diese hübsche Jugendstilvilla
Hier bietet man zeitgemäße, wohnliche Zimmer, meist mit Balkon und Blick auf di
Ostsee.

Am Meer M, Strandpromenade 34, ✉ 18609, ☎ (038393) 4 40, info@hotel-am
meer.de, Fax (038393) 44444, ≤, 🍴, ≋, – 🛗, ⇔ Zim, TV 🅿 ℅
Menu à la carte 28/48 – **60 Zim** ☑ 105/120 – 140/185 – ½ P 24.
• Die moderne Architektur des Hotels bildet einen reizvollen Kontrast zu den umgebende
Gründerzeitvillen. Reservieren Sie eines der Eckzimmer mit einem Maximum an Ausblick
Modern gestyltes Lokal mit freiem Blick auf die Strandpromenade.

Strandhotel Lissek, Strandpromenade 33, ✉ 18609, ☎ (038393) 38 10, stran
hotel-lissek@t-online.de, Fax (038393) 381430, ≤, 🍴, ≋ – 🛗 TV 🅿 AE ⓘⓞ VISA
Fischmarkt : **Menu** à la carte 17/33 – **40 Zim** ☑ 67/77 – 113/148 – ½ P 20.
• Mit Liebe zum Detail wurde das Hotel mit den Türmchen äußerlich wieder in der
ursprünglichen Zustand versetzt und im Inneren mit modernen Annehmlichkeiten verse
hen. Maritim in Weiß und Blau eingerichtetes Restaurant.

Villa Salve, Strandpromenade 41, ✉ 18609, ☎ (038393) 22 23, urlaub@ruegen
schewe.de, Fax (038393) 13629, 🍴 – TV ⇐ 🅿 AE ⓘⓞ VISA
Menu à la carte 23/36 – **13 Zim** ☑ 92/100 – 120/165 – ½ P 16.
• Hinter der weißen Villenfassade verbergen sich individuell, meist mit elegantem italie
nischem Stilmobiliar ausgestattete Zimmer, die im ersten Stock besonders geräumig sind
Restaurant im Bistrostil.

Villa Schwanebeck, Margarethenstr. 18, ✉ 18609, ☎ (038393) 20 13, villa.schwane
beck@gmx.de, Fax (038393) 31734, ≋ – 🛗 TV 🅿
geschl. Nov. - Weihnachten – **Menu** (geschl. Nov. - Feb.) (März nur Abendessen
à la carte 16/30 – **20 Zim** ☑ 60/75 – 90/110 – ½ P 15.
• In Alt-Binz gelegen, bietet diese Villa Ihnen zum Teil geräumige Zimmer mit Wohnbereich
und Balkon oder Loggia. Die rückwärtigen Räume sind besonders ruhig. Nett dekoriertes
Restaurant.

Deutsche Flagge, Schillerstr. 9, ✉ 18609, ☎ (038393) 4 60, hotel-deutsche-flagge
-binz@t-online.de, Fax (038393) 46299, ≋ – ⇔ Zim, TV 🅿 ℅
Menu (geschl. Nov. - März) à la carte 15/30 – **20 Zim** ☑ 70/79 – 94/130, 6 Suiten –
½ P 18.
• Im Zentrum des quirligen Städtchens liegt diese Urlaubsadresse mit der typischen
weißen Fassade im Binzer Bäderstil. Sie wohnen in hübschen, gut eingerichteter
Zimmern.

RÜGEN (Insel)

XX **Dünenhaus** (mit Appart.), Strandpromenade 23, ✉ 18609, ℘ (038393) 5 30 22, *mail
@duenenhaus-binz.de, Fax (038393) 53033*, ≤, 斧, ⇔ – 📺 🅿 ⓜⓞ
geschl. Jan. – **Menu** à la carte 24/36 – ⊇ 9 – **8 Appart.** 170 – ½ P 30.
 ◆ Warme Farbtöne und Säulen prägen das Restaurant in der rekonstruierten Villa im Stil
 der Bäderarchitektur. Außer Fischküche bietet man Suiten mit modern-eleganter Einrichtung.

X **Strandhalle**, Strandpromenade 5, ✉ 18609, ℘ (038393) 3 15 64, *Fax (038393) 31564*
– 🆎 ⓞ ⓜⓞ 🆅🅸🆂🅰
Menu *(Nov. - März nur Abendessen)* à la carte 15/25.
 ◆ Ganz am Ende der Strandpromenade finden Sie eine originelle Einkehrmöglichkeit : ein
 restauriertes Strandhaus aus dem vorigen Jahrhundert mit nostalgischer Einrichtung.

Breege – *900 Ew* – *Höhe 5 m*.
 Nach Bergen 40 km.

In Breege-Juliusruh *Nord-Ost : 1 km :*

🏨 **Aquamaris** ≫, Wittower Str. 4, ✉ 18556, ℘ (038391) 4 40, *info@aquamaris.de,
Fax (038391) 44140*, 斧, Ferienanlage mit mehreren Gästehäusern, Massage, ♨, 🄵ѕ, ⇔,
◻, 🆗, % – 🛏 Zim, 📺 & 🚼 🅿 – 🚗 250. 🆎 ⓞ ⓜⓞ 🆅🅸🆂🅰. ⌘ Rest
Menu à la carte 22/38 – **208 Zim** ⊇ 80/88 – 144/156, 60 Suiten – ½ P 18.
 ◆ Mitten im Dünenwald erstreckt sich diese große, aus einzelnen Häusern bestehende
 Ferienanlage mit modernen Zimmern, großem Schwimmbad, Kinderanimation und gutem
 Sportangebot. Vielfältige Gastronomie.

🏨 **Atrium am Meer**, Am Waldwinkel 2, ✉ 18556, ℘ (038391) 40 30, *hotel-atrium-am
-meer@t-online.de, Fax (038391) 40341* – 📱, 🛏 Zim, 📺 & 🚼 🅿 – 🚗 25. 🆎 ⓞ ⓜⓞ 🆅🅸🆂🅰.
⌘ Rest
Menu à la carte 18/26 – **55 Zim** ⊇ 79 – 98 – ½ P 13.
 ◆ In Ufernähe ist dieses neuerbaute Haus mit den markanten blauen Erkern angesiedelt.
 Das Innere wird bestimmt von modernen, hellen Möbeln und hübsch gemusterten Stoffen.
 Licht und freundlich, mit blauen Polsterstühlen ausgestattet, zeigt sich das Restaurant.

Buschvitz – *200 Ew* – *Höhe 20 m*.
 Nach Bergen 4 km.

🏨 **Sonnenhaken** Ⓜ ≫, Grüner Weg 9, ✉ 18528, ℘ (03838) 82 10, *sonnenhaken@
aol.com, Fax (03838) 821199*, ≤, 斧, 🚗 – 📺 🅿 – 🚗 25. 🆎 ⓞ ⓜⓞ 🆅🅸🆂🅰
geschl. Nov. – **Menu** *(geschl. Nov. - 14. April)* à la carte 21,50/34 – **28 Zim** ⊇ 75/80 –
98/115 – ½ P 20.
 ◆ Sehr schön liegt der weiße Neubau auf einer Anhöhe über dem kleinen Jasmunder
 Bodden. Mit kräftigen Farben und modernem Design sind die Innenräume gestaltet
 worden. Das Restaurant mit seiner modernen, sachlichen Machart ist auf zwei Ebenen
 angelegt.

Glowe – *1400 Ew* – *Höhe 10 m* – *Seebad*.
 Nach Bergen 24 km.

🏨 **Bel Air** Ⓜ, Waldsiedlung 130a, ✉ 18551, ℘ (038302) 74 70, *service@bel-air-hotels.de,
Fax (038302) 747120*, 斧, ⇔, ◻ – 📱, 🛏 Zim, 📺 🅿 – 🚗 10. 🆎 ⓞ ⓜⓞ
🆅🅸🆂🅰. ⌘ Rest
März - Okt. – **Menu** *(nur Abendessen)* à la carte 25/33 – **37 Zim** ⊇ 112 – 145 – ½ P 19.
 ◆ Eingebettet in Kiefernwälder erwartet Sie ein Hotel, in dem man es verstanden hat, mit
 Licht, Farben und gediegen-moderner Möblierung eine stilvolle Atmosphäre zu erzeugen.
 Helle, warme Farbtöne und ein gutes Couvert prägen das Restaurant.

🏨 **Alt Glowe**, Hauptstr. 37a, ✉ 18551, ℘ (038302) 5 30 59, *altglowe@t-online.de,
Fax (038302) 53067*, 斧 – 📺 🅿 ⓜⓞ
Menu *(geschl. Jan. - Mitte Feb.)* à la carte 17/27 – **17 Zim** ⊇ 45/58 – 70/80 – ½ P 13.
 ◆ Wenn Sie eine zeitgemäße, familiär geführte Unterkunft suchen, wird es Ihnen hier
 gefallen. Die Zimmer sind unterschiedlich geschnitten und solide möbliert.

An der Straße nach Sagard *Süd-Ost : 4 km :*

🏨 **Schloss Spyker** ≫, Schlossallee 1, ✉ 18551 Spyker, ℘ (038302) 7 70, *schloss_
spyker@hotmail.com, Fax (038302) 53386*, ≤, 斧 – 📺 🅿 🆎 ⓞ ⓜⓞ 🆅🅸🆂🅰 🅹🅲🅱
Menu *(geschl. Okt. - März Dienstag)* à la carte 19/38 – **Vier Jahreszeiten** *(geschl. Nov.
- April, Sonntag - Montag) (nur Abendessen)* **Menu** à la carte 28/50 – **35 Zim** ⊇ 85/105
– 108/140 – ½ P 23.
 ◆ Malerisch liegt das rote Schloß a. d. 17. Jh. mit den Ecktürmen in der Boddenlandschaft.
 Die Zimmer sind teilweise geräumig und mit Stilmöbeln eingerichtet. Rustikales
 Restaurant im Kreuzgewölbekeller. Eine frühbarocke Stuckdecke ziert das Vier Jahres-
 zeiten.

RÜGEN (Insel)

Göhren – 1 200 Ew – Höhe 40 m – Seebad.
🛈 Kurverwaltung, Poststr. 9, ✉ 18586, ℘ (038308) 6 67 90, info@zimmervermittlung-goehren.de, Fax (038308) 667932.
Nach Bergen 24 km.

Hanseatic 🅼 ⋟, Nordperdstr. 2, ✉ 18586, ℘ (038308) 5 15, info@hotel-hanseatic.de, Fax (038308) 51600, 💺, ℔, Massage, ≘s, 🔲, 🐾, 🚗 – 🛗, ⇔ Zim, 📺 📞 ⚘ 🅿 – 🔏 60. 🅰🅴 ① 🆗 🆅🅸🆂🅰
Menu (nur Abendessen) à la carte 19/32 – **89 Zim** ⊇ 112 – 126/186, 3 Suiten – ½ P 19.
• Das Haus überzeugt mit einer großzügigen Halle und dem aufragenden Turm, der eine schönen Blick bietet. Niveauvolle Wohnkultur in den Zimmern. Ansprechender Wellnessbereich. Vielfältiges gastronomisches Angebot.

Meeresblick 🅼 ⋟, Friedrichstr. 2, ✉ 18586, ℘ (038308) 56 50, hotel.meeresblick@avr.de, Fax (038308) 565555, ≤, ≘s, 🔲, 🚗 – 🛗 ⇔ Zim 📺 🅿 🅰🅴 ① 🆗 🆅🅸🆂🅰
geschl. Anfang Jan. - Mitte Feb., Mitte Nov. - Mitte Dez. – **Menu** siehe Rest. **Meeresblick** separat erwähnt – **7 Z** ⊇ 86 – 122, 23 Suiten.
• Mehrere Gebäude fügen sich zu dieser gut geführten Hotelanlage zusammen, die sehr gepflegte, neuzeitlich ausgestattete Zimmer, Suiten und Ferienappartements beherbergt.

Nordperd ⋟ (mit 2 Gästehäusern), Nordperdstr. 11, ✉ 18586, ℘ (038308) 70, nordperd@tc-hotels.de, Fax (038308) 7160, 💺, Massage, ♨, ≘s, 🚗 – 🛗, ⇔ Zim, 📺 ⚘ 🅿 🅰🅴 ① 🆗 🆅🅸🆂🅰 ⋟ Rest
Mitte März - Mitte Nov. – **Menu** (nur Abendessen) 21 (nur Buffet) – **92 Z** ⊇ 88/113 – 125/160 – ½ P 13.
• Kürzlich wieder eröffnet, überzeugt dieses relativ ruhig gelegene Hotel mit wohnlichen, funktionellen Zimmern. Haupthaus und zwei Villen bilden ein nettes Ensemble. Eine moderne Einrichtung und angenehme Atmosphäre prägen das Restaurant.

Stranddistel ⋟ garni, Katharinenstr. 9, ✉ 18586, ℘ (038308) 54 50, stranddistel@t-online.de, Fax (038308) 54555, ℔, ≘s – 🛗 📺 🅿 🅰🅴 🆗 🆅🅸🆂🅰
35 Zim ⊇ 62/80 – 87/99.
• Hier finden Sie ein ruhiges und doch zentrumsnahes Quartier. Mit dem hauseigenen Segelschiff "Sehnsucht" unternimmt man gern Tagestörns mit interessierten Gästen.

Inselhotel, Wilhelmstr. 6, ✉ 18586, ℘ (038308) 55 50, inselhotel-ruegen@t-online.de, Fax (038308) 55555, ≘s – 🛗, ⇔ Zim, 📺 🅿 ⋟ Rest
Menu (geschl. Montag - Dienstag) (nur Abendessen) (Restaurant nur für Hausgäste) – **32 Zim** ⊇ 59/71 – 96/104 – ½ P 13.
• Nur 150 Meter Fußweg vom Strand entfernt, stellt man Ihnen in diesem schmucken Neubau gut ausgestattete Gästezimmer mit Korbstühlen und Polsterbetten zur Verfügung.

Albatros ⋟, Ulmenallee 5, ✉ 18586, ℘ (038308) 54 30, hotel_albatros@t-online.de, Fax (038308) 54370, 💺, ≘s – 📺 🅿
geschl. 10. Jan. - 28. Feb., 3. Nov. - 20. Dez. – **Menu** à la carte 14/25 – **14 Zim** ⊇ 63 – 78/95 – ½ P 13.
• Kräftige Wandfarben und mahagonifarbene Möbel bestimmen den Stil dieser netten, familiengeführten Adresse, die relativ ruhig in einem Wohngebiet gelegen ist. Blau ist die vorherrschende Farbe im maritim anmutenden Restaurant.

Restaurant Meeresblick – Hotel Meeresblick, Friedrichstr. 2, ✉ 18586, ℘ (038308) 56 55 14, Fax (038308) 565200, ≤, 💺 – 🅿 🅰🅴 ① 🆗 🆅🅸🆂🅰
geschl. Anfang Jan. - Mitte Feb., Mitte Nov. - Mitte Dez., Mittwoch – **Menu** (nur Abendessen) à la carte 32/44 ℔.
• Kräftige Blautöne und Bullaugen an den Wänden geben dem Restaurant sein maritimes Flair. Man bietet gehobene regionale Küche mit einem Schwerpunkt auf Fischgerichten.

Lohme – 700 Ew – Höhe 70 m.
Nach Bergen 25 km.

Panorama Hotel Lohme ⋟ (mit Gästehäusern), Dorfstr. 35, ✉ 18551, ℘ (038302) 91 10, info@lohme.com, Fax (038302) 9234, ≤ Ostsee, 💺, 🚗 – 📺 ⚘ 🅿
Menu à la carte 21/34 – **41 Zim** ⊇ 60/90 – 100/150 – ½ P 18.
• Beeindruckend ist die Lage dieses Hotels direkt an der Kante der bewaldeten Steilküste. Schön gestaltete Zimmer mit einer Atmosphäre wohnlicher Eleganz warten auf Sie. Panorama-Restaurant mit Korbstühlen, weiß gedeckten Tischen und herrlicher Aussicht.

Middelhagen – 500 Ew – Höhe 25 m.
Nach Bergen 25 km.

In Middelhagen-Alt Reddevitz West : 2 km :

Kliesow's Reuse, Dorfstr. 23a, ✉ 18586, ℘ (038308) 21 71, gasthof-kliesows-reuse@t-online.de, Fax (038308) 25527 – 🅿
geschl. Nov.- Feb., Dienstag – **Menu** à la carte 15/27.
• Uriges Ambiente : Unter dem reetgedeckten Dach der Zweiständerscheune kann man auf zwei Ebenen sitzen und die regionale Küche der Insel kennenlernen. Mit kleiner Hausbrauerei.

RÜGEN (Insel)

utbus – 4 900 Ew – Höhe 23 m.
- *Putbus-Information, Alleestr. 5, ⊠ 18581, ℰ (038301) 4 31, info.putbus@putbus.de, Fax (038301) 431.*
Nach Bergen 7 km.

Putbus-Wreechen Süd-West : 2 km :

Wreecher Hof M, Kastanienallee, ⊠ 18581, ℰ (038301) 8 50, info@wreecher-hof.de, Fax (038301) 85100, 🍽, ≦s, 🔲, 🏊 – 📺 P – 🏛 15. AE ⓪ ⓪ VISA
Menu (wochentags nur Abendessen) (Tischbestellung ratsam) à la carte 24/44 ♀ – **43 Zim** ☑ 80/108 – 130 – ½ P 23.
♦ Sieben reetgedeckte, komfortabel eingerichtete Landhäuser in einer großen Gartenanlage bilden den Wreecher Hof. Urlauber finden "Natur pur" und eine Atmosphäre zum Wohlfühlen. Restaurant mit luftigem Wintergarten und schöner Terrasse.

alswiek – 300 Ew 45 m.
Nach Bergen 7 km.

Schloss Ralswiek ⌂, Parkstr. 35, ⊠ 18528, ℰ (03838) 2 03 20, info@schlosshotel-ralswiek.de, Fax (03838) 2032222, 🍽, 🏊 – 🛗, ⇌ Zim, 📺 & P – 🏛 70. ⓪ VISA. ✂ Rest
Menu à la carte 23/44 – **65 Zim** ☑ 50/65 – 92/150 – ½ P 25.
♦ 1893 im Stil der Neurenaissance erbaut, imponiert das einsam in einem Park gelegene, komplett restaurierte Schloß mit einem eindrucksvollen Äußeren und modernem Komfort. Im zur Gartenseite plazierten Restaurant erwarten Sie hohe, luftige Räume.

agard – 3 000 Ew – Höhe 8 m.
Nach Bergen 16 km.

Steigenberger Resort M, Neddesitz (Nord-Ost : 3 km), ⊠ 18551, ℰ (038302) 95, ruegen@steigenberger.de, Fax (038302) 96620, 🍽, Biergarten, Massage, ≦s, 🏊, ✂(Halle) – 🛗, ⇌ Zim, 📺 🏋 P – 🏛 100. AE ⓪ ⓪ VISA JCB
Menu à la carte 18/29 ♀ – **145 Zim** ☑ 117/137 – 140/160, 6 Suiten – ½ P 18.
♦ Eine imponierende Ferienanlage mit Zimmern, Suiten und Ferienwohnungen, die sich um einen sanierten Gutshof gruppiert. Sport und Wellness werden hier groß geschrieben. Vielfältiges gastronomisches Angebot.

:assnitz – 12 300 Ew – Höhe 30 m – Erholungsort.
- *Tourist-Service, RügenGalerie 27, ⊠ 18546, ℰ (038392) 64 90, mail@touristservice sassnitz.de, Fax (038392) 64920.*
Nach Bergen 24 km.

Parkhotel, Hauptstr. 36, ⊠ 18546, ℰ (038392) 69 50, parkhotel.sassnitz@t-online.de, Fax (038392) 695199 – 🛗, ⇌ Zim, 📺 & P. ⓪ ⓪ VISA
Menu à la carte 17/28 – **21 Zim** ☑ 50/75 – 80/110 – ½ P 12.
♦ Durch seine weiß-gelbe Fassade fällt das klassizistische Gebäude dem Reisenden gleich ins Auge. Im Inneren stehen wohnliche Räumlichkeiten, teils mit kleiner Sitzecke, bereit.

Villa Aegir ⌂ (mit Gästehaus), Mittelstr. 5, ⊠ 18546, ℰ (038392) 30 20, villaaegir@ringhotels.de, Fax (038392) 33046, ≤, 🍽, ≦s – 📺 P – 🏛 25. AE ⓪ ⓪ VISA
Menu à la carte 15/20 – **36 Zim** ☑ 54/77 – 80/100 – ½ P 13.
♦ Schön über dem Hafen gelegene Villa mit neuerbautem Gästehaus. Die Gästezimmer sind mit honigfarbenen Möbeln bestückt und im Haupthaus etwas größer geschnitten. Seeseitig liegt das Restaurant mit Wintergarten und schönem Blick auf Hafen und Ostsee.

Waterkant ⌂ garni, Walterstr. 3, ⊠ 18546, ℰ (038392) 5 09 41, hotel.waterkant@t-online.de, Fax (038392) 50844, ≤, 🍽 – 📺 P. ⓪ ⓪ VISA, ✂
16 Zim ☑ 55 – 70/90.
♦ Seit August 1994 steht diese nette Urlaubsadresse am Hafen Reisenden offen. Besonders hübsch sind der gepflegte Garten und der Frühstücksraum mit Meeresblick.

Nordischer Hof, Uferstr. 1 (Altstadt), ⊠ 18546, ℰ (038392) 6 64 80, 🍽 – ⓪
geschl. 18. Feb. - 18. März, Nov. - Feb. Montag - Dienstag – **Menu** (Nov. - Feb. Mittwoch - Freitag nur Abendessen) à la carte 15/22.
♦ Mitten in der Altstadt befindet sich das Haus aus dem 19. Jh. mit dem im Bistrostil eingerichteten Restaurant. Man reicht eine Karte mit bürgerlichen und Rügenener Gerichten.

An der Straße nach Lohme Nord : 5 km, Einfahrt Stubbenkammer :

Baumhaus Hagen ⌂ mit Zim, Stubbenkammer, ⊠ 18546 Sassnitz, ℰ (038392) 2 23 10, baumhaus.hagen@t-online.de, Fax (038392) 66869, 🍽 – 📺 P.
geschl. 10. Nov. - 24. Dez. – **Menu** (Jan. - Feb. nur an Wochenenden geöffnet) à la carte 18/31 – **10 Zim** ☑ 55 – 70/92.
♦ 1992 wurde das Haus an historischer Stelle mitten im Wald errichtet. Von außen mit seinem Reetdach hübsch anzusehen, ist das Haus innen gemütlich-rustikal eingerichtet.

RÜGEN (Insel)

Schaprode – 800 Ew – Höhe 5 m.
Nach Bergen 25 km.

Zur alten Schmiede, Poggenhof 25 (Nord : 1 km), ⊠ 18569, ℘ (038309) 21 0
poggenhof@web.de, Fax (038309) 21043, 斎, ⇔, 寒 – TV P AE ⓞ VISA
Menu *(geschl. 10. Jan. - 15. Feb.)* à la carte 23/42 – **21 Zim** ⊇ 73/103 – 113/133 – ½ P 2
  • Ein U-förmiger Neubau mit spitzen Giebeln ist dieses Hotel in einer hübschen Garten
anlage. Die ruhige Umgebung und wohnliche Zimmer ermöglichen einen schönen Aufen
halt. Bei der Einrichtung des Restaurants hat man sich vom Landhausstil inspirieren lasse

Sellin – 2800 Ew – Höhe 20 m – Seebad.
🅱 Kurverwaltung, Warmbadstr. 4, ⊠ 18586, ℘ (038303) 16 11, kv@ostseebad-sellin.d
Fax (038303) 87205.
Nach Bergen 19 km.

Hotel-Park Ambiance M, Wilhelmstr. 34, ⊠ 18586, ℘ (038303) 12 20, info
hotel-ambiance.de, Fax (038303) 122122, 斎, Massage, ⇔, ⊠, 寒 – ⋈, ⇌ Zim, [
✆ P AE ⓞ ⓒ VISA. ⋇ Rest
Menu *(nur Abendessen)* à la carte 30/44 ♀ – **Bistro Ambiance** *(auch Mittagessen)* Men
à la carte 22/33 – **55 Zim** ⊇ 120/170 – 160/210, 21 Suiten – ½ P 30.
  • Edle Materialien und harmonische Farben machen die Villen im Stil wilhelminischer Bäde
architektur zu einem angenehmen Domizil. Badelandschaft mit mediterranem Flair. Kla
sisch-moderne Eleganz prägt das Restaurant. Gehobene Küche mit regionalen Akzente

Kurhaus Sellin M, Wilhelmstr. 27, ⊠ 18586, ℘ (038303) 9 51 00, kurhaus-sell
@tc-hotels.de, Fax (038303) 95155, ≤, 斎, Massage, 🛎, ⇔ – ⋈, ⇌ Zim, TV ✆ ⇐
P AE ⓞ ⓒ VISA. ⋇ Rest
März - 24. Nov. – **Menu** à la carte 17/36 – **96 Zim** ⊇ 95/153 – 93/165, 7 Suiten.
  • Im Frühjahr 2001 eröffnete das Haus, dessen moderne Architektur Elemente der Bäde
architektur aufgegriffen hat. Innen wie außen farbenfroh gestaltet. Das Atrium-Restaurar
läßt mit seiner beeindruckenden Höhe das traditionelle Kurhaus-Flair aufleben.

Cliff Hotel, Siedlung am Wald 22a, ⊠ 18586, ℘ (038303) 84 84, info@cliff-hotel.d
Fax (038303) 8495, ≤, 斎, Massage, ♣, 🛎, ⇔, ⊠, 🐾, ⋇ – ⋈, ⇌ Zim, [
✆ 🏊 P – 🚪 100. AE ⓞ ⓒ VISA. ⋇ Rest
Menu à la carte 29/41 – **235 Zim** ⊇ 107/173 – 152/185, 6 Suiten – ½ P 23.
  • Der größte Teil der Gästezimmer wurde kürzlich renoviert und bietet einen schönen Blic
auf Ostsee oder Selliner See. Ein hauseigener Lift befördert Sie zum Strand. Sehr große
à la carte-Restaurant mit üppigen Grünpflanzen und schönen schwarzen Rattanstühler

Seebrücke, Wilhelmstr. 25, ⊠ 18856, ℘ (038303) 82 93, info@cliff-hotel.de
Fax (038303) 8291, 斎 – ⓞ ⓒ VISA
Menu à la carte 25/32.
  • An ungewöhnlichem Ort, auf der neugebauten Selliner Seebrücke, liegt diese gastro
nomische Adresse. Im Wintergartenstil gebaut, bietet sie ungehinderten Ausblick auf
Meer.

Trent – 860 Ew – Höhe 5 m.
Nach Bergen 19 km.

Radisson SAS, Vaschvitz 17 (Nord-West : 5 km), ⊠ 18569, ℘ (038309) 2 20
info.trent@radissonsas.com, Fax (038309) 22599, 斎, Massage, 🛎, ⇔, ⊠ *(geheizt)*
⊠, 🐾, ⇌ Zim, TV ⋇ ⇐ P – 🚪 70. AE ⓞ ⓒ VISA. ⋇ Rest
geschl. Jan. - Feb. – **Menu** à la carte 20/37 – **158 Zim** ⊇ 90/120 – 134/164 – ½ P 20
  • Die Anlage besteht aus fünf Gebäuden, die architektonisch regionalen Gutshöfen nach
empfunden sind. Die Innenausstattung orientiert sich am skandinavischen Stil. Vielfältig
Gastronomie.

Wiek – 1300 Ew – Höhe 5 m.
Nach Bergen 35 km.

Alt Wittower Krug M *(mit Gästehäusern)*, Gerhart-Hauptmann-Str. 7, ⊠ 18556
℘ (038391) 76 00, krug@alt-wittower-krug.de, Fax (038391) 760760, 斎, 🐾 – TV P
ⓒ VISA. ⋇ Rest
Mai - Okt. – **Menu** à la carte 18/32 – **38 Zim** ⊇ 58/80 – 84/130 – ½ P 15.
  • Idyllisch liegt das Haus am Dorfteich des Hafen- und Fischerdorfes Wiek. In warmer und
persönlicher Atmosphäre finden Sie Zimmer im Landhausstil. Heller Parkettboden und
hübsche Vorhangstoffe erzeugen eine heitere Stimmung im Restaurant.

Herrenhaus Bohlendorf, Bohlendorf (Süd : 2 km), ⊠ 18556, ℘ (038391) 7 70
herrenhaus-bohlendorf@t-online.de, Fax (038391) 70280, 斎, 🐾 – TV P – 🚪 15
ⓒ VISA
Menu à la carte 18/24 – **18 Zim** ⊇ 58 – 116.
  • Die Halbinsel Wittow liegt etwas abseits der Touristenzentren. In dem Herrenhaus vor
1794 finden Sie ein ruhiges Quartier mit solide in Eichenholz möblierten Zimmern.

ÜLZHEIM Rheinland-Pfalz 417 419 S 8 – 8 000 Ew – Höhe 112 m.
Berlin 661 – Mainz 117 – Karlsruhe 26 – Landau in der Pfalz 16 – Speyer 25.

Südpfalz garni, Schubertring 48, ⊠ 76761, ℘ (07272) 80 61, hotel-suedpfalz@t-on line.de, Fax (07272) 75796 – TV P. AE ⓘ ⓜ VISA
geschl. 20. Dez. - 3. Jan. – **25 Zim** ⊇ 39/44 – 57/62.
◆ Wenn Sie auf der Suche nach einer einfachen, aber gut unterhaltenen Unterkunft sind, werden Sie hier fündig. Ein reichhaltiges Frühstücksbuffet erwartet Sie am Morgen.

RÜMMINGEN Baden-Württemberg siehe Binzen.

RÜSSELSHEIM Hessen 417 Q 9 – 60 000 Ew – Höhe 88 m.
ℹ Öffentlichkeitsarbeit, Mainstr. 7, ⊠ 65428, ℘ (06142) 83 2214, Fax (06142) 832243.
ADAC, Marktplatz 8.
Berlin 561 – Wiesbaden 19 – Frankfurt am Main 29 – Darmstadt 27 – Mainz 12.

Columbia M, Stahlstr. 2, ⊠ 65428, ℘ (06142) 87 60, ruesselsheim@columbia-hotel s.de, Fax (06142) 876805, ⇌, ⇌s, ⊠ – |≡|, ⇌ Zim, ■ TV ℭ ⇌ P. – 🔔 140. AE ⓘ ⓜ VISA ⓙCB. ⅍ Rest
Menu à la carte 20/38 – **150 Zim** ⊇ 136/180 – 156/200, 10 Suiten.
◆ Mediterrane Leichtigkeit umgibt Sie in der Empfangshalle. Im Zimmerbereich erwarten den Gast sanfte Farbtöne und natürliche Hölzer in ansprechender Kombination. Restaurant mit großem Buffetbereich.

Atrium garni, Marktstr. 2, ⊠ 65428, ℘ (06142) 91 50, info@atrium-ruesselsheim.be stwestern.de, Fax (06142) 915111, ⇌s – |≡| ⇌ TV ℭ – 🔔 30. AE ⓘ ⓜ VISA
84 Zim ⊇ 105/140 – 132/168.
◆ Nach einer umfassenden Renovierung im Jahre 2001 kann man seinen Gästen nun wohnliche, mit kirschbaumfarbenem Holz solide eingerichtete Zimmer anbieten.

Golden Tulip Hotel M garni, Eisenstr. 6, ⊠ 65428, ℘ (06142) 89 40, goldentulip-r uesselsheim@t-online.de, Fax (06142) 894450 – |≡| ⇌ TV ℭ P. – 🔔 50. AE ⓘ ⓜ VISA
84 Zim ⊇ 180/190 – 200/220.
◆ Geräumig zugeschnittene Zimmer, wohnlich und mit praktischer Ausstattung, sind Punkte, die neben der Nähe zum Frankfurter Flughafen für dieses Hotel sprechen.

Travellers Inn M, Eisenstr. 28, ⊠ 65428, ℘ (06142) 85 80, Fax (06142) 858444 – |≡|, ⇌ Zim, TV ℭ ⓰ P. – 🔔 25. AE ⓘ ⓜ VISA ⓙCB
geschl. Weihnachten - Anfang Jan. – **Menu** (geschl. Samstag - Sonntag) (nur Mittagessen) à la carte 18/28 – **110 Zim** ⊇ 86/145 – 111/170.
◆ Eine moderne Übernachtungsadresse, die mit Funktionalität zu überzeugen weiß. Große Schreibtische und notwendige technische Anschlüsse erleichtern Ihnen die Arbeit auf Reisen.

Shahi, Ferdinand-Stuttmann-Str. 10 (Emil-Fuchs-Platz), ⊠ 65428, ℘ (06142) 6 22 63, ⇌ – AE ⓘ ⓜ VISA
Menu (geschl. Samstagmittag) (indisch-pakistanische Küche) à la carte 21/34.
◆ Das Restaurant ist in ein Geschäftshaus integriert. In typisch asiatischem Ambiente sitzt man hier an schön eingedeckten Tischen und genießt die Aromen des Orients.

In Rüsselsheim-Bauschheim Süd-West : 5 km :

Rüsselsheimer Residenz, Am Weinfaß 133, ⊠ 65428, ℘ (06142) 9 74 10 (Hotel), 97 76 94 (Rest.), ruesselsheimer-residenz@t-online.de, Fax (06142) 72770, ⇌, ⇌s – |≡|, ⇌ Zim, TV ℭ ⇌ P. – 🔔 15. AE ⓜ VISA ⓙCB
L'herbe de Provence (geschl. Juli 3 Wochen, Samstagmittag, Sonntag) **Menu** à la carte 33/42 – **24 Zim** ⊇ 87/145 – 105/159.
◆ Der neuzeitliche Zweckbau mit den runden Dachgauben beherbergt unterschiedlich geschnittene, recht gemütlich wirkende Übernachtungszimmer. Restaurant mit heimeliger Kaminecke und rundum verglastem Wintergarten.

In Raunheim Nord-Ost : 4 km :

Mercure Hotel Wings M, Anton-Flettner-Str. 8, ⊠ 65479, ℘ (06142) 7 90, h2204@accor-hotels.com, Fax (06142) 791791, ⇌, ₤₅, ⇌s – |≡|, ⇌ Zim, TV ℭ ⓰ ⇌ P. – 🔔 80. AE ⓘ ⓜ VISA ⓙCB. ⅍ Rest
Charles Lindbergh : Menu à la carte 22/38 – ⊇ 13 – **167 Zim** 95/130 – 110/150.
◆ Nur zwölf Kilometer vom Frankfurter Flughafen entfernt finden Sie in diesem modernen Hotel ansprechende Zimmer, die mit funktioneller Technik und Wohnlichkeit überzeugen.

Astron Hotel Rhein-Main M, Kelsterbacher Str. 19, ⊠ 65479, ℘ (06142) 99 00, rhein-main@astron-hotels.de, Fax (06142) 990100, ⇌, ₤₅, ⇌s, ⊠ – |≡|, ⇌ Zim, ■ TV ℭ ⓰ P. – 🔔 220. AE ⓘ ⓜ VISA ⓙCB. ⅍ Rest
Menu à la carte 28/46 – ⊇ 15 – **311 Zim** 128.
◆ Der farblich interessant gestaltete Neubau wurde im Karree um eine hübsche Gartenanlage mit Terrasse herum gebaut. Auch die Innenräume werden von kräftigen Farben bestimmt.

RÜSSELSHEIM

🏨 **City Hotel** garni, Ringstr. 107 (Stadtzentrum), ✉ 65479, ℘ (06142) 4 40 66
Fax (06142) 21138 – 📺 🅿 – 🍴 40. ÆE ◉ ⦿ VISA JCB
27 Zim 🛏 75/95 – 85/115.
  ◆ Eine zentral und verkehrsgünstig gelegene Unterkunft. Sie werden in Zimmer untergebracht, die mit älteren, aber sehr gepflegten, rustikalen Möbeln eingerichte sind.

RÜTHEN Nordrhein-Westfalen siehe Warstein.

RUHPOLDING Bayern 420 W 21 – 6 400 Ew – Höhe 655 m – Luftkurort – Wintersport 740/1636 m ⛷1 ⛷8 ⛷.

🏌 Ruhpolding-Zell, Rauschbergstr. 1a, ℘ (08663) 24 61.
ℹ Kurverwaltung, Hauptstr. 60, ✉ 83324, ℘ (08663) 8 80 60, tourismus@ruhpolding.de
Fax (08663) 880620.
Berlin 703 – München 115 – *Bad Reichenhall* 30 – Salzburg 43 – Traunstein 14.

🏨🏨 **Steinbach-Hotel**, Maiergschwendter Str. 8, ✉ 83324, ℘ (08663) 54 40, info@ste nbach-hotel.de, Fax (08663) 370, 🌿, Massage, ≘s, 🏊, 🌳 – ⇄ Zim, 📺 ♿ ⇔ 🅿
🍴 15. ÆE ⦿ VISA ⊀ Rest
geschl. Nov. - Mitte Dez. – **Menu** (nur Abendessen) à la carte 18/32 – **75 Zim** 🛏 50/7 – 90/110 – ½ P 12.
  ◆ Passend zu der ländlichen Umgebung ist die Einrichtung der drei miteinande verbundenen Hotelgebäude gemütlich und rustikal gehalten. Gepflegte Zimmer meist mit Balkon. Gemütlich-alpenländische Atmosphäre im Restaurant mi Kachelofen.

🏨🏨 **Rosenhof-Feriendomizil** garni, Niederfeldstr. 17, ✉ 83324, ℘ (08663) 8 82 00
Fax (08663) 5085, ≘s, 🌳 – 📺 🅿 ⦿
geschl. Nov. - Mitte Dez. – **11 Zim** 🛏 42 – 72/82.
  ◆ Solider rustikaler Landhausstil bestimmt den Charakter der Gästezimmer in diesem tra ditionell gebauten Ferienhotel. Das Platzangebot ist meist überdurchschnittlich.

🏨🏨 **Europa**, Obergschwendter Str. 17, ✉ 83324, ℘ (08663) 8 80 40, hotel-europa@ -online.de, Fax (08663) 880449, 🌿, ≘s, 🏊, 🌳 – 📺 🅿 ⦿ VISA
geschl. 4. Nov. - 15. Dez. – **Menu** (geschl. Freitag) à la carte 14/28 – **26 Zim** 🛏 45/66 – 77/97 – ½ P 13.
  ◆ Vor imposanter Bergkulisse finden Sie den Gasthof am Ortsrand. Die Mehrzahl der he und praktisch ausgestatteten Räume verfügt über Terrasse oder Balkon.

🏨 **Ortnerhof**, Ort 6 (Süd : 3 km), ✉ 83324, ℘ (08663) 8 82 30, hotel@ortnerhof.de Fax (08663) 9699, 🌿, ≘s, 🌳 – 📺 🅿
geschl. 23. März - 11. April, 26. Okt. - 5. Dez. – **Menu** (geschl. Dienstag) à la carte 16/32 – **20 Zim** 🛏 40/57 – 66/94 – ½ P 7.
  ◆ Ein gewachsener Gasthof in schöner, ländlicher Umgebung. Saubere und gepflegte Räumlichkeiten sowie das fürsorgliche Engagement der Wirtsfamilie verschönern Ihrer Aufenthalt. Verschiedene gemütliche Gaststuben, alle mit hellem oder dunklem Holz ver kleidet.

🏨 **Ruhpoldinger Hof**, Hauptstr. 30, ✉ 83324, ℘ (08663) 12 12, ruhpoldinger hof@t-online, Fax (08663) 5777, Biergarten, ≘s, 🏊 – 🛗 ⇄ 📺 🅿 ◉
⦿ VISA
geschl. Nov. - Mitte Dez. – **Menu** (geschl. Dienstag) à la carte 13/39 – **43 Zim** 🛏 45/62 – 82/108, 5 Suiten – ½ P 14.
  ◆ Eine ganze Etage des mitten im Dorfzentrum gelegenen Gasthofs ist den Nichtraucher vorbehalten. Reservieren Sie eines der wohnlich-eleganten Zimmer im dritten Stock. Restaurant mit heller Holzverkleidung und Sprossenfenstern.

🏨 **Landhotel Maiergschwendt**, Maiergschwendt 1 (West : 1,5 km), ✉ 83324, ℘ (08663) 8 81 50, landhotel.ruhpolding@t-online.de, Fax (08663) 881560, ≤, 🌿, Mas sage, ≘s, 🌳 – ⇄ 📺 ⇔ 🅿
geschl. Nov. - 20. Dez. – **Menu** à la carte 17/27 – **26 Zim** 🛏 52 – 84/106 – ½ P 8.
  ◆ Der unverbaute Blick auf die Berge und die ländliche Umgebung sind prägende Merkmale des Hauses. Wählen Sie eines der neueren Zimmer im Anbau ! Helles, rustikales Restaurant.

🏨 **Haus Flora** garni, Zellerstr. 13, ✉ 83324, ℘ (08663) 88 58 80, haus_flora@t-online.de, Fax (08663) 8858888, ≘s, 🏊, 🌳 – 📺 ⇔ 🅿 ⊀
geschl. Nov. - 15. Dez. – **28 Zim** 🛏 41 – 66/82.
  ◆ Wenn Sie keinen Wert auf großen Luxus legen, werden Sie diese einfache, aber gut gepflegte Herberge schätzen. Tennisplätze und Ski-Langlaufmöglichkeiten in unmittelbarer Nähe.

RUHPOLDING

Fischerwirt ⚙, Rauschbergstr. 1 (Zell, Süd-Ost : 2,5 km, am Golfplatz), ✉ 83324,
✆ (08663) 17 05, fischerwirt-ruhpolding@t-online.de, Fax (08663) 5008, ≤, 🌲, 🚗 –
✱ Zim, 📺 🚗 🅿 🎵 VISA
geschl. 16. März - 6. April, 3. Nov. - 8. Dez. – **Menu** (geschl. Montag) à la carte 14/27 – **17 Zim**
⚏ 30/38 – 48/62 – ½ P 11.
 • Der Fischerwirt ist ein eingeführter Betrieb, der im netten, familiären Stil geleitet wird.
Gemütliche, alpenländisch anmutende Zimmer stehen zum Einzug bereit. Gasthaus mit rustikalem Ambiente.

Vier Jahreszeiten garni, Brandstätter Str. 41, ✉ 83324, ✆ (08663) 17 49,
Fax (08663) 800979, ≤, 🚗 – 🚗 🅿
13 Zim ⚏ 23/25 – 42/46.
 • Nur wenige Minuten vom Dorfzentrum entfernt empfängt man Sie hier mit familiärer
Gastlichkeit. Die gut gepflegten Zimmer sind zumeist mit Balkon oder Terrasse versehen.

Berggasthof Weingarten ⚙, Weingarten 1 (West : 3 km), ✉ 83324, ✆ (08663)
92 19, Fax (08663) 5783, ≤ Ruhpolding und Trauntal, 🌲 – 📺 🅿 ✱ Zim
geschl. 27. April - 17. Mai, 27. Okt. - 25. Dez. – **Menu** (geschl. Montag) (Jan. - April nur
Mittagessen) à la carte 13/20 – **7 Zim** ⚏ 32/34 – 46/50 – ½ P 10.
 • Über eine schmale Zufahrt erreichen Sie diesen typischen Gasthof, der einsam am Berg
liegt. Man vermietet einfache Zimmer mit herrlicher Aussicht. In der rustikalen Gaststube hält man bayerische Schmankerln und deftige Hausmannskost für Sie bereit.

RUHSTORF Bayern **420** U 24 – 6 200 Ew – Höhe 318 m.
Berlin 622 – München 155 – Passau 23 – Salzburg 118.

Antoniushof, Ernst-Hatz-Str. 2, ✉ 94099, ✆ (08531) 9 34 90, antoniushof@t-onlin
e.de, Fax (08531) 9349210, 🌲, Massage, ♨, 🎿, ≘s, 🏊 (geheizt), 🏊, 🚗 – 🛗,
✱ Zim, 🚗 🅿 – 🚪 20. 🅰 ⓘ 🎵 VISA. ✱ Rest
Menu (geschl. 15. - 24. Dez., Montagmittag) à la carte 18/34 – **31 Zim** ⚏ 59/87 – 90/130.
 • Seit mehr als hundert Jahren befindet sich das traditionsreiche Haus in Familienbesitz.
Heute ist es ein komfortables Urlaubsdomizil mit schönem Garten und Wellnessbereich.
Rustikale Eleganz prägt die Kaminstube mit internationaler Küche.

Mathäser, Hauptstr. 19, ✉ 94099, ✆ (08531) 9 31 40, Fax (08531) 9314500 – 🛗,
✱ Zim, 🚗 🅿 – 🚪 20. 🅰 ⓘ 🎵 VISA
Menu (geschl. Freitag) à la carte 13/32 – **35 Zim** ⚏ 34/44 – 54/76.
 • In der Ortsmitte liegt das schlichte Hotel mit dem günstigen Preis-Leistungs-Verhältnis.
Der Großteil der Zimmer wurde nach und nach renoviert, die Unterhaltung ist tadellos. Der
gastronomische Bereich des Hauses ist rustikal gestaltet.

RUMBACH Rheinland-Pfalz **419** S 7 – 500 Ew – Höhe 230 m.
Berlin 704 – Mainz 150 – Karlsruhe 60 – Saarbrücken 91 – Wissembourg 19 – Landau in
der Pfalz 26 – Pirmasens 31.

Haus Waldeck ⚙, Im Langenthal 75, ✉ 76891, ✆ (06394) 4 94, haus-waldeck@t
-online.de, Fax (06394) 1350, 🌲, 🚗 – ✱ Zim, 📺 🚗 🅿 🎵 VISA. ✱
Menu (nur Abendessen) à la carte 13/25 – **15 Zim** ⚏ 31/35 – 50/60 – ½ P 12.
 • Schön liegt das Hotel am Waldrand und wird deshalb auch gerne von Wanderern angesteuert. Die Gästezimmer sind solide und verfügen zum Teil über Südbalkone. Ländliches
Restaurant mit offenem Kamin.

In Nothweiler Süd : 3,5 km – Erholungsort :

Landgasthaus Zur Wegelnburg (mit Pension Kraft ⚙), Hauptstr. 15, ✉ 76891,
✆ (06394) 2 84, zur-wegelnburg@biorop.de, Fax (06394) 5049, 🌲 – ✱ 📺 ✆ 🅿
geschl. 15. Nov. - 15. Dez. – **Menu** (geschl. 19. Jan. - 5. Feb., 18. Nov. - 6. Dez., Montagmittag,
Dienstag) à la carte 16/31 – **12 Zim** ⚏ 40/50 – 62/80 – ½ P 13.
 • In verschiedenen Gebäuden bietet man seinen Gästen eine sympathische Unterkunft :
im Haupthaus sind die neueren Zimmer, in der Pension die älteren, die sehr ruhig gelegen
sind. Gepflegtes Restaurant mit teils überdachter Sonnenterrasse.

RUNKEL Hessen **417** O 8 – 10 000 Ew – Höhe 119 m.
Berlin 562 – Wiesbaden 50 – Koblenz 64 – Frankfurt am Main 86 – Siegen 66.

In Runkel-Schadeck :

Landhaus Schaaf, Oberstr. 15, ✉ 65594, ✆ (06482) 29 80, landhaus-schaaf@t-on
line.de, Fax (06482) 29820, Biergarten – 🛗 📺 ✆ 🅿 – 🚪 80. 🎵 VISA. ✱
Menu à la carte 17/31 – **31 Zim** ⚏ 38/48 – 60/80.
 • Im Lauf der Jahre wurde dieses Landhaus ständig erweitert, so daß man seinen Gästen heute gut eingerichtete Zimmer anbieten kann, von denen die im Neubau am geräumigsten sind. Der Rahmen des Lokals wird von rustikaler Gemütlichkeit geprägt.

RUST Baden-Württemberg **419** V 7 – 3 500 Ew – Höhe 164 m.
   Sehenswert : Europa-Park★★.
   🛈 Verkehrsamt, Fischerstr. 51 (Rathaus), ✉ 77977, ℘ (07822) 6 10 41, Fax (0782
   61042.
   Berlin 776 – Stuttgart 185 – Freiburg im Breisgau 37 – Offenburg 37.

🏰 **El Andaluz und Castillo Alcazar,** Storettenstr. 1 (im Europa-Park), ✉ 7797
   ℘ (07822) 86 00, hotel@europapark.de, Fax (07822) 8605545, ⛲, ⛉ (geheizt), 🎏
   |✦| 📺 📐 – 🛎 40. 🆎 ⓞ ⓒⓔ 𝑽𝑰𝑺𝑨. ✼ Rest
   geschl. Feb. – **Menu** (Tischbestellung erforderlich) à la carte 21/36 – **312 Zi**
   ☑ 106 – 136, 17 Suiten.
   ◆ El Andaluz, die Sommervilla mit andalusischem Garten, versprüht mediterrar
   Leichtigkeit, das Castillo Alcazar ist einer mittelalterlichen spanischen Ritterbur
   nachempfunden. Die Restaurants Don Quichotte und Castillo wurden im maurischen S
   gestaltet.

🏨 **Rebstock,** Klarastr. 14, ✉ 77977, ℘ (07822) 76 80, info@rebstock-rust.d
   Fax (07822) 76106, ⛲ – |✦| 📺 📐 🆎 ⓒⓔ 𝑽𝑰𝑺𝑨.
   Menu (geschl. 7. - 31. Jan, Feb. - April Montag - Dienstag) à la carte 17/35 – **40 Zi**
   ☑ 50/67 – 67/82.
   ◆ Hotelneubau in unmittelbarer Nähe zum Europapark. Die Einrichtung ist zeitlos ur
   funktionell. Für Familien hat man einige entsprechend ausgestattete Zimmer ir
   Programm. Mit begrünten Raumteilern ist das großzügige Restaurant optisch aufgelocke
   worden.

🏨 **Am Park,** Austr. 1, ✉ 77977, ℘ (07822) 44 49 00, hotel_am_park@t-online.d
   Fax (07822) 444929, ⛲ – |✦| 📺 📐 ⓒⓔ 𝑽𝑰𝑺𝑨
   geschl. 6. Jan. - Anfang April – **Menu** (nur Abendessen) à la carte 15/30 – **47 Zi**
   ☑ 62/100 – 78/114.
   ◆ Eine gute Übernachtungsmöglichkeit für Familien, die den Europapark besuche
   wollen, ist die modernisierte und erweiterte Pension mit solide und zeitgemäß möblierte
   Zimmern.

SAALFELD Thüringen **418** O 18 – 30 000 Ew – Höhe 240 m.
   Ausflugsziel : Feengrotten★, Süd-Ost : 1 km.
   🛈 Saalfeld-Information, Markt 6, ✉ 07318, ℘ (03671) 3 39 50, info@saalfeld-info.d
   Fax (03671) 522183.
   Berlin 294 – Erfurt 59 – Coburg 73 – Suhl 65.

🏨 **Anker,** Markt 25, ✉ 07318, ℘ (03671) 59 90, info@hotel-anker-saalfeld.d
   Fax (03671) 512924, ⛲ – ✦ Zim, 📺 📐 – 🛎 30. 🆎 ⓒⓔ 𝑽𝑰𝑺𝑨 𝑱𝑪𝑩
   Zur güldenen Gans – **Menu** à la carte 15/25,50 – **54 Zim** ☑ 47/55 – 74/90.
   ◆ Unter Erhaltung der alten Bausubstanz wurde das traditionsreiche Haus aus dem 15. Jh
   zu einem Hotel, das für eilige Gäste und Urlauber ein zeitgemäßes Zuhause darstellt. In de
   güldenen Gans beeindruckt ein historischer Gewölbekeller.

🏨 **Tanne,** Saalstr. 35, ✉ 07318, ℘ (03671) 82 60, hotel-tanne-saalfeld@web.d
   Fax (03671) 826400, 💪, ⛲ – |✦|, ✦ Zim, 📺 ⇔ – 🛎 60. 🆎 ⓞ ⓒⓔ 𝑽𝑰𝑺𝑨
   Menu (geschl. Sonn- und Feiertage) (nur Abendessen) à la carte 15/23 – **64 Zim** ☑ 44/5
   – 58/72.
   ◆ Nach einem freundlichen Empfang beziehen Sie eines der gepflegten und praktisc
   bestückten Quartiere - ein neuzeitlicher Stil zieht sich durch das ganze Haus. Im erste
   Stock : das rustikale Restaurant.

SAARBRÜCKEN ⓛ Saarland **417** S 5 – 200 000 Ew – Höhe 191 m.
   Sehenswert : Museum für Vor- und Frühgeschichte (keltisches Fürstinnengrab★★)AZ M
   – Ludwigsplatz und Ludwigskirche★★ AZ – St. Johannermarkt★ BZ – Basilika St.Johann★ B
   A – Moderne Galerie (Gemälde des deutschen Expressionismus★)BZ M2 – Stiftskirche S
   Arnual★ (Grabdenkmäler★★, Taufstein★) X B.
   ⛳ Wallerfangen-Gisingen, Oberlimberger Weg (Nord-West : 35 km über ⑥), ℘ (06837
   9 18 00 ; ⛳ Gersheim-Rubenheim, Katharinenhof (Ost : 18 km über Saarbrücker Str. X,
   ℘ (06843) 87 97.
   ✈ Saarbrücken-Ensheim (Süd-Ost : 12 km, über Saarbrücker Straße X), ℘ (06893) 83 1
   Messegelände X, ℘ (0681) 95 40 20, Fax (0681) 9540230.
   🛈 Tourist-Information, Reichsstr. 1 (Saargalerie) ✉66111, ℘ (0681) 93 80 90, kon
   tour@saarbruecken.de, Fax (0681) 9380938.
   ADAC, Am Staden 9.
   Berlin 710 ③ – Bonn 212 ⑦ – Luxembourg 93 ⑥ – Mannheim 128 ③ – Metz 67 ⑤ –
   Strasbourg 124 ④ – Wiesbaden 162 ③

SAARBRÜCKEN

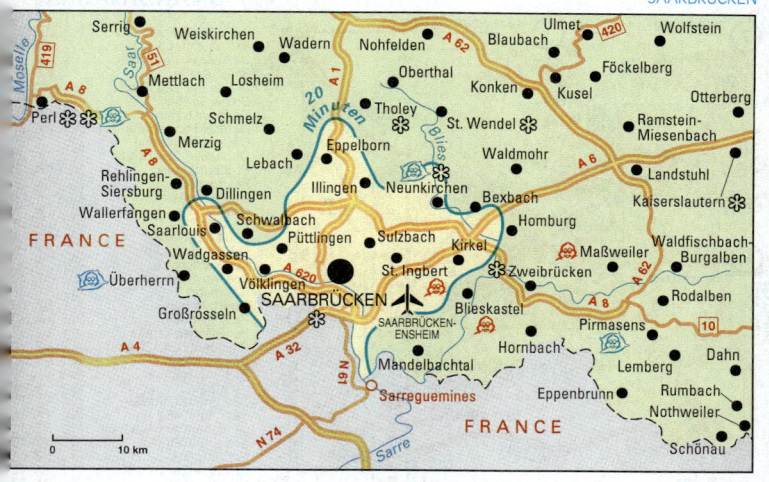

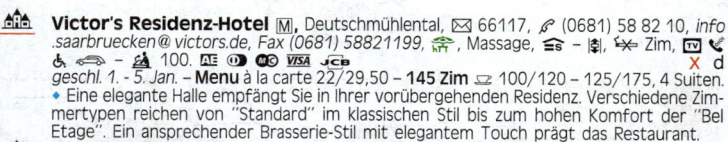

Victor's Residenz-Hotel M, Deutschmühlental, ✉ 66117, ℘ (0681) 58 82 10, info.saarbruecken@victors.de, Fax (0681) 58821199, 🍴, Massage, ➡ – 🛗, ✻ Zim, 📺 📞 🚗 – 🛎 100. 🆎 ⓘ ⑩ 🆚 JCB X d
geschl. 1.- 5. Jan. - **Menu** à la carte 22/29,50 - **145 Zim** ⊇ 100/120 – 125/175, 4 Suiten.
♦ Eine elegante Halle empfängt Sie in Ihrer vorübergehenden Residenz. Verschiedene Zimmertypen reichen von "Standard" im klassischen Stil bis zum hohen Komfort der "Bel Etage". Ein ansprechender Brasserie-Stil mit elegantem Touch prägt das Restaurant.

Victor's Residenz Hotel Rodenhof, Kalmanstr. 47, ✉ 66113, ℘ (0681) 4 10 20, info@rodenhof.bestwestern.de, Fax (0681) 43785, 🍴, Massage, ➡ , ▭ – 🛗, ✻ Zim, 📺 📞 🚗 – 🛎 60. 🆎 ⓘ ⑩ 🆚 JCB ✻ Rest X e
Menu à la carte 25/36 – **100 Zim** ⊇ 115/125 – 135/145, 7 Suiten.
♦ Wenn Sie den Komfort von heute nicht missen möchten, finden Sie hier ein vorübergehendes Zuhause - die Zimmer sind je nach Lage mit Erker, Balkon oder Dachterrasse versehen. Kürzlich neu gestaltet, zeigt sich das Restaurant mit leicht mediterranem Charakter.

La Résidence, Faktoreistr. 2, ✉ 66111, ℘ (0681) 3 88 20, info@la-residence.net, Fax (0681) 3882185, ➡ – 🛗, ✻ Zim, 📺 📞 🚗 P – 🛎 70. 🆎 ⓘ ⑩ 🆚 JCB AY x
Menu (geschl. Samstagmittag, Sonntagmittag, Juli - Aug. Samstag - Sonntag) à la carte 20/34 – **142 Zim** ⊇ 80/120 – 102/142, 7 Suiten.
♦ Von der "Economy"-Ausführung bis zur Suite, sinnvoll eingerichtete Zimmer mit moderner Kommunikationstechnik überzeugen Geschäftsleute, aber auch Privatreisende. Beim Speisen umgibt Sie ein neuzeitliches Ambiente mit leichtem Bistro-Charakter.

Mercure, Hafenstr. 8, ✉ 66111, ℘ (0681) 3 89 00, h1307@accor-hotels.com, Fax (0681) 3890989 – 🛗, ✻ Zim, 📺 📞 🚗 P – 🛎 80. 🆎 ⓘ ⑩ 🆚 AY x
Menu à la carte 19/37 – ⊇ 13 – **150 Zim** 89/99 – 99/109, 5 Suiten.
♦ Dem Reisenden stehen die Zimmerkategorien "Classic", "Komfort" und "Business" zur Auswahl - stets funktionell ausgestattet, teilweise bereits renoviert.

Am Triller M 🍴, Trillerweg 57, ✉ 66117, ℘ (0681) 58 00 00, info@hotel-am-triller.de, Fax (0681) 58000303, ≤, Biergarten, ➡ , ▭ – 🛗 ✻ Zim, 📺 📞 🚗 P – 🛎 120. 🆎 ⓘ ⑩ 🆚 JCB AZ a
Menu à la carte 21/40 - **Bistro Palü : Menu** à la carte 18,50/34 – **110 Zim** ⊇ 99/111 – 136.
♦ Ein ehemaliges Modeatelier beherbergt nun Reisende. Von der Lobby - mit Info-Bildschirm und PC - bis in die Zimmer prägen Kunst und modernes Design das Haus. Das Panorama-Restaurant lockt mit toller Sicht. Mit legerer Atmosphäre : das Bistro.

Domicil Leidinger (mit Gästehaus), Mainzer Str. 10, ✉ 66111, ℘ (0681) 9 32 70, info@domicil-leidinger.de, Fax (0681) 3801, Biergarten – 🛗 ✻ Zim, 📺 📞 🚗 P – 🛎 60. **Gourmet-Bistro Seimetz** (geschl. Montagmittag, Sonn- und Feiertage) **Menu** à la carte 27/39,50 – **91 Zim** ⊇ 79/96 – 104/116, 4 Suiten. BZ n
♦ Die Auswahl an Unterkünften reicht von klassisch über modern bis hin zum fernöstlichen Themenzimmer - Kunst und Bilder schmücken Ihr Domizil. Im Hinterhaus das Theater. Ein nettes Ambiente erwartet Sie im Gourmet-Bistro Seimetz.

1257

SAARBRÜCKEN

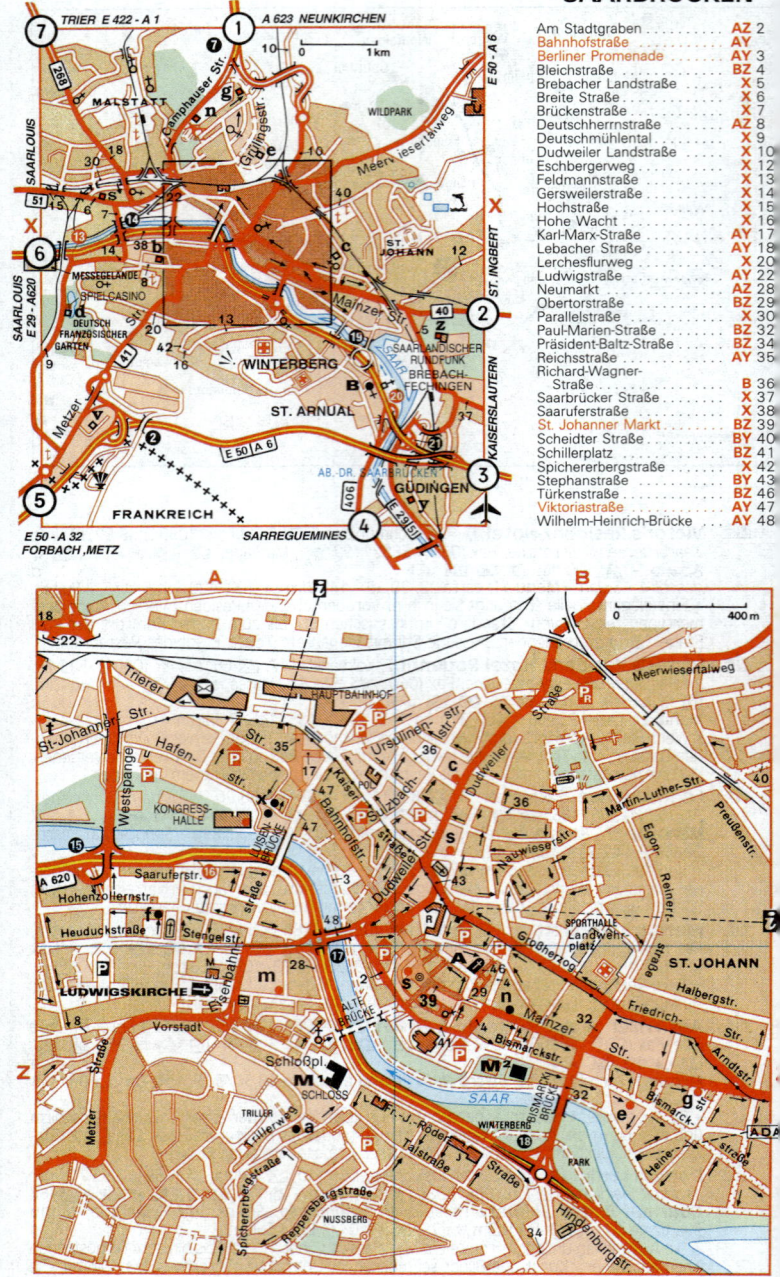

Am Stadtgraben	**AZ**	2
Bahnhofstraße	**AY**	
Berliner Promenade	**AY**	3
Bleichstraße	**BZ**	4
Brebacher Landstraße	**X**	5
Breite Straße	**X**	6
Brückenstraße	**AZ**	7
Deutschherrnstraße	**X**	8
Deutschmühlental	**X**	9
Dudweiler Landstraße	**X**	10
Eschbergerweg	**X**	12
Feldmannstraße	**X**	13
Gersweilerstraße	**X**	14
Hochstraße	**X**	15
Hohe Wacht	**X**	16
Karl-Marx-Straße	**AY**	
Lebacher Straße	**AY**	18
Lerchesflurweg	**X**	20
Ludwigstraße	**AY**	22
Neumarkt	**AZ**	28
Obertorstraße	**BZ**	29
Parallelstraße	**X**	30
Paul-Marien-Straße	**BZ**	32
Präsident-Baltz-Straße	**BZ**	34
Reichsstraße	**AY**	35
Richard-Wagner-Straße	**B**	36
Saarbrücker Straße	**BZ**	37
Saaruferstraße	**X**	38
St. Johanner Markt	**BZ**	39
Scheidter Straße	**BY**	40
Schillerplatz	**BZ**	41
Spichererbergstraße	**X**	42
Stephanstraße	**BZ**	43
Türkenstraße	**X**	46
Viktoriastraße	**AY**	47
Wilhelm-Heinrich-Brücke	**AY**	48

1258

SAARBRÜCKEN

Novotel, Zinzinger Str. 9, ✉ 66117, ℘ (0681) 5 86 30, h0500@accor-hotels.com, Fax (0681) 5863300, 😊, 🏊, 🐴 – 📶, ⤴ Zim, 🖥 📺 📞 & 🅿 – 🚗 150. 🆎 ⓘ 🌐 𝗩𝗜𝗦𝗔
Menu à la carte 18/28 – **100 Zim** 🍽 72/101 – 72/123.   X v
- Einheitlich gestaltete Zimmer in funktioneller Machart, teils mit Modemanschluß, großer Arbeitsfläche und französischem Bett, stellen eine geeignete Bleibe für unterwegs dar.

Ibis garni, Hohenzollernstr. 41, ✉ 66117, ℘ (0681) 9 95 70, info@ibis-saarbruecken.de, Fax (0681) 9957200 – 📶, ⤴ Zim, 📺 🅿 🆎 ⓘ 🌐 𝗩𝗜𝗦𝗔   AY f
🍽 8 – **38 Zim** 59/71.
- Rund um die Uhr empfängt man Sie freundlich in Ihrem vorübergehenden Zuhause. Praktische, moderne Gästezimmer bilden die Basis für einen unbeschwerten Aufenthalt.

Bruchwiese, Preussenstr. 68, ✉ 66111, ℘ (0681) 96 71 00, bruchwiese@gmx.de, Fax (0681) 9671033, 😊 – 📺 🍽 🅿 🆎 🌐 𝗩𝗜𝗦𝗔, ⨯ Zim   X c
Menu (geschl. Samstag, Sonn- und Feiertage abends) à la carte 21/35 – **13 Zim** 🍽 50 – 87.
- Am Rande der Innenstadt finden Reisende ein Quartier, das ihren Vorstellungen von einer gepflegten Übernachtungsadresse gerecht wird. Hell und freundlich sind die Räumlichkeiten des Restaurants.

XXX **GästeHaus**, Mainzer Str. 95, ✉ 66121, ℘ (0681) 9 58 26 82, kontakt@gaestehaus-erfort.de, Fax (0681) 9582684, 😊, 🐴 – 🅿 – 🚗 25. ⓘ 🌐 𝗩𝗜𝗦𝗔   BZ g
geschl. Jan. 2 Wochen, Sonntag - Montag, Samstagmittag – **Menu** (Tischbestellung ratsam) à la carte 44/61 ₺.
- Schön liegt die Villa aus dem 19. Jh. an einem kleinen Park. In modern-elegantem Ambiente serviert man eine ausgezeichnete, klassische Küche. Hübsch : die Terrasse im Grünen.
Spez. Mille feuille von der Poularde mit geschmolzener Gänsestopfleber. Lammcarré mit Zitronenconfit und gegrillten Gemüsen. Warmer Schokoladenkuchen mit Vanilleeis.

XXX **La Touraine**, Am alten Hafen (Kongreßhalle, 1. Etage), ✉ 66111, ℘ (0681) 4 93 33, Fax (0681) 49003, 😊 – 🅿 🆎 ⓘ 🌐 𝗩𝗜𝗦𝗔   AY
geschl. 8. - 29. Juli, Samstagmittag, Sonntag – **Menu** 29 à la carte 37/55.
- In der ersten Etage der Kongreßhalle befindet sich dieses gut unterhaltene Restaurant. An ausgezeichnet eingedecktem Tisch serviert man feine französische Küche.

XXX **Kuntze's Handelshof**, Wilhelm-Heinrich-Str. 17, ✉ 66117, ℘ (0681) 5 69 20, kuntzeshandelshof@t-online.de, Fax (0681) 5847707 – 🆎 🌐 𝗩𝗜𝗦𝗔   AZ m
geschl. Juli - Aug. 2 Wochen, Samstagmittag, Sonntagabend - Montag – **Menu** 25 (mittags) à la carte 38/50.
- Klassisch gestaltet - ganz in weiß gehalten - präsentiert sich das Innenleben dieses älteren Stadthauses. Freundlich verwöhnt man Sie mit einer französischen Küche.

XX **Casino am Staden**, Bismarckstr. 47, ✉ 66121, ℘ (0681) 6 23 64, info@casino-kaiserhof.de, Fax (0681) 63027, 😊 – 🅿 – 🚗 50. 🆎 ⓘ 🌐 𝗩𝗜𝗦𝗔   BZ e
geschl. Sonntagabend – **Menu** à la carte 23/45.
- Das Haus liegt etwas außerhalb des Stadtzentrums an einem Grünbereich. Es erwartet Sie ein elegantes Umfeld - oder eine hübsch gelegene Terrasse.

XX **Bitburger Residenz**, Dudweiler Str. 56, ✉ 66111, ℘ (0681) 37 23 12, Fax (0681) 3904010, 😊 – 🅿 🌐 𝗩𝗜𝗦𝗔   BY c
geschl. Samstagmittag – **Menu** à la carte 27,50/45,50.
- Das schöne Stadthaus aus dem 18. Jh. lädt zum Verweilen ein. In gediegenen Räumen widmet man sich auf zwei Etagen aufmerksam Ihrer Bewirtung.

XX **Gavi**, Im Ludwigspark (Saarlandhalle), ✉ 66113, ℘ (0681) 4 70 00, info@restaurant-gavi.de, Fax (0681) 44847 – 🅿 🆎 🌐 𝗩𝗜𝗦𝗔   X n
geschl. Juli - Aug. 2 Wochen, Samstagmittag, Sonntag – **Menu** 23 (mittags) à la carte 31,50/44.
- Das helle, modern gestaltete Restaurant bietet für private wie auch geschäftliche Anlässe einen sympathischen Rahmen - freundliche Mitarbeiter sind um Ihr Wohl bemüht.

XX **Roma**, Klausener Str. 25, ✉ 66115, ℘ (0681) 4 54 70, ristorante.roma@t-online.de, Fax (0681) 4170105, 😊 – 🅿 ⓘ 🌐 𝗩𝗜𝗦𝗔   AY t
geschl. Montag – **Menu** (italienische Küche, Tischbestellung ratsam) à la carte 30/45.
- Steht Ihnen der Sinn nach italienischer Küche? Man bittet Sie in einem gepflegten, leicht rustikalen Ambiente zu Tisch - ein guter Wein bereichert Ihr Mahl.

XX **Il Gabbiano**, Françoisstr. 33, ✉ 66117, ℘ (0681) 5 23 73, Fax (0681) 52373 – 🅿 🌐 𝗩𝗜𝗦𝗔, ⨯   X b
Menu à la carte 30/60.
- Die ehemalige Vorstadtkneipe wurde zu einem netten kleinen Lokal umgebaut. Eine große Tafel stellt Ihnen das Angebot vor - auch mündliche Empfehlungen zählen zum Service.

XX **Jörg's Restaurant**, Breite Str. 47, ✉ 66115, ℘ (0681) 4 29 80, Fax (0681) 42980 – 🌐 𝗩𝗜𝗦𝗔   X s
geschl. Samstagmittag, Montag, Dienstagabend – **Menu** 28/46 à la carte 27,50/43,50.
- Zwei helle, ineinander übergehende Räume - mit vielen Bildern dekoriert - bilden einen netten Rahmen für Ihren Besuch. Man serviert Ihnen eine internationale Küche.

SAARBRÜCKEN

Hashimoto, Cecilienstr. 7, ⊠ 66111, ℘ (0681) 39 80 34, Fax (0681) 376841 – AE ◯
VISA JCB
BY
– **Menu** (japanische Küche) 13 (mittags)/51 à la carte 27/42,50.
♦ Lassen Sie sich vom Namen des Hauses auf das japanische Flair einstimmen. Das Interieur präsentiert sich im typischen Stil - mit großen Kochplatten und Sushibar.

Die Traube mit Zim, Grülingstr. 101, ⊠ 66113, ℘ (0681) 94 85 00, dietraube@web.de
Fax (0681) 473311, 🍴 – TV P. AE ◯ VISA
X
geschl. Feb. 2 Wochen – **Menu** (geschl. Samstagmittag, Montag) à la carte 23/44,50 –
10 Zim ⊇ 49/65 – 75/105.
♦ Eine nette, gepflegte Adresse, in der Sie sich an einem gut eingedeckten Tisch zum Speisen niederlassen. Landhausstil prägt den Charakter des Raumes.

Zum Stiefel, Am Stiefel 2, ⊠ 66111, ℘ (0681) 9 36 45 16, derstiefel@t-online.de
Fax (0681) 9364536, 🍴, (Brauereigaststätte a.d.J. 1702 mit Hausbrauerei Stiefelbräu) -
◯ ◯ VISA JCB
BZ
geschl. Sonntag – **Menu** à la carte 15/31.
♦ In einer engen Altstadtgasse in der Fußgängerzone ermöglicht man Ihnen eine gemütliche Einkehr. Rustikale Stuben bestimmen den typischen Charakter dieses Brauereilokals.

Auf dem Halberg Süd-Ost : 4 km :

Schloß Halberg, ⊠ 66024, ℘ (0681) 6 31 81, restaurant.schloss.halberg@t-online.de
Fax (0681) 638655, 🍴 – 🖃 P. – 🚗 90. ◯ VISA
X
geschl. Samstagmittag, Sonntagabend – **Menu** à la carte 27,50/44.
♦ Oberhalb der Stadt liegt das kleine Palais mit dem modernen Interieur. Sie finden hier ein Bistro mit langer Eßtheke, ein großzügiges Restaurant und einen hellen Wintergarten.

In Saarbrücken-Altenkessel über ⑥ : 8 km :

Wahlster, Gerhardstr. 12, ⊠ 66126, ℘ (06898) 9 82 20, webmaster@hotel-wahlste r.de, Fax (06898) 982250, 🍴 – TV. ◯ VISA. 🎿 Rest
Menu (geschl. Mitte - Ende Juli, Sonn- und Feiertage) (nur Abendessen) à la carte 19,50/3:
– **26 Zim** ⊇ 45/48 – 65/68.
♦ Seit 1870 familiengeführt, bietet Ihnen das Hotel ein funktionelles Zuhause auf Zeit. Die Zimmer sind teils zum ruhigen Garten hin gelegen, teils sind sie schallisoliert. Sie speisen in ländlichem Ambiente.

In Saarbrücken-Bübingen Süd-Ost : 10 km über die B 51 X :

Angelo, Saargemünder Str. 28, ⊠ 66129, ℘ (06805) 9 30 00, mail@angelo-sb.de
Fax (06805) 930030, 🍴 – 🙼 Zim, TV 🕿 🕭 🚗 P. AE ◯ ◯ VISA. 🎿
Menu (italienische Küche) à la carte 28,50/41 – **15 Zim** ⊇ 55/59 – 68/82.
♦ Sinnvoll gestaltete Zimmer - teils mit bemalten Bauernmöbeln, teils neuzeitlich - wie auch die private Atmosphäre zählen zu den Vorzügen dieser kleinen Adresse. Ein Restaurant mit Wintergarten steht dem Gast zur Verfügung.

In Saarbrücken-Güdingen Süd-Ost : 8 km über B 51 X :

Alt Güdingen, Saargemünder Str. 132, ⊠ 66130, ℘ (0681) 87 21 18, restaurant.al -guedingen@t-online, 🍴 – P. ◯◯
X
geschl. Mitte Okt. 1 Woche, Montag – **Menu** à la carte 17/34.
♦ In der Dorfmitte liegt dieses hübsche Gasthaus mit Fachwerkfassade. Die Einrichtung ist rustikal mit offenem Kamin, Bilder zieren die Wände.

In Kleinblittersdorf Süd-Ost : 13 km über die B 51 X :

Zum Dom garni, Elsässer Str. 51, ⊠ 66271, ℘ (06805) 9 11 80, Fax (06805) 8659 -
TV P. ◯◯ VISA
geschl. 24. - 31. Dez. – **12 Zim** ⊇ 48/55 – 67/85.
♦ Die ehemalige Kirche - seit den zwanziger Jahren ohne Glockentürmchen - dient heute als kleines, gepflegtes Hotel der Beherbergung Reisender.

SAARBURG Rheinland-Pfalz **417** R 3 – 6 500 Ew – Höhe 148 m – Erholungsort.
🛈 Saar-Obermosel-Touristik, Graf-Siegfried-Str. 32, ⊠ 54439, ℘ (06581) 1 94 33, saar burg-info@t-online.de, Fax (06581) 81290.
Berlin 743 – Mainz 176 – Trier 25 – Saarbrücken 71 – Thionville 44.

Villa Keller, Brückenstr. 1, ⊠ 54439, ℘ (06581) 19 29 10, villa-keller@t-online.de
Fax (06581) 6695, ≤Saarburg, 🍴, Biergarten – TV 🕿 P. AE ◯ ◯◯ VISA
geschl. 1. - 25. Jan. – **Menu** (geschl. Montag - Dienstagmittag) 29 à la carte 25,50/35 –
11 Zim ⊇ 55/60 – 85/110.
♦ Hinter der hübschen Fassade des Herrenhauses direkt an der Saar beherbergt man seine Gäste in wohnlichen Zimmern. Die stilvolle Einrichtung und die gute Technik überzeugen. Sie essen im behaglichen Restaurant oder auf der Veranda.

SAARBURG

Saar Galerie M garni, Heckingstr. 12, ⊠ 54439, ℰ (06581) 9 29 60, *info@hotel-saar-galerie.de*, Fax (06581) 929650 – 🕸 ⥩ 📺 📞 ⚭ ⇔ 🅿 – 🔺 40. 🖭 🐵 𝗩𝗜𝗦𝗔
33 Zim ⇌ 47/52 – 72/80.
♦ In der zweiten Etage des Geschäftshauses - am Rande der Innenstadt gelegen - finden Sie auch auf der Reise eine moderne und wohnliche Behausung auf Zeit.

Am Markt, Am Markt 10, ⊠ 54439, ℰ (06581) 9 26 20, *hotel_am_markt@t-online.de*, Fax (06581) 926262, ⇌ – 📺 🅿 🖭 🐵 𝗩𝗜𝗦𝗔
Menu (italienische Küche) à la carte 14/30 – **14 Zim** ⇌ 49/72 – 64/92.
♦ Sie logieren in einem ehemaligen Wohnhaus in der Fußgängerzone der kleinen Stadt. Alle Zimmer sind individuell bestückt, benannt nach bekannten Städten und Weinorten der Saar. Mediterranes Flair erleben Sie in den Räumen des Restaurants.

Wirtshaus Zum Pferdemarkt 🗞, Pferdemarkt 3, ⊠ 54439, ℰ (06581) 99 39 13, Fax (06581) 99191, ⇌ – 📺 🐵 𝗩𝗜𝗦𝗔
geschl. 2. - 17. Jan. – **Menu** (geschl. Nov. - April Donnerstag) (Nov. - April wochentags nur Abendessen) à la carte 14/29,50 – **15 Zim** ⇌ 49/52 – 62/90.
♦ Neuzeitliche Gästezimmer mit solider Möblierung und modernen Bädern stehen zum Einzug bereit - eine gepflegte und funktionelle Herberge für unterwegs. Backsteinwände und Naturholztische im rustikalen Restaurant.

Zunftstube, Am Markt 11, ⊠ 54439, ℰ (06581) 9 18 70, *zunftstube@gmx.de*, Fax (06581) 918720 – 📺 🅿 🐵 𝗩𝗜𝗦𝗔
geschl. Feb. 3 Wochen – **Menu** (geschl. Donnerstag) à la carte 15/28,50 – **7 Zim** ⇌ 50 – 70.
♦ Sind Sie auf der Suche nach einer soliden Unterkunft in zentraler Lage? In der familiären Atmosphäre dieser kleinen Adresse werden Sie sich gut aufgehoben fühlen. Gepflegte Räumlichkeiten in rustikaler Aufmachung stehen für Ihre Bewirtung bereit.

XX Saarburger Hof mit Zim, Graf-Siegfried-Str. 37, ⊠ 54439, ℰ (06581) 9 28 00, *infos@saarburger-hof.de*, Fax (06581) 928080, ⇌ – 📺 📞 ⇔ – 🔺 25. 🖭 🐵 𝗩𝗜𝗦𝗔
geschl. 27. Dez. - 20. Jan. – **Menu** (geschl. Montag - Dienstagmittag) à la carte 27/37 –
Gaststube : Menu à la carte 17/29 – **13 Zim** ⇌ 55/68 – 74/89 – ½ P 15.
♦ Das Restaurant in stilvoller, klassischer Aufmachung stellt den passenden Rahmen für ein gemütliches Essen dar. Die Küche ist international wie auch regional ausgelegt. Die Gaststube ist die rustikale Alternative zum Saarburger Hof.

X Gutsschänke, Im Staden 53, ⊠ 54439, ℰ (06581) 99 53 49, Fax (06581) 995359, ⇌ – 🅿
geschl. Jan. 2 Wochen, Dienstag – **Menu** (Nov. - März nur Abendessen) à la carte 23/33,50 ♀.
♦ Das historische Haus - idyllisch in der Altstadt gelegen - bietet sich mit seinem sympathischen, rustikalen Ambiente für eine gemütliche Rast an.

In Trassem Süd-West : 4,5 km :

St. Erasmus (mit Gästehaus), Kirchstr. 6a, ⊠ 54441, ℰ (06581) 92 20, *st.erasmus.trassem@t-online.de*, Fax (06581) 922199, ⇌, ⇌, ⇌ – 🕸 📺 📞 🅿 – 🔺 60. 🖭 ⓞ 🐵 𝗩𝗜𝗦𝗔
Menu (geschl. Mittwoch - Donnerstagmittag) à la carte 17/36,50 – **35 Zim** ⇌ 37/50 – 54/85 – ½ P 15.
♦ Neben solide und funktionell möblierten Zimmern im Hotel verfügt man in den Gästehäusern über in Technik und Möblierung neuzeitlichere Quartiere mit gutem Platzangebot. Nett eingerichtet und gepflegt zeigt sich das Innenleben des Restaurants.

SAARLOUIS Saarland 𝟰𝟭𝟳 S 4 – 38 400 Ew – Höhe 185 m.
🏌 Wallerfangen-Gisingen, Oberlimberger Weg (West : 10 km), ℰ (06837) 9 18 00.
🛈 Stadtinfo, Großer Markt 1, ⊠ 66740, ℰ (06831) 44 32 63, *kreisstadt@saarlouis.de*, Fax (06831) 443495.
Berlin 728 ② – *Saarbrücken* 27 ② – Luxembourg 75 ⑤ – Metz 57 ④ – Trier 70 ⑤

Stadtplan siehe nächste Seite

Posthof, Postgäßchen 5 (Passage), ⊠ 66740, ℰ (06831) 9 49 60, *posthof@hotel-saarlouis.de*, Fax (06831) 9496111 – 🕸, ⥩ Zim, 📺 🖭 ⓞ 🐵 𝗩𝗜𝗦𝗔 𝗝𝗖𝗕 ⋇   B a
Menu (geschl. 2. - 16. Jan., Sonntagabend - Montag) à la carte 22/40,50 – **47 Zim** ⇌ 68/78 – 88/108.
♦ Ein gepflegtes Ambiente, sinnvoll ausgestattete Zimmer - teils neu möbliert - sowie ein direkter Zugang zur Fußgängerzone der Stadt kennzeichnen Ihr Domizil. Im netten, kürzlich renovierten Restaurant nehmen Sie zum Speisen Platz.

Park garni, Ludwigstr. 23, ⊠ 66740, ℰ (06831) 48 88 10, *park@hotel-saarlouis.de*, Fax (06831) 4888110, ⇌ – ⥩ 📺 ⇔ 🅿 – 🔺 20. 🖭 ⓞ 🐵 𝗩𝗜𝗦𝗔 𝗝𝗖𝗕   B c
33 Zim ⇌ 78 – 88/98.
♦ Verkehrsgünstig am Rande der Innenstadt gelegen, beherbergt diese Adresse schlicht gestaltete Zimmer mit guter Technik. Auch für Feierlichkeiten findet sich hier ein Platz.

SAARLOUIS

Adlerstraße	B 2
Alte Brauereistraße	B 3
Bibelstraße	B 5
Brückenstraße	A 6
Deutsche Straße	B 7
Eisenhüttenstädter Allee	AB 9
Französische Straße	B 10
Großer Markt	B 12
Handwerkerstraße	B 14
Herrenstraße	A 15
Hohenzollernring	B 16
Kaiser-Friedrich-Ring	B 17
Karcherstraße	B 18
Kavalleriestraße	B 19
Kleiner Markt	B
Lebacher Straße	A 20
Lisdorfer Straße	B
Luxemburger Ring	B 21
Neue Brauereistraße	B 22
Prälat-Subtil-Ring	B 23
Saarlouiser Straße	A 24
St. Nazairer Allee	AB 25
Schanzenstraße	A 26
Schlächterstraße	B 27
Silberherzstraße	B 28
Überherrner Straße	A 29
Zeughausstraße	B

✕ **Escargot**, Handwerkerstr. 5, ✉ 66740, ☎ (06831) 4 13 33, Fax (06831) 41333, 🍽 – VISA
B
geschl. Samstagmittag, Sonntagabend, Juli - Aug. Sonntag – **Menu** à la carte 32/40.
♦ Steht Ihnen der Sinn nach klassisch-französischer Küche? Im Sommer ergänzt die Terrasse im Hof das Platzangebot des kleinen Bistro-Restaurants.

In Saarlouis-Beaumarais West : 3 km über Wallerfanger Straße A :

🏨 **Altes Pfarrhaus Beaumarais**, Hauptstr. 2, ✉ 66740, ☎ (06831) 63 83 (Hotel) 96 56 70 (Rest.), info@altespfarrhaus.de, Fax (06831) 62898, 🍽 – TV 🐾 P – 🔔 35. AE ① ◎ VISA JCB
Trampert (geschl. Juli 2 Wochen, Samstagmittag, Sonntag - Montagmittag) **Menu** à la carte 37/48,50 – **Brasserie Hofhaus** (nur Abendessen) **Menu** à la carte 20/28 – **36 Zim** ⊇ 78/95 – 110.
♦ Ursprünglich als Sommervilla, später als Pfarrhaus genutzt, empfängt das historische Haus nun Reisende in stilvoll-wohnlichen Gemächern - mit Antiquitäten bestückt. Das Trampert gefällt mit elegantem Bistro-Ambiente und Innenhofterrasse. Urig die Brasserie.

In Saarlouis-Picard über ④ : 4 km :

🏨 **Taffing's Mühle** 🌿, Am Taffingsweiher, ✉ 66740, ☎ (06831) 9 44 00, Fax (06831) 944040, 🍽 – TV P – 🔔 25. AE ① ◎ VISA JCB
Menu (geschl. Montagmittag) à la carte 19/37 – **11 Zim** ⊇ 49 – 69/74.
♦ Ehemals als Wassermühle genutzt, dient das Haus aus dem 18. Jh. heute Ihrer Beherbergung. Für ungestörte Nachtruhe sorgt die ruhige Lage am Weiher. Passend zum ländlichen Charakter des Hauses ist der Restaurantbereich im rustikalen Stil gehalten.

In Saarlouis-Roden :

🏨 **Panorama** M, Bahnhofsallee 4, ✉ 66740, ☎ (06831) 98 00, info@panoramahotel-saarlouis.de, Fax (06831) 980603, Massage, 🐾, 🔁 – 🛗, 🥗 Zim, 🍽 Rest, TV 🐾 🐾
P – 🔔 80. AE ① ◎ VISA. 🍴 Rest
A c
Menu à la carte 21/43 – **116 Zim** ⊇ 95 – 130.
♦ Von der großzügigen Hotelhalle bis in die Zimmer wird das moderne Innenleben Ihrer vorübergehenden Residenz den Ansprüchen der heutigen Zeit gerecht. Das Restaurant ist im Bistro-Stil gehalten.

1262

SAARLOUIS

In Wallerfangen *West : 4 km über Wallerfanger Straße A :*

XXX **Villa Fayence** mit Zim, Hauptstr. 12, ⊠ 66798, ℘ (06831) 9 64 10, info@villafayen ce.de, Fax (06831) 62068, 🍽, 🚗 – 📺 P. AE ⓘ ⓜ VISA. ⅍ Rest
Menu *(geschl. Samstagmittag, Sonntagabend - Montag)* 42/75 à la carte 31/48 – **4 Zim** ⊇ 80 – 123/154.
♦ Die denkmalgeschützte Villa im Park lädt zum Verweilen in stilvollem Umfeld ein - gekocht wird französisch. Legeres Bistro-Ambiente erwartet Sie im Keller des Hauses.

In Wallerfangen-Kerlingen *West : 9 km über Wallerfanger Straße A :*

Scheidberg ⅍, ⊠ 66798, ℘ (06837) 7 50, hotel-scheidberg@web.de, Fax (06837) 7530, ≤, 🍽, ≘s – ⌷, ⅍ Zim, 📺 ⓥ – ⚿ 350. AE ⓜ VISA
Menu à la carte 20/31 – **81 Zim** ⊇ 63/75 – 85/98.
♦ Unterschiedlich in Größe und farblicher Gestaltung, präsentieren sich die Zimmer Ihres Domizils mal praktisch, mal modern ausgestattet. Die Alleinlage garantiert Ruhe.

In Wallerfangen-Oberlimberg *Nord-West : 12 km über Wallerfanger Straße A und Gisingen :*

Hotellerie Waldesruh ⅍, Siersburger Str. 8, ⊠ 66798, ℘ (06831) 9 66 00, info@waldesruh-wallerfangen.de, Fax (06831) 966060, 🍽, Biergarten – 📺 ⇔ P. AE ⓜ VISA
Menu *(geschl. Freitag, Mai - Aug. Freitagmittag)* à la carte 15/37 – **7 Zim** ⊇ 47/55 – 80.
♦ Besucher finden in den gepflegten neuzeitlichen Zimmern des modernisierten Gasthofs eine nette Unterkunft. Sie werden die private Atmosphäre dieser Adresse schätzen. Blanke Holztische mit gutem Couvert unterstreichen den gemütlichen Charakter des Restaurants.

SAAROW-PIESKOW, BAD Brandenburg **416 418** J 26 – 4 000 Ew – Höhe 65 m.
🏌 🏌 Bad Saarow, Parkallee 3 (Nord : 1 km), ℘ (033631) 6 33 00.
🛈 Touristinformation, Ulmenstr.15, ⊠ 15526, ℘ (033631) 86 80, Fax (033631) 868246.
Berlin 72 – Potsdam 80 – Frankfurt (Oder) 38 – Brandenburg 118.

Das Brandenburg M ⅍, Parkallee 1 (Süd-West : 6 km), ⊠ 15526, ℘ (033631) 60, info@palmerston.de, Fax (033631) 62000, 🍽, Massage, ♨, Ⅰ♣, ≘s, ⊇, 🔲, 🐎, ⅍(Halle), 🏌, ⅍(Halle) Segelschule – 📶, ⅍ Zim, 🔳 📺 ⓥ ⚿, 🎯 ⇔ P – ⚿ 80. AE ⓘ ⓜ VISA JCB. ⅍ Rest
Lakeside Menu à la carte 35/46 – **229 Zim** ⊇ 175/225 – 205/255, 17 Suiten.
♦ Eleganz und Moderne begleiten Sie durch alle Bereiche dieses Anwesens. Komfort und gute Technik prägen das Interieur, draußen ein sehr schönes Gelände mit Seeterrasse. Das Lakeside Restaurant natürlich mit tollem Blick aufs Wasser.

Palais am See garni, Karl-Marx-Damm 23, ⊠ 15526, ℘ (033631) 86 10, info@palais-am-see.de, Fax (033631) 86186, ≤, ≘s, 🐎, 🍽 – 📺 ⓥ P – ⚿ 20. AE ⓘ ⓜ VISA JCB. ⅍
12 Zim ⊇ 110/115 – 160/180.
♦ Fernab vom Großstadtlärm, in einem hübschen Garten mit direktem Zugang zum See steht die ehemalige Villa zum Einzug bereit. Geschmackvoll zeigt sich das Interieur.

Villa Contessa ⅍, Seestr. 18, ⊠ 15526, ℘ (033631) 5 80 18, villa-contessa@t-online.de, Fax (033631) 58019, ≤, ≘s, 🍽 – ⅍ Zim, 📺 P. AE ⓜ VISA. ⅍ Rest
geschl. 24. - 28. Dez. – **Menu** *(nur Abendessen)* (Restaurant nur für Hausgäste) – **8 Zim** ⊇ 98 – 122/138.
♦ Stilvolle, mit Liebe eingerichtete Gemächer halten, was die attraktive Fassade dieses kleinen historischen Hauses am Ufer verspricht - in wohltuender privater Atmosphäre.

Landhaus Alte Eichen ⅍, Alte Eichen 21, ⊠ 15526, ℘ (033631) 41 15, info@landhaus-alte-eichen.de, Fax (033631) 2058, 🍽, Ⅰ♣, Massage, ≘s, 🐎, 🍽 – 📺 P – ⚿ 30. AE ⓜ VISA JCB. ⅍
Menu à la carte 21/29 – **38 Zim** ⊇ 88 – 95/155.
♦ Das Hotel liegt auf der Halbinsel am See. Verteilt auf Haupthaus, "Galerie" und "Villa", stehen dem Reisenden Unterkünfte verschiedener Kategorien zur Wahl. Liebevoll eingerichtet - teils mit Antiquitäten bestückt - das Restaurant.

Am Werl Silberberger Str. 51, ⊠ 15526, ℘ (033631) 86 90, office@hotelamwerl.de, Fax (033631) 86951, ≘s – 📺 ⓥ P – ⚿ 20. AE ⓜ VISA
Menu à la carte 16,50/25 – **13 Zim** ⊇ 54/68 – 82/92 – ½ P 15.
♦ Zur Naherholung oder als Geschäftsreise findet Sie hier ein funktionell wie auch wohnlich ausgestattetes Quartier. Ihr kleines Refugium ist ganz in der Nähe des Sees gelegen. Der Wintergarten ergänzt das Restaurant um so manch netten Platz.

Pieskow ⅍, Schwarzer Weg 6, ⊠ 15526, ℘ (033631) 4 38 30, Fax (033631) 438323, ⇔ 🍽 – 📺 P – ⚿ 25. ⓜ VISA
Menu à la carte 13/26,50 – **11 Zim** ⊇ 45/50 – 67/75 – ½ P 10.
♦ In schlichter gepflegter Aufmachung präsentieren sich die Gästezimmer des kleinen Hotels - von hier aus starten Sie zu Ausflügen an den nahegelegenen Scharmützelsee. Das Restaurant ist im Stil eines ländlichen Gasthofs gehalten.

SACHSA, BAD
Niedersachsen 418 L 15 – 9 500 Ew – Höhe 360 m – Heilklimatischer Kurort
Wintersport : 500/650 m ≰3 ≴.

🛈 Bad Sachsa Information, Am Kurpark 6, ⊠ 37441, ℘ (05523) 3 00 90, touristik@bad sachsainfo.de, Fax (05523) 300949.

Berlin 273 – Hannover 129 – Erfurt 100 – Göttingen 62 – Braunschweig 95.

Romantischer Winkel ⑤, Bismarckstr. 23, ⊠ 37441, ℘ (05523) 30 40, info@romantischer-winkel.de, Fax (05523) 304122, 佘, Massage, ⚕, ⚓, ≘s, 🄽, 桼 – ⧘ ⇐
🇹🇻 ⚹ ⇔ 🅿 – 🚗 25. 🕮 ⓞ ⓦ ⒱ⒾⓈⒶ. ※ Rest
geschl. 17. Nov. – 19. Dez. – **Menu** à la carte 24/41 – **77 Zim** (nur ½ P) 104/159 – 188/238
4 Suiten.

◆ Historischer, exklusiver, romantischer und rustikaler Flügel bilden dies
Residenz. Schmuckstück der Jugendstilvilla ist der frühere Sommersitz des russischen
Botschafters. Ein Restaurant in klassischem Stil und ein Wintergarten erwarten de
Besucher.

Sonnenhof ⑤ garni, Glasebergstr. 20a, ⊠ 37441, ℘ (05523) 9 43 70, info@sonn
nhof-bad-sachsa.de, Fax (05523) 943750, Massage, 桼 – ⧘ ⇐ 🇹🇻 ⚹ ⇔ 🅿 ⓞⒸ
※

17 Zim ⌒ 46/59 – 78/122.

◆ Früher privat genutzt, stellt diese gut geführte Adresse nun Gästen verschiedene Zim
mertypen zur Wahl. Wohnlichkeit und gute Technik machen Übernachten zu angenehmen
Logieren.

SÄCKINGEN, BAD
Baden-Württemberg 419 X 7 – 17 000 Ew – Höhe 290 m – Heilbad.

Sehenswert : Fridolinsmünster★ – Überdachte Rheinbrücke★.

🏌 Rickenbach, Hennematt 20 (Nord : 12 km), ℘ (07765) 7 77.

🛈 Kurverwaltung, Waldshuter Str. 20, ⊠ 79713, ℘ (07761) 5 68 30, kurverwa
tung@bad-saeckingen.de, Fax (07761) 568317.

Berlin 822 – Stuttgart 205 – Freiburg im Breisgau 74 – Donaueschingen 82 – Schaffhausen 6
– Zürich 58 – Basel 31.

Goldener Knopf ⑤, Rathausplatz 9, ⊠ 79713, ℘ (07761) 56 50, info@goldener
nopf.de, Fax (07761) 565444, ≤, 佘 – ⧘, ⇐ Zim, 🇹🇻 🅿 – 🚗 60. 🕮 ⓞ ⓦ ⒱ⒾⓈⒶ
Menu à la carte 23/37 – **71 Zim** ⌒ 72/108 – 115/123 – ½ P 21.

◆ Sie beziehen ein geschmackvoll-wohnliches Quartier oder eines der großzügigere
"Deluxe"-Zimmer. Die zentrale, aber dennoch ruhige Lage wird Ihren Zusprucl
finden. Scheffelstube, Le Jardin und Schifferstube bilden das Restaurant.

Zur Flüh ⑤, Weihermatten 38, ⊠ 79713, ℘ (07761) 92 44 80, adler@hote
flueh.de, Fax (07761) 9244824, 佘, ≘s, 🄽 – ⇐ Zim, 🇹🇻 🅿 – 🚗 30. 🕮 ⓞ
ⓦ ⒱ⒾⓈⒶ
Menu (geschl. Sonntagabend) à la carte 23,50/44 – **35 Zim** ⌒ 53/60 – 80/85 –
½ P 15.

◆ In einem ruhigen Wohngebiet oberhalb des Zentrums gelegen, stellt das Haus ein erhol
sames Refugium für Reisende dar - funktionelle Zimmer stehen zum Einzug bereit. Da
Restaurant ist rustikal gestaltet.

Fuchshöhle, Rheinbrückstr. 7, ⊠ 79713, ℘ (07761) 73 13, info@fuchshoehle.com
Fax (07761) 938476, 佘 – ⓞ ⓦ ⒱ⒾⓈⒶ
geschl. über Fastnacht 2 Wochen, Aug. 2 Wochen, Sonntag - Montag – **Menu** (Tischbe
stellung ratsam) à la carte 25/40.

◆ Hinter der netten Fassade des historischen Hauses aus dem 17. Jh. verbirgt sich ei
gemütliches, rustikales Lokal. Hübsche Wandmalereien zieren die Räumlichkeiten.

SAGARD
Mecklenburg-Vorpommern siehe Rügen (Insel).

SAILAUF
Bayern siehe Aschaffenburg.

SALACH
Baden-Württemberg 419 T 13 – 7 000 Ew – Höhe 365 m.
Berlin 601 – Stuttgart 49 – Göppingen 8 – Ulm (Donau) 43.

Klaus, Hauptstr. 87b, ⊠ 73084, ℘ (07162) 9 63 00, Fax (07162) 963051, 佘, 桼 – ⧘
🇹🇻 ⚹ ⇔ 🅿 – 🚗 30. 🕮 ⓞⒸ ⒱ⒾⓈⒶ
Menu (geschl. Samstag - Sonntag) (nur Abendessen) à la carte 22/30,50 – **18 Zim**
⌒ 62/85 – 93.

◆ Bewußte Schlichtheit bestimmt das Innenleben Ihrer kleinen Herberge - solide und funk
tionell gestaltet. Freizeiteinrichtungen finden sich in unmittelbarer Nähe des Hauses. Da
Restaurant wurde im maurischen Stil gestaltet.

SALACH

n der Ruine Staufeneck Ost : 3 km :

XXX **Burgrestaurant Staufeneck** (Straubinger), Staufenecker Straße, ⌧ 73084 Salach,
     ℰ (07162) 93 34 40, info@burg-staufeneck.de, Fax (07162) 9334455, ≤ Filstal, 🕮 – 🅿
     – 🛆 80. 𝐕𝐈𝐒𝐀
geschl. Juli 2 Wochen, Montag – **Menu** 56/86 à la carte 40/63,50 ♀ - (Hotel : 33 Zim ab
Dez. 2002).
♦ Inmitten alter Gemäuer finden Sie umgeben von edel-rustikalem Ambiente ein
Plätzchen zum Verweilen mit ganz eigenem Charme. Man kocht Feines mit mediterranen
Akzenten.
Spez. Bouillabaisse von Edelfischen und Langustinen mit Sauce Rouille. Gebratene Kalbs-
briesscheiben mit Salat von Kalbskopf. Lammrücken mit Kräuterkruste und Cassoulet von
Bohnen in Lamm-Bolognese.

SALEM Baden-Württemberg **419** W 11 – 10 000 Ew – Höhe 445 m.
Sehenswert : Ehemaliges Kloster★ (Klosterkirche★) – Schloß★.
🛈 Reiseverkehrsbüro, Schloßseeallee 20 (Mimmenhausen), ⌧ 88682, ℰ (07553) 9 22 10,
rb-salem@t-online.de, Fax (07553) 922122.
Berlin 730 – Stuttgart 149 – Konstanz 27 – Sigmaringen 47 – Bregenz 62.

🏛 **Salmannsweiler Hof** ⌘, Salmannsweiler Weg 5, ⌧ 88682, ℰ (07553) 9 21 20, salm
annsweiler_hof@t-online.de, Fax (07553) 921225, 🕮 – ⇔ Zim, 📺 📞 🅿. ⌘
Menu (geschl. Donnerstag - Freitagmittag) à la carte 16/36 – **10 Zim** ⌑ 44/50 – 58/80.
♦ Solide ausgestattet und gut gepflegt zeigen sich die Gästezimmer Ihres Domizils. Auch
die überschaubare Größe zählt zu den Annehmlichkeiten des Hauses. Holzdecke, Kachelofen
und eine gute Küche prägen den Charakter des Restaurants.

n Salem-Neufrach Süd-Ost : 3 km :

🏛 **Reck,** Bahnhofstr. 111, ⌧ 88682, ℰ (07553) 2 01, Fax (07553) 202, 🕮 – 📶 📺 🚗
🅿. **𝐀𝐄** 𝐕𝐈𝐒𝐀
geschl. über Fastnacht 2 Wochen, Nov. 2 Wochen – **Menu** (geschl. Mittwochabend - Don-
nerstag) à la carte 20/37 – **20 Zim** ⌑ 28/56 – 52/90.
♦ Die Zimmer Ihrer Herberge unterscheiden sich in Zuschnitt und Art des Mobiliars -
mal klassisch-stilvoll, mal neuzeitlich. Der nahe Bodensee bietet sich als Ausflugsziel
an. Eine unkomplizierte Küche mit Geschmack erwartet den Besucher der gemütlichen
Stube.

🏛 **Landgasthof Apfelblüte,** Markdorfer Str. 45, ⌧ 88682, ℰ (07553) 9 21 30, land
gasthof-apfelbluete@web.de, Fax (07553) 921390, 🕮, 🚗 – ⇔ Zim, 📺 ♿ 🅿
geschl. Jan. 2 Wochen – **Menu** (geschl. Dienstag, Freitagmittag, Samstagmittag) à la carte
14/25 – **30 Zim** ⌑ 36/40 – 47/68 – ½ P 13.
♦ Auf Neu- und Altbau verteilt, stehen dem Gast neuzeitlich gestaltete Zimmer mit solider
Technik sowie Quartiere in schlichterer Ausführung zur Verfügung. Gemütliche Gaststuben,
im Landhausstil eingerichtet.

SALZBURG 🄻 Österreich **926** L 5 – 147 000 Ew – Höhe 425 m.
Sehenswert : ≤★★ auf die Stadt (vom Mönchsberg) X und ≤★★ (von der Hettwer-Bastei)
Y – Hohensalzburg★★ X, Z : ≤★★ (von der Kuenburgbastei), ⚙★★ (vom Reckturm),
Burgmuseum★ – Petersfriedhof★★ Z – Stiftskirche St. Peter★★ Z – Residenz★★ Z – Haus
der Natur★ Y M2 – Franziskanerkirche★ Z A – Getreidegasse★ Y – Mirabellgarten★ V
(Monumentaltreppe★★ des Schloßes) – Barockmuseum★ V M3 – Dom★ Z.
Ausflugsziele : Gaisbergstraße★★ (≤★) über ① – Untersberg★ über ② : 10 km (mit 🚠)
– Schloß Hellbrunn★ über Nonntaler Hauptstraße X.
🛪 Salzburg-Wals, Schloß Klessheim, ℰ (0662) 85 08 51 ; 🛪 in Hof (über ① : 20 km),
ℰ (06229) 23 90 ; 🛪 in St. Lorenz (über ① : 29 km), ℰ (06232) 38 35.

Festspiel-Preise : siehe S. 10
Prix pendant le festival : voir p. 24
Prices during tourist events : see p. 38
Prezzi duranti i festival : vedere p. 52.

✈ Innsbrucker Bundesstr. 95 (über ③), ℰ (0662) 8 58 00 - City Air Terminal (Auto-
busbahnhof), Südtirolerplatz V.
🚆 Lastenstraße.
Salzburger Messegelände, Linke Glanzeile 65, ℰ (0662) 3 45 66.
🛈 Salzburg-Information, Mozartplatz 5, ⌧ A-5020, ℰ (0662) 88 98 73 30, tourist@salz
burginfo.at, Fax (0662) 8898732.
ÖAMTC, Alpenstr. 102 (über ②).
Wien 292 ① – Innsbruck 177 ③ – Bad Reichenhall 20 ③ – München 140 ③

1265

SALZBURG

Auerspergstraße	**V** 3	Gstättengasse	**X** 12	Nußdorfer Straße	**X** 3
Bürglsteinstraße	**X** 5	Kaiserschützenstr.	**V** 20	Rainerstraße	**V** 3
Erzabt-Klotz-Str.	**X** 9	Lindhofstr.	**V** 22	Schießstattstr.	**V** 3
		Mirabellplatz	**V** 26	Schwarzstr.	**V** 3
		Nonntaler Hauptstr.	**X** 29	Späthgasse	**X** 3

Sacher, Schwarzstr. 5, ⊠ A-5020, ℘ (0662) 8 89 77, *salzburg@sacher.com*
Fax (0662) 88977551, 🍽, Massage, 𝄞, ⚹, – 📶, ⇌ Zim, 📺 TV 📞 🚗 – 🅿 80
AE ⓞ ⓜ VISA JCB
Zirbelstube: Menu à la carte 33/50 – **Salzach Grill:** Menu à la carte 20/33,50 – **118 Zim**
⊡ 265/350 – 350/550, 3 Suiten.
♦ Das von Carl Freiherr von Schwarz erbaute klassische Grandhotel mit Tradition ist ein
Anziehungspunkt für Gäste aus aller Welt. Stilvolle Eleganz, die keinen Luxus entbehrt.
Elegant-rustikale Zirbelstube. Der Salzach Grill mit herrlicher Terrasse am Fluß.

Bristol, Makartplatz 4, ⊠ A-5020, ℘ (0662) 87 35 57, *hotel.bristol@salzburg.co.at*
Fax (0662) 8735576 – 📶, ⇌ Zim, 📺 TV 📞 – 🅿 60. AE ⓞ ⓜ VISA JCB
🍽 Rest
geschl. 3. Feb. - 10. April – **Polo Lounge :** (geschl. Sonntag, ausser Festspielzeit) Menu
à la carte 37/54 – **60 Zim** ⊡ 207/266 – 313/392, 9 Suiten.
♦ Im Herzen der Mozartstadt ist das stilvolle Haus aus der Gründerzeit etabliert. Individuelle
Räume, zum Teil mit Antiquitäten und einzigartigem Blick über die Stadt. Spiegel, Bilder,
Messing-Zierleisten und ein klassisches Couvert prägen die Polo Lounge.

SALZBURG

Alter Markt	Y 2
Bürgerspitalgasse	Y 4
Dreifaltigkeitsgasse	Y 6
Getreidegasse	Y
Hanusch-Platz	Y 15
Herbert-von-Karajan-Platz	Y 16
Judengasse	YZ
Kaigasse	Z
Kajetaner-Platz	Z 21
Linzer-Gasse	Y
Makartplatz	Y
Max-Reinhardt-Platz	Z 23
Residenzplatz	Z 32
Sigmund-Haffner-Gasse	YZ 35
Theatergasse	Y 39
Universitätsplatz	Y 40
Waagplatz	Z 43

Altstadt Radisson SAS, Judengasse 15, ✉ A-5020, ✆ (0662) 8 48 57 10, radisson-altstadt@austria-trend.at, Fax (0662) 8485716, ≘ – 🛗, 🍴 Zim, 📺 📞 🚗 – 🔑 40. ꜤE ⓘ ⓜⓞ 🆅🅸🆂🅰 🅹🅲🅱
Y s
Menu (geschl. Feb. 1 Woche, Sonntag, ausser Festspielzeit) à la carte 29,50/42 – **62 Zim** ⊇ 147 – 218/329, 13 Suiten.
♦ Ein Hoteljuwel von 1377 ! Kein Zimmer gleicht dem anderen : von verträumt-verspielt bis beeindruckend-großzügig, mit antiken Holzbalken oder Stuckverzierungen. Das Restaurant ist eine der ältesten gastlichen Stätten Salzburgs.

Crowne Plaza-Pitter Ⓜ, Rainerstr. 6, ✉ A-5020, ✆ (0662) 88 97 80, office@crowneplaza-salzburg.at, Fax (0662) 878893, ≘ – 🛗, 🍴 Zim, 📺 📞 🚗 – 🔑 160. ꜤE ⓘ ⓜⓞ 🆅🅸🆂🅰 🅹🅲🅱
V n
Menu à la carte 28/45 – **187 Zim** ⊇ 245/265 – 260/280, 3 Suiten.
♦ Das 1870 erbaute Traditionshaus mit elegant-gediegenen Zimmern steht im Zentrum Salzburgs. Professioneller Tagungs-Service mit repräsentativen Räumlichkeiten und Ballsaal. Die mit Zirbelholz vertäfelte Stube sorgt für heimeliges österreichisches Wohlgefühl.

Sheraton, Auerspergstr. 4, ✉ A-5020, ✆ (0662) 88 99 90, sheraton.salzburg@sheraton.com, Fax (0662) 881776, 🏖, Massage, 🎿, direkter Zugang zum Kurmittelhaus, ≘ – 🛗, 🍴 Zim, 📺 📞 🚗 – 🔑 50. ꜤE ⓘ ⓜⓞ 🆅🅸🆂🅰 🅹🅲🅱
V s
Mirabell (geschl. Montag – Dienstag, ausser Festspielzeit) **Menu** à la carte 31,50/49 – ⊇ 21 – **163 Zim** 180/405 – 230/452, 9 Suiten.
♦ Einfühlsam fügt sich die Architektur in das Landschaftsbild von Kurpark und Mirabellgarten ein. Die Harmonie von Funktion und Form setzt sich im Inneren fort. Businesszimmer. Im Mirabell : klassisch-gediegenes Ambiente und Terrasse mit Kurpark-Blick.

1267

SALZBURG

Renaissance M, Fanny-von-Lehnert-Str. 7, ⊠ A-5020, ℰ (0662) 4 68 80, *rhi.szgbr.business.center@renaissancehotels.com*, Fax (0662) 4688298, 🍽, Massage, ₺₅, 🚗, 🏊 – 🛗 🍳 Zim, 🖵 📺 📞 ₺ ⇔ – 🔼 500. 🆎 ⓞ ⓞ 🚾 🗾 über Kaiserschützenstraße V
Menu à la carte 20/31 – **257 Zim** ⊃ 126/149 – 149/172.

◆ In Bahnhofsnähe residiert man in großzügigem Rahmen und gediegen-eleganter Atmosphäre. Erfolgreiche Veranstaltungen verspricht der große Tagungsbereich mit neuester Technik. Das Café-Restaurant ist eine gemütliche, avantgardistische Weinstube.

Goldener Hirsch, Getreidegasse 37, ⊠ A-5020, ℰ (0662) 8 08 40, Fax (0662) 843349 – 🛗, 🍳 Zim, 🖵 📺 📞 – 🔼 30. 🆎 ⓞ ⓞ 🚾 🗾   Y e
Menu à la carte 42/49,50 – ⊃ 25 – **69 Zim** 204/350 – 274/372, 4 Suiten.

◆ Der romantische Zauber eines Patrizierhauses aus dem 15. Jh. ist hier erhalten geblieben. Individuelle Zimmer mit ländlichem Charme und Originalität, teils antike Bauernmöbel. Ein schönes Kreuzgewölbe überdacht das rustikal angehauchte Restaurant.

Dorint M, Sterneckstr. 20, ⊠ A-5020, ℰ (0662) 8 82 03 10, *info.szgsal@dorint.com*, Fax (0662) 8820319, 🍽, 🚗 – 🛗, 🍳 Zim, 📺 📞 ₺ ⇔ – 🔼 140. 🆎 ⓞ ⓞ 🚾 🗾 V z
🞙 Rest
Menu à la carte 26/39 – **139 Zim** ⊃ 190/205 – 215/230, 4 Suiten.

◆ Als zentraler Standort empfiehlt sich das Hotel, zehn Gehminuten von der berühmten Altstadt entfernt. Funktionelle Zimmer, Tagungsräume mit ISDN-Technik. Restaurant Amadeo mit Terrassengarten.

Zum Hirschen, St.-Julien-Str. 21, ⊠ A-5020, ℰ (0662) 88 90 30, *zumhirschen@ains.at*, Fax (0662) 8890358, Biergarten, Massage, 🚗 – 🛗, 🍳 Zim, 🖵 📺 📞 P – 🔼 30. 🆎 ⓞ ⓞ 🚾 🗾 🞙 Zim   V r
Menu *(geschl. Feb. 2 Wochen, Sonntag)* à la carte 15/33 – **64 Zim** ⊃ 84/110 – 115/127.

◆ In Bahnhofsnähe gelegen. Das Domizil bietet traditionelle Salzburger Gemütlichkeit in gediegenem Ambiente mit italienischen Stilmöbeln. Große Sauna auf der Dachterrasse. Restaurant mit fünf schön dekorierten Räumen.

Carlton garni, Markus-Sittikus-Str. 3, ⊠ A-5020, ℰ (0662) 8 82 19 10, *carlton@astronhotels.at*, Fax (0662) 88219188, 🚗 – 🛗 🍳 📺 📞 ⇔ P. 🆎 ⓞ ⓞ 🚾 🗾   V c
⊃ 13 – **39 Zim** 97/145 – 120/145, 13 Suiten.

◆ Im Zentrum der Festspielstadt steht das hübsche Palais mit dem Charme einer komfortablen Privatvilla. Geräumige Zimmer mit hohen Decken und elegantem Wurzelholzmobiliar.

Astron, Franz-Josef-Str. 26, ⊠ A-5020, ℰ (0662) 8 82 04 10, *salzburg-city@astron-hotels.at*, Fax (0662) 874240, 🚗 – 🛗, 🍳 Zim, 📺 📞 ₺ ⇔ P – 🔼 100. 🆎 ⓞ ⓞ 🚾
Menu à la carte 16/28 – **140 Zim** ⊃ 106/135 – 131/186.   V k

◆ Unweit vom Mirabellgarten finden Geschäftsreisende solide ausgestattete und sachlich gehaltene Räume mit Schreibtischen, auf Wunsch auch mit Modemanschluß.

CD Hotel, Am Messezentrum 2, ⊠ A-5020, ℰ (0662) 4 35 54 60, *salzburg@cdhotels.at*, Fax (0662) 43951095, 🚗 – 🛗, 🍳 Zim, 📺 📞 ⇔ P – 🔼 300. 🆎 ⓞ ⓞ 🚾
Menu à la carte 15,50/28,50 – **120 Zim** ⊃ 98 – 137.   über ④

◆ Beim Messezentrum erwartet Sie ein funktionelles und doch wohnliches Zuhause auf Zeit mit kirschbaummöblierten Zimmern. Veranstaltungssäle bis 500 Personen. Der große Speisesaal ist im Bistrostil eingerichtet.

Mercure M, Bayerhamerstr. 14, ⊠ A-5020, ℰ (0662) 8 81 43 80, *h0984@accor-hotels.com*, Fax (0662) 871111411, 🍽 – 🛗, 🍳 Zim, 📺 📞 ₺ ⇔ P – 🔼 100. 🆎 ⓞ ⓞ 🚾 🗾   V t
Menu à la carte 17,50/33,50 – ⊃ 11 – **121 Zim** 89/110 – 99/135.

◆ Von hier erreichen Sie alle strategisch wichtigen Punkte. Modernes Gebäude der Hotelkette, dessen Ausstattung dem Standard entspricht. Ordentliche Übernachtungsadresse !

Wolf-Dietrich, Wolf-Dietrich-Str. 7, ⊠ A-5020, ℰ (0662) 87 12 75, *office@salzburg-hotel.at*, Fax (0662) 882320, 🚗 – 🛗 📺 📞. 🆎 ⓞ ⓞ 🚾   V m
Ährlich *(geschl. 3. Feb. - 3. April, Samstagmittag, Sonntag)* **Menu** à la carte 17,50/35 –
27 Zim ⊃ 69/114 – 109/154.

◆ Bevorzugen Sie behagliche und individuell möblierte Zimmer? Dann sind Sie in diesem Altstadthotel in der Fußgängerzone gut aufgehoben. Gediegen-elegante Note ! Im Bio-Restaurant nur Lebensmittel aus kontrolliert biologischem Anbau und artgerechter Haltung.

Altstadthotel Blaue Gans, Getreidegasse 41, ⊠ A-5020, ℰ (0662) 84 24 91, *office@blauegans.at*, Fax (0662) 8424919 – 🛗 📺 📞. 🆎 ⓞ ⓞ 🚾 🗾   Y r
Menu *(geschl. Dienstag, ausser Festspielzeit)* à la carte 19/37 – **40 Zim** ⊃ 99/109 –
129/159.

◆ Um 1599 erstmals als "Gasthof zur Plawen Gans" erwähnt. In einem der ältesten Hotels der Stadt vereinen sich harmonisch jahrhundertealte Bausubstanz und moderner Wohnkomfort. Im historischen Gasthaus bezaubert die Atmosphäre 500 Jahre alter Gewölbe.

SALZBURG

- **Markus Sittikus** garni, Markus-Sittikus-Str. 20, ⊠ A-5020, ℰ (0662) 8 71 12 10, hote l@markus-sittikus.at, Fax (0662) 87112158 – 🕭 📺 ✆ – 🏛 15. 🆎 ⓘ ⓜ 🆅🅸🆂🅰 🅹🅲🅱   V a
  39 Zim ⊇ 62/75 – 118/130.
  - Fürsterzbischof Markus Sittikus von Hohenems - der Namengeber des Hotels - brachte den italienischen Barock nach Salzburg. Reservieren Sie eines der renovierten Zimmer !

- **Hohenstauffen** garni, Elisabethstr. 19, ⊠ A-5020, ℰ (0662) 8 77 66 90, hohenstau ffen@aon.at, Fax (0662) 87219351 – 🕭 ✱ 📺 ⟺ 🅿 🆎 ⓘ ⓜ 🆅🅸🆂🅰 🅹🅲🅱   V e
  31 Zim ⊇ 58/72 – 79/123.
  - Seit 1902 in Familienbesitz. Keine Einrichtung von der Stange, sondern individuelle Möbel. Wählen Sie einen Raum nach Ihrem persönlichen Geschmack, auf Wunsch mit Himmelbett !

- **Gablerbräu**, Linzer Gasse 9, ⊠ A-5020, ℰ (0662) 8 89 65, hotel@gablerbrau.com, Fax (0662) 8896555, ☕ – 🕭 📺 – 🏛 20. 🆎 ⓘ ⓜ 🆅🅸🆂🅰 🅹🅲🅱   Y d
  Menu (geschl. 5. - 20. Feb.) à la carte 14/30 – **52 Zim** ⊇ 68/84 – 104/124.
  - Eine 100 Jahre alte Legende - die Anekdote eines berühmten Sängers - lieferte den Hotel-Namen : Lassen Sie sich davon erzählen ! Gepflegter, renovierter Gasthof aus dem 15. Jh. Das Restaurant präsentiert sich teils rustikal - mit altem Gewölbe - teils moderner.

- **Alt Salzburg**, Bürgerspitalgasse 2, ⊠ A-5020, ℰ (0662) 84 14 76, altsalzburg@aon.at, Fax (0662) 8414764 – 🆎 ⓘ ⓜ 🆅🅸🆂🅰 🅹🅲🅱   Y c
  geschl. Mitte Feb. 1 Woche, Sonntag - Montagmittag (ausser Festspielzeit) – **Menu** (abends Tischbestellung ratsam) à la carte 22,50/43,50 ♇.
  - Rustikal-elegantes Restaurant, das sich vor oder nach dem Besuch des Festspielhauses exzellent anbietet, um hier regionale Küche mit internationalen Einflüssen zu goutieren.

- **Bei Bruno im Ratsherrnkeller**, Sigmund-Haffner-Gasse 4, ⊠ A-5020, ℰ (0662) 87 84 17, bruno@restaurant-austria.net, Fax (0662) 8784174 – 🆎 ⓘ ⓜ 🆅🅸🆂🅰   Y g
  geschl. Feb. 2 Wochen, Sonntag (ausser Festspielzeit) – **Menu** à la carte 23,50/49,50.
  - Lederpolster, gut eingedeckte Tische und Wände in einem warmen Orangeton bilden in diesem Gewölberestaurant einen ansprechenden Rahmen mit mediterranem Touch.

- **Riedenburg**, Neutorstr. 31, ⊠ A-5020, ℰ (0662) 83 08 15, reservierung@riedenbu rg.at, Fax (0662) 843923, ☕ – 🅿 🆎 ⓘ ⓜ 🆅🅸🆂🅰   X a
  geschl. Sonntag (ausser Festspielzeit) – **Menu** à la carte 29/55.
  - Die Küche Österreichs und Internationales kommen hier auf den Tisch. Rustikales Restaurant mit einem Hauch Eleganz. Werfen Sie einen Blick in das älteste Salettl Salzburgs.

- **K+K Restaurant am Waagplatz,** Waagplatz 2 (1. Etage), ⊠ A-5020, ℰ (0662) 84 21 56, kk.restaurant@kuk.at, Fax (0662) 84215633, ☕ – 🅶. 🆎 ⓘ ⓜ 🆅🅸🆂🅰 🅹🅲🅱   Z h
  geschl. 4. Feb. - 10. März – **Menu** (Tischbestellung ratsam) à la carte 19,50/32,50 ♇.
  - Denkmalgeschütztes Gebäude mit vielen kleinen, gediegenen Gaststuben. Im romanischen Kellergewölbe werden die Gäste nach mittelalterlichen Riten verköstigt und unterhalten.

- **Perkeo,** Priesterhausgasse 20, ⊠ A-5020, ℰ (0662) 87 08 99, Fax (0662) 870833, ☕ geschl. Samstag - Sonntag, in der Festspielzeit Sonntag – **Menu** (Tischbestellung ratsam) à la carte 34/44,50 ♇.   Y n
  - Holzbänke und -tische gehören zum schlichten, netten Weinrestaurant. Hier darf man auch einen Blick in die Töpfe oder auch in eines der vielen Bücher (zum Thema Wein) werfen.

In Salzburg-Aigen Süd-Ost : 6 km über Bürglsteinstraße X :

- **Rosenvilla** garni, Höfelgasse 4, ⊠ A-5020, ℰ (0662) 62 17 65, hotel.rosenvilla@salz burg-online.at, Fax (0662) 6252308, ☕ – ✱ 📺 ✆ 🅿 🆎 ⓘ ⓜ 🆅🅸🆂🅰. ✂
  14 Zim ⊇ 59/95 – 110/165.
  - Vor der ehemaligen Villa unweit des Zentrums hat man den Garten nach der Lehre des Feng Shui angelegt. Jedes Zimmer mit individueller Note, teils mit Balkon. Internetzugang.

- **Doktorwirt,** Glaser Str. 9, ⊠ A-5026, ℰ (0662) 6 22 97 30, schnoell@doktorwirt.co.at, Fax (0662) 62171724, ☕, 🏊, ⛴ (geheizt), ☕ – ✱ Rest, 📺 ✆ ⟺ 🅿 – 🏛 25. 🆎 ⓘ ⓜ 🆅🅸🆂🅰 🅹🅲🅱. ✂ Rest
  geschl. Feb. 2 Wochen, Mitte Okt. - Ende Nov. – **Menu** (geschl. Montag, Sept. - Mai Sonntagabend - Montag) à la carte 15/34 – **39 Zim** ⊇ 65/80 – 105/130.
  - 1670 kaufte (und taufte) ein Doktor den Gutshof aus dem 12. Jh. ! Kurieren Sie sich aus von der langen Reise : in der behaglich-ländlichen Atmosphäre läßt es sich wohl sein ! Das Restaurant besteht aus zwei Osttiroler Zirbelstuben.

- **Gasthof Schloß Aigen,** Schwarzenbergpromenade 37, ⊠ A-5026, ℰ (0662) 62 12 84, Fax (0662) 6212844, ☕ – 🅿. 🆎 ⓘ ⓜ 🆅🅸🆂🅰
  geschl. Feb. 3 Wochen, Mittwoch - Donnerstagmittag (ausser Festspielzeit) – **Menu** à la carte 27/46.
  - Kruspelspitz, Kavalierspitz, Hüferscherzl, Schulterscherzl und die Liste ist noch viel länger ! Entdecken Sie die Leckerbissen vom Pinzgauer Rind im rustikalen Schloßgasthof.

1269

SALZBURG

In Salzburg-Gnigl *Ost : 3,5 km über ① :*

Pomodoro, Eichstr. 54, ✉ A-5023, ☎ (0662) 64 04 38, 🌣 – 🅿. AE ⓘ ⓜ VISA
geschl. Ende Juli - Ende Aug., Montag - Dienstag – **Menu** (italienische Küche, Tischbestellung ratsam) à la carte 26/34.
  ♦ Seit über 20 Jahren geraten Hungrige hier in die Fänge des Fischernetzes, das unter der Decke gespannt wurde ; und kommen wieder als Stammgäste ! Nostalgisch-heimeliges Flair

In Salzburg-Itzling *Nord : 1,5 km über Kaiserschützenstraße V :*

Auerhahn, Bahnhofstr. 15, ✉ A-5020, ☎ (0662) 45 10 52, *auerhahn@eunet.at*
Fax (0662) 4510523, 🌣 – ✱ Rest, 📺 ⇌ 🅿. AE ⓘ ⓜ VISA
geschl. Feb. 1 Woche, Juli 2 Wochen – **Menu** (geschl. Sonntagabend - Montag) à la carte 18/35,50 ♀ – **14 Zim** ⊇ 45/48 – 75/85.
  ♦ Soll es blau-, grün- oder rot-kariert sein? Wählen Sie hier eines der verschiedenfarbigen mit modernen Holzmöbeln eingerichteten Zimmer. Beim Bahnhof von Salzburg-Itzling. Das Restaurant : gemütlich-rustikales Lokal mit lauschigem Garten unter Kastanienbäumen.

In Salzburg-Liefering *Nord-West : 4 km über ④ :*

Brandstätter, Münchner Bundesstr. 69, ✉ A-5020, ☎ (0662) 43 45 35, *info@hotel-brandstaetter.com*, Fax (0662) 43453590, 🌣, 🍺, 🏊, 🐎 – 🛗 ✱ 📺 📞 🅿 – 🔔 30. AE ⓘ VISA. ✱ Rest
geschl. 22. - 27. Dez. – **Menu** (geschl. Anfang Jan. 1 Woche, Juni 1 Woche, ausser Saison Sonntag) (Tischbestellung ratsam) à la carte 22,50/52 ♀ – **36 Zim** ⊇ 65/88 – 91/120
  ♦ Persönlich geführter Gasthof mit vielen alten Salzburger Bauernmöbeln und liebevoll dekorierten Räumen. Fragen Sie nach einem gartenseitig gelegenen Zimmer mit Balkon. In gemütlichen Stuben serviert man eine köstlich zubereitete Regionalküche.
  Spez. Flußkrebse mit Dillcrème und Häuptlsalat. Bauernente im Rohr gebraten. Topfensoufflé mit Erdbeer-Himbeermus.

In Salzburg-Maria Plain *Nord : 3 km über Plainstraße V :*

Maria Plain 🌸, Plainbergweg 41, ✉ A-5101, ☎ (0662) 4 50 70 10, *info@mariaplain.com*, Fax (0662) 45070119, 🌣 – 🛗, ✱ Rest, 📺 🅿. AE 🔔 40. AE ⓘ VISA
geschl. Juli 1 Woche – **Menu** (geschl. Dienstag - Mittwoch, ausser Festspielzeit) à la carte 20/27 – **27 Zim** ⊇ 55 – 95/122, 5 Suiten.
  ♦ Der einstige Meierhof aus dem 17. Jh. diente auch als Herberge für die Wallfahrer der nahegelegenen Basilika. Die Zimmer sind mit Stilmöbeln eingerichtet. Gemütliches Restaurant und romantischer Kastaniengarten.

In Salzburg-Nonntal :

Purzelbaum, Zugallistr. 7, ✉ A-5020, ☎ (0662) 84 88 43, Fax (0662) 8488433, 🌣 – AE ⓘ ⓜ VISA
geschl. Sept. 2 Wochen, Sonntag (ausser Festspielzeit) – **Menu** à la carte 31,50/50.
  ♦ Sportliche Übungen werden in diesem drollig klingenden Restaurant nicht von Ihnen verlangt : Nehmen Sie Platz in modernem Interieur, wo französische Küche den Tisch deckt.

Auf dem Heuberg *Nord-Ost : 3 km über ① – Höhe 565 m*

Schöne Aussicht 🌸, Heuberg 3, ✉ A-5023 Salzburg, ☎ (0662) 64 06 08, *hotel@salzburgpanorama.cc*, Fax (0662) 6406082, 🌣, 🍺, 🏊, 🐎, ✱ – 📺 📞 🅿 – 🔔 30. AE ⓘ ⓜ VISA
März - Okt. – **Menu** (geschl. Mittwoch) (wochentags nur Abendessen) à la carte 18,50/31 – **30 Zim** ⊇ 69/116 – 95/125.
  ♦ Das etwa 300 Jahre alte Bauernhaus steht einsam auf dem Heuberg und hält, was es verspricht : Fragen Sie nach einem der Zimmer mit Balkon. Rustikales Restaurant mit Kachelofen, Gartenterrasse mit schöner Aussicht.

Auf dem Gaisberg *Ost : 5 km über ① :*

Vitalhotel Kobenzl 🌸, Am Gaisberg 11 – Höhe 730 m, ✉ A-5020 Salzburg, ☎ (0662) 64 15 10, *info@kobenzl.at*, Fax (0662) 642238, 🌣, Massage, 🔥, 🍺, 🏊, 🐎 – 🛗 📺 📞 🅿 – 🔔 40. AE ⓘ ⓜ VISA
geschl. 6. Jan. - 6. März – **Menu** à la carte 26/55 – **40 Zim** ⊇ 120/171 – 142/269, 4 Suiten
  ♦ Zwischen Himmel und Salzburg mitten im Grünen steht das edel-elegante Berghotel mit altem Holz und goldenen Armaturen. Große Namen (u. a. Richard Nixon) zieren das Gästebuch ! Gepflegtes Ambiente beim Speisen.

Romantik Hotel Gersberg Alm 🌸, Gersberg 37 – Höhe 800 m, ✉ A-5023 Salzburg-Gnigl, ☎ (0662) 64 12 57, *office@gersbergalm.at*, Fax (0662) 644278, 🌣, 🍺, 🏊, 🐎, ✱ – 📺 📞 🅿 – 🔔 120. AE ⓘ ⓜ VISA. ✱ Rest
Menu (Tischbestellung ratsam) à la carte 24/38 – **45 Zim** ⊇ 87/129 – 158/270.
  ♦ Schon zu Mozarts Zeiten diente die Gersberg Alm als Ausflugsziel : Am Berg in ruhiger Lage mit schöner Aussicht residieren Sie heute in wohnlichen Zimmern, teils mit Balkon. Restaurant mit zwei rustikal-gemütlichen Stüberln.

SALZBURG

Beim Flughafen Süd-West : 5 km über ③ :

Airporthotel, Dr.-M.-Laireiter-Str. 9, ✉ A-5020 Salzburg-Loig, ✆ (0662) 85 00 20, *airporthotel@aon.at, Fax (0662) 85002044,* 佘, ✎, ≋s, ▣ – ⊫, ✯ Zim, TV ✆ ⇌ ℙ – 🔒 20. AE ① ⓜ VISA JCB
Menu (Restaurant nur für Hausgäste) – **39 Zim** ≃ 84/115 – 123/130.
♦ Zwei Landhäuser nehmen Sie direkt beim Flughafen unter ihre Fittiche : In gediegener Behaglichkeit des Familienbetriebs schlafen Sie in praktischen Zimmern, teils mit Balkon.

In Siezenheim 5 km über ③ und Siezenheimer Straße :

Gasthof Kamml (mit Gästehaus), Brückenstr. 105, ✉ A-5072, ✆ (0662) 85 02 67, *hotel@kamml.com, Fax (0662) 85026713,* Biergarten, ⛱ (geheizt), 佘, ✯ – ⊫ TV ℙ – 🔒 40. AE ① ⓜ VISA
Menu (geschl. 22. Dez. - 6. Jan., Samstag - Sonntag) à la carte 15/23 – **46 Zim** ≃ 45 – 76.
♦ Familiär geführtes Haus mit langer Tradition und rustikalen Räumen. Sportsfreunde dürfen sich auf der Golf-Driving-Range, die kleinen Gäste auf dem Kinderspielplatz austoben. Gasthaus im Salzburger Stil mit anheimelnden Stuben.

In Anif Süd : 7 km über ② :

Friesacher, Hellbrunner Str. 17, ✉ A-5081, ✆ (06246) 89 77, *first@hotelfriesacher.com, Fax (06246) 897749,* 佘, Massage, ✎, ≋s, 佘 – ⊫, ✯ Zim, TV ✆ ℙ – 🔒 25. AE ① ⓜ VISA
geschl. 2. - 23. Jan. – **Menu** (geschl. Mittwoch, ausser Festspielzeit) à la carte 17/34 – **53 Zim** ≃ 62/84 – 107/137.
♦ In diesem Landhaus hat Gastlichkeit seit über 150 Jahren Tradition. Stilvolle Oase mit gediegenem Ambiente und geschmackvollem Landhausstil. Alle Zimmer mit ISDN und Balkon. Das hoteleigene Restaurant unterteilt sich in mehrere nette Stuben.

Schloßwirt zu Anif (mit Gästehaus), Salzachtal Bundesstr. 7, ✉ A-5081, ✆ (06246) 7 21 75, *info@schlosswirt-anif.com, Fax (06246) 721758,* 佘, 佘 – ⊫ TV ⇌ ℙ – 🔒 50. AE VISA
geschl. Feb. 2 Wochen, Okt. 2 Wochen – **Menu** (geschl. Dienstag, ausser Festspielzeit) à la carte 27,50/48,50 – **28 Zim** ≃ 69 – 127.
♦ Das Hotel sowie das dazugehörige, naheliegende Wasserschloß wurden 1350 erbaut. Der umsichtig restaurierte Traditionsgasthof beherbergt Zimmer im Biedermeierstil. Seit 1607 besitzt der Schloßwirt das Schankrecht in der Gaststube.

Hubertushof, Alpenstr. 110 (Neu Anif, nahe der Autobahnausfahrt Salzburg Süd), ✉ A-5081, ✆ (06246) 89 70, *hotel@hubertushof-anif.at, Fax (06246) 76036,* 佘, Massage, ≋s, 佘 – ⊫ TV ✆ ℙ – 🔒 100. AE ① ⓜ VISA
Menu (geschl. Montag) à la carte 15/32 – **76 Zim** ≃ 72/87 – 109/138.
♦ Großer Gasthof mit gediegener Wohnkultur in verkehrsgünstiger Lage. Fragen Sie nach einem Zimmer im eleganten Landhausstil. Ermattete Seelen erholen sich bei einer Massage ! Gepflegtes Restaurant.

In Bergheim Nord : 7 km über Plainstraße V :

Gasthof Gmachl, Dorfstr. 35, ✉ A-5101, ✆ (0662) 45 21 24, *info@gmachl.at, Fax (0662) 45212468,* 佘, ≋s, ⛱ (geheizt), 佘, ✯ – ⊫, ✯ Zim, TV ✆ ℙ – 🔒 40. AE ⓜ VISA
geschl. Juli 2 Wochen – **Menu** à la carte 18/32,50 – **58 Zim** ≃ 75/103 – 130/156, 5 Suiten.
♦ In dem Traditionsgasthof sind die niveauvollen Zimmer im Neuen Schlössl für die Nachtruhe und der Erlebnispark (u. a. mit Naturbadeteich) für Fit- und Wellness zu empfehlen. Die liebenswerten Stuben hat man in verschiedenen Stilrichtungen eingerichtet.

In Bergheim-Lengfelden Nord : 7 km über ⑤ :

Gasthof Bräuwirt, Lengenfelden 21, ✉ A-5101, ✆ (0662) 45 21 63, *gasthof@braeuwirt.at, Fax (0662) 45216353,* 佘 – ⊫ TV ℙ – 🔒 80. ① ⓜ VISA
geschl. 19. Dez. - 10. Jan. – **Menu** (geschl. Aug. 2 Wochen, Sonntagabend - Montag) à la carte 13,50/29 – **39 Zim** ≃ 52/77 – 79/112.
♦ Schon 1657 wurde der Gasthof als Brauerei urkundlich erwähnt. Rustikale Eiche, italienische Möbel oder neuzeitliches Inventar : hier sind verschiedene Einrichtungen zu haben. Das ländliche Flair des Hotel-Restaurants paßt gut zur Hausmannskost.

In Hallwang-Söllheim Nord-Ost : 7 km über ① und Linzer Bundesstraße :

Pfefferschiff (Fleischhaker), Söllheim 3, ✉ A-5300, ✆ (0662) 66 12 42, *restaurant@pfefferschiff.at, Fax (0662) 661841,* 佘 – ℙ. AE. ✯
geschl. Ende Juni - Mitte Juli, Sept. 1 Woche, Sonntag - Montag, Festspielzeit nur Montag – **Menu** (Tischbestellung ratsam) 33 (mittags) à la carte 37/59 ♀.
♦ Sie gehen an Bord eines 350 Jahre alten Pfarrhauses, das mitten im Grünen ankert. Individuelles, stilsicheres Interieur. Regionale, feinste Gastronomie bestimmt den Kurs.
Spez. Blutwurstsoufflé und Blunzenguglhupf mit Sommertrüffel. Rehrückenfilet mit Linsenspitzkraut und Balsamicoschaum. Topfen-Marillenschmarren mit geeistem Champagnersabayon und Basilikumeis.

SALZBURG

In Elixhausen Nord : 11 km über ⑤, Richtung Obertrum :

Romantik Hotel Gmachl, Dorfstr. 14, A-5161, ℰ (0662) 4 80 21 20, *romantik hotel@gmachl.com*, Fax (0662) 48021272, 斧, ≘s, ⊒ (geheizt), 庶, ℅(Halle) – 🛗 TV 📞 🅿 – 🏛 70. 🖭 ① 🞊 𝘝𝘐𝘚𝘈
geschl. Ende Juni - Mitte Juli – **Menu** *(geschl. Sonntagabend - Montagmittag, ausser Festspielzeit)* à la carte 16/37 – **57 Zim** 🖼 73/109 – 129/189, 3 Suiten.
♦ Eleganz und Landhausstil vereinen sich in diesem Domizil zu romantischer Behaglichkeit. Gleich in der Nähe finden Sie Gelegenheit, einen Ausritt auf hohem Roß zu wagen. Das ländliche, regionale Angebot serviert man in netten Stuben.

In Hof Ost : 20 km über ① und B 158 :

Schloß Fuschl 🦢 (mit Gästehäusern), Vorderelsenwang 19, ✉ A-5322, ℰ (06229) 2 25 30, *schloss.fuschl@arabellasheraton.com*, Fax (06229) 2253531, ≤, 斧, Massage, 🎿, ≘s, ⊒, 🏌, 庶, ℅ – 🛗 TV 📞 ⇔ 🅿 – 🏛 100. 🖭 ① 🞊 𝘝𝘐𝘚𝘈. ℅ Rest
Menu *(geschl. Okt. - April Sonntag - Montag)* *(Okt. - April nur Abendessen)* à la carte 41/68 🞉 – 🖼 21 – **84 Zim** 136/291 – 147/451, 3 Suiten.
♦ Idyllisch am Fuschlsee erwartet sie ein exklusives Königreich ! Das Schloß mit klassischem Interieur stammt aus dem 15. Jh. und diente 1957 als Kulisse für Sissi-Filme. Essen Sie wie ein Fürst im eleganten Schloßrestaurant !

In Fuschl am See Ost : 26 km über ① und B 158 :

Ebner's Waldhof 🦢, Seestr. 30, ✉ A-5330, ℰ (06226) 82 64, *info@ebners-waldh of.at*, Fax (06226) 8644, ≤, 斧, Massage, ≘s, ⊒, 🏌, 庶, ℅ – 🛗 TV 📞 – 🏛 60. ① 🞊 𝘝𝘐𝘚𝘈. ℅ Rest
geschl. 9. März - 17. April, Mitte Okt. - Mitte Dez. – **Menu** *(Tischbestellung ratsam)* à la carte 24/35 – **75 Zim** 🖼 79/110 – 132/262 – ½ P 11.
♦ Das Ferienhotel am Seeufer gilt als kleines Paradies. Bilderbuch-Zimmer und entzückende Zimmer - zur Seeseite mit Balkon - lassen Kindheitserinnerungen wieder wach werden. Alpenländische Gemütlichkeit im Restaurant.

Brunnwirt, Wolfgangseestr. 11, ✉ A-5330, ℰ (06226) 82 36, *office@brunnwirt.at*, Fax (06226) 8236, 斧 – 🅿. 🖭 ① 🞊 𝘝𝘐𝘚𝘈
geschl. Ende Jan. - Mitte Feb., Nov. 2 Wochen, Montag, ausser Festspielzeit – **Menu** *(wochentags nur Abendessen)* *(Tischbestellung erforderlich)* à la carte 31/47.
♦ Einsam gelegener Landgasthof mit netten Bauernstuben. Das regionale Angebot wird durch eine Auswahl internationaler Gerichte ergänzt.

Am Mondsee Ost : 28 km über ⑤, A 1 Ausfahrt Mondsee, nördliche Seeseite Richtung Attersee :

Seehof 🦢, ✉ A-5311 Loibichl, ℰ (06232) 50 31, *seehof@nextra.at*, Fax (06232) 503151, ≤, 斧, Massage, ≘s, 🏌, 庶, ℅ – ✉ Rest, TV ⇔ 🅿 – 🏛 15. 🞊 𝘝𝘐𝘚𝘈 𝘑𝘊𝘉.
16. Mai - 15. Sept. – **Menu** à la carte 32,50/52 🞉 – **30 Zim** 🖼 250 – 280/450, 4 Suiten – ½ P 31.
♦ Am Mondsee kommt Ruhe, aber keine Langeweile auf : Dafür sorgen u. a. Wasserski und Beauty-Farm ! Farbharmonisch-helle Räume in englischem Landhausstil mit Terrasse oder Balkon. Lichtes Restaurant mit dezenter Eleganz. Schöne, überdachte Terrasse.

In Golling Süd : 25 km über ② und A 10 :

Döllerer's Goldener Stern, Am Marktplatz 56, ✉ A-5440, ℰ (06244) 4 22 00, *offi ce@doellerer.at*, Fax (06244) 691242, ≘s – TV 📞 – 🏛 20. 🞊 𝘝𝘐𝘚𝘈
ಞ
geschl. Jan. 2 Wochen, Okt. 1 Woche – **Menu** *(geschl. Juli 2 Wochen, Sonntag - Montagmittag)* *(bemerkenswerte Weinkarte)* à la carte 48/58 🞉 – **Bürgerstube** *(geschl. Sonntag - Montagmittag)* **Menu** à la carte 22,50/33 – **13 Zim** 🖼 47/80 – 72/140.
♦ Hinter den behäbigen Mauern des historischen Gasthofs residiert man in Stilmobiliar. Wählen Sie Ihre Lieblingsaussicht : Zimmer mit Blick auf Burg oder Park. Ein Restaurant zum Wohlfühlen : Kreatives in ländlicher Ambiance. Rustikales Flair in der Bürgerstube.
Spez. Steinbuttfilet mit Gänseleber und Kartoffelblini. Rehpfeffer und Rehrücken mit Pinienkernpüree. Schokoladenzigarre mit Himbeeren und Balsamico.

In Werfen Süd : 45 km über ② und A 10 :

Karl-Rudolf Obauer mit Zim, Markt 46, ✉ A-5450, ℰ (06468) 5 21 20, *ok@obaue r.com*, Fax (06468) 521212, 斧 – ✉ Rest, TV 🅿 – 🏛 25. 🖭
ಞ ಞ
Menu *(geschl. Montag - Dienstag, ausser Saison und Festspielzeit)* *(Tischbestellung erforderlich)* 32 (mittags)/65 (abends) à la carte 39/68 🞉 – **8 Zim** 🖼 62/128 – 128/145 – ½ P 50.
♦ Hier werden Feinschmecker nach allen Regeln der Kunst verwöhnt ! Das rustikale Ambiente paart sich mit modernem Interieur und die klassische mit regionaler Küche.
Spez. Forellenstrudel mit Veltlinersauce. Steinbutt mit Kalbshax'l und Grapefruitsauce. Safran-Grießauflauf mit Gewürztraminer und Sorbet.

SALZDETFURTH, BAD Niedersachsen 418 J 14 – 15 000 Ew – Höhe 155 m – Heilbad.
   ᴦ₁₈ Bad Salzdetfurth-Wesseln, In der Bünte (Nord-Ost : 3 km), ℘ (05063) 15 16.
   Berlin 298 – Hannover 50 – Braunschweig 52 – Göttingen 81 – Hildesheim 16.

   relexa, An der Peesel 1 (in Detfurth), ⊠ 31162, ℘ (05063) 2 90, badsalzdetfurth@relexa-hotel.de, Fax (05063) 29113, 🍴, ≦s, 🏊 – 🛗, ⚲ Zim, 📺 & 🅿 – 🛎 220. AE ⓞ ⦿ VISA
   Menu à la carte 23/38 – **130 Zim** ⊆ 97/127 – 117/137, 3 Suiten.
   ◆ Für private und geschäftliche Zwecke finden Sie hier gleichermaßen ein passendes Quartier. Einige Zimmer verfügen über Kitchenette, bequeme Sitzgruppen und Balkon. Sie tafeln im gemütlichen Ambiente des Kaminrestaurants.

SALZGITTER Niedersachsen 416 418 J 15 – 111 000 Ew – Höhe 80 m.
   ᴦ₉ Bad Salzgitter, Mahner Berg, ℘ (05341) 3 73 76.
   🛈 Tourist-Information, Vorsalzerstr. 11, in Salzgitter-Bad, ⊠ 38259, ℘ (05341) 39 37 38, Fax (05341) 391816.
   Berlin 261 – Hannover 68 – Braunschweig 28 – Göttingen 79 – Hildesheim 33.

In Salzgitter-Bad – Heilbad :

   Golfhotel M garni, Gittertor 5, ⊠ 38259, ℘ (05341) 30 10, info@golfhotel-salzgitter.de, Fax (05341) 301199 – 🛗 ⚲ 📺 ☎ 🅿. AE ⓞ VISA
   32 Zim ⊆ 53/68 – 70/110.
   ◆ Das historische Fachwerkhaus und ein moderner Anbau bilden zusammen Ihr vorübergehendes Zuhause. Das sinnvolle Inventar, teils mit Modemanschluß, wird Sie überzeugen.

   Quellenhof garni, Hinter dem Salze 32, ⊠ 38259, ℘ (05341) 80 70, Fax (05341) 807299, ≦s – 🛗 ⚲ 📺 ☎ 🅿 – 🛎 20. AE ⓞ VISA
   38 Zim ⊆ 54/67 – 75/87.
   ◆ Hinter einer neuzeitlichen Fassade verbergen sich solide möblierte Gästezimmer, teils im Landhausstil eingerichtet. Schallisolierung verspricht unbeschwerte Nachtruhe.

   Ratskeller 🌭, Marktplatz 10, ⊠ 38259, ℘ (05341) 30 13 20, hotel.ratskeller@t-online.de, Fax (05341) 3013242, 🍴 – 🛗, ⚲ Zim, 📺 ☎ & ⇔ 🅿 – 🛎 200. AE ⓞ ⦿ VISA
   Menu à la carte 17,50/34 – **44 Zim** ⊆ 63/79 – 83/94.
   ◆ Das Fachwerkhaus mit 700-jähriger Geschichte - als Rathaus, Brauerei, Waffenarsenal und Kornspeicher erbaut - beherbergt Reisende in gepflegtem Ambiente. Im alten Gewölbe des Hauses ist das Restaurant untergebracht.

   Kniestedter Hof garni, Breslauer Str. 20, ⊠ 38259, ℘ (05341) 80 08 00, k-hof@t-online.de, Fax (05341) 800888, ≦s – 🛗 ⚲ 📺 ⇔ 🅿. AE ⓞ VISA
   geschl. 20. Dez. - 4. Jan. – **23 Zim** ⊆ 50/60 – 70.
   ◆ Neuzeitlich und funktionell bestückt, laden die Zimmer zum Verweilen ein. Nur wenige Schritte entfernt wartet die Altstadt auf Ihren Einkaufsbummel.

   Haus Liebenhall 🌭, garni, Bismarckstr. 9, ⊠ 38259, ℘ (05341) 81 10 77, pietrek@aol.com, Fax (05341) 31092 – 📺 🅿. ⓞ VISA. ⚲
   9 Zim ⊆ 40/51 – 56/67.
   ◆ Auf der Suche nach einer gepflegten Übernachtungsadresse für unterwegs finden Geschäftsreisende wie auch Urlauber hier die passende Unterkunft.

In Haverlah-Steinlah Nord-West : 6 km ab Salzgitter-Bad :

   Gutshof 🌭, Lindenstr. 5, ⊠ 38275, ℘ (05341) 33 84 41, hotelgutshof@t-online.de, Fax (05341) 338442, 🍴, 🐎 – 📺 🅿 – 🛎 120. AE ⓞ VISA. ⚲ Rest
   Menu (geschl. Sonntag, ausser Messe) (nur Abendessen) à la carte 16/36 – **23 Zim** ⊆ 56/71 – 81/102.
   ◆ Der hübsche Klinkerbau aus dem 18. Jh. und ein neuerer Anbau - dem ehemaligen Gutshof architektonisch nachempfunden - stellen Ihr vorübergehendes Zuhause dar. In mehrere Stuben unterteilt und nett dekoriert zeigt sich das Restaurant.

SALZHAUSEN Niedersachsen 415 416 G 14 – 3 300 Ew – Höhe 60 m.
   Berlin 288 – Hannover 117 – Hamburg 55 – Lüneburg 18.

   Romantik Hotel Josthof (mit Gästehäusern), Am Lindenberg 1, ⊠ 21376, ℘ (04172) 9 09 80, josthof@romantikhotels.de, Fax (04172) 6225, 🍴, Biergarten – 📺 🅿 – 🛎 15. AE ⓞ VISA
   Menu (abends Tischbestellung ratsam) à la carte 24,50/40,50 – **16 Zim** ⊆ 59/75 – 98/125.
   ◆ Mehrere reetgedeckte Fachwerkhäuser setzen sich zu diesem historischen Bauerngehöft zusammen, das heute mit wohnlichen Gemächern Ihrer Beherbergung dient. Hübsch eingerichtete Stuben in regionaltypischer Aufmachung.

SALZHAUSEN

In Gödenstorf West : 3 km :

🏠 **Gasthof Isernhagen,** Hauptstr. 11, ✉ 21376, ℘ (04172) 87 85, Fax (04172) 8715
🍴 – ✳ Zim, 📺 ⇔ 🅿 – 🛏 30. 💳 VISA
geschl. 24. März - 16. April – **Menu** (geschl. Dienstag) à la carte 16/25,50 – **10 Zim**
⇌ 44/54 – 67/77.
• 1887 gegründet, hat sich der dörfliche Gasthof im regionstypischen Klinkerstil durch
verschiedene Um- und Neubauten zu einem zeitgemäßen Domizil entwickelt. Bürgerlich
eingerichtetes Restaurant.

SALZKOTTEN Nordrhein-Westfalen **417** K 9 – 23 600 Ew – Höhe 100 m.
🛈 Verkehrsverein, Marktstr. 8, ✉ 33154, ℘ (05258) 50 70, stadtverwaltung@salzkotten.de, Fax (05258) 50727.
Berlin 433 – Düsseldorf 157 – Arnsberg 59 – Lippstadt 19 – Paderborn 12.

🏠🏠 **Walz,** Paderborner Str. 21 (B 1), ✉ 33154, ℘ (05258) 98 80, walz-salzkotten@t-online.de, Fax (05258) 4849, 🍴, ⇔ – 📺 ☎ 🅿 – 🛏 30. 🅰 ⓘ 💳 VISA
Menu (geschl. Samstagmittag) à la carte 17/33 – **35 Zim** ⇌ 54 – 75.
• Funktionell ausgestattet und in zeitgemäßem Stil eingerichtet, stellt das Hotel mit seinem
neueren Anbau eine sympathische Übernachtungsadresse für unterwegs dar. Familiäre
Gastlichkeit erwartet Sie im Restaurant.

SALZSCHLIRF, BAD Hessen **417 418** O 12 – 3 300 Ew – Höhe 250 m – Heilbad.
🛈 Kur- und Tourismus, Bahnhofstr. 22, ✉ 36364, ℘ (06648) 22 66, info@bad-salzschlirf.de, Fax (06648) 2368.
Berlin 446 – Wiesbaden 161 – Fulda 20 – Gießen 81 – Bad Hersfeld 36.

🏠 **Söderberg** ⑊, Bonifatiusstr. 6, ✉ 36364, ℘ (06648) 94 20, soederberg@t-online.de, Fax (06648) 942211, 🍴, ☞ – 📺 🅿. 💳 VISA
geschl. Jan., Nov. – **Menu** (geschl. Montag) à la carte 15,50/34,50 – **30 Zim** ⇌ 31/39 – 52/82 – ½ P 10.
• Leicht erhöht am Berg gelegen, stehen Alt- wie auch Neubau des Hotels mit soliden
Zimmern für Ihre Beherbergung zur Verfügung. Schöne Gartenterrasse. Im Untergeschoß
des Hauses bittet man den Gast in einem behaglichen Umfeld zu Tisch.

SALZUFLEN, BAD Nordrhein-Westfalen **417** J 10 – 56 000 Ew – Höhe 80 m – Heilbad.
⛳ Bad Salzuflen, Schwaghof 4 (Nord : 3 km), ℘ (05222) 1 07 73.
🛈 Bad Salzuflen Touristik, Am Schliepsteiner Tor 5, ✉ 32105, ℘ (05222) 18 31 83, Fax (05222) 3696219.
Berlin 375 – Düsseldorf 191 – Bielefeld 26 – Hannover 89.

🏠🏠🏠 **Arminius** ⑊, Ritterstr. 2, ✉ 32105, ℘ (05222) 36 60, info@hotelarminius.de, Fax (05222) 366111, 🍴, Massage, ⇔ – 📱, ✳ Zim, 📺 ☎ ⇔ – 🛏 45. 🅰 ⓘ 💳 VISA
Menu à la carte 23/39 – **66 Zim** ⇌ 80/90 – 110, 11 Suiten – ½ P 19.
• Geschichte und Moderne harmonisch vereint : in historischen Fachwerkgebäuden der
Weserrenaissance finden Reisende ein charmantes Ambiente mit dem Komfort von heute.
Rustikal-gemütliches Ambiente sorgt im Restaurant für eine wohlige Stimmung.

🏠🏠 **Altstadt-Palais Lippischer Hof,** Mauerstr. 1, ✉ 32105, ℘ (05222) 53 40, lippischerhof@hof-hotels.de, Fax (05222) 50571, 🍴, Massage, ⇔, 🅸 – 📱, ✳ Zim, 📺 ☎ ⇔ 🅿 – 🛏 80. 🅰 ⓘ 💳 VISA 🍴 Rest
Menu à la carte 25/42,50 – **Walter's Pharmacy** : **Menu** à la carte 17/35 – **66 Zim**
⇌ 65/85 – 95/202 – ½ P 18.
• Ob Sie eine praktische Unterkunft schätzen oder die wohnlich-elegantere Ausführung
vorziehen - Ihr vorübergehendes Zuhause hat stets das passende Quartier parat. Restaurant im Wintergarten. Im Stil einer Brasserie präsentiert sich Walter's Pharmacy.

🏠🏠 **Mercure Hotel Schwaghof** ⑊, Schwaghof 1 (Nord : 3 km), ✉ 32108, ℘ (05222) 9 16 20, h2925@accor-hotels.com, Fax (05222) 9162100, ≤, 🍴, ⇔, 🅸, ☞, 🍴 – 📱, ✳ Zim, 📺 ⇔ 🅿 – 🛏 180. 🅰 ⓘ 💳 VISA JCB
Menu à la carte 23/38 – **86 Zim** ⇌ 80/111 – 118/133 – ½ P 20.
• Neu möbliert, zeigen sich die Gästezimmer nun in zeitgemäßer und funktioneller Gestaltung. Tagende, aber auch Urlauber finden hier ein ruhiges Plätzchen.

🏠🏠 **Vitalotel Roonhof** Ⓜ, Roonstr. 9, ✉ 32105, ℘ (05222) 34 30, info@roonhof.de, Fax (05222) 343100, 🍴, Massage, ♨, ♒, 🅸 – 📱, ✳ Zim, 📺 ☎ ⇔ – 🛏 25. 🅰 ⓘ 💳 VISA
Menu à la carte 18/25,50 – **54 Zim** ⇌ 79/89 – 118/139 – ½ P 16.
• Wohnlichkeit und Funktionalität bestimmen den Komfort Ihrer Herberge. Zum Konzept
dieses neuzeitlichen Hauses gehört auch ein Zentrum für Wellness und Gesundheit.

SALZUFLEN, BAD

Kurpark-Hotel ⊗, Parkstr. 1, ✉ 32105, ℘ (05222) 39 90, info@kurparkhotel.de, Fax (05222) 399462, 斧, Massage – ⟦, ⇔ Zim, TV ✆ &. – 🏛 60. AE ⓞ ⓜⓞ VISA JCB
geschl. 3. Jan. - 16. Feb. – **Menu** à la carte 22/33 – **74 Zim** ⇌ 60/108 – 138/160 – ½ P 15.
♦ Zimmer verschiedener Kategorien ermöglichen Ihnen ein Logieren ganz nach Ihren Vorstellungen - von schlicht bis komfortabel, teils mit Balkon zum Garten oder zur Saline. Zeitgemäß eingerichtetes Hotelrestaurant.

Antik-Hotel Eichenhof garni, Friedenstr. 1, ✉ 32105, ℘ (05222) 9 34 00, eichenhof@hof-hotels.de, Fax (05222) 934040 – ⇔ TV ⇔ – 🏛 30. AE ⓞ ⓜⓞ VISA JCB
28 Zim ⇌ 65/110 – 75/160.
♦ Im Inneren dieses kleinen historischen Hauses hat man den Charme vergangener Zeiten erhalten undes mit modernen Elementen zu einer sinnvoll gestalteten Bleibe ergänzt.

Otto, Friedenstr. 2, ✉ 32105, ℘ (05222) 93 04 40, info@hotel-otto.de, Fax (05222) 58464, – ⟦ ⇔ TV ⇔ P. AE ⓜⓞ VISA JCB. ⅍
geschl. Ende Nov. - Ende Jan. – **Menu** (nur Abendessen) (Restaurant nur für Hausgäste) – **22 Zim** ⇌ 68/82 – 104.
♦ Seit 1920 bemüht man sich hinter nun denkmalgeschützten Mauern um das Wohl des Gastes. Liebevoll renoviert, ermöglicht Ihnen das Haus heute zeitgemäßes Wohnen.

Bauer ⊗, An der Hellrüsche 41, ✉ 32105, ℘ (05222) 9 14 40, Fax (05222) 16781, 斧 – TV P. AE ⓞ ⓜⓞ VISA JCB
Menu (geschl. Montag) à la carte 18/31 – **12 Zim** ⇌ 42/50 – 62/82 – ½ P 11.
♦ Ursprünglich eine Pension, wird das Haus heute als Hotel geführt. Solide gestaltete Fremdenzimmer in neuzeitlicher Machart ersetzen Ihnen vorübergehend Ihr eigenes Zuhause. Ein gemütlicher Café-Charakter prägt das Interieur des Restaurants.

Alexandra, Untere Mühlenstr. 2, ✉ 32105, ℘ (05222) 40 05 75, Fax (05222) 638402, 斧 – ⓜⓞ VISA
geschl. Mitte Jan. - Anfang Feb., Ende Okt. - Anfang Nov., Mittwoch - Donnerstagmittag – **Menu** (Montag - Dienstag nur Abendessen) à la carte 18/35,50.
♦ Das kleine historische Fachwerkhaus beherbergt ein behaglich-rustikales Restaurant, in dem Sie aus einem Repertoire sorgfältig und schmackhaft zubereiteter Speisen wählen.

In Bad Salzuflen-Sylbach Süd : 8 km über die B 239 Richtung Lage :

Zum Löwen, Sylbacher Str. 223, ✉ 32107, ℘ (05232) 9 56 50, Fax (05232) 956565, 斧, ⊆ – ⇔ Zim, TV ✆ P. ⓜⓞ VISA
geschl. Juli 2 Wochen – **Menu** (wochentags nur Abendessen) à la carte 17/35 – **31 Zim** ⇌ 48 – 78.
♦ Die Zimmer des Hotels sind im seitlichen Anbau untergebracht. Hinter der freundlichen gelben Fassade erwartet Sie ein solides, wohnliches Quartier. Neuzeitlich gestaltetes Restaurant mit Wintergarten.

SALZUNGEN, BAD Thüringen 418 N 14 – 18 700 Ew – Höhe 238 m – Solebad.
ℹ Touristinformation-Kurverwaltung, Am Flößrasen 1, ✉ 36433, ℘ (03695) 69 34 20, Fax (03695) 693421.
Berlin 377 – Erfurt 86 – Bad Hersfeld 43.

Salzunger Hof, Bahnhofstr. 41, ✉ 36433, ℘ (03695) 67 20, salzunger.hof@t-online.de, Fax (03695) 601700, 斧 – ⟦, ⇔ Zim, TV &. ⇔ P. – 🏛 200. AE ⓞ ⓜⓞ VISA
Menu à la carte 14/29 – **71 Zim** ⇌ 60/75 – 85/95 – ½ P 12.
♦ Zeitgemäß und funktionell bestückt, werden die Zimmer des Hauses Ihren Ansprüchen an eine bequeme Herberge für unterwegs gerecht. Ferienwohnungen für den längeren Aufenthalt. Ländlich-rustikal zeigt sich das Restaurant.

SALZWEDEL Sachsen-Anhalt 415 416 H 17 – 23 000 Ew – Höhe 51 m.
ℹ Tourist-Information, Neuperverstr. 29, ✉ 29410, ℘ (03901) 42 24 38, Fax (03901) 31077.
Berlin 187 – Magdeburg 103 – Schwerin 114 – Wolfsburg 59.

Union, Goethestr. 11, ✉ 29410, ℘ (03901) 42 20 97, hotelunion@t-online.de, Fax (03901) 422136, ⊆ – ⇔ Zim, TV P. – 🏛 30. AE ⓞ ⓜⓞ VISA. ⅍ Rest
Menu à la carte 16/29 – **33 Zim** ⇌ 47/57 – 60/75.
♦ Das traditionelle Haus befindet sich an der mittelalterlichen Stadtmauer. Sie betreten Ihr Domizil durch eine neuzeitliche Halle mit einem Hauch alpenländischem Flair. Ein Kachelofen macht die Gasträume gemütlich.

SAMERBERG
Bayern 420 W 20 – 2 600 Ew – Höhe 700 m – Erholungsort – Wintersport 700/1 569 m ⟋1 ⟍1 ⟨.

🛈 Verkehrsverein, Dorfplatz 3 (Samerberg-Törwang), ✉ 83122, ℘ (08032) 86 06 info@samerberg.de, Fax (08032) 989414.

Berlin 672 – München 82 – Bad Reichenhall 65 – Traunstein 44 – Rosenheim 16.

In Samerberg-Törwang :

Post, Dorfplatz 4, ✉ 83122, ℘ (08032) 86 13, info@hotel-post-samerberg.de Fax (08032) 8929, 🍴, 🎿, ♨, 🐎 – 📶 TV 🍽 🅿 – 🛎 20. ◯◯ VISA. ✂ Zim geschl. Mitte Nov. - Mitte Dez. – **Menu** (geschl. Dienstag, Nov. - März Dienstag - Mittwoch) à la carte 13/29 – **23 Zim** ⇌ 40/43 – 53/61.

◆ Einen urgemütlichen Aufenthalt verspricht dieses denkmalgeschützte Haus mit seinem gepflegten, rustikalen Inneren - seit 300 Jahren in Familienbesitz. Die Zirbelstube stellt einen Treffpunkt für Einheimische und Gäste dar.

In Samerberg-Duft Süd : 6 km ab Törwang – Höhe 800 m

Berggasthof Duftbräu ⟨, ✉ 83122, ℘ (08032) 82 26, duftbraeu@freenet.de, Fax (08032) 8366, ≤, 🍴 – ⟨ Rest, TV 🍽 🅿.
Menu à la carte 13/22,50 – **16 Zim** ⇌ 31/42 – 62 – ½ P 13.

◆ Abseits von Straßenlärm und Alltagsstreß - in reizvoller Voralpenlandschaft gelegen - wartet eine nette, schlichte Urlaubsadresse auf Ihren Besuch. In den ländlichen Stuben vermittelt man Ihnen einen Eindruck von bayerischer Gastlichkeit.

SANDE
Niedersachsen 415 F 8 – 9 500 Ew – Höhe 2 m.

Berlin 476 – Hannover 217 – Cuxhaven 104 – Oldenburg 47 – Wilhelmshaven 9.

Landhaus Tapken, Bahnhofstr. 46, ✉ 26452, ℘ (04422) 9 58 60, info@landhaus-t apken.de, Fax (04422) 958699, 🍴 – TV ☏ 🅿 – 🛎 120. ◯ ◯◯ VISA. ✂ Zim
Menu (wochentags nur Abendessen) à la carte 13,50/31 – **20 Zim** ⇌ 48/66 – 71/91.

◆ Auf der Suche nach einer gepflegten Behausung auf Zeit finden hier Reisende ein solide ausgestattete Zimmer, die ihren Ansprüchen an eine funktionelle Herberge gerecht werden. In bürgerlicher Gestaltung präsentieren sich die Räumlichkeiten des Restaurants.

SANGERHAUSEN
Sachsen-Anhalt 418 L 17 – 26 000 Ew – Höhe 158 m.

🛈 Tourist-Information, Schützenplatz 8, ✉ 06526, ℘ (03464) 1 94 33, info@sanger hausen-tourist.de, Fax (03464) 515336.

Berlin 224 – Magdeburg 98 – Erfurt 75 – Nordhausen 37 – Weimar 68 – Halle 53.

In Oberröblingen Süd-Ost : 5 km :

Zum Löwen, Sangerhäuser Str. 24 (B 86), ✉ 06528, ℘ (03464) 5 45 00, info@zum -loewen-hotel.de, Fax (03464) 674230, Biergarten – ✂ Zim, TV 🅿. AE ◯◯ VISA. ✂
Menu à la carte 13,50/27 – **28 Zim** ⇌ 39/49 – 62/72.

◆ In Möblierung und Technik solide ausgestattet, stellen die Zimmer eine sinnvolle Unterkunft für unterwegs dar. Viele historische Sehenswürdigkeiten in der Umgebung. Bereits seit 1852 existiert das heute neuzeitlich gestaltete Restaurant.

ST. AUGUSTIN
Nordrhein-Westfalen 417 N 5 – 56 700 Ew – Höhe 50 m.

🏌₁₈ St. Augustin Gut Großenbusch (Süd : 7 km über Hangelar), ℘ (02241) 3 98 80.

Berlin 590 – Düsseldorf 71 – Bonn 6 – Siegburg 4.

Regina, Markt 81, ✉ 53757, ℘ (02241) 86 90, info@reginahotel.de, Fax (02241) 28385, 🍴, ≘s – 📶 ⟨ TV ☏ 🍽 – 🛎 100. AE ◯ ◯◯ VISA
Menu à la carte 20/30 – **59 Zim** 77/102 – 102/153.

◆ Ihr vorübergehendes Zuhause liegt im Zentrum der Stadt, an der Fußgängerzone. Ein wohnliches Interieur gehört ebenso zu den Vorzügen des Hauses wie die günstige Verkehrslage. Das Restaurant ermöglicht Ihnen nette Stunden in bürgerlich-gediegener Atmosphäre.

In St. Augustin-Hangelar :

Hangelar, Lindenstr. 21, ✉ 53757, ℘ (02241) 9 28 60, info@hotel-hangelar.de, Fax (02241) 928613, ≘s, ⟨, 🍴 – ⟨ Zim, TV 🅿 – 🛎 40. AE ◯◯ VISA JCB. ✂ Rest
Menu (nur Abendessen) (Restaurant nur für Hausgäste) – **44 Zim** ⇌ 60/80 – 80/110.

◆ Sind Sie auf der Durchreise und suchen ein sinnvoll gestaltetes Quartier in zeitgemäßem Stil? Ein Teil der Zimmer verfügt auch über Modemanschluß.

ST. BLASIEN – Baden-Württemberg 419 W 8 – 4 000 Ew – Höhe 762 m – Heilklimatischer Kneippkurort.

Sehenswert: Dom★★.

🛈 Tourist-Information, Haus des Gastes, Am Kurgarten 1, ⊠ 79837, ℘ (07672) 4 14 30, tourist-information@st-blasien-menzenschwand.de, Fax (07672) 41438.

🛈 Tourist Information im Rathaus Menzenschwand, ⊠ 79837, ℘ (07675) 9 30 90, Fax (07675) 1709.

Berlin 810 – Stuttgart 187 – Freiburg im Breisgau 51 – Donaueschingen 64 – Basel 62 – Zürich 71.

Café Aich garni, Hauptstr. 31, ⊠ 79837, ℘ (07672) 14 29, Fax (07672) 2062 – ⇔ TV P. ※
6 Zim ⊇ 50/60 – 75/90.
• Wenn Sie auch unterwegs eine private Atmosphäre schätzen, wird Ihnen diese kleine Übernachtungsadresse gefallen - Sie bewohnen elegant eingerichtete Zimmer.

In St. Blasien-Menzenschwand Nord-West : 9 km – Luftkurort :

Sonnenhof, Vorderdorfstr. 58, ⊠ 79837, ℘ (07675) 9 05 60, Fax (07675) 905650, ≤, ⇌, Massage, ♯, ♨, ≘s, ⬜, ≠ – TV P – ♨ 40. ⓘ ⓜ VISA
geschl. Anfang Nov. - Mitte Dez. – **Menu** (geschl. Montag) à la carte 15/33 – **27 Zim** ⊇ 35/40 – 55/95 – ½ P 13.
• In reizvoller landschaftlicher Umgebung heißt man Skifahrer wie auch Wanderer willkommen. Es stehen Ihnen gepflegte Zimmer mit bemaltem Bauernmobiliar zur Verfügung.

Waldeck, Vorderdorfstr. 74, ⊠ 79837, ℘ (07675) 9 05 40, info@menzenschwand-waldeck.de, Fax (07675) 1476, ⇌, ≘s – TV P. AE ⓜ VISA
geschl. Mitte Nov. - Mitte Dez. – **Menu** (geschl. Montag) à la carte 13,50/33 – **19 Zim** ⊇ 36/38 – 56/72 – ½ P 14.
• Im Altbau wie auch im neueren Anbau dieser gastlichen Adresse stehen funktionelle Zimmer zum Einzug bereit. Ihr Schwarzwald bietet Ihnen viele Ausflugsmöglichkeiten. Hinter der hübschen Schindelfassade empfängt man den Gast in rustikalen Stuben.

In Ibach-Mutterslehen an der Strasse nach Todtmoos : West : 6 km – Höhe 1 000 m – Erholungsort :

Schwarzwaldgasthof Hirschen, Hauptstraße, ⊠ 79837, ℘ (07672) 9 30 40, info@hotel-hirschen.de, Fax (07672) 9412, ≤, ⇌, ≘s, ≠ – TV P
geschl. Ende Nov. - Anfang Dez. 2 Wochen – **Menu** (geschl. Dienstag) à la carte 17,50/38,50 – **15 Zim** ⊇ 40 – 72/76 – ½ P 14.
• Solide und wohnlich zeigen sich die Gästezimmer dieses traditionsreichen Hauses - seit 1810 in Familienbesitz. Auch die überschaubare Größe Ihres Domizils werden Sie schätzen. Im regionstypischen Stil, rustikal und gemütlich die Gasträume.

ST. ENGLMAR – Bayern 420 S 22 – 1 500 Ew – Höhe 850 m – Luftkurort – Wintersport : 800/1055 m ≰ 13 ⛷.

🛈 Tourist-Information, Rathausstr. 6, ⊠ 94379, ℘ (09965) 84 03 20, tourist-info@sankt-englmar.de, Fax (09965) 840330.

Berlin 519 – München 151 – Regensburg 68 – Cham 37 – Deggendorf 30 – Straubing 31.

Angerhof ⸙, Am Anger 38, ⊠ 94379, ℘ (09965) 18 60, hotel@angerhof.de, Fax (09965) 18619, ≤, ⇌, Massage, ┣♨, ≘s, ⬜ (geheizt), ⬜, ≠, Squash – ≣ ⇔ TV ⛷ P – ♨ 50. ※ Rest
Menu à la carte 23/35 – **80 Zim** ⊇ 90/134 – 180/218, 6 Suiten – ½ P 25.
• Die Kategorien Classique, Exclusiv und Landhaus geben den Zimmern dieses Hauses eine individuelle Note und machen Übernachten zu angenehmen Wohnen. Imposanter Wellnessbereich. Vielfältige Gastronomie mit klassisch-elegantem Panoramarestaurant.

In St. Englmar-Grün Nord-West : 3 km :

Reinerhof, Grün 9, ⊠ 94379, ℘ (09965) 85 10, hotel-reinerhof@t-online.de, Fax (09965) 851125, ≤, ≘s, ⬜, ≠ – ≣ TV ⇔ P. ※ Rest
geschl. Nov. - Mitte Dez. – **Menu** (nur Abendessen) (Restaurant nur für Hausgäste) – **40 Zim** ⊇ 39/41 – 72/78 – ½ P 10.
• In funktionell gestalteten Gästezimmern und gemütlichen Aufenthaltsräumen läßt man Sie nach einem abwechslungsreichen Freizeitprogramm zur Ruhe kommen.

In St. Englmar-Maibrunn Nord-West : 5 km :

Maibrunn ⸙, (mit 🏠 Anbau), Maibrunn 1, ⊠ 94379, ℘ (09965) 85 00, info@maibrunn.com, Fax (09965) 850100, ≤, ⇌, Massage, ♯, ┣♨, ≘s, ⬜ (geheizt), ⬜, ≠, ※ ≰ – ≣, ⇔ Zim, TV ⛷ – ♨ 20. ⓘ ⓜ VISA
Menu à la carte 20/39 – **52 Zim** ⊇ 50/97 – 88/138 – ½ P 22.
• Ihre Residenz liegt auf der Sonnenseite des Bayerischen Waldes - in 850 m Höhe. Vom Standard-Zimmer bis zur Suite steht dem Gast ein Quartier nach Maß zur Verfügung. Das Restaurant und zwei nette Stuben bieten einen angenehmen Rahmen für Ihren Besuch.

ST. ENGLMAR

In St. Englmar-Rettenbach Süd-Ost : 5 km :

Romantik Hotel Gut Schmelmerhof ⊗, Rettenbach 24, ⊠ 94379, ℘ (09965) 18 90, hotel@gut-schmelmerhof.de, Fax (09965) 189140, ඤ, Massage, ♣, ℉, ≘s, ⊥ (geheizt), ⊠, ⚞ – ⌽ 𝖳𝖵 ⇔ 𝖯 – 🅰 25. 𝔸𝔼 ⓜ 𝐕𝐈𝐒𝐀. ⌘
Menu à la carte 20/40 – **40 Zim** ⊇ 66/90 – 116/170 – ½ P 22.
• Birkenau, Wiesengrund oder Lerchenhaid - individuell gestaltete Zimmer stellen eine wohnliche Behausung auf Zeit dar. Schönheitsfarm und Garten sorgen für wohltuende Stunden. Ein gemütlicher Abend steht Ihnen im urigen Ziegelsteingewölbe des Restaurants bevor.

ST. GEORGEN Baden-Württemberg 419 V 9 – 14 000 Ew – Höhe 810 m – Erholungsort – Wintersport : 800/1 000 m ≤5 ⚡.

🄱 Tourist Information, Hauptstr. 9, Rathaus, ⊠ 78112, ℘ (07724) 8 71 94, Fax (07724) 87120.
Berlin 754 – Stuttgart 127 – Freiburg im Breisgau 71 – Schramberg 18 – Villingen-Schwenningen 14 – Offenburg 65.

Tannenhof ⊗, Schwanenweg 9, ⊠ 78112, ℘ (07724) 9 39 90, hoteltannenhof@ol.com, Fax (07724) 939999, ඤ, ≘s, ⚞ – ⌽⇔ Zim, 𝖳𝖵 ⇔ 𝖯 – 🅰 50. 𝔸𝔼 ⓜ 𝐕𝐈𝐒𝐀
Menu (geschl. 19. - 25. Dez., Jan. 2 Wochen, Sonntagabend) (wochentags nur Abendessen) à la carte 15,50/32 – **22 Zim** ⊇ 49/61 – 80/86 – ½ P 15.
• Drei neuzeitliche Landhäuser im Schwarzwaldstil bilden diese gastliche Adresse. Loipe und Wanderwege finden sich in unmittelbarer Nähe des Hauses. Mehrere Stuben in rustikaler Aufmachung stehen für die Bewirtung der Gäste bereit.

Kammerer garni, Hauptstr. 23, ⊠ 78112, ℘ (07724) 9 39 20, hotel-kammerer@t-online.de, Fax (07724) 939241 – ⌽ ⇔ 𝖳𝖵 📞 ⇔. 𝔸𝔼 ⓘ ⓜ 𝐕𝐈𝐒𝐀
22 Zim ⊇ 40/52 – 69/73.
• Im Zentrum der kleinen Stadt finden Reisende eine solide Unterkunft auf Zeit, deren teilweise neu gestaltete Zimmer Ihren Ansprüchen an eine zeitgemäße Bleibe gerecht werden.

ST. GOAR Rheinland-Pfalz 417 P 7 – 3 300 Ew – Höhe 70 m.

Sehenswert : Burg Rheinfels★★.
Ausflugsziel : Loreley ★★★ ≤★★, Süd-Ost : 4 km.
🄱 Tourist-Information, Heerstr. 86, ⊠ 56329, ℘ (06741) 3 83, Fax (06741) 7209.
Berlin 627 – Mainz 63 – Koblenz 43 – Bingen 28.

Schloß Hotel und Villa Rheinfels ⊗, Schloßberg 47, ⊠ 56329, ℘ (06741) 80 20, info@burgrheinfels.de, Fax (06741) 802802, ≤ Rheintal, ඤ, Massage, ≘s, ⊠, – ⌽ 𝖳𝖵 📞 𝖯 – 🅰 65. 𝔸𝔼 ⓘ ⓜ 𝐕𝐈𝐒𝐀 𝐉𝐂𝐁
Menu 35/48 à la carte 28/37 – **56 Zim** ⊇ 85/110 – 128/150.
• In exponierter Lage, vor der beeindruckenden Kulisse der Burganlage, bilden Schloßhotel und Villa ein ansprechendes Domizil - eingebettet in das Tal der Loreley. Gepflegtes Restaurant in klassischer Gestaltung.

Zum Goldenen Löwen, Heerstr. 82, ⊠ 56329, ℘ (06741) 16 74, Fax (06741) 2852, ≤, ඤ – 𝖳𝖵 ⇔
Menu à la carte 18,50/38 – **12 Zim** ⊇ 49/55 – 72/110 – ½ P 19.
• Sind Sie auf der Suche nach einer praktischen Übernachtungsadresse? Das kleine Hotel stellt dem Besucher Zimmer verschiedener Kategorien zur Wahl. Im Restaurant : rustikale Einrichtung im altdeutschen Stil.

In St. Goar-Fellen Nord-West : 3 km :

Landsknecht, an der Rheinufer-Straße (B 9), ⊠ 56329, ℘ (06741) 20 11, info@hotel-landsknecht.de, Fax (06741) 7499, ≤, ඤ, ⚞ – 𝖳𝖵 ⇔ 𝖯 – 🅰 20. 𝔸𝔼 ⓘ ⓜ 𝐕𝐈𝐒𝐀 geschl. Jan. - Feb. – **Menu** à la carte 20/33,50 – **15 Zim** ⊇ 55/75 – 70/115 – ½ P 20.
• Zimmer in Standard- und Komfort-Ausstattung zeigen sich dem Gast als behagliche zeitgemäße Bleibe. Eine hübsche Gartenanlage schließt sich an das Haus an. Das Restaurant ist rustikal gehalten - auf der Terrasse genießen Sie den Blick auf den Rhein.

ST. INGBERT Saarland 417 S 5 – 41 000 Ew – Höhe 229 m.

Berlin 697 – Saarbrücken 13 – Kaiserslautern 55 – Zweibrücken 25.

Goldener Stern (mit 🏠 Stammhaus und Gästehaus), Ludwigstr. 37, ⊠ 66386, ℘ (06894) 9 26 20, info@hotel-goldenerstern.de, Fax (06894) 926225 – ⌽ 𝖳𝖵 📞 𝖯 – 🅰 80. ⓜ 𝐕𝐈𝐒𝐀
Menu (geschl. Montag - Dienstag) à la carte 28/38 – **Ludwig-Stube** (geschl. Montagmittag) **Menu** à la carte 20/29 – **48 Zim** ⊇ 49/80 – 72/113.
• Seit 2001 ergänzt ein Neubau das Hotel. Hier finden sich der Eingangsbereich mit moderner Halle und 18 neue Zimmer, die neuzeitlich und klassisch eingerichtet sind. Elegantes Hotelrestaurant mit klassischem Angebot und bürgerlich-gemütliche Stube.

ST. INGBERT

🏠 **Absatz-Schmitt** garni, Ensheimer Str. 134, ✉ 66386, ℰ (06894) 9 63 10, Fax (06894) 963124 – 📺 🅿 ⓘⓔ 💳
11 Zim ⚲ 50/55 – 65/80.
♦ Eine praktische Unterkunft am Stadtrand. Die Zimmer sind technisch komplett ausgestattet und überzeugen mit Funktionalität und Pflege.

XX **La Trattoria del Postillione**, Neue Bahnhofstr. 2, ✉ 66386, ℰ (06894) 38 10 61, postillione@t-online.de, Fax (06894) 384132, 🌳 – 🅿 💳
geschl. Juli - Aug. 2 Wochen, Sonntag – **Menu** (italienische Küche) à la carte 24/34,50.
♦ Ein ehemaliges Bahnhofsgebäude bildet die stimmungsvolle Kulisse für einen kulinarischen Ausflug nach Italien. Ein mit altem Zierat und südlichen Ambiente gestaltetes Lokal.

X **Die Alte Brauerei** 📞 mit Zim, Kaiserstr. 101, ✉ 66386, ℰ (06894) 9 28 60, norbertlichter@t-online.de, Fax (06894) 928623, 🌳 – 📺 🅿 ⓘ ⓘⓔ 💳 JCB
geschl. Dienstag, Samstagmittag – **Menu** à la carte 22,50/35 – **6 Zim** ⚲ 56/66 – 72/92.
♦ In rustikal-gemütlichem Stil präsentiert sich das Interieur der ehemaligen Brauerei. Sorgfalt und Qualität kennzeichnen die Speisen - mit französischer Note zubereitet.

In St. Ingbert-Rohrbach Ost : 3 km :

🏠 **Zum Mühlehannes** (mit Gästehaus), Obere Kaiserstr. 97 (B 40), ✉ 66386, ℰ (06894) 9 55 60, muehlehannes@t-online.de, Fax (06894) 955619 – 📺 📞 🅿 ⓘ ⓘⓔ 💳
Menu (geschl. Samstagmittag) à la carte 14/31 – **15 Zim** ⚲ 30/51 – 55/81.
♦ Der Hotelteil des Gasthofs - zwei Häuser weiter gelegen - beherbergt seine Gäste in gepflegten Zimmern, die eine solide Übernachtungsmöglichkeit darstellen. Das Restaurant ist bürgerlich-gediegen in seiner Gestaltung.

In St. Ingbert-Sengscheid Süd-West : 4 km :

🏨 **Sengscheider Hof** (mit Gästehäusern), Zum Ensheimer Gelösch 30, ✉ 66386, ℰ (06894) 98 20, sengscheiderhof@aol.com, Fax (06894) 982200, 🌳, 🏊, ⚖, 🎾 – 🛗 📺 📞 ⟺ 🅿 – 🔒 15. ⓘⓔ 💳 ❀ Rest
Menu (geschl. 1. - 6. Jan., Samstagmittag, Sonntag - Montagmittag) à la carte 32/46 – **Franziska Stube** – (geschl. Samstag) (nur Abendessen) **Menu** à la carte 26/34,50 – **47 Zim** ⚲ 50/80 – 107/154.
♦ Im Haupthaus wie auch in den Gästehäusern stehen dem Gast individuelle Zimmer zur Verfügung - teils technisch mit guter Technik, teils einfacher und preiswerter. Das Restaurant : ein großer, stilvoll gestalteter Raum. Modernes Design in der Franziska Stube.

🏨 **Alfa-Hotel**, Zum Ensheimer Gelösch 2, ✉ 66386, ℰ (06894) 98 50, alfa-hotel@t-online.de, Fax (06894) 985299, 🌳, 🏊 – 📺 ⟺ 🅿 – 🔒 40. 🆎 ⓘ ⓘⓔ 💳
Le jardin (geschl. Samstagmittag, Sonntagabend - Montagmittag) **Menu** à la carte 30/36 – **47 Zim** ⚲ 55/65 – 80/120.
♦ Von der freundlichen Lobby des neugestalteten Hotels aus gelangen Sie in zeitgemäße Zimmer - im Altbau finden sich schlichtere Quartiere. Das Restaurant Le jardin bietet Ihnen ein gepflegtes Ambiente zum Speisen.

ST. JOHANN Baden-Württemberg **419** U 12 – 5 000 Ew – Höhe 750 m – Erholungsort – Wintersport : 750/800 m ⚜2 ⚜.
🛈 Gäste-Infostelle, Kirchgasse 1 (Upfingen), ✉ 72813, ℰ (07122) 92 31, Fax (07122) 3679.
Berlin 674 – Stuttgart 55 – Reutlingen 17 – Ulm (Donau) 65.

In St. Johann-Lonsingen :

🏨 **Albhotel Bauder - Grüner Baum** (mit Gasthof), Albstr. 4, ✉ 72813, ℰ (07122) 1 70, Fax (07122) 17217, 🌳, 🏊, 🎾 – 🛗, ❀ Zim, 📺 📞 ⟺ 🅿 – 🔒 45
Menu (geschl. 20. Nov. - 6. Dez., Montag) à la carte 15/31,50 – **68 Zim** ⚲ 37/48 – 64/76 – ½ P 12.
♦ Gästezimmer mit wohnlicher Einrichtung und guter Technik - meist auch mit Sitzecke versehen - verteilen sich auf die verschiedenen Bauabschnitte Ihres Urlaubsdomizils. Bürgerlich-schlicht : der Gasthof, ländlich-gediegen das Restaurant im Anbau.

ST. JOHANN Rheinland-Pfalz siehe Sprendlingen.

ST. LEON-ROT Baden-Württemberg **417 419** S 9 – 11 900 Ew – Höhe 100 m.
🏌 🏌 St. Leon-Rot, Opelstr. 30, ℰ (06227) 8 60 80.
Berlin 642 – Stuttgart 92 – Mannheim 32.

🏨 **Fairway** Ⓜ garni, Opelstr. 10 (Gewerbegebiet), ✉ 68789, ℰ (06227) 54 40, info@fairway-hotel.de, Fax (06227) 544500, 🏊, 🎾 – 🛗 ❀ 📺 🅿 – 🔒 40. 🆎 ⓘ ⓘⓔ 💳 ❀
– **88 Zim** 102 – 135.
♦ Hell, neuzeitlich und funktionell ausgestattet, wird das Hotel den Ansprüchen der heutigen Zeit gerecht - nicht nur für Tagende und Golfer ein geeignetes Quartier.

ST. LEON-ROT

Ace of Clubs Golf-Restaurant, Opelstr. 30 (am Golfplatz nahe dem Gewerbegebiet), ⊠ 68789, ℘ (06227) 8 60 81 10, ace-of-clubs@gmx.de, Fax (06227) 8608190, 🍴 – 🅿 – 🅰 60. 🆎 🆔 VISA 🍴
Menu à la carte 23/40.
♦ In schöner Lage am Rande des Golfplatzes bewirtet man nicht nur Anhänger des "grünen Sports". Sie nehmen Platz im großzügig gestalteten Restaurant oder auf der Gartenterrasse.

ST. MÄRGEN Baden-Württemberg 419 V 8 – 1 900 Ew – Höhe 898 m – Luftkurort – Wintersport 900/1 100 m 🎿.

🛈 Tourist Information, Rathausplatz 1, ⊠ 79274, ℘ (07669) 91 18 17, info-st.maergen@t-online.de, Fax (07669) 911840.
Berlin 790 – Stuttgart 230 – Freiburg im Breisgau 24 – Donaueschingen 51.

Hirschen (mit Gästehaus), Feldbergstr. 9, ⊠ 79274, ℘ (07669) 94 06 80, hirschen-s t-maergen@t-online.de, Fax (07669) 9406888, 🍴, 🛋, 🚗 – 📺 🅿 – 🅰 60. 🆎 🆔 🆎 VISA
geschl. 8. - 26. Jan. – **Menu** (geschl. Mittwoch) à la carte 16/37,50 – **44 Zim** ⊇ 43/46 – 72/88 – ½ P 15.
♦ Inmitten eines reizvollen Wandergebietes heißt man Sie in badisch-freundlicher Atmosphäre willkommen. Sie beziehen Ihr Quartier im Haupthaus oder im moderneren Anbau. In gemütlichen, holzgetäfelten Gaststuben nehmen Sie zum Essen Platz.

An der B 500 : Süd-Ost : 8 km, Richtung Furtwangen :

Zum Kreuz, Hohlengraben 1 – Höhe 1033 m, ⊠ 79274 St. Märgen, ℘ (07669) 9 10 10, info@gasthaus-zum-kreuz.de, Fax (07669) 910120 – ⇌ Zim, 📺 🅿 🆔 VISA
geschl. Anfang Nov. - Anfang Dez. – **Menu** (geschl. Donnerstag) à la carte 17/30 – **16 Zim** ⊇ 25/27 – 46/57 – ½ P 12.
♦ In ländlicher Idylle stehen dem Reisenden Zimmer und Appartements in wohnlicher Machart zur Verfügung. Wanderer und Skifahrer kommen hier gleichermaßen auf ihre Kosten. Die Gaststube ist in ihrem ländlichen Stil typisch für die Region.

ST. MARTIN Rheinland-Pfalz 417 419 S 8 – 1 900 Ew – Höhe 240 m – Luftkurort.

Sehenswert : St. Martin (Doppelgrabmal★) – Altes Schlößchen★ – Alte Kellerei★.
🛈 Büro für Tourismus, In der Alten Kellerei, Kellereistr. 1, ⊠ 67487, ℘ (06323) 53 00, Fax (06323) 981328.
Berlin 658 – Mainz 102 – Mannheim 43 – Kaiserslautern 46 – Karlsruhe 51.

Das Landhotel 🏞, garni, Maikammerer Str. 39, ⊠ 67487, ℘ (06323) 9 41 80, reservierung@das-landhotel.com, Fax (06323) 941840, 🚗 – ⇌ 📺 🅿
geschl. Weihnachten, Mitte - Ende Jan. – **17 Zim** ⊇ 54 – 74/92.
♦ Die Einrichtung im italienischen Landhausstil, Komfort und Gemütlichkeit bestimmen das Innenleben des Hotels. Eine Besichtigung des Weinguts ermöglicht interessante Einblicke.

Consulat des Weins, Maikammerer Str. 44, ⊠ 67487, ℘ (06323) 80 40, consulat-des-weins@t-online.de, Fax (06323) 804426, 🍴, 🛋 – 🛗 📺 🅿 – 🅰 20
geschl. 23. Dez. - 23. Jan., 5. - 21. Aug. – **Menu** (geschl. Sonn- und Feiertage abends, Montag) à la carte 20/32 – **39 Zim** ⊇ 70/75 – 90/100 – ½ P 15.
♦ Am Rande des Winzerdorfes freut sich ein neuzeitlicher Gasthof auf Ihren Besuch. Zeitgemäße, gepflegte Zimmer bieten Ihnen ein sympathisches Zuhause auf Zeit. Rustikales Restaurant, Vinothek.

St. Martiner Castell, Maikammerer Str. 2, ⊠ 67487, ℘ (06323) 95 10, st.martiner .castell@t-online.de, Fax (06323) 951200, 🍴, 🛋 – 🛗, ⇌ Zim, 📺 🍴 – 🅰 30. 🆔 VISA
geschl. Feb. – **Menu** (geschl. Dienstag) 32/43 à la carte 19,50/38 – **26 Zim** ⊇ 52/60 – 88 – ½ P 25.
♦ Ursprünglich ein einfaches Winzerhaus, dient diese Adresse heute auch Ihrer Beherbergung. Der rustikale Touch des Interieurs paßt zum Charakter des Hauses. Sie speisen in der Kelterstube, am Kachelofen oder auf der Terrasse.

Landhaus Christmann, Riedweg 1, ⊠ 67487, ℘ (06323) 9 42 70, landhauschristm ann@web.de, Fax (06323) 942727, 🚗 – ⇌ Zim, 📺 🅿 🆎 🆔 VISA
Menu (geschl. Jan. - Feb. 2 Wochen, Montag - Mittwoch) (nur Abendessen) à la carte 18/29 – **7 Zim** ⊇ 36/45 – 62/72.
♦ Inmitten der Weinberge liegt der neuerbaute Winzerhof. Helle, wohnliche Zimmer im Landhausstil - teils mit Antiquitäten bestückt - stellen ein ansprechendes Quartier dar. Eine schlichte Aufmachung in rustikalem Stil prägt die gemütliche Weinstube.

ST. MARTIN

Haus am Rebenhang, Einlaubstr. 66, ✉ 67487, ℘ (06323) 9 44 30, hotel_hau s_am_rebenhang@t-online.de, Fax (06323) 944330, ≤ St. Martin und Rheinebene, 㿟, ⇌ – TV P. ⓜⓔ VISA
geschl. 2. Jan. - 6. Feb. – **Menu** (geschl. Montag - Dienstagmittag) à la carte 17,50/34 – **19 Zim** ⊇ 46 – 84 – ½ P 16.
♦ Im Herzen des Naturparks Pfälzer Wald beziehen Sie eine gepflegte und sinnvoll gestaltete Unterkunft. Auch die schöne Aussicht zählt zu den Annehmlichkeiten Ihrer Herberge. Familiäre Atmosphäre und ländliches Ambiente bestimmen den Charakter des Restaurants.

XX **Grafenstuben**, Edenkobener Str. 38, ✉ 67487, ℘ (06323) 27 98, gasthaus-grafens tuben@t-online.de, Fax (06323) 81164 – ⓜⓔ VISA
geschl. Montag - Dienstag – **Menu** à la carte 21/28.
♦ Ein rustikales Ambiente - verteilt auf zwei Ebenen - bietet Ihnen den passenden Rahmen für die verschiedensten Anlässe. Nett auch der Gewölbekeller.

X **Weinstube Christmann**, Edenkobener Str. 50, ✉ 67487, ℘ (06323) 37 13, Fax (06323) 989175, 㿟 – P.
geschl. Mitte Jan. - Anfang Feb., Mitte - Ende Juli, Donnerstag – **Menu** (nur Abendessen) à la carte 13/21,50.
♦ Eine nette kleine Weinstube in bürgerlich-schlichtem Stil erwartet den Besucher. Die typische Pfälzer Küche darf auf der Karte natürlich nicht fehlen.

ST. MICHAELISDONN Schleswig-Holstein siehe Brunsbüttel.

ST. OSWALD-RIEDLHÜTTE Bayern 🔢 T 24 – 3 200 Ew – Höhe 820 m – Erholungsort – Wintersport : 700/800 m ⟋3 ⚞.
🛈 Verkehrsamt, Klosterallee 4 (St. Oswald), ✉ 94568, ℘ (08552) 96 11 38, Fax (08552) 961142.
Berlin 503 – München 188 – Passau 43 – Regensburg 115.

Im Ortsteil St. Oswald :

Pausnhof, (mit Gästehaus), Goldener Steig 7, ✉ 94568, ℘ (08552) 40 88 60, paus nhof@t-online.de, Fax (08552) 4088616, 㿟, ⇌, 㡬 – ↮ TV P.
geschl. Nov. - 25. Dez., 15. März - 30. April – **Menu** (geschl. Montag - Dienstag) (nur Abendessen) (Tischbestellung ratsam) à la carte 19/34 – **27 Zim** ⊇ 38/47 – 64/74 – ½ P 11.
♦ Seit seiner Erweiterung zum Hotel stellt dieses Haus mit soliden Quartieren, ländlicher Umgebung und persönlicher Note eine sympathische Urlaubsadresse dar. Gemütlich-familiäre Atmosphäre im Restaurant.

Im Ortsteil Riedlhütte :

Zum Friedl, Kirchstr. 28, ✉ 94566, ℘ (08553) 9 66 80, zumfriedl@t-online.de, Fax (08553) 966833, 㿟, 㡬 – ↮ Rest, TV ⇌ P.
geschl. Anfang Nov. - 25. Dez. – **Menu** à la carte 13/28,50 – **20 Zim** ⊇ 30/45 – 60/64 – ½ P 8.
♦ Mit praktisch ausgestatteten Zimmern trägt dieses ländliche Domizil zur Erholung der Urlaubsgäste bei. Zum Erkunden der Landschaft stehen Fahrräder bereit. In kleine Stuben unterteilt, bietet Ihnen das Restaurant ein gemütliches Ambiente.

Berghotel Wieshof, Anton-Hiltz-Str. 8, ✉ 94566, ℘ (08553) 4 77, wieshof@y ahoo.de, Fax (08553) 6838, ≤, 㿟, ⇌ – TV P.
geschl. 5. Nov. - 20. Dez. – **Menu** à la carte 11,50/23 – **15 Zim** ⊇ 29/35 – 58/64 – ½ P 8.
♦ Gepflegte und solide ausgestattete Gästezimmer stehen zum Einzug bereit. Skifreunde wie auch Wanderer werden die Umgebung dieser ländlichen Adresse schätzen. Ein rustikales Ambiente prägt das Restaurant.

ST. PETER Baden-Württemberg 🔢 V 8 – 2 400 Ew – Höhe 722 m – Luftkurort – Wintersport : ⚞.
Sehenswert : Barockkirche (Bibliothek★).
Ausflugsziel : ≤★★ von der Straße nach St. Märgen.
🛈 Tourist-Information, Klosterhof 11, ✉ 79271, ℘ (07660) 91 02 24, Fax (07660) 910244.
Berlin 797 – Stuttgart 224 – Freiburg im Breisgau 32 – Waldkirch 20.

Zur Sonne (Rombach), Zähringerstr. 8, ✉ 79271, ℘ (07660) 9 40 10, sonne-st.peter @t-online.de, Fax (07660) 940166, 㿟 – ↮ Zim, TV ⇌ P. ⓜⓔ VISA
geschl. Jan. 2 Wochen, Nov. 2 Wochen – **Menu** (geschl. Montag - Dienstag) à la carte 28/57 ♀ – **14 Zim** ⊇ 40/50 – 58/124 – ½ P 21.
♦ Direkt am Dorfplatz von St. Peter hat Ihre Suche nach einer behaglichen Unterkunft ein Ende. Die Zimmer, teils renoviert, überzeugen durch Funktionalität. Ein Speiseangebot von regional bis französisch fein verspricht einen genußvollen Abend.
Spez. Chicoréespitzen mit Langustinen und Thaimarinade. Zweierlei vom Weidelamm. Dessertvariation (2 Pers.).

ST. PETER

Jägerhaus ⟂, Mühlengraben 18, ⌧ 79271, ✆ (07660) 9 40 00, *jaegerhaus-st.peter@t-online.de*, Fax (07660) 940014, 🍽, 🌳 – 📺 ⇌ 🅿
geschl. Mitte - Ende März 2 Wochen, Ende Okt. - Mitte Nov. – **Menu** *(geschl. Mittwoch Nov. - April Mittwoch - Donnerstagmittag)* à la carte 14,50/21 – **18 Zim** 🛏 40/43 – 58/80 – ½ P 12.
• Ihr Domizil ist am Rande des Ortes plaziert, umgeben von Wiesen und kleinen Weihern. Wohnlichkeit in ländlichem Stil macht das Haus zu einem sympathischen Quartier. Viel Holz gibt dem Restaurant einen rustikal-gemütlichen Touch.

ST. PETER-ORDING Schleswig-Holstein 415 D 9 – 4 100 Ew – Nordseeheil- und Schwefelbad

Ausflugsziel: Eidersperrwerk★ Süd-Ost : 16 km.

🏌 St. Peter-Ording, Zum Böhler Strand 16, ✆ (04863) 35 45.
🛈 Tourismus-Service-Center (in der Dünen-Therme), St. Peter-Bad, Marleens Knoll 2, ⌧ 25826, ✆ (04863) 99 90, *tscspo@tz-spo.de*, Fax (04863) 999180.
Berlin 200 – Kiel 125 – Sylt (Westerland) 93 – Heide 40 – Husum 50.

Im Ortsteil St. Peter-Bad :

Vier Jahreszeiten ⟂, Friedrich-Hebbel-Str. 2, ⌧ 25826, ✆ (04863) 70 10, *hotel-vierjahreszeiten@t-online.de*, Fax (04863) 2689, 🍽, Massage, 🅵🆂, 🧖, 🏊 (geheizt), 🏊, 🌳, 🎾 (Halle) – 📳, 🍴 Rest, 📺 📞 ⇌ 🅿 – 🎓 30. 🅰🅴 🟡 🟢 🆅🅸🆂🅰 🌳 Rest
Menu 35 und à la carte – *Vivaldi (geschl. Dienstag, Nov. - Ende März Dienstag - Mittwoch) (nur Abendessen)* **Menu** à la carte 33/44 – **62 Zim** 🛏 135 – 130/190, 5 Suiten – ½ P 35.
• Eine behagliche, stilvolle Atmosphäre durchzieht diese neuzeitliche Residenz - vom Empfang bis in die Zimmer. Der großzügige Freizeitbereich sorgt für Abwechslung. Das Restaurant Vivaldi lockt mit mediterranem Ambiente.

Ambassador ⟂, Im Bad 26, ⌧ 25826, ✆ (04863) 70 90, *info@ambassador-stpeter.bestwestern.de*, Fax (04863) 2666, ≤, 🍽, 🅵🆂, 🧖, 🏊, – 📳, 🛏 Zim, 📺 📞 ⇌ 🅿 – 🎓 250. 🅰🅴 🟡 🟢 🆅🅸🆂🅰 🌳 Rest
Menu à la carte 23/33 – **90 Zim** 🛏 128/156 – 156/206 – ½ P 21.
• Suchen Sie ein Urlaubsdomizil, das Ihnen eine zeitgemäße und funktionelle Beherbergung bietet? Direkt vor der Tür starten Sie zu ausgedehnten Strandspaziergängen. In einem hellen, neuzeitlichen Ambiente bittet man Sie zu Tisch.

Landhaus an de Dün M ⟂, garni (mit Gästehaus), Im Bad 63, ⌧ 25826, ✆ (04863) 9 60 60, *hotel-landhaus@t-online.de*, Fax (04863) 960660, 🧖, 🏊, – 📺 🅿 🌳
geschl. 6. - 31. Jan., Dez. 2 Wochen – **19 Zim** 🛏 95/190 – 110/205.
• Hinter einer netten Fassade erwartet den Gast neuzeitlicher Komfort, der einfaches Übernachten zu Wohnen macht. Die Strandnähe des kleinen Hauses verrät bereits der Name.

Friesenhof M ⟂, garni (Apart-Hotel), Im Bad 58, ⌧ 25826, ✆ (04863) 9 68 60, *info@aparthotel-friesenhof.de*, Fax (04863) 968676, Massage, 🧖, 🏊 – 🛏 📺 🅿 ♿ ⇌
19 Zim 🛏 75/115 – 137/193.
• Ein architektonisch ansprechendes Äußeres hält ein nicht weniger attraktives Innenleben für Sie bereit - Zimmer und Appartements überzeugen mit geschmackvoller Gestaltung.

St. Peter ⟂ (mit Gästehaus), Rungholtstieg 7, ⌧ 25826, ✆ (04863) 90 40 (Hotel) 98 90 (Rest.), *info@hotel-stpeter.de*, Fax (04863) 904400, 🍽, 🧖, 🌳 – 📳, 🛏 Rest, 📺 📞 🅿
Schimmelreiter : **Menu** à la carte 22/39,50 – **52 Zim** 🛏 70/85 – 110/160, 3 Suiten – ½ P 14.
• Die Zimmer Ihrer Herberge verteilen sich auf Haupthaus und Gästehaus - unterschiedlich in Einrichtung und Komfort. Auch die Nähe zum Strand zählt zu den Vorzügen des Hauses. Das Restaurant liegt separat in einem ca. 200 m entfernt liegenden Gebäude.

Dünenhotel Eulenhof ⟂ garni (mit Gästehäusern), Im Bad 93, ⌧ 25826, ✆ (04863) 9 65 50, *duenenhotel-eulenhof@t-online.de*, Fax (04863) 9655155, 🧖, 🏊, 🌳 – 📺 🅿. 🅰🅴 🟢 🆅🅸🆂🅰
36 Zim 🛏 45/65 – 90/130.
• Stammhaus sowie drei Gästehäuser bilden diese sympathische Adresse. Gemütliche Sitzecken, eine Bibliothek und die Gartenanlage verschönern Ihren Aufenthalt im Hotel.

Fernsicht ⟂, Am Kurbad 17, ⌧ 25823, ✆ (04863) 20 22, *hotel_fernsicht@t-online.de*, Fax (04863) 2020, ≤, 🍽, 🧖 – 🛏 Rest, 📺 ⇌ 🅿 🅰🅴 🟡 🟢 🆅🅸🆂🅰
Menu *(geschl. 5. Jan. - Feb.)* à la carte 20/32 – **21 Zim** 🛏 45/65 – 80/100 – ½ P 15.
• Ihr vorübergehendes Zuhause steht für ruhiges Wohnen an der autofreien Promenade. Neuzeitlich und funktionell zeigen sich die Gästezimmer - teils mit Balkon versehen. Kleines Restaurant mit Café-Charakter.

Jensens Hotel Tannenhof ⟂ garni, Im Bad 59, ⌧ 25826, ✆ (04863) 70 40, *jensen.hotel.tannenhof@t-online.de*, Fax (04863) 70413, 🧖, 🌳 – 📺 🅿 🌳
geschl. 15. - 25. Dez. – **34 Zim** 🛏 45/64 – 82/106.
• Schätzen Sie gepflegte Gastlichkeit in familiärer Atmosphäre? Individuell eingerichtete Zimmer - teils mit Balkon - ersetzen Ihnen vorübergehend Ihr eigenes Zuhause.

ST. PETER-ORDING

Im Ortsteil Ording :

Kölfhamm ⌂, Kölfhamm 6, ✉ 25826, ✆ (04863) 99 50, info@koelfhamm.de, Fax (04863) 99545, 斤, 牀 – TV 戋 ⇔ P – 益 15. ⑩ VISA
geschl. Mitte Dez. - Mitte Jan. – **Menu** (geschl. Mittwoch) à la carte 17,50/30 – **25 Zim** ⊆ 62/73 – 102/133 – ½ P 16.
  ♦ Hinter regionstypischen roten Backsteinmauern beherbergt man Reisende in gepflegten, zeitgemäß ausgestatteten Quartieren. Die Nähe zum Strand spricht für sich. Grün ist die dominierende Farbe im Restaurant.

Eickstädt ⌂, garni, Waldstr. 19, ✉ 25826, ✆ (04863) 20 58, info@hotel-eickstaedt.de, Fax (04863) 2735, 牀 – ⇌ Zim, TV 戋 AE ⓘ ⑩ VISA JCB
35 Zim ⊆ 60/85 – 125.
  ♦ In einem Wohngebiet in ruhiger Lage ist diese zeitgemäße Adresse plaziert. Fragen Sie nach einem der wohnlichen Gästezimmer im mediterran-rustikalen Stil.

Landhaus Idel ⌂, garni, Friesenstr. 15, ✉ 25826, ✆ (04863) 9 69 50, info@landhaus-idel.de, Fax (04863) 96959 – ⇌ TV P.
geschl. 3. Nov. - 29. März – **17 Zim** ⊆ 88/140 – 98/150.
  ♦ Zwei nebeneinander stehende Häuser bilden dieses ruhig gelegene Hotel. Hier stehen solide und wohnlich gestaltete Zimmer mit gutem Platzangebot zum Einzug bereit.

Gambrinus, Strandweg 4, ✉ 25826, ✆ (04863) 29 77, info@restaurant-gambrinus.de, Fax (04863) 1053, 斤 – P. ≉
geschl. Mitte Jan. - Anfang Feb., Montag – **Menu** (Nov. - März Dienstag - Freitag nur Abendessen) 16 (mittags) à la carte 22/34.
  ♦ Steht Ihnen der Sinn nach einem guten Essen in gepflegtem, bürgerlichem Umfeld? Das Küchenteam verwöhnt den Gast mit sorgfältig und schmackhaft Zubereitetem.

ST. WENDEL Saarland 417 R 5 – 28 000 Ew – Höhe 286 m.

🛈 Touristinformation, Schloßstr. 3, ✉ 66606, ✆ (06851) 9 39 55 14, Fax (06851) 9395515.
Berlin 699 – Saarbrücken 42 – Idar-Oberstein 43 – Neunkirchen/Saar 19.

Dom-Hotel ⌂, Carl-Cetto-Str. 4, ✉ 66606, ✆ (06851) 27 37, Fax (06851) 2596, 斤 – TV 戋 AE ⑩ VISA
Dionysos (griechische Küche) **Menu** à la carte 13,50/25,50 – **8 Zim** ⊆ 36/44 – 52/61.
  ♦ Sie beziehen ein denkmalgeschütztes Stadthaus aus dem 18. Jh. Die überschaubare Größe des Hauses schafft eine sympathische Atmosphäre - Funktionalität und Pflege überzeugen. Unverputzte Backsteinwände machen das Dionysos gemütlich.

In St. Wendel-Bliesen Nord-West : 5,5 km :

Kunz, Kirchstr. 22, ✉ 66606, ✆ (06854) 81 45, restaurant-kunz@t-online.de, Fax (06854) 7254 – P. AE VISA JCB
geschl. Montag - Dienstag – **Menu** (geschl. 1. - 7. Jan., Juli - Aug. 2 Wochen) (nur Abendessen, ausser Sonn- und Feiertage) à la carte 41,50/59 ♀ – **Jakobstube** (geschl. Montag - Dienstag, Samstagmittag) **Menu** à la carte 15,50/32,50.
  ♦ Moderne und klassische Elemente in gelungener Kombination prägen das Interieur des Hauses. Ein eigener Stil zeichnet die feinen Kreationen der Küchenbrigade aus. Die Jakobstube ist eine rustikale Alternative.
Spez. Dorade Royal im Krustentiersud. Carré vom Salzwiesenlamm mit Petersilien-Senfkruste gratiniert. Barbarie-Ente vom Grill auf zwei Arten serviert (2 Pers.).

ST. WOLFGANG Bayern 413 T 22 – 3 200 Ew – Höhe 508 m.

Berlin 626 – München 52 – Bad Reichenhall 106 – Landshut 42 – Wasserburg am Inn 22.

St. Georg M garni, Hauptstr. 28 (B 15), ✉ 84427, ✆ (08085) 9 30 30, info@hotel-st-georg.com, Fax (08085) 930343 TV 戋 ⇔ P. AE ⑩ VISA
15 Zim ⊆ 48/74 – 62/93.
  ♦ Ende 1995 fertiggestellt, bietet Ihnen diese kleine Adresse eine sinnvoll eingerichtete Unterkunft in neuzeitlicher Machart - in günstiger Lage für Durchreisende.

Die in diesem Führer angegebenen Preise folgen
der Entwicklung der allgemeinen Lebenshaltungskosten.
Lassen Sie sich bei der Zimmerreservierung den endgültigen
Preis vom Hotelier mitteilen.

SASBACHWALDEN Baden-Württemberg **419** U 8 – 2 400 Ew – Höhe 260 m – Luftkurort Kneippkurort.

🛈 Kurverwaltung, Talstr. 51 (Kurhaus), ✉ 77887, ✆ (07841) 10 35, info@sasbachwalden.de, Fax (07841) 23682.

Berlin 729 – Stuttgart 131 – Karlsruhe 58 – Freudenstadt 45 – Offenburg 30 – Baden Baden 37.

Talmühle (Fallert), Talstr. 36, ✉ 77887, ✆ (07841) 62 82 90, talmuehle@t-online.de, Fax (07841) 6282999, 😃, 🚗 – 🛗, ✻ Zim, TV ✆ 🚗 P – ⚿ 20. AE ⓘ ⓜ VISA ✻ Zim
geschl. Ende Jan. - Mitte Feb. – **Menu** à la carte 21/53,50 ♀ – **30 Zim** ⚏ 36/78 – 90/14 – ½ P 20.

• In dem seit Generationen in Familienbesitz befindlichen Haus erwartet den Besucher ein gepflegtes Innenleben in ländlichem Stil - umgeben von einer schönen Gartenanlage. In gediegenem Ambiente umsorgt man Sie aufmerksam mit Feinem aus der Küche.
Spez. Kutteln in Riesling. Elsässer Taube und Gänseleber mit Trüffelfarce im Filoteig gebacken. Zander mit dicken Bohnen und Thymiansauce.

Engel, Talstr. 14, ✉ 77887, ✆ (07841) 30 00, deckers-engel@t-online.de, Fax (07841) 26394, 😃 – TV P – ⚿ 25. ⓜ VISA
geschl. 7. - 25. Jan. – **Menu** (geschl. Montag) à la carte 20/35,50 – **10 Zim** ⚏ 47/56 – 74/92 – ½ P 18.

• Das hübsche kleine Fachwerkhaus beherbergt wohnliche Gästezimmer, eingerichtet mit hellem Landhausmobiliar. Achten Sie auf die verschiedenen Arrangements. In behaglichen Räumen serviert man Ihnen ein schmackhaftes Mahl.

Landhaus Hiller ⚘ garni, Auf der Golz 6, ✉ 77887, ✆ (07841) 2 04 70, landhaus-hiller@direktbox.com, Fax (07841) 24884, ≤ – ✻ TV P ⓜ VISA
geschl. 13. Jan. - 13. Feb. **13 Zim** ⚏ 35/40 – 64/70.

• Das kleine Domizil befindet sich in einem Wohngebiet, umgeben von Weinbergen. Solide ausgestattete Zimmer und ein privates Ambiente prägen das Innenleben.

SASSENDORF, BAD Nordrhein-Westfalen **417** L 8 – 10 500 Ew – Höhe 90 m – Heilbad.

🛈 Kurverwaltung, Kaiserstr. 14, ✉ 59505, ✆ (02921) 5 01 45 07, Fax (02921) 5014848.
Berlin 456 – Düsseldorf 123 – Arnsberg 29 – Beckum 27 – Lippstadt 20 – Soest 5.

Maritim-Hotel Schnitterhof ⚘, Salzstr. 5, ✉ 59505, ✆ (02921) 95 20, info.sassendorf@maritim.de, Fax (02921) 952499, 😃, ≦s, 🔲, 🚗 – 🛗, ✻ Zim, TV P – ⚿ 120. AE ⓘ ⓜ VISA JCB. ✻ Rest
Menu à la carte 27/41 – **142 Zim** ⚏ 108/124 – 153/169 – ½ P 23.

• Früher als Quartier für Erntehelfer genutzt, wurde diese Adresse - Teil eines alten westfälischen Gutsbesitzes - zu einem ansprechenden Hotel umfunktioniert. Das Restaurant in der ehemaligen Tenne präsentiert sich in rustikalem Stil.

Gästehaus Hof Hueck ⚘ garni, Wiesenstr. 12, ✉ 59505, ✆ (02921) 9 61 40, reservierung@hofhueck.de, Fax (02921) 961450 – TV P AE ⓘ ⓜ VISA ✻
29 Zim ⚏ 59/66 – 87/97.

• Am Rande des Kurparks, abseits vom Verkehrslärm beziehen Sie Quartier. Im Haus befindet sich ein Therapiezentrum, die Kureinrichtungen des Ortes sind bequem zu Fuß erreichbar.

Gästehaus Brink's ⚘ garni, Bismarckstr. 25, ✉ 59505, ✆ (02921) 9 61 60, reservierung@hofhueck.de – ✻ TV P AE ⓘ ⓜ VISA ✻
14 Zim ⚏ 56/60 – 88/98.

• Mit Liebe zum Detail restauriert, zeigt sich das nette Klinkerhaus als solide Herberge. Auf die Behaglichkeit Ihres eigenen Zuhauses müssen Sie hier nicht verzichten.

Wulff ⚘ (mit Gästehäusern), Berliner Str. 31, ✉ 59505, ✆ (02921) 9 60 30, mail@hotel-wulff.de, Fax (02921) 960335, ≦s, 🔲, 🚗 – TV P ✻
Menu (geschl. Nov.) (Restaurant nur für Hausgäste) – **30 Zim** ⚏ 43/65 – 90/110, 4 Suiten – ½ P 16.

• Hier hat Ihre Suche nach einer funktionellen Übernachtungsadresse ein Ende. Vom Einzelzimmer bis zum Appartement bietet man Reisenden die passende Unterkunft.

Hof Hueck ⚘ mit Zim, Im Kurpark, ✉ 59505, ✆ (02921) 9 61 30, reservierung@hofhueck.de, Fax (02921) 961350, 😃 – ✻ Zim, TV P AE ⓘ ⓜ VISA ✻
Menu (geschl. Montag) à la carte 23,50/46 – **12 Zim** ⚏ 66/72 – 108/122 – ½ P 20.

• Seit dem Wiederaufbau des Bauernhauses aus dem 17. Jh. widmet man sich hier Ihrer Bewirtung. Die Gäste werden mit einer Auswahl an gekonnt zubereiteten Speisen umsorgt.

SASSNITZ Mecklenburg-Vorpommern siehe Rügen (Insel).

SATOW Mecklenburg-Vorpommern 416 E 19 – 2 100 Ew – Höhe 62 m.
Berlin 230 – Schwerin 63 – Rostock 20.

🏨 **Weide,** Hauptstr. 50, ✉ 18239, ✆ (038295) 7 50, hotel.weide@t-online.de, Fax (038295) 78518, 🍽 – 📺 📞 📶 – 🛌 20. AE ① ⓒ VISA
Menu à la carte 15/35 – **39 Zim** ⚏ 55/60 – 65/75.
  • Inmitten der typischen Landschaft Mecklenburgs finden Reisende ein sinnvoll gestaltetes Quartier, das ihren Ansprüchen an eine neuzeitliche Herberge gerecht wird. Bürgerlich eingerichtetes Restaurant mit Wintergartenanbau.

SATRUP Schleswig-Holstein 415 B 12 – 3 000 Ew – Höhe 40 m.
Berlin 430 – Kiel 65 – Flensburg 18 – Schleswig 26.

🏨 **Angelner Hof,** Flensburger Str. 26, ✉ 24986, ✆ (04633) 10 13, Fax (04633) 1014 – 📺 📞 📶 – 🛌 50. ⓒ VISA
Menu à la carte 19/32 – **12 Zim** ⚏ 49/55 – 79/85.
  • Das ehemalige Postamt des Ortes beherbergt ein modern ausgestattetes Hotel mit wohnlichen Zimmern, die auch gute Schreibmöglichkeiten bieten. Ein nettes, leicht rustikales Restaurant ergänzt den gut geführten Betrieb.

SAUENSIEK Niedersachsen 415 416 F 12 – 1 700 Ew – Höhe 20 m.
Berlin 339 – Hannover 162 – Hamburg 68 – Bremen 74.

Klindworths Gasthof, Hauptstr. 1, ✉ 21644, ✆ (04169) 9 11 00, klindworths@t-online.de, Fax (04169) 911010, 🍽 – 🚭 Zim, 📺 📶 AE ⓒ VISA 🍴
Menu (geschl. Montag) (Jan. - März Dienstag - Freitag nur Abendessen) à la carte 12/26 – **19 Zim** ⚏ 30 – 50.
  • Praktische Gästequartiere in schlichter Machart dienen Ihnen unterwegs als Bleibe - fragen Sie nach den renovierten Zimmern. Neben der ländlich geprägten Gaststube steht im Sommer das Gartencafé bereit.

SAULGAU, BAD Baden-Württemberg 419 V 12 – 17 500 Ew – Höhe 593 m – Heilbad.
⛳ Bad Saulgau, Koppelweg 103 (Süd : 6 km), ✆ (07581) 52 74 59.
🛈 Tourist-Information, Lindenstr. 7, ✉ 88348, ✆ (07581) 20 09 22, willkommen@t-b-g.de, Fax (07581) 200929.
Berlin 686 – Stuttgart 114 – Konstanz 89 – Reutlingen 74 – Ulm (Donau) 69 – Bregenz 73.

🏨 **Kleber-Post** garni, Poststr. 1, ✉ 88348, ✆ (07581) 50 10, kleber-post@t-online.de, Fax (07581) 501461 – 📶 🚭 📺 & 🚗 – 🛌 15. AE ⓒ VISA
59 Zim ⚏ 69/95 – 87/102.
  • Seit 1995 beherbergt Sie der ansprechende Hotelneubau in der Innenstadt. Geschmackvolles Stilmobiliar und schöne Farben machen die Zimmer zu wohnlichen Gemächern.

🏨 **Ochsen** garni, Paradiesstr. 6, ✉ 88348, ✆ (07581) 4 80 40, ochsen@komforthotels.de, Fax (07581) 480466 – 📶 🚭 📺 📶 ⓒ VISA
18 Zim ⚏ 42/55 – 68/80.
  • Hinter einer nüchternen Fassade empfängt man Sie freundlich in Ihrem vorübergehenden Zuhause. Die Funktionalität der Zimmer wird Ihren Zuspruch finden.

🍴 **Vinum,** Marktplatz 4, ✉ 88348, ✆ (07581) 5 23 52, Fax (07581) 4093, 🍽 – 📶
geschl. Mitte - Ende Jan., Sonntag - Montag – **Menu** à la carte 21/35.
  • Modern eingerichtet und mit jahreszeitlichem Dekor verziert zeigt sich dieses hübsche Restaurant mit Vinothek im Gewölbekeller. Der Stil der Küche ist kreativ.

SAULHEIM Rheinland-Pfalz 417 Q 8 – 6 300 Ew – Höhe 210 m.
Berlin 583 – Mainz 16 – Bad Kreuznach 43 – Alzey 20.

🏨 **Lehn,** Neupforte 19, ✉ 55291, ✆ (06732) 9 41 00, info@hotel-lehn.de, Fax (06732) 941033, 🍽, 🚿 – 🚭 Zim, 📺 📞 📶 – 🛌 20. AE ① ⓒ VISA
Menu (geschl. Jan. 2 Wochen, Fasching, Juli 3 Wochen, Samstag - Sonntag) (nur Abendessen) à la carte 13/22 – **17 Zim** ⚏ 42/49 – 57/67.
  • Das kleine familiär geführte Hotel befindet sich im Herzen der Weinbaugemeinde - in verkehrsberuhigter Lage. Im Inneren warten solide eingerichtete Fremdenzimmer auf Sie. Im Stil einer Weinstube ist das Restaurant eingerichtet.

SAUZIN Mecklenburg-Vorpommern siehe Usedom (Insel).

SCHÄFTLARN Bayern 419 420 W 18 – 5 000 Ew – Höhe 693 m.
Berlin 612 – München 25 – Augsburg 84 – Garmisch-Partenkirchen 69.

In Schäftlarn-Ebenhausen :

🏨 **Gut Schwaige** garni, Rodelweg 7, ✉ 82067, ☎ (08178) 9 30 00, info@hotel-gutschwaige.de, Fax (08178) 4054 – 📺 🅿 🆎 ⓦ VISA
18 Zim ⊆ 69 – 95.
♦ Das Innenleben des ehemaligen Bauernhauses ist vom ländlichen Charakter der Gegend geprägt. Jedes der gepflegten, funktionellen Zimmer bietet ein gutes Platzangebot.

SCHALKENMEHREN Rheinland-Pfalz siehe Daun.

SCHALKHAM Bayern 420 U 21 – 1 000 Ew – Höhe 440 m.
Berlin 581 – München 86 – Regensburg 86 – Landshut 26.

In Schalkham-Johannesbrunn

🍴 **Sebastianihof**, Brunnenstr. 9, ✉ 84175, ☎ (08744) 91 94 45, sebastianihof@t-online.de, Fax (08744) 919446, 🌳 – 🅿
geschl. Ende Feb. - Anfang März, Ende Aug. - Anfang Sept., Montag - Dienstag – **Menu** (wochentags nur Abendessen) à la carte 21,50/33,50.
♦ In einer umgebauten Scheune entstand hier ein nettes Restaurant - ganz in hellem Naturholz gehalten. Freundliche Mitarbeiter servieren schmackhafte internationale Speisen.

SCHALLBACH Baden-Württemberg siehe Binzen.

*Die im Michelin-Führer
verwendeten Zeichen und Symbole haben-
dünn oder fett gedruckt, rot oder schwarz -
jeweils eine andere Bedeutung.
Lesen Sie daher die Erklärungen aufmerksam durch.*

SCHALLSTADT Baden-Württemberg 419 W 7 – 5 000 Ew – Höhe 233 m.
Berlin 809 – Stuttgart 213 – Freiburg im Breisgau 11 – Basel 66 – Strasbourg 90.

In Schallstadt-Wolfenweiler :

🏨 **Ochsen** (mit Gästehaus), Basler Str. 50 (B 3), ✉ 79227, ☎ (07664) 65 11, familie.wirkler@hotel-ochsen.de, Fax (07664) 6727, 🌳 – 🛗 📺 🅿
Menu à la carte 19/43 – **52 Zim** ⊆ 35/53 – 50/80.
♦ Sie haben die Wahl : im Gästehaus wohnen Sie neuzeitlich, im Gartenhaus beziehen Sie ein schlichteres Quartier, im Stammhaus finden Sie kleine Einzelzimmer unterm Dach. "Badisch-sympathisch" lautet die Devise des Restaurants.

🍴 **Zum Schwarzen Ritter**, Basler Str. 54 (B 3), ✉ 79227, ☎ (07664) 6 01 36, killy@schwarzer-ritter.de, Fax (07664) 6833, 🌳 – 🆎 ⓘ ⓦ VISA
geschl. über Fastnacht 2 Wochen, Montag - Dienstag – **Menu** à la carte 19/31,50.
♦ Das urige Ambiente im historischen Kreuzgewölbe eignet sich sowohl für ein romantisches Essen zu zweit als auch für eine gemütliche Runde. Badische Weine runden Ihr Mahl ab.

SCHANDAU, BAD Sachsen 418 N 26 – 3 500 Ew – Höhe 125 m – Erholungsort.
🛈 Kurverwaltung im Haus des Gastes, Markt 12, ✉ 01814 ☎ (035022) 9 00 30, Fax (035022) 90034.
Berlin 233 – Dresden 39 – Chemnitz 110 – Görlitz 78.

🏨 **Zum Roten Haus**, Marktstr. 10, ✉ 01814, ☎ (035022) 4 23 43, hotelzumrotenhaus@web.de, Fax (035022) 40666 – 📺 🅿 ⓦ
geschl. Jan. - Mitte Feb. – **Menu** à la carte 12/20 – **12 Zim** ⊆ 32 – 65/70.
♦ Neben den funktionellen Quartieren dieser kleinen Herberge bietet Ihnen das Familienzimmer einen separaten Kinderraum. Auch die zentrale Lage zählt zu den Vorzügen des Hotels. Bleiverglaste Fenster tragen zur gemütlichen Atmosphäre der Gaststätte bei.

In Bad Schandau-Ostrau Nord-Ost : 3 km :

🏨 **Ostrauer Scheibe** garni, Alter Schulweg 12, ✉ 01814, ☎ (035022) 48 80, info@ostrauer-scheibe.de, Fax (035022) 48888, 🌳, ≘ – 🛗 📺 🅿 🔄 30. 🆎 ⓦ VISA
30 Zim ⊆ 55/75 – 84/154.
♦ Das denkmalgeschützte Haus liegt reizvoll und ruhig auf einem Plateau. Neuzeitliches Inventar, kleine Sitzgruppen und kräftige Farben machen die Zimmer wohnlich.

CHAPRODE Mecklenburg-Vorpommern siehe Rügen (Insel).

CHARBEUTZ Schleswig-Holstein 415 416 D 16 – 11 600 Ew – Seeheilbad.
 ☐ Tourismus-Service, Strandallee 134, ✉ 23683, ℘ (04503) 77 09 64, info@scharbeutz.de, Fax (04503) 72122.
Berlin 288 – Kiel 59 – Lübeck 30 – Schwerin 82 – Neustadt in Holstein 12.

Göttsche ⋟, Am Hang 8, ✉ 23683, ℘ (04503) 88 20, hotel.goettsche@t-online.de, Fax (04503) 882200, ≤, ⇌, – 📺 📞 ⚹ Zim
geschl. Nov. - 25. Dez. – **Menu** (geschl. Sept. - Juni Montags) (nur Abendessen) à la carte 16/30,50 – **13 Zim** ⇌ 85/108 – 120/130.
♦ Auf einer kleinen Anhöhe oberhalb des Strandes finden Reisende ein sympathisches Refugium - gepflegt, solide und sinnvoll bestückt präsentieren sich die Zimmer.

Villa Scharbeutz garni, Seestr. 26, ✉ 23683, ℘ (04503) 8 70 90, villa-scharbeutz@t-online.de, Fax (04503) 351240, ⇌ – 📺 ⚹ 📞
22 Zim ⇌ 35/56 – 75/82.
♦ Diese gastliche Adresse besteht aus einer hübschen Villa und einem neuzeitlichen Anbau. Zur Wahl stehen komfortable Zimmer im Neubau sowie eine schlichtere Variante.

Petersen's Landhaus garni, Seestr. 56a, ✉ 23683, ℘ (04503) 3 55 10, Fax (04503) 355115, 🔲, ⇌ – 📺 📞 ⚹
geschl. 25. Nov. - 14. Feb. – **14 Zim** ⇌ 66 – 90/97.
♦ Für Ihre Beherbergung stehen solide Zimmer und Suiten bereit - letztere bieten mehr Platz und eine Kochnische. Sie werden die private Atmosphäre des kleinen Domizils schätzen.

Herzberg's Restaurant, Strandallee 129, ✉ 23683, ℘ (04503) 7 41 59, info@herzbergs-restaurant.de, Fax (04503) 75794, ⇌
geschl. Jan. - Mitte März Montag - Donnerstag – **Menu** à la carte 22/32.
♦ In rustikalem Ambiente umsorgt Sie ein aufmerksamer Service mit Speis und Trank - Holzbalken und ein nettes Dekor prägen den Rahmen des kürzlich renovierten Gasthofs.

In Scharbeutz-Haffkrug :

Maris, Strandallee 10, ✉ 23683, ℘ (04563) 4 27 20 (Hotel) 42 28 03 (Rest.), info@hotelmaris.de, Fax (04563) 427272, ≤, ⇌, ⇌ – 🛗, ⚹ Zim, 📺 📞 ⇌ 📞 AE ⓞ ⓜ ⓥ 🔲
Muschel (geschl. Feb. 3 Wochen, Sept. - Juni Dienstag - Mittwochmittag) **Menu** à la carte 20,50/34 – **13 Zim** ⇌ 70/80 – 90/110 – ½ P 15.
♦ Die Lage direkt an der Strandpromenade und die praktisch ausgestatteten Zimmer zählen zu den Vorzügen des Hauses. Nutzen Sie den kostenlosen Fahrradverleih. In der Muschel offeriert man dem Gast schmackhaft zubereitete Speisen.

In Scharbeutz-Schürsdorf Süd-West : 4 km :

Das Kleine Gesellschaftshaus Butz ⋟ mit Zim, Hackendohrredder 3, ✉ 23684, ℘ (04524) 97 07, Fax (04524) 1365, ⇌ – 📺 📞
Menu (geschl. Montag) (Dienstag - Freitag nur Abendessen) à la carte 16/34,50 – **5 Zim** ⇌ 50/55 – 70/85.
♦ Nach dem Motto "alles unter einem Dach" beherbergt das Haus mit der netten Fassade neben einem behaglichen Restaurant auch liebenswert eingerichtete Zimmer.

SCHEER Baden-Württemberg siehe Sigmaringen.

SCHEESSEL Niedersachsen 415 G 12 – 10 400 Ew – Höhe 30 m.
Berlin 341 – Hannover 121 – Hamburg 68 – Bremen 54.

In Scheessel-Oldenhöfen Nord-West : 7 km :

Rauchfang, Oldenhöfen 3a, ✉ 27383, ℘ (04263) 6 02, rauchfang-oldenhoefen@t-online.de, Fax (04263) 3418, ⇌ – 📞 AE ⓞ ⓜ 🔲
geschl. März 1 Woche, Sept. - Okt. 2 Wochen, Dienstag – **Menu** (wochentags nur Abendessen) à la carte 24/39.
♦ Schon die Fassade des Hauses stimmt Sie auf die ländlich-gemütliche Atmosphäre im Inneren ein. Die Küche widmet sich mit Sorgfalt und Geschmack dem leiblichen Wohl des Gastes.

SCHEIBENBERG (ERZGEBIRGE) Sachsen 418 420 O 22 – 3 500 Ew – Höhe 520 m.
Berlin 308 – Dresden 121 – Chemnitz 45 – Zwickau 49.

Sächsischer Hof, Markt 6, ✉ 09481, ℘ (037349) 7 90 46, info@hotel-saechsischerhof.de, Fax (037349) 79048 – ⚹ Zim, 📺 AE ⓞ ⓜ 🔲
Menu (wochentags nur Abendessen) (italienische Küche) à la carte 17/27 – **23 Zim** ⇌ 59 – 76.
♦ Das Stadthaus aus dem 16. Jh. befindet sich an einem kleinen begrünten Platz. Reisende finden in stilvollen Gemächern mit einem Hauch Eleganz ein vorübergehendes Zuhause. Im Restaurant wurden moderne Möbel mit freigelegtem Mauerwerk kombiniert.

SCHEIBENHARDT Rheinland-Pfalz 419 T 8 – 740 Ew – Höhe 120 m.
Berlin 687 – Mainz 168 – Karlsruhe 24 – Landau in der Pfalz 32 – Wissembourg 16.

In Scheibenhardt-Bienwaldmühle Nord-West : 5,5 km :

※ **Bienwaldmühle**, ⊠ 76779, ℘ (06340) 2 76, Fax (06340) 264, 😀 – 🅿
geschl. Weihnachten - Anfang Feb., Ende Juli - Anfang Aug., Montag - Dienstag – **Menu**
à la carte 21,50/38.
 • Einsam im namengebenden Wald gelegen, stellt der Gasthof eine ländlich-gepflegte Ein
kehrmöglichkeit dar. Bei gutbürgerlicher Küche verbringen Sie gemütliche Stunden.

SCHEIDEGG Bayern 419 420 X 13 – 4 300 Ew – Höhe 804 m – Heilklimatischer Kurort – Kneipp
kurort – Wintersport : 800/1000 m ≰2 ⛷.
🛈 Kurverwaltung, Rathausplatz 4, ⊠ 88175, ℘ (0800) 8 89 95 55, scheidegg@a
gaeu.org, Fax (08381) 89550.
Berlin 720 – München 177 – Konstanz 84 – Ravensburg 40 – Bregenz 22.

🏠 **Birkenmoor** ⌂, Am Brunnenbühl 10, ⊠ 88175, ℘ (08381) 9 20 00, info@hotel-bi
rkenmoor.de, Fax (08381) 920030, ≤, Massage, 卒, 😀, – 🛏 📺 ⬅ 🅿 ❄
geschl. Ende Okt. - Mitte Dez. – **Menu** (nur Abendessen) (Restaurant nur für Hausgäste
– **16 Zim** ⌂ 55/90 – 110/120 – ½ P 5.
 • Wohnliche Gästezimmer, viele Freizeit- und Entspannungsmöglichkeiten sowie die umge
bende Landschaft tragen zu einem gelungenen Aufenthalt bei.

SCHELLHORN Schleswig-Holstein siehe Preetz.

SCHENEFELD Schleswig-Holstein 415 416 F 13 – 15 500 Ew – Höhe 11 m.
Berlin 298 – Kiel 86 – Hamburg 12.

In Schenefeld-Dorf :

🏨 **Klövensteen**, Hauptstr. 83, ⊠ 22869, ℘ (040) 8 39 36 30, Fax (040) 83936343, 😀
⌘, 😀 – ⚙, 🌀 Zim, 📺 ☎ & ⬅ 🅿 – 🔔 70. ⓪ ⓬ VISA
Peter's Bistro (Montag - Freitag nur Abendessen) **Menu** à la carte 23/36 – **58 Zim**
⌂ 72/82 – 92/102.
 • Die Kombination von ländlichem Ambiente und Stadtnähe kennzeichnet das gastlich
Haus vor den Toren Hamburgs. Wohnliche, zeitgemäße Zimmer stehen zum Einzug bereit
Ein rustikaler Rahmen erwartet Sie in Peter's Bistro.

%% **Reitstall Klövensteen**, Uetersener Weg 100, ⊠ 22869, ℘ (040) 8 30 69 92
Fax (040) 8391649, Biergarten, 🐎 (Hallen und Schule) – 🍽 🅿 ⓪ ⓬ VISA
geschl. Montag – **Menu** à la carte 16,50/42.
 • Die gemütlichen Räumlichkeiten des Restaurants sind direkt an die Reithalle angeschlos
sen und bieten interessante Einblicke. Man bekocht Sie mittags wie auch am Abend.

SCHENKENZELL Baden-Württemberg 419 V 9 – 2 000 Ew – Höhe 365 m – Luftkurort.
🛈 Tourist-Information, Haus des Gastes, Landstr. 2 (B 294), ⊠ 77773, ℘ (07836
93 97 51, Fax (07836) 939750.
Berlin 732 – Stuttgart 104 – Freiburg im Breisgau 72 – Villingen-Schwenningen 46 – Freu
denstadt 23.

🏠 **Sonne**, Reinerzaustr. 13, ⊠ 77773, ℘ (07836) 9 57 40, hotel-sonne@t-online.de
Fax (07836) 10 49, 😀, 😀, 🍽 – 📺 🅿 – 🔔 50. 🅰 ⓪ ⓬ VISA
geschl. 6. - 10. Jan. – **Menu** à la carte 19,50/45 – **38 Zim** ⌂ 41/53 – 71/110 – ½ P 10
 • Mal neuzeitlich, mal schlicht eingerichtete Zimmer bieten Ihnen ein Zuhause auf Zeit
im Gasthof oder im neueren Anbau. Achten Sie auch auf Spezialangebote. Mit seinem rus
tikalen Interieur ist das Restaurant der ländlichen Umgebung angepasst.

🏠 **Winterhaldenhof** ⌂, Winterhalde 8, ⊠ 77773, ℘ (07836) 72 48, winterhaldenh
f@t-online.de, Fax (07836) 7649, ≤, 😀, 😀 – ⚙ 📺 ⬅ 🅿 ⓬ VISA ❄ Rest
geschl. Nov. – **Menu** (geschl. Donnerstag) (wochentags nur Abendessen) à la carte
14,50/30 – **18 Zim** ⌂ 48/55 – 80/102 – ½ P 10.
 • Waldnah gelegen, stellt dieses kleine Feriendomizil einen idealen Ausgangspunkt für Wan
derungen und Fahrradtouren dar. Zu jeder Jahreszeit locken Pauschalangebote. Das
Restaurant ist als Rundbau angelegt - mit neo-rustikaler Einrichtung und Kamin bestückt

🏠 **Waldblick**, Schulstr. 12, ⊠ 77773, ℘ (07836) 9 39 60, info@hotel-waldblick.de
Fax (07836) 939699, 😀 – 📺 🅿 🅰 ⓪ ⓬ VISA
Menu (geschl. Nov. 2 Wochen, Sept. - April Freitag) à la carte 16,50/32,50 – **8 Zim**
⌂ 45/50 – 82/86 – ½ P 13 - (Erweiterung : 12 Zim bis Frühjahr 2003).
 • Ein gut unterhaltener Gasthof im regionalen Baustil bietet Ihnen funktionelle Quartiere
Die überschaubare Größe des Hauses schafft eine private Atmosphäre. Freundliches
Restaurant, in hellem Holz gehalten.

SCHERMBECK – Nordrhein-Westfalen 417 K 4 – 12 900 Ew – Höhe 34 m.
🗺 Schermbeck, Steenbecksweg 12 (West : 12 km), ℰ (02856) 9 13 70.
Berlin 523 – *Düsseldorf* 69 – Dorsten 10 – Wesel 19.

Comfort Hotel Schermbeck garni, Maassenstr. 1, ✉ 46514, ℰ (02853) 9 19 30, comfort-hotel-schermbeck@freenet.de, Fax (02853) 919311 – 📶 📺 ♨ ⛔, 🚗 – 🅰 25. AE ⓘ ⓜ VISA
42 Zim ⊒ 49/99 – 76/136.
* In einem Wohngebiet am Ortsrand finden Reisende eine Herberge, die den Ansprüchen von heute gerecht wird - ideal als Ausgangsort für geschäftliche und private Aktivitäten.

In Schermbeck-Gahlen Süd : 4 km :

Op den Hövel, Kirchstr. 71, ✉ 46514, ℰ (02853) 9 14 00, Fax (02853) 914050, 🌿, ⛐, 🔲 – 📺 ♨ 🚗 🅿 – 🅰 30
Menu (geschl. 22. Dez. - 10. Jan., Freitag) à la carte 13/24,50 – **35 Zim** ⊒ 36 – 56.
* Ihr schmuckes Refugium mit Klinkerfassade blickt auf eine 350-jährige Geschichte zurück. Ein neuerer Anbau ergänzt das Haus um weitere funktionelle Fremdenzimmer. Die Gaststuben präsentieren sich in bürgerlicher Gestaltung.

In Schermbeck-Voshövel Nord-West : 13 km :

Landhotel Voshövel, Am Voshövel 1, ✉ 46514, ℰ (02856) 9 14 00, post@landho tel.de, Fax (02856) 744, 🌿, 𝕃𝕤, ⛐ – ♨ Zim, 📺 🅿 – 🅰 100. AE ⓘ ⓜ VISA
geschl. 2. - 8. Jan. – **Menu** à la carte 21/39,50 – **54 Zim** ⊒ 60/100 – 100/150.
* ''Damen-'' oder ''Künstlerzimmer'', ''Golf-'' oder ''Trainerzimmer''? Seit der Ergänzung des sympathischen Hauses um zwei weitere Gebäude haben Sie die Qual der Wahl. Gaststube mit integriertem Fachwerk und schöne Empore.

SCHESSLITZ – Bayern 420 Q 17 – 6 800 Ew – Höhe 309 m.
Berlin 391 – München 252 – *Coburg* 57 – Bayreuth 47 – Nürnberg 70 – Bamberg 14.

Krapp, Oberend 3, ✉ 96110, ℰ (09542) 80 66, hotelkrapp@t-online.de, Fax (09542) 70041, 🌿, ⛐ – ♨ Zim, 📺 🅿 – 🅰 30. ✻ Zim
Menu (geschl. Juli 2 Wochen, Mittwoch, Sonntagabend) à la carte 12/24 – **30 Zim** ⊒ 30/40 – 48/62.
* Sind Sie auf der Suche nach einer netten, funktionellen Behausung auf Zeit? Durch die Toreinfahrt gelangen Sie in den hübschen Innenhof zum hauseigenen Parkplatz. Ländlichgemütlich, die Gaststube.

In Scheßlitz-Würgau Ost : 5 km :

Brauerei-Gasthof Hartmann, Fränkische-Schweiz-Str. 26 (B 22), ✉ 96110, ℰ (09542) 92 03 00, info@brauerei-hartmann.de, Fax (09542) 920309, Biergarten – 📺 🅿 – 🅰 80. ⓜ VISA
Menu (geschl. 23. - 29. Dez., Dienstag) à la carte 14/35 – **9 Zim** ⊒ 35/40 – 65/70.
* Mit neun Zimmern stellt das Gasthaus eine liebenswerte kleine Unterkunft für unterwegs dar. In behaglichen Quartieren spüren Sie die Natürlichkeit des Familienbetriebs. Tradition und Gemütlichkeit prägen die Atmosphäre im Restaurant.

SCHIEDER-SCHWALENBERG – Nordrhein-Westfalen 417 K 11 – 10 000 Ew – Höhe 150 m.
🛈 Tourist-Information Schieder, Im Kurpark 1, ✉ 32816, ℰ (05282) 6 01 71, touris mus@schieder-schwalenberg.de, Fax (05282) 60173.
Berlin 362 – Düsseldorf 209 – *Hannover* 80 – Detmold 22 – Paderborn 39.

Im Ortsteil Schieder – Kneippkurort :

Landhaus Schieder (mit Gästehaus), Domäne 1, ✉ 32816, ℰ (05282) 9 80 90, land haus-schieder@t-online.de, Fax (05282) 1646, 🌿 – 📶 ♨ 📺 ♨ 🅿 – 🅰 30. AE ⓜ VISA JCB
Menu à la carte 19,50/31,50 – **23 Zim** ⊒ 60/65 – 90/120 – ½ P 12.
* Modernes Ambiente hinter alten Mauern. Um 1900 als Herrenhaus erbaut, fungiert das hübsche Steinhaus heute als Hotel - mit hellen, gepflegten Zimmern in neuzeitlichem Stil. Es gibt ein modernes Restaurant sowie das gemütliche Landhausstübchen.

Im Ortsteil Schwalenberg :

Schwalenberger Malkasten, Neue-Tor-Str. 1, ✉ 32816, ℰ (05284) 9 80 60, info @schwalenberger-malkasten.de, Fax (05284) 980666, 🌿, ⛐ – 📺 🅿 ⓘ ⓜ VISA ✻ Zim
geschl. 2. Jan. - 18. Feb., 23. - 26. Dez. – **Menu** à la carte 16/39 – **44 Zim** ⊒ 38/45 – 62/84 – ½ P 13.
* Im Zentrum des Maler- und Trachtenstädtchens - landschaftlich schön gelegen - empfängt Sie ein schmuckes Fachwerkhaus mit ungezwungener Atmosphäre. Ihren Lieblingsplatz finden Sie in einem der verschiedenen rustikalen Restaurants.

SCHIEDER-SCHWALENBERG

Burg Schwalenberg ⓈⒷ, ✉ 32816, ℘ (05284) 9 80 00, Fax (05284) 980027
≤ Schwalenberg und Umgebung, – ≒ Zim, TV P – 🛎 50. AE ⓞ ⓒⓞ VISA JCB
geschl. 10. Jan. - 20. Feb. – **Menu** à la carte 22,50/27,50 – **18 Zim** ⊇ 75/100 – 95/150
– ½ P 22.
• Oberhalb des Ortes finden Reisende eine Oase der Ruhe. Sie beziehen Quartier im alten Gemäuer der aus dem 13. Jh. stammenden Burganlage. Die Gasträume sind teils mit Antiquitäten eingerichtet.

In Schieder-Glashütte *Nord-Ost : 5 km – Kneippkurort :*

Herlingsburg, Bergstr. 29, ✉ 32816, ℘ (05282) 2 24, urlaub@hotel-herlingsburg.de
Fax (05282) 270, ≤, 🍽, ♨, 🌿, – 🛗, ≒ Zim, TV ⟺ P ⓞ ⓒⓞ
geschl. 5. Jan. - 1. Feb. – **Menu** à la carte 14/30,50 – **29 Zim** ⊇ 41 – 72 – ½ P 10.
• Ihr Domizil befindet sich in Hanglage oberhalb des Emmerstausees - ausgestattet mit neu möblierten Zimmern. Eine Kneipp-Abteilung findet sich im Nebenhaus. In rustikaler Aufmachung zeigt sich der unterteilte Restaurantbereich.

An der Straße nach Bad Pyrmont *Nord-Ost : 5 km ab Schieder :*

Fischanger, Fischanger 25, ✉ 32816 Schieder-Schwalenberg, ℘ (05282) 2 37, hotel-fischanger@t-online.de, Fax (05282) 6211, 🍽, 😊, 🌿 – ≒ Rest, TV ⟺ P ⓒⓞ VISA
geschl. Mitte Jan. - Mitte Feb. – **Menu** (geschl. Dienstag) à la carte 15/27 – **18 Zim** ⊇ 35/36 – 59/64.
• 1814 als Waldhaus erbaut, später als Zollhaus genutzt, entwickelte sich diese Adresse zum Gasthaus. Praktische Zimmer ersetzen Ihnen vorübergehend Ihr eigenes Zuhause. Mehrere Stuben in rustikalem Stil bilden das Restaurant.

SCHIERKE Sachsen-Anhalt 󠀤󠀤󠀤 K 15 – 850 Ew – Höhe 600 m.

🚩 Kurverwaltung, Brockenstr. 10, ✉ 38879, ℘ (039455) 86 80, Fax (039455) 403.
Berlin 246 – Magdeburg 92 – Braunlage 10 – Halberstadt 45.

Der Kräuterhof Ⓜ, In Drei Annen Hohne 104 (Ost : 8 km), ✉ 38879, ℘ (039455) 8 40, hotel-kraeuterhof@t-online.de, Fax (039455) 84199, 🍽, Biergarten, 😊, 🌿 – 🛗, ≒ Zim, TV ✆ ⟺ P
Menu à la carte 18,50/38,50 – **40 Zim** ⊇ 50/60 – 80/89 – ½ P 13.
• Das alleine im Wald liegende Berghotel steht für eine solide und gepflegte Unterbringung. Hinter der holzverkleideten Fassade kommen Sie in einem wohnlichen Quartier zur Ruhe. Zum Speisen begeben Sie sich in das im Landhausstil gestaltete Restaurant.

Waldschlößchen ⓈⒷ, Hermann-Löns-Weg 1, ✉ 38879, ℘ (039455) 86 70, hotel@waldschloesschen-schierke.de, Fax (038455) 86777, ≤, 🍽, 😊 – 🛗, ≒ Zim, TV ✆ P – 🛎 25. ⓒⓞ VISA. 🌿 Zim
geschl. Nov. – **Menu** (nur Abendessen) à la carte 15,50/22,50 – **29 Zim** ⊇ 51/65 – 82/87.
• Suchen Sie eine sympathische Herberge, in der Sie sich auch unterwegs gut aufgehoben fühlen? Ein neuerer Hotelanbau ergänzt die Villa um weitere funktionelle Gästezimmer. Nette, im Bistro-Stil eingerichtete Räumlichkeiten bilden den Rahmen des Restaurants.

Gasthof zum Stadel, Brockenstr. 26, ✉ 38879, ℘ (039455) 36 70, stadel@gasthof-stadel.de, Fax (039455) 36777, 😊 – TV P ⓒⓞ VISA
geschl. 20. Nov. - 20. Dez. – **Menu** (geschl. Donnerstag) à la carte 9,50/20,50 – **10 Zim** ⊇ 42 – 62/67.
• Wenn Sie ein kleines Urlaubsdomizil bevorzugen, wird Ihnen eines der zehn soliden Gästezimmer zusagen. Viele Attraktionen des Harzes sind von hier aus schnell zu erreichen. Das ländliche Ambiente des Restaurants schafft eine behagliche Atmosphäre.

In Elend-Mandelholz *Süd-Ost : 5,5 km :*

Grüne Tanne, Mandelholz 1 (B 27), ✉ 38875, ℘ (039454) 4 60, hotel_gruene_tanne@t-online.de, Fax (039454) 4655, 😊, 🌿 – 🛗 TV P – 🛎 15
geschl. Mitte - Ende Nov. – **Menu** à la carte 15,50/28 – **29 Zim** ⊇ 36/48 – 62/81 – ½ P 12.
• Das hübsche holzverkleidete Haus beherbergt funktionelle Zimmer, die Urlaubern wie auch Geschäftsreisenden eine zeitgemäße Unterbringung auf Zeit bieten. Mit Kamin und Holz gemütlich gestaltet : das Restaurant.

SCHIFFERSTADT Rheinland-Pfalz 󠀤󠀤󠀤 󠀤󠀤󠀤 R 9 – 18 000 Ew – Höhe 102 m.

Berlin 631 – Mainz 83 – Mannheim 25 – Speyer 9,5.

Salischer Hof (mit Gästehäusern), Burgstr. 12, ✉ 67105, ℘ (06235) 93 10, info@salischer-hof.de, Fax (06235) 931200, 😊 – TV ✆ ♿ P – 🛎 25. AE ⓒⓞ VISA JCB
Menu (geschl. Samstagmittag) à la carte 29/35 – **24 Zim** ⊇ 75 – 95.
• Das Interieur des modernisierten Hofguts aus dem Jahre 1732 - bestehend aus zwei Fachwerkhäusern, einer Scheune und dem neuem Anbau - ermöglicht Ihnen bequemes Wohnen. Im Restaurant finden Sie auf zwei Ebenen stilvolle Räumlichkeiten mit mediterranem Flair.

SCHIFFERSTADT

Kaufmann, Bahnhofstr. 81, ⊠ 67105, ℘ (06235) 9 25 40, service@hotel-kaufmann
.de, Fax (06235) 9254299, Biergarten – ⊁⊱ Zim, 📺 🅿. – 🛁 20. ① 🆗 VISA JCB
Menu (geschl. Samstagmittag) à la carte 22/45 – **34 Zim** ⊇ 62/67 – 82/92.
  ♦ Gepflegt, solide und funktionell eingerichtet präsentieren sich die Zimmer des Hotels. Zum Service des Hauses zählen auch Babysittervermittlung und Sekretariatsarbeiten. Zum Speisen nehmen Sie in der Guten Stube oder im Restaurantgarten Platz.

Zur Kanne (mit Gästehaus), Kirchenstr. 7, ⊠ 67105, ℘ (06235) 4 90 00, hotelzurkan
ne@aol.com, Fax (06235) 490066, Biergarten – 📺 🅿. 🆗 VISA. ⊁⊱ Rest
Menu (geschl. Dienstag - Mittwochmittag) à la carte 13/32 – **38 Zim** ⊇ 50 – 70.
  ♦ Die funktionellen Gästezimmer verteilen sich auf das Haupthaus und zwei Nebenhäuser - teils rustikal, teils neuzeitlich möbliert, meist mit Parkettboden versehen. Hinter der Fachwerkfassade verbergen sich gemütlich-rustikale Gaststuben.

XX **Am Museum,** Kirchenstr. 13, ⊠ 67105, ℘ (06235) 51 69, 🌳
  geschl. Juli - Aug. 4 Wochen, Montag, Samstagmittag – **Menu** (italienische Küche) à la carte 17,50/33.
  ♦ Neben einem leicht rustikalen Interieur mit Atmosphäre steht auch die schöne kleine Innenhofterrasse für Sie bereit. Sie speisen italienisch oder international.

CHILDOW Brandenburg 416 418 I 24 – 3 500 Ew – Höhe 66 m.
Berlin 17 – Potsdam 45 – Eberswalde 53.

Landhotel Schildow 🅼 garni, Mühlenbecker Str. 2, ⊠ 16552, ℘ (033056) 8 57 00,
info@landhotel-schildow.de, Fax (033056) 85750 – ⊁⊱ 📺 🅿. – 🛁 30. 🆗 VISA
34 Zim ⊇ 49 – 75.
  ♦ Die moderne Architektur dieser Herberge verspricht ein ebenso neuzeitliches Innenleben. Von der Hotelhalle bis in die Flure begleiten Sie ausgestellte Bilder und Antiquitäten.

CHILLINGSFÜRST Bayern 419 420 S 14 – 2 500 Ew – Höhe 515 m – Erholungsort – Wintersport : ☃.
Berlin 517 – München 188 – Würzburg 85 – Ansbach 28 – Heilbronn 121 – Nürnberg 86.

Die Post, Rothenburger Str. 1, ⊠ 91583, ℘ (09868) 95 00, diepost@arcor.de,
Fax (09868) 950250, ≼, 🌳, 🚗, ⊁⊱ Rest, 📺 ⇔ 🅿. – 🛁 15. ① 🆗 VISA JCB
Menu à la carte 13,50/33 – **14 Zim** ⊇ 41/53 – 57/100.
  ♦ Schon zur Postkutschenzeit war das Haus eine beliebte Unterkunft, seit 1870 befindet es sich in Familienbesitz. Behagliche Zimmer bieten Ihnen ein Zuhause auf Zeit. Im Restaurant wie auch von der Terrasse aus genießen Sie eine schöne Aussicht.

CHILTACH Baden-Württemberg 419 V 9 – 4 100 Ew – Höhe 325 m – Luftkurort.
Sehenswert : Marktplatz★.
🛈 Tourist Information, Hauptstr. 5, ⊠ 77761, ℘ (07836) 58 50, Fax (07836) 5858.
Berlin 740 – Stuttgart 126 – Freiburg im Breisgau 68 – Offenburg 51 – Villingen-Schwenningen 42 – Freudenstadt 27.

Zum weyßen Rössle, Schenkenzeller Str. 42, ⊠ 77761, ℘ (07836) 3 87, info@we
yssees-roessle.de, Fax (07836) 7952 – 📺 ⇔ 🅿. 🆗 VISA
Menu (geschl. Sonntagabend - Montag) (Tischbestellung ratsam) à la carte 15,50/34 –
9 Zim ⊇ 43/46 – 68/78 – ½ P 15.
  ♦ Neuzeitlich, funktionell und komfortabel - so präsentiert sich Ihr Domizil hinter denkmalgeschützten Mauern. Schöne Fachwerkbauten zählen zu den Sehenswürdigkeiten der Stadt. Schon 1590 nutzte man den historischen Gasthof zur Einkehr.

CHKEUDITZ Sachsen 418 L 20 – 15 000 Ew – Höhe 120 m.
Berlin 172 – Dresden 124 – Leipzig 13 – Halle (Saale) 21.

Globana Airport Hotel 🅼, Frankfurter Str. 4 (West : 1,5 km), ⊠ 04435, ℘ (034204)
3 33 33, hotel@globana.com, Fax (034204) 33334, 🌳, 🏋, ≘s – 🛗, ⊁⊱ Zim, 📺 📞 ♿
🅿. – 🛁 100. 🅰🅴 ① 🆗 VISA
Menu à la carte 16/32 – **158 Zim** ⊇ 62/98 – 82/118, 4 Suiten.
  ♦ Als Teil des Globana Trade Centers - ein verkehrsgünstig gelegenes multifunktionales Veranstaltungscenter - bietet das Hotel besonders Geschäftsreisenden ein modernes Umfeld. Das Restaurant ist im frischen Bistro-Stil gehalten - ganz in neuzeitlichem Design.

XX **Schillerstuben,** Herderstr. 26, ⊠ 04435, ℘ (034204) 1 47 16, schillerstuben@t-onl
ine.de, Fax (034204) 14716, 🌳 – ⊁⊱
geschl. Aug. 1 Woche, Sonntag – **Menu** (nur Abendessen) (Tischbestellung ratsam)
à la carte 28/35,50.
  ♦ In den Räumen einer liebevoll restaurierten Villa aus dem Jahre 1929 eingerichtet, lädt das Restaurant zum Verweilen ein. Die Küche überzeugt mit Sorgfalt und Geschmack.

SCHKEUDITZ

In Schkeuditz-Radefeld Nord-Ost : 6 km :

Sorat-Messe-Hotel, Haynaer Weg 15, ✉ 04509, ℰ (034207) 4 20, leipzig@sorat otels.com, Fax (034207) 42400, 🐕, ⇌ – 📶, ⇝ Zim, 📺 ☎ 🚗 – 🛇 110. ❕
🔴 VISA
Menu à la carte 16/34 – **107 Zim** ⇌ 78/94 – 93/109.
♦ Schon die Lobby stimmt Sie auf das moderne Ambiente im Haus ein - die Ausstattur der Zimmer wird den heutigen Ansprüchen gerecht. Messe und Flughafen liegen in d Nähe.

SCHKOPAU Sachsen-Anhalt **418** L 19 – 3 000 Ew – Höhe 96 m.
Berlin 182 – Magdeburg 96 – *Leipzig* 35 – Halle (Saale) 11.

Schlosshotel Schkopau ⇘, Am Schloß, ✉ 06258, ℰ (03461) 74 90, info@sch sshotel-schkopau.de, Fax (03461) 749100, 🐕, ⇌, ⇜ – 📶, ⇝ Zim, 📺 ♿ 🅿 – 🛇 21
AE 🔴 VISA
Menu à la carte 26,50/46,50 – **54 Zim** ⇌ 133/190 – 154/210, 4 Suiten.
♦ Umgeben von alten Mauern genießen Sie die Kombination aus Tradition und Moderne Gediegenheit und Eleganz beherrschen das Interieur, Schloßkapelle und Park bezaubern de Gast. Stilvolles Restaurant mit historischem Kreuzgewölbe.

SCHLANGENBAD Hessen **417** P 8 – 6 700 Ew – Höhe 318 m – Heilbad.
🅱 Kur- und Verkehrsverein, Landgrafenplatz, ✉ 65388, ℰ (06129) 5 80 90, Fax (0612 58092.
Berlin 581 – Wiesbaden 13 – *Koblenz* 63 – *Bad Kreuznach* 59 – Limburg an der Lahn 4 – Mainz 21.

Parkhotel Schlangenbad ⇘, Rheingauer Str. 47, ✉ 65388, ℰ (06129) 4 20, inf @parkhotel.net, Fax (06129) 41420, direkter Zugang zum Thermalbad, ⇌, ⇜ – 📶 📺 ♿ 🅿 – 🛇 120. AE ⓞ 🔴 VISA. ⇴ Rest
Menu à la carte 30/41 – **88 Zim** ⇌ 100/139 – 145/185, 3 Suiten – ½ P 20.
♦ Durch eine großzügige Hotelhalle betreten Sie dieses imposante Gebäude. Privat wie auch Businessgästen ermöglicht man zeitgemäßes Wohnen in einem klassische Grandhotel. Hohe Räume, helle Einrichtung und eleganter Rahmen in Restaurant.

SCHLAT Baden-Württemberg **419** U 13 – 1 700 Ew – Höhe 415 m.
Berlin 606 – *Stuttgart* 46 – Göppingen 9 – Schwäbisch Gmünd 24 – Ulm (Donau) 46.

✕ **Lamm,** Eschenbacher Str. 1, ✉ 73114, ℰ (07161) 99 90 20, gasthof.lamm@t-online.de Fax (07161) 9990225, 🐕 – 🅿 – 🛇 50
geschl. über Fastnacht 1 Woche, Mitte - Ende Aug., 24. - 29 Dez., Dienstag – **Menu** à la cart 18/37.
♦ Ein nettes, ursprüngliches Dorfgasthaus lädt zu einer wohltuenden Rast ein viel Holz und Jadgtrophäen unterstreichen den rustikalen Charakter. Eigene Schnapsbrennerei.

SCHLECHING Bayern **420** W 21 – 1 750 Ew – Höhe 570 m – Luftkurort – Wintersport 600/1 400 m ≰3 ⇴.
🅱 Touristik-Information, Haus des Gastes, Schulstr. 4, ✉ 83259, ℰ (08649) 2 20 info@schleching.de, Fax (08649) 1330.
Berlin 693 – München 104 – *Bad Reichenhall* 58 – Traunstein 34 – Rosenheim 45.

Zur Post, Kirchplatz 7, ✉ 83259, ℰ (08649) 98 69 60, hotelzurpost-schleching@t-o nline.de, Fax (08649) 1332, ≤, 🐕, ⇌ – 🅿 – 🛇 25. AE ⓞ 🔴 VISA
geschl. 7. - 31. Jan. – **Menu** (geschl. Montag) à la carte 13,50/29,50 – **30 Zim** ⇌ 40/4 – 60/78.
♦ Funktionelle und gepflegte Zimmer - meist mit kleiner Sitzecke ausgestattet - diener Ihrer Beherbergung. Auch kleinere Quartiere in schlichterer Gestaltung stehen zur Wah Ländliche Gaststube, eine Metzgerei gehört auch zum Haus.

✕ **Gasthof Geigelstein** mit Zim, Hauptstr. 5, ✉ 83259, ℰ (08649) 2 81 Fax (08649) 654, 🐕 – 🅿
geschl. 18. - 28. April, 3. Nov. - 22. Dez. – **Menu** (geschl. Dienstag) à la carte 14,50/31,50 – **7 Zim** ⇌ 35 – 48/51 – ½ P 13.
♦ Das Haus ist ein erweiterter Gasthof in ländlichem Stil, der dem Besucher auch eine einfache Unterkunft bietet. Regional-bürgerliche Speisen bestimmen das Angebot.

SCHLEIDEN Nordrhein-Westfalen 417 O 3 – 14 000 Ew – Höhe 348 m.

🛈 Touristik Schleidener Tal (Schleiden-Gemünd), Kurhausstr. 6, ⊠ 53937, ℘ (02444) 20 11, Fax (02444) 1641.
Berlin 639 – Düsseldorf 103 – Aachen 50 – Düren 38 – Euskirchen 30.

XX Kettner's, Vorburg 9 (im Schloss Schleiden), ⊠ 53937, ℘ (02445) 85 00 85, *kettner s-restaurant@t-online.de*, Fax (02445) 850087, 🍽 – **MC** **VISA**
geschl. Dienstag – **Menu** à la carte 23,50/39,50.
 • Im historischen Rahmen der Schleidener Burg ist ein Restaurant mit mediterranem Ambiente entstanden. Sie tafeln unter einem schönen Kreuzgewölbe oder auf der Gartenterrasse.

in Schleiden-Gemünd Nord-Ost : 6 km – Kneippkurort :

🏨 Kurpark Hotel ⛱, Parkallee 1, ⊠ 53937, ℘ (02444) 9 51 10, *info@kurparkhotel-s chleiden.de*, Fax (02444) 951133, 🍽, 🍴 – 🛌 Zim, 📺 📞 – 🚘 30. **AE** **MC** **VISA**
Menu (Restaurant nur für Hausgäste) – **20 Zim** ⊠ 43/48 – 74.
 • Inmitten des Kurgebiets finden Reisende eine praktisch ausgestattete Unterkunft. Die solide Führung und der gepflegte Zustand sprechen für das Haus.

🏨 Friedrichs, Alte Bahnhofstr. 16, ⊠ 53937, ℘ (02444) 95 09 50, *mail@hotel-friedric hs.de*, Fax (02444) 950940, 🍽, 🍴 – 📱 🛌 📺 📞 🔔 📞 – 🚘 40. **AE** **①** **MC** **VISA**
Menu (geschl. Dienstag) à la carte 23/36,50 – **23 Zim** ⊠ 51/62 – 80/88 – ½ P 19.
 • Unterschiedlich in Zuschnitt und Möblierung, stellen die Zimmer Ihres Domizils eine praktische Bleibe dar - ein Ausgangspunkt zu den Sehenswürdigkeiten der Region. Das Restaurant teilt sich in zwei Bereiche : mal rustikal, mal in freundlichen Farbtönen.

X Kettner's Parkrestaurant, Kurhausstr. 5, ⊠ 53937, ℘ (02444) 27 76, Fax (02444) 8901, 🍽 – ♿
geschl. Montag – **Menu** à la carte 19,50/34.
 • Gepflegte Räumlichkeiten bieten reichlich Platz. Eine große Fensterfront zum Park hin ermöglicht einen schönen Ausblick beim Speisen, im Sommer lockt die Gartenterrasse.

SCHLEMA Sachsen 418 420 O 21 – 6 300 Ew – Höhe 450 m.

🛈 Fremdenverkehrsamt, R.-Friedrich-Str. 18, ⊠ 08301, ℘ (03771) 21 56 00, Fax (03771) 215601.
Berlin 300 – Dresden 113 – Chemnitz 37 – Oberwiesenthal 41 – Plauen 54 – Zwickau 20.

🏨 Schlematal, Hauptstr. 48, ⊠ 08301, ℘ (03772) 3 95 30, Fax (03772) 3953125, Biergarten – 📺 📞 – 🚘 40. **MC** **VISA**
Menu (geschl. Juni, Dienstag) à la carte 13/20 – **15 Zim** ⊠ 35 – 55.
 • Zeitgemäß eingerichtete Zimmer ersetzen Ihnen vorübergehend Ihr eigenes Zuhause. Die überschaubare Größe Ihrer Herberge schafft eine private Atmosphäre.

SCHLEPZIG Brandenburg 418 J 25 – 640 Ew – Höhe 50 m.

Berlin 78 – Potsdam 95 – Cottbus 66 – Frankfurt (Oder) 67.

🏨 Landgasthof zum grünen Strand der Spree, Dorfstr. 53, ⊠ 15910, ℘ (035472) 66 20, *spreewaldbrauerei@t-online.de*, Fax (035472) 473, 🍽 – 📺 📞 – 🚘 15. **AE** **MC** **VISA**
Menu 10 (Buffet) à la carte 23,50/33 – **25 Zim** ⊠ 60/75 – 80/120.
 • In der reizvollen Landschaft des Unterspreewaldes - an einem Spreekanal gelegen - überzeugt Ihr Domizil mit wohnlichem Ambiente. Mit einem Paddelboot erkunden Sie die Gegend. Man bittet Sie in ländlich-stilvollem Umfeld zu Tisch.

SCHLESWIG Schleswig-Holstein 415 C 12 – 26 000 Ew – Höhe 14 m.

Sehenswert : *Schloß Gottorf* : *Schleswig Holsteinisches Landesmuseum* (Fayence- und Porzellansammlungen★, Jugendstil Sammlung★, Renaissancekapelle★★) Y – *Schloß Gottorf* : *Archäologisches Landesmuseum*★, *Nydamm-Boot*★★★ Y – *Dom*★ (Bordesholmer Altar★★) Z – ≤★ vom Parkplatz an der B 76 Y – *Fischerviertel "Holm" (Friedhofsplatz*★) Z.

🏌 Güby, Borgwedeler Weg 16 (Süd-Ost : 9 km über ②), ℘ (04354) 9 81 84.
🛈 Touristinformation, Plessenstr. 7, ⊠ 24837, ℘ (04621) 98 16 16, Fax (04621) 981619.
Berlin 395 ③ – Kiel 53 ② – Flensburg 33 ⑤ – Neumünster 65 ③

Stadtplan siehe nächste Seite

🏨 Zollhaus, Lollfuß 110, ⊠ 24837, ℘ (04621) 29 03 40, *info@zollhaus-schlesw ig.de*, Fax (04621) 290373, 🍽 – 📺 📞 **AE** **MC** **VISA**   Y b
geschl. Jan, Nov. - Mitte Dez. – **Menu** à la carte 21/33,50 – **9 Zim** ⊠ 65/70 – 82.
 • Unweit der Schlei liegt dieses Haus in einer belebten Nebenstraße. Ihre Gastgeber offerieren Ihnen helle, mit Buchenmöbeln praktisch ausgestattete Quartiere. Wechselnde Bilderausstellungen im Bistro-Restaurant.

SCHLESWIG

Amalienplatz	X 2	Kornmarkt	X 1.
Am St. Johanniskloster	Z 3	Lange Straße	Z 1.
Brockdorff-Rantzau-		Lollfuß	Y
Str.	Y 4	Marktplatz	Z 1!
Capitolplatz	X 6	Marktstraße	X 1(
Fischbrückstraße	Z 7	Michaelisstraße	X 1;
Friedrichstraße	Y	Mönchenbrückstraße	X 18
Gottorfstraße	Y 8	Norderdomstraße	Z 20
Kattenhunder Weg	X 10	Stadtweg	X
Kirchstraße	Z 12	Süderdomstraße	Z 28

※※ **Olschewski's** mit Zim, Hafenstr. 40, ✉ 24837, ℰ (04621) 2 55 77, Fax (04621) 22141
     ⚐ – TV   Z a
geschl. Mitte Jan. - Feb. – **Menu** *(geschl. Montagabend - Dienstag)* à la carte 21,50/46 -
7 Zim ⚐ 52/60 – 77/87.
 ◆ *Unterhalb der Altstadt, ganz in Hafennähe, empfängt man Sie in hellen, freundlichen Räumlichkeiten. Aufmerksam umsorgt, verbringen Sie hier gemütliche Stunden.*

In Schleswig-Pulverholz *Süd-West : 1,5 km, Zufahrt über Brockdorff-Rantzau-Straße* Y :

🏨 **Waldschlößchen**, Kolonnenweg 152, ✉ 24837, ℰ (04621) 38 30, *reception@hotel-waldschloesschen.de*, Fax (04621) 383105, 🍴, ⚐s, 🏊, 🌳 – 🛗, ⚐ Zim, TV 📞 ♿ P.
– 🅿 160. AE ⓪ ⓫ VISA. ⚐
Menu à la carte 23/37,50 – **117 Zim** ⚐ 64/95 – 115/120.
 ◆ *Hier finden Sie Komfort nach Maß : mal neuzeitlich mit Modemanschluß, mal großzügig geschnitten. Der Name Ihrer Residenz läßt bereits die waldnahe Lage vermuten. Ein gepflegtes Ambiente prägt die Atmosphäre im Restaurant.*

In Fahrdorf *Süd-Ost : 5 km über* ② :

🏨 **An der Schlei** garni, Dorfstr. 44, ✉ 24857, ℰ (04621) 3 80 00, *hotel.an.der.schlei@t-online.de*, Fax (04621) 380038, 🌳 – ⚐ TV ♿ P – 🅿 40. ⓫ VISA
29 Zim ⚐ 50 – 75.
 ◆ *Neuzeitlich-funktionelle Gästezimmer geben Ihnen die Möglichkeit, sich auch unterwegs zu Hause zu fühlen. Feriengäste und Geschäftsreisende sind gleichermaßen willkommen.*

SCHLEUSINGEN
Thüringen 418 O 16 – 6 000 Ew – Höhe 450 m.
Berlin 356 – Erfurt 73 – Coburg 37 – Meiningen 35 – Suhl 15.

Zum Goldenen Löwen, Markt 22, ⊠ 98553, ℘ (036841) 4 23 53, info@zum-gold enen-loewen-schleusingen.de, Fax (036841) 41320, 斎 – TV, ⦾ VISA
Menu (geschl. Montag) à la carte 12/21 – **9 Zim** ⊇ 34/36 – 49/54.
♦ Am historischen Marktplatz des kleinen Ortes genießen Sie die Behaglichkeit eines familiären Domizils. Neuzeitlich eingerichtete Zimmer stellen Ihr Quartier dar. Gepflegte Räumlichkeiten beherbergen das Restaurant.

SCHLIENGEN
Baden-Württemberg 419 W 6 – 4 800 Ew – Höhe 251 m.
🛈 Verkehrsamt, Wasserschloss Entenstein, ⊠ 79419, ℘ (07635) 31 09 11, Fax (07635) 310927.
Berlin 836 – Stuttgart 243 – Freiburg im Breisgau 38 – Müllheim 9 – Basel 28.

Schliengen-Obereggenen Ost : 7 km :

Landgasthof Graf ⧖, Kreuzweg 6, ⊠ 79418, ℘ (07635) 12 64, Fax (07635) 9555, 斎, 🐴 – TV ⦾ P. ⦾ VISA
geschl. 16. Jan. - 5. Feb. – **Menu** (geschl. Mittwoch - Donnerstagmittag) à la carte 15,50/34,50 – **15 Zim** ⊇ 38/60 – 72/78.
♦ Hinter der gepflegten Fassade dieser kleinen gastlichen Adresse beziehen Sie eines der funktionell ausgestatteten Zimmer. Auch die ruhige Ortsrandlage spricht für das Haus. Das Restaurant setzt sich aus drei ländlichen Gaststuben zusammen.

Rebstock, Kanderner Str. 4, ⊠ 79418, ℘ (07635) 12 89, rebstock-obereggenen@t-online.de, Fax (07635) 8844, 斎, 🐴 – TV P. ⦾
geschl. Mitte Juni - Anfang Juli, Mitte Dez. - Anfang Feb. – **Menu** (geschl. Dienstag, Nov. - Feb. Dienstag - Mittwoch) (nur Abendessen) 35,50 und à la carte – **12 Zim** ⊇ 34/45 – 59/67.
♦ Die dörfliche, von Obst- und Weinbau bestimmte Umgebung prägt den Charakter des Landhotels. Wohnliche Zimmer in Naturholz bieten Ihnen auch unterwegs ein behagliches Zuhause. Parkett und Holzvertäfelung machen die Gaststube zu einem gemütlichen Ort.

SCHLIERSEE
Bayern 420 W 19 – 6 400 Ew – Höhe 800 m – Luftkurort – Wintersport : 790/1 700 m ≰ 2 ≰ 16 ⧖.
Sehenswert : Pfarrkirche★.
Ausflugsziel : Spitzingsattel : Aussichtspunkt ≤★, Süd : 9 km.
🛈 Gäste-Information, Bahnhofstr. 11a, ⊠ 83727, ℘ (08026) 6 06 50, Fax (08026) 606520.
Berlin 652 – München 62 – Garmisch-Partenkirchen 79 – Rosenheim 36 – Bad Tölz 25.

Schlierseer Hof am See, Seestr. 21, ⊠ 83727, ℘ (08026) 94 00, schlierseerhof @t-online.de, Fax (08026) 940100, 斎, 🐴, ⊐ (geheizt), 🐴, – 🛗 TV P. – ⧖ 30
geschl. 3. - 28. März, 3. - 29. Nov. – **Menu** à la carte 20/35,50 – **45 Zim** ⊇ 77/86 – 87/164 – ½ P 18.
♦ Nach einem Empfang in stilvollem Ambiente wählen Sie eine Unterkunft nach Ihren Vorstellungen - mal in geschmackvollem Landhausstil, mal in schlichterer Ausführung. Vom Restaurant oder der Gartenterrasse aus genießen Sie den schönen Blick auf den See.

Gästehaus Lechner am See garni, Seestr. 33, ⊠ 83727, ℘ (08026) 9 43 80, Fax (08026) 943899, ≤, 🐴, 🐴, 🐴 – 🛗 TV P. ⧖
geschl. Anfang Nov. - Weihnachten – **11 Zim** ⊇ 44/80 – 88/90.
♦ Äußerlich wie auch im Inneren ist die kleine Herberge im alpenländischen Stil gehalten. Das Haus ist durch eine schöne Liegewiese direkt mit dem See verbunden.

Gästehaus am Kurpark garni, Gartenstr. 7, ⊠ 83727, ℘ (08026) 9 40 30, Fax (08026) 2743, 🐴 – TV ⧖ ⦾ P.
26 Zim ⊇ 45/60 – 65/85.
♦ Dieses ländliche Domizil ermöglicht Ihnen Ferien in familiärer Atmosphäre. Saubere, wohnliche Zimmer und eine schöne Gegend sprechen für diese Adresse.

In Schliersee-Neuhaus Süd : 4 km :

Hubertus garni, Bayrischzeller Str. 8, ⊠ 83727, ℘ (08026) 7 10 35, hubertus@ruschitzka-schliersee.de, Fax (08026) 7103, 🐴, 🐴 – TV ⦾ P. AE ⦾ VISA
Menu (siehe auch Restaurant Sachs) – **20 Zim** ⊇ 44 – 52/78.
♦ Der Gasthof ist von der Fassade bis zu den Zimmern dem typisch alpenländischen Stil angepaßt - sowohl für Sommer- als auch für Winterurlauber eine geeignete Herberge.

Sachs, Neuhauser Str. 12, ⊠ 83727, ℘ (08026) 72 38, sachs@ruschitzka-schliersee.de, Fax (08026) 71958, 斎 – P. AE ⦾ VISA
geschl. Montag – **Menu** à la carte 18,50/36,50.
♦ Das Restaurant - mit Zirbelstube und Weinstube - ist ganz im alpenländischen Stil eingerichtet. Ein gut geschultes Team umsorgt Sie mit regionaltypischer Küche.

SCHLIERSEE

In Schliersee-Spitzingsee *Süd : 10 km – Höhe 1 085 m*

ArabellaSheraton Alpenhotel am Spitzingsee ⊗, Seeweg 7, ⊠ 8372
𝒫 (08026) 79 80, alpenhotel@arabellasheraton.com, Fax (08026) 798879, ≤, 佘, M
sage, 𝑓𝒮, ≘s, 🏊 (Therme), 🏋, 🚗, ✻, – 🛗 💘 TV 📞 & 🚗 🅿 – 🛎 120. 🅰🅴 ⓄⒹ
VISA. ✻ Rest
Menu à la carte 23/35 – **120 Zim** ⊃ 131/161 – 160/201, 11 Suiten.
• Komfort und Moderne vor einer reizvollen Bergkulisse - in 1100 m Höhe gelegen. Anspr
chend ausgestattete Gemächer machen einfaches Übernachten zu bequemem Logiere

---

SCHLOSS HOLTE-STUKENBROCK *Nordrhein-Westfalen* 417 *K 9 – 23 500 Ew – Höhe 135*
🏌 Schloß Holte-Stukenbrock, Gut Welschhof (Ost : 2 km), 𝒫 (05207) 92 09 36.
Berlin 403 – Düsseldorf 173 – *Bielefeld* 23 – Detmold 24 – Paderborn 28.

Im Ortsteil Stukenbrock :

Westhoff, Hauptstr. 24, ⊠ 33758, 𝒫 (05207) 9 11 00, info@hotel-westhoff.c
Fax (05207) 911051, 佘, – 🛗, TV 📞 & 🅿 – 🛎 80. 🅰🅴 ⓄⒹ VISA
Menu *(geschl. Freitagmittag, Samstagmittag)* à la carte 18/33 – **32 Zim** ⊃ 51/57
82/105.
• Hinter der neuen Fassade - ganz in weiß - beziehen Sie ein solide ausgestattetes Quartie
Anschlüsse für moderne Telekommunikation zählen hier zu den Annehmlichkeiten. Ein hü
sches Restaurant und ein nostalgisches Bistro stehen bereit.

SCHLUCHSEE *Baden-Württemberg* 419 *W 8 – 2 700 Ew – Höhe 951 m – Heilklimatischer Kurc
– Wintersport : 1 000/1 130 m ⛷3 ⛷.*
Sehenswert : *See*★.
🛈 Tourist Information, Fischbacher Str. 7, ⊠ 79859, 𝒫 (07656) 77 32, Fax (07656) 775
Berlin 795 – Stuttgart 172 – *Freiburg im Breisgau* 48 – Donaueschingen 49 – Waldshu
Tiengen 33.

Vier Jahreszeiten ⊗, Am Riesenbühl, ⊠ 79859, 𝒫 (07656) 7 00, info@vjz.d
Fax (07656) 70323, ≤, 佘, Massage, ♨, 𝑓𝒮, 🏋, ≘s, 🏊 (geheizt), 🏊, 🚗, ✻ (Hall
Squash – 🛗 💘 TV & 🚴 🚗 🅿 – 🛎 140. 🅰🅴 ⓄⒹ ⓄⒹ VISA. ✻ Rest
Menu *(nur Abendessen)* (Restaurant nur für Hausgäste) – **209 Zim** (nur ½ P) 123/186
242/271, 5 Suiten.
• Die beeindruckende Ferienanlage in ruhiger Ortsrandlage steht für komfortables Wol
nen. Ein großzügiger Freizeitbereich läßt Langeweile gar nicht erst aufkommen. Verschie
dene Restaurants präsentieren sich von klassisch bis ländlich-rustikal.

Hegers Parkhotel Flora ⊗, Sonnhalde 22, ⊠ 79859, 𝒫 (07656) 9 74 20, park
otel-flora@t-online.de, Fax (07656) 1433, ≤, 佘, 𝑓𝒮, ≘s, 🏊, 🚗 – TV 🚗 🅿 – 🛎 2
🅰🅴 ⓄⒹ ⓄⒹ VISA. ✻ Rest
geschl. Ende Nov. - Anfang Dez. 3 Wochen – **Menu** à la carte 27/40,50 – **34 Zim** ⊃ 75/8
– 150/180, 4 Suiten – ½ P 19.
• Wohnlichkeit und eine persönliche Note sind ein Garant für angenehmes Wohnen. Ein
weitere Annehmlichkeit ist die Lage Ihres Refugiums in einer ruhigen Wohngegend. Da
gemütliche Ambiente des Restaurants wird Ihnen gefallen.

Mutzel, Im Wiesengrund 3, ⊠ 79859, 𝒫 (07656) 5 56, hotelmutzel@aol.con
Fax (07656) 9175, 佘, ≘s, 🚗 – 🛗 TV & 🚗 🅿 🅰🅴 ⓄⒹ VISA
geschl. Mitte Nov. - Mitte Dez. – **Menu** *(geschl. Montag)* à la carte 18/38 – **24 Zim** ⊃ 36/4
– 72/92 – ½ P 17.
• Ihr Domizil liegt in einem Wohngebiet am Rande des Ortes. Hinter der regionaltypische
Balkonfassade erwartet den Reisenden eine solide, zeitgemäße Unterkunft. Das Restau
rant hat man mit viel hellem Naturholz nett eingerichtet.

Wochner's Hotel Sternen, Dresselbacher Str. 1, ⊠ 79859, 𝒫 (07656) 9 88 70, info@
ternen-schluchsee.de, Fax (07656) 988759, 佘, ≘s, 🚗 – 🛗 TV 🚗 🅿 🅰🅴 ⓄⒹ VISA JC
geschl. 9. Nov. - 20. Dez. – **Menu** *(geschl. Donnerstag)* à la carte 14/35,50 – **34 Zim**
⊃ 38/45 – 72/84 – ½ P 14.
• Gepflegte, sachlich eingerichtete Gästezimmer - teils mit Balkon versehen - zählen zu
den Annehmlichkeiten, die Ihnen diese funktionelle Behausung auf Zeit bietet. Gemütlich
rustikal gestaltet ist das Restaurant.

In Schluchsee-Aha *Nord-West 4 : km :*

Auerhahn, Vorderaha 4 (an der B 500), ⊠ 79859, 𝒫 (07656) 9 74 50, auerhahn-a
a@t-online.de, Fax (07656) 9270, ≤, Massage, ≘s, 🏊, ✻ – 🛗, 💘 Zim, TV 🚴 🅿
✻ Rest
Menu (abends Restaurant nur für Hausgäste) à la carte 17,50/34,50 – **70 Zim**
(nur ½ P) 97/125 – 194/250.
• Mehrere neuzeitliche Gebäude mit hübscher Balkonfassade bilden dieses Urlaubsdomizi
- im Inneren wohnlich gestaltet. Die neue Badewelt ergänzt das Wellness-Zentrum. Im
Restaurant bewirtet man Sie in freundlichem Umfeld.

CHLÜCHTERN Hessen 417 418 O 12 – 15 000 Ew – Höhe 208 m.
Berlin 478 – Wiesbaden 117 – Fulda 30 – Frankfurt am Main 76 – Gießen 113.

Stadt Schlüchtern garni, Breitenbacher Str. 5, ⌧ 36381, ℘ (06661) 74 78 80, info@hotel-stadt-schluechtern.de, Fax (06661) 7478899 – |≡| ⥼ TV ✆ & ⇌ – ⌂ 50. AE ⓜ VISA
32 Zim ⊇ 47 – 78.
• Mitten im Zentrum erwarten Sie in dem modernen Bau gut eingerichtete Zimmer. Der Frühstücksraum ist mit der hauseigenen Bäckerei verbunden - das spricht für leckere Brötchen!

Elisa garni, Zur Lieserhöhe 14, ⌧ 36381, ℘ (06661) 80 94, hartkopp@hotel-elisa.de, Fax (06661) 8096 – TV ⇌ P. ⓘ ⓜ VISA
geschl. Weihnachten - Anfang Jan. – **11 Zim** ⊇ 38/53 – 63/77.
• Die kleine Pension liegt am Stadtrand in einer ruhigen, waldreichen Umgebung. Nach einer erholsamen Nacht in Ihrem soliden Quartier starten Sie zu ausgedehnten Wanderungen.

Zeppelin, Schloßstr. 13, ⌧ 36381, ℘ (06661) 58 32, Fax (06661) 730002 – ⌂ 50. AE ⓜ VISA
geschl. Samstagmittag – **Menu** à la carte 17/35.
• Freundliche Farben, Korbstühle und Accessoires aus der Zeppelin'schen Passagierluftfahrt prägen das legere Ambiente des Restaurants. Man serviert Ihnen Regionales.

In Schlüchtern-Ramholz Süd-Ost : 8 km :

Schloss Ramholz Orangerie, Parkstr. 4, ⌧ 36381, ℘ (06664) 91 94 00, Fax (06664) 919402, ⌘ – P. AE ⓘ ⓜ VISA
geschl. Montag - Dienstag, Jan. - Mitte März Montag - Freitag – **Menu** à la carte 24,50/35,50.
• Diese ansprechende Adresse liegt an einem privat geführten Schloß aus dem 14. Jh. In einem großen Raum mit hoher Decke und Empore bittet man den Besucher zu Tisch.

CHLÜSSELFELD Bayern 419 420 Q 15 – 5 400 Ew – Höhe 299 m.
☞ Schlüsselfeld, Schloss Reichmannsdorf (Nord-Ost : 7 km), ℘ (09546) 92 15 10.
Berlin 446 – München 227 – Nürnberg 59 – Bamberg 44 – Würzburg 57.

Zum Storch (mit Gästehaus), Marktplatz 20, ⌧ 96132, ℘ (09552) 92 40, info@hotel-storch.de, Fax (09552) 924100, ⌘ – |≡| ⥼ Zim, TV ✆ ⇌ P. – ⌂ 50. AE ⓜ VISA JCB
Menu (geschl. Nov. 2 Wochen) à la carte 13/25 – **54 Zim** ⊇ 39/51 – 61/85.
• Im Herzen des Städtchens finden Sie auf Urlaubs- oder Geschäftsreise eine passende Unterkunft - teils rustikal, teils neuzeitlich, im Gästehaus auch im Designer-Stil. Ungezwungene Atmosphäre herrscht in der ländlichen Gaststube.

SCHMALKALDEN Thüringen 418 N 15 – 20 000 Ew – Höhe 296 m.
ℹ Tourist-Information, Mohrengasse 1a, ⌧ 98574, ℘ (03683) 40 31 82, info@schmalkalden.de, Fax (03683) 604014.
Berlin 360 – Erfurt 69 – Coburg 80 – Bad Hersfeld 65.

Henneberger Haus , Notstr. 33 (Süd : 3 km), ⌧ 98574, ℘ (03683) 6 50 00, Fax (03683) 6500199, ≼ Thüringer Wald, ⌘, Biergarten, ⇄, ⁒ – |≡|, ⥼ Zim, TV ✆ & ⇌ P. – ⌂ 40. AE ⓘ ⓜ VISA
Menu à la carte 14,50/25,50 – **49 Zim** ⊇ 50/75 – 75/100.
• Ob Sie hier als Tagungsgast oder privat Quartier beziehen, verschiedene Zimmerkategorien bieten für jeden eine Unterkunft nach Maß. Reizvoll : die Lage am Waldrand. Zeitloselegant präsentiert sich das Interieur des Restaurants.

Stadthotel Patrizier, Weidebrunner Gasse 9, ⌧ 98574, ℘ (03683) 60 45 14, ingeborgroeder@aol.com, Fax (03683) 604518, ⌘ – ⥼ Zim, TV ✆ P. AE ⓘ ⓜ VISA
Menu (geschl. Jan.) à la carte 13,50/21,50 – **15 Zim** ⊇ 41/52 – 72.
• Hinter der renovierten Fachwerkfassade des alten Stadthauses dienen wohnliche Zimmer Ihrer Beherbergung. Auch die persönliche Atmosphäre im Haus werden Sie schätzen. Teils elegant, teils rustikal - so präsentiert sich Ihnen das Restaurant.

Teichhotel, Teichstr. 21, ⌧ 98574, ℘ (03683) 40 26 61, Fax (03683) 401140, ⌘ – TV P. AE ⓘ ⓜ VISA
Menu à la carte 13/23,50 – **14 Zim** ⊇ 42 – 70.
• Ihr vorübergehendes Zuhause liegt am Rande der Innenstadt. Freundlich eingerichtete Zimmer in neuzeitlichem Stil überzeugen mit Funktionalität. Das Restaurant teilt sich in drei nett gestaltete Räume auf.

SCHMALKALDEN

Jägerklause, Pfaffenbach 45, ✉ 98574, ℘ (03683) 60 01 43, hotel_jaegerklause@-online.de, Fax (03683) 604513, Biergarten, 🌼 – 🏢, ↔ Zim, 📺 ♿ 🅿 – 🛄 30. ⓪ 🚗
Menu à la carte 12,50/19,50 – **40 Zim** ⚏ 44 – 67/73.
♦ Sind Sie auf der Suche nach einer praktischen Unterkunft für unterwegs? Hier - am Rand des malerischen Ortes - heißt man Sie mit ländlicher Gastlichkeit willkommen. Rustikale Gasträume, mit viel Holz gestaltet, schaffen ein behagliches Umfeld beim Speisen.

Ratskeller, Altmarkt 1, ✉ 98574, ℘ (03683) 40 27 42, Fax (03683) 6086077, 🌼 ⚌ ⓪ ⓪ 🆅🅸🆂🅰
Menu à la carte 13,50/20,50.
♦ Äußerlich wie auch im Inneren wurde durch sorgfältiges Modernisieren der historische Charakter des Hauses bewahrt - Gewölbe, Säulen und Holzbalkendecke zieren den Raum.

Im Ehrental Nord-West : 4 km :

Waldhotel Ehrental ♨, ✉ 98574 Schmalkalden, ℘ (03683) 68 90, info@waldhotel-ehrental.de, Fax (03683) 689199, 🌼, ⚌, 🌳 – 🏢, ↔ Zim, 📺 🅿 – 🛄 50. ⓪ 🚗
Menu à la carte 17/28,50 – **50 Zim** ⚏ 50 – 70/95.
♦ Am Waldrand oberhalb der Stadt gelegen, zeigt sich dieses Domizil als geeignete Adresse um dem stressigen Alltag zu entfliehen. Auch entspanntes Tagen ist hier möglich. Das Restaurant ist mit hellem Holz und nettem Dekor freundlich eingerichtet.

SCHMALLENBERG Nordrhein-Westfalen ₄₁₇ M 8 – 27000 Ew – Höhe 410 m – Luftkurort Wintersport : 480/818 m, ⚜5 ⚜.

🅖 Schmallenberg, Winkhausen 75 (Ost : 6 km), ℘ (02975) 87 45 ; 🅖 🅖 Schmallenberg-Sellinghausen (Nord : 11 km bei Mailar), ℘ (02971) 9 60 91 06.
🅑 Gästeinformation, Poststr. 7, ✉ 57392, ℘ (02972) 9 74 00, Fax (02972) 974026.
Berlin 513 – Düsseldorf 168 – Arnsberg 48 – Meschede 35 – Olpe 38.

Störmann, Weststr. 58, ✉ 57392, ℘ (02972) 99 91 23, info@hotel-stoermann.de, Fax (02972) 999124, 🌼, ⚌, 🅇, 🌳 – 🏢 📺 ❦ ⇔ 🅿 – 🛄 30. ⚌ ⓪ ⓪ 🆅🅸🆂🅰
geschl. 9. März - 4. April, 17. - 27. Dez. – **Menu** (geschl. Sonntagabend) 12,50 (mittags) à la carte 22,50/40 – **36 Zim** ⚏ 58/72 – 100/130 – ½ P 17.
♦ Einst Gasthof und Posthalterei, hat sich das Haus zu einem zeitgemäßen Hotel entwickelt. Hinter der Schindelfassade beziehen Sie Quartier. Draußen lockt der schöne Garten. Das Interieur des Restaurants ist gemütlich - teils rustikal, teils mit elegantem Touch.

In Schmallenberg-Bödefeld Nord-Ost : 17 km :

Gasthof Albers, Graf-Gottfried-Str. 2, ✉ 57392, ℘ (02977) 2 13, hotel-albers@hs-online.de, Fax (02977) 1426, 🌼, ⚌, 🅇, 🌳 ⚜ – 🏢 📺 🅿 – 🛄 30. ⚜ Rest
geschl. 1. - 25. Dez. – **Menu** (geschl. Mittwoch) 13 (mittags) à la carte 20/34,50 – **48 Zim** ⚏ 40/50 – 75/95.
♦ Hinter der schwarz-weißen typisch sauerländischen Fachwerkfassade beziehen Sie eine funktionelle Unterkunft. Zum Freizeitbereich zählt auch der Skilift direkt hinter dem Haus. Teils bürgerlich, teils rustikal zeigt sich das Restaurant.

In Schmallenberg-Fleckenberg Süd-West : 2 km :

Hubertus ♨, Latroper Str. 24, ✉ 57392, ℘ (02972) 50 77, gasthofhubertusfleckenberg@t-online.de, Fax (02972) 1731, 🌼, ⚌, 🌳 – 🏢 ↔ 📺 ❦ 🅿 ⚜ Zim
geschl. 5. - 25. Dez. – **Menu** à la carte 17/29,50 – **25 Zim** ⚏ 50/57 – 82/112.
♦ Das Landhaus mit der regionstypischen Fassade aus Fachwerk und Schiefer beherbergt seine Gäste in wohnlichen Zimmern. Ausgedehnte Wiesen verbinden das Anwesen mit dem Wald. Restaurant und gemütliche Kaminstube im rustikalen Stil.

In Schmallenberg-Bad Fredeburg Nord-Ost : 7 km – Kneippheilbad :

Kleins Wiese ♨, (Nord-Ost : 2,5 km), ✉ 57392, ℘ (02974) 3 76, kleins-wiese@t-online.de, Fax (02974) 5115, 🌼, ⚌, 🌳 – ↔ Zim, 📺 🅿 – 🛄 15
geschl. 15. - 26. Dez. – **Menu** à la carte 17/38 – **20 Zim** ⚏ 44/72 – 78/120 – ½ P 14.
♦ Außerhalb des Ortes auf einer Anhöhe gelegen, bietet man Reisenden eine gepflegte und funktionelle Behausung auf Zeit. Die ruhige Umgebung spricht für sich. Eine kleine bürgerliche Gaststube und ein rustikales Restaurant stehen bereit.

In Schmallenberg-Grafschaft Süd-Ost : 4,5 km – Luftkurort :

Maritim Hotel Grafschaft ♨, An der Almert 11, ✉ 57392, ℘ (02972) 30 30, info.sma@maritim.de, Fax (02972) 303777, 🌼, ⚌, 🅇, ❦, 🌳 – 🏢, ↔ Zim, 📺 ⇔ 🅿 – 🛄 120. ⚌ ⓪ ⓪ 🆅🅸🆂🅰 🅹🅲🅱 ⚜ Rest
Menu à la carte 18,50/44 – **116 Zim** ⚏ 84/94 – 122/142, 10 Suiten – ½ P 23.
♦ Auf einer Anhöhe in dörflicher Umgebung plaziert, verbindet diese Urlaubsadresse ländliches Ambiente mit den Annehmlichkeiten eines funktionellen Hotels. Zum Speisen stehen das Restaurant sowie das behagliche Kaminzimmer zur Wahl.

SCHMALLENBERG

Gasthof Heimes, Hauptstr. 1, ✉ 57392, ✆ (02972) 9 78 00, mail@gasthof-heimes.de, Fax (02972) 978097, 🌿, ⇌, 🍴 – 🛗, ⤓ Rest, 📺 ⇌ 🅿 – 🔑 50. 🅜🅞 ❄
geschl. 4. - 27. Nov. – **Menu** (geschl. Dienstag) à la carte 16/24 – **18 Zim** ⇌ 33/53 – 60/74 – ½ P 12.

♦ Praktische Gästezimmer und eine familiäre Atmosphäre sprechen für dieses Domizil. Ganz in der Nähe liegt das 1072 gegründete Kloster Grafschaft. Gemütliche Restaurantträume.

Schmallenberg-Jagdhaus Süd : 7 km :

Jagdhaus Wiese ♨, Jagdhaus 3, ✉ 57392, ✆ (02972) 30 62 01, info@jagdhaus-wiese.de, Fax (02972) 306288, 🌿, ⇌, 🏊, 🍴 – 🛗, ⤓ Rest, 📺 ⇌ 🅿. ❄ Zim
geschl. 24. Nov. - 27. Dez. – **Menu** à la carte 20,50/45,50 – **64 Zim** ⇌ 56/106 – 102/172, 13 Suiten – ½ P 20.

♦ Komfort, Ruhe und ein netter Freizeitbereich kennzeichnen Ihr Refugium. Die Berge und der Park bilden sommers wie winters eine reizvolle landschaftliche Umgebung. Teils rustikal, teils bürgerlich gestaltet zeigt sich das Restaurant.

Gasthaus Tröster ♨, Jagdhaus 7, ✉ 57392, ✆ (02972) 9 73 00, gasthaus@troester-jagdhaus.de, Fax (02972) 9730130, 🌿, ⇌, 🍴, 🏊 – 🛗, ⤓ Rest, 🅿. ❄ Zim
geschl. 20. Nov. - 26. Dez. – **Menu** à la carte 13,50/27 – **19 Zim** ⇌ 34/53 – 68/98 – ½ P 10.

♦ Das gastliche Haus liegt auf dem Kamm des Rothaargebirges, in 650 m Höhe. Hier verbindet man die Vorzüge einer familiären Adresse mit denen einer funktionellen Unterkunft.

Schäferhof ♨ mit Zim, Jagdhaus 21, ✉ 57392, ✆ (02972) 4 73 34, info@schaeferhof.com, Fax (02972) 47336, 🌿, ⇌ – 📺 🅿
geschl. Mitte März 2 Wochen, Mitte Nov. 2 Wochen – **Menu** (geschl. Dienstag) à la carte 17,50/29 – **6 Zim** ⇌ 45 – 70/82 – ½ P 12.

♦ Die Räume dieses ausgebauten Bauernhofs sind - passend zur ländlichen Umgebung - im rustikalen Stil gehalten. Mündliche Empfehlungen ergänzen die einfache Speisekarte.

Schmallenberg-Latrop Süd-Ost : 8 km :

Hanses Bräutigam ♨, Latrop 27, ✉ 57392, ✆ (02972) 99 00, info@hotelhanses.de, Fax (02972) 990222, ⇌, 🍴 – 🛗 📺 🅿. 🅐🅔 ① 🅜🅞 🆅🅘🆂🅰. ❄ Rest
geschl. 18. Nov. - 6. Dez. – **Menu** à la carte 20/35,50 – **22 Zim** ⇌ 50/70 – 97/127 – ½ P 14.

♦ Das Fachwerk-Landhaus in typischer Sauerländer Bauweise beherbergt gepflegte Gästezimmer, die Ihren Ansprüchen an eine praktische Unterkunft gerecht werden. Bürgerlicher Speisesaal.

Zum Grubental ♨, Latrop 5, ✉ 57392, ✆ (02972) 97 74 40, info@grubental.de, Fax (02972) 9774444, 🌿, ⇌, 🍴, 🏊 – 📺 🅿
geschl. Mitte Nov. - 26. Dez. – **Menu** (geschl. Montag) à la carte 19/35 – **16 Zim** ⇌ 36/40 – 66/84 – ½ P 13.

♦ Inmitten dörflicher Umgebung finden Reisende eine behagliche Herberge. Auch die überschaubare Größe des Hauses trägt zu einem ungezwungenen Aufenthalt bei. Alte Holzbalken durchziehen den Restaurantraum.

Schmallenberg-Nordenau Nord-Ost : 13 km – Luftkurort :

Tommes ♨, Talweg 14, ✉ 57392, ✆ (02975) 9 62 20, hoteltommes@t-online.de, Fax (02975) 9622165, 🌿, Massage, ⇌, 🏊, 🍴, 🏊 – 📺 🅿. 🅐🅔 ① 🅜🅞 🆅🅘🆂🅰
geschl. Mitte Dez. 2 Wochen – **Menu** à la carte 15/35 – **32 Zim** ⇌ 60/80 – 90/170 – ½ P 15.

♦ Der Landgasthof mit mehreren Anbauten befindet sich am Ortsrand in einem Wohngebiet. Die ruhige Lage und das praktische Innenleben sind die Basis für erholsame Tage. Aus verschieden gestalteten Räumen besteht das Restaurant.

Schmallenberg-Oberkirchen Ost : 8 km :

Gasthof Schütte, Eggeweg 2 (nahe der B 236), ✉ 57392, ✆ (02975) 8 20, landhotel@schuette.sow.de, Fax (02975) 82522, 🌿, ⇌, 🏊 (geheizt), 🏊, 🍴, 🎾 (Halle) – 🛗 📺 ✆ ♿ ⇌ 🅿 – 🔑 25. 🅐🅔 ① 🅜🅞 🆅🅘🆂🅰. ❄ Zim
geschl. 23. Nov. - 27. Dez. – **Menu** 15/24 (mittags) à la carte 21,50/47 – **64 Zim** ⇌ 65/87 – 112/188, 8 Suiten – ½ P 19.

♦ Das schöne Fachwerkhaus aus dem 18. Jh. wurde durch verschiedene Nebengebäude ergänzt, die sich harmonisch ins Bild einfügen. Innen überzeugt Wohnlichkeit, draußen der Garten. Im behaglichen Restaurant werden Sie gut bekocht.

Schauerte-Jostes, Alte Poststr. 13 (B 236), ✉ 57392, ✆ (02975) 3 75, info@gasthof-schauerte.de, Fax (02975) 337, 🌿, ⇌ – 📺 🅿. 🅜🅞 ❄ Rest
geschl. Aug. 1 Woche, 18. Nov. - 25. Dez. – **Menu** (geschl. Montag) à la carte 17/32,50 – **13 Zim** ⇌ 37/50 – 78/86 – ½ P 12.

♦ Hinter einer schmucken Schindelfassade stehen behagliche Zimmer zum Einzug bereit. Für Wanderungen ist das Haus genau der richtige Ausgangspunkt. Eine private Atmosphäre finden Sie im Restaurant vor.

SCHMALLENBERG

In Schmallenberg-Ohlenbach Ost : 15 km :

Waldhaus ⚜, Ohlenbach 10, ⌧ 57392, ℘ (02975) 8 40, *waldhaus-ohlenbach@t-online.de*, Fax (02975) 8448, ≤ Rothaargebirge, 🍴, ≘s, 🏊, 🐎, ✂, – 🛗 TV ✆ ⇌ 🅿 🚇 15. ⓘ ⓂⓈ VISA ⌀ Zim
geschl. Mitte Nov. - Mitte Dez. – **Menu** à la carte 19/45 – **Schneiderstube** : Menu à la carte 32/46 – **50 Zim** ⌆ 58/72 – 116/160 – ½ P 21.
 • Wohnkomfort in 700 m Höhe. Das moderne, gepflegte Anwesen hatte seine Anfänge einem schlichten Blockhaus. Sie genießen einen beeindruckenden Blick über das Rothaargebirge. Ein geschmackvolles Ambiente umgibt Sie beim Speisen im klassischen Restaurant.

In Schmallenberg-Rimberg Nord-Ost : 13 km :

Knoche ⚜, Rimberg 1 – Höhe 713 m, ⌧ 57392, ℘ (02974) 77 70, *hotel-knoche-rimberg@t-online.de*, Fax (02974) 77790, ≤, 🍴, 🏋, ≘s, 🏊, 🐎, 🐕, ✂ – 🛗, ⌀ Zim, 🚇 ✆ ⇌ 🅿 – 🚇 40. ⓂⓈ VISA
geschl. 20. - 26. Dez. – **Menu** à la carte 16/33,50 – **49 Zim** ⌆ 46/85 – 80/134 – ½ P 17.
 • Das traditionsreiche Hotel überzeugt den Gast mit seiner ruhigen, einsamen Lage am Berghang. Neuzeitlich gestaltete Zimmer werden den Ansprüchen von heute gerecht.

In Schmallenberg-Sellinghausen Nord : 14 km :

Stockhausen ⚜, Sellinghausen 1, ⌧ 57392, ℘ (02971) 31 20, *info@ferienhotel-stockhausen.de*, Fax (02971) 312102, 🍴, 🏋, ≘s, 🏊 (geheizt), 🏊, 🐎, ✂, 🎿, 🐕 ✂ – 🛗 TV ✆ 🏋 🅿 – 🚇 80
geschl. 20. - 25. Dez. – **Menu** à la carte 21/36 – **69 Zim** ⌆ 68/80 – 120/168 – ½ P 17.
 • Ihr Feriendomizil ist außerhalb einer kleinen Ansiedlung gelegen. Neben behaglichen Zimmern trägt ein abwechslungsreiches Freizeitprogramm zu einem erholsamen Urlaub bei. Mehrfach unterteilt, präsentiert sich das Restaurant mal rustikal, mal bürgerlich.

In Schmallenberg-Vorwald Ost : 13 km :

Gut Vorwald ⚜, ⌧ 57392, ℘ (02975) 9 66 10, *info@gut-vorwald.de*, Fax (02975) 966119, ≤, 🍴, (ehemaliger Gutshof a.d.J. 1797), ≘s, 🐎, 🐕 – TV ⇌ 🅿 AE ⓂⓈ VISA
geschl. 17. Nov. - 25. Dez. – **Menu** à la carte 14,50/27 – **14 Zim** ⌆ 39/44 – 70/76 – ½ P 17.
 • Ursprünglich rein landwirtschaftlich genutzt, dient der Hof heute - mit ausgebautem Interieur und stilgerechtem Anbau - der zeitgemäßen Beherbergung Reisender. Verschiedene Zimmer und Stuben bilden den rustikalen Rahmen des Restaurants.

In Schmallenberg-Westfeld Ost : 12 km :

Berghotel Hoher Knochen ⚜, am Hohen Knochen (Ost : 2 km) – Höhe 650 m, ⌧ 57392, ℘ (02975) 8 50, *info@hoher-knochen.de*, Fax (02975) 421, 🍴, Massage, ≘s, 🏊, 🐎, ✂ – 🛗, ⌀ Zim, TV ✆ ⇌ 🅿 – 🚇 60. AE ⓘ ⓂⓈ VISA ⌀ Zim
Menu à la carte 22/40 – **60 Zim** ⌆ 60/95 – 105/165 – ½ P 19.
 • Vor dem Haus eine wunderschöne Landschaft, im Inneren funktionelle und wohnliche Zimmer - die Annehmlichkeiten des Hauses machen diesen Ort zu Ihrem zweiten Zuhause. Im Restaurant : gepflegtes Ambiente im rustikalen Stil.

Bischof ⚜, Am Birkenstück 3, ⌧ 57392, ℘ (02975) 9 66 00, *info@hotel-bischof.de*, Fax (02975) 966070, 🍴, ≘s – TV ⇌ 🅿
geschl. vor Ostern 2 Wochen, Mitte Dez. 2 Wochen – **Menu** (geschl. Mittwoch) à la carte 14/27 – **20 Zim** ⌆ 33/38 – 60/75 – ½ P 8.
 • Umgeben von einer dörflichen Gegend, beziehen Sie in diesem sympathischen Landgasthaus Quartier - Gästezimmer in rustikalem Stil stehen für Sie bereit. Schlichtes Restaurant im bürgerlichen Stil.

In Schmallenberg-Winkhausen Ost : 6 km :

Deimann, Winkhausen 5 (B 236), ⌧ 57392, ℘ (02975) 8 10, *deimann@t-online.de*, Fax (02975) 81289, 🍴, Massage, ♨, 🏋, ♨, ≘s, 🏊, 🐎, ✂ – 🛗, ⌀ Zim, TV ✆ ⇌ 🅿 AE ⓘ ⓂⓈ VISA
Menu à la carte 17,50/41 – **50 Zim** ⌆ 70/140 – 100/240 – ½ P 19.
 • Schon 1883 als Herberge genutzt, wird das Haus heute den Ansprüchen des modernen Gastes gerecht. Der Freizeitbereich bietet die Annehmlichkeiten eines Wellness-Hotels. Sie speisen in einem gediegenen Umfeld.

SCHMELZ Saarland ⁴¹⁷ R 4 – 17 400 Ew – Höhe 300 m.

Berlin 730 – Saarbrücken 34 – Dillingen/Saar 16 – Saarlouis 19.

Vital, Am Rathausplatz 3, ⌧ 66839, ℘ (06887) 9 12 10, *info@hotel-vital.de*, Fax (06887) 91218, 🏋, ≘s – 🛗, ⌀ Zim, TV 🅿 – 🚇 40. ⓂⓈ VISA ⌀ Zim
Menu (geschl. Samstagmittag, Sonntag) à la carte 17/34,50 – **27 Zim** ⌆ 55/58 – 75/80
 • In einem Geschäfts- und Ärztehaus befindet sich dieses Hotel, das mit neuzeitlichen Zimmern, Fitnessstudio, Massagepraxis und Frisörsalon aufwarten kann. Hell und neuzeitlich ist das Ambiente im Hotelrestaurant.

CHMIEDEBERG, BAD Sachsen-Anhalt 418 K 22 – 4 500 Ew – Höhe 90 m – Moor- und Mineralheilbad.
🛈 Tourismusinformation, Rehhahnweg 1c, ✉ 06905, ℘ (034925) 7 11 01, Fax (034925) 71103.
Berlin 137 – Magdeburg 117 – Leipzig 48.

Griedel ⚜, Dommitzscher Str. 36d (über Korgauer Straße), ✉ 06905, ℘ (034925) 7 11 67, Fax (034925) 71170 – 📶, ⇔ Zim, 📺 ✆ 🅿 – 🔔 20. ℻ ⓞ 🅾 𝒱𝐼𝒮𝒜. ⚡ Rest
Menu (nur Abendessen für Hausgäste) – **36 Zim** ⌁ 43/50 – 52/70 – ½ P 10.
♦ Sie wohnen inmitten des reizvollen Naturparks Dübener Heide. Hinter der neuzeitlichen Fassade des Hauses verbergen sich zeitgemäße Gästezimmer.

Parkhotel, Dommitzscher Str. 3, ✉ 06905, ℘ (034925) 6 70, info@parkhotel-bad-schmiedeberg.de, Fax (034925) 67167, ⇌s – 📶, ⇔ Zim, 📺 🅿 – 🔔 20. ℻ ⓞ 🅾 𝒱𝐼𝒮𝒜 𝒥𝒞ℬ
Menu (geschl. Montag) à la carte 13/26 – **55 Zim** ⌁ 50/75 – 66/85 – ½ P 13.
♦ Das Etagenhotel mit der freundlichen, neuzeitlichen Fassade befindet sich am Ortsrand gegenüber dem Kurpark. Im Inneren erwarten Sie praktische Zimmer. Das gepflegte Restaurant befindet sich in der ersten Etage des Hauses.

Schreiben Sie uns...
Ihre Meinung, sei es Lob oder Kritik, ist stets willkommen.
Jeder Ihrer Hinweise wird durch unsere Inspektoren sorgfältigst
in den betroffen Hotels und Restaurants überprüft. Dank
Ihrer Mithilfe wird Der Roten Michelin-Führer
immer aktueller und vollständiger.
Vielen Dank im voraus !

CHMIEDEBERG Sachsen 418 N 25 – 3 500 Ew – Höhe 460 m.
Berlin 221 – Dresden 29 – Altenberg 13 – Marienberg 62.

In Schmiedeberg-Schönfeld Süd : 11 km :

Am Rennberg ⚜, Am Rennberg 17, ✉ 01762, ℘ (035052) 23 60, info@hotel-am-rennberg.de, Fax (035052) 23610, ≤, 🌳, ⇌s, 🍴 – 📺 ✆ 🅿 – 🔔 20. ℻ 🅾 𝒱𝐼𝒮𝒜
Menu à la carte 16/35 – **15 Zim** ⌁ 55 – 56/65 – ½ P 14.
♦ Etwas außerhalb des Ortes, in Hanglage, steht dieses neuzeitliche Hotel. Funktionelle Gästezimmer in zeitgemäßem Stil sprechen für das Haus. Das Restaurant paßt sich dem neuzeitlichen Charakter des Hotels an.

CHMIEDEFELD AM RENNSTEIG Thüringen 418 420 O 16 – 2 200 Ew – Höhe 750 m – Wintersport : 750/944 m ⚡ 2, 🎿.
🛈 Fremdenverkehrsamt, Suhler Str. 4, ✉ 98711, ℘ (036782) 6 13 24, schmiedefeld.fva@t-online.de, Fax (036782) 61324.
Berlin 341 – Erfurt 59 – Suhl 13.

Gastinger (mit Gästehaus), Ilmenauer Str. 21 (B 4), ✉ 98711, ℘ (036782) 70 70, info@hotel-gastinger.de, Fax (036782) 70711, 🌳, ⇌s, 🍴 – 📶 📺 🅿 – 🔔 15. 🅾 𝒱𝐼𝒮𝒜
Menu à la carte 12,50/23 – **20 Zim** ⌁ 41/49 – 58/68 – ½ P 12.
♦ Das neuzeitliche Hotel ist am Rande des Ortes an der Bundesstraße gelegen. Wohnliche Gästezimmer im Landhausstil ersetzen Ihnen vorübergehend Ihr eigenes Zuhause. Das Restaurant verteilt sich auf zwei Ebenen - teils neuzeitlich, teils rustikal im Design.

Im Kurpark ⚜, Friedrichsweg 21, ✉ 98711, ℘ (036782) 63 60, Fax (036782) 63645, 🌳, ⇌s, 🍴 – ⇔ Zim, 📺 🅿 – 🔔 20. 🅾
Menu (geschl. Montag) (Dienstag - Freitag nur Abendessen) à la carte 9,50/17,50 – **15 Zim** ⌁ 35/38 – 50/55 – ½ P 9.
♦ Suchen Sie eine gepflegte, zeitgemäße Herberge? Neben der einsamen, ruhigen Lage im Wald zählt auch die überschaubare Größe des Hauses zu den Annehmlichkeiten dieser Adresse. Café-Charakter prägt das Restaurant.

Rennsteighotel Grüner Baum, Suhler Str. 3, ✉ 98711, ℘ (036782) 6 12 77, hotel@gruener-baum-schmiedefeld.de, Fax (036782) 61749, Biergarten – 📺 🅿
Menu à la carte 13/26 – **11 Zim** ⌁ 45 – 70 – ½ P 10.
♦ In einheitlichem Stil eingerichtete, funktionelle Zimmer - teils mit Aufbettungsmöglichkeit - sorgen dafür, daß sich die Gäste während Ihres Aufenthalts gut aufgehoben fühlen. Ländliches Ambiente und heimische Gerichte laden ins Restaurant ein.

SCHMILAU Schleswig-Holstein siehe Ratzeburg.

SCHMITTEN IM TAUNUS Hessen 417 P 9 – 8 000 Ew – Höhe 534 m – Luftkurort – Wintersport 534/880 m ⤓4 ⚐.

Ausflugsziel: Großer Feldberg: ※★★ Süd: 8 km.

🛈 Tourismus- und Kulturverein, Parkstr. 2 (Rathaus), ✉ 61389, ✆ (06084) 46 2 tourismus@schmitten.de, Fax (06084) 4646.

Berlin 536 – Wiesbaden 37 – Frankfurt am Main 36 – Gießen 55 – Limburg an de Lahn 39.

🏨 **Kurhaus Ochs**, Kanonenstr. 6, ✉ 61389, ✆ (06084) 4 80, reception@kurhaus-ochs.d Fax (06084) 4880, ⌂, ≘s, ⬜, 🐴 – 🛗, ⚡ Zim, 📺 ☏ 📞 P – 🎗 45. ⌾ ⌾ ⩥ ⌆
Menu (geschl. Sonntagabend, ausser Messe) à la carte 24,50/37 – **K zwo** (nur Abendessen
Menu à la carte 18,50/25 – **43 Zim** ⊆ 64/97 – 87/133 – ½ P 20.
♦ Von der Rezeption bis in Ihr Zimmer sorgt ein modernes Design für freundliche Atmo phäre. Im "Kurhaus-Konferenz-Zentrum" tragen frische Farben zu motiviertem Tagen be Die Kurhaus-Stuben: in hellem Holz eingerichtet. K zwo: rustikales Kellerlokal.

In Schmitten-Oberreifenberg Süd-West: 4 km – Höhe 650 m

🏨 **Waldhotel** ⌂, Tannenwaldstr. 12 (Ost: 1 km), ✉ 61389, ✆ (06082) 9 21 50, int @waldhotel.org, Fax (06082) 3469, 🌲 – 📺 📞 P – 🎗 20. ⌾ ⩥
Menu à la carte 19/32 – **15 Zim** ⊆ 65/70 – 85/95.
♦ Ein gepflegter, gut unterhaltener Familienbetrieb, der mit ruhiger Lage und solide au gestatteten Gästezimmern die Basis für einen erholsamen Aufenthalt schafft. Das Restau rant paßt sich seiner ländlichen Umgebung an.

SCHMÖLLN Thüringen 418 N 21 – 14 000 Ew – Höhe 211 m.
Berlin 236 – Erfurt 114 – Gera 27.

🏨 **Bellevue** ⌂, Am Pfefferberg 7, ✉ 04626, ✆ (034491) 70 00, hotel.bellevue.schm elln@t-online.de, Fax (034491) 70077, ≤, 🌲 – ⚡ Zim, 📺 ☏ ⚒ 📞 P – 🎗 30 ⌾ ⩥
Menu à la carte 25/37,50 – **15 Zim** ⊆ 50/70 – 70/100.
♦ Aus Resten eines historischen Gasthauses entstand 1920 diese Jugendstilvilla. Hinter der ansprechenden Äußeren des Hauses verbirgt sich ein ebenso attraktives Interieur. Ein klassische Aufmachung mit elegantem Touch prägt das Ambiente im Restaurant.

🏨 **Reussischer Hof** M, Gößnitzer Str. 14, ✉ 04626, ✆ (034491) 2 31 08, hotel reussischer_hof@t-online.de, Fax (034491) 27758, 🌲 – 🛗, ⚡ Zim, 📺 ⚒ 📞 P 🎗 50. ⌾ ⌾ ⩥
Menu à la carte 15/26,50 – **34 Zim** ⊆ 41/48 – 63/72.
♦ Der modernisierte Gasthof ist in der Innenstadt von Schmölln gelegen. In bequemer zeitgemäß eingerichteten Gästezimmern fühlen Sie sich auch unterwegs zu Hause. Nebe Restaurant und Wintergarten steht im Sommer auch der Innenhof zur Verfügung.

🏨 **Café Baum**, Brückenplatz 18, ✉ 04626, ✆ (034491) 36 20, fam.baum@hotel-cafe baum.de, Fax (034491) 36210, 🌲 – 📺 📞 ⌾ ⌾ ⩥
Menu à la carte 15/21 – **9 Zim** ⊆ 39 – 63.
♦ Diese familiär geführte Adresse liegt an einem kleinen Platz im Zentrum der Stadt. Di Zimmer überzeugen mit ihrer soliden, neuzeitlichen Einrichtung.

SCHNAITTACH Bayern 419 420 R 18 – 8600 Ew – Höhe 352 m.
Berlin 409 – München 178 – Nürnberg 35 – Bayreuth 55 – Amberg 49.

In Schnaittach-Hormersdorf Nord-Ost: 10 km, nahe der BAB 9, Abfahrt Hormersdorf:

🏨 **Motel Hormersdorf**, Arzbühlstr. 8, ✉ 91220, ✆ (09152) 9 29 60, motel.hormer dorf@t-online.de, Fax (09152) 929654 – ⚡ Zim, 📺 ⚒ ⌾ ⩥ 🐴 Rest
Menu (nur Abendessen) à la carte 10/19 – **32 Zim** ⊆ 39/46 – 50/64.
♦ In der neuzeitlichen Motelanlage finden Reisende eine gepflegte Übernachtungsmög lichkeit. Hier können Sie bequem und verkehrsgünstig Ihre Fahrt unterbrechen. Ein den Hotelbereich vorgelagerter Pavillon dient der Bewirtung der Gäste.

SCHNAITTENBACH Bayern 420 R 20 – 5000 Ew – Höhe 403 m.
Berlin 430 – München 196 – Weiden in der Oberpfalz 28 – Amberg 19 – Regensburg 68

🍺 **Brauerei-Gasthof-Haas** (mit 🏨 Gästehaus), Hauptstr. 20, ✉ 92253, ✆ (09622 24 66, michl.haas@t-online.de, Fax (09622) 5945, 🌲 – ⚡ Zim, 📺 ☏ 📞 P ⌾ ⩥ 🐴 Rest
Menu (geschl. Nov., Dienstag) à la carte 11/20,50 – **35 Zim** ⊆ 40/55 – 55/80.
♦ Hinter der gelben Fassade des Haupthauses finden Sie rustikal eingerichtete Zimmer, da Gästehaus ist mit hellem Einbaumobiliar ausgestattet. In der mit heller Eiche ausstaffierter Stube kümmert man sich um das leibliche Wohl.

CHNEEBERG KREIS AUE Sachsen 418 420 O 21 – 17 800 Ew – Höhe 487 m.

🛈 Touristinformation, Markt 1, ✉ 08289, ℘ (03772) 2 03 14, schneeberg.touristinfo@t-online.de, Fax (03772) 22347.
Berlin 301 – Dresden 115 – Chemnitz 40 – Plauen 50 – Zwickau 20.

XX **Büttner** mit Zim, Markt 3, ✉ 08289, ℘ (03772) 35 30, hotel-restaurant_buettner@t-online.de, Fax (03772) 353200, 🏠 – 📺 🅿 AE 🅾 VISA. ✂ Rest
Menu (geschl. Jan. 2 Wochen, Juli - Aug. 3 Wochen, Dienstag) (Montag - Freitag nur Abendessen) à la carte 24,50/44 ₽ – **12 Zim** ⇌ 48 – 70/80.
♦ Hinter der schmucken Fassade der ehemaligen Konditorei verbirgt sich ein eleganter Raum mit historischem Kreuzgewölbe. Hier kreiert man Feines aus der französischen Küche.

CHNELLDORF Bayern 419 420 S 14 – 3 000 Ew – Höhe 530 m.

Berlin 515 – München 174 – Stuttgart 119 – Würzburg 90 – Nürnberg 83.

🏨 **Kellermann**, Am Birkenberg 1 (nahe BAB-Ausfahrt), ✉ 91625, ℘ (07950) 9 88 00, info@kellermanns.de, Fax (07950) 988080, 🏠 – 🛗 📺 🚗 🅿 – 🔒 60. AE 🅾 🅾🅾 VISA
Menu à la carte 18,50/34 – **32 Zim** ⇌ 41/50 – 78.
♦ Neben einer soliden Zimmerausstattung überzeugt das Hotel mit einer guten Verkehrsanbindung - für Tagungsgäste wie auch Privatreisende eine geeignete Adresse. Rustikales Ambiente und nettes Dekor bestimmen die Einrichtung des Restaurants.

CHNEVERDINGEN Niedersachsen 415 416 G 13 – 18 500 Ew – Höhe 90 m – Luftkurort.

🛈 Tourist-Information, Schulstr. 6a, ✉ 29640, ℘ (05193) 9 31 80, Fax (05193) 93184.
Berlin 339 – Hannover 97 – Hamburg 66 – Bremen 74.

🏨 **Landhaus Höpen** 🌳, Höpener Weg 13, ✉ 29640, ℘ (05193) 8 20, info@landhaus-hoepen.de, Fax (05193) 82113, ≤, 🏠, Massage, 🚿, 🏊, 🛖, – 📺 📞 🅿 – 🔒 80. 🅾🅾 VISA
Menu à la carte 25,50/44,50 – ⇌ 11 – **46 Zim** 87/150 – 125/165, 3 Suiten – ½ P 37.
♦ Am Ortsrand auf einer kleinen Anhöhe inmitten der Heidelandschaft finden Sie in wohnlichen Gemächern verschiedener Kategorien den passenden Wohnkomfort. Das gemütliche Restaurant ist im regionstypischen Reetdachhaus untergebracht.

X **Ramster** mit Zim, Heberer Str. 16, ✉ 29640, ℘ (05193) 68 88, info@hotel-ramster.de, Fax (05193) 50390, 🏠, 🛖, ✂ Zim, 📺 🅿 AE 🅾🅾 VISA. ✂
geschl. 1. - 15. Feb. – **Menu** à la carte 21,50/33,50 – **8 Zim** ⇌ 36/41 – 70.
♦ Dieses Restaurant bietet Ihnen ein schlichtes, privates Ambiente, eine schöne Terrasse und eine mit Sorgfalt und Geschmack zubereitete internationale Küche.

In Schneverdingen-Reinsehlen Nord : 4,5 km

🏨 **Camp Reinsehlen Hotel** 🌳, ✉ 29640, ℘ (05198) 98 30, hotel@campreinsehlen.de, Fax (05198) 98399, 🏠 – ✂ Zim, 📺 📞 🔥 🅿 – 🔒 150. AE 🅾🅾 VISA
geschl. 2. - 12. Jan. – **Menu** (geschl. Montagabend, Dienstagabend, Mittwochabend) à la carte 18,50/27,50 – **28 Zim** ⇌ 67/77 – 99/110.
♦ Die elegante Landhauseinrichtung dieser lichtdurchfluteten Holzbauten ist ein gelungenes Zusammenspiel modernen, klaren Designs und hochwertiger Handwerksqualität. Die Einrichtung des Restaurants ist mit modernen Möbeln realisiert worden.

In Schneverdingen-Tütsberg Süd-Ost : 12 km :

🏨 **Hof Tütsberg** 🌳, im Naturschutzpark, ✉ 29640, ℘ (05199) 9 00, info@tuetsberg.de, Fax (05199) 9050, 🏠, (Niedersächsischer Bauernhof a.d. 16. Jh.), 🚿, 🐎, 🛖 – ✂ Zim, 🚗 🅿 – 🔒 25. AE 🅾 🅾🅾 VISA
Menu à la carte 21,50/41,50 – **24 Zim** ⇌ 75 – 85/99, 7 Suiten – ½ P 19.
♦ Eingebettet in den Baumbestand des Naturschutzparks, bietet die hübsche historische Hofanlage neben dem Landschaftspflegehof auch einem netten Hotel Platz. Altdeutscher Stil und offener Kamin schaffen eine gemütliche Atmosphäre im Restaurant.

SCHOBÜLL Schleswig-Holstein siehe Husum.

SCHÖMBERG (Kreis Calw) Baden-Württemberg 419 T 9 – 8 800 Ew – Höhe 633 m – Heilklimatischer Kurort und Kneippkurort – Wintersport : 500/700 m, ✂1, ✂.

🛈 Touristik und Kur, Lindenstr. 7, ✉ 75328, ℘ (07084) 1 44 44, Fax (07084) 14445.
Berlin 674 – Stuttgart 74 – Karlsruhe 47 – Pforzheim 24 – Calw 15.

🏨 **Krone**, Liebenzeller Str. 15, ✉ 75328, ℘ (07084) 70 77, krone-schoemberg@t-online.de, Fax (07084) 6641 – 🛗 ✂ 📺 🚗 🅿 – 🔒 30. 🅾🅾 VISA
Menu à la carte 14,50/30,50 – **35 Zim** ⇌ 38/60 – 65/75 – ½ P 13.
♦ "Kennenlern"- und "Wochenpauschale" überzeugen den Gast von den Vorzügen dieser Herberge. Aufgrund seiner Lage ist das Haus für Urlaub, Kur und Tagung gleichermaßen geeignet. Eine unterteilte Gaststube erwartet Sie zum Essen.

SCHÖMBERG (Kreis Calw)

In Schömberg-Langenbrand *Nord-West : 2 km – Luftkurort :*

Schwarzwald-Sonnenhof, Salmbacher Str. 35, ⊠ 75328, ℘ (07084) 9 24 00, schwarzwald-sonnenhof@t-online.de, Fax (07084) 924099, 🍽 – 📺 ⇔ 🅿 – 🔑 3, VISA, ✂
Menu à la carte 19/32 – **23 Zim** ⊋ 34/47 – 73/91 – ½ P 15.
• Funktionell ausgestattete Quartiere stehen zum Einzug bereit - einige Zimmer sind neu renoviert. In und um Schömberg finden Sie eine breite Palette an Freizeitmöglichkeiten. Helle, gemütliche Galerie bestimmen das Ambiente im Restaurant.

Ehrich, Schömberger Str. 26, ⊠ 75328, ℘ (07084) 9 24 20, Fax (07084) 924292, 🍽 ⇔, 🍴 – 🛗, ✂ Zim, 📺 🅿 – 🔑 30. ⓞⓚ
geschl. 15. Nov. - 5. Dez. – **Menu** (geschl. Montag) à la carte 19/31 – **32 Zim** ⊋ 39/58 – 65/72.
• Suchen Sie eine gepflegte, praktische Adresse für unbeschwerte Tage im Schwarzwald. Die umgebenden Tannenwälder bieten sich für ausgedehnte Wanderungen an. Die Gasträume des Restaurants zeigen sich in rustikaler Aufmachung.

In Schömberg-Oberlengenhardt *Süd-Ost : 3 km – Erholungsort :*

Ochsen 🌿, Burgweg 3, ⊠ 75328, ℘ (07084) 92 79 50, info@landgasthof-ochsen.de, Fax (07084) 9279513, 🍽, ⇔ – 📺 🅿 – 🔑 15. ⓞⓚ VISA
Menu (geschl. Dienstag) à la carte 16/35 – **11 Zim** ⊋ 38/45 – 64/72 – ½ P 13.
• Umgeben von einer dörflichen Gegend, stellt diese familiär geführte Herberge im Sommer wie auch im Winter eine geeignete Adresse für erholsame Urlaubstage dar. Ein rustikales Ambiente mit viel Holz erwartet den Gast im Restaurant.

SCHÖNAICH *Baden-Württemberg siehe Böblingen.*

SCHÖNAU AM KÖNIGSSEE Bayern **420** X 22 – 5 600 Ew – Höhe 620 m – Heilklimatischer Kurort – Wintersport : 560/1 800 m ⋯ 1 ⋯ 6 ⋯.
Ausflugsziele : Königssee★★ Süd : 2 km – St. Bartholomä : Lage★ (nur mit Schiff ab Königssee erreichbar).
🛈 Tourist-Info, Rathausplatz 1 (Unterschönau), ⊠ 83471, ℘ (08652) 17 60, info@koenigssee.com, Fax (08652) 4050.
Berlin 747 – München 159 – *Bad Reichenhall* 23 – Berchtesgaden 5 – Salzburg 28.

In Schönau-Faselsberg *Ost : 4 km über Königsseer Straße (B 20) :*

Alpenhof 🌿, Richard-Voss-Str. 30, ⊠ 83471, ℘ (08652) 60 20, info@alpenhof.de, Fax (08652) 64399, ≤, 🍽, ⇔, 🏊, 🍴, ℀ – 🛗, ✂ Zim, 📺 🅿 – 🔑 30. 🅰🅴 ⓞ ⓚⓚ VISA
geschl. 2. Nov. - 18. Dez. – **Menu** (geschl. 16. März - 13. April) à la carte 17/37 – **53 Zim** ⊋ 61/100 – 116/158 – ½ P 12.
• Das Ferienhotel - durch Erweiterungen aus einem ehemaligen Gasthof entstanden - bietet Ihnen eine einzigartige Alleinlage in 700 m Höhe, in die Natur eingebettet. Das Restaurant zeigt sich in gemütlich-rustikalem Stil.

In Schönau-Hinterschönau :

Bärenstüberl (mit Gästehaus), Grünsteinstr. 65, ⊠ 83471, ℘ (08652) 9 53 20, ausserstorfer@t-online.de, Fax (08652) 953227, 🍽, ⇔, 🏊, 🍴, ℀ – Rest, 📺 🅿
Menu (geschl. Mittwoch) à la carte 14,50/40 – **20 Zim** ⊋ 50/70 – 80/90 – ½ P 14.
• Vor einer schönen Bergkulisse liegt dieses gastliche Haus. Äußerlich wie auch im Inneren ist Ihr vorübergehendes Zuhause in ländlichem Stil gehalten. In rustikal gestalteten Räumlichkeiten finden hungrige Gäste ein gemütliches Plätzchen.

In Schönau-Königssee :

Zur Seeklause, Seestr. 6, ⊠ 83471, ℘ (08652) 94 78 60, info@seeklause.de, Fax (08652) 9478660, 🍽, ⇔ – 📺 ⓥ 🅿. 🅰🅴 ⓞ ⓚⓚ VISA
Menu (geschl. Nov. - 23. Dez., 28. Feb. - 14. April, Dienstag) à la carte 12/21,50 – **16 Zim** ⊋ 61/75 – 76/118 – ½ P 14.
• Sowohl die Nähe zum See als auch die solide gestalteten Gästezimmer sprechen für das kleine Hotel. Sommers wie winters erwartet Sie hier eine reizvolle Landschaft. Das Restaurant wirkt gemütlich durch Holz, Kachelofen und ländliche Einrichtung.

In Schönau-Oberschönau :

Zechmeisterlehen 🌿, Wahlstr. 35, ⊠ 83471, ℘ (08652) 94 50, info@zechmeisterlehen.de, Fax (08652) 945299, ≤ Grünstein, Kehlstein und Hoher Göll, Massage, ⇔, 🏊 (geheizt), 🍴, 🍽 – 🛗, ✂ Rest, 📺 🅿 ⓚⓚ VISA, ✂ Rest
geschl. 6. Nov. - 24. Dez. – **Menu** (geschl. Sonntag) (nur Abendessen) (Restaurant nur für Hausgäste) à la carte 15/31 – **42 Zim** ⊋ 76/104 – 156/186 – ½ P 13.
• Das Haus befindet sich in ruhiger Ortsrandlage - eine Wiese umgibt das Grundstück. Das wohnliche Innenleben und der Blick auf die Berge machen den Reiz dieser Adresse aus.

SCHÖNAU AM KÖNIGSSEE

Stoll's Hotel Alpina, Ulmenweg 14, ⊠ 83471, ℘ (08652) 6 50 90, info@stolls-hotel-alpina.de, Fax (08652) 61608, ≤ Kehlstein, Hoher Göll und Watzmann, 😊, ≦s, ⊇ (geheizt), ▨, ≋ – 🖼 🅿 🆎 ⓞ 🆒 𝗩𝗜𝗦𝗔
geschl. 4. Nov. - 20. Dez. – **Menu** (nur Abendessen) (Tischbestellung ratsam) à la carte 17/27,50 – **55 Zim** ⊇ 60/80 – 72/120, 8 Suiten – ½ P 15.
• Diese ansprechende Hotelanlage im alpenländischen Stil - umgeben von einer großzügigen Gartenanlage - liegt absolut ruhig inmitten der Berchtesgadener Bergwelt. Viel dunkles Holz gibt dem Restaurant rustikales Flair.

Georgenhof, Modereggweg 21, ⊠ 83471, ℘ (08652) 95 00, Fax (08652) 950200, ≤ Hoher Göll, Watzmann und Hochkalter, ≦s, ≋, ⇝ Zim, 🖼 ✆ 🅿 🆎 ⓞ 🆒 𝗩𝗜𝗦𝗔 ❅ Rest
geschl. Nov. - 15. Dez. – **Menu** (nur Abendessen) (Restaurant nur für Hausgäste) – **23 Zim** ⊇ 48/65 – 86 – ½ P 11.
• In einem Wohngebiet in ruhiger Ortsrandlage beziehen Sie in einem erweiterten Gasthof Quartier. Wohnliche Zimmer ersetzen Ihnen vorübergehend Ihr eigenes Zuhause.

In Schönau-Unterschönau :

Köppeleck, Am Köppelwald 15, ⊠ 83471, ℘ (08652) 94 20, koeppeleck@t-online.de, Fax (08652) 942222, ≤ Kehlstein, Jenner und Hoher Göll, 😊, ≦s, ≋ – ▯ 🖼 🅿 🆎 🆒 𝗩𝗜𝗦𝗔
Menu à la carte 15/29 – **45 Zim** ⊇ 40/65 – 70/76 – ½ P 11.
• Die ruhige Lage am Waldrand oberhalb des Ortes zählt ebenso zu den Annehmlichkeiten dieses familiär geführten Domizils wie die soliden Zimmer in Alt- und Neubau.

Waldhauser-Bräu, Waldhauserstr. 12, ⊠ 83471, ℘ (08652) 94 89 43, waldhauser braeu@t-online.de, Fax (08652) 948945, Biergarten – 🅿
Menu (Dienstag - Freitag nur Abendessen) à la carte 13,50/23.
• Rustikale Holztische und ländliches Flair bestimmen das Innenleben dieses bayerischen Brauereigasthofs. Das bürgerliche Angebot wird durch Brotzeiten ergänzt.

SCHÖNAU AN DER BREND Bayern 418 420 O 14 – 1 400 Ew – Höhe 310 m – Erholungsort.
Berlin 424 – München 324 – Fulda 47 – Bad Kissingen 37.

Im Krummbachtal, Krummbachstr. 24, ⊠ 97659, ℘ (09775) 9 19 10, Fax (09775) 919191, ≦s, ▨, ❅, ⇝ Zim, 🖼 🅿 ❅
Menu (nur Abendessen) à la carte 20/34 – **31 Zim** ⊇ 60 – 100 – ½ P 26.
• Neben der schönen Waldrandlage in dörflicher Idylle überzeugt das Haus auch mit funktionellen Zimmern, die hinter der schmucken Holzfassade zum Einzug bereitstehen.

In Schönau-Burgwallbach Süd : 3 Km :

Gasthof Zur Linde, Kreuzbergstr. 47, ⊠ 97659, ℘ (09775) 2 77, gasthof-zurlinde @t-online.de, Fax (09775) 1419, 😊, ≦s, ≋ – 🖼 🅿
geschl. Okt. 2 Wochen – **Menu** (geschl. Donnerstag) à la carte 11,50/24 – **17 Zim** ⊇ 27/36 – 44/50.
• Durch mehrere Erweiterungen hat sich der ländliche Gasthof den Ansprüchen der Reisenden angepaßt. Sie bewohnen praktische Zimmer - teils neuzeitlich, teils älter möbliert. Das Restaurant befindet sich im Holzanbau am Haus.

SCHÖNAU IM SCHWARZWALD Baden-Württemberg 419 W 7 – 2 500 Ew – Höhe 542 m – Luftkurort – Wintersport : 800/1 414 m ⚡4 ⚡.
Ausflugsziel : Belchen ⚶ ★★★, Nord-West : 14 km.
🟦 Schönau, Schönenberger Str. 17, ℘ (07673) 88 86 60.
🟦 Belchenland Tourist-Information, Gentnerstr. 2, ⊠ 79677, ℘ (07673) 91 81 30, Fax (07673) 9181329.
Berlin 808 – Stuttgart 186 – Freiburg im Breisgau 39 – Donaueschingen 63 – Basel 42.

Kirchbühl, Kirchbühlstr. 6, ⊠ 79677, ℘ (07673) 2 40, Fax (07673) 249, 😊, ≋ – 🖼 🅿 ⓞ 🆒 𝗩𝗜𝗦𝗔 ❅ Zim
Menu (geschl. März 2 Wochen, Nov. 3 Wochen, Dienstag - Mittwochmittag) à la carte 19,50/36 – **10 Zim** ⊇ 35/42 – 67/76 – ½ P 13.
• In der Mitte des Ortes, aber dennoch ruhig gelegen, finden Sie eine gepflegte, solide Behausung auf Zeit. Auch die überschaubare Größe des Hotels sorgt für Behagen. Gasträume im Schwarzwälder Stil.

Vier Löwen (mit 🏠 Anbau), Talstr. 18, ⊠ 79677, ℘ (07673) 91 81 20, Fax (07673) 9181240, ≦s, ▨, ≋ – 🖼 🅿 𝗩𝗜𝗦𝗔
Menu (geschl. 1. - 15. Nov., Dienstagmittag, Mittwoch) à la carte 17/34 – **20 Zim** ⊇ 40/55 – 75/95 – ½ P 8.
• Ein neuzeitlicher Anbau ergänzt den liebenswerten Gasthof um weitere funktionelle Quartiere : neben modernen Zimmern im Gästehaus steht auch eine schlichte Variante zur Wahl. Bürgerlich-rustikales Restaurant.

SCHÖNAU IM SCHWARZWALD

In Tunau Süd-Ost : 3 km :

Zur Tanne, Alter Weg 4, ✉ 79677, ✆ (07673) 3 10, info@tanne-tunau.de
Fax (07673) 1000, ≤, 😊, ⊜, 🔲, 🛏, ❊ – 🅿. 🆎 **VISA**. ❊ Rest
geschl. 10. - 18. März, Mitte Nov. - Mitte Dez. – **Menu** (geschl. Montagabend - Dienstag)
à la carte 19/33 – **13 Zim** ⇔ 34/40 – 60/75 – ½ P 11.
• Das kleine Bergdorf liegt in bevorzugter Höhenlage. Hinter einem einladenden Äußeren mit regionstypischem Walmdach und Holzfront beziehen Sie ein heimeliges Quartier. Im Restaurant werden Produkte der Saison mit Sorgfalt und Geschmack verarbeitet.

In Aitern-Multen Nord-West : 10 km :

Jägerstüble, an der Straße zum Belchen – Höhe 1 100 m, ✉ 79677, ✆ (07673) 72 55
jaegerstueble@mail.pcom.de, Fax (07673) 7884, 😊, ⊜, 🔲, 🛏 – 📺 ⇔ 🅿. 🆎 **VISA**.
Menu à la carte 16/38 – **16 Zim** ⇔ 64/74 – ½ P 12.
• Der Gasthof mit gepflegter Fassade beherbergt solide ausgestattete Fremdenzimmer und liegt ruhig in der schönen Schwarzwaldumgebung. Mit moderner Badelandschaft. In rustikal eingerichteten Räumen lädt Schwarzwälder Gastlichkeit zum Verweilen ein.

SCHÖNAU (PFALZ) Rheinland-Pfalz **419** S 7 – 600 Ew – Höhe 214 m – Erholungsort.
Berlin 711 – Mainz 155 – Karlsruhe 66 – Saarbrücken 98 – Landau in der Pfalz 44 – Pirmasens 39 – Wissembourg 25.

Zur Wegelnburg (mit Gästehaus), Hauptstr. 8, ✉ 66996, ✆ (06393) 9 21 20, hotel-wegelnburg@t-online.de, Fax (06393) 921211, 😊 – 📺 🅿. 🆎 **VISA**
geschl. Mitte Jan. - Fasching – **Menu** (geschl. Nov. - April Mittwoch - Donnerstag) à la carte 14,50/25 – **15 Zim** ⇔ 40/50 – 72/75 – ½ P 10.
• Der Gasthof wird ergänzt durch ein kleines, als Gästehaus fungierendes Fachwerkhaus. Von hier aus unternehmen Sie Ausflüge in den Pfälzerwald und das nahegelegene Elsaß. Das Innenleben des Restaurants zeigt sich in bürgerlich-schlichter Gestaltung.

SCHÖNAU (RHEIN-NECKAR-KREIS) Baden-Württemberg **417** **419** R 10 – 4 600 Ew – Höhe 175 m.
Berlin 643 – Stuttgart 115 – Mannheim 49 – Heidelberg 18 – Mosbach 43.

In Schönau-Altneudorf Nord : 3 km :

Zum Pflug, Altneudorfer Str. 16, ✉ 69250, ✆ (06228) 82 07, andreashorna@aol.com
Fax (06228) 913825 – 🅿. 🆎
geschl. Montag – **Menu** (wochentags nur Abendessen) à la carte 24/33,50.
• Im rustikalen Ambiente dieses gepflegten Dorfgasthauses mischen Sie sich unter Einheimische. Das Speisenangebot orientiert sich an der internationalen Küche.

SCHÖNBACH Sachsen siehe Löbau.

SCHÖNBERG Bayern **420** T 24 – 4 200 Ew – Höhe 565 m – Luftkurort – Wintersport : 650/700 m ≰1 ≰.
? Touristikbüro, Marktplatz 16, ✉ 94513, ✆ (08554) 46 04 41, schoenberg bayerwald@t-online.de, Fax (08554) 2610.
Berlin 552 – München 181 – Passau 34 – Cham 74 – Deggendorf 38.

In Schönberg-Maukenreuth Süd : 3 km, über Mitternach :

Landhaus zur Ohe, ✉ 94513, ✆ (08554) 9 60 70, landhaus_zur_ohe@t-online.de
Fax (08554) 556, ≤, 😊, Massage, ⊜, ⊆, 🔲, 🛏, 🐎 – 📶, ⇔ Rest, 📺 🅿. 🆎 **VISA**
❊ Rest
geschl. 6. Nov. - 5. Dez. – **Menu** (geschl. Mai - Sept. Dienstag - Donnerstagmittag) à la carte 16/29,50 – **50 Zim** ⇔ 36/42 – 84/94 – ½ P 17.
• Das familienfreundliche Haus ist alleine auf einer kleinen Anhöhe gelegen. Hier finden Sie eine neuzeitliche Unterkunft sowie schlichtere Zimmer mit älteren Bauernmöbeln. Ein ländlicher Rahmen kennzeichnet das Interieur des Restaurants.

SCHÖNBERG Schleswig-Holstein **415** **416** C 15 – 7 500 Ew – Höhe 18 m – Erholungsort.
? Tourist Information, Service Center, Käptn's Gang 1, (OT Schönberger Strand), ✉ 24217, ✆ (04344) 4 14 10, Fax (04344) 414114.
Berlin 348 – Kiel 26 – Lübeck 88 – Lütjenburg 22 – Preetz 19.

Stadt Kiel, Am Markt 8, ✉ 24217, ✆ (04344) 3 05 10, hotel-stadt-kiel@addcom.de, Fax (04344) 305151, 😊, Biergarten, ⊜ – 📺 🅿. 🆎 ⓘ 🆎 **VISA**
Menu (geschl. Dienstag) à la carte 19,50/38,50 – **16 Zim** ⇔ 46/52 – 72/82.
• In der Mitte des Dorfes beziehen Sie in einem modernisierten Gasthof Quartier. Die Zimmer in der oberen Etage überzeugen mit Wohnlichkeit und einem guten Platzangebot. Im Restaurant oder auf der Terrasse finden Sie ein nettes Plätzchen.

SCHÖNBERG

Ruser's Hotel (mit Gästehaus), Albert-Koch-Str. 4, ⌧ 24217, ℘ (04344) 20 13, mail to.rusershotel@t-online.de, Fax (04344) 2015, 🍴, ⇌, ⇒ – |𝄞|, ✲ Zim, 📺 ⇔ 🅿
Menu à la carte 13,50/26,50 – **40 Zim** ⇌ 33/45 – 56/71 – ½ P 8.
   ♦ Das Hotel bietet Reisenden eine gepflegte und praktische Unterkunft - in einem Wohngebiet, ca. 100 m entfernt, steht das Gästehaus mit weiteren Zimmern zur Verfügung.

In Schönberg-Kalifornien Nord : 5 km – Ostseebad :

Kalifornien ♨, Deichweg 3, ⌧ 24217, ℘ (04344) 3 05 80, hotel-gasthaus-kalifornien @t-online.de, Fax (04344) 305852, ≤, 🍴 – ✲ Zim, 📺 ✆ ⇔ 🅿 🅰🅴 ⓞ ⓜⓞ 𝐕𝐈𝐒𝐀, ✲ Zim
Menu (geschl. Mitte Okt. - Mitte Nov., Montagmittag, Okt. - März Montag - Dienstag) à la carte 15/34 – **35 Zim** ⇌ 36/50 – 70/100.
   ♦ Unmittelbar hinter dem Küstenschutzdeich - nur wenige Schritte vom Strand entfernt - warten solide bestückte Zimmer auf Sie, meist mit Blick auf's Meer. Schöne Gartenterrasse. Das schlicht gestaltete Restaurant paßt zur dörflichen Umgebung des Hauses.

SCHÖNBORN, BAD Baden-Württemberg 𝟒𝟏𝟕 𝟒𝟏𝟗 S 9 – 11 000 Ew – Höhe 110 m – Heilbad.
🛈 Kurverwaltung (Mingolsheim), Kraichgaustr. 10, ⌧ 76669, ℘ (07253) 9 43 10, Fax (07253) 943114.
Berlin 636 – Stuttgart 79 – *Karlsruhe* 41 – Heilbronn 51 – Heidelberg 25.

In Bad Schönborn-Mingolsheim :

Waldparkstube, Waldparkstr. 1, ⌧ 76669, ℘ (07253) 97 10, hotel.waldparkstube @t-online.de, Fax (07253) 97150, 🍴, ⇌ – ✲ 📺 ✆ ⇔ 🅿 – 🔔 50. ✲ Zim
Menu (geschl. 20. Dez. - 25. Jan., Samstagabend - Sonntag) à la carte 16/37,50 – **30 Zim** ⇌ 65/85 – 80/110.
   ♦ Nahe dem Kurpark beziehen Sie eine funktionelle Herberge. Durch die günstige Lage zu verschiedenen Technologiezentren ist das Haus auch für Geschäftsreisende geeignet. Rustikal geprägtes Restaurant mit Wintergarten.

Gästehaus Prestel ♨ garni, Beethovenstr. 20, ⌧ 76669, ℘ (07253) 41 07, gaestehprestel@aol.com, Fax (07253) 5322, ≈ – |𝄞| 📺 🅿 ⓜⓞ 𝐕𝐈𝐒𝐀 ✲
geschl. 23. Dez. - 7. Jan. – **33 Zim** ⇌ 35/47 – 55/65.
   ♦ Das Haus ist ein solider Familienbetrieb, ruhig in einem Wohngebiet plaziert. Die gepflegten Fremdenzimmer verteilen sich auf zwei Gebäude.

SCHÖNEBECK Sachsen-Anhalt 𝟒𝟏𝟖 J 19 – 37 000 Ew – Höhe 50 m.
🛈 Stadtinformation, Badepark 1, (Bad Salzelmen), ⌧ 39218, ℘ (03928) 7 60 64, Fax (03928) 705542.
Berlin 162 – *Magdeburg* 16 – Dessau 50 – Halberstadt 56 – Halle 71.

Domicil 🅼, Friedrichstr. 98a, ⌧ 39218, ℘ (03928) 71 23, info@hotel-domicil-schoenebeck.de, Fax (03928) 712400, Biergarten, ⇌ – |𝄞|, ✲ Zim, 📺 ✆ ♿ 🅿 – 🔔 120. 🅰🅴 ⓞ ⓜⓞ 𝐕𝐈𝐒𝐀
Menu à la carte 21/32,50 – **62 Zim** ⇌ 60/70 – 75/105.
   ♦ Das neuzeitliche Gebäude im Zentrum der Stadt zeigt sich in moderner Aufmachung - von der Rezeption bis in die funktionell ausgestatteten Zimmer. Helle, freundliche Farben bestimmen das Interieur des Restaurants.

In Schönebeck-Bad Salzelmen Süd-Ost : 1,5 km – Soleheilbad :

Am Kurpark 🅼, Magdeburger Str. 1, ⌧ 39218, ℘ (03928) 7 08 00, info@hotelam kurpark.de, Fax (03928) 708099, Massage, 🄰, ⇌, ≈ – |𝄞|, ✲ Zim, 📺 ✆ ♿ 🅿 – 🔔 80. 🅰🅴 ⓞ ⓜⓞ 𝐕𝐈𝐒𝐀
Menu (Montag - Freitag nur Abendessen) à la carte 14/27,50 – **44 Zim** ⇌ 72/82 – 88/98 – ½ P 14.
   ♦ Die kleine Villa aus dem Jahre 1907 und der neuzeitliche Anbau verbinden sich zu einem ansprechenden Hotel - im Inneren überzeugen modernes Design und eine gute Technik. Mit warmen Farben und neuzeitlichem Mobilar gefällt das Restaurant.

Elmener Hof garni, Bornstr. 2, ⌧ 39218, ℘ (03928) 78 17 00, Fax (03928) 781777 – |𝄞| ✲ 📺. ⓜⓞ 𝐕𝐈𝐒𝐀
11 Zim ⇌ 40/50 – 60/75.
   ♦ Hinter der modernen Fassade des Hauses steht ein kleines Etagenhotel mit neuzeitlich-funktionellen Zimmern zu Ihren Diensten. Im Café Kränzchen nehmen Sie Ihr Frühstück ein.

SCHÖNECK Hessen 417 P 10 – 10 700 Ew – Höhe 141 m.
Berlin 533 – Wiesbaden 64 – Frankfurt 24 – Gießen 55 – Hanau 9.

In Schöneck-Kilianstädten :

🏠 **Lauer** garni, Frankfurter Str. 17, ✉ 61137, ✆ (06187) 9 50 10, hotellauer@aol.com, Fax (06187) 950120 – 📺 🅿 🆎 ⓜ 🆅🆂🅰
17 Zim ⊇ 52 – 72.
♦ Diese kleine pensionsähnliche Adresse ist ein ehemaliges Gasthaus in der Mitte des Dorfes. Freundliche Farben und ein neuzeitlicher Stil prägen das Inventar der Zimmer.

SCHÖNEFELD KREIS DAHME-SPREEWALD Brandenburg – 2 000 Ew – Höhe 42 m.
Berlin 19 – Potsdam 36 – Königs Wusterhausen 16 – Cottbus 113 – Frankfurt (Oder) 78

🏨 **Holiday Inn Airport** M, Hans-Grade-Allee 5, ✉ 12529, ✆ (030) 63 40 10, info@holidayinn-berlin.de, Fax (030) 63401600, 😊, ℉₆, 🆎 – 🛗, ⥁ Zim, 🖥 📺 ⌕ 🅱 ⇔ 🅿 – 🔑 130. 🆎 ⓞ ⓜ 🆅🆂🅰 🅹🅲🅱
Menu à la carte 18,50/37 – **195 Zim** ⊇ 110/140 – 125/155.
♦ Die günstige Lage zum Flughafen und zum Bahnhof sowie das moderne Interieur machen das Haus zu einer attraktiven Adresse für Geschäftsreisende und Tagungsgäste.

SCHÖNFELS Sachsen siehe Zwickau.

SCHÖNHEIDE Sachsen 418 420 O 21 – 5 700 Ew – Höhe 650 m.
🅱 Fremdenverkehrsamt, Hauptstr. 43, (Rathaus), ✉ 08304, ✆ (037755) 5 16 23, gemeinde-schoenheide@t-online.de, Fax (037755) 51629.
Berlin 316 – Dresden 151 – Chemnitz 78 – Zwickau 30.

🏠 **Zum Forstmeister** 🌿, Auerbacher Str. 15, ✉ 08304, ✆ (037755) 6 30, forstmeister@t-online.de, Fax (037755) 6399, 😊, 🆎, 🌿, ✨ – 📺 🅿 – 🔑 40. 🆎 ⓞ ⓜ 🆅🆂🅰
geschl. 20. - 24. Dez. – **Menu** à la carte 13/36 – **50 Zim** ⊇ 41/47 – 57/90.
♦ Das ehemalige Ferienheim stellt dem Gast praktische Quartiere zur Verfügung - einige auch als Familienzimmer. Die Gegend ermöglicht Ihnen ein buntes Freizeitprogramm.

🏠 **Zur Post**, Hauptstr. 101, ✉ 08304, ✆ (037755) 51 30, hotels-am-auersberg@web.de, Fax (037755) 51329, 😊, Biergarten, 🆎 – 📺 🅿 – 🔑 20. 🆎 ⓞ ⓜ 🆅🆂🅰
Menu (Montag - Freitag nur Abendessen) à la carte 13/23 – **11 Zim** ⊇ 42/60 – 72/80
♦ Das kleine Domizil liegt in der Mitte des Ortes. Hinter der Backsteinfassade des 1896 errichteten Postamts steht nun ein funktionelles Interieur für Ihre Beherbergung bereit. Hell und freundlich eingerichtete Galerieräume.

SCHÖNSEE Bayern 420 R 21 – 2 800 Ew – Höhe 656 m – Erholungsort – Wintersport : 550/900 m
⥣5, 🎿, Sommerrodelbahn.
🅱 Tourist-Information, Hauptstr. 25, ✉ 92539, ✆ (09674) 3 17, Fax (09674) 913130.
Berlin 454 – München 235 – Weiden in der Oberpfalz 50 – Cham 56 – Nürnberg 136.

🏨 **St. Hubertus** 🌿, Hubertusweg 1, ✉ 92539, ✆ (09674) 9 22 90, st.hubertus@t-online.de, Fax (09674) 922929, ≤, 😊, Massage, ♨, ℉₆, 🆎, 🔲, 🌿, ✨(Halle) – 🛗, ⥁ Zim, 📺 ⌕ ⇔ 🅿 – 🔑 70. 🆎 ⓞ ⓜ 🆅🆂🅰
geschl. Jan. 2 Wochen, Anfang Nov. - Anfang Dez. – **Menu** à la carte 12,50/30 – **78 Zim** ⊇ 55/65 – 74/94, 3 Suiten – ½ P 12.
♦ Das ursprüngliche Haus hat sich durch ständige Erweiterungen zu einem ansprechender Ferienhotel entwickelt - in ruhiger Waldrandlage in 700 m Höhe gelegen. Mit Jagdmuseum. Wie die Fassade des Hauses ist auch das Restaurant im regionstypischen Stil gehalten.

In Schönsee-Gaisthal Süd-West : 6 km in Richtung Oberviechtach :

🏠 **Gaisthaler Hof**, Schönseer Str. 16, ✉ 92539, ✆ (09674) 2 38, hotel-gaisthaler-hof@t-online.de, Fax (09674) 8611, 😊, 🆎, 🔲, 🌿, 🐎 (Reitschule) – 📺 🅿 – 🔑 15. 🆎 ⓞ ⓜ 🆅🆂🅰, ⥁ Zim
geschl. Nov. - Mitte Dez. – **Menu** à la carte 10,50/22,50 – **32 Zim** ⊇ 26/40 – 42/58 – ½ P 7.
♦ Eine ländliche Adresse, die mit dörflicher Atmosphäre und praktischer Gestaltung überzeugt - inmitten einer dörflichen Umgebung gelegen. Hinter dem Haus ist der Reitstall. Schlicht und rustikal : das Restaurant.

In Schönsee-Lindau Nord : 4 km in Richtung Stadlern, am Ortsausgang links abbiegen :

🍴 **Weiherblasch** mit Zim, Lindau 2, ✉ 92539, ✆ (09674) 81 69, info@weiherblasch.com, Fax (09674) 600 – 🅿 ⓜ 🆅🆂🅰
Menu (geschl. 27. - 31. Okt., Montag - Dienstag) (nur Abendessen) 20/37 à la carte 18,50/33 – **2 Zim** ⊇ 35 – 63.
♦ Auf den Grundmauern einer alten Mühle etablierte sich hier vor zehn Jahren ein gemütlich eingerichtetes Restaurant. Ökologisch erzeugte Produkte bereichern die Speisekarte.

SCHÖNTAL Baden-Württemberg 419 S 12 – 5 700 Ew – Höhe 210 m.
   Sehenswert : Ehemalige Klosterkirche★ (Alabasteraltäre★★) – Klosterbauten (Ordenssaal★).
   Berlin 573 – Stuttgart 86 – Würzburg 76 – Heilbronn 44.

In Kloster Schöntal :

Zur Post, Honigsteige 1, ✉ 74214, ✆ (07943) 22 26, walter.blattau@t-online.de, Fax (07943) 2563, Biergarten, ⇌ – 📶, ⥤ Zim, 📺 🅿
Menu (geschl. über Fasching, Montag) à la carte 13,50/21 – **32 Zim** ⇌ 46/49 – 70/76.
   ♦ 1701 erbaut, diente das Hotel ursprünglich Mönchen als Klosterwaschhaus. Die Zimmer im neuen Anbau sind modern und farblich schön gestaltet, die im Haupthaus eher schlicht. Ländliches Restaurant mit holzgetäfelten Wänden.

Gästehaus Zeller ⋟, garni, Honigsteige 21, ✉ 74214, ✆ (07943) 6 00, gaestehaus.zeller@t-online.de, Fax (07943) 942400 – 📺 ⇌ 🅿 ⥤
geschl. 20. Dez. - Mitte Jan. – **18 Zim** ⇌ 30/40 – 47/56.
   ♦ Sind Sie auf der Suche nach einer zeitgemäßen, sauberen Übernachtungsadresse? In ruhiger Lage am Ortsrand finden Sie diesen netten Familienbetrieb.

Lesen Sie die Einleitung, sie ist der Schlüssel zu diesem Führer.

SCHÖNWALD Baden-Württemberg 419 V 8 – 2 600 Ew – Höhe 988 m – Heilklimatischer Kurort – Wintersport : 950/1 150 m ⬚3 ⬚.
   🛈 Tourist-Info, Franz-Schubert-Str. 3, ✉ 78141, ✆ (07722) 86 08 30, Fax (07722) 860834.
   Berlin 772 – Stuttgart 146 – Freiburg im Breisgau 49 – Donaueschingen 37 – Offenburg 63.

Zum Ochsen, Ludwig-Uhland-Str. 18, ✉ 78141, ✆ (07722) 86 64 80, ringhotel@ochsen.com, Fax (07722) 8664888, ≤, 😀, ⇌, 🏊, 🎾, %, 🐎 – ⥤ Zim, 📺 📞 ⇌ 🅿 – ⚠ 30. AE MO VISA. ⥤ Rest
geschl. 10. - 24. Jan. – **Menu** (geschl. Dienstag - Mittwoch) à la carte 24/42 – **38 Zim** ⇌ 58/96 – 102/138 – ½ P 21.
   ♦ Inmitten einer idyllischen Landschaft bilden Wohnkomfort und Schwarzwälder Flair eine gelungene Einheit. Wellness-Angebote tragen zur Attraktivität des Hauses bei. Das Restaurant ist in mehrere gemütlich-elegante Stuben unterteilt.

Dorer ⋟, Franz-Schubert-Str. 20, ✉ 78141, ✆ (07722) 9 50 50, hotel-dorer-schoenwald@t-online.de, Fax (07722) 950530, 😀, 🏊, 🎾, % – ⥤ Rest, 📺 📞 ⇌ 🅿 AE ① MO VISA. ⥤ Rest
Menu (Tischbestellung ratsam) à la carte 25/39 – **19 Zim** ⇌ 42/50 – 78/110, 4 Suiten – ½ P 20.
   ♦ Wohnlicher Landhausstil und zeitgemäßer Komfort kennzeichnen das Interieur des kleinen Hotels - nützliche Kleinigkeiten wie Nähzeug und Schuhlöffel bereichern die Ausstattung. Holztäfelung und nettes Dekor machen das Restaurant zu einem gemütlichen Ort.

Silke ⋟, Feldbergstr. 8, ✉ 78141, ✆ (07722) 95 40, info@hotel-silke.com, Fax (07722) 7840, ≤, 🛁, ⇌, 🏊, 🎾 – 📺 🅿 AE MO VISA
geschl. 3. Nov. - 24. Dez. – **Menu** (nur Abendessen) à la carte 18/27 – **38 Zim** ⇌ 30/36 – 60/72 – ½ P 15.
   ♦ Oberhalb des Dorfes in einem ruhigen Wohngebiet steht eine funktionelle wie auch wohnliche Herberge - bestehend aus zwei Häusern - für Sie bereit. Im neo-rustikalen Stil behaglich eingerichtet zeigt sich das Restaurant.

Adlerschanze ⋟, Goethestr. 8, ✉ 78141, ✆ (07722) 9 68 80, info@adlerschanze.de, Fax (07722) 968829, ≤, 😀, 🛁, ⇌, 🎾 – ⥤ Zim, 📺 🅿 AE MO VISA
geschl. Nov. 2. Wochen – **Menu** (geschl. Montag) (Nov. - Mai nur Abendessen) à la carte 23,50/35,50 – **11 Zim** ⇌ 35 – 60/70 – ½ P 14.
   ♦ Nach der nahegelegenen Skisprungschanze benannt, bietet das Haus gerade Wintersportlern einen idealen Ausgangsort. Wanderwege, Loipen und Skilift finden sich ganz in der Nähe. Das kleine Restaurant steht mit gepflegtem Interieur bereit.

Löwen, Furtwanger Str. 8 (Escheck, Süd : 2 km, an der B 500), ✉ 78141, ✆ (07722) 41 14, info@hotel-loewen.com, Fax (07722) 1891, ≤, 😀, ⇌, 🎾 – ⥤ Zim, 📺 ⇌ 🅿 MO VISA. ⥤
geschl. Ende Nov. - Mitte Dez. – **Menu** (geschl. Mittwochabend - Donnerstag) à la carte 18,50/30,50 – **14 Zim** ⇌ 35/40 – 60/68 – ½ P 13.
   ♦ Umgeben von Wiesen und Wäldern liegt das Hotel in über 1000 m Höhe sommers wie winters eine reizvolle Bleibe dar. Fragen Sie nach den neu ausgebauten Gästezimmern. Mit hellem Holz wurde das Restaurant rustikal gestaltet.

1309

SCHÖNWALDE (Glien) Brandenburg 416 418 | 23 – 3 200 Ew – Höhe 50 m.
Berlin 23 – Potsdam 31 – Frankfurt/Oder 135 – Magdeburg 145 – Rostock 201.

Diana, Berliner Allee 16, ⌂ 14621, ℘ (03322) 2 97 90, hoteldiana@t-online.de
Fax (03322) 297929, ☕ – 📺 📞 P – 🅿 20. AE ⓄⒺ VISA
Menu à la carte 16/23,50 – **12 Zim** ⌓ 59/64 – 77/87.
   ◆ Umgebaut zu einem kleinen Hotel, dient das ehemalige Wohnhaus nun der Beherbergung
   Reisender. Zeitgemäße, funktionelle Räume und eine private Atmosphäre sprechen für das
   Haus. Das Restaurant ist im wintergartenähnlichen Nebengebäude untergebracht.

SCHÖPPINGEN Nordrhein-Westfalen 417 J 5 – 6 500 Ew – Höhe 94 m.
Berlin 502 – Düsseldorf 133 – Nordhorn 55 – Enschede 31 – Münster (Westfalen) 33 –
Osnabrück 74.

Zum Rathaus (mit Gästehaus), Hauptstr. 52, ⌂ 48624, ℘ (02555) 93 87 50, info@tier
meyer.de, Fax (02555) 938751, ☕, ⇌ – ⥊ Zim, 📺 ⓟ P – 🅿 40. AE ⓄⒺ VISA JCB
Menu (geschl. Juli - Aug. 3 Wochen, Montagmittag, Dienstag) à la carte 17/30,50 – **24 Zim**
⌓ 40/80 – 70/100.
   ◆ Sie wohnen hinter den denkmalgeschützten Mauern des alten Klinkerbaus oder im
   nach hinten gelegenen Gästehaus - einige der Zimmer sind in modernem Stil eingerichtet
   Ein helles, freundliches Interieur findet man im Restaurant.

In Schöppingen-Eggerode Süd : 4 km :

Winter, Gildestr. 3, ⌂ 48624, ℘ (02545) 9 30 90, hotel@winter-eggerode.de
Fax (02545) 930915, ☕, ⇌ – 📺 P – **Menu** (geschl. Juli - Aug. 2 Wochen, Montag (Jan.
- Feb. nur Abendessen) à la carte 13/25 – **16 Zim** ⌓ 36/46 – 62/72.
   ◆ Das Haus mit der regionstypischen Natursteinfassade steht im Zentrum des kleinen Ortes
   Im Inneren überzeugen gepflegte, funktionelle Zimmer von schlicht bis neuzeitlich. Der
   ländlich-rustikale Stil der Gaststuben lädt zu gemütlichem Verweilen ein.

Haus Tegeler mit Zim, Vechtestr. 24, ⌂ 48624, ℘ (02545) 9 30 30, info@hotel
tegeler.de, Fax (02545) 930323, ☕ – P. ⌘ Zim – **Menu** (geschl. Dienstagmittag, Don
nerstag - Freitagmittag) à la carte 20/36 – **13 Zim** ⌓ 44 – 80.
   ◆ Eine nette Stube im altdeutschen Stil sorgt mit Dielencharakter und Kamin für gemütliche
   Stunden. In der Küche widmet man sich mit Sorgfalt und Geschmack dem Wohl des Gastes

SCHOLLBRUNN Bayern 417 419 Q 12 – 800 Ew – Höhe 412 m – Erholungsort.
Berlin 547 – München 325 – Würzburg 51 – Aschaffenburg 34 – Wertheim 11.

Benz ♨, Am Herrengrund 1, ⌂ 97852, ℘ (09394) 80 20, hotelbenz@t-online.de
Fax (09394) 80240, <, ⇌, ☐, ⦿ – 📺 ⇌ P – 🅿 30. ⓄⒺ VISA ⌘ Rest
geschl. Mitte Jan. - Ende Feb. – **Menu** (Restaurant nur für Hausgäste) – **35 Zim** ⌓ 36/43
– 64/69 – ½ P 10.
   ◆ In praktischer, schlichter Machart präsentieren sich die Gästezimmer dieser Urlaubs-
   adresse. Auch die ruhige Lage am Ortsrand zählt zu den Vorzügen des Hauses.

Zur Sonne, Brunnenstr.1, ⌂ 97852, ℘ (09394) 9 70 70, gasthof-sonne@t-online.de
Fax (09394) 970767, ☕ – ⇌ P – 🅿 35. ⓄⒺ VISA
geschl. Jan. 3 Wochen – **Menu** (geschl. Dienstag) à la carte 10/23,50 – **29 Zim** ⌓ 33/35
– 55 – ½ P 12.
   ◆ Sie beziehen Quartier in einem solide geführten Familienbetrieb. Die älteren und neueren
   Zimmer verteilen sich auf das Haupthaus und das ca. 50 m entfernte Gästehaus. Der
   gepflegte Dorfgasthof ist dem ländlichen Charakter der Gegend angepaßt.

SCHONACH Baden-Württemberg 419 V 8 – 4 300 Ew – Höhe 885 m – Luftkurort – Wintersport
900/1 163 m ⌘3 ⌘.
🇧 Tourist-Information, Hauptstr. 6, ⌂ 78136, ℘ (07722) 96 48 10, info@schonach.de,
Fax (07722) 2548.
Berlin 769 – Stuttgart 143 – Freiburg im Breisgau 54 – Triberg 4 – Villingen-Schwenningen
30 – Offenburg 60.

Bergfriede ♨, Schillerstr. 2, ⌂ 78136, ℘ (07722) 92 04 40, hotel@bergfriede.de,
Fax (07722) 920442, <, ⇌, ☕ – ⥊ Zim, 📺 P. ⓄⒺ VISA ⌘ Rest
Menu (nur Abendessen) (Restaurant nur für Hausgäste) – **9 Zim** ⌓ 43 – 72/82 – ½ P 16.
   ◆ Hell, wohnlich und modern - so präsentiert sich das Innenleben dieser kleinen Hotel-
   Pension. In der oberen Etage wohnen Sie unter hohen Giebeldecken.

Landhotel Rebstock, Sommerbergstr. 10, ⌂ 78136, ℘ (07722) 9 61 60, info@land
hotel-rebstock.com, Fax (07722) 961656, ☕, ☐ – 🌡 📺 P. ⓄⒺ VISA
geschl. März 2 Wochen, Nov. 2 Wochen – **Menu** (geschl. Dienstag) à la carte 13/32 – **25 Zim**
⌓ 48 – 86 – ½ P 16.
   ◆ Sind Sie auf der Suche nach einer soliden Urlaubsadresse in ländlicher Umgebung? Som-
   mer- und Winterurlauber kommen in der Schwarzwaldlandschaft gleichermaßen auf ihre
   Kosten. Das Restaurant ist ländlich gestaltet.

SCHONGAU Bayern 419 420 W 16 – 12 000 Ew – Höhe 710 m – Erholungsort.
- Bernbeuren, Stenz 1 (Süd-West : 13 km), ℰ (08860) 5 82.
- ☐ Tourist Information, Münzstr. 5, ✉ 86956, ℰ (08861) 72 16, touristinfo@schongau.de, Fax (08861) 2626.
Berlin 623 – München 83 – Garmisch-Partenkirchen 53 – Kempten (Allgäu) 54 – Füssen 36 – Landsberg am Lech 27.

Rössle garni, Christophstr. 49, ✉ 86956, ℰ (08861) 2 30 50, Fax (08861) 2648 – 📶 📺
🚗 P. AE ① ◎◎ VISA
17 Zim ⌂ 48 – 80.
◆ Das Hotel liegt direkt an der Stadtmauer des Ortes. Neben zeitgemäßen Zimmern mit einem guten Platzangebot wird der Gast auch die überschaubare Größe des Hauses schätzen.

Holl ♨, Altenstädter Str. 39, ✉ 86956, ℰ (08861) 2 33 10, info@hotel-holl-schongau.de, Fax (08861) 233112, ≤ – ⬄ Zim, 📺 📞 P. – 🅐 25. AE ① ◎◎ VISA. ♨ Rest
Menu (geschl. 20. Dez. - Ende Jan., Freitag - Sonntag, Feiertage) (nur Abendessen) à la carte 15,50/31 – **22 Zim** ⌂ 41/64 – 72/87 – ½ P 13.
◆ Geschäftlich wie auch privat Reisende finden in dem gastlichen Haus eine geeignete Übernachtungsmöglichkeit - geräumig und funktionell in der Ausstattung.

Alte Post, Marienplatz 19, ✉ 86956, ℰ (08861) 2 32 00, Fax (08861) 232080 – 📺 📞
🚗 – 🅐 25
geschl. 24. Dez. - 10. Jan. – **Menu** (geschl. Samstag - Sonntag, Feiertage) à la carte 11/26,50 – **34 Zim** ⌂ 36/45 – 68/100.
◆ Sie finden das Haus in verkehrsberuhigter Lage im Herzen des mittelalterlichen Städtchens. Sie beziehen funktionelle, teils neu möblierte Gästezimmer. Dunkles Holz macht das Restaurant gemütlich.

SCHOPFHEIM Baden-Württemberg 419 X 7 – 19 000 Ew – Höhe 374 m.
- Schopfheim, Ehner-Fahrnau 12, ℰ (07622) 67 47 60.
- ☐ Touristinformation, Hauptstr. 23, ✉ 79650, ℰ (07622) 39 61 45, tourismus@schopfheim.de, Fax (07622) 396202.
Berlin 826 – Stuttgart 275 – Freiburg im Breisgau 83 – Basel 23 – Zürich 77.

Hotel im Lus M, Hohe-Flum-Str. 55, ✉ 79650, ℰ (07622) 6 75 00, hotel-im-lus-schopfheim@t-online.de, Fax (07622) 675050, 🌣 – 📺 📞 P. – 🅐 25. AE ◎◎ VISA. ♨ Zim
Menu (geschl. Feb., Samstag) à la carte 14,50/31 – **31 Zim** ⌂ 69/89.
◆ Am Rande der Stadt gelegen, ist diese neuzeitliche Herberge die passende Adresse für Reisende, die auch unterwegs auf eine zeitgemäße Unterbringung Wert legen. Restaurant mit modernen Einrichtungselementen.

Alte Stadtmühle, Entegaststr. 9, ✉ 79650, ℰ (07622) 24 46, Fax (07622) 672157, 🌣 – ◎◎ VISA
geschl. Ende Aug. - Anfang Sept., Sonntag - Montag – **Menu** à la carte 20/47 (auch vegetarisches Menu).
◆ Der rustikale Charme von Fachwerk, freigelegtem Mauerwerk und einem Kamin schafft ein gemütliches Umfeld. Geschult serviert man Ihnen sorgfältig zubereitete Speisen.

Glöggler, Austr. 5, ✉ 79650, ℰ (07622) 21 67, h.gloeggler@t-online.de, Fax (07622) 668344, 🌣 – ◎◎ VISA
geschl. Aug. 2 Wochen, Sonntag - Montag – **Menu** à la carte 15,50/37.
◆ Das gastliche Haus steht in der Altstadt von Schopfheim, am Rande der Fußgängerzone. Man stellt dem Besucher ein bewußt einfaches und preiswertes Angebot vor.

In Schopfheim-Gersbach Nord-Ost : 16 km – Erholungsort – Wintersport : 870/970 m ✦2 :

Mühle zu Gersbach ♨, Zum Bühl 4, ✉ 79650, ℰ (07620) 9 04 00, hotel@muehle-gersbach.de, Fax (07620) 904050, 🌣, 🐎, 🍽 P. – 🅐 20. ① ◎◎ VISA
geschl. 6. Jan. - 6. Feb. – **Menu** (geschl. Dienstag - Mittwochmittag) à la carte 21,50/47,50 – **15 Zim** ⌂ 59/70 – 88/116 – ½ P 19.
◆ Das kleine, familiär geführte Landhotel überzeugt seine Gäste mit einer wohnlichen Unterkunft und ungezwungener Atmosphäre. Die ruhige, ländliche Umgebung spricht für sich. Im Restaurant verarbeitet man Produkte der Saison zu schmackhaften Gerichten.

In Schopfheim-Wiechs Süd-West : 3 km :

Krone-Landhaus Brunhilde ♨, Am Rain 6, ✉ 79650, ℰ (07622) 3 99 40, hotel@krone-wiechs.de, Fax (07622) 399420, ≤, 🌣, 🐎, 🍽, 🐎 – ⬄ Rest, 📺 📞 🕭 P. – 🅐 30. ◎◎ VISA. ♨ Zim
geschl. Jan. 3 Wochen – **Menu** (geschl. Montagmittag, Freitag) à la carte 13/36,50 – **46 Zim** ⌂ 47/54 – 77/94.
◆ Ein Um- und Erweiterungsbau macht den ursprünglichen Gasthof zu einer zeitgemäßen Hotelanlage in ländlichem Stil. Bestaunen Sie auch die private Kutschensammlung. Ein modernes Ambiente in hellen Farben erwartet den Gast im Restaurant.

SCHOPSDORF Sachsen-Anhalt 416 J 20 – 220 Ew – Höhe 70 m.
Berlin 104 – Magdeburg 50 – Brandenburg 40.

Best Hotel M ⌂, Heidestr. 10 (Gewerbegebiet), ✉ 39291, ℘ (03921) 92 60, info
@best-hotel.de, Fax (03921) 926253, 🍴, ✕ – 📱, ✳ Zim, 📺 📞 🚻 🅿 – 🛎 40. 🆎 ◉
🔴 VISA
Menu à la carte 13,50/21,50 – **72 Zim** 🛏 51/59 – 82.
• Hinter der neuzeitlichen Fassade dieses Hauses empfängt Sie ein ebenso zeitgemäßes Innenleben. Zu den Vorzügen zählt auch die verkehrsgünstige, aber dennoch ruhige Lage.

SCHORNDORF Baden-Württemberg 419 T 12 – 37 000 Ew – Höhe 256 m.
Sehenswert : Oberer Marktplatz★.
Berlin 605 – Stuttgart 35 – Göppingen 20 – Schwäbisch Gmünd 23.

In Plüderhausen Süd-Ost : 6 km :

Altes Rathaus, Brühlstr. 30, ✉ 73655, ℘ (07181) 98 95 65, Fax (07181) 989566, 🍴
– 🅿
geschl. Ende Aug. - Anfang Sept., Sonntag - Montag - **Menu** (Tischbestellung ratsam)
à la carte 25/48.
• Hinter den historischen Mauern des ehemaligen Rathauses von 1569 verbindet sich aufs angenehmste der ursprüngliche Charme des alten Fachwerks mit modernen Elementen.

In Urbach Nord-Ost : 4 km :

Zur Mühle garni, Neumühleweg 32, ✉ 73660, ℘ (07181) 8 60 40, hzm@gmx.de,
Fax (07181) 860480 – 📱 ✳ 📺 📞 🚻 🅿 🔴 VISA
40 Zim 🛏 55 – 75.
• Sind Sie auf der Suche nach einer gepflegten, funktionellen Adresse in zeitgemäßem Stil? Für einen Kurzurlaub eignen sich die Wochenend-Arrangements des Hauses.

In Winterbach West : 4 km :

Holiday Inn Garden Court, Fabrikstr. 6 (nahe der B 29), ✉ 73650, ℘ (07181)
7 09 00, holiday.inn.winterbach@t-online.de, Fax (07181) 7090190, 🍴 – 📱, ✳ Zim, 📺
📞 🅿 – 🛎 40. 🆎 ◉ 🔴 VISA JCB
Menu (geschl. Samstag - Sonntagmittag) à la carte 19/34,50 – 🛏 13 – **63 Zim** 102/118
– 118.
• Neuzeitlich und funktionell ausgestattet - mit ISDN-Telefon und Modemanschluß versehen - stellt dieses Hotel vor allem für Geschäftsreisende ein ansprechendes Quartier dar.

Am Engelberg, Ostlandstr. 2 (nahe der B 29), ✉ 73650, ℘ (07181) 70 09 60,
reception@hotel-am-engelberg.de, Fax (07181) 700969, 🍴, 🔲 – 📱, ✳ Zim, 📺 🚻
🅿 – 🛎 15. 🆎 ◉ 🔴 VISA, 🍴 Rest
geschl. Aug. - **Menu** (geschl. Samstag - Sonntag) (nur Abendessen) à la carte 14,50/22 –
34 Zim 🛏 58/68 – 74/88.
• Der neuzeitliche Hotelbau beherbergt Reisende in praktischen Gästezimmern. Geschäftsleute finden hier auch ein geeignetes Plätzchen zum Arbeiten.

SCHOTTEN Hessen 417 O 11 – 11 400 Ew – Höhe 274 m – Luftkurort – Wintersport : 600/773 m
≰ 4 ⚘.
🏌 Schotten-Eschenrod, Lindenstr. 46 (Süd-Ost : 5 km), ℘ (06044) 84 01.
🛈 Tourist-Information, Vogelsbergstr. 180, ✉ 63679, ℘ (06044) 66 51, Fax (06044)
6679.
Berlin 487 – Wiesbaden 100 – Frankfurt am Main 67 – Fulda 52 – Gießen 41.

Haus Sonnenberg ⌂, Laubacher Str. 25, ✉ 63679, ℘ (06044) 9 62 10, info@ho
tel-haus-sonnenberg.de, Fax (06044) 962188, ≤, 🍴, 🚻, 🔲, 🍴 – 📱 📺 🅿 – 🛎 80
🔴 VISA
Menu à la carte 15,50/30,50 – **52 Zim** 🛏 34/49 – 67/82 – ½ P 15.
• Der Name des Hauses läßt bereits die Lage an einem sonnigen Berghang vermuten. Das mehrfach erweiterte Hotel bietet dem Gast eine solide ausgestattete Unterkunft. Im Restaurant empfängt man Sie in freundlichem, rustikalem Ambiente.

Zur Linde, Schloßgasse 3, ✉ 63679, ℘ (06044) 15 36, Fax (06044) 3093 – 🆎
◉ VISA
geschl. Montag - Dienstag - **Menu** (wochentags nur Abendessen) à la carte 24,50/37,50
• Das Fachwerkhaus liegt in einer kleinen gepflasterten Gasse in der Nähe des Schlosses. Die unkomplizierte Küche des Hauses basiert auf frischen Produkten.

SCHOTTEN

In Schotten-Betzenrod *Nord-Ost : 2,5 km :*

Landhaus Appel ⌘, Altenhainer Str. 38, ✉ 63679, ℘ (06044) 9 62 90, *info@hotel-landhaus-appel.de*, Fax (06044) 4651, ≤, 🍴, 🛋 – TV P – 🏊 30. AE ⓘ ⓜ VISA
geschl. Anfang Jan. 1 Woche, Mitte Juli 1 Woche – **Menu** à la carte 16,50/26,50 *(auch vegetarische Gerichte)* – **29 Zim** ⌂ 33/38 – 50/58 – ½ P 14.
◆ Das Haus liegt in ländlicher Umgebung und dennoch nahe der Schottener Altstadt. Die funktionellen Gästezimmer sind teils mit bemaltem Mobiliar in bäuerlichem Stil bestückt. Das Restaurant zeigt sich leicht rustikal.

SCHRAMBERG *Baden-Württemberg* 419 V 9 – 18 800 Ew – Höhe 420 m – *Erholungsort.*
ℹ *Stadt- und Bürgerinformation, Hauptstr. 25 (Rathaus),* ✉ 78713, ℘ (07422) 2 92 15, *info@schramberg.de*, Fax (07422) 29363.
Berlin 730 – Stuttgart 118 – *Freiburg im Breisgau* 65 – Freudenstadt 37 – Villingen-Schwenningen 32.

Bären, Marktstr. 7, ✉ 78713, ℘ (07422) 9 40 60, Fax (07422) 9406100 – 🛗, ⇌ Zim, TV 📞 🚗 – 🏊 40. AE ⓘ ⓜ VISA
geschl. 6. - 10. Jan., Aug. 3 Wochen – **Menu** *(geschl. Sonntagabend)* à la carte 15,50/44 – **18 Zim** ⌂ 52/58 – 92/99.
◆ In der Fußgängerzone von Schramberg finden Sie dieses renovierte Gasthaus. Solide und zeitgemäß zeigt sich Ihre Übernachtungsadresse im Inneren. Im Restaurant : schlichte Aufmachung im ländlichen Stil.

Hirsch mit Zim, Hauptstr. 11, ✉ 78713, ℘ (07422) 2 05 30, Fax (07422) 25446 – ⇌ TV. ⓜ VISA
geschl. nach Fastnacht 2 Wochen, Ende Juli - Anfang Aug. – **Menu** *(geschl. Dienstag - Mittwochmittag)* (Tischbestellung ratsam) à la carte 27/45 – **6 Zim** ⌂ 50/60 – 95/100.
◆ In der ersten Etage des schönen historischen Gasthauses empfängt Sie eine gediegene, elegante Atmosphäre. Zum Übernachten stehen hübsche Zimmer zur Verfügung.

Außerhalb *West : 4,5 km über Lauterbacher Straße :*

Burgstüble ⌘ mit Zim, Hohenschramberg 1, ✉ 78713 Schramberg, ℘ (07422) 9 59 50, *info@burgstueble-schramberg.de*, Fax (07422) 959530, ≤ Schramberg und Schwarzwaldhöhen, 🍴 – TV P AE ⓘ ⓜ VISA
geschl. 5. - 30. Nov. – **Menu** *(geschl. Mittwoch - Donnerstag)* à la carte 15,50/39,50 – **6 Zim** ⌂ 36/39 – 60/66 – ½ P 11.
◆ Das besondere Flair verdankt dieser Gasthof seiner Lage direkt neben der Burgruine. Hier speisen Sie in ländlich-rustikalem Umfeld oder beziehen eines der netten Zimmer.

In Schramberg-Sulgen *Ost : 5 km in Richtung Rottweil :*

Drei Könige ⌘, Birkenhofweg 10 (Richtung Hardt 1,5 km), ✉ 78713, ℘ (07422) 9 94 10, Fax (07422) 994141, ≤, 🍴 – 🛗, ⇌ Zim, TV 📞 P ⓜ VISA. ⌘
Menu *(geschl. 27. Dez. - 5. Jan., Freitag, Sonntagabend) (wochentags nur Abendessen)* à la carte 21/41 – **25 Zim** ⌂ 52 – 85.
◆ In ruhiger, dörflicher Umgebung bietet Ihnen dieser neuzeitliche Gasthof ein solides Quartier - zeitgemäßes Inventar und ein gutes Platzangebot zählen zu den Annehmlichkeiten. Durch helles Holz und Grünpflanzen wirkt das Restaurant einladend.

SCHRIESHEIM *Baden-Württemberg* 417 419 R 9 – 13 300 Ew – Höhe 120 m.
Berlin 618 – Stuttgart 130 – *Mannheim* 26 – Darmstadt 53 – Heidelberg 8.

Neues Ludwigstal, Strahlenberger Str. 2, ✉ 69198, ℘ (06203) 69 50, *neues@ludwigstal.de*, Fax (06203) 61208 – 🛗 TV 📞 🚗 P. ⓜ VISA
Menu *(Montag - Freitag nur Abendessen)* à la carte 14/27,50 – **35 Zim** ⌂ 39/46 – 60/70.
◆ Das familiär geführte Hotel befindet sich etwas außerhalb des Ortes in erhöhter Lage am Waldrand. Fragen Sie nach den neueren, hell und wohnlich gestalteten Zimmern. In bürgerlichem Ambiente stellt man sich mit regionaler Küche zu Tisch.

Strahlenberger Hof (Schneider), Kirchstr. 2, ✉ 69198, ℘ (06203) 6 30 76, Fax (06203) 68590, 🍴, *(ehem. Gutshof a.d.J. 1240)* – ⓘ ⓜ VISA
geschl. Jan. 2 Wochen, Aug. 3 Wochen, Sonntag - Montag – **Menu** *(nur Abendessen)* à la carte 31,50/45 ♀.
◆ Die rustikale Note des elegant gestalteten Interieurs erinnert an den ursprünglichen Charakter des historischen Guts mit Innenhofterrasse. Die Karte lockt mit kreativer Küche.
Spez. Wildkräutersalat mit Ziegenkäseauflauf. Kaninchen mit Pinienkernen und Knoblauch gefüllt. Zweierlei Tomaten mit Safraneis.

SCHRIESHEIM

XX **Zum goldenen Hirsch,** Heidelberger Str. 3, ✉ 69198, ℘ (06203) 69 24 37, Fax (06203) 692439, 🍴 – ◉◉ 💳
geschl. Anfang - Mitte März, Montag - Dienstagmittag – **Menu** à la carte 28,50/42.
• Die sorgfältige Zubereitung frischer Produkte ist die Grundlage dieser Küche. Ein angenehm schlichtes Ambiente in hellen Farben umgibt Sie beim Speisen.

X **Weinhaus Bartsch,** Schillerstr. 9, ✉ 69198, ℘ (06203) 69 44 14, weingutbartsch@aol.com, Fax (06203) 694419, 🍴 – 🅿 ◉◉ 💳
geschl. Anfang - Mitte Jan., Mitte - Ende Aug., Sonntag - Montag – **Menu** (nur Abendessen) à la carte 23/37.
• Hell und freundlich, im mediterranen Stil eingerichtet, stellt diese gastliche Adresse ein nettes Plätzchen zum abendlichen Einkehren dar. Man reicht eine kleine Karte.

SCHROBENHAUSEN Bayern 419 420 U 17 – 15 700 Ew – Höhe 414 m.
Berlin 549 – München 74 – Augsburg 45 – Ingolstadt 37 – Ulm (Donau) 113.

🏨 **Griesers Hotel Zur Post** garni, Alte Schulgasse 3a, ✉ 86529, ℘ (08252) 8 94 90, griesers.hotel.post@t-online.de, Fax (08252) 894942 – 📶 ⇔ 📺 ✆ ♿ ⇌ – 🏛 20. 🅰
◉◉ 💳
46 Zim ⌂ 41/55 – 60/75.
• Sauber und gepflegt zeigen sich die Zimmer des Hauses - im Altbau in dunklem Holz, im Neubau nüchtern-modern. Dieser ist unterirdisch bequem zu erreichen.

In Schrobenhausen-Hörzhausen Süd-West : 5 km :

🏨 **Gästehaus Eder,** Bernbacher Str. 3, ✉ 86529, ℘ (08252) 24 15, Fax (08252) 5005, 🍴, ⇔, 🔲, 🌳 – 📺 ⇌ 🅿 🅰 ◉ ◉◉ 💳
Menu (geschl. 1. - 15. Aug., Sonntag - Montag) (nur Abendessen) à la carte 19,50/30,50 – **14 Zim** ⌂ 30/40 – 65.
• Ländlich und gepflegt, einheitlich mit Kiefernmobiliar eingerichtet, stellen die Zimmer dieses Familienbetriebs eine solide Unterkunft für unterwegs dar. Die Gaststuben sind schlicht und gemütlich gestaltet.

SCHÜTTORF Niedersachsen 415 J 5 – 13 600 Ew – Höhe 32 m.
Berlin 486 – Hannover 201 – Nordhorn 19 – Enschede 35 – Osnabrück 63.

🏨 **Nickisch** 🅼, Nordhorner Str. 71, ✉ 48465, ℘ (05923) 9 66 00, welcome@hotel-nickisch.de, Fax (05923) 966066, 🍴, ⇔ – 📶, ⇔ Zim, 📺 ✆ ♿ 🅿 – 🏛 100. 🅰 ◉ ◉◉
💳, 🚭 Rest
Menu à la carte 19,50/35,50 – **34 Zim** ⌂ 64/69 – 94/97.
• Ein moderner Hotelanbau ergänzt den ursprünglichen Gasthof. Neuzeitliches Inventar und eine gute Technik machen die Zimmer zu einem ansprechenden Quartier. Die Räumlichkeiten des alten Gasthauses sind im rustikalen Stil gehalten.

🏨 **Am See** 🌳, Drievordener Str. 25, ✉ 48465, ℘ (05923) 99 39 90, hotelamsee@foni.net, Fax (05923) 9939933, 🍴, ⇔, 🌳 – ⇔ Zim, 📺 🅿 🅰 ◉◉ 💳
Menu à la carte 16/31 – **15 Zim** ⌂ 52/54 – 82/88.
• Die Mehrzahl der Zimmer - neuzeitlich mit hellem Holz und guter Technik ausgestattet - befinden sich im modernen Anbau des Hauses. Einfachere Quartiere finden Sie im Altbau. In hellen Farbtönen eingerichtetes Restaurant.

In Schüttorf-Suddendorf Süd-West : 3 km :

🏨 **Stähle** 🌳, Postweg 43, ✉ 48465, ℘ (05923) 96 70, hotel-staehle@foni.net, Fax (05923) 5078, 🍴, ⇔, 🔲, 🌳 – 📺 ⇌ 🅿 🅰 ◉◉ 💳
Menu à la carte 17,50/27 – **16 Zim** ⌂ 54 – 94/108.
• Gut gepflegt und praktisch gestaltet präsentieren sich die Zimmer Ihres Domizils. Ein Garten mit Kinderspielplatz steht den Gästen des Hauses ebenfalls zur Verfügung. Im Restaurant erwartet den Gast ein bürgerliches Ambiente sowie eine Gartenterrasse.

SCHULD Rheinland-Pfalz 417 O 4 – 800 Ew – Höhe 270 m.
Berlin 644 – Mainz 163 – Aachen 94 – Adenau 12 – Bonn 47.

🍴 **Schäfer,** Schulstr. 2, ✉ 53520, ℘ (02695) 3 40, hotel-schaefer@t-online.de, Fax (02695) 1671, ⇔, 🌳, 🍴 – 🅿
geschl. Mitte Jan. - Ende Feb. – **Menu** (geschl. Mittwochabend - Donnerstag, Nov. - April Mittwoch - Donnerstag) à la carte 13,50/22,50 – **13 Zim** ⌂ 27/42 – 53/68.
• Hinter der bepflanzten Fassade des kleinen Hauses hält man eine gepflegte Unterkunft für Sie bereit. Wer ein privates Ambiente schätzt, wird sich hier wohlfühlen. Das Restaurant wird durch eine Terrasse mit schöner Aussicht ergänzt.

SCHUSSENRIED, BAD
Baden-Württemberg 419 V 12 – 8 300 Ew – Höhe 580 m – Heilbad.
Sehenswert: Ehemaliges Kloster (Bibliothek★).
Ausflugsziel: Bad Schussenried-Steinhausen : Wallfahrtskirche★ Nord-Ost : 4,5 km.
🛈 Tourist-Information, Klosterhof 1, ✉ 88427, ℘ (07583) 94 01 71, info@bad-schussenried.de, Fax (07583) 4747.
Berlin 675 – Stuttgart 120 – Konstanz 104 – Ulm (Donau) 61 – Ravensburg 35.

Amerika M garni, Zeppelinstr. 13, ✉ 88427, ℘ (07583) 9 42 50, info@hotel-amerika.de, Fax (07583) 942511 – 📺 ✆ 🚗 🅿 – 🛂 30. AE ◎ ⦿ VISA
46 Zim ⥯ 47 – 66.
♦ Der moderne Flachbau liegt in einem kleinen Industriegebiet am Stadtrand. Man überzeugt mit praktischen Gästezimmern in neuzeitlicher Machart.

Barbara garni, Georg-Kaess-Str. 2, ✉ 88427, ℘ (07583) 26 50, info@hotel-barbara.com, Fax (07583) 4133 – 📺 🅿 ◎ ⦿ VISA. ⛔ Rest
21 Zim ⥯ 40/45 – 60.
♦ In einem Wohngebiet im Zentrum der kleinen Stadt steht Reisenden ein netter Familienbetrieb als Übernachtungsadresse zur Verfügung - sauber und gepflegt.

In Steinhausen Nord-Ost : 5 km :
Zur Barockkirche, Dorfstr. 6, ✉ 88427, ℘ (07583) 39 30, Fax (07583) 3285, 🍽 – 🅿 ⦿
geschl. Feb., Donnerstagabend, Nov. - März Donnerstag – **Menu** à la carte 13,50/26.
♦ Das hübsche, weiß gestrichene Landhaus liegt direkt neben der schönen namensgebenden Dorfkirche. Im Inneren umgibt Sie ein gediegenes, klassisches Ambiente.

SCHWABACH
Bayern 419 420 R 17 – 38 500 Ew – Höhe 328 m.
🏌 🏌 Abenberg (Süd : 11 km), ℘ (09178) 98960.
Berlin 447 – München 167 – Nürnberg 23 – Ansbach 36.

Raab - Inspektorsgarten, Äußere Rittersbacher Str. 14 (Forsthof), ✉ 91126, ℘ (09122) 9 38 80, Fax (09122) 938860, 🍽 – 📺 ✆ 🅿 – 🛂 30. AE ◎ ⦿
Menu (geschl. Anfang Jan. 1 Woche, Aug. 2 Wochen, Dienstagmittag) à la carte 12/29,50 – **31 Zim** ⥯ 50/64 – 70/82.
♦ Verteilt auf den ursprünglichen Gasthof und einen neueren Anbau, bietet Ihnen der sympathische Familienbetrieb eine gut möblierte und saubere Behausung auf Zeit. Ein nettes Interieur in rustikalem Stil begegnet Ihnen im Restaurant.

Löwenhof garni, Rosenberger Str. 11, ✉ 91126, ℘ (09122) 83 21 00, info@hotel-loewenhof-schwabach.de, Fax (09122) 8321029 – 🚭 📺 🚗. AE ◎ ⦿ VISA JCB
geschl. 22. Dez. - 10. Jan. – **12 Zim** ⥯ 55/60 – 82/92.
♦ Ein rustikaler Stil zieht sich durch das ganze Haus. Gäste beziehen eine ordentlich ausgestattete, mit Eichenmobiliar bestückte Unterkunft.

In Schwabach-Wolkersdorf Nord : 4 km – siehe Nürnberg (Umgebungsplan) :
Drexler, Wolkersdorfer Hauptstr. 42, ✉ 91126, ℘ (0911) 63 00 99, Fax (0911) 635030, Biergarten – 📺 🅿 AE ◎ ⦿. ⛔ Zim
geschl. Aug. – **Menu** (geschl. Freitagabend - Sonntag) à la carte 12/24 – **35 Zim** ⥯ 34/38 – 59.
AT e
♦ Sind Sie auf der Suche nach einer soliden Bleibe für unterwegs? Die Zimmer dieses familiär geführten Hauses - teils neu gestaltet - verfügen über ein praktisches Inventar. Zum Speisen nehmen Sie in einer typischen ländlichen Gaststube Platz.

SCHWABENHEIM
Rheinland-Pfalz siehe Ingelheim.

SCHWABMÜNCHEN
Bayern 419 420 V 16 – 11 000 Ew – Höhe 557 m.
Berlin 588 – München 75 – Augsburg 32 – Kempten (Allgäu) 77 – Memmingen 58.

Deutschenbaur, Fuggerstr. 11, ✉ 86830, ℘ (08232) 95 96 00, hotel-deutschenbaur@t-online.de, Fax (08232) 9596097 – 🚭 Zim, 📺 ✆ 🚗 🅿 – 🛂 25. AE ◎ ⦿ VISA. ⛔ Rest
geschl. 24. Dez. - 6. Jan. – **Menu** (geschl. über Pfingsten 1 Woche, 24. Dez. - 6. Jan., Freitagmittag, Samstag) à la carte 13,50/27,50 – **27 Zim** ⥯ 45/53 – 65/73.
♦ Seit 1853 befindet sich das Haus in Familienbesitz. Die Zimmer sind solide und gepflegt, meist in Eiche eingerichtet - einige auch mit modernen Formen und Farben aufgefrischt. Zeitlos gestaltetes Restaurant.

In Untermeitingen Süd-Ost : 7 km :
Lechpark garni, Lagerlechfelder Str. 28 (Gewerbegebiet Lagerlechfeld Nord-Ost : 2,5 km), ✉ 86836, ℘ (08232) 99 80, Fax (08232) 998100, 🍽 – 📳 🚭 📺 🚗 🅿 – 🛂 50. AE ◎ ⦿ VISA
59 Zim ⥯ 60/100 – 85/100.
♦ Hinter einer neuzeitlichen Fassade tragen funktionelle und wohnliche Zimmer in ansprechendem Landhausstil zu einem erholsamen Aufenthalt bei. Ein attraktives Umland wartet.

SCHWABMÜNCHEN

In Langerringen-Schwabmühlhausen Süd : 9 km :

Untere Mühle (mit Gästehaus), Untere Mühle 1, ✉ 86853, ℰ (08248) 12 10, info @unteremuehle.de, Fax (08248) 7279, 🍴, 🌿, ✕ – 🛗 TV P. – 🏛 50. AE ①
Menu à la carte 16,50/37 – **39 Zim** ⇌ 44/54 – 75/85.
• Ursprünglich als Kornmühle genutzt, dient diese sympathische Adresse heute Ihrer Beherbergung. In verschiedenen Bauabschnitten stehen rustikale Zimmer bereit. Liebevoll eingerichtet präsentieren sich die verschiedenen Stuben des Restaurants.

SCHWÄBISCH GMÜND Baden-Württemberg **419** T 13 – 63 000 Ew – Höhe 321 m – Wintersport : 400/781 m ⟅6 ⅊.
Sehenswert : Heiligkreuzmünster★ BZ **A**.
🛈 i-Punkt, Marktplatz 37/1, ✉ 73525, ℰ (07171) 6 03 42 50, Fax (07171) 6034299.
Berlin 582 ② – Stuttgart 56 ③ – Nürnberg 151 ② – Ulm (Donau) 68.

SCHWÄBISCH GMÜND

Aalener Straße	**CY**
Augustinerstraße	**BZ** 3
Badmauer	**BYZ** 4
Bahnhofplatz	**AY**
Bahnhofstraße	**AY** 6
Baldungstraße	**CY**
Bergstraße	**BZ**
Bocksgasse	**BZ** 7
Buchstraße	**CY**
Eichenweg	**AY**
Franz-Konrad-Straße	**BY**
Freudental	**BY** 8
Goethestraße	**ABZ**
Graf-von-Soden-Straße	**CY**
Gutenbergstraße	**CZ**
Haußmannstraße	**BZ**
Herlikofer Straße	**CY** 9
Heugenstraße	**BZ**
Hintere Schmiedgasse	**CY** 10
Hofstatt	**BYZ** 12
Johannisplatz	**BY** 13
Kaffeebergweg	**BY**
Kalter Markt	**BCY**
Kappelgasse	**BY** 16
Katharinenstraße	**AZ**
Klarenbergstraße	**BCZ**
Klösterlestraße	**BZ**
Königsturmstraße	**CY**
Kornhausstraße	**BZ** 17
Ledergasse	**BY**
Lorcher Straße	**AY**
Marktplatz	**BY**
Mörikestraße	**AZ**
Münsterplatz	**BZ** 22
Mutlanger Straße	**BCY** 23
Nepperbergstraße	**AY**
Oberbettringer Straße	**CZ**
Obere Zeiselbergstraße	**CZ**
Parlerstraße	**BZ**
Pfitzerstraße	**CY**
Rechbergstraße	**BZ**
Rektor-Klaus-Straße	**ABZ**
Remsstraße	**BY**
Rinderbacher Gasse	**BCY** 24
Robert-von-Ostertag-Straße	**BZ**
Rosenstraße	**CYZ** 25
Schwerzerallee	**AZ**
Sebaldplatz	**BZ**
Sebaldstraße	**BZ**
Stuttgarter Straße	**AZ**
Taubentalstraße	**AY**
Türlensteg	**BY** 26
Turniergraben	**BZ** 27
Uferstraße	**BZ**
Untere Zeiselbergstraße	**CZ**
Vordere Schmiedgasse	**CY** 28
Waisenhausgasse	**CY** 29
Weißensteiner Straße	**CZ**
Wilhelmstraße	**CY**

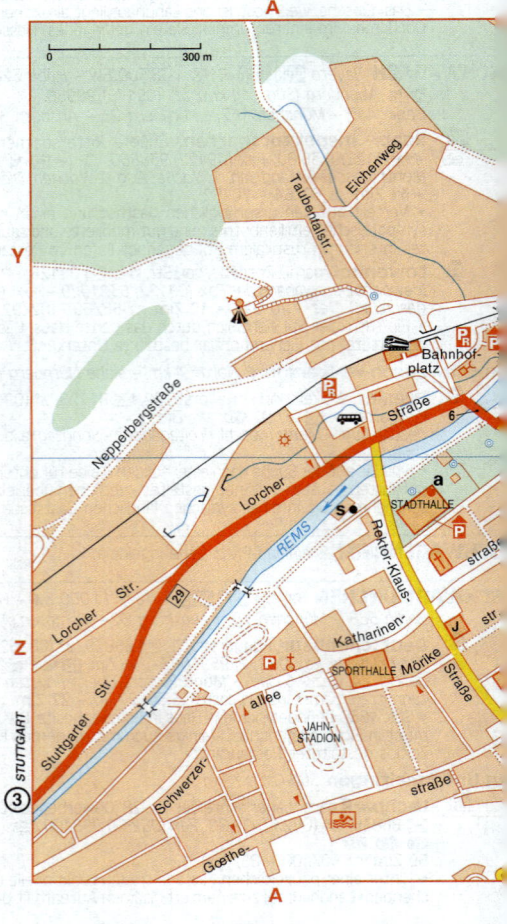

SCHWÄBISCH GMÜND

Das Pelikan, Türlensteg 9, ✉ 73525, ☏ (07171) 35 90, *info@hotel-pelikan.de*, Fax (07171) 359359 – 📧 📺 🍴 ♿ 🚗 🅿 – 🔔 60. AE ① ◎ VISA BY n
Menu *(geschl. Samstagmittag, Sonntag)* à la carte 20,50/30,50 – **62 Zim** ⌛ 63/95 – 109.

◆ Solide, funktionell und zeitgemäß - so zeigt sich das Innenleben dieses Stadthotels. Die Lage mitten in der Altstadt zählt ebenfalls zu den Vorzügen des Hauses. Neben dem freundlichen Restaurant bereichert ein Bistro das Angebot des Hauses.

Fortuna M, Hauberweg 4, ✉ 73525, ☏ (07171) 10 90, *fortuna-gmuend@fortuna-hotels.de*, Fax (07171) 109113, Massage, 🛁, ≋ Squash – 📧, ⇌ Zim, 📺 ♿ 🅿 – 🔔 60. AE ① ◎ VISA JCB. ❊ Rest AZ s
Menu *(geschl. Samstag - Sonntag) (nur Abendessen)* à la carte 15,50/32 – **112 Zim** ⌛ 60/72 – 91/96.

◆ In der Nähe des Stadtgartens liegt diese funktionelle Herberge - solide und sachlich in der Ausstattung. Ein großzügiger Freizeitbereich trägt zu einem erholsamen Besuch bei.

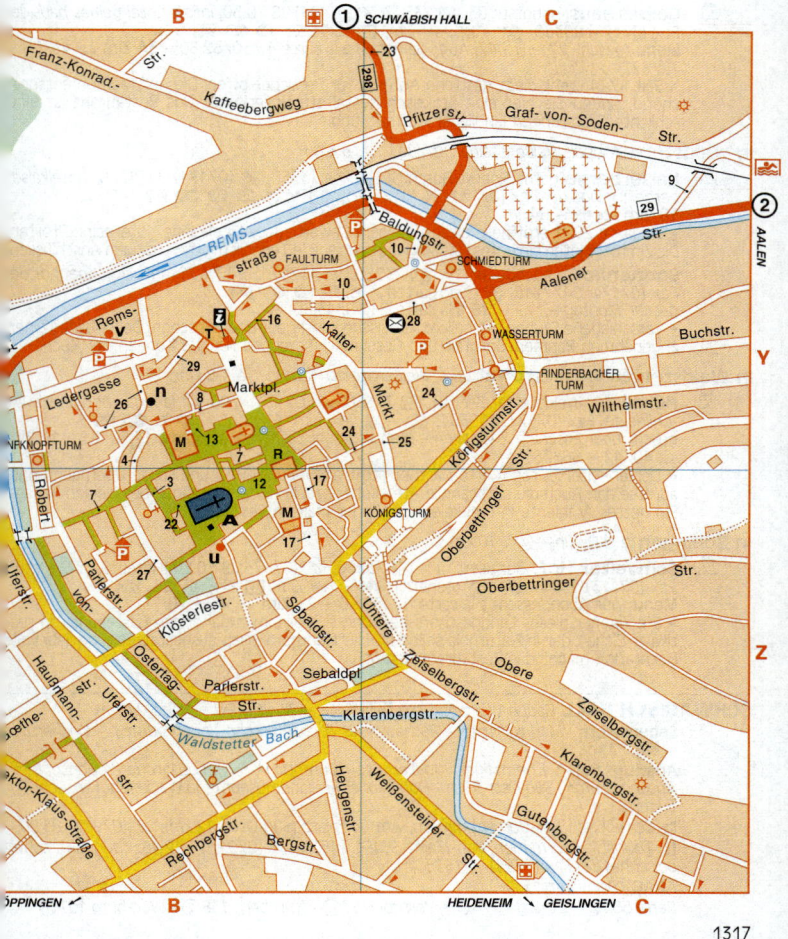

1317

SCHWÄBISCH GMÜND

Fuggerei, Münstergasse 2, ✉ 73525, ℘ (07171) 3 00 03, info@restaurant-fuggere
.de, Fax (07171) 38382, 😊 – 🚗 P – 🅰 70. ⓞ VISA
BZ t
geschl. über Fasching 2 Wochen, Aug. 2 Wochen, Dienstag, Sonntagabend – **Menu**
à la carte 22,50/37.
♦ Gewölbedecken zieren das Innere dieses historischen Fachwerkhauses aus dem 14. Jh. Das
ansprechende Angebot basiert auf guten Produkten und einer sorgfältigen Zubereitung.

Stadtgarten-Restaurant, Rektor-Klaus-Str. 9 (Stadthalle), ✉ 73525, ℘ (07171)
6 90 24, stadtgarten@schwaebisch-gmuend.de, Fax (07171) 68261, 😊, Biergarten –
🅰 450. ⓞ ⓞ VISA
AZ a
geschl. 4. - 18. Aug., Montag – **Menu** à la carte 20,50/37.
♦ Direkt an der Stadthalle befindet sich das Restaurant, in dem man seine Gäste auf zwei
Ebenen umsorgt. Das Ambiente ist klassisch mit hohen Decken und Holztäfelung.

Brauerei-Gaststätte Kübele, Engelgasse 2, ✉ 73525, ℘ (07171) 6 15 94,
Fax (07171) 61594 – ⓞ VISA
BY r
geschl. Aug. 2 Wochen, Sonntagabend - Montag, Donnerstagabend – **Menu** à la carte
18/28.
♦ Wer das für eine Brauerei-Gaststätte typische bürgerlich-rustikale Ambiente schätzt,
wird hier gemütliche Stunden verbringen - bewirtet nach regionaler Art.

In Schwäbisch Gmünd-Hussenhofen über ② : 4,5 km :

Gelbes Haus, Hauptstr. 83, ✉ 73527, ℘ (07171) 98 70 50, info@hotel-gelbes-haus.de,
Fax (07171) 88368, 😊 – 📶, ≒ Zim, 📺 ☎ P. AE ⓞ ⓞ VISA JCB
Menu (geschl. 27. Juli - 17. Aug., Samstag) à la carte 15,50/32,50 – **34 Zim** ⊇ 49/56 -
72/82.
♦ Seit 1714 steht diese gastliche Adresse für Besucher offen. Dieser Tradition entspre-
chend, finden Sie hier eine praktisch gestaltete Unterkunft. Das Restaurant ist eine
schlichte Gaststube in ländlicher Aufmachung.

In Waldstetten über Weißensteiner Straße CZ : 6 km :

Kaiserberge garni, Robert-Bosch Str. 4, ✉ 73550, ℘ (07171) 94 70 30, hotelkaise
berge@yahoo.de, Fax (07171) 9470321 – 📶, ≒ Zim, 📺 ☎ P. AE ⓞ ⓞ VISA
10 Zim ⊇ 39 – 64.
♦ Im Jahre 2001 eröffnete dieses in einem Gewerbegebiet gelegene Hotel seine Pforten.
Die Zimmer bieten ein gutes Platzangebot und solide Technik mit allen nötigen Anschlüssen.

Sonnenhof, Lauchgasse 19, ✉ 73550, ℘ (07171) 94 77 70, info@sonnenhof.de,
Fax (07171) 9477710, 😊, Biergarten – P. AE ⓞ ⓞ VISA
geschl. Montag – **Menu** 26 à la carte 21,50/43,50.
♦ Verschiedene Stuben mit hellem, klassischem Interieur und hübschem Dekor bilden einen
angenehmen Rahmen. Sorgfalt und Geschmack sprechen für das Können der Köche.

In Waldstetten-Weilerstoffel über Weißensteiner Straße CZ : 8 km :

Hölzle 🌿, Waldstetter Str. 19, ✉ 73550, ℘ (07171) 4 00 50, landgasthof.hoelzle@t
-online.de, Fax (07171) 400531, 😊 – 📶, ≒ Zim, 📺 ☎ 🚗 P. ⓞ VISA
geschl. über Fasching 2 Wochen – **Menu** (geschl. Dienstag) à la carte 17,50/33 – **17 Zim**
⊇ 40/47 – 66/76.
♦ Der erweiterte, renovierte Gasthof stellt eine neuzeitliche und solide Übernachtungs-
adresse dar. Auch die entspannte Atmosphäre zählt zu den Vorzügen des kleinen Hauses.
Ein nettes Ambiente in rustikalem Stil findet man im Restaurant.

In Böbingen a.d.R. über ② : 10 km :

Schweizer Hof, Bürglerstr. 11, ✉ 73560, ℘ (07173) 9 10 80 (Hotel) 31 33 (Rest.),
Fax (07173) 12841, 😊, 🏊 (geheizt), 🎾 – ≒ Zim, 📺 P – 🅰 25. VISA
Menu (nur Abendessen) à la carte 17/32,50 – **25 Zim** ⊇ 43 – 70.
♦ Die Zimmer dieses Landgasthofs befinden sich alle im zugehörigen Gästehaus - in rus-
tikaler Eiche oder in Naturholz solide möbliert und praktisch ausgestattet. Eine liebevolle
Dekoration macht das Restaurant gemütlich.

SCHWÄBISCH HALL Baden-Württemberg 419 S 13 – 35 200 Ew – Höhe 270 m.

Sehenswert : Marktplatz★★ : Rathaus★ R, Michaelskirche (Innenraum★) – Kocherufer
≤★ F.
Ausflugsziele : Ehemaliges Kloster Groß-Comburg★ : Klosterkirche (Leuchter★★★,
Antependium★) Süd-Ost : 3 km – Hohenloher Freilandmuseum★ in Wackershofen, über ④
5 km.
⛳ Schwäbisch Hall-Dörrenzimmern, Am Golfplatz (Süd-Ost : 12 km), ℘ (07907) 81 90.
🛈 Touristik-Information, Am Markt 9, ✉ 74523, ℘ (0791) 75 12 46, touristik@schwa
ebischhall.de, Fax (0791) 751375.
ADAC, Daimlerstr. 5.
Berlin 551 ① – *Stuttgart* 74 ③ – Heilbronn 53 ① – Nürnberg 138 ② – Würzburg 107 ①

SCHWÄBISCH HALL

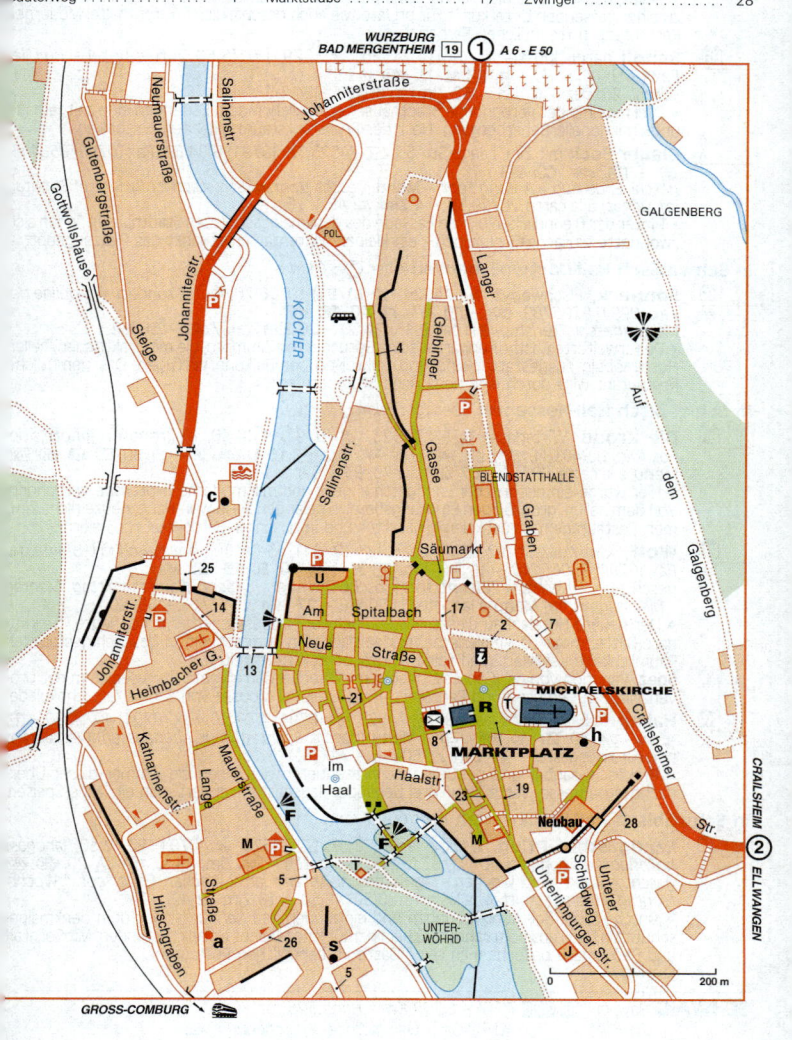

Am Schuppach	2
Am Spitalbach	
Badtorweg	4
Bahnhofstraße	5
Gelbinger Gasse	
Gymnasiumstraße	7
Hafenmarkt	8
Henkersbrücke	13
Im Weiler	14
Marktstraße	17
Neue Straße	
Obere Herrngasse	19
Schwatzbühlgasse	21
Untere Herrngasse	23
Weilertor	25
Zollhüttengasse	26
Zwinger	28

🏰 **Hohenlohe,** Weilertor 14, ✉ 74523, ℰ (0791) 7 58 70, *hotelhohenlohe@t-online.de*, Fax (0791) 758784, ≤, 🏞, Massage, ⌛, ⌘ (geheizt), ⌘ – 🛗, ⇌ Zim, 🍴 Rest, 📺 📞 ♿, 🚗 🅿 – 🔨 80. AE ① ⓂⓄ VISA. ℅ Rest
Menu à la carte 24/43 – **103 Zim** ⌑ 89/119 – 128/148, 4 Suiten.
♦ Ihr komfortables Domizil liegt leicht erhöht oberhalb des Kochers. Hell und freundlich präsentiert sich der Empfangsbereich, wohnlich und funktionell die Zimmer. In der ersten Etage des Hauses befindet sich das klassisch eingerichtete Restaurant.

SCHWÄBISCH HALL

- **Kronprinz** M, Bahnhofstr. 17, ⌧ 74523, ℰ (0791) 9 77 00, hotel-kronprinz@gmx.de
  Fax (0791) 9770100, 佘, ⇔ – ⧫, ⥄ Zim, 📺 ⚲ ⚙ 🅿 – 🏛 45. 🆎 ⓘ ⓜ 💳
  Menu à la carte 20/26 – **44 Zim** ⊐ 60/85 – 85/105.
  ♦ Helles, neuzeitliches Mobiliar und eine gute technische Ausstattung machen die Zimmer
  zu einer passenden Unterkunft für private wie auch geschäftliche Aufenthalte. Modernes
  Restaurant in freundlichen Farben.

- **Scholl** garni, Klosterstr. 2, ⌧ 74523, ℰ (0791) 9 75 50, info@hotel-scholl.de
  Fax (0791) 975580 – ⧫ 📺 ⚲. 🆎 ⓜ 💳
  geschl. 20. Dez. - 6. Jan. – **32 Zim** ⊐ 60/68 – 84/95.
  ♦ Drei miteinander verbundene Stadthäuser ermöglichen dem Reisenden eine zeitgemäße
  und funktionelle Beherbergung. Nett der Frühstücksraum mit alten Holzbalken.

- **Blauer Bock** mit Zim, Lange Str. 53, ⌧ 74523, ℰ (0791) 8 94 62, Fax (0791) 856115
  佘 – 📺 ⇔. ⓜ 💳
  geschl. Ende Aug. - Anfang Sept. – **Menu** (geschl. Montag, Samstagmittag, letzter Sonntag
  im Monat) à la carte 20/29,50 – **4 Zim** ⊐ 45 – 70.
  ♦ Hinter der freundlichen blauen Fassade des denkmalgeschützten Stadthauses finden sich
  zwei nette einfache Gaststuben - ein kleiner Wintergarten ergänzt das Platzangebot.

In Schwäbisch Hall-Gottwollshausen über ③ : 4 km :

- **Sonneck**, Fischweg 2, ⌧ 74523, ℰ (0791) 97 06 70, hotel-sonneck@t-online.de
  Fax (0791) 9706789, 佘 – 📺 🅿 – 🏛 40. ⓜ 💳
  Menu (geschl. Dienstag) à la carte 13/24,50 – **26 Zim** ⊐ 37/42 – 56/62.
  ♦ Der erweiterte Gasthof erwartet seine Besucher mit Zimmern, die mit praktischer, heller
  Hotelmöbeln ausgestattet sind und teilweise über Balkone verfügen. Das gemütliche
  Restaurant wird durch eine behagliche Stube ergänzt.

In Schwäbisch Hall-Hessental über ② : 3 km :

- **Die Krone**, Wirtsgasse 1, ⌧ 74523, ℰ (0791) 9 40 30, diekrone@ringhotels.de
  Fax (0791) 940384, 佘, ⇔ – ⧫, ⥄ Zim, 📺 ⚲ ⚙ ⇔ 🅿 – 🏛 80. 🆎 ⓘ ⓜ 💳
  Menu à la carte 20/33 – **87 Zim** ⊐ 75/93 – 99/111.
  ♦ Hier wurde ein historischer Landgasthof gelungen mit moderner Hotellerie verbunden.
  Von den hellen, großzügigen Empfangsbereich gelangen Sie in wohnliche, neuzeitliche Zim-
  mer. Restaurant mit rustikalem Charakter und imposanter Barocksaal für Feiern.

- **Wolf**, Karl-Kurz-Str. 2, ⌧ 74523, ℰ (0791) 93 06 60, hotel.wolf@t-online.de
  Fax (0791) 93066110 – ⧫, 📺 🅿 – 🏛 20. 🆎 ⓘ ⓜ 💳
  geschl. 1. - 10. März – ❡**Eisenbahn** (geschl. 21. Aug. - 5. Sept., Samstagmittag, Montag
  - Dienstagmittag) **Menu** à la carte 31,50/56 – **27 Zim** ⊐ 53/65 – 65/90.
  ♦ Der neuere Hotelanbau dieses netten Fachwerkhauses beherbergt gepflegte, funktio-
  nelle Gästezimmer. Die malerische Altstadt lädt zum Bummeln ein. In klassisch gestalteten
  Räumlichkeiten serviert man feine französische Köstlichkeiten.
  Spez. Variation von der Gänsestopfleber mit Brioche. Lamm vom Salzwiesenlamm mit pro-
  venzalischen Gemüsen und Rahmkartoffeln. Dreierlei Mousse von Schweizer Schokolade.

- **Haller Hof**, Schmiedsgasse 9, ⌧ 74523, ℰ (0791) 4 07 20, Fax (0791) 4072200 – 📺
  ⚲ 🅿 – 🏛 40. 🆎 ⓘ ⓜ 💳 🆎 – **Menu** (geschl. Sonntag) (nur Abendessen) (Restaurant
  nur für Hausgäste) – **47 Zim** ⊐ 50/55 – 74/80.
  ♦ Praktisch, sauber und gepflegt - so präsentieren sich Ihnen die Zimmer dieser Über-
  nachtungsadresse, verteilt auf drei Gebäude. Hausgästen serviert man einfache Speisen.

In Schwäbisch Hall-Weckrieden über ② : 3 km :

- **Landgasthof Pflug**, Weckriedener Str. 2, ⌧ 74523, ℰ (0791) 93 12 30, landgast-
  hofpflug@aol.com, Fax (0791) 9312345, Biergarten – ⥄ Zim, 📺 ⚲ 🅿 – 🏛 20. ⓜ 💳
  geschl. Anfang Jan. 2 Wochen – **Menu** (geschl. Anfang Jan. 2 Wochen, Ende Sept. 1 Woche,
  Montag - Dienstagmittag) à la carte 20,50/42,50 – **16 Zim** ⊐ 49 – 75.
  ♦ Durch sorgfältige Renovierungen und ein modernes Interieur ist aus dem denkmalge-
  schützten Haus aus dem Jahre 1805 ein gemütliches kleines Hotel entstanden. Mit Sorgfalt
  und Geschmack bekocht man seine Gäste im behaglichen Restaurant.

SCHWAIG Bayern ⁴¹⁹ ⁴²⁰ R 17 – 8 200 Ew – Höhe 325 m.
Siehe Stadtplan Nürnberg (Umgebungsplan).
Berlin 429 – München 171 – Nürnberg 14 – Lauf 6,5.

In Schwaig-Behringersdorf :

- **Weißes Ross**, Schwaiger Str. 2, ⌧ 90571, ℰ (0911) 5 06 98 80, weissesross@t-or
  line.de, Fax (0911) 50698870, 佘 – 📺 🅿. 🆎 ⓘ ⓜ 💳   CS S
  Menu (geschl. 1. - 12. Jan., nach Pfingsten 1 Woche, Ende Aug. - Mitte Sept., Montag, Sonn-
  und Feiertage abends) à la carte 10/28,50 – **17 Zim** ⊐ 49/54 – 72/80.
  ♦ Ein ländlicher Stil zieht sich durch den ganzen Gasthof und gibt ihm seinen typischen
  Charakter. Die überschaubare Größe des Hauses unterstreicht die sympathische Atmos-
  phäre. Holzgetäfelte Gaststuben mit gemütlichen Nischen laden zum Verweilen ein.

SCHWAIKHEIM Baden-Württemberg 419 T 12 – 9 600 Ew – Höhe 200 m.
Berlin 610 – Stuttgart 23 – Ludwigsburg 42 – Karlsruhe 96 – Schwäbisch Gmünd 51.

※ **Zum Riesling,** Winnender Str. 1, ✉ 71409, ℘ (07195) 96 59 00, info@zumriesling.de, Fax (07195) 965902, 🍽
geschl. 2. - 13. Juni, Samstag, Sonn- und Feiertage – **Menu** à la carte 19/39 ♀.
♦ Hinter alten Mauern widmet man sich auf zwei Ebenen Ihrer Bewirtung : in neuzeitlichem Bistro-Stil zeigt sich das Restaurant, gemütlich-rustikal der Gewöbekeller.

SCHWALBACH Saarland 417 S 4 – 19 200 Ew – Höhe 160 m.
Berlin 726 – Saarbrücken 25 – Kaiserslautern 84 – Saarlouis 6.

In Schwalbach-Elm Süd-Ost : 2 km :

🏨 **Zum Mühlenthal,** Bachtalstr. 214, ✉ 66773, ℘ (06834) 9 55 90, info@hotel-muehlenthal.de, Fax (06834) 568511, 🍽, 🌲 – 📶 📺 📞 🅿
– **25 Zim** ⊇ 40/65 – 60/75.
♦ Funktionelle Zimmer und ein schöner Garten zählen zu den Annehmlichkeiten dieser gastlichen Adresse. Schnapsbrennerei und schöner Garten gehören ebenfalls zum Haus.

SCHWALBACH, BAD Hessen 417 P 8 – 11 300 Ew – Höhe 330 m – Heilbad.
🅸 Stadtverwaltung, Adolfstr. 38, ✉ 65307, ℘ (06124) 50 01 23, info-kur.bad-schwalbach@t-online.de, Fax (06124) 502464.
Berlin 588 – Wiesbaden 18 – Koblenz 58 – Limburg an der Lahn 36 – Lorch am Rhein 32 – Mainz 27.

🏯 **Eden-Parc** ﹩, Goetheplatz 1, ✉ 65307, ℘ (06124) 70 40, info@eden-parc.de, Fax (06124) 704600, 🍽, Massage, 🛁, 🛋, 🍽, 🏊 – 📶, 🛌 Zim, 📺 📞 🅿 – 🎯 80. 🆎 ⓘ ⓜ 𝗩𝗜𝗦𝗔
Menu à la carte 32/46 – ⊇ 15 – **96 Zim** 110/130 – 130/180, 3 Suiten – ½ P 27.
♦ Gemächer von "Standard" über "Deluxe" bis hin zur noblen Suite bieten dem Gast Komfort und Eleganz nach Maß. Schön : die großzügigen Bäder in Marmor. Ein neuzeitliches Design prägt die Brasserie, das Restaurant überzeugt mit eleganter Note.

SCHWALMSTADT Hessen 417 N 11 – 18 000 Ew – Höhe 220 m.
🅸 Schwalm-Touristik, Paradeplatz 7 (Ziegenhain), ✉ 34613, ℘ (06691) 7 12 12, Fax (06691) 5776.
Berlin 436 – Wiesbaden 154 – Kassel 64 – Bad Hersfeld 41 – Marburg 43.

In Schwalmstadt-Treysa :

🏨 **Stadt Treysa** garni, Bahnhofstr. 21, ✉ 34613, ℘ (06691) 9 63 30, info@hotel-stadt-treysa.de, Fax (06691) 963344 – 📶 🛌 📺 📞 ⓜ 𝗩𝗜𝗦𝗔
14 Zim ⊇ 37/47 – 62/71.
♦ Das Etagenhotel bietet Reisenden eine saubere und praktische Übernachtungsmöglichkeit - auch Schreibflächen und die notwendigen Anschlüsse gehören zum Inventar.

In Schwalmstadt-Ziegenhain :

🏨 **Rosengarten,** Muhlystr. 3, ✉ 34613, ℘ (06691) 9 47 00, info@hotel-rosengarten.org, Fax (06691) 947030, 🍽, (Fachwerkhaus a.d.J. 1620 mit Hotelanbau), 🌲 – 📺 🅿 – 🎯 60. ⓜ 𝗩𝗜𝗦𝗔
Menu à la carte 15/36 – **13 Zim** ⊇ 40/45 – 65/80.
♦ Ein neuzeitlicher Hotelanbau ergänzt das alte Fachwerkhaus : Sie wählen zwischen wohnlichen Appartements - teils mit Kochnische - und praktischen Zimmern. Nette rustikale Stuben und gut eingedeckte Tische findet man im Restaurant.

※※ **Zum Südbahnhof,** Ascheröder Str. 1, ✉ 34613, ℘ (06691) 92 99 46, zumsuedbahnhof-greiner@t-online.de, Fax (06691) 928545, 🍽 – 🅿 🆎 ⓜ
geschl. Juni 2 Wochen, Montag – **Menu** (wochentags nur Abendessen) à la carte 23,50/33,50.
♦ Der Name läßt es bereits vermuten : ein ehemaliger Bahnhof - renoviert und neuzeitlich eingerichtet - dient nun als Restaurant. Sorgfalt und Geschmack sprechen für die Küche.

※ **Ziegelhütte,** Schützenwald 1 (Nord-West 2,5 km Nahe der B 254 Richtung Homberg), ✉ 34613, ℘ (06691) 32 22, Fax (06691) 929979, Biergarten – 🅿 🌲
geschl. über Fasching 2 Wochen, Okt. 2 Wochen, Montag – **Menu** à la carte 23/32.
♦ Das schöne kleine Fachwerkhaus - ein Forsthaus aus dem 18. Jh. - präsentiert sich als sympathische Einkehrmöglichkeit. Rustikal das Ambiente, bürgerlich die Küche.

SCHWANDORF Bayern 420 S 20 - 20 000 Ew – Höhe 365 m.
  ⓖ Schmidmühlen, Am Theilberg 1 (Süd-West : 19 km), ℰ (09474) 701.
  Berlin 452 – München 167 – Regensburg 44 – Nürnberg 83 – Weiden in der Oberpfalz 46

🏨 **Waldhotel Schwefelquelle**, An der Schwefelquelle 12, ✉ 92421, ℰ (09431)
  7 14 70, info@schweffelquelle.de, Fax (09431) 714740, 🍴, 🛏 – 📺 ⚘ & ⇌ 🅿 – 🚪 50.
  AE ① OS VISA
  Menu (geschl. 21. - 30. Mai, Dienstagmittag) à la carte 12,50/26 – **23 Zim** ⚌ 36/41 -
  61/66.
  • Ihr vorübergehendes Zuhause verbindet rustikalen Charme mit den Annehmlichkeiten
  die Sie sich von einer soliden, funktionellen Unterkunft wünschen. Helles Naturholz verleiht
  dem Restaurant ein ländliches Flair.

SCHWANGAU Bayern 419 420 X 16 – 3 700 Ew – Höhe 800 m – Heilklimatischer Kurort – Wintersport : 830/1720 m ⚐1 ⚑4 ⚒.
  Ausflugsziele : Schloß Neuschwanstein★★★ ≤★★★, Süd : 3 km – Schloß
  Hohenschwangau★ Süd : 4 km – Alpsee★ : Pindarplatz ≤★, Süd : 4 km.
  🛈 Kurverwaltung, Münchener Str. 2, ✉ 87645, ℰ (08362) 8 19 80, kurverwaltung@schwangau.de, Fax (08362) 819825.
  Berlin 656 – München 116 – Kempten (Allgäu) 47 – Füssen 3 – Landsberg am Lech 60

🏨 **Weinbauer**, Füssener Str. 3, ✉ 87645, ℰ (08362) 98 60, hotel-weinbauer@t-online.de,
  Fax (08362) 986113 – 🛗, ⚘ Zim, 📺 🅿 OS VISA
  geschl. 8. Jan. - 10. Feb. – **Menu** (geschl. Mittwochmittag, Donnerstagmittag, Nov. - Apr.
  Mittwoch - Donnerstag) à la carte 14/27,50 – **40 Zim** ⚌ 42/45 – 84/90 -
  ½ P 13.
  • Ein ursprünglicher Gasthof mit bemalter Fassade und hübschen blau-weißen Fensterläden. Im Haupthaus wie auch im Gästehaus stehen solide Zimmer zum Einzug bereit. Verschiedene Stuben mit Kachelofen oder Gewölbedecke.

🏨 **Schwanstein**, Kröb 2, ✉ 87645, ℰ (08362) 9 83 90, hotel-schwanstein@t-online.de,
  Fax (08362) 983961, Biergarten – 📺 🅿 AE ① OS VISA
  Menu à la carte 13/21 – **31 Zim** ⚌ 45/50 – 75/85 – ½ P 14.
  • Der ländliche Gasthof befindet sich im Zentrum des kleinen Ortes - hier
  beziehen Sie gepflegte Gästezimmer. Besuchen Sie nahegelegene Sehenswürdigkeiten. Die Gaststuben - teils im alpenländischen Stil - bieten ein rustikales Ambiente zum
  Speisen.

🏨 **Hanselewirt**, Mitteldorf 13, ✉ 87645, ℰ (08362) 82 37, info@hanselewirt.de,
  Fax (08362) 81738 – ⚘ Zim, 📺 🅿 OS VISA
  geschl. März 2 Wochen, Mitte Nov. - Mitte Dez. – **Menu** (geschl. Okt. - Mai Mittwoch)
  à la carte 15/23,50 – **13 Zim** ⚌ 32/35 – 58/70 – ½ P 14.
  • Das nette kleine Haus mit Holzfensterläden fügt sich harmonisch in die ländliche Umgebung ein. Behagliche Zimmer in hellem Naturholz tragen zu einem erholsamen Aufenthalt
  bei. Mit hellem Holz eingerichtet zeigt sich das Restaurant.

🏨 **Post**, Münchener Str. 5, ✉ 87645, ℰ (08362) 9 82 10, postwirt-schwangau@t-online.de,
  Fax (08362) 982155 – ⚘ Zim, 📺 🅿 AE ① OS VISA JCB, ⚘ Zim
  geschl. Mitte Nov. - Mitte Dez. – **Menu** (geschl. Montag, Okt.- April Montag - Dienstag)
  à la carte 14,50/33 – **31 Zim** ⚌ 39/46 – 67/78 – ½ P 12.
  • Dieses sympathische Domizil befindet sich seit 1891 in Familienbesitz. Hier
  bietet man Ihnen gemütliche Zimmer, eine natürliche, dörfliche Gegend und attraktive
  Ausflugsziele. In einfachen, holzgetäfelten Gaststuben bewirtet man Sie mit regionaler
  Kost.

In Schwangau-Brunnen :

🏨 **Martini** ⚘ garni, Seestr. 65, ✉ 87645, ℰ (08362) 82 57, Fax (08362) 88177, ≤ – 📺
  ⇌ 🅿
  geschl. März - April 2 Wochen, Nov. 2 Wochen – **15 Zim** ⚌ 35/48 – 60.
  • Die Einrichtung im bäuerlichen Stil bewahrt dem Haus seinen ursprünglichen
  Charakter. Auch die überschaubare Größe und die Nähe zum See sprechen für diese
  Herberge.

In Schwangau-Hohenschwangau :

🏨 **Müller** ⚘, Alpseestr. 16, ✉ 87645, ℰ (08362) 8 19 90, info@hotel-mueller.de,
  Fax (08362) 819913, 🍴 – 🛗, ⚘ Zim, 📺 🅿 – 🚪 25. AE ① OS VISA JCB
  geschl. 3. Jan. - 10. März – **Menu** (bemerkenswerte Weinkarte) à la carte 16,50/52 – **43 Zim**
  ⚌ 100/135 – 140/160, 4 Suiten – ½ P 18.
  • Vom einfach-gemütlichen Gästezimmer bis hin zur großzügigen, eleganten Suite - zu
  Füßen zweier Königsschlösser gelegen, überzeugt das Haus mit Gemächern nach Maß. Edelrustikales Restaurant und Terrasse mit beeindruckendem Blick.

SCHWANGAU

Schloßhotel Lisl (mit Jägerhaus), Neuschwansteinstr. 1, ✉ 87645, ✆ (08362) 88 70, info@lisl.de, Fax (08362) 81107, ≤, 🌳, – ⌘, ✱ Zim, 📺 📞 ⇔ 🅿 – 🚗 80. 🅰🅴 ⓓ ⓜⓞ 🆅🅸🆂🅰 🅹🅲🅱
geschl. 20. - 26. Dez. – **Menu** à la carte 15/20,50 – ☐ 12 – **47 Zim** 67/98 – 110/160.
♦ Anspruchsvolle beziehen im Gästehaus des gediegenen Schloßhotels Quartier : wo einst königliche Jäger nächtigten, finden Sie heute Individualität und einen Hauch Luxus. Zwei Restaurants, eines mit Blick auf die Schlösser.

Alpenhotel Meier, Schwangauer Str. 37, ✉ 87645, ✆ (08362) 8 11 52 (Hotel) 8 18 89 (Rest.), alpenhotelmeier@t-online.de, Fax (08362) 987028, 🌳, ⇔ – 🅿
Menu (geschl. Mitte Nov. - Mitte Dez., Dienstag) à la carte 16/29 – **12 Zim** ☐ 41/65 – 75/80.
♦ Sie wohnen in einem kleinen, familiär geführten Hotel am Fuße der Königsschlösser. Wählen Sie ein Zimmer mit Balkon - von hier aus blicken Sie auf Wiesen und Felder. Zwei kleine gemütliche Stuben mit Holzdecke zum Einkehren.

In Schwangau-Horn :

Rübezahl ⋟, Am Ehberg 31, ✉ 87645, ✆ (08362) 88 88, hotel-ruebezahl@t-online.de, Fax (08362) 81701, ≤, 🌳, ⇔ – ⌘ 📺 🅿 ⓜⓞ 🆅🅸🆂🅰
geschl. Mitte Nov. - Anfang Dez. – **Menu** (geschl. Mittwoch) à la carte 18,50/45 – **40 Zim** ☐ 55/95 – 100/140 – ½ P 21.
♦ Vor einer reizvollen Bergkulisse erleben Sie alpenländischen Charme kombiniert mit gemütlich-rustikaler Einrichtung. Ebenfalls im Blick : das königliche Schloß. Kachelofen und gemütliche Nischen im Restaurant, mediterrane Note im Wintergarten.

Helmerhof ⋟, Frauenbergstr. 9, ✉ 87645, ✆ (08362) 80 69, info@hotelhelmerhof.com, Fax (08362) 8437, ≤, 🌳, ⇔, 🚴 – 📺 🅿 ⓜⓞ 🆅🅸🆂🅰
geschl. 17. März - 3. April, 3. - 27. Nov. – **Menu** (geschl. Jan. - April Donnerstag, Nov. - Dez. Montag - Dienstag) à la carte 16,50/30 – **35 Zim** ☐ 39/66 – 66/104 – ½ P 13.
♦ Diese familiär geführte Ferienadresse beherbergt Gästezimmer und Appartements in ländlichem Stil. Im Winter wie auch im Sommer genießen Sie eine attraktive Landschaft. Hell und gepflegt präsentiert sich das Restaurant.

In Schwangau-Waltenhofen :

Gasthof am See ⋟, Forggenseestr. 81, ✉ 87645, ✆ (08362) 9 30 30, info@hotelgasthofamsee.de, Fax (08362) 930339, ≤, 🌳, ⇔, 🚴 – ⌘ 📺 🅿 ⓜⓞ 🆅🅸🆂🅰
geschl. 10. Nov. - 11. Dez. – **Menu** (geschl. 24. März - 11. April, Dienstag) à la carte 14,50/29 – **22 Zim** ☐ 38 – 52/75 – ½ P 13.
♦ Der alpenländische Charakter des Hauses, die Lage direkt am See und eine familiäre Atmosphäre werden Ihren Zuspruch finden. Wählen Sie eines der zum See hin gelegenen Zimmer. Die Bauernstube und das Restaurant zählen zu den gemütlichen Plätzen des Hauses.

Café Gerlinde ⋟ garni, Forggenseestr. 85, ✉ 87645, ✆ (08362) 82 33, info@pension-gerlinde.de, Fax (08362) 8486, ⇔, 🚴 – 📺 🅿
geschl. 24. März - 10. April, 2. Nov. - 19. Dez. – **19 Zim** ☐ 40 – 54/68.
♦ Ob Familien- oder Aktivurlaub, ob Sommer oder Winter - Sie werden den ländlichen Charme und die freundliche Atmosphäre des kleinen Ferienhotels schätzen.

SCHWANHEIM Rheinland-Pfalz siehe Hauenstein.

SCHWARMSTEDT Niedersachsen 415 416 417 418 H 12 – 3 900 Ew – Höhe 30 m – Erholungsort.
🅱 Tourist-Information, Am Markt 1, ✉ 29690, ✆ (05071) 86 88, Fax (05071) 80989.
Berlin 310 – Hannover 51 – Bremen 88 – Celle 33 – Hamburg 118.

Bertram, Moorstr. 1, ✉ 29690, ✆ (05071) 80 80, ringhotel.bertram@t-online.de, Fax (05071) 80845, 🌳 – ⌘, ✱ Zim, 📺 📞 ⇔ 🅿 – 🚗 80. 🅰🅴 ⓓ ⓜⓞ 🆅🅸🆂🅰 🅹🅲🅱
Menu à la carte 17/35,50 – **37 Zim** ☐ 65/75 – 85/99 – ½ P 13.
♦ Funktionell, sauber und gepflegt - so zeigt sich dieses Domizil. Annehmlichkeiten des Hauses wissen sowohl privat als auch geschäftlich Reisende zu schätzen.

In Schwarmstedt-Bothmer Nord-West : 3 km :

Gästehaus Schloß Bothmer ⋟, Alte Dorfstr. 15, ✉ 29690, ✆ (05071) 30 37, info@schlossbothmer.de, Fax (05071) 3039, 🌳, 🚴 – 📺 🅿 🅰🅴 ⓜⓞ 🆅🅸🆂🅰
Menu (geschl. Jan. - Mitte Feb., Montag) (wochentags nur Abendessen) à la carte 26/35,50 – **9 Zim** ☐ 77 – 105/145.
♦ Das privat bewohnte Schloß wird ergänzt durch einen Anbau im Gartenhaus-Stil. Hier beziehen Sie ein geschmackvolles, großzügiges Quartier, meist mit kleinem Wintergarten. Teil des Restaurants ist der große Wintergarten mit Blick in den Park.

SCHWARMSTEDT

An der Straße nach Ostenholz Nord-Ost : 8 km :

Heide-Kröpke ⑤, Esseler Damm 1, ✉ 29690 Essel, ℘ (05167) 97 90, heide-kroepke
@t-online.de, Fax (05167) 979291, 😊, 🍴, 🏊, 🎾, 🐕 – 📶, 🛏 Zim, 📺 ♣ 占 ⇔ ᗐ
– 🛁 60. 🎫 ⓘ ⓜ 🆅🅸🆂🅰 🅹🅲🅱. 🍽 Rest – **Menu** à la carte 20/45 (auch vegetarisches Menu
– **60 Zim** ⚍ 70/90 – 102/125, 9 Suiten – ½ P 20.
• Mehrere miteinander verbundene Gebäude und ein weitläufiger Park bilden dieses attrak
tive Anwesen. Im Inneren überzeugt Komfort - teils wohnlich-elegant, teils neuzeitlich
Ein helles, freundliches Ambiente umgibt Sie im Hotelrestaurant.

SCHWARTAU, BAD Schleswig-Holstein 415 416 E 16 – 20 000 Ew – Höhe 10 m – Heilbad.
🅱 Tourist-Information, Markt 15 (im Rathaus), ✉ 23611, ℘ (0451) 2 00 02 42, stad
verwaltung@bad-schwartau.de, Fax (0451) 2000202.
Berlin 274 – Kiel 72 – Lübeck 16 – Schwerin 73 – Oldenburg in Holstein 50.

Waldhotel Riesebusch ⑤, Sonnenweg 1, ✉ 23611, ℘ (0451) 29 30 50, info@
waldhotel-riesenbusch.de, Fax (0451) 283646, 😊 – 📺 ⚙ ♣ 占 – 🛁 30. 🎫 ⓘ ⓜ 🆅🅸🆂🅰. 🛏 Zin
geschl. 14. Feb. - 2. März – **Menu** (geschl. Donnerstag) à la carte 21,50/33 – **25 Zin**
⚍ 59/62 – 80/90 – ½ P 13.
• Urlauber und Geschäftsreisende schätzen die Lage und das funktionelle Innenleben de
typischen Familienbetriebs. Spazier- und Wanderwege finden sich direkt vor der Tür.

Elisabeth, Elisabethstr. 4, ✉ 23611, ℘ (0451) 2 17 81, info@elisabet-hotel.de
Fax (0451) 283850, 😊, 🍴 – 📺 – 🛁 40. 🎫 ⓜ 🆅🅸🆂🅰
Menu à la carte 18/28,50 – **23 Zim** ⚍ 64/70 – 80/98 – ½ P 15.
• Mit einem renovierten, modernen Eingangsbereich empfängt Sie ihr vorübergehende
Zuhause. Funktionelle Zimmer in hellem Naturholz stehen zum Einzug bereit. Gepflegt und
schlicht in der Aufmachung zeigt sich das Restaurant.

Haus Magdalene garni, Lübecker Str. 69, ✉ 23611, ℘ (0451) 28 99 90, hausmag
alene@aol.com, Fax (0451) 2899920 – 📺 🅿 ⓜ 🆅🅸🆂🅰 🅹🅲🅱
geschl. 23. Dez. - 3. Jan. – **10 Zim** ⚍ 42/52 – 72.
• Ehemals als Wohnsitz genutzt, dient die kleine Villa nun der Beherbergung Reisender. Die
überschaubare Größe verleiht dem Haus eine private Atmosphäre.

SCHWARZACH Bayern 419 420 Q 14 – 3 100 Ew – Höhe 200 m.
Berlin 471 – München 255 – Würzburg 28 – Bamberg 47 – Gerolzhofen 9 – Schweinfurt 35.

Im Ortsteil Münsterschwarzach :

Zum Benediktiner ⑤ garni, Weideweg 7, ✉ 97359, ℘ (09324) 91 20, info@zum
benediktiner.de, Fax (09324) 912900, 🍴 – 📶 📺 ♣ 占 ⇔ 🅿 – 🛁 50. 🎫 ⓜ 🆅🅸🆂🅰
geschl. 20. - 26. Dez. – **45 Zim** ⚍ 54/72 – 72/98.
• Hinter dem 500-jährigen Gasthaus liegt das gepflegte, funktionelle Domizil. Neuere Zim
mer mit modernem Mobiliar finden Sie in der zweiten Etage.

Gasthaus zum Benediktiner, Schweinfurter Str. 31, ✉ 97359, ℘ (09324) 9 97 98
Fax (09324) 99799, 😊 – 🅿. 🎫 ⓘ ⓜ 🆅🅸🆂🅰
geschl. 20. - 26. Dez., Nov. - Feb. Mittwoch – **Menu** à la carte 16,50/33.
• Im 15 Jh. von der Benediktinerabtei als Klosterherberge erbaut, stellt das altfränkische
Gasthaus heute für jeden Besucher eine behaglich-rustikale Einkehrmöglichkeit dar.

Im Ortsteil Stadtschwarzach :

Schwab's Landgasthof, Bamberger Str. 4, ✉ 97359, ℘ (09324) 12 51, info@
landgasthof-schwab.de, Fax (09324) 5291, 😊 – 📺 ♣. ⓜ
Menu (geschl. Feb. 2 Wochen, Aug. 2 Wochen, Montag - Dienstag) à la carte 17/31 – **11 Zim**
⚍ 37/45 – 53/63.
• Mit seinem ländlichen Stil ist das Haus ganz dem dörflichen Charakter der Gegend ange-
paßt. Hier finden Reisende eine solide Behausung auf Zeit. Der nette Familienbetrieb bittet
mit regionaler Küche zu Tisch.

SCHWARZENBACH AM WALD Bayern 418 420 P 18 – 6 500 Ew – Höhe 667 m – Win
tersport : 🛷.
Ausflugsziel : Döbraberg : Aussichtsturm ⁂ *, Süd-Ost : 4 km und 25 min. zu Fuß.
Berlin 320 – München 283 – Coburg 65 – Bayreuth 54 – Hof 24.

In Schwarzenbach-Gottsmannsgrün Süd-West : 3 km :

Zum Zegasttal, Gottsmannsgrün 8, ✉ 95131, ℘ (09289) 14 06, info@zegasttal.de,
Fax (09289) 6807, 😊 – 📺 🅿. ⓜ 🆅🅸🆂🅰
Menu (geschl. Mittwoch) à la carte 12/32,50 – **13 Zim** ⚍ 26/33 – 44/56 – ½ P 9.
• Auf der Suche nach einer praktisch ausgestatteten Unterkunft werden Sie hier fündig
Ausgedehnte Spaziergänge in reizvoller Landschaft bereichern Ihr Freizeitprogramm. Bür-
gerlich-schlicht eingerichtet : die nette Gaststube.

SCHWARZENBACH AM WALD

in Schwarzenbach-Schübelhammer *Süd-West : 7 km :*

Zur Mühle, an der B 173, ⊠ 95131, ℘ (09289) 4 24, Fax (09289) 6717, 🍴, ⇌s, 🏊
- 📺 ⇔ 🅿️
geschl. Mitte Nov. - Mitte Dez. – **Menu** *(geschl. Dienstag)* à la carte 12,50/26 – **19 Zim**
⇌ 32/36 – 52/60 – ½ P 8.

◆ Ursprünglich als Mühle genutzt, zeigt sich das Haus heute als solide Übernachtungs-
adresse - rustikal in der Gestaltung. Eine schöne Landschaft lädt zu Ausflügen ein. Wer's
bürgerlich-rustikal mag, wird das Ambiente des Restaurants schätzen.

in Schwarzenbach-Schwarzenstein *Süd-West : 2 km :*

Rodachtal (mit Gästehaus), Zum Rodachtal 15, ⊠ 95131, ℘ (09289) 2 39, *rodachtal
@aol.com*, Fax (09289) 203, 🍴, 🌳 – 📺 ⇔ 🅿️ – 🛁 25
geschl. Mitte Okt. - Mitte Nov. – **Menu** *(geschl. Montag)* à la carte 10,50/26 – **23 Zim**
⇌ 34/37 – 62 – ½ P 10.

◆ Seit 100 Jahren befindet sich der ländliche Gasthof in Familienbesitz. Dieser Tradition
verpflichtet, stellt man Ihnen hier stets ein solides Quartier zur Verfügung. Sie nehmen Platz
in gepflegten, bürgerlich-schlicht gestalteten Gaststuben.

SCHWARZENBERG *Sachsen* 418 420 O 22 – 21 000 Ew – Höhe 427 m.

ℹ *Schwarzenberg-Information, Oberes Tor 5,* ⊠ 08340, ℘ (03774) 2 25 40, Fax (03774)
22540.
Berlin 300 – Dresden 125 – Chemnitz 41 – Chomutov 76 – Karlovy Vary 60 – Zwickau 36.

Neustädter Hof, Grünhainer Str. 24, ⊠ 08340, ℘ (03774) 12 50, *neustaedterhof
@t-online.de*, Fax (03774) 125500, Biergarten, ⇌s – 🛗, ↭ Zim, 📺 ✆ 👤 ⇔ 🅿️ – 🛁 60.
AE ⓞ ⓜ VISA. ⚯ Rest
Menu à la carte 14/32 – **77 Zim** ⇌ 55/72 – 82/92.

◆ Hinter der hübschen Fassade des renovierten, aus dem Jahre 1910 stammenden Hauses
verbinden sich Wohnlichkeit und Funktionalität zu zeitgemäßem Komfort. Viel Holz und
neuzeitliche Einrichtungselemente verleihen dem Restaurant ein behagliches Ambiente.

Ratskeller, Markt 1, ⊠ 08340, ℘ (03774) 1 55 70, *hotel-ratskeller-schwarzenberg@t
-online.de*, Fax (03774) 1557158 – 📺 – 🛁 40. AE ⓞ ⓜ VISA JCB
Menu *(geschl. Sonntagabend)* à la carte 14/31,05 – **13 Zim** ⇌ 45 – 65.

◆ Die schmucke Fassade und der markante Glockenturm des ehemaligen Rathauses erin-
nern an vergangene Zeiten. Das Hotel verfügt über zeitgemäße Zimmer mit nostalgischem
Touch. Ein schönes, altes Gewölbe gibt dem Restaurant seinen unverwechselbaren
Charakter.

in Schwarzenberg-Bermsgrün *Süd : 4 km :*

Am Hohen Hahn ⚘, Gemeindestr. 92, ⊠ 08340, ℘ (03774) 13 10, *info@hotel-
am-hohen-hahn.de*, Fax (03774) 131150, 🍴, ⇌s, 🏊 (Gebühr), ⚯ – 📺 ✆ 🅿️ – 🛁 20.
AE ⓞ ⓜ VISA
Menu à la carte 13,50/30 – **46 Zim** ⇌ 64 – 90.

◆ Das gepflegte Domizil - ein altes Landhaus mit neuerem Anbau - liegt außerhalb des Ortes
auf einer kleinen Anhöhe. Sommers wie winters lädt die Gegend zu Erkundungen ein. Der
Restaurantbereich verteilt sich auf mehrere Räume mit gediegenem Ambiente.

SCHWARZENFELD *Bayern* 420 R 20 – 6 000 Ew – Höhe 363 m.

ℹ *Kemnath bei Fuhrn (Süd-Ost : 9 km),* ℘ (09439) 4 66.
Berlin 443 – München 175 – Weiden in der Oberpfalz 38 – Nürnberg 82 – Regensburg 53.

Schloss Schwarzenfeld M, Schloss Str. 13, ⊠ 92521, ℘ (09435) 55 50, *hotel@
schloss-schwarzenfeld.de*, Fax (09435) 555199, 🍴, 🏋, ⇌s – 🛗, ↭ Zim, 🛏 Rest, 📺
✆ 👤 🅿️ – 🛁 120. AE ⓞ ⓜ VISA. ⚯ Rest
Menu à la carte 26,50/41 – **88 Zim** ⇌ 75/85 – 115/145, 4 Suiten.

◆ Integriert in das restaurierte Schloß, kombiniert das Hotel modernen Komfort mit his-
torischem Flair. Vor allem für Tagungen bietet man ein geeignetes Umfeld. Sie speisen im
gräflichen Salon unter originalgetreu restaurierten Kreuzgewölben.

in Fensterbach-Wolfringmühle *West : 7,5 km in Richtung Amberg :*

Wolfringmühle, ⊠ 92269, ℘ (09438) 9 40 20, *kontakt@hotel-wolfringmuehle.de*,
Fax (09438) 940280, 🍴, Biergarten, 🏋, ⇌s, 🏊, 🌳, ⚯ – 🛗 📺 ✆ 🅿️ – 🛁 80. ⓜ
VISA JCB
geschl. Jan. - 1. Feb. – **Menu** à la carte 12,50/27,50 – **53 Zim** ⇌ 38/40 – 65.

◆ Das familiär geführte Hotel hat neben soliden Zimmern auch für Aktive ein geeignetes
Freizeitprogramm zu bieten - für kleine Gäste stehen Ponys bereit. Helles Holz und ein
ländliches Ambiente bestimmen den Charakter des Restaurants.

SCHWARZHEIDE Brandenburg 418 L 25 – 9 000 Ew – Höhe 100 m.
Berlin 143 – Potsdam 160 – Cottbus 56 – Dresden 56 – Görlitz 101.

🏨 **Ramada Treff Page Hotel**, Ruhlander Str. 75, ✉ 01987, ℘ (035752) 8 40
schwarzheide@ramada-treff.de, Fax (035752) 84100, 🚗 – |⃰|, ⚘ Zim, 📺 ⚐ 🅿 – 🏛 40
AE ⓘ ⓒ VISA JCB
Menu à la carte 14,50/23,50 – **135 Zim** ⚏ 80/108 – 95/128.
◆ 1995 wurde dieses neuzeitliche Hotel erbaut. Es erwarten Sie funktionell
Zimmer mit den Annehmlichkeiten, die Sie sich von einer zeitgemäßen Unterkunf
wünschen.

SCHWARZWALDHOCHSTRASSE Baden-Württemberg 419 U 8 – 50 km lang
Höhenstraße★★★ von Baden-Baden bis Freudenstadt – Wintersport : 700/1 166 r
≤21 ⛷.

SCHWARZWALDHOCHSTRASSE

☐ Waldblick	Einsam gelegenes Hotel
■	Einsam gelegenes Restaurant
○ FORBACH	Ort mit Unterkunftsmöglichkeiten

☐ Waldblick	Hôtel isolé
■	Restaurant isolé
○ FORBACH	Localité à ressources hôtelières

☐ Waldblick	Isolated hotel
■	Isolated restaurant
○ FORBACH	Town with hotels or restaurants

☐ Waldblick	Albergo isolato
■	Ristorante isolato
○ FORBACH	Località con risorse alberghiere

Halten Sie beim Betreten
des Hotels oder des Restaurants
den Führer in der Hand.
Sie zeigen damit, daß Sie aufgrund
dieser Empfehlung gekommen sind.

*Michelin hängt keine Schilder
an die empfohlenen
Hotels und Restaurants.*

*Michelin n'accroche pas
de panonceau aux hôtels
et restaurants qu'il signale.*

*Michelin puts no plaque or sign
on the hotels and restaurants
mentioned in this Guide.*

*Michelin non applica
targhe pubblicitarie agli alberghi
e ristoranti segnalati in guida.*

Hotels siehe unter : Baiersbronn, Bühl, Seebach und Freudenstadt

SCHWEDT Brandenburg 416 G 26 – 39 000 Ew – Höhe 15 m.
🛈 Fremdenverkehrsverein, Lindenallee 36, ✉ 16303, ℘ (03332) 2 55 90, Fax (03332)
255959.
Berlin 100 – Potsdam 136 – Neubrandenburg 98 – Szczecin 87.

🏨 **Turm-Hotel**, Heinersdorfer Damm 1, ✉ 16303, ℘ (03332) 44 30, info@turmhotel
schwedt.de, Fax (03332) 443299, 🍽 – |⃰|, ⚘ Zim, 📺 ⚐ ⚑ 🅿 – 🏛 60. AE
ⓒ VISA
Turm-Brauhaus (wochentags nur Abendessen) **Menu** à la carte 14,50/31 – **41 Zim**
⚏ 61/69 – 89/100.
◆ Weithin sichtbar leitet der Wasserturm - Wahrzeichen der Stadt - Reisende zu ihrem
funktionellen Domizil. 1995 eröffnet, stellt das Haus eine neuzeitliche Adresse dar. Rustika
zeigt sich das Innere des Brauhauses.

SCHWEDT

- **Andersen** garni, Gartenstr. 9, ⌧ 16303, ℘ (03332) 2 91 10, schwedt@andersen.de, Fax (03332) 524750 – ⌸ ⌧ TV ⌕ ⌘ – 🛌 25. AE ⓞ ⓜ VISA
  32 Zim ⌕ 67/74 – 74/94.
  • Im Herzen der Altstadt liegt diese gastliche Adresse - funktionell und zeitgemäß. Die Ausstattung mit Schreibtisch, Fax- und Modemanschluß schätzen auch Geschäftsreisende.

- **Stadtpark Hotel** garni, Bahnhofstr. 3, ⌧ 16303, ℘ (03332) 5 37 60, Fax (03332) 537631 – TV P. AE ⓜ VISA
  18 Zim ⌕ 46/60 – 60/75.
  • Der kleine Familienbetrieb beherbergt Sie in solide und sinnvoll eingerichteten Gästezimmern. Direkt hinter dem Haus liegt der namengebende Stadtpark.

In **Zützen** Süd-West : 4 km :

- **Oder-Hotel**, Apfelallee 2 (an der B 2), ⌧ 16306, ℘ (03332) 26 60, hotel@oder-hotel.de, Fax (03332) 266266, ⌖, ⌗ – ⌧ Zim, TV ⌕ P. – 🛌 35. AE ⓜ VISA
  Menu à la carte 15/28 – **33 Zim** ⌕ 44/47 – 52/62.
  • Modern zeigt sich das Äußere dieses im Landhausstil erbauten Hotels. Auch der Empfang und die funktionellen Zimmer sind in neuzeitlichem Design gehalten. Modern ausgestattetes Hotelrestaurant.

- **Chalet Europa - Appelhaus**, Apfelallee 1 (an der B 2), ⌧ 16306 Zützen, ℘ (03332) 5 38 80, chalet_europa@hotmail.com, Fax (03332) 538853, ⌖, ⌗ – ⌧ Zim, TV P. AE ⓞ ⓜ VISA
  Menu à la carte 13/23 – **30 Zim** ⌕ 36 – 46.
  • Die auf drei Häuser verteilten Zimmer verfügen alle über einen separaten Eingang und einen Parkplatz direkt vor der Tür - eine praktische Motelanlage für Durchreisende.

SCHWEICH Rheinland-Pfalz **417** Q 4 – 7 000 Ew – Höhe 125 m.
🅘 Tourist-Information, Brückenstr. 46 (Rathaus), ⌧ 54338, ℘ (06502) 40 71 17, mosel@touristinfo-schweich.de.
Berlin 706 – Mainz 149 – Trier 18 – Bernkastel-Kues 36 – Wittlich 24.

- **Zur Moselbrücke**, Brückenstr. 1, ⌧ 54338, ℘ (06502) 9 19 00, hotel-moselbruecke@t-online.de, Fax (06502) 919091, ⌖, ⌗ – TV ⌘ P. – 🛌 25. AE ⓞ ⓜ VISA
  geschl. 19. Dez. - 18. Jan. – **Menu** (geschl. Nov. - April Donnerstag) à la carte 15/33 – **24 Zim** ⌕ 51/60 – 70/80.
  • Der Name des Hauses weist bereits auf die Lage an der Mosel hin. Funktionelle, gepflegte Zimmer stehen hier zum Einzug bereit. Draußen lockt ein schöner Garten. Eine Bier- und Weinstube ergänzt das Restaurant.

SCHWEIGEN-RECHTENBACH Rheinland-Pfalz **419** S 7 – 1 300 Ew – Höhe 220 m.
Berlin 690 – Mainz 162 – Karlsruhe 45 – Landau in der Pfalz 21 – Pirmasens 47 – Wissembourg 4.

- **Am deutschen Weintor** garni, Bacchusstr. 1 (B 38, Rechtenbach), ⌧ 76889, ℘ (06342) 73 35, Fax (06342) 6287 – TV P. ⓜ VISA
  16 Zim ⌕ 40/52 – 60/75.
  • Das kleine Hotel beherbergt Sie in praktischen Zimmern mit Balkon. Umgeben von Wald- und Rebland zeigt sich der Wein- und Erholungsort als beliebtes Ausflugsziel.

- **Weingut Leiling**, Hauptstr. 3 (Schweigen), ⌧ 76889, ℘ (06342) 70 39, info@weingut-leiling.de, Fax (06342) 6351, ⌖
  geschl. Jan., geöffnet Freitagabend, Samstag, Sonn- und Feiertage, Mai - Okt. auch Donnerstagabend – **Menu** (nur Eigenbauweine) à la carte 18/31 ⌕.
  • Rustikale Steinwände, dunkles Mobiliar und moderne Elemente bilden eine originelle Mischung. Bei schönem Wetter genießt man die Gartenterrasse.

SCHWEINFURT Bayern **420** P 14 – 55 000 Ew – Höhe 226 m.
🅘 Löffelsterz, Ebertshauser Str. 17 (Nord-Ost : 12 km), ℘ (09727) 58 89.
🅘 Tourist-Information, Brückenstr. 20, ⌧ 97421, ℘ (09721) 5 14 98, tourismus@schweinfurt.de, Fax (09721) 51605. – **ADAC**, Rückertstr. 17.
Berlin 456 ② – München 287 ② – Würzburg 51 ② – Bamberg 57 ① – Erfurt 156 ⑤ – Fulda 85 ④

Stadtplan siehe nächste Seite

- **Roß**, Postplatz 9, ⌧ 97421, ℘ (09721) 2 00 10, info@hotel-ross.de, Fax (09721) 200113, ⌖, ⌗, ⌘ – ⌸, ⌧ Zim, TV ⌕ ⌘ P. AE ⓞ ⓜ VISA JCB   Z r
  geschl. 21. Dez. - 10. Jan. – **Menu** (geschl. Montagmittag, Sonn- und Feiertage) (Aug. nur Abendessen) à la carte 18/28 – **46 Zim** ⌕ 66/95 – 79/115.
  • Das Hotel liegt in der Altstadt von Schweinfurt. Verschiedene Zimmerkategorien von neuzeitlich-komfortabel bis funktionell-schlicht ermöglichen Wohnen nach Maß. Gediegen-rustikaler Stil im Restaurant.

1327

SCHWEINFURT

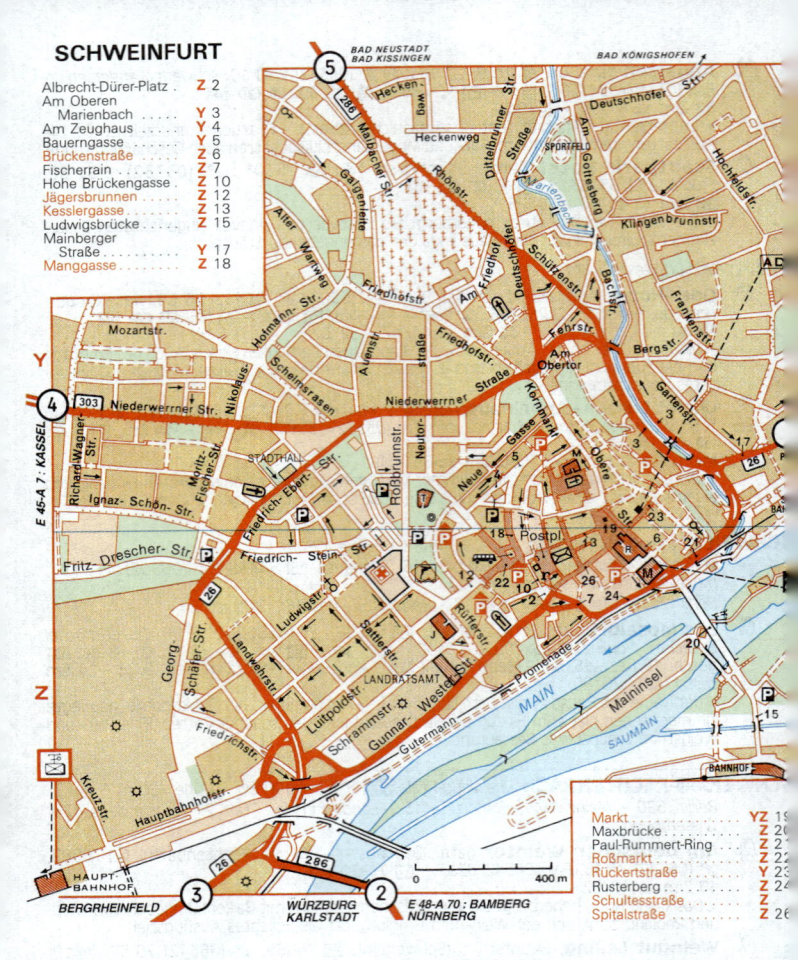

Albrecht-Dürer-Platz	Z 2
Am Oberen Marienbach	Y 3
Am Zeughaus	Y 4
Bauerngasse	Y 5
Brückenstraße	Z 6
Fischerrain	Z 7
Hohe Brückengasse	Z 10
Jägersbrunnen	Z 12
Kesslergasse	Z 13
Ludwigsbrücke	Z 15
Mainberger Straße	Y 17
Manggasse	Z 18
Markt	YZ 19
Maxbrücke	Z 20
Paul-Rummert-Ring	Z 21
Roßmarkt	Z 22
Rückertstraße	Y 23
Rusterberg	Z 24
Schultesstraße	Z 25
Spitalstraße	Z 26

🏨 **Primula,** Friedrich-Rätzer-Str. 11 (Gewerbegebiet-Süd), ⌧ 97424, ✆ (09721) 77 90, info
@ hotel-primula.de, Fax (09721) 779200, 🍽 – 📶, ↯ Zim, 📺 📞 ♿ 🅿 – 🔔 30. 🆎 ⓞ
🔘 **VISA**   über ②
Menu (geschl. Samstag, Sonn- und Feiertage) à la carte 16/24 – **62 Zim** ⊇ 71 – 77.
• Ein neuzeitlicher Stil durchzieht das Hotel - vom Empfang bis in Ihr Zimmer. Die funktionelle Ausstattung schätzen sowohl Erholungsuchende als auch Geschäftsreisende. In einem hellen, freundlichen Ambiente bittet man seine Besucher zu Tisch.

In Bergrheinfeld über ③ : 5 km :

🏨 **Weißes Roß** (mit Gästehäusern), Hauptstr. 65 (B 26), ⌧ 97493, ✆ (09721) 78 97 00
⌘ gasthof@weissesrossrudloff.de, Fax (09721) 789789, 🍽 – 📺 📞 🅿 – 🔔 45. 🆎
🔘 **VISA**
geschl. 27. Dez. - 6. Jan., 1. - 20. Aug. – **Menu** (geschl. Sonntagabend - Montagmittag)
à la carte 13/29 – **57 Zim** ⊇ 28/44 – 53/66.
• Suchen Sie nach einer soliden Unterkunft für unterwegs? Die Zimmer dieser Adresse verteilen sich auf drei Häuser - von einfach und preiswert bis neuzeitlich-funktionell. Rustikale Gaststube, in der auch Hausgeschlachtetes serviert wird.

Benutzen Sie den Hotelführer des laufenden Jahres

SCHWEITENKIRCHEN Bayern 419 420 U 18 – 4 300 Ew – Höhe 537 m.
Berlin 542 – München 46 – Regensburg 81 – Augsburg 70 – Landshut 60.

In Schweitenkirchen-Aufham Süd : 5 km, ab Autobahnausfahrt Richtung Kirchdorf :

Landgasthof Weiß (mit Gästehaus), Otterbachstr. 42, ✉ 85301, ✆ (08444) 8 04, Fax (08444) 91129, 😀 – TV P
geschl. 27. Dez. - 5. Jan., Aug. - Sept. 3 Wochen – **Menu** (geschl. Dienstag - Mittwochmittag) à la carte 11/22 – **13 Zim** ⊇ 31 – 41.
♦ Haupthaus und Gästehaus stehen mit praktisch ausgestatteten Zimmern für Besucher bereit. Auch die überschaubare Größe zählt zu den Vorzügen dieses Familienbetriebs. Die rustikale Einrichtung verleiht den Gaststuben einen ländlichen Charakter.

In Geisenhausen Nord-West : 5 km :

Rasthaus in der Holledau M, An der A 9 (West : 1 km), ✉ 85301, ✆ (08441) 80 10, info@holledau.bestwestern.de, Fax (08441) 801498, 😀, ≦s – |≡|, ⊱ Zim, 🖳 📺 📞 ♿ ⇔ P – 🔏 40. 𝔸𝔼 ⓞ 🅜🅞 🆅🅸🆂🅰 🅹🅲🅱
Menu à la carte 19/36,50 – **92 Zim** ⊇ 75 – 110.
♦ Geräumig, hell und funktionell - so präsentieren sich die Zimmer dieses neuzeitlichen Autobahnhotels. Schallisolierte Fenster lassen Sie auch auf der Reise zur Ruhe kommen.

SCHWELM Nordrhein-Westfalen 417 M 5 – 31 200 Ew – Höhe 220 m.
Berlin 522 – Düsseldorf 50 – Hagen 16 – Wuppertal 9.

Am Mühlenteich, Obermauerstr. 11, ✉ 58332, ✆ (02336) 9 19 00 (Hotel) 91 90 90(Rest.), am-muehlenteich@hotel-wuppertal.de, Fax (02336) 919099 – |≡|, ⊱ Zim, 📺 P – 🔏 20. 𝔸𝔼 ⓞ 🅜🅞 🆅🅸🆂🅰
geschl. 23. Dez. - 1. Jan. – **Carstens** (geschl. Samstagmittag, Sonn- und Feiertage) **Menu** à la carte 27/49 – **39 Zim** ⊇ 77/99 – 99/140.
♦ Eine elegante Halle empfängt Sie hinter der renovierten Fassade dieses Altbaus. Die Zimmer sorgen mit Wohnlichkeit und Moderne für bequemes Logieren. Das Restaurant Carstens gefällt mit Jugendstil-Einrichtung.

Haus Friedrichsbad, Brunnenstr. 24, ✉ 58332, ✆ (02336) 4 00 80, bhbhotels@aol.com, Fax (02336) 4008150, 😀, ℐ₆, ≦s, ≉ – |≡|, ⊱ Zim, 📺 📞 P – 🔏 150. 𝔸𝔼 ⓞ 🅜🅞 🆅🅸🆂🅰. ⊱ Rest
geschl. 1. - 5. Jan. – **Menu** à la carte 27/38 – **64 Zim** ⊇ 65/90 – 90/123.
♦ Nach einer umfassenden Renovierung glänzt das Haus nun mit elegantem Touch. Die Zimmer sind zum Teil mit Stilmobiliar, zum Teil mit spanischen Antiquitäten bestückt. Prunkstück im Restaurant ist der Kaisersaal mit dem historischen Stuhl der Kaiserin Sissi.

Haus Wünsche ⌘ garni, Göckinghofstr. 47, ✉ 58332, ✆ (02336) 8 20 30, mail@hotel-wuensche.de, Fax (02336) 82126, ≤, ≦s, ≉ – 📺 ⇔ P – 🔏 20. ⓞ 🅜🅞 🆅🅸🆂🅰
geschl. 23. Dez. - 6. Jan. über Ostern – **19 Zim** ⊇ 51/56 – 66/81.
♦ Das ehemalige Wohnhaus dient nun der Beherbergung Reisender. Die Gästezimmer dieses kleinen Hotels sind sehr gepflegt und funktionell eingerichtet.

SCHWENDI Baden-Württemberg 419 420 V 13 – 5 300 Ew – Höhe 530 m.
₺ Wain, Reischenhof (Ost : 3 km), ✆ (07353) 17 32.
Berlin 645 – Stuttgart 127 – Konstanz 138 – Ravensburg 67 – Ulm (Donau) 35 – Memmingen 36.

Oberschwäbischer Hof M, Hauptstr. 9, ✉ 88477, ✆ (07353) 9 84 90, ober schwaebischer-hof@t-online.de, Fax (07353) 9849200, 😀, ≦s – |≡| 📺 📞 ♿ ⇔ P – 🔏 100. 🅜🅞 🆅🅸🆂🅰
Menu (geschl. Sonntag) 26,50/51 à la carte 24,50/40 – **32 Zim** ⊇ 66 – 100.
♦ Neuzeitliche Architektur bestimmt die Fassade des 1997 fertiggestellten Hotels. Klare Linien und modernes Design durchziehen das Haus vom Empfang bis in die Zimmer. Schlichte Eleganz bestimmt den Rahmen des Restaurants, Sorgfalt und Geschmack prägen die Küche.

SCHWEPNITZ Sachsen 418 L 25 – 2 700 Ew – Höhe 180 m.
Berlin 163 – Dresden 42 – Kamenz 16 – Cottbus 63.

Büka-Ambiente ⌘, Industriestr. 1, ✉ 01936, ✆ (035797) 6 61 93, Fax (035797) 66192, Biergarten, ≦s – ⊱ Zim, 📺 📞 P – 🔏 35. ⓞ 🅜🅞 🆅🅸🆂🅰. ⊱
Menu à la carte 12,50/21,50 – **20 Zim** ⊇ 45 – 65.
♦ Der neuzeitliche, sachliche Hotelbau liegt im Gewerbegebiet von Schwepnitz. Praktisch ausgestattete Zimmer bieten dem Gast eine solide Behausung für unterwegs.

SCHWERIN ⓘ Mecklenburg-Vorpommern 416 F 18 – 98 000 Ew – Höhe 43 m.
  Sehenswert: *Schloß-Insel*★★ (*Schloß*★ mit *Thronsaal*★, *Schloßkapelle*★, *Schloßgarten*★ CZ – *Dom*★ BY – *Staatliches Museum*★ CY.
  Ausflugsziel: Ludwigslust: *Schloß und Park*★ Süd : 36 km.
  ▦ ▦ Kritzow, An der Waldkoppel (Ost : 20 km über ③ und Raben-Steinfeld), (038483) 2 23 91.
  fl *Schwerin-Information, Am Markt 10, ⊠ 19055, ℘ (0385) 5 92 52 12, info@schwerin-tourist.de, Fax (0385) 555094.*
  ADAC, *Lübecker Str. 18.*
  Berlin 203 – Lübeck 67 – Rostock 89.

Stadtpläne siehe nächste Seiten

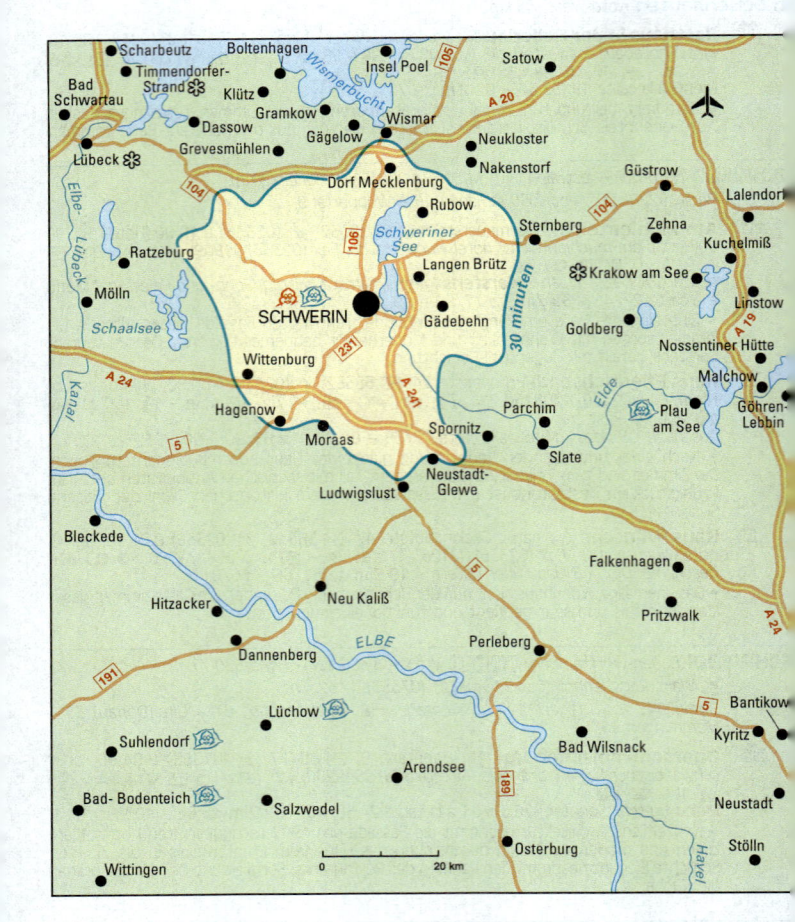

🏨 **Crowne Plaza** M, *Bleicher Ufer 23, ⊠ 19053, ℘ (0385) 5 75 50, crowne-plaza.schwerin@t-online.de, Fax (0385) 5755777*, 🍴, Massage, 🛌, 🛁, ≋ – 🛗, 🐾 Zim, 🖥 📺 📞 ♿ 🚗 – 🛎 150. 🆎 ⓄⒹ ⓂⒸ 💳
  AZ r
  Menu à la carte 22/30 – ⊇ 12 – **100 Zim** 105/115 – 120/145.
  ♦ Schon die großzügige Lobby stimmt Sie auf den modernen, noblen Rahmen dieser Residenz ein, die elegantes Wohnen, Business und Freizeit gelungen kombiniert. Im Restaurant hat man mit warmen Farben und modernem Stil ein nettes Ambiente geschaffen.

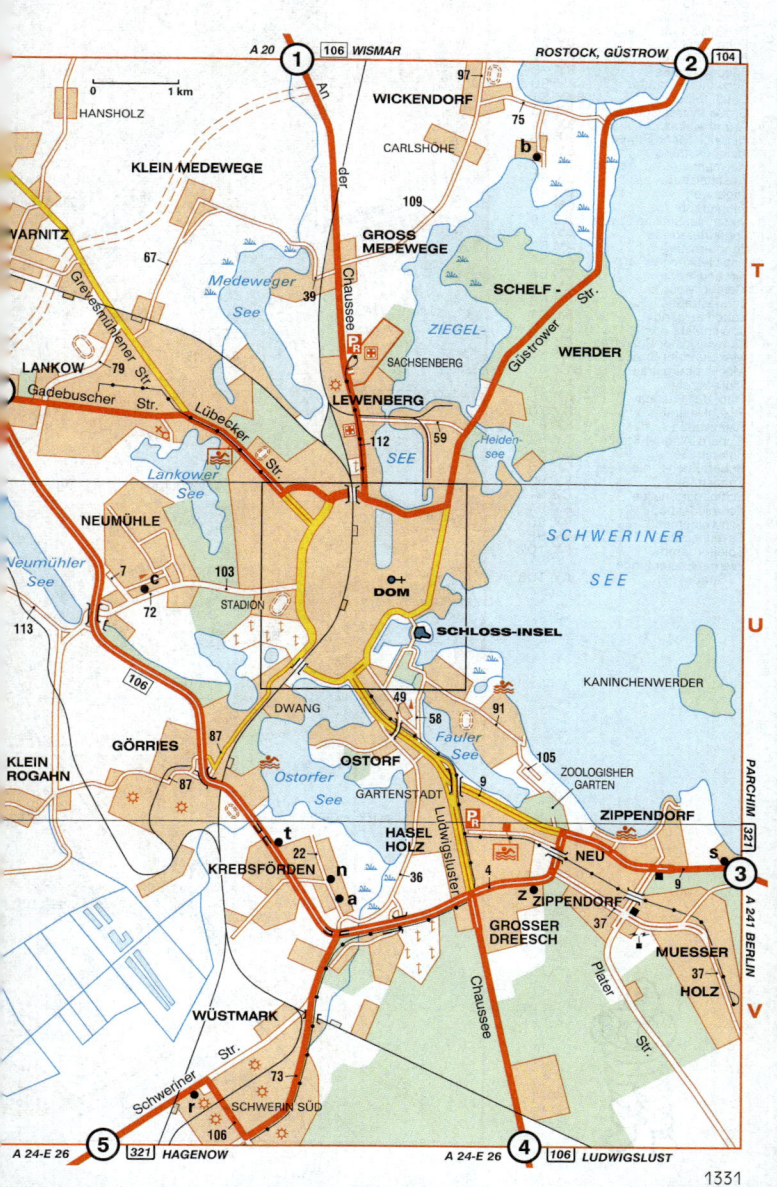

SCHWERIN

m Grünen Tal	**V** 4	
n den Wadehängen	**U** 7	
n der Crivitzer Chaussee	**UV** 9	
orfstraße	**V** 22	
agenower Chaussee	**V** 36	
amburger Allee	**V** 37	

Hauptstraße	**T** 39
Johannes-Stelling-Straße	**U** 49
Lennestraße	**U** 58
Medeweger Straße	**T** 67
Möwenburgstraße	**T** 59
Neumühler Straße	**U** 72
Pampower Straße	**V** 73
Paulsdammer Weg	**T** 75
Ratzeburger Straße	**T** 79

Rogahner Straße	**U** 87
Schloßgartenallee	**U** 91
Seehofer Straße	**T** 97
Vor dem Wittenburger Tor	**U** 103
Waldschulweg	**U** 105
Werkstraße	**V** 106
Wickendorfer Straße	**U** 109
Wismarsche Straße	**T** 112
Wittenförder Straße	**U** 113

SCHWERIN

Am Packhof	**BX**	2
Alter Garten	**CY**	3
Apothekerstraße	**BXY**	10
Bäckerstraße	**AY**	12
Beethovenstraße	**AX**	13
Bischofstraße	**BY**	15
Bornhövedstraße	**CX**	16
Bürgerm.-Bade-Platz	**AY**	19
Demmlerplatz	**AZ**	21
Demmlerstraße	**AX**	24
Dr.-Külz-Straße	**BY**	25
Enge Straße,		
Franz-Mehring-Straße	**ABY**	27
Friedrichstraße	**BY**	28
Fritz-Reuter-Straße	**AY**	30
Gaußstraße	**BXY**	31
Große Wasserstraße	**AZ**	33
Grunthalplatz	**BX**	34
Heinrich-Mann-Straße	**BZ**	40
Helenenstraße	**BY**	42
Hermannstraße	**BZ**	43
Hospitalstraße	**CX**	45
Jägerweg	**BZ**	46
Jahnstraße	**CY**	48
Johannes-Stelling-Straße	**BZ**	49
Johannesstraße	**AY**	52
Jungfernstieg	**AY**	53
Karl-Liebknecht-Platz	**AZ**	54
Kirchenstraße	**CY**	55
Kleiner Moor	**CY**	57
Lennéstraße	**CZ**	58
Lobedanzgang	**BY**	61
Löwenplatz	**AX**	62
Ludwigsluster Chaussee	**BZ**	63
Max-Suhrbier-Straße	**AX**	64
Mecklenburgstraße	**BYZ**	66
Müllerstraße	**AY**	70
Platz der Freiheit	**AX**	76
Puschkinstraße	**BY**	78
Reutzstraße	**BX**	81
Richard-Wagner-Straße	**AY**	82
Ritterstraße	**BY**	84
Robert-Koch-Straße	**CX**	85
Sandstraße	**AY**	90
Schloßgartenallee	**CZ**	91
Schmiedestraße	**BY**	94
Schweinemarkt	**BY**	96
Severinstraße	**ABY**	99
Spieltordamm	**BX**	102
Werner-Seelenbinder-Straße	**AY**	108

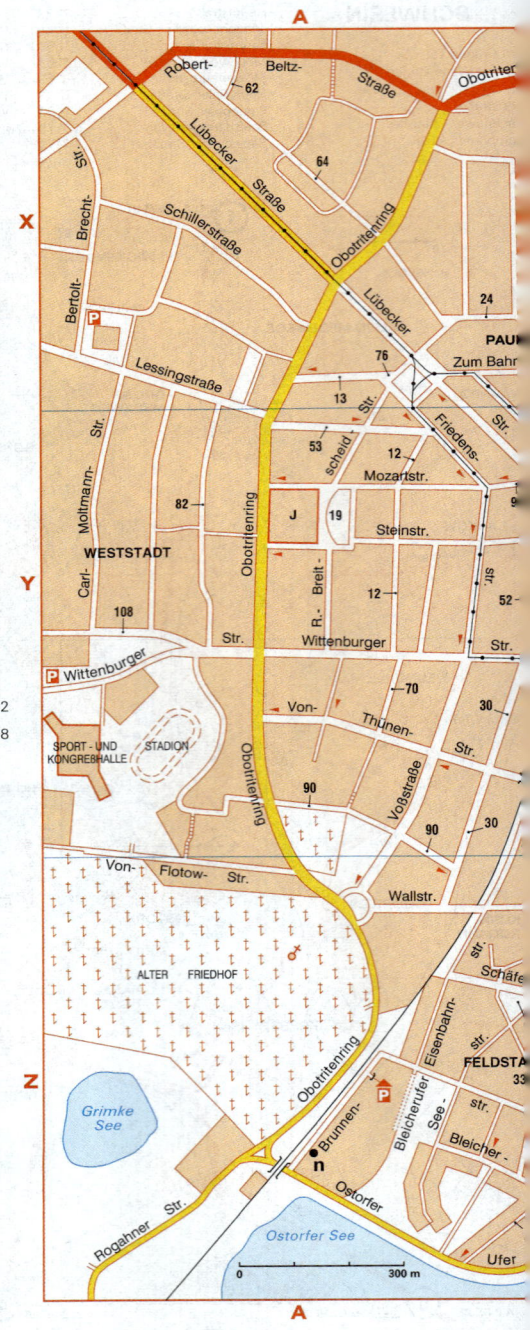

1332

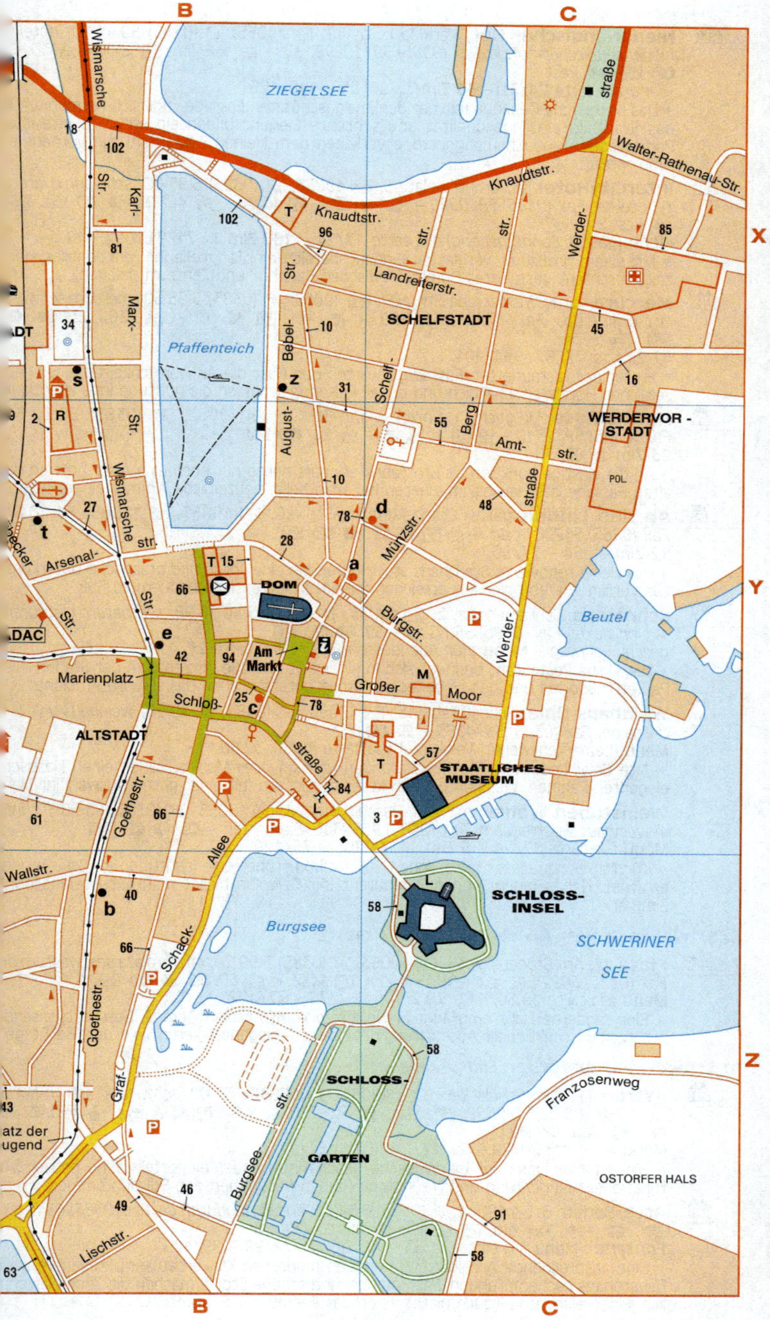
B
C
X
Y
Z
ZIEGELSEE
Pfaffenteich
Beutel
Burgsee
SCHWERINER SEE
SCHELFSTADT
WERDERVOR - STADT
ALTSTADT
DOM
Am Markt
STAATLICHES MUSEUM
SCHLOSS-INSEL
SCHLOSS-GARTEN
OSTORFER HALS
Wismarsche Str.
Karl-Marx-Str.
Knaudtstr.
Walter-Rathenau-Str.
Werderstraße
Landreiterstr.
August-Bebel-Str.
Schelfstr.
Bergstr.
Amtstraße
Münzstr.
Burgstr.
Großer Moor
Arsenal-Str.
Wismarsche str.
Schloßstraße
Marienplatz
Goethestr.
Wallstr.
Schack-Allee
Graf-
Burgsee-str.
Lischstr.
Franzosenweg
ADAC
POL.
atz der ugend

SCHWERIN

Niederländischer Hof, Karl-Marx-Str. 12, ⊠ 19055, ℰ (0385) 59 11 00, hotel@niederlaendischer-hof.de, Fax (0385) 59110999, 佘 – 🛗, ⚡ Zim, 📺 ⚐ 🄿 – 🛋 30. 🅰 ⓂⓄ 🆅🅸🆂🅰 ℀ Rest BX
Menu à la carte 24/32 – **33 Zim** ⌑ 90/95 – 118/128.
♦ Das historische Gebäude mit der denkmalgeschützten Fassade fügt sich harmonisch in das Stadtbild ein. Individualität und schlichte Eleganz bilden ein stilvolles Interieur. Parkettboden und Champagnertöne verleihen dem kleinen Restaurant ein vornehmes Ambiente.

InterCityHotel 🅼, Grunthalplatz 5, ⊠ 19053, ℰ (0385) 5 95 00, schwerin@intercityhotel.de, Fax (0385) 5950999 – 🛗, ⚡ Zim, 📺 ⚐ ♿ – 🛋 45. 🅰 ⓄⒹ ⓂⓄ 🆅🅸🆂🅰 🅹🅲🅱 ℀ Rest BX
Menu (geschl. Sonntagabend) à la carte 17/24 – **180 Zim** ⌑ 71/91 – 92/112.
♦ Mit einem großzügig verglasten Eingangsbereich empfängt Sie Ihr funktionelles, neuzeitlich-schlicht gestaltetes Domizil – zwischen Bahnhof und Zentrum gelegen.

Mercure garni, Wismarsche Str. 107, ⊠ 19053, ℰ (0385) 5 95 50, mercure.schwerin@t-online.de, Fax (0385) 595559 – 🛗 ⚡ 📺 ⚐ 🄿 – 🛋 20. 🅰 ⓄⒹ ⓂⓄ 🆅🅸🆂🅰 🅹🅲🅱 BY
47 Zim ⌑ 77/87 – 94/101.
♦ Hinter der restaurierten Fassade erwarten den Gast die Annehmlichkeiten eines neuzeitlichen Hotels. Geschäftlich und privat Reisende schätzen die günstige Innenstadtlage.

Am Schloss 🅼 garni, Heinrich-Mann-Str. 3, ⊠ 19053, ℰ (0385) 59 32 30, Fax (0385) 5932310 – 🛗 📺 ⚐ ♿ 🄿 – 🛋 20. ⓂⓄ 🆅🅸🆂🅰 BZ
25 Zim ⌑ 60/70 – 82/97.
♦ An die einstige Funktion als Brotfabrik erinnert heute nur noch eine Aufschrift an der alten Fassade des Hauses. Im Inneren hat man helle, neuzeitliche Zimmer eingerichtet.

An den Linden garni, Franz-Mehring-Str. 26, ⊠ 19053, ℰ (0385) 51 20 84, Fax (0385) 512281, 佘 – 🛗 📺 🄿 🅰 ⓄⒹ ⓂⓄ 🆅🅸🆂🅰 BY
12 Zim ⌑ 64 – 77/90.
♦ Das kleine renovierte Stadthaus stellt Reisenden eine solide und praktische Unterkunft zur Verfügung. Von hier aus erreichen Sie das Stadtzentrum bequem zu Fuß.

Schröter's, Schliemannstr. 2, ⊠ 19055, ℰ (0385) 5 50 76 98, schroeters-restaurant@t-online.de, Fax (0385) 5507719 – 🅰 ⓄⒹ ⓂⓄ 🆅🅸🆂🅰 CY
geschl. Sonntag – **Menu** (nur Abendessen) 35/75 à la carte 29/41.
♦ Das kleine Restaurant befindet sich in einer Seitenstraße im Zentrum der Stadt. Helle Parkettfußboden und gut eingedeckte Tische unterstreichen das stilvolle Ambiente.

Weinhaus Uhle, Schusterstr. 15, ⊠ 19055, ℰ (0385) 56 29 56, weinhaus-uhle@online.de, Fax (0385) 5574093 – 🅰 ⓂⓄ 🆅🅸🆂🅰 BY
Menu (bemerkenswerte Weinkarte) à la carte 19,50/32,50.
♦ Alte Gewölbedecken, Stuckverzierungen und stilvolles Mobiliar bilden einen klassisch eleganten Rahmen. Weinkontor und -keller bereichern mit einer guten Auswahl Ihr Mahl.

Weinstuben Wöhler mit Zim, Puschkinstr. 26, ⊠ 19055, ℰ (0385) 55 58 30, info@weinhaus-woehler.com, Fax (0385) 5558315, Biergarten – 🅰 ⓄⒹ ⓂⓄ 🆅🅸🆂🅰 BY
Menu à la carte 17/24 – **5 Zim** ⌑ 60/105 – 75/120.
♦ Kürzlich wurde dieses historische Haus - schon früher eine Institution im Ort - wieder eröffnet. Neben einem urigen Restaurant mit Gewölbe bietet man auch sehr schöne Zimmer.

In Schwerin-Großer Dreesch Süd-Ost : 4 km :

Plaza 🅼, Am Grünen Tal 39, ⊠ 19063, ℰ (0385) 3 99 20, info@plaza.bestwestern.de, Fax (0385) 3992188, ⚡ – 🛗, ⚡ Zim, 📺 ⚐ 🄿 – 🛋 60. 🅰 ⓄⒹ ⓂⓄ 🆅🅸🆂🅰 V
Menu à la carte 15,50/31 – **78 Zim** ⌑ 62/78 – 77/102.
♦ Eine moderne Halle empfängt Sie in Ihrem komfortablen Domizil. Geschäftsreisende schätzen die funktionelle Ausstattung der Zimmer - elegant logieren Sie in der "Bel Etage".

In Schwerin-Krebsförden Süd : 4 km :

Astron 🅼, Zum Schulacker 1, ⊠ 19061, ℰ (0385) 6 37 00, schwerin@astron-hotel.com, Fax (0385) 6370500, 佘, ⚡ – 🛗, ⚡ Zim, ▨ Rest, 📺 ⚐ ♿ 🄿 – 🛋 150. 🅰 ⓂⓄ 🆅🅸🆂🅰 🅹🅲🅱 ℀ Rest V
Menu à la carte 20/29 – ⌑ 12 – **144 Zim** 51/77.
♦ Hier ist man ganz auf die Wünsche Geschäftsreisender eingestellt. Eine neuzeitlich funktionelle Einrichtung und freundliche Farben bestimmen den Stil der Zimmer.

Arte, Dorfstr. 6, ⊠ 19061, ℰ (0385) 6 34 50, arte@ringhotels.de, Fax (0385) 6345100, 佘, ⚡ – 🛗, ⚡ Zim, 📺 ♿ 🄿 – 🛋 25. 🅰 ⓂⓄ 🆅🅸🆂🅰 V
Fontane : Menu à la carte 20/33 – **40 Zim** ⌑ 79/99 – 89/129.
♦ Eine ansprechende Architektur prägt den modernen Klinkerbau - im Stil einem alten Bauernhaus nachempfunden. Rattanmöbel und schöne Stoffe machen die Zimmer wohnlich. Einen eleganten Touch bietet Ihnen das Restaurant Fontane.

SCHWERIN

De Schün garni, Dorfstr. 16, ⊠ 19061, ℘ (0385) 64 61 20, deschuen@compuserve.de, Fax (0385) 6461240, 🐎 – ⇥ Zim, 📺 P. 🔘 VISA. ⚹
geschl. 24. Dez. - 4. Jan. – **17 Zim** ⊇ 45/55 – 65/75.
V n
♦ Wo früher Wanderern in der Scheune eines Hofes ein Nachtquartier bereitet wurde, bietet Ihnen heute dieses kleine Hotel eine solide Unterkunft.

In Schwerin-Neumühle West : 2,5 km :

Neumühler Hof garni, Neumühler Str. 45, ⊠ 19057, ℘ (0385) 73 41 63, Fax (0385) 719361, 🐎 – ⇥ 📺 ♿ P. 🔘 VISA
14 Zim ⊇ 47/52 – 73.
U c
♦ Ein Anbau ergänzt das Privathaus um praktische Übernachtungsquartiere für Reisende. Auch die familiäre Atmosphäre zählt zu den Annehmlichkeiten dieses kleinen Hauses.

In Schwerin-Raben Steinfeld Süd-Ost : 9 km über ③ :

Dobler garni, Peckateler Str. 5, ⊠ 19065, ℘ (03860) 80 11, Fax (03860) 8006 – |📶| ⇥
📺 📞 P. – 🔔 20. AE 🔘 VISA
31 Zim ⊇ 49/69 – 59/83.
♦ Ein neuzeitlicher Klinkerbau im Landhausstil bietet Reisenden wohnliche Zimmer verschiedener Kategorien. Die Nähe zum See und die verkehrsgünstige Lage sprechen für das Haus.

In Schwerin-Süd Süd-West : 7 km über die B 321 :

Europa, Werkstr. 209, ⊠ 19061, ℘ (0385) 6 34 00, europa-hotel-schwerin@t-online.de, Fax (0385) 6340666, ≘s – |📶|, ⇥ Zim, 📺 P. – 🔔 35. AE 🔘 🔘 VISA
V r
Menu à la carte 18/29 – **70 Zim** ⊇ 51/70 – 85/97.
♦ Neben zahlreichen Büros findet auch dieses Business-Hotel in dem großen, neuzeitlichen Geschäftsgebäude Platz. Die Zimmer zeigen sich teils funktional, teils "deluxe". Ein gepflegtes Ambiente erwartet den Besucher des Restaurants.

In Schwerin-Wickendorf Nord : 9 km über die B 106 :

Seehotel Frankenhorst ⚹, Frankenhorst 5, ⊠ 19055, ℘ (0385) 59 22 20, info@seehotel.bestwestern.de, Fax (0385) 59222145, ≤, 😊, ≘s, 🏊, 🐎 – ⇥ Zim, 📺 📞 P. – 🔔 45. AE 🔘 🔘 VISA
T b
Menu à la carte 18/30 – **50 Zim** ⊇ 80/95 – 95/120, 3 Suiten.
♦ Gemütliche Zimmer im Landhausstil ersetzen Ihnen vorübergehend Ihr eigenes Zuhause. Die reizvolle Lage am See und eine schöne Parkanlage sind Besonderheiten dieser Adresse. Im hellen, freundlichen Bistro-Stil präsentiert sich das Restaurant.

In Langen Brütz Nord-Ost : 14 km über ②, in Rampe rechts ab :

Landhaus Bondzio ⚹, Hauptstr. 21a, ⊠ 19067, ℘ (03866) 4 60 50, Fax (03866) 745, 😊, ≘s, 🐎 – 📺 P. 🔘 VISA
Menu (geschl. Montag) (wochentags nur Abendessen) à la carte 12/24 – **18 Zim** ⊇ 38/41 – 57/60.
♦ Das nette Klinkerhaus fügt sich mit seiner ländlichen Bauweise harmonisch in die Umgebung ein. Direkt an das kleine Hotel schließen sich Wiesen und Felder an. Das Restaurant : ein heller, freundlicher Raum sowie ein lichtdurchfluteter Wintergarten.

SCHWERTE Nordrhein-Westfalen **417** L 6 – 52 000 Ew – Höhe 127 m.
Berlin 491 – Düsseldorf 73 – Dortmund 13 – Hagen 19 – Hamm in Westfalen 40.

In Schwerte-Geisecke Ost : 5,5 km :

Gutshof Wellenbad mit Zim, Zum Wellenbad 7, ⊠ 58239, ℘ (02304) 48 79, Fax (02304) 45979, 😊 – 📺 P. AE 🔘 🔘 VISA. ⚹
Menu (geschl. Montag) à la carte 25/44,50 – **12 Zim** ⊇ 56/71 – 80/100.
♦ Rustikale Eleganz bestimmt den Stil des früheren Guthofs. Im 19. Jh. wurde vor dem Haus die namensgebende Badeanstalt eröffnet. Heute ißt man hier sorgfältig Zubereitetes.

SCHWETZINGEN Baden-Württemberg **417 419** R 9 – 22 000 Ew – Höhe 102 m.
Sehenswert : Schloßgarten★★.
ℹ Stadtinformation, Dreikönigstr. 3, ⊠ 68723, ℘ (06202) 94 58 75, stadtinfo@schwetzingen.de, Fax (06202) 945877.
Berlin 623 – Stuttgart 118 – Mannheim 18 – Heidelberg 10 – Speyer 16.

Adler-Post, Schloßstr. 3, ⊠ 68723, ℘ (06202) 2 77 70, info@adler-post.de, Fax (06202) 277777, 😊, ≘s – ⇥ 📺 📞 ♿ ⇔ – 🔔 30. AE 🔘 🔘 VISA
geschl. 1. - 12. Jan. – **Menu** (geschl. 1. - 12. Jan., 4. - 26. Aug., Sonntagabend - Montag) à la carte 25/49 – **28 Zim** ⊇ 69/97 – 111/141.
♦ Aus der einstigen Posthalterei ist nach vielen baulichen Veränderungen ein gepflegtes Domizil entstanden. Für Reisende stehen hier gediegene, zeitgemäße Zimmer bereit. Das Restaurant teilt sich in verschiedene Stuben.

1335

SCHWETZINGEN

Achat Hotel garni, Schälzigweg 1, ✉ 68723, ☏ (06202) 20 60, *schwetzingen@achat-hotel.de*, Fax (06202) 206333, 🛋 – 📶 ⚡ 📺 ☎ P – 🅿 25. AE ① ⓜ VISA JC
🛏 11 **69 Zim** 69/104 – 79/114.
* Das Hotel bietet privat wie auch geschäftlich Reisenden ein passendes Quartier. Die einheitlichem Stil eingerichteten Gästezimmer sind sauber, gepflegt und funktionell.

Mercure garni, Carl-Benz-Str. 1 (Industriegebiet), ✉ 68723, ☏ (06202) 28 10, *h2841@accor-hotels.com*, Fax (06202) 281222 – 📶 ⚡ 📺 ☎ & 🚗 – 🅿 40. AE ① ⓜ VISA
116 Zim 🛏 91/96 – 115/120, 6 Suiten.
* Vom Empfang bis ins Zimmer neuzeitlich ausgestattet, trägt das Haus zu einem erholsamen Aufenthalt bei. Gäste schätzen die Funktionalität der "Standard"- und "Komfort" Zimmer.

Romantik Hotel Goldener Löwe, Schloßstr. 4, ✉ 68723, ☏ (06202) 2 80 9(
goldener_loewe_schwetzingen@t-online.de, Fax (06202) 10726 – ⚡ Zim, 📺 P. ⓜ VISA
Menu (geschl. 1.- 14. Aug., Sonntagabend, Donnerstag) à la carte 32/45 – **19 Zi**
🛏 82/90 – 118/169.
* Das historische Stadthaus mit 150-jähriger Familientradition finden Sie im Zentrum vo Schwetzingen, gegenüber dem Schloß. Verwinkelte Flure führen Sie zu Ihrem Zimme Gut eingedeckte Tische und ein elegantes Ambiente versprechen schöne Stunden i Restaurant.

Zum Erbprinzen, Karlsruher Str. 1, ✉ 68723, ☏ (06202) 9 32 70, *info@hotelzuerbprinzen.de*, Fax (06202) 932793, 🌳 – ⚡ Zim, 📺 ☎. AE ⓜ VISA
Café Journal : Menu à la carte 16/28 – **25 Zim** 🛏 63/90 – 100/150.
* Solide und zeitgemäße Technik sowie Naturholzmobiliar in italienischem Stil zählen zu de Annehmlichkeiten des Hotels - ebenso die zentrale Lage am Schloß. Eine legere Atmosphär prägt den Bistro-Charakter des Restaurants.

Villa Guggolz garni, Zähringer Str. 51, ✉ 68723, ☏ (06202) 2 50 4;
Fax (06202) 25049 – ⚡ 📺 P. AE ⓜ VISA
10 Zim 🛏 58/68 – 75/90.
* Die kleine Villa mit der netten Fachwerkfassade - ehemals als Wohnhaus genutzt - steh rund um die Uhr zum Einzug bereit. Solide, wohnliche Zimmer warten auf Sie.

In Ketsch *Süd-West : 5 km :*

See-Hotel 🌿, Kreuzwiesenweg 5, ✉ 68775, ☏ (06202) 69 70, *seehotel@seehotel.d*
Fax (06202) 697199, 🌳, 🏊 – ⚡ Zim, 📺 ☎ P – 🅿 40. AE ⓜ VISA
Die Ente : Menu 36/59 à la carte 34/48 – **45 Zim** 🛏 65/80 – 105.
* Das funktionelle und wohnliche Innenleben des Hotels sowie die idyllische Lage direkt a einem kleinen See sind die Basis für erholsame Urlaubstage. Ein Wintergartenanbau ergänz das Restaurant um weitere nette Plätze.

Gasthaus Adler, Schwetzinger Str. 21, ✉ 68775, ☏ (06202) 60 90 0
Fax (06202) 609148, 🌳 – 🅿 25. AE ⓜ VISA
geschl. über Fasching 1 Woche, Juli - Aug. 2 Wochen, Sonntagabend - Montag – **Men**
20/50 à la carte 31/44 – **Adler-Stuben** (geschl. Sonntagabend - Montag) Menu à la cart 23,50/30.
* Freundliche Gelbtöne und ein nettes Dekor verleihen dem Raum ein leicht mediterrane Flair. Ein aufmerksamer Service steht Ihnen beratend zur Seite. Eine etwas schlichter Alternative stellen die Adler-Stuben dar.

Lacher am See, Hohwiesenweg 4, ✉ 68775, ☏ (06202) 6 28 59, *lacher-am-see@-online.de*, Fax (06202) 605875, 🌳 – P. ① ⓜ VISA
geschl. Jan. - Feb. 2 Wochen, Montag – **Menu** 36/52 à la carte 24,50/44,50.
* Inmitten von Schrebergärten liegt diese gastliche Adresse - geprägt durch eine Kor struktion aus Holzbalken und Glas. In lichtem Ambiente nehmen Sie zum Speisen Platz.

Hirsch, Hockenheimer Str. 47, ✉ 68775, ☏ (06202) 6 14 39, *info@hirsch-ketsch.d*
Fax (06202) 609026 – P. AE ⓜ VISA
geschl. 1. - 23. Aug., Dienstag – **Menu** à la carte 22/34.
* Mit einem rustikalen Interieur hat der ehemalige Dorfgasthof seinen ursprünglichen Cha rakter bewahrt. Gut eingedeckte Tische betonen das gepflegte Ambiente im Raum.

SCHWÖRSTADT
Baden-Württemberg **419** X 7 – 2 400 Ew – Höhe 296 m.
Berlin 829 – Stuttgart 214 – *Freiburg im Breisgau* 71 – Lörrach 13 – Bad Säckingen 5 Todtmoos 26 – Basel 29.

Schloßmatt, Lettenbündte 5, ✉ 79739, ☏ (07762) 5 20 70, *hotel-schlossmatt@online.de*, Fax (07762) 70035, 🌳, 🏊 – ⚡ Zim, 📺 ☎ 🚗 P. – 🅿 20. AE ⓜ VISA
Menu (geschl. Sonntag) (nur Abendessen) 24/45 à la carte 23/40 – **27 Zim** 🛏 57/80 82/115.
* Gute Pflege und eine solide Technik kennzeichnen die Gästezimmer dieser neuzeitliche Herberge. Eine persönliche Note macht das Haus zu einer sympathischen Adresse. Gedie genes Ambiente empfängt den Gast im Hotelrestaurant.

EBNITZ – Sachsen 418 N 26 – 10 500 Ew – Höhe 328 m.

🛈 Touristinformation, Schillerstr. 3, ⊠ 01855, ℘ (035971) 5 30 79, Fax (035971) 53182.
Berlin 227 – Dresden 47 – Görlitz 66.

🏨 **Sebnitzer Hof,** Markt 13, ⊠ 01855, ℘ (035971) 90 10, info@sebnitzer-hof.de, Fax (035971) 901211 – 📶, ⇌ Zim, 📺 🅿. – 🕭 20. 🆎 ⓞ 🆚. ✻
Menu à la carte 15/24,50 – **39 Zim** ⛛ 55/65 – 79.
♦ Das Hotel am historischen Marktplatz der Stadt ist Ausgangspunkt für Ausflüge in die Umgebung. Neuzeitliches Stilmobiliar verleiht den Zimmern einen nostalgischen Touch. Im Restaurant dominiert modernes Ambiente.

🏨 **Brückenschänke,** Schandauer Str. 62, ⊠ 01855, ℘ (035971) 5 75 92, bruckensch
⛛ aenke@t-online.de, Fax (035971) 57593, ⇌ – 📺 🅿. 🆎 ⓞ 🆚 🄹🄲🄱
Menu (geschl. Sonntag - Montagmittag) à la carte 11,50/24 – **13 Zim** ⛛ 50 – 70/75.
♦ Ein neuerer Anbau ergänzt das ursprüngliche Gasthaus mit soliden Übernachtungsquartieren. Die überschaubare Größe des Hauses trägt zur sympathischen Atmosphäre bei. Das Restaurant ist im rustikalen Stil gehalten und unterteilt sich in zwei kleine Räume.

EEBACH – Baden-Württemberg 419 U 8 – 1 500 Ew – Höhe 406 m.

🛈 Tourist-Information, Ruhesteinstr. 21, ⊠ 77889, ℘ (07842) 94 83 20, Fax (07842) 948399.
Berlin 736 – Stuttgart 137 – Karlsruhe 48 – Freudenstadt 35 – Baden-Baden 43.

n der Schwarzwaldhochstraße Nord-Ost : 12 km, Richtung Baden-Baden :

🏨 **Berghotel Mummelsee** – Höhe 1 036 m, ⊠ 77889 Seebach, ℘ (07842) 9 92 86, info@berghotel-mummelsee.de, Fax (07842) 30266, ≤, ☂ – ⇌ Rest, 📺 🅿. 🆎 ⓞ
ⓜ 🆚
Menu à la carte 17/30 – **28 Zim** ⛛ 41/44 – 77/82 – ½ P 21.
♦ Hinter der Schindelfassade mit rot-weißen Fensterläden beherbergt dieser ländliche Gasthof solide möblierte Zimmer, teils in bäuerlichem Stil. Die ländlich-rustikale Einrichtung schafft eine behagliche Stimmung in den Gasträumen.

EEG – Bayern 419 420 X 15 – 2 800 Ew – Höhe 854 m – Luftkurort.

🛈 Tourist-Information, Hauptstr. 33, ⊠ 87637, ℘ (08364) 98 30 33, info@seeg.de, Fax (08364) 987315.
Berlin 658 – München 142 – Kempten (Allgäu) 31 – Pfronten 11.

🏨 **Pension Heim** ⛛ garni, Aufmberg 8, ⊠ 87637, ℘ (08364) 2 58, pensionheim@t-online.de, Fax (08364) 1051, ≤ Voralpenlandschaft, ⇌, ☂ – 📺 🅿. 🆚. ✻
geschl. Nov. - 16. Dez. – **16 Zim** ⛛ 35/55 – 65/75.
♦ Dorfidylle und familiäre Atmosphäre prägen diese kleine gastliche Adresse. Passend zur Umgebung zeigt sich das Innere des Hauses in ländlichem Stil.

n Rückholz-Seeleuten Süd-West : 2 km :

🏨 **Café Panorama** ⛛, Seeleuten 62, ⊠ 87494, ℘ (08364) 2 48, info@panorama-allgaue.de, Fax (08364) 8469, ≤ Voralpenlandschaft, ☂ – ⇌ Zim, 📺 ⇌ 🅿. ⓜ 🆚
geschl. Nov. - 25. Dez. – **Menu** (Restaurant nur für Hausgäste) – **15 Zim** ⛛ 36/46 – 55/75 – ½ P 10.
♦ Der familiär geführte ländliche Gasthof bietet Ihnen mit soliden Zimmern und einer reizvollen Landschaft die beste Voraussetzung für erholsame Urlaubstage.

SEEHAUSEN – Brandenburg siehe Prenzlau.

SEEHEIM-JUGENHEIM – Hessen 417 419 Q 9 – 16 600 Ew – Höhe 140 m – Luftkurort.

Berlin 582 – Wiesbaden 56 – Mannheim 48 – Darmstadt 13 – Heidelberg 47 – Mainz 48.

m Ortsteil Jugenheim :

🏨 **Brandhof** ⛛, Im Stettbacher Tal 61 (Ost : 1,5 km), ⊠ 64342, ℘ (06257) 26 89, Fax (06257) 3523, ☂, 🄵🄶, ⇌ – 📺 🅿. – 🕭 40. 🆎 ⓞ 🆚
Menu à la carte 15/31 – **45 Zim** ⛛ 53/60 – 83/90.
♦ Die Gästezimmer sind auf zwei Häuser verteilt - alle praktisch eingerichtet. Die ruhige Lage am Wald zählt zu den Vorzügen dieser Adresse. Das Restaurant zeigt sich in rustikaler Aufmachung - erweitert durch einen freundlichen Wintergarten.

m Ortsteil Malchen :

🏨 **Malchen** ⛛ garni, Im Grund 21, ⊠ 64342, ℘ (06151) 9 46 70, info@hotel-malchen.de, Fax (06151) 946720 – ⇌ 📺 ⛛ ⇌ 🅿. 🆎 ⓞ ⓜ 🆚 🄹🄲🄱
20 Zim ⛛ 60/70 – 90/106.
♦ Hier steht dem Besucher eine zeitgemäß und solide ausgestattete Unterkunft zur Verfügung - ein geeignetes Quartier für Geschäftsleute auf der Durchreise.

SEELBACH Baden-Württemberg 419 V 7 – 4 900 Ew – Höhe 217 m – Luftkurort.

🛈 Verkehrsamt, Hauptstr. 7, ✉ 77960, ✆ (07823) 94 94 52, Fax (07823) 949451.
Berlin 774 – Stuttgart 175 – *Freiburg im Breisgau 61* – Offenburg 33.

Schmieders Ochsen (mit Gästehäusern), Hauptstr. 100, ✉ 77960, ✆ (0782
9 49 50, hotel@ochsen-seelbach.de, Fax (07823) 2036, 😊 – 😊 Zim, 📺 📞 🚗 🅿
♨ 60. ⓘ ⓜⓞ 🆅🅸🆂🅰. 📵 Zim
geschl. Feb. 3 Wochen – **Menu** (geschl. Mittwoch) à la carte 16/30 – **34 Zim** 🛏 48/58
75/78 – ½ P 12.
 ♦ Singles und Familien finden hier ein gepflegtes Zuhause auf Zeit. Zwei Gästehäuser - n
 100 m entfernt - ergänzen den ursprünglichen Gasthof um weitere Unterkünfte. Ein hall
 runder, neuzeitlicher Anbau erweitert das rustikale Restaurant.

In Seelbach-Schönberg Nord-Ost : 6 km – Höhe 480 m

Geroldseck garni, Kinzigtalblick 1, ✉ 77960, ✆ (07823) 94 96 90, Fax (07823) 550
≤, 🈴, 🔲, 🌳 – 📺 🅿 – ♨ 25. ⓘ ⓜⓞ 🆅🅸🆂🅰
geschl. Feb. 3 Wochen – **24 Zim** 🛏 44/54 – 82/100.
 ♦ Saubere, praktisch ausgestattete Gästezimmer - meist mit Balkon zum Tal - stellen eir
 solide Unterkunft für unterwegs dar. Eine Liegewiese gehört ebenfalls zum Haus.

✕ **Löwen**, Ludwigstr. 1 (an der B 415), ✉ 77960, ✆ (07823) 9 49 69 65, herbloewen(
aol.com, Fax (07823) 5500, 😊, (Gasthof a.d.J. 1231) – 🅿, ⓘ ⓜⓞ 🆅🅸🆂🅰
geschl. Feb. 3 Wochen, Montag – **Menu** à la carte 17,50/33,50.
 ♦ Das aus dem Jahre 1231 stammende Fachwerkhaus ist eines der ältesten Gasthäuse
 Deutschlands. Hinter denkmalgeschützten Mauern wartet ein uriges Ambiente auf Sie.

In Seelbach-Wittelbach Süd-Ost : 2,5 km :

✕ **Ochsen** mit Zim, Schutterstalstr. 5, ✉ 77960, ✆ (07823) 22 57, landgasthof-ochse
@web.de, Fax (07823) 5631, 😊, 🌳 – 📺 🅿. ⓜⓞ 🆅🅸🆂🅰. 📵 Zim
geschl. Jan. 2 Wochen, Sept. 2 Wochen – **Menu** (geschl. Montag - Dienstagmittag) à la cart
17,50/36,50 – **10 Zim** 🛏 36/39 – 62/66 – ½ P 14.
 ♦ Holztäfelung, Kachelofen und Stammtisch unterstreichen den ländlichen Charakter de
 familiär geführten Gasthofs. Freundlich kümmert man sich um das Wohl des Gastes.

SEELOW Brandenburg 416 418 I 27 – 5 600 Ew – Höhe 20 m.
Berlin 73 – Potsdam 96 – *Frankfurt (Oder) 29.*

Brandenburger Hof, Apfelstr. 1 (an der B 1), ✉ 15306, ✆ (03346) 8 89 4(
Fax (03346) 88942, 😊, 🈴, 🌳 – 😊 Zim, 📺 ♿ 🅿 – ♨ 40. 🅰🅴 ⓜⓞ 🆅🅸🆂🅰. 📵 Rest
Menu à la carte 15/25 – **40 Zim** 🛏 46/62 – 72/82.
 ♦ Das Hotel wurde in neuzeitlichem Design erbaut - blau eingerahmte Fenster frische
 die Backsteinfassade farblich auf. Im Inneren stehen funktionelle Zimmer zur
 Einzug bereit. Im geräumigen Restaurant bittet man seine Gäste mit bürgerlicher Küch
 zu Tisch.

SEEON-SEEBRUCK Bayern 420 W 21 – 4 400 Ew – Höhe 540 m – Erholungsort.
Sehenswert : Chiemsee★.

⛳ ⛳ Chieming-Hart, Kötzting 1 (Ost : 6 km), ✆ (08669) 8 73 30 ; ⛳ Gut Ising (Süd-Ost
3 km), ✆ (08667) 7 93 58 ; ⛳ ⛳ Höslwang, Kronberg 3 (West : 17 km), ✆ (08075) 7 14
🛈 Tourist-Information Seebruck, Am Anger 1, ✉ 83358, ✆ (08667) 71 39, tour
mus@seeon-seebruck.de, Fax (08667) 7415.
Berlin 654 – München 80 – *Bad Reichenhall 55* – Wasserburg am Inn 26 – Rosenheim 39

In Seeon-Seebruck - Lambach Süd-West : 3 km ab Seebruck :

Malerwinkel, ✉ 83358, ✆ (08667) 8 88 00, malerwinkel@seebruck.de
Fax (08667) 888044, ≤, 😊, 🈴, 🚲, 🌳 – 📺 🅿
Menu (Tischbestellung ratsam) à la carte 20/45 – **20 Zim** 🛏 54/65 – 90/125.
 ♦ Wohnliche Zimmer im Landhausstil - teils mit Dachschräge, teils mit Blick auf den See
 - sowie Liegewiese und Fahrradverleih zählen zu den Annehmlichkeiten dieser Adresse. Von
 Restaurant und der Terrasse aus blicken Sie auf den Chiemsee.

Landgasthof Lambach (mit Gästehaus), Lambach 8, ✉ 83358, ✆ (08667) 8 79 90
info@hotel-lambach.de, Fax (08667) 8799199, 😊, 🈴, 🔲, 🚲, 🌳 – 😊 Zim, 📺 🅿
– ♨ 100
Menu (geschl. Nov., Dienstag) à la carte 14/30 – **33 Zim** 🛏 60/84 – 90/130 – ½ P 15
 ♦ Hinter der regionstypischen Fassade mit denkmalgeschützten Lüftlmalereien
 verbergen sich wohnliche Zimmer in rustikaler Machart. Die Nähe zum Chiemsee sprich
 für sich. Helles Holz, Kachelofen und nettes Dekor verbreiten ländlichen Charme im
 Restaurant.

SEEON-SEEBRUCK

Seeon-Seebruck - Truchtlaching *Süd-Ost : 4 km ab Seeon :*

- **Gasthof zur Post,** Chiemseestr. 2, ✉ 83376, ℘ (08667) 80 92 36, Fax (08667) 809237, Biergarten – **P. ⓜ VISA**
  geschl. Nov. 2 Wochen, Mittwoch – **Menu** à la carte 18/36,50.
  • Bei der Gestaltung des Restaurants hat man Wert darauf gelegt, den ursprünglichen Charakter des Hauses zu bewahren. Das Speiseangebot ist international ausgelegt.

SEESEN Niedersachsen **418** K 14 – 22 500 Ew – Höhe 250 m.

🛈 *Tourist-Information, Marktstr. 1,* ✉ 38723, ℘ (05381) 7 52 41, info@seesen.de, Fax (05381) 75261.
Berlin 294 – Hannover 78 – Braunschweig 62 – Göttingen 53 – Goslar 26.

- **Goldener Löwe,** Jacobsonstr. 20, ✉ 38723, ℘ (05381) 93 30, goldenerloewe@ring hotels.de, Fax (05381) 933444, 🍴 – 🛗, ⇌ Zim, 📺 ✆ ⇌ – 🏛 70. ⒶⒺ ⓞ ⓜ ⓥⓘⓢⓐ
  Anna *(geschl. Samstagmittag)* **Menu** 22/36 à la carte 25/36,50 – **Brasserie :** *(nur Abendessen)* **Menu** à la carte 20/32 – **40 Zim** ⊇ 80/90 – 95/110.
  • Traditionellen Wohnkomfort und moderne Lifestyle-Zimmer stehen zur Wahl. Sie frühstücken hoch über der Straße in Leo's Loft, der Verbindung zwischen Stammhaus und Anbau. Im Restaurant Anna : Parkettboden und blanke, mit Stoff-Sets eingedeckte Tische.

- **Zum alten Fritz,** Frankfurter Str. 2, ✉ 38723, ℘ (05381) 9 49 30 (Hotel) 49 08 33 (Rest.), Fax (05381) 949340, 🍴, ≘ₛ – 🛗 📺 ✆ 🅟 – 🏛 60. ⒶⒺ ⓞ ⓜ ⓥⓘⓢⓐ
  Menu à la carte 16,50/28 – **25 Zim** ⊇ 42/52 – 62/78.
  • Um der langen Tradition als gastliche Adresse gerecht zu werden, hat man das ursprüngliche Haus durch einen Anbau erweitert. Hier beziehen Sie praktisch gestaltete Zimmer. Das rustikal eingerichtete Restaurant paßt zum familiär geführten Gasthaus.

- **Wilhelmsbad,** Frankfurter Str. 10, ✉ 38723, ℘ (05381) 10 35, Fax (05381) 47590, Biergarten – ⇌ Zim, 📺 ⇌ 🅟. ⒶⒺ ⓞ ⓜ ⓥⓘⓢⓐ
  Menu *(geschl. Samstagmittag, Sonntag)* à la carte 15/31 – **19 Zim** ⊇ 62/70 – 72/77.
  • Sie finden das kleine Hotel nahe dem Ortszentrum von Seesen - ausgestattet mit gepflegten, teils neuzeitlichen Gästezimmern. Von hier starten Sie zu Ausflügen in den Harz. Ein typisch ländlicher Stil bestimmt das Ambiente im Inneren des Restaurants.

SEESHAUPT Bayern **419 420** W 17 – 2 900 Ew – Höhe 600 m.
Berlin 635 – München 49 – Garmisch-Partenkirchen 46 – Weilheim 14 – Starnberg 26.

- **Sterff** garni, Penzberger Str. 6, ✉ 82402, ℘ (08801) 9 06 30, info@hotel-sterff.de, Fax (08801) 906340, 🍴 – 📺 🅟. ⓜ ⓥⓘⓢⓐ. ⌀
  geschl. 20. Dez. - 6. Jan. – **21 Zim** ⊇ 48/58 – 75.
  • Ihr vorübergehendes Heim zeigt sich in typisch bayerischem Stil - von der Fassade bis in die Zimmer. Auch die Lage am Südufer des Starnberger Sees spricht für das Haus.

SEEVETAL Niedersachsen **415 416** F 14 – 40 000 Ew – Höhe 25 m.
🛈 Seevetal-Helmstorf, Am Hockenberg 100, ℘ (04105) 5 22 45 ; 🛈 Seevetal-Hittfeld, Am Golfplatz 24 (Süd-West : 3 km ab Fleestedt), ℘ (04105) 23 31.
Berlin 298 – Hannover 130 – Hamburg 26 – Bremen 101 – Lüneburg 33.

In Seevetal-Hittfeld :

- **Krohwinkel,** Kirchstr. 15, ✉ 21218, ℘ (04105) 25 07, hotel@krohwinkel.de, Fax (04105) 53799, 🍴, (Spielbank im Hause) – 📺 🅟 – 🏛 25. ⒶⒺ ⓞ ⓜ ⓥⓘⓢⓐ
  Menu à la carte 16/32 – **16 Zim** ⊇ 52 – 79.
  • Hier wohnen Sie auf dem Lande und doch direkt vor den Toren Hamburgs. Mit Fachwerk, Backsteinmauern und Walmdach präsentiert sich Ihr Domizil in regionstypischer Bauweise. Rustikale Dekorationen verleihen dem Restaurant ein gemütliches Ambiente.

In Seevetal-Maschen :

- **Maack,** Hamburger Str. 6, ✉ 21220, ℘ (04105) 81 70, service@hotel-maack.de, Fax (04105) 817777, 🍴 – 🛗, ⇌ Zim, 📺 ✆ 🅟 – 🏛 55. ⒶⒺ ⓞ ⓜ ⓥⓘⓢⓐ. ⌀ Rest
  Menu 14 *(mittags)* à la carte 19,50/30 – **84 Zim** ⊇ 44/74 – 68/88.
  • Das solide Landhotel ist ein für die Gegend typisches Klinkerhaus. Die Hotelhalle sowie der Großteil der Zimmer sind in einem modernen, freundlichen Stil gestaltet. Bilder und ein offener Kamin zieren die Räumlichkeiten des Restaurants.

SEEWALD Baden-Württemberg **419** U 9 – 2 400 Ew – Höhe 750 m – Luftkurort – Wintersport 700/900 m.

🛈 Seewald Touristik, Wildbader Str. 1, ✉ 72297, ℘ (07447) 94 60 11, gemeinde seewald-schwarzwald.de, Fax (07447) 946015.

Berlin 709 – Stuttgart 76 – Karlsruhe 80 – Freudenstadt 23 – Altensteig 13.

In Seewald-Besenfeld :

Oberwiesenhof, Freudenstädter Str. 60 (B 294), ✉ 72297, ℘ (07447) 28 00, in @hotel-oberwiesenhof.de, Fax (07447) 280333, 🍽, 🛋, 🌳, ✄, 🚗, Zim, 🅿 – 🛁 60. ⚑ Rest
geschl. 8. - 20. Jan. - **Menu** à la carte 20/40 – **53 Zim** ⊊ 53/80 – 100/114, 8 Suiten – ½ P 16.

◆ Sommers wie winters bereichert die reizvolle Landschaft Ihren Aufenthalt in dieser so den Herberge. Eine Besonderheit : Wanderungen zum Jagdhaus im eigenen Privatwald. Ho Kachelofen und nettes Dekor verleihen dem Restaurant sein ländliches Flair.

Café Konradshof garni, Freudenstädter Str. 65 (B 294), ✉ 72297, ℘ (0744) 9 46 40, hotel.konradshof@t-online.de, Fax (07447) 946413, 🍽 – 🛗 📺 ⇔ 🅿 🟦 🟪 🟥
geschl. 1. - 14. Nov., Mittwoch – **14 Zim** ⊊ 28/39 – 47/64.

◆ Mit nur 14 Gästezimmern stellt diese Adresse eine sympathische, familiär geführ Behausung auf Zeit dar. Sie beziehen ein rustikales, gepflegtes Quartier mit Balkon.

SEGEBERG, BAD Schleswig-Holstein **415 416** E 14 – 15 500 Ew – Höhe 45 m – Heilbad ur Luftkurort.

🐴 Wensin, Feldscheide (Nord-Ost : 10 km), ℘ (04559) 13 60.

🛈 Tourist-Info, Oldesloer Str. 20, ✉ 23795, ℘ (04551) 9 64 90, Fax (04551) 964915

Berlin 302 – Kiel 47 – Lübeck 33 – Hamburg 69 – Neumünster 26.

Vitalia Seehotel 🅼 🌿, Am Kurpark 3, ✉ 23795, ℘ (04551) 80 28, info@vita seehotel.de, Fax (04551) 8029888, ≤, 🍽, ≘s, 🛋, 🌳 – 🛗, Zim, 📺 ✆ 🅿 – 🛁 30. 🟦 🟪 🟥
Menu à la carte 28,50/38,50 – **90 Zim** ⊊ 99/108 – 149/164, 4 Suiten – ½ P 20.

◆ Das kürzlich erbaute Hotel überzeugt mit modernem Design und dem Wohnkomfor der heutigen Zeit auch anspruchsvolle Gäste. Entspannend : der große Wellnessbereich. I neuzeitlichem Ambiente des Restaurants genießen Sie die schöne Aussicht auf den Se

In Bad Segeberg-Schackendorf Nord-West : 5 km :

Immenhof, Neukoppel 1, ✉ 23795, ℘ (04551) 32 44, immenhof-prey@t-online.de 🍽 – 🅿
geschl. 27. - 30. Dez., Donnerstag – **Menu** à la carte 20/30.

◆ Hinter hübschen Sprossenfenstern erwartet Sie ein geschmackvolles Interieur im Land hausstil. Im Sommer finden Sie auf der Terrasse unter alten Bäume ein schattiges Plätzchen

In Högersdorf Süd-West : 3,5 km :

Landhaus Holsteiner Stuben 🌿 mit Zim, Dorfstr. 19, ✉ 23795, ℘ (04551) 40 4 Fax (04551) 1576, 🍽, 🌳 – 🅿 🟦 🟪 🟥
geschl. Anfang - Mitte Feb. - **Menu** (geschl. Mittwoch) à la carte 18/34 – **5 Zim** ⊊ 45 70.

◆ Das schöne Landgasthaus mit Klinkerfassade und Reetdach beherbergt ein ländlich gepflegtes Restaurant. Eine kleine Saisonkarte ergänzt das regionale Angebot.

In Rohlstorf-Warder Nord-Ost : 8 km :

Gasthof am See 🌿 (mit Gästehaus), Seestr. 25, ✉ 23821, ℘ (04559) 18 90 hotel-gasthof-am-see@t-online.de, Fax (04559) 720, ≤, 🍽, ≘s, 🌳 – 🛗, Zim, 📺 & 🅿 – 🛁 100. 🟦 ⓞ 🟪 🟥
geschl. Jan. 3 Wochen – **Menu** à la carte 21/38 – **42 Zim** ⊊ 57/77 – 77/95 – ½ P 13

◆ In reizvoller Lage am Wardersee hat sich ein netter Dorfgasthof zu einem soliden Urlaubs hotel entwickelt - ergänzt durch weitere zeitgemäße Zimmer im Gästehaus. In gepfleg ten, hellen Räumlichkeiten bittet man den Gast zu Tisch.

In Blunk Nord : 8 km :

Landhotel Zum Schinkenkrug, Segeberger Str. 32, ✉ 23813, ℘ (04557) 9 97 00 schinkenkrug.blunk@t-online.de, Fax (04557) 997020, 🍽, 🌳 – Zim, 📺 ✆ 🅿 – 🛁 80 🟦 ⓞ 🟪 🟥
geschl. 6. - 18. Okt. - **Menu** (geschl. Dienstag) à la carte 22/38 – **9 Zim** ⊊ 59 – 82/92

◆ Seit 1995 ergänzt ein Hotel den ursprünglichen Gasthof - geschmackvoll im Landhausstil eingerichtet. Hinter dem Haus schließt sich ein schöner kleiner Garten mit Teich an. Das Restaurant zeigt sich in hübscher ländlicher Aufmachung.

SEGEBERG, BAD

Pronstorf Ost : 15 km :

Pronstorfer Krug (mit Gästehäusern), Lindenstr. 2, ⊠ 23820, ℘ (04553) 2 50, info@pronstorfer-krug.de, Fax (04553) 336, 😊, 🎿, 🐎, ⇆ Zim, 📺 📞 🅿 – 🚗 40. 🆎 ① ⓜ 💳
Menu (geschl. 2. - 16. Jan.) à la carte 19/35 – **24 Zim** ⌑ 49 – 77 – ½ P 14.
• Die Zimmer dieser gastlichen Adresse sind auf zwei Gästehäuser mit Giebeldach verteilt. Die ruhige Lage und ein Garten mit Pool zählen zu den Annehmlichkeiten Ihres Domizils. Das Restaurant : teils bürgerlich, teils leicht elegant.

Pronstorf-Strenglin Ost : 17 km :

Strengliner Mühle (mit 2 Gästehäusern), Mühlenstr. 2, ⊠ 23820, ℘ (04556) 99 70 99, info@strenglinermuehle.de, Fax (04556) 997016, 😊, ⇌, 🎿, 🐎, ✱ – 📶, ⇆ Zim, 📺 📞 ⇌ 🅿 – 🚗 25. 🆎 ① ⓜ 💳
Menu (Montag - Freitag nur Abendessen) à la carte 17/31 – **35 Zim** ⌑ 65/77 – 77/105 – ½ P 13.
• Die ehemalige Wind- und Wassermühle bildet zusammen mit zwei weiteren Gebäuden ein solides Domizil - Sie beziehen wohnliche Zimmer mit einem guten Platzangebot. In neuzeitlich-ländlichem Stil präsentiert sich das Restaurant mit Wintergarten.

EHNDE Niedersachsen 416 418 J 13 – 20 000 Ew – Höhe 64 m.
🗓 Sehnde-Rethmar, Seufzerallee 10 (Ost : 4 km), ℘ (05138) 70 05 30.
Berlin 269 – Hannover 23 – Braunschweig 48 – Hildesheim 38.

Apart-Hotel Sehnde garni, Peiner Str. 7, ⊠ 31319, ℘ (05138) 61 80, info@apart-hotel-sehnde.de, Fax (05138) 618186 – 📶 ⇆ 📺 📞 ⇌ 🅿 – 🚗 40. 🆎 ① ⓜ 💳 ᴊᴄʙ
189 Zim ⌑ 72 – 82.
• Ob für eine Nacht oder für Langzeit-Aufenthalte - mit Wohnecke, kleiner Küche und Fax-Anschluß sind die Zimmer und Appartements für jeden Zweck richtig eingerichtet.

Sehnde-Bolzum Süd West : 2,5 km :

Landhaus Bolzum garni, Schmiedestr. 10, ⊠ 31319, ℘ (05138) 60 82 90, hotel@landhaus-bolzum.de, Fax (05138) 6082920, 🐎 – ⇆ 📺 🅿 🆎 ⓜ 💳. ✱
21 Zim ⌑ 35/60 – 50/70.
• Aus einer einfachen Pension wurde nach Umbau ein sympathisches kleines Landhotel mit freundlichen Zimmern und einem Frühstücksraum mit mediterranem Touch.

EIFFEN Sachsen 418 O 24 – 2 800 Ew – Höhe 550 m.
🛈 Tourist-Information (Haus des Gastes), Hauptstr. 156, ⊠ 09548, ℘ (037362) 84 38, fv-amt.seiffen@t-online.de, Fax (037362) 76715.
Berlin 256 – Dresden 65 – Chemnitz 56 – Freiberg 36.

Wettiner Höhe , Jahnstr. 23, ⊠ 09548, ℘ (037362) 14 00, wettiner.hoehe@seiffen.de, Fax (037362) 14140, ≤, 😊, ʟ♨, ⇌ – 📶, ⇆ Zim, 📺 📞 ♿ 🅿 – 🚗 200. 🆎 ① ⓜ 💳. ✱ Rest
Menu à la carte 16,50/27,50 – **65 Zim** ⌑ 57/87 – 78/120.
• Eine großzügige Halle empfängt Sie in Ihrem vorübergehenden Heim. Das im ländlichen Stil erbaute Haus beherbergt wohnliche Zimmer in neuzeitlicher Machart. Bürgerlich-gediegenes Hotelrestaurant mit schöner Aussicht.

Erbgericht-Buntes Haus, Hauptstr. 94, ⊠ 09548, ℘ (037362) 77 60, bunteshaus@erzgebirgshotels.de, Fax (037362) 77660, 😊 – 📶, ⇆ Zim, 📺 📞 – 🚗 120. 🆎 ① ⓜ 💳 ᴊᴄʙ
Menu à la carte 13,50/24 – **42 Zim** ⌑ 55/75 – 85/120.
• Seit fast 500 Jahren ist das Erbgericht mit dem Spielzeugdorf Seiffen verwurzelt. Das Innere des Hauses ist liebevoll in warmen Farben gestaltet und mit Holzfiguren dekoriert. Im Restaurant : geschmackvolles rustikales Interieur mit hübschen Dekorationen.

Seiffener Hof, Hauptstr. 31, ⊠ 09548, ℘ (037362) 1 30, seiffener-hof@t-online.de, Fax (037362) 1313, 😊 – 📶, ⇆ Zim, 📺 📞 ♿ 🅿 🆎 ① ⓜ 💳 ᴊᴄʙ. ✱ Zim
geschl. 5. - 16. Jan. – **Menu** à la carte 9/20 – **25 Zim** ⌑ 49/59 – 70/98.
• Solide Gästezimmer mit hellem Holzmobiliar ersetzen Ihnen vorübergehend Ihr eigenes Zuhause. Hinter dem Haus, im Hof, schließt sich eine Schnitzerei-Werkstatt mit Verkauf an. Bürgerlich gestaltet, ist die Gaststube dem ländlichen Charakter der Gegend angepaßt.

Landhotel zu Heidelberg, Hauptstr. 196, ⊠ 09548, ℘ (037362) 87 50, skrallert@aol.com, Fax (037362) 87555, 😊, ⇌ – 📺 🅿 – 🚗 40. ⓜ 💳
Menu à la carte 12,50/22 – **29 Zim** ⌑ 41/53 – 62/76.
• Hinter teilweise holzverkleideter Fassade stehen gemütliche Quartiere in rustikalem Stil zum Einzug bereit. Die landschaftlich reizvolle Lage lädt zu Spaziergängen ein. Ländliches Restaurant.

SEILERSHOF Brandenburg 416 G 23 – 220 Ew – Höhe 55 m.
Berlin 53 – Potsdam 100 – Neubrandenburg 61 – Eberswalde 71.

Am Wentowsee, Hauptstr. 40, ⌂ 16775, ✆ (033085) 50 80, hotel.am.wentows
@t-online.de, Fax (033085) 508133, 🍴, 🌳 – TV 📞 P – 🅿 25. AE ① ⓜ VISA
Menu à la carte 18/28,50 – **30 Zim** ⊑ 50/55 – 70/85.
  • Der Name beschreibt bereits die Lage des Hauses - hier beziehen Sie zeitgemäß u
  funktionell ausgestattete Zimmer. Auf dem Fahrrad oder mit dem Boot erkunden Sie (
  Gegend. Rustikales Kamin-Restaurant.

SELB Bayern 418 420 P 20 – 18 500 Ew – Höhe 555 m.
🛈 Verkehrsamt, Ludwigstr. 6 (Rathaus), ⌂ 95100, ✆ (09287) 88 31 18, Fax (0928
883130.
Berlin 344 – München 291 – Hof 29 – Bayreuth 62.

Rosenthal-Casino 🐾, Kasinostr. 3, ⌂ 95100, ✆ (09287) 80 50, info@rosenth
casino.de, Fax (09287) 80548, 🍴 – ⚡ Zim, TV 📞 P. AE ① ⓜ VISA
Menu (geschl. Ende Aug. - Anfang Sept. 3 Wochen, Samstagmittag, Sonntag) à la car
22/32 – **20 Zim** ⊑ 60 – 80/85.
  • Hinter einer Fassade aus Porzellankacheln haben Künstler und Designer - jeder mit sein
  unverwechselbaren Handschrift - moderne und individuelle Wohnräume kreiert. Elegant
  Restaurant mit Mooreichenparkett.

SELBITZ Bayern 418 420 P 19 – 5 000 Ew – Höhe 525 m.
Berlin 310 – München 285 – Hof 17 – Bayreuth 56.

In Selbitz-Stegenwaldhaus Ost : 4 km über die B 173, in Sellanger rechts ab :

Leupold 🐾, Leupoldsgrüner Str. 1, ⌂ 95152, ✆ (09280) 2 72, Fax (09280) 8164, Bie
garten, – ⇔ P.
Menu (geschl. Sonntagabend - Montagmittag) à la carte 12/24 – **13 Zim** ⊑ 27/36
45/51.
  • Der gut unterhaltene Familienbetrieb bietet dem Reisenden eine solide und zeitgemä
  möblierte Herberge. Auch die überschaubare Größe des Hauses werden Sie schätzen.

SELIGENSTADT Hessen 417 P 10 – 20 000 Ew – Höhe 108 m.
🛈 Verkehrsbüro, Aschaffenburger Str. 1, ⌂ 63500, ✆ (06182) 8 71 77, Fax (0618
29477.
Berlin 540 – Wiesbaden 58 – Frankfurt am Main 27 – Aschaffenburg 17.

Elysée garni, Ellenseestr. 45, ⌂ 63500, ✆ (06182) 8 90 70, mail@hotel-elysee.d
Fax (06182) 20280 – ⚡ TV 📞 ⇔ P. AE ① ⓜ VISA, ⚡
geschl. 20. Dez. - 6. Jan. – **18 Zim** ⊑ 46/55 – 74/79.
  • Sauber und gepflegt präsentieren sich die Zimmer des Familienbetriebs - teils unterr
  Dach gelegen, teils neu gestaltet. Der private Charakter des Hauses wird Ihnen gefalle

Landgasthof Neubauer, Westring 3a, ⌂ 63500, ✆ (06182) 30 97, landgastho
neubauer@t-online.de, Fax (06182) 3097, 🍴 – TV P. ⓜ VISA, ⚡
geschl. über Fastnacht 1 Woche, über Ostern 1 Woche, Aug. 2 Wochen, Okt. 2 Woche
– **Menu** (geschl. Montag) (wochentags nur Abendessen) à la carte 19,50/28,50 – **17 Zim**
⊑ 55 – 73/80.
  • Wer die familiäre Atmosphäre dieses kleinen Domizils der Anonymität eines Großstadt
  hotels vorzieht, wird den Landgasthof am Rande des idyllischen Städtchens schätzen. Vie
  Holz sorgt für ein rustikales Ambiente im Restaurant.

Zum Ritter garni, Würzburger Str. 31, ⌂ 63500, ✆ (06182) 8 93 50, info@hote
zum-ritter.de, Fax (06182) 893537, – TV 📞 ⇔ P. AE ① ⓜ VISA
geschl. 24. Dez. - 6. Jan. – **20 Zim** ⊑ 50 – 85.
  • Sind Sie auf der Suche nach einer gepflegten Unterkunft für unterwegs? Hit Kirsch
  mobiliar und farbenfrohen Stoffen ausgestattete Gästezimmer stehen zum Einzug bereit

Römischer Kaiser, Frankfurter Str. 9, ⌂ 63500, ✆ (06182) 2 22 96, pescare.rk@
-online.de, Fax (06182) 29227, 🍴 – P.
geschl. Feb. 2 Wochen, Mitte Okt. 2 Wochen, Donnerstag – **Menu** à la carte 16/32.
  • Kleine ineinander übergehende Stuben mit rustikaler Holztäfelung machen das Haus zu
  einer urgemütlichen Adresse. Brauspezialitäten haben ihren festen Platz auf der Karte.

In Seligenstadt-Froschhausen Nord-West : 3 km :

Columbus M, Am Reitpfad 4, ⌂ 63500, ✆ (06182) 84 00, mailtocolumbus@aol.com
Fax (06182) 840555 – 🛗, ⚡ Zim, ≡ TV 📞 ⇔ P. – 🅿 100. AE ⓜ VISA, ⚡ Zim
Menu à la carte 20/36,50 – **116 Zim** ⊑ 79/105 – 115/131.
  • Besonders Tagungsteilnehmer und Geschäftsreisende fühlen sich in diesem vor rund zwei
  Jahren eröffneten Hotel wohl. Die modernen Zimmer sind auch technisch gut ausgestattet
  Zu Tisch bittet Sie ein freundliches Service-Team.

SELIGENSTADT

Zum Lamm (mit Gästehaus), Seligenstädter Str. 36, ⊠ 63500, ℘ (06182) 70 64, Fax (06182) 67482 – 📺 🅿 🕮 ⓜⓞ 𝗩𝗜𝗦𝗔
geschl. 20. Dez. - 9. Jan. – **Menu** (geschl. Juli, Freitag - Samstag) (wochentags nur Abendessen) à la carte 14/25 – **27 Zim** ⊇ 38 – 71.

♦ Wenn Sie unterwegs eine solide Übernachtungsmöglichkeit suchen, werden Sie hier fündig. Die praktisch ausgestatteten Zimmer verteilen sich auf Gasthof und Gästehaus. Zum Essen nehmen Sie in der einfachen, ländlichen Gaststätte Platz.

SELLIN Mecklenburg-Vorpommern siehe Rügen (Insel).

SENDEN Bayern 419 420 V 14 – 19 000 Ew – Höhe 470 m.
Berlin 624 – München 143 – Augsburg 81 – Memmingen 48 – Ulm (Donau) 11.

Feyrer, Bahnhofstr. 18, ⊠ 89250, ℘ (07307) 94 10, Fax (07307) 941150, 😋 – 📶, ⥯ Zim, 📺 🅿 – 🔏 60. 🕮 ⓜⓞ 𝗩𝗜𝗦𝗔
Menu (geschl. Samstagmittag, Sonntag abend) à la carte 17/33 – **34 Zim** ⊇ 60/73 – 88.

♦ Mit gutem Holzmobiliar zeitgemäß eingerichtete Zimmer bieten Ihnen die Annehmlichkeiten, die Sie sich von einem funktionellen Domizil wünschen. Lage: im Zentrum des Ortes. Das Restaurant erhält durch einen Kachelofen eine rustikale Note.

SENDENHORST Nordrhein-Westfalen 417 K 7 – 10 600 Ew – Höhe 53 m.
🏌 Everswinkel-Alverskirchen, Holling 4 (Nord-West : 8 km), ℘ (02582) 2 27.
Berlin 451 – Düsseldorf 136 – Bielefeld 73 – Beckum 19 – Münster (Westfalen) 22.

In Sendenhorst-Hardt Süd-Ost : 2 km :

Waldmutter, an der Straße nach Beckum, ⊠ 48324, ℘ (02526) 9 32 70, Fax (02526) 932727, 😋 – ⥯ Zim, 📺 📞 🅿 – 🔏 60. ⓜⓞ 𝗩𝗜𝗦𝗔 𝗝𝗖𝗕
Menu (geschl. Montagmittag) à la carte 16/36 – **21 Zim** ⊇ 54 – 83.

♦ Das ursprüngliche Gasthaus im regionstypischen Klinkerstil wurde durch einen neuzeitlichen Hotelanbau erweitert - die Zimmer sind modern gestaltet, meist mit Blick ins Grüne. Das Restaurant ist nett im ländlichen Stil eingerichtet, schöne Gartenterrasse.

SENFTENBERG Brandenburg 418 L 25 – 31 400 Ew – Höhe 102 m.
ℹ Touristinformation, Markt 1, ⊠ 01968, ℘ (03573)1 49 90 10, fvv-ni-seen@t-online.de, Fax (03573) 14199011.
ADAC, Am Neumarkt 6.
Berlin 143 – Potsdam 152 – Cottbus 35 – Dresden 75.

Lausitz-Therme, Buchwalder Str. 77, ⊠ 01968, ℘ (03573) 3 78 90, lausitztherme @gmx.de, Fax (03573) 378911, 😋 – 🅿, Massage, ⌇ (geheizt) – 📺 📞 🅿
Menu à la carte 14,50/36 – **32 Zim** ⊇ 55/70 – 75/90.

♦ Ein wohnlicher Landhausstil und warme Farben kennzeichnen die Zimmer und Bungalows dieser neuzeitlichen Herberge. Wohltuende Wellnessprogramme vervollständigen das Angebot. Behagliches Restaurant mit großer Außenterrasse.

Parkhotel, Steindamm 20, ⊠ 01968, ℘ (03573) 3 78 60, info@parkhotel-senftenberg.de, Fax (03573) 2074, Biergarten – 📺 🅿 🕮 ⓜⓞ 𝗩𝗜𝗦𝗔
Menu (wochentags nur Abendessen) à la carte 12,50/19 – **21 Zim** ⊇ 54/59 – 82.

♦ Im Zentrum der kleinen Stadt, nahe der Festungsanlage, liegt dieser modernisierte Gasthof. Nett und funktionell eingerichtete Zimmer und eine Suite stehen für Reisende bereit. Schlicht gestaltetes Restaurant mit integrierter Theke.

SENHEIM Rheinland-Pfalz 417 P 5 – 700 Ew – Höhe 90 m.
Berlin 662 – Mainz 104 – Trier 81 – Koblenz 16 – Cochem 74.

Schützen ⌇ (mit Gästehaus), Brunnenstr. 13, ⊠ 56820, ℘ (02673) 43 06, schuetzen-stock@t-online.de, Fax (02673) 4316 – 🅿 🕮 ⓜⓞ 𝗩𝗜𝗦𝗔 😋
17. April - 2. Nov. – **Menu** (geschl. Montag) (Dienstag - Freitag nur Abendessen) à la carte 14/26 – **12 Zim** ⊇ 37/43 – 58/68.

♦ Wenn Sie die familiäre Atmosphäre eines kleinen, soliden Hotels schätzen, sind Sie hier richtig. Nutzen Sie die Rad- und Wanderwege an einer der schönsten Moselschleifen. Dunkles Holz und ein Kachelofen bestimmen das Ambiente des Restaurants.

1343

SERRIG Rheinland-Pfalz **417** R 3 – 1400 Ew – Höhe 156 m.
Berlin 739 – Mainz 173 – Trier 25 – Saarbrücken 71 – Luxembourg 59.

※ **Gasthaus Wagner,** Losheimer Str. 3, ⊠ 54455, ℘ (06581) 22 77, Fax (06581) 67⬚
Biergarten – **◎◎** **VISA**
geschl. Ende März 1 Woche, Okt. 2 Wochen, Mittwoch - Donnerstagmittag – **Menu** (N⬚
- April Montag - Freitag nur Abendessen) à la carte 16,50/31.
♦ Rustikal-gemütlich geht es in dieser gastlichen Stätte zu : an blanken Tisch⬚
serviert man Ihnen eine bürgerliche Küche. Weitere nette Plätze finden Sie ⬚
Biergarten.

SESSLACH Bayern **418 420** P 16 – 4100 Ew – Höhe 271 m.
Berlin 395 – München 275 – Coburg 19 – Bamberg 40.

🏠 **Fränkische Landherberge** garni, Hans-Reiser-Str. 33, ⊠ 96145, ℘ (09569) 9 22 7
Fax (09569) 922750 – 📺 👌 **P**. **AE** **◎◎** **VISA**
geschl. Mitte Dez. - Mitte Jan. – **33 Zim** ⌂ 34/41 – 51/66.
♦ Wie die früheren bäuerlichen Anwesen wurde dieses Domizil in U-Form angelegt
geschmackvoll, in neuzeitlichem Stil möblierte Zimmer erreicht der Gast durch den Inne⬚
hof.

SIEBELDINGEN Rheinland-Pfalz **417 419** S 8 – 1000 Ew – Höhe 170 m.
Berlin 666 – Mainz 115 – Mannheim 54 – Karlsruhe 41.

🏠 **Sonnenhof,** Mühlweg 2, ⊠ 76833, ℘ (06345) 33 11, info@soho-siebeldingen.⬚
Fax (06345) 5316, 🍽 – 📺 **P**. **◎◎**
Menu (geschl. Jan. 2 Wochen, Mittwochmittag, Donnerstag, Nov. - März auch Sonnta⬚
abend) 30 à la carte 25/36 – **12 Zim** ⌂ 50/56 – 73 – ½ P 19.
♦ Die alten Mauern des ehemaligen Weinguts dienen heute der Beherbergur⬚
Reisender. Helles Naturholz und hübsche Stoffe gestalten die Zimmer wohr⬚
lich. Nettes Ambiente sowie sorgfältig und schmackhaft zubereitete Speisen i⬚
Restaurant.

SIEGBURG Nordrhein-Westfalen **417** N 5 – 40 000 Ew – Höhe 61 m.
ℹ Tourist Information, Markt 46, ⊠ 53721, ℘ (02241) 9 69 85 33, tourismus⬚
siegburg.de, Fax (02241) 9698531.
ADAC, Humperdinckstr. 64.
Berlin 590 – Düsseldorf 67 – Bonn 13 – Koblenz 87 – Köln 27.

🏛 **Kranz-Parkhotel** M, Mühlenstr. 32, ⊠ 53721, ℘ (02241) 54 70, info@kranzpar⬚
hotel.de, Fax (02241) 547444, 🍽, 🛋 – 📵, 💤 Zim, ☰ Zim, 📺 📞 👌 🚗 – 🔔 90. ⊡
◎ **◎◎** **VISA**
Menu à la carte 27/37 – **110 Zim** ⌂ 115/149 – 157/212.
♦ Eine modern gestaltete Halle empfängt Sie in dieser komfortablen Herberge
Mit ISDN- Telefon und Fax-/ Modemanschluß werden die Zimmer auch geschäftliche
Ansprüchen gerecht. Gepflegt und angenehm schlicht in der Gestaltung präsentiert sic⬚
das Restaurant.

🏠 **Kaiserhof,** Kaiserstr. 80, ⊠ 53721, ℘ (02241) 1 72 30, info@kaiserhof-siegburg.de
Fax (02241) 172350, 🍽 – 📵, 💤 Zim, 📺 📞 🚗. **AE** **◎◎** **VISA**
geschl. über Weihnachten 1 Woche – **Menu** à la carte 24/42 – **30 Zim** ⌂ 80/95
110/125.
♦ Sie finden dieses Hotel in der Fußgängerzone der Stadt. Die Gästezimmer unterscheide⬚
sich in Zuschnitt und Art des Mobiliars - alle bieten eine zeitgemäße Ausstattung. Leich⬚
rustikal gehaltenes Restaurant und Brasserie.

🏠 **Kaspar** garni, Elisabethstr. 11 (am Rathaus), ⊠ 53721, ℘ (02241) 5 98 30, hote⬚
kaspar@t-online.de, Fax (02241) 598344 – 📵 📺 📞. **AE** **◎** **◎◎** **VISA** **JCB**
geschl. 22. Dez. - 5. Jan. – **25 Zim** ⌂ 69/105 – 82/125.
♦ Sauber und gepflegt - so zeigt sich diese gastliche Adresse von der Rezeption bis in di⬚
Zimmer. Auch die Nähe zur Fußgängerzone spricht für das Haus.

🏠 **Siegblick,** Nachtigallenweg 1, ⊠ 53721, ℘ (02241) 12 73 33, contact@siegblick.de
Fax (02241) 1273350, 🍽 – 📺 🚗 **P**. **◎◎** **VISA** **JCB**
geschl. Anfang Jan. 1 Woche – **Menu** (geschl. Sonn- und Feiertage abends) à la carte 17/34
– **23 Zim** ⌂ 46/66 – 72/97.
♦ Das nette Landhaus liegt etwas außerhalb der Stadt, oberhalb der Sieg. Nach
erholsamem Schlaf in funktionellen Zimmern starten Sie zu Ausflügen ins Grüne
Eine rustikale Aufmachung und allerlei Dekorationen schaffen Gemütlichkeit im
Restaurant.

SIEGBURG

Siegburg-Kaldauen *Ost : 6 km :*

🏨 **Waldhotel Grunge** M, Höhenweg 1, ✉ 53721, ℰ (02241) 93 90, *info@waldhotel-grunge.de*, Fax (02241) 93950, 🌳, ≘s, 🔲 – 🛗, ⇐ Zim, 🖃 📺 📞 ♿ 🚗 🅿 – 🔔 80. AE ① ⓜ VISA. 🍴 Rest
Menu à la carte 24/38 – **65 Zim** ⊇ 110/116 – 156/162.
  ♦ Hinter der modernen Klinkerfassade empfängt man Sie in elegantem Ambiente. Auch anspruchsvolle Gäste finden hier ein komfortables Refugium mit den Annehmlichkeiten von heute. Klassisch-elegantes Restaurant und zünftige Waldschänke.

Siegburg-Seligenthal *Süd-Ost : 5 km in Richtung Wahnbachtalsperre :*

🏨 **Klosterhof Seligenthal** 🌲, Zum Klosterhof 1, ✉ 53721, ℰ (02242) 87 47 87, *info@klosterhof-seligenthal.de*, Fax (02242) 874789, 🌳 – 📺 📞 🅿 – 🔔 40. AE ① ⓜ VISA. 🍴 Zim
Menu à la carte 30/40 – **12 Zim** ⊇ 120/145 – 130/160.
  ♦ Tradition und Moderne gelungen vereint ! Die abgeschiedene Klosteranlage wurde mit Liebe zum Detail restauriert und beherbergt heute ein neuzeitliches kleines Hotel. Die rustikale Eleganz des Restaurants betont den Charakter des Anwesens.

Die Stadtpläne sind eingenordet(Norden = oben)

SIEGEN Nordrhein-Westfalen **417** N 8 – 110 000 Ew – Höhe 236 m.
  🛈 Gesellschaft für Stadtmarketing, Markt 2 (Rathaus), ✉57072, ℰ (0271) 4 04 13 16, *touristik@gss-siegen.de*, Fax (0271) 22687.
  ADAC, Leimbachstr. 189.
  Berlin 564 ⑤ – Düsseldorf 130 ⑤ – Bonn 99 ⑤ – Gießen 73 ③ – Hagen 88 ⑤ – Köln 93 ⑤.

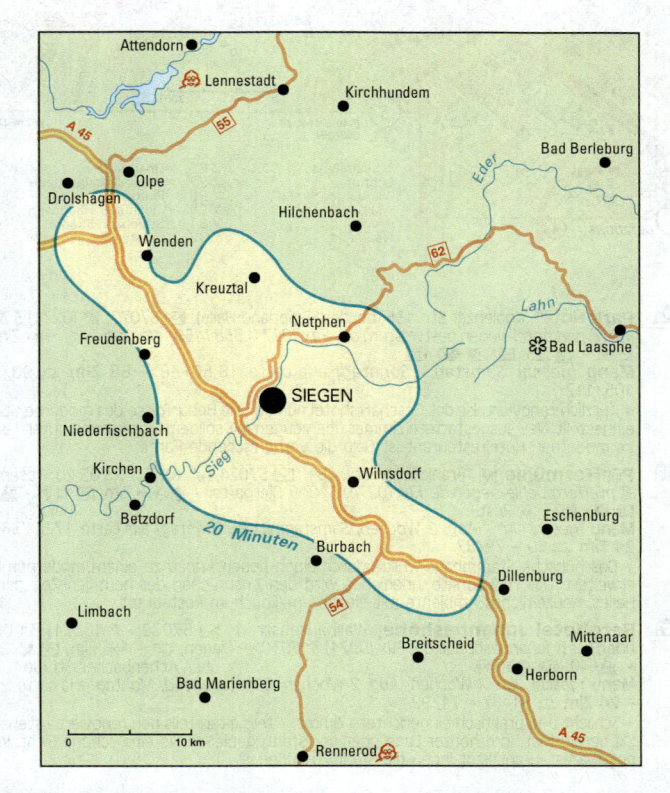

SIEGEN

Alte Poststraße	**YZ** 2
Badstraße	**Z** 3
Bahnhofstraße	**Y** 4
Berliner Straße	**YZ** 5
Brüder-Busch-Straße	**Y** 6
Burgstraße	**Y** 7
Eiserfelder Straße	**Z** 8
Fischbachergbergstraße	**Y** 9
Freudenberger Straße	**Y** 10
Hagener Straße	**Y** 17
Hindenburgstraße	**Y** 18
Juliusstraße	**Y** 19
Koblenzer Straße	**Z** 20
Kölner Straße	**Y** 21
Kölner Tor	**Y**
Kohlbettstraße	**Z** 22
Leimbachstraße	**Z** 24

Löhrstraße	**Z** 25	Obergraben	**Z**	
Löhrtor	**Z** 27	Obere Metzgerstraße	**Z**	
Marburger Straße	**Y** 28	Pfarrstraße	**Y**	
Marburger Tor	**Y** 29	Sieghütter Hauptweg	**Y**	
Markt	**Y** 31	St-Johann-Straße	**Z**	
Neumarkt	**Y** 32	Untere Metzgerstraße	**Z**	

🏨 **Park Hotel,** Koblenzer Str. 135 (bei der Siegerland-Halle), ✉ 57072, ☎ (0271) 3 38 1
info@parkhotel-siegen.bestwestern.de, Fax (0271) 3381450, 🍴, ⇌s – |✿|, ↔ Zim, 📺
♦ 📞 – 🛎 25. 🅰🅴 ① 🆆🆂 🆅🅸🆂🅰
Menu (geschl. Samstag - Sonntag) à la carte 18,50/38 – **88 Zim** ⇌ 90/95 Z
105/112.

♦ Kürzlich renoviert, ist das Geschäftshotel nun auf die Bedürfnisse des modernen Gaste
eingestellt. Neu ausgestattete Zimmer überzeugen mit solidem Mobiliar und guter Techni
Im modernen Hotelrestaurant ist Gelb die vorherrschende Farbe.

🏨 **Pfeffermühle** M, Frankfurter Str. 261, ✉ 57074, ☎ (0271) 23 05 20, rosenkran
@pfeffermuehle-siegen.de, Fax (0271) 51019, Biergarten – |✿|, ↔ Zim, 📺 ♦ 📞 – 🛎 200
🅰🅴 ⓜ🅾 🆅🅸🆂🅰 ※ Rest über ②
Menu (geschl. Juli - Aug. 2 Wochen, Samstagmittag, Sonntag) à la carte 17,50/36,50
24 Zim ⇌ 60 – 79/87.

♦ Das hübsche Stammhaus wurde durch einen neuen Anbau zu einem modernen Hote
erweitert. Das funktionelle Innenleben wird den Ansprüchen der heutigen Zeit gerecht
Helles, neuzeitliches Ambiente mit elegantem Touch im Restaurant.

🏨 **Berghotel Johanneshöhe,** Wallhausenstr. 1, ✉ 57072, ☎ (0271) 31 00 08
hoeffkes@johanneshoehe.de, Fax (0271) 315039, ≤ Siegen, 🍴 – ↔ Zim, 📺 ♦ ⇌ ℹ
– 🛎 40. ① ⓜ🅾 🆅🅸🆂🅰 über Achenbacher Straße Z
Menu (geschl. Jan. 2 Wochen, Aug. 2 Wochen, Sonntagabend, Montag) à la carte 22/4
– **24 Zim** ⇌ 51/67 – 71/92.

♦ Schlicht und praktisch eingerichtete Zimmer - teils älter, teils neu renoviert - stehen fü
Sie bereit. Hier, in erhöhter Lage über der Stadt, genießen Sie eine schöne Sicht. Im Pa
noramarestaurant liegt Ihnen die Stadt zu Füßen.

SIEGEN

Bürger garni (mit Gästehaus), Marienborner Str. 134, ⌧ 57074, ℘ (0271) 6 25 51, *hotel-buerger@t-online.de, Fax (0271) 63555* – 🛗 📺 🚗 🅿 🆎 ⓞ 🆎 💳
33 Zim ⌕ 53/56 – 73/80. über Marienborner Straße   Z

♦ Sie beziehen zeitgemäße, solide gestaltete Zimmer - teils mit Kitchenette für die Zubereitung kleiner Speisen. Die Nähe zur Innenstadt spricht ebenfalls für das Haus.

Am Häusling garni, Melanchthonstr. 10, ⌧ 57074, ℘ (0271) 33 71 20, *schweissgut@hotel-am-haeusling.de, Fax (0271) 3307878* – 📺 🍴 🅿 🆎 💳
10 Zim ⌕ 47/52 – 62/67.   Z c

♦ Suchen Sie eine praktische Behausung auf Zeit? Die relativ ruhige Lage am Rande des Stadtzentrums sowie die überschaubare Größe sind Vorzüge dieser gastlichen Adresse.

Schwarzbrenner, Untere Metzgerstr. 29, ⌧ 57072, ℘ (0271) 5 12 21, *Fax (0271) 51220* – ⓞ 🆎 💳   Z u
geschl. Juli - Aug. 3 Wochen, Montag – **Menu** *(nur Abendessen)* (Tischbestellung ratsam) à la carte 28/43.

♦ In dem Stadthaus aus dem 17. Jh. wurde auf zwei Etagen ein gemütliches Restaurant eingerichtet, in dem man klassische Küche serviert. Viel Holz schafft ein rustikales Umfeld.

Piazza, Unteres Schloss 1 (Museum für Gegenwartskunst), ⌧ 57072, ℘ (0271) 3 03 08 56, *Fax (0271) 3030981*, 🍽 – 🆎 💳   Z b
geschl. Montag – **Menu** à la carte 28/40.

♦ Ein Seitenflügel des Museums für Gegenwartskunst beherbergt dieses Restaurant - moderne Einrichtungselemente verbinden sich gelungen mit klarem Bauhaus-Design.

In Siegen-Eiserfeld über ④ : 5 km :

Siegboot, Eiserfelder Str. 230, ⌧ 57080, ℘ (0271) 35 90 30, *siegboot@hotels-siegen.de, Fax (0271) 3590355*, 🍽, Biergarten, 🛌 – 🛗 📺 🍴 🚗 🅿 – 🅰 15. 🆎 🆎 💳 🆎
Menu *(geschl. Montag)* (wochentags nur Abendessen) à la carte 18/37,50 – **29 Zim** ⌕ 59/69 – 79.

♦ Freundliche Zimmer mit neuzeitlicher wie auch praktischer Ausstattung stellen ein geeignetes Quartier für einen Zwischenstop auf Ihrer Reise dar.

In Siegen-Sohlbach über ① : 7 km :

Kümmel, Gutenbergstr. 7, ⌧ 57078, ℘ (0271) 8 30 69, *Fax (0271) 83368* – 📺 🚗 🅿 🆎 💳
Menu *(geschl. Freitag)* (nur Abendessen) (Restaurant nur für Hausgäste) – **11 Zim** ⌕ 40 – 45/60.

♦ Mit seinen schlicht ausgestatteten Fremdenzimmern stellt der familiär geführte Gasthof eine saubere, gepflegte Übernachtungsmöglichkeit für Reisende dar.

In Wilnsdorf-Wilgersdorf über ② : 14 km :

Gästehaus Wilgersdorf 🌳, Am Kalkhain 23, ⌧ 57234, ℘ (02739) 8 96 90, *info@gaestehaus-wilgersdorf.de, Fax (02739) 896960*, 🍽, 🛌, 🏊, 🐎 – 🛌 Zim, 📺 🚗 🅿 – 🅰 50. 🆎 ⓞ 🆎 💳 🆎
Menu *(geschl. Juli - Aug. 3 Wochen, Sonntagabend)* à la carte 20/39 – **31 Zim** ⌕ 45/60 – 77/100.

♦ Leicht erhöht am Waldrand gelegen, bietet Ihnen das Hotel neben funktionellen, teils allergikergerechten Zimmern eine schöne Sicht auf das Dorf und die Umgebung. Das gediegene Restaurant hat man in netter Lage zum Tal hin plaziert.

SIEGENBURG Bayern siehe Abensberg.

SIEGSDORF Bayern ₄₂₀ W 21 – 8 400 Ew – Höhe 615 m – Luftkurort.

🛈 Tourist-Information, Rathausplatz 2, ⌧ 83313, ℘ (08662) 49 87 45, *info@siegsdorf.de, Fax (08662) 498750*.

Berlin 695 – München 105 – *Bad Reichenhall* 32 – Rosenheim 48 – Salzburg 36 – Traunstein 7.

Alte Post, Traunsteiner Str. 7, ⌧ 83313, ℘ (08662) 71 39, *Fax (08662) 12526*, 🍽 – 📺 🅿
Menu à la carte 15,50/25 – **21 Zim** ⌕ 40 – 67.

♦ Der alte Gasthof aus dem 15. Jh. zeigt sich von der bemalten Fassade bis zu den bäuerlich-schlicht eingerichteten Zimmer in typisch bayerischem Stil. Die rustikale Einrichtung sorgt im Restaurant für Gemütlichkeit.

Edelweiß, Hauptstr. 21, ⌧ 83313, ℘ (08662) 92 96, *Fax (08662) 12722*, 🍽 – 📺 🚗
geschl. Mitte Okt. - Mitte Nov. – **Menu** *(geschl. Donnerstag)* à la carte 11/23 – **15 Zim** ⌕ 20/28 – 36/54 – ½ P 11.

♦ Diese dörfliche kleine Adresse bietet Besuchern des Luftkurortes eine schlichte, praktische Unterkunft. Reizvolle Ausflugsziele sind schnell zu erreichen. Ländlich-rustikal ist die Gaststube.

1347

SIEGSDORF

In Siegsdorf-Hammer *Süd-Ost : 6 km :*

Der Hammerwirt-Gasthof Hörterer, Schmiedstr. 1 (B 306), ⊠ 83313, ℘ (0866
66 70, *hammerwirt@hoerterer.de, Fax (08662) 7146, Biergarten, 🐎 – 📺 🅿 🖭
🐵 ① 🐵 VISA
geschl. 24. März - 10. April, 3. Nov. - 13. Dez. – **Menu** *(geschl. Mittwoch, Jan. - April Dienst
- Mittwoch)* à la carte 14/29 – **29 Zim** ⇆ 41/45 – 79/90.
• Eine gepflegte, solide Urlaubsadresse mit alpenländischem Charme. Ergänzt wird d
Gasthof durch neuzeitliche Ferienwohnungen in einem hübschen Nebenhaus aus Holz. H
ter der regionstypischen Fassade finden Sie ein rustikales Restaurant.

SIERKSDORF *Schleswig-Holstein* 415 416 *D 16 – 1300 Ew – Höhe 15 m – Seebad.*
🛈 *Tourist-Information, Vogelsang 1,* ⊠ 23730, ℘ (04563) 47 89 90, Fax (0456
4789918.
Berlin 291 – Kiel 57 – Lübeck 38 – Neustadt in Holstein 8,5.

Seehof ⌕ (mit Gästehäusern), Gartenweg 30, ⊠ 23730, ℘ (04563) 70 31 (Hote
82 40 (Rest.), *seehof@ringhotels.de, Fax (04563) 7485,* ≤ Ostsee, 🍽, 🐎 – 📺 ⇌
🖭 ① 🐵 VISA
geschl. Jan. – **Menu** *(geschl. Jan. 2 Wochen, Nov. 1 Woche, Okt. - April Montag)* à la car
23/36 – **20 Zim** ⇆ 66/98 – 103/122 – ½ P 21.
• Mehrere Gebäude fügen sich harmonisch in eine schöne Parkanlage ein und bilden dies
Anwesen - leicht erhöht gelegen. Eine Treppe führt Sie hinunter zum Badestrand. Die Bie
und Weinstube Lütt Hus ergänzt das klassische Restaurant.

In Sierksdorf-Wintershagen *Nord-Ost : 3 km :*

Gutshof Restaurant, an der Straße nach Neustadt, ⊠ 23730, ℘ (04561) 20 7
gutshof2222@gmx.de, Fax (04561) 17709, 🍽 – 🅿
geschl. Jan. - Feb. 2 Wochen – **Menu** *(geschl. Dienstag) (wochentags nur Abendesse*.
à la carte 18,50/31,50.
• Ehemals als Schweinestall genutzt, dient der reetgedeckte Gutshof als gemütliche Ei
kehrmöglichkeit - das nette ländliche Ambiente spricht für das Haus.

SIEVERSHAGEN *Mecklenburg-Vorpommern siehe Rostock.*

SIEZENHEIM *Österreich siehe Salzburg.*

SIGMARINGEN *Baden-Württemberg* 419 *V 11 – 17 000 Ew – Höhe 570 m.*
Inzigkofen, Buwiesen 10 (Süd-West : 4 km), ℘ (07571) 7 44 20.
🛈 *Tourist-Info, Schwabstr. 1,* ⊠ 72488, ℘ (07571) 10 62 23, *tourismus@sigmaringen.d*
Fax (07571) 106177.
Berlin 696 – Stuttgart 101 – Konstanz 73 – Freiburg im Breisgau 136 – Ulm (Donau) 8.

Fürstenhof, Zeppelinstr. 14 (Süd-Ost : 2 km Richtung Ravensburg, nahe der B 32
⊠ 72488, ℘ (07571) 7 20 60, *info@fuerstenhof-sig.de, Fax (07571) 720644,* ≤, 🍽, 🏊
– 📶, ⇥ Zim, 📺 ⇌ 🅿 – 🎓 60. 🖭 ① 🐵 VISA JCB
Menu *(geschl. 25. Dez. - 10. Jan., Sonntagabend) (wochentags nur Abendessen)* à la cart
22/37 – **34 Zim** ⇆ 56/60 – 81.
• Sind Sie auf der Suche nach einer praktischen Unterkunft für unterwegs? Sauber
gepflegt und zeitgemäß eingerichtet präsentieren sich die Gästezimmer dieses Hotels. Ei
gediegenes Ambiente erwartet den Gast im Restaurant.

Jägerhof garni, Wentelstr. 4, ⊠ 72488, ℘ (07571) 20 21, *jaegerhof-sigmaringen@
-online.de, Fax (07571) 50476,* 🐎 – ⇥ 📺 🕻 ⇌ 🅿 🖭 ① 🐵 VISA
geschl. 1. - 15. Jan. – **18 Zim** ⇆ 42/48 – 63/65.
• Etwas außerhalb des Stadtzentrums, in relativ ruhiger Lage, finden Reisende eine solid
Unterkunft. Auch die überschaubare Größe des Hauses wird Ihnen zusagen.

In Scheer *Süd-Ost : 10 km :*

Donaublick, Bahnhofstr. 21 (an der B 32), ⊠ 72516, ℘ (07572) 7 63 80, *info@
donaublick.de, Fax (07572) 763866,* 🍽, 🐎 – ⇥ Zim, 📺 🕻 🅿 🖭 ① 🐵 VISA
Menu *(geschl. Sept. 2 Wochen, Donnerstagabend - Samstagmittag)* à la carte 18/32 -
Bacchusstube *(geschl. Sonntag - Montag) (nur Abendessen)* **Menu** à la carte 14/23 -
19 Zim ⇆ 39/41 – 62/72.
• Der frühere Bahnhof dient heute - umgebaut und renoviert - der Beherbergung Rei
sender. Fragen Sie nach den neuzeitlichen Zimmern in der oberen Etage. Eine ländlich
Aufmachung bestimmt das Ambiente im Restaurant. Urig-rustikal : die Bacchusstube.

SIGMARINGEN

XX **Brunnenstube**, Mengener Str. 4, ✉ 72516, ℘ (07572) 36 92 – 🅿 ⓜ
geschl. Aug. 2 Wochen, Montag, Samstagmittag – **Menu** 30 à la carte 32/37,50.
♦ Ein Gasthaus der ländlichen Art - gemütlich-rustikal gestaltet und nett dekoriert.
Die gute Küche des Hauses basiert auf frischen Produkten und einer sorgfältigen
Zubereitung.

IMBACH AM INN Bayern 420 V 23 – 9 000 Ew – Höhe 345 m.
Berlin 634 – München 122 – Passau 54 – Landshut 89 – Salzburg 85.

🏨 **Göttler** (mit Gästehaus), Pfarrkirchner Str. 24, ✉ 84359, ℘ (08571) 9 11 80, gasthof-
goettler@t-online.de, Fax (08571) 911818, 🍴, 🛋, ✤ – ✤ Zim, 📺 ℰ ⇔ 🅿 – 🔒 32 – 47 –
½ P 9.
Menu (geschl. Aug. - Sept. 2 Wochen, Montag) à la carte 11/20 – **15 Zim** 🛏 32 – 47 –
♦ Die ehemalige Weißbierbrauerei wurde durch eine neu errichtete Pension ergänzt. Eine
neuzeitliche, funktionelle Einrichtung zählt zu den Annehmlichkeiten des kleinen Hauses.
Ein typisch bayerisches Lokal lädt zur Einkehr ein - im Sommer mit Biergarten.

In Stubenberg-Prienbach Nord-Ost : 4,5 km :

🏨 **Zur Post**, Poststr. 1 (B 12), ✉ 94166, ℘ (08571) 60 00, hotel-post-prienbach@t-on
line.de, Fax (08571) 600230, 🍴, 🛋, ✤ – ✤ Zim, 📺 ℰ ⇔ 🅿 – 🔒 30. Rest
geschl. 1. - 15. Jan. – **Menu** (geschl. Aug. 1 Woche, Montagmittag) à la carte 15/35 – **31 Zim**
🛏 35/47 – 62/72.
♦ Den ländlichen Stil des Hauses finden Sie auch in den Gästezimmern wieder - gepflegt
und funktionell ausgestattet. Die günstige Lage ermöglicht interessante Ausflüge. Länd-
liches Dekor bestimmt den Charakter des Restaurants mit guter regionaler Küche.

SIMMERATH Nordrhein-Westfalen 417 O 2 – 15 000 Ew – Höhe 540 m.
Ausflugsziel : Rurtalsperre★ Ost : 10 km.
🛈 Verkehrsamt, Rathaus, ✉ 52152, ℘ (02473) 60 71 39, Fax (02473) 607100.
Berlin 640 – Düsseldorf 107 – Aachen 30 – Düren 34 – Euskirchen 45 – Monschau 10.

In Simmerath-Erkensruhr Süd-Ost : 12 km – Erholungsort :

🏨 **Nadolny's Wellness Hotel** Ⓜ ✤, Erkensruhr 108, ✉ 52152, ℘ (02485) 9 55 00,
info@nadolnys.de, Fax (02485) 955050, 🍴, 🛋, 🔲, ✤ – 🔹, ✤ Zim, 📺 ℰ 🅿 – 🔒 80.
✤
Menu à la carte 28/35 – **42 Zim** 🛏 72/92 – 124/130 – ½ P 20.
♦ Hinter der hellblauen Fassade des modernen Tagungs- und Freizeithotels überzeugt man
den Gast mit neuzeitlichem Wohnen, vor der Tür lockt eine reizvolle ländliche Umgebung.
Von der Hotelhalle aus gelangen Sie in das im Stil einer Empore angelegte Restaurant.

In Simmerath-Lammersdorf Nord-West : 3 km :

🏨 **Lammersdorfer Hof**, Kirchstr. 50, ✉ 52152, ℘ (02473) 80 41, lammersdorferhof
@t-online.de, Fax (02473) 1499, 🍴 – ✤ Zim, 📺 🅿 ⓐⓔ ⓜ ⓥⓘⓢⓐ. ✤ Zim
geschl. Mitte Juli - Anfang Aug. – **Menu** (geschl. Dienstag) à la carte 14,50/25 – **9 Zim** 🛏 40
– 60 – ½ P 8.
♦ Ein schlichter Gasthof mit neuerem Anbau beherbergt gepflegte Fremdenzimmer in
ländlichem Stil. Nutzen Sie diese Adresse als Ausgangspunkt für schöne Wanderungen.
Angepaßt an den Charakter der Gegend, ist das Lokal rustikal eingerichtet.

SIMMERN Rheinland-Pfalz 417 Q 6 – 8 000 Ew – Höhe 330 m.
Sehenswert : Pfarrkirche St. Stephan (Grabdenkmäler★).
🛈 Tourist-Information, Rathaus, Brühlstr. 2, ✉ 55469, ℘ (06761) 83 71 06, Fax (06761)
837120.
Berlin 634 – Mainz 67 – Bad Kreuznach 52 – Trier 87 – Koblenz 61.

🏨 **Bergschlößchen**, Nannhauser Straße, ✉ 55469, ℘ (06761) 90 00, info@hotel-
bergschloesschen.de, Fax (06761) 900100, 🍴 – 🔹 📺 ⇔ 🅿 – 🔒 15. ⓐⓔ ⓞ ⓜ ⓥⓘⓢⓐ
geschl. 17. Feb. - 16. März – **Menu** à la carte 15/31 – **22 Zim** 🛏 45/55 – 73/93.
♦ Ihr Domizil liegt leicht erhöht etwas außerhalb des Ortes. Gepflegte Gästezimmer machen
das Haus zu einer soliden Übernachtungsadresse. Sie nehmen unter einer schön bemalten
Holzdecke zum Speisen Platz.

XX **Schwarzer Adler**, Koblenzer Str. 3, ✉ 55469, ℘ (06761) 90 18 17,
Fax (06761) 901817, 🍴 – ⓜ ⓥⓘⓢⓐ
geschl. Montag – **Menu** (wochentags nur Abendessen) à la carte 18/31.
♦ Im Keller eines Geschäftshauses befindet sich dieses kleine Restaurant mit Bruchstein-
gewölbe. Das Speisenangebot ist international mit italienischen Einflüssen.

1349

SIMMERN

An der Straße nach Laubach Nord : 6 km :

Birkenhof ⌂, ✉ 55469 Klosterkumbd, ℘ (06761) 9 54 00, hotel@birkenhof-info.c
Fax (06761) 954050, 🍺, Biergarten, ⇌, 🐾 – ≡, ⇌ Zim, 📺 🛎 🅿 – 🔒 15. 🅰🅴 ① ⓜ
𝘝𝘐𝘚𝘈 ⌁ Rest
geschl. 4. - 31. Jan. – **Menu** (geschl. Dienstag) à la carte 18/38 – **22 Zim** ⍽ 51/61 – 74/9
♦ "Gastlichkeit mit Herz" - so lautet das Motto dieses gut unterhaltenen Familienbetrieb
Saubere, funktionell ausgestattete Zimmer beherbergen Durchreisende und Kurzurlaube
In gepflegtem Ambiente nehmen Sie Ihre Mahlzeit ein.

SIMONSBERGER KOOG *Schleswig-Holstein siehe Husum.*

SIMONSWALD *Baden-Württemberg* **4 1 9** *V 8 – 3 100 Ew – Höhe 330 m.*

🛈 *Tourist-Information, Talstr. 14a, ✉ 79263, ℘ (07683) 1 94 33, simonswald@
zweitaelerland.de, Fax (07683) 1432.*
Berlin 786 – Stuttgart 215 – Freiburg im Breisgau 36 – Donaueschingen 49.

Tannenhof, Talstr. 13, ✉ 79263, ℘ (07683) 9 13 90, info@ferienhotel-tannenhof.d
Fax (07683) 9139100, ⇌, 🛋, 🐾 – ≡ 📺 🅿 – 🔒 25. ⓜ 𝘝𝘐𝘚𝘈 ⌁
geschl. 7. Jan. - März, Nov. - 20. Dez. – **Menu** (geschl. Dienstag) (nur Abendessen) à la cart
14/22,50 – **33 Zim** ⍽ 48 – 72 – ½ P 12.
♦ Etwa 50 m hinter dem ursprünglichen Gasthof gelegen, steht ein Gästehaus mit solic
möblierten Zimmern für Ihre Beherbergung bereit. Lage : im Zentrum des kleinen Orte
In der schlichten Gaststätte serviert man gutbürgerliche Küche.

Hugenhof ⌂ (mit Pension Hugenhof), Am Neuenberg 14, ✉ 79263, ℘ (07683
93 00 66, Fax (07683) 909258, ≤, ⇌, 🛋, 🐾 – 🅿
Menu (geschl. Feb. 3 Wochen, Aug. 3 Wochen, Montag - Dienstag) (wochentags nur Abend
essen) 36 à la carte 25,50/32 – **18 Zim** ⍽ 25 – 50 – ½ P 8.
♦ Den gepflegten Gasthof mit rustikal-komfortablem Interieur finden Sie an der Sonner
seite des Simonswäldertales. Man offeriert dem Gast ein ansprechendes regionales Menu

In Simonswald-Obersimonswald *Süd-Ost : 4 km in Richtung Furtwangen :*

Engel (mit Gästehaus), Obertalstr. 44, ✉ 79263, ℘ (07683) 2 71, info@hotel-engel.de
Fax (07683) 1336, 🍺, ⇌, 🐾 – ⇌ Rest, 📺 ⍰ 🅿 – 🔒 30
geschl. über Fastnacht 3 Wochen, Nov. 3 Wochen – **Menu** (geschl. Montag - Dienstag
(Mittwoch - Donnerstag nur Abendessen) à la carte 19/36 – **33 Zim** ⍽ 38 – 66 – ½ P 18
♦ Das seit 1636 in Familienbesitz befindliche Haus bietet Reisenden ein gepflegtes Quartie
- im gegenüberliegenden Gästehaus stehen weitere, einfachere Zimmer zur Verfügung. I
rustikalem Umfeld bewirtet man den Gast mit einer leicht gehobenen Küche.

SINDELFINGEN *Baden-Württemberg* **4 1 9** *T 11 – 61 000 Ew – Höhe 449 m.*
siehe auch Böblingen (Umgebungsplan).

🏌18 🏌9 *Holzgerlingen, Schaichhof (Süd : 9 km über ①), ℘ (07157) 6 79 66.*
Messehalle, Mahdentalstr. 116 BS, ℘ (07031) 79 31.
🛈 *Tourist-Information, Marktplatz 1, ✉ 71063, ℘ (07031) 9 43 25, Fax (07031) 94786
ADAC, Tilsiter Str. 15 (Breuningerland).*
Berlin 647 – Stuttgart 20 – Karlsruhe 80 – Reutlingen 34 ① – Ulm (Donau) 97.

Stadtplan siehe gegenüberliegende Seite

Marriott 🅜, Mahdentalstr. 68, ✉ 71065, ℘ (07031) 69 60, stuttgart.marriott@
marriott.com, Fax (07031) 696880, Massage, 🛀, ⇌, 🛋, – ≡, ⇌ Zim, 🖥 📺 🛎 & ⇌
– 🔒 200. 🅰🅴 ① ⓜ 𝘝𝘐𝘚𝘈 🅹🅲🅱
Menu à la carte 24/35 – ⍽ 15 – **257 Zim** 115, 4 Suiten.   BS a
♦ Eine großzügige, elegante Atriumhalle empfängt Sie in Ihrer vorübergehenden Residenz
Klassische Gediegenheit und moderner Komfort bilden eine gelungene Einheit. Durch die
Halle gelangen Sie in die drei Restaurants – von gediegen bis elegant gestaltet.

Erikson-Hotel, Hanns-Martin-Schleyer-Str. 8, ✉ 71063, ℘ (07031) 93 50, info@
erikson.de, Fax (07031) 935555, ⇌ – ≡, ⇌ Zim, 🖥 📺 🛎 ⇌ 🅿 – 🔒 90. 🅰🅴 ①
ⓜ 𝘝𝘐𝘚𝘈   CX e
Menu à la carte 24/34 – **92 Zim** ⍽ 104/128 – 136/147.
♦ Von der Fassade über die Lobby bis in Ihr Zimmer zeigt sich dieses Stadthotel in neu-
zeitlichem Design. Komfort und Technik werden den Ansprüchen der heutigen Zeit gerecht

Novotel, Schwertstr. 65 (Ost : 2 km), ✉ 71065, ℘ (07031) 6 19 60, h2939@accor-
hotels.com, Fax (07031) 6196888, Biergarten, Massage, ⇌, 🛋, – ≡, ⇌ Zim, 🖥 📺 🛎
& 🅿 – 🔒 120. 🅰🅴 ① ⓜ 𝘝𝘐𝘚𝘈 🅹🅲🅱   BS d
Menu à la carte 21,50/31,50 – ⍽ 13 – **186 Zim** 108/117 – 123/132.
♦ Gästezimmer mit dem Komfort von heute bieten Platz zum Erholen und Arbeiten. Nicht
nur Geschäftsreisende schätzen die Ausstattung und die verkehrsgünstige Lage des Hotels.

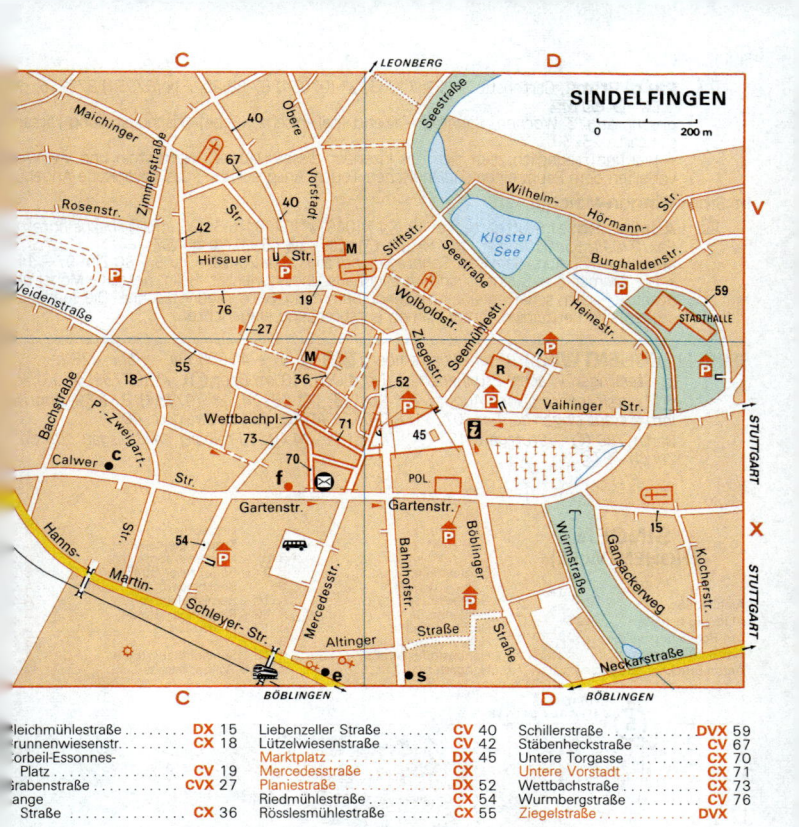

leichmühlestraße . . . . **DX** 15	Liebenzeller Straße . . . . **CV** 40	Schillerstraße . . . . **DVX** 59
runnenwiesenstr. . . . . **CX** 18	Lützelwiesenstraße . . . . **CV** 42	Stäbenheckstraße . . . . **CV** 67
orbeil-Essonnes-	Marktplatz . . . . **DX** 45	Untere Torgasse . . . . **CX** 70
Platz . . . . **CV** 19	Mercedesstraße . . . . **CX**	Untere Vorstadt . . . . **CX** 71
rabenstraße . . . . **CVX** 27	Planiestraße . . . . **DX** 52	Wettbachstraße . . . . **CX** 73
ange	Riedmühlestraße . . . . **CX** 54	Wurmbergstraße . . . . **CV** 76
Straße . . . . **CX** 36	Rösslesmühlestraße . . . . **CX** 55	Ziegelstraße . . . . **DVX**

🏨 **Residence** garni, Calwer Str. 16, ✉ 71063, ✆ (07031) 93 30, *residence@swol.de*, Fax (07031) 933100, 🛋 – 🛗 ✻ 📺 ✆ 🅿 – 🔒 90. 🆎 ⓘ 🆎 𝗩𝗜𝗦𝗔 CX c
– **135 Zim** ⛑ 99/114 – 124/159, 4 Suiten.
♦ Neuzeitliche Zimmer - meist mit Küche - eignen sich für private wie auch geschäftliche Zwecke, für optische Reize sorgt eine ständig wechselnde Bilderausstellung.

🏨 **Mercure,** Wilhelm-Haspel-Str. 101, ✉ 71065, ✆ (07031) 61 50, *h2938@accor-hotels.com*, Fax (07031) 874981, 🛋 – 🛗, ✻ Zim, 🖳 📺 ✆ 🅿 – 🔒 220. 🆎 ⓘ 🆎 𝗩𝗜𝗦𝗔 ℡ BS v
Menu *(geschl. Sonntagabend)* à la carte 22/40 – ⛑ 14 – **147 Zim** 85/120 – 85/135.
♦ Moderne und Funktionalität zählen zu den Annehmlichkeiten, mit denen man seine Gäste überzeugt. Auch die Nähe zu Stuttgart macht das Hotel zu einer attraktiven Adresse.

🏨 **Berlin,** Berliner-Platz 1, ✉ 71065, ✆ (07031) 86 55, *info@hotel-berlin.bestwestern.de*, Fax (07031) 865600, 🛋, 🌊 – 🛗, ✻ Zim, 🖳 Rest, 📺 ♿ 🅿 – 🔒 55. 🆎 ⓘ 🆎 𝗩𝗜𝗦𝗔 ℡ BT c
Menu *(geschl. Samstagmittag, Sonn- und Feiertage)* à la carte 24/33 – **96 Zim** ⛑ 100/110 – 120/130, 3 Suiten.
♦ In einem Wohngebiet in günstiger Lage zu Stuttgart finden Reisende dieses funktionelle Domizil. Moderne technische Anschlüsse gehören zum Inventar der Zimmer.

🏨 **Carle** garni, Bahnhofstr. 37, ✉ 71063, ✆ (07031) 87 40 01, Fax (07031) 814427 – 🛗 📺 ✆ 🅿 🆎 🆎 𝗩𝗜𝗦𝗔 DX s
14 Zim ⛑ 71/82 – 100/115.
♦ Sind Sie auf der Suche nach einer funktionellen Adresse in citynaher Lage? Mit nur 14 Zimmern bietet Ihnen dieses Haus zudem die Vorzüge einer familiären Herberge.

SINDELFINGEN

XX **Piu di Prima,** Gartenstr. 24, ✉ 71063, ℘ (07031) 87 88 90, Fax (07031) 872256,
– AE ⓪ ⓪ VISA   CX
geschl. Aug. 3 Wochen, Sonntag – **Menu** (italienische Küche) (Tischbestellung ratsar
à la carte 23/39.
♦ Hell und freundlich zeigt sich das Interieur dieses Hauses - Naturstein und viel We
verleihen dem Raum einen südländischen Touch. Ansprechend : das italienische Angebo

In Sindelfingen-Maichingen :

Abakus-Hotel, Stuttgarter Str. 49, ✉ 71069, ℘ (07031) 6 31 00, info@abakus-hotel.d
Fax (07031) 6310100, 🕿 – 🛗, ⚟ Zim, 📺 📞 P – 🔔 45. AE ⓪ ⓪ VISA JCB   AS
Menu (geschl. Aug., Samstag, Sonntagabend) à la carte 20/28 – 🍽 8 – **80 Zim** 97 – 11
♦ Die Zimmer dieses Hotels sind im Landhausstil eingerichtet. Helle, gekalkte Möbel ur
dezente Farben schaffen eine einladende Stimmung. Gute Tagungstechnik. Die Landhau
stuben sind neuzeitlich, ihrem Namen entsprechend eingerichtet.

SINGEN (HOHENTWIEL) Baden-Württemberg **419** W 10 – 44 000 Ew – Höhe 428 m.
🏌18 Steißlingen-Wiechs, Brunnenstr. 4 (Nord-Ost : 10 km über ①), ℘ (07738) 7196.
🛈 Toursit-Information, August-Ruf-Str. 13, ✉ 78224, ℘ (07731) 8 52 59, touris
info@stadt-singen.de, Fax (07731) 85263. – **ADAC,** Schwarzwaldstr. 40.
Berlin 780 ⑤ – Stuttgart 154 ⑤ – Konstanz 34 ① – Freiburg im Breisgau 106 ⑤
Zürich 79 ③

SINGEN (HOHENTWIEL)

Alpenstraße	B 2
Aluminiumstraße	B 3
Am Posthalterswäldle	B 5
Am Schloßgarten	A 6
Anton-Bruckner-Straße	A 7
August-Ruf-Straße	B
Ekkehardstraße	B
Erzbergerstraße	AB 8
Fichtestraße	B 9
Freiheitstraße	B
Goethestraße	A 10
Herderstraße	A 12
Hilzinger Straße	A 13
Hohenhewenstraße	B 14
Hohenstoffelnstraße	A 15
Hohgarten	A 16
Holzacker	B
Kreuzensteinstraße	B
Mühlenstraße	A
Radolfzeller Straße	B
Reckholderbühl	A
Remishofstraße	A
Rielasinger Straße	B
Ringstraße	B
Scheffelstraße	AB
Schlachthausstraße	A
Waldeckstraße	B

SINGEN (HOHENTWIEL)

Lamm, Alemannenstr. 42, ⌧ 78224, ℘ (07731) 40 20 (Hotel) 40 26 06 (Rest.), info@hotellamm.com, Fax (07731) 402200 – 📶, ✲ Zim, 📺 ⚹ 🅿 – 🏛 80. ⓞ ⓜⓢ 🆅🅸🆂🅰 🅹🅲🅱
geschl. 21. Dez. - 6. Jan. – **Menu** (geschl. Sonn- und Feiertage) (nur Abendessen) à la carte 15/27 – **79 Zim** ⌷ 66/88 – 76/96.
    B V
 • Das Hotel liegt direkt am Rande der Singener Innenstadt in einer verkehrsberuhigten Zone. Die zum Teil neuzeitlichen Zimmer sprechen für diese solide Übernachtungsadresse. Das zum Hotel gehörige Restaurant zeigt sich in schlichter, gepflegter Aufmachung.

Hegauhaus, Duchtlinger Str. 55, ⌧ 78224, ℘ (07731) 4 46 72, Fax (07731) 949452, ⇐ Singen und Umgebung, 🌞 – 🅿 – 🏛 50   über ⑤, Richtung Duchtlingen
geschl. Jan. 3 Wochen, Dienstag – **Menu** à la carte 16/36.
 • Oberhalb der Stadt finden Sie ein nettes rustikales Lokal, in dem man Sie aufmerksam mit gutbürgerlicher Küche bewirtet. Auch Ausflügler genießen den Blick in die Umgebung.

In Singen-Bohlingen über ② Süd-Ost : 6 km Richtung Überlingen :

Zapa M, Bohlinger Dorfstr. 48, ⌧ 78224, ℘ (07731) 79 61 61, info@restaurant-zapa.de, Fax (07731) 796162, 🌞 – ✲ Zim, 🍴 Rest, 🅿 ⇐ 🏛 ⓜⓢ 🆅🅸🆂🅰
Menu (italienische Küche) à la carte 25/35 – **7 Zim** ⌷ 68/75 – 107.
 • An einer relativ ruhigen Stelle am Ortsrand wurde dieses Haus in modernem Baustil errichtet. Neuzeitlich zeigen sich auch die Zimmer, die über kleine Schreibtische verfügen. Mit einer großen Fensterfront ausgestattet, ist das Restaurant eine einladende Stätte.

In Singen-Überlingen am Ried über ② und Georg-Fischer-Straße : 5 km :

Flohr's 🐟, Brunnenstr. 11, ⌧ 78224, ℘ (07731) 9 32 30, flohr@flohrs-restaurant.de, Fax (07731) 932323, 🌞, ☞ – ✲ Zim, 📺 🍴 🅿 🆅🅸🆂🅰 ✪
Menu (geschl. Sonntagmittag - Montag, Nov. - April Sonntag - Montag) (Tischbestellung ratsam, bemerkenswerte Weinkarte) 42 (mittags) à la carte 54/70 ⓎⒶ – **8 Zim** ⌷ 77 – 113.
 • Ein neuer Hotelanbau bereichert den ursprünglichen Landgasthof mit acht individuell gestalteten Zimmern. Neuzeitliche Eleganz begleitet den Gast durch das ganze Haus. In stilvollem Rahmen serviert man frau eine klassische Küche mit kreativen Akzenten.
Spez. In Aromaten gebratene Froschschenkel mit Kutteln und mariniertem Weißkraut. Loup de mer mit Artischocken-Honigmousseline und Pinienkern-Pesto. Risottotörtchen mit Rhabarber und Mandel-Ziegenquarkeis (April-Juni).

In Rielasingen-Worblingen über ② : 4 km :

Krone, Hauptstr. 3 (Rielasingen), ⌧ 78239, ℘ (07731) 8 78 50, info@krone-rielasingen.de, Fax (07731) 878510, 🌞, ☎ – 📺 🍴 ⇐ 🅿 – 🏛 60. 🅰🅴 ⓞ ⓜⓢ 🆅🅸🆂🅰
geschl. 27. Dez. - 5. Jan. – **Menu** (geschl. Aug. 2 Wochen, Sonntagabend - Montag) à la carte 14/33 – **27 Zim** ⌷ 42/52 – 68/80.
 • Mitten im Ort liegt dieser solide Familienbetrieb, der mit praktisch eingerichteten Zimmern Ihrer Beherbergung dient. Malereien zieren die Fassade Ihres Domizils. Rustikal zeigt sich das Innere des traditionsreichen Restaurants.

Salzburger Stub'n, Hardstr. 29 (Worblingen), ⌧ 78239, ℘ (07731) 2 73 49, birgit.sobota@t-online.de, Fax (07731) 911165, 🌞 – 🅿 ⓜⓢ
geschl. Donnerstag – **Menu** 25 à la carte 33/42,50.
 • Die Heimatstadt der Hausherrin gab dem Restaurant seinen Namen. Eine helle Holztäfelung und ein nettes Dekor machen das Lokal zu einem gemütlichen Plätzchen.

Alte Mühle mit Zim, Singener Str. 3 (Rielasingen), ⌧ 78239, ℘ (07731) 91 13 71, Fax (07731) 911472, 🌞 – ✲ Zim, 📺 🍴 ⓜⓢ 🆅🅸🆂🅰 ✪ Zim
Menu (geschl. Mittwoch) à la carte 23/36 – **6 Zim** ⌷ 45/55 – 70/85 – ½ P 22.
 • Die ehemalige Mühle aus dem 18. Jh. dient heute Ihrer Bewirtung. Dunkle, denkmalgeschützte Holzbalken durchziehen das rustikale, über zwei Etagen angelegte Restaurant.

SINSHEIM Baden-Württemberg **417 419** S 10 – 28 000 Ew – Höhe 159 m.
Sehenswert : Auto- und Technikmuseum★.
🇫 Sinsheim-Weiler, Buchenauer Hof (Süd-West : 15 km), ℘ (07265) 72 58.
Berlin 618 – Stuttgart 87 – Mannheim 50 – Heilbronn 35 – Würzburg 135.

Bär garni, Hauptstr. 131, ⌧ 74889, ℘ (07261) 15 80, willkommen@hotel-baer.de, Fax (07261) 158100, ☎ – 📶 📺 ⇐ – 🏛 15. 🅰🅴 ⓞ ⓜⓢ 🆅🅸🆂🅰 🅹🅲🅱
50 Zim ⌷ 59/104 – 85/124.
 • Das neuzeitliche Hotel - teils mit Fachwerkfassade - beherbergt Geschäftsleute, privat Reisende und Messebesucher in gepflegten, funktionell ausgestatteten Zimmern.

In Sinsheim-Dühren Süd-West : 3 km :

Ratsstube, Karlsruher Str. 55, ⌧ 74889, ℘ (07261) 93 70, ratsstube@t-online.de, Fax (07261) 937250, 🌞 – 📶 📺 🍴 🅿 🅰🅴 ⓜⓢ 🆅🅸🆂🅰 ✪
Menu à la carte 20/37 – **31 Zim** ⌷ 73 – 99.
 • Ein neuer, ruhig nach hinten gelegener Hotelanbau ergänzt den ursprünglichen, in Naturstein erbauten Gasthof mit weiteren hell und neuzeitlich ausgestatteten Zimmern. In verschiedenen Räumen bittet man seine Gäste zu Tisch.

SINZIG Rheinland-Pfalz 417 O 5 – 16 000 Ew – Höhe 65 m.
> 🛈 Verkehrsamt, Bad Bodendorf, Pavillon am Kurgarten, ⊠ 53489, ℘ (02642) 98 05 0
> Fax (02642) 980501.
> Berlin 613 – Mainz 135 – Bonn 22 – Koblenz 37.

✗✗ **Vieux Sinzig**, Kölner Str. 6, ⊠ 53489, ℘ (02642) 4 27 57, info@vieux-sinzig.cor
Fax (02642) 43051 – AE ⓪ ⓿ VISA
geschl. Feb. 2 Wochen, Juli 3 Wochen, Okt. 1 Woche, Montag - Dienstagmittag – **Mer**
(französische Küche) à la carte 33/52.
• Hell und neuzeitlich zeigt sich das Restaurant - die Fensterfront zum Garten h
läßt sich bei schönem Wetter öffnen. Frische Kräuter bereichern die französisch
Saisonküche.

In Sinzig-Bad Bodendorf Nord-West : 3 km – Thermalheilbad :

🏠 **Spitznagel** ⁂ (mit Gästehaus), Hauptstr. 158, ⊠ 53489, ℘ (02642) 4 00 0(
euroring.hotel.spitznagel@t-online.de, Fax (02642) 400040, 🌳, Massage, ⚤, ♨, ≋s, ⚘
– 📶, ⥅ Rest, 📺 🅿 – 🔒 25. AE ⓪ ⓿ VISA. ❀ Rest
Menu (nur Abendessen) à la carte 16/27 – **35 Zim** ⬚ 58/69 – 87/92 – ½ P 14.
• In ruhiger Ortsrandlage stehen das Kurhotel und das dazugehörige Gästehaus mit pra
tischen Zimmern zum Einzug bereit. An das Haus schließt sich ein Garten mit Terrasse a
Das unterteilte Restaurant zeigt sich in gediegen-rustikaler Aufmachung.

Die im Michelin-Führer
verwendeten Zeichen und Symbole haben-
dünn oder fett gedruckt, rot oder schwarz -
jeweils eine andere Bedeutung.
Lesen Sie daher die Erklärungen aufmerksam durch.

SIPPLINGEN Baden-Württemberg 419 W 11 – 2 100 Ew – Höhe 401 m – Erholungsort.
> 🛈 Verkehrsamt, Haus des Gastes (ehem. Bahnhof), an der B 31, ⊠ 78354, ℘ (0755
> 80 96 29, Fax (07551) 3570.
> Berlin 748 – Stuttgart 168 – Konstanz 36 – Freiburg im Breisgau 123 – Ravensburg 5
> – Ulm (Donau) 142.

🏠 **Seeblick**, Prielstr. 4, ⊠ 78354, ℘ (07551) 6 12 27, Fax (07551) 67157, ≤, ≋s, 🞐
⥅ Zim, 📺 🅿 AE ⓿ VISA. ❀ Rest
geschl. 15. Dez. - 5. März – **Menu** (geschl. Donnerstag) (nur Abendessen) (Restaurant nu
für Hausgäste) – **12 Zim** ⬚ 72/80 – 109/120 – ½ P 19.
• Das Hotel liegt in Südhanglage oberhalb des Sees. Neben wohnlichen, gepflegten Gäs
tezimmern zählt auch die überschaubare Größe zu den Vorzügen des Hauses.

🏠 **Sternen** ⁂, Burkhard-von-Hohenfels-Str. 20, ⊠ 78354, ℘ (07551) 6 36 0(
Fax (07551) 3169, ≤ Bodensee und Alpen, 🌳, 🐴 – 📶 📺 ⇔ 🅿
geschl. Mitte Jan. - Anfang März – **Menu** (geschl. Dienstag) à la carte 14,50/29 – **17 Zir**
⬚ 39 – 67/93 – ½ P 12.
• In ruhiger Lage am Rande des kleinen Ortes finden Reisende ein sympathisches, ländlic
gestaltetes Quartier in Wald- und Seenähe. Fast alle Zimmer verfügen über einen Balko
Rustikal zeigt sich der Gasthof im Inneren - ein nettes Dekor schafft Atmosphäre.

SITTENSEN Niedersachsen 415 G 12 – 5 300 Ew – Höhe 20 m.
> 🏌 Sittensen, Alpershausener Weg 60, ℘ (04282) 32 66.
> Berlin 334 – Hannover 130 – Hamburg 58 – Bremen 63.

🏠 **Zur Mühle**, Bahnhofstr. 25, ⊠ 27419, ℘ (04282) 9 31 40, muehle-sittensen@t-o
line.de, Fax (04282) 931422, ≋s – 📺 ⚒ 🅿 AE ⓪ ⓿ VISA
Menu (nur Abendessen) (Restaurant nur für Hausgäste) – **11 Zim** ⬚ 50/60 – 70/75.
• Sind Sie auf der Suche nach einer sauberen und soliden Unterkunft für unterwegs? Hinte
der hübschen Klinkerfassade dieses Hauses werden Sie fündig.

In Groß Meckelsen West : 5 km :

🏠🏠 **Schröder** (mit Gästehaus), Am Kuhbach 1, ⊠ 27419, ℘ (04282) 5 08 80, info@
hotel-schroeder.de, Fax (04282) 3535, 🌳, ≋s, 🐴 – ⥅ Zim, 📺 ⚒ ⇔ 🅿 – 🔒 80. A
ⓞ ⓿ VISA. ❀ Rest
Menu à la carte 16/32 – **41 Zim** ⬚ 43/50 – 60/80.
• Haupthaus und Gästehaus bilden aus mit gepflegten, einheitlich gestalteten Zimmern ein
zeitgemäßes Domizil. Von hier aus ergeben sich attraktive Ausflugsmöglichkeiten. Mi
gediegenem Ambiente empfängt das Restaurant seine Gäste.

SITTENSEN

In Groß Meckelsen-Kuhmühlen Nord-West : 5 km :

XX **Zur Kloster-Mühle,** Kuhmühler Weg 7, ⊠ 27419, ℘ (04282) 7 84, Fax (04282) 4725, 🏠 – 🅿 – 🏂 20
geschl. Montag – **Menu** (wochentags nur Abendessen) 28/35 à la carte 29,50/38,50.
♦ Die alten Mauern der einstigen Mühle und ein mediterranes Interieur bilden eine gelungene Kombination. Auf dem Teller zeugen Sorgfalt und Geschmack vom Können der Köche.

In Stemmen Süd-Ost : 12 km :

🏨 **Stemmer Landkrug,** Große Str. 12, ⊠ 27389, ℘ (04267) 9 30 40, web@stemmer
-landkrug.de, Fax (04267) 930466, 🏠, ⇔ – 📺, 🖂 Zim, 📺 ☎ 🅿 – 🏂 60. ⓘ ⓜ
🆅🅸🆂🅰
Menu (geschl. Montag) (Dienstag - Freitag nur Abendessen) à la carte 14,50/27 – **32 Zim**
⊇ 43/68 – 68/98.
♦ Äußerlich ist das Hotel ganz dem ländlichen Charakter des Dorfes angepaßt. Vom großzügigen, neuzeitlichen Empfangsbereich aus gelangen Sie in wohnliche Zimmer. Eine rustikale Gaststube ergänzt das gepflegte Restaurant.

SLATE Mecklenburg-Vorpommern siehe Parchim.

SOBERNHEIM, BAD Rheinland-Pfalz 𝟜𝟙𝟟 Q 6 – 7 000 Ew – Höhe 150 m – Heilbad.
🅱 Kur- und Touristinformation, Bahnhofstr. 4, ⊠ 55566, ℘ (06751) 8 12 41, Fax (06751) 81240.
Berlin 631 – Mainz 64 – Bad Kreuznach 19 – Idar-Oberstein 31.

🏨 **Hotel Maasberg Therme** 🍃, am Maasberg (Nord : 2 km), ⊠ 55566, ℘ (06751) 87 60, info@maasberg-therme.de, Fax (06751) 876201, 🏠, Massage, ♨, 🆕, 🏊, ⇔, 🏊, 🎾, ⚽ – 📺 ⇌ 📺 ☎ 🅿 – 🏂 50. 🅰🅴. ⚙ Rest
geschl. 2. - 25. Jan., 14. - 21. Dez. – **Menu** à la carte 23/36 – **86 Zim** ⊇ 69/90 – 117/150, 4 Suiten – ½ P 13.
♦ Eine einladende Hotelhalle im Atriumstil empfängt Sie in Ihrer vorübergehenden Residenz. Wohnliche Eleganz bestimmt das Interieur dieser großzügigen Hotelanlage. Mediterran angehaucht präsentiert sich das Restaurant.

🏨 **Romantik Hotel BollAnt's im Park** 🍃 (mit Gästehaus), Zum Freilichtmuseum, ⊠ 55566, ℘ (06751) 9 33 90, info@bollants.de, Fax (06751) 2696, 🏠, 🌳 – ⇌ Zim, 📺 🅿. ⓜ 🆅🅸🆂🅰. ⚙ Rest
geschl. Jan. – **Im Hermannshof** 🍷 (geschl. Dienstag - Mittwoch) **Menu** à la carte 35/47 – **34 Zim** ⊇ 60/100 – 130/170.
♦ Die schöne Jugendstil-Villa, der historische Hermannshof und die Gebäude des Kurhauses bilden mit dem kleinen Park ein charmantes Ensemble - individuelle, wohnliche Gemächer. Gemütlich-elegantes Restaurant mit Sandsteingewölbe und Innenhofterrasse.

In Meddersheim Süd-West : 3 km :

X **Landgasthof zur Traube,** Sobernheimer Str. 2, ⊠ 55566, ℘ (06751) 95 03 82, Fax (06751) 950220
geschl. 27. Dez. - Mitte Jan., Juli 3 Wochen, Dienstagabend - Mittwoch – **Menu** à la carte 21/36.
♦ Gemütlich-rustikal zeigt sich das Innere der ehemaligen Bäckerei. An einem der schweren Holztische serviert man Ihnen sorgfältig zubereitete Speisen mit viel Geschmack.

X **Lohmühle,** Süd-West : 3 km, an der Straße nach Meisenheim, ⊠ 55606 Kirn, ℘ (06751) 45 74, Fax (06751) 6567, 🏠 – 🅿
geschl. 27. Dez. - 4. Feb., Montag - Dienstag – **Menu** (Mittwoch - Freitag nur Abendessen) à la carte 20/30.
♦ Die ehemalige Mühle aus dem 15. Jh. liegt außerhalb des Ortes am Waldrand. Steinwände und Holz verleihen dem auf zwei Etagen angelegten Restaurant ein rustikales Ambiente.

SODEN AM TAUNUS, BAD Hessen 𝟜𝟙𝟟 P 9 – 21 000 Ew – Höhe 200 m – Heilbad.
🅱 Kur- und Verkehrsbüro im Thermalbad, Kronberger Str. 5, ⊠ 65812, ℘ (06196) 6 70 70 70, info@bad-soden.de, Fax (06196) 6707080.
Berlin 545 – Wiesbaden 31 – Frankfurt am Main 17 – Limburg an der Lahn 45.

🏨 **Ramada-Treff,** Königsteiner Str. 88, ⊠ 65812, ℘ (06196) 20 00, badsoden@ramada-treff.de, Fax (06196) 200153, 🏠, ⇔ – 📺, ⇌ Zim, 📺 ☎ ♿ 🅿 – 🏂 500. 🅰🅴 ⓘ ⓜ 🆅🅸🆂🅰 🅹🅲🅱
Menu à la carte 25/35 – **130 Zim** ⊇ 130/178 – 160/213 – ½ P 16.
♦ In zentrumsnaher Lage finden Reisende eine funktionelle Unterkunft mit großzügigem Rahmen. Vor allem für Tagungen bietet man hier eine geeignete Ausstattung.

1355

SODEN AM TAUNUS, BAD

Rheinischer Hof, Am Bahnhof 3, ⌂ 65812, ℘ (06196) 56 20, info@rheinische-hof.com, Fax (06196) 562222 – ⋈, ≋ Zim, 📺 ⇔ – 🅰 25. AE ⓄⒸ VISA JCB. ✻
Menu *(geschl. Montag)* à la carte 16/33 – **60 Zim** ⌂ 90/133 – 123/184.
♦ Das historische, unter Denkmalschutz stehende Haus mit Jugendstil-Fassade stellt ein zeitgemäßes zweites Zuhause dar. Auch die verkehrsgünstige Lage werden Sie schätzen. Mit seinem klassischen Rahmen paßt das Restaurant zum Charakter des Hauses.

Salina Hotel ⋙, Bismarckstr. 20, ⌂ 65812, ℘ (06196) 56 40, info@salina.d- Fax (06196) 564555, ≋, 🍴 – ⋈, ≋ Zim, 📺 🅿 – 🅰 30. AE ⓄⒸ VISA JCB
Menu *(geschl. Freitag - Sonntag)* *(Restaurant nur für Hausgäste)* – **50 Zim** ⌂ 85/140 115/180 – ½ P 15.
♦ Ruhig gelegen und dennoch in Großstadtnähe - das sind die Vorzüge dieser Adresse. Das gut unterhaltene Haus bietet seinen Gästen gepflegte, zeitgemäß eingerichtete Zimmer.

Concorde, Am Bahnhof 1, ⌂ 65812, ℘ (06196) 20 90, info@hotel-concorde.de Fax (06196) 27075 – ⋈, 🍽 Zim, 📺 ⇔ 🅿 – 🅰 25. AE ⓄⒸ VISA
geschl. 23. Dez. - 2. Jan. – **Menu** *(geschl. 1. Juli - 20. Aug., Freitag - Sonntag, ausser Messen (nur Abendessen)* à la carte 23/34 – **114 Zim** ⌂ 86/145 – 117/188.
♦ Im Herzen der kleinen Stadt finden Tagungsgäste wie auch privat Reisende eine funktionelle Behausung auf Zeit. Auch Park und Wald liegen in naher Umgebung. Dunkles Holz prägt das rustikale Ambiente im Restaurant.

Waldhotel ⋙ garni, Seb.-Kneipp-Str. 1, ⌂ 65812, ℘ (06196) 50 28 00, hotel@wa- hotel-bad-soden.de, Fax (06196) 5028011, ≋, 🍴 – ⋈. AE Ⓞ ⓄⒸ VISA JCB
geschl. 22. Dez. - Anfang Jan. – **35 Zim** ⌂ 68/80 – 100.
♦ Sind Sie auf der Suche nach einer gepflegten Übernachtungsadresse für unterwegs? Hier am Kurpark, kommen Sie in praktischen Gästezimmern zur Ruhe.

SODEN-SALMÜNSTER, BAD — Hessen ⓐⓘⓩ P 12 – 14 000 Ew – Höhe 150 m – Heilbad.

🇫 Bad Soden-Salmünster, Golfplatz Alsberg a.d.H. (Ost : 5 km), ℘ (06056) 9 15 80.
🅱 Tourist-Information, Frowin-von-Hutten-Str. 5, ⌂ 63628, ℘ (06056) 74 41 41 info@badsoden-salmuenster.de, Fax (06056) 744117.
Berlin 494 – Wiesbaden 105 – *Fulda* 45 – Frankfurt am Main 61.

Im Ortsteil Bad Soden :

Kress, Sprudelallee 26, ⌂ 63628, ℘ (06056) 7 30 60, infowunsch@hotel-kress.de Fax (06056) 730666, 🍽 – ⋈, ≋ Zim, 📺 🅿 – 🅰 120. AE ⓄⒸ VISA
Menu *(geschl. Sonntag)* *(nur Abendessen)* à la carte 18,50/31,50 – **42 Zim** ⌂ 48/70 70/91 – ½ P 15.
♦ Zeitgemäß ausgestattete Gästezimmer bieten Ihnen die Annehmlichkeiten, die Sie sich von einer funktionellen Herberge wünschen. Das Sole-Bad liegt ganz in Ihrer Nähe. Modern gestaltetes Restaurant und mediterranes Bistro.

Berghotel Berlin Ⓜ, Parkstr. 8, ⌂ 63628, ℘ (06056) 9 12 20, info@berghotel- berlin.de, Fax (06056) 912255, 🍽, 🍴 – ⋈, ≋ Zim, 📺 ⓥ ⓗ 🅿 – 🅰 15. AE Ⓞ ⓄⒸ VISA
Menu *(geschl. Sonntagabend)* à la carte 17/27 – **22 Zim** ⌂ 36/48 – 65/85.
♦ Warme Farben vermitteln in den Gästezimmer dieses sympathischen Hotels eine wohnliche Atmosphäre. Das komplette Haus wurde erst kürzlich einer Renovierung unterzogen. Gespeist wird im gepflegten Bistro-Ambiente.

Zum Heller garni, Gerhard-Radke-Str. 1, ⌂ 63628, ℘ (06056) 73 50, Fax (06056) 7351 – ≋ 📺 🅿. ⓄⒸ VISA
24 Zim ⌂ 30/40 – 46/50.
♦ Als Appartements angelegt, verfügen die meisten Zimmer Ihres vorübergehenden Domizils über einen kleinen Wohnbereich, eine Küche sowie einen Balkon.

SÖGEL — Niedersachsen ⓐⓘⓢ H 6 – 5 000 Ew – Höhe 50 m.

Berlin 486 – Hannover 220 – *Nordhorn* 68 – Cloppenburg 42 – Meppen 26.

Jansen's Clemenswerther Hof (mit Gästehaus), Clemens-August-Str. 33, ⌂ 49751 ℘ (05952) 12 30, clemenswertherhof@t-online.de, Fax (05952) 1268, 🍽 – ⋈ 📺 🅿 – 🅰 30. Ⓞ ⓄⒸ VISA
Menu *(geschl. Montag)* à la carte 13/23 – **36 Zim** ⌂ 34/41 – 57/62.
♦ Ob Sie das Stammhaus oder das gegenüberliegende Gästehaus beziehen - in diesem familiengeführten Domizil werden Sie stets eine solide, saubere Unterkunft vorfinden. Zwei Gaststuben stehen für die Bewirtung Einkehrender bereit.

SÖMMERDA – Thüringen 418 M 17 – 25 000 Ew – Höhe 150 m.

☐ Stadtinformation, Marktstr. 1, ✉ 99610, ℰ (03634) 35 02 41, Fax (03634) 350351.
Berlin 264 – Erfurt 36 – Nordhausen 58 – Weimar 37.

Erfurter Tor M, Kölledaer Str. 33, ✉ 99610, ℰ (03634) 33 20, Fax (03634) 332299, 🍴, ⇌ – 🛏, ↔ Zim, 📺 📞 ♿ ⇔ 🅿 – 🔔 50. 🅰🅴 ① 🅼🅲 🆅🅸🆂🅰. ❀ Rest
Menu (nur Abendessen) à la carte 17/28 – **41 Zim** ⇌ 60/63 – 65/75.
• Durch einen modern gestalteten Eingangsbereich betreten Sie Ihr vorübergehendes Zuhause. Zeitgemäß ausgestattete Zimmer sorgen für die Zufriedenheit der Gäste. Zur Halle hin offenes Restaurant.

SÖRGENLOCH – Rheinland-Pfalz – 1 000 Ew – Höhe 131 m.

Berlin 581 – Mainz 14 – Frankfurt am Main 53 – Bad Kreuznach 36 – Darmstadt 45.

Schloss Sörgenloch M ⚘, Schlossgasse 7, ✉ 55270, ℰ (06136) 9 52 70, restaurant@schlosssoergenloch.de, Fax (06136) 9527130, 🍴 – ↔ Zim, 📺 📞 ♿ 🅿 – 🔔 50. 🅼🅲 🆅🅸🆂🅰
Menu à la carte 22/40 – **24 Zim** ⇌ 65 – 90.
• Mit einem neuzeitlichen Hotel hat man den hübschen historischen Gutshof aus dem 17. Jh. sinnvoll ergänzt. Schlichte, moderne Zimmer und die ruhige Lage sprechen für das Haus. Gemütliche Stuben mit freigelegtem Fachwerk laden zum Verweilen ein.

Schreiben Sie uns...
Ihre Meinung, sei es Lob oder Kritik, ist stets willkommen.
Jeder Ihrer Hinweise wird durch unsere Inspektoren sorgfältigst
in den betroffenen Hotels und Restaurants überprüft. Dank
Ihrer Mithilfe wird Der Roten Michelin-Führer
immer aktueller und vollständiger.
Vielen Dank im voraus !

SOEST – Nordrhein-Westfalen 417 L 8 – 50 000 Ew – Höhe 98 m.

Sehenswert: St. Patroklidom★ (Westwerk★★ und Westturm★★) Z – Wiesenkirche★ (Aldegrevers-Altar★) **Y** – Nikolaikapelle (Nikolai-Altar★) **Z D**.
☐ Tourist Information, Am Seel 5, ✉ 59494, ℰ (02921) 10 33 23, Fax (02921) 33039.
ADAC, Arnsberger Str. 7.
Berlin 457 ② – Düsseldorf 118 ③ – Arnsberg 21 ③ – Dortmund 52 ④ – Kassel 121 ①
– Paderborn 49 ②

Stadtplan siehe nächste Seite

Hanse, Siegmund-Schultze-Weg 100, ✉ 59494, ℰ (02921) 7 09 00, info@hansehotel-soest.de, Fax (02921) 709075, 🍴 – ↔ Zim, 📺 ⇔ 🅿 – 🔔 40. 🅰🅴 ①
🅼🅲 🆅🅸🆂🅰   über ③ und Arnsberger Straße
Menu à la carte 21/38 – **45 Zim** ⇌ 51/70 – 87/100.
• Sind Sie auf der Durchreise und suchen nach einem praktischen Quartier? Am Rande der Stadt finden Sie eine mit gepflegten Gästezimmern ausgestattete Herberge. Neuzeitlich-schlicht zeigen sich die Räumlichkeiten des Restaurants.

Im wilden Mann, Am Markt 11, ✉ 59494, ℰ (02921) 1 50 71, mail@im-wildenmann.de, Fax (02921) 17280, 🍴 – 📺 – 🔔 70. 🅰🅴 ① 🅼🅲 🆅🅸🆂🅰 🅹🅲🅱. ❀ Zim   **Y b**
Menu à la carte 17/34 – **12 Zim** ⇌ 54/56 – 78/91.
• Das hübsche Fachwerkhaus mit Spitzgiebeln liegt mitten im Zentrum der Stadt. 12 gemütliche Zimmer in rustikalem Stil stehen zum Einzug bereit. Viel dunkles Holz macht die Gaststuben zu einem behaglichen Ort.

Pilgrim-Haus mit Zim, Jakobistr. 75, ✉ 59494, ℰ (02921) 18 28, info@pilgrimhaus.de, Fax (02921) 12131, 🍴 – ↔ Rest, 📺 ⇔. 🅼🅲 🆅🅸🆂🅰   **Z e**
geschl. 24. Dez. - 1. Jan. – **Menu** (geschl. Dienstag) (Montag - Freitag nur Abendessen) à la carte 22/32 – **10 Zim** ⇌ 69 – 85/95.
• Seit 1304 existiert dieses gastliche Haus - der älteste Gasthof Westfalens. Hinter hübschen Sprossenfenstern laden gemütlich-rustikale Stuben zur Einkehr ein.

Am Kattenturm, Dasselwall 1 (Stadthalle), ✉ 59494, ℰ (02921) 1 39 62, Fax (02921) 769371, 🍴, Biergarten – ♿ 🅿 – 🔔 35. 🅰🅴 ① 🅼🅲 🆅🅸🆂🅰   **Z**
geschl. Juli - Aug. Montag, Samstagmittag – **Menu** à la carte 20/32.
• Das Restaurant liegt direkt an der Stadtmauer, integriert in die moderne Stadthalle von Soest. In gepflegten, neuzeitlich gestalteten Räumlichkeiten bittet man Sie zu Tisch.

SOEST

Am Großen Teich	Y 2
Am Kützelbach	Y 3
Am Loerbach	Y 4
Am Soestbach	Y 5
Am Vreithof	YZ 6
Bischofstraße	Z 7
Brüderstraße	Y
Brüdertor	Y 8
Damm	YZ 10
Dominikanerstraße	Y 12
Düsterpoth	Y 13
Grandweg	Z
Grandwegertor	Z 14
Hospitalgasse	Z 15
Katzengasse	Y 18
Kolkstraße	Z 20
Kungelmarkt	Z 21
Lentzestraße	Y 22
Magazingasse	Z 23
Markt	Y
Marktstraße	Z 24
Nöttentor	Y 2
Oestinghauser Straße	Y 2
Ostenhellweg	Z 2
Petrikirchhof	Z 2
Petristraße	Z 2
Propst-Nübel-Str.	Z 3
Puppenstraße	Z 3
Rathausstraße	YZ 3
Ritterstraße	Y 3
Sandwelle	Y 3
Teichmühlengasse	Z 3
Thomätor	Z 3
Waisenhausstraße	Y 3
Walburgerstraße	Y 3
Walburgertor	Y 4
Westenhellweg	Y 4
Widumgasse	Y 4
Wiesenstraße	Y 4
Wildemannsgasse	YZ 4

*Bei verspäteter Anreise, nach 18 Uhr, ist es sicherer,
Ihre Zimmerreservierung zu bestätigen.*

SOLINGEN Nordrhein-Westfalen ⁴⁰⁷ M 5 – 163 000 Ew – Höhe 225 m.
   Ausflugsziel: Solingen-Gräfrath : Deutsches Klingenmuseum★ 4 km über ①.
   ADAC, Goerdelerstr. 45.
   Berlin 543 ③ – *Düsseldorf* 34 ⑤ – Essen 35 ① – Köln 36 ④ – Wuppertal 16 ②.
                            Stadtplan siehe gegenüberliegende Seite

🏨 **City Club Hotel** garni, Kronprinzenstraße, ✉ 42655, ✆ (0212) 2 20 60, info@city-club-hotel.de, Fax (0212) 2206100 – 📶 ⚙ 📺 ✆ ♿ 🅿 – 🔔 25. 🅰🅴 ① 🆎 VISA Y a
   geschl. 23. Dez. - 2. Jan. – **100 Zim** 🍴 70/75 – 85.
   ♦ Das neuzeitliche Stadthotel überzeugt geschäftlich wie auch privat Reisende mit einem großzügigen Rahmen, gut ausgestatteten Zimmern und einer günstigen Verkehrslage.

SOLINGEN

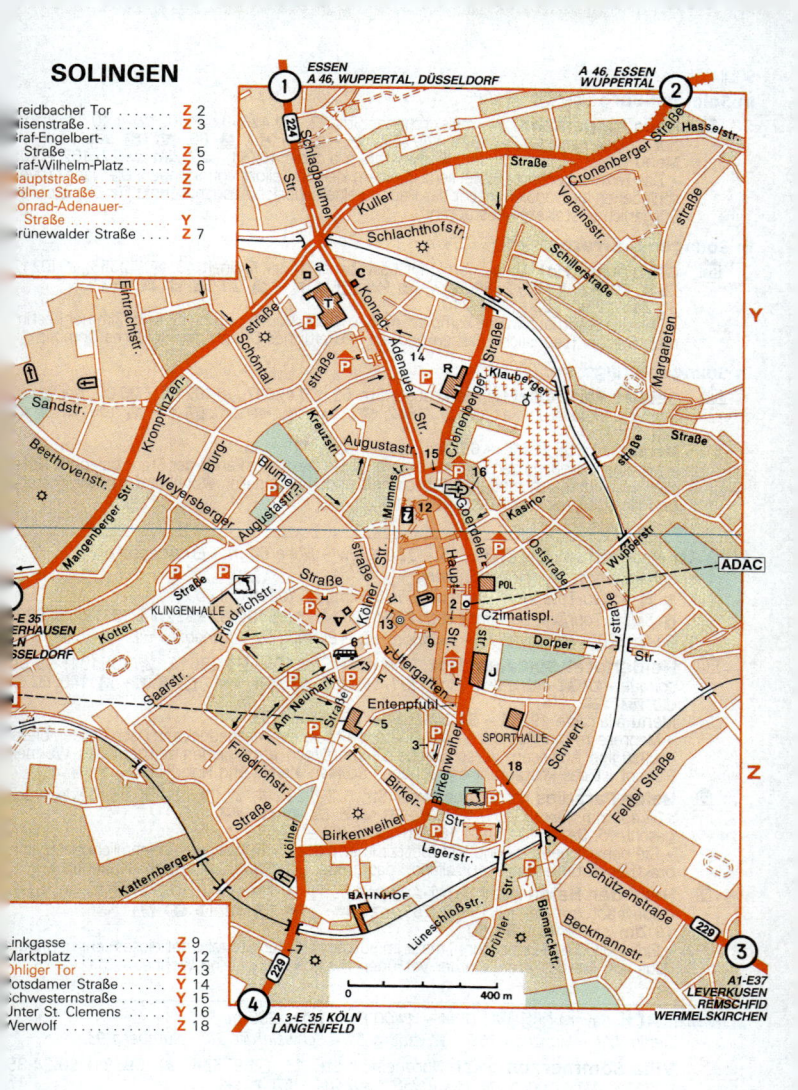

reidbacher Tor . . . . Z 2
lisenstraße . . . . Z 3
raf-Engelbert-
 Straße . . . . Z 5
raf-Wilhelm-Platz . . . . . . Z 6
lauptstraße . . . . Z
ölner Straße . . . . Z
onrad-Adenauer-
 Straße . . . . Y
rünewalder Straße . . . . . Z 7

inkgasse . . . . Z 9
larktplatz . . . . Y 12
hliger Tor . . . . Y 13
otsdamer Straße . . . . . . Y 14
chwesternstraße . . . . . . Y 15
nter St. Clemens . . . . . . Y 16
verwolf . . . . Z 18

🏠 **Turmhotel**, Kölner Str. 99, ✉ 42651, ✆ (0212) 22 30 70, *turmhotel@t-online.de*, Fax (0212) 2230777, ≤ – 🛏 📺 🚗 – 🛎 35. AE ⓪ MC VISA   Z v
geschl. 24. - 31. Dez. – **Menu** *(nur Abendessen)* (Restaurant nur für Hausgäste) – **40 Zim** ⊊ 72/77 – 82/88.
   ♦ Das zentral gelegene Etagenhotel erstreckt sich über die oberen Stockwerke eines nüchternen Hochhauses. Im Inneren erwarten den Gast sinnvoll eingerichtete Zimmer.

🍴 **Globusmann**, Konrad-Adenauer-Str. 72, ✉ 42651, ✆ (0212) 28 01 74, *info@globusmann.de*, Fax (0212) 2801767, 🌳 – 🅿. AE ⓪ MC VISA   Y c
geschl. Samstagmittag – **Menu** à la carte 24/39.
   ♦ Im Keller der historischen Christiansvillen hat man ein hübsches Restaurant eingerichtet - Gewölbenischen aus unverputztem Backstein bieten eine besondere Atmosphäre.

SOLINGEN

In Solingen-Burg über ③ : 8 km :

Haus Niggemann, Wermelskirchener Str. 22, ✉ 42659, ℘ (0212) 4 10 21, info@hotel-niggemann.de, Fax (0212) 49175, 🍽 – 🛗 📺 🅿 – 🚗 60. ⦿ 💳 JCB
Menu (geschl. Mitte - Ende Juli, Dienstag) à la carte 16/31 – **27 Zim** 🍴 77/102 – 10
◆ Das familiengeführte Hotel liegt in einem kleinen Teilort von Solingen. Die Nähe zu verschiedenen Metropolen macht das Haus zu einem idealen Ausgangspunkt für Stadttourer. Bürgerlich gestaltetes Restaurant.

In Solingen-Gräfrath über ① : 6,5 km :

Gräfrather Hof 🅜 🎀 garni (mit Gästehaus), In der Freiheit 48, ✉ 42653, ℘ (0212) 25 80 00, Fax (0212) 25800800 – 🛗 ⤢ 📺 📞 🅿 – 🚗 20. ⦿ ⓞ ⦿ 💳
60 Zim 🍴 90/155 – 110/210.
◆ Das alte Stadthaus wurde komplett modernisiert : vom Empfang bis in Ihr Zimmer bestimmen frische, freundliche Farben und ein neuzeitliches Design den Stil Ihres Domizils.

In Solingen-Ohligs über ⑤ : 7 km :

Seidler Parkhotel 🅜, Hackhauser Str. 62, ✉ 42697, ℘ (0212) 7 06 00, postbox@seidler-parkhotel.de, Fax (0212) 74662, 🍽, ≘s – 🛗, ⤢ Zim, 📺 🅿 – 🚗 100. ⦿ ⓞ ⦿ 💳, 🍴 Rest
Menu à la carte 26/36 – **65 Zim** 🍴 85/105 – 115/135.
◆ Mit einem großzügigen Rahmen empfängt Sie dieses am Rande der Stadt gelegene Hotel. Hier verbinden sich moderne Schlichtheit und funktioneller Wohnkomfort. Komfortabel und klassisch zeigt sich das Restaurant.

SOLTAU Niedersachsen 415 416 H 13 – 22 000 Ew – Höhe 64 m – Erholungsort.

Sehenswert : Heide-Park Soltau★.
🏌 18 🏌 5 Soltau-Tetendorf, Hof Loh (Süd : 3 km), ℘ (05191) 1 40 77.
🛈 Soltau Touristik, Bornemannstr. 7, ✉ 29614, ℘ (05191) 82 82 82, Fax (05191) 82829
Berlin 320 – Hannover 79 – Hamburg 80 – Bremen 92 – Lüneburg 51.

Heidehotel Soltauer Hof, Winsener Str. 109, ✉ 29614, ℘ (05191) 96 60, soltauer-hof@t-online.de, Fax (05191) 966466, 🍽, ≘s, 🍴 – 📺 🛁 🅿 – 🚗 140. ⦿ ⓞ ⦿ 💳 JCB
Menu à la carte 19/34 – **54 Zim** 🍴 68/85 – 105/135.
◆ Mehrere im Landhausstil erbaute Gebäude - teils mit reetgedecktem Dach - bilden diese großzügige Anwesen. Verschiedene Zimmertypen ermöglichen zeitgemäßes Wohnen. Elegant ist das Restaurant mit schönen Stühlen, Kamin und Holzdecke.

Heide-Paradies garni, Lüneburger Str. 6, ✉ 29614, ℘ (05191) 30 86, heideparadies1@aol.com, Fax (05191) 18332 – 📺 📞 🅿 ⦿ ⓞ ⦿ 💳
geschl. 15. Dez. - 10. Jan. – **16 Zim** 🍴 47/62 – 57/77.
◆ Die behaglichen Ein- und Mehrbettzimmer bieten dem Gast die Annehmlichkeiten einer praktischen Unterkunft. Auffallend : das große, von Säulen gestützte Gaubendach.

Herz der Heide garni, Ernst-August-Str. 7, ✉ 29614, ℘ (05191) 9 67 50, herzheide@aol.com, Fax (05191) 17765, ≘s, 🍴 – ⤢ 📺 ⦿ ⓞ ⦿ 💳
16 Zim 🍴 39/46 – 64/80.
◆ Eine individuelle Einrichtung, meist im gutbürgerlichen Stil zeichnet dieses sehr gepflegte Haus aus. Die größeren Zimmer verfügen zusätzlich über eine Wohnecke.

SOMMERACH Bayern 419 420 Q 14 – 1 400 Ew – Höhe 200 m.

Berlin 471 – München 263 – Würzburg 31 – Schweinfurt 30 – Nürnberg 93.

Villa Sommerach garni, Nordheimer Str. 13, ✉ 97334, ℘ (09381) 80 24 85, denecke-villa@t-online.de, Fax (09381) 802484 – 📺 🅿 🍴
geschl. Aug. 2 Wochen – **6 Zim** 🍴 67/87 – 87/108.
◆ Innen wie außen liebevoll restauriert, stellt der Winzerhof aus dem 16. Jh. ein charmantes Refugium dar. Hinter der hübschen Fassade verbergen sich individuelle Gemächer.

Zum weißen Lamm, Hauptstr. 2, ✉ 97334, ℘ (09381) 93 77, Fax (09381) 4933, 🍽 – 📺
geschl. Jan. 3 Wochen, Juli 2 Wochen – **Menu** (geschl. Dienstag) à la carte 15/27 – **14 Zim** 🍴 31/36 – 62/92.
◆ Der traditionsreiche Landgasthof steht mitten im Dorf - am Marktplatz. Die gepflegten Fremdenzimmer sind teils mit rustikalem Bauernmobiliar bestückt. Dielenboden und blanke Holztische prägen den Charakter der Gaststube.

Bocksbeutelherberge garni, Weinstr. 22, ✉ 97334, ℘ (09381) 8 48 50, bocksbeutelherberge@t-online.de, Fax (09381) 848522 – 📺 🅿 🍴
8 Zim 🍴 35/42 – 53.
◆ Die Gästezimmer dieses kleinen Familienunternehmens sind ordentlich und individuell eingerichtet - teils wohnlich und funktionell, teils schlicht und rustikal.

SOMMERFELD Brandenburg 416 H 23 – 1 050 Ew – Höhe 43 m.
Berlin 48 – Potsdam 56 – Neuruppin 28.

🏨 **Am See** M ⚐, Beetzer Str. 1a, ✉ 16766, ✆ (033055) 9 70, info@hotel-sommer feld.de, Fax (033055) 97445, 😀, Massage, ⛱, 🔲, 🌿 – 🛗, ✲ Zim, 📺 ✆ ♿ 🅿 – 🎓 80. AE ① OO VISA
Menu à la carte 18,50/32 – **97 Zim** ⛌ 92/102 – 128.
♦ Von der Fassade über die Rezeption bis in Ihr Zimmer ist das komfortable Domizil in neuzeitlichem Stil gehalten – funktionell das Innenleben, reizvoll die ruhige Lage am See. Ein neuzeitlich-elegantes Ambiente prägt das Restaurant.

SOMMERHAUSEN Bayern siehe Ochsenfurt.

SONDERSHAUSEN Thüringen 418 L 16 – 23 000 Ew – Höhe 200 m.
🛈 Sondershausen-Information, Alte Wache, Markt 9, ✉ 99706, ✆ (03632) 78 81 11, Fax (03632) 600382.
Berlin 262 – Erfurt 54 – Halle 91 – Nordhausen 18.

✕ **Schlossrestaurant,** Im Schloss 1, ✉ 99706, ✆ (03632) 78 22 09, schlossrestaurant @t-online.de, Fax (03632) 702600, 😀 – 🅿 AE ① OO VISA
geschl. Sonntagabend – **Menu** à la carte 22/33.
♦ Integriert in die historischen Mauern des Schlosses, bietet das stilvolle Restaurant seinen Besuchern einen besonderen Rahmen. Aufgetischt wird Internationales und Regionales.

*Die in diesem Führer angegebenen Preise folgen
der Entwicklung der allgemeinen Lebenshaltungskosten.
Lassen Sie sich bei der Zimmerreservierung den endgültigen
Preis vom Hotelier mitteilen.*

SONNEBERG Thüringen 418 420 O 17 – 23 800 Ew – Höhe 350 m.
🛈 Fremdenverkehrsbüro, Bahnhofspl. 3(im Bahnhof), ✉ 96515, ✆ (03675) 70 27 11, Fax (03675) 742002.
Berlin 354 – Erfurt 107 – Coburg 22.

🏨 **Parkhotel Sonne** M, Dammstr. 3, ✉ 96515, ✆ (03675) 82 30, parkhotel-sonne @t-online.de, Fax (03675) 823333, 😀 – 🛗, ✲ Zim, 📺 ✆ 🅿 – 🎓 50. AE OO VISA
Menu (geschl. Samstag – Sonntag) (nur Abendessen) à la carte 14/21 – **36 Zim** ⛌ 49/54 – 72/82.
♦ Hell und modern wie das Äußere des Hotels präsentiert sich auch der Empfangsbereich. Das funktionale Inventar der Zimmer schätzen nicht nur Geschäftsreisende. Mit neuzeitlichem Design ist das Restaurant dem Stil des Hauses angepaßt.

🏨 **Schöne Aussicht,** Schöne Aussicht 24, ✉ 96515, ✆ (03675) 80 40 40, info@hotel schoeneaussicht.de, Fax (03675) 804041, 😀, 🌿 – 📺 🅿 OO VISA
Menu (geschl. Sonntagabend) à la carte 11/22 – **12 Zim** ⛌ 46/49 – 72.
♦ Ein moderner Eingangsbereich empfängt Sie hinter der freundlichen, rosa gestrichenen Fassade dieser Herberge. Von hier aus gelangen Sie in neuzeitlich eingerichtete Zimmer. Eine große Fensterfront gibt dem Restaurant einen wintergartenähnlichen Charakter.

SONNENBÜHL Baden-Württemberg 419 U 11 – 7 000 Ew – Höhe 720 m – Wintersport : 720/880 m ⛷3 ⛸.
⛳ Sonnenbühl-Undingen, Im Zerg, ✆ (07128) 92 60 60.
🛈 Touristinformation, Hauptstr. 2, ✉ 72820, ✆ (07128) 9 25 18, Fax (07128) 92550.
Berlin 700 – Stuttgart 63 – Konstanz 120 – Reutlingen 26.

In Sonnenbühl-Erpfingen – Luftkurort :

✕✕ **Hirsch** (Windhösel) mit Zim, Im Dorf 12, ✉ 72820, ✆ (07128) 9 29 10, info@ restaurant-hotel-hirsch.de, Fax (07128) 3121, 😀, 🌿 – 🛗 📺 🅿 VISA. ✲ Rest
geschl. 13. – 28. Jan. – **Menu** (geschl. Montag – Dienstag) à la carte 33/55 – **Stube :** Menu à la carte 25/37 – **11 Zim** ⛌ 56/72 – 73/102.
♦ Nach einer Renovierung erstrahlt das Restaurant mit der feinen klassischen Küche nun in neuem Glanz. Hübsche Gästezimmer. Draußen : der schöne Garten. Die Stube ist die rustikal-regionale Variante des Hirschen.
Spez. Hausgemachte, gebratene Blutwurst mit Trüffel und Rahmsauerkraut. Zander in der Kartoffelkruste mit Linsen und Mostsößle. Kaninchenrücken mit Gänsestopfleberfüllung im Heu gegart.

1361

SONTHOFEN Bayern 419 420 X 14 – 22 000 Ew – Höhe 742 m – Luftkurort – Wintersport 750/1 050 m ⟨3 ⟨.
 Sonnenalp Ofterschwang (Süd-West : 4 km), ℘ (08321) 27 21 81.
ʀ Gästeamt, Rathausplatz 1, ⊠ 87527, ℘ (08321) 61 52 91, gaesteinfo@sonthofen.de Fax (08321) 615293.
Berlin 725 – München 152 – *Kempten (Allgäu)* 27 – Oberstdorf 13.

Allgäu Stern Hotel ⟨, (mit Residenz Ludwig), Buchfinkenweg 2, ⊠ 87527, ℘ (08321) 27 90, info@allgaeustern.de, Fax (08321) 279444, ≤ Allgäuer Berge, 佘, Massage, ⚓ 16, ⚘, 🞒, 🞒, 🞒 – 🞒, ⁜ Zim, 🞒 🞒 🞒 🞒 🞒 – 🏛 400. 🞒 🞒 🞒 🞒 🞒.
Menu à la carte 20/33 ♀ – **442 Zim** ⊂ 86/112 – 96/200, 8 Suiten.
◆ Teil dieser großzügigen Hotelanlage ist das "Suitenjuwel" Residenz Ludwig, das mit moderner Eleganz in warmen Tönen überzeugt. Wellnesspark und Alpen-Congress Centrum. Gastronomie hat hier viele Gesichter : von elegant bis typisch bayerisch.

Alte Post, Promenadestr. 5, ⊠ 87527, ℘ (08321) 25 08, Fax (08321) 68750 – 🞒 🞒 🞒
geschl. Mitte Jan. 1 Woche, Juni 3 Wochen, Donnerstag – **Menu** à la carte 19/29.
◆ Zwei Stuben bilden das Interieur : mal dienen Postutensilien als Dekor, mal zieren rote Bänke und gelbe Stühle im modern-legeres Brasserie-Ambiente.

In Blaichach-Seifriedsberg Nord-West : 5 km :

Kühbergalp ⟨, Kühberg 1, ⊠ 87544, ℘ (08321) 6 63 90, info@kuehbergalp.de Fax (08321) 663999, ≤ Allgäuer Berge, 佘, 🞒, 🞒 – 🞒 🞒 🞒 🞒 🞒. ⁜ Rest
geschl. Mitte Nov. - Anfang Dez. – **Menu** à la carte 15/27 – **30 Zim** ⊂ 68/76 – 116/158 – ½ P 18.
◆ Der im regionalen Stil erbaute Gasthof liegt ruhig oberhalb des Ortes - ergänzt durch einen neuzeitlichen Anbau. Hier beziehen Sie ein wohnliches, funktionelles Quartier. Eine ländliche Aufmachung in hellem Holz prägt den Charakter des Restaurants.

In Ofterschwang-Schweineberg Süd-West : 4 km :

Sonnenalp ⟨, ⊠ 87527, ℘ (08321) 27 20, info@sonnenalp.de, Fax (08321) 272242 ≤, 佘, Massage, ⚓ 16, ⚘, 🞒, 🞒 (geheizt), 🞒, 🞒, 🞒 (Halle), 🞒, 🞒 ⟨8, ⟨, Sportzentrum – 🞒, ⁜ Rest, 🞒 🞒 🞒 🞒 – 🏛 100. ⁜
Menu (Restaurant nur für Hausgäste) – **223 Zim** (nur ½ P) 200/210 – 320/450, 23 Suiten.
◆ Ein Sport- und Urlaubsresort der Superlative ! Unvergleichliche Exklusivität und außergewöhnliche Animation, alpiner Charme und die einzigartige Lage beeindrucken den Gast.

SONTRA Hessen 417 418 M 13 – 9 800 Ew – Höhe 242 m – Luftkurort.
Berlin 392 – Wiesbaden 201 – *Kassel* 56 – Bad Hersfeld 34 – Göttingen 62.

Link, Bahnhofstr. 17, ⊠ 36205, ℘ (05653) 6 83, Fax (05653) 8123, 佘 – 🞒, ⁜ Zim 🞒 🞒 🞒 🞒 – 🏛 80. 🞒 🞒
Menu à la carte 10/19 – **35 Zim** ⊂ 25/34 – 45/55 – ½ P 8.
◆ Schlichte, gepflegte Fremdenzimmer bieten Reisenden eine vorübergehende Unterkunft. Familiäre Gastlichkeit trägt zu einem netten Aufenthalt bei. Bürgerlich-rustikales Restaurant.

In Nentershausen-Weißenhasel Süd : 5 km :

Johanneshof, Kupferstr. 24, ⊠ 36214, ℘ (06627) 9 20 00, Fax (06627) 920099, 佘 🞒, 🞒 – 🞒 🞒 🞒 🞒 – 🏛 45. 🞒 🞒 🞒 🞒
Menu (geschl. Samstagmittag) à la carte 14/24 – **20 Zim** ⊂ 42/47 – 52/86 – ½ P 8.
◆ Seit über 300 Jahren befindet sich das sympathische Gasthaus in Familienbesitz. Umgeben von Wiesen und Feldern, ist der kleine Ort ein idealer Ausgangspunkt für Wanderungen. Ländliches Dekor macht das Restaurant gemütlich.

SOODEN - ALLENDORF, BAD Hessen 417 418 M 13 – 10 000 Ew – Höhe 160 m – Heilbad.
Sehenswert : *Allendorf : Fachwerkhäuser*★ *(Bürgersches Haus*★*, Kirchstr. 29, Eschstruthsches Haus*★★*, Kirchstr. 59).*
ʀ Touristinformation, Landgraf-Philipp-Pl. 1, ⊠ 37242, ℘ (05652) 9 58 70, Fax (05652) 958713.
Berlin 375 – Wiesbaden 231 – *Kassel* 52 – Bad Hersfeld 68 – Göttingen 36.

Im Ortsteil Ahrenberg Nord-West : 6 km über Ellershausen :

Berggasthof Ahrenberg ⟨, ⊠ 37242, ℘ (05652) 9 57 30, info@hotel-ahrensberg.de, Fax (05652) 1854, ≤ Werratal, 佘, 🞒, 🞒 – 🞒, ⁜ Zim, 🞒 🞒 🞒 – 🏛 15. 🞒 🞒 🞒 🞒
Menu à la carte 16/29 – **25 Zim** ⊂ 45/55 – 70/85 – ½ P 15.
◆ Eine hübsche Veranda, Holzbalkone und ein Türmchen mit Glasfront prägen das Äußere des Hauses, im Inneren stehen liebevoll eingerichtete Zimmer zum Einzug bereit. Gepflegte ländliche Dekoration im Restaurant.

SPAICHINGEN Baden-Württemberg 419 V 10 – 9 500 Ew – Höhe 670 m.
　　Ausflugsziel : Dreifaltigkeitsberg★ : Wallfahrtskirche ※★ Nord-Ost : 6 km.
　　Berlin 737 – Stuttgart 112 – Konstanz 70 – Tuttlingen 14 – Rottweil 14.

n Hausen ob Verena Süd-West : 6 km :

　　Hofgut Hohenkarpfen ⌂, am Hohenkarpfen – Höhe 850 m, ✉ 78595, ℘ (07424) 94 50, hofgut.hohenkarpfen@t-online.de, Fax (07424) 945245, ≤ Eltatal, 🍴, 🌳 – TV ✆ P. AE ① 🎁 100. AE ① ⓪ VISA
　　Menu à la carte 28/42 – **21 Zim** ⊃ 62 – 98.
　　◆ Der ehemalige Bauernhof in einmaliger Lage - bestehend aus zwei Häusern mit Walmdach - beherbergt ein Kunstmuseum sowie ein modernes Tagungshotel mit gemütlichen Zimmern. Das Restaurant zeugt vom ursprünglichen Charakter des Anwesens.

SPALT Bayern 419 420 S 16 – 5 100 Ew – Höhe 357 m.
　　🛈 Tourist-Information, Rathaus, Herrengasse, 10, ✉ 91174, ℘ (09175) 79 65 25, poststelle@spalt.de, Fax (09175) 796580.
　　Berlin 474 – München 149 – Nürnberg 50 – Ingolstadt 70 – Ansbach 35.

　　Krone, Hauptstr. 23, ✉ 91174, ℘ (09175) 3 70, Fax (09175) 223, 🍴 – ✱ Zim, TV ⇔ P. AE ① 🎁 VISA. ⌘ Zim
　　geschl. Juni 2 Wochen, Dez. - Jan. 2 Wochen – **Menu** (geschl. Dienstag) à la carte 13/26 – **15 Zim** ⊃ 31/36 – 46/52.
　　◆ Hinter einer freundlichen gelben Fassade beziehen Reisende eine gepflegte, solide ausgestattete Unterkunft. Mit nur 15 Zimmern stellt das Haus eine nette, kleine Herberge dar. Ländlich wie die Umgebung des Hauses zeigt sich auch das Restaurant.

n Spalt-Großweingarten Süd-Ost : 3 km :

　　Zum Schnapsbrenner, Dorfstr. 67, ✉ 91174, ℘ (09175) 7 97 80, info@pension-schnapsbrenner.de, Fax (09175) 797833, 🍴 – TV P. ⓪ VISA
　　Menu (geschl. Sonntagabend) (wochentags nur Abendessen) à la carte 13/21 – **10 Zim** ⊃ 32 – 47/60.
　　◆ Ihr kleines Domizil verfügt über neuzeitliche Zimmer im Landhausstil. Der Name des Hauses läßt es bereits vermuten : in einem kleinen Laden verkauft man Selbstgebranntes. Ländliches Restaurant mit Gewölbedecke, Kachelofen und Hopfen als Dekor.

n Spalt-Stiegelmühle Nord-West : 5 km, Richtung Wernfels :

　　Gasthof Blumenthal, ✉ 91174, ℘ (09873) 3 32, Fax (09873) 1375, 🍴 – P.
　　geschl. 1. - 14. Jan., Anfang Sept. 1 Woche, Montag - Dienstag – **Menu** à la carte 22/30.
　　◆ In einer kleinen Siedlung am Waldrand liegt der familiär geführte Landgasthof - mit netten Stuben und Innenhof. Mit Sorgfalt und Geschmack bereitet man hier die Speisen zu.

SPANGENBERG Hessen 417 418 M 12 – 6 900 Ew – Höhe 265 m – Luftkurort.
　　🛈 Service-Center, Kirchplatz 4, ✉ 34286, ℘ (05663) 72 97, Fax (05663) 930406.
　　Berlin 398 – Wiesbaden 209 – Kassel 41 – Bad Hersfeld 50.

　　Schloss Spangenberg ⌂, ✉ 34286, ℘ (05663) 8 66, hotel.schloss.spangenberg@t-online.de, Fax (05663) 7567, ≤ Spangenberg, 🍴 – ✱ Zim, TV P. – 🎁 30. AE ① ⓪ VISA. ⌘ Rest
　　geschl. Jan. 2 Wochen – **Menu** (geschl. Sonntagabend, Dienstag) à la carte 31/45 – **24 Zim** ⊃ 71/125 – 99/183.
　　◆ Wo schon im 13. Jh. Ritter residierten, beziehen heute Gäste Quartier. Das in die alte Burg integrierte Hotel bietet Ihnen individuell gestaltete Gemächer. Über zwei Etagen erstreckt sich das rustikal-elegante Restaurant.

SPARNECK Bayern siehe Münchberg.

SPAY Rheinland-Pfalz 417 P 6 – 2 200 Ew – Höhe 69 m.
　　Berlin 608 – Mainz 98 – Koblenz 14.

　　Alter Posthof, Mainzer Str. 47, ✉ 56322, ℘ (02628) 87 08, Fax (02628) 3001, 🍴 – TV P. ⓪ VISA
　　geschl. 22. Dez. - 15. Jan. – **Menu** (geschl. Mittwochmittag) à la carte 17/27 – **15 Zim** ⊃ 45/50 – 72/86.
　　◆ Seit 1802 befindet sich dieses Domizil - eine alte Posthalterei und Herberge - in Familienbesitz. Solide Zimmer und die überschaubare Größe sprechen für das Haus. Traditionell gestaltete Gaststube.

SPELLE Nordrhein-Westfalen siehe Rheine.

SPEYER Rheinland-Pfalz 417 419 S 9 – 50 000 Ew – Höhe 104 m.

  Sehenswert : Kaiserdom★★ (Krypta★★★, Querschiff★★) B – ≤★★ vom Fuß des Heiden
  türmchens auf den Dom B E – Judenbad★ B A – Dreifaltigkeitskirche (Barock-Interieur★
  B B – Historisches Museum der Pfalz (Goldener Hut★ aus Schifferstadt, Weinmuseum★
  Römerwein★) B M1 – Altstadt (Altpörtel★), A – Technik-Museum★ (IMAX
  Filmtheater★) B – ☐ Tourist-Information, Maximilianstr. 13, ✉ 67346, ℰ (06232
  14 23 92, touristinformation@stadt-speyer.de, Fax (06232) 142332.
  Berlin 638 ① – Mainz 93 ① – Mannheim 33 ① – Heidelberg 21 ② – Karlsruhe 57 ② -
  Pirmasens 73 ④

SPEYER

Am Heringsee	**B** 2
Armbruststraße	**A** 3
Bartholomäus-Weltz-Platz	**A** 4
Fischmarkt	**A** 6
Fr.-Kirrmeier-Straße	**B** 7
Gilgenstraße	**A**
Große Greifeng.	**A** 8
Große Himmelsg.	**B** 10
Große Pfaffeng.	**B** 12
Grüner Winkel	**AB** 13
Gutenbergstraße	**A** 15
Heydenreichstraße	**A** 16
Hirschgraben	**A** 17
Industriestraße	**B** 18
Johannesstraße	**A** 19
Karl-Leiling-Allee	**B** 20
Kleine Pfaffeng.	**B** 21
Königsplatz	**A** 22
Korngasse	**A** 23
Lauergasse	**A** 24
Maximilianstraße	**AB** 25
Mühlturmstraße	**A** 27
Pfaugasse	**A** 28
Pistoreigasse	**B** 29
Prinz-Luitpold-Str.	**A** 32
Rheintorstraße	**B** 33
Roßmarktstraße	**A** 34
Salzgasse	**A** 37
St. Georgengasse	**A** 38
Schustergasse	**A** 39
Stuhlbrudergasse	**B** 42
Tränkgasse	**B** 43
Wormser Straße	**A** 45

🏨 **Domhof** 🕭 garni, Bauhof 3, ✉ 67346, ℰ (06232) 1 32 90, rezeption@domhof.de,
Fax (06232) 132990 – 📶 📺 ⚡ &. ⇌ 🅿 – 🔒 80. 🆎 ① 🆎 VISA **B** v
49 Zim ⇌ 92/112 – 112/125.
   ♦ In der Altstadt von Speyer, unweit des Doms, bilden mehrere historische Stadthäuser
dieses funktionelle Hotel. Die Hausbrauerei beherbergt ein neuzeitliches Tagungszentrum.

SPEYER

Goldener Engel, Mühlturmstr. 5, ⊠ 67346, ℘ (06232) 1 32 60, Fax (06232) 132695 – 🛗 📺 📞 🅿. 🆎 💳 JCB
A e
geschl. 23. Dez. - 7. Jan. – **Menu** siehe **Wirtschaft zum Alten Engel** separat erwähnt – **46 Zim** ⊇ 55/82 – 75/102.

♦ Ihr Domizil befindet sich im historischen Zentrum der Stadt. Eine Kombination von rustikalen und modernen Möbeln bestimmt den individuellen Stil der Zimmer.

Graf's Löwengarten, Schwerdtstr. 14, ⊠ 67346, ℘ (06232) 62 70, info@graf-hotel.com, Fax (06232) 26452 – 🛗 📺 📞 🚗 🅿. – 🔔 40. 🆎 ⓘ 💳 A t
Menu (geschl. Dez. - Jan., Samstag - Sonntag) (nur Abendessen) à la carte 15/35 – **40 Zim** ⊇ 50/70 – 78/95.

♦ Im Zentrum der Domstadt finden Reisende eine praktische Behausung auf Zeit. Von hier aus erreichen Sie schnell die Sehenswürdigkeiten der Stadt. Der gastronomische Bereich des Hauses zeigt sich in schlichter Aufmachung.

Am Technik-Museum ⚘ garni (mit 2 Gästehäusern), Am Technik Museum 1, ⊠ 67346, ℘ (06232) 6 71 00, hotel@technik-museum.de, Fax (06232) 671020 – ⇄ 📺 🅿 – 🔔 60. 🆎 ⓘ 💳
B a
108 Zim ⊇ 50 – 65.

♦ Eine umgebaute Kaserne dient heute Ihrer Beherbergung. Neuzeitlich ausgestattete Gästezimmer und die günstige Lage zur Altstadt sind Annehmlichkeiten dieses Hotels.

XX **Backmulde,** Karmeliterstr. 11, ⊠ 67346, ℘ (06232) 7 15 77, restaurant@backmulde.de, Fax (06232) 629474 – 🆎 ⓘ 💳
A z
geschl. Mitte Aug. - Anfang Sept., Sonntag - Montag – **Menu** à la carte 36/51.

♦ Gut eingedeckte Tische und eine Kombination von alten und modernen Elementen prägen den Rahmen. Eine große Weinauswahl bereichert die mediterran angehauchte Küche.

XX **Kutscherhaus** mit Zim, Am Fischmarkt 5a, ⊠ 67346, ℘ (06232) 7 05 92, Fax (06232) 620922, Biergarten – 📺 🆎 💳 🛇
AB s
geschl. Aug. 3 Wochen – **Menu** (geschl. Mittwoch - Donnerstag) (Tischbestellung ratsam) à la carte 21/36 – **3 Zim** ⊇ 65/85.

♦ Hinter der begrünten Fachwerkfassade des alten Hauses bittet man Sie in gemütlich gestalteten Räumen zu Tisch. Ein lauschiges Plätzchen finden Sie auch im Biergarten.

X **Zweierlei,** Johannesstr. 1, ⊠ 67346, ℘ (06232) 6 11 10, Fax (06232) 61129 – 💳
A c
geschl. Sonntag - Montag – **Menu** à la carte 31/37.

♦ Eine schlichte, gepflegte Einrichtung im Bistrostil prägt das Innenleben dieses gastlichen Hauses. Die zum Restaurant hin offene Küche ermöglicht interessante Einblicke.

X **Pfalzgraf,** Gilgenstr. 26b, ⊠ 67346, ℘ (06232) 7 47 55, Fax (06232) 75596 – 🆎 💳
A u
geschl. Mittwochabend - Donnerstag – **Menu** à la carte 17/33.

♦ Die schöne Buntsandsteinfassade des alten Hauses fügt sich harmonisch in das historische Bild der Stadt ein. In bürgerlichem Umfeld widmet man sich Ihrem leiblichen Wohl.

X **Ratskeller,** Maximilianstr. 12, ⊠ 67346, ℘ (06232) 7 86 12, Fax (06232) 71908, Biergarten – 🆎 ⓘ 💳
A n
geschl. Feb. 3 Wochen, Sonntagabend - Montag – **Menu** à la carte 16/31.

♦ Zum Speisen nehmen Sie im historischen Keller des schmucken Rathauses Platz - ein gemütliches, vor 20 Jahren freigelegtes Gewölbe aus dem Jahre 1578.

X **Wirtschaft zum Alten Engel** - Hotel Goldener Engel, Mühlturmstr. 7, ⊠ 67346, ℘ (06232) 7 09 14, zumaltenengel@t-online.de, Fax (06232) 132695 –
A r
geschl. Juli - Aug. 4 Wochen, Juni - Sept. Sonntag – **Menu** (nur Abendessen) à la carte 18/31.

♦ Alte Backsteingewölbe, antikes Mobiliar und blanke Tische verleihen dem Kellerlokal seinen rustikalen Charakter. Ein Tagesangebot ergänzt die regional ausgelegte Karte.

In Speyer-Binshof über ① : 6 km Richtung Otterstadt :

Binshof M ⚘, Binshof 1, ⊠ 67346, ℘ (06232) 64 70, info.binshof@lindner.de, Fax (06232) 647199, 😊, Massage, ♨, 🎾, ≘s, 🏊 (geheizt), 🏊, 🎿, 🛇 – 🛗, ⇄ Zim, 🍴 Rest, 📺 📞 🚗 🅿 – 🔔 60. 🆎 ⓘ 💳 🛇 Rest
Salierhof : **Menu** à la carte 30/46 – **67 Zim** ⊇ 135/190 – 225/270, 3 Suiten.

♦ Eleganz und Komfort sowie eine individuelle Einrichtung mit Designermöbeln und Antiquitäten machen die Hotelanlage zu einer attraktiven Residenz. Imposante Thermenlandschaft. Säulen, elegante Polsterstühle und antike Elemente schmücken den Salierhof.

SPEYER

In Römerberg-Berghausen über ③ : 3 km :

Morgenstern, Germersheimer Str. 2b, ⊠ 67354, ℘ (06232) 6 85 00, info@hotel-morgenstern.de, Fax (06232) 685040, 🏠 – ⇔ Zim, 📺 ⇐ 🅿 – 🔥 15. 💳 VISA.
Menu (geschl. über Fasching 2 Wochen, Aug. 2 Wochen, Dienstag, Samstagmittag) à la carte 27/36 – **20 Zim** ⊇ 43 – 72.
♦ Solide möblierte, zeitgemäß ausgestattete Gästezimmer mit gutem Platzangebot sowie die verkehrsgünstige Lage sprechen für diese familiengeführte Adresse. Gepflegtes Ambiente und gut zubereitete Speisen im Restaurant.

Gasthof zum Engel, Berghäuser Str. 36, ⊠ 67354, ℘ (06232) 6 01 20, info@zur-engel.de, Fax (06232) 601230, Biergarten – ⇔ Zim, 📺 🅿 💳 VISA
geschl. Feb. 2 Wochen – **Menu** (geschl. Montag) à la carte 17/25 – **10 Zim** ⊇ 42/47 64/72.
♦ Ein 350 Jahre alter Gasthof mit hübscher Fachwerkfassade beherbergt behagliche Zimmer mit hellem Holzmobiliar. Die Umgebung bietet viele Möglichkeiten der Freizeitgestaltung. In typisch ländlichem Stil : das Restaurant.

In Römerberg-Mechtersheim über ③ : 7 km :

Pfälzer Hof, Schwegenheimer Str. 11, ⊠ 67354, ℘ (06232) 81 70, info@loesch-pfaelzer-hof.de, Fax (06232) 817160, 🏠, ⇔ – 🛗 📺 ✆ 🅿 – 🔥 80. 🏧 💳 VISA
Menu (geschl. Montagmittag) à la carte 16/33 – **48 Zim** ⊇ 45/51 – 70/80.
♦ Sauber und solide ausgestattet, bietet diese gastliche Adresse Reisenden eine funktionelle Unterkunft - geräumigere, moderner eingerichtete Zimmer finden Sie im Neubau. Rustikale Gaststube und heller Wintergarten.

SPIEGELAU Bayern 🗺 T 24 – 4 300 Ew – Höhe 730 m – Erholungsort – Wintersport : 780/830 m ⟟2 ⟟.
🛈 Tourist-Information, Konrad-Wilsdorf-Str. 1, ⊠ 94518, ℘ (08553) 96 00 17, tourismus-spiegelau@vr-web.de, Fax (08553) 960042.
Berlin 496 – München 193 – Passau 43 – Deggendorf 50.

Landhotel Tannenhof ⟟, Auf der List 27, ⊠ 94518, ℘ (08553) 97 30, landhotel-tannenhof@t-online.de, Fax (08553) 973200, 🏠, ⇔, 🏊 – ⇔ Zim, 📺 ⇐ 🅿 ⟟ Rest
Menu à la carte 13/25 – **92 Zim** ⊇ 43/46 – 74/83 – ½ P 10.
♦ Das aus mehreren Gebäuden bestehende Hotel ist in ruhiger Waldrandlage am Ende des kleinen Ortes plaziert. Wohnliche, neuzeitlich eingerichtete Zimmer überzeugen den Gast. Hell und einladend sind die Restauranträume gestaltet.

Waldfrieden ⟟, Waldschmidtstr. 10, ⊠ 94518, ℘ (08553) 12 47, hotel.waldfrieden @t-online.de, Fax (08553) 6631, Massage, ⇔, 🏊, 🏠 – 📺 🅿 ⟟ Zim
geschl. Mitte März - Ende April, Ende Okt. - 24. Dez. – **Menu** (geschl. Mai - Okt. Dienstag) (nur Abendessen) à la carte 14/23 – **28 Zim** ⊇ 31/50 – 58/62 – ½ P 8.
♦ Recht ruhig in einem Wohngebiet liegt dieser ländliche Gasthof. Familiäre Atmosphäre, solide Zimmer und eine schöne Gegend ziehen auch Stammgäste immer wieder an. In einem gepflegten, ländlich eingerichteten Gastraum bittet man zu Tisch.

Hapetite, Rübezahlstr. 31, ⊠ 94518, ℘ (08553) 97 91 91, 🏠 – 🅿
geschl. Sonntag - Montag – **Menu** (wochentags nur Abendessen) (Tischbestellung ratsam) à la carte 17/32.
♦ Hier hat man ein kleines ehemaliges Wohnhaus zu einem schlichten Restaurant im Bistrostil umgebaut. Auf den Tisch kommen regionale Speisen.

In Spiegelau-Klingenbrunn Nord-West : 4 km – Höhe 820 m

Hochriegel (mit Gästehaus), Frauenauer Str. 31, ⊠ 94518, ℘ (08553) 97 00, hotel.hochriegel@t-online.de, Fax (08553) 970193, Massage, 🏋, 🏊, ⇔, 🏠, 🎾 – 🛗 📺 🅿 ⟟
geschl. Nov. - 24. Dez. – **Menu** (Restaurant nur für Hausgäste) – **58 Zim** ⊇ 42/50 – 84/92 – ½ P 12.
♦ Hinter einer netten Balkonfassade beherbergt das Haus praktisch ausgestattete Zimmer. Ein ehemaliges Schulhaus ergänzt den Gasthof mit großzügigen Appartements.

In Spiegelau-Oberkreuzberg Süd : 7 km :

Berggasthof Grobauer ⟟, (mit Gästehaus), Kreuzbergstr. 8, ⊠ 94518, ℘ (08553) 9 11 09, info@hotel-grobauer.de, Fax (08553) 91110, ≤, ⇔, 🏠 – 🛗 📺 🅿
geschl. Anfang - Mitte April, Anfang Nov. - 20. Dez. – **Menu** (geschl. Dienstagmittag, Mittwochmittag) à la carte 11/21 – **35 Zim** ⊇ 25/35 – 48/68 – ½ P 8.
♦ Im Haupthaus wie auch im gegenüberliegenden Gästehaus stehen ländlich eingerichtete Zimmer zum Einzug bereit. Fragen Sie nach Sonderwochen und Pauschalangeboten. Mit hellem Holz ausgestattete Gaststuben laden ein.

PIEKEROOG (Insel) Niedersachsen 415 E 7 – 750 Ew – Seeheilbad – Insel der Ostfriesischen Inselgruppe. Autos nicht zugelassen.
　von Neuharlingersiel (40 min.), ℘ (04974) 2 14.
🛈 Kurverwaltung, Noorderpad 25, ✉ 26474, ℘ (04976) 9 19 30, info@spiekeroog.de, Fax (04976) 919347.
ab Hafen Neuharlingersiel : Berlin 518 – Hannover 258 – *Emden* 61 – Aurich (Ostfriesland) 33 – Wilhelmshaven 46.

Inselfriede ⚜ (mit Gästehäusern), Süderloog 12, ✉ 26474, ℘ (04976) 9 19 20, inselfriede.spiekeroog@t-online.de, Fax (04976) 919266, 😊, 🍴, 📺, 🍷 – 🗝 Zim, 📺. 💤 Zim
geschl. 6. Jan. - 28. Feb., 18. Nov. - 26. Dez. – **Menu** (geschl. Donnerstag) (wochentags nur Abendessen) à la carte 24/34 – **50 Zim** ☑ 59/69 – 108/154.
♦ Das aus mehreren Klinkerhäusern bestehende Hotel befindet sich in zentraler Lage - nur wenige Minuten vom Strand entfernt. In neuzeitlichen Zimmern kommt der Gast zur Ruhe. Hübsche blau-weiße Aufmachung ziert das Restaurant.

Zur Linde ⚜, Noorderloog 5, ✉ 26474, ℘ (04976) 9 19 40, hotelzurlinde@t-online.de, Fax (04976) 919430, 😊, 🍷 – 📺
geschl. Mitte Jan. - Mitte März – **Menu** (geschl. Dienstag) (nur Abendessen) à la carte 17/33 – **22 Zim** ☑ 70/85 – 95/120 – ½ P 20.
♦ Im Zentrum des autofreien Inselortes dient ein altes friesisches Landhaus der Beherbergung Reisender. Hier beziehen Sie ein praktisches Quartier. Lichtskulpturen und Bilder schmücken das Restaurant.

SPITZINGSEE Bayern siehe Schliersee.

SPORNITZ Mecklenburg-Vorpommern siehe Parchim.

SPREMBERG Brandenburg 418 L 27 – 27 500 Ew – Höhe 115 m.
🛈 Tourist-Information, Am Markt 2, ✉ 03130, ℘ (03563) 45 30, Fax (03563) 4530.
Berlin 143 – Potsdam 148 – *Cottbus* 22 – Dresden 72.

Stadt Spremberg, Am Markt 5 (im City Center), ✉ 03130, ℘ (03563) 3 96 30, hotel.stadt.spremberg@t-online.de, Fax (03563) 396399, 😊 – 📶, 📧 Zim, 📺 & 🅿 – 🛎 25. 🅰🅴 ⓘ ⓜⓞ 🆅🅸🆂🅰
Menu à la carte 16/27 – **31 Zim** ☑ 60/65 – 70/80.
♦ Direkt im Zentrum der Stadt, am Marktplatz, liegt dieses neuzeitliche Hotel - integriert in das neu erbaute City Center Spremberg. Schallschutz sorgt für erholsamen Schlaf. Hotelrestaurant in zeitgemäßem Stil.

Zur Post, Lange Str. 24, ✉ 03130, ℘ (03563) 3 95 50, hotel.zurpost@t-online.de, Fax (03563) 395530, Biergarten – 📶 📺 🍴 & 🅿. 🅰🅴 ⓜⓞ 🆅🅸🆂🅰
Menu (geschl. Samstagmittag) à la carte 13/22 – **19 Zim** ☑ 36/46 – 54/67.
♦ Sind Sie auf der Suche nach einer funktionellen Unterkunft für unterwegs? Die familiäre Atmosphäre macht das kleine Haus zu einer sympathischen Übernachtungsadresse. Nett dekoriert : das bürgerliche Restaurant.

Am Berg, Bergstr. 30, ✉ 03130, ℘ (03563) 6 08 20, hotelamberg@t-online.de, Fax (03563) 6082231, Biergarten, 🍷 – 🍴 Rest, 📺 &. 🅰🅴 ⓘ ⓜⓞ 🆅🅸🆂🅰 💤 Rest
Menu (geschl. Sonntag) (nur Abendessen) à la carte 12/23 – **15 Zim** ☑ 41 – 70/85.
♦ Zu den Annehmlichkeiten dieser gut geführten kleinen Pension zählen solide und funktionell eingerichtete Gästezimmer wie auch die zentrumsnahe Lage. Eine Art Wintergarten erweitert das Restaurant um einige nette Plätze.

SPRENDLINGEN Rheinland-Pfalz 417 Q 7 – 3 600 Ew – Höhe 95 m.
Berlin 610 – Mainz 39 – *Bad Kreuznach* 7.

Apart Hotel Garni, Bahnhofstr. 39, ✉ 55576, ℘ (06701) 9 30 10, Fax (06701) 930150 – 🗝 📺 🍴 🚗 🅿
18 Zim ☑ 47/55 – 73/76.
♦ Bei der Ausstattung Ihres Domizils hat man großen Wert auf Funktionalität und freundliches Ambiente gelegt. Die Zimmer bieten u. a. eine gute Schreibfläche und Faxanschluß.

In St. Johann Nord-Ost : 2 km :

Golf Hotel Rheinhessen 🅼 ⚜, Hofgut Wissberg (beim Golfplatz), ✉ 55578, ℘ (06701) 91 64 50, hotel@golfhotel-rheinhessen.de, Fax (06701) 916455, ≼ Weinberge und Golfplatz, 😊, 🍴 – 📶, 🗝 Zim, 📺 🍴 🅿 – 🛎 20. 🅰🅴 ⓘ ⓜⓞ 🆅🅸🆂🅰
Menu (geschl. Jan., Montag) à la carte 16/27 – **21 Zim** ☑ 85/119 – 110/139.
♦ Leicht erhöht auf einem Plateau ergänzt ein außen wie innen in modernem Design gestaltetes Hotel das alte Weingut - nicht nur für Golfer eine attraktive Herberge. Im Gewölbe-Restaurant - oder im sonnigen Innenhof - nimmt man zum Essen Platz.

SPROCKHÖVEL Nordrhein-Westfalen **417** L 5 – 25 000 Ew – Höhe 203 m.
  ₁₈ Sprockhövel, Gut Frielinghausen (Süd : 8 km), ℘ (0202) 64 82 21 80.
  Berlin 526 – Düsseldorf 53 – Bochum 18 – Wuppertal 16.

In Sprockhövel-Niedersprockhövel :

XX **Tante Anna**, Hauptstr. 58, ⌧ 45549, ℘ (02324) 7 96 12, 🏛 – AE ① ⓜ VISA
  geschl. Montag – **Menu** (nur Abendessen) (Tischbestellung ratsam) à la carte 28/42.
  • Das Interieur dieses älteren Stadthauses zeigt sich in neuzeitlichem Stil - helle Farbe
  und Korbstühle verleihen dem Raum einen mediterranen Touch. Man kocht internationa

X **Eggers** mit Zim, Hauptstr. 78, ⌧ 45549, ℘ (02324) 7 17 80, info@hotel-restauran
  -eggers.de, Fax (02324) 77290, 🏛 – TV P. ⓜ VISA
  geschl. Anfang Jan. 1 Woche, Juli - Aug. 2 Wochen – **Menu** (geschl. Mittwoch, Samsta
  mittag) à la carte 18/35 – **17 Zim** ⇌ 47/50 – 73/77.
  • Hinter der hübschen Schindelfassade mit grünen Fensterläden wählen Sie zwischen rus
  tikalem und elegantem Ambiente. Hier wird sorgfältig und schmackhaft gekocht.

X **Zum Dorfkrug**, Hauptstr. 16, ⌧ 45549, ℘ (02324) 7 38 16, zum_dorfkrug@t-o
  line.de, Fax (02324) 77251, 🏛
  geschl. Sept. 3 Wochen, Montag – **Menu** à la carte 22/32.
  • Das nach einem Brand vor zehn Jahren wieder aufgebaute Fachwerkhaus begrüßt Si
  mit einem rustikalen Interieur. Freigelegte Holzbalken lassen gemütliche Stimmung auf
  kommen.

STADE Niedersachsen **415** F 12 – 45 000 Ew – Höhe 7 m.
  Sehenswert : Schwedenspeicher-Museum Stade★ (Bronze-Räder★) – Altstadt★★.
  Ausflugsziel : Das Alte Land★.
  ₁₈ Deinste, Im Mühlenfeld 30 (Süd : 8 km), ℘ (04149) 92 51 12.
  🛈 Tourist-Information, Hansestr. 18, ⌧ 21682, ℘ (04141) 40 91 70, stade.tourismus
  gmbh@stade.de, Fax (04141) 409110.
  ADAC, Hinterm Teich 1.
  Berlin 350 – Hannover 178 – Hamburg 59 – Bremerhaven 76.

🏨 **Ramada-Treff Hotel Herzog Widukind** garni, Grosse Schmiedestr. 14, ⌧ 21682
  ℘ (04141) 9 99 80, stade@ramada-treff.de, Fax (04141) 9998444 – 📶 ⇔ TV ✦ 🚗
  AE ① ⓜ VISA
  ⇌ 13 – **45 Zim** 75/80.
  • Eine elegante Halle mit Säulen und Empore empfängt Sie in Ihrem neuzeitlichen Domizi
  Die Ausstattung mit den Annehmlichkeiten von heute schätzen nicht nur Geschäftsleute

🏨 **Parkhotel Stader Hof**, Schiffertorsstr. 8 (Stadeum), ⌧ 21682, ℘ (04141) 49 90
  info@staderhof.de, Fax (04141) 499100, 🏛, ≘s – 📶 ⇔ Zim, TV 🕭 P – ⚒ 150. AE
  ① ⓜ VISA
  Menu à la carte 23/33 – **100 Zim** ⇌ 72/93 – 103/113, 6 Suiten.
  • Das architektonisch ansprechend gestaltete Hotel ist mit seinem funktionalen Interieu
  vor allem auf die Bedürfnisse von Tagungsgästen ausgelegt - in Altstadtnähe gelegen. Das
  Restaurant ist im englischen Stil gehalten.

🏨 **Ramada-Treff Hotel Stade** M, Kommandantendeich 1, ⌧ 21680, ℘ (04141
  9 99 70, stade@ramada-treff.de, Fax (04141) 999711, 🏛 – 📶, ⇔ Zim, TV ✦ 🕭 P –
  ⚒ 120. AE ① ⓜ VISA
  Menu (wochentags nur Abendessen) à la carte 18/33 – ⇌ 13 – **65 Zim** 75/80.
  • Die moderne Herberge liegt altstadtnah am historischem Hafen. Durch den großzügigen
  Eingangsbereich gelangen Sie in neuzeitlich-komfortabel eingerichtete Gästezimmer
  Restaurant im US-amerikanischen Stil.

🏨 **Vier Linden** ⚜, Schölischer Str. 63, ⌧ 21682, ℘ (04141) 9 27 02, info@hotel-vie
  linden.de, Fax (04141) 2865, 🏛, ≘s, 🐎 – ⇔ Zim, TV ✦ 🕭 P – ⚒ 50. AE ① ⓜ VISA
  Menu (geschl. Sonntagabend) (wochentags nur Abendessen) à la carte 20/36 – **46 Zim**
  ⇌ 55/65 – 86/90.
  • In einem nach hinten gelegenen Gebäude beherbergt diese gastliche Adresse praktisch
  ausgestattete Zimmer. Gerne ist man Ihnen bei der Planung Ihrer Ausflüge behilflich. Das
  Klinkerhaus bietet auch einem bürgerlich gestalteten Restaurant Platz.

🏨 **Zur Einkehr**, Freiburger Str. 82, ⌧ 21682, ℘ (04141) 23 25, zureinkehr@ngi.de
  Fax (04141) 2455, 🏛, ≘s, 🐎 – ⇔ Zim, TV 🕭 P – ⚒ 20. AE ① ⓜ VISA
  Menu à la carte 18/31 – **37 Zim** ⇌ 48/75 – 69/92.
  • Das regionstypische Klinkerhaus liegt am Rande der Stadt. Komplett ausgestattete Gäs-
  tezimmer stellen eine solide Unterkunft auf Ihrer Reise dar.

XX **Insel-Restaurant**, Auf der Insel, ⌧ 21680, ℘ (04141) 20 31, Fax (04141) 47869, 🏛
  – 🕭 P. ⓜ VISA
  Menu à la carte 17,50/34.
  • Das Restaurant ist Teil des auf einer kleinen Insel gelegenen Museumsdorfs. Nach einem
  Brand wurde das Klinker-Fachwerk-Bauernhaus mit Reetdach originalgetreu wieder erbaut

STADECKEN-ELSHEIM Rheinland-Pfalz siehe Mainz.

STADTALLENDORF Hessen 417 N 11 – 21 000 Ew – Höhe 255 m.
Berlin 458 – Wiesbaden 141 – Marburg 28 – Kassel 74 – Neustadt Kreis Marburg 8 – Alsfeld 27.

Parkhotel, Schillerstr. 1, ⌧ 35260, ℘ (06428) 70 80, info@parkhotel-stadtallendorf.de, Fax (06428) 708259, 余, 곡, ℀ – ⇌ Zim, TV ✆ ⇌ P – 🛎 60. AE ⦁ VISA
℀ Rest
Menu à la carte 20/45 – **51 Zim** ⋈ 65/110 – 90/175.
• Unter dem flachen Satteldach dieses Hotels finden geschäftlich wie auch privat Reisende eine funktionelle Behausung auf Zeit - ein gepflegter kleiner Park schließt sich an. Neuzeitlich-gediegen präsentiert sich das Hotelrestaurant.

In Stadtallendorf-Niederklein Süd : 4,5 km :

Germania (mit Gästehaus), Obergasse 1, ⌧ 35260, ℘ (06429) 9 23 60, Fax (06429) 923620 – ⇌ Zim, TV ✆ ⇌ P. AE ⦁ VISA
Menu (geschl. 1. - 14. Jan., Juli - Aug. 3 Wochen, Dienstag) (wochentags nur Abendessen) à la carte 16/34 – **21 Zim** ⋈ 40 – 70.
• Mitten in dem kleinen Dorf steht der familiengeführte Gasthof mit praktischen Zimmern für Ihre Beherbergung bereit - ergänzt durch das gegenüberliegende Gästehaus.

STADTHAGEN Niedersachsen 415 417 J 11 – 23 800 Ew – Höhe 67 m.
ᵣ₈ Obernkirchen, Röserheide 2 (Süd-West : 12 km), ℘ (05724) 46 70
Tourist-Information, Am Markt 1, ⌧ 31655, ℘ (05721) 92 60 70, Fax (05721) 925055.
Berlin 327 – Hannover 45 – Bielefeld 76 – Osnabrück 106.

Gerber Hotel La Tannerie M (mit Gästehaus), Echternstr. 14, ⌧ 31655, ℘ (05721) 98 60, info@gerber-hotel.de, Fax (05721) 98666 – ❙, ⇌ Zim, TV ✆ ⇌ P – 🛎 25. AE ⦁ ⦿ VISA JCB
geschl. 23. Dez. - 6. Jan. – **Gerber's Kleines Weinrestaurant** (Bistro) (geschl. Juli, Samstag - Sonntag) (nur Abendessen) **Menu** à la carte 20/35 – **29 Zim** ⋈ 57/77 – 82/97.
• Ein neues Gästehaus ergänzt das renovierte Stadthaus mit modernen Zimmern - schlichte Eleganz prägt hier das Ambiente. Ein wohnliches Quartier steht im Haupthaus bereit. Im Restaurant verbinden sich bistroartige Schlichtheit und Landhaus-Elemente.

XX **Torschreiberhaus**, Krumme Str. 42, ⌧ 31655, ℘ (05721) 64 50, info@torschreiberhaus.com, Fax (05721) 923184, 余, (Restaurant im Bistro-Stil)
geschl. Jan. 2 Wochen, Okt. 1 Woche, Sonntag - Montag – **Menu** (abends Tischbestellung ratsam) à la carte 31/41,50.
• Holzboden und Wände in warmem Farbton, Kerzen und Korbstühle verleihen dem modernen Bistro-Ambiente eine behagliche Note. Internationale Küche mit mediterranem Touch.

X **Fisch-Restaurant Blanke**, Rathauspassage 5, ⌧ 31655, ℘ (05721) 8 17 86, fischhaus-blanke@t-online.de, Fax (05721) 9800384 – ⦁ VISA
geschl. Sonntag - Montag – **Menu** à la carte 17/30.
• Der Name sagt es bereits : Hier bekocht man Sie ausschließlich mit Leckerem aus dem Meer - die Showküche ermöglicht Ihnen interessante Einblicke.

In Stadthagen-Obernwöhren Süd-Ost : 5 km :

Oelkrug ⓢ, Waldstr. 2, ⌧ 31655, ℘ (05721) 80 25 25, info@oelkrug.de, Fax (05721) 802550, 余, 곡 – ❙ ⇌ TV P – 🛎 30. AE ⦁ VISA
Menu (geschl. 27. Dez. - 13. Jan., Montag) (Dienstag - Donnerstag nur Abendessen) à la carte 19/30 – **18 Zim** ⋈ 58 – 85.
• Das Haus ist ein älterer, erweiterter Gasthof - ein gut geführter Familienbetrieb. Saubere und gepflegte Gästezimmer ersetzen Ihnen vorübergehend Ihr Zuhause. Gemütliche Gaststube und gediegenes Restaurant mit ständig wechselnder Bilderausstellung.

In Nienstädt-Sülbeck Süd-West : 6 km :

XX **Sülbecker Krug** mit Zim, Mindener Str. 6 (B 65), ⌧ 31688, ℘ (05724) 9 55 00, info@suelbeckerkrug.de, Fax (05724) 955050, 余 – TV ⇌ P. AE ⦁ ⦿ VISA
geschl. 1. - 6. Jan., Juli - Aug. 3 Wochen – **Menu** (geschl. Samstagmittag, Sonntagabend - Montag) à la carte 27/46 – **12 Zim** ⋈ 43 – 76.
• Teils klassisch mit elegantem Touch, teils mit Holztäfelung und Kamin - so präsentiert sich das Innere dieses älteren Klinkerhauses. Freuen Sie sich auf eine feine Küche.

1369

STADTKYLL Rheinland-Pfalz 417 O 3 – 1 500 Ew – Höhe 460 m – Luftkurort.

🛈 Tourist Information Oberes Kylltal, Burgberg 22, ✉ 54589, ✆ (06597) 28 78, touri tinfo.obereskylltal@t-online.de, Fax (06597) 4871.

Berlin 653 – Mainz 190 – *Aachen* 78 – Euskirchen 48 – Mayen 64.

Am Park M, Kurallee 13, ✉ 54589, ✆ (06597) 1 50, info@hap-stadtkyll.de Fax (06597) 15250, 🍽, ≘s, 🏊 – 🛗, ⇔ Zim, 📺 📞 – 🔑 100. 🅰🅴 ⓓ ⓜⓞ 𝗩𝗜𝗦𝗔 ✂ Rest

Menu à la carte 18/35 – **91 Zim** ⊋ 87 – 133/149 – ½ P 19.

• Hinter der neuzeitlichen Balkonfassade empfängt Sie eine moderne Hotelhalle. Eine Kombination von Funktionalität und Wohnlichkeit prägt das komfortable Innenleben des Hotels Klassisches Restaurant, ergänzt durch ein rustikales Wirtshaus.

STADTOLDENDORF Niedersachsen 417 418 K 12 – 6 000 Ew – Höhe 227 m.

Berlin 337 – *Hannover* 62 – Göttingen 71 – Hildesheim 51.

Villa Mosler M, Hoopstr. 2, ✉ 37627, ✆ (05532) 50 60, villa.mosler@t-online.de Fax (05532) 506400, 🍽, ≘s, ⇔ Zim, 📺 📞 – 🔑 100. 🅰🅴
Topas (geschl. Sonntag) (nur Abendessen) **Menu** à la carte 24/37 – **61 Zim** ⊋ 87 – 110 6 Suiten.

• Die denkmalgeschützte Villa - erbaut während des Kaiserreiches - dient heute als Hotel Hier wie auch im modernen Anbau überzeugt Ihre Residenz mit wohnlichem Komfort. Marmorboden und Säulen geben dem Topas einen eleganten Touch.

STADTRODA Thüringen 418 N 19 – 6 600 Ew.

Berlin 245 – Erfurt 58 – *Gera* 29 – Jena 17.

Hammermühle, Hammermühlenweg 2, ✉ 07646, ✆ (036428) 57 90, info@hamme rmuehle.com, Fax (036428) 57990, 🍽, ≘s, ✂, 🐎 – ⇔ Zim, 📺 📞 ♿ 📞 – 🔑 40. 🅰🅴 ⓜⓞ 𝗩𝗜𝗦𝗔
Menu à la carte 17/31 – **24 Zim** ⊋ 48/72 – 70/80.

• Das Mühlengehöft aus dem 15. Jh. diente Napoleon längere Zeit als Stützpunkt Heute findet man hier ein nettes Quartier, gepflegt und teils mit Biedermeiermöbeln bestückt. Im Restaurant Scheune bekommt man einen Eindruck von der "guten alten Zeit".

STAFFELSTEIN, BAD Bayern 418 420 P 17 – 10 800 Ew – Höhe 272 m – Heilbad.

Ausflugsziele : Kloster Banz (ehem. Klosterkirche★, Terrasse ≤★) Nord : 5 km – Wallfahrtskirche Vierzehnheiligen★★(Nothelfer-Altar★★) Nord-Ost : 5 km.

🛈 Kurverwaltung, Bahnhofstr. 1, ✉ 96231, ✆ (09573) 3 31 20, tourismus@staffelstein .de, Fax (09573) 331233.

Berlin 379 – München 261 – *Coburg* 24 – Bamberg 26.

Kurhotel M ⚜, Am Kurpark 7, ✉ 96231, ✆ (09573) 33 30, info@kurhotel-staffe stein.de, Fax (09573) 333299, 🍽, Massage, 🈴, ≘s, 🏊, 🌳 – 🛗, ⇔ Zim, 📺 📞 ♿, 🚗 📞 – 🔑 100. 🅰🅴 ⓓ ⓜⓞ 𝗩𝗜𝗦𝗔 ✂ Rest
Menu à la carte 21/36 – **113 Zim** ⊋ 63 – 90 – ½ P 15.

• In neuzeitlichem Design präsentieren sich sowohl das Innere als auch das Äußere des Hauses. Ein moderner, großzügiger Rahmen verbindet sich mit Komfort und Funktionalität. Das Ambiente im Restaurant ist geprägt durch schlichte, neuzeitliche Eleganz.

Rödiger, Zur Herrgottsmühle 2, ✉ 96231, ✆ (09573) 92 60, info@hotel-roediger.de, Fax (09573) 926262, 🍽, ≘s, 🏊 – 🛗, ⇔ Zim, 📺 🚗 📞 – 🔑 60. 🅰🅴 ⓓ ⓜⓞ 𝗩𝗜𝗦𝗔
Menu (geschl. Aug. 3 Wochen, Freitag) à la carte 16/33 – **51 Zim** ⊋ 44/49 – 67/74 – ½ P 13.

• Ein renovierter Altbau und der angeschlossene Neubau bilden dieses attraktive Domizil. Geschmackvoll eingerichtete Zimmer dienen als behagliches Zuhause auf Zeit. Im Restaurant : klassische Gestaltung und eine leicht rustikale Note.

Staffelsteiner Hof, Horsdorfer Str. 15, ✉ 96231, ✆ (09573) 3 30 60, Fax (09573) 330610, 🍽 – 📺 📞 ♿ 📞 ✂ Zim
geschl. Feb. – **Menu** (geschl. Dienstag) à la carte 13,50/25 – **9 Zim** ⊋ 40/48 – 65/75.

• Ganz neu präsentiert sich der wiederaufgebaute Gasthof. Mit solidem Naturholz möbliert und funktionell ausgestattet, stellen die Zimmer eine zeitgemäße Unterkunft dar. Das Restaurant ist eine moderne Gaststube - eingerichtet mit blanken Tischen.

STAFFELSTEIN, BAD

- **Vierjahreszeiten** garni, Annaberger Str. 1, ⊠ 96231, ℘ (09573) 68 38, Fax (09573) 34200, 🚗 – ⇔ 📺 🅿 ✼
  17 Zim ⊇ 39/49 – 62.
  ♦ Sind Sie auf der Suche nach einer zeitgemäßen Übernachtungsadresse für unterwegs? Die Zimmer verfügen über eine solide Ausstattung und Betten mit Bandscheiben-Matratzen.

In Bad Staffelstein-Grundfeld Nord-Ost : 3 km :

- **Gasthof Maintal**, Alte Bundesstr. 5, ⊠ 96231, ℘ (09571) 31 66, info@gasthof-maintal.de, Fax (09571) 5768, 🍴 – ⇔ 📺 🅿 ✼
  geschl. 27. Dez. - 27. Jan. – **Menu** (geschl. Freitag, Sonntagabend) à la carte 12/29 – **19 Zim** ⊇ 35/45 – 55/60.
  ♦ In einem nach hinten gelegenen Anbau dieses ländlichen Gasthauses beziehen Sie ein sauberes, gepflegtes Quartier. Viele Ausflugsziele sind von hier aus leicht zu erreichen. Ländlich-rustikales, mit viel hellem Holz eingerichtetes Restaurant.

In Bad Staffelstein-Romansthal Ost : 2 km :

- **Zur schönen Schnitterin** , Romanstal 1, ⊠ 96231, ℘ (09573) 43 73, gasthof@schnitterin.de, Fax (09573) 5489, ≤, 🍴 – ⇔ 🅿 ✼ Zim
  geschl. 26. Nov. - 26. Dez. – **Menu** (geschl. Montag, Jan. - März Montag, Donnerstag) à la carte 12/27 – **15 Zim** ⊇ 29/38 – 48/60 – ½ P 12.
  ♦ Wo einst eine alte Gastwirtschaft und Ställe plaziert waren, entstand diese nette Herberge. Mit solide eingerichteten Zimmern trägt man den Bedürfnissen der Gäste Rechnung. Schlicht und ländlich in der Aufmachung ist die Gaststube.

Ihre Meinung über die von uns empfohlenen Restaurants,
deren Spezialitäten sowie die angebotenen regionalen Weine,
interessiert uns sehr

STAHNSDORF Brandenburg 416 I 23 – 6 000 Ew – Höhe 100 m.
Berlin 32 – Potsdam 13.

- **Sonneneck**, Potsdamer Allee 123, ⊠ 14532, ℘ (03329) 6 38 50, Fax (03329) 638531, 🍴 – 📺 ❦ 🅿
  Menu à la carte 12/26 – **15 Zim** ⊇ 55/65 – 75/85.
  ♦ Das familiengeführte Hotel bietet Reisenden gepflegte und neuzeitlich gestaltete Zimmer. Die überschaubare Größe des Hauses trägt zu einer sympathischen Atmosphäre bei. Einrichtung wie auch Küche dieser gastlichen Adresse zeigen sich in bürgerlichem Stil.

- **Kaiser Pagode**, Potsdamer Allee 119, ⊠ 14532, ℘ (03329) 6 36 60, info@kaiser-pagode.de, Fax (03329) 636622, 🍴 – 🅿 🔞 ⓞ ⓜ 𝐕𝐈𝐒𝐀 ✼
  Menu (chinesische Küche) à la carte 16/35.
  ♦ Architektonisch wie auch kulinarisch entführt man Sie hier in das alte kaiserliche China. Ein typisches Dekor und die traditionellen Farben Rot und Gold schmücken den Raum.

STAPELFELD Schleswig-Holstein 415 416 F 14 – 1 500 Ew – Höhe 20 m.
Berlin 270 – Kiel 91 – Hamburg 29 – Lübeck 47.

- **Zur Windmühle**, Hauptstr. 99, ⊠ 22145, ℘ (040) 67 50 70, kontakt@hotel-zur-windmuehle.de, Fax (040) 67507299, 🍴 – 📺 🅿 – 🏛 30. 🔞 ⓞ ⓜ 𝐕𝐈𝐒𝐀
  Menu à la carte 16/45 – **49 Zim** ⊇ 65/80 – 90.
  ♦ Mit einem netten Äußeren empfängt Sie das im typischen nordischen Klinkerstil erbaute Landhotel. Hier bietet man dem Reisenden ein solides Quartier. Das Restaurant zeigt sich in ländlich-rustikaler Aufmachung.

STARNBERG Bayern 419 420 V 18 – 21 300 Ew – Höhe 587 m.
🏌 Starnberg-Hadorf, Uneringer Straße, ℘ (08151) 1 21 57 ; 🏌 Starnberg, Gut Rieden, ℘ (08151) 9 07 70.
🛈 Tourismusverband, Wittelsbacher Str. 2c, ⊠ 82306, ℘ (08151) 9 06 00, Fax (08151) 906090.
Berlin 613 – München 26 – Augsburg 82 – Garmisch-Partenkirchen 70.

- **Seehof**, Bahnhofsplatz 6, ⊠ 82319, ℘ (08151) 90 85 00 (Hotel) 22 21 (Rest.), info@hotel-seehof-starnberg.de, Fax (08151) 28136, ≤, 🍴 – 📱 📺 ⇔ 🅿 🔞 ⓞ ⓜ 𝐕𝐈𝐒𝐀
  Al Gallo Nero (italienische Küche) **Menu** à la carte 23/34 – **38 Zim** ⊇ 70/85 – 110/130.
  ♦ Gästezimmer mit gutem Platzangebot sowie einer wohnlichen und funktionellen Ausstattung sprechen für dieses Domizil. Auch die Nähe des Sees ist angenehm. Mit leicht südlichem Flair : das Al Gallo Nero.

STARNBERG

- **Fischerhaus** garni, Achheimstr. 1, ⊠ 82319, ℘ (08151) 9 05 50, *Fax (08151) 90552C*
  ⛾ – ⇥ 📺 ☏ 🅿 ⓘ⓿ VISA
  11 Zim ⇌ 86/105 – 122.
  ◆ Behagliche, funktionelle Zimmer und die Lage dieser kleinen Herberge zählen zu der Annehmlichkeiten, die Geschäftsreisende und Urlauber gleichermaßen schätzen.

- **Pension Happach** garni, Achheimstr. 2, ⊠ 82319, ℘ (08151) 1 25 37
  Fax (08151) 739712 – ⇥ ⇔
  geschl. 20. Dez. - 31. Jan. – **11 Zim** ⇌ 35/45 – 60/65.
  ◆ Sauber und gepflegt - so präsentiert sich diese kleine Pension. Mit seinen praktischen Zimmern stellt das Haus eine geeignete Übernachtungsadresse für unterwegs dar.

- **Al Torchio**, Kaiser-Wilhelm-Str. 2, ⊠ 82319, ℘ (08151) 74 44 66, *altorchio@aol.com*
  Fax (08151) 29831, 🍽 – 🅿 AE ⓘ ⓿ VISA
  geschl. Aug. 1 Woche, Montagmittag – **Menu** (italienische Küche) à la carte 23/39.
  ◆ In dem durch Mauerbogen und Nischen unterteilten Restaurant sitzt man gemütlich. Gu: eingedeckte Tische und eine dunkle Holzdecke schaffen einen rustikal-eleganten Touch

- **Isola d'Elba**, Theresienstr. 9, ⊠ 82319, ℘ (08151) 1 67 80, 🍽 – 🅿 AE ⓘ ⓿ VISA
  geschl. Montag – **Menu** (italienische Küche) à la carte 20/31.
  ◆ Die kleine alte Villa im Zentrum der Stadt beherbergt dieses gepflegte italienische Restaurant. Ein Wintergartenanbau erweitert das Lokal um einige nette Plätze.

- **Starnberger Alm - Illguth's Gasthaus**, Schloßbergstr. 24, ⊠ 82319, ℘ (08151
  1 55 77, 🍽 – 🅿
  geschl. Weihnachten - Anfang Jan., Aug. 3 Wochen, Sonntag - Montag – **Menu** (nur Abendessen) (Tischbestellung ratsam, bemerkenswertes Angebot württembergischer Weine à la carte 15/26.
  ◆ Dunkle Holzbalken und schwere, blanke Tische verleihen den gemütlichen Stuben dieses Hauses einen urigen Charakter. Eine Sammlung alter Handwerksgeräte schmückt die Räume.

STASSFURT Sachsen-Anhalt 418 K 18 – 23 400 Ew – Höhe 90 m.
  ℹ Stassfurt-Information, Steinstr. 20, ⊠ 39418, ℘ (03925) 98 12 95, *Fax (03925) 981315*.
  Berlin 175 – Magdeburg 38 – Dessau 59 – Halle 56 – Nordhausen 95.

- **Salzland Center**, Hecklinger Str. 80, ⊠ 39418, ℘ (03925) 87 00 10, *salzlandcenter @compuserve.de, Fax (03925) 870040*, 🛁, 🚗, 🍽 (Halle) Erlebnis-Bad, (Gebühr) geschl Juni - Aug. – 📶 📺 🅿 – 🔑 50. ⓘ⓿ VISA
  Menu (wochentags nur Abendessen) à la carte 15/28 – **22 Zim** ⇌ 46 – 75.
  ◆ Neben Freizeit, Sport und Erholung findet sich hinter der modernen Fassade des 1998 eröffneten Hauses ein Hotel mit funktionell und zeitgemäß ausgestatteten Zimmern.

STAUDACH-EGERNDACH Bayern 420 W 21 – 1 100 Ew – Höhe 540 m.
  ℹ Verkehrsverein, Marquartsteiner Str. 3, ⊠ 83224, ℘ (08641) 25 60, *Fax (08641) 1808*
  Berlin 683 – München 91 – Bad Reichenhall 47 – Traunstein 20 – Rosenheim 34.

Im Ortsteil Staudach :

- **Mühlwinkl** 🌿, Mühlwinkl 12, ⊠ 83224, ℘ (08641) 24 14, *gasthofmuehlwinkel@vr-web.de, Fax (08641) 5656*, 🍽, 🍽 – 🅿
  geschl. 31. März - 10. April, 1. Nov. - 12. Dez. – **Menu** (geschl. Dienstag - Mittwochmittag), à la carte 13/28 – **17 Zim** ⇌ 23/30 – 51/56 – ½ P 10.
  ◆ Der sympathische kleine Dorfgasthof überzeugt seine Gäste mit soliden, schlichten Fremdenzimmern, familiärer Atmosphäre und der reizvollen, ruhigen Lage. Die Gaststube zeigt sich im typischen ländlichen Stil.

STAUFEN Baden-Württemberg 419 W 7 – 7 300 Ew – Höhe 290 m – Erholungsort.
  Sehenswert : *Staufenburg : Lage★*.
  ℹ Touristik-Information, Hauptstr. 53, ⊠ 79219, ℘ (07633) 8 05 36, *Fax (07633) 50593*.
  Berlin 820 – Stuttgart 222 – Freiburg im Breisgau 22 – Basel 58.

- **Zum Löwen**, Hauptstr. 47, ⊠ 79219, ℘ (07633) 70 78, *Fax (07633) 500121*, 🍽, (Gasthaus seit 1407) – 📺 🅿 ⓘ⓿ VISA ⇥
  Menu (geschl. Sonntagabend) à la carte 22/40 – **18 Zim** ⇌ 65/75 – 85/100 – ½ P 22.
  ◆ Eine geschichtsträchtige Adresse : in Zimmer Nr. 5 soll Faust 1539 sein Leben ausgehaucht haben. Das neue Gästehaus sticht mit hellen Landhausmöbeln wohnlich eingerichtet. Allerlei Zierat und ein Kachelofen machen die Gaststuben behaglich.

STAUFEN

Die Krone ⌂, Hauptstr. 30, ✉ 79219, ℰ (07633) 58 40, info@die-krone.de, Fax (07633) 82903, 🍴, 🌳 – 📺 🅿 🆎 ⓜ 🆅
geschl. Feb. - März 3 Wochen – **Menu** (geschl. Freitag - Samstag) à la carte 15/40 – **9 Zim** ☑ 60 – 75.

• Das Gasthaus aus dem 18. Jh. liegt in der Mitte des kleinen Ortes, in der Fußgängerzone. Hier stehen wohnliche, gepflegte Fremdenzimmer in hellem Naturholz zum Einzug bereit. Ländlich-rustikale Räumlichkeiten laden zu gemütlichem Verweilen ein.

Zum Hirschen ⌂, Hauptstr. 19, ✉ 79219, ℰ (07633) 52 97, zumhirschen@t-online.de, Fax (07633) 5295, 🍴, 🌳 – 🛗 📺 🅿 ⓜ 🆅. 🌟 Zim
Menu (geschl. Juli 1 Woche, Nov., Montag - Dienstag) à la carte 18/36 – **16 Zim** ☑ 55/60 – 65/70.

• In der Fußgängerzone von Staufen befindet sich das Gasthaus mit der rosa gestrichenen Fassade - ausgestattet mit behaglichen, ländlich eingerichteten Zimmern. In rustikalem Umfeld lassen Sie sich eine regionale Küche schmecken.

Am Felsenkeller ⌂, Albert-Hugard-Str. 47, ✉ 79219, ℰ (07633) 62 85, felsenkeller@breisgaucity.com, Fax (07633) 981400, 🍴 – 📺 🅿
Menu (geschl. Jan. 2 Wochen, Aug. 2 Wochen, Montag) (nur Abendessen) à la carte 28/34 – **9 Zim** ☑ 47/55 – 74/84 – ½ P 14.

• In einem ruhigen Wohngebiet in Ortsrandlage finden Reisende eine praktische Behausung auf Zeit. Die überschaubare Größe des Hauses schafft eine familiäre Atmosphäre. Ländliches Ambiente macht das Restaurant zu einer regionstypischen Adresse.

XX **Kreuz-Post** mit Zim, Hauptstr. 65, ✉ 79219, ℰ (07633) 9 53 20, kreuz-post-staufen@t-online.de, Fax (07633) 953232, 🍴 – 🚪 Zim, 📺 ⓜ 🆅 🅹🅲🅱. 🌟 Zim
geschl. Jan. 2 Wochen – **Menu** (geschl. Mittwoch) 24/61 à la carte 18/47 – **5 Zim** ☑ 85/88 – 95/100.

• Eine traditionelle Markgräfler Gaststube mit guter regionaler Küche und nettem Ambiente. Hübsche Zimmer im Landhausstil, nach Obstsorten benannt.

In Staufen-Grunern Süd-West : 1 km :

X **Gasthaus Rebstock zum Belchenblick** ⌂ mit Zim, Im Steiner 4, ✉ 79219, ℰ (07633) 53 94, Fax (07633) 5394, 🍴, 🌳 – 📺 🅿 🚪 🛗
geschl. Nov. – **Menu** (geschl. Montag - Dienstag) à la carte 17/35 – ☑ 7 – **4 Zim** 24 – 40.

• In schlichtem, ländlich-rustikalem Stil präsentiert sich dieser nette, familiengeführte Gasthof. Das Angebot reicht von der einfachen bis zur leicht gehobenen Regionalküche.

STAVENHAGEN (REUTERSTADT) Mecklenburg-Vorpommern 🄰🄰🄶 E 22 – 7 500 Ew – Höhe 46 m.

Berlin 166 – Schwerin 119 – Neubrandenburg 31 – Stralsund 83.

Kutzbach, Malchiner Str. 2, ✉ 17153, ℰ (039954) 2 10 96, Fax (039954) 30838 – 📺 🅿 🆎 ⓜ 🆅. 🌟
Menu à la carte 14/22 – **17 Zim** ☑ 41 – 62.

• Dieser ältere, renovierte Gasthof - ein gepflegter Familienbetrieb - liegt am Marktplatz des Ortes. Die umgebende Mecklenburger Seenplatte stellt ein schönes Ausflugsziel dar. Bürgerlich gestaltetes Restaurant.

In Jürgenstorf Süd : 4 km :

Unkel Bräsig, Warener Str. 1a (B 194), ✉ 17153, ℰ (039955) 3 80, juergenviergutz@aol.com, Fax (039955) 38222, 🍴 – 📺 🚪 🅿 🆎 🆅
geschl. Jan. - Feb. – **Menu** à la carte 13/26 – **18 Zim** ☑ 45 – 70.

• Hinter der netten Fassade dieses neuzeitlichen kleinen Hotels - im Stil einem Landhaus nachempfunden - beziehen Sie funktionelle und zeitgemäße Gästezimmer. Schlicht gestaltete Räumlichkeiten dienen als Restaurant.

In Kittendorf Süd : 9 km :

Schlosshotel Kittendorf, ✉ 17153, ℰ (039955) 5 00, hotel@schloss-kittendorf.de, Fax (039955) 50140, 🍴 – 🚪 Zim, 📺 🅿 – 🛗 30. 🆎 ⓜ 🆅. 🌟 Rest
Menu (geschl. Montagmittag) à la carte 21/37 – **31 Zim** ☑ 70/105 – 80/180.

• Die elegante Residenz - 1848 im Tudorstil erbaut - zählt zu den repräsentativsten Adelsbauten der Region. Ein von Lenné entworfener Landschaftspark umgibt das weiße Schloß. Die Orangerie - Café und Bistro - sowie ein Weinkeller ergänzen das Restaurant.

STEBEN, BAD
Bayern 418 420 O 18 – 3 700 Ew – Höhe 580 m – Heilbad – Wintersport 585/670 m ⟵1 ⟶.

🛈 Info-Büro, Badstr. 31. ⊠ 95138, ℘ (09288) 9 60 20, Fax (09288) 96010.
Berlin 320 – München 295 – Coburg 75 – Hof 25 – Bayreuth 66.

relexa Sport- und Kurhotel ⟵, Badstr. 26, ⊠ 95138, ℘ (09288) 7 20, badsteben @relexa-hotel.de, Fax (09288) 72113, 🌿, Massage, ♨, 🎾, 🏊, ≤≥, ⬚, 🐎 – |⧗|, 🚭 Zim, 📺 🅿 – 🔒 250. ⚿ ⓘ ⓒ 💳
Menu à la carte 23/30 (auch Diät) – **122 Zim** ⇌ 77/87 – 118/128, 7 Suiten – ½ P 19.
♦ "Alles unter einem Dach" – nach diesem Motto verbindet Ihr Refugium am Kurpark komfortables Wohnen und Wellness. Auch ein hübsches Schlößchen gehört zum Anwesen. In klassisch gestaltetem Ambiente und im Wintergarten serviert man Ihnen Ihre Mahlzeiten.

In Bad Steben-Bobengrün Süd : 3 km :

Spitzberg mit Zim, Hauptstr. 43, ⊠ 95138, ℘ (09288) 3 13, kontakt@gasthof-spitzberg.de, Fax (09288) 55325, 🌿, Biergarten, 🐎 – ⇐⇒ 🅿 ⓒ 💳
Menu (geschl. Dienstag) à la carte 15/32 – **5 Zim** ⇌ 32 – 47.
♦ Das gepflegte, in bürgerlichem Stil eingerichtete familiengeführte Restaurant verteilt sich auf zwei Räume. Regionale Speisen bereichern das internationale Angebot.

In Lichtenberg Nord-Ost : 3 km :

Burghotel ⟵, Schlossberg 1, ⊠ 95192, ℘ (09288) 51 51, burghotel-keller@t-online.de, Fax (09288) 5459, ≤, Biergarten – |⧗| 📺 🅿 – 🔒 20. ⚿ ⓒ 💳
Menu à la carte 14/31 – **25 Zim** ⇌ 41 – 72 – ½ P 10.
♦ Das ehemalige Finanzamt – ein älteres renoviertes Haus mit Schindelfassade - dient heute mit neuzeitlich-funktionellen Zimmern der Beherbergung Reisender. Alpenländischer Stil mit rustikaler Holztäfelung prägt das Ambiente im Restaurant.

Burgrestaurant Harmonie, Schloßberg 2, ⊠ 95192, ℘ (09288) 2 46, Fax (09288) 924541, 🌿 – ⓒ 💳
geschl. Jan. 2 Wochen, Dienstag – **Menu** à la carte 21/32.
♦ Parkett sowie Mobiliar und Täfelung aus dunklem Holz verleihen dem Saal seinen behaglichen Charakter. Weitere Plätze finden Sie am Kachelofen oder auf der alten Burgmauer.

STEGAURACH
Bayern siehe Bamberg

STEGEN
Baden-Württemberg siehe Kirchzarten.

STEIN
Schleswig-Holstein siehe Laboe.

STEINACH KREIS STRAUBING
Bayern 420 T 21 – 2 700 Ew – Höhe 336 m.
Berlin 533 – München 151 – Regensburg 44 – Landshut 77 – Passau 79 – Straubing 12.

Krone, Hafnerstr. 1, ⊠ 94377, ℘ (09428) 94 28 00, info@krone-steinach.de, Fax (09428) 8543, 🌿 – 📺 🅿 – 🔒 30. ⓒ 💳 JCB
Menu à la carte 13/29 – **18 Zim** ⇌ 35/40 – 70.
♦ Der nette historische Gasthof liegt mitten im Dorf, neben der Kirche. Kürzlich renoviert zeigen sich die neuzeitlich möblierten Zimmer als solide und wohnliche Quartiere. Mit viel Holz hat man den ursprünglichen Charakter des Restaurants wiederhergestellt.

STEINBACH-HALLENBERG
Thüringen 418 N 15 – 6 200 Ew – Höhe 520 m.

🛈 Tourist-Information, Heimathof, Hauptstr. 45, ⊠ 98587, ℘ (036847) 4 10 65, gast info@steinbach-hallenberg.de, Fax (036847) 41066.
Berlin 364 – Erfurt 72 – Eisenach 54 – Gotha 47 – Suhl 23.

Holland-Moritz, Hennebergstr. 6, ⊠ 98587, ℘ (036847) 36 20, info@hotel-holland-moritz.de, Fax (036847) 36214 – 🚭 Zim, 📺 🅿 ⓒ 💳. 🚭 Rest
Menu à la carte 13/28 – **8 Zim** ⇌ 40/45 – 60/70.
♦ Sind Sie auf der Suche nach einer sauberen, gepflegten Übernachtungsadresse? Diese kleine Herberge bietet Ihnen zeitgemäß und praktisch ausgestattete Zimmer. Neuzeitliches Restaurant mit bürgerlicher Küche.

Töpferhof, Hauptstr. 31, ⊠ 98587, ℘ (036847) 4 22 80, Fax (036847) 509660, Biergarten – 🅿 ⓒ 💳
Menu (geschl. Montag - Freitagmittag, Samstagmittag) à la carte 19/32 – **Wirtshaus** (geschl. Dienstag) **Menu** à la carte 14/210.
♦ Schon seit 300 Jahren befindet sich das mit Sitznischen und Bruchsteinwänden, dunklen Balken und altem Kamin gemütlich gestaltete Restaurant in Familienbesitz. Helles Holz, ein Kachelofen und zahlreiche Fotografien zieren das Wirtshaus.

TEINEN Baden-Württemberg **419** X 7 – 4 600 Ew – Höhe 335 m.
Berlin 833 – Stuttgart 269 – Freiburg im Breisgau 76 – Basel 17 – Schopfheim 7.

In Steinen-Höllstein *Süd : 1 km :*

Höllsteiner Hof, Friedrichstr. 65, ⊠ 79585, ℘ (07627) 9 10 80, *info@hotelhh.de*, Fax (07627) 910866, 😊 – 📺 📞 – 🔊 20. ⨂ ⓜ VISA
Menu *(geschl. Jan. 1 Woche, Sonntag) (nur Abendessen)* à la carte 15/35 – **14 Zim** ⊇ 45/60 – 70.

♦ Abseits von Großstadt und Verkehrslärm finden Reisende hier eine gut geführte kleine Übernachtungsadresse. Die ordentlichen Zimmer befinden sich alle im neuzeitlichen Anbau. Ländlich und schlicht in der Aufmachung zeigt sich das Hotelrestaurant.

Tannenhof garni, Friedrichstr. 9/1, ⊠ 79585, ℘ (07627) 91 82 80, *hotel-tannenhof@arcor.de*, Fax (07627) 3468 – 📺 📞 📡 ⓜ VISA
18 Zim ⊇ 43/50 – 70.

♦ 1991 neu erbautes, gepflegtes Hotel am Ortsrand mit funktionellem Charakter. Freundlich eingerichtete Zimmer mit hellem Holzmobiliar stehen für die Gäste bereit.

TEINENBRONN Baden-Württemberg **419** U 11 – 4 700 Ew – Höhe 430 m.
Berlin 658 – Stuttgart 21 – Reutlingen 33 – Ulm (Donau) 92.

Krone, Stuttgarter Str. 45, ⊠ 71144, ℘ (07157) 73 30, *hotel@hotel-krone-steinenbronn.de*, Fax (07157) 733177, 😊, ⇌, 🔊 – 🏢, ⇴ Zim, 📺 📞 ⇌ 📡 – 🔊 30. ⨂ ⓜ VISA
geschl. 24. Dez. – 6. Jan. – **Menu** *(geschl. 24. Dez. – 6. Jan., Aug. 2 Wochen, Sonntag - Montag)* à la carte 23/43 – **44 Zim** ⊇ 68/76 – 89/105.

♦ Hinter seiner schlichten Fassade beherbergt das familiengeführte Hotel gepflegte Gästezimmer, die Ihnen die Annehmlichkeiten einer soliden Unterkunft bieten.

Löwen (mit Gästehaus), Stuttgarter Str. 1, ⊠ 71144, ℘ (07157) 5 24 40, *info@weinholzner.de*, Fax (07157) 524424, ⇌ – 🏢, ⇴ Zim, 📺 ⇌ 📡 ⨂ ⓞ ⓜ VISA
Menu *(geschl. Aug. 1 Woche, Mittwoch)* à la carte 18/36 – **30 Zim** ⊇ 50/62 – 62/85.

♦ Die mit hellem Holz möblierten und funktionell ausgestatteten Zimmer sind teils im ursprünglichen Gasthof, teils im nebenan liegenden neuzeitlichen Gästehaus untergebracht. Rustikales Restaurant mit heller Täfelung.

STEINFURT Nordrhein-Westfalen **417** J 6 – 34 000 Ew – Höhe 70 m.
🔊 Steinfurt, Bagno, ℘ (02551) 83 35 50.
🅱 Verkehrsverein, Altes Rathaus, Markt 2, ⊠ 48565, ℘ (02551) 13 83, *info@steinfurt.de*, Fax (02551) 7326.
Berlin 494 – Düsseldorf 162 – Nordhorn 55 – Enschede 39 – Münster (Westfalen) 25 – Osnabrück 58.

In Steinfurt-Borghorst :

Schünemann, Altenberger Str. 109, ⊠ 48565, ℘ (02552) 39 82, *info@hotel-schuenemann.de*, Fax (02552) 61728, ⇌, 🔊 – 📺 📡 – 🔊 15. ⨂ ⓞ ⓜ VISA ⚙
Menu *(geschl. Sonntagabend)* à la carte 19/40 – **33 Zim** ⊇ 62 – 87.

♦ Mit einem neuzeitlichen Ambiente empfängt Sie Ihr vorübergehendes Domizil. Hier steht eine bequeme Unterkunft mit funktioneller Ausstattung zum Einzug bereit. Etwas unterteilt, in rustikalem Stil präsentiert sich das Hotelrestaurant.

Posthotel Riehemann, Münsterstr. 8 (Zufahrt über Alte Lindenstraße), ⊠ 48565, ℘ (02552) 9 95 10, *info@riehemann.de*, Fax (02552) 62484, Biergarten – ⇴ Zim, 📺 ⇌ 📡 – 🔊 30. ⨂ ⓞ ⓜ VISA
Menu *(nur Abendessen)* (Restaurant nur für Hausgäste) à la carte 16/34 – **16 Zim** ⊇ 47/50 – 72.

♦ Unterschiedlich eingerichtete Gästezimmer - teils neuzeitlich, teils älter - machen diesen gut geführten Familienbetrieb zu einer soliden Übernachtungsadresse.

In Steinfurt-Burgsteinfurt :

Zur Lindenwirtin (mit Gästehaus), Ochtruper Str. 38, ⊠ 48565, ℘ (02551) 20 15, Fax (02551) 4728, ⇌ – 📡 ⓞ ⓜ VISA ⚙
geschl. 23. Dez. - 5. Jan., 4. - 24. Aug. – **Menu** *(geschl. Sonntag) (nur Abendessen)* à la carte 16/26 – **18 Zim** ⊇ 41/55 – 62/67.

♦ Wer eine Herberge in überschaubarer Größe bevorzugt, ist in diesem Domizil gut aufgehoben. Die Zimmer verteilen sich auf Haupt- und Gästehaus und sind solide eingerichtet. In behaglicher, rustikaler Umgebung lassen Sie sich zum Speisen nieder.

STEINGADEN Bayern 419 420 W 16 – 2 800 Ew – Höhe 763 m – Erholungsort.
Sehenswert : Klosterkirche★.
Ausflugsziel : Wies : Kirche★★ Süd-Ost : 5 km.
🏊 Lechbruck, Osteig 1 (Ost : 5 km) ℰ (08862) 85 20.
🛈 Verkehrsamt, Krankenhausstr. 1, ✉ 86989, ℰ (08862) 2 00, Fax (08862) 6470.
Berlin 639 – München 103 – Garmisch-Partenkirchen 46 – Kempten (Allgäu) 65 – Weilheim 3 – Füssen 21.

In Steingaden-Wies Süd-Ost : 5 km :
🍴 **Schweiger,** Wies 9, ✉ 86989, ℰ (08862) 5 00, Fax (08862) 6116, 🍽
geschl. 15. Nov. - 24. Dez., Nov. - April Freitag – **Menu** (bis 19.00 Uhr geöffnet) à la cart 16/26.
• Einst wohnte und schaffte hier der Erbauer der Wallfahrtskirche Wies - heute dient das historische Haus der Bewirtung Einkehrender. Auf dem Programm steht regionale Küche.

STEINHAGEN Nordrhein-Westfalen 417 J 9 – 18 600 Ew – Höhe 101 m.
Berlin 404 – Düsseldorf 166 – Bielefeld 11 – Münster (Westfalen) 67 – Osnabrück 47.
🍴🍴 **Alte Schmiede,** Kirchplatz 22, ✉ 33803, ℰ (05204) 70 01, Fax (05204) 89129, 🍽
(ehemalige Schmiede a.d.J. 1843) – 🅿 🆎 ◉ 💳
geschl. Sonntag – **Menu** (nur Abendessen) (Tischbestellung ratsam, bemerkenswerte Weinkarte) à la carte 25/41 ♀.
• Das historische Fachwerkhaus befindet sich in der Innenstadt. Freigelegte Holzbalken, nett eingedeckte Tische und moderne Bilder prägen das rustikal-gemütliche Lokal.

STEINHAUSEN Baden-Württemberg siehe Schussenried, Bad.

STEINHEIM Nordrhein-Westfalen 417 K 11 – 12 100 Ew – Höhe 144 m.
Berlin 368 – Düsseldorf 208 – Hannover 87 – Detmold 21 – Paderborn 38.

In Steinheim-Sandebeck Süd-West : 12 km :
🏨 **Germanenhof,** Teutoburger-Wald-Str. 29, ✉ 32839, ℰ (05238) 9 89 00, hotel-germanenhof@t-online.de, Fax (05238) 989090, 🍽, 🛋 – 📶, ⚙ Zim, 📺 ☏ ⚛ 🅿
🅿 80. 🆎 ◉ 💳
Menu (geschl. Dienstag) (Tischbestellung ratsam) à la carte 19/37 – **32 Zim** ⌥ 48/60 – 72/85.
• Ein nettes Familienunternehmen freut sich auf Ihren Besuch. Sie beziehen wohnliche und funktionelle Zimmer - mit Naturholzmöbeln eingerichtet und teils mit Balkon versehen. Gemütlich ausgestattete Stuben bilden den gastronomischen Bereich des Hauses.

STEINHEIM AM ALBUCH Baden-Württemberg siehe Heidenheim an der Brenz.

STEINHEIM AN DER MURR Baden-Württemberg 419 T 11 – 12 000 Ew – Höhe 202 m.
Berlin 609 – Stuttgart 32 – Heilbronn 28 – Ludwigsburg 16.
🏨 **Mühlenscheuer** (mit Gästehaus), Mühlweg 5, ✉ 71711, ℰ (07144) 8 27 70, hotel-muehlenscheuer@t-online.de, Fax (07144) 827760, 🛋 – ⚙ Zim, 📺 ☏ 🅿 – 🅿 25. 🆎
💳
Menu à la carte 20/34 – **28 Zim** ⌥ 51/64 – 77/95.
• Mit individuell eingerichteten Zimmern - mal traditionell, mal modern - verbindet dieses 1671 erbaute Haus Altes und Neues. Ein Gästehaus bietet weitere wohnliche Quartiere. Freigelegte Holzbalken schaffen ländliches Flair im Restaurant.

STEINKIRCHEN Niedersachsen 415 416 F 12 – 1 740 Ew – Höhe 1 m.
Berlin 321 – Hannover 161 – Hamburg 41 – Bremerhaven 88 – Stade 12.
🏨 **Windmüller,** Kirchweg 3 (hinter der Kirche), ✉ 21720, ℰ (04142) 8 19 80, hotel-windmueller@t-online.de, Fax (04142) 819820, 🍽, 🛋 – ⚙ Zim, 📺 ☏ & 🅿 – 🅿 25
◉ 💳
Menu (geschl. Nov. - März Dienstag) à la carte 22/39 – **26 Zim** ⌥ 50/62 – 82/92.
• Das reetgedeckte Fachwerkhaus stammt aus dem Jahre 1746. Heute überrascht es mit wohnlichen Zimmern, teils auch für Allergiker, und individuell ausgestatteten Bädern. Ein offener Kamin und freigelegte Holzbalken prägen den Charakter des Restaurants.

TEINSFELD Bayern siehe Rothenburg ob der Tauber.

TEISSLINGEN Baden-Württemberg **419** W 10 – 4 300 Ew – Höhe 465 m – Erholungsort.
🛈 Verkehrsbüro, Schulstr. 19 (Rathaus), ✉ 78256, ℘ (07738) 92 93 40, Fax (07738) 929359.
Berlin 782 – Stuttgart 152 – Konstanz 29 – Singen (Hohentwiel) 9.

🏨 **Sättele** ⚘, Schillerstr. 9, ✉ 78256, ℘ (07738) 9 29 00, Fax (07738) 929059, ≼, 🌳, 🍽 – 📺 🚗 🅿 – 🔒 40. 🆎 💳
geschl. über Fastnacht 2 Wochen, Ende Juli - Mitte Aug. – **Menu** (geschl. Donnerstag, Sonntagabend) à la carte 19/39 – **15 Zim** ⊆ 39/50 – 75/92.
   ♦ An einem schön angelegten Park direkt am See finden Reisende ein zeitgemäß eingerichtetes Domizil. Die überschaubare Größe des Hauses schafft eine familiäre Atmosphäre. Nett sitzt man im rustikalen Restaurant - von der Terrasse aus blicken Sie aufs Wasser.

STEMMEN Niedersachsen siehe Sittensen.

STEMWEDE Nordrhein-Westfalen **415** I 9 – 12 500 Ew – Höhe 65 m.
Berlin 385 – Düsseldorf 227 – Bielefeld 50 – Minden 36 – Osnabrück 33.

In Stemwede-Haldem Nord-West : 8,5 km ab Levern :

🏨 **Berggasthof Wilhelmshöhe** ⚘, Zur Wilhelmshöhe 14, ✉ 32351, ℘ (05474) 9 20 30, berggasthof-wilhelmshoehe@t-online.de, Fax (05474) 920358, 🌳, 🍽 – 📺 🚗 🅿 – 🔒 80. 🆎 ⓘ 🆎 💳. ✻ Zim
geschl. 18. - 25. Dez. – **Menu** (geschl. Dienstag) à la carte 23/33 – **19 Zim** ⊆ 40/65 – 75/90.
   ♦ In ruhiger Lage am Waldrand oberhalb des Dorfes ist diese Hotelanlage plaziert. Zu den Annehmlichkeiten gehören gemütliche Zimmer und ein schöner Garten. Eine rustikale Ausstattung mit leicht elegantem Touch prägt das Restaurant.

Bei verspäteter Anreise, nach 18 Uhr, ist es sicherer,
Ihre Zimmerreservierung zu bestätigen.

STENDAL Sachsen-Anhalt **416 418** I 19 – 38 000 Ew – Höhe 33 m.
Sehenswert : Dom St. Nikolai★ (Glasfenster★) – Uenglinger Tor★.
Ausflugsziele : Tangermünde★ (Rathaus★, Neustädter Tor★), Süd-Ost : 10 km – Havelberg (Dom St. Marien★, Skulpturen★★ an Lettner und Chorschranken), Nord : 46 km (über Tangermünde).
🛈 Stendal-Information, Kornmarkt 8, ✉ 39576, ℘ (03931) 65 11 93, stadt@stendal.de, Fax (03931) 651195.
Berlin 130 – Magdeburg 60 – Dessau 133 – Schwerin 135.

🏨 **Altstadt-Hotel**, Breite Str. 60, ✉ 39576, ℘ (03931) 6 98 90, altstadthotel@surfeu.de, Fax (03931) 698939 – 📺 ✆ 🚗 – 🔒 30. 🆎 💳
Menu (geschl. Sonntagabend) à la carte 16/24 – **28 Zim** ⊆ 49/69 – 79/89.
   ♦ Im Herzen der Stadt, in direkter Nähe zu den historischen Sehenswürdigkeiten steht dieses nette Hotel - von der Rezeption bis in die Zimmer in neuzeitlichem Stil eingerichtet. Freundlich empfängt Sie das ebenfalls modern gestaltete Restaurant.

🏨 **Am Uenglinger Tor** garni, Moltkestr. 17, ✉ 39576, ℘ (03931) 6 84 80, h.sellent@t-online.de, Fax (03931) 643130 – ✻ 📺 ✆ 🅿
17 Zim ⊆ 45 – 60.
   ♦ Das nach dem schmucken, mit Türmchen verzierten Klinkerbauwerk benannte kleine Hotel liegt in unmittelbarer Nähe zur Innenstadt. Hier beziehen Sie ein funktionelles Quartier.

🏨 **Am Bahnhof**, Bahnhofstr. 30, ✉ 39576, ℘ (03931) 71 55 48, Fax (03931) 715535, 🌳, ≼s – 📺 🅿 – 🔒 80. 🆎 ⓘ 🆎 💳
Menu à la carte 17/24 – **30 Zim** ⊆ 50/55 – 60/70.
   ♦ Der Name verrät bereits die Lage des Hauses - besonders für Bahnreisende eine geeignete Adresse. Funktionelle, neuzeitlich möblierte Zimmer stehen zum Einzug bereit. Das bürgerliche Restaurant wird ergänzt durch Jägerstube und Wintergarten.

STEPHANSKIRCHEN Bayern siehe Rosenheim.

STERNBERG Mecklenburg-Vorpommern 416 E 19 – 5 100 Ew – Höhe 65 m – Erholungsort.
🛈 Fremdenverkehrsamt, Luckower Str. 3, ⊠ 19406, ℘ (03847) 45 10 12, Fax (0384) 451012.
Berlin 196 – Schwerin 37 – Güstrow 27.

🏨 **Seehotel** ⌘, Johannes-Dörwaldt-Allee 4, ⊠ 19406, ℘ (03847) 35 00, seehotel sternberg@t-online.de, Fax (03847) 350166, 🍽, 🛌, ⇔ Zim, 📺 📞 – 🔔 150. ㏂ ⓞ 💳
Menu à la carte 17/30 – **42 Zim** ⊇ 66/71 – 91/101 – ½ P 16.
• Dieses äußerlich wie auch im Inneren neuzeitlich gestaltete Hotel überzeugt seine Gäst mit einer reizvollen Lage und einer Kombination von Wohnlichkeit und Funktionalität. Da Restaurant lädt mit einem gepflegten Ambiente zum Verweilen ein.

STIMPFACH Baden-Württemberg 419 420 S 14 – 2 700 Ew – Höhe 465 m.
Berlin 541 – Stuttgart 109 – Nürnberg 110 – Würzburg 111.

In Stimpfach-Rechenberg Süd-Ost : 4 km :

🏨 **Landgasthof Rössle** ⌘, Ortsstr. 22, ⊠ 74597, ℘ (07967) 9 00 40, landgastho roessle@t-online.de, Fax (07967) 1387, 🍽, 🛌, ⇔, ⇔ Zim, 🔔 100. ㏂ 💳
geschl. Anfang Jan. 1 Woche, Mitte Aug. 2 Wochen – **Menu** (geschl. Sonntagabend) à la carte 16/31 – **76 Zim** ⊇ 49/51 – 79/83.
• Sie wohnen in individuell eingerichteten Zimmern - mal rustikal, mal modern. Mit technisc gut ausgestatteten Räumen ist man vor allem auf Tagungen eingestellt. Im Restauran empfängt Sie ein rustikales, dem alpenländischen Stil nachempfundenes Interieur.

STOCKACH Baden-Württemberg 419 W 11 – 16 300 Ew – Höhe 491 m.
Ausflugsziel : Haldenhof ≤★★, Süd-Ost : 13 km.
🏌 ⛳ Orsingen-Nenzingen, Schloß Langenstein (West : 6 km), ℘ (07774) 5 06 51.
🛈 Tourist-Info, Salmannsweilerstr. 1., ⊠ 78333, ℘ (07771) 80 23 00, Fax (07771) 802310.
Berlin 730 – Stuttgart 157 – Konstanz 34 – Freiburg im Breisgau 112 – Ulm (Donau) 114

🏨 **Zum Goldenen Ochsen**, Zoznegger Str. 2, ⊠ 78333, ℘ (07771) 9 18 40, info@ochsen.de, Fax (07771) 9184184, 🍽, ⇔, ⇌, ⇔ Zim, 📺 📞 ⇔ 🔔 35. ㏂ ⓞ ⓜ 💳 ⓙ
Menu à la carte 28/42 – **38 Zim** ⊇ 65/70 – 84/120.
• Nach einem Brand wurde das Haus 1965 komplett neu aufgebaut. Mit neuzeitlich ein gerichteten Zimmern wird man Ihren Ansprüchen an ein zeitgemäßes, funktionelles Hote gerecht. Im ländlich-gediegenen Ambiente des Restaurants lassen Sie sich zum Speiser nieder.

🏠 **Zur Linde**, Goethestr. 23, ⊠ 78333, ℘ (07771) 6 10 66, info@hotelzurlinde.de Fax (07771) 61220, 🍽 – ⇌, ⇔ Zim, 📺 📞 🔔 50. ㏂ ⓞ ⓜ 💳 ⓙ ⌘
Menu à la carte 17/34 – **27 Zim** ⊇ 41/60 – 74/95.
• Dieses Gasthaus ist eines der ältesten des Ortes und seit mehr als 100 Jahren in Fami lienbesitz. Wohnliche Zimmer sorgen für einen erholsamen Aufenthalt. Mit Holzmobiliar und Bildern ist das Restaurant nett eingerichtet.

In Stockach-Wahlwies Süd-West : 3 km :

🍴 **Adler** (mit Gästehaus), Leonhardtstr. 29, ⊠ 78333, ℘ (07771) 35 27, adler-wahlwies @t-online.de, Fax (07771) 920012, 🍽 – ⇔ Zim, ⇔ 🔔 ⓜ 💳
geschl. Feb., 25. Okt. - 10. Nov. – **Menu** (geschl. Montag - Dienstagmittag) à la carte 16/34 – **14 Zim** ⊇ 25/32 – 45/54.
• Das traditionsreiche Haus bietet Reisenden neben soliden Quartieren auch eine wohltuende familiäre Atmosphäre. Neuzeitliche Zimmer stehen im Gästehaus bereit. Das rustikale Restaurant lädt mit gepflegter Gastlichkeit zur Einkehr ein.

STOCKELSDORF Schleswig-Holstein siehe Lübeck.

STOCKHEIM Bayern siehe Kronach.

STOCKSTADT AM MAIN Bayern 417 Q 11 – 8 000 Ew – Höhe 110 m.
Berlin 550 – München 361 – Frankfurt am Main 38 – Darmstadt 36.

🏨 **Brößler**, Obernburger Str. 2, ⊠ 63811, ℘ (06027) 42 20, info@hotel-broessler.de, Fax (06027) 422100, Biergarten – 📺 📞 ⇔ 🔔 20. ㏂ ⓞ ⓜ 💳 ⓙ
geschl. Anfang Jan. 1 Woche – **Menu** (geschl. Samstag) à la carte 17,50/31,50 – **36 Zim** ⊇ 55 – 85.
• Eine Glasüberführung verbindet den alten Gasthof mit einem modernen Gästehaus. Mit neuzeitlichem Inventar werden die Zimmer den Ansprüchen von heute gerecht. Man bittet seine Gäste in bürgerlich-schlichtem Umfeld zu Tisch.

TÖLLN Brandenburg 416 H 21 – 320 Ew – Höhe 25 m.
Berlin 86 – Potsdam 75 – Schwerin 135 – Stendal 59.

Zum 1. Flieger, Otto-Lilienthal-Str. 7, ⊠ 14728, ℘ (033875) 3 00 00, gasthof@zum-ersten-flieger.de, Fax (033875) 30020, Biergarten – ⁕ Zim, 📺 🅿 ⚬⚬
geschl. 3. - 19. Jan. - **Menu** (Jan. - Mitte März wochentags nur Abendessen) à la carte 14/25 – **10 Zim** ⊐ 33 – 49/55.
  ◆ Eine inzwischen zum Hotel ausgebaute Scheune diente einst Otto Lilienthal zur Aufbewahrung seiner Gleitfluggeräte. Heute beherbergt das kleine Haus 10 gemütliche Gästezimmer. Ein rustikales Interieur mit Dielenboden bestimmt den Charakter der Gaststuben.

TOLBERG (HARZ) Sachsen-Anhalt 418 L 16 – 1 500 Ew – Höhe 330 m – Luftkurort.
🛈 Tourist-Information, Markt 2, ⊠ 06547, ℘ (034654) 4 54, Fax (034654) 729.
Berlin 246 – Magdeburg 110 – Erfurt 91 – Göttingen 88.

Zum Bürgergarten, Thyratal 1, ⊠ 06547, ℘ (034654) 81 10, zum.buergergarten@t-online.de, Fax (034654) 811100, 🍽, ⊆s – ⁕ Zim, 📺 ♿ 🅿 – 🔸 40. 🆎 ⓞ ⚬⚬ 🆅🅸🆂🅰
Menu (geschl. Montagmittag, Dienstagmittag) à la carte 13,50/27 – **28 Zim** ⊐ 36/56 – 46/71 – ½ P 10.
  ◆ Hinter den alten Mauern des netten Fachwerkhauses - ein familiengeführtes Hotel - verbergen sich sehr gepflegte, wohnlich eingerichtete Gästezimmer. Das Restaurant liegt im Altbau und ist gediegen-rustikal eingerichtet.

Stolberger Hof, Markt 6, ⊠ 06547, ℘ (034654) 3 20, info@stolberger-hof.de, Fax (034654) 437, 🍽 – 🛗 📺 🅿 ⚬⚬ 🆅🅸🆂🅰, ⁕ Zim
Menu à la carte 13/24 – **24 Zim** ⊐ 39/50 – 60/80.
  ◆ Direkt am Marktplatz des malerischen kleinen Ortes finden Reisende im ehemaligen Rathaus eine praktische Unterkunft. Von hier aus erkunden Sie die schöne Harzlandschaft. Sie speisen in einem mit hellem Holz gemütlich gestalteten Ambiente.

Weißes Roß, Rittergasse 5, ⊠ 06547, ℘ (034654) 4 03, katja.neldner@arcormail.de, Fax (034654) 602 – 📺, ⁕ Zim
Menu (geschl. Nov.) (Dez. - März wochentags nur Abendessen) à la carte 12/18 – **13 Zim** ⊐ 35 – 56 – ½ P 8.
  ◆ Im ältesten Gasthaus Stolbergs überzeugt man seine Besucher mit wohnlichen, gepflegten Fremdenzimmern und der familiären Atmosphäre eines kleinen Hotels. Eine bürgerliche Gaststube lädt zur Einkehr ein.

STOLBERG Nordrhein-Westfalen 417 N 2 – 59 000 Ew – Höhe 180 m.
Berlin 629 – Düsseldorf 80 – Aachen 11 – Düren 23 – Monschau 36.

Romantik Parkhotel am Hammerberg ⊛ garni, Hammerberg 11, ⊠ 52222, ℘ (02402) 1 23 40, hammerberg@romantikhotels.com, Fax (02402) 123480, ⊆s, ⧈, 🍽 – ⁕ Zim 📺 ℘ 🅿 – 🔸 15. 🆎 ⓞ ⚬⚬ 🆅🅸🆂🅰
27 Zim ⊐ 60/82 – 117/150.
  ◆ Oberhalb des Ortes, neben einer alten Kirche mit historischem Friedhof liegt dieses Hotel. Wohnliche Zimmer und eine nette Sitzecke mit Kamin laden zum Verweilen ein.

Stadthalle garni, Rathausstr. 19, ⊠ 52222, ℘ (02402) 2 30 56, Fax (02402) 84211 – 🛗 📺 🅿 – 🔸 30. 🆎 ⓞ ⚬⚬ 🆅🅸🆂🅰
19 Zim ⊐ 46/49 – 62/72.
  ◆ Das Haus befindet sich in zentraler Lage, integriert in die Stadthalle von Stolberg. Gepflegte, praktisch ausgestattete Zimmer dienen Ihnen als vorübergehendes Zuhause.

In Stolberg-Zweifall Süd-Ost : 6,5 km :

Zum Walde ⊛ (mit Gästehäusern), Klosterstr. 4, ⊠ 52224, ℘ (02402) 76 90, christen@hotel-zum-walde.de, Fax (02402) 76910, 🍽, 🔸, ⊆s, ⧈, 🍽 – 🛗 📺 ℘ ⚬ 🅿 – 🔸 25. 🆎 ⓞ ⚬⚬ 🆅🅸🆂🅰
Menu à la carte 21,50/36 – **61 Zim** ⊐ 88/92 – 126/130, 3 Suiten.
  ◆ Vier einzelne, jeweils in einem Abstand von 50 m über ein Wohngebiet verteilte Gebäude bilden diese Hotelanlage. Gepflegte Zimmer und Appartements stehen zum Einzug bereit. Im rustikalen Ambiente des Restaurants nehmen Sie am offenen Kamin Platz.

In Stolberg-Vicht Süd-Ost : 4 km :

Vichter Landhaus, Münsterau 140, ⊠ 52224, ℘ (02402) 9 89 10, info@vichter-landhaus.de, Fax (02402) 989192, 🍽 – 📺 ⚬ 🅿 – 🔸 25. 🆎 ⚬⚬ 🆅🅸🆂🅰 ⁕ Zim
Menu à la carte 15/36 – **30 Zim** ⊐ 55 – 85.
  ◆ Das am Wald gelegene Landhaus - ein solider Familienbetrieb - verfügt über solide eingerichtete Gästezimmer. Rundbogenfenster zieren einen Teil der Fassade. Schöne Backsteinbögen unterteilen das Restaurant.

STOLLBERG Sachsen **418** N 22 – 14 000 Ew – Höhe 415 m.
Berlin 280 – Dresden 94 – Chemnitz 20 – Plauen 66 – Zwickau 29.

  Goldener Adler, Postplatz 7, ⊠ 09366, ℘ (037296) 6 99 50, Fax (037296) 69951
  – 🆃🆅 🅿. 🅰🅴 ① ⓒ🄾 𝗩𝗜𝗦𝗔
  Menu à la carte 11/21 – **15 Zim** ⊆ 40/60 – 80.
  • Das renovierte ältere Stadthaus liegt im Zentrum von Stollberg. In der zweiten Etage ha
  man nette neuzeitlich möblierte Zimmer mit sinnvollem Inventar für Sie eingerichtet. Da
  Hotelrestaurant zeigt sich in bürgerlich schlichter Aufmachung.

In Stollberg-Mitteldorf Süd-West : 3 km :

  Zur Grünen Laube, Hartensteiner Str. 59, ⊠ 09366, ℘ (037296) 24 8
  Fax (037296) 3603, 🍽 – 🆃🆅 📞 🅿. – 🏋 15. 🅰🅴 ① ⓒ🄾 𝗩𝗜𝗦𝗔
  Menu à la carte 12/23 – **15 Zim** ⊆ 40/46 – 50/63.
  • Das 1995 neu erbaute Hotel stellt eine saubere, solide Übernachtungsadresse dar. Jede
  der neuzeitlichen Zimmer verfügt über einen kleinen Balkon.

In Niederwürschnitz Nord-West : 3,5 km :

  Vinum, Chemnitzer Str. 29, ⊠ 09399, ℘ (037296) 1 51 26, Fax (037296) 15129, ≤
  – 💤 Zim, 🆃🆅 ⇔ 🅿. ⓒ🄾 𝗩𝗜𝗦𝗔
  Menu (geschl. Sonntag) (nur Abendessen) à la carte 15/32 – **13 Zim** ⊆ 54/60 – 72/8.
  • Die Gästezimmer des kleinen Weinhotels sind nach verschiedenen Anbaugebiete
  benannt. Die praktische, individuelle Einrichtung reicht von leicht rustikal bis modern. Wein
  regale und ein nettes Dekor tragen zu einem gemütlichen Ambiente im Restaurant be

STOLPE KREIS ANKLAM Mecklenburg-Vorpommern **416** E 24 – 500 Ew – Höhe 5 m.
Berlin 179 – Schwerin 171 – Neubrandenburg 48 – Rügen (Bergen) 103 – Stralsund 7:

  Gutshaus Stolpe ⚘, Dorfstr. 37, ⊠ 17391, ℘ (039721) 55 00, info@gutshaus
  stolpe.de, Fax (039721) 55099, 🍽, 🅴🅶, 🚗, 🐎, ℀ – 🆃🆅 🅿 – 🏋 150. 🅰🅴 ⓒ🄾 𝗩𝗜𝗦𝗔
  💤 Rest
  geschl. 6. - 26. Jan. – **Menu** (geschl. Montag) (nur Abendessen) à la carte 35/48 ♀ – **33 Zim**
  ⊆ 100/115 – 125/155, 3 Suiten.
  • Das Interieur des fast 150 Jahre alten, herrschaftlich anmutenden Gutshofes
  besticht durch wohnliche Eleganz. Der umgebende Park mit alten Bäumen ist einmal
  schön. Parkett und stilvolle Einrichtung im Restaurant, wo eine feine klassische Küche gebo
  ten wird.
  Spez. "Kleine Schweinerei" vom Sattelschwein mit Wiesenkräutersalat. Blankett von Pee
  neaal und Flußkrebsen mit Rotweinbutter. Pommerscher Rehrücken mit Gewürzkruste und
  Wildpfeffersauce.

 ✗ **Fährkrug,** Dorfstr. 25, ⊠ 17391, ℘ (039721) 5 22 25, info@gutshaus-stolpe.de
  Fax (039721) 55099 72 – 🅿. 🅰🅴 ⓒ🄾 𝗩𝗜𝗦𝗔
  geschl. 14. Jan. - 28. Feb., Okt. - April Dienstag - Mittwoch – **Menu** à la carte 17/25.
  • Seit 1998 ergänzt das 300 Jahre alte Reetdachhaus an der Peene die Gastronomie des
  Hotels Gutshaus Stolpe - eine mit Liebe zum Detail renovierte Adresse.

STOLPEN Sachsen **418** M 26 – 6 000 Ew – Höhe 356 m.
Berlin 207 – Dresden 27 – Bautzen 35 – Pirna 17.

  Burghotel ⚘, Schloßstr. 12, ⊠ 01833, ℘ (035973) 2 79 11, info@burghotel
  stolpen.de, Fax (035973) 27912, ≤, Biergarten – 🛗 🆃🆅 ♿ 🅿. – 🏋 40. ⓒ🄾 𝗩𝗜𝗦𝗔
  Menu à la carte 14/29 – **44 Zim** ⊆ 50/60 – 70/85.
  • Unmittelbar unterhalb der Burg freut sich eine solide Herberge auf Ihren Besuch. Neben
  funktionellen Zimmern zählt auch die ruhige Lage zu den Vorzügen des Hauses. Das Win
  tergartenrestaurant bietet eine schöne Aussicht.

STORKAU Sachsen-Anhalt **416 418** I 19 – 190 Ew – Höhe 55 m.
Berlin 123 – Magdeburg 71 – Brandenburg 60 – Tangermünde 8 – Stendal 8 – Witten
berge 61.

  Schloß Storkau ⚘, Im Park, ⊠ 39590, ℘ (039321) 52 10, hotel.schloss.storkau@
  -online.de, Fax (039321) 5220, 🍽, 🅴🅶, 🚗, ℀ – 🛗, 💤 Zim, 🆃🆅 ♿ 🅿. – 🏋 60. 🅰🅴 ①
  ⓒ🄾 𝗩𝗜𝗦𝗔
  Menu (geschl. 10. - 22. Feb., Sonntagabend - Montag) 18/63 à la carte 24/43 – **107 Zim**
  ⊆ 52/150 – 95/170.
  • Umgeben von einer großzügigen Parkanlage, ist das stilvoll restaurierte Schloß an der
  Elbe ein ideales Domizil für Ruhesuchende. Zu dem Anwesen gehört auch das Kavaliershaus.
  Dem stilvollen Rahmen angepaßt, zeigt sich das Restaurant klassisch-elegant.

STORKOW (MARK) Brandenburg 416 418 J 25 – 6 100 Ew – Höhe 40 m.

🛈 Tourismus Storkow, Schloßstr. 6 (Burg), ✉ 15859, ℘ (033678) 7 31 08, tourismus @storkow.de, Fax (033678) 73229.

Berlin 63 – Potsdam 80 – Cottbus 81 – Frankfurt (Oder) 53.

In Storkow-Hubertushöhe Süd-Ost : 3,5 km, Richtung Beeskow :

🏨 **Schloss Hubertushöhe** ⌘ (mit Seeresidenz und Kutscherhaus), Robert-Koch-Str. 1, ✉ 15859, ℘ (033678) 4 30, schloss@hubertushoehe.de, Fax (033678) 43100, 🚣, 🚤 Bootssteg – 📺 📞 🅿 – 🔒 15. 🆎 ⓞ ⓒⓞ 𝐕𝐈𝐒𝐀 geschl. Jan. – **Windspiel** (geschl. Montag, Okt. – März Montag – Dienstag) **Menu** à la carte 38/51 ♀ – **22 Zim** ⊐ 130 – 150/350.

♦ Das detailgetreu restaurierte Jagdschloß von 1900 – heute Bau- und Kulturdenkmal - beeindruckt den Gast mit außergewöhnlicher Architektur, Stil und herrlicher Lage im Park. Schlichte Eleganz prägt die stilvoll eingerichteten hohen Räume des Restaurants.

In Groß Schauen Süd-West : 2 km :

🏨 **Köllnitzer Hof** ⌘, Hauptstr. 19 (B 246, West : 1 km), ✉ 15859, ℘ (033678) 69 60, Fax (033678) 69632, 🈂, 🚤, 🍴 – 📺 🅿 ⓒⓞ 𝐕𝐈𝐒𝐀 **Menu** (Mahlzeiten in den Fischerstuben) à la carte 14/31 – **11 Zim** ⊐ 51 – 64.

♦ Das Hotel liegt in einer Hofanlage mit Fischereibetrieb. Hinter einer für die Region typischen Klinker-Fachwerkfassade beziehen Sie ein zeitgemäßes Quartier. Die Fischerei als Haupterwerbsquelle der Region ist Grundlage der hier angebotenen Küche.

Wenn Sie ein ruhiges Hotel suchen, benutzen Sie die Übersichtskarte in der Einleitung oder wählen Sie ein Hotel mit dem entsprechenden Zeichen ⌘

STRALSUND Mecklenburg-Vorpommern 416 D 23 – 59 800 Ew – Höhe 5 m.

Sehenswert : *Rathaus*★ *(Nordfassade*★★*)* **BY** – *Deutsches Meeresmuseum*★ **BY M** – *Nikolaikirche*★ **BY** – *Marienkirche*★ **BZ**.

🛈 Tourismuszentrale, Alter Markt 9, ✉ 18439, ℘ (03831) 2 46 90, info@stralsundtourismus.de, Fax (03831) 246922.

ADAC, Frankenstr. 1.

Berlin 247 ② – Schwerin 160 ④ – Rügen (Bergen) 29 ① – Rostock 71 ④ – Greifswald 32 ②

Stadtpläne siehe nächste Seiten

🏨 **Dorint Im HanseDom** 🅼, Grünhufer Bogen 18, ✉ 18437, ℘ (03831) 3 77 30, *dorint.reservierung@hansedom.de,* Fax (03831) 3773100, 🌴, 🎿, 🚤, 🍴(Halle) Squash – 🛗, ❄ Zim, 📺 📞 ♿ 🅿 – 🔒 60. 🆎 ⓞ ⓒⓞ 𝐕𝐈𝐒𝐀 JCB
🍴 Rest über Bartherstraße **AYZ**
Menu à la carte 19/35 – ⊐ 15 – **114 Zim** 96/120 – 120/132, 5 Suiten.

♦ Das 1999 eröffnete Hotel ist integriert in einen beeindruckenden Freizeitpark. Wellness, Komfort und ein modernes, maritim-elegantes Ambiente prägen das Interieur des Hauses. Maritime Elemente und eine freundliche, moderne Einrichtung im Restaurant.

🏨 **Steigenberger Hotel Baltic** 🅼, Frankendamm 22, ✉ 18439, ℘ (03831) 20 40, *stralsund@steigenberger.de,* Fax (03831) 204999, 🎿, 🈂 – 🛗, ❄ Zim, 📺 📞 🚗 – 🔒 100. 🆎 ⓞ ⓒⓞ 𝐕𝐈𝐒𝐀 JCB
CZ k
Menu à la carte 20/36 – **134 Zim** ⊐ 99/134 – 119/154, 4 Suiten.

♦ Die frühere Kaserne wurde durch einen neuzeitlichen Klinkeranbau ergänzt. Das Ergebnis : ein Hotel, das mit Komfort und Eleganz den Ansprüchen des heutigen Gastes gerecht wird. In moderner, bistroartiger Gestaltung präsentiert sich das Restaurant.

🏨 **Zur Post** 🅼, Tribseer Str. 22, ✉ 18439, ℘ (03831) 20 05 00, info@hotel-zur-post-stralsund.de, Fax (03831) 200510, 🈂 – 🛗, ❄ Zim, 📺 ♿ 🚗 – 🔒 60. 🆎 ⓒⓞ 𝐕𝐈𝐒𝐀
BZ a
Menu (nur Abendessen) à la carte 17/29 – **108 Zim** ⊐ 84/99 – 93/118.

♦ Das moderne, im Atriumstil angelegte Hotel liegt am Neuen Markt, im historischen Kern der Altstadt. Hier verbindet man den Komfort der heutigen Zeit mit neuzeitlichem Design. Modern und hell präsentiert sich das zur Halle hin offene Restaurant.

🏨 **An den Bleichen** garni, An den Bleichen 45, ✉ 18435, ℘ (03831) 39 06 75, Fax (03831) 392153, 🈂, 🚤 – ❄ 📺 🅿 🆎 ⓒⓞ 𝐕𝐈𝐒𝐀
AY d
23 Zim ⊐ 55 – 72.

♦ Das Haus ist in einem Wohngebiet plaziert - umgeben von hübschen Gärten. Das gemütlich gestaltete Hotel liegt nicht weit von Altstadt, Hafen und Strand entfernt.

STRALSUND

Straße	Ref
Alte Rostocker Straße	AZ 2
Alter Markt	BY 3
Am Langenkanal	CY 4
Apollonienmarkt	BY 6
August-Bebel-Ufer	BZ 7
Badenstraße	BY 9
Badstüberstraße	BCY 10
Baumschulenstraße	AY 12
Bleistraße	BZ 13
Elisabethweg	AZ 15
Fährstraße	BY 16
Friedrich-List-Straße	AZ 18
Greifswalder Chaussee	BZ 19
Hafenstraße	CYZ 21
Heilgeiststraße	BY
Heuweg	AZ 22
Hinter der Brunnenaue	AY 23
Jacobichorstr.	BY 24
Jacobiturmstraße	BY 25
Ketelhofstraße	AY 27
Mauerstraße	BY 28
Mühlenstraße	BY 30
Neuer Markt	BZ 31
Olof-Palme-Platz	BY 33
Ossenreyerstraße	BY
Otto-Voge-Straße	BCZ 34
Papenstraße	BY 36
Peter Blome Straße	CZ 37
Philipp-Julius-Weg	AZ 39
Platz der Friedens	AZ 40
Richtenberger Chaussee	AZ 41
Semlowerstr.	BY 42
Schillstraße	BY 43
Tetzlawstraße	AZ 45
Tribseerstraße	BZ 46
Wasserstraße	CY 48
Witzlawstraße	AZ 49

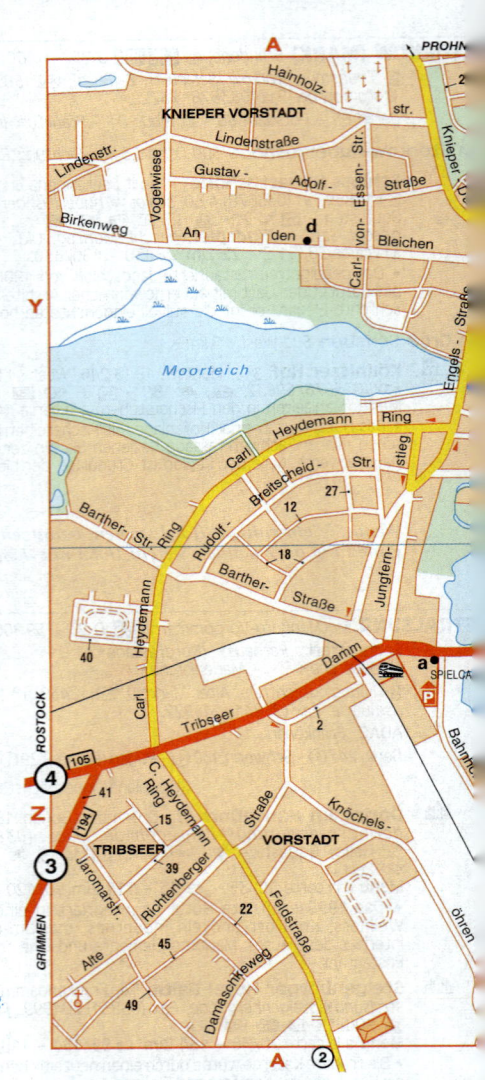

*Die im Michelin-Führer
verwendeten Zeichen
und Symbole haben -
fett oder dünn gedruckt,
rot oder schwarz -
jeweils eine andere Bedeutung.
Lesen Sie daher
die Erklärungen
aufmerksam durch.*

🏨 **InterCityHotel** M, Tribseer Damm 76, ✉ 18437, ✆ (03831) 20 20, stralsund@inter cityhotel.de, Fax (03831) 202599 – 🛗, ✤ Zim, 📺 ✆ 🚭 – 🔏 150. 𝔸𝔼 ⓘ 🐵 𝑽𝑰𝑺𝑨. ⌘ Rest
Menu *(nur Abendessen)* à la carte 20/32 – **114 Zim** ⊊ 86 – 112.   AZ a
♦ In das neue Hansecenter hat man ein modernes Hotel integriert. Die Ausstattung sowie die Lage zwischen Bahnhof und historischer Altstadt werden Ihren Ansprüchen gerecht.

In Stralsund-Grünhufe West : 2 km über ④ und Grünhufer Dorfstraße :

🏨 **Unter den Linden**, Lindenallee 41, ✉ 18437, ✆ (03831) 44 20, hotel-unter-den-lin den@t-online.de, Fax (03831) 442270, 🍽, 🞄, ⇌ – ✤ Zim, 📺 🅿 – 🔏 20. 𝔸𝔼 🐵 𝑽𝑰𝑺𝑨
Menu à la carte 13/22 – **40 Zim** ⊊ 56 – 85.
♦ Dieses neuzeitliche Haus stellt Reisenden zeitgemäß und funktionell eingerichtete Gästezimmer zur Verfügung - ein sauberes, gepflegtes Quartier für unterwegs.

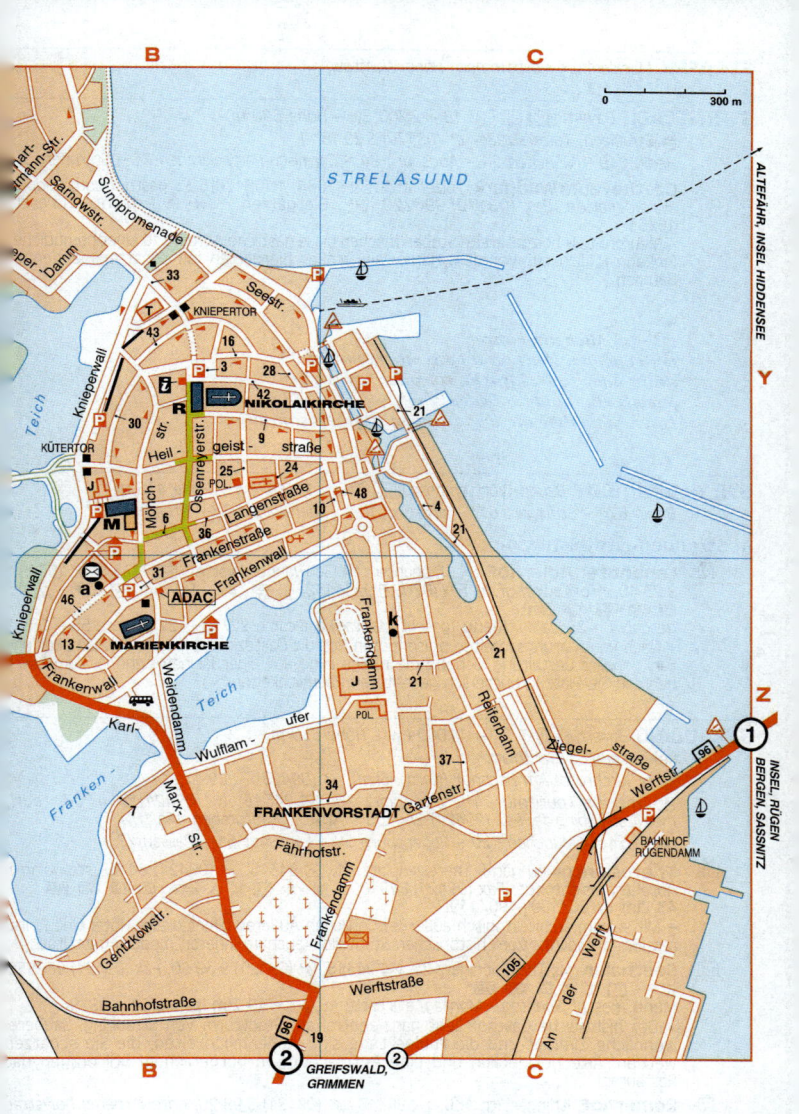

Michelin bringt keine Schilder an den empfohlenen Hotels und Restaurants an.

STRANDE Schleswig-Holstein 415 416 C 14 – 1 700 Ew – Höhe 5 m – Seebad.
 Tourist Information, Strandstr. 12, ⊠ 24229, ℘ (04349) 2 90, info@strande.de, Fax (04349) 909974 – Berlin 366 – Kiel 18 – Eckernförde 26.

Strandhotel, Strandstr. 21, ⊠ 24229, ℘ (04349) 9 17 90, info@strandhotel.de, Fax (04349) 9179210, ☼, ≘s – TV ℘ P. AE ⓞ VISA
Nov. - März Sonntagabend – **Menu** à la carte 23/37 – **23 Zim** ⊇ 80/95 – 105/145.
 • Mit wohnlichem Ambiente ersetzt dieses Domizil Ihnen für einige Zeit ihr Zuhause. Die Lage direkt an der Seepromenade zählt zu den Annehmlichkeiten des Hauses. Terracottafliesen und ein großer offener Kamin bestimmen den Charakter des freundlichen Restaurants.

1383

STRASEN Mecklenburg-Vorpommern siehe Wustrow.

STRASSLACH Bayern 419 420 V 18 – 2700 Ew – Höhe 590 m.
  🚇 Straßlach, Tölzerstraße, ℘ (08170) 9 29 18 11.
  Berlin 619 – München 24 – Augsburg 84 – Garmisch-Partenkirchen 71 – Starnberg 24

✕ **Gasthof zum Wildpark**, Tölzer Str. 2, ✉ 82064, ℘ (08170) 6 35, gasthof-zum-wildpar
  @roiderer.de, Fax (08170) 996220, 🍽, Biergarten – ✳ 🅿 – **Menu** à la cart
  16/33.
  ◆ Mehrere teils holzgetäfelte Stuben machen diese gastliche Adresse zu einer gemütliche
  Einkehrmöglichkeit. Vor dem Haus : ein großer Biergarten mit schattenspendende
  Bäumen.

Die im Michelin-Führer
verwendeten Zeichen und Symbole haben-
*dünn oder **fett** gedruckt, **rot** oder schwarz -*
jeweils eine andere Bedeutung.
Lesen Sie daher die Erklärungen aufmerksam durch.

STRAUBENHARDT Baden-Württemberg 419 T 9 – 11 000 Ew – Höhe 416 m.
  Berlin 674 – Stuttgart 67 – Karlsruhe 30 – Baden-Baden 38 – Pforzheim 17.

In Straubenhardt-Schwann :

🏠 **Landhotel Adlerhof** ⤴, Mönchstr. 14 (Schwanner Warte), ✉ 75334, ℘ (07082
  9 23 40, info@adlerhof.de, Fax (07082) 9234130, ≤, 🍽, 🌺 – ✳ Zim, 📺 📞 🅿 – 🎿 15
  🅰🅴 ⓜ🅾 🆅🅸🆂🅰. 🍽 Zim
  geschl. 4. - 23. Jan. – **Menu** (geschl. Montag) à la carte 22/36 – **22 Zim** ⤴ 58 – 93.
  ◆ Nach Renovierungsarbeiten präsentieren sich die Gästezimmer nun in zeitgemäßer un
  funktioneller Gestaltung. Schön : die ruhige Lage auf einer kleinen Anhöhe. Zum Esse
  nehmen Sie Platz in bürgerlich gestalteten Räumlichkeiten.

STRAUBING Bayern 420 T 21 – 44 000 Ew – Höhe 330 m.
  Sehenswert : Stadtplatz★.
  🏌 🏌 Kirchroth, Am Bachhof (Nord : 6km), ℘ (09428) 71 69.
  🛈 Amt für Tourismus, Theresienplatz 20, ✉ 94315, ℘ (09421) 94 43 07, touri
  mus@straubing.de, Fax (09421) 944103 – **ADAC**, Stadtgraben 44a.
  Berlin 541 – München 120 – Regensburg 50 – Landshut 51 – Passau 79.

🏨 **Theresientor** Ⓜ garni, Theresienplatz 41, ✉ 94315, ℘ (09421) 84 90, straubing@
  hotel-theresientor.de, Fax (09421) 849100 – 📶 ✳ 📺 📞 🚲 🚗. 🅰🅴 ⓞ ⓜ🅾 🆅🅸🆂🅰
  43 Zim ⤴ 60/109 – 90/139.
  ◆ Mit seinem architektonisch außergewöhnlichen Äußeren bildet dieses Hotel einen inte
  ressanten Kontrast zum historischen Stadtbild – auch im Inneren modern gestaltet.

🏨 **Seethaler** ⤴, Theresienplatz 25, ✉ 94315, ℘ (09421) 9 39 50, Fax (09421) 939550
  🍽 – 📺 📞 🅿 🅰🅴 ⓜ🅾 🆅🅸🆂🅰
  Menu (geschl. Sonntag - Montag) à la carte 16/31 – **19 Zim** ⤴ 58/64 – 88/94.
  ◆ Der historische Gasthof liegt ganz zentral am Stadtturm von Straubing. Saubere
  wohnliche Zimmer und die ruhige Lage sind Annehmlichkeiten, die Sie schätze
  werden. Alte Holzdecken und eine Aufmachung in bürgerlichem Stil prägen da
  Restaurant.

🏠 **Römerhof**, Ittlinger Str. 136, ✉ 94315, ℘ (09421) 9 98 20, hotel@roemerhof-strau
  bing.de, Fax (09421) 998229, 🍽 – 📶, ✳ Zim, 📺 📞 🚲 🚗 🅿 – 🎿 15. 🅰🅴 ⓞ ⓜ🅾 🆅🅸🆂🅰
  🍽 Rest
  geschl. 20. - 26. Dez. – **Menu** (geschl. 8. - 24. Aug., Samstag - Sonntag) (nur Abendessen
  à la carte 14/23 – **26 Zim** ⤴ 52/80 – 78/98.
  ◆ Sind Sie auf der Suche nach einer sauberen, gepflegten Übernachtungsadresse? Meist
  neuzeitlich eingerichtete Fremdenzimmer bieten dem Gast Funktionalität.

🍴 **Wenisch**, Innere Passauer Str. 59, ✉ 94315, ℘ (09421) 9 93 10 (Hotel), 9 09 99 (Rest.)
  info@hotel-wenisch.de, Fax (09421) 993180 – ✳ Zim, 📺 🚗 🅿 🅰🅴 ⓞ ⓜ🅾
  🆅🅸🆂🅰
  Menu à la carte 12/23 – **33 Zim** ⤴ 28/59 – 49/74.
  ◆ Ordentliche Gästezimmer bieten Reisenden eine praktische Behausung auf Zeit. Innen
  stadt wie auch Bahnhof sind nicht weit vom Hotel entfernt. In ländlich-schlichten Gast
  stuben erwarten den Besucher regionale Speisen.

TRAUSBERG
Brandenburg 416 418 I 25 – 26 000 Ew – Höhe 80 m.

🔓 🔓 Gielsdorf, Schloß Wilkendorf (Nord-Ost : 4 km), ℘ (03341) 33 09 60.

🛈 Stadt- und Tourist-Information, August-Bebel-Str. 1, ✉ 15344, ℘ (03341) 31 10 66, Fax (03341) 314635.

Berlin 44 – Potsdam 75 – Eberswalde 35 – Frankfurt (Oder) 62.

The Lakeside, Gielsdorfer Chaussee 6, ✉ 15344, ℘ (03341) 3 46 90, hotel@the lakeside.de, Fax (03341) 346915, Biergarten, ≘s, 🅂 – 🏢, ⥂ Zim, 📺 📞 🅿 – 🄰 80. 🄰🄴 ① 🄾🄾 VISA JCB

Menu à la carte 22/31 – **53 Zim** ⚌ 80 – 105.

◆ Mit Türmchen, Zinnen und einem als Amphitheater dienendem Innenhof erinnert die Architektur dieses Hotels an eine Burg. Im Inneren überzeugen Komfort und Eleganz. Eine Bistro-Bar im englischen Stil ergänzt das Restaurant.

Annablick, Ernst-Thälmann-Str. 82a, ✉ 15344, ℘ (03341) 42 39 17, Fax (03341) 471829 – 📺 🅿. 🄾🄾 VISA. ✂ Rest

geschl. 22. Dez. - 10. Jan. – **Menu** (geschl. Samstag - Sonntag) (nur Abendessen) à la carte 10/20 – **13 Zim** ⚌ 35/45 – 56/65.

◆ Das ehemalige Wohnhaus dient heute der Beherbergung Reisender. Wer ein kleines Hotel mit familiärem Charme sucht, findet hier ein gepflegtes, individuelles Quartier. In einem freundlichen Wintergartenanbau hat man das kleine Restaurant eingerichtet.

TREHLA
Sachsen 418 L 23 – 4 100 Ew – Höhe 104 m.

Berlin 156 – Dresden 61 – Leipzig 89.

Ambiente garni, Torgauer Str. 20, ✉ 01616, ℘ (035264) 9 02 24, Fax (035264) 90224 – ⥂ 📺 🅿. 🄰🄴 🄾🄾 VISA JCB

16 Zim ⚌ 34/44 – 49/57.

◆ Ein neuzeitliches kleines Domizil mit sympathischem Pensionscharakter. Die Zimmer sind mit allen Annehmlichkeiten einer funktionellen Übernachtungsadresse ausgestattet.

TROMBERG KREIS KREUZNACH
Rheinland-Pfalz 417 Q 7 – 3 000 Ew – Höhe 235 m.

🔓 Stromberg-Schindeldorf, Buchenring 6, ℘ (06724) 9 30 80.

Berlin 611 – Mainz 45 – Bad Kreuznach 28 – Koblenz 59.

Johann Lafer's Stromburg ⛊, Schloßberg 1, ✉ 55442, ℘ (06724) 9 31 00, stromburghotel@johannlafer.de, Fax (06724) 931090, ≤, ⛲, Biergarten – 📺 📞 🅿 – 🄰 80. 🄰🄴 ① 🄾🄾 VISA

Menu siehe auch Rest. **Le Val d'Or** separat erwähnt - **Turmstube : Menu** à la carte 31/44 – ⚌ 15 – **14 Zim** 98/119 – 149/219.

◆ Hinter den restaurierten Mauern der alten Burganlage bilden Luxus und Stil ein harmonisches Ambiente. Namen berühmter Köche begleiten den Gast durch diese exklusive Residenz. Gehobene Regionalküche gibt es in der ländlich-eleganten Turmstube.

Land und Golf Hotel Stromberg ⛊, Buchenring 6 (beim Golfplatz), ✉ 55442, ℘ (06724) 60 00, info@golfhotel-stromberg.de, Fax (06724) 600433, ⛲, Massage, 🄵, 🅂, 🔓 – 🏢, ⥂ Zim, 🄵 Rest, 📺 ⇔ 🅿 – 🄰 260. 🄰🄴 ① 🄾🄾 VISA. ✂ Rest

Menu à la carte 32/41 – **184 Zim** ⚌ 105/110 – 130/135.

◆ Suchen Sie Ruhe kombiniert mit modernem Wohnkomfort? Umgeben von einer herrlichen Golfanlage, wird dieses Refugium auch anspruchsvollen Nicht-Golfern zusagen. Der gastronomische Bereich des Hauses ist elegant gestaltet.

Le Val d'Or - Hotel Johann Lafer's Stromburg, Schloßberg 1, ✉ 55442, ℘ (06724) 9 31 00, stromburghotel@johannlafer.de, Fax (06724) 931090, ⛲ – 🅿. 🄰🄴 ① 🄾🄾 VISA

geschl. Montag (außer Feiertage) – **Menu** (Dienstag - Freitag nur Abendessen) 91/107 à la carte 59/76 ♊.

◆ Klassische Eleganz und Können machen die Wirkungsstätte des beliebten Fernsehkochs zum Herzstück der Stromburg. Eine französische Küche, kreativ variiert, überzeugt den Gast.

Spez. Bretonischer Steinbutt mit Langustinen und Champagnersauce. Lammcarré mit Pfifferlingrisotto und geschmorten Artischocken. Dessertimpressionen.

STRULLENDORF
Bayern 419 420 Q 16 – 7 500 Ew – Höhe 253 m.

Berlin 412 – München 222 – Coburg 54 – Bayreuth 68 – Nürnberg 50 – Bamberg 9.

Christel, Forchheimer Str. 20, ✉ 96129, ℘ (09543) 44 60, hotel-christel@t-online.de, Fax (09543) 4970, ⛲, ≘s, 🅂 – 🏢, ⥂ Zim, 📺 ⇔ 🅿 – 🄰 30. 🄰🄴 ① 🄾🄾 VISA. ✂ Rest

geschl. 24. - 30. Dez. – **Menu** (geschl. Sonntag) à la carte 16/31 – **42 Zim** ⚌ 45/80 – 80/90.

◆ Mit seinen gepflegten und praktisch ausgestatteten Gästezimmern stellt das familiengeführte Haus eine solide Übernachtungsadresse dar. Ein Teil des Restaurants zeigt sich in rustikaler Aufmachung.

STRUPPEN Sachsen siehe Königstein.

STUBENBERG Bayern siehe Simbach am Inn.

Neste guia
um mesmo símbolo, impresso a preto *ou a* vermelho,
ou a mesma palavra com carácteres
de tamanhos diferentes não têm o mesmo significado.
Leia atentamente as páginas de introdução.

STÜHLINGEN Baden-Württemberg **419** W 9 – 5 000 Ew – Höhe 501 m – Luftkurort.
🛏 🕳 Stühlingen, Am Golfplatz 1, ℘ (07703) 9 20 30.
Berlin 773 – Stuttgart 156 – Freiburg im Breisgau 73 – Donaueschingen 30 – Schaffhausen 21 – Waldshut-Tiengen 27.

🏨 **Rebstock** (mit Gästehaus), Schloßstr. 10, ⊠ 79780, ℘ (07744) 9 21 20, *familie.sarno @hotel-rebstock.de*, Fax (07744) 921299, Biergarten, 🍽 – ⥀ Zim, 📺 📞
🅾🅲 𝑽𝑰𝑺𝑨
geschl. 22. - 25. Dez. – **Menu** à la carte 15/28 – **29 Zim** ⊇ 34/36 – 60/64.
◆ In einem kleinen Ort mit ländlicher Umgebung liegt dieser gepflegte, engagiert geführte Gasthof. Stammhaus und Gästehaus beherbergen solide Zimmer. Teil des Restaurants ist die gemütliche Schwarzwaldstube.

In Stühlingen-Schwaningen *Nord-West : 7 km :*

✕ **Gasthaus Schwanen** mit Zim, Talstr. 9, ⊠ 79780, ℘ (07744) 51 77, *restaurant @gasthaus-schwanen.de*, Fax (7744) 1318, 🍽 – 📺 🅿 🅾🅲 𝑽𝑰𝑺𝑨
geschl. Feb. 3 Wochen, Okt. 3 Wochen – **Menu** (geschl. Mittwoch, Donnerstagmittag, Samstagmittag) (Okt. - April wochentags nur Abendessen) à la carte 19/30 – **9 Zim** ⊇ 30/4 – 48.
◆ Ein Landgasthof wie er im Buche steht : kein Wunder, denn bereits drei Wirtsgenerationen bemühten sich hier um das Wohl des Gastes. Die Küche ist schmackhaft und regional.

In Stühlingen-Weizen *Nord-Ost : 4 km :*

🏨 **Zum Kreuz,** Ehrenbachstr. 70, ⊠ 79780, ℘ (07744) 3 35, *gasthaus-kreuz@t-online.de*
Fax (07744) 1347, 🍽 – 📺 ⇌ 🅿 🅾🅲 𝑽𝑰𝑺𝑨
geschl. Ende Okt. - Mitte Nov. – **Menu** (geschl. Montag) à la carte 13/24 – **17 Zim** ⊇ 27/3 – 47/54.
◆ Suchen Sie eine ländliche kleine Herberge? Mit solidem Holzmobiliar eingerichtete Zimmer und eine gute Pflege machen diesen ordentlichen Familienbetrieb aus. Gaststube mit ländlich-schlichtem Charakter.

In Stühlingen-Weizen - Bahnhof *Nord-Ost : 3 km :*

🏨 **Sonne** Ⓜ, Ehrenbachstr. 10, ⊠ 79780, ℘ (07744) 9 21 10, *sonne-weizen@t-online.de*
Fax (07744) 921140, 🍽 – ⥀ Zim, 📺 📞 🅿 🅾🅲 𝑽𝑰𝑺𝑨
geschl. 20. Dez. - 5. Jan. – **Menu** (geschl. Okt. - April Samstag) à la carte 16/30 – **20 Zim** ⊇ 35/43 – 60/70.
◆ Das Hotel mit der freundlichen hellgelben Fassade ist eine engagiert geführte Adresse. Reisende finden in modern eingerichteten Fremdenzimmern ein vorübergehendes Heim. In neuzeitlichem Stil präsentiert sich das Restaurant dieses traditionsreichen Hauses.

STUER, BAD Mecklenburg-Vorpommern siehe Plau am See.

STUHR Niedersachsen **415** G 10 – 32 000 Ew – Höhe 4 m
Bürgerbüro Stuhr, Blockener Str. 6 (Rathaus), ⊠-28816, ℘ (0421) 5 69 50, Fax (0421) 5695300.
Berlin 390 – Hannover 125 – Bremen 9,5 – Wildeshausen 29.

In Stuhr-Brinkum *Süd-Ost : 4 km :*

🏨 **Bremer Tor,** Syker Str. 4, ⊠ 28816, ℘ (0421) 80 67 80, *hotelbremertor@t-online.de*
Fax (0421) 8067830, 🍽 – 🛗, ⥀ Zim, 🍴 Rest, 📺 📞 & 🅿 – 🔔 100. 🅰🅴 ⓞ
🅾🅲 𝑽𝑰𝑺𝑨
Menu à la carte 17/32 – **38 Zim** ⊇ 67/80 – 88/94.
◆ Funktionalität und gute Technik machen die zeitgemäßen Zimmer dieses Hotels zu einem geeigneten Quartier für Geschäftsleute wie auch für Privatreisende. Mit einem neuzeitlichen Ambiente empfängt das Hotelrestaurant seine Besucher.

STUHR

Stuhr-Moordeich West : 2 km :

A 1 M, Moordeicher Landstr. 79 (Nahe der Ausfahrt A 1, Delmenhorst-Ost), ⊠ 28816, ℘ (04206) 44 90, a1hotel@t-online.de, Fax (04206) 449100, ⌘, ≦ - ⌘, ⌘ Zim, TV
⌘ ⌘ P - ⌘ 80. AE ⓜ VISA
Menu à la carte 19/33 - **75 Zim** ⌘ 64/115 - 90/136.
* Benannt nach seiner verkehrsgünstigen Lage an der Autobahn orientiert sich das moderne Hotel auch mit seinem funktionellen Interieur an den Bedürfnissen des Business-Gastes.

Nobel ⌘ mit Zim, Neuer Weg 13, ⊠ 28816, ℘ (0421) 5 68 00, heinz@nobel-moordeich.de, Fax (0421) 563648, ⌘ - TV P - ⌘ 25. AE ⓞ ⓜ VISA. ⌘ Zim
geschl. 17. - 31. März - **Menu** (geschl. Dienstag) à la carte 20/37 - **2 Zim** ⌘ 45 - 60.
* Bürgerlich-klassisch in der Aufmachung stellt das Restaurant ein nettes Plätzchen zum Verweilen dar. Alternativ reicht man in der Bierstube Pumpernickel eine kleinere Karte.

TUTENSEE Baden-Württemberg 419 S 9 - 20 700 Ew - Höhe 116 m.
Berlin 662 - Stuttgart 79 - Karlsruhe 15 - Heidelberg 45.

Stutensee-Blankenloch :

Herrmannshäusle, Hauptstr. 97, ⊠ 76297, ℘ (07244) 9 44 39, Fax (07244) 94439
geschl. über Fastnacht 1 Woche, Aug. 2 Wochen, Montag - Dienstag - **Menu** (wochentags nur Abendessen) à la carte 24/45.
* Fachwerk, Parkett und ein nettes Dekor prägen das rustikal-gemütliche Innenleben des kleinen Hauses. An ordentlich eingedeckten Tischen bittet man seine Gäste zu Tisch.

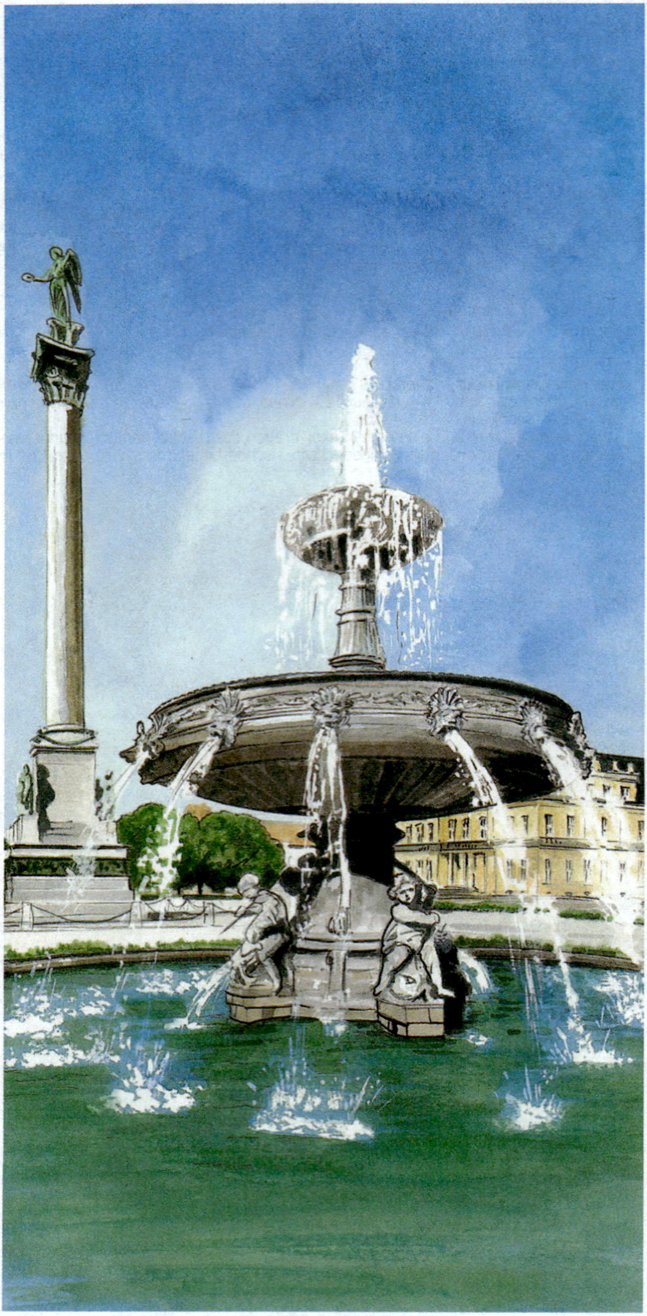

STUTTGART

L Baden-Württemberg **419** T 11 – 590 200 Ew – Höhe 245 m

Berlin 630 ① – Frankfurt am Main 204 ② – Karlsruhe 88 ⑧ – München 222 ⑥ – Strasbourg 156 ⑧

Umgebungskarten	S. 2 und 3
Stadtplan Stuttgart :	
Stuttgart und Umgebung	S. 4 und 5
Stuttgart	S. 6 und 7
Zentrum	S. 8
Alphabetisches Verzeichnis der Hotels und Restaurants	S. 9 und 10
Hotels und Restaurants	S. 11 bis 21

B Tourist-Info, Königstr. 1a, ✉ 70173, ℘ (0711) 2 22 82 40, info@stuttgart-tourist.de, Fax (0711) 2228216

ADAC, Am Neckartor 2

✈ Stuttgart-Echterdingen DS, ℘ (0711) 94 80

City-Air-Terminal, Lautenschlagerstr. 14 LY

🚂 in Kornwestheim, Bahnhofsplatz

Messegelände Killesberg GT, ℘ (0711) 2 58 90, Fax (0711) 2589440

Sehenswert : Linden-Museum★★ KY **M¹** – Wilhelma★ HT und Höhenpark Killesberg★ GT – Fernsehturm (❄★) HX – Galerie der Stadt Stuttgart (Otto-Dix-Sammlung★) LY **M⁴** – Schwäbisches Brauereimuseum★ BS **M⁷** – Altes Schloß (Rennaissance-Hof★, Württembergisches Landesmuseum★) LY **M³** – Staatsgalerie★★ (Alte Meister★★) LY **M²** – Stiftskirche (Grafenstandbilder★) KY **A** – Staatl. Museum für Naturkunde (Museum am Löwentor★) HT **M⁵** – Daimler-Benz-Museum★ JV **M⁶** – Porsche-Museum★ CP – Schloß Solitude★ BR

Ausflugsziel : Bad Cannstatt : Kurpark★ JT

⛳ Kornwestheim, Aldinger Straße (über ② : 11 km), ℘ (07141) 87 13 19

⛳ Schwieberdingen, Nippenburg 21 (über ⑨ : 15 km), ℘ (07150) 3 95 30

⛳ Mönsheim (Nord-West : 30 km über die A8, Ausfahrt Heimsheim), ℘ (07044) 9 11 04 10

STUTTGART S. 2

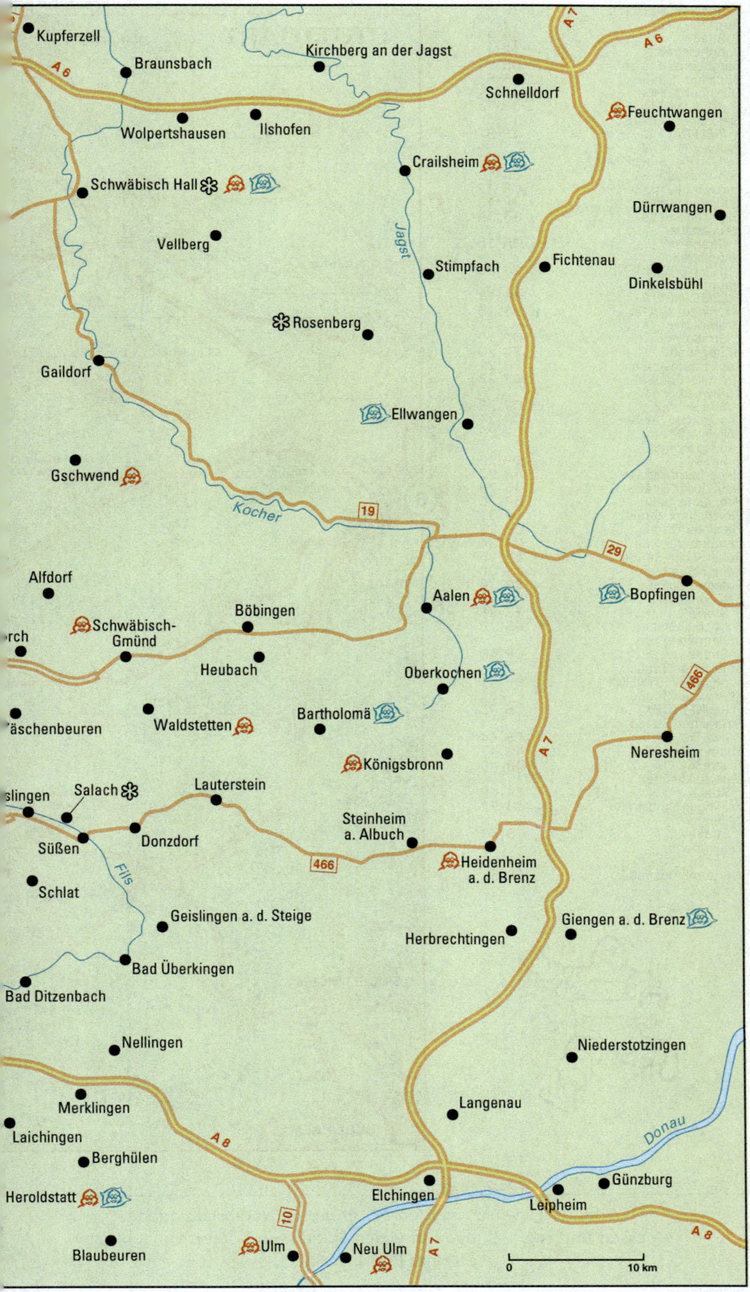
Kupferzell
Braunsbach
Kirchberg an der Jagst
Schnelldorf
Feuchtwangen
Wolpertshausen
Ilshofen
Crailsheim
Schwäbisch Hall
Dürrwangen
Vellberg
Jagst
Stimpfach
Fichtenau
Dinkelsbühl
Rosenberg
Gaildorf
Ellwangen
Gschwend
Kocher
19
29
Alfdorf
Aalen
Bopfingen
Böbingen
Schwäbisch-
Gmünd
Heubach
Oberkochen
Waldstetten
Bartholomä
466
Neresheim
Königsbronn
Salach
Lauterstein
Süßen
Donzdorf
Steinheim
a. Albuch
466
Heidenheim
a. d. Brenz
Fils
Schlat
Geislingen a. d. Steige
Giengen a. d. Brenz
Herbrechtingen
Bad Überkingen
Bad Ditzenbach
Nellingen
Niederstotzingen
Merklingen
Langenau
Laichingen
Donau
Berghülen
Heroldstatt
Elchingen
Günzburg
Leipheim
10
Ulm
Neu Ulm
Blaubeuren
A 6
A 7
A 8
0
10 km

STUTTGART S. 4

Straße	Feld	Nr.
Asangstraße	ER	2
Augsburger Straße	ER	3
Bahnhofstraße	EP	4
Bergheimer Steige	BR	5
Böblinger Straße	CS	6
Ditzinger Straße (GERLINGEN)	BR	7
Fellbacher Straße (FELLBACH)	EP	8
Fellbacher Straße (UNTERTÜRKHEIM)	ER	9
Föhrichstraße	CR	10
Furtwänglerstraße	CR	12
Gerlinger Straße	BP	13
Glemseckstraße	AR	14
Hauptstätter Straße	DR	15
Hauptstraße (ECHTERDINGEN)	CS	16
Hauptstraße (GERLINGEN)	BR	17
Hechinger Straße	CS	18
Heilbronner Straße	DP	19
Höhenstraße	EP	20
Kappelbergstraße	ER	21
Korntaler Straße	CP	22
Kornwestheimer Straße	CP	23
Leonberger Straße	CR	24
Löffelstraße	CS	25
Ludwigsburger Straße	DP	26
Neue Ramtelstraße	AR	27
Neuhäuser Straße	DS	29
Panoramastraße	BR	30
Pforzheimer Straße	CP	31
Plieninger Straße	CS	33
Rembrandtstraße	CS	34
Robert-Koch-Straße	BS	35
Rohrer Straße	CS	36
Rotenwaldstraße	CR	37
Scharnhauser Straße	ES	38
Schönbuchstraße	BS	39
Steiermärker Straße	CP	40
Stuttgarter Straße (KORNWESTHEIM)	DP	41
Stuttgarter Straße (LEINFELDEN)	CS	43
Stuttgarter Straße (RUIT)	ES	44
Südrandstraße	AR	47
Talstraße	DR	48
Untertürkheimer Straße	ER	49
Vaihinger Landstraße	CR	52
Vaihinger Straße	CS	53
Weilimdorfer Straße	CP	56
Württembergstraße	ER	57

Erfahrungsgemäß werden bei größeren Veranstaltungen, Messen und Ausstellungen in vielen Städten und deren Umgebung erhöhte Preise verlangt.

Ihre Meinung über die von uns empfohlenen Restaurants, deren Spezialitäten sowie die angebotenen regionalen Weine, interessiert uns sehr

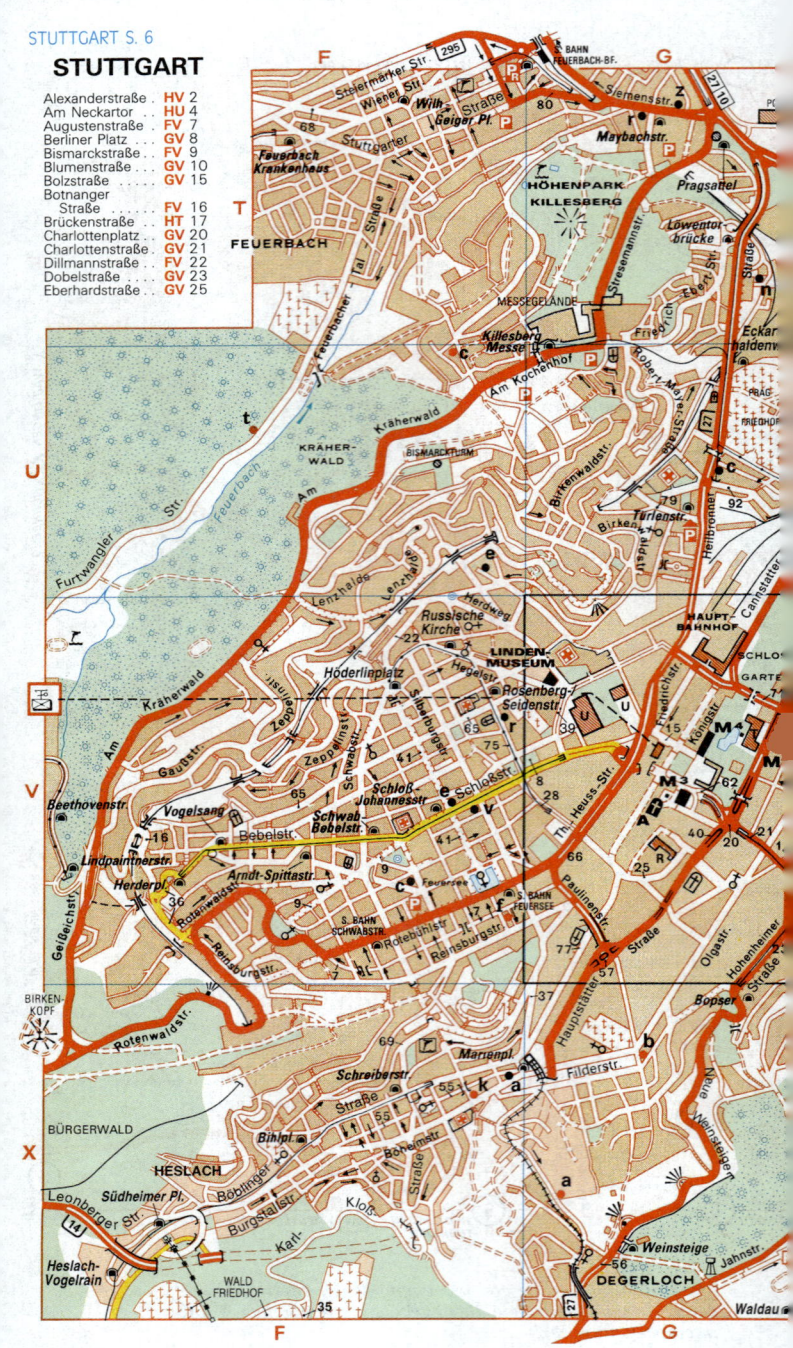

STUTTGART S. 6
STUTTGART

Alexanderstraße	**HV**	2
Am Neckartor	**HU**	4
Augustenstraße	**FV**	7
Berliner Platz	**GV**	8
Bismarckstraße	**FV**	9
Blumenstraße	**GV**	10
Bolzstraße	**GV**	15
Botnanger Straße	**FV**	16
Brückenstraße	**HT**	17
Charlottenplatz	**GV**	20
Charlottenstraße	**GV**	21
Dillmannstraße	**FV**	22
Dobelstraße	**GV**	23
Eberhardstraße	**GV**	25

1394

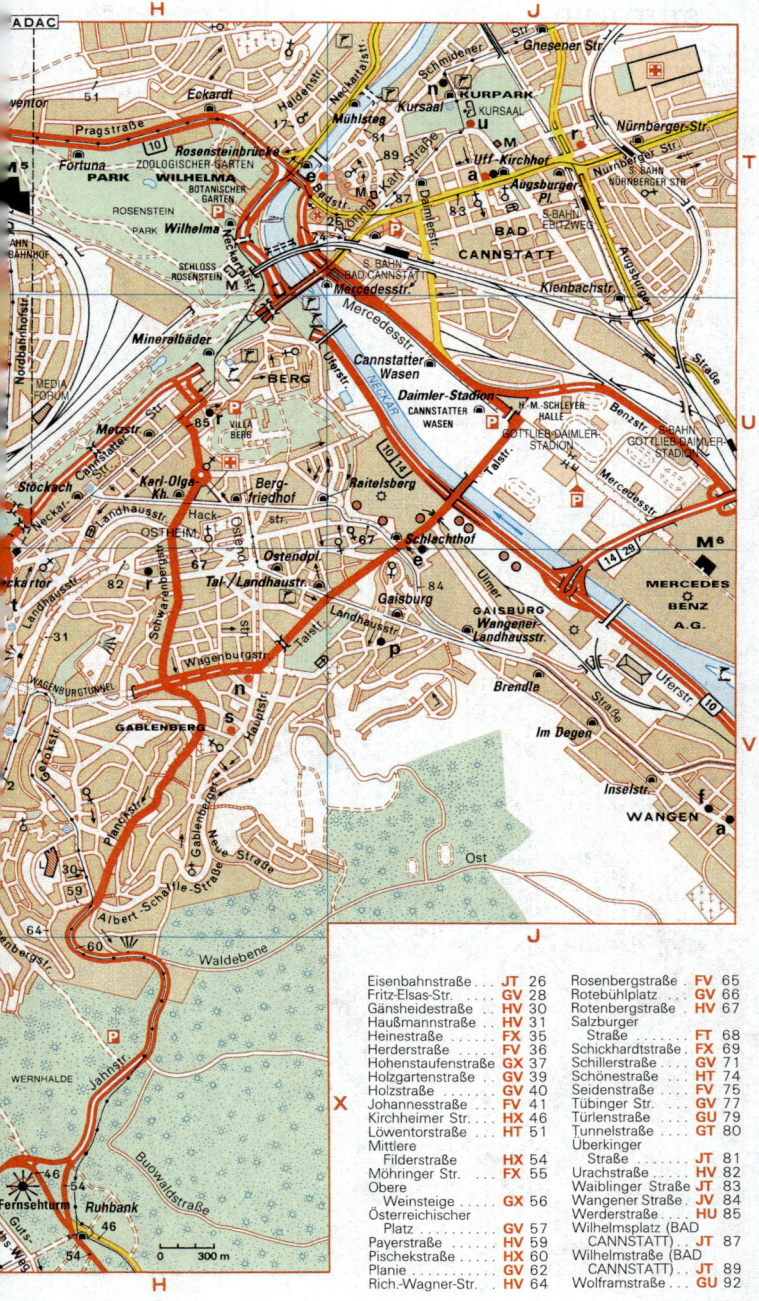

STUTTGART S. 7

Straße	Feld	Nr.
Eisenbahnstraße	JT	26
Fritz-Elsas-Str.	GV	28
Gänsheidestraße	HV	30
Haußmannstraße	HV	31
Heinestraße	FX	35
Herderstraße	FV	36
Hohenstaufenstraße	GX	37
Holzgartenstraße	FV	39
Holzstraße	GV	40
Johannesstraße	FV	41
Kirchheimer Str.	HX	46
Löwentorstraße	HT	51
Mittlere Filderstraße	HX	54
Möhringer Str.	FX	55
Obere Weinsteige	GX	56
Österreichischer Platz	GV	57
Payerstraße	HV	59
Pischekstraße	HX	60
Planie	GV	62
Rich.-Wagner-Str.	HV	64
Rosenbergstraße	FV	65
Rotebühlplatz	GV	66
Rotenbergstraße	HV	67
Salzburger Straße	FT	68
Schickhardtstraße	FX	69
Schillerstraße	GV	71
Schönestraße	HT	74
Seidenstraße	FV	75
Tübinger Str.	GV	77
Türlenstraße	GU	79
Tunnelstraße	GT	80
Überkinger Straße	JT	81
Urachstraße	HV	82
Waiblinger Straße	JT	83
Wangener Straße	JV	84
Werderstraße	HU	85
Wilhelmsplatz (BAD CANNSTATT)	JT	87
Wilhelmstraße (BAD CANNSTATT)	JT	89
Wolframstraße	GU	92

STUTTGART S. 8

STUTTGART

Arnulf-Klett-Platz	**LY** 6
Augustenstraße	**KZ** 7
Blumenstraße	**LZ** 10
Bolzstraße	**LY** 15
Calwer Str.	**KYZ** 18
Charlottenplatz	**LZ** 20
Dorotheenstraße	**LZ** 24
Eberhardstraße	**KLZ** 25
Friedrichsplatz	**KY** 27
Hauptstätter Str.	**KZ** 30
Hegelplatz	**KY** 32
Heilbronner Str.	**LY** 34
Holzstraße	**LZ** 40
Karlsplatz	**LY** 43
Karlstraße	**LZ** 44
Katharinenplatz	**LZ** 45
Kirchstraße	**LZ** 46
Königstraße	**KLYZ**
Konrad-Adenauer-Straße	**LY** 47
Kronenstraße	**KLY** 48
Kronprinzstraße	**KYZ** 49
Leonhardsplatz	**LZ** 50
Marktplatz	**KLZ** 52
Marktstraße	**LZ**
Österreichischer Platz	**KZ**
Pfarrstraße	**LZ**
Rotebühlplatz	**KZ**
Rotebühlstraße	**KZ**
Schloßplatz	**LY**
Schulstraße	**KZ**
Silberburgstraße	**KZ**
Sophienstraße	**KYZ**
Theodor-Heuss-Str.	**KYZ**
Torstraße	**LZ**
Wilhelmsplatz	**LZ**
Wilhelmstraße	**LZ**
Willi-Bleicher-Str.	**KY**

1396

Alphabetische Liste Hotels und Restaurants Stuttgart
Liste alphabétique des hôtels et restaurants

A

- S. 12 Abalon
- S. 19 Achat
- S. 21 Adler
- S. 20 Aldinger's Weinstube Germania
- S. 16 Alt Cannstatt
- S. 14 Alter Fritz am Killesberg
- S. 20 Am Park
- S. 11 Am Schlossgarten
- S. 11 Azenberg

B

- S. 13 Bellevue
- S. 12 Bergmeister
- S. 17 Bistro Ecco
- S. 18 Brita Hotel

C

- S. 12 Central Classic
- S. 12 City-Hotel
- S. 19 Classic Congress Hotel

D

- S. 13 Da Franco
- S. 16 Das Fässle
- S. 13 Délice
- S. 14 Der Goldene Adler
- S. 14 Der Zauberlehrling
- S. 13 Di Gennaro
- S. 11 Dorint City Center
- S. 18 Dorint Fontana

E

- S. 20 Eduard M.

F

- S. 21 Filderland
- S. 16 Fora Hotel (Fasanenhof)
- S. 17 Fora Hotel (Möhringen)

G

- S. 18 Gästehaus Münzmay
- S. 17 Gloria
- S. 19 Golden Leaf Hotel

H

- S. 13 Hansa
- S. 19 Hasen
- S. 19 Hetzel Hotel Löwen
- S. 15 Hirsch (Botnang)
- S. 20 Hirsch (Fellbach – Schmiden)
- S. 19 Holiday Inn

I

- S. 12 Ibis am Löwentor
- S. 12 Ibis am Marienplatz
- S. 12 InterCityHotel
- S. 11 Inter-Continental

K

- S. 14 Kachelofen
- S. 13 Kern's Pastetchen
- S. 17 Körschtal
- S. 16 Kongresshotel Europe
- S. 14 Krämer's Bürgerstuben
- S. 15 Krehl's Linde
- S. 20 Krone
- S. 11 Kronen-Hotel

L

- S. 20 Lamm
- S. 13 La Fenice
- S. 17 Landgasthof im schönsten Wiesengrund
- S. 17 Landgasthof Riedsee
- S. 13 La nuova Trattoria da Franco
- S. 14 La Scala

M

- S. 11 Maritim
- S. 21 Martins Klause

STUTTGART S. 10

- S. 15 Mercure (Bad Cannstatt)
- S. 16 Mercure (Fasanenhof)
- S. 20 Mercure (Gerlingen)
- S. 20 Mercure (Korntal – Münchingen)
- S. 12 Mercure Stuttgart Astoria
- S. 16 Messehotel Europe
- S. 17 Millennium Hotel and Resort
- S. 17 Mövenpick-Hotel
- S. 19 Muckenstüble

N – O
- S. 21 Nödingerhof
- S. 18 Novotel-Nord
- S. 19 Ochsen

P
- S. 11 Parkhotel
- S. 14 Peri
- S. 18 Petershof
- S. 15 Pfund
- S. 16 Primafila

R
- S. 15 relexa Waldhotel Schatten
- S. 12 Rieker
- S. 18 Romantik Hotel Traube
- S. 11 Royal

S
- S. 13 Sautter
- S. 19 Schloss-Solitude
- S. 15 Spahr
- S. 17 Speisemeisterei
- S. 13 Stadthotel am Wasen
- S. 11 Steigenberger Graf Zeppelin
- S. 18 Strobel
- S. 14 Stuttgarter Stäffele

T – U
- S. 17 Top air
- S. 12 Unger

W
- S. 16 Waldhotel Degerloch
- S. 12 Wartburg
- S. 16 Weber's Gourmet im Turm
- S. 15 Weinhaus Stetter
- S. 15 Weinstube Klink
- S. 14 Weinstube Klösterle
- S. 15 Weinstube Kochenbas
- S. 14 Weinstube Schellenturm
- S. 15 Weinstube Träuble
- S. 14 Weinstube Vetter
- S. 16 Wielandshöhe
- S. 18 Wirt am Berg
- S. 12 Wörtz zur Weinsteige

Z
- S. 13 Zirbelstube
- S. 20 Zum Hirschen
- S. 18 Zur Linde

STUTTGART S. 11

Steigenberger Graf Zeppelin M, Arnulf-Klett-Platz 7, ✉ 70173, ℘ (0711) 2 04 80, *stuttgart@steigenberger.de, Fax (0711) 2048542, Massage*, ≘s, ⊠ – ⊜, ⇌ Zim, ≡ ⊠ ⍾ ⚑ ⇌ – ⚐ 300. ⚒ ⚓ ⚔ ⚕ ⚖. ⚘ Rest   **LY v**
Olivo (italienische Küche) *(geschl. Aug., Sonn- und Feiertage, Montag)* **Menu** 63/92à la carte 36,50/55,50 – **Zeppelin Stüble** *(geschl. Sonntagabend)* **Menu** à la carte 19/34 – **Zeppelino's** : **Menu** à la carte 22/38,50 – ⊇ 17 – **192 Zim** 185/205 – 220/230.
♦ Hinter sachlicher Fassade verbirgt sich ein Mix aus Tradition und Moderne. Exklusive Zimmer gibt es in drei Varianten : klassisch, elegant und avantgardistisch. Olivo mit elegantem Ambiente und cucina casalinga. Im rustikalen Zeppelin-Stüble geht's zünftig zu.

Am Schlossgarten, Schillerstr. 23, ✉ 70173, ℘ (0711) 2 02 60, *info@hotelschlossgarten.com, Fax (0711) 2026888*, ⌂ – ⊜, ⇌ Zim, ≡ ⊠ ⍾ ⇌ – ⚐ 100. ⚒ ⚓ ⚔ ⚕. ⚘ Rest   **LY u**
Menu siehe auch Rest. **Zirbelstube** separat erwähnt - **Schlossgarten-Restaurant** : **Menu** à la carte 34/47,50 – **Vinothek** *(geschl. Sonntag)* **Menu** 21 à la carte 25/34 – ⊇ 18 – **116 Zim** 158/262 – 234/262, 4 Suiten.
♦ Zwischen Einkaufsmeile, Staatstheater und unmittelbar am herrlich grünen Schloßgarten Park gelegen. Elegant-luxuriöse Zimmer mit farbenfroh karierten und geblümten Stoffen. Das Restaurant bietet elegant-rustikales Ambiente und herrliche Terrasse mit Parkblick.

Maritim M, Seidenstr. 34, ✉ 70174, ℘ (0711) 94 20, *info.stu@maritim.de, Fax (0711) 9421000, Massage*, ⌘, ≘s, ⊠ – ⊜, ⇌ Zim, ≡ ⊠ ⍾ ⚑ ⇌ – ⚐ 400. ⚒ ⚓ ⚔ ⚕. ⚘ Rest   **FV r**
Menu *(Aug. nur Abendessen)* à la carte 29,50/46 – ⊇ 15 – **555 Zim** 159 – 197/245, 12 Suiten.
♦ Für Tagungen und Bankette ideal ist die integrierte Alte Stuttgarter Reithalle aus dem Jahre 1888, die 800 Gästen Platz bietet. Zum beliebten Treff avancierte die Piano-Bar. In den Restaurants Rotisserie und Bistro Reuchlin gibt es für jeden Geschmack etwas.

Inter-Continental M, Willy-Brandt-Str. 30, ✉ 70173, ℘ (0711) 2 02 00, *stuttgart@interconti.com, Fax (0711) 20202020, Massage*, ⌘, ≘s, ⊠ – ⊜, ⇌ Zim, ≡ ⊠ ⍾ ⚑ ⇌ – ⚐ 300. ⚒ ⚓ ⚔ ⚕. ⚘ Rest   **HV t**
Menu à la carte 29,50/45 – ⊇ 17 – **276 Zim** 175/305, 28 Suiten.
♦ Hier wohnten schon Stars wie Placido Domingo oder die Rolling Stones : modernes Grandhotel mit schönen und geschmackvoll gestalteten Zimmern und Suiten. Das Restaurant hat gemütlichen Stubencharakter.

Dorint City-Center M, Heilbronner Str. 88, ✉ 70191, ℘ (0711) 25 55 80, *info.strbud@dorint.com, Fax (0711) 25558100* – ⊜, ⇌ Zim, ≡ ⊠ ⍾ ⚑ ⇌ – ⚐ 120. ⚒ ⚓ ⚔ ⚕.   **GU c**
Menu à la carte 20/32 – ⊇ 13 – **174 Zim** 110/130 – 120/140.
♦ Die neuzeitlichen Zimmer sind hell und freundlich. Besonders beliebt bei Geschäftsreisenden : alle sind mit großem Schreibtisch, PC- und Fax-Anschluß ausgestattet. Einen Hauch von Süden verspürt man im mediterranen Restaurant.

Royal, Sophienstr. 35, ✉ 70178, ℘ (0711) 6 25 05 00, *royalhotel@t-online.de, Fax (0711) 628809* – ⊜, ⇌ Zim, ≡ ⊠ ⇌ ℙ – ⚐ 60. ⚒ ⚓ ⚔ ⚕ ⚖.   **KZ b**
Menu *(geschl. 3. - 25. Aug., Weihnachten, Sonn- und Feiertage)* à la carte 21/47,50 – **100 Zim** ⊇ 102/150 – 145/245, 3 Suiten.
♦ Gut geführtes Haus mit sympathischer Atmosphäre. Die Zimmer : ruhig und gediegen. Teils mit Vogelaugen-Ahorn, teils mit Kirschbaum-Einbaumöbeln eingerichtet.

Kronen-Hotel ⌘ garni, Kronenstr. 48, ✉ 70174, ℘ (0711) 2 25 10, *kronenhotel@s.netic.de, Fax (0711) 2251404*, ≘s – ⊜ ⇌ ⊠ ⍾ ⇌ – ⚐ 20. ⚒ ⚓ ⚔ ⚕. ⚘ *geschl. 22. Dez. - 7. Jan.* – **83 Zim** ⊇ 99/133 – 133/175.
♦ Apart eingerichtete Zimmer, mit schönen, in Pastelltönen gefliesten Bädern. Vom Frühstücksraum mit Nichtraucherbereich hat man einen herrlichen Blick ins Grüne.   **KY m**

Parkhotel, Villastr. 21, ✉ 70190, ℘ (0711) 2 80 10, *parkhotelamrundfunk@t-online.de, Fax (0711) 2864353*, ⌂ – ⊜, ⇌ Zim, ⊠ ⍾ ⇌ ℙ – ⚐ 60. ⚒ ⚓ ⚔ ⚕. ⚘   **HU r**
Menu *(geschl. Samstag - Sonntag)* à la carte 27/42 – **72 Zim** ⊇ 92/107 – 123/144.
♦ In unmittelbarer Nähe zum Südwestrundfunk steht das Haus inmitten eines Parks mit herrlichem Baumbestand. Wünschen Sie viel Platz? Fragen Sie nach den geräumigen Eckzimmern. Gediegenes Restaurant und rustikales Stüble.

Azenberg ⌘, Seestr. 114, ✉ 70174, ℘ (0711) 2 25 50 40, *info@hotelazenberg.de, Fax (0711) 22550499*, ≘s, ⊠, ⌘ – ⊜, ⇌ Zim, ⊠ ⍾ ⇌ ℙ – ⚐ 20. ⚒ ⚓ ⚔ ⚕.   **FU e**
Menu *(geschl. Samstag, Sonn- und Feiertage)* *(nur Abendessen)* (Restaurant nur für Hausgäste) – **57 Zim** ⊇ 85/115 – 125/149.
♦ Liegt in Halbhöhenlage am Killesberg und bietet einen fantastischen Blick über die Stadt. Gemütliche und ansprechende Zimmer. Roomservice rund um die Uhr, ohne Aufpreis !

1399

STUTTGART S. 12

Bergmeister garni (mit Gästehaus), Rotenbergstr. 16, ✉ 70190, ℘ (0711) 2 68 48 5
info@hotel-bergmeister.de, Fax (0711) 283719, 😊 – 🛏 ⅀ 📺 🚗. 🆎 ⓘ
🆅🅸🆂🅰 🅹🅲🅱
HV
geschl. 23. Dez. – 6. Jan. – **46 Zim** 🛌 71/82 – 99/123.
• Helle, nett gestaltete Zimmer, viele mit großem Balkon. Sie sind funktionell eingericht
mit Mahagoni- oder Kirschbaummöbeln. Farbenfroh aufgelockert durch kräftige Blautör

Unger garni, Kronenstr. 17, ✉ 70173, ℘ (0711) 2 09 90, *info@hotel-unger.c*
Fax (0711) 2099100 – 🛏 ⅀ 📺 ⚡ 🚗 – 🔒 15. 🆎 ⓘ ⓜⓞ 🆅🅸🆂🅰 🅹🅲🅱
LY
95 Zim 🛌 104/125 – 145/182.
• Das Hotel liegt direkt hinter der Fußgängerzone und bietet modernen Komfort in all
Zimmern. Ruhe ist trotz zentraler Lage garantiert, denn alle Fenster sind schallisoliert

InterCityHotel Ⓜ garni, Arnulf-Klett-Platz 2, ✉ 70173, ℘ (0711) 2 25 00, *st
gart@intercityhotel.de, Fax (0711) 2250499* – 🛏 ⅀ 📺 ⚡ – 🔒 25. 🆎 ⓘ ⓜⓞ 🆅🅸🆂🅰 🅹
112 Zim 🛌 103/105 – 118/120.
LY
• Für Bahnreisende ist es nur ein Katzensprung in die funktionellen, aber sehr geräumig
Zimmer : Das Hotel liegt direkt neben dem Haupteingang des Bahnhofs.

Wörtz zur Weinsteige, Hohenheimer Str. 30, ✉ 70184, ℘ (0711) 2 36 70 00, *in*
@hotel-woertz.de, Fax (0711) 2367007, 😊 – ⅀ Zim, 📺 🅿 🆎 ⓘ ⓜⓞ 🆅🅸🆂🅰 🅹🅲🅱
LZ
Menu *(geschl. Jan. 3 Wochen, Aug. 3 Wochen, Montag, Sonn- und Feiertage)* (beme
kenswerte Weinkarte) 25 à la carte 26,50/46 ♀ – **33 Zim** 🛌 76/115 – 85/200.
• Erkundigen Sie sich nach den Zimmern in der oberen Etage, die mit eleganten, itali
nischen Möbeln und Marmorbädern eingerichtet wurden. Auch rustikale Zimmer sin
zu haben ! Holzschnitzereien und schmiedeeiserne Gitter prägen den Charakter d
Restaurants.

Wartburg, Lange Str. 49, ✉ 70174, ℘ (0711) 2 04 50, *hotel.wartburg.stgt@gmx.c*
Fax (0711) 2045450 – 🛏, ⅀ Zim, 🍴 Rest, 📺 🅿 – 🔒 40. 🆎 ⓘ ⓜⓞ 🆅🅸🆂🅰 ✂ Rest KY
geschl. 22. Dez. – 6. Jan., über Ostern – **Menu** *(geschl. Samstag, Sonn- und Feiertage)* (n
Mittagessen) à la carte 17/27 – **76 Zim** 🛌 82/95 – 135.
• Kleines, ordentlich geführtes Haus. Sie haben die Wahl zwischen wohnlichen Zimmern m
dunkel gebeiztem Mobiliar oder mit hellem Naturholz ausgestatteten Räumen. Banker u
Geschäftsleute bevorzugen diese Adresse für ihren Mittagstisch.

Mercure Stuttgart Astoria garni, Hospitalstr. 29, ✉ 70174, ℘ (0711) 29 93 0
h5000@accor-hotels.com, Fax (0711) 299307 – 🛏 ⅀ 📺 🅿 – 🔒 20. 🆎 ⓘ ⓜⓞ 🆅🅸🆂🅰 🅹🅲
🛌 13 – **57 Zim** 100/140 – 120/170.
KY
• Gute Lage nahe an U- und S-Bahn-Stationen. Reservieren Sie in der oberen Etage
Moderne, für die Kette typische Wurzelholz-Einrichtung kombiniert mit schwarze
Polstermöbeln.

Abalon Ⓜ 😊 garni, Zimmermannstr. 7 (Zufahrt über Olgastr. 79), ✉ 70182, ℘ (071
2 17 10, *info@abalon.de, Fax (0711) 2171217* – 🛏 ⅀ 📺 ⚡ 🚗. 🆎 ⓘ ⓜⓞ 🆅🅸🆂🅰 LZ
42 Zim 🛌 82 – 112/119.
• Der moderne Bau mit begrünter Dachterrasse hätte eigentlich ein Studentenwohnhei
werden sollen. Deshalb verfügt das Haus jetzt über ausnehmend große Gästezimmer.

Central Classic Ⓜ garni, Hasenbergstr. 49a, ✉ 70176, ℘ (0711) 6 15 50 50, *centra
classic@gmx.de, Fax (0711) 61550530* – 🛏 📺 ⚡ 🆎 ⓘ ⓜⓞ 🆅🅸🆂🅰 🅹🅲🅱. ✂ FV
geschl. 22. Dez – 6. Jan. – **34 Zim** 🛌 65/79 – 79/95.
• Geschäftsleute schätzen das kleine Hotel beim Feuersee. Denn : Sämtliche Zimmer habe
praktische Einzelschreibtische mit Fax- und PC-Anschluß sowie ISDN-Telefon.

City-Hotel garni, Uhlandstr. 18, ✉ 70182, ℘ (0711) 21 08 10, *Fax (0711) 2369772*
📺 🅿 🆎 ⓘ ⓜⓞ 🆅🅸🆂🅰 🅹🅲🅱. ✂
LZ
31 Zim 🛌 79/85 – 95/115.
• Von außen wirkt das Gebäude wie ein Wohnhaus. Dahinter verbergen sich saubere
ordentlich eingerichtete Zimmer. Besonders freundlich : Der Frühstücksraum mit Winter
garten.

Rieker garni, Friedrichstr. 3, ✉ 70174, ℘ (0711) 22 13 11, *info@hotel-rieker.de*
Fax (0711) 293894 – 🛏 ⅀ 📺 🚗. 🆎 ⓘ ⓜⓞ 🆅🅸🆂🅰
LY
66 Zim 🛌 92/102 – 122/132.
• Das gegenüber dem Hauptbahnhof gelegene Hotel hat behaglich eingerichtete Zimme
und bietet seinen Gästen einen Wäsche- und Bügelservice an.

Ibis am Löwentor Ⓜ garni, Presselstr. 15, ✉ 70191, ℘ (0711) 25 55 10, *h2202@accor
hotels.com, Fax (0711) 25551150* – 🛏 ⅀ 🍴 📺 ⚡ ♿ 🚗. 🆎 ⓘ ⓜⓞ 🆅🅸🆂🅰 🅹🅲🅱 GT
🛌 9 – **132 Zim** 60/70.
• Ideal gelegen zwischen Innenstadt und Autobahn. Neu erbautes Hotel mit gepflegten, he
gestalteten Zimmern. Die Reception ist 24 Stunden besetzt.

Ibis am Marienplatz Ⓜ garni, Marienplatz 8, ✉ 70178, ℘ (0711) 12 06 40, *h3284@*
accor-hotels.com, Fax (0711) 12064160 – 🛏 ⅀ 🍴 📺 ⚡ ♿ 🚗. 🆎 ⓘ ⓜⓞ 🆅🅸🆂🅰 🅹🅲🅱 FX
🛌 8 – **104 Zim** 66.
• Als funktionelle Unterkunft im Zentrum bietet sich dieses Haus besonders für Geschäfts
reisende an, denn die Zimmer verfügen über Schreibtische und alle technischen Anschlüsse

STUTTGART S. 13

🏠 **Bellevue,** Schurwaldstr. 45, ⌧ 70186, ℰ (0711) 48 07 60, Fax (0711) 4807631 – 📺
⇔ 🅿️ 🆎 ⓘ 🆗 𝑉𝐼𝑆𝐴
JV p
Menu (geschl. Aug., Dienstag - Mittwoch) à la carte 18/32 – **12 Zim** ⚏ 44/59 – 77.
♦ Der Familienbetrieb besteht seit 1913. Gut geführtes und gepflegtes Haus in einer ruhigen Wohngegend. Jeder Gast bekommt hier morgens eine eigene Tageszeitung. Gemütlich zeigt sich das Hotelrestaurant.

🏠 **Stadthotel am Wasen** garni, Schlachthofstr. 19, ⌧ 70188, ℰ (0711) 16 85 70, info @ stadthotelamwasen.de, Fax (0711) 1685757 – 🛗 📺 ⇔ 🅿️ 🆎 ⓘ 🆗 𝑉𝐼𝑆𝐴 JUV e
32 Zim ⚏ 70/77 – 82/102.
♦ Hier dominiert gediegene, bürgerliche Atmosphäre. Ordentlich eingerichtete Zimmer mit mahagonifarbenen Holzeinbauten, die teilweise einen kleinen Balkon haben.

🏠 **Sautter,** Johannesstr. 28, ⌧ 70176, ℰ (0711) 6 14 30, info@ hotel-sautter.de, Fax (0711) 611639, 🍽 – 🛗 📺 – 🏋 30. 🆎 ⓘ 🆗 𝑉𝐼𝑆𝐴
FV e
geschl. 23. Dez. - 2. Jan. – **Menu** (geschl. Sonn- und Feiertage abends) à la carte 15,50/31,50 – **56 Zim** ⚏ 80/85 – 105.
♦ Im Herzen der Stadt, auch mit Bus und Bahn gut erreichbar, liegen die wohnlichen Zimmer. Sie sind fast alle mit Kirsch- oder Naturholzmöbeln nett eingerichtet. Dunkles Holz und Kachelofen machen das Restaurant behaglich.

🏠 **Hansa** garni, Silberburgstr. 114, ⌧ 70176, ℰ (0711) 6 56 78 00, Fax (0711) 617349 –
🛗 📺 – 🏋 20. 🆎 ⓘ 🆗 𝑉𝐼𝑆𝐴 𝐽𝐶𝐵
FV v
80 Zim ⚏ 74/79 – 100/116.
♦ Ein typisches Stadthaus im 50er Jahre Stil. Am besten wohnt man in den hübsch renovierten Zimmern in der ersten oder fünften Etage. Schallschutzfenster im ganzen Haus !

XXXX **Zirbelstube** - Hotel Am Schlossgarten, Schillerstr. 23, ⌧ 70173, ℰ (0711) 2 02 68 28,
☸ info@hotelschlossgarten.com, Fax (0711) 2026888, ≤, 🍽 – ⇔. 🆎 ⓘ 🆗 𝑉𝐼𝑆𝐴
𝐽𝐶𝐵. ✄
LY u
geschl. 1. - 13. Jan., Aug. 3 Wochen, Sonntag - Montag – **Menu** à la carte 56/75 ℥.
♦ Eine kulinarische Top-Adresse der Stadt ! Gourmets werden mit klassischen, teils mediterran angehauchten Menüs und erlesenen Weinen verwöhnt. Terrasse mit schöner Aussicht.
Spez. Dreierlei vom Taschenkrebs mit Kaviar-Kartoffel und Kräutersalat. St. Pierre in Olivenöl pochiert mit Artischocken. Tarte Tatin vom Pfirsich mit eigenem Saft.

XX **Kern's Pastetchen,** Hohenheimer Str. 64, ⌧ 70184, ℰ (0711) 48 48 55, kerns.pas tetchen@t-online.de, Fax (0711) 487565
LZ v
geschl. Anfang Jan. 1 Woche, Aug. 3 Wochen, Sonntag - Montag – **Menu** (nur Abendessen) 46/54 à la carte 34,50/48,50.
♦ Elegant mit kleinen rustikalen Akzenten ist das Ambiente, das Sie hier erwartet. Internationale Küche mit einer Spur österreichischer und französischer Tradition.

XX **Délice** (Gutscher), Hauptstätter Str. 61, ⌧ 70178, ℰ (0711) 6 40 32 22   KZ a
☸ geschl. 24. Dez. - 7.Jan., Samstag, Sonn- und Feiertage – **Menu** (nur Abendessen) (Tischbestellung erforderlich, bemerkenswerte Weinkarte) 70 à la carte 42/56 ℥.
♦ Weinkenner kommen hier auf ihre Kosten : Über 900 verschiedene Positionen stehen auf der Karte des Gewölbe-Restaurants, dessen Wände von zeitgenössischer Kunst geziert werden.
Spez. Marinierte Gänseleberterrine mit Calvadosapfel und Orangenbrioche. Limousin Lammrücken mit Safran-Couscous und Minzbohnen. Topfenknödel mit Graumohn und Marillenröster.

XX **La Fenice,** Rotebühlplatz 29, ⌧ 70178, ℰ (0711) 6 15 11 44, g.vincenzo@ t-online.de, Fax (0711) 6151146, 🍽 – 🆎
KZ e
geschl. Aug. 2 Wochen, Montag, Samstagmittag, Sonntagmittag – **Menu** (italienische Küche) à la carte 35/52.
♦ In einem ehemaligen Postgebäude haben sich die Geschwister Gorgoglione den Traum vom eigenen Restaurant erfüllt. Küchenchefin Rosa kredenzt eine gute italienische Küche.

XX **Di Gennaro,** Kronprinzstr. 11, ⌧ 70173, ℰ (0711) 22 29 60 51, digennaro.kp@ t-on line.de, Fax (0711) 22296040 – 🆎 ⓘ 🆗 𝑉𝐼𝑆𝐴 ✄
KZ n
geschl. Sonn- und Feiertage – **Menu** (italienische Küche) à la carte 33,50/42.
♦ In das moderne Stadthaus mit Glasfassade ist neben diesem italienischen Restaurant ein Feinkostgeschäft integriert. Ein neuzeitlicher Bistro-Stil prägt das Interieur.

XX **Da Franco,** Calwer Str. 23 (1. Etage), ⌧ 70173, ℰ (0711) 29 15 81, Fax (0711) 294549
– 🆎. 🆎 🆗 𝑉𝐼𝑆𝐴
KYZ s
geschl. Juli - Aug. 4 Wochen, Montag – **Menu** (italienische Küche) à la carte 26/38.
♦ Italiener in der ersten Etage mit Blick auf Stuttgarts Flaniermeile. Klare, sachliche Einrichtung ohne Schnörkel : viel Weiß und moderne Kunst an den Wänden.

XX **La nuova Trattoria da Franco,** Calwer Str. 32, ⌧ 70173, ℰ (0711) 29 47 44, Fax (0711) 294549, 🍽 – 🆎 🆗 𝑉𝐼𝑆𝐴
KYZ c
Menu (italienische Küche) à la carte 27/39,50 ℥.
♦ Sehen und gesehen werden lautet hier die Devise. Auf zwei Etagen werden neben Pizza und Pasta auch anspruchsvolle italienische Gerichte serviert.

STUTTGART S. 14

XX La Scala, Friedrichstr. 41 (1.Etage, 🛗), ⊠ 70174, ℘ (0711) 29 06 07
Fax (0711) 2991640 – 🗐. 🖭 ⓞ ⓜ ⓞ 𝐕𝐈𝐒𝐀. ⛔ KY
geschl. Aug. 2 Wochen, Sonntag, Feiertage mittags – **Menu** (italienische Küche) 22/3
à la carte 28/36.
* Klassischer Italiener in der ersten Etage mit typischer Küche. Interessantes Flair dank holz
vertäfelter Wände und direkter Aussicht auf den Friedrichsbau.

XX Krämer's Bürgerstuben, Gablenberger Hauptstr. 4, ⊠ 70186, ℘ (0711) 46 54 8
Fax (0711) 486508 – 🖭 ⓞ ⓜ ⓞ 𝐕𝐈𝐒𝐀ㅤㅤㅤㅤㅤㅤㅤㅤㅤㅤㅤㅤㅤㅤㅤㅤㅤㅤㅤㅤㅤㅤㅤㅤHV
geschl. Juli - Aug. 3 Wochen, Samstagmittag, Sonntagabend - Montag – **Menu** à la carte
26/43,50.
* Von außen ein unscheinbares Stadthaus, innen ein gemütliches, rustikales Lokal, in der
der Chef selbst am Herd steht. Tolle Weinkarte mit exklusiven Raritäten.

XX Alter Fritz am Killesberg mit Zim, Feuerbacher Weg 101, ⊠ 70192, ℘ (0711
13 56 50, Fax (0711) 1356565, 😊 – 📺 📞. ⛔ FU
geschl. Ende Dez. - Anfang Jan., Aug. 2 Wochen – **Der kleine Fritz** (geschl. Montag, Fe
ertage) (nur Abendessen) **Menu** à la carte 29,50/43 – **10 Zim** ⊆ 66/82 – 92/110.
* Bei Messebesuchern ist das Haus beliebt, denn es liegt nur einen Steinwurf von der Mess
entfernt. Die freundlichen Zimmer sind mit ansprechenden Kirschbaummöbeln bestück
Der kleine Fritz ist ein hübsches kleines Abendrestaurant.

XX Der Goldene Adler, Böheimstr. 38, ⊠ 70178, ℘ (0711) 6 40 17 62, der.goldene
adler@t-online.de, Fax (0711) 6499970, 😊 – 🅿. 🖭 ⓜ ⓞ 𝐕𝐈𝐒𝐀 FX
geschl. Ende Aug. - Anfang Sept., Montag – **Menu** (wochentags nur Abendessen) à la cart
25/56,50.
* Gediegenes Traditionslokal, das besonders Stammgäste schätzen. Denn : Ob Hummer
Tafelspitz oder Schwäbisches - das Angebot kann sich sehen lassen.

X Der Zauberlehrling mit Zim, Rosenstr. 38, ⊠ 70182, ℘ (0711) 2 37 77 70, kontak
@zauberlehrling.de, Fax (0711) 2377775 – ❄ Zim. 🖭 ⓞ ⓜ ⓞ 𝐕𝐈𝐒𝐀. ⛔ LZ
Menu (geschl. Samstag, Sonn- und Feiertage) à la carte 31,50/49,50 ₽ – **9 Zim** ⊆ 100/16
– 160/260.
* Das Ambiente : Rustikal, aber gehoben. Man sitzt an Naturholztischen und kann auf de
kleinen, feinen Karte aus internationalen Gerichten wählen. Mit modernen Designer
Zimmern.

X Peri, Steinstr. 11, ⊠ 70173, ℘ (0711) 2 36 80 61, Fax (0711) 8602799 – ⓞ ⓜ ⓞ 𝐕𝐈𝐒
Menu (türkische Küche) à la carte 19/30,50. KZ
* Fast wie im Urlaub : Köstlichkeiten aus der Türkei und dem Mittelmeer-Raum stehen
auf der Karte des zweigeschossigen Bistro-Restaurants, in dem kräftige Orangetöne
dominieren.

Schwäbische Weinstuben (kleines Speisenangebot) :

X Weinstube Schellenturm, Weberstr. 72, ⊠ 70182, ℘ (0711) 2 36 48 88
juergenwurz@t-online.de, Fax (0711) 2262699, 😊 – ⓜ ⓞ 𝐕𝐈𝐒𝐀 LZ
geschl. 24. Dez. - 6. Jan., Sonn- und Feiertage – **Menu** (nur Abendessen) à la carte
23,50/29,50 ₽.
* In dem alten Wehrturm, der ursprünglich aus dem 16. Jh. stammt, geht's richtig urig
und schwäbisch-gemütlich zu. Dazu gehören : ein guter Wein, Maultäschle oder Käsespätzle

X Weinstube Klösterle, Marktstr. 71 (Bad Cannstatt), ⊠ 70372, ℘ (0711) 56 89 62
Fax (0711) 558606, 😊 – HJT
geschl. Sonn- und Feiertage – **Menu** (ab 17 Uhr geöffnet) à la carte 17/26.
* Das historische Klostergebäude aus dem Jahre 1463 ist eines der ältesten bewohnten
Häuser der Stadt. Die rustikale Einrichtung unterstreicht den Charakter des Lokals.

X Kachelofen, Eberhardstr. 10 (Eingang Töpferstraße), ⊠ 70173, ℘ (0711) 24 23 78
Fax (0711) 5299162, 😊 – ⓜ ⓞ 𝐕𝐈𝐒𝐀 KZ
geschl. Sonntag – **Menu** (ab 17 Uhr geöffnet) à la carte 18/35.
* Die Weinstube in dem alten Stadthaus ist seit Jahren schon Stammlokal vieler Promi-
nenter - zahlreiche Fotos und Autogrammkarten an den Wänden belegen das.

X Weinstube Vetter, Bopserstr. 18, ⊠ 70180, ℘ (0711) 24 19 16
Fax (0711) 60189640, 😊 – LZ
geschl. Ende Sept. - Mitte Okt., Sonn- und Feiertage – **Menu** (nur Abendessen) (Tischbe-
stellung ratsam) à la carte 20,50/38,50.
* In einer Seitenstraße in der Innenstadt liegt dieses gemütliche Lokal mit moderner Ein-
richtung und einer Auswahl regionaler Speisen, ergänzt durch internationale Gerichte.

X Stuttgarter Stäffele, Buschlestr. 2a, ⊠ 70178, ℘ (0711) 61 72 76, staeffele@
aol.com, Fax (0711) 613535, 😊 – ⓜ ⓞ 𝐕𝐈𝐒𝐀 FV
geschl. Samstagmittag – **Menu** (Sonn- und Feiertage nur Abendessen) (Tischbestellung
ratsam) à la carte 15/34.
* Mit Holzverkleidung und rot-weiß karierten Vorhängen verströmt dieses Lokal typischen
Weinstubencharakter. Auf der Karte stehen schwäbische Speisen und Württemberger
Weine.

STUTTGART S. 15

Weinstube Klink, Epplestr. 1 (Degerloch), ✉ 70597, ☎ (0711) 7 65 32 05, Fax (0711) 760307, 🍽
DS a
geschl. Mitte Aug. - Anfang Sept., Samstag, Sonn- und Feiertage – **Menu** (ab 17 Uhr geöffnet) (Tischbestellung ratsam) à la carte 25,50/43.
• Man muss schon ein bißchen suchen, bis man den Eingang findet. Denn das Lokal liegt versteckt in einem Innenhof. Originell : Die Tageskarte wird auf einer Schultafel vorgelegt.

Weinstube Kochenbas, Immenhofer Str. 33, ✉ 70180, ☎ (0711) 60 27 04, Fax (0711) 602704, 🍽
GX b
geschl. Ende Aug - Mitte Sept., Montag – **Menu** (Tischbestellung ratsam) à la carte 15,20/22,90.
• Die zweitälteste Weinstube Stuttgarts gefällt mit ihrer rustikalen Einrichtung und ihrem typisch schwäbischen Ambiente. Aus der Küche kommt Regionales - deftig zubereitet.

Weinstube Träuble, Gablenberger Hauptstr. 66 (Eingang Bussenstraße), ✉ 70186, ☎ (0711) 46 54 28, Fax (0711) 4207961, 🍽 - ⓜ, ⚹
HV s
geschl. Jan. 1 Woche, Ende Juli - Mitte Aug., Sonn- und Feiertage – **Menu** (ab 17 Uhr geöffnet) (nur Vesperkarte).
• Ein bißchen wie eine Puppenstube wirkt dieses 200 Jahre alte kleine Häuschen. Äußerst gemütlich : In der vertäfelten Gaststube am Kachelofen zu vespern.

Weinhaus Stetter, Rosenstr. 32, ✉ 70182, ☎ (0711) 24 01 63, Fax (0711) 240193, 🍽
LZ e
geschl. 24. Dez. - 8. Jan., Sonn- und Feiertage – **Menu** (geöffnet Montag - Freitag ab 15 Uhr, Samstag bis 15 Uhr) (bemerkenswerte Weinkarte) (nur Vesperkarte).
• Um so ein Wein-Angebot zu finden, muß man lange suchen. Das Sortiment ist enorm, auch gute internationale Weine sind zu haben. Handel und Vesper-Wirtschaft in einem.

in Stuttgart-Botnang :

Hirsch, Eltinger Str. 2, ✉ 70195, ☎ (0711) 69 29 17, hotelhirsch@debitel.net, Fax (0711) 6990788, Biergarten – 🛗 📺 🚗 🅿 – 🔒 140. 🆎 ⓞ ⓜ 𝖁𝖨𝖲𝖠
CR e
Menu (geschl. Sonn- und Feiertage abends, Montag) à la carte 18/39,50 – **34 Zim** ⌂ 51/66 – 82.
• Die gastliche Adresse befindet sich in einem ruhigen Vorort und der Chef selbst kümmert sich um seine Gäste. Die Zimmer sind alle sehr sauber und praktisch eingerichtet. Im rustikalen Gastraum bietet das Haus eine gutbürgerliche Küche an.

in Stuttgart-Büsnau :

relexa Waldhotel Schatten, Magstadter Straße (am Solitudering), ✉ 70569, ☎ (0711) 6 86 70, stuttgart@relexa-hotel.de, Fax (0711) 6867999, 🍽, ≘s – 🛗, ⚹ Zim, 📺 ☎ ⚐ 🚗 🅿 – 🔒 80. 🆎 ⓞ ⓜ 𝖁𝖨𝖲𝖠 ᴊᴄʙ
BR t
La Fenêtre (geschl. Aug. 3 Wochen, Sonn- und Feiertage, Montag) (nur Abendessen) **Menu** 35/60 – **Kaminrestaurant :** Menu à la carte 23/37 – **136 Zim** ⌂ 111/182 – 145/206, 8 Suiten.
• Vor den Toren der Stadt liegt das 200 Jahre alte Hotel. Gelungen ist die Kombination von historischem Altbau und neuem Teil. Einige Zimmer sind mit Stilmöbeln bestückt. La Fenêtre besticht durch einen eleganten Touch. Rustikal : das Kaminrestaurant.

in Stuttgart-Bad Cannstatt :

Mercure Ⓜ, Teinacher Str. 20, ✉ 70372, ☎ (0711) 9 54 06 03, h1704@accor-hotels.com, Fax (0711) 9540630, 🍽, ≘s – 🛗, ⚹ Zim, 📺 ☎ ⚐ 🚗 – 🔒 100. 🆎 ⓞ ⓜ 𝖁𝖨𝖲𝖠 ᴊᴄʙ
JT n
Menu à la carte 21/36,50 – **156 Zim** ⌂ 93/123 – 151/167, 5 Suiten.
• Das Domizil verfügt über neuzeitliche und wohnliche Zimmer. Benötigen Sie viel Platz? Fragen Sie nach den sehr großzügig geschnittenen Suiten oder Appartments.

Spahr garni, Waiblinger Str. 63, ✉ 70372, ☎ (0711) 55 39 30, hotel.spahr@t-online.de, Fax (0711) 55393333 – 🛗 ⚹ 📺 🚗 🅿 🆎 ⓞ ⓜ 𝖁𝖨𝖲𝖠
JT a
geschl. 23. Dez. - 6. Jan. – **62 Zim** ⌂ 75/87 – 92/116.
• Mit dunklen oder weißen Holzmöbeln eingerichtete Zimmer finden Sie in diesem zentral in Bad Cannstatt gelegenen, auch für Tagungen geeigneten Hotel.

Krehl's Linde mit Zim, Obere Waiblinger Str. 113, ✉ 70374, ☎ (0711) 5 20 49 00, info@krehl-gastronomie.de, Fax (0711) 52049013, 🍽 – 📺 🚗 – 🔒 50. 🆎 ⓞ 𝖁𝖨𝖲𝖠
JT r
geschl. Aug. 3 Wochen – **Menu** (geschl. Sonntag - Montag) 22,50 à la carte 27/50,50 ⚘ – **14 Zim** ⌂ 59/100 – 90/139.
• Das Traditions-Haus ist seit 1875 in Familienbesitz. Serviert werden in stilvollem Rahmen regionale sowie gehobene französische Köstlichkeiten. Nett eingerichtete Zimmer.

Pfund, Waiblinger Str. 61a, ✉ 70372, ☎ (0711) 56 63 63, Fax (0711) 5006768 – 🅿 🆎 ⓞ 𝖁𝖨𝖲𝖠
JT a
geschl. 23. Dez. - 7. Jan., Freitagmittag, Samstagmittag, Sonn- und Feiertage – **Menu** 23/50 à la carte 23/43.
• Klein, aber fein ist das kulinarische Angebot in diesem Restaurant mit charmantem Weinstuben-Charakter. Urig : Gewölbekeller, der für Veranstaltungen reserviert werden kann.

STUTTGART S. 16

※ **Alt Cannstatt**, Königsplatz 1, ⌧ 70372, ℰ (0711) 56 11 15, alt-cannstatt@t-onlin
.de, Fax (0711) 560080, 🍴, Biergarten – 🅿 300. ㏂ ① ⓒ 🅥
geschl. Sonntagabend - Dienstag – **Menu** à la carte 23/40,50.
JT
• Das Haus liegt direkt am Kurpark und gefällt mit rustikaler Einrichtung. Der Küchenche
kocht international und regional. Vielfältiges Angebot für Vegetarier.

In Stuttgart-Degerloch :

🏨 **Waldhotel Degerloch** ♨, Guts-Muths-Weg 18, ⌧ 70597, ℰ (0711) 76 50 17, inf
@waldhotel-degerloch.de, Fax (0711) 76501999, 🍴, ≦s, ※ – 🛗 📺 ✆ ⚓ 🅿 – 🅿 120
㏂ ① ⓒ 🅥
Menu à la carte 26/33 – **50 Zim** ⌸ 87/106 – 130/147.
GX
DS
• Ruhiger Schlaf und saubere Luft garantiert : Das Hotel mit seinen netten Zimmern lieg
idyllisch in einem kleinen Waldstück in der Nähe des Fernsehturms. Das aparte Restauran
ist in mehrere kleinere Bereiche unterteilt.

❀❀❀❀ **Wielandshöhe**, Alte Weinsteige 71, ⌧ 70597, ℰ (0711) 6 40 88 48
XXXX Fax (0711) 6409408, 🍴 – 🅿 10. ㏂ ① ⓒ 🅥
geschl. Sonntag - Montag – **Menu** (Tischbestellung ratsam) 64/98 à la carte 54/72 ♈.
GX
• TV-Koch Vincent Klink beherrscht das klassische Repertoire - geprägt von mediterrane
und regionalen Einflüssen. Das Ambiente besticht durch Eleganz und herrlichen Ausblick

❀❀❀ **Weber's Gourmet im Turm**, Jahnstr. 120, ⌧ 70597, ℰ (0711) 24 89 96 10
XXX restaurant@fernsehturm-stgt.de, Fax (0711) 24899627, ✳ Stuttgart und Umgebung, (in
✿ Fernsehturm in 144 m Höhe, 🛗) – 🗖 ㏂ ⓒ 🅥 ※
HX
geschl. Jan. 2 Wochen, Aug. 3 Wochen, Sonntag - Montag – **Menu** (nur Abendessen) (Tisch
bestellung erforderlich) à la carte 54/70.
• Um hier zu tafeln, brauchen Sie einen Boarding Pass : Mit dem Lift geht's 144 Meter hoc
ins Fernsehturmrestaurant. Es lohnt sich : kreative Küche und bemerkenswerte Weinkarte
Spez. Mille feuille vom Kalbskopf mit Trüffelvinaigrette. Bouillabaisse von Edelfischen mi
Sauce Rouille. Magret von der Ente mit Stopflebersauce.

❀❀ **Das Fässle**, Löwenstr. 51, ⌧ 70597, ℰ (0711) 76 01 00, info@faessle.de
XX Fax (0711) 764432, 🍴 – 🗖 – 🅿 20. ㏂ ① ⓒ 🅥
❀ geschl. Sonntag - Montagmittag – **Menu** (Tischbestellung ratsam) 30 à la carte 27/42,50
DS
• In dem rustikal-ländlichen Restaurant kann man die Raffinessen der internationalen und
regionalen Küche genießen. Gemütlichkeit durch viel Holz und putzige Sprossenfenster.

❀ **Primafila**, Jahnstr. 120 (am Fuß des Fernsehturms), ⌧ 70597, ℰ (0711) 2 36 31 55
primafila@gmx.net, Fax (0711) 2363156, 🍴, Biergarten – 🅿 ① ⓒ 🅥
Menu (italienische Küche) à la carte 23/37.
HX
• Italienisches Restaurant am Fuß des Fernsehturms. Sie essen unter Bäumen im herrliche
Wintergarten. Separate Zigarren-Lounge mit mächtigen roten Ledersesseln.

In Stuttgart-Fasanenhof :

🏨 **Mercure** 🅼, Eichwiesenring 1, ⌧ 70567, ℰ (0711) 7 26 60, h1574@accor-hotels.com
Fax (0711) 7266444, 🍴, 🏊, ≦s – 🛗, ※ Zim, 🗖 📺 ✆ ⚓ ⇔ 🅿 – 🅿 110. ㏂ ①
ⓒ 🅥
Menu à la carte 24/41 – ⌸ 14 – **148 Zim** 135 - 155/175.
CS
• Die Besonderheit dieses modernen Hotels nahe beim Musical-Theater ist die große, ele
gante Halle. Die behaglichen Gästezimmer sind mit roséfarbenen Möbeln eingerichtet.

🏨 **Fora Hotel** 🅼, Vor dem Lauch 20, ⌧ 70567, ℰ (0711) 7 25 50, sales.fasanenhof@
fora.de, Fax (0711) 7255666, 🍴, ≦s – 🛗, ※ Zim, 📺 ✆ ⇔ – 🅿 55. ㏂ ① ⓒ
🅥 🅹🅲🅱
Menu à la carte 22/33 – **101 Zim** ⌸ 115 – 131.
DS
• Mitten im Businesspark liegt dieses moderne Haus und ist deshalb ganz auf Geschäfts
leute ausgerichtet : auf Wunsch wird Ihr Zimmer mit einem Faxgerät ausgerüstet.

In Stuttgart-Feuerbach :

🏨 **Messehotel Europe** 🅼, Siemensstr. 33, ⌧ 70469, ℰ (0711) 81 00 40 (Hotel) 8 10
04 23 55 (Rest.), info@europe-hotels-int.de, Fax (0711) 810042555 – 🛗, ※ Zim, 🗖 📺
✆ ⇔. ㏂ ① ⓒ 🅥
GT
geschl. Mitte Dez. - Mitte Jan., Aug. – **Landhausstuben** (geschl. Sonntag, Montag) (nur
Abendessen) **Menu** à la carte 23/37 – **114 Zim** ⌸ 102 – 128.
• Prunkstück des modernen Messehotels ist die Lobby mit zwei freischwebenden Glas
aufzügen und den exotischen Pflanzen umgebenen Wasserspielen. Wohnliche,
moderne Zimmer. Gemütlich zeigt sich das rustikale Restaurant.

🏨 **Kongresshotel Europe**, Siemensstr. 26, ⌧ 70469, ℰ (0711) 81 00 40, info@euro
pe-hotels-int.de, Fax (0711) 810041444, 🍴, ≦s – 🛗, ※ Zim, 🗖 📺 ✆ ⇔ – 🅿 120.
㏂ ① ⓒ 🅥
GT
Menu (geschl. Samstagmittag, Sonntagmittag) à la carte 21,50/39,50 – **144 Zim** ⌸ 85
– 110, 3 Suiten.
• Fast alle Zimmer sind im spanischen Stil in warmen Farben eingerichtet. Die Zimmer in
der Business-Etage sind mit Faxgeräten und Modem-Anschluß ausgestattet.

STUTTGART S. 17

XX **Landgasthof im schönsten Wiesengrund** mit Zim, Feuerbacher-Tal-Str. 200, ✉ 70469, ℰ (0711) 1 35 37 20, *info@landgasthof-wiesengrund.de*, Fax (0711) 13537210, 🍴, Biergarten – ✳ Zim, 📺 📞 🅿 – 🛋 20. ⓞ ⓜ VISA   FU t
Menu à la carte 22,50/43,50 – **14 Zim** ⌂ 65 – 105.
◆ Ein im bürgerlichen Stil eingerichtetes Restaurant, dessen regionale Speisenauswahl durch saisonale Spezialitäten ergänzt wird. Helle, moderne Gästezimmer.

Stuttgart-Flughafen :

🏨 **Mövenpick-Hotel** M, Randstr. 7, ✉ 70629, ℰ (0711) 7 90 70, *hotel.stuttgart-airport@moevenpick.com*, Fax (0711) 793585, 🍴, ⥯ – 🛗 ✳ ≡ 📺 📞 ♿ 🅿 – 🛋 40. 🅰🅴 ⓞ ⓜ VISA JCB   DS w
Menu à la carte 21,50/36,50 – ⌂ 16 – **229 Zim** 152/166 – 177/191.
◆ Wenn Sie hier absteigen, sind Sie nur 200 Meter von den Flughafen-Terminals entfernt. Sie wohnen maximal schallisoliert in ansprechenden wohnlichen Zimmern. S-Bahn-Anschluß.

XXX **top air,** im Flughafen (Terminal 1, Ebene 4), ✉ 70629, ℰ (0711) 9 48 21 37, *top.air.stuttgart@woellhaf-airport.de*, Fax (0711) 7979210 – ≡ 🅿 – 🛋 40. 🅰🅴 ⓞ ⓜ VISA   DS p
geschl. Anfang Jan. 2 Wochen, Aug., Samstag - Sonntag – **Menu** 50/94 und à la carte.
◆ Mit einzigartigem Blick auf das Rollfeld des Flughafens verköstigt man Sie mit kreativen, französischen Gaumenfreuden. Exquisit auch das Ambiente : moderne Eleganz.
Spez. Dreierlei von der Gänsestopfleber mit Traminer-Gelée. Loup de mer mit Jakobsmuscheln souffliert und geschmortem Kopfsalat. Suprême von der Bresse Taube in Blätterteig mit getrüffeltem Rahmwirsing.

Stuttgart-Hohenheim :

XXXX **Speisemeisterei** (Öxle), Am Schloss Hohenheim, ✉ 70599, ℰ (0711) 4 56 00 37, Fax (0711) 4560038 – 🅿. ✂   DS c
geschl. 1. - 15. Jan., 29. Juli - 15. Aug., Montag - Dienstag – **Menu** *(wochentags nur Abendessen)* (Tischbestellung ratsam) 64/110 ♀.
◆ In der herrschaftlichen Atmosphäre von Schloß Hohenheim befindet sich ein Paradies für den verwöhnten Gaumen : Die Küche ist so raffiniert und aristokratisch wie das Dekor.
Spez. Geräucherte Taubenbrust mit karamelisierter Gänseleber. Atlantik Meerwolf mit getrüffelter Kalbsfußkruste und Lauchpüree. Variation von junger Ziege mit Gemüse-Tempura und Bärlauch-Polenta.

Stuttgart-Möhringen :

🏨 **Millennium Hotel and Resort** M (mit 🏨 **SI**), Plieninger Str. 100, ✉ 70567, ℰ (0711) 7 21 10 50, *sales.stuttgart@mill-cop.com*, Fax (0711) 7212931, 🍴, Biergarten, direkter Zugang zur Schwaben Quelle – 🛗 ✳ Zim, ≡ 📺 📞 ♿ ⥯ – 🛋 650. 🅰🅴 ⓞ ⓜ VISA   CS t
Menu (19 verschiedene Restaurants, Bars und Cafés) à la carte 21/41 – ⌂ 15 – **454 Zim** 159/199 – 179/219.
◆ Gegenüber den Musical-Theatern steht der moderne Hochhausbau. Hier finden Sie geschmackvolle, elegante Zimmer. Zum Entspannen : Europas größte Wellness-Landschaft. Sie haben die Wahl zwischen 19 verschiedenen Themen-Restaurants und -Bars.

🏨 **Gloria,** Sigmaringer Str. 59, ✉ 70567, ℰ (0711) 7 18 50, *info@hotelgloria.de*, Fax (0711) 7185121, Biergarten, ⥯ – 🛗, ✳ Zim, 📺 📞 ⥯ 🅿 – 🛋 50. 🅰🅴 ⓞ ⓜ VISA   CS u
Möhringer Hexle : **Menu** à la carte 19/30 – **85 Zim** ⌂ 67/85 – 90/113.
◆ Eine komplett modernisierte Hotelhalle empfängt Sie in Ihrem Domizil. Hier wählen Sie eines der zeitgemäß, funktionell wie auch wohnlich gestalteten Gästezimmer. Das bürgerliche Möhringer Hexle wird ergänzt durch einen freundlichen Wintergarten.

🏨 **Fora Hotel** garni, Filderbahnstr. 43, ✉ 70567, ℰ (0711) 71 60 80, *reservation.moehringen@fora.de*, Fax (0711) 7160850 – 🛗 ✳ Zim 📺 📞 ⥯. 🅰🅴 ⓞ ⓜ VISA JCB   CS a
geschl. 24. Dez. - 6. Jan. – **41 Zim** ⌂ 86 – 102.
◆ Das Hotel liegt von der Hauptstraße etwas zurückversetzt. Sie beziehen gepflegte, Zimmer, die durch helle Farbtöne sehr freundlich wirken.

🏨 **Körschtal** garni, Richterstr. 23, ✉ 70567, ℰ (0711) 71 60 90, *hotel-koerschtal@t-online.de*, Fax (0711) 7160929 – 🛗 ✳ 📺 📞 ⥯. 🅰🅴 ⓞ ⓜ VISA. ✂   CS y
30 Zim ⌂ 64 – 84/86.
◆ Die Zimmer des modernen Hotels sind mit gutem Komfort behaglich ausgestattet. Besonders Geschäftsreisende schätzen das kleine Hotel abseits vom Trubel der Stadt.

XX **Bistro Ecco,** Plieninger Str. 100 (im Spielcasino), ✉ 70567, ℰ (0711) 9 00 72 72, *bistroecco@aol.com*, Fax (0711) 9007273 – ≡. 🅰🅴 ⓞ ⓜ VISA   CS t
Menu *(nur Abendessen)* à la carte 27,50/36,50.
◆ Ob nach einem spannenden Spielbankbesuch oder zum Treff mit Freunden oder Geschäftspartnern : Auf der pfiffigen Karte vom Ecco ist für jeden etwas dabei.

X **Landgasthof Riedsee** ≽ mit Zim, Elfenstr. 120, ✉ 70567, ℰ (0711) 71 87 63 50, *info@riedsee.de*, Fax (0711) 71876359, 🍴 – ✳ 📺 📞 ♿ 🅿. 🅰🅴 ⓞ ⓜ VISA   CS f
Menu (geschl. Samstagmittag) à la carte 20,50/36,50 – **6 Zim** ⌂ 55/65 – 80.
◆ In diesem netten Landgasthof mit der schönen Seeterrasse werden Ihnen gutbürgerliche Gerichte serviert. Auch Ausflügler kehren hier gerne ein.

1405

STUTTGART S. 18

Zur Linde, Sigmaringer Str. 49, ⌂ 70567, ℘ (0711) 7 19 95 90, Fax (0711) 719959.
🍴 – AE ① ⓜⓢ VISA
CS
geschl. Samstagmittag – **Menu** à la carte 24/40 ₰.
• Mögen Sie's deftig? Dann sind Sie in der rustikalen und gemütlichen Linde genau richti‹
Hier wird mit Liebe nach Großmutters leckeren schwäbischen Rezepten gekocht.

In Stuttgart-Obertürkheim :

Brita Hotel, Augsburger Str. 671, ⌂ 70329, ℘ (0711) 32 02 30, info@brita-hotel.d‹
Fax (0711) 32023400 – 📶, ⬚ Zim, TV ✆ 🚗 – 🛋 80. AE ① ⓜⓢ VISA
ER
geschl. 20. Dez. - 7. Jan. – **Menu** (geschl. 5. - 26. Aug., Samstag - Sonntag) à la cart‹
19,50/31 – **70 Zim** ⊇ 72/93 – 124.
• Ein freundliches Haus mit zeitgemäßem Komfort. Alle Zimmer haben schallisolierte Fens‹
ter. Auf Wunsch reserviert man Ihnen ein Bett mit Überlänge und Überbreite. Im rustikale
Poststüble oder in der Kutscherstube serviert man Gutbürgerliches.

Wirt am Berg, Uhlbacher Str. 14, ⌂ 70329, ℘ (0711) 32 12 26 – ⬚. D
ⓜⓢ VISA
ER
geschl. Aug. 3 Wochen, Montagmittag, Samstagmittag, Sonn- und Feiertage, jeden
Samstag im Monat – **Menu** à la carte 21/33.
• Eine urig-schwäbische Adresse. Das Gasthaus mit Weinstuben-Charakter ist aufgeteilt ›
zwei gemütlich-rustikale Räume, in denen fast ausschließlich Regionales angeboten wir‹

In Stuttgart-Plieningen :

Romantik Hotel Traube, Brabandtgasse 2, ⌂ 70599, ℘ (0711) 45 89 20, traub‹
@romantikhotels.de, Fax (0711) 4589220, 🍴 – ⬚ Zim, TV ✆ 🅿 – 🛋 15. ①
ⓜⓢ VISA
DS
geschl. 23. Dez. - 3. Jan., Aug. 2 Wochen – **Menu** (geschl. Samstagmittag, Sonntag - Mor
tagmittag)(Tischbestellung ratsam) à la carte 28/50,50 ₰ – **19 Zim** ⊇ 85/125 – 105/19!
• Hinter der geschichtsträchtigen Fachwerkfassade sind alle Zimmer liebevoll renoviert. Si‹
sind teils mit Stilmöbeln, teils rustikal mit viel Holz eingerichtet. In der ländlich-stilvolle
Gaststube fühlt man sich gleich wohl.

In Stuttgart-Stammheim :

Novotel-Nord, Korntaler Str. 207, ⌂ 70439, ℘ (0711) 98 06 20, h0501@accor
hotels.com, Fax (0711) 98062137, 🍴, ≋s, ☒ (geheizt) – 📶, ⬚ Zim, TV ✆ 🅿 – 🛋 13‹
AE ① ⓜⓢ VISA
CP
Menu à la carte 22/28 – **113 Zim** ⊇ 126 – 149.
• Sehr verkehrsgünstig liegt dieses Hotel unweit der Autobahn. Die Zimmer sind typische
Novotel-Standard : helle, praktische Einbaumöbel und bequeme Polsterbetten.

Strobel, Korntaler Str. 35, ⌂ 70439, ℘ (0711) 80 91 30 30, Fax (0711) 80913055
⬚ Rest, TV 🅿. ⓜⓢ VISA
CP
geschl. Aug. 3 Wochen – **Menu** (geschl. Samstag - Sonntag) à la carte 19,50/35,50 – **30 Zim**
⊇ 52 – 70.
• Der modernisierte Gasthof ist seit vielen Jahren in Familienbesitz. Den Gast erwartet i‹
ganzen Haus ein behaglicher Komfort. Fragen Sie nach Zimmern im Neubau ! Im Restauran
sitzen Sie an Tischen, die von der Wirtin liebevoll eingedeckt werden.

In Stuttgart-Uhlbach :

Gästehaus Münzmay garni, Rührbrunnenweg 19, ⌂ 70329, ℘ (0711)
9 18 92 70, Fax (0711) 9189271, ≋s – 📶 TV 🚗 🅿. AE ⓜⓢ VISA
ER
geschl. 24. Dez. - 6. Jan. – **11 Zim** ⊇ 67 – 90.
• Eingebettet zwischen Götzenberg und Rotenberg unterhalb herrlicher Weinreben lieg‹
dieses nette Hotel. Die Zimmer sind behaglich mit Möbeln in Eiche rustikal eingerichtet

In Stuttgart-Untertürkheim :

Petershof, Klabundeweg 10 (Zufahrt über Sattelstraße), ⌂ 70327, ℘ (0711)
3 06 40, info@hotel-petershof.de, Fax (0711) 3064222 – 📶, ⬚ Zim, TV ✆ 🚗 🅿. A
① ⓜⓢ VISA JCB
ER
geschl. 23. Dez. - 2. Jan. – **Menu** (geschl. 23. Dez. - 3. Jan., Freitag - Samstag) (nur Abend
essen) (Restaurant nur für Hausgäste) – **30 Zim** ⊇ 71/79 – 87/98.
• Ruhig gelegen, in der Nebenstraße eines Wohngebiets finden Sie hier bestimmt Ent
spannung und Erholung. Alle Zimmer sind praktisch und funktionell ausgestattet.

In Stuttgart-Vaihingen :

Dorint Fontana M, Vollmoellerstr. 5, ⌂ 70563, ℘ (0711) 73 00, info.strfon@
dorint.com, Fax (0711) 7302525, Massage, ≋, 🎾, ☒ – 📶 ⬚ ≡ TV ✆ 🚗 ›
🛋 250. AE ① ⓜⓢ VISA JCB. ⬚ Rest
CS ‹
Menu à la carte 22,50/44 – ⊇ 16 – **252 Zim** 162/192 – 177/207.
• Die stilvollen Zimmer verteilen sich auf 18 Etagen. Sie sind geschmackvoll eingerichte‹
mit Schreibtischen, kleinen Wohnbereichen und teils mit exquisiten Polsterbetten. Sie wäh
len zwischen dem eleganten und dem rustikalen Restaurantbereich.

STUTTGART S. 19

Stuttgart-Wangen:

Hetzel Hotel Löwen, Ulmer Str. 331, ✉ 70327, ℘ (0711) 4 01 60, info@hetzel-hotel.de, Fax (0711) 4016333 – 🛗, ⥲ Zim, 🖃 Zim, 📺 ✆ 🖥 🅿 🖭 ⓘ ⓜ VISA JCB　JV　a
Menu (geschl. Aug.) à la carte 14/30 – **65 Zim** ⊇ 75/89 – 105/117.
◆ Bei der Ausstattung der Zimmer wurde großen Wert auf einen wohnlichen und freundlichen Charakter gelegt. Morgens erwartet Sie ein reichhaltiges Frühstücksbuffet. Genießen Sie im Hotelrestaurant Spezialitäten aus Griechenland.

Ochsen, Ulmer Str. 323, ✉ 70327, ℘ (0711) 4 07 05 00, info@ochsen-online.de, Fax (0711) 40705099, Biergarten – 🛗, ⥲ Zim, 🖃 Zim, 📺 ✆ 🅿 🖭 ⓘ ⓜ VISA JCB　JV　f
Menu à la carte 19/38 – **22 Zim** ⊇ 80/99 – 107/128.
◆ Ein Familienbetrieb mit gemütlicher, schwäbischer Gastlichkeit. Sehr geschmackvolle Zimmer. Die Bäder haben teilweise Whirlpool-Wannen. Die Einrichtung im Restaurant verströmt rustikale Eleganz.

Stuttgart-Weilimdorf:

Holiday Inn Ⓜ, Mittlerer Pfad 25, ✉ 70499, ℘ (0711) 98 88 80, holidayinn.stuttgart @t-online.de, Fax (0711) 988889, Biergarten, 🏋, ≘s – 🛗, ⥲ Zim, 📺 ✆ ♿ 🚗 – 🔔 220. 🖭 ⓘ ⓜ VISA JCB　BP　s
Menu à la carte 21/39 – ⊇ 16 – **321 Zim** 137/167 – 153/183, 7 Suiten.
◆ Die Einrichtung der Zimmer ist funktionell und zeitgemäß, der Komfort wohnlich standardisiert. Alle Zimmer haben einen Kaffee-/Teezubereiter. Reservieren Sie im Hauptgebäude!

Muckenstüble (mit Gästehaus), Solitudestr. 25 (in Bergheim), ✉ 70499, ℘ (0711) 8 60 08 10, muckenstueble@aol.com, Fax (0711) 86008144, 🍽 – 🛗 📺 🚗 🅿 ⓜ VISA JCB　BR　a
geschl. Aug. 3 Wochen – **Menu** (geschl. Samstagabend, Sonn- und Feiertage abends, Dienstag) à la carte 17/28 – **26 Zim** ⊇ 45 – 77.
◆ Fachwerk und Naturstein bestimmen die Fassade des Hauses. Neuzeitlich mit Holzmöbeln eingerichtete Zimmer sowie eine Gartenterrasse sorgen für einen erholsamen Aufenthalt. Lieben Sie die deftige und gutbürgerliche Küche? Dann sind Sie hier genau richtig.

Hasen, Solitudestr. 261, ✉ 70499, ℘ (0711) 9 89 89 80, Fax (0711) 98989816 – 🅿 ⓜ VISA　CP　m
geschl. Aug. 3 Wochen, Montag, Sonn- und Feiertage – **Menu** 25 (mittags) à la carte 32/51 ⓨ.
◆ Farblich aufgefrischt, erinnern Holzbalken und nettes Dekor an den früheren Weinstuben-Charakter des Hauses. In der Küche bereitet man mit Sorgfalt schmackhafte Speisen zu.

Beim Schloss Solitude:

Schloss-Solitude, Solitude 2, ✉ 70197 Stuttgart, ℘ (0711) 69 20 25, schloss-gastronomie-solitude@t-online.de, Fax (0711) 6990771, 🍽 – 🅿 – 🔔 20. 🖭 ⓘ ⓜ VISA JCB. ✺　BR　n
geschl. Sonntag - Montag – **Menu** (nur Abendessen) à la carte 39/50,50 – **Wintergarten** (geschl. Sonntagabend - Montag) **Menu** à la carte 23/37,50.
◆ Das von Herzog Carl Eugen im 18. Jh. erbaute Rokoko-Schloß beherbergt heute im Kavaliersbau ein feines Gourmet-Restaurant. Wunderschöner Rahmen für ein elegantes Abendessen. Etwas legerer und auch vom Preis etwas günstiger ist der Wintergarten.

in Stuttgart-Zuffenhausen:

Golden Leaf Hotel Ⓜ, Schützenbühlstr. 16, ✉ 70435, ℘ (0711) 8 20 01 00, gls@golden-leaf-hotel.de, Fax (0711) 8200101, 🍽 – 🛗, ⥲ Zim, 📺 ✆ 🚗 – 🔔 80. 🖭 ⓘ ⓜ VISA JCB　CP　e
Menu à la carte 16/33 – **119 Zim** ⊇ 115/135 – 131/151.
◆ Am Rande der Schwaben-Metropole unweit des Porsche Werks liegt das moderne Hotel. Zeitgemäß mit hellem Holz sind die komfortablen Gästezimmer eingerichtet.

Achat Ⓜ garni, Wollinstr. 6, ✉ 70439, ℘ (0711) 82 00 80, stuttgart@achat-hotel.de, Fax (0711) 82008999 – 🛗 ⥲ 📺 🚗 🖭 ⓘ ⓜ VISA JCB　CP　a
⊇ 11 – **104 Zim** 64/99 – 74/109.
◆ 1997 wurde dieses moderne Hotel erbaut. Die Zimmer bieten eine nette Atmosphäre, sie sind freundlich und hell eingerichtet. Manche von ihnen haben eine kleine Küche.

in Fellbach:

Classic Congress Hotel Ⓜ, Tainer Str. 7, ✉ 70734, ℘ (0711) 5 85 90, hotel@cch-bw.de, Fax (0711) 5859304, 🏋, ≘s – 🛗, ⥲ Zim, 📺 ✆ 🚗 🅿 – 🔔 55. 🖭 ⓘ ⓜ　ER　u
geschl. 23. Dez. - 6. Jan. – **Menu** siehe Rest. **Eduard M.** separat erwähnt – **149 Zim** ⊇ 121/241 – 144/264.
◆ Direkt an der Schwabenlandhalle, verbunden mit einem unterirdischen Gang, liegt das Haus mit seinen neu renovierten Zimmern. Sie sind alle mit hellen Möbeln eingerichtet.

STUTTGART S. 20

XX **Eduard M.**, Tainer Str. 7 (Schwabenlandhalle), ✉ 70734, ℘ (0711) 5 85 94 1⌐
restaurant@eduardm.de, Fax (0711) 5859427, 🍽 – ▤. 🆎 ⓪ 🆆🆂 🆅🅸🆂🅰
geschl. 27. - 30. Dez. – **Menu** à la carte 26/44. **ER**
• Das neu gestaltete Restaurant der Classic Congress Hotels gefällt auf den ersten Blick mit seiner hell und freundlich wirkenden Holzausstattung und den versetzten Ebenen.

XX **Zum Hirschen** mit Zim, Hirschstr. 1, ✉ 70734, ℘ (0711) 9 57 93 7⌐
❀ Fax (0711) 95793710, 🍽 – 📺 ✆. 🆅🅸🆂🅰 **ER**
Menu (geschl. Sonntag - Montag)(nur Abendessen) (Tischbestellung ratsam) 40/86 und à la carte – **9 Zim** ⌂ 65 – 95.
• Mitten in der Altstadt, in einem modernisierten Fachwerkhaus aus dem 16. Jh., das modern-elegante Restaurant. Der Küchenchef bietet eine leichte Küche mit regionalen Akzenten.
Spez. Gänseleber-Guglhupf mit Apfel-Nuss-Salat und Sauternes-Gelée. Soufflierte Rehkeule mit Balsamico-Kirschen und Pfifferling-Piroggen. Ganzes Stubenküken mit Gänseleberschaum und Spinatknödel.

XX **Aldinger's Weinstube Germania**, Schmerstr. 6, ✉ 70734, ℘ (0711) 58 20 37
aldingers@t-online.de, Fax (0711) 582077, 🍽 – ✄ **ER**
geschl. Feb. - März 2 Wochen, Aug. 3 Wochen, Sonntag - Montag – **Menu** (Tischbestellung ratsam) à la carte 28/41,50 ⚘.
• In der Weinstube mit modernen Zügen steht der Chef persönlich am Herd. Sein Kochstil: die regionale und saisonale Küche. An schönen Tagen serviert man auf der Terrasse.

In Fellbach-Schmiden:

🏨 **Hirsch** (mit Gästehaus), Fellbacher Str. 2, ✉ 70736, ℘ (0711) 9 51 30, info@hotel-hirsch-fellbach.de, Fax (0711) 5181065, Biergarten, ≘, 🞐 – 🗐, ⇌ Zim, 📺 ✆ ⇌ 🅿 ⌐
– 🎴 20. 🆎 ⓪ 🆆🆂 🆅🅸🆂🅰 🅹🅲🅱 **EP**
geschl. 20. Dez. - 5. Jan. – **Menu** (geschl. Freitag, Sonntag) à la carte 19,50/33,50 – **116 Zim** ⌂ 54/65 – 85/95.
• Der behagliche Gasthof ist schon in der dritten Generation in Familienbesitz. Besonders hübsch sind die Zimmer des Gästehauses - ein historischer Bauernhof aus dem 16. Jh. Der rustikale Gastraum ist mehrfach unterteilt. Besonders heimelig: Die Tische am Kamin.

In Gerlingen:

🏨 **Krone** (mit Gästehaus), Hauptstr. 28, ✉ 70839, ℘ (07156) 4 31 10, info@krone-gerlingen.de, Fax (07156) 4311100, 🍽, ≘ – 🗐, ⇌ Zim, 📺 ✆ ⇌ 🅿 – 🎴 80. 🆎 ⓪
🆆🆂 🆅🅸🆂🅰 **BR**
Menu (geschl. 28. Juli - 3. Aug., Samstagmittag, Sonntag) (Tischbestellung ratsam) à la carte 23/49,50 – **56 Zim** ⌂ 77/86 – 106/142.
• Langjährige Tradition, gemütlich-elegante Ausstattung, geschmackvolle Gästezimmer, manche sogar mit offenem Kamin, und freundlicher Service zeichnen dieses Hotel aus. Das Restaurant versprüht durch seine alpenländische Einrichtung eine behagliche Eleganz.

🏨 **Mercure**, Dieselstr. 2, ✉ 70839, ℘ (07156) 43 13 00, h2838@accor-hotels.com
Fax (07156) 431343, 🍽 – 🗐, ⇌ Zim, 📺 ✆ ♨ 🅿 – 🎴 120. 🆎 ⓪ 🆆🆂 🆅🅸🆂🅰 🅹🅲🅱
Menu (geschl. Montag) à la carte 16,50/27,50 – **94 Zim** ⌂ 90 – 110. **BR**
• Verkehrsgünstig an der A 81 (Ausfahrt Feuerbach) liegt das moderne Kettenhotel. Die Zimmer sind mit funktionellen Holzmöbeln und freundlichen Rattan-Stühlen eingerichtet.

X **Lamm**, Leonberger Str. 2, ✉ 70839, ℘ (07156) 2 22 51, Fax (07156) 48815, 🍽 – ⓪
🆆🆂 🆅🅸🆂🅰 **BR**
geschl. Dienstag, Samstagmittag – **Menu** à la carte 23/38.
• In gemütliche Nischen unterteilt zeigt sich dieses teilweise holzvertäfelte Restaurant. Passend zum rustikalen Ambiente werden regionale und bürgerliche Speisen serviert.

In Korntal-Münchingen nahe der Autobahn-Ausfahrt S-Zuffenhausen:

🏨 **Mercure**, Siemensstr. 50, ✉ 70825, ℘ (07150) 1 30, h0685@accor-hotels.com
Fax (07150) 13266, 🍽, Biergarten, ≘, 🞐 – 🗐, ⇌ Zim, 📺 ✆ ♨ 🅿 – 🎴 180. 🆎 ⓪
🆆🆂 🆅🅸🆂🅰 **CP**
Menu à la carte 28,50/38,50 – ⌂ 14 – **200 Zim** 84/132 – 108/156.
• Tagungsgäste schätzen das in der Nähe der Autobahn liegende Hotel. Die funktionellen Zimmer haben alle Schreibtische und teils auch Wohnecken.

In Leinfelden-Echterdingen:

🏨 **Am Park** 🅼, Lessingstr. 4 (Leinfelden), ✉ 70771, ℘ (0711) 90 31 00, info@hotelam-park-leinfelden.de, Fax (0711) 9031099, Biergarten – 🗐, ⇌ Zim, 📺 ✆ 🅿 – 🎴 15. 🆎
⓪ 🆆🆂 🆅🅸🆂🅰 **CS**
geschl. 24. Dez. - 10. Jan. – **Menu** (geschl. Samstag - Sonntag) à la carte 19/40 – **42 Zim** ⌂ 80 – 100.
• Umgeben von herrlichen Bäumen in einer ruhigen Sackgasse liegt dieses freundliche Haus. In den hellen und liebenswert gestalteten Zimmern fühlt man sich gleich wie zu Hause. Im Restaurant können Sie nach Lust und Laune süddeutsche Gerichte bestellen.

1408

STUTTGART S. 21

🏨 **Filderland** garni, Tübinger Str. 16 (Echterdingen), ✉ 70771, ✆ (0711) 9 49 46, hotel-filderland@t-online.de, Fax (0711) 9494888 – 📶 ✱ 📺 ✆ 🚗 – 🔒 15. 🅰 ⓜ ⓜⓢ 🆅🅸🆂🅰
CS d
geschl. 21. Dez. - 6. Jan. – **48 Zim** ☐ 63/71 – 82/91.
* Hinter der ansprechenden Fassade verbirgt sich ein gut geführtes Hotel, das unweit des Flughafens liegt. Das Interieur ist neuzeitlich und komfortabel.

🏨 **Martins Klause** garni, Martin-Luther-Str. 1 (Echterdingen), ✉ 70771, ✆ (0711) 94 95 90, Fax (0711) 9495959 – 📶 📺 🅿 🅰 ⓜⓢ 🆅🅸🆂🅰
CS d
18 Zim ☐ 57/59 – 80/82.
* Vorzüge des Hotels sind gute Pflege, die behagliche Atmosphäre sowie die nette Innenausstattung. Sie haben die Wahl zwischen Zimmern mit Kirschbaum- oder rustikalen Möbeln.

🏨 **Adler** garni, Obergasse 18 (Echterdingen), ✉ 70771, ✆ (0711) 94 75 50, Fax (0711) 7977476, 😊, 🔲 – 📶 ✱ 📺 🅿 🅰 ⓜⓢ 🆅🅸🆂🅰
CS x
geschl. 24. Dez. - 6. Jan. – **18 Zim** ☐ 50/67 – 74/87.
* Das gepflegte Hotel von Familie Holzäpfel liegt in einer verkehrsberuhigten Zone. Sie wohnen in Zimmern mit funktionellen Möbeln. Blumige Stoffe runden das Bild ab.

n Leinfelden-Echterdingen - Stetten über die B 27 DS, Ausfahrt Stetten:

🏨 **Nödingerhof**, Unterer Kasparswald 22, ✉ 70771, ✆ (0711) 99 09 40, Fax (0711) 9909494, ≤, 😊 – 📶 📺 ✆ 🚗 🅿 – 🔒 40. 🅰 ⓜ ⓜⓢ 🆅🅸🆂🅰
geschl. 1. - 6. Jan. – **Menu** 17 à la carte 17/39,50 – **52 Zim** ☐ 66/79 – 100/105.
* Gleich hinter dem Hotel beginnt das Naherholungsgebiet Schönbuch, das zu Spaziergängen einlädt. Sie wohnen in geschmackvollen, mit Fax-Modem ausgestatteten Zimmern. Das kleine Restaurant befindet sich im ersten Stock des Hotels.

SUDERBURG Niedersachsen 415 H 15 – 4 600 Ew – Höhe 72 m.
Berlin 296 – Hannover 88 – Celle 47 – Lüneburg 50 – Uelzen 14.

🏨 **Hof Suderburg** 🅼, In den Twieten 14, ✉ 29556, ✆ (05826) 9 53 50, info@hof-suderburg.de, Fax (05826) 953535, 😊 – 📶 ✱ Zim, 📺 ✆ ♿ 🅿 – 🔒 100. 🅰 ⓜ ⓜⓢ 🆅🅸🆂🅰
Menu à la carte 20/33 – **36 Zim** ☐ 62/72 – 93/103.
* Wenn Sie in einem neu gebauten Hotel absteigen, ist Ihnen eines gewiß: Sie wohnen in sehr geschmackvollen Zimmern, die mit ansprechendem Mobiliar eingerichtet sind. Im Restaurant: Landhausmöbel kombiniert mit sonnengelben Dekorationsstoffen.

SÜDERBRARUP Schleswig-Holstein 415 C 13 – 3 800 Ew – Höhe 20 m – Luftkurort.
Berlin 399 – Kiel 53 – Schleswig 25 – Flensburg 32.

🏨 **Hamester's Hotel**, Bahnhofstr. 24, ✉ 24392, ✆ (04641) 9 29 10, hamester@t-online.de, Fax (04641) 929134, 😊 – 📺 🅿 – 🔒 20. 🅰
Menu (geschl. Dienstag) à la carte 17/32 – **10 Zim** ☐ 41 – 62.
* Vor einigen Jahren hat man das ehemalige Bankgebäude zu einem kleinen Hotel umgestaltet. Reisende beziehen funktionelle, saubere und gut gepflegte Zimmer. Restaurant mit bunten Fliesen und hellem Naturholz.

SÜDERENDE Schleswig-Holstein siehe Föhr (Insel).

SÜDERLÜGUM Schleswig-Holstein 415 B 10 – 2 000 Ew – Höhe 18 m.
Berlin 467 – Kiel 129 – Sylt (Westerland) 37 – Flensburg 48 – Husum 51 – Niebüll 11.

🏨 **Tetens Gasthof**, Hauptstr. 24 (B 5), ✉ 25923, ✆ (04663) 1 85 80, Fax (04663)185888, 😊 – 📺 🅿 – 🔒 40. ⓜⓢ 🆅🅸🆂🅰
Menu (geschl. Montagmittag, Dienstagmittag) à la carte 19/29 – **11 Zim** ☐ 36/42 – 66/75.
* Erleben Sie erholsame Tage in diesem historischen friesischen Gasthof aus dem Jahre 1816. Eine unterschiedliche Einrichtung in ländlichem Stil gestaltet die Zimmer. Die gemütliche, mehrfach unterteilte Gaststube ist typisch für die Region.

SÜDLOHN Nordrhein-Westfalen 417 K 4 – 7 800 Ew – Höhe 40 m.
Berlin 538 – Düsseldorf 98 – Nordhorn 69 – Bocholt 24 – Münster (Westfalen) 64 – Winterswijk 12.

🏨 **Südlohner Hof**, Kirchstr. 3, ✉ 46354, ✆ (02862) 9 98 80, info@hotel-suedlohner-hof.de, Fax (02862) 998877, 😊 – 📺 ✆ 🚗 🅿 🅰 ⓜ ⓜⓢ 🆅🅸🆂🅰
Menu (geschl. Montag, Samstagmittag) à la carte 20/36 – **22 Zim** ☐ 44/45 – 74/78.
* Schon im 19. Jh. machten Fahrgäste von Postkutschen in dieser Herberge Station. Heute übernachten Sie in zeitgemäßen Zimmern, die alle mit Faxanschluß versehen sind. Das Restaurant mit offenem Kamin wirkt einladend.

SÜDLOHN

In Südlohn-Oeding : *Süd-West* : *4,5 km* :

Burghotel Pass, Burgplatz 1, ✉ 46354, ✆ (02862) 58 30, *burghotel-pass@t-onlin* *.de*, *Fax (02862) 58370*, 🍽, 🛋, 🏊, – 🛗 📺 🅿, – 🚗 100. AE ⊙ ⓒ VISA
Menu à la carte 24/38 – **47 Zim** ⚲ 52/67 – 75/128 – ½ P 19.
* Mittelpunkt dieses neuzeitlichen Klinkerbaus ist ein imposanter Schloßturm aus dem Jahr 1371. Sie wohnen in funktionellen, mit solidem Hotelmobiliar ausgestatteten Zimmern. Sie essen unter einem mächtigen Backsteinkreuzgewölbe.

SÜSSEN *Baden-Württemberg* **419** *T 13* – *10 000 Ew* – *Höhe 364 m*.
Berlin 599 – *Stuttgart 49* – *Göppingen 9* – *Heidenheim an der Brenz 34* – *Ulm (Donau) 4*

Löwen (mit Gästehaus), Hauptstr. 3 (B 10), ✉ 73079, ✆ (07162) 94 82 20, *info@loewe* *-hotel.de*, *Fax (07162) 9482299*, 🛋, 🍽, – 🛗, ⇔ Zim, 📺 ✆ & 🅿, – 🚗 50. AE ⊙ ⓒ VIS
geschl. 24. Dez. - 5. Jan. – **Menu** à la carte 16/31 – **50 Zim** ⚲ 39/62 – 61/90.
* Eine geruhsame Nacht ist Ihnen hier garantiert - dafür sorgen schallisolierte Fenster. Fragen Sie nach den gut ausgestatteten Zimmern im Gästehaus. In ländlicher Gestaltung zeigt sich das Restaurant.

SUHL *Thüringen* **418 420** *O 16* – *46 000 Ew* – *Höhe 430 m* – *Wintersport* : *650/700 m* 🎿.
🅱 *Tourist Information, Friedrich-König-Str. 7*, ✉ 98527, ✆ (03681) 72 00 52, *touris information@suhl-ccs.de*, *Fax (03681) 720052*.
Berlin 352 – *Erfurt 61* – *Bamberg 94*.

Mercure Kongress [M], Friedrich-König-Str. 1, ✉ 98527, ✆ (03681) 71 00, *h2830@ accor-hotels.com*, *Fax (03681) 710333*, 🛁, 🛋, 🏊, – 🛗, ⇔ Zim, 📺 ✆ & 🚗 – 🚗 50
AE ⊙ ⓒ VISA JCB
Menu à la carte 21/29 – ⚲ 13 – **133 Zim** 72/77 – 82/87, 6 Suiten.
* Das Ende der 90er Jahre eröffnete Hotel erfreut seine Gäste mit modernen, großzügig geschnittenen Zimmern, die auch technisch auf dem neuesten Stand sind. Restaurant im 16. Stock mit herrlicher Aussicht auf die Stadt.

Auf dem Ringberg *Ost* : *5 km* :

Ringberg Resort Hotel [M] 🦌, Ringberg 10, ✉ 98527 Suhl, ✆ (03681) 38 90 *reservierung@ringberghotel.de*, *Fax (03681) 389890*, ≤ Suhl und Thüringer Wald, Biergarten, Massage, 🛁, 🛋, 🏊, 🍽, – 🛗, ⇔ Zim, ▤ Rest, 📺 ✆ & 🐾 🅿 – 🚗 400. A ⊙ ⓒ VISA JCB. ⇔ Rest
Menu à la carte 15/30 – **290 Zim** ⚲ 70/111 – 75/124 – ½ P 14.
* In luftiger Höhe von 750 Metern liegt direkt am Rennsteig dieses funktionelle Ferien- und Tagungshotel. Der Wald ringsum lädt zum Wandern und aktiver Erholung ein. Das großzügig ausgelegte Restaurant ist mehrfach unterteilt.

In Suhl-Neundorf : *Süd* : *1 km* :

Goldener Hirsch, An der Hasel 91, ✉ 98527, ✆ (03681) 7 95 90, *Fax (03681) 795920* 🍽 – ⇔ Zim, 📺 🅿 ⓒ VISA
Menu à la carte 12,50/25 – **31 Zim** ⚲ 41/49 – 57/72.
* Ein rustikales Fachwerkhaus aus dem Jahre 1616. Erst kürzlich entstanden neue Zimmer die - wie die anderen auch - mit netten Naturholzmöbeln eingerichtet sind. In der kleinen Gaststube kommt schnell Gemütlichkeit auf.

In Hirschbach *Süd* : *7 km* :

Zum goldenen Hirsch, Hauptstr. 33 (B 247), ✉ 98553, ✆ (03681) 72 00 37, *info @zum-goldenen-hirsch-hirschbach.de*, *Fax (03681) 303509*, Biergarten, 🛋, – ⇔ Zim, 📺 🅿 – 🚗 80. AE ⊙ ⓒ VISA
Menu à la carte 13,50/25 – **30 Zim** ⚲ 40/45 – 60/66.
* Nach einem freundlichen Empfang führt man Sie in gepflegte Zimmer, die mit zeitgemäßen, hellen Holzmöbeln eingerichtet sind und über den nötigen Komfort verfügen. Man empfängt seine Besucher in einer zünftig eingerichteten Gaststube.

SUHLENDORF *Niedersachsen* **415 416** *H 16* – *2650 Ew* – *Höhe 66 m*.
Berlin 214 – *Hannover 111* – *Schwerin 123* – *Uelzen 15*.

In Suhlendorf-Kölau *Süd* : *2 km* :

Brunnenhof 🦌 (mit Gästehäusern), ✉ 29562, ✆ (05820) 8 80, *service@hotel brunnenhof.de*, *Fax (05820) 1777*, 🍽, 🛋, 🏊, 🍽, 🍴, 🐎 (Halle) – ⇔ Zim, 📺 🅿 – 🚗 60. AE ⊙ ⓒ VISA ⇔ Rest
Menu à la carte 15/28 – **43 Zim** ⚲ 43/49 – 79/100, 4 Suiten.
* Besonders Natur- und Pferdeliebhaber kommen auf diesem Gut aus dem 18. Jh. mit seinen reetgedeckten, rustikal eingerichteten Gästehäusern auf ihre Kosten. Das Restaurant ist in der hübschen, großen Bauerndiele untergebracht.

ULINGEN Niedersachsen 415 H 10 – 12 500 Ew – Höhe 30 m.
Berlin 364 – Hannover 77 – Bremen 55 – Bielefeld 100 – Osnabrück 84.

Zur Börse, Langestr. 50, ⌂ 27232, ℰ (04271) 9 30 00, Fax (04271) 5780 – ⇌ Zim, 📺 ✆ ⇌ 🅿 – 🅐 60. 🅰🅴 ⓞ ⓜⓞ 🆅🅸🆂🅰 ⌘ Rest
Menu (geschl. Anfang Jan. 1 Woche, Freitagabend - Samstagmittag, Sonntagmittag) à la carte 20/37 – **26 Zim** ⌂ 50/70 – 85/97.
* Das Haus besticht durch seine verkehrsgünstige Lage. Es bietet seinen Gästen nette, moderne Zimmer mit Naturholzmöbeln oder eine einfachere, sachlich eingerichtete Variante. Dunkle Holzbalken und nostalgische Lampen sorgen im Restaurant für gemütliches Flair.

Landhaus Nordloh, Bassumer Str. 163 (an der B 51), ⌂ 27232, ℰ (04271) 22 18, Fax (04271) 6950, ☕ – 🅿 🅰🅴 ⓞ ⓜⓞ 🆅🅸🆂🅰
geschl. Samstagmittag, Montag – **Menu** à la carte 16/31.
* Etwas außerhalb liegt dieser im Fachwerkstil erbaute Landgasthof. Im Inneren umgibt Sie ein fast klassisches Ambiente mit offenem Kamin und dunkler Holzdecke.

In Mellinghausen Nord-Ost : 8 km über die B 214 :

Märtens ⌘ (mit Gästehäusern), Am Sportplatz 63, ⌂ 27249, ℰ (04272) 9 30 00, info @hotel-maertens.de, Fax (04272) 930028, ☕ – ⇌ Zim, 📺 ♿ 🅿 – 🅐 25. 🅰🅴 ⓜⓞ 🆅🅸🆂🅰
Menu (geschl. Montag) à la carte 13/30 – **24 Zim** ⌂ 38/48 – 56/68.
* Ruhig, fernab von Verkehr und Hektik, finden Sie in diesem netten Hotel gepflegte Zimmer, die auf drei Gästehäuser verteilt sind. Reservieren Sie im Gästehaus Nummer drei! In der Gaststube vermittelt ein offener Kamin heimelige Gemütlichkeit.

Bei verspäteter Anreise, nach 18 Uhr, ist es sicherer,
Ihre Zimmerreservierung zu bestätigen.

SULZ AM NECKAR Baden-Württemberg 419 U 9 – 11 800 Ew – Höhe 430 m – Erholungsort.
Berlin 701 – Stuttgart 76 – Karlsruhe 130 – Rottweil 30 – Horb 16.

In Sulz-Glatt Nord : 4 km :

Kaiser, Oberamtstr. 23, ⌂ 72172, ℰ (07482) 92 20, info@hotelkaiser.de, Fax (07482) 922222, ☕, 🄵, ⇌, 🅟, ☕ – ⇌ Zim, 📺 ♿ 🅿 – 🅐 40. ⓜⓞ 🆅🅸🆂🅰
Menu à la carte 16/40 – **33 Zim** ⌂ 48/54 – 96/108 – ½ P 15.
* An der Ortsdurchfahrt und dennoch umgeben von sattem Grün, empfängt dieses Haus seine Gäste mit rustikalen Zimmern, die einen erholsamen Aufenthalt versprechen. Schwarzwälder Gastlichkeit begegnet Ihnen im Restaurant.

Zur Freystatt ⌘, Schlossplatz 11, ⌂ 72172, ℰ (07482) 9 29 90, info@hotel-freystatt.de, Fax (07482) 929933, ☕ – 📺 ♿ ⇌ 🅿 ⓜⓞ 🆅🅸🆂🅰
geschl. über Fastnacht – **Menu** (geschl. Montag) à la carte 20/31 – **18 Zim** ⌂ 35/43 – 77/80.
* Ob für ein paar Tage oder einen längeren Ferienaufenthalt - Wanderfreunde und Erholungsuchende kehren immer wieder gerne in dieses gut geführte Haus zurück. Durch die Fenster des Restaurants können Sie das Schloß Glatt bewundern.

In Sulz-Hopfau West : 7 km :

An der Glatt, Neunthausen 19, ⌂ 72172, ℰ (07454) 9 64 10, hotel-an-der-glatt@t-online.de, Fax (07454) 964141, ☕, ⇌, 🅟, ☕ – 🛗 📺 ♿ ⇌ 🅿 – 🅐 40. 🅰🅴 ⓞ ⓜⓞ 🆅🅸🆂🅰 🅹🅲🅱
Menu à la carte 21/34 – **24 Zim** ⌂ 59/69 – 100/120 – ½ P 13.
* Der modernisierte Gasthof ist in einer Nebenstraße des kleinen Ortes plaziert. Funktionell ausgestattete Zimmer mit solidem Holzmobiliar stehen zum Einzug bereit. Sie essen in der ungezwungenen Gaststube oder auf der Terrasse.

SULZA, BAD Thüringen 418 M 18 – 3 200 Ew – Höhe 150 m – Heil- und Solebad.
🛈 Gästeinformation, Kurpark 2, ⌂ 99518, ℰ (036461) 8 21 10, info@bad.sulza.de, Fax (036461) 82111.
Berlin 240 – Erfurt 57 – Leipzig 79 – Jena 25 – Naumburg 17 – Weimar 30.

Ratskeller, Markt 1, ⌂ 99518, ℰ (036461) 2 23 22, reinhardt.s@t-online.de, Fax (036461) 22521, ☕ – ⓞ ⓜⓞ 🆅🅸🆂🅰 🅹🅲🅱
geschl. Montag - Dienstagmittag – **Menu** à la carte 17/30.
* Ihre Gastgeber empfangen Sie in einem stilvollen Kellergewölbe, wo Sie unter funkelnden Kristallüstern an individuell eingedeckten Tischen Platz nehmen.

SULZBACH-ROSENBERG Bayern 419 420 R 19 – 22 000 Ew – Höhe 450 m.

ℹ *Tourist-Info, Luitpoldplatz, ⊠ 92237, ℘ (09661) 51 01 10, tourist-info@sulzbach-rosenberg.de, Fax (09661) 4333.*

Berlin 422 – München 205 – *Weiden in der Oberpfalz* 50 – Bayreuth 67 – Nürnberg 5 – Regensburg 77.

Brauereigasthof Sperber-Bräu, Rosenberger Str. 14, ⊠ 92237, ℘ (09661) 8 70 90, sperber.braeu@t-online.de, Fax (09661) 870977 – ⇔ Zim, 📺 ✻
Menu à la carte 12/25 – **23 Zim** ⊇ 35/50 – 56/70.
♦ Geschick haben die Baumeister dieses historischen Brauereigasthofs schon Ende des 1: Jh. bewiesen. Davon zeugen noch viele Elemente in den modern gestalteten Zimmer Kehren Sie ein in die zünftige, typisch bayerische Gaststube.

In Sulzbach-Rosenberg-Feuerhof Nord : 1,5 km über die B 14 :

Zum Bartl, Glückaufstr. 2 (an der B 14), ⊠ 92237, ℘ (09661) 5 39 51, info@zum-bartl.de, Fax (09661) 51461, ≤, 🍴 – 📺 ⇌ 🅿. 🆗 VISA. ✻ Rest
geschl. 2. - 7. Jan., 10. - 23. Juni – **Menu** (geschl. Montag, Freitagabend) à la carte 9/2 – **25 Zim** ⊇ 39/42 – 57/60.
♦ Viele Stammgäste verbringen seit Jahren ihren Urlaub in diesem gut geführten Gasthof - untergebracht in einfachen, sehr gepflegten Zimmern, die teils über Balkon verfügen. Im Restaurant serviert man seinen Gästen einfache Brotzeiten und bürgerlich Gerichte.

SULZBACH/SAAR Saarland 417 S 5 – 19 900 Ew – Höhe 215 m.
Berlin 703 – *Saarbrücken* 10 – Kaiserslautern 61 – Saarlouis 33.

In Sulzbach-Neuweiler Süd : 2 km :

Paul, Sternplatz 1, ⊠ 66280, ℘ (06897) 92 39 00, hotelpaul@t-online.de Fax (06897) 92390444 – 📺. 🆎 🆗 VISA
Menu (geschl. 23. Dez. - 1. Jan., Freitagabend - Samstag, Sonn- und Feiertage) à la cart 21/29 – **20 Zim** ⊇ 45/65 – 70/90.
♦ Wenn Sie sich für diese Herberge entscheiden, ist Ihnen ein freundlicher Empfang seiten Ihrer Gastgeberin gewiß. Morgens lockt ein appetitlich angerichtetes Frühstück. Im Restaurant zeigen sich Einrichtung und Küche im bürgerlichen Stil.

SULZBACH/TAUNUS Hessen 417 P 9 – 8 200 Ew – Höhe 190 m.
Berlin 546 – Wiesbaden 30 – *Frankfurt am Main* 15 – Mainz 31.

Dorint, Am Main-Taunus-Zentrum 1 (Süd : 1 km), ⊠ 65843, ℘ (06196) 76 30, info frasul@dorint.com, Fax (06196) 72996, 🍴, Biergarten – 📶, ⇔ Zim, 🍴 📺 ✻ ♿ 🅿 - 🏛 210. 🆎 🆗 VISA. ✻ Rest
Feldberg : Menu à la carte 22/37 – **288 Zim** ⊇ 165/226 – 193/243.
♦ Geschmackvoll, modern und komfortabel sind die Zimmer des vor den Toren Frankfurts direkt am Main-Taunus-Zentrum gelegenen Ketten-Hotels. Das Restaurant Feldberg gefäll mit lichtdurchflutetem Wintergarten und Showküche.

SULZBERG Bayern siehe Kempten (Allgäu).

SULZBURG Baden-Württemberg 419 W 7 – 2 600 Ew – Höhe 474 m – Luftkurort.
ℹ *Tourist-Information, Am Marktplatz, ⊠ 79295, ℘ (07634) 56 00 40, touris info@sulzburg.de, Fax (07634) 560034.*
Berlin 826 – Stuttgart 229 – *Freiburg im Breisgau* 29 – Basel 51.

Waldhotel Bad Sulzburg 🅼 ⚘, Badstr. 67 (Süd-Ost : 4 km), ⊠ 79295, ℘ (07634) 82 70, info@waldhotel4you.de, Fax (07634) 8212, 🍴, 🏋, ≘s, 🔲, ⏲, ✻ – 📶, ⇔ Zim 📺 ✻ 🅿 - 🏛 40. 🆗 VISA
Menu à la carte 27/45 – **36 Zim** ⊇ 105/106 – 116/139, 4 Suiten – ½ P 23.
♦ Idyllische Lage, geschmackvolles Ambiente und herzliche Gastlichkeit - das sind Dinge, die sich jeder Reisende wünscht. Hier werden sie zu einem harmonischer Ganzen vereint. Ruhe und rustikales Ambiente sind die Visitenkarten des gemütlicher Restaurants.

Haus am Wald ⚘ garni, Schlossbergstr. 6, ⊠ 79295, ℘ (07634) 85 77 Fax (07634) 592087, 🍴 – 🅿. 🆎 🅾 🆗 VISA JCB. ✻
11 Zim ⊇ 28/45 – 42/65.
♦ In ruhiger Lage am Ortsrand schätzen Feriengäste aus dem In- und Ausland die unaufdringliche, einfache und persönliche Art dieser gastlichen Adresse.

SULZBURG

Hirschen (Steiner) mit Zim, Hauptstr. 69, ⌧ 79295, ℰ (07634) 82 08, hirschen-sulzburg@t-online.de, Fax (07634) 6717, (Gasthof a.d. 18. Jh.)
geschl. 6. - 23. Jan., 28. Juli - 14. Aug. – **Menu** (geschl. Montag - Dienstag) (Tischbestellung ratsam, bemerkenswerte Weinkarte) 33,50 (mittags) à la carte 55/82 – **9 Zim** ⊊ 72 – 92/128.
♦ Unauffällig fügt sich der Gasthof aus dem 18. Jh. in die Häuserreihe des Ortes ein. Im Inneren: kostbare Antiquitäten, Stilmöbel und kulinarische Höchstleistungen.
Spez. Variation von der Gänseleber mit Brioche. Getrüffelte Krebse mit gegrilltem jungen Lauch und Schnittlauchsauce. Wachtel mit Trüffel gefüllt und Sauce Périgordine.

In Sulzburg-Laufen West : 2 km :

La Vigna, Weinstr. 7, ⌧ 79295, ℰ (07634) 80 14, la_vigna@web.de, Fax (07634) 69252, 🍽 – 🅿 🕮 🎫
geschl. 5. - 13. Jan., 23. Juni - 8. Juli, Sonntag - Montag – **Menu** (Tischbestellung ratsam, italienische Küche, bemerkenswerte ital. Weinauswahl) 27,50 (mittags) à la carte 41/53 🍷.
♦ Der Chef erwartet Sie mit seiner Passion für die Küche und den Wein seiner italienischen Heimat - gekonnt kredenzt in dem kleinen Restaurant im Hofgebäude aus dem Jahre 1837.

SULZFELD Bayern siehe Kitzingen.

SULZHEIM Bayern 420 Q 15 – 800 Ew – Höhe 235 m.
Berlin 451 – München 214 – Würzburg 51 – Bamberg 55 – Nürnberg 96 – Schweinfurt 15.

Landgasthof Goldener Adler, Otto-Drescher-Str. 12, ⌧ 97529, ℰ (09382) 70 38, goldener.adler@web.de, Fax (09382) 7039, Biergarten – ⇔ Zim, 📺 🕭 🅿 🕮 🎫
geschl. 27. Dez. - 15. Jan. – **Menu** (geschl. 16. - 30. Aug., Freitag) à la carte 13/23 – **43 Zim** ⊊ 20/50 – 47/64.
♦ Ein großer Teil dieses einfachen Gasthofs wurde erst vor kurzem renoviert. Diese Zimmer verfügen jetzt über Möbel aus Kirschbaum oder hellem Holz. Ein Teil des Restaurants wurde neu mit heller Täfelung versehen.

In Sulzheim-Alitzheim :

Grob (mit Cästehaus), Dorfplatz 1, ⌧ 97529, ℰ (09382) 9 71 50, info@gasthof-metzgerei-grob.de, Fax (09382) 287 – ⇔ Zim, 📺 ⇔ 🅿 🔏 50. 🕮 🕭 🎫
Menu (geschl. 26 Dez. - 12. Jan., 28. Juli - 17. Aug., Sonntag) à la carte 12/25 – **31 Zim** ⊊ 32/47 – 53/68.
♦ Eine günstige Übernachtungsmöglichkeit auf der Reise stellt dieser gepflegte Landgasthof mit eigener Metzgerei unweit der Rhön-Autobahn dar. Eine einfache, bürgerliche Gaststube gehört zum Haus.

SUNDERN Nordrhein-Westfalen 417 M 8 – 33 200 Ew – Höhe 250 m.
🏌 Sundern-Amecke (Süd-West : 6 km), ℰ (02933) 17 06 66.
🛈 Stadtmarketing, Rathausplatz 7, ⌧ 59846, ℰ (02933) 97 95 90, stadtmarketing-sundern@t-online.de, Fax (02933) 9795915.
Berlin 504 – Düsseldorf 111 – Arnsberg 13 – Lüdenscheid 48.

Sunderland 🅼, Rathausplatz 2, ⌧ 59846, ℰ (02933) 98 70, sunderland@serudo.de, Fax (02933) 987111, 🍽, ⇔ – 📱, ⇔ Zim, 📺 🕭 ♿ 🅿 🔏 90. 🕮 🕭 🎫 🎫
Menu (geschl. Sonntagabend) à la carte 27/38 – **55 Zim** ⊊ 67/95 – 92/110.
♦ Ein 1995 in geschmackvoller Architektur erbautes Hotel. Tagungsgäste fühlen sich in den modernen Zimmern auch dank der technischen Anschlüsse wohl - themenorientierte Suiten. Eine warme Atmosphäre herrscht in dem nett eingerichteten Restaurant.

In Sundern-Dörnholthausen Süd-West : 6 km :

Klöckener, Stockumer Str. 44, ⌧ 59846, ℰ (02933) 9 71 50, info@hotel-kloeckener.de, Fax (02933) 78133, 🍽, 🇩, 🍽 – 📺 🅿 🔏 20. 🕭 ⇔ Zim
geschl. März 3 Wochen – **Menu** (geschl. Dienstag) à la carte 16/33 – **17 Zim** ⊊ 32/39 – 54/67 – ½ P 10.
♦ Voll Stolz führt Familie Klöckner ihren sympathischen Landgasthof, der sich schon seit über 100 Jahren in ihrem Besitz befindet. Sie nächtigen in wohnlichen Zimmern. Nett eingerichtetes Restaurant.

In Sundern-Langscheid Nord-West : 4 km – Luftkurort :

Seegarten, Zum Sorpedamm 21, ⌧ 59846, ℰ (02935) 9 64 60, Fax (02935) 7192, 🍽, 🇩 – 📱, ⇔ Zim, 📺 🕭 🅿 🔏 80. 🕮 🕭 🎫
Menu à la carte 18/36 – **34 Zim** ⊊ 46/63 – 77/93 – ½ P 15.
♦ Die mit viel Liebe zum Detail gestalteten Zimmer, überwiegend mit Balkonen versehen, bieten Ihnen neben der Ruhe einen herrlichen Blick auf den See oder Park. In drei Restaurants werden unterschiedliche gastronomische Konzepte verwirklicht.

SUNDERN

Seehof, Zum Sorpedamm 1, ⊠ 59846, ℘ (02935) 9 65 10, Fax (02935) 965130, ≤, 余 – TV ℗ – 🛁 20. 🐵
Menu *(geschl. 1. - 15. Jan., Okt.- März Montag)* à la carte 17/32 – **14 Zim** ⊋ 34/55 – 75/8
– ½ P 13.
♦ Sehr gepflegt wirken die wohnlichen Zimmer dieses oberhalb des Sees gelegenen Hotels
Für einen längeren Aufenthalt bieten sich die Appartements mit Kochnische an. Die großzü
gigen Räume des Restaurants sind auch für Ausflugsgäste eine beliebte Anlaufstation.

Landhaus Pichel, Langscheider Str. 70, ⊠ 59846, ℘ (02935) 20 33, *landhaus.piche
@cityweb.de, Fax (02935) 4943*, ≤, 余, 록 – TV ✆ ℗. 🖭 🐵 VISA
Menu *(geschl. Donnerstag)* à la carte 17/31 – **11 Zim** ⊋ 47/57 – 68/92 – ½ P 15.
♦ In diesem Haus in ruhiger Ortsrandlage haben Sie von Ihrem Zimmer aus einen herrliche
Ausblick : der Sorpesee liegt Ihnen im wahrsten Sinne des Wortes zu Füßen. Restaurar
mit vorgelagerter Terrasse.

SWISTTAL Nordrhein-Westfalen 417 N 4 – 10 000 Ew – Höhe 130 m.

🐆 Swisttal-Miel, Schlossallee 1, ℘ (02226) 100 50.
Berlin 608 – Düsseldorf 73 – Bonn 25 – Aachen 84 – Düren 43 – Köln 35.

In Swisttal-Heimerzheim :

Weidenbrück ⑤, Nachtigallenweg 27, ⊠ 53913, ℘ (02254) 60 30
Fax (02254) 603408, 余 – 📳, ⇔ Zim, TV ℗ – 🛁 40. 🐵
Menu *(geschl. 27. Dez. - 5. Jan.)* à la carte 17/33 – **42 Zim** ⊋ 49/75 – 72/85.
♦ In einem ruhigen Wohngebiet finden Sie diesen familiengeführten Gasthof. Übernach
tungsgäste logieren in einfachen, rustikal gehaltenen Zimmern.

SYKE Niedersachsen 415 H 10 – 19 100 Ew – Höhe 40 m.

🐆 Syke-Okel, Schultenweg 1 (Nord-Ost : 6 km), ℘ (04242) 82 30.
Berlin 376 – Hannover 89 – Bremen 31 – Osnabrück 106.

In Syke-Steimke *Süd-Ost : 2,5 km Richtung Nienburg* :

Steimker Hof, Nienburger Str. 68 (B 6), ⊠ 28857, ℘ (04242) 9 22 20, *hotelsteimke
hof@t-online.de, Fax (04242) 922233*, 余 – 📳, ⇔ Zim, TV ✆ ℗. – 🛁 30. 🖭 ① 🐵 VISA
JCB
Menu à la carte 15/28 – **12 Zim** ⊋ 47 – 67.
♦ Gut erreichbar liegt das äußerst gepflegte Hotel an der B6. Das familiengeführte Haus
bieten ihnen schlichte, meist mit Kirschbaummöbeln bestückte Zimmer an. Restaurant mi
rustikalem Thekenraum.

SYLT (Insel) Schleswig-Holstein 415 B 8 – Seebad – Größte Insel der Nordfriesischen Inselgruppe
mit 40 km Strand, durch den 12 km langen Hindenburgdamm (nur Eisenbahn, ca. 30 min
mit dem Festland verbunden.

Sehenswert : *Gesamtbild*★★ *der Insel – Westerland*★ *– Keitum*★ *– Keitumer Kliff*★ *– Rotes
Kliff*★.

🐆 Kampen-Wenningstedt, ℘ (04651) 4 53 11 ; 🐆 Klein-Morsum, Zum Wäldchen
℘ (04651) 89 03 87 ; 🐆 Sylt-Ost, Flugplatz, ℘ (04651) 92 75 75.
✈ Westerland, ℘ (04651) 53 55.
🚂 in Westerland, Bahnhofsplatz.
ℹ Sylt Marketing GmbH (Westerland), Stephanstr. 6, ⊠ 25980, ℘ (04651) 1 94 33,
info@sylt.de, Fax (04651) 820222.
ab Westerland : Berlin 464 – Kiel 136 – Flensburg 55 – Husum 53.

Stadtplan siehe gegenüberliegende Seite

Kampen – 650 Ew.

ℹ Kurverwaltung, Hauptstr. 12, ⊠ 25999, ℘ (04651) 4 69 80, *info@kampen.de, Fax
(04651) 469840.*
Nach Westerland 6 km.

Rungholt ⑤, Kurhausstr. 35, ⊠ 25999, ℘ (04651) 44 80, *info@hotel-rungholt.de,
Fax (04651) 44840*, ≤, Massage, 읎, 🔲, 록 – TV ✆ ℗. ⋙ Rest
geschl. 3. Nov. - 15. Dez. – **Menu** *(Restaurant nur für Hausgäste)* – **56 Zim** ⊋ 110/136
– 210/240, 10 Suiten – ½ P 19/24.
♦ Ganz am Ende der Kurhausstraße, nur wenige Minuten Fußweg vom Strand entfernt,
erwartet Sie ein großzügig angelegtes Hotel mit gepflegten Zimmern.

SYLT (Insel)

SYLT

🏛 **Village** ⌘, Alte Dorfstr. 7 (Zufahrt über Brönshooger Weg), ✉ 25999, ℰ (04651) 4 69 70, hotel@village-kampen.de, Fax (0651) 469777, ≋, ⬚, 🛋 – ↔ Zim, 📺 ☎ 🅿. 🅰🅴 🆔 🅼🅲 🆅🅸🆂🅰
Menu (geschl. Montag) (nur Abendessen) (Restaurant nur für Hausgäste) à la carte 30/35 – **14 Zim** ⌑ 240/250 – 255/265, 4 Suiten.
  ♦ Gäste, die hier ihre Ferien verbringen, werden bestimmt nicht enttäuscht : Ein stilvolles Haus, in dem persönlicher Service und individuelle Betreuung selbstverständlich sind.

🏛 **Reethüüs** ⌘ garni (mit Gästehaus), Hauptstr. 18, ✉ 25999, ℰ (04651) 9 85 50, reethues@t-online.de, Fax (04651) 45278, ≋, ⬚, 🛋 – 📺 🅿. 🅰🅴
20 Zim ⌑ 155/174 – 170/220.
  ♦ Naturgewachsene Heideflächen umgeben die Gästehäuser des Hotels. Die Zimmer sind alle im friesischen Stil eingerichtet, die im Erdgeschoß verfügen über Terrassen.

🏛 **Golf- und Landhaus Kampen** ⌘ garni, Braderuper Weg 12, ✉ 25999, ℰ (04651) 4 69 10, info@landhaus-kampen.de, Fax (04651) 469111, ≋, ⬚, 🛋 – 📺 ☎ 🅿. 🅰🅴
geschl. Jan. 2 Wochen – **12 Zim** ⌑ 180 – 200/230, 5 Suiten.
  ♦ Schon seit Jahren zählt das Haus zu einer der bevorzugten Urlaubsadressen auf der Insel. Es besticht durch seinen herrlichen Garten und seine elegante Einrichtung.

SYLT (Insel)

Kamphörn garni, Norderheide 2, ✉ 25999, ℘ (04651) 9 84 50, info@kamphoern.de
Fax (04651) 984519, 🚗 – 📺 🅿
12 Zim ⊆ 93/95 – 130/150.
• Ein gepflegtes, familiengeführtes Hotel am Rande von Kampen. Unter seinem Reetdach verbergen sich geschmackvolle Zimmer, die dank ihrer Möblierung hell und freundlich wirken.

Ahnenhof ⟡ garni, Kurhausstr. 8, ✉ 25999, ℘ (04651) 4 26 45, info@ahnenhof.de
Fax (04651) 44016, ≤, ≋, 🚗 – 📺 🅿 AE
14 Zim ⊆ 85/100 – 160/185.
• Wohnlich eingerichtete Zimmer stehen Ihnen hier zur Verfügung. Von den meisten aus können Sie das Meer sehen. Das Haus wurde mit einem großen Freizeitbereich ausgestattet.

Gogärtchen, Strön-Wai 12, ✉ 25999, ℘ (04651) 4 12 42, gogaertchen@kampen.de
Fax (04651) 41172, ☂ – AE ⓞ ⓒ VISA
geschl. Mitte Nov. - Mitte Dez., Mitte Jan. - Mitte März – **Menu** (nur Abendessen) à la carte 45/64.
• Seit vielen Jahren beliebter Szene- und Promitreff in der berühmt-berüchtigten "Whiskeystraße", in dem schon so manche Nacht zum Tag gemacht wurde.

Il Ristorante, Kurhausstr. 1, ✉ 25999, ℘ (04651) 49 51, Fax (04651) 45942, ☂ · 🅿
geschl. Nov. - März Dienstag – **Menu** (italienische Küche) à la carte 26/50.
• Ein friesisches Reetdachhaus, in dem die typische "cucina italiana" zu Hause ist. Eingerichtet wie ein Bistro, in dem bunte Farben für ein fröhliches Ambiente sorgen.

Manne Pahl, Zur Uwe Düne 2, ✉ 25999, ℘ (04651) 4 25 10, info@manne-pahl.de
Fax (04651) 44410 – 🅿 AE ⓞ ⓒ VISA JCB
Menu à la carte 28/41.
• Vor über 20 Jahren verließ Gastwirt Pius Piegli seine Schweizer Heimat und siedelte sich auf der Insel an. In seinem rustikalen Lokal serviert er gehoben-bürgerliche Gerichte.

List – 2 900 Ew.

ℹ Kurverwaltung, Am Brünk 1, ✉ 25992, ℘ (04651) 9 52 00, kvlistsylt@t-online.de
Fax (04651) 871398.
Nach Westerland 18 km.

Alter Gasthof, Alte Dorfstr. 5, ✉ 25992, ℘ (04651) 87 72 44, gasthof@list-sylt.de
Fax (04651) 871400, ☂ – 🅿 AE ⓒ VISA
geschl. Anfang Jan. - Ende Feb., Ende Nov. - Weihnachten, Sept. - Juni Montag – **Menu** à la carte 32/57.
• Auf dem Weg zum Hafen steht dieser ehemalige Bauernhof aus dem 16. Jh. Sein Innenleben zeigt sich gemütlich mit rustikal-friesischer Einrichtung.

Sylt Ost – 5 500 Ew.

ℹ Kurverwaltung, im Ortsteil Keitum, Am Tipkenhoog 5, ✉ 25980, ℘ (04651) 33 70
Fax (04651) 33737.
Nach Westerland 5 km.

Im Ortsteil Archsum :

Christian VIII garni (mit Gästehaus), Heleeker 1, ✉ 25980, ℘ (04651) 9 70 70, info@christianVIII.de, Fax (04651) 970777, Massage, ≋, 🌊, 🚗 – 📺 ℅ 🅿 AE ⓞ ⓒ VISA
18 Suiten ⊆ 230 – 395.
• Den Alltag hinter sich lassen und abtauchen in ein Kleinod der Extraklasse. Die ausgesucht schön möblierten Suiten werden auch anspruchsvollen Gästen gerecht. Schöner Park.

Im Ortsteil Keitum – Luftkurort :

ℹ Kurverwaltung, Am Tipkenhoog 5, ✉ 25980, ℘ (04651) 3 37 33, Fax (04651) 33737

Benen-Diken-Hof ⟡ (mit Gästehäusern), Süderstr. 3, ✉ 25980, ℘ (04651) 9 38 30, info@benen-diken-hof.de, Fax (04651) 9383183, ☂, Massage, ≋, 🌊, 🚗 – 📺 ℅ ♿ ⁂ 🅿 AE ⓞ ⓒ VISA, ℅ Rest
Menu (geschl. Mittwoch, Nov. - März Mittwoch - Donnerstag) (nur Abendessen) (Tischbestellung erforderlich) à la carte 33/60 – **40 Zim** ⊆ 120/167 – 167/250, 5 Suiten.
• Schon in der zweiten Generation befindet sich das idyllische Domizil in der Hand von Familie Johannsen. In verschiedenen Reetdachhäusern stehen geschmackvolle Zimmer bereit. Schön gestaltetes Restaurant in elegantem Stil.

Aarnhoog garni, Gaat 13, ✉ 25980, ℘ (04651) 39 90, hotel@aarnhoog.de, Fax (04651) 39910, ≋, 🌊, 🚗 – 📺 ℅ ♿ 🅿 AE ⓒ VISA
geschl. 12. - 30. Jan. – **Menu** (nur Abendessen) (Restaurant nur für Hausgäste) – **13 Zim** ⊆ 125/160 – 155/210, 11 Suiten.
• Ein angenehmes Ambiente zieht sich durch Haus und Garten. Umgeben von exklusiven Landhausmöbeln residieren Sie zumeist in geräumigen Maisonette-Zimmern.

SYLT (Insel)

- **Groot's Hotel** garni, Gaat 5, ✉ 25980, ℘ (04651) 9 33 90, *jens.groot@t-online.de*, Fax (04651) 32953, ≦s, 🐕 – 📺 🅿. ⚙
  geschl. 15. Jan. - 2. Feb. – **11 Zim** ⊇ 90/130 – 130/160.
  ◆ Ein gepflegtes Urlaubshotel, im Friesenstil gebaut und ruhig gelegen, bietet seinen Gästen freundlich eingerichtete Zimmer, in denen schöne Stoffe elegante Akzente setzen.

- **Seiler Hof** garni, Gurtstig 7, ✉ 25980, ℘ (04651) 9 33 40, *info@seilerhofsylt.de*, Fax (04651) 933444, (modernisiertes Friesenhaus a.d.J. 1761), ≦s, 🐕 – 📺 🅿. ⚙
  11 Zim ⊇ 90/125 – 140/165.
  ◆ Das historische Kapitänshaus von 1761 verfügt über zeitlos eingerichtete Zimmer. Besonders hübsch ist der zum Haus gehörende Garten.

- **Karsten Wulff**, Museumsweg 4, ✉ 25980, ℘ (04651) 3 03 00, *restaurant@karsten-wulff.de*, Fax (04651) 35738, 🍴 – 🅿
  geschl. Mitte Jan. - Mitte Feb., Mitte Nov. - Mitte Dez., Montag – **Menu** (überwiegend Fischgerichte) à la carte 28/48.
  ◆ Hier erfreut man seine Besucher zum einen mit einer originellen neo-rustikalen Inneneinrichtung und zum anderen mit regionalen Spezialitäten zu gästefreundlichen Preisen.

- **Fisch-Fiete**, Weidemannweg 3, ✉ 25980, ℘ (04651) 3 21 50, *fischfietesylt@aol.com*, Fax (04651) 32591, 🍴 – 🅿
  geschl. Mitte Jan. - Mitte Feb., Anfang Dez. - Weihnachten, Nov. - März Mittwoch – **Menu** (Tischbestellung erforderlich, bemerkenswerte Weinkarte) à la carte 25/61.
  ◆ Durch eine blaue Flügeltür gelangt man in das 1954 eröffnete Fisch-Restaurant. Alte holländische Fliesen und eine traditionelle Einrichtung bestimmen den Stil. Gartenterrasse.

Im Ortsteil Morsum :

- **Landhaus Nösse** mit Zim, Nösistig 13, ✉ 25980, ℘ (04651) 9 72 20, *info@landhaus-noesse.de*, Fax (04651) 891658, ≤, 🍴, 🐕 – 📺 🅿. ⚙ Zim
  geschl. Montag – **Menu** (Tischbestellung ratsam) 44 (mittags) à la carte 47/59 – **Bistro** : **Menu** à la carte 32/43 – **10 Zim** ⊇ 156/260 – ½ P 40.
  ◆ Am einsamen Morsum-Kliff an der Ostspitze der Insel empfängt man Sie zu einem erholsamen Gourmetaufenthalt. Ein bezaubernder Ort voller Charme und Sensibilität. Leger und dennoch sehr stilvoll präsentiert sich das Bistro.

Im Ortsteil Munkmarsch :

- **Fährhaus** 🅼, Heefwai 1, ✉ 25980, ℘ (04651) 9 39 70, *faerhaus-sylt@t-online.de*, Fax (04651) 939710, 🍴, 🛁, ≦s, 🏊, 🐕 – 🛗, ⚙ Zim, 📺 ✆ 🅿 – 🚗 40. ᴀᴇ ᴍᴏ 🆅🆂🅰
  geschl. 7. - 21. Dez. – **Menu** siehe Rest. **Fährhaus** separat erwähnt – **Käpt'n Selmer Stube** : **Menu** à la carte 33/46 – **20 Zim** ⊇ 160/170 – 210/230, 4 Suiten – ½ P 32.
  ◆ 1997 wurde das Fährhaus originalgetreu im viktorianischen Stil restauriert. Seit 1999 sorgen exklusive, modern gestylte Zimmer und Suiten für besonders angenehme Ferien. In der rustikalen Stube dient ein wunderschöner friesischer Kachelofen als Blickfang.

- **Restaurant Fährhaus** - Hotel Fährhaus, Heefwai 1, ✉ 25980, ℘ (04651) 9 39 70, *faerhaus-sylt@t-online.de*, Fax (04651) 939710 – ᴀᴇ ᴍᴏ 🆅🆂🅰 ⚙
  geschl. 13. Jan. - 18. Feb., 17. Nov. - 23. Dez., Montag, Mitte Sept. - Juni Montag - Dienstag – **Menu** 78/90 à la carte 48/71 ⚶.
  ◆ Das Licht des Nordens durchflutet das mit erlesenen Möbeln aufwendig eingerichtete Restaurant. Nicht minder strahlend sind die feinen Gaumenfreuden, die man hier kredenzt.
  Spez. Carpaccio vom Sylter Deichlamm mit gehobeltem Pecorino. Gegrillter Steinbutt mit karamelisierter Gänsestopfleber. Minz-Mille-feuille mit Kirschkompott und Balsamicoeis.

- **Moby Dick**, Munkhoog 14, ✉ 25980, ℘ (04651) 3 21 20, *info@moby-dick-sylt.de*, Fax (04651) 30310, ≤ Wattenmeer, 🍴 – 🅿. ᴀᴇ ᴍᴏ 🆅🆂🅰
  geschl. 20. Nov. - 15. Dez., Mittwoch - Donnerstagmittag – **Menu** (Tischbestellung ratsam) à la carte 29/42.
  ◆ Hoch über der Wattenbucht, umgeben von Heide und Heckenrosen, liegt das reetgedeckte, rustikal gehaltene Friesenhaus mit unverbauter Sicht bis Dänemark.

Im Ortsteil Tinnum :

- **Landhaus Stricker** 🅼, Boy-Nielsen-Str. 10, ✉ 25980, ℘ (04651) 8 89 90, *info@landhaus-stricker.de*, Fax (04651) 8899499, 🍴, 🛁, ≦s, 🏊, 🐕 – 🛗 📺 ✆ ♿ 🅿 – 🚗 30. ᴀᴇ ① ᴍᴏ 🆅🆂🅰
  Menu siehe Rest. **Bodendorf's** separat erwähnt – **Tenne und Kaminzimmer** : Menu 21/62 à la carte 32/50 – ⊇ 10 – **38 Zim** 130/190 – 190/220, 16 Suiten.
  ◆ In einer schönen Anlage mit Park, Bach und Teich steht das hübsche rote Klinkerhaus. Zimmer in geschmackvollem Landhausstil sowie eine großzügige Badelandschaft überzeugen. Rustikal-komfortabel zeigen sich Tenne und Kaminzimmer - mit historischem Holzgebälk.

1417

SYLT (Insel)

XXXX **Bodendorf's** - Landhaus Stricker, Boy-Nielsen-Str. 5, ✉ 25980, ℘ (04651) 8 89 9
✧ *info@landhaus-stricker.de*, Fax (04651) 8899499 - **P. AE ◉ ⦿ VISA**
geschl. Mitte Feb. - Mitte März, Mitte Nov. - Mitte Dez., Dienstag - Mittwoch – **Menu** *(n Abendessen)* 64/86 und à la carte.
♦ Helle Farben und Dekorationen geben dem Bodendorf's sein elegant-mediterranes Fla Lassen Sie sich mit feinen Speisen einer modernen mediterran beeinflußten Küche verwöhnen.
Spez. Gefüllter Kaninchenrücken mit Portwein-Schalotten und Atlantik Hummer. Kalbsfile mit Brunnenkressecreme und grünem Spargel. Ananas-Champagnersüppchen mit Quar mousse und Tonkabohneneis.

Rantum – *470 Ew.*

🛈 *Kurverwaltung, Strandstr. 7, ✉ 25980, ℘ (04651) 80 70, info@rantum.de Fax (04651) 80766.*
Nach Westerland 7 km.

🏨🏨🏨 **Dorint Söl'ring Hof** Ⓜ ≫, Am Sandwall 1, ✉ 25980, ℘ (04651) 83 62 0(
✧ *info.gwtrat@dorint.com*, Fax (04651) 8362020, ☂, Massage, ≋, ⚔ – ↔ Zim, 📺 **⚭**
P. AE ◉ ⦿ VISA. ❀
Menu *(geschl. 13. Jan. - 3. Feb., Sonntag) (nur Abendessen)* (Tischbestellung ratsam) 60/9 à la carte 50/71 ♀ – **15 Zim** ⌑ 250/275 – 310/440.
♦ Mit feinem Gespür für Stil, klassische Eleganz und modernes Design entstand zwische den Rantumer Dünen dieses Refugium gehobener Gastlichkeit. Schöner Wellnessbereic Im eleganten Restaurant serviert man Feines mit saisonalen Anklängen.
Spez. Kopfsalat-Risotto mit gegrillten Jakobsmuscheln. Steinbutt im Gemüseeintop gegart. Salzgraslamm mit Auberginen-Couscous und geschmolzenem Schafskäse.

🏨🏨🏨 **Watthof** ≫, (mit Gästehaus), Alte Dorfstr. 40, ✉ 25980, ℘ (04651) 80 20, *wattho .rantum@t-online.de*, Fax (04651) 80222, ≤, ☂, ≋, ⊟ – 📺 **P. AE ⦿ VISA**
Schapers *(geschl. Dienstag) (nur Abendessen)* **Menu** à la carte 30/55 – **35 Zir** ⌑ 140/230 – 160/260, 11 Suiten – ½ P 25.
♦ An der schlanksten Stelle der Insel und nicht weit vom Strand wartet dieses schmuck Friesenhaus mit modern-behaglichen Zimmern auf seine Gäste. Ein ansprechender Lanc hausstil bestimmt das Ambiente im Schapers.

🏨 **Alte Strandvogtei** ≫ garni (mit Gästehäusern), Merret-Lassen-Wai 6, ✉ 2598(
℘ (04651) 9 22 50, *info@alte-strandvogtei.de*, Fax (04651) 29157, ≋, ⚔ – 📺 **P.**
32 Zim ⌑ 90/150 – 150/195, 9 Suiten.
♦ In Ortsrandlage am Meer bilden das historische Friesenhaus und ein im Stil angegliche Neubau eine ansprechende und geschmackvoll gestaltete Adresse.

X **Sansibar,** (Süd: 3 km), ✉ 25980, ℘ (04651) 96 46 46, Fax (04651) 964647, ☂ – **Φ AE ⦿**
Menu (Tischbestellung erforderlich, bemerkenswerte Weinkarte) à la carte 33/51.
♦ Nur schwer kann man sich der Magie dieser Trendadresse entziehen : Seit Jahren ist di nach außen einfach wirkende ehemalige Strandhütte beliebter Treffpunkt der Schickeria

Wenningstedt – *1 600 Ew – Seeheilbad.*

🛈 *Tourist-Information, Westerlandstr. 1, ✉ 25996, ℘ (04651) 9 89 00, tourist information@wenningstedt.de, Fax (04651) 45772.*
Nach Westerland 4 km.

🏨🏨 **Strandhörn** ≫, (mit Gästehäusern), Dünenstr. 1, ✉ 25996, ℘ (04651) 9 45 00, *rez ption@strandhoern.de*, Fax (04651) 45777, ☂, ♨, ≋, ⊟, ⚔ – 📺 **P.** ❀ Zim
Lässig *(Tischbestellung ratsam) (geschl. Mittwoch) (nur Abendessen)* **Menu** à la cart 45/55 ♀ – ***Lässig's Garten Bistro*** *(geschl. Mittwoch) (nur Mittagessen)* **Menu** à la carte 23/30 – **29 Zim** ⌑ 110/165 – 190/205, 16 Suiten.
♦ Erholung das ganze Jahr über bietet Ihnen dieser gepflegte Familienbetrieb, an dem die Gäste die stilvoll eingerichteten Zimmer und die schöne Badelandschaft schätzen. Das Läs sig überzeugt mit guter Küche und elegantem Rahmen. Bistro mit mediterranem Flair.

🏨🏨 **Windrose** ≫, Strandstr. 21, ✉ 25996, ℘ (04651) 94 00, *info.windrose@lindner.de* Fax (04651) 940877, ☂, Massage, ≋, ⊟, ⚔ – ╣ 📺 **P. –** 🎟 30. **AE ◉ ⦿ VISA** *siehe Rest.* ***Veneto*** *separat erwähnt***Admirals-Stuben :** **Menu** à la carte 28/42 – **98 Zim** ⌑ 135/185 – 185/260, 18 Suiten – ½ P 26.
♦ Die Zimmer im Haupthaus des Hotels sind überwiegend mit blauen Holzmöbeln einge richtet. Für Familien mit Kindern eignen sich die großen Maisonetten im Gästehaus. Im Restaurant erinnern allerlei Dekorationen an die Seefahrt.

🏨🏨 **Sylter Domizil** Ⓜ garni (mit Gästehaus), Berthin-Bleeg-Str. 2, ✉ 25996, ℘ (04651 8 29 00, *sylter-domizil@t-online.de*, Fax (04561) 829029, ♨, ≋ – ↔ 📺 **⚭ P. AE**
⦿ VISA
35 Zim ⌑ 90/108 – 120/165.
♦ Ein neues Gästehaus ergänzt das ursprüngliche Sylter Domizil. In beiden Häusern bezieht man hübsche Zimmer mit Naturholzmöbeln in friesischem Blau. Gepflegter Freizeitbereich

SYLT (Insel)

Ulenhof Gartenhotel M garni (mit Gästehäusern), Lerchenweg 6, ⊠ 25996, ℘ (04651) 9 46 20, info@ulenhof.de, Fax (04651) 946210, ⇌s, 🀫, 🎋 – ⇌ TV
geschl. 18. Nov. - 19. Dez. – **21 Zim** ⊇ 80/110 – 140, 5 Suiten.
  ♦ Eine von außen eher unscheinbar wirkende Herberge, die aber im Inneren mit netten Zimmern überrascht. Morgens wird ein liebevoll angerichtetes Frühstück serviert.

Friesenhof garni, Hauptstr. 16, ⊠ 25996, ℘ (04651) 94 10, hotel.friesenhof@t-online.de, Fax (04651) 941222, ⇌s, 🎋 – TV
April - Okt. – **14 Zim** ⊇ 72 – 144.
  ♦ Seit vier Generationen befindet sich der 1840 eröffnete und sehr wohnlich eingerichtete Friesenhof im Besitz der Familie Rohde. Er ist wohl der älteste Gasthof der Insel!

XXX **Veneto** - Hotel Windrose, Strandstr. 21, ⊠ 25996, ℘ (04651) 94 00, info.windrose@lindner.de, Fax (04651) 9940877 – P, AE ⓞ ⓜ VISA
geschl. 21. Feb. - 15. März, 15. Nov. - 15. Dez., Dienstag – **Menu** (nur Abendessen) (Tischbestellung ratsam) 49/95 ₽.
  ♦ Sie werden dem Charme dieses stilvollen Ortes sicher bald erliegen : Helles Landhausmobiliar, ein gutes Couvert und schöne Bilder an den Wänden tragen ihren Teil dazu bei.
  Spez. Variation von Gänsestopfleber mit Brioche. Steinbutt mit Pfifferlingen und dicken Bohnen. Sylter Deichlammrücken im Basilikummantel mit grünem Kartoffelpüree.

Westerland – 10 000 Ew – Seeheilbad.
  🛈 Fremden-Verkehrs-Zentrale, Stephanstr. 6, ⊠ 25980, ℘ (04651) 99 88, Fax (04651) 998555.

Stadt Hamburg, Strandstr. 2, ⊠ 25980, ℘ (04651) 85 80, hsh-sylt@t-online.de, Fax (04651) 858220, ⇌, ⇌s, 🀫, – 🛗 TV ℘ ⇌ – ⚿ 80. AE ⓞ ⓜ VISA. ℘ Rest
Menu (nur Abendessen) 65/75 à la carte 43/70 ₽ – **Bistro** (auch Mittagessen) **Menu** 22 à la carte 29/39 – ⊇ 17 – **72 Zim** 108/170 – 170/275, 24 Suiten – ½ P 49.
  ♦ Die Atmosphäre dieses Hotels wirkt wie die eines englischen Herrenhauses. Erlesener Geschmack und guter Komfort machen sich in den meisten Zimmern bemerkbar. Klassisches, nobles Ambiente verspürt man im Restaurant. Sehr hübsch auch das Bistro.

Strandhotel Sylt M garni, Margarethenstr. 9, ⊠ 25980, ℘ (04651) 83 80, strandhotel-sylt@t-online.de, Fax (04651) 838454, 🛋, ⇌s – 🛗 TV ℘ ⇌. AE ⓞ ⓜ VISA
⊇ 14 – **53 Zim** 145/160 – 205/270, 45 Suiten.
  ♦ Beste Lage in Strandnähe, behagliche Atmosphäre, stilvoll-elegante, in zarten Gelbtönen gehaltene Zimmer und Suiten sowie engagierte Mitarbeiter sind die Trümpfe des Hauses.

Dorint Strandhotel M garni, Schützenstr. 22, ⊠ 25980, ℘ (04651) 85 00, info.gwts@.com, Fax (04651) 850150, ⇌, Massage, ⇌s, 🀫, – 🛗 TV ⚛ P – ⚿ 25. AE ⓞ ⓜ VISA JCB. ℘ Rest
Menu à la carte 23/48 – ⊇ 15 – **72 Zim** 210/215, 9 Suiten – ½ P 25.
  ♦ Besonders Familien mit Kindern schätzen das Hotel am "Himmelsreiter", dem Hauptstrand Westerlands : meist großzügig geschnittene Zimmer und umfassendes Programm für Kinder. Ungezwungenes Ambiente herrscht in dem im Bistro-Stil gestalteten Restaurant.

Miramar, Friedrichstr. 43, ⊠ 25980, ℘ (04651) 85 50, miramar-sylt@t-online.de, Fax (04651) 855222, ≤, ⇌, Massage, 🛋, ⇌s, 🀫, – 🛗 TV ℘ P – ⚿ 60. AE ⓞ ⓜ VISA JCB. ℘ Rest
geschl. Mitte Nov. - Mitte Dez. – **Menu** à la carte 21/45 – **93 Zim** ⊇ 160/230 – 250/355, 11 Suiten – ½ P 30.
  ♦ Schon 1903 empfingen die Vorfahren des jetzigen Besitzers hier ihre Gäste. Das Haus besticht durch seine hervorragende Lage am Strand und die persönliche Führung. Klassisch mit stilvoller Tischkultur präsentiert sich das Restaurant des Hotels.

Vier Jahreszeiten garni, Johann-Möller-Str. 40, ⊠ 25980, ℘ (04651) 9 86 70, vierjahreszeiten.sylt@t-online.de, Fax (04651) 986777, 🎋 – 🛗 TV P – ⚿ 15. AE ⓜ VISA
19 Zim ⊇ 120/150 – 180/185, 7 Suiten.
  ♦ Ein nettes Zuhause auf Zeit. Sie wohnen direkt an der Düne in Zimmern, die alle mit Parkettböden und zeitlosem Mobiliar ausgestattet sind.

Wiking garni, Steinmannstr. 11, ⊠ 25980, ℘ (04651) 8 30 02, howiking@aol.com, Fax (04561) 830299 – 🛗 TV ⇌
28 Zim ⊇ 80/115 – 135/200.
  ♦ Hinter einer unscheinbaren Fassade verbergen sich hübsch im Landhausstil eingerichtete Zimmer, in denen zarte Pastelltöne und blumige Stoffe für viel Atmosphäre sorgen.

SYLT (Insel)

🏨 Wünschmann, Andreas-Dirks-Str. 4, ✉ 25980, ℰ (04651) 50 25, *info@hotel-wuenschmann.de, Fax (04651) 5028* – 📶 📺 🚗 🅿️ AE. ✼
geschl. Mitte Nov. - Mitte Dez. – **Menu** *(nur Abendessen)* (Restaurant nur für Hausgäst
– **35 Zim** ⌧ 88/155 – 145/245.
  • Bei diesem Etagenhotel überzeugen Pflege, Unterhaltung und Führung gleichermaße
  Die Zimmer sind alle mit neuzeitlichen rustikalen Möbeln bestückt.

🏨 Monbijou garni, Andreas-Dirks-Str. 6, ✉ 25980, ℰ (04651) 99 10, *info@hotel-monbijou.de, Fax (04651) 27870* – 📶 📺 ♿ 🚗 🅿️
30 Zim ⌧ 65/115 – 120/230.
  • Seit über 100 Jahren befindet sich das traditionsreiche Etagenhotel in Familienbesit
  Sie wohnen in gepflegten Zimmern und genießen ein feines Frühstück mit Meerblick.

🏨 Windhuk, Brandenburger Str. 6, ✉ 25980, ℰ (04651) 99 20, *info@hotel-windhuk.d
Fax (04651) 29379* – ⚬⚬ Zim, 📺 AE ⓞ VISA
Möller's kleines Restaurant *(geschl. 7. Jan. - 15. Feb., Mittwoch) (nur Abendessen)* **Men
à la carte 32/50 – ⌧ 13 – **34 Zim** 90/120 – 135.
  • Rund 150 Meter vom Westerländer Hauptstrand entfernt, bietet Ihnen das Haus ein
  angenehme Nachtruhe und morgens ein leckeres Frühstück mit Spezialitäten aus de
  Region. Ein Hauch von Eleganz durchzieht das nette kleine Restaurant.

🏨 Dünenburg, Elisabethstr. 9, ✉ 25980, ℰ (04651) 8 22 00, *hotel@duenenburg.d
Fax (04651) 24310, Massage* – 📶 📺 🅿️. AE ⓞ VISA ✼
Menu *(geschl. 6. Jan. - 15. März, 20. Nov. - Weihnachten, Montag) (nur Abendessen*
à la carte 19/37 – **37 Zim** ⌧ 75/130 – 125/149 – ½ P 18.
  • Das von außen nüchtern wirkende Haus in unmittelbarer Nähe des Wellenbads biete
  seinen Gästen neu renovierte Zimmer, die mit zeitgemäßen spanischen Möbeln bestück
  sind. Ein hübsch eingerichtetes Restaurant wartet auf Ihren Besuch.

🏨 Uthland 🅼 garni, Elisabethstr. 12, ✉ 25980, ℰ (04651) 9 86 00, *info-hoteluthlan
@t-online.de, Fax (04651) 986060,* ⚬⚬ – 📶 📺 ♨ 🅿️. AE ⓞ VISA ✼
16 Zim ⌧ 100/150 – 180/195.
  • Nur 100 Meter vom Strand finden Sie dieses kleine ruhige Klinkerhaus. Es empfängt seine
  Gäste mit hübschen Zimmern, die durch warme Farbtöne sehr wohnlich wirken.

🏨 Westfalen Hof garni, Steinmannstr. 49, ✉ 25980, ℰ (04651) 80 50, *hotel@wes
falenhof.de, Fax (04651) 80588,* ⚬⚬, 🅇, 🚴 – 📺 🅿️
20 Zim ⌧ 77/89 – 124/178.
  • Rundum wohlfühlen können sich Gäste in dem gut und persönlich geführten Hotel. Zu
  Verfügung stehen gepflegte und solide eingerichtete Zimmer.

🏨 Clausen garni, Friedrichstr. 20, ✉ 25980, ℰ (04651) 9 22 90, *hotel-clausen-sylt@
online.de, Fax (04651) 28007* – 📺 🚗 AE ⓞ VISA
geschl. Jan. 3 Wochen – **19 Zim** ⌧ 90 – 95/155.
  • Im Herzen der Fußgängerzone fällt das gepflegte Haus schon durch seine Fassade in
  Auge. Im Inneren erwarten Sie wohnlich in Pastelltönen eingerichtete Zimmer.

🏨 Westfalen garni, Steinmannstr. 46, ✉ 25980, ℰ (04651) 80 50, *hotel@westfale
hof.de, Fax (04651) 80588* – 📺 🅿️
April - Okt. – **13 Zim** ⌧ 62/82 – 98/144.
  • Am Ortsrand, in Strandnähe finden Reisende diese kleine, familiengeführte Übernach
  tungsadresse. Praktische und solide ausgestattete Zimmer stehen hier für Sie bereit.

XXXX ✽ Jörg Müller mit Zim, Süderstr. 8, ✉ 25980, ℰ (04651) 2 77 88, *hotel-joerg-muelle
@t-online.de, Fax (04651) 201471,* 🌳, *Massage,* ⚬⚬ – ⚬⚬ Zim, 📺 ♿ 🅿️ – 🏛 20. AE ⓞ
ⓞ VISA ✼ Rest
Menu *(geschl. 13. Jan. - 14. Feb., Montag) (nur Abendessen) (Tischbestellung erforderlich
bemerkenswerte Weinkarte)* 84/108 à la carte 54/80 ⓣ – **Pesel** *(geschl. Dienstag)* **Men
à la carte 33/56 – ⌧ 18 – **22 Zim** 140 – 150/220, 4 Suiten.
  • Die legere Eleganz des Restaurants und der Zimmer spiegelt den Charme und die Lebens
  art des Nordens wider. Mit raffinierten Kreationen verführt Chef Jörg Müller seine Gäste
  Echter Sylter Tradition entspricht die rustikale Pesel.
  Spez. Langustinen-Carpaccio mit Fenchel-Orangensalat. Seeteufel und gebratene Garnele
  mit Curry-Limettensauce. Variation vom Deichlamm mit mediterranem Gemüse.

XX Webchristel, Süderstr. 11, ✉ 25980, ℰ (04651) 2 29 00 – 🅿️
geschl. 20. Nov. - 24. Dez., Mittwoch – **Menu** *(nur Abendessen)* *(Tischbestellung ratsam
à la carte 24/48.
  • Ein rustikales Ambiente, das zum Verweilen einlädt, erwartet Sie in dem Lokal an der
  Ausfallstraße nach Rantum. Kehren Sie ein und lassen Sie sich mit Regionalem verwöhner

XX Franz Ganser, Bötticherstr. 2, ✉ 25980, ℰ (04651) 2 29 70, *fganser1@aol.com
Fax (04651) 834980,* 🌳 – AE ⓞ VISA
geschl. 3. - 31. März, 23. Nov. - 16. Dez., Montag, Dienstagmittag – **Menu** *(Jan. - März nu
Abendessen)* à la carte 32/58.
  • Unaufdringlicher Bistro-Stil empfängt Sie in dem etwas außerhalb gelegenen, unkom
  plizierten Lokal. Auf der Karte finden Sie Gerichte, wie Sie für diese Region typisch sind

ABARZ Thüringen 418 N 15 – 4 500 Ew – Höhe 420 m – Kneippkurort – Wintersport : 800/916 m ⟨ 1, ⟨.

🛈 Kurgesellschaft, Zimmerbergstr. 4, ✉ 99891, ℘ (036259) 56 00, Fax (036259) 56018.
Berlin 344 – *Erfurt* 53 – Bad Hersfeld 92 – Coburg 102.

Frauenberger ⟨, Max-Alvary-Str. 9, ✉ 99891, ℘ (036259) 52 20, info@hotel-frauenberger.de, Fax (036259) 522100, ≤, ⟨, Massage, ⟨ ⟨, ⟨ ⟨ – ⟨, ⟨ Zim, TV ⟨ P – ⟨ 25. AE ⟨ VISA. ⟨ Rest
Menu (Montag - Freitag nur Abendessen) à la carte 16/35 – **43 Zim** ⟨ 50/67 – 82/92 – ½ P 16.
• Bläulich oder grünlich eingefärbte Stilmöbel und farblich aufeinander abgestimmte Stoffe prägen die Einrichtung der wohnlichen Zimmer des familiengeführten Hotels am Waldrand. Blaue Holzstühle und blanke Tische verleihen dem Restaurant eine frische Note.

Zur Post M, Lauchagrundstr. 16, ✉ 99891, ℘ (036259) 66 60, hotel-tabarz@t-online.de, Fax (036259) 66666, ⟨, ⟨ ⟨ – ⟨, ⟨ Zim, TV ⟨ P – ⟨ 50. AE ⟨ ⟨ VISA
Menu à la carte 14,50/22,50 – **42 Zim** ⟨ 49/59 – 82 – ½ P 13.
• Im Herzen des Kurorts liegt das neue Hotel. Die Zimmer sind zeitgemäß und solide mit grün abgesetzten, bräunlichen Holzmöbeln und gemusterten Polstersesseln gestaltet. Für den hungrigen Gast gibt es das gepflegte Restaurant und die rustikale Kellerbar.

Wiesenhaus M, Lauchagrundstr. 64, ✉ 99891, ℘ (036259) 3 01 00, rezeption@hotel-wiesenhaus.de, Fax (036259) 301049, ⟨ – ⟨, ⟨ Zim, TV ⟨ P. AE ⟨ ⟨ VISA. ⟨ Rest
Menu à la carte 16,50/25 – **24 Zim** ⟨ 41/49 – 70/82 – ½ P 12.
• Das neue Hotel liegt am Waldrand. Helle, moderne Holzmöbel und Stoffe in dezenten Farben machen die Zimmer wohnlich. Mit Appartements. Gemusterte Gardinen und Möbel aus hellem Holz geben dem Restaurant eine freundliche Atmosphäre.

Romantik Schenke, Inselbergstr. 83, ✉ 99891, ℘ (036259) 6 24 34, promantik@aol.com, Fax (036259) 62434, ⟨ – AE ⟨ VISA
geschl. Donnerstag – **Menu** (wochentags nur Abendessen) (Tischbestellung ratsam) à la carte 23/37.
• Das rustikale Interieur des alten Fachwerkhauses erstreckt sich über zwei Ebenen. Ein nettes Dekor, Holzbalken und ein offener Kamin schaffen eine gemütliche Atmosphäre.

TAMM Baden-Württemberg siehe Asperg.

TANGERMÜNDE Sachsen-Anhalt 416 418 I 19 – 11 000 Ew – Höhe 45 m.
Sehenswert : Rathausfassade★ – Neustädter Tor★.
🛈 Tourist-Information, Marktstr. 13, ✉ 39590, ℘ (039322) 37 10, Fax (039322) 43770.
Berlin 119 – *Magdeburg* 63 – Brandenburg 64.

Schloss Tangermünde ⟨, Amt 1, ✉ 39590, ℘ (039322) 73 73, schlosstangermuende@ringhotels.de, Fax (039322) 73773, ≤ Elbe mit Schiffsanleger und Elbauen, ⟨ ⟨, ⟨ – ⟨, ⟨ Zim, TV ⟨ P. AE ⟨ VISA. ⟨ Rest
Menu à la carte 19/35 – **22 Zim** ⟨ 62/82 – 87/128.
• Sie nächtigen in einer Burganlage aus dem 11. Jh. Die schöne Lage an der Elbe und die hohen Zimmer mit klassischem Mobiliar machen das Hotel zu einem sympathischen Domizil. Klassisch und elegant gibt sich das Restaurant.

Schwarzer Adler (mit Gästehaus), Lange Str. 52, ✉ 39590, ℘ (039322) 9 60, schwarzeradler@ringhotels.de, Fax (039322) 3642, ⟨, ⟨ ⟨, ⟨ – TV ⟨ P – ⟨ 80. AE ⟨ ⟨ VISA
Menu à la carte 12,50/26,50 – **56 Zim** ⟨ 49/75 – 82/113.
• Ein Hotel mit Tradition : 1632 gegründet, wurde das Haus 1992 von Grund auf renoviert. Hier und in den Gästehäusern hält man Zimmer im rustikalen bis klassischen Stil bereit. Gediegenes Restaurant oder gemütliches Kutscherstübchen - Sie haben die Wahl.

Stars Inn garni, Lange Str. 47, ✉ 39590, ℘ (039322) 98 70, Fax (039322) 98770 – ⟨ Zim, TV P – ⟨ 25. ⟨ VISA
18 Zim ⟨ 49 – 60/65.
• Ein gut geführtes und gepflegtes Hotel im Zentrum. Die Zimmer mit neuzeitlicher blauer Holzmöblierung wirken frisch und funktionell.

*Die Erläuterungen in der Einleitung helfen Ihnen,
Ihren Roten Michelin-Führer effektiver zu nutzen.*

TANKUMSEE Niedersachsen siehe Gifhorn.

TANN (RHÖN) Hessen 418 O 14 – 5 300 Ew – Höhe 390 m – Luftkurort.
🛈 Verkehrsamt, Am Kalkofen 6 (Rhönhalle), ⌧ 36142, ℘ (06682) 16 55, Fax (06682) 892.
Berlin 418 – Wiesbaden 226 – Fulda 30 – Bad Hersfeld 52.

In Tann-Lahrbach Süd : 3 km :

Gasthof Kehl (mit Gästehaus), Eisenacher Str. 15, ⌧ 36142, ℘ (06682) 3 8⎯
Fax (06682) 1435, ⌬, ⎯, – ⎯ ⎯ P – ⎯ 30. ⎯ ⎯ Zim
geschl. 16. Okt. - 3. Nov. – **Menu** (geschl. Dienstag) à la carte 13,50/24 – **37 Zim** ⌧ 29/3⎯
– 45/55 – ½ P 9.
♦ Sowohl im Haupthaus, dem traditionellen Gasthof mit Fachwerkfassade, als auch im Gä⎯
tehaus findet man solide und wohnliche Zimmer. Das mit hellem Holz eingerichtete ländlich⎯
rustikale Restaurant wirkt gemütlich.

Bei verspäteter Anreise, nach 18 Uhr, ist es sicherer,
Ihre Zimmerreservierung zu bestätigen.

TANNENBERG Sachsen 418 420 O 22 – 1 200 Ew – Höhe 500 m.
Berlin 297 – Dresden 116 – Chemnitz 32 – Zwickau 46.

Zum Hammer, Untere Dorfstr. 21, ⌧ 09468, ℘ (03733) 5 29 51, info@zur⎯
hammer.de, Fax (03733) 500906, ⎯, – ⎯ P. ⎯
Menu à la carte 14/21,50 – **17 Zim** ⌧ 42 – 56/62.
♦ Mitten im Erzgebirge liegt dieses komfortable Landhotel. Das gepflegte Haus verfüg⎯
über gut eingerichtete Zimmer, zum Teil mit freigelegtem Fachwerk. Dunkle Deckenbalker
Fliesenboden und rustikales Mobiliar geben der Gaststube ein ländliches Flair.

Am Sauwald ⎯, Annaberger Str. 52 (Ost : 2km), ⌧ 09468, ℘ (03733) 56 99 9⎯
Fax (03733) 57124, ⎯, ⎯ – ⎯ Zim, ⎯ P.
geschl. März 2 Wochen – **Menu** à la carte 9,50/19,50 – **20 Zim** ⌧ 36/39 – 57/67.
♦ In idyllischer Lage am Waldrand finden Sie diesen traditionellen Gasthof mit wohnlicher
Zimmern, die mit hellen Naturholzmöbeln ausgestattet sind. Ein grüner Kachelofen sorg⎯
in der rustikalen Gaststube für eine gemütliche Stimmung.

TAUBERBISCHOFSHEIM Baden-Württemberg 419 R 12 – 13 500 Ew – Höhe 181 m.
🛈 Tourist-Information, Marktplatz 8 (Rathaus), ⌧ 97941, ℘ (09341) 8 03 13, tourismu⎯
@tauberbischofsheim.de, Fax (09341) 80389.
Berlin 529 – Stuttgart 117 – Würzburg 34 – Heilbronn 75.

Am Brenner ⎯, Goethestr. 10, ⌧ 97941, ℘ (09341) 9 21 30, hotelambrenner@⎯
-online.de, Fax (09341) 921334, ⎯, ⎯, ⎯ – ⎯ Zim, ⎯ ⎯ P. – ⎯ 30. ⎯ ⎯
⎯ ⎯
Menu (geschl. Aug. 1 Woche, Freitag - Samstagmittag) à la carte 17/31 – **30 Zim** ⌧ 47/55
– 72/78.
♦ An einem Südhang über der Stadt und dem Taubertal liegt das familiengeführte neuere
Hotel. Sie wohnen in behaglichen, gut ausgestatteten Zimmern. die Restaurantterrasse
bietet eine schöne Aussicht auf den Ort und die Umgebung.

Badischer Hof, Am Sonnenplatz, ⌧ 97941, ℘ (09341) 98 80, badischerhof@t-
motion.de, Fax (09341) 988220 – ⎯ ⎯ ⎯ P. ⎯ ⎯ ⎯ ⎯ ⎯ ⎯
geschl. 15. Dez. - 15. Jan. – **Menu** (geschl. 1. - 20. Aug., Freitag) à la carte 13/28,50 – **26 Zim**
⌧ 45/55 – 65/75.
♦ Das älteste Hotel am Ort : 1733 wurde das traditionsreiche Haus erbaut, die Fassade
ist originalgetreu erhalten, innen findet man bequeme Zimmer mit modernem Komfort
Freundliches Restaurant mit hellen Wänden und Polstern in Blautönen.

In Tauberbischofsheim-Hochhausen Nord-West : 6 km :

Landhotel am Mühlenwörth ⎯, Am Mühlenwörth, ⌧ 97941, ℘ (09341) 9 55 55
landhotel.muehlenwoerth@t-online.de, Fax (09341) 95557, ⎯, ⎯ – ⎯ ⎯ P.
geschl. Jan. - Feb. – **Menu** (geschl. Nov. - März Dienstag, Freitag) (wochentags nur Abend-
essen) à la carte 12/26 – **14 Zim** ⌧ 23/35 – 42/65.
♦ Ein neueres Hotel am Ortsrand mit sehr gepflegten und gut im neuzeitlichen Landhausstil-
eingerichteten Zimmern. Ein guter Ausgangspunkt für Ausflüge in die Umgebung. Hübsch⎯
dekoriertes Restaurant im Landhausstil.

TAUBERRETTERSHEIM Bayern siehe Weikersheim.

AUCHA KREIS LEIPZIG Sachsen 418 L 21 – 12 300 Ew – Höhe 118 m.
Siehe Stadtplan Leipzig (Umgebungsplan).
Berlin 190 – Dresden 108 – Leipzig 13.

Comfort Hotel, Leipziger Str. 125, ⊠ 04425, ℰ (034298) 39 70, info@comfort-taucha.de, Fax (034298) 397299 – |≋|, ⇌ Zim, 📺 📞 & 🅿. 🔄 ① ⑩ 💳 🇯🇨🇧 U x
Menu (nur Abendessen) (Restaurant nur für Hausgäste) – **103 Zim** ⊆ 75 – 85.
♦ Zeitgemäßer Standard : Die Zimmer dieses praktischen und funktionellen Hotels sind mit hellen Buchenholzmöbeln eingerichtet und machen einen freundlichen Eindruck.

AUFKIRCHEN KREIS MÜNCHEN Bayern 419 420 V 18 – 16 800 Ew – Höhe 567 m.
Berlin 600 – München 12 – Augsburg 79 – Garmisch-Partenkirchen 86 – Rosenheim 60.

Limmerhof, Münchener Str. 43, ⊠ 82024, ℰ (089) 61 43 20, info@limmerhof.de, Fax (089) 61432333, 🍽, ≋ – |≋| 📺 📞 ⇌ 🅿 – 🔒 60. 🔄 ① ⑩ 💳
Menu à la carte 22,50/41 – **81 Zim** ⊆ 97/128 – 130/153.
♦ Bayerischer Landhausstil erwartet Sie in dem gut geführten Hotel mit der gelben Fassade. Gemütliche und gediegen ausgestattete Zimmer sorgen für einen komfortablen Aufenthalt. Das unterteilte Restaurant ist ansprechend dekoriert.

AUFKIRCHEN (VILS) Bayern 420 U 20 – 8 600 Ew – Höhe 456 m.
Berlin 581 – München 58 – Regensburg 87 – Landshut 26 – Passau 129 – Rosenheim 66 – Salzburg 126.

Am Hof garni, Hierlhof 2, ⊠ 84416, ℰ (08084) 9 30 00, Fax (08084) 930028 – |≋| 📺 📞 🅿. 🔄 ⑩ 💳
geschl. Anfang - Mitte Aug. – **19 Zim** ⊆ 46/59 – 79/89.
♦ Ein neueres Hotel mit freundlichem Ambiente, das für seine Gäste gepflegte, und nett eingerichtete Zimmer mit funktioneller Ausstattung bereit hält.

In Taufkirchen-Hörgersdorf Süd-West : 8,5 km :

Landgasthof Forster, Hörgersdorf 23, ⊠ 84416, ℰ (08084) 23 57, Fax (08084) 258481, 🍽 – 🅿. ⑩
geschl. über Fasching 1 Woche, Ende Aug. - Anfang Sept., Montag - Dienstag – **Menu** (Mittwoch - Freitag nur Abendessen) à la carte 23/35.
♦ Das gepflegte Dorfgasthaus mit dem ländlich-rustikalen Restaurant überzeugt seine Gäste mit einer schmackhaften, sorgfältig zubereiteten internationalen Küche.

TAUNUSSTEIN Hessen 417 P 8 – 24 700 Ew – Höhe 343 m.
Berlin 564 – Wiesbaden 12 – Frankfurt am Main 69 – Bad Schwalbach 10 – Limburg an der Lahn 38.

In Taunusstein-Neuhof :

Zur Burg, Limburger Str. 47 (B 275), ⊠ 65232, ℰ (06128) 97 77 20, Fax (06128) 75160 – 📺 🅿 – 🔒 40. 🔄 ⑩ 💳
Menu (geschl. Samstag) à la carte 13,50/30,50 – **24 Zim** ⊆ 60/72 – 82/95.
♦ Zimmer mit unterschiedlichem Standard bietet dieses Hotel : teils einfacher eingerichtet und älter, teils mit neuzeitlicherer Ausstattung und zeitgemäßem Komfort. Rustikale Gaststube.

TAUTENHAIN Thüringen siehe Klosterlausnitz, Bad.

TECKLENBURG Nordrhein-Westfalen 417 J 7 – 9 400 Ew – Höhe 235 m – Luftkurort.
🇵 Westerkappeln-Velpe, Birkenhof (Nord-Ost : 9 km), ℰ (05456) 9 60 13 ; 🇵 Tecklenburg, Wallenweg 24 (West : 3 km), ℰ (05455) 10 35.
🅱 Tecklenburg Touristik, Markt 7, ⊠ 49545, ℰ (05482) 9 38 90, info@tecklenburg-touristik.de, Fax (05482) 938919.
Berlin 442 – Düsseldorf 160 – Bielefeld 77 – Münster (Westfalen) 28 – Osnabrück 28.

In Tecklenburg - Brochterbeck West : 6,5 km :

Teutoburger Wald, Im Bocketal 2, ⊠ 49545, ℰ (05455) 9 30 00, hotelteutoburgerwald@t-online.de, Fax (05455) 930070, ≋, 🔲, 🍽 – |≋|, ⇌ Zim, 📺 📞 & ⇌ 🅿. 🔒 80. 🔄 ① ⑩ 💳 🇯🇨🇧
Menu (Restaurant nur für Hausgäste) à la carte 29/35,50 – **43 Zim** ⊆ 55/70 – 80/90.
♦ Eine hübsche Hotelanlage mit wohnlichen Zimmern und Appartements. Die öffentlichen Bereiche mit unverputztem Natursteinmauerwerk und offenem Kamin laden zum Verweilen ein.

TECKLENBURG

In Tecklenburg-Leeden Ost : 8 km :

XX **Altes Backhaus,** Am Ritterkamp 27, ⊠ 49545, ℘ (05481) 65 33, Fax (05481) 8310.
☆ – 🅿. ⓘ ⓜ⊙ VISA
geschl. Anfang - Mitte Feb., Ende Aug. - Anfang Sept., Dienstag – **Menu** à la carte 22/4
♦ Sehr gepflegt und reich dekoriert ist das unterteilte, rustikale Restaurant in dem Fach
werkhaus, wo man den Gästen eine Auswahl an Gerichten der internationalen Küche bietet

---

TEGERNAU Baden-Württemberg **419** W 7 – 500 Ew – Höhe 444 m.
Berlin 828 – Stuttgart 200 – Freiburg im Breisgau 83 – Basel 37 – Zürich 89.

In Tegernau-Schwand Nord : 3,5 km :

🏠 **Sennhütte** ⚘, Schwand 14, ⊠ 79692, ℘ (07629) 9 10 20, info@sennhuette.com
Fax (07629) 910213, ≤, ☆ – 📺 🅿. ⓜ⊙ VISA. ⚘ Zim
geschl. 11. Feb. - 11. März - **Menu** (geschl. Dienstag) à la carte 15,50/36,50 – **11 Zim**
⊇ 51/67 – 68/75.
♦ Nicht nur die gute Pflege, sondern auch die reizvolle Lage am Rand des kleinen Bergdorf
sprechen für das nette Gasthaus mit solide eingerichteten Zimmern (oft mit Balkon). D
Wirtschaft ist ein beliebtes Einkehrziel.

TEGERNSEE Bayern **419 420** W 19 – 4 100 Ew – Höhe 732 m – Heilklimatischer Kurort.
🛈 Tourist-Information, im Haus des Gastes, Hauptstr. 2, ⊠ 83684, ℘ (08022) 18 01 40
info@tegernsee.de, Fax (08022) 3758.
Berlin 642 – München 53 – Garmisch-Partenkirchen 75 – Bad Tölz 19 – Miesbach 18.

🏨 **Bayern** ⚘, Neureuthstr. 23, ⊠ 83684, ℘ (08022) 18 20, info@hotel-bayern.de
Fax (08022) 182100, ≤ Tegernsee und Berge, ☆, Biergarten, Massage, ≘s, ⊠, 🏊
🅪, ⚘ Zim, 📺 📞 ⚒ 🅿 – 🔄 70. ⚏ ⓘ ⓜ⊙ VISA JCB
Menu à la carte 28/39,50 – **73 Zim** ⊇ 80/128 – 135/175, 10 Suiten – ½ P 23.
♦ Die großzügige Anlage mit Seeblick und Wellnessbereich umfaßt Gästehäuser im alpine
Stil sowie das romantische Sengerschloß. Komfortabel eingerichtete Zimmer. Moderne Ele
ganz und ansprechendes Design prägen das Restaurant TegernSeh.

🏠 **Gästehaus Fackler** ⚘ (mit Appartmenthaus), Karl-Stieler-Str. 14, ⊠ 83684
℘ (08022) 9 17 60, hotel.fackler@t-online.de, Fax (08022) 917615, ≤, ≘s, ⊠, 🏊 – 📺
🅿. ⓜ⊙ VISA. ⚘ Rest
geschl. 15. Nov. - 15. Dez. - **Menu** (nur Abendessen) (Restaurant nur für Hausgäste) –
25 Zim ⊇ 55/60 – 89/129 – ½ P 16.
♦ Urlaub in gemütlicher und netter Atmosphäre : Das ehemalige Herrenhaus und das neuer
Appartmenthaus beherbergen wohnliche Zimmer im gepflegten alpenländischen Stil.

🏠 **Ledererhof** garni (mit Gästehaus), Schwaighofstr. 89, ⊠ 83684, ℘ (08022) 92 240
info@ledererhof.de, Fax (8022) 922456, ≘s, 🏊 – 📺 🅿. ⓜ⊙ VISA
21 Zim ⊇ 65 – 90/110.
♦ Diese gut geführte Ferienadresse ist ein ländliches, im regionstypischen Stil angelegte
Anwesen. Wohnliche Appartements unterschiedlicher Größe stehen zum Einzug bereit.

🏠 **Bastenhaus,** Hauptstr. 71, ⊠ 83684, ℘ (08022) 9 14 70, bastenhaus@freenet.de
Fax (08022) 914747, ≤, ☆, ≘s, ⊠, 🏊, 🏊, 🏊 – 📺 🅿. ⓜ⊙ VISA. ⚘ Zim
Menu (geschl. Nov., Dienstag - Mittwoch) (nur Abendessen) à la carte 13/31,50 – **20 Zim**
⊇ 51/67 – 77/118 – ½ P 15.
♦ Direkt am See, mit eigenem Badestrand und Liegewiese, liegt dieses Hotel. Solide mit hel
len, rustikalen Naturholzmöbeln eingerichtete Zimmer, zum See hin mit Balkon. Gemütlich
geben sich das Restaurant mit Kachelofen und Kaminstube.

🍴 **Fischerstüberl am See,** Seestr. 51, ⊠ 83684, ℘ (08022) 91 98 90, hotlfisch@t
online.de, Fax (08022) 9198950, ≤, ☆, 🏊 – 📺 🅿. ⚘ Zim
geschl. Mitte Nov. - 24. Dez. - **Menu** (geschl. Montag, Okt. - Mai Montag - Dienstag) à la carte
13/23 – **20 Zim** ⊇ 32/70 – 90 – ½ P 13.
♦ Die Zimmer des netten Gasthofs am See sind teils mit bemalten Bauernmöbeln, teils mit
Naturholzmobiliar eingerichtet. Die richtige Adresse für einen unkomplizierten Urlaub. I
der einfachen, ländlichen Gaststube genießt man einen herrlichen Blick auf den See.

XXX **Bischoff am See** mit Zim, Schwaighofstr. 53, ⊠ 83684, ℘ (08022) 39 66, info@
ⓔ bischoff-am-see.de, Fax (08022) 1720, ≤ Tegernsee, ☆, 🏊 – ⚘ Zim, 📺 📞 🅿
ⓜ⊙ VISA
geschl. 7. Jan. - 12. Feb. – **Menu** (geschl. Montag - Dienstag) (Tischbestellung ratsam)
à la carte 44/62 – **12 Zim** ⊇ 125/180 – 165/245, 5 Suiten.
♦ Das Bischoff hat den See direkt vor der Haustür. Edle Lederpolster in dezentem Farbton
und ein ansprechendes Couvert vermitteln moderne Eleganz. Stilvoll gestaltete Zimmer
Spez. Dreierlei vom Thunfisch. Crépinette und Keule vom Reh mit Wirsingwickerl und Stein-
pilzkonfit. Crème brûlée vom Kaffee mit Lavendeleis.

TEGERNSEE

XX **Trastevere**, Rosenstr. 5, ✉ 83684, ℰ (08022) 43 82, 🍴 – AE ④
geschl. Ende Juni 2 Wochen, 12. Nov. - 12. Dez., Mittwoch - Donnerstagmittag – **Menu** (italienische Küche) à la carte 20/33.
• Italienische Küche trotz alpenländisch-rustikaler Einrichtung : Nicht nur Pizza und Pasta stehen auf der Speisekarte, sondern auch Fleisch- und Fischgerichte aus Bella Italia.

EINACH-ZAVELSTEIN, BAD Baden-Württemberg **419** T 10 – 2 800 Ew – Höhe 392 m – Heilbad.
🛈 Teinachtal-Touristik, Otto-Neidhart-Allee 6, (Bad Teinach), ✉ 75385, ℰ (07053) 9 20 50 40, teinachtal@t-online.de, Fax (07053) 9205044.
Berlin 669 – Stuttgart 56 – Karlsruhe 64 – Pforzheim 37 – Calw 9.

Im Stadtteil Bad Teinach :

🏰 **Bad-Hotel** ⬧, Otto-Neidhart-Allee 5, ✉ 75385, ℰ (07053) 2 90, bad-hotel-bad-teinach@t-online.de, Fax (07053) 29177, 🍴, freier Zugang zum Kurhaus, ※ – 📶, ⬧ Zim, TV ≪ 🅿 – 🎾 80. AE ① ④ VISA. ※ Rest
Menu à la carte 32/50,50 (auch vegetarisches Menü) – **Brunnen-Schenke** (geschl. Samstag, Sonntagabend) **Menu** à la carte 16/29 – **58 Zim** ⇌ 70/102 – 130/196, 4 Suiten – ½ P 21.
• Bei dem traditionsreichen, klassizistischen Hotel im Stil eines Palais überzeugen sowohl das gepflegte Äußere als auch die stilvolle Inneneinrichtung und die bequemen Zimmer. Klassisch ist das Quellen-Restaurant mit seiner holzgetäfelten Decke.

🏠 **Mühle** garni, Otto-Neidhart-Allee 2, ✉ 75385, ℰ (07053) 9 29 50, Fax (07053) 929599 – 📶 TV ≪ 🅿 ※
geschl. Nov. - 15. Dez. – **17 Zim** ⇌ 32 – 64.
• An Stelle der alten Mühle steht heute ein neuzeitliches Hotel mit gepflegten Zimmern, die mit rustikalen Eichenholzmöbeln eingerichtet sind und ein gutes Platzangebot bieten.

🏠 **Schloßberg** ⬧, Burgstr. 2, ✉ 75385, ℰ (07053) 9 26 90, schlossberghotel@t-online.de, Fax (07053) 926915, ≤, 🍴 – TV 🅿 ※ Zim
geschl. 22. Nov. - 24. Dez. – **Menu** (geschl. Montag) à la carte 16,50/29 – **14 Zim** ⇌ 29/36 – 64/71 – ½ P 11.
• An einem Südhang etwas oberhalb des Ortes liegt das Hotel mit Balkonfassade und Flachdach. Die Zimmer sind mit hellen, bemalten Bauernmöbeln eingerichtet. Rustikales Restaurant.

🏠 **Lamm**, Badstr. 17, ✉ 75385, ℰ (07053) 9 26 80, Fax (07053) 926835 – 📶 ⬧ TV 🅿 ④ VISA
geschl. Mitte Jan. - Ende Feb. – **Menu** (geschl. Dienstag) à la carte 13,50/23 – **20 Zim** ⇌ 37/40 – 74.
• Ein neuzeitlicher Gasthof mit gelber Fassade und bequemen, solide eingerichteten Zimmern, in denen sich auch ältere Gäste wohlfühlen. Das Restaurant ist unterteilt in einen ländlich-rustikalen Gastraum und ein Nichtraucher-Nebenzimmer.

Im Stadtteil Zavelstein – Luftkurort :

🏰 **Berlin's Hotel Krone und Lamm**, Marktplatz 3, ✉ 75385, ℰ (07053) 9 29 40, kronelamm@berlins-hotel.de, Fax (07053) 929430 – 📶, ⬧ Zim, TV 🅿 ④ VISA
Menu à la carte 16/34,50 – **33 Zim** ⇌ 52/87 – 72/120 – ½ P 15.
• Unter diesem Namen sind ein Gasthof und ein Zweckbau im Ortszentrum zusammengefaßt, die sich mit komfortablen Zimmern gut für einen erholsamen Schwarzwaldurlaub eignen. Geschmackvolles und gemütlich-rustikales Ambiente bestimmen den gastronomischen Rahmen.

TEISENDORF Bayern **420** W 22 – 8 800 Ew – Höhe 504 m – Erholungsort.
🛈 Tourismusbüro, Poststr. 14, ✉ 83317, ℰ (08666) 2 95, Fax (08666) 1647.
Berlin 709 – München 120 – Bad Reichenhall 20 – Rosenheim 61 – Salzburg 22.

In Teisendorf-Achthal Süd-West : 5 km :

X **Reiter** mit Zim, Teisendorfer Str. 80, ✉ 83317, ℰ (08666) 3 27, reitermmh@t-online.de, Fax (08666) 6696, 🍴, 🐎 – TV ≪ 🅿
geschl. nach Ostern 2 Wochen, Nov. 3 Wochen – **Menu** (geschl. Mittwochabend - Donnerstag) à la carte 11/23 – **9 Zim** ⇌ 24/26 – 48/52 – ½ P 10.
• Ein gemütlicher, ländlicher Gasthof mit preiswerter, bürgerlicher Küche und eigener Metzgerei. Gepflegte Zimmer laden zum Übernachten ein. Mit Ferienwohnungen.

TEISENDORF

In Teisendorf-Holzhausen Nord : 2 km :

Landhotel Seidl, ⊠ 83317, ℘ (08666) 80 10, info@landhotelseidl.de, Fax (08666) 801102, ≤, 😀, Massage, ♨, ♠, ≘s, ☒, ☞, ✕(Halle) – ⧉ 📺 ✆ ⇔ 🅿 – 🛋 50. ⓪ 𝚅𝙸𝚂𝙰
geschl. 7. Jan. - 24. Feb. – **Menu** à la carte 14/31 – **67 Zim** ⊇ 54/69 – 103/113 – ½ P 1.
♦ Etwas außerhalb liegt der gewachsene, renovierte Dorfgasthof im alpenländischen St mit komfortablen Zimmern. Freizeitangebote für Kinder. Der gastronomische Bereic unterteilt sich in eine gemütliche, ländliche Stube und das Restaurant im Landhausstil.

In Teisendorf-Neukirchen Süd-West : 8 km :

Gasthof Schneck, ⊗, Pfarrhofweg 20, ⊠ 83364, ℘ (08666) 3 56, gasthc schneck1@aol.com, Fax (08666) 6802, ≤, 😀 – 🅿. ⓪ 𝚅𝙸𝚂𝙰
geschl. Mitte Jan. - Mitte Feb. – **Menu** (geschl. Okt. - Juni Donnerstag) à la carte 14,50/2 – **11 Zim** ⊇ 31/40 – 57 – ½ P 12.
♦ Der alpenländische Gasthof verfügt über solide eingerichtete Zimmer. Sommers wie wir ters gibt es in der Umgebung viele Möglichkeiten der Freizeitgestaltung. Produkte de eigenen Metzgerei und selbstgebackenen Kuchen serviert man in der rustikalen Gaststube

---

TEISING Bayern siehe Altötting.

TEISNACH Bayern 420 S 22 – 3 000 Ew – Höhe 467 m.
🎫 Tourist-Information, Regenmühlstr. 2, ⊠ 94244, ℘ (09923) 80 11 15, poststell @markt-teisnach.de, Fax (09923) 80 11 22.
Berlin 520 – München 168 – Passau 73 – Cham 40 – Deggendorf 24.

In Teisnach-Kaikenried Süd-Ost : 4 km :

Oswald, Am Platzl 2, ⊠ 94244, ℘ (09923) 8 41 00, info@hotel-oswald.de Fax (09923) 841010, 😀, ≘s, ☞ – 📺 🅿. 🅰🅴 ① ⓪ 𝚅𝙸𝚂𝙰, ✕ Rest
geschl. 15. - 30. Juni, 15. Nov. - 15. Dez. – **Menu** (geschl. Dienstag) (wochentags nur Abenc essen) à la carte 20/31 – **16 Zim** ⊇ 47/50 – 86/92 – ½ P 18.
♦ In der Dorfmitte liegt der gepflegte Landgasthof mit hellen, wohnlichen Zimmern, die mit Naturholzmöbeln und freundlichen Stoffen ansprechend gestaltet sind. Rustikale Gemütlichkeit bietet die Gastwirtschaft.

TEISTUNGEN Thüringen 418 L 14 – 1500 Ew – Höhe 300 m.
Berlin 306 – Erfurt 98 – Göttingen 32 – Nordhausen 45 – Mühlhausen 39.

Victor's Residenz-Hotel Teistungenburg M, Klosterweg 6, ⊠ 37339 ℘ (036071) 8 40, info.teistungen@victors.de, Fax (036071) 84444, 😀, Biergarten, direk ter Zugang zur Bäderwelt, Squash, Badminton – ⧉, ⇸ Zim, 📺 ✆ 🅿 – 🛋 150. 🅰🅴 ① ⓪ 𝚅𝙸𝚂𝙰
Menu à la carte 23,50/30,50 – **97 Zim** ⊇ 77/84 – 102/133 – ½ P 18.
♦ Eine großzügige neue Hotelanlage mit repräsentativer Lobby, wohnlichen und gut aus gestatteten Zimmern, modernen Tagungsräumen und einem sehr gepflegten, großen Fitnessbereich. Bequeme gepolsterte Stühle und schön gedeckte Tische geben den Restaurant Charme.

TELGTE Nordrhein-Westfalen 417 K 7 – 19 500 Ew – Höhe 49 m.
Sehenswert : Heimathaus Münsterland (Hungertuch★).
🅶 Telgte, Harkampsheide 5 (Ost : 3 km), ℘ (02504) 7 23 26.
🎫 Stadttouristik, Kapellenstr. 2, ⊠ 48291, ℘ (02504) 69 01 00, stadttouristik@telgte.de Fax (02504) 690109.
Berlin 446 – Düsseldorf 149 – Bielefeld 64 – Münster (Westfalen) 12 – Osnabrück 47.

Heidehotel Waldhütte ⊗, Im Klatenberg 19 (Nord-Ost : 3 km, über die B 51) ⊠ 48291, ℘ (02504) 92 00, heidehotel-waldhuette@t-online.de, Fax (02504) 920140 😀, ≘s, ☞ – 📺 ✆ ⇔ 🅿 – 🛋 40. 🅰🅴 ① ⓪ 𝚅𝙸𝚂𝙰
geschl. 2. - 10. Jan. – **Menu** à la carte 21/36,50 – **30 Zim** ⊇ 67 – 105.
♦ Ein idyllisch in einem Landschaftsschutzgebiet am Waldpark gelegenes Fachwerkhote im altdeutschen Stil mit Zimmern, die mit rustikalen Naturholzmöbeln eingerichtet sind Liebevoll dekorierte Gaststube mit Kamin und schöner Gartenterrasse.

Marienlinde garni, Münstertor 1, ⊠ 48291, ℘ (02504) 9 31 30, info@marienlinde.de Fax (02504) 931350 – ⇸ 📺 🅿. 🅰🅴 ① ⓪ 𝚅𝙸𝚂𝙰
20 Zim ⊇ 48/52 – 70/75.
♦ Ein gepflegtes Klinkergebäude aus den 80er Jahren mit praktischen Zimmern, die ein heitlich mit funktionellem Naturholzmobiliar ausgestattet sind.

TELGTE

Ostbevern Nord-Ost : 7 km :

Beverhof, Hauptstr. 35, ⊠ 48346, ℰ (02532) 51 62, hotel.beverhof@t-online.de, Fax (02532) 1688, 佘, ᾱ – ⇥ Zim, 📺 ⇔ 🅿. ⇗ Zim
Menu (geschl. Montag) (wochentags nur Abendessen) à la carte 11/24 – **13 Zim** ⇄ 33 – 55.
 ♦ Hier stimmt das Preis-Leistungs-Verhältnis : Ein tadellos geführtes Landhotel mit komplett ausgestatteten Zimmern, die mit soliden hellen Eichenmöbeln eingerichtet sind. Ländliche Gaststube mit Theke und ansprechender Dekoration.

ELTOW Brandenburg 416 418 I 23 – 15 100 Ew – Höhe 40 m.
 Siehe Stadtplan Berlin (Umgebungsplan).
 Berlin 21 – Potsdam 16 – Frankfurt (Oder) 96 – Wittenberge 81.

Courtyard by Marriott M, Warthestr. 20, ⊠ 14513, ℰ (03328) 44 00, cy.sxfcy.sales.mgr@marriott.com, Fax (03328) 440440, 佘, 🏋, ⇔ – 🛗, ⇥ Zim, ☰ 📺 📞 &
🅿 – 🏛 180. 🆎 ① ⓜ VISA JCB
Menu à la carte 19/31 – ⇄ 13 – **195 Zim** 85. BV e
 ♦ An der Stadtgrenze zu Berlin findet man dieses moderne Hotel mit einem gediegenen Hallenbereich und zeitgemäß eingerichteten, auch technisch gut ausgestatteten Zimmern.

In Teltow-Ruhlsdorf Süd : 3 km :

Hammers Landhotel, Genshagener Str. 1, ⊠ 14513, ℰ (03328) 4 14 23, Fax (03328) 474680, 佘 – ⇥ Zim, 📺 🅿.
Menu (geschl. Jan. 1 Woche)(Montag - Freitag nur Abendessen) à la carte 14,50/36 – **20 Zim** ⇄ 62 – 85.
 ♦ Ein traditionsreicher Familienbetrieb : Der gepflegte Landgasthof empfängt Sie mit gut ausgestatteten Zimmern, die mit neuzeitlichen Stilmöbeln eingerichtet sind. Unverputzte Backsteinwände und liebevolle Dekorationen geben dem Restaurant ländlichen Charme.

TEMPLIN Brandenburg 416 G 24 – 14 000 Ew – Höhe 60 m – Erholungsort.
 🛈 Tourismus-Service, Obere Mühlenstr.11, (Akzisehaus) ⊠ 17268, ℰ (03987) 26 31, templin-info@t-online.de, Fax (03987) 53833.
 Berlin 75 – Potsdam 127 – Neubrandenburg 81 – Neuruppin 75.

Fährkrug, Fährkrug 1 (Nord-Ost : 2 km), ⊠ 17268, ℰ (03987) 4 80, faehrkrug@aol.com, Fax (03987) 48111, 佘, ᾱ – 🛗, ⇥ Zim, 📺 📞 & 🅿 – 🏛 25. 🆎 ⓜ VISA
Menu à la carte 22,50/31,50 – **40 Zim** ⇄ 55 – 80 – ½ P 13.
 ♦ Das ältere Stammhaus wurde um einen modernen Anbau erweitert : Entstanden ist eine neuzeitliche Hotelanlage mit praktisch eingerichteten Zimmern in schöner Lage am Fährsee. Im rustikalen Restaurant oder im lichtdurchfluteten Wintergarten sitzt es sich nett.

Zum Eichwerder, Werderstr. 38, ⊠ 17268, ℰ (03987) 5 27 00, Fax (03987) 52701, ⇔ – 📺 ⇔ 🅿 – 🏛 30. 🆎 ⓜ VISA
Menu à la carte 13,50/24 – **22 Zim** ⇄ 45/59 – 67/72.
 ♦ Geeignet als Basis für Ausflüge in die Umgebung ist dieses Stadthotel. Sie wohnen in komfortabel mit Naturholzmöbeln und Rattan-Sitzgruppen ausgestatteten Zimmern. Licht und freundlich wirkt das mit hellen Holzmöbeln eingerichtete Restaurant.

Am Großdöllner See Süd-Ost : 22 km :

Döllnsee-Schorfheide ⚘, Döllnkrug 2, ⊠ 17268 Groß Dölln, ℰ (039882) 6 30, info@doellnsee.de, Fax (039882) 63402, 佘, Massage, 🏋, ⇔, ◻, ᾱ, ⇗ – 🛗, ⇥ Zim, ☰ Rest, 📺 📞 & ⇔ 🅿 – 🏛 110. 🆎 ① ⓜ VISA
Menu à la carte 23/34 – **107 Zim** ⇄ 93 – 122.
 ♦ Ein ruhig und idyllisch am Waldrand und See gelegenes ehemaliges Jagdhaus mit Erweiterungsbau, in dem geschmackvolle Zimmer im wohnlichen Landhausstil auf die Gäste warten. Bilder und Wandleuchten schmücken das unterteilte, klassisch eingerichtete Restaurant.

TENGEN Baden-Württemberg 419 W 9 – 4 600 Ew – Höhe 610 m.
 Berlin 760 – Stuttgart 131 – Konstanz 58 – Villingen-Schwenningen 25 – Winterthur 51 – Schaffhausen 23.

In Tengen-Blumenfeld Ost : 2 km :

Bibermühle ⚘, Untere Mühle 1, ⊠ 78250, ℰ (07736) 9 29 30, bibermuehle@t-online.de, Fax (07736) 9293140, 佘, (Wildgehege), ⇔, ⇗ – 🛗 📺 📞 🅿 – 🏛 50. 🆎 ⓜ VISA
Menu (geschl. über Fastnacht 2 Wochen) à la carte 23/40 – **31 Zim** ⇄ 54/66 – 90/107.
 ♦ Eine romantische Hotelanlage : Im historischen Ambiente der alten Wassermühle läßt es sich stilvoll und komfortabel wohnen. Zeitlos eingerichtete Zimmer mit modernem Komfort. Fachwerkwände, Kachelofen und Dekorationen schaffen im Lokal ein ländliches Ambiente.

TENNENBRONN Baden-Württemberg **419** V 9 – 3 800 Ew – Höhe 662 m – Luftkurort.
🛈 Tourist-Information, Rathaus, Hauptstr. 23, ✉ 78144, ✆ (07729) 92 60 28, touris info@tennenbronn.de, Fax (07729) 926056.
Berlin 739 – Stuttgart 116 – Freiburg im Breisgau 74 – Freudenstadt 44 – Villinger Schwenningen 24.

🏛 **Adler,** Hauptstr. 60, ✉ 78144, ✆ (07729) 9 22 80, service@adler-tennenbronn.de Fax (07729) 922813 – **P. ⓜ VISA**
geschl. Feb. – **Menu** (geschl. Montag) à la carte 15/30,50 – **14 Zim** ⌇ 38/42 – 57/68 ½ P 13.
• Der hübsche, behutsam renovierte Schwarzwaldgasthof erwartet Sie mit geschmack vollen, wohnlichen Zimmern, die hell und freundlich wirken. Wählen Sie zwischen der Gast stube und dem gemütlichen, liebevoll gestalteten Restaurant mit Deckenmalerei un Kachelofen.

TENNSTEDT, BAD Thüringen **418** M 16 – 2 900 Ew – Höhe 144 m – Heilbad.
Berlin 286 – Erfurt 31 – Halle 113 – Mühlhausen 36 – Nordhausen 58.

🏛 **Am Kurpark** garni, Am Osthöfer Tor 1, ✉ 99955, ✆ (036041) 37 00, hotel-am-ku park@web.de, Fax (036041) 3700 – TV ✆ P. – 🛎 20. ⓜ VISA
14 Zim ⌇ 35/43 – 52/63.
• Ein solide und freundlich geführtes kleines Hotel in der Ortsmitte. Die ehemalige Wirtschaftsgebäude beherbergen solide, mit hellbraunen Holzmöbeln ausgestattet Zimmer.

TETEROW Mecklenburg-Vorpommern **416** E 21 – 11 000 Ew – Höhe 30 m.
🏌 🏌 Teschow, Gutshofallee 1 (Nord-Ost : 5 km), ✆ (03996) 14 00.
Berlin 182 – Schwerin 92 – Neubrandenburg 55 – Rostock 58 – Stralsund 87.

🏛 **Blücher** garni, Warener Str. 50, ✉ 17166, ✆ (03996) 17 21 96, hotel.bluecher@fre net.de, Fax (03996) 120295, ⇔ – TV P. ⓜ
16 Zim ⌇ 40 – 60.
• Gepflegte Zimmer, die mit hellen Holzmöbeln eingerichtet sind, gibt es in dem kleine Hotel. Die älteren Räume sind mit nachträglich eingebauten Fertigbädern ausgestattet.

In Teterow-Teschow Nord-Ost : 5 : km :

🏛🏛🏛 **Golf-und Wellnesshotel Schloss Teschow** M 🌳, Gutshofallee 1, ✉ 17166 ✆ (03996) 14 00, info@schlosshotel-teschow.de, Fax (03996) 9140100, 🍴, 🛌, ⇔, 🌊, 🏊 🏌, 🏌 – 🌀 TV ✆ P. – 🛎 650. AE ⓘ ⓜ VISA
Chez Lisa (geschl. Sonntag - Montag) (nur Abendessen) **Menu** à la carte 35,50/45,50 – **Sukhothai** (thailändische Küche) (geschl. Dienstag) (nur Abendessen) **Menu** à la carte 25/36 – **Schloßrestaurant von Blücher : Menu** à la carte 20/32 – **94 Zim** ⌇ 98/124 – 112/148, 3 Suiten.
• Ein Schloßhotel aus dem 19. Jh. : Die mit warmen Farben und hochwertigen Materialier gestalteten Zimmer befinden sich größtenteils im neuen Anbau. Herrschaftliches Ambiente umgibt Sie im klassischen Chez Lisa. Rottöne dominieren im fernöstlichen Sukhothai.

TETTNANG Baden-Württemberg **419** W 12 – 17 300 Ew – Höhe 466 m.
🛈 Tourist-Info-Büro, Montfortstr. 1/1, ✉ 88069, ✆ (07542) 95 38 39, Fax (07542) 939196.
Berlin 714 – Stuttgart 160 – Konstanz 35 – Kempten (Allgäu) 65 – Ravensburg 13 – Bregenz 28.

🏛🏛 **Rad,** Lindauer Str. 2, ✉ 88069, ✆ (07542) 54 00, hotelrad.tettnang@t-online.de Fax (07542) 53636, ⇔ – 🏢, 🍴 Zim, 🍽 Rest, TV 🚗 P. – 🛎 120. AE ⓘ ⓜ VISA
geschl. Jan. 3 Wochen – **Menu** à la carte 18,50/42 – **70 Zim** ⌇ 59/92 – 88/123.
• Das zum historischen Fachwerkgasthof gehörende Hotel wurde 1975 nach einem Brand wiederaufgebaut, 1983 erweitert und bietet nun verschieden gestaltete, praktische Zimmer. Gemütliche, rustikale Gaststuben mit Kachelofen, Holztäfelung und ländlicher Dekoration.

🏛 **Torstuben** (mit Gästehaus), Bärenplatz 8, ✉ 88069, ✆ (07542) 9 38 60, torstuber @t-online.de, Fax (07542) 938624, 🍴 – 🏢 TV 🚗 P. ⓜ
Menu (geschl. Donnerstag) à la carte 16/27,50 – **14 Zim** ⌇ 42/67 – 70/77.
• In dem hübschen Gasthof mit gelb-weißer Fassade und in dem gepflegten Gästehaus warter ländliche, mit Kiefernmöbeln eingerichtete Zimmer auf die Gäste. Auf den gepolsterter Bänken des rustikalen Lokals mit holzgetäfelter Decke sitzt man gemütlich.

TETTNANG

Ritter, Karlstr. 2, ✉ 88069, ℰ (07542) 5 30 20, ritter.tettnang@t-online.de, Fax (07542) 530230, 🍴 – 🛗 📺 🚗 🅿️ AE ⓘ ◐ VISA
Menu (geschl. März 2 Wochen, Mai - Sept. Freitagmittag, Samstagmittag, Okt. - April Freitag - Samstagmittag) à la carte 19/34 – **26 Zim** ⊇ 39/49 – 70/85.
◆ Das Hotel befindet sich im 1. und 2. Stock eines kleinen Hochhauses und hält praktische Zimmer, die mit hellen oder dunklen Eichenmöbeln eingerichtet sind, bereit. Eine Darstellung des historischen Tettnangs schmückt eine Wand des rustikalen Restaurants.

Tettnang-Kau West : 3 km Richtung Friedrichshafen, in Pfingstweide links ab :

Lamm im Kau, Sängerstr. 50, ✉ 88069, ℰ (07542) 47 34, Fax (07542) 4734, 🍴 – 🅿️ ◐ VISA
geschl. Montag – **Menu** (nur Abendessen) (Tischbestellung ratsam) à la carte 19/36,50.
◆ Regional ausgerichtete, schmackhaft zubereitete Mahlzeiten genießen kann man in der holzgetäfelten Gaststube, in der ein Kachelofen ein behagliches Ambiente verbreitet.

EUPITZ Brandenburg ▨▨▨ J 24 – 1 700 Ew – Höhe 40 m.
Ausflugsziel : Spreewald★★ (Kahnfahrt ab Lübbenau, Freilandmuseum Lehde★).
🏌 🛆 Motzen, Am Golfplatz 5 (Nord : 11 km), ℰ (033769) 5 01 30.
🅱 Haus des Gastes, Karl-Marx-Str. 1, (in Motzen), ✉ 15741, ℰ (033769) 2 06 21, Fax (033769) 20607.
Berlin 54 – Potsdam 70 – Cottbus 76 – Dresden 137 – Frankfurt (Oder) 70.

Motzen Nord : 11 km :

Residenz am Motzener See, Töpchiner Str. 4, ✉ 15741, ℰ (033769) 8 50, info@hotel-residenz-motzen.de, Fax (033769) 85100, ≤, 🍴, ≦s, ☒, 🛥 – 🛗, ⟵ Zim, 📺 🚗 🅿️ – 🔔 60. ◐ VISA
Menu à la carte 25/36 – **60 Zim** ⊇ 90/105 – 125/145.
◆ Eine gepflegte neue Hotelanlage direkt am See, die aufgrund der schönen Lage und der komfortablen Zimmer den passenden Rahmen sowohl für Urlaub als auch für Tagungen bietet. Leicht elegant ist das Ambiente im Restaurant mit Wintergarten.

HALE Sachsen-Anhalt ▨▨▨ K 17 – 13 400 Ew – Höhe 170 m.
Sehenswert : Bodetal★★ (Roßtrappe★★, ≤ ★★★) – 🅱 Thale-Information, Rathausstr.1, ✉ 06502, ℰ (03947) 25 97, info@thale.de, Fax (03947) 2277.
Berlin 220 – Magdeburg 68 – Halberstadt 21 – Nordhausen 48.

uf dem Hexentanzplatz Süd-West : 5 km – Höhe 453 m

Berghotel Hexentanzplatz, Hexentanzplatz 1, ✉ 06502, ℰ (03947) 47 30, Fax (03947) 47338, ≤ Harz, 🍴 – 📺 🅿️ AE ◐ VISA
Menu à la carte 14/24 – **17 Zim** ⊇ 40/55 – 70/92.
◆ Nicht nur in der Walpurgisnacht und nicht nur für Hexen bietet sich dieses gepflegte, ältere Hotel, das idyllisch im Wald oberhalb eines Felsenhangs liegt, als Domizil an. Eine schöne Aussicht auf das Bodetal hat man von dem großen, unterteilten Restaurant.

HALFANG Rheinland-Pfalz ▨▨▨ Q 4 – 1 800 Ew – Höhe 440 m – Erholungsort – Wintersport : 500/818 m ≰4 ≰ (am Erbeskopf) – **Ausflugsziel :** Hunsrück-Höhenstraße★.
🅱 Tourist-Information, Saarstr. 3, ✉ 54424, ℰ (06504) 91 40 50, Fax (06504) 8773.
Berlin 684 – Mainz 121 – Trier 35 – Bernkastel-Kues 31 – Birkenfeld 20.

Apart-Hotel Blumenhof M 🌲 (mit Gästehäusern), Birkenweg 73 (Ferienpark), ✉ 54424, ℰ (06504) 91 20, ferienpark@t-online.de, Fax (06504) 912420, 🍴, 🎱, ≦s, 🎯 (Halle) – ⟵ Zim, 📺 🅿️ AE ◐ VISA
Menu à la carte 15,50/28 – **33 Zim** ⊇ 59 – 85 – ½ P 16.
◆ Urlaub im Südwest-Hunsrück : Alle Zimmer des Hotels im Ferienpark Himmelberg haben Wohn- und Schlafzimmer und eine kleine Küchenzeile. Auch für Geschäftsreisende geeignet. Der gastronomische Bereich erstreckt sich über drei Etagen.

Haus Vogelsang 🌲, Im Vogelsang 7, ✉ 54424, ℰ (06504) 10 88, Fax (06504) 2332, 🍴, 🛥 – 📺 🅿️ ◐ VISA 🌲
Menu (geschl. Nov. 1 Woche, Mittwoch) (wochentags nur Abendessen) à la carte 12,50/25 – **11 Zim** ⊇ 30/33 – 58/60 – ½ P 10.
◆ Umgeben von Wiesen und Wäldern liegt die gepflegte, familiengeführte Pension an einem sonnigen Südhang. Ein Teil der solide eingerichteten Zimmer verfügt über Balkone. Preiswert und einfach ist das Angebot in der gepflegten, schlicht aufgemachten Gaststube.

THALLWITZ Sachsen 418 L 22 – 1 800 Ew – Höhe 140 m.
Berlin 449 – Dresden 105 – Leipzig 31 – Halle 60 – Dessau 61 – Wittenberg 56.

In Thallwitz-Nischwitz Süd : 6 km :

Zur Mühle, Eilenburger Str. 22b, ⊠ 04808, ℘ (03425) 98 90, info@zur-muehl hotel.de, Fax (03425) 989100, 佘 – 劇, ⇔ Zim, 📺 📞 🅿 – 🛦 65. 🆎 ⓞ ⓒ 𝗩𝗜𝗦𝗔
Menu à la carte 15/33 – **52 Zim** ⊇ 57/73 – 78/94.
• Praktischen Standard bieten die mit dunklen, zeitgemäßen Möbeln eingerichteten Zimm dieses Hotels im Muldentalkreis. Auch für Gruppen geeignet. Gediegen wirkt das Restaura mit Buffetaufbau.

Es ist immer sicherer, eine Zimmerreservierung schrifftlich oder per Fax zu bestätigen.

THANNHAUSEN Bayern 419 420 V 15 – 6 500 Ew – Höhe 498 m.
ͫ Schloß Klingenburg (Nord-West : 5 km), ℘ (08225) 30 30.
Berlin 591 – München 113 – Augsburg 36 – Ulm (Donau) 59.

Schreiegg's Post, Postgasse 1/ Ecke Bahnhofstrasse, ⊠ 86470, ℘ (08281) 9 95 1 hotel@schreieggs-post.de, Fax (08281) 995151, Biergarten, ⇌ – 劇, ⇔ Zim, 📺 📞 ⇐⇒ 🅿 – 🛦 20. 🆎 ⓞ ⓒ 𝗩𝗜𝗦𝗔
geschl. Jan. – **Menu** (geschl. Montag - Dienstag) à la carte 48/56 – **Bräustube** (gesc Montag - Dienstagmittag) **Menu** à la carte 35/39 – **10 Zim** ⊇ 85/88 – 115.
• Der renovierte Brauereigasthof befindet sich seit über 500 Jahren in Familienbesit "Klein, aber fein" lautet das Motto des mit klassischer Eleganz gestalteten Hotels. Im Pos zimmer mit Kamin und im Jagdzimmer bittet man die Gäste zu Tisch.

THIERHAUPTEN Bayern 419 420 U 16 – 4 100 Ew – Höhe 441 m.
Berlin 550 – München 86 – Augsburg 29 – Donauwörth 27 – Ulm (Donau) 95.

Klostergasthof 🅼, Augsburger Str. 3, ⊠ 86672, ℘ (08271) 8 18 10, info@hote klostergasthof.de, Fax (08271) 818150, 佘, ⇌ – ⇔ Zim, 📺 📞 ⇐⇒ 🅿 – 🛦 35. 🆎 ⓞ 𝗩𝗜𝗦𝗔 𝗝𝗖𝗕
Menu (geschl. Sonntagabend) (wochentags nur Abendessen) à la carte 22/33 – **47 Zi** ⊇ 58/73 – 80/92.
• Im schönen ehemaligen Sudhaus des Klosters verbindet sich gelungen Historie mit zei gemäßem Komfort. Die Zimmer sind geschmackvoll mit modernen Möbeln eingerichtet. der schönen Stube mit hellen, modernen Stühlen setzen bunte Applikationen witzig Akzente.

THOLEY Saarland 417 R 5 – 13 400 Ew – Höhe 370 m – Erholungsort.
🛈 Verkehrsamt, Im Kloster 1, Rathaus, ⊠ 66636, ℘ (06853) 5 08 45, verkehrsamt tholey.de, Fax (06853) 30178.
Berlin 718 – Saarbrücken 37 – Trier 62 – Birkenfeld 25.

Hotellerie Hubertus, Metzer Str. 1, ⊠ 66636, ℘ (06853) 9 10 30, hotellerie-hub rtus@web.de, Fax (06853) 30601, 佘 – 📺 📞 🆎 ⓞ ⓒ 𝗩𝗜𝗦𝗔 ⁕
Menu (geschl. Donnerstagmittag, Sonntagabend - Montag) (Tischbestellung ratsan à la carte 48,50/63 ♀ – **Café Palazzo** (italienische Küche) (geschl. Sonntagabend - Montag **Menu** à la carte 24/38 – **Markt-Stube Juneperus** (geschl. Donnerstag)(nur Abendesser **Menu** à la carte 19/35 – **20 Zim** ⊇ 48/95 – 95/110.
• Zeitgemäßer Komfort in alten Mauern : Das gut geführte Hotel hält für sein Gäste individuell eingerichtete Zimmer - teils klassisch, teils modern - bereit. Da elegante Gourmetrestaurant lädt zum Genuß ein. Mediterranes Ambiente herrscht im Caf Palazzo.
Spez. Variation vom Kaninchenrücken mit gebratener Gänseleber. St. Petersfisch im Kar toffelmantel mit geschmortem Chicorée. Passionsfruchtmousse in der Schokoladenträn mit Champagnereis.

Im Ortsteil Theley Nord : 2 km :

Bard - Hofgut Imsbach ⊗, (Nord : 2 km), ⊠ 66636, ℘ (06853) 5 01 40, hote. restaurant-bard@t-online.de, Fax (06853) 501413, 佘, ℩ᴓ, ⇌, 🐾 – 劇, ⇔ Zim, 📺 📞 ൠ ⵜⴽ 🅿 – 🛦 100. ⓒ 𝗩𝗜𝗦𝗔
Menu à la carte 18/40 – **37 Zim** ⊇ 85 – 100 – ½ P 18.
• Das Hotel ist in die historische Gutsanlage integriert. Die mit hellen Holzmöbeln solid und schlicht eingerichteten Zimmer befinden sich überwiegend in einem neuen Anbau. Da Restaurant ist hell und modern eingerichtet.

HUMBY Schleswig-Holstein 415 C 13 – 550 Ew – Höhe 2 m.
Berlin 397 – Kiel 50 – Flensburg 61 – Schleswig 34.

In Thumby-Sieseby Nord-West : 3 km :

XX **Schlie-Krog** ⊚ mit Zim, Dorfstr. 19, ⊠ 24351, ℘ (04352) 25 31, Fax (04352) 1580, 斎, 烝 – TV P. ⓜ. ⋇
geschl. Mitte Jan. - Mitte Feb. – **Menu** (geschl. Montag) (Tischbestellung ratsam) à la carte 28/48 – **2 Zim** ⊇ 105 – 135.
• Das weiße Reetdachhaus nahe der idyllischen Schlei beherbergt ein gemütliches, mit Liebe zum Detail gestaltetes Restaurant mit freundlichem Service und internationaler Küche.

HUMSEE Bayern siehe Reichenhall, Bad.

HYRNAU Bayern 420 U 24 – 3 900 Ew – Höhe 450 m.
Berlin 617 – München 202 – Passau 10 – Regensburg 128.

In Thyrnau-Hundsdorf Nord-Ost : 2 km :

🏨 **Parkschlössl** ⊚, Hundsdorf 20a, ⊠ 94136, ℘ (08501) 92 20, info@parkschloessl.de, Fax (08501) 922123, 斎, 🏋, Park, ≘s, ⊼, □ – 🛗, ❀ Zim, ■ Rest, TV 🕻 ⇔ P. – 🔏 40. ⓜ VISA. ⋇ Rest
geschl. Dez. - Jan. – **Menu** (nur Abendessen) à la carte 15,50/39 – **51 Zim** ⊇ 57 – 94/114, 6 Suiten.
• Ein neues Hotel mit gelber Fassade und zwei Türmen. Bei der Inneneinrichtung hat man Wert auf wohnlichen Komfort gelegt : italienische Möbel und schöne Bäder. Bequeme Polsterstühle, ein gemusterter Teppich und kunstvoll drapierte Vorhänge schmücken das Lokal.

In Thyrnau-Kellberg Süd-Ost : 4 km – Luftkurort :

🏨 **Lindenhof** garni, Kurpromenade 12, ⊠ 94136, ℘ (08501) 80 80, lindenhofkellberg @t-online.de, Fax (08501) 80815, ≘s, 烝 – 🛗 ❀ TV P. ⓜ VISA
geschl. 21. - 26. Dez., 6. - Ende Jan. – **37 Zim** ⊇ 32/37 – 54/64.
• Besonders die Zimmer im Anbau des gut geführten Hotels sind aufgrund ihrer wohnlichen Einrichtung mit hellen Holzmöbeln zu empfehlen. Die Zimmer im Haupthaus sind einfacher.

In Thyrnau-Raßbach Süd-Ost : 2 km :

🏨 **Golf-Hotel** ⊚, Raßbach 8 (Am Golfplatz), ⊠ 94136, ℘ (08501) 9 13 13, info@golf -passau.de, Fax (08501) 91314, ≤, 斎, ≘s, 🏋 – TV P. – 🔏 30. ⅍ ⓞ
geschl. Dez. - Mitte März – **Menu** à la carte 15,50/30 – **16 Zim** ⊇ 49 – 78.
• Ein Bauernhof hat sich zum Hotel gemausert : Alle Zimmer des Hotels direkt am Golfplatz sind mit hellen Holzmöbeln eingerichtet und haben kleine Küchenzeilen. Ein gepflegtes, bürgerlich eingerichtetes Restaurant mit schöner Panoramaterrasse.

TIEFENBACH Bayern siehe Waldmünchen.

TIEFENBRONN Baden-Württemberg 419 T 10 – 4 600 Ew – Höhe 432 m.
Sehenswert : Pfarrkirche (Lukas-Moser-Altar★★, Monstranz★).
Berlin 646 – Stuttgart 39 – Karlsruhe 45 – Pforzheim 15 – Tübingen 59 – Heilbronn 73.

🏨 **Ochsen-Post,** Franz-Josef-Gall-Str. 13, ⊠ 75233, ℘ (07234) 9 54 50, info@ochsen- post.de, Fax (07234) 9545145, 斎 – TV 🕻 P. ⓜ VISA
Bauernstube (geschl. Dienstag) **Menu** à la carte 21/43 – **19 Zim** ⊇ 46/82 – 68/85.
• Hier kann man sich nostalgischen Gefühlen hingeben : Ein modernisierter Fachwerkgasthof aus dem 17. Jh. mit gepflegten Zimmern, die z. T. mit Antiquitäten gestaltet sind. Die traditionellen Bauernstuben sind ganz mit Holz verkleidet.

In Tiefenbronn-Mühlhausen Süd-Ost : 4 km :

🏨 **Arneggers Adler** (mit Gästehaus), Tiefenbronner Str. 20, ⊠ 75233, ℘ (07234) 95 35 30, arneggers-adler@t-online.de, Fax (07234) 9535350, 斎, ≘s, 烝 – 🛗 TV ⇔ P. – 🔏 30. ⅍ ⓞ ⓜ VISA. ⋇ Zim
geschl. Jan. – **Menu** à la carte 22/45,50 – **22 Zim** ⊇ 50/52 – 74/80.
• Gastlichkeit mit 125jähriger Tradition : Ein engagiert geführtes Landhotel in der Ortsmitte. Die Zimmer sind etwas unterschiedlich gestaltet, aber stets wohnlich und gepflegt. Nehmen Sie Platz in der sympathischen, nett dekorierten Gaststube.

TIEFENBRONN

Im Würmtal West : 4 km :

Häckermühle (mit Gästehaus), Im Würmtal 5, ⊠ 75233 Tiefenbronn, ℘ (07234) 42 4
info@haecker-muehle.de, Fax (07234) 5769, 😊, ⇔ - TV P - 🅰 15. AE ⓘ VISA
geschl. Jan. 2 Wochen – **Menu** (geschl. Montagmittag, Dienstagmittag, Mitte Juli - Au
Montag - Dienstagmittag) (Tischbestellung ratsam) 26 à la carte 24,50/60 – **15 Zi**
⊊ 39/59 – 76/95.

• Das Restaurant in der Getreidemühle unterteilt sich in Stuben mit elegant-rustikal
Ausstattung. Die schmackhafte regionale Küche wird von internationaler Cuisine ergänz

---

TIETZOW Brandenburg **415 416** H 22 – 300 Ew – Höhe 36 m.

☂₁₈ ☂ Böricke/Nauen, An der B 273 (Süd-Ost : 4km), ℘ (033230) 89 40.
Berlin 49 – Potsdam 44 – Wittstock 67.

Helenenhof, Dorfstr. 66, ⊠ 14641, ℘ (033230) 87 70, hotel-helenenhof@t-online.c
Fax (033230) 50290, 😊 - TV P - 🅰 50. AE ⓘ VISA
Menu à la carte 17/32 – **21 Zim** ⊊ 67/72 – 93.

• Seit 1883 in Familienbesitz : Nach umfangreichen Sanierungsmaßnahmen entstand hi
ein netter Landgasthof mit zeitlos und komfortabel eingerichteten Zimmern. Zartgelt
Wände, Stuck, Parkettboden, Kristallüster und ein offener Kamin schmücken da
Restaurant.

TIMMENDORFER STRAND Schleswig-Holstein **415 416** E 16 – 9 000 Ew – Höhe 10 m – Se
heilbad.

☂₁₈ ☂₁₈ Timmendorfer Strand, Am Golfplatz 3, ℘ (04503) 51 52.
🅱 Tourist-Service, Timmendorfer Platz 10 ⊠ 23669, ℘ (04503) 3 58 50, Fax (0450
358545.
Berlin 281 – Kiel 64 – Schwerin 80 – Lübeck 27 – Lübeck-Travemünde 9.

Seeschlößchen ≫, Strandallee 141, ⊠ 23669, ℘ (04503) 60 11, info@seeschlo
schen.de, Fax (04503) 601333, ≤, 😊, 🛴, Massage, ♉, 🜛, ⇔, ☒ (geheizt), ☒,
- ⇌ ↔ TV ⇌ P - 🅰 100. ⓘ VISA. ※ Rest
geschl. 13. Jan. - 13. Feb. – **Menu** à la carte 27/54,50 – **131 Zim** ⊊ 105/200 – 170/22
9 Suiten – ½ P 22.

• Das blütenweiße Hochhaus steht direkt am Strand. Innen empfängt Sie ein Ambient
kultivierter Wohnlichkeit mit bequemen Polstergruppen und eleganten Zimmern im Lan
hausstil. Klassisches Restaurant - im Sommer mit Strandterrasse.

Maritim Seehotel ≫, Strandallee 73, ⊠ 23669, ℘ (04503) 60 50, info.tim
maritim.de, Fax (04503) 6052450, ≤, 😊, Massage, 🛴, ⇔, ☒ (geheizt), ☒, - ⇌, ↔ Zin
TV ⇌ P - 🅰 350. AE ⓘ ⓘ VISA. ※ Rest
Menu siehe Rest. **Orangerie** separat erwähnt - **Seeterrassen :** Menu à la carte 29/3
– **241 Zim** ⊊ 110/210 – 200/260, 4 Suiten – ½ P 25.

• Die Zimmer dieses Hochhauses an der Strandpromenade haben Balkone, von denen au
man z. T. einen schönen Blick auf die Ostsee hat. Auch für Tagungen geeignet. Das Restau
rant mit stilvoller Möblierung bietet einen eindrucksvollen Blick auf die Lübecker Buch

Maritim Golf- und Sporthotel ≫, An der Waldkapelle 26, ⊠ 23669, ℘ (04503
60 70, info.tig@maritim.de, Fax (04503) 607800, ≤ Ostsee, 😊, Massage, 🛴, ⇔
☒ (geheizt), ☒, 🐾, ※ (Halle), ☂₁₈ - ⇌, ↔ Zim, TV 📞 ⚒ ⇌ - 🅰 160. AE ⓘ ⓞ
VISA JCB. ※ Rest
Pub : Menu à la carte 20/40 – **191 Zim** ⊊ 129/169 – 158/198 – ½ P 29.

• Das Hotel mit gediegener Ausstattung befindet sich in den ersten 8 Etagen eines Hoch
hauses auf einem Hügel oberhalb der Stadt. Mit umfangreichen Freizeitangeboten. Im Pu
mit großer Theke dominieren Mahagoni-Töne.

Landhaus Carstens (mit Gästehaus), Strandallee 73, ⊠ 23669, ℘ (04503) 60 80, lan
hauscarstens@onlinehome.de, Fax (04503) 60860, 😊, ⇔, 🐾 - TV ⇌ P - 🅰 35. A
ⓘ ⓞ VISA
Menu à la carte 26/48 – **33 Zim** ⊊ 110 – 160/195.

• Das Fachwerkhotel mit Schieferdach liegt an der Promenade. Hier wie auch im neu erbau
ten Gästehaus finden Sie nette, individuelle Gästezimmer. Eine Atmosphäre rustikale
Gemütlichkeit findet man im Restaurant mit holzgetäfelter Decke. Herrliche Gartenterrasse

Romantik Hotel Villa Gropius - Villa Röhl, Strandallee 50, ⊠ 23669, ℘ (04503
88 80 00, info@villaroehl.de, Fax (04503) 888100, 😊, ⇔, ☒, 🐾 - ↔ Zim, TV ⇌
P. ※ Rest
Menu (geschl. Nov., Mittwoch) (nur Abendessen) à la carte 18/28,50 – **70 Zim** ⊊ 90 –
100/140 – ½ P 16.

• In Strandnähe befinden sich die zwei stilvollen weißen Villen vom Ende des 19. Jh. - mi
neuem Anbau. Sie beherbergen geschmackvolle Zimmer mit modernem Komfort. Da
Restaurant gefällt durch rustikales Ambiente mit Holzschnitzereien und offenem Kamir

TIMMENDORFER STRAND

Country Inn and Suites M, Strandallee 136, ⊠ 23669, ℘ (04503) 80 80, info-tdf@countryinns.de, Fax (04503) 808666, 😊, ⇌s – |≑|, ⇎ Zim, TV 📞 ⇌ P – 🚿 80. AE ① ⓂⓈ VISA
Menu à la carte 23/31,50 – **93 Zim** ⊆ 98/121 – 126/172, 6 Suiten – ½ P 18.
• Zimmer in verschiedenen Kategorien, die alle im zeitgemäßen Landhausstil eingerichtet und technisch sehr gut ausgestattet sind, finden Sie in dem neueren Hotel in Ostseenähe. Blau ist der vorherrschende Farbton im dem freundlichen Restaurant.

Princess, Strandallee 198, ⊠ 23669, ℘ (04530) 6 00 10, info@princesshotel.de, Fax (04530) 6001500, 😊, ⇌s, ⊡ – |≑|, ⇎ Zim, TV ⇌ P – 🚿 60. AE ① ⓂⓈ VISA
Menu (15. Jan. - 31. März nur Abendessen) à la carte 19/29,50 – **90 Zim** ⊆ 105/135 – 120/150 – ½ P 18.
• Von diesem Ferienhotel ist man in 100 m am Strand. Gepflegte Zimmer mit neuzeitlichem Komfort, Appartements mit Küchenzeile und eine Lobby mit Glaskuppel warten auf die Gäste. Hellblau gebeiztes Holz setzt im Restaurant freundliche Akzente.

Bellevue garni, Strandallee 139a, ⊠ 23669, ℘ (04503) 6 00 30, hotelbellevue@t-on line.de, Fax (04503) 600360, ≤, ⇌s, ⊡ – |≑| TV P
Mitte März - Okt. – **45 Zim** ⊆ 93/98 – 106/144, 5 Suiten.
• Durch die bemerkenswerte, elegante Halle dieses an der Strandpromenade plazierten weißen Hochhauses gelangen Sie in praktisch eingerichtete, geräumige Zimmer.

Meridian, Schmilinskystr. 2, ⊠ 23669, ℘ (04503) 3 52 20, info@meridian-timmen dorf.de, Fax (04503) 352235, 😊, ⇌s, ⊡, 🏊 – |≑| TV ⇌ P – 🚿 30. ⓂⓈ VISA
Menu (geschl. Jan., Dienstag) (nur Abendessen) à la carte 23,50/35,50 – **60 Zim** ⊆ 80/85 – 112/150 – ½ P 17.
• In zentraler und doch ruhiger Lage finden Reisende diese gepflegte Adresse. Sie beziehen funktionelle Gästezimmer mit zeitlosem Naturholzmobiliar und guter Technik. Hotelrestaurant mit elegantem Touch.

Gorch Fock, Strandallee 152, ⊠ 23669, ℘ (04503) 89 90, info@hotel-gorch-fock.de, Fax (04503) 899111, 😊, ⇌s – TV ⇌ P – 🚿 20. ⓂⓈ VISA. ⇎ Zim
Menu (geschl. Nov. - Feb. Montag - Donnerstag) à la carte 16/30,50 – **45 Zim** ⊆ 43/80 – 89/110 – ½ P 16.
• Strandnah liegt das traditionsreiche Haus mit neuerem Anbau. Die gepflegten, mit Kirschbaumholzmöbeln eingerichteten Zimmer verfügen teilweise über Sitzecken. Gediegen präsentiert sich das Restaurant mit gerafften Vorhängen und hübsch gedeckten Tischen.

Royal garni, Kurpromenade 2, ⊠ 23669, ℘ (04503) 3 59 50, info@royal-timmendorf .de, Fax (04503) 6820, ⇌s, ⊡ – |≑| TV ⇌ P. ⓂⓈ VISA. ⇎
geschl. Jan. 3 Wochen – **40 Zim** ⊆ 93/125 – 102/165.
• Solides Kirschbaummobiliar und zum Teil kleine Sitzgruppen gibt es in den gepflegten Zimmern des Hotels in der Ortsmitte. Langschläfer können bis 12 Uhr frühstücken.

Atlantis, Strandallee 60, ⊠ 23669, ℘ (04503) 80 90, info@hotel-atlantis.de, Fax (04503) 5056, 😊, ⇌s, ⊡ – |≑| TV 📞 ♿ ⇌ P – 🚿 45. ⓂⓈ VISA
Menu à la carte 17/45 – **47 Zim** ⊆ 60/73 – 90/105 – ½ P 18.
• Ein freundlich geführtes Hotel : Die Zimmer des Hauses mit Flachdach sind mit Kirschbaummöbeln eingerichtet, zeitgemäß ausgestattet und bieten ausreichend Platz. Wie beim Besuch im Schiffahrtsmuseum fühlt man sich in dem urigen Restaurant.

Park-Hotel garni, Am Kurpark 4, ⊠ 23669, ℘ (04503) 6 00 60, park-hotel@intus-ho tels.de, Fax (04503) 600650, ⇌s – |≑| TV P. ⓂⓈ
25 Zim ⊆ 74/82 – 111/122.
• Direkt am Kurpark liegt die hübsche alte Villa mit gediegener Atmosphäre. Die Zimmer sind mit Kirschbaummobiliar ansprechend gestaltet. Einladende Terrasse vor dem Haus.

Brigitte garni, Poststr. 91, ⊠ 23669, ℘ (04503) 42 91, hotelbrigitte@t-online.de, Fax (04503) 86661, ⇌s – TV P.
13 Zim ⊆ 51/65 – 74/90.
• Hinter der Fassade des roten Klinkerbaus erwartet eine sehr gepflegte, solide eingerichtete und liebevoll dekorierte Pension der Gäste. Viele Zimmer mit Balkon.

Orangerie - Maritim Seehotel, Strandallee 73, ⊠ 23669, ℘ (04503) 6 05 24 24, info .tim@maritim.de, Fax (04503) 6052450, 😊 – ≣ P. AE ① ⓂⓈ VISA. ⇎
geschl. Feb., Mitte - Ende Nov., Montag - Dienstag – **Menu** (wochentags nur Abendessen) à la carte 37/59 ⌾.
• Feinschmecker werden sich in der klassisch gestalteten Orangerie mit verspiegelten Säulen, liebevoll gedeckten Tischen und einer feinen Saisonküche wohlfühlen.
Spez. Ausgelöste Flußkrebse mit Gartengurken und jungem Lauch im Dillsud. Wachtel und marinierte Gänseleber mit karamelisierten Haselnüssen. Bresse Taube mit Trüffel-Polenta und Leber-Pfeffersauce.

TIMMENDORFER STRAND

XX Doblers Restaurant, Wohldstr. 25, ⊠ 23669, ℘ (04503) 89 88 5∎
Fax (04503) 898851, 🍴 – VISA, ⋘
geschl. 10. - 25. März – **Menu** (geschl. Montag - Dienstag) (wochentags nur Abendesse∎
(Tischbestellung ratsam) 62/72 ♀ – **Bistro** (geschl. Montag, Sept. - Juni Montag - Dien∎
tagmittag) **Menu** à la carte 28,50/37.
• Im 1. Stock des alten, reetgedeckten Hauses wurde ein neues, elegantes Restaurant m∎
edlen Materialien gestaltet. Dazu gibt es eine internationale Küche mit kreativem Touc∎
Das Bistro ist hell und zeitgemäß eingerichtet.

In Timmendorfer Strand-Niendorf Ost : 1,5 km :

🏨 Yachtclub Timmendorfer Strand, Strandstr. 94, ⊠ 23669, ℘ (04503) 80 6∎
hotel-yachtclub@t-online.de, Fax (04503) 806110, ⇔, 🔲 – 📶, ⋘ Rest, 📺 📞 – 🛎 6∎
AE ① ◉◉ VISA, ⋘ Rest
geschl. 3. - 31. Jan. – **Menu** (nur Abendessen) (Restaurant nur für Hausgäste) – **49 Zi**∎
⇌ 135 – 190, 8 Suiten – ½ P 20.
• Urlaub in Strandnähe : Ein gepflegtes, familiengeführtes Hotel mit Balkonfassa∎
und hell und komfortabel eingerichteten Zimmern. Eine Kegelbahn sorgt für Spaß u∎
Fitneß.

🏨 Strandhotel Miramar, Strandstr. 59, ⊠ 23669, ℘ (04503) 80 10, info@miram∎
-niendorf.de, Fax (04503) 801111, ≼, ⇔ – 📶, ⋘ Zim, 📺 📞 📞 – 🛎 2∎
◉◉ VISA
geschl. Jan. – **Caspari** (geschl. Nov. - März Montag) (nur Abendessen) **Menu** à la cart∎
23,50/37 – **36 Zim** ⇌ 65/95 – 85/155 – ½ P 19.
• Hinter der weißen Klinkerfassade dieses Hotels direkt am Strand erwarten die Gäs∎
gut gepflegte und geschmackvoll mit Kirschbaummobiliar eingerichtete Zimmer. D∎
Caspari - hell und leicht mediterran im Stil - bietet einen schönen Blick auf Dünen u∎
Meer.

🏨 Friedrichsruh, Strandstr. 65, ⊠ 23669, ℘ (04503) 89 50, hotel@friedrichsruh.d∎
Fax (04503) 895110, ≼, 🍴, ⇔, 🔲 – 📶 📺 📞 – 🛎 25
Menu (geschl. Jan. - 15. März Montag - Dienstag) à la carte 16,50/39 – **35 Zim** ⇌ 66/8∎
– 95/145.
• Ein gut geführtes Haus direkt am Strand, das schon seit mehr als 100 Jahren in Fam∎
lienbesitz ist. Die Zimmer befinden sich teils im Stammhaus, teils in einem neueren Anba∎
Das rustikale Restaurant gefällt durch eine große Fensterfront mit Ostseeblick.

TINNUM Schleswig-Holstein siehe Sylt (Insel).

TIRSCHENREUTH Bayern 420 Q 21 – 10 000 Ew – Höhe 503 m.
Berlin 388 – München 283 – Weiden in der Oberpfalz 30 – Nürnberg 131 – Bayreuth 6∎

🏨 Haus Elfi ⋘ garni, Theresienstr. 23, ⊠ 95643, ℘ (09631) 28 02, pension.hauselfi@
-online.de, Fax (09631) 6420, ⇔ – 📺 📞 🍴 📞 ◉◉ VISA, ⋘
12 Zim ⇌ 32/37 – 48/52.
• Eine in punkto Sauberkeit und Pflege zu empfehlende Hotelpension mit solide einge∎
richteten Zimmern, die über ein ausreichendes Platzangebot verfügen.

TITISEE-NEUSTADT Baden-Württemberg 419 W 8 – 12 000 Ew – Höhe 849 m – Heilklimatische∎
Kurort – Wintersport : 820/1200 m ⋘3 ⋘.

Sehenswert : See★★.

🛈 Tourist-Information Titisee, Strandbadstr. 4, ⊠ 79822, ℘ (07651) 9 80 40, touris∎
info@titisee.de, Fax (07651) 980440.

🛈 Tourist-Information Neustadt, Sebastian-Kneipp-Anlage 1, ⊠ 79822, ℘ (07651)
20 62 50, touristinfo-neustadt@titisee.de, Fax (07651) 4436.

Berlin 780 ② – Stuttgart 160 ② – Freiburg im Breisgau 33 ④ – Donaueschingen 32 ②
– Basel 74 ③ – Zürich 95 ③

Stadtplan siehe gegenüberliegende Seite

Im Ortsteil Titisee :

🏨 Treschers Schwarzwald-Romantik-Hotel ⋘, Seestr. 10, ⊠ 79822, ℘ (07651)∎
80 50, trescher@mail.pcom.de, Fax (07651) 8116, ≼, 🍴, Massage, ⋘, 🛁, ⇔, 🔲, ⋘∎
🏊, ✖ – 📶 📺 📞 🍴 – 🛎 150. AE ① ◉◉ VISA, ⋘ Rest   BZ x
Menu à la carte 33/42,50 – **86 Zim** ⇌ 92/179 – 128/200 – ½ P 30.
• Ein Hotel zum Wohlfühlen direkt am See : elegante, komfortable Zimmer, ein umfang∎
reiches Freizeitangebot und ein persönlicher, zuvorkommender Service sorgen fürs Wohl∎
befinden. Genießen Sie den Blick auf den See : Vom Frühstück bis zum Abendessen.

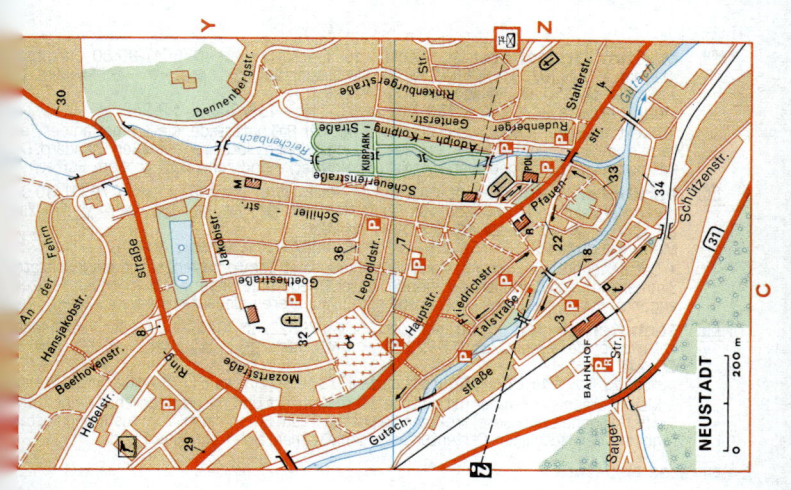

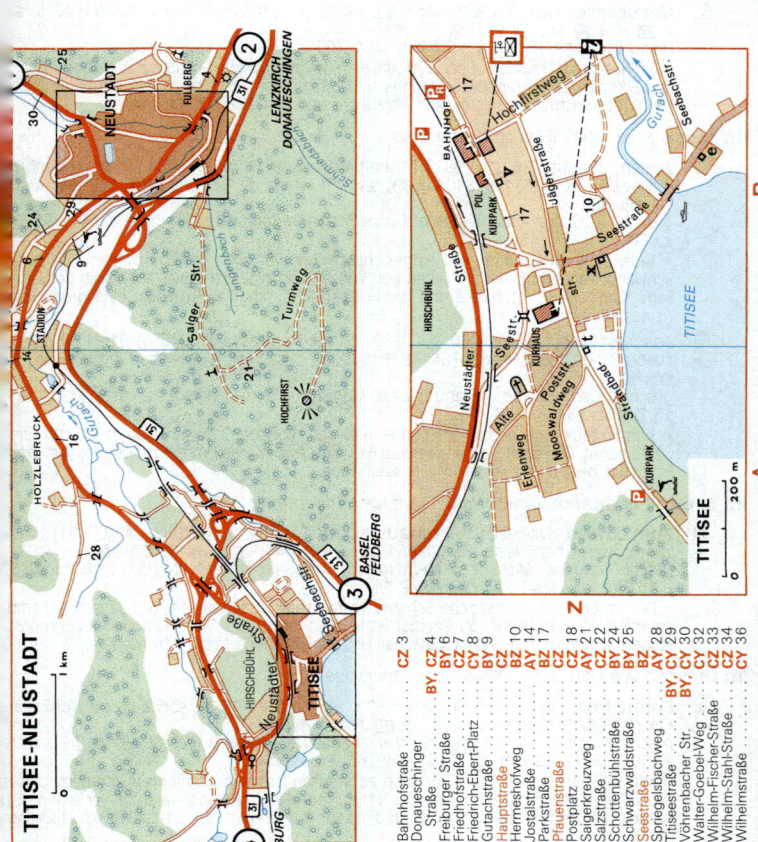

TITISEE-NEUSTADT

Street	Grid
Bahnhofstraße	CZ 3
Donaueschinger Straße	BY, CZ 4
Freiburger Straße	BY 6
Friedhofstraße	CZ 7
Friedrich-Ebert-Platz	CY 8
Gutachstraße	BY 9
Hauptstraße	CZ
Hermesnoweg	BZ 10
Jostalstraße	AY 14
Parkstraße	BZ 17
Plauenstraße	CZ
Postplatz	CZ 18
Saigerkreuzweg	AY 21
Salzstraße	CZ 22
Schottenbühlstraße	BY 24
Schwarzwaldstraße	BY 25
Seestraße	BZ
Spriegelsbachweg	AY 28
Titiseestraße	BY, CY 29
Vöhrenbacher Str.	BY, CY 30
Walter-Goebel-Weg	CY 32
Wilhelm-Fischer-Straße	CZ 33
Wilhelm-Stahl-Straße	CZ 34
Wilhelmstraße	CY 36

1435

TITISEE-NEUSTADT

Maritim Titiseehotel ⚜, Seestr. 16, ✉ 79822, ℰ (07651) 80 80, *info.tis maritim.de*, Fax (07651) 808603, ≤, ☆, Massage, ≘s, ◻, ♨, 🍴 – 🛗, ✻ Zim, 🛉 ⇔ 🅿 – 🛎 150. ㏂ ㏂ ⓞ ⓥ Rest BZ
Menu à la carte 24/51,50 – **130 Zim** ☑ 87/118 – 138/200 – ½ P 23.

♦ Direkt am Seeufer liegt das große Hotel mit der Balkonfassade, die Zimmer an der Se seite sind frisch renoviert worden, der Tagungsbereich bietet zeitgemäßen Standard. D Restaurant gibt sich gediegen-rustikal mit Holzdecke und zentralem großem Buffet.

Parkhotel Waldeck (mit Gästehaus), Parkstr. 6, ✉ 79822, ℰ (07651) 80 9 *parkhotel.waldeck@t-online.de*, Fax (07651) 80999, ☆, ♨, ≘s, ◻, 🍴 – 🛗, ✻ Zir 📺 📱 🅿 – 🛎 40. ㏂ ㏂ ⓞ ⓥ Rest BZ
Menu à la carte 22/37 – **53 Zim** ☑ 57/76 – 96/178, 4 Suiten – ½ P 18.

♦ Das Ferienhotel im Schwarzwaldstil überzeugt mit komfortablen, solide eingerichtete Zimmern in verschiedenen Kategorien, guter Pflege und einem ansprechenden Freize angebot. Für das leibliche Wohl sorgt man in mehreren elegant-rustikalen Stuben.

Seehotel Wiesler ⚜, Strandbadstr. 5, ✉ 79822, ℰ (07651) 9 80 90, *info@seel tel-wiesler.de*, Fax (07651) 980980, ≤, ☆, ≘s, ◻, ♨, 🍴 – 🛗 📺 ⇔
ⓞ ⓥ BZ
geschl. 15. Nov. - 15. Dez. – **Menu** à la carte 17/31 – **30 Zim** ☑ 51/78 – 102/118 – ½ P 1

♦ Meist geräumige Zimmer mit zeitgemäßem Komfort und unterschiedlicher Einrichtur Die hoteleigene Liegewiese direkt am See ist ideal zum Entspannen. Vom rustikalen Resta rant und der lauschigen Gartenterrasse genießt man einen herrlichen Blick.

Im Ortsteil Neustadt :

Neustädter Hof, Am Postplatz 5, ✉ 79822, ℰ (07651) 50 25, Fax (07651) 4065, ≘ – 📺 🅿 – 🛎 60. ⓞ ⓥ ⓥ ⓥ Rest CZ
Menu à la carte 15/28,50 – **27 Zim** ☑ 47/60 – 75 – ½ P 13.

♦ Ein Hotel mit Tradition : über 100 Jahre alt ist das hübsche Eckhaus mit weißer Fassac und Erkertürmchen. Die soliden Zimmer sind z. T. mit bemalten Bauernmöbeln eingerichte Ländliches Restaurant mit dunkler Holzdecke und gemütlichem Kachelofen.

Im Jostal Nord-West : 6 km ab Neustadt AB :

Josen, Jostalstr. 90, ✉ 79822 Titisee-Neustadt, ℰ (07651) 91 81 00, *hotel-josen@ -online.de*, Fax (07651) 9181044, ☆, ≘s, ◻, 🍴 – 🛗, ✻ Zim, 📺 ⚘ 🅿 – 🛎 60. ㏂ ⓞ ⓥ ⓥ
geschl. 1. - 20. Dez. – **Menu** (geschl. Donnerstag - Freitagmittag) à la carte 22/43 – **33 Zir** ☑ 60/85 – 103/138 – ½ P 20.

♦ Individuell im Landhausstil eingerichtete Zimmer erwarten Sie in dem hübsche Schwarzwaldgasthof, der umgeben von Wiesen und Wäldern etwas außerhalb des Orte liegt. Gepolsterte Sitzbänke und die Holztäfelung schaffen im Lokal eine gemütlich Atmosphäre.

Jostalstüble, Jostalstr. 60, ✉ 79822 Titisee-Neustadt, ℰ (07651) 91 81 60, *josta tueble@t-online.de*, Fax (07651) 9181640, ☆, ≘s, 🍴 – ✻ Rest, 📺 ⇔ 🅿 ⓞ
ⓥ ⓥ
geschl. 8. Jan. - 5. Feb. – **Menu** (geschl. Montag - Dienstagmittag) à la carte 13/31,50 – **13 Zim** ☑ 43/48 – 76 – ½ P 13.

♦ Komfortable und gepflegte Zimmer hält der typische Schwarzwaldgasthof für sein Gäste bereit. Genießen Sie die sommers wie winters idyllische Umgebung des Jostals. Länd liche, mit hellem Holz eingerichtete Gaststube.

Im Ortsteil Langenordnach Nord : 5 km über Titiseestraße BY :

Zum Löwen - Unteres Wirtshaus ⚜ (mit Gästehaus), ✉ 79822, ℰ (07651) 10 64 *zum-loewen@t-online.de*, Fax (07651) 3853, ☆, 🍴 – 📺 ⇔ 🅿 ⓞ ⓥ
geschl. Ende Nov. - Mitte Dez. – **Menu** (geschl. Samstagmittag, Montag) à la carte 13,50/35 – **16 Zim** ☑ 31/44 – 50/92 – ½ P 11.

♦ Der schöne, traditionsreiche Schwarzwaldgasthof ist schon seit 400 Jahren in Famili enbesitz. Die Einrichtung der Zimmer ist ländlich und solide. Die traditionelle Bauerngast stube mit Kachelofen und gemütlicher Holzbank hat eine nette Atmosphäre.

Im Ortsteil Waldau Nord : 10 km über Titiseestraße BY :

Sonne-Post ⚜, Landstr. 13, ✉ 79822, ℰ (07669) 9 10 20, *sonne-post@t-online.de* Fax (07669) 1418, ☆, ≤, 🍴 – 🛗 🅿 ⓞ ⓥ ⓥ ✻ Zim
geschl. 25. März - 11. April, Mitte Nov. - Mitte Dez. – **Menu** (geschl. Montag) à la carte 13,50/31,50 – **22 Zim** ☑ 39/52 – 69/83 – ½ P 10.

♦ Mit viel hellem Naturholz hat man es verstanden, den gepflegten Zimmern dieses typischen Schwarzwälder Gasthofs eine freundliche Atmosphäre zu verleihen. Ein Kachelofen, holzvertäfelte Decken und Wände schaffen in der Gaststube ein ländliche: Ambiente.

TITISEE-NEUSTADT

🏠 **Zur Traube** ॐ, Sommerbergweg 1, ✉ 79822, ☎ (07669) 22 90, traube-waldau@t
-online.de, Fax (07669) 22929, ≤, 😊, ⇔s, 🐎 – ❋ Zim, 🅿, – 🛁 50. ◉ 𝕍𝕀𝕊𝔸
Menu (geschl. Dienstag - Mittwochmittag) à la carte 15,50/42 – **30 Zim** ⇌ 31/69 –
62/120 – ½ P 15.
  • Der historische Schwarzwaldhof a. d. 16. Jh. beherbergt Besucher in Zimmern, die teils
  mit rustikalen Eichenmöbeln, teils mit Möbeln im Landhausstil solide eingerichtet sind.
  Gemütlich sitzt man in der großen ländlichen Gaststube.

TTING Bayern 419 420 T 17 – 2 500 Ew – Höhe 447 m.
  🛈 Markt Titting, Rathausplatz 1, ✉ 85135, ☎ (08423) 9 92 10, Fax (08423) 992111.
  Berlin 485 – München 119 – Augsburg 87 – Ingolstadt 42 – Nürnberg 73 – Weißenburg
  in Bayern 22.

Titting-Emsing Ost : 4,5 km :

🏨 **Dirsch** ॐ, (mit Gästehaus), Hauptstr. 13, ✉ 85135, ☎ (08423) 18 90, info@hotel-
dirsch.de, Fax (08423) 1370, 😊, 🛋, ⇔s – 📶 📺 🅿 – 🛁 100. 𝔸𝔼 ◉ 𝕍𝕀𝕊𝔸
geschl. 10. - 28. Dez. - **Menu** à la carte 14,50/30,50 – **100 Zim** ⇌ 49/60 – 81/88.
  • Hinter der hellgelben Fassade des gut geführten Hotels mit Gästehaus erwarten Sie
  zeitgemäß eingerichtete, komfortable Zimmer. Mit schönem, neuem Wellnessbereich. Die
  Gasträume teilen sich in einen Thekenbereich und einen großen Speiseraum mit Buffet.

TTLING Bayern 420 T 24 – 3 800 Ew – Höhe 528 m – Erholungsort.
  🛈 Tourist-Information im Grafenschlößl, Marktplatz 10, ✉ 94104, ☎ (08504) 4 01 14,
  Fax (08504) 40120.
  Berlin 604 – München 197 – Passau 22.

m Dreiburgensee Nord-West : 3,5 km :

🏨 **Ferienhotel Dreiburgensee** ॐ, Am Dreiburgensee (beim Museumsdorf),
✉ 94104 Tittling, ☎ (08504) 20 92, info@rotel.de, Fax (08504) 4926, 😊, ⇔s, 🏊, 🎿,
– 📶 📺 🅿 – 🛁 200. ❀
April - Okt. - **Menu** (nur Abendessen) à la carte 15/24,50 – ⇌ 6 – **200 Zim** 23/49 – 92/120
– ½ P 9.
  • Man begrüßt die Gäste mit einem gut besetzten Empfang und einer großen Halle, unver-
  putzte Bruchsteinwände geben dem Hotel am Museumsdorf Bayerischer Wald ein rusti-
  kales Flair. Nett gedeckte Tische stehen im schlichten, saalartigen Restaurant.

🏠 **Seehof Tauer** ॐ, (mit Gästehaus), Seestr. 20, ✉ 94104 Tittling, ☎ (08504) 7 60,
⇔s seehof.tauer@t-online.de, Fax (08504) 2065, 😊, ⇔s, 🐎 – 📺 ⇌ 🅿. ◉ 𝕍𝕀𝕊𝔸.
❀ Zim
geschl. Nov. - Mitte Dez. - **Menu** (geschl. 6. Jan. - Mitte März Montag - Freitag) à la carte
11,50/21,50 – **33 Zim** ⇌ 21/25 – 42/52 – ½ P 8.
  • Eine ordentliche Übernachtungsadresse im regionalen Stil. Der Empfang und ein Teil der
  Zimmer sind renoviert worden, die Zimmer im Gästehaus haben eine kleine Küchenzeile.
  In der ländlichen Gaststätte kocht der Chef selbst.

ODTMOOS Baden-Württemberg 419 W 7 – 2 100 Ew – Höhe 821 m – Heilklimatischer Kurort
  – Wintersport : 800/1 263 m ≰4 🎿.
  Ausflugsziel : Hochkopf (Aussichtsturm ≤★★) Nord-West : 5 km und 1/2 Std. zu Fuß.
  🛈 Tourist-Information, Wehratalstr. 19, ✉ 79682, ☎ (07674) 9 06 00, info@todtmoos
  .net, Fax (07674) 906025.
  Berlin 817 – Stuttgart 201 – Freiburg im Breisgau 49 – Donaueschingen 78 – Basel 48.

🏠 **Löwen,** Hauptstr. 23, ✉ 79682, ☎ (07674) 9 05 50, info@hotel-loewen.de,
⇔s Fax (07674) 9055150 50, 😊, ⇔s, 🏊, 🐎 – 📶, ❋ Zim, 📺 🅿. 𝔸𝔼 ◉ ◉
𝕍𝕀𝕊𝔸
geschl. Jan. 2 Wochen, März - April 4 Wochen, Nov. - 18. Dez. - **Menu** à la carte 13/33
– **52 Zim** ⇌ 40/47 – 71/80 – ½ P 12.
  • Der Gasthof im Schwarzwälder Stil liegt in der Ortsmitte und beherbergt seine Gäste in
  solide mit hellem Eichenholzmobiliar eingerichteten Zimmern, überwiegend mit Balkon. Drei
  rustikale Gaststuben und eine hübsche Gartenterrasse erwarten die Gäste.

🏠 **Wehrahof** garni, Hohwehrweg 1, ✉ 79682, ☎ (07674) 9 29 60, Fax (07674) 929630,
🐎 – 📶 📺 🅿
15 Zim ⇌ 36/39 – 58/66.
  • Schmucker Schwarzwaldgasthof mit langer Tradition : die frühere Färberei mauserte
  sich zu einer holzverkleideten Pension mit wohnlichen Zimmern und zeitgemäßem
  Komfort.

1437

TODTMOOS

In Todtmoos-Strick Nord-West : 2 km :

Rößle ⚬, (mit Gästehäusern), Kapellenweg 2, ⊠ 79682, ℘ (07674) 9 06 60, info
hotel-roessle.de, Fax (07674) 8838, ≤, 斧, (Schwarzwaldgasthof a.d.J. 1670), ℔, M
sage, ≘s, 淼, ℀ ⚿ – ⚑ ⌦ 📺 ⚙ ⚒ 🅿 – 🔒 60. ⓂⒹ 𝑽𝑰𝑺𝑨
geschl. 2. Nov. - 18. Dez. – **Menu** (geschl. Dienstag) à la carte 16/35 – **26 Zim** ⚌ 45/
– 84/104 – ½ P 16.

• Die ehemalige Pferdewechselstation ist nach traditioneller Schwarzwälder Bauart m
Holzschindeln verkleidet. Gepflegte Zimmer - einige sind erst kürzlich renoviert word
Mit hellem Holz vertäfelte Stuben und eine Gartenterrasse locken die Gäste an.

In Todtmoos-Weg Nord-West : 3 km :

Schwarzwald-Hotel ⚬, (mit Gästehaus), Alte Dorfstr. 29, ⊠ 79682, ℘ (07672
9 05 30, info@romantisches-schwarzwaldhotel.de, Fax (07674) 905390, 斧, ≘s, 淼 –
⇔ 🅿 ⓘ ⓂⒹ 𝑽𝑰𝑺𝑨
geschl. 9. - 23. März, 9. Nov. - 8. Dez. – **Menu** (geschl. Montag) à la carte 23/45 – **15 Z**
⚌ 36/48 – 68/90 – ½ P 16.

• Solide, mit Naturholzmöbeln eingerichtete Zimmer hält man in dem alten, schindelve
kleideten Schwarzwald-Bauernhaus für die Gäste bereit. Mit wohnlichen Appartements.
den ländlichen Stuben werden Sie von der Gastgeberin freundlich umsorgt.

TODTNAU Baden-Württemberg **419** W 7 – 5 200 Ew – Höhe 661 m – Luftkurort – Wintersport
660/1 388 m ⚿21 ⚞.

Sehenswert : Wasserfall★.

Ausflugsziel : Todtnauberg★ (Nord : 6 km).

🅱 Tourist-Info Todtnau, Haus des Gastes, Meinrad-Thoma-Str. 21, ⊠ 79674, ℘ (0767
96 96 95, info@todtnau.de, Fax (07671) 636.

🅱 Tourist-Information Todtnauberg, Haus des Gastes, Kurhausstr. 18, ⊠ 7967
℘ (07671) 96 96 90, todtnauberg@todtnauer-ferienland.de, Fax (07671) 9220.

Berlin 800 – Stuttgart 179 – Freiburg im Breisgau 32 – Donaueschingen 56 – Basel 4

Waldeck, Poche 6 (nahe der B 317, Ost : 1,5 km), ⊠ 79674, ℘ (07671) 99 99 3
Fax (07671) 9999339, 斧 – ⚿ Zim, 📺 🅿 ⓂⒹ 𝑽𝑰𝑺𝑨
geschl. 24. März - 13. April, 1. Nov. - 21. Dez. – **Menu** (geschl. Mittwoch - Donnerstagmitta
à la carte 19/26 – **16 Zim** ⚌ 41 – 59/66 – ½ P 9.

• Im Grünen liegt dieser hübsche Schwarzwaldgasthof. Die gepflegten Zimmer m
zeitgemäßem Komfort sind mit Kiefernholzmöbeln eingerichtet und verfügen z.
über Balkone. In der Schwarzwälder Gaststube mit Kachelofen läßt es sich gemütli
sitzen.

In Todtnau-Brandenberg Nord-Ost : 3,5 km – Höhe 800 m

Zum Hirschen, Kapellenstr. 1 (B 317), ⊠ 79674, ℘ (07671) 18 44, hirschen-brande
berg@todtnau.org, Fax (07671) 8773, 斧 – 📺 🅿 ⓂⒹ 𝑽𝑰𝑺𝑨
geschl. Nov. – **Menu** (geschl. Dienstag) à la carte 17/27 – **10 Zim** ⚌ 32 – 58/64
½ P 14.

• Dieser hübsche Schwarzwaldgasthof begrüßt seine Gäste mit einer familiären Atmo
phäre und gepflegten, mit Eichenholzmobiliar eingerichteten Zimmern. Die rustikalen Gas
räume im Schwarzwälder Stil wirken hell und freundlich.

In Todtnau-Fahl Nord-Ost : 4,5 km – Höhe 900 m

Lawine, Fahl 7 (B 317), ⊠ 79674, ℘ (07676) 3 55, hotel@lawine.de, Fax (07676) 36
斧, ≘s, 淼 – 📺 ⇔ 🅿 ⒶⒺ ⓘ ⓂⒹ 𝑽𝑰𝑺𝑨
geschl. 17. - 31. März, 10. Nov. - 12. Dez. – **Menu** (geschl. Donnerstag) à la carte 15/3
– **17 Zim** ⚌ 42/44 – 66/70 – ½ P 13.

• Der Schwarzwaldgasthof mit Hotelanbau liegt am Fuße des Feldbergs. Die Zimme
sind mit hellem, zeitlosem Einbaumobiliar eingerichtet, ausreichend groß und habe
z. T. Balkone. Mehrfach unterteilte, rustikale Gaststuben im regionalen Stil mi
Kachelofen.

In Todtnau-Herrenschwand Süd : 14 km – Höhe 1 018 m

Waldfrieden ⚬, Dorfstr. 8, ⊠ 79674, ℘ (07674) 2 32, waldfrieden@herrenschw
nd.de, Fax (07674) 1070, 斧, 淼 – ⚿ Zim, 📺 ⇔ 🅿 ⓂⒹ 𝑽𝑰𝑺𝑨
geschl. 24. März - 5. April, 4. Nov. - 16. Dez. – **Menu** (geschl. Dienstag) à la carte 17/3
– **15 Zim** ⚌ 36/38 – 62/72 – ½ P 14.

• Ein gut geführter Familienbetrieb : Schwarzwaldgasthof mit Zimmern in unterschied
licher Ausstattung, sauber und gepflegt, einer großen Liegewiese und reizvoller Umgebung
In der ländlichen Gaststube können Sie sich nach ereignisreichen Urlaubstage
stärken.

TODTNAU

Todtnau-Präg *Süd-Ost : 7 km :*

🏠 **Landhaus Sonnenhof** ⌂, Hochkopfstr. 1, ✉ 79674, ℘ (07671) 5 38, Fax (07671) 1765, 🍴, ≋, 🛏, 🌲 – ⊁ Zim, 📺 🅿 ⓜ VISA
geschl. März 2 Wochen – **Menu** *(geschl. Montag)* à la carte 17/38 – **19 Zim** ⌇ 45 – 90/95 – ½ P 15.

◆ Zu jeder Jahreszeit ein behagliches Quartier : die soliden Zimmer sind mit bemalten Bauernmöbeln eingerichtet, eine neue Badelandschaft mit Quellwasser wartet auf die Besucher. Schwarzwälder Dekorationen sorgen in den Gaststuben für Flair.

Todtnau-Todtnauberg *Nord : 6 km – Höhe 1 021 m :*

🏠🏠 **Wellness und Vitalhotel Mangler** ⌂, Ennerbachstr. 28, ✉ 79674, ℘ (07671) 9 69 30, wellnesshotel@mangler.de, Fax (07671) 8693, ≤, 🍴, Massage, 🧖, 🏋, ≋, 🛏, 🌲 – 📶 📺 🅿 ⓜ VISA 🛇
geschl. 1. - 18. Dez. – **Menu** à la carte 23/36 – **32 Zim** ⌇ 78/92 – 116/142 – ½ P 20.

◆ Gepflegte Schwarzwälder Gastlichkeit : Das komfortable Hotel erwartet Sie mit wohnlichen Zimmern im Landhausstil, einem gepflegten Wellnessbereich und freundlichen Service. In dem Restaurant mit ländlichem Ambiente sitzt man in gemütlichen Nischen.

🏠🏠 **Engel,** Kurhausstr. 3, ✉ 79674, ℘ (07671) 9 11 90, hotel-engel-todtnauberg@t-online.de, Fax (07671) 9119200, 🍴, Massage, ≋, 🛏, 🌲 – 📶, ⊁ Zim, 📺 ⇌ 🅿 AE ⓜ VISA
Menu à la carte 18/34 – **32 Zim** ⌇ 50 – 75/88, 3 Suiten – ½ P 16.

◆ Im Jahr 1861 erhielt der Engel das Schankrecht : Aus der ehemaligen Bauernschänke wurde ein zeitgemäßes Hotel mit solide eingerichteten Zimmern und bequemen Ferienwohnungen. Gemütliche Schwarzwaldstube oder stilvoll renoviertes Restaurant - Sie haben die Wahl.

🏠 **Sonnenalm** ⌂, Hornweg 21, ✉ 79674, ℘ (07671) 18 00, Fax (07671) 9212, ≤ Schwarzwald und Berner Oberland, ≋, 🛏, 🌲 – 📺 🅿 🛇
geschl. 5. Nov. - 15. Dez. – **Menu** *(geschl. Sonntag)* *(nur Abendessen)* (Restaurant nur für Hausgäste) – **15 Zim** ⌇ 44/54 – 72/92 – ½ P 14.

◆ Das Richtige für Erholungsuchende : Ein neugebautes kleines Hotel oberhalb des Dorfes mit solide eingerichteten Zimmern und einem schönen Blick auf die Umgebung.

🏠 **Arnica** ⌂, Hornweg 26, ✉ 79674, ℘ (07671) 96 25 70, schwarzwaldhotel-arnica@t-online.de, Fax (07671) 962580, ≤ Schwarzwald und Berner Oberland, ≋, 🛏, 🌲 – 📺 ⇌ 🅿 🛇
geschl. Nov. - Mitte Dez. – **Menu** *(nur Abendessen)* (Restaurant nur für Hausgäste) – **13 Zim** ⌇ 44/54 – 88/116 – ½ P 13.

◆ Eine nette Pension mit privater Atmosphäre und Zimmern mit hellem, ländlichem Mobiliar. Die ruhige Lage und die gute Bewirtung sorgen für einen komfortablen Aufenthalt.

ÖLZ, BAD *Bayern* 419 420 *W 18 – 16 400 Ew – Höhe 657 m – Heilbad – Heilklimatischer Kurort – Wintersport : 670/1 250 m ⛷8 ⛸.*

Sehenswert : *Marktstraße*★.

🏌 *Wackersberg, Straß 124 (West : 2 km), ℘ (08041) 99 94.*

🛈 *Tourist-Information, Kurverwaltung, Max-Höfler-Platz1, ✉ 83646, ℘ (08041) 7 86 70, info@bad-toelz.de, Fax (08041) 786756.*

Berlin 642 – München 53 – Garmisch-Partenkirchen 54 – Innsbruck 97 – Rosenheim 52.

Rechts der Isar :

🏠 **Am Wald,** Austr. 39, ✉ 83646, ℘ (08041) 7 88 30, info@hotel-wald.de, Fax (08041) 788330, 🍴, Massage, 🧖, ≋, 🛏, 🌲 – 📶, ⊁ Rest, 📺 🅿 AE ⓜ VISA
geschl. 10. Nov. - 20. Dez. – **Menu** *(geschl. Dienstag)* à la carte 14/32 – **34 Zim** ⌇ 38/45 – 64/68 – ½ P 10.

◆ Hier beginnen die Spazierwege direkt am Hotel : Saubere und gepflegte Zimmer mit Balkon, ein netter Garten mit Liegewiese und eine Grillhütte erwarten die Gäste. Die Einrichtung des ländlichen Lokals ist rustikal. Zierat sorgt für eine nette Atmosphäre.

XX **Altes Fährhaus** ⌂ mit Zim, An der Isarlust 1, ✉ 83646, ℘ (08041) 60 30, info@altes-faehrhaus-toelz.de, Fax (08041) 72270, ≤, 🍴 – 📺 🅿
geschl. Feb. 2 Wochen, Nov. 2 Wochen – **Menu** *(geschl. Montagmittag, Dienstag)* à la carte 34/51 – **5 Zim** ⌇ 75 – 100/118.

◆ In diesem alten Fährhaus am idyllischen Isarufer speist man an schön gedeckten Tischen in teils rustikal-eleganten, teils klassischen Stuben.

1439

TÖLZ, BAD

Links der Isar :

Jodquellenhof, Ludwigstr. 13, ⊠ 83646, ℘ (08041) 50 90, info@jodquellenhof.com, Fax (08041) 509555, 🍴, freier und direkter Zugang zum Kurmittelhaus u. Alpamare-Badezentrum – 🛗 📺 📞 ⇔ 🅿 – 🛏 60. 🆎 ⓘ 🕐 VISA JCB. %
Menu à la carte 28/40 – **90 Zim** ⇆ 134/238 – 198/305 – ½ P 28.
• Ein klassisches Kurhotel mit stilvoller Halle und komfortabler Ausstattung. Die wohnlich Zimmer überzeugen mit geschmackvollen Pastellfarben und modernen Badezimmern. ansprechenden Landhausstil präsentiert sich das großzügige Restaurant.

Alpenhof, garni, Buchener Str. 14, ⊠ 83646, ℘ (08041) 7 87 40, hotel@alpenhof-toelz.de, Fax (08041) 72383, 🛏, 🍴, 🅿, 🖶 – 🛗 ⇆ Zim, 📺 ⇔ 🅿 🕐 VISA
geschl. Ende Nov. 2 Wochen – **27 Zim** ⇆ 55/65 – 90/120.
• In der Kurzone liegt das engagiert geführte Haus mit geräumigen und komplett a gestatteten Appartements mit Küchenzeilen. Für Gesundheitsbewußte bietet m Schrothkuren an.

Tölzer Hof, Rieschstr. 21, ⊠ 83646, ℘ (08041) 80 60, hotel-toelzer-hof@t-online.de, Fax (08041) 806333, 🍴, Massage, 🌡, 🛏, 🖶 – 🛗 ⇆ Zim, 📺 & ⇔ 🅿 – 🛏 🆎 ⓘ 🕐 VISA JCB. % Rest
Menu à la carte 21/32 – **82 Zim** ⇆ 110 – 180, 4 Suiten – ½ P 18.
• Alle Zimmer des gepflegten Hotels mit dem aufmerksamen Service sind solide einge richtet und haben Balkone und Sitzecken. Sanatoriumabteilung ! Im mit Naturholzmöbe eingerichteten Restaurant nimmt man auch gerne auf Diätwünsche Rücksicht.

Lindenhof, Königsdorfer Str. 24, ⊠ 83646, ℘ (08041) 79 43 40, info@lindenhof-toelz.de, Fax (08041) 7943429, 🍴 – ⇆ Zim, 📺 📞 🅿. 🕐 VISA
Olympia (griechische Küche) **Menu** à la carte 15/30 – **11 Zim** ⇆ 45/60 – 80/123.
• Nach einem aufwendigen Umbau präsentiert sich das bayerische Gasthaus in mode nisierter Form. Reisenden bietet man neuzeitlich ausgestattete Zimmer mit gutem Pla angebot. Im Restaurant steht griechische Küche auf dem Programm.

Villa Bellaria, garni, Ludwigstr. 22, ⊠ 83646, ℘ (08041) 8 00 80, post@villa-bellaria.de, Fax (08041) 800844, Massage, 🌡, 🛏, 🖶 – 🛗 📺 🅿. 🕐 VISA
22 Zim ⇆ 67/80 – 103.
• Stilvolles Ambiente verbunden mit zeitgemäßem Komfort findet der Gast hinter d gelbweißen Fassade des klassisch eingerichteten Stadthauses. Mit Diätangeboten.

Alexandra, Kyreinstr. 13, ⊠ 83646, ℘ (08041) 7 84 30, info@alexandrahotel.d Fax (08041) 784399, 🛏, 🖶 – ⇆ 📺 ⇔ 🅿 – 🛏 20. 🕐 VISA. %
Menu (nur Abendessen) (Restaurant nur für Hausgäste) – **22 Zim** ⇆ 49/69 – 82/99
• Ländlich-rustikal ist das Ambiente in der Hotelpension mit familiärem Charakter. Da Landhaus mit Balkonfassade beherbergt wohnlich ausgestattete Zimmer und nette Gas stuben.

Kurhotel Tannenberg, garni, Tannenbergstr. 1, ⊠ 83646, ℘ (08041) 7 66 5 info@kurhotel-tannenberg.de, Fax (08041) 766565, Massage, 🌡, ♨, 🛏, 🖶 – 🛗 ⇆ 🕐 VISA. %
geschl. 25. Nov. - 15. Dez – **16 Zim** ⇆ 40/61 – 80/108.
• Ein Nichtraucherhaus mit hübscher Kaminhalle und gepflegten Zimmern, die m Nußbaummobiliar eingerichtet sind. Mit moderner Badeabteilung, Heilfasten und F.X. May Kur.

Haus an der Sonne garni, Ludwigstr. 12, ⊠ 83646, ℘ (08041) 61 21, wosar@ tiscalinet.de, Fax (08041) 2609, 🛏 – 🛗 ⇆ 📺 🅿. 🆎 🕐 VISA
20 Zim ⇆ 45/60 – 60/100.
• Das gut geführte Stadthaus mit der gelben Fassade hält für Sie komplett ausgestattet Zimmer im ländlich-rustikalen Stil bereit, z. T. mit bemalten Bauernmöbeln eingerichtet

In Bad Tölz-Kirchbichl Nord : 6,5 km über Dietramszeller Straße :

Jägerwirt, Nikolaus-Rank-Str. 1, ⊠ 83646, ℘ (08041) 95 48, mail@jaegerwirt kirchbichl.de, Fax (08041) 73542, 🍴 – 🅿. 🕐
geschl. März 2 Wochen, Mitte Okt. - Mitte Nov., Montag, Donnerstag – **Men** à la carte 12/33.
• Nettes Gasthaus im Stil eines Bauernhofs mit derb-rustikalem Ambiente und schmack haften regionalen Schmankerln. Spezialität sind Haxen vom Grill (auf Vorbestellung).

TÖNNING Schleswig-Holstein 𝟒𝟎𝟓 D 10 – 5 000 Ew – Höhe 3 m.
Berlin 414 – Kiel 97 – Sylt (Westerland) 81 – Husum 24 – Heide 23.

Miramar 🅼, Westerstr. 21, ⊠ 25832, ℘ (04861) 90 90, miramar@nordsee-erlebnis.de Fax (04861) 909404, 🍴 – 🛗 ⇆ Zim, 📺 📞 & 🅿 – 🛏 70. ⓘ 🕐 VISA
Menu à la carte 15/27 – **34 Zim** ⇆ 60/75 – 95/125.
• Ehemals als Schule genutzt, dient das Haus heute - modern und wohnlich in der Aus stattung - der Beherbergung Reisender. Optische Abwechslung bietet eine Bilderausstel lung. Hell und leicht elegant präsentiert sich das Restaurant.

ORGAU Sachsen 418 L 23 – 20 000 Ew – Höhe 85 m.

🛈 Informations-Center, Schloßstr. 11, ✉ 04860, ℰ (03421) 71 25 71, info@tic-torgau.de, Fax (03421) 710280.
Berlin 129 – Dresden 83 – Leipzig 53 – Wittenberg 49.

Torgauer Brauhof, Warschauer Str. 7, ✉ 04860, ℰ (03421) 7 30 00, hotel-torgauer-brauhof@t-online.de, Fax (03421) 730017 – ⇄ Zim, 📺 🅿 – 🔒 20. AE ⓞ ⓜ VISA JCB. ⌀ Rest
Menu (geschl. Sonntag) (nur Abendessen) à la carte 14/23 – **37 Zim** ⇌ 46/52 – 66/72.
♦ Hell und freundlich mit zeitgemäßem Mobiliar eingerichtete Zimmer erwarten die Gäste in dem neugebauten Hotel. Für die Unterhaltung sorgen moderne Bowlingbahnen. Das Restaurant mit Parkettfußboden und grüngepolsterten Sitzbänken lädt zur Einkehr ein.

ORNESCH Schleswig-Holstein 415 416 E 13 – 12 000 Ew – Höhe 11 m.
Berlin 315 – Kiel 104 – Hamburg 33 – Itzehoe 35.

Esinger Hof garni, Denkmalstr. 16 (Esingen), ✉ 25436, ℰ (04122) 9 52 70, esinger hof@t-online.de, Fax (04122) 952769, 🐾 – 📺 ✆ 🅿 ⓜ VISA
23 Zim ⇌ 45 – 65.
♦ Gepflegte Zimmer mit rustikalen Eichenholzmöbeln erwarten die Gäste des Klinkerbaus im Landhausstil mit schöner Gartenanlage. Mit Appartements für Langzeitgäste.

RABEN-TRARBACH Rheinland-Pfalz 417 Q 5 – 6 300 Ew – Höhe 120 m – Luftkurort.
✈ Hahn, Am Flughafen (Ost : 19 km), ℰ (06543) 50 95 60.
🛈 Tourist-Information, Bahnstr. 22, ✉ 56841, ℰ (06541) 8 39 80, Fax (06541) 839839.
Berlin 673 – Mainz 104 – Trier 63 – Bernkastel-Kues 24 – Cochem 55.

ı Ortsteil Traben :

Romantik Hotel Bellevue ⚜ (mit Gästehäusern), Am Moselufer, ✉ 56841, ℰ (06541) 70 30, bellevue@net-art.de, Fax (06541) 703400, ≤, 🌳, Massage, 🌿, ⇌s, 🔲 – 📳 📺 ✆ – 🔒 20. AE ⓞ ⓜ VISA. ⌀ Rest
Clauss Feist : Menu à la carte 24/39 – **60 Zim** ⇌ 75/120 – 140/169 – ½ P 23.
♦ In schöner Lage an der Mosel findet man dieses um 1900 erbaute Jugendstilgebäude. Die Gästezimmer gefallen durch ein klassisches, wohnliches Ambiente. Jugendstilelemente wie Motivfenster und Täfelungen geben dem Restaurant Clauss Feist eine besondere Note.

Oase Moselschlößchen, Neue Rathausstr. 12, ✉ 56841, ℰ (06541) 83 20, oase @moselschloesschen.de, Fax (06541) 832255, 🌳, ⇌s, 🐾 – 📳 📺 🔥 ⚙ – 🔒 80. ⓜ VISA. ⌀ Rest
Menu (geschl. Jan.) à la carte 17/34 – **69 Zim** ⇌ 70/109 – 159 – ½ P 20.
♦ Ob im restaurierten Schlößchen mit Fachwerkgiebeln oder der modernen Villa : Es erwarten Sie komfortable Zimmer, teils mit dunklem Holz, teils moderner eingerichtet. Restaurant mit gediegen-rustikalem Charakter. Schöne Hofterrasse.

Trabener Hof Ⓜ garni, Bahnstr. 25, ✉ 56841, ℰ (06541) 7 00 80, trabener-hof@net-art.de, Fax (06541) 700888 – 📳 📺 AE ⓞ ⓜ VISA
geschl. Jan. - Feb. – **24 Zim** ⇌ 44/65 – 75/89.
♦ Hinter der gepflegten Fassade des renovierten Stadthauses findet man modern und geschmackvoll gestaltete Zimmer, in denen Karostoffe für eine wohnliche Atmosphäre sorgen.

Bisenius garni, An der Mosel 56, ✉ 56841, ℰ (06541) 81 37 10, info@hotel-bisenius.de, Fax (06541) 813720, ≤, ⇌s, 🔲, 🐾 – 📺 🅿 AE ⓞ ⓜ VISA
Mitte März - Mitte Nov. – **12 Zim** ⇌ 44/70 – 62/77.
♦ Nur durch die Promenade von der Mosel getrennt : Solide mit hellen Möbeln eingerichtete Zimmer und die schöne Terrasse mit Flußblick versprechen einen erholsamen Aufenthalt.

ım Ortsteil Trarbach :

Moseltor, Moselstr. 1, ✉ 56841, ℰ (06541) 65 51, info@moseltor.de, Fax (06541) 4922, 🌳 – ⇄ Zim, 📺 ⚙ AE ⓞ ⓜ VISA JCB. ⌀ Rest
geschl. Feb., Juli 2 Wochen – **Menu** (geschl. Dienstag) (nur Abendessen) (Tischbestellung ratsam) à la carte 25/36 – **11 Zim** ⇌ 45/77 – 77/113 – ½ P 21.
♦ Die Zimmer des Stadthauses mit Natursteinfassade sind teils mit dunklen Holzmöbeln, teils mit zeitlosem Holzmöbeln eingerichtet und bieten Standardkomfort.

RASSEM Rheinland-Pfalz siehe Saarburg.

RASSENHEIDE Mecklenburg-Vorpommern siehe Usedom (Insel).

TRAUNSTEIN Bayern 420 W 21 – 18 000 Ew – Höhe 600 m.
 🛈 Tourismusbüro, Im Stadtpark, ✉ 83278, ℘ (0861) 9 86 95 23, tourismus@traunst
.btl.de, Fax (0861) 9869524.
ADAC, Ludwigstr. 12c.
Berlin 674 – München 112 – Bad Reichenhall 35 – Rosenheim 53 – Salzburg 41.

🏨 **Park-Hotel Traunsteiner Hof**, Bahnhofstr. 11, ✉ 83278, ℘ (0861) 98 88 20, p.
hotel-ts@t-online.de, Fax (0861) 8512, Biergarten, ≘ – ⫪ 📺 ⇔ 🅿 – 🔏 30. AE
🕲 VISA
Menu (geschl. 1. - 12. Jan., 18. Okt. - 10. Nov., Samstag) à la carte 17/27 – **56 Zim** ⚏ 52/
– 75/90.
♦ Das stilvolle, gut geführte Hotel von 1888 überzeugt mit komfortablen Zimmern,
denen farblich aufeinander abgestimmtes Mobiliar eine wohnliche Atmosphäre erzeu
Holzgetäfelte Wände und schöne Dekorationsstoffe geben dem Restaurant eine elegar
Note.

In Traunstein-Hochberg Süd-Ost : 5 km – Höhe 775 m

🏔 **Alpengasthof Hochberg** ⌂, Hochberg 6, ✉ 83278, ℘ (0861) 42 0
⇔ Fax (0861) 1669777, ≤, Biergarten – 📺 ⇔ 🅿
geschl. Ende Okt. - Anfang Dez. – **Menu** (geschl. Dienstag - Mittwochmittag, Jan. - A
Dienstag - Mittwoch) à la carte 13,50/24 – **16 Zim** ⚏ 25/33 – 50/66 – ½ P 10.
♦ Einen schönen Blick auf die Chiemgauer Alpen genießt man von dem netten, einsa
gelegenen Gasthof mit seinen einfachen Zimmern. Guter Ausgangspunkt für Wanderu
gen. Schlicht und rustikal gibt sich die Gaststube.

TREBBIN Brandenburg 416 418 J 23 – 4 400 Ew – Höhe 50 m.
Berlin 56 – Potsdam 29 – Brandenburg 62 – Frankfurt (Oder) 101 – Wittenberg 68.

🏨 **Parkhotel** M, Parkstr. 5, ✉ 14959, ℘ (033731) 7 10, parkhotel-trebbin@t-online.c
Fax (033731) 71111, 🍽 – ⫪, ↮ Zim, 📺 ✆ ♿ ⇔ 🅿 – 🔏 70. AE (
🕲 VISA
Menu (wochentags nur Abendessen) à la carte 14/22 – **38 Zim** ⚏ 62/72 – 78/87.
♦ Freundlich ist die Atmosphäre in den hell und modern eingerichteten Zimme
dieses Hotelbaus, der ruhig an einem Park liegt und auch für Tagungen gut geeign
ist.

TREBSEN (MULDE) Sachsen 418 M 22 – 3 600 Ew – Höhe 130 m.
Berlin 181 – Dresden 85 – Leipzig 36 – Chemnitz 79.

🏨 **Schloßblick**, Markt 8, ✉ 04687, ℘ (034383) 60 80, hotel-trebsen@proximedia.d
Fax (034383) 42237 – ↮ Zim, 📺 🅿 – 🔏 30. ⓞ 🕲 VISA
Menu à la carte 14/28 – **34 Zim** ⚏ 45 – 55.
♦ Hinter der hellrosa Fassade des Hotels in der Ortsmitte erwarten den Gast solide m
rustikalen Kiefernholzmöbeln eingerichtete Zimmer mit zeitgemäßem Standard.

TREBUR Hessen 417 Q 9 – 11 000 Ew – Höhe 86 m.
Berlin 571 – Wiesbaden 25 – Frankfurt am Main 38 – Darmstadt 21 – Mainz 19.

🏨 **Zum Erker**, Hauptstr. 1, ✉ 65468, ℘ (06147) 9 14 80, info@zum-erker.de
Fax (06147) 914840, 🍽 – ↮ Zim, 📺 🅿 – 🔏 50. AE 🕲 VISA
Menu (geschl. 1. - 18. Juli, Sonntagabend - Montagmittag) à la carte 17/30 – **26 Zim** ⚏ 6
– 72/87.
♦ Der historische Gasthof ist seit 1743 in Familienbesitz. Die gepflegten Zimme
sind mit Mahagonimobiliar und Fliesenböden ausgestattet und nett dekorier
Nischen, eine holzgetäfelte Decke und gepolsterte Bänke geben dem Restaurant eine länd
liche Note.

In Trebur-Astheim Nord-West : 1 km :

🏨 **Astheimer Schlößchen**, Hans-Böckler-Str. 6, ✉ 65468, ℘ (06147) 9 14 40
Fax (06147) 914444, 🍽 – ↮ Zim, 📺 ✆ – 🔏 30. AE 🕲 VISA
Menu (geschl. Freitag) (nur Abendessen) à la carte 18/25 – **21 Zim** ⚏ 67/92
82/113.
♦ In dem neugebauten Hotel mit Fachwerkfassade warten komfortable Zimmer im Land
hausstil auf die Gäste. Helle Farben und hübsche Dekostoffe schaffen eine freundlich
Atmosphäre.

TREFFELSTEIN Bayern siehe Waldmünchen.

1442

REIS-KARDEN Rheinland-Pfalz 417 P 5 – 2 600 Ew – Höhe 85 m.

🛈 Verkehrsamt, Hauptstr. 27 (Treis), ✉ 56253, ✆ (02672) 61 37, Fax (02672) 2780.
Berlin 633 – Mainz 100 – Koblenz 37 – Trier 104 – Cochem 12.

Ortsteil Karden :

Schloß-Hotel Petry, St.-Castor-Str. 80, ✉ 56253, ✆ (02672) 93 40, info@schloss-hotel-petry.de, Fax (02672) 934440, 🍴, ⇔ – 📶, ✻ Zim, 📺 ✆ ⚙ 🅿 – 🅰 60. ✻ Rest
Menu à la carte 17/33 – **Schloß-Stube** (geschl. Jan. 2 Wochen, Aug. 2 Wochen, Dienstag - Mittwoch) **Menu** à la carte 36/42 – **74 Zim** ⇌ 39/62 – 68/108 – ½ P 13.
◆ Zimmer in verschiedenen Kategorien, von schlicht bis elegant, bietet die aus mehreren Häusern bestehende Anlage, die um das Schloß herum entstanden ist. Die Weinstube ist im altdeutschen Stil gestaltet. Die Schloß-Stube ist von stilvoller Eleganz geprägt.

Brauer, Moselstr. 26, ✉ 56253, ✆ (02672) 12 11, Fax (02672) 8910, ≼, 🍴 – 🚗 🅿. ✻
geschl. Jan. - Feb. – **Menu** (geschl. Okt. - Juni Mittwoch) à la carte 17/28 – **33 Zim** ⇌ 30/35 – 58/62.
◆ Ein netter, solider Gasthof mit Zimmern, die teils mit rustikalen Eichenholzmöbeln, teils mit hellen Naturholzmöbeln eingerichtet sind. Der gastronomische Bereich teilt sich in eine helle Gaststube und das Restaurant im altdeutschen Stil.

Müden Ost : 4 km Richtung Löf :

Sewenig, Moselstr. 5 (B 416), ✉ 56254, ✆ (02672) 13 34, info@hotel-sewenig.de, Fax (02672) 1730, ≼, 🍴, ⇔, 🏊 – 📶, ✻ Zim, 📺 🅿 ⓘ 🆗 💳 ✻ Rest
geschl. Jan. – **Menu** (geschl. Nov. - April Dienstag) à la carte 15/26 – **30 Zim** ⇌ 38/40 – 72/75.
◆ Das Ferien- und Tagungshotel ist nur durch die Uferstraße von der Mosel getrennt. Die Zimmer sind mit rustikalen Eichenmöbeln eingerichtet und bieten zeitgemäßen Standard. Vom leicht rustikalen Restaurant aus hat man einen schönen Blick auf die Mosel.

RENDELBURG Hessen 411 412 L 12 – 6 100 Ew – Höhe 190 m – Luftkurort.
Berlin 376 – Wiesbaden 252 – Kassel 36 – Göttingen 121 – Paderborn 66.

Burghotel 🌿, Steinweg 1, ✉ 34388, ✆ (05675) 90 90, info@burg-hotel-trendelburg.com, Fax (05675) 9362, ≼, 🍴 – 🅿 – 🅰 25. 🆗 💳
geschl. Jan. – **Menu** (geschl. Montag) à la carte 23/34 – **22 Zim** ⇌ 95/100 – 120/155 – ½ P 27.
◆ Sie wohnen in einer Ritterburg aus dem 13. Jh. Alte Holzbalken und gediegene Antiquitäten sorgen für ein authentisches Ambiente in den historischen Mauern. Das Burgrestaurant ist klassisch eingerichtet. Mittelalterliche Tafeleien finden im Gewölbekeller statt.

RENT Mecklenburg-Vorpommern siehe Rügen (Insel).

REUCHTLINGEN Bayern 419 420 T 16 – 14 500 Ew – Höhe 414 m – Erholungsort.
🛈 Kur- und Touristinformation (Schloß), ✉ 91757, ✆ (09142) 31 21, Fax (09142) 3120.
Berlin 496 – München 133 – Augsburg 76 – Nürnberg 68 – Stuttgart 156.

Gästehaus Stuterei Stadthof garni, Luitpoldstr. 27, ✉ 91757, ✆ (09142) 9 69 60, stadthof@freenet.de, Fax (09142) 969696, 🏊 – ✻ 📺 ✆ ⚙ 🅿 – 🅰 40. 🆎 🆗 💳
geschl. 20. Dez. - 7. Jan. – **33 Zim** ⇌ 49 – 80.
◆ Der ehemalige Gutshof am Ortsrand wurde zu einem freundlichen Gästehaus mit solide eingerichteten Zimmern, wohnlichen öffentlichen Bereichen und einer hübschen Gartenanlage.

TREUEN Sachsen 418 420 O 20 – 7 200 Ew – Höhe 470 m.
Berlin 298 – Dresden 143 – Gera 51 – Plauen 10.

Wettin, Bahnhofstr. 18, ✉ 08233, ✆ (037468) 65 80, wettin@hotel-wettin.de, Fax (037468) 4752 – 📺 ✆ 🅿 – 🅰 20. 🆎 🆗 💳
Menu à la carte 21/38 – **16 Zim** ⇌ 49/65 – 69/85.
◆ Solide Zimmer, die mit mahagonifarbenen Möbeln eingerichtet sind und oft über Sitzgruppen verfügen, hält das renovierte Eckhaus in der Stadtmitte für seine Gäste bereit. Ob Restaurant, Wintergarten oder Biergarten - Sie haben die Wahl.

TRIBERG Baden-Württemberg **419** V 8 – 5500 Ew – Höhe 700 m – Heilklimatischer Kurort – Wintersport : 800/1000 m ⛷.

Sehenswert : *Wasserfall*★ – *Wallfahrtskirche "Maria in der Tanne" (Ausstattung*★ – *Schwarzwaldbahn* ★.

🚩 *Tourist-Information, im Kurhaus, Luisenstr. 10,* ✉ *78098,* ☎ *(07722) 95 32 30, Fax (07722) 953236.*

Berlin 765 – Stuttgart 139 – Freiburg im Breisgau 61 – Offenburg 56 – Villingen-Schwenningen 26.

🏨 **Romantik Parkhotel Wehrle** (mit Gästehaus), Gartenstr. 24, ✉ 78098, ☎ (07722) 8 60 20, parkhotel.wehrle@t-online.de, Fax (07722) 860290, 😀, ⇔, ≋, 🏊, 🐎 – 🛏 📺 📞 🚗 🅿 – 🔔 50. 🆎 ① ✉ VISA. ✨ Rest
Ochsenstube : Menu à la carte 31/50 – **Alte Schmiede** : Menu à la carte 17/26 –
51 Zim ⇌ 65/125 – 130/195 – ½ P 29.
• Ein Ambiente stilvoller Behaglichkeit erwartet Sie hier : Individuelle, geschmackvolle Zimmer und der hoteleigene Park schaffen Wohlfühl-Atmosphäre. In der Ochsenstube speisen Sie in einer eleganten Umgebung. Rustikaler geht es in der Alten Schmiede zu.

🏨 **Schwarzwald Residenz**, De-Pellegrini-Str. 20, ✉ 78098, ☎ (07722) 9 62 30, info @residenz-triberg.bestwestern.de, Fax (07722) 962365, ≤, 😀, ⇔, 🏊 – 📶, 🛏 Zim, 📺 📞 🚗 🅿. 🆎 ① ✉ VISA
Menu (nur Abendessen) à la carte 17/27 – **40 Zim** ⇌ 70/80 – 109/129 – ½ P 15.
• Helle Naturholzmöbel schmücken die freundlichen Zimmer des praktischen Hotels mit Balkonfassade. Genießen Sie die schöne Aussicht auf die reizvolle Umgebung. Mit Appartements. Kürzlich renoviert, zeigt sich das Restaurant in heller, zeitloser Aufmachung.

🏨 **Adler** garni, Hauptstr. 52, ✉ 78098, ☎ (07722) 45 74, Fax (07722) 4556 – 📺 🅿. ① ✉ VISA
10 Zim ⇌ 42 – 64.
• In dem Hotel-Café versüßt man Ihnen den Aufenthalt mit wohnlichen Zimmern, denen freigelegtes Fachwerk eine rustikale Note gibt, und den appetitlichen Torten der Konditorei.

In Triberg-Gremmelsbach Nord-Ost : 9 km (Zufahrt über die B 33 Richtung St. Georgen, an der Wasserscheide Sommerau links ab) :

🏨 **Staude** ⚡, Obertal 20, ✉ 78098, ☎ (07722) 48 02, Fax (07722) 21018, ≤, 😀, ⇔ – 📺 🚗 🅿.
geschl. Anfang März 1 Woche, Ende Okt. - Mitte Nov. – **Menu** (geschl. Dienstag) à la carte 15/35 – **13 Zim** ⇌ 30/35 – 58/76 – ½ P 13.
• Genießen Sie die ruhige, sonnige Lage : In 900 m Höhe wartet dieser hübsche, typische Schwarzwaldhof auf seine Gäste. Man wohnt in gepflegten, zeitgemäß ausgestatteten Zimmern. Die ländlichen Gaststuben wirken freundlich und sind rustikal eingerichtet.

TRIER Rheinland-Pfalz **417** Q 3 – 99000 Ew – Höhe 124 m.

Sehenswert : *Porta Nigra*★★ *DX – Liebfrauenkirche*★ *(Grabmal des Domherren Metternich*★*) DX – Kaiserthermen*★★ *DY – Rheinisches Landesmuseum*★★ *DY – Dom*★ *(Domschatzkammer*★*, Kreuzgang ≤*★*, Inneres Tympanon*★ *des südlichen Portals) DX – Bischöfliches Museum* ★ *DX* **M1** *– Palastgarten*★ *DY – St. Paulin*★ *DX – Schatzkammer der Stadtbibliothek*★★ *DY* **B** *– Hauptmarkt*★ *DX – Dreikönigenhaus*★ *DX* **K**.

Ausflugsziel : *Moseltal*★★★ *(von Trier bis Koblenz).*

🏌 *Ensch-Birkenheck (Nord-Ost : 20 km über* ① *und Bekond),* ☎ *(06507) 99 32 55.*

🚩 *Tourist-Information, an der Porta Nigra,* ✉ *54290,* ☎ *(0651) 97 80 80, info@tit.de, Fax (0651) 9780888.*

ADAC, Fahrstr. 3.

Berlin 719 ① *– Mainz 162* ① *– Bonn 143* ① *– Koblenz 124* ① *– Luxembourg 47* ③ *– Metz 98* ② *– Saarbrücken 93* ①

Stadtpläne siehe nächste Seiten

🏨 **Dorint**, Porta-Nigra-Platz 1, ✉ 54292, ☎ (0651) 2 70 10, info.zqftri@dorint.com, Fax (0651) 2701170 – 📶, 🛏 Zim, ≡ 📺 📞 – 🔔 80. 🆎 ① ✉ VISA 🏧. ✨ Rest   **DX s**
Menu (nur Abendessen) à la carte 28/39 – ⇌ 14 – **106 Zim** 100/127 – 115/142.
• Gegenüber der Porta Nigra wohnen Sie hier in einem neuzeitlichen Stadthotel mit einem Ambiente klassischer Wohnlichkeit. Fragen Sie nach einem der kürzlich renovierten Zimmer. Im Restaurant Porta speisen Sie in einer Atmosphäre stilvoller Eleganz.

🏨 **Mercure** 🅼, Metzer Allee 6, ✉ 54295, ☎ (0651) 9 37 70, h2829@accor-hotels.com, Fax (0651) 9377333, 😀 – 📶, 🛏 Zim, ≡ 📺 📞 ♿ 🚗 – 🔔 70. 🆎 ① ✉ VISA   **V r**
Menu à la carte 20/35 – **105 Zim** ⇌ 93/103 – 126/152, 3 Suiten.
• Das komfortable Hotel befindet sich in einem schlichten, modernen Bau und überzeugt durch ein Ambiente wohnlicher Eleganz sowohl im Hallenbereich als auch in den Zimmern. Im hellen, modernen Restaurant sitzt man auf bequemen Polsterstühlen.

TRIER

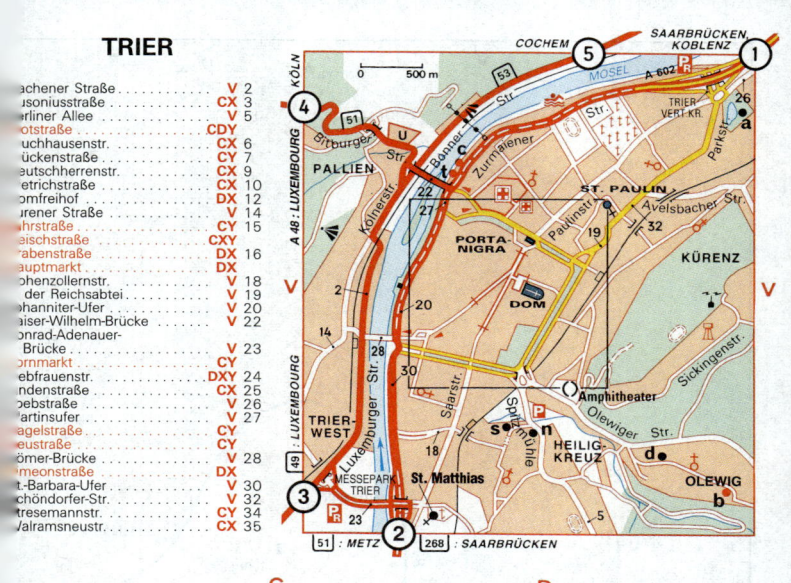

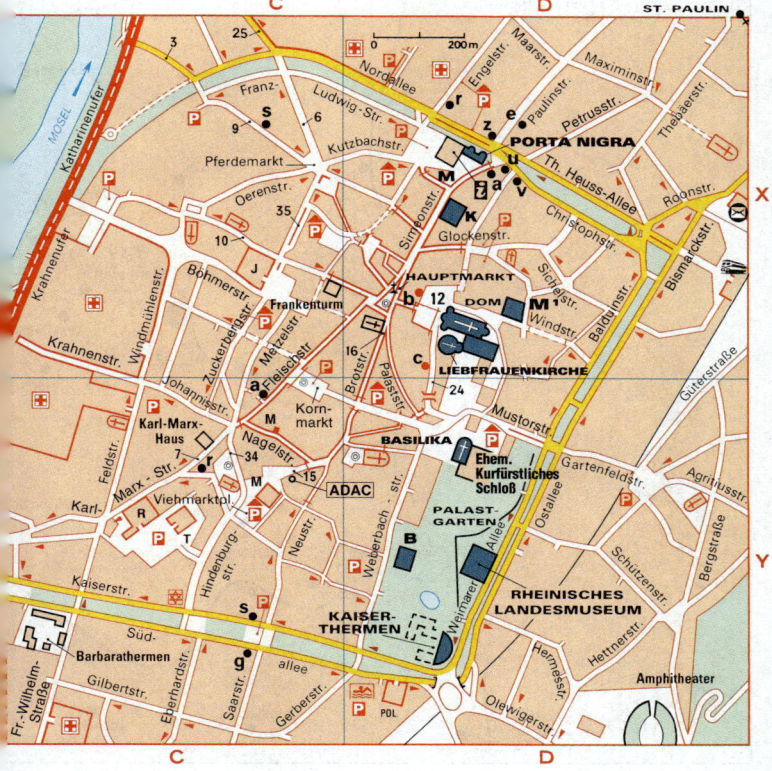

- achener Straße .... V 2
- usoniusstraße .... CX 3
- rliner Allee .... V 5
- otstraße .... CDY
- uchhausenstr. .... CX 6
- ückenstraße .... CY 7
- eutschherrenstr. .... V 9
- etrichstraße .... CX 10
- omfreihof .... DX 12
- urener Straße .... V 14
- hrstraße .... CY 15
- eischstraße .... CXY
- abenstraße .... DX 16
- auptmarkt .... DX
- ohenzollernstr. .... V 18
- der Reichsabtei .... V 19
- ohanniter-Ufer .... V 20
- aiser-Wilhelm-Brücke .... V 22
- onrad-Adenauer-Brücke .... CY 23
- ornmarkt .... DXY 24
- ebfrauenstr. .... CX 25
- indenstraße .... V 26
- ebstraße .... CY 27
- artinsufer .... CY
- agelstraße .... CY
- eustraße .... CY
- ömer-Brücke .... V 28
- meonstraße .... DX 30
- t-Barbara-Ufer .... V 30
- chöndorfer-Str. .... V 32
- tresemannstr. .... V 34
- /alramsneustr. .... CX 35

1445

1446

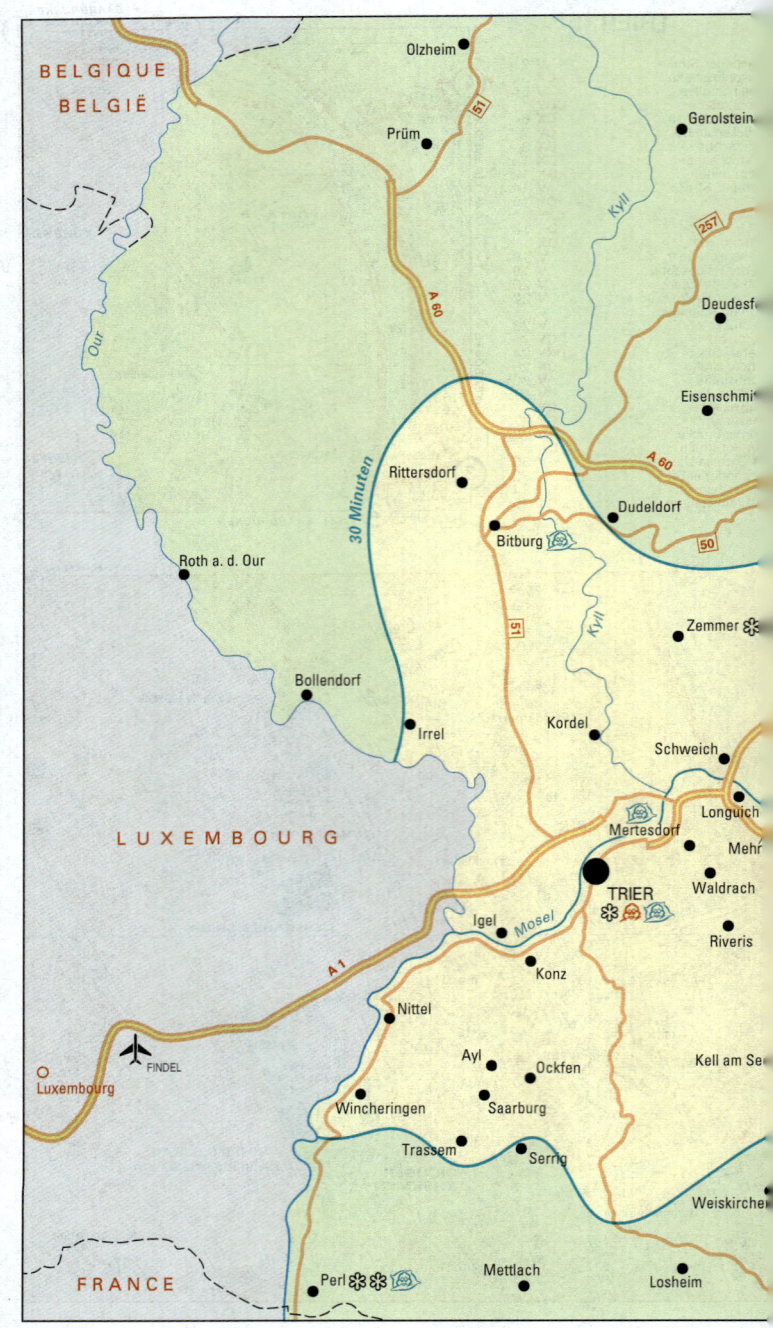

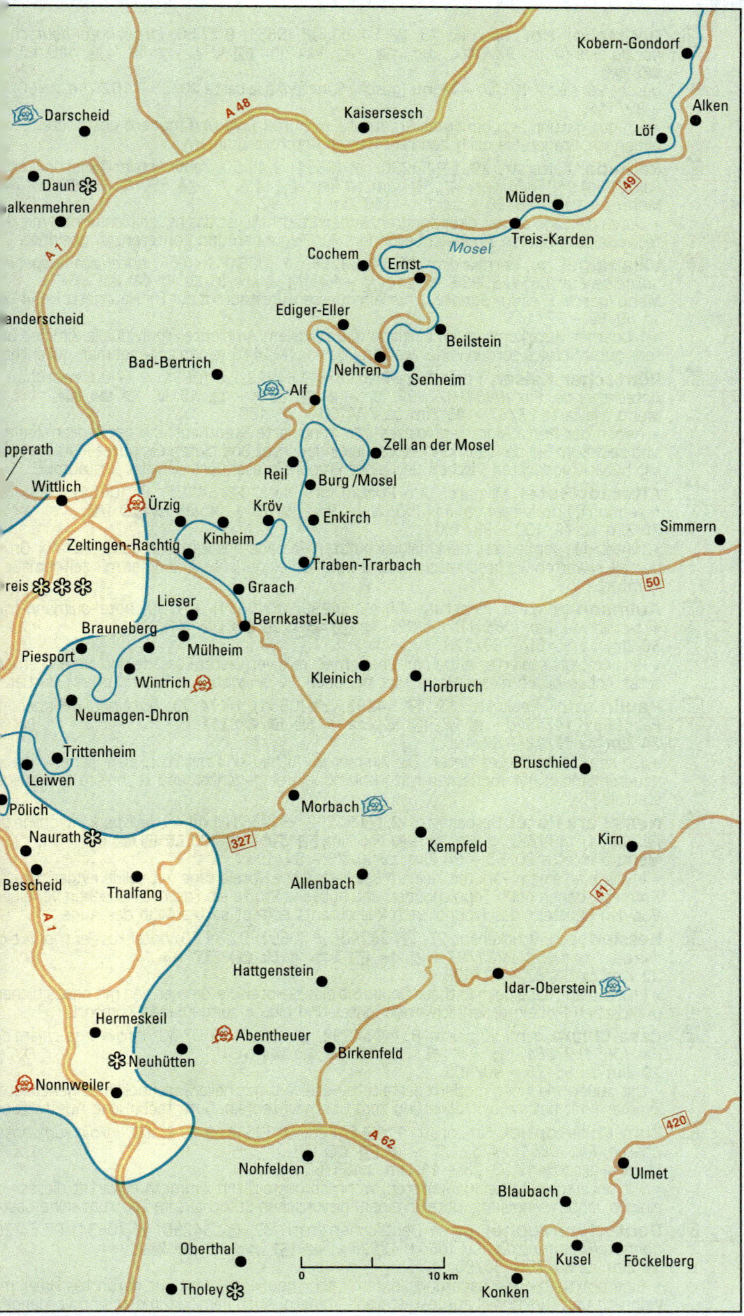
Kobern-Gondorf
Alken
Löf
Darscheid
A 48
Kaisersesch
Daun
alkenmehren
49
Müden
Treis-Karden
Mosel
A 1
Cochem
Ernst
Ediger-Eller
Beilstein
anderscheid
Nehren
Senheim
Bad-Bertrich
Alf
pperath
Zell an der Mosel
Reil
Burg /Mosel
Wittlich
Ürzig
Kröv
Enkirch
Simmern
Kinheim
Zeltingen-Rachtig
Traben-Trarbach
reis
Graach
50
Lieser
Bernkastel-Kues
Brauneberg
Mülheim
Piesport
Kleinich
Horbruch
Wintrich
Neumagen-Dhron
Trittenheim
Bruschied
Leiwen
Pölich
Morbach
Naurath
Kempfeld
Kirn
327
Bescheid
Thalfang
Allenbach
41
A 1
Hattgenstein
Idar-Oberstein
Hermeskeil
Abentheuer
Birkenfeld
Neuhütten
Nonnweiler
420
A 62
Nohfelden
Ulmet
Blaubach
Oberthal
0
10 km
Kusel
Föckelberg
Tholey
Konken

TRIER

Deutscher Hof, Südallee 25, ✉ 54290, ✆ (0651) 9 77 80, info@hotel-deutsche-hof.de, Fax (0651) 9778400, 🍴, 🚿 – 📶, 🚭 Zim, 📺 📞 ♿ 🐕 🅿 – 🅰 110. 🆎 🔴 🔵 VISA
CY
geschl. 20. Dez. - 10. Jan. – **Menu** (geschl. Sonntag) à la carte 20/35 – **102 Zim** 🛏 60/• – 90/115.
♦ Ein gut geführtes, gepflegtes Stadthotel mit großzügig und modern gestaltetem Lo bybereich. Fragen Sie nach den renovierten Komfort-Zimmern.

Ramada, Kaiserstr. 29, ✉ 54290, ✆ (0651) 9 49 50, ramada.trier@marriott.co Fax (0651) 9495666, 🍴 – 📶, ■ Rest, 📺 📞 ♿ 🅿 – 🅰 550. 🆎 🔴 🔵 VISA
Menu à la carte 18/36 – 🛏 11 – **130 Zim** 81 – 92.
CY
♦ Durch die Lage an der direkt angrenzenden Stadthalle ist das neuzeitliche Hotel mit d teilweise renovierten Zimmern besonders für Tagungen und Konferenzen geeignet.

Villa Hügel 🌿, Bernhardstr. 14, ✉ 54295, ✆ (0651) 3 30 66, hotel-villa-huegel@ online.de, Fax (0651) 37958, ≤, 🍴, 🏊 – 🚭 📺 📞 🐕 🅿 🆎 🔴 🔵 VISA JCB
V
Menu (geschl. Freitag - Sonntag) (nur Abendessen) (Restaurant nur für Hausgäste) – **34 Z** 🛏 69/82 – 97/133.
♦ Moderner Hotelkomfort im Einklang mit stilvollem Ambiente : Individuelle Zimmer u sehr guter Service sorgen in der weißen Villa von 1914 für einen angenehmen Aufentha

Römischer Kaiser, Porta-Nigra-Platz 6, ✉ 54292, ✆ (0651) 9 77 00, rezeption hotels-trier.de, Fax (0651) 977099, 🍴 – 📶 📺 ♿ 🅿 – 🅰 15. 🆎 🔴 🔵 VISA
DX
Menu à la carte 23/37 – **43 Zim** 🛏 77/100 – 98/150.
♦ Neben der Porta Nigra liegt dieses alte, renovierte Stadthaus. Die gepflegten Zimm sind zeitlos im Stil der Jahrhundertwende eingerichtet und bieten ein gutes Platzangebc Mit hübsch gedeckten Tischen und einer Empore präsentiert sich das Restaurant.

Altstadt-Hotel garni, Am Porta-Nigra-Platz, ✉ 54292, ✆ (0651) 14 55 6 rezeption@hotels-trier.com, Fax (0651) 41293 – 📶 ♿ 🅿 🆎 🔴 🔵 VISA
DX
76 Zim 🛏 77/100 – 98/150.
♦ Hinter der gepflegten, denkmalgeschützten Fassade des Patrizierhauses aus der Grü derzeit erwarten Sie geschmackvoll und wohnlich eingerichtete Zimmer mit zeitgemäße Komfort.

Aulmann M garni, Fleischstr. 47, ✉ 54290, ✆ (0651) 9 76 70, hotel-aulmann-tri @t-online.de, Fax (0651) 9767102 – 📶 📺 🐕 🆎 🔵 VISA JCB
36 Zim 🛏 55/85 – 80/120.
♦ Ein komplett sanierter Altbau mit moderner, teils verglaster Fassade und ein neu erric teter Anbau bilden dieses Hotel. Hier beziehen Sie ein wohnlich-funktionelles Quartier.

Paulin garni, Paulinstr. 13, ✉ 54292, ✆ (0651) 14 74 00, hotelpaulin@aol.cor Fax (0651) 1474010 – 📶 🚭 📺 📞 🐕 🅿 🆎 🔴 🔵 VISA
DX
24 Zim 🛏 61/67 – 87/100.
♦ Ein sehr funktionelles Hotel : Die Zimmer im Altbau sind mit rustikalen Eichen-, die i neueren Anbau mit modernen Naturholzmöbeln eingerichtet und technisch gut ausge stattet.

Nell's Park Hotel, Dasbachstr. 12, ✉ 54292, ✆ (0651) 1 44 40, nellspark@t-online.d Fax (0651) 1444222, ≤, 🍴, 🌳 – 📶, 🚭 Zim, 📺 📞 🐕 – 🅰 100. 🆎 🔴 🔵 VISA
V
Menu à la carte 20/33 – **54 Zim** 🛏 59/75 – 84/105.
♦ Idyllisch an einem Park mit kleinem See liegt diese Hotelanlage mit solide eingerichtete Zimmern, denen neue Teppichböden und hübsche Stoffe ein frisches Aussehen verleihe Vor den Fenstern des freundlichen Restaurants erfreut sattes Grün das Auge.

Kessler garni, Brückenstr. 23, ✉ 54290, ✆ (0651) 97 81 70, hotel-kessler.trier@t-o line.de, Fax (0651) 9781797 – 📶 🚭 📺 🐕 🅿 🆎 🔵 VISA JCB
CY
22 Zim 🛏 52/87 – 72/128.
♦ Im Zentrum, beim nahen Rathaus finden Sie dieses Hotel. Die Zimmer sind mit neuzeitlicher praktischen Möbeln ordentlich eingerichtet und bieten zeitgemäßen Komfort.

Casa Chiara garni, Engelstr. 8, ✉ 54292, ✆ (0651) 27 07 30, info@casa-chiara.de Fax (0651) 27881 – 📶 🚭 📺 📞 🅿 🆎 🔴 🔵 VISA JCB
DX
20 Zim 🛏 55/75 – 90/105.
♦ Das außen wie innen modern gestaltete Hotel lädt mit hellen, freundlich eingerichtete Zimmern mit hellgrauer Möblierung zum Übernachten ein. Gute technische Ausstattung

Zum Christophel, Simeonstr. 1, ✉ 54290, ✆ (0651) 9 79 42 00, info@zumchrist phel.de, Fax (0651) 74732, 🍴 – 📶 📺 🔵 VISA
DX
Menu à la carte 17,50/28 – **11 Zim** 🛏 55/60 – 85/90.
♦ Mit unterschiedlich eingerichteten, wohnlich gestalteten Zimmern erwartet dieses vo einigen Jahren renovierte Hotel in einem historischen Stadthaus im Zentrum seine Gäste

Deutschherrenhof garni, Deutschherrenstr. 32, ✉ 54290, ✆ (0651) 97 54 20 hdhhotel@t-online.de, Fax (0651) 42395 – 🚭 📺 🐕 🆎 🔵 VISA
CX
15 Zim 🛏 60/75 – 80/90.
♦ Eine praktische Übernachtungsadresse : sehr gepflegtes und gut geführtes Hotel mi wohnlich und funktionell ausgestatteten Zimmern. Auch Familienzimmer sind vorhanden

TRIER

XXX **Pfeffermühle,** Zurlaubener Ufer 76, ✉ 54292, ☏ (0651) 2 61 33, Fax (0651) 9910904, 🍽 – 🅿. 🚾 𝘝𝘐𝘚𝘈. ✂
V t
geschl. Sonntag - Montagmittag – **Menu** (Tischbestellung ratsam) (bemerkenswerte Weinkarte) 29 (mittags)/65 à la carte 35/49.
♦ Das Restaurant liegt in einem Stadthaus direkt an der Mosel und empfängt seine Gäste mit einem gediegenen Ambiente, schön gedeckten Tischen und einer klassischen Küche.

XX **Palais Kesselstatt,** Liebfrauenstr. 9, ✉ 54290, ☏ (0651) 4 02 04, kesselstatt@aol.com, Fax (0651) 42308, 🍽 – 🅰🅴 🚾 𝘝𝘐𝘚𝘈 𝘑𝘊𝘉
DX c
geschl. 12. - 30. Jan., Sonntag - Montag – **Menu** (bemerkenswerte Weinkarte) à la carte 28/42.
♦ Speisen in fürstlicher Atmosphäre : Das Restaurant in dem Barockpalais ist mit Stuck, Gemälden und Lüstern stilvoll gestaltet und bewirtet Sie mit einer gehobenen Saisonküche.

XX **Schlemmereule,** Domfreihof 1b (im Palais Walderdorff), ✉ 54290, ☏ (0651) 7 36 16, ps@schlemmereule.de, Fax (0651) 9945001, 🍽 – 🅰🅴 ① 🚾 𝘝𝘐𝘚𝘈
DX b
geschl. über Karneval 1 Woche, Dienstag – **Menu** à la carte 31/44.
♦ Lichtdurchflutet präsentiert sich das Restaurant in den historischen Mauern : Zartgelbe Wände, Spiegel, dunkle Tische und Polsterstühle schaffen einen eleganten Bistrostil.

X **Bagatelle,** Zurlaubener Ufer 78, ✉ 54292, ☏ (0651) 2 97 22, Fax (0651) 27754, 🍽 – 🅰🅴 ① 🚾 𝘝𝘐𝘚𝘈 𝘑𝘊𝘉
V c
Menu à la carte 30/40.
♦ In dem Restaurant, das in einem kleinen Fischerhaus an der Mosel eingerichtet ist, erwartet Sie eine legere Bistro-Atmosphäre und eine leichte Küche auf klassischer Basis.

uf dem Kockelsberg über ④ : 5 km :

🏨 **Berghotel Kockelsberg** 🌿 (mit Gästehaus), ✉ 54293 Trier, ☏ (0651) 8 24 80 00, hokotr@aol.com, Fax (0651) 8248290, ≤ Trier, 🍽 – 🔲 🅿. 🅰🅴 🚾 𝘝𝘐𝘚𝘈
Menu (geschl. 21. - 27. Dez.) à la carte 15/32 – **30 Zim** ⇌ 36/51 – 50/80.
♦ Einen schönen Blick auf Trier genießt man von diesem Hotel aus der Wende vom 19. zum 20. Jh. mit weißer Fassade und Türmchen. Die Zimmer sind gepflegt und wohnlich. Ausflugslokal mit ländlichem Ambiente und reizvoller Aussicht.

n Trier-Ehrang über ⑤ : 8 km :

XX **Kupfer-Pfanne,** Ehranger Str. 200 (B 53), ✉ 54293, ☏ (0651) 6 65 89, Fax (0651) 66589, 🍽 – 🚾 𝘝𝘐𝘚𝘈. ✂
geschl. Donnerstag, Samstagmittag – **Menu** (Tischbestellung ratsam) à la carte 26/41.
♦ Ein hübscher Garten liefert einen Teil der Produkte für die internationalen Speisen, die man auf der bewachsenen Terrasse oder in der liebevoll dekorierten Gaststube serviert.

n Trier-Euren Süd-West : 3 km über Eurener Straße V :

🏛 **Eurener Hof,** Eurener Str. 171, ✉ 54294, ☏ (0651) 8 24 00, info@eurener-hof.de, Fax (0651) 800900, 🍽, Massage, ≘, 🔲 – 🛗 🔲 🅿. 🍽 – 🎂 30. 🅰🅴 🚾 𝘝𝘐𝘚𝘈
Menu à la carte 19/38 – **88 Zim** ⇌ 73/83 – 99/155, 3 Suiten.
♦ Hinter der gepflegten Fassade des Stadthauses vom Anfang des 20. Jh. erwarten Sie Zimmer, die mit wahrlich meisterlicher Handwerkskunst ausgestattet sind. Das Restaurant ist in mehrere gemütlich-rustikale Stuben unterteilt.

n Trier-Olewig :

🏛 **Blesius-Garten,** Olewiger Str. 135, ✉ 54295, ☏ (0651) 3 60 60, info@blesius-garten.de, Fax (0651) 360633, 🍽, (ehemaliges Hofgut a.d.J. 1789), ≘, 🔲 – 🛗 🔲 🅿 – 🎂 30. 🅰🅴 ① 🚾 𝘝𝘐𝘚𝘈
V d
Menu à la carte 23/37 – **Kraft-Bräu : Menu** à la carte 16/24 – **60 Zim** ⇌ 59/89 – 98/112.
♦ Sie wohnen in einem renovierten Hofgut. Die Zimmer sind mit rustikalen Naturholzmöbeln eingerichtet und bieten zeitgemäßen Komfort. Wintergartenrestaurant, Gourmet-Stube, Kaminzimmer, Hausbrauerei oder der Garten - wählen Sie selbst !

XX **Weinhaus Becker** mit Zim, Olewiger Str. 206, ✉ 54295, ☏ (0651) 93 80 80, info@weinhaus-becker.de, Fax (0651) 9380888 – 🔲 – 🎂 30. ✂ Rest
❀ V b
Menu (geschl. Jan. - Feb. 3 Wochen, Juli - Aug. 2 Wochen, Sonntagabend - Dienstagmittag) (wochentags nur Abendessen) à la carte 40/60 ♀ – **18 Zim** ⇌ 45/50 – 75/85.
♦ Lassen Sie sich von dem rustikalen Äußeren nicht täuschen : Hier bereitet man eine leichte, kreative Küche auf klassischer Basis, die an schön gedeckten Tischen serviert wird.
Spez. Karamelisierte Gänseleber mit Rhabarber und Vanille (Saison). Steinbuttschnitte im Zucchinikleid mit Tomatenfondue. Crépinette vom Stubenküken mit getrüffeltem Ricotta-Cannelloni.

1449

TRIER

In Trier-Pfalzel über ⑤ : 7 km :

🏛 **Klosterschenke** ⌘, Klosterstr. 10, ✉ 54293, ✆ (0651) 96 84 40, hotel-klost schenke@t-online.de, Fax (0651) 9684430, 🍽 – 📺 **P**. 🆎 **◎ ◎◎** **VISA** **JCB**
Menu à la carte 16/27 – **11 Zim** ⊇ 50/70 – 85/95.
♦ Individuell und geschmackvoll, teils im Landhausstil eingerichtete Zimmer erwarte die Gäste in dem restaurierten, ehemaligen kleinen Kloster aus dem 4. Jh. Das frisch ren vierte Restaurant mit gotischem Gewölbe empfängt seine Gäste mit mediterrane Ambiente.

In Trier-Zewen Süd-West : 7 km über ③ :

🏛 **Ambiente**, In der Acht 1, ✉ 54294, ✆ (0651) 82 72 80, hotel-ambiente-trier@t-c line.de, Fax (0651) 8272844, 🍽 – 📺 **P**. 🆎 **◎ ◎◎** **VISA**. ✖
Stempers Brasserie (geschl. Donnerstag, Samstagmittag) **Menu** à la carte 21/38 **13 Zim** ⊇ 52/62 – 78/88.
♦ Ein gepflegtes Hotel mit funktionellen Zimmern, die überwiegend mit Eichenholzmöbe im altdeutschen Stil eingerichtet sind. Mit hübschem Garten und schöner Terrasse. Helle freundliches Restaurant mit elegantem Touch.

🍽🍽 **Schloss Monaise**, Schloss Monaise 7, ✉ 54294, ✆ (0651) 82 86 70, monaise@t-c line.de, Fax (0651) 828671, 🍽 – **P**. **◎◎** **VISA**
geschl. 6. - 22. Jan., über Karneval, Mitte Sept. - März Dienstag – **Menu** 25/44 un à la carte.
♦ Die hellen Räume des kleinen Schlosses aus dem Jahre 1780 sind im moderne Bistrostil gestaltet. Bunte Bilder an den Wänden bilden einen Kontrast zu dem alte Gemäuer.

In Igel Süd-West : 8 km über ③ :

🏛 **Igeler Säule**, Trierer Str. 41 (B 49), ✉ 54298, ✆ (06501) 9 26 10, info@igeler saeule.de, Fax (06501) 926140, 🍽, 📞, 🅿, – 📶, ✖ Zim, 📺 ⇔ **P** – 🔑 8(**◎◎** **VISA**
Menu (geschl. Montagmittag) à la carte 18/37 – **26 Zim** ⊇ 39/60 – 62/85.
♦ Der gestandene Gasthof mit dem Schieferdach beherbergt seine Übernachtungsgäst in ordentlich mit rustikalem Mobiliar eingerichteten Zimmern. Die Gastwirtschaft ist m dunklen Holzbalken und rustikalen Eichenholzmöbeln ausgestattet.

In Mertesdorf Ost : 9 km über Loebstraße V :

🏛 **Weis** ⌘, Eitelsbacher Str. 4, ✉ 54318, ✆ (0651) 9 56 10, info@hotel-weis.de Fax (0651) 9561150, ≤, 🍽 – 📶, ✖ Zim, 📺 ⇔ **P** – 🔑 80. 🆎 **◎ ◎◎** **VISA**
Menu (geschl. 2. - 10. Jan.) à la carte 19/31 – **54 Zim** ⊇ 45/70 – 69/101.
♦ Inmitten der Weinberge des Ruwertals liegt dieses Hotel mit Weingut. Die Zimmer sin geschmackvoll mit Naturholzmöbeln eingerichtet und auch technisch gut ausgestatte Sehr gepflegte, rustikale Gaststuben mit Holztäfelung.

🍽🍽 **Grünhäuser Mühle**, Hauptstr. 4, ✉ 54318, ✆ (0651) 5 24 34, anja.coignard@t-o. line.de, Fax (0651) 53946, 🍽 – **P**. 🆎 **◎ ◎◎** **VISA** **JCB**
geschl. Juni - Juli 3 Wochen, Okt. 1 Woche, Montag - Dienstag – **Menu** (wochentags nu Abendessen) à la carte 19/36.
♦ Die ehemalige Mühle beherbergt ein gemütliches, rustikales Restaurant, das sich de französischen Küche verschrieben hat. Zweimal in der Woche gibt es ein bretonische Buffet.

MICHELIN-REIFENWERKE KGaA. ✉ 54293 Trier-Pfalzel (über ⑤ : 7 km), Eltzstr. 20 ✆ (0651) 68 10 Fax (0651) 681234.

TRIPTIS Thüringen 🔷🔷🔷 N 19 – 7 500 Ew – Höhe 410 m.
Berlin 256 – Erfurt 85 – Gera 41.

In Miesitz West : 1,5 km :

🏛 **Wutzler**, Ortsstr. 18 (B 281), ✉ 07819, ✆ (036482) 3 08 47, Fax (036482) 30848, Biergarten, ✖ – 📶 📺 **P** – 🔑 35. 🆎 **◎◎** **VISA**
Menu à la carte 13/27 – **35 Zim** ⊇ 48/50 – 67/70.
♦ Ein gläserner Fahrstuhl bringt die Gäste dieses neueren Hotels in die sachlich und funktionell eingerichteten Zimmer. Die Pflege ist gut, der Komfort zeitgemäß. Das zum Empfangsbereich hin offene Restaurant bewirtet Sie mit Produkten aus der eigenen Metzgerei.

---

*Erfahrene Autofahrer benutzen den **Roten Michelin-Führer** des laufenden Jahres*

RITTENHEIM Rheinland-Pfalz **417** Q 4 – 1 200 Ew – Höhe 121 m – Erholungsort.
🛈 Touristinformation, Moselweinstr. 55, ✉ 54349, ℘ (06507) 22 27, tourist-info.trittenheim@t-online.de, Fax (06507) 2040.
Berlin 700 – Mainz 138 – Trier 35 – Bernkastel-Kues 25.

※※ **Wein- und Tafelhaus,** Moselpromenade 4, ✉ 54349, ℘ (06507) 70 28 03, wein-tafelhaus@t-online.de, Fax (06507) 702804, 🍽 – **P**.
geschl. Mitte Jan. - Anfang Feb., Montag - Dienstag – **Menu** à la carte 33/44.
♦ Auf einem schönen Gartengrundstück hat man das im Landhausstil gehaltene Restaurant plaziert - hell und freundlich das Ambiente. Sehr schöne Terrasse.

※ **Weinstube Stefan-Andres** mit Zim, Laurentiusstr. 17, ✉ 54349, ℘ (06507) 7 00 13, bernhard.eifel@t-online.de, Fax (06507) 6460 – **P**.
Menu (geschl. Dienstag, Mitte Nov. - März Montag - Donnerstag) (nur Abendessen) à la carte 16/30 – **5 Zim** ⇌ 27 – 44/47.
♦ Sympathische, gemütlich wirkende Weinstube mit dicken Holzbalken, blanken Tischen und einer alten, der Dekoration dienenden Weinpresse.

In Naurath (Wald)-Büdlicherbrück Süd : 8 km oder über die A1 Abfahrt Mehring :

※※※ **Landhaus St. Urban** (Rüssel) ⓢ mit Zim, Büdlicherbrück 1, ✉ 54426, ℘ (06509)
🕸 9 14 00, landhaus-st-urban@t-online.de, Fax (06509) 914040, 🍽, 🌳 – 📺 **P** – 🔒 30. ⓐⓔ ⓞ 🕅 🚾
geschl. 1. - 8. Jan. – **Menu** (geschl. Dienstag - Mittwoch) 68/95 à la carte 47/63 – **16 Zim** ⇌ 55/75 – 80/160 – ½ P 38.
♦ Das Restaurant in der alten Mühle wurde neu gestylt und strahlt nun eine Atmosphäre edler Eleganz aus. Freuen Sie sich auf dieses malerisch im Dhrontal gelegene Kleinod.
Spez. Lauwarmer Kartoffelsalat mit Kalbskopf und Hummer. Gegrillte Jakobsmuscheln mit Safran-Bohnen. Taubenbrust und Gänsestopfleber im Artischockenboden mit Sauce Financière.

In Bescheid Süd : 10 km über Büdlicherbrück :

※※ **Zur Malerklause,** Im Hofecken 2, ✉ 54413, ℘ (06509) 5 58, malerklause@t-online.de, Fax (06509) 1082, 🍽 – **P**. 🕅 🚾
geschl. 1. - 22. Jan., 1. - 13. Sept., Montag - Dienstag – **Menu** (wochentags nur Abendessen) (Tischbestellung ratsam) à la carte 34/60.
♦ Das Dorfgasthaus überrascht mit einem kleinen, feinen Restaurant. Die klassische Einrichtung, Spiegel und üppige Dekorationen sorgen für ein besonderes Flair.

TROCHTELFINGEN Baden-Württemberg **419** V 11 – 6 500 Ew – Höhe 720 m – Erholungsort
– Wintersport : 690/815 m ✳2 🎿.
🛈 Verkehrsamt, im Rathaus, Rathausplatz 9, ✉ 72818, ℘ (07124) 48 21, info@trochtelfingen.de, Fax (07124) 4848.
Berlin 702 – Stuttgart 68 – Konstanz 105 – Reutlingen 27.

🏠 **Zum Rössle,** Marktstr. 48, ✉ 72818, ℘ (07124) 92 50, roessle@trochtelfingen.de, Fax (07124) 925200, Massage, 🛁, 🏊 – ↯ Zim, 📺 🚗 **P** – 🔒 60. 🕅 🚾
geschl. Anfang Jan. 1 Woche, Anfang Aug. 2 Wochen – **Menu** (geschl. Montag) à la carte 19/28 – **28 Zim** ⇌ 35/48 – 60/70 – ½ P 16.
♦ Ein gepflegter Gasthof mit über 100jähriger Tradition : Die Zimmer sind unterschiedlich eingerichtet und bieten einen guten Komfort. Mit kleinem Tagungszentrum. Das ländliche Lokal ist ansprechend dekoriert - ein brauner Kachelofen strahlt gemütliche Wärme aus.

※※ **Zum Ochsen,** Marktstr. 21, ✉ 72818, ℘ (07124) 22 00, info@uwefoerster.de, Fax (07124) 931168 – 🕅🅔
Menu (Montag - Freitag nur Abendessen) à la carte 32/46.
♦ Das Restaurant in dem Fachwerkhaus in der Innenstadt ist gepflegt, rustikal gestaltet und liebevoll dekoriert. So sorgen die charmanten Gastgeber stets für frische Blumen.

TRÖSTAU Bayern **420** P 19 – 2 500 Ew – Höhe 550 m.
🛈 Tröstau, Fahrenbach 1, ℘ (09232) 88 22 56.
Berlin 370 – München 268 – Weiden in der Oberpfalz 58 – Bayreuth 37.

🏠 **Bauer,** Kemnather Str. 20, ✉ 95709, ℘ (09232) 28 42, bauershotel@t-online.de,
🍴 Fax (09232) 1697, 🍽, 🌳 – 📺 **P**. 🕅🅔
Menu (geschl. Mittwoch) à la carte 14/31 – **11 Zim** ⇌ 34/39 – 62 – ½ P 15.
♦ Ein netter, familiär geführter Gasthof in der Ortsmitte auf einer kleinen Anhöhe gelegen. Die Zimmer sind unterschiedlich eingerichtet, sehr gepflegt und sauber. Grünpflanzen geben der ländlichen Gaststube eine freundliche Note.

TRÖSTAU

In Tröstau-Fahrenbach *Süd-Ost : 2 km :*

Golfhotel Fahrenbach M, Fahrenbach 1, ✉ 95709, ℘ (09232) 88 20, golfh tel@t-online.de, Fax (09232) 882345, ≤, 斧, ≦s, 禾, ℔, – 鳯, ⇄ Zim, TV ⚘ ℙ – 盛 7
AE ⓘ ⓞⓞ VISA
Menu à la carte 22/31 – **80 Zim** ⌇ 68 – 102 – ½ P 18.
• Die reizvolle Lage direkt am Golfplatz und die hellen, modern gestalteten Zimmer m guter Ausstattung machen dieses Hotel zu einem komfortablen Domizil. Das helle Resta rant mit Buffetbereich und nett gedeckten Tischen ist zeitgemäß eingerichtet.

TROISDORF *Nordrhein-Westfalen* **417** *N 5 – 70 000 Ew – Höhe 65 m.*
Berlin 584 – Düsseldorf 65 – Bonn 12 – Siegburg 5 – Köln 21.

Wald-Hotel garni, Altenrather Str. 49, ✉ 53840, ℘ (02241) 9 82 4(Fax (02241) 74184 – 鳯, ⇄ Zim, TV ℙ AE ⓘ ⓞⓞ VISA
25 Zim ⌇ 65/85 – 85/105.
• Das Hotel mit der gelben Fassade liegt am Ortsrand in Waldnähe und hält für di Gäste gepflegte, individuell ausgestattete Zimmer und einen gemütlichen Frühstücksraur bereit.

Kronprinz garni, Poststr. 87, ✉ 53840, ℘ (02241) 9 84 90, info@hotelkronprinz.de Fax (02241) 984999 – 鳯 TV ✆ ⇌. AE ⓞⓞ VISA. ✻
48 Zim ⌇ 58/64 – 72.
• Gastlichkeit mit Tradition : In dem 1901 eröffneten Hotel wohnt man in renovierte Zimmern, die mit hellen Farben und Naturholzmöbeln praktisch gestaltet sind.

Am Bergerhof, Frankfurter Str. 82, ✉ 53840, ℘ (02241) 7 42 82 Fax (02241) 806095, 斧 – ℙ ⓞⓞ. ✻
Menu *(wochentags nur Abendessen)* à la carte 20/34.
• Das Restaurant befindet sich in einem Fachwerkhaus aus dem 18. Jh. Im Innere schaffen die rustikale Einrichtung, Zierat und freigelegtes Fachwerk ein gemütliche Ambiente.

In Troisdorf-Sieglar :

Quality Hotel M, Larstr.1, ✉ 53844, ℘ (02241) 99 70, info@airporthotel-cologne com, Fax (02241) 997288 – 鳯, ⇄ Zim, TV ✆ & ℙ – 盛 80. AE ⓘ ⓞⓞ VISA
Menu à la carte 19/37 – **88 Zim** ⌇ 85/130 – 130/150.
• Das Hotel liegt verkehrsgünstig zum Flughafen Köln-Bonn und erwartet seine Gäste mi funktionellen Zimmern, die mit hellen Holzmöbeln eingerichtet sind.

In Troisdorf-Spich *Nord-West : 2 km :*

Express by Holiday Inn M garni, Echternacher Str. 4 (nahe der BAB-Ausfahrt A 59) ✉ 53842, ℘ (02241) 3 97 30, expressbyhicologne@t-online.de, Fax (02241) 3973555 鳯 ⇄ ≡ TV ✆ & ℙ – 盛 30. AE ⓘ ⓞⓞ VISA
110 Zim ⌇ 85.
• Komfort nicht nur für Geschäftsreisende : Das Hotel ist verkehrsgünstig gelegen, die Zimmer sind praktisch und bequem eingerichtet, man bietet ein reichhaltiges Frühstück

Außerhalb *Nord : 2 km : über Altenrather Straße :*

Forsthaus Telegraph, Mauspfad 3, ✉ 53842 Troisdorf-Spich, ℘ (02241) 7 66 49 info@forsthaus-telegraph.de, Fax (02241) 70494, 斧 – ℙ AE ⓘ ⓞⓞ VISA
geschl. Anfang Jan. 1 Woche – **Menu** *(wochentags nur Abendessen)* (Tischbestellung rat sam) à la carte 35/45.
• Das ehemalige Forsthaus liegt idyllisch mitten im Wald. Die gediegene, geschmackvolle Einrichtung erzeugt eine Atmosphäre von rustikaler Eleganz.

TROLLENHAGEN *Mecklenburg-Vorpommern siehe Neubrandenburg.*

TROSSINGEN *Baden-Württemberg* **419** *V 9 – 15 000 Ew – Höhe 699 m.*
🛈 *Trossingen Kultur, Hohnerstr. 23, ✉ 78647, ℘ (07425) 32 68 83, kultur@trossinger .de, Fax (07425) 326985.*
Berlin 734 – Stuttgart 106 – Konstanz 81 – Rottweil 14 – Donaueschingen 27.

Bären, Hohnerstr. 25, ✉ 78647, ℘ (07425) 60 07, h.j.letters@t-online.de, Fax (07425) 21395 – TV ⇌ ℙ AE ⓘ ⓞⓞ VISA
Menu *(geschl. Aug., Freitagabend - Samstag)* à la carte 19/33 – **20 Zim** ⌇ 49/59 – 70/82.
• Ein traditionsreicher, ländlicher Gasthof in der Ortsmitte mit solide eingerichteten Zimmern, die tadellos gepflegt sind. Man bewirtet Sie in einer einfachen Gaststube mit Holzboden und getäfelten Wänden.

ROSTBERG Bayern **420** V 21 – 11 500 Ew – Höhe 485 m.
Berlin 660 – München 85 – *Bad Reichenhall 56* – Rosenheim 43 – Salzburg 54.

🏠 **Pfaubräu**, Hauptstr. 2, ✉ 83308, ℘ (08621) 9 82 90, Fax (08621) 982999, Biergarten – 📺 ✆. 🆎 ⓜ 💳
Menu à la carte 15/29 – **25 Zim** ⛛ 43/48 – 80.
♦ Hier wohnt man in den Mauern einer ehemaligen Posthalterei. Die renovierten Zimmer wurden mit Naturholzmöbeln eingerichtet und sind technisch gut ausgestattet. Das spätgotische Kreuzgewölbe der Bräustube in dem historischen Gasthaus wird Sie beeindrucken.

ÜBINGEN Baden-Württemberg **419** U 11 – 81 500 Ew – Höhe 341 m.
Sehenswert: Eberhardsbrücke ≤* Z – Museum im Schloss Hohentübingen* (Vogelherdpferdchen*, Ägyptische Kultkammer*) YZ – Am Markt* Y – Rathaus* Y R – Stiftskirche (Grabtumben**, Kanzel* Turm ≤*) Y – Neuer Botanischer Garten* (Gewächshäuser*) X.
Ausflugsziel: Bebenhausen : ehemaliges Kloster* (Dachreiter*, Sommerrefektorium*) 6 km über ①.

🛈 Verkehrsverein, An der Neckarbrücke, ✉ 72072, ℘ (07071) 9 13 60, mail@tuebingen-info.de, Fax (07071) 35070.
Berlin 682 ⑥ – *Stuttgart 46* ② – *Freiburg im Breisgau 155* ④ – *Karlsruhe 105* ⑥ – *Ulm (Donau) 100* ②.

Stadtplan siehe nächste Seite

🏨 **Krone** ⚜, Uhlandstr. 1, ✉ 72072, ℘ (07071) 1 33 10, info@krone-tuebingen.de, Fax (07071) 133132 – 🛗 🎨 📺 ✆. – 🏛 40. 🆎 ⓞ ⓜ 💳 🌐   Z b
geschl. 22. - 30. Dez. - **Menu** à la carte 24/42 – **47 Zim** ⛛ 83/103 – 123/153.
♦ Klassisch gibt sich das Hotel mit komfortabler Halle und ansprechenden Zimmern, die teils mit älteren Stilmöbeln, teils mit modernerem Mobiliar eingerichtet sind. Gastronomisch haben Sie die Wahl zwischen rustikaler Uhlandstub oder dem eleganteren Teil.

🏨 **Domizil** Ⓜ (mit Gästehaus), Wöhrdstr. 5, ✉ 72072, ℘ (07071) 13 90, info@hotel-domizil.de, Fax (07071) 139250, ⛲, ≋ – 🛗, ¾ Zim, 📺 ✆ Ⓖ – 🏛 35. 🆎 ⓞ ⓜ 💳.
🍴 Rest   Z n
Menu (geschl. 22. Dez. - 6. Jan., Sonntag) à la carte 21/37 – **79 Zim** ⛛ 93/98 – 111/124, 3 Suiten.
♦ Das neue Stadthotel überzeugt durch seine schöne Lage direkt am Neckar, geschmackvolle Zimmer im modernen Stil, gute technische Ausstattung und freundlichen Service. Kleines Restaurant mit Blick auf den Fluß.

🏨 **Stadt Tübingen,** Stuttgarter Str. 97, ✉ 72072, ℘ (07071) 3 10 71, info@hotel-stadt-tuebingen.de, Fax (07071) 38245, ⛲ – 🛗, ¾ Zim, 📺 🅿 – 🏛 250. 🆎 ⓜ 💳 X a
geschl. 23. Dez. - 6. Jan. – **Menu** (geschl. Sonntagabend) à la carte 22/44 – **71 Zim** ⛛ 66/95 – 85/127.
♦ Helle, komfortable Zimmer, die teils mit rustikalen Eichenholzmöbeln, teils mit modernen hellgrauen Möbeln eingerichtet sind, stehen in diesem familiengeführten Hotel. Das bürgerliche Lokal ist mit bequemen Polsterstühlen und -bänken ausgestattet.

🏠 **Kupferhammer** garni (mit Gästehaus), Westbahnhofstr. 57, ✉ 72070, ℘ (07071) 41 80, info@hotel-kupferhammer.de, Fax (07071) 418299 – ¾ 📺 ✆ ⇔ 🅿. 🆎 ⓜ 💳 🌐   X m
geschl. 19. Dez. - 6. Jan. – **20 Zim** ⛛ 62/67 – 82/91.
♦ Die Zimmer im Haupthaus sind mit mahagonifarbenem Mobiliar eingerichtet, die im Gästehaus mit dunklem Wurzelholz. Alle sind gepflegt und bieten zeitgemäßen Komfort.

🏠 **Am Schloss,** Burgsteige 18, ✉ 72070, ℘ (07071) 9 29 40, info@hotelamschloss.de, Fax (07071) 929410, ⛲ – 📺 ⇔ 🅿. 🆎 ⓞ ⓜ 💳   Y c
geschl. 1. - 16. Jan. – **Menu** (geschl. Okt. - April Dienstag) à la carte 19/31 – **37 Zim** ⛛ 51/81 – 90/115.
♦ Übernachten in einem hübschen Altstadthaus : Die meisten Zimmer sind renoviert, individuell und pfiffig mit farblich aufeinander abgestimmten Einrichtungselementen gestaltet. Das Restaurant hat sich u. a. der Tradition schwäbischer Maultaschen verschrieben.

🏠 **Hospiz** garni, Neckarhalde 2, ✉ 72070, ℘ (07071) 92 40, hotel.hospiz.tuebingen@t-online.de, Fax (07071) 924200 – 🛗 ¾ 📺 ⇔. 🆎 ⓜ 💳   Y s
50 Zim ⛛ 62/72 – 92/110.
♦ Das traditionsreiche Hotel mit der roten Fassade liegt am Rand der Altstadt und erwartet Sie mit funktionellen Zimmern, die mit hellen Holzmöbeln wohnlich eingerichtet sind. Frische Blumen und mit Stoff bespannte Hängelampen zieren die rustikale Gaststube.

🏠 **Am Bad** ⚜ garni, Am Freibad 2, ✉ 72072, ℘ (07071) 7 97 40, info@hotel-am-bad.de, Fax (07071) 75336 – ¾ 📺 ⇔ 🅿. 🆎 ⓜ 💳 🌐   X f
geschl. 23. Dez. - 6. Jan. – **35 Zim** ⛛ 47/69 – 85/98.
♦ Das gepflegte Hotel liegt direkt an einem Tübinger Freibad. Fragen Sie nach den renovierten Zimmern, die mit zeitgemäßem Mobiliar ausgestattet sind. Mit Familienzimmer.

TÜBINGEN

Street	Grid
Alberstraße	X 2
Am Markt	Y
Ammergasse	Y 5
Derendinger Straße	X, Z 8
Friedrichstraße	Z 12
Froschgasse	Y 15
Goethestraße	X 18
Hirschgasse	X 21
Hölderlinstraße	X 24
Holzmarkt	Y 27
Karlstraße	Z
Kirchgasse	Y 30
Kronenstraße	Y 33
Lange Gasse	Y
Mohlstraße	X 36
Mühlstraße	Y
Münzgasse	Y 39
Neckargasse	Y 42
Nürtinger Straße	X 45
Pfleghofstraße	Y 48
Pfrondorfer Straße	X 51
Poststraße	Z 54
Reutlinger Straße	X 57
Rheinlandstr.	X 58
Schmiedtorstraße	Y 60
Sigwartstraße	X 63
Wilhelmstraße	X, Y

Michelin hängt keine Schilder an die empfohlenen Hotels und Restaurants.

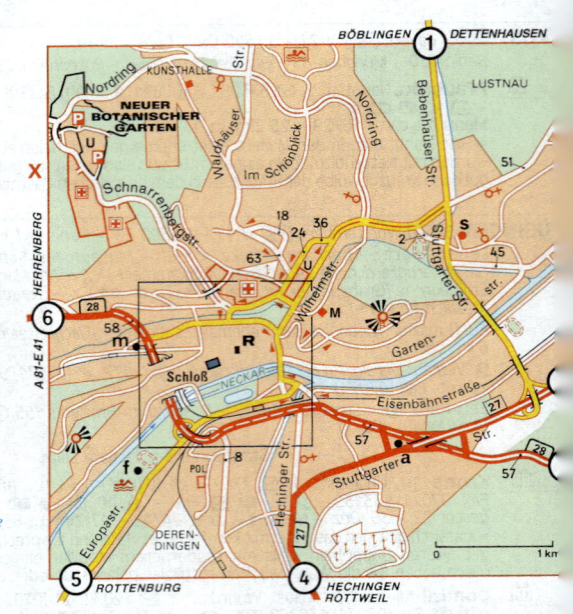

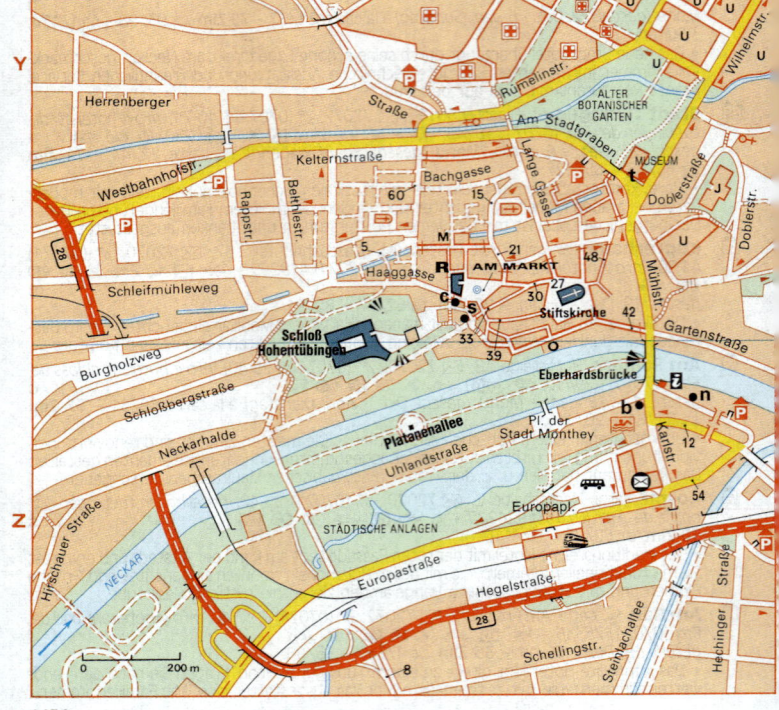

1454

TÜBINGEN

XXX **Rosenau,** beim Botanischen Garten, ⊠ 72076, ℘ (07071) 6 88 66, *ernst.fischer@restaurant.rosenau.de, Fax (07071) 688680,* 😊 – 🍽 🅿. AE ① ⓘ VISA
geschl. Montag – **Menu** à la carte 24/43. über Schnarrenbergstraße X
♦ Am Botanischen Garten findet man das Restaurant im Stil einer Orangerie mit gepolsterten, graziös geschwungenen Stühlen, geblümten Vorhängen und blauem, gewölbtem Glasdach.

XX **Museum,** Wilhelmstr. 3, ⊠ 72074, ℘ (07071) 2 28 28, *lothar.schmid@restaurant-museum.de, Fax (07071) 21429* – 🅿. ⚐ 250. AE ⓘ VISA Y t
geschl. Sonntagabend, Montagabend – **Menu** 14,50 à la carte 22/43 ♀.
♦ Vorwiegend internationale Gerichte serviert man den Gästen des Restaurants, das in zwei großen Räumen mit teils bürgerlicher, teils rustikaler Einrichtung untergebracht ist.

In Tübingen-Bebenhausen über ① : 6 km :

🏨 **Landhotel Hirsch,** Schönbuchstr. 28, ⊠ 72074, ℘ (07071) 6 09 30, *Fax (07071) 609360,* 😊 – ⚑ Rest, 🍽 Rest, 📺 🅿. AE ① ⓘ VISA
Menu *(geschl. Dienstag)* à la carte 27/42 – **12 Zim** ⚏ 72/91 – 128/145.
♦ Schon der König von Württemberg logierte in diesem Landgasthof. Wohnliche Zimmer mit einer Atmosphäre ländlicher Eleganz und marmorverkleideten Bäder erwarten Sie. Teils ländlich-rustikal mit Kachelofen, teils im eleganten Landhausstil gestaltete Gaststube.

XXX **Waldhorn** (Schilling), Schönbuchstr. 49 (B 464), ⊠ 72074, ℘ (07071) 6 12 70, *info
🕸 @waldhorn-bebenhausen.de, Fax (07071) 610581,* 😊 – 🅿. AE
geschl. Juli - Aug. 2 Wochen, Montag - Dienstag – **Menu** (Tischbestellung ratsam, bemerkenswerte Weinkarte) 55/89 à la carte 37/61 ♀.
♦ Rustikale Ländlichkeit mit eleganter Note bestimmt das Ambiente des Restaurants, in dem der aufmerksame Service Ihnen eine klassische Küche mit kreativer Note serviert. **Spez.** Variation von Gänsestopfleber. Geschmorte Kalbsbäckchen mit Brezenknödel. Hägenmark-Eisbömble mit glasierten Apfelschnitzen.

In Tübingen-Lustnau :

XX **Basilikum,** Kreuzstr. 24, ⊠ 72074, ℘ (07071) 8 75 49, *Fax (07071) 87549,* 😊 – AE
ⓘ VISA X s
geschl. Aug. 2 Wochen, Sonntag – **Menu** (italienische Küche) à la carte 30/38.
♦ Hier huldigt man der klassischen italienischen Küche. Frisch gebackenes Brot und hausgemachte Pasta gehören zum Angebot des hell und modern gestalteten Ristorante.

TÜSSLING *Bayern siehe Altötting.*

TUNAU *Baden-Württemberg siehe Schönau im Schwarzwald.*

TUNTENHAUSEN Bayern ⓵⓶⓪ W 20 – 5 800 Ew – Höhe 508 m.
Berlin 570 – *München* 42 – Rosenheim 19.

In Tuntenhausen-Maxlrain Süd-West : 5,5 km :

X **Schloßwirtschaft Maxlrain,** Freiung 1, ⊠ 83104, ℘ (08061) 83 42,
🕸 *Fax (08061) 6857,* Biergarten – 🅿.
geschl. Mitte - Ende Jan., Ende Aug. - Mitte Sept., Montagabend - Dienstag – **Menu** (Tischbestellung ratsam) à la carte 17/33.
♦ Schmackhaft und sorgfältig zubereitete Gerichte finden sich auf der Karte des gemütlichen, historischen Landgasthofs. Abends geht es etwas feiner zu.

In Tuntenhausen-Ostermünchen Nord-Ost : 3 km :

X **Landhaus Kalteis** mit Zim, Rotter Str. 2, ⊠ 83104, ℘ (08067) 9 08 00, *peppi@
🕸 peppi-kalteis.de, Fax (08067) 908020,* 😊 – 🅿. ⓘ VISA
Menu *(geschl. Montag - Dienstag)* à la carte 16/36 – **Salettel** (geschl. Montag - Dienstag) (nur Abendessen) **Menu** 35/48 und à la carte – **4 Zim** ⚏ 32 – 47.
♦ Der ehemalige Postgasthof ist eine ländlich-rustikale Gaststube mit dörflicher Atmosphäre, in der man dem Gast bayerische Wirtshausschmankerln bietet. Im nach hinten gelegenen Wintergarten befindet sich das Salettel - die Gourmet-Variante des Landhaus Kalteis.

TUTTLINGEN Baden-Württemberg ⓵⓵⑨ W 10 – 34 500 Ew – Höhe 645 m.
🛈 Tourist-Info, Rathausstr. 1 (Rathaus), ⊠ 78532, ℘ (07461) 9 93 40, Fax (07461) 99334.
Berlin 753 ① – Stuttgart 128 ④ – *Konstanz* 70 ③ – Freiburg im Breisgau 88 ③ – Ulm (Donau) 116 ①

1455

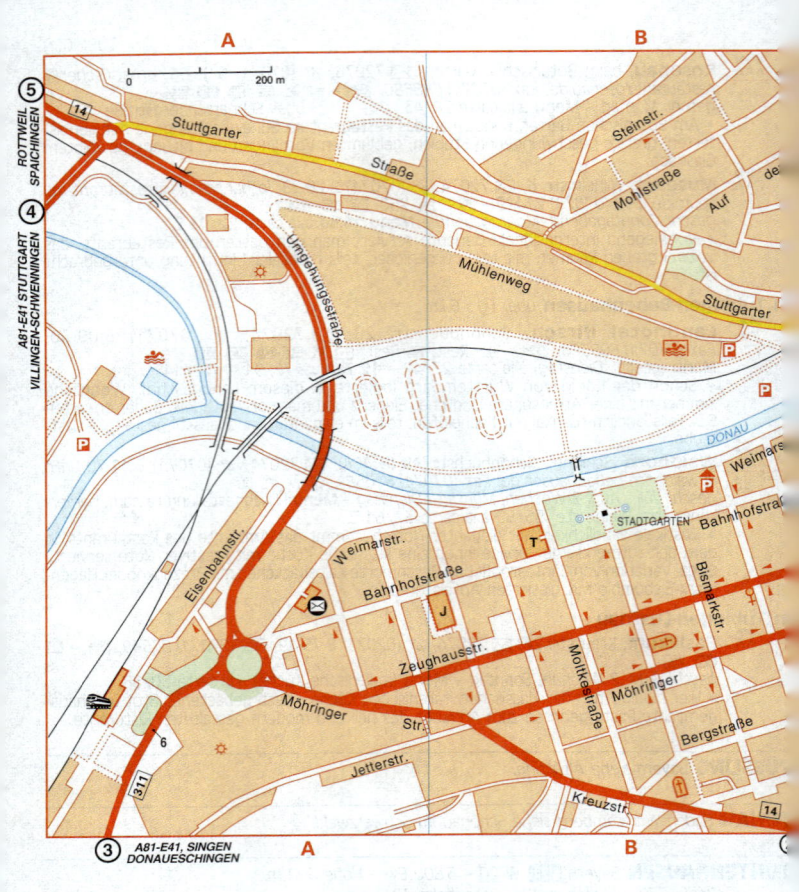

🏨 **Stadt Tuttlingen** (mit Gästehaus), Donaustr. 30, ✉ 78532, ℰ (07461) 93 00
hotelstadttuttlingen@t-online.de, Fax (07461) 930250 – 🛗 📺 🚗 – 🛌 60. 🅰🅴 ⓞ
Ⓜⓒ 🆅🅸🆂🅰
C a
Menu à la carte 22/36 – **79 Zim** ⚏ 67/87 – 112/122.
♦ Die Zimmer im Haupthaus sind einheitlich mit dunklen Holzmöbeln eingerichtet
funktionell und ausreichend geräumig, die im Gästehaus haben Kirschbaummobiliar
und neuere Bäder. Das gediegene Restaurant ist mit dunklen Holzmöbeln ausgestattet.

🏨 **Rosengarten** garni, Königstr. 17, ✉ 78532, ℰ (07461) 9 62 70, Fax (07461) 962745
– 🛗 📺 🚗 🆅🅸🆂🅰
C
geschl. Mitte Dez. - Mitte Jan. – **23 Zim** ⚏ 47/49 – 61/80.
♦ Die unterschiedlich gestalteten Zimmer des zentral in der Innenstadt gelegenen, gut
geführten Hotels sind funktionell und gepflegt.

In Tuttlingen-Möhringen über ③ : 5 km – Luftkurort :

🏨 **Löwen** (mit Gästehaus), Mittlere Gasse 4, ✉ 78532, ℰ (07462) 62 77, loewen-
moehringen@t-online.de, Fax (07462) 7050, ⟅s – 📺 🚗 🅿 Ⓜⓒ 🆅🅸🆂🅰
geschl. 16. Okt. - 2. Nov. – **Menu** (geschl. Mittwochabend - Donnerstag) à la carte 16/28
– **14 Zim** ⚏ 35/40 – 58/68.
♦ Einfache Räume, die praktisch und gut gepflegt sind, bietet der ländliche Gasthof seinen
Besuchern. Fragen Sie nach den kürzlich renovierten Zimmern. In den rustikalen Gaststuben
mit holzgetäfelten Wänden und bleiverglasten Fenstern fühlt man sich
wohl.

TUTTLINGEN

Alleenstraße	**C** 2
Auf dem Schildrain	**BC**
Bahnhofstraße	**AB**
Bergstraße	**BC**
Bismarckstraße	**B**
Brückenstraße	**C**
Donaueschinger Straße	**A** 6
Donaustraße	**C** 7
Eisenbahnstraße	**A**
Freiburgstraße	**C**
Gartenstraße	**C**
Gießstraße	**C**
Jetterstraße	**A**
Karlstraße	**BC**
Königstraße	**C** 9
Kreuzstraße	**B**
Kronenstraße	**C** 10
Ludwigstaler Straße	**C** 12
Marktplatz	**C** 13
Mohlstraße	**B**
Möhringer Straße	**AB**
Moltkestraße	**B**
Mühlenweg	**AB**
Nendinger Allee	**C** 14
Neuhauser Straße	**C** 15
Obere Hauptstraße	**C** 16
Panoramastraße	**C**
Rathausstraße	**C** 18
Schaffhauser Straße	**C** 19
Scheffelstraße	**C**
Schützenstraße	**C**
Stadtkirchstraße	**C** 22
Steinstraße	**B**
Stockacher Straße	**C**
Stuttgarter Straße	**ABC**
Umgehungstraße	**A**
Untere Hauptstraße	**C** 24
Untere Vorstadt	**C** 25
Weimarstraße	**AB**
Zeughausstraße	**ABC**

n Wurmlingen über ⑤ : 4 km :

Traube M garni, Untere Hauptstr. 43, ✉ 78573, ℘ (07461) 93 80, info@hotel traube.de, Fax (07461) 938463, ⓕ, ≘s, ⛉, ※ – ∣❡∣ ≒ 🖵 ✆ ⇔ 🅿 – 🛎 30. 🖭 ⓞ
🞊 🚾 JCB. %
65 Zim ⚌ 74/93 – 94/122.
♦ Ein modernes Hotel mit ansprechend gestalteten Aufenthaltsräumen, komfortablen Zimmern mit zeitgemäßem Mobiliar, guter technischer Ausstattung und gepflegtem Wellnessbereich.

✗ **Gasthof Traube,** Untere Hauptstr. 40, ✉ 78573, ℘ (07461) 83 36, Fax (07461) 6463
– 🅿. 🞊 🚾
geschl. Aug. 2 Wochen, Dienstag - Mittwochmittag – **Menu** à la carte 16/28.
♦ Fliesen, gepolsterte Holzbänke und -stühle sowie stoffbespannte Lampen geben dem Lokal ein rustikales Gepräge. Einladend wirkt der neue Wintergarten mit einem Hauch Eleganz.

TUTZING Bayern **419 420** W 17 – 9 300 Ew – Höhe 610 m – Luftkurort.
ⓘ Tutzing, Deixlfurt 7 (West : 2 km), ℘ (08158) 36 00.
Berlin 627 – München 40 – Starnberg 15 – Weilheim 14.

Zum Reschen garni, Marienstr. 7, ✉ 82327, ℘ (08158) 93 90, hotelzumreschen@t -online.de, Fax (08158) 939100 – ≒ 🖵 ⇔ 🅿. 🞊 🚾
geschl. 17. Dez. - 14. Jan., über Fasching – **18 Zim** ⚌ 51/59 – 81/86.
♦ Wenige Schritte vom See entfernt wohnt man hier in schlichten, gepflegten Zimmern, die alle mit hellen Naturholzmöbeln eingerichtet sind und zeitgemäßen Komfort bieten.

TUTZING

Am See - Lidl (mit Gästehaus), Marienstr. 16, ✉ 82327, ☎ (08158) 9 95 0(
lidl@hotelamsee-tutzing.de, Fax (08158) 7526, ≤, 🍽, 🏖, 🚗 – 📺 📞 📧
MC VISA
geschl. Nov. 2 Wochen – **Menu** (geschl. Dienstagabend, Nov. - März Dienstag) à la cart
19/33 – **25 Zim** ⌂ 41/72 – 85/92 – ½ P 21.
• Die Fischerfamilie Lidl hat in dem Haus im alpenländischen Stil direkt am See
ordentlich ausgestattete Zimmer für die Besucher eingerichtet. Der gastronomisch
Bereich teilt sich in die gemütlich-rustikale Gaststube und den Wintergartenanbau zu
See hin.

TWIST Niedersachsen **415** I 5 – 8400 Ew – Höhe 20 m.
Berlin 523 – Hannover 255 – Nordhorn 25 – Bremen 147 – Groningen 99.

In Twist-Bült :

Gasthof Backers - Zum alten Dorfkrug mit Zim, Kirchstr. 25, ✉ 4976;
☎ (05936) 90 47 70, Fax (05936) 904779, 🍽 – 📺 📞 **MC VISA**, ⌂ Zim
geschl. 1. - 6. Jan., 14. - 18. April – **Menu** (geschl. Dienstag, Samstagmittag) à la carte 23/3
– **4 Zim** ⌂ 40 – 60.
• Warme Farben, nette Dekorationen und ein Kamin geben dem ländlichen Lokal ein
gemütliche Atmosphäre. Für Extras gibt es ein Jagdzimmer und den Festsaal.

ÜBACH-PALENBERG Nordrhein-Westfalen **417** N 2 – 23 000 Ew – Höhe 125 m.
Berlin 629 – Düsseldorf 82 – Aachen 26 – Geilenkirchen 6.

Weydenhof, Kirchstr. 17 (Palenberg), ✉ 52531, ☎ (02451) 4 14 10, hotel-weyde
hof@foni.net, Fax (02451) 48958 – 🛗 📺 🚗 📞 – 🏛 40. **MC VISA JCB**
Menu (geschl. Sonntagabend, Freitag)(wochentags nur Abendessen) à la carte 15/28
29 Zim ⌂ 26/52 – 46/72.
• Hinter einer neuzeitlichen Fassade finden Sie eine solide Behausung auf Zeit. Praktisch
und ruhig gelegene Gästezimmer tragen zu einem gelungenen Aufenthalt bei. Restauran
mit Wirtshauscharakter.

ÜBERHERRN Saarland **417** S 4 – 11 600 Ew – Höhe 377 m.
Berlin 743 – Saarbrücken 36 – Saarlouis 13 – Metz 52 – Pont-a-Mousson 83.

Linslerhof (mit Gästehäusern), über Differterstraße (Ost : 2 km), ✉ 66802
☎ (06836) 80 70, bvonboch@aol.com, Fax (06836) 80717, Biergarten, Massage, 🍽, 🚗
– 🛗, ⌂ Zim, 📺 📞 📧 – 🏛 50. **AE MC VISA**
Menu (geschl. 1. - 6. Jan.) à la carte 27/46,50 – **60 Zim** ⌂ 82/90 – 105/113.
• In den Gästezimmern des aus dem 12. Jh. stammenden Anwesens spürt man den Guts
hofcharakter. Jedes ist individuell, elegant-rustikal im englischen Landhausstil eingerichtet
Das Restaurant liegt in einem ca. 300 m entfernten Gebäude.

In Überherrn-Altforweiler Nord : 5 km :

Häsfeld , Comotorstr. 9 (Industriegebiet), ✉ 66802, ☎ (06836) 44 44
Fax (06836) 6444, 🍽, 🐎 – 📺 📞 📧 **MC VISA**
Menu (geschl. 1. - 15. Jan., Mittwoch) (Montag - Freitag nur Abendessen) à la carte 16/3(
– **14 Zim** ⌂ 39 – 67.
• Wenn Sie auf der Suche nach einer schlichten, aber ordentlich gepflegten und gut
erreichbaren Unterkunft sind, werden Sie hier fündig. Zum Haus gehört auch eine Reit
anlage. Das Restaurant ist eine nette Gaststube.

In Überherrn-Felsberg Nord : 8 km :

Felsberger Hof (mit Gästehaus), Metzer Str. 117, ✉ 66802, ☎ (06837) 9 00 00
Fax (06837) 900020, 🍽 – 📺 📞 📧 **AE ① MC VISA JCB**
Menu (wochentags nur Abendessen) à la carte 16/31 – **35 Zim** ⌂ 39/55 – 63/76.
• Am Fuß der Teufelsburg empfängt man Sie in einer modern mit hellem Holzmobiliar
ausgestatteten Übernachtungsadresse mit familiärer Atmosphäre. Rustikale Gaststube mit
Theke.

ÜBERKINGEN, BAD Baden-Württemberg **419** U 13 – 4000 Ew – Höhe 440 m – Heilbad.
🏌 Bad-Überkingen-Oberböhringen, Beim Bildstöckle (Nord : 8 km), ☎ (07331) 6 40 66.
🛈 Kurverwaltung, Gartenstr. 1, ✉ 73337, ☎ (07331) 96 19 19, info@bad-ueberkir
gen.de Fax (07331) 961999.
Berlin 598 – Stuttgart 62 – Göppingen 21 – Ulm (Donau) 37.

ÜBERKINGEN, BAD

🏨 **Bad-Hotel** (mit Gästehäusern), Otto-Neidhart-Platz 1, ✉ 73337, ℘ (07331) 30 20, *bad-hotel-ueberkingen@t-online.de*, Fax (07331) 30220, 🍴, ✖ – 📶, ⇔ Zim, 📺 ♨ 🅿 – 🔒 40. 🅰🅴 ⓘ ⓜ VISA
Menu (geschl. 27. - 30. Dez., 2. - 5. Jan.) à la carte 24,50/41,50 – **50 Zim** ⊇ 68/90 – 93/128 – ½ P 26.
♦ Ein über Jahre gewachsener Betrieb, der aus einem Ensemble restaurierter Fachwerkbauten besteht. Gediegene, wohnliche Zimmer ermöglichen einen schönen Aufenthalt. Ein schwarzer Flügel und von Säulen getragene Bögen bestimmen das Interieur des Restaurants.

ÜBERLINGEN Baden-Württemberg **419** W 11 – 20 500 Ew – Höhe 403 m – Kneippheilbad und Erholungsort.

Sehenswert: *Stadtbefestigungsanlagen*★ A – *Münster*★ B – *Rathaus (Ratssaal*★) B R.
🐴 Owingen, Alte Owinger Str. 93 (Nord : 5 km), ℘ (07551) 8 30 40.
🛈 *Tourist-Information, Landungsplatz 14, ✉ 88662, ℘ (07551) 99 11 22, Fax (07551) 991123.*
Berlin 743 ① – Stuttgart 172 ② – *Konstanz* 40 ① – Freiburg im Breisgau 129 ② – Ravensburg 46 ① – Bregenz 63 ①

ÜBERLINGEN

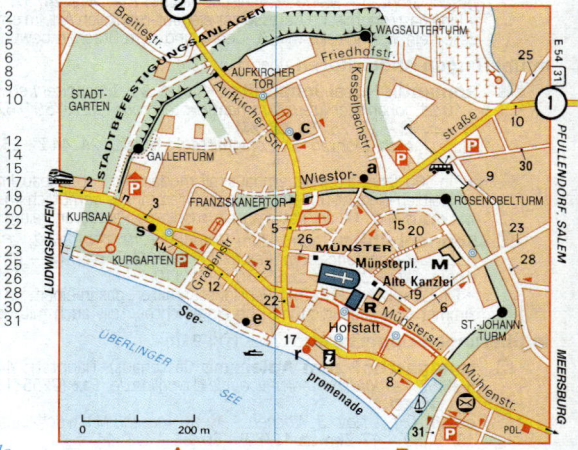

Bahnhofstraße	A	2
Christophstraße	A	3
Franziskanerstraße	B	5
Gradebergstraße	B	6
Hafenstraße	B	8
Hilzerstraße	B	9
Hochbildstraße	B	10
Hofstatt	B	
Jakob-Kessenring-Straße	A	12
Klosterstraße	A	14
Krummebergstraße	B	15
Landungsplatz	B	17
Lindenstraße	B	19
Luziengasse	B	20
Marktstraße	AB	22
Münsterstraße	B	
Obertorstraße	B	23
Owinger Straße	B	25
Pfarrhofstraße	B	26
St-Ulrich-Straße	B	28
Schlachthausstr.	B	30
Seestraße	B	31

Michelin puts no plaque or sign on the hotels and restaurants mentioned in this guide.

🏨 **Bad-Hotel** (mit Villa Seeburg), Christophstr. 2, ✉ 88662, ℘ (07551) 83 70, *info@bad-hotel-ueberkingen.de*, Fax (07551) 837100, ≼, 🍴, 🛋 – 📶, ⇔ Zim, 📺 ⇔ 🅿 – 🔒 160. 🅰🅴 ⓜ VISA. ✖
Menu (Nov.- März Garni) à la carte 22/38 – **64 Zim** ⊇ 76/102 – 122/146 – ½ P 23.   **A s**
♦ Das direkt am Kurgarten gelegene Haus mit Dependance in einer alten Villa wurde im Jahre 2000 komplett renoviert. Sie können geräumige und wohnliche Zimmer erwarten. Hell und freundlich wirken die Räumlichkeiten des Restaurants.

🏨 **Rosengarten**, Bahnhofstr. 12, ✉ 88662, ℘ (07551) 9 28 20, *info@haus-rosengarten.com*, Fax (07551) 928239 – ⇔ Zim, 📺 ♨ ⇔ 🅿. 🅰🅴 ⓜ VISA. ✖ Rest
Menu (geschl. Montag - Dienstag) (nur Abendessen) (Restaurant nur für Hausgäste) – **15 Zim** ⊇ 70/77 – 85/135 – ½ P 18.
♦ Das romantische Jugendstil-Schlößchen mit dem modernen Anbau liegt malerisch im Stadtgarten. Ihre Unterbringung erfolgt in einheitlich mit Kirschholz möblierten Räumen.

🏨 **Wiestor** 🅼 garni, Wiestorstr. 17, ✉ 88662, ℘ (07551) 8 30 60, *wiestor.hotelgarni@t-online.de*, Fax (07551) 830612 – 📶 ⇔ 🗐 📺 ⇔. 🅰🅴 ⓘ ⓜ VISA   **B a**
geschl. Dez. - Jan. – **16 Zim** ⊇ 65/80 – 93.
♦ Mit italienischen Möbeln geschmackvoll eingerichtete und farblich ansprechende Zimmer sowie der elegante Frühstücksraum sind Punkte, die für dieses Haus sprechen.

ÜBERLINGEN

Stadtgarten, Bahnhofstr. 22, ✉ 88662, ☎ (07551) 45 22, Fax (07551) 5939, 😊, ⬜
🍴 – 📶 📺 🚗 🅿
April - Okt. – **Menu** (geschl. Mittwochabend) (Restaurant nur für Hausgäste) – **32 Zim**
☐ 40/80 – 80/120 – ½ P 14.
* Das Hotel liegt zentral, aber mitten im Grünen, unweit der Schifflandestelle. Die Innenräume werden durch freundliche Farben und eine nette Einrichtung geprägt.

Bürgerbräu, Aufkircher Str. 20, ✉ 88662, ☎ (07551) 9 27 40, dorfwirt@aol.com
Fax (07551) 66017 – 📺 🅿 AE ⓞ ⓒⓑ VISA   B
geschl. Mitte - Ende März – **Menu** (geschl. Ende Okt. 2 Wochen, Mittwoch - Donnerstag)
à la carte 23,50/37 – **12 Zim** ☐ 48 – 78.
* Oberhalb der Stadtmauer liegt dieses sympathische Haus. Man bietet seinen Besuchern zwar wenige, aber dafür nette, mit gekalkten Pinienmöbeln eingerichtete Zimmer. Ein etwas rustikalere Stube ergänzt das im Landhausstil gehaltene Restaurant.

Seegarten 🌿, Seepromenade 7, ✉ 88662, ☎ (07551) 91 88 90, Fax (07551) 398*
≤, 🌞, – 📶 📺, ⓒⓑ VISA   A
geschl. Dez. - 1. März – **Menu** à la carte 18,50/32,50 – **21 Zim** ☐ 49/78 – 92/140 – ½ P 17
* Die Lage direkt an der Seepromenade, Pflege und Sauberkeit zählen zu den Annehmlichkeiten dieses Hotels. Fragen Sie nach einem Zimmer mit Blick auf den Bodensee. Zur Promenade hin liegt das Restaurant mit der großen Fensterfront - schöne Gartenterrasse.

XX **Arena,** Landungsplatz 14 (1. Etage), ✉ 88662, ☎ (07551) 91 63 26, ristorante-arena
@t-online.de, Fax (07551) 916327 – AE ⓞ ⓒⓑ VISA   B
geschl. Montag – **Menu** (italienische Küche) à la carte 24/37.
* Eine gastronomische Adresse der elegant-rustikalen Art. Im ersten Stock können Sie beim Essen ein Wandfresko mit St. Georg und dem Drachen bewundern.

In Überlingen-Andelshofen über ① : 3 km :

Romantik Hotel Johanniter-Kreuz 🌿, Johanniterweg 11, ✉ 88662, ☎ (07551)
6 10 91, johanniter-kreuz@romantikhotels.com, Fax (07551) 67336, 🌞, 😊, 🍴 – 📶 📺
📞 🚗 🅿 – 🛏 25. ⓞ ⓒⓑ VISA
Menu (geschl. Montag - Dienstagmittag) à la carte 24/44 ♀ – **25 Zim** ☐ 60/110 – 99/160
– ½ P 25.
* Ein 300 Jahre altes Bauernhaus mit modernem Hotelanbau. Im Anbau sind die Gemächer neuzeitlich-elegant und geräumig, im Stammhaus gemütlich im Landhausstil. In dem Fachwerkhaus a. d. 17. Jh. hat man ein rustikales Restaurant eingerichtet.

Sonnenbühl 🌿 garni, Zum Brandbühl 19, ✉ 88662, ☎ (07551) 8 30 00, info@
hotel-lake-constance.com, Fax (07551) 830080, 😊, 🍴 – 📺 🅿 – 🛏 15. ⓞ ⓒⓑ VISA
April - Okt. – **20 Zim** ☐ 55/70 – 90/110.
* Ein schmuckes Haus mit Pensionscharakter, das in einem grünen Wohngebiet liegt. Die Zimmer sind einheitlich in Eiche eingerichtet, teils auch mit kleinem Wohnbereich.

In Überlingen-Lippertsreute über ① : 9 km :

Landgasthof zum Adler (mit Gästehaus), Hauptstr. 44, ✉ 88662, ☎ (07553)
8 25 50, landgasthof-adler-voegele@t-online.de, Fax (07553) 825570, 🌞, 🍴 – 📶 📺
🚗 🅿 ⓒⓑ
geschl. Okt. - Nov. 3 Wochen – **Menu** (geschl. Mittwochabend - Donnerstag) à la carte
18/31,50 – **17 Zim** ☐ 43/50 – 60/86 – ½ P 14.
* Ein wunderschönes Fachwerkhaus a. d. J. 1635 - mit grauem Gebälk - und ein Gästehaus bilden diese sympathische Adresse. Die Zimmer präsentieren sich im Landhausstil. Gemütlich-rustikale Gaststube mit Holztäfelung und Kachelofen.

Landgasthof Brauerei Keller, Riedweg 2, ✉ 88662, ☎ (07553) 2 23, info@land
gasthofbrauereikeller.de, Fax (07553) 7488, 🌞 – 📺 🅿
geschl. 27. Dez. - Ende Jan. – **Menu** (geschl. Montagabend - Dienstag) à la carte 19/27 –
12 Zim ☐ 36/43 – 58/75 – ½ P 13.
* Ein typischer Landgasthof, mit Wein bewachsen und von Kastanien beschattet. Die Gäste wohnen in netten Zimmern im Haupthaus oder im neueren Anbau. Ländliche Gaststube mit Holzboden.

ÜBERSEE Bayern **420** W 21 – 4400 Ew – Höhe 525 m – Luftkurort.
B Verkehrsamt, Feldwieser Str. 27, ✉ 83236, ☎ (08642) 2 95, Fax (08642) 6214.
Berlin 684 – München 95 – Bad Reichenhall 45 – Traunstein 20 – Rosenheim 36.

In Übersee-Westerbuchberg Süd-West : 2 km :

Alpenhof 🌿, Westerbuchberg 99, ✉ 83236, ☎ (08642) 8 94 00, Fax (08642) 894033,
≤ Chiemgau, 🌞 – 📺 🅿
geschl. Feb. 2 Wochen, Nov. - Anfang Dez. – **Menu** (geschl. Dienstag - Mittwoch) à la carte
17/33 ♀ – **10 Zim** ☐ 45 – 80.
* Schon seit dem 14. Jh. existiert das Haus auf der kleinen Bergkuppe, in dem man sich heute liebevoll um seine Gäste kümmert. Die Zimmer sind sehr gepflegt und solide möbliert. In der hübschen Stube verwöhnt man Sie mit einer schmackhaften bayerischen Küche.

ECKERMÜNDE Mecklenburg-Vorpommern 416 E 26 – 12 000 Ew – Höhe 5 m.
🛈 Touristik-Info, Ueckerstr. 96, ✉ 17373, ℘ (039771) 2 84 84, info@ueckermuende.de, Fax (039771) 28487.
Berlin 167 – Schwerin 199 – Neubrandenburg 69 – Greifswald 71.

Pommern Mühle Ⓜ ⌘, Liegpartener Str. 88a, ✉ 17373, ℘ (039771) 20 00, braun@pommern-muehle.via.t-online.de, Fax (039771) 20099, 🍽, ≋ – ⥱ Zim, 📺 ☎ 🄿 – 🛌 30. ⓄⓄ 🆅🅸🆂🅰
Menu (geschl. Montagmittag) à la carte 13/23 – **38 Zim** ⇌ 57/69 – 90/120.
♦ Das Herzstück der schmucken Hotelanlage ist die schön restaurierte, 130 Jahre alte Windmühle. Im Inneren finden Sie eine moderne und wohnliche Ausstattung. Ein Teil des Restaurants befindet sich in der Mühle - freigelegtes Fachwerk ziert den Raum.

Pommernyacht, Altes Bollwerk 1b, ✉ 17373, ℘ (039771) 21 50, pommernyacht @ueckermuende.de, Fax (039771) 21539, 🍽 – ⥱ Zim, 📺 🄿. 🄰🄴 ⓄⓄ 🆅🅸🆂🅰
Menu à la carte 18,50/31 – **18 Zim** ⇌ 60/70 – 75/90.
♦ Direkt am Hafen steht dies in seiner Architektur einem Schiff nachempfundene, weiße Haus. Es gibt auch zwei Kapitänszimmer, deren Ausstattung maritimes Flair versprüht. Nautische Accessoires prägen den Stil des neuzeitlichen Restaurants.

ÜHLINGEN-BIRKENDORF Baden-Württemberg 419 W 8 – 5 100 Ew – Höhe 644 m – Wintersport : 644/900 m 🎿.
🛈 Kurverwaltung Birkendorf, Haus des Gastes, ✉ 79777, ℘ (07743) 3 80, Fax (07743) 1277.
Berlin 791 – Stuttgart 172 – Freiburg im Breisgau 59 – Donaueschingen 46 – Waldshut-Tiengen 21.

Im Ortsteil Birkendorf – Luftkurort :

Gästehaus Sonnhalde ⌘ garni, Hohlgasse 3, ✉ 79777, ℘ (07743) 9 20 20, hotel-sonnhalde@t-online.de, Fax (07743) 5996, ≋, 🅿, 🍽 – 🛗 📺 🄿 – 🛌 25. 🄰🄴 Ⓞ ⓄⓄ 🆅🅸🆂🅰
33 Zim ⇌ 36/46 – 74/80.
♦ Ein Landhaus mit Anbauten, das in einem ruhigen Wohngebiet situiert ist. Wählen Sie eines der Komfortzimmer mit Balkon, die sich gut zum Entspannen eignen.

Sonnenhof mit Zim, Schwarzwaldstr. 9, ✉ 79777, ℘ (07743) 9 20 10, hotel-sonnenhof@t-online.de, Fax (07743) 1789, 🍽 – 📺 ☎ 🄿
Menu (geschl. Nov. - April Donnerstag) à la carte 19,50/36,50 – **14 Zim** ⇌ 34/44 – 55/58 – ½ P 23.
♦ Auf verschiedenen Ebenen können Sie hier zum Essen einkehren. Jede der Gaststuben hat ihren eigenen heimeligen Charakter. Breitgefächerte bürgerliche Karte.

In Ühlingen-Birkendorf-Witznau Süd-West : 10 km :

Witznau, Witznau 3, ✉ 79777, ℘ (07747) 2 15, Fax (07747) 1394, 🍽 – 🄿. ⓄⓄ 🆅🅸🆂🅰
geschl. Feb. 2 Wochen, Anfang Nov. 1 Woche, Montag – **Menu** à la carte 14/34.
♦ Hier steht der Chef noch selbst am Herd ! In verwinkelten Gasträumen offeriert man eine Speisekarte, die vorwiegend bürgerlich ist und auch Wildgerichte beinhaltet.

UELSEN Niedersachsen 415 I 4 – 5 000 Ew – Höhe 22 m – Erholungsort.
🛈 Verkehrsverein, Am Markt (Altes Rathaus), ✉ 49843, ℘ (05942) 14 11, Fax (05942) 922872.
Berlin 518 – Hannover 240 – Nordhorn 17 – Almelo 23 – Lingen 36 – Rheine 56.

Am Waldbad ⌘, Zum Waldbad 1, ✉ 49843, ℘ (05942) 9 39 30, rezeption@hotel-am-waldbad.de, Fax (05942) 1952, 🍽, ≋, 🍽 – 📺 ☎ 🄿 – 🛌 35. ⥱ Zim
Menu (geschl. Montagmittag) à la carte 21/38,50 – **20 Zim** ⇌ 40/64 – 67/78 – ½ P 18.
♦ Das Haus liegt angenehm ruhig, umgeben von Wald und Wiese. Eine solide, gepflegte Atmosphäre erwartet den Gast im Inneren - fragen Sie nach den neuzeitlichen Zimmern im Anbau. Von dem eleganten Restaurant aus blicken Sie ins Grüne.

UELZEN Niedersachsen 415 416 H 15 – 36 000 Ew – Höhe 35 m.
🛈 Stadt- und Touristinformation, Herzogenplatz 2, ✉ 29525, ℘ (0581) 80 04 42, Fax (0581) 800100.
Berlin 233 – Hannover 99 – Braunschweig 83 – Celle 53 – Lüneburg 33.

Stadt Hamburg garni, Lüneburger Str. 4, ✉ 29525, ℘ (0581) 9 08 10, info@hotelstadthamburg.de, Fax (0581) 9081188 – 🛗 ⥱ 📺 ☎ ♿ 🚗 – 🛌 20. ⓄⓄ 🆅🅸🆂🅰 🄹🄲🄱
34 Zim ⇌ 55/70 – 70/80.
♦ Mitten im Zentrum der Kleinstadt, an der Einkaufsstraße, finden Sie diese saubere, gut geführte Übernachtungsadresse mit netten, hellgelb gestrichenen Zimmern.

UELZEN

Am Stern, Sternstr. 13, ✉ 29525, ✆ (0581) 7 63 00, Fax (0581) 16945, ⇔, 🛉 –
📺 🅿 ⓜⓞ VISA
Menu (geschl. 20. Dez. - 10. Jan., Sonntag)(nur Abendessen) à la carte 16/23 – **33 Zim**
⇌ 35/50 – 60/70.
• Sind Sie auf der Suche nach einem soliden Quartier für unterwegs? Der 199
errichtete Klinkerbau hält gepflegte und praktisch ausgestattete Zimmer für Sie bere
Restaurant der rustikalen Art.

In Uelzen-Hanstedt II Ost : 7,5 km :

Meyer's Gasthaus, Hanstedter Str. 4, ✉ 29525, ✆ (05804) 97 5C
Fax (05804) 975400, 🌿, 🛉 – 📺 🅿 – 🎓 80
Menu (geschl. Sonntagabend - Montagmittag) à la carte 21/39 – **20 Zim** ⇌ 35 – 59.
• Im Jahre 2000 wurde der langgezogene Klinkerbau komplett renoviert. Reisende schä
zen die sehr gut unterhaltenen, sachlich eingerichteten Zimmer. An das helle Restaurar
schließt sich eine Art Wintergarten an.

In Uelzen-Veerßen Süd-West : 2 km :

Deutsche Eiche, Soltauer Str. 14 (B 71), ✉ 29525, ✆ (0581) 9 05 5C
Fax (0581) 74049, 🌿 – ⚡ Zim, 📺 🍴 🅿 – 🎓 80. ⒶⒺ ⓞ ⓜⓞ VISA
Menu à la carte 19/34 – **37 Zim** ⇌ 62 – 87.
• Sie betreten das Hotel durch eine schöne Halle, die einen Halbkreis beschreib
und mit Stilmöbeln eingerichtet ist. Eine Sitzgruppe macht die gepflegten Zimme
wohnlich. Eine Einrichtung in hellem Naturholz gibt dem Restaurant sein gemütliche
Ambiente.

ÜRZIG Rheinland-Pfalz 417 Q 5 – 1 000 Ew – Höhe 106 m.

Berlin 691 – Mainz 124 – Trier 51 – Bernkastel-Kues 10 – Wittlich 11.

Zur Traube, Am Moselufer 16 (B 53), ✉ 54539, ✆ (06532) 93 08 3C
Fax (06532) 9308311, ≼, 🌿 – ⚡ Zim, 📺 🍴 ⇌ 🅿 ⒶⒺ ⓜⓞ VISA JCB
geschl. Mitte Jan. - Mitte Feb. – **Menu** à la carte 15,50/31,50 – **13 Zim** ⇌ 45/90 – 55/13
– ½ P 16.
• Sauberkeit und Pflege überzeugen in diesem renovierten Hotel. Reservieren Sie eines de
neuzeitlichen Zimmer im Haupthaus - moselseitig mit Balkon ! Die überdachte Moselterrass
ergänzt das bürgerlich gestaltete Restaurant.

Zehnthof, Moselufer 38, ✉ 54539, ✆ (06532) 25 19, zehnthof.uerzig@t-online.de
Fax (06532) 5131, ≼ – ⇌ Zim
April - Okt. – **Menu** (geschl. Montag)(nur Abendessen) à la carte 22/30 – **20 Zim** ⇌ 5
– 84.
• Rustikalität bestimmt den Rahmen dieses Hauses, das im Zentrum des Weinörtchens liegt
Praktische Zimmer und eine weinumrankte Terrasse runden das Bild ab. Dunkle Polster
stühle und eine Holzdecke prägen den Charakter des Restaurants.

Moselschild mit Zim, Am Moselufer 14 (B 53), ✉ 54539, ✆ (06532) 9 39 30, hote
@moselschild.de, Fax (06532) 939393, ≼, 🌿, ⇔ Bootssteg – 📺 ⇌ 🅿 ⒶⒺ ⓞ ⓜⓞ VISA
geschl. 10. - 31. Jan. – **Menu** (bemerkenswertes Angebot regionaler Weine) 57 à la carte
27/46 ⚑ – **13 Zim** ⇌ 60/75 – 90/130 – ½ P 22.
• Ein gediegenes Ambiente erwartet Sie hier. Die Küche bietet sorgsam zubereitete inter
nationale und regionale Spezialitäten, begleitet von Weinen aus eigenem Anbau.

UETERSEN Schleswig-Holstein 415 416 E 13 – 18 000 Ew – Höhe 6 m.

🏌 Haseldorf, Heister Feld 7 (Süd-West : 8 km), ✆ (04122) 85 35 00.
Berlin 319 – Kiel 101 – Hamburg 37 – Itzehoe 35.

Mühlenpark, Mühlenstr. 49, ✉ 25436, ✆ (04122) 9 25 50, muehlenpark@t-online.de
Fax (04122) 925510, 🌿 – 🛗, ⚡ Zim, 📺 🍴 🅿 – 🎓 40. ⒶⒺ ⓞ ⓜⓞ VISA
Menu à la carte 26,50/36,50 – **28 Zim** ⇌ 69/102 – 99/132.
• Das Interieur dieser Jugendstil-Villa mit Hotelanbau besticht mit zeitlos-eleganter Wohn
kultur. Die Zimmer sind solide möbliert und sehr komfortabel. Besonders schön in dem
vornehm wirkenden Restaurant : ein Tisch im Erker.

Im Rosarium ⚘, Berliner Str. 10, ✉ 25436, ✆ (04122) 9 21 80, hotel-im-rosarium
@t-online.de, Fax (04122) 921877, 🌿 – 🛗, ⚡ Zim, 📺 🍴 ⇌ 🅿 – 🎓 60. ⒶⒺ
ⓜⓞ VISA
Menu à la carte 17,50/34 – **44 Zim** ⇌ 52/72 – 95.
• Im neueren Bauabschnitt und im Anbau bietet man besonders komfortable Zimmer, die
in rötlichen Farbtönen gehalten sind und mit modernem Mobiliar aufwarten. Von dem leicht
eleganten Restaurant aus blicken Sie in den Park - Gartenterrasse mit schöner Aussicht

UETERSEN

Deutsches Haus, Kirchenstr. 24, ✉ 25436, ✆ (04122) 9 28 20, Fax (04122) 928249 – TV P. AE ① ⓜ VISA JCB
Menu (geschl. 26. Dez. - 10. Jan., Mittwoch)(wochentags nur Abendessen) à la carte 15,50/26,50 – **16 Zim** ⛛ 35 – 55.
◆ Wenn Sie auf der Suche nach einer einfachen und preiswerten Unterkunft vor den Toren Hamburgs sind, werden Sie hier fündig. Sehr gut gepflegte Zimmer stehen bereit. In dem bürgerlichen Hotelrestaurant speisen Sie in gepflegtem Umfeld.

ETTINGEN Bayern 417 419 Q 13 – 1 250 Ew – Höhe 230 m.
Berlin 519 – München 294 – Würzburg 18 – Frankfurt am Main 101.

Fränkischer Landgasthof, Marktheidenfelder Str. 3, ✉ 97292, ✆ (09369) 9 08 80, info@landgasthof-uettingen.de, Fax (09369) 908836, ☼ – TV ✆ ⇔ P. – 🚗 30. ⓜ VISA ⚙
Menu à la carte 13,50/28 – **13 Zim** ⛛ 38/43 – 62/70.
◆ Das auffällig blaue Hotel erwartet seine Besucher mit einfachen, aber gut gepflegten Zimmern, die alle mit Parkettboden und Eichenmöbeln ausgestattet sind. Restaurant mit ländlichem Ambiente.

FFENHEIM Bayern 419 420 R 14 – 5 800 Ew – Höhe 330 m.
Berlin 494 – München 242 – Würzburg 47 – Ansbach 40 – Bamberg 88.

Schwarzer Adler, Adelhofer Str. 1, ✉ 97215, ✆ (09842) 9 88 00, Fax (09842) 988080, Biergarten – ⚙ Zim, – TV ✆ ⇔ P.
geschl. Feb. 2 Wochen – **Menu** (geschl. Montag) à la carte 10/32 – **15 Zim** ⛛ 29/32 – 46/49.
◆ Der ehemalige Brauerei-Gasthof aus dem Spätbarock blickt auf eine lange Tradition zurück. Sie schlafen in einfachen Räumen im Haupthaus oder im schön restaurierten Gästehaus. In rustikalem Stil gehaltenes Restaurant.

HLDINGEN-MÜHLHOFEN Baden-Württemberg 419 W 11 – 7 500 Ew – Höhe 398 m – Erholungsort.
Ausflugsziel: Birnau-Maurach : Wallfahrtskirche★, Nord-West : 3 km.
🛈 Tourist-Information, Schulstr. 12 (Unteruhldingen), ✉ 88690, ✆ (07556) 9 21 60, Fax (07556) 921620.
Berlin 736 – Stuttgart 181 – Konstanz 19 – Ravensburg 38 – Bregenz 55.

Im Ortsteil Maurach :

Seehalde ⚙, Maurach 1, ✉ 88690, ✆ (07556) 9 22 10, seehalde@web.de, Fax (07556) 6522, ≤, ☼, 🗼, ☂ – ⚙ – TV ✆ P. ⚙ Zim
geschl. Anfang Jan. - Anfang März – **Menu** (geschl. Dienstag - Mittwochmittag) 26/51 à la carte 26/42,50 ♀ – **21 Zim** ⛛ 59/85 – 97/118 – ½ P 19.
◆ Eingebettet in eine idyllische Naturlandschaft, liegt dieses Haus direkt am See. Alle Zimmer sind solide eingerichtet und verfügen über Aussicht auf Bodensee und Alpen. Neben einem Blick über den See bietet das Restaurant eine regional verwurzelte Küche.

Pilgerhof ⚙, Maurach 2, ✉ 88690, ✆ (07556) 93 90, pilgerhof@t-online.de, Fax (07556) 6555, ☼, 🚲, ☂ – ⚙ TV ✆ ⇔ P. – 🚗 25. AE ① ⓜ VISA
Menu à la carte 19/35 – **40 Zim** ⛛ 65/85 – 96/130 – ½ P 16.
◆ Die Nähe zum See und die ruhige Lage machen dieses Haus zu einer attraktiven Urlaubsadresse. Unterschiedlich geschnittene Zimmer mit Balkon oder Terrasse stehen bereit. Unterteiltes Restaurant mit neo-rustikaler Einrichtung. - Terrasse.

Rebmannshof ⚙, Maurach 2, ✉ 88690, ✆ (07556) 93 90, Fax (07556) 6555, ≤, ☼, ☎, 🚲, ☂ – ⚙ TV ✆ P. – 🚗 20. AE ① ⓜ VISA ⚙
Menu (geschl. Mitte Okt. - Mitte März) à la carte 18/35 – **8 Zim** ⛛ 65/85 – 100/130 – ½ P 16.
◆ Hinter der restaurierten Fassade des 300-jährigen Fischerhauses hat man ein modernes Refugium geschaffen, in dem helles Holz und kräftige Farben Akzente setzen. Im Restaurant dominieren leuchtende Blautöne im Zusammenspiel mit der transparenten Architektur.

Im Ortsteil Oberuhldingen :

Storchen (mit Gästehaus), Aachstr. 17, ✉ 88690, ✆ (07556) 65 91, info@storchen-uhldingen.de, Fax (07556) 5348, ☼, ☎, ☎, ☂ – ⚙ TV P.
geschl. 7. Jan. - 14. Feb. – **Menu** (geschl. Okt. - April Montag) à la carte 14,50/29 – **20 Zim** ⛛ 35/46 – 56/82 – ½ P 13.
◆ Ein gewachsener Gasthof mit Gästehaus und einem hübschen Garten. Im Haupthaus schlafen Sie in bemalten Bauernbetten, im Gästehaus dominieren Wurzelholzmöbel. Beim Essen sitzt man gemütlich in der rustikalen Gaststube oder im hellen, begrünten Wintergarten.

1463

UHLDINGEN-MÜHLHOFEN

Im Ortsteil Seefelden :

Landhotel Fischerhaus (mit 2 Gästehäusern), ✉ 88690, ℘ (07556) 85 6 birkenmayer@fischerhaus-seefelden.de, Fax (07556) 6063, ≤, (Fachwerkhaus a.d. 17.Jh Massage, ≘s, ⊆ (geheizt), ⚞, ⛬ – ※ Rest, TV P. ※
April - Okt. - **Menu** (nur Abendessen) (Restaurant nur für Hausgäste) – **23 Zim** (nu ½ P) 110/150 – 170/220, 4 Suiten.
◆ Eine aus mehreren Gebäuden bestehende Hotelanlage, die in ein herrliches Garter grundstück eingebunden ist. Geschmackvolle Zimmer und die engagierte Führung spreche für sich.

Im Ortsteil Unteruhldingen :

Seevilla, Seefelder Str. 36, ✉ 88690, ℘ (07556) 9 33 70, info@seevilla.de Fax (07556) 933770, ⚞, ≘s, ⚞ – TV ☒ 20. ⚫ VISA. ※ Zim
Menu à la carte 19/37 – **23 Zim** ⊇ 80/120 – 100/160 – ½ P 15.
◆ Diese schöne, rosa gestrichene Villa empfängt ihre Gäste mit einer edlen Ausstattun und freundlichen Ambiente. Die Zimmer wirken mit apartem Landhausmobiliar. Vo nehme Champagnertöne und Rattansessel prägen das Restaurant und den Wintergarte

Mainaublick (mit Gästehaus), Seefelder Str. 22, ✉ 88690, ℘ (07556) 9 21 30, inf @hotel-mainaublick.de, Fax (07556) 5844, ⚞, ≘s – TV ⚞ P. ⚫ VISA
Mitte März - Okt. - **Menu** (wochentags nur Abendessen) à la carte 18,50/39 – **33 Zim** (nu ½P) 60/80 – 120.
◆ Unweit vom Yachthafen liegt dieses hübsche Haus mit Terrasse zur Uferpromenade. Ei Gästehaus mit gepflegten, neueren Zimmern ergänzt das Haupthaus. Zum Speisen stehe Ihnen das ländlich gestaltete Restaurant und die schöne Terrasse zur Verfügung.

UHLSTÄDT Thüringen siehe Rudolstadt.

ULM (Donau) Baden-Württemberg ᠘᠑᠙ ᠘᠒᠐ U 13 – 112 000 Ew – Höhe 479 m.
Sehenswert : Münster★★★ (Chorgestühl★★★, Turm ✼★★, Sakramentshaus★) Y Jahnufer (Neu-Ulm) ≤★★ Z – Mühlen-, Fischer- und Gerberviertel★ Z – Ulmer Museum Z M1 – Brotmuseum★ Y M2.
Ausflugsziele : Ulm-Wiblingen : Klosterkirche (Bibliothek★) Süd : 5 km – Blaubeuren : Ehe malige Klosterkirche (Hochaltar★★, Chorgestühl★) West : 18 km.
🛫 Illerrieden, Wochenauer Hof 2 (Süd : 12 km), ℘ (07306) 92 95 00.
Ausstellungsgelände a. d. Donauhalle (über Wielandstr. X), ℘ (0731) 92 29 90, Fax (0731 9229930.
🛈 Tourist-Information, Münsterplatz 50, ✉ 89073, ℘ (0731) 1 61 28 30, Fax (0731 1611641.
ADAC, Neue Str. 40.
Berlin 613 ① – *Stuttgart* 93 ⑥ – Augsburg 80 ① – München 138 ①

Stadtplan siehe gegenüberliegende Seite

Maritim M, Basteistr. 40 (Congress-Centrum), ✉ 89073, ℘ (0731) 92 30, info.uln @maritim.de, Fax (0731) 9231000, ≘s, ⊆ – 🛗, ※ Zim, TV ✆ ⚞ – 🛆 650. ⚫ ⚫ VISA JCB
X
Panorama ≤ Ulm und Neu-Ulm (nur Abendessen) **Menu** à la carte 28/42 – ⊇ 13 – **287 Zim** 127/169 – 145/185, 11 Suiten.
◆ Direkt an der Donau ragt das verspiegelte Hochhaus in den Himmel. Die außergewöhnliche Architektur und das elegante Interieur machen den Besuch hier zum Erlebnis. Den schöns ten Blick auf die Stadt hat man vom exklusiven Restaurant in der 16. Etage.

Stern, Sterngasse 17, ✉ 89073, ℘ (0731) 1 55 20, reception@hotelstern.de Fax (0731) 155299, ⚞, ≘s – 🛗, ※ Zim, TV ✆ ⚞ P. AE ⚫ VISA JCB Y c
Menu à la carte 20/34,50 – **60 Zim** ⊇ 80/93 – 95/133.
◆ Die Einrichtung ist in jeder Etage dieses Hotels in einer anderen Holzart gehalten. Auffällig ist hier die tadellose Pflege das freundliche Servicepersonal. Der Rahmen des Res taurants wird von klassischer Einrichtung und einem guten Couvert geprägt.

Goldenes Rad, Neue Str. 65, ✉ 89073, ℘ (0731) 9 69 92 50, hotel-goldenes rad@t-online.de, Fax (0731) 96992530 – 🛗 TV. AE ⚫ ⚫ VISA JCB Z c
25 Zim ⊇ 50/75 – 80/95.
◆ Wenn Sie eine solide Übernachtungsadresse in der Innenstadt suchen, sind Sie hier gut aufgehoben. Gediegen und zeitlos eingerichtete Quartiere stehen zum Einzug bereit.

Comfor M garni, Frauenstr. 51, ✉ 89073, ℘ (0731) 9 64 90, hotel@comfor.de Fax (0731) 9649499 – 🛗 TV ⚞ ⚞. AE ⚫ ⚫ VISA ※ Y n
geschl. 24. Dez. - 1. Jan. – **102 Zim** ⊇ 85/95 – 110/135, 15 Suiten.
◆ In diesem komfortablen Stadthotel sind Sie auch für einen Langzeitaufenthalt ausge rüstet, denn die modernen Zimmer sind alle mit einer kleinen Küchenzeile versehen.

ULM

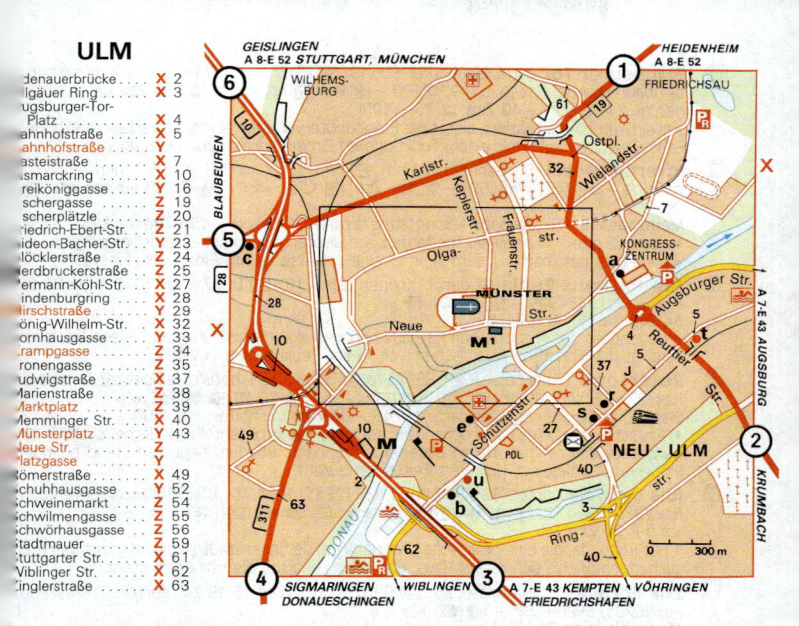

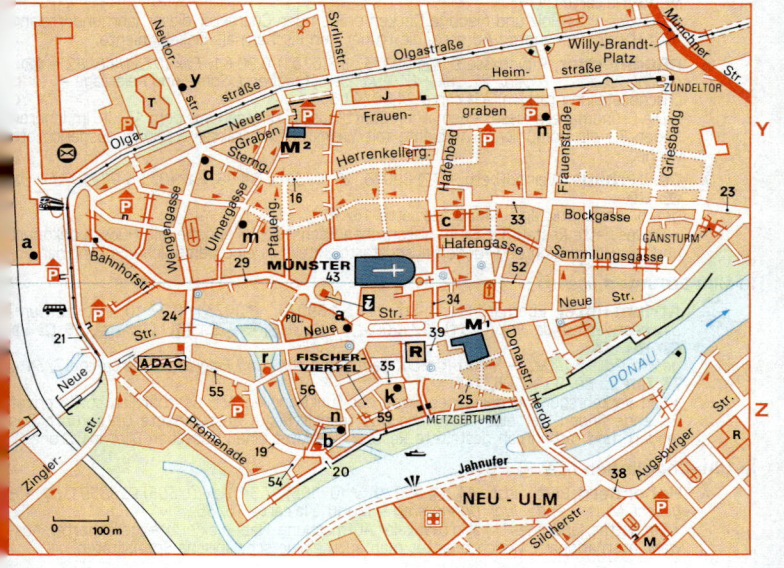

denauerbrücke	X 2
lgäuer Ring	X 3
ugsburger-Tor-Platz	X 4
ahnhofstraße	X 5
ahnhofstraße	Y
asteistraße	X 7
smarckring	X 10
reikönigsgasse	Y 16
schergasse	Z 19
scherplätzle	Z 20
riedrich-Ebert-Str.	Z 21
ideon-Bacher-Str.	Y 23
löcklerstraße	Z 24
erdbruckerstraße	Z 25
ermann-Köhl-Str.	Z 27
indenburgring	X 28
irschstraße	Y 29
önig-Wilhelm-Str.	X 32
ornhausgasse	Z 33
rampgasse	Z 34
ronengasse	Z 35
udwigstraße	Z 37
arienstraße	Z 38
arktplatz	Z 39
emminger Str.	Y 40
ünsterplatz	Z 43
eue Str.	Y
latzgasse	Y
ömerstraße	Z 49
chuhhausgasse	Y 52
chweinemarkt	Z 54
chwilmengasse	Z 55
chwörhausgasse	Z 57
tadtmauer	Z 59
tuttgarter Str.	X 61
iblinger Str.	X 62
inglerstraße	X 63

🏨 **Schiefes Haus** garni, Schwörhausgasse 6, ✉ 89073, ✆ (0731) 96 79 30, *hotel schiefeshausulm@t-online.de*, Fax (0731) 9679333 – ⛔ TV – 🅐 15. AE ◉ VISA Z n
11 Zim ⊇ 103 – 134.

◆ Schonend wurde das mittelalterliche Haus restauriert und mit eingepaßten Designermöbeln chic eingerichtet. Die Betten haben eingebaute Wasserwaagen, damit keiner schief liegt !

1465

ULM (Donau)

Blaubeurer Tor garni, Blaubeurer Str. 19, ✉ 89077, ℘ (0731) 9 34 60, info@hote
blaubeurertor.de, Fax (0731) 9346200 – 劇 ⇌ TV ✆ ⇌ P. AE ⓞ ⓜⓢ VISA   X
geschl. 24.- 2. Jan. – **40 Zim** ⇌ 75 – 100.
 ♦ In ein Autohaus integriert, bietet das Etagenhotel vor allem eine gute Verkehrsanbindung
Es weiß jedoch auch mit einem funktionellen Zimmerbereich zu überzeugen.

InterCityHotel M̄, Bahnhofplatz 1, ✉ 89073, ℘ (0731) 9 65 50, ulm@intercit
hotel.de, Fax (0731) 9655999 – 劇 ⇌ Zim, TV ✆ ⇌ – 𝓐 50. AE ⓞ ⓜⓢ VISA JCB
⇌ Rest   Y
Menu (geschl. Freitagabend - Sonntag) à la carte 21/26,50 – **135 Zim** ⇌ 115 – 145.
 ♦ Vom ICE direkt in eines der modernen, schallisolierten Zimmer - hier ist es möglich ! Fü
Workaholics hat man in jedem Zimmer eine Arbeitsecke mit Faxanschluß installiert.

Am Rathaus-Reblaus garni, Kronengasse 10, ✉ 89073, ℘ (0731) 96 84 90
Fax (0731) 9684949 – TV ✆. AE ⓞ   Z
34 Zim ⇌ 55/68 – 74/89.
 ♦ Gegenüber dem historischen Rathaus befinden sich die zwei Altstadthäuser. Im Haupt
haus ist die Einrichtung klassisch-stilvoll, in der Reblaus eher rustikal.

Roter Löwe, Ulmer Gasse 8, ✉ 89073, ℘ (0731) 6 20 31, hotel.roter.loewe@t-online.de
Fax (0731) 6021502, 斉, ⇌, ▢ – 劇 TV ✆ ⇌ – 𝓐 20. AE ⓞ ⓜⓢ VISA JCB   Y n
Menu (geschl. Sonntag) à la carte 19/43 – **35 Zim** ⇌ 72/88 – 85/100.
 ♦ Ein schmuckes, rosa gestrichenes Stadthaus, das größtenteils moderne, sachlich ein
gerichtete Zimmer hat, deren Bäder sich technisch auf dem neuesten Stand befinder
Modern-rustikales, mit Holz vertäfeltes Restaurant.

Ibis garni, Neutorstr. 12, ✉ 89073, ℘ (0731) 9 64 70, h0800@accor-hotels.com
Fax (0731) 9647123 – 劇 ⇌ TV ✆ ⇌. AE ⓞ ⓜⓢ VISA JCB   Y y
⇌ 9 – **90 Zim** 57.
 ♦ Für Reisende, die eine praktische Unterkunft in der Innenstadt zu einem günstigen Prei
suchen, empfiehlt sich dieses Haus, das Ihnen rund um die Uhr offen steht.

XX **Zur Forelle**, Fischergasse 25, ✉ 89073, ℘ (0731) 6 39 24, zurforelle@aol.com
Fax (0731) 69869, 斉 – ⓞ ⓜⓢ VISA   Z b
Menu à la carte 21/43.
 ♦ Dunkles altes Holz und niedrige Decken prägen den Charakter dieser jahrhundertelanç
"das Häusle" genannten Adresse, die früher den Fischern als Einkehr diente.

X **Pflugmerzler**, Pfluggasse 6, ✉ 89073, ℘ (0731) 6 80 61, Fax (0731) 68062 – ⓜⓢ
geschl. 23. Dez. - 6. Jan., 27. Juli - 17. Aug., Samstagabend, Sonn- und Feiertage – **Menu**
(Tischbestellung ratsam) à la carte 21,50/41,50.   Y c
 ♦ Die Grundmauern dieses ehemaligen Zunfthauses stammen aus dem 15. Jh. Im Innerer
finden Sie ein gemütliches Ambiente mit Weinstubencharakter. Regional ausgerichtete
Küche.

X **Gerberhaus**, Weinhofberg 9, ✉ 89073, ℘ (0731) 6 94 98, Fax (0731) 9691078 – ⓞ
ⓜⓢ VISA   Z r
geschl. Freitagmittag – **Menu** à la carte 16/38.
 ♦ Dieses nette Restaurant ist im historischen Fischerviertel angesiedelt. Hübsch dekoriert
und mit Holzdecken und -böden ausgestattet, stellt es eine gemütliche Einkehr dar.

In Ulm-Böfingen über ① :

Atrium-Hotel, Eberhard-Finckh-Str. 17, ✉ 89075, ℘ (0731) 9 27 10, info@atrium-
ulm.bestwestern.de, Fax (0731) 9271200, 斉, ⇌ – 劇, ⇌ Zim, TV ✆ P – 𝓐 35. AE ⓞ
ⓜⓢ VISA, ⇌
geschl. 23. - 31. Dez. – **Menu** (geschl. Samstag, Sonn- und Feiertage) à la carte 17/31 –
73 Zim ⇌ 80/90 – 105/115.
 ♦ Ein verkehrsgünstig gelegenes Hotel der funktionellen Art. Geschäftlich sowie privat
Reisende finden hier eine praktische und technisch gut ausgerüstete Unterkunft. Das
modern und farbenfroh gestaltete Restaurant bietet einen hübschen Blick ins Grüne.

In Ulm-Gögglingen über ④ : 8 km :

X **Hoher Berg**, Bertholdstr. 44, ✉ 89079, ℘ (07305) 37 31, Fax (07305) 9338591, 斉 – P
geschl. Mitte - Ende Juni, Donnerstag – **Menu** à la carte 16/36.
 ♦ Ein nettes, ländliches Lokal in rustikaler Aufmachung. Neben einer breitgefächerten Aus-
wahl internationaler Gerichte bietet man auch einige schwäbische Spezialitäten.

In Ulm-Grimmelfingen über ④ : 5 km :

Hirsch, Schultheißenstr. 9, ✉ 89081, ℘ (0731) 93 79 30, Fax (0731) 9379360, 斉 –
TV ⇌ P. ⓞ ⓜⓢ VISA
geschl. 24. Dez. - Mitte Jan. – **Menu** (geschl. Dienstag) à la carte 18/31 – **25 Zim** ⇌ 49/55
– 63/78.
 ♦ Ein typisch schwäbischer Landgasthof mit Fachwerkfassade. In den mit älteren, aber sehr
gepflegten Möbeln eingerichteten Fremdenzimmern werden Sie gut untergebracht.
Restaurant mit ursprünglichem, dörflichem Charakter - Gartenwirtschaft.

ULM (Donau)

n der Autobahn A 8 - Ausfahrt Ulm-Ost über ① : 8 km :

🏨 **Rasthaus Seligweiler,** an der B 19, ✉ 89081 Ulm (Donau), 𝒫 (0731) 2 05 40, info
@seligweiler.de, Fax (0731) 2054400, 🌿, 🏊 – 📶 TV 📞 🚗 🅿 – 🔒 100. AE ⓪ ⓜⓞ
VISA
Menu à la carte 12,50/26 – **114 Zim** ⚌ 49/79 – 69/89.

♦ Dies ist eine Adresse, die besonders für Durchreisende interessant ist : direkt an der Autobahnausfahrt bietet man solide Zimmer und eine Tankstelle mit 24-Stunden-Service. Genau durch das Restaurant läuft die Grenze zwischen Württemberg und Bayern.

ULMET Rheinland-Pfalz **417** R 6 – 800 Ew – Höhe 185 m.
Berlin 663 – Mainz 98 – Saarbrücken 81 – Trier 92 – Kaiserslautern 31.

🏨 **Felschbachhof** 🌲, nahe der B 420 (West : 1 km), ✉ 66887, 𝒫 (06387) 91 10, felschbachhof.ulmet@t-online.de, Fax (06387) 911234, 🌿, 66887, 🚴, 🍴 – ✳ Zim, TV
🅿 – 🔒 50. AE ⓜⓞ VISA. 🍴
Menu à la carte 17,50/36 – **23 Zim** ⚌ 41/47 – 67/76.

♦ Etwas erhöht liegt das Hotel an einem bewaldeten Hang. Fragen Sie nach einem der neuen Zimmer, die mit Kirschholz ansprechend ausgestattet wurden. Für das leibliche Wohl steht ein bürgerlich gestaltetes Restaurant zur Verfügung.

ULRICHSTEIN Hessen **417** O 11 – 3 600 Ew – Höhe 614 m – Erholungsort.
Sehenswert : Schloßruine ❄★.
Berlin 471 – Wiesbaden 122 – Fulda 46 – Frankfurt am Main 94 – Gießen 43 – Lauterbach 21.

🏨 **Landgasthof Groh,** Hauptstr. 1, ✉ 35327, 𝒫 (06645) 3 10, info@landgasthof-groh.de, Fax (06645) 8002, 🌿, 📶 – TV 🚗 🅿 – 🔒 30. ⓜⓞ VISA
Menu (geschl. Montag) à la carte 15,50/28 – **13 Zim** ⚌ 28/40 – 50/65 – ½ P 10.

♦ Gleich neben der Kirche liegt dieser gepflegte Gasthof mit eigener Metzgerei. Hinter der Fachwerkfassade stehen einfache, gepflegte Zimmer zum Einzug bereit. In der Gaststube umgibt Sie das Flair altdeutschen Fachwerks.

UMKIRCH Baden-Württemberg **419** V 7 – 4 800 Ew – Höhe 207 m.
Berlin 801 – Stuttgart 206 – Freiburg im Breisgau 8 – Colmar 41.

🏨 **Pfauen,** Hugstetter Str. 2, ✉ 79224, 𝒫 (07665) 9 37 60, info@pfauen-umkirch.de, Fax (07665) 51949, 🌿 – ✳ Zim, TV 🚗 🅿. AE ⓜⓞ VISA
Menu (geschl. Montag) à la carte 21/36 – **19 Zim** ⚌ 50/59 – 76/85.

♦ Sind Sie auf der Suche nach einer gepflegten Übernachtungsmöglichkeit? In dem kleinen Haus finden Reisende und Urlauber eine solide Behausung auf Zeit. Im Sommer ergänzt eine überdachte Gartenterrasse das nett dekorierte Restaurant.

🏨 **Heuboden** garni, Am Gansacker 6a, ✉ 79224, 𝒫 (07665) 5 00 90, hotel@heuboden.de, Fax (07665) 9479123 – 📶 TV 📞 🅿 – 🔒 90. AE ⓪ ⓜⓞ VISA. 🍴
65 Zim ⚌ 57/70 – 70.

♦ Ein Gästezimmer der praktischen Art finden Sie in diesem verkehrsgünstig gelegenen, familiengeführten Haus. Heller, freundlicher Frühstücksraum.

UNDELOH Niedersachsen **415 416** G 13 – 850 Ew – Höhe 75 m.
Sehenswert : Typisches Heidedorf★.
Ausflugsziel : Wilseder Berg★ ≤★ (Süd-West : 5 km, nur zu Fuß oder mit Kutsche erreichbar).
🛈 Tourist-Information, Zur Dorfeiche 27, ✉ 21274, 𝒫 (04189) 3 33, verkehrsverein .undeloh@t-online.de, Fax (04189) 504.
Berlin 327 – Hannover 113 – Hamburg 64 – Lüneburg 35.

🏨 **Heiderose - Gästehaus Heideschmiede** 🌲, Wilseder Str. 13, ✉ 21274, 𝒫 (04189) 3 11, Fax (04189) 314, 🌿, 🚴, 🍴 – 📶 TV 🅿 – 🔒 50. ⓜⓞ
Menu à la carte 18/34 – **59 Zim** ⚌ 52 – 90/97.

♦ Reizvoll ist die Lage des durch ein Gästehaus erweiterten Klinkerhauses am Rande des Naturschutzgebietes. Erkunden Sie die Heide zu Fuß, mit dem Rad oder mit der Kutsche. Rustikale Gasträume, teils mit offenem Kamin.

🏨 **Witte's Hotel** 🌲 (mit Gästehaus), Zum Loh 2, ✉ 21274, 𝒫 (04189) 81 33 60, info @witteshotel.de, Fax (04189) 629, 🌿, 🍴 – 📶 TV 🅿 – 🔒 15. AE ⓜⓞ VISA
geschl. Mitte Dez. - Anfang Feb. – **Menu** (geschl. Montag) à la carte 17,50/31 – **22 Zim**
⚌ 44/60 – 74/78.

♦ Von Bäumen umgeben, fügt sich das Hotel schön in die Landschaft ein. Die in unterschiedlichem Stil ausgestatteten Zimmer befinden sich alle im ruhigen Gästehaus. Ein groß angelegter Restauranttrakt bietet die Möglichkeit, auch Gruppen zu bewirten.

UNDELOH

Undeloher Hof - Gästehaus Uhlchen, Wilseder Str. 22, ⊠ 21274, ℘ (04189) 4 5
info@undeloherhof.de, Fax (04189) 468, 😀 – 📺 🅿 – 🏛 30
Menu (geschl. 6. - 24. Nov.) à la carte 16,50/28 – **24 Zim** ⊇ 45/50 – 75/90.
• Sehr gepflegte Zimmer mit gutem Platzangebot und die schöne dörfliche Lage gehören
zu den Annehmlichkeiten dieses typischen, reetgedeckten Heidehofes. Ein nettes, rustikales Ambiente umgibt Sie beim Essen im Restaurant.

In Undeloh-Wesel Nord-West : 5 km :

Heidelust (mit Gästehaus), Weseler Dorfstr. 9, ⊠ 21274, ℘ (04189) 2 72, info
@heidelust.de, Fax (04189) 672, Biergarten, 😀, 🌳 – 🅿 – 🏛 20
geschl. Nov. - März Donnerstag – **Menu** à la carte 16,50/34,50 – **26 Zim** ⊇ 33 – 61 – ½ P 5
• Bereits in der vierten Generation wird dieser Gasthof familiär geführt. Reiter können ihr
eigenes Pferd mitbringen, Pferdekoppel und Gastboxen stehen zur Verfügung. Rustikaler
Restaurantbereich mit Kamin und kleiner Theke.

UNKEL Rheinland-Pfalz 417 O 5 – 5 300 Ew – Höhe 58 m.

🛈 Touristinformation, Linzer Str. 2, ⊠ 53572, ℘ (02224) 90 28 22, unkel@rheingeflü
.de, Fax (02224) 902885.
Berlin 608 – Mainz 137 – *Bonn* 20 – Neuwied 28.

Weinhaus Zur Traube (mit Gästehaus Korf), Vogtsgasse 2, ⊠ 53572, ℘ (02224)
33 15, Fax (02224) 73362, 😀 – 🚗 🅿 🟠 📇
geschl. Weihnachten - Anfang Jan., Feb. - März 3 Wochen – **Menu** (geschl. Dienstag, Nov.
- April Montag - Mittwoch) (Nov. - April nur Abendessen) à la carte 16,50/33,50 – **12 Zim**
⊇ 31/38 – 60/66.
• Das Besondere an diesem rustikalen Restaurant ist der im Innenhof gelegene, mit Glas
überdachte Rebengarten, der schon ab Ostern sein frisches Grün über den Gästen
ausbreitet.

UNNA Nordrhein-Westfalen 417 L 7 – 64 000 Ew – Höhe 96 m.

🏌 🏌 Fröndenberg, Schwarzer Weg 1 (Süd-Ost : 9 km), ℘ (02373) 7 00 68 ; 🏌 Fröndenberg
Gut Neuenhof, Eulenstr. 58 (Süd-Ost : 9 km), ℘ (02373) 7 64 89.
ADAC, Friedrich-Ebert-Str. 7b.
Berlin 476 – *Düsseldorf* 83 – Dortmund 21 – Soest 35.

Katharinen Hof M, Bahnhofstr. 49, ⊠ 59423, ℘ (02303) 92 00, hotel-katharinen
hof@riepe.com, Fax (02303) 920444, 😀, 🧖, 😀 – 📶, 🛏 Zim, 📺 ⚙ 🚗 – 🏛 80. 🟠
🟢 🟠 📇
Menu à la carte 20,50/38 – **70 Zim** ⊇ 81/92 – 105/110.
• Durch einen großzügigen Hallenbereich betreten Sie dieses von glasbetonter Architektur
geprägte Stadthotel. Die Zimmer überzeugen durch Wohnlichkeit und dezente Farbgebung.
In der ersten Etage befindet sich das moderne Restaurant mit großer Showküche.

Gut Höing garni (mit Gästehaus), Ligusterweg (hinter der Eissporthalle), ⊠ 59425,
℘ (02303) 96 86 60, hotelguthoeing@t-online.de, Fax (02303) 9686650, 🌳 – 🛏 📺 ⚙
🅿 – 🏛 25. 🟠 🟢 🟠 📇
geschl. 21. Dez. - 3. Jan. – **50 Zim** ⊇ 62/78 – 82/98.
• Etwas außerhalb der Stadt liegt dieses, ehemals landwirtschaftlich genutzte Anwesen. Die unterschiedlich eingerichteten Zimmer verteilen sich auf mehrere Häuser.

Kraka, Gesellschaftsstr. 10, ⊠ 59423, ℘ (02303) 2 20 22, Fax (02303) 2410 – 📶 📺
📇 🟢 📇
Menu (geschl. Sonntag) (nur Abendessen) à la carte 16/30 – **35 Zim** ⊇ 51/70 – 78/93.
• Ein im Zentrum gelegenes Stadthaus mit neuem Anbau. Fragen Sie nach einem der
neueren Zimmer, die mit Naturholz, guter Technik und gutem Platzangebot glänzen. Das
Restaurant ist im Stil einer gediegenen Gaststätte eingerichtet - Bistro für den kleinen
Hunger.

Haus Kissenkamp, Hammer Str. 102d (Nord : 2 km), ⊠ 59425, ℘ (02303) 6 03 77,
kissenkamp@aol.com, Fax (02303) 63308, 😀 – 🅿 🟢 📇
geschl. Montag - Dienstag – **Menu** à la carte 26/45.
• Etwas zurückversetzt liegt das hübsche Fachwerkhaus mit dem Veranda-Anbau. Das
Innere hat man teils rustikal, teils altdeutsch eingerichtet und nett dekoriert.

UNTERBREIZBACH Thüringen siehe Vacha.

UNTERFÖHRING Bayern siehe München.

UNTERHACHING Bayern siehe München.

UNTERMEITINGEN Bayern siehe Schwabmünchen.

NTERREICHENBACH Baden-Württemberg 419 T 10 – 2 100 Ew – Höhe 525 m – Erholungsort.
Berlin 672 – Stuttgart 62 – Karlsruhe 40 – Pforzheim 12 – Calw 14.

■ **Unterreichenbach-Kapfenhardt :**

Mönchs Waldhotel ⑤, Kapfenhardter Mühle, ✉ 75399, ℰ (07235) 79 00, moenchs.waldhotel@t-online.de, Fax (07235) 790190, 斎, ℒ₆, ≦s, ☒ – ❘❙, ♀ Zim, 📺 ✆ 🅿 – 🔏 100. 🔤 ⓞ ⓜ VISA JCB. ℅ Rest
Menu à la carte 21/41 – **65 Zim** ⌷ 65/82 – 109/145 – ½ P 20.
  ◆ Ein über Jahre gewachsenes Hotel in waldnaher Lage, das Ihnen rustikale, in Eiche möblierte Zimmer bietet. Empfehlenswert ist auch die ansprechende Bade- und Saunalandschaft ! Der Restaurantbereich verteilt sich auf mehrere rustikal gestaltete Räume.

Untere Kapfenhardter Mühle ⑤, ✉ 75399, ℰ (07235) 9 32 00, Fax (07235) 7180, 斎, ≦s, ఞ – ❘❙, ♀ Zim, 📺 ✆ 🅿 – 🔏 80. ⓞ ⓜ VISA
geschl. Ende Jan. 1 Woche – **Menu** à la carte 15/33 – **33 Zim** ⌷ 45/58 – 80/102 – ½ P 14.
  ◆ Eine original Schwarzwaldmühle, deren Ursprünge in das Jahr 1692 zurückreichen. Der Zimmerbereich wartet mit zeitgemäßem Komfort und bequemer Einrichtung auf. In den mit hellem Holz verkleideten Gaststuben umgibt Sie Schwarzwälder Gemütlichkeit.

Jägerhof ⑤, Kapfenhardter Tal, ✉ 75399, ℰ (07235) 9 70 40, hoteljaegerhof@aol.com, Fax (07235) 970444, 斎, ఞ – 📺 ⇌ 🅿 – 🔏 30. ⓜ VISA
geschl. Nov. 1 Woche – **Menu** (geschl. Montag) à la carte 19/33 – **14 Zim** ⌷ 44/45 – 80/82 – ½ P 14.
  ◆ In einem kleinen Tal am Ortsausgang liegt das Haus idyllisch am Waldrand - mit angeschlossenem Wildgehege. Man bringt seine Gäste in soliden Zimmern mit Balkon unter. Zahlreiche Jagdtrophäen zieren die Wände der rustikalen Stuben.

NTERSCHLEISSHEIM Bayern 419 420 V 18 – 24 500 Ew – Höhe 474 m.
Berlin 570 – München 17 – Regensburg 107 – Augsburg 69 – Ingolstadt 62 – Landshut 60.

Victor's Residenz-Hotel Ⓜ, Keplerstr. 14, ✉ 85716, ℰ (089) 3 21 03 09, info. muenchen@victors.de, Fax (089) 32103899, 斎 – ❘❙, ♀ Zim, 📺 ✆ ⇌ 🅿 – 🔏 110. 🔤 ⓞ ⓜ VISA
Menu à la carte 23,50/38 – **207 Zim** ⌷ 105/170 – 140/200.
  ◆ Vor den Toren der süddeutschen Metropole finden Sie dieses moderne Business-Hotel mit funktionellen, wohnlichen Zimmern und voll ausgerüstetem Tagungsbereich. Marmorierte Säulen unterteilen das helle, freundliche Restaurant.

Mercure Nord garni, Rathausplatz 8, ✉ 85716, ℰ (089) 3 17 85 70, h0936@accor-hotels.com, Fax (089) 3173596, ≦s – ❘❙ ♀ 📺 🅿 – 🔏 40. 🔤 ⓞ ⓜ VISA JCB
⌷ 12 – **58 Zim** 109/129 – 117/141.
  ◆ Ein freundliches und professionelles Team freut sich auf Sie ! Neuzeitlich eingerichtete Zimmer und funktionelle Tagungseinrichtungen sind die Pluspunkte dieses Hauses.

Alter Wirt, Hauptstr. 36, ✉ 85716, ℰ (089) 3 70 73 40, alterwirt.ush@t-online.de, Fax (089) 37073424, Biergarten – 📺 🅿 – 🔏 50. 🔤 ⓞ ⓜ VISA
Menu (geschl. Samstagmittag) à la carte 17/36,50 – **10 Zim** ⌷ 70/85 – 90/105.
  ◆ Das hübsche gelbe Haus mit den grünen Fensterläden hat nur wenige, aber sehr gepflegte und individuelle Zimmer, die ihren Charme durch Antiquitäten und Blumenstoffe erhalten. Nettes, rustikales Restaurant, teils mit hellem Holz behaglich gestaltet.

UNTERWÖSSEN Bayern 420 W 21 – 4 200 Ew – Höhe 600 m – Luftkurort – Wintersport : 600/900 m ✶5 ✶.
🅱 Tourist-Information, Rathausplatz 1, ✉ 83246, ℰ (08641) 82 05, Fax (08641) 978926.
Berlin 688 – München 99 – Bad Reichenhall 52 – Traunstein 29 – Rosenheim 40.

Astrid ⑤ garni, Wendelweg 15, ✉ 83246, ℰ (08641) 9 78 00, info@astrid-hotel.de, Fax (08641) 978044, ≦s, ఞ – ❘❙ ♀ 📺 ⇌ 🅿. VISA
geschl. April, Nov.- Mitte Dez. – **20 Zim** ⌷ 66 – 84/104.
  ◆ Vor einer herrlichen Bergkulisse liegen die zwei miteinander verbundenen, traditionell gebauten Häuser, aus denen das Hotel besteht. Es erwarten Sie helle, solide Zimmer.

UPLENGEN Niedersachsen 415 G 7 – 9 300 Ew – Höhe 10 m.
Berlin 473 – Hannover 206 – Emden 53 – Oldenburg 38 – Wilhelmshaven 48.

In Uplengen-Südgeorgsfehn Süd : 10 km ab Remels, jenseits der A 31 :

XX **Ostfriesischer Fehnhof**, Südgeorgsfehner Str. 85, ✉ 26670, ℰ (04489) 27 79, Fax (04489) 3541, 斎 – 🅿. 🔤 ⓞ ⓜ VISA
geschl. März 2 Wochen, Montag - Dienstag – **Menu** (Mittwoch - Freitag nur Abendessen) (Tischbestellung ratsam) à la carte 20/34.
  ◆ Verschiedene Stuben, allesamt im farbenfrohen friesischen Stil, mit Holz und den bekannten Kacheln aus der Region verziert, bilden den Rahmen dieser gastlichen Stätte.

URACH, BAD
Baden-Württemberg **419** U 12 – 12 600 Ew – Höhe 465 m – Heilbad und Luftkuror
- **∄** Touristinfo, Haus des Gastes, Bei den Thermen 4, ⊠ 72574, ℘ (07125) 9 43 2
kbu@badurach.de, Fax (07125) 943222.
Berlin 660 – Stuttgart 45 – Reutlingen 19 – Ulm (Donau) 56.

🏨 Graf Eberhard ⚜, Bei den Thermen 2, ⊠ 72574, ℘ (07125) 14 80, info@hote
graf-eberhard.de, Fax (07125) 8214, 😃, – ⏃, ↔ Zim, 📺 ⇌ 🅿 – 🚗 50. AE ⓄⓄ ⓄⓄ VISA
Menu à la carte 19/38 – **83 Zim** ⊇ 87/103 – 144/176 – ½ P 19.
* Mitten im Kurgebiet liegt dieses neuzeitliche Hotel mit der Balkonfassade und den solic
eingerichteten Räumen - eine geeignete Adresse für Kur- und Tagungsgäste. Das Resta
rant ist teils als gemütliche Weinstube, teils als Wintergarten angelegt.

🏨 Frank Vier Jahreszeiten (mit Gästehaus), Stuttgarter Str. 5, ⊠ 72574, ℘ (0712
9 43 40, flairhotelfrank@t-online.de, Fax (07125) 943494 – ⏃ 📺 🕿 – 🚗 30. AE Ⓞ ⓞ
VISA JCB
Menu à la carte 17/35 – **48 Zim** ⊇ 58/78 – 89/99 – ½ P 14.
* Im Herzen der historischen Altstadt heißen Sie Hotel und Gästehaus willkommen. Ir
Stammhaus erwartet Sie rustikales Flair, im Gästehaus Landhaus-Romantik. Das Restaura
ist unterteilt und ländlich eingerichtet.

🏨 Breitenstein ⚜ garni, Eichhaldestr. 111, ⊠ 72574, ℘ (07125) 9 49 50, schuhmache
@hotel-breitenstein.de, Fax (07125) 949510, ≼, Massage, ♨, 🈴, 🔲, 🐾 – ⏃ 📺 ⇌
💥
geschl. Dez. 3 Wochen – **16 Zim** ⊇ 38/55 – 74/84.
* Ein sehr gepflegtes Haus mit schönem Blick übers Tal. Die Zimmer sind alle mit Balko
ausgestattet, die Doppelzimmer haben zusätzlich einen Wohnteil und eine Teeküche.

🏨 Bächi ⚜ garni, Olgastr. 10, ⊠ 72574, ℘ (07125) 9 46 90, Fax (07125) 946965
🏊 (geheizt), 🐾 – 📺 🅿. 💥
16 Zim ⊇ 38/41 – 63/68.
* Nett liegt dieses kleine Hotel mit Pensionscharakter in einen Garten eingebettet. Di
Gästezimmer sind schlicht, aber gepflegt und mit allem Nötigen ausgerüstet.

URBACH Baden-Württemberg siehe Schorndorf.

URSENSOLLEN Bayern siehe Amberg.

USEDOM (Insel)
Mecklenburg-Vorpommern **416** E 25 – Seebad – Östlichste und zweitgrößt
Insel Deutschlands, durch Brücken mit dem Festland verbunden.
Sehenswert : Gesamtbild★ der Insel mit Badeorten★ Bansin, Heringsdor
Ahlbeck(Seebrücke★) – Mellenthin (Innenausstattung der Dorfkirche★).
🏌 ❘₁₈ ❘₅ Neppermin-Balm, Drewinscher Weg 1, ℘ (038379) 2 81 99.
Ab Zinnowitz : Berlin 220 – Schwerin 201 – Neubrandenburg 81 – Rügen (Bergen) 100 –
Stralsund 74 – Rostock 136.

Ahlbeck – 3 200 Ew – Seeheilbad.
- **∄** Kurverwaltung, Dünenstr. 45, ⊠ 17419, ℘ (038378) 2 44 14, Fax (038378) 24418.

🏨 Romantik Seehotel Ahlbecker Hof, Dünenstr. 47, ⊠ 17419, ℘ (038378) 6 20
ahlbecker-hof@seetel.de, Fax (038378) 62100, 😃, Massage, 🈴, 🔲, – ⏃ 📺 ⇌ 🅿 –
🚗 20. AE ⓄⓄ VISA. 💥 Rest
Menu à la carte 36/52 – **Brasserie** (geschl. Nov. - März Montag - Dienstag) **Menu** à la carte
24/40 – **66 Zim** ⊇145/170 – 175/200 – ½ P 35.
* Dieser modernisierte klassizistische Bau - ein Prunkstück der Bäderarchitektur - verwöhnt
seine anspruchsvollen Gäste mit nobel eingerichteten Zimmern und Badelandschaft
Kristallüster und klassisches Ambiente geben dem Restaurant einen Hauch Exklusivität.

🏨 Ostseehotel ⚜ (mit Gästehaus), Dünenstr. 41, ⊠ 17419, ℘ (038378) 6 00, ostsee
hotel@seetel.de, Fax (038378) 60100, 🈴, 🔲 – ⏃ 📺 ♿ ⇌ – 🚗 60. AE ⓄⓄ VISA
💥 Rest
Menu à la carte 21/36 – **98 Zim** ⊇ 85/95 – 100/134 – ½ P 18.
* Gleich bei der Seebrücke liegt dieser imponierende Hotelbau mit gelb-weißer Fassade.
Im Inneren sind die Zimmer mit Kirschholz wohnlich und zeitlos eingerichtet worden. Im
luftigen Wintergartenrestaurant mit Rattaneinrichtung hat man einen Ausblick aufs Meer.

🏨 Ostende ⚜, Dünenstr. 24, ⊠ 17419, ℘ (038378) 5 10, hotel-ostende@t-online.de,
Fax (038378) 51403, ≼, 😃, Massage, 🈴 – 📺 🕿 – 🚗 30. AE VISA. 💥 Rest
geschl. 6. - 31. Jan. – **Menu** (nur Abendessen) à la carte 24/39 – **27 Zim** ⊇ 70/110 –
120/150 – ½ P 16.
* Ende des 19. Jh. wurde das Haus erbaut, 1993 restauriert. Bei der Gestaltung der Innenräume wurde auf klare Linienführung geachtet, die Farben verweisen auf Meer und Strand.
Hell und modern zeigt sich das Restaurant mit der großen Fensterfront.

USEDOM (Insel)

Kastell ⑤, Dünenstr. 3, ⊠ 17419, ℰ (038378) 4 70 10, *hotel-kastell-ahlbeck@t-on line.de*, Fax (038378) 470119, ⇔ – 🛗 📺 📞 ⇔ 🅿️ 🖽 ⓘ ⓜ 🆅🅸🆂🅰. ⅍ Rest
11 Suiten ⊆ 119/179.

◆ Im Stil einer Burg gestaltet zeigt sich das Äußere dieses weißen Hauses. Im Inneren hat man Zimmer und Appartements stilvoll und mit gutem Geschmack eingerichtet.

Villa Auguste Viktoria, Bismarckstr. 1, ⊠ 17419, ℰ (038378) 24 10, Fax (038378) 24144, ⇔, ⇔ – 📺 🅿️ 🖽 ⓘ 🆅🅸🆂🅰
Menu *(geschl. Nov. - Feb.)* (abends Tischbestellung ratsam) à la carte 17/34 – **18 Zim** ⊆ 75/85 – 90/120, 6 Suiten – ½ P 18.

◆ In einer ruhigen Stichstraße, nur 50 Meter vom Badestrand entfernt, liegen die beiden miteinander verbundenen renovierten Jugendstil-Villen mit hübschen Zimmern. Sie speisen in dem mit Glas überdachten Verbindungsgang zwischen den Zwillingsvillen.

Villa Strandrose garni, Dünenstr. 18, ⊠ 17419, ℰ (038378) 2 81 82, Fax (038378) 28194, ≤ – 📺 ⇔ 🅿️. ⅍
April - Okt. – **19 Zim** ⊆ 85 – 95/115.

◆ Ein schönes weißes Haus, in dem Sie gepflegt wohnen können. Luftige, helle Zimmer und ein Frühstücksraum mit grauer Rattanbestuhlung wirken nett und einladend.

Bansin – 2 500 Ew – Seeheilbad.

🛈 Kurverwaltung, An der Seebrücke, ⊠ 17429, ℰ (038378) 4 70 50, Fax (038378) 470515.

Strandhotel 🅼 ⑤, Bergstr. 30, ⊠ 17429, ℰ (038378) 80 00, *strandhotel-bansin @tc-hotels.de*, Fax (038378) 800111, ≤, ⇔, Massage, ♣, ≋, 🌊 – 🛗, ⥅ Zim, 📺 📞 ₺ ⇔ 🅿️ ⓘ ⓜ 🆅🅸🆂🅰. ⅍ Rest
Menu à la carte 20,50/30,50 – **102 Zim** ⊆ 104 – 130/175 – ½ P 21.

◆ Nach kompletter Renovierung und Erweiterung ist hier eine moderne Hotelanlage entstanden. Durch eine angenehm großzügige Lobby gelangen Sie in wohnlich-komfortable Zimmer. Vom Restaurant in der 1. Etage aus blicken Sie durch große Fenster auf die Ostsee.

Romantik Strandhotel Atlantic, Strandpromenade 18, ⊠ 17429, ℰ (038378) 6 05, *atlantic@seetel.de*, Fax (038378) 60600, ⇔, ≋, 🌊 – 📺 ⇔. 🖽 ⓜ 🆅🅸🆂🅰. ⅍ Rest
Menu à la carte 27/36 – **26 Zim** ⊆ 90/102 – 124/160 – ½ P 25.

◆ Ende des 19. Jh. als Kleinod der Strandpromenade erbaut, hat die restaurierte Villa 1994 ihre einstige Schönheit wiedererlangt. Im Inneren : warme Farben und ein Hauch Luxus. Im Restaurant tragen Kristalleuchter zum klassisch-eleganten Ambiente bei.

Zur Post, Seestr. 5, ⊠ 17429, ℰ (038378) 5 60, *hzp_usedom@t-online.de*, Fax (038378) 56220, ⇔, ≋ – 🛗 📺 📞 ₺ ⇔ 🅿️ – ⚐ 80. ⓜ 🆅🅸🆂🅰
Menu à la carte 17,50/35 – **60 Zim** ⊆ 65/100 – 110/130 – ½ P 18.

◆ Über eine Freitreppe betritt man die schöne, weiß-gelbe Villa von 1901 - ein Haus im Stil der Seebäder-Architektur. Man hat zwei mit Antiquitäten eingerichtete Turmzimmer ! Unaufdringlich gestaltetes Restaurant mit gutbürgerlicher Küche.

Admiral ⑤, Strandpromenade 36, ⊠ 17429, ℰ (038378) 6 60, *hotel-admiral-usedom @t-online.de*, Fax (038378) 66366, ≋, 🌊 – 📺 🅿️.
Menu *(geschl. 1. - 25. Dez.)* à la carte 15/28 – **Ristorante Carlo** *(ausser Saison nur Abendessen)* *(italienische Küche)* **Menu** à la carte 22/37 – **70 Zim** ⊆ 75 – 90/120.

◆ Die strahlendweiße Hotelanlage mit den roten Dächern fällt gleich ins Auge. Direkt am Strand gelegen, ist das Haus ein guter Standort für einen schönen Badeurlaub. Rustikales Restaurant mit Blick auf die Ostsee. Hell, im mediterranen Stil : Ristorante Carlo.

Heringsdorf – 3 500 Ew – Seebad.

🛈 Kurverwaltung, Kulmstr. 33, ⊠ 17424, ℰ (038378) 24 51, Fax (038378) 2454.

Strandidyll ⑤, Delbrückstr. 9, ⊠ 17424, ℰ (038378) 47 60, *strandidyll@tc-hotels.de*, Fax (030378) 476555, ⇔, Massage, ≋, 🌊, 🌊, ⋇ – 🛗 ⥅ 📺 📞 ₺ ⇔ 🅿️ – ⚐ 150. 🖽 ⓜ 🆅🅸🆂🅰. ⅍ Rest
Menu *(Restaurant nur für Hausgäste)* 22/33 – **Belvedere** ≤ Ostsee *(geschl. Montag)*(nur Abendessen)(Tischbestellung erforderlich) **Menu** 44 à la carte 28/36 – **151 Zim** ⊆ 115/145 – 150/239, 7 Suiten – ½ P 21.

◆ Hier entstand ein luxuriöses Hotel mit Parkanlage, das auch Anspruchsvolle zufriedenstellt. Die Räume sind mit eleganten Hölzern und frischen Farben harmonisch eingerichtet. Im vierten Stock des Hotels finden Sie das Belvedere mit mediterranem Ambiente.

Maritim Hotel Kaiserhof 🅼, Strandpromenade, ⊠ 17424, ℰ (038378) 6 50, *info.her@maritim.de*, Fax (038378) 65800, Massage, 🅸🅶, ≋, 🌊 – 🛗, ⥅ Zim, 🗏 Rest, 📺 📞 ₺ ⇔ – ⚐ 280. 🖽 ⓘ ⓜ 🆅🅸🆂🅰. ⅍ Rest
Menu à la carte 25/39 – **134 Zim** ⊆ 105/142 – 144/196, 3 Suiten – ½ P 23.

◆ Ein großzügiges, modernes Hotel, das in allen Bereichen mit Professionalität überzeugt. Alle Zimmer sind hell und wohnlich möbliert, die seeseitigen sind meist etwas größer. Ein Glasdach, Kunstpalmen und freundliche Farben prägen das moderne Restaurant.

1471

USEDOM (Insel)

Upstalsboom Hotel Ostseestrand M, Eichenweg 4, ⊠ 17424, ℘ (038378) 6 30, *ostseestrand@upstalsboom.de*, Fax (038378) 63444, ⛱, Massage, ♣, ≦s, 🏊
📶 ≒, ≡ Rest, 📺 & 🅿 - 🏛 100. 🆎 ⓘ ⓜⓞ 🆅🅸🆂🅰. ※ Rest
Menu à la carte 26/40 – **99 Zim** ⊇ 102/124 – 149/199 – ½ P 20.
♦ In einer Wohn- und Villengegend liegt diese anspruchsvoll gestaltete Adresse, die Ihnen schön und wohnlich ausgestattete Quartiere im Landhausstil anzubieten hat. Im Restaurant erzeugen aufwendige Stoffdekorationen und Rattanstühle ein schönes Ambiente.

Strandhotel Ostseeblick M, Kulmstr. 28, ⊠ 17424, ℘ (038378) 5 40, *info@ strandhotel-ostseeblick.de*, Fax (038378) 54299, ≤, ⛱, Massage, ≦s – 📶, ≒ Zim, 📺
🚗 – 🏛 30. 🆎 ⓜⓞ 🆅🅸🆂🅰. ※ Rest
Menu à la carte 23/41 – **61 Zim** ⊇ 100/120 – 120/170, 3 Suiten – ½ P 22.
♦ Hinter der sonnengelben Fassade dieses herrlich gelegenen Hotels erwartet Sie neuzeitlicher Komfort : schöne, wohnliche Zimmer, Vineta-Therme und ein aufmerksamer Service ! In der lichtdurchfluteten Rotunde speisen Sie mit Panorama-Blick auf die Ostsee.

Esplanade, Seestr. 5, ⊠ 17424, ℘ (038378) 7 00, *hotel.esplanade@t-online.de*, Fax (038378) 70400, ⛱ – 📶, ≒ Zim, 📺 & 🅿 - 🏛 60. 🆎 ⓜⓞ 🆅🅸🆂🅰. ※ Rest
Epikur (nur Abendessen) **Menu** à la carte 25/41 – **40 Zim** ⊇ 75/100 – 95/150 – ½ P 22
♦ Seit hundert Jahren steht dieses schloßartige Haus für gepflegte Hotellerie. Im Inneren finden Sie hohe Räume, die mit Geschmack und Niveau ausgestattet sind. Das Epikur im Anbau neben der Freitreppe verbreitet ein klassisches, leicht südländisches Flair.

Oasis 🐾 (mit Gästehaus), Strandpromenade/Puschkinstr. 10, ⊠ 17424, ℘ (038378) 26 50, *hotel-oasis@t-online.de*, Fax (038378) 26599, ≤, ⛱, ≦s, 🐎 - ≒ 📺 🚗 🅿
🆎 ⓜⓞ 🆅🅸🆂🅰
Kräuterstuben (nur Abendessen) **Menu** à la carte 28/45 – **20 Zim** ⊇ 67/169 – 128/179 – ½ P 22.
♦ Wer ein privates und stilvolles Ambiente schätzt, wird sich hier wohlfühlen : In der Gründerzeitvilla sind elegant-modernes Wohnen und persönliche Betreuung selbstverständlich. Ein schönes Interieur mit Parkett und Stuck prägt den Charakter der Kräuterstuben.

Pommerscher Hof, Seestr. 41, ⊠ 17424, ℘ (038378) 6 10, *pommerscher-hof@seetel.de*, Fax (038378) 61100 – 📶, ≒ Zim, 📺 🅿 – 🏛 60. 🆎 ⓜⓞ 🆅🅸🆂🅰. ※ Rest
Menu à la carte 14,50/27,50 – **95 Zim** ⊇ 71/88 – 106/126 – ½ P 17.
♦ Im Zentrum des Ortes gelegen, ist dies ein Haus der kurzen Wege. Solide und ansprechende Zimmer - oft mit Balkon - und die Nähe zum Strand sprechen für das Hotel. Wie eine lange, lichtdurchflutete Loggia ist das Restaurant dem Hotel vorgebaut.

Wald und See 🐾, Rudolf-Breitscheid-Str. 8, ⊠ 17424, ℘ (038378) 4 77 70, Fax (038378) 477777, ≦s – 📶 📺 🅿. 🆎 ⓜⓞ 🆅🅸🆂🅰. ※ Rest
März - Okt. - **Menu** (nur Abendessen) à la carte 16,50/29 – **43 Zim** ⊇ 63/69 – 90/96 – ½ P 15.
♦ Aus einem ehemaligen Ferienheim entstand hier am Ortsrand ein funktionelles Hotel, dessen Zimmer mit hellem Holzmobiliar gut eingerichtet sind. Das Restaurant ist ein heller, schlicht gestalteter Raum mit großer Fensterfront.

Fortuna garni, Kulmstr. 8, ⊠ 17424, ℘ (038378) 4 70 70, *hotel.fortuna@freenet.de*, Fax (038378) 470743, ≦s – ≒ 📺 🅿. ※
geschl. Nov. - **21 Zim** ⊇ 48 – 75/92.
♦ Die schöne Villa im Stil der Seebäder-Architektur stammt a. d. J. 1890 und wurde 1997/98 aufwendig restauriert. Sie wohnen in modernen, freundlichen Zimmern.

Käpt'n "N", Seebrücke 1, ⊠ 17424, ℘ (038378) 2 88 17, *info@seebruecke-heringsdorf.de*, Fax (038378) 28819, ≤ – ⓘ ⓜⓞ 🆅🅸🆂🅰
Menu (nur Abendessen) (Tischbestellung ratsam) à la carte 25/45 – **Nauticus :** Menu à la carte 15/27.
♦ An der Spitze der Seebrücke werden Sie in einem vollverglasten Rundbau bekocht. Das Ambiente dazu ist gediegen mit dunklem Schiffsparkett und Lederpolstern. Das Nauticus ist die einfachere, gutbürgerliche Alternative zum Käpt'n "N".

Kulm-Eck, Kulmstr.17, ⊠ 17424, ℘ (038378) 2 25 60, ⛱ – ⓜⓞ
geschl. März - April Montag, Okt. - Feb. Sonntag - Montag - **Menu** (nur Abendessen) à la carte 23,50/36.
♦ Ein kleines Restaurant mit Bistrocharakter, das in einem hübschen Haus aus dem 19. Jh. untergebracht ist. Für eine nette Dekoration sorgen zahlreiche Fotos von Heringsdorf.

Karlshagen – *3 500 Ew – Erholungsort*.

🛈 Kurverwaltung, Hauptstr. 16, ⊠ 17449, ℘ (038371) 2 07 58, Fax (038371) 28537.

Nordkap, Strandstr. 8, ⊠ 17449, ℘ (038371) 5 50, *mail@hotel-nordkap.de*, Fax (038371) 55100, ≦s – 📶, ≒ Zim, 📺 ✆ 🅿. ⓜⓞ 🆅🅸🆂🅰
Menu à la carte 15,50/30,50 – **38 Zim** ⊇ 60/70 – 85/105 – ½ P 16.
♦ Mitten in der Natur liegt dieses Haus abseits des Trubels der großen Seebäder. Im Inneren findet man ein Angebot an funktionellen, teils sehr geräumigen Zimmern. Ein heller Wintergarten ergänzt das leicht rustikale Restaurant mit Holztäfelung.

1472

USEDOM (Insel)

orswandt – 500 Ew.

Idyll Am Wolgastsee, Hauptstr. 9, ✉ 17419, ℘ (038378) 2 21 16, *idyll-am-wolgast see@landidyll.de*, Fax (038378) 22546, 🍽, 🛋, 🐎 – 📺 🅿 – 🔒 15. AE ⓘ ⓜ VISA
Menu à la carte 18,50/27 – **19 Zim** ⌧ 40/65 – 80/106.
 • Das komplett modernisierte Haus liegt direkt am malerischen Seeufer. Man wohnt hier recht ruhig in äußerst gepflegten Zimmern, die nett in Erlenholz eingerichtet sind. Das Restaurant teilt sich in einen rustikalen und einen hellen, neuzeitlicheren Bereich.

oserow – 1 650 Ew – Seebad.

🛈 Kurverwaltung, Hauptstr. 34, ✉ 17459, ℘ (038375) 2 04 15, Fax (038375) 20417.

Nautic M, Triftweg 4, ✉ 17459, ℘ (038375) 25 50, *info@hotel-nautic.de*, Fax (038375) 25555, 🍽, 🛋, 🕮, 🐎 – ⇔ Zim, 📺 📞 & 🅿 – 🔒 120. ⓜ VISA
Menu (nur Abendessen) à la carte 13/23,50 – **32 Zim** ⌧ 62 – 88 – ½ P 13.
 • Im Jahre 1999 wurde dieses Haus eröffnet. Zwischen Meer und Achterwasser gelegen, bietet es neuzeitliche Gästezimmer und einen tadellosen Wellnessbereich. Im Sommer ergänzt ein Biergarten das unterteilte Restaurant.

In Koserow-Damerow Nord-West : 2 km :

Vineta-Forsthaus Damerow ⌂, Nahe der B 111, ✉ 17459, ℘ (038375) 5 60, Fax (038375) 56400, 🍽, Biergarten, 🛋, 🕮 – 🛗 📺 🅿 AE ⓜ VISA
Menu à la carte 20/41 – **68 Zim** ⌧ 71/90 – 99/145.
 • Ein ehemaliges Forsthaus aus dem ein schönes, reetgedecktes Anwesen entstanden ist. Die Zimmer sind mit farbigen oder Naturholzmöbeln nett eingerichtet und gut geschnitten. Sie speisen im rustikalen Kaminzimmer oder in der elegant-stilvollen Grafenstube.

oddin – 1 000 Ew – Seebad.

Waterblick, Am Mühlenberg 5, ✉ 17459, ℘ (038375) 2 02 94, Fax (038375) 20620, ≤, 🍽 – 🅿 AE ⓘ ⓜ VISA
Menu (überwiegend Fischgerichte) à la carte 14/24,50.
 • Mit viel Liebe und Engagement führen die Wirtsleute ihr nicht alltägliches Lokal am Achterwasser. Die Stube ist mit originellem Zierat nett dekoriert.

In Loddin-Kölpinsee Nord-Ost : 2 km :

🛈 Kurverwaltung, Strandstr. 23, ✉ 17459, ℘ (038375) 2 06 12, Fax (038375) 20612

Strandhotel Seerose M ⌂ (mit Gästehaus), Strandstr. 1, ✉ 17459, ℘ (038375) 5 40, *info@strandhotel-seerose.de*, Fax (038375) 54199, ≤, 🍽, 🅵, 🛋, 🕮 – 🛗, ⇔ Zim, 📺 📞 & 🅿 – 🔒 80. ⓜ VISA
geschl. 24. - 28. Nov. – **Menu** à la carte 19/29 – **67 Zim** ⌧ 70/125 – 100/168 – ½ P 18.
 • In unmittelbarer Strandnähe und vom Küstenwald umgeben kann das neuzeitliche Haus mit einer guten Lage aufwarten. Auch die in Pastelltönen gehaltenen Zimmer enttäuschen nicht. Das helle, freundliche Restaurant ist zur Seeseite hin gelegen.

Neppermin – 370 Ew.

In Neppermin-Balm Nord-West : 2,5 km :

Golf- und Landhotel Balmer See M ⌂, Drewinscher Weg 1, ✉ 17429, ℘ (038379) 2 80, *golfhotel-usedom.de*, Fax (038379) 28222, ≤ Balmer See, 🍽, Massage, 🅵, 🛋, 🕮, 🐎, 🎾, 🅵🛋 – ⇔ Zim, 📺 📞 ⇔ 🅿 – 🔒 25. AE ⓘ ⓜ VISA. 🍽 Rest
Menu à la carte 23/37 – **88 Zim** ⌧ 92/116 – 140/180, 5 Suiten – ½ P 20.
 • Fünf reetgedeckte Landhäuser bilden dieses Hotelanlage mit Blick auf den Balmer See. Elegant-komfortable Zimmer, ein großes Wellness- und Sportangebot und die Lage überzeugen. Das Restaurant im 1. Stock verbindet moderne Ausstattung und klassische Tischkultur.

SAUZIN – 400 Ew.

In Sauzin-Ziemitz Nord : 3 km :

Zur Reuse, Peenestr. 2, ✉ 17440, ℘ (03836) 60 28 55, Fax (03836) 602855 72 – 🅿. VISA
geschl. 3. - 31. Jan., Dez. - März Montag – **Menu** à la carte 14,50/28.
 • Hübsch liegt das kleine Restaurant am Peenehafen. Die Einrichtung ist rustikal und spiegelt den Charakter der Region wider. Bürgerliche Karte mit vielen Fischgerichten.

Trassenheide – 850 Ew – Seebad.

🛈 Kurverwaltung, Strandstr. 36, ✉ 17449, ℘ (038371) 2 09 28, Fax (038371) 20913.

Waldhof Hotel ⌂, Forststr. 9, ✉ 17449, ℘ (038371) 5 00, *waldhof@seetel.de*, Fax (038371) 20561, 🍽, 🕮 – ⇔ Zim, 📺 🅿 AE ⓜ VISA. 🍽 Rest
geschl. Jan. - März – **Menu** à la carte 14/22 – **80 Zim** ⌧ 67 – 92/104 – ½ P 14.
 • Ein im duftenden Kiefernwald gelegenes Ensemble aus fünf reetgedeckten Landhäusern. Es erwarten Sie solide, mit grün eingefärbten Möbeln bestückte Gästezimmer. Das Restaurant unterteilt sich in Kaminzimmer, Wintergarten und Speisesaal.

1473

USEDOM (INSEL)

Zinnowitz – 3 700 Ew – Seebad.
🛈 Kurverwaltung, Neue Strandstr. 30, ✉ 17454, ℘ (038377) 49 20, Fax (038377) 4222

🏨 **Zinnowitz Palace-Hotel** M 🌿, Dünenstr. 8, ✉ 17454, ℘ (038377) 39 60, usedo
@ zinnowitz-palacehotel.de, Fax (038377) 39699, 余, ℔, Massage, ≘s, 🞎 – 🛗, 🛇 Zir
🍴 Rest, 📺 ✆ 🕭 🄿 – 🔏 20. 🅰🅴 ⓒ𝗕 🆅🅸🆂🅰 🎇 Rest
geschl. 16. - 26. Dez. – **Menu** (Nov. - Feb. nur Abendessen) à la carte 28/42 – **40 Zim** ☐ 12
– 170/212 – ½ P 29.
♦ Es sind die palastartige Erscheinung und die liebenswerten Details, die den Charme diese
Hauses ausmachen. Komfortable Zimmer und ein Wellnessbereich dienen Ihrer Erholun
Das Interieur des Speisesaals besticht durch zurückhaltende Eleganz.

🏨 **Strandhotel** M, Dünenstr. 11, ✉ 17454, ℘ (038377) 3 80 00, strandhotelzinnowi
@ tc-hotels.de, Fax (038377) 38555, ≤, 余, Massage, ≘s – 🛗 🛇 📺 ✆ 🕭 🄿 🅰🅴 ⓒ
🆅🅸🆂🅰 🎇 Rest
geschl. 10. Nov. - 27. Feb. – **Menu** à la carte 22,50/36 – **75 Zim** ☐ 97 – 130
½ P 20.
♦ Schon von weitem fallen die beiden Türme des zentral gelegenen Hotels ins Auge. Da
Interieur bestimmen frische Farben und italienische Möbel. Das Restaurant ist in kräftige
Tönen, mit Rattanstühlen und modernen Lampen eingerichtet.

🏨 **Parkhotel Am Glienberg** M 🌿, Glienbergweg 10, ✉ 17454, ℘ (038377) 7 2
info@ parkhotel-glienberg.de, Fax (038377) 72434, 余, ≘s, 🞎 – 🛗, 🛇 Zim, 📺 ⇐
🄿 – 🔏 25. 🅰🅴 ⓒ 🅲🅱 🆅🅸🆂🅰
Menu (nur Abendessen) à la carte 18,50/36 – **38 Zim** ☐ 76/99 – 119/139, 4 Suiten
½ P 18.
♦ Nach einem Umbau ergänzen zusätzliche, mit neuzeitlichem Stilmobiliar hübsch einge
richtete Räume im vierten Stock die wohnlichen Zimmer dieses Domizils.

🏨 **Asgard** 🌿, Dünenstr. 20, ✉ 17454, ℘ (038377) 46 70, info@ hotelasgard.de
Fax (038377) 467124, 余, Massage, ≘s, 🞎 – 🛗 📺 🄿 🅰🅴 ⓒ𝗕 🆅🅸🆂🅰
Menu à la carte 18,50/38,50 – **34 Zim** ☐ 66/75 – 82/118.
♦ Direkt an der Strandpromenade liegt das nach dem germanischen Paradies benannt
Haus. In den modern eingerichteten Räumen finden Reisende ein nettes Zuhause auf Zei
Das Hotelrestaurant ist mit Wurzelholz und in rötlichen Farben eingerichtet.

USINGEN Hessen **417** O 9 – 12 500 Ew – Höhe 270 m.
Berlin 521 – Wiesbaden 62 – Frankfurt am Main 32 – Gießen 38 – Limburg an der Lahn 45.

In Usingen-Kransberg Nord-Ost : 5 km :

XX **Herrnmühle**, Herrnmühle 1, ✉ 61250, ℘ (06081) 6 64 79, herrnmuehle@ herrn
muehle.de, Fax (06081) 66442, 余 – 🄿 ⓒ𝗕 🆅🅸🆂🅰
geschl. Jan., Mitte Aug. - Anfang Sept., Montag - Dienstag – **Menu** (nur Abendessen) 25/4
und à la carte.
♦ In der ehemaligen Mühle hat man nach gründlicher Renovierung ein nettes Restauran
eingerichtet. Warme Farben, gepflegtes Dekor und blanke runde Tische sind prägend
Elemente.

USLAR Niedersachsen **417** **418** L 12 – 17 200 Ew – Höhe 173 m – Erholungsort.
🛈 Touristik-Information, Mühlentor 1, ✉ 37170, ℘ (05571) 9 22 40, touristikuslar@
aol.com, Fax (05571) 922422.
Berlin 352 – Hannover 133 – Kassel 60 – Göttingen 39 – Braunschweig 120.

🏨 **Menzhausen**, Lange Str. 12, ✉ 37170, ℘ (05571) 9 22 30, hotel@ menzhausen.de
Fax (05571) 922330, 余, ≘s, 🞎, 🌿 – 🛗 📺 ⇐ 🄿 – 🔏 60. 🅰🅴 ⓒ ⓒ𝗕
🆅🅸🆂🅰
Menu à la carte 19,50/33,50 – **40 Zim** ☐ 50/80 – 80/160 – ½ P 20.
♦ Ein im Stil angepaßter Anbau mit Erkern und Gauben ergänzt das Haus mit der
reich verzierten Fachwerkfassade a. d. 16. Jh. Hier finden Sie geräumige und moderne
Zimmer. Im historischen Trakt des Hotels befinden sich die behaglichen Restaurant-
Stuben.

In Uslar-Schönhagen Nord-West : 7 km über B 241 – Erholungsort :

🍴 **Fröhlich-Höche**, Amelither Str. 6 (B 241), ✉ 37170, ℘ (05571) 26 12
⇐ Fax (05571) 913107, 余, ≘s, 🌿 – 📺 🄿 – 🔏 80
geschl. 15. Jan. - 10. Feb. – **Menu** (geschl. Mittwoch) à la carte 10,50/25 – **15 Zim** ☐ 25/35
– 50/56 – ½ P 9.
♦ Ein ländlicher Gasthof im Fachwerkstil, in dem auch Familien herzlich willkommen sind
Praktische Zimmer tragen zu einem erholsamen Aufenthalt bei. Holzfußboden und offener
Kamin verleihen der Gaststube ein gemütliches Ambiente.

USLAR

Uslar-Volpriehausen Ost : 8 km über B 247 :

Landhotel am Rothenberg (mit Gästehäusern), Rothenbergstr. 4, ⊠ 37170, ℘ (05573) 95 90, kontakt@landhotel-online.de, Fax (05573) 959100, 㑒, ≋ – ⌠, ⇌ Zim, ℡ ⓒ ⇌ ⚓ – ⚒ 280. ◉ VISA
geschl. 20. Dez. - 20. Jan. – **Menu** à la carte 18/32 – **80 Zim** ⊇ 50/80 – 70/110 – ½ P 17.
◆ Über Jahre hinweg ist dieser Betrieb gewachsen, so daß man heute im Stammhaus und in den Landhäusern solide, unterschiedlich möblierte Zimmer anbieten kann. Schöner Garten ! Im Stammhaus der Hotelanlage ist das rustikal gestaltete Restaurant untergebracht.

TTING AM AMMERSEE Bayern ⁴¹⁹ ⁴²⁰ V 17 – 2 900 Ew – Höhe 554 m.
Berlin 625 – München 47 – Augsburg 61 – Landsberg am Lech 24.

Wittelsbacher Hof, Bahnhofsplatz 6, ⊠ 86919, ℘ (08806) 9 20 40, info@hotel-wittelsbacher-hof.de, Fax (08806) 2789, 㑒, Biergarten, ≋, ☐ – ⇌ Rest, ℡ ⓒ – ⚒ 25 geschl. Jan. – **Menu** (geschl. Mittwoch, ausser Saison auch Montagmittag, Donnerstagmittag, Freitagmittag) à la carte 14/23 – **22 Zim** ⊇ 55/72 – 96 – ½ P 10.
◆ In dem familiengeführten, tadellos gepflegten Gasthof am Ortsrand finden Sie saubere, gut eingerichtete Fremdenzimmer, teils auch mit Balkon. Schlicht-rustikale Gaststube.

n Utting-Holzhausen :

Sonnenhof, Ammerseestr. 1, ⊠ 86919, ℘ (08806) 9 23 30, info@sonnenhof-hotel.de, Fax (08806) 2789, 㑒, ≋, ☐ – ⇌, ☰ Rest, ℡ ⓒ ⇌ ⓒ – ⚒ 35. VISA
Menu (geschl. Dienstag) à la carte 15/30 – **30 Zim** ⊇ 80/85 – 85/110 – ½ P 17.
◆ Am Westufer des Ammersees finden Sie diese ländliche, teils mit Wein bewachsene Herberge. Sehr gepflegte und wohnliche Gästezimmer stehen zum Einzug bereit. Teil des Restaurants ist ein gemütlich im alpenländischen Stil eingerichteter Rundbau.

ACHA Thüringen ⁴¹⁸ N 14 – 4 000 Ew – Höhe 225 m.
🛈 Fremdenverkehrsbüro, Markt 4, Rathaus ⊠ 36404, ℘ (036962) 26 10, Fax (036962) 26117.
Berlin 391 – Erfurt 100 – Kassel 100 – Bad Hersfeld 26 – Fulda 48.

Adler, Markt 1, ⊠ 36404, ℘ (036962) 26 50, info@hotel-adler-vacha.de, Fax (036962) 26547, 㑒 – ⇌ Zim, ℡ ⓒ – ⚒ 40. ◉ ⓞ ◉ VISA. ⇌ Rest
Menu à la carte 14,50/24,50 – **25 Zim** ⊇ 44/65 – 62/85.
◆ Zwei bauliche Stilrichtungen - Gründerzeit und Jugendstil - beherrschen das Bild dieses Gasthofs. Im Inneren erwarten Sie nette, mit Holzmöbeln ausgestattete Zimmer. Das Restaurant mit hübscher Holzvertäfelung ist im altdeutschen Stil gestaltet.

n Unterbreizbach-Sünna Süd-West : 5 km über B 84 :

Kelten-Wald-Hotel Goldene Aue, (in Sünna-Ortsmitte links ab : Ost : 2 km), ⊠ 36404, ℘ (036962) 26 70, info@keltenhotel.de, Fax (036962) 26777, 㑒, ≋, ☐ (geheizt), 㑒 – ⇌ Zim, ℡ ⓒ ⇌ ⓒ – ⚒ 30. ◉ ⓞ VISA
Menu à la carte 11,50/25 – **25 Zim** ⊇ 36/40 – 47/65.
◆ Hier, wo vor 2500 Jahren die Kelten lebten, entstand 1996 nach einem Um- und Neubau in ruhiger Waldlage ein Hotel mit einfachen, in rustikalem Naturholz gehaltenen Zimmern. Blankes Holz, Felle auf den Stühlen, Naturstein und Kamin prägen das Restaurant.

ACHDORF Thüringen ⁴¹⁸ ⁴²⁰ O 15 – 900 Ew – Höhe 320 m.
Berlin 389 – Erfurt 96 – Coburg 49 – Fulda 75.

Öko Markt Werratal, Riethweg 239 (an der B 89), ⊠ 98617, ℘ (036949) 2 97 50, oekomarkt.vachdorf@gmx.de, Fax (036949) 29721, 㑒, Massage, ≋ – ⌠ ℡ ⇌ ⓒ – ⚒ 35
Menu (geschl. Montag) à la carte 14/21 – **34 Zim** ⊇ 36 – 57/82.
◆ Eine gelungene Kombination von Hotel, Restaurant und Öko-Einkaufsmarkt. Ihr wohnlich eingerichtetes Domizil ist umgeben von landwirtschaftlich genutzten Flächen. Helles Holz und ein Kachelofen machen das Restaurant behaglich, Sudfässer zieren die Bierstube.

AIHINGEN AN DER ENZ Baden-Württemberg ⁴¹⁹ T 10 – 26 500 Ew – Höhe 245 m.
Berlin 633 – Stuttgart 28 – Heilbronn 54 – Karlsruhe 56 – Pforzheim 21.

Post Ⓜ garni, Franckstr. 23, ⊠ 71665, ℘ (07042) 9 53 10, info@hotel-post-garni.de, Fax (07042) 953144 – ⌠ ℡ ⓒ ⇌ ⓒ ◉ VISA. ⇌
geschl. 22. Dez. - 6. Jan. – **35 Zim** ⊇ 52/54 – 74/79.
◆ Eine gute Adresse für Geschäftsreisende : Das Haus besticht zum einen durch die engagierte Führung seiner Besitzer und zum anderen durch seine solide und gepflegte Einrichtung.

VAIHINGEN AN DER ENZ

In Vaihingen-Horrheim *Nord-Ost : 7 km Richtung Heilbronn :*

🏨 **Lamm** M garni, Klosterbergstr. 45, ✉ 71665, ℰ (07042) 8 32 20, info@hotel-lam
-horrheim.de, Fax (07042) 832250 – 📶 ⇔ 📺 📞 🛁 🚗 – 🅿 45. ΑΕ ⓜ ⓥ 𝖵𝖨𝖲𝖠
23 Zim ⊑ 53/55 – 76/82.
   • Hier finden Sie ein sympathisches Haus, in dem Tradition und Moderne harmonisch vereint
   sind : Auf den historischen Grundmauern wurde 1994 ein neuer Gasthof errichtet.

In Vaihingen-Roßwag *West : 4 km über B 10 Richtung Pforzheim :*

🍴 **Krone**, Kronengäßle 1, ✉ 71665, ℰ (07042) 2 40 36, Fax (07042) 24114, 🏡
geschl. über Fasching 1 Woche, Aug. 2 Wochen, Mittwoch - Donnerstag – **Menu** à la carte
22/34,50.
   • In dem netten Fachwerkhaus finden Sie schwäbische Gastlichkeit, so wie sie früher üblich
   war : In einer ländlich eingerichteten, gepflegten Stube wird Regionales aufgetischt.

VALLENDAR Rheinland-Pfalz **417** O 6 - 8 000 Ew – Höhe 69 m.
Berlin 593 – Mainz 113 – *Koblenz* 9 – Bonn 61 – Limburg an der Lahn 43.

🍴 **Die Traube**, Rathausplatz 12, ✉ 56179, ℰ (0261) 6 11 62, dietraube@t-online.de
Fax (0261) 6799408, 🏡 – ⓜ 𝖵𝖨𝖲𝖠
geschl. 1. - 8. Jan., über Fasching, Aug. 2 Wochen, Montag – **Menu** (Tischbestellung ratsam)
à la carte 23/36.
   • Die betont rustikale Einrichtung gibt diesem netten Fachwerkhaus a. d. J. 1647 eine hei-
   melige Atmosphäre. Serviert werden gute regionale und internationale Gerichte.

VANSELOW Mecklenburg-Vorpommern siehe Demmin.

VAREL Niedersachsen **415** F 8 – 24 300 Ew – Höhe 10 m.
Berlin 461 – Hannover 204 – *Bremen* 75 – Wilhelmshaven 25 – Oldenburg 34.

🍴🍴 **Schienfatt**, Neumarktplatz 3, ✉ 26316, ℰ (04451) 47 61, Fax (04451) 956849, (Hei-
matmuseum) – ⓜ 𝖵𝖨𝖲𝖠
Menu *(wochentags nur Abendessen)* (überwiegend Fischgerichte) (Tischbestellung ratsam)
à la carte 23/37.
   • Essen im Museum? Hier ist es möglich, denn diese Stätte beherbergt Restaurant und
   Museum in einem. Sie sitzen sehr gemütlich, umgeben von historischen Bildersammlungen.

In Varel-Dangast *Nord-West : 7 km – Nordseebad :*

🏨 **Graf Bentinck** ⇘, Dauenser Str. 7, ✉ 26316, ℰ (04451) 13 90, info@bentinck.de
Fax (04451) 139222, ⇔ – 📶 ⇔ 📺 📞 🅿 – 🅿 40. ΑΕ ⓜ ⓥ 𝖵𝖨𝖲𝖠. ⨯ Rest
Menu (nur Abendessen) à la carte 18,50/33 – **42 Zim** ⊑ 72/80 – 102/117 – ½ P 17
   • Ein backsteinrotes, reetgedecktes Haus mit weißen Sprossenfenstern lädt Sie mit seinen
   wohnlichen Zimmern zu entspannenden Ferientagen ein. Das gemütliche Hauptrestaurant
   und der helle, freundliche Wintergarten zeigen sich im friesischen Stil.

VATERSTETTEN Bayern **420** V 19 – 20 000 Ew – Höhe 528 m.
Berlin 596 – *München* 21 – Landshut 76 – Passau 160 – Salzburg 138.

In Vaterstetten-Neufarn *Nord-Ost : 7,5 km :*

🏨 **Stangl** (mit 🏛 Gasthof), Münchener Str. 1, ✉ 85646 Neufarn, ℰ (089) 90 50 10, info
@hotel-stangl.de, Fax (089) 90501363, Biergarten, 🐎 – 📶 ⇔ Zim, 📺 📞 🅿 – 🅿 60.
ΑΕ ⓞ ⓜ 𝖵𝖨𝖲𝖠
Menu à la carte 20/38 ♀ – **55 Zim** ⊑ 62/129 – 109/189.
   • Ein elegant-bayerisches Ambiente, in dem Sie sich sofort zu Hause fühlen können. Den
   ehemaligen Gutshof hat man mit einer schönen Jugendstileinrichtung versehen. In char-
   manten Gaststuben serviert man eine sorgfältig zubereitete regionale Küche.

🏛 **Landhotel Anderschitz** garni, Münchener Str. 13, ✉ 85646 Neufarn, ℰ (089)
9 27 94 90, anderschitz.hotel@t-online.de, Fax (089) 92794917 – ⇔ 📺 🚗 🅿 ⨯
geschl. 23. Dez. - 7. Jan. – **27 Zim** ⊑ 54/74 – 87/98.
   • Ein einfacher alpenländischer Gasthof : Sie übernachten in soliden Zimmern und bekom-
   men morgens in der behaglichen holzvertäfelten Stube ein sorgfältig zubereitetes
   Frühstück.

In Vaterstetten-Parsdorf *Nord : 4,5 km :*

🏛 **Erb** (mit Gästehaus), Posthalterring 1 (Gewerbegebiet, Nähe BAB Ausfahrt),
✉ 85599 Parsdorf, ℰ (089) 99 11 00, info@hotel-erb.de, Fax (089) 99110155, ⇔ – 📶
⇔ 📺 📞 🚗 🅿 – 🅿 20. ΑΕ ⓞ ⓜ 𝖵𝖨𝖲𝖠. ⨯ Rest
Menu (nur Abendessen) (Restaurant nur für Hausgäste) – **98 Zim** ⊑ 65/93 – 115/140
   • Durch einen freundlichen Hallenbereich betreten Sie Ihr vorübergehendes Zuhause. Fra-
   gen Sie nach den neuen Zimmern - diese sind mit gutem Mobiliar wohnlich eingerichtet.

ECHTA Niedersachsen 415 H 8 – 24 000 Ew – Höhe 37 m.
  Welpe 2, ℘ (04441) 8 21 68.
Berlin 412 – Hannover 124 – Bremen 69 – Oldenburg 49 – Osnabrück 61.

Bremer Tor M, Bremer Str. 1, ✉ 49377, ℘ (04441) 9 99 90, bremertor@t-online.de, Fax (04441) 999999 – 📳 📺 ✆ ⚿ 🅿 – 🏛 15. 🆎 ⓞ ⓜ VISA. ❦ Rest
Maximilian's (geschl. Sonntagabend) Menu à la carte 17/32 – **38 Zim** 🛏 65 – 95.
♦ Neben der zentralen Lage zählen das modern und wohnlich gestalteten Gästezimmer sowie ein guter Service zu den Annehmlichkeiten des Klinkerhauses. Im Kellergewölbe hat man das leger-freundliche Maximilian's eingerichtet.

Schäfers, Große Str. 115, ✉ 49377, ℘ (04441) 9 28 30, info@hotel-schaefers.de, Fax (04441) 928330 – ❦ Zim, 📺 ✆ 🅿. 🆎 ⓞ ⓜ VISA
Menu (geschl. Montag) (wochentags nur Abendessen) à la carte 17/24 – **17 Zim** 🛏 46/50 – 66/72.
♦ Wenn Sie sich für dieses zwanglose Haus entscheiden, wohnen Sie in einfachen und sehr gepflegten Zimmern. Die Besitzerfamilie kümmert sich persönlich um das Wohl ihrer Gäste. Unterteiltes Restaurant mit bürgerlicher Küche.

EITSHÖCHHEIM Bayern 417 419 420 Q 13 – 10 000 Ew – Höhe 178 m.
Sehenswert : Rokoko-Hofgarten★.
🛈 Tourist-Information, Rathaus, Erwin-Vornberger-Platz, ✉ 97209, ℘ (0931) 9 80 27 40, tourist@veitshoechheim.de, Fax (0931) 9802742.
Berlin 506 – München 287 – Würzburg 11 – Karlstadt 17.

Weißes Lamm (mit Gästehaus), Kirchstr. 24, ✉ 97209, ℘ (0931) 9 80 23 00, weises lamm@web.de, Biergarten – 📳, ❦ Zim, 📺 ✆ ⚿ 🅿 – 🏛 80. 🆎 ⓞ ⓜ VISA
Menu à la carte 23/37 – **54 Zim** 🛏 59/66 – 87/95.
♦ Das traditionsreiche Hotel wird seit 1995 durch ein weiteres denkmalgeschütztes Haus, das Ihnen den gleichen modernen Komfort bietet, ergänzt. In den unterteilten Gasträumen reicht man an gut eingedeckten Tischen eine internationale Karte.

Am Main ⁂ garni, Untere Maingasse 35, ✉ 97209, ℘ (0931) 9 80 40, info@hotel-am-main.de, Fax (0931) 9804121, ✿ – 📺 🅿. 🆎 ⓞ ⓜ VISA
geschl. 24. Dez. - 7. Jan. – **36 Zim** 🛏 62 – 90.
♦ Wer ein privates und gepflegtes Ambiente schätzt, wird sich hier sicher wohlfühlen : solide Kirschbaummöblierung in den Zimmern, moderne Bistroeinrichtung beim Frühstück.

Café Müller ⁂ garni, Thüngersheimer Str. 8, ✉ 97209, ℘ (0931) 98 06 00, hotel-cafe-mueller@t-online.de, Fax (0931) 9806042 – ❦ 📺 ✆ 🅿 – 🏛 15. 🆎 ⓞ ⓜ VISA JCB
21 Zim 🛏 60 – 88.
♦ Ein neuzeitliches Haus erwartet seine Gäste : Sie logieren in zeitgemäß möblierten Zimmern, die alle über mit Granit ausgestattete Bäder verfügen. Kostenloser Fahrradverleih !

Spundloch ⁂, Kirchstr. 19, ✉ 97209, ℘ (0931) 90 08 40, info@spundloch.com, Fax (0931) 9008420, ✿ – 📺 ✆ 🅿 – 🏛 20. 🆎 ⓞ ⓜ VISA JCB
Menu à la carte 16/32 – **9 Zim** 🛏 55 – 80/125.
♦ Einladende Fachwerkfassade nach außen, fränkische Gemütlichkeit in den Zimmern. Sie sind alle mit Naturholzmöbeln, teils auch mit Himmelbetten und modernen Bädern versehen. In dem über 300 Jahre alten Wirtshaus ist rustikale Gemütlichkeit Tradition.

Ratskeller ⁂, Erwin-Vornberger-Platz 3, ✉ 97209, ℘ (0931) 98 09 40, hotel@ratskeller-veitshoechheim.de, Fax (0931) 9809430, ✿ – 📺 🅿 – 🏛 25. ⓜ VISA
Menu (geschl. Jan. 2 Wochen, Montag) à la carte 15/25 – **8 Zim** 🛏 55/60 – 85.
♦ Fast wie zu Hause - so sollen sich die Gäste in dem netten Hotel, das in einem Nebengebäude des Rathauses untergebracht ist, fühlen. Im Restaurant sorgen das schmucke Kreuzgewölbe und das liebevolle Dekor für Gemütlichkeit.

ELBERT Nordrhein-Westfalen 417 L 5 – 90 000 Ew – Höhe 260 m.
  Velbert, Kuhlendahler Str. 283, ℘ (02053) 92 32 90.
🛈 Verkehrsverein, Friedrichstr. 181a, ✉ 42551, ℘ (02051) 95 89 90, Fax (02051) 95 89 41.
Berlin 544 – Düsseldorf 41 – Essen 16 – Wuppertal 19.

In Velbert-Neviges Süd-Ost : 4 km :

Haus Stemberg, Kuhlendahler Str. 295, ✉ 42553, ℘ (02053) 56 49, Fax (02053) 40785, ✿ – 🅿. ⓞ ⓜ VISA
geschl. März - April 2 Wochen, Juli - Aug. 3 Wochen, Donnerstag - Freitag – **Menu** (Tischbestellung erforderlich) 20/46 à la carte 27,50/43 ♀.
♦ Er hat seine Leidenschaft zum Beruf gemacht : Patron Walter Stemberg ist ein Vollblutgastronom und verwöhnt seine Gäste liebevoll mit phantasievollen Gaumenfreuden der Region.

VELBURG *Bayern* 419 420 S 19 – 4 700 Ew – Höhe 516 m.
Berlin 474 – München 144 – Regensburg 58 – Nürnberg 60.

In Velburg-Lengenfeld *West : 3 km bei der BAB-Ausfahrt Velberg :*

Winkler Bräustüberl, St.-Martin-Str. 6, ⊠ 92355, ℰ (09182) 1 70, info@winkle
braeu.de, Fax (09182) 17110, Biergarten, ⇌, ⊡ – 📶 📺 ⚙ ⚙ ℗ – 🛏 80. 🆎 ⊙
⊚ 🆅🅸🆂🅰
Menu à la carte 15,50/34 – **57 Zim** ⇌ 57/81 – 105.
♦ Ländlicher Charme und Wohnlichkeit prägen den Charakter dieses Landgasthofs mit zei
gemäßem Hotelanbau. Besonders hübsch sind die Komfortzimmer. Das Restaurant ist ei
bürgerliche Brauerei-Gaststätte mit dunkler Täfelung und Holzdecke.

VELEN *Nordrhein-Westfalen* 417 K 4 – 11 300 Ew – Höhe 55 m.
Berlin 525 – Düsseldorf 80 – Bocholt 30 – Enschede 54 – Münster (Westfalen) 52.

Sportschloss Velen ⚙, Schloßplatz 1, ⊠ 46342, ℰ (02863) 20 30, info@spo
schlossvelen.de, Fax (02863) 203788, ⚙, 🛁, ⇌, ⊡, ⚙, ⚙(Halle) – 📶, ⚙ Zim, 📺
⚙ ⚙ ℗ – 🛏 120. 🆎 ⊙ ⊚ 🆅🅸🆂🅰
Menu *(geschl. Sonntagabend)* à la carte 30,50/40 – **Orangerie-Keller** *(geschl. 31. Jul
13. Sept.) (nur Abendessen)* **Menu** 22,50 (nur Buffet) – **101 Zim** ⇌ 79/129
119/189.
♦ Das zweiflügelige Wasserschloß ist umgeben von einem herrlichen Park un
garantiert somit einen wunderbar ruhigen Schlaf. Guter Komfort ist selbstverständlic
Im Restaurant vermitteln elegantes Mobiliar und spanische Ledertapete eine stilvol
Atmosphäre.

VELLBERG *Baden-Württemberg* 419 420 S 13 – 3 900 Ew – Höhe 369 m – Erholungsort.
Sehenswert : Pfarrkirche St. Martin ≤★.
Berlin 546 – Stuttgart 88 – Aalen 49 – Schwäbisch Hall 13.

In Vellberg-Eschenau *Süd-Ost : 1,5 km :*

Rose, Ortsstr. 13, ⊠ 74541, ℰ (07907) 22 94, info@eschenau-rose.de
Fax (07907) 8569, ⚙ – ℗ ⊙ ⊚ 🆅🅸🆂🅰
geschl. über Fasching 2 Wochen, Mai - Juni 2 Wochen, Montag – **Menu** *(Nov. - März Diensta
- Donnerstag nur Abendessen)* à la carte 20/32.
♦ Ein freundlicher Empfang ist Ihnen in dem familiär geführten Landgasthof gewiß. Lasse
Sie sich einfangen von der rustikalen Atmosphäre der Räume.

VERDEN (Aller) *Niedersachsen* 415 H 11 – 28 800 Ew – Höhe 25 m.
⚙ Verden-Walle, Holtumer Str. 24 *(Nord : 6 km)*, ℰ (04230) 14 70.
🛈 Tourist-Information, Holzmarkt 15, ⊠ 27283, ℰ (04231) 80 71 80, touristik@
verden.de, Fax (04231) 807171.
Berlin 354 – Hannover 95 – Bremen 43 – Rotenburg (Wümme) 25.

Höltje 🅼, Obere Str. 13, ⊠ 27283, ℰ (04231) 89 20, hotel.hoeltje@t-online.de
Fax (04231) 892111, ⚙, ⇌, ⊡ – 📶, ⚙ Zim, 📺 ⚙ ℗ – 🛏 35. 🆎 ⊙ ⊚ 🆅🅸🆂🅰
⚙ Rest
Menu à la carte 22/39 – **60 Zim** ⇌ 83/119 – 131/158.
♦ Die Gastfreundschaft der Besitzerfamilie und das zeitlos elegante Ambiente werden Si
erfreuen. Die komfortablen Zimmer sind mit viel Fingerspitzengefühl ausgestattet worder
Dunkles Holz und antike Möbelstücke geben dem Restaurant seinen rustikalen Charakte

Parkhotel Grüner Jäger, Bremer Str. 48 (B 215), ⊠ 27283, ℰ (04231) 76 50, inf
@parkhotel-verden.de, Fax (04231) 76545, ⚙ – 📶 📺 ⚙ ℗ – 🛏 350. 🅰
⊚ 🆅🅸🆂🅰
Menu à la carte 20/29,50 – **41 Zim** ⇌ 65/82 – 95.
♦ Viel renoviert wurde in den letzten Jahren - entstanden sind Zimmer mit hellen Kirsch
holzmöbeln, die alle einladend und freundlich wirken. Sie speisen in der rustikalen Jäger
stube oder im eleganteren Restaurant.

Haag's Hotel Niedersachsenhof, Lindhooper Str. 97, ⊠ 27283, ℰ (04231) 66 6C
reception@niedersachsenhof-verden.de, Fax (04231) 64875, ⚙, ⇌ – 📶 📺 ⚙ ⚙ ℗ –
🛏 300. 🆎 ⊙ ⊚ 🆅🅸🆂🅰
Menu à la carte 17/33 – **82 Zim** ⇌ 75 – 103.
♦ Besonders Tagungsteilnehmer schätzen das großzügig angelegte Hotel in
Fachwerkstil. Es liegt inmitten einer reizvollen Landschaft und wird vom Inhaber persönlich
geführt. Mit dunklem Holz ausgestattetes Restaurant - im Sommer ergänzt durch ein
nette Terrasse.

VERDEN (Aller)

Pades Restaurant, Grüne Str. 15, ⊠ 27283, ℘ (04231) 30 60, padesrestaurant@t
-online.de, Fax (04231) 81043, 😤 – 𝖵𝖨𝖲𝖠
geschl. 1. - 12. Jan., 24. Juli - 14. Aug., Sonntag - Montag – **Menu** (nur Abendessen) (Tischbestellung ratsam) à la carte 42/50 – **Bistro : Menu** à la carte 22,50/26.
  ♦ Ein kultiviertes Interieur in Jugendstil und Art déco prägt das Stadthaus a. d. 15. Jh. - vor dem Haus : die schöne Gartenterrasse. Kreative Küche von mediterran bis klassisch. Elegant und neuzeitlich : die Einrichtung im Bistro.
Spez. Gefüllte Zucchiniblüte mit Pfirsichsauce und Gartenkräutersalat. Hummer mit Hummer-Rotweinsauce und Kartoffelragout. Kirsch-Tiramisu mit Schwarzwälder-Kirscheiscreme und Kirschsorbet.

Victoria, Johanniswall, ⊠ 27283, ℘ (04231) 95 18 13, info@victoria-gasthaus.de, Fax (04231) 951814, 😤 – 𝖠𝖤 ⓪ 𝖬𝖮 𝖵𝖨𝖲𝖠 𝖩𝖢𝖡
Menu à la carte 16,50/29.
  ♦ Das Innere dieses hübschen Pavillons mit Zwiebeldach stellt eine Kombination von Bar, Gaststube und Restaurant sowie einem kleinen Laden dar. Mittig : die offene Küche.

In Verden-Dauelsen Nord : 2 km über B 215, diesseits der A 27 :

Landhaus Hesterberg, Hamburger Str. 27 (B 215), ⊠ 27283, ℘ (04231) 7 39 49, Fax (04231) 73949, 😤 – 𝖯. 𝖬𝖮
geschl. Jan. - Feb. 2 Wochen, Juni - Juli 2 Wochen, Sonntag - Montagmittag – **Menu** à la carte 21/33.
  ♦ Interessanter Blickfang in dem restaurierten Fachwerkhaus a. d. 17. Jh. ist der unter Denkmalschutz stehende Mosaikfußboden - gefertigt aus Lehm und Ochsenblut.

In Verden-Walle Nord : 5 km über B 215, jenseits der A 27 :

Quellengrund garni, Waller Heerstr. 73 (B 215), ⊠ 27283, ℘ (04230) 9 30 20, info@hotel-verden.de, Fax (04230) 930233 – 📺 ✆ ⇔ 𝖯. 𝖠𝖤 ⓪ 𝖬𝖮 𝖵𝖨𝖲𝖠
17 Zim ⊇ 49 – 75.
  ♦ Umgeben von einem hübschen Garten mit üppigen Rhododendronbüschen, verbergen sich hinter der Klinkerfassade gut und solide eingerichtete Gästezimmer.

In Dörverden Süd : 10 km über B 215 :

Pfeffermühle (mit Gästehaus), Große Str. 70 (B 215), ⊠ 27313, ℘ (04234) 9 31 30, pfeffermuehle@aol.com, Fax (04234) 931323, 😤, 🌿 – ⥬ Zim, 📺 ✆ ♿ ⇔ 𝖯. 𝖠𝖤 ⓪ 𝖬𝖮 𝖵𝖨𝖲𝖠 𝖩𝖢𝖡
Menu à la carte 19,50/30 – **20 Zim** ⊇ 50/52 – 68/88.
  ♦ 1905 wurde dieses hübsche Klinkerhaus erbaut und bis in die 60er Jahre als Schule genutzt. Seit 1976 beherbergt man Gäste in praktisch ausgestatteten Zimmern. Nettes, rustikales Restaurant und Terrasse mit Blick auf den schön angelegten Garten.

VERL Nordrhein-Westfalen **417** K 9 – 20 500 Ew – Höhe 91 m.
Berlin 413 – Düsseldorf 152 – Bielefeld 19 – Gütersloh 11 – Lippstadt 36 – Paderborn 31.

Landhotel Altdeutsche M, Sender Str. 23, ⊠ 33415, ℘ (05246) 96 60, info@altdeutsche.de, Fax (05246) 966299, 😤, Biergarten, ⇌ – 🛗, ⥬ Zim, 📺 ✆ ♿ 𝖯. – 🔔 120. 𝖠𝖤 ⓪ 𝖬𝖮 𝖵𝖨𝖲𝖠
Menu (geschl. Mitte Juli - Mitte Aug.) à la carte 19/34,50 – **45 Zim** ⊇ 73/93 – 113/143.
  ♦ In einer verkehrsberuhigten Zone erwartet Sie ein Haus, das allen Anforderungen an modernen Komfort gerecht wird. Die Bäder sind mit attraktiven Rundduschen versehen. Eine altdeutsche Stube ergänzt das anspruchsvoll gestaltete Restaurant.

Papenbreer M garni, Gütersloher Str. 82, ⊠ 33415, ℘ (05246) 9 20 40, kontakt@hotel-papenbreer.de, Fax (05246) 920420 – 📺 𝖯. 𝖬𝖮 𝖵𝖨𝖲𝖠
18 Zim ⊇ 46/51 – 72/77.
  ♦ Unweit der BAB 2 befindet sich dieses 1994 erbaute Hotel, dessen persönliche und gepflegte Atmosphäre Geschäftsreisende und Privatgäste gleichermaßen schätzen.

VERSMOLD Nordrhein-Westfalen **415 417** J 8 – 18 700 Ew – Höhe 70 m.
🏌 Versmold-Peckeloh, Schultenallee 1 (Süd-West : 2 km), ℘ (05423) 4 28 72.
Berlin 415 – Düsseldorf 165 – Bielefeld 33 – Münster (Westfalen) 44 – Osnabrück 33.

Altstadthotel, Wiesenstr. 4, ⊠ 33775, ℘ (05423) 95 20, info@altstadthotel-versmold.de, Fax (05423) 43149, 😤, ⇌ – 🛗, ⥬ Zim, 📺 ✆ 𝖯. – 🔔 150. 𝖠𝖤 ⓪ 𝖬𝖮 𝖵𝖨𝖲𝖠
Menu à la carte 22/38,50 – **Tenne** (wochentags nur Abendessen) **Menu** à la carte 18,50/26 – **40 Zim** ⊇ 70/75 – 91/98.
  ♦ Moderne Pinienmöbel und farbliche Akzente sorgen in dem ruhig gelegenen Hotel für einen zeitgemäßen Rahmen. Für Entspannung sorgt eine attraktive Sauna im Untergeschoß. Ein Wintergarten und eine lauschige Terrasse ergänzen das Restaurant.

VERSMOLD

Froböse, Gestermannstr. 15, ✉ 33775, ℰ (05423) 9 48 20, Fax (05423) 948250, Biergarten – ⇔ Zim, TV P – 🏛 30. AE ⓘ ⓜ VISA
Menu (geschl. Juli - Aug. 2 Wochen, Montag) (wochentags nur Abendessen) à la carte 18/33 – **34 Zim** ⇌ 50/59 – 79.
♦ Am Rande der Innenstadt in einem Wohngebiet steht dieser traditionsreiche Gasthof, der 1993 modernisiert und durch einen zusätzlichen Neubau erweitert wurde. In rustikaler westfälischem Stil präsentieren sich die Gaststuben.

In Versmold-Bockhorst Nord-Ost : 6 km über B 476 :

Alte Schenke mit Zim, An der Kirche 3, ✉ 33775, ℰ (05423) 9 42 80, kontakt@alte-schenke.de, Fax (05423) 942828, 🍽 – TV P. AE ⓜ VISA. ⇔ Zim
Menu (geschl. Montag - Dienstag)(wochentags nur Abendessen) à la carte 25/39 – **3 Zim** ⇌ 45 – 90.
♦ Das hübsche Fachwerkhaus hinter der Kirche ist eine Aufforderung zum Gastieren und Gustieren. Entdecken Sie die schmackhafte, nach westfälischen Rezepten zubereitete Küche.

VETSCHAU Brandenburg 418 K 26 – 9 200 Ew – Höhe 40 m.

Berlin 105 – Potsdam 122 – *Cottbus* 24 – Dresden 113 – Frankfurt (Oder) 84.

Ratskeller M, Am Markt 5, ✉ 03226, ℰ (035433) 5 10, ratskellervetschau@ringhotels.de, Fax (035433) 70387, 🍽, Biergarten, ⇔s – 🛗 TV 📞 P – 🏛 60. AE ⓘ ⓜ VISA
Menu (geschl. 3. - 10. Jan.) à la carte 19/36 – **39 Zim** ⇌ 67/77 – 90/102.
♦ Antike Bestandteile des über 200 Jahre alten Gasthofs wurden gekonnt mit modernem Komfort gepaart. Dem Gast stehen individuell gestaltete Zimmer zur Verfügung. Der Biergarten im Innenhof erweitert das Restaurant um einige luftige Plätze.

VIECHTACH Bayern 420 S 22 – 8 600 Ew – Höhe 450 m – Luftkurort – Wintersport : ⛷.

🛈 Tourist-Information, Stadtplatz 1, ✉ 94234, ℰ (09942) 16 61, Fax (09942) 6151.
Berlin 507 – München 174 – *Passau* 81 – Cham 27 – Deggendorf 31.

Schmaus, Stadtplatz 5, ✉ 94234, ℰ (09942) 9 41 60, info@hotel-schmaus.de, Fax (09942) 941630, 🍽, ⇔s, 🏊, – 🛗 P – 🏛 150. AE ⓘ ⓜ VISA JCB. ⇔ Rest
geschl. 6. - 26. Jan. – **Menu** à la carte 18,50/35,50 – **41 Zim** ⇌ 55/75 – 83/103 – ½ P 18.
♦ Gönnen Sie sich ein paar Tage Ruhe und Erholung in einem der beliebtesten Ferienorte des Bayerischen Waldes. Dieses Logis bietet Ihnen zeitgemäß ausgestattete Zimmer. Gepflegte Restaurantstuben in bürgerlichem Stil.

In Viechtach-Neunußberg Nord-Ost : 10 km in Richtung Lam, in Wiesing rechts ab :

Burghotel und Burggasthof ♨, Neunußberg 35, ✉ 94234, ℰ (09942) 80 50, info@burghotel-sterr.de, Fax (09942) 805200, ≤, 🍽, Massage, ⇔s, 🏊, 🐎, 🎾 – 🛗 TV 📞 ⇨ P.
geschl. 4. - 28. Nov. – **Menu** à la carte 13,50/26 – **54 Zim** ⇌ 40/49 – 80/98 – ½ P 13.
♦ Erholen, genießen und aktiv sein, unter diesem Motto stellt sich das persönlich geführte Haus seinen Gästen vor. Besonders schön wohnen Sie im "Burghotel". Restaurant in ländlicher Aufmachung.

VIERNHEIM Hessen 417 419 R 9 – 32 000 Ew – Höhe 100 m.

Siehe Stadtplan Mannheim-Ludwigshafen

🏌 Viernheim, Alte Mannheimer Str. 3, ℰ (06204) 6 07 00 ; 🏌 Heddesheim, Gut Neuzenhof (Süd : 3 km), ℰ (06204) 9 76 90.
Berlin 608 – Wiesbaden 82 – *Mannheim* 11 – Darmstadt 47 – Heidelberg 21.

Astron M, Bürgermeister-Neff-Str. 12 (Rhein-Neckar-Zentrum), ✉ 68519, ℰ (06204) 60 90, viernheim@astron-hotels.com, Fax (06204) 609222, ⇔s, 🏊, – 🛗, ⇔ Zim, ▦ TV 📞 & P – 🏛 150. AE ⓘ ⓜ VISA
DU
Menu à la carte 19,50/39,50 – ⇌ 13 – **121 Zim** 88.
♦ Die Zimmer sind in modernem, leicht elegantem Stil eingerichtet und verfügen über alle notwendigen technischen Anschlüsse, weshalb Geschäftsleute das Haus besonders schätzen.

Central-Hotel garni, Hölderlinstr. 2, ✉ 68519, ℰ (06204) 9 64 20, central.hotel@junior-net.de, Fax (06204) 964299, ⇔s – 🛗 ⇔ TV ⇨ P – 🏛 25. AE ⓘ ⓜ VISA
DU
34 Zim ⇌ 70/80 – 80/93, 7 Suiten.
♦ Das verkehrsgünstig und dennoch ruhig in einem Wohngebiet gelegene Hotel verfügt über wohnlich-elegante oder einfachere und praktisch ausgestattete Zimmer.

Am Kapellenberg garni, Mannheimer Str. 59, ✉ 68519, ℰ (06204) 77 07 70, amkapellenberg@aol.com, Fax (06204) 7707710, ⇔, ▦ Zim, TV P. ⓜ VISA DU
geschl. 21. Dez. - 12. Jan. – **18 Zim** ⇌ 49/62 – 66/72.
♦ Wenn Sie keinen Wert auf großen Luxus legen, ist das einfache, aber gepflegte kleine Hotel eine gute Adresse. Das Frühstück können Sie im Sommer auf der Terrasse einnehmen.

1480

VIERNHEIM

Viernheim-Neuzenlache *über die A 659 DU, Ausfahrt Viernheim-Ost :*

XX **Pfeffer Salz**, Neuzenlache 10, ✉ 68519, ℘ (06204) 7 70 33, *restaurant@pfeffer salz.de*, Fax (06204) 77035, 🍽 – 🅿 🏧
geschl. 1. - 15. Jan., Sonntag - Montag, Dez. nur Sonntag – **Menu** *(Jan. - Nov. nur Abendessen)* (Tischbestellung ratsam, bemerkenswerte Weinkarte) à la carte 33/57 ♀.
♦ Das Äußere wie auch das Interieur des in einem Garten mit Springbrunnen gelegenen Restaurants wird Sie überzeugen. Hübscher Zierat und edle Tischkultur tragen ihren Teil bei.

IERSEN *Nordrhein-Westfalen* 417 *M 3 – 77 000 Ew – Höhe 41 m.*
Berlin 592 – Düsseldorf 34 – Krefeld 20 – Mönchengladbach 10 – Venlo 23.

🏨 **Kaisermühle**, An der Kaisermühle 20, ✉ 41747, ℘ (02162) 2 49 02 40, *kaisermuehle@online-club.de*, Fax (02162) 24902424, 🍽, (ehemalige Mühle) – 📺 🚗 🅿 🏧
①
🍴 VISA
Menu à la carte 23,50/43 – **11 Zim** 🛏 51/91 – 120.
♦ Am Ortsrand finden Sie diese ehemalige Mühle, in der man heute Gäste beherbergt. Sämtliche Zimmer sind hell und freundlich mit klassischem Mobiliar eingerichtet. Viel dunkles Holz und ein nettes Dekor geben dem Restaurant seinen rustikalen Charakter.

X **Stadtwappen** mit Zim, Gladbacher Str. 143 (B 59), ✉ 41747, ℘ (02162) 3 20 11, Fax (02162) 31414 – 📺 🚗 🅿 🏧 VISA
geschl. Aug. - Sept. 3 Wochen – **Menu** *(geschl. Samstagmittag, Montag)* à la carte 21/36 – **7 Zim** 🛏 40/50 – 60/80.
♦ Hier erwartet Sie ein ländliches Ambiente. In dem persönlich geführten Lokal reicht man dem Gast eine umfangreiche Karte mit gutbürgerlichen Gerichten.

Viersen-Süchteln *Nord-West : 4,5 km :*

🏨 **Höhen-Hotel**, Hindenburgstr. 67, ✉ 41749, ℘ (02162) 72 77, Fax (02162) 80359, 🍽, 🏊 – 📺 ✆ 🚗 🅿 🏧 🏧 VISA
Petit Château (Tischbestellung erforderlich) *(geschl. Sonntag) (nur Abendessen)* **Menu** à la carte 24/34 – **12 Zim** 🛏 56/66 – 86/96, 3 Suiten.
♦ Schmuck steht die klassische Villa am Ortsrand. Was das Äußere verspricht, wird auch im Inneren gehalten : Wohnlich-gediegene Zimmer sorgen für einen gelungenen Aufenthalt. Hohe Räume, Parkettböden und ein Blick ins Grüne kennzeichnen das Petit Chateau.

XXX **Alte Villa Ling** (Teigelkamp) mit Zim, Hindenburgstr. 34, ✉ 41749, ℘ (02162) 97 01 50, ✿ *info@alte-villa-ling.de*, Fax (02162) 9701510, Biergarten – 📺 🅿 🏧 VISA, 🛏 Zim
Josefine *(geschl. Montag)* **Menu** à la carte 39/53,50 ♀ – **Gaststube** *(geschl. Montag)*
Menu à la carte 24,50/36,50 – **7 Zim** 🛏 80 – 110/130.
♦ "Gastlichkeit und Kompetenz" ist der Leitsatz dieses 1899 erbauten Herrenhauses. Der unverwechselbare Charme der Jugendstilvilla verbindet sich mit einer feinen Küche. Eleganz beherrscht den Rahmen in Josefine. In der Gaststube geht es rustikal zu.
Spez. Langustinen-Ravioli mit Senfkohl und Vino santo. Gratiniertes Ochsenfilet mit Peperonata und Bohnenpüree. Ziegenkäse mit Maisfladen und Lavendel-Honig.

VILBEL, BAD *Hessen* 417 *P 10 – 25 000 Ew – Höhe 110 m – Heilbad.*
🏌 *Bad Vilbel-Dortelweil, Lindenhof (Nord : 2 km), ℘ (06101) 5 24 52 00.*
Berlin 540 – Wiesbaden 48 – Frankfurt am Main 10 – Gießen 55.

🏨 **City Hotel** 🅼, Alte Frankfurter Str. 13 (Siedlung Heilsberg), ✉ 61118, ℘ (06101) 58 80, *info@cityhotel-badvilbel.de*, Fax (06101) 588488, 🏊 – 🛗, 🛏 Zim, 📺 ✆ 🚗 – 🚗 50.
🏧 ① 🏧 VISA JCB
Menu à la carte 17/31 – **92 Zim** 🛏 90/110 – 115/135 – ½ P 20.
♦ Vor den Toren von Frankfurt entstand 1997 das moderne Hotel. Pastellfarben dominieren in der Ausstattung der Zimmer und sorgen für ein freundliches Ambiente. Neuzeitliches Hotelrestaurant mit großem Buffet.

🏨 **Am Kurpark** garni, Parkstr. 20, ✉ 61118, ℘ (06101) 60 07 00, *info@kurpark.de*, Fax (06101) 600707 – 🛗, 🛏 Zim, 📺 🏧 🏧 VISA
geschl. Weihnachten - Anfang Jan. – **38 Zim** 🛏 57/80 – 72/110.
♦ Erholsamer Schlaf ist Ihnen gewiß, denn das kleine Hotel liegt ruhig inmitten des Kurgebiets. Geboten werden freundliche, zeitgemäß ausgestattete Zimmer.

In Bad Vilbel-Dortelweil : *Nord : 2 km :*

🏨 **Golfclub Lindenhof** 🌳, ✉ 61118, ℘ (06101) 5 24 51 40, *info@golfhotel-lindenhof.de*, Fax (06101) 5245141, 🍽 – 📺 🅿 – 🚗 60. 🏧 ① 🏧 VISA
Menu *(geschl. Montag)* à la carte 20/44,50 – **19 Zim** 🛏 80 – 100.
♦ Auffallend ist die raffinierte Architektur des Hauses : Die modernen Zimmer befinden sich in der ersten Etage des Gebäudes und sind im offenen Atriumstil angelegt. Helles, freundliches Restaurant mit einer netten, zum Golfplatz hin gelegenen Terrasse.

VILBEL, BAD
In Niederdorfelden *Nord-Ost : 4,5 km :*

🏨 **Schott** garni, Hainstr. 19, ✉ 61138, ✆ (06101) 53 66 60, kontakt@hotel-schott.
Fax (06101) 5366677 – 🗘 📺 🅿 ⓒ VISA
geschl. 24. Dez. - 4. Jan. – **10 Zim** ⛌ 48/50 – 73/77.
  ◆ 1992 hat Familie Schott ihr kleines Hotel mit persönlichem Pensionscharakter eröffn
  Solide möblierte, sehr gepflegte Gästezimmer stehen zum Einzug bereit.

VILLINGEN-SCHWENNINGEN *Baden-Württemberg* **419** *V 9 – 82 000 Ew – Höhe 704 m*
Kneippkurort.

🛈 *Tourist-Information, Villingen, Rietstr. 8, ✉ 78050, ✆ (07721) 82 23 40, Fax (0772
822347.*
🛈 *Tourist-Information, Schwenningen, im Bahnhof, ✉ 78054, ✆ (07720) 82 12 C
Fax (07720) 821207.*
ADAC, *Kaiserring 1 (Villingen).*
*Berlin 734 ③ – Stuttgart 115 ③ – Freiburg im Breisgau 77 ⑤ – Konstanz 90 ⑤ – Offe
burg 79 ① – Tübingen 83 ③*

Stadtplan siehe gegenüberliegende Seite

Im Stadtteil Villingen :

🏨 **Rindenmühle**, Am Kneipp-Bad 9 (am Kurpark), ✉ 78052, ✆ (07721) 8 86 80, m
@rindenmuehle.de, Fax (07721) 886813, 🍽, 🌳 – 🗘 Zim, 📺 📞 🅿 – 🔒 25. AE ⓒ V
JCB. ✺ Zim   über Kirnacher Straße   A
Menu *(geschl. Sonntagabend - Montag)* à la carte 25/39 – **23 Zim** ⛌ 63/76 – 89/1C
– ½ P 19.
  ◆ Aus einem ehemaligen landwirtschaftlichen Gebäude entstand ein gut geführtes Hot
  mit sauberen, soliden und wohnlich eingerichteten Zimmern. Rustikales Restaurant mit wi
  tergartenartigem Anbau.

🏨 **Bosse** , Oberförster-Ganter-Str. 9 (Kurgebiet), ✉ 78048, ✆ (07721) 5 80 11, *int
@hotel-bosse.de, Fax (07721) 58013*, 🍽, 🌳 – 🗘 Zim, 📺 📞 ⇔ 🅿 – 🔒 40. AE
ⓒ VISA JCB. ✺ Rest   über Am Krebsgraben   A
Menu *(geschl. Anfang Jan. 1 Woche, Freitag)* à la carte 26,50/37 – **36 Zim** ⛌ 60/75
84/95 – ½ P 18.
  ◆ Ein von außen wie von innen nett gestalteter Landgasthof. Im Zimmerbereich komm
  man den Wünschen seiner Gäste mit solider Ausstattung entgegen. Mit badischer Lebens
  art empfängt Sie das im Landhausstil gestaltete Restaurant.

🏨 **Bären** garni, Bärengasse 2, ✉ 78050, ✆ (07721) 5 55 41, baerenhotel@t-online.de
Fax (07721) 58090 – 📶 🗘 📺 📞 ⇔. AE ⓒ VISA   A
16 Zim ⛌ 51/67 – 75/95.
  ◆ In der Altstadt gelegen, bietet Ihnen das Haus komplett neu renovierte Zimmer, die jetz
  mit hellem, freundlichem Holzmobiliar das Auge erfreuen.

🍴 **Kapuzinerhof**, Niedere Str. 88, ✉ 78050, ✆ (07721) 3 20 95, kapuzienerhof@web.de
Fax (07721) 32595, 🍽   A
Menu à la carte 24/37.
  ◆ Das Restaurant ist Teil einer ehemaligen Klosteranlage. In elegant-rustikalen Räumlich
  keiten - oder im schönen Innenhof - bittet man Sie zu Tisch.

Im Stadtteil Schwenningen :

🏨 **Ochsen**, Bürkstr. 59, ✉ 78054, ✆ (07720) 83 90, info@hotelochsen.com
Fax (07720) 839639, 🍽 – 📶, 🗘 Zim, 📺 📞 ⇔ 🅿 – 🔒 40. AE ⓞ ⓒ VISA   B a
Menu *(geschl. 1. - 10. Jan., Freitag, Sonntagabend)* à la carte 27/38 – **Kupferkanne**
(geschl. Sonn- und Feiertage)(nur Abendessen) **Menu** à la carte 19/31 – **38 Zim** ⛌ 59/79
– 89/99 – ½ P 18.
  ◆ Von außen ein eher schlichter Bau, überrascht das Hotel im Inneren mit geschmackvoller
  und individuellen Zimmern. Auch die Bäder entsprechen zeitgemäßem Standard. Eine länd-
  lich-elegante Atmosphäre herrscht im Restaurant. Im Keller : die gemütliche Kupferkanne

🏨 **Central-Hotel** garni, Alte Herdstr. 12 (Muslen-Parkhaus), ✉ 78054, ✆ (07720) 30 30,
info@centralhotel-vs.de, Fax (07720) 303100 – 📶 🗘 📺 📞 ⇔ – 🔒 40. AE ⓞ ⓒ VISA
geschl. 22. Dez. - 3. Jan. – **57 Zim** ⛌ 54/67 – 75/92.   B c
  ◆ Besonders Geschäftsleute schätzen das sympathische Etagenhotel seit Jahren. Solide
  Zimmer, direkter Zugang zum Parkhaus und ein leckeres Frühstück tragen dazu bei.

🏨 **Neckarquelle**, Wannenstr. 5, ✉ 78056, ✆ (07720) 9 78 29, Fax (07720) 978230, 🍽
– 📺 ⇔ 🅿   B n
Menu *(geschl. 1. - 15. Aug., Sonntagabend)* à la carte 19/32 – **17 Zim** ⛌ 52 – 75 – ½ P 15.
  ◆ Suchen Sie eine gut geführte, praktische Übernachtungsadresse? Dann sind Sie hier
  richtig : man bietet zeitgemäß möblierte Zimmer und ein appetitliches Frühstück am
  Morgen. Restaurant in bürgerlicher Aufmachung.

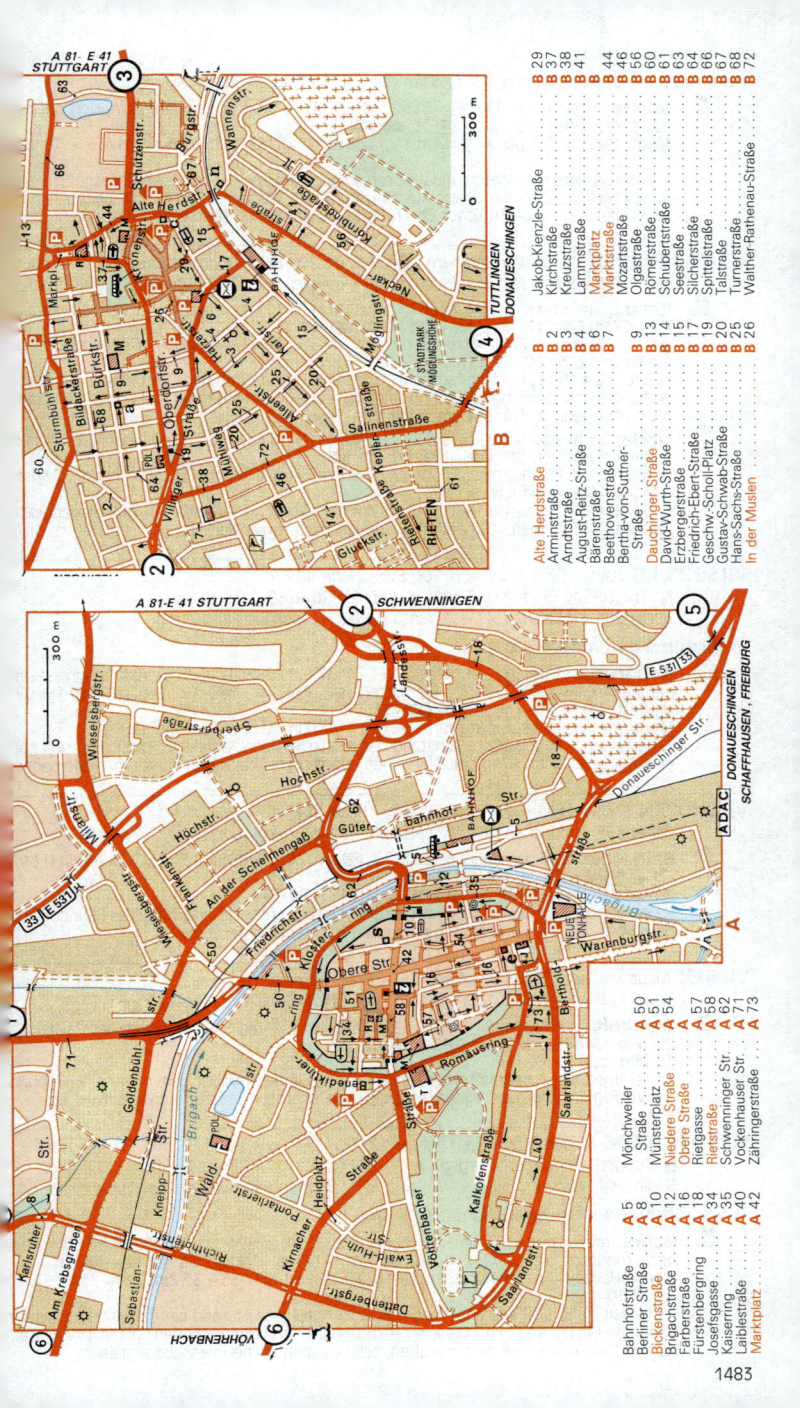

Alte Herdstraße	B 1
Arnimstraße	B 2
Arndtstraße	B 3
August-Reitz-Straße	B 4
Bärenstraße	B 6
Beethovenstraße	B 7
Bertha-von-Suttner-Straße	B 9
Dauchinger Straße	B 13
David-Wurth-Straße	B 14
Erzbergerstraße	B 15
Friedrich-Ebert-Straße	B 17
Geschw.-Scholl-Platz	B 19
Gustav-Schwab-Straße	B 20
Hans-Sachs-Straße	B 25
In der Muslen	B 26
Jakob-Kienzle-Straße	B 29
Kirchstraße	B 37
Kreuzstraße	B 38
Lammstraße	B 41
Marktplatz	B 44
Marktstraße	B 46
Mozartstraße	B 56
Olgastraße	B 60
Römerstraße	B 61
Schubertstraße	B 63
Seestraße	B 64
Silcherstraße	B 66
Spittelstraße	B 67
Talstraße	B 68
Turnerstraße	B 72
Walther-Rathenau-Straße	

Bahnhofstraße	A 5
Berliner Straße	A 8
Bickenstraße	A 10
Brigachstraße	A 12
Fingerstraße	A 16
Fürstenbergring	A 18
Josefsgasse	A 34
Kaiserring	A 35
Laiblestraße	A 40
Marktplatz	A 42
Mönchweiler Straße	A 50
Münsterplatz	A 51
Niedere Straße	A 54
Obere Straße	A 57
Rietgasse	A 58
Rietstraße	A 62
Schwenninger Str.	A 71
Vockenhauser Str.	A 73
Zähringerstraße	

1483

VILLINGEN-SCHWENNINGEN

Im Stadtteil Obereschach *Nord : 5 km über Vockenhauser Straße* A :

Sonne, Steinatstr. 17, ✉ 78052, ℰ (07721) 9 51 60, sonnegasthaus@aol.c⊂
Fax (07721) 951650, 斧 – 🆃🆅 🅿. 🕮 𝗩𝗜𝗦𝗔
Menu *(geschl. 8. - 30. Aug., Dienstag)* à la carte 15/32 – **15 Zim** ⊐ 31/33 – 48/5⁞
½ P 11.
♦ Inmitten eines von Wiesen und Wäldern umgebenen Dorfes liegt diese einfache Herber
Dank ihrem Standort ein idealer Ausgangspunkt für Wanderer und Naturliebhaber. Ein h
ler Kachelofen ist gemütlicher Blickfang in der ländlichen Gaststube.

VILLINGENDORF *Baden-Württemberg* 419 *V 9 – 3 200 Ew – Höhe 621 m.*
Berlin 725 – Stuttgart 89 – Konstanz 92 – Rottweil 5,5 – Schramberg 23 – Oberndorf

Kreuz, Hauptstr. 8, ✉ 78667, ℰ (0741) 3 40 57, gasthof.kreuz@t-online.c
Fax (0741) 347217, 斧, 痲 – 🆃🆅 🅿. 🆎 🕮 𝗩𝗜𝗦𝗔
geschl. 21. Jan. - 2. Feb., Mitte - Ende Aug. – **Menu** *(geschl. Mittwoch - Donnerstagmitt⸳*
à la carte 17/33,50 – **8 Zim** ⊐ 35/42 – 62/68.
♦ Seit 1824 steht die Wirtsfamilie Schanz mit ihrem Betrieb ganz im Dienste des Gast⸳
Wohnliche, mit ländlichem Weichholzmobiliar eingerichtete Zimmer stehen zur Verfügun
Als gutbürgerliche Adresse empfiehlt sich dieses Restaurant.

XX **Linde**, Rottweiler Str. 3, ✉ 78667, ℰ (0741) 3 18 43, linde-villingendorf@t-online.c
Fax (0741) 34181, 斧 – 🅿., 🅰 60. 🕮 𝗩𝗜𝗦𝗔
geschl. Jan. 1 Woche, nach Pfingsten 1 Woche, Aug. 1 Woche, Montagabend - Dienst
– **Menu** 23/46 und à la carte ⸢.
♦ Das Lokal ist eine gut geführte, bürgerlich-ländliche Adresse. An gut eingedeckt⸳
Tischen serviert man schmackhafte Speisen nach regionaler Art.

VILSBIBURG *Bayern* 420 *U 21 – 10 500 Ew – Höhe 449 m.*
🏌 *Trauterfing (Süd-Ost : 3 km), ℰ (08741) 96 86 80.*
Berlin 581 – München 79 – Regensburg 81 – Landshut 21.

In Vilsbiburg-Achldorf *Süd : 2 km :*

Kongressissimo 🅼, Hauptstr. 2, ✉ 84137, ℰ (08741) 96 60, info@kongressissin
.de, Fax (08741) 966299, 斧, Biergarten, 🈴, 🔲, 痲, ※(Halle) Squash – 📶, 🐾 Zir
🟰 Rest, 🆃🆅 📞 🅿. – 🅰 60. 🆎 🕮 🅾 𝗩𝗜𝗦𝗔. ※
Menu *(geschl. Samstag)* à la carte 16/30 – **43 Zim** ⊐ 62/71 – 98/128.
♦ Besonders Tagungsgäste schätzen das moderne Hotel, denn hier kann man sich nac
einem arbeitsreichen Tag bei zahlreichen sportlichen Aktivitäten wunderbar entspanne

---

VILSHOFEN *Bayern* 420 *U 23 – 14 600 Ew – Höhe 307 m.*
Berlin 585 – München 164 – Passau 23 – Regensburg 101.

Bairischer Hof garni, Vilsvorstadt 29, ✉ 94474, ℰ (08541) 50 65, Fax (08541) 697
– 🐾 🆃🆅 ⇔ 🅿. 🆎 🅾 🕮 𝗩𝗜𝗦𝗔
geschl. 23. Dez. - 6. Jan. – **29 Zim** ⊐ 40/45 – 60/67.
♦ Eine einfache, gepflegte Übernachtungsadresse in unmittelbarer Nähe des Bahnhofs. Da
Haus wird von seinen Besitzern persönlich und familiär geführt.

VISBEK *Niedersachsen* 415 *H 8 – 4 500 Ew – Höhe 50 m.*
Berlin 429 – Hannover 139 – Bremen 48 – Oldenburg 45 – Osnabrück 63.

Wübbolt garni, Astruper Str. 19, ✉ 49429, ℰ (04445) 9 67 70, info@hotel-wuebbo⸳
.de, Fax (04445) 967710 – 🆃🆅 🅿. 🅾 🕮 𝗩𝗜𝗦𝗔
15 Zim ⊐ 41 – 62.
♦ Gästen stehen in dem Hotel mit Klinkerfassade Zimmer mit dunklem oder hellem Mobilia
zur Verfügung. Die gute Pflege zieht sich wie ein roter Faden durchs ganze Haus.

VISSELHÖVEDE *Niedersachsen* 415 416 *H 12 – 10 300 Ew – Höhe 56 m – Erholungsort.*
🛈 *Tourist-Information, Burgstr. 3, ✉ 27374, ℰ (04262) 16 67, Fax (04262) 2042.*
Berlin 344 – Hannover 81 – Hamburg 87 – Bremen 60 – Rotenburg (Wümme) 19.

In Visselhövede-Hiddingen *Nord-Ost : 3 km :*

Röhrs (mit Gästehaus), Neuenkirchener Str. 3, ✉ 27374, ℰ (04262) 9 31 80, info@
hotel-roehrs.de, Fax (04262) 4435, 🈴, – 🆃🆅 🅿. – 🅰 80. 🆎 🅾 🕮 𝗩𝗜𝗦𝗔. ※
Menu *(Montag - Freitag nur Abendessen)* à la carte 15,50/33 – **37 Zim** ⊐ 44/54 – 64/8⸳
– ½ P 10.
♦ Das seit 1855 als Familienbetrieb geführte Hotel am Ortsrand bietet seinen Besuchern
gepflegte Gastlichkeit in bürgerlicher Atmosphäre - und einen schönen Garten. Das Restau-
rant ist teils rustikal-elegant gehalten, teils als gemütliche Bierstube angelegt.

VISSELHÖVEDE

Visselhövede-Jeddingen *Süd-West : 5 km :*

🏠 **Jeddinger Hof** (mit Gästehäusern), Heidmark 1, ✉ 27374, ✆ (04262) 93 50, jeddinger-hof@t-online.de, Fax (04262) 736, 🌳, 🐎 – TV 🅿 – 🔒 80. AE ①
MC VISA
Menu à la carte 17/28,50 – **58 Zim** ⚏ 46/52 – 72/90 – ½ P 13.
* Die Zimmer des im Klinkerstil gebauten Hotels verteilen sich auf drei verschiedene Gebäude. Sie sind alle mit soliden Voglauermöbeln praktisch eingerichtet. Mehrfach unterteiltes Restaurant mit rustikalem Rahmen.

*Bei verspäteter Anreise, nach 18 Uhr, ist es sicherer,
Ihre Zimmerreservierung zu bestätigen.*

VLOTHO *Nordrhein-Westfalen* **417** *J 10 – 19 500 Ew – Höhe 47 m.*
🎿 Vlotho-Exter, Heideholz 8 (Süd-West : 8 km), ✆ (05228) 74 34.
Berlin 359 – Düsseldorf 206 – *Bielefeld* 43 – Bremen 116 – Hannover 76 – Osnabrück 72.

Vlotho-Bonneberg *Süd-West : 2,5 km :*

🏨 **Bonneberg** M 🍃, Wilhelmstr. 8, ✉ 32602, ✆ (05733) 79 30, info@bonneberg.bestwestern.de, Fax (05733) 793111, 🌳, ≘s – 🛗, ✻ Zim, TV ✆ & 🅿 – 🔒 200. AE ① MC VISA 🛏
Menu à la carte 21/37 – **126 Zim** ⚏ 72/92 – 112/124 – ½ P 15.
* Aus einer ehemaligen Möbelfabrik entstand ein neuzeitliches Tagungshotel. Alle Zimmer sind großzügig geschnitten und hell gestaltet – Korb- und Rattanmöbel setzen Akzente. Hell und freundlich präsentiert sich das neuzeitlich gestaltete Restaurant.

Vlotho-Exter *Süd-West : 8 km - nahe der A 2, Ausfahrt Vlotho-Exter :*

🏠 **Grotegut**, Detmolder Str. 252, ✉ 32602, ✆ (05228) 2 16, webmaster@hotel-grotegut.de, Fax (05228) 1027 – TV ⟺ 🅿 AE ① MC VISA 🛏.
Menu (geschl. Montag) à la carte 20,50/34 – **12 Zim** ⚏ 40/45 – 70/75.
* Private Atmosphäre finden Reisende in dieser soliden Behausung auf Zeit. Die wenigen Zimmer sind mit hellen Holzmöbeln praktisch eingerichtet. Nettes, gemütliches Restaurant.

VÖHRENBACH *Baden-Württemberg* **419** *V 8 – 4 200 Ew – Höhe 800 m – Erholungsort – Wintersport : 800/1 100 m ⛷4 ⛷.*
🛈 Tourist-Information, Friedrichstr. 8, ✉ 78147, ✆ (07727) 50 11 15, info@voehrenbach.de, Fax (07727) 501119.
Berlin 759 – Stuttgart 131 – *Freiburg im Breisgau* 48 – Donaueschingen 21 – Villingen-Schwenningen 18.

XX **Zum Engel** (Ketterer), Schützenstr. 2, ✉ 78147, ✆ (07727) 70 52, gasthof-engel@gmx.de, Fax (07727) 7873 – MC VISA
❀ *geschl. 7. - 17. Jan., nach Pfingsten 3 Wochen, Montag - Dienstag* – **Menu** (Tischbestellung ratsam) à la carte 28,50/46,50 ₰.
* 1544 erbaut, vermittelt der Familienbetrieb typisch badische Gastlichkeit. In ländlichem, teils elegantem Ambiente serviert man eine feine regionale und klassische Küche.
Spez. Kaltes Kräutersüppchen mit Lachstatar (Sommer). Kalbskopf und Züngle mit Gemüsevinaigrette. Kotelett vom heimischen Jungwildschwein mit Steinpilzen und Holundersauce.

In Vöhrenbach-Hammereisenbach *Süd : 7 km :*

X **Felsen**, Hauptstr. 5, ✉ 78147, ✆ (07657) 4 79, gasthaus-felsen@t-online.de, Fax (07657) 933373, Biergarten – 🅿.
geschl. Mitte - Ende Juni, Dienstag – **Menu** à la carte 33/48.
* In dem älteren Gasthof mit schlichtem Äußeren befinden sich ländlich gestaltete Räumlichkeiten, in denen man Ihnen eine ansprechende klassische Küche offeriert.

An der Straße nach Unterkirnach *Nord-Ost : 3,5 km – Höhe 963 m*

🏠 **Friedrichshöhe**, Villinger Str. 30 – Höhe 960 m, ✉ 78147 Vöhrenbach, ✆ (07727) 2 49, landgasthof.friedrichshoehe@t-online.de, Fax (07727) 1350, 🌳, ≘s, 🐎 – ✻ Zim, TV ⟺ 🅿 – 🔒 25. MC VISA
geschl. 1. - 15. April, 11. Nov. - 8. Dez. – **Menu** (geschl. Montag) à la carte 13,50/28 – **16 Zim** ⚏ 34/36 – 68 – ½ P 11.
* Erholungsuchende und Naturliebhaber kommen in diesem Schwarzwaldgasthof auf ihre Kosten. Solide ausgestattete Fremdenzimmer stehen zum Einzug bereit. In dem ländlich-rustikalen Lokal serviert man Einkehrenden eine bürgerliche Küche.

VÖHRINGEN Bayern 419 420 V 14 – 12 900 Ew – Höhe 498 m.
Berlin 628 – München 146 – Augsburg 86 – Kempten (Allgäu) 75 – Ulm (Donau) 22.

In Vöhringen-Illerberg Nord-Ost : 3 km nahe der A 7 :

XX **Burgthalschenke,** Untere Hauptstr. 4 (Thal), ⌧ 89269, ℘ (07306) 52 65, burgt schenke@t-online.de, Fax (07306) 34394, ⛱ – 🅿. ⓞ 🆎 VISA
geschl. Montag – **Menu** à la carte 23/41.
  • Das familiengeführte Gasthaus aus den 70er Jahren - als Rundbau angelegt - beherber ein sich über drei Ebenen erstreckendes Restaurant mit rustikaler Einrichtung.

VÖLKLINGEN Saarland 417 S 4 – 44 300 Ew – Höhe 185 m.
Sehenswert : Alte Völklinger Hütte★ (Gasgebläsehalle★).
🛈 Tourist-Information, Rathausstr. 57 (ALter Bahnhof) ⌧ 66333, ℘ (06898) 2 11 0 Fax (06898) 294916.
Berlin 722 – Saarbrücken 14 – Saarlouis 12.

🏨 **Montan-Hotel,** Karl-Janssen-Str. 47, ⌧ 66333, ℘ (06898) 2 70 73, montanhotel hotmail.com, Fax (06898) 16148 – 📺 🅿. 🆎 VISA
Menu (geschl. Samstag - Sonntag) (nur Abendessen) (Restaurant nur für Hausgäste)
28 Zim ⌥ 46/57 – 60/68.
  • Sauber und gut unterhalten zeigt sich dieser kleine Familienbetrieb. Die unterschiedli möblierten Gästezimmer verfügen alle über eine komplette, praktische Ausstattung.

VOERDE Nordrhein-Westfalen 417 L 4 – 34 000 Ew – Höhe 26 m.
Berlin 552 – Düsseldorf 61 – Duisburg 23 – Wesel 10.

🏨 **Niederrhein** garni, Friedrichsfelder Str. 15, ⌧ 46562, ℘ (02855) 96 20, hot niederrhein@aol.de, Fax (02855) 962111, ⇔ – 🛗 ⁂ 📺 🕭 🅿. – 🚿 60. 🆎 ⓞ 🆎 VISA
56 Zim ⌥ 65/85 – 85/110.
  • Bei der Ausstattung Ihres Domizils hat man viel Wert auf Funktionalität und freundliche Ambiente gelegt. Die Zimmer bieten unter anderem Schreibtisch und Faxanschluß.

XX **Wasserschloß Haus Voerde,** Allee 64, ⌧ 46562, ℘ (02855) 36 11, admin@hau -voerde.de, Fax (02855) 3616, ⛱ – 🅿. 🆎 🆎 VISA
Menu à la carte 25/41.
  • Neben einem netten Restaurant mit niedriger Gewölbedecke beherbergt das Wasse schloß a. d 16. Jh. ein Standesamt und einen für Hochzeiten geeigneten Festsaal.

VÖRSTETTEN Baden-Württemberg siehe Denzlingen.

VOGTSBURG IM KAISERSTUHL Baden-Württemberg 419 V 6 – 5 100 Ew – Höhe 220 m
Berlin 797 – Stuttgart 200 – Freiburg im Breisgau 31 – Breisach 10 – Sélestat 28.

In Vogtsburg-Achkarren :

🏨 **Zur Krone,** Schloßbergstr. 15, ⌧ 79235, ℘ (07662) 9 31 30, krone-achkarren@t-o line.de, Fax (07662) 931350, ⛱, ⋐, ⋈, Zim, 📺 ⇔ 🅿. 🕸 15.
geschl. Ende Jan. - Anfang Feb. – **Menu** (geschl. Mittwoch) à la carte 19,50/46 – **23 Zim** ⌥ 45 – 60/90 – ½ P 15.
  • Gastlichkeit mit Tradition : Seit 1919 wird die Krone von Familie Höfflin-Schüßler geführ und heißt mit ihren netten und wohnlichen Zimmern jeden Besucher willkommen. Ein gemütliche Gaststube dient als Restaurant.

🏨 **Haus am Weinberg** ⛶, In den Kapellenmatten 8, ⌧ 79235, ℘ (07662) 7 78 Fax (07662) 8527, ⚿, ⇔, ⊠, ⋈ – 📺 ⇔ 🅿. 🆎 VISA. ⋈
Menu (nur Abendessen) (Restaurant nur für Hausgäste) – **11 Zim** ⌥ 58 – 75/81.
  • Ob nur für einen kurzen Aufenthalt oder für einen längeren Urlaub - hier finden Sie eine schöne Umgebung, eine hübsche Gartenanlage und rustikal angehauchte Zimmer.

In Vogtsburg-Bischoffingen :

🏨 **Steinbuck** ⛶, Steinbuckstr. 20 (in den Weinbergen), ⌧ 79235, ℘ (07662) 91 12 10, wernet@hotel-steinbuck.de, Fax (07662) 6079, ≤ Kaiserstühler Rebland, ⛱, ⇔, ⋈ 📺 ⇔ 🅿. – 🚿 30. 🆎
geschl. Anfang Jan. - Mitte Feb. – **Menu** (geschl. Aug. 2 Wochen, Dienstag - Mittwochmittag, Nov. - März Dienstag - Mittwoch) à la carte 23,50/45 ⋎ – **18 Zim** ⌥ 47/50 – 84/88 – ½ P 18.
  • Ein schönes familiengeführtes Ferienhotel mit pittoresker Aussicht. In wohnlich und hell ausgestatteten Zimmern mit modernen Bädern genießen Sie die himmlische Ruhe. Im Restaurant offeriert man Ihnen schmackhafte regionale und internationale Speisen.

VOGTSBURG IM KAISERSTUHL

Vogtsburg-Burkheim :

Kreuz-Post, Landstr. 1, ✉ 79235, ℘ (07662) 9 09 10, info@kreuz-post.de, Fax (07662) 1298, ≤, 🍴, 🌳 – 📶 TV 🚗 P – 🛁 25. ⓂⒸ VISA
geschl. Mitte Nov. - Anfang Dez. – **Menu** (geschl. Dienstag) à la carte 18/35 – **35 Zim** ⌂ 39/54 – 56/92 – ½ P 19.
  ♦ Mit sehr viel Engagement wird dieser persönlich geführte Gasthof betrieben : immer wieder wird renoviert und investiert. Geschmackvolle Zimmer erfreuen die Besucher. Gemütliche Gaststuben laden zum Verweilen ein.

Vogtsburg-Oberbergen :

XXX **Schwarzer Adler** mit Zim, Badbergstr. 23, ✉ 79235, ℘ (07662) 93 30 10, keller@franz-keller.de, Fax (07662) 719, 🍴, – TV 🕮 ⓂⓄ P. ⓄⒸ VISA. 🌿 Rest
geschl. Feb. – **Menu** (geschl. Mittwoch - Donnerstag) (Tischbestellung ratsam, bemerkenswerte Weinkarte) 49/82 à la carte 30/53,50 ♀ – **14 Zim** ⌂ 80 – 105/125.
  ♦ Versäumen Sie nicht, bei einer Reise an den Kaiserstuhl in dem blumengeschmückten Landgasthaus einzukehren. Der warmherzige Empfang steht der feinen Kulinarik in nichts nach.
Spez. Gebratene Gänseleber mit Blattspinat und Portweinsauce. Couscous vom bretonischen Hummer. Freiland Poularde mit Essig-Kräutersauce.

Vogtsburg-Schelingen :

X **Zur Sonne** mit Zim, Mitteldorf 5, ✉ 79235, ℘ (07662) 2 76, sonne-schelingen@gmx.de, Fax (07662) 6043, 🍴, – TV 🕮 ⓂⒸ VISA. 🌿 Rest
geschl. 15. Jan. - 5. Feb., 25. Juni - 10. Juli – **Menu** (geschl. Dienstag, Mitte Nov. - Feb. Dienstag - Mittwochmittag) (Tischbestellung ratsam) à la carte 19,50/34,50 – **9 Zim** ⌂ 36 – 54/71 – ½ P 15.
  ♦ In der erst vor kurzem erweiterten Gaststube beglückt man seine Gäste mit ländlichem, rustikalem Charme und gut bürgerlichen, regionalen Spezialitäten.

OHENSTRAUSS Bayern 420 R 21 – 7 500 Ew – Höhe 570 m.

🛈 Tourismusbüro, Rathaus, Marktplatz 9, ✉ 92648, ℘ (09651) 92 22 30, Fax (09651) 922241.
Berlin 423 – München 206 – Weiden in der Oberpfalz 17 – Cham 66 – Regensburg 87.

Drei Lilien, Friedrichstr. 15, ✉ 92648, ℘ (09651) 23 61, drei-lilien@t-online.de, Fax (09651) 916181 – TV 🚗 P.
Menu (geschl. Dienstagmittag, Mittwochmittag) à la carte 12/21 – **22 Zim** ⌂ 27/37 – 44/50 – ½ P 9.
  ♦ Eine schlichte Herberge mit einfach eingerichteten Zimmern, die aber - wie das gesamte Haus - in einem tadellos gepflegten und sauberen Zustand sind. Das Restaurant ist eine ländliche Gaststube.

VOLKACH Bayern 419 420 Q 14 – 10 000 Ew – Höhe 200 m – Erholungsort.

Sehenswert : Wallfahrtskirche "Maria im Weingarten" : Rosenkranzmadonna★ Nord-West : 1 km.

🛈 Tourist Information, Rathaus, Marktplatz, ✉ 97332, ℘ (09381) 4 01 12, tourismus@volkach.de, Fax (09381) 40116.
Berlin 466 – München 269 – Würzburg 28 – Bamberg 64 – Nürnberg 98.

Romantik Hotel Zur Schwane, Hauptstr. 12, ✉ 97332, ℘ (09381) 8 06 60, schwane@romantikhotels.com, Fax (09381) 806666, 🍴, 🍷 – TV 📞 🚗 P – 🛁 15. AE ⓂⒸ VISA
geschl. 23. - 30. Dez. – **Menu** (geschl. 20. Dez. - 20. Jan., Montag) à la carte 28/45 ♀ – **26 Zim** ⌂ 44/85 – 85/140 – ½ P 22.
  ♦ Mit wohnlich und doch funktionell gestalteten Zimmern heißt man Gäste in diesem gepflegten Hotel in der Altstadt willkommen und bietet ihnen einen zuvorkommenden Service. Einen netten Platz finden Sie in den altfränkischen Stuben und auf der Innenhofterrasse.

Vier Jahreszeiten garni, Hauptstr. 31, ✉ 97332, ℘ (09381) 8 48 40, vierjahreszeiten-volkach@t-online.de, Fax (09381) 848444 – 🚭 TV 📞 P. AE ⓂⒸ VISA
20 Zim ⌂ 70/95 – 92/117.
  ♦ Im Herzen der Altstadt ist Ende der 70er Jahre ein historisches Kleinod a. d. J. 1605 zu neuem Leben erwacht. Umfangreich saniert, besticht das Haus mit antikem Interieur.

Am Torturm garni (mit Gästehaus), Hauptstr. 41, ✉ 97332, ℘ (09381) 8 06 70, hotel-am-torturm@t-online.de, Fax (09381) 806744 – 🚭 TV 📞 🚗. AE ⓂⒸ VISA
geschl. 24. Dez. - 7. Jan. – **17 Zim** ⌂ 50/75 – 75/95.
  ♦ Das schicke kleine Hotel direkt am Torturm verwöhnt seine Gäste mit modern eingerichteten Zimmern und gut ausgestatteten Bädern. Morgens lockt ein leckeres Frühstücksbuffet.

VOLKACH

Rose (mit Gasthof), Oberer Markt 7, ⌧ 97332, ☎ (09381) 84 00, info@rose-v
ach.de, Fax (09381) 840333, 🍴, 🌳 – 🛗, ⚑ Zim, 📺 ❖ 🅿 – 🔒 25, ⓜ 🆅🅸🆂🅰
Menu (geschl. Mitte Jan. - Mitte Feb., Mittwoch) à la carte 16/30 – **30 Zim** ⌦ 45/6
80/90 – ½ P 13.
* Das persönlich geführte Hotel vermittelt durch modernen Komfort und geschmackv
Innenausstattung das Gefühl, gut aufgehoben zu sein. Schlicht-rustikale Gaststuben.

Breitenbach garni, Hauptstr. 2, ⌧ 97332, ☎ (09381) 80 35 33, hotelbreitenbacł
freenet.de, Fax (09381) 847128 – ⚑ 📺 ⓜ 🆅🅸🆂🅰. ✲
20 Zim ⌦ 45/65 – 75/105.
* Direkt neben dem Stadttor steht dieses renovierte Haus, hinter dessen Fassade s
individuell, teils mit Stilmöbeln eingerichtete Zimmer befinden.

Behringer (mit Gästehaus), Marktplatz 5, ⌧ 97332, ☎ (09381) 81 40, info@ho
behringer.de, Fax (09381) 814299, Biergarten – 📺
Menu (geschl. Jan. - Feb.) à la carte 18/34 – **17 Zim** ⌦ 39/45 – 68/78 – ½ P 15.
* Ein hübsch anzusehendes 400 Jahre altes Fachwerkhaus mit reichlich Blumenschm
an den Fenstern freut sich, seinen Gästen modern ausgestattete Zimmer anbieten
können. Fränkische Rustikalität erwartet Sie in der Stube im ersten Stock. Netter Hinterh

In Volkach-Escherndorf West : 3 km :

Gasthaus Zur Krone, Bocksbeutelstr. 1, ⌧ 97332, ☎ (09381) 28 50, info@krc
-escherndorf.de, Fax (09381) 6082, 🍴 – ⓜ 🆅🅸🆂🅰
geschl. Feb. 3 Wochen, Juli 1 Woche, Dienstag – **Menu** à la carte 27/43.
* Der charmante Empfang und Service durch die Chefin des Hauses wird seine Wirku
nicht verfehlen. In rustikal-ländlichem Rahmen bietet man eine klassisch orientierte Küch

In Nordheim Süd-West : 4 km :

Gasthof Markert, Am Rain 22, ⌧ 97334, ☎ (09381) 8 49 00, info@gasthc
markert.de, Fax (09381) 8490400, 🍴 – 📺 ⚓ 🅿 – 🔒 50. ⓜ 🆅🅸🆂🅰
Menu à la carte 12,50/28 – **24 Zim** ⌦ 38/40 – 58 – ½ P 13.
* Der relativ neu gebaute Gasthof in einer Dorfnebenstraße hält für seine Gäste einheitli
mit hellem Kiefernholz eingerichtete Zimmer bereit. Restaurant mit ländlichem Charakte

Zur Weininsel (mit Gästehaus), Mainstr. 17, ⌧ 97334, ☎ (09381) 80 36 90, info
gasthof-weininsel.de, Fax (09381) 803691, 🍴 – ⚑ ⚓ 🅿 ⓜ ⓥ.
geschl. 27. Dez. - Mitte Jan. – **Menu** (geschl. Mittwoch) à la carte 13/26 – **13 Zim** ⌦ 33/3
– 49/65 – ½ P 13.
* Sicher werden Sie sich in diesem funktionellen kleinen Hotel schnell wohlfühlen. Tadellos
Pflege wohin man schaut ! Fragen Sie nach den wohnlichen Zimmern im Haupthaus.

Zur Sonne mit Zim, Hauptstr. 18, ⌧ 97334, ☎ (09381) 8 07 10, wittenburg
franken-sonne.de, Fax (09381) 807155, 🍴 – 📺 ❖ 🅿 – 🔒 25
geschl. Ende Jan. - Ende Feb. – **Menu** (geschl. Dienstag, Nov. - März Montag - Freitag n
Abendessen) à la carte 18/27 – **8 Zim** ⌦ 39 – 56/59.
* Das Barockhaus aus dem Jahre 1780 beherbergt ein hell und rustikal gestaltetes Resta
rant, in dem man Ihnen regionale und gutbürgerliche Gerichte auftischt.

Zehnthof Weinstuben, Hauptstr. 2, ⌧ 97334, ☎ (09381) 17 02, Fax (09381) 437
🍴, ⚑ Rest. ⓜ 🆅🅸🆂🅰
geschl. Montag – **Menu** à la carte 12,50/27 ♀.
* Regen Zuspruch findet bei den Gästen dieses legere, in den uralten Kreuzgewölberäume
des ehemaligen Benediktinerklosters untergebrachte Lokal.

VREDEN Nordrhein-Westfalen **417** J 4 – 22 000 Ew – Höhe 40 m.

🛈 Verkehrsverein, Markt 6, ⌧ 48691, ☎ (02564) 46 00, Fax (02564) 31744.
Berlin 537 – Düsseldorf 116 – Nordhorn 66 – Bocholt 33 – Enschede 25 – Münster (West
falen) 65.

Zum Stadtpark, Up de Bookholt 48, ⌧ 48691, ☎ (02564) 9 31 60, info@hotel
zum-stadtpark.de, Fax (02564) 931640 – 📺 ❖ 🅿 – 🔒 30. ⓜ 🆅🅸🆂🅰. ✲ Rest
Menu (geschl. Juli 2 Wochen, Sonntagabend, Dienstag) (nur Abendessen) (Restaurant nur
für Hausgäste) à la carte 15/26 – **26 Zim** ⌦ 44 – 72.
* Alle Zimmer dieses Domizils verfügen über eine gute, zeitgemäße Ausstattung - die
Farbgebung der Einrichtung variiert von Etage zu Etage.

Cavallino, Dömern 69 (Ost : 1 km), ⌧ 48691, ☎ (02564) 3 26 99, 🍴 – 🅿 🅰🅴 ⓞ
ⓜ 🆅🅸🆂🅰
geschl. Juli 3 Wochen – **Menu** (wochentags nur Abendessen) à la carte 23/36,50.
* Freunde italienischer Küche kommen in dem rustikalen Klinkerlandhaus auf ihre Kosten :
Ob Pizza, Pasta oder andere Italo-Klassiker, Sie werden sicher etwas Passendes finden.

WAAKIRCHEN Bayern siehe Gmund am Tegernsee.

ACHENHEIM Rheinland-Pfalz 417 419 R 8 – 4 700 Ew – Höhe 158 m.

ℹ Verkehrsamt, Weinstr. 16 (Rathaus), ✉ 67157, ℰ (06322) 95 80 32, Fax (06322) 958059.
Berlin 641 – Mainz 86 – Mannheim 27 – Kaiserslautern 35 – Neustadt an der Weinstraße 12.

Goldbächel ⟨S⟩, Waldstr. 99, ✉ 67157, ℰ (06322) 9 40 50, info@goldbaechel.de, Fax (06322) 5068, 🍴, 🍽, 🐎 – TV 📞 P – 🔒 25. ⦁⦁ VISA JCB
Menu (geschl. Jan. 2 Wochen, Juli 2 Wochen, Montag) à la carte 15/31 – **16 Zim** 🛏 42/60 – 84/86.
♦ Zu diesem familiengeführten Haus am Waldrand gehören wohnliche Zimmer mit Sitzecke und Schreibgelegenheit. Morgens begrüßt man Sie mit einem Pfälzer Landfrühstück. Das Restaurant zeigt sich teils bürgerlich-rustikal, teils heller und neuzeitlicher.

XX Kapellchen, Weinstr. 29, ✉ 67157, ℰ (06322) 6 54 55, kuechenchef@kapellchen.de, Fax (06322) 66068 – 🅰🅴 ⓞ ⦁⦁ VISA. 🍴 Rest
geschl. Feb. 1 Woche, Juli - Aug. 3 Wochen, Samstagmittag, Sonntagabend - Montag – **Menu** à la carte 24/45.
♦ Hinter der Fachwerkfassade des Hauses verbirgt sich eine Gaststube mit Weinstuben-ambiente. Hohe, schwere Holzdecken und -balken tragen zu ihrem rustikalen Charme bei.

Wenn Sie ein ruhiges Hotel suchen, benutzen Sie die Übersichtskarte in der Einleitung oder wählen Sie ein Hotel mit dem entsprechenden Zeichen ⟨S⟩

ACHTBERG Nordrhein-Westfalen 417 O 5 – 19 000 Ew – Höhe 230 m.

ℹ₁₈ Wachtberg-Niederbachem, Landgrabenweg, ℰ (0228) 34 40 03.
Berlin 609 – Düsseldorf 99 – Bonn 17 – Koblenz 67 – Köln 52.

Wachtberg-Adendorf : West : 6 km Richtung Meckenheim :

XXX Kräutergarten, Töpferstr. 30, ✉ 53343, ℰ (02225) 75 78, Fax (02225) 702801, 🍴 – 📶
geschl. über Karneval, Okt. 2 Wochen, über Weihnachten, Samstagmittag, Sonntag - Montag – **Menu** (Tischbestellung ratsam) à la carte 44/49.
♦ Es sind die modernen Einrichtungselemente, die die klassische Einrichtung dieses Restaurants mit Holzdecken und Steinboden etwas auflockern und reizvolle Kontraste setzten.

ACKEN Schleswig-Holstein 415 D 12 – 1 500 Ew – Höhe 40 m.

Berlin 358 – Kiel 76 – Hamburg 75 – Itzehoe 17.

XX Landgasthof Zur Post, Hauptstr. 25, ✉ 25596, ℰ (04827) 22 83, info@landgasthof-wacken.de, Fax (04827) 2676, 🍴 – 🚻 📶 – 🔒 40. 🅰🅴 ⓞ ⦁⦁ VISA
Menu à la carte 19/32.
♦ Nettes Dorfgasthaus mit unterteilten Stuben und hübschem Dekor. Egal ob Sie in einer größeren Gruppe oder alleine kommen, für die passenden Räumlichkeiten ist gesorgt.

ACKERSBERG Bayern 420 W 18 – 3 100 Ew – Höhe 745 m.

Berlin 648 – München 56 – Garmisch-Partenkirchen 56.

In Wackersberg-Arzbach Süd : 3 km :

Benediktenhof ⟨S⟩ garni, Alpenbadstr. 16, ✉ 83646, ℰ (08042) 9 14 70, info@benediktenhof.de, Fax (08042) 914729, 🛁, 🍴 – 🚻 TV 📶 🍴
11 Zim 🛏 50/72 – 66/105.
♦ Alle Zimmer dieses renovierten Bauernhauses wurden mit individuellen und hübschen Möbeln im alpenländischen Stil ausgestattet. Auch der Frühstücksraum ist reizend anzusehen !

ADERN Saarland 417 R 4 – 17 000 Ew – Höhe 275 m.

Berlin 723 – Saarbrücken 54 – Birkenfeld 30 – Trier 43.

In Wadern-Lockweiler Süd-Ost : 4 km :

Castello Bianco ⟨S⟩, Steinkreuzweg 18, ✉ 66687, ℰ (06871) 9 11 37, Fax (06871) 91138, 🍴 – 🚻 Zim, TV 📶 🅰🅴 ⦁⦁ VISA
Menu (italienische Küche) à la carte 17/33 – **9 Zim** 🛏 45 – 65.
♦ In einem Wohngebiet am Ortsrand ist dieses im Landhausstil errichtete Hotel plaziert. Gepflegte Zimmer in hellem Naturholz bieten Ihnen eine solide Behausung auf Zeit. Das große, unterteilte Restaurant ist ländlich in seiner Aufmachung.

WADERSLOH
Nordrhein-Westfalen 417 K 8 – 11 000 Ew – Höhe 90 m.

Berlin 432 – Düsseldorf 153 – Bielefeld 52 – Beckum 16 – Lippstadt 11.

Bomke (mit Gästehaus), Kirchplatz 7, ✉ 59329, ℘ (02523) 9 21 60, bomke@
hotels.de, Fax (02523) 1366, 🍴, 🐟, – ↔ Zim, 📺 ☎ 🅿 – 🔒 60. 🅰🅴 ⓞ ⓜⓞ
🛇 Zim
Menu (geschl. Anfang Jan. 1 Woche, Aug. - Sept. 3 Wochen, Samstagmittag, Donners
(Tischbestellung ratsam, bemerkenswerte Weinkarte) 22,50 (mittags) à la carte 31/5
– **20 Zim** ⇌ 60/82 – 95/135.

♦ Der geschmackvoll restaurierte Familien-Gasthof überzeugt im Haupthaus
aufwendig möblierten Zimmern und guten Bädern. Das Gästehaus ist etwas einfac
eingerichtet. In stilvollen Räumen mit ländlichem Flair genießt man eine feine klassis
Küche.
Spez. Schichtkuchen von der Wachtel mit glasiertem Wachtelkotelett. Steinbutt mit E
lauchrisotto und geschmorten Tomaten. Allerlei von der Kaffeebohne mit Passionsfruc
butter und Walderdbeeren.

WADGASSEN
Saarland 417 S 4 – 19 000 Ew – Höhe 190 m.

Berlin 734 – Saarbrücken 23 – Saarlouis 8.

Cristallerie Lux, Saarstr. 20, ✉ 66787, ℘ (06834) 94 33 83, Fax (06834) 9433
Biergarten – 🅿. ⓜⓞ 🆅🅸🆂🅰
geschl. Jan. 1 Woche, Samstagmittag, Sonntagabend - Montag – **Menu** à la carte 26/
♦ Das Restaurant befindet sich auf dem Gelände von Villeroy und Boch. Gut eingedec
Tische und Landhausflair prägen das helle, freundliche Interieur.

WÄSCHENBEUREN
Baden-Württemberg 419 T 13 – 3500 Ew – Höhe 408 m.

Berlin 598 – Stuttgart 53 – Göppingen 10 – Schwäbisch Gmünd 16.

In Wäschenbeuren-Wäscherhof Nord-Ost : 1,5 km :

Zum Wäscherschloß 🛇, Wäscherhof 2, ✉ 73116, ℘ (07172) 73 70, gasth
waescherschloss@t-online.de, Fax (07172) 22340, 🍴 – 🅿
Menu (geschl. Montag - Dienstag (Mittwoch - Freitag nur Abendessen) à la carte 17/
– **18 Zim** ⇌ 40 – 65/70.

♦ 100 Meter vom Wäscherschloß entfernt liegt der Wäscherhof, ein früherer Gasthof a.
J. 1836. Jedes der Zimmer ist mit soliden Möbeln wohnlich gestaltet. Ländlich gestaltete
gemütliches Restaurant.

WAGING AM SEE
Bayern 420 W 22 – 6 100 Ew – Höhe 450 m – Luftkurort.

🛈 Tourist-Info, Salzburger Str. 32, ✉ 83329, ℘ (08681) 3 13, info@waging-am-see.c
Fax (08681) 9676.

Berlin 679 – München 124 – Bad Reichenhall 47 – Traunstein 12 – Salzburg 31.

Eichenhof 🛇, Angerpoint 1 (Nord-Ost : 1 km), ✉ 83329, ℘ (08681) 40 30, hote
eichenhof-waging@t-online.de, Fax (08681) 40325, 🍴, 🇪🇸, 🎿, 🐟 – 📺 🅿 – 🔒 2
ⓜⓞ 🆅🅸🆂🅰. 🛇 Rest
geschl. Dez. 3 Wochen – **Menu** (nur Abendessen) à la carte 20/33 – **48 Zim** ⇌ 66/74
112/124 – ½ P 18.

♦ Die schöne, tadellos geführte Hotelanlage besticht durch ein behagliches Interieu
im alpenländischen Stil und die reizvolle, ruhige Lage in unmittelbarer Nähe zur
See. Das Restaurant : teils behaglich-rustikal, teils freundlich und licht als Wintergärter
anbau.

Wölkhammer (mit 🏠 Anbau), Haslacher Weg 3, ✉ 83329, ℘ (08681) 40 80, inf
@hotel-woelkhammer.de, Fax (08681) 4333, 🍴, 🏋, 🇪🇸, 🐟 – 🛗 📺 🅿 – 🔒 4(
🛇 Zim
geschl. Jan. 3 Wochen, Mitte Nov. - Anfang Dez. – **Menu** (geschl. Freitagabend) à la cart
12/30 – **47 Zim** ⇌ 44/77 – 66/128 – ½ P 12.

♦ Ein komfortabler Anbau mit 14 sehr schönen Zimmern ergänzt das Haupthaus, desse
Räume mit rustikalen Eichenmöbeln praktisch ausgestattet sind. Bayerische Schmankerl
und Bürgerliches wird in vier rustikal eingerichteten Restaurants serviert.

Landhaus Tanner mit Zim, Aglassing 1, ✉ 83329, ℘ (08681) 6 97 50, landhaus@
tanner-hotels.de, Fax (08681) 697549, 🇪🇸, 🐟 – 🛗 📺 🅿 🌡 ⓜⓞ 🆅🅸🆂🅰
geschl. Feb. - März 2 Wochen, Nov. 2 Wochen – **Menu** (geschl. Dienstag - Mittwochmittag
à la carte 19/33 – ⇌ 8 – **7 Appart.** 62 – 72/82 – ½ P 19.

♦ Ein neuerbautes Haus in Alleinlage. Sowohl das Restaurant als auch die Zimme
sind sehr liebevoll im Landhausstil mit Weichholz und hübschen Stoffen ausgestatte
worden.

AHLSBURG Hessen 417 418 L 12 – 2 600 Ew – Höhe 150 m.

Sehenswert : in Lippoldsberg : Klosterkirche★.

🛈 Verkehrsamt, Am Mühlbach 15, ✉ 37194, ✆ (05572) 93 78 11, gemeinde@wahls burg.de, Fax (05572) 937827.

Berlin 362 – Wiesbaden 265 – *Kassel* 50 – Hann. Münden 30 – Höxter 35.

Wahlsburg-Lippoldsberg – *Luftkurort* :

🏠 **Lippoldsberger Hof** ⌂, Schäferhof 16, ✉ 37194, ✆ (05572) 3 36, *lippoldsberger -hof@t-online.de*, Fax (05572) 1327, 🍽, 🌿 – ⚹ Zim, 📺 🛏 🅿
geschl. 20. März - 4. April – **Menu** *(geschl. Mittwoch)* à la carte 13,50/18 – **20 Zim** ⌂ 29/37 – 52/58 – ½ P 10.

◆ In dörflicher Umgebung finden Sie hier eine praktische und ruhige Unterkunft. Das Haus ist ein guter Ausgangspunkt für Wanderungen oder Radtouren in die waldreiche Umgebung. Sie speisen in ländlich-einfachem, gepflegtem Ambiente.

AIBLINGEN Baden-Württemberg 419 T 11 – 52 000 Ew – Höhe 229 m.

🛈 Stadtinformation, Kurze Str. 33, Rathaus, ✉ 71332, ✆ (07151) 5 00 14 23, *presse amt@waiblingen.de*, Fax (07151) 5001446.

ADAC, Bahnhofstr. 75.

Berlin 609 – *Stuttgart* 19 – Schwäbisch Gmünd 42 – Schwäbisch Hall 57.

🏠 **Koch**, Bahnhofstr. 81, ✉ 71332, ✆ (07151) 95 83 20, *info@hotel-koch.de*, Fax (07151) 9583242 – 🛗 📺 🛏 🅿 🅰🅴 ⓞ ⓜⓞ 🆅🅸🆂🅰
geschl. 22. Dez. - 6. Jan. – **Menu** *(geschl. Samstagmittag, Sonntagabend)* à la carte 18/34 – **52 Zim** ⌂ 52/69 – 74/93.

◆ Besonders von Geschäftsreisenden wird dieses Haus gern angesteuert, weil es über eine gute Verkehrsanbindung, genug Parkplätze und solide eingerichtete Zimmer verfügt. In gemütlich gestalteten Räumen bittet man Sie zu Tisch.

🏠 **Adler** garni, Kurze Str. 15, ✉ 71332, ✆ (07151) 9 65 77 30, *info@hoteladler.ws*, Fax (07151) 562779 – ⚹ 📺 📞 🅰🅴 🆅🅸🆂🅰
geschl. 22. Dez. - 6. Jan. – **29 Zim** ⌂ 67/85 – 97/105.

◆ Im Zentrum des Stauferstädtchens liegt diese nette Adresse, die Ihnen unterschiedliche Zimmer - von schlicht bis wohnlich - zur Verfügung stellt.

XX **Remsstuben**, An der Talaue 4 (im Bürgerzentrum, 1. Etage), ✉ 71334, ✆ (07151) 2 10 78, Fax (07151) 24206, 🍽 – 🛗 ♿ 🅿 – 🔔 350. 🅰🅴 ⓞ ⓜⓞ 🆅🅸🆂🅰
geschl. Aug. 3 Wochen, Sonntagabend - Montag – **Menu** à la carte 22/38.

◆ In der ersten Etage der am Stadtrand gelegenen Stadthalle, dem Bürgerzentrum, hat man ein Restaurant der neuzeitlichen Art untergebracht.

XX **Ambiente**, Neustädter Str. 28, ✉ 71334, ✆ (07151) 2 97 92, *info@ambiente-wn.de*, Fax (07151) 23236, 🍽
geschl. Samstagmittag, Sonntag – **Menu** à la carte 25/47.

◆ Ein sehr nettes Restaurant, das von dem jungen Wirtspaar engagiert geführt wird. Mit seinem hellen, neuzeitlichen Interieur macht das Haus seinem Namen alle Ehre.

in Korb *Nord-Ost : 3 km* :

🏠 **Rommel**, Boschstr. 7 (Gewerbegebiet), ✉ 71404, ✆ (07151) 93 10 (Hotel) 36 84 44 (Rest.), *info@hotel-rommel-korb.de*, Fax (07151) 931240 – 🛗, ⚹ Zim, 📺 📞 🅿 – 🔔 15. ⓜⓞ 🆅🅸🆂🅰
geschl. 22. Dez. - 6. Jan. – **Menu** *(geschl. Sonntag) (nur Abendessen) (italienische Küche)* à la carte 19,50/32 – **47 Zim** ⌂ 62/72 – 89/97.

◆ Geschäftlich wie privat Reisende finden in diesem verkehrsgünstig im Schnittpunkt von B14 und B29 gelegenen Hotel ein praktisches Zuhause für unterwegs. Das Restaurant präsentiert sich als rustikale Einkehrmöglichkeit.

in Korb-Steinreinach *Nord-Ost : 3,5 km* :

X **Zum Lamm**, Buocher Str. 34, ✉ 71404, ✆ (07151) 3 25 77 – 🅿
geschl. Weihnachten - Mitte Jan., Aug., Montag - Dienstag – **Menu** à la carte 17/32.

◆ Dies ist ein ländlicher Gasthof wie er im Buche steht ! Das Ambiente ist gemütlich, die Küche ist durch und durch schwäbisch, sorgsam zubereitet und sehr schmackhaft.

WAISCHENFELD Bayern 420 Q 18 – 3 300 Ew – Höhe 349 m – *Luftkurort*.

Ausflugsziel : Fränkische Schweiz★★.

🛈 Städt. Tourist-Information, Marktplatz 58, ✉ 91344, ✆ (09202) 96 01 17, Fax (09202) 960129.

Berlin 391 – München 228 – *Coburg* 73 – Bayreuth 26 – Nürnberg 82 – Bamberg 48.

1491

WAISCHENFELD

Im Wiesenttal, an der Straße nach Behringersmühle :

Café-Pension Krems, Rabeneck 17 (Süd-West : 3 km), ⊠ 91344 Waischenfe
ℱ (09202) 2 45, pension.krems@waischenfeld.de, Fax (09202) 972491, ≤, 🛁, 🐎 – 🌧
🅿. 🛇 Rest
geschl. Mitte Nov. - 20. Dez. – **Menu** (geschl. Dienstagabend)(Restaurant nur für Hausgäs
– **16 Zim** ⊇ 25/30 – 50/52 – ½ P 9.
◆ In einem malerischen Tal liegt die Pension ruhig an Wald, Wiesen und Wasser. Sie könn
einfache, nette und blitzsauber gepflegte Quartiere erwarten.

Waldpension Rabeneck, Rabeneck 27 (Süd-West : 3 km), ⊠ 91344 Waischenfe
ℱ (09202) 2 20, waldp.rabeneck@waischenfeld.baynet.de, Fax (09202) 1728, ≤, 🐎,
– 🅿. 🐿
geschl. Feb. – **Menu** à la carte 15/23 – **19 Zim** ⊇ 25/28 – 44/52 – ½ P 9.
◆ Etwas abseits an Waldrand ist dieser Gasthof mit Balkonfassade angesiedelt. In d
Gästezimmern finden Sie solide, gut gepflegte Eichenmöbel vor. Angepaßt an den lär
lichen Charakter der Gegend, ist das Lokal schlicht und rustikal eingerichtet.

In Waischenfeld-Langenloh Süd-Ost : 2,5 km :

Gasthof Thiem, Langenloh 14, ⊠ 91344, ℱ (09202) 3 57, info@gasthof-thiem.d
Fax (09202) 1660, 🐎, 🛁 – 📺 ⇔ 🅿. 🛇 Zim
geschl. Nov. - 25. Dez. – **Menu** (geschl. Dienstag) à la carte 12/21 – **10 Zim** ⊇ 22/30
35/50 – ½ P 10.
◆ In den gepflegten Zimmern dieser einfachen, familiengeführten Pension finden Sie Ru
und Entspannung. Die schöne Landschaft der Fränkischen Schweiz lädt zu Ausflügen e
Der Gaststubenbereich ist in bürgerlichem Stil gehalten.

WALCHSEE Österreich siehe Kössen.

WALDACHTAL Baden-Württemberg 419 U 9 – 5 900 Ew – Höhe 600 m – Wintersport :

🛈 Gästeinformation (Lützenhardt), Hauptstr. 18, ⊠ 72178, ℱ (07443) 96 34 4
Fax (07443) 30162.
Berlin 697 – Stuttgart 83 – Karlsruhe 126 – Tübingen 64 – Freudenstadt 17.

In Waldachtal-Salzstetten :

Vital- und Wellnesshotel Albblick, Tumlinger Weg 30, ⊠ 72178, ℱ (0748
98 00, info@albblick.de, Fax (07486) 980103, Massage, ≦, 🐎, ❃(Halle) – ⇆ 📺 🅿.
🚾 🛇
Menu (wochentags nur Abendessen) à la carte 24/32 – **37 Zim** ⊇ 55 – 82/120, 7 Suite
– ½ P 16.
◆ Hier ist gut aufgehoben, wer seinem Körper etwas Gutes tun will. Ob mit Sport, Kosmeti
Ayurveda oder Aromatherapie - Sie wählen aus einem breitgefächerten Angebot. Der ga
tronomische Bereich teilt sich in rustikale Stuben.

WALDBREITBACH Rheinland-Pfalz 417 O 6 – 8 000 Ew – Höhe 110 m – Luftkurort.

🛈 Touristik-Verband, Neuwieder Str. 61, ⊠ 56588, ℱ (02638) 40 17, Fax (02638) 6681
Berlin 614 – Mainz 135 – Bonn 42 – Koblenz 37.

Zur Post, Neuwieder Str. 44, ⊠ 56588, ℱ (02638) 92 60, hotelzurpost-waldbreitbac
@t-online.de, Fax (02638) 926180, 🐎, ≦ – ⇆ Zim, 📺 ⇔ 🅿. – 🛄 35. 🅰🅴 ①
🚾 🚾
Menu à la carte 16/32 – **44 Zim** ⊇ 54/103 – 92/144.
◆ Der Gasthof mit Anbau bietet ein neuzeitliches Quartier. In den Zimmern hat man mi
einer einheitlichen, soliden Möblierung in Buche ein wohnliches Ambiente geschaffen. Wein
stubendekor prägt den Charakter des Restaurants.

WALDBRONN Baden-Württemberg 419 T 9 – 12 000 Ew – Höhe 260 m.

🛈 Kurverwaltung, Bergstr. 32 (beim Thermalbad), ⊠ 76337, ℱ (07243) 5 65 70
kurverwaltung@waldbronn.de, Fax (07243) 565758.
Berlin 683 – Stuttgart 71 – Karlsruhe 15 – Pforzheim 22.

In Waldbronn-Busenbach :

La Cigogne - Zum Storch, Ettlinger Str. 97, ⊠ 76337, ℱ (07243) 5 65 20, info@
la-cigogne.de, Fax (07243) 565256 – 📳, ⇆ Zim, 📺 📞 ⇔ 🅿. 🅰🅴 ① 🚾 🚾 🏧
geschl. Aug. 3 Wochen – **Menu** (geschl. Mittwoch) (wochentags nur Abendessen) à la carte
17/39 – **11 Zim** ⊇ 54 – 84.
◆ Der Neubau mit der blauen Fassade wird vom deutsch-elsässischen Wirtsepaar enga
giert und freundlich geführt. Sie finden nette Zimmer, im Dachgeschoß mit freigelegten
Balken. Gemütlich gestaltet, lädt das Restaurant zum Bleiben ein.

WALDBRONN

Waldbronn-Reichenbach – *Luftkurort* :

- **Weinhaus Steppe** (mit Gästehaus), Neubrunnenschlag 18, ✉ 76337, ℘ (07243) 5 65 60, *hotel@weinhaus-steppe.de, Fax (07243) 565656,* 😊, 🍴 – ⇔ Zim, 📺 📞 🅿 – 🚗 40. ◯◯ VISA
  Menu *(geschl. 1. - 8. Jan., Aug., Mittwoch, Sonn- und Feiertage abends)* à la carte 16/32 – **25 Zim** ⇆ 50/65 – 80/82 – ½ P 14.
  - Die Zimmer dieser am Ortsrand gelegenen Adresse verteilen sich auf drei Gebäude. Fragen Sie nach einem der drei großen, hübsch eingerichteten Zimmer mit eigenem Wintergarten. Das gemütliche Restaurant erinnert mit seiner offenen Dachkonstruktion an eine Tenne.

- **Krone,** Kronenstr. 12, ✉ 76337, ℘ (07243) 5 64 50, *Fax (07243) 564530,* 😊, ⇔s, 🍴 – ⇔ Zim, 📺 📞 🅿. ◯ ◯◯ VISA
  geschl. Mitte Juli - Anfang Aug. – **Menu** *(geschl. Mitte Juli - Anfang Aug., Mittwoch, Samstagabend)* à la carte 16/34 – **18 Zim** ⇆ 32/52 – 77/82 – ½ P 15.
  - Ein gewachsener Metzgerei-Gasthof, der bereits im 17. Jh. als Besenwirtschaft erwähnt wurde. Heutzutage bietet man seinen Gästen hier praktische Übernachtungsmöglichkeiten. Das Restaurant ist in dem für die Gegend typischen, rustikalen Stil eingerichtet.

WALDECK Hessen ④⑰ M 11 – *7 500 Ew – Höhe 380 m – Luftkurort.*

Sehenswert : *Schlossterrasse* ≤★.

🏌 🏌 Waldeck, Dömanenweg 12, ℘ (05623) 9 98 90.

🛈 Edersee Touristic, Sachsenhäuser Str. 10, ✉ 34513, ℘ (05623) 9 99 80, *edersee info@t-online.de, Fax (05623) 999830.*

Berlin 436 – Wiesbaden 201 – *Kassel* 54 – Korbach 23.

- **Schloss Waldeck** 🌿, ✉ 34513, ℘ (05623) 58 90, *schlosswaldeck@aol.com, Fax (05623) 589289,* ≤ *Edersee und Ederhöhen,* 😊, ⇔s, 🏊, 🍴 – 🛗 📺 🅿 – 🚗 80. AE ◯ ◯◯ VISA
  geschl. 5. Jan. - 15. Feb. – **Menu** *(April - Okt. nur Abendessen)* à la carte 38/46 – **40 Zim** ⇆ 88/125 – 130/198 – ½ P 29.
  - Malerisch thront die Burganlage auf einer Anhöhe. In ihrem Inneren findet man gut geschnittene Zimmer, die überwiegend mit zeitlos-eleganten Möbeln eingerichtet sind. Restauranträume in klassischer Aufmachung. Urig : die Kellerbar mit ihrem alten Gewölbe.

- **Roggenland,** Schloßstr. 11, ✉ 34513, ℘ (05623) 99 88, *info@roggenland.de, Fax (05623) 6008,* 😊, Massage, 🎿, ⇔s, 🏊 – 🛗 📺 📞 🅿 – 🚗 80. AE ◯ ◯◯ VISA
  geschl. 18. - 26. Dez. – **Menu** *(geschl. Sonntagabend)* à la carte 17/33 – **60 Zim** ⇆ 68/82 – 88/124 – ½ P 16.
  - In geringer Entfernung zum Edersee liegt dieses Haus, das durch ständige Verbesserungen eine ansprechende Adresse geworden ist. Fragen Sie nach einem der neueren Zimmer ! Hell und freundlich zeigt sich das Restaurant mit seiner zeitlos-eleganten Einrichtung.

- **Seeschlößchen** 🌿, Kirschbaumweg 4, ✉ 34513, ℘ (05623) 51 13, *hotel-see schloesschen@t-online.de, Fax (05623) 5564,* ≤, ⇔s, 🏊, 🍴 – 📺 🅿. ◯◯ 🞖 Rest
  geschl. 12. Jan. - 15. März, 10. Nov. - 15. Dez. – **Menu** *(nur Abendessen)* (Restaurant nur für Hausgäste) – **23 Zim** ⇆ 55/54 – 68/106 – ½ P 13.
  - Ein schmuckes weißes Haus mit braunen Holzbalkonen. Die Innenräume sind mit hellen Möbeln praktisch eingerichtet und sehr sauber und gepflegt.

Am Edersee *Süd-West : 2 km :*

- **Waldhotel Wiesemann** 🌿, Oberer Seeweg 2, ✉ 34513 Waldeck, ℘ (05623) 53 48, *waldhotel-wiesemann@t-online.de, Fax (05623) 5410,* ≤ *Edersee,* 😊, Massage, ⇔s, 🏊, 🍴 – ⇔ Zim, 📺 📞 🅿 🞖 Rest
  geschl. Jan. 1 Woche, Nov. 2 Wochen – **Menu** à la carte 18/32 – **14 Zim** ⇆ 45/75 – 55/110 – ½ P 15.
  - Umgeben von Wald und sanften Hügeln liegt dieses Haus oberhalb der Uferstraße. Sie wohnen in soliden, einheitlich mit Kirschholz möblierten Räumlichkeiten. Von dem hellen, freundlichen Restaurant aus hat man einen schönen Blick auf den See.

In Waldeck - Nieder-Werbe *West : 8 km :*

- **Werbetal,** Uferstr. 28, ✉ 34513, ℘ (05634) 9 79 60, *werbetal@aol.com, Fax (05634) 979695,* 😊, ⇔s, 🍴 – 📺 🅿 – 🚗 80. AE ◯◯ VISA 🞖
  geschl. 3. Jan. - 1. März – **Menu** à la carte 16/36 – **25 Zim** ⇆ 40/59 – 80/98 – ½ P 14.
  - Nahe am Seeufer befindet sich dieses Hotel, in dem seit dem Jahre 1866 die gastronomische Tradition hochgehalten wird. Fragen Sie nach den neuen Zimmern mit Mahagonimöbeln ! Große Fenster zum See hin lassen viel Licht in das rustikale Restaurant.

WALDENBUCH Baden-Württemberg **419** U 11 – 8 000 Ew – Höhe 362 m.
Berlin 662 – Stuttgart 25 – Tübingen 20 – Ulm (Donau) 94.

🏨 **Landgasthof Rössle**, Auf dem Graben 5, ✉ 71111, ℘ (07157) 73 80, info@la
gasthofroessle.de, Fax (07157) 20326 – 📶, ✿ Zim, 📺 🅿 – 🛄 20. 🆎
🕮 VISA
geschl. Anfang Jan. 1 Woche – **Menu** (geschl. Aug. 2 Wochen, Dienstag) à la carte 21/
– **33 Zim** ⇌ 52/65 – 80/87.
• Nach umfassender Renovierung präsentieren sich nun fast alle Gästezimmer im neu
Gewand. Helles Holz und frische Stoffe erzeugen eine einladende Stimmung. Bürgerlic
ländliches Restaurant.

✕ **Gasthof Krone**, Nürtinger Str. 14, ✉ 71111, ℘ (07157) 40 88 49, info@kror
waldenbuch.de, Fax (07157) 408854, 🍽 – 🕮 VISA
geschl. Mitte Jan. - Anfang Feb., Aug. 3 Wochen, Dienstagabend - Mittwoch - **Me**
à la carte 32/47.
• Aus einer früheren Umspannstation an der Straße Stuttgart-Tübingen entstand dur
viel Engagement ein hübsches Restaurant mit idyllischer Terrasse und romantische
Festsaal.

WALDENBURG Baden-Württemberg **419** S 12 – 3 200 Ew – Höhe 506 m – Luftkurort.
🛈 Verkehrsamt im Rathaus, Hauptstr. 13, ✉ 74638, ℘ (07942) 10 80, stadt@walde
burg-hohenlohe.de, Fax (07942) 10888.
Berlin 558 – Stuttgart 88 – Heilbronn 42 – Schwäbisch Hall 19.

🏨 **Panoramahotel Waldenburg**, Hauptstr. 84, ✉ 74638, ℘ (07942) 9 10 00, in
@panoramahotel-waldenburg.de, Fax (07942) 9100888, ≤, 🍽, Massage, 🎱, 🛋, 🛋
📶, ✿ Zim, 🍴 Rest, 📺 📞 🕭 ⇔ 🅿 – 🛄 80. 🆎 🕮 🕮 VISA
Menu à la carte 24/45 – **69 Zim** ⇌ 87/98 – 121/131 – ½ P 21.
• Damit Sie auch unterwegs nicht auf guten Komfort verzichten müssen, sind al
Zimmer modern und bequem gestaltet. Das funktionelle Interieur schätzen auch Tagung
gäste. Restaurant mit großer Fensterfront und Blick auf die Hohenloher Ebene.

🏨 **Bergfried**, Hauptstr. 30, ✉ 74638, ℘ (07942) 9 14 00, info@hotel-bergfried.cor
Fax (07942) 914045, ≤, 🍽, 🌳 – 📺 – 🛄 15. 🕮 VISA
geschl. 5. - 17. Aug. – **Menu** (geschl. Mittwoch) à la carte 14/29 – **15 Zim** ⇌ 44/64 – 67/8
– ½ P 12.
• Das Hotel ist direkt an den Staufferturm gebaut, den höchsten Aussichtsturm des Hohen
loher Landes. Sie werden in solide eingerichteten Zimmern untergebracht. Restaurant un
Weinlauben-Terrasse mit schöner Aussicht.

🏨 **Mainzer Tor** garni, Marktplatz 8, ✉ 74638, ℘ (07942) 9 13 00, Fax (07942) 91303
– 📺 🅿
12 Zim ⇌ 32/45 – 64/75.
• Blau ist die dominierende Farbe in Zimmern und Fluren dieses neuzeitlich und solid
möblierten Hotels. Die Zutaten fürs Frühstück kommen frisch aus der eigenen Bäckere

WALDENBURG Sachsen siehe Glauchau.

WALDERBACH Bayern **420** S 21 – 1 000 Ew – Höhe 360 m.
Berlin 478 – München 161 – Regensburg 39 – Amberg 55 – Cham 28.

🍴 **Rückerl** (mit 🏨 Gästehaus), Am Prälatengarten 2, ✉ 93194, ℘ (09464) 95 00
🕭 hotel-rueckerl@t-online.de, Fax (09464) 1224, 🍽 – 📺 🅿 🕮 VISA
geschl. Nov. – **Menu** à la carte 12/21 – **31 Zim** ⇌ 14/31 – 28/58.
• Der Gasthof befindet sich in dem ehemaligen Zisterzienser-Kloster a. d. 12. Jh. Die
gepflegten Zimmer verteilen sich auf den historischen Teil und das neue Gästehaus. Restau
rant der einfachen, ländlichen Art.

WALDESCH Rheinland-Pfalz **417** P 6 – 2 300 Ew – Höhe 350 m.
Berlin 603 – Mainz 88 – Koblenz 12 – Bingen 56.

🏨 **Rosenhof** ⌂, Hübingerweg 10, ✉ 56323, ℘ (02628) 9 60 90, hotel-rosenhof-
🕭 waldesch@t-online.de, Fax (02628) 960960, ≤, 🍽 – 📺 📞 🅿 – 🛄 40. 🆎 🕮 🕮
VISA
geschl. 27. Dez. - 6. Jan. – **Menu** (geschl. Montag) à la carte 12/32 – **8 Zim** ⇌ 40/48 –
66/75.
• Dies ist eine kleine, aber nette und sehr gepflegte Adresse ! Zeitlos eingerichtete Zimmer
- alle mit Balkon und Anschlüssen für Fax und Computer - sprechen für sich. Viel Holz an
Wänden und Decken gibt dem Restaurant seinen rustikalen Charakter.

ALDFISCHBACH-BURGALBEN Rheinland-Pfalz 417 S 6 – 5 700 Ew – Höhe 272 m.
Berlin 670 – Mainz 110 – Saarbrücken 70 – Pirmasens 14 – Kaiserslautern 26.

Zum Schwan, Hauptstr. 119, ⊠ 67714, ℘ (06333) 9 24 20, zum-schwan-wfb@t-on line.de, Fax (06333) 924292, Biergarten, – ⁂ Zim, P. ⓜ
Menu (geschl. Donnerstagmittag) à la carte 12/28 – **20 Zim** ⇔ 40 – 65.
* Ein moderner Hotelanbau ergänzt den Dorfgasthof mit der schlichten Fassade. Für Gäste stehen helle und praktische Zimmer, teils mit Balkon, zur Verfügung. Holzdecke und offener Kamin zieren das ländliche Restaurant.

WALDKIRCH Baden-Württemberg 419 V 7 – 20 000 Ew – Höhe 274 m – Luftkurort.
Sehenswert : Elztalmuseum★ – Pfarrkirche St. Margaretha (Innenausstattung★).
Ausflugsziel : Kandel ≤★ Süd-Ost : 12 km.
🛈 Tourist-Information, Kirchplatz 2, ⊠ 79183, ℘ (07681) 1 94 33, waldkirch@zweita elerland.de, Fax (07681) 404107.
Berlin 778 – Stuttgart 204 – Freiburg im Breisgau 26 – Offenburg 62.

In Waldkirch-Buchholz Süd-West : 4 km über B 294 :

Hirschen-Stube - Gästehaus Gehri ⌂, Schwarzwaldstr. 45, ⊠ 79183, ℘ (07681) 47 77 70, Fax (07681) 4777740, ⌂, 🛋, ≘s, ⌂ – TV ⌂ P. ⓜ VISA
Menu (geschl. Anfang Aug. 2 Wochen, Sonntagabend - Montag) à la carte 13/38 – **25 Zim** ⇔ 45/52 – 66/75 – ½ P 15.
* Schon seit mehr als 200 Jahren steht dieses Haus im Dienst der Gastlichkeit. Sie wählen zwischen Haupt- und Gästehaus, in beiden finden sich sehr gepflegte Übernachtungszimmer. Sie speisen in gemütlichen Gasträumen oder - im Sommer - auf der Gartenterrasse.

Landgasthof Löwen, Schwarzwaldstr. 34, ⊠ 79183, ℘ (07681) 98 68, landgasthof loewen@t-online.de, Fax (07681) 25253, ⌂ – ⌂ TV ⌂ ⌂ P – ⌂ 30. ⚘ Zim geschl. Jan. – **Menu** (geschl. Mittwoch) à la carte 14/33 – **24 Zim** ⇔ 50 – 70 – ½ P 11.
* Seit über 300 Jahren ist der Landgasthof im Familienbesitz. Heute verfügt man über einen modernen Anbau, in dem der Großteil der neuzeitlichen Zimmer untergebracht ist. Der Restaurantbereich ist unterteilt und ländlich eingerichtet.

In Waldkirch-Kollnau Nord-Ost : 2 km :

Kohlenbacher Hof ⌂, Kohlenbach 8 (West : 2 km), ⊠ 79183, ℘ (07681) 88 28, hotel-restaurant@kohlenbacherhof.de, Fax (07681) 5237, ⌂, ⌂ – ⁂ Zim, TV ⌂ P – ⌂ 25. ⌂ ⓞ ⓜ VISA
Menu (geschl. Dienstag) à la carte 17/33 – **18 Zim** ⇔ 45/55 – 68/74 – ½ P 13.
* Fast versteckt liegt das im traditionellen Stil gebaute Haus in einem ruhigen Seitental. Sie beziehen hier wohnliche Zimmer unterschiedlicher Größe. Der ländliche Charakter der Gegend spiegelt sich in Einrichtung und Küchenangebot des Lokals wider.

WALDKIRCHEN Bayern 420 T 24 – 10 600 Ew – Höhe 575 m – Luftkurort – Wintersport : 600/984 m ≤4.
🛷 🛷 Waldkirchen (Ost : 3 km), ℘ (08581) 10 40.
🛈 Tourismusbüro, Ringmauerstr. 14, (Bürgerhaus), ⊠ 94065, ℘ (08581) 1 94 33, tourismus@waldkirchen.de, Fax (08581) 4090.
Berlin 542 – München 206 – Passau 26 – Freyung 19.

In Waldkirchen-Dorn Süd-Ost : 1,5 km :

Sporthotel Reutmühle (Ferienanlage mit 8 Gästehäusern), Frauenwaldstr. 7, ⊠ 94065, ℘ (08581) 20 30, info@reutmuehle.de, Fax (08581) 203170, Biergarten, ≘s, ⌂, – ⁂ Zim, TV ⌂ P – ⌂ 40. ⌂ ⓞ ⓜ VISA ⚘ Rest
Menu à la carte 16/30 – **140 Zim** ⇔ 75/83 – 122/180 – ½ P 15.
* Eine aus mehreren Gästehäusern bestehende Hotelanlage, deren Zimmer mit Kochmöglichkeit und Sitzecken auf die Bedürfnisse von Familien und Geschäftsleuten zugeschnitten sind. Das Restaurant ist als lichter Pavillon angebaut und wirkt modern.

WALDKRAIBURG Bayern 420 V 21 – 25 000 Ew – Höhe 434 m.
Berlin 649 – München 71 – Bad Reichenhall 81 – Passau 107 – Rosenheim 64.

City-Hotel garni, Berliner Str. 35, ⊠ 84478, ℘ (08638) 9 67 50, Fax (08638) 967550 – ⁂ TV ⌂ P. ⌂ ⓞ ⓜ VISA JCB
30 Zim ⇔ 60/65 – 90/120, 7 Suiten.
* Hinter der recht unscheinbaren Fassade dieses Etagenhotels befinden sich praktische Zimmer. Besonders empfehlenswert : die Suiten mit Laminatboden und großem Bad !

WALD-MICHELBACH Hessen 417 419 R 10 – 11 500 Ew – Höhe 346 m – Erholungsort – Wintersport : 450/593 m ⟜1 ⚘.

🛈 Touristik-Service, In der Gass 17, (Rathaus) ⌧ 69483, ℰ (06207) 94 71 11, rathaus@gemeinde-wald-michelbach.de, Fax (06207) 947170.

Berlin 599 – Wiesbaden 101 – Mannheim 56 – Darmstadt 61.

In Wald-Michelbach - Aschbach Nord-Ost : 2 km :

XX **Vettershof**, Waldstr. 12, ⌧ 69483, ℰ (06207) 23 13, vettershof@t-online.de, Fax (06207) 3971, ≼, Biergarten – 🅿 🆎 ⓪ 🅾 VISA
geschl. Mitte Jan. 2 Wochen, Montag – **Menu** à la carte 20/41 – **Kleiner Vetter** : Menu à la carte 16/29.
♦ Freuen Sie sich auf ein gutes Essen in schöner, elegant-rustikaler Umgebung ! An tadellos eingedeckten Tischen serviert man Ihnen eine sorgfältig zubereitete Saisonküche. Der Kleine Vetter ist eine gemütliche Gaststube.

Auf der Kreidacher Höhe West : 3 km :

🏨 **Kreidacher Höhe** ⚘, ⌧ 69483 Wald-Michelbach, ℰ (06207) 26 38, hotel-kreidacher-hoehe-metz@t-online.de, Fax (06207) 1650, ≼, ✠, ≋, ∫ (geheizt), 🅻, ⚒, ※ – 🆘 📺 🅿 – 🔑 30. 🆎 🅾
Menu à la carte 23/40 – **39 Zim** ⚌ 65/85 – 110/130 – ½ P 20.
♦ Ruhig liegt das Hotel an einer waldreichen Anhöhe. Solide mit Eichenholz möblierte Zimmer - teils mit Balkon - ermöglichen einen erholsamen Aufenthalt. Unter einer schweren Holzdecke nehmen Sie in den neu-rustikal gestalteten Restauranträumen Platz.

*Fragen Sie Ihren Buchhändler nach dem aktuellen
Katalog des* **Michelin Reise-Verlags**

WALDMOHR Rheinland-Pfalz 417 R 6 – 5 400 Ew – Höhe 269 m.
Berlin 677 – Mainz 127 – Saarbrücken 38 – Kaiserslautern 36.

XX **Le marmiton**, Am Mühlweier 1, ⌧ 66914, ℰ (06373) 91 56, Fax (06373) 9156, ✠ – 🅿 ⓪ 🅾 VISA
geschl. Feb. 2 Wochen, Montag - Dienstagmittag – **Menu** à la carte 26/40.
♦ Das kleine Landhaus liegt hübsch an einem Weiher. Die Inneneinrichtung ist wie das Speiseangebot klassisch, Tagesempfehlungen werden auf einer Tafel präsentiert.

WALDMÜNCHEN Bayern 420 R 22 – 7 500 Ew – Höhe 512 m – Luftkurort – Wintersport : 750/920 m ⟜2 ⚘.
🛈 Verkehrsamt, Marktplatz 16, ⌧ 93449, ℰ (09972) 3 07 25, Fax (09972) 30740.
Berlin 473 – München 210 – Weiden in der Oberpfalz 69 – Cham 21.

🏨 **Bayerischer Hof** Ⓜ ⚘, Torweiherweg 5, ⌧ 93449, ℰ (09972) 95 00 01, info@ferienhotel-bayerischer-hof.de, Fax (09972) 950455, ✠, ≋, 🅻 – 🔁, ↔ Zim, 📺 ✱ 🅿 – 🔑 80. 🆎 🅾 VISA. ≋ Rest
Menu (Montag - Freitag nur Abendessen) à la carte 13/40 – **100 Zim** ⚌ 46 – 82/98 – ½ P 13.
♦ Das renommierte Ferienhotel begrüßt seine Gäste mit hellen, freundlichen Zimmern, die über Kochgelegenheit, Schreibfläche und Sitzecke verfügen. Schön : die ruhige Lage. Neuzeitlich-schlichtes Restaurant.

In Tiefenbach Nord-West : 13 km Richtung Schönsee :

🏨 **Gasthof Russenbräu**, Irlacher Str. 2, ⌧ 93464, ℰ (09673) 2 04, hotel@russenbraeu.de, Fax (09673) 1808, ✠ – 📺 🅿 🅾 VISA
geschl. Feb. 2 Wochen, Nov. 3 Wochen – **Menu** à la carte 11/26 – **14 Zim** ⚌ 22/31 – 40/48 – ½ P 6.
♦ Der Traditionsgasthof mit der bewegten Geschichte hat hinter seiner ansprechenden Fassade gut geschnittene und solide möblierte Gästezimmer zu bieten. Sprossenfenster, hohe Decken und Terrakottaboden erzeugen ein nettes Ambiente im Restaurant.

In Treffelstein-Kritzenthal Nord-West : 10 km Richtung Schönsee, nach 8 km rechts ab :

🏨 **Katharinenhof** ⚘, ⌧ 93492, ℰ (09673) 93 00, info@katharinenhof-hotel.de, Fax (09673) 930100, ✠, ≋, 🅻, ⚒ – 📺 ✆ 🅿 – 🔑 60. 🆎 ⓪ 🅾 VISA
geschl. Jan. - Feb. – **Menu** à la carte 17/31 – **50 Zim** ⚌ 40 – 53/63 – ½ P 15.
♦ Hübsch bei einem Waldstück liegt dieses aus zwei Häusern bestehende Hotel. Man nächtigt hier in Zimmern mit Kiefernmöbeln oder bemaltem Bauernmobiliar. Verschiedene rustikale Gaststuben sorgen für gemütliche Stunden.

ALDRACH Rheinland-Pfalz 417 Q 4 – 2 200 Ew – Höhe 130 m.
Berlin 718 – Mainz 163 – *Trier* 13 – Hermeskeil 22 – Wittlich 36.

- **Landgasthof Simon** (mit Weinstube), Bahnhofstr. 14, ✉ 54320, ℰ (06500) 6 77, info@landgasthof-simon.de, Fax (06500) 1440, 🍴 – 📺 🅿
  Menu *(geschl. Nov. - März Freitag) (nur Abendessen)* à la carte 14/19 – **12 Zim** ⊇ 40 – 70.
  ♦ Diese kleine gastliche Adresse verfügt über recht individuell eingerichtete Gästezimmer, meist mit Kiefernmobiliar bestückt - eine nette, sehr saubere Herberge. Natursteinmauern zieren die einfache, aber gemütliche Weinstube.

Riveris *Süd-Ost : 3 km :*

- **Landhaus zum Langenstein** 🍃, Auf dem Eschgart 11, ✉ 54317, ℰ (06500) 2 87, zum.langenstein@t-online.de, Fax (06500) 7579, 🍴, 🐎 – 🅿 ※ Rest
  geschl. 26. Dez. - 20. Jan. – **Menu** *(geschl. Montag)* à la carte 16/24 – **22 Zim** ⊇ 28/35 – 48/54 – ½ P 13.
  ♦ Nett liegt das von Familie Reuter herzlich geführte Haus in einem Wohngebiet am Hang. Ihre Unterbringung erfolgt in wohnlichen und sehr gepflegten Naturholz-Zimmern. Das Restaurant ist rustikal im Brauerei-Stil eingerichtet.

WALDSASSEN Bayern 420 P 20 – 8 000 Ew – Höhe 477 m.
Sehenswert : *Stiftsbasilika★ (Chorgestühl★, Bibliothek★★).*
Ausflugsziel : *Kappel : Lage★★ - Wallfahrtskirche★ Nord-West : 3 km.*
🏌 Neualbenreuth, Ottengrün 50 (Süd-Ost : 12 km), ℰ (09638) 12 71.
🛈 Tourist-Info, Johannisplatz 11, ✉ 95652, ℰ (09632) 8 81 60, Fax (09632) 5480.
Berlin 370 – München 311 – *Weiden in der Oberpfalz* 43 – Bayreuth 77 – Hof 55.

- **Bayerischer Hof**, Bahnhofstr. 15, ✉ 95652, ℰ (09632) 12 08, info@bayerischer hof-waldsassen.de, Fax (09632) 4924, 🍴, 🐎 – ※ Zim, 📺 🅿 ◎ VISA
  geschl. April 1 Woche, Nov. 1 Woche – **Menu** *(geschl. Mittwoch)* à la carte 13/30 – **15 Zim** ⊇ 26/34 – 44/52.
  ♦ Ein von außen wie von innen hübsch gestalteter Landgasthof. Im Zimmerbereich kommt man den Wünschen seiner Gäste mit behaglichem Landhausstil entgegen. Das Restaurant zeigt sich traditionell im bayerischen Stil.

- **Königlich-Bayrisches Forsthaus**, Basilikaplatz 5, ✉ 95652, ℰ (09632) 9 20 40, Fax (09632) 920444, 🍴 – 📺 ◎
  Menu à la carte 13/22 – **25 Zim** ⊇ 29/34 – 50.
  ♦ Sie wohnen in einem Haus aus dem 18. Jh., zentral gegenüber der Basilika. Die Zimmer sind unterschiedlich, allen gemeinsam ist ihre gute Unterhaltung. Eine schöne Gewölbedecke ziert die ländliche Gaststube.

- **Zrenner**, Dr.-Otto-Seidl-Str. 13, ✉ 95652, ℰ (09632) 12 26, Fax (09632) 5427, 🍴 – ※ Zim, 📺 🚗
  Menu *(geschl. Anfang Nov. 2 Wochen, Freitagabend)* à la carte 14/29 – **21 Zim** ⊇ 28/37 – 50/60.
  ♦ Seit 1823 existiert an dieser Stelle ein Wirtshaus. Die sehr gepflegten Gästezimmer sind von Familie Hofmann zum Teil mit bemalten Bauernmöbeln eingerichtet worden. Eine hübsche Innenhofterrasse ergänzt das rustikal gehaltene Restaurant.

- **Prinzregent Luitpold**, Prinzregent-Luitpold-Str. 4, ✉ 95652, ℰ (09632) 28 86, Fax (09632) 5439, 🍴 – ◎ VISA
  geschl. Feb. 2 Wochen, Dienstag – **Menu** à la carte 13/24.
  ♦ Im Herzen des Städtchens finden Sie diesen ehemaligen Bauernhof, dessen Gastraum ganz mit hellem Holz ausgekleidet ist. Im Sommer lockt die Terrasse im begrünten Innenhof.

In Waldsassen-Kondrau *Süd-West : 2 km über B 299 :*

- **Gasthaus Sommer**, Wirtsgasse 8, ✉ 95652, ℰ (09632) 9 22 00, info@pension-sommer.de, Fax (09632) 922040, 🍴, 🍻, 🐎 – ※ Zim, 📺 🅿 ◎ VISA JCB ※ Zim
  Menu *(geschl. Dienstag, 1. Sonntag im Monat) (nur Abendessen)* à la carte 10/14 – **18 Zim** ⊇ 25/36 – 44/52.
  ♦ Nett ausgestattete Zimmer in Kiefer oder Weichholz sowie ein schöner, separat im Wintergarten untergebrachter Frühstücksraum zählen zu den Annehmlichkeiten des Hauses. Das Restaurant ist eine rustikale Gaststube.

- **Kondrauer Hof**, Alte Str. 1 (an der B 299), ✉ 95652, ℰ (09632) 9 21 40, service@kondrauerhof.de, Fax (09632) 921440, 🍴 – 📺 🚗 🅿 ◎
  Menu *(geschl. Nov. 3 Wochen, Donnerstag) (Montag - Freitag nur Abendessen)* à la carte 10/18 – **12 Zim** ⊇ 28 – 43/46.
  ♦ Ein neuzeitlicher Gasthof in ländlicher Umgebung. Sie beziehen Quartier in bequemen Räumen, die mit zeitloser Einrichtung und guter Pflege überzeugen. In schlichtem Ambiente serviert man Ihnen einfache bürgerliche Gerichte.

WALDSEE, BAD
Baden-Württemberg **419** W 13 – 18 500 Ew – Höhe 587 m – Heilbad – Kneippkurort.

Sehenswert : Stadtsee★.

🏌 🏌 Bad Waldsee, Hopfenweiler 14 (Nord-Ost : 3 km), ℘ (07524) 4 01 70 ; 🏌 Oberschwaben, Hofgut Hopfenweiler 2 (Nord.Ost : 3 km), ℘ (07524) 59 00.

🛈 Kurverwaltung, Ravensburger Str. 1, ⊠ 88339, ℘ (07524) 94 13 42, info@bad-waldsee.de, Fax (07524) 941345.

Berlin 676 – Stuttgart 154 – Konstanz 61 – Ulm (Donau) 66 – Ravensburg 21.

Hotel im Hofgut
M, Hopfenweiler (Nord-Ost : 3 km), ⊠ 88339, ℘ (07524) 4 01 7, info@waldsee-golf.de, Fax (07524) 4017100, 😀, 🏌, ≦s, 🏌 🏌 – 📶, ⚡ Zim, 📺 📞 – 🔥 20. 🆎 ⓞ 🆎 VISA, ⚡ Rest

Menu à la carte 30/42 – **40 Zim** ⊡ 88 – 138 – ½ P 21.

♦ Eingebettet in eine weitläufige Golfanlage, vereint dieses Hotel alte und neue Architektur auf gelungene Weise. Schöne Zimmer und ein guter Wellnessbereich sprechen für sie. Landhausstil mit klaren Linien prägt das Restaurant im alten Teil des Hauses.

Altes Tor
M garni, Hauptstr. 49, ⊠ 88339, ℘ (07524) 9 71 90, info@altestor.c Fax (07524) 971997, ≦s – 📶 ⚡ 📺 📞 🆎 ⓞ 🆎 VISA

geschl. 23. Dez. - 6. Jan. – **27 Zim** ⊡ 52/64 – 82/92.

♦ Liebevoll wurde dieses stattliche Bürgerhaus mit den blauen Fensterläden von innen und außen restauriert. Es erwarten Sie wohnliche Zimmer und ein reizender Frühstücksraum.

Grüner Baum
Hauptstr. 34, ⊠ 88339, ℘ (07524) 9 79 00, info@baum-leben.c Fax (07524) 979050, 😀 – 📺 📞 – 🔥 20. 🆎 ⓞ 🆎 VISA

geschl. 22. - 25. Dez. – **Menu** à la carte 15/32 – **22 Zim** ⊡ 57/72 – 80/105 – ½ P 1

♦ In schöner Lage beim verkehrsberuhigten Rathausvorplatz finden Sie dieses schmucke weiße Stadthaus. Im Inneren erfreuen nett und wohnlich eingerichtete Zimmer das Auge. Eine Alternative zu dem zum Hof gelegenen Restaurant mit Terrasse ist die urige Stube.

Gästehaus Rössle
garni, Wurzacher Str. 30, ⊠ 88339, ℘ (07524) 4 01 0 Fax (07524) 401040 – 📺 📞 🆎

12 Zim ⊡ 36/50 – 60/64.

♦ Direkt beim malerischen Wurzacher Tor finden Sie diese gut unterhaltene Adresse, die Ihnen gepflegte Gästezimmer in funktioneller Machart anbietet.

In Bad Waldsee-Gaisbeuren *Süd-West : 4 km über B 30 :*

Adler M, Bundesstr. 15 (B 30), ⊠ 88339, ℘ (07524) 99 80, mail@hotel-gasthau adler.de, Fax (07524) 998152, 😀, Biergarten – 📶 📺 📞 📞 – 🔥 140. 🆎 ⓞ 🆎 VISA JCB

geschl. 23. Feb. - 9. März – **Menu** (geschl. Donnerstag) à la carte 19/34 – **31 Zim** ⊡ 55/6 – 68/86 – ½ P 17.

♦ Das 500 Jahre alte Gasthaus wurde um einen modernen Hotelanbau erweitert, in der Ihnen gut ausgestattete Gästezimmer komfortables Wohnen ermöglichen. Im Restaurant ist es gelungen, den ursprünglichen Charakter des alten Gasthauses zu erhalten.

WALDSHUT-TIENGEN
Baden-Württemberg **419** X 8 – 23 000 Ew – Höhe 340 m.

Sehenswert : Altstadt★.

🛈 Tourist-Information, Wallstr. 26, ⊠ 79761, ℘ (07751) 83 31 98, Fax (07751) 83312(

Berlin 793 – Stuttgart 180 – Freiburg im Breisgau 75 – Donaueschingen 57 – Basel 56 Zürich 45.

Im Stadtteil Waldshut :

Waldshuter Hof, Kaiserstr. 56, ⊠ 79761, ℘ (07751) 8 75 10, hotel@waldshuter hof.de, Fax (07751) 875170 – 📶 📺 ⟺. 🆎 VISA

Menu (geschl. Sonntagabend - Montag) à la carte 22/39 – **23 Zim** ⊡ 52/55 – 80/82.

♦ Einheitlich im Zuschnitt und in ihrer hellgrauen Möblierung zeigen sich die Quartiere dieses Stadthotels, die Ihnen auf Reisen ein zweites Zuhause sein wollen. Im ersten Stock des Stadthauses erwartet Sie ein gediegenes Restaurant.

Im Stadtteil Tiengen :

Bercher, Bahnhofstr. 1, ⊠ 79761, ℘ (07741) 4 74 70, hotel@bercher.de Fax (07741) 4747100, 😀 – 📶, ⚡ Zim, 📺 📞 ⟺ 📞 – 🔥 80. ⓞ 🆎 VISA

Menu (geschl. Anfang - Mitte Jan., 4. - 16. Aug., Samstagmittag, Sonntag) à la carte 16/32 – **40 Zim** ⊡ 49/77 – 85/125.

♦ Die älteren Zimmer dieses hübschen, rosa gestrichenen Stadthauses sind mit Stilmöbeln eingerichtet, die neueren mit Landhausmobiliar, einige sogar mit Kachelofen. Die unterschiedlichen Restauranträume präsentieren sich mit rustikalem Touch.

WALDSHUT-TIENGEN

Brauerei Walter, Hauptstr. 23, ✉ 79761, ℰ (07741) 8 30 20, *rezeption@brauerei walter.de*, Fax (07741) 830240, 😊 – 📺 🚗 🅿 🅜🅞 🆅🅸🆂🅰
Menu *(geschl. Ende Juli - Anfang Aug., Montag)* à la carte 19/38 – **26 Zim** ⇌ 34/49 – 66/87.
♦ Das Hotel besteht aus dem rosa gestrichenen Haupthaus und dem hellgrauen Anbau, verbunden durch einen gläsernen Wintergarten. Fragen Sie nach den Zimmern im Anbau ! In dem rustikalen Restaurant hat Gastlichkeit seit 1909 Tradition.

In Stadtteil Breitenfeld Nord-Ost : 3 km ab stadtteil Tiengen :

Landgasthof Hirschen 🦌, Breitenfeld 13, ✉ 79761, ℰ (07741) 6 82 50, *hirschenbreitenfeld@t-online.de*, Fax (07741) 682568, 😊, 🍴, 🛏 – 📱 📺 🚗 🅿 – 🔑 25. 🅜🅞 🆅🅸🆂🅰
geschl. 10. - 28. Jan. – **Menu** à la carte 16/29 – **27 Zim** ⇌ 36/40 – 65/74.
♦ Ein Landgasthof der gemütlichen Art. Besonders die Zimmer im Gästehaus Cäcilia sind auffällig geräumig und überzeugen mit wohnlicher und solider Einrichtung. Die ländlichrustikale Gestaltung der Restauranträume entspricht dem Charakter der Umgebung.

In Lauchringen-Oberlauchringen Süd-Ost : 4 km ab Stadtteil Tiengen :

Gartenhotel Feldeck, Klettgaustr. 1 (B 34), ✉ 79787, ℰ (07741) 8 30 70, *mail@hotel-feldeck.de*, Fax (07741) 830750, 😊, 🍴, 🏊, 🛏 – 📱 ⇌ Zim, 📺 🚗 🅿 – 🔑 30. 🅜🅞 🆅🅸🆂🅰
Menu *(geschl. Samstag)* à la carte 17/29 – **36 Zim** ⇌ 40/55 – 70/80.
♦ Ein familiengeführtes Haus, das auf Grund seiner Lage ein guter Ausgangspunkt für Ausflüge in den Schwarzwald oder in die Schweiz darstellt. Praktische Zimmer. Restaurant teils rustikal mit Holztäfelung, teils hell und modern gestaltet.

WALDSTETTEN *Baden-Württemberg siehe Schwäbisch Gmünd.*

WALLDORF *Baden-Württemberg* 417 419 *S 9 – 13 200 Ew – Höhe 110 m.*
Berlin 636 – Stuttgart 107 – Mannheim 32 – Heidelberg 15 – Heilbronn 54.

Holiday Inn, Roter Straße (Süd-West : 1,5 km), ✉ 69190, ℰ (06227) 3 60, *reservation.hiwalldorf@queensgruppe.de*, Fax (06227) 36504, 😊, Massage, 💪, 🛏, 🏊 (geheizt), 🏊, 🎾, 🌐 – 📱 ⇌ Zim, 📶 📺 🚗 🅿 – 🔑 100. 🅰🅴 🅞 🅜🅞 🆅🅸🆂🅰 ✂ Rest
Menu à la carte 25/40 – ⇌ 16 – **158 Zim** 186 – 206.
♦ Wegen seiner verkehrsgünstigen Lage wird diese Adresse auch gern von Geschäftsleuten angesteuert. Das Interieur erinnert in seiner noblen Art an einen englischen Landhausstil.

Vorfelder, Bahnhofstr. 28, ✉ 69190, ℰ (06227) 69 90, *hotel-vorfelder@t-online.de*, Fax (06227) 30541, 😊, Biergarten, 🛏, 🍴 – 📱, ⇌ Zim, 📺 📞 & 🅿 – 🔑 50. 🅰🅴 🅞 🅜🅞 🆅🅸🆂🅰 🅹🅲🅱
geschl. Anfang Jan. 2 Wochen – **Tiffany** : **Menu** à la carte 31/41 – **Weinstube** : **Menu** à la carte 18/25 – **65 Zim** ⇌ 77/102 – 119/144, 3 Suiten.
♦ Fragen Sie bei Ihrer Reservierung nach einem der Zimmer im Neubau, denn diese sind besonders großzügig und in warmen Pastellfarben komfortabel eingerichtet. Die namengebenden Beleuchtungselemente geben dem Tiffany eine elegante Note.

Ambiente, Am neuen Schulhaus 4, ✉ 69190, ℰ (06227) 69 70, *info@astralis.de*, Fax (06227) 697400, 😊, 💪, 🛏 – 📱, ⇌ Zim, 📺 📞 🚗 🅿 – 🔑 70. 🅰🅴 🅞 🅜🅞 🆅🅸🆂🅰 🅹🅲🅱
Menu *(geschl. Samstagmittag)* à la carte 21/27 – **72 Zim** ⇌ 120/140 – 150/170.
♦ Bereits beim Betreten der Lobby umgibt Sie ein modernes, von frischen Farben geprägtes Ambiente. Dieses begleitet Sie bis in Ihr funktionell und wohnlich gestaltetes Zimmer. Hell und freundlich - dem Stil des Hauses angepaßt - zeigt sich das Restaurant.

Domizil garni, Schwetzinger Str. 50, ✉ 69190, ℰ (06227) 69 70, *info@astralis.de*, Fax (06227) 697400, 🛏 – 📱 ⇌ Zim, 📺 📞 🅿 🅰🅴 🅞 🅜🅞 🆅🅸🆂🅰 🅹🅲🅱
geschl. 24. Dez. - 6. Jan. – **34 Zim** ⇌ 120/140 – 150/170.
♦ Mit modernem Designermobiliar, geräumiger Arbeitsfläche, wahlweise ISDN oder analogem Modemanschluß und DVD-Player kümmert man sich um die diversen Bedürfnisse seiner Gäste.

WALLDÜRN *Baden-Württemberg* 417 419 *R 12 – 11 800 Ew – Höhe 398 m – Erholungsort.*
⛳ ⛳ *Walldürn-Neusaß, Mühlweg 7 (Nord : 5 km), ℰ (06282) 73 83 ;* ⛳ *Mudau, Donebacher Str. 41 (Süd-West : 16 km), ℰ (06284) 84 08.*
🅱 *Tourist Information, Rathaus, Hauptstr. 27, ✉ 74731, ℰ (06282) 6 71 07, Fax (06282) 67103.*
Berlin 554 – Stuttgart 125 – Würzburg 59 – Aschaffenburg 64 – Heidelberg 93.

1499

WALLDÜRN

Zum Riesen, Hauptstr. 14, ✉ 74731, ℘ (06282) 9 24 20, Fax (06282) 924250, 斧
(ehemaliges Palais a.d.J. 1724) – 📶 📺 P. – 🅰 25. ⓄⒺ VISA
Menu (geschl. März 2 Wochen, Nov. 2 Wochen, Montag) à la carte 19/29 – **26 Zi**
⌕ 56 – 82/87 – ½ P 13.
• Hinter einer schön restaurierten Fassade verbergen sich gediegene, zumeist mit dunkle
Holz eingerichtete Gästezimmer, von denen einige auch über Sitzecken verfügen. Mit Ho
und Schmiedeeisen hat man das Restaurant ansprechend dekoriert.

Zum Ritter garni, Untere Vorstadtstr. 2, ✉ 74731, ℘ (06282) 92 89 4
Fax (06282) 9289420 – 📺 P. ⓄⒺ VISA ⨯
geschl. Aug. 3 Wochen, Weihnachten - Anfang Jan. – **13 Zim** ⌕ 44 – 67.
• Ein ländlicher Gasthof mit neuzeitlichem Anbau. Letzterer stellt seinen Besuchern
dezenten Farbtönen und mit hellem Holz eingerichtete Quartiere zur Verfügung. Das ru
tikale Restaurant verbindet den Gasthof mit dem Hotelanbau.

In Walldürn-Reinhardsachsen Nord-West : 9 km :

Frankenbrunnen ⚘, Am Kaltenbach 3, ✉ 74731, ℘ (06286) 9 20 20, hotel-franke
brunnen@t-online.de, Fax (06286) 1330, 斧, 🜃, 🜃 – ⨯ Zim, 📺 ⌕ ⇌ P. – 🅰 6
🅰🅴 ① ⓄⒺ VISA JCB ⨯ Rest
Menu à la carte 17/37 – **28 Zim** ⌕ 75/80 – 98/106 – ½ P 16.
• In einem kleinen Dorf mitten im ''Madonnenländchen'' liegt dieses sympathische Hau
das seinen Besuchern in nett eingerichteten Zimmern bequemes Wohnen ermöglich
Dezente Farben und eine zeitlose Einrichtung prägen die unterteilten Gasträume.

WALLENHORST Niedersachsen 415 I 8 – 22 800 Ew – Höhe 70 m.
Berlin 433 – Hannover 150 – Bielefeld 61 – Nordhorn 83 – Osnabrück 10.

Töwerland, Grosse Str. 26, ✉ 49134, ℘ (05407) 88 10, wallenhorst@hotel-toewe
land.de, Fax (05407) 881100 – 📶 📺 ⌕ ⇌ P. – 🅰 350. ① ⓄⒺ VISA JCB
Menu à la carte 18/26 – ⌕ 10 – **48 Zim** 36/56 – 56/125.
• Die Gästezimmer dieses Hauses verfügen über eine funktionelle Einrichtung mit heller
Naturholzmobiliar, praktischen Schreibtischen sowie Modemanschluß. In dem bistroartige
Restaurant wählen Sie von einer kleinen Karte.

Alte Küsterei, Kirchplatz 6, ✉ 49134, ℘ (05407) 85 78 70, alte-kuesterei@t-onlin
.de, Fax (05407) 857871, 斧 – 🅰🅴 ⓄⒺ VISA JCB
geschl. Jan. 3 Wochen, Juni - Juli 2 Wochen, Montag - Dienstag – **Menu** (wochentags nu
Abendessen) à la carte 29/46.
• In der Ortsmitte, gleich beim Rathaus liegt dieses schöne restaurierte Steinhaus a. d. J
1883. Sie tafeln hier unter einer Holzbalkendecke und umgeben von verspieltem Dekor

WALLERFANGEN Saarland siehe Saarlouis.

WALLERSTEIN Bayern 419 420 T 15 – 3 300 Ew – Höhe 430 m.
Berlin 521 – München 139 – Augsburg 78 – Ansbach 62 – Würzburg 131.

Zum goldenen Löwen, Obere Bergstr. 1 (Am Schloss), ✉ 86757, ℘ (09081) 2 76 60
Fax (09081) 27666, Biergarten – ⨯
geschl. Anfang Sept. 2 Wochen, Dienstag – **Menu** à la carte 16/32.
• Gemütliche Nischen und behagliche Sitzecken am Kamin zeichnen das Innenleben des
renovierten Gasthofs aus, der so hübsch gegenüber dem fürstlichen Schloß liegt.

WALLGAU Bayern 419 420 X 17 – 1 300 Ew – Höhe 868 m – Erholungsort – Wintersport
900/1 000 m ⚡1 ⚘.
🐎 Karwendel, Risser Straße 14, ℘ (08825) 21 83.
🅱 Verkehrsamt, Mittenwalder Str. 8, ✉ 82499, ℘ (08825) 92 50 50, Fax (08825) 925066
Berlin 680 – München 93 – Garmisch-Partenkirchen 20 – Bad Tölz 47.

Parkhotel, Barmseestr. 1, ✉ 82499, ℘ (08825) 2 90, parkhotel@wallgau.de,
Fax (08825) 366, 斧, Massage, ₤₆, 🜃, 🔲, – 📶 📺 ⇌ P. – 🅰 40. ⨯ Rest
geschl. April 2 Wochen, 4. Nov. - 20. Dez. – **Menu** (Tischbestellung ratsam) à la carte 27/49
– **46 Zim** ⌕ 64/66 – 128/132, 14 Suiten – ½ P 13.
• Vor herrlicher Kulisse liegt dieses alpenländisch geprägte Haus. Durch eine großzügige
Halle gelangen Sie in rustikal-wohnliche oder neuzeitlich-komfortable Zimmer. Im aufwendig
gestalteten Restaurant verbindet sich Rustikalität mit einer eleganten Note.

Post, Dorfplatz 6, ✉ 82499, ℘ (08825) 91 90, posthotel-wallgau@t-online.de,
Fax (08825) 91999, 斧, 🜃 – 📶 📺 ⇌ P. ⓄⒺ
Menu à la carte 15/32 – **26 Zim** ⌕ 45/63 – 86/102 – ½ P 10.
• Herrliche Lüftlmalereien zieren die Fassade dieses aus einem Gasthof entstandenen
Hotels. Im Inneren erwarten Sie Zimmer und Maisonetten mit Naturholzmobiliar. Der gas-
tronomische Bereich reicht von bürgerlich-ländlich bis rustikal-gemütlich.

WALLGAU

- **Alpenhof**, Mittenwalder Str. 28, ⌂ 82499, ℰ (08825) 20 90, hotel@alpenhof-wallgau.de, Fax (08825) 2017, ⇌s, 🌳, – 📺 ⇌ 🅿 ⚑ ☀
  geschl. Ende Okt. - Mitte Dez. – **Menu** (geschl. Mittwoch) (nur Abendessen) (Restaurant nur für Hausgäste) – **16 Zim** ⇌ 35 – 60/70 – ½ P 10.
  ◆ Die Zimmer dieses schönen Alpenhotels wurden mit individuell angefertigten Möbeln ausgestattet und verfügen über Balkone mit einem traumhaften Blick auf die Berge.

- **Wallgauer Hof** 🌿, Isarstr. 15, ⌂ 82499, ℰ (08825) 9 21 00, info@wallgauer-hof.de, Fax (08825) 921047, ⇌s, 🌳, ⇌ 📺 ⇌ 🅿
  geschl. 5. Nov. - 5. Dez. – **Menu** (geschl. Donnerstag) à la carte 18/38 – **17 Zim** ⇌ 41/59 – 72/92 – ½ P 13.
  ◆ Das Haus ist im oberbayerischen Stil ausgestattet und liegt ruhig am Ortsrand. Großer Garten, Mountainbike-Verleih und Friseursalon gehören zu den Annehmlichkeiten des Hotels. Eine ländlich-rustikale Ausstattung in hellem Holz erwartet Sie im Restaurant.

WALLUF Hessen **417** P 8 – 6 000 Ew – Höhe 90 m.
Berlin 573 – Wiesbaden 10 – *Bad Kreuznach* 49 – Koblenz 71 – Limburg an der Lahn 51 – Mainz 13.

- **Zum neuen Schwan** 🌿, Rheinstr. 3, ⌂ 65396, ℰ (06123) 9 95 90 (Hotel) 99 59 18 (Rest.), Fax (06123) 995950, 🌳 – 📺 🅿 – 🅰 25. ⬛ ⓜ ⬛ 🆅🅸🆂🅰
  geschl. 14. Dez. - 5. Jan. – **Rheinpavillon** (geschl. 10. Nov. - 13. Feb., Donnerstag) **Menu** à la carte 16/31 – ⇌ 8 – **26 Zim** 49/70 – 67/89.
  ◆ Beim Bau dieses modernen Hotels wurde dem ländlichen Stil des Rheinörtchens Rechnung getragen. Bei den Zimmern wählen Sie zwischen drei verschiedenen Stilrichtungen. Gegenüber dem Hotel liegt der Rheinpavillon mit schöner Terrasse am Fluß.

- **Ruppert**, Hauptstr. 61 (B 42), ⌂ 65396, ℰ (06123) 9 97 10, Fax (06123) 997110 – 📺 🅿 – 🅰 25. ⓜ ⬛ 🆅🅸🆂🅰
  Menu (geschl. Sonntagabend - Dienstag) à la carte 14/29 – **34 Zim** ⇌ 32/55 – 52/75.
  ◆ Seit 1905 besteht dieses Hotel und wird heute in der dritten Generation von der Familie geführt. Die Gäste werden in einfach möblierten, sehr gepflegten Räumen untergebracht. Gemütlichkeit ist Trumpf in der zünftigen Gaststube des alteingesessenen Hauses.

- **Schwan**, Rheinstr. 4, ⌂ 65396, ℰ (06123) 7 24 10, Fax (06123) 75442 – 🅿 ⬛ ⓜ ⓜ 🆅🅸🆂🅰
  geschl. Dienstag, Samstagmittag – **Menu** à la carte 26/36.
  ◆ Ein sehr gediegenes Restaurant mit bemerkenswert schöner Holztäfelung, das sich in einem nahe am Rhein gelegenen Haus mit schöner gelber Fassade befindet.

- **Zum Treppchen**, Kirchgasse 14, ⌂ 65396, ℰ (06123) 7 17 68, treppchen@aol.com, Fax (06123) 75973 – ⓜ 🆅🅸🆂🅰
  geschl. Juni - Aug., Dienstag - Montag – **Menu** (nur Abendessen) 29.
  ◆ In dem Fachwerkhaus a. d. 18. Jh. hat man eine nette Weinschänke eingerichtet, die mit gemütlich-rustikaler Atmosphäre besticht - nicht nur bei den Einheimischen beliebt.

WALPERTSKIRCHEN Bayern **420** V 19 – 1 200 Ew – Höhe 494 m.
Berlin 603 – *München* 43 – Erding 8.

In Walpertskirchen-Hallnberg :

- **Hallnberg** 🌿, Hallnberg 2, ⌂ 85469, ℰ (08122) 9 94 30, info@hallnberg.de, Fax (08122) 994399, 🌳 – 📶, 🛏 Zim, 📺 ℰ ⇌ 🅿 – 🅰 60. ⬛ ⓜ 🆅🅸🆂🅰 ☀ Rest
  Menu (Montag - Donnerstag nur Abendessen) à la carte 21/34 – **30 Zim** ⇌ 59/79 – 69/89.
  ◆ Mit seinen neuzeitlich ausgestatteten Zimmern - meist ruhig nach hinten gelegen - stellt dieser erweiterte Gasthof eine ansprechende und gut geführte Urlaubsadresse dar. Die nette Kräuterterrasse ergänzt das klassisch gehaltene Restaurant.

WALSRODE Niedersachsen **415 416** H 12 – 24 000 Ew – Höhe 35 m – Erholungsort.
Ausflugsziel : Vogelpark★ Nord : 3 km.
🟦 Fallingbostel, Tietlingen 6, ℰ (05162) 38 89.
🟦 Tourist-Information, Lange Str. 22, ⌂ 29664, ℰ (05161) 97 71 10, tourismus@walsrode.de, Fax (05161) 977108.
Berlin 329 – *Hannover* 70 – Bremen 61 – Hamburg 102 – Lüneburg 76.

- **Landhaus Walsrode** 🌿 garni, Oskar-Wolff-Str. 1, ⌂ 29664, ℰ (05161) 9 86 90, landhausw@aol.com, Fax (05161) 2352, (ehem. Bauernhaus in einer Parkanlage), 🏊 (geheizt), 🌳 – 📺 ℰ ⇌ 🅿 – 🅰 25. ⬛ ⓜ 🆅🅸🆂🅰
  geschl. Mitte Dez. - Anfang Jan. – **18 Zim** ⇌ 55/110 – 80/150.
  ◆ Perfekt gepflegt präsentiert sich das von Lieselotte Wolff seit Jahren mit Herz und Verstand geführte Haus. In individuell eingerichteten Zimmern fühlt man sich einfach wohl.

WALSRODE

Mercure M garni, Gottlieb-Daimler-Str. 11, ✉ 29664, ℘ (05161) 60 70, info mercurewalsrode.de, Fax (05161) 607444 – ✱ TV ✆ ♿ P – 🛎 100. AE ① ⦾ VISA
78 Zim ⊃ 79/129 – 89/149.
♦ Ganz auf die Bedürfnisse des Durchreisenden eingestellt, bietet das Haus eine praktisc und gut gepflegte Übernachtungsmöglichkeit.

Beim Vogelpark Nord : 3 km :

Luisenhöhe, Am Vogelpark, ✉ 29664 Walsrode, ℘ (05161) 9 86 20, info@luise hoehe.de, Fax (05161) 2387, 🌳, 🍴, 🐎 – 🛗, ✱ Zim, TV ✆ P – 🛎 150. AE ① VISA
Menu à la carte 18/36 – **47 Zim** ⊃ 69/75 – 95, 3 Suiten – ½ P 18.
♦ Eingebettet in eine Parklandschaft, liegt das langgezogene Hotelgebäude mit dem int ressanten Dach an einem Teich. Sie schlafen in funktionellen, solide möblierten Zimmer Das Restaurant ist teils im Bistrostil, teils mit elegantem Touch eingerichtet.

Beim Golfplatz Ost : 9 km :

Sanssouci 🍃, ✉ 29664 Walsrode-Tietlingen, ℘ (05162) 30 47, Fax (05162) 6742, 🌳 🐎 – TV P. AE ⦾ VISA
geschl. Jan. – **Menu** (geschl. Donnerstag) à la carte 18/30 – **11 Zim** ⊃ 45/47 – 68/7 – ½ P 12.
♦ Sehr idyllisch liegt das ehemalige Gutshaus mit der kräftig gelben Fassade zwische Bäumen. Besonders nett : das geräumige Turmzimmer mit Stilmobiliar. Schlicht gestalte Restaurant mit hübscher Gartenterrasse.

In Walsrode-Hünzingen Nord : 5 km :

Forellenhof 🍃 (mit Gästehaus), ✉ 29664, ℘ (05161) 97 00, info@forellenhof-w srode.de, Fax (05161) 970123, 🌳, 🍴, 🐎, 🐕 – ✱ Zim, TV ✆ P – 🛎 400. AE ⦾ VI
Menu à la carte 16/39 – **63 Zim** ⊃ 47/72 – 80/100 – ½ P 16.
♦ Durch ständige Erweiterungen und Verbesserungen ist mit den Jahren hier eine großzü gige Hotelanlage entstanden, die mit solide und ansprechend möblierten Zimmern au wartet. Viel helles Holz gibt dem Restaurant im neueren Anbau einen rustikalen Charakte

---

WALTENHOFEN Bayern 419 420 W 14 – 8 800 Ew – Höhe 750 m.

🛈 Gästeinformation, Immenstädter Str. 7, ✉ 87448, ℘ (08303) 79 29, gaesteinform tion@waltenhofen.de, Fax (08303) 7930.
Berlin 704 – München 131 – *Kempten (Allgäu)* 6 – Bregenz 73 – Ulm (Donau) 97.

In Waltenhofen-Martinszell Süd : 5,5 km über B 19 – Erholungsort :

Landgasthof Adler (mit Gästehaus), Illerstr. 10, ✉ 87448, ℘ (08379) 92 07 00, inf @adler-martinszell.de, Fax (08379) 920727, 🌳, Biergarten – TV ✆ ⇔ P – 🛎 80 ⦾ VISA
geschl. 13. - 19. Jan. – **Menu** à la carte 21/33 – **29 Zim** ⊃ 41/49 – 70/82.
♦ Ein für den Allgäuer Landstrich typischer Gasthof. In den Zimmern des Hauptause dominiert Eichenholz, die Räume im Gästehaus sind zumeist in Fichte eingerichtet. In zwe behaglichen, rustikal eingerichteten Stuben werden Gäste freundlich bewirtet.

WALTERSHAUSEN Thüringen 418 N 15 – 12 000 Ew – Höhe 325 m.

🛈 Stadtinformation, Markt 1 (Rathaus), ✉ 99880, ℘ (03622) 63 01 48, stadt@walter hausen.de, Fax (03622) 902555.
Berlin 338 – *Erfurt* 47 – Eisenach 23.

Landgraf, Gothaer Str. 1, ✉ 99880, ℘ (03622) 6 50 00, landgraf@wunsch-hotel.de Fax (03622) 650065, Biergarten, 🍴 – 🛗, ✱ Zim, TV ♿ P – 🛎 70. AE ① ⦾ VISA
Balthasar : **Menu** à la carte 16/26 – **68 Zim** ⊃ 52 – 72.
♦ Einheitlich in frischen Farben gestaltete Gästezimmer gehören zu den Vorzügen diese Hotels, das schon von außen mit weißer Fassade und rotem Dach sehr gepflegt wirkt. Vor alpenländisch-rustikal bis leicht elegant zeigen sich die Stuben des Balthasar.

Waldhaus 🍃, Zeughausgasse 5, ✉ 99880, ℘ (03622) 6 90 03, Fax (03622) 902249 ≼, 🌳 – TV P. AE ① ⦾ VISA
geschl. 29. Jan. - 20. Feb. – **Menu** (Montag - Freitag nur Abendessen) à la carte 14/22 – **10 Zim** ⊃ 41 – 62.
♦ Wenn Sie keinen großen Wert auf Luxus legen, sondern sich lieber an ruhiger Waldlage schöner Aussicht und nettem Service erfreuen, sind Sie hier gut aufgehoben. Rustikale Gaststube mit zwei hübschen Nebenräumen für besondere Anlässe.

Zum Eisenacher, Bremerstr. 14, ✉ 99880, ℘ (03622) 90 24 12, 🌳 – ⦾
geschl. 1. - 15. Sept., Dienstagabend - Mittwoch – **Menu** à la carte 21/29.
♦ Eine Balkenkonstruktion, Holzpolster und ein nettes Dekor geben dieser familienge führten Adresse ihren rustikalen Charakter. Sie speisen hier oder im Innenhof.

WALTROP Nordrhein-Westfalen 417 L 6 – 30 000 Ew – Höhe 60 m.
Berlin 494 – Düsseldorf 74 – Münster (Westfalen) 50 – Recklinghausen 15.

Haus der Handweberei garni, Bahnhofstr. 95, ✉ 45731, ☎ (02309) 9 60 90, hotel-kaufhold@t-online.de, Fax (02309) 75899 – TV P. ⓜ VISA. ✺
24 Zim ☐ 39/41 – 70/75.
♦ Ein kleinerer, recht privat wirkender Familienbetrieb mit integrierter Weberei, der seine Besucher in schlichten, aber sehr gut gepflegten Quartieren unterbringt.

Gasthaus Stromberg, Dortmunder Str. 5 (Eingang Isbruchstraße), ✉ 45731, ☎ (02309) 42 28, Fax (02309) 920317 – P. AE ⓞ ⓜ VISA
geschl. Montag – **Menu** à la carte 19/37.
♦ An die einfache Schenke mit Theke schließt sich ein nett dekoriertes, bürgerlich gestaltetes Restaurant an. Die Karte reicht man in beiden Bereichen, ergänzt durch eine Tafel.

WANDLITZ Brandenburg 416 H 24 – 4 400 Ew – Höhe 67 m.
🛈 Tourismusverein, Prenzlauer Chaussee 157, ✉ 16348, ☎ (033397) 6 61 31, tv-natur parkbarnim@ibs-brandenburg.de, Fax (033397) 66168.
Berlin 33 – Potsdam 61 – Brandenburg 103 – Frankfurt (Oder) 118 – Eberswalde 35.

SeePark Kurhotel am Wandlitzsee M ⌾, Kirchstr. 10, ✉ 16348, ☎ (033397) 7 50, info@seepark-wandlitz.com, Fax (03397) 75199, ⛲, ≘s, ⚓, 🐎 – ⇌ TV ☏ P. – 🅰 40. ⓜ VISA. ✺
geschl. Anfang Feb. 2 Wochen – **Menu** (geschl. Dez. - März Montag - Dienstag) à la carte 27/37 – **52 Zim** ☐ 70/100 – 100.
♦ Auf einem wunderschönen Seegrundstück mit Park befindet sich dieses von außen unscheinbare Haus, das im Inneren mit einer modern-eleganten Einrichtung überrascht. Im Untergeschoß des Hotels liegt das klassisch gestaltete Restaurant.

Zur Waldschänke, Zühlsdorfer Chaussee 14 (Süd-West : 3 km), ✉ 16348, ☎ (033397) 35 50, Fax (033397) 355355, ⛲ – 🛗 TV ☏ 🅿 P. – 🅰 140. ⓜ VISA
Menu à la carte 13/28 – **20 Zim** ☐ 39/51 – 67/72.
♦ Das frühere Ausflugslokal wurde nach der Wende um Fremdenzimmer ergänzt, die mit einem guten Platzangebot und gediegenem Wurzelholzmobiliar überraschen. Mit Jagdtrophäen geschmückte Galerieräume.

WANGELS Schleswig-Holstein 415 416 D 16 – 2 200 Ew – Höhe 5 m.
Berlin 327 – Kiel 45 – Lübeck 73 – Oldenburg in Holstein 11.

in Wangels-Weißenhäuser Strand Nord : 5 km :

Strandhotel ⌾, Seestr. 1, ✉ 23758, ☎ (04361) 55 27 71, Fax (04361) 552710, ≤, ⛲, Massage, ♨, ≘s, 🞎, – 🛗, ⇌ Zim, TV ☏ P. – 🅰 120. AE ⓞ ⓜ VISA. ✺
Menu à la carte 16/31 – **184 Zim** ☐ 69/77 – 110/126 – ½ P 14.
♦ Das Haus ist integriert in eine weitläufige Ferienanlage und bietet dem Gast neben einheitlichen, modernen Zimmern eine Vielzahl von Freizeit- und Sportmöglichkeiten. Ein freundlicher Wintergarten mit Blick auf die Dünen ergänzt das rustikale Restaurant.

WANGEN IM ALLGÄU Baden-Württemberg 419 W 13 – 26 000 Ew – Höhe 556 m – Luftkurort.
Sehenswert : Marktplatz★.
🛈 Touristinformation, Rathaus, Marktplatz 1, ✉ 88239, ☎ (07522) 7 42 11, tourist@wangen.de, Fax (07522) 74214.
Berlin 701 – Stuttgart 194 – Konstanz 37 – Ravensburg 23 – Bregenz 27.

Vierk, Bahnhofsplatz 1, ✉ 88239, ☎ (07522) 9 31 10, flairhotel-vierk@tessionmail.de, Fax (07522) 931188, ⛲ – 🛗 TV P. ⓜ VISA
Menu (geschl. Anfang - Mitte Nov., Samstag - Sonntag) (nur Abendessen) à la carte 15/32 – **29 Zim** ☐ 50/67 – 77/92.
♦ Auf vier Etagen verteilen sich die Gästezimmer dieser im Villenstil gebauten Adresse. Bei ihrer Einrichtung hat man viel Wert auf Funktionalität gelegt. Ein rustikaler Thekenbereich und ein klassisch gestaltetes Nebenzimmer bilden das Restaurant.

Engelberg garni, Leutkircher Str. 47, ✉ 88239, ☎ (07522) 70 79 70, hotel@birk-wangen.de, Fax (07522) 7079710 – TV ☏ ⇌ P. ⓜ VISA
geschl. Ende Dez. - Mitte Jan. – **9 Zim** ☐ 47/57 – 79/89.
♦ Die freundliche, helle Buchenmöblierung zieht sich durch das ganze Haus. Die zeitgemäße Ausstattung der Zimmer und die funktionellen Bäder sprechen für diese Adresse.

1503

WANGEN IM ALLGÄU

In Wangen-Neuravensburg *Süd-West : 8 km über B 18 :*

Mohren, Bodenseestr. 7, ⊠ 88239, ℰ (07528) 95 00, info@landgasthof-mohren.o
Fax (07528) 95095, ≋, ⌂, ⚒ – 📶 📺 ✆ ⇌ 🅿 – 🛎 25. 🆎 ⓞ ⦿ 𝗩𝗜𝗦𝗔
Menu *(geschl. Nov. 3 Wochen, Montag - Dienstagmittag) (Okt. - April nur Abendesse*
à la carte 15/35 – **32 Zim** ⇌ 49/68 – 75/85 – ½ P 12.
• Seit 1787 befindet sich das Gasthaus im Familienbesitz. Die meisten Zimmer sind m
zeitlosem, hellem Naturholzmobiliar nett und praktisch eingerichtet. Restaurant in län-
lichem Stil.

Waldgasthof zum Hirschen ⚘, Grub 1, ⊠ 88239, ℰ (07528) 9 51 40, info(
waldgasthof-hirschen.de, Fax (07528) 951414, 🍽, 🌳, ⚒ – ↩ 📺 🅿 🆎 ⓞ ⦿ 𝗩𝗜𝗦
Menu *(geschl. Montag)* à la carte 16/32 – **9 Zim** ⇌ 49/54 – 69/98, 3 Suiten – ½ P 1
• Schwäbische Gastlichkeit möchte man in diesem Haus seinen Besuchern vermittel
Gepflegte Zimmer und die landschaftlich schöne Lage tragen dazu bei. Nettes, rustikale
Restaurant mit Wintergarten.

In Wangen-Primisweiler *Süd-West : 6 km - über B 18 und Niederwangen, jenseits der A 96*

Landgasthaus Neue Welt, Tettnanger Str. 7, ⊠ 88239, ℰ (07528) 70 6;
Fax (07528) 7062, 🍽 – 🅿
geschl. über Fastnacht 2 Wochen, Aug. 3 Wochen, Montagabend - Dienstag – **Men**
à la carte 24/33.
• Das hübsche Haus mit der bemalten Fassade hat seinen ländlichen Charakter bewahre
können. Freuen Sie sich auf eine schmackhaft zubereitete Küche mit regionalen Einflüsser

---

WANGEN *Baden-Württemberg* 419 T 12 – *3 300 Ew – Höhe 350 m.*
Berlin 607 – Stuttgart 38 – Göppingen 5.

Landhotel Linde, Hauptstr. 30, ⊠ 73117, ℰ (07161) 91 11 10, info@landhote
linde-wangen.de, Fax (07161) 9111122, Biergarten – 📶, ↩ Zim, 📺 ✆ ♿ ⇌ 🅿 – 🛎 3(
🆎 ⓞ ⦿ 𝗩𝗜𝗦𝗔, ⚘ Zim
Menu à la carte 17/31 – **28 Zim** ⇌ 50/66 – 85/100.
• Diese sympathische Adresse überzeugt mit freundlichem Service. Es stehen sowol
neuzeitliche, renovierte Räume als auch ältere Zimmer in einfacherer Ausführung zu
Verfügung. Restaurant mit rustikalem Innenleben.

Landgasthof Adler, Hauptstr. 103, ⊠ 73117, ℰ (07161) 2 11 95, Fax (07161) 2119
– 🆎 ⦿ 𝗩𝗜𝗦𝗔
geschl. Anfang Jan. 1 Woche, Aug. 2 Wochen, Montag - Dienstag – **Menu** *(Tischbestellun*
ratsam) à la carte 26/41.
• Viel Zierat, ein Kachelofen und Fotografien machen das zweigeteilte Restaurant - teil
im Landhausstil eingerichtet, teils eher bürgerlich-rustikal - gemütlich.

WANGERLAND *Niedersachsen* 415 F 7 – *10 500 Ew – Höhe 1 m.*
🅱 Wangerland Touristik, Zum Hafen 3 (Horumersiel), ⊠ 26434, ℰ (04426) 98 70
wangerland@t-online.de, Fax (04426) 987187.
Berlin 496 – Hannover 242 – Emden 76 – Cuxhaven 123 – Oldenburg 72 – Wilhelmshaven 21

In Wangerland-Hooksiel – *Seebad :*

Zum Schwarzen Bären, Lange Str. 15, ⊠ 26434, ℰ (04425) 9 58 10, herbert
klostermann@t-online.de, Fax (04425) 958129, 🍽 – 🅿 🆎 ⓞ ⦿ 𝗩𝗜𝗦𝗔 𝗝𝗖𝗕
geschl. Jan. - Feb. 3 Wochen, Mittwoch, Juli - Aug. Mittwochmittag – **Menu** à la carte
14,50/35,50.
• Dieses im friesischen Stil eingerichtete Restaurant liegt genau gegenüber dem alten
Hafen. Inmitten maritimer Accessoires ißt man hier hauptsächlich Fischgerichte.

In Wangerland-Horumersiel – *Seebad :*

Leuchtfeuer 𝗠, Pommernweg 1, ⊠ 26434, ℰ (04426) 9 90 30, leuchtfeuer@
horumersiel.de, Fax (04426) 9903110, 🍽, ≋ – 📶, ↩ Zim, 📺 ✆ ♿ 🅿 – 🛎 25. 🆎 ⓞ
⦿ 𝗩𝗜𝗦𝗔, ⚘ Rest
Menu à la carte 17/29 – **34 Zim** ⇌ 63 – 104 – ½ P 14.
• Neuzeitliche, mit honigfarbenen Möbeln wohnlich ausgestattete Zimmer und die Lage
an der Nordsee sind Annehmlichkeiten, die für dieses Hotel sprechen. Restaurant mit
freundlicher, zeitgemäßer Einrichtung.

Altes Zollhaus 𝗠, Zum Hafen 1, ⊠ 26434, ℰ (04426) 99 09 09, info@zollhaus-on
line.de, Fax (04426) 990966, 🍽, ≋ – ↩ 📺 ✆ 🅿 ⦿ 𝗩𝗜𝗦𝗔 𝗝𝗖𝗕
Menu à la carte 16/28 – **19 Zim** ⇌ 68/84 – 98/120 – ½ P 16.
• Neues Hotel mit Klinkerfassade und gepflegten Zimmern, die mit Buchenmöbeln ein-
gerichtet sind und über moderne Bäder, teils mit Dusche, teils mit Badewanne, verfügen.
Ländliches Restaurant mit Wintergarten.

WANGERLAND

Schmidt's Hoern garni, Heinrich-Tiarks-Str. 5, ✉ 26434, ☎ (04426) 9 90 10, shoern@t-online.de, Fax (04426) 990132, ⇌ – 📺 🅿 ⓜⓞ
17 Zim ⊆ 40/48 – 79/85.
♦ Ein im regionalen Stil gebautes Haus mit praktischer Ausstattung : Jedes Zimmer verfügt über Balkon oder Terrasse, Kaffeemaschine, Mikrowelle, Wasserkocher und Kühlschrank.

WANGEROOGE (Insel) Niedersachsen **415** E 7 – 1 300 Ew – Seeheilbad – Insel der Ostfriesischen Inselgruppe. Autos nicht zugelassen.
⛴ von Wittmund-Harlesiel (ca. 1 h 15 min), ☎ (04464) 94 94 11.
🛈 Tourist-Service, Pavillon am Bahnhof, ✉ 26486, ☎ (04469) 9 48 80, info@westturm.de, Fax (04469) 948899.
ab Fährhafen Carolinensiel : Berlin 512 – Hannover 256 – Cuxhaven 144 – Emden 72 – Aurich/Ostfriesland 36 – Wilhelmshaven 41.

Strandhotel Upstalsboom M , Strandpromenade 21, ✉ 26486, ☎ (04469) 87 60, strandhotel@upstalsboom.de, Fax (04469) 876511, ≤, 😊, Massage, ♨, ⇌, 🅣 – 🛗, ✳ Zim, 📺, 🅰🅴 ⓞ ⓜⓞ 🆅🅸🆂🅰 ✳ Rest
Menu à la carte 26/43 – **79 Zim** ⊆ 90/100 – 150/170, 10 Suiten – ½ P 22.
♦ Wie der Name schon sagt, wohnen Sie hier direkt am Meer - und das in hellen, in Pastelltönen eingerichteten Zimmern, auf Wunsch auch mit phantastischem Seeblick. Eine Seeterrasse mit Blick auf Strand und Meer ergänzt das neuzeitliche Restaurant.

Hanken , Zedeliusstr. 38, ✉ 26486, ☎ (04469) 87 70, hotel-hanken@t-online.de, Fax (04469) 87788 – 🛗 📺 ⚓ ⚔ 20. 🅰🅴 ⓞ ⓜⓞ 🆅🅸🆂🅰 ✳ Zim
geschl. 10. Nov. – 26. Dez. – **Menu** (geschl. Nov. – März, Donnerstag) (nur Abendessen) à la carte 17/25 – **46 Zim** ⊆ 60/79 – 102/124 – ½ P 18.
♦ Wenn Sie im Zentrum des Inselortes wohnen möchten, bietet sich diese Adresse mit gepflegten und praktisch ausgestatteten Gästezimmern als vorübergehendes Zuhause an. Von den Fenstertischen des Restaurants blickt man auf die Promenade.

WARBURG Nordrhein-Westfalen **417** L 11 – 25 500 Ew – Höhe 205 m.
🛈 Tourist-Information, Neustädter Marktplatz, ✉ 34414, ☎ (05641) 9 25 55, Fax (05641) 92583.
Berlin 403 – Düsseldorf 195 – Kassel 34 – Marburg 107 – Paderborn 42.

Romantik Hotel Alt Warburg, Kalandstr. 11, ✉ 34414, ☎ (05641) 42 11, alt-warburg@romantikhotels.com, Fax (05641) 60910 – 📺 🅿 – ⚔ 40. 🅰🅴 ⓞ ⓜⓞ 🆅🅸🆂🅰
Menu (geschl. Aug. 1 Woche, Sonntag) (Montag - Freitag nur Abendessen) à la carte 39/49 ⬥ – **20 Zim** ⊆ 65 – 105.
♦ In dem restaurierten Fachwerkhaus aus dem 16. Jh. finden Sie zeitgemäß eingerichtete Zimmer - nur noch teilweise freigelegte Holzbalken künden von einer bewegten Historie. Altes Holz und eine Empore zieren das sehr gemütliche Restaurant.

In Warburg-Germete West : 2 km - über B 7 und B 252, Richtung A 44 :

Landgasthof Deele, Zum Kurgarten 24, ✉ 34414, ☎ (05641) 7 88 90, info@hotel-deele.de, Fax (05641) 4164, 😊 – 🛗 ✦ 📺 🅿 🅰🅴 ⓞ ⓜⓞ
Menu (geschl. Montagmittag) à la carte 20/41 – **13 Zim** ⊆ 50/55 – 85/95.
♦ Hier wohnen Sie in einem denkmalgeschützten Bauernhaus aus dem Jahre 1745. Den Zimmern merkt man das Alter des Hauses nicht an, denn sie sind modern eingerichtet. Im Restaurant umgeben Sie freigelegte Fachwerkmauern und eine liebevolle Dekoration.

WARDENBURG Niedersachsen **415** G 8 – 14 300 Ew – Höhe 9 m.
Berlin 444 – Hannover 156 – Bremen 56 – Oldenburg 13.

Wardenburger Hof, Oldenburger Str. 255, ✉ 26203, ☎ (04407) 9 21 00, wardenburger.hof@t-online.de, Fax (04407) 20710, Biergarten – ✳ Zim, 📺 ⚓ 🚗 🅿 🅰🅴 ⓞ ⓜⓞ 🆅🅸🆂🅰
Menu à la carte 17/34 – **24 Zim** ⊆ 45/55 – 75/85.
♦ Bei der Gestaltung der Hotelzimmer hat man viel Wert auf solide Eichenmöbel, hübsche Stoffe und eine wohnliche Ausstattung im Landhausstil gelegt. Das Restaurant ist - entsprechend der Herkunft der Patronin - im friesischen Stil gestaltet.

WAREN (Müritz) Mecklenburg-Vorpommern **416** F 22 – 22 000 Ew – Höhe 80 m.
Sehenswert : Müritz-Nationalpark★.
🛈 Waren (Müritz) - information, Neuer Markt 21, ✉ 17192, ☎ (03991) 66 61 83, Fax (03991) 664330.
Berlin 162 – Schwerin 102 – Neubrandenburg 42 – Hamburg 212 – Rostock 81.

WAREN (Müritz)

Kleines Meer M, Alter Markt 7, ✉ 17192, ℘ (03991) 64 80, info@kleinesmeer.com
Fax (03991) 648222, 🌳, ≘s, – 🛗, ✳ Zim, 📺 ☏ ⇔ – 🏊 30. ⓐ ⓜ 🅥
Menu (geschl. 15. Okt. - 15. März Sonntag - Montag) (15. Okt. - 15. März nur Abendessen)
à la carte 31/41 – **30 Zim** ⊇ 79/85 – 105/119 – ½ P 23.
* Am alten Markt, unweit des Hafens finden Sie ein modernes Refugium. Schöne Zimmer, gut geschnitten und mit kompletter Technik versehen, warten auf Ihren Besuch. Ein neu-zeitliches Ambiente mit viel Glas und klaren Farben empfängt Sie im Restaurant.

Villa Margarete, Fontanestr. 11, ✉ 17192, ℘ (03991) 62 50, villamargarete@ring hotels.de, Fax (03991) 625100, 🌳, ≘s, – 🛗 📺 🅿 – 🏊 25. ⓐ ⓞ ⓜ 🅥
Menu à la carte 17/32 – **31 Zim** ⊇ 75/88 – 103 – ½ P 18.
* Die Gästezimmer dieser Villa mit Anbau sind allesamt zeitgemäß und wohnlich eingerichtet. Das Prunkstück ist die Suite mit dem aufwendig gestalteten Bad. Neuzeitlich schlicht gestaltetes Restaurant.

Ingeborg M garni, Rosenthalstr. 5, ✉ 17192, ℘ (03991) 6 13 00, hotel-ingeborg@t-online.de, Fax (03991) 613030 – ✳ 📺 🅿 ⓞ ⓜ 🅥 ✳
geschl. 24. Nov. - 28. Dez. – **28 Zim** ⊇ 58 – 83/115.
* Ein sehr gepflegtes und nett geführtes Hotel in Hafennähe. Wenn Sie seefest sind, können Sie an einem Törn auf dem hoteleigenen Jollenkreuzer Ingeborg teilnehmen.

Am Yachthafen garni, Strandstr. 2, ✉ 17192, ℘ (03991) 6 72 50, amyachthafen @aol.com, Fax (03991) 672525 – 🛗 📺 🅿 ⓜ
1. März - 6. Nov. – **19 Zim** ⊇ 54/82 – 84/98, 8 Suiten.
* Bemerkenswert ist in diesem schön restaurierten Haus von 1831 die Einrichtung : in den Zimmern und Suiten sind massive Stilmöbel von kundiger Hand arrangiert worden.

Stadt Waren garni, Große Burgstr. 25, ✉ 17192, ℘ (03991) 6 20 80, info@hotel-stadt-waren.de, Fax (03991) 620830, ≘s, – 🛗 📺 ⇔ 🅿 ⓐ ⓜ 🅥
22 Zim ⊇ 58/80 – 85.
* Die neuzeitliche und wohnlich-funktionelle Einrichtung zieht sich durch das ganze Haus in dem Sie eine liebenswürdige Gastgeberfamilie herzlich willkommen heißt.

Paulshöhe, Falkenhäger Weg, ✉ 17192, ℘ (03991) 1 71 40, info@hotel-paulshoehe.de, Fax (03991) 171444, 🌳 – 📺 🅿 ⓐ ⓜ 🅥
Menu à la carte 16/27 – **14 Zim** ⊇ 46/56 – 72/77 – ½ P 13.
* Nur 200 Meter vom Ufer der Müritz entfernt liegt das Hotel mit seinen sieben Bungalows. Ihr Quartier überzeugt mit gutem Platzangebot und einer zeitgemäßen Einrichtung. Restaurant in gediegen-neuzeitlicher Aufmachung.

Für Dich, Papenbergstr. 51, ✉ 17192, ℘ (03991) 6 44 50, info@hotel-fuerdich.de, Fax (03991) 644555 – 📺 🅿
Menu à la carte 12/23 – **16 Zim** ⊇ 45/65 – 65/75 – ½ P 16.
* Das ehemals als Wohnhaus genutzte, kleine Hotel überrascht im Inneren mit gut aufgeteilten Zimmern, die Ihnen ein sympathisches Zuhause auf Zeit bieten möchten. Café-charakter prägt das Restaurant im Parterre.

Gasthof Kegel, Große Wasserstr. 4, ✉ 17192, ℘ (03991) 6 20 70, info@gasthof-kegel.de, Fax (03991) 620714 – 📺 🅿 ⓐ ⓜ 🅥
Menu à la carte 13/27 – **16 Zim** ⊇ 50/72 – 77 – ½ P 13.
* Mitten im Zentrum des Ortes liegt das renovierte Haus mit den Holzgauben. Helle, solide eingerichtete Zimmer und familiärer Service tragen zu einem erholsamen Aufenthalt bei. Antike französische Stühle und Tische geben dem Restaurant seine besondere Note.

In Federow Süd-Ost : 6 km :

Gutshaus Federow ⚑, Am Park 1, ✉ 17192, ℘ (03991) 67 49 80, Fax (03991) 67498100, 🌳 – 📺 ☏ 🅿 ⓜ 🅥
geschl. Jan. - Feb. – **Menu** (geschl. Nov. - März Montag) à la carte 14/25 – **16 Zim** ⊇ 50/80 – 80/110.
* Das aus dem 19. Jh. stammende Gutshaus mit der roten Fassade stellt heute eine nette kleine Herberge dar. Hübsche, in warmen Farben gestaltete Zimmer stehen für Gäste bereit. Helle, freundliche Räume und ein angenehm dezentes Dekor prägen das Restaurant.

In Klink Süd-West : 7 km über B 192 :

Schloßhotel Klink ⚑, Schloßstr. 6, ✉ 17192, ℘ (03991) 74 70, schloss-klink@t-online.de, Fax (03991) 747299, <, 🌳, ≘s, 🏊, 🌳, – 🛗 📺 🅿 – 🏊 60. ⓐ ⓞ ⓜ 🅥
Garten Eden : Menu à la carte 30/45 – **Madame Medici** (nur Abendessen) **Menu** à la carte 25/31 – **Ritter-Artus-Keller :** Menu à la carte 21/34 – **108 Zim** ⊇ 75/100 – 100/140, 5 Suiten – ½ P 22.
* 1898 wurde das Schloß in schöner Lage an der Müritz errichtet. Hier wie auch in der Orangerie beziehen Sie hübsche Zimmer mit viel Komfort. Vornehm : cremefarbene Stühle, Gewölbedecke und Kristallüster im Garten Eden. Im Stil eines Wintergartens : Madame Medici.

WAREN (Müritz)

Groß Plasten Nord-Ost : 12 km - über B 192 und B 194 :

Schloss Groß Plasten, Parkallee 36, ⊠ 17192, ℰ (039934) 80 20, Fax (039934) 80299, 帝, ⇌, ▨, 帝 – TV ⇔ P – ⚘ 50. AE ⓂⓄ VISA. ⁓ Rest
Menu à la carte 25/40 – **31 Zim** ⇌ 50/70 – 90/150 – ½ P 21.
♦ Das Anwesen mit dem geschmackvollen Rahmen ist ein Herrensitz a. d. J. 1751. Wer das Besondere liebt, wählt eines der individuell gestalteten "Nostalgie-Zimmer". Eine Terrasse am See ergänzt das teils holzvertäfelte Restaurant mit den schweren Polsterstühlen.

In Müritz-Nationalpark Süd-Ost : 12 km :

Kranichrast, Schwarzenhof, ⊠ 17192 Waren, ℰ (03991) 6 72 60, nationalpark hotel@t-online.de, Fax (03991) 672659, 帝, ⇌ – ⁓ Zim, TV P – ⚘ 30. ⓂⓄ
Menu à la carte 17/27 – **31 Zim** ⇌ 56 – 82 – ½ P 16.
♦ Mitten im Naturschutzgebiet gelegen, bietet dieses Hotel die Möglichkeit zu eindrucksvollen Naturerlebnissen. Sie wohnen in geräumigen, neuzeitlichen Zimmern. Zum Essen begibt man sich in das saalartige Restaurant mit Parkettboden und Panoramafenstern.

WARENDORF Nordrhein-Westfalen ▨▨▨ K 7 – 38 500 Ew – Höhe 56 m.
Ausflugsziel : Freckenhorst : Stiftskirche★ (Taufbecken ★) Süd-West : 5 km.
🛈 Warendorf, Vohren 41 (Ost : 8 km), ℰ (02586) 17 92.
🛈 Verkehrsverein, Emsstr. 4, ⊠ 48231, ℰ (02581) 78 77 00, verkehrsverein@warendorf.de, Fax (02581) 787711.
Berlin 443 – Düsseldorf 150 – Bielefeld 50 – Münster (Westfalen) 27 – Paderborn 63.

Im Engel, Brünebrede 35, ⊠ 48231, ℰ (02581) 9 30 20, info@hotel-im-engel.de, Fax (02581) 62726, 帝, ⇌ – 🛗, ⁓ Zim, TV P – ⚘ 120. AE ⓂⓄ VISA
Menu (geschl. Sonntag) (bemerkenswerte Weinkarte) à la carte 26/48 – **22 Zim** ⇌ 50/70 – 82/115.
♦ Seit 1692 befindet sich das traditionsreiche Altstadthaus im Familienbesitz. Die Zimmer dieser Herberge bestechen mit großzügiger Aufteilung und aufwendiger Ausstattung. Stilvoll präsentiert sich das rustikale Restaurant.

Mersch, Dreibrückenstr. 66, ⊠ 48231, ℰ (02581) 6 37 30, info@hotel-mersch.de, Fax (02581) 637340, ⇌, 帝 – 🛗, ⁓ Zim, TV 📞 ⇔ – ⚘ 60. AE ⓄⓂⓄ VISA
Menu (geschl. Sonntag) (nur Abendessen) à la carte 26/38 – **24 Zim** ⇌ 62/72 – 92/102.
♦ Fast am Ortsausgang gelegen, stellt dieses Hotel eine zeitgemäße Übernachtungsadresse dar. In der nahen Umgebung bieten sich vielfältige Sport- und Freizeiteinrichtungen. Polsterstoffe in warmen Farben unterstreichen die gediegene Atmosphäre im Restaurant.

WARMENSTEINACH Bayern ▨▨▨ Q 19 – 3 000 Ew – Höhe 558 m – Luftkurort – Wintersport : 560/1 024 m ⚡ 7 (Skizirkus Ochsenkopf) ⚘.
🛈 Verkehrsamt, Freizeithaus, ⊠ 95485, ℰ (09277) 14 01, Fax (09277) 1613.
Berlin 372 – München 253 – Weiden in der Oberpfalz 73 – Bayreuth 24 – Marktredwitz 27.

Krug, Siebensternweg 15, ⊠ 95485, ℰ (09277) 99 10, krug@hotel-krug.de, Fax (09277) 99199, ≤, 帝, ⇌, ▨, 帝 – 🛗, ⁓ Zim, TV P – ⚘ 25. AE ⓄⓂⓄ VISA
geschl. 10. Nov. - 2. Dez. – **Menu** (geschl. Montag) à la carte 16/32 – **30 Zim** ⇌ 49/90 – 82/142 – ½ P 11.
♦ Ein familienfreundliches Hotel, ruhig und am Hang gelegen. Vom einfachen bis zum großzügigen und wohnlich eingerichteten Zimmer reicht hier die Angebotspalette. Das Restaurant ist teils rustikal, teils modern gestaltet - Schöne Terrasse mit Aussicht.

Gästehaus Preißinger, Bergstr. 134, ⊠ 95485, ℰ (09277) 15 54, pension_preissinger@t-online.de, Fax (09277) 6289, ≤, ⇌, ▨, 帝 – P. ⓂⓄ. ⁓ Rest
geschl. Nov. – **Menu** (nur Abendessen) (Restaurant nur für Hausgäste) – **33 Zim** ⇌ 30/40 – 70/80 – ½ P 5.
♦ Ein sehr gemütlicher Familienbetrieb ! Die Zimmer sind teils schlichter, teils auch etwas aufwendiger mit soliden Landhausmöbeln bestückt und allesamt sehr gut gepflegt.

In Warmensteinach-Fleckl Nord-Ost : 5 km :

Sport-Hotel Fleckl, Fleckl 5, ⊠ 95485, ℰ (09277) 99 90, voit@sporthotel-fleckl.de, Fax (09277) 99999, ⇌, ▨, 帝 – TV ⇔ P. ⁓ Rest
geschl. nach Ostern 2 Wochen, Anfang Nov. - 20. Dez. – **Menu** (nur Abendessen) (Restaurant nur für Hausgäste) – **19 Zim** ⇌ 45/52 – 77/92, 3 Suiten.
♦ Ein ländlicher Gasthof mit Anbauten, der schön am Südhang des Ochsenkopfes liegt. Im Inneren finden Sie einfache, aber tadellos gepflegte Zimmer vor.

Berggasthof, Fleckl 20, ⊠ 95485, ℰ (09277) 2 70, Fax (09277) 1353, 帝, 帝 – ⇔ TV ⇔ P
geschl. Nov. - Mitte Dez. – **Menu** à la carte 12/19 – **14 Zim** ⇌ 24/27 – 47 – ½ P 9.
♦ Insbesondere im Stammhaus dieses Gasthofes kann man recht geräumige und nett eingerichtete Zimmer anbieten. Schön ist auch die Lage am Waldrand. Eine Gaststube und ein fast stadelartiger Anbau mit bemalten Deckenbalken bilden das Restaurant.

1507

WARMENSTEINACH

In Warmensteinach-Oberwarmensteinach *Ost : 2 km :*

Goldener Stern, Oberwarmensteinach 12, ⌨ 95485, ☏ (09277) 2 46, goldener stern@warmensteinach.de, Fax (09277) 6314, Biergarten, 🐎 – 📺 🚗 🅿
geschl. Nov. – **Menu** *(geschl. Mittwoch)* à la carte 12/24 – **19 Zim** ☞ 22/28 – 44/52
½ P 8.
• In der Mitte des beschaulichen Dörfchens finden Sie diese familiär geführte Adresse, der man seine Gäste nett aufnimmt. Gut gepflegte, sehr preiswerte Zimmer ! Die gemütliche Gaststube spiegelt den dörflichen Charakter der Umgebung wider.

WARPE *Niedersachsen siehe Bücken.*

WARSTEIN *Nordrhein-Westfalen* **417** *L 9 – 29 000 Ew – Höhe 300 m.*
Berlin 466 – Düsseldorf 149 – Arnsberg 32 – Lippstadt 28 – Meschede 28.

In Warstein-Allagen *Nord-West : 11 km – über B 55 bis Belecke, links ab auf B 516 :*

Haus Püster (mit Gästehäusern), Marmorweg 27, ⌨ 59581, ☏ (02925) 9 79 76, info@hotel-puester.de, Fax (02925) 979767, 🐎, Biergarten, 🈴, 🔲 – 📺 ✆ 🅿 – 🔔 20
🆎 ◉ 💳 🈯 Rest
Menu *(nur Abendessen)* à la carte 16/30 – **34 Zim** ☞ 50/60 – 85/98.
• Neuzeitlich eingerichtete Zimmer mit Sitzgruppe und meist mit Balkon oder Terrasse gehören zu den Pluspunkten dieses familiengeführten Landhotels. Ein gepflegtes bürgerliches Ambiente zeichnet das freundlich wirkende Restaurant aus.

In Warstein-Hirschberg *Süd-West : 7 km – Erholungsort :*

Landhotel Cramer, Prinzenstr. 2, ⌨ 59581, ☏ (02902) 98 80, info@landhotel-cramer.de, Fax (02902) 988260, 🐎, (Fachwerkhaus a.d.J. 1788) – 📺 🅿 – 🔔 30. 🆎 ◉ ◐ 💳
Menu à la carte 16/28 – **30 Zim** ☞ 47 – 72.
• Seit 200 Jahren bürgt dieser gute Dorfgasthof für die sprichwörtliche Sauerländer Gastlichkeit. Ihre Unterbringung erfolgt in soliden Zimmern mit Eichenmobiliar. Gemütliche Gaststuben im typischen Sauerländer Stil.

In Rüthen-Kallenhardt *Ost : 6 km – über Suttrop :*

Romantik Hotel Knippschild, Theodor-Ernst-Str. 3, ⌨ 59602, ☏ (02902) 8 03 30, knippschild@romantikhotels.com, Fax (02902) 803310, 🐎, 🈴, 🐎 – ✳ Zim, 📺 🚗 🅿 – 🔔 30. 🆎 ◉ ◐ 💳
Menu *(geschl. 3. - 17. April, Aug. - Sept. 3 Wochen, Donnerstag - Freitagmittag)* 14 (mittags)/36 à la carte 21/35 – **22 Zim** ☞ 54/68 – 98/118.
• Das hübsche, blumengeschmückte Fachwerkhaus lädt mit komfortablen Zimmern zum Verweilen ein. Bei der Gestaltung der Zimmer hat man ein neuzeitliches Ambiente geschaffen. Rustikales Restaurant mit schweren Holzbalken und soliden Polsterstühlen.

WARTENBERG KREIS ERDING *Bayern* **420** *U 19 – 3 600 Ew – Höhe 430 m.*
Berlin 577 – München 58 – Regensburg 92 – Landshut 27.

Antoniushof garni, Fichtenstr. 24, ⌨ 85456, ☏ (08762) 7 31 90, info@antoniushof.info, Fax (08762) 731955, 🈴, 🔲, 🐎 – 🛗 ✳ 📺 ✆ 🅿 🆎 ◉ ◐ 💳 🈯
17 Zim ☞ 60/100 – 100/120.
• In einem ruhigen Wohngebiet liegt dieses Haus, das insbesondere durch seine gepflegten Zimmer und die Nähe zum Münchener Flughafen überzeugt. Park- und Shuttleservice.

Reiter-Bräu, Untere Hauptstr. 2, ⌨ 85456, ☏ (08762) 7 35 80, Fax (08762) 735850 – 🛗 📺 ✆ 🚗 🅿 🆎 ◉ ◐ 💳
Menu *(geschl. 28. Juli - 21. Aug., Donnerstag) (Montag - Freitag nur Abendessen)* à la carte 15/27 – **34 Zim** ☞ 48 – 75.
• Ein über Jahre gewachsener Brauereigasthof, in dem man sich gut einquartieren kann, da die in rustikaler Eiche eingerichteten Gästezimmer sehr gepflegt sind. Viel dunkles Holz prägt den Charakter der Gaststube.

Bründlhof (Garnier), Badstr. 44, ⌨ 85456, ☏ (08762) 35 53, Fax (08762) 3247, 🐎 – 🅿 🆎 ◉ ◐ 💳 🈯
geschl. 27. Dez. - 8. Jan., 4. - 27. Aug., Dienstag - Mittwoch – **Menu** à la carte 42/57 ♟.
• Rustikale Bauweise, moderne Bilder und schön gedeckte Tische vereinen sich zu einem behaglichen Ambiente. Aus der Küche kommen feine Köstlichkeiten französischer Art.
Spez. Savarin vom Taschenkrebs mit grünen Spargelspitzen und Morcheln. Gegrillter St. Pierre mit Fenchelstäbchen. Medaillons vom Reh im Kohlmantel mit Pfifferlingen (Saison).

WARTENBERG-ROHRBACH Rheinland-Pfalz 417 R 7 – 500 Ew – Höhe 327 m.
Berlin 637 – Mainz 70 – Mannheim 60 – Kaiserslautern 10.

Wartenberger Mühle (Scharff) mit Zim, Schloßberg 16, ✉ 67681, ✆ (06302) 9 23 40, martin.scharff@t-online.de, Fax (06302) 923434, 🍽 – ⇌ Zim, 📺 ✆ 📞 🅰🅴 🅾
🅾 🆅🅸🆂🅰. ⇌ Zim
Menu (geschl. Montag - Dienstag) (wochentags nur Abendessen) 43,50/98 und à la carte
☿ – **Bistro** : **Menu** à la carte 22/36 – **11 Zim** ⇌ 55/58 – 78/98.
• In dem Dreiseithof a. d. 16. Jh. bildet das von Säulen getragene Gewölbe des ehemaligen Kuhstalls einen reizvollen Rahmen. Individuell mit Kunstobjekten eingerichtete Zimmer. Im Bistro speisen Sie unter einer freigelegten Ziegeldecke.
Spez. Ostseedorsch mit schwarzem Pfeffer und arabischem Majoran. Lammrücken mit Sariette gebraten und Auberginen. Mandelmilchcreme mit süßer Variation von Gartenkräutern.

WARTMANNSROTH Bayern siehe Hammelburg.

WASSENBERG Nordrhein-Westfalen 417 M 2 – 13 000 Ew – Höhe 70 m.
📍 Wassenberg, Rothenbach 10 (Nord-West : 5 km), ✆ (02432) 49 05 11.
🛈 Tourist-Service, Kirchstr. 26, ✉ 41849, ✆ (02432) 9 60 60, heinsberger-tourist service@t-online.de, Fax (02432) 960619.
Berlin 613 – Düsseldorf 57 – Aachen 42 – Mönchengladbach 27 – Roermond 18.

Burg Wassenberg, Auf dem Burgberg 1, ✉ 41849, ✆ (02432) 94 90, burgwassen berg@t-online.de, Fax (02432) 949100, ≼, 🍽, 🔲 – ⇌ Zim, 📺 ✆ ⇌ 📞 – 🛎 100.
🅰🅴 🅾 🆅🅸🆂🅰
geschl. 17. Feb. - 7. März – **Menu** (geschl. Juni - Sept. Montag) à la carte 33/44 – **31 Zim** ⇌ 85/140 – 140/195.
• Eine Hotelanlage in rotem Backstein auf dem Gemäuer einer alten Burg a. d. 16. Jh. Die Zimmer sind meist mit hellen Buchenmöbeln bestückt - wohnlich und komfortabel gestaltet. Offener Kamin und freigelegte Ziegelwände verbreiten im Restaurant Behaglichkeit.

Lucie's, An der Windmühle 31, ✉ 41849, ✆ (02432) 23 32, Fax (02432) 49763, Biergarten – 📞 – 🛎 100. 🅰🅴 🅾 🅾 🆅🅸🆂🅰
geschl. Montag – **Menu** à la carte 19/40.
• Aus einem alten Waldgasthof wurde ein zeitgemäßes Restaurant, das mit schönen Dielenböden und kräftigen Farben im Landhausstil ansprechend gestaltet wurde.

In Wassenberg-Effeld Nord-West : 6 km :

Haus Wilms, Steinkirchener Str. 3, ✉ 41849, ✆ (02432) 30 71, haus-wilms@t-on line.de, Fax (02432) 5982, 🍽 – 🏨 📺 ⇌ 📞 – 🛎 15. 🅾 🆅🅸🆂🅰. ⇌ Zim
Menu à la carte 20/44 – **14 Zim** ⇌ 55/65 – 75/90.
• Nur 500 m von der Grenze zu Holland entfernt liegt dieser gut geführte, sympathische Gasthof. Für seine Gäste hält man gepflegte, individuell eingerichtete Zimmer bereit. Klassisch-stilvolles Mobiliar gibt dem Restaurant einen leicht eleganten Touch.

Landhaus Effeld, Dorfstr. 9, ✉ 41849, ✆ (02432) 2 09 81, landhaus-effeld@t-on line.de, Fax (02432) 934484, 🍽, ⇌ – 📺 📞 – 🛎 35. 🅾 🆅🅸🆂🅰
Menu à la carte 17/35 – **15 Zim** ⇌ 50/57 – 75/82.
• Im Ortskern finden Sie diese kleine Übernachtungsadresse, die ihren Gästen gepflegte, zeitgemäß und praktisch ausgestattete Fremdenzimmer anzubieten hat. Hell und freundlich präsentiert sich das im Landhausstil eingerichtete Restaurant, rustikal die Bierstube.

WASSERBURG AM BODENSEE Bayern 419 X 12 – 3 000 Ew – Höhe 406 m – Luftkurort.
🛈 Verkehrsamt, Rathaus, Lindenplatz 1, ✉ 88142, ✆ (08382) 88 74 74, Fax (08382) 89042.
Berlin 728 – München 185 – Konstanz 74 – Ravensburg 27 – Bregenz 15.

Walserhof, Nonnenhorner Str. 15, ✉ 88142, ✆ (08382) 9 85 60, hotel-walserhof@t -online.de, Fax (08382) 985610, 🍽, ⇌, 🔲, 🍽 – 🏨 📺 📞
geschl. Mitte Jan. - Mitte Feb. – **Menu** (geschl. 7. Jan. - 25. Feb., Nov. - März Montag - Dienstag) à la carte 15/36 – **28 Zim** ⇌ 40/43 – 69 – ½ P 15.
• Die meisten Zimmer dieses familiengeführten Hauses sind frisch renoviert und wurden mit soliden Schreinermöbeln ausgestattet. Etliche sind mit Balkon oder Dachgarten versehen. Das Restaurant ist teils bürgerlich, teils im alpenländischen Stil eingerichtet.

Lipprandt ⚜, Halbinselstr. 63, ✉ 88142, ✆ (08382) 9 87 60, hotel.lipprandt@t-on line.de, Fax (08382) 887245, 🍽, ⇌, 🔲, 🏖, 🍽 – 📺 ✆ ⇌ 📞 🅾 🆅🅸🆂🅰 🅹🅲🅱. ⇌ Rest
Menu (nur Abendessen) (Restaurant nur für Hausgäste) – **25 Zim** ⇌ 49/65 – 88/112.
• Direkt auf der Wasserburger Halbinsel liegt diese Urlaubsadresse. Hübsche Zimmer - meist mit Balkon und Seeblick - sowie ein gutes Freizeitangebot sprechen für sich.

WASSERBURG AM BODENSEE

Pfälzer Hof, Lindenplatz 3, ✉ 88142, ℘ (08382) 98 85 30, info@pfaelzer-ho
wasserburg.de, Fax (08382) 9885313, 😀 – TV 🛏 P. ⓦ VISA
Menu (geschl. Nov. - März, Mittwoch) à la carte 14/25 – **10 Zim** ⊃ 35/40 – 60/70
½ P 12.
* Daß dieses Haus sich schon seit vielen Jahren im Familienbesitz befindet, merkt ma
gleich, denn : alles ist bestens gepflegt und die Atmosphäre ist familiär und freundlic
Schlicht und rustikal zeigt sich die Einrichtung im unterteilten Restaurant.

In Wasserburg-Hege West : 1,5 km - nahe der B 31 :

Gierer, ✉ 88142, ℘ (08382) 9 87 20, info@hotel-gierer.de, Fax (08382) 987213, 😀
⇌, 🏊 – 🛗 TV 🛏 P. – 🧖 70
Menu à la carte 20/34 – **69 Zim** ⊃ 53/64 – 67/98 – ½ P 17.
* Solide, meist komfortable Gästezimmer, ein ansprechendes Frühstücksbuffet un
eine nette Badelandschaft sprechen für diese traditionsreiche Adresse. Weinstube m
liebevoll eingerichteten Nischen und gemütlichem Kaminzimmer.

WASSERBURG AM INN Bayern 420 V 20 – 12 000 Ew – Höhe 427 m.

Sehenswert : Inn-Brücke : ≤★ – Heimatmuseum★.

🏌 🏌 Pfaffing (West : 7 km), Köckmühle, ℘ (08076) 9 16 50.

ℹ Verkehrsamt, Marienplatz 2 (Rathaus), Eingang Salzsenderzeile, ✉ 83512, ℘ (0807
1 05 22, touristik@stadt-wasserburg.de, Fax (08071) 10521.

Berlin 629 – München 53 – Bad Reichenhall 77 – Rosenheim 31 – Salzburg 88 – Landshut 64.

Fletzinger, Fletzingergasse 1, ✉ 83512, ℘ (08071) 9 08 90, fletzinger@t-online.de
Fax (08071) 9089177, Biergarten – 🛗 TV 🛏 – 🧖 30. AE ⓦ VISA JCB
Menu à la carte 16/27 – **40 Zim** ⊃ 57/77 – 78/102.
* Gleich neben dem historischen Rathaus liegt dieser ehemalige Brauereigasthof. Sein
Zimmer sind teils mit modernen Möbeln, teils mit Antiquitäten eingerichtet. Das rustikal
Flair der Gaststuben spiegelt den ehemaligen Brauereibetrieb wider.

Herrenhaus, Herrengasse 17, ✉ 83512, ℘ (08071) 28 00 – ⓦ VISA
geschl. Aug., Sonntagabend - Montag – **Menu** 22/34 à la carte 26/45.
* Malerei ziert die Fassade dieses spätgotischen Bürgerhauses a. d. 14. Jh., eine historisch
Holzdecke das Interieur. Man serviert eine gut zubereitete internationale Küche.

Weisses Rössl, Herrengasse 1, ✉ 83512, ℘ (08071) 5 02 91, 😀
geschl. 9. - 24. Juni, 20. Aug. - 15. Sept., Sonntagabend - Dienstag – **Menu** 12,50 (mittags
à la carte 22/31.
* Hinter der bemalten Fassade des historischen Stadthauses können Sie in einer rustikale
Stube Platz nehmen und sich mit einer verfeinerten bürgerlichen Küche verwöhnen lassen

An der B 15 Süd : 8 km :

Fischerstüberl mit Zim, Elend 1, ✉ 83512 Wasserburg-Attel, ℘ (08071) 25 98, inf
@fischerstueberl-attel.de, Fax (08071) 51135, 😀 – ½ Rest, TV P
geschl. 31. Mai - 13. Juni – **Menu** (geschl. Dienstagmittag) (überwiegend Fischgerichte
à la carte 16/26 – **8 Zim** ⊃ 35 – 58.
* Im unterteilten Restaurant findet man verschiedene Stilrichtungen - von rustikal übe
klassisch bis mediterran, so daß jeder ein Ambiente vorfindet, das ihm gefällt.

WASSERTRÜDINGEN Bayern 419 420 S 15 – 6 000 Ew – Höhe 420 m.

Berlin 494 – München 154 – Nürnberg 67 – Nördlingen 26 – Ansbach 34.

Zur Ente, Dinkelsbühler Str. 1, ✉ 91717, ℘ (09832) 70 89 50, hzehummel@aol·com,
Fax (09832) 7089555, 😀, ⇌ – ½ Zim, TV 🛏 P. – 🧖 20. ⓦ VISA
Menu à la carte 13/22 – **28 Zim** ⊃ 43 – 66.
* Ein rötlicher Fachwerkbau mit grünen Fensterläden und ein moderner Hotelanbau füge
sich harmonisch zusammen. Die Zimmer sind mit praktischen, grauen Möbeln bestückt. Im
alten Teil des Anwesens befindet sich das gemütliche Restaurant.

WASUNGEN Thüringen 418 O 15 – 4 000 Ew – Höhe 280 m.

Berlin 373 – Erfurt 82 – Eisenach 40 – Meiningen 13.

Burg Maienluft ⤵, Maienluft 1, ✉ 98634, ℘ (036941) 78 40, hotel-burg-
maienluft@t-online.de, Fax (036941) 78450, ≤, 😀 – TV ☎ P. – 🧖 35. 🚭 Zim
Menu (geschl. 3. - 23. Jan., Montag) à la carte 14/27 – **13 Zim** ⊃ 36/46 – 65/90.
* In schöner, erhöhter Lage bietet das ehemalige Wirtschaftsgebäude der Burg heute
Gästen gepflegte Quartiere, die mit gekalkten Eichenmöbeln eingerichtet sind. Im Restau-
rant unterstreichen Säulen und klassisches, dunkles Holzmobiliar den Charakter des Hauses.

EDEL Schleswig-Holstein 415 416 F 13 – 32 000 Ew – Höhe 2 m.

Sehenswert: Schiffsbegrüßungsanlage beim Schulauer Fährhaus ≤ *.

🗓 🗓 Holm, Haverkamp 1 (Süd-West : 11 km), ✆ (04103) 9 13 30.

Berlin 304 – Kiel 106 – Hamburg 19 – Bremen 126 – Hannover 170.

🏨 **Kreuzer**, Rissener Str. 195 (Ost : 1 km, B 431), ✉ 22880, ✆ (04103) 12 70, info@ho
tel-kreuzer.de, Fax (04103) 12799, 🍴, 🍺, 🏊 – 🛗, ✲ Zim, 📺 ☎ ♿ 🅿 – 🅰 60. 🆎 ① ⓜⓒ 💳
Menu (nur Abendessen) à la carte 23/39 – **50 Zim** 🛏 67/87 – 87/138.
• Der Landhausstil zieht sich wie ein roter Faden durch das Haus, das auf Grund seiner guten Verkehrsanbindung gern von Geschäftsreisenden angesteuert wird.

🏨 **Wedel** garni (mit Gästehäusern), Pinneberger Str. 69, ✉ 22880, ✆ (04103) 9 13 60, hotel-pension-wedel@t-online.de, Fax (04103) 913613, 🍺 – 🛗 📺 ☎ 🅿. 🆎 ① ⓜⓒ 💳
geschl. 23. Dez. - 3. Jan. – **27 Zim** 🛏 60/70 – 82/92, 10 Suiten.
• An einer ruhigen Stichstraße liegen die verschiedenen Häuser dieses Hotels. Die Zimmer sind geräumig und solide eingerichtet, einige sind auch für Langzeitgäste geeignet.

🏨 **Diamant** garni, Schulstr. 4, ✉ 22880, ✆ (04103) 70 26 00, info@hoteldiamant.de, Fax (04103) 702700 – 🛗 ✲ 📺 ☎ ♿ 🚗 – 🅰 20. 🆎 ① ⓜⓒ 💳 🆎
39 Zim 🛏 74/84 – 92/99.
• Gut erholt wachen Sie in einem der hellen, zeitlos ausgestatteten Zimmer auf. Im Frühstücksraum erwartet Sie dann ein besonders appetitliches und reichhaltiges Buffet.

🏨 **Freihof am Roland**, Am Marktplatz 6, ✉ 22880, ✆ (04103) 12 80, freihof@aol.com, Fax (04103) 3294, 🍴, 🍺 – 🛗, ✲ Zim, 📺 🅿 – 🅰 30. 🆎 ① ⓜⓒ 💳
Menu (geschl. Montag - Mittwoch) (Donnerstag - Freitag nur Abendessen) à la carte 25,50/55,00 – 🛏 7 – **43 Zim** 49/69 – 65/85.
• Seit 1532 trägt das Anwesen den Titel "Freihof". Das Haus präsentiert sich heute als ordentliche Übernachtungsadresse mit praktischen, zeitgemäßen Zimmern. Bürgerlich-rustikal gestaltetes Restaurant.

WEGBERG Nordrhein-Westfalen 417 M 2 – 26 000 Ew – Höhe 60 m.

🗓 Schmitzhof, Arsbecker Str. 160 (West : 7 km), ✆ (02436) 3 90 90 ; 🗓 Wildenrath, Friedrich-List-Allee, (Süd-West : 8 km), ✆ (02432) 8 15 00.

Berlin 605 – Düsseldorf 46 – Erkelenz 9,5 – Mönchengladbach 16.

🏨 **Burg Wegberg**, Burgstr. 8, ✉ 41844, ✆ (02434) 9 82 20, info@burg-wegberg.de, Fax (02434) 9822222, 🍺, Biergarten, 🍺 – 📺 ☎ – 🅰 120. 🆎 ① ⓜⓒ 💳
Menu (nur Abendessen) à la carte 21/34 – **27 Zim** 🛏 80/130 – 110/160.
• Die erstmals im 14. Jh. erwähnte Burg wurde mit italienischen Möbeln in ein stilvolles Refugium verwandelt. Zur Entspannung steht eine schöne Saunalandschaft bereit. Wintergarten und Weinstube ergänzen das klassisch gestaltete Restaurant.

✕ **Ophover Mühle**, Forst 14, ✉ 41844, ✆ (02434) 2 41 86, ophovermuehle@aol.com, Fax (02434) 24317, 🍴 – ⓜⓒ
geschl. über Karneval 2 Woche, Okt. 2 Wochen, Dienstag – **Menu** (Okt. - Mitte April nur Abendessen) à la carte 15/27.
• Hier können Sie noch echte Mühlenromantik erleben, denn : das gut erhaltene Mahlwerk a. d. J. 1659 dient heute nicht mehr zum Broterwerb, sondern als Dekoration im Restaurant.

In Wegberg-Rickelrath Nord : 3 km :

✕✕ **Molzmühle** 🌿 mit Zim, Im Bollenberg 41, ✉ 41844, ✆ (02434) 9 97 70, molzmuehle @yahoo.de, Fax (02434) 25723, 🍴 – 📺 🅿 – 🅰 20. 🆎 ① ⓜⓒ 💳
geschl. Feb. 1 Woche – **Menu** (geschl. Montag - Dienstag) à la carte 21/40 – **8 Zim** 🛏 50 – 100/140.
• Ruhig liegt diese schöne alte Ölmühle a. d. J. 1627 in einem malerischen Waldstück. Ein Mahlwerk ziert das Interieur und erhält den ursprünglichen Charakter des Gebäudes.

In Wegberg-Tüschenbroich Süd-West : 2 km :

✕✕✕ **Tüschenbroicher Mühle**, Gerderhahner Str. 1, ✉ 41844, ✆ (02434) 42 80, service@tueschenbroicher-muehle.de, Fax (02434) 25917, 🍴 – 🅿 – 🅰 20. ⓜⓒ
geschl. Montag – **Menu** à la carte 23,50/43,50.
• Ein schön am Weiher gelegenes Restaurant mit Blick aufs Wasserschloß. In dem klassisch gestalteten Raum sorgt eine ständig wechselnde Bilderausstellung für optische Reize.

WEHINGEN Baden-Württemberg **419** V 10 – 3 100 Ew – Höhe 777 m.
Berlin 731 – Stuttgart 100 – Konstanz 83 – Villingen-Schwenningen 40 – Sigmaringen ‹

Café Keller (mit Gästehaus), Bahnhofstr. 5, ⊠ 78564, ℘ (07426) 9 47 80, info
hotelkeller.de, Fax (07426) 947830, 😊, 🚗 – 📺 ⇔ 🅿. 🖭 ◉◉ 𝖵𝖨𝖲𝖠
Menu (geschl. Freitag, Samstagabend, Sonntagabend) à la carte 14/34 – **28 Zim** ⇌ 49/
– 74/79.
• Dort, wo die Schwäbische Alb am höchsten ist, liegt diese familiäre Herberge. Fragen S
nach den neuen Zimmern im Gästehaus, die mit Naturholz modern ausgerüstet wurde
Typisches Café-Restaurant mit großer Kuchenauswahl und bürgerlicher Karte.

WEHR Baden-Württemberg **419** X 7 – 13 600 Ew – Höhe 365 m.
🛈 Kultur- und Verkehrsamt, Hauptstr. 14, ⊠ 79664, ℘ (07762) 8 08 88, Fax (0776
80873.
Berlin 832 – Stuttgart 216 – Freiburg im Breisgau 64 – Lörrach 22 – Bad Säckingen ‹
– Todtmoos 17 – Basel 31.

Landgasthof Sonne (mit Gästehaus), Enkendorfstr. 38, ⊠ 79664, ℘ (0776
5 31 10, Fax (07762) 7321, 😊, 🚗 – 📺 🅿. ◉◉ 𝖵𝖨𝖲𝖠
Menu (geschl. 1. - 15. Juni, Montag) à la carte 17/30 – **21 Zim** ⇌ 36/40 – 57.
• Ein gewachsener Gasthof mit neuerbautem Gästehaus. Dort finden Sie auch die gerä
migeren Zimmer, denen mit neuzeitlicher Ausstattung ein wohnliches Gesicht gegebe
wurde. Ganz mit Holz vertäfelt, zeigen sich die Gaststuben gemütlich-rustikal.

Klosterhof, Frankenmatt 8 (beim Schwimmbad), ⊠ 79664, ℘ (07762) 5 20 9
klosterhof.wehr@arcormail.de, Fax (07762) 520915, 😊 – 🛗, ⇔ Zim, 📺 🅿.
Menu (geschl. Feb., Sonntagabend) à la carte 21/43 – **40 Zim** ⇌ 41/52 – 55/72.
• Gleich beim Freibad finden Sie diese familiäre Adresse. Die Zimmer sind teils im Lan
hausstil, teils mit Kirschmöbeln eingerichtet - stets funktionell und gepflegt. Blickfang i
Restaurant ist das große Meerwasseraquarium.

WEIBERSBRUNN Bayern **417** Q 12 – 2 000 Ew – Höhe 354 m.
Berlin 558 – München 337 – Würzburg 59 – Aschaffenburg 19.

Brunnenhof, Hauptstr. 231, ⊠ 63879, ℘ (06094) 3 64, hotel@brunnenho
spessart.de, Fax (06094) 1064, 😊, 🚗 – 🛗 📺 🅿. – 🅰 80. 🖭 ◉◉ 𝖵𝖨𝖲𝖠
Menu à la carte 15,50/33,50 – **51 Zim** ⇌ 45/64 – 72/83.
• Umgeben von Wiesen und Wäldern und doch verkehrsgünstig in der Nähe der Autobah
liegt dieses Hotel, das auch gern von Reisegruppen besucht wird. Großer, mehrfach unter
teilter Restaurantbereich.

An der Autobahn A 3 Ausfahrt Rohrbrunn :

Rasthaus und Motel im Spessart - Südseite, ⊠ 63879 Rohrbrunn, ℘ (06094
94 10, Fax (06094) 941252, 😊 – 🛗, ⇔ Rest, 📺 🅿. – 🅰 60. 🖭 ◉ ◉◉ 𝖵𝖨𝖲𝖠
Menu à la carte 17,50/23 – ⇌ 10 – **34 Zim** 56/71 – 81/87.
• Von 1686 bis 1959 diente das alte Wirtshaus im Spessart Reisenden als wohlverdiente
Rast. Heute beherbergt man seine Gäste in modernen und praktischen Zimmern. Da
Restaurant teilt sich in einen Free-Flow- und einen à la carte-Bereich.

WEICHERING Bayern **419 420** T 17 – 1 500 Ew – Höhe 372 m.
Berlin 532 – München 91 – Augsburg 64 – Ingolstadt 14.

Landgasthof Vogelsang, Bahnhofstr. 24, ⊠ 86706, ℘ (08454) 9 12 60
vogelsang@weichering-web.de, Fax (08454) 8171, 😊 – 📺 🅿. – 🅰 110. 𝖵𝖨𝖲𝖠 ⇔
geschl. 1. - 5. Jan. - **Menu** (geschl. Donnerstag) à la carte 11/21,50 – **14 Zim** ⇌ 30 – 51
• Tradition wird in diesem Landgasthof seit 1895 gepflegt. Die überschaubare Zimmerzah
und der persönliche Service tragen dazu bei, Ihren Aufenthalt zu verschönern. Das Restau
rant hat den Charakter einer ländlichen Gaststube - mit Stammtisch.

WEIDA Thüringen **418** N 20 – 9 900 Ew – Höhe 312 m.
Berlin 257 – Erfurt 91 – Gera 12 – Chemnitz 89 – Plauen 44.

In Wünschendorf-Pösneck Nord-Ost : 8 km :

Pension Müller garni, Pösneck 12, ⊠ 07570, ℘ (036603) 84 00, pensionmueller
@freenet.de, Fax (036603) 84010, ⇔ 📺 ♿ 🅿.
10 Zim ⇌ 35 – 47/50.
• Eine kleine, gepflegte Adresse mit solide möblierten Zimmern. Ferienangebot der ange-
schlossenen Fahrschule : Führerschein in 2 bis 3 Wochen während des Urlaubs.

WEIDEN IN DER OBERPFALZ
Bayern 420 Q 20 – 43 500 Ew – Höhe 397 m.

Luhe-Wildenau, Klaus-Conrad-Allee 1 (Süd : 10 km), ℘ (09607) 9 20 20.
i Tourist-Information, Dr.-Pfleger-Str. 17, ✉ 92637, ℘ (0961) 4 80 82 50, Fax (0961) 4808251.
ADAC, Bürgermeister-Prechtl-Str. 21.
Berlin 406 ① – München 204 ④ – Bayreuth 64 ① – Nürnberg 100 ④ – Regensburg 82 ③

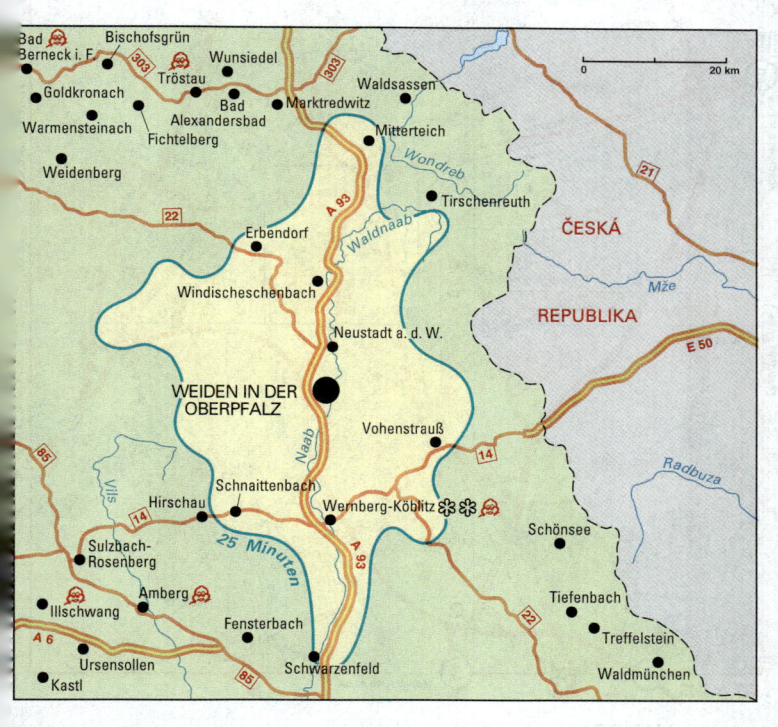

Admira Ⓜ, Brenner-Schäffer-Str. 27, ✉ 92637, ℘ (0961) 4 80 90, mail@hotel-admira.com, Fax (0961) 4809666, 🌿, ≘s – 🛗, ⚡ Zim, 📺 📞 🔒 🚗 🅿 – 🔒 35. 🆎
① 🆎 𝓥𝓘𝓢𝓐 JCB   BZ a
Menu (geschl. Samstagmittag) à la carte 26/32,50 – **104 Zim** ⊇ 80 – 100/145.
◆ Dieses großzügige Hotel überzeugt seine Besucher mit wohnlichen Zimmern und elegant angehauchten Suiten. Beste Tagungsmöglichkeiten durch die Anbindung an das Congreßzentrum. Warme Terrakottatöne erzeugen im Restaurant ein behagliches Ambiente.

Klassik Hotel am Tor garni, Schlörplatz 1a, ✉ 92637, ℘ (0961) 4 74 70, mail@klassikhotel.de, Fax (0961) 4747200, ≘s – 🛗 ⚡ 📺 📞 🔒 🅿 🆎 ① 𝓥𝓘𝓢𝓐   BZ m
40 Zim ⊇ 65/85 – 85/120.
◆ Direkt am alten Stadttor bietet man seinen Gästen hier die Möglichkeit, komfortables Wohnen mit historischem Ambiente zu verbinden. Besonders hübsch : das Romantik-Zimmer.

Europa, Frauenrichter Str. 173, ✉ 92637, ℘ (0961) 67 07 10, info@hotel-europa-weiden.de, Fax (0961) 6707114, 🌿 – 🛗 📺 🚗 🅿 – 🔒 45. 🆎 ① 🆎
𝓥𝓘𝓢𝓐   AX b
Menu (geschl. Sonn- und Feiertage, Montagmittag)(Aug. nur Abendessen) à la carte 21,50/36,50 – **24 Zim** ⊇ 55/82 – 69/85.
◆ Nach einer umfassenden Renovierung überzeugt dieses gastliche Haus mit neuzeitlich und funktionell ausgestatteten Zimmern, Pflege und Sauberkeit. Weiß als dominierende Farbe sowie zurückhaltende Eleganz prägen das Restaurant.

1513

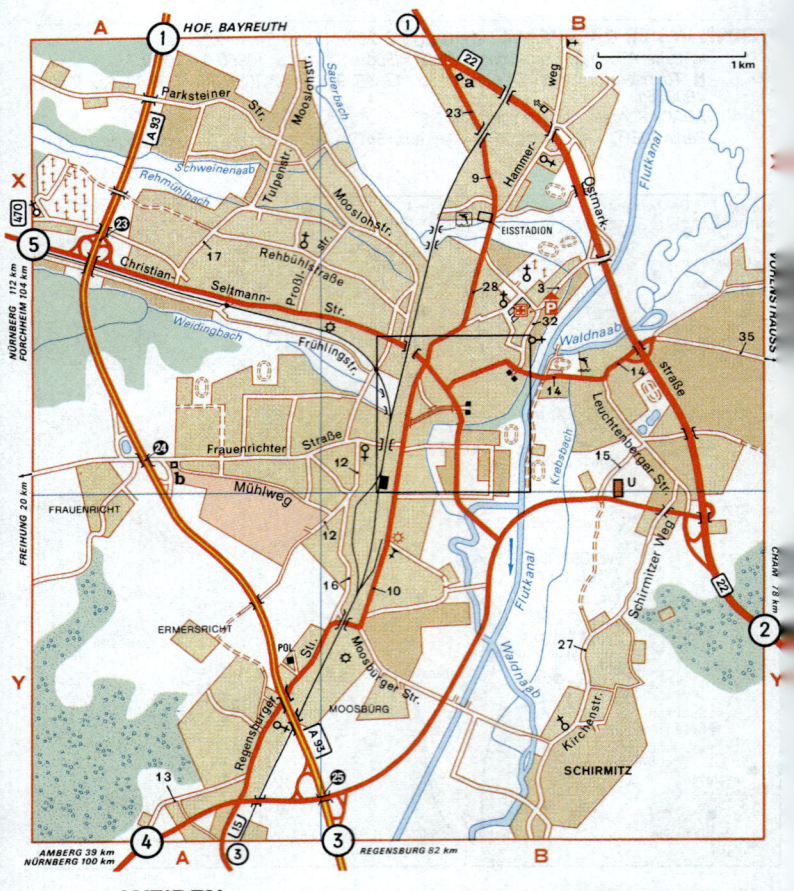

WEIDEN
IN DER OBERPFALZ

Am Langen Steg	**BX** 3
Bürgermeister-Prechtl-Straße	**BZ** 7
Christian-Seltmann-Straße	**BZ** 8
Dr.-Martin-Luther-Straße	**BX** 9
Dr.-Seeling-Straße	**BY** 10
Ermesrichter Straße	**BXY** 12
Etzenrichter Straße	**AY** 13
Friedrich-Ebert-Straße	**BXZ** 14
Hetzenrichter Weg	**BX** 15
Hinterm Rangierbahnhof	**BY** 16
Joseph-Haas-Straße	**AX** 17
Landgerichtsstraße	**BZ** 18
Ledererstraße	**BZ** 20
Max-Reger-Straße	**BZ** 21
Neustädter Straße	**BX** 23
Nikolaistraße	**BZ** 24
Oberer Markt	**BZ** 25
Postkellerstraße	**BY** 27
Prinz-Ludwig-Straße	**BX** 28
Schulgasse	**BZ** 31
Sebastianstraße	**BYZ** 32
Unterer Markt	**BZ** 34
Vohenstraußer Straße	**BX** 35
Wörthstraße	**BZ** 36

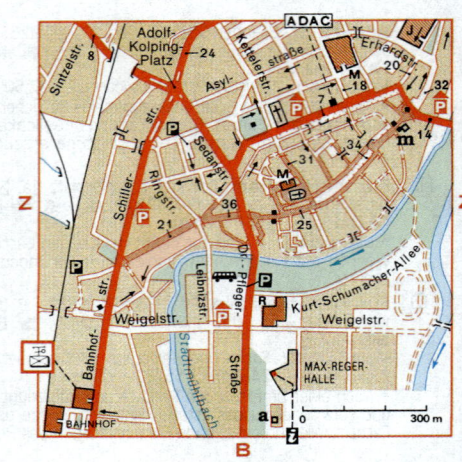

1514

WEIDEN IN DER OBERPFALZ

Advantage-Hotel, Neustädter Str. 46, ⊠ 92637, ℘ (0961) 38 93 00, info@advantage-hotel.de, Fax (0961) 3893020, 佘 – 📺 🚗 🅿 ⒶⒺ ⓪ ⓜⓢ 𝗩𝗜𝗦𝗔 BX a
Menu (geschl. Sonntag) (nur Abendessen) à la carte 14/28,50 – **18 Zim** ⇌ 45/55 – 60/82.
♦ Am nördlichen Stadtrand finden Sie diesen Gasthof mit Hotelanbau. Gut ausgestattete und praktische Zimmer bieten Ihnen ein sympathisches Zuhause für unterwegs. Teils rustikal, teils klassisch eingerichtetes Restaurant.

In Weiden-Oberhöll über ② : 7 km auf der B 22, nach 3 km links ab :

Hölltaler Hof 🌲, Oberhöll 2, ⊠ 92637, ℘ (0961) 4 70 39 40, info@hoelltaler-hof.de, Fax (0961) 45339, 佘, 🐎 – ⇐⇒ Zim, 📺 📞 🅿 ⒶⒺ ⓪ ⓜⓢ 𝗩𝗜𝗦𝗔
geschl. 20. - 30. Dez. – **Menu** (geschl. 20. - 30. Aug., Sonntag - Montagmittag) à la carte 11,90/26,50 – **23 Zim** ⇌ 35/49 – 60/85.
♦ Hier finden Sie die Ruhe, die Sie suchen, denn das Haus liegt einsam am Waldrand. Besonders empfehlenswert sind die neuen, im Landhausstil eingerichteten Zimmer. Das Restaurant ist ländlich in der Aufmachung.

WEIDENBERG Bayern 420 Q 19 – 5 400 Ew – Höhe 463 m.
Berlin 368 – München 244 – Weiden in der Oberpfalz 53 – Bayreuth 15.

Landgasthof Kilchert, Lindenstr. 14, ⊠ 95466, ℘ (09278) 99 20, info@landgasthof-kilchert.de, Fax (09278) 992222, 佘 – ⇐⇒ Zim, 📺 📞 🅿 ⒶⒺ ⓪ ⓜⓢ 𝗩𝗜𝗦𝗔
geschl. Ende Okt. - Ende Nov. – **Menu** (geschl. Montag) à la carte 15,50/29 – **16 Zim** ⇌ 28/40 – 64/70.
♦ 1745 wurde der Gasthof erbaut und befindet sich seit vier Generationen im Familienbesitz. Bei der Einrichtung wurden Möbel aus verschiedenen Naturhölzern gewählt. Die gemütlich-fränkisch eingerichtete Gaststube hat sich ihren Wirtshauscharakter bewahrt.

WEIDHAUSEN Bayern 418 420 P 17 – 3 200 Ew – Höhe 289 m.
Berlin 369 – München 286 – Coburg 19 – Bayreuth 53 – Bamberg 51.

Braunes Ross, Kappel 1, ⊠ 96279, ℘ (09562) 9 82 80, braunes-ross@t-online.de, Fax (09562) 982888 – ⑂ 📺 📞 🅿 ⓜⓢ 𝗩𝗜𝗦𝗔
Menu (geschl. Aug. 2 Wochen, Dienstag) à la carte 11/23 – **18 Zim** ⇌ 38/41 – 56/59.
♦ Im modernen Hotelanbau des Gasthofs befinden sich Fremdenzimmer, die mit zeitlosen Kirschholzmöbeln ansprechend wohnlich eingerichtet worden sind. Der Restaurantbereich ist schlicht-rustikal gestaltet.

WEIKERSHEIM Baden-Württemberg 419 420 R 13 – 8 200 Ew – Höhe 230 m – Erholungsort.
Sehenswert : Schloß (Ausstattung★★, Rittersaal★★).
🛈 Kultur- und Verkehrsamt, Marktplatz 12, ⊠ 97990, ℘ (07934) 99 25 75, info@weikersheim.de, Fax (07934) 9923140.
Berlin 522 – Stuttgart 128 – Würzburg 40 – Ansbach 67 – Heilbronn 86.

Laurentius, Marktplatz 5, ⊠ 97990, ℘ (07934) 9 10 80, info@hotel-laurentius.de, Fax (07934) 910818, 佘 – ⑂, ⇐⇒ Zim, 📺 📞 🅿 ⒶⒺ ⓪ ⓜⓢ 𝗩𝗜𝗦𝗔 ᴊᴄʙ
Menu (geschl. Jan. - Feb., Montag - Dienstag) (wochentags nur Abendessen) 30/64 und à la carte ♀ – **Brasserie** (geschl. Jan. - Feb., Nov. - April Dienstag) (Mittwoch - Sonntag nur Mittagessen) **Menu** à la carte 21/38 – **11 Zim** ⇌ 60/62 – 92 – ½ P 20.
♦ Direkt am Marktplatz erwarten den Gast hinter hübscher, gelber Fassade nette Zimmer, die mit italienischen Stilmöbeln bestückt und tadellos gepflegt sind. Im schönen Gewölbekeller liegt das Restaurant mit der einsehbaren Küche. Moderne Brasserie.

Grüner Hof, Marktplatz 10, ⊠ 97990, ℘ (07934) 2 52, Fax (07934) 3056, 佘 – ⓜⓢ
🐎 Zim
geschl. Feb. – **Menu** (geschl. Montag) à la carte 17,50/28,50 – **22 Zim** ⇌ 30/48 – 75 – ½ P 15.
♦ Der Gasthof fügt sich malerisch in das von Barock und Renaissance geprägte Ensemble des Marktplatzes ein. Die Zimmer sind einheitlich mit soliden Möbeln eingerichtet. Bürgerlich-rustikale Gaststuben.

In Tauberrettersheim Bayern - Nord-Ost : 4 km Richtung Rothenburg :

Zum Hirschen, Mühlenstr. 1, ⊠ 97285, ℘ (09338) 3 22, iris.goldener-hirschen@freenet.de, Fax (09338) 8217, 佘, 🚗 – 🅿
geschl. 7. Jan. - 1. Feb., 7. - 17. Sept. – **Menu** (geschl. 24. Nov. - 4. Dez., Mittwoch) à la carte 14,50/19 – **12 Zim** ⇌ 28/34 – 73/85.
♦ Direkt an der Tauber und ihrer historischen Bruchsteinbrücke liegt dieser typische Dorfgasthof. Hier finden Sie gut gepflegte Zimmer und die Atmosphäre eines Familienbetriebs. Viel Holz gibt dem Gastraum seinen ländlichen Charakter.

WEIL Bayern 419 420 V 16 – 2 900 Ew – Höhe 573 m.
Berlin 605 – München 54 – Augsburg 34 – Landsberg am Lech 10.

In Weil-Pestenacker Nord-Ost : 7 km :

Post ⌘, Hauptstr. 22, ✉ 86947, ℘ (08195) 2 77, Fax (08195) 1677, Biergarten,
– 🅿 ●●
geschl. 23. Dez. - 7. Jan., 25. Aug. - 10. Sept. - **Menu** (geschl. Montag - Dienstag) à la carte
14/23 – **16 Zim** ⇔ 14/23 – 31/44.
◆ Seit dem Jahre 1859 bewirtschaftet dieselbe Familie diesen schmucken Gasthof. Sie
finden hier einfache, aber tadellos gepflegte Quartiere zu besonders günstigen Preisen.
Stammgäste schätzen den schlicht-rustikalen Rahmen und die bodenständige Küche.

WEIL AM RHEIN Baden-Württemberg 419 X 6 – 26 000 Ew – Höhe 260 m.
Berlin 860 – Stuttgart 261 – Freiburg im Breisgau 67 – Basel 7,5 – Lörrach 5.

Atlas Hotel, Alte Str. 58 (nahe der BAB-Abfahrt Weil am Rhein), ✉ 79576, ℘ (07621)
70 70, info@atlas-hotel.de, Fax (07621) 707650, ≘s – 📳, ⅙ Zim, 🔳 Zim, 📺 ✆ 🅿
🛋 80. 🅰🅴 ⓘ ●● 𝗩𝗜𝗦𝗔
Menu à la carte 28,50/37,50 – **160 Zim** ⇔ 105/155 – 128/155.
◆ Funktionelle Gästezimmer und ein gut ausgestatteter Tagungsbereich sind die Pluspunkte dieses neuzeitlichen Hotels, das so verkehrsgünstig im Dreiländereck liegt.

Schwanen, Hauptstr. 121, ✉ 79576, ℘ (07621) 7 10 47, info@schwanen-weil.de,
Fax (07621) 793065, 🍴 – 📺 ✆ 🅿 – 🛋 100. 🅰🅴 ●● 𝗩𝗜𝗦𝗔
Menu (geschl. Mittwoch - Donnerstag) à la carte 22/42 – **19 Zim** ⇔ 59/85 – 105/125.
◆ Seit 1906 pflegt Familie Ritter hier die alte Markgräfler Gastlichkeit. Stammhaus und
neuerbautes Gästehaus überzeugen mit zeitgemäßer Einrichtung und sympathischem
Ambiente. Unterteilte Gaststuben in ländlich-gemütlicher Aufmachung.

Ott's Hotel Leopoldshöhe, Müllheimer Str. 4, ✉ 79576, ℘ (07621) 9 80 60,
otts-hotel-leopoldshoehe@t-online.de, Fax (07621) 9806299, 🍴, ≘s, 🔲 – 📳 ✆ 🚘
🅿. 🅰🅴 ⓘ ●● 𝗩𝗜𝗦𝗔 ᴊᴄʙ
Menu (geschl. Jan. 3 Wochen, Sonntag - Montagmittag) (bemerkenswerte Weinkarte)
à la carte 22/47 – **40 Zim** ⇔ 59/105 – 90/150.
◆ Nur drei Kilometer vom Messezentrum Basel entfernt liegt dieses Haus, das Ihnen mit
soliden und wohnlich eingerichteten Zimmern ein "Zuhause für unterwegs" sein möchte.
Bürgerlich-gediegen zeigt sich der Restaurantbereich.

Adler (Wöhrle) (mit Gästehaus), Hauptstr. 139, ✉ 79576, ℘ (07621) 9 82 30,
Fax (07621) 75676, 🍴 – 📺 🅿. ●● 𝗩𝗜𝗦𝗔
Menu (geschl. Anfang - Mitte Jan., Anfang - Mitte Aug., Sonntag - Montag) (Tischbestellung
ratsam, bemerkenswerte Weinkarte) 28 (mittag) à la carte 46,50/78 ♀ – **Spatz** (geschl.
Anfang - Mitte Jan., Anfang - Mitte Aug., Sonntag - Montag) **Menu** à la carte 24,50/37
– **20 Zim** ⇔ 55/75 – 85/125.
◆ Eine Einrichtung aus dunklem Holz und elegant eingedeckte Tische bilden den Rahmen
für eine klassische französische Küche, die mit badischem Charme dargeboten wird. Der
Spatz ist ein gepflegtes Kellerrestaurant mit rustikaler Atmosphäre.
Spez. Carpaccio von Kartoffeln mit Flußkrebsen und Venusmuscheln. Gebratene Gänseleber
mit Topinamburpüree und Grapefruitjus. Bretonischer Hummer mit Osietra-Kaviar und kaltem Safrangelee.

Zur Krone (mit Zim. und Gästehaus), Hauptstr. 58, ✉ 79576, ℘ (07621) 7 11 64,
hechler@kroneweil.de, Fax (07621) 78963, (Landgasthof a.d.J. 1571) – 📺 🅿. 🅰🅴 ⓘ ●●
𝗩𝗜𝗦𝗔
Menu (geschl. Montagabend - Dienstag) (Tischbestellung ratsam) 14 (mittags) à la carte
21,50/55 – **12 Zim** ⇔ 48/75 – 65/95.
◆ Dem traditionsreichen Charakter des Gasthauses entsprechend ist die Gaststube gemütlich eingerichtet und versprüht typisch südbadisches Flair.

In Weil-Haltingen Nord : 3 km über B 3 :

Rebstock ⌘, Große Gaß 30, ✉ 79576, ℘ (07621) 96 49 60, rebstock-haltingen@t
-online.de, Fax (07621) 9649696, 🍴 – ⅙ Zim, 📺 ✆ 🚘 🅿. ❀ Zim
Menu (geschl. Aug. 2 Wochen) 13 (mittags) à la carte 23/41 – **16 Zim** ⇔ 75/90 – 125.
◆ Nach einer gründlichen Renovierung im Jahre 2000 zeigt sich der hübsche Landgasthof
im neuen Gewand. Es erwarten Sie wohnliche Zimmer, teils auch mit Balkon. Gepflegtes
Restaurant mit ländlichem Touch.

Krone (mit Gästehaus), Burgunderstr. 21, ✉ 79576, ℘ (07621) 6 22 03, krone-haltin
gen@t-online.de, Fax (07621) 63354, 🍴, – ⅙ Zim, 📺 ✆ 🚘 🅿. 🅰🅴 ●● 𝗩𝗜𝗦𝗔 ᴊᴄʙ
Menu (geschl. Dienstag - Mittwochmittag) à la carte 15,50/46,50 – **26 Zim** ⇔ 55/95 –
100/120.
◆ Ein blumengeschmückter Gasthof mit modernem Gästehaus. Die Zimmer im Neubau überzeugen durch ihre neuzeitlich-funktionelle Ausstattung und guten Zuschnitt. Viel Holz und
ein Kachelofen geben dem Restaurant den Charme einer badischen Stube.

WEIL AM RHEIN

In Weil-Märkt Nord-West : 5 km - über B 3, in Eimeldingen links ab :

XX **Zur Krone** mit Zim, Rheinstr. 17, ✉ 79576, ℱ (07621) 6 23 04, krone.maerkt@t-on line.de, Fax (07621) 65350, 🍴 - TV P. VISA
geschl. Feb. 2 Wochen, Sept. 2 Wochen – **Menu** (geschl. Montag - Dienstag) à la carte 20/43 – **9 Zim** ⇌ 49/57 – 75.

♦ Im gediegen-rustikalen Ambiente der unterteilten Gaststube werden Sie von einem freundlichen Team umsorgt. Die Küche hat sich unter anderem auf heimischen Fisch spezialisiert.

Michelin bringt keine Schilder an den empfohlenen Hotels und Restaurants an.

WEILBACH Bayern ⓘⓘⓘ Q 11 – 2 100 Ew – Höhe 166 m.
Berlin 573 – München 353 – Würzburg 76 – Frankfurt am Main 79 – Heilbronn 87 – Mannheim 84.

In Weilbach-Ohrnbach Nord-West : 8 km :

🏠 **Zum Ohrnbachtal** ⚘, Ohrnbach 4550, ✉ 63937, ℱ (09373) 14 13, gasthof.ohrnbach tal@t-online.de, Fax (09373) 4550, 🍴, 🈺, 🔲, 🐟, ✶ - TV 🚗 P. ⓜ. 🐎 Zim
geschl. 1. - 15. Feb. – **Menu** (geschl. Mittwoch, Nov. - März Dienstagabend - Mittwoch) à la carte 15,50/34 – **23 Zim** ⇌ 40/55 – 60/76.

♦ Besonders schön ist die ruhige Lage dieses Hauses zwischen Wiesen und Wäldern. Für Ihre Unterbringung stehen solide eingerichtete Zimmer mit Balkon bereit. Die Gaststuben sind holzverkleidet und strahlen ländliche Gemütlichkeit aus. Idyllische Terrasse.

WEILBURG Hessen ⓘⓘⓘ O 8 – 13 500 Ew – Höhe 172 m – Luftkurort.
Sehenswert : Lage★.

🛈 Tourist-Information, Mauerstr. 6, ✉ 35781, ℱ (06471) 3 14 67, tourist-info@ weilburg.de, Fax (06471) 7675.
Berlin 530 – Wiesbaden 72 – Frankfurt am Main 61 – Limburg an der Lahn 22 – Gießen 40.

🏨 **Schloßhotel Weilburg** ⚘, Langgasse 25, ✉ 35781, ℱ (06471) 5 09 00, info@ schlosshotel-weilburg.de, Fax (06471) 5090111, 🍴, 🈺, 🔲 - 🛗, ✶ Zim, TV 🚗 P – 🔒 120. AE ⓜ VISA
Menu à la carte 26/35,50 – **43 Zim** ⇌ 75/89 – 123/137 – ½ P 19.

♦ Der ehemalige Wirtschaftshof des schönen Schlosses beherbergt heute ein Hotel mit historischem Ambiente. Die Zimmer sind wohnlich gestaltet, größtenteils mit Sitzgruppen. Im Restaurant gewährt eine Fensterfront einen Blick in den Innenhof der Schloßanlage.

XX **Joseph's La Lucia**, Marktplatz 10, ✉ 35781, ℱ (06471) 21 30, Fax (06471) 2909, 🍴 – AE ⓜ. 🐎
geschl. 1. - 10. Jan., Montagmittag, Samstagmittag – **Menu** à la carte 24/38.

♦ Mit Terracottaböden und Spiegeln hat man den Räumlichkeiten des Lokals einen fast schon eleganten Anstrich gegeben. Das Speisenangebot gibt sich mediterran-italienisch.

In Löhnberg Nord : 3,5 km :

🏨 **Zur Krone**, Obertor 1, ✉ 35792, ℱ (06471) 60 70, info@hotel-zurkrone.de, Fax (06471) 62107, Biergarten, 🈺 – 🛗 TV 📞 & P – 🔒 50. AE ⓜ VISA
Menu (geschl. Samstagmittag) à la carte 23,50/41 – **45 Zim** ⇌ 39/85 – 71/86 – ½ P 17.

♦ Das Hotel hat sich trotz seiner Größe seinen familiären Charakter bewahren können. Ein freundliches Team und gut ausgestattete Zimmer sprechen für sich. Herzstück des Hotels ist die gemütliche, mit hellem Holz verkleidete Gaststube im alten Fachwerkteil.

In Mengerskirchen-Probbach Nord-West : 12 km :

🏠 **Landhaus Höhler** ⚘, Am Waldsee 3, ✉ 35794, ℱ (06476) 80 31, landhaushoehler @t-online.de, Fax (06476) 8886, ≤, 🐟, 🈺, 🔲, 🐟, - TV P. 🔒 30. AE ⓜ VISA
Menu (geschl. Montag) à la carte 19/30 – **22 Zim** ⇌ 48/76 – 82/121 – ½ P 17.

♦ Abseits von Streß und Hektik der Ballungszentren liegt dieses Hotel direkt am Waldrand. Die Gästezimmer sind behaglich eingerichtet und alle mit Balkon bestückt. Holzbalken und eine rustikale Holzdecke prägen den Stil des Restaurants.

WEILER-SIMMERBERG IM ALLGÄU Bayern 419 420 X 13 – 6 450 Ew – Höhe 631 m
Luftkurort – Wintersport : 630/900 m ≤5 ₤.

ᴦ Kur- und Gästeamt, Hauptstr. 14 (Weiler), ⊠ 88171, ℘ (08387) 3 91 50, info@weiler-tourismus.de, Fax (08387) 39153.

Berlin 715 – München 179 – Konstanz 83 – Ravensburg 42 – Bregenz 32.

Im Ortsteil Weiler :

Sport-, Kur- und Tennishotel Tannenhof ⟨≥⟩, Lindenberger Str. 33, ⊠ 8817
℘ (08387) 12 35, hotel@tannenhof.net, Fax (08387) 1626, ⟨≥⟩, Massage, ₤, [₅, ₅, ≋
∑, ☐, ⧖, ⧉ und (Halle) – ⧇ ℗ – ⧇ 25. ⧈ Rest
Menu à la carte 20,50/33,50 – **89 Zim** ⊑ 74/111 – 108/160, 12 Suiten – ½ P 12.
♦ Eine nicht alltägliche Hotelanlage ! Sie werden in wohnlichen Zimmern untergebracht und können an einem fast unerschöpflichen Sport- und Wellnessangebot teilhaben. Das Restaurant präsentiert sich im rustikalen, regionstypischen Stil.

Zur Traube, Hauptstr. 1, ⊠ 88171, ℘ (08387) 9 91 20, Fax (08387) 99121, ⧖ – ℗
◯ VISA
geschl. März 2 Wochen, Sept. 2 Wochen, Sonntagabend - Montag – **Menu** à la carte 18/30
♦ Das stattliche 200 Jahre alte Gasthaus diente lange Zeit als Poststation. Heute bewirte
man Gäste in der urigen Stube mit den für die Gegend typischen, bemalten Möbeln.

WEILHEIM Bayern 419 420 W 17 – 20 500 Ew – Höhe 563 m.

ᴦ₈ Pähl (Nord : 9 km), ℘ (08808) 9 20 20.

Berlin 637 – München 51 – Garmisch-Partenkirchen 45 – Landsberg am Lech 37.

Bräuwastl, Lohgasse 9, ⊠ 82362, ℘ (0881) 9 47 70, hotel-braeuwastl@t-online.de
Fax (0881) 947799, ⧖ – ⧇ ⧇ ⧉ ⦿ ℗ – ⧇ 40. AE ◯ VISA
Menu (geschl. Samstag - Sonntag) (Restaurant nur für Hausgäste) – **48 Zim** ⊑ 76
91/101.
♦ Diese praktische Übernachtungsadresse finden Sie im Herzen der Altstadt gleich neben
einem Einkaufszentrum. Alle Freizeitaktivitäten kann man von hier aus gut starten.

Vollmann ⟨≥⟩, Marienplatz 12, ⊠ 82362, ℘ (0881) 42 55, hotel.vollmann@t-online.de
Fax (0881) 63332, ⧖ – ⧇ ℗ – ⧇ 70. ◯ VISA JCB
Menu (geschl. Jan. 1 Woche, Sonntag) à la carte 15,50/26,50 – **34 Zim** ⊑ 56/65 – 86
♦ Die gepflegte Fassade des Hotels fügt sich hübsch in das Häuserensemble am Marktplatz
ein. Fragen Sie nach einem der erst kürzlich renovierten Gästezimmer ! Schlichte Gaststube
in ländlichem Stil.

In Pähl Nord-Ost : 8,5 km über B 2 :

Zum silbernen Floh - Zur alten Post, Ammerseestr. 3, ⊠ 82396, ℘ (08808) 5 94
restaurant@silberner-floh.de, Fax (08808) 302, Biergarten – ℗
geschl. Montag - Dienstag – **Menu** (Mittwoch - Freitag nur Abendessen) à la carte 25/43
♦ In der schönen Gaststube sitzt man an Tischen der verschiedensten Stilrichtungen, die
auch ungedeckt hübsch wirken. Gekocht wird regional, mit Sorgfalt und Geschmack.

WEILROD Hessen 417 P 9 – 6 300 Ew – Höhe 370 m – Erholungsort.

ᴦ₈ Weilrod-Altweilnau, Merzhäuser Str., ℘ (06083) 95 05 10.

Berlin 532 – Wiesbaden 42 – Frankfurt am Main 47 – Gießen 51 – Limburg an der Lahn 33.

In Weilrod-Neuweilnau Nord-Ost : 2,5 km - über B 275, in Erbismühle links ab :

Sporthotel Erbismühle ⟨≥⟩, ⊠ 61276, ℘ (06083) 28 80, info@erbsmuehle.de,
Fax (06083) 288700, ⧖, [₅, ≋, ☐, ⧖, ⧉ – ⧇ ⧇ ⧉ ⦿ ℗ – ⧇ 150. AE ◯ VISA JCB
geschl. 27. Dez. - 8. Jan. – **Menu** à la carte 21/30,50 – **74 Zim** ⊑ 64/133 – 103/151 –
½ P 18.
♦ Nach einem Brand im Jahre 1989 wurde die traditionsreiche Mühle neu erbaut und an
die Erfordernisse der heutigen Zeit angepaßt. Wohnliche Zimmer unterschiedlicher Größe.
Restaurant in rustikal-ländlicher Aufmachung.

WEIMAR Thüringen 418 N 18 – 62 000 Ew – Höhe 208 m.

Sehenswert : Stadtschloß (Cranachsammlung★★) BZ – Goethehaus★★ BZ – Schillerhaus★
BZ – Deutsches Nationaltheater (Doppelstandbild★★ von Goethe und Schiller) AZ T – Goethes Gartenhaus★★ BZ – Stadtkirche (Cranachaltar★★, Renaissance-Grabmäler★) BY –
Nietzsche-Archiv (Bibliothek★) AZ.

ᴦ₈ Jena-Münchenroda, Dorfstr. 29 (Ost : 22 km über ②), ℘ (03641) 42 46 51.

ᴦ Tourist-Information und Kongress-Service, Markt 10, ⊠ 99421, ℘ (03643) 2 40 00,
Fax (03643) 240040.

Berlin 285 ③ – Erfurt 22 ④ – Chemnitz 132 ③

WEIMAR

Street	Ref	No
...nalienstraße	BZ	4
...n Poseckschen		
...Garten	BZ	6
...ennerstraße	BY	7
Carl-August-Allee	BY	12
Ernst-Kohl-Straße	AY	13
Frauenplan	BZ	18
Frauentorstraße	BZ	19
Heinrich-Heine-Straße	AZ	25
Jakobstraße	BYZ	27
Karl-Liebknecht-Straße	BZ	30
Kaufstraße	BZ	31
Marienstraße	BZ	34
Markt	BZ	
Schillerstraße	BZ	37
Schloßgasse	BZ	39

WEIMAR

Hilton M, Belvederer Allee 25, ✉ 99425, ℰ (03643) 72 20, hilton.weimar@t-online.c
Fax (03643) 722741, 😀, Massage, ≘s, ⬜ – 📶, ⅍ Zim, 📺 ⌘ ⚐ 📱 – 🅿 28
AE ① ⓜⓢ VISA   über Belvederer Allee   BZ
Menu à la carte 26,50/40 – **294 Zim** ⊠ 145, 6 Suiten.
 ◆ Unweit des Goetheparks liegt das Hotel mit dem großzügigen Rahmen und den wohnlichen Zimmern. Die vielen Konferenzräume machen das Haus zu einer gefragten Tagungsadresse. Eine gepflegte Atmosphäre erwartet Sie in dem unterteilten Restaurantbereich.

Grand Hotel Russischer Hof, Goetheplatz 2, ✉ 99423, ℰ (03643) 77 4
reservierung@russischerhof.com, Fax (03643) 774840, 𝄐, ≘s – 📶, ⅍ Zim, 📺 📺
⚐ ⌘ – 🅿 70. AE ① ⓜⓢ VISA JCB   AZ
Menu à la carte 17,50/41,50 ♀ – ⊠ 15 – **126 Zim** 135/228 – 155/266, 7 Suiten.
 ◆ Das historische Hotel mit elegantem Ambiente stammt a. d. J. 1805. In der nachklassischen Zeit gingen hier Persönlichkeiten wie Franz Liszt und Robert Schumann ein und au
Ein Wiener Kaffeehaus ergänzt das klassisch gestaltete Restaurant.

Elephant, Markt 19, ✉ 99423, ℰ (03643) 80 20, elephant.weimar@arabellasherato
.com, Fax (03643) 802610, 😀 – 📶, ⅍ Zim, 📺 ⌘ ⚐ 📱 – 🅿 120. AE ① ⓜⓢ VISA JC
ℛ Rest   BZ
Anna Amalia (geschl. Jan.) (wochentags nur Abendessen) **Menu** à la carte 36/47 – **Elephantenkeller** (geschl. Sonntagabend) **Menu** à la carte 16,50/29 – ⊠ 18 – **99 Zir
179/219 – 205/245, 6 Suiten.
 ◆ Wo schon Goethe, Schiller, Bach und Wagner residierten, können auch Sie sich in de
illustren Gästekreis einreihen. Zimmer im Art déco- und im Bauhausstil stehen bereit. Ann
Amalia besticht durch ein exklusiv wirkendes Ambiente - mit schöner Gartenterrasse.

Dorint am Goethepark M, Beethovenplatz 1, ✉ 99423, ℰ (03643) 87 20, inf
erfwei@dorint.com, Fax (03643) 872100, 😀, Massage, 𝄐, ≘s – 📶, ⅍ Zim, 📺
⚐ ⌘ – 🅿 190. AE ① ⓜⓢ VISA JCB   BZ
Menu à la carte 31/45 – ⊠ 16 – **143 Zim** 135 – 153, 6 Suiten.
 ◆ Eine gelungene Fusion aus historischer Bausubstanz und Neubau ! Das Innenleben de
Hotels besticht durch stilvolles modernes Mobiliar und funktionelle Details. Teil des Restaurants im historischen Part des Hauses sind zwei kleine Biedermeier-Salons.

Villa Hentzel 🌸 garni, Bauhausstr. 12, ✉ 99423, ℰ (03643) 8 65 80, hotel-villa
hentzel@t-online.de, Fax (03643) 865819 – ⅍ 📺 ⌘ 📱. AE ① ⓜⓢ VISA   BZ
13 Zim ⊠ 67/87 – 92/98.
 ◆ Ein sympathisches kleines Hotel in einer schön restaurierten Villa, das vor allem durc
die individuelle Farbgestaltung und Möblierung seiner Zimmer auffällt.

Amalienhof garni, Amalienstr. 2, ✉ 99423, ℰ (03643) 54 90, amalienhofweimar@
-online.de, Fax (03643) 549110 – 📶 📺 📱 – 🅿 20. ⓜⓢ VISA   BZ
32 Zim ⊠ 70/85 – 95/105.
 ◆ Die Zimmer sind nach Persönlichkeiten benannt, die das Bild der Stadt geprägt haben
Darüber hinaus bieten sie Ihnen Behaglichkeit und einen Hauch von Klassik.

Alt Weimar, Prellerstr. 2, ✉ 99423, ℰ (03643) 8 61 90, info@alt-weimar.de
Fax (03643) 861910, 😀 – 📺 📱. AE ① ⓜⓢ VISA   AZ r
Menu à la carte 23/34 – **17 Zim** ⊠ 70 – 95.
 ◆ Viele Details in diesem schönen, gelb gestrichenen Stadthaus erinnern noch an die
Zeit, als sich hier die Weimarer Kunstszene traf, z. B. Zimmer mit Bauhaus-Elementen
Holzvertäfelte Wände und zeitgenössisches Dekor bestimmen den Charakter des
Restaurants.

Zur Sonne, Rollplatz 2, ✉ 99423, ℰ (03643) 80 04 10, hotelzursonne@web.de
⚐ Fax (03643) 862932, 😀 – 📺. AE ① ⓜⓢ VISA   BZ c
Menu à la carte 10/17,50 – **21 Zim** ⊠ 51/66 – 77/81.
 ◆ Dieses hübsche Ziegelhaus liegt im Herzen der Weimarer Altstadt. Im Inneren ist es zeitgemäß ausgestattet, mit praktischen, freundlich wirkenden Gästezimmern. Das gemütliche
Restaurant ist im Stil einer altdeutschen Gastwirtschaft gehalten.

Am Stadtpark, Amalienstr.19, ✉ 99423, ℰ (03643) 2 48 30, amstadtparkweimar@t
-online.de, Fax (03643) 511720 – 📺 ⌘ 📱. AE ① ⓜⓢ VISA   BZ h
Menu (geschl. Feb., Sonntag - Montag) (nur Abendessen) à la carte 14/17,50 – **12 Zim
⊠ 65 – 90.
 ◆ Ein praktisches Stadthotel mit historischer Fassade und neuem Anbau, der ruhig zum
Innenhof liegt. Die Zimmer sind im Motelstil angeordnet und modern möbliert. Bürgerlich
gestaltetes Restaurant.

Apart-Hotel garni, Berkaer Str. 75, ✉ 99425, ℰ (03643) 81 23 00, apart-hotel@
weimar-cs.de, Fax (03643) 812500 – ⅍ 📺 ⌘ 📱. AE ① ⓜⓢ VISA JCB   über ③ BZ
40 Zim ⊠ 49/53 – 69/76.
 ◆ Etwas außerhalb und sehr verkehrsgünstig liegt dieses neuzeitliche, im Motelstil erbaute
Haus. Man bietet ordentliche Gästezimmer zu günstig kalkulierten Preisen.

WEIMAR

Weimar-Gelmeroda Süd-West : 4 km über ③, nahe der BAB-Abfahrt Weimar :

Schwartze, Holzdorferweg 7, ⊠ 99428, ℘ (03643) 5 99 50, hotel-schwartze@t-on line.de, Fax (03643) 512614, 😤 – 🛏 Zim, 📺 🅿 🖭 🚾 💳 ✖ Rest
Menu (nur Abendessen) à la carte 13/15,50 – **30 Zim** ⊆ 56 – 77.
♦ Vor den Toren der Klassikerstadt finden Sie hier in ländlicher Umgebung ein nettes Quartier. Die Zimmer sind praktisch, bis in die Stadt sind es nur wenige Minuten. Hell und freundlich ist das Restaurant mit den großen Rundbogenfenstern.

Weimar-Schöndorf Nord : 4 km über ① :

Romantik Hotel Dorotheenhof ⑤, Dorotheenhof 1, ⊠ 99427, ℘ (03643) 45 90, info@dorotheenhof.com, Fax (03643) 459200, 😤, ≦s, ✱ – 🛗, 🛏 Zim, 📺 📞 ⅙ 🅿 – 🔏 60. 🖭 ⓪ 🚾 💳
Menu à la carte 21,50/32,50 – **60 Zim** ⊆ 68/92 – 102/145.
♦ In ländlicher Idylle liegt das ehemalige Anwesen des Rittmeisters Carl von Kalkreuth - heute ein schönes Hotel im Landhausstil. Drei Zimmer mit Parkett und begehbarem Schrank. Ein Teil des Restaurants gibt sich ländlich, der andere gefällt mit schönem Gewölbe.

Ballstedt Nord-West : 12 km über Ettersburger Straße AY :

Zur Tanne, Im Dorfe 29, ⊠ 99439, ℘ (036452) 7 23 60, Fax (036452) 70857, 😤, ≦s – 📺 🅿 🖭 ⓪ 🚾 💳 ✖ Rest
Menu (geschl. Juli 2 Wochen) à la carte 11/15,50 – **24 Zim** ⊆ 38/41 – 60/65.
♦ Das Landhotel wurde 1992 fertiggestellt und dient seither der Unterbringung geschäftlich wie privat Reisender. Gute Verkehrsanbindung und praktische Zimmer sprechen für sich. Restaurant in bürgerlich-schlichter Aufmachung.

WEIMAR Hessen siehe Marburg.

WEINBÖHLA Sachsen siehe Meissen.

WEINGARTEN Baden-Württemberg **419** W 12 – 25 000 Ew – Höhe 458 m.
Sehenswert : Basilika★★.
🖪 Amt für Kultur und Tourismus, Münsterplatz 1, ⊠ 88250, ℘ (0751) 40 51 25, akt@weingarten-online.de, Fax (0751) 405268.
Berlin 692 – Stuttgart 143 – Konstanz 48 – Ravensburg 4 – Ulm (Donau) 85 – Biberach an der Riß 43.

Mövenpick Hotel 📐, Abt-Hyller-Str. 37, ⊠ 88250, ℘ (0751) 50 40, hotel.weingart en@moevenpick.com, Fax (0751) 504400, 😤 – 🛗, 🛏 Zim, 📺 📞 ⇔ – 🔏 500. 🖭 ⓪ 🚾 💳
Menu à la carte 16,50/33,50 – ⊆ 12 – **72 Zim** 92/120 – 115/120.
♦ Einheitliche Zimmer in modernem Landhausstil sowie das angeschlossene Kongreßzentrum machen dieses Hotel zum guten Standort für einen geschäftlichen oder privaten Aufenthalt. Ein Bistro ergänzt das Restaurant mit Wintergarten.

Altdorfer Hof (mit Gästehaus), Burachstr. 12, ⊠ 88250, ℘ (0751) 5 00 90, hotel@a ltdorfer-hof.de, Fax (0751) 500970, 😤 – 🛗, 🛏 Zim, 📺 📞 ⇔ 🅿 – 🔏 30. 🖭 ⓪ 🚾 💳 JCB
geschl. 20. Dez. - 10. Jan. – **Menu** (geschl. Sonntagabend - Montag) à la carte 21,50/35,90 – **54 Zim** ⊆ 69/86 – 98/122.
♦ In verschiedenen Stilrichtungen wurden die Zimmer dieses Hauses gestaltet : von gediegener Einrichtung in Kirsch oder Mahagoni bis zu neuzeitlichem Landhausstil. Der vornehme Stil des Restaurants erinnert an Barock.

Bären, Kirchstr. 3, ⊠ 88250, ℘ (0751) 56 12 00, baeren-weingarten@t-online.de, Fax (0751) 5612050 – 🛏 Zim, 📺 ⇔ 🅿 🖭 🚾 💳
Menu (geschl. März 1 Woche, Aug. 3 Wochen, Montag) à la carte 17/28 – **16 Zim** ⊆ 45/46 – 65/76.
♦ Der Bären besteht nachweislich seit über 300 Jahren und beherbergt heutzutage seine Gäste in einheitlich gestalteten Räumen in Naturholz und mit gutem Platzangebot. Das Restaurant wird heil eingerichtet, Holzbalken geben dem Raum einen rustikalen Touch.

In Wolpertswende-Mochenwangen Nord : 7,5 km - über B 30, in Eggers links ab auf die Mochenwanger Str. :

Rist (mit Gästehaus), Bahnhofstr. 8, ⊠ 88284, ℘ (07502) 9 22 20, Fax (07502) 2884, 😤 – 📺 ⇔ 🅿 🚾 💳 JCB
Menu (geschl. Feb. 2 Wochen, Aug. 2 Wochen, Freitag, Sonntagabend) à la carte 16/26 – **16 Zim** ⊆ 26/38 – 42/62.
♦ Ein typischer schwäbischer Gasthof mit modernem Gästehaus. Die Zimmer im Neubau sind mit guter Technik versehen, die im Stammhaus sind etwas einfacher. Sie nehmen Platz in einer rustikalen Stube mit dunklen Holzbalken und gemütlichen Nischen.

WEINGARTEN KREIS KARLSRUHE — Baden-Württemberg 419 S 9 – 8 200 Ew – Höhe 120

Berlin 664 – Stuttgart 88 – Karlsruhe 17 – Heidelberg 46.

Romantik Hotel Walk'sches Haus (mit Gästehaus), Marktplatz 7 (B 3), ⊠ 7635
𝒞 (07244) 7 03 70, info@walksches-haus.de, Fax (07244) 703740, 🐎 – 📺 ⚲ 🅿 – 🛦 4
AE ⓪ ⓪ VISA
Menu (geschl. Anfang Jan. 1 Woche, Aug. 1 Woche, Samstagmittag, Dienstag) à la car
36/54 ⚲ – **26 Zim** ⚲ 60/80 – 100/120.
 ♦ Dieses schöne restaurierte Fachwerkhaus im Altstadtbereich stammt a. d. J. 1701.
seinem Inneren sowie im Gästehaus finden Sie Zimmer mit zeitgemäßem Komfort. In d
Gasträumen verbreitet eine helle Holzverkleidung Behaglichkeit.

*Die wichtigsten Einkaufsstraßen sind im Straßenindex
der Stadtpläne in rot gekennzeichnet*

WEINHEIM AN DER BERGSTRASSE — Baden-Württemberg 417 419 R 10 – 43 000 Ew – Höh
135 m.

Sehenswert: Exotenwald★.

🅱 Verkehrsverein, Bahnhofstr. 15, ⊠ 69469, *𝒞* (06201) 99 11 17, info@ferienteam.d
Fax (06201) 991135.
Berlin 609 – Stuttgart 137 – Mannheim 28 – Darmstadt 45 – Heidelberg 20.

Astron Ⓜ, Breslauer Str. 52 (Weststadt), ⊠ 69469, *𝒞* (06201) 10 30, weinheim@
astron-hotels.de, Fax (06201) 103300, 🐎, ƒ₆, ⚌ – 🗐, ⤺ Zim, 📺 ⚲ ⚓ 🅿 – 🛦 22(
AE ⓪ ⓪ VISA JCB
Menu à la carte 21/37,50 – **187 Zim** ⚲ 130 – 160.
 ♦ Ein modernes Hotel, das ganz auf die Bedürfnisse von Tagungsgästen un
Geschäftsreisenden abgestimmt ist. Die Zimmer bieten viel Platz, Schreibtische und gut
Technik.

Ottheinrich Ⓜ ⚘, Hauptstr. 126, ⊠ 69469, *𝒞* (06201) 1 80 70, weinheim-otthe
rich@astron-hotels.de, Fax (06201) 180788 – 🗐 📺 ⚊ – 🛦 25. AE ⓪ ⓪
VISA JCB
⚲ 12 – **25 Zim** 123 – 133.
 ♦ Mitten in der Altstadt befindet sich das Hotel, dessen Zimmer und Suiten klar und schnör
kellos mit Möbeln in italienischem Design ausgestattet sind.

Fuchs'sche Mühle, Birkenauer Talstr. 10, ⊠ 69469, *𝒞* (06201) 1 00 20, info@
fuchssche-muehle.de, Fax (06201) 100222, 🐎, ⚌, 🔲 – 🗐, ⤺ Zim, 📺 ⚊ 🅿 ⓪
VISA ⚘
Menu (geschl. 10. Jan. - 1. Feb., Sonntagabend - Dienstagmittag) à la carte 23/39,50 -
18 Zim ⚲ 78 – 98.
 ♦ Ein schöner Garten, freundliche Betreiber und wohnliche Zimmer sprechen für diese
Haus ! Im Untergeschoß ist die Mühle, die seit über 100 Jahren Strom aus Wasserkraf
erzeugt. Zwei nette, gemütliche Stuben mit Kachelofen stehen für Ihren Besuch bereit

Ebert Park Hotel garni, Freiburger Str. 42 (Weststadt), ⊠ 69469, *𝒞* (06201) 10 50
ebert-park-hotel-weinheim@t-online.de, Fax (06201) 105401 – 🗐 ⤺ 📺 🅿 AE ⓪ ⓪
VISA JCB
74 Zim ⚲ 64/74 – 75/85.
 ♦ Dieses schlichte, moderne Haus bietet praktische, recht geräumige Zimmer. Die Dop
pelzimmer sind wahlweise mit Einzelbetten oder französischem Bett ausgestattet.

Haus Masthoff, Lützelsachsener Str. 5, ⊠ 69469, *𝒞* (06201) 9 99 60,
Fax (06201) 16735, 🐎, 🔲 – 📺 ⚊ – 🛦 15. AE ⓪ VISA JCB
Menu (geschl. Montag) à la carte 15,50/32 – **14 Zim** ⚲ 64 – 92.
 ♦ Die Villa mit Hotelambiente liegt in einem schönen Wohngebiet oberhalb der Stadt und
verfügt über sehr gepflegte, mit älteren Eichenmöbeln eingerichtete Zimmer.

Schlosspark-Restaurant, Obertorstr. 9, ⊠ 69469, *𝒞* (06201) 9 95 50, info@
schlosspark-restaurant.de, Fax (06201) 995524, 🐎 – 🛦 40. AE ⓪ VISA
geschl. 24. Feb. - 14. März, Dienstag – **Menu** à la carte 23/40.
 ♦ Direkt am Schloßpark liegt dieses Palais, das im Inneren hohe Decken mit Stuckverzierung
und eine Einrichtung im klassischen Stil vorzuweisen hat. Terrasse zum Park.

In Weinheim-Lützelsachsen Süd : 3 km über B 3 :

Winzerstube, Sommergasse 7, ⊠ 69469, *𝒞* (06201) 5 22 98, info@winzer-stube.de,
Fax (06201) 56520, 🐎 – 🅿 AE ⓪ VISA
geschl. 1. - 14. Jan., über Pfingsten 2 Wochen, Sonntag - Montag, Feiertage – **Menu** (nur
Abendessen) à la carte 27,50/43.
 ♦ Das große Wohnhaus im Villenstil beherbergt ein nettes Restaurant. Eine alte Weinpresse
und Bilderausstellungen sorgen für optische Abwechslung. Mit hübscher Terrasse.

WEINSBERG Baden-Württemberg **417 419** S 11 – 10 000 Ew – Höhe 200 m.
Berlin 588 – Stuttgart 53 – Heilbronn 6 – Schwäbisch Hall 42.

außerhalb Süd-Ost : 2 km nahe A 81 Ausfahrt Heilbronn-Ellhofen :

🏨 **Rappenhof,** Rappenhofweg, ⌂ 74189 Weinsberg, ℰ (07134) 51 90, rezeption@rappenhof.de, Fax (07134) 51955, ≤, 🍴, 🐎 – 🛗, ⇆ Zim, 📺 📞 ⚙ 🅿 – 🛋 30. AE ⓞ ⓜ VISA
geschl. 22. Dez. - 10. Jan. – **Menu** à la carte 21,50/31 – **39 Zim** ⌁ 70/88 – 90/108.
• Aus einem ehemaligen Bauernhof entstand ein schmuckes Landhotel. Das Haus liegt schön in den Weinbergen und bietet Zimmer im Landhausstil, teils mit Balkon. Restaurant mit imposantem Wintergartenanbau und schönem Ausblick.

WEINSTADT Baden-Württemberg **419** T 12 – 23 900 Ew – Höhe 290 m.
Berlin 616 – Stuttgart 24 – Esslingen am Neckar 13 – Schwäbisch Gmünd 38.

In Weinstadt-Baach :

🍴 **Adler** 🍃 mit Zim, Forststr. 12, ⌂ 71384, ℰ (07151) 6 58 26, Fax (07151) 66520, 🍴 – 🚗 🅿. ⇆ Zim
geschl. Feb. 2 Wochen, Juli - Aug. 3 Wochen – **Menu** (geschl. Montag - Dienstag) (Sonntag - Donnerstag nur Mittagessen) à la carte 20,50/40 – **5 Zim** ⌁ 35 – 60.
• Das ländlich-rustikale Lokal wirkt gemütlich mit seinen teils blanken Holztischen. Gekocht wird hier wie es für die Region typisch ist : bürgerlich mit schwäbischem Einschlag.

In Weinstadt-Beutelsbach :

🏨 **Weinstadt-Hotel,** Marktstr. 39, ⌂ 71384, ℰ (07151) 99 70 10, info@weinstadt-hotel.de, Fax (07151) 9970111, 🍴 – 🛗, ⇆ Zim, 📺 📞 ⚙ 🚗. AE ⓞ ⓜ VISA. ⇆ Zim
Krone (geschl. Mittwoch) **Menu** à la carte 19/33,50 – **32 Zim** ⌁ 55 – 86.
• Im Zentrum des Weinorts liegt dieses Haus - ein älterer Gasthof mit Hotelneubau. Die Unterbringung der Gäste erfolgt in zeitlosen Zimmern mit Sitzgelegenheit und Schreibtisch. Viel Holz gibt dem Restaurant seinen ländlich-rustikalen Charakter.

🏨 **Landgut Burg** 🍃, Süd-West : 2 km : Richtung Plochingen, nach 200 Meter rechts ab, ⌂ 71384, ℰ (07151) 9 93 30, landgutburg@aol.com, Fax (07151) 690392, ≤ Remstal, 🍴, ≤s – 📺 📞 ⚙ 🅿 – 🛋 80. ⓞ VISA. ⇆ Rest
geschl. Aug. 2 Wochen, über Weihnachten – **Menu** à la carte 17/29 – **67 Zim** ⌁ 58/66 – 89/98.
• 1958 - 1975 als Außenstelle der kalifornischen Stanford Universität genutzt, dient die in den Weinbergen plazierte Anlage heute der Beherbergung von Urlaubern und Tagenden. Sie speisen im schlicht gestalteten Restaurant oder auf der Terrasse.

In Weinstadt-Endersbach :

🏨 **Gästehaus Zefferer** garni, Strümpfelbacher Str. 10, ⌂ 71384, ℰ (07151) 6 08 60 20, Fax (07151) 60860211 – ⇆ 📺 📞 🅿. ⓜ
14 Zim ⌁ 45/50 – 67/74.
• Nur fünf Minuten vom Bahnhof entfernt liegt diese ländliche Adresse. Im Inneren ist das Haus rustikal eingerichtet, die Zimmer haben massives, dunkles Eichenmobiliar.

🍴 **Weinstube Muz,** Traubenstr. 3, ⌂ 71384, ℰ (07151) 6 13 21, Fax (07151) 61131 – AE ⓜ VISA
geschl. 1. - 30. Aug., Sonn- u. Feiertage – **Menu** (nur Abendessen) à la carte 23,50/36,50.
• Die gemütliche Weinstube mit den drei kleinen, niedrigen Gasträumen existiert bereits seit 1877. Zum Wein bietet man hier eine Auswahl gutbürgerlicher Speisen.

WEISENDORF Bayern **419 420** R 16 – 5 500 Ew – Höhe 300 m.
Berlin 445 – München 204 – Nürnberg 35 – Bamberg 53 – Würzburg 86.

🏨 **Jägerhof** (mit Gästehaus), Auracher Bergstr. 2, ⌂ 91085, ℰ (09135) 71 70, hotel@jaegerhof.biz, Fax (09135) 717444 – 📺 📞 🅿 – 🛋 25. ⓞ ⓜ VISA. ⇆
geschl. Aug. 3 Wochen, Weihnachten - 6. Jan. – **Menu** (geschl. Freitag - Samstagmittag) (Montag - Donnerstag nur Abendessen) à la carte 15/23 – **34 Zim** ⌁ 50 – 65/79.
• Unweit der Frankenmetropole Nürnberg finden Sie hier ein nettes Quartier in einem familiengeführten Betrieb. Die Zimmer sind praktisch und auch für Geschäftsreisende geeignet. Ein rustikal-bürgerliches Ambiente erwartete Sie im Hotelrestaurant.

In Großenseebach Ost : 4 km :

🏨 **Seebach,** Hauptstr. 2, ⌂ 91091, ℰ (09135) 71 60, Fax (09135) 716105 – 📺 📞 🚗 🅿 – 🛋 15. AE ⓞ ⓜ VISA. ⇆ Rest
Menu (geschl. 27. Dez. - 5. Jan., Freitagabend) à la carte 15/24,50 – **21 Zim** ⌁ 52/76 – 69/95.
• Dieses neuzeitliche Hotel am Ortsrand zeichnet sich durch gut geschnittene, zeitlos möblierte Gästezimmer aus, die auch teilweise mit Balkon bestückt sind. Das Restaurant ist modern, mit frischen Farben gestaltet - ergänzt durch einen Wintergarten.

WEISENHEIM AM BERG Rheinland Pfalz 417 R 8 – 1800 Ew – Höhe 120 m.
Berlin 639 – Mainz 78 – Mannheim 29 – Kaiserslautern 41 – Neustadt an der Weinstraße 22

Admiral, Leistadter Str. 6, ✉ 67273, ℘ (06353) 41 75, gast@restaurant-admiral.d
Fax (06353) 989325, 🍴 – 🅿. ◯ ◯ ◯
geschl. 1. - 15. Jan., Montag – Dienstag – **Menu** (wochentags nur Abendessen) à la car
33/42,50.
 ♦ Liebevoll gepflegt, wirkt das Haus mit den grünen Fensterläden und dem schönen Garte
einladend auf den Gast. Im Inneren gefallen schöne Einrichtung und ambitionierte Küch

WEISKIRCHEN Saarland 417 R 4 – 6500 Ew – Höhe 400 m – Heilklimatischer Kurort.
🛈 Kurverwaltung - Tourist-Information, Kirchenweg 2, ✉ 66709, ℘ (0687
7 09 37, hochwald-touristik@weiskirchen.de, Fax (06876) 70938.
Berlin 725 – Saarbrücken 59 – Trier 37 – Birkenfeld 39 – Merzig 19.

Parkhotel M 🛌, Kurparkstr. 4, ✉ 66709, ℘ (06876) 91 90, info@parkhote
weiskirchen.de, Fax (06876) 919519, 🍴, Massage, ♣, 🏋, ⚕, ≋, ☐, 🎾 – 🛗, 💱 Zim
📺 📞 & 🅿 – 🛎 150. ◯ ◯ ◯ ◯
Menu à la carte 24/35 – **125 Zim** ⇌ 72/88 – 98/112.
 ♦ Mit seinen hellen, freundlichen Zimmern, die mit soliden Korbmöbeln eingerichtet sin
und der "Vitalis"-Badelandschaft ist das Haus für Kurgäste und Urlauber attraktiv. Groß
Glasflächen geben dem modernen Restaurant ein lichtes Ambiente.

In Weiskirchen-Rappweiler Süd-West : 2 km :

La Provence, Merziger Str. 25, ✉ 66709, ℘ (06872) 43 26, Fax (06872) 887818. ◯
◯ ◯. 🛎
geschl. Juli - Aug. 3 Wochen, Freitagmittag, Samstagmittag, Montag – **Menu** à la car
25,50/39.
 ♦ Ländliche Eleganz prägt den Stil dieses Restaurants mit hübschem offenem Kamin. De
Chef ist Franzose und bekocht seine Gäste mit Speisen aus seiner schönen Heimat.

WEISSENBURG IN BAYERN Bayern 419 420 S 16 – 18 000 Ew – Höhe 420 m.
Sehenswert : Römermuseum (Bronze-Statuetten★) und Römische Thermen★.
Ausflugsziel : Ellingen (Schloß : Ehrentreppe★) Nord : 4 km.
🛈 Amt für Kultur und Touristik, Martin-Luther-Platz 3 (Römermuseum), ✉ 91781
℘ (09141) 90 71 24, akut@weissenburg.de, Fax (09141) 907121.
Berlin 483 – München 131 – Nürnberg 59 – Augsburg 82 – Ulm (Donau) 119.

Am Ellinger Tor, Ellinger Str. 7, ✉ 91781, ℘ (09141) 8 64 60, ellingertor@t-online.de
Fax (09141) 864650, 🍴 – 💱 Zim, 📺 📞 ⇌, ◯ ◯ ◯ ◯
Menu (geschl. Montagmittag) à la carte 15,50/29 – **27 Zim** ⇌ 45/62 – 66/86.
 ♦ Ein über 500 Jahre altes Fachwerkhaus, das geschickt mit einem Nebenhaus verbunde
wurde. Ihr Quartier ist wohnlich eingerichtet und verfügt über zeitgemäßen Komfort. Das
nett dekorierte Restaurant ist im ältesten Teil des Hotels untergebracht.

Wittelsbacher Hof, Friedrich-Ebert-Str. 21, ✉ 91781, ℘ (09141) 8 51 60, info@
wittelsbacher-hof.de, Fax (09141) 851650, Biergarten – 💱 Zim, 📺 📞 ⇌ 🅿 – 🛎 35.
◯ ◯ ◯ ◯
Menu à la carte 15/34 – **21 Zim** ⇌ 46/59 – 72/86.
 ♦ In diesem ehemaligen Brauereigebäude haben Sie die Wahl zwischen Raucher- und Nicht-
raucherzimmern - teils dunkel, teils hell möbliert. Mediterran anmutender Biergarten. Bis-
trobar und rustikale Schankstube ergänzen das à la carte-Restaurant.

Goldener Adler, Marktplatz 5, ✉ 91781, ℘ (09141) 8 55 60, goldener-adler@t-on
line.de, Fax (09141) 855633, 🍴 – 📺. ◯ ◯ ◯
Menu (geschl. Feb.) à la carte 14,50/23,50 – **11 Zim** ⇌ 42 – 58/62.
 ♦ Im Herzen der Altstadt, gleich neben dem historischen Rathaus liegt dieses altehrwürdige
Stadthaus. Originell : das Dachzimmer mit freigelegter Balkenkonstruktion. Wandbilder zie-
ren das Restaurant, das mit Holzdecken und -pfeilern rustikal gestaltet ist.

WEISSENFELS Sachsen-Anhalt 418 M 19 – 34 300 Ew – Höhe 100 m.
🛈 Stadtinformation, Nicolaistr. 37, ✉ 06667, ℘ (03443) 30 30 72, stadtinformation
weissenfels@gmx.de, Fax (03443) 239472.
Berlin 201 – Magdeburg 122 – Leipzig 42 – Halle 34.

Parkhotel Güldene Berge M (mit Gästehaus), Langendorfer Str. 94, ✉ 06667,
℘ (03443) 3 92 00, gueldene-berge@t-online.de, Fax (03442) 392020, Biergarten – 🍴
🛗 📞 ⇌ 🅿 – 🛎 25. ◯ ◯ ◯
Menu à la carte 13,50/25,50 – **26 Zim** ⇌ 50/65 – 65/85.
 ♦ Gegen Ende des 19. Jh. wurde diese Villa mit kleiner Parkanlage erbaut. In ihren Zimmern
finden Reisende ein wohnliches und modernes Zuhause für unterwegs. Mit hoher Decke,
Parkettboden und schönen Vorhängen paßt das Restaurant sehr gut in die alte Villa.

WEISSENHORN Bayern 419 420 V 14 – 11 000 Ew – Höhe 501 m.
Berlin 591 – München 146 – Augsburg 67 – Memmingen 41 – Ulm (Donau) 22.

Zum Löwen ⊗ (mit Gästehaus), Martin-Kuen-Str. 5, ✉ 89264, ℘ (07309) 9 65 00, info@der-loewen.de, Fax (07309) 5016 – TV ℘ AE ① ⓂⓄ VISA JCB
geschl. 11. - 17. Aug. - **Menu** (geschl. Sonntag) (Tischbestellung ratsam) à la carte 16/36 – **23 Zim** 🛏 41/60 – 70/80.
♦ Bereits während des Bauernkrieges 1524/25 wird der Löwen als Wirtshaus erwähnt. Im modernen Gästehaus sind die Zimmer besonders geräumig und wohnlich. Hinter der hübsch geschwungenen Giebelfassade wird die regionale Küche gepflegt.

WEISSENSBERG Bayern siehe Lindau im Bodensee.

WEISSENSEE Thüringen 418 M 17 – 4 200 Ew – Höhe 157 m.
Berlin 261 – Erfurt 33 – Nordhausen 56 – Weimar 43.

Promenadenhof (mit Gästehaus), Promenade 16, ✉ 99631, ℘ (036374) 22 20, info@promenadenhof.de, Fax (036374) 22244, 🍽 – TV P – 🛇 30. AE ① ⓂⓄ VISA. ℘ Rest
Menu (nur Abendessen) à la carte 19/21,50 ℘ – **25 Zim** 🛏 46/50 – 60/65.
♦ Mit einem alten Bauerngehöft fing alles an. Heute steht hier ein gut restauriertes, modernes Hotel mit soliden, zeitgemäßen Zimmern und nostalgischem Charme. Dem Restaurant im ersten Stock geben Holzbalken ein rustikales Ambiente.

WEISSENSTADT Bayern 418 420 P 19 – 3 700 Ew – Höhe 630 m – Erholungsort.
🛈 Tourist-Information, Kirchplatz 5, ✉ 95163, ℘ (09253) 9 50 30, tourist@weissenstadt.de, Fax (09253) 95039.
Berlin 349 – München 265 – Hof 28 – Bayreuth 36.

Zum Waldstein, Kirchenlamitzer Str. 8, ✉ 95163, ℘ (09253) 2 70, Fax (09253) 8676 – 🚗
geschl. Feb. 2 Wochen, Nov. 2 Wochen – **Menu** (geschl. Montag) à la carte 13,50/25 – **13 Zim** 🛏 21/39 – 42/58.
♦ Von der netten Betreiberfamilie werden Sie hier aufs herzlichste empfangen. Der einfache Gasthof ist tadellos gepflegt, seine Zimmer sind schlicht und praktisch eingerichtet. Ländliche Gaststube.

Egertal (Rupprecht), Wunsiedler Str. 49, ✉ 95163, ℘ (09253) 2 37, egertal@t-online.de, Fax (09253) 500, 🍽 – P. AE ① ⓂⓄ VISA
geschl. Jan. - Feb. 3 Wochen, Dienstag – **Menu** (Montag - Freitag nur Abendessen) (Tischbestellung ratsam) à la carte 38/51,50 ℘ – **Prinz-Rupprecht Stube** (nur Abendessen) **Menu** à la carte 20/28.
♦ Ein Ambiente ländlicher Eleganz genießt man in den Räumen dieses schmucken, weißen Hauses. Ebenfalls ein Genuß ist, was die klassisch geprägte Küche hervorbringt. Rustikal mit schönem Gewölbe zeigt sich die Prinz-Rupprecht Stube.
Spez. Terrine von Perlhuhn und Gänseleber mit Gemüsesalat. Räucherwelsroulade mit Gartenlauchsauce. Lammcarré mit Aromaten und Schalottensauce.

WEISSWASSER Sachsen 418 L 27 – 33 000 Ew – Höhe 116 m.
🛈 Touristinformation, Schillerstr. 4, ✉ 02943, ℘ (03576) 20 71 26, Fax 242712.
Berlin 166 – Dresden 97 – Cottbus 45.

Kristall, Karl-Liebknecht-Str. 34, ✉ 02943, ℘ (03576) 26 40, info@hotelkristall.de, Fax (03576) 264102, 🛁 – 🛗 TV ℘ P 🛇 20. AE ① ⓂⓄ VISA
Menu (nur Abendessen) à la carte 15,50/26 – **60 Zim** 🛏 57/64 – 72/75.
♦ Neuzeitliches, creme- oder mahagonifarbenes Hotelmobiliar bestimmt die Einrichtung in den recht großzügigen Gästezimmern dieses Hotels am Rand des Stadtzentrums.

Prenzel, Straße des Friedens 11, ✉ 02943, ℘ (03576) 2 78 20, Fax (03576) 278240 – 🛗 TV 🚗 P. AE ① ⓂⓄ VISA
Menu à la carte 15/32 – **18 Zim** 🛏 35/45 – 50/60.
♦ In der Ortsmitte liegt dieses nette kleine Hotel, das von seiner Betreiberin mit Herz und Sachverstand geführt wird. Praktische und tadellos gepflegte Zimmer erwarten Sie.

WEISWEIL Baden-Württemberg 419 V 7 – 2 000 Ew – Höhe 173 m.
Berlin 783 – Stuttgart 181 – Freiburg im Breisgau 36 – Offenburg 39.

Landgasthof Baumgärtner, Sternenstr. 2, ✉ 79367, ℘ (07646) 3 47, baumgaertner2@freenet.de, Fax (07646) 1347, 🍽 – P
geschl. Aug. 3 Wochen, Montag – **Menu** (wochentags nur Abendessen) à la carte 22/38.
♦ Diesen stattlichen Gasthof - ein solider Familienbetrieb - finden Sie in einer netten dörflichen Umgebung. Seine Innenräume sind mit dunklem Holz rustikal eingerichtet.

1525

WEITERSTADT Hessen siehe Darmstadt.

WEMDING Bayern 419 420 T 16 – 5 700 Ew – Höhe 460 m – Erholungsort.
🛈 Tourist-Information, Mangoldstr. 5, ⊠ 86650, ℘ (09092) 82 22, tourismus wemding.de, Fax (09092) 969050.
Berlin 511 – München 128 – Augsburg 70 – Nördlingen 18 – Nürnberg 93.

🏨 **Weißer Hahn**, Wallfahrtstr. 21, ⊠ 86650, ℘ (09092) 9 68 00, info@weisser-hahn.c
Fax (09092) 968044, 🍽, Biergarten, ⇌ – 쓪 Zim, 📺 ☎ 🅿 – 🔏 30. 🆎 ⓞ ⓥⓘⓢⓐ ⱻⲥⲃ
Menu (geschl. Donnerstag) à la carte 12,50/25 – **27 Zim** ⊊ 44/48 – 70/82.
♦ Der aufwendig gestaltete Treppengiebel dieses 1464 errichteten Hauses fällt sofort i
Auge. Die Zimmer im Haupthaus sind in Weiß, die im Anbau in Weichholz eingerichte
Modern, hell und freundlich - mit leichtem Bistrocharakter - zeigt sich das Restaurant

🏨 **Meerfräulein** (mit Gästehaus), Wallfahrtsstr. 1, ⊠ 86650, ℘ (09092) 9 69 4
meyersepp@aol.com, Fax (09092) 9694200, 🍽, ⇌ – 🛗 쓪 📺 ⇌ – 🔏 80. 🆎 ⓞ ⓥ
ⱻⲥⲃ
Menu (geschl. Sonntagabend, Dienstag) à la carte 14/26 – **40 Zim** ⊊ 40/55 – 60/80
½ P 10.
♦ Mitten in der historischen Altstadt liegt das Hotel mit dem auffälligen roten Fachwer
Fragen Sie nach den Zimmern im Gästehaus, wo sich auch ein kleines Kino befindet. Resta
rant in bürgerlich-ländlicher Aufmachung.

WENDEBURG Niedersachsen siehe Peine.

WENDELSTEIN Bayern 419 420 R 17 – 15 000 Ew – Höhe 340 m.
Siehe Nürnberg (Umgebungsplan).
Berlin 439 – München 157 – Nürnberg 15 – Ingolstadt 84 – Regensburg 100.

🏨 **Zum Wenden**, Hauptstr. 32, ⊠ 90530, ℘ (09129) 9 01 30, info@hotel-zum-we
den.de, Fax (09129) 901316, 🍽 – 쓪 Zim, 📺 ⇌ – 🔏 20. 🆎 ⓞ ⓥⓘⓢⓐ CT
Menu (geschl. Montag) à la carte 25/36 – **18 Zim** ⊊ 75/78 – 100/115.
♦ Die gastliche Tradition begann hier schon 1745. Heutzutage schläft man in rustikale
Räumen, teils mit Fachwerk oder in modernen, ganz in Weiß gehaltenen Zimmern. Ein
Holzdecke und uralte, grobbehauene Balken geben dem Restaurant eine gemütlich
Atmosphäre.

🍴🍴 **Ofenplatt'n**, Nürnberger Str. 19, ⊠ 90530, ℘ (09129) 34 30, Fax (09129) 3430, 🍽
– 🅿   CT
geschl. Samstagmittag, Sonntag – **Menu** (Tischbestellung ratsam) à la carte 17,50/42.
♦ Ein altes fränkisches Gasthaus mit Natursteinfassade, dessen Innenleben mit viel Lieb
zum Detail in ein ansprechendes Restaurant verwandelt wurde. Netter Service !

In Röthenbach bei St. Wolfgang Nord-Ost : 2 km :

🏨 **Kübler Hof**, In der Lach 2, ⊠ 90530, ℘ (09129) 90 00, Fax (09129) 900292, 🍽 – 🛗
📺 🅿 🆎 ⓞ ⓥⓘⓢⓐ
Menu (geschl. 22. Dez. - 6. Jan., Samstag - Sonntag) à la carte 13,50/27 – **49 Zim** ⊊ 45/5
– 70/80.
♦ Ein an der Hauptstraße gelegener Hotelbau, dessen Zimmer zumeist in rustikaler Eich
eingerichtet sind, über ein gutes Platzangebot verfügen und gut unterhalten werden. Da
unterteilte Restaurant wirkt eher schlicht und ist im bürgerlichen Stil eingerichtet.

WENDEN Nordrhein-Westfalen 417 N 7 – 18 500 Ew – Höhe 360 m.
✈ Wenden-Ottfingen (Süd : 5 km), ℘ (02762) 9 76 20.
Berlin 565 – Düsseldorf 109 – Siegen 21 – Köln 72 – Olpe 11.

An der Straße nach Hünsborn Süd : 2 km :

🏨 **Landhaus Berghof** 🍃, ⊠ 57482 Wenden, ℘ (02762) 50 88 (Hotel) 52 66 (Rest.)
Fax (02762) 3708, 🍽 – 📺 ⇌ 🅿 🆎 ⓥⓘⓢⓐ
Menu (geschl. Montag) à la carte 15,50/32,50 – **15 Zim** ⊊ 45/55 – 77/82.
♦ Ruhig liegt dieses hübsche Haus am Waldrand. Die Zimmer sind hell und mit massiven
Naturholzmöbeln bestückt, das Servicepersonal weiß auch anspruchsvolle Gäste zu über
zeugen. Fein-rustikal ist das Ambiente im Restaurant. Im Sommer lockt die hübsche Terrasse

In Wenden-Brün West : 5,5 km über Gerlingen :

🏨 **Sporthotel Landhaus Wacker**, Mindener Str. 1, ⊠ 57482, ℘ (02762) 69 90,
sporthotel-wacker@t-online.de, Fax (02762) 699399, 🍽, ⇌, 🛏, 🐎, 🎾, 🐕, (Halle) –
🛗, 쓪 Zim, 📺 ☎ 🅿 – 🔏 120. 🆎 ⓞ ⓥⓘⓢⓐ ⲥⲃ Rest
Menu à la carte 31/41,50 – **75 Zim** ⊊ 75/115 – 110/180 – ½ P 17.
♦ Das seit 1860 im Familienbesitz geführte Haus verfügt über ein breitgefächertes Frei-
zeit- und Sportangebot. Fragen Sie nach einem der neueingerichteten Zirbelholz-Zimmer
Rattanmöbel und Grünpflanzen geben dem Pavillon-Restaurant ein freundliches Ambiente.

WENDISCH-RIETZ Brandenburg 416 418 J 26 – 1 050 Ew – Höhe 50 m.
Berlin 74 – Potsdam 83 – Frankfurt (Oder) 17 – Eberswalde 102.

Arminius, am Glubigsee 45 (Süd : 1 km), ✉ 15864, ℘ (033679) 6 00 00, info@arminiushotel.de, Fax (033679) 60113, – 30.
Menu à la carte 14/25 – **71 Zim** ⇌ 60/85 – 90/105.
• Mitten in einem Kiefernwäldchen liegt das im Halbrund gebaute Haupthaus mit seinen farbigen Appartement-Häusern. Die Zimmer und Appartements sind modern und wohnlich. Im Haupthaus finden Sie das zur Halle hin offene, neuzeitliche Restaurant.

WENDLINGEN AM NECKAR Baden-Württemberg 419 T 12 – 14 800 Ew – Höhe 280 m.
Berlin 626 – Stuttgart 30 – Göppingen 28 – Reutlingen 31 – Ulm (Donau) 69.

In Wendlingen-Unterboihingen :

Löwen (mit Gästehaus), Nürtinger Str. 1, ✉ 73240, ℘ (07024) 94 90, info@loewen-wendlingen.de, Fax (07024) 94999, – Zim,
Menu (geschl. Aug. 2 Wochen, Samstag, Sonntagabend) à la carte 15,50/36 – **37 Zim** ⇌ 40/75 – 62/85.
• Im Haupt- wie auch im Gästehaus dieses netten Familienbetriebs präsentieren sich die Zimmer mit hellem Naturholz, Schreibtisch und Sitzgruppe. Gemütlicher, in Holz gehaltener Restaurantbereich.

WENNINGSTEDT Schleswig-Holstein siehe Sylt (Insel).

WENTORF BEI HAMBURG Schleswig-Holstein 415 416 F 14 – 8 700 Ew – Höhe 22 m.
Wentorf, Golfstr. 2, ℘ (040) 72 97 80 66.
Berlin 278 – Kiel 101 – Hamburg 22 – Hannover 186 – Lüneburg 42.

Jungclaus garni, Hamburger Landstr. 21 (B 207), ✉ 21465, ℘ (040) 7 20 00 90, hoteljungclaus@t-online.de, Fax (040) 72000910 –
20 Zim ⇌ 77/82 – 100.
• Ein von außen wie von innen attraktives Domizil ist diese Jugendstilvilla. Das Interieur wird von modernen Landhausmöbeln bestimmt, der Frühstücksraum wirkt stilvoll-elegant.

WERBELLINSEE Brandenburg siehe Joachimsthal.

WERBEN Brandenburg siehe Burg/Spreewald.

WERDAU Sachsen 418 N 21 – 26 000 Ew – Höhe 234 m.
Stadtinformation, Markt 18 (Rathaus) ✉ 08412, ℘ (03761) 59 43 10, Fax (03761) 594333.
Berlin 263 – Dresden 123 – Gera 41 – Zwickau 9.

Friesen, Zwickauer Str. 58 (B 175), ✉ 08412, ℘ (03761) 8 80 00, hotel.friesen@t-online.de, Fax (03761) 880050, – Zim, 45.
Menu à la carte 12,50/21,50 – **20 Zim** ⇌ 40/45 – 60/70.
• Das neu gebaute Haus - verkehrsgünstig am Ortsrand gelegen - überzeugt im Zimmerbereich mit tadelloser Pflege und Wohnlichkeit, gepaart mit Funktionalität. Parkettboden und neuzeitliche Bestuhlung geben dem Restaurant seine freundliche Atmosphäre.

In Werdau-Steinpleis Süd-Ost : 2,5 km :

In der Mühle, Mühlenweg 1, ✉ 08412, ℘ (03761) 18 88 80, Fax (03761) 58307, , (ehemalige Mühle), – Zim, 20.
Menu (geschl. Freitag) (nur Abendessen) à la carte 12,50/22 – **21 Zim** ⇌ 49 – 62.
• Die ehemalige Wassermühle - umgeben von 100-jährigen Eichen - lockt mit Ruhe und Abgeschiedenheit. Ihr Quartier ist mit soliden Naturholzmöbeln nett eingerichtet. Rustikal gestaltetes Restaurant mit uralten Deckenbalken.

WERFEN Österreich siehe Salzburg.

WERL Nordrhein-Westfalen **417** L 7 – 28 100 Ew – Höhe 90 m.
  ﹖ Werl, Wickeder Str. (Süd : 8 km), ℘ (02377) 63 07.
  Berlin 470 – Düsseldorf 103 – Arnsberg 30 – Dortmund 37 – Hamm in Westfalen 17 –
  Soest 15.

- **Maifeld Sport- und Tagungshotel** M, Hammer Landstr. 4 (im Industriegebiet Ma
  feld), ✉ 59457, ℘ (02922) 9 76 80, info@hotel-maifeld.de, Fax (02922) 97688, Bie
  garten, ✼ (Halle) Badminton – ⌂, ⁺ Zim, TV ℡ ⇔ P – 益 100. AE ⓄⓂVISA
  geschl. 24. Dez. - 6. Jan. – **Menu** (geschl. Samstagmittag) à la carte 20/38,50 – **56 Zir**
  ⌂ 75/85 – 100/115.
  • Großzügigkeit, Komfort und ein moderner Stil sind die Annehmlichkeiten des kürzli
  eröffneten Hotels. Geschäftsreisende schätzen auch die günstige Lage zur Autobahn. Ein
  Bierstube ergänzt das an die Tennishalle angegliederte Restaurant.

- **Parkhotel Wiener Hof** mit Zim, Hammer Str. 1, ✉ 59457, ℘ (02922) 26 3
  wolfgang.farendla@t-online.de, Fax (02922) 6448, ☕ – TV ⇔ P – 益 40. AE Ⓞ Ⓜ
  VISA. ✼
  Menu (geschl. Montag) 20 à la carte 25,50/38 – **8 Zim** ⌂ 55 – 65/85.
  • Hübsch liegt dieses Haus in einen kleinen Park eingebettet. Die Innenräume sind m
  Pastelltönen angenehm gestaltet, die Karte gibt sich österreichisch. Schöne Garten
  terrasse.

WERMELSKIRCHEN Nordrhein-Westfalen **417** M 5 – 37 000 Ew – Höhe 310 m.
  ﹖ Hückeswagen, Stoote 1 (Ost : 5 km), ℘ (02192) 85 47 20.
  Berlin 541 – Düsseldorf 50 – Köln 34 – Lüdenscheid 38 – Wuppertal 30.

- **Zum Schwanen**, Schwanen 1 (B 51), ✉ 42929, ℘ (02196) 71 10, hotel@zum
  schwanen.com, Fax (02196) 711299, ☕ – ⌂, ⁺ Zim, TV ℡ ⇔ P – 益 40. AE Ⓞ Ⓜ
  VISA JCB. ✼ Zim
  Menu (geschl. Mitte - Ende Aug.) à la carte 20/41 – **40 Zim** ⌂ 75/93 – 93/140.
  • Verschiedene Stilrichtungen stehen bei der Auswahl Ihres Quartiers bereit : die Zimme
  im Haupthaus sind rustikal und etwas einfacher, der Anbau ist modern mit eleganter Note
  Das Restaurant wirkt behaglich durch dunkle Holzbalken und weiß getünchte Wände.

- **Zur Eich**, Eich 7 (B 51), ✉ 42929, ℘ (02196) 7 27 00, hotel_zur_eich@t-online.de
  Fax (02196) 727070, Biergarten – TV ⇔ P – 益 30. AE Ⓞ Ⓜ VISA
  Menu (geschl. Juli 3 Wochen) à la carte 22/29,50 – **40 Zim** ⌂ 52/66 – 86/106.
  • Das Haus ist ganz mit Schindeln aus Schiefer verkleidet und somit für die Region typisch
  Die Zimmer mit ihrer praktischen Ausstattung sind ein nettes Zuhause auf Zeit. Dunkle
  Holz an Boden und Wänden sowie eine alte Standuhr prägen das Restaurant.

In Wermelskirchen-Stumpf Süd : 4 km :

- **Große Ledder** ✽ (Hotelanlage mit 7 Gästehäusern), ✉ 42929, ℘ (02193) 2 20
  tagungszentrum.grosseledder@t-online.de, Fax (02193) 22222, ☕, ☕ – TV ℡ P –
  益 45. Ⓜ VISA JCB
  geschl. 27. Dez. - 2. Jan. – **Menu** (geschl. Sonntagabend) à la carte 22/37,50 – **86 Zim** ⌂ 72
  – 91.
  • Sieben Häuser aus verschiedenen Epochen – von typisch bergischem Fachwerk bis zum
  Bürgerhaus aus dem 19. Jh. - bilden diese Anlage mit Park. Moderne, komfortable Zimmer

WERNAU Baden-Württemberg **419** T 12 – 11 400 Ew – Höhe 255 m.
  Berlin 622 – Stuttgart 26 – Göppingen 21 – Reutlingen 34 – Ulm (Donau) 67.

- **Maître** M, Kirchheimer Str. 83, ✉ 73249, ℘ (07153) 9 30 00, hotel-maitre@t-online.de,
  Fax (07153) 36835, ☕ – ⌂ TV ℡ P – 益 15. AE Ⓞ Ⓜ VISA
  Menu (geschl. Freitag - Samstagmittag) à la carte 17/35,50 – **26 Zim** ⌂ 60/97 – 82/119.
  • Moderne sachliche Architektur und Zimmer in einheitlicher, zeitgemäßer Machart ver-
  binden sich in diesem Haus zu einer funktionellen Einheit. Das neuzeitlich gestaltete Restau-
  rant hat einen leicht eleganten Touch.

WERNBERG-KÖBLITZ Bayern **420** R 20 – 5 000 Ew – Höhe 377 m.
  ﹖ Luhe-Wildenau, Klaus-Conrad-Allee 1 (Nord-West : 10 km), ℘ (09607) 9 20 20.
  Berlin 425 – München 193 – Weiden in der Oberpfalz 20 – Nürnberg 95 – Regensburg 71.

- **Burg Wernberg** ✽, Schloßberg 10, ✉ 92533, ℘ (09604) 93 90, hotel@burg-
  wernberg.de, Fax (09604) 939139, ≤, ☕, Massage, ☕, ﹖ – ⌂ TV ℡ P – 益 130. AE
  Ⓞ Ⓜ VISA. ✼ Rest
  Menu siehe Rest. **Kastell** separat erwähnt – **Burgkeller** : Menu à la carte 25/44 – **30 Zim**
  ⌂ 95/140 – 160/195.
  • Hinter den alten Mauern der Burganlage a. d. 13. Jh. überzeugen geschmackvoll und
  individuell eingerichtete Zimmer mit den Annehmlichkeiten von heute. Barocke Burgkapelle.
  Der Burgkeller teilt sich in das rustikale Gewölbe und einen wintergartenartigen Vorbau.

WERNBERG-KÖBLITZ

Landgasthof Burkhard, Marktplatz 10, ⌧ 92533, ℘ (09604) 9 21 80, hotel.burkh
ard@t-online.de, Fax (09604) 921850, 😊 – 🛗 📺 📞 🅿 🕐 🕒 VISA
Menu (geschl. Jan., Donnerstagabend, Sonntagabend) à la carte 13/43,50 – **Kaminstube**
(geschl. Jan., Donnerstagabend, Sonntagabend) **Menu** à la carte 30/43,50 – **31 Zim**
⌇ 59/66 – 108/112.
* Ein solides und mit zeitgemäßer Technik ausgestattetes Quartier finden Sie in diesem
Hotel und Landgasthof. Familienzimmer mit Gitterbett und Babyphon. In neuzeitlichem
Landhausstil gehaltenes Restaurant. Gemütlich : die Kaminstube mit hellem Holz und Ofen.

Kastell - Hotel Burg Wernberg, Schloßberg 10, ⌧ 92533, ℘ (09604) 93 90, hotel@
burg-wernberg.de, Fax (09604) 939139 – 🅿 🕐 VISA 🕒
geschl. 2. - 28. Jan., Montag - Dienstag – **Menu** (nur Abendessen) (Tischbestellung ratsam)
76/109 à la carte 53/79 🍷.
* Ein schönes, weißgetünchtes Gewölbe, elegante Einrichtung, versierter Service und eine
kreative, französisch beeinflußte Saisonküche machen den Besuch hier zum Erlebnis.
Spez. Törtchen vom Rinderfilettatar mit Osietra-Kaviar. Bretonischer Seewolf mit Orangen-
Basilikumsauce. Geeister Cappuccino.

ERNE Nordrhein-Westfalen 417 K 6 – 32 000 Ew – Höhe 52 m.
🛈 Werne-Schmintrup, Kerstingweg 10 (Nord : 3 km Richtung Capelle), ℘ (02389) 53 90 60.
🛈 Verkehrsverein, Markt 19 (Stadtsparkasse), ⌧ 59368, ℘ (02389) 53 40 80, verkehrs
verein-werne@t-online.de, Fax (02389) 537099.
Berlin 483 – Düsseldorf 104 – Dortmund 25 – Hamm in Westfalen 15 – Münster
(Westfalen) 40.

Baumhove Hotel Am Kloster Ⓜ garni, Kurt-Schumacher-Str. 9, ⌧ 59368,
℘ (02389) 98 95 90, hotelamkloster@baumhove.de, Fax (02389) 98959120 – 🛗 ✾ 📺
📞 ♿ 🚭 – 🅰 60. 🕐 🅾 🕒 VISA JCB
54 Zim ⌇ 81/107 – 106/133.
* Mit wohnlichen Komfortzimmern in ansprechender farblicher Gestaltung und mit
funktionellen Tagungseinrichtungen trägt man den Bedürfnissen geschäftlich Reisender
Rechnung.

Ickhorn (mit Gästehaus), Markt 1, ⌧ 59368, ℘ (02389) 9 87 70, info@hotel-ickhorn.de,
Fax (02389) 987713, 😊 – ✾ Rest, 📺 📞 🅿 VISA
Menu à la carte 16/36,50 – **23 Zim** ⌇ 45/55 – 70/75.
* Inmitten der Fußgängerzone dieser liebenswürdigen Stadt liegt das Haus mit der
historischen Fassade. Besonders die praktischen Zimmer im Gästehaus überzeugen. Im
bürgerlichen Stil mit dunklem Holz und gepflegtem Dekor eingerichtetes Lokal.

Baumhove Hotel Am Markt, Markt 2, ⌧ 59368, ℘ (02389) 98 95 90, hotelam
markt@baumhove.de, Fax (02389) 98959120, (Fachwerkhaus a.d.J. 1484) – 🛗 📺 🕐 🅾
🕒 VISA
Menu (geschl. Sonntagabend) à la carte 16/34 – **17 Zim** ⌇ 31/51 – 72/77.
* Am historischen Marktplatz liegt das Hotel, in dem die Familie seit fünf Jahrhunderten
im Gastgewerbe tätig ist. Zeitgemäße, unterschiedlich möblierte Zimmer. Restaurant mit
rustikaler Einrichtung.

Am Solebad garni, Lüneer Str. 2, ⌧ 59368, ℘ (02389) 9 88 00, rezeption@hotel-
am-solebad.de, Fax (02389) 988099 – 📺 📞 🅿 🕒 VISA ♿
16 Zim ⌇ 45/60 – 68/80.
* Klein und gepflegt zeigt sich dieser Familienbetrieb mit Pensionscharakter. Die Gäste
werden in hellen Zimmern mit Weichholzmobiliar untergebracht.

In Werne-Stockum Ost : 5 km, jenseits der A 1 :

Stockumer Hof, Werner Str. 125, ⌧ 59368, ℘ (02389) 9 50 70, info@stockumer
hof.de, Fax (02389) 950799, 😊 – 📺 🅿 🕒 VISA
Menu (geschl. 27. Dez. - 7. Jan.) (wochentags nur Abendessen) à la carte 13/28,50 – **20 Zim**
⌇ 39 – 62.
* Die Gastgeberfamilie stellt Ihnen einfache, praktisch bestückte Zimmer zur Verfügung,
die mit Schreibtischen und ordentlicher Technik auch für Geschäftsreisende geeignet sind.
Grobe, alte Holzbalken geben dem Restaurant ein rustikales und gemütliches Gepräge.

WERNECK Bayern 420 Q 14 – 10 000 Ew – Höhe 221 m.
Berlin 468 – München 295 – Würzburg 27 – Schweinfurt 13.

Krone-Post, Balthasar-Neumann-Str. 1, ⌧ 97440, ℘ (09722) 50 90, kronepost@
werneck.de, Fax (09722) 509199, 😊 – 🛗 📞 🅿 – 🅰 24. 🕐 🅾 🕒 VISA JCB
Menu (geschl. Sonntagabend - Montagmittag) à la carte 15,50/25,50 – **55 Zim** ⌇ 58/71
– 80/110.
* Teils neuzeitlich mit hellem Holz oder älter mit dunklen Möbeln ausgestattet sind die
Gästezimmer dieses Hotels, das in früherer Zeit als Posthalterei genutzt wurde. Restaurant
mit gepflegtem, bürgerlichem Ambiente.

WERNIGERODE Sachsen-Anhalt 418 K 16 – 34 800 Ew – Höhe 230 m.

    Sehenswert : *Rathaus*★★ – *Fachwerkhäuser*★★.

    Ausflugsziele : *Rübeland (Hermannshöhle*★*)* Süd-Ost : 14 km.

    🛈 Tourist-Information, Nicolaiplatz 1, ✉ 38855, ℘ (03943) 63 30 35, wernigerode @netco.de, Fax (03943) 632040.

    Berlin 229 – Magdeburg 78 – Braunschweig 88 – Erfurt 145 – Göttingen 98.

- **Weißer Hirsch,** Marktplatz 5, ✉ 38855, ℘ (03943) 60 20 20, info@hotel-weiss hirsch.de, Fax (03943) 633139, 😊, 🍴 – 🛗, 🚭 Zim, 📺 🚗 – 🔔 100. ☒
 Menu à la carte 18,50/28,50 – **55 Zim** ⊆ 74/90 – 112/138, 6 Suiten – ½ P 20.
 ◆ Die Lage am historischen Marktplatz der Stadt macht dieses Hotel so anziehend. Inneren überzeugen die teils sehr gut eingerichteten Zimmer und Suiten. Hell und ze gemäß gestalteter Restaurantbereich.

- **Ramada Treff Hotel** M, Pfarrstr. 41, ✉ 38855, ℘ (03943) 94 10, wernigerode ramada-treff.de, Fax (03943) 941555, 😊, 🍴 – 🛗, 🚭 Zim, 📺 🛠 & 🚗 – 🔔 350.
 ⓞ 🕿 🎫 JCB. 🕮 Rest
 Menu à la carte 16,50/26 – **258 Zim** ⊆ 75/88 – 100/117 – ½ P 15.
 ◆ Im Stadtzentrum und nahe dem Bahnhof liegt diese neuzeitliche Adresse, die aufgru ihrer Größe auch für Gruppen interessant ist. Einheitliche, funktionelle Zimmer.

- **Erbprinzenpalais** ⚜, Lindenallee 27, ✉ 38855, ℘ (03943) 5 40 50, info@erbprinz palais.de, Fax (03943) 540599, 😊, 🌿 – 🛗 📺 & 🅿 – 🔔 20. ☒ 🕿 V JCB
 Menu à la carte 16,50/25,50 – **31 Zim** ⊆ 69/96 – 158 – ½ P 16.
 ◆ Wohnen in fürstlichem Ambiente ! Die kurfürstliche Residenz hat ihre Pforten für Gäs geöffnet und bietet in ihren Mauern Zimmer mit zeitgemäßer Ausstattung und Techn Hohe Decken und schönes altes Parkett verleihen dem Restaurant ein ansprechend Ambiente.

- **Johannishof** ⚜, garni, Pfarrstr. 25, ✉ 38855, ℘ (03943) 9 49 40, info@hote johannishof.de, Fax (03943) 949449 – 🛗 🚭 📺 🛠 & 🅿. 🕿 🎫
 25 Zim ⊆ 45/50 – 70/85.
 ◆ Mitten im Stadtkern und doch ruhig liegt dieses ehemalige Gutshaus. Hier finden Sie e geräumiges und sehr wohnliches, fast schon elegant gestaltetes Quartier.

- **Am Anger** ⚜, garni, Breite Str. 92, ✉ 38855, ℘ (03943) 9 23 20, info@hotel-an anger.com, Fax (03943) 923250 – 🚭 📺 🅿. 🕿 🎫
 29 Zim ⊆ 50 – 72/80.
 ◆ Das ehemalige Gehöft - zentral und ruhig gelegen - ist ganz in hellem Naturho gehalten. Die Zimmer sind im Landhausstil eingerichtet, teilweise mit freigelegte Fachwerk.

- **Parkrestaurant,** Grüne Str. 4, ✉ 38855, ℘ (03943) 69 59 90, info@parkresta rant.net, Fax (03943) 695991, 😊 – 🕿 🎫
 geschl. Anfang - Mitte März, Anfang - Mitte Nov., Sonntag - Montag – **Menu** (nur Abenc essen) à la carte 21/34.
 ◆ Ein renoviertes Altstadthaus beherbergt dieses Restaurant. Einige Weinregale dienen a Dekoration und unterstreichen den mediterranen Touch der Einrichtung.

- **Ratskeller,** Am Marktplatz 1, ✉ 38855, ℘ (03943) 63 27 04, Fax (03943) 905485, 😊
 Menu à la carte 16/26.
 ◆ Dieses nette Restaurant befindet sich im Untergeschoß des Rathauses und blick auf eine jahrhundertealte Tradition zurück. Sie sitzen unter einem sehr schöne Gewölbe !

WERSHOFEN Rheinland-Pfalz 417 O 4 – 960 Ew – Höhe 497 m.

    Berlin 648 – Mainz 176 – Aachen 97 – Adenau 19 – Bonn 53.

- **Landgasthaus Pfahl** (mit Gästehaus), Hauptstr. 76, ✉ 53520, ℘ (02694) 2 32 hotel@landgasthaus-pfahl.de, Fax (02694) 530, ≤, 🍴 – 📺 🅿 – 🔔 35. ☒
 🕿 🎫
 geschl. Jan. 3 Wochen – **Menu** (geschl. Dienstag) à la carte 18,50/27 – **22 Zim** ⊆ 43/5(– 65/80.
 ◆ Auf einem Höhenzug des Oberahrgebirges liegt dieses im Fachwerkstil gebaute Hotel Die Zimmer im Haupthaus sind im Landhausstil, die im Gästehaus in Eiche eingerichtet Ländlich gestaltet und mit behaglicher Kaminecke lädt dieses Restaurant zum Verweiler ein.

Einzelheiten über die in diesem Reiseführer angegebenen
Preise finden Sie in der Einleitung.

ERTHEIM Baden-Württemberg 417 419 Q 12 – 24 000 Ew – Höhe 142 m.

Sehenswert : Stiftskirche (Grabdenkmäler★★).
Ausflugsziel : Bronnbach : Klosterkirche★ Süd-Ost : 9,5 km.
🛈 Tourist-Information, Am Wenzelplatz, ✉ 97877, ✆ (09342) 10 66, info@wertheim.de, Fax (09342) 38277.
Berlin 537 – Stuttgart 143 – Würzburg 38 – Aschaffenburg 47.

Schwan (mit Gästehaus), Mainplatz 8, ✉ 97877, ✆ (09342) 9 23 30, hotel-schwan-wertheim@t-online.de, Fax (09342) 923366, 🐟 – 📺 ✆ – 🏋 20. 📧 🔘 🆗 VISA
Menu (geschl. 22. Dez. - 20. Jan.) à la carte 17/38 – **31 Zim** ⊑ 52/69 – 68/118, 3 Suiten.
  ♦ Erbaut auf den ehemaligen Stadtmauern des mittelalterlichen Ortes, steht der Schwan schon seit Generationen im Dienste des Gastes. Sie schlafen in soliden Zimmern. Im Restaurant : Schiestl Holzschnitzarbeiten aus dem Jahre 1913.

Wertheim-Bestenheid Nord-West : 3 km :

Bestenheider Stuben Ⓜ, Breslauer Str. 1, ✉ 97877, ✆ (09342) 9 65 40, info@bestenheider-stuben.de, Fax (09342) 965444, 🐟 – 📺 ✆ 🅿 – 🏋 35. 📧 🆗 VISA
geschl. Anfang Jan. 1 Woche – **Menu** 28/40 à la carte 21/39,50 – **20 Zim** ⊑ 65 – 75/90.
  ♦ Die Zimmer dieses am Ortseingang gelegenen, gut geführten Landhauses mit Holzfassade sind ale farblich schön designt und funktionell mit modernen Hotelmöbeln eingerichtet. Landhausstil kombiniert mit frischen Farben prägt das Ambiente im Restaurant.

Wertheim-Reicholzheim Süd-Ost : 7 km – Erholungsort :

Martha 🔆, Am Felder 11, ✉ 97877, ✆ (09342) 78 96, hotel.martha@t-online.de, Fax (09342) 6655, ≤, 🐟, ≦s, 🔲, 🛋 – 📺 🅿 🆗 VISA. 🛇
geschl. Ende Okt. - Anfang Nov. – **Menu** à la carte 15/28 – **10 Zim** ⊑ 36/44 – 62/82 – ½ P 16.
  ♦ Die ruhige, sonnige Hanglage und die schlicht und praktisch ausgestatteten Gästezimmer - teils mit Balkon - machen das Hotel zu einem netten Zuhause für unterwegs. Ländliches Restaurant mit wechselnder Bilderausstellung.

Kreuzwertheim Bayern - auf der rechten Mainseite :

Herrnwiesen garni, In den Herrnwiesen 4, ✉ 97892, ✆ (09342) 9 31 30, hotel@herrnwiesen.de, Fax (09342) 931311, 🛋 – ⇔ 📺 ✆ ⊂⇒ 🅿. 📧 🆗 VISA JCB
22 Zim ⊑ 45/80 – 55/90.
  ♦ Warme Farben und einheimisches Naturholz vermitteln das Gefühl, hier gut aufgehoben zu sein. Einige der sympathischen Zimmer sind mit romantisch bewachsenem Balkon versehen.

Lindenhof, Lindenstr. 41 (Nord-Ost : 2 km Richtung Marktheidenfeld), ✉ 97892, ✆ (09342) 91 59 40, Fax (09342) 9159444, ≤, 🐟, 🛋 – ⇔ 📺 ✆ ⊂⇒ 🅿. 🛇 Rest
Menu à la carte 29,50/46,50 – **15 Zim** ⊑ 63/69 – 75/125.
  ♦ Die Betreiberfamilie kann auf eine lange Tradition als Winzer und Gastwirte zurückblicken. Die Zimmer mit der individuellen, wohnlichen Einrichtung sind 1997 renoviert worden. Das Restaurant ist reich dekoriert und strahlt Gemütlichkeit aus.

WERTHER Nordrhein-Westfalen siehe Halle in Westfalen.

WERTHER Thüringen siehe Nordhausen.

WERTINGEN Bayern 419 420 U 16 – 7 000 Ew – Höhe 419 m.
Berlin 538 – München 90 – Augsburg 34 – Donauwörth 24 – Ulm (Donau) 74.

Hirsch, Schulstr. 7, ✉ 86637, ✆ (08272) 80 50, mail@hotel-zum-hirsch.de, Fax (08272) 805100, 🐟 – ⇔ 📺 ⊂⇒ 🅿 – 🏋 80. 📧 🆗 VISA JCB
Menu (geschl. 23. Dez. - 6. Jan., Freitagabend - Samstag) à la carte 12,50/23 – **28 Zim** ⊑ 38/41 – 69/72.
  ♦ Ein schmucker Gasthof mit modernem Hotelanbau. Hier wie dort findet man bestens unterhaltene, neuzeitlich ausgestattete Fremdenzimmer. Im Restaurant strahlen holzvertäfelte Wände und Dielenboden Gemütlichkeit aus.

WESEL Nordrhein-Westfalen 417 L 3 – 65 000 Ew – Höhe 25 m.
🛈 Weseler Verkehrsverein, Großer Markt 11, ✉ 46483, ✆ (0281) 2 44 98, Fax (0281) 14053.
ADAC, Schermbecker Landstr. 41.
Berlin 557 – Düsseldorf 64 – Bocholt 24 – Duisburg 31.

WESEL

Welcome Hotel Rheinresidenz M, Rheinpromenade 10, ✉ 46487, ℘ (02) 3 00 00, info@rheinresidenz-wesel.com, Fax (0281) 3000333, ≤, 🍴, 14, ≘s –
✄ Zim, 📺 ✆ & 🅿 – 🎿 300. 🆎 ⓞ ⓒⓑ 🆅🅸🆂🅰. ❌ Rest
Menu à la carte 23,50/33 – **104 Suiten** ⇌ 111/180 – 133/230.
* Der vierflügelige Bau mit mittiger Empfangskuppel liegt nahe an Rhein und Schiffsleger und bietet komfortable Zimmer mit separatem Schlafraum und Küche. Modern gestaltetes Restaurant mit vorgelagerter Terrasse und großer Fensterfront zum Rhein.

Lippeschlößchen, Hindenburgstr. 2 (Süd-Ost : 2 km), ✉ 46485, ℘ (0281) 44 lippeschloesschen@t-online.de, Fax (0281) 4733, 🍴 – 🅿. 🆎 ⓞ ⓒⓑ 🆅🅸🆂🅰 🅹🅲🅱
geschl. Montag – **Menu** à la carte 24/41.
* Das Restaurant ist geschmackvoll und hell im bürgerlichen Stil eingerichtet. Lehnen Sie sich zurück und genießen Sie den Blick über die Lippeniederung.

In Wesel-Büderich *Süd-West : 4 km über B 58 :*

Wacht am Rhein, Rheinallee 30, ✉ 46487, ℘ (02803) 8 02 98 11, hotelwacht rhein@t-online.de, Fax (02803) 1741, ≤, 🍴 – 📺 🅿. ❌ Rest
geschl. 22. Dez. - 6. Jan. – **Menu** (geschl. Dienstag) à la carte 14,50/40 – **24 Zim** ⇌ 36/ – 77/93.
* Direkt am Rhein liegt dieses geschichtsträchtige Haus, das schon Churchill, Montgomery und Eisenhower beherbergte. Die Zimmer sind meist mit massiven Eichenmöbeln bestückt Die große Fensterfront im Restaurant und die Terrasse bieten einen Blick auf den Fluss

In Wesel-Feldmark *Nord : 3 km über Reeser Landstr. (B 8) :*

Waldhotel Tannenhäuschen ⚘, Am Tannenhäuschen 7, ✉ 46487, ℘ (028 9 66 90, info@tannenhaeuschen.de, Fax (0281) 966999, 🍴, Massage, 14, ≘s, ⊠, – |⊞|, ✄ Zim, 📺 ✆ ⇌ 🅿 – 🎿 45. 🆎 ⓞ ⓒⓑ 🆅🅸🆂🅰
Menu à la carte 33,50/42,50 – **46 Zim** ⇌ 69/139 – 85/163.
* Gediegene Eleganz umgibt den Gast in diesem Haus, das ruhig in hoteleigenen Park- und Waldanlagen situiert ist. Die Zimmer ermöglichen individuelles Wohnen. Das Restaurant besticht mit Großzügigkeit, stilvollem Mobiliar und gehobener Tischkultur.

In Wesel-Flüren *Nord-West : 3 km - über B 8 :*

Art, Reeser Landstr. 188, ✉ 46487, ℘ (0281) 9 75 75, restaurantart@t-online.d Fax (0281) 97577, 🍴 – 🅿.
geschl. Dienstag, Samstagmittag – **Menu** 11 (mittags) à la carte 28/40,50.
* Die hübsche Lage, die halbrunde Bauweise und ein modernes Interieur mit Bildern und Skulpturen bieten dem Gast ein besonderes Umfeld. Terrasse am See.

In Wesel-Lackhausen *Nord : 2 km :*

Haus Duden, Konrad-Duden-Str. 99, ✉ 46485, ℘ (0281) 9 62 10, hotel.hausdude @t-online.de, Fax (0281) 9621100, 🍴, ≘s – ✄ Zim, 📺 ✆ 🅿 – 🎿 60. 🆎 ⓞ ⓒⓑ 🆅🅸🆂
❌ Rest
Menu à la carte 25/42,50 – **63 Zim** ⇌ 84/149 – 114/179.
* Die kleine traditionsreiche Villa - das Geburtshaus von Konrad Duden - wurde um einen Hoteltrakt erweitert. Mit wohnlich eingerichteten Zimmern heißt man Sie hier willkommen Teil des Restaurants ist die hübsche kleine Stube mit Fensterfront zum Garten.

In Hamminkeln-Marienthal *Nord-Ost : 14 km - über B 70 :*

Romantik Hotel Haus Elmer ⚘, An der Klosterkirche 12, ✉ 46499, ℘ (02856 91 10, haus-elmer@romantik.de, Fax (02856) 91170, 🍴, ≘s – 📺 ✆ 🅿 – 🎿 50. 🆎 ⓞ ⓒⓑ 🆅🅸🆂🅰 ❌ Zim
Menu à la carte 24,50/38 ♀ – **30 Zim** ⇌ 79/90 – 99/155.
* Geborgenheit und angenehme Atmosphäre verspürt man in den Gemächern dieses Hauses, die vom Designerstil bis zur gehoben-rustikalen Einrichtung für jeden etwas bieten Gediegener Landhausstil und liebevolles Dekor prägen das Restaurant - schöne Gartenterrasse.

WESENBERG *Mecklenburg-Vorpommern* **416** *G 22 - 3 200 Ew - Höhe 82 m.*
Berlin 114 - Schwerin 128 - Neubrandenburg 44.

Romantik Hotel Borchard's Rookhus am See ⚘, Am Großen Labussee (Nord 4,5 km), ✉ 17255, ℘ (039832) 5 00, info@rookhus.de, Fax (039832) 50100, ≤, 🍴, ≘s, ♨, – ✄ Zim, 📺 ✆ 🅿 – 🎿 40. 🆎 ⓞ ⓒⓑ 🆅🅸🆂🅰. ❌ Rest
Fürst Nikolaus Menu à la carte 31/43 – **Storchennest** (geschl. Oktober - April) (nur Abendessen) **Menu** à la carte 21/29,50 – **45 Zim** ⇌ 82/132 – 120/140, 4 Suiten.
* Ein Großteil der Zimmer und Suiten dieses herrlich am See gelegenen Hotels ist im englischen Landhausstil eingerichtet - bis ins Detail gestaltete Wohnkultur. Stilvolle Polsterstühle und ein passendes Dekor erzeugen ein niveauvolles Ambiente im Fürst Nikolaus.

ESSELING Nordrhein-Westfalen 417 N 4 – 33 000 Ew – Höhe 51 m.
Berlin 583 – Düsseldorf 55 – Bonn 20 – Köln 12.

- **Haus Burum** garni, Bonner Str. 83, ✉ 50389, ✆ (02236) 94 39 10, Fax (02236) 9439127 – 📶 📺 🚗 🅿.
  geschl. 21. Dez. - 7. Jan. – **24 Zim** ☑ 42/52 – 67/72.
  ♦ Ein sympathisches Haus, das sehr engagiert geführt wird. Weitere Pluspunkte sind die zeitgemäßen Zimmer mit Kirschholzmöbeln und der Frühstücksraum mit antiken Stühlen.

Lesen Sie die Einleitung, sie ist der Schlüssel zu diesem Führer.

ESTERBURG Rheinland-Pfalz 417 O 7 – 5600 Ew – Höhe 380 m.
🏌 🏌 Westerburg, Am Wiesensee (Nord-Ost : 3 km Richtung Stahlhofen), ✆ (02663) 99 11 92.
Berlin 561 – Mainz 88 – Koblenz 54 – Siegen 43.

Westerburg-Stahlhofen Nord-Ost : 4,5 km :

- **Lindner Hotel und Sporting Club Wiesensee** M 🏊, Am Wiesensee, ✉ 56457, ✆ (02663) 9 91 00, info.wiesensee@lindner.de, Fax (02663) 991199, ≤, 🍴, Biergarten, Massage, 🏋, ⛱, 🔲, 🚗, 🏌, 🎾, 🏌 – 📶, 🙌 Zim, 📺 ✆ ♿ 🅿 – 🚐 90. AE ① ⓜ VISA. ⚛ Rest
  Menu à la carte 27,50/41 – **105 Zim** ☑ 96/127 – 137/176, 28 Suiten.
  ♦ Die schöne Lage an einem kleinen See sowie die gut in Ahorn oder Pinie eingerichteten Zimmer machen das Haus zu einem attraktiven Domizil. Suiten mit fernöstlichem Interieur. Im Restaurant schaffen Rattanstühle und hellgelbe Wände eine freundliche Atmosphäre.

WESTERLAND Schleswig-Holstein siehe Sylt (Insel).

WESTERSTEDE Niedersachsen 415 G 7 – 21 500 Ew – Höhe 13 m – Erholungsort.
🛈 Verkehrsverein, Am Markt 2, ✉ 26655, ✆ (04488) 1 94 33, touristik@westerstede.de, Fax (04488) 5555.
Berlin 460 – Hannover 195 – Emden 58 – Groningen 110 – Oldenburg 24 – Wilhelmshaven 42.

- **Voss**, Am Markt 4, ✉ 26655, ✆ (04488) 51 90, info@voss-hotels.de, Fax (04488) 6062, 🍴, Massage, ⛱, 🔲 – 📶, 🙌 Zim, 📺 ✆ ♿ 🅿 – 🚐 180. AE ① ⓜ VISA
  Vossini : Menu à la carte 18,50/35,50 – **73 Zim** ☑ 62/76 – 89/112 – ½ P 15.
  ♦ Der neuzeitliche Klinkerbau mit flachem Anbau liegt in der Mitte der Rhododendronstadt. Das Haus überzeugt mit wohnlicher Einrichtung und funktioneller Tagungstechnik. Zum Markt hin liegt das Vossini, das hell und leicht mediterran wirkt.

- **Altes Stadthaus** (mit Gästehaus), Albert-Post-Platz 21, ✉ 26655, ✆ (04488) 8 47 10, altesstadthaus@aol.com, Fax (04488) 847130, 🍴 – 🙌 Zim, 📺. ⓜ VISA
  Menu (geschl. Samstagmittag, Montag) à la carte 15/28 – **17 Zim** ☑ 47/58 – 73/85.
  ♦ Das renovierte alte Stadthaus mit Neubau beherbergt ein engagiert geführtes Hotel. Die Zimmer sind individuell, teils sehr schön im englischen Landhausstil ausgestattet. Kleines, in hübschen Farben gestaltetes Restaurant.

- **Busch**, Lange Str. 2, ✉ 26655, ✆ (04488) 8 47 60, info@hotelbusch.de, Fax (04488) 847660, 🍴 – 🙌 Zim, 📺 – 🚐 30. AE ① ⓜ VISA JCB
  Menu à la carte 14/34 – **16 Zim** ☑ 45/65 – 77/125.
  ♦ Recht ruhig liegt das renovierte Stadthaus in der Fußgängerzone des Ortes. In neuzeitlichen Gästezimmern mit gutem Platzangebot werden Besucher hier gut untergebracht. Das Restaurant ist nett im friesischen Stil eingerichtet.

In Westerstede-Burgforde Nord-Ost : 1,5 km in Richtung Neuenburg :

- **Waldhotel am Wittenheimer Forst**, Burgstr. 15, ✉ 26655, ✆ (04488) 8 38 20, Fax (04488) 72829, 🍴, 🌳 – 🙌 Zim, 📺 🅿.
  geschl. 20. Dez. - 31. Jan. – **Menu** (geschl. Montag) (ausser Saison nur Abendessen) à la carte 15/32 – **20 Zim** ☑ 53/55 – 77/85.
  ♦ Das schön restaurierte Landhaus liegt am Waldrand. Teils in Weiß, teils in rustikaler Eiche zeigen sich die Zimmer. Morgens lockt ein reichhaltiges Landfrühstück. Zum gastronomischen Bereich zählen die rustikale Schänke und das fast klassische Restaurant.

WETTENBERG Hessen siehe Giessen.

WETTRINGEN Nordrhein-Westfalen **417** J 5 – 7500 Ew – Höhe 55 m.
Berlin 487 – Düsseldorf 160 – Nordhorn 50 – Enschede 32 – Münster (Westfalen) 3 Osnabrück 59.

Zur Post, Kirchstr. 4 (B 70), ✉ 48493, ℘ (02557) 9 37 20, natze@t-online.
Fax (02557) 937240, Biergarten – 📺 🅿 ⓶
Menu (geschl. Sonntag) (nur Abendessen) à la carte 14/28 – **24 Zim** ⊇ 39 – 62.
◆ Seit 150 Jahren ist dieses Haus im Familienbesitz. Seither wurde ständig verbessert, daß man heutzutage seinen Gästen solide und gepflegte Räume anbieten kann. Ein g ßer, heller Wintergarten verbindet das Restaurant mit dem Biergarten.

WETZLAR Hessen **417** O 9 – 54 000 Ew – Höhe 168 m.
🏌 Braunfels, Homburger Hof (Süd-West : 12 km über ⑦), ℘ (06442) 45 30.
🛈 Tourist-Information, Domplatz 8, ✉ 35573, ℘ (06441) 9 93 38, Fax (06441) 993
Berlin 510 ② – Wiesbaden 96 ② – Frankfurt am Main 68 ② – Limburg an der Lahn 42 – Siegen 64 ⑧ – Gießen 17 ②

Stadtplan siehe gegenüberliegende Seite

Mercure, Bergstr. 41, ✉ 35578, ℘ (06441) 41 70, h0782@accor-hotels.co
Fax (06441) 42504, 𝔥, ≋, ⊠, – ⎮, ⥃ Zim, 📺 ⟺ 🅿 – 🎪 280. 🅰🅴
⓶ VISA
Menu à la carte 20/35 – **144 Zim** ⊇ 98/116 – 116/134.
◆ Unweit der neuen Stadthalle heißt man Sie in diesem Tagungs- und Gruppenhotel w kommen. Alle Zimmer sind mit cremefarbenen Möbeln bestückt, bunte Stoffe setz Akzente.

Blankenfeld, Im Amtmann 20, ✉ 35578, ℘ (06441) 78 70, info@hotel-blankenfe .com, Fax (06441) 787200, 🍴 – ⎮, ⥃ Zim, 📺 ♿ ⟺ 🅿 – 🎪 20. ⓶ ⓿
🍽 Rest über ⑥
Menu à la carte 19,50/35 – **38 Zim** ⊇ 56/62 – 82/87.
◆ Das ganze Haus wirkt durch seine offene und moderne Architektur lichtdurchflute Die Zimmer sind ebenfalls hell, großzügig und mit solidem Kirschholz gut eingericht Bistroartiges Restaurant mit Korbstühlen und frischen Farben.

Bürgerhof, Konrad-Adenauer-Promenade 20, ✉ 35578, ℘ (06441) 90 30 (Hotel) 90 3 44 (Rest.), hotel@buergerhof-wetzlar.com, Fax (06441) 903100 – ⎮ 📺 ℅ ⟺ 🅿 🅰🅴
⓶ VISA
Der Postreiter : Menu à la carte 17/30 – **62 Zim** ⊇ 54/72 – 82/92.
◆ Zwei moderne Hotelflügel gliedern sich harmonisch in die alte Bausubstanz ei Die Zimmer sind unterschiedlich gestaltet, teils mit Stilmobiliar wohnlich eingericht Der Postreiter – gemütlich in der Aufmachung - liegt im historischen Gebäudeteil.

Wetzlarer Hof, Obertorstr. 3, ✉ 35578, ℘ (06441) 90 80, wetzlarerhof@gmx.d Fax (06441) 908100, 🍴 – ⎮ 📺 ℅ 🅿 – 🎪 40. 🅰🅴 ⓞ ⓶ VISA
Menu à la carte 19,50/31 – **55 Zim** ⊇ 70/75 – 85/90.
◆ Modern eingerichtete Zimmer, teilweise mit Balkon und Aussicht auf die Avignon-Anlag erwarten Sie. Auch der Empfangsbereich ist ansprechend mit Sitzgruppen gestalte Gepflegtes, neuzeitliches Restaurant.

XX **Schnittlik**, Garbenheimer Str. 18, ✉ 35578, ℘ (06441) 4 25 51, Fax (06441) 4255 🍴 – 🅿 ⓶
geschl. Jan. 2 Wochen, Juli. 2 Wochen, Sonntag - Montag – **Menu** (nur Abendessen) (Tisch bestellung ratsam) à la carte 35/46.
◆ Hinter den Mauern dieser schönen alten Villa wartet ein gemütliches Interieur. Rustikal Einrichtung, aufgelockert durch farbige Polsterstoffe, bestimmt das Ambiente.

In Wetzlar-Naunheim über ① : auf der Brücke rechts abbiegen : 3 km :

Landhotel Naunheimer Mühle ≫, Mühle 2, ✉ 35584, ℘ (06441) 9 35 30 naunheimer-muehle@t-online.de, Fax (06441) 935393 – ⎮ ⥃ 📺 ℅ 🅿 – 🎪 20. 🅰🅴 ⓶
VISA 🍽 Rest
Menu à la carte 17,50/36 – **34 Zim** ⊇ 48/76 – 87/122.
◆ Idyllisch liegt die alte Mühle mit ihren Anbauten direkt an der Lahn. Die Gästezimmer dieses hübschen Anwesens überzeugen mit moderner Ausstattung und Funktionalität. Vie Holz an Wänden und Decken schafft im Restaurant ein behagliches Ambiente.

In Lahnau-Atzbach über ② : 7,5 km :

XX **Bergschenke Atzbach**, Bergstr. 27, ✉ 35633, ℘ (06441) 9 64 30, restaurant@ bergschenke-atzbach.de, ≤, 🍴 – 🅿 (06441) 964326, ≤, 🍴 – 🅿
geschl. Samstagmittag – **Menu** à la carte 28/40 – **Bürgerstube** (geschl. Samstagmittag) **Menu** à la carte 15,50/28.
◆ Oberhalb des Ortes, in schöner Hanglage, befindet sich dieses von außen etwas unschein- bare Haus. Das Interieur ist ansprechend im eleganten Landhausstil eingerichtet. Die Bür- gerstube ist die rustikale Alternative zur Bergschenke Atzbach.

WETZLAR

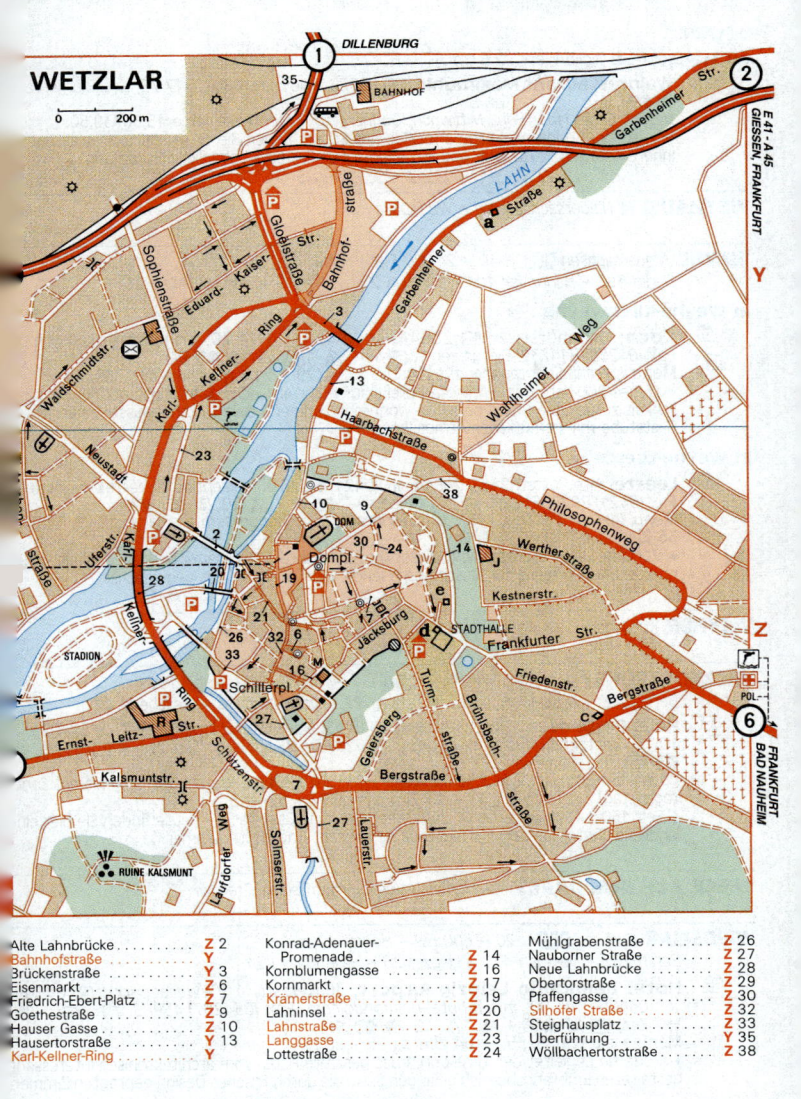

Alte Lahnbrücke		Z 2
Bahnhofstraße		Y
Brückenstraße		Y 3
Eisenmarkt		Z 6
Friedrich-Ebert-Platz		Z 7
Goethestraße		Z 9
Hauser Gasse		Z 10
Hausertorstraße		Y 13
Karl-Kellner-Ring		Y
Konrad-Adenauer-Promenade		Z 14
Kornblumengasse		Z 16
Kornmarkt		Z 17
Krämerstraße		Z 19
Lahninsel		Z 20
Lahnstraße		Z 21
Langgasse		Z 23
Lottestraße		Z 24
Mühlgrabenstraße		Z 26
Nauborner Straße		Z 27
Neue Lahnbrücke		Z 28
Obertorstraße		Z 29
Pfaffengasse		Z 30
Silhöfer Straße		Z 32
Steighausplatz		Z 33
Überführung		Y 35
Wöllbachertorstraße		Z 38

Lesen Sie die Einleitung, sie ist der Schlüssel zu diesem Führer.

WEYARN Bayern 420 W 19 – 2 900 Ew – Höhe 654 m.
  Berlin 627 – München 38 – Garmisch-Partenkirchen 83 – Salzburg 104 – Innsbruck 124.

  Alter Wirt, Miesbacher Str. 2, ✉ 83629, ℰ (08020) 90 70, hotel.alter-wirt@t-online.de,
  Fax (08020) 1515, Biergarten – ⚭ Zim, 📺 📞 🚗 ℙ – ♿ 40. ⓜⓒ VISA
  Menu à la carte 14,50/36,50 – **42 Zim** ☛ 80 – 107 – ½ P 13.
  ♦ Wohnliche Zimmer und Suiten mit klassischen Akzenten machen den traditionellen Gasthof von 1646 zu einer sympathischen Herberge vor den Toren Münchens. Mehrere gemütliche Räume bilden den ländlich-rustikalen Restaurantbereich.

1535

WEYARN

Im Mangfalltal *Nord-West : 2,5 km :*

🍴 **Waldrestaurant Maxlmühle**, ✉ 83626 Valley, ✆ (08020) 17 72, 🍻 Biergarte 🅿. 🎫
geschl. Ende Jan. - Feb., Mittwoch, Donnerstag – **Menu** à la carte 15,50/30,50.
♦ In schöner, einsamer Lage am Ende der Straße finden Sie dieses nette Restaurant.
Inneren sorgen Holzböden und ein Kachelofen für eine behagliche Stimmung.

WEYHAUSEN *Niedersachsen siehe Wolfsburg.*

WEYHE *Niedersachsen* 415 *H 10 – 24 500 Ew – Höhe 9 m.*
Berlin 396 – Hannover 104 – Bremen 25 – Syke 10 – Verden (Aller) 36.

In Weyhe-Kirchweyhe :

🏠 **Koch**, Bahnhofstr.2, ✉ 28844, ✆ (04203) 8 14 70, trimpe@hotelkoch.o
Fax (04203) 814739, Biergarten – 📺 🅿. – 🛋 140. 🅰🅴 ⓘ 🎫 🅥🅸🆂🅰
Menu *(geschl. Sonntagabend)* à la carte 19,50/29 – **21 Zim** ⊑ 47/51 – 69/74.
♦ Dieses 200 Jahre alte Anwesen blickt auf mehr als sechs Jahrzehnte gepflegter Gas
lichkeit zurück. Die Gäste beziehen wohnliche Zimmer - teils im Landhausstil eingerichte
Gaststube mit gemütlicher Atmosphäre.

In Weyhe-Leeste :

🏠 **Leeste**, Alte Poststr.2, ✉ 28844, ✆ (0421) 80 26 06, akzent.hotel.leeste@t-online.c
Fax (0421) 892265, 🍻, ≋s, 🅂 (geheizt) – 📺 🅿. – 🛋 20. 🅰🅴 🎫 🅥🅸🆂🅰
Menu *(geschl. 23. Dez. - 10. Jan., Sonntag) (nur Abendessen)* à la carte 18,50/31,50
35 Zim ⊑ 64/84 – 84/110.
♦ Vor den Toren Bremens liegt dieser moderne Hotel- und Freizeitbetrieb, der mit seine
praktischen Zimmern für Geschäftsreisende wie Touristen gut geeignet ist.

WEYHER *Rheinland-Pfalz siehe Edenkoben.*

WICKEDE (RUHR) *Nordrhein-Westfalen* 417 *L 7 – 11 600 Ew – Höhe 155 m.*
Berlin 478 – Düsseldorf 103 – Arnsberg 27 – Dortmund 38 – Meschede 42.

🍴🍴 **Haus Gerbens** mit Zim, Hauptstr. 211 (B 63, Nord-Ost : 2 km), ✉ 58739, ✆ (02377
10 13, kontakt@haus-gerbens.de, Fax (02377) 1871, Biergarten, 🍴 – 📺 🅿. 🅰🅴
🎫 🅥🅸🆂🅰
geschl. Anfang Jan. 2 Wochen, Mitte - Ende Juli – **Menu** *(geschl. Samstagmittag, Sonn
tagmittag)* à la carte 27/45 – **13 Zim** ⊑ 49/77 – 82/113.
♦ Seit 150 Jahren beherbergt das kleine Haus eine Gaststätte - heute finden Sie hier ein
ländliche Gaststube, ein freundliches Restaurant und nette Zimmer.

WIECK AUF DEM DARSS *Mecklenburg-Vorpommern siehe Prerow.*

WIEDEMAR *Sachsen* 418 *L 20 – 600 Ew – Höhe 110 m.*
Berlin 162 – Dresden 130 – Leipzig 26 – Halle (Saale) 21.

🏨 **Hotel Belmondo Leipzig-Airport**, Junkersstr. 1 (Gewerbepark), ✉ 04509,
✆ (034207) 45 90, info@hotel-belmondo.com, Fax (034207) 45988, 🍻, ≋s – 📶,
✻ Zim, 📺 📞 🅿. – 🛋 170. 🅰🅴 ⓘ 🎫 🅥🅸🆂🅰
Menu à la carte 15/35 – **104 Zim** ⊑ 75 – 88.
♦ Moderne begleitet den Gast durch das ganze Haus. Vom architektonisch interessant
gestalteten Empfangsbereich gelangen Sie in die durch frisches Design geprägten Zimmer.

WIEDEN *Baden-Württemberg* 419 *W 7 – 650 Ew – Höhe 850 m – Erholungsort – Wintersport :*
850/1 100 m, ≰2, ≴.
🅸 *Kurverwaltung, Rathaus, Kirchstr. 2, ✉ 79695, ✆ (07673) 3 03, Fax (07673) 8533.*
Berlin 813 – Stuttgart 246 – Freiburg im Breisgau 44 – Basel 50 – Todtnau 11.

🏠 **Moosgrund** ⚘, Steinbühl 3, ✉ 79695, ✆ (07673) 79 15, info@moosgrund.de,
Fax (07673) 1793, ≤, 🍻, ≋s, 🅂, 🍴 – 📺 📞 🅿. 🎫 🅥🅸🆂🅰 ✻ Rest
geschl. Nov. – **Menu** à la carte 15/34 – **20 Zim** ⊑ 44/46 – 66/84 – ½ P 15.
♦ Oberhalb des Dorfes gelegen, überzeugt das kleine Hotel mit Ruhe und soliden
Quartieren. Sommers wie winters stellt diese Adresse ein reizvolles Urlaubsziel dar.
Dem dörflichen Charakter des Hauses angepaßt, zeigt sich das Restaurant in ländlicher
Aufmachung.

WIEDEN

Hirschen, Ortsstr. 8, ✉ 79695, ℘ (07673) 8 88 60, hotel-hirschen@t-online.de, Fax (07673) 888637, 斧, 龠, 🖻, 🚗, ※ – 📳 TV 🚗 🅿 – 🏂 15. 🕮 VISA
geschl. Mitte Nov. - Mitte Dez. – **Menu** (geschl. Dez. - April Montag) à la carte 19/36 – **28 Zim** ⛌ 41/56 – 53/97 – ½ P 17.
♦ Der familiengeführte Gasthof liegt mitten in einem netten kleinen Dorf. Ein nach hinten gelegenes Gästehaus beherbergt die meisten der im ländlichen Stil gehaltenen Zimmer. Teil des Restaurants sind zwei Stuben mit Kachelofen und rustikalem Dekor.

der Straße zum Belchen West : 4 km :

Berghotel Wiedener Eck – Höhe 1 050 m, ✉ 79695 Wieden, ℘ (07673) 90 90, info@wiedener-eck.de, Fax (07673) 1009, ≤, 斧, 龠, 🖻, 🚗 – 📳 TV ☏ 🚗 🅿 – 🏂 20. ① 🕮 VISA
Menu à la carte 18/34 – **30 Zim** ⛌ 46/70 – 77/118 – ½ P 17.
♦ Der engagiert geführte Familienbetrieb ist auf einer kleinen Anhöhe plaziert. Die Gästezimmer sind in wohnlichem Landhausstil eingerichtet. Unterteilte Gaststuben von ländlich-bürgerlich bis urig.

IEFELSTEDE Niedersachsen **415** G 8 – 13 400 Ew – Höhe 15 m – Erholungsort.
🛈 Fremdenverkehrsverein, im Haus des Gastes, Kleiberg 10, ✉ 26215, ℘ (04402) 96 51 50, Fax (04402) 69381.
Berlin 452 – Hannover 188 – Bremen 66 – Bad Zwischenahn 14 – Oldenburg 13.

Wiefelstede-Metjendorf Süd-Ost : 10 km Richtung Oldenburg :

Trend Hotel, Jürnweg 5, ✉ 26215, ℘ (0441) 9 61 10, info@trendhotel-ol.de, Fax (0441) 9611200 – ⅙ Zim, TV ☏ 🅿 🕮 ① 🕮 VISA ※
Menu (geschl. Freitag - Sonntag) (nur Abendessen) à la carte 14/25 – ⛌ 7 – **34 Zim** 39 – 61.
♦ Im Motel-Stil angelegt, beherbergt das flache Gebäude saubere, praktisch ausgestattete Zimmer - alle ebenerdig gelegen, mit direktem Zugang zum Parkplatz. Neuzeitliche Einrichtung und freundliche Farben verleihen dem Restaurant einen bistroähnlichen Charakter.

IEHL Nordrhein-Westfalen **417** N 6 – 26 500 Ew – Höhe 192 m.
🛈 Verkehrsamt, Rathaus, Bahnhofstr. 1, ✉ 51674, ℘ (02262) 9 91 95, Fax (02262) 99247.
Berlin 570 – Düsseldorf 82 – Bonn 71 – Siegen 53 – Waldbröl 17 – Köln 48.

Zur Post, Hauptstr. 8, ✉ 51674, ℘ (02262) 79 00, info@hotel-zur-post-wiehl.de, Fax (02262) 92595, Biergarten, 🗲, 龠, 🖻, – 📳, ⅙ Zim, TV ☏ 🅿 – 🏂 180. 🕮 ① 🕮 VISA ※
Menu à la carte 21/39 – **57 Zim** ⛌ 82/110 – 115/135.
♦ Zeitgemäße, wohnliche Gästezimmer machen das Haus zu einem funktionellen Domizil für Reisende. Eine Vielzahl von Sportmöglichkeiten finden Sie in unmittelbarer Nähe. Eine rustikal-gemütliche Bierstube ergänzt das gediegene Restaurant.

Platte, Hauptstr. 25, ✉ 51674, ℘ (02262) 90 75, Fax (02262) 97876, 斧 – 🅿 – 🏂 20. 🕮 ① 🕮 VISA
Menu (geschl. Mitte Juli - Mitte Aug.) à la carte 19/40 – **20 Zim** ⛌ 65 – 95.
♦ Sauber, gepflegt und praktisch in der Ausstattung - so zeigt sich Ihnen Ihre vorübergehende Unterkunft. Freigelegte Holzbalken zieren einige der Gästezimmer. Ein nettes ländliches Dekor gibt den Restauranträumen einen rustikalen Charakter.

IEK Mecklenburg-Vorpommern siehe Rügen (Insel).

IESBADEN 🛈 Hessen **417** P 8 – 270 000 Ew – Höhe 115 m – Heilbad.
Sehenswert : Kurhaus★BY – Kurpark und Kuranlagen★BY – Museum Wiesbaden (Jawlensky-Kollektion★)BZ M1 – Nerobergbahn★ AY.
Ausflugsziel : Schloss Biebrich★ – Kloster Eberbach★★ (Weinkeltern★★) West : 18 km.
ᵣ₈ Wiesbaden-Delkenheim, Lange Seegewann 2 (Ost : 12 km), ℘ (06122) 5 25 50 ;
ᵣ₈ Wiesbaden, Weißer Weg (Nord-West : 6 km über Dotzheimer Str.), ℘ (0611) 42 06 75 ;
ᵣ₉ Wiesbaden, Chausseehaus 17 (Nord-West : 5 km über Klarenthaler Str.), ℘ (0611) 46 02 38.
Ausstellungs- und Kongreßzentrum Rhein-Main-Halle (BZ), ℘ (0611) 14 40, Fax (0611) 144118.
🛈 Tourist Information, Marktstr. 6, ✉ 65183, ℘ (0611) 1 72 97 80, Fax (0611) 1729798.
ADAC, Grabenstr. 5.
Berlin 567 ① – Bonn 153 ① – Frankfurt am Main 40 ① – Bad Kreuznach 49 ② – Mannheim 89 ①

1537

WIESBADEN

Albrecht-Dürer-Straße	**AY** 2
An den Quellen	**BY** 3
Bahnhofstraße	**BZ**
Burgstraße	**BY** 4
Friedrichstraße	**AY**
Goldgasse	**AY** 5
Grabenstraße	**AY** 6
Kaiser-Friedrich-Platz	**BY** 7
Kirchgasse	**AYZ**
Langgasse	**AY** 8
Luisenstraße	**ABZ**
Marktstraße	**AY** 10
Mauergasse	**AY** 12
Michelsberg	**AY** 13
Moritzstraße	**AZ**
Mühlgasse	**BY** 15
Neugasse	**AY** 16
Prinzessin-Elisabeth-Straße	**BY** 17
Wagemannstraße	**AY** 20
Webergasse	**ABY** 21
Wilhelmstraße	**BY**

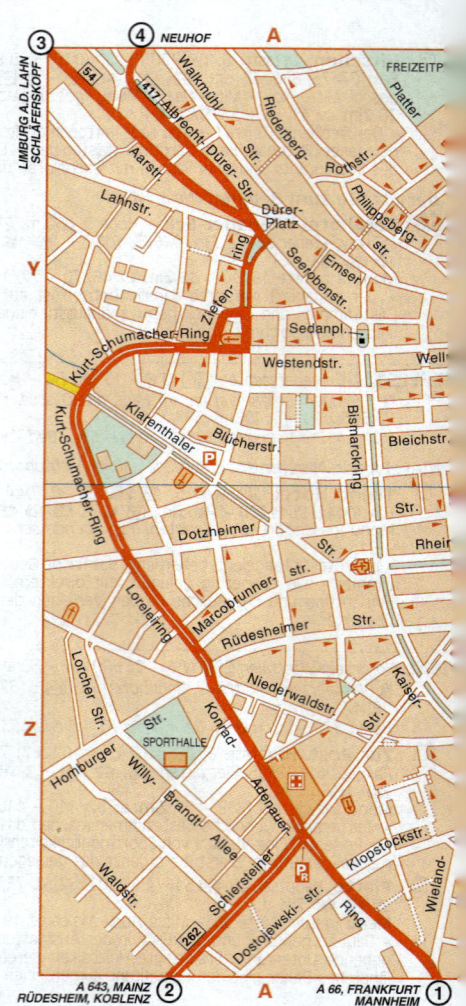

Nassauer Hof, Kaiser-Friedrich-Platz 3, ✉ 65183, ℘ (0611) 13 30, verkauf@nassauer-hof.de, Fax (0611) 133632, 🍴, Massage, ⇔, 🟦 (Thermal) – 📶, ✱ Zim, 🍽 Rest, 📺 📞 🚗 – 🔒 120. AE ⓪ ◉ VISA JCB. ✱
Menu siehe Rest. *Ente* separat erwähnt – *Orangerie* : Menu à la carte 26/39 – ⚏ 2€ **BY** – **186 Zim** 195/230 – 260/310, 9 Suiten.
♦ Die wilhelminische Fassade und ein klassisch-elegantes Interieur bilden einen noblen Rahmen. Mit Stil und modernem Komfort beeindruckt dieses Grandhotel Gäste aus aller Welt. Ein runder Vorbau mit hohen Sprossenfenstern und Kuppel beherbergt das Restaurant

Radisson SAS Schwarzer Bock, Kranzplatz 12, ✉ 65183, ℘ (0611) 15 50, info.wiesbaden@radissonsas.com, Fax (0611) 155111, 🍴, Massage, ♨, ⇔, 🟦 (Thermal), – 📶, ✱ Zim, 🍽 📞 🚗 – 🔒 100. AE ⓪ ◉ VISA JCB **BY** e
Capricorne : Menu à la carte 34/49 – ⚏ 18 – **142 Zim** 165/235 – 195/255, 6 Suiten – ½ P 29.
♦ Das historische Stadthaus mit 500-jähriger Geschichte - eines der ältesten Hotels Deutschlands - verwöhnt anspruchsvolle Gäste mit einem Hauch von Luxus. Eine Lichtkuppel und elegantes Ambiente mit Parkett prägen das Capricorne. Schöne Innenhofterrasse.

Dorint Ⓜ, Auguste-Viktoria-Str. 15, ✉ 65185, ℰ (0611) 3 30 60, Fax (0611) 303960, 😊, 🛁, ≡s – 🛗, ⚧ Zim, 🔳 📺 📞 🅿️ 🚗 – 🔔 300. AE ⓘ ⓜ VISA JCB BZ e
Menu à la carte 29/45 – 🍽 19 – **298 Zim** 145/178 – 176/209, 4 Suiten.
 • Bei der Gestaltung des Interieurs hat man sich für modernes Design und klare Linien entschieden. Komfort auf hohem Niveau überzeugt auch den Business-Gast von heute. Korbstühle und ein frisches Design verleihen dem Restaurant eine gewisse Leichtigkeit.

Astron Hotel Aukamm Ⓜ 🌳, Aukamm-Allee 31, ✉ 65191, ℰ (0611) 57 60, *wiesbaden@astron-hotels.com*, Fax (0611) 576264, 😊, Massage, 🛁, ≡s – 🛗, ⚧ Zim, 🔳 📺 📞 🅿️ – 🔔 220. AE ⓘ ⓜ VISA JCB   über Bierstadter Straße BYZ
Menu à la carte 25/37 – 🍽 15 – **164 Zim** 113, 13 Suiten.
 • Hinter der Balkonfassade des neuzeitlichen Hochhauses verbergen sich Komfort und Funktionalität. Business-Zimmer ermöglichen Ihnen auch unterwegs erfolgreiches Arbeiten. Im Restaurant finden sich verschiedene gastronomische Konzepte.

1539

WIESBADEN

Crowne Plaza M, Bahnhofstr. 10, ✉ 65185, ℰ (0611) 16 20, sales@crownep wiesbaden.de, Fax (0611) 304599, ₤₅, ≦ₛ, ◻ - 📶, ↔ Zim, 🔳 📺 ✆ ♿ ⇌ - 🏛 AE ⓘ ⓞ VISA JCB
BZ
Menu à la carte 23/34 – ⊇ 18 – **228 Zim** 160/180 – 180/220, 3 Suiten – ½ P 25
• Eine großzügige Hotelhalle empfängt Sie in Ihrer vorübergehenden Residenz. Von hier gelangen Sie in funktionelle Zimmer, die dem Gast viele nützliche Extras bieten. Ein bistro ges Ambiente umgibt den Gast im Restaurant.

Oranien, Platter Str. 2, ✉ 65193, ℰ (0611) 1 88 20, info@hotel-oranien.de, Fax (0 1882200, ☕ - 📶, ↔ Zim, 📺 ✆ ♿ ⇌ P - 🏛 100. AE ⓘ ⓞ VISA JCB
BY
Menu (geschl. Juli 3 Wochen, Samstag) à la carte 25/38 – **79 Zim** ⊇ 105/140 – 125/ – ½ P 25.
• Nach stilgerechter Renovierung beherbergt das alte Haus mit der schmucken r Fassade nun eine komfortable Unterkunft für Reisende - zeitgemäß und wohn Klassisch in der Art, unterstreicht das Restaurant den villenähnlichen Charakter Hauses.

Klee am Park, Parkstr. 4, ✉ 65189, ℰ (0611) 9 00 10, hotel-klee-am-park@t line.de, Fax (0611) 9001310, ☕ - 📶, ↔ Zim, 📺 ✆ P - 🏛 30. AE ⓘ ⓞ VISA ✖ R
BY
Menu à la carte 28/34 – ⊇ 13 – **54 Zim** 90/138 – 138/183 – ½ P 28.
• Die Lage am Kurpark und die unmittelbare Nähe zur City zählen zu den Annehmlichkei dieses zeitgemäßen Hotels im Inneren gepflegt und funktionell ausgestattet. Ho restaurant mit klassischem Ambiente.

Ramada, Abraham-Lincoln-Str. 17, ✉ 65189, ℰ (0611) 79 70, rhi.uweal.do marriott.com, Fax (0611) 761372, Biergarten, ₤₅, ≦ₛ, ◻ - 📶, ↔ Zim, 🔳 📺 ✆ 🏛 200. AE ⓘ ⓞ VISA JCB ✖ Rest   über Berliner Straße CZ
Menu à la carte 25/38 – ⊇ 15 – **205 Zim** 115/125.
• Geschäftlich wie auch privat Reisende schätzen die Funktionalität dieses Tagungshot Die zentrumsnahe Lage bietet eine gute Verkehrsanbindung zu Autobahnen und Innensta

Fontana garni, Sonnenberger Str. 62, ✉ 65193, ℰ (0611) 18 11 60, in @fontana.de, Fax (0611) 1811666 – 📶 ↔ 📺 ✆ P – 🏛 15. AE ⓘ ⓞ JCB   über Sonnenberger Straße CY
geschl. Weihnachten - Anfang Jan. – ⊇ 11 – **25 Zim** 75/92 – 117/130.
• Mit einem modernen Äußeren begrüßt Sie Ihr Zuhause auf Zeit - plaziert in einem V lenviertel nahe dem Kurpark. Ebenso neuzeitlich, hell und freundlich zeigen sich die Zimm

Trüffel M, Webergasse 6, ✉ 65183, ℰ (0611) 9 90 55 10, info@trueffel.n Fax (0611) 9905555, ☕ – 📶, ↔ Zim, 🔳 📺 ✆ – 🏛 15. AE ⓘ ⓞ VISA J ✖ Zim
BY
Menu à la carte 28/45 – **24 Zim** ⊇ 105/145 – 145/195.
• Das klare Design dieses modernen Hotels trägt die Handschrift des Mailänder Architekt Stefano Orsi. Der Business-Gast findet hier einen komfortablen Arbeitsplatz. Schlichte E ganz bestimmt das Ambiente im Restaurant - mit Bistro und Delikatessengeschäft.

De France garni, Taunusstr. 49, ✉ 65183, ℰ (0611) 95 97 30, hoteldefrance@t-o line.de, Fax (0611) 9597374 – 📶 ↔ 📺. AE ⓘ ⓞ VISA
BY
geschl. 23. Dez. - 4. Jan. – **37 Zim** ⊇ 80/96 – 102/133.
• Eine für den Baustil des ausgehenden 19. Jh. typische Fassade mit Balkonen und kleine Erkern ziert das Haus. Der Gast wählt zwischen Standard- und Komfortzimmern.

Hansa garni, Bahnhofstr. 23, ✉ 65185, ℰ (0611) 90 12 40, hansa-hotel@info-wies den.de, Fax (0611) 90124666, ☕ – 📶 ↔ 📺 P – 🏛 30. AE ⓘ ⓞ VISA
BZ
⊇ 12 **82 Zim** 90/99 – 112.
• Ende des 19. Jh. wurde dieses stattliche Haus erbaut. Hinter der schönen Fassade stehe neuzeitlich und funktionell gestaltete Zimmer zum Einzug bereit.

Klemm M garni (mit Gästehaus), Kapellnerstr. 9, ✉ 65193, ℰ (0611) 58 20, hote klemm@t-online.de, Fax (0611) 582222 – 📶 ↔ 📺 ✆ ⇌. AE ⓘ ⓞ VIS JCB ✖
BY
63 Zim ⊇ 80/100 – 100/120.
• Eine gelungene Kombination von Alt und Neu : das Jugendstilhaus von 1888 beherberg ein helles, modernes Interieur in freundlichen Farben. Lage : am Rande der Altstadt.

Drei Lilien garni, Spiegelgasse 3, ✉ 65183, ℰ (0611) 99 17 80, info@dreililien. Fax (0611) 9917888 – ↔ 📺 ✆. AE ⓘ ⓞ VISA.
BY
geschl. Weihnachten - Anfang Jan. – **15 Zim** ⊇ 79/109 – 99/139.
• Bei der Restaurierung des Jugendstil-Hauses aus dem Jahre 1905 hat man Wert auf die Erhaltung historischer Details gelegt. Sie beziehen ein gepflegtes, zeitgemäßes Quartier

Maxi-Hotel M garni, Wellritzstr. 6, ✉ 65183, ℰ (0611) 9 45 20, info@hotel-maxi.de Fax (0611) 945277 – 📶 📺 P. AE ⓘ ⓞ VISA
BY a
40 Zim ⊇ 70/80 – 95.
• Das 1996 neu eröffnete Hotel liegt im Herzen von Wiesbaden. Die Gästezimmer bieter die Annehmlichkeiten, die Sie sich von einer funktionellen Übernachtungsadresse wün schen.

WIESBADEN

Ente - Hotel Nassauer Hof, Kaiser-Friedrich-Platz 3, ⊠ 65183, ℘ (0611) 13 36 66, *ente @nassauer-hof.de, Fax (0611) 133632,* 😊 – 🍴. AE ⓘ ⓜ VISA JCB. ✹ BY v
geschl. 1. - 7. Jan. – **Menu** (Tischbestellung ratsam, bemerkenswerte Weinkarte) 36 (mittags)/95 (abends) à la carte 53/69 ₰.
♦ Klare, klassische Eleganz bis auf die Empore. Gekonnt bringt der Küchenchef des Nassauer Hofs fernöstliche Elemente in seine feinen kulinarischen Kreationen ein.
Spez. Steinbutt mit grünem Spargel und Zitronengras in der Papillotte gegart. Heide-Ente aus dem Rohr mit Steinpilzen und Aprikosen-Tarte (2 Pers.). Ziegenquark-Soufflé mit Stachelbeerkompott und Walnusseis.

Desiderio, Bahnhofstr. 50, ⊠ 65185, ℘ (0611) 37 56 50, *Fax (0611) 5280106,* 😊 – AE ⓜ VISA. ✹ BZ n
geschl. Aug., Samstag - Sonntag – **Menu** (italienische Küche) à la carte 37/42.
♦ Warme Farbtöne, Korbstühle und terracottafarbene Fliesen verbreiten toskanisches Flair im Raum. Das gehobene Speiseangebot orientiert sich an der italienischen Küche.

Grün, Dotzheimer Str. 149, ⊠ 65197, ℘ (0611) 1 84 16 60, *Fax (0611) 1841661,* 😊 über Dotzheimer Str. AZ
geschl. Dienstag – **Menu** à la carte 28/44 ₰.
♦ Parkett und modernes Mobiliar betonen die schlichte Eleganz des Restaurants. Blickfang des von Glas umgebenen Raumes ist eine kleine, frei hängende Ebene in Ellipsenform.

Käfer's Bistro, Kurhausplatz 1 (im Kurhaus), ⊠ 65189, ℘ (0611) 53 62 00, *info@ kurhaus-gastronomie.de, Fax (0611) 536222,* 😊 – AE ⓜ VISA BY
Menu à la carte 28/47.
♦ Das Restaurant befindet sich in dem 1907 in wilhelminischem Stil erbauten Kurhaus. Zahlreiche Bilder und viel Holz prägen den schönen hohen Raum.

Wiesbaden-Alt Klarenthal *Nord-West : 5 km über Klarenthaler Straße* AY :

Landhaus Diedert ♦ mit Zim, Am Kloster Klarenthal 9, ⊠ 65195, ℘ (0611) 1 84 66 00, *info@landhaus-diedert.de, Fax (0611) 18466030,* 😊, 🌿 – 📺 🅿 – 🛋 15. AE ⓘ ⓜ VISA
Menu *(geschl. Montag, Samstagmittag)* à la carte 29/44 – **14 Zim** ⊇ 85/105 – 105/128.
♦ Die Einrichtung im französischen Landhausstil versprüht provenzalisches Flair und dem ursprünglichen Charme des Hauses. Schön : die Gartenterrasse.

Wiesbaden-Biebrich *Süd : 4,5 km, über Biebricher Allee* BZ :

Am Schlosspark 🅼 ♦ garni, Armenruhrstr. 2, ⊠ 65203, ℘ (0611) 60 93 60, *hotel-am_schlosspark@t-online.de, Fax (0611) 6093660* – 📶 ✹ 📺 ♿ 🚗 – 🛋 15. AE ⓘ VISA
71 Zim ⊇ 70/80 – 75/105.
♦ Das ruhig gelegene Domizil begrüßt seine Gäste mit einem neuzeitlichen Äußeren. Ebenfalls modern gestaltet, überzeugen die Zimmer des Hauses mit Funktionalität.

Zum Scheppen Eck garni, Rathausstr. 94, ⊠ 65203, ℘ (0611) 67 30, *zum_ scheppen_eck@t-online.de, Fax (0611) 673159* – 📶 ✹ 📺 📞 AE ⓘ ⓜ VISA JCB. ✹
geschl. Weihnachten - Anfang Jan. – **21 Zim** ⊇ 70/85 – 85/110.
♦ Sie beziehen ein schmuckes historisches Haus mit modernem Anbau. Parkettfußboden und helles Holzmobiliar machen jedes Zimmer zu einem wohnlichen Zuhause auf Zeit.

Wiesbaden-Erbenheim *über ② : 4 km :*

Domäne Mechtildshausen ♦, nahe Army Airfield, ⊠ 65205, ℘ (0611) 73 74 60, *wjwgmbh@t-online.de, Fax (0611) 737479,* 😊, 🌿 – 📺 🅿 – 🛋 40. AE ⓜ VISA
Menu *(geschl. 27. Dez. - Mitte Jan., Sonntagabend - Montag)* à la carte 30/38 – **15 Zim** ⊇ 80/100 – 130.
♦ Das kleine Gästehaus ist Teil eines ansprechend angelegten landwirtschaftlichen Gutshofs. Felder und Weiden umgeben Ihr solides und zeitgemäßes Quartier. In der Küche verwendet man Produkte aus eigenem Anbau und der eigenen Metzgerei.

Wiesbaden-Nordenstadt *Ost : 10 km über Berliner Str. und die A 66, Ausfahrt Nordenstadt*

Ramada-Treff Hotel, Ostring 9, ⊠ 65205, ℘ (06122) 80 10, *wiesbaden@ramada -treff.de, Fax (06122) 801164,* 😊 – 📶, ✹ Zim, 📺 🅿 – 🛋 150. AE ⓘ ⓜ VISA JCB
Menu à la carte 21/33 – ⊇ 13 – **144 Zim** 110.
♦ Mit seiner verkehrsgünstigen Lage sowie zeitgemäß und funktionell ausgestatteten Zimmern bietet dieses Haus ideale Bedingungen für Städtetouristen und Tagungsgäste.

Stolberg garni, Stolberger Str. 60, ⊠ 65205, ℘ (06122) 99 20, *info@hotel-stolberg.de, Fax (06122) 992111* – 📺 🚗 🅿 – 🛋 50. AE ⓜ
geschl. Weihnachten - Anfang Jan. – **48 Zim** ⊇ 60/68 – 78/82.
♦ Am Rande des Industriegebietes finden Reisende diesen privat geführten Hotelbetrieb. In ordentlich gepflegten, sauberen Gästezimmern beziehen Sie Quartier.

WIESBADEN

Merkur garni, Borsigstr. 1, ✉ 65205, ✆ (06122) 91 70, merkurhotel@t-online
Fax (06122) 917300 – 🕮 📺 🚗 🅿 – 🛎 30. 🆎 ⓜ 𝐕𝐈𝐒𝐀
80 Zim ⚏ 75 – 95.
 • Im Industriegebiet, verkehrsgünstig in der Nähe der Autobahn plaziert, stellt dieses De
zil eine praktische Adresse für Messebesucher und Durchreisende dar.

In Wiesbaden-Sonnenberg Nord-West : 4 km, über Sonnenberger Straße CY :

Gollner's Burg Sonnenberg, Am Schloßberg 20, ✉ 65191, ✆ (0611) 54 14
gollners@t-online.de, Fax (0611) 543900, <, 🍽 – 🆎 ⓞ ⓜ 𝐕𝐈𝐒𝐀
geschl. Dienstag – **Menu** à la carte 31,50/47.
 • Moderne Schlichtheit in bistroartigem Stil bestimmt das Interieur des unterhalb der B
ruine gelegenen Hauses. Auf der Gartenterrasse genießen Sie eine traumhafte Aussic

---

WIESENTHEID Bayern 419 420 Q 15 – 5 Ew – Höhe 270 m.
Berlin 471 – München 252 – Würzburg 42 – Nürnberg 83.

Landgasthof zur Brücke, Marienplatz 2, ✉ 79353, ✆ (09383) 9 99
Fax (09383) 99959, 🍽 – 📺 ✆ 🅿 ⓞ ⓜ 𝐕𝐈𝐒𝐀
geschl. 1. - 15. Jan., 1. - 15. Nov. – **Menu** (geschl. Mittwoch) à la carte 15/29 – **10 Zim** ⚏
– 62/68.
 • Hinter den Natursteinmauern dieses hübschen kleinen Familienbetriebs hat m
gepflegte, neuzeitlich möblierte Gästezimmer für Sie eingerichtet. Holzboden und freu
liche Farben verleihen den Gaststuben einen neu-rustikalen Charakter.

WIESENTTAL Bayern 420 Q 17 – 2 700 Ew – Höhe 320 m – Luftkurort.
🛈 Tourist-Information, Forchheimer Str. 8, (Rathaus in Muggendorf), ✉ 913
✆ (09196) 1 94 33, info@wiesenttal.de, Fax (09196) 929930.
Berlin 409 – München 226 – Nürnberg 58 – Bayreuth 53 – Bamberg 38.

Im Ortsteil Muggendorf :

Feiler, Oberer Markt 4, ✉ 91346, ✆ (09196) 9 29 50, info@hotel-feiler.d
Fax (09196) 362, 🍽 – ✘ Rest, 📺 ⚏ 🅿 🆎 ⓜ 𝐕𝐈𝐒𝐀
Menu (geschl. April - Okt. Montagmittag, Jan. – März Montag – Donnerstag) 22,
(mittags)/56 (abends) à la carte 32/50 – **15 Zim** ⚏ 67/76 – 100/105 – ½ P 22.
 • Das nette Gasthaus präsentiert sich in typischem ländlichen Stil. An warmen Tage
nehmen Sie Ihr Frühstück auf der schönen Innenhofterrasse ein. Das Restaurant beste
aus verschiedenen gemütlich-stilvollen Gasträumen.

Goldener Stern, Marktplatz 6, ✉ 91346, ✆ (09196) 9 29 80, goldener-stern@t-
line.de, Fax (09196) 1402, 🍽, ⚏s – 📺 🅿 🆎 𝐕𝐈𝐒𝐀
geschl. 6. Jan. - 15. März – **Menu** à la carte 13,50/27 – **22 Zim** ⚏ 41 – 66/87 – ½ P 1
 • Das familiengeführte Haus ist durch und durch in regionalem Stil gehalten. Solide m
blierte Zimmer stellen eine praktische Behausung auf Zeit dar. Natursteinboden, viel Ho
und ein nettes ländliches Dekor bestimmen den Charakter der Gaststube.

WIESLOCH Baden-Württemberg 417 419 S 10 – 24 000 Ew – Höhe 128 m.
🛆₁₈ Wiesloch-Baiertal, Hohenhardter Hof, ✆ (06222) 78 81 10 ; 🛆₁₈ 🛆₁₈ St.Leon-Rot, Opelst
30 (Süd-West : 7 km), ✆ (06227) 8 60 80.
Berlin 633 – Stuttgart 102 – Mannheim 40 – Heidelberg 14 – Heilbronn 49 – Karlsruhe 48.

Palatin, Ringstr. 17, ✉ 69168, ✆ (06222) 5 82 01, info@palatin.de
Fax (06222) 582555, 🏋, ⚏s – 🕮, ✘ Zim, 📺 ✆ 🚗 – 🛎 420. 🆎 ⓞ ⓜ 𝐕𝐈𝐒𝐀 ᴊᴄʙ
Menu à la carte 25/42 – **115 Zim** ⚏ 121/168 – 137/198.
 • Hinter einer modernen Fassade verbergen sich neuzeitlich und funktionell ausgestatte
Gästezimmer. Mit großem, zeitgemäß ausgestattetem Tagungsbereich. Neuzeitlich un
freundlich zeigt sich das durch eine große Fensterfront erhellte Restaurant.

Mondial, Schwetzinger Str. 123, ✉ 69168, ✆ (06222) 57 60, info@mondial-wieslocl
.de, Fax (06222) 576333, 🍽, ⚏s, 🌳 – 🕮, ✘ Zim, 🍴 Rest, 📺 ✆ 🅿 – 🛎 20. 🆎 ⓜ
𝐕𝐈𝐒𝐀, 🌸 Rest
geschl. 23. Dez. - 6. Jan. – **Menu** (geschl. Aug., Freitag - Samstag) (nur Abendessen) à la carte
19/28 – **43 Zim** ⚏ 87/118 – 105/133.
 • Gepflegte Zimmer überzeugen den Gast mit den Annehmlichkeiten eines funktioneller
Hotels. Von hier aus erreichen Sie problemlos sehenswerte Städte wie Heidelberg und
Speyer. Restaurant mit heller Holztäfelung und schönem Blick in den Garten. Nette
Terrasse.

Ifen garni, Schwetzinger Str. 131, ✉ 69168, ✆ (06222) 5 80 90, info@hotel-ifen.de
Fax (06222) 580910 – 🕮 ✘ 📺 ✆ 🚗 ⓞ ⓜ 𝐕𝐈𝐒𝐀
32 Zim ⚏ 79/83 – 96/99.
 • Ein modernes Geschäftsgebäude beherbergt dieses Hotel. Die solide und funktionell aus-
gestatteten Zimmer verfügen zum Teil über eine Küchezeile. Auch für Langzeitgäste.

WIESLOCH

Freihof, (mit Gästehaus), Freihofstr. 2, ⌧ 69168, ℰ (06222) 25 17, *info@restaurant-freihof-hotel.de*, Fax (06222) 51634, 😀, (historisches Weinrestaurant) – 🅿 AE ① ⓜ VISA JCB
Menu à la carte 29/41 – **10 Zim** ⚌ 73 – 92.
♦ Das um 1300 erbaute Haus mit seinem markanten Treppengiebel dient seit 1701 als Gasthaus. Heute prägt rustikale Eleganz das Interieur dieser ehrwürdigen Adresse.

Langen's Turmstuben, Höllgasse 32, ⌧ 69168, ℰ (06222) 10 00, Fax (06222) 2032, ⚙ – 🅿 AE ⓜ VISA
geschl. Okt., Mittwoch – **Menu** à la carte 12,50/30.
♦ Das kleine Gasthaus liegt direkt an der alten Stadtmauer. Holz, Fachwerk und Natursteinwände geben dem auf zwei Etagen angelegten Restaurant seinen rustikalen Charakter.

WIESMOOR Niedersachsen 415 F 7 – 12 800 Ew – Höhe 10 m – Luftkurort.
🏌 Wiesmoor-Hinrichsfehn, Fliederstr. 5 (Süd : 4 km), ℰ (04944) 64 40.
🛈 Fremdenverkehrsverein, Hauptstr. 199, ⌧ 26639, ℰ (04944) 9 19 80, Fax (04944) 919899.
Berlin 493 – Hannover 222 – Emden 52 – Oldenburg 51 – Wilhelmshaven 36.

Friesengeist, Am Rathaus 1, ⌧ 26639, ℰ (04944) 9 22 20, *info@hotel-friesengeist.de*, Fax (04944) 922239, 😀, ☎, ⬜ – 🛗, ⚛ Zim, 📺 🅿 – 🔸 60. AE ① ⓜ VISA. ⚝ Rest
Menu à la carte 15/27 – **38 Zim** ⚌ 46/55 – 90/100 – ½ P 16.
♦ Im Zentrum des Ortes finden Sie ein Quartier, das Ihnen die Annehmlichkeiten einer funktionellen, zeitgemäßen Übernachtungsadresse bietet. Eine rustikale Bierstube ergänzt das kleine, helle Pavillon-Restaurant mit Reetdach und Sprossenfenstern.

Am Ottermeer ⚘, Uferstr. 1, ⌧ 26639, ℰ (04944) 9 29 30, Fax (04944) 929394, 😀, ☎, ⬜, ⚘ – 📺 ⚝ 🅿 – 🔸 30. AE ① ⓜ VISA
Menu *(Nov. - März nur Abendessen)* à la carte 17/28 – **30 Zim** ⚌ 44 – 77 – ½ P 10.
♦ Das 1996 eröffnete Hotel liegt unmittelbar am Moorfreibad Ottermeer. Neben einer neuzeitlichen Ausstattung zählt die reizvolle, ruhige Umgebung zu den Vorzügen des Hauses. Gepflegtes, bürgerlich gestaltetes Restaurant mit Terrasse.

Zur Post (mit Gästehaus), Am Rathaus 6, ⌧ 26639, ℰ (04944) 9 10 60, *info@zur-post-wagner.de*, Fax (04944) 910666, 😀 – 📺 ⚹ ⟺ 🅿 – 🔸 25
Menu *(geschl. Montag)* à la carte 18/33 – **14 Zim** ⚌ 38 – 69.
♦ Zentral und dennoch ruhig in der Blumengemeinde Wiesmoor gelegen, stellt das kleine familiengeführte Klinkerhaus eine praktische Behausung auf Zeit dar. Im friesischen Stil präsentiert sich das Hotelrestaurant.

In Wiesmoor-Hinrichsfehn Süd : 4,5 km - über die Straße nach Remels, nach 3,5 km rechts ab :

Blauer Fasan ⚘, Fliederstr. 1, ⌧ 26639, ℰ (04944) 9 27 00, *info@blauer-fasan.de*, Fax (04944) 927070, 😀, ☎, 🏌 – 📺 ⚹ 🅿 – 🔸 60. ⓜ VISA
geschl. 3. Jan. - 20. Feb. – **Menu** *(geschl. Nov. - Dez. Montag)* à la carte 25/38 – **26 Zim** ⚌ 64/80 – 104/112.
♦ Ein Gästehaus erweitert das nette, reetgedeckte Haus um wohnliche, neuzeitliche Zimmer mit elegantem Touch. Schön : der Blumengarten sowie die ruhige Lage in Golfplatznähe. Ostfriesischer Charme prägt den Charakter der Gaststuben.

WIESSEE, BAD Bayern 419 420 W 19 – 5 000 Ew – Höhe 730 m – Heilbad – Wintersport : 730/880 m ≰ 2 ⚘.
🏌 Bad Wiessee, Robognerhof, ℰ (08022) 87 69.
🛈 Tourist Information, Kuramt, Adrian-Stoop-Str. 20, ⌧ 83707, ℰ (08022) 8 60 30, *info@bad-wiessee.de*, Fax (08022) 860330.
Berlin 643 – München 54 – Garmisch-Partenkirchen 76 – Bad Tölz 18 – Miesbach 19.

Romantik Hotel Landhaus Wilhelmy ⚘, Freihausstr. 15, ⌧ 83707, ℰ (08022) 9 86 80, *info@romantik-hotel.de*, Fax (08022) 9868233, 😀, ⚘ – ⚛ Zim, 📺 ⚹ 🅿 – 🔸 15. ① ⓜ VISA JCB. ⚝ Rest
Menu *(geschl. Sonntag - Montag) (nur Abendessen)* (Restaurant nur für Hausgäste) – **22 Zim** ⚌ 80/110 – 130/195, 3 Suiten – ½ P 27.
♦ Gepflegte Zimmer mit liebevoller Einrichtung und geschmackvollem Mobiliar im Landhausstil machen das alpenländische Hotel zu einem wohnlichen Zuhause auf Zeit. Schöner Garten.

Lederer am See M ⚘, Bodenschneidstr. 9, ⌧ 83707, ℰ (08022) 82 90, *hotel@lederer.com*, Fax (08022) 829200, ≼, 😀, ☎, ⬜, ⚛, ⚘, ⚘ – 🛗 📺 🅿 – 🔸 40. AE ① ⓜ VISA JCB. ⚝ Rest
geschl. Nov. - Mitte Dez. – **Menu** à la carte 20/36 – **104 Zim** ⚌ 68/119 – 114/192 – ½ P 24.
♦ Vier im Stil der Region erbaute Häuser bilden diese ansprechende Ferienadresse. Eingebettet in einen herrlichen Park, befindet sich das Haus in einzigartiger Lage am See. Hell und freundlich zeigt sich das zum See hin gelegene, rustikale Restaurant.

1543

WIESSEE, BAD

Terrassenhof (mit Gästehaus), Adrian-Stoop-Str. 50, ✉ 83707, ℰ (08022) 86 30, i@ terrassenhof.de, Fax (08022) 81794, ≤, 😊, Massage, 🏖, 🛌, 🍽, 🌴 – 🛗 📺
🅿 – 🎾 150. 🆎 ⓒ 𝒱𝒾𝒮𝒜
Menu à la carte 19/31 – **95 Zim** 🛏 90/110 – 176/216, 4 Suiten.
♦ Funktionell und behaglich eingerichtet, ersetzen Ihnen die Zimmer des schön an Seepromenade gelegenen Hotels Ihr eigenes Zuhause. Mit großem Wellnessbereich. Teil Restaurants ist im rustikalen Stil gehalten Bauernstübchen. Hübsche Gartenterras

Rex, Münchner Str. 25, ✉ 83704, ℰ (08022) 8 62 00, hotel-rex@hotmail.cc Fax (08022) 8620100, 😊, 🌴 – 🛗 📺 🅿 ❀ Rest
Mitte April - Okt. – **Menu** à la carte 17/27 – **57 Zim** 🛏 47/70 – 94/115 – ½ P 12.
♦ In den Jahren 1920 bis 1923 weilte König Ferdinand von Bulgarien in diesem fami geführten Haus zur Erholung und gab der einstigen Pension ihren heutigen Namen. E Terrasse vor dem Haus ergänzt das gepflegte Restaurant.

Am Sonnenbichl ♨, Sonnenbichl 1, ✉ 83707, ℰ (08022) 9 87 30, sonnenbichl aol.com, Fax (08022) 8940, ≤ Berge und Tegernsee, 😊, 🌴 – 📺 🅿 – 🎾 20. 🆎 ⓒ 𝒱
❀ Rest
Menu à la carte 30/44 – **22 Zim** 🛏 82/110 – 123 – ½ P 26.
♦ Völlig neu gestaltet, überzeugt der Berggasthof mit wohnlichem Komfort und Fur tionalität. Das alpenländische Äußere fügt sich harmonisch in die ländliche Umgebung. Hel Holz schafft eine warme, behagliche Atmosphäre im Restaurant.

Parkhotel-Resi von der Post ♨, Zilcherstr. 14, ✉ 83707, ℰ (08022) 9 86 5 resivonderpost@t-online.de, Fax (08022) 986565, 😊, 🏖, 🛌, 🌴 – 🛗 📺 📞 🚗 🅿
🎾 30. 🆎 ⓞ ⓒ 𝒱𝒾𝒮𝒜
Menu à la carte 17/25 – **27 Zim** 🛏 54 – 99 – ½ P 15.
♦ Ausgestattet mit gepflegten, neuzeitlichen Zimmern im Landhausstil und am Ausgang punkt vieler Wanderwege gelegen, ist das Haus ideal für einen Kur- und Erholungsau enthalt. Komplett holzvertäfelt zeigt sich das gemütlich-komfortable Restaurant.

Toscana ♨, Freihausstr. 27, ✉ 83707, ℰ (08022) 9 83 60, hotel.toscana.bad.wiessee@ -online.de, Fax (08022) 983650, Massage, 🛌, 🌴 – 📺 🚗 🅿 – 🎾 20. ⓒ 𝒱𝒾𝒮𝒜. ❀ Re geschl. Dez. 3 Wochen – **Menu** (geschl. Samstag - Sonntag) (nur Abendessen) (Restaurar nur für Hausgäste) – **18 Zim** 🛏 60/75 – 93/118 – ½ P 20.
♦ Das familiengeführte kleine Haus mit privatem Charakter beherbergt Reisende in inc viduell und wohnlich gestalteten Zimmern. Hinter dem Haus liegt der hübsche Garten.

Landhaus Midas ♨ garni, Setzbergstr. 12, ✉ 83707, ℰ (08022) 8 11 50, hotel landhaus-midas.de, Fax (08022) 99577, 🌴 – 👯 📺 ♿ 🚗 🅿 ⓒ 𝒱𝒾𝒮𝒜
geschl. 7. - 31. Jan., 5. - 21. Dez. – **11 Zim** 🛏 48/65 – 84/112.
♦ In einem ruhigen Wohngebiet finden Sie ein gut geführtes, zeitgemäßes Domizil m regionstypischem Äußeren. Solide, wohnliche Zimmer stehen zum Einzug bereit.

Bellevue, Hirschbergstr. 22, ✉ 83707, ℰ (08022) 6 64 90, hotel@bellevue-badwie see.de, Fax (08022) 664949, 😊, 🛌, 🌴 – 🛗 📺 🅿 🆎 ⓞ ⓒ 𝒱𝒾𝒮𝒜
geschl. Nov. – **Menu** (nur Abendessen) à la carte 17/31 – **24 Zim** 🛏 57/62 – 88/102 – ½ P 1
♦ Ein gepflegter Familienbetrieb, der Urlaubern ein praktisch ausgestattetes Quartier bie tet. Der See liegt ganz in der Nähe, eine Liegewiese findet sich direkt am Haus. Ein schlicht rustikaler Stil verleiht der Weinstube ihren behaglichen Charakter.

Jägerheim ♨ garni, Freihausstr. 12, ✉ 83707, ℰ (08022) 8 60 70 Fax (08022) 83127, 🛌, 🍽, 🌴 – 📺 🅿 ❀
April - Okt. – **22 Zim** 🛏 41/65 – 78/100.
♦ Hinter der netten Fassade des im alpenländischen Stil gebauten Gasthofs beherberg man rustikal eingerichtete Fremdenzimmer - teils mit kleinem Wohnbereich versehen.

Freihaus Brenner, Freihausstr. 4, ✉ 83707, ℰ (08022) 8 20 04, info@freihaus brenner.de, Fax (08022) 83807, ≤ Tegernsee und Berge, 😊 – 🅿 🆎 ⓒ
Menu (Tischbestellung erforderlich) à la carte 26,50/48.
♦ Eine niedrige Holzbalkendecke, hübsche Vorhänge und ein nettes Dekor prägen das rustikale Berggasthaus. Auf den Tisch kommen sorgfältig und schmackhaft zubereitete Speisen.

WIETZE Niedersachsen 415 416 417 418 I 13 – 8 200 Ew – Höhe 40 m.
🛈 Touristinformation, Schwarzer Weg 5, ✉ 29323, ℰ (05146) 91 93 97, info@wietze.de, Fax (05146) 919398.
Berlin 294 – Hannover 51 – Bremen 98 – Celle 18.

In Wietze-Hornbostel Nord : 1 km :

Wildland ♨, Am Moorberg 6, ✉ 29323, ℰ (05146) 9 89 30, wildland@t-online.de, Fax (05146) 99237, 😊, 🌴 – 👯 Zim, 📺 🅿 – 🎾 30
Menu (geschl. Montag) (wochentags nur Abendessen) à la carte 25/32 – **22 Zim** 🛏 85/90 – 110/125.
♦ Mehrere rekonstruierte Bauernhäuser bilden dieses schön gelegene Anwesen - alte Bausubstanz verbindet sich hier gelungen mit modernen Elementen. Wechselnde Kunstausstellungen. Eine rustikale Diele - ehemals als Stall genutzt - dient heute als Restaurant.

GGENSBACH
Bayern 419 420 W 14 – 4 500 Ew – Höhe 857 m – Erholungsort – Wintersport : 857/1 077 m ≰1 ≴.

▸ Wiggensbach, Hof Waldegg, ℘ (08370) 9 30 73.

🖪 Amt für Kultur und Tourismus, Kempter Str. 3, ⊠ 87487, ℘ (08370) 84 35, Gaby.Mair@wiggensbach.de, Fax (08370) 379.

Berlin 698 – München 133 – Kempten (Allgäu) 11 – Augsburg 112 – Ulm (Donau) 87.

🏛 **Goldenes Kreuz,** Marktplatz 1, ⊠ 87487, ℘ (08370) 80 90, rezeption@hotel-goldenes-kreuz.de, Fax (08370) 80949, 㑒, ⇌ – 📳 📺 ✆ ♿ ⇌ 🅿 – 🛎 50. ஊ ◉ ◎ 🆅🅸🆂🅰
Menu (Montag geschl.) à la carte 22,50/38 – **24 Zim** ⇌ 65/75 – 100/130 – ½ P 18.
♦ Dieser sympathische Landgasthof mit der gemütlichen Einrichtung stammt von 1593. Zimmer mit solidem Mobiliar und guter Technik ermöglichen bequemes Wohnen. Behagliche, nett dekorierte Galträume in dunklem Holz.

ILDBAD IM SCHWARZWALD, BAD
Baden-Württemberg 419 T 9 – 11 500 Ew – Höhe 426 m – Heilbad – Luftkurort – Wintersport : 685/769 m ≰2 ≴.

🖪 Reise- und Verkehrsbüro, König-Karl-Str. 7, ⊠ 75323, ℘ (07081) 1 02 80, reise-verkehrsbuero@bad-wildbad.de, Fax (07081) 10290.

Berlin 681 – Stuttgart 76 – Karlsruhe 52 – Pforzheim 26 – Freudenstadt 39.

🏛 **Bären,** Kurplatz 4, ⊠ 75323, ℘ (07081) 30 10, hotelbaeren-badwildbad@t-online.de, Fax (07081) 301166, 㑒 – 📳, ↔ Zim, 📺 ♿ ⇌ – 🛎 35. ⁂ Rest
Menu à la carte 30/42 – **44 Zim** ⇌ 53/63 – 102/122 – ½ P 21.
♦ Die unterschiedlich zugeschnittenen Zimmer dieses gut geführten Hauses präsentieren sich in individueller, wohnlicher Gestaltung. Lage : Im Herzen von Bad Wildbad.

🏛 **Valsana am Kurpark** ⁋, Kernerstr. 182, ⊠ 75323, ℘ (07081) 15 10, info@valsana.de, Fax (07081) 15199, 㑒, ⁓, ⋛, ⇌, 🖼 – 📳 📺 ♿ ⇌ 🅿 – 🛎 30. ◉ ◎ 🆅🅸🆂🅰
geschl. 15. Nov. - 20. Dez. – **Menu** (geschl. Montag - Dienstag) à la carte 18/25 – **35 Zim** ⇌ 52/77 – 77/108 – ½ P 18.
♦ Eine durch und durch saubere und gepflegte Adresse in angenehm ruhiger Lage. Ein Teil der Gästezimmer dieses familiär geführten Hauses wurde kürzlich neu gestaltet. Im Restaurant erwartet den Gast ein gepflegtes, gediegenes Ambiente.

🏠 **Sonne** (mit Gästehaus), Wilhelmstr. 29, ⊠ 75323, ℘ (07081) 9 25 70, hotelsonne-badwildbad@t-online.de, Fax (07081) 925749, 㑒 – 📳 📺 🅿
geschl. Jan. – **Menu** (geschl. Mittwoch) à la carte 17/31 – **23 Zim** ⇌ 38/62 – 72/86 – ½ P 12.
♦ Das Gästehaus Brigitte ergänzt den modernisierten Gasthof um weitere gepflegte, solide ausgestattete Zimmer. Auch die zentrale Lage des Hauses werden Sie schätzen. Rustikal präsentiert sich der gastronomische Bereich des Hauses.

🏠 **Rothfuß** ⁋, Olgastr. 47, ⊠ 75323, ℘ (07081) 9 24 80, hotel-rothfuss@t-online.de, Fax (07081) 924810, ≤, ⋛, 㑒 – 📳 📺 ⇌ 🅿 – 🛎 25. ⁂ Rest
geschl. 1. - 15. Dez. – **Menu** (nur Abendessen) (Restaurant nur für Hausgäste) – **30 Zim** ⇌ 47/60 – 82/84 – ½ P 15.
♦ Hier finden Reisende eine zeitgemäße, praktisch gestaltete Unterkunft. Eine kleine Wellnesslandschaft und die recht ruhige Lage zählen ebenfalls zu den Annehmlichkeiten.

WILDBERG
Baden-Württemberg 419 U 10 – 10 000 Ew – Höhe 395 m – Luftkurort.
Berlin 674 – Stuttgart 52 – Karlsruhe 69 – Nagold 12 – Calw 15.

🏠 **Talblick** ⁋, Bahnhofsträßle 6, ⊠ 72218, ℘ (07054) 52 47, Fax (07054) 5299, 㑒 – 📺 🅿 ⁂ Zim
geschl. März 2 Wochen, Mitte - Ende Okt. – **Menu** (geschl. Dienstagabend) à la carte 15/29 – **16 Zim** ⇌ 35 – 70.
♦ Genießen Sie die schöne Aussicht über das Nagoldtal : Der gepflegte Gasthof erwartet Sie mit renovierten Zimmern, die behaglich gestaltet sind und zeitgemäßen Komfort bieten. Der Chef selbst steht am Herd des rustikalen Restaurants.

In Wildberg-Schönbronn West : 5 km – Erholungsort :

🏠 **Löwen** M, Eschbachstr. 1, ⊠ 72218, ℘ (07054) 9 26 10, info@hotel-loewen-schoen bronn.de, Fax (07054) 5021, 㑒, ⋛, ⁓ – 📳 📺 ✆ 🅿 – 🛎 60
geschl. Aug. – **Menu** à la carte 18/31 – **40 Zim** ⇌ 47 – 83 – ½ P 16.
♦ Der Neubau wie auch der neuere Anbau dieses Gasthofs beherbergen neuzeitliche, im Stil einheitlich eingerichtete Gästezimmer. Hinter dem Haus haben Sie eine schöne Aussicht. Komplett renoviert, zeigt sich das Restaurant in heller, freundlicher Aufmachung.

WILDEMANN Niedersachsen 418 K 14 – 1 300 Ew – Höhe 420 m – Kneippkurort – Wintersport :
: **B** Tourist-Information, Bohlweg 5, ⌧ 38709, ℘ (05323) 61 11, info@harztourisn
.com, Fax (05323) 6112.
Berlin 274 – Hannover 97 – Braunschweig 82 – Goslar 28.

🏠 **Waldgarten** ⌘, Schützenstr. 31, ⌧ 38709, ℘ (05323) 9 68 00, waldgarten@harz
Fax (05323) 968050, 🍴, 🛁, ⇌, ◻, 🚬 – 📺 **P**. ⌘
Menu (nur Abendessen) (Restaurant nur für Hausgäste) – **29 Zim** ⌂ 43/48 – 80/92 – ½ ⌂
♦ Praktisch ausgestattete, gut unterhaltene Zimmer stehen für die Beherbergung Reisen
bereit. Sommers wie winters ist das Hotel ein idealer Ausgangspunkt für Wanderungen.

WILDENBRUCH Brandenburg siehe Potsdam.

WILDESHAUSEN Niedersachsen 415 H 9 – 18 000 Ew – Höhe 20 m – Luftkurort.
Sehenswert : Alexanderkirche (Lage★).
Ausflugsziel : Visbeker Steindenkmäler★ : Visbeker Braut★, Visbeker Bräutigam★ (4
von Visbeker Braut entfernt) Süd-West : 11 km.
🏌 Wildeshausen, Spasche 5 (Nord-West : 6 km), ℘ (04431) 12 32.
B Verkehrsverein, Historisches Rathaus, Am Markt 1, ⌧ 27793, ℘ (04431) 65 6
info@verkehrsverein-wildeshausen.de, Fax (04431) 929264.
Berlin 417 – Hannover 149 – Bremen 37 – Oldenburg 37 – Osnabrück 84.

🏠 **Huntetal**, Im Hagen 3, ⌧ 27793, ℘ (04431) 94 00, info@hotel-huntetal.c
Fax (04431) 94050, 🍴 – ⇌ Zim, 📺 📞 **P** – 🔺 30. ◐ 🆗 VISA
Menu à la carte 14/23 – **32 Zim** ⌂ 62 – 82 – ½ P 14.
♦ Hinter einer neuzeitlichen Rotklinkerfassade beziehen Sie ein zeitgemäßes Quartier - te
mit Kinder-Stockbetten versehen. Für Erholung und Tagungen eine geeignete Adress

🏠 **Landhaus Thurm-Meyer** ⌘, (mit Gästehaus), Dr.-Klingenberg-Str. 15, ⌧ 2779
℘ (04431) 9 90 20, info@thurm-meyer.de, Fax (04431) 990299, 🚬 – 📺 **P**. AE
🆗 VISA
Menu (geschl. Sonntag) (nur Abendessen) (Restaurant nur für Hausgäste) – **25 Zi**
⌂ 40/45 – 55/65.
♦ Das im Landhausstil erbaute Hotel ist in einem ruhigen Wohngebiet plaziert. Hier wie au
in dem neuen kleinen Gästehaus stehen zeitgemäße Zimmer zum Einzug bereit.

🏠 **Am Rathaus** garni, Kleine Str. 4, ⌧ 27793, ℘ (04431) 9 46 60, Fax (04431) 9466
– 📺 📞, AE 🆗 VISA
21 Zim ⌂ 41/47 – 67/72.
♦ Im Herzen der kleinen Stadt - zwischen historischem und neuem Rathaus gelegen - finde
Sie eine saubere und gut geführte Übernachtungsadresse mit praktischen Zimmern.

🏠 **Lindenau** garni, Dr.-Klingenberg-Str. 1a, ⌧ 27793, ℘ (04431) 9 40 9
Fax (04431) 946427, 🚬 – ⇌ 📺 ⌘ **P**. 🆗 VISA
10 Zim ⌂ 40/49 – 62/67.
♦ Das nette kleine Landhotel - im typisch nordischen Rotklinkerstil erbaut - hält für sein
Gäste gemütliche, leicht rustikal gestaltete Zimmer bereit.

XX **Altes Amtshaus**, Herrlichkeit 13, ⌧ 27793, ℘ (04431) 9 46 38 00, service
amtshaus-wildeshausen.de, Fax (04431) 9463801, 🍴 – **P**. 🆗 VISA
geschl. Montag – **Menu** (wochentags nur Abendessen) à la carte 24/38.
♦ Das ehemalige Amtshaus - ein historisches Fachwerkhaus von 1730 - ist auf einem park
ähnlichen Grundstück mit altem Baumbestand plaziert. Gepflegtes, helles Interieur.

An der Straße nach Oldenburg Nord : 1,5 km :

🏠 **Gut Altona** (mit Gästehäusern), Wildeshauser Str. 34, ⌧ 27801 Dötlingen, ℘ (0443)
95 00, info@gut-altona.de, Fax (04431) 1652, 🍴, ⇌, 🍽 – ⇌ Zim, 📺 📞 ⌘, 🚗
– 🔺 150. AE ◐ 🆗 VISA
Menu à la carte 24/36 – **53 Zim** ⌂ 46/65 – 72/100.
♦ Mehrere regionstypische Klinkerhäuser bilden dieses etwas außerhalb gelegene Anweser
Zu den Annehmlichkeiten zählen zeitgemäße Zimmer und diverse Freizeitaktivitäten. Te
des gastronomischen Bereiches ist ein helles Wintergartenrestaurant.

WILDUNGEN, BAD Hessen 417 M 11 – 18 000 Ew – Höhe 300 m – Heilbad.
Sehenswert : Evangelische Stadtkirche (Wildunger Altar★★).
🏌 Bad Wildungen, Talquellenweg, ℘ (05621) 37 67.
B Tourist Information, Langemarckstr. 2, ⌧ 34537, ℘ (05621) 70 41 13, Fax (05621
704126.
Berlin 422 – Wiesbaden 185 – Kassel 40 – Marburg 56 – Paderborn 108.

WILDUNGEN, BAD

Maritim Badehotel ⚜, Dr.-Marc-Str. 4, ✉ 34537, ✆ (05621) 79 99, info.wil@maritim.de, Fax (05621) 799799, 🍴, Massage, ♨, 🎾, ≦s, ⊠, 🐎 – ⇌ Zim, ⎯ Rest, 📺 📞 🚗 🅿 – 🔒 450. 🅰🅴 ⓘ ⓜ ⓥⓘⓢⓐ ⓙⓒⓑ. ⇌ Rest
Menu à la carte 25/39 – **245 Zim** ⇌ 107/142 – 137/157, 11 Suiten – ½ P 23.
* Ein großzügiger Rahmen, die herrliche Lage im Kurpark und viele Freizeitangebote machen diese attraktive Residenz zu einem Garant für Erholung. Komfort und klassischer Stil mit einem Hauch Eleganz empfangen Sie im Hotelrestaurant.

Allee-Schlößchen, Brunnenallee 11, ✉ 34537, ✆ (05621) 7 98 00, Fax (05621) 798080, 🍴 – 📺 🅿
Menu à la carte 19/30 – **13 Zim** ⇌ 34/52 – 66/89 – ½ P 9.
* Das kleine Hotel überzeugt mit neuzeitlich eingerichteten Gästezimmern und seiner zentralen Lage ganz in der Nähe des Stadtzentrums und der Kuranlagen. Das Restaurant ist in Holz gehalten - in Stil und Dekor bistroähnlich gestaltet.

Bellevue ⚜ garni, Am Unterscheid 10, ✉ 34537, ✆ (05621) 20 18, hotel-bellevue@wildungen.net, Fax (05621) 72091, ≤, 🐎 – ⇌ 📺 📞 🅿 ⓜ ⓥⓘⓢⓐ
geschl. Jan. - Feb. – **22 Zim** ⇌ 27/39 – 52/77.
* Namengebend war die schöne Aussicht dieses ruhig in Hanglage plazierten Domizils. Sie wohnen in gepflegten, unterschiedlich möblierten Gästezimmern.

Birkenstern, Goeckestr. 5, ✉ 34537, ✆ (05621) 7 08 00, birkenstern@t-online.de, Fax (05621) 708030, ≦s – ⇌ 📺 📞 🅿
Menu (Restaurant nur für Hausgäste) – **20 Zim** ⇌ 44/49 – 54/70 – ½ P 9.
* Hier finden Reisende eine saubere und gepflegte Übernachtungsmöglichkeit. Auch die zentrale Lage, nur wenige Schritte von der Kurpromenade entfernt, werden Sie schätzen.

Villa Heilquell ⚜ garni, Hufelandstr. 15, ✉ 34537, ✆ (05621) 23 92, mail@villa-heilquell.de, Fax (05621) 4776 – ⇌ 📺 🅿 ⓜ. ⇌
geschl. Jan. - 15. März – **15 Zim** ⇌ 41/50 – 67, 4 Suiten.
* Die Ende des 19. Jh. erbaute Stadtvilla dient heute Ihrer Beherbergung. Hinter den historischen Mauern des kleinen Hauses hat man praktische Gästezimmer eingerichtet.

✕ **Cording**, Brunnenallee 12, ✉ 34537, ✆ (05621) 23 23, Fax (05621) 2323, 🍴 – 🅰🅴 ⓘ ⓜ ⓥⓘⓢⓐ
geschl. Jan. 3 Wochen, Montag – **Menu** à la carte 17/33.
* Das familiengeführte Restaurant in der Innenstadt von Bad Wildungen freut sich nicht nur auf seine Stammgäste. Helle Steinwände und Holz machen das Lokal gemütlich.

In Bad Wildungen-Reinhardshausen Süd-West : 4 km über B 253 :

Schwanenteich Ⓜ, Hauptstr. 4, ✉ 34537, ✆ (05621) 78 60, hotel_schwanenteich@t-online.de, Fax (05621) 786160, 🍴, direkter Zugang zum Kur-Centrum, ≦s – 🛗, ⇌ Zim, 📺 📞 & 🅿 – 🔒 130. 🅰🅴 ⓘ ⓜ ⓥⓘⓢⓐ
Menu à la carte 20/39 – **45 Zim** ⇌ 70/85 – 95/123 – ½ P 18.
* Ein nettes Fachwerkhaus und ein äußerlich wie auch im Inneren modern gestalteter Neubau bilden dieses ansprechende Domizil - unter einem Dach mit dem Kurzentrum. Neben dem gepflegten Restaurant steht an warmen Tagen auch eine Terrasse zur Verfügung.

Haus Orchidee und Haus Mozart garni, Masurenallee 13, ✉ 34537, ✆ (05621) 7 09 80, info@haus-orchidee.de, Fax (05621) 709833, 🐎 – 📺 📞 🅿
17 Zim ⇌ 33 – 49.
* Die beiden gastlichen Häuser liegen in einem Wohngebiet in unmittelbarer Nähe zum Kurpark. Reisende beziehen hier praktisch eingerichtete Zimmer.

Die in diesem Führer angegebenen Preise folgen
der Entwicklung der allgemeinen Lebenshaltungskosten.
Lassen Sie sich bei der Zimmerreservierung den endgültigen
Preis vom Hotelier mitteilen.

WILGARTSWIESEN
Rheinland-Pfalz **417 419** S 7 – 1 200 Ew – Höhe 200 m – Erholungsort.
Berlin 682 – Mainz 122 – Mannheim 70 – Kaiserslautern 60 – Landau 22 – Pirmasens 24.

Am Hirschhorn, Am Hirschhorn 12, ✉ 76848, ✆ (06392) 5 81, hotel@landhausamhirschhorn.de, Fax (06392) 3578, 🍴, Biergarten, Massage, ≦s, ⊠ – 📺 🅿 🔒 15. ⇌ Rest
geschl. Mitte Jan. 2 Wochen – **Menu** (geschl. Jan. - April Dienstag) à la carte 20/40 – **19 Zim** ⇌ 69/80 – 100/128 – ½ P 20.
* Ein in moderner Architektur errichteter Anbau ergänzt den kleinen Gasthof - auch im Inneren mit neuzeitlichem Design. Verschiedene Zimmerkategorien bieten Komfort nach Maß. Ebenfalls in moderner Aufmachung präsentiert sich das Restaurant.

WILGARTSWIESEN

🏠 **Wasgauperle,** Bahnhofstr. 1, ✉ 76848, ℘ (06392) 12 37, wasgauperle@aol.co
Fax (06392) 2727 – 📺 🅿
geschl. Ende Feb. - Anfang März – **Menu** (geschl. Mittwoch) à la carte 11/28 – **9 Zim** ⇌
– 52/64 – ½ P 13.

• Sauber, gepflegt und solide ausgestattet, zeigt sich diese ländliche kleine Adresse
geeignetes Quartier für unterwegs. Holzbalkone zieren die Fassade des Hauses. Restaura
mit bürgerlich-schlichtem Charakter.

WILHELMSFELD Baden-Württemberg **417 419** R 10 – 3 300 Ew – Höhe 433 m – Luftkuror
Wintersport : 🎿.

🛈 Verkehrsamt, Johann-Wilhelm-Str. 61, ✉ 69259, ℘ (06220) 50 90, post@wilhel.
feld.de, Fax (06220) 50935.
Berlin 626 – Stuttgart 117 – Mannheim 34 – Heidelberg 17 – Heilbronn 66.

✗ **Talblick** 🍴 mit Zim, Bergstr. 38, ✉ 69259, ℘ (06220) 16 26, restaurant@talbli
wilhelmsfeld.de, Fax (06220) 5564, ≤, 🍴, 🚗 – 🅿 ⓐ 🆅
geschl. Nov. – **Menu** (geschl. Montag) à la carte 19/32 – **2 Zim** ⇌ 31 – 52.

• Diese familiäre Adresse liegt ruhig in einem Wohngebiet des kleinen Ortes. V
einem der Fensterplätze aus genießen Sie den schönen Talblick, der dem Haus sein
Namen gab.

WILHELMSHAVEN Niedersachsen **415** F 8 – 90 000 Ew.

✈ Schortens-Accum, Mennhausen 5 (West : 6 km über ① und Accumer Landstr
℘ (04423) 98 59 18.

🛈 Tourist-Information, Ebertstr. 110, ✉ 26382, ℘ (04421) 91 30 00, info@wilhelm
haven-projekt.de, Fax (04421) 9130010.

ADAC, Ebertstr. 110.

Berlin 485 ① – Hannover 228 ① – Cuxhaven 110 ① – Bremerhaven 70 ① – Oldenburg 58 ⓒ

Stadtplan siehe gegenüberliegende Seite

🏨 **Am Stadtpark,** Friedrich-Paffrath-Str. 116, ✉ 26389, ℘ (04421) 98 60, rezeptio
@hotel-am-stadtpark.de, Fax (04421) 986186, 🎿, ≘s, 🏊 – 🛗, 🐾 Zim, 📺 📞 🅿
🅿 120. 🅰 ⓞ ⓒ 🆅   über Friedrich-Paffrath-Straße A
Menu (nur Abendessen) à la carte 22/38 – **62 Zim** ⇌ 83 – 103.

• Das neuzeitliche Rotklinkerhaus beherbergt ein komfortables Hotel, das m
seiner funktionellen Ausstattung den Ansprüchen Reisender gerecht wird. Das Restauran
ist im friesischen Stil, überwiegend in Blautönen eingerichtet.

🏨 **City Hotel Valois** 🅼, Ebertstr. 104 (Ecke Valoisplatz), ✉ 26382, ℘ (04421) 48 5
info@city-hotel-valois.de, Fax (04421) 485485, 🎿, ≘s – 🛗, 🐾 Zim, 📺 📞 🚗 🅿
🅿 30. 🅰 ⓞ ⓒ 🆅   B
Menu à la carte 17/29 – **61 Zim** ⇌ 55/100 – 85/120, 4 Suiten.

• Direkt im Stadtzentrum gelegen - nur Gehminuten von Bahnhof, Hafen und Strand ent
fernt - stellt dieses neuzeitliche Hotel einen idealen Ausgangspunkt für Unternehmunge
dar.

🏨 **Residenz** garni, Kopperhörnerstr. 7, ✉ 26384, ℘ (04421) 9 32 20, info@4sterne
residenz.de, Fax (04421) 932266 – 🛗 🐾 📺 📞 🅿 – 🅿 20. 🅰 ⓞ ⓒ 🆅   B
21 Zim ⇌ 71/76 – 91/110.

• Das Geschäfts- und Urlaubshotel besticht durch seine attraktive Zentrumslage
Ebenfalls überzeugend sind die neuzeitlich und funktionell ausgestatteten Gäste
zimmer.

🏠 **Keil** garni, Marktstr.23, ✉ 26382, ℘ (04421) 9 47 80, reservierung@hotel-keil.de
Fax (04421) 941355 – 🐾 📺 📞 🅰 ⓞ ⓒ 🆅   B
17 Zim ⇌ 41/55 – 71/85.

• Am Beginn der Fußgängerzone liegt dieses renovierte ältere Stadthaus, das in den oberer
Etagen mit modern gestalteten Zimmern Ihrer Beherbergung dient.

Am Ölhafen Nord-Ost : 5 km über Ölhafendamm C :

🏨 **Nordsee-Hotel Wilhelmshaven** 🍴, Zum Ölhafen 205, ✉ 26384 Wilhelmshaven
℘ (04421) 96 50, nordseehotel-@t-online.de, Fax (04421) 965280, ≤, 🍴, ≘s – 🛗
🐾 Zim, 📺 📞 🅿 – 🅿 50. 🅰 ⓞ ⓒ 🆅 Rest
Menu à la carte 21/34 – **52 Zim** ⇌ 49/84 – 72/128.

• Sie wohnen außerhalb der Stadt, direkt am Jadebusen. Funktionalität und
moderne Gestaltung des Hauses werden den Ansprüchen geschäftlich wie auch privat
Reisender gerecht. Das neuzeitlich gestaltete Restaurant befindet sich in der ersten Etage
des Hotels.

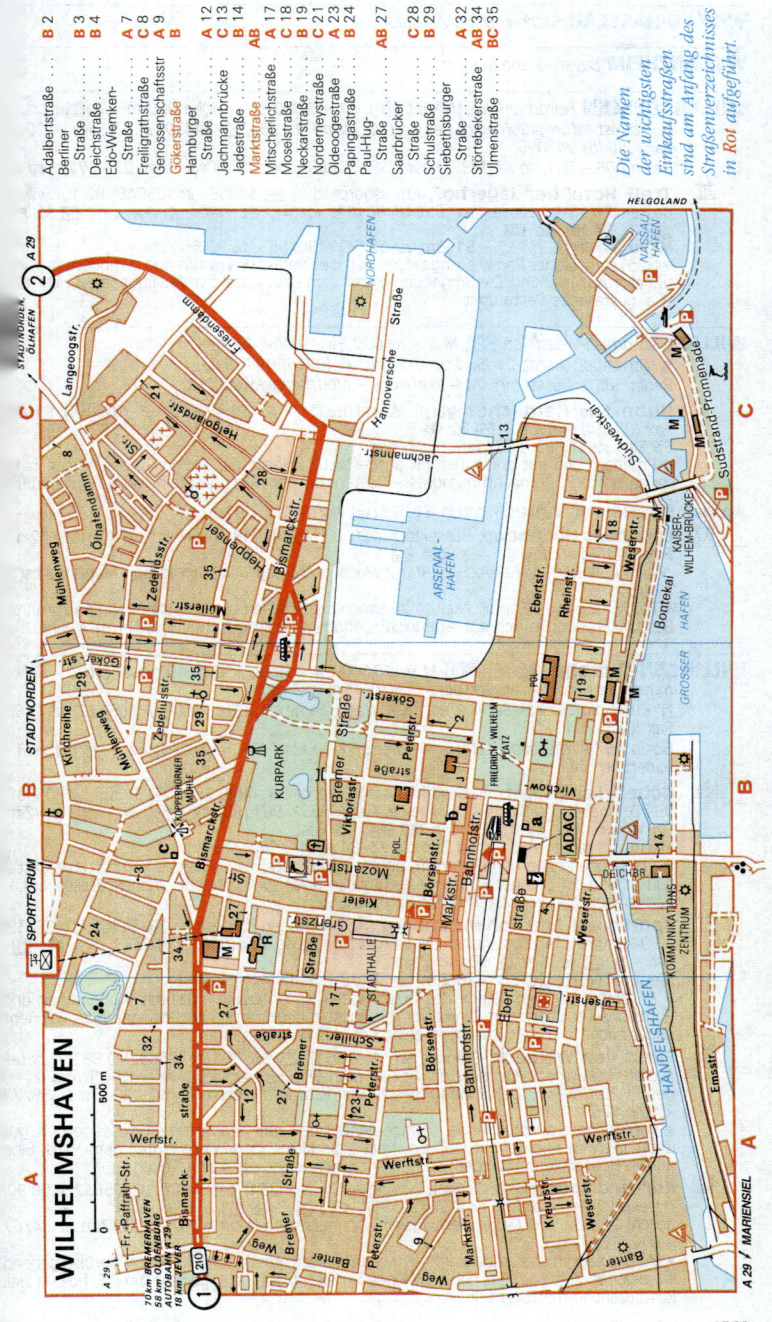

Straße	Grid
Adalbertstraße	B 2
Berliner Straße	B 3
Deichstraße	B 4
Edo-Wiemken-Straße	A 7
Freiligrathstraße	C 8
Genossenschaftsstr	A 9
Gökerstraße	
Hamburger Straße	A 12
Jachmannbrücke	C 13
Jadestraße	B 14
Marktstraße	AB
Mitscherlichstraße	A 17
Moselstraße	C 18
Neckarstraße	B 19
Nordermeystraße	C 21
Oldeoogestraße	C 23
Papingastraße	B 24
Paul-Hug-Straße	AB 27
Saarbrücker Straße	C 28
Schulstraße	B 29
Siebethsburger Straße	A 32
Stortebekerstraße	B 34
Ulmenstraße	BC 35

Die Namen der wichtigsten Einkaufsstraßen sind am Anfang des Straßenverzeichnisses in Rot aufgeführt.

WILHELMSHAVEN

WILKAU-HASSLAU *Sachsen siehe Zwickau.*

WILLANZHEIM *Bayern siehe Iphofen.*

WILLEBADESSEN *Nordrhein-Westfalen* **417** *L 11 – 9 000 Ew – Höhe 250 m – Luftkurort.*
🛈 *Tourist-Information (Haus des Gastes), Lange Str. 25a, ⊠ 34439, ℘ (05646) 94 20 ; Fax (05646) 942095.*
Berlin 406 – Düsseldorf 188 – Kassel 68 – Bad Driburg 13 – Paderborn 25 – Warburg .

    Treff Hotel Der Jägerhof, Am Jägerpfad 2, ⊠ 34439, ℘ (05646) 80 10, wille dessen@treff-hotels.de, Fax (05646) 80121, ≤, 斧, ≦s, 🐢 – 🛗, ⇆ Zim, 📺 ✆ 🅿 🐕 70. ﷺ ⓘ ⓜ ⓥⒾⓈⒶ
    Menu à la carte 23/33 – **51 Zim** ⊑ 63/70 – 80/95 – ½ P 15.
    ◆ Nach sorgfältiger Renovierung zeigen sich die Zimmer des Hotels nun in moderner, fu tionaler Aufmachung. Die Umgebung bietet dem Gast attraktive Ausflugsziele. Leicht r tikal gestaltetes Restaurant.

WILLICH *Nordrhein-Westfalen* **417** *M 3 – 41 000 Ew – Höhe 48 m.*
🏌 *Duvenhof, Hardt 21 (Süd-Ost : 3 km), ℘ (02159) 91 10 93.*
Berlin 583 – Düsseldorf 24 – Krefeld 8 – Mönchengladbach 16.

    Hubertus Hamacher garni, Anrather Str. 4, ⊠ 47877, ℘ (02154) 91 8 Fax (02154) 918100 – 📺 🅿. ✺
    33 Zim ⊑ 56/82 – 82/110.
    ◆ Praktisch und mit guter Technik ausgestattet, bieten die Zimmer dieser netten fam liengeführten Übernachtungsadresse Gästen auf der Durchreise eine solide Unterkunf

An der Straße von Anrath nach St. Tönis *Nord-West : 9 km :*

    Landhaus Hochbend, Düsseldorfer Str. 11, ⊠ 47918 Tönisvorst, ℘ (02156) 32 1 Fax (02156) 40585, 斧 – 🅿. ⓜ ⓥⒾⓈⒶ
    geschl. über Karneval 2 Wochen, Aug. 2 Wochen, Montag, Samstagmittag – **Menu** à la cart 32/47.
    ◆ Reich dekorierte Räumlichkeiten im Landhausstil bilden einen netten Rahmen für Ihre Besuch. Freuen Sie sich auf eine leicht gehobene, französisch ausgerichtete Küche.

WILLINGEN (Upland) *Hessen* **417** *M 9 – 8 500 Ew – Höhe 550 m – Kneippheilbad - Heilk matischer Kurort – Wintersport : 560/843 m ⇩7 ⇲.*
🛈 *Kur- und Touristik-Service, Rathaus, Waldecker Str. 12, ⊠ 34508, ℘ (05632) 40 11 8(Fax (05632) 401150.*
Berlin 467 – Wiesbaden 208 – Arnsberg 61 – Kassel 81 – Lippstadt 62 – Marburg 88 Paderborn 64.

    Göbel's Landhotel (mit Gästehäusern), Briloner Str. 48 (B 251), ⊠ 34508, ℘ (05632 98 70, goebels-landhotel@t-online.de, Fax (05632) 987198, ≦s, ⏛, 斿 – 🛗, ⇆ Zim 📺 ✆ 🐎 🅿 – 🐕 150. ﷺ ⓘ ⓞⓞ ⓥⒾⓈⒶ ✺ Rest
    Menu à la carte 18/37 – **64 Zim** ⊑ 73/84 – 114/140 – ½ P 16.
    ◆ Sie wohnen nahe dem Zentrum, direkt am Kurpark. Verschiedene komfortable Gäste häuser und ein schöner Freizeitbereich bilden diese sympathische Urlaubsadresse. Leich gediegenes Restaurant mit heller Holztäfelung.

    Sporthotel Zum hohen Eimberg ⤴, Zum hohen Eimberg 3a, ⊠ 34508, ℘ (05632 40 90, sporthotel_zum_hohen_eimberg@t-online.de, Fax (05632) 409333, 斧, ≦s, ⏛ 斿 – 🛗 📺 ✆ 🅿 – 🐕 90. ✺ Rest
    Menu à la carte 20/38 – **70 Zim** ⊑ 58/78 – 104/144 – ½ P 15.
    ◆ In ruhiger Lage am Rande des Ortes finden Sie ein Domizil, das mit Wohnlichkeit und Funktionalität überzeugt. Direkt vor der Haustür beginnen schöne Wanderwege. Gepflegt und schlicht in der Aufmachung zeigt sich das Hotelrestaurant.

    Fürst von Waldeck, Briloner Str. 1 (B 251), ⊠ 34508, ℘ (05632) 9 88 99, hotel-fuerst-von-waldeck@t-online.de, Fax (05632) 988988, ≦s, ⏛, 斿 – 🛗 📺 ⇔ 🅿
    geschl. 25. Nov. - 15. Dez. – **Menu** (geschl. Donnerstag) à la carte 15/30 – **29 Zim** ⊑ 55/72 – 102/125 – ½ P 8.
    ◆ Verschiedene ansprechende Arrangements laden zum Kennenlernen dieses soliden, gut unterhaltenen Familienbetriebs ein. Nett : die kleine Liegewiese hinter dem Haus. Eine dunkle Holztäfelung gibt dem Restaurant einen leicht rustikalen Touch.

    Kur- und Sporthotel Göbel, Waldecker Str. 5 (B 251), ⊠ 34508, ℘ (05632) 4 00 90, hotel-goebel@gmx.de, Fax (05632) 6884, ≦s, ⏛ – 🛗 📺 ⇔ 🅿
    geschl. 23. Nov. - 20. Dez. – **Menu** (geschl. Donnerstag) à la carte 15/26 – **35 Zim** ⊑ 64/67 – 112/122 – ½ P 9.
    ◆ Mit gepflegten und solide eingerichteten Zimmern ersetzt man Ihnen hier vorübergehend Ihr eigenes Zuhause. Ein neuer Wellnessbereich trägt gelungen zu Ihrer Erholung bei. Restaurant in rustikalem Stil.

WILLINGEN (Upland)

Rüters Parkhotel, Bergstr. 3a, ✉ 34508, ℰ (05632) 98 40, *ruetersparkhotel@t-online.de*, Fax (05632) 984200, 㐂, ⇌, ☐, 🐎 – 🛗 📺 ✆ ⇌ 🅿 – 🔨 40. ⇎ Rest
Menu à la carte 21/39 – **45 Zim** ⇌ 51/76 – 80/124 – ½ P 9.
 ♦ Eine Parkanlage im Zentrum des Ortes umgibt dieses solide, familiengeführte Domizil. Fragen Sie nach den neuen, geschmackvoll eingerichteten Komfort-Zimmern. Das bürgerlich gestaltete Restaurant hat man zum Garten hin plaziert - kleiner Wintergartenanbau.

Bürgerstuben, Brilonerstr. 40 (B 251), ✉ 34508, ℰ (05632) 98 30, *buergerstuben@t-online.de*, Fax (05632) 983500, Massage, 🏊, 🐾, ⇌, ☐, 🐎 – 🛗 📺 🅿 🄰🄴 ⓞ ⓜⓞ 🆅🅸🆂🅰, ⇎ Rest
Menu à la carte 20/34 – **52 Zim** ⇌ 46/56 – 92/114 – ½ P 14.
 ♦ Teils rustikal, teils neuzeitlich eingerichtete Gästezimmer bieten Ihnen eine gepflegte Unterkunft für unterwegs. Ein Wellnessbereich zählt auch zu den Vorzügen des Hauses.

Waldecker Hof, Waldecker Str. 28 (B 251), ✉ 34508, ℰ (05632) 98 80, *info@waldecker-hof.de*, Fax (05632) 988360, 㐂, ⇌, ☐, 🐎 – 🛗 📺 🅿 🄰🄴 ⓜⓞ 🆅🅸🆂🅰
Menu à la carte 16/31 – **38 Zim** ⇌ 38/55 – 76/100 – ½ P 11.
 ♦ Urlauber wie auch Durchreisende schätzen die solide und praktisch ausgestatteten, teils mit Stilmobiliar bestückten Zimmer. Erholung finden Sie auch im Garten.

Central, Waldecker Str. 14 (B 251), ✉ 34508, ℰ (05632) 9 89 00, *hotel.central@t-online.de*, Fax (05632) 989098, ⇌, ☐ – 🛗 📺 🅿 – 🔨 20. 🄰🄴 ⓜⓞ 🆅🅸🆂🅰 ⇎ Zim
Menu à la carte 18/36 – **28 Zim** ⇌ 45/60 – 78/120 – ½ P 10.
 ♦ Stammhaus und Anbau dieser Adresse verfügen über solide Unterkünfte - teils mit Balkon. Die Umgebung bietet Ihnen sommers wie winters attraktive Freizeitangebote. Der gastronomische Bereich teilt sich in ein rustikales Restaurant und ein Café.

Hof Elsenmann, Zur Hoppecke 1, ✉ 34508, ℰ (05632) 6 90 07, *info@hof-elsenmann.de*, Fax (05632) 6480, 㐂, 🐎 – 🛗 📺 🅿 ⓜⓞ
geschl. 8. - 18. Dez. – **Menu** à la carte 14/30 – **29 Zim** ⇌ 51/71 – 92/112 – ½ P 11.
 ♦ Sauber, gepflegt und praktisch ausgestattet - so zeigen sich die Gästezimmer dieses familiengeführten Domizils. Eine geeignete Adresse für Sommer- und Winterurlaub. Restaurant in leicht rustikaler Aufmachung.

In Willingen-Schwalefeld *Nord-Ost : 3,5 km :*

Upländer Hof, Uplandstr. 2, ✉ 34508, ℰ (05632) 9 81 23, *uplaender-hof@t-online.de*, Fax (05632) 69052, 㐂, ⇌, 🐎 – 🛗 📺 ⇌ 🅿 – 🔨 20. ⓜⓞ 🆅🅸🆂🅰
geschl. 17. Nov. - 4. Dez. – **Menu** (geschl. Nov.- April Montag) à la carte 17/34 – **29 Zim** ⇌ 45/80 – 90/120 – ½ P 12.
 ♦ Der familiengeführte Dorfgasthof beherbergt sehr gepflegte und solide eingerichtete Fremdenzimmer. Die ländliche Umgebung ist ideal für ausgedehnte Wanderungen. Ländlich-schlicht gestaltete Räumlichkeiten bilden den gastronomischen Bereich.

In Willingen-Stryck *Süd-Ost : 3,5 km :*

Romantik Hotel Stryckhaus ⟩, Mühlenkopfstr. 12, ✉ 34508, ℰ (05632) 98 60, *stryckhaus@t-online.de*, Fax (05632) 69961, 㐂, Biergarten, Massage, ⇌, ☐ (geheizt), ☐, 🐎 – 🛗, ⇎ Zim, 📺 ✆ ⇌ 🅿 – 🔨 35. 🄰🄴 ⓞ ⓜⓞ 🆅🅸🆂🅰 ⇎ Rest
Menu à la carte 25/45 – **61 Zim** ⇌ 78/96 – 150/184 – ½ P 19.
 ♦ Am Südhang des Ettelsberges erbaute der Worpsweder Maler Heinrich Vogeler 1912 ein Landhaus. Hieraus entstand ein komfortables Domizil mit schönem Garten. Mit klassischem Ambiente empfängt Sie das Restaurant. Nett : die rustikale Stube.

In Willingen-Usseln *Süd-Ost : 4,5 km über B 251 :*

Post-Hotel Usseln, Korbacher Str. 14 (B 251), ✉ 34508, ℰ (05632) 9 49 50, *post-hotel-usseln@t-online.de*, Fax (05632) 949596, 㐂, ⇌, ☐, 🐎 – 🛗, ⇎ Zim, 📺 ✆ ⇌ 🅿 – 🔨 30. 🄰🄴 ⓞ ⓜⓞ 🆅🅸🆂🅰 ⇎
Menu à la carte 17/36 – **42 Zim** ⇌ 61/78 – 94/100, 15 Suiten – ½ P 13.
 ♦ Das Hotel entwickelte sich aus einem Sauerländer Gasthof mit Postkutschenstation. Wo einst Fahrgäste eine Bleibe fanden, ermöglicht man heute Urlaubern bequemes Wohnen. Viel helles Holz und eine elegante Note prägen das Restaurant.

Berghof ⟩, Am Schneppelnberg 11, ✉ 34508, ℰ (05632) 94 98 98, Fax (05632) 949894, 㐂, ⇌, ☐, 🐎 – 🛗 📺 ⇌ 🅿 🆅🅸🆂🅰
geschl. 4. Nov. - 6. Dez. – **Menu** (geschl. Mittwoch) à la carte 15/28 – **25 Zim** ⇌ 39/54 – 90/120 – ½ P 13.
 ♦ Angepaßt an den Charakter der Gegend wurde das Innere des Hauses in ländlichem Stil gestaltet. Ein Anbau erweitert das Stammhaus um weitere wohnliche Gästezimmer. Das gemütliche Restaurant wird ergänzt durch eine schmucke rustikale Stube.

WILLINGEN (Upland)

Henkenhof, Hochsauerlandstr. 23 (B 251), ✉ 34508, ℘ (05632) 18 17, henkenh ussein@t-online.de, Fax (05632) 7748, ⛾, 🔲, 🐎 – 🛗 📺 ♿ 🚗 🅿️ 🎦
geschl. 1. - 20. Dez. – **Menu** à la carte 18/28 – **47 Zim** ⇌ 43/55 – 76/84
½ P 12.
♦ Das familiengeführte Hotel sorgt in landschaftlich schöner Umgebung f Behaglichkeit. Ein gutes Platzangebot bieten die solide möblierten Gästezimmer neueren Anbau. Erzeugnisse aus eigener Schlachtung und Landwirtschaft beeinflussen Küche.

Die Erläuterungen in der Einleitung helfen Ihnen,
Ihren Roten Michelin-Führer effektiver zu nutzen.

WILLSTÄTT Baden-Württemberg 419 U 7 – 8800 Ew – Höhe 142 m.
Berlin 739 – Stuttgart 136 – *Karlsruhe 70*.

Kinzigbrücke mit Zim, Sandgasse 1, ✉ 77731, ℘ (07852) 22 80, info@kin: bruecke.de, Fax (07852) 5276, 🍽 – ⚞ Zim, 📺
geschl. 27. Dez. - 7. Jan., 3. - 15. Juni – **Menu** (geschl. Samstagmittag, Sonntagabene Montag) 17/49 und à la carte – **6 Zim** ⇌ 30/38 – 60/72.
♦ Das schmucke kleine Fachwerkhaus mit grünen Fensterläden stammt aus dem Jah 1765. Parkett, Holzmobiliar und ein nettes Dekor vermitteln ländlichen Charme.

WILNSDORF Nordrhein-Westfalen siehe Siegen.

WILSDRUFF Sachsen 418 M 24 – 3800 Ew – Höhe 275 m.
Berlin 203 – *Dresden* 17 – Chemnitz 55 – Meißen 16.

An der Autobahn A 4 Ost : 4 km, Richtung Dresden (Südseite) :

Autobahnraststätte und Motel Dresdner Tor-Süd Ⓜ, ✉ 01723, ℘ (03520- 90 50, service@dresdner-tor.de, Fax (035204) 90566, 🍽, ⛾ – 🛗, ⚞ Zim, 📺 ♿ 🚗 🅿️ – 🎦 40. ⓐⓔ ⓞ ⓜⓞ 🆅🅸🆂🅰
Menu à la carte 13/22 – **64 Zim** ⇌ 50 – 71.
♦ Wenn Sie auf Geschäfts- oder Urlaubsreise eine längere Rast einlegen möchten, finde Sie hier eine moderne Herberge mit moteltypischen Annehmlichkeiten. Neben dem nei zeitlichen Bistro bietet man die für eine Rastanlage typische und geschätzte Selbstbe dienung.

In Klipphausen-Sora Nord-West : 3,5 km, jenseits der A 4 :

Zur Ausspanne, An der Silberstr. 2, ✉ 01665, ℘ (035204) 46 60, zurausspanne sora@t-online.de, Fax (035204) 46660, 🍽 – 🛗, ⚞ Zim, 📺 🅿️ – 🎦 40. ⓐ ⓜⓞ 🆅🅸🆂🅰
Menu à la carte 13,50/26 – **32 Zim** ⇌ 60 – 70.
♦ Schon 1791 fanden Fuhrleute in der ehemaligen Poststation Bewirtung und ein Bleibe. Nach aufwendigem Umbau überzeugt das Landhotel heute mit einem moderne Innenleben. Am Abend ergänzt eine gemütliche Stube das freundliche, gepflegt Restaurant.

WILSNACK, BAD Brandenburg 416 H 19 – 2800 Ew – Höhe 30 m.
🛈 Stadtinformation, Am Markt 1, ✉ 19336, ℘ (038791) 26 20, Fax (038791) 99919!
Berlin 132 – Potsdam 117 – *Schwerin 95* – Perleberg 23.

Ambiente Ⓜ, Dr.-Wilhelm-Külz-Str. 5a, ✉ 19336, ℘ (038791) 7 60, wilsnack@hote ambiente.com, Fax (038791) 76400, 🍽, ⛾, 🐎 – 🛗, ⚞ Zim, 📺 ♿ ♿ 🚗 🅿️ – 🎦 40 ⓐⓔ ⓜⓞ 🆅🅸🆂🅰. ⚞ Rest
Menu à la carte 18/26 – **58 Zim** ⇌ 75 – 105, 3 Suiten – ½ P 15.
♦ Modern und wohnlich eingerichtete Zimmer, zeitgemäße Bäder, gute Tagungsmöglich keiten und ein netter, gepflegter Freizeitbereich erwarten die Gäste dieses neueren Hotels Neuzeitliches Restaurant mit großer Fensterfront.

In Bad Wilsnack-Groß Lüben West : 2 km :

Erbkrug ⚜, Dorfstr. 36, ✉ 19336, ℘ (038791) 27 32, hotel@erbkrug.de, Fax (038791) 2586, 🍽, 🐎 – 🅿️ ⓜⓞ
Menu (geschl. Montagmittag) à la carte 14/26 – **20 Zim** ⇌ 36/40 – 50/62 – ½ P 11.
♦ Alle Zimmer des Gasthofs aus dem 19. Jh. liegen ruhig nach hinten im neugebauten Gästehaus und sind mit neuzeitlichen Kirschbaummöbeln wohnlich und funktionell einge richtet. Ländlich und rustikal ist das Ambiente im Restaurant.

ILTHEN Sachsen 418 M 27 – 7 800 Ew – Höhe 300 m.

🛈 Fremdenverkehrsamt, Bahnhofstr. 8, ⌧ 02681, ℘ (03592) 38 54 16, Fax (03592) 385499.

Berlin 216 – Dresden 81 – Görlitz 49 – Bautzen 13.

Wilthen-Tautewalde West : 2 km :

🏨 **Landhotel Erbgericht**, Tautewalde 61, ⌧ 02681, ℘ (03592) 3 83 00, erbgericht@tautewalde.de, Fax (03592) 383299, 🌳, Biergarten, ⇌, 🐎, ✕ – ✲ Zim, 📺 📞 🅿
– 🔨 50. ⒶⒺ ⓄⒹ ⓄⓄ 𝐕𝐈𝐒𝐀
Menu à la carte 24/35 – **32 Zim** ⌧ 65 – 80/90.

◆ Ein nettes Landhotel am Fuß des Oberlausitzer Berglands : Die Zimmer im modernen Gästehaus sind geschmackvoll im Landhausstil mit hübschen Stoffen und Naturhölzern gestaltet. Die gemütliche Gaststube im alten Gebäudeteil bietet eine schmackhafte Küche.

IMPFEN, BAD Baden-Württemberg 417 419 S 11 – 6 700 Ew – Höhe 202 m – Heilbad.

Sehenswert : Wimpfen am Berg★★ : Hauptstraße★ – Wimpfen im Tal : Stiftskirche St. Peter (Kreuzgang★★).

Ausflugsziel : Burg Guttenberg★ : Greifvogelschutzstation Nord : 8 km.

🛈 Tourist-Information, Carl-Ulrich-Str. 1, (Alter Bahnhof), ⌧ 74206, ℘ (07063) 9 72 00, info@badwimpfen.org, Fax (07063) 972020.

Berlin 598 – Stuttgart 69 – Heilbronn 16 – Mannheim 73 – Würzburg 113.

🏨 **Am Rosengarten** ≤, Osterbergstr. 16, ⌧ 74206, ℘ (07063) 99 10, rosengarten@t-online.de, Fax (07063) 9918008, 🌳, ⇌, ≋ (geheizt), 🅿, 🐎 – 📶, ✲ Zim, 📺 ⚒
⇆ – 🔨 150. ⒶⒺ ⓄⒹ ⓄⓄ 𝐕𝐈𝐒𝐀 𝐉𝐂𝐁
Menu à la carte 20/32 – **60 Zim** ⌧ 87/92 – 122/127 – ½ P 16.

◆ 1997 eröffnetes Kur- und Tagungshotel : Funktionelle Zimmer, ein großer Freizeitbereich und die reizvolle Umgebung machen dieses Haus zu einem lohnenden Ziel. Helles, freundliches Restaurant mit großer Fensterfront zum Rosengarten hin.

🏨 **Am Kurpark** ≤, garni, Kirschenweg 16, ⌧ 74206, ℘ (07063) 9 77 70, rezeption@amkurpark.de, Fax (07063) 977721, ⇌, 🐎 – 📺 📞 🅿 ⓄⓄ 𝐕𝐈𝐒𝐀
geschl. Mitte Dez. - Mitte Jan. – **9 Zim** ⌧ 47/70 – 84/104.

◆ Die ruhige Lage in Kurparknähe, solide und wohnlich eingerichtete Zimmer (alle 6 DZ mit Balkon) und die nette Führung sprechen für diese Hotelpension.

🏨 **Sonne** (mit Gästehaus), Hauptstr. 87, ⌧ 74206, ℘ (07063) 2 45, info@sonne-wimpfen.de, Fax (07063) 6591, 🌳 – 📺 📞 ⓄⓄ 𝐕𝐈𝐒𝐀
geschl. 21. Dez. - 18. Jan. – **Menu** (geschl. Juni - Juli 2 Wochen, Donnerstag, Sonntagabend) à la carte 30/41 – **18 Zim** ⌧ 50 – 85.

◆ Zwei schöne Fachwerkhäuser in der Altstadt beherbergen die rustikalen, praktischen Zimmer dieses Hotels, die trotz der historischen Bausubstanz zeitgemäßen Komfort bieten. Restaurant mit schattiger, kleiner Terrasse.

WIMSHEIM Baden-Württemberg siehe Pforzheim.

WINCHERINGEN Rheinland-Pfalz 417 R 3 – 1 400 Ew – Höhe 220 m.

Ausflugsziel : Nennig (Mosaikfußboden★★ der ehem. Römischen Villa) Süd : 12 km.

Berlin 751 – Mainz 189 – Trier 33 – Luxembourg 34 – Saarburg 13.

✕✕ **Moselblick**, Am Mühlenberg 1, ⌧ 54457, ℘ (06583) 2 88, haus@moselblick.de, Fax (06583) 1538, ≤ Moseltal, 🌳 – 🅿 𝐕𝐈𝐒𝐀. 🐎
geschl. Jan., Nov., Montag - Dienstag – **Menu** à la carte 23/45.

◆ Genießen Sie von diesem an einem Steilhang gelegenen, hell und zeitlos eingerichteten Restaurant mit großer Fensterfront einen faszinierenden Blick über das Moseltal.

WINDECK Nordrhein-Westfalen 417 N 6 – 21 000 Ew – Höhe 95 m.

🛈 Verkehrsverein, Rathausstr. 12 (Rosbach), ⌧ 51570, ℘ (02292) 1 94 33, tourismus@gemeinde-windeck.de, Fax (02292) 601294.

Berlin 592 – Düsseldorf 114 – Bonn 62 – Limburg an der Lahn 71 – Koblenz 77.

In Windeck-Rosbach :

✕ **Zur Post**, Hauptstr. 13, ⌧ 51570, ℘ (02292) 51 51, Fax (02292) 67203 – ✲ 🅿
geschl. Aug. 3 Wochen, Montag - Dienstag – **Menu** à la carte 18/34.

◆ Hier sitzen die Gäste in ländlichen Gaststuben mit Kamin, Theke und Stammtisch bei einem Angebot an Gerichten der bürgerlichen Küche.

WINDECK
In Windeck-Schladern :

Bergischer Hof, Elmoresstr. 8, ⊠ 51570, ℘ (02292) 22 83, info@bergischer-hof.
Fax (02292) 930535, 余, 宀, – 🖵 P. – 🏛 40. AE ⓞ VISA
geschl. Juli – **Menu** (geschl. Sonntagabend - Montag) à la carte 17/27 – **19 Zim** ⌑ 52/
– 69/82 – ½ P 12.
♦ Hinter der typisch bergischen Schieferfassade des denkmalgeschützten Hotels erwart
Sie zeitgemäß ausgestattete Zimmer und ein freundlicher Service. Mit hübschem Gart
Gepflegte, ländliche Restauranträume.

WINDELSBACH Bayern siehe Rothenburg ob der Tauber.

WINDEN Baden-Württemberg 419 V 8 – 2 800 Ew – Höhe 320 m – Erholungsort.
🅑 Tourist-Information, Bahnhofstr. 1 (Rathaus in Oberwinden), ⊠ 79297, ℘ (0768
92 36 14, florin@winden-im-elztal.de, Fax (07682) 923679.
Berlin 771 – Stuttgart 192 – *Freiburg im Breisgau* 35 – Offenburg 46.

In Winden-Oberwinden Nord-Ost : 2 km über B 294 :

Elztal-Hotel Schwarzbauernhof 🐾, Am Rüttlersberg 5 (Süd : 2 km, über Bah
hofstrasse), ⊠ 79297, ℘ (07682) 9 11 40, elztalhotel@t-online.de, Fax (07682) 91149
≤, 余, Massage, 🎿, 🏊, 🖂, 宀, %, – 🖹 🖵 📞 ⚒ ⇌ P. – 🏛 25. ⚒ Rest
Menu (Restaurant nur für Hausgäste) – **70 Zim** (nur ½ P) 95 – 180/210.
♦ Neben wohnlichen Zimmern verschiedener Kategorien bietet Ihnen diese reizvoll gel
gene Ferienadresse schöne Außenanlagen und ein abwechslungsreiches Freizeitangebo

Waldhorn, Hauptstr. 27 (B 294), ⊠ 79297, ℘ (07682) 91 82 10, waldhorn-winden
gmx.de, Fax (07682) 6635, 余 – 🖵 ⇌ P. ⓞ VISA
geschl. Feb. 2 Wochen – **Menu** (geschl. Nov. - April Donnerstag) à la carte 15/29 – **23 Zi**
⌑ 36 – 58 – ½ P 9.
♦ Die Zimmer dieses dörflichen Gasthofs sind mit hellen Holzmöbeln solide ausgestatte
Schreibflächen und Sitzgelegenheiten gehören zum praktischen Inventar. Glänzender Stein
fußboden und gepflegt eingedeckte Tische prägen das Ambiente im Restaurant.

WINDHAGEN Rheinland-Pfalz 417 O 6 – 4 000 Ew – Höhe 303 m.
Berlin 616 – Mainz 132 – *Koblenz* 26 – Bonn 57.

In Windhagen-Rederscheid Süd-West : 3 km jenseits der A 3 :

Dorint Sporthotel Waldbrunnen 🐾, Brunnenstr. 7, ⊠ 53578, ℘ (02645) 1 50
info.bnjwal@dorint.com, Fax (02645) 15548, 余, Massage, 🎿, ≡s, 🏊 (geheizt), 🏊
%(Halle), ⚓, (Halle u. Schule) – 🖹, ⚒ Zim, 🖵 ⚒ ⇌ P. – 🏛 120. AE ⓞ ⓞ VISA JCB
⚒ Rest
Menu à la carte 23/35 – ⌑ 14 – **125 Zim** 114/124 – 141/151 – ½ P 21.
♦ Das weitläufige Hotel mit Reit- und Tennisanlage orientiert sich vorwiegend an der
Bedürfnissen der Tagungsgäste. Die Zimmer im Anbau sind neuzeitlicher und bieten meh
Platz. Einen Blick in die Reithalle hat man im Restaurant mit angrenzendem Wintergarten

---

WINDISCHESCHENBACH Bayern 420 Q 20 – 6 000 Ew – Höhe 428 m.
🅑 Touristik-Info, Hauptstr. 34 (Rathaus), ⊠ 92670, ℘ (09681) 40 12 40, tourismus@
windischeschenbach.de, Fax (09681) 401100.
Berlin 392 – München 261 – *Weiden in der Oberpfalz* 21 – Bayreuth 49 – Nürnberg 115

Weißer Schwan, Pfarrplatz 1, ⊠ 92670, ℘ (09681) 12 30, Fax (09681) 1466, Bier-
garten, ≡s – 🖵 P. ⓞ VISA
Menu (geschl. Samstag, Sonntagabend) à la carte 12/27 – **20 Zim** ⌑ 30 – 50.
♦ Ein familiengeführter Landgasthof mit Blumenschmuck an den Fenstern : Sie wohnen
in freundlichen Zimmern mit Parkett, holzvertäfelten Wänden und rustikalen Naturholz-
möbeln. Helle, gemütlich-rustikale Gaststube.

WINDORF Bayern 420 U 23 – 4 300 Ew – Höhe 306 m – Erholungsort.
Berlin 587 – München 181 – *Passau* 26 – Regensburg 104 – Straubing 72.

In Windorf-Rathsmannsdorf Nord-Ost : 4,5 km :

Zur Alten Post, Schloßplatz 5, ⊠ 94565, ℘ (08546) 10 37, Fax (08546) 2483, 余 –
🖵 P. – 🏛 100. ⓞ VISA
Menu à la carte 13,50/28 – **30 Zim** ⌑ 26/52 – 84.
♦ Ein behaglich-rustikales Ambiente erwartet die Gäste in dem gestandenen bayerischen
Gasthof mit blumengeschmückter Fassade und soliden Zimmern. Gemütliche Restaurant-
räume mit schnitzereiverziertem Holz und Kachelöfen.

INDSHEIM, BAD Bayern 419 420 R 15 – 12 000 Ew – Höhe 321 m – Heilbad.
  ⓘ₁₈ Bad Windsheim, Am Weinturm 2, ℘ (09841) 50 27.
  🅱 Kur-, Kongreß- und Touristik-Information, Erkenbrechtallee 2, ✉ 91438, ℘ (09841) 40 20, Fax (09841) 40299.
  Berlin 475 – München 236 – Nürnberg 68 – Bamberg 72 – Ansbach 33 – Würzburg 57.

🏨 **Reichsstadt**, Pfarrgasse 20, ✉ 91438, ℘ (09841) 90 70, hreichsstadt@aol.com, Fax (09841) 7447, 🛋 🐕 🛁 – 🔄 200. 🆎 ⓞ ⓜⓞ 𝗩𝗜𝗦𝗔 JCB
  Menu à la carte 25/39 – **110 Zim** ⊇ 80 – 105 – ½ P 18.
  • Ein schmucker, neuzeitlicher Hotelbau mit integrierten Fachwerkhaus. Fragen Sie nach den Zimmern im Neubau, diese sind mit modernen Möbeln wohnlich ausgestattet. Gepflegtes Ambiente mit Pastelltönen und Terrakottaböden erwartet Sie im Restaurant Medaillon.

🏨 **Residenz** 🌿, Erkenbrechtallee 33, ✉ 91438, ℘ (09841) 9 10, hotel@residenz-bad-windsheim.de, Fax (09841) 912663, 🌳, Massage, ♨, 🏋, 🈴, 🏊, 🚤 – 🛗 🛌 📺 🛁 🅿 – 🔄 300. 🆎 ⓞ ⓜⓞ 𝗩𝗜𝗦𝗔
  Menu à la carte 17/30,50 – **116 Zim** ⊇ 78/83 – 87 – ½ P 14.
  • Das Haus befindet sich in reizvoller Lage nahe an Kurpark und historischer Altstadt. Gute Konferenztechnik macht es auch für Tagungsgäste interessant. Eine Terrasse zum Garten hin ergänzt das unterteilte Restaurant.

🏨 **Reichel's Parkhotel** 🌿 garni, Am Stauchbrunnen 7, ✉ 91438, ℘ (09841) 40 50, Fax (09841) 405350, 🛋 – 🛌 📺 🛋 🅿 🆎 ⓜⓞ 𝗩𝗜𝗦𝗔
  geschl. 20. Dez. - Jan. – **32 Zim** ⊇ 50/60 – 74/95.
  • Am Kurpark gelegen, bietet dieses Hotel ein ruhiges Zuhause auf Zeit - ausgestattet mit wohnlichen, teils auch einfacheren Gästezimmern.

🏠 **Goldener Schwan**, Rothenburger Str. 5, ✉ 91438, ℘ (09841) 50 61, hoenicka@t-online.de, Fax (09841) 79440 – 📺 🛋 🆎 ⓜⓞ 𝗩𝗜𝗦𝗔
  Menu (geschl. 2. - 25. Jan., Mittwoch) à la carte 16/31 – **22 Zim** ⊇ 38/43 – 55/65 – ½ P 13.
  • Aus einem einstigen Patrizierhaus wurde 1778 ein Gasthaus. Momentan sorgt die vierte Generation der Wirtsleute dafür, daß Sie sich in den praktischen Zimmern wohlfühlen. Restaurant mit ländlichem Ambiente.

🏠 **Zum Storchen**, Weinmarkt 6, ✉ 91438, ℘ (09841) 66 98 90, hotel.storchen@t-online.de, Fax (09841) 6698930, 🌳 – 🛌 Zim, 📺 🛋 🅿 – 🔄 14.
  Menu (geschl. Okt. - April Montag) à la carte 16/28 – **20 Zim** ⊇ 69 – 89 – ½ P 14.
  • Schon 400 Jahre ist dieses Fachwerkhaus alt. Die praktisch ausgestatteten Gästezimmer bieten dennoch zeitgemäßes Wohnen mit allem Notwendigen. Das Restaurant ist nett, im fränkischen Stil gestaltet.

WINGERODE Thüringen 418 L 14 – 1 200 Ew – Höhe 290 m.
  Berlin 305 – Erfurt 90 – Göttingen 47 – Nordhausen 43 – Mühlhausen 47.

🏠 **Keppler's Ecke**, Hauptstr. 52, ✉ 37327, ℘ (03605) 50 16 66, Fax (03605) 501668, Biergarten – 🅿 – 🔄 30
  Menu à la carte 12/21 – **15 Zim** ⊇ 30/44 – 50/58.
  • Ein sympathisches, familiengeführtes Fachwerk-Hotel, dessen Zimmer alle unterschiedlich eingerichtet sind. Neuerdings hat man auch ein Kosmetikstudio im Hause. Gemütliche, rustikal gestaltete Gaststube.

WINGST Niedersachsen 415 E 11 – 3 600 Ew – Höhe 25 m – Luftkurort.
  🅱 Kurverwaltung, Hasenbeckallee 1, ✉ 21789, ℘ (04778) 8 12 00, wingst@t-online.de, Fax (04778) 812029.
  Berlin 383 – Hannover 218 – Cuxhaven 39 – Bremerhaven 54 – Hamburg 97.

🏠 **Peter**, Bahnhofstr. 1 (B 73), ✉ 21789, ℘ (04778) 2 79, flair-hotel-peter@t-online.de, Fax (04778) 7474, 🛋 – 🛗 🛌 Zim, 📺 🛋 🅿 – 🔄 20. 🆎 ⓜⓞ 𝗩𝗜𝗦𝗔 ❌ Rest
  geschl. Mitte Jan. - Mitte Feb. – **Oehlschläger-Stube** (geschl. Mittwoch - Donnerstag) (wochentags nur Abendessen) **Menu** à la carte 18/33 – **31 Zim** ⊇ 37/51 – 64/77.
  • Hinter einer ansprechenden, gelb gestrichenen Fassade mit Ecktürmchen finden Urlauber neuzeitliche, individuell gestaltete Gästezimmer. Die Oehlschläger-Stube ist nach einem ortsansässigen Maler benannt, der hier seine Bilder ausstellt.

WINKLARN Bayern siehe Rötz.

WINNENDEN Baden-Württemberg 419 T 12 – 25 000 Ew – Höhe 292 m.
  Berlin 599 – Stuttgart 26 – Schwäbisch Gmünd 44 – Schwäbisch Hall 48.

🏠 **Central-Hotel** garni, Max-Eyth-Str. 7, ✉ 71364, ℘ (07195) 90 50, Fax (07195) 905300 – 🛗 🛌 📺 🛋 – 🔄 25. 🆎 ⓜⓞ 𝗩𝗜𝗦𝗔
  37 Zim ⊇ 65 – 85.
  • Ein neues Hotel in einem kleinen Gewerbegebiet. Neuzeitlich und praktisch mit hellen Holzmöbeln eingerichtete Zimmer, auch Boardingrooms für Langzeitgäste.

1555

WINNENDEN

In Winnenden-Birkmannsweiler *Süd-Ost : 3 km :*

Heubach-Krone, Hauptstr. 99, ✉ 71364, ☎ (07195) 98 44 40, *Fax (07195) 98444*
– TV P. AE ① ⓜⓞ VISA
Menu *(geschl. Jan. 1 Woche, Aug. 1 Woche, Dienstag)* à la carte 16/32 – **18 Zim** ⊇ 39/!
– 54/72.
♦ Vor kurzem wurde das Raumangebot dieser ländlichen Adresse um fünf neue Zimm
im Nebenhaus erweitert. Diese sind mit einer kleinen Küche ausgestattet und ne
eingerichtet. Ländliches Restaurant mit rustikaler Aufmachung und gemütliche
Kachelofen.

In Winnenden-Bürg *Nord-Ost : 4,5 km :*

Burghotel Schöne Aussicht ⑤, Neuffenstr. 18, ✉ 71364, ☎ (07195) 9 75 6
Fax (07195) 975619, ≤ Winnenden und Umgebung, 😀 – TV P. AE ⓜⓞ VISA JCB
Menu *(geschl. Montag)* à la carte 15/49 – **16 Zim** ⊇ 56 – 81.
♦ Gediegene und praktische Einrichtung im Zimmerbereich sowie die Lage machen diese
Haus interessant. Alle Zimmer mit Balkon oder Terrassenplatz. Die Restaurationsräume sir
rustikal in dunklem Holz gestaltet worden.

In Winnenden-Hanweiler *Süd : 3 km :*

Traube mit Zim, Weinstr. 59, ✉ 71364, ☎ (07195) 13 99 00, *Fax (07195) 1399022*, 😀
– TV P.
geschl. über Fastnacht 2 Wochen, Ende Juli - Mitte Aug. – **Menu** *(geschl. Dienstag - Mit
woch)* à la carte 14/29 – **6 Zim** ⊇ 35/45 – 60.
♦ Eine nette Einkehrmöglichkeit für alle, die einen ländlichen Gasthof mit Weinstuber
charakter schätzen. Auf den Tisch kommt eine einfache, regional bezogene Küche.

In Berglen-Lehnenberg *Süd-Ost : 6 km :*

Blessings Landhotel, Lessingstr. 13, ✉ 73663, ☎ (07195) 9 76 00, *info@blessings
landhotel.de, Fax (07195) 976040*, ≤, 😀 – ✤ Zim, TV P. – 🕍 40. AE ⓜⓞ VISA JCB
geschl. 2. - 16. Jan. – **Menu** *(geschl. Donnerstag)* à la carte 21/35 – **23 Zim** ⊇ 40/61
66/87.
♦ Das in früheren Zeiten als Posthalterei und Kolonialwarengeschäft genutzte Haus prä
sentiert sich heute als modernes Urlaubs- und Tagungshotel. Bürgerlich und leicht rustika
sind Einrichtung und Dekor im Restaurant.

WINSEN (LUHE) Niedersachsen **415 416** F 14 – 30 000 Ew – Höhe 8 m.

🛧 Winsen, Radbrucher Str. 200 *(Süd-Ost : 3 km Richtung Radbruch)*, ☎ (04178) 73 22 4
Berlin 285 – Hannover 132 – Hamburg 36 – Bremen 118 – Lüneburg 24.

Storchennest M, Tönnhäuser Weg 3, ✉ 21423, ☎ (04171) 88 80, *hotel-storche
nest@t-online.de, Fax (04171) 888222*, 😀 – TV ✆ & P. – 🕍 15. AE ① ⓜⓞ VISA. ※ Res*
Menu *(geschl. 24. - 31. Dez., Sonntag) (nur Abendessen)* à la carte 11/19 – **25 Zim**
⊇ 66 – 81/88.
♦ Vor den Toren Hamburgs wohnen Sie hier in neuzeitlichen Räumlichkeiten in kleinstäd
tischer Umgebung, ohne auf die Vorteile der nahen Großstadt verzichten zu müssen.

Zum weißen Roß, Marktstr. 10, ✉ 21423, ☎ (04171) 6 58 50, *Fax (04171) 658525*
😀 – TV P. – 🕍 10. ⓜⓞ VISA
Menu à la carte 17/25 – **10 Zim** ⊇ 50 – 80.
♦ Das hübsche, renovierte Fachwerkhaus aus dem 17. Jahrhundert beherbergt wchnlich
eingerichtete Zimmer. Auch für kleine Tagungen geeignet. In den gemütlichen Gaststuber
bewirtet man Sie mit Gerichten der internationalen Küche.

WINTERBACH Baden-Württemberg siehe Schorndorf.

WINTERBERG Nordrhein-Westfalen **417** M 9 – 15 100 Ew – Höhe 700 m – Heilklimatischer Kurort
– Wintersport : 672/841 m ≰51 ≴.

🛧 Winterberg, In der Büre *(Nord-West : 3 km Richtung Silbach)*, ☎ (02981) 17 70.
🛈 Tourist-Information, Am Kurpark 6, ✉ 59955, ☎ (02981) 9 25 00, *info@winterberg
.de, Fax (02981) 925024*.
Berlin 482 – Düsseldorf 186 – Arnsberg 56 – Marburg 60 – Paderborn 79 – Siegen 69.

Leisse M, Am Waltenberg 2, ✉ 59955, ☎ (02981) 73 64, *hotelleisse@t-online.de,
Fax (02981) 3199*, 😀 – TV ⇔ P. ⓜⓞ
Menu à la carte 16/36 – **15 Zim** ⊇ 45 – 80/110, 3 Suiten – ½ P. 14.
♦ Hinter einer für das Sauerland typischen Schieferfassade verbergen sich solide ausge
stattete Zimmer, die wohnlich wirken und einen guten Komfort bieten. Sehr gepflegt zeigt
sich der unterteilbare Restaurantbereich mit Wintergarten und beheizter Freiterrasse.

WINTERBERG

Astenblick, Nuhnestr. 5, ✉ 59955, ℘ (02981) 9 22 30, info@astenblick.de, Fax (02981) 92235, 斎, ₺₅, ≘s, – ⋈, 쓨 Zim, 🖭 ✆ ఈ, ⇦ 🅿. 🚳 VISA
Menu (geschl. 1. - 15. Juni, Dienstag) (Montag - Freitag nur Abendessen) à la carte 21/43 – **22 Zim** ⊇ 55/65 – 80/110 – ½ P 18.
• In einer Nebenstraße des Wintersportortes steht dieses neuzeitliche Urlaubshotel. Besonders die Zimmer und Suiten in den beiden Ecktürmen sind wohnlich eingerichtet. Das Restaurant : neuzeitlich und schlicht in dezenten Farben.

Waldhaus ⋙, Kiefernweg 12, ✉ 59955, ℘ (02981) 20 42, Fax (02981) 3670, ≤, 斎, Massage, ≘s, ⃣, ⅋ – ⋈ 🖭 🅿. ℡ ⓘ 🚳 VISA
Menu (Montag - Donnerstag nur Abendessen) à la carte 25/41 – **20 Zim** ⊇ 47 – 68/114 – ½ P 20.
• In ruhiger Waldlage, nur zehn Minuten vom Ortskern entfernt, stellt dieses Haus eine nette Urlaubsadresse dar. Fast alle Zimmer haben einen Südbalkon mit schönem Ausblick. Das leicht elegante Restaurant ist im Stil eines Wintergartens angelegt.

Engemann-Kurve, Haarfelder Str. 10 (B 236), ✉ 59955, ℘ (02981) 9 29 40, info@engemann-kurve.de, Fax (02981) 929449, 斎, ≘s, ⃣, ⅋ ⇦ 🅿. 🚳 VISA. ⋇
Menu à la carte 19/31 – **16 Zim** ⊇ 50/80 – 76/100 – ½ P 18.
• Nach umfangreicher Renovierung ist man nun in der Lage, seinen Gästen moderne, farblich abgestimmte Zimmer mit gutem Komfort und individueller Einrichtung anzubieten.

Steymann, Schneilstr. 4, ✉ 59955, ℘ (02981) 70 05, hotel.steymann@t-online.de, Fax (02981) 3619, 斎, ≘s, ⃣, ⅋ – 🖭 🅿. ⓘ 🚳 VISA. ⋇ Rest
Menu à la carte 24/38 – **35 Zim** ⊇ 41/43 – 82/86 – ½ P 14.
• Ein gut gepflegtes Haus, dessen Zimmer mit Eichenmöbeln und teils auch mit bemalten Bauernmöbeln ausgerüstet sind. Golfkurse für Anfänger und Fortgeschrittene. Eine bürgerlich-schlichte Gaststube ergänzt das saalartige Restaurant.

In Winterberg-Altastenberg West : 5 km - über B 236 :

Berghotel Astenkrone 🅼 ⋙, Astenstr. 24, ✉ 59955, ℘ (02981) 80 90, berghotel@astenkrone.de, Fax (02981) 809198, ≤, 斎, Massage, ₺₅, ≘s, ⃣ – ⋈ 쓨 🖭 ఈ ⇦ 🅿 – ⛓ 50. 🚳 VISA. ⋇ Rest
Menu à la carte 23/46 – **39 Zim** ⊇ 80/90 – 120/165, 3 Suiten.
• Am Fuß des Kahlen Astens liegt dieses schöne Haus mit stilvollen Zimmern. Edle Hölzer kombiniert mit hochwertigen Stoffen und elegante Bäder sorgen für angenehmen Wohnkomfort. Das Restaurant besticht mit fein-rustikaler Atmosphäre und gut eingedeckten Tischen.

Haus Clemens ⋙, Renauweg 48, ✉ 59955, ℘ (02981) 9 24 10, Fax (02981) 924150, ≘s, ⃣, ⅋ – 🖭 ⇦ 🅿
geschl. 15. - 30. Nov. – **Menu** à la carte 14/38 – **15 Zim** ⊇ 35 – 67/87 – ½ P 13.
• Ein individueller, wohnlich gestalteter Zimmerbereich macht dieses Haus zu einer netten Urlaubsadresse. Im Winter finden Sie gut gespurte Loipen direkt vor der Tür. Im Restaurant bittet man Sie in ansprechender neo-rustikaler Umgebung zu Tisch.

In Winterberg-Neuastenberg Süd-West : 5 km über B 236 :

Dorint, Postwiese, ✉ 59955, ℘ (02981) 89 70, info.sgewin@dorint.com, Fax (02981) 897700, 斎, Biergarten, ≘s, ⃣, ⅋, ⋇(Halle) – 🖭 ✆ 戎 ⇦ 🅿 – ⛓ 150. ℡ ⓘ 🚳 VISA. ⋇ Rest
Fürst Richard (nur Abendessen) **Menu** à la carte 25/40 – **Dorfschänke :** Menu à la carte 15/31 – **133 Zim** ⊇ 76/125 – 136/185, 20 Suiten – ½ P 23.
• Ob Hotelzimmer, Appartement oder Waldhaus, die 80 000 qm umfassende Anlage bietet für jeden die passende Beherbergung. Gutes Sport-, Wellness- und Kinderbetreuungsangebot. Fürst Richard ist das klassische Hotelrestaurant. Rustikal : die Dorfschänke.

In Winterberg-Silbach Nord-West : 7 km :

Büker, Bergfreiheit 56, ✉ 59955, ℘ (02983) 9 70 50, info@landhotel-bueker.de, Fax (02983) 970510, 斎, ≘s, ⃣, – 🖭 🅿. – ⛓ 20. ℡ 🚳 VISA
geschl. 28. März - 17. April, 25. Nov. - 26. Dez. – **Menu** (geschl. Mittwoch) à la carte 16/35 – **19 Zim** ⊇ 41 – 78/82 – ½ P 12.
• Ein nettes, blumengeschmücktes Fachwerkhaus in Hanglage. Sie schlafen in Bauernbetten, die in einfachen, solide ausgestatteten Gästezimmern stehen. Der Restaurantbereich ist bürgerlich-rustikal im Stil.

WINTERHAUSEN Bayern 🄍🄎 Q 14 – 1 450 Ew – Höhe 170 m.
Berlin 502 – München 262 – Würzburg 14 – Kitzingen 13 – Ochsenfurt 7.

Gasthof Schiff ⋙ mit Zim, Fährweg 14, ✉ 97286, ℘ (09333) 17 85, info@hotel-schiff.de, Fax (09333) 1832, 斎 – 쓨 Zim, 🖭 ✆ ⇦ 🅿
Menu (geschl. 24. Dez. - 13. Jan., Aug. 2 Wochen, Sonntag) 25 à la carte 32/42 – **10 Zim** ⊇ 40/50 – 60/85.
• Bei der Renovierung dieses schönen Gasthofs hat man viel Wert auf den Erhalt der 400 Jahre alten Bausubstanz gelegt. Das Ergebnis : ländliche Gemütlichkeit mit Atmosphäre.

WINTRICH Rheinland-Pfalz **417** Q 4 – 1 000 Ew – Höhe 120 m.

🛈 Tourist-Information, Bergstr. 3 (Rathaus), ✉ 54487, ✆ (06534) 86 28, Fax (0653 1512.

Berlin 690 – Mainz 118 – *Trier* 46 – Bonn 146 – Saarbrücken 100.

🏨 **Weinhaus Simon** garni, Am Martinergarten 3, ✉ 54487, ✆ (06534) 6 64, hote weinhaus-simon@t-online.de, Fax (06534) 18149, 🚗, 🌳 – 📶 📺 🅿
geschl. Nov. – **10 Zim** ⌂ 41 – 60/74.
• Ruhig und doch zentral liegt dieses kleine, einem Weingut angeschlossene Hotel m schlichten, praktischen Gästezimmern, die alle über einen Balkon verfügen.

🍴🍴 **Altes Kelterhaus,** Am Martinergarten 13, ✉ 54487, ✆ (06534) 94 96 6
Fax (06534) 949667, 🌳 – 🅿 ⓪⓪ 💳 🍷
geschl. Mittwoch – **Menu** (Tischbestellung ratsam) 30/50 à la carte 26/38.
• Das schöne alte Natursteinhaus wurde Ende des 18. Jh. im moseltypischen St erbaut. Das internationale Speiseangebot wird durch Empfehlungen auf einer Taf ergänzt.

WINTZINGERODE Thüringen siehe Worbis.

WIPPERFÜRTH Nordrhein-Westfalen **417** M 6 – 23 000 Ew – Höhe 275 m.

Berlin 550 – *Düsseldorf* 72 – Köln 50 – Lüdenscheid 27 – Remscheid 20.

🍴🍴 **Christian's Restaurant,** Marktstr. 8, ✉ 51688, ✆ (02267) 8 26 6
Fax (02267) 659286, 🌳
geschl. Montag, Samstagmittag – **Menu** à la carte 30/41.
• Das kleine Stadthaus im bergischen Stil beherbergt ein modernes Restaurant, in den dunkles Holz, Spiegel und rot bezogene Polsterstühle den Ton angeben.

In Wipperfürth-Neye *Nord-West : 1 km :*

🍴🍴 **Landhaus Alte Mühle** 🌿 mit Zim, Neyetal 2, ✉ 51688, ✆ (02267) 8 86 9C
Fax (02267) 886950, ≤, 🌳 – 📺 🔑 ⓪⓪ 💳
Menu (geschl. Montag) à la carte 28,50/42 – **6 Zim** ⌂ 62 – 92.
• Für das liebevoll gestaltete Interieur dieses urigen Landhauses sorgt die Gastgeberin, eine Österreicherin - nostalgische Utensilien und Teddybären überall.

In Wipperfürth-Stüttem *Süd : 4 km an der Straße nach Lindlar :*

🏨 **Landgut Stüttem,** Stüttem 1, ✉ 51688, ✆ (02267) 88 18 40, info@landgu stuettem.de, Fax (02267) 8818444, 🌳, 🌲 – 📺 🔑 🅿 🛁 150. ⧫⧫ ⓪⓪ 💳 🍷
Menu (geschl. Montag) (nur Abendessen) à la carte 28/42 – **17 Zim** ⌂ 55/65 - 90/100.
• Schon vor hundert Jahren kehrten Reisende gern in der Pferdewechselstation ein, die sich zu einem stattlichen Landhotel mit individuellen und wohnlichen Zimmern gemausert hat. Im oberbergischen Stil zeigt sich das Restaurant - gemütlich, mit rustikalem Touch.

In Wipperfürth-Wasserfuhr *Nord-Ost : 4 km, an der Straße nach Halver :*

🏨 **Haus Koppelberg,** ✉ 51688, ✆ (02267) 50 51, Fax (02267) 2842, 🌳, 🌲 – 📺 🅿
– 🛁 60. ⧫⧫ ⓪⓪ 💳
Menu (geschl. Montag) à la carte 15/28 – **18 Zim** ⌂ 39 – 54.
• Ein hübsch im Grünen gelegenes Hotel mit schönem Garten. Fragen Sie nach einem der drei neuen Zimmer im Gästehaus, die mit hellem Naturholzmobiliar bestückt sind. Schlicht-rustikales Restaurant mit Gartenterrasse.

In Wipperfürth-Wipperfeld *Süd-West : 8 km über B 506 :*

🏨 **Landhotel Napoleon** (mit Gästehaus), Lamsfuß 12 (an den B 506), ✉ 51688,
✆ (02268) 9 14 10, landhotel.napoleon@freenet.de, Fax (02268) 914159, 🌳 – 🍷 Zim,
📺 🔑 🅿 🛁 80. 🍷 Zim
Menu (geschl. 7. - 23. März, Montag - Dienstagmittag) à la carte 16/27 – **16 Zim** ⌂ 48 – 68.
• Alle Zimmer dieses Hotels sind im neuzeitlichen Gästehaus untergebracht. Sie bieten dem Gast moderne Einrichtung mit hellem Holz und kräftigen Farben sowie eine gute Technik. Das Restaurant befindet sich im Haupthaus - einem Fachwerkhaus im bergischen Stil.

WIRGES Rheinland-Pfalz siehe Montabaur.

Michelin bringt keine Schilder an den empfohlenen Hotels und Restaurants an.

WIRSBERG Bayern 418 420 P 18 – 2 000 Ew – Höhe 355 m – Luftkurort.
🛈 Gäste-Information, Sessenreuther Str. 2, ✉ 95339, ℘ (09227) 9 32 20, gaeste-information@markt-wirsberg.de, Fax (09227) 93290.
Berlin 341 – München 250 – Coburg 60 – Hof 41 – Bayreuth 21.

Reiterhof Wirsberg ≫, Sessenreuther Str. 50 (Süd-Ost : 1 km), ✉ 95339, ℘ (09227) 20 40, info@reiterhof-wirsberg.de, Fax (09227) 7058, ≤, 佘, Massage, ₲, ≘s, ☒, 渭, ⅌, 🐎 (Halle) – 🛗 🏧 📞 ⇦ 🅿 – 🔒 60. 🎫 ⓘ 🎴 🌕
Menu à la carte 25/35 – **51 Zim** ⊇ 94/104 – 126/146 – ½ P 26.
  • "Wohnen statt nur übernachten" lautet die Devise dieses gewachsenen Landhotels. Folgerichtig bietet man Ihnen wohnliche Zimmer, Gemütlichkeit und zeitgemäße Technik. Elegant-rustikal, mit hellem Holz an Wänden und Decken, präsentiert sich das Restaurant.

Herrmann's Romantik Posthotel, Marktplatz 11, ✉ 95339, ℘ (09227) 20 80, posthotel@romantikhotels.com, Fax (09227) 5860, 佘, ₲, ≘s, ☒, – 🛗, 🚺 Zim, 🏧 📞 🅿 – 🔒 30. 🎫 ⓘ 🎴 VISA. 🌕 Rest
Herrmann's Restaurant (geschl. 22. Dez. - 9. Feb., Sonntag) (nur Abendessen) **Menu** à la carte 43/54 – **Jägerstube** : **Menu** à la carte 30/44 – **47 Zim** ⊇ 72/78 – 99/118, 8 Suiten.
  • Schöne, komfortabel gestaltete Zimmer und Suiten im Landhausstil, die sehenswerte Natursteinbadelandschaft und die tolle Lage machen das Haus zu einem attraktiven Domizil. Holzdecken, hübsche Stoffe und Polster prägen Hermann's Restaurant.

Hereth, Hauptstr. 15, ✉ 95339, ℘ (09227) 9 41 90, Fax (09227) 941919, Biergarten – 🏧 ⇦ 🅿
geschl. 8. - 24. Jan. – **Menu** (geschl. Mittwoch) à la carte 11/19 – **15 Zim** ⊇ 27/40 – 50/65 – ½ P 10.
  • Dieser familiengeführte Gasthof liegt im Ortszentrum in waldnaher Lage. Helle, freundliche Zimmer und der nette Service machen das Haus zur sympathischen Herberge. Mit hellem Holz rustikal eingerichtetes Restaurant.

WISMAR Mecklenburg-Vorpommern 415 416 E 18 – 47 300 Ew – Höhe 14 m.
Sehenswert : Marktplatz★ – Nikolaikirche★ (Altar der Krämergilde★) – Wasserkunst★ – Schabbelhaus★.
Ausflugsziel : Neukloster★ Süd-Ost : 18 km.
🏌 Hohen Wieschendorf, Am Golfplatz 1 (Nord-West : 14 km über Gramkow), ℘ (038428) 6 60.
🛈 Tourist-Information, Am Markt 11, ✉ 23966, ℘ (03841) 1 94 33, Fax (03841) 2513091.
Berlin 234 – Schwerin 32 – Rostock 52 – Lübeck 59.

Steigenberger Hotel Stadt Hamburg M, Am Markt 24, ✉ 23966, ℘ (03841) 23 90, wismar@steigenberger.de, Fax (03841) 239239, 佘, ≘s – 🛗, 🚺 Zim, 🏧 📞 ⇦ – 🔒 90. 🎫 ⓘ 🎴 VISA
Menu à la carte 23/34 – **104 Zim** ⊇ 85/115 – 108/136.
  • Hinter einer denkmalgeschützten Fassade, die sich harmonisch in das historische Altstadtbild einfügt, überzeugt das Hotel mit Moderne und Wohnlichkeit. Kürzlich renoviert, präsentiert sich das Restaurant in neuzeitlichem Stil.

Willert garni, Schweriner Str. 9, ✉ 23970, ℘ (03841) 2 61 20, hotel-willert@t-online.de, Fax (03841) 210059 – 🏧 🅿 🎫 ⓘ 🎴 VISA
17 Zim ⊇ 58 – 76/86.
  • 1910 erbaut, wurde die Jugendstilvilla nach der Wende liebevoll restauriert. Das Treppenhaus und die Stuckdecken im Frühstücksraum blieben in der ursprünglichen Form erhalten.

Reuterhaus, Am Markt 19, ✉ 23966, ℘ (03841) 2 22 30, Fax (03841) 222324, 佘 – 🏧 📞 🎫 🎴 VISA. 🌕
Menu à la carte 20/31 – **10 Zim** ⊇ 60/70 – 80/90.
  • Ein kleines Hotel in einem renovierten historischen Gebäude am Marktplatz. Es bietet ausreichend große Zimmer, die mit grünlichen italienischen Möbeln wohnlich gestaltet sind. Restaurant mit hellem Steinfußboden und barocken, dunklen Holzbänken.

in Wismar-Wendorf, Bad Nord-Ost : 2 km :

Seeblick ≫, Ernst-Scheel-Str. 27, ✉ 23968, ℘ (03841) 6 27 40, hotelseeblickhwi@aol.com, Fax (03841) 6274666, 佘 – 🚺 Zim, 🏧 📞 🅿 – 🔒 100. 🎫 🎴 VISA. 🌕
Menu à la carte 17/28 – **40 Zim** ⊇ 50/70 – 70/110.
  • Direkt am Strand und der Seebrücke : Das Hotel aus dem Jahr 1866 mit den markanten Türmchen wurde renoviert. Sie übernachten in wohnlich im Landhausstil gestalteten Zimmern. Das Restaurant mit Rattanbestuhlung bietet einen schönen Blick auf die Wismarbucht.

WISMAR

In Gägelow Nord-West : 7 km :

Ramada Treff Hotel M, Bellevue 15 (Gewerbegebiet), ✉ 23968, ✆ (03841) 66 0
wismar@ramada-treff.de, Fax (03841) 660500, 😊, 🛋, 🔲 – 🛏, 🚭 Zim, 🖥 📺 📞
🅿 – 🏋 250. 🆎 ⓘ ⓜ VISA JCB
Menu à la carte 21/30 – **180 Zim** ⚏ 69 – 99.
• Zeitlos-modern und geschmackvoll mit aufeinander abgestimmten Stoffen eingericht
sind die Zimmer dieses modernen, langgestreckten Hotelbaus mit großem Tagungsbereic

WISSEN Rheinland-Pfalz **417** N 7 – 9 200 Ew – Höhe 155 m – Luftkurort.
🛈 Tourist-Information, Rathausstr. 75 (Rathaus), ✉ 57537, ✆ (02742) 93 911
Fax (02742) 939200.
Berlin 588 – Mainz 127 – *Bonn* 69 – Limburg an der Lahn 67 – Siegen 39 – Köln 82.

Ambiente garni, Hockelbachstr. 2, ✉ 57537, ✆ (02742) 9 32 40, info@hote
ambiente-wissen.de, Fax (02742) 932417, 🛋, 🌳 – 🚭 📺 📞 🅿 🆎 ⓘ ⓜ VISA JCB
8 Zim ⚏ 53 – 71.
• Das neue, gut geführte kleine Hotel überzeugt mit sauberen, praktisch eingerichtete
Zimmern, die alle im Erdgeschoß liegen und behindertengerecht sind, und m
Appartements.

Nassauer Hof, Nassauer Str. 2, ✉ 57537, ✆ (02742) 9 34 00, info@nassauerho
wissen.de, Fax (02742) 934099, Biergarten – 🚭 Zim, 📺 📞 ⇔ 🅿 🆎 ⓘ ⓜ VISA
Menu (geschl. Sonntagabend) (wochentags nur Abendessen) à la carte 15/30 – **16 Zi**
⚏ 44/50 – 70/72.
• Ein zeitgemäß renoviertes älteres Gasthaus mit gelber Fassade, die teils mit Schiefer
schindeln verkleidet ist. Wohnliche Zimmer und eine freundliche Atmosphäre erwarten Si
Im Restaurant dienen Bilder von Film- und Showstars als Dekor.

WITTDÜN Schleswig-Holstein siehe Amrum (Insel).

WITTEN Nordrhein-Westfalen **417** L 6 – 105 000 Ew – Höhe 80 m.
🛈 Verkehrsverein, Ruhrstr. 43, ✉58452, ✆ (02302) 1 22 33, vvw@stadt-witten.de
Fax (02302) 12236.
Berlin 510 – *Düsseldorf* 59 – Bochum 10 – Dortmund 21 – Hagen 17.

Parkhotel, Bergerstr. 23, ✉ 58452, ✆ (02302) 58 80, parkhotel-witten@riepe.com
Fax (02302) 588555, 😊, Massage, 🛋, 🔲 – 🛏 📺 📞 🅿 – 🏋 45. 🆎 ⓘ ⓜ VISA
Menu à la carte 22/36 – **65 Zim** ⚏ 78/97 – 98/120.
• Ein etwas älteres Hochhaus beherbergt das Hotel mit kürzlich renovierten Zimmern
in denen das gute Raumangebot und die moderne Möblierung eine wohnliche
Atmosphäre erzeugen. Restaurant in rustikalem Stil - in der 9. Etage : Panorama-Café mi
Dachterrasse.

In Witten-Annen :

Mercure M 🌿, Kreisstr. 20, ✉ 48453, ✆ (02302) 2 02 10, h2923@accor-hotels.com
Fax (02302) 2021142 – 🛏, 🚭 Zim, 📺 📞 🅿 – 🏋 80. 🆎 ⓘ ⓜ VISA JCB
Menu à la carte 25/43 – **87 Zim** ⚏ 110/115 – 120, 69 Suiten.
• Überwiegend Suiten in wohnlicher und geschmackvoller Gestaltung (mit funktioneller
Einbauküche, Terrasse bzw. Balkon) stehen für Gäste dieser modernen Hotelanlage bereit
Neuzeitliches Hotelrestaurant mit großem Buffetbereich.

WITTENBECK Mecklenburg-Vorpommern siehe Kühlungsborn.

WITTENBERG (LUTHERSTADT) Sachsen-Anhalt **418** K 21 – 48 000 Ew – Höhe 65 m.
Sehenswert : Markt★ – Lutherhalle★ – Schloßkirche★ – Stadtkirche
(Reformations-Altar★).
Ausflugsziel : Wörlitz : Wörlitzer Park★★, Schloß Wörlitz★, Gotisches Haus★ (Schweizer
Glasmalereien★) (West : 20 km).
🛈 Fremdenverkehrsbüro, Schloßplatz 2, ✉06886, ✆ (03491) 49 86 10, Fax (03491)
498611.
Berlin 108 – Magdeburg 87 – *Leipzig* 66 – Dresden 151 – Dessau 36.

Stadtpalais Wittenberg, Collegienstr. 56, ✉ 06886, ✆ (03491) 42 50, info@
stadtpalais.bestwestern.de, Fax (03491) 425100, 😊, 🛋 – 🛏, 🚭 Zim, 📺 📞 ⇔
– 🏋 50. 🆎 ⓘ ⓜ VISA
Menu (nur Abendessen) à la carte 20/35 – ⚏ 11 – **78 Zim** 75/95 – 85/105.
• Hinter der klassizistischen Fassade des Stadthauses finden Sie eine gediegene Halle mit
bequemen Sitzgruppen, komfortable Zimmer und einen freundlichen Service. Dunkle Holz-
täfelung und ein fast klassischer Stil geben dem Restaurant einen eleganten Touch.

WITTENBERG (LUTHERSTADT)

Park Plaza M, Neustr. 7, ⌧ 06886, ℘ (03491) 46 19 00, ppwittenberg@parkplaza hotels.dem, Fax (03491) 461200 – 📱, ⇔ Zim, 📺 ✆ ♿ ⇐ – 🏛 200. 🅰🅴 ⓘ 🆆🅾 🆅🅸🆂🅰 🅹🅲🅱
Menu à la carte 18/27 – **171 Zim** ⊇ 80/95 – 95/118.
  ◆ Sauber und gepflegt sind die funktionell mit hellen Naturholzmöbeln eingerichteten Zimmer des Hotels im Stadtzentrum. Die Business-Zimmer bieten Faxgerät, Hosenbügler und Fön. Zur Halle hin offenes, gepflegtes Restaurant.

Art Hotel M, Puschkinstr. 15b, ⌧ 06886, ℘ (03491) 46 73 10, info@art-hotel.com, Fax (03491) 467328, 🈴 – ⇔ Zim, 📺 ⇐ 🅿 🅰🅴 ⓘ 🆆🅾 🆅🅸🆂🅰
geschl. 20. Dez. - 15. Jan. – **Menu** (Restaurant nur für Hausgäste) – **17 Zim** ⊇ 58 – 87.
  ◆ Bilder schmücken die öffentlichen Bereiche dieses neueren kleinen Hotels. Die Zimmer sind hell und freundlich mit Mobiliar in Wurzelholzfurnier eingerichtet.

Schwarzer Bär garni, Schlossstr. 2, ⌧ 06886, ℘ (03491) 4 20 43 44, koppe@stadt hotel-wittenberg.de, Fax (03491) 4204345 – 📺 ✆ ⇐. 🅰🅴 ⓘ 🆆🅾 🆅🅸🆂🅰
13 Zim ⊇ 56 – 69.
  ◆ Hinter der Klinkerfassade des historischen Altstadthotels erwarten Sie liebevoll renovierte und modern eingerichtete Zimmer, teilweise mit unverputzten Wänden.

Brauhaus, Markt 6, ⌧ 06886, ℘ (03491) 43 31 30, info@brauhaus-wittenberg.de, Fax (03491) 433131, Biergarten – 📺 ✆ 🅿. 🆆🅾 🆅🅸🆂🅰
Menu à la carte 15,50/23 – **14 Zim** ⊇ 50 – 70.
  ◆ Zu den gepflegten, zeitgemäßen Zimmern mit Steinfußboden, solidem Mobiliar, Dachschräge und teils freigelegten Balken gelangt man über eine Hofanlage aus dem 15. Jahrhundert. Zwei große Braukessel bestimmen das Interieur der derb-rustikalen Gaststätte.

Acron, Am Hauptbahnhof 3, ⌧ 06886, ℘ (03491) 4 33 20, acron-hotel-wittenberg@t -online.de, Fax (03491) 433218 – 📱, ⇔ Zim, 📺 ♿ 🅿 – 🏛 20. 🆆🅾 🆅🅸🆂🅰
Menu (Restaurant nur für Hausgäste) – **62 Zim** ⊇ 46/54 – 61/66.
  ◆ Saubere, einheitlich und praktisch eingerichtete Zimmer erwarten Sie in diesem neueren Hotel mit gelber Fassade und grünen Fensterrahmen in zentraler Lage am Bahnhof.

In Wittenberg-Piesteritz West : 3 km Richtung Coswig :

Klabautermann mit Zim, Dessauer Str. 93 (B 187), ⌧ 06886, ℘ (03491) 66 21 49, hotel-klabautermann@t-online.de, Fax (03491) 669560, 🈴 – ⇔ Zim, 📺 🅿. 🅰🅴 ⓘ 🆆🅾 🆅🅸🆂🅰
Menu (überwiegend Fischgerichte) à la carte 21/34 – **7 Zim** ⊇ 40/45 – 55.
  ◆ Holzbalken und viel nautisches Dekor schmücken die gemütlichen, rustikalen Gaststuben, die sich - wie der Name schon sagt - maritimen Traditionen verpflichtet fühlen.

In Wittenberg-Reinsdorf Nord-West : 4 km Richtung Straach :

Grüne Tanne ⇘, Am Teich 1 (im OT Braunsdorf West : 2 km), ⌧ 06896, ℘ (03491) 62 90, info@gruenetanne.de, Fax (03491) 629250, 🈴, 🈴, 🐎 – 📺 🅿. – 🏛 20. 🅰🅴 ⓘ 🆆🅾 🆅🅸🆂🅰
Menu (Montag - Freitag nur Abendessen) à la carte 13/23 – **40 Zim** ⊇ 45 – 65.
  ◆ Die kleine renovierte Gutshof am Dorfrand wird engagiert geführt und bietet ordentliche Zimmer, die hell und freundlich mit zeitgemäßem Mobiliar ausgestattet sind. Restaurant mit Fensterfront zum Garten und zur Terrasse.

WITTENBURG Mecklenburg-Vorpommern 416 F 17 – 5 700 Ew – Höhe 90 m.
Berlin 209 – Schwerin 35 – Lübeck 54 – Rostock 113.

Schwanenhof garni, Bahnhofstr. 12, ⌧ 19243, ℘ (038852) 61 80, hotel.schwanen hof@wittenburg.de, Fax (038852) 61830, 🐎 – 📺 🅿. 🆆🅾 🆅🅸🆂🅰
23 Zim ⊇ 47/50 – 65/80.
  ◆ Die hübsche renovierte Villa liegt an idyllischen Stadtteich. Innen dominiert ein strahlendes Blau die gepflegte Einrichtung im Landhausstil, orangene Polster setzen Akzente.

WITTICHENAU Sachsen 418 L 26 – 6 100 Ew – Höhe 120 m.
Berlin 173 – Dresden 63 – Cottbus 51 – Görlitz 72.

In Wittichenau-Spohla Nord-Ost : 4 km - nach Keula rechts ab :

Im Schweinekoben ⇘ mit Zim, Spohla 14, ⌧ 02997, ℘ (035725) 75 20, schwein ekoben@t-online.de, Fax (035725) 752104, 🈴, 🐎 – 📺 🅿. – 🏛 35. 🅰🅴 🆆🅾 🆅🅸🆂🅰
geschl. Anfang - Mitte Jan. – **Menu** (geschl. Sonntag) (nur Abendessen) à la carte 21/33 – **12 Zim** ⊇ 42/54 – 64/74.
  ◆ Der ehemalige Bauernhof - ein sorbischer Vierseitenhof - beherbergt ein hell und freundlich eingerichtetes Restaurant - mit netter Innenhofterrasse und hübschen Zimmern.

1561

WITTINGEN
Niedersachsen 415 416 H 16 – 12 000 Ew – Höhe 80 m.
Berlin 265 – Hannover 93 – Schwerin 149 – Celle 50 – Lüneburg 64 – Braunschweig

Wittinger Tor, Salzwedeler Str. 4, ⊠ 29378, ℘ (05831) 2 53 00, Fax (05831) 2530
Biergarten – 📺 📞 🅿. 🆎 ⓜ 💳
Menu *(Montag - Freitag nur Abendessen)* à la carte 17/34 – **16 Zim** ⊊ 70 – 90/100
• Das schöne, restaurierte weiße Fachwerk-Bürgerhaus von 1904 mit neuem Anbau v
1998 bietet Ihnen solide und zeitgemäß ausgestattete Zimmer ; alle Bäder mit Tageslich
Antiquitäten im Stil der Jahrhundertwende verleihen dem Restaurant nostalgisches Fla

WITTLICH
Rheinland-Pfalz 417 Q 4 – 17 300 Ew – Höhe 155 m.
🛈 Moseleifel Touristik, Neustr. 7, ⊠ 54516, ℘ (06571) 40 86, Fax (06571) 6417.
Berlin 681 – Mainz 129 – Trier 41 – Koblenz 91.

Wittlicher Hof, Trierer Str. 29, ⊠ 54516, ℘ (06571) 9 77 70, *birgit.boerner
wittlicher-hof.de*, Fax (06571) 977777, 🍴 – 📺 📞 🅿. 🆎 ⓜ 💳
Menu à la carte 17/25 – **16 Zim** ⊊ 55/59 – 75/83.
• Ein gut geführter, großer Gasthof, der seine Gäste in neuzeitlich und funktionell ei
gerichteten Zimmern mit guter technischer Ausstattung unterbringt. Klassisch gestaltete
Restaurant.

Well garni, Marktplatz 5, ⊠ 54516, ℘ (06571) 9 11 90, *info@hotel-well-garni.d
Fax (06571) 911950* – 📶 🙼 📺 🚗. 🆎 ⓞ ⓜ 💳
21 Zim ⊊ 50/55 – 80.
• Das gut geführte Hotel mit den gepflegten Zimmern hat zwei Seiten : zum Marktplatz h
die historische, verzierte Fassade aus dem 17. Jh., auf der Rückseite der neuere Anba

In Hupperath *Nord-West : 5 km :*

Eifeler Hof, Wittlicher Str. 16 (B 50), ⊠ 54518, ℘ (06571) 9 74 70, *info@eifele
hof-hupperath.de*, Fax (06571) 974747, 🍴, 🌳 – 🙼 Zim, 📺 🅿. 🔧 50. ⓜ 💳
Menu *(geschl. Dienstag) (Montag - Freitag nur Abendessen)* à la carte 14/22 – **19 Zir
⊊ 38 – 46/62.
• Ein guter Ausgangspunkt für Ausflüge in die reizvolle Umgebung ist dieser hübsch
Landgasthof. Fast alle Zimmer sind zeitgemäß mit hellen Eichenholzmöbeln ausgestattet
Das gepflegte Restaurant unterteilt sich in mehrere Stuben mit ländlicher Aufmachung

In Dreis *Süd-West : 8 km :*

XXXX **Waldhotel Sonnora** (Thieltges) 🦌 *mit Zim*, Auf dem Eichelfeld, ⊠ 54518, ℘ (0657
❀❀❀ 9 82 20, *info@hotel-sonnora.de*, Fax (06578) 1402, ≤, 🌳 – 📺 🅿. 🆎 💳. 🍴
geschl. Jan. - Anfang Feb., Anfang Juli 2 Wochen – **Menu** *(geschl. Montag - Dienstag
(Tischbestellung ratsam)* 95/115 à la carte 65/88 ⓨ – **20 Zim** ⊊ 60/135 – 90/160.
• Eine Aura klassischer Eleganz umgibt Sie in dem Restaurant, in dem Helmut Thieltge
seine große Küche zelebriert. Zum Haus gehören auch gepflegte Zimmer und der schön
Garten.
Spez. Medaillons vom bretonischen Hummer in gelierter Tomatenessenz (Sommer). Brust
von der Bresse Taube im Wirsingblatt gedämpft mit Fleur de Sel. Lauwarme Schokoladen
Quiche mit Maracujaterrine und Bananeneis.

WITTMUND
Niedersachsen 415 F 7 – 21 000 Ew – Höhe 8 m.
🛈 Tourist-Information, Am Markt 15 ⊠ 26409, ℘ (04462) 21 81, Fax (04462) 2182.
Berlin 496 – Hannover 237 – Emden 50 – Oldenburg 67 – Wilhelmshaven 26.

Residenz, Am Markt 13, ⊠ 26409, ℘ (04462) 88 60, *residenz.wittmund@t-online.de*,
Fax (04462) 886123, 🍴, 🍽 – 🙼, 🙼 Zim, 📺 🚗 🅿 – 🔧 400. 🆎 ⓞ ⓜ 💳 🇯‌‌
Menu à la carte 20/31 – **50 Zim** ⊊ 63/93 – 88/119.
• Ein historisches Amtshaus und ein neuer Anbau bilden das 1991 eröffnete Hotel am
Markt. Man wohnt in komfortabel und wohnlich mit dunklen Holzmöbeln ausgestatteten
Zimmern. Im Restaurant gibt eine große Fensterfront den Blick auf den Marktplatz frei.

WITTSTOCK
Brandenburg 416 G 21 – 12 300 Ew – Höhe 66 m.
🛈 Touristinformation, Markt 1 (Rathaus), ⊠ 16909, ℘ (03394) 43 34 42, *info@
wittstock.de*, Fax (03394) 448996.
Berlin 108 – Potsdam 116 – Neubrandenburg 95 – Rostock 115 – Brandenburg 110.

Stadt Hamburg, Röbeler Str. 25, ⊠ 16909, ℘ (03394) 44 45 66, Fax (03394) 444566,
🚗 – 🙼, 🙼 Zim, 📺 🅿. 🔧 70. 🆎 ⓞ ⓜ 💳
Menu à la carte 12/23 – **44 Zim** ⊊ 41 – 61.
• Solide und praktisch mit Kirschbaummöbeln eingerichtete Zimmer stehen für die Gäste
des Hotels, das in einem Flachdachbau untergebracht ist, bereit. Bürgerlich gestaltetes,
saalartiges Restaurant.

WITTSTOCK

- **Deutsches Haus** garni, Kirchgasse 1 (Marktplatz), ✉ 16909, ℘ (03394) 44 43 63, Fax (03394) 444365 – ⇌ Zim, 📺 🅿. 🆎 ⓜ️◎ VISA
  18 Zim ⌁ 39/41 – 60/65.
  ♦ Die sauberen Zimmer des gut geführten Stadthotels sind mit soliden Holzmöbeln, funktionellen Schreibtischen und guter Technik ausgestattet.

WITZENHAUSEN Hessen 417 418 L 13 – 18 000 Ew – Höhe 140 m.
  🛈 Tourist-Information, Ermschwerder Str. 2, ✉ 37213, ℘ (05542) 6 00 10, Fax (05542) 600123.
  Berlin 365 – Wiesbaden 248 – Kassel 36 – Göttingen 26.

- **Burghotel** (mit Gästehaus), Oberburgstr. 10, ✉ 37213, ℘ (05542) 25 06, mail@burghotel-witzenhausen.de, Fax (05542) 3200, Hausbrauerei, ⇌s, 🞶, – 📺. 🆎 ⓞ ⓜ️◎ VISA
  Menu (nur Abendessen) à la carte 13/23 – ⌁ 7 – **35 Zim** 37 – 52/79.
  ♦ Individuell und teils auch originell eingerichtete Zimmer und Suiten (z.B. Dornröschen-Zimmer und Dali-Suite) erwarten die Besucher der Hotelanlage am Altstadtrand. Zu dem Restaurant im rustikalen Stil gehört eine kleine Hausbrauerei.

In Witzenhausen-Dohrenbach Süd : 4 km über B 451 – Luftkurort :

- **Zur Warte** 🞶, Warteweg 1, ✉ 37216, ℘ (05542) 30 90, hotel.zurwarte@t-online.de, Fax (05542) 6681, 🞶, ⇌s, 🞶, 🞶 – ⇌ Zim, 📺 🞶 🞶 🅿. – 🅰 40. 🆎 ⓜ️◎ VISA
  Menu (geschl. Montagmittag, Donnerstagmittag, Jan. und Nov. wochentags nur Abendessen) à la carte 13/25 – **20 Zim** ⌁ 43/55 – 70/74 – ½ P 17.
  ♦ Eine gut geführte Hotelpension mit soliden, praktisch augestatteten Zimmern in hellem Naturholz - teils mit Balkon. Auch eine Gartenanlage gehört zum Haus. Ländlicher Restaurantbereich.

WITZHAVE Schleswig-Holstein 415 416 F 15 – 1 200 Ew – Höhe 45 m.
  Berlin 260 – Kiel 98 – Hamburg 29 – Lübeck 51.

- **Pünjer**, Möllner Landstr. 9, ✉ 22969, ℘ (04104) 9 77 70, info@hotel-puenjer.de, Fax (04104) 977755, 🞶, 🞶 – 📺 🞶 🅿.
  geschl. 24. Dez. - 3. Jan. – **Menu** (geschl. Juli 3 Wochen, Samstag) (nur Abendessen) à la carte 16/27 – **35 Zim** ⌁ 39/51 – 64/66.
  ♦ Ein gutes Preis-Leistungs-Verhältnis bietet der engagiert geführte Landgasthof mit roter Klinkerfassade seinen Gästen : Zimmer mit zeitgemäßem Komfort und freundlicher Service. Leicht rustikal gestaltetes Restaurant mit Wintergartenanbau.

WITZWORT Schleswig-Holstein siehe Husum.

WÖHRDEN Schleswig-Holstein 415 D 10 – 1 500 Ew – Höhe 10 m.
  Berlin 396 – Kiel 86 – Cuxhaven 119.

- **Gasthof Oldenwöhrden** 🞶, Große Str. 17, ✉ 25797, ℘ (04839) 9 53 10, gasthof@oldenwoehrden.de, Fax (04839) 953118, 🞶, ⇌s, 🞶 – 📺 🞶 🅿. 🆎 ⓜ️◎ VISA
  Menu (geschl. Nov. 2 Wochen) à la carte 20/32 – **19 Zim** ⌁ 39/45 – 62/82 – ½ P 15.
  ♦ Hinter der Fassade des traditionsreichen Backstein-Gasthofs findet man unterschiedlich eingerichtete, gepflegte Zimmer. Für die kleinen Gäste gibt es einen Spielplatz. Nette, rustikale Gaststube.

WÖLLSTEIN Rheinland Pfalz 417 Q 7 – 4 100 Ew – Höhe 130 m.
  Berlin 605 – Mainz 36 – Bad Kreuznach 10 – Kaiserslautern 60 – Mannheim 73.

- ✕ **Wöllsteiner Weinstube**, Eleonorenstr. 32, ✉ 55597, ℘ (06703) 96 19 33, budick@surfen.de, 🞶 – 🅿.
  geschl. 23. Dez. - 12. Jan., Montag – **Menu** (nur Abendessen) à la carte 18/35.
  ♦ Ein kleines Schmuckstück ist das 400-jährige renovierte Steinhaus mit Fachwerk, in dem man in gemütlich-rustikalem Ambiente mit bürgerlicher Küche umsorgt wird.

WÖRISHOFEN, BAD Bayern 419 420 V 15 – 15 000 Ew – Höhe 626 m – Kneippheilbad.
  🏌₁₈ Rieden, Schlingener Str. 27 (Süd-Ost : 8 km), ℘ (08346) 7 77 ; 🏌₁₈ 🏌₉ Türkheim-Ludwigsberg, Augsburger Str. 51 (Nord : 9 km), ℘ (08245) 33 22.
  🛈 Tourist-Information, Hauptstr. 16 (Kurhaus), ✉ 86825, ℘ (08247) 99 33 55, info@bad-woerishofen.de, Fax (08247) 993359.
  Berlin 612 – München 80 – Augsburg 62 – Kempten (Allgäu) 53 – Memmingen 43.

WÖRISHOFEN, BAD

Steigenberger Hotel Der Sonnenhof, Hermann-Aust-Str. 11, ⊠ 8682 ℘ (08247) 95 90, *reservierung@sonnenhof-steigenberger.de*, Fax (08247) 95959, 🍴, Massage, ♨, ⇔, ▭, 🌳 – 📶 ✎ 📺 ♨ ⇔ – 🅿 70. 🆎 ⓞ 🆎 💳
❀ Rest
Amadeo *(geschl. Sonntag - Montag) (nur Abendessen)* **Menu** à la carte 30/42 – **Cipriani** *(italienische Küche)* **Menu** à la carte 30/40 – **199 Zim** ⇌ 95/170 – 160/200, 3 Suiten – ½ P 25.

• Klassisch-elegant ist das Ambiente in dem aufwendig gestalteten neuen Hotel mit schönem Park, moderner Wellnesslandschaft und ansprechenden Zimmern. Leicht vornehm mit gepflegtem Couvert - gibt sich das Amadeo. Im Cipriani : italienische Küche.

Kneipp-Kurhotel Fontenay, Eichwaldstr. 10, ⊠ 86825, ℘ (08247) 30 6 *fontenay@t-online.de*, Fax (08247) 306185, Massage, ♨, ⇔, ▭ (geheizt), ▭, 🌳 – 📶 ✎ 📺 ♨ ⇔. 🆎 💳 💳 ❀
Menu *(Tischbestellung erforderlich)* à la carte 28/60 – **60 Zim** ⇌ 90/142 – 184/26 4 Suiten – ½ P 25.

• Rundum wohlfühlen kann man sich in diesem angenehmen Haus : Der engagierte Service bemüht sich stets um das Wohlergehen der Gäste und komfortable Zimmer tun ein übriges Gediegene Eleganz bestimmt die Atmosphäre im Restaurant.

Kurhotel Residenz, Bahnhofstr. 8, ⊠ 86825, ℘ (08247) 35 20, Fax (08247) 35221, Massage, ♨, ⇔, ▭ (geheizt), ▭, 🌳 – 📶 ✎ Zim, 📺 ⇔ 🅿 – 🅿 4 💳 💳
geschl. 11. Nov. - 18. Dez. – **Menu** à la carte 21/33 – **110 Zim** ⇌ 74/192 – 148/32 13 Suiten – ½ P 13.

• Entspannung für Leib und Seele finden Sie in diesem klassischen Hotelbau in einer schönen Parkanlage : wohnliche Zimmer, eine Badelandschaft und ein freundlicher Service. An gut eingedeckten Tischen serviert man eine internationale Küche.

Kur-und Sporthotel Tanneck, Hartenthaler Str. 29, ⊠ 86825, ℘ (08247) 30 70, *tanneck@t-online.de*, Fax (08247) 307280, 🍴, Massage, ♨, ⇔, ▭ (geheizt), ▭, 🌳, ❀ – 📶 ✎ Rest, 📺 ⇔ – 🅿 40. 🆎 💳 💳 ❀ Rest
Menu à la carte 28/42 – **120 Zim** ⇌ 56/145 – 125/195, 4 Suiten – ½ P 12.

• Ein stilvoller, eleganter Rahmen, wohnliche Zimmer und ein attraktives Freizeitangebot erwarten die Gäste dieses Ferienhotels im Landhausstil, das ruhig am Ortsrand liegt. Restaurant mit klassischer Einrichtung, hübsch gedeckten Tischen und weißem Kachelofen.

Kneipp-Kurhotel Edelweiß, Bürgermeister-Singer-Str. 11, ⊠ 86825, ℘ (08247) 3 50 10, *hotel-edelweiss@t-online.de*, Fax (08247) 350175, Massage, ♨, ⇔, ▭, 🌳 – 📶 ✎ 📺 ⇔ 🅿 ❀
geschl. Ende Nov. - Anfang Jan. – **Menu** *(Restaurant nur für Hausgäste)* – **52 Zim** ⇌ 50/65 – 90/95 – ½ P 12.

• Ein gut geführtes Haus im alpenländischen Stil mit schöner kleiner Gartenanlage. Man wohnt in bequemen Zimmern und hat ein vielseitiges Freizeitangebot zur Verfügung.

Kneipp-Kurhotel am Stadtgarten, Auenstr. 5, ⊠ 86825, ℘ (08247) 9 66 60, Fax (08247) 966642, Massage, ♨, ⇔, 🌳 – 📶 📺 🅿 ❀
Menu *(Restaurant nur für Hausgäste)* – **30 Zim** *(nur ½P)* 43 – 84.

• Das kleine Hotel mit freundlichem Service wurde liebevoll renoviert : helle Naturholzmöbel, farbige Tapeten und hübsche Vorhänge schaffen wohnliche Zimmer.

Kurhotel Eichwald, Eichwaldstr. 20, ⊠ 86825, ℘ (08247) 60 94, *info@kurhotel-eichwald.de*, Fax (08247) 6679, 🍴, Massage, ♨, ⇔, ▭, 🌳 – 📶 ✎ Zim, 📺 ⇔ 🅿
Menu *(geschl. Nov. - Mitte Dez.)* à la carte 15/25 – **51 Zim** ⇌ 49/52 – 98/105 – ½ P 16.

• Solide, mit Eichenmöbeln eingerichtete Zimmer, eine große Liegewiese und freundlicher Service machen das Hotel mit Balkonfassade zu einer praktischen Kur- oder Urlaubsadresse. Restaurant mit Café-Charakter.

Kurhotel Eichinger, Hartenthaler Str. 22, ⊠ 86825, ℘ (08247) 3 90 30, *kurhotel-eichinger@t-online.de*, Fax (08247) 390388, Massage, ♨, ⇔, ▭, 🌳 – 📶 ✎ Zim, 📺 ⇔ 🅿 💳 ❀
geschl. Mitte Nov. - Mitte Dez. – **Menu** *(Restaurant nur für Hausgäste)* – **40 Zim** ⇌ 40/60 – 80/120 – ½ P 10.

• Gediegen und gepflegt präsentiert sich dieses Haus am Ortsrand mit etwas älterer Einrichtung seinen Gästen. Alle Zimmer haben einen Balkon und sind ausreichend geräumig.

Kurhotel Brandl, Hildegardstr. 3, ⊠ 86825, ℘ (08247) 3 90 90, *info@kurhotel.de*, Fax (08247) 390990, Massage, ♨, ⇔, ▭ – 📶 📺 ♨ ⇔. ❀ Rest
geschl. Ende Nov. - Ende Jan. – **Menu** *(Restaurant nur für Hausgäste)* – **22 Zim** ⇌ 59/90 – 111/132 – ½ P 15.

• Einheitlich mit neuzeitlichem Mobiliar ausgestattete Zimmer mit gutem Platzangebot und Balkonen finden die Gäste in diesem gut geführten Hotel mit familiärer Atmosphäre.

WÖRISHOFEN, BAD

Brauereigasthof Löwenbräu, Hermann-Aust-Str. 2, ⊠ 86825, ℘ (08247) 9 68 40, *loewenbraeu-bad-woerishofen@t-online.de*, Fax (08247) 32051, 😊 – 🛏, ⇔ Zim, 📺 ⇔ 🅿 ÆE ① ⓪ 𝚅𝚂𝙰 🅹🅲🅱
geschl. Mitte Dez. - 6. Jan. – **Menu** *(geschl. Montag, Okt.- März Montag - Dienstagmittag)* à la carte 16/31 – **25 Zim** ⇔ 40/60 – 66/95.
• Alle Zimmer des Brauereigasthofs haben einen Balkon, sind gepflegt, sauber und bieten Standardkomfort - eine empfehlenswerte Adresse für Reisende und Urlauber. Eine gemütlich-rustikale Atmosphäre umgibt Sie im Restaurant - mit eigener Hausbrauerei.

Adler (mit Gästehaus), Hauptstr. 40, ⊠ 86825, ℘ (08247) 9 63 60, *info@adler-trommer.de*, Fax (08247) 9636300, Biergarten – 🛏 📺 ⇔ 🅿 ÆE ⓪ 𝚅𝚂𝙰
Menu *(geschl. Freitag)* à la carte 13/25 – **45 Zim** ⇔ 39 – 78 – ½ P 14.
• Eine praktische Übernachtungsadresse : In dem traditionsreichen Gasthof erwartet man die Gäste mit einfach eingerichteten, aber gepflegten Zimmern zu fairen Preisen. Ländliches Ambiente erwartet Sie in der Gaststube.

Sonnenbüchl 😊 mit Zim, Sonnenbüchl 1 (am Freibad), ⊠ 86825, ℘ (08247) 95 99 00, *sonnenbuechl@t-online.de*, Fax (08247) 959909, 😊 – 🅿 🅿 ÆE ⓪ 𝚅𝚂𝙰
geschl. 7. Jan. - 7. Feb., Nov. 1 Woche – **Menu** *(geschl. Sonntagabend - Montag, Dienstagabend)* à la carte 21/36 *(auch vegetarisches Menü)* – **4 Zim** ⇔ 43/48 – 78/88 – ½ P 20.
• Mit Geschmack und Sorgfalt zubereitete Mahlzeiten serviert der geschulte Service dieses hübschen, ländlichen Lokals mit Kachelofen und freundlichem Ambiente. Wohnliche Zimmer.

Bad Wörishofen-Schlingen *Süd-Ost : 4 km :*

Jagdhof, Allgäuer Str. 1, ⊠ 86825, ℘ (08247) 48 79, Fax (08247) 2534, 😊 – 🅿 ÆE ⓪
geschl. 7. Jan.- 13. Feb., Montag - Dienstag – **Menu** à la carte 20/39.
• Die Jagdtrophäen an den Wänden machen dem Namen des Restaurants alle Ehre. Man sitzt in verschiedenen ländlichen Stuben, wo sich ein freundlicher Service um die Gäste kümmert.

WÖRLITZ Sachsen-Anhalt 418 K 21 – 1 700 Ew – Höhe 63 m.

Sehenswert : *Schloß und Park* ★★.
🛈 *Wörlitz-Information, Neuer Wall 103, ⊠ 06786, ℘ (034905) 2 17 04, info@woerlitz-information.de, Fax (034905) 20216.*
Berlin 114 – Magdeburg 78 – Leipzig 75 – Wittenberg 21 – Dessau 36.

Zum Stein, Erdmannsdorffstr. 228, ⊠ 06786, ℘ (034905) 5 00, *info@hotel-zum-stein.de*, Fax (034905) 50199, 😊, 🏊, 🌳 – 🛏, ⇔ Zim, 📺 ⇔ & 🅿 – 🏛 120. ÆE ⓪ ⓪ 𝚅𝚂𝙰 🅹🅲🅱
Menu à la carte 18/30 – **87 Zim** ⇔ 76/86 – 116/126, 6 Suiten.
• Das Gasthaus wurde 1914 eröffnet und stellt nach Renovierung und Erweiterung heute ein wohnliches Domizil dar. Besonders schön sind die eleganteren Zimmer im Gartenhaus. Das Restaurant ist teilweise holzvertäfelt und hat einen kleinen Wintergartenanbau.

Landhaus Wörlitzer Hof, Markt 96, ⊠ 06786, ℘ (034905) 41 10, *info@woerlitzer-hof.de*, Fax (034905) 41122, Biergarten, 😊 – 🛏, ⇔ Zim, 📺 & 🅿 – 🏛 80. ⓪ 𝚅𝚂𝙰
Menu à la carte 19/32 – **50 Zim** ⇔ 64/95 – 95/133.
• Direkt am Landschaftsgarten liegt das Hotel mit der Rundbogenfassade. Komfortable Zimmer, teils mit zeitlosem hellem Mobiliar, teils im leicht eleganten Landhausstil. Bei schönem Wetter ergänzen das Arkadencafé und der Biergarten das Restaurant.

Parkhotel, Erdmannsdorffstr. 62, ⊠ 06786, ℘ (034905) 2 03 22, *parkhotel-woerlitz@freenet.de*, Fax (034905) 21143, Biergarten – 🅿 – 🏛 40. ÆE ⓪ ⓪ 𝚅𝚂𝙰
Menu à la carte 12/25 – **16 Zim** ⇔ 60/65 – 76/82.
• Die Gäste dieses traditionsreichen, gut geführten Hotels finden hier wohnlich im Landhausstil eingerichtete Zimmer mit zeitgemäßem Komfort - teils mit altem Fachwerk. Viel Holz macht das Restaurant gemütlich.

WÖRRSTADT Rheinland-Pfalz 417 Q 8 – 6 700 Ew – Höhe 192 m.

Berlin 591 – Mainz 23 – Kreuznach, Bad 24 – Mannheim 63.

Wasseruhr 🅼, Keppentaler Weg 10 (Gewerbepark), ⊠ 55286, ℘ (06732) 91 30, *hotel_wasseruhr@yahoo.de*, Fax (06732) 913113, 😊 – 🛏, ⇔ Zim, 📺 ⇔ 🅿 – 🏛 40. ÆE ⓪ 𝚅𝚂𝙰
Menu à la carte 15/31 – **40 Zim** ⇔ 51/56 – 71/76.
• Am Eingang des modernen, blauen Hotelbaus findet man die originelle Wasseruhr, die dem Haus den Namen gab. Geschmackvoll gestaltete Zimmer mit guter technischer Ausstattung. Schlichtes Restaurant mit einer Bar in Schiffsform.

1565

WÖRTH AM RHEIN Rheinland-Pfalz 419 S 8 – 18 400 Ew – Höhe 104 m.
Berlin 681 – Mainz 129 – Karlsruhe 14 – Landau in der Pfalz 23 – Speyer 39.

In Wörth-Maximiliansau Süd-Ost : 1,5 km :

XX **Zur Einigkeit,** Karlstr. 16, ⊠ 76744, ℘ (07271) 44 44, Fax (07271) 49339, 😊, ⑩ ❀
geschl. Mitte Mai - Mitte Juni, Samstag - Montag – **Menu** à la carte 37/52.
♦ Leicht elegantes Ambiente, schön gedeckte Tische und eine gehobene französisc
Küche finden die Gäste hinter der bewachsenen Fassade des kleinen Restaurants.

WÖRTH AN DER ISAR Bayern 420 U 21 – 2 200 Ew – Höhe 360 m.
Berlin 596 – München 94 – Regensburg 75 – Landshut 22 – Straubing 56.

🏨 **Wörth** M garni, Luitpoldpark 1 (nahe der BAB, im Autohof), ⊠ 84109, ℘ (08702) 92 0
info@hotel-woerth.de, Fax (08702) 920400, ⇌ – 🛗 ⇆ 📺 ⌕ ⇦ 🅿 – 🛋 15. 🝙
⑩ VISA
76 Zim ⏛ 56/70 – 80/93.
♦ Eine praktische Übernachtungsadresse : Funktionell und modern ausgestattete Zimm
bietet Ihnen dieses verkehrsgünstig gelegene Hotel aus dem Jahr 1994.

WÖRTHSEE Bayern 419 420 V 17 – 4 000 Ew – Höhe 590 m.
🏌 Wörthsee, Gut Schluifeld, ℘ (08153) 93 47 70.
Berlin 622 – München 37 – Augsburg 55 – Garmisch-Partenkirchen 75.

In Wörthsee-Etterschlag Nord : 1 km, jenseits der A 96 :

🏨 **Geierhof** garni, Inninger Str. 4, ⊠ 82237, ℘ (08153) 88 40, geierhof@web.d
Fax (08153) 88488, 😊 – 📺 🅿 ⑩
geschl. Weihnachten - Neujahr – **34 Zim** ⏛ 36 – 52.
♦ Der ehemalige Bauernhof mit neuzeitlichem Anbau befindet sich in der Mitte des Orte
Man beherbergt seine Gäste in gepflegten Zimmern, die fast alle über Balkone verfüge

WOLFACH Baden-Württemberg 419 V 8 – 6 000 Ew – Höhe 262 m – Luftkurort.
Sehenswert : Dorotheen-Glashütte*.
🛈 Tourist-Info, Rathaus, Hauptstr. 41, ⊠ 77709, ℘ (07834) 83 53 53, wolfach(
wolfach.de, Fax (07834) 835359.
Berlin 750 – Stuttgart 137 – Freiburg im Breisgau 57 – Freudenstadt 38 – Offenburg 4

🏨 **Hecht,** Hauptstr. 51, ⊠ 77709, ℘ (07834) 8 35 10, Fax (07834) 47223, 😊 – 📺 🅿 🝙
⓪ ⑩ VISA ❀
geschl. 6. - 31. Jan. – **Menu** (geschl. Montagabend - Dienstag) à la carte 18,50/33,50
17 Zim ⏛ 40/54 – 68/82 – ½ P 13.
♦ Ein hübsche Fassade mit Fachwerk und Holzfensterläden ziert das in einer verkehrs
beruhigten Zone gelegene Haus. Die Zimmer sind freundlich in neuzeitlichem Stil einge
richtet. Viel Holz und ein Kachelofen machen das Restaurant gemütlich.

🏨 **Kreuz,** Hauptstr. 18, ⊠ 77709, ℘ (07834) 3 20, info@hotel-kreuz.biz
Fax (07834) 47615 – 📺, ⑩ VISA
geschl. Nov. 2 Wochen – **Menu** (geschl. Donnerstag) à la carte 16/30 – **21 Zim** ⏛ 35/4
– 60/80.
♦ Mit solidem Mobiliar eingerichtet und von ausreichender Größe sind die Zimmer die
ses hübschen, familiengeführten Gasthofs in der Mitte des kleinen Ortes. Das Restauran
ist mit hellem Holz und sauber eingedeckten Tischen bürgerlich eingerichtet.

🏨 **Schwarzwaldhotel** ⑤ garni, Kreuzbergstr. 26, ⊠ 77709, ℘ (07834) 40 11
Fax (07834) 4011, 😊 – 📺 🅿 ⑩
15. März - 15. Okt. – **8 Zim** ⏛ 38/48 – 65/78.
♦ Eine nette Pension im Landhausstil in ruhiger Südhanglage. Wohnliche, verschieden gestal
tete Zimmer, eine familiäre Atmosphäre und der hübsche Garten runden das Angebot ab.

In Wolfach-Kirnbach Süd : 5 km :

🏨 **Sonne** ⑤, Talstr. 103, ⊠ 77709, ℘ (07834) 69 55, hotel@sonne-kirnbach.de
Fax (07834) 4696, 😊, Wildgehege – 🛗 📺 🅿 🝙 ⓪ ⑩ VISA
Menu (geschl. Montag) à la carte 17/28 – **23 Zim** ⏛ 32/41 – 54/70 – ½ P 13.
♦ Ein traditioneller Gasthof mit neuerem Anbau : Gut ausgestattete Zimmer mit solidem
Holzmobiliar und ein freundlicher Service erwarten Sie. In der ländlichen Gaststube sorgt
ein Kachelofen für behagliche Atmosphäre.

In Wolfach-St. Roman Nord-Ost : 12 km - Richtung Schiltach, nach 7 km links ab – Höhe 673 m

🏨 **Adler** ⑤, ⊠ 77709, ℘ (07836) 9 37 80, info@silencehotel-adler.de, Fax (07836) 7434,
😊, Wildgehege, ⛌, ❀ – 🛗 ⇆ Zim, 📺 ⌕ ⇦ 🅿 – 🛋 25. ⑩ VISA
Menu à la carte 16/37 – **43 Zim** ⏛ 52/90 – 79/144 – ½ P 14.
♦ Umgeben von Wiesen und Wäldern im idyllischen Schwarzwald finden Sie das zeitgemäße
Hotel mit Stammhaus und Gästehaus, gleichermaßen geeignet für Urlaub und Tagungen.
Das Restaurant ist mit hellem Holz und Kachelofen gemütlich gestaltet - mit Wintergarten.

OLFEN Sachsen-Anhalt 418 L 20 – 45 000 Ew – Höhe 65 m.
Berlin 138 – Magdeburg 82 – *Leipzig* 55 – Dessau 28.

Deutsches Haus, Leipziger Str. 94 (B 184), ✉ 06766, ✆ (03494) 4 50 25, Fax (03494) 44166, Biergarten – Rest, TV P. AE ⓜ VISA
Menu à la carte 17/26 – ⌴ 7 – **23 Zim** 39 – 49.
♦ 1992 wurde das denkmalgeschützte Hotel mit der gelben Klinkerfassade völlig neu gestaltet. Sie beziehen saubere, gut unterhaltene Zimmer mit solidem Mobiliar. Das Restaurant zeigt sich in bistroartiger Aufmachung.

OLFENBÜTTEL Niedersachsen 416 418 J 15 – 55 000 Ew – Höhe 75 m.
Sehenswert : *Stadtbild*★★ – *Fachwerkhäuser*★★ABYZ – *Stadtmarkt*★AZ – *Schloss* (Turm★)AZ.

Kissenbrück, (Süd-Ost : 8 km über ③), ✆ (05337) 9 07 03.
🛈 Tourist-Information, Stadtmarkt 7, ✉ 38300, ✆ (05331) 8 62 80, Fax (05331) 867708.
Berlin 240 ① – *Hannover* 74 ① – Braunschweig 12 ① – Goslar 31 ③.

WOLFENBÜTTEL

m Herzogtore	**BY** 2	Holzmarkt	**BZ** 15	Leopoldstraße	**BY** 32
nna-Vorwerk-Str.	**AY** 3	Jägermeisterstraße	**BY** 16	Löwenstraße	**AZ** 33
ahnhofstraße	**AZ** 5	Jägerstraße	**AZ** 17	Lohenstraße	**BZ** 34
rauergildenstraße	**BZ** 6	Kanzleistraße	**AZ** 19	Marktstraße	**BZ** 35
reite Herzogstraße	**BYZ**	Kleine Kirchstraße	**ABZ** 21	Okerstraße	**BYZ**
r-Heinrich-Jasper-Str.	**AZ** 8	Klosterstraße	**AZ** 23	Reichsstraße	**BZ** 36
roße Kirchstraße	**BZ** 9	Kommißstraße	**AZ** 24	Schiffwall	**AYZ** 37
roße Kirchstraße	**BZ** 12	Kornmarkt	**AZ** 26	Schloßplatz	**AZ** 39
roßer Zimmerhof	**AZ** 13	Krambuden	**AZ** 27	Sophienstraße	**AY** 40
		Landeshuter-Platz	**AZ** 29	Stadtmarkt	**AZ**
		Lange Herzogstraße	**ABYZ**	Stobenstraße	**AYZ** 42
		Lange Str.	**BZ**	Ziegenmarkt	**BYZ** 43

Parkhotel Altes Kaffeehaus, Harztorwall 18, ✉ 38300, ✆ (05331) 88 80, info@parkhotel-wolfenbuettel.de, Fax (05331) 888100, 😐, 🛁, ≘s – 🛗, ⥇ Zim, TV 📞 P.
– 🛎 60. AE ⓞ ⓜ VISA **BZ** a
Menu (*wochentags nur Abendessen*) à la carte 15,50/30 – **74 Zim** ⌴ 69/79 – 96/126.
♦ An der Stelle des türkischen Kaffeehauses wurde ein neues Hotel mit zeitgemäßem Komfort errichtet. Die gepflegten Zimmer sind mit hellen Holzmöbeln wohnlich eingerichtet. Sie speisen im hellen Restaurant oder in der historischen Weingrotte mit Gewölbe.

WOLFENBÜTTEL

Ramada Treff Hotel M, Bahnhofstr. 9, ⊠ 38300, ℰ (05331) 9 88 60, wolf buettel@ramada-treff.de, Fax (05331) 988611, 🍽 – 📶, ⇔ Zim, 📺 ✆ & 🅿 – 🚗 1⦁
AE ① ⓪ VISA JCB
über Bahnhofstraße AZ
Menu (nur Abendessen) à la carte 14/30 – ⊋ 13 – **48 Zim** 70.
◆ Die Zimmer des neuen Hotels am Rand der Altstadt sind mit hellen, modernen Holzmöbe eingerichtet und technisch gut ausgestattet. Angeschlossen ist ein Freizeit-Cente Restaurant im "american style".

Landhaus Dürkop ⑤ garni, Alter Weg 47, ⊠ 38302, ℰ (05331) 70 53, landha -duerkop@t-online.de, Fax (05331) 72638, ⇔, ⑤ – ⇔ 📺 ⇐⇒ 🅿 AE ⓪ VISA
30 Zim ⊋ 49/59 – 84/99.
über ①
◆ Die Zimmer der familiengeführten Pension im Landhausstil sind überwiegend m rustikalen Eichenmöbeln eingerichtet, die neueren mit wohnlichem Kirschbaummobili ausgestattet.

WOLFHAGEN Hessen 417 M 11 – 14 000 Ew – Höhe 280 m.

🛈 Tourist-Info, Mittelstr. 3, ⊠ 34466, ℰ (05692) 99 18 82, stadtmarketing-wolfhage. gmbh@t-online.de, Fax (05692) 991883.
Berlin 415 – Wiesbaden 238 – Kassel 32 – Paderborn 68.

Altes Rathaus, Kirchplatz 1, ⊠ 34466, ℰ (05692) 80 82, Fax (05692) 5953 – |§
⇔ Zim, 📺 & ① ⓪ VISA
geschl. Feb. - März 2 Wochen – **Menu** (geschl. Juli 1 Woche, Dienstag - Mittwochmitta⦁ à la carte 21/47 – **12 Zim** ⊋ 41/51 – 57.
◆ Das restaurierte Fachwerkhaus a. d. 17. Jh. beherbergt Sie in hübschen, ländlichen Zin mern, die wohnlich teils mit hellem Naturholz, teils mit Stilmöbeln eingerichtet sind. gemütlich-rustikalen Gaststuben bittet man Sie zu Tisch.

Zum Schiffchen, Hans-Staden-Str. 27, ⊠ 34466, ℰ (05692) 9 87 50, besucher@h tel-zum-schiffchen.de, Fax (05692) 987511, (Fachwerkhaus a.d. 16. Jh.) – 📺 ⇐⇒, AE ⦁
⓪ VISA
Menu (geschl. Sonntagabend - Montagmittag) à la carte 13/24 – **12 Zim** ⊋ 30/36 56/65.
◆ Die Zimmer des Fachwerkgasthofs bieten unterschiedlichen Komfort. Teils sind sie ein facher und mit älterem Mobiliar eingerichtet, teils zeitgemäß und solide ausgestattet. Rus tikale Gaststube mit Holztäfelung.

WOLFRAMS-ESCHENBACH Bayern 419 420 S 16 – 2800 Ew – Höhe 445 m.
Berlin 473 – München 177 – Nürnberg 49 – Nördlingen 54 – Ansbach 16.

Alte Vogtei, Hauptstr. 21, ⊠ 91639, ℰ (09875) 9 70 00, alte.vogtei@t-online.de Fax (09875) 970070, 🍽 – 📺 🅿 – 🚗 40. ① ⓪ VISA
geschl. 24. - 30. Dez. – **Menu** (geschl. Montag) à la carte 11/24 – **18 Zim** ⊋ 34 – 57/62
◆ Ein Fachwerkgasthof a. d. 14. Jh., erbaut vom Deutschen Ritterorden : Historische Ele mente wie gotische Holz- und Renaissance-Stuckdecken gehen einher mit zeitgemäßer Zimmern. Das Restaurant ist rustikal-ländlich geprägt.

Sonne (mit Gästehaus), Richard-Wagner-Str. 2, ⊠ 91639, ℰ (09875) 9 79 70, info@ gasthof-hotel-sonne.de, Fax (09875) 979777, 🍽 – ⇔ Zim, 📺 🅿 ⓪ VISA
Menu (geschl. 4. - 11. Nov., Mittwochabend) à la carte 11/19 – **27 Zim** ⊋ 29/32 – 46/52
◆ Am Oberen Torturm der historischen Stadtmauer liegt dieser fränkische Landgasthof mit Pensionscharakter. Die gepflegten Zimmer sind praktisch und solide ausgestattet. Das Restaurant mit dem hübschen Kachelofen strahlt ländliche Gemütlichkeit aus.

Pension Seitz ⑤, Duchselgasse 1, ⊠ 91639, ℰ (09875) 9 79 00, Fax (09875) 979040, ⇔, ⑤ (geheizt), ⦁ – ⇔ Zim, 📺 ⇐⇒ 🅿 – 🚗 30. ⦁
geschl. 23. Dez. - 4. Jan. – **Menu** (geschl. Sonntag) (nur Abendessen) (Restaurant nur für Hausgäste) – **19 Zim** ⊋ 31/34 – 50/54.
◆ In einem großen Garten liegt die familiär geführte Hotelpension, altstadtnah und doch ruhig. Praktisch eingerichtete Gästezimmer und eine freundliche Atmosphäre erwar- ten Sie.

WOLFRATSHAUSEN Bayern 419 420 W 18 – 17 000 Ew – Höhe 577 m.
🛈₁₈ Bergkramerhof (West : 1 km), ℰ (08171) 4 19 10 ; 🛈 Riedhof (Ost : 3 km), ℰ (08171) 2 19 50.
Berlin 622 – München 39 – Garmisch-Partenkirchen 57 – Bad Tölz 23 – Weilheim 31.

Thalhammer garni, Sauerlacher Str. 47d, ⊠ 82515, ℰ (08171) 4 21 90, Fax (08171) 421950, ⇔ – 📺 ✆ ⇐⇒ 🅿 AE ⓪ VISA
geschl. 21. Dez. - 6. Jan. – **23 Zim** ⊋ 51 – 74.
◆ Komfortable, mit hellem Naturholz möblierte Zimmer und eine gepflegte, nette Atmos- phäre hält dieses Hotel im alpenländischen Stil für seine Gäste bereit.

WOLFRATSHAUSEN

Märchenwald garni, Kräuterstr. 39, ⊠ 82515, ℘ (08171) 41 87 90, Fax (08171) 22236 – ⚛ TV P. MC VISA. ⚛
geschl. Mitte Dez. - Mitte Jan. – **14 Zim** ⊇ 45/50 – 70.
  ◆ Hell und freundlich eingerichtete Zimmer findet man in dem ruhig gelegenen Hotel, das zu einem Freizeitpark mit Märchenmotiven gehört. Mit Ferienwohnungen.

Humplbräu, Obermarkt 2, ⊠ 82515, ℘ (08171) 48 32 90, Fax (08171) 4832913 – TV ⚛ ⚛ P. AE MC VISA
geschl. 8. Juni - 7. Juli – **Menu** (geschl. Sonntagabend - Montag) à la carte 12/26 – **32 Zim** ⊇ 46/52 – 66/77.
  ◆ Typisch bayerisch ist dieser ehemalige Brauereigasthof in dem historischen Gebäude aus dem 17. Jh. Die Zimmer sind unterschiedlich eingerichtet, teils ländlich-rustikal. Gemütlich-urige Gaststuben mit hübschen Nebenzimmern. Eigene Metzgerei.

Patrizierhof (Maiwert), Untermarkt 17, ⊠ 82515, ℘ (08171) 2 25 33, Fax (08171) 22438, ⚛ – MC VISA
geschl. 20. Jan. - 7. Feb., Montag - Dienstag – **Menu** à la carte 33/48 ♀ – **Andreas-Stube** (geschl. Montag - Dienstag, Sonn- u. Feiertage) (nur Mittagessen) **Menu** 17 à la carte 22/31.
  ◆ Der hohe, zartblaue Kachelofen beherrscht das Interieur des von rustikaler Eleganz geprägten Restaurants, in dem man den Gästen Kreationen der klassischen Küche serviert. In der stilvoll-rustikalen Andreas-Stube serviert man schmackhafte regionale Speisen.
  Spez. Loup de mer mit Artischockenragout und Rotweinbutter. Gratiniertes Lammcarré mit Auberginen-Kartoffeltaschen. Schokoladen-Variation.

WOLFSBURG Niedersachsen 415 416 418 I 16 – 126 000 Ew – Höhe 60 m.

Sehenswert : Autostadt★★.

🛫 Bokensdorf, Osloßer Weg (Nord-West : 15 km über ④ und Weyhausen), ℘ (05366) 12 23.
🛈 Informations- und Service-Center, Willy-Brandt-Platz 5, ⊠ 38440, ℘ (05361) 1 43 33, tourist@wolfsburg.de, Fax (05361) 12466.
ADAC, Am Mühlengraben 22.
Berlin 222 ③ – Hannover 91 ③ – *Magdeburg* 83 ③ – Celle 80 ③ – Braunschweig 33 ③

Stadtplan siehe nächste Seite

The Ritz-Carlton M, Stadtbrücke (Autostadt), ⊠ 38440, ℘ (05361) 60 70 00, reservation@the-ritzcarlton.de, Fax (05361) 608000, ⚛, Massage, ⚛, ⚛ – 🛗, ⚛ Zim, ≡ TV ⚛ & ⚛ P. – 🎓 115. AE ① MC VISA JCB. ⚛   X a
Menu siehe Rest. **Aqua** separat erwähnt – **Vision :** **Menu** à la carte 27/36 – ⊇ 23 – **174 Zim** 208/290, 21 Suiten.
  ◆ Integriert in die Industriearchitektur des VW-Werks besticht das im Halbrund gebaute Designerhotel mit schlichter Eleganz in klaren Linien und modernster Technologie. In dem bistroartigen Vision setzt sich das modern-elegante Ambiente des Ritz-Carlton fort.

Holiday-Inn, Rathausstr. 1, ⊠ 38440, ℘ (05361) 20 70, info.hiwolfsburg@queensgruppe.de, Fax (05361) 207981, ⚛, ⚛, ⚛ – 🛗, ⚛ Zim, ≡ Rest, TV ⚛ ⚛ – 🎓 90. AE ① MC VISA JCB   Y a
Menu à la carte 22/35 – ⊇ 15 – **207 Zim** 90/135 – 105/150.
  ◆ Das Hotel aus den 70er Jahren liegt im Stadtzentrum. Funktionell gestaltete Zimmer in verschiedenen Kategorien stehen für die Gäste bereit. Mittags speisen Sie im Coupé 1900, am Abend im rustikal-gediegenen Restaurant Zilles Stube.

Global Inn M, Kleiststr. 46, ⊠ 38440, ℘ (05361) 27 00, globalinn@vwimmobilien.de, Fax (05361) 270150 – 🛗, ⚛ Zim, TV ⚛ & P. – 🎓 30. AE ① MC VISA. ⚛ Rest   Y e
Menu siehe Rest. **Fellini** separat erwähnt – ⊇ 10 – **225 Zim** 45/73 – 81/86.
  ◆ Hell und freundlich mit modernen Möbeln ausgestattet und technisch gut ausgestattet sind die Zimmer dieses Hotels am Rand der Innenstadt. Mit Appartements für Langzeitgäste.

Tryp M, Willy-Brandt-Platz 2, ⊠ 38440, ℘ (05361) 89 90 00, tryp.wolfsburg@t-online.de, Fax (05361) 899444, ⚛, ⚛ – 🛗, ⚛ Zim, TV ⚛ & ⚛ P. – 🎓 40. AE ① MC VISA. ⚛ Rest   Y t
Menu (geschl. Sonntag) à la carte 24/31 – **120 Zim** ⊇ 111 – 122.
  ◆ Ein neugebautes Hotel in Bahnhofs- und Autostadtnähe mit geschmackvoller moderner Einrichtung, sowohl in der Halle als auch im Zimmerbereich. Alle Zimmer mit Internetzugang.

Alter Wolf ⚛, Schloßstr. 21, ⊠ 38448, ℘ (05361) 8 65 60, info@alter-wolf.de, Fax (05361) 64264, ⚛ – TV P. – 🎓 80. AE ① MC VISA   X s
Menu (geschl. Sonntagabend) à la carte 16/38 – **29 Zim** ⊇ 58/73 – 83.
  ◆ Im alten Teil Wolfsburgs hinter dem Schloß findet man dieses denkmalgeschützte Fachwerkhaus mit neuerem Anbau. Die Zimmer im Haupthaus sind kürzlich renoviert worden. Freigelegte Holzbalken machen das rustikale Restaurant gemütlich. Gartenterrasse.

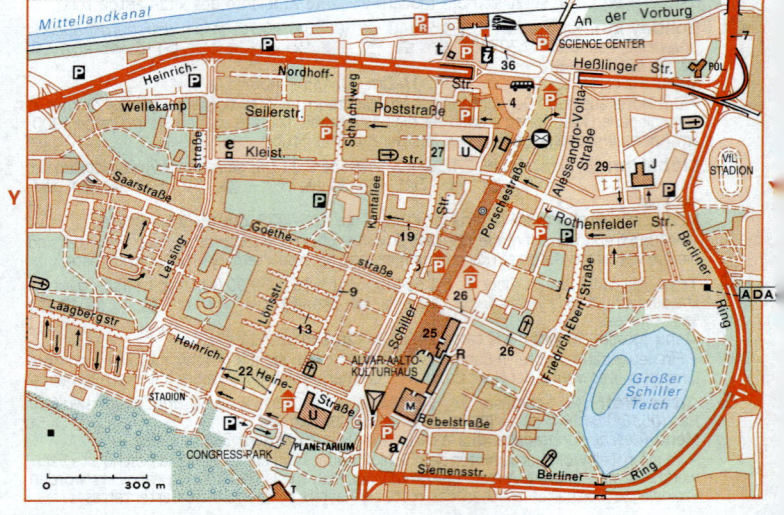

WOLFSBURG

Bahnhofspassage	Y 4	Heßlinger Straße	Y	Robert-Koch-	
Berliner Brücke	XY	Hochring	X 17	Platz	Y
Dresdener Ring	Y	Kaufhof	Y 19	Röntgenstraße	X
Eichendorffstraße	X 8	Klievenhagen	Y 22	Rothenfelder Markt	Y
Fallersleber Straße	Y 9	Königsberger Straße	X 23	Rothenfelder Straße	Y
Gangloferstraße	X 12	Lerchenweg	X 24	Schlesierweg	X
	Y 13	Marktplatz	Y 25	Schulenburgallee	X
		Pestalozziallee	Y 26	Stadtwaldstraße	X
		Porschestraße	Y	Willy-Brandt-Platz	Y

WOLFSBURG

Aqua - Hotel The Ritz Carlton, Stadtbrücke (Autostadt), ⌧ 38435, ℘ (05361) 60 70 91, ccr@the-ritzcarlton.de, Fax (05361) 606158, 🍴 – 🔲 P. AE ⓘ ⓜ VISA JCB. ✂ X a
geschl. Jan. 2 Wochen, Juli 3 Wochen, Sonntag - Montag – **Menu** (nur Abendessen) 32/84 à la carte 47/72 ♀.

• Schlichte Eleganz prägt das Restaurant : klare Linien, edle Materialien, sehr guter Service und die kreative Küche mit französischen Wurzeln machen das Essen zu einem Erlebnis.
Spez. Komposition von der Gänseleber. Gebratenes Seeteufelmedaillon mit Heidehonig-Pfefferglasur. Variation von der Valrhona Schokolade.

Fellini -Hotel Global Inn, Kleistr. 46, ⌧ 38440, ℘ (05361) 27 01 92, Fax (05361) 270150, 🍴 – P. AE ⓘ ⓜ VISA. ✂ Rest   Y e
geschl. Sonntagmittag – **Menu** à la carte 30/37.

• Bistro-Flair erwartet die Gäste des modernen Restaurants, in dem kräftige rote Farbtöne interessante Akzente setzen. Internationale Küche mit italienischen Einflüssen.

Wolfsburg-Brackstedt Nord-West : 8 km über ① :

Brackstedter Mühle, Zum Kühlen Grunde 2 (Nord : 1 km), ⌧ 38448, ℘ (05366) 9 00, info@brackstedter-muehle.de, Fax (05366) 9050, 🍴, ≦s – 🔁 Zim, 📺 ✆ P. – 🏛 100. AE ⓘ VISA
Menu à la carte 25/51 – **50 Zim** ⌧ 72/100 – 96/128.

• Wohnliches Ambiente in ländlicher Umgebung : Um die alte Mühle a. d. 16. Jh. herum entstand ein Hotel mit unterschiedlich eingerichteten Zimmern verschiedener Kategorien. Die Restauranträume strahlen rustikale Gemütlichkeit aus.

Wolfsburg-Fallersleben :

Ludwig im Park, Gifhorner Str. 25, ⌧ 38442, ℘ (05362) 94 00, info@ludwig-im-park.de, Fax (05362) 940400, 🍴 – 🛗 📺 P. – 🏛 30. AE ⓘ ⓜ VISA. ✂ Rest   X n
La Fontaine (geschl. Sonntag) (nur Abendessen) **Menu** à la carte 41/55 ♀ – **43 Zim** ⌧ 100 – 125, 4 Suiten.

• Ein ansprechendes Ambiente erwartet die Besucher dieses Hotels im Landhausstil. Die geräumigen Zimmer sind wohnlich und komfortabel mit Stilmöbeln eingerichtet. In klassisch-elegantem Ambiente verwöhnt Sie das La Fontaine mit feiner französischer Küche.
Spez. Feines von Perlhuhn und Gänseleber mit Apfel-Rosinensalat. Filet vom Angus Rind mit Shii-Take-Kruste und Ochsenschwanz-Frikadelle. Topfenvariation mit Pistazienpesto.

Fallersleber Spieker garni, Am Spieker 6, ⌧ 38442, ℘ (05362) 93 10, uwe.schumacher@t-online.de, Fax (05362) 931400 – 🔁 📺 ✆ P. AE ⓜ VISA JCB   X v
geschl. Weihnachten - Neujahr – **48 Zim** ⌧ 50/75 – 100.

• Eine praktische Übernachtungsadresse : Das neuzeitliche Hotel mit der weißen Fassade verfügt über hell möblierte, funktionale Zimmer mit zeitgemäßem Komfort.

Neue Stuben, Bahnhofstr. 13, ⌧ 38442, ℘ (05362) 9 69 00, neue-stuben@t-online.de, Fax (05362) 969030, 🍴 – 📺 ✆ P. ⓜ VISA. ✂   X v
Menu (geschl. 27. Dez. - 6. Jan., Samstagmittag) à la carte 21/29 – **20 Zim** ⌧ 65/70 – 75/95.

• Das alte Bürgerhaus von 1751 mit roter Klinkerfassade und Fachwerk hält für seine Gäste solide Zimmer bereit, die mit dunklen Kirschholzmöbeln eingerichtet sind. Eine historische Balkendecke, Holzfußboden und Korbstühle prägen das Restaurant.

In Wolfsburg-Hattorf Süd-West : 10 km über ③ :

Landhaus Dieterichs (mit 2 Gästehäusern), Krugstr. 31, ⌧ 38444, ℘ (05308) 40 80, Fax (05308) 408104 – 📺 ✆ P. AE ⓜ. ✂
Menu (geschl. 23. Dez. - 2. Jan., Juli - Aug. 3 Wochen, Freitag - Sonntag, Feiertage) (nur Abendessen) à la carte 13/22 – **70 Zim** ⌧ 36/46 – 62/67.

• Geräumige Zimmer mit solider Einrichtung und auch Appartements mit Kochnische erwarten Sie in dem Landgasthof mit der roten Klinkerfassade - mit zwei Gästehäusern.

In Wolfsburg-Neuhaus Ost : 5 km über Dieselstraße X :

An der Wasserburg ☙, An der Wasserburg 2, ⌧ 38446, ℘ (05363) 94 00, an-der-wasserburg@t-online.de, Fax (05363) 71574, 🍴, ≦s, 🏊 – 🔁 Zim, 📺 ✆ P. – 🏛 100. AE ⓘ ⓜ VISA JCB
geschl. 26. Dez. - 5. Jan. – **Menu** (geschl. Samstagmittag) à la carte 19/31 – **53 Zim** ⌧ 75/85 – 95/110.

• Bei der ältesten Wasserburg Niedersachsens : Historisches Ambiente und zeitgemäßen Komfort bieten die Zimmer in dem modernisierten 250 Jahre alten Gebäude mit neuerem Anbau. Unverputzte Sandsteinwände und -gewölbe machen das Kellerrestaurant gemütlich-rustikal.

WOLFSBURG

In Wolfsburg-Sandkamp :

Jäger, Eulenweg 3, ✉ 38442, ℘ (05361) 3 90 90 (Hotel) 39 09 95 (Res
Fax (05361) 390944, 😀 – ⇌ Zim, 📺 📞 🅿 🅰🅴 ⓘ ⓒⓞ 🆅🅸🆂🅰   X
Menu à la carte 23/40 – **41 Zim** ⌑ 59/72 – 85/95.

♦ Das gut geführte, freundliche Hotel mit Rondellanbauten bietet unterschiedlich ein
richtete Zimmer. Besonders zu empfehlen sind die neuen, modern gestalteten Räum
Helles, freundliches Restaurant im Landhausstil.

In Wolfsburg-Westhagen :

Strijewski, Rostocker Str. 2, ✉ 38444, ℘ (05361) 8 76 40, info@hotel-strijewski.
Fax (05361) 8764410, 😀 – 🛗, ⇌ Zim, 📺 📞 🅿   X
Menu (geschl. Samstagmittag, Sonntagabend) à la carte 16/33 – **51 Zim** ⌑ 71/92
92/102.

♦ Solide und funktionell sind die Zimmer dieses gut geführten, in einem Wohngebiet ge
genen Hotels : gute Betten, Schreibtische, teils mahagonifarbene, teils Kirschbaummöb
Bürgerlich eingerichtetes Restaurant.

In Weyhausen Nord-West : 9 km über ① :

Alte Mühle, Wolfsburger Str. 72 (B 188), ✉ 38554, ℘ (05362) 9 80 00, info@al
muehle-wolfsburg.de, Fax (05362) 980060, 😀, ⇌, 🏊 – 🛗, ⇌ Zim, 📺 📞 🅿 – 🅰 8
🅰🅴 ⓘ ⓒⓞ 🆅🅸🆂🅰. ⌖ Rest
Menu à la carte 28,50/40,50 – **Mühlenstube :** Menu à la carte 28,50/34,50 – **50 Zi
⌑ 120/145 – 145/160.

♦ Der rote Klinkerbau im Landhausstil empfängt seine Gäste mit einer liebev
dekorierten Halle und beherbergt sie in komfortabel und geschmackvoll eingericht
ten Zimmern. Klassisch gestaltetes Restaurant mit elegantem Touch. Rustikal : d
Mühlenstube.

Die Stadtpläne sind eingenordet (Norden = oben)

WOLFSCHLUGEN Baden-Württemberg siehe Nürtingen.

WOLFSTEIN Rheinland-Pfalz 417 R 6 – 2 500 Ew – Höhe 188 m.
Berlin 658 – Mainz 83 – Bad Kreuznach 50 – Kaiserslautern 23 – Saarbrücken 90.

In Wolfstein-Reckweilerhof Nord : 3 km :

Reckweilerhof, an der B 270, ✉ 67752, ℘ (06304) 6 18, Fax (06304) 1533, 😀, ⇌
🐎 – ⇌ Zim, 📺 🅿 🅰🅴 ⓘ 🆅🅸🆂🅰
Menu (geschl. Montagabend) à la carte 13/27 – **20 Zim** ⌑ 33/38 – 53/59.

♦ Das Pfälzer Bergland dient als Kulisse für diesen familiengeführten Landgasthof mit solid
eingerichteten Zimmern und zahlreichen Freizeitangeboten in der Umgebung. Ländlich
rustikales Restaurant mit heller, freundlicher Atmosphäre.

WOLGAST Mecklenburg-Vorpommern 416 D 25 – 15 400 Ew – Höhe 5 m.
🛈 Wolgast-Information, Rathausplatz 6, ✉ 17438, ℘ (03836) 60 01 18, Fax (03836
600118.
Berlin 210 – Schwerin 193 – Rügen (Bergen) 90 – Greifswald 34.

Peenebrücke garni, Burgstr. 2, ✉ 17438, ℘ (03836) 2 72 60, hotel_peenebrueck
@yahoo.de, Fax (03836) 272699 – 📺 🅿 – 🅰 20. ⓒⓞ 🆅🅸🆂🅰
20 Zim ⌑ 52/62 – 67/82.

♦ In dem hübschen, 1997 sanierten historischen Gebäude a. d. 17. Jh. wohnt man in
sehr gut gepflegten Zimmern mit solider Kirschholzmöblierung. Auch Appartements sind
vorhanden.

WOLMIRSTEDT Sachsen-Anhalt 416 418 J 18 – 12 000 Ew – Höhe 50 m.
Berlin 152 – Magdeburg 14 – Gardelegen 50 – Stendal 47 – Wolfsburg 84.

Wolmirstedter Hof, August-Bebel-Str. 1, ✉ 39326, ℘ (039201) 2 27 27,
wolmirstedter-hof@t-online.de, Fax (039201) 22728 – 📺 🅿
Menu (geschl. Samstagmittag) à la carte 12/32 – **20 Zim** ⌑ 40/56 – 70/78.

♦ Das tadellos unterhaltene Hotel in der Ortsmitte überzeugt mit wohnlichen und sauberen
Gästezimmern, die über eine zeitgemäße Ausstattung verfügen. Ländliches, kleines Restau-
rant mit gemütlicher Atmosphäre.

OLPERTSHAUSEN Baden-Württemberg 419 420 S 13 – 1 300 Ew – Höhe 400 m.
Berlin 540 – Stuttgart 97 – Crailsheim 21 – Schwäbisch Hall 12.

Wolpertshausen-Cröffelbach Süd-West : 2,5 km :

Goldener Ochsen, Hauptstr. 4, ✉ 74549, ℰ (07906) 93 00, hotel-goldener-ochsen
@t-online.de, Fax (07906) 930200, 🌴, 🐎 – 📶, ⇔ Zim, 📺 ☎ 👤 👥 – 🔒 80. 🅰 ⓘ
🚗 VISA JCB. 🍴 Rest
Menu (geschl. Montag) à la carte 13/28 – **28 Zim** ⇌ 55/59 – 75/89.
◆ Ein Fachwerkgasthof mit neuerem Anbau. Ein gut organisierter Tagungsbereich macht die Arbeit angenehm, die funktionell eingerichteten Zimmer sorgen für die nötige Entspannung. Die Gaststuben sind mit viel Holz und ländlichem Dekor rustikal gestaltet.

OLPERTSWENDE Baden-Württemberg siehe Weingarten.

OLTERSDORF Brandenburg 416 418 I 25 – 5 000 Ew – Höhe 40 m.
Berlin 31 – Potsdam 80 – Eberswalde 65 – Frankfurt (Oder) 75.

Kranichsberg, An der Schleuse 3, ✉ 15569, ℰ (03362) 79 40, kranichsberg@t-on line.de, Fax (03362) 794122, 🌴, 🐎, 🍽 – 📶 📺 👥 – 🔒 35. 🚗 VISA JCB
Menu à la carte 15/25 – **38 Zim** ⇌ 49/59 – 72.
◆ Vor den Toren Berlins in landschaftlich reizvoller Lage am Flakensee finden Sie dieses Hotel mit zeitgemäß und praktisch eingerichteten Gästezimmern. Schlichtes, mit dunklem Holz ausgestattetes Restaurant.

VORBIS Thüringen 418 L 15 – 6 000 Ew – Höhe 420 m.
🛈 Informationszentrum, Kirchstr. 19, ✉ 37339, ℰ (036074) 9 48 56, ibz-worbis@t-online.de, Fax (036074) 94858.
Berlin 295 – Erfurt 83 – Göttingen 45 – Nordhausen 35.

Drei Rosen, Bergstr. 1, ✉ 37339, ℰ (036074) 97 60, hotel@3rosen.de, Fax (036074) 97666, 🌴, 🐎 – 📶, ⇔ Zim, 📺 👤 👥 – 🔒 20. 🅰 ⓘ 🚗 VISA
Menu à la carte 15/27 – **42 Zim** ⇌ 53/62 – 78/93.
◆ Das traditionsreiche Hotel befindet sich in einem massiven, roten Backsteinbau. Man begrüßt Sie mit einer gediegenen Rezeption und hält wohnlich gestaltete Zimmer bereit. Das Restaurant ist rustikal in der Aufmachung.

Zur Wipper, Nordhäuser Str. 14a (B 80), ✉ 37339, ℰ (036074) 3 12 12, Fax (036074) 30775, 🌴, 🌲 – ⇔ Zim, 📺 👥 🅰 ⓘ 🚗 VISA
Menu à la carte 16/20 – **15 Zim** ⇌ 48 – 68.
◆ An der B80 liegt dieser Zweckbau im Landhausstil. Die Zimmer des Gasthofs sind unterschiedlich in der Größe, aber im gleichen Stil eingerichtet und bieten zeitgemäßen Komfort. Rustikales Restaurant mit kleinem Thekenbereich.

In Wintzingerode Nord-West : 4 km über B 247 :

Landhotel Gerdes 🌿, Schloßstr. 9, ✉ 37339, ℰ (036074) 3 50, info@landhotel-gerdes.de, Fax (036074) 35199, 🌴, 🏊, 🌲 – 📶, ⇔ Zim, 📺 👥 – 🔒 45.
🚗 VISA
Merlan (wochentags nur Abendessen)**Menu** à la carte 23/30 – **40 Zim** ⇌ 55/65 – 70/80.
◆ Das ehemalige Erholungsheim wurde aufwendig restauriert und bietet seinen Gästen eine gemütliche Lobby und komfortable Zimmer im Landhausstil. Hell und licht ist das Ambiente im Merlan - mit Gartenterrasse. Serviert wird eine schmackhafte mediterrane Küche.

WORMS Rheinland-Pfalz 417 419 R 9 – 82 000 Ew – Höhe 100 m.
Sehenswert : Dom★★ (Westchor★★, Reliefs aus dem Leben Christi★) A – Judenfriedhof★ A – Kunsthaus Heylshof★ Gemäldesammlung★ A M1.
🛈 Tourist Info, Neumarkt 14, ✉ 67547, ℰ (06241) 2 50 45, Fax (06241) 26328.
ADAC, Friedrich-Ebert-Str. 84.
Berlin 607 ② – Mainz 45 ① – Mannheim 25 ③ – Darmstadt 43 ② – Kaiserslautern 53 ③

Stadtplan siehe nächste Seite

Asgard 🅼 garni, Gutleutstr. 4, ✉ 67547, ℰ (06241) 8 60 80, info@asgard-hotel.de, Fax (06241) 8608100, 🐎 – 📶 ⇔ 📺 ☎ 👤 🚗 – 🔒 40. 🅰 ⓘ 🚗 VISA JCB
65 Zim ⇌ 65/75 – 84/94.   über Speyerer Straße   A
◆ Eine empfehlenswerte Übernachtungsadresse am Rande zur Innenstadt : Das Stadt- und Tagungshotel bietet zeitgemäß eingerichtete, helle Zimmer mit guter technischer Ausstattung.

WORMS

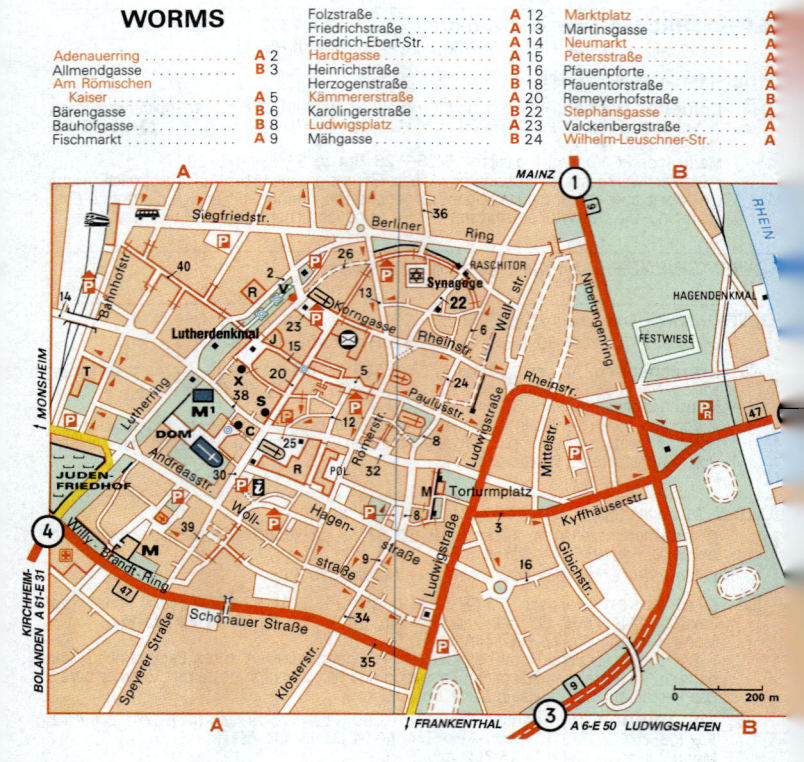

Adenauerring	**A** 2	Folzstraße	**A** 12	Marktplatz ... **A**
Allmendgasse	**B** 3	Friedrichstraße	**A** 13	Martingsgasse ... **A**
Am Römischen		Friedrich-Ebert-Str.	**A** 14	Neumarkt ... **A**
Kaiser	**A** 5	Hardtgasse	**A** 15	Petersstraße ... **A**
Bärengasse	**B** 6	Heinrichstraße	**B** 16	Pfauenpforte ... **A**
Bauhofgasse	**B** 8	Herzogenstraße	**B** 18	Pfauentorstraße ... **A**
Fischmarkt	**A** 9	Kämmererstraße	**A** 20	Remeyerhofstraße ... **B**
		Karolingerstraße	**B** 22	Stephansgasse ... **A**
		Ludwigsplatz	**A** 23	Valckenbergstraße ... **A**
		Mähgasse	**B** 24	Wilhelm-Leuschner-Str. ... **A**

🏨 **Dom-Hotel**, Obermarkt 10, ✉ 67547, ☎ (06241) 90 70, info@dom-hotel.de, Fax (06241) 23515 – 📶 📺 📞 🚗 🅿 – 🛁 80. AE ① ◎ VISA **A** x
Menu (geschl. Juli 2 Wochen, Samstagmittag, Sonn- und Feiertage) à la carte 21/39 – **55 Zim** ☒ 62/82 – 92/110.
♦ Ein Hotel-Zweckbau in der Fußgängerzone (für Ihr Auto gibt es eine hoteleigene Tiefgarage) mit solide ausgestatteten Zimmern, wobei auch einige neue zur Verfügung stehen. Das neuzeitliche, freundliche Restaurant liegt in der ersten Etage des Hauses.

🏨 **Kriemhilde**, Hofgasse 2, ✉ 67547, ☎ (06241) 9 11 50, hotelkriem@aol.com, Fax (06241) 9115310, 🍴 – 📺 ① ◎ VISA JCB **A** c
Menu (geschl. Samstag) à la carte 14/30 – **19 Zim** ☒ 46/55 – 67/75.
♦ Ein kleines Hotel in der Innenstadt mit nettem Service und praktischen Zimmern, die teils mit Kiefern-, teils mit Eichenholzmobiliar ausgestattet sind. Ländlich-rustikal und liebevoll dekoriert präsentiert sich das Restaurant.

🏨 **Central** garni, Kämmererstr. 5, ✉ 67547, ☎ (06241) 6 45 70, info@centralhotel-worms.de, Fax (06241) 27439 – 📶 ⇄ 📺 🚗. AE ① ◎ VISA **A** s
geschl. 22. Dez. - 20. Jan. – ☒ 8 – **19 Zim** 46/58 – 77/85.
♦ Das gut geführte Etagenhotel findet sich am Beginn der Fußgängerzone gegenüber dem Marktplatz. Die behaglichen Zimmer sind sauber und gepflegt.

🍴🍴 **Tivoli**, Adenauer-Ring 4b, ✉ 67547, ☎ (06241) 2 84 85, snfort@t-online.de, Fax (06241) 426111, 🍴 – ◎ VISA. ✂ **A** v
geschl. Juli - Aug. 3 Wochen, Montag – **Menu** (italienische Küche) à la carte 19/38.
♦ Engagiert und freundlich kümmert man sich in diesem ländlich gestalteten, mit modernen Bildern dekorierten Ristorante um die Gäste. Das Angebot wechselt nach der Saison.

Worms-Rheindürkheim über ① : 9 km :

XX Rôtisserie Dubs, Kirchstr. 6, ✉ 67550, ✆ (06242) 20 23, rotisseriedubs@web.de, Fax (06242) 2024 – ⓂⓈ 🆅🅸🆂🅰
geschl. Jan. 3 Wochen, Dienstag, Samstagmittag – **Menu** (Tischbestellung erforderlich, bemerkenswerte Weinkarte) à la carte 27/48.
◆ Ein elegantes Ambiente erwartet Sie in dem kleinen Landgasthaus, in dem Patron Wolfgang Dubs die Gäste mit einer gehobenen internationalen Küche bewirtet.

WORPSWEDE Niedersachsen ❹❶❺ G 10 – 9 300 Ew – Höhe 50 m – Erholungsort.
Vollersode, Giehlermühlen (Nord : 18 km), ✆ (04763) 73 13.
🅸 Worpsweder Touristik GmbH, Bergstr. 13, ✉ 27726, ✆ (04792) 95 01 21, Fax (04792) 950123.
Berlin 383 – Hannover 142 – Bremen 26 – Bremerhaven 59.

Eichenhof ⚘, Ostendorfer Str. 13, ✉ 27726, ✆ (04792) 26 76, eichenhof-hotel@t-online.de, Fax (04792) 4427, ≋ – 🆙 Zim, 📺 🅿 – 🏊 15. ᴬᴱ ⓄⒹ ⓂⓈ 🆅🅸🆂🅰
Menu (nur Abendessen) à la carte 33/41 – **20 Zim** 🛏 76/100 – 143/161.
◆ Am Ende einer schönen Eichenallee liegt das weinbewachsene ehemalige Landgut mit individuell gestylten Zimmern, teils traditionell norddeutsch, teils im modernen Designerstil. Kräftige Farben, klare Linien und weiße Deckenbespannungen prägen das Restaurant.

Buchenhof ⚘ garni, Ostendorfer Str. 16, ✉ 27726, ✆ (04792) 9 33 90, info@hotel-buchenhof.de, Fax (04792) 933929, ≋ – 🆙 📺 ℹ 🅿 – 🏊 40. ⓂⓈ 🆅🅸🆂🅰
27 Zim 🛏 50/80 – 85/115.
◆ Die restaurierte Jugendstil-Villa des Künstlers Hans am Ende ist geschmackvoll mit Antiquitäten ausgestattet. Das neue Gästehaus : hell und freundlich im Landhausstil.

Village Hotel am Weyerberg Ⓜ garni, Bergstr. 22, ✉ 27726, ✆ (04792) 9 35 00, info@village-worpswede.de, Fax (04792) 935029 – 📺 ℹ 🅿 – 🏊 20. Ⓞ ⓂⓈ 🆅🅸🆂🅰
9 Zim 🛏 69/89 – 109/129.
◆ Das Hotel liegt in einem schicken Einkaufszentrum im Klinkerstil. Die individuell gestalteten Zimmer erstrecken sich über 2 Ebenen und sind von komfortabler Eleganz geprägt.

Am Kunstcentrum ⚘ (mit Gästehaus), Hans-am-Ende-Weg 4, ✉ 27726, ✆ (04792) 94 00, hotelamkunstcentrum@t-online.de, Fax (04792) 3878, 🍴, ≋, 🏊, 🌳 – 🆙 Zim, 📺 ℹ ⇌ 🅿 – 🏊 15. ⓂⓈ 🆅🅸🆂🅰 🚭 Zim
geschl. 20. Jan. - 14. Feb. – **Menu** (geschl. 19. Jan. - 20. Feb., Dienstag) (nur Abendessen) à la carte 18/33 – **29 Zim** 🛏 64/75 – 85/102 – ½ P 14.
◆ Die Fachwerkklinkerbauten im norddeutschen Stil beherbergen Sie in praktischen Zimmern, die teils mit Kirschbaum-, teils mit Mahagonimöbeln solide ausgestattet sind. Restaurant in norddeutsch-rustikaler Aufmachung.

XX Kaffee Worpswede, Lindenallee 1, ✉ 27726, ✆ (04792) 10 28, kaffee.worpswede@t-online.de, Fax (04792) 310235, 🍴 – ᴬᴱ ⓂⓈ 🆅🅸🆂🅰
geschl. Feb. - März 2 Wochen, Okt. - Nov. 2 Wochen, Montag - Dienstag – **Menu** à la carte 25/38.
◆ Lassen Sie sich von dem ungewöhnlichen Ambiente des von Bernhard Hoetger gestalteten Backsteinensembles von 1925 beeindrucken. Schmackhafte international geprägte Küche.

WREMEN Niedersachsen ❹❶❺ F 9 – 1 600 Ew – Höhe 2 m – Seebad.
Berlin 419 – Hannover 199 – Bremerhaven 16 – Cuxhaven 30.

X Gasthaus Wolters - Zur Börse, Lange Str. 1, ✉ 27638, ✆ (04705) 12 77, restaurant-zur-boerse@t-online.de, Fax (04705) 810077, 🍴 – 🅿 ⓂⓈ 🆅🅸🆂🅰
geschl. Anfang März 2 Wochen, Okt. 3 Wochen, Dienstag - Mittwochmittag – **Menu** à la carte 20/30.
◆ Ländlich-rustikal ist der Gasthof in dem ehemaligen Fachwerk-Bauernhaus aus dem 18. Jh. eingerichtet. Gute Produkte prägen das regionale und internationale Speisenangebot.

WÜNNENBERG, BAD Nordrhein-Westfalen ❹❶❼ L 10 – 12 400 Ew – Höhe 271 m – Kneippheilbad und Luftkurort.
🅸 Kurverwaltung, Im Aatal 3, ✉ 33181, ✆ (02953) 80 01, info@bad-wuennenberg.de, Fax (02953) 7430.
Berlin 449 – Düsseldorf 169 – Arnsberg 61 – Brilon 20 – Paderborn 28.

Jagdhaus ⚘, Schützenstr. 58, ✉ 33181, ✆ (02953) 70 80, hotel.jagdhaus@freenet.de, Fax (02953) 70858, 🍴, ≋, 🏊, 🌳 – 📺 ℹ ⇌ 🅿 – 🏊 50. ᴬᴱ Ⓞ ⓂⓈ 🆅🅸🆂🅰
Menu à la carte 24,50/39 – **40 Zim** 🛏 53/61 – 90/102 – ½ P 10.
◆ Die hier in Waldrandlage herrschende Ruhe ist der beste Garant für Ihre Erholung. Sie beziehen funktionelle Zimmer, die teils im Landhausstil eingerichtet sind. Das Restaurant zeigt sich in ländlich-bürgerlicher Aufmachung.

WÜNNENBERG, BAD

Parkhotel M, Hoppenberg 2, ⊠ 33181, ℘ (02953) 83 49, parkhotel-hegers -online.de, Fax (02953) 7774, 🍴, 🛏 – TV 📞 P 🕸 VISA
Stilleben (geschl. Juli - Aug. 3 Wochen, Montag) **Menu** à la carte 23/42 – **10 Zim** ⊇ 44/ – 72/82 – ½ P 10.
* In einer ruhigen Wohngegend steht am Hang dieser renovierte Gasthof. Er verfü über neuzeitlich mit Kirschmobiliar ausgestattete Zimmer, die teils auch Balkone hab Im Stilleben offeriert man Ihnen Schmackhaftes der regionalen und international Küche.

In Bad Wünnenberg-Bleiwäsche Süd : 8 km - über B 480, nach 3 km links ab :

Waldwinkel M ⊛ (mit Gästehaus), Roter Landweg 3, ⊠ 33181, ℘ (02953) 70 7 info@ waldwinkel.de, Fax (02953) 707222, ≤, 🍴, Massage, ≘s, ⊠, 🛏 – 📱 TV P 🔥 40. AE ⊕ ⓜ VISA
Menu à la carte 18/35 – **69 Zim** ⊇ 55/77 – 105/140 – ½ P 20.
* Abseits auf einem hübschen Grundstück gelegen, lädt Sie dieses gediegene Ferienh im Landhausstil mit wohnlichen Zimmern - meist mit Balkonen - zur Erholung ein. D Restaurant ist mit geschmackvollen Möbeln und viel Holz gestaltet - schöne Gartenterrass

In Bad Wünnenberg-Haaren Nord : 7,5 km über B 480 :

Haarener Hof, Paderborner Str. 7, ⊠ 33181, ℘ (02957) 9 89 80, Fax (02957) 98987 🍴, ≘s – 📱 TV 📞 P 🔥 50. AE ⊕ ⓜ VISA
Menu (geschl. Montag) à la carte 19/33,50 – **34 Zim** ⊇ 52/61 – 87/97 – ½ P 13.
* Schon das Äußere dieses familiengeführten Hauses wirkt hell und freundlich. Im Innere erwarten den Gast zeitgemäß ausgestattete Zimmer in Buche. Bürgerliches Restauran

WÜNSCHENDORF Thüringen siehe Weida.

WÜRSELEN Nordrhein-Westfalen 417 N 2 - 33 600 Ew - Höhe 180 m.
Berlin 635 – Düsseldorf 80 – Aachen 9 – Mönchengladbach 47.

Park-Hotel, Aachener Str. 2 (B 57), ⊠ 52146, ℘ (02405) 6 90 00, office@ parkhote -wuerselen.de, Fax (02405) 690070 – 📱, ⇔ Zim, TV 🚗 P 🕸
Menu (geschl. Freitag - Sonntagmittag) à la carte 12/24,50 – **38 Zim** ⊇ 50/75 – 71/90
* In zentraler, gut zu erreichender Lage bietet man Geschäfts- und Privatreisenden ir schlichten, aber neu renovierten Zimmern eine günstige Übernachtungsmöglichkeit Rustikal gehaltenes Restaurant mit Sitznischen.

Rathaus-Restaurant, Morlaix-Platz 1a, ⊠ 52146, ℘ (02405) 51 30 Fax (02405) 18540, 🍴 – AE ⊕ ⓜ VISA
geschl. Montag – **Menu** à la carte 21,50/33.
* Einladend wirkt schon der Blick in die Räumlichkeiten des Restaurants : Sorgfältige Tischkultur, liebevolle Dekorationen und Kerzenschein erzeugen ein stimmiges Ambiente.

WÜRZBURG Bayern 417 419 420 Q 13 - 130 000 Ew - Höhe 182 m.
Sehenswert : Residenz★★ (Kaisersaal★★, Hofkirche★★, Treppenhaus★★, Hofgarten★, Martin-von-Wagner-Museum★ : Antikensammlung★ mit griechischen Vasen★★) Z – Haus zum Falken★ Y – Mainbrücke★ Z – St.-Kilian-Dom (Apostelaltar mit Riemenschneider-Skulpturen★, Grabmale★ der Fürst-Bischöfe) Z – Festung Marienberg★ (Mainfränkisches Museum★★ M1, Fürstengarten ≤★) X – Käppele (Terrasse ≤★★) X.
Ausflugsziele : Romantische Straße★★ (von Würzburg bis Füssen) – Bocksbeutelstraße★ (Maintal).

🏌 Würzburg, Am Golfplatz 2 (über ②), ℘ (0931) 6 78 90.
🛈 Congress Tourismus Wirtschaft, Am Congress Centrum, ⊠ 97070, ℘ (0931) 37 23 35, tourismus@ wuerzburg.de, Fax (0931) 373652.
🛈 Touristeninformation, Marktplatz 10 (Falkenhaus), ⊠ 97070, ℘ (0931) 37 23 98.
ADAC, Sternplatz 1.
Berlin 500 ① – München 281 ① – Darmstadt 123 ② – Frankfurt am Main 119 ② – Heilbronn 105 ② – Nürnberg 110 ①

Stadtpläne siehe nächste Seiten

Maritim M, Pleichertorstr. 5, ⊠ 97070, ℘ (0931) 3 05 30, info.wur@ maritim.de, Fax (0931) 3053900, ≘s, ⊠ – 📱, ⇔ Zim, ■ TV & 🚗 – 🔥 1000. AE ⊕ ⓜ VISA JCB 🕸 Rest
Y k
Menu 25 (nur Lunchbuffet) – **Viaggio** (geschl. Sonntag) (nur Abendessen) **Menu** à la carte 33/39,50 – **Weinstube** (geschl. Montag) (nur Abendessen) **Menu** à la carte 24,50/33 – **287 Zim** ⊇ 141/181 – 178/218, 4 Suiten.
* Unmittelbar am Mainufer, wenige Schritte von der Altstadt und mit einem wunderbaren Ausblick auf die Festung Marienberg, überzeugt das Kettenhotel mit Komfort. Terrassenrestaurant mit Buffet. Im eleganten Viaggio reicht man eine mediterran beeinflußte Karte.

WÜRZBURG

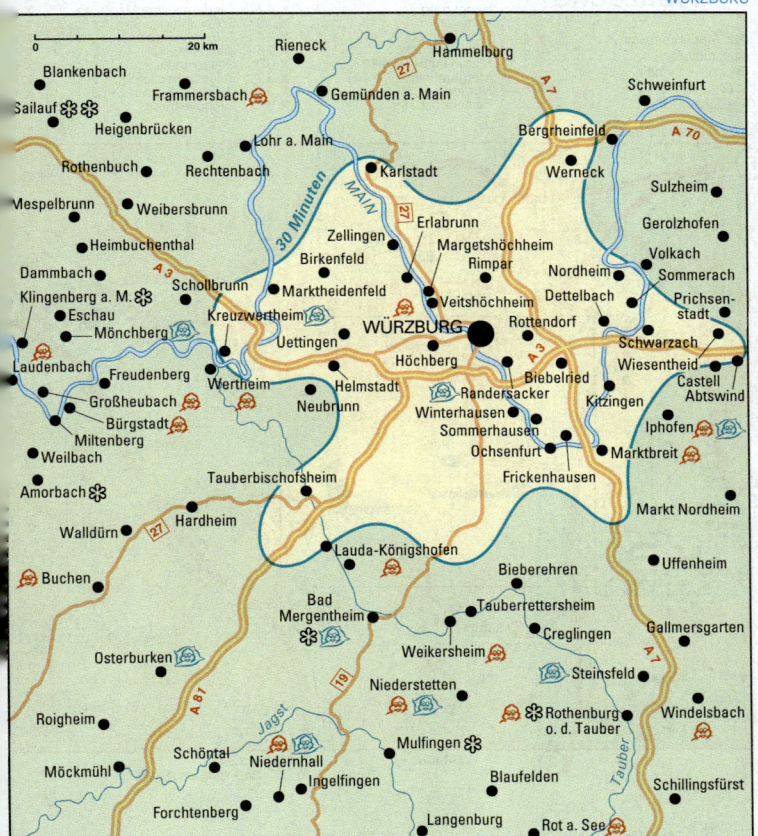

Rebstock, Neubaustr. 7, ✉ 97070, ℘ (0931) 3 09 30, *rebstock@rebstock.com*, Fax (0931) 3093100 – 🛗, ⚡ Zim, 🍴 Rest, 📺 ☎ 🚗 – 🔑 60. AE ① ⓜⓞ VISA JCB
Z v
Menu *(geschl. Aug., Sonntag - Montag, Feiertage) (nur Abendessen)* à la carte 36,50/46,50 – **Wintergarten** *(geschl. Sonntagmittag)* Menu à la carte 24,50/33,50 – **72 Zim** ⊇ 98/120 – 156/210.
♦ Hinter der Rokokofassade von 1737 begrüßt man Sie mit wohnlichen Zimmern in verschiedenen Stilrichtungen - teils elegant, teils modern oder mit ländlichem Touch. Eine Holztäfelung verleiht dem Restaurant gemütlichen Charme. Bistroähnlicher Wintergarten.

Dorint, Ludwigstraße/Ecke Eichstraße, ✉ 97070, ℘ (0931) 3 05 40, *info.qwuwue@dorint.com*, Fax (0931) 3054423, ☕, Massage, ☎, 🏊 – 🛗, ⚡ Zim, 🍴 Rest, 📺 ☎ 🚗 ⇔ – 🔑 110. AE ① ⓜⓞ VISA JCB
Y f
Menu à la carte 24,50/39 – ⊇ 15 – **166 Zim** 114/151 – 134/171.
♦ In bevorzugter Stadtlage, nur wenige Gehminuten von der Residenz, empfängt Sie dieses Hotel mit Gästezimmern, die über zeitgemäßen Wohnkomfort verfügen. Teil des Restaurants ist die gehoben-rustikal wirkende Frankenstube.

Mercure am Mainufer Ⓜ, Dreikronenstr. 27, ✉ 97082, ℘ (0931) 4 19 30, *h1697@accor-hotels.com*, Fax (0931) 4193460 – 🛗, ⚡ Zim, 📺 ☎ 🚗 🅿 – 🔑 60. AE ① ⓜⓞ VISA JCB
X a
Menu à la carte 19/29,50 – **129 Zim** ⊇ 98/108 – 121.
♦ Besonders Geschäftsreisende und Tagungsteilnehmer schätzen das zentral gelegene, 1990 erbaute Hotel. Es bietet Zimmer, die mit allen Notwendigkeiten ausgestattet sind.

WÜRZBURG

Am Studentenhaus	**X** 2	Georg-Eydel-Str.	**X** 10	Rimparer Str.	**X**
Auverastraße	**X** 3	Haugerring	**X** 12	Sanderglacisstraße	**X**
Deutsche Einheit		Kantstraße	**X** 18	Schweinfurter Str.	**X**
(Brücke)	**X** 8	Leistenstraße	**X** 24	Seinsheimstraße	**X**
Friedrichsbrücke	**X** 9	Ludwigsbrücke	**X** 25	Sieboldstraße	**X**
		Martin-Luther-Straße	**X** 30	Urlaubstraße	**X**
		Mergentheimer Straße	**X** 32	Valentin-Becker-Str.	**X**
		Nürnberger Str.	**X** 34	Veitshöchheimer Str.	**X**
		Raiffeisenstraße	**X** 37	Virchowstraße	**X**

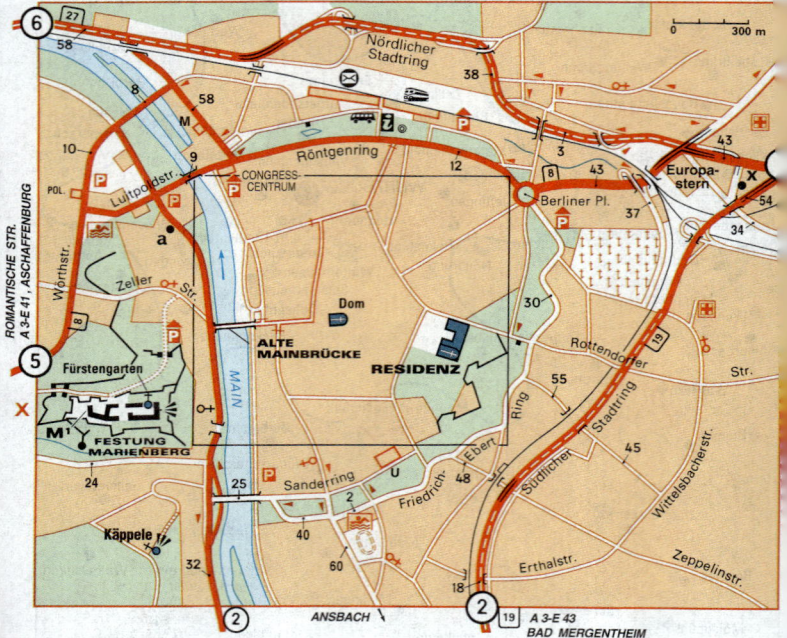

🏨 **Walfisch**, Am Pleidenturm 5, ✉ 97070, ℘ (0931) 3 52 00, *walfisch@hotel-walfisch .com*, Fax (0931) 3520500, ≤ Main und Festung – 📶 📺 ✆ 🚗 – 🔑 35. AE ⓘ ⓜ VISA JCB. ※
                                                            Z b
Menu *(geschl. Sonntagabend)* à la carte 25/34 – **40 Zim** ⌆ 85/126 – 116/156.
   ♦ Gastlichkeit hat hier Tradition : Seit 1919 befindet sich das Haus in Besitz von Familie Schwarzmeier. Die neu renovierten Zimmer versprechen einen gelungenen Aufenthalt. Bürgerlich gestaltetes Restaurant mit ansprechend eingedeckten Tischen.

🏨 **Amberger** garni, Ludwigstr. 17, ✉ 97070, ℘ (0931) 3 51 00, *reservation@hotel-amberger.de*, Fax (0931) 3510800 – 📶 📺 ✆ 🚗 – 🔑 30. AE ⓘ ⓜ VISA JCB Y t
geschl. 23. Dez. - 7. Jan. – **70 Zim** ⌆ 82/98 – 97/128.
   ♦ Erholsamer Schlaf ist hier garantiert : Die gepflegten Zimmer sind alle mit schalldichten Fenstern versehen. Morgens verwöhnt man Sie mit einem leckeren Frühstücksbuffet.

🏨 **Würzburger Hof** garni, Barbarossaplatz 2, ✉ 97070, ℘ (0931) 5 38 14, *rezeption @hotel-wuerzburgerhof.de*, Fax (0931) 58324 – 📶 📺 ✆ 🚗. AE ⓘ ⓜ VISA Y r
geschl. 20. Dez. - 8. Jan. – **34 Zim** ⌆ 70/120 – 110/165, 3 Suiten.
   ♦ In diesem historischen Stadthaus von 1908 haben Sie die Wahl zwischen meist geräumigen Gästezimmern, die sich alle in verschiedenen Einrichtungsstilen zeigen.

🏨 **Residence** garni, Juliuspromenade 1, ✉ 97070, ℘ (0931) 5 35 46, Fax (0931) 12597 – 📶 📺 ✆ – 🔑 20. AE ⓘ ⓜ VISA Y v
52 Zim ⌆ 73/85 – 92/114.
   ♦ In dem gepflegten Hotel nahe der Altstadt bietet man Ihnen zeitgemäße Zimmer, in denen Teppiche, Vorhänge und Tapeten mit floralen Mustern farbenfrohe Akzente setzen.

WÜRZBURG

Augustiner Straße	Z	Barbarossaplatz	Y 7	Marktplatz	Y 29
		Domstraße	Z	Peterstraße	Z 35
Bahnhofstraße	Y 5	Eichhornstraße	Y	Schönbornstraße	Y 42
Balthasar-Neumann-		Hofstallstraße	Z 13	Semmelstraße	Y 46
Promenade	Z 6	Juliuspromenade	Y 15	Spiegelstraße	Y 50
		Kaiserstraße	Z 16	Textorstraße	Y 52
		Kürschnerhof	Z 23	Theaterstraße	YZ
		Marienplatz	Y 27	Wirsbergstraße	Z 64

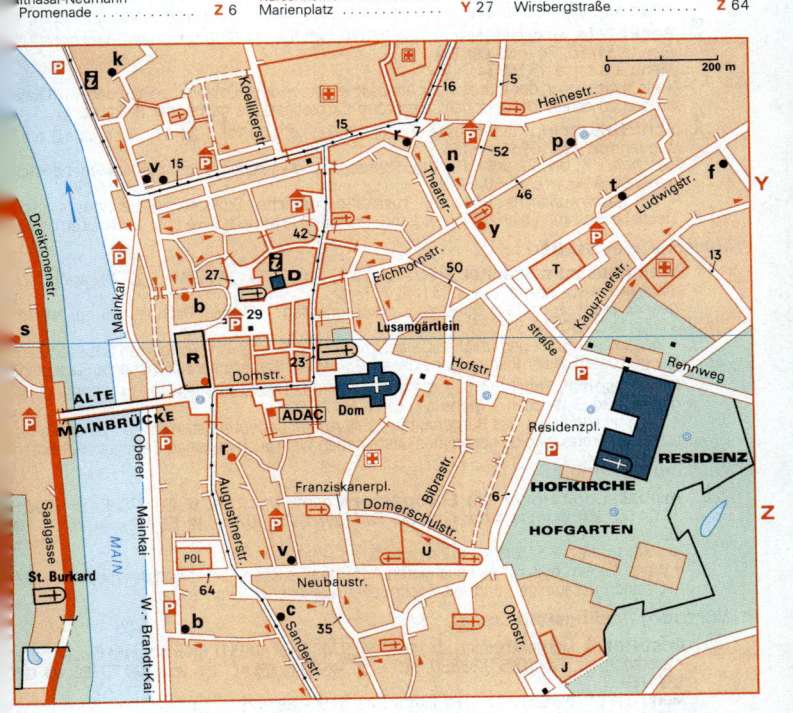

🏨 **Till Eulenspiegel,** Sanderstr. 1a, ✉ 97070, ℰ (0931) 35 58 40, *nichtrauch-hotel.*
eulenspiegel@t-online.de, Fax (0931) 3558430 – ⚿ Zim, 📺 ☎ 🅿. **Z c**
Weinstube (geschl. Juli - Aug., Sonntag - Montag)(nur Abendessen) **Menu** à la carte 13/19
– **19 Zim** ⊇ 63/74 – 85/118.
  • Das 1993 eröffnete und sehr gepflegte Hotel liegt im Herzen der Stadt. Ruhe ist Ihnen hier gewiß, denn in Würzburgs Flaniermeile herrscht Nachtfahrverbot. Eine Holzverkleidung trägt zur gemütlichen Atmosphäre in der Weinstube bei.

🏨 **Strauss,** Juliuspromenade 5, ✉ 97070, ℰ (0931) 3 05 70, *anfrage@hotel-strauss.de,*
Fax (0931) 3057555 – 📱 📺 ⇔ 🅿 – 🔔 30. 🆎 ① ⓜ 💳 ⚿ Zim **Y v**
Menu (geschl. 26. Dez. - 1. März, Dienstag) à la carte 16,50/25 – **78 Zim** ⊇ 57/70 – 80/98.
  • Ob Sie privat oder geschäftlich in die Stadt kommen, in dem familiär geführten Hotel sind Sie gut aufgehoben. Fragen Sie nach den neu renovierten, modernen Zimmern. Restaurant mit rustikalem Ambiente.

🏨 **Zur Stadt Mainz,** Semmelstr. 39, ✉ 97070, ℰ (0931) 5 31 55, *info@hotel-stadt*
mainz.de, Fax (0931) 58510 – 📺 ⇔. 🆎 ⓜ 💳 JCB **Y p**
Menu (geschl. Sonntagabend) (Tischbestellung ratsam) à la carte 13/36 – **15 Zim** ⊇ 75/80 – 110.
  • Hinter der originell bemalten Fassade des aus dem Jahre 1430 stammenden Hauses verbergen sich wohnliche und funktionelle, im Landhausstil eingerichtete Zimmer. Gemütlich sitzt man in den altfränkischen Gaststuben.

🏨 **Schönleber** garni, Theaterstr. 5, ✉ 97070, ℰ (0931) 3 04 89 00, *reservierung@*
hotel-schoenleber.de, Fax (0931) 16012 – 📱 📺 🆎 ① ⓜ 💳 ⚿ **Y n**
geschl. 23. Dez. - 6. Jan. – **32 Zim** ⊇ 40/75 – 58/92.
  • Wenn Sie keinen großen Luxus suchen, sind Sie hier genau richtig : eine einfache, sehr gepflegte Herberge, die durch gästefreundliche Preise auffällt.

WÜRZBURG

Ratskeller, Langgasse 1, ✉ 97070, ℘ (0931) 1 30 21, *ratskeller-wuerzburg@t-online.de*, Fax (0931) 13022, 🍴 – AE ⓘ ⓂⓈ VISA JCB
Menu à la carte 20/33.
Z
• Die mehrfach unterteilten Räumlichkeiten des im historischen Rathaus beherbergte Lokals sind allesamt rustikal gestaltet. Man lockt die Gäste mit regionalen Gerichten.

Backöfele, Ursulinergasse 2, ✉ 97070, ℘ (0931) 5 90 59, *mail@backoefele.de*, Fax (0931) 50274 – AE ⓘ ⓂⓈ VISA
Menu à la carte 15,50/34.
Z
• Als Institution in der Würzburger Altstadt ist dieses urige Lokal mit seinen derb-rustikale Stuben zu sehen. Dafür spricht die große Gästeschar, die gerne hier einkehrt.

Schiffbäuerin, Katzengasse 7, ✉ 97082, ℘ (0931) 4 24 87, *fischhaus@schiffbaeuerin.de*, Fax (0931) 42485
geschl. 1. - 7. Jan., 22. Juli - 19. Aug., Sonntagabend - Montag – **Menu** (überwiegend Fischgerichte) à la carte 23,50/38 ₤.
Y
• Ein gastfreundliches Haus mit rustikal-bürgerlicher Einrichtung. Besonders Fisch Liebhaber kommen hier auf ihre Kosten - auf der Karte finden Sie aber auch Alternativen

Fränkische Weinstuben

Weinhaus zum Stachel, Gressengasse 1, ✉ 97070, ℘ (0931) 5 27 70, *webmaster@weinhaus-stachel.de*, Fax (0931) 52777, 🍴
geschl. Dienstagmittag, Sonntag - Montagmittag – **Menu** (Tischbestellung ratsam) à la carte 20,50/38,50.
Y
• Vieles könnten die gemütlichen Gasträume von 1413 erzählen : So kehrten Götz von Berlichingen oder Tilmann Riemenschneider schon hier ein. Netter Innenhof, genannt Stachelhof

Bürgerspital, Theaterstr. 19, ✉ 97070, ℘ (0931) 35 28 80, Fax (0931) 3528888,
geschl. Aug. 3 Wochen – **Menu** à la carte 16/27,50.
Y
• Das Stifts-Weingut des Bürgerspitals zählt zu den bedeutendsten Deutschlands. Im historischen Kreuzgewölbe bekommen Gäste neben Wein auch regionale Gerichte angeboten

In Würzburg-Grombühl

Ambassador Hotel am Europastern garni, Urlaubstr. 6, ✉ 97076, ℘ (0931) 25 04 00, *info@ambassador-hotel.de*, Fax (0931) 2504077 – 🛗 TV 📞 ⇔ 🅿 AE ⓘ ⓂⓈ VISA
geschl. 15. Dez. - 5. Jan. – **24 Zim** ☑ 75/85 - 98.
X x
• Wenn Sie ein Logis für einen längeren Aufenthalt suchen, bietet sich das moderne Haus mit seinen geräumigen und mit Kochnischen versehenen Zimmern an.

In Würzburg-Heidingsfeld über ② : 3 km :

Post-Hotel, Mergentheimer Str. 162, ✉ 97084, ℘ (0931) 6 15 10, *info@post-hotel-wuerzburg.de*, Fax (0931) 65850, 🍴 – 🛗, 🍽 Zim, TV 📞 ⇔ 🅿 – 🔔 70. AE ⓘ ⓂⓈ VISA JCB
Menu à la carte 18,50/29 – **70 Zim** ☑ 72/110 - 89/125.
• Verkehrsgünstig gelegen und leicht zu finden, erwartet Sie dieses gut geführte Haus mit funktionell ausgestatteten, neuzeitlich möblierten Gästezimmern. In dem gepflegten Ambiente des Restaurants erfahren Sie fränkische Gastfreundlichkeit.

In Würzburg-Zellerau über ⑤ (Wörthstraße) : 2 km :

Wittelsbacher Höh ⓢ (mit Gästehaus), Würzburger Str. 44, ✉ 97082, ℘ (0931) 45 30 40, *hotel-wittelsbacherhoeh@t-online.de*, Fax (0931) 415458, ≤ Würzburg, 🍴, ≤s – TV 🅿 – 🔔 65. AE ⓘ ⓂⓈ VISA JCB
Menu à la carte 24/42 – **74 Zim** ☑ 74/96 - 95/1160.
• Auf einer Anhöhe oberhalb der Stadt steht dieses gewachsene Hotel. Helle Holzmöbel und florale Tapeten bestimmen die Einrichtung der Zimmer. Motelartig angelegte Appartements. Das leicht rustikale Restaurant bietet eine schöne Aussicht. Mit Gartenterrasse.

Auf dem Steinberg über ⑥ : 6,5 km, schmale Zufahrt ab Unterdürrbach :

Schloß Steinburg ⓢ, Auf dem Steinberg, ✉ 97080 Würzburg, ℘ (0931) 9 70 20, *hotel@steinburg.com*, Fax (0931) 97121, ≤ Würzburg und Marienberg, 🍴, ≤s, 🌊, 🎾 – TV 📞 ⇔ 🅿 – 🔔 80. AE ⓘ ⓂⓈ VISA JCB
Menu à la carte 27,50/41 – **52 Zim** ☑ 80/130 - 120/150.
• Dort, wo im Mittelalter schon Ritter wohnten, steht auf den Überresten einer alten Burg Schloß Steinburg - Sie logieren in behaglich mit Stilmöbeln eingerichteten Zimmern. Eine schöne Gartenterrasse ergänzt die elegant-rustikalen Räume des Restaurants.

Weinstein, Mittlerer Steinbergweg 7, ✉ 97080, ℘ (0931) 28 69 01, *info@weinstein-bar.de*, Fax (0931) 2008699, 🍴 – 🅿 ⓂⓈ VISA
geschl. Montag – **Menu** (Dienstag - Freitag nur Abendessen) (Tischbestellung ratsam) à la carte 26/35.
• Das umgebaute kleine Weingut beherbergt ein rustikal-modernes Lokal mit Backsteinwänden und nettem Dekor. Terrasse in den Weinbergen mit Blick auf Würzburg und Marienberg.

WÜRZBURG

Höchberg über ⑤ : 4 km :

Zum Lamm, Hauptstr. 76, ⊠ 97204, ℘ (0931) 3 04 56 30, lamm-hoechberg@t-on line.de, Fax (0931) 408973, ⇗ – 🏠, ↭ Zim, 🖭 🕿 ⇌ – 🅰 40. 🆎 🌐 𝖵𝖨𝖲𝖠 𝖩𝖢𝖡
geschl. 27. Dez. - 12. Jan. - **Menu** (geschl. Montag) à la carte 13,50/28,50 – **37 Zim** ⊇ 58/72 – 88/112.
♦ Auf 250 Jahre Gastlichkeit nach fränkischer Art blickt Familie Imhof voll Stolz zurück. Das Haus verfügt über funktionell eingerichtete Zimmer mit gewachsten Naturholzmöbeln. Sehr gepflegtes Restaurant in rustikalem Stil.

Rottendorf über ① : 6 km :

Zum Kirschbaum, Würzburger Str. 18, ⊠ 97228, ℘ (09302) 9 09 50, hotel-zum-kirschbaum.de@t-online.de, Fax (09302) 909520 – 🏠 🖭 🕿 🅿 – 🅰 30. ⓪ 🌐 𝖵𝖨𝖲𝖠
geschl. 1. - 7. Jan. - **Menu** à la carte 15,50/29 – **37 Zim** ⊇ 51/54 – 70.
♦ In dem netten Landgasthof mit seinen gelb-weiß gestreiften Korbmarkisen vor den Fenstern sorgen zeitgemäß ausgestattete Zimmer für einen bequemen Aufenthalt. Produkte aus der hauseigenen Metzgerei bereichern das Angebot der ländlichen Gaststube.

Waldhaus, nahe der B 8, ⊠ 97228, ℘ (09302) 9 22 90, info@waldhaus-leonhardt.de, Fax (09302) 922930, ⇗ – 🅿
geschl. Mitte Aug. - Anfang Sept., über Weihnachten 1 Woche, Donnerstag – **Menu** à la carte 18/25.
♦ Eine Oase der Ruhe vor den Toren Würzburgs. Kehren Sie ein in das gemütliche, im Wald gelegene Gasthaus und lassen Sie sich regionale und internationale Speisen schmecken.

In Margetshöchheim über ⑥ : 9 km :

Eckert 🅼 ⇗, Friedenstr. 41, ⊠ 97276, ℘ (0931) 4 68 50, hotel_eckert@t-online.de, Fax (0931) 4685100, ⇔ – 🏠, ↭ Zim, 🖭 🕿 ⇌ 🅿 – 🅰 25. 🆎 🌐 𝖵𝖨𝖲𝖠, ⇗ Rest
geschl. 20. Dez. - 4. Jan. – **Menu** (geschl. 9. - 31. Aug., Samstag - Sonntag) (nur Abendessen) à la carte 15/27 – **36 Zim** ⊇ 68 – 90/98.
♦ Stadtnah und doch im Grünen gelegen, schafft das moderne Haus dank pfiffiger Einrichtungselemente eine freundliche und helle Atmosphäre. Morgens lockt ein leckeres Frühstück. Neuzeitlich gestaltetes Restaurant.

In Biebelried über ① : 12 km, nahe der Autobahnausfahrt A 3 und A 7 :

Leicht, Würzburger Str. 3 (B 8), ⊠ 97318, ℘ (09302) 91 40, info@hotel-leicht.de, Fax (09302) 3163, ⇗, ⇔ – 🏠 🖭 ⇙ ⇌ 🅿 – 🅰 35. 🆎 🌐 𝖵𝖨𝖲𝖠 𝖩𝖢𝖡
geschl. 23. Dez. - 10. Jan. – **Menu** (geschl. Sonntagmittag) à la carte 21/34 – **72 Zim** ⊇ 54/77 – 87/133.
♦ Ehemals als Herberge der Johanniterkommende genutzt, sprechen heute solide und hochwertig eingerichtete Zimmer und individueller Service für diese Adresse. Die Gaststuben präsentieren sich im gemütlichen altfränkischen Stil.

In Erlabrunn über ⑥ : 12 km :

Weinhaus Flach ⇗ (mit Gästehaus), Würzburger Str. 14, ⊠ 97250, ℘ (09364) 13 19, ifhotel-weinhaus-flach@t-online.de, Fax (09364) 5310, ⇗, ⇙ – 🏠, ↭ Zim, 🖭 🕿 ⇌ 🅿 – 🅰 45. 🌐 𝖵𝖨𝖲𝖠, ⇗ Rest
geschl. 7. - 30. Jan. – **Menu** (geschl. Dienstag) à la carte 15,50/28,50 – **38 Zim** ⊇ 38/60 – 62/84.
♦ In landschaftlich reizvoller Lage am Fuße des Volkenberges findet sich dieses Winzerhaus mit Gästezimmern - diese erfüllen den Wunsch nach funktioneller, solider Ausstattung. Ihr rustikaler Charakter macht die Gaststube zu einer behaglichen Einkehrmöglichkeit.

WUNSIEDEL Bayern **420** P 20 – 10 700 Ew – Höhe 537 m.
Ausflugsziel : Luisenburg : Felsenlabyrinth★★ Süd : 3 km.
🛈 Verkehrs- und Kulturamt, Jean-Paul-Str. 5 (Fichtelgebirgshalle), ⊠ 95632, ℘ (09232) 60 21 62, Fax (09232) 602169.
Berlin 353 – München 280 – Weiden in der Oberpfalz 55 – Bayreuth 48 – Hof 36.

Wunsiedler Hof, Jean-Paul-Str. 1, ⊠ 95632, ℘ (09232) 9 98 80, info@wuho.de, Fax (09232) 2462, ⇗, ⇔ – 🏠, ↭ Zim, 🖭 🕿 ⇌ – 🅰 350. 🆎 ⓪ 🌐 𝖵𝖨𝖲𝖠
Menu à la carte 12/30 – **40 Zim** ⊇ 46 – 70 – ½ P 12.
♦ Das zentral in der Innenstadt gelegene, funktionelle Haus eignet sich aufgrund seiner Anbindung an die Fichtelgebirgshalle bestens für Tagungen und Kongresse. Das Restaurant zeigt sich im leicht skandinavischen Stil.

Kronprinz von Bayern, Maximilianstr. 27, ⊠ 95632, ℘ (09232) 35 00, reception @hotel-kronprinz.net, Fax (09232) 7640 – 🖭 🅿 🌐 𝖵𝖨𝖲𝖠
Menu (geschl. Montag) à la carte 15/31 – **25 Zim** ⊇ 36/43 – 66/72 – ½ P 12.
♦ Übernachtungsgästen stehen in dem familiär geführten Gasthof im Herzen der Stadt großzügig geschnittene Zimmer und modernisierte Bäder zur Verfügung. Das Hauptrestaurant besticht durch sein auffälliges Kreuzgewölbe aus dem 16. Jh.

WUNSIEDEL

In Wunsiedel-Juliushammer Ost : 3,5 km Richtung Arzberg :

🏠 **Juliushammer** ⌘, ✉ 95632, ℘ (09232) 97 50, hoteljuliushammer@t-online.d
Fax (09232) 8147, 🍴, 🔲, 🌿, ※ – 📺 🅿 – 🅰 30. ① ⑩ VISA
Menu à la carte 16/30 – **30 Zim** ⇌ 50/53 – 80/83 – ½ P 16.

♦ Erholen und Entspannen in absolut ruhiger Lage in einem einsamen Tal. So stellt sich d
ehemals als Hammerwerk und Mühle genutzte Fachwerkhaus seinen Gästen vor. Eine ung
zwungene Einkehrmöglichkeit sind die rustikalen Gasträume.

Bei der Luisenburg Süd-West : 2 km :

✕✕ **Schöpfs Jägerstüberl** ⌘ mit Zim, Luisenburg 5, ✉ 95632 Wunsiedel, ℘ (0923
21 03 (Hotel) 44 34 (Rest.), Fax (09232) 1556, 🌿 – 📺 🅿 🅰 ① ⑩ VISA
geschl. über Fasching 1 Woche, Okt. 1 Woche – **Menu** (geschl. Sonntagabend - Montag)(w
chentags nur Abendessen)(Tischbestellung ratsam) 38/50 und à la carte – **7 Zim** ⇌ 60 – 8

♦ In diesem familiengeführten Haus finden Sie neben einem elegant gestalteten und ne
dekorierten Restaurant geschmackvoll und individuell eingerichtete Zimmer.

WUNSTORF Niedersachsen 415 417 418 I 12 – 41 300 Ew – Höhe 50 m.

ℹ Tourist-Information Steinhude, Meerstr. 2, ✉ 31515, ℘ (05033) 9 50 10, Fax (0503
950120.

Berlin 306 – Hannover 24 – Bielefeld 94 – Bremen 99 – Osnabrück 124.

🏠 **Cantera Naturstein Hotel** M, Adolph-Brosang-Str. 32, ✉ 31515, ℘ (05031
9 52 90, info@cantera.de, Fax (05031) 952929, 🌿, Massage – 📺 ☎ 🅿 – 🅰 15. ⑩ VISA
Menu à la carte 20/35 – **11 Zim** ⇌ 99 – 118.

♦ Gestaltet von dem Eigentümer einer Natursteinhandlung, spielt dieses Material ein
Hauptrolle beim Entwurf des modernen Hotels. Individuelle Zimmer und schöne Sauna
landschaft. Hinter einer großen Fensterfront liegt das im Bistrostil gehaltene Restaurant.

🏠 **Wehrmann-Blume**, Kolenfelder Str. 86, ✉ 31515, ℘ (05031) 1 79 11, info@hote
-wehrmann-blume.de, Fax (05031) 179133, Biergarten – 🛗, ✥ Zim, 📺 ☎ 🅿 ※ Zim
geschl. Juli 3 Wochen, 24. - 31. Dez. – **Menu** (geschl. Sonn- und Feiertage) (nur Abendessen
à la carte 14/22 – **25 Zim** ⇌ 44/48 – 72/80.

♦ Hinter der unscheinbaren Fassade des zentral zwischen Autobahn, Bahnhof und Stadt-
mitte gelegenen Hauses finden Reisende eine praktische Übernachtungsmöglichkeit. Eir
neuer Biergarten hinter dem Haus ergänzt das Restaurant.

In Wunstorf-Großenheidorn Nord-West : 8 km – über B 442 Richtung Neustadt :

🏠 **Landhaus Burgdorf** garni, Strandallee 1a, ✉ 31515, ℘ (05033) 83 65, landhaus
burgdorf@aol.com, Fax (05033) 2483 – ✥ 📺 🅿 ※ Zim
geschl. 1. - 15. Nov. – **7 Zim** ⇌ 68/87 – 108/120.

♦ Unweit des Steinhuder Meeres empfängt man Sie mit einem sehr gemütlichen Ambiente.
Geschmackvolle, meist in blau-weiß gehaltene Möbel tragen ihren Teil dazu bei.

In Wunstorf-Steinhude Nord-West : 8 km – über B 441, in Hagenburg-Altenhagen rechts ab
– Erholungsort :

🏠 **Haus am Meer** ⌘, Uferstr. 3, ✉ 31515, ℘ (05033) 9 50 60, haus_am_meer@t-
online.de, Fax (05033) 950666, ≤, 🌿, Bootssteg – 📺 ☎ 🅿 – 🅰 30. 🅰 ① ⑩ VISA
Menu à la carte 21/33 – **25 Zim** ⇌ 58/79 – 89/140.

♦ Näher geht es nicht : Direkt an der Brücke zur Badeinsel empfangen Sie Ihre Gastgeber.
Fragen Sie bei der Reservierung nach den kürzlich fertiggestellten Zimmern im Neubau.
Eine hübsche Gartenterrasse ergänzt das bürgerlich-gediegene Restaurant.

✕ **Schweers-Harms-Fischerhus**, Graf-Wilhelm-Str. 9, ✉ 31515, ℘ (05033) 52 28, info
@fischerhus.de, Fax (05033) 3408, 🌿 – 🅿 🅰 ⑩ JCB
geschl. 7. Jan. - 3. Feb. – **Menu** (geschl. Mitte Okt. - März Montag) (vorwiegend Fischgerichte)
à la carte 18/34.

♦ Urig gemütlich geht's in dem alten niedersächsischen Bauernhaus zu. Blanke Holztische,
alte Fotos und Fischereiutensilien sorgen für die typische Atmosphäre.

WUPPERTAL Nordrhein-Westfalen 417 M 5 – 370 000 Ew – Höhe 167 m.

Sehenswert : Von-der Heydt-Museum★ Z M1.

⛳ Siebeneickerstr. 386 AX, ℘ (02053) 71 77 ; ⛳ Frielinghausen 1, (Nord-Ost : 11 km),
℘ (0202) 64 82 20.

ℹ Informationszentrum, Wuppertal-Elberfeld, Pavillon Döppersberg, ✉ 42103, ℘ (0202)
1 94 33, infozentrum@stadt.wuppertal.de, Fax (0202) 5638052.

ADAC, Bundesallee 237 (Elberfeld).

Berlin 522 ② – Düsseldorf 40 ⑦ – Dortmund 48 ② – Duisburg 55 ⑦ – Essen 35 ⑨ –
Köln 56 ④

Alte Freiheit	**CZ**	
Auer Schulstraße	**DZ**	2
Beckmannhof	**CZ**	3
Brändströmstraße	**DZ**	4
Brausenwerther Gasse	**CZ**	10
Brüningstraße	**CZ**	12
Bundesallee	**CZ**	14
	CZ	15
Else-Lasker-Schüler-Str.	**CZ**	21
Friedrichstraße	**CZ**	23
Friedrich-Ebert-Straße	**CZ**	24
Große Flurstraße	**DZ**	26

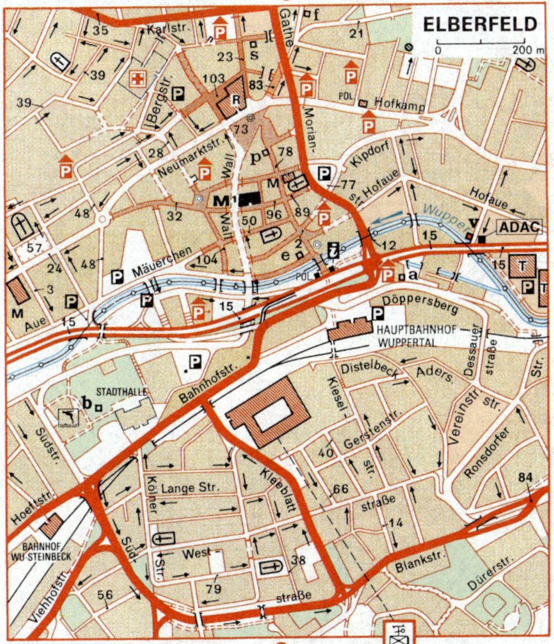

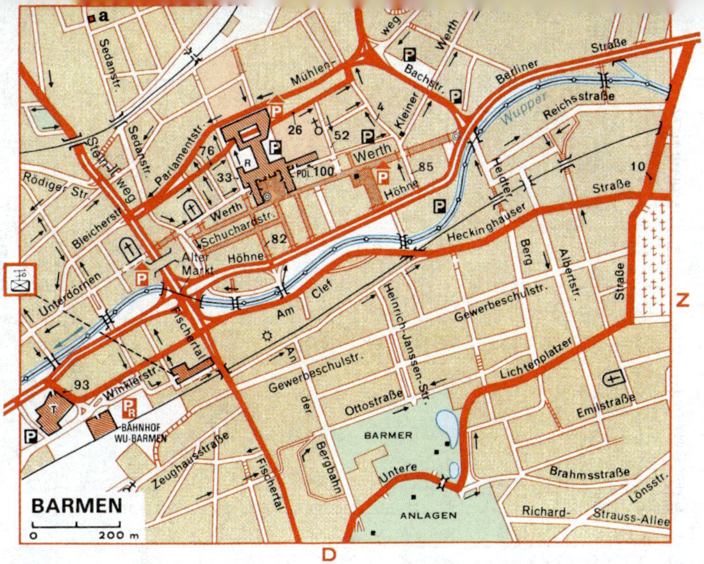

Grünstraße	**CZ**	28
Herzogstraße	**CZ**	32
Heubruch	**CZ**	33
Hochstraße	**CZ**	35
Höhne	**DZ**	
Holzer Straße	**CZ**	38
Hombüchel	**CZ**	39
Hopfenstraße	**CZ**	40
Kasinostraße	**CZ**	48
Kirchstraße	**CZ**	50

Kleine Flurstraße	**DZ**	52
Lahnstraße	**CZ**	56
Laurentiusplatz	**CZ**	57
Malzstraße	**CZ**	66
Neumarkt	**CZ**	73
Paul-Humburg-Straße	**DZ**	76
Platz am Kolk	**CZ**	77
Poststraße	**CZ**	78
Prinzenstraße	**CZ**	79
Rolingswerth	**DZ**	82

Rommelspütt	**CZ**	83
Ronsdorfer Str.	**CZ**	84
Rudolf-Herzog-Straße	**DZ**	85
Schöne Gasse	**CZ**	89
Spinnstraße	**CZ**	93
Turmhof	**CZ**	96
Wegnerstraße	**DZ**	100
Werth	**CZ**	
Willy-Brandt-Platz	**CZ**	103
Wirmhof	**CZ**	104

BARMEN

ELBERFELD

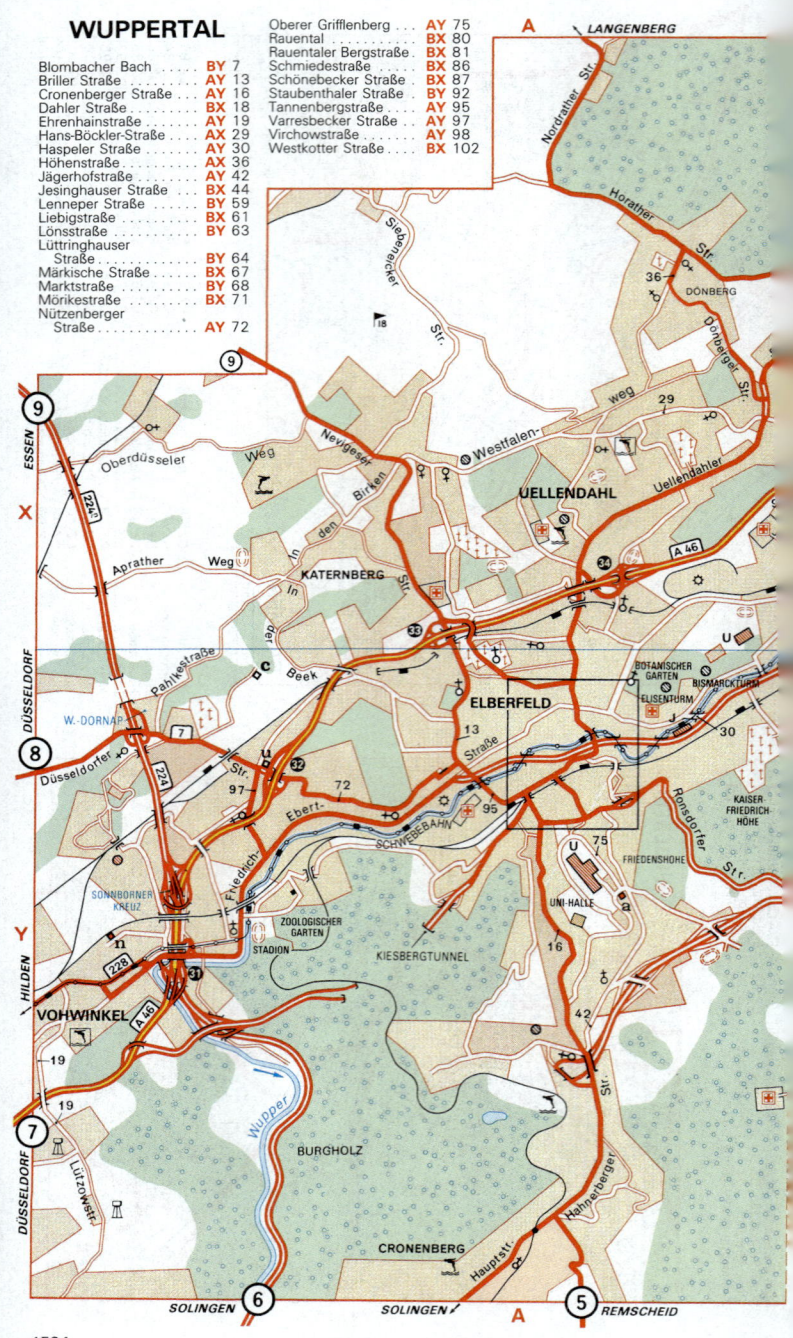

WUPPERTAL

Blombacher Bach	BY	7
Briller Straße	AY	13
Cronenberger Straße	AY	16
Dahler Straße	BX	18
Ehrenhainstraße	AY	19
Hans-Böckler-Straße	AX	29
Haspeler Straße	AY	30
Höhenstraße	AX	36
Jägerhofstraße	AY	42
Jesinghauser Straße	BX	44
Lenneper Straße	BY	59
Liebigstraße	BX	61
Lönsstraße	BY	63
Lüttringhauser Straße	BY	64
Märkische Straße	BX	67
Marktstraße	BY	68
Mörikestraße	BX	71
Nützenberger Straße	AY	72
Oberer Grifflenberg	AY	75
Rauental	BX	80
Rauentaler Bergstraße	BX	81
Schmiedestraße	BX	86
Schönebecker Straße	BX	87
Staubenthaler Straße	BY	92
Tannenbergstraße	AY	95
Varresbecker Straße	AY	97
Virchowstraße	AY	98
Westkotter Straße	BX	102

1584

Map: Wuppertal area

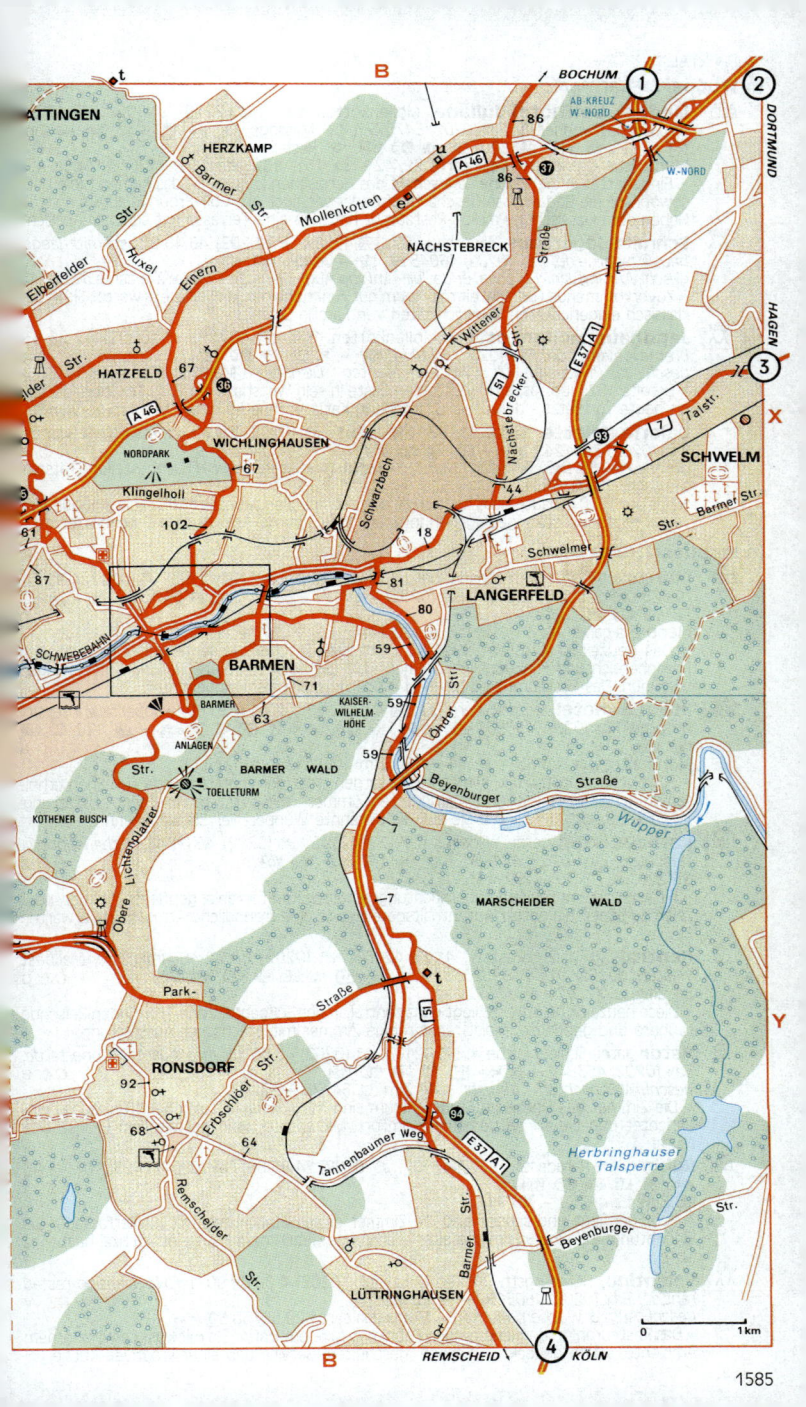

Roads/Autobahn markers: B, BOCHUM (1), DORTMUND (2), HAGEN, E37/A1 (3), REMSCHEID, KÖLN (4), B

Localities and labels:
- ATTINGEN
- HERZKAMP
- Barmer Str.
- Mollenkotten
- NÄCHSTEBRECK
- A 46
- AB-KREUZ W-NORD
- 86, 37, 86
- W-NORD
- Elberfelder Str.
- Ruxel
- Einern
- Wittener Straße
- HATZFELD
- 67
- 36
- A 46
- WICHLINGHAUSEN
- NORDPARK
- Klingelholl
- 67
- Nächstebrecker
- 51
- 93
- 7 Talstr.
- SCHWELM
- Barmer Str.
- 61
- 102
- Schwarzbach
- 44
- 18
- Schwelmer
- 87
- 81
- LANGERFELD
- 80
- SCHWEBEBAHN
- BARMEN
- 59
- BARMER
- 71
- 63
- KAISER-WILHELM-HÖHE
- 59
- Ohder Str.
- 59
- ANLAGEN
- BARMER WALD
- Beyenburger Straße
- TOELLETURM
- Wupper
- KÖTHENER BUSCH
- Obere Lichtenplatzer Str.
- 7
- MARSCHEIDER WALD
- Park-Straße
- 51
- RONSDORF
- 92
- Erbschlöer Str.
- 68
- 64
- Tannenbaumer Weg
- 94
- E37/A1
- Remscheider Str.
- Herbringhauser Talsperre
- Barmer Str.
- Beyenburger Str.
- LÜTTRINGHAUSEN

0 — 1 km

1585

WUPPERTAL

In Wuppertal-Barmen :

Lindner Golfhotel Juliana, Mollenkotten 195, ✉ 42279, ℘ (0202) 6 47 5(
info.juliana@lindner.de, Fax (0202) 6475777, 斎, Massage, 14, ≦s, ⃞, 涼 – 뢰, ↔ Zin
⃞ ✆ & ⇔ 🄿 – 🅐 120. 🆎 ⓞ 🞋 VISA ✗ Rest   BX
Menu *(nur Abendessen)* à la carte 29/42 – 🞤 15 – **132 Zim** 116 – 126, 3 Suiten.
• Eingebettet in die schöne Landschaft des Bergischen Landes, ist das komfortable Hau
sowohl auf die Bedürfnisse Geschäftsreisender wie auch auf Golf-Freunde zugeschnitter
Neben dem klassischen Pavillon-Restaurant hat man eine Terrasse mit schöner Aussich

Schmitz Jägerhaus, Jägerhaus 87, ✉ 42287, ℘ (0202) 46 46 02, *schmitz-jaege
haus@t-online.de*, Fax (0202) 4604519, 斎 – 🄿. 🞋 VISA ✗   BY
geschl. Anfang Jan. 1 Woche, Ende Juli - Anfang Aug., Dienstag – **Menu** à la carte 32,50/48
• Zuvorkommende Gastlichkeit mit einem gut funktionierenden Service erwartet Sie in de
klassisch eingerichteten Räumlichkeiten von Familie Schmitz.

Jagdhaus Mollenkotten, Mollenkotten 144, ✉ 42279, ℘ (0202) 52 26 43
breme@avunet.de, Fax (0202) 524431, 斎 – 🄿. 🆎 ⓞ 🞋 VISA   BX
geschl. Jan. 1 Woche, Juli 3 Wochen, Montag - Dienstag – **Menu** à la carte 18,50/30.
• Bereits 1625 lud Jaspar Mollenkotten Gäste in sein Wirtshaus ein. Eine Tradtion, die sic
bis heute fortsetzt – denn Ihre Gastgeberin Katja Brenne ist direkt mit ihm verwandt.

Galerie Palette, Sedanstr. 68, ✉ 42281, ℘ (0202) 50 62 81, *palette@wtal.de
Fax (0202) 2501241, 斎 – 🆎 ⓞ 🞋 VISA   Z a
geschl. 24. - 30. Dez., Sonntag - Montag – **Menu** *(nur Abendessen)* (Tischbestellung ratsam,
à la carte 26,50/38.
• Das um 1900 erbaute Haus hat sich zu einer schmucken Adresse entwickelt. Antiquität
verleihen dem rustikal-gediegenen Interieur eine stilvolle Atmosphäre. Innenhofterrasse

In Wuppertal-Elberfeld :

Mercure Ⓜ, Auf dem Johannisberg 1 (Nähe Stadthalle), ✉ 42103, ℘ (0202) 4 96 70,
h2828-re@accor-hotels.com, Fax (0202) 4967177 – 뢰, ↔ Zim, ⃞ ⃞ ✆ & ⇔ – 🅐 50.
🆎 ⓞ 🞋 VISA JCB   CZ b
Menu à la carte 20/33 – 🞤 13 – **130 Zim** 98 – 113/142, 13 Suiten.
• Das neuzeitliche Hotel überzeugt nicht nur Geschäftsreisende mit einem großen
Hallenbereich und funktionellen Zimmern, die alle über Schreibtische und Kofferablagen
verfügen. Das Restaurant ist hell und modern im Bistrostil eingerichtet.

InterCityHotel, Döppersberg 50, ✉ 42103, ℘ (0202) 4 30 60, *wuppertal@intercity
hotel.de*, Fax (0202) 456959, ≦s – 뢰, ↔ Zim, ⃞ Rest, ⃞ ✆ & ⇔ – 🅐 120. 🆎 ⓞ
🞋 VISA   CZ a
Menu à la carte 21/35 – 🞤 11 – **160 Zim** 106/116 – 131/141.
• Schallschutzfenster und Klimaanlagen sorgen trotz der zentralen Lage für einen erhol-
samen Schlaf in den solide eingerichteten Zimmern mit guter technischer Ausstattung.
Vom Restaurant aus blicken Sie auf die bekannte Wuppertaler Schwebebahn.

Rathaus-Hotel garni, Wilhelmstr. 7, ✉ 42105, ℘ (0202) 45 01 48, *rathaushotel@
telebel.de*, Fax (0202) 451284 – 뢰 ↔ ⃞ ⇔. 🞋 VISA   CZ s
33 Zim 🞤 71/96 – 102/135.
• Eine gut zu empfehlende Übernachtungsadresse : Komfortable, gepflegte Zimmer, neu-
zeitliche Bäder, ein netter Aufenthaltsbereich und eine freundliche Atmosphäre erwarten
Sie.

Central ⅋ garni, Poststr. 4, ✉ 42103, ℘ (0202) 69 82 30, *info@central.best
western.de*, Fax (0202) 69823333 – 뢰 ↔ ⃞ ✆. 🆎 ⓞ 🞋 VISA JCB   CZ p
51 Zim 🞤 77/97 – 97/137.
• Diese neuzeitliche Adresse liegt ganz zentral, in der Fußgängerzone. Hier finden Reisende
saubere und gepflegte, meist recht ruhige Zimmer mit praktischer Ausstattung.

Astor garni, Schloßbleiche 4, ✉ 42103, ℘ (0202) 45 05 11, *info@astor-wuppertal.de*,
Fax (0202) 453844 – 뢰 ↔ ⃞. 🆎 ⓞ 🞋 VISA   CZ e
geschl. Weihnachten - Neujahr – **44 Zim** 🞤 54/70 – 77/82.
• Die Zimmer des Hotels im Stadtzentrum sind mit soliden Hotelmöbeln funktionell ein-
gerichtet und bieten zeitgemäßen Komfort. Mit ansprechend gestaltetem Frühstücks-
raum.

Rubin garni, Paradestr. 59, ✉ 42107, ℘ (0202) 24 83 80, Fax (0202) 2483810 – 뢰 ⃞
⇔ 🄿. 🆎 ⓞ 🞋 VISA   CZ f
16 Zim 🞤 44/59 – 70/74.
• Sehr gepflegt und sauber sind die Zimmer dieses Stadthotels mit Klinkerfassade. Die
Einrichtung und eine Sammlung alter Werkzeuge geben dem Haus eine rustikal-heimelige
Note.

Valentino, Bembergstr. 20, ✉ 42103, ℘ (0202) 4 60 06 90, *info@valentino-restau
rant.de*, Fax (0202) 4605697 – 🄿. 🆎 🞋 VISA   CZ v
geschl. Aug. 3 Wochen, Montag – **Menu** à la carte 29,50/38,50.
• Das Restaurant in dem ehemaligen Fabrikgebäude empfängt Sie mit klassisch-modernem
Ambiente, schön gedeckten Tischen, geschultem Service und einer kreativen Küche.

WUPPERTAL

Am Husar, Jägerhofstr. 2, ⊠ 42119, ℘ (0202) 42 48 28, amhusar@t-online.de, Fax (0202) 437986, 🎦 - 🅿. AY a
geschl. Mittwoch – **Menu** (nur Abendessen) (Tischbestellung ratsam) à la carte 28/44.
♦ Wenn Sie eine rustikal-gemütliche Atmosphäre mögen, sind Sie in diesem hübsch dekorierten Restaurant mit dem freundlichen Service an der richtigen Adresse.

In Wuppertal-Schöller über ⑧ : 9 km an der B 7, Richtung Mettmann :

Gut Drinhausen, Kleindrinhausen 2, ⊠ 42327, ℘ (02104) 1 30 60, hotel@gutdrinhausen.de, Fax (02104) 16234, 🎦 - ⇆ Zim, 📺 📞 🅿. 🄰🄴 ⓪ ◎ VISA
Menu (geschl. 27. Dez. - 12. Jan., Mittwoch, Samstagmittag) à la carte 17/35,50 – **15 Zim** ⊇ 63/77 – 88/115.
♦ Eine familiengeführte ländliche Übernachtungsadresse im Bergischen Land ist dieser ehemalige Bauernhof mit ordentlichen Zimmern und neuzeitlichen Bädern.

In Wuppertal-Varresbeck :

Waldhotel Eskeshof 🐾, Krummacherstr. 251, ⊠ 42115, ℘ (0202) 2 71 80, info@eskeshof.de, Fax (0202) 2718199, 🎦, 🍴, 🏊 – ⇆ Zim, 📺 📞 🅿 – 🛋 50. 🄰🄴 ⓪
◎ VISA AY c
Menu à la carte 16/36 – **87 Zim** ⊇ 84/148 – 106/194.
♦ Der stattliche Fachwerkgasthof mit neuerem Anbau liegt am Stadtrand : Funktionelle Gästezimmer, moderne Tagungsräume und ein gepflegter Freizeitbereich. Unverputzte Backsteinwände und rustikales Mobiliar bestimmen den Charakter des Restaurants.

Novotel, Otto-Hausmann-Ring 203, ⊠ 42115, ℘ (0202) 7 19 00, h0789@accor-hotels.com, Fax (0202) 7190333, 🎦, 🍴, 🏊 – 📶, ⇆ Zim, 📺 📞 🅿 – 🛋 240. 🄰🄴 ⓪
◎ VISA JCB AY u
Menu à la carte 20/31 – ⊇ 13 – **128 Zim** 77 – 87.
♦ Gepflegt, funktionell und dem Novotel-Standard entsprechend präsentieren sich die Zimmer dieses Hotel-Zweckbaus in verkehrsgünstiger Lage nahe der Autobahn.

In Wuppertal-Vohwinkel :

Scarpati mit Zim, Scheffelstr. 41, ⊠ 42327, ℘ (0202) 78 40 74, info@scarpati.de, Fax (0202) 789828, 🎦 – 📺 🅿. 🄰🄴 ⓪ ◎ VISA. ✄ AY n
Menu (geschl. Montag) à la carte 42/54 – **Trattoria** (geschl. Montag) **Menu** à la carte 28/38 – **7 Zim** ⊇ 77/98 – 108/133.
♦ Im Anbau einer Jugendstil-Villa hat man dieses zeitlos-elegante Restaurant eingerichtet, in dem man eine klassische, italienisch beeinflußte Küche offeriert. Hübsche Zimmer. Eine leicht rustikale Alternative zum Scarpati : die Trattoria.

WURMLINGEN Baden-Württemberg siehe Tuttlingen.

WURZACH, BAD Baden-Württemberg 419 420 W 13 – 14 400 Ew – Höhe 652 m – Moorheilbad.
🛈 Kurverwaltung, Mühltorstr. 1, ⊠ 88410, ℘ (07564) 30 21 50, info@bad-wurzach.de, Fax (07564) 302154.
Berlin 681 – Stuttgart 159 – Konstanz 121 – Kempten (Allgäu) 47 – Ulm (Donau) 68 – Bregenz 66.

Adler, Schloßstr. 8, ⊠ 88410, ℘ (07564) 9 30 30, b.gut@t-online.de, Fax (07564) 930340, 🎦 – ⇆ Zim, 📺 ⇔ 🅿. 🄰🄴 ⓪
geschl. 25. Dez. - 3. Jan., Aug. 2 Wochen – **Menu** (geschl. Montag) à la carte 16,50/34,50 – **18 Zim** ⊇ 45/50 – 70/75.
♦ Der gepflegte, traditionsreiche Gasthof in der Altstadt wurde renoviert und bietet nun helle, freundliche Zimmer, in denen Sie mit zeitgemäßem Komfort logieren können. Das im modernen Landhausstil gestaltete Restaurant bietet eine schmackhafte regionale Küche.

WUSTROW Mecklenburg-Vorpommern 416 C 21 – 2 400 Ew – Seebad.
🛈 Kurverwaltung, Strandstr. 10, ⊠ 18347, ℘ (038220) 2 51, Fax (038220) 253.
Berlin 255 – Schwerin 133 – Rostock 42.

Dorint 🄼, Strandstr. 46, ⊠ 18347, ℘ (038220) 6 50, info.rlgwus@dorint.com, Fax (038220) 65100, 🎦, Massage, 🍴, 🏊 – 📶 ⇆ 📺 📞 🌡 🚴 ⇔ – 🛋 100. 🄰🄴 ⓪
◎ VISA JCB. ✄ Rest
Menu à la carte 26/46,50 – ⊇ 16 – **97 Zim** 99/135 – 110/149, 28 Suiten – ½ P 41.
♦ Lichtdurchflutet präsentiert sich das aus 3 miteinander verbundenen Gebäuden bestehende Hotel in Strandnähe. Schöne Zimmer, Badelandschaft und nette Kinderbetreuung. Helles, freundliches Restaurant mit Korbstühlen und maritimem Dekor.

WUSTROW

🏨 **Sonnenhof** ⌂, Strandstr.33, ✉ 18347, ℘ (038220) 61 90, sonnenhof-wustrow@
🐚 -online.de, Fax (038220) 61955, 🍴, 🍺, 🔲, 🏇 – 📺 🅿 🆎 ① 🆔 VISA
Menu à la carte 13/32,50 – **14 Zim** ⌂ 60 – 95.

◆ Der Hotelneubau wurde in dem für die Region typischen Klinker-Fachwerkstil erbaut un beherbergt seine Gäste in sehr wohnlichen, mit hellem Naturholz eingerichteten Zimmern Das rustikale Restaurant befindet sich im älteren Teil dieser Adresse.

WUSTROW KREIS NEUSTRELITZ Mecklenburg-Vorpommern 416 G 22 – 750 Ew – Höh 50 m.

Berlin 108 – Schwerin 135 – Neubrandenburg 50.

In Wustrow-Grünplan Süd-West : 7 km :

🏨 **Heidekrug** ⌂, Dorfstr. 14, ✉ 17255, ℘ (039828) 6 00, info@hotel-heidekrug gruenplan.de, Fax (039828) 20266, 🍴, 🍺, 🏊, 🏇 – 🛗 📺 🅿 – 🅿 30. 🆎 🆔 VISA
Menu à la carte 16/27 – **27 Zim** ⌂ 67/72 – 85/113.

◆ Ruhig und idyllisch an einem See liegt dieses gepflegte Hotel im Landhausstil mit gedie genem Hallenbereich und wohnlichen, funktionellen Zimmern. Teil des Restaurants ist ein einfache, gemütliche kleine Gaststätte.

In Strasen Süd-Ost : 3 km :

🏨 **Zum Löwen** ⌂, Schleusengasse 11, ✉ 17255, ℘ (039828) 2 02 85, info@loewer hotel.de, Fax (039828) 20391, 🍴, 🍺 – 📺 🅿 – 🅿 20. 🆎 🆔 VISA
Menu à la carte 14/21 – **23 Zim** ⌂ 41/46 – 64.

◆ Wo früher eine Wassermühle aus dem 17. Jh. betrieben wurde, liegt dieses Hotel - es verfügt über solide und praktisch eingerichtete Zimmer mit zeitgemäßem Komfort Von einigen Plätzen des ländlich gestalteten Restaurants aus blicken Sie auf den Havelkanal.

WYK Schleswig-Holstein siehe Föhr (Insel).

XANTEN Nordrhein-Westfalen 417 L 3 – 20 000 Ew – Höhe 26 m – Erholungsort.

Sehenswert : Dom St. Viktor★.

🅱 Tourist-Information, Kurfürstenstr. 9, ✉ 46509, ℘ (02801) 98 30 00, Fax (02801) 71664.

Berlin 574 – Düsseldorf 68 – Duisburg 42 – Kleve 26 – Wesel 16.

🏨 **Van Bebber**, Klever Str. 12, ✉ 46509, ℘ (02801) 66 23, hotel.van.bebber@t-online.de, Fax (02801) 5914, Biergarten – 🛗, ⥂ Zim, 📺 🅿 – 🅿 60. 🆎 🆔 VISA
Menu (geschl. Montagmittag) à la carte 21/37 – **36 Zim** ⌂ 64/144 – 105/154 – ½ P 16.

◆ Wo schon Königin Victoria und Winston Churchill beherbergt wurden, offeriert man Ihnen Zimmer, die teils mit Stuck und Antiquitäten, teils im Landhausstil eingerichtet sind. Einladend wirken die stilvollen Stuben mit Stuckdecken und alten Bildern.

In Xanten-Obermörmter Nord-West : 15 km über die B 57 :

XXX **Landhaus Köpp**, Husenweg 147, ✉ 46509, ℘ (02804) 16 26, Fax (02804) 910187 –
❀ 🅿 🆎

geschl. 2. - 26. Jan., Samstagmittag, Sonntagabend - Montag – **Menu** (Tischbestellung erforderlich) 42,50/73 à la carte 44/54 ♀.

◆ Etwas versteckt und einsam in einem Wohngebiet gelegen, erwartet Patron Jürgen Köpp seine Gäste. In elegantem Ambiente offeriert er verwöhnten Gaumen seine feinen Kreationen.

Spez. Steinbutt im Kartoffelkorb mit Champagnersauce. Lammrücken mit mariniertem Rotkraut. Feines von der Schokolade.

ZEHNA Mecklenburg-Vorpommern 416 E 20 – 700 Ew – Höhe 45 m.

Berlin 184 – Schwerin 64 – Güstrow 10 – Rostock 47 – Wismar 65.

In Zehna-Groß Breesen Süd-Ost : 6 km Richtung Goldberg :

🏨 **Gutshotel Groß Breesen** ⌂, Groß Breesen, ✉ 18276, ℘ (038458) 5 00, info@ gutshotel.de, Fax (038458) 50234, 🍴, 🏇 – ⥂ Zim, 📺 🎵 🅿 – 🅿 80. 🆔 VISA
Menu (Montag - Freitag nur Abendessen) à la carte 20/36 – **30 Z** ⌂ 67 – 94.

◆ Der recht hübsch gelegene ehemalige Gutshof mit zwei kleineren Neubauten stellt ein solides, ländliches Domizil dar. Eine Besonderheit des Hauses ist die große Bibliothek. In dem urigen Gewölbekeller von 1883 nehmen Sie an blanken Holztischen Platz.

EIL AM MAIN Bayern 420 P 15 – 5 300 Ew – Höhe 237 m.
Berlin 428 – München 270 – Coburg 70 – Schweinfurt 27 – Bamberg 29.

Kolb, Krumer Str. 1, ✉ 97475, ℘ (09524) 90 11, hotel-kolb-zeil@t-online.de, Fax (09524) 6676, 余 – TV ⇔ P – 🍴 40. AE VISA
geschl. Jan. 3 Wochen, Anfang Sept. 1 Woche – **Menu** (geschl. Donnerstagmittag) à la carte 15,50/30,50 – **20 Zim** ⇌ 33/44 – 66.
◆ Hinter der rosafarbenen Fassade des Landgasthofs erwarten die Besucher saubere und gepflegte Zimmer, die mit zeitgemäßen Einbaumöbeln solide eingerichtet sind. Die Einrichtung der ländlichen Gaststube ist schlicht und rustikal.

EISKAM Rheinland-Pfalz siehe Bellheim.

EITZ Sachsen-Anhalt 418 M 20 – 33 200 Ew – Höhe 200 m.
🛈 Zeitz-Information, Altmarkt 16, (Gewandhaus), ✉ 06712, ℘ (03441) 8 32 91, fremdenverkehr@zeitz.de, Fax (03441) 83331.
Berlin 216 – Magdeburg 136 – Gera 21.

Am Wasserturm M., Geußnitzer Str. 73 (B 180), ✉ 06712, ℘ (03441) 6 17 20, Fax (03441) 617212, 余 – TV P – 🍴 20. AE ① ◎ VISA. ✻ Rest
Menu (geschl. Sonntag- und Feiertage abends) à la carte 16/28,50 – **20 Zim** ⇌ 49 – 60/75.
◆ Die Zimmer des modernen Hotels tragen die Namen bekannter Maler und sind individuell und wohnlich mit aufeinander abgestimmten Farben gestaltet worden.

Drei Schwäne, Altmarkt 6, ✉ 06712, ℘ (03441) 21 26 86, post@hotel-drei-schwaene.de, Fax (03441) 712286 – TV. AE ◎ VISA. ✻
Menu (geschl. Montagmittag) à la carte 14,50/38,50 – **36 Zim** ⇌ 35/55 – 60/90.
◆ Das Hotel aus dem Jahr 1581 liegt am Marktplatz und hat hinter der gelben Fassade solide eingerichtete Zimmer, im alten Teil mit nachträglich eingebauten Naßzellen. Das Restaurant befindet sich im 1. Stock in einem hübschen Raum mit Rundbogenfenstern.

ZELL AM HARMERSBACH Baden-Württemberg 419 U 8 – 7 800 Ew – Höhe 223 m – Erholungsort.
🛈 Zell am Harmersbach, Gröbernhof, ℘ (07835) 63 49 09.
🛈 Verkehrsbüro, Alte Kanzlei, ✉ 77736, ℘ (07835) 63 69 47, Fax (07835) 636950.
Berlin 769 – Stuttgart 168 – Karlsruhe 99 – Freudenstadt 43 – Offenburg 22 – Freiburg im Breisgau 55.

Sonne, Hauptstr. 5, ✉ 77736, ℘ (07835) 6 37 30, sonne-zell@t-online.de, Fax (07835) 637313, 余 – ↔ Zim, TV ✆ ⇔ P – 🍴 15. AE ◎ VISA JCB
geschl. Jan. 2 Wochen – **Menu** (geschl. Donnerstag - Freitagmittag) à la carte 18,50/30 – **19 Zim** ⇌ 45/48 – 74/80 – ½ P 16.
◆ Am Ortseingang erwartet Sie ein blumengeschmückter Schwarzwaldgasthof mit solide in rustikaler Eiche ausgestatteten, wohnlichen Zimmern mit Balkon, Bleiverglaste Fenster und Holzbänke und -stühle vermitteln Behaglichkeit im Restaurant.

Zum Schwarzen Bären, Kirchstr. 5, ✉ 77736, ℘ (07835) 63 92 90, hhaseidl@t-online.de, Fax (07835) 5251, Biergarten – 🛗 TV ⇔ P – 🍴 50. AE ① ◎ VISA
geschl. 2. - 16. Jan., 6. - 12. März – **Menu** (geschl. Montagmittag, Mittwoch) à la carte 16/36 – **23 Zim** ⇌ 38 – 59/64 – ½ P 8.
◆ Der Gasthof mit der blau-weißen Fassade liegt in der Ortsmitte. Die Zimmer sind mit dunklen Holzmöbeln ausgestattet, gepflegt, praktisch und ausreichend geräumig. Die ländliche Gaststube ist gemütlich und liebevoll dekoriert.

Gasthof Kleebad ♨, Jahnstr. 8, ✉ 77736, ℘ (07835) 33 15, Fax (07835) 5187, 余 – 🛆 P. ✻
Menu (geschl. 15. Nov. - 15. Dez., Montag) (Restaurant nur für Hausgäste) – **21 Zim** ⇌ 34/42 – 62/70 – ½ P 9.
◆ Die idyllische Lage am Waldrand und die gepflegten, praktischen Zimmer sprechen für dieses traditionsreiche Gasthaus mit schöner Sommerterrasse.

In Zell-Unterharmersbach Ost : 3 km :

Rebstock, Hauptstr. 104, ✉ 77736, ℘ (07835) 39 13, rebstock-zell@t-online.de, Fax (07835) 3734, 余, 秝 – TV P. ① ◎ VISA
geschl. 6. - 21. März, 3. - 21. Nov. – **Menu** (geschl. Dienstag) à la carte 14/27,50 – **17 Zim** ⇌ 34 – 57 – ½ P 6.
◆ Blumengeschmückte Balkone zieren diesen Gasthof im Schwarzwaldstil, dessen gepflegte Zimmer mit dunklen Holzmöbeln ausgestattet und solide gestaltet sind. Die ländliche Gaststube ist rustikal eingerichtet.

ZELL AN DER MOSEL
Rheinland-Pfalz **417** P 5 – 4 860 Ew – Höhe 94 m.

🛈 *Tourist-Information, Rathaus, Balduinstr. 44, ⊠ 56856, ℘ (06542) 7 01 22, Fax (06542) 5600.*

Berlin 665 – Mainz 105 – *Trier* 72 – Cochem 39.

Zum grünen Kranz (mit Gästehaus), Balduinstr. 13, ⊠ 56856, ℘ (06542) 9 86 10, info@zum-gruenen-kranz.de, Fax (06542) 986180, ≤, 🍽, ≋, 🛏 – 🛗 📺. 🅰🅴 ⓞ ⓜⓢ 🆅🅸🆂🅰
Menu *(geschl. 5. Jan. - Ostern)* à la carte 15,50/30,50 – **29 Zim** ⊇ 45/60 – 86/130.
♦ Von dem neuzeitlichen Hotelbau, der an der Uferpromenade liegt, hat man einen schönen Blick auf die Mosellandschaft. Fragen Sie nach den neuen Zimmern im hinteren Gebäudeteil. Das Restaurant mit Weinstube ist gediegen eingerichtet, teils mit Holz vertäfelt.

Haus Notenau garni, Notenau 8, ⊠ 56856, ℘ (06542) 50 10, haus-notenau@t-online.de, Fax (06542) 5280 – ✤ 📺 📳. ✾
13 Zim ⊇ 36 – 60.
♦ Eine sehr gut geführte Pension in einem Haus mit hellgelber Fassade und Schieferdach. Die Zimmer sind solide eingerichtet und bieten zeitgemäßen Komfort. Mit Appartements.

ZELL IM WIESENTAL
Baden-Württemberg **419** W 7 – 6 500 Ew – Höhe 444 m – Erholungsort.

🛈 *Zeller Bergland Tourismus, Schopfheimer Str. 3, ⊠ 79669, ℘ (07625) 92 40 92, info@zeller-bergland.de, Fax (07625) 13315.*

Berlin 819 – Stuttgart 196 – *Freiburg im Breisgau* 50 – Donaueschingen 73 – Basel 32.

Löwen, Schopfheimer Str. 2, ⊠ 79669, ℘ (07625) 9 25 40, info@hotel-loewen-zell.de, Fax (07625) 8086, Biergarten – 📺 ❦ 📳. ⓞ ⓜⓢ 🆅🅸🆂🅰
Menu *(geschl. Donnerstagabend - Samstagmittag)* à la carte 17/42 – **36 Zim** ⊇ 33/42 – 49/65 – ½ P 15.
♦ Die Zimmer des Landgasthofs in der Ortsmitte sind mit dunklen Eichenholzmöbeln, heller Buche oder mahagonifarben eingerichtet, praktisch und gepflegt ; zum Teil mit Balkonen. Urige, rustikale Gaststube mit Kachelofen und bürgerlich eingerichtetes Restaurant.

In Zell-Pfaffenberg *Nord : über B 317, in Atzenbach links ab, 5,5 km – Höhe 700 m*

Berggasthof Schlüssel ♨, Pfaffenberg 2, ⊠ 79669, ℘ (07625) 92 48 61, info@berggasthof-schluessel.de, Fax (07625) 924862, ≤, 🍽, 🐎 – 📳. ⓜⓢ 🆅🅸🆂🅰. ✾ Zim
geschl. Mitte Jan. - Mitte Feb. – **Menu** *(geschl. Montag - Dienstag)* à la carte 19/36,50 – **11 Zim** ⊇ 31 – 50/52 – ½ P 14.
♦ Ein Schwarzwälder Gasthof mit Geschichte : Seit über 100 Jahren pflegt man hier gastliche Traditionen. Die Zimmer sind zum Teil mit bemalten Bauernmöbeln eingerichtet. Die Gaststuben sind ländlich gestaltet, mit Terrasse.

ZELLA-MEHLIS
Thüringen **418** O 16 – 12 900 Ew – Höhe 500 m.

🛈 *Tourist-Information, Louis-Anschütz-Str. 28, ⊠ 98544, ℘ (03682) 48 28 40, Fax (03682) 487143.*

Berlin 346 – *Erfurt* 55 – Coburg 58 – Suhl 6.

Waldmühle, Lubenbachstr. 2, ⊠ 98544, ℘ (03682) 8 98 90, hotel-waldmuehle@t-online.de, Fax (03682) 898111, 🍽, 🐎 – 📺 📳. ⓜⓢ 🆅🅸🆂🅰. ✾ Rest
Menu à la carte 13/23,50 – **37 Zim** ⊇ 49 – 75 – ½ P 16.
♦ Das 1892 erbaute Gasthaus wurde um einen modernen Hotelanbau im Landhausstil erweitert, in dem praktisch eingerichtete Zimmer mit zeitgemäßem Komfort auf die Gäste warten. Bilder, Pflanzen und Zierat schmücken das leicht rustikal gestaltete Restaurant.

Stadt Suhl, Bahnhofstr. 7, ⊠ 98544, ℘ (03682) 48 23 79, info@hotel-stadt-suhl.de, Fax (03682) 41931, Biergarten – 📺 ⇌ 📳. 🅰🅴 ⓜⓢ 🆅🅸🆂🅰
Menu *(geschl. Sonntagabend)* à la carte 13,50/19,50 – **13 Zim** ⊇ 30/46 – 50/60.
♦ Die Zimmer in dem renovierten Stadthaus mit der rotbraunen Fassade und dem Schieferdach sind mit hellen Naturholzmöbeln solide eingerichtet, gepflegt und ausreichend wohnlich. Hell und rustikal gibt sich die gemütliche Gaststube.

ZELLINGEN
Bayern **417 419 420** Q 13 – 5 800 Ew – Höhe 166 m.

Berlin 507 – München 296 – *Würzburg* 19 – Aschaffenburg 60 – Bad Kissingen 53.

In Zellingen-Retzbach *- auf der rechten Mainseite :*

Vogelsang, Untere Hauptstr. 9, ⊠ 97225, ℘ (09364) 80 50, info@hotel-vogelsang.de, Fax (09364) 805222, Biergarten, ≋, 🛏 – ✤ Zim, 📺 📳 – 🛋 100. 🅰🅴 ⓞ ⓜⓢ 🆅🅸🆂🅰
Menu à la carte 14/24,50 – **33 Zim** ⊇ 46 – 65/82.
♦ Tagungsgäste und Urlauber sind in dem gut geführten Landgasthof gleich gut aufgehoben. Für die einen gibt es einen modernen Tagungsbereich, die anderen genießen die Umgebung. Im rustikal eingerichteten Restaurant herrscht eine freundliche Atmosphäre.

ELTINGEN-RACHTIG
Rheinland-Pfalz ⁴¹⁷ Q 5 – 2 500 Ew – Höhe 105 m – Erholungsort.
ℹ Verkehrsbüro, Uferallee 13, ✉ 54492, ℘ (06532) 24 04, info@zeltingen-rachtig.de, Fax (06532) 3847.
Berlin 688 – Mainz 121 – *Trier* 49 – Bernkastel-Kues 8 – Koblenz 99 – Wittlich 10.

Im Ortsteil Zeltingen :

St. Stephanus, Uferallee 9, ✉ 54492, ℘ (06532) 6 80, info@hotel-stephanus.de, Fax (06532) 68420, ≤, 🍴, 🍱, 🏊 – 📶, ⏰ Zim, 📺 🚗 🅿 – 🔒 50. 🆎 ⓞ 🅼🅲 VISA
Saxlers Restaurant (geschl. Nov. - März Mittwochmittag) **Menu** à la carte 23/40 – **47 Zim** ⌾ 66/81 – 132/154 – ½ P 18.
◆ Der Charme und die gediegene Atmosphäre des ursprünglichen Natursteinhauses am Moselufer wird ergänzt durch einen Hotelanbau mit solide eingerichteten, wohnlichen Zimmern. Mit elegantem Touch empfängt Sie Saxlers Restaurant.

Nicolay zur Post, Uferallee 7, ✉ 54492, ℘ (06532) 9 39 10, info@hotel-nicolay.de, Fax (06532) 2306, ≤, 🍴, 🍱, 🏊 – 📶, ⏰ Zim, 📺 🚗 🅿. 🆎 🅼🅲 VISA. ⌖ Rest
geschl. 1. - 27. Feb. – **Menu** (geschl. Montag - Dienstagmittag) à la carte 21,50/50,50 – **35 Zim** ⌾ 55/72 – 92/114 – ½ P 18.
◆ Der Hotelzweckbau liegt am Moselufer. Die Zimmer sind teils mit kirschbaumfarbenem, teils mit dunklem Holzmobiliar solide und praktisch ausgestattet. Freundliches Restaurant und rustikale Weinstube.

Im Ortsteil Rachtig :

Deutschherrenhof (mit Gästehaus), Deutschherrenstr. 23, ✉ 54492, ℘ (06532) 93 50, hotel.deutschherrenhof@t-online.de, Fax (06532) 935199, ≤, 🍴 – 📶 📺 🅿 – 🔒 30. ⓞ 🅼🅲 VISA
geschl. 2. - 22. Jan. – **Menu** (geschl. Nov. - März Dienstag) (Nov. - März wochentags nur Abendessen) à la carte 17/32,50 – **50 Zim** ⌾ 46/51 – 75/86 – ½ P 18.
◆ Die gepflegten, unterschiedlich eingerichteten Zimmer verteilen sich auf das Haupthaus, einen ehemaligen Ordenshof der Deutschherren mit Schieferdach, und das nette Gästehaus. Sie speisen im Wintergartenrestaurant oder in der Backstube.

ZEMMER
Rheinland-Pfalz siehe Kordel.

ZENTING
Bayern ⁴²⁰ T 23 – 1 300 Ew – Höhe 450 m – Wintersport : 600/1 000 m ⛷.
ℹ Touris-Information, Schulgasse 4, ✉ 94579, ℘ (09907) 8 72 00 11, Fax (09907) 8720018.
Berlin 596 – München 172 – *Passau* 35 – Cham 89 – Deggendorf 30.

In Zenting-Ranfels Süd : 4 km :

Zur Post (mit Gästehaus), Schloßbergweg 4, ✉ 94579, ℘ (09907) 2 30, gasthof-zur-post@region-sonnenwald.de, Fax (09907) 1209, Biergarten, 🍱 – 🅿
geschl. Nov. - 20. Dez. – **Menu** (geschl. Mittwoch) à la carte 12,50/20 – **17 Zim** ⌾ 22 – 39.
◆ Ein gestandener Gasthof : Die Zimmer sind mit hellen Holzmöbeln schlicht, aber praktisch eingerichtet, gut gepflegt und auch die Bäder sind entsprechend. Rustikale Gaststube mit einer 200 Jahre alten Holzbalkendecke.

ZERBST
Sachsen-Anhalt ⁴¹⁸ K 20 – 16 700 Ew – Höhe 68 m.
ℹ Tourist-Information, Schloßfreiheit 12, ✉ 39261, ℘ (03923) 76 01 78, info@stadt-zerbst.de, Fax (03923) 760179.
Berlin 133 – *Magdeburg* 43 – Dessau 30.

von Rephuns Garten, Rephunstr. 2, ✉ 39261, ℘ (03923) 6 16 05, Fax (03923) 61607, 🍴 – 📺 🅿 – 🔒 20. 🆎 🅼🅲 VISA
geschl. Mitte - Ende Juli – **Menu** à la carte 21/30,50 – **14 Zim** ⌾ 51 – 77.
◆ Das historische Gebäude im Stil eines kleinen Palais hält für seine Gäste einfache Zimmer bereit, die mit grün eingefärbten Holzmöbeln schlicht eingerichtet sind. Ein künstlicher Baum ziert das mit hellen Holzmöbeln eingerichtete Restaurant.

Park-Restaurant Vogelherd, Lindauer Str. 78 (Nord : 2,5 km), ✉ 39261, ℘ (03923) 78 04 44, Fax (03923) 780447, 🍴 – 🅿. 🆎 🅼🅲 VISA. ⌖ Rest
geschl. Montag - Dienstag – **Menu** à la carte 17/32.
◆ Das kleine Gutshaus liegt außerhalb in einer Parkanlage mit Teich, Pavillon und Grill. Das Restaurant im altdeutschen Stil erfreut den Besucher mit schönen Stuckdecken.

Die Stadtpläne sind eingenordet (Norden = oben)

ZETEL Niedersachsen 415 F 7 – 10 500 Ew – Höhe 10 m.
   Berlin 477 – Hannover 189 – Bremen 89 – Wilhelmshafen 21.

In Zetel-Neuenburg Süd-West : 4 km :

Neuenburger Hof, Am Markt 12, ⊠ 26340, ℘ (04452) 2 66, kontakt@hotel-neuenburger-hof.de, Fax (04452) 7806, 斉, ⊜, 🐎, – 📺 🚗 🅿. ① 🐵 𝗩𝗜𝗦𝗔 ❀ Rest
Menu (geschl. Mittwochmittag, Freitagmittag) à la carte 13,50/25 – **16 Zim** ⊇ 32 – 52.
   • Ein gestandener niedersächsischer Landgasthof mit unterschiedlich eingerichteten Zimmern, die alle tadellos gepflegt sind und einen zeitgemäßen Komfort bieten. Die Gaststube wirkt gemütlich : Parkett und Teppiche verleihen ihr ein nettes Ambiente.

ZEULENRODA Thüringen 418 O 19 – 15 000 Ew – Höhe 425 m.
   🛈 Fremdenverkehrsverein, Schuhgasse 7, ⊠ 07937, ℘ (036628) 8 24 41, Fax (036628) 89276.
   Berlin 267 – Erfurt 109 – Gera 31 – Greiz 20.

Seehotel M ⑳, Flur Leize 4 (Nord : 2 km, an der Talsperre), ⊠ 07937, ℘ (036628) 9 80, info@seehotel-zeulenroda.de, Fax (036628) 98100, ≤, 斉, 𝑳𝟼, ⊜, ❀ – 📳, ⇆ Zim, 🗏 Rest, 📺 📞 ♿ ➕ 🅿 – 🛎 240. 🅰🅴 ① 🐵 𝗩𝗜𝗦𝗔 𝗝𝗖𝗕
Menu à la carte 23,50/39,50 – ⊇ 13 – **138 Zim** 89 – 119.
   • Eine großzügige Lobby empfängt Sie in diesem modernen Urlauber- und Tagungshotel. Hübsche Zimmer, ein gepflegter Freizeitbereich sowie die schöne Lage überzeugen. Drei unterschiedlich gestaltete, neuzeitliche Restaurants mit internationalem Speisenangebot.

Goldener Löwe, Kirchstr. 15, ⊠ 07937, ℘ (036628) 6 01 44, hotel@goldenerloewe.de, Fax (036628) 60145, 斉, Massage, ⏚, ⊜ – ⇆ Zim, 📺 📞 🚗 🅿 – 🛎 25. 🅰🅴 ① 🐵 𝗩𝗜𝗦𝗔 ❀ Rest
Menu à la carte 19/34 – **31 Zim** ⊇ 52/65 – 75/85.
   • Hinter der denkmalgeschützten Fassade des historischen Gasthofs erwarten Sie solide und wohnlich mit dunklen Holzmöbeln eingerichtete Zimmer und ein hübscher Innenhof. Professioneller Service und schön gedeckte Tische im Restaurant.

ZEUTHEN Brandenburg 416 I 24 – 8 000 Ew – Höhe 50 m.
   Berlin 32 – Potsdam 57 – Frankfurt (Oder) 74.

Seehotel, Fontaneallee 27, ⊠ 15738, ℘ (033762) 8 90, info@seehotel-zeuthen.de, Fax (033762) 89408, 斉, Massage, ⊜, 🐎 – 📳, ⇆ Zim, 📺 📞 🅿 – 🛎 180. 🅰🅴 ① 🐵 𝗩𝗜𝗦𝗔 ❀ Rest
Menu à la carte 24,50/38,50 – **142 Zim** ⊇ 80/105 – 104/130, 4 Suiten.
   • Stilvoll wohnen am Zeuthener See : Das moderne Hotel empfängt seine Gäste mit einer großzügig und geschmackvoll eingerichteten Halle und wohnlichen Zimmern mit Nußbaummöbeln. Klassisch eingerichtetes Restaurant mit schöner Terrasse.

ZEVEN Niedersachsen 415 G 11 – 14 500 Ew – Höhe 30 m.
   Berlin 350 – Hannover 147 – Bremen 58 – Bremerhaven 60 – Hamburg 74.

Paulsen, Meyerstr. 22, ⊠ 27404, ℘ (04281) 94 10, info@hotel-paulsen.de, Fax (04281) 94142 – 📳, ⇆ Zim, 📺 📞 🅿 – 🛎 50. 🅰🅴 ① 🐵 𝗩𝗜𝗦𝗔
Menu (geschl. Sonn- und Feiertage) à la carte 19,50/35 – **38 Zim** ⊇ 60/85 – 80/115.
   • Ein Haus mit Tradition : Seit 1786 befindet sich das Anwesen im Familienbesitz, wurde verändert, erweitert und stellt heute ein komfortables Hotel mit zeitgemäßen Zimmern dar. Das Restaurant ist in gediegenem Stil eingerichtet.

Central, Alte Poststr. 2, ⊠ 27404, ℘ (04281) 9 39 10, hotelcentral@t-online.de, Fax (04281) 939191, 斉 – ⇆ Zim, 📺 📞 🚗 🅿. 🅰🅴 ① 🐵 𝗩𝗜𝗦𝗔 ❀ Rest
Menu (geschl. Freitag) (nur Abendessen) à la carte 18/28 – **25 Zim** ⊇ 47/52 – 74/78.
   • Ein netter Gasthof mit Klinkerfassade, der solide eingerichtete Zimmer bereit hält. Ein reichhaltiges Frühstücksbuffet erleichtert den Start in den Tag. Das Restaurant wirkt durch viel helles Holz gemütlich.

Landhaus Radler garni, Kastanienweg 17, ⊠ 27404, ℘ (04281) 30 22, hotel@landhaus-radler.de, Fax (04281) 3411, 🐎 – ⇆ 📺 📞 🅿. 🅰🅴 ① 🐵 𝗩𝗜𝗦𝗔
16 Zim ⊇ 43/54 – 59/76.
   • Ein hübsches Fachwerkhaus mit roter Klinkerfassade : Das familiär geführte Hotel hat wohnliche Zimmer, einen lichten Frühstücksraum und einen Garten mit kleinem Spielplatz.

ZEVEN

Gyhum-Sick Süd : 10 km über B 71 :

Niedersachsen-Hof, Sick 13 (an der B 71), ⊠ 27404, ℘ (04286) 94 00, info@niedersachsenhof.de, Fax (04286) 1400, 😊, ⇌s – ⇥ Zim, 📺 📞 ⇌ 🅿 – 🛎 35. ⓞ ⓜⓒ 𝗩𝗜𝗦𝗔 JCB
Menu (geschl. 1. - 7. Jan., Freitag) à la carte 19/32,50 – **37 Zim** ⊇ 47 – 68/72.
 • Ein kleines rundes Türmchen ziert den rot verklinkerten Gasthof. Geschmackvoll und wohnlich gestaltete Zimmer und ein gepflegter Sauna-Keller erwarten Sie. Das rustikale Restaurant empfängt seine Besucher mit hübsch gedeckten Tischen.

IEGENRÜCK Thüringen **418** O 18 – 1 000 Ew – Höhe 300 m.
Berlin 283 – Erfurt 84 – Gera 53 – Hof 48.

Am Schloßberg, Paskaer Str. 1, ⊠ 07924, ℘ (036483) 7 50, hotel-am-schlossberg@t-online.de, Fax (036483) 75150, Biergarten, ⇌s – 🛗 📺 🅿 – 🛎 60. 🅰🅴 ⓜⓒ 𝗩𝗜𝗦𝗔
Menu à la carte 12,50/18,50 – **43 Zim** ⊇ 40/45 – 53/75.
 • Das ehemalige Ferienheim wurde zu einem netten Hotel umgestaltet : Zeitlos eingerichtete Zimmer, Tagungsmöglichkeiten sowie Fitness- und Wellnessbereich. Im Restaurant leicht nostalgische Hängelampen, viele Grünpflanzen und gepolsterte Stühle.

ZIMMERN Baden-Württemberg siehe Rottweil.

ZINGST Mecklenburg-Vorpommern **416** C 22 – 3 200 Ew – Seebad.
🄱 Haus des Gastes, Seestr. 57, ⊠ 18374, ℘ (038232) 8 15 80, Fax (038232) 81589.
Berlin 284 – Schwerin 143 – Rostock 71 – Stralsund 42.

Meerlust 𝗠 ⥂, Seestr. 72, ⊠ 18374, ℘ (038232) 88 50, hotel-meerlust@t-online.de, Fax (038232) 88599, 😊, ⇌s, 🅇, 🌿 – 🛗 ⇥ 📺 📞 ⇌ 🅿. ⓜⓒ 𝗩𝗜𝗦𝗔. ℀ Rest
Menu à la carte 24/35 – **35 Zim** (nur ½ P) 87/142 – 154/229.
 • Ein sonniges Gelb kennzeichnet das stilvolle, moderne Hotel, das am Seedeich hinter dem Strand liegt. Dazu Zimmer im eleganten Landhausstil und eine große Wellness-Landschaft. Hübsches Restaurant in angenehmer farblicher Gestaltung.

Steigenberger Esprix Aparthotel 𝗠 ⥂ garni, Seestr. 54, ⊠ 18374, ℘ (038232) 8 50, zingst@esprix-hotels.com, Fax (038232) 85999, ⇌s – 🛗 ⇥ 📺 📞 ⛨ ⇌. 🅰🅴 ⓞ ⓜⓒ 𝗩𝗜𝗦𝗔
103 Zim ⊇ 93/118 – 121/156.
 • Nicht nur die Lage an der Strandpromenade, sondern auch die wohnliche Einrichtung der Appartements, in denen Gelb und Blau die dominanten Farben sind, sprechen für das Haus. Das kleine Restaurant mit maritimem Dekor erstreckt sich über zwei Etagen.

Marks ⥂, Jordanstr. 7, ⊠ 18374, ℘ (038232) 1 61 40, hotel-marks@t-online.de, Fax (038232) 16144, 😊, 🌿 – ⇥ Zim, 📺 📞 🅿. 🅰🅴 ⓜⓒ
Menu à la carte 18/32 – **24 Zim** ⊇ 58/89 – 99/109 – ½ P 16.
 • Das Hotel liegt auf der Boddenseite gleich hinterm Deich in einem kleinen Wäldchen. Die wohnlichen Zimmer sind mit Rattanmöbeln ausgestattet, die Wände teils farbig gestaltet. Restaurant im Pub-Stil.

Am Strand ⥂, Birkenstr. 21, ⊠ 18374, ℘ (038232) 1 56 00, hotel@amstrand.de, Fax (038232) 15603, 😊, ⇌s – 📺 🅿. ℀ Zim
geschl. Jan. – **Menu** (Nov. – Mai Montag - Freitag nur Abendessen) à la carte 18/24,50 – **19 Zim** ⊇ 70 – 80/95, 6 Suiten.
 • Das gepflegte, weiß verklinkerte Haus findet man hinter dem Seedeich. Sie wohnen in bequemen Zimmern, die zum größten Teil mit kirschbaumfarbenen Möbeln eingerichtet sind. Hell das Restaurant, rustikal das Kaminzimmer mit Kachelofen.

Meeresrauschen ⥂, Seestr. 51, ⊠ 18374, ℘ (038232) 13 01, meeresrauschen zingst@freenet.de, Fax (038232) 80184 – 📺 🅿. ⓜⓒ 𝗩𝗜𝗦𝗔. ℀
geschl. Anfang Nov. - Mitte Dez. – **Menu** (geschl. Mittwoch) à la carte 16/24 – **13 Zim** ⊇ 52 – 77, 5 Suiten.
 • Ungewöhnlich ist die Form dieses achteckigen Gebäudes mit Wintergarten. Die Zimmer sind zeitlos und funktionell mit kleinen Sitzecken eingerichtet. Kunstausstellungen.

Boddenhus ⥂, Hafenstr. 9, ⊠ 18374, ℘ (038232) 1 57 13, boddenhus@aol.com, Fax (038232) 15629, 😊 – 📺 🅿. ⓞ ⓜⓒ 𝗩𝗜𝗦𝗔
Menu à la carte 15,50/22,50 – **20 Zim** ⊇ 64 – 95 – ½ P 12.
 • In der Nähe des Hafens auf der Boddenseite befindet sich die familiengeführte Pension ; die Zimmer sind mit mahagonifarbenen Möbeln ausgestattet und bieten zeitgemäßen Komfort. Bürgerliches Restaurant mit Terrasse am Bodden.

ZINGST

In Zingst-Sundische Wiese Ost : 10 km :

Schlößchen ⌂, Landstr. 19, ✉ 18374, ✆ (038232) 81 80, info@hotelschloessche.de, Fax (038232) 81838, 🍴, Biergarten, 🛋, 🐾 – 📺 🅿 ⓜ️ VISA JCB
geschl. 7. Jan. - 6. Feb., 23. Nov. - 24. Dez. – **Menu** (geschl. Feb. - März, Nov. Montag Mittwoch) à la carte 20/37 – **15 Zim** ⌒ 65 – 95/140.
• Erholung ist hier garantiert : das Herrenhaus mit Ziegelfassade liegt zwischen Bodde und Ostsee umgeben von Wiesen und Wäldern. Mit wohnlichen Zimmern im Landhausst Behagliche Atmosphäre finden Sie im Restaurant mit Wintergarten.

Keine bezahlte Reklame im Michelin-Führer.

ZINNOWITZ Mecklenburg-Vorpommern siehe Usedom (Insel).

ZIRNDORF Bayern 419 420 R 16 – 21 000 Ew – Höhe 290 m.

Siehe Stadtplan Nürnberg (Umgebungsplan).
Berlin 452 – München 175 – Nürnberg 16 – Ansbach 35.

Rangau M, Banderbacher Str. 27, ✉ 90513, ✆ (0911) 9 60 10, info@hotelrangau.de Fax (0911) 9601100, 🍴, 🐾 – 🛗, 🛏 Zim, 📺 📞 🚗 – 🔔 40. ⓐ ⓜ️ VISA ✂ AS
geschl. Jan. 1 Woche – **Menu** (geschl. Sonn- und Feiertage abends, Montag) à la carte 22,50/35 – **24 Zim** ⌒ 78/118 – 98/138.
• Eine gute Übernachtungsadresse : Geräumige Zimmer und Appartements mit funkti oneller Einrichtung, ein engagierter Service und moderne Tagungstechnik stehen für Sie bereit.

Kneippkurhotel ⌂, Achterplätzchen 5, ✉ 90513, ✆ (0911) 60 90 03, Fax (0911) 603001, 🍴 – 📺 🚗 🅿 ⓐ ⓜ️
AS m
Menu (geschl. 28. Dez. - 5. Jan., Sonntag - Montagmittag) à la carte 15,50/26 – **18 Zim** ⌒ 40/43 – 55/58.
• Das Hotel liegt oberhalb der Stadt am Waldrand. Die gepflegten, sauberen Zimmer sind mit soliden Möbeln in Eiche oder hellem Naturholz ausgestattet. Hell und rustikal ist der gemütlich wirkende Gastraum.

ZITTAU Sachsen 418 N 28 – 27 000 Ew – Höhe 242 m.

Sehenswert : Grüner Born★ – Oybin : Bergkirche★, Burg- und Klosteranlage★ ≤★ Süd-West : 8 km – Großschönau : Deutsches Damast- und Frottiermuseum★ West : 12 km.
🛈 Tourist-Information, im Rathaus, Markt 1, ✉ 02763, ✆ (03583) 75 21 37, tourist info@zittau.de, Fax (03583) 752161.
Berlin 246 – Dresden 99 – Görlitz 34.

Dreiländereck M, Bautzner Str. 9, ✉ 02763, ✆ (03583) 55 50, info@hotel-dle.de, Fax (03583) 555222, 🍴 – 🛗, 🛏 Zim, 📺 📞 🚗 – 🔔 40. ⓐ ⓞ ⓜ️ VISA JCB
Menu à la carte 18/28,50 – **44 Zim** ⌒ 55/70 – 70/80.
• Hinter der Fassade des liebevoll rekonstruierten Stadthauses erwartet die Gäste ein freundlicher Service und mit hellen Farben wohnlich gestaltete Zimmer mit elegantem Touch. Stilvolles Restaurant mit Kreuzgewölbe und Rundbogenfenstern.

Dresdner Hof (mit Gästehaus), Äußere Oybiner Str. 9, ✉ 02763, ✆ (03583) 5 73 00, Fax (03583) 573050, 🍴, 🐾 – 🛗 📺 📞 🅿 – 🔔 20. ⓜ️ VISA
Menu à la carte 13/23 – **29 Zim** ⌒ 46/51 – 61.
• Die Zimmer dieses gut geführten Gasthofs mit gelber Fassade befinden sich teils im Haupthaus, teils im neueren Anbau und sind mit soliden Hotelmöbeln eingerichtet. Dunkle Holzmöbel geben dem Hotelrestaurant ein rustikales Gepräge.

In Bertsdorf-Hörnitz West : 4 km :

Schloßhotel Althörnitz ⌂, Zittauer Str. 9 (Hörnitz), ✉ 02763, ✆ (03583) 55 00, hotel@schlosshotel-althoernitz.de, Fax (03583) 550200, 🍴, Massage, 🛋, 🐾 – 🛗, 🛏 Zim, 📺 📞 ♿ 🅿 – 🔔 60. ⓐ ⓜ️ VISA JCB
Menu (Montag - Freitag nur Abendessen) à la carte 17/38 – **76 Zim** ⌒ 110/130 – 140/145.
• Sie finden das schön restaurierte Schloß aus dem 17. Jh. in einer Parkanlage. Die meisten Zimmer, teils rustikal, teils zeitlos gestaltet, befinden sich im neuen Anbau. Schöne Räume mit Parkett, Rundbogenfenstern und Kachelofen beherbergen das Restaurant.

ZOELLNITZ Thüringen siehe Jena.

ORGE Niedersachsen 418 L 15 – 1 600 Ew – Höhe 340 m – Luftkurort.
🛈 Tourist-Information, Am Kurpark 4, ⌧ 37449, ℘ (05586) 96 60 70, Fax (05586) 966060.
Berlin 262 – Hannover 137 – Erfurt 98 – Göttingen 70 – Braunlage 15.

🏠 **Wolfsbach**, Hohegeißer Str. 25, ⌧ 37449, ℘ (05586) 4 26, Fax (05586) 971246, 🐎 – 📺 📧 🞕 🞕
geschl. 26. März - 15. April, 23. Okt. - 15. Dez. – **Menu** (Restaurant nur für Hausgäste) – **17 Zim** ⌥ 30/36 – 56/67 – ½ P 8.
♦ Erholung im Harz : Der hübsche Fachwerkgasthof am Waldrand hat praktische, mit rustikaler Eiche eingerichtete Zimmer und einen schönen, großen Garten mit Liegewiese.

ORNEDING Bayern 420 V 19 – 7 500 Ew – Höhe 560 m.
Berlin 599 – München 24 – Wasserburg am Inn 34.

🏠 **Neuwirt**, Münchner Str. 4 (B 304), ⌧ 85604, ℘ (08106) 2 42 60, info@hotelneuwirt.de, Fax (08106) 2426166, 🎋 – 🞕 📺 ⇔ 🅿 – 🄰 30. 🅰🅴 ⓘ 🞕 🆅🅸🆂🅰 🅹🅲🅱
Menu à la carte 14/32,50 – **30 Zim** ⌥ 62 – 82.
♦ Ein typischer bayerischer Gasthof : Blumengeschmückte Balkonfassade, wohnliche Zimmer, die mit soliden hellen Möbeln eingerichtet sind, und eine herzliche Atmosphäre. Das Restaurant präsentiert sich im rustikalen Landhausstil.

🞕🞕 **Zur Post** mit Zim, Anton-Grandauer-Str. 9, ⌧ 85604, ℘ (08106) 2 00 07, Fax (08106) 23832, Biergarten – 🅿. 🞕
geschl. Montag - Dienstag – **Menu** à la carte 16/40,50 – **4 Zim** ⌥ 70 – 85.
♦ Ein Kachelofen und hübsche Polsterstoffe zieren das Restaurant im gediegenen Landhausstil, das Sie in dem gestandenen Gasthof mit der hellgelben Fassade erwartet.

ZOSSEN Brandenburg 416 418 J 24 – 8 000 Ew – Höhe 40 m.
Berlin 34 – Potsdam 55 – Königs Wusterhausen 17.

🏨 **Berlin** 🅼, Bahnhofstr. 28 (B 96), ⌧ 15806, ℘ (03377) 32 50, zentrale@hotel-berlin-zossen.de, Fax (03377) 325100 – 🕴, 🞕 Zim, 📺 🞕 🅿 – 🄰 30. 🅰🅴 ⓘ 🞕 🆅🅸🆂🅰
Menu (nur Abendessen) à la carte 14/22 – **59 Zim** ⌥ 60 – 70/80, 9 Suiten.
♦ Die Zimmer des gut geführten, neuen Hotels im Zentrum sind geschmackvoll und wohnlich gestaltet und auch technisch gut ausgestattet. Mit Appartements, auch für Langzeitgäste. Hell und freundlich wirkt das Restaurant.

🏠 **Reuner**, Bachmannoer Chaussee 1a (B 96), ⌧ 15806, ℘ (03377) 30 13 70, hotel.reuner @t-online.de, Fax (03377) 301371, 🎋, 🐎 – 📺 🞕 ⚐ 🅿. – 🄰 20. 🅰🅴 ⓘ 🞕 🆅🅸🆂🅰 🅹🅲🅱
Menu à la carte 11,50/23 – **17 Zim** ⌥ 65/70 – 85/95.
♦ Ein Teil der funktionellen Zimmer dieses neuen Hotels ist wohnlich mit Stilmöbeln eingerichtet, der überwiegende Rest ist mit zeitlosem Mobiliar in Kirschbaum ausgestattet.

ZSCHORLAU Sachsen 418 420 O 21 – 5 000 Ew – Höhe 530 m.
Berlin 303 – Dresden 117 – Chemnitz 42 – Karlovy Vary 63 – Plauen 53 – Zwickau 23.

In Zschorlau-Burkhardtsgrün Süd : 4 km :

🏠 **Landhotel Am Alten Zollhaus,** Hauptstr. 19, ⌧ 08321, ℘ (037752) 62 00, info @amaltenzollhaus.de, Fax (037752) 6206, 🎋, 🞕, 🞕 – 🞕 Zim, 📺 🅿 – 🄰 20. 🞕 🆅🅸🆂🅰
Menu à la carte 16,50/22 – **18 Zim** ⌥ 45/55 – 60/75.
♦ Ein Schieferdach krönt das neue Hotel im Erzgebirge, in dem einheitlich mit rustikalen Eichenholzmöbeln ausgestattete, gut gepflegte und geräumige Zimmer auf die Gäste warten. Nette Dekorationen schaffen eine gemütliche Atmosphäre im Restaurant.

ZÜTZEN Brandenburg siehe Schwedt.

ZUSMARSHAUSEN Bayern 419 420 U 15 – 4 700 Ew – Höhe 466 m.
Berlin 575 – München 98 – Augsburg 25.

🏨 **Die Post,** Augsburger Str. 2, ⌧ 86441, ℘ (08291) 1 88 00, post@hotel-die-post.de, Fax (08291) 8363, 🎋, Massage, 🞕, 🞕, 🞕 – 🕴, 🞕 Zim, 📺 🞕 ⇔ 🅿 – 🄰 60. ⓘ 🞕 🆅🅸🆂🅰
Menu (geschl. Sonntagabend - Montagabend) à la carte 14,50/37 – **25 Zim** ⌥ 46/56 – 89/99.
♦ In den historischen Mauern der 350 Jahre alten Poststation auf der Strecke Paris - Wien finden die Gäste heute unterschiedlich eingerichtete Zimmer mit zeitgemäßem Komfort. Im Restaurant : gemütliches Ambiente durch Kachelofen und dunkle Holzdecken.

ZWEIBRÜCKEN Rheinland-Pfalz ₄₁₇ S 6 – 38 000 Ew – Höhe 226 m.
- Rieschweiler-Mühlbach, Hitscherhof (Ost : 17 km), ℰ (06336) 64 42.
- **ℹ** Kultur- und Verkehrsamt, Poststr. 40, ✉ 66482, ℰ (06332) 87 11 23, tourist(zweibruecken.de, Fax (06332) 871145.
Berlin 691 – Mainz 139 – Saarbrücken 40 – Pirmasens 25.

Europas Rosengarten, Rosengartenstr. 60, ✉ 66482, ℰ (06332) 97 7(, europarosengarten@zadra-hotellerie.de, Fax (06332) 977222, ☼ – ⌘, ✎ Zim, 📺 📞
🅿 40. AE ⓿ ⓿ VISA JCB
Menu à la carte 15/30 – **48 Zim** ⌂ 69 – 89.
• Seinen Namen hat das ansprechende Hotel vom angrenzenden, sortenreichen großen Rosengarten. Sie wohnen in mit grau eingefärbten Möbeln eingerichteten Zimmern. Das Restaurant ist geschmackvoll gestaltet und mit Bildern geschmückt.

Außerhalb Ost : 3 km :

Romantik Hotel Landschloss Fasanerie, Fasanerie 1, ✉ 66482 Zweibrücker ℰ (06332) 97 30, fasanerie@romantikhotels.com, Fax (06332) 973111, ☼, Biergarter ≋, ⬜ – ✎ Zim, 📺 📞 🅿 – 🅿 150. AE ⓿ ⓿ VISA JCB
Menu siehe Rest. **Tschifflik** separat erwähnt ♣**Orangerie :** Menu 25/46 à la carte 29/4(– **Landhaus** (wochentags nur Abendessen) **Menu** à la carte 17,50/30 – **50 Zin** ⌂ 101/119 – 143/194.
• Stilvoll übernachtet man in dem komfortablen Landhotel, das in einer schönen Parkanlage liegt : Aufmerksamer Service und sehr wohnliche Zimmer erwarten Sie. Im lichtdurchflu teten Wintergarten : die Orangerie. Rustikal und leger wirkt das Landhaus.

Tschifflik – Romantik-Hotel Landschloss Fasanerie, Fasanerie 1, ✉ 66482, ℰ (06332 97 32 05, fasanerie@romantikhotels.com, Fax (06332) 973111 – AE ⓿ ⓿ VISA JCB
geschl. 31. Dez. - 20. Jan., 28. Juli - 13. Aug., Sonntag - Montag (ausser Feiertage) – **Menu** à la carte 47/63.
• Wände in prächtigem Rot, Ölgemälde und ein aufwendiges Couvert verleihen dem Restaurant eine Atmosphäre gediegener Eleganz. Man kocht klassisch mit modischen Akzenten.
Spez. Variation von Gänseleber mit Haselnuss-Muffin. Wolfsbarschfilet mit Langustinen souffliert und Orangen-Marzipanjus. Crépinette von der Lammhaxe mit Lammrücken und Rosmarinjus.

ZWESTEN BAD Hessen ₄₁₇ M 11 – 4 300 Ew – Höhe 215 m – Heilbad – Luftkurort.
ℹ Kurverwaltung, Rathaus, Ringstr. 1, ✉ 34596, ℰ (05626) 7 73, kurverwaltung@bad zwesten.de, Fax (05626) 999326.
Berlin 424 – Wiesbaden 171 – Kassel 40 – Bad Wildungen 11 – Marburg 50 – Paderborn 115.

Zum kleinen König, Hauptstr. 4, ✉ 34596, ℰ (05626) 84 11, Fax (05626) 8360, ☼ – 📺, AE ⓿ ⓿ VISA
Menu (geschl. Montag) à la carte 15/29 – **7 Zim** ⌂ 35/40 – 62/72.
• Das kleine Fachwerkhaus hält für seine Gäste gepflegte, mit soliden hellen Holzmöbeln eingerichtete Zimmer bereit, die zeitgemäßen Komfort bieten. Das Restaurant ist hell und mit vielen Grünpflanzen geschmückt.

Landhotel Kern, Brunnenstr. 10, ✉ 34596, ℰ (05626) 99 70, hotelkern@aol.com, Fax (05626) 997222, ☼, ≋, ⬜, ☼ – ⌘ 🅿 – 🅿 30. AE ⓿ ⓿ VISA. ✎ Rest
geschl. 10. Jan. - 20. März – **Menu** (geschl. 10. - 31. Jan., Dienstagabend, Mittwochabend) à la carte 15,50/31 – **58 Zim** ⌂ 47/49 – 78/82.
• Einfach ausgestattet, aber praktisch und gepflegt sind die Zimmer dieses Landgasthofs, der in einem kleinen Luftkurort im Kurhessischen Bergland liegt. Beim Essen sitzen Sie in der Schwälmer Bauernstube mit Kachelofen.

Altenburg, Hardtstr. 1a, ✉ 34596, ℰ (05626) 8 00 90, hotel-altenburg@freenet.de, Fax (05626) 997439, ☼, ♨, ≋, ☼ – ✎ Zim, 📺 ♿ 🅿 – 🅿 60. AE ⓿ ⓿ VISA
geschl. 15. Jan. - 15. Feb., 15. - 30. Nov. – **Menu** (Restaurant nur für Hausgäste) – **46 Zim** ⌂ 34/43 – 60/80 – ½ P 10.
• Die Zimmer des Hotels sind fast alle mit einfachen braunen Holzmöbeln ausgestattet und bieten ausreichenden Komfort. Kegelbahnen und Liegewiese vervollständigen das Angebot.

ZWICKAU Sachsen ₄₁₈ N 21 – 105 000 Ew – Höhe 434 m.
Sehenswert : Dom St. Marien★ DZ (Hauptaltar★★, Beweinung Christi★, Heiliges Grab★, Kanzel★).
- Zwickau, Reinsdorfer Str. 29 BV, ℰ (0375) 2 04 04 00.
- **ℹ** Tourist-Information, Hauptstr. 6, ✉ 08056, ℰ (0375) 83 52 70, Fax (0375) 293715.
ADAC, Äußere Schneeberger Str. 4.
Berlin 263 ① – Dresden 105 ① – Chemnitz 42 ② – Leipzig 80 ①

ZWICKAU

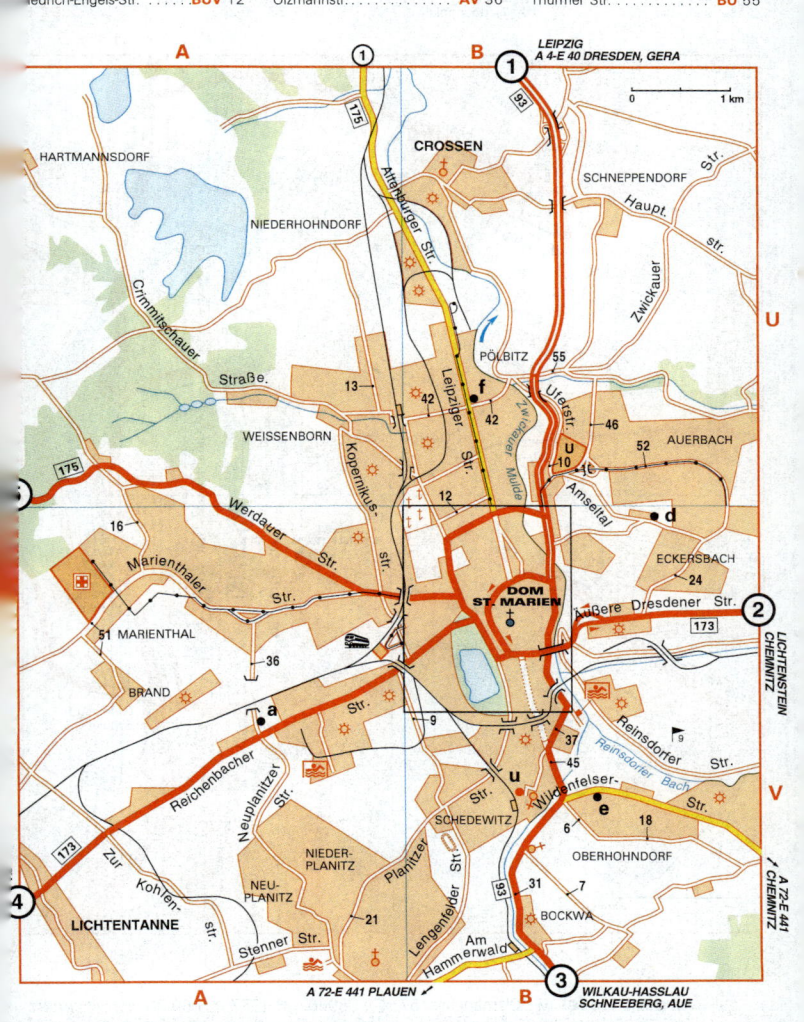

n Bauernweg ... **BV** 6	Gochtstr. ... **AU** 13	Oskar-Arnold-Str. ... **BV** 37
ckwaer Kohlenstr. ... **BV** 7	Heinrich-Braun-Str. ... **AV** 16	Pölbitzer-Str. ... **BU** 42
ürgerschachtstr. ... **BV** 9	Helmholtzstr. ... **BV** 18	Schedewitzer Str. ... **BV** 45
lmühlenstr. ... **BU** 10	Innere Zwickauer Str. ... **AV** 21	Scheffelstr. ... **BU** 46
iedrich-Engels-Str. ... **BUV** 12	Lerchenweg ... **BV** 24	Steinpleiser Str. ... **AV** 51
	Muldestr. ... **BV** 31	Sternenstr. ... **BV** 52
	Olzmannstr. ... **AV** 36	Thurmer Str. ... **BU** 55

Holiday Inn M, Kornmarkt 9, ⌧ 08056, ℘ (0375) 2 79 20, hotel@holiday-inn-zwickau.de, Fax (0375) 2792666, 🍽, ℔, ⇌ – ▯, ⇝ Zim, ▤ Rest, 📺 ✆ ⚙ – 🔒 100. 🅰🅴 ① 🅞🅢 🆅🅸🆂🅰 🅹🅲🅱. DZ s
Pavillon (geschl. Juli - Aug., Montag) (nur Abendessen) **Menu** à la carte 26/33 – *Confetti* : **Menu** à la carte 17/27,50 – **127 Zim** ⇌ 86/93 – 110/119, 4 Suiten.
♦ Ein neugebautes, modernes Hotel im Zentrum : Warme Farben, geschmackvolles Mobiliar und eine gute technische Ausstattung sorgen für einen komfortablen Aufenthalt. Moderne Eleganz prägt das Restaurant Pavillon. Eine halbrunde Theke beherrscht das Confetti.

ZWICKAU

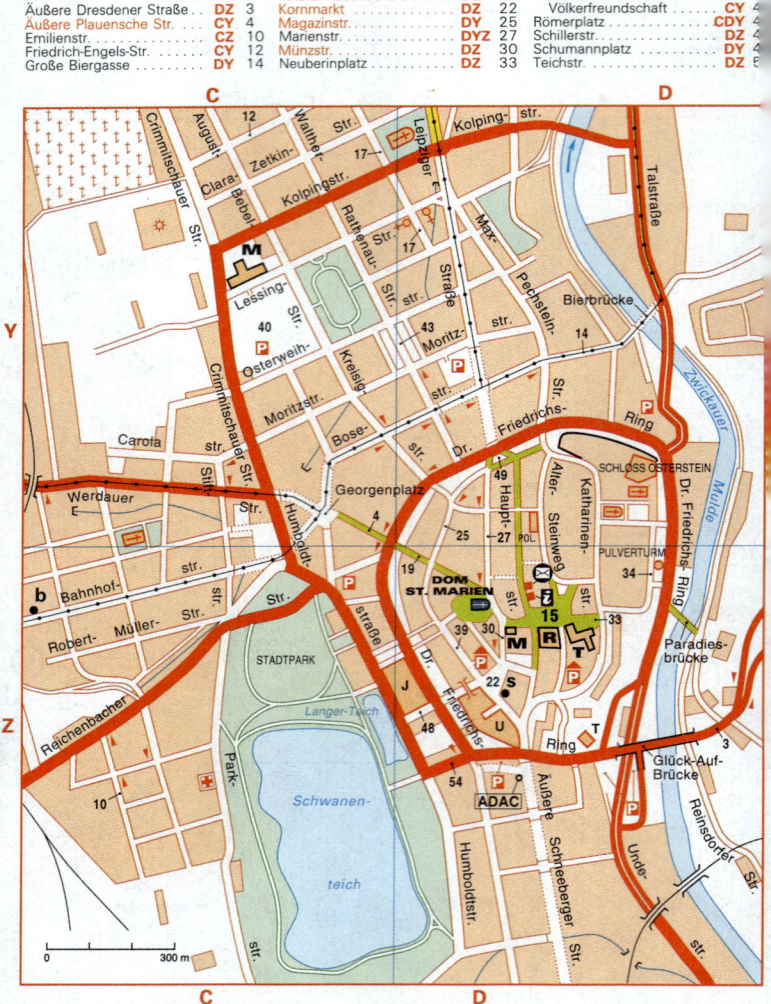

Äußere Dresdener Straße .. **DZ** 3	Hauptmarkt .... **DZ** 15	Nicolaistr. .... **DZ**
Äußere Plauensche Str. .. **CY** 4	Heinrich-Heine-Str. .... **CDY** 17	Peter-Breuer-Str. ..... **DZ**
Emilienstr. .... **CZ** 10	Innere Plauensche Str. .. **DZ** 19	Platz der
Friedrich-Engels-Str. .. **CY** 12	Kornmarkt .... **DZ** 22	Völkerfreundschaft ... **CY**
Große Biergasse ...... **DY** 14	Magazinstr. .... **DY** 25	Römerplatz .... **CDY**
	Marienstr. .... **DYZ** 27	Schillerstr. .... **DZ**
	Münzstr. .... **DZ** 30	Schumannplatz .... **DY**
	Neuberinplatz .... **DZ** 33	Teichstr. .... **DZ**

🏨 **Airport Hotel** Ⓜ, Olzmannstr. 57, ✉ 08060, ✆ (0375) 5 60 20, info@airport-zwickau.bestwestern.de, Fax (0375) 5602151, 🍽, ≋ – 🛗, ⇔ Zim, 📺 ✆ ♿ 🅿 – 🔒 120. AE ① ⓂⓢⒸ VISA
AV a
Menu à la carte 17/31,50 – **124 Zim** ⌑ 80 – 100, 9 Suiten.
♦ In dem modernen Hotelbau finden die Gäste funktionell und zeitgemäß mit hellen Holzmöbeln ausgestattete Zimmer, die ausreichend geräumig und bequem sind.

🏨 **Merkur** garni, Bahnhofstr. 58, ✉ 08056, ✆ (0375) 29 42 86, hotel.merkur.garni.zwickau@t-online.de, Fax (0375) 294288 – 📺 🅿. AE ① ⓂⓢⒸ VISA. ✗
CZ b
25 Zim ⌑ 45/55 – 64/72.
♦ Das Hotel in einem älteren Stadthaus in der Innenstadt wurde 1912 eröffnet und 1992 umfassend renoviert. Man findet gepflegte Zimmer von ausreichender Größe.

ZWICKAU

Zwickau-Eckersbach Nord-Ost : 3 km :

🏨 **Park Eckersbach,** Trillerplatz 1, ✉ 08066, ℘ (0375) 47 55 72, parkeckersbach@t
-online.de, Fax (0375) 475801, Biergarten – ⊁ Zim, 📺 🅿 🖭 ⓪ ⓶ 🆅🅸🆂🅰 BV d
Menu (Montag - Freitag nur Abendessen) à la carte 12/23 – **16 Zim** ⊑ 50/60 – 56/70.
 ◆ Hinter der roten Backsteinfassade des renovierten Gasthofs erwarten Sie saubere und
gepflegte Zimmer, die allerdings nicht allzu geräumig sind. Helle Farben und bequeme Pols-
terstühle geben dem Restaurant eine freundliche Atmosphäre.

Zwickau-Oberhohndorf Süd-Ost : 4 km :

🏨 **Gerisch** garni, Wildenfelser Str. 20a, ✉ 08056, ℘ (0375) 21 29 40, info@gerisch.de,
Fax (0375) 294451 – ⊁ 📺 🅿 🖭 ⓪ ⓶ 🆅🅸🆂🅰. ⊁ BV e
15 Zim ⊑ 45/65 – 60/70.
 ◆ Eine familiär geführte Pension : Die praktischen Zimmer sind gepflegt, mit hellen Natur-
holzmöbeln eingerichtet und von ausreichender Größe.

Zwickau-Pölbitz Nord : 2,5 km :

🏨 **Achat** 🅼, Leipziger Str. 180, ✉ 08058, ℘ (0375) 87 20 (Hotel), 30 20 37 (Rest.),
zwickau@achat-hotel.de, Fax (0375) 872999, 🍽 – 🛗, ⊁ Zim, 📺 📞 ⟺ 🅿 – 🅰 30.
🖭 ⓪ ⓶ 🆅🅸🆂🅰 J🅲🅱 BU f
Menu à la carte 13/26 – ⊑ 11 – **206 Zim** 64/99 – 74/109, 4 Suiten.
 ◆ Hier finden Sie ein praktisches neues Hotel mit zeitgemäß und wohnlich eingerichteten
Zimmern. Für Langzeitgäste gibt es ein Boardinghouse mit Appartements. Das Restaurant
ist modern im Bistrostil gestaltet.

Zwickau-Schedewitz Süd : 3,5 km :

XX **Drei Schwäne,** Tonstr. 1, ✉ 08056, ℘ (0375) 2 04 76 50, Fax (0375) 3032517 – 🅿.
🖭 ⓪ ⓶ 🆅🅸🆂🅰 BV u
geschl. Sonntagabend - Montag – **Menu** (französische Küche) à la carte 32/41.
 ◆ Schön gedeckte Tische, ein geschulter Service, französische Gerichte und französischer
Wein : Lassen Sie es sich in dem neugebauten Restaurant im Landhausstil schmecken.

In Schönfels Süd-West : 6 km über ④ :

🏨 **Landgasthaus zum Löwen** ⊛, Zwickauer Str. 25, ✉ 08115, ℘ (037600) 7 01 45,
hotel-schoenfels@t-online.de, Fax (037600) 70152, 🍽 – ⊁ Zim, 📺 🅿 – 🅰 100. 🖭 ⓶
🆅🅸🆂🅰
Menu à la carte 12/18,50 – **15 Zim** ⊑ 45/50 – 65/70.
 ◆ Der traditionsreiche Landgasthof mit weißer Fassade empfängt Sie mit wohnlichen Zim-
mern, die im Stil einheitlich mit zeitlosen Holzmöbeln ausgestattet sind. Sitznischen mit
gepolsterten Bänken erwarten Sie in der ländlichen Gaststube.

In Wilkau-Hasslau Süd-Ost : 7 km über ③ :

X **Laurentius,** Kirchberger Str. 6, ✉ 08112, ℘ (0375) 67 10 37, Fax (0375) 671521 – ⓶
geschl. Dienstag – **Menu** à la carte 16/29.
 ◆ Das kleine Restaurant mit dazugehöriger Metzgerei ist hell und freundlich gestaltet und
bewirtet seine Gäste mit regionaler und internationaler Küche.

ZWIEFALTEN Baden-Württemberg 🏙 V 12 – 2 300 Ew – Höhe 540 m – Erholungsort.
Sehenswert : Ehemalige Klosterkirche★★.
Berlin 669 – Stuttgart 84 – Konstanz 105 – Reutlingen 43 – Ulm (Donau) 50 – Ravensburg 63.

⚓ **Zur Post,** Hauptstr. 44 (B 312), ✉ 88529, ℘ (07373) 9 20 70, gasthof.post@t-on
line.de, Fax (07373) 920760, 🍽, 🐎 – ⊁ Zim, 📺 🅿.
geschl. 13. - 31. Jan. – **Menu** (geschl. Dienstag) à la carte 15/24,50 – **18 Zim** ⊑ 25/35
– 36/50 – ½ P 13.
 ◆ Preiswert, sehr sauber und ländlich-einfach sind die Fremdenzimmer dieses 1695 erbau-
ten Gasthofs, der direkt an der Aach liegt. Mit Terrasse und Ferienwohnungen.

ZWIESEL Bayern 🏙 S 23 – 10 500 Ew – Höhe 585 m – Luftkurort – Wintersport : 600/700 m
🎿1 🛷 – 🚠 Oberzwieselau (Ost : 3 km), ℘ (09922) 23 67.
🇮 Kur- und Touristikinformation, Stadtplatz 27 (Rathaus), ✉ 94227, ℘ (09922) 84 05 23,
Fax (09922) 5655.
Berlin 476 – München 179 – Passau 62 – Cham 59 – Deggendorf 36.

🏨 **Zur Waldbahn,** Bahnhofplatz 2, ✉ 94227, ℘ (09922) 85 70, zurwaldbahn@gmx.de,
Fax (09922) 857222, 🍽, ⍰s, 🅽, 🐎 – 📺 🅿 – 🅰 20. ⓶ 🆅🅸🆂🅰. ⊁ Zim
geschl. 22. März - 13. April – **Menu** à la carte 14/23 – **28 Zim** ⊑ 55 – 70/92 – ½ P 13.
 ◆ Ein hübscher, traditioneller Gasthof mit Anbau. Die Zimmer sind mit teils hellen, teils
dunklen Holzmöbeln eingerichtet. Mit schönem Schwimmbad und hübschem Garten. Gast-
stuben mit bayerischem Charakter, teils mit rustikalem Ambiente, teils etwas eleganter.

ZWIESEL

Glas Hotel Bergfeld ⓈⒸ, Hochstr. 45, ✉ 94227, ✆ (09922) 85 40, info@glashotel.d
Fax (09922) 854100, ≤, Massage, ⇔, 🅿, 🚗 – ⇥ TV ⇔ 🅿 ⓒⓞ ⚋
geschl. 5. - 19. April, 15. Nov. - 22. Dez. – **Menu** (geschl. Sonntag) (nur Abendessen) (Resta
rant nur für Hausgäste) – **26 Zim** ⇌ 36/50 – 68/100 – ½ P 12.
• Mit Liebe zum Detail und heimischen Glasgegenständen eingerichtet wurde die gu
geführte Pension, in der man in gepflegten, wohnlich ausgestatteten Nichtraucherzimmer
wohnt.

Kapfhammer, Holzweberstr. 6, ✉ 94227, ✆ (09922) 8 43 10, hotel-kapfhammer@
web.de, Fax (09922) 6546, ⇔ – ⇥ Zim, TV 🅿 ⚋
geschl. Nov. – **Menu** à la carte 13,50/26 – **46 Zim** ⇌ 39/40 – 60/68 – ½ P 9.
• Hinter der weißen, blumengeschmückten Fassade des gestandenen Gasthofs übernach
ten Sie in komfortablen, z. T. mit hellen, modernen Möbeln eingerichteten Zimmern. Über
wiegend regional ausgerichtet ist das Angebot im vertäfelten Restaurant.

Marktstube, Angerstr. 31, ✉ 94227, ✆ (09922) 62 85, Fax (09922) 4638, ☕ – 🅿
ⓒⓞ 𝗩𝗜𝗦𝗔
geschl. 10. - 24. Juni, Mitte Nov. - Anfang Dez., Dienstag – **Menu** à la carte 17/27.
• Ein künstlicher Baum und eine unverputzte Mauer als Raumteiler schmücken das Restau
rant mit der modernen Einrichtung. Die freundliche Chefin macht den Service, der Chef
kocht.

In Lindberg-Lehen Nord-Ost : 4 km :

Sporthotel Ahornhof, Lehen 35a, ✉ 94227, ✆ (09922) 85 30, info@hotel-ahorn
hof.de, Fax (09922) 853500, ≤, ☕, Massage, 🎿, ⇔, ⚏ (geheizt), ⚏, 🚗 – 📶, ⇥ Zim
TV ⇔ 🅿 – 🔔 50. 🅰🅴 ⓞ ⓒⓞ 𝗩𝗜𝗦𝗔 ⚋ Rest
Menu à la carte 15/29 – **156 Zim** ⇌ 50/65 – 80/120 – ½ P 15.
• Am Rand des Naturparks Bayerischer Wald : Eine neuere Hotelanlage umgeben von Wie
sen, mit praktischen Zimmern, Kinderspielraum und vielen Möglichkeiten zur Freizeitge
staltung. Das Restaurant ist geteilt und mit hellem Holz eingerichtet.

Riesberghof ⓈⒸ, Riesweg 4, ✉ 94227, ✆ (09922) 85 20, riesberghof@t-online.de,
Fax (09922) 852100, ≤, ☕, ⇔, 🚗 – ⇥ Zim, TV ⇔ 🅿 ⚋ Rest
geschl. Nov. - 15. Dez. – **Menu** (nur Abendessen) 12,50 – **60 Zim** ⇌ 35/43 – 58/70 –
½ P 12.
• Die Ferienanlage liegt am Waldrand mit Blick über den Bayerischen Wald. Die Zimmer sind
ordentlich mit hellen, zeitgemäßen Holzmöbeln und Polsterbetten ausgestattet. Ländliches
Flair im Restaurant.

In Lindberg-Zwieslerwaldhaus Nord : 10 km Richtung Bayerisch Eisenstein – Höhe 700 m –
Wintersport : 🎿 :

Waldhotel Naturpark ⓈⒸ, Zwiesler Waldhaus 42, ✉ 94227, ✆ (09925) 9 41 10,
zwieselerwaldhaus@t-online.de, Fax (09925) 941149, ☕, ⇔, 🚗 – TV 🅿
geschl. nach Ostern 1 Woche, Nov. - 20. Dez. – **Menu** à la carte 10,50/25 – **17 Zim** ⇌ 41
– 76/82 – ½ P 10.
• Komfortable Zimmer mit unterschiedlicher Einrichtung hält der gepflegte Gasthof im
alpenländischen Stil mit blumengeschmückten Balkonen und bemalter Fassade für Sie
bereit.

ZWINGENBERG Hessen 417 419 Q 9 – 7 000 Ew – Höhe 97 m.
Berlin 586 – Wiesbaden 61 – Mannheim 43 – Darmstadt 23 – Heidelberg 45 – Mainz 62.

Zur Bergstraße garni, Bahnhofstr. 10, ✉ 64673, ✆ (06251) 1 78 50, info@hotel-
zb.de, Fax (06251) 178555 – 📶 TV 📞 ⚐ 🅿 🅰🅴 ⓞ ⓒⓞ 𝗩𝗜𝗦𝗔 ⚋
geschl. 24. Dez. - 5. Jan. – **21 Zim** ⇌ 79 – 93.
• Mit Blick auf den Odenwald : Die Zimmer des familiengeführten Hotels wirken hell und
freundlich und sind mit zeitgemäßem Mobiliar und Parkettfußboden wohnlich gestaltet.

ZWISCHENAHN, BAD Niedersachsen 415 G 8 – 24 500 Ew – Höhe 11 m – Moorheilbad.
Sehenswert : Parkanlagen★.
🏌 Bad Zwischenahn, Ebereschenstr. 10 (Nord : 3 km über Rostrup), ✆ (04403) 6 38 66.
🛈 Kurverwaltung, Auf dem Hohen Ufer 24, ✉ 26160, ✆ (04403) 5 90 81, info@
touristikzentrale-bad-zwischenahn.de, Fax (04403) 61158.
Berlin 453 – Hannover 185 – Bremen 67 – Oldenburg 17 – Wilhelmshaven 53.

Haus am Meer Ⓜ ⓈⒸ, Auf dem Hohen Ufer 25, ✉ 26160, ✆ (04403) 94 00,
hotel@hausammeer.de, Fax (04403) 940300, ☕, ⇔ – 📶, ⇥ Zim, TV 📞 ⚐ 🚗 🅿 –
🔔 200. 🅰🅴 ⓞ ⓒⓞ 𝗩𝗜𝗦𝗔 ⚋ Rest
Deters : **Menu** à la carte 20/39 – **71 Zim** ⇌ 75/95 – 102/145 – ½ P 15.
• Komfort in ungezwungener Atmosphäre : Die Zimmer dieses neuen Hotels in der Nähe
des Zwischenahner Meers sind mit modernen Möbeln und warmen Farben sehr wohnlich
eingerichtet. Hell und freundlich ist die Atmosphäre im Restaurant Deters.

ZWISCHENAHN, BAD

Seehotel Fährhaus ⟡, Auf dem Hohen Ufer 8, ✉ 26160, ℘ (04403) 60 00, seehotel@nwn.de, Fax (04403) 600500, ≤, 🍴, Massage, ≘s, 🔲, Bootssteg – 📶 📺 📞 – 🛎 150. AE ⓘ ⓒ VISA. ✾ Zim
Menu à la carte 20,50/36 – **61 Zim** ⊇ 60/91 – 93/170 – ½ P 18.
  • Ein hübsches Landhaus in attraktiver Lage direkt am See und an der Bootsanlegestelle. Die Zimmer sind solide und komfortabel möbliert, z. T. mit Balkon oder Loggia. Rundgebautes Restaurant mit großer Fensterfront und Seeterrasse.

Villa am Park ⟡ garni, Unter den Eichen 30, ✉ 26160, ℘ (04403) 9 36 50, rezeption@villa-am-park-zwischenahn.de, Fax (04403) 59620, ≘s, 🔲, 🌳 – 📺 📞 📞 ⓒ VISA.
geschl. 21. Dez. - 5. Jan. – **15 Zim** ⊇ 69/85 – 108/128.
  • Die Zimmer dieses individuell geführten Hotels im Landhausstil sind elegant mit Chippendale-Stilmöbeln eingerichtet. Ein kleiner Garten lädt zum Entspannen ein.

Am Badepark M, Am Badepark 5, ✉ 26160, ℘ (04403) 69 60, info@hotelambadepark.de, Fax (04403) 696373, 🍴, ≘s – 📶, ✾ Zim, 📺 📞 📞 – 🛎 50. AE ⓘ ⓒ VISA
Menu (Nov. - Ostern nur Abendessen) à la carte 18/32 – **50 Zim** ⊇ 60/77 – 80/90, 5 Suiten – ½ P 14.
  • Der neuzeitliche rote Klinkerbau direkt neben einem großen Freizeitbad ist renoviert worden und beherbergt gepflegte, einheitlich mit Kirschbaummöbeln eingerichtete Zimmer. Gediegenes Restaurant mit komfortablen Polsterstühlen.

Kopenhagen, Brunnenweg 8, ✉ 26160, ℘ (04403) 9 18 10, Fax (04403) 64010, 🍴, ≘s – 📺 📞 AE ⓘ ⓒ VISA
Menu à la carte 17,50/35 – **14 Zim** ⊇ 69/72 – 112/125 – ½ P 16.
  • Eine Pension mit roter Klinkerfassade in der Nähe des Kurzentrums : Das persönlich geführte Haus bietet unterschiedlich eingerichtete Zimmer und einen freundlichen Service. Klein und gemütlich präsentiert sich das Restaurant.

Haus Ammerland ⟡, Rosmarinweg 24, ✉ 26160, ℘ (04403) 92 83 00, info@haus-ammerland.de, Fax (04403) 928383, 🌳 – ✾ Zim, 📺 📞 ⓒ. ✾ Rest
Menu (geschl. Mittwoch) (nur Abendessen) (Restaurant nur für Hausgäste) – **36 Zim** ⊇ 52/65 – 78/79 – ½ P 9.
  • In der Halle knistert das Kaminfeuer : Die Pension mit Gästehäusern bietet Ihnen eine familiäre Atmosphäre und eine gediegene, rustikale Ausstattung. Mit Ferienwohnungen.

✗ **Der Ahrenshof,** Oldenburger Straße, ✉ 26160, ℘ (04403) 39 89, restaurant@der-ahrenshof.de, Fax (04403) 64027, 🍴 – 📞 AE ⓘ ⓒ VISA
Menu à la carte 22/42.
  • Ländliche Gemütlichkeit erwartet die Gäste des Ammerländer Bauernhauses von 1688 : Bäuerliche Gerätschaften, bemalte Kacheln und Jagdtrophäen schmücken die Gasträume.

✗ **Antonio Lava,** In der Horst 1, ✉ 26160, ℘ (04403) 6 49 70, a.lava@t-online.de, Fax (04403) 65289, 🍴 – AE ⓘ ⓒ VISA
Menu (italienische Küche) à la carte 20/60.
  • Das große, im mediterranen Stil eingerichtete Ristorante mit der kleinen Terrasse bewirtet Sie mit einem ansprechenden Antipastibuffet und allerlei Gerichten aus Bella Italia.

In Bad Zwischenahn-Aschhauserfeld Nord-Ost : 4 km Richtung Wiefelstede :

Romantik Hotel Jagdhaus Eiden ⟡, Eiden 9, ✉ 26160, ℘ (04403) 69 80 00, info@jagdhaus-eiden.de, Fax (04403) 698398, 🍴, (Spielcasino im Hause), ≘s, 🔲, 🌳 – 📶, ✾ Zim, 📺 📞 📞 – 🛎 60. ⓒ VISA
Menu siehe Rest. **Apicius** separat erwähnt – **Jäger- und Fischerstube :** Menu à la carte 21/46,50 – **70 Zim** ⊇ 68/89 – 100/130 – ½ P 20.
  • Die traumhafte Lage am See, die reizvollen roten Fachwerk-Klinkerbauten und die komfortablen Zimmer machen den Aufenthalt in diesem Landhotel zu einem erholsamen Erlebnis. Das Restaurant ist gediegen-rustikal gestaltet, mit Gartenterrasse.

Upstalsboom Hotel Amsterdam, Wiefelsteder Str. 18, ✉ 26160, ℘ (04403) 93 40, info@hotel-amsterdam.de, Fax (04403) 934234, 🍴, ≘s, 🌳 – 📶, ✾ Zim, 📺 📞 ♿ 📞 – 🛎 25. AE ⓘ ⓒ VISA JCB. ✾ Rest
Menu (Nov. - Ostern nur Abendessen) à la carte 19/35 – **40 Zim** ⊇ 55/72 – 77/97 – ½ P 14.
  • In dem quadratischen Hotelneubau mit Innenhof finden Sie mit modernen Buchenmöbeln eingerichtete Zimmer, die hell und freundlich wirken. Im Restaurant sitzt man auf hellen Polsterstühlen an hübsch gedeckten Tischen.

Andrea garni, Wiefelsteder Str. 43, ✉ 26160, ℘ (04403) 47 41, Fax (04403) 4745, 🌳 – ✾ 📺 ♿ 📞 AE ⓘ ⓒ VISA
12 Zim ⊇ 47/57 – 82/92.
  • Hier findet man individuell eingerichtete Zimmer, eine freundliche Atmosphäre, selbstgebackenes Brot und hausgemachte Marmelade zum Frühstück. Mit japanischem Garten.

ZWISCHENAHN, BAD

XXX **Apicius** - Romantik Hotel Jagdhaus Eiden, Eiden 9, ✉ 26160, ℰ (04403) 69 80 00, i⊓
❀ @ jagdhaus-eiden.de, Fax (04403) 698416 – 🅿 ◉ 🆅🅸🆂🅰 ⚜
geschl. 6. - 28. Jan., 14. - 28. Juli, Sonntag - Montag – **Menu** (nur Abendessen) (Tisc
bestellung ratsam, bemerkenswerte Weinkarte) à la carte 45/54.
♦ Gemütlich und gediegen mit einem eleganten Touch präsentiert sich das gehobene Hot
restaurant seinen Gästen. Man serviert geschmackvolle Kreationen der französisch:
Küche.
Spez. Carpaccio von Jakobsmuscheln und Ingwer. Gebratene Gänseleber mit Schalotte
kompott. Steinbutt mit Krebsen und Sommertrüffel.

XX **Goldener Adler**, Wiefelsteder Str. 47, ✉ 26160, ℰ (04403) 26 97, Fax (04403) 5815
🍴 – 🅿 ◉ ◎ 🆅🅸🆂🅰
geschl. Mitte - Ende Jan., Dienstag – **Menu** (wochentags nur Abendessen) à la carte 18/3
♦ Gemütliche Gaststuben bietet das Restaurant in dem reetgedeckten Ammerländer Ba
ernhaus von 1705. Holzbalken und bäuerliche Möbel schaffen ein nostalgisches Ambient

In Bad Zwischenahn-Aue Nord-Ost : 6 km Richtung Wiefelstede :

X **Klosterhof** mit Zim, Wiefelsteder Str. 67, ✉ 26160, ℰ (04403) 91 59 90, restaura⊓
@ klosterhof-aue.de, Fax (04403) 9159925, 🍴 – 📺 🅿 🅰
geschl. Montag – **Menu** à la carte 16,50/33 – **6 Zim** ⇌ 32/42 – 56 – ½ P 14.
♦ Originell und typisch für die Region ist das Restaurant in einem Ammerländer Bauernhaus
rustikale Einrichtung, Holzbalken, niedrige Decken geben ihm ein norddeutsches Flair.

In Bad Zwischenahn-Dreibergen Nord : 7 km Richtung Wiefelstede :

🏨 **Seeschlößchen Dreibergen** 🅼, Dreiberger Str. 21, ✉ 26160, ℰ (04403) 98 7〇
info@ seeschloesschen-dreibergen.de, Fax (04403) 987155, ≤, 🍴, Massage, ♨, ≦ѕ,
– 📶, 🚫 Zim, 📺 🅿 – 🛎 80. 🅰🅴 ◎ 🆅🅸🆂🅰 🅹🅲🅱 ⚜ Rest
Menu à la carte 25,50/39 – **60 Zim** ⇌ 75/90 – 120/145 – ½ P 20.
♦ Der großzügige Hallenbereich, die wohnlichen Zimmer und die reizvolle Lage auf einen
großen Grundstück in Seenähe (300 m) sprechen für einen Aufenthalt in diesem Hote
Neuzeitlich gestaltete Restaurants mit Buffetbereich.

In Bad Zwischenahn-Meyerhausen Nord : 7,5 km Richtung Wiefelstede :

🏨 **Hof von Bothmer** 🅼 garni, Dreiberger Str. 27, ✉ 26160, ℰ (04403) 9 36 30, inf∘
@ hof-von-bothmer.de, Fax (04403) 936310, ≦ѕ, 🍴 – 🚫 📺 📞 🅿 – 🛎 20. 🅰🅴 ◎
◎ 🆅🅸🆂🅰
13 Appart. ⇌ 82/95 – 113/128.
♦ Stilvoll übernachten : geschmackvoll und individuell mit frischen Farben gestalteter ehe-
maliger Bauernhof mit schicker, moderner Landhaus-Einrichtung.

In Bad Zwischenahn-Rostrup Nord-West : 2 km Richtung Westerstede :

🏨 **HisjeHof** 🅼 🌿, Seestr. 2, ✉ 26160, ℰ (04403) 9 79 10, info@ hisjehof.de,
Fax (04403) 979119, Massage – 🚫 Zim, 📺 🅿 – 🛎 35. ◎ 🆅🅸🆂🅰
Menu (geschl. Sonntag - Montag)(nur Abendessen) 20/32 – **30 Zim** ⇌ 39/49 – 88/148
– ½ P 19.
♦ Der reetgedeckte Hof wurde im Jahr 1379 erstmals urkundlich erwähnt. Nach liebevoller
Renovierung entstanden Zimmer im Landhausstil und ein moderner Tagungsbereich. Saal-
artiges Restaurant.

ZWÖNITZ Sachsen 📧 O 22 – 10 000 Ew – Höhe 525 m.

Berlin 289 – Dresden 110 – Chemnitz 30 – Chomutov 79 – Karlovy Vary 63 – Zwickau 29.

🏨 **Stadt Zwönitz** 🅼, Am Mühlgraben 10, ✉ 08297, ℰ (037754) 7 20, info@hotel-
≋ stadt-zwoenitz.de, Fax (037754) 72404, 🍴, 🛀, ≦ѕ, – 📶 📺 📞 🅿 – 🛎 25. 🅰🅴 ◎ 🆅🅸🆂🅰
Menu à la carte 11,50/31 – **39 Zim** ⇌ 48/51 – 68/76.
♦ Ein guter Ausgangspunkt für Ausflüge ins Erzgebirge : Zeitgemäß und komfortabel aus-
gestattet sind die Zimmer des neugebauten, familiengeführten Hotels im Zentrum. Helles,
bürgerlich gestaltetes Restaurant.

🏨 **Roß**, Markt 1, ✉ 08297, ℰ (037754) 22 52, hotelross@web.de, Fax (037754) 77533,
≋ Biergarten – 📺 🅿 ◎ 🆅🅸🆂🅰
Menu à la carte 13,50/27,50 – **22 Zim** ⇌ 40 – 60.
♦ Bei der Renovierung der Herberge nach 1537 hat man versucht, viele historische Elemente
zu erhalten. Die Zimmer sind mit zeitgemäßem Komfort praktisch gestaltet. Im Restau-
rant : handbemalte Bleiglasfenster und ein grüner Kachelofen aus Meißner Pfannen.

ZWOTA Sachsen siehe Klingenthal.

Ferientermine
(Angegeben ist jeweils der erste und letzte Tag der Ferien)

Vacances scolaires
(Premier et dernier jour des vacances)

School holidays
(Dates of holidays)

Vacanze scolastiche
(Primo ed ultimo giorno di vacanza)

Land	Ostern 2003	Sommer 2003	Weihnachten 2003-2004
Baden-Württemberg	14.4. – 26.4.	24.7. – 6.9.	22.12. – 5. 1.
Bayern	14.4. – 26.4.	28.7. – 8.9.	22.12. – 7. 1.
Berlin	14.4. – 25.4.	3.7. – 16.8.	22.12. – 2. 1.
Brandenburg	16.4. – 25.4.	3.7. – 16.8.	22.12. – 2. 1.
Bremen	7.4. – 23.4.	10.7. – 20.8.	22.12. – 6. 1.
Hamburg	10.3. – 22.3.	3.7. – 13.8.	22.12. – 3. 1.
Hessen	7.4. – 19.4.	21.7. – 29.8.	22.12. – 10. 1.
Mecklenburg-Vorpom.	14.4. – 23.4.	5.7. – 15.8.	22.12. – 3. 1.
Niedersachsen	7.4. – 23.4.	10.7. – 20.8.	22.12. – 6. 1.
Nordrhein-Westfalen	14.4. – 26.4.	31.7. – 13.9.	22.12. – 6. 1.
Rheinland-Pfalz	10.4. – 25.4.	21.7. – 29.8.	22.12. – 7. 1.
Saarland	14.4. – 28.4.	21.7. – 30.8.	22.12. – 6. 1.
Sachsen	18.4. – 25.4.	12.7. – 22.8.	22.12. – 3. 1.
Sachsen-Anhalt	22.4. – 2.5.	10.7. – 20.8.	22.12. – 5. 1.
Schleswig-Holstein	10.3. – 22.3.	30.6. – 9.8.	22.12. – 3. 1.
Thüringen	14.4. – 25.4.	10.7. – 20.8.	22.12. – 3. 1.

Entfernungen

Einige Erklärungen

In jedem Ortstext finden Sie Entfernungen zur Bundeshauptstadt, zur Landeshauptstadt sowie zu den nächstgrößeren Städten in der Umgebung. Die Kilometerangaben der Tabelle ergänzen somit die Angaben des Ortstextes.

Da die Entfernung von einer Stadt zu einer anderen nicht immer unter beiden Städten zugleich aufgeführt ist, sehen Sie bitte unter beiden entsprechenden Ortstexten nach. Eine weitere Hilfe sind auch die am Rande der Stadtpläne erwähnten Kilometerangaben.

Die Entfernungen gelten ab Stadtmitte unter Berücksichtigung der günstigsten (nicht immer kürzesten) Strecke.

Distances

Quelques précisions

Au texte de chaque localité vous trouverez la distance de la capitale, de la capitale du « Land » et des villes environnantes. Les distances intervilles du tableau les complètent.

La distance d'une localité à une autre n'est pas toujours répétée en sens inverse : voyez au texte de l'une ou l'autre.

Utilisez aussi les distances portées en bordure des plans.

Les distances sont comptées à partir du centre-ville et par la route la plus pratique, c'est-à-dire celle qui offre les meilleures conditions de roulage, mais qui n'est pas nécessairement la plus courte.

Distances

Commentary

The text on each town includes its distances to the capital, to the "land" capital and to its neighbours.

The distances in the table complete those given under individual town headings for calculating total distances.

To avoid excessive repetition some distances have only been quoted once, you may, therefore, have to look under both town headings.

Note also that some distances appear in the margins of the town plans. Distances are calculated from centres and along the best roads from a motoring point of view – not necessarily the shortest.

Distanze

Qualche chiarimento

Nel testo di ciascuna località troverete la distanza dalla capitale, dalla capitale del « land » e dalle città circostanti. Le distanze tra le città della tabella le completano.

La distanza da una località ad un'altra non è sempre ripetuta in senso inverso : vedete al testo dell'una o dell'altra.

Utilizzate anche le distanze riportate a margine delle piante.

Le distanze sono calcolate a partire dal centro delle città e seguendo la strada più pratica, ossia quella che offre le migliori condizioni di viaggio, ma che non è necessariamente la più breve.

Entfernungen zwischen den größeren Städten
Distances entre principales villes
Distances between major towns
Distanze tra le principali città

Karlsruhe – Stuttgart: 74 km

Distance matrix (distances in km between the listed German cities). Cities along the diagonal (left to right): Aachen, Augsburg, Bamberg, Berlin, Bonn, Braunschweig, Bremen, Darmstadt, Dresden, Düsseldorf, Essen, Frankfurt am Main, Frankfurt an der Oder, Freiburg, Hamburg, Hannover, Karlsruhe, Kassel, Kiel, Koblenz, Köln, Konstanz, Leipzig, Lübeck, Mannheim, München, Nürnberg, Osnabrück, Regensburg, Rostock, Saarbrücken, Stuttgart, Trier, Ulm, Wiesbaden, Würzburg.

From \ To	Aa	Au	Ba	Be	Bo	Bs	Br	Da	Dr	Dü	Es	FM	FO	Fr	Ha	Hn	Ka	Ks	Ki	Ko	Kö	Kn	Le	Lü	Ma	Mü	Nü	Os	Re	Ro	Sa	St	Tr	Ul	Wi
Augsburg	577																																		
Bamberg	456	204																																	
Berlin	637	569	406																																
Bonn	94	493	359	598																															
Braunschweig	413	558	401	230	374																														
Bremen	370	688	531	394	338	170																													
Darmstadt	272	329	202	572	176	489	477																												
Dresden	651	445	282	194	558	97	471	489																											
Düsseldorf	80	556	422	561	71	336	307	253	605																										
Essen	119	581	447	530	97	288	264	288	594	37																									
Frankfurt am Main	261	316	200	541	165	334	346	33	470	243	250																								
Frankfurt a.d. Oder	701	634	471	101	663	295	458	636	179	683	634	495																							
Freiburg	460	277	395	807	407	601	713	174	625	446	466	272	871																						
Hamburg	484	715	558	285	452	174	126	522	470	458	522	495	629	758																					
Hannover	354	572	415	288	315	63	126	364	402	295	272	352	486	615	156																				
Karlsruhe	356	224	266	678	264	472	584	63	481	366	347	143	742	134	629	326																			
Kassel	356	412	255	385	215	152	282	152	278	341	366	188	583	352	366	250	723	403																	
Kiel	566	810	653	346	534	271	30	641	565	543	585	449	742	852	95	375	688	209	594																
Koblenz	153	480	323	605	62	377	268	156	590	131	156	128	669	339	615	250	233	304	226	438															
Köln	70	519	385	575	30	398	208	201	470	60	120	149	511	383	489	304	517	248	444	94	527														
Konstanz	573	222	386	765	502	472	808	174	565	446	460	335	868	74	816	367	233	367	569	78	497	604													
Leipzig	541	396	245	182	480	62	338	398	113	535	470	395	252	517	69	309	687	78	486	438	528	528	427												
Lübeck	296	703	616	277	440	204	30	534	459	440	459	440	213	683	92	213	166	70	569	244	367	244	458	627												
Mannheim	296	285	277	619	210	509	524	54	421	421	398	83	829	199	645	68	286	70	663	149	266	244	458	627												
München	638	66	231	588	557	606	761	391	464	619	645	398	349	286	788	213	233	349	882	491	582	249	427	347	833											
Nürnberg	485	142	63	439	388	456	592	231	451	476	468	222	503	380	619	251	353	182	714	352	414	278	338	241	677	168										
Osnabrück	257	582	425	424	225	200	121	364	501	231	175	333	488	619	230	141	471	182	317	285	261	604	117	328	411	654	486									
Regensburg	583	144	161	487	505	505	668	329	549	574	538	328	522	467	788	338	331	414	767	450	512	249	363	326	732	123	103	584								
Rostock	658	759	596	221	626	290	300	696	576	538	545	665	185	932	214	330	803	344	192	603	512	955	328	117	778	628	408	677								
Saarbrücken	256	376	376	714	236	503	573	172	295	332	186	207	778	207	660	537	137	202	755	133	261	364	117	743	140	452	217									
Stuttgart	425	160	222	634	342	502	633	172	295	405	430	207	698	184	660	537	74	356	754	278	368	179	473	718	221	207	535	294								
Trier	156	433	386	721	166	509	474	189	195	232	192	785	184	301	587	451	209	342	670	132	401	560	645	176	176	494	412	361	499	761	96	283			
Ulm	510	79	215	614	427	538	669	262	489	490	515	292	679	202	696	553	158	392	790	363	452	146	453	753	219	140	187	562	217	804	295	94	366		
Wiesbaden	238	363	234	427	140	442	366	46	204	204	218	40	635	277	660	378	148	217	615	72	167	372	578	432	94	432	263	329	361	695	154	212	156		
Würzburg	376	202	101	501	279	376	494	122	342	368	342	121	565	315	522	379	186	218	616	305	317	340	176	579	285	116	388	388	214	690	293	142	307	183	296

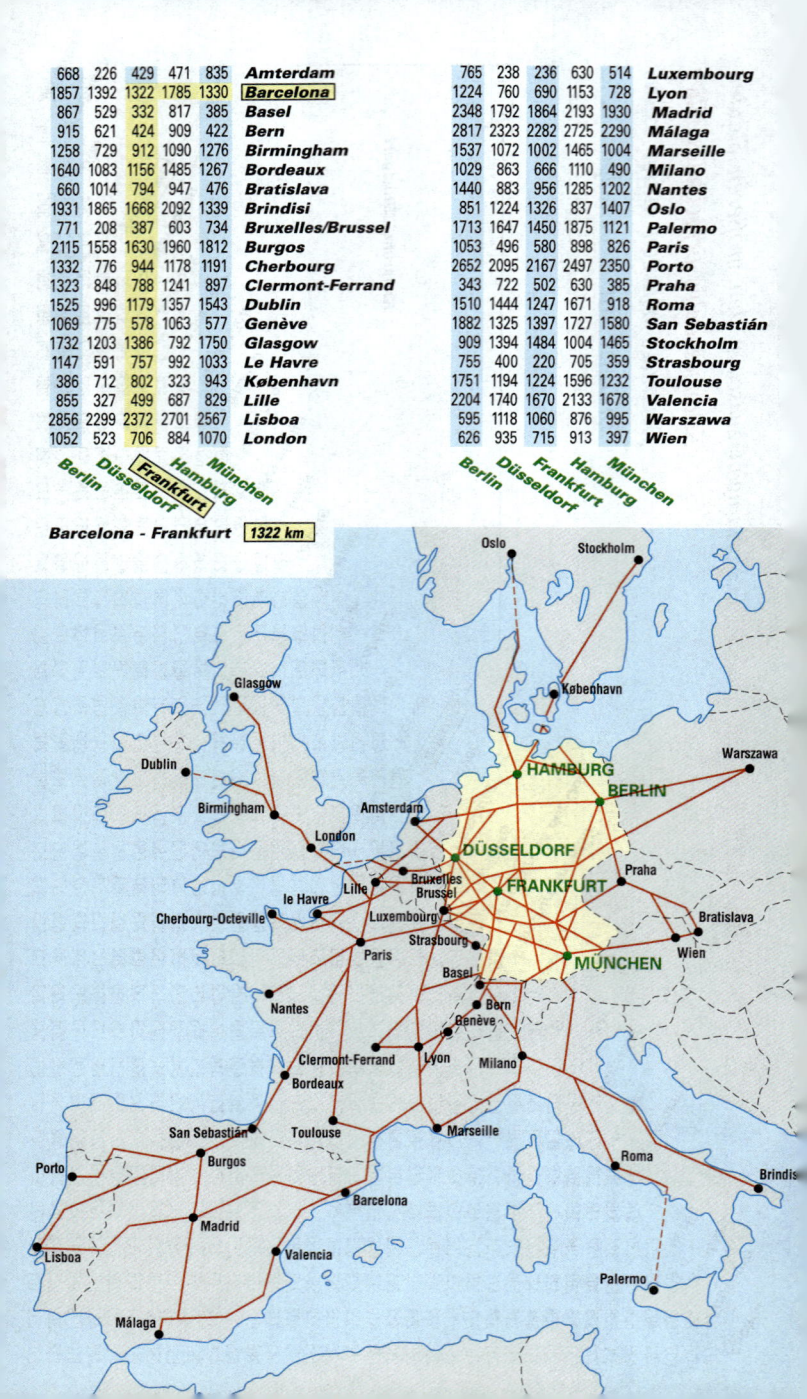

Berlin	Düsseldorf	Frankfurt	Hamburg	München	City
668	226	429	471	835	Amsterdam
1857	1392	1322	1785	1330	Barcelona
867	529	332	817	385	Basel
915	621	424	909	422	Bern
1258	729	912	1090	1276	Birmingham
1640	1083	1156	1485	1267	Bordeaux
660	1014	794	947	476	Bratislava
1931	1865	1668	2092	1339	Brindisi
771	208	387	603	734	Bruxelles/Brussel
2115	1558	1630	1960	1812	Burgos
1332	776	944	1178	1191	Cherbourg
1323	848	788	1241	897	Clermont-Ferrand
1525	996	1179	1357	1543	Dublin
1069	775	578	1063	577	Genève
1732	1203	1386	792	1750	Glasgow
1147	591	757	992	1033	Le Havre
386	712	802	323	943	København
855	327	499	687	829	Lille
2856	2299	2372	2701	2567	Lisboa
1052	523	706	884	1070	London
765	238	236	630	514	Luxembourg
1224	760	690	1153	728	Lyon
2348	1792	1864	2193	1930	Madrid
2817	2323	2282	2725	2290	Málaga
1537	1072	1002	1465	1004	Marseille
1029	863	666	1110	490	Milano
1440	883	956	1285	1202	Nantes
851	1224	1326	837	1407	Oslo
1713	1647	1450	1875	1121	Palermo
1053	496	580	898	826	Paris
2652	2095	2167	2497	2350	Porto
343	722	502	630	385	Praha
1510	1444	1247	1671	918	Roma
1882	1325	1397	1727	1580	San Sebastián
909	1394	1484	1004	1465	Stockholm
755	400	220	705	359	Strasbourg
1751	1194	1224	1596	1232	Toulouse
2204	1740	1670	2133	1678	Valencia
595	1118	1060	876	995	Warszawa
626	935	715	913	397	Wien

Barcelona – Frankfurt 1322 km

Hauptverkehrs-strassen

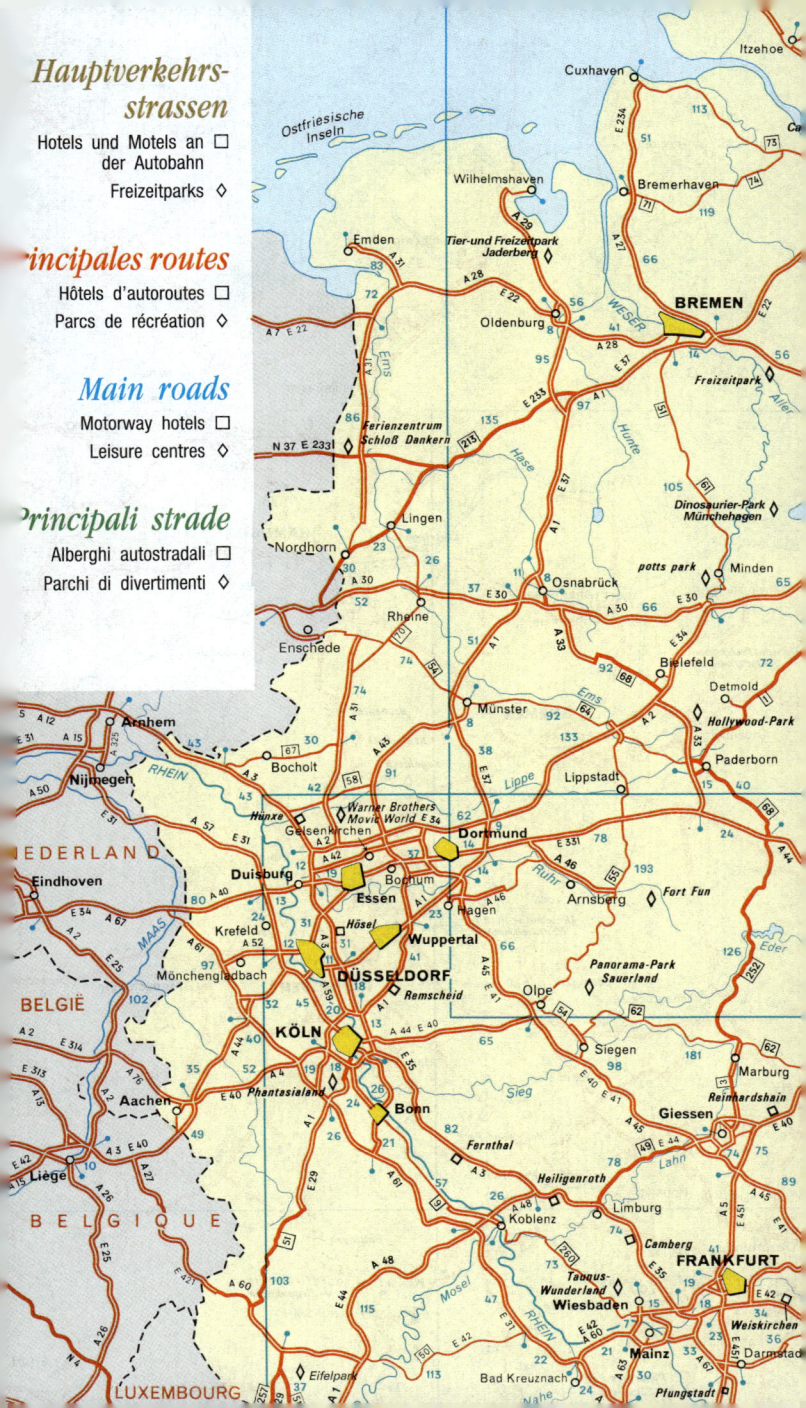

Hotels und Motels an der Autobahn ☐
Freizeitparks ◇

Principales routes

Hôtels d'autoroutes ☐
Parcs de récréation ◇

Main roads

Motorway hotels ☐
Leisure centres ◇

Principali strade

Alberghi autostradali ☐
Parchi di divertimenti ◇

DANMARK
SYLT
Westerland
Flensburg
Schleswig
Kiel
NORDSEE
Nord-Ostsee-Kanal
Neumünster
Hansaland
Travemünde
Wismar
Lübeck
Itzehoe
Cuxhaven
Schwerin
HAMBURG
Carl Hagenbeck Tierpark
Wilhelmshaven
Bremerhaven
Lüneburg
ELBE
Tier-und Freizeitpark Jaderberg
BREMEN
Oldenburg
WESER
Brunautal
Heide-Park
Vogelpark
Freizeitpark
Aller
Serengeti-Safaripark
Celle
Hunte
Hase
Dinosaurier-Park Münchehagen
Garbsen
Erse-Park
Wülferode
HANNOVER
Braunschweig
potts park
Minden
Osnabrück
Hildesheim
Hameln
Rasti-Land
Halberstadt
Bielefeld
Detmold
Leine
Münster
Ems
Hollywood-Park
Weser
Paderborn
Lippstadt
Lippe
Göttingen
Nordhausen
Dortmund
Ruhr
Arnsberg
Fort Fun
Kassel
Erlebnispark Ziegenhagen
Kassel-Söhre
Hagen
Eder
Fulda
Erfurt
Gotha
Panorama-Park Sauerland

MORZE BAŁTYCKIE

OSTSEE

Saßnitz
RÜGEN
Bergen
50
Stralsund
E 22
105 73
31
Greifswald
Rostock
43 66 81
A 19 73 E 251 A 20 106
34 17 89 104
Neubrandenburg
Müritz See 96 73 36 E 28
108
111 84 Prenzlau 112 SZCZECIN
E 55 19
A 24 53 A 11 32
189 51 119
52 Eberswalde POLSKA
16 E 26-55 161 30 167
A 24 31 13 24 98 WARTA
62 5 26 A 10 A 24 BERLIN E 65 43
68 28 A 10 A 10 E 30
Raststätte Grunewald A 74 40 72
Brandenburg Spreepark 58 Frankfurt (Oder)
11 20 Potsdam 28
15 9 48 A 12 Eisenhüttenstadt
A 2 36 58 E 30 A 10 173
E 30 A 9 28 E 36-55 Spree 87 88
Magdeburg 62 A 13 73 97
31 E 51 102
A 14 67 17 93 48 Cottbus
96 Wittenberg 72 49 E 36 A 15
Dessau
70 20 2 56 187 109 118
65 74 101 103 92
62 87 Hoyerswerda A 13 E 55
80 Halle 43 38 70 97
21 19 61 A 4 43 Görlitz
A 9 8 A 14 94 48 6 49
LEIPZIG Meißen 18 DRESDEN E 40
Naumburg 35 61 6
77 A 9 170 Zittau
Weimar 37 E 49-51 74 67 Labe
Jena 16 30 95
5 Chemnitz
E 40

Map of Western Germany and surrounding regions

Cities and locations:

- Gelsenkirchen, Warner Brothers Movie World, Dortmund, Göttingen
- Bochum, Essen, Hösel, Hagen, Arnsberg, Fort Fun, Kassel, Erlebnispark Ziegenhagen, Kassel-Söhre
- Wuppertal, Panorama-Park Sauerland, Eder
- DÜSSELDORF, Olpe, Bad Hersfeld, Eisena
- KÖLN, Siegen, Marburg, Reinhardshain, Rimberg, Kirchheim
- Fantasialand, Bonn, Giessen, Fulda
- Fernthal, Heiligenroth, Lahn
- Koblenz, Limburg, Camberg
- Taunus-Wunderland, FRANKFURT, Aschaffenburg, Schwein
- Wiesbaden, Weiskirchen, Weibersbrunn, Würzburg
- Eifelpark, Mainz, Darmstadt
- Bad Kreuznach, Nahe, Pfungstadt
- Trier, Worms, Main
- Ludwigshafen, Mannheim, Wildpark
- Kurpfalz-Park, Heidelberg, Neckar
- Kaiserslautern, Holiday-Park, Speyer, Heilbronn, Schwäbisch Hall, Crailshe
- Saarbrücken, Landau, Bruchsal, Altweibermühle Tripsdrill
- Pirmasens, Karlsruhe
- Baden-Baden, Pforzheim, Schwaben-
- STUTTGART, Seligweir
- Baden-Baden, Tübingen, Dornstadt
- STRASBOURG, Reutlingen, Ulm
- Offenburg, Freudenstadt
- FRANCE, Europa-Park, Riedlingen
- Moselle, Donaueschingen, Donau, Ravensburg
- Colmar, Freiburg, Bärenwildpark Steinwasen
- Mulhouse, Schaffhausen, Konstanz, Lindau, Bregenz
- Belfort, BASEL, ZÜRICH, Rhein
- SCHWEIZ

Nordhausen
LEIPZIG
DRESDEN
Meißen
ELBE
Labe
Naumburg
Erfurt
Weimar
Jena
Gera
Chemnitz
Zwickau
Plauen
Saale
ČESKÁ
REPUBLIKA
Karlovy Vary
Hof
Coburg
Main
Bayreuth
Bamberg
Freizeit-Land
Steigerwald
Schermshöhe
Schloß Thurn
Fränkisches Wunderland
Weiden
Plzeň
Amberg
Fürth
NÜRNBERG
Feucht
Ansbach
Naab
Regen
Churpfalzpark Loifling
Regensburg
Altmühl
Straubing
Passau
DONAU
Ingolstadt
Donau
Donauwörth
Heidenheim
Holledau
Landshut
Isar
Inn
Edenbergen
Leipheim
Augsburg
Lech
MÜNCHEN
Salzach
SALZBURG
Chiemsee
Landsberg
Ammersee
Starnberger See
Rosenheim
Irschenberg
Bad Reichenhall
Iller
Kempten
Forggensee
Garmisch-Partenkirchen
Innsbruck
ÖSTERREICH

Auszug aus dem Messe- und Veranstaltungskalender

Extrait du calendrier des foires et autres manifestations

Excerpt from the calendar of fairs and other events

Estratto del calendario delle fiere ed altre manifestazioni

Messe- und Ausstellungsgelände sind im Ortstext angegeben.

Baden-Baden	Frühjahrsmeeting	24. 5. - 1. 6
	Herbert von Karajan Pfingstfestspiele	6. 6. - 15. 6
	Große Woche	29. 8. - 7. 9
Bayreuth	Wagner-Festspiele	25. 7. - 28. 8
Berlin	Grüne Woche	17. 1. - 26. 1
	Berlinale	5. 2. - 16. 2
	Internationale Tourismus-Börse (ITB)	7. 3. - 11. 3
	Internet World Berlin	24. 6. - 26. 6
	Internationale Funkausstellung	29. 8. - 3. 9
	Berlin Marathon	28. 9.
Bielefeld	Touristik	21.11. - 23.11.
Bregenz (A)	Festspiele	17. 6. - 18. 8.
Dortmund	Motorräder	5. 3. - 9. 3.
	Dortmunder Herbst	5. 9. - 14. 9.
Dresden	Dresdner Reisemarkt	31. 1. - 2. 2.
	Lebensart	1.10. - 5.10.
Dürkheim, Bad	Dürkheimer Wurstmarkt	6. 9. - 16. 9.
Düsseldorf	boot-Düsseldorf	18. 1. - 26. 1.
	Collection Premieren Düsseldorf (Modemesse)	2. 2. - 4. 2.
	GDS (Internationale Schuhmesse)	13. 3. - 16. 3.
	Collection Premieren Düsseldorf (Modemesse)	3. 8. - 5. 8.
	Caravan Salon	29. 8. - 7. 9.
	GDS (Internationale Schuhmesse)	18. 9. - 21. 9.
Essen	Reise/Camping	27. 2. - 3. 3.
	Motor-Show	28.11. - 7.12.
Frankfurt	Heimtextil	8. 1. - 12. 1.
	Ambiente Internationale Frankfurter Messe	14. 2. - 18. 2.
	Prolight + Sound	5. 3. - 8. 3.
	Musikmesse	5. 3. - 9. 3.
	Tendence Internationale Frankfurter Herbstmesse	22. 8. - 26. 8.
	IAA-Internationale Automobil-Ausstellung	9. 9. - 21. 9.
	Frankfurter Buchmesse	8.10. - 13.10.
Freiburg	Camping- und Freizeitausstellung	8. 3. - 16. 3.
Friedrichshafen	IBO - Messe	22. 3. - 30. 3.
	Internationale Wassersportausstellung (INTERBOOT)	20. 9. - 28. 9.
Furth im Wald	Der Drachenstich	8. 8. - 18. 8.

Hamburg	REISEN - Hamburg	5. 2. - 9. 2.
	INTERNORGA	21. 3. - 26. 3.
	Hafengeburtstag Hamburg	9. 5. - 11. 5.
	German open (Tennis)	12. 5. - 18. 5.
	Hanseboot	25.10. - 2.11.
Hannover	ABF (Ausstellung Auto-Boot-Freizeit)	1. 2. - 9. 2.
	CeBIT	12. 3. - 19. 3.
	Hannover Messe INDUSTRIE	7. 4. - 12. 4.
	LebensArt	11.10. - 19.10.
Hersfeld, Bad	Festspiele	11. 6. - 3. 8.
Kempten i.A.	Allgäuer Festwoche	9. 8. - 17. 8.
Kiel	Kieler Woche	20. 6. - 29. 6.
Köln	Internationale Möbelmesse	13. 1. - 19. 1.
	Domotechnica	19. 2. - 22. 2.
	Popkomm.	14. 8. - 16. 8.
	Anuga	8. 4. - 11. 4.
	Reisemarkt Köln	28.11. - 30.11.
Leipzig	Haus-Garten-Freizeit	15. 2. - 23. 2.
	Buchmesse	20. 3. - 23. 3.
	Auto Mobil International	5. 4. - 13. 4.
	TC - Touristik + Caravaning	19.11. - 23.11.
Mannheim	Maimarkt	26. 4. - 6. 5.
München	ISPO-Winter	1. 2. - 4. 2.
	C - B - R (Caravan - Boot - Reisemarkt)	15. 2. - 23. 2.
	Internationale Handwerksmesse	13. 3. - 19. 3.
	ISPO-Sommer	2. 8. - 5. 8.
	Oktoberfest	20. 9. - 5.10.
	System	20.10. - 24.10.
	Productronica	11.11. - 14.11.
Nürnberg	Internationale Spielwarenmesse	31. 1. - 4. 2.
	Freizeit, Garten + Touristik	1. 3. - 9. 3.
	Consumenta	25.10. - 2.11.
	Christkindlesmarkt	29.11. - 24.12.
Offenburg	Oberrhein-Messe	27. 9. - 5.10.
Rothenburg o.d.T.	Historische Festspiele	6. 6. - 9. 6.
		5. 9. - 7. 9.
Rostock	Internationale Gartenbauausstellung	25. 4. - 12.10.
Saarbrücken	Internationale Saarmesse	5. 4. - 13. 4.
Salzburg (A)	Osterfestspiele	12. 4. - 21. 4.
	Barockfspiele	6. 6. - 9. 6.
	Sommerfestspiele	26. 7. - 31. 8.
Stuttgart	CMT -Ausstellung für Caravan, Motor, Touristik	18. 1. - 26. 1.
	Cannstatter Wasen	27. 9. - 12.10.
Ulm	Leben-Wohnen-Freizeit	5. 4. - 13. 4.
Villingen - Schwenningen	Südwest-Messe	14. 6. - 22. 6.
Wunsiedel	Luisenburg-Festspiele	3. 6. - 19. 8.

Telefon-Vorwahlnummern international

Wichtig : bei Auslandsgesprächen darf die Null (0) der Ortsnetzkennzahl nicht gewä werden (ausser bei Gesprächen nach Italien).

Indicatifs Téléphoniques Internationaux

Important : pour les communications internationales, le zéro (0) initial de l'indicatif interurbain n'est pas à composer (excepté pour les appels vers l'Italie).

von \ nach	A	B	CH	CZ	D	DK	E	FIN	F	GB	GR
A Österreich		0032	0041	00420	0049	0045	0034	00358	0033	0044	003
B Belgien	0043		0041	00420	0049	0045	0034	00358	0033	0044	003
CH Schweiz	0043	0032		00420	0049	0045	0034	00358	0033	0044	003
CZ Tschechische Rep.	0043	0032	0041		0049	0045	0034	00358	0033	0044	003C
D Deutschland	0043	0032	0041	00420		0045	0034	00358	0033	0044	0030
DK Dänemark	0043	0032	0041	00420	0049		0034	00358	0033	0044	0030
E Spanien	0043	0032	0041	00420	0049	0045		00358	0033	0044	0030
FIN Finnland	0043	0032	0041	00420	0049	0045	0034		0033	0044	0030
F Frankreich	0043	0032	0041	00420	0049	0045	0034	00358		0044	0030
GB Großbritannien	0043	0032	0041	00420	0049	0045	0034	00358	0033		0030
GR Griechenland	0043	0032	0041	00420	0049	0045	0034	00358	0033	0044	
H Ungarn	0043	0032	0041	00420	0049	0045	0034	00358	0033	0044	0030
I Italien	0043	0032	0041	00420	0049	0045	0034	00358	0033	0044	0030
IRL Irland	0043	0032	0041	00420	0049	0045	0034	00358	0033	0044	0030
J Japan	00143	00132	00141	001420	00149	00145	00134	001358	00133	00144	00130
L Luxemburg	0043	0032	0041	00420	0049	0045	0034	00358	0033	0044	0030
N Norwegen	0043	0032	0041	00420	0049	0045	0034	00358	0033	0044	0030
NL Niederlande	0043	0032	0041	00420	0049	0045	0034	00358	0033	0044	0030
PL Polen	0043	0032	0041	00420	0049	0045	0034	00358	0033	0044	0030
P Portugal	0043	0032	0041	00420	0049	0045	0034	00358	0033	0044	0030
RUS Russ. Föderation	81043	81032	81041	810420	81049	81045	*	810358	81033	81044	*
S Schweden	00943	00932	00941	009420	00949	00945	00934	009358	00933	00944	00930
USA	01143	01132	01141	011420	01149	01145	01134	01358	01133	01144	01130

* *Automatische Vorwahl nicht möglich*   * *Pas de sélection automatique*

International
Dialling Codes

Note : when making an international call, do not dial the first "0" of the city codes (except for calls to Italy).

Indicativi Telefonici
Internazionali

Importante : per le comunicazioni internazionali, non bisogna comporre lo zero (0) iniziale dell'indicativo interurbano (escluse le chiamate per l'Italia).

H	I	IRL	J	L	N	NL	PL	P	RUS	S	USA	
0036	0039	00353	0081	00352	0047	0031	0048	00351	007	0046	001	**A** Österreich
0036	0039	00353	0081	00352	0047	0031	0048	00351	007	0046	001	**B** Belgien
0036	0039	00353	0081	00352	0047	0031	0048	00351	007	0046	001	**CH** Schweiz
0036	0039	00353	0081	00352	0047	0031	0048	00351	007	0046	001	**CZ** Tschechische Rep.
0036	0039	00353	0081	00352	0047	0031	0048	00351	007	0046	001	**D** Deutschland
0036	0039	00353	0081	00352	0047	0031	0048	00351	007	0046	001	**DK** Dänemark
0036	0039	00353	0081	00352	0047	0031	0048	00351	007	0046	001	**E** Spanien
0036	0039	00353	0081	00352	0047	0031	0048	00351	007	0046	001	**FIN** Finnland
0036	0039	00353	0081	00352	0047	0031	0048	00351	007	0046	001	**F** Frankreich
0036	0039	00353	0081	00352	0047	0031	0048	00351	007	0046	001	**GB** Großbritannien
0036	0039	00353	0081	00352	0047	0031	0048	00351	007	0046	001	**GR** Griechenland
	0039	00353	0081	00352	0047	0031	0048	00351	007	0046	001	**H** Ungarn
0036		00353	0081	00352	0047	0031	0048	00351	*	0046	001	**I** Italien
0036	0039		0081	00352	0047	0031	0048	00351	007	0046	001	**IRL** Irland
00136	00139	001353		001352	00147	00131	00148	001351	*	00146	0011	**J** Japan
0036	0039	00353	0081		0047	0031	0048	00351	007	0046	001	**L** Luxemburg
0036	0039	00353	0081	00352		0031	0048	00351	007	0046	001	**N** Norwegen
0036	0039	00353	0081	00352	0047		0048	00351	007	0046	001	**NL** Niederlande
0036	0039	00353	0081	00352	0047	0031		00351	007	0046	001	**PL** Polen
0036	0039	00353	0081	00352	0047	0031	0048		007	0046	001	**P** Portugal
81036	*	*	*	*	*	81031	81048	*		*	*	**RUS** Russ. Föderation
00936	00939	009353	00981	009352	00947	00931	00948	009351	0097		0091	**S** Schweden
01136	01139	011353	01181	011352	01147	01131	01148	011351	*	01146		**USA**

* *Direct dialing not possible*   * *Selezione automatica impossibile*